D1672759

GESETZESFORMULARE

Reiner Schulze | Herbert Grziwotz
Rudolf Lauda [Hrsg.]

Bürgerliches Gesetzbuch

Kommentiertes Vertrags- und Prozessformularbuch

Dr. Peter Baltzer, Notar, Weiden i.d. OPf. | **Dr. Anna-Maria Beesch,** Rechtsanwältin und Fachanwältin für Bank- und Kapitalmarktrecht, Frankfurt a.M. | **Daniela Best,** Rechtsanwältin, Fachanwältin für Bau- und Architektenrecht und für Miet- und Wohnungseigentumsrecht, Wiesbaden | **Thomas Denno,** Rechtsanwalt und Fachanwalt für Familienrecht, Münster | **Dr. Stephanie Eberl,** LL.M. oec., Rechtsanwältin, München | **Dr. Sebastian Franck,** LL.M., Notar, Neu-Ulm | **Prof. Dr. Dr. Herbert Grziwotz,** Notar, Regen | **Wolfgang Häberle,** Rechtsanwalt und Fachanwalt für Erbrecht, Friedrichshafen | **Dr. Heinz K. Haidl,** Rechtsanwalt, Fachanwalt für Handels- und Gesellschaftsrecht und für gewerblichen Rechtsschutz, Ingolstadt | **Sonja Hecker,** Rechtsanwältin, Mannheim | **Dr. Jörn Heinemann,** LL.M., Notar, Neumarkt i.d. OPf. | **Dr. Markus Heuel,** Rechtsanwalt, Essen | **Michael W. Klein,** Rechtsanwalt und Fachanwalt für Familienrecht, Mönchengladbach | **Dr. Rolf Kofler,** Rechtsanwalt und Fachanwalt für Familienrecht, Reutlingen | **Thomas Krause,** Notar, Staßfurt | **Dr. Ulrich Krause,** Notar, Erfurt | **Thomas Kristic,** M. jur. (Oxford), Notar, Augsburg | **Florian Kroier,** Notar, Lichtenfels | **Dr. Rudolf Lauda,** Rechtsanwalt, Frankfurt a.M. | **Dr. Johann Lessing,** Richter, Wetter | **Dr. Matthias Meindl,** Rechtsanwalt, Wasserburg am Inn und Ebersberg | **Dr. Mark Niehuus,** Rechtsanwalt, Mülheim a.d. Ruhr | **Dr. Jan Christof Otto,** Richter, Marburg | **Dr. Christian Prasse,** Rechtsanwalt und Notar, Ahrensburg | **Jens Rathmann,** Richter am Oberlandesgericht Frankfurt a.M. | **Dr. Mathias Schmid,** Rechtsanwalt und Fachanwalt für Bau- und Architektenrecht, Wasserburg am Inn und Ebersberg | **Dr. Rochus Schmitz,** Rechtsanwalt, Münster | **Prof. Dr. Dr. h.c. Reiner Schulze,** Universität Münster | **Dr. Ernst L. Schwarz,** Rechtsanwalt, Fachanwalt für Erbrecht und für Familienrecht, München | **Walther Siede,** Richter am Amtsgericht Viechtach | **Dr. Norbert Sitzmann,** Richter am Oberlandesgericht München | **Thorsten Sörup,** Rechtsanwalt, Frankfurt a.M. | **Lothar Thür,** Rechtsanwalt und Fachanwalt für Arbeitsrecht, Frankfurt a.M. | **Dr. Marcus Wilhelm,** Richter, Marburg | **Carolina Wodtke,** Rechtsanwältin und Fachanwältin für Arbeitsrecht, Frankfurt a.M. | **Dr. Maximilian Zimmer,** Notar, Wernigerode

Die Formulierungsbeispiele in diesem Buch wurden mit Sorgfalt und nach bestem Wissen erstellt. Sie stellen jedoch lediglich Anregungen für die Lösungen typischer Fallgestaltungen dar. Autoren und Verlag übernehmen keine Haftung für die Richtigkeit und Vollständigkeit der in dem Buch und auf der CD-ROM enthaltenen Ausführungen und Formulierungsmuster.

Die Deutsche Nationalbibliothek verzeichnet diese Publikation in der Deutschen Nationalbibliografie; detaillierte bibliografische Daten sind im Internet über http://dnb.d-nb.de abrufbar.

ISBN 978-3-8329-5731-5

1. Auflage 2011

Vorwort

Das „Kommentierte Vertrags- und Prozessformularbuch BGB“ bietet mit über 1200 Mustertexten Handlungsvorschläge und Argumentationshilfen für die anwaltliche Tätigkeit von der Vertragsgestaltung bis zur Prozessführung. Es ist aus der Praxis für die Praxis entstanden: Seine Verfasser sind erfahrene Rechtsanwälte, Richter und Notare. Im Unterschied zu vielen herkömmlichen Formularbüchern beschränkt sich das „Kommentierte Vertrags- und Prozessformularbuch BGB“ nicht auf ein enges Spezialgebiet. Es berücksichtigt vielmehr die Herausforderungen, die sich dem Anwalt alltäglich im gesamten Bereich des Bürgerlichen Rechts stellen können.

Der Aufbau des Werkes folgt – wie alle Werke der Reihe „GesetzesFormulare“ – der Struktur des Gesetzes. Neben den generellen Vorzügen einer gesetzesorientierten Arbeitsweise, eröffnet dies die Möglichkeit, zwei unentbehrliche Hilfsmittel des Anwalts miteinander zu verbinden: Das Formularhandbuch mit seinen konkreten Handlungsanleitungen und den Kommentar mit der Orientierung über den rechtlichen Handlungsrahmen. Je besser Formularhandbuch und Kommentar aufeinander abgestimmt sind, desto effizienter können sie die anwaltliche Tätigkeit unterstützen.

Das „Kommentierte Vertrags- und Prozessformularbuch BGB“ ist daher eng mit der neuen Auflage des bewährten Handkommentars BGB (Hk-BGB) verzahnt. Insbesondere führen die Anmerkungen zu den Mustertexten im Formularhandbuch unmittelbar zur strukturierten Übersicht über die Gesetzeslage im Hk-BGB. In einfachem und raschem Zugriff erhält der Benutzer dadurch die zusätzlichen Informationen, die er zur richtigen Auswahl und Anwendung der Formularmuster benötigt.

Inhalt und Aufbau des Werkes sind zudem mit dem in der gleichen Reihe erschienenen Werk „Kommentiertes Prozessformularbuch ZPO“ abgestimmt. Auch dieses folgt der Konzeption, dem Benutzer vom Gesetzestext oder aus einer Kommentierung ohne Umweg den Zugriff auf die Formulare zu ermöglichen, die im Zusammenhang mit den Einzelvorschriften des Gesetzes stehen. Dies verschafft einen äußerst übersichtlichen und vor allem präzisen Zugang zu den Mustern und ihren Erläuterungen. Sie ermöglicht die Darstellung einer Vielzahl von Varianten und Einzelfällen, die sich in sachgebietsorientierten Formularbüchern nicht abbilden lassen, was eine rasche, auf die individuelle rechtliche und tatsächliche Situation abgestimmte Umsetzung der gesetzlichen Vorgaben erlaubt.

Im Anschluss an den Gesetzestext findet sich in der Regel zunächst ein ausführliches Muster. Dessen Grundlage ist jeweils eine typische anwaltliche oder notarielle Gestaltungs- oder Verfahrenssituation, in der die Vorschrift in der Praxis zur Anwendung kommt. Dabei wurden die Muster so ausgestaltet, dass anhand ihrer dargestellt werden kann, wie eine möglichst weite Bandbreite der mit der Vorschrift verbundenen Praxisprobleme gelöst werden kann.

Einzelne Formulierungen in den Mustern sind mit Ziffern in eckigen Klammern versehen. Zu ihnen findet der Nutzer in den Erläuterungen unter der gleichen Ziffer nähere Ausführungen, etwa zu Anspruchsvoraussetzungen, Beweislastverteilung oder typischen Fehlerquellen. Die Erläuterungen berücksichtigen auch, wie einzelne Passagen des Musters in anderen, ähnlichen Konstellationen abgewandelt werden können und erklären diese Varianten. Zu allen darüber hinausgehenden Detailfragen wird gezielt auf die entsprechende Kommentierung des Hk-BGB sowie weiterer gängiger Kommentarwerke verwiesen.

Dieses Grundgerüst wird freilich nicht als starres Schema verstanden, sondern ist den Besonderheiten einzelner Vorschriften angepasst.

Das Formularbuch nimmt den aktuellen Stand der Gesetzgebung, der Rechtsprechung sowie der neueren Literatur auf. Besondere Berücksichtigung finden vor allem Neuerungen im Allgemeinen Teil, in zentralen Bereichen des Schuldrechts (insb. im Verbraucherrecht) und im Erbrecht. Einbezogen sind so das Gesetz zur Umsetzung der Verbraucherkredit-Richtlinie, des zivilrechtlichen Teils der Zahlungsdienste-Richtlinie, sowie zur Neuordnung der Vorschriften über das Widerrufs- und Rückgaberecht, mit seinen letzten Änderungen, die zum 11.6.2010 in Kraft getreten sind, ebenso das Gesetz zur Einführung einer Musterwiderrufsinformation für Verbraucherdarlehensverträge, zur Änderung der Vorschriften über das Widerrufsrecht bei Verbraucherdarlehensverträgen und zur Änderung des Darlehensvermittlungsrechts (BGBl. I, S. 977). Auch findet das zum 1.1.2010 in Kraft getretene Gesetz zur Änderung des Erb- und Verjährungsrechts Berücksichtigung.

Ein neues Formularbuch stellt in vielerlei Hinsicht eine Herausforderung dar. Dem Verlag gilt Dank für die Bereitschaft, diese gemeinsam mit den Autoren und Herausgebern angenommen zu haben. Zu danken ist insbesondere Herrn Rechtsanwalt Frank Michel, ohne dessen außergewöhnliches Engagement im Lektorat das Vorhaben nicht zu verwirklichen gewesen wäre.

Für die Fortführung des Werkes sind die Herausgeber und Autoren auf die kritische Begleitung und Unterstützung durch die Benutzer angewiesen und daher für jede Anregung und jeden Hinweis zur Verbesserung dankbar.

Münster, Regen und Frankfurt/Main im September 2010

Reiner Schulze
Herbert Grziwotz
Rudolf Lauda

Inhaltsverzeichnis

Bürgerliches Gesetzbuch (BGB)

Alphabetisches Musterverzeichnis

Literaturverzeichnis

Andrick/Suerbaum, Stiftung und Aufsicht, München 2001

Amann/Brambring/Hertel, Vertragspraxis nach neuem Schuldrecht, 2. Auflage 2003

Bamberger/Roth (Hrsg.), Beck'scher Online-Kommentar zum Bürgerlichen Gesetzbuch (zit.: Beck OK BGB/*Bearbeiter*)

Bamberger/Roth (Hrsg.), Kommentar zum Bürgerlichen Gesetzbuch, 2. Aufl. 2008

Baumbach/Hopt, Handelsgesetzbuch, 34. Aufl. 2010

Baumbach/Lauterbach/Albers/Hartmann (Hrsg.), ZPO, 68. Aufl. 2010; (zit.: Baumbach/Lauterbach/*Bearbeiter* bzw. BLAH/*Bearbeiter*)

Beck`sches Notar-Handbuch, 5. Aufl. 2009

Bengel/Reimann, Handbuch der Testamentsvollstreckung, 3. Aufl. 2001

Beuthien/Gummert (Hrsg.), Münchener Handbuch des Gesellschaftsrechts, Band 5, Verein Stiftung bürgerlichen Rechts, München 2009

Bollweg/Hellmann, Das neue Schadensersatzrecht, 2002

Boruttau, GrEStG, 16. Aufl. 2007

Brambring/Mutter (Hrsg.), Beck'sches Formularbuch Erbrecht, 2. Aufl. 2009 (zit: *Bearbeiter* in: Beck'sches Formularbuch ErbR, Form. ... Anm. ...)

Bub/Treier (Hrsg.), Handbuch der Geschäfts- und Wohnraummiete 3. Aufl. 2008

Buchna, Gemeinnützigkeit im Steuerrecht, 9. Aufl. 2008

Bumiller/Harders, FamFG, 9. Aufl. 2009

Cahn, Einführung in das neue Schadensrecht, 2003

Demharter, GBO, 26. Aufl. 2008

Dombek/Kroiß (Hrsg.), Formularbibliothek Vertragsgestaltung, 2007 (zit.: *Bearbeiter* in: Formularbibliothek Vertragsgestaltung, Band ..., Teil ... Rn ...)

Ebenroth/Boujong/Joost/Strohn, HGB, Kommentar, 2. Aufl. 2009

Erman/Westermann, Bürgerliches Gesetzbuch, 12. Aufl. 2008 (zit.: Erman/*Bearbeiter*, § ... Rn ...)

Fischer, Strafgesetzbuch und Nebengesetze, 57. Aufl. 2010

Garbe/Ullrich (Hrsg.), Verfahren in Familiensachen – FamFG ZPO BGB, 2. Aufl. 2009

Geigel (Hrsg.), Der Haftpflichtprozess mit Einschluss des materiellen Haftpflichtrechts, 25. Aufl. 2008

Grziwotz/Lüke/Saller, Praxishandbuch Nachbarrecht, 2005

Hannemann/Wiegner (Hrsg.), Münchener Anwaltshandbuch Mietrecht, 2. Auflage 2005

Hartmann, Kostengesetze, 40. Aufl. 2010

Heidel/Pauly/Amend (Hrsg.), AnwaltFormulare, 6. Aufl.2009

Heiß, Das Mandat im Familienrecht, 2. Aufl. 2010

Hoffmann-Becking/Rawert (Hrsg.), Beck'sches Formularbuch Bürgerliches, Handels- und Wirtschaftsrecht, 9. Aufl. 2006

Hofmann, GrEStG, 8. Aufl. 2004

Hopt (Hrsg.), Vertrags- und Formularbuch zum Handels-, Gesellschafts- und Bankrecht, 3. Aufl. 2007

Huber, Das neue Schadensersatzrecht, 2002

Ingenstau/Korbion/Vygen/Kratzberg (Hrsg.), VOB/B, 17. Aufl. 2010

Jansen/Jansen, Der Nießbrauch im Zivil- und Steuerrecht, 8. Aufl. 2009

Jauernig (Hrsg.), Bürgerliches Gesetzbuch, 13. Aufl. 2009 (zit.: Jauernig/*Bearbeiter*)

Juris PraxisKommentar BGB, 4. Aufl. 2008 (zit.: *Bearbeiter* in: jurisPK-BGB, § ... Rn ...)

Kinne/Schach/Bieber, Miet- und Mietprozessrecht, Kommentierung der §§ 535-580 a BGB mit Schriftsatz- und Klagemustern für die Rechtspraxis, 5. Aufl. 2008

Krauß, Überlassungsverträge in der Praxis, 2006

Kroiß (Hrsg.), Formularbibliothek Zivilprozess, 2. Aufl. 2010 (zit.: *Bearbeiter* in: Formularbibliothek Zivilprozess, Band ..., Teil ... Rn ...)

Krug/Rudolf/Kroiß/Bittler (Hrsg.), Anwaltformulare Erbrecht, 4. Aufl. 2010 (zit.: *Bearbeiter* in: Krug u. a., § ... Rn ...)

Lammel, AnwaltKommentar Wohnraummietrecht, 2007

Langenfeld, Grundstückszuwendungen im Zivil- und Steuerrecht, 2005

Langenfeld, Vertragsgestaltung, 3. Aufl. 2004

Limmer/Hertel/Frenz/Mayer, Würzburger Notarhandbuch, 2. Auflage 2009

Locher/Mes, Beck`sches Prozessformularbuch, 10. Aufl. 2006

Mayer/Süß/Tanck/Bittler/Wälzholz, Handbuch Pflichtteilsrecht, 2. Aufl. 2010

Meincke, ErbStG, 15. Aufl. 2009

Müller/Schöppe-Fredenburg, Formularhandbuch Prozessrecht, 2004

Münchener Anwaltshandbuch Erbrecht, 2. Aufl. 2007

Münchener Kommentar zum Bürgerlichen Gesetzbuch, 5. Aufl. 2006 ff. (zit.: MüKo-BGB/*Bearbeiter*)

Münchener Kommentar zum Handelsgesetzbuch, 2. Aufl. 2005 ff. (zit.: MüKo-HGB/*Bearbeiter*)

Münchener Kommentar zur Zivilprozessordnung, 3. Aufl. 2007 ff. (zit.: MüKo-ZPO/*Bearbeiter*)

Münchener Kommentar zur Insolvenzordnung, 2. Aufl. 2007 (zit.: MüKo-InsO/*Bearbeiter*)

Münchener Vertragshandbuch, 6. Aufl. 2005 ff.

Musielak (Hrsg.), Kommentar zur Zivilprozessordnung, 7. Aufl. 2009

Nieder/Kössinger, Handbuch der Testamentsgestaltung, 3. Aufl. 2008

NomosKommentar BGB, vormals AnwaltKommentar BGB, Gesamthrsg. Dauner-Lieb/Heidel/Ring, 2005 ff (zit.: NK-BGB/*Bearbeiter*)

Palandt, Bürgerliches Gesetzbuch, 69. Aufl. 2010 (zit.: Palandt/*Bearbeiter*)

Prölss/Martin, VVG, 28. Aufl. 2010

Reithmann/Albrecht/Basty, Handbuch der notariellen Vertragsgestaltung

Saenger (Hrsg.), Zivilprozessordnung, 3. Aufl. 2009 (zit.: Hk-ZPO/*Bearbeiter*)

Saenger/Ullrich/Siebert, ZPO – Kommentiertes Prozessformularbuch mit neuem Familienverfahren, 2009 (zit.: GF-ZPO/*Bearbeiter*)

Schindler, Pflichtteilsberechtigter Erbe und pflichtteilsberechtigter Beschenkter, 2004

Schöner/Stöber, Grundbuchrecht, Handbuch der Rechtspraxis, 14. Aufl., München 2008

Schulte-Bunert/Weinreich, FamFG, 2009

Schulte-Nölke/Frenz/Flohr (Hrsg.), Formularbuch Vertragsrecht, 2. Aufl. 2006

Schulze (Schriftltg.), Bürgerliches Gesetzbuch, 6. Aufl. 2009 (zit.: Hk-BGB/*Bearbeiter*)

Seifart/von Campenhausen (Hrsg.), Stiftungsrechts-Handbuch, 3. Aufl., München 2009

Schmidt-Futterer (Hrsg.), Mietrecht, Großkommentar des Wohn- und Gewerberaummietrechts 9. Aufl. 2006

Soergel, Bürgerliches Gesetzbuch, 12. Aufl. 1987 ff; 13. Aufl. 1999 ff (zit.: Soergel/*Bearbeiter*)

Staudinger, Bürgerliches Gesetzbuch, 13. Aufl. 1993 ff; Neubearbeitungen 2003, 2004, 2008 (zit.: Staudinger/*Bearbeiter*)

Stöber, Handbuch zum Vereinsrecht, 9. Aufl. 2004

Schwarz, Testamentsvollstreckung, 2010

Tanck (Hrsg.), Formularbuch Erbrecht, 2007 (zit.: *Bearbeiter* in: Tanck, § ... Rn ...)
Thomas/Putzo, Zivilprozessordnung, 30. Aufl. 2009 (zit.: T/P/*Bearbeiter*)
Tiedtke, Notarkosten im Grundstücksrecht, 2. Aufl. 2007
Vorwerk (Hrsg.), Das Prozessformularbuch, 8. Aufl. 2005
Richter/Wachter (Hrsg.), Handbuch des internationalen Stiftungsrechts, 2007
Wegmann, Grundstücksüberlassung, 1999
Werner/Pastor, Der Bauprozess, 12. Aufl. 2008
Westphalen, von, Vertragsrecht und AGB-Klauselwerke, 25. Lieferung, Stand 2009
Wieser, Prozessrechts-Kommentar zum BGB, 2. Aufl. 2002
Wolf/Lindacher/Pfeiffer, AGB-Recht, Kommentar, 5. Aufl. 2009
Wurm/Wagner/Zartmann (Hrsg.), Das Rechtsformularbuch, 15. Aufl. 2007
Wurm/Wagner/Zartmann, Das Rechtsformularbuch, 15. Aufl. 2007
Zöller (Hrsg.), Zivilprozessordnung, 28. Aufl. 2010 (zit.: Zöller/*Bearbeiter*)

Bearbeiterverzeichnis

Dr. Peter Baltzer, Notar, Weiden i.d. OPf. (§§ 1030-1089)

Dr. Anna-Maria Beesch, Rechtsanwältin und Fachanwältin für Bank- und Kapitalmarktrecht, Frankfurt a.M. (§§ 675-676 c, 765-811)

Daniela Best, Rechtsanwältin, Fachanwältin für Bau- und Architektenrecht und für Miet- und Wohnungseigentumsrecht, Wiesbaden (§§ 535-575 a; § 598 [gemeinsam mit *Grziwotz*]; §§ 599-606; 652-655 e)

Thomas Denno, Rechtsanwalt und Fachanwalt für Familienrecht, Münster (§§ 1313-1318; 1353-1362; 1569-1580; 1587; 1626-1684)

Dr. Stephanie Eberl, LL.M. oec., Rechtsanwältin, München (§§ 433-479; 929-936)

Dr. Sebastian Franck, LL.M., Notar, Neu-Ulm (§§ 516-534)

Prof. Dr. Dr. Herbert Grziwotz, Notar, Regen (§ 598 [gemeinsam mit *Best*]; §§ 925-928)

Wolfgang Häberle, Rechtsanwalt und Fachanwalt für Erbrecht, Friedrichshafen (§§ 2303-2352)

Dr. Heinz K. Haidl, Rechtsanwalt und Fachanwalt für Handels- und Gesellschaftsrecht und für gewerblichen Rechtsschutz, Ingolstadt (§§ 305-310; 705-758)

Sonja Hecker, Rechtsanwältin, Mannheim (§§ 1967-2017)

Dr. Jörn Heinemann, LL.M., Notar, Neumarkt i.d. OPf. (§§ 186-218)

Dr. Markus Heuel, Rechtsanwalt, Essen (§§ 1-89)

Michael W. Klein, Rechtsanwalt und Fachanwalt für Familienrecht, Mönchengladbach (§§ 1363-1518; 1564-1568; 1616-1625; 1712-1717; 1909-1921)

Dr. Rolf Kofler, Rechtsanwalt und Fachanwalt für Familienrecht, Reutlingen (§§ 1558-1563; 1591-1615 n)

Thomas Krause, Notar, Staßfurt (§§ 1113-1203)

Dr. Ulrich Krause, Notar, Erfurt (§§ 854-902)

Thomas Kristic M. jur. (Oxford), Notar, Augsburg (§§ 104-185; 2032-2063; 2371-2385)

Florian Kroier, Notar, Lichtenfels (§§ 1018-1029; 1090-1093)

Dr. Rudolf Lauda, Rechtsanwalt, Frankfurt a.M. (Anhang zu §§ 611 ff: Das Verhältnis Anwalt – Mandant)

Dr. Johann Lessing, Richter, Wetter (§§ 581-597)

Dr. Matthias Meindl, Rechtsanwalt, Wasserburg am Inn und Ebersberg (§§ 631-651 [gemeinsam mit *Schmid*])

Dr. Mark Niehuus, Rechtsanwalt, Mülheim a.d. Ruhr (§§ 651a-651 m)

Dr. Jan Christof Otto, Richter, Marburg (§§ 1896-1908 i [gemeinsam mit *Wilhelm*])

Dr. Christian Prasse, Rechtsanwalt und Notar, Ahrensburg (§§ 311-397; 488-512; Anhang zu §§ 535 ff: Franchiserecht)

Jens Rathmann, Richter am Oberlandesgericht Frankfurt a.M. (§§ 241-304; 812-826)

Dr. Mathias Schmid, Rechtsanwalt und Fachanwalt für Bau- und Architektenrecht, Wasserburg am Inn und Ebersberg (§§ 631-651 [gemeinsam mit *Meindl*])

Dr. Rochus Schmitz, Rechtsanwalt, Münster (§§ 2064-2272)

Dr. Ernst L. Schwarz, Rechtsanwalt, Fachanwalt für Erbrecht und für Familienrecht, München (§§ 2353-2370)

Walther Siede, Richter am Amtsgericht Viechtach (§§ 903-924; 946-952; 985-1007; 1273-1296)

Dr. Norbert Sitzmann, Richter am Oberlandesgericht München (§§ 398-432)

Thorsten Sörup, Rechtsanwalt, Frankfurt a.M. (§§ 611 [gemeinsam mit *Thür* und *Wodtke*]; 617-619 a; 628; 630; 662-674; 677-700)

Lothar Thür, Rechtsanwalt und Fachanwalt für Arbeitsrecht, Frankfurt a.M. (§§ 611 [gemeinsam mit *Sörup* und *Wodtke*]; 612-616, 620-627 [gemeinsam mit *Wodtke*])

Dr. Marcus Wilhelm, Richter, Marburg (§§ 232-240; 827-853; 1896-1908 i [gemeinsam mit *Otto*])

Carolina Wodtke, Rechtsanwältin und Fachanwältin für Arbeitsrecht, Frankfurt a.M. (§§ 611 [gemeinsam mit *Sörup* und *Thür*]; 612-616, 620-627 [gemeinsam mit *Thür*])

Dr. Maximilian Zimmer, Notar, Wernigerode (§§ 1008-1011; 1094-1112; 1942-1966; 2018-2031; 2274-2302)

Zitiervorschlag: GF-BGB/*Bearbeiter*, § … Rn …

Abkürzungsverzeichnis

aA	anderer Ansicht
aaO	am angegebenen Ort
abl.	ablehnend
Abs.	Absatz
Abschn.	Abschnitt
abw.	abweichend
aE	am Ende
aF	alte Fassung
AG	Amtsgericht
allg.	allgemein
allgA	allgemeine Ansicht
allgM	allgemeine Meinung
aM	anderer Meinung
Anh.	Anhang
Anm.	Anmerkung
AS	Aktenseite
Aufl.	Auflage
ausdr.	ausdrücklich
ausf.	ausführlich
Az	Aktenzeichen
Bd.	Band
BA	Beschlussausfertigung
Begr.	Begründung
Bek.	Bekanntmachung
ber.	berichtigt
ber.	berichtigt
bes.	besonders
Beschl.	Beschluss
bespr.	besprochen
bestr.	bestritten
bez.	bezüglich
Bl.	Blatt
bspw	beispielsweise
b.u.v.	beschlossen und verkündet
bzgl	bezüglich
bzw	beziehungsweise
ders.	derselbe
dh	das heißt
dies.	dieselbe
Dok.	Dokument
E.	Entwurf
EB	Empfangsbekenntnis
e.V.	eingetragener Verein
ebd	ebenda
Einf.	Einführung
eingetr.	eingetragen
Einl.	Einleitung
Einl.	Einleitung
einschl.	einschließlich
einschr.	einschränkend
Entsch.	Entscheidung
entspr.	entsprechend
Entw.	Entwurf
Erkl.	Erklärung
Erl.	Erlass; Erläuterung
etc.	et cetera
evtl	eventuell
f, ff	folgende, fortfolgende
Fn	Fußnote
GA	Gerichtsakte
geänd.	geändert
gem.	gemäß
ggf	gegebenenfalls
grds.	grundsätzlich
hA	herrschende Auffassung
Hdb	Handbuch
hL	herrschende Lehre
hM	herrschende Meinung
Hrsg.	Herausgeber
hrsg.	herausgegeben
Hs	Halbsatz
iA	im Auftrag
idF	in der Fassung
idR	in der Regel
idS	in diesem Sinne
iE	im Ergebnis
ieS	im engeren Sinne
iHv	in Höhe von
inkl.	inklusive
insb.	insbesondere
insg.	insgesamt
iS	im Sinne
iÜ	im Übrigen
iVm	in Verbindung mit
iwS	im weiteren Sinne
Kap.	Kapitel
KfH	Kammer für Handelssachen
krit.	kritisch

lit.	littera
Lit.	Literatur
LS	Leitsatz
m.Anm.	mit Anmerkung
mE	meines Erachtens
mind.	mindestens
Mitt.	Mitteilung(en)
mN	mit Nachweisen
mwN	mit weiteren Nachweisen
mWv	mit Wirkung von
n.r.	nicht rechtskräftig
n.v.	nicht veröffentlicht
Nachw.	Nachweise
nF	neue Fassung
Nov.	Novelle
Nr.	Nummer
oa	oben angegeben, angeführt
oä	oder ähnliches
og	oben genannt
PKH	Prozesskostenhilfe
pp.	fahre fort [lat. *perge, perge*; Anweisung zum Abschreiben sich wiederholender Aktenteile]
resp.	respektive
Rn	Randnummer
Rspr	Rechtsprechung
S.	Satz/Seite
s.	siehe
s.a.	siehe auch
s.o.	siehe oben
s.u.	siehe unten
Slg	Sammlung
sog.	so genannt
str.	streitig/strittig
UA	Urteilsausführungen
u.a.	unter anderem
u.a.m.	und anderes mehr
uÄ	und Ähnliches
uE	unseres Erachtens
umstr.	umstritten
unstr.	unstreitig
URNr	Urkundenrolle Nummer
Urt.	Urteil
usw	und so weiter
uU	unter Umständen
uVm	und Vieles mehr
v.	von/vom
vAw	von Amts wegen
vgl	vergleiche
VO	Verordnung
vorl.	vorläufig
VU	Versäumnisurteil
wN	weitere Nachweise
WpHG	Wertpapierhandelsgesetz
zB	zum Beispiel
zit.	zitiert
zT	zum Teil
ZU	Zustellungsurkunde
zust.	zustimmend
zutr.	zutreffend
zzgl	zuzüglich

Bürgerliches Gesetzbuch

In der Fassung der Bekanntmachung vom 2. Januar 2002 (BGBl. I S. 42) (BGBl. III 400-2) zuletzt geändert durch Entscheidung des BVerfG vom 21. Juli 2010 (BGBl. I S. 1173)

Buch 1 Allgemeiner Teil

Abschnitt 1 Personen

Titel 1 Natürliche Personen, Verbraucher, Unternehmer

§ 1 Beginn der Rechtsfähigkeit

Die Rechtsfähigkeit des Menschen beginnt mit der Vollendung der Geburt.

§ 2 Eintritt der Volljährigkeit

Die Volljährigkeit tritt mit der Vollendung des 18. Lebensjahres ein.

§§ 3 bis 6 (weggefallen)

§ 7 Wohnsitz; Begründung und Aufhebung

(1) Wer sich an einem Orte ständig niederlässt, begründet an diesem Orte seinen Wohnsitz.
(2) Der Wohnsitz kann gleichzeitig an mehreren Orten bestehen.
(3) Der Wohnsitz wird aufgehoben, wenn die Niederlassung mit dem Willen aufgehoben wird, sie aufzugeben.

§ 8 Wohnsitz nicht voll Geschäftsfähiger

(1) Wer geschäftsunfähig oder in der Geschäftsfähigkeit beschränkt ist, kann ohne den Willen seines gesetzlichen Vertreters einen Wohnsitz weder begründen noch aufheben.
(2) Ein Minderjähriger, der verheiratet ist oder war, kann selbständig einen Wohnsitz begründen und aufheben.

§ 9 Wohnsitz eines Soldaten

(1) [1]Ein Soldat hat seinen Wohnsitz am Standort. [2]Als Wohnsitz eines Soldaten, der im Inland keinen Standort hat, gilt der letzte inländische Standort.
(2) Diese Vorschriften finden keine Anwendung auf Soldaten, die nur auf Grund der Wehrpflicht Wehrdienst leisten oder die nicht selbständig einen Wohnsitz begründen können.

§ 10 (weggefallen)

§ 11 Wohnsitz des Kindes

[1]Ein minderjähriges Kind teilt den Wohnsitz der Eltern; es teilt nicht den Wohnsitz eines Elternteils, dem das Recht fehlt, für die Person des Kindes zu sorgen. [2]Steht keinem Elternteil das Recht zu, für die Person des Kindes zu sorgen, so teilt das Kind den Wohnsitz desjenigen, dem dieses Recht zusteht. [3]Das Kind behält den Wohnsitz, bis es ihn rechtsgültig aufhebt.

§ 12 Namensrecht

[1]Wird das Recht zum Gebrauch eines Namens dem Berechtigten von einem anderen bestritten oder wird das Interesse des Berechtigten dadurch verletzt, dass ein anderer unbefugt den gleichen Namen gebraucht, so kann der Berechtigte von dem anderen Beseitigung der Beeinträchtigung verlangen. [2]Sind weitere Beeinträchtigungen zu besorgen, so kann er auf Unterlassung klagen.

1 **A. Muster: Klage auf Unterlassung einer Namensnutzung**

▶ An das

Amtsgericht[1]

In der Sache ▪▪▪

Streitwert ▪▪▪

erhebe ich

Klage

und werde beantragen:

1. Der Beklagte wird verurteilt, es zu unterlassen, den Domain-Namen „XYZ-Verein.de" zu nutzen.[2]
2. Dem Beklagten wird angedroht, dass für jeden Fall der Zuwiderhandlung ein Ordnungsgeld bis zur Höhe von 250.000 EUR oder eine Ordnungshaft bis zu sechs Monaten gegen ihn festgesetzt wird.[3]
3. ▪▪▪ (Kosten, vorläufige Vollstreckbarkeit)

Begründung

Der Kläger ist seit ▪▪▪ im Vereinsregister des Amtsgerichts ▪▪▪ unter dem Namen XYZ-Verein eingetragen. Vereinszweck ist die Unterstützung von hilfsbedürftigen Personen.

Beweis: Vereinsregisterauszug Nr. ▪▪▪

Er wirbt unter seinem Namen um Spenden und hat sich in den vergangenen Jahren einen größeren Kreis von Spendern aufgebaut, der die Arbeit des Vereins durch wiederkehrende Zuwendungen unterstützt.

Der Beklagte ist ebenfalls ein steuerbefreiter Verein, der in einem ähnlichen Zweckbereich tätig ist. Er nutzt die Domain „XYZ-Verein.de" als Portal, das den Besucher automatisch auf die Seiten des Beklagten weiterleitet.[4] Dort wird die gemeinnützige Arbeit des Beklagten präsentiert und um Spenden geworben.

Der Kläger hat gegen den Beklagten gemäß § 12 einen Anspruch, dass dieser die Nutzung des Domain-Namens „XYZ-Verein.de" unterlässt. Der Beklagte nutzt den Namen des Klägers unbefugt in Form einer gleichlautenden Domain-Bezeichnung und stellt damit einen Bezug zwischen dem Namen des Klägers und der eigenen Tätigkeit her. Er verletzt die ideellen und wirtschaftlichen Interessen des Klägers, da bei potenziellen Spendern der Eindruck entstehen kann, dass beide Vereine kooperieren und letztlich Spenden an den Beklagten anstelle des Klägers gegeben werden.[5]

Mit Schreiben vom ▪▪▪ hat der Kläger den Beklagten aufgefordert, die Nutzung des Domain-Namens „XYZ-Verein.de" zu unterlassen, ohne dass dieser Aufforderung Folge geleistet wurde.[6]

▪▪▪

Rechtsanwalt ◀

B. Erläuterungen

2 [1] Die **sachliche Zuständigkeit** des Amts- oder Landgerichts richtet sich bei Unterlassungsklagen allein nach dem Streitwert.

3 [2] **Anspruchsgrundlage.** Die Unterlassungsklage kann unmittelbar aus § 12 erhoben werden, sofern von einer weiteren Beeinträchtigung des Namensrechts ausgegangen werden muss. Ein

unmittelbarer Anspruch auf Sperrung der Domain folgt aus § 12 jedoch nicht (BGH NJW 2004, 1793).

[3] **Zwangsmaßnahmen.** Beantragt werden sollte zugleich die Androhung von Ordnungsmitteln gemäß § 890 ZPO, um die sonst erforderliche gesonderte Beantragung und Zustellung der Androhung zu vermeiden, § 890 Abs. 2 ZPO. 4

[4] **Analoge Anwendung.** Der Anspruch auf Unterlassung folgt unmittelbar aus § 12. Er wird von der Rechtsprechung in analoger Anwendung der Norm juristischen Personen zuerkannt (BGHZ 161, 220). Der Namensschutz erstreckt sich auch auf die unbefugte Nutzung eines Domain-Namens (BGHZ 155, 275). 5

[5] **Anspruchsvoraussetzungen.** Der Kläger muss im Fall der Namensanmaßung durch Dritte die Verletzung von wirtschaftlichen oder ideellen Interessen durch die unbefugte Verwendung des Namens geltend machen (Hk-BGB/*Dörner*, § 12 Rn 4). Das ist insbesondere der Fall, wenn aufgrund der Verwendung des Namens der Eindruck erweckt wird, es bestehe ein Zusammenhang zwischen dem Namensträger und dem Verwender (**sog. Zuordnungsverwirrung**). Bereits die Gefahr des Verlustes von Einnahmen verletzt die wirtschaftlichen Interessen des Namensträgers. 6

[6] Anspruchsvoraussetzung ist nach Satz 2, dass **weitere Beeinträchtigungen** des Namensrechts **zu besorgen** sind. Davon kann ausgegangen werden, wenn der Beklagte einer schriftlichen Aufforderung zur Nutzungsunterlassung nicht Folge geleistet hat. 7

§ 13 Verbraucher[1]

Verbraucher ist jede natürliche Person, die ein Rechtsgeschäft zu einem Zwecke abschließt, der weder ihrer gewerblichen noch ihrer selbständigen beruflichen Tätigkeit zugerechnet werden kann.

§ 14 Unternehmer[1]

(1) Unternehmer ist eine natürliche oder juristische Person oder eine rechtsfähige Personengesellschaft, die bei Abschluss eines Rechtsgeschäfts in Ausübung ihrer gewerblichen oder selbständigen beruflichen Tätigkeit handelt.
(2) Eine rechtsfähige Personengesellschaft ist eine Personengesellschaft, die mit der Fähigkeit ausgestattet ist, Rechte zu erwerben und Verbindlichkeiten einzugehen.

§§ 15 bis 20 (weggefallen)

Titel 2 Juristische Personen

Untertitel 1 Vereine

Kapitel 1 Allgemeine Vorschriften

§ 21 Nicht wirtschaftlicher Verein

Ein Verein, dessen Zweck nicht auf einen wirtschaftlichen Geschäftsbetrieb gerichtet ist, erlangt Rechtsfähigkeit durch Eintragung in das Vereinsregister des zuständigen Amtsgerichts.

§ 22 Wirtschaftlicher Verein

[1]Ein Verein, dessen Zweck auf einen wirtschaftlichen Geschäftsbetrieb gerichtet ist, erlangt in Ermangelung besonderer bundesgesetzlicher Vorschriften Rechtsfähigkeit durch staatliche Verleihung. [2]Die Verleihung steht dem Land zu, in dessen Gebiete der Verein seinen Sitz hat.

1 Diese Vorschriften dienen der Umsetzung der eingangs zu den Nummern 3, 4, 6, 7, 9 und 11 genannten Richtlinien.

§ 23 (aufgehoben)

§ 24 Sitz

Als Sitz eines Vereins gilt, wenn nicht ein anderes bestimmt ist, der Ort, an welchem die Verwaltung geführt wird.

§ 25 Verfassung

Die Verfassung eines rechtsfähigen Vereins wird, soweit sie nicht auf den nachfolgenden Vorschriften beruht, durch die Vereinssatzung bestimmt.

§ 26 Vorstand und Vertretung

(1) [1]Der Verein muss einen Vorstand haben. [2]Der Vorstand vertritt den Verein gerichtlich und außergerichtlich; er hat die Stellung eines gesetzlichen Vertreters. [3]Der Umfang der Vertretungsmacht kann durch die Satzung mit Wirkung gegen Dritte beschränkt werden.
(2) [1]Besteht der Vorstand aus mehreren Personen, so wird der Verein durch die Mehrheit der Vorstandsmitglieder vertreten. [2]Ist eine Willenserklärung gegenüber einem Verein abzugeben, so genügt die Abgabe gegenüber einem Mitglied des Vorstands.

§ 27 Bestellung und Geschäftsführung des Vorstands

(1) Die Bestellung des Vorstands erfolgt durch Beschluss der Mitgliederversammlung.
(2) [1]Die Bestellung ist jederzeit widerruflich, unbeschadet des Anspruchs auf die vertragsmäßige Vergütung. [2]Die Widerruflichkeit kann durch die Satzung auf den Fall beschränkt werden, dass ein wichtiger Grund für den Widerruf vorliegt; ein solcher Grund ist insbesondere grobe Pflichtverletzung oder Unfähigkeit zur ordnungsmäßigen Geschäftsführung.
(3) Auf die Geschäftsführung des Vorstands finden die für den Auftrag geltenden Vorschriften der §§ 664 bis 670 entsprechende Anwendung.

1 **A. Muster: Protokollierung der Vorstandswahl**

▶ **Protokoll[1]**

Tagesordnungspunkt ... Wahlen[2]

Der Vorsitzende und der stellvertretende Vorsitzende informieren die Versammlung, dass sie mit Ablauf der Sitzung ihre Ämter niederlegen werden.

Um das Amt des Vorsitzenden bewerben sich Frau ... und Herr ... Die schriftliche Wahl führt zu folgendem Ergebnis: Frau ... erhält 36 Stimmen, Herr ... 19 Stimmen. Frau ... ist damit zur Vorsitzenden gewählt, sie nimmt die Wahl an.[3]

Um das Amt des stellvertretenden Vorsitzenden bewirbt sich Herr ... Die schriftliche Wahl führt zu folgendem Ergebnis: Herr ... wird mit 51 Ja-Stimmen und 5 Nein-Stimmen bei einer Enthaltung zum stellvertretenden Vorsitzenden gewählt. Er nimmt die Wahl an.[4] ◀

B. Erläuterungen

2 [1] Zu den **Grundsätzen** der Protokollierung vgl die Erläuterung des Musters: Protokoll einer Mitgliederversammlung zu § 32 Rn 9 ff.

3 [2] **Vorgaben der Satzung.** Die Wahl der Vorstandsmitglieder richtet sich nach den Bestimmungen der Vereinssatzung, die in der Regel Vorgaben hinsichtlich des **Wahlverfahrens** oder auch des aktiven und passiven **Wahlrechts** enthalten. Ist in der Satzung die Wahl der Vorstandsmitglieder ungeregelt geblieben, so findet die allgemeine Bestimmung des § 32 Abs. 1 S. 3 Anwendung (Hk-BGB/*Dörner*, § 32 Rn 4).

[3] **Dokumentation der Wahl.** Das Protokoll hat die Einhaltung der **satzungsmäßigen Vorgaben** für die Wahl der einzelnen Vorstandmitglieder zu dokumentieren. Wurde gegen die Bestimmungen der Satzung verstoßen, hat das regelmäßig die Ungültigkeit der Wahl zur Folge (*Waldner* in: Beuthin/Gummert (Hrsg.), § 27 Rn 12). Stehen mehrere Kandidaten zur Wahl, so können gültige Stimmen entweder für einen Kandidaten oder als Stimmenthaltung abgegeben werden. Legt die Satzung keine besonderen Mehrheiten fest, ist der Kandidat mit den meisten Stimmen gewählt. Nach ständiger Rechtsprechung des BGH sind bei dieser Feststellung Stimmenthaltungen nicht mitzuzählen (BGH NJW 1982, S. 1585), die Mehrheit der abgegebenen gültigen Stimmen muss folglich vom jeweiligen Kandidaten nicht erreicht werden. 4

[4] **Abstimmung.** Steht bei einer Wahl nur ein Kandidat zur Verfügung, so kann über die Kandidatur wie bei einer herkömmlichen Beschlussvorlage mit Ja oder Nein abgestimmt werden. Im Hinblick auf Stimmenthaltungen und ungültige Stimmen gelten die unter Rn 3 festgehaltenen Grundsätze. 5

§ 28 Beschlussfassung des Vorstands

Bei einem Vorstand, der aus mehreren Personen besteht, erfolgt die Beschlussfassung nach den für die Beschlüsse der Mitglieder des Vereins geltenden Vorschriften der §§ 32 und 34.

§ 29 Notbestellung durch Amtsgericht

Soweit die erforderlichen Mitglieder des Vorstands fehlen, sind sie in dringenden Fällen für die Zeit bis zur Behebung des Mangels auf Antrag eines Beteiligten von dem Amtsgericht zu bestellen, das für den Bezirk, in dem der Verein seinen Sitz hat, das Vereinsregister führt.

A. Muster: Antrag auf Bestellung eines Notvorstandes 1

▶ An das Amtsgericht[1]

– Registergericht –

In der Registersache

■■■ e.V. (VR ■■■)

beantrage ich als Vorsitzender des Vorstands,[2] Frau ■■■ zum Notvorstand des Vereins zu bestellen.[3]

Der stellvertretende Vorsitzende des Vorstands ist aufgrund einer schweren Erkrankung vorübergehend nicht in der Lage, seine Amtspflicht wahrzunehmen. Der Vereinsvorstand besteht aus dem Vorsitzenden sowie seinem Stellvertreter. Beide sind nach den Bestimmungen der Satzung nur gemeinschaftlich berechtigt, den Verein zu vertreten.

Der Verein beabsichtigt die Veräußerung eines Grundstücks, für welches kurzfristig ein Käufer gefunden werden konnte.[4] Unser Vereinsmitglied Frau ■■■ ist bereit, für den Zeitraum der Erkrankung von Herrn ■■■ die Funktion der stellvertretenden Vorsitzenden wahrzunehmen. Sie hat mir gegenüber ihre Bereitschaft in dem in Kopie anliegenden Schreiben erklärt.[5]

■■■

Ort, Datum, Unterschrift ◀

B. Erläuterungen

2 [1] **Zuständigkeit.** Für die Bestellung von **Notvorständen** ist das **Amtsgericht** in dessen Register der Verein geführt wird, zuständig. Das zuständige **Registergericht** wird grundsätzlich nur dann tätig, wenn ein entsprechender Antrag gestellt worden ist. Einer besonderen Form bedarf der Antrag nicht, er kann schriftlich oder zu Protokoll bei der Geschäftsstelle des Registergerichts gestellt werden.

3 [2] **Antragsberechtigt** ist ausschließlich ein Beteiligter iSv § 29. Neben den Mitgliedern des Vorstands sind sämtliche Vereinsmitglieder Beteiligte, aber auch dritte Personen, die gegenüber dem Verein ein Recht ausüben möchten, insbesondere dessen Gläubiger (Palandt/*Heinrichs*, § 29 Rn 4).

4 [3] **Vorschlag.** Der Antrag kann einen Vorschlag für die Besetzung des Vorstandsamtes enthalten. An diesen Vorschlag ist das Gericht allerdings nicht gebunden (OLG Köln Rpfleger 2002, 570). Es wählt die Person des Notvorstandes nach pflichtgemäßem Ermessen aus.

5 [4] **Besondere Dringlichkeit.** Der Antrag auf Bestellung eines Notvorstandes ist mit dem Vorliegen eines dringenden Falles iSd § 29 zu begründen. Ein dringender Fall ist danach insbesondere dann gegeben, wenn dem Verein ohne sofortiges Handeln **Schaden droht** (Hk-BGB/*Dörner*, § 29 Rn 1). Ist der Verein in der Lage, rechtzeitig das erforderliche Vorstandsmitglied ordnungsgemäß selbst zu bestellen, so ist mangels Dringlichkeit der Antrag abzulehnen.

6 [5] **Erklärung des Vorgeschlagenen.** Zur Beschleunigung des Verfahrens sollte die Bereitschaft der vorgeschlagenen Person, als Notvorstand zur Verfügung zu stehen, bereits mit der Antragstellung durch eine entsprechende schriftliche Erklärung nachgewiesen werden.

§ 30 Besondere Vertreter

[1]Durch die Satzung kann bestimmt werden, dass neben dem Vorstand für gewisse Geschäfte besondere Vertreter zu bestellen sind. [2]Die Vertretungsmacht eines solchen Vertreters erstreckt sich im Zweifel auf alle Rechtsgeschäfte, die der ihm zugewiesene Geschäftskreis gewöhnlich mit sich bringt.

1 A. Muster: Bestimmung besonderer Vertreter

▶ **§ ... Besondere Vertreter[1]**

Die Mitgliederversammlung kann besondere Vertreter bestellen und diesen jeweils eigene Aufgabenkreise[2] zuweisen. Für die Bestellung und Abberufung der besonderen Vertreter gelten die auf die Vorstandsmitglieder bezogenen Vorschriften entsprechend. ◀

B. Erläuterungen

2 [1] **Vorgaben der Satzung.** Die Vereinssatzung kann Regelungen zur Bestimmung **besonderer Vertreter** treffen. Besondere Vertreter werden insbesondere mit der eigenverantwortlichen Leitung von Untergliederungen des Vereins betraut, wie etwa eines wirtschaftlichen Geschäftsbetriebes. Die Benennungskompetenz kann durch die Satzung sowohl der Mitgliederversammlung als auch dem Vorstand zugesprochen werden (BayObLG, Rpfleger 1999, 332). Zudem sollte die Satzung auch das Verfahren zur Benennung der besonderen Vertreter regeln.

3 [2] Der **Umfang der Vertretungsmacht** kann bereits auf Ebene der Satzung auf bestimmte Bereiche beschränkt werden. Die Satzung kann zudem vorsehen, dass besondere Vertreter den Verein im Rechtsverkehr nur gemeinsam mit einem Mitglied des Vorstands vertreten dürfen.

§ 31 Haftung des Vereins für Organe

Der Verein ist für den Schaden verantwortlich, den der Vorstand, ein Mitglied des Vorstands oder ein anderer verfassungsmäßig berufener Vertreter durch eine in Ausführung der ihm zustehenden Verrichtungen begangene, zum Schadensersatz verpflichtende Handlung einem Dritten zufügt.

§ 31 a Haftung von Vorstandsmitgliedern

(1) [1]Ein Vorstand, der unentgeltlich tätig ist oder für seine Tätigkeit eine Vergütung erhält, die 500 Euro jährlich nicht übersteigt, haftet dem Verein für einen in Wahrnehmung seiner Vorstandspflichten verursachten Schaden nur bei Vorliegen von Vorsatz oder grober Fahrlässigkeit. [2]Satz 1 gilt auch für die Haftung gegenüber den Mitgliedern des Vereins.
(2) [1]Ist ein Vorstand nach Absatz 1 Satz 1 einem anderen zum Ersatz eines in Wahrnehmung seiner Vorstandspflichten verursachten Schadens verpflichtet, so kann er von dem Verein die Befreiung von der Verbindlichkeit verlangen. [2]Satz 1 gilt nicht, wenn der Schaden vorsätzlich oder grob fahrlässig verursacht wurde.

§ 32 Mitgliederversammlung; Beschlussfassung

(1) [1]Die Angelegenheiten des Vereins werden, soweit sie nicht von dem Vorstand oder einem anderen Vereinsorgan zu besorgen sind, durch Beschlussfassung in einer Versammlung der Mitglieder geordnet. [2]Zur Gültigkeit des Beschlusses ist erforderlich, dass der Gegenstand bei der Berufung bezeichnet wird. [3]Bei der Beschlussfassung entscheidet die Mehrheit der abgegebenen Stimmen.
(2) Auch ohne Versammlung der Mitglieder ist ein Beschluss gültig, wenn alle Mitglieder ihre Zustimmung zu dem Beschluss schriftlich erklären.

A. Gründungsversammlung

I. Muster: Protokoll der Gründungsversammlung eines Vereins 1

▶ **Protokoll**[1]

der Gründungsversammlung des ▪▪▪ Vereins am ▪▪▪ (Datum) um ▪▪▪ (Uhrzeit), in ▪▪▪ (Ort).

Auf Einladung von Frau ▪▪▪ sind die in der Anwesenheitsliste angeführten Personen erschienen, um den Beschluss über die Gründung des ▪▪▪ Vereins zu fassen.

Frau ▪▪▪ begrüßt die Anwesenden und übernimmt die Leitung der Sitzung. Sie stellt die Ziele vor, die vom Verein verfolgt werden sollen und legt die Notwendigkeit der Vereinsgründung dar. Herr ▪▪▪ erklärt sich bereit, das Protokoll zu führen.

Frau ▪▪▪ schlägt für die Versammlung die folgende Tagesordnung vor:

1. Beratung und Beschlussfassung über die Satzung und die Gründung des Vereins
2. Wahl des Vorstands
3. Festsetzung des Jahresbeitrages
4. Verschiedenes

Diese Tagesordnung wird von den Anwesenden einstimmig angenommen.[2]

Die Satzung des Vereines ist mit der Einladung versandt worden. Herr ▪▪▪, der die Satzung entworfen hat, stellt die wesentlichen Regelungen noch einmal vor. Die Anwesenden sind mit den getroffenen Bestimmungen einverstanden. Sie beschließen einstimmig, dass der ▪▪▪ Verein gegründet ist und die als Anlage zum Protokoll genommene Satzung erhält. Die Anwesenden erklären des Weiteren, die

Gründungsmitglieder des Vereins zu sein und bestätigen diese Erklärung durch die Unterzeichnung der Vereinssatzung.[3]

Durch Handzeichen wurden einstimmig bei Enthaltung des jeweils zu wählenden Mitgliedes folgende Personen in den Vereinsvorstand gewählt:

Vorsitzende: Frau ■■■, geboren am ■■■, wohnhaft in ■■■,
stellvertretender Vorsitzender: Herr ■■■, geboren am ■■■, wohnhaft in ■■■,
Schatzmeisterin: Frau ■■■, geboren am ■■■, wohnhaft in ■■■.

Die Gewählten nehmen ihr Amt an.[4] Es wird einstimmig beschlossen, dass der Vorstand bis zur Eintragung des Vereins in das Vereinsregister nur die Rechtsgeschäfte vornehmen darf, die zur Erlangung der Rechtsfähigkeit erforderlich sind.[5]

Auf Vorschlag der Schatzmeisterin beschließt die Versammlung einstimmig, den Jahresbeitrag auf 50,00 EUR festzulegen. Er ist erstmals zu Beginn des Folgemonats fällig.[6]

Unter dem Punkt Verschiedenes ergab sich kein weiterer Gesprächsbedarf. Frau ■■■ schließt die Versammlung um ■■■ Uhr.

■■■

Ort, Datum, Unterschrift des Protokollführers[7] ◀

II. Erläuterungen

2 [1] **Versammlungsprotokoll.** Das Protokoll über die Gründungsversammlung des Vereins dokumentiert den formalen Akt der Vereinsgründung. Es ist bei der Anmeldung des Vereins zur Eintragung in das Vereinsregister in Kopie vorzulegen, vgl Muster zu § 59. Form und Inhalt der Versammlungsprotokolle werden durch die Satzung festgelegt.

3 [2] **Prüfung durch Registergericht.** Anhand des Protokolls prüft das Registergericht die Voraussetzung für die wirksame **Entstehung des Vereins.** Das Protokoll muss daher die Einhaltung der für eine Beschlussfassung erforderlichen Formalitäten dokumentieren.

4 [3] **Mindestanzahl der Mitglieder.** Nach § 59 Abs. 3 ist die Satzung von mindestens sieben Mitgliedern zu unterschreiben.

5 [4] **Vorverein.** Mit der Annahme der Satzung und der Wahl des ersten Vorstands entsteht ein Vorverein, der erst mit der Eintragung in das Vereinsregister seine Rechtsfähigkeit erlangt. Die Angabe der Berufe der Vorstandsmitglieder ist nicht mehr erforderlich.

6 [5] **Beschränkung der Vertretungsmacht.** Der Beschluss hat einen klarstellenden Charakter. Der Vorstand soll den Verein bis zu dessen Eintragung nicht rechtsgeschäftlich verpflichten können. Die für den Verein Handelnden haften nach § 54 S. 2 persönlich (Soergel/*Hadding*, vor § 21 Rn 68).

7 [6] **Mitgliedsbeitrag.** Der Verzicht auf die Festsetzung der Höhe der Mitgliedsbeiträge steht einer Eintragung des Vereins in das Vereinsregister nicht entgegen. Vgl dazu auch Erläuterung des Musters: Einfache Satzung eines eingetragenen Idealvereins zu § 57 Rn 8.

8 [7] **Unterschrift.** Wer das Gründungsprotokoll zu unterzeichnen hat, richtet sich nach den allgemeinen Regeln der Vereinssatzung.

B. Mitgliederversammlung

9 **I. Muster: Protokoll einer Mitgliederversammlung**

▶ **Protokoll**

der Mitgliederversammlung des ■■■ Vereins am ■■■ (Datum) um ■■■ (Uhrzeit) in ■■■ (Ort)

Anwesend sind die in der anliegenden Anwesenheitsliste aufgeführten 48 Mitglieder. Die Versammlung leitet Herr ■■■ als Vorsitzender des Vorstands.

Herr ■■■ begrüßt die Anwesenden und stellt die ordnungsgemäße Ladung sowie die Beschlussfähigkeit der Versammlung fest. Die mit der Einladung versandte Tagesordnung wird ohne Änderungen genehmigt. Er bittet Herrn ■■■ die Versammlung zu protokollieren.[1]

1. Bericht des Vorstands

Herr ■■■ berichtet über die Aktivitäten des Vereins im vergangenen Jahr. Er erläutert die Entwicklung der Mitgliederzahl, die sich wie folgt darstellt ■■■. Die Schatzmeisterin Frau ■■■ stellt den Jahresabschluss vor, der den Mitgliedern im Vorfeld der Sitzung zugesandt worden ist. Es ergeben sich keine Rückfragen.[2]

2. Bericht der Kassenprüfer

Die Kassenprüfer Frau ■■■ und Herr ■■■ informieren die Anwesenden über die Prüfung der Konten und Bücher. Die Prüfung habe keinen Anlass zu Beanstandungen gegeben.

3. Entlastung des Vorstands

Frau ■■■ beantragt die Entlastung des Vorstands. Der Antrag wird per Handzeichen mit 45 Stimmen bei drei Enthaltungen angenommen.

4. Wahlen[3]

Die stellvertretende Vorsitzende informiert die Versammlung, dass sie mit Ablauf der Sitzung ihr Amt niederlegen werde. Um ihre Nachfolge bewerben sich Frau ■■■ und Herr ■■■. Die schriftliche Wahl führt zu folgendem Ergebnis: Frau ■■■ erhält 32 Stimmen, Herr ■■■ 12 Stimmen bei zwei Enthaltungen. Frau ■■■ ist damit zur stellvertretenden Vorsitzenden gewählt, sie nimmt die Wahl an.

Der Vorsitzende und die Schatzmeisterin erklären sich bereit, für eine weitere Amtszeit zu kandidieren. Weitere Kandidaten stehen nicht zur Verfügung. Die Versammlung wählt einstimmig bei Enthaltung des jeweiligen Kandidaten durch Handzeichen Herrn ■■■ zum Vorsitzenden und Frau ■■■ zur Schatzmeisterin. Sie nehmen die Wahl an.

Als Kassenprüfer stellen sich Frau ■■■ und Herr ■■■ zur Verfügung. Sie werden einstimmig bei Enthaltung des jeweiligen Kandidaten durch Handzeichen gewählt. Sie nehmen die Wahl an.

5. Satzungsänderung [4]

Von einzelnen Mitgliedern ist an den Vorstand der Vorschlag herangetragen worden, die Satzung des Vereins zu ändern. Nach § ■■■ der aktuellen Satzung kann der Vorstand die Ehrenmitglieder des Vereins ernennen. Um solche Entscheidungen auf eine breitere Basis zu stellen, soll künftig die Ernennung zum Ehrenmitglied auf Beschluss der Mitgliederversammlung mit qualifizierter Mehrheit erfolgen. Der Wortlaut der Norm ist dazu wie folgt zu ändern:

„Personen, die sich um den Verein besonders verdient gemacht haben, können auf Vorschlag des Vorstands durch Beschluss der Mitgliederversammlung zu Ehrenmitgliedern ernannt werden. Die Ernennung zum Ehrenmitglied erfolgt auf Lebenszeit; sie bedarf einer Mehrheit von 2/3 der abgegebenen Stimmen."

Der Antrag wird einstimmig angenommen.

6. Verschiedenes

Es ergab sich kein weiterer Gesprächsbedarf. Herr ■■■ schließt die Versammlung um ■■■ Uhr.

■■■

Ort, Datum, Unterschrift des Vorsitzenden und des Protokollführers[5] ◄

II. Erläuterungen

[1] Die Voraussetzungen einer **wirksamen Beschlussfassung** ergeben sich aus den Bestimmungen der Satzung. Deren Beachtung ist durch das **Protokoll** zu dokumentieren. 10

11 [2] Der **Bericht des Vorstands** ist Grundlage für die Entscheidung der Mitgliederversammlung über seine Entlastung. Das Protokoll sollte zumindest alle für die **Entlastung des Vorstands** relevanten Punkte festhalten.

12 [3] **Wahl des Vorstands.** Vgl Erläuterungen des Musters zu § 27.

13 [4] **Satzungsänderung.** Vgl Erläuterungen des Musters zu § 33.

14 [5] **Unterschrift.** Wer das Versammlungsprotokoll zu unterzeichnen hat, ergibt sich aus der Satzung.

§ 33 Satzungsänderung

(1) [1]Zu einem Beschluss, der eine Änderung der Satzung enthält, ist eine Mehrheit von drei Vierteln der abgegebenen Stimmen erforderlich. [2]Zur Änderung des Zweckes des Vereins ist die Zustimmung aller Mitglieder erforderlich; die Zustimmung der nicht erschienenen Mitglieder muss schriftlich erfolgen.
(2) Beruht die Rechtsfähigkeit des Vereins auf Verleihung, so ist zu jeder Änderung der Satzung die Genehmigung der zuständigen Behörde erforderlich.

1 ### A. Muster: Protokollierung einer Satzungsänderung

▶ **Protokoll**

Tagesordnungspunkt ▪▪▪ Satzungsänderung[1]

Von einzelnen Mitgliedern ist an den Vorstand der Vorschlag herangetragen worden, die Satzung des Vereins zu ändern. Nach § ▪▪▪ der aktuellen Satzung kann der Vorstand die Ehrenmitglieder des Vereins ernennen. Um solche Entscheidungen auf eine breitere Basis zu stellen, soll künftig die Ernennung zum Ehrenmitglied auf Beschluss der Mitgliederversammlung mit qualifizierter Mehrheit erfolgen. Der Wortlaut der Norm ist dazu wie folgt zu ändern:

„Personen, die sich um den Verein besonders verdient gemacht haben, können auf Vorschlag des Vorstands durch Beschluss der Mitgliederversammlung zu Ehrenmitgliedern ernannt werden. Die Ernennung zum Ehrenmitglied erfolgt auf Lebenszeit; sie bedarf einer Mehrheit von 2/3 der abgegebenen Stimmen."

Der Antrag wird einstimmig angenommen.

▪▪▪

Unterschrift ◀

B. Erläuterungen

2 [1] Jede **Satzungsänderung** ist bei dem für den Verein zuständigen Registergericht anzumelden. Das Protokoll ist daher so zu verfassen, dass das Registergericht prüfen kann, ob die Satzungsänderung ordnungsgemäß zustande gekommen ist. Das Protokoll muss insbesondere die Anzahl der Ja- und Nein-Stimmen ausweisen sowie die geänderte Satzungsbestimmung in ihrem neuen Wortlaut wiedergeben. Entgegen dem Wortlaut des § 33 Abs. 1 S. 1 ist lediglich die Mehrheit von 3/4 der abgegebenen Ja- und Nein-Stimmen erforderlich, nicht die der anwesenden Mitglieder. Ungültige Stimmen und Stimmenthaltungen zählen insoweit nicht mit (BGH NJW 1982, 1585).

§ 34 Ausschluss vom Stimmrecht

Ein Mitglied ist nicht stimmberechtigt, wenn die Beschlussfassung die Vornahme eines Rechtsgeschäfts mit ihm oder die Einleitung oder Erledigung eines Rechtsstreits zwischen ihm und dem Verein betrifft.

§ 35 Sonderrechte

Sonderrechte eines Mitglieds können nicht ohne dessen Zustimmung durch Beschluss der Mitgliederversammlung beeinträchtigt werden.

§ 36 Berufung der Mitgliederversammlung

Die Mitgliederversammlung ist in den durch die Satzung bestimmten Fällen sowie dann zu berufen, wenn das Interesse des Vereins es erfordert.

A. Muster: Berufung einer Mitgliederversammlung 1

▶ Herrn ▪▪▪ (Adresse) 8

Sehr geehrter Herr ▪▪▪,

im Namen des Vorstands des ▪▪▪ Vereins lade ich Sie ganz herzlich zur Mitgliederversammlung am ▪▪▪ (Datum) um ▪▪▪ (Uhrzeit) in ▪▪▪ (Versammlungsort) ein.[1]

Für die Versammlung ist die folgende Tagesordnung[2] vorgesehen:

1. Bericht des Vorstands
2. Bericht der Kassenprüfer
3. Entlastung des Vorstands
4. Wahlen
5. Satzungsänderung
6. Verschiedenes

Zu Tagesordnungspunkt 1 erhalten Sie anliegend den Jahresabschluss des Vereins.

Unter Tagesordnungspunkt 5 wird ein Antrag auf Änderung des § ▪▪▪ zur Beschlussfassung gestellt. Der Wortlaut soll künftig wie folgt gefasst werden:

„Personen, die sich um den Verein besonders verdient gemacht haben, können auf Vorschlag des Vorstands durch Beschluss der Mitgliederversammlung zu Ehrenmitgliedern ernannt werden. Die Ernennung zum Ehrenmitglied erfolgt auf Lebenszeit; sie bedarf einer Mehrheit von 2/3 der abgegebenen Stimmen."[3]

Nach § ▪▪▪ der aktuellen Satzung kann der Vorstand die Ehrenmitglieder des Vereins ernennen. Um solche Entscheidungen auf eine breitere Basis zu stellen, soll künftig die Ernennung zum Ehrenmitglied auf Beschluss der Mitgliederversammlung mit qualifizierter Mehrheit erfolgen.

Mit freundlichen Grüßen

▪▪▪

Unterschrift ◀

B. Erläuterungen

[1] Form und Frist für die **Einberufung der Mitgliederversammlung** sind im BGB nicht geregelt. Diese Formalien richten sich daher grundsätzlich nach den Vorgaben der Satzung. Die Mitgliederversammlung ist nur bei Beachtung dieser Vorgaben ordnungsgemäß einberufen. Die Festlegung der erforderlichen Form sollte nach § 58 Nr. 4 Bestandteil jeder Vereinssatzung sein. Ist nach der Satzung die schriftliche Einberufung der Mitgliederversammlung erforderlich, so sind die Einladungen jeweils an die letzte bekannte Adresse der einzelnen Mitglieder zu senden (BGH ZIP 2004, 2186). 2

3 Sofern die Satzung keine **Ladungsfrist** festlegt, muss der Vorstand die Mitgliederversammlung mit einer angemessen Frist einberufen. Die Frist muss so bemessen sein, dass es den Mitgliedern insbesondere möglich ist, an der Sitzung teilzunehmen und sich auf diese vorzubereiten.

4 **[2] Tagesordnung.** Mit der Einberufung der Mitgliederversammlung muss die vorgesehene Tagesordnung bekannt gemacht werden. Die zur Beschlussfassung anstehenden Gegenstände müssen den Mitgliedern mitgeteilt werden, Beschlüsse können grundsätzlich nur in diesem Rahmen gefasst werden, § 32 Abs. 1 S. 2. Die Tagesordnung sollte deshalb möglichst umfassend sein und die einzelnen Punkte zugleich ausreichend konkret wiedergeben. Im Laufe der Versammlung beantragte Ergänzungen der Tagesordnung zur Beschlussfassung sind nur in dringlichen Fällen möglich (OLG Köln WM 1990, 1068).

5 **[3] Satzungsänderung.** Steht in der Mitgliederversammlung eine Beschlussfassung über die Änderung der Vereinssatzung an, so muss der Gegenstand der Satzungsänderung mit der Einberufung ausreichend konkretisiert werden. Um den einzelnen Mitgliedern die Vorbereitung auf die Versammlung zu erleichtern, empfiehlt es sich, die beantragte Neufassung im Wortlaut mitzuteilen und den Hintergrund der Änderung kurz zu erläutern. Eventuell entstehende Unklarheiten können so in der Versammlung gezielter angesprochen und gegebenenfalls ausgeräumt werden.

§ 37 Berufung auf Verlangen einer Minderheit

(1) Die Mitgliederversammlung ist zu berufen, wenn der durch die Satzung bestimmte Teil oder in Ermangelung einer Bestimmung der zehnte Teil der Mitglieder die Berufung schriftlich unter Angabe des Zweckes und der Gründe verlangt.
(2) [1]Wird dem Verlangen nicht entsprochen, so kann das Amtsgericht die Mitglieder, die das Verlangen gestellt haben, zur Berufung der Versammlung ermächtigen; es kann Anordnungen über die Führung des Vorsitzes in der Versammlung treffen. [2]Zuständig ist das Amtsgericht, das für den Bezirk, in dem der Verein seinen Sitz hat, das Vereinsregister führt. [3]Auf die Ermächtigung muss bei der Berufung der Versammlung Bezug genommen werden.

A. Berufung einer außerordentlichen Mitgliederversammlung

1 I. Muster: Beantragung der Berufung einer außerordentlichen Mitgliederversammlung

► An den Vorstand

des ■■■ Vereins[1]

Sehr geehrte Damen und Herren,

die in der anliegenden Liste aufgeführten Vereinsmitglieder[2] verlangen die Einberufung einer außerordentlichen Mitgliederversammlung nach § ■■■ der Satzung. Einziger Tagesordnungspunkt ist „Wahl des Vorstands".

Die Amtszeiten der Vorstandsmitglieder sind mit dem ■■■ abgelaufen. Nach § ■■■ der Satzung bleiben die Mitglieder des Vorstands bis zur Wahl der Nachfolger im Amt. Die Wahl soll auf der nächsten ordentlichen Mitgliederversammlung erfolgen. Obwohl Sie von verschiedenen Mitgliedern in Anbetracht des nahenden Jahresendes wiederholt auf die Notwendigkeit der Einberufung einer Mitgliederversammlung hingewiesen worden sind, haben Sie dazu bislang keine Anstalten getroffen.[3]

Die Anzahl der in der Anlage aufgeführten Unterschriften der Mitglieder entspricht der von der Satzung in § ■■■ verlangten Mindestanzahl. Sollten Sie unserem Verlangen nicht Folge leisten, werden wir beim Amtsgericht einen Antrag auf Ermächtigung zur Einberufung einer Mitgliederversammlung stellen.[4]

Mit freundlichen Grüßen

■■■

Unterschrift ◄

II. Erläuterungen

[1] **Adressat des Antrags.** Der Antrag ist an das für die Einberufung der Mitgliederversammlung zuständige Organ, in der Regel an den Vorstand, zu richten. Die entsprechende Kompetenz richtet sich nach den Bestimmungen der Vereinssatzung. 2

[2] **Minderheitenrecht.** Die Möglichkeit, einen **Antrag auf Einberufung** einer Mitgliederversammlung stellen zu können, ist ein Recht zum Schutz von Minderheiten im Verein (Hk-BGB/*Dörner*, § 37 Rn 1). Dieses Recht darf nicht durch die Satzung abbedungen werden, die Satzung kann lediglich ein von § 37 Abs. 1 abweichendes Quorum festlegen. 3

[3] **Antragsbegründung.** Der Antrag muss die **Notwendigkeit** der Versammlung begründen. Daraus folgt allerdings kein Prüfungsrecht des Adressaten, er kann die Einberufung lediglich bei offensichtlichem Missbrauch verweigern (Palandt/*Heinrichs*, § 37 Rn 3). 4

[4] **Ermächtigung zur Berufung der Versammlung.** Siehe Muster zu § 37 Rn 6 ff. 5

B. Ermächtigung zur Einberufung einer Mitgliederversammlung

I. Muster: Antrag auf Ermächtigung zur Einberufung einer Mitgliederversammlung 6

10

► An das Amtsgericht

– Registergericht –[1]

In der Registersache

■■■ Verein e.V. (VR ■■■)

beantragen die unterzeichnenden Mitglieder die Ermächtigung zur Einberufung einer Mitgliederversammlung. Einziger Tagesordnungspunkt ist „Wahl des Vorstands".

Mit Schreiben vom ■■■ haben die unterzeichnenden Mitglieder vom Vereinsvorstand die Einberufung einer Mitgliederversammlung verlangt. Das Schreiben, in dem auch die Gründe für die Einberufung angeführt sind, liegt in Kopie bei. Der Vorstand ist unserem Verlangen bislang nicht nachgekommen.[2]

Die Satzung sieht in § ■■■ vor, dass der Vorstand auf Verlangen von 1/5 der Mitglieder eine Mitgliederversammlung einzuberufen hat. Der Verein hat aktuell 76 Mitglieder, so dass die Anforderung der Satzung mit der Unterzeichnung dieses Schreibens durch 20 Mitglieder erfüllt ist.[3]

Wir bevollmächtigen die mitunterzeichnende Frau ■■■, die Versammlung einzuberufen und zu leiten.[4]

■■■

Ort, Datum, Unterschriften ◄

II. Erläuterungen

7 [1] **Zuständigkeit.** Der Antrag ist an das Amtsgericht zu richten, in dessen Register der Verein eingetragen ist. Er ist schriftlich oder zu Protokoll der Geschäftsstelle zu stellen, § 25 FamFG. Über den Antrag entscheidet der Rechtspfleger.

8 [2] **Prüfungsumfang.** Das Gericht hat die **formalen Voraussetzungen** des § 37 zu prüfen. Die Antragsteller müssen darlegen, dass sie zunächst die Einberufung nach Abs. 1 beantragt haben, ihrem Antrag seitens des Vorstands aber nicht entsprochen worden ist. Die Notwendigkeit der Versammlung ist durch das Gericht nicht zu prüfen.

9 [3] **Mindestanzahl der Mitglieder.** Das Gericht muss feststellen, ob die von der Satzung geforderte Mindestanzahl von Mitgliedern die Einberufung der Versammlung beantragt. Es kann dazu eine **Auskunft** über die Anzahl der Mitglieder vom Vorstand verlangen, § 72. Antragsberechtigt nach Abs. 2 sind allein diejenigen Mitglieder, die zuvor gemäß Abs. 1 vorgegangen sind (OLG Frankfurt, Rpfleger 1973, 54).

10 [4] **Versammlungsleitung.** Das Gericht bestimmt nach Abs. 2 auch die Entscheidung über den Vorsitz in der einzuberufenden Versammlung. Es ist zweckmäßig, hier einen konkreten Vorschlag zu unterbreiten, dem das Gericht folgen kann.

§ 38 Mitgliedschaft

[1]Die Mitgliedschaft ist nicht übertragbar und nicht vererblich. [2]Die Ausübung der Mitgliedschaftsrechte kann nicht einem anderen überlassen werden.

§ 39 Austritt aus dem Verein

(1) Die Mitglieder sind zum Austritt aus dem Verein berechtigt.
(2) Durch die Satzung kann bestimmt werden, dass der Austritt nur am Schluss eines Geschäftsjahrs oder erst nach dem Ablauf einer Kündigungsfrist zulässig ist; die Kündigungsfrist kann höchstens zwei Jahre betragen.

§ 40 Nachgiebige Vorschriften

[1]Die Vorschriften des § 26 Absatz 2 Satz 1, des § 27 Absatz 1 und 3, der §§ 28, 31 a Abs. 1 Satz 2 sowie der §§ 32, 33 und 38 finden insoweit keine Anwendung als die Satzung ein anderes bestimmt. [2]Von § 34 kann auch für die Beschlussfassung des Vorstands durch die Satzung nicht abgewichen werden.

§ 41 Auflösung des Vereins

[1]Der Verein kann durch Beschluss der Mitgliederversammlung aufgelöst werden. [2]Zu dem Beschluss ist eine Mehrheit von drei Vierteln der abgegebenen Stimmen erforderlich, wenn nicht die Satzung ein anderes bestimmt.

1 **A. Muster: Protokollierung der Auflösung des Vereins**

▶ **Protokoll**

Tagesordnungspunkt ... Auflösung des Vereins[1]

Herr ... erläutert, dass die Mitgliederzahl des Vereins so stark rückläufig ist, dass dessen Fortbestand dauerhaft nicht gewährleistet ist. Er stellt deshalb den Antrag, den Verein aufzulösen und das nach der Liquidation verbleibende Vermögen der Stadt ... zuzuwenden. Zu Liquidatoren sollen der Vorsitzende und der stellvertretende Vorsitzende des Vorstands bestimmt werden.

Die Anwesenden fassen einstimmig[2] die folgenden Beschlüsse:

1. Der Verein wird aufgelöst.
2. Zu Liquidatoren des Vereins werden Herr ▪▪▪, geboren am ▪▪▪ (Datum), wohnhaft in ▪▪▪ (Adresse) sowie Frau ▪▪▪, geboren am ▪▪▪ (Datum), wohnhaft in ▪▪▪ (Adresse) bestellt.[3]
3. Das Vermögen des Vereins fällt nach Abzug aller Verbindlichkeiten an die Stadt ▪▪▪,[4] die es unmittelbar für Zwecke zu verwenden hat, die dem Vereinszweck möglichst nahe kommen.

Herr ▪▪▪ schließt die Versammlung um ▪▪▪ Uhr.

▪▪▪

Ort, Datum, Unterschrift des Protokollführers ◄

B. Erläuterungen

[1] Das **Protokoll** hat die allgemeinen Voraussetzungen einer **wirksamen Beschlussfassung** durch die Mitgliederversammlung zu dokumentieren. 2

[2] Das für die Beschlussfassung über die **Auflösung** des Vereins **notwendige Quorum** ergibt sich in der Regel aus der Satzung. Sollte dort eine Bestimmung fehlen, so ist der Beschluss gemäß § 41 S. 2 mit einer Mehrheit von 3/4 der erschienenen Mitglieder zu fassen. 3

[3] **Liquidatoren.** Nach § 48 Abs. 1 S. 1 ist grundsätzlich der **Vereinsvorstand** für die Liquidation des Vereins zuständig. Alternativ kann die Mitgliederversammlung andere Personen mit der Liquidation beauftragen, § 48 Abs. 1 S. 2. 4

[4] Der **Anfallberechtigte** ergibt sich bei steuerbefreiten Vereinen bereits aus der Satzung. Der Beschluss der Mitgliederversammlung hat insofern nur deklaratorischen Charakter. Vgl im Einzelnen dazu auch die Erläuterungen des Musters zu § 45 Rn 2. 5

§ 42 Insolvenz

(1) [1]Der Verein wird durch die Eröffnung des Insolvenzverfahrens und mit Rechtskraft des Beschlusses, durch den die Eröffnung des Insolvenzverfahrens mangels Masse abgewiesen worden ist, aufgelöst. [2]Wird das Verfahren auf Antrag des Schuldners eingestellt oder nach der Bestätigung eines Insolvenzplans, der den Fortbestand des Vereins vorsieht, aufgehoben, so kann die Mitgliederversammlung die Fortsetzung des Vereins beschließen. [3]Durch die Satzung kann bestimmt werden, dass der Verein im Falle der Eröffnung des Insolvenzverfahrens als nicht rechtsfähiger Verein fortbesteht; auch in diesem Falle kann unter den Voraussetzungen des Satzes 2 die Fortsetzung als rechtsfähiger Verein beschlossen werden.

(2) [1]Der Vorstand hat im Falle der Zahlungsunfähigkeit oder der Überschuldung die Eröffnung des Insolvenzverfahrens zu beantragen. [2]Wird die Stellung des Antrags verzögert, so sind die Vorstandsmitglieder, denen ein Verschulden zur Last fällt, den Gläubigern für den daraus entstehenden Schaden verantwortlich; sie haften als Gesamtschuldner.

§ 43 Entziehung der Rechtsfähigkeit

Einem Verein, dessen Rechtsfähigkeit auf Verleihung beruht, kann die Rechtsfähigkeit entzogen werden, wenn er einen anderen als den in der Satzung bestimmten Zweck verfolgt.

§ 44 Zuständigkeit und Verfahren

Die Zuständigkeit und das Verfahren für die Entziehung der Rechtsfähigkeit nach § 43 bestimmen sich nach dem Recht des Landes, in dem der Verein seinen Sitz hat.

§ 45 Anfall des Vereinsvermögens

(1) Mit der Auflösung des Vereins oder der Entziehung der Rechtsfähigkeit fällt das Vermögen an die in der Satzung bestimmten Personen.

(2) [1]Durch die Satzung kann vorgeschrieben werden, dass die Anfallberechtigten durch Beschluss der Mitgliederversammlung oder eines anderen Vereinsorgans bestimmt werden. [2]Ist der Zweck des Vereins nicht auf einen

wirtschaftlichen Geschäftsbetrieb gerichtet, so kann die Mitgliederversammlung auch ohne eine solche Vorschrift das Vermögen einer öffentlichen Stiftung oder Anstalt zuweisen.
(3) Fehlt es an einer Bestimmung der Anfallberechtigten, so fällt das Vermögen, wenn der Verein nach der Satzung ausschließlich den Interessen seiner Mitglieder diente, an die zur Zeit der Auflösung oder der Entziehung der Rechtsfähigkeit vorhandenen Mitglieder zu gleichen Teilen, anderenfalls an den Fiskus des Landes, in dessen Gebiet der Verein seinen Sitz hatte.

1 **A. Muster: Bestimmung eines Anfallberechtigten**

▶ **§ ... Vermögensanfall[1]**

Bei Auflösung oder Aufhebung des Vereins oder bei Wegfall steuerbegünstigter Zwecke fällt das Vermögen des Vereins an eine juristische Person des öffentlichen Rechts oder an eine andere steuerbegünstigte Körperschaft zwecks Verwendung für (Angabe eines bestimmten gemeinnützigen, mildtätigen oder kirchlichen Zwecks). ◀

B. Erläuterungen

2 [1] **Vermögensanfall.** Nach § 61 Abs. 1 AO hat jede Satzung einer steuerbefreiten Körperschaft festzulegen, was im Fall der Auflösung oder des Wegfalls des steuerbegünstigten Zwecks mit dem Vermögen zu geschehen hat. Es soll auf diese Weise sicher gestellt werden, dass das einmal in die Körperschaft eingebrachte Vermögen dauerhaft im gemeinnützigen Bereich verbleibt (**Grundsatz der Vermögensbindung**). Das Steuerrecht gewährt Spendern den Spendenabzug gerade im Hinblick auf die Förderung der Allgemeinheit, die auch über die Auflösung der Körperschaft hinaus gewährleistet bleiben muss. Hinsichtlich der konkreten Formulierung sind die Vorgaben der Anlage 1 zu § 60 AO maßgeblich.

§ 46 Anfall an den Fiskus

[1]Fällt das Vereinsvermögen an den Fiskus, so finden die Vorschriften über eine dem Fiskus als gesetzlichem Erben anfallende Erbschaft entsprechende Anwendung. [2]Der Fiskus hat das Vermögen tunlichst in einer den Zwecken des Vereins entsprechenden Weise zu verwenden.

§ 47 Liquidation

Fällt das Vereinsvermögen nicht an den Fiskus, so muss eine Liquidation stattfinden, sofern nicht über das Vermögen des Vereins das Insolvenzverfahren eröffnet ist.

§ 48 Liquidatoren

(1) [1]Die Liquidation erfolgt durch den Vorstand. [2]Zu Liquidatoren können auch andere Personen bestellt werden; für die Bestellung sind die für die Bestellung des Vorstands geltenden Vorschriften maßgebend.
(2) Die Liquidatoren haben die rechtliche Stellung des Vorstands, soweit sich nicht aus dem Zwecke der Liquidation ein anderes ergibt.
(3) Sind mehrere Liquidatoren vorhanden, so sind sie nur gemeinschaftlich zur Vertretung befugt und können Beschlüsse nur einstimmig fassen, sofern nicht ein anderes bestimmt ist.

§ 49 Aufgaben der Liquidatoren

(1) [1]Die Liquidatoren haben die laufenden Geschäfte zu beendigen, die Forderungen einzuziehen, das übrige Vermögen in Geld umzusetzen, die Gläubiger zu befriedigen und den Überschuss den Anfallberechtigten auszuantworten. [2]Zur Beendigung schwebender Geschäfte können die Liquidatoren auch neue Geschäfte eingehen. [3]Die Einziehung der Forderungen sowie die Umsetzung des übrigen Vermögens in Geld darf unterbleiben, soweit diese Maßregeln nicht zur Befriedigung der Gläubiger oder zur Verteilung des Überschusses unter die Anfallberechtigten erforderlich sind.
(2) Der Verein gilt bis zur Beendigung der Liquidation als fortbestehend, soweit der Zweck der Liquidation es erfordert.

§ 50 Bekanntmachung des Vereins in Liquidation

(1) [1]Die Auflösung des Vereins oder die Entziehung der Rechtsfähigkeit ist durch die Liquidatoren öffentlich bekannt zu machen. [2]In der Bekanntmachung sind die Gläubiger zur Anmeldung ihrer Ansprüche aufzufordern. [3]Die Bekanntmachung erfolgt durch das in der Satzung für Veröffentlichungen bestimmte Blatt. [4]Die Bekanntmachung gilt mit dem Ablauf des zweiten Tages nach der Einrückung oder der ersten Einrückung als bewirkt.
(2) Bekannte Gläubiger sind durch besondere Mitteilung zur Anmeldung aufzufordern.

A. Muster: Bekanntmachung der Liquidation 1

13

▶ **Bekanntmachung[1]**

Die Liquidatoren des ▪▪▪ Vereins e.V. machen die Auflösung des Vereins bekannt.

Zu Liquidatoren des Vereins wurden Herr ▪▪▪, wohnhaft in ▪▪▪ (Adresse) sowie Frau ▪▪▪, wohnhaft in ▪▪▪ (Adresse) bestellt.

Die Gläubiger des Vereins werden aufgefordert, ihre Ansprüche bei den Liquidatoren anzumelden.

▪▪▪

Ort, Datum, Unterschrift ◀

B. Erläuterungen

[1] **Bekanntmachung der Liquidation.** Sind für die Liquidation des Vereins Liquidatoren bestimmt worden, so handeln diese anstelle des Vorstands, § 48 Abs. 2. Sie sind beim Vereinsregister anzumelden, vgl Muster zu § 74 Rn 1. Zum Ort der Bekanntmachung s. § 50 a. 2

§ 50 a Bekanntmachungsblatt

Hat ein Verein in der Satzung kein Blatt für Bekanntmachungen bestimmt oder hat das bestimmte Bekanntmachungsblatt sein Erscheinen eingestellt, sind Bekanntmachungen des Vereins in dem Blatt zu veröffentlichen, welches für Bekanntmachungen des Amtsgerichts bestimmt ist, in dessen Bezirk der Verein seinen Sitz hat.

§ 51 Sperrjahr

Das Vermögen darf den Anfallberechtigten nicht vor dem Ablauf eines Jahres nach der Bekanntmachung der Auflösung des Vereins oder der Entziehung der Rechtsfähigkeit ausgeantwortet werden.

§ 52 Sicherung für Gläubiger

(1) Meldet sich ein bekannter Gläubiger nicht, so ist der geschuldete Betrag, wenn die Berechtigung zur Hinterlegung vorhanden ist, für den Gläubiger zu hinterlegen.
(2) Ist die Berichtigung einer Verbindlichkeit zur Zeit nicht ausführbar oder ist eine Verbindlichkeit streitig, so darf das Vermögen den Anfallberechtigten nur ausgeantwortet werden, wenn dem Gläubiger Sicherheit geleistet ist.

§ 53 Schadensersatzpflicht der Liquidatoren

Liquidatoren, welche die ihnen nach dem § 42 Abs. 2 und den §§ 50, 51 und 52 obliegenden Verpflichtungen verletzen oder vor der Befriedigung der Gläubiger Vermögen den Anfallberechtigten ausantworten, sind, wenn ihnen ein Verschulden zur Last fällt, den Gläubigern für den daraus entstehenden Schaden verantwortlich; sie haften als Gesamtschuldner.

§ 54 Nicht rechtsfähige Vereine

[1]Auf Vereine, die nicht rechtsfähig sind, finden die Vorschriften über die Gesellschaft Anwendung. [2]Aus einem Rechtsgeschäft, das im Namen eines solchen Vereins einem Dritten gegenüber vorgenommen wird, haftet der Handelnde persönlich; handeln mehrere, so haften sie als Gesamtschuldner.

1 **A. Muster: Satzung eines steuerbefreiten nicht eingetragenen Vereins**

14

▶ **Satzung**

§ 1 Name, Sitz

Der Verein hat den Namen „■■■". Er hat seinen Sitz in ■■■[1]

§ 2 Zweck

Zweck des Vereins ist ■■■[2]

§ 3 Steuerbefreiung[3]

1. Der Verein verfolgt ausschließlich und unmittelbar gemeinnützige Zwecke im Sinne des Abschnitts „Steuerbegünstigte Zwecke" der Abgabenordnung, und zwar durch die Förderung ■■■
2. Der Verein ist selbstlos tätig; er verfolgt nicht in erster Linie eigenwirtschaftliche Zwecke.
3. Mittel des Vereins dürfen nur für die satzungsmäßigen Zwecke verwendet werden. Die Mitglieder erhalten keine Zuwendungen aus Mitteln des Vereins. Es darf keine Person durch Ausgaben, die dem Zweck des Vereins fremd sind, oder durch unverhältnismäßig hohe Vergütungen begünstigt werden.

§ 4 Erwerb der Mitgliedschaft

Mitglied kann jede natürliche Person werden. Über die Aufnahme entscheidet der Vorstand nach freiem Ermessen.[4]

§ 5 Beendigung der Mitgliedschaft

Die Mitgliedschaft endet durch Austritt, Ausschluss oder Tod. Der Austritt ist gegenüber einem Mitglied des Vorstands schriftlich zu erklären. Ein Mitglied kann auf Beschluss der Mitgliederversammlung aus dem Verein ausgeschlossen werden, wenn es schuldhaft in grober Weise die Interessen des Vereins verletzt.[5]

§ 6 Mitgliedsbeiträge

Von den Mitgliedern werden die von der Mitgliederversammlung festgesetzten Jahresbeiträge erhoben.[6]

§ 7 Vorstand

1. Der Vorstand besteht aus dem Vorsitzenden und dem stellvertretenden Vorsitzenden. Er wird von der Mitgliederversammlung für die Dauer von zwei Jahren gewählt, bleibt jedoch nach Ablauf der Amtszeit bis zur Neuwahl im Amt. Die Mitglieder des Vorstands sind ehrenamtlich tätig, sie haben Anspruch auf Ersatz der ihnen entstanden notwendigen und angemessenen Aufwendungen.
2. Der Verein wird gerichtlich und außergerichtlich durch ein Mitglied des Vorstands vertreten.[7]
3. Die Mitglieder des Vorstands sind verpflichtet, in allen für den Verein abzuschließenden Rechtsgeschäften zum Ausdruck zu bringen, dass die Haftung des Vereins auf sein Vermögen beschränkt ist und die der Mitglieder auf die von ihnen noch geschuldeten Beiträge.[8]

§ 8 Mitgliederversammlung[9]

Die Mitgliederversammlung findet einmal jährlich statt. Eine außerordentliche Mitgliederversammlung findet statt, wenn das Interesse des Vereins es erfordert oder wenn 1/5 der Mitglieder es schriftlich unter Angabe der Gründe beim Vorstand beantragt.

§ 9 Einberufung der Mitgliederversammlung[10]

Die Mitgliederversammlung wird vom Vorstand mit einer Frist von zwei Wochen schriftlich unter Angabe der Tagesordnung einberufen. Die Frist beginnt mit dem auf die Absendung des Einladungsschreibens folgenden Tag. Das Einladungsschreiben gilt dem Mitglied als zugegangen, wenn es an die letzte vom Mitglied dem Verein bekannt gegebene Adresse gerichtet ist. Die Tagesordnung setzt der Vorstand fest.

§ 10 Beschlussfassung der Mitgliederversammlung[11]

1. Die Mitgliederversammlung wird vom Vorsitzenden des Vorstandes, bei dessen Verhinderung von seinem Stellvertreter geleitet. Ist keines dieser Vorstandsmitglieder anwesend, so bestimmt die Versammlung den Leiter mit einfacher Mehrheit der abgegebenen Stimmen. Der Versammlungsleiter bestimmt einen Protokollführer.
2. Die Mitgliederversammlung ist unabhängig von der Anzahl der anwesenden Mitglieder beschlussfähig. Sie kann durch Beschluss die vom Vorstand vorgelegte Tagesordnung ändern. Über die Annahme von Anträgen beschließt die Mitgliederversammlung mit der Mehrheit der abgegebenen Stimmen, Stimmenthaltungen gelten als nicht abgegebene Stimme. Schriftliche Abstimmungen erfolgen nur auf Antrag von mindestens 1/3 der anwesenden Mitglieder.
3. Satzungsänderungen sowie der Ausschluss von Mitgliedern können nur mit einer Mehrheit von 3/4 der abgegebenen Stimmen beschlossen werden. Zur Änderung des Vereinszwecks oder zur Auflösung des Vereins ist eine Mehrheit von 4/5 der abgegebenen Stimmen erforderlich.
4. Über die Beschlüsse der Mitgliederversammlung ist unter Angabe von Ort und Zeit der Versammlung ein Protokoll aufzunehmen, das vom Protokollführer zu unterzeichnen ist.

§ 11 Auflösung des Vereins und Vermögensanfall[12]

1. Die Auflösung des Vereins kann in einer Mitgliederversammlung mit der in § 10 festgelegten Stimmenmehrheit beschlossen werden. Sofern die Mitgliederversammlung nichts anderes beschließt, obliegen dem Vorsitzenden und dem stellvertretenden Vorsitzenden gemeinsam die Abwicklung des Vereinsvermögens entsprechend den Vorschriften der §§ 47 ff BGB.

1. Bei Auflösung oder Aufhebung des Vereins oder bei Wegfall steuerbegünstigter Zwecke fällt das Vermögen des Vereins an eine juristische Person des öffentlichen Rechts oder an eine andere steuerbegünstigte Körperschaft zwecks Verwendung für (Angabe eines bestimmten gemeinnützigen, mildtätigen oder kirchlichen Zwecks).

■■■

Ort, Datum, Unterschriften der Gründungsmitglieder[13] ◄

B. Erläuterungen

[1] **Rechtsfähigkeit.** Der nichtrechtsfähige Verein unterscheidet sich vom rechtsfähigen Verein allein durch die Tatsache, dass er **nicht in das Vereinsregister eingetragen** ist (*Gummert* in: Beuthin/Gummert (Hrsg.), § 9 Rn 1). Der nichtrechtsfähige Verein ist der Grundsatzentscheidung des BGH zur BGB-Gesellschaft (BGH NJW 2001, 1056) folgend insbesondere **rechtsfähig**, so dass diese Form des Vereins besser als nichteingetragener Verein bezeichnet werden sollte. Auf die nichteingetragenen Vereine sind die §§ 21 ff anwendbar. 2

[2] **Vereinszweck.** Vgl Erläuterungen des Musters zu § 57 Rn 3 f. 3

4 [3] **Steuerbefreiung.** Vgl Erläuterungen des Musters zu § 58 Rn 4 ff. Auch nicht eingetragene Vereine sind Körperschaften im Sinne des KStG. Sie können von der **Körperschaftsteuer** befreit werden, sofern sie den Anforderungen des Gemeinnützigkeitsrechts entsprechen.

5 [4] **Erwerb der Mitgliedschaft.** Vgl Erläuterungen des Musters zu § 57 Rn 5 f.

6 [5] **Beendigung der Mitgliedschaft.** Vgl Erläuterungen des Musters zu § 57 Rn 7 f.

7 [6] **Mitgliedsbeitrag.** Vgl Erläuterungen des Musters zu § 57 Rn 9.

8 [7] **Vorstand.** Vgl Erläuterungen des Musters zu § 57 Rn 10 f. Die §§ 26 ff sind auch auf den nichteingetragenen Verein anwendbar.

9 [8] **Umfang der Vertretungsmacht.** Da der nichteingetragene Verein unmittelbar selbst Träger der Rechte und Pflichten ist, ist die vorgeschlagene Klausel streng genommen nicht notwendig. Sie **verdeutlicht** allerdings den beteiligten Personen die **Rechtslage** und beugt somit Missverständnissen vor.

10 [9] **Berufung der Mitgliederversammlung.** Vgl Erläuterungen des Musters zu § 57 Rn 12 f.

11 [10] **Form und Frist.** Vgl Erläuterungen des Musters zu § 57 Rn 14.

12 [11] **Beschlussfassung.** Vgl Erläuterungen des Musters zu § 57 Rn 16.

13 [12] **Vermögensanfall.** Vgl Erläuterungen des Musters zu § 45 Rn 2.

14 [13] **Unterschriften.** Es genügen die Unterschriften von mindestens zwei Mitgliedern, § 59 Abs. 3 ist nicht anwendbar.

Kapitel 2 Eingetragene Vereine

§ 55 Zuständigkeit für die Registereintragung

Die Eintragung eines Vereins der im § 21 bezeichneten Art in das Vereinsregister hat bei dem Amtsgericht zu geschehen, in dessen Bezirk der Verein seinen Sitz hat.

1 Das Muster für die Anmeldung zur Eintragung in das Vereinsregister findet sich unter § 59.

§ 55 a Elektronisches Vereinsregister

(1) [1]Die Landesregierungen können durch Rechtsverordnung bestimmen, dass und in welchem Umfang das Vereinsregister in maschineller Form als automatisierte Datei geführt wird. [2]Hierbei muss gewährleistet sein, dass

1. **die Grundsätze einer ordnungsgemäßen Datenverarbeitung eingehalten, insbesondere Vorkehrungen gegen einen Datenverlust getroffen sowie die erforderlichen Kopien der Datenbestände mindestens tagesaktuell gehalten und die originären Datenbestände sowie deren Kopien sicher aufbewahrt werden,**
2. **die vorzunehmenden Eintragungen alsbald in einen Datenspeicher aufgenommen und auf Dauer inhaltlich unverändert in lesbarer Form wiedergegeben werden können,**
3. **die nach der Anlage zu § 126 Abs. 1 Satz 2 Nr. 3 der Grundbuchordnung gebotenen Maßnahmen getroffen werden.**

[3]Die Landesregierungen können durch Rechtsverordnung die Ermächtigung nach Satz 1 auf die Landesjustizverwaltungen übertragen.

(2) [1]Das maschinell geführte Vereinsregister tritt für eine Seite des Registers an die Stelle des bisherigen Registers, sobald die Eintragungen dieser Seite in den für die Vereinsregistereintragungen bestimmten Datenspeicher aufgenommen und als Vereinsregister freigegeben worden sind. [2]Die entsprechenden Seiten des bisherigen Vereinsregisters sind mit einem Schließungsvermerk zu versehen.

(3) [1]Eine Eintragung wird wirksam, sobald sie in den für die Registereintragungen bestimmten Datenspeicher aufgenommen ist und auf Dauer inhaltlich unverändert in lesbarer Form wiedergegeben werden kann. [2]Durch eine Bestätigungsanzeige oder in anderer geeigneter Weise ist zu überprüfen, ob diese Voraussetzungen eingetreten sind. [3]Jede Eintragung soll den Tag angeben, an dem sie wirksam geworden ist.

§ 56 Mindestmitgliederzahl des Vereins

Die Eintragung soll nur erfolgen, wenn die Zahl der Mitglieder mindestens sieben beträgt.

§ 57 Mindesterfordernisse an die Vereinssatzung

(1) Die Satzung muss den Zweck, den Namen und den Sitz des Vereins enthalten und ergeben, dass der Verein eingetragen werden soll.
(2) Der Name soll sich von den Namen der an demselben Orte oder in derselben Gemeinde bestehenden eingetragenen Vereine deutlich unterscheiden.

A. Muster: Einfache Satzung eines eingetragenen Idealvereins 1

► **Satzung**[1]

§ 1 Name, Sitz

Der Verein hat den Namen „▪▪▪". Er soll in das Vereinsregister eingetragen werden. Nach seiner Eintragung lautet der Name „▪▪▪ e.V." Er hat seinen Sitz in ▪▪▪

§ 2 Zweck

Zweck des Vereins ist ▪▪▪[2]

§ 3 Erwerb der Mitgliedschaft

Mitglied kann jede natürliche Person werden. Über die Aufnahme entscheidet der Vorstand nach freiem Ermessen.[3]

§ 4 Beendigung der Mitgliedschaft

Die Mitgliedschaft endet durch Austritt, Ausschluss oder Tod. Der Austritt ist gegenüber einem Mitglied des Vorstands schriftlich zu erklären.[4] Ein Mitglied kann auf Beschluss der Mitgliederversammlung aus dem Verein ausgeschlossen werden, wenn es schuldhaft in grober Weise die Interessen des Vereins verletzt.[5]

§ 5 Mitgliedsbeiträge

Von den Mitgliedern werden die von der Mitgliederversammlung festgesetzten Jahresbeiträge erhoben.[6]

§ 6 Vorstand

Der Vorstand besteht aus dem Vorsitzenden und dem stellvertretenden Vorsitzenden. Er wird von der Mitgliederversammlung für die Dauer eines Jahres gewählt, bleibt jedoch nach Ablauf der Amtszeit bis zur Neuwahl im Amt.[7] Der Verein wird gerichtlich und außergerichtlich durch ein Mitglied des Vorstands vertreten.[8]

§ 7 Mitgliederversammlung

Die Mitgliederversammlung findet einmal jährlich statt.[9] Eine außerordentliche Mitgliederversammlung findet statt, wenn das Interesse des Vereins es erfordert oder wenn 1/5 der Mitglieder es schriftlich unter Angabe der Gründe beim Vorstand beantragt.[10]

§ 8 Einberufung der Mitgliederversammlung

Die Mitgliederversammlung wird vom Vorstand mit einer Frist von zwei Wochen schriftlich unter Angabe der Tagesordnung einberufen. Die Frist beginnt mit dem auf die Absendung des Einladungsschreibens folgenden Tag. Das Einladungsschreiben gilt dem Mitglied als zugegangen, wenn es an die letzte vom Mitglied dem Verein bekannt gegebene Adresse gerichtet ist. Die Tagesordnung setzt der Vorstand fest.[11]

§ 9 Beschlussfassung der Mitgliederversammlung

1. Die Mitgliederversammlung wird vom Vorsitzenden des Vorstandes, bei dessen Verhinderung von seinem Stellvertreter geleitet. Ist keines dieser Vorstandsmitglieder anwesend, so bestimmt die Versammlung den Leiter mit einfacher Mehrheit der abgegebenen Stimmen. Der Versammlungsleiter bestimmt einen Protokollführer.[12]
2. Die Mitgliederversammlung ist unabhängig von der Anzahl der anwesenden Mitglieder beschlussfähig. Sie kann durch Beschluss die vom Vorstand vorgelegte Tagesordnung ändern. Über die Annahme von Anträgen beschließt die Mitgliederversammlung mit der Mehrheit der abgegebenen Stimmen, Stimmenthaltungen gelten als nicht abgegebene Stimme. Schriftliche Abstimmungen erfolgen nur auf Antrag von mindestens 1/5 der anwesenden Mitglieder.[13]
3. Satzungsänderungen sowie der Ausschluss von Mitgliedern können nur mit einer Mehrheit von 3/4 der abgegebenen Stimmen beschlossen werden. Zur Änderung des Vereinszwecks oder zur Auflösung des Vereins ist eine Mehrheit von 4/5 der abgegebenen Stimmen erforderlich.[14]
4. Über die Beschlüsse der Mitgliederversammlung ist unter Angabe von Ort und Zeit der Versammlung ein Protokoll aufzunehmen, das vom Protokollführer zu unterzeichnen ist.[15]

...

Ort, Datum, bei Gründung Unterschriften von mindestens sieben Gründungsmitgliedern[16] ◄

B. Erläuterungen

2 [1] **Mindestinhalt.** Im Hinblick auf den Mindestinhalt einer Vereinssatzung unterscheiden die §§ 57 und 58 zwischen **Muss- und Sollbestimmungen**. Diese Differenzierung ist in der Beratungspraxis bei der Gestaltung der Satzung nicht relevant, da das Registergericht dem Antrag auf Eintragung nur dann entsprechen muss, wenn die Satzung den Vorgaben beider Normen entspricht, § 60.

3 [2] **Vereinszweck.** Nach § 57 Abs. 1 hat die Satzung den Vereinszweck festzulegen. Vereine dürfen grundsätzlich jeden beliebigen Zweck verfolgen, solange dieser nicht gegen Gesetze oder die freiheitlich demokratische Grundordnung verstößt. Der Zweck muss insbesondere nicht zwingend gemeinnützig im Sinne der Abgabenordnung sein.

4 Ist der Zweck des Vereins auf einen **wirtschaftlichen Geschäftsbetrieb** gerichtet, so erlangt er seine Rechtsfähigkeit nicht durch Eintragung in das Vereinsregister, sondern im Wege eines **staatlichen Genehmigungsverfahrens**, § 22. Die Genehmigung wirtschaftlicher Vereine nach § 22 ist nur in **Ausnahmefällen** zu erreichen, da diese Personenvereinigungen auf die vom Gesetzgeber für wirtschaftliche Zwecke vorgesehenen Rechtsformen der GmbH, AG oder Genossenschaft verwiesen werden sollen. Allein wenn wegen der besonderen Umstände des Einzelfalles die Organisation in diesen Rechtsformen unzumutbar ist, kommt die Genehmigung des wirtschaftlichen Vereins in Betracht (BGHZ 85, 84, 89).

5 [3] **Erwerb der Mitgliedschaft.** Die Mitgliedschaft im Verein kann durch Mitwirkung beim Gründungsakt oder vertragliche Vereinbarung erworben werden. Die Satzung muss hinsichtlich des Beitritts von Mitgliedern eine Regelung enthalten, § 58 Nr. 1. Mit Ausnahme von Vereinen mit Aufnahmezwang kann die Satzung auch **objektive Kriterien** an den Erwerb der Mitglied-

schaft definieren, zB die Möglichkeit des Beitritts auf eine bestimmte Berufsgruppe beschränken.

Die Entscheidung über die **Aufnahme** eines neuen Mitglieds trifft in der Regel der Vorstand. 6 Um den Verein vor dem unkontrollierbaren Zutritt einer Vielzahl von Mitgliedern zu schützen, sollte die Satzung dem Vorstand in Fragen der Aufnahme neuer Mitglieder **freies Ermessen** einräumen. Die Annahme des Aufnahmeantrages begründet ein vertragliches Verhältnis, auf das die allgemeinen Regeln Anwendung finden. Der **Vereinsbeitritt** von **Minderjährigen** ist demnach nur mit Einwilligung der gesetzlichen Vertreter wirksam. Die Wirksamkeit des Vereinsbeitritts lässt sich auch nicht über die Regelung des § 110 erreichen, selbst wenn der Minderjährige den Vereinsbeitrag aus Mitteln seines Taschengeldes bestreiten kann (Palandt/*Heirichs*, § 38 Rn 4).

[4] **Beendigung der Mitgliedschaft.** Jedes Mitglied hat nach § 39 Abs. 1 das Recht, seine Mit- 7 gliedschaft durch **Kündigung** zu beenden. Dieses Recht darf die Satzung nicht ausschließen, sie kann die Kündigungsfrist auf maximal zwei Jahre festschreiben, § 39 Abs. 2. Die Satzung darf zudem keine Regelungen enthalten, die die Kündigung der Mitgliedschaft faktisch in unzumutbarer Weise erschwert, wie zB die Verpflichtung zu Entschädigungszahlungen. Nach § 28 Abs. 2 ist für die Kündigung die Erklärung gegenüber einem Mitglied des Vorstands ausreichend. Die Satzung kann vorsehen, dass die Kündigung in Form eines eingeschriebenen Briefs erfolgen muss.

[5] **Ausschluss von Mitgliedern.** Mangels gesetzlicher Regelung sollte die Stiftungssatzung nä- 8 here Bestimmungen über den Ausschluss von Mitgliedern enthalten. Fehlt eine Satzungsregelung so bleibt entsprechend den allgemeinen Grundsätzen bei Dauerschuldverhältnissen ein Ausschluss aus wichtigem Grund möglich (BGH NJW 1990, 40, 41). Die Zuständigkeit für die Entscheidung über den Ausschluss eines Mitglieds kann ebenfalls durch die Satzung geregelt werden. Es empfiehlt sich zumindest bei kleineren Vereinen, die Zuständigkeit bei der Mitgliederversammlung zu belassen. Ein Ausschluss kann in diesem Fall nur in einer Mitgliederversammlung beschlossen werden. Es ist notwendig, dass die Tagesordnung die Beschlussfassung über den Ausschluss des Mitglieds als **gesonderten Tagesordnungspunkt** anführt (OLG Zweibrücken, Rpfleger 2002, 315, 316).

[6] **Mitgliedsbeitrag.** Nach § 58 Nr. 2 soll die Satzung Bestimmungen darüber enthalten, **ob** 9 **und welche** Beiträge von den Mitgliedern zu leisten sind. Fehlt eine solche Bestimmung, so muss der Rechtspfleger die Anmeldung zur Eintragung des Vereins zurückweisen, § 60. Käme es dennoch zur Eintragung, so darf der Verein von den Mitgliedern keine Beiträge erheben (*Stöber*, Rn 20). Es ist zweckmäßig, die konkrete Beitragshöhe außerhalb der Satzung festzulegen, um nicht mit jeder Anpassung der Beitragshöhe ein Satzungsänderungsverfahren auszulösen. Üblicher Weise fällt die Festlegung der Beitragshöhe in den Aufgabenkreis der **Mitgliederversammlung.**

[7] **Vorstand.** Nach den Vorgaben des § 26 muss jeder Verein einen Vorstand haben. Der Vor- 10 stand wird grundsätzlich durch **Beschluss** der **Mitgliederversammlung** bestellt, § 27. Diese Kompetenz kann die Satzung auch einem anderen Vereinsorgan zuweisen (Hk-BGB/*Dörner*, § 27 Rn 2). Die **Amtszeit** des Vorstands kann mangels gesetzlicher Vorgaben durch die Satzung festgelegt werden. Enthält die Satzung zu dieser Frage keine Bestimmung, so kann das für die Bestellung des Vorstands zuständige Organ die Amtszeit im Einzelfall festlegen. Es empfiehlt sich jedoch, eine allgemein gültige Amtszeit in der Satzung zu verankern, verbunden mit der Vorgabe, dass die Mitglieder des Vorstands jeweils bis zur Neuwahl eines Nachfolgers die Amtsgeschäfte weiterführen. Auf die Weise wird die lückenlose Vertretung des Vereins gewährleistet.

[8] **Vertretungsmacht.** Die Mitglieder des Vorstands vertreten den Verein im Rechtsverkehr, 11 § 26 Abs. 2. Ob ein oder mehrere Mitglieder des Vorstands den Verein vertreten dürfen, sollte

die Satzung mit Blick auf die Komplexität der zu erledigenden Aufgaben festlegen. Schweigt die Satzung in diesem Punkt, so ist nach hM nur die Mehrheit der Vorstandsmitglieder gemeinsam berechtigt, für den Verein Willenserklärungen abzugeben (Hk-BGB/*Dörner*, § 26 Rn 4). Für die Entgegennahme von Willenserklärungen ist nach § 28 Abs. 2 **Einzelvertretung** zwingend vorgeschrieben.

12 [9] **Berufung der Mitgliederversammlung.** Die Voraussetzungen, unter denen eine Mitgliederversammlung zu berufen ist, sollen in der Satzung geregelt werden, §§ 36, 58 Nr. 4. Regelmäßig wird danach die Mitgliederversammlung einmal jährlich berufen, sofern nicht das Interesse des Vereins eine weitere Versammlung erfordert. Zu den Einzelheiten vgl die Erläuterungen des Musters zu § 36 Rn 2 ff.

13 [10] **Minderheitenschutz.** Das Recht der Minderheit, die Berufung einer Mitgliederversammlung verlangen zu können, ist zwingendes Recht und damit durch die Satzung nicht abdingbar. Die Satzung kann lediglich ein anderes, insbesondere ein höheres Quorum als das in § 37 Abs. 1 angegebene von 10 % festlegen. Nach hM muss dieses Quorum allerdings aufgrund des Schutzcharakters der Vorschrift für Minderheiten im Verein auf weniger als 50 % der Mitglieder festgelegt werden (Palandt/*Heinrichs*, § 37 Rn 1). Vgl auch die Erläuterungen des Musters zu § 37 Rn 2 ff.

14 [11] **Form und Frist.** Die Regelung der Form der Berufung der Mitgliederversammlung ist im Hinblick auf die Eintragung des Vereins ebenfalls **notwendiger Satzungsinhalt**, §§ 58 Nr. 4, 60. Die Satzungsregelung muss sicher stellen, dass die einzelnen Mitglieder Kenntnis von der Berufung der Mitgliederversammlung erlangen können. Neben der unmittelbaren schriftlichen Benachrichtigung der einzelnen Mitglieder kommt auch die Ankündigung in einer bestimmten Zeitschrift in Betracht, insbesondere in der Vereinszeitschrift (OLG Hamm, Rpfleger 1966, 177). Es empfiehlt sich, in der Satzung eine Frist für die Einladung zu bestimmen, da im anderen Fall eine **angemessene Frist** einzuhalten wäre, deren konkrete Bemessung Anlass zu Uneinigkeiten geben könnte. Im Hinblick auf die Fristwahrung sollte aus Gründen der Praktikabilität nicht auf den Zugang beim Mitglied, sondern auf die rechtzeitige Versendung der Einladung abgestellt werden.

15 [12] Die Bestimmung des **Versammlungsleiters** ist nicht notwendiger Inhalt einer Vereinssatzung. Fehlt eine Satzungsbestimmung, so kann die Mitgliederversammlung aus ihrer Mitte einen Versammlungsleiter wählen. Da die Vorbereitung der Mitgliederversammlung regelmäßig in der Hand des Vorstands liegt, ist es ratsam, diesen durch eine entsprechende Satzungsregelung grundsätzlich auch mit der Versammlungsleitung zu betrauen.

16 [13] Die **Beschlussfassung der Mitgliederversammlung** sollte in ihren Einzelheiten ebenfalls durch die Satzung geregelt werden. Die Voraussetzungen für die Beschlussfähigkeit der Mitgliederversammlung sind dabei mit Blick auf die besonderen Verhältnisse des Vereins festzulegen. Ist zu erwarten, dass die Vereinsmitglieder in nur geringer Anzahl an den Mitgliederversammlungen teilnehmen werden, so sollte die Satzung über ein sehr niedriges oder den gänzlichen Verzicht auf ein Mindestquorum keine hohen Hürden aufbauen. Beschlüsse werden mangels abweichender Regelungen in der Satzung mit der **Mehrheit der erschienenen Mitglieder** gefasst, § 32 Abs. 1 S. 3. Im Hinblick auf die in Mitgliederversammlungen zu beschließenden Gegenstände ist regelmäßig die Abstimmung per Handzeichen die angemessene Abstimmungsart, schriftliche Abstimmungen sollten die Ausnahme bleiben. Um den reibungslosen Fortgang der Mitgliederversammlung nicht in das Belieben einiger weniger Mitglieder zu stellen, sollte eine schriftliche Abstimmung nur dann erfolgen, wenn eine größere Anzahl der anwesenden Mitglieder dies verlangt.

17 [14] **Satzungsänderung.** Die Beschlussfassung über die Änderung der Vereinssatzung sollte aufgrund des damit verbundenen Eingriffs in die Grundlage des Vereins nur mit qualifizierter Mehrheit möglich sein. Dieser Gesichtpunkt verstärkt sich noch einmal, wenn der Vereinszweck

als Kern des Zusammenschlusses in Frage steht. Nach den Vorgaben des BGB ist deshalb für die Änderung der Vereinssatzung eine Mehrheit von 3/4 der erschienen Mitglieder vorgesehen, bezieht sich die Satzungsänderung auf den Vereinszweck, so müssen alle Mitglieder, nicht nur die Anwesenden, dem Antrag zustimmen, § 33 Abs. 1 S. 2. Nach § 40 kann die Satzung in diesen Punkten andere Festlegungen treffen, was sich insbesondere im Hinblick auf die Änderung des Vereinszwecks empfiehlt. Abgesehen von Vereinen mit relativ kleiner Mitgliederzahl ist in der Praxis die einstimmige Beschlussfassung sämtlicher Mitglieder kaum zu erreichen, womit eine Änderung des Vereinszwecks regelmäßig faktisch unmöglich wäre.

[15] **Protokoll.** Die Satzung soll Bestimmungen über die Protokollierung der gefassten Beschlüsse enthalten, § 58 Nr. 4. Es reicht aus, wenn die Satzung die schriftliche Dokumentation der einzelnen Beschlüsse anordnet. Darüber hinaus können auch weitergehende Anforderungen definiert werden, beispielsweise die Protokollierung des gesamten Ablaufs der Versammlung. Zu den Einzelheiten vgl das Muster zu § 32 Rn 9 ff. 18

[16] **Unterschriften.** Nach § 59 Abs. 3 ist die Satzung von mindestens sieben Mitgliedern zu unterschreiben. 19

§ 58 Sollinhalt der Vereinssatzung

Die Satzung soll Bestimmungen enthalten:

1. **über den Eintritt und Austritt der Mitglieder,**
2. **darüber, ob und welche Beiträge von den Mitgliedern zu leisten sind,**
3. **über die Bildung des Vorstands,**
4. **über die Voraussetzungen, unter denen die Mitgliederversammlung zu berufen ist, über die Form der Berufung und über die Beurkundung der Beschlüsse.**

A. Muster: Ausführliche Satzung eines eingetragenen Idealvereins 1

▶ **Satzung**[1] 16

§ 1 Name, Sitz, Geschäftsjahr

1. Der Verein hat den Namen „▪▪▪ Sportverein". Er soll in das Vereinsregister eingetragen werden. Nach seiner Eintragung lautet der Name „▪▪▪ Sportverein e.V.".
2. Der Verein hat seinen Sitz in ▪▪▪.
3. Das Geschäftsjahr ist das Kalenderjahr.

§ 2 Zweck

1. Zweck des Vereins ist die Pflege, Förderung und Ausübung des Sports.[2]
2. Der Satzungszweck wird insbesondere verwirklicht durch

- die Einrichtung und Unterhaltung von Sportanlagen,
- die Förderung sportlicher Übungen und Leistungen,
- die Betreuung von Sportangeboten durch ausgebildete Übungsleiter,
- die Organisation von und Teilnahme an sportlichen Wettkämpfen.

§ 3 Gemeinnützigkeit[3]

1. Der Verein verfolgt ausschließlich und unmittelbar gemeinnützige Zwecke im Sinne des Abschnitts „Steuerbegünstigte Zwecke" der Abgabenordnung, und zwar durch die Förderung ■■■
2. Der Verein ist selbstlos tätig; er verfolgt nicht in erster Linie eigenwirtschaftliche Zwecke.
3. Mittel des Vereins dürfen nur für die satzungsmäßigen Zwecke verwendet werden. Die Mitglieder erhalten keine Zuwendungen aus Mitteln des Vereins. Es darf keine Person durch Ausgaben, die dem Zweck des Vereins fremd sind, oder durch unverhältnismäßig hohe Vergütungen begünstigt werden.[5]

§ 4 Erwerb der Mitgliedschaft[6]

1. Ordentliches Mitglied kann jede natürliche Person werden. Über den schriftlichen Aufnahmeantrag entscheidet der Vorstand nach freiem Ermessen, die Ablehnung eines Aufnahmeantrages ist zu begründen. Der Aufnahmeantrag Minderjähriger bedarf der Unterschriften der gesetzlichen Vertreter.[7] Gegen eine Ablehnung des Aufnahmeantrages durch den Vorstand kann der Antragsteller die Mitgliederversammlung anrufen. Diese entscheidet endgültig.[8]
2. Förderndes Mitglied kann jede natürliche Person werden, die das 18. Lebensjahr vollendet hat und die dem Verein angehören will, ohne sich in ihm sportlich zu betätigen. Für die Aufnahme gelten die Regeln über die Aufnahme ordentlicher Mitglieder entsprechend.[9]

§ 5 Beendigung der Mitgliedschaft

1. Die Mitgliedschaft endet durch Austritt, Streichung von der Mitgliederliste, Ausschluss oder Tod.
2. Der Austritt ist gegenüber einem Mitglied des Vorstands schriftlich zu erklären. Er kann nur unter Einhaltung einer Frist von drei Monaten zum Schluss eines Geschäftsjahres erklärt werden.[10]
3. Ein Mitglied kann durch Beschluss des Vorstandes von der Mitgliederliste gestrichen werden, wenn es trotz zweimaliger schriftlicher Mahnung mit der Zahlung von Mitgliedsbeiträgen oder Umlagen im Rückstand ist. Die Streichung von der Mitgliederliste darf erst dann beschlossen werden, wenn nach der Absendung der zweiten Mahnung drei Monate verstrichen sind und in dieser Mahnung die Streichung angedroht wurde. Das Mitglied ist über die Streichung zu unterrichten.[11]
4. Ein Mitglied kann auf Beschluss des Vorstands aus dem Verein ausgeschlossen werden, wenn es in grober Weise die Interessen des Vereins verletzt. Ein Ausschluss kommt insbesondere in Betracht
   - wegen erheblicher Verletzung satzungsgemäßer Verpflichtungen,
   - wegen eines schweren Verstoßes gegen die Interessen des Vereins oder
   - wegen groben unsportlichen Verhaltens.[12]

Der Vorstand muss vor der Beschlussfassung dem Mitglied Gelegenheit geben, sich mündlich oder schriftlich zu äußern; hierzu ist das Mitglied unter Einhaltung einer Mindestfrist von zehn Tagen schriftlich aufzufordern. Die Entscheidung über den Ausschluss ist schriftlich zu begründen und dem Mitglied mitzuteilen. Gegen die Entscheidung kann das Mitglied Berufung an die Mitgliederversammlung einlegen. Die Berufung muss schriftlich und innerhalb einer Frist von drei Wochen nach Absendung der Entscheidung gegenüber dem Vorstand erfolgen. Die Mitgliederversammlung entscheidet endgültig.[13]

§ 6 Mitgliedsbeiträge

1. Von den Mitgliedern werden Jahresbeiträge erhoben. Darüber hinaus können zur Finanzierung besonderer Vorhaben Umlagen bis zu einer Höhe von zwei Jahresbeiträgen erhoben werden. Die Höhe des Jahresbeitrages und der Umlagen sowie deren Fälligkeit werden von der Mitgliederversammlung bestimmt.[14]
2. Ehrenmitglieder sind von der Beitragspflicht befreit.[15]
3. Auf Beschluss des Vorstandes können Mitglieder in begründeten Fällen von der Zahlung von Jahresbeiträgen und Umlagen befreit werden.

§ 7 Rechte und Pflichten

1. Mitglieder sind berechtigt, im Rahmen des Vereinszweckes an den Veranstaltungen des Vereins teilzunehmen sowie die Anlagen und Einrichtungen des Vereins zu nutzen.
2. Jedes Mitglied ist verpflichtet, sich nach der Satzung und den weiteren Ordnungen des Vereins zu verhalten. Alle Mitglieder sind zu gegenseitiger Rücksichtnahme verpflichtet.

§ 8 Organe[16]

Die Organe des Vereins sind
- der Vorstand
- die Mitgliederversammlung

§ 9 Vorstand[17]

1. Der Vorstand besteht aus
   - dem Vorsitzenden
   - dem stellvertretenden Vorsitzenden
   - dem Schatzmeister
   - dem Sportwart
   - dem Jugendwart
2. Der Vorstand im Sinne des § 26 BGB besteht aus dem Vorsitzenden, dem stellvertretenden Vorsitzenden und dem Schatzmeister. Der Verein wird gerichtlich und außergerichtlich durch je zwei der genannten drei Vorstandsmitglieder gemeinsam vertreten.
3. Die Vereinigung mehrer Vorstandsämter in einer Person ist unzulässig.

§ 10 Zuständigkeit des Vorstands

Der Vorstand führt die Geschäfte des Vereins nach Maßgabe der Satzung und der Beschlüsse der Mitgliederversammlung. Ihm obliegt insbesondere:
- die Ausführung von Beschlüssen der Mitgliederversammlung,
- die Ordnung und Überwachung der Tätigkeit der Abteilungen,
- die Führung der Bücher sowie die Erstellung des Haushaltsplanes und des Jahresabschlusses,
- die Beschlussfassung über die Aufnahme und den Ausschluss von Mitgliedern sowie der Streichung von Mitgliedern von der Mitgliederliste,
- der Erlass von Ordnungen iSd §§ 20 und 21[18]

§ 11 Amtsdauer des Vorstands

1. Der Vorstand wird von der Mitgliederversammlung für die Dauer von zwei Jahren gewählt. Die Amtszeit des Vorstands beginnt mit der Wahl, er bleibt jedoch nach Ablauf der Amtszeit bis zu einer Neuwahl im Amt. Wählbar sind nur Vereinsmitglieder, die das 18. Lebensjahr vollendet haben. Wiederwahl eines Vorstandsmitgliedes ist zulässig.

2. Mit der Beendigung der Vereinsmitgliedschaft endet auch die Mitgliedschaft im Vereinsvorstand. Scheidet ein Mitglied des Vorstands vorzeitig aus, so bestimmen die verbleibenden Vorstandsmitglieder für die restliche Amtsdauer einen Nachfolger.[19]

§ 12 Beschlussfassung des Vorstands

1. Der Vorstand fasst seine Beschlüsse in Sitzungen mit einfacher Mehrheit der abgegebenen Stimmen. Der Vorstand ist beschlussfähig, wenn mindestens die Hälfte seiner Mitglieder anwesend ist. Bei Stimmengleichheit entscheidet die Stimme des Vorsitzenden, bei dessen Abwesenheit die seines Vertreters.
2. Der Vorsitzende, bei dessen Abwesenheit der stellvertretende Vorsitzende, beruft die Vorstandssitzungen ein und leitet sie. Die Beschlüsse des Vorstands sind zu protokollieren und vom Sitzungsleiter zu unterschreiben.
3. Der Vorstand kann seine Beschlüsse auch im schriftlichen oder fernmündlichen Verfahren fassen, sofern kein Vorstandsmitglied diesem Verfahren widerspricht.

§ 13 Mitgliederversammlung[20]

1. Die Mitgliederversammlung findet einmal jährlich im ersten Quartal statt.
2. Die Mitgliederversammlung ist zuständig für die
   - Entgegennahme der Berichte des Vorstands,
   - Entgegennahme des Berichts der Kassenprüfer,
   - Entlastung und Wahl des Vorstands,
   - Wahl der Kassenprüfer,
   - Festsetzung von Beiträgen und Umlagen sowie deren Fälligkeit,
   - Genehmigung des Haushaltsplans,
   - Beschlussfassung über die Änderung der Satzung und über die Auflösung des Vereins,
   - Entscheidung über die Aufnahme neuer und den Ausschluss von Mitgliedern in Berufungsfällen,
   - Ernennung von Ehrenmitgliedern,
   - Entscheidung über die Einrichtung von Abteilungen und deren Leitung,
   - Beschlussfassung über Anträge.

§ 14 Außerordentliche Mitgliederversammlung[21]

Eine außerordentliche Mitgliederversammlung findet statt, wenn das Interesse des Vereins es erfordert oder wenn 1/5 der Mitglieder es schriftlich unter Angabe der Gründe beim Vorstand beantragt.

§ 15 Einberufung der Mitgliederversammlung[22]

1. Die Mitgliederversammlung wird vom Vorstand mit einer Frist von zwei Wochen schriftlich unter Angabe der Tagesordnung einberufen. Die Frist beginnt mit dem auf die Absendung des Einladungsschreibens folgenden Tag. Das Einladungsschreiben gilt dem Mitglied als zugegangen, wenn es an die letzte vom Mitglied dem Verein bekannt gegebene Adresse gerichtet ist. Die Tagesordnung setzt der Vorstand fest.
2. Anträge zur Ergänzung der Tagesordnung können von jedem Vereinsmitglied eingebracht werden. Sie müssen eine Woche vor der Versammlung dem Vorstand schriftlich mit Begründung vorliegen. Der Versammlungsleiter hat die Ergänzung zu Beginn der Versammlung bekannt zu geben.
3. Über die Anträge auf Ergänzung der Tagesordnung, die erst in der Mitgliederversammlung gestellt werden, beschließt die Mitgliederversammlung mit einfacher Mehrheit der abgegebenen Stimmen.

4. Anträge auf Satzungsänderung müssen unter Benennung des abzuändernden bzw neu zu fassenden Paragraphen im genauen Wortlaut mit der Einladung zur Mitgliederversammlung mitgeteilt werden.

§ 16 Beschlussfassung der Mitgliederversammlung[23]

1. Die Mitgliederversammlung wird vom Vorsitzenden des Vorstandes, bei dessen Verhinderung von seinem Stellvertreter oder dem Schatzmeister geleitet. Ist keines dieser Vorstandsmitglieder anwesend, so bestimmt die Versammlung den Leiter mit einfacher Mehrheit der abgegebenen Stimmen. Der Versammlungsleiter bestimmt einen Protokollführer.
2. Die Mitgliederversammlung ist beschlussfähig, wenn mindestens 1/4 der Mitglieder anwesend ist. Im Fall der Beschlussunfähigkeit muss der Vorstand innerhalb von zwei Wochen eine zweite Mitgliederversammlung mit der gleichen Tagesordnung einberufen. Diese ist ohne Rücksicht auf die Anzahl der erschienenen Mitglieder beschlussfähig, worauf in der Einladung hinzuweisen ist.
3. Die Beschlüsse werden mit einfacher Mehrheit der abgegebenen Stimmen gefasst; bei Stimmengleichheit gibt die Stimme des Versammlungsleiters den Ausschlag. Stimmenthaltungen gelten als nicht abgegebene Stimmen. Schriftliche Abstimmungen erfolgen nur auf Antrag von mindestens 1/3 der anwesenden Mitglieder.
4. Bei Wahlen ist gewählt, wer mehr als die Hälfte der abgegebenen Stimmen erhalten hat. Sofern im ersten Wahlgang niemand mehr als die Hälfte der abgegebenen Stimmen erhalten hat, findet eine Stichwahl zwischen den beiden Kandidaten mit den meisten Stimmen statt. Bei Stimmengleichheit entscheidet das Los.
5. Satzungsänderungen können nur mit einer Mehrheit von 3/4 der abgegebenen Stimmen beschlossen werden. Zur Änderung des Vereinszwecks oder zur Auflösung des Vereins ist eine Mehrheit von 4/5 der abgegebenen Stimmen erforderlich.
6. Über die Beschlüsse der Mitgliederversammlung ist ein Protokoll aufzunehmen, das vom jeweiligen Versammlungsleiter und dem Protokollführer zu unterzeichnen ist. Es soll folgende Feststellungen enthalten:
   - Ort und Zeit der Versammlung,
   - die Tagesordnung,
   - der Versammlungsleiter,
   - der Protokollführer,
   - die Zahl der erschienenen Mitglieder,
   - die einzelnen Abstimmungsergebnisse und die Art der Abstimmung.

§ 17 Stimmrecht und Wählbarkeit

1. Stimmrecht besitzen nur ordentliche Mitglieder und Ehrenmitglieder. Das Stimmrecht kann nur persönlich ausgeübt werden. Mitglieder, denen kein Stimmrecht zusteht, können an der Mitgliederversammlung als Gäste teilnehmen.
2. Gewählt werden können alle ordentlichen Mitglieder, die das 18. Lebensjahr vollendet haben.

§ 18 Ernennung von Ehrenmitgliedern[24]

Personen, die sich um den Verein besonders verdient gemacht haben, können auf Vorschlag des Vorstandes durch Beschluss der Mitgliederversammlung zu Ehrenmitgliedern ernannt werden. Die Ernennung zu Ehrenmitgliedern erfolgt auf Lebenszeit, sie bedarf einer Mehrheit von 2/3 der abgegebenen Stimmen.

§ 19 Kassenprüfung

1. Die Mitgliederversammlung wählt für die Dauer von einem Jahr zwei Personen zu Kassenprüfern. Diese dürfen nicht Mitglied des Vorstands sein. Einmalige Wiederwahl ist zulässig.

2. Die Kassenprüfer haben die Kasse des Vereins einschließlich der Bücher und Belege mindestens einmal im Geschäftsjahr sachlich und rechnerisch zu prüfen und dem Vorstand jeweils schriftlich Bericht zu erstatten. Die Kassenprüfer erstatten der Mitgliederversammlung einen Prüfungsbericht und beantragen bei ordnungsgemäßer Führung der Kassengeschäfte die Entlastung des Schatzmeisters sowie der übrigen Vorstandsmitglieder.

§ 20 Gliederung

Für jede im Verein betriebene Sportart kann im Bedarfsfall eine eigene Abteilung gegründet werden. Die Organisation und die Zuständigkeiten der Abteilungen sind vom Vorstand in Ordnungen zu regeln.

§ 21 Ordnungen

Zur Durchführung der Satzung kann der Vorstand Ordnungen erlassen, insbesondere eine Geschäftsordnung sowie eine Ordnung für die Benutzung der Sportstätten. Die Ordnungen werden mit einer Mehrheit von 2/3 der Mitglieder des Vorstands beschlossen.

§ 22 Auflösung des Vereins und Vermögensanfall[25]

1. Die Auflösung des Vereins kann in einer ordentlichen oder außerordentlichen Mitgliederversammlung mit der in § 16 festgelegten Stimmenmehrheit beschlossen werden. Sofern die Mitgliederversammlung nichts anderes beschließt, sind der Vorsitzende und der stellvertretende Vorsitzende gemeinsam vertretungsberechtigte Liquidatoren. Die vorstehende Vorschrift gilt entsprechend für den Fall, dass der Verein aus einem anderen Grund aufgelöst wird oder seine Rechtsfähigkeit verliert.
2. Bei Auflösung oder Aufhebung des Vereins oder bei Wegfall steuerbegünstigter Zwecke fällt das Vermögen des Vereins an eine juristische Person des öffentlichen Rechts oder an eine andere steuerbegünstigte Körperschaft zwecks Verwendung für (Angabe eines bestimmten gemeinnützigen, mildtätigen oder kirchlichen Zwecks).

■■■

Ort, Datum, bei Gründung Unterschriften von mindestens sieben Gründungsmitgliedern ◄

B. Erläuterungen

2 [1] **Mindestinhalt.** Vgl Erläuterungen des Musters zu § 57 Rn 2.

3 [2] **Gemeinnützige Zwecke.** Die Satzung sollte einen in § 52 Abs. 2 AO als gemeinnützig anerkannten Zweck ausdrücklich anführen. Die vom Verein angestrebte steuerliche Freistellung kann so klarer vorgegeben werden, was letztlich Missverständnisse der Finanzverwaltung hinsichtlich der gewünschten Einordnung des Vereins vermeidet.

4 [3] **Steuerbefreiung.** Vereine, die gemeinnützige, mildtätige oder kirchliche Zwecke verfolgen, können sich von der Körperschaftsteuer befreien lassen. Die grundlegenden Feststellungen zur Steuerbefreiung sind dann notwendiger Bestandteil der Vereinssatzung. Die Anforderung der Selbstlosigkeit (§ 55 AO), Ausschließlichkeit (§ 56 AO) und Unmittelbarkeit (§ 57 AO) der Mittelverwendung, sind von jedem steuerbefreiten Verein zu beachten. Die entsprechenden Bestimmungen werden von der Anlage 1 zu § 60 AO vorgegeben, sie sind im Wortlaut in die Satzung zu übernehmen.

5 [4] **Selbstlosigkeit.** Die Satzung eines steuerbefreiten Vereins muss klarstellen, dass die Förderung oder Unterstützung des Vereinszwecks selbstlos iSv § 55 AO erfolgt. Eine in erster Linie **wirtschaftliche Tätigkeit** des Vereins muss **ausdrücklich ausgeschlossen** werden.

6 [5] **Mittelverwendung.** Vgl die Vorgaben der Anlage 1 zu § 60 AO. Steuerbefreite Vereine müssen ihre Mittel **ausschließlich** für ihre Satzungszwecke verwenden, § 56 AO. Sie müssen diese Zwecke **selbstlos** fördern, dh die Mittel dürfen insbesondere nicht an die Mitglieder zurück-

fließen, sei es in Form von unmittelbaren Zuwendungen, § 55 Abs. Nr. 1 S. 2 AO oder zweckfremden bzw unangemessen hohen Vergütungen, § 55 Abs. 1 Nr. 3 AO.

[6] **Erwerb der Mitgliedschaft.** Vgl Erläuterungen des Musters zu § 57 Rn 5. 7

[7] **Beitritt Minderjähriger.** Vgl Erläuterungen des Musters zu § 57 Rn 6. 8

[8] **Aufnahmeverfahren.** Die Satzung kann ein Aufnahmeverfahren festlegen. Bei größeren Vereinen empfiehlt sich die Zuweisung der Entscheidungskompetenz über die Annahme von Aufnahmeanträgen an den Vorstand. Er entscheidet nach freiem Ermessen, so dass eine Ablehnung keiner Begründung bedarf. Die Mitgliederversammlung sollte im Streitfall vom Antragsteller angerufen werden können und über den Antrag endgültig befinden. 9

[9] In der Satzung kann zwischen verschiedenen **Formen der Mitgliedschaft** differenziert und unterschiedliche Rechte und Pflichten mit der jeweiligen Art der Mitgliedschaft verbunden werden. Insbesondere bei Sportvereinen ist häufig neben der **aktiven** oder **passiven** Mitgliedschaft auch eine nur **fördernde** Mitgliedschaft zu finden. Zur **Ehren**mitgliedschaft vgl Rn 21. 10

[10] **Beendigung der Mitgliedschaft.** Vgl Erläuterungen des Musters zu § 57 Rn 7. 11

[11] Die **Streichung von der Mitgliederliste** ist eine vereinfachte Form des Ausschlusses, die sich als Sanktion für einfache, in der Satzung klar umrissene Sachverhalte anbietet. Sie kommt insbesondere für den Fall in Betracht, dass ein Mitglied über einen längeren Zeitraum mit seinen Beiträgen im Rückstand ist und trotz Erinnerung die offenen Zahlungen nicht leistet. 12

[12] **Ausschluss von Mitgliedern.** Vgl Erläuterungen des Musters zu § 57 Rn 7. Die Satzung kann Gründe vorgeben, die einen Ausschluss rechtfertigen. Es ist ratsam, hier keinen abschließenden Katalog von Ausschlussgründen festzulegen, sondern lediglich Beispiele für denkbares Fehlverhalten zu geben. Satzungsbestimmungen, die den Ausschluss eines Mitglieds ohne sachlichen Grund gestatten, sind nach § 138 nichtig (Hk-BGB/*Dörner*, § 38 Rn 12). Setzt die Satzung schuldhaftes Fehlverhalten voraus, so erhält der Vereinsausschluss einen Sanktionscharakter. Daneben bleibt stets der Ausschluss aus wichtigem Grund möglich, der kein Verschulden des Auszuschließenden voraussetzt (BGH NJW 1972, 1892). 13

[13] Die Satzung kann das **Ausschlussverfahren** näher regeln. Das Verfahren sollte so ausgestaltet werden, dass sämtliche Argumente für und gegen den Ausschluss eines Mitglieds berücksichtigt werden können und eine gesicherte sachliche Grundlage für die Entscheidung gegeben ist. Das Verfahren muss dem Anspruch des betroffenen Mitglieds auf rechtliches Gehör Rechnung tragen (vgl dazu BGHZ 29, 354 f). Bei größeren Vereinen sollte die Entscheidungskompetenz zunächst dem Vorstand zugewiesen und erst im Streitfall über den Ausschluss in einer Mitgliederversammlung entschieden werden. 14

[14] **Mitgliedsbeiträge.** Vgl Erläuterungen des Musters zu § 57 Rn 8. Die Satzung kann neben der Leistung von Mitgliedsbeiträgen auch die Erhebung von Umlagen festlegen bzw die Mitgliederversammlung zur Erhebung von Umlagen ermächtigen. Die Höhe der Umlage muss zumindest objektiv bestimmbar sein, um den Mitgliedern eine Einschätzung der mit einer Mitgliedschaft verbundenen finanziellen Belastung zu ermöglichen (BGH NJW-RR 2008, 194 f). 15

[15] Zur **Ehrenmitgliedschaft** vgl Rn 25. 16

[16] **Besondere Vertreter.** Neben den gesetzlich vorgeschriebenen Organen Mitgliederversammlung und Vorstand kann die Satzung fakultativ die Bildung **weiterer Organe** vorsehen, wie zum Beispiel besondere Vertreter, und diesen eigene Kompetenzen zuweisen (vgl dazu das Muster zu § 30). Abgesehen von den nicht entziehbaren Kernkompetenzen der gesetzlichen Organe kann die Satzung die Organisation des Vereins nach dessen individuellen Bedürfnissen frei ausgestalten. 17

[17] **Vorstand.** Vgl Erläuterungen des Musters zu § 57 Rn 10. 18

[18] **Zuständigkeit des Vorstands.** Neben der Vertretung des Vereins im Rechtsverkehr kann die Satzung dem Vorstand weitere Aufgaben zuweisen, bis hin zur Zuständigkeit für sämtliche 19

Angelegenheiten des Vereins. Bei der Mitgliederversammlung verbleiben in diesem Fall nur deren vom Gesetz als nicht entziehbar bestimmte Kompetenzen (vgl dazu Rn 21).

20 [19] **Amtszeit.** Vgl Erläuterungen des Musters zu § 57 Rn 10.

21 [20] **Mitgliederversammlung.** Vgl Erläuterungen des Musters zu § 36. Als oberstes Organ des Vereins ist die Mitgliederversammlung, abgesehen von der Außenvertretung, grundsätzlich für **sämtliche Angelegenheiten** zuständig. Durch die Satzung können die Kompetenzen der Mitgliederversammlung weitgehend auf andere Organe, insbesondere den Vorstand, übertragen werden. Zwingend bei der Mitgliederversammlung verbleiben muss die Entscheidungskompetenz über die Auflösung des Vereins, § 41, sowie die damit zusammenhängende Bestimmung einer Körperschaft, der das verbleibende Vermögen zufallen soll.

22 [21] **Minderheitenschutz.** Vgl Erläuterungen des Musters zu § 57 Rn 13.

23 [22] **Berufung der Mitgliederversammlung.** Vgl Erläuterungen des Musters zu § 57 Rn 14.

24 [23] **Beschlussfassung.** Vgl Erläuterungen des Musters zu § 57 Rn 16.

25 [24] **Ehrenmitgliedschaft.** Die Satzung kann festlegen, ob und unter welchen Voraussetzungen Ehrenmitgliedschaften verliehen werden können. Ehrenmitglieder sind in der Regel beitragsfrei gestellt, haben jedoch grundsätzlich die gleichen Rechte wie ordentliche Mitglieder. Die Ehrenmitgliedschaft kann auch ohne entsprechende Satzungsbestimmung aus wichtigem Grund entzogen werden (*Stöber*, Rn 670).

26 [25] **Auflösung.** Vgl Erläuterungen der Muster zu § 41 und 45.

§ 59 Anmeldung zur Eintragung

(1) Der Vorstand hat den Verein zur Eintragung anzumelden.
(2) Der Anmeldung sind Abschriften der Satzung und der Urkunden über die Bestellung des Vorstands beizufügen.
(3) Die Satzung soll von mindestens sieben Mitgliedern unterzeichnet sein und die Angabe des Tages der Errichtung enthalten.

1 **A. Muster: Anmeldung zur Eintragung in das Vereinsregister**

▶ An das Amtsgericht
– Registergericht –
In der Registersache
■■■ Verein (Neugründung)
melden sämtliche Vorstandsmitglieder[1] des ■■■ Vereins folgende Eintragung in das Vereinsregister an:

1. den in der Versammlung vom ■■■ gegründeten Verein.
2. die Mitglieder des Vorstands:[2]
   – Frau ■■■, geboren am ■■■ (Datum), wohnhaft in (Adresse), als Vorsitzende,
   – Herr ■■■, geboren am ■■■ (Datum), wohnhaft in (Adresse), als stellvertretender Vorsitzender,
   – Frau ■■■, geboren am ■■■ (Datum), wohnhaft in (Adresse), als Schatzmeisterin.

Der Anmeldung ist die Urschrift sowie eine Kopie der Satzung vom ■■■ (Datum) beigefügt. Des Weiteren liegt in Kopie das Protokoll der Gründungsversammlung vom ■■■ bei.[3]

Die Anschrift des Vereins ist die der Vorstandsvorsitzenden.[4]

■■■

Ort, Datum, notariell beglaubigte Unterschriften aller Vorstandsmitglieder ◄

B. Erläuterungen

[1] **Antragsbefugnis.** Die Handhabung ist bei den einzelnen Registergerichten nicht einheitlich. Geht die herrschende Meinung in der Literatur noch davon aus, dass sämtliche Vorstandsmitglieder den Antrag auf Eintragung in das Vereinsregister zu stellen haben, (Palandt/*Heinrichs* § 59 Rn 1 mwN) so genügt vielerorts bereits ein Antrag von Vorstandsmitgliedern in zur Vertretung des Vereins berichtigender Anzahl. 2

[2] **Berufsbezeichnung.** Die Angabe des Berufs eines Vorstandsmitglieds ist nicht mehr erforderlich. 3

[3] Die **beizufügenden Unterlagen** ergeben sich aus § 59 Abs. 2. 4

[4] **Vereinsadresse.** Durch das Gesetz nicht vorgeschrieben, aus Gründen der Praktikabilität aber ratsam, ist die Angabe der postalischen Adresse, unter der der Verein zu erreichen ist. 5

§ 60 Zurückweisung der Anmeldung

Die Anmeldung ist, wenn den Erfordernissen der §§ 56 bis 59 nicht genügt ist, von dem Amtsgericht unter Angabe der Gründe zurückzuweisen.

§§ 61 bis 63 (weggefallen)

§ 64 Inhalt der Vereinsregistereintragung

Bei der Eintragung sind der Name und der Sitz des Vereins, der Tag der Errichtung der Satzung, die Mitglieder des Vorstands und ihre Vertretungsmacht anzugeben.

§ 65 Namenszusatz

Mit der Eintragung erhält der Name des Vereins den Zusatz „eingetragener Verein".

§ 66 Bekanntmachung der Eintragung und Aufbewahrung von Dokumenten

(1) Das Amtsgericht hat die Eintragung des Vereins in das Vereinsregister durch Veröffentlichung in dem von der Landesjustizverwaltung bestimmten elektronischen Informations- und Kommunikationssystem bekannt zu machen.
(2) Die mit der Anmeldung eingereichten Dokumente werden vom Amtsgericht aufbewahrt.

§ 67 Änderung des Vorstands

(1) [1]Jede Änderung des Vorstands ist von dem Vorstand zur Eintragung anzumelden. [2]Der Anmeldung ist eine Abschrift der Urkunde über die Änderung beizufügen.
(2) Die Eintragung gerichtlich bestellter Vorstandsmitglieder erfolgt von Amts wegen.

1 A. Muster: Anmeldung der Änderung des Vorstands

▶ An das Amtsgericht

– Registergericht –

In der Registersache

... Verein e.V. (VR ...)

melden wir zur Eintragung in das Vereinsregister an:[1]

Zu Mitgliedern des Vorstands wurden in der Versammlung vom ... (Datum) gewählt:[2]

1. Herr ..., geboren am ... (Datum), wohnhaft in (Adresse), als Vorsitzender,
2. Frau ..., geboren am ... (Datum), wohnhaft in (Adresse), als stellvertretende Vorsitzende,
3. Herr ..., geboren am ... (Datum), wohnhaft in (Adresse), als Schatzmeister.

Die bisherigen Vorstandsmitglieder Frau ... sowie die Herren ... und ... sind mit Ablauf der Versammlung aus ihren Ämtern ausgeschieden.

Das Protokoll der Versammlung vom ... liegt in Kopie bei.[3]

...

Ort, Datum, notariell beglaubigte Unterschriften der gewählten Vorstandsmitglieder ◀

B. Erläuterungen

2 [1] **Anmeldebefugnis.** Anders als bei der Anmeldung des Vereins in das Vereinsregister (vgl Erläuterungen des Musters zu § 59 Rn 1) reicht nach einhelliger Auffassung bei der Anmeldung einer Änderung in der Zusammensetzung des Vorstands die entsprechende **Mitteilung** durch Vorstandsmitglieder in zur Vertretung des Vereines berechtigender Anzahl aus.

3 [2] **Meldepflichtige Vorgänge.** Lediglich die **Neuwahl,** nicht aber die Wiederwahl eines Vorstandsmitglieds ist anzeigepflichtig. Viele Vereinsregister verlangen jedoch eine Mitteilung über die Verlängerung bestehender Amtszeiten.

4 [3] **Beizufügende Unterlagen.** Vgl § 67 Abs. 1 S. 2. Es genügt die Vorlage einer Kopie des Versammlungsprotokolls.

§ 68 Vertrauensschutz durch Vereinsregister

[1]Wird zwischen den bisherigen Mitgliedern des Vorstands und einem Dritten ein Rechtsgeschäft vorgenommen, so kann die Änderung des Vorstands dem Dritten nur entgegengesetzt werden, wenn sie zur Zeit der Vornahme des Rechtsgeschäfts im Vereinsregister eingetragen oder dem Dritten bekannt ist. [2]Ist die Änderung eingetragen, so braucht der Dritte sie nicht gegen sich gelten zu lassen, wenn er sie nicht kennt, seine Unkenntnis auch nicht auf Fahrlässigkeit beruht.

§ 69 Nachweis des Vereinsvorstands

Der Nachweis, dass der Vorstand aus den im Register eingetragenen Personen besteht, wird Behörden gegenüber durch ein Zeugnis des Amtsgerichts über die Eintragung geführt.

§ 70 Vertrauensschutz bei Eintragungen zur Vertretungsmacht

Die Vorschriften des § 68 gelten auch für Bestimmungen, die den Umfang der Vertretungsmacht des Vorstands beschränken oder die Vertretungsmacht des Vorstands abweichend von der Vorschrift des § 26 Absatz 2 Satz 1 regeln.

§ 71 Änderungen der Satzung

(1) [1]Änderungen der Satzung bedürfen zu ihrer Wirksamkeit der Eintragung in das Vereinsregister. [2]Die Änderung ist von dem Vorstand zur Eintragung anzumelden. [3]Der Anmeldung sind eine Abschrift des die Änderung enthal-

tenden Beschlusses und der Wortlaut der Satzung beizufügen. [4]In dem Wortlaut der Satzung müssen die geänderten Bestimmungen mit dem Beschluss über die Satzungsänderung, die unveränderten Bestimmungen mit dem zuletzt eingereichten vollständigen Wortlaut der Satzung und, wenn die Satzung geändert worden ist, ohne dass ein vollständiger Wortlaut der Satzung eingereicht wurde, auch mit den zuvor eingetragenen Änderungen übereinstimmen.
(2) Die Vorschriften der §§ 60, 64 und des § 66 Abs. 2 finden entsprechende Anwendung.

A. Muster: Anmeldung der Änderung der Satzung 1

► An das Amtsgericht 19

– Registergericht –

In der Registersache

■■■ Verein e.V. (VR ■■■)

melden wir zur Eintragung in das Vereinsregister an:[1]

Die Mitgliederversammlung vom ■■■ hat die Änderung des § ■■■ der Vereinssatzung beschlossen.[2]

Die Urschrift sowie eine Kopie des Protokolls der Versammlung vom ■■■ liegt bei.[3]

■■■

Ort, Datum, notariell beglaubigte Unterschrift ◄

B. Erläuterungen

[1] **Anmeldebefugnis.** Vgl Erläuterungen des Musters zu § 67 Rn 2. 2

[2] **Beschlussfassung.** Die beschlossene Satzungsänderung erlangt erst mit ihrer **Eintragung** in das Vereinsregister Wirksamkeit, § 71 Abs. 1. 3

[3] **Beizufügende Unterlagen.** Vgl § 71 Abs. 1 S. 3. Das Registergericht muss durch die vorgelegten Unterlagen in die Lage versetzt werden, das ordnungsgemäße Zustandekommen der Satzungsänderung formal überprüfen zu können. 4

§ 72 Bescheinigung der Mitgliederzahl

Der Vorstand hat dem Amtsgericht auf dessen Verlangen jederzeit eine schriftliche Bescheinigung über die Zahl der Vereinsmitglieder einzureichen.

§ 73 Unterschreiten der Mindestmitgliederzahl

Sinkt die Zahl der Vereinsmitglieder unter drei herab, so hat das Amtsgericht auf Antrag des Vorstands und, wenn der Antrag nicht binnen drei Monaten gestellt wird, von Amts wegen nach Anhörung des Vorstands dem Verein die Rechtsfähigkeit zu entziehen.
(2) (weggefallen)

1 **A. Muster: Antrag auf Entziehung der Rechtsfähigkeit**

▶ An das Amtsgericht

– Registergericht –

In der Registersache

■■■ Verein e.V. (VR ■■■)

beantragen wir als gemeinsam vertretungsberechtigte Mitglieder des Vereinsvorstands, dem ■■■ Verein die Rechtsfähigkeit zu entziehen.[1]

Mit dem Austritt von drei Mitgliedern zum Jahresende ist die Mitgliederzahl des Vereins auf zwei gesunken. Es besteht keine Aussicht, dass neue Mitglieder hinzugewonnen werden können.[2]

■■■

Ort, Datum, notariell beglaubigte Unterschriften ◀

B. Erläuterungen

2 [1] **Zuständigkeit.** Der Antrag auf Entziehung der Rechtsfähigkeit ist vom **Vorstand** zu stellen, § 73 Abs. 1. Stellt der Vorstand keinen entsprechenden Antrag, kann das **Registergericht** von Amts wegen die Rechtsfähigkeit entziehen. Sofern kein Vorstand bestellt ist, kann das Registergericht einen Notvorstand bestellen und diesem gegenüber die notwendigen Verfahrenshandlungen vornehmen (BayObLG NJW-RR 1989, 765).

3 [2] **Nachweis.** Das Registergericht kann sich nach § 72 eine Bescheinigung über die Anzahl der Mitglieder vorlegen lassen.

§ 74 Auflösung

(1) Die Auflösung des Vereins sowie die Entziehung der Rechtsfähigkeit ist in das Vereinsregister einzutragen.
(2) [1]Wird der Verein durch Beschluss der Mitgliederversammlung oder durch den Ablauf der für die Dauer des Vereins bestimmten Zeit aufgelöst, so hat der Vorstand die Auflösung zur Eintragung anzumelden. [2]Der Anmeldung ist im ersteren Falle eine Abschrift des Auflösungsbeschlusses beizufügen.

1 **A. Muster: Anmeldung der Auflösung des Vereins**

▶ An das Amtsgericht

– Registergericht –

In der Registersache

■■■ Verein e.V. (VR ■■■)

melden wir zur Eintragung in das Vereinsregister an:[1]

1. Die Mitgliederversammlung vom ■■■ hat die Auflösung des Vereins beschlossen.
2. Zu gemeinsam vertretungsberechtigten Liquidatoren des Vereins wurden bestellt:[2]
   - Frau ■■■, geboren am ■■■ (Datum), wohnhaft in (Adresse),
   - Herr ■■■, geboren am ■■■ (Datum), wohnhaft in (Adresse).

Eine Kopie des Protokolls der Versammlung vom ■■■ liegt bei.[3]

■■■

Ort, Datum, notariell beglaubigte Unterschrift ◀

B. Erläuterungen

[1] **Anmeldebefugnis.** Vgl § 74 Abs. 2 S. 1 sowie die Erläuterungen des Musters zu § 67 Rn 1. 2

[2] Der Umfang der **Vertretungsmacht der Liquidatoren** ist bei der Anmeldung der Auflösung anzugeben, § 76 Abs. 1 S. 1. 3

[3] **Beizufügende Unterlagen.** Vgl § 74 Abs. 2 S. 2. 4

§ 75 Eintragungen bei Insolvenz

(1) [1]Die Eröffnung des Insolvenzverfahrens und der Beschluss, durch den die Eröffnung des Insolvenzverfahrens mangels Masse rechtskräftig abgewiesen worden ist, sowie die Auflösung des Vereins nach § 42 Absatz 2 Satz 1 sind von Amts wegen einzutragen. [2]Von Amts wegen sind auch einzutragen

1. die Aufhebung des Eröffnungsbeschlusses,
2. die Bestellung eines vorläufigen Insolvenzverwalters, wenn zusätzlich dem Schuldner ein allgemeines Verfügungsverbot auferlegt oder angeordnet wird, dass Verfügungen des Schuldners nur mit Zustimmung des vorläufigen Insolvenzverwalters wirksam sind, und die Aufhebung einer derartigen Sicherungsmaßnahme,
3. die Anordnung der Eigenverwaltung durch den Schuldner und deren Aufhebung sowie die Anordnung der Zustimmungsbedürftigkeit bestimmter Rechtsgeschäfte des Schuldners,
4. die Einstellung und die Aufhebung des Verfahrens und
5. die Überwachung der Erfüllung eines Insolvenzplans und die Aufhebung der Überwachung.

(2) [1]Wird der Verein durch Beschluss der Mitgliederversammlung nach § 42 Absatz 1 Satz 2 fortgesetzt, so hat der Vorstand die Fortsetzung zur Eintragung anzumelden. [2]Der Anmeldung ist eine Abschrift des Beschlusses beizufügen.

§ 76 Eintragung bei Liquidation

(1) [1]Bei der Liquidation des Vereins sind die Liquidatoren und ihre Vertretungsmacht in das Vereinsregister einzutragen. [2]Das Gleiche gilt für die Beendigung des Vereins nach der Liquidation.

(2) [1]Die Anmeldung der Liquidatoren hat durch den Vorstand zu erfolgen. [2]Bei der Anmeldung ist der Umfang der Vertretungsmacht der Liquidatoren anzugeben. [3]Änderungen der Liquidatoren oder ihrer Vertretungsmacht sowie die Beendigung des Vereins sind von den Liquidatoren anzumelden. [4]Der Anmeldung der durch Beschluss der Mitgliederversammlung bestellten Liquidatoren ist eine Abschrift des Bestellungsbeschlusses, der Anmeldung der Vertretungsmacht, die abweichend von § 48 Absatz 3 bestimmt wurde, ist eine Abschrift der diese Bestimmung enthaltenden Urkunde beizufügen.

(3) Die Eintragung gerichtlich bestellter Liquidatoren geschieht von Amts wegen.

§ 77 Anmeldepflichtige und Form der Anmeldungen

[1]Die Anmeldungen zum Vereinsregister sind von Mitgliedern des Vorstands sowie von den Liquidatoren, die insoweit zur Vertretung des Vereins berechtigt sind, mittels öffentlich beglaubigter Erklärung abzugeben. [2]Die Erklärung kann in Urschrift oder in öffentlich beglaubigter Abschrift beim Gericht eingereicht werden.

§ 78 Festsetzung von Zwangsgeld

(1) Das Amtsgericht kann die Mitglieder des Vorstands zur Befolgung der Vorschriften des § 67 Abs. 1, des § 71 Abs. 1, des § 72, des § 74 Abs. 2, des § 75 Absatz 2 und des § 76 durch Festsetzung von Zwangsgeld anhalten.

(2) In gleicher Weise können die Liquidatoren zur Befolgung der Vorschriften des § 76 angehalten werden.

§ 79 Einsicht in das Vereinsregister

(1) [1]Die Einsicht des Vereinsregisters sowie der von dem Verein bei dem Amtsgericht eingereichten Dokumente ist jedem gestattet. [2]Von den Eintragungen kann eine Abschrift verlangt werden; die Abschrift ist auf Verlangen zu beglaubigen. [3]Wird das Vereinsregister maschinell geführt, tritt an die Stelle der Abschrift ein Ausdruck, an die der beglaubigten Abschrift ein amtlicher Ausdruck.

(2) [1]Die Einrichtung eines automatisierten Verfahrens, das die Übermittlung von Daten aus maschinell geführten Vereinsregistern durch Abruf ermöglicht, ist zulässig, wenn sichergestellt ist, dass

1. der Abruf von Daten die zulässige Einsicht nach Absatz 1 nicht überschreitet und
2. die Zulässigkeit der Abrufe auf der Grundlage einer Protokollierung kontrolliert werden kann.

[2]Die Länder können für das Verfahren ein länderübergreifendes elektronisches Informations- und Kommunikationssystem bestimmen.

(3) [1]Der Nutzer ist darauf hinzuweisen, dass er die übermittelten Daten nur zu Informationszwecken verwenden darf. [2]Die zuständige Stelle hat (z.B. durch Stichproben) zu prüfen, ob sich Anhaltspunkte dafür ergeben, dass die nach Satz 1 zulässige Einsicht überschritten oder übermittelte Daten missbraucht werden.

(4) Die zuständige Stelle kann einen Nutzer, der die Funktionsfähigkeit der Abrufeinrichtung gefährdet, die nach Absatz 3 Satz 1 zulässige Einsicht überschreitet oder übermittelte Daten missbraucht, von der Teilnahme am automatisierten Abrufverfahren ausschließen; dasselbe gilt bei drohender Überschreitung oder drohendem Missbrauch.

(5) [1]Zuständige Stelle ist die Landesjustizverwaltung. [2]Örtlich zuständig ist die Landesjustizverwaltung, in deren Zuständigkeitsbereich das betreffende Amtsgericht liegt. [3]Die Zuständigkeit kann durch Rechtsverordnung der Landesregierung abweichend geregelt werden. [4]Sie kann diese Ermächtigung durch Rechtsverordnung auf die Landesjustizverwaltung übertragen. [5]Die Länder können auch die Übertragung der Zuständigkeit auf die zuständige Stelle eines anderen Landes vereinbaren.

Untertitel 2 Stiftungen

§ 80 Entstehung einer rechtsfähigen Stiftung

(1) Zur Entstehung einer rechtsfähigen Stiftung sind das Stiftungsgeschäft und die Anerkennung durch die zuständige Behörde des Landes erforderlich, in dem die Stiftung ihren Sitz haben soll.

(2) Die Stiftung ist als rechtsfähig anzuerkennen, wenn das Stiftungsgeschäft den Anforderungen des § 81 Abs. 1 genügt, die dauernde und nachhaltige Erfüllung des Stiftungszwecks gesichert erscheint und der Stiftungszweck das Gemeinwohl nicht gefährdet.

(3) [1]Vorschriften der Landesgesetze über kirchliche Stiftungen bleiben unberührt. [2]Das gilt entsprechend für Stiftungen, die nach den Landesgesetzen kirchlichen Stiftungen gleichgestellt sind.

A. Stiftungsgeschäft unter Lebenden

1 **I. Muster: Stiftungsgeschäft unter Lebenden**

▶ Stiftungsgeschäft[1]

Hiermit errichte ich, ▪▪▪, wohnhaft in ▪▪▪, unter Bezugnahme auf § ▪▪▪ des Stiftungsgesetzes für das Land ▪▪▪ eine rechtsfähige Stiftung des bürgerlichen Rechts unter dem Namen

▪▪▪ -Stiftung

mit Sitz in ▪▪▪[2]

Zweck der Stiftung ist die Förderung der ▪▪▪. Die Stiftung soll diesen Zweck insbesondere verwirklichen durch ▪▪▪[3]

Ich statte die Stiftung mit einem Vermögen in Höhe von ▪▪▪ EUR (in Worten: ▪▪▪ Euro) aus.[4]

Zu Mitgliedern des ersten Stiftungsvorstands bestelle ich:

Frau ▪▪▪, wohnhaft in ▪▪▪, als Vorsitzende,

Herrn ▪▪▪, wohnhaft in ▪▪▪, als stellvertretenden Vorsitzenden,

Frau ▪▪▪, wohnhaft in ▪▪▪[5]

Die Stiftung erhält die anliegende Satzung, die Bestandteil dieses Stiftungsgeschäfts ist.[6]

...

Ort, Datum, Unterschrift des Stifters[7] ◀

II. Erläuterungen

[1] **Form und Inhalt des Stiftungsgeschäfts.** Die weitaus meisten Stiftungen werden heute durch ein Stiftungsgeschäft unter Lebenden errichtet. Die Stifter sehen die Rechtsform Stiftung zwar noch immer vor allem als Instrument ihrer Vermögensnachfolge an, sie möchten zugleich aber die Funktionalität der Stiftung zu Lebzeiten erproben und Fehleinschätzungen korrigieren. Häufig werden zu Lebzeiten errichtete Stiftungen vom Stifter auch testamentarisch bedacht und erreichen damit ihre volle Leistungskraft erst mit dem Ableben des Stifters. 2

Form und Inhalt eines Stiftungsgeschäfts unter Lebenden regelt § 81 Abs. 1. Danach hat das Stiftungsgeschäft die verbindliche **Erklärung des Stifters** zu enthalten, der Stiftung ein von ihm bestimmtes Vermögen für die Verfolgung des Stiftungszwecks zu übertragen. Das Stiftungsgeschäft bedarf der **Schriftform**, eine notarielle Beurkundung ist grundsätzlich nicht erforderlich. Durch das Stiftungsgeschäft muss die Stiftung eine Satzung erhalten, deren notwendiger Inhalt sich aus § 81 Abs. 1 S. 3 ergibt. Mit der Reform des Stiftungsrechts im Jahr 2002 wurde der **Mindestinhalt** einer Stiftungssatzung bundeseinheitlich im BGB festgelegt, ergänzende oder davon abweichende Bestimmungen in den Landesstiftungsgesetzen müssen damit vom Stifter nicht beachtet werden (*Muscheler*, NJW 2004, 713, aA *Backert*, ZSt 2004, 51). 3

Die Satzung muss demnach lediglich Bestimmungen zu **Name, Sitz, Zweck** und **Vermögen** der Stiftung treffen sowie die Regelungen zur Besetzung des **Vorstands** festlegen. Fehlen einzelne dieser Elemente oder enthält das Stiftungsgeschäft keine Satzung, so hat die Stiftungsbehörde nach § 83 Abs. 2 bis 4 das Stiftungsgeschäft nach dem mutmaßlichen Willen des Stifters zu ergänzen. 4

[2] Die Bestimmung des **Stiftungssitzes** ist nicht notwendiger Bestandteil des Stiftungsgeschäfts, er kann auch durch eine entsprechende Regelung in der Stiftungssatzung festgelegt werden. In der Praxis empfehlen viele Stiftungsbehörden die Festlegung auch im Stiftungsgeschäft. Wegen der Einzelheiten vgl die Erläuterungen des Musters zu § 81 Rn 7. 5

[3] Notwendiger Bestandteil des Stiftungsgeschäftes ist die Festlegung eines **Stiftungszwecks,** § 81 Abs. 1 S. 2. Der Stiftungszweck muss zugleich auch in der Satzung geregelt werden, so dass sich hier die wörtliche Übernahme zumindest der Kernbestimmung empfiehlt. Die Regelung in der Stiftungssatzung kann den Stiftungszweck darauf aufbauend noch weiter konkretisieren. Der Stiftungszweck darf vom Stifter frei bestimmt werden, solange er das Gemeinwohl nicht gefährdet, § 80 Abs. 2. Wegen der Einzelheiten vgl die Erläuterungen des Musters zu § 81 Rn 8 ff. 6

[4] **Vermögen.** Kernbestandteil des Stiftungsgeschäfts ist die verbindliche Erklärung des Stifters, ein von ihm festgelegtes Vermögen auf die Stiftung zu übertragen. Die Stiftung erwirbt mit ihrer Anerkennung durch die Stiftungsbehörde gegenüber dem Stifter einen Anspruch auf die zugesagten Vermögensgegenstände, § 82. Nur bis zum Zeitpunkt der Anerkennung kann der Stifter das Stiftungsgeschäft widerrufen. Wurde vom Stifter bereits der Antrag auf Anerkennung gestellt, so muss der Widerruf gegenüber der zuständigen Stiftungsbehörde erfolgen, § 81 Abs. 2 S. 2. 7

Stiftungen können grundsätzlich mit **Vermögensgegenständen jedweder Art** ausgestattet werden, insbesondere auch mit Beteiligungen an Wirtschaftsunternehmen. Bei der Vermögensausstattung ist darauf zu achten, dass das übertragene Vermögen ausreichend bemessen ist, um die dauernde und nachhaltige Erfüllung des Stiftungszwecks sicher zu stellen, § 80 Abs. 2. Die zuständige Stiftungsbehörde hat im Rahmen des Anerkennungsverfahrens zu prognostizieren, ob 8 das Stiftungsvermögen dieser Anforderung genügt. Nur bei einer positiven Einschätzung der Stiftungsbehörde kann dem Antrag auf Anerkennung der Stiftung stattgegeben werden. Das von den meisten Stiftungsbehörden geforderte **Mindestvermögen** in Höhe von 50.000 EUR ist lediglich eine in der Praxis entwickelte Größenordnung, die auf keiner rechtlichen Grundlage beruht.

9 Nach hM ist das Stiftungsgeschäft ein **Rechtsgeschäft sui generis**, auf das die Regelungen des **Schenkungsrechts** entsprechende Anwendung finden (Palandt/*Heinrichs*, § 82 Rn 1; aA *Hof* in: Seifart/v. Campenhausen, § 7 Rn 36). Der Pflichtteilsergänzungsanspruch nach § 2325 steht grundsätzlich auch im Fall einer Stiftungserrichtung den Pflichtteilsberechtigten zu (BGH NJW 2004, 1384).

10 [5] **Stiftungsvorstand.** Nach den gesetzlichen Vorgaben müssen die Regeln zur Bestimmung der Vorstandsmitglieder nur im Rahmen der Stiftungssatzung festgelegt werden. Im Interesse der sofortigen Handlungsfähigkeit der Stiftung ab dem Zeitpunkt ihrer Anerkennung verlangen die meisten Stiftungsbehörden allerdings die **konkrete Benennung** der als Mitglieder des Stiftungsvorstands vorgesehen Personen im Stiftungsgeschäft. Darüber hinaus haben die benannten Personen schriftlich ihre Bereitschaft zu erklären, im Vorstand der Stiftung mitwirken zu wollen. Wegen der Einzelheiten vgl die Erläuterungen des Musters zu § 81 Rn 29 ff.

11 [6] **Satzung.** Gemäß § 81 Abs. 1 S. 3 muss das Stiftungsgeschäft der Stiftung eine Satzung geben. Es ist zweckmäßig, die Satzung als Anlage zum Stiftungsgeschäft zu nehmen. In diesem Fall muss das Stiftungsgeschäft allerdings ausdrücklich Bezug auf die Anlage nehmen.

12 [7] **Form.** Für das Stiftungsgeschäft unter Lebenden genügt die **Schriftform**, § 81 Abs. 1 S. 1. Der Beglaubigung der Unterschrift oder der notariellen Beurkundung des Stiftungsgeschäfts bedarf es grundsätzlich nicht, nach hM auch nicht, wenn Grundstücke auf die Stiftung übertragen werden sollen (*Mecking* in: Beuthin/Gummert, Rn 1291 mwN; aA Hk-BGB/*Schulze*, § 311 b Rn 11; Palandt/*Heinrichs*, § 81 Rn 3). Da die Stiftung ihr Vermögen allerdings gemäß § 82 erst durch einen gesonderten Übertragungsakt erhält, ist die notarielle Beurkundung der Auflassung ohnehin erforderlich, so dass die notarielle Beurkundung des gesamten Vorgangs zu erwägen ist.

B. Anerkennung einer Stiftung

13 I. Muster: Antrag auf Anerkennung einer Stiftung[1]

▶ An die

Stiftungsbehörde[2]

Antrag auf Anerkennung

Sehr geehrte Damen und Herren,

als Anlage übersende ich Ihnen zwei Originale sowie vier Kopien von Stiftungsgeschäft und Stiftungssatzung der ▪▪▪ Stiftung verbunden mit dem Antrag auf Anerkennung als rechtsfähige Stiftung nach § ▪▪▪ StiftG ▪▪▪[3]

Des Weiteren erhalten Sie in Form der Kopie eines aktuellen Kontoauszuges die gewünschte Bankbestätigung, dass der Stifter über das im Stiftungsgeschäft zugesagte Barvermögen verfügt.[4]

Der Stifter erklärt durch die Unterzeichnung des Stiftungsgeschäftes zugleich seine Bereitschaft, im Vorstand der Stiftung mitzuwirken. Die entsprechenden Erklärungen der weiteren im Stiftungsgeschäft benannten Mitglieder des Stiftungsvorstands liegen diesem Schreiben bei. Für die benannten Mitglieder des Vorstands wird um die Ausstellung einer Vertretungsbescheinigung gebeten.[5]

Die Geschäftsadresse der Stiftung lautet:

▪▪▪ Stiftung, ▪▪▪

Als Ansprechpartner wird der künftige Vorstandsvorsitzende ▪▪▪ fungieren, der postalisch über die Geschäftsadresse der Stiftung zu erreichen ist.[6]

Mit freundlichen Grüßen

▪▪▪

Unterschrift ◄

II. Erläuterungen

[1] Im **Anerkennungsverfahren** sollte dem formalen Antrag auf Anerkennung der Stiftung eine informelle Abstimmung von Stiftungsgeschäft und Satzung mit der Stiftungsbehörde vorangestellt werden. Die Stiftungsbehörden sind regelmäßig auch gerne dazu bereit, hier Hilfestellung zu leisten, wobei jedoch nicht verkannt werden darf, dass die Interessenlage der Stiftungsbehörde als spätere Aufsichtbehörde nicht immer mit der des Stifters übereinstimmt. 14

Von großer praktischer Bedeutung ist auch die **Hinzuziehung der Finanzverwaltung** im Anerkennungsverfahren, die bei steuerbefreiten Stiftungen die Einhaltung der gemeinnützigkeitsrechtlichen Vorgaben der Abgabenordnung prüft. In einigen Bundesländern bezieht die Stiftungsbehörde die Finanzverwaltung in das Prüfungsverfahren mit ein, so dass es für den Stifter bei nur einem behördlichen Ansprechpartner bleibt. In anderen Bundesländern muss der Stifter beide behördliche Abstimmungsverfahren unmittelbar selbst in die Hand nehmen. 15

Das Abstimmungsverfahren führt in der Regel zu einem Stiftungsgeschäft nebst Satzung, dem von behördlicher Seite keine Bedenken mehr entgegengebracht wird. Dem formalen **Antrag auf Anerkennung** der Stiftung sollte vor diesem Hintergrund ohne Weiteres entsprochen werden. Der Zeitraum zwischen Antragstellung und Anerkennung der Stiftung ist deshalb erfahrungsgemäß auch relativ kurz. 16

[2] Die **Zuständigkeit** für die Anerkennung einer Stiftung bürgerlichen Rechts wird auf Landesebene durch das jeweilige Stiftungsgesetz geregelt. In den kleineren Bundesländern und den Stadtstaaten liegt die Zuständigkeit in der Regel unmittelbar bei einem Landesministerium, bei den größeren Flächenstaaten auf Ebene der Regierungspräsidien bzw Bezirksregierungen, in deren räumlichen Zuständigkeitsbereich die Stiftung ihren Sitz nehmen möchte. Die Stiftungsbehörden sind sowohl für die Anerkennung als auch für die spätere Beaufsichtigung der rechtsfähigen Stiftungen zuständig. 17

[3] **Beizubringende Unterlagen.** Die Anzahl der einzureichenden Originale und Kopien divergiert von Behörde zu Behörde. Die Stiftungsbehörden geben zu den Einzelheiten des Verfahrens im Vorfeld der Antragstellung umfassend Auskunft. 18

[4] **Rechtsfolgen der Anerkennung.** Mit der formalen Anerkennung der Stiftung wird eine eigenständige Rechtspersönlichkeit geschaffen, die lediglich einen **Anspruch auf Übertragung** der im Stiftungsgeschäft zugesagten Vermögensgegenstände hat, § 82. Um das Entstehen vermögensloser Stiftungen zu vermeiden, verlangen die meisten Stiftungsbehörden einen **Nachweis** des Stifters, dass er über das zugesagte Stiftungsvermögen tatsächlich verfügt. Der Nachweis kann in Abhängigkeit vom konkret zugesagten Vermögen in jeder zweckmäßigen Form erbracht werden. 19

[5] **Benennung der Vorstandsmitglieder.** Da Stiftungen eigentümer- und mitgliederlose Körperschaften sind, können sie allein durch ihre Gremien – in der Regel durch ihren Vorstand – handeln. Die obligatorischen Bestimmungen zur Bildung des Vorstands in der Stiftungssatzung sollen sicher stellen, dass eine Stiftung nicht dauerhaft handlungsunfähig bleibt. Viele Stiftungsbehörden möchten die Handlungsfähigkeit der Stiftung ab dem Zeitpunkt der Anerkennung sicher stellen und fordern dazu neben der Benennung der ersten Mitglieder des Stiftungsvorstands auch deren schriftliche **Einwilligung**, das Amt anzutreten. Diese Handhabung hat sich in der Praxis bewährt, insbesondere wenn die Notwendigkeit besteht, rasch die Verwal- 20

tungsstrukturen für die Stiftung aufzubauen. Zum Nachweis ihrer Vertretungsberechtigung im Rechtsverkehr benötigen die Mitglieder des Vorstands eine behördliche Vertretungsbescheinigung, um deren Ausstellung zweckmäßiger Weise gemeinsam mit dem Antrag auf Anerkennung gebeten werden sollte.

21 [6] Um die Erreichbarkeit der Stiftung sicher zu stellen, ist eine **Kontaktadresse** anzugeben. Diese Angabe ist nicht nur für die Stiftungsbehörde zur Erledigung ihrer Aufsichtspflichten unverzichtbar, die Adresse der Stiftung wird auch in den Stiftungsverzeichnissen der meisten Bundesländer veröffentlicht, damit sich potenzielle Antragsteller unmittelbar mit der Stiftung in Verbindung setzen können.

§ 81 Stiftungsgeschäft

(1) [1]Das Stiftungsgeschäft unter Lebenden bedarf der schriftlichen Form. [2]Es muss die verbindliche Erklärung des Stifters enthalten, ein Vermögen zur Erfüllung eines von ihm vorgegebenen Zweckes zu widmen. [3]Durch das Stiftungsgeschäft muss die Stiftung eine Satzung erhalten mit Regelungen über

1. den Namen der Stiftung,
2. den Sitz der Stiftung,
3. den Zweck der Stiftung,
4. das Vermögen der Stiftung,
5. die Bildung des Vorstands der Stiftung.

[4]Genügt das Stiftungsgeschäft den Erfordernissen des Satzes 3 nicht und ist der Stifter verstorben, findet § 83 Satz 2 bis 4 entsprechende Anwendung.

(2) [1]Bis zur Anerkennung der Stiftung als rechtsfähig ist der Stifter zum Widerruf des Stiftungsgeschäfts berechtigt. [2]Ist die Anerkennung bei der zuständigen Behörde beantragt, so kann der Widerruf nur dieser gegenüber erklärt werden. [3]Der Erbe des Stifters ist zum Widerruf nicht berechtigt, wenn der Stifter den Antrag bei der zuständigen Behörde gestellt oder im Falle der notariellen Beurkundung des Stiftungsgeschäfts den Notar bei oder nach der Beurkundung mit der Antragstellung betraut hat.

A. Rechtsfähige Stiftung mit zwei Organen[1]

I. Muster: Satzung einer rechtsfähigen Stiftung mit zwei Organen [1] 1

▶ **Satzung** 24

§ 1 Name, Rechtsform, Sitz

1. Die Stiftung führt den Namen
   ■■■ -Stiftung.[2]
2. Sie ist eine rechtsfähige Stiftung des bürgerlichen Rechts[3] und hat ihren Sitz in ■■■[4]

§ 2 Stiftungszweck

1. Zweck der Stiftung ist ■■■[5]
2. Der Stiftungszweck wird unter anderem verwirklicht durch ■■■[6]
3. Die Stiftung verfolgt ausschließlich und unmittelbar gemeinnützige und mildtätige Zwecke im Sinne des Abschnitts „Steuerbegünstigte Zwecke" der Abgabenordnung. Sie ist selbstlos tätig; sie verfolgt nicht in erster Linie eigenwirtschaftliche Zwecke.[7]
4. Die Stiftung kann ihren Zweck durch die Beschaffung von Mitteln gemäß § 58 Nr. 1 AO für die vorbezeichneten steuerbegünstigten Zwecke anderer, ebenfalls steuerbegünstigter Körperschaften oder Körperschaften des öffentlichen Rechts erfüllen. Soweit sie nicht im Wege der institutionellen Förderung tätig wird, verwirklicht sie ihre Aufgaben selbst oder durch eine Hilfsperson im Sinne des § 57 Absatz 1 Satz 2 AO.[8]

§ 3 Stiftungsvermögen

1. Das Stiftungsvermögen ergibt sich aus dem Stiftungsgeschäft. Der Stifter beabsichtigt, der Stiftung spätestens durch letztwillige Verfügung weitere Vermögenswerte zukommen zu lassen.[9]
2. Das Stiftungsvermögen kann durch Zustiftungen des Stifters sowie Dritter erhöht werden. Werden Spenden nicht ausdrücklich zum Vermögen gewidmet, so dienen sie ausschließlich und unmittelbar der zeitnahen Verwendung zu den in § 2 genannten Zwecken.[10]
3. Das Vermögen der Stiftung ist grundsätzlich in seinem Bestand zu erhalten. Umschichtungen des Stiftungsvermögens sind ohne Weiteres zulässig.[11]

§ 4 Erträge des Stiftungsvermögens

1. Mittel der Stiftung dürfen nur für die satzungsmäßigen Zwecke verwendet werden. Es darf keine Person durch Ausgaben, die dem Zweck der Stiftung fremd sind, oder durch unverhältnismäßig hohe Vergütungen begünstigt werden. Ein Rechtsanspruch auf die Zuwendung der Stiftungsmittel besteht nicht.[12]
2. Die Stiftung kann ihre Erträgnisse im Rahmen der steuerlichen Bestimmungen ganz oder teilweise einer Rücklage gemäß den Bestimmungen der Abgabenordnung zuführen. Sie darf die Rücklagen im Sinne des § 58 Nr. 7 AO, Zuwendungen im Sinne des § 58 Nr. 11 AO sowie Überschüsse im Sinne des § 58 Nr. 12 AO dem Stiftungsvermögen zur Werterhaltung zuführen.[13]
3. Auf schriftlichen Antrag des Stifters oder eines nächsten Angehörigen des Stifters darf die Stiftung gemäß § 58 Nr. 5 AO bis zu einem Drittel ihres Einkommens dazu verwenden, dem Antragsteller in angemessener Weise Unterhalt zu gewähren. Aus dem Einkommen der Stiftung soll ein Teil im Rahmen des steuerlich Zulässigen zur regelmäßigen Pflege des Grabes des Stifters sowie zur Wahrung seines Andenkens verwendet werden.[14]

1 Das Muster für ein Stiftungsgeschäft unter Lebenden ist unter § 80 Rn 1 ff zu finden.

§ 5 Stiftungsorgane

Die Organe der Stiftung sind der Vorstand und das Kuratorium. Die Mitglieder der Organe haben im Verhältnis zur Stiftung nur Vorsatz und grobe Fahrlässigkeit zu vertreten.[15]

§ 6 Vorstand[16]

1. Der Vorstand besteht aus mindestens drei und höchstens fünf Mitgliedern. Die ersten Mitglieder des Vorstands ergeben sich aus dem Stiftungsgeschäft, im Folgenden bestellt das Kuratorium die Mitglieder mit einfacher Mehrheit der abgegebenen Stimmen.
2. Dem Vorstand sollen Personen angehören, die besondere Fachkompetenz und Erfahrung im Hinblick auf die Aufgabenerfüllung der Stiftung aufweisen. Ein Mitglied soll in Finanz- und Wirtschaftsfragen sachverständig sein. Mitglieder des Kuratoriums dürfen nicht zugleich dem Vorstand angehören.
3. Die Amtszeit der einzelnen Mitglieder des Vorstandes beläuft sich auf vier Jahre. Mehrmalige Wiederbestellung ist möglich. Der Vorstand wählt aus seiner Mitte einen Vorsitzenden sowie dessen Stellvertreter.
4. Die Mitgliedschaft im Vorstand endet mit Ablauf der Amtszeit, spätestens mit Vollendung des 70. Lebensjahres. Vorstandsmitglieder können vom Kuratorium jederzeit aus wichtigem Grund abberufen werden. Dem betroffenen Mitglied ist zuvor Gelegenheit zur Stellungnahme zu geben.[17]

§ 7 Rechte und Pflichten des Vorstands

1. Der Vorstand hat im Rahmen des Stiftungsgesetzes und dieser Stiftungssatzung für die dauernde und nachhaltige Erfüllung des Stiftungszwecks sowie des Willens des Stifters zu sorgen.[18]
2. Der Vorstand entscheidet in allen grundsätzlichen Angelegenheiten nach Maßgabe der Satzung in eigener Verantwortung und führt die laufenden Geschäfte der Stiftung unter Beachtung der Beschlüsse des Kuratoriums. Seine Aufgaben sind insbesondere:
   a) die Verwaltung des Stiftungsvermögens,
   b) die Verwendung der Stiftungsmittel,
   c) die Aufstellung des Tätigkeitsberichts und des Jahresabschlusses,
   d) die Information des Kuratoriums über alle für die Stiftung relevanten Fragen,
   e) die Beschlussfassung im Rahmen der §§ 12 und 13.[19]
3. Der Vorstand hat die Stellung eines gesetzlichen Vertreters und vertritt die Stiftung gerichtlich und außergerichtlich. Die Stiftung wird im Außenverhältnis durch mindestens zwei ihrer Vorstandsmitglieder gemeinschaftlich vertreten.[20]
4. Die Mitglieder des Vorstands haben nach Maßgabe eines entsprechenden Kuratoriumsbeschlusses Anspruch auf Ersatz ihrer entstandenen notwendigen und angemessenen Auslagen und Aufwendungen. Das Kuratorium kann ihnen für den Zeit- und Arbeitsaufwand auf Grundlage eines schriftlichen Dienstvertrages eine angemessene Vergütung gewähren.[21]
5. Der Vorstand kann sich eine Geschäftsordnung geben, die unter anderem die Geschäftsverteilung und die Zusammenarbeit im Vorstand regelt. Die Geschäftsordnung des Vorstands bedarf der Genehmigung des Kuratoriums.[22]

§ 8 Beschlussfassung des Vorstands[23]

1. Beschlüsse des Vorstands werden in der Regel in Sitzungen gefasst. Der Vorstand ist nach Bedarf, mindestens aber einmal jährlich, einzuberufen. Sitzungen des Vorstands sind vorn Vorsitzenden, bei dessen Verhinderung vom stellvertretenden Vorsitzenden, schriftlich mit einer Frist von zwei Wochen und unter Angabe der Tagesordnung einzuberufen.
2. Der Vorstand ist beschlussfähig, wenn mehr als die Hälfte seiner Mitglieder anwesend ist. Sofern die Satzung nichts Abweichendes bestimmt, beschließt der Vorstand mit einfacher Mehrheit der

abgegebenen Stimmen. Bei Stimmengleichheit entscheidet die Stimme des Vorsitzenden, bei dessen Verhinderung die des stellvertretenden Vorsitzenden. Ein abwesendes Mitglied kann sich in der Sitzung durch ein anderes Vorstandsmitglied vertreten lassen.

3. Über die Sitzungen sind Niederschriften anzufertigen, die vom Vorsitzenden bzw dessen Stellvertreter zu unterzeichnen sind.
4. Beschlüsse sind auch im schriftlichen Umlaufverfahren zulässig, sofern kein Vorstandsmitglied diesem Verfahren widerspricht. Über das Ergebnis ist ein allen Mitgliedern des Vorstands unverzüglich zuzuleitendes Protokoll zu fertigen. Das Umlaufverfahren ist nicht für Beschlüsse über Satzungsänderungen im Sinne des § 12 und über die Auflösung oder den Zusammenschluss der Stiftung im Sinne des § 13 anwendbar.

§ 9 Kuratorium[24]

1. Das Kuratorium besteht aus mindestens drei und bis zu sieben Mitgliedern. Die Mitglieder des ersten Kuratoriums ergeben sich aus dem Stiftungsgeschäft, im Übrigen ergänzt sich das Kuratorium im Wege der Kooptation. Die Neu- oder Wiederwahl eines Mitglieds des Kuratoriums erfolgt mit einfacher Mehrheit der abgegebenen Stimmen. Die Amtszeit der einzelnen Mitglieder des Kuratoriums beläuft sich auf fünf Jahre.
2. Scheidet ein Kuratoriumsmitglied vorzeitig aus, so wählen die verbliebenen Mitglieder unverzüglich eine Ersatzperson. Die Ersatzpersonen treten in die Amtszeit des ausscheidenden Kuratoriumsmitglieds ein. Auf Ersuchen des Vorsitzenden des Kuratoriums bleibt das ausscheidende Mitglied bis zur Wahl des jeweils nachfolgenden Mitgliedes im Amt.
3. Mit Ausnahme des Stifters kann ein Kuratoriumsmitglied von den übrigen Mitgliedern bei Vorliegen eines wichtigen Grundes per Beschluss abberufen werden. Diesem Beschluss müssen sämtliche Kuratoriumsmitglieder außer dem Abzuberufenden zustimmen. Ihm ist zuvor Gelegenheit zur Stellungnahme zu geben.
4. Das Kuratorium wählt aus seiner Mitte einen Vorsitzenden und einen stellvertretenden Vorsitzenden.
5. Das Amt als Mitglied des Kuratoriums endet mit Ablauf der Amtszeit, spätestens mit Vollendung des 75. Lebensjahres, ohne dass eine Abberufung erforderlich ist.

§ 10 Rechte und Pflichten des Kuratoriums

1. Das Kuratorium berät, unterstützt und überwacht den Stiftungsvorstand im Rahmen des Stiftungsgesetzes und dieser Stiftungssatzung, um den Willen des Stifters so wirksam wie möglich zu erfüllen.
2. Die Aufgaben des Kuratoriums sind insbesondere:
   a) die Bestellung und Abberufung von Mitgliedern des Stiftungsvorstandes,
   b) die Entgegennahme des Tätigkeitsberichts der Stiftung,
   c) die Genehmigung des Jahresabschlusses der Stiftung,
   d) die Aussprache von Empfehlungen für die Verwaltung des Stiftungsvermögens und die Verwendung der Stiftungsmittel,
   e) die Entlastung des Stiftungsvorstandes,
   f) die Beschlussfassung im Rahmen der §§ 12 und 13.
3. Die Kuratoriumsmitglieder haben nach Maßgabe eines entsprechenden Kuratoriumsbeschlusses Anspruch auf Ersatz ihrer entstandenen notwendigen und angemessenen Auslagen und Aufwendungen. Sofern die Erträge der Stiftung es zulassen, können die Mitglieder des Kuratoriums zusätzlich eine angemessene jährliche Grundvergütung erhalten. Als angemessen gilt, was für eine vergleichbare Tätigkeit üblicherweise von nicht steuerbegünstigten Wirtschaftsunternehmen mit

vergleichbaren Umsätzen für die erbrachte Leistung, den erbrachten Zeitaufwand und das wirtschaftliche Gewicht der Tätigkeit gezahlt wird.

4. Das Kuratorium kann sich eine Geschäftsordnung geben.

§ 11 Beschlussfassung des Kuratoriums

1. Beschlüsse des Kuratoriums werden in Sitzungen gefasst. Das Kuratorium ist nach Bedarf, mindestens aber einmal jährlich, einzuberufen. Eine außerordentliche Sitzung ist einzuberufen, wenn dies mindestens ein Drittel der Mitglieder des Kuratoriums oder der Stiftungsvorstand verlangt. Sitzungen des Kuratoriums sind vom Vorsitzenden, bei dessen Verhinderung vom stellvertretenden Vorsitzenden, schriftlich mit einer Frist von zwei Wochen und unter Angabe der Tagesordnung einzuberufen.
2. Das Kuratorium ist beschlussfähig, wenn mehr als die Hälfte seiner Mitglieder anwesend ist oder aufgrund schriftlicher Übertragung des Stimmrechtes auf ein anderes Mitglied des Kuratoriums mehr als die Hälfte der Mitglieder vertreten ist. Sofern die Satzung nichts Abweichendes bestimmt, beschließt das Kuratorium mit einfacher Mehrheit der abgegebenen Stimmen. Bei Stimmengleichheit entscheidet die Stimme des Vorsitzenden, bei dessen Verhinderung die des stellvertretenden Vorsitzenden.
3. Über die Sitzungen sind Niederschriften anzufertigen, die vom Vorsitzenden, bei dessen Verhinderung vom stellvertretenden Vorsitzenden, zu unterzeichnen sind.
4. Beschlüsse sind auch im schriftlichen Umlaufverfahren zulässig, sofern kein Mitglied diesem Verfahren widerspricht. Über das Ergebnis ist ein allen Mitgliedern des Kuratoriums unverzüglich zuzuleitendes Protokoll zu fertigen. Das Umlaufverfahren ist nicht für Beschlüsse über Satzungsänderungen im Sinne des § 12 und über die Auflösung oder den Zusammenschluss der Stiftung im Sinne des § 13 anwendbar.

§ 12 Satzungsänderung[25]

1. Über Satzungsänderungen beschließt das Kuratorium auf Empfehlung des Vorstands.
2. Änderungen der Stiftungssatzung sind nur zulässig, wenn sie aufgrund einer Veränderung der Verhältnisse geboten erscheinen. Bei einer Änderung des Stiftungszwecks muss der neue Stiftungszweck ebenfalls steuerbegünstigt sein. Der Beschluss bedarf einer Mehrheit von drei Vierteln der Mitglieder des Kuratoriums.

§ 13 Auflösung, Zusammenschluss und Vermögensanfall [26]

1. Vorstand und Kuratorium können die Auflösung der Stiftung oder den Zusammenschluss mit einer oder mehreren anderen steuerbegünstigten Stiftungen beschließen, wenn die Umstände es nicht mehr zulassen, den Stiftungszweck dauernd und nachhaltig zu erfüllen und dies auch durch eine Anpassung des Stiftungszwecks nicht erreicht werden kann. Die durch den Zusammenschluss entstehende neue Stiftung muss ebenfalls steuerbegünstigt sein. Der Beschluss kann nur auf einer gemeinsamen Sitzung von Vorstand und Kuratorium gefasst werden. Er bedarf der Einstimmigkeit aller Mitglieder des Vorstands und des Kuratoriums.
2. Bei Auflösung oder Aufhebung der Stiftung oder bei Wegfall steuerbegünstigter Zwecke fällt das Vermögen der Stiftung an eine juristische Person des öffentlichen Rechts oder an eine andere steuerbegünstigte Körperschaft zwecks Verwendung für (Angabe eines bestimmten gemeinnützigen, mildtätigen oder kirchlichen Zwecks).[27]

§ 14 Aufsichtsbehörde

1. Die Stiftung unterliegt der staatlichen Aufsicht nach Maßgabe des im Land ▪▪▪ geltenden Stiftungsrechts.
2. Stiftungsaufsichtsbehörde ist ▪▪▪, oberste Stiftungsaufsichtsbehörde ist ▪▪▪

3. Die Stiftungsaufsichtsbehörde ist auf Wunsch jederzeit über die Angelegenheiten der Stiftung zu unterrichten, ihr ist unaufgefordert der Jahresabschluss gemäß den Anforderungen des geltenden Stiftungsrechts vorzulegen.[28]

§ 15 Stellung des Finanzamtes

Unbeschadet der sich aus dem Stiftungsgeschäft ergebenden besonderen Genehmigungspflichten sind Beschlüsse über Satzungsänderungen und über die Auflösung oder den Zusammenschluss der Stiftung der zuständigen Finanzbehörde mit einer Stellungnahme anzuzeigen. Bei Satzungsänderungen, die den Zweck der Stiftung betreffen oder sich auf die Steuerbegünstigung der Stiftung auswirken können, ist zuvor eine Stellungnahme der zuständigen Finanzbehörde einzuholen. ◄

II. Erläuterungen

[1] Eine **zweigliedrige Organstruktur** trägt dem Umstand Rechnung, dass bei der Stiftung als eigentümerlose Körperschaft die Willensbildung der Organe unabhängig von den Interessen von Mitgliedern oder Gesellschaftern erfolgt. Die Mitglieder der Stiftungsorgane sind allein dem in der Satzung niedergelegten Willen des Stifters verpflichtet, dessen Konkretisierung naturgemäß der Interpretation bedarf. Zwar wird die Beachtung des Stifterwillens von der staatlichen Stiftungsaufsicht sowie von der Finanzverwaltung anhand von jährlichen Berichten überprüft, die ergänzende Einrichtung eines **stiftungsinternen Aufsichtsorgans** erscheint jedoch zumindest bei größeren Stiftungen angezeigt (vgl dazu *Hof* in: Seifart/v. Campenhausen, § 9 Rn 55 ff) 2

Die weit überwiegende Zahl der Stiftungen in Deutschland hat mit dem **Vorstand** nur **ein Organ**. Sie entsprechen damit den gesetzlichen Mindestanforderungen. Das Muster für eine Stiftung mit nur einem Organ wird unter Rn 53 ff dargestellt. 3

[2] **Name.** Hinsichtlich der Benennung ihrer Stiftung sind die Stifter grundsätzlich frei. Die Angabe von Vor- und Nachnamen des Stifters ist die gebräuchlichste Form der Namensgebung. Vereinzelt wird der Name der Stiftung um eine inhaltliche Komponente erweitert, zB um den Zusatz „zur Förderung von...“. 4

[3] **Alternative Organisationsformen.** Zur rechtsfähigen Stiftung bürgerlichen Rechts gibt es einige Alternativen, die bei der Beratung des Stifters in Betracht gezogen werden sollten. Zu nennen sind hier insbesondere die **nichtrechtsfähige Stiftung** unter dem Dach eines Treuhänders, die bei einfacheren Sachverhalten in Betracht kommt. Eine weitere Alternative ist die Gründung einer **Stiftung GmbH.** Bei dieser Konstruktion handelt es sich um eine GmbH, der durch besondere Gestaltungen im Gesellschaftsvertrag stiftungsähnliche Züge gegeben werden. Als Vorteile dieser Konstruktion werden zu Lebzeiten des Stifters die größere Flexibilität und die fehlende staatliche Beaufsichtigung angeführt. Nach dem Ausscheiden des Stifters aus der Stiftung GmbH können sich diese Vorteile aber zu Nachteilen verkehren, da die Nachfolger des Stifters nicht in dem Maße an den Willen des Stifters gebunden sind wie bei einer rechtsfähigen Stiftung und die Beachtung des Stifterwillens nicht durch die Stiftungsaufsicht überwacht wird. 5

[4] Der **Sitz einer Stiftung** muss einen Bezug zum Stifter, zum Stiftungszweck oder zur Geschäftsführung der Stiftung haben, die Wahl eines rein fiktiven Stiftungssitzes ist unzulässig (MüKo-BGB/*Reuter*, § 80 Rn 9). Sofern mehrere Alternativen zur Wahl stehen, sollte der Sitz auch unter dem Aspekt des jeweils geltenden Landesstiftungsrechts bestimmt werden. Die verschiedenen Landesstiftungsgesetze und die daraus folgende Beaufsichtigung der Stiftung sind mal mehr, mal weniger stifterfreundlich geprägt. 6

[5] Sofern der ins Auge gefasste **Stiftungszweck** steuerbegünstigt ist, sollte sich ein einleitender Passus an der Terminologie der jeweiligen Zwecke des § 52 Abs. 2 AO orientieren. Die wörtliche Übernahme der steuerlichen Zweckbeschreibung in die Satzung erleichtert der Finanzver- 7

waltung die steuerliche Einordnung der Stiftung. Darüber hinausgehende Ausführungen zum Stiftungszweck können relativ frei im Rahmen der steuerlichen Vorgaben formuliert werden.

8 Die **zivilrechtlichen Vorgaben** zum Stiftungszweck beschränken sich auf seine Gemeinwohlkonformität und die Angemessenheit der Zweck-Mittel-Relation, § 80 Abs. 2. Zulässig sind demnach insbesondere auch Stiftungen, deren Zweck sich auf den Betrieb eines Unternehmens richtet, sowie Stiftungen auf Zeit, sog. **Aufbrauchstiftungen** (vgl dazu Rn 18)

9 [6] Bei **steuerbefreiten Stiftungen** muss die Stiftungssatzung eine Konkretisierung der Maßnahmen enthalten, mit welchen der Stiftungszweck umgesetzt werden soll. Die Satzungsbestimmungen zum Stiftungszweck müssen so gefasst werden, dass die Finanzverwaltung allein anhand dieser Regelungen feststellen kann, ob die geplanten Aktivitäten der Stiftung steuerbegünstigt sind.

10 Bei der Dotation von steuerbefreiten Stiftungen kann der Stifter einen steuerlichen **Spendenabzug** geltend machen, sofern er die Vermögensgegenstände zu Lebzeiten auf die Stiftung überträgt, § 10 b EStG.

11 [7] **Vorgaben der AO.** Die grundlegenden Feststellungen zur Steuerbefreiung sind **notwendiger Bestandteil der Satzung** einer steuerbefreiten Stiftung. Die entsprechenden Formulierungen werden durch die Anlage 1 zu § 60 AO vorgegeben. Die Anforderung der Selbstlosigkeit (§ 55 AO), Ausschließlichkeit (§ 56 AO) und Unmittelbarkeit (§ 57 AO) der Mittelverwendung sind von jeder steuerbefreiten Stiftung zu beachten.

12 [8] **Zweckverwirklichung.** Nach § 57 AO sind steuerbefreite Einrichtungen verpflichtet, ihre Zwecke unmittelbar selbst zu verfolgen. Für die Tätigkeit der Stiftung folgt aus dieser Anforderung, dass die Stiftung grundsätzlich ihre Projekte selbst umsetzen und dazu erforderlichenfalls auch eigenes Personal beschäftigen muss. In der Praxis stellt der Grundsatz der **Unmittelbarkeit** allerdings die Ausnahme dar, da die weit überwiegende Zahl der Stiftungen sogenannte Förderstiftungen sind, die ihre Erträge an andere steuerbefreite Einrichtungen weitergeben. Diese Stiftungen verfolgen ihren Zweck im Wege der **Mittelbeschaffung**, die nach § 58 Nr. 1 AO zulässig ist, sofern die Satzung diese Möglichkeit ausdrücklich eröffnet (*Buchna*, S. 184). Stiftungen können ihren Zweck über die Hinzuziehung von Hilfspersonen iSv § 57 Abs. 1 S. 2 AO unmittelbar selbst erfüllen. Hilfspersonen setzen in der Regel nur bestimmte Projekte nach Weisungen der Stiftung um und sind nicht wie Angestellte der Stiftung dauerhaft mit ihr verbunden. Die Hinzuziehung von Hilfspersonen ist einer Stiftung ebenfalls nur dann möglich, wenn die Satzung diese Option ausdrücklich eröffnet.

13 [9] **Vermögensausstattung.** Stiftungen können grundsätzlich mit jedweden Vermögensgegenständen ausgestattet werden (zur Vermögensausstattung von Stiftungen s. *Hof* in: Seifart/v. Campenhausen, § 10 Rn 11 ff). Neben Geld- und Wertpapiervermögen sowie Immobilien ist auch die Übertragung von Unternehmensbeteiligungen möglich. Problematisch ist lediglich die Ausstattung einer Stiftung mit Vermögensgegenständen, die weder unmittelbar für den Stiftungszweck noch als Ertragsquelle nutzbar sind. Sind solche Vermögensgegenstände – wie zB Edelmetalle – nicht nur im Rahmen eines Anlagekonzeptes beigemischt, müssen sie von der Stiftung veräußert und in rentierliche Anlageformen überführt werden.

14 Das auf die Stiftung übertragene Vermögen muss ausreichend groß bemessen sein, um den Stiftungszweck dauerhaft erfüllen zu können, § 80 Abs. 2. Das von den meisten Stiftungsbehörden geforderte **Mindestvermögen** in Höhe von 50.000 EUR ist lediglich eine in der Praxis entwickelte Größenordnung, die auf keiner rechtlichen Grundlage beruht.

15 [10] **Zustiftungen.** Die Satzung sollte eine Bestimmung zu der Frage möglicher Zustiftungen enthalten. Zustiftungen sind Zuwendungen des Stifters oder Dritter in den Vermögensstock, die grundsätzlich ebenfalls dauerhaft zu erhalten und deren Erträge für den Stiftungszweck zu verwenden sind. Überwiegend wird die Frage der Annahme einer Zustiftung in das Ermessen des Vorstands gestellt. Hintergrund ist, dass eine Zustiftung per se nicht mit einer **Gegenleis-**

tung der Stiftung verbunden ist und damit zu einem wirtschaftlichen Vorteil für die Stiftung führt. Es ist aber auch denkbar, dass sich ein Zustifter gewisse Mitspracherechte hinsichtlich der Verwendung der Erträge oder gar eine Mitgliedschaft im Stiftungsorgan einräumen lassen möchte. Hier kann es zu Konflikten kommen, wenn die Vorstellungen des Zustifers nicht vollständig mit denen des Stifters einher gehen. Da es die Pflicht des Vorstands ist, den Willen des Stifters zu schützen, kann in einer solchen Situation auch die Ablehnung einer Zustiftung in Betracht kommen.

[11] **Erhaltung des Grundstockvermögens.** Ein wesentliches Merkmal der Rechtsform Stiftung ist die dauerhafte Erfüllung ihres Zwecks. Aus diesem Grundsatz folgt das in den meisten Satzungen zu findende Gebot, das auf die Stiftung übertragene Grundstockvermögen dauerhaft zu erhalten. Stiftungen sollen ihr Vermögen mit langfristiger Perspektive bewirtschaften und allein aus den erzielten Erträgen den Satzungszweck verwirklichen. Wie weit die Dauerhaftigkeit der Zweckverwirklichung reichen soll, kann der Stifter in der Satzung festlegen. Er sollte sich insbesondere über die Frage Gedanken machen, ob die Stiftung lediglich das **Grundvermögen** in seinem Bestand erhalten soll oder darüber hinaus auch der **reale Wert** des ursprünglichen Vermögens gesichert werden muss. Im letzteren Fall muss die Stiftung nicht nur das Grundstockvermögen unangetastet lassen, sondern zudem auch den inflationsbedingten Wertverlust des Stiftungsvermögens ausgleichen, soweit die steuerrechtlichen Vorgaben dieses möglich machen (vgl dazu die Erläuterungen zur Rücklagenbildung, Rn 23). Mit der Vorgabe des realen Werterhaltes bringt der Stifter eine besonders langfristige Ausrichtung seiner Stiftung zum Ausdruck. Sie soll nach Möglichkeit auch in ferner Zukunft noch genau so leistungsfähig sein wie am ersten Tag. 16

In eine gänzlich andere Richtung zielt die sogenannte **Aufbrauchstiftung** oder auch **Stiftung auf Zeit**, bei welcher der Stifter die Lebensdauer seiner Stiftung von Beginn an begrenzt, zum Beispiel bis zur Umsetzung eines bestimmten Projekts wie dem Wiederaufbau eines zerstörten Kulturdenkmals. Bei einer Aufbrauchstiftung werden nicht nur die Vermögenserträge, sondern auch das Grundstockvermögen für die Zweckverwirklichung herangezogen. Die Zulässigkeit einer solchen Konstruktion wurde von der Arbeitsgruppe Stiftungsrecht, die vom Bundesjustizministerium zur Vorbereitung der Reform des Stiftungsrechts 2001 eingerichtet wurde, im Grundsatz bejaht. 17

Im Rahmen der Regelung zum Stiftungsvermögen ist es ebenfalls möglich, die **Unveräußerlichkeit bestimmter Vermögensgegenstände** in der Satzung festzuschreiben. In Betracht kommt eine solche Regelung beispielsweise bei Kunstsammlungen, die als Einheit von der Stiftung bewahrt werden sollen, sowie bei Unternehmensbeteiligungen. Die Rechtsform Stiftung bietet Unternehmern über eine solche Festlegung die Möglichkeit, ihre Unternehmensanteile dauerhaft in einer Hand zu sichern, was insbesondere im Zusammenhang mit der Nachfolgeplanung vorteilhaft sein kann. 18

Es ist dem Stifter vorbehalten, Regelungen zur Form der **Vermögensverwaltung** in der Satzung zu treffen. Die Landesstiftungsgesetze enthalten überwiegend nur noch Auffangregelungen für den Fall, dass die Stiftungssatzung diesen Punkt nicht regelt. Verbindliche Anforderungen wie die der mündelsichereren Anlage, finden sich hier nicht mehr. 19

[12] Die Bestimmungen zur **Mittelverwendung** tragen überwiegend steuerlichen Gesichtspunkten Rechnung, sie finden sich daher in dieser Form auch nur bei steuerbefreiten Stiftungen. Das **Gebot der zeitnahen Mittelverwendung** folgt aus § 55 Abs. 1 Nr. 5 AO. Danach müssen Stiftungen ihre Mittel spätestens im auf den Zufluss folgenden Jahr verwenden. Es ist in der Satzung ebenfalls klar zu stellen, dass die Stiftung nur angemessene Entgelte zahlen darf und jede Zahlung der Verwirklichung des Stiftungszwecks dienen muss. 20

Die Klarstellung, dass den Empfängern von Stiftungsleistungen **kein Anspruch** eingeräumt wird, entspricht dem Willen der weit überwiegenden Anzahl der Stifter. Wer Nutznießer der Stif- 21 tungserträge ist, soll regelmäßig **Ermessensentscheidung des Vorstands** bleiben. Nur selten räumen Stiftungssatzungen steuerbefreiten oder öffentlichen Körperschaften klagbare Ansprüche ein. Solche finden sich vielmehr vor allem bei **Familienstiftungen.** Hier sollen die Familienmitglieder in der Regel verlässliche Zuwendungen aus der Stiftung erhalten.

22 [13] Der Hinweis auf die Möglichkeit der **Rücklagenbildung** bzw der Zuführung von Vermögensteilen in das Grundstockvermögen der Stiftung im Rahmen der Vorgaben der Abgabenordnung hat **deklaratorischen Charakter.** Das Fehlen dieser Vorgaben verschließt der Stiftung nicht den Weg, entsprechend den steuerlichen Vorgaben zu handeln.

23 Stiftungen können über die Bildung von Rücklagen ihre Leistungskraft dauerhaft erhalten. Von zentraler Bedeutung ist in diesem Zusammenhang die sog. **freie Rücklage** gemäß § 58 Nr. 7 a AO. Danach können Stiftungen ein Drittel des Überschusses der Einnahmen über die Kosten der Vermögensverwaltung in die freie Rücklage einstellen, ohne damit gegen das Gebot der zeitnahen Mittelverwendung zu verstoßen (§ 55 Abs. 1 Nr. 5 AO). Diese Form der Rücklagenbildung wird erweitert durch die Möglichkeit, bis zu 10 % der sonstigen zeitnah zu verwendenden Mittel – also insbesondere der Spenden – der freien Rücklage zuzuführen.

24 Eine weitere Form der Rücklagenbildung ist in § 58 Nr. 6 AO geregelt. Stiftungen können danach ihre Erträge **projektbezogen** einer **Rücklage** zuführen, die der finanziellen Absicherung bereits beschlossener Vorhaben der Stiftung dient. Eine Begrenzung der Höhe nach sieht die Abgabenordnung nicht vor.

25 [14] **Unterhalt des Stifters.** Um Stiftern den Schritt zur Errichtung ihrer Stiftung zu erleichtern, sieht die Abgabenordnung die Möglichkeit vor, dass Stiftungen bis zu einem Drittel ihres Einkommens auf Antrag zur Absicherung des angemessenen Lebensunterhalts des Stifters bzw eines nächsten Angehörigen des Stifters verwenden dürfen, § 58 Nr. 5 AO (sog. **Stifterrente**). Diese Vorschrift beinhaltet keinen Anspruch des Antragstellers, die Entscheidung liegt im **Ermessen des Stiftungsvorstands.** Zudem bestimmt die Finanzverwaltung über die Angemessenheit des Lebensunterhaltes und folglich über die maximale Höhe der möglichen Leistungen der Stiftung. Nach Auffassung der OFD Magdeburg (Verfügung vom 18.5.2004) muss sogar eine Bedürftigkeit des Zuwendungsempfängers gegeben sein. Vor diesem Hintergrund ist die Stifterrente in der Praxis von ausgesprochen geringer Bedeutung.

26 Stiftungen ist es ebenfalls möglich, die **Pflege des Grabes** des Stifters zu bezahlen sowie ein Teil ihrer Mittel zur Wahrung seines Andenkens zu verwenden. Wie schon die vorhergehenden Bestimmungen hat die Aufnahme in die Stiftungssatzung lediglich deklaratorischen Charakter.

27 [15] **Haftungsbeschränkung.** Die Mitglieder der **Stiftungsorgane** haften für ihre Entscheidungen im Schadensfall **persönlich** nach den allgemeinen Regeln bereits bei leicht fahrlässigem Handeln. Da bei den meisten Stiftungen die Mitglieder der Organe ehrenamtlich tätig sind, sind die gesetzlichen Haftungsmaßstäbe unangemessen streng. Bis zum Inkrafttreten des neuen § 31 a ist daher zu empfehlen, zumindest im Verhältnis zur Stiftung die Haftung in der vorgeschlagenen Form zu beschränken. In der Praxis liegen bei Stiftungen in diesem Verhältnis die größten Haftungsrisiken, die sich vor allem bei Entscheidungen über die Anlage des Stiftungsvermögens realisieren können. Auch die fehlerhafte steuerliche Bewertung eines Stiftungsprojekts durch das Organ kann im Fall der daraus folgenden Aberkennung der Steuerbefreiung der Stiftung erheblichen finanziellen Schaden zufügen.

28 [16] **Organisation.** Der **Vorstand** ist das einzig gesetzlich vorgeschriebene Organ einer Stiftung. In entsprechend gelagerten Fällen, beispielsweise wenn der Stifter zunächst gerne alleine agieren möchte, kann er aus nur einer Person bestehen (§§ 26 Abs. 1 S. 2, 86). Regelmäßig und insbesondere bei komplexeren Stiftungen ist allerdings die Besetzung des Vorstands mit mehreren Personen angezeigt, um die unterschiedlichen Aufgabenbereiche bestmöglich abzudecken und ein gewisses Maß an gegenseitiger Kontrolle zu erreichen.

Es steht dem Stifter frei, neben dem Vorstand **weitere Organe** einzurichten und diesen eigenständige Aufgabenbereiche zuzuweisen (BVerwG NJW 1991, 713). Denkbar sind hier zwei oder mehrgliedrige Konstruktionen, die je nach Aufgabenstellung der Stiftung von einiger Komplexität sein können. Neben der klassischen Konstellation der Einrichtung eines dem Vorstand übergeordneten **Kontrollorgans** sind auch eher fachlich ausgerichtete **Beratungsgremien** zu finden, die dem Vorstand vor allem in inhaltlichen Fragen zur Seite stehen. Daneben werden bei Stiftungen, die auf weiteres Wachstum zielen, oftmals Gremien eingerichtet, deren Aufgabe allein die Generierung weiterer Mittel für den Stiftungszweck ist. In der Bezeichnung der weiteren Organe ist der Stifter frei, gebräuchlich sind Bezeichnungen wie **Kuratorium, Stiftungsrat oder Beirat.** 29

Möglich ist auch die Berufung **besondere Vertreter** (§§ 86, 30), die einen abgegrenzten Aufgabenbereich des Vorstands übernehmen und berechtigt sind, die Stiftung insoweit auch im Rechtsverkehr zu vertreten. 30

Im Zusammenhang mit der Organstruktur von Stiftungen ist auch auf die vom Bundesverband Deutscher Stiftungen im Jahr 2005 verabschiedeten **„Grundsätze Guter Stiftungspraxis"** hinzuweisen, die sich unter anderem auch dem Thema Corporate Governance bei Stiftungen annehmen. Unterstrichen werden hier insbesondere die mit einem Treuhänder vergleichbare Position der Mitglieder der Stiftungsorgane sowie die große Bedeutung der Vermeidung von Interessenskonflikten. Der Stifter sollte bei der Organisation seiner Stiftung nach Möglichkeit ein System der gegenseitigen Kontrolle schaffen, das eine zu starke Machtkonzentration auf einzelne Personen vermeidet. 31

Diese grundsätzliche Feststellung gilt nicht zwingend für die Person des Stifters selbst, da die Existenz der Stiftung auf seine Initiative zurückzuführen ist und er regelmäßig mit „seiner" Stiftung auch nach deren Anerkennung eng verbunden bleibt. Es steht Stiftern frei, sich in der Satzung Sonderrechte einzuräumen, die insbesondere darauf ausgerichtet sein sollten, Fehleinschätzungen bei der Errichtung korrigieren zu können (weitere Einzelheiten werden in Muster: Satzung einer rechtsfähigen Stiftung mit einem Organ, Rn 54 ff dargestellt). 32

Im Hinblick auf die Beschlussfassung des Gremiums wird häufig eine **ungerade Anzahl der Mitglieder** empfohlen. Pattsituationen seien auf diese Weise besser zu vermeiden. Zum Tragen kommt dieser Gedanke in der Praxis kaum, da die Gremien häufig nicht vollzählig ihre Sitzungen abhalten und die Anzahl der anwesenden Mitglieder letztlich vom Zufall abhängt. Zur Lösung dieses Problems sollte die Satzung festlegen, dass die Stimme des Vorsitzenden im Fall der Stimmengleichheit den Ausschlag gibt oder dass ein Antrag bei Stimmengleichheit abgelehnt ist. 33

Die ersten **Mitglieder** des Stiftungsvorstands werden bereits im Stiftungsgeschäft **berufen**, damit die Stiftung von Beginn an handlungsfähig ist. Die Satzung muss daran anschließend Festlegungen treffen, wie sich der Stiftungsvorstand erneuert bzw ausgeschiedene Mitglieder ergänzt. In der klassischen Konstellation von Vorstand und Aufsichtsgremium beruft das Aufsichtsgremium die Mitglieder des Vorstands. Es sind aber auch Variationen von diesem Grundprinzip denkbar. So ist bei operativ tätigen Stiftungen die ex officio Mitgliedschaft einzelner Personen, die beispielsweise mit der inhaltlichen Ausrichtung der Stiftung in besonderem Maße verbunden sind, nicht ungewöhnlich. 34

Die Stiftungssatzung kann bestimmte **Qualifikationen** festlegen, die **einzelne Mitglieder** des Vorstands aufweisen müssen. Das Aufgabenspektrum eines Stiftungsvorstands reicht von der Entscheidung hinsichtlich der sinnvollen Verwendung der Stiftungserträge über die damit zusammenhängenden rechtlichen und steuerlichen Fragen bis hin zur verantwortungsvollen Anlage des Stiftungsvermögens. Es sind folglich eine Reihe ganz unterschiedlicher Kompetenzen erforderlich, die entweder externen Fachleuten übertragen werden können oder innerhalb der Stiftung abzudecken sind. 35

36 [17] **Amtszeit.** Eine Bestimmung über das Ende der Amtszeit der Gremienmitglieder ist nicht obligatorisch. Verzichtet der Stifter auf eine Regelung, so werden die Mitglieder auf Lebenszeit in das jeweilige Gremium berufen. Sinnvoll erscheint eine zeitlich unbeschränkte Mitgliedschaft vor allem in Bezug auf die Person des Stifters. Die weiteren Mitglieder sollten in einem festen Turnus neu gewählt werden müssen, um zu statische Strukturen innerhalb der Gremien zu vermeiden. In die gleiche Richtung zielt die Festlegung eines Höchstalters in der Stiftungssatzung, mit dessen Erreichen Gremienmitglieder automatisch aus ihrem Amt ausscheiden. Das maßgebliche Alter sollte mit Blick auf die dem Gremienmitglied zugedachten Aufgaben festgelegt werden. In beaufsichtigenden oder beratenden Gremien kann deshalb die Bestimmung eines etwas höheren Alters sachgerechter sein als im operativen Bereich der Stiftung.

37 [18] **Zuständigkeiten.** Nach den Vorgaben des Gesetzes ist der Stiftungsvorstand grundsätzlich zuständig für sämtliche Angelegenheiten der Stiftung. Richtet der Stifter weitere Organe ein, so hat er zugleich die Aufgabenbereiche der Organe zu definieren und voneinander abzugrenzen (*Hof* in: Seifart/v. Campenhausen, § 9 Rn 43 ff). Dem Stiftungsvorstand werden in diesem Fall Kompetenzen entzogen und anderen Organen zugewiesen. In Betracht kommen hier insbesondere die Entscheidung über die Vergabe der Stiftungsmittel sowie besonders weitreichende Entscheidungen wie Satzungsänderungen oder die Auflösung der Stiftung.

38 [19] Das **Aufgabenspektrum des Stiftungsvorstands** ergibt sich zunächst aus der stiftungstypischen Konstellation, dass ein Vermögen zur Verfolgung eines bestimmten Zwecks zu bewirtschaften ist. Darüber hinaus kann der Stifter in der Satzung weitere Einzelheiten festlegen, die für den Stiftungsvorstand verbindlich sind. Der Stiftungsvorstand hat folglich das Stiftungsvermögen anzulegen, gegebenenfalls unter Berücksichtigung der Vorgaben des Stifters. Die erwirtschafteten Erträge hat er im Sinne des Stiftungszwecks zu verwenden. Bei steuerbefreiten Stiftungen sind hierbei insbesondere die Vorgaben des Gemeinnützigkeitsrechts zu beachten, die umfangreiche Dokumentations- und Berichtspflichten gegenüber der Finanzverwaltung beinhalten.

39 [20] **Vertretung der Stiftung.** Im Rechtsverkehr handeln die Mitglieder des Stiftungsvorstands für die Stiftung. Von Sonderfällen abgesehen ist es ratsam, für diesen Bereich das **Vier-Augen-Prinzip** vorzusehen, so dass kein Vorstandsmitglied alleine in der Lage ist, die Stiftung gegenüber Dritten zu verpflichten bzw Vermögensgegenstände der Stiftung zu veräußern.

40 [21] **Vergütung.** Die weit überwiegende Zahl der Stiftungssatzungen schreibt eine **ehrenamtliche Tätigkeit** der Gremienmitglieder vor. Folge ist, dass die Gremienmitglieder ihren zeitlichen Aufwand für die Stiftungsarbeit ohne Vergütung leisten müssen. Bei kleinen und mittleren Stiftungen ist das ehrenamtliche Engagement durch die Person des Stifters in der Regel noch herzustellen. In seiner Nachfolge gestaltet sich diese Aufgabe jedoch immer häufiger schwierig. Die potenzielle Möglichkeit der **entgeltlichen** – nicht notwendig hauptamtlichen – **Tätigkeit** in den Organen der Stiftung ist eine Option, die der Stifter mit Blick auf die langfristige Funktionsfähigkeit seiner Stiftung in Betracht ziehen sollte (zur Vergütung der Tätigkeit von Gremienmitgliedern vgl *Buchna*, S. 146). Alternativ dazu bliebe noch die Anbindung der Stiftung an eine Einrichtung bzw an Personen, die dem Stiftungszweck nahe stehen, so dass zumindest ein gewisses Engagement für die Arbeit der Stiftung zu erwarten ist. In diesem Fall besteht allerdings das Risiko, dass die Stiftung ihre Eigenständigkeit verlieren könnte und im Ergebnis nur noch die Arbeit der jeweiligen Einrichtung unterstützt.

41 [22] Eine **Geschäftsordnung** für den Stiftungsvorstand findet sich regelmäßig nur bei komplexeren Stiftungen, die vor allem eine klare Aufgabenteilung im Vorstand benötigen. Die meisten Stiftungen beschränken sich auf die grundlegenden Regelungen in der Stiftungssatzung. Regelungsgegenstände können neben der Zuweisung von besonderen Verantwortungsbereichen für einzelne Vorstandsmitglieder auch der Sitzungsrhythmus und die damit zusammenhängenden Formalien sein.

[23] Die **Entscheidungsfindung** im Stiftungsvorstand sollte im Interesse der Rechtssicherheit **weitgehend formalisiert** sein. Neben der Beschlussfassung in Sitzungen sollte die Satzung auch Beschlüsse im schriftlichen Verfahren zulassen, damit das Gremium in weniger schwierigen Fragen einfach und flexibel seinen Aufgaben nachkommen kann. Mit diesem Gedanken einher geht das Verbot der Beschlussfassung über Satzungsänderungen oder die Auflösung der Stiftung im schriftlichen Verfahren. 42

[24] Die Einrichtung **weiterer Gremien** steht dem Stifter frei. Bei einer zweistufigen Organisation der Stiftung wird überwiegend ein Aufsichtsgremium geschaffen, welches die Arbeit des Stiftungsvorstands kontrolliert. In der Bezeichnung der weiteren Gremien ist der Stifter frei (siehe dazu auch Rn 30). Für die Organisation und die Beschlussfassung im Aufsichtgremium gelten dieselben Grundsätze wie im Stiftungsvorstand. Regelmäßig ist allerdings davon auszugehen, dass das Gremium weniger häufig zusammentreten muss. 43

Das **Aufsichtsgremium** hat dem Vorstand Entlastung zu erteilen. In diesem Zusammenhang ist auch die Kompetenz des Aufsichtsgremiums zu sehen, die Mitglieder des Stiftungsvorstands zu berufen und abzuberufen. 44

[25] Die Regelungen zur **Änderung der Stiftungssatzung** werden häufig relativ unbedacht getroffen. Nach dem gesetzlichen Grundmuster der Stiftung bürgerlichen Rechts ist eine einmal festgelegte Satzung nicht ohne weiteres zu ändern (*Andrick/Suerbaum*, Rn 15). Dieser Grundsatz trägt dem Umstand Rechnung, dass die Stiftung ursprünglich als Rechtsform für die Fortführung des Vermögens eines verstorbenen Stifters geschaffen worden ist, dessen Willen nicht zur Disposition des Stiftungsgremiums gestellt werden sollte. Aktuell werden jedoch etwa 90 % aller Stiftungen zu Lebzeiten des Stifters errichtet, der die Rechtsform vielmehr als Instrument zur Organisation seines gemeinnützigen Engagements begreift. Diese Sichtweise impliziert zugleich die Möglichkeit, die Stiftungssatzung an seine sich im Laufe der Zeit verändernden Vorstellungen anpassen zu können. Diese Möglichkeit ist nicht ohne weiteres gegeben. 45

Nach der vorgeschlagenen Formulierung bedarf es zur Änderung der Stiftungssatzung einer „Veränderung der Verhältnisse", ein **objektives Tatbestandsmerkmal**, das nicht aktiv herbeigeführt werden kann. Eine Satzungsänderung kann folglich nur in **Reaktion auf ein Geschehen** erfolgen, das die Handlungsmöglichkeiten der Stiftung beeinträchtig. Ein häufig zitierter – in der Praxis aber ausgesprochen seltener – Fall ist der Wegfall des Stiftungszwecks, der die Stiftungsgremien zu einer inhaltlichen Neuausrichtung der Stiftung berechtigen würde. 46

In der Praxis weitaus häufiger anzutreffen ist der Wunsch des Stifters, Veränderungen an der Stiftungssatzung vorzunehmen, weil im Rahmen der Stiftungserrichtung entwickelte Erwartungen nicht eingetreten sind oder die Verfolgung des gesetzten Stiftungszwecks zu Enttäuschungen geführt hat. Diese **in der Person des Stifters liegenden Umstände** erfüllen nicht das Tatbestandsmerkmal „Veränderung der Verhältnisse", so dass die vorgeschlagene Formulierung nicht zur Änderung der Stiftungssatzung berechtigen würde. 47

Zur Lösung dieses Problems empfiehlt sich eine **differenzierende Regelung**, die für den Zeitraum der Mitwirkung des Stifters in den Stiftungsgremien **niedrigere Voraussetzungen für die Anpassung der Stiftungssatzung** festlegt. Sofern zwingende Vorgaben des Landesstiftungsgesetzes nicht entgegenstehen, kann die Satzung beispielsweise festlegen, dass es in diesem Zeitraum für eine Beschlussfassung über eine Satzungsänderung keiner „Veränderung der Verhältnisse" bedarf. 48

[26] Mit der **Auflösung** oder dem **Zusammenschluss** der Stiftung endet die Stiftung in der vom Stifter vorgesehenen, eigenständigen Form. Diese Maßnahmen verändern damit den Stifterwillen in besonders hohem Maße und sollten nur möglich sein, wenn sich keine Alternativen anbieten, insbesondere auch die Anpassung des Stiftungszwecks die Fortführung der Stiftung nicht ermöglicht. Es ist zu empfehlen, die Beschlussfassung über die Auflösung oder den Zusammen- 49

schluss auch formal besonders hohen Anforderungen zu unterstellen, um diese Beschlüsse als ultima ratio zu kennzeichnen.

50 Die Auflösung oder der Zusammenschluss von Stiftungen ist in der Praxis fast ausschließlich im Fall eines **nicht ausreichenden Vermögens** der Stiftung zu finden. Stiftungen werden immer häufiger als sogenannte „Anstiftungen" konzipiert, die vor allem als Erbin des Stifters dienen sollen. Kommt es dann nicht zu der Erbeinsetzung, sind die Stiftungen in der Regel nicht langfristig lebensfähig.

51 [27] Die Bestimmung eines **Anfallberechtigten** trägt dem gemeinnützigkeitsrechtlichen Prinzip der dauerhaften Vermögensbindung Rechnung, § 61 AO (vgl dazu auch die Erläuterungen des Musters zu § 88 Rn 2 f).

52 [28] **Stiftungsbehörde.** Der Hinweis auf die behördlichen Zuständigkeiten und Rechte dienen lediglich der **Klarstellung**. Die Aufnahme dieser Regelungen wird im Anerkennungsverfahren von behördlicher Seite regelmäßig angeregt. Der genaue Wortlaut kann dabei zwischen den einzelnen Bundesländern aufgrund der unterschiedlichen Regelungen der Landesstiftungsgesetze divergieren.

B. Rechtsfähige Stiftung mit einem Organ

53 I. Muster: Satzung einer rechtsfähigen Stiftung mit einem Organ[1]

▶ **Satzung**

§ 1 Name, Rechtsform, Sitz[2]

1. Die Stiftung führt den Namen
   ▪▪▪ -Stiftung.
2. Sie ist eine rechtsfähige Stiftung des bürgerlichen Rechts und hat ihren Sitz in ▪▪▪

§ 2 Stiftungszweck[3]

1. Zweck der Stiftung ist ▪▪▪
2. Der Stiftungszweck wird unter anderem verwirklicht durch ▪▪▪
3. Die Stiftung verfolgt ausschließlich und unmittelbar gemeinnützige und mildtätige Zwecke im Sinne des Abschnitts „Steuerbegünstigte Zwecke" der Abgabenordnung. Sie ist selbstlos tätig; sie verfolgt nicht in erster Linie eigenwirtschaftliche Zwecke.
4. Die Stiftung kann ihren Zweck durch die Beschaffung von Mitteln gemäß § 58 Nr. 1 AO für die vorbezeichneten steuerbegünstigten Zwecke anderer, ebenfalls steuerbegünstigter Körperschaften oder Körperschaften des öffentlichen Rechts erfüllen. Soweit sie nicht im Wege der institutionellen Förderung tätig wird, verwirklicht sie ihre Aufgaben selbst oder durch eine Hilfsperson im Sinne des § 57 Absatz 1 Satz 2 AO.

§ 3 Stiftungsvermögen[4]

1. Das Stiftungsvermögen ergibt sich aus dem Stiftungsgeschäft. Der Stifter beabsichtigt, der Stiftung spätestens durch letztwillige Verfügung weitere Vermögenswerte zukommen zu lassen.
2. Das Stiftungsvermögen kann durch Zustiftungen des Stifters sowie Dritter erhöht werden. Werden Spenden nicht ausdrücklich zum Vermögen gewidmet, so dienen sie ausschließlich und unmittelbar der zeitnahen Verwendung zu den in § 2 genannten Zwecken.
3. Das Vermögen der Stiftung ist grundsätzlich in seinem Bestand zu erhalten. Umschichtungen des Stiftungsvermögens sind ohne Weiteres zulässig.

§ 4 Erträge des Stiftungsvermögens[5]

1. Mittel der Stiftung dürfen nur für die satzungsmäßigen Zwecke verwendet werden. Es darf keine Person durch Ausgaben, die dem Zweck der Stiftung fremd sind, oder durch unverhältnismäßig

hohe Vergütungen begünstigt werden. Ein Rechtsanspruch auf die Zuwendung der Stiftungsmittel besteht nicht.

2. Die Stiftung kann ihre Erträgnisse im Rahmen der steuerlichen Bestimmungen ganz oder teilweise einer Rücklage gemäß den Bestimmungen der Abgabenordnung zuführen. Sie darf die Rücklagen im Sinne des § 58 Nr. 7 AO, Zuwendungen im Sinne des § 58 Nr. 11 AO sowie Überschüsse im Sinne des § 58 Nr. 12 AO dem Stiftungsvermögen zur Werterhaltung zuführen.
3. Auf schriftlichen Antrag des Stifters oder eines nächsten Angehörigen des Stifters darf die Stiftung gemäß § 58 Nr. 5 AO bis zu einem Drittel ihres Einkommens dazu verwenden, dem Antragsteller in angemessener Weise Unterhalt zu gewähren. Aus dem Einkommen der Stiftung soll ein Teil im Rahmen des steuerlich Zulässigen zur regelmäßigen Pflege des Grabes des Stifters sowie zur Wahrung seines Andenkens verwendet werden.

§ 5 Stiftungsvorstand

1. Die Stiftung wird von einem Vorstand verwaltet, der aus mindestens drei und bis zu fünf Personen besteht. Der Stifter ist Mitglied auf Lebenszeit, kann sein Amt jedoch jederzeit niederlegen. Die Amtszeit der weiteren Mitglieder beläuft sich vorbehaltlich der Regelung des § 5 Abs. 2 Satz 1 auf vier Jahre.[6]
2. Der Stifter benennt die weiteren Mitglieder des Vorstands und kann sie jederzeit abberufen.[7] Mit seinem Ausscheiden kann der Stifter einen persönlichen Nachfolger bestimmen und diesen ebenfalls auf Lebenszeit in den Vorstand berufen, die weiteren Mitglieder des Stiftungsvorstands werden vom Vorstand im Wege der Zuwahl unter Berücksichtigung des Abs. 3 bestimmt.[8] Wiederwahl ist zulässig.
3. Nach dem Ausscheiden des Stifters sollte sich der Vorstand möglichst wie folgt zusammensetzen:
   a) ■■■,
   b) ■■■,
   c) ■■■.

   Die Vorstandsmitglieder haben soweit möglich bei der Zuwahl nach Abs. 2 eine solche Zusammensetzung anzustreben. Die genannten Kriterien gelten nicht für den persönlichen Nachfolger des Stifters.[9]
4. Scheidet ein Vorstandsmitglied vorzeitig aus, so wählen die verbliebenen Vorstandsmitglieder unverzüglich eine Ersatzperson.[10] Mit Ausnahme des persönlichen Nachfolgers des Stifters treten Ersatzpersonen in die Amtszeit des ausscheidenden Vorstandsmitglieds ein. Bis zum Amtsantritt der Ersatzperson führen die verbliebenen Vorstandsmitglieder die unaufschiebbaren Aufgaben der laufenden Stiftungsverwaltung allein weiter. Auf Ersuchen des Vorsitzenden des Stiftungsvorstandes – im Verhinderungsfall seiner Vertretung – bleibt das ausscheidende Mitglied bis zur Wahl des jeweils nachfolgenden Mitgliedes im Amt.
5. Mit Ausnahme des Stifters kann ein Vorstandsmitglied vom Vorstand bei Vorliegen eines wichtigen Grundes per Beschluss abberufen werden. Diesem Beschluss müssen sämtliche Vorstandsmitglieder außer dem Abzuberufenden zustimmen.[11]
6. Der Vorstand wählt aus seiner Mitte einen Vorsitzenden und dessen Stellvertreter, wobei Wiederwahl zulässig ist. Der Vorstand kann sich eine Geschäftsordnung geben.
7. Die Mitglieder der Stiftungsorgane können für ihre Tätigkeit eine angemessene Vergütung erhalten. Sie haben nach Maßgabe eines entsprechenden Vorstandsbeschlusses Anspruch auf Ersatz der entstandenen und nachgewiesenen, angemessenen Auslagen und Aufwendungen. Die Mitglieder des Vorstands haben im Verhältnis zur Stiftung nur Vorsatz und grobe Fahrlässigkeit zu vertreten.[12]

§ 6 Aufgaben des Vorstandes[13]

1. Die Vorstandsmitglieder bilden den Vorstand der Stiftung im Sinne der §§ 86, 26 des Bürgerlichen Gesetzbuches. Vertretungsbefugt ist der Vorsitzende des Vorstands bzw sein Stellvertreter gemeinsam mit einem weiteren Mitglied.
2. Der Vorstand verwaltet die Stiftung nach Maßgabe der gesetzlichen und satzungsmäßigen Bestimmungen unter besonderer Berücksichtigung des Willens des Stifters.
3. Der Vorstand kann die Durchführung bestimmter Geschäfte auf einzelne Vorstandsmitglieder übertragen. Er kann eine geeignete, dem Vorstand auch nicht angehörende Person mit der Geschäftsführung der Stiftung beauftragen und für diese Tätigkeit ein angemessenes Entgelt zahlen. Die Hinzuziehung von Hilfspersonen ist zulässig.
4. Der Vorstand prüft und beschließt innerhalb von sechs Monaten nach Abschluss des Geschäftsjahres die Jahresabrechnung und erstellt eine Vermögensübersicht sowie einen Bericht über die Erfüllung des Stiftungszwecks. Das Geschäftsjahr entspricht dem Kalenderjahr.

§ 7 Beschlussfassung des Vorstandes[14]

1. Der Vorstand fasst seine Beschlüsse in Sitzungen, die er nach Bedarf abhält. Der Vorsitzende – im Verhinderungsfall sein Vertreter – bestimmt den Ort und die Zeit der Sitzungen und lädt dazu ein. Auf Antrag von mindestens zwei Mitgliedern muss der Vorstand einberufen werden.
2. Zwischen der Einberufung und dem Sitzungstag soll ein Zeitraum von mindestens zwei Wochen liegen, sofern nicht außergewöhnliche Umstände eine kürzere Frist erfordern. Die Vorstandsmitglieder werden schriftlich unter Angabe der einzelnen Beratungsgegenstände einberufen.
3. Der Vorstand beschließt bei Anwesenheit von mindestens der Hälfte seiner Mitglieder mit einfacher Stimmenmehrheit, sofern die Satzung nichts anderes bestimmt. Bei Stimmengleichheit entscheidet die Stimme des Vorsitzenden, im Falle seiner Abwesenheit die des Stellvertreters. Im Falle der Abwesenheit beider gilt die Vorlage bei Stimmengleichheit als abgelehnt. Beschlüsse können nicht gegen die Stimme des Stifters gefasst werden.
4. Der Vorstand hält seine Beschlüsse in Niederschriften fest. Abwesende Vorstandsmitglieder werden von den Beschlüssen in Kenntnis gesetzt. Ein nachträgliches Einspruchsrecht steht ihnen nicht zu.
5. Der Vorstand kann Beschlüsse auch schriftlich oder fernmündlich fassen, sofern kein Mitglied diesem Verfahren widerspricht. Schriftliche Übermittlungen im Wege der Telekommunikation sind zulässig. Äußert sich ein Vorstandsmitglied innerhalb einer Frist von vier Wochen nach Absendung der Beschlussvorlage nicht, so gilt das Schweigen als Ablehnung.

§ 8 Satzungsänderungen[15]

1. Solange der Stifter dem Stiftungsvorstand angehört, kann der Stiftungsvorstand auch ohne eine Veränderung der Verhältnisse eine Änderung der Satzung einschließlich des Stiftungszwecks beschließen.
2. Beschlüsse über die Änderung der Satzung bedürfen einer Mehrheit von 2/3 der Mitglieder des Vorstands. Sie können nicht gegen die Stimme des Stifters gefasst werden.
3. Nach dem Ausscheiden des Stifters ist die Änderung der Stiftungssatzung nur noch mit einer Mehrheit von 3/4 der Mitglieder möglich, wenn eine Veränderung der Verhältnisse diese erforderlich macht.
4. Bei einer Zweckänderung muss der neue Zweck ebenfalls steuerbegünstigt im Sinne der Abgabenordnung sein. Der Vorstand hat den Zweck ändernde Beschlüsse dem zuständigen Finanzamt anzuzeigen.

§ 9 Auflösung oder Aufhebung der Stiftung, Vermögensanfall[16]

1. Erscheint dem Stiftungsvorstand die Erfüllung des Stiftungszwecks aufgrund einer Veränderung der Verhältnisse nicht mehr sinnvoll und kommt auch eine Änderung des Stiftungszwecks nicht in Betracht, so kann er bei Anwesenheit aller Mitglieder einstimmig die Auflösung der Stiftung beschließen. Ein solcher Beschluss wird erst wirksam, wenn er von der Aufsichtsbehörde genehmigt ist.
2. Bei Auflösung oder Aufhebung des Vereins oder bei Wegfall steuerbegünstigter Zwecke fällt das Vermögen des Vereins an eine juristische Person des öffentlichen Rechts oder an eine andere steuerbegünstigte Körperschaft zwecks Verwendung für (Angabe eines bestimmten gemeinnützigen, mildtätigen oder kirchlichen Zwecks).
3. Beschlüsse über die Verwendung des Vermögens bei Auflösung der Stiftung oder bei Wegfall ihrer bisherigen steuerbegünstigten Zwecke dürfen erst nach Einwilligung des zuständigen Finanzamtes ausgeführt werden.

§ 10 Stellung der Stiftungsaufsichtsbehörde

Die Stiftungsaufsichtsbehörde ist auf Wunsch jederzeit über alle Angelegenheiten der Stiftung zu unterrichten. Ihr ist unaufgefordert der Jahresabschluss vorzulegen. Die stiftungsaufsichtsbehördlichen Anzeigepflichten und Genehmigungserfordernisse sind zu beachten.

§ 11 Stiftungsaufsichtsbehörde

Stiftungsaufsichtsbehörde ist ■■■, oberste Stiftungsaufsichtsbehörde ist das Innenministerium des Landes ■■■

§ 12 Stellung des Finanzamts

Unbeschadet der sich aus dem Stiftungsgesetz ergebenden besonderen Genehmigungspflichten sind Beschlüsse über Satzungsänderungen und über die Auflösung der Stiftung dem zuständigen Finanzamt anzuzeigen. Bei Satzungsänderungen, die den Zweck der Stiftung betreffen, ist zuvor eine Stellungnahme des Finanzamts zur Steuerbegünstigung einzuholen. ◄

II. Erläuterungen

[1] Stifterwille und -rechte. Etwa 90 % aller Stiftungen in Deutschland werden **zu Lebzeiten des Stifters** errichtet. Die Stifter verbinden mit der Stiftungserrichtung sehr häufig den Wunsch, ihr persönliches gemeinnütziges Engagement zu institutionalisieren. Die Stiftung soll in diesen Fällen zu einem **Instrument des Stifters** ausgestaltet werden, das sie aktiv als Organisationsform nutzen können. Das deutsche Stiftungsrecht schließt diese Form der Nutzung der Rechtsform nicht aus, ist allerdings auch nicht speziell auf diese Situation ausgerichtet. Die Stiftung ist vielmehr von ihrer rechtlichen Grundstruktur von Überlegungen geprägt, die erst in der Zeit nach dem Tode des Stifters relevant werden. 54

Es gilt deshalb bei der Errichtung einer Stiftung zu Lebzeiten, die **vom Stifter gewünschte Stellung in der Stiftung** herauszuarbeiten und die Stiftungssatzung entsprechend zu gestalten. Möchte der Stifter im Hintergrund bleiben und die Verwirklichung des Stiftungszwecks ausschließlich Fachleuten anvertrauen, so kann die Organisation der Stiftung nach den in og Muster Rn 1 festgehaltenen Prinzipien erfolgen. Erfahrungsgemäß verbindet ein Stifter mit der Stiftungserrichtung allerdings weitergehende Erwartungen, die dann auch zu einer Organisation führen, in der seine Einflussmöglichkeiten gewahrt bleiben. 55

Zu beachten ist, dass der Stifter grundsätzlich nur **als Mitglied eines Stiftungsorgans Einfluss** auf die Stiftung nehmen kann. Entscheidungsbefugnisse außerhalb der Stiftung zu belassen, widerspricht dem Grundsatz der Selbstbestimmung der Stiftung als eigenständige juristische Person (*Hof* in: Seifart/v. Campenhausen, § 9 Rn 86). Eine gewisse Ausnahme bildet in der 56

Praxis lediglich das oftmals zu findende **Benennungsrecht** des Stifters in Bezug auf die Mitglieder der Stiftungsorgane. Mit diesem Recht kann der Stifter allerdings nur mittelbar auf die Stiftung einwirken. Möchte der Stifter aktiv die Geschicke der Stiftung bestimmen, so ist es ratsam, ihn in der Satzung als mit Sonderrechten ausgestattetes Mitglied eines Stiftungsorgans zu etablieren.

57 Die eingliedrige Organisationsstruktur in Stiftungen ist in der Praxis auch deshalb so häufig anzutreffen, weil in den vergangenen Jahren immer öfter Stiftungen mit **vergleichsweise kleinen Vermögen** errichtet worden sind. Die Handlungsmöglichkeiten und damit auch die zu regelnden Sachverhalte dieser Stiftungen sind zu Beginn überschaubar und bedürfen keiner komplizierten Konstrukte. Vielfach sind diese **Stiftungen** allerdings zugleich **als potenzielle Erben** der Stifter geschaffen worden, so dass mit deren Tode eine vollkommen andere Situation entsteht, der die Satzungen dann ebenfalls Rechnung tragen sollten.

58 [2] **Name, Rechtsform, Sitz.** Vgl Erläuterungen des oa Musters zu Rn 2 ff.

59 [3] **Zweck.** Vgl Erläuterungen des oa Musters zu Rn 7 f.

60 [4] **Vermögen.** Vgl Erläuterungen des oa Musters zu Rn 13 f.

[5] **Mittelverwendung.** Vgl Erläuterungen des oa Musters zu Rn 20 ff.

61 [6] **Organisation.** Die in diesem Muster vorgeschlagene Organisation geht von einer **starken Stellung des Stifters** innerhalb des einzigen Stiftungsorgans aus. Die einstufige Organisation ist selbstverständlich auch ohne die Person des Stifters funktionsfähig, die auf den Stifter bezogenen Regelungen würden dann entfallen bzw in modifizierter Form beibehalten. Die Berufung des Stifters in den Vorstand **auf Lebenszeit** führt dazu, dass er zur bleibenden Konstanten im Gremium wird. Sein weiteres Mitwirken bedarf insbesondere nicht der Bestätigung durch die übrigen Mitglieder des Gremiums nach Ablauf der üblichen Amtszeit. Es bleibt folglich die Entscheidung des Stifters, wie lange er im Vorstand der Stiftung tätig ist. Vielen Stiftern ist dieser Aspekt vor allem in den ersten Jahren der Stiftungsarbeit wichtig, die oftmals dazu genutzt werden, die Funktionsweisen der Stiftung kennenzulernen und gegebenenfalls noch Korrekturen vorzunehmen. In dieser Phase ist es regelmäßig der Wunsch des Stifters, die Stiftung persönlich weiter ausgestalten zu können und dabei Vertraute oder Fachleute hinzuzuziehen.

62 [7] **Stifterrechte.** Von zentraler Bedeutung für die Stärkung der Position des Stifters in der Stiftungsorganisation ist das Recht, die weiteren **Mitglieder des Vorstands berufen und abberufen** zu können. Betrachtet der Stifter die Stiftung vor allem als Instrument zur Organisation seines gemeinnützigen Engagements, so sollte er sich nicht in eine rechtliche Abhängigkeit vom Willen der anderen Vorstandsmitglieder begeben. Es ist in diesem Fall vielmehr sicher zu stellen, dass er im Hinblick auf die Auswahl der weiteren Vorstandsmitglieder alle Optionen hat. Der Stifter selbst ist in dieser Position mit der Herausforderung konfrontiert, den Empfehlungen der Fachleute Rechnung zu tragen, selbst wenn sie mit seiner persönlichen Einschätzung nicht konform gehen.

63 [8] **Stiftungsfortführung.** Sofern der Stifter **persönliche Vertraute** hat, die für eine Fortführung seiner Stiftungsinitiative in Betracht kommen, ist die Möglichkeit, einen persönlichen Nachfolger bestimmen zu können, eine weitere Option. Die Stiftungssatzung kann den persönlichen Nachfolger mit besonderen Rechten ausstatten, so dass er faktisch an die Stelle des Stifters tritt und die Stiftung in seinem Geiste weiter lenkt. Die Position des persönlichen Nachfolgers kommt insbesondere in Betracht, wenn dauerhaft zumindest ein Familienmitglied des Stifters in der Stiftung mitwirken soll. Ein Interesse an der Arbeit der Stiftung vorausgesetzt, kann sich diese Option ausgesprochen positiv auf die Entwicklung der Stiftung auswirken.

64 [9] **Wahl und Abberufung von Vorstandsmitgliedern.** Die Festlegung von **objektiven Kriterien**, die einzelne Mitglieder des Stiftungsvorstands aufweisen müssen, können von Stiftung zu Stiftung stark variieren. Generell hilft die Definition objektiver Kriterien, die personelle Zu-

sammensetzung des Stiftungsvorstands dauerhaft in die vom Stifter gewünschte Richtung zu lenken. Die Satzungsvorgaben sollten dem Stiftungsvorstand die Flexibilität belassen, von diesen in begründeten Ausnahmefällen abweichen zu können.

[10] **Kooptation.** Die Ergänzung des Gremiums im Wege der sog. Kooptation ist bei Stiftungen gängige Praxis. Alternativ dazu kann die Satzung auch vorsehen, dass bestimmte **Institutionen** Vertreter in den Stiftungsvorstand entsenden können oder der Inhaber eines bestimmten Amtes **ex officio** Mitglied wird. Mit gewissen Risiken ist jede dieser Lösungen verbunden, so ist bei der Kooptation etwa die Zuwahl vor allem genehmer – anstelle fachlich geeigneter – Organmitglieder nicht auszuschließen. Demgegenüber besteht bei der Einbindung anderer Einrichtungen zum einen die Gefahr, dass die Einrichtung zu starken Einfluss in der Stiftung gewinnt, zum anderen kann aber auch der Berufene bzw das ex officio Mitglied zu wenig Interesse an der Mitarbeit in der Stiftung haben und damit für die Stiftung ohne Nutzen sein (zur Besetzung der Stiftungsgremien s. *Lüke* in: Beuthien/Gummert, § 98). 65

[11] Die **Abberufung von Organmitgliedern aus wichtigem Grund** ist in der Praxis von relativ geringer Bedeutung, da die meisten Stiftungssatzungen die Amtszeiten der Mitglieder zeitlich begrenzen oder die Mitgliedschaft nur bis zum Erreichen einer Altersgrenzen ermöglichen. Dennoch sollte die Satzung zur Lösung solcher Ausnahmesituationen diese Option vorsehen. 66

[12] **Vergütung.** Vgl Erläuterungen des oa Musters zu Rn 40. 67

[13] **Aufgaben des Vorstands.** Vgl Erläuterungen des oa Musters zu Rn 38 f.

[14] **Beschlussfassung.** Vgl Erläuterungen des oa Musters zu Rn 42.

[15] Bei den Regelungen zur **Änderung der Stiftungssatzung** empfiehlt sich eine Differenzierung zwischen dem Zeitraum des Mitwirkens des Stifters im Stiftungsgremium und der Zeit nach seinem Ausscheiden, sofern dem nicht zwingende Vorgaben des Landesstiftungsgesetzes entgegenstehen. Nach den Bestimmungen der meisten Landesstiftungsgesetze werden für die Änderung der Stiftungssatzung besondere Umstände vorausgesetzt, in der Regel muss eine Veränderung der Verhältnisse eingetreten sein. Der Stifter kann danach selbst als Mitglied des Stiftungsvorstands die Stiftungssatzung nicht allein deshalb ändern, weil er die Erkenntnis gewonnen hat, dass die Stiftung nicht optimal aufgestellt ist. 68

[16] **Auflösung.** Wegen der Erläuterung dieses Punktes wird auf die entsprechenden Ausführungen unter Rn 49 ff verwiesen. 69

C. Nichtrechtsfähige Stiftung

I. Muster: Stiftungsgeschäft und Satzung einer nichtrechtsfähigen Stiftung 70

▶ Stiftungsgeschäft[1]

Hierdurch errichte ich, ■■■, wohnhaft in ■■■,

– im Folgenden Stifter genannt –

die

■■■-Stiftung

als nichtrechtsfähige Stiftung in der treuhänderischen Verwaltung des ■■■, geschäftsansässig in ■■■, der hiermit als Rechtsträger und Treuhänder für diese Stiftung eingesetzt wird.

– im Folgenden Treuhänder genannt –

Zweck der Stiftung ist ■■■

Als Stiftungsvermögen übereigne ich deshalb dem Treuhänder

■■■ EUR (in Worten: ■■■ Euro)

mit der Auflage, dieses Vermögen der Stiftung zu erhalten und die Erträge zur Erfüllung des Stiftungszwecks zu verwenden.

Ich behalte mir das Recht vor, die Stiftung jederzeit in eine rechtsfähige Stiftung bürgerlichen Rechts überführen zu können.

Die Verwaltung der Stiftung richtet sich nach der beigefügten Satzung.

Ort, Datum, Unterschrift des Stifters, Unterschrift des Treuhänders

Stiftungssatzung

§ 1 Name, Rechtsform

1. Die Stiftung führt den Namen ■■■ Stiftung. Sie ist eine nichtrechtsfähige Stiftung in der Verwaltung des Treuhänders und wird folglich von diesem im Rechts- und Geschäftsverkehr vertreten.[2]
2. Die Stiftung kann auf Wunsch des Stifters jederzeit in eine rechtsfähige Stiftung bürgerlichen Rechts umgewandelt werden.[3]

§ 2 Stiftungszweck[4]

1. Die Stiftung verfolgt ausschließlich und unmittelbar gemeinnützige und mildtätige Zwecke im Sinne des Abschnitts 'Steuerbegünstigte Zwecke' der Abgabenordnung (AO).
2. Zweck der Stiftung ist ■■■.
3. Der Stiftungszweck soll insbesondere verwirklicht werden durch ■■■
4. Darüber hinaus wird der Stiftungszweck verwirklicht durch Beschaffung von Mitteln gemäß § 58 Nr. 1 AO zur Förderung der in Absatz 2 genannten Zwecke einer anderen steuerbegünstigten Körperschaft oder die Verwirklichung steuerbegünstigter Zwecke durch eine Körperschaft des öffentlichen Rechts oder, soweit sie nicht im Wege der institutionellen Förderung tätig wird, indem sie ihre Aufgaben selbst oder durch eine Hilfsperson im Sinne des § 57 Abs. 1 S. 2 AO verwirklicht.
5. Die Stiftung ist selbstlos tätig; sie verfolgt nicht in erster Linie eigenwirtschaftliche Zwecke. Mittel der Stiftung dürfen nur für satzungsmäßigen Zwecke verwendet werden.

§ 3 Stiftungsvermögen[5]

1. Die Stiftung wird mit einem Anfangsvermögen von ■■■ EUR (in Worten: ■■■ Euro) ausgestattet.
2. Das Stiftungsvermögen ist in seinem Werte ungeschmälert zu erhalten. Zu diesem Zweck können im Rahmen des steuerrechtlich Zulässigen die jährlichen Erträge aus der Vermögensanlage und die sonstigen zeitnah zu verwendenden Mittel ganz oder teilweise der freien Rücklage oder dem Stiftungsvermögen zugeführt werden.
3. Dem Stiftungsvermögen wachsen alle Zuwendungen zu, die dazu bestimmt sind (Zustiftungen).

§ 4 Verwendung der Vermögenserträge und Zuwendungen

1. Die Erträge des Stiftungsvermögens und die ihm nicht zuwachsenden Zuwendungen sind zur Erfüllung des Stiftungszwecks zu verwenden. Davon ausgenommen ist die Rücklagenbildung oder die Zuführung zum Stiftungsvermögen gemäß § 58 Nr. 7 und Nr. 12 AO.
2. Es darf keine Person durch Ausgaben, die dem Zweck der Stiftung fremd sind, oder durch unverhältnismäßig hohe Vergütungen begünstigt werden.
3. Auf schriftlichen Antrag des Stifters bzw eines nächsten Angehörigen des Stifters kann bis zu einem Drittel des Einkommens der Stiftung dazu verwandt werden, dem Antragsteller in angemessener Weise Unterhalt zu gewähren.

§ 5 Kuratorium[6]

1. Das Kuratorium besteht aus mindestens drei und bis zu fünf Mitgliedern. Geborene Mitglieder sind:
   a) der Stifter oder eine von ihm benannte Person,
   b) der Vertreter des Treuhänders.

2. Die geborenen Mitglieder können weitere Mitglieder jeweils für die Dauer von fünf Jahren berufen. Dem Kuratorium sollen vornehmlich Mitglieder der Stifterfamilie angehören bzw Personen, die besondere Fachkompetenz und Erfahrung im Hinblick auf die Aufgabenerfüllung vorweisen können. Beim Ausscheiden eines Kuratoriumsmitgliedes wird der Nachfolger von den verbleibenden Mitgliedern benannt.
3. Die Mitglieder des Kuratoriums sind ehrenamtlich tätig. Sie haben Anspruch auf Ersatz der ihnen entstandenen notwendigen und angemessenen Aufwendungen.
4. Die Mitglieder des Kuratoriums wählen aus ihrer Mitte den Vorsitzenden und seinen Stellvertreter.

§ 6 Aufgaben, Beschlussfassung

1. Das Kuratorium beschließt über die Verwendung der Stiftungsmittel. Gegen diese Entscheidung steht dem Treuhänder ein Vetorecht zu, wenn sie gegen die Satzung oder rechtliche oder steuerliche Bestimmungen verstößt.
2. Das Kuratorium ist beschlussfähig, wenn mehr als die Hälfte seiner Mitglieder einschließlich des Vorsitzenden oder seines Stellvertreters an der Beschlussfassung mitwirkt. Im schriftlichen Verfahren gilt eine Äußerungsfrist von vier Wochen seit Absendung der Aufforderung zur Abstimmung. Beschlüsse werden mit einfacher Mehrheit gefasst. Bei Stimmengleichheit entscheidet die Stimme des Vorsitzenden oder seines Stellvertreters.
3. Beschlüsse, die eine Änderung des Stiftungszwecks oder die Auflösung der Stiftung betreffen, können nur auf Sitzungen gefasst werden.
4. Satzungsänderungen bedürfen der Zustimmung des Treuhänders.

§ 7 Treuhandverwaltung[7]

1. Der Treuhänder verwaltet das Stiftungsvermögen getrennt von seinem Vermögen. Er vergibt die Stiftungsmittel entsprechend der Beschlüsse des Kuratoriums und wickelt die Fördermaßnahmen ab.
2. Der Treuhänder legt dem Kuratorium auf den 31.12. eines jeden Jahres einen Bericht vor, der die Vermögensanlage sowie die Mittelverwendung erläutert. Im Rahmen seiner öffentlichen Berichterstattung sorgt er auch für eine angemessene Publizität der Stiftungsaktivitäten.
3. Der Treuhänder belastet die Stiftung für die Grundleistungen mit pauschalierten Kosten. Zusatzleistungen und Reiseaufwendungen werden gesondert abgerechnet.

§ 8 Anpassung der Stiftung an veränderte Verhältnisse[8]

Ändern sich die Verhältnisse derart, dass die dauernde und nachhaltige Erfüllung des Stiftungszwecks von Kuratorium und Treuhänder nicht mehr für sinnvoll gehalten wird, so können beide gemeinsam einen neuen Stiftungszweck beschließen. Der Beschluss bedarf der Zustimmung aller Mitglieder des Kuratoriums. Der neue Stiftungszweck hat gemeinnützig zu sein.

§ 9 Auflösung der Stiftung

Kuratorium und Treuhänder können gemeinsam die Auflösung der Stiftung beschließen, wenn die Umstände es nicht mehr zulassen, den Stiftungszweck dauernd und nachhaltig zu erfüllen; § 8 Satz 2 gilt entsprechend.

§ 10 Vermögensanfall

Bei Auflösung oder Aufhebung des Vereins oder bei Wegfall steuerbegünstigter Zwecke fällt das Vermögen des Vereins an eine juristische Person des öffentlichen Rechts oder an eine andere steuerbegünstigte Körperschaft zwecks Verwendung für (Angabe eines bestimmten gemeinnützigen, mildtätigen oder kirchlichen Zwecks).

§ 11 Stellung des Finanzamtes

Beschlüsse über Satzungsänderungen und der Beschluss über die Auflösung der Stiftung sind dem zuständigen Finanzamt anzuzeigen. Für Satzungsänderungen, die den Zweck der Stiftung betreffen, ist die Unbedenklichkeitserklärung des Finanzamtes einzuholen. ◀

II. Erläuterungen

71 [1] **Stiftungsgeschäft.** Die Errichtung der **nichtrechtsfähigen Stiftung** durch Rechtsgeschäft unter Lebenden ist heute der **Regelfall**. Wie auch bei rechtsfähigen Stiftungen, die aktuell zu 90 % zu Lebzeiten errichtet werden, wollen auch die Stifter einer nichtrechtsfähigen Stiftung an dem Ergebnis ihrer Lebensleistung teilhaben. Bei der nichtrechtsfähigen Stiftung tritt zusätzlich noch der Gesichtspunkt hinzu, dass nur die Errichtung zu Lebzeiten dem Stifter die Möglichkeit bietet, den Treuhänder beim Umgang mit seiner Stiftung zu beobachten, Korrekturen vorzunehmen und gegebenenfalls die Person des Treuhänders zu wechseln.

72 In der Literatur zur nichtrechtsfähigen Stiftung wird die **Rechtsnatur** des Stiftungsgeschäfts unter Lebenden uneinheitlich bewertet. Es wird hier zum Teil die ausschließliche Einordnung als **Schenkung unter Auflage** angenommen (MüKo-BGB/*Reuter*, Vor § 80 Rn 90 ff), zum Teil wird das Rechtsgeschäft immer als **uneigennützige Treuhand** angesehen (*Westebbe*, Stiftungstreuhand, S. 188 ff). Die herrschende Meinung nimmt an, dass in Abhängigkeit von den konkret getroffenen Vereinbarungen und den weiteren Rahmenbedingungen der Stiftungserrichtung **beide Vertragstypen** vorliegen können (BGH III ZR 142/08; Staudinger/ *Rawert*, Vor § 80 Rn 163 ff). Die rechtliche Grundlage der nichtrechtsfähigen Stiftung hat weit reichende Folgen hinsichtlich der Rechte von Stifter und Treuhänder, insbesondere in Fragen der Aufhebung der Stiftung oder des Zugriffs von Gläubigern des Stifters bzw des Treuhänders auf das Stiftungsvermögen. Um Zweifel hinsichtlich der rechtlichen Einordnung des Stiftungsgeschäfts zu vermeiden, sollten diesbezüglich klare Festlegungen getroffen werden. Im Interesse des Stifters wird regelmäßig der Abschluss eines Treuhandvertrages sein, der ihm die Auflösung der vertraglichen Beziehung und die Überführung der Treuhandstiftung in dritte Hände ermöglicht.

73 [2] **Name, Sitz.** Die Benennung der Stiftung ist wie bei der rechtsfähigen Stiftung dem Stifter vorbehalten. Auch nichtrechtsfähige Stiftungen werden überwiegend nach dem Stifter benannt oder der Stiftungsname unmittelbar mit der Zwecksetzung der Stiftung verbunden. Der eigene Name der Stiftung hat insbesondere zur Folge, dass sie bei ihrer Zweckerfüllung von den Mittelempfängern als eigenständige Organisation wahrgenommen wird. In aller Regel wünscht der Stifter eine **klare Erkennbarkeit seines Engagements**, was durch eine entsprechende Benennung der nichtrechtsfähigen Stiftung erreicht werden kann.

74 Im Unterschied zur rechtsfähigen Stiftung hat die nichtrechtsfähige Stiftung **keinen eigenen Sitz**, so dass insoweit für den Stifter keine Bestimmungsmöglichkeit besteht. Sitz der nichtrechtsfähigen Stiftung ist immer der **Sitz des Treuhänders als Rechtsträger**. Er ist insbesondere maßgeblich für die Zuständigkeit des Finanzamtes.

75 [3] Die **Umwandlung** einer nichtrechtsfähigen Stiftung in eine rechtsfähige Stiftung ist eine Möglichkeit, die sich Stifter im Stiftungsgeschäft der nichtrechtsfähigen Stiftung vorbehalten sollten. Es wird damit die Möglichkeit geschaffen, durch eine **Trennung vom Treuhänder größere Eigenständigkeit** zu erlangen. Rechtlich besteht die Umwandlung einer nichtrechtsfähigen Stiftung aus **zwei eigenständigen Vorgängen**. Zunächst ist eine neue, rechtsfähige Stiftung zu errichten, in deren Stiftungsgeschäft sich der Treuhänder verpflichtet, das Stiftungsvermögen der nichtrechtsfähigen Stiftung einzubringen. Nach Anerkennung der Stiftung ist die nichtrechtsfähige Stiftung aufzulösen und das Gesamtvermögen auf die rechtsfähige Stiftung zu übertragen.

76 [4] Die Bestimmungen zum **Stiftungszweck** sind auch bei der nichtrechtsfähigen Stiftung das Kernstück der Stiftungssatzung. Hier finden sich die Ziele des Stifters, die ihn letztlich zu der

Errichtung der Stiftung bewegt haben. Wegen des Grundsatzes der Vertragsfreiheit können Stifter und Treuhänder im Rahmen der allgemeinen Bestimmungen des Bürgerlichen Gesetzbuches jeden beliebigen Stiftungszweck vereinbaren. Dieser darf danach lediglich nicht gegen Gesetze oder die guten Sitten verstoßen (§§ 134, 138). Eine Prüfung des Stiftungszwecks durch die Stiftungsaufsicht erfolgt nicht, bei gemeinnützigen Stiftungen achtet allerdings die Finanzverwaltung auf die Einhaltung der steuerrechtlichen Vorgaben. Auch wird der Treuhänder dem Stifter nicht die Erfüllung jedes Stiftungszwecks und auch nicht jede Form der Zweckverwirklichung zusagen können.

Die Bestimmungen zum Stiftungszweck richten sich in der Praxis danach aus, inwieweit die nichtrechtsfähige Stiftung in ihren **Handlungsmöglichkeiten** reicht. Es ist so zum Beispiel zwar möglich, eine operative Zweckverwirklichung als Option in der Stiftungssatzung zu verankern, für die Umsetzung dieser Vorgaben ist allerdings der Treuhänder in der Pflicht, der die entsprechenden Strukturen – auch personell – aufzubauen hätte. Stiftungstreuhänder sind regelmäßig nicht bereit oder in der Lage, auf Dauer entsprechende Zusagen zu machen, so dass in der Praxis nichtrechtsfähige Stiftungen gemeinhin als **Förderstiftungen** ausgestaltet werden. Der Stiftungszweck wird dann entweder über die Hinzuziehung dritter Projektträger umgesetzt oder unmittelbar über die finanzielle Förderung von Stipendiaten, Preisträgern oder Bedürftigen verwirklicht. 77

[5] Die Regelungsmöglichkeiten zum **Stiftungsvermögen** sind bei der nichtrechtsfähigen Stiftung durch keine gesetzlichen Vorgaben beschränkt. Insbesondere eine Pflicht zum langfristigen Erhalt des Stiftungsvermögens können Stifter und Treuhänder frei vereinbaren und Möglichkeiten bis hin zum vollständigen Verbrauch des Stiftungsvermögens in einem bestimmten Zeitfenster eröffnen. Zu beachten sind in diesem Zusammenhang allerdings die Rahmenbedingungen, die von Seiten des Steuerrechts gesetzt werden. So wird die unmittelbare Verwendung des Grundstocksvermögens für den Stiftungszweck nicht ohne Weiteres zulässig sein, sofern von Seiten des Stifters der Gründungshöchstbetrag § 10 b Abs. 1 a EStG geltend gemacht worden ist. 78

[6] Vergabegremium. Zentrale Funktion des Gremiums einer nichtrechtsfähigen Stiftung ist die Entscheidung über die Verwendung der Stiftungsmittel. Darüber hinaus ist das Gremium in der Regel auch an grundlegenden Entscheidungen, wie die Änderung der Stiftungssatzung oder die Auflösung der Stiftung, beteiligt. Die Bezeichnung des Gremiums als Stiftungsvorstand sollte vermieden werden, da mit diesem Begriff im Rechtsverkehr gemeinhin eine **Vertretungsmacht** verbunden wird, die bei nichtrechtsfähigen Stiftungen **nicht existiert**. Verbreitet finden sich daher bei den Gremien von nichtrechtsfähigen Stiftungen Bezeichnungen wie **Kuratorium** oder **Stiftungsrat**. Die mehr inhaltlich ausgerichtete Aufgabe des Stiftungsgremiums bringt es mit sich, dass neben dem Stifter und seinen Vertrauenspersonen vor allem Fachleute im Bereich des Stiftungszwecks im Gremium tätig sein sollten. Auch der Treuhänder entsendet regelmäßig einen Vertreter in das Gremium der Stiftung, um die konkreten Fördermaßnahmen besser abstimmen zu können und sicher zu stellen, dass die dem Treuhänder obliegenden steuerlichen Belange bei der Entscheidungsfindung Berücksichtigung finden. 79

[7] Die besondere Position des **Treuhänders** als gewissen Pflichten unterworfener Eigentümer des Stiftungsvermögens bringt es mit sich, dass auch dessen Rolle in der Stiftungssatzung klar zu definieren ist. Für den Stifter ist von zentraler Bedeutung sicher zu stellen, dass der Treuhänder seinen Pflichten nachkommt. Die Stiftungssatzung sollte jedoch nicht mit einem Aufgabenkatalog überfrachtet werden, der sämtliche Bereiche definiert. Zweckmäßig ist es vielmehr, in der Stiftungssatzung die Pflichten des Treuhänders ergebnisorientiert festzuschreiben und zusätzlich **Kontrollmechanismen** einzurichten, die dem Stifter oder von ihm benannte Personen Korrekturmöglichkeiten eröffnen. Neben der jährlichen Berichterstattung des Treuhänders an das Stiftungsgremium kann insbesondere die Prüfung des Treuhänders durch einen unabhängigen Dritten für eine wirksame Kontrolle sorgen. 80

81 [8] **Satzungsänderung, Auflösung.** Eine Besonderheit der nichtrechtsfähigen Stiftung, die im Vergleich zur rechtsfähigen Stiftung immer wieder betont wird, ist ihre große **Flexibilität** (*Hof* in: Seifart/v. Campenhausen, § 36 Rn 10). Vor allem die weit reichende Möglichkeit zur Änderung der Stiftungssatzung hilft Stiftern, ihre Stiftung an sich ändernde Rahmenbedingungen oder Vorstellungen anzupassen. Bei nichtrechtsfähigen Stiftungen fehlt es an der für rechtsfähige Stiftungen obligatorischen Genehmigung von Satzungsänderungen durch die Stiftungsaufsicht, was Veränderungsprozesse erleichtert.

82 Die **Mitwirkung des Treuhänders** ist bei allen Entscheidungen über die Änderung der Stiftungssatzung oder die Auflösung der Stiftung unverzichtbar (*Wachter*, Stiftungen, S. 188 Rn 4). Die meisten Änderungen der Stiftungssatzung wirken sich auch auf die Pflichten des Treuhänders aus oder berühren gar die Festlegungen des Stiftungsgeschäfts. Gleiches gilt für die Auflösung der Stiftung, die der Beendigung der vertraglichen Vereinbarung gleichsteht. Der Treuhänder wird demnach in der Stiftungssatzung klarstellen wollen, dass Beschlüsse über die Änderung der Stiftungssatzung oder die Auflösung der Stiftung nicht ohne seine Zustimmung gefasst werden können. Sollten Stifter und Treuhänder in Fragen der Satzungsänderung zu keiner gemeinsamen Lösung kommen, so sind die Übertragung der Stiftung auf einen anderen Treuhänder oder die Umwandlung in eine rechtsfähige Stiftung denkbare Optionen.

§ 82 Übertragungspflicht des Stifters

[1]Wird die Stiftung als rechtsfähig anerkannt, so ist der Stifter verpflichtet, das in dem Stiftungsgeschäft zugesicherte Vermögen auf die Stiftung zu übertragen. [2]Rechte, zu deren Übertragung der Abtretungsvertrag genügt, gehen mit der Anerkennung auf die Stiftung über, sofern nicht aus dem Stiftungsgeschäft sich ein anderer Wille des Stifters ergibt.

§ 83 Stiftung von Todes wegen

[1]Besteht das Stiftungsgeschäft in einer Verfügung von Todes wegen, so hat das Nachlassgericht dies der zuständigen Behörde zur Anerkennung mitzuteilen, sofern sie nicht von dem Erben oder dem Testamentsvollstrecker beantragt wird. [2]Genügt das Stiftungsgeschäft nicht den Erfordernissen des § 81 Abs. 1 Satz 3, wird der Stiftung durch die zuständige Behörde vor der Anerkennung eine Satzung gegeben oder eine unvollständige Satzung ergänzt; dabei soll der Wille des Stifters berücksichtigt werden. [3]Als Sitz der Stiftung gilt, wenn nicht ein anderes bestimmt ist, der Ort, an welchem die Verwaltung geführt wird. [4]Im Zweifel gilt der letzte Wohnsitz des Stifters im Inland als Sitz.

1 **A. Muster: Stiftungserrichtung von Todes wegen**

▶ **Testament** [1]

I.

Zu meiner Alleinerbin bestimme ich, ■■■, wohnhaft in ■■■,
die hiermit errichtete ■■■Stiftung.[2]

II.

Die Stiftung soll als rechtsfähige Stiftung des bürgerlichen Rechts auf der Grundlage des Stiftungsgesetzes des Landes ■■■ anerkannt werden und ihren Sitz in ■■■ haben.[3]

III.

Zweck der Stiftung ist die Förderung von ■■■

IV.

Die Stiftung soll durch einen aus ■■■ Personen bestehenden Vorstand verwaltet werden.

Zu Mitgliedern des ersten Vorstandes bestelle ich:

Frau ■■■, wohnhaft in ■■■, als Vorsitzende,

Herrn ■■■, wohnhaft in ■■■, als stellvertretenden Vorsitzenden,

Frau ■■■, wohnhaft in ■■■.

Steht eine dieser Personen nicht zur Verfügung, so sollen die verbleibenden Vorstandsmitglieder gemeinsam und im Benehmen mit dem Testamentsvollstrecker eine andere geeignete Persönlichkeit benennen.

V.

Die weiteren Einzelheiten über die Organisation der Stiftung und die Verwirklichung des Zwecks sind in der anliegenden Stiftungssatzung geregelt.[4]

VI.

Zu Lasten meines Erbens setze ich folgende Vermächtnisse aus: ■■■[5]

VII.

Ich ordne Testamentsvollstreckung an. Zu meinem Testamentsvollstrecker bestelle ich ■■■

VIII.

Der Testamentsvollstrecker soll im Benehmen mit den von mir bestellten Vorstandsmitgliedern das Verfahren zur Anerkennung der Stiftung betreiben und zur konstituierenden Sitzung des Stiftungsvorstands einladen. Er ist befugt, nach meinem Tode die beigefügte Satzung zu ändern, soweit dies erforderlich ist, um meinem Willen im behördlichen Anerkennungsverfahren Geltung zu verschaffen.[6]

■■■

Ort, Datum, Unterschrift ◄

B. Erläuterungen

[1] **Letztwillentliche Verfügung.** Die **Stiftung von Todes wegen** wird durch eine letztwillentliche Verfügung des Stifters errichtet, in der Regel durch **Testament**. Daneben kann die Stiftung auch im Rahmen eines **Erbvertrages** errichtet werden. Die Verfügung muss allen Formerfordernissen des Erbrechts entsprechen. Die letztwillentliche Verfügung hat die gleiche Funktion wie ein Stiftungsgeschäft unter Lebenden und ist diesem in seinen Bestimmungen sehr ähnlich (vgl dazu das Muster zu § 80). Da die Stiftung allerdings selbst nach dem Tode des Stifters noch **nicht unmittelbar existiert**, der testamentarisch vorgesehene Erbe also erst noch geschaffen werden muss, ist in der Zeitspanne bis zur formalen Anerkennung der Stiftung ein gewisses Risiko gegeben, insbesondere durch die Einflussnahme von durch die Stiftungserrichtung beeinträchtigter gesetzlicher Erben. Diesen Risiken kann durch verschiedene Maßnahmen entgegengewirkt werden. Hier kommen vor allem die Hinterlegung des Testaments sowie die Anordnung der Testamentsvollstreckung in Betracht. 2

Immer häufiger gehen Stifter vor diesem Hintergrund dazu über, ihre Stiftung bereits **zu Lebzeiten** zu errichten und mit einem relativ kleinen Anfangsvermögen auszustatten. Die Stiftung wird sodann testamentarisch als Erbe oder Vermächtnisnehmer eingesetzt und erhält ihre volle Dotation mit dem Tod des Stifters. Vorteil dieser Lösung ist, dass die letztwillentliche Zuwendung mit dem Versterben des Stifters direkt bei der Stiftung anfällt und der Stiftungsvorstand dann in der Lage ist, die Rechte der Stiftung unmittelbar selbst geltend zu machen. 3

4 [2] Die noch zu errichtende Stiftung kann sowohl als **Erbe** eingesetzt, als auch in Form eines **Vermächtnisses** bedacht werden. Welche Variante zweckmäßiger ist, richtet sich nach den Umständen des Einzelfalls. So kann neben der Höhe der jeweiligen Zuwendung auch die Ordnung des persönlichen Nachlasses des Stifters oder die Auflösung des Haushaltes ein wichtiger Aspekt sein.

5 [3] **Inhalt.** Die **wesentlichen Festlegungen** zur Stiftung iSd § 81 Abs. 1 sollten in ihren Grundaussagen unmittelbar in die Verfügung von Todes wegen aufgenommen werden. Das betrifft im Einzelnen den Namen und den Sitz sowie die Zwecksetzung und die Organisation der Stiftung (vgl dazu die Erläuterungen des Musters zu § 80 Rn 2 ff). Die Details können in einer Stiftungssatzung festgehalten werden, die als Anlage zur Verfügung von Todes wegen genommen wird.

6 [4] Die **Stiftungssatzung** muss **als Anlage zur Verfügung von Todes** wegen nicht notwendig den erbrechtlichen Formerfordernissen entsprechen. Sie muss insbesondere nicht bei einem privatschriftlichen Testament handschriftlich abgefasst werden. Die Satzung selbst folgt inhaltlich den herkömmlichen Grundsätzen, so dass insoweit auf die zuvor dargestellten Muster verwiesen werden kann (vgl die oa Muster zu § 81 Rn 1 und Rn 53). Bei der Organisation der Stiftung sollte der Stifter allerdings in seine Überlegungen einbeziehen, dass die Stiftung von ihm selbst in der Praxis nicht erprobt werden und er vor allem keine Veränderungen bei unvorhergesehenen Problemen vornehmen kann. Die Satzung sollte daher in Detailfragen eine gewisse Flexibilität ermöglichen und damit einhergehend die Verantwortlichkeit auf mehrere Personen verteilen. Bei größeren Stiftungen ist in diesem Fall regelmäßig der Aufbau einer mindestens zweistufigen Organisation angezeigt.

7 [5] Neben der Stiftungserrichtung kann die Verfügung von Todes wegen **weitere letztwillentliche Anordnungen** enthalten. Sie kann insbesondere Vermächtnisse oder Auflagen vorsehen, die von der Stiftung als Erbin zu erfüllen sind.

8 [6] Aufgrund der besonderen Situation im Erbfall sollte der Stifter die Anordnung der **Testamentsvollstreckung** in Erwägung ziehen. Da die Stiftung nicht automatisch mit dem Tode des Stifters entsteht, kann die Frage der Wahrnehmung ihrer Rechte von zentraler Bedeutung werden.

§ 84 Anerkennung nach Tod des Stifters

Wird die Stiftung erst nach dem Tode des Stifters als rechtsfähig anerkannt, so gilt sie für die Zuwendungen des Stifters als schon vor dessen Tod entstanden.

§ 85 Stiftungsverfassung

Die Verfassung einer Stiftung wird, soweit sie nicht auf Bundes- oder Landesgesetz beruht, durch das Stiftungsgeschäft bestimmt.

1 Muster für die Satzung einer rechtsfähigen Stiftung sind unter § 81 zu finden.

§ 86 Anwendung des Vereinsrechts

[1]Die Vorschriften der §§ 26 und 27 Absatz 3 und der §§ 28 bis 31 a und 42 finden auf Stiftungen entsprechende Anwendung, die Vorschriften des § 26 Absatz 2 Satz 1, des § 27 Absatz 3 und des § 28 jedoch nur insoweit, als sich nicht aus der Verfassung, insbesondere daraus, dass die Verwaltung der Stiftung von einer öffentlichen Behörde geführt wird, ein anderes ergibt. [2]Die Vorschriften des § 26 Absatz 2 Satz 2 und des § 29 finden auf Stiftungen, deren Verwaltung von einer öffentlichen Behörde geführt wird, keine Anwendung.

§ 87 Zweckänderung; Aufhebung

(1) Ist die Erfüllung des Stiftungszwecks unmöglich geworden oder gefährdet sie das Gemeinwohl, so kann die zuständige Behörde der Stiftung eine andere Zweckbestimmung geben oder sie aufheben.
(2) [1]Bei der Umwandlung des Zweckes soll der Wille des Stifters berücksichtigt werden, insbesondere soll dafür gesorgt werden, dass die Erträge des Stiftungsvermögens dem Personenkreis, dem sie zustatten kommen sollten, im Sinne des Stifters erhalten bleiben. [2]Die Behörde kann die Verfassung der Stiftung ändern, soweit die Umwandlung des Zweckes es erfordert.
(3) Vor der Umwandlung des Zweckes und der Änderung der Verfassung soll der Vorstand der Stiftung gehört werden.

§ 88 Vermögensanfall

[1]Mit dem Erlöschen der Stiftung fällt das Vermögen an die in der Verfassung bestimmten Personen. [2]Fehlt es an einer Bestimmung der Anfallberechtigten, so fällt das Vermögen an den Fiskus des Landes, in dem die Stiftung ihren Sitz hatte, oder an einen anderen nach dem Recht dieses Landes bestimmten Anfallberechtigten. [3]Die Vorschriften der §§ 46 bis 53 finden entsprechende Anwendung.

A. Muster: Bestimmung eines Anfallberechtigten 1

▶ **§ ... Vermögensanfall**

28

Bei Auflösung der Stiftung[1] oder bei Wegfall des steuerbegünstigten Stiftungszwecks fällt das Vermögen auf Beschluss des Stiftungsvorstands an eine Körperschaft des öffentlichen Rechts oder an eine andere steuerbegünstigte Körperschaft mit der Auflage, es ausschließlich und unmittelbar für die in § ... bezeichneten gemeinnützigen Zwecke zu verwenden.[2] ◀

B. Erläuterungen

[1] Die **Auflösung** einer Stiftung ist ein seltener Ausnahmefall, zielt der Wille des Stifters doch regelmäßig mit der langfristigen – zumeist zeitlich unbegrenzten – Verfolgung des Stiftungszwecks in die genau entgegen gesetzte Richtung. Bevor die Gremien der Stiftung deren Auflösung beschließen können, haben sie nach den Bestimmungen der meisten Satzungen alle weniger einschneidenden Alternativen zu prüfen. In Betracht kommen hier insbesondere die Anpassung des Stiftungszwecks oder Veränderungen in der Organisationsstruktur der Stiftung für den Fall, dass nicht in ausreichender Anzahl geeignete Gremienmitglieder zu finden sind. Zu einer Auflösung der Stiftung führen in der Praxis vor allem der **Verlust des Stiftungsvermögens** bzw erheblicher Anteile des Stiftungsvermögens, so dass die Stiftung nur noch über ein für die Aufrechterhaltung der Strukturen zu geringes Vermögen verfügt. 2

[2] **Vermögensanfall.** Vgl Erläuterungen des Musters zu § 45 Rn 2. 3

Untertitel 3 Juristische Personen des öffentlichen Rechts

§ 89 Haftung für Organe; Insolvenz

(1) Die Vorschrift des § 31 findet auf den Fiskus sowie auf die Körperschaften, Stiftungen und Anstalten des öffentlichen Rechts entsprechende Anwendung.
(2) Das Gleiche gilt, soweit bei Körperschaften, Stiftungen und Anstalten des öffentlichen Rechts das Insolvenzverfahren zulässig ist, von der Vorschrift des § 42 Abs. 2.

Abschnitt 2 Sachen und Tiere

§ 90 Begriff der Sache

Sachen im Sinne des Gesetzes sind nur körperliche Gegenstände.

§ 90 a Tiere

[1]Tiere sind keine Sachen. [2]Sie werden durch besondere Gesetze geschützt. [3]Auf sie sind die für Sachen geltenden Vorschriften entsprechend anzuwenden, soweit nicht etwas anderes bestimmt ist.

§ 91 Vertretbare Sachen

Vertretbare Sachen im Sinne des Gesetzes sind bewegliche Sachen, die im Verkehr nach Zahl, Maß oder Gewicht bestimmt zu werden pflegen.

§ 92 Verbrauchbare Sachen

(1) Verbrauchbare Sachen im Sinne des Gesetzes sind bewegliche Sachen, deren bestimmungsmäßiger Gebrauch in dem Verbrauch oder in der Veräußerung besteht.
(2) Als verbrauchbar gelten auch bewegliche Sachen, die zu einem Warenlager oder zu einem sonstigen Sachinbegriff gehören, dessen bestimmungsmäßiger Gebrauch in der Veräußerung der einzelnen Sachen besteht.

§ 93 Wesentliche Bestandteile einer Sache

Bestandteile einer Sache, die voneinander nicht getrennt werden können, ohne dass der eine oder der andere zerstört oder in seinem Wesen verändert wird (wesentliche Bestandteile), können nicht Gegenstand besonderer Rechte sein.

§ 94 Wesentliche Bestandteile eines Grundstücks oder Gebäudes

(1) [1]Zu den wesentlichen Bestandteilen eines Grundstücks gehören die mit dem Grund und Boden fest verbundenen Sachen, insbesondere Gebäude, sowie die Erzeugnisse des Grundstücks, solange sie mit dem Boden zusammenhängen. [2]Samen wird mit dem Aussäen, eine Pflanze wird mit dem Einpflanzen wesentlicher Bestandteil des Grundstücks.
(2) Zu den wesentlichen Bestandteilen eines Gebäudes gehören die zur Herstellung des Gebäudes eingefügten Sachen.

§ 95 Nur vorübergehender Zweck

(1) [1]Zu den Bestandteilen eines Grundstücks gehören solche Sachen nicht, die nur zu einem vorübergehenden Zweck mit dem Grund und Boden verbunden sind. [2]Das Gleiche gilt von einem Gebäude oder anderen Werk, das in Ausübung eines Rechts an einem fremden Grundstück von dem Berechtigten mit dem Grundstück verbunden worden ist.
(2) Sachen, die nur zu einem vorübergehenden Zwecke in ein Gebäude eingefügt sind, gehören nicht zu den Bestandteilen des Gebäudes.

§ 96 Rechte als Bestandteile eines Grundstücks

Rechte, die mit dem Eigentum an einem Grundstück verbunden sind, gelten als Bestandteile des Grundstücks.

§ 97 Zubehör

(1) [1]Zubehör sind bewegliche Sachen, die, ohne Bestandteile der Hauptsache zu sein, dem wirtschaftlichen Zwecke der Hauptsache zu dienen bestimmt sind und zu ihr in einem dieser Bestimmung entsprechenden räumlichen Verhältnis stehen. [2]Eine Sache ist nicht Zubehör, wenn sie im Verkehr nicht als Zubehör angesehen wird.
(2) [1]Die vorübergehende Benutzung einer Sache für den wirtschaftlichen Zweck einer anderen begründet nicht die Zubehöreigenschaft. [2]Die vorübergehende Trennung eines Zubehörstücks von der Hauptsache hebt die Zubehöreigenschaft nicht auf.

§ 98 Gewerbliches und landwirtschaftliches Inventar

Dem wirtschaftlichen Zwecke der Hauptsache sind zu dienen bestimmt:

1. bei einem Gebäude, das für einen gewerblichen Betrieb dauernd eingerichtet ist, insbesondere bei einer Mühle, einer Schmiede, einem Brauhaus, einer Fabrik, die zu dem Betrieb bestimmten Maschinen und sonstigen Gerätschaften,
2. bei einem Landgut das zum Wirtschaftsbetrieb bestimmte Gerät und Vieh, die landwirtschaftlichen Erzeugnisse, soweit sie zur Fortführung der Wirtschaft bis zu der Zeit erforderlich sind, zu welcher gleiche oder ähnliche Erzeugnisse voraussichtlich gewonnen werden, sowie der vorhandene, auf dem Gut gewonnene Dünger.

§ 99 Früchte

(1) Früchte einer Sache sind die Erzeugnisse der Sache und die sonstige Ausbeute, welche aus der Sache ihrer Bestimmung gemäß gewonnen wird.
(2) Früchte eines Rechts sind die Erträge, welche das Recht seiner Bestimmung gemäß gewährt, insbesondere bei einem Recht auf Gewinnung von Bodenbestandteilen die gewonnenen Bestandteile.
(3) Früchte sind auch die Erträge, welche eine Sache oder ein Recht vermöge eines Rechtsverhältnisses gewährt.

§ 100 Nutzungen

Nutzungen sind die Früchte einer Sache oder eines Rechts sowie die Vorteile, welche der Gebrauch der Sache oder des Rechts gewährt.

§ 101 Verteilung der Früchte

Ist jemand berechtigt, die Früchte einer Sache oder eines Rechts bis zu einer bestimmten Zeit oder von einer bestimmten Zeit an zu beziehen, so gebühren ihm, sofern nicht ein anderes bestimmt ist:

1. die im § 99 Abs. 1 bezeichneten Erzeugnisse und Bestandteile, auch wenn er sie als Früchte eines Rechts zu beziehen hat, insoweit, als sie während der Dauer der Berechtigung von der Sache getrennt werden,
2. andere Früchte insoweit, als sie während der Dauer der Berechtigung fällig werden; bestehen jedoch die Früchte in der Vergütung für die Überlassung des Gebrauchs oder des Fruchtgenusses, in Zinsen, Gewinnanteilen oder anderen regelmäßig wiederkehrenden Erträgen, so gebührt dem Berechtigten ein der Dauer seiner Berechtigung entsprechender Teil.

§ 102 Ersatz der Gewinnungskosten

Wer zur Herausgabe von Früchten verpflichtet ist, kann Ersatz der auf die Gewinnung der Früchte verwendeten Kosten insoweit verlangen, als sie einer ordnungsmäßigen Wirtschaft entsprechen und den Wert der Früchte nicht übersteigen.

§ 103 Verteilung der Lasten

Wer verpflichtet ist, die Lasten einer Sache oder eines Rechts bis zu einer bestimmten Zeit oder von einer bestimmten Zeit an zu tragen, hat, sofern nicht ein anderes bestimmt ist, die regelmäßig wiederkehrenden Lasten nach dem Verhältnis der Dauer seiner Verpflichtung, andere Lasten insoweit zu tragen, als sie während der Dauer seiner Verpflichtung zu entrichten sind.

Abschnitt 3 Rechtsgeschäfte

Titel 1 Geschäftsfähigkeit

§ 104 Geschäftsunfähigkeit

Geschäftsunfähig ist:

1. wer nicht das siebente Lebensjahr vollendet hat,
2. wer sich in einem die freie Willensbestimmung ausschließenden Zustand krankhafter Störung der Geistestätigkeit befindet, sofern nicht der Zustand seiner Natur nach ein vorübergehender ist.

§ 105 Nichtigkeit der Willenserklärung

(1) Die Willenserklärung eines Geschäftsunfähigen ist nichtig.

(2) Nichtig ist auch eine Willenserklärung, die im Zustand der Bewusstlosigkeit oder vorübergehender Störung der Geistestätigkeit abgegeben wird.

§ 105 a Geschäfte des täglichen Lebens

[1]Tätigt ein volljähriger Geschäftsunfähiger ein Geschäft des täglichen Lebens, das mit geringwertigen Mitteln bewirkt werden kann, so gilt der von ihm geschlossene Vertrag in Ansehung von Leistung und, soweit vereinbart, Gegenleistung als wirksam, sobald Leistung und Gegenleistung bewirkt sind. [2]Satz 1 gilt nicht bei einer erheblichen Gefahr für die Person oder das Vermögen des Geschäftsunfähigen.

§ 106 Beschränkte Geschäftsfähigkeit Minderjähriger

Ein Minderjähriger, der das siebente Lebensjahr vollendet hat, ist nach Maßgabe der §§ 107 bis 113 in der Geschäftsfähigkeit beschränkt.

§ 107 Einwilligung des gesetzlichen Vertreters

Der Minderjährige bedarf zu einer Willenserklärung, durch die er nicht lediglich einen rechtlichen Vorteil erlangt, der Einwilligung seines gesetzlichen Vertreters.

1 **A. Muster: Einwilligung zu einem Rechtsgeschäft eines Minderjährigen**

▶ **Einwilligungserklärung**

Hiermit erteilen wir ▪▪▪ (Eltern) als gemeinsam zur Sorge berechtigten Eltern von ▪▪▪ (Kind) geboren am ▪▪▪ in ▪▪▪ unsere Einwilligung gem. §§ 107, 183[1] BGB zur Vornahme des folgenden Rechtsgeschäftes durch das vorstehende Kind:[2] ▪▪▪ (genaue Beschreibung des Rechtsgeschäftes)[3]

Die Einwilligung bezieht sich auch auf die Durchführung des Rechtsgeschäftes; also insbesondere auf den dinglichen Vollzug des Rechtsgeschäftes und die Annahme von Leistungen sowie auch auf die Ausübung von Gestaltungsrechten und die Vornahme geschäftsähnlicher Handlungen.

Die Einwilligung ist befristet und wird mit Ablauf des ▪▪▪ (Datum) unwirksam. Die Einwilligung ist widerruflich.[4]

▪▪▪, den ▪▪▪

▪▪▪

Unterschrift[5] ◀

B. Erläuterung

2 [1] Soweit ein Rechtsgeschäft für den beschränkt geschäftsfähigen Minderjährigen (§ 106 BGB) nicht lediglich rechtlich vorteilhaft ist, bedarf die diesbezügliche Willenserklärung des Minderjährigen der Zustimmung des gesetzlichen Vertreters. Zur Frage ob ein Rechtsgeschäft **lediglich rechtlich vorteilhaft** ist vgl Hk-BGB/*Dörner* § 107 Rn 2 ff und NK-BGB/*Baldus* § 107 Rn 5 ff. Bei einer **vorherigen Zustimmung** liegt eine **Einwilligung** vor (§§ 107, 183 BGB); bei einer **nachträglichen Zustimmung** eine **Genehmigung** (§§ 108 f, 184 BGB). Die Einwilligung ist eine **einseitige, empfangsbedürftige Willenserklärung** und bis zur Vornahme des Rechtsgeschäftes frei widerruflich (§ 183 BGB). Die ausdrückliche Einwilligung findet sich in der Praxis relativ selten, da ein tatsächliches Bedürfnis für ihren Einsatz in den meisten Fällen fehlen wird. IdR ist dem gesetzlichen Vertreter des Minderjährigen, wie auch dem jeweiligen Erklärungs- bzw

Vertragsgegner, aus Gründen der Rechtssicherheit zu empfehlen, auf eine Abwicklung des Rechtsgeschäfts mit den gesetzlichen Vertretern des Minderjährigen zu bestehen.

[2] Die Einwilligung wird durch den gesetzlichen Vertreter erteilt (§ 1626 ff, 1773 ff, 1909 BGB) und zwar entweder gegenüber dem Minderjährigen oder gegenüber dem Geschäftsgegner. Auf eine beweissichere Dokumentation des **Zugangs** ist zu achten (siehe hierzu NK-BGB/*Looschelders* § 130 Rn 84 ff). 3

[3] Die Einwilligung ist im Zweifel eng auszulegen. Der Inhalt des Rechtsgeschäftes, auf das sich die Einwilligung bezieht, ist präzise zu erfassen um eine Auslegungsbedürftigkeit möglichst zu vermeiden. Wegen der Rechtsfolge des § 111 BGB ist bei der Erteilung von Einwilligungen zur Vornahme einseitiger Rechtsgeschäfte (vgl Hk-BGB/*Dörner* vor §§ 104-185 Rn 3) darauf besonders zu achten. Gegebenenfalls kann es angeraten sein, wie im Muster vorgesehen, im Wege eines **beschränkten Generalkonsenses** die Einwilligung auf die mit einem Rechtsgeschäft einhergehenden typischen Folgegeschäfte, Durchführungshandlungen und eventuell notwendigen weiteren Erklärungen oder geschäftähnlichen Handlungen zu erstrecken (vgl hierzu Hk-BGB/*Dörner* § 107 Rn 11). 4

[4] Die Einwilligung kann auch bedingt oder befristet werden (§§ 158, 163 BGB). Zur Klarstellung sollte die Widerruflichkeit festgehalten werden. 5

[5] Die Einwilligung ist **formfrei** (§ 182 Abs. 2 BGB) und kann auch konkludent erteilt werden. Aus Beweissicherungsgründen sollte sie ausdrücklich und zumindest in Schriftform erteilt werden. 6

Rechtsanwaltsgebühren: Gem. § 35 RVG soll der Rechtsanwalt in Angelegenheiten, die nicht mit einer anderen gebührenpflichtigen Tätigkeit zusammenhängen, auf eine Gebührenvereinbarung hinwirken. Wird eine solche nicht vereinbart kann der Rechtsanwalt Gebühren nach den Vorschriften des bürgerlichen Rechts verlangen. Für Verbraucher beträgt die Gebühr für ein erstes Beratungsgespräch höchstens EUR 190,00 zzgl USt und für die Beratung oder Erstellung eines Gutachtens höchstens EUR 250,00 zzgl USt, wenn keine Gebührenvereinbarung getroffen worden ist. 7

§ 108 Vertragsschluss ohne Einwilligung

(1) Schließt der Minderjährige einen Vertrag ohne die erforderliche Einwilligung des gesetzlichen Vertreters, so hängt die Wirksamkeit des Vertrags von der Genehmigung des Vertreters ab.
(2) [1]Fordert der andere Teil den Vertreter zur Erklärung über die Genehmigung auf, so kann die Erklärung nur ihm gegenüber erfolgen; eine vor der Aufforderung dem Minderjährigen gegenüber erklärte Genehmigung oder Verweigerung der Genehmigung wird unwirksam. [2]Die Genehmigung kann nur bis zum Ablauf von zwei Wochen nach dem Empfang der Aufforderung erklärt werden; wird sie nicht erklärt, so gilt sie als verweigert.
[3] Ist der Minderjährige unbeschränkt geschäftsfähig geworden, so tritt seine Genehmigung an die Stelle der Genehmigung des Vertreters.

A. Aufforderung zur Genehmigung durch den Dritten

1 **I. Muster: Aufforderung zur Genehmigung durch den Dritten**

▶ **Aufforderung zur Genehmigung**

An ▪▪▪ (Adresse)

Ihr Kind ▪▪▪ (Name) hat am ▪▪▪ (Datum) folgenden Vertrag abgeschlossen: ▪▪▪ (Genaue Bezeichnung des Rechtsgeschäftes).

Da ihr Kind zum Zeitpunkt des Abschlusses des Vertrages minderjährig war, ist die Wirksamkeit des Vertrages von ihrer Genehmigung abhängig.[1]

Hiermit fordere ich Sie höflich auf den vorgenannten Vertrag zu genehmigen. Die Genehmigung ist allein mir gegenüber zu erklären.[2]

Ich mache sie darauf aufmerksam, dass entsprechend den gesetzlichen Bestimmungen ihre Genehmigung nur bis zum Ablauf von zwei Wochen nach dem Empfang dieser Aufforderung erklärt werden kann ansonsten die Genehmigung als nicht erteilt gilt.

▪▪▪, den ▪▪▪

▪▪▪

Unterschrift[3] ◀

II. Erläuterungen

2 [1] Soweit der Abschluss eines Vertrages für den beschränkt geschäftsfähigen Minderjährigen (§ 106) **nicht lediglich rechtlich** vorteilhaft ist (vgl hierzu Hk-BGB/*Dörner* § 107 Rn 2 ff und NK-BGB/*Baldus* § 107 Rn 5 ff), bedarf die diesbezügliche Willenserklärung des Minderjährigen der Zustimmung des gesetzlichen Vertreters. Lag die vorherige Zustimmung (Einwilligung) bei Vertragsschluss nicht vor, ist der entsprechende Vertrag **schwebend unwirksam** und bedarf zu seiner Wirksamkeit der Genehmigung (nachträgliche Zustimmung) durch den gesetzlichen Vertreter. Die Genehmigung kann gegenüber dem beschränkt geschäftsfähigen Minderjährigen oder dem Vertragsgegner erklärt werden; gegenüber dem Minderjährigen jedoch nur, wenn der Vertragsgegner den gesetzlichen Vertreter nicht zur Erklärung über die Genehmigung bzw Nichtgenehmigung aufgefordert hat (§ 108 Abs. 2 S. 1). Der Vertrag wird endgültig unwirksam, wenn er vom Vertragsgegner vor Erteilung der Genehmigung widerrufen wird (§ 109 Abs. 1). Der Vertragsgegner kann gem. § 108 Abs. 2, entsprechend dem vorstehenden Muster, den **gesetzlichen Vertreter** zur Erklärung über die Genehmigung auffordern. Dies führt dazu, dass eine bereits gegenüber dem beschränkt geschäftsfähigen Minderjährigen erklärte Erteilung bzw Verweigerung der Genehmigung unwirksam wird, und die Genehmigung nur noch gegenüber dem Vertragsgegner erteilt werden kann (§ 108 Abs. 2 S. 1).

3 [2] Die Aufforderung sollte klarstellen, dass die Genehmigung nur noch gegenüber dem Auffordernden erteilt werden kann (§ 108 Abs. 2). Auch ein Hinweis auf die gesetzliche Frist und die Rechtsfolgen des Fristablaufs ist angebracht. Die gesetzliche Frist kann einseitig vom Auffordernden verlängert, aber nicht verkürzt werden (Hk-BGB/*Dörner* § 109 Rn 4).

4 [3] Die Aufforderung ist eine **empfangsbedürftige geschäftsähnliche Handlung** und ist an den gesetzlichen Vertreter zu richten. Die Aufforderung ist formfrei und kann ausdrücklich oder konkludent erfolgen. Aus Beweissicherungsgründen sollte sie ausdrücklich und zumindest in Schriftform erfolgen. Auf eine **beweissichere Dokumentation des Zugangs** ist zu achten (vgl hierzu NK-BGB/*Looschelders* § 133 Rn 84 ff).

5 **Rechtsanwaltsgebühren:** Siehe § 107, Rn 7.

B. Erteilung der Genehmigung

I. Muster: Erteilung der Genehmigung durch den gesetzlichen Vertreter 6

▶ **Erteilung der Genehmigung** 31

An ■■■ (Adresse)

Unser Kind ■■■ (Name) hat am ■■■ (Datum) folgenden Vertrag mit ihnen abgeschlossen: ■■■ (Genaue Bezeichnung des Rechtsgeschäftes).

Da unser Kind zum Zeitpunkt des Abschlusses des Vertrages minderjährig war, ist die Wirksamkeit des Vertrages von unserer Genehmigung abhängig.

Hiermit erteilen wir als gemeinsam zur Sorge berechtigten Eltern ausdrücklich die Genehmigung zu dem vorstehenden Rechtsgeschäft.[1]

■■■, den ■■■

■■■

Unterschrift[2] ◀

II. Erläuterung

[1] Die Erteilung der Genehmigung gem. § 108 ist eine **einseitige, empfangsbedürftige** Willens- 7
erklärung. Die Erteilung der Genehmigung wird durch den gesetzlichen Vertreter ausgesprochen (§ 1626 ff, 1773 ff, 1909) und zwar entweder gegenüber dem Minderjährigen oder gegenüber dem Vertragsgegner. Nach Aufforderung gem. § 108 Abs. 2 kann die Erklärung nur noch gegenüber dem Vertragsgegner erteilt werden. Die Genehmigung ist **bedingungsfeindlich** (Hk-BGB/*Dörner* § 109 Rn 2).

[2] Die Genehmigung ist formfrei (§ 182 Abs. 2) und kann auch konkludent erteilt werden. Aus 8
Beweissicherungsgründen sollte sie ausdrücklich und zumindest in Schriftform erteilt werden. Auf eine **beweissichere Dokumentation des Zugangs** ist zu achten. Zu den **Rechtsanwaltsgebühren** siehe § 107, Rn 7.

C. Verweigerung der Genehmigung

I. Muster: Verweigerung der Genehmigung 9

▶ **Verweigerung der Genehmigung** 32

An ■■■ (Adresse)

Unser Kind ■■■ (Name) hat am ■■■ (Datum) folgenden Vertrag mit ihnen abgeschlossen: ■■■ (Genaue Bezeichnung des Rechtsgeschäftes).

Da unser Kind zum Zeitpunkt des Abschlusses des Vertrages minderjährig war, ist die Wirksamkeit des Vertrages von unserer Genehmigung abhängig.

Hiermit verweigern wir als gemeinsam zur Sorge berechtigten Eltern ausdrücklich die Genehmigung des vorstehenden Rechtsgeschäftes.[1]

■■■, den ■■■

■■■

Unterschrift[2] ◀

II. Erläuterungen

[1] Die Verweigerung der Genehmigung gem. § 108 ist eine **einseitige, empfangsbedürftige** 10
Willenserklärung. Die Verweigerung der Genehmigung wird durch den gesetzlichen Vertreter ausgesprochen (§ 1626 ff, 1773 ff, 1909) und zwar entweder gegenüber dem Minderjährigen

oder gegenüber dem Vertragsgegner. Nach Aufforderung gem. § 108 Abs. 2 kann die Erklärung nur noch gegenüber dem Vertragsgegner erteilt werden. Die Verweigerung ist **bedingungsfeindlich** (Hk-BGB/*Dörner* § 109 Rn 2).

11 [2] Die Verweigerung der Genehmigung ist formfrei (§ 182 Abs. 2) und kann auch konkludent erteilt werden. Aus Beweissicherungsgründen sollte sie ausdrücklich und zumindest in Schriftform erteilt werden. Auf eine **beweissichere Dokumentation des Zugangs** ist zu achten. Zu den **Rechtsanwaltsgebühren** vgl § 107 Rn 7.

§ 109 Widerrufsrecht des anderen Teils

(1) [1]Bis zur Genehmigung des Vertrags ist der andere Teil zum Widerruf berechtigt. [2]Der Widerruf kann auch dem Minderjährigen gegenüber erklärt werden.
[2] Hat der andere Teil die Minderjährigkeit gekannt, so kann er nur widerrufen, wenn der Minderjährige der Wahrheit zuwider die Einwilligung des Vertreters behauptet hat; er kann auch in diesem Falle nicht widerrufen, wenn ihm das Fehlen der Einwilligung bei dem Abschluss des Vertrags bekannt war.

1 A. Muster: Widerruf des Dritten

▶ **Widerruf**

An ▪▪▪ (Adresse)

Ihr Kind ▪▪▪ (Name) hat am ▪▪▪ (Datum) folgenden Vertrag abgeschlossen: ▪▪▪ (Genaue Bezeichnung des Rechtsgeschäftes).

Hiermit widerrufen wir gem. § 109 Abs. 1 BGB unsere auf den Abschluss des Vertrages gerichtete Willenserklärung. Der Vertrag ist damit endgültig unwirksam.[1]

Uns war zum Zeitpunkt des Vertragsschlusses nicht bekannt, dass ihr Kind minderjährig ist.[2]

▪▪▪, den ▪▪▪

▪▪▪

Unterschrift[3] ◀

B. Erläuterung und Varianten

2 [1] § 109 ermöglich es dem **gutgläubigen Vertragspartner** die schwebende Unwirksamkeit des Vertrages gem. § 108 und damit einhergehende ungewisse Rechtslage zu beenden. Der Widerruf gem. § 109 ist eine **einseitige, empfangsbedürftige Willenserklärung**, die gegenüber dem Minderjährigen oder seinem gesetzlichen Vertreter ausgesprochen werden kann.

3 [2] Die Erklärung sollte klarstellen, dass Gutgläubigkeit gem. § 109 Abs. 2 vorliegt (hierzu Hk-BGB/*Dörner* § 109 Rn 3). Bei wahrheitswidriger Behauptung einer Einwilligung durch den Minderjährigen ist wie folgt zu formulieren:

▶ Ihr Kind hat bei Abschluss des Vertrages erklärt, dass ihre Einwilligung zu dem Rechtsgeschäft vorliegt. Uns war zu diesem Zeitpunkt nicht bekannt, dass ihre Einwilligung nicht vorlag. ◀

4 [3] Der Widerruf ist **formfrei** und kann auch konkludent erteilt werden. Aus Beweissicherungsgründen sollte er ausdrücklich und zumindest in Schriftform erfolgen. Auf eine **beweissichere Dokumentation des Zugangs** ist zu achten (vgl hierzu NK-BGB/*Looschelders* § 133 Rn 84 ff).

5 **Rechtsanwaltsgebühren:** Siehe § 107 Rn 6.

§ 110 Bewirken der Leistung mit eigenen Mitteln

Ein von dem Minderjährigen ohne Zustimmung des gesetzlichen Vertreters geschlossener Vertrag gilt als von Anfang an wirksam, wenn der Minderjährige die vertragsmäßige Leistung mit Mitteln bewirkt, die ihm zu diesem Zweck oder zu freier Verfügung von dem Vertreter oder mit dessen Zustimmung von einem Dritten überlassen worden sind.

§ 111 Einseitige Rechtsgeschäfte

[1]Ein einseitiges Rechtsgeschäft, das der Minderjährige ohne die erforderliche Einwilligung des gesetzlichen Vertreters vornimmt, ist unwirksam. [2]Nimmt der Minderjährige mit dieser Einwilligung ein solches Rechtsgeschäft einem anderen gegenüber vor, so ist das Rechtsgeschäft unwirksam, wenn der Minderjährige die Einwilligung nicht in schriftlicher Form vorlegt und der andere das Rechtsgeschäft aus diesem Grunde unverzüglich zurückweist. [3]Die Zurückweisung ist ausgeschlossen, wenn der Vertreter den anderen von der Einwilligung in Kenntnis gesetzt hatte.

A. Muster: Zurückweisung des Rechtsgeschäfts durch den Dritten 1

▶ **Zurückweisung**

34

An ▪▪▪ (Adresse)

Hiermit weise ich das von ihrem Kind ▪▪▪ (Name) mir gegenüber vorgenommene Rechtsgeschäft gem. § 111 BGB zurück. Ob eine Einwilligung ihrerseits vorliegt ist uns nicht bekannt. Diese wurde auch nicht schriftlich nachgewiesen.[1]

▪▪▪, den▪▪▪

▪▪▪

Unterschrift ◀

B. Erläuterungen

[1] Es wird zwischen **nicht empfangsbedürftigen** und **empfangsbedürftigen Willenserklärungen** unterschieden: Einseitige nicht empfangsbedürftige Rechtsgeschäfte des beschränkt geschäftsfähigen Minderjährigen, die ohne Einwilligung des gesetzlichen Vertreters vorgenommen werden, sind unwirksam ohne dass die Möglichkeit der Genehmigung gegeben wäre (Hk-BGB/*Dörner* § 111 Rn 1). 2

Empfangsbedürftige einseitige Rechtsgeschäfte (zB Anfechtung, Kündigung, Rücktritt), die mit Einverständnis des Erklärungsgegners diesem gegenüber vorgenommen werden, sind analog §§ 180 S. 2, 2. Fall, 108, 109 BGB lediglich **schwebend unwirksam** (NK-BGB/*Baldus* § 111 Rn 3; BGHZ 110, 370); solche, die ohne Einverständnis des Erklärungsgegners diesem gegenüber vorgenommen werden, sind unwirksam. Auch bei Vorliegen einer Einwilligung kann der Erklärungsempfänger eines empfangsbedürftigen einseitigen Rechtsgeschäftes die Erklärung zurückweisen, wenn die Einwilligung bei Vornahme des Rechtsgeschäftes nicht in schriftlicher Form vorgelegt wurde. Die Zurückweisung sollte die Voraussetzungen des Zurückweisungsrechts dokumentieren, also bestätigen, dass keine Kenntnis von einer Einwilligung vorlag (§ 111 S. 3 BGB) und das eine schriftliche Einwilligung nicht vorgelegt wurde. 3

§ 111 ist entsprechend auf **geschäftsähnliche Handlungen** anzuwenden (Hk-BGB/*Dörner* § 111 Rn 1). 4

Die Zurückweisung muss **unverzüglich** gegenüber dem gesetzlichen Vertreter oder dem beschränkt geschäftsfähigen Minderjährigen (§ 109 I S. 2 analog) erklärt werden. 5

6 [2] Die Zurückweisung ist **formfrei** (§ 182 Abs. 2 BGB) und kann auch konkludent erklärt werden. Aus Beweissicherungsgründen sollte sie ausdrücklich und zumindest in Schriftform erteilt werden. Auf eine beweissichere Dokumentation des Zugangs ist zu achten (vgl hierzu NK-BGB/*Looschelders* § 133 Rn 84 ff).

7 **Rechtsanwaltsgebühren:** Siehe § 107 Rn 7.

§ 112 Selbständiger Betrieb eines Erwerbsgeschäfts

(1) [1]Ermächtigt der gesetzliche Vertreter mit Genehmigung des Familiengerichts den Minderjährigen zum selbständigen Betrieb eines Erwerbsgeschäfts, so ist der Minderjährige für solche Rechtsgeschäfte unbeschränkt geschäftsfähig, welche der Geschäftsbetrieb mit sich bringt. [2]Ausgenommen sind Rechtsgeschäfte, zu denen der Vertreter der Genehmigung des Familiengerichts bedarf.
(2) Die Ermächtigung kann von dem Vertreter nur mit Genehmigung des Familiengerichts zurückgenommen werden.

1 A. Muster: Ermächtigung zum Betrieb eines Erwerbsgeschäfts

▶ **Ermächtigung**

Hiermit ermächtigen wir ■■■ (Eltern)[1] als gemeinsam zur Sorge berechtigte Eltern von ■■■ geb. am ■■■ (Kind) unser Kind gem. § 112 BGB zum selbständigen Betrieb des folgenden Erwerbsgeschäfts: ■■■ (genaue Beschreibung des Erwerbsgeschäftes)

■■■, den ■■■

■■■

Unterschrift[2] ◀

B. Erläuterung

2 [1] Die Ermächtigung gem. § 112 zum selbständigen Betrieb eines Erwerbsgeschäfts führt zu einer partiellen, sachlich abgegrenzten **Geschäftsfähigkeit des Minderjährigen,** die die gesetzliche Vertretungsmacht insoweit ruhen lässt (Hk-BGB/*Dörner* § 112 Rn 1; NK-BGB/*Baldus* § 112 Rn 1). Sie ist von der Einwilligung gem. § 108 zu unterscheiden, die die Vertretungsmacht des gesetzlichen Vertreters nicht verdrängt.

3 Erwerbsgeschäft ist jede selbständige, erlaubte, berufsmäßig ausgeübte und auf Gewinn gerichtete Tätigkeit (Hk-BGB/*Dörner* § 112 Rn 2; NK-BGB/*Baldus* § 112 Rn 3).

4 Zur Fortführung eines **ererbten Handelsgeschäfts** unter Beteiligung eines Minderjährigen vgl Hk-BGB/*Dörner* § 112 Rn 5.

5 [2] Die Ermächtigung gem. § 112 sowie deren Rücknahme ist eine **einseitige, empfangsbedürftige Willenserklärung,** die gegenüber dem Minderjährigen ausgesprochen wird. Die Ermächtigung bzw Rücknahme wird erst mit Genehmigung durch das Familiengericht wirksam.

6 Die Ermächtigung ist **formfrei**. Aus Beweissicherungsgründen sollte sie ausdrücklich und zumindest in Schriftform erteilt werden.

7 **Rechtsanwaltsgebühren:** Siehe § 107 Rn 7.

§ 113 Dienst- oder Arbeitsverhältnis

(1) [1]Ermächtigt der gesetzliche Vertreter den Minderjährigen, in Dienst oder in Arbeit zu treten, so ist der Minderjährige für solche Rechtsgeschäfte unbeschränkt geschäftsfähig, welche die Eingehung oder Aufhebung eines Dienst- oder Arbeitsverhältnisses der gestatteten Art oder die Erfüllung der sich aus einem solchen Verhältnis ergebenden Verpflichtungen betreffen. [2]Ausgenommen sind Verträge, zu denen der Vertreter der Genehmigung des Familiengerichts bedarf.
(2) Die Ermächtigung kann von dem Vertreter zurückgenommen oder eingeschränkt werden.
(3) [1]Ist der gesetzliche Vertreter ein Vormund, so kann die Ermächtigung, wenn sie von ihm verweigert wird, auf Antrag des Minderjährigen durch das Familiengericht ersetzt werden. [2]Das Familiengericht hat die Ermächtigung zu ersetzen, wenn sie im Interesse des Mündels liegt.
[4] Die für einen einzelnen Fall erteilte Ermächtigung gilt im Zweifel als allgemeine Ermächtigung zur Eingehung von Verhältnissen derselben Art.

A. Muster: Ermächtigung zur Eingehung eines Dienst- oder Arbeitsverhältnisses 1

▶ **Ermächtigung**

Hiermit ermächtigen wir ■■■ (Eltern)[1] als gemeinsam zur Sorge berechtigte Eltern von ■■■ geb. am ■■■ (Kind) unser Kind gem. § 113 BGB zur Eingehung des folgenden Dienst- oder Arbeitsverhältnisses: ■■■ (genaue Beschreibung des Dienst- oder Arbeitsverhältnisses)[2]

Diese Ermächtigung gilt ausdrücklich nicht als allgemeine Ermächtigung zur Eingehung von Verhältnissen derselben Art. § 113 Abs. 4 BGB ist insoweit ausdrücklich abbedungen.[3]

Die Ermächtigung ist weiter wie folgt eingeschränkt: ■■■ (genau Beschreibung der Einschränkungen)[4]

■■■, den■■■

■■■

Unterschrift ◀

B. Erläuterung

[1] Die Ermächtigung gem. § 113 führt zu einer partiellen, sachlich abgegrenzten **Geschäftsfähigkeit** des Minderjährigen, die die gesetzliche Vertretungsmacht insoweit ruhen lässt (Hk-BGB/*Dörner* § 113 Rn 1). Sie ist von der Einwilligung gem. § 108 zu unterscheiden, die die Vertretungsmacht des gesetzlichen Vertreters nicht verdrängt. 2

[2] Die Erteilung und Rücknahme der Ermächtigung gem. § 113 ist eine **einseitige, empfangsbedürftige Willenserklärung,** die gegenüber dem Minderjährigen ausgesprochen wird (NK-BGB/*Baldus* § 113 Rn 3; BAG BB 2000, 567, 568). Die Ermächtigung und die Rücknahme unterliegen keinem Formerfordernis, sollten jedoch aus Beweissicherungsgründen zumindest in Schriftform erteilt werden. Im Gegensatz zur Ermächtigung nach § 112 bedarf die Ermächtigung nach § 113 **nicht** der Genehmigung des Familiengerichtes. Die Ermächtigung umfasst den Abschluss von Verträgen, die auf die entgeltliche Erbringung von Arbeit oder Diensten gerichtet sind (Hk-BGB/*Dörner* § 113 Rn 2). Damit sind im wesentlichen Arbeitsverträge gemeint (NK-BGB/*Baldus* § 113 Rn 4). Auf **Berufsbildungsverträge** findet § 113 **keine** Anwendung NK-BGB/*Baldus* § 113 Rn 4. 3

[3] In der Ermächtigung sollte klargestellt werden, ob § 113 Abs. 4 abbedungen wird oder nicht. 4

[4] Auch ist es möglich die Ermächtigung einzuschränken (§ 113 Abs. 2 BGB). Eine Einschränkung sollte in ihrem Umfang eindeutig sein um eine Auslegungsbedürftigkeit zu vermeiden. 5

Einschränkungen können zB die Erklärung bzw die Entgegennahme von Kündigungen betreffen.

6 **Rechtsanwaltsgebühren:** Siehe § 107 Rn 7.

§§ 114 und 115 (weggefallen)

Titel 2 Willenserklärung

§ 116 Geheimer Vorbehalt

[1]Eine Willenserklärung ist nicht deshalb nichtig, weil sich der Erklärende insgeheim vorbehält, das Erklärte nicht zu wollen. [2]Die Erklärung ist nichtig, wenn sie einem anderen gegenüber abzugeben ist und dieser den Vorbehalt kennt.

§ 117 Scheingeschäft

(1) Wird eine Willenserklärung, die einem anderen gegenüber abzugeben ist, mit dessen Einverständnis nur zum Schein abgegeben, so ist sie nichtig.
(2) Wird durch ein Scheingeschäft ein anderes Rechtsgeschäft verdeckt, so finden die für das verdeckte Rechtsgeschäft geltenden Vorschriften Anwendung.

§ 118 Mangel der Ernstlichkeit

Eine nicht ernstlich gemeinte Willenserklärung, die in der Erwartung abgegeben wird, der Mangel der Ernstlichkeit werde nicht verkannt werden, ist nichtig.

§ 119 Anfechtbarkeit wegen Irrtums

(1) Wer bei der Abgabe einer Willenserklärung über deren Inhalt im Irrtum war oder eine Erklärung dieses Inhalts überhaupt nicht abgeben wollte, kann die Erklärung anfechten, wenn anzunehmen ist, dass er sie bei Kenntnis der Sachlage und bei verständiger Würdigung des Falles nicht abgegeben haben würde.
(2) Als Irrtum über den Inhalt der Erklärung gilt auch der Irrtum über solche Eigenschaften der Person oder der Sache, die im Verkehr als wesentlich angesehen werden.

§ 120 Anfechtbarkeit wegen falscher Übermittlung

Eine Willenserklärung, welche durch die zur Übermittlung verwendete Person oder Einrichtung unrichtig übermittelt worden ist, kann unter der gleichen Voraussetzung angefochten werden wie nach § 119 eine irrtümlich abgegebene Willenserklärung.

§ 121 Anfechtungsfrist

(1) [1]Die Anfechtung muss in den Fällen der §§ 119, 120 ohne schuldhaftes Zögern (unverzüglich) erfolgen, nachdem der Anfechtungsberechtigte von dem Anfechtungsgrund Kenntnis erlangt hat. [2]Die einem Abwesenden gegenüber erfolgte Anfechtung gilt als rechtzeitig erfolgt, wenn die Anfechtungserklärung unverzüglich abgesendet worden ist.
(2) Die Anfechtung ist ausgeschlossen, wenn seit der Abgabe der Willenserklärung zehn Jahre verstrichen sind.

§ 122 Schadensersatzpflicht des Anfechtenden

(1) Ist eine Willenserklärung nach § 118 nichtig oder auf Grund der §§ 119, 120 angefochten, so hat der Erklärende, wenn die Erklärung einem anderen gegenüber abzugeben war, diesem, andernfalls jedem Dritten den Schaden zu ersetzen, den der andere oder der Dritte dadurch erleidet, dass er auf die Gültigkeit der Erklärung vertraut, jedoch nicht über den Betrag des Interesses hinaus, welches der andere oder der Dritte an der Gültigkeit der Erklärung hat.
(2) Die Schadensersatzpflicht tritt nicht ein, wenn der Beschädigte den Grund der Nichtigkeit oder der Anfechtbarkeit kannte oder infolge von Fahrlässigkeit nicht kannte (kennen musste).

§ 123 Anfechtbarkeit wegen Täuschung oder Drohung

(1) Wer zur Abgabe einer Willenserklärung durch arglistige Täuschung oder widerrechtlich durch Drohung bestimmt worden ist, kann die Erklärung anfechten.
(2) [1]Hat ein Dritter die Täuschung verübt, so ist eine Erklärung, die einem anderen gegenüber abzugeben war, nur dann anfechtbar, wenn dieser die Täuschung kannte oder kennen musste. [2]Soweit ein anderer als derjenige, welchem gegenüber die Erklärung abzugeben war, aus der Erklärung unmittelbar ein Recht erworben hat, ist die Erklärung ihm gegenüber anfechtbar, wenn er die Täuschung kannte oder kennen musste.

§ 124 Anfechtungsfrist

(1) Die Anfechtung einer nach § 123 anfechtbaren Willenserklärung kann nur binnen Jahresfrist erfolgen.
(2) [1]Die Frist beginnt im Falle der arglistigen Täuschung mit dem Zeitpunkt, in welchem der Anfechtungsberechtigte die Täuschung entdeckt, im Falle der Drohung mit dem Zeitpunkt, in welchem die Zwangslage aufhört. [2]Auf den Lauf der Frist finden die für die Verjährung geltenden Vorschriften der §§ 206, 210 und 211 entsprechende Anwendung.
(3) Die Anfechtung ist ausgeschlossen, wenn seit der Abgabe der Willenserklärung zehn Jahre verstrichen sind.

§ 125 Nichtigkeit wegen Formmangels

[1]Ein Rechtsgeschäft, welches der durch Gesetz vorgeschriebenen Form ermangelt, ist nichtig. [2]Der Mangel der durch Rechtsgeschäft bestimmten Form hat im Zweifel gleichfalls Nichtigkeit zur Folge.

§ 126 Schriftform

(1) Ist durch Gesetz schriftliche Form vorgeschrieben, so muss die Urkunde von dem Aussteller eigenhändig durch Namensunterschrift oder mittels notariell beglaubigten Handzeichens unterzeichnet werden.
(2) [1]Bei einem Vertrag muss die Unterzeichnung der Parteien auf derselben Urkunde erfolgen. [2]Werden über den Vertrag mehrere gleichlautende Urkunden aufgenommen, so genügt es, wenn jede Partei die für die andere Partei bestimmte Urkunde unterzeichnet.
(3) Die schriftliche Form kann durch die elektronische Form ersetzt werden, wenn sich nicht aus dem Gesetz ein anderes ergibt.
(4) Die schriftliche Form wird durch die notarielle Beurkundung ersetzt.

§ 126 a Elektronische Form

(1) Soll die gesetzlich vorgeschriebene schriftliche Form durch die elektronische Form ersetzt werden, so muss der Aussteller der Erklärung dieser seinen Namen hinzufügen und das elektronische Dokument mit einer qualifizierten elektronischen Signatur nach dem Signaturgesetz versehen.
(2) Bei einem Vertrag müssen die Parteien jeweils ein gleichlautendes Dokument in der in Absatz 1 bezeichneten Weise elektronisch signieren.

§ 126 b Textform

Ist durch Gesetz Textform vorgeschrieben, so muss die Erklärung in einer Urkunde oder auf andere zur dauerhaften Wiedergabe in Schriftzeichen geeignete Weise abgegeben, die Person des Erklärenden genannt und der Abschluss der Erklärung durch Nachbildung der Namensunterschrift oder anders erkennbar gemacht werden.

§ 127 Vereinbarte Form

(1) Die Vorschriften des § 126, des § 126 a oder des § 126 b gelten im Zweifel auch für die durch Rechtsgeschäft bestimmte Form.
(2) [1]Zur Wahrung der durch Rechtsgeschäft bestimmten schriftlichen Form genügt, soweit nicht ein anderer Wille anzunehmen ist, die telekommunikative Übermittlung und bei einem Vertrag der Briefwechsel. [2]Wird eine solche Form gewählt, so kann nachträglich eine dem § 126 entsprechende Beurkundung verlangt werden.
[3] [1]Zur Wahrung der durch Rechtsgeschäft bestimmten elektronischen Form genügt, soweit nicht ein anderer Wille anzunehmen ist, auch eine andere als in § 126 a bestimmte elektronische Signatur und bei einem Vertrag der Austausch von Angebots- und Annahmeerklärung, die jeweils mit einer elektronischen Signatur versehen sind. [2]Wird eine solche Form gewählt, so kann nachträglich eine dem § 126 a entsprechende elektronische Signierung oder, wenn diese einer der Parteien nicht möglich ist, eine dem § 126 entsprechende Beurkundung verlangt werden.

1 **A. Muster: Vereinbarung einer rechtsgeschäftlichen Form**

▶ ...

Änderungen, Ergänzungen und die teilweise oder ganze Aufhebung dieses Vertrages können wirksam nur in Schriftform (§ 126 BGB) vereinbart werden.[1]

Die Auslegungsregelung des § 127 Abs. 2 BGB wird abbedungen. Die darin vorgesehenen Erleichterungen sollen also ausdrücklich nicht gelten.[2]

... ◀

B. Erläuterungen und Varianten

2 [1] Die Beteiligten eines Rechtsgeschäftes können **Formverschärfungen** und in den Fällen, in denen das Gesetz keine bestimmte Form vorschreibt, auch **Formerleichterungen** vereinbaren. In der Praxis kommen praktisch nur Formverschärfungen vor. Die Formklausel sollte klarstellen, ob das Formerfordernis **Gültigkeitsvoraussetzung** ist oder nur **Beweiszwecken** dient (Vgl. hierzu (NK-BGB/*Noack* § 127 Rn 4). Vorstehendes Muster vereinbart die Form als Gültigkeitsvereinbarung. Die **Wirksamkeit** von Schriftformklauseln ist in der Praxis **stark eingeschränkt**, da der gewillkürte Formzwang formlos wieder aufgehoben werden kann; dies gilt auch für die nachstehend wiedergegebene sog. qualifizierte oder doppelte Schriftformklausel (OLG Düsseldorf ZMR 2007, 35):

▶ Vorstehend vereinbartes Formerfordernis kann ebenfalls nur in der entsprechenden Form und ausdrücklich aufgehoben werden. ◀

Bei der sog. **qualifizierten** oder **doppelten** Schriftformklausel ist zu beachten, dass diese AGB-mäßig gegenüber einem Verbraucher nicht wirksam vereinbart werden kann (BAG NJW 2009, 316; OLG Rostock IBR 2009, 3161).

3 [2] Die Klausel sollte Bestimmungen zur Auslegungsregelung des § 127 Abs. 2 enthalten.

4 **Rechtsanwaltsgebühren:** Siehe § 107 Rn 7.

§ 127 a Gerichtlicher Vergleich

Die notarielle Beurkundung wird bei einem gerichtlichen Vergleich durch die Aufnahme der Erklärungen in ein nach den Vorschriften der Zivilprozessordnung errichtetes Protokoll ersetzt.

§ 128 Notarielle Beurkundung

Ist durch Gesetz notarielle Beurkundung eines Vertrags vorgeschrieben, so genügt es, wenn zunächst der Antrag und sodann die Annahme des Antrags von einem Notar beurkundet wird.

§ 129 Öffentliche Beglaubigung

(1) [1]Ist durch Gesetz für eine Erklärung öffentliche Beglaubigung vorgeschrieben, so muss die Erklärung schriftlich abgefasst und die Unterschrift des Erklärenden von einem Notar beglaubigt werden. [2]Wird die Erklärung von dem Aussteller mittels Handzeichens unterzeichnet, so ist die im § 126 Abs. 1 vorgeschriebene Beglaubigung des Handzeichens erforderlich und genügend.
(2) Die öffentliche Beglaubigung wird durch die notarielle Beurkundung der Erklärung ersetzt.

§ 130 Wirksamwerden der Willenserklärung gegenüber Abwesenden

(1) [1]Eine Willenserklärung, die einem anderen gegenüber abzugeben ist, wird, wenn sie in dessen Abwesenheit abgegeben wird, in dem Zeitpunkt wirksam, in welchem sie ihm zugeht. [2]Sie wird nicht wirksam, wenn dem anderen vorher oder gleichzeitig ein Widerruf zugeht.
(2) Auf die Wirksamkeit der Willenserklärung ist es ohne Einfluss, wenn der Erklärende nach der Abgabe stirbt oder geschäftsunfähig wird.
(3) Diese Vorschriften finden auch dann Anwendung, wenn die Willenserklärung einer Behörde gegenüber abzugeben ist.

§ 131 Wirksamwerden gegenüber nicht voll Geschäftsfähigen

(1) Wird die Willenserklärung einem Geschäftsunfähigen gegenüber abgegeben, so wird sie nicht wirksam, bevor sie dem gesetzlichen Vertreter zugeht.
(2) [1]Das Gleiche gilt, wenn die Willenserklärung einer in der Geschäftsfähigkeit beschränkten Person gegenüber abgegeben wird. [2]Bringt die Erklärung jedoch der in der Geschäftsfähigkeit beschränkten Person lediglich einen rechtlichen Vorteil oder hat der gesetzliche Vertreter seine Einwilligung erteilt, so wird die Erklärung in dem Zeitpunkte wirksam, in welchem sie ihr zugeht.

§ 132 Ersatz des Zugehens durch Zustellung

(1) [1]Eine Willenserklärung gilt auch dann als zugegangen, wenn sie durch Vermittelung eines Gerichtsvollziehers zugestellt worden ist. [2]Die Zustellung erfolgt nach den Vorschriften der Zivilprozessordnung.
[2] [1]Befindet sich der Erklärende über die Person desjenigen, welchem gegenüber die Erklärung abzugeben ist, in einer nicht auf Fahrlässigkeit beruhenden Unkenntnis oder ist der Aufenthalt dieser Person unbekannt, so kann die Zustellung nach den für die öffentliche Zustellung einer Ladung geltenden Vorschriften der Zivilprozessordnung erfolgen. [2]Zuständig für die Bewilligung ist im ersteren Falle das Amtsgericht, in dessen Bezirk der Erklärende seinen Wohnsitz oder in Ermangelung eines inländischen Wohnsitzes seinen Aufenthalt hat, im letzteren Falle das Amtsgericht, in dessen Bezirke die Person, welcher zuzustellen ist, den letzten Wohnsitz oder in Ermangelung eines inländischen Wohnsitzes den letzten Aufenthalt hatte.

A. Antrag auf Zustellung

I. Muster: Antrag auf Zustellung gem. § 132Abs. 1 1

▶ Antrag auf Zustellung gem. § 132 Abs. 1 BGB[1] 38

An die

Gerichtsvollzieherverteilerstelle beim Amtsgericht ■■■[2]

Ich beantrage hiermit die in der

– Anlage 1 –

niedergelegte Erklärungen gem. § 132 Abs. 1 BGB iVm §§ 191 ff ZPO dem ■■■ geb. am ■■■, wohnhaft ■■■ zuzustellen.[3]

Die Gerichtsvollzieherkosten können von meinem Konto bei der ■■■ Bank, Konto Nr. ■■■ BLZ ■■■ erhoben werden. Entsprechende Einziehungsbefugnis wird hiermit erteilt.

■■■, den ■■■

■■■

Unterschrift ◀

II. Erläuterungen

2 [1] § 132 eröffnet die Möglichkeit **förmliche Zustellung** gem. §§ 191 ff ZPO außerhalb eines gerichtlichen Verfahrens durchzuführen. Die förmliche Zustellung liefert einen **sicheren Beweis** über die Wirksamkeit der **Zustellung** eines **bestimmten** Schriftstückes und stellt somit die sicherste Art der Bewirkung des Zugangs einer Willenserklärung dar (NK-BGB/*Faust* § 130 Rn 84 ff). Nachteile sind jedoch die Kosten und die Dauer der förmlichen Zustellung.

3 [2] Zustellungsanträge sind praktikablerweise an die Gerichtsvollzieherverteilerstelle des für den Adressaten örtlich zuständigen Amtsgerichts zu übermitteln. Der Gerichtsvollzieher kann **in dem örtlich zugewiesenen Teil** seines Amtsgerichtsbezirks alle Zustellungen entweder selbst oder unter Beauftragung der Deutschen Post AG (§ 193 Abs. 1 S. 2 ZPO) vornehmen. Die Wahl der Zustellungsart obliegt dem Gerichtsvollzieher. Der Gerichtsvollzieher kann **außerhalb des örtlich zugewiesenen Teils** des Amtsgerichtsbezirks unter Beauftragung der Deutschen Post AG überall in der gesamten Bundesrepublik zustellen

4 [3] Der Adressat und die Form der zuzustellenden Erklärung richten sich **nicht** nach den §§ 170-172 ZP0, sondern nach dem den Erklärungen zu Grunde liegenden **materiellen Recht** (NK-BGB/*Faust* § 130 Rn 4). So ist darauf zu achten, dass die Erklärung in der gehörigen Form zugestellt wird. So ist zB im Rahmen des Rücktritts von einem Erbvertrag der notariell zu beurkundende Rücktritt in Ausfertigung zuzustellen.

Kosten: Der Gerichtsvollzieher erhebt Kosten gem. GV-KV 100-101. Die Zustellung durch den Gerichtsvollzieher persönlich löst eine Gebühr in Höhe von 7,50 EUR, eine sonstige Zustellung in Höhe von 2,50 EUR aus. Hinzu kommen Kosten für die nach § 192 Abs. 2 S. 2 ZPO herzustellenden Abschriften (0,50 EUR.)

Rechtsanwaltsgebühren: Siehe § 107 Rn 7.

B. Öffentliche Zustellung

5 I. Muster: Antrag auf Bewilligung einer öffentlichen Zustellung

▶ **Antrag auf Bewilligung einer öffentlichen Zustellung**[1]

An das

Amtsgericht ■■■[2]

Ich beantrage hiermit die in der

– Anlage 1 –

niedergelegte Erklärungen gem. § 132 Abs. 2 BGB dem ■■■ geb. am ■■■ öffentlich zuzustellen.

Ich beabsichtige die Kündigung des Mietverhältnisses welches zwischen mir als Vermieter und der vorgenannten Person als Mieter abgeschlossen wurde. Der Aufenthalt der vorgenannten Person ist mir unbekannt. Mir sind auch keine Personen bekannt, die um den Aufenthalt der vorgenannten Person wissen könnte.

Wie sich aus der als

– Anlage 2 –

beigefügten Auskunft der Post ergibt, ist die vorgenannte Person unbekannt verzogen.

Wie sich aus der als

– Anlage 3 –

beigefügten Erklärung ergibt, blieb eine Anfrage beim Einwohnermeldeamt erfolglos.[3]

Die Gerichtskosten können von meinem Konto bei der ■■■ Bank, Konto Nr. ■■■ BLZ ■■■ erhoben werden. Entsprechende Einziehungsbefugnis wird hiermit erteilt.

Um Mitteilung über die erfolgte Zustellung wird gebeten.

...

Unterschrift ◀

II. Erläuterungen und Varianten

[1] § 132 Abs. 2 sieht bei **unverschuldeter Unkenntnis über die Person des Erklärungsgegners** (unbekannte Erben eines verstorbenen vormals bekannten Erklärungsgegners) oder wenn **der Aufenthalt des Erklärungsgegners unbekannt** ist, die Vornahme einer öffentlichen Zustellung gem. den §§ 186 ff ZPO vor. Die öffentliche Zustellung wird auf Antrag vom zuständigen Amtsgericht bewilligt. Die öffentliche Zustellung wird nicht dadurch unwirksam, dass sie mit unzutreffenden Angaben erwirkt wurde. Jedoch ist in diesen Fällen die Berufung auf die Zustellung nach § 242 rechtsmissbräuchlich (NK-BGB/*Faust* § 132 Rn 10). Die Zustellung gilt mangels anderer Festlegungen durch das Gericht einen Monat nach Aushang der Benachrichtigung als erfolgt (§ 188 ZPO). Die Zustellung kann nach §§ 167, 191 ZPO Rückwirkung entfalten. 6

[2] Für die Bewilligung der öffentlichen Zustellung ist nach § 132 Abs. 2 S. 2 BGB, in den Fällen in denen die Person des Erklärungsempfängers unbekannt ist, das Amtsgericht in dessen Bezirk der **Erklärende** seinen Wohnsitz oder hilfsweise seinen Aufenthalt hat und in den Fällen in denen der Aufenthaltsort des Erklärungsempfängers unbekannt ist das Amtsgericht zuständig, in dessen Bezirk der **Erklärungsempfänger** seinen letzten Wohnsitz oder hilfsweise seinen letzten Aufenthalt hatte. 7

[3] In den Fällen des **unbekannten Aufenthalts**, muss der Aufenthalt allgemein und nicht nur dem Erklärenden unbekannt sein (NK-BGB/*Faust* § 132 Rn 9). Der Antragsteller muss dies Nachweisen. IdR wird der Nachweis durch Erklärungen des zuständigen Einwohnermeldeamtes und der zuständigen Postfiliale geführt (OLG Köln NJW-RR 1998, 1683, 1684; LG Berlin NJW-RR 1991, 1152). Bei **unverschuldeter Unkenntnis** über die Person des Erklärungsgegners kann wie folgt formuliert werden: 8

▶ Ich beabsichtige die Kündigung des Mietverhältnisses welches zwischen mir als Vermieter und der vorgenannten Person als Mieter abgeschlossen wurde. Die vorstehende Person ist mittlerweile verstorben. Erben haben sich noch nicht bei mir gemeldet. Demgemäß liegt meinerseits eine unverschuldete Unkenntnis über die Person des Erklärungsgegners vor.

Wie sich aus der als

– Anlage 2 –

beigefügten Auskunft des zuständigen Nachlassgerichts ergibt, sind diesem die Erben ebenfalls nicht bekannt. ◀

Der Nachweis wird hier über die Bezugnahme auf geeignete Stellen geführt. Gegen die Ablehnung der öffentlichen Zustellung ist die sofortige Beschwerde gem. § 567 Abs. 1 Nr. 2 ZPO zulässig.

Gerichtskosten: Bei Gericht fallen Gebühren gem. § 122 Abs. 1 Nr. 2 KostO an. Der Gebührenwert ist nach freiem Ermessen des Gerichts zu (§ 122 Abs. 2 KostO iVm § 30 Abs. 2 KostO. Regelwert sind 3.000,-- EUR. Hinzu kommen eventuell die Auslagen für Veröffentlichung im elektronischen Bundesanzeiger oder in anderen Blättern (§ 187 ZPO). 9

§ 133 Auslegung einer Willenserklärung

Bei der Auslegung einer Willenserklärung ist der wirkliche Wille zu erforschen und nicht an dem buchstäblichen Sinne des Ausdrucks zu haften.

§ 134 Gesetzliches Verbot

Ein Rechtsgeschäft, das gegen ein gesetzliches Verbot verstößt, ist nichtig, wenn sich nicht aus dem Gesetz ein anderes ergibt.

§ 135 Gesetzliches Veräußerungsverbot

(1) [1]Verstößt die Verfügung über einen Gegenstand gegen ein gesetzliches Veräußerungsverbot, das nur den Schutz bestimmter Personen bezweckt, so ist sie nur diesen Personen gegenüber unwirksam. [2]Der rechtsgeschäftlichen Verfügung steht eine Verfügung gleich, die im Wege der Zwangsvollstreckung oder der Arrestvollziehung erfolgt.
(2) Die Vorschriften zugunsten derjenigen, welche Rechte von einem Nichtberechtigten herleiten, finden entsprechende Anwendung.

§ 136 Behördliches Veräußerungsverbot

Ein Veräußerungsverbot, das von einem Gericht oder von einer anderen Behörde innerhalb ihrer Zuständigkeit erlassen wird, steht einem gesetzlichen Veräußerungsverbot der im § 135 bezeichneten Art gleich.

§ 137 Rechtsgeschäftliches Verfügungsverbot

[1]Die Befugnis zur Verfügung über ein veräußerliches Recht kann nicht durch Rechtsgeschäft ausgeschlossen oder beschränkt werden. [2]Die Wirksamkeit einer Verpflichtung, über ein solches Recht nicht zu verfügen, wird durch diese Vorschrift nicht berührt.

§ 138 Sittenwidriges Rechtsgeschäft; Wucher

(1) Ein Rechtsgeschäft, das gegen die guten Sitten verstößt, ist nichtig.
(2) Nichtig ist insbesondere ein Rechtsgeschäft, durch das jemand unter Ausbeutung der Zwangslage, der Unerfahrenheit, des Mangels an Urteilsvermögen oder der erheblichen Willensschwäche eines anderen sich oder einem Dritten für eine Leistung Vermögensvorteile versprechen oder gewähren lässt, die in einem auffälligen Missverhältnis zu der Leistung stehen.

§ 139 Teilnichtigkeit

Ist ein Teil eines Rechtsgeschäfts nichtig, so ist das ganze Rechtsgeschäft nichtig, wenn nicht anzunehmen ist, dass es auch ohne den nichtigen Teil vorgenommen sein würde.

1 A. Muster: Wirksamkeitsklausel

Durch eine unwirksame Bestimmung in diesem Vertrag wird die Wirksamkeit der übrigen Vereinbarungen nicht berührt. An deren Stelle tritt eine wirksame Regelung, die dem gewollten wirtschaftlichen Ergebnis möglichst nahe kommt. Entsprechendes gilt bei ergänzungsbedürftigen Lücken.[1]

▪▪▪ ◀

B. Erläuterungen und Varianten

2 [1] Die gesetzliche Auslegungsregel des § 139 entspricht im Regelfall **nicht** den **Intentionen** der Beteiligten, die regelmäßig ein einmal geschlossenes Rechtsgeschäft auch wirtschaftlich durchführen wollen.

3 **Sonderregelungen** zum § 139 finden sich in § 2298 und mit umgekehrtem Regel-Ausnahme Verhältnis in §§ 306 und 2085 BGB. Die im Muster wiedergegebene, in der Regel standardmäßig verwendete Wirksamkeitsklausel, entbindet nicht von der nach § 139 vorzunehmenden Prüfung, ob die Parteien das teilnichtige Geschäft als Ganzes verworfen hätten oder aber den Rest hätten gelten lassen (NK-BGB/*Faust* § 139 Rn 7). Sie führt jedoch zu einer von § 139 abweichende Zuweisung der Darlegungs- und Beweislast (NK-BGB/*Faust* § 139 Rn 58). Diese trifft denjenigen, der entgegen der Erhaltensklausel den Vertrag als Ganzes für unwirksam hält (BGH ZNotP 2010, 224; BGH NJW 2003, 347).

Wirksamkeitsklauseln führen im Rahmen evident einseitiger Eheverträge nicht zu einer teilweisen Aufrechterhaltung des Ehevertrages (BGH NJW 2006, 2331). Die Kautelarpraxis bemüht sich durch ergänzende Klarstellungen dem entgegenzusteuern (*C. Münch*, Ehebezogene Rechtsgeschäfte; Rn 761 ff; kritisch hierzu *J. Mayer,* in: Würzburger Notarhandbuch, Teil 3 Kap. 1 Rn 61): 4

▶ Die vorstehend vereinbarte Wirksamkeitsklausel gilt unabhängig davon dennoch und auch gerade für den Fall, dass im Wege der Inhalts- und/oder Ausübungskontrolle dieser Vertrag entgegen dem heutigen Willen der Beteiligten ganz oder teilweise unwirksam und/oder abzuändern sein oder werden sollte.

Sofern im Rahmen einer Inhaltskontrolle eine Bestimmung dieses Vertrages für unwirksam oder unanwendbar gelten wird, verpflichten sich die Beteiligten für diesen Fall, die entsprechenden Bestimmungen so abzuändern, dass in dem betroffenen Bereich lediglich nachgewiesene ehebedingte Nachteile eines Ehegatten ausgeglichen werden. ◀

Statt der Vereinbarung einer Wirksamkeitsklause kann bei Eheverträgen auch an die Aufnahme von Kooperations- und Anpassungspflichten gedacht werden (vgl. hierzu *J. Mayer,* in: Würzburger Notarhandbuch, Teil 3 Kap. 1 Rn 62). 5

Im Rahmen von Kapitalgesellschaften ist bei der Formulierung der Wirksamkeitsklausel darauf zu achten, dass keine automatische Anpassung vereinbart wird. Dies wäre mit den Grundsätzen der Registerpublizität und mit § 53 GmbHG nicht vereinbar (vgl *Sommer/Weitbrecht* GmbHR 1991, 449). Vgl hierzu das folgende Muster: 6

▶ Durch eine unwirksame und/oder undurchführbare Bestimmung wird die Wirksamkeit der übrigen Regelungen in dieser Satzung nicht berührt. Die Gesellschafter sind gegenseitig verpflichtet, eine Bestimmung zu beschließen, die dem wirtschaftlichen Ergebnis der unwirksamen oder undurchführbaren Bestimmung möglichst nahe kommt. ◀

Rechtsanwaltsgebühren: Siehe § 107 Rn 7. 7

§ 140 Umdeutung

Entspricht ein nichtiges Rechtsgeschäft den Erfordernissen eines anderen Rechtsgeschäfts, so gilt das letztere, wenn anzunehmen ist, dass dessen Geltung bei Kenntnis der Nichtigkeit gewollt sein würde.

§ 141 Bestätigung des nichtigen Rechtsgeschäfts

(1) Wird ein nichtiges Rechtsgeschäft von demjenigen, welcher es vorgenommen hat, bestätigt, so ist die Bestätigung als erneute Vornahme zu beurteilen.
(2) Wird ein nichtiger Vertrag von den Parteien bestätigt, so sind diese im Zweifel verpflichtet, einander zu gewähren, was sie haben würden, wenn der Vertrag von Anfang an gültig gewesen wäre.

§ 142 Wirkung der Anfechtung

(1) Wird ein anfechtbares Rechtsgeschäft angefochten, so ist es als von Anfang an nichtig anzusehen.
(2) Wer die Anfechtbarkeit kannte oder kennen musste, wird, wenn die Anfechtung erfolgt, so behandelt, wie wenn er die Nichtigkeit des Rechtsgeschäfts gekannt hätte oder hätte kennen müssen.

§ 143 Anfechtungserklärung

(1) Die Anfechtung erfolgt durch Erklärung gegenüber dem Anfechtungsgegner.
(2) Anfechtungsgegner ist bei einem Vertrag der andere Teil, im Falle des § 123 Abs. 2 Satz 2 derjenige, welcher aus dem Vertrag unmittelbar ein Recht erworben hat.
(3) [1]Bei einem einseitigen Rechtsgeschäft, das einem anderen gegenüber vorzunehmen war, ist der andere der Anfechtungsgegner. [2]Das Gleiche gilt bei einem Rechtsgeschäft, das einem anderen oder einer Behörde gegenüber vorzunehmen war, auch dann, wenn das Rechtsgeschäft der Behörde gegenüber vorgenommen worden ist.

[4] [1]Bei einem einseitigen Rechtsgeschäft anderer Art ist Anfechtungsgegner jeder, der auf Grund des Rechtsgeschäfts unmittelbar einen rechtlichen Vorteil erlangt hat. [2]Die Anfechtung kann jedoch, wenn die Willenserklärung einer Behörde gegenüber abzugeben war, durch Erklärung gegenüber der Behörde erfolgen; die Behörde soll die Anfechtung demjenigen mitteilen, welcher durch das Rechtsgeschäft unmittelbar betroffen worden ist.

1 ## A. Muster: Anfechtung wegen Irrtum

▶ **Anfechtungserklärung**

An ▪▪▪ (Anfechtungsgegner)

Hiermit fechte ich die von mir bzgl des folgendes Rechtsgeschäftes abgegeben Willenserklärungen an: ▪▪▪ (Genaue Beschreibung des Rechtsgeschäftes)[1]

Damit ist das vorstehende angefochtene Rechtsgeschäft als von Anfang an nichtig anzusehen.[2]

Die Anfechtung erfolgt gem. § 119 BGB auf Grund eines Irrtums bzgl der auf das vorstehende Rechtsgeschäft bezogenen von mir abgegebenen Willenserklärungen.[3] Dem Irrtum liegt folgender Sachverhalt zu Grunde: ▪▪▪ (Beschreibung des Sachverhaltes)[4]

Es wird klargestellt, dass vorstehende Anfechtung unter keiner Bedingung und/oder Befristung steht.[5]

▪▪▪, den ▪▪▪

▪▪▪

Unterschrift ◀

B. Erläuterungen und Varianten

2 [1] Die Anfechtungserklärung ist eine **einseitige, empfangsbedürftige Willenserklärung** (§ 143 Abs. 1 BGB). Auf eine beweissichere Dokumentation des Zugangs ist zu achten (vgl hierzu NK-BGB/*Looschelders* § 133 Rn 84 ff). Die Erklärung muss zum Ausdruck bringen, dass der Anfechtende wegen eines Willensmangels nicht an seiner Erklärung festhalten möchte. Der ausdrückliche Gebrauch des Terminus „Anfechtung" oder die Angabe eines Anfechtungsgrundes sind nicht notwendig (Hk-BGB/*Dörner* § 144 Rn 2) jedoch **dringend** zu empfehlen um jede Auslegungsbedürftigkeit zu vermeiden.

3 Stets ist vor der Anfechtung zu überdenken ob das **wirtschaftliche Ziel** des Anfechtenden nicht günstiger über eventuelle Sekundäransprüche erreicht werden kann. Bei Wirksamkeit der Anfechtung erlöschen akzessorische Sicherungsrechte wie zB die Vormerkung. Die Anfechtung kann gem. 122 Schadensersatzansprüche (Vertrauensschaden) nach sich ziehen.

4 Die Anfechtung erfolgt gegenüber dem **Anfechtungsgegner**, der gem. § 143 zu bestimmen ist (vgl hierzu Hk-BGB/*Dörner* § 144 Rn 4 f). Die **Frist** des § 121 ist zu beachten. Die Anfechtung ist **formfrei** und kann auch konkludent erteilt werden. Aus Beweissicherungsgründen sollte sie ausdrücklich und zumindest in Schriftform erteilt werden.

5 [2] Strittig ist, ob die Anfechtungserklärung zum Ausdruck bringen muss, dass das angefochtene Geschäft als von Anfang an nichtig angesehen werden soll (MüKo-BGB/*Busche* § 143 Rn 2). Eine Klarstellung ist insoweit angebracht.

6 [3] Die genaue Identifikation oder Benennung des **Anfechtungsgrundes** ist nicht notwendig. Auf eine genaue Identifikation des Anfechtungsgrundes sollte in der Anfechtungserklärung demgemäß verzichtet werden, da die Abgrenzung zwischen den verschiednen Anfechtungsgründen im

Einzelfall schwierig sein kann und die Nennung des Anfechtungsgrundes dem Anfechtungsgegner den Einwand eröffnet, dass nur wegen eines bestimmten Irrtums angefochten werden sollte.

Das Muster behandelt eine Anfechtung nach § 119 BGB: Als Anfechtungsgründe im Rahmen des § 119 kommen in Betracht: 7

- **Erklärungsirrtum** gem. § 119 Abs. 1, 2. Fall BGB (Erklärende wollte Erklärung dieses Inhalts überhaupt nicht abgeben; vgl Hk-BGB/*Dörner* § 119 Rn 3)
- **Inhaltsirrtum** gem. § 119 Abs. 1, 1. Fall BGB (Erklärende hat falsche Vorstellung von der rechtlichen Bedeutung seiner Erklärung, vgl Hk-BGB/*Dörner* § 119 Rn 4)
- **Irrtum über eine verkehrswesentliche Eigenschaft** gem. § 119 Abs. 2 BGB (Erklärende hat falsche Vorstellung von der einer verkehrswesentlichen Eigenschaft, vgl Hk-BGB/*Dörner* § 119 Rn 15 f).

Ein **Motivirrtum** berechtigt außer im Fall des § 119 Abs. 2 grundsätzlich nicht zur Anfechtung. Zum **Kalkulationsirrtum** der unter bestimmten Umständen zur Anfechtung berechtigt vgl Hk-BGB/*Dörner* § 119 Rn 52 ff).

Eine Anfechtung kommt gem. § 120 auch bei einer durch Dritte **unrichtig übermittelten Willenserklärung** in Betracht (vgl Hk-BGB/*Dörner* § 120 Rn 1). § 120 greift nicht bei irrtümlicher Abgabe einer Willenserklärung durch den Vertreter (§ 166 Abs. 1 BGB). Bei bewusster Falschübermittlung gelten die Regeln über den vollmachtlosen Stellvertreter (vgl Hk-BGB/*Dörner* § 120 Rn 4). In den Fällen des § 120 kann wie folgt formuliert werden: 8

▶ Die Anfechtung erfolgt gem. § 120 BGB wegen der Falschübermittlung der auf das vorstehende Rechtsgeschäft bezogenen von mir abgegebenen Willenserklärungen. ◀

Weiter ist eine Anfechtung möglich, wenn der Erklärende zur Abgabe einer Willenserklärung durch arglistige Täuschung oder widerrechtlich durch Drohung bestimmt worden ist (vgl hierzu Hk-BGB/*Dörner* § 123 Rn 2 ff). In diesen Fällen kann wie folgt formuliert werden: 9

▶ Die Anfechtung erfolgt gem. § 123 BGB weil ich durch Täuschung bzw Drohung zur Abgabe der auf das vorstehende Rechtsgeschäft bezogenen Willenserklärungen bestimmt worden bin. ◀

Oft wird die Anfechtung nach § 123 als primärer Anfechtungsgrund angeführt und **hilfsweise** eine Anfechtung nach § 119 erklärt. Ein solches Vorgehen ist zulässig, da die hilfsweise Anfechtung keine Bedingung im Rechtssinn darstellt, sondern lediglich auf eine objektiv schon bestehende, nur noch nicht abschließend erkannte Rechtslage abgestellt wird

[4] Ob der der Anfechtung zu Grunde liegende Sachverhalt substantiiert wird oder nicht, hängt von den Umständen des Einzelfalles ab. Zu berücksichtigende Punkte können die Gefahr einer Beweisvereitelung oder die Gefahr auf die Festlegung bestimmter nicht tragender Irrtümer sein. IdR dürfte die Schilderung des der Anfechtung zu Grunde liegenden Lebenssachverhaltes angeraten sein. 10

[5] Die Anfechtung ist **bedingungsfeindlich** (Hk-BGB/*Dörner* § 144 Rn 3). Zur hilfsweisen Anfechtung vgl Rn 7. 11

Rechtsanwaltsgebühren: Siehe § 107 Rn 6. 12

§ 144 Bestätigung des anfechtbaren Rechtsgeschäfts

(1) Die Anfechtung ist ausgeschlossen, wenn das anfechtbare Rechtsgeschäft von dem Anfechtungsberechtigten bestätigt wird.
(2) Die Bestätigung bedarf nicht der für das Rechtsgeschäft bestimmten Form.

Titel 3 Vertrag

§ 145 Bindung an den Antrag

Wer einem anderen die Schließung eines Vertrags anträgt, ist an den Antrag gebunden, es sei denn, dass er die Gebundenheit ausgeschlossen hat.

A. Angebot

1 **I. Muster: Angebot auf Abschluss eines Vertrages**

▶ **Angebot**

An ▪▪▪ (Angebotsempfänger)[1]

Herr ▪▪▪ – im Folgenden auch „der Anbietende" – bietet

Herrn ▪▪▪- im Folgenden „der Angebotsempfänger" -

den Abschluss des folgenden Vertrages an: ▪▪▪ (Inhalt des angebotenen Vertrages)[2]

Das Angebot ist frei widerruflich.[3] Die Annahme ist schriftlich zu erklären.[4] Auf den Zugang der Annahme wird verzichtet.[5]

▪▪▪, den ▪▪▪

▪▪▪

Unterschrift ◀

II. Erläuterungen und Varianten

2 [1] Der Antrag auf Schließung eines Vertrages ist eine **empfangsbedürftige Willenserklärung,** die erst mit ihrem Zugang wirksam wird (Hk-BGB/*Dörner*, § 145 Rn 2). Auf die beweissichere Dokumentation des Zugangs ist zu achten (vgl hierzu NK-BGB/*Looschelders* § 133 Rn 84 ff). Bestimmte Rechtsgeschäfte können nicht in Angebot und Annahme aufgespaltet werden. Dazu gehören insbesondere:

- Auflassung eines Grundstückes (§ 925 Abs. 1 BGB)
- Abschluss eines Ehevertrages (§ 1410 BGB)
- Abschluss und Aufhebung eines Erbvertrages (§§ 2276 Abs. 1, 2290 Abs. 4 BGB)
- Eheschließung (§ 1311 BGB)

3 [2] Der Antrag unterliegt der **Form des intendierten Rechtsgeschäftes.** Der Antrag muss inhaltlich bestimmt sein und bei im BGB geregelten Vertragstypen zumindest die **essentialia negotii** enthalten bzw bei atypischen Verträgen zumindest solche Regelungen enthalten um den Vertrag sinnvoll, nachvollziehbar und durchführbar zu bestimmen (Hk-BGB/*Dörner*, § 145 Rn 3; NK-BGB/*Schulze* § 145 Rn 5; BGH NJW 2002, 817, 818). In der Praxis ist dazu zu raten, den gesamten Inhalt des angebotenen Vertrages, insbesondere mit rechtswirksamer Einbeziehung etwaiger AGB, festzulegen.

▶ Ausdrücklicher Bestandteil des Angebotes sind unsere AGBs, die diesem Angebot zur Kenntnisnahme beigefügt sind. ◀

[3] Ein Antrag hat gem. §§ 145, 147, 148 **eine begrenzte Bindungswirkung**, kann aber auch wie im Muster vorgesehen frei widerruflich abgegeben werden. In der Regel werden sich ausdrückliche Bestimmungen zur Widerruflichkeit in dem Antrag finden. Die Unwiderruflichkeit wird häufig im Interesse des Angebotsempfängers liegen, der einerseits schon eine Bindung auf Seiten des Anbietenden herbeiführen kann, selber aber keiner Bindungswirkung unterliegt. Dabei wird oft klargestellt, dass keine Annahmefrist gem. § 148 vereinbart ist und das Angebot demgemäß nicht automatisch mit Ablauf der Frist erlischt. Wird ein Angebot im Rahmen von allgemeinen Geschäftsbedingungen, die der Kontrolle gem. den §§ 305 ff unterliegen, abgegeben, ist darauf zu achten, dass die **Länge der Bindungsfrist** nicht zu einem Verstoß gegen § 308 Nr. 1 führt (Hk-BGB/*Schulte-Nölke* § 308 Rn 2). Demgemäß kann ein auf bestimmte Zeit unwiderrufliches Angebot wie folgt abgegeben werden: 4

▶ Das Angebot ist unwiderruflich bis zum Ablauf des ■■■ (Datum). Mit Ablauf der Angebotsfrist ist das Angebot nicht erloschen. Es ist ab diesem Zeitpunkt stets widerrufbar. Der Widerruf hat schriftlich an die Postanschrift des Angebotsempfängers zu erfolgen. ◀

Eine Annahmefrist gem. § 148 kann folgendermaßen bestimmt werden:

▶ Für die Annahme des Angebotes wird gem. § 148 BGB eine Annahmefrist bestimmt, so dass dieses nur bis zum Ablauf des ■■■ (Datum) angenommen werden kann. § 151 BGB wird abbedungen. Für die Rechtzeitigkeit der Annahme kommt es also auf deren Zugang nicht an. ◀

Alternative Gestaltungsmittel um eine Bindungswirkung bei einem der Vertragspartner zu bewirken sind entsprechend ausgestaltete **Vorverträge** oder die Vereinbarung von **vertraglichen Rücktrittsrechten.** Angebote können befristet (§ 149 BGB) und unter Bedingungen gestellt werden.

[4] Die **Annahme** des Angebotes unterliegt ebenfalls der **Form des intendierten Rechtsgeschäftes.** Im Rahmen des § 127 ist jedoch die Vereinbarung von Formerleichterungen und Formverschärfungen möglich. Oft finden sich Regelungen, dass das die Annahme des Angebotes durch die Ausführung einer tatsächlichen Handlung, zB das Versenden der Ware, erfolgt. 5

[5] Die **Annahme** eines Angebotes stellt ebenfalls eine **einseitige empfangsbedürftige Willenserklärung** dar. Auf den Zugang der Annahmerklärung kann gem. § 151 verzichtet werden. In der Praxis stellt dies den Regelfall dar. 6

Rechtsanwaltsgebühren: Siehe § 107 Rn 7.

B. Annahme eines Angebotes

I. Muster: Annahmeerklärung 7

43

▶ **Annahme**

An ■■■ (Anbietender)[1]

Herr ■■■ – im Folgenden auch „der Anbietende" – hat Herrn ■■■– im Folgenden auch „der Angebotsempfänger" – den Abschluss eines Vertrages angeboten.

Der Angebotsempfänger erklärt, dass er Kenntnis vom Inhalt des Angebotes hat und ihm das Angebot wirksam zugegangen ist[2]. Das Angebot wird hiermit vollinhaltlich angenommen[3].

■■■, den■■■

■■■

Unterschrift ◀

II. Erläuterungen

[1] Die Annahme eines Vertragsangebotes ist eine **einseitige empfangsbedürftige Willenserklärung.** Diese unterliegt der Form des intendierten Rechtsgeschäftes. Zugang der Annahme beim 8

Anbietenden ist zur deren Wirksamkeit notwendig, außer es wurde gem. § 151 auf den Zugang der Annahme verzichtet oder dieser ist nach der Verkehrssitte nicht zu erwarten. Auf beweissichere **Dokumentation des Zugangs** ist zu achten (vgl hierzu NK-BGB/*Looschelders* § 133 Rn 84 ff).

9 [2] Das Angebot kann nur angenommen werden, wenn es dem Angebotsempfänger in der Form des intendierten Rechtsgeschäftes **zugegangen** ist oder wenn in der Annahmeerklärung auf den Zugang der Angebotserklärung in der für das intendierte Rechtsgeschäft erforderlichen Form **verzichtet** wird (BGH NJW 1995, 2217 f). Unverzichtbar ist jedoch, dass der Angebotsempfänger Kenntnis vom Inhalt des Angebotes hat.

10 [3] Eine Annahme unter Erweiterungen, Einschränkungen oder sonstigen Änderungen gilt als Ablehnung verbunden mit einem neuen Antrag (§ 150 Abs. 2 BGB). Insofern ist eine Klarstellung in der Annahme angebracht, dass das Angebot, so wie es abgegeben wurde, angenommen wird.

Zu den **Rechtsanwaltsgebühren** siehe § 107 Rn 7.

§ 146 Erlöschen des Antrags

Der Antrag erlischt, wenn er dem Antragenden gegenüber abgelehnt oder wenn er nicht diesem gegenüber nach den §§ 147 bis 149 rechtzeitig angenommen wird.

§ 147 Annahmefrist

(1) [1]Der einem Anwesenden gemachte Antrag kann nur sofort angenommen werden. [2]Dies gilt auch von einem mittels Fernsprechers oder einer sonstigen technischen Einrichtung von Person zu Person gemachten Antrag.
(2) Der einem Abwesenden gemachte Antrag kann nur bis zu dem Zeitpunkt angenommen werden, in welchem der Antragende den Eingang der Antwort unter regelmäßigen Umständen erwarten darf.

§ 148 Bestimmung einer Annahmefrist

Hat der Antragende für die Annahme des Antrags eine Frist bestimmt, so kann die Annahme nur innerhalb der Frist erfolgen.

1 **A. Muster: Bestimmung einer Annahmefrist**

▶ **Bestimmung einer Annahmefrist[1]**

▪▪▪

Für die Annahme des Angebotes wird gem. § 148 BGB eine Annahmefrist bestimmt, so dass dieses nur bis zum Ablauf des ▪▪▪ (Datum) angenommen werden kann. § 151 BGB wird abbedungen. Für die Rechtzeitigkeit der Annahme kommt es also auf deren Zugang nicht an.

▪▪▪ ◀

B. Erläuterungen

2 [1] Ein Antrag hat gem. §§ 145, 147, 148 eine **begrenzte Bindungswirkung.** Diese Bindungswirkung kann durch die Bestimmung einer Annahmefrist konkretisiert werden. Wird ein Angebot im Rahmen von allgemeinen Geschäftsbedingungen, die der Kontrolle gem. den §§ 305 ff unterliegen, abgegeben, ist darauf zu achten, dass die Länge der Bindungsfrist nicht zu einem Verstoß gegen § 308 Nr. 1 führt (Hk-BGB/*Schulte-Nölke* § 308 Rn 2).

3 **Rechtsanwaltsgebühren:** Siehe § 107 Rn 7.

§ 149 Verspätet zugegangene Annahmeerklärung

[1]Ist eine dem Antragenden verspätet zugegangene Annahmeerklärung dergestalt abgesendet worden, dass sie bei regelmäßiger Beförderung ihm rechtzeitig zugegangen sein würde, und musste der Antragende dies erkennen, so hat er die Verspätung dem Annehmenden unverzüglich nach dem Empfang der Erklärung anzuzeigen, sofern es nicht schon vorher geschehen ist. [2]Verzögert er die Absendung der Anzeige, so gilt die Annahme als nicht verspätet.

A. Muster: Anzeige der verspätet zugegangenen Annahme 1

▶ **Anzeige der verspätet zugegangenen Annahme** 45

An ▪▪▪ (Angebotsempfänger)

Mir Schreiben vom ▪▪▪ (Datum), haben wir ihnen das dort enthalten Angebot unterbreitet. Dieses Angebot war befristet und wurde mit Ablauf des ▪▪▪ (Datum) unwirksam. Ihre Annahme ist uns am ▪▪▪ (Datum) zugegangen und damit nicht mehr rechtzeitig erfolgt. Wir stellen hiermit ausdrücklich klar, dass ihre Annahme als verspätet zurückgewiesen wird. Ein Vertrag ist somit nicht zustande gekommen.[1]

▪▪▪, den ▪▪▪

▪▪▪

Unterschrift[2] ◀

B. Erläuterungen

[1] Eine verspätet zugegangene Annahmerklärung führt zum Erlöschen des Angebotes und gilt gem. § 150 Abs. 1 als neuer Antrag. Abweichend zu Vorstehendem führt § 149 zu einer **Annahmefiktion**. Zu den Voraussetzungen derselben vgl Hk-BGB/*Dörner* § 151 Rn 2 und NK-BGB/*Schulze* § 149 Rn 2 f. 2

Will der Anbietende diese Fiktion vermeiden, so muss er die Verspätung **unverzüglich** (§ 121 BGB) nach dem Empfang der Annahmeerklärung dem Annehmenden anzeigen, sofern er diesen nicht bereits zuvor über die Verspätung informiert hat. Diese Anzeige stellt eine geschäftsähnliche Handlung dar und muss dem Annehmenden zugehen. Auf die Beweissichere Dokumentation des Zugangs ist zu achten (vgl hierzu NK-BGB/*Looschelders* § 133 Rn 84 ff). 3

[2] Die Anzeige ist **formfrei** und kann auch konkludent erfolgen. Aus Beweissicherungsgründen sollte sie ausdrücklich und zumindest in Schriftform erteilt werden. 4

Rechtsanwaltsgebühren: Siehe § 107 Rn 7. 5

§ 150 Verspätete und abändernde Annahme

(1) Die verspätete Annahme eines Antrags gilt als neuer Antrag.
(2) Eine Annahme unter Erweiterungen, Einschränkungen oder sonstigen Änderungen gilt als Ablehnung verbunden mit einem neuen Antrag.

§ 151 Annahme ohne Erklärung gegenüber dem Antragenden

[1]Der Vertrag kommt durch die Annahme des Antrags zustande, ohne dass die Annahme dem Antragenden gegenüber erklärt zu werden braucht, wenn eine solche Erklärung nach der Verkehrssitte nicht zu erwarten ist oder der Antragende auf sie verzichtet hat. [2]Der Zeitpunkt, in welchem der Antrag erlischt, bestimmt sich nach dem aus dem Antrag oder den Umständen zu entnehmenden Willen des Antragenden.

§ 152 Annahme bei notarieller Beurkundung

[1]Wird ein Vertrag notariell beurkundet, ohne dass beide Teile gleichzeitig anwesend sind, so kommt der Vertrag mit der nach § 128 erfolgten Beurkundung der Annahme zustande, wenn nicht ein anderes bestimmt ist. [2]Die Vorschrift des § 151 Satz 2 findet Anwendung.

§ 153 Tod oder Geschäftsunfähigkeit des Antragenden

Das Zustandekommen des Vertrags wird nicht dadurch gehindert, dass der Antragende vor der Annahme stirbt oder geschäftsunfähig wird, es sei denn, dass ein anderer Wille des Antragenden anzunehmen ist.

§ 154 Offener Einigungsmangel; fehlende Beurkundung

(1) [1]Solange nicht die Parteien sich über alle Punkte eines Vertrags geeinigt haben, über die nach der Erklärung auch nur einer Partei eine Vereinbarung getroffen werden soll, ist im Zweifel der Vertrag nicht geschlossen. [2]Die Verständigung über einzelne Punkte ist auch dann nicht bindend, wenn eine Aufzeichnung stattgefunden hat.
(2) Ist eine Beurkundung des beabsichtigten Vertrags verabredet worden, so ist im Zweifel der Vertrag nicht geschlossen, bis die Beurkundung erfolgt ist.

§ 155 Versteckter Einigungsmangel

Haben sich die Parteien bei einem Vertrag, den sie als geschlossen ansehen, über einen Punkt, über den eine Vereinbarung getroffen werden sollte, in Wirklichkeit nicht geeinigt, so gilt das Vereinbarte, sofern anzunehmen ist, dass der Vertrag auch ohne eine Bestimmung über diesen Punkt geschlossen sein würde.

§ 156 Vertragsschluss bei Versteigerung

[1]Bei einer Versteigerung kommt der Vertrag erst durch den Zuschlag zustande. [2]Ein Gebot erlischt, wenn ein Übergebot abgegeben oder die Versteigerung ohne Erteilung des Zuschlags geschlossen wird.

§ 157 Auslegung von Verträgen

Verträge sind so auszulegen, wie Treu und Glauben mit Rücksicht auf die Verkehrssitte es erfordern.

Titel 4 Bedingung und Zeitbestimmung

§ 158 Aufschiebende und auflösende Bedingung

(1) Wird ein Rechtsgeschäft unter einer aufschiebenden Bedingung vorgenommen, so tritt die von der Bedingung abhängig gemachte Wirkung mit dem Eintritt der Bedingung ein.
[2] Wird ein Rechtsgeschäft unter einer auflösenden Bedingung vorgenommen, so endigt mit dem Eintritt der Bedingung die Wirkung des Rechtsgeschäfts; mit diesem Zeitpunkt tritt der frühere Rechtszustand wieder ein.

A. Aufschiebende Bedingung

1 I. Muster: Bestimmung bzw Vereinbarung einer aufschiebenden Bedingung

▶ **Aufschiebende Bedingung**

Vorstehendes Rechtsgeschäft ist aufschiebend bedingt. Es wird somit erst wirksam, wenn ...(Genaue Beschreibung des Sachverhaltes der zum Bedingungseintritt führen soll).[1] Der Bedingungseintritt soll ausdrücklich nicht auf einen früheren Zeitpunkt rückbezogen werden.[2] ◀

II. Erläuterung

[1] Durch eine Bedingung wird die Wirksamkeit eines Rechtsgeschäftes von einem **zukünftigen, ungewissen Ereignis** abhängig gemacht. Sowohl ein schuldrechtliches Verpflichtungsgeschäft als auch eine dingliche Verfügung können bedingt vereinbart werden. Bei der Formulierung ist darauf zu achten, dass präzise zwischen **aufschiebenden** und **auflösenden** Bedingungen, **Betagungen** und der **Vereinbarung eines Rücktrittsrechtes** unterschieden wird (vgl. zur Abgrenzung NK-BGB/*Wackerbarth* § 158 Rn 20 ff). Weiter ist klarzustellen, ob das schuldrechtliche Verpflichtungsgeschäft oder das dingliche Verfügungsgeschäft bedingt werden. 2

Die aufschiebende Bedingung führt dazu, dass die Rechtswirkungen des Rechtsgeschäfts von selbst aber erst mit Bedingungseintritt eintreten. Das Rücktrittsrecht wirkt nicht automatisch, sondern muss ausgeübt werden. Die Betagung lässt ein Recht sofort entstehen, welches aber erst zu einem späteren Zeitpunkt ausgeübt werden kann. 3

Grds können alle Rechtsgeschäfte bedingt werden. Ausnahmen bestehen insbesondere für 4

- die Auflassung (§ 925)
- die Eheschließung und Begründung einer Lebenspartnerschaft (§ 1311 S. 2 BGB, § 1 Abs. 1 S. 2 LPartG)
- die Ausschlagung einer Erbschaft (§ 1947)
- das Vaterschaftsanerkenntnis (§ 1594 Abs. 3)
- die Einwilligung zur Adoption (§ 150 Abs. 2 S 1)
- die Ausübung von Gestaltungsrechten (vgl Hk-BGB/*Dörner* § 158 Rn 4)

Auch **Potestativbedingungen** sind grds. zulässig (Hk-BGB/*Dörner* § 158 Rn 4).

In der Kautelarpraxis werden Bedingungen auf der Verfügungsebene oft zur Absicherung des gegenseitigen Leistungsaustauschs verwendet (vgl § 449). Beim Einsatz von Bedingungen auf der schuldrechtlichen Ebene sollte man Vorsicht walten lassen, da die Bedingung aus ihrer Rechtsnatur heraus unflexibel ist. Hier sollte im Zweifel mit vertraglichen Rücktrittsrechten gearbeitet werden. 5

[2] Grundsätzlich treten die an eine Bedingung geknüpften Rechtsfolgen mit Wirkung **ex tunc** ein. Eine Rückbeziehung kann jedoch vereinbart werden (§ 159). In der Regel wird dies nicht gewollt sein. 6

Rechtsanwaltsgebühren: Siehe § 107 Rn 7. 7

B. Auflösende Bedingung

I. Muster: Bestimmung bzw Vereinbarung einer auflösenden Bedingung 8

47

▶ Auflösende Bedingung

Vorstehendes Rechtsgeschäft ist auflösend bedingt.[1] Es wird somit unwirksam, wenn ... (genaue Beschreibung des Sachverhalts, der zum Bedingungseintritt führen soll). Der Bedingungseintritt soll ausdrücklich nicht auf einen früheren Zeitpunkt rückbezogen werden.[2] ◀

II. Erläuterung

[1] Vgl oben Rn 2 . Die auflösende Bedingung führt dazu, dass mit Eintritt des Bedingungsfalles die Wirkungen des bedingten Rechtsgeschäftes enden. 9

[2] Vgl oben Rn 6. **Rechtsanwaltsgebühren:** Siehe § 107 Rn 7. 10

§ 159 Rückbeziehung

Sollen nach dem Inhalt des Rechtsgeschäfts die an den Eintritt der Bedingung geknüpften Folgen auf einen früheren Zeitpunkt zurückbezogen werden, so sind im Falle des Eintritts der Bedingung die Beteiligten verpflichtet, einander zu gewähren, was sie haben würden, wenn die Folgen in dem früheren Zeitpunkt eingetreten wären.

§ 160 Haftung während der Schwebezeit

(1) Wer unter einer aufschiebenden Bedingung berechtigt ist, kann im Falle des Eintritts der Bedingung Schadensersatz von dem anderen Teil verlangen, wenn dieser während der Schwebezeit das von der Bedingung abhängige Recht durch sein Verschulden vereitelt oder beeinträchtigt.
(2) Den gleichen Anspruch hat unter denselben Voraussetzungen bei einem unter einer auflösenden Bedingung vorgenommenen Rechtsgeschäft derjenige, zu dessen Gunsten der frühere Rechtszustand wieder eintritt.

§ 161 Unwirksamkeit von Verfügungen während der Schwebezeit

(1) [1]Hat jemand unter einer aufschiebenden Bedingung über einen Gegenstand verfügt, so ist jede weitere Verfügung, die er während der Schwebezeit über den Gegenstand trifft, im Falle des Eintritts der Bedingung insoweit unwirksam, als sie die von der Bedingung abhängige Wirkung vereiteln oder beeinträchtigen würde. [2]Einer solchen Verfügung steht eine Verfügung gleich, die während der Schwebezeit im Wege der Zwangsvollstreckung oder der Arrestvollziehung oder durch den Insolvenzverwalter erfolgt.
(2) Dasselbe gilt bei einer auflösenden Bedingung von den Verfügungen desjenigen, dessen Recht mit dem Eintritt der Bedingung endigt.
(3) Die Vorschriften zugunsten derjenigen, welche Rechte von einem Nichtberechtigten herleiten, finden entsprechende Anwendung.

§ 162 Verhinderung oder Herbeiführung des Bedingungseintritts

(1) Wird der Eintritt der Bedingung von der Partei, zu deren Nachteil er gereichen würde, wider Treu und Glauben verhindert, so gilt die Bedingung als eingetreten.
(2) Wird der Eintritt der Bedingung von der Partei, zu deren Vorteil er gereicht, wider Treu und Glauben herbeigeführt, so gilt der Eintritt als nicht erfolgt.

§ 163 Zeitbestimmung

Ist für die Wirkung eines Rechtsgeschäfts bei dessen Vornahme ein Anfangs- oder ein Endtermin bestimmt worden, so finden im ersteren Falle die für die aufschiebende, im letzteren Falle die für die auflösende Bedingung geltenden Vorschriften der §§ 158, 160, 161 entsprechende Anwendung.

1 ### A. Muster: Befristung

▶ **Befristung**

Vorstehendes Rechtsgeschäft ist durch die Bestimmung eines Anfangstermins gem. § 163 BGB befristet. Es wird somit erst mit Ablauf des ■■■ (Datum) wirksam. ◀

B. Erläuterung und Varianten

2 Bei der Vereinbarung eines **Anfangstermins** treten die Wirkungen eines Rechtsgeschäftes erst mit diesem Anfangstermin ein; bei der Vereinbarung eines **Endtermins** enden sie bei Erreichen dieses Endtermins. Ein Endtermin kann wie folgt bestimmt werden:

▶ Vorstehendes Rechtsgeschäft ist durch die Bestimmung eines Endtermins gem. § 163 BGB befristet. Es wird somit mit Ablauf des ■■■ (Datum) unwirksam. ◀

In Abgrenzung zur aufschiebenden Bedingung spricht man von einer Befristung, wenn nach der subjektiven Vorstellung der am Rechtsgeschäft Beteiligten der Eintritt des Ereignisses oder der Zeitpunkt des Eintritts des Ereignisses, an welches die Befristung anknüpft, **sicher** ist (vgl Hk-BGB/*Dörner* vor § 162 Rn 2). Bei einer Bedingung sind der Eintritt des Ereignisses an sich und der Zeitpunkt des Eintritts noch ungewiss. Die Unterscheidung hat Auswirkungen auf die

Kündbarkeit von Dauerschuldverhältnissen, da ein auflösend bedingtes Rechtsverhältnis auf unbestimmte Zeit abgeschlossen ist. Insofern ist bei der Gestaltung Präzision gefordert. Grundsätzlich sind alle bedingungsfeindlichen Geschäfte auch befristungsfeindlich (NK-BGB/ *Wackerbarth* § 163 Rn 1). Bei Arbeitsverträgen ist § 620 Abs. 3 zu beachten.

Rechtsanwaltsgebühren: Siehe § 107 Rn 7.

Titel 5 Vertretung und Vollmacht

§ 164 Wirkung der Erklärung des Vertreters

(1) [1]Eine Willenserklärung, die jemand innerhalb der ihm zustehenden Vertretungsmacht im Namen des Vertretenen abgibt, wirkt unmittelbar für und gegen den Vertretenen. [2]Es macht keinen Unterschied, ob die Erklärung ausdrücklich im Namen des Vertretenen erfolgt oder ob die Umstände ergeben, dass sie in dessen Namen erfolgen soll.

(2) Tritt der Wille, in fremdem Namen zu handeln, nicht erkennbar hervor, so kommt der Mangel des Willens, im eigenen Namen zu handeln, nicht in Betracht.

[3] Die Vorschriften des Absatzes 1 finden entsprechende Anwendung, wenn eine gegenüber einem anderen abzugebende Willenserklärung dessen Vertreter gegenüber erfolgt.

A. Spezialvollmachten

I. Verkaufsvollmacht

1 **1. Muster: Verkaufsvollmacht (Spezialvollmacht)**

▶ **Spezialvollmacht**[1]

Ich, ■■■, geboren am ■■■, wohnhaft ■■■,[2] die/der unterzeichnende Vollmachtgeber, bin Eigentümer von ■■■ (Vertragsgegenstand mit näheren Angaben).

Ich beabsichtige den vorbezeichneten Vertragsgegenstand zu verkaufen und in Vollzug des Kaufvertrages zu übereignen bzw abzutreten[3].

Ich, als Vollmachtgeber, bevollmächtige hierzu Frau/Herrn ■■■ geboren am ■■■, wohnhaft ■■■ – im Folgenden auch „der Bevollmächtigte" – umfassend und unbeschränkt beliebige schuldrechtliche und dingliche Erklärungen abzugeben und entgegenzunehmen, die aus Sicht des Bevollmächtigten zur Erreichung des vorstehend bezeichneten Zieles notwendig und/oder zweckmäßig sind[4].

Der Bevollmächtigte ist insbesondere bevollmächtigt

- den vorstehend bezeichneten Vertragsgegenstand zu verkaufen, sämtliche hierzu erforderliche Vertragsverhandlungen zu führen, die Vertragsbedingungen beliebig festzulegen, abzuändern und ganz oder teilweise wieder aufzuheben,
- die zum Vollzug und der Abwicklung des Kaufvertrages notwendigen und/oder zweckdienlichen dinglichen Erklärungen beliebigen Inhalts abzugeben und entgegenzunehmen, also insbesondere auch die Einigung über den Eigentumsübergang bzw die Übertragung des Rechtes zu erklären,
- den Kaufpreis in Empfang zu nehmen und hierüber zu quitieren.

Vorstehende Aufzählung ist nicht abschließend und beschränkt die Vollmacht im Außenverhältnis nicht.[5]

Der Bevollmächtigte ist einzelvertretungsberechtigt.[6]

Befreiung von den Beschränkungen des § 181 BGB ist erteilt, so dass der Bevollmächtigte berechtigt ist, den Vollmachtgeber bei Rechtsgeschäften mit sich im eigenen Namen oder als Vertreter eines Dritten zu vertreten.[7]

Der Bevollmächtigte ist berechtigt, beliebig Untervollmacht zu erteilen.[8]

Die Vollmacht erlischt nicht durch den Tod des Vollmachtgebers.[9]

Die Vollmacht ist frei widerruflich.[10]

Die Beschränkung der Vollmacht auf einen Mindestverkaufspreis wird nicht gewünscht[11].

Die Vollmacht ist im Außenverhältnis zur Erreichung ihres Zweckes unbeschränkt und im Zweifel weit auszulegen.[12]

■■■, den ■■■

■■■

Unterschrift[13] ◄

2. Erläuterungen und Varianten (zugleich allgemeine Erläuterungen zur Vollmacht)

[1] Willenserklärungen können entweder **persönlich** oder durch einen **Vertreter** abgegeben 2
werden. Man unterscheidet zwischen der **gesetzlichen** und der **gewillkürten** (rechtsgeschäftlichen) **Vertretungsmacht** (vgl hierzu Hk-BGB/*Dörner* Vor §§ 164-181 Rn 2 ff). Die gewillkürte Vertretungsmacht ist die durch Rechtsgeschäft erteilte Vertretungsmacht, die als Vollmacht in § 166 Abs. 2 legaldefiniert ist. Willenserklärungen, die der Bevollmächtigte innerhalb der ihm zustehenden Vertretungsmacht im Namen des Vertretenen abgibt, wirken **unmittelbar** für und gegen den Vertretenen (§ 164 Abs. 1 S. 1). Die Bevollmächtigung erfolgt durch die Abgabe einer **einseitigen, nicht annahme- jedoch empfangsbedürftigen Willenserklärung** (Hk-BGB/*Dörner*, 167 Rn 2) und wird mit ihrem Zugang bei Erklärungsempfänger wirksam. Dabei wird zwischen der Erklärung an den Bevollmächtigten (**Innenvollmacht**) und an den Dritten, dem gegenüber die Vertretung zu erfolgen hat (**Außenvollmacht**), unterschieden (vgl hierzu Hk-BGB/*Dörner* § 167 Rn 2). In der Praxis wird in der Regel von der Erteilung von **Außenvollmachten** wegen der weitergehenden Rechtsscheinhaftung (§§ 170, 171) abgesehen.

[2] Die Vollmacht sollte den Vollmachtgeber und den Bevollmächtigen eindeutig bezeichnen. 3
Bei Gesellschaften sollte, die Firma oder der Name der Gesellschaft, der Sitz der Gesellschaft und soweit vorhanden die Registernummer und das zuständige Registergericht der Gesellschaft genannt werden.

[3] Eine Stellvertretung ist bei Rechtsgeschäften, bei denen eine **höchstpersönliche Vornahme** 4
notwendig ist, ausgeschlossen. Hierzu zählen:

- die Eheschließung (§ 1311)
- die Begründung einer Lebenspartnerschaft (§ 1 LPartG)
- die Testamentserrichtung (§ 2064)
- die Erklärung zum Abschluss und/oder der Aufhebung vom letztwilligen Verfügungen in einem Erbvertrag (§§ 2274 und 2290; der Bindungspartner kann vertreten werden, soweit er keine letztwilligen Verfügungen trifft)
- Anfechtung eines Erbvertrages (§ 2282 Abs. 1)
- Bestätigung eines anfechtbaren Erbvertrages (§ 2284 Abs. 1)
- Rücktritt vom Erbvertrag (§ 2296 Abs. 1)
- Erb- und Pflichtteilsverzicht (§ 2347 Abs. 2; nur für den Erblasser dem gegenüber verzichtet wird höchstpersönlich)

- Aufhebung eine Erb- oder Pflichtteilsverzichtes (§ 2351; nur für den Erblasser dem gegenüber verzichtet wurde wird höchstpersönlich)
- Ausschluss eines Abkömmlings von der fortgesetzten Gütergemeinschaft (§ 1516 Abs. 2)
- Vaterschaftsanerkennung und Zustimmungserklärung (§ 1596 Abs. 4)
- Anfechtung der Abstammung (§ 1600 a)
- Abgabe einer Sorgeerklärung (§ 1626 c)
- Einwilligungserklärung bei Annahme eines Kindes (§ 1750 Abs. 3)
- spätere Einwilligungserklärung bei Annahme eines Kindes (§ 1760 Abs. 5)
- eidesstattliche Versicherungen: Nach hM ist hier keine Stellvertretung möglich (Palandt/*Edenhofer* § 2356 Rn 12)
- Höchstpersönliche Anmeldungen im Registerverfahren: Betroffen sind vor allem Erklärungen, deren Wahrheitswidrigkeit zivil- oder strafrechtliche Folgen nach sich ziehen; vgl §§ 7, 57 i und 58 i GmbHG und §§ 371, § 184 und 188 AktG (vgl hierzu *Schaub*, MittBayNot 1999, 539, 542)

5 Weiter ist in folgenden Fällen die Erteilung einer Vollmacht ausgeschlossen:

- Umfassende **Generalvollmachten** von **Organen juristischer Personen** die auf die Übertragung von Organbefugnissen (zB Unterzeichnen der Bilanz, höchstpersönliche Anmeldung zum Handelsregister) gerichtet sind, können weder zeitlich begrenzt noch widerruflich im Wege einer umfassenden Generalvollmacht einem Dritten als Nichtorgan erteilt werden (BGH ZNotP 2002, 401).
- Erteilung einer **unwiderruflichen Generalvollmacht** bzgl der **elterlichen Sorge** an einen Dritten oder Erteilung einer Generalvollmacht (gleich ob widerruflich oder nicht) an den anderen Elternteil (Palandt/*Diederichsen* § 1629 Rn 9).
- In den Fällen in denen die Erteilung der Vollmacht wegen Verstoßes gem. § 134 unwirksam ist (vor allem beim Verstoß gegen das Rechtsberatungsgesetz (BGH, NJW 2006, 2118 mwN)).

6 [4] Bei der Gestaltung einer Vollmacht sollte immer die wirtschaftliche Transaktion in ihrer Gesamtheit betrachtet werden und berücksichtigt werden, dass zur Durchführung der Transaktion oft noch weitere Schritte notwendig sind, die über das eigentliche Rechtsgeschäft hinausgehen (Austausch der Leistungen, Quittierung des Leistungsempfangs, Anzeigen, Einholung von Genehmigungen u.s.w). Diese Neben-, Abwicklungs- oder Durchführungsgeschäfte sollten gegebenenfalls ausdrücklich vom Umfang der Vollmacht abgedeckt sein (vgl NK-BGB/*Ackermann* § 167 Rn 1).

7 Den Inhalt einer Vollmacht bestimmt grundsätzlich der Vollmachtgeber im Rahmen der Vollmachtserteilung. Maßgeblich ist grundsätzlich der **Wortlaut** der Vollmacht. In Zweifelsfällen können Vollmachten ausgelegt werden (§ 133). Hierbei gelten die allgemeinen Auslegungsgrundsätze (vgl hierzu Hk-BGB/*Dörner* § 133 Rn 2 ff). Ziel der Gestaltung von rechtsgeschäftlich erteilten Vollmachten ist **jegliche Auslegungsbedürftigkeit** von Vollmachten **zu vermeiden**. Der Vollmachtsumfang sollte in der Vollmacht im Hinblick auf die Interessen des Vollmachtgebers und Bevollmächtigten klar definiert werden. Einerseits soll die Vollmacht weit genug sein um das beabsichtigte Ziel zu erreichen; andererseits aber eng genug sein um einen Missbrauch zu verhindern. Hierzu sollte in der Vollmacht ausdrücklich klargestellt werden, ob es sich um eine Spezialvollmacht, Art- oder Gattungsvollmacht oder eine Generalvollmacht handelt, da diese Begrifflichkeiten bei der Auslegung des Umfangs der Vollmacht berücksichtigt werden müssen.

8 Die Erteilung einer **Spezialvollmacht** wird dann in Betracht zu ziehen sein, wenn die Vornahme eines bestimmten Rechtsgeschäfts bezweckt ist und sich in diesem der Vollmachtszweck erschöpft (vgl hierzu Hk-BGB/*Dörner*, § 168 Rn 11). Vorteil einer Spezialvollmacht ist dabei, dass sie für den Vollmachtgeber das Risiko des Missbrauchs der Vollmacht reduziert. Nachteil

ist, dass Spezialvollmachten relativ unflexibel sind und der Vertreter auf sich verändernde Umstände grundsätzlich nicht angemessen reagieren kann. Die Erteilung einer **Art- oder Gattungsvollmacht** (Handlungsvollmacht) wird immer dann in Betracht zu ziehen sein, wenn eine bestimmte Art von Rechtsgeschäften wiederholt durchgeführt werden soll. Dabei kann an eine bestimmte Funktion des Bevollmächtigten (zB Kellner, Kassierer) oder aber an die Art der auszuführenden Rechtsgeschäfte (zB Bankvollmacht, Inkassovollmacht) angeknüpft werden (Hk-BGB/*Dörner,* § 168 Rn 11). Während die Spezial- und Art- oder Gattungsvollmacht ihrem Umfang nach beschränkt sind, ist die **Generalvollmacht** grundsätzlich eine unbeschränkte Vollmacht, die dem Vertreter eine umfassende Vertretungsbefugnis für alle Arten von Rechtsgeschäften einräumt. Die Generalvollmacht wird insbesondere im Rahmen einer generellen Vorsorge für das Alter in Betracht kommen, setzt aber wegen ihres Umfanges stets ein **besonderes Vertrauensverhältnis** zwischen dem Vollmachtgeber und Bevollmächtigten voraus. Kombinationen der vorstehenden Strukturmerkmale sind möglich.

[5] Eine Spezial- und Gattungsvollmacht sollte zur näheren Konkretisierung bestimmte typi- 9
scherweise von der Vollmacht abgedeckte Rechtshandlungen aufzählen um eine Auslegunsbedürftigkeit zu vermeiden. Dabei ist klarzustellen, dass die Aufzählung nur erläuternden und nicht einen die Vollmacht begrenzenden Charakter hat.

[6] Bei Erteilung einer Vollmacht an **mehrere Bevollmächtigte** können diese im Zweifel die 10
Vertretung nur gemeinschaftlich ausüben. Zur Klarstellung ist zu regeln, ob jeder Bevollmächtigte einzeln zur Vertretung berechtigt ist, oder ob die Bevollmächtigten nur gemeinsam zur Vertretung berechtigt sind. Hierbei sind weitere Kombinationsmöglichkeiten gegeben wie zB die Anordnung einer Gesamtvertretung für bestimmte Arten von Rechtsgeschäften oder die Privilegierung von einzelnen Bevollmächtigten. Eine entsprechende Formulierung bei der Erteilung von **Einzelvertretungsberechtigung** an mehrere Bevollmächtigte kann wie folgt lauten:

▶ Ich, ■■■, geboren am ■■■, wohnhaft ■■■ als Vollmachtgeber, bevollmächtige hiermit
- Frau/Herrn ■■■, geboren am ■■■, wohnhaft ■■■
- Frau/Herrn ■■■, geboren am ■■■, wohnhaft ■■■
- Frau/Herrn ■■■, geboren am ■■■, wohnhaft ■■■

je mit Einzelvertretungsmacht, also mit dem Recht mich je einzeln zu vertreten,
im Folgenden auch je „der Bevollmächtigte" – ■■■ (weiterer Inhalt der Vollmacht) ◀

Die Formulierung bei der Erteilung einer **Gesamtvollmacht** kann wie folgt lauten: 11

▶ Ich, ■■■, geboren am ■■■, wohnhaft ■■■ als Vollmachtgeber, bevollmächtige hiermit
- Frau/Herrn ■■■, geboren am ■■■, wohnhaft ■■■
- Frau/Herrn ■■■, geboren am ■■■, wohnhaft ■■■
- Frau/Herrn ■■■, geboren am ■■■, wohnhaft ■■■

gemeinschaftlich, also mit dem Recht mich nur gemeinschaftlich zu vertreten,
im Folgenden auch „der Bevollmächtigte" – ■■■ (weiterer Inhalt der Vollmacht) ◀

[7] Soll der Bevollmächtigte berechtigt sein, im Namen des Vollmachtgebers mit sich im eigenen 12
Namen (**Insichgeschäfte**) oder als Vertreter eines Dritten Rechtsgeschäfte (**Doppel- oder Mehrfachvertretung**) vorzunehmen, die nicht ausschließlich in der Erfüllung einer Verbindlichkeit bestehen (vgl hierzu Hk-BGB/*Dörner,* § 181 Rn 1 ff), ist eine Gestattung gem. § 181 in der Vollmacht vorzusehen. Die Gestattung muss in der Vollmacht zum Ausdruck kommen. Eine ausdrückliche Bestimmung ist angebracht. Das Muster enthält eine ausführliche Formulierung. Die Befreiung kann auch kürzer gefasst werden:

▶ Der Bevollmächtigte ist von den Beschränkungen des § 181 BGB befreit. ◀

13 Es ist möglich bei der Gestattung nach § 181 zwischen dem Insichgeschäft und der Doppel- oder Mehrfachvertretung zu unterscheiden:

► Befreiung von den Beschränkungen des § 181 BGB ist insoweit erteilt, als dass der Bevollmächtigte berechtigt ist, den Vollmachtgeber bei Rechtsgeschäften als Vertreter eines Dritten zu vertreten. Für Rechtsgeschäfte des Bevollmächtigten mit sich im eigenen Namen wird keine Befreiung von den Beschränkungen des § 181 BGB erteilt. ◄

Bei der Anordnug einer Befreiung von § 181 ist zu beachten, dass diese uU zur Formbedürftigkeit der Vollmacht führt (vgl Rn 28).

14 [8] Ob **Untervollmacht** erteilt werden darf richtet sich grundsätzlich nach dem der Vollmacht zu Grunde liegenden Rechtsverhältnis. Beim Auftrag und Dienstvertrag gilt gem. §§ 664 Abs. 1 S 1, 613, dass im Zweifel die Ausführung einem Dritten nicht überlassen werden darf. Aus den Umständen der Vollmachterteilung kann sich aber im Wege der Auslegung etwas anderes ergeben. Somit ist in der Vollmacht stets ausdrücklich zu regeln, ob und wie Untervollmacht erteilt werden kann. Die Erteilung einer Untervollmacht kann auf **bestimmte Arten von Rechtsgeschäften** (Untervollmacht zB nur in vermögensrechtlichen Angelegenheiten und nicht in persönlichen Angelegenheiten) oder dahingehend beschränkt werden, dass Untervollmacht nicht generell sondern nur für **bestimmte Rechtsgeschäfte im Einzelfall,** also als Spezialvollmacht, erteilt werden kann. Zu beachten ist, dass die Untervollmacht nicht weitergehender als die Hauptvollmacht erteilt werden kann.

► Der Bevollmächtigte ist berechtigt in vermögensrechtlichen Angelegenheiten Untervollmacht zu erteilen. In persönlichen Angelegenheiten ist dies nicht zulässig.
Der Bevollmächtigte ist berechtigt für einzelne Rechtsgeschäfte Untervollmacht zu erteilen. Diese kann insbesondere den mit der Abwicklung des Rechtsgeschäfts betrauten Dritten erteilt werden.
Der Bevollmächtigte ist berechtigt für einzelne Arten von Rechtsgeschäften Untervollmacht zu erteilen. Diese kann insbesondere den mit der Abwicklung betrauten Dritten erteilt werden. ◄

Von einer zu starken Restriktion im Hinblick auf die Möglichkeit der Unterbevollmächtigung ist zu warnen, da oft bei der Erteilung der Vollmacht nicht absehbar ist, ob eine Unterbevollmächtigung notwendig werden wird oder nicht.

15 [9] Das **Erlöschen der Vollmacht** richtet sich nach dem ihr zu Grunde liegenden Rechtsverhältnis (§ 168 S. 1). Sofern der Vollmacht ein über den Tod oder die Geschäftsunfähigkeit hinaus bestehendes Rechtsverhältnis zu Grunde liegt, bleibt die Vollmacht im Zweifel bestehen (§ 168 S. 1 iVm §§ 672, 675). In der Vollmacht empfehlen sich **ausdrückliche Regelungen** um Zweifelsfragen auszuräumen. Die Vollmacht, die über den Todesfall hinaus gilt, ermöglicht es dem Bevollmächtigten für den Vollmachtgeber und seine Erben zu handeln.

16 [10] Es wird zwischen **widerruflichen** und **unwiderruflichen Vollmachten** unterschieden. Ob eine Vollmacht unwiderruflich ist, ergibt sich aus dem ihr zu Grunde liegenden Rechtsverhältnis (allgA zu § 168). Ein einseitiger Widerrufsverzicht ist also nicht möglich. Die Unwiderruflichkeit muss also im Grundlagengeschäft vereinbart werden (Hk-BGB/*Dörner* § 168 Rn 5). Die Vereinbarung kann ausdrücklich oder konkludent getroffen werden. Im Zweifel ist eine Vollmacht grundsätzlich frei widerrufbar. Die Möglichkeit des Widerrufs bei Vorliegen eines wichtigen Grundes kann nicht ausgeschlossen werden. In dem der Vollmacht zu Grunde liegenden Rechtsverhältnis sollte dementsprechend geregelt werden, ob die Vollmacht widerruflich ist oder nicht. Eine Klarstellung in der Vollmacht selber ist empfehlenswert. Für die Kautelarpraxis gilt, dass je nachdem in wessen Interesse die Vollmacht erteilt wird, die Vollmacht widerruflich oder unwiderruflich auszugestalten ist. In der Regel wird die Vollmacht widerruflich auszugestalten sein, da der Vollmachtgeber nur ausnahmsweise ein Interesse an einer Bindung haben wird.

Zu beachten ist, dass für den Fall, dass die Vollmacht – bzw das ihr zugrundeliegende Rechtsverhältnis – bereits eine Bindung zum Abschluss eines formbedürftigen Rechtsgeschäftes mit sich bringt, das Grundgeschäft **formbedürftig** wird (BGH NJW 1997, 312, BGH NJW 1985, 730; BayOblG DNotZ 1997, 312). Die Vollmacht an sich ist dann nicht formbedürftig, wenn sich ihre Unwiderruflichkeit aus einem seinerseits formgemäß abgeschlossenen Rechtsgeschäft ergibt (MüKo-BGB/*Kanzleitner* § 311 b Rn 44). 17

In der Praxis werden diese Fragen regelmäßig im Zusammenhang mit Grundstücksgeschäften relevant. Hier ist natürlich zu beachten, dass die Formbedürftigkeit der Vollmacht aus anderen Gründen auch bei der Beurkundung des Grundverhältnisses unberührt bleibt (§§ 29, 30 GBO). 18

Die Beurkundung des Grundgeschäfts kann sich oft darauf beschränken, dass die Unwiderruflichkeit der Vollmacht festgestellt wird und klargestellt wird, dass iÜ das gesetzliche Auftragsrecht gilt. Soweit jedoch die Bestimmung der Unwiderruflichkeit mit anderen Regelungen eine Einheit bildet unterliegt das gesamte Grundlagengeschäft der Beurkundungspflicht (MüKo-BGB/*Kanzleitner* § 311 b BGB Rn 44). Im Zweifel ist die Beurkundung des gesamten Grundlagengeschäftes und der Vollmacht anzuraten. 19

[11] Vollmachten können **auflösend** oder **aufschiebend bedingt** und/oder **befristet** erteilt werden. Daneben besteht die Möglichkeit weitere Beschränkungen der Vollmacht im Außenverhältnis zu bestimmen. 20

Von der Möglichkeit die Vollmacht zu bedingen ist mit **sehr großer Vorsicht** Gebrauch zu machen, da die entsprechenden Umstände im Außenverhältnis, also bei Ausnutzung der Vollmacht, nachzuweisen sind. Bei Grundstücks- oder Registervollmachten ist dieser Nachweis in der entsprechenden Form des § 29 GBO oder § 12 HGB zu führen (vgl KG, DNotZ 2009, 546; OLG Köln, ZEV 2007, 592 sowie OLG Koblenz, RNotZ 2007, 270 für das Grundbuchverfahren). 21

Insbesondere bei General- oder Vorsorgevollmachten sind Gestaltungen zu vermeiden, die die Wirksamkeit der Vollmacht vom tatsächlichen Gesundheitszustand des Vollmachtgebers abhängig machen. 22

Wenn eine ausdrückliche Beschränkung im Außenverhältnis erfolgt, ist darauf zu achten, dass diese Umstände von dem Dritten, dem gegenüber die Vollmacht ausgeübt wird, **ohne weiteres überprüfbar** sind. Es kann zB an den Kaufpreis angeknüpft werden, da sich dieser aus dem Rechtsgeschäft ergibt. 23

▶ Die Vollmacht ist im Außenverhältnis dahingehend beschränkt, dass der Kaufpreis mindestens ... betragen muss. ◀

Auch kann die Vollmacht dahingehend beschränkt werden, dass von dieser nur wirksam bei Vorlage einer Vollmachtsurkunde Gebrauch gemacht werden kann. 24

▶ Diese Vollmacht ist nur wirksam, wenn bei Vornahme des Rechtsgeschäftes die Vollmachtsurkunde in Urschrift vorgelegt wird. ◀

Von solchen Gestaltungen ist jedoch grundsätzlich abzuraten, da in diesen Fällen die entsprechende Vorlage der Vollmachtsurkunde bei Vornahme des entsprechenden Rechtsgeschäfts beweissicher dokumentiert werden müsste, was in der Praxis wohl selten geschehen wird und uU gar nicht möglich ist.

Befristungen sind an sich unproblematisch, da aus der Befristung selber ersichtlich ist, ob die Vollmacht gilt oder nicht. 25

▶ Diese Vollmacht ist befristet (Endtermin). Sie erlischt mit Ablauf des ... (Datum)
Diese Vollmacht ist befristet (Anfangstermin). Sie wird erst wirksam mit Ablauf des ... (Datum) ◀

Vorsicht ist aber bei gestreckten Abwicklungen angeraten, da uU über die Befristung die Vollmacht zu früh oder zu spät unwirksam bzw wirksam wird.

26 [12] In der Rechtsprechung bestehen teilweise Tendenzen Vollmachten eher eng auszulegen (vgl hierzu Rn 41). Um eine möglichst unproblematische Verwendbarkeit der Vollmacht sicherzustellen, empfiehlt es sich bei der Vollmachtserteilung auf Ziel und Zweck des intendierten Rechtsgeschäftes abzustellen und die Vollmacht dahingehend zu erteilen, dass dieses Ziel erreicht oder der Zweck erfüllt werden kann. Eine derartige Gestaltung stellt nicht lediglich auf die Vornahme eines isolierten Rechtsgeschäfts ab, sondern bezieht den Lebenssachverhalt als Ganzes in die Vollmachtserteilung ein. Der „allgemeine Teil" der Vollmacht sollte dann ausdrücklich noch um die zur Erreichung des Zieles notwendigen oder typischerweise vorzunehmenden Handlungen und Erklärungen ergänzt werden.

27 Weiter werden in der Praxis Vollmachten oft um Auslegungsregeln dahingehend ergänzt, dass die erteilte Vollmacht möglichst weit auszulegen ist. Wird die Vollmacht im Außenverhältnis beschränkt ist die Auslegungsregel wie folgt zu formulieren:

▶ Im Übrigen ist die Vollmacht im **Außenverhältnis unbeschränkt** und im Zweifel weit auszulegen. ◀

28 [13] Gem. § 167 Abs. 2 bedarf die Vollmacht **grundsätzlich** nicht der Form des Rechtsgeschäftes, auf das sie sich bezieht. Aus Beweissicherungsgründen und im Hinblick auf § 174 (Zurückweisungsmöglichkeit bei der Vornahme einseitiger Rechtsgeschäfte wie zB Kündigung wenn die Vollmachtsurkunde bei Vornahme des Rechtsgeschäftes nicht vorgelegt wird) ist es jedoch empfehlenswert die Vollmacht zumindest schriftlich zu erteilen. Demgemäß sind formlose Vollmachten in der Praxis die Ausnahme. In bestimmten Fällen kann eine Vollmacht wirksam nur in einer besonderen Form erteilt werden.

29 Das Gesetz schreibt in § 47 Abs. 3 GmbHG (Ausübung des Stimmrechts bei einer GmbH) **Textform** vor. In den Fällen des § 135 AktG (Ausübung des Stimmrechts bei einer AG durch Kreditinstitute und geschäftsmäßig Handelnde) ist **keine Text- oder Schriftform** erforderlich. Die Erklärung hat aber gem. § 135 Abs. 3 und 4 **vollständig, exclusiv und dokumentationsfähig** zu sein (Hüffer/AktG; § 135 Rn 13). Insofern wird hier mittelbar ein Formerfordernis konstituiert.

30 Das Gesetz schreibt insbesondere in den folgenden Fällen die **Schriftform** vor:

- § 134 Abs. 3 AktG: Ausübung des Stimmrechts bei einer AG durch andere Personen als durch Kreditinstitute und geschäftsmäßig Handelnde; die Satzung kann aber Erleichterungen bestimmen
- § 1904 Abs. 4: Bevollmächtigung zur Einwilligung in die Untersuchung des Gesundheitszustands, eine Heilbehandlung oder einen ärztlichen Eingriff, wenn die begründete Gefahr besteht, dass der Vollmachtgeber auf Grund der Maßnahme stirbt oder einen schweren und länger dauernden gesundheitlichen Schaden erleidet
- § 1906 Abs. 5: Unterbringung des Vollmachtgebers durch den Bevollmächtigten, die mit Freiheitsentziehung verbunden ist
- § 492 Abs. 4: Vollmacht zum Abschluss eines Verbraucherdarlehensvertrages; hierbei ist ergänzend zu beachten, dass die schriftliche Vollmacht die qualifizierten Angaben des § 492 Abs. 1 und 2 enthalten muss. Dieses Erfordernis entfällt gem. § 492 Abs. 4 S. 2 bei notariell beurkundeten oder bei Prozessvollmachten.

31 Das Gesetz schreibt insbesondere in den folgenden Fällen die **öffentliche Beglaubigung** vor:

- § 1484 Abs. 2: Vollmacht zur Ablehnung der fortgesetzten Gütergemeinschaft
- § 1945 Abs. 3: Vollmacht zur Ausschlagung der Erbschaft
- § 2 Abs. 2 GmbHG: Vollmacht zur Gründung einer GmbH
- § 23 Abs. 1 S. 2 AktG: Vollmacht zur Gründung einer AG
- § 55 Abs. 1 GmbHG: Vollmacht zur Übernahme eines Geschäftsanteils (vgl Scholz/Priester, GmbHG, § 55 Rn 78 mwN)

Weiter hat die Rechtsprechung in den Fällen, in denen eine Umgehung von Formvorschriften durch eine formlose Vollmacht zu befürchten ist, also der Vertretene durch die Bevollmächtigung **rechtlich** und/oder **tatsächlich** bereits in gleicher Weise gebunden wird wie durch die Vornahme des formbedürftigen Geschäfts, die Vollmachtserteilung dem Formerfordernis des intendierten formbedürftigen Rechtsgeschäfts unterworfen (st. Rspr und allgA vgl nur RGZ 76, 182, 184; BGH NJW 1952, 1210 und zuletzt BGHZ 132, 125; Hk-BGB/*Dörner,* 167 Rn 5). Eine Formbedürftigkeit (Form des intendierten Rechtsgeschäftes ist notwendig) ist demnach in folgenden Fallgruppen gegeben: 32

- **rechtliche Gebundenheit:** unwiderrufliche Vollmacht zum Immobilienverkauf oder -erwerb (BGH NJW 1952, 1210); hier ist zu beachten, dass das der Vollmacht zu Grunde liegende Rechtsverhältnis formbedürftig ist (BGH NJW 1985, 730),
- **tatsächliche Gebundenheit:** verschiedene Fallgruppen; maßgeblich sind jeweils die Umstände des Einzelfalles; Befreiung von § 181 führt nicht ohne weiteres zur Formbedürftigkeit (BGH DNotZ 1979, 684); Beispiele für Formbedürftigkeit: Vollmachtgeber ist vom Bevollmächtigen tatsächlich abhängig (BGH DNotZ 1966, 92); bei Widerruf der Vollmacht ist eine Vertragsstrafe vereinbart *(Rösler* NJW 1999, 1150, 151.

Eine Vollmacht ist auch dann formbedürftig, wenn ein untrennbarer Sachzusammenhang zwischen beurkundungspflichtigem zu Grunde liegendem Rechtsverhältnis und der Vollmacht besteht (häufig zB bei Bauherren-, Erwerbermodellen). In diesen Fällen ist zu beachten, dass nicht nur die Vollmacht, sondern auch das ihr zu Grunde liegende Rechtsverhältnis beurkundungsbedürftig ist (BGH NJW 1997, 312). 33

Zu beachten ist, dass auch **rechtsgeschäftlich** (zB vertraglich oder satzungsmäßig) ein Formerfordernis bestimmt werden kann, wie zB in einer GmbH Satzung oder einer Wohnungseigentümergemeinschaftsordnung. 34

Davon zu unterscheiden sind die Fälle in denen eine Vollmacht materiell wirksam formlos erteilt werden kann aber aus **verfahrensrechtlichen Gründen** einer besonderen Form bedarf. Hierzu zählen: 35

- §§ 29, 30 GBO: Vollmachten zur Erklärung von Bewilligungen für Eintragungen in das Grundbuch; öffentliche Beglaubigung notwendig
- § 12 Abs. 1 S. 2 HGB: Vollmachten zum Bewirken von Handelsregisteranmeldungen; öffentliche Beglaubigung notwendig
- § 77: Vollmachten zum Bewirken von Vereinsregisteranmeldungen (vgl Palandt/*Heinrichs*, § 77, Rn 1); öffentliche Beglaubigung notwendig
- §§ 71 Abs. 2, 81 Abs. 3 ZVG: Vollmachten im Zwangsversteigerungsverfahren; öffentliche Beglaubigung notwendig
- § 80 ZPO: Prozessvollmachten; Schriftform notwendig
- § 11 FamFG: Verfahrensbevollmächtigung; Schriftform notwendig

Notargebühren: Für die Beurkundung oder Beglaubigung einer Vollmacht fällt gem. § 38 Abs. 1 Nr. 4 KostO eine halbe Gebühr an. Der Geschäftswert richtet sich nach § 41 Abs. 2 KostO. Maßgebend sind dabei der Umfang der erteilten Vollmacht und das Vermögen des Vollmachtgebers, das von der Vollmacht betroffen ist. Wird das Innenverhältnis mitbeurkundet fällt hierfür eine Gebühr nach § 36 Abs. 2 KostO aus dem Geschäftswert der Vollmacht an. Die Mitbeurkundung des Innenverhältnisses kann eine unrichtige Sachbehandlung darstellen, wenn nicht auf die weiteren Gebühren hingewiesen wird (OLG Hamm RNotZ 2009, 417). Der Geschäftswert ist begrenzt auf 500.000 EUR (§ 41 Abs. 2, 4 KostO). Hinzu kommen noch Dokumentenpauschale, Auslagen und USt (§§ 32, 136, 137, 153, 151 a KostO). 36

Rechtsanwaltsgebühren: Siehe § 107 Rn 7.

II. Immobilienverkauf

37 **1. Muster: Verkauf einer Immobilie (Spezialvollmacht)**

▶ **Verkaufsvollmacht**

▪▪▪ (notarieller Urkundseingang)[1]

Spezialvollmacht[2]

▪▪▪ (Grundbuchstand)[3]

Der Eigentümer beabsichtigt den vorbezeichneten Vertragsgegenstand zu verkaufen und zu übereignen.

▪▪▪ – im Folgenden auch „der Vollmachtgeber" – bevollmächtigt hierzu ▪▪▪, geb. am ▪▪▪, wohnhaft ▪▪▪ – im Folgenden auch „der Bevollmächtigte" – umfassend und unbeschränkt beliebige schuldrechtliche und dingliche Erklärungen abzugeben und entgegenzunehmen, die aus Sicht des Bevollmächtigten zur Erreichung des vorstehend bezeichneten Zieles notwendig und/oder zweckmäßig sind.

Der Bevollmächtigte ist insbesondere bevollmächtigt[4]

- das vorstehend bezeichnete Grundeigentum zu verkaufen, sämtliche hierzu erforderliche Vertragsverhandlungen zu führen, die Vertragsbedingungen beliebig festzulegen, abzuändern und ganz oder teilweise wieder aufzuheben,
- die zum Vollzug und der Abwicklung des Kaufvertrages notwendigen und/oder zweckdienlichen dinglichen Erklärungen und grundbuchrechtlichen Bewilligungen beliebigen Inhalts abzugeben und entgegenzunehmen, also insbesondere auch die Auflassung zu erklären,
- Vermessungen zu beantragen, Messungsergebnisse und Abmarkungen anzuerkennen sowie Identitätserklärungen abzugeben,
- der Belastung des Vertragsgegenstandes mit Grundpfandrechten in beliebiger Höhe samt beliebigen Zinsen und Nebenleistungen, auch vollstreckbaren nach § 800 ZPO, zur Finanzierung des Kaufpreises durch den Erwerber zuzustimmen und hierzu erforderliche Bewilligungen abzugeben,
- das vorstehend bezeichnete Grundeigentum mit beliebigen dinglichen Rechten in Abteilung II und III des Grundbuches zu belasten oder die Löschung bzw Freigabe derartiger Rechte zu bewilligen und deren Rang zu ändern.

Vorstehende Aufzählung ist nicht abschließend und beschränkt die Vollmacht im Außenverhältnis nicht.

Der Bevollmächtigte ist einzelvertretungsberechtigt.

Befreiung von den Beschränkungen des § 181 BGB ist erteilt, so dass der Bevollmächtigte berechtigt ist, den Vollmachtgeber bei Rechtsgeschäften mit sich im eigenen Namen oder als Vertreter eines Dritten zu vertreten.[5]

Der Bevollmächtigte ist berechtigt, im Rahmen des Vollzuges des Kaufvertrages und/oder zur Bestellung von Grundpfandrechten Untervollmacht zu erteilen.[6]

Diese Vollmacht erlischt nicht durch den Tod des Vollmachtgebers.

Diese Vollmacht ist frei widerruflich.

Die Beschränkung der Vollmacht auf einen Mindestverkaufspreis wird nicht gewünscht.[7]

Eine persönliche Haftung kann für den Veräußerer im Rahmen der Bestellung von Finanzierungsgrundpfandrechten nicht übernommen werden.[8]

Im Übrigen ist die Vollmacht im Außenverhältnis unbeschränkt und im Zweifel weit auszulegen.[9]

▪▪▪ (Regelungen über Tragung von Kosten, Erteilung von Abschriften und Ausfertigungen und notarielle Ausgansformel) ◀

2. Erläuterungen und Varianten

38 [1] Die Erteilung einer Grundstücksvollmacht ist formlos möglich (vgl § 167 Abs. 2). Im Grundbuchverfahren verlangen die §§ 29, 30 GBO mindestens die öffentliche Beglaubigung einer

Vollmacht, auf Grund derer Eintragungen im Grundbuch bewilligt werden sollen. Praktisch führt dies dazu, dass die Vollmacht zumindest zu beglaubigen ist (§ 129). In jedem Fall ist weiter zu prüfen, ob die Vollmacht nicht wegen der Gefahr der Umgehung der Formvorschrift des § 311 b beurkundungsbedürftig ist (vgl Rn 36). Unter Umständen ist auch das der Vollmacht zu Grunde liegende Rechtsgeschäft beurkundungsbedürftig (zB Bauherrenmodelle; vgl Rn 36). In der Praxis ist es angezeigt jedwede Grundstücksvollmacht nicht lediglich beglaubigen sondern beurkunden zu lassen, da zur Ermittlung der Beurkundungsbedürftigkeit eine Einzelfallbetrachtung angestellt werden muss, die mit entsprechenden Unsicherheiten verbunden ist. Der Abschluss eines aufgrund einer unwirksamen Vollmacht abgeschlossenen Rechtsgeschäfts führt auch bei dessen Vollzug im Grundbuch nicht dazu, dass die Vollmacht wirksam wird (MüKo-BGB/*Schramm* § 167 Rn 36). Die Unwirksamkeit der Vollmacht wirkt sich also trotz Grundbuchvollzug weiter aus und führt dazu, dass der eingetragene Berichtigte lediglich eine Buchposition erworben hat.

[2] Zur Unterscheidung zwischen Spezialvollmachten, Gattungsvollmachten und Generalvollmachten und zu allgemeinen Fragen s. Rn 1 ff. 39

[3] Eine Immobilienspezialvollmacht muss die Immobilie grundbuchmäßig bestimmbar bezeichnen. Es ist dringend anzuraten bereits in der Vollmacht den Bestimmungen des § 28 GBO Rechnung zu tragen und die Immobilien übereinstimmend mit dem Grundbuch oder durch Hinweis auf das Grundbuchblatt zu bezeichnen. Falls dies nicht möglich ist, ist der Bevollmächtigte zur Bestimmung zu ermächtigen: 40

► Der Bevollmächtigte ist insbesondere berechtigt, den Vertragsgegenstand zu bestimmen und grundbuchmäßig zu bezeichnen. ◄

[4] Bei der Gestaltung einer Vollmacht ist stets zu berücksichtigen, dass die Vollmacht nicht nur zur Abgabe der unmittelbar auf das intendierte Rechtsgeschäft bezogenen Erklärungen berechtigen soll, sondern darüber hinausgehend auch die zusätzlichen und weiteren Handlungen und Rechtsgeschäfte umfassen soll, um das intendierte Rechtsgeschäft vollständig abzuwickeln. Die Vollmacht muss also Abschluss und Abwicklung abdecken. Dies insbesondere unter Berücksichtigung einer Rechtsprechung, in der Grundstücksvollmachten relativ häufig zu Auslegungsfragen führen (vgl OLG München, MittBayNot 2010, 129, 130; OLG Celle, RNotZ 2010, 46, 47; OLG Hamm, 27.8.2009 – 15 Wx 310/08, BeckRS 27711). 41

Im Rahmen einer **Verkaufs**vollmacht sollte daher klargestellt werden, dass insbesondere folgende Punkte von der Vollmacht abgedeckt sind (vgl insoweit das Muster): 42

- über die eigentliche Bevollmächtigung zum Verkauf hinaus sollte der bevollmächtigte berechtigt sein, den Vertrag ganz oder teilweise abzuändern insbesondere diesen aufzuheben,
- der Bevollmächtigte sollte ausdrücklich zum grundbuchlichen Vollzug des Kaufvertrages und zur Erklärung der Auflassung bevollmächtigt werden,
- die Kaufpreisfinanzierung durch den Erwerber muss diesem ermöglicht werden; diese geschieht dadurch, dass der Verkäufer den Erwerber schon vor Eigentumsumschreibung bevollmächtigt den Vertragsgegenstand zur Finanzierung des Kaufpreises zu beleihen. Hierbei ist klarzustellen, dass die Verzinsung und die Nebenleistungen bzgl des Grundpfandrechts bestimmt werden können und die Unterwerfung des Vertragsobjektes unter die sofortige Zwangsvollstreckung gem. § 800 ZPO zulässig ist (vgl zu diesem Problemkreis BayObLG MittBayNot 1995, 293, OLG Düsseldorf MittBayNot 2000, 115; LG Regensburg MittBayNot 1992, 400; restriktiv LG Oldenburg MittBayNot 2003, 291),
- im Zusammenhang mit den vertraglichen Vereinbarungen kann es notwendig sein weitere Rechte in das Grundbuch eintragen zu lassen (zB Dienstbarkeiten) und deren Rang zu bestimmen und zu ändern.

43 Im Rahmen der **Erwerbs**vollmacht sollte weiter klargestellt werden, dass der Bevollmächtigte auch zur Abgabe der von den Banken üblicherweise verlangten persönlichen Sicherheiten berechtigt ist und zur diesbezüglichen Unterwerfung unter die sofortige Zwangsvollstreckung berechtigt ist. Der beurkundende Notar hat über den Inhalt zu belehren.

▶ Der Bevollmächtige ist zusätzlich ermächtigt, mit einer zu Gunsten des Erwerbers eingetragenen Vormerkung im Rang hinter Grundpfandrechte – insbesondere Finanzierungsgrundpfandrechte – zurückzutreten sowie für den Erwerber im Rahmen der Kaufpreisfinanzierung Schuldanerkenntnisse oder Schuldversprechen – auch gesamtschuldnerische – mit Unterwerfung unter die sofortige Zwangsvollstreckung abzugeben. Die rechtliche Bedeutung einer dinglichen Grundschuld und einer gesamtschuldnerischen persönlichen Haftung samt Zwangsvollstreckungsunterwerfung wurde eingehend erläutert. ◀

44 [5] Soll der Erwerber – dies wird der Regelfall sein – auf dem Vertragsobjekt Finanzierungsgrundpfandrechte bestellen, so muss der Bevollmächtigte von den Beschränkungen des § 181 befreit sein, damit diese Befreiung im Rahmen der Erteilung der Untervollmacht weitergegeben werden kann.

45 [6] Die Erteilung einer Untervollmacht muss zumindest für die Abwicklung des Kaufvertrages ermöglicht werden. Dies beinhaltet die Bestellung von Finanzierungsgrundpfandrechten durch den Erwerber und die Abwicklung des Kaufvertrages, die in aller Regel vom beurkundenden Notar übernommen wird. Soll Untervollmachterteilung in weiterem Umfang möglich sein – insbesondere zur Weitergabe der Vollmacht auf einen weiteren Bevollmächtigten – ist dies klarzustellen:

▶ Der Bevollmächtigte ist berechtigt, beliebig Untervollmachten zu erteilen. ◀

46 [7] Zur Absicherung des Verkäufers kann die Vollmacht im Außenverhältnis durch einen zu erzielenden Mindestverkaufspreis eingeschränkt werden:

▶ Die Vollmacht wird im Außenverhältnis dahin eingeschränkt, das der Verkaufspreis mindestens ■■■ betragen muss. ◀

47 [8] Im Rahmen der Verkaufsvollmacht soll der Erwerber in die Lage versetzt werden das Grundstück vor Eigentumsumschreibung zu beleihen. Die Übernahme einer persönlichen Haftung durch den Verkäufer ist nicht notwendig. Insoweit empfiehlt sich eine dahingehende Einschränkung der Vollmacht im Außenverhältnis.

48 [9] Zu Auslegungsregelungen s. Rn 26. Zu **Notargebühren** vgl. Rn 36, zu **Rechtsanwaltsgebühren** vgl § 107 Rn 7.

III. Immobilienkauf

49 **1. Muster: Kauf einer Immobilie (Spezialvollmacht)**

▶ **Immobilienkaufsvollmacht**

■■■ (notarieller Urkundseingang)

Spezialvollmacht

■■■ (Grundbuchstand)

Der Eigentümer beabsichtigt den vorbezeichneten Vertragsgegenstand zu erwerben und sich übereignen zu lassen.

■■■ – im Folgenden auch „der Vollmachtgeber" – bevollmächtigt hierzu ■■■ geb. am ■■■, wohnhaft ■■■ – im Folgenden auch „der Bevollmächtigte" – umfassend und unbeschränkt beliebige schuldrechtliche und dingliche Erklärungen abzugeben und entgegenzunehmen, die aus Sicht des Bevollmächtigten zur Erreichung des vorstehend bezeichneten Zieles notwendig und/oder zweckmäßig sind.

Der Bevollmächtigte ist insbesondere bevollmächtigt

- das vorstehend bezeichnete Grundeigentum zu kaufen, sämtliche hierzu erforderliche Vertragsverhandlungen zu führen, die Vertragsbedingungen beliebig festzulegen, abzuändern und ganz oder teilweise wieder aufzuheben,
- die zum Vollzug und der sachgerechten Abwicklung des Kaufvertrages notwendigen und/oder zweckdienlichen dinglichen Erklärungen und grundbuchrechtlichen Bewilligungen beliebigen Inhalts abzugeben und entgegenzunehmen, also insbesondere auch die Auflassung zu erklären und/oder entgegenzunehmen,
- Vermessungen zu beantragen, Messungsergebnisse und Abmarkungen anzuerkennen sowie Identitätserklärungen abzugeben,
- die zur Belastung des Vertragsgegenstandes mit Grundpfandrechten in beliebiger Höhe samt beliebigen Zinsen und Nebenleistungen, auch vollstreckbaren nach § 800 ZPO, notwendigen Erklärungen für den Vollmachtgeber abzugeben oder diesen Erklärungen zuzustimmen und hierzu erforderliche Bewilligungen abzugeben, das vorstehend bezeichnete Grundeigentum mit beliebigen dinglichen Rechten in Abteilung II und III des Grundbuches zu belasten oder die Löschung bzw Freigabe derartiger Rechte zu bewilligen und deren Rang zu ändern,
- mit einer zu Gunsten des Vollmachtgebers eingetragenen Vormerkung im Rang hinter Rechte – insbesondere Finanzierungsgrundpfandrechte – zurückzutreten,
- für den Vollmachtgeber im Rahmen der Kaufpreisfinanzierung Schuldanerkenntnisse oder Schuldversprechen – auch gesamtschuldnerische – mit Unterwerfung unter die sofortige Zwangsvollstreckung abzugeben.

Die rechtliche Bedeutung einer dinglichen Grundschuld und einer gesamtschuldnerischen persönlichen Haftung samt Zwangsvollstreckungsunterwerfung wurde eingehend vom Notar erläutert.

Vorstehende Aufzählung ist nicht abschließend und beschränkt die Vollmacht im Außenverhältnis nicht.

Der Bevollmächtigte ist einzelvertretungsberechtigt.

Befreiung von den Beschränkungen des § 181 BGB ist erteilt, so dass der Bevollmächtigte berechtigt ist, den Vollmachtgeber bei Rechtsgeschäften mit sich im eigenen Namen oder als Vertreter eines Dritten zu vertreten.

Der Bevollmächtigte ist berechtigt, im Rahmen des Vollzuges des Kaufvertrages Untervollmacht zu erteilen. Diese Vollmacht erlischt nicht durch den Tod des Vollmachtgebers.

Diese Vollmacht ist frei widerruflich.

Die Beschränkung der Vollmacht auf einen Höchstkaufpreis wird nicht gewünscht.

Im Übrigen ist die Vollmacht im Außenverhältnis unbeschränkt und im Zweifel weit auszulegen.

■■■ (Regelungen über Tragung von Kosten, Erteilung von Abschriften und Ausfertigungen und notarielle Ausgangsformel) ◄

2. Erläuterungen

Vorstehendes Muster enthält eine vollständige Vollmacht zum Kauf einer Immobilie. Im Übrigen s. Rn 38 ff. Zu **Notar- und Rechtsanwaltsgebühren** vgl § 107 Rn 6. 50

IV. GmbH-Gründung

1. Muster: Gründung einer GmbH (Spezialvollmacht) 51

► **Spezialvollmacht** 

Ich, der unterzeichnende Vollmachtgeber ■■■, geb. am ■■■, wohnhaft ■■■ beabsichtige mich als Gesellschafter bei der Gründung einer GmbH deutschen Rechts, auch in der Form einer Unternehmergesellschaft, zu beteiligen.

Ich, als Vollmachtgeber, bevollmächtige hierzu ■■■, geb. am ■■■, wohnhaft ■■■ (Bevollmächtigter) – im Folgenden auch „der Bevollmächtigte" – mich bei der Gründung einer GmbH umfassend und unbeschränkt zu vertreten und beliebige schuldrechtliche und dingliche Erklärungen abzugeben und entgegenzunehmen, die aus Sicht des Bevollmächtigten zur Erreichung des vorstehend bezeichneten Zieles notwendig und/oder zweckmäßig sind.[1]

Der Bevollmächtigte ist insbesondere ermächtigt,[2]

- den Inhalt des Gesellschaftsvertrages (zB Firma, Sitz, Gegenstand des Unternehmens und Betrag des Stammkapitals) beliebig festzulegen, abzuändern und diesen ganz oder teilweise wieder aufzuheben,
- für mich in Anzahl und Nennbetrag beliebige Geschäftsanteile gegen Geld- bzw Sacheinlage auf das Stammkapital bei der zu gründenden Gesellschaft zu übernehmen,
- die Einlageverpflichtung zu erfüllen (zB bei Sacheinlagen den Einbringungsvertrag abzuschließen und diesen dinglich zu vollziehen)
- neben der Übernahme von Geschäftsanteilen auch andere Verpflichtungen gegenüber der Gesellschaft zu übernehmen,
- im Rahmen der Gründung der Gesellschaft Geschäftsführer und/oder Prokuristen beliebig zu bestellen und abzuberufen,
- im Rahmen der Gründung der Gesellschaft beliebige weitere Beschlüsse zu fassen (zB Beschlüsse zur Befreiung von Wettbewerbsverboten),
- die zum Vollzug und der Abwicklung der Gründung notwendigen und/oder zweckdienlichen Erklärungen beliebigen Inhalts abzugeben und entgegenzunehmen, also insbesondere auch Handelsregisteranmeldungen sowie sonstige Erklärungen gegenüber den Handelsregistern aller Art vorzunehmen.

Vorstehende Aufzählung ist nicht abschließend und beschränkt die Vollmacht im Außenverhältnis nicht.

Der Bevollmächtigte ist einzelvertretungsberechtigt.

Befreiung von den Beschränkungen des § 181 BGB ist erteilt, so dass der Bevollmächtigte berechtigt ist, den Vollmachtgeber bei Rechtsgeschäften mit sich im eigenen Namen oder als Vertreter eines Dritten zu vertreten.[3]

Der Bevollmächtigte ist berechtigt, beliebig Untervollmacht zu erteilen.[4]

Diese Vollmacht erlischt nicht durch den Tod des Vollmachtgebers.

Diese Vollmacht ist frei widerruflich.

Die Vollmacht ist im Außenverhältnis unbeschränkt und im Zweifel weit auszulegen.[5]

■■■, den ■■■

■■■

Unterschrift

■■■

Unterschriftsbeglaubigung ◄

2. Erläuterungen und Varianten

52 [1] Die Gründung einer GmbH durch Bevollmächtigte ist nur auf Grund einer notariell **beurkundeten** oder **beglaubigten** Vollmacht zulässig (§ 2 Abs. 2 GmbHG). Das Formerfordernis des § 2 Abs. 2 GmbH stellt eine echte Spezialregelung zu § 167 Abs. 2. Die Einhaltung der Form ist deshalb **echte Wirksamkeitsvoraussetzung** der Vollmacht (vgl statt aller *Hueck/Fastrich* in Baumbach/Hueck, GmbHG § 2 Rn 17). Dies ist insbesondere bei der Gründung einer Einmann-GmbH zu beachten, da hier die Rechtsfolge einer unwirksamen Vollmacht gem. § 180 grds. die Nichtigkeit der Gründung ist (LG Berlin GmbHR 1996, 123; OLG Frankfurt DNotZ 2003,

459, 461; OLG Schleswig v. 05.04.1993, Az.: 9 W 26/93). Bei einer Mehrmann-GmbH führt hingegen die Gründung ohne Vollmacht dazu, dass die Gründung schwebend unwirksam ist. Genehmigung gem. § 182 ist demgemäß möglich, muss aber zumindest in notariell beglaubigter Form erfolgen (vgl statt aller *Hueck/Fastrich* in Baumbach/Hueck, GmbHG § 2 Rn 17).

[2] Die Aufzählung beinhaltet die üblicherweise im Rahmen einer GmbH-Gründung erforderlichen Rechtshandlungen und orientiert sich an § 5 GmbHG. Die Vollmacht wurde möglichst weit ausgestaltet und deckt auch eine Sachgründung ab. Ergänzend wurde noch vorgesehen, dass auch weitere Verpflichtungen gegenüber der Gesellschaft übernommen werden können, was im Rahmen der Zahlung eines Aufgeldes relevant werden kann und das weitere Beschlüsse im Rahmen der Gründung gefasst werden können. 53

Zu beachten ist, dass bestimmte Erklärungen in der Anmeldung der Gesellschaft zum Registergericht **nur** den Geschäftsführern **höchstpersönlich** abgegeben werden können (vgl § 8 Abs. 2 und Abs. 3 GmbHG) und die Eintragung der Gesellschaft in das Handelsregister somit die Registeranmeldung durch alle bestellten Geschäftsführer voraussetzt. 54

[3] Die Befreiung von § 181 ist notwendig, soweit der Bevollmächtigte Mitgründer ist oder mehrere Gründer vertritt. 55

[4] Die Vollmacht sollte die Erteilung von Untervollmachten vorsehen, da im Rahmen des Vollzuges idR Vollzugsvollmachten an den beurkundenden Notar und/oder die anderen Gründer erteilt werden. 56

[5] Der Bevollmächtigte sollte im Außenverhältnis möglichst unbeschränkt sein, da es in der Praxis häufig im Zusammenhang mit der Firma und dem Unternehmensgegenstand der GmbH im Registerverfahren und in der Koordination mit der zuständigen Industrie- und Handelskammer Probleme auftauchen. Zu seinem Schutz und zur Eingrenzung des rechtlichen Dürfens des bevollmächtigten sollte der Vollmachtgeber diesbezüglich eher mit Anweisungen an den Bevollmächtigten im Innenverhältnis arbeiten. Alternativ kann auch eine Beschränkung im Außenverhältnis vorgesehen werden. Die Reichweite der Beschränkung ist dabei präzise herauszuarbeiten. Auf eine völlige Festlegung durch eine genaue Festlegung des zu beurkundenden GmbH-Gesellschaftsvertrages sollte wegen der damit einhergehenden völligen Inflexibilität verzichtet werden. 57

▶ Die Vollmacht wird im Außenverhältnis dahin eingeschränkt, dass für mich nur insgesamt Geschäftsanteile bis zu einem Höchstnennwert von EUR ▪▪▪ übernommen werden dürfen, der Sitz der Gesellschaft in ▪▪▪ sein muss, das Stammkapital der GmbH ▪▪▪ EUR betragen muss und der Unternehmensgegenstand des Unternehmens wie folgt lauten muss: ▪▪▪ (Unternehmensgegenstand).

Im Übrigen ist die Vollmacht im Außenverhältnis unbeschränkt und im Zweifel weit auszulegen. ◀

Zu **Rechtsanwaltsgebühren** vgl § 107 Rn 6. Der Geschäftswert im Hinblick auf die **Notargebühren** gem. § 41 Abs. 2 KostO richtet sich nach dem Wert der zu übernehmenden Geschäftsanteile, soweit keine weitergehenden Verpflichtungen seitens des Vollmachtgebers im Rahmen der Gründung übernommen werden. Der Geschäftswert ist begrenzt auf 500.000 EUR (§ 41 Abs. 2, 4 KostO). 58

V. AG-Gründung

1. Muster: Gründung einer AG (Spezialvollmacht) 59

▶ **Spezialvollmacht**

Ich, der unterzeichnende Vollmachtgeber ▪▪▪, geb. am ▪▪▪, wohnhaft ▪▪▪ (Vollmachtgeber), beabsichtige mich als Gesellschafter bei der Gründung einer Aktiengesellschaft deutschen Rechts zu beteiligen.

Ich, als Vollmachtgeber, bevollmächtige hierzu ■■■, geb. am ■■■, wohnhaft ■■■ (Bevollmächtigter) – im Folgenden auch „der Bevollmächtigte" – mich bei der Gründung einer Aktiengesellschaft umfassend und unbeschränkt zu vertreten und beliebige schuldrechtliche und dingliche Erklärungen abzugeben und entgegenzunehmen, die aus Sicht des Bevollmächtigten zur Erreichung des vorstehend bezeichneten Zieles notwendig und/oder zweckmäßig sind.

Der Bevollmächtigte ist insbesondere ermächtigt

- den Inhalt der Satzung (zB Firma, Sitz, Gegenstand des Unternehmens, Höhe des Grundkapitals, Anzahl und Art der Aktien) beliebig festzulegen, abzuändern und diese ganz oder teilweise wieder aufzuheben,
- die Bestellung eines Gründungsprüfers bei zuständigen Gericht zu beantragen,
- mich bei der Bestellung des ersten Aufsichtsrates der Gesellschaft und des Abschlussprüfers für das erste Voll- oder Rumpfgeschäftsjahr zu vertreten,
- für mich eine beliebige Anzahl Aktien bei der zu gründenden Gesellschaft zu beliebigen Ausgabebeträgen gegen Bar- und/oder Sacheinlage zu übernehmen gleich ob es sich hierbei um Nennbetragsaktien oder Stückaktien handelt und gleich ob die Aktien auf den Inhaber oder auf den Namen ausgestellt werden,
- die Einlageverpflichtung zu erfüllen (zB bei Sacheinlagen den Einbringungsvertrag abzuschließen und diesen dinglich zu vollziehen)
- und die zum Vollzug und der Abwicklung der Gründung notwendigen und/oder zweckdienlichen Erklärungen beliebigen Inhalts abzugeben und entgegenzunehmen, also insbesondere auch Handelsregisteranmeldungen sowie sonstige Erklärungen gegenüber den Handelsregistern aller Art vorzunehmen.

Vorstehende Aufzählung ist nicht abschließend und beschränkt die Vollmacht im Außenverhältnis nicht.

Der Bevollmächtigte ist einzelvertretungsberechtigt.

Befreiung von den Beschränkungen des § 181 BGB ist erteilt, so dass der Bevollmächtigte berechtigt ist, den Vollmachtgeber bei Rechtsgeschäften mit sich im eigenen Namen oder als Vertreter eines Dritten zu vertreten.

Der Bevollmächtigte ist berechtigt, beliebig Untervollmacht zu erteilen.[4]

Diese Vollmacht erlischt nicht durch den Tod des Vollmachtgebers.

Diese Vollmacht ist frei widerruflich.

Die Beschränkung der Vollmacht im Außenverhältnis wird nicht gewünscht.

Die Vollmacht ist im Außenverhältnis unbeschränkt und im Zweifel weit auszulegen.

■■■, den ■■■

■■■

Unterschrift

■■■

Unterschriftsbeglaubigung ◄

2. Erläuterungen und Varianten

60 [1] Die Gründung einer AktG durch Bevollmächtigte ist nur auf Grund einer notariell **beurkundeten** oder **beglaubigten** Vollmacht zulässig (§ 23 Abs. 1 AktG). Das Formerfordernis des § 23 Abs. 1 AktG stellt eine echte Spezialregelung zu § 167 Abs. 2 dar. Die Einhaltung der Form ist deshalb echte Wirksamkeitsvoraussetzung der Vollmacht (vgl statt aller *Hüffer* AktG § 23 Rn 12). Dies ist insbesondere bei der Gründung einer Einmann-AktG zu beachten, da hier die Rechtsfolge einer unwirksamen Vollmacht gem. § 180 grds. die **Nichtigkeit** der Gründung ist. Bei einer Mehrmann-AktG ist hingegen führt die Gründung ohne Vollmacht dazu, dass die

Gründung schwebend unwirksam ist. Genehmigung gem. § 182 ist demgemäß möglich, muss aber zumindest in notariell beglaubigter Form erfolgen (*Hüffer* AktG § 23 Rn 42).

[2] Die Aufzählung beinhaltet die üblicherweise im Rahmen einer AG-Gründung erforderlichen Rechtshandlungen und orientiert sich an §§ 23, 30 AktG. Die Vollmacht wurde möglichst weit ausgestaltet und deckt auch eine Sachgründung ab. Zu beachten ist, dass bestimmte Erklärungen gegenüber dem Registergericht nur von den Vorständen, Aufsichtsräten oder Gründern höchstpersönlich abgegeben werden können (vgl §§ 36, 37 AktG). 61

[3] Die Befreiung von § 181 ist notwendig, soweit der Bevollmächtigte Mitgründer ist oder mehrere Gründer vertritt. 62

[4] Die Vollmacht sollte die Erteilung von Untervollmachten vorsehen, da im rahmen des Vollzuges idR Vollzugsvollmachten an den beurkundenden Notar und/oder die anderen Gründer erteilt werden. 63

[3] Der Bevollmächtigte sollte im Außenverhältnis möglichst unbeschränkt sein, da es in der Praxis häufig im Zusammenhang mit der Firma und dem Unternehmensgegenstand der AktG im Registerverfahren und in der Koordination mit der zuständigen Industrie- und Handelskammer Probleme auftauchen. Zu seinem Schutz und zur Eingrenzung des rechtlichen Dürfens des bevollmächtigten sollte der Vollmachtgeber diesbezüglich eher mit Anweisungen an den Bevollmächtigten im Innenverhältnis arbeiten. Alternativ kann auch eine Beschränkung im Außenverhältnis vorgesehen werden. Die Reichweite der Beschränkung ist dabei präzise herauszuarbeiten. Auf eine völlige Festlegung durch eine genaue Festlegung der zu beurkundenden AG-Satzung sollte wegen der damit einhergehenden völligen Inflexibilität verzichtet werden. 64

▶ Die Vollmacht wird im Außenverhältnis dahin eingeschränkt, dass für mich nur ... (Anzahl) Stückaktien zum Ausgabebetrag von bis zu EUR ... pro Aktie/ ... (Anzahl) Aktien im Nennbetrag von EUR ... zum Ausgabebetrag von bis zu EUR ... übernommen werden dürfen, der Sitz der Gesellschaft in ... sein muss, das Stammkapital der AG EUR ... betragen muss und der Unternehmensgegenstand des Unternehmens wie folgt lauten muss: ... (Unternehmensgegenstand).

Im Übrigen ist die Vollmacht im Außenverhältnis unbeschränkt und im Zweifel weit auszulegen. ◀

Zu Notar- und Rechtsanwaltsgebühren vgl Rn 36. Der Geschäftswert im Hinblick auf die Notargebühren gem. § 41 Abs. 2 KostO richtet sich nach dem Wert der zu übernehmenden Aktien, soweit keine weitergehenden Verpflichtungen seitens des Vollmachtgebers im Rahmen der Gründung übernommen werden. Der Geschäftswert ist begrenzt auf 500.000 EUR (§ 41 Abs. 2, 4 KostO). 65

B. Art- oder Gattungsvollmachten

I. Allgemeine Stimmrechtsvollmacht bei einer GmbH

1. Muster: Allgemeine Stimmrechtsvollmacht bei einer GmbH[1] 66

54

▶ **Stimmrechtsvollmacht[2]**

Ich, der unterzeichnende Vollmachtgeber ..., bin Gesellschafter der ... GmbH mit dem Sitz in ... vorgetragen im Handelsregister des Amtsgerichts ... unter HRB ...

Ich, als Vollmachtgeber, erteile hiermit ... geb. am ..., wohnhaft ... (Bevollmächtigter) – im Folgenden auch „der Bevollmächtigte" – eine Generalvollmacht mich in beliebigen Gesellschafterversammlungen der vorgenannten GmbH zu vertreten.

Der Bevollmächtigte ist insbesondere ermächtigt, mein Stimmrecht für mich auszuüben und Beschlüsse jeder Art zu fassen (zB Änderungen des Gesellschaftsvertrages), sowie Widerspruchs-, Anfechtungs-, Auskunfts- und sonstige Mitverwaltungs- und Vermögensrechte geltend zu machen. Vorstehende Aufzählung ist nicht abschließend und beschränkt die Vollmacht im Außenverhältnis nicht.

Der Bevollmächtigte ist einzelvertretungsberechtigt.

Befreiung von den Beschränkungen des § 181 BGB ist erteilt, so dass der Bevollmächtigte berechtigt ist, den Vollmachtgeber bei Rechtsgeschäften mit sich im eigenen Namen oder als Vertreter eines Dritten zu vertreten.

Der Bevollmächtigte ist berechtigt, beliebig Untervollmacht zu erteilen.

Diese Vollmacht erlischt nicht durch den Tod des Vollmachtgebers.

Diese Vollmacht ist frei widerruflich.

Die Vollmacht ist im Außenverhältnis unbeschränkt und im Zweifel weit auszulegen.[3]

..., den ...

...

Unterschrift ◀

2. Erläuterungen und Varianten

67 [1] Ein Gesellschafter einer GmbH kann sich bei der Ausübung seines Stimmrechts vertreten lassen. Im Gesellschaftsvertrag können Erleichterungen und zumindest bei personalistischem Zuschnitt der Gesellschaft auch Erschwerungen vereinbart werden.

68 [2] Die Stimmrechtsvollmacht bedarf der **Textform** (§ 47 Abs. 3 GmbHG). Weitereichende Formerfordernisse bestehen auch bei der Abstimmung über Beschlüsse, die beurkundungspflichtig sind entsprechend § 167 Abs. 2 grds. nicht. Zu beachten ist jedoch, dass die **Übernahme neuer Geschäftsanteile** gem. § 55 Abs. 1 GmbHG nach allgA (vgl nur Scholz/*Priester*, GmbHG, § 55 Rn 78 mwN) nur auf Grund einer zumindest notariell beglaubigten Vollmacht erfolgen kann. Gegebenenfalls ist die Stimmrechtsvollmacht wie folgt zu ergänzen:

▶ Der Bevollmächtigte ist weiter berechtigt für mich, im Rahmen von beliebigen Kapitalerhöhungen, in Anzahl und Nennbetrag beliebige Geschäftsanteile, gegen Einlage auf das Stammkapital bei der vorstehenden Gesellschaft, zu übernehmen ◀

69 Weiter ist zu beachten, dass für Stimmrechtsvollmachten für Maßnahmen nach dem UmwG (**Umwandlungsvorgänge**) nach hA zumindest notarielle Beglaubigung erforderlich ist (str. vgl Semler/Stengel/*Bärwaldt*, UmwG, § 193 Rn 12). In den Fällen, in denen die Zustimmung des Gesellschafters zum Umwandlungsbeschluss notwendig ist, wird teilweise auch die Beurkundungsbedürftigkeit der Vollmacht vertreten (vgl Widmann/Mayer/*Vollrath*, UmwG, § 193 Rn 24).

70 § 181 ist auf Beschlüsse in Gesellschafterversammlungen nach der Rechtsprechung des BGH nicht anwendbar (BGHZ 52, 316). Diese Rechtsprechung ist in der Literatur umstritten (NK-BGB/*Stoffels* § 181 Rn 28 ff mwN) so dass zur Klarstellung eine Befreiung von § 181 zu empfehlen ist. Unbenommen bleibt natürlich die Möglichkeit die ausdrückliche Geltung von § 181 anzuordnen. Zu **Notargebühren** vgl. Rn 14, zu **Rechtsanwaltsgebühren** vgl § 107 Rn 7.

II. Allgemeine Stimmrechtsvollmacht bei einer AG

71 ### 1. Muster: Allgemeine Stimmrechtsvollmacht bei einer AG

▶ **Stimmrechtsvollmacht bei einer AG[1]**

Ich, der unterzeichnende Vollmachtgeber ..., geb. am ..., wohnhaft ... bin Aktionär der ... AG mit dem Sitz in ... vorgetragen im Handelsregister des Amtsgerichts ... unter HRB ... Am Grundkapital der vorgenannten AG bin ich mit ... Inhaberstückaktien ohne Nennbetrag beteiligt.

Ich, als Vollmachtgeber, erteilte hiermit ... geb. am ..., wohnhaft ... (Bevollmächtigter) – im Folgenden auch „der Bevollmächtigte" – eine Generalvollmacht mich in beliebigen Gesellschafterversammlungen der vorgenannten AG zu vertreten.

Der Bevollmächtigte ist insbesondere ermächtigt, mein Stimmrecht für mich auszuüben und Beschlüsse jeder Art zu fassen (zB Änderungen des Gesellschaftsvertrages), sowie Widerspruchs-, Anfechtungs-, Auskunfts- und sonstige Mitverwaltungs- und Vermögensrechte geltend zu machen, insbesondere neue Aktien für mich zu zeichnen und alle damit zusammenhängenden Verpflichtungen zu übernehmen.

Vorstehende Aufzählung ist nicht abschließend und beschränkt die Vollmacht im Außenverhältnis nicht.

Der Bevollmächtigte ist einzelvertretungsberechtigt.

Befreiung von den Beschränkungen des § 181 BGB ist erteilt, so dass der Bevollmächtigte berechtigt ist, den Vollmachtgeber bei Rechtsgeschäften mit sich im eigenen Namen oder als Vertreter eines Dritten zu vertreten.[2]

Der Bevollmächtigte ist berechtigt, beliebig Untervollmacht zu erteilen.

Diese Vollmacht erlischt nicht durch den Tod des Vollmachtgebers.

Diese Vollmacht ist frei widerruflich.

Die Vollmacht ist im Außenverhältnis unbeschränkt und im Zweifel weit auszulegen.[3]

■■■, den ■■■

■■■

Unterschrift[3] ◀

2. Erläuterungen

[1] Der Aktionär einer AG kann sich bei der Stimmrechtsausübung vertreten lassen (§ 134 Abs. 3 AktG). Die Bevollmächtigungsmöglichkeit kann durch die Satzung nicht ausgeschlossen werden (§ 23 Abs. 5 AktG). Zur Bevollmächtigung von **Kreditinstituten** vgl § 135 AktG. 72

[2] § 181 ist auf Beschlüsse in Gesellschafterversammlungen nach der Rechtsprechung des BGH nicht anwendbar (BGHZ 52, 316). Diese Rechtsprechung ist in der Literatur umstritten (NK-BGB/*Stoffels* § 181 Rn 28 ff mwN) so dass zur Klarstellung eine Befreiung von § 181 zu empfehlen ist. Unbenommen bleibt natürlich die Möglichkeit die ausdrückliche Geltung von § 181 anzuordnen. 73

[3] Die Stimmrechtsvollmacht bedarf der **Textform**, soweit in der Satzung oder in der Einberufung auf Grund einer Ermächtigung durch die Satzung nichts Abweichendes und bei börsennotierten Gesellschaften nicht eine Erleichterung bestimmt wird (§ 134 Abs. 3 AktG). Weitereichende Formerfordernisse bestehen, auch bei der Abstimmung über Beschlüsse für die eine Beurkundungspflichtig besteht, entsprechend § 167 Abs. 2 grds. nicht. Zu **Notargebühren** vgl. Rn 36, zu **Rechtsanwaltsgebühren** vgl § 107 Rn 7. 74

III. Art- oder Gattungsvollmacht bei Zwangsversteigerung und -verwaltung

1. Muster: Zwangsversteigerungs- und Zwangsverwaltungsvollmacht (Art- oder Gattungsvollmacht) 75

▶ Zwangsversteigerung- und Zwangsverwaltungsvollmacht

Ich, der unterzeichnende Vollmachtgeber ■■■, geb. am ■■■ wohnhaft ■■■ (Vollmachtgeber) – im Folgenden auch „der Vollmachtgeber" – erteilt hiermit ■■■, geb. am ■■■, wohnhaft ■■■ (Bevollmächtigter) – im Folgenden auch „der Bevollmächtigte" – Generalvollmacht zur Vertretung des Vollmachtgebers in beliebigen Verfahren betreffend die Zwangsversteigerung und Zwangsverwaltung von Grundbesitz jeglicher Art.

Der Bevollmächtigte ist insbesondere ermächtigt,

- für den Vollmachtgeber zu bieten,
- für den Vollmachtgeber die Erteilung des Zuschlags zu beantragen,

- für den Vollmachtgeber die Rechte aus dem Meistgebot zu übernehmen oder an einen Dritten abzutreten,
- den auf den Vollmachtgeber entfallenden Teil des Versteigerungserlöses in Empfang zu nehmen,
- beliebig Gelder und Urkunden in Zusammenhang mit einem Zwangsversteigerungs- und/oder Zwangsverwaltungsverfahren in Empfang zu nehmen,
- Eintragungen aller Art im Grundbuch zu bewilligen und zu beantragen sowie Vereinbarungen über das Bestehenbleiben von Rechten zu treffen,
- das Aufgebotsverfahren im Hinblick auf die Ausschließung eines unbekannten Berechtigten oder die Kraftloserklärung eines Hypotheken-, Grundschuld- oder Rentenschuldbriefes zu beantragen.

Vorstehende Aufzählung ist nicht abschließend und beschränkt die Vollmacht im Außenverhältnis nicht.[1]

Die Vollmacht ist in ihrer Höhe nicht beschränkt.

Die Vollmacht ist im Außenverhältnis unbeschränkt und im Zweifel weit auszulegen.

Im Innenverhältnis darf der Bevollmächtigte nur nach Weisung des Vollmachtgebers tätig werden. Weisungen sind Dritten gegenüber nicht nachzuweisen.

Befreiung von den Beschränkungen des § 181 BGB ist erteilt. Der Bevollmächtigte ist berechtigt, Untervollmacht zu erteilen.

..., den ...

...

Unterschrift

...

Unterschriftsbeglaubigung[2] ◀

2. Erläuterungen und Varianten

76 [1] Die Vollmacht für das Zwangsversteigerungs- und Zwangsverwaltungsverfahren ist in erster Linie eine **Prozessvollmacht**. Die im Muster vorgestellte Vollmacht ist als Gattungsvollmacht ausgestaltet und deckt insbesondere die typischerweise von einem Bieter vorzunehmenden Rechtshandlungen ab (vgl §§ 71 Abs. 2, 81 Abs. 2 ZVG, 91 Abs. 2 ZVG).

77 Das vorstehende Muster ist nicht auf eine bestimmte Immobilie beschränkt. Die Beschränkung auf eine bestimmte Immobilie kann wie folgt formuliert werden:

▶ ..., geb. am ... wohnhaft ... (Vollmachtgeber) – im Folgenden auch „der Vollmachtgeber" – erteilt hiermit.., geb. am ..., wohnhaft ... (Bevollmächtigter) – im Folgenden auch „der Bevollmächtigte" – Generalvollmacht zur Vertretung des Vollmachtgebers in dem Verfahren betreffend die Zwangsversteigerung und Zwangsverwaltung des folgenden Grundbesitzes: ... (Grundbuchstand) ◀

78 [2] Die Zwangsversteigerungsvollmacht unterliegt an sich keiner besonderen Form (§ 167 Abs. 2). Aus Verfahrensrechtlichen Gründen ist sie jedoch zumindest in öffentlich beglaubigter Form nachzuweisen (vgl §§ 71 Abs. 2, 81 Abs. 2, 3, 91 Abs. 2 ZVG). Zu **Notargebühren** vgl. Rn 36, zu **Rechtsanwaltsgebühren** vgl § 107 Rn 7.

IV. Bankvollmacht

79 **1. Muster: Allgemeine Bankvollmacht (Art- oder Gattungsvollmacht)**

▶ **Bankvollmacht**

Ich, der unterzeichnende Vollmachtgeber ... geb. am ..., wohnhaft ... (Vollmachtgeber) ... bevollmächtige hiermit ... Herrn ... geb. am ..., wohnhaft ... (Bevollmächtigter) – im Folgenden auch „der Bevollmächtigte" – mich im Geschäftsverkehr bei beliebigen Geldinstituten, bei welchen ich ein

Konto und /oder Depot unterhalte, zu vertreten. Die Vollmacht gilt je für alle bei den jeweiligen Geldinstituten bestehenden und künftigen Konten und/oder Depots gleich welcher Art.[1]

Der Bevollmächtigte ist insbesondere ermächtigt

- über das jeweilige Guthaben (zB durch Überweisung, Barabhebungen, Schecks) – auch zu seien Gunsten- zu verfügen und in diesem Zusammenhang auch Festgeldkonten und sonstige Einlagenkonten einzurichten,
- eingeräumte Kredite in Anspruch zu nehmen,
- von der Möglichkeit vorübergehender Kontoüberziehungen im banküblichen Rahmen Gebrauch zu machen,
- An- und Verkäufe von Wertpapieren und Devisen zu tätigen und die Auslieferung an sich zu verlangen,
- Abrechnungen, Kontoauszüge, Wertpapier-, Depot- und Erträgnisaufstellungen sowie sonstige die Konten und/oderDepots betreffenden Mitteilungen und Erklärungen entgegenzunehmen und anzuerkennen,
- sowie Debitkarten zu beantragen.

Vorstehende Aufzählung ist nicht abschließend und beschränkt die Vollmacht im Außenverhältnis nicht.

Der Bevollmächtigte ist einzelvertretungsberechtigt.

Befreiung von den Beschränkungen des § 181 BGB ist erteilt, so dass der Bevollmächtigte berechtigt ist, den Vollmachtgeber bei Rechtsgeschäften mit sich im eigenen Namen oder als Vertreter eines Dritten zu vertreten.

Der Bevollmächtigte ist nicht berechtigt Untervollmacht zu erteilen.

Diese Vollmacht erlischt nicht durch den Tod des Vollmachtgebers.

Diese Vollmacht ist frei widerruflich.

Die Vollmacht ist im Außenverhältnis unbeschränkt und im Zweifel weit auszulegen.[2]

..., den ...

...

Unterschrift

...

notarielle Unterschriftsbeglaubigung[2] ◀

2. Erläuterungen und Varianten

[1] Die vorstehende Bankvollmacht ist weit ausgestaltet und umfasst sämtliche Konten und/ oder Depots des Vollmachtgebers die dieser bei beliebigen Kreditinstituten unterhält. Die Bankvollmacht ist von der Vollmacht zum Abschluss von Kreditverträgen zu unterscheiden. Während eine Bankvollmacht sich auf bestehende Konten und eingeräumte Darlehen bezieht, ermöglicht eine Vollmacht zum Abschluss von Kreditverträgen zu einer neuen Vereinbarung von Darlehen. In diesem Zusammenhang ist zu beachten, dass im Zusammenhang mit **Verbraucherdarlehensverträgen,** nur die notarielle Vollmacht von der Aufnahme der Pflichtangaben des § 492 Abs. 1 und Abs. 2 befreit ist (§ 492 Abs. 4 S. 2). 80

Das vorstehende Muster ist nicht auf ein bestimmtes Konto und/oder Depot beschränkt. Die Beschränkung auf ein bestimmtes Konto und/oder Depot kann wie folgt formuliert werden: 81

▶ Ich, der unterzeichnende Vollmachtgeber ... geb. am ..., wohnhaft ... (Vollmachtgeber) ... bevollmächtige hiermit Herrn ... geb. am ..., wohnhaft ... (Bevollmächtigter) – im Folgenden auch „der Bevollmächtigte" – mich im Geschäftsverkehr bei dem ... – Geldinstitut bezüglich der folgenden Konten zu vertreten:

– Konto Nr. ... (Nummer des Kontos), ◀

▶ – Konto Nr. ▪▪▪ (Nummer des Kontos). ◀

82 [2] Das Muster sieht keinerlei Beschränkungen der Vollmacht im Außenverhältnis vor. Wenn das für die Erteilung einer so weitreichenden Vollmacht notwendige Vertrauensverhältnis nicht vorliegt kann die Vollmacht eingeschränkt werden. Auf eine eindeutige Formulierung der Einschränkung ist zu achten. Gängig sind die folgenden Einschränkungen:

▶ Die Vollmacht wird im Außenverhältnis dahin eingeschränkt, dass

- der Bevollmächtigte bei vorstehenden Rechtsgeschäften auf Verfügungen über einen Höchstbetrag von EUR ▪▪▪ im Einzelfall und einen Höchstbetrag von EUR ▪▪▪ insgesamt beschränkt ist,
- Kontoüberziehungen nicht zulässig sind,
- eingeräumte Kredite nicht in Anspruch genommen werden dürfen,
- Finanztermingeschäfte nicht zulässig sind.

Im Übrigen ist die Vollmacht im Außenverhältnis unbeschränkt und im Zweifel weit auszulegen. ◀

83 [3] Die Bankvollmacht unterliegt an sich keiner besonderen Form (§ 167 Abs. 2). Aus bankeninternen Gründen wird jedoch regelmäßig eine Identitätskontrolle durch das jeweilige Bankinstitut notwendig sein. Teilweise verlangen die Banken auch die Verwendung der jeweils hauseigenen Muster. In der Praxis sind diese Fragen vorab mit dem jeweiligen Kreditinstitut zu klären. Zumindest wenn die Vollmacht öffentlich beglaubigt oder beurkundet ist, wird eine Vollmacht, bei entsprechender inhaltlicher Ausgestaltung, von den Banken idR akzeptiert. Zu **Notargebühren** vgl. Rn 36, zu **Rechtsanwaltsgebühren** vgl § 107 Rn 7.

V. Allgemeine Handlungsvollmacht

84 **1. Muster: Allgemeine Handlungsvollmacht (Art- oder Gattungsvollmacht)**

▶ **Handlungsvollmacht**

▪▪▪ (Genaue Bezeichnung des Unternehmensträgers)

– im Folgenden auch „der Vollmachtgeber" –

erteilt hiermit ▪▪▪, geb. am ▪▪▪, wohnhaft ▪▪▪ – im Folgenden auch „der Bevollmächtigte" – eine allgemeine Handlungsvollmacht im Sinne von § 54 HGB.

Der Bevollmächtigte ist zum Betrieb des Handelsgewerbes des Vollmachtgebers ermächtigt, so dass sich die Vollmacht auf alle Geschäfte und Rechtshandlungen erstreckt, die der Betrieb des Vollmachtgebers gewöhnlich mit sich bringt.[1]

Die Vollmacht umfasst nicht die in § 54 Abs. 2 HGB aufgeführten Rechtsgeschäfte und Handlungen.

Der Bevollmächtigte ist einzelvertretungsberechtigt.

Befreiung von den Beschränkungen des § 181 BGB ist erteilt, so dass der Bevollmächtigte berechtigt ist, den Vollmachtgeber bei Rechtsgeschäften mit sich im eigenen Namen oder als Vertreter eines Dritten zu vertreten.

Der Bevollmächtigte ist nicht berechtigt Untervollmacht zu erteilen.

Diese Vollmacht erlischt nicht durch den Tod des Vollmachtgebers.

Die Vollmacht ist im Außenverhältnis unbeschränkt und im Zweifel dahingehend auszulegen, dass sie zu sämtlichen Rechtshandlungen ermächtigt, die zum Betrieb des Handelsgewerbes des Vollmachtgebers notwendig und/oder zweckdienlich sind.

▪▪▪, den ▪▪▪

▪▪▪

Unterschrift[3] ◀

2. Erläuterungen und Varianten

[1] Die Handlungsvollmacht kann vom Geschäftsinhaber (Einzelkaufmann, Komplementär, Kapitalgesellschaft) aber auch vom Prokuristen erteilt werden. Das vorstehende Muster enthält eine allgemeine Handlungsvollmacht gem. § 54 HGB die zum Betrieb des gesamten Handelsgewerbes ermächtigt. Die Vollmacht kann auch beschränkt auf bestimmte Geschäftszweige als Arthandlungsvollmacht erteilt werden. In diesen Fällen kann wie folgt formuliert werden: 85

▶ ▪▪▪ (genaue Bezeichnung des Unternehmensträgers)

– im Folgenden auch „der Vollmachtgeber" –

erteilt hiermit ▪▪▪, geb. am ▪▪▪, wohnhaft ▪▪▪ – im Folgenden auch „der Bevollmächtigte" – eine Handlungsvollmacht im Sinne von § 54 HGB.

Diese Handlungsvollmacht ist beschränkt auf den Bereich Wareneinkauf und somit als Arthandlungsvollmacht erteilt.

Der Bevollmächtigte ist somit auf die Geschäfte beschränkt, die in diesem Bereich gewöhnlich anfallen. ◀

[2] Die Handlungsvollmacht ermächtigt gem. § 52 Abs. 2 HGB zur Veräußerung oder Belastung von Grundstücken, zur Eingehung von Wechselverbindlichkeiten, zur Aufnahme von Darlehen und zur Prozessführung nur dann, wenn dem Bevollmächtigten eine solche Befugnis besonders erteilt ist. Wenn die Handlungsvollmacht diese Bereiche mit umfassen soll, kann wie folgt formuliert werden: 86

▶ Der Bevollmächtigte ist ferner zur Veräußerung oder Belastung von Grundstücken, zur Eingehung von Wechselverbindlichkeiten, zur Aufnahme von Darlehen und zur Prozessführung ermächtigt. ◀

[3] Die Handlungsvollmacht unterliegt an sich keiner besonderen Form (§ 167 Abs. 2). Aus Beweissicherungsgründen sollte sie jedoch zumindest schriftlich erteilt werden. Die Handlungsvollmacht wir nicht im Handelsregister eingetragen. Zu **Notargebühren** vgl. Rn 36, zu **Rechtsanwaltsgebühren** vgl § 107 Rn 7. 87

VI. Nachlassvollmacht

1. Muster: Nachlassvollmacht 88

59

▶ **Nachlassvollmacht**[1]

Ich, der unterzeichnende Vollmachtgeber ▪▪▪, geb. am ▪▪▪, wohnhaft, bin (Mit)Erbe nach ▪▪▪ (genaue Bezeichnung des Erblasser; Angab des Sterbedatums und Sterbeorts ist zweckmäßig) geworden.

Ich ▪▪▪ (Vollmachtgeber), als Vollmachtgeber, bevollmächtige hiermit ▪▪▪, geb. am ▪▪▪, wohnhaft ▪▪▪ (Bevollmächtigter)- im Folgenden auch „der Bevollmächtigte" – mich in allen Angelegenheiten bezüglich des Nachlasses des vorgenannten Erblassers zu vertreten insbesondere bei der Regelung, Verwaltung und/oder Teilung des Nachlasses und zwar im weitestgehend möglichen Umfang.

Der Bevollmächtigte ist insbesondere ermächtigt

- die Erbschaft anzunehmen oder auszuschlagen,
- Nachlassgegenstände in Besitz zu nehmen, zu erwerben oder zu veräußern,
- mich bei der Nachlassauseinandersetzung gleich in welcher Form insbesondere durch Auseinandersetzungsvereinbarung, Abschichtung oder Erbanteilsübertragung zu vertreten.

Vorstehende Aufzählung ist nicht abschließend und beschränkt die Vollmacht im Außenverhältnis nicht.

Der Bevollmächtigte ist einzelvertretungsberechtigt.

Befreiung von den Beschränkungen des § 181 BGB ist erteilt, so dass der Bevollmächtigte berechtigt ist, den Vollmachtgeber bei Rechtsgeschäften mit sich im eigenen Namen oder als Vertreter eines Dritten zu vertreten.

Der Bevollmächtigte ist berechtigt, beliebig Untervollmacht zu erteilen. Die Vollmacht erlischt nicht durch den Tod des Vollmachtgebers.

Die Vollmacht ist frei widerruflich.[2]

Die Vollmacht ist im Außenverhältnis zur Erreichung ihres Zweckes unbeschränkt und im Zweifel weit auszulegen.

■■■, den ■■■

■■■

Unterschrift

■■■

Unterschriftsbeglaubigung

■■■, den ■■■

■■■

Unterschrift

■■■

notarielle Unterschriftsbeglaubigung[3] ◄

2. Erläuterungen und Varianten

89 [1] Die Nachlassvollmacht stellt eine gegenständlich auf den Nachlass des Erblassers beschränkte Spezialvollmacht dar. In diesem Rahmen berechtigt sie in der Regel zur umfangreichen Abwicklung des Nachlasses. Die Vollmacht muss den Erblasser genau bezeichnen. Das Muster stellt eine umfassende Nachlassvollmacht dar, die alle relevanten Bereiche abdeckt.

90 Soweit keine Unwirksamkeit der Vollmacht gegen das Rechtsberatungsgesetz zu befürchten ist, (§ 134, Art. 1 § 1 Abs. 1 RBerG), zB bei Erteilung der Vollmacht an einen Rechtsanwalt, kann noch nachstehender prozessualer Teil ergänzt werden:

► mich im Verfahren zur Erteilung eines Erbscheines zu vertreten,
das Aufgebotsverfahren gem. § 1970 zu betreiben,
die Nachlassverwaltung oder Nachlassinsolvenz gem. § 1975 zu beantragen,
Prozesse jeder Art, den vorstehenden Nachlass betreffend, zu führen und insbesondere die Zwangsversteigerung von Nachlassgegenständen zu betreiben und/oder mich in solchen Verfahren zu vertreten. ◄

Dabei ist aber zu beachten, dass die regelmäßig notwendige eidesstattliche Versicherung im Rahmen eines Erbscheinsverfahrens (§ 2356 Abs. 2 S. 1) nicht auf Grund Vollmacht erklärt werden kann (Palandt/*Edenhofer* § 2356 Rn 12).

91 [2] Die Nachlassvollmacht unterliegt grundsätzlich keiner besonderen Form (§ 167). In der Praxis wird die Vollmacht jedoch regelmäßig durch die von ihr abzudeckenden Geschäfte, wie zB die Erbschaftsausschlagung (§ 1945 Abs. 3), die Übertragung der Erbschaft (§§ 2371, 2033 Abs. 1) oder die Verwendung in Handelsregister- oder Grundbuchangelegenheiten, formbedürftig. Insoweit ist immer zumindest notarielle Beglaubigung anzuraten. In den Fällen, in denen eine Nachlassvollmacht unwiderruflich zur Erbteilsveräußerung und Erbausschlagung ermächtigt, ist das Grundlagengeschäft zu beurkunden (NK-BGB/*Ackermann* § 167 Rn 41). Zu **Notargebühren** vgl. Rn 36, zu **Rechtsanwaltsgebühren** vgl § 107 Rn 7.

C. Generalvollmachten

I. General- und Vorsorgevollmacht

1. Muster: General- und Vorsorgevollmacht 92

▶ ■■■ (notarieller Urkundeneingang) 60

General- und Vorsorgevollmacht[1]

Auf Ansuchen beurkunde ich nach Feststellung der Geschäftsfähigkeit was folgt:[2]

■■■ (Vollmachtgeber) – im Folgenden auch „der Vollmachtgeber" –

erteilt ■■■ geb. am ■■■, wohnhaft ■■■ (Bevollmächtigter) – im Folgenden auch „der Bevollmächtigte" – eine General- und Vorsorgevollmacht:

I. Inhalt

Vermögensangelegenheiten:

Der Bevollmächtigte ist berechtigt, den Vollmachtgeber in allen vermögensrechtlichen Angelegenheiten uneingeschränkt zu vertreten.[3]

Persönliche Angelegenheiten:

Der Bevollmächtigte ist berechtigt, den Vollmachtgeber auch in allen persönlichen Angelegenheiten uneingeschränkt zu vertreten.

Der Bevollmächtigte ist insbesondere auch ermächtigt

- in jegliche medizinische Maßnahmen – wie zB Untersuchungen des Gesundheitszustandes, Heilbehandlungen oder ärztliche Eingriffe aller Art – einzuwilligen, nicht einzuwilligen oder erteilte Einwilligungen zu widerrufen, auch wenn die begründete Gefahr besteht, dass der Vollmachtgeber auf Grund einer solchen Maßnahme oder des Unterbleibens bzw Abbruchs einer derartigen medizinisch angezeigten Maßnahme stirbt oder einen schweren und länger dauernden gesundheitlichen Schaden erleidet (§ 1904 Abs. 2),
- in eine Unterbringung einzuwilligen, auch wenn dies mit einer Freiheitsentziehung verbunden ist (§ 1906 Abs. 1),
- in unterbringungsähnliche Maßnahmen einzuwilligen, insbesondere wenn dem Vollmachtgeber durch mechanische Vorrichtungen, Medikamente oder auf andere Weise über einen längeren Zeitraum oder regelmäßig die Freiheit entzogen wird (§ 1906 Abs. 4).[4]

II. Umfang

Der Bevollmächtigte ist einzelvertretungsberechtigt.[5]

Der Bevollmächtigte ist berechtigt, in vermögensrechtlichen Angelegenheiten Untervollmacht zu erteilen. In persönlichen Angelegenheiten ist dies nicht zulässig.[6]

Befreiung von den Beschränkungen des § 181 BGB ist erteilt, so dass der Bevollmächtigte berechtigt ist, den Vollmachtgeber bei Rechtsgeschäften mit sich im eigenen Namen oder als Vertreter eines Dritten zu vertreten.[7]

Die Vollmacht ist in vermögensrechtlichen Angelegenheiten Dritten gegenüber unbeschränkt. Weisungen sind vom Bevollmächtigten jedoch zu befolgen, ohne dass diese Dritten gegenüber nachzuweisen wären.[8]

Die Vollmacht ist in persönlichen Angelegenheiten Dritten gegenüber unbeschränkt. Bei Einwilligungsunfähigkeit des Vollmachtgebers sind in persönlichen Angelegenheiten jedoch ergänzend derzeitige und künftige Patientenverfügungen entsprechend den gesetzlichen Bestimmungen zu beachten.[9]

III. Vorsorgefall, Erlöschen

Die Vollmacht wird auch zur Vorsorge erteilt. Sie erlischt demnach nicht, wenn der Vollmachtgeber auf Grund einer psychischen Krankheit oder einer körperlichen, geistigen oder seelischen Behinderung seine Angelegenheiten ganz oder teilweise nicht mehr besorgen kann oder er geschäftsunfähig bzw einwilligungsunfähig wird oder verstirbt.[10]

Die Vollmacht kann jederzeit ganz oder teilweise widerrufen werden.[11]

IV. Ersatzbevollmächtigter

Für den Fall, dass der oder die Hauptbevollmächtigten an der Vertretung nicht nur vorübergehend verhindert sind, ist die vorstehende Vollmacht inhaltsgleich ■■■ (Bevollmächtigter) erteilt.

Die Verhinderung der Vertretung ist Dritten gegenüber nicht nachzuweisen. Im Innenverhältnis ist die vorstehende Beschränkung zu beachten.[12]

V. Weisungen, Patientenverfügung

Der Vollmachtgeber erteilt dem Bevollmächtigten schon heute folgende grundsätzliche Weisungen, welche im Falle seiner Einwilligungsunfähigkeit -soweit sich diese auf die persönlichen Angelegenheiten beziehen – gleichzeitig auch als Patientenverfügung gelten:

- Der Bevollmächtigte hat so zu handeln, wie der Vollmachtgeber selbst handeln würde. Dabei sind die persönlichen Umstände und die Einkommens- und Vermögensverhältnisse des Vollmachtgebers bei Eintritt des Vorsorgefalles zu berücksichtigen.
- Solange eine realistische Aussicht auf Erhaltung eines erträglichen Lebens besteht, erwartet der Vollmachtgeber ärztlichen und pflegerischen Beistand unter Ausschöpfung der angemessenen Möglichkeiten.
- Dagegen wünscht der Vollmachtgeber, dass lebensverlängernde Maßnahmen unterbleiben bzw die Behandlung abgebrochen wird, wenn medizinisch eindeutig festgestellt ist, dass er sich unabwendbar in einem Sterbeprozess befindet, bei dem jede lebenserhaltende Therapie das Sterben oder Leiden ohne Aussicht auf Besserung verlängern würde, wobei dies unabhängig davon gilt, ob der unmittelbare Sterbevorgang bereits eingesetzt hat – „Hilfe beim Sterben" – oder nicht – „Hilfe zum Sterben"- oder keine Aussicht auf Wiedererlangung seines Bewusstseins besteht oder aufgrund von Krankheit oder Unfall ein schwerer Dauerschaden seines Gehirns zurückbleibt oder es zu einem nicht behandelbaren, dauernden Ausfall lebenswichtiger Funktionen seines Körpers kommt.

Behandlung und Pflege sollen sich in diesen genannten Fällen auf die Grundpflege und palliativmedizinische und pflegerischen Maßnahmen beschränken und insbesondere auf die Linderung von Schmerzen, Unruhe und Angst gerichtet sein. Die Schmerzlinderung soll effizient sein, auch wenn dadurch der Augenblick des Todes früher herbeigeführt wird oder dies nicht auszuschließen ist. Der Vollmachtgeber wünscht in Würde und Frieden sterben zu können. In diesen Fällen ist der Vollmachtgeber mit der Einleitung oder Fortsetzung lebensverlängernder Maßnahmen der Intensivmedizin (wie Reanimation; Transplantation; schwere Operation; künstliche Beatmung; künstliche Ernährung, v.a. durch eine Magensonde oder Magenfistel; etc.) nicht einverstanden, es sei denn, diese Maßnahmen dienen der Schmerzlinderung oder -erleichterung.

- Der Vollmachtgeber wünscht eine wirksame medikamentöse und gegebenenfalls operative Behandlung quälender Zustände (wie Schmerzen, Atemnot, Angst, Unruhe, Übelkeit, Erbrechen, etc.), auch wenn sie lebensverkürzend wirken (sog. indirekte Sterbehilfe) oder zu einer Bewusstseinsausschaltung oder -trübung führen kann. Dies gilt insbesondere für die Verabreichung von Schmerzmitteln, Narkotika oder Psychopharmaka sowie für erleichternde, dh schmerzlindernde operative Eingriffe.
- Im Falle der Aufenthaltsbestimmung, Unterbringung oder unterbringungsähnlichen Maßnahmen hat der Bevollmächtigte für standesgemäße Unterbringung zu sorgen und das Vermögen des Vollmachtgebers dafür zu verwenden.[13]

VI. Betreuungsverfügung

Soweit trotz der erteilten Vollmacht die Betreuung des Vollmachtgebers durch einen gerichtlich bestellten Betreuer erforderlich werden sollte, bestimmt der Vollmachtgeber bereits heute, dass der Bevollmächtigte zum Betreuer zu bestellen ist.[14]

VII. Hinweise

Der Notar weist darauf hin,

- dass eine Generalvollmacht ein besonderes Vertrauensverhältnis voraussetzt,
- jeder Bevollmächtigte bei Einwilligungsunfähigkeit des Vollmachtgebers zu prüfen hat, ob die Festlegungen in einer schriftlichen Patientenverfügung – auch einer künftigen – auf die jeweils aktuelle Lebens- und Behandlungssituation zutreffen und – falls dies der Fall ist – dem Willen des Bevollmächtigten Ausdruck und Geltung zu verschaffen hat; nur wenn dies nicht der Fall ist, sind sonstige Behandlungswünsche und der mutmaßliche Wille insoweit festzustellen,
- dass in bestimmten Fällen – vgl hierzu §§ 1904 ff – zusätzlich eine Genehmigung durch das Betreuungsgericht erforderlich sein kann,
- dass ein Widerruf der Patientenverfügung jederzeit formlos möglich ist,
- dass bei einem Widerruf der Vollmacht die Ausfertigung der Vollmachtsurkunde zurückverlangt werden muss.[15]

Der Notar hat auf die Möglichkeit einer Kontrollbevollmächtigung und auf die Möglichkeit der Bestellung eines Überwachungsbetreuers hingewiesen. Dies wird vom Vollmachtgeber ausdrücklich nicht gewünscht.[16]

VIII. Kosten, Abschriften

Die Kosten dieser Urkunde trägt der Vollmachtgeber.

Es erhalten:

- der Vollmachtgeber (Abschrift)
- jeder Bevollmächtigte z.Hd. des des Vollmachtgebers (Ausfertigung)
- das Betreuungsgericht auf Anfrage (Ausfertigung)

Der Notar ist berechtigt auf Antrag des Bevollmächtigten weitere Ausfertigungen zu erteilen, solange ihm ein Widerruf der Vollmacht nicht vorher schriftlich zur Kenntnisnahme angezeigt wurde.[17]

Die personenbezogenen Daten werden an das zentrale Register für Vorsorgevollmachten der Bundesnotarkammer gemeldet, dort gespeichert und im Bedarfsfall den zuständigen Stellen zur Verfügung gestellt.[18]

▪▪▪ (notarielle Ausgangsformel) ◄

2. Erläuterungen und Varianten

[1] Die sog. „General- und Vorsorgevollmacht“ ist eine Generalvollmacht deren Ziel es ist eine Betreuung nach den §§ 1896 zu vermeiden. Ansatzpunkt ist § 1896 Abs. 1 S. 2 der vorsieht, dass eine Betreuung nur dann angeordnet werden darf, soweit nicht die Angelegenheiten auch durch einen Bevollmächtigten erledigt werden können. Um dieses Ziel zu erreichen, wird die Vollmacht als **Generalvollmacht** für alle **vermögensrechtlichen** und **persönlichen** Angelegenheiten des Vollmachtgebers erteilt. Die so erteilte Vollmacht wird regelmäßig um Patientenverfügungen und Betreuungsverfügungen ergänzt. 93

Im Hinblick auf **Patientenverfügungen** sind die zum 1.9.2009 in Kraft getretenen §§ 1901 a ff zu beachten (vgl hierzu *Müller*, DNotZ 2010, 169 ff; *E. Albrecht/A.Albrecht*, MittBayNot 2009, 426 ff; *Lange*, ZEV 2009, 573 ff) Damit werden die Voraussetzungen und die Bindungswirkung von Patientenverfügungen gesetzlich geregelt. Mit dem Gesetz wird in erster Linie die geltende Rechtslage, die bislang v. a. durch die höchstrichterliche Rechtsprechung geprägt war, 94 gesetzlich verankert. Auf eine im Gesetzgebungsverfahren diskutierte Reichweitenbegrenzung (Beschränkung der Beachtlichkeit der Patientenverfügung auf die Fälle des irreversiblen tödlichen Verlaufs der Erkrankung), wurde verzichtet (vgl § 1901 a Abs. 3). Außer der Schriftform wurden keine weiteren formellen Wirksamkeitsvoraussetzungen normiert.

95 [2] Die General und Vorsorgevollmacht unterliegt an sich gem. §§ 1904 Abs. 2, 1906 Abs. 5 nur der einfachen **Schriftform** (§ 126). In der Praxis ist jedoch eine **notarielle Beurkundung** anzuraten um die problemlose Verwendbarkeit der Vollmacht sicherzustellen, da in zahlreichen Fällen (vgl Rn 28) weitergehende Formerfordernisse bestehen. Weitere Vorteile einer notariellen Vollmacht sind die Möglichkeit Feststellungen zur Geschäftsfähigkeit zu treffen (§ 11 BeurkG), die bei einer General- und Vorsorgevollmacht auch immer zu nutzen ist, sowie die eindeutige Festlegung der Urheberschaft der Vollmacht und der verfahrensrechtliche Vorteil, mehrere Ausfertigungen, also mehrere gleichwertige Vollmachtsurkunden, einer Vollmacht erteilen zu können. Weiter ist zu beachten, dass im Zusammenhang mit dem Abschluss von Verbraucherdarlehensverträgen nur die notarielle Vollmacht von der Aufnahme der Pflichtangaben des § 492 Abs. 1 und Abs. 2 befreit ist (§ 492 Abs. 4 S. 2).

96 [3] Im Hinblick auf die Erteilung einer Generalvollmacht in vermögensrechtlichen Angelegenheiten reicht die hier vorgeschlagene Formulierung. Von zu wortreicher Ausschmückung oder Auflistung von Beispielen wird abgeraten, da diese allzu leicht als Beschränkungen im Außenverhältnis aufgefasst werden können.

97 [4] Die Generalvollmacht in persönlichen Angelegenheiten sollte auch zum Ausdruck bringen, dass sie **unbeschränkt** ist. Im Übrigen ist den Bestimmungen der §§ 1904 Abs. 5, 1906 Abs. 5 Rechnung zu tragen (sog. Zitiergebot, vgl OLG Zweibrücken, NJW-RR 2002, 1156). Im Hinblick auf das Zitiergebot ist zu beachten, dass die **Einwilligung, Nichteinwilligung** oder der **Widerruf der Einwilligung** in ärztliche Maßnahmen, wenn die begründete Gefahr besteht, dass der Betreute auf Grund des Unterbleibens oder des Abbruchs der Maßnahme stirbt oder einen schweren und länger dauernden gesundheitlichen Schaden erleidet, nur dann von einer Vorsorgevollmacht gedeckt ist, wenn die Vollmacht diese Maßnahmen **ausdrücklich** umfasst. Das Konkretisierungserfordernis, das schon bislang nach § 1904 Abs. 2 für Vollmachten zur Einwilligung in ärztliche Maßnahmen galt wurde folglich auf die Fälle des Verzichts auf lebenserhaltende oder -verlängernde ärztliche Maßnahmen ausgedehnt. Vgl im Übrigen hierzu *Müller*, DNotZ 2010, 169, 183.

98 Auf eine im Gesetzgebungsverfahren diskutierte **Reichweitenbegrenzung** (Beschränkung der Beachtlichkeit der Patientenverfügung auf die Fälle des irreversiblen tödlichen Verlaufs der Erkrankung), wurde verzichtet (vgl § 1901 a Abs. 3). Demgemäß sind weitere Bestimmungen zum Umfang der Vollmacht im persönlichen Bereich obsolet geworden. Zur Klarstellung kann jedoch in Anlehnung an die Leitentscheidung des BGH vom 17.3.2003 (NJW 2003, 1588) zur Reichweite einer Patientenverfügung der Aufzählungskatalog um folgenden Punkt ergänzt werden:

▶ Der Bevollmächtigte ist auch ermächtigt in Maßnahmen der passiven Sterbehilfe bzw der sog. „Hilfe beim Sterben“ einzuwilligen, also auch über einen Behandlungsabbruch oder die Einstellung lebenserhaltender oder lebensverlängernder Maßnahmen zu entscheiden, wenn der Vollmachtgeber an einem schweren irreversiblen Grundleiden mit infauster Prognose erkrankt ist; dies gilt jedoch unabhängig davon, ob der unmittelbare Sterbevorgang bereits eingesetzt hat oder nicht, also auch für die Fälle der „Hilfe zum Sterben“ und weiter in den Fall, dass ich im Wachkoma liege. ◀

99 [5] Die General- und Vorsorgevollmacht kann wie jede Vollmacht einer oder mehreren Personen erteilt werden. Bei Erteilung der Vollmacht ist auf jeden Fall zu regeln, ob die Bevollmächtigten **einzeln** oder **nur gemeinsam** zur Vertretung berechtigt sind. Im Zweifel liegt nur Gesamtvertretungsberechtigung vor. Im Regelfall ist den Bevollmächtigten Einzelvertretungsbe-

fugnis zu erteilen, da die Gesamtvertretung den Einsatz der Vollmacht sehr unflexibel macht und bei Wegfall einer der Bevollmächtigten der Nachweis des Wegfalls und die Auswirkungen des Wegfalls auf die Vollmacht zu Nachweis bzw Regelungsproblemen führen kann. Sollte man sich für eine Gesamtvertretung entscheiden sind die vorgenannten Punkte in der Vollmacht zu regeln.

▶ Die vorstehend Bezeichneten sind nur gemeinsam zur Vertretung berechtigt. Falls einer der Bevollmächtigten nicht mehr Bevollmächtigter sein will oder kann gilt die Vollmacht als Einzelvollmacht weiter. Der Wegfall des Bevollmächtigten wird unwiderleglich vermutet bei Vorlage einer zumindest notariell beglaubigten Erklärung des betreffenden Bevollmächtigten, dass er nicht mehr Bevollmächtigter sein will. ◀

Im Übrigen ist, wenn dies vom Vollmachtgeber gewünscht wird, bei mehreren Bevollmächtigten 100
deren Rang zueinander und deren Kompetenzen im Innenverhältnis zu regeln. Jedenfalls sollte aber klargestellt werden, dass damit keine Beschränkung im Außenverhältnis einhergeht.

In bestimmten Konstellationen kann es auch angezeigt sein zu Klarstellung alle anderen bereits 101
vom Vollmachtgeber erteilten Vollmachten zu widerrufen. Dies wird dann in Frage kommen, wenn durch mehrer Vollmachten ein Kompetenzkonflikt zu befürchten ist. In diesen Fällen kann wie folgt formuliert werden:

▶ Der Bevollmächtigte ist Einzelvertretungsberechtigt. Alle sonstigen von mir erteilten Vollmachten werden hiermit vollinhaltlich widerrufen. Der Bevollmächtigte ist berechtigt Vollmachtsurkunden zu seinen Händen zurückzufordern. ◀

Sind diese Vollmachten bereits im Zentralen Vorsorgeregister registriert empfiehlt sich ein Wi- 102
derruf zu gesonderter Erklärung und Mitteilung des Widerrufs an das Register:

▶ **Widerruf**

■■■, geb. am ■■■, wohnhaft ■■■ erklärt, dass er die Generalvollmacht beurkundet am ■■■ zur Urkunde des Notars ■■■ in ■■■ URNr ■■■ hiermit vollinhaltlich widerruft.

Der Notar ■■■ in ■■■ wird angewiesen, von der vorstehend erwähnten Vollmacht URNr ■■■ keine weiteren Ausfertigungen mehr zu erteilen.

Der Notar wird beauftragt, von dem Widerruf der Vollmacht in Kenntnis zu setzen

- die Bundesnotarkammer und
- den ehemals Bevollmächtigten Herrn ■■■, geb. am, wohnhaft ■■■ durch Übersendung einer beglaubigten Abschrift dieser Erklärung an folgende Adresse: ■■■

Der Notar weist eindringlich darauf hin, dass die Ausfertigung der Vollmachtsurkunde von dem Bevollmächtigten zurückverlangt werden und vernichtet werden muss, um einen Missbrauch der Vollmacht zu verhindern.

Der Unterzeichnende erklärt ferner, dass aufgrund des vorstehenden Widerrufes dem ehemals Bevollmächtigten nunmehr keine „Vorsorgevollmachten und/oder Betreuungs- bzw Patientenverfügungen – auch privatschriftliche – erteilt sind.

Rein vorsorglich werden sämtliche etwaige diesbezügliche Erklärungen hiermit klarstellend widerrufen, insbesondere auch die in der vorstehend bezeichneten Urkunde enthaltenen Betreuungs- und Patientenverfügung.

Der Notar weist darauf hin, dass etwa ausgehändigte Originale oder Ausfertigungen etwaiger Vollmachten zur Vermeidung eines Missbrauches zurückverlangt werden sollten.

Der vorbezeichnete Widerruf ist durch den beglaubigenden Notar beim Zentralregister für Vorsorgevollmachten zu registrieren.

■■■, den ■■■

■■■

Unterschrift

...

Unterschriftsbeglaubigung ◄

103 [6] Der Bevollmächtigte sollte in der Lage sein in **vermögensrechtlichen Angelegenheiten Untervollmacht** zu erteilen, da beim Vollzug von komplexeren Rechtsgeschäften die Untervollmachtserteilung oft notwendig sein wird (zB Immobilientransaktionen, Kapitalanlagen usw) und auch für den Fall der persönlichen Verhinderung des Bevollmächtigung Vorsorge getroffen werden sollte. Ist keine umfassende Unterbevollmächtigungsmöglichkeit im vermögensrechtlichen Bereich gewünscht, kann wie folgt eingeschränkt werden:

► Der Bevollmächtigte ist berechtigt, für bestimmte Arten von Rechtsgeschäften oder für einzelne Rechtsgeschäfte Untervollmacht zu erteilen. ◄

Diese Einschränkung führt dazu, dass Untervollmacht nur als Spezialvollmacht oder Gattungsvollmacht erteilt werden kann.

104 Im Rahmen der Erteilung von Untervollmachten kann im Hinblick auf die Befreiung von den Beschränkungen des § 181 eingeschränkt werden.

► Der Unterbevollmächtigte ist jedoch nicht von den Beschränkungen des § 181 BGB befreit. ◄

Hierbei ist jedoch Vorsicht angeraten, da durch diese Einschränkung bei komplexen Rechtsgeschäften erhebliche Verwendungsbeschränkungen auftreten können, da im Rahmen von Vollzugsvollmachten oft die Befreiung von § 181 notwendig sein wird (zB Registervollmachten im Rahmen von Fondsbeteiligungen, komplexere Transaktionen, insbesondere Immobilienkaufverträge).

105 In **persönlichen Angelegenheiten** sollte die Möglichkeit zur Erteilung einer Untervollmacht grds. ausgeschlossen werden, da dem Bevollmächtigten in diesem Bereich die Entscheidungskompetenz idR auf Grund eines engen persönlichen Näheverhältnisses zugewiesen wird, welches oft nicht zu einem Dritten bestehen wird. **Ausnahmsweise** kann es jedoch in den Fällen, in denen der Vollmachtgeber und der Bevollmächtigte altersmäßig eng beieinander liegen, angebracht sein, durch die Möglichkeit der umfassenden Erteilung von Untervollmachten, einen Generationswechsel in Hinblick auf den Bevollmächtigten sicherzustellen.

► Der Bevollmächtigte ist berechtigt, in vermögensrechtlichen und in persönliche Angelegenheiten umfassend Untervollmacht zu erteilen. ◄

106 [7] Der Bevollmächtigte selber sollte von den Beschränkungen des § 181 **befreit** werden. Die General- und Vorsorgevollmacht wird oft im engsten Familienkreis erteilt, in dem häufig eine vermögensrechtliche Verflechtung besteht, die die Befreiung von § 181 erforderlich macht. Weiter ist die **umfassende Einsetzbarkeit** der Vollmacht, auch im Rahmen des Vollzuges komplexerer mit der Vollmacht abgeschlossener Rechtsgeschäfte, nur gewährleistet, wenn die Befreiung von § 181 vorgesehen ist, da im Rahmen von Vollzugsvollmachten oft die Befreiung von § 181 notwendig sein wird (zB Registervollmachten im Rahmen von Fondsbeteiligungen, komplexere Transaktionen, insbesondere Immobilienkaufverträge). Da eine General- und Vorsorgevollmacht ohnehin nur bei Bestehen eines besonderen Vertrauensverhältnisses zum Bevollmächtigten erteilt werden sollte, wird kaum ein Fall denkbar sein, in dem eine Befreiung nicht angezeigt ist.

107 [8] Die Vollmacht ist im **Außenverhältnis unbeschränkt** zu erteilen. Von Gestaltungen, die die Wirksamkeit der Vollmacht im Außenverhältnis von dem Eintritt bestimmter Voraussetzungen, wie zB die Bestätigung der Geschäftsunfähigkeit durch einen Arzt, abhängig machen ist **dringend** abzuraten. Zum einen besteht hier ein **Nachweisproblem**, da der Dritte, dem gegenüber die Vollmacht eingesetzt wird, den Nachweis häufig nicht gelten lassen wird, da der Nachweis

an sich keinen Gutglaubensschutz genießt. Weiter geht mit der Erbringung des Nachweises oft eine erhebliche **Zeitverzögerung** einher, die die Vollmacht durch eine zwischenzeitliche Einsetzung eines Betreuers zeitlich überholen kann. Weiter ist zu beachten, dass Wenn die Vollmacht unbedingt von dem Eintritt besonderer Voraussetzungen abhängen soll, muss zumindest praxistauglich geregelt werden, wie der Nachweis zu führen ist. Hier kann sich die Verwendung einer unwiderleglichen Vermutung anbieten.

▶ Die Vollmacht ist nur wirksam, wenn ich betreuungsbedürftig und/oder geschäftsunfähig und/oder einwilligungsunfähig bin. Der Nachweis, dass vorstehender Umstand eingetreten ist, wird unwiderleglich vermutet, wenn ein Amtsarztzeugnis in Urschrift vorgelegt wird, und zwar ab dem Datum der Ausstellung entsprechenden Zeugnisses. ◀

Praktikabler lassen sich Beschränkungen im Außenverhältnis dadurch umsetzen, dass die Ausübung der Vollmacht an die **Vorlage der Vollmachtsurkunde** bzw der **Ausfertigung** der Vollmachtsurkunde geknüpft wird (§ 47 BeurKG). Über eine entsprechende Verwahrung der Vollmachtsurkunde beim Vollmachtgeber, kann dieser dann den Einsatz der Vollmacht steuern. Bei notariell beurkundeten Vollmachten ist in diesem Zusammenhang auch die Erteilung weiterer Ausfertigungen einzuschränken.

▶ Auf Grund dieser Vollmacht kann nur gehandelt werden, wenn bei der Vornahme des jeweiligen Rechtsgeschäftes die Ausfertigung dieser Vollmachtsurkunde vorgelegt wird. ◀

Nachteil dieser Lösung ist, dass idR das Vorliegen der Vollmacht bei der Vornahme des Rechtsgeschäfts **nicht dokumentiert** wird, woraus sich wiederum Beweisprobleme ergeben können. Unbenommen bleibt natürlich die Möglichkeit im Innenverhältnis dem Bevollmächtigten Weisungen zu geben.

[9] Für den persönlichen Bereich gilt das unter Rn 107 gesagte entsprechend mit der Besonderheit, dass der **Bevollmächtigte** im Hinblick auf eine Patientenverfügung dem Betreuer gleich steht. Daraus folgt, dass der Bevollmächtigte für die Durchsetzung des Patientenwillens zu sorgen hat (vgl § 1901 a Abs. 5, § 1901 b Abs. 3, § 1904 Abs. 5 S. 1). 108

[10] Das Erlöschen einer Vollmacht richtet sich nach dem ihr zu Grunde liegenden Rechtsverhältnis (vgl Rn 15). Eine ausdrückliche Klarstellung, dass die General- und Vorsorgevollmacht in den im Muster genannten Fällen nicht erlischt, ist zur Klarstellung angebracht. 109

[11] Zum Widerruf der Vollmacht vgl Rn 16. General- und Vorsorgevollmachten sollten stets widerruflich sein, da diese in der Regel nur im Interesse des Vollmachtgebers erteilt werden. Es ist die Möglichkeit eines teilweisen Widerrufs klarzustellen. 110

[12] Die Vollmacht kann und sollte die Bestellung von **Ersatzbevollmächtigten** vorsehen. Auch hier ist darauf zu achten, dass der Eintritt des Verhinderungsfalls nicht im Außenverhältnis nachgewiesen werden muss. 111

[13] Die Patientenverfügung ist nunmehr in den §§ 1901 a ff hinsichtlich Voraussetzungen und Bindungswirkung gesetzlich geregelt. Mit der gesetzlichen Regelung wird in erster Linie die geltende Rechtslage, die bislang durch die höchstrichterliche Rechtsprechung geprägt war, gesetzlich verankert. Auf eine im Gesetzgebungsverfahren diskutierte Reichweitenbegrenzung (Beschränkung der Beachtlichkeit der Patientenverfügung auf die Fälle des irreversiblen tödlichen Verlaufs der Erkrankung), wurde verzichtet (vgl § 1901 a Abs. 3). Außer der Schriftform wurden keine weiteren formellen Wirksamkeitsvoraussetzungen normiert. Es wurde auch keine Pflicht zur Aktualisierung bestimmt. Inhaltlich ist darauf zu achten, dass die Patientenverfügung **hinreichend bestimmt** ist (AG Siegen, GesR 2008, 247; *Höfling* NJW 2009, 2848, 2850). Allgemein gehaltene Formulierungen sind nicht unbeachtlich (§ 1901 a Abs. 2 und § 1901 b Abs. 2), stellen jedoch keine Patientenverfügung dar. In der Regel sollte eine Patientenverfügung zumindest die Bereiche **passive Sterbehilfe** (Hilfe beim Sterben und Hilfe zum Sterben) sowie 112

indirekte Sterbehilfe abdecken. Im Übrigen ist die Frage wie hoch der Bestimmtheitsgrad sein muss umstritten (vgl hierzu *Müller*, DNotZ 2010, 169, 179 mit Darstellung des Streitstandes).

113 [14] Das Muster enthält eine sogenannte **Betreuungsverfügung**, die höchstvorsorglich für den Fall getroffen wird, dass trotz der erteilten Vorsorgevollmacht eine Betreuung erforderlich wird. Gemäß § 1897 Abs. 4 hat das Gericht die Betreuungsverfügung bei der Bestellung eines Betreuers zu berücksichtigen (vgl Hk-BGB/*Kemper* § 1897 Rn 6). Bei der Bestimmung des Bevollmächtigten zum Betreuer ist kaum eine Situation denkbar, in der die bestimmte Person nicht Bevollmächtigter, aber Betreuer sein kann. Dies gilt um so mehr, als nach geltender Rechtslage der Bevollmächtigte dem Betreuer gleichgestellt ist (vgl §§ 1901 a Abs. 5, 1901 b Abs. 3, !904 Abs. 5 S. 1). In der Praxis ist also darauf zu achten, dass ggf unterschiedliche Personen zum Bevollmächtigten bzw Betreuer bestimmt werden.

114 [15] Der Widerruf einer Vollmacht stellt eine **formfreie empfangsbedürftige Willenserklärung** dar, die dem Widerrufsadressaten zugehen muss. Da eine einmal ausgehändigte Vollmachtsurkunde (Urschrift bzw Ausfertigung (§ 47 BeurkG) gem. § 172 eine gesetzliche Rechtsscheinhaftung bewirkt, ist darauf zu achten, dass die Vollmachtsurkunde nach dem Widerruf an den Vollmachtgeber zurückgegeben wird.

115 [16] Der Vollmachtgeber kann gem. § 1896 Abs. 3 eine **Kontrollbetreuung** (vgl hierzu *Kurze* NJW 2007, 2220) oder eine **Kontrollbevollmächtigung** anordnen. Die Einbindung einer Dritten, außenstehenden Person in den Komplex General- und Vorsorgevollmacht wird von dem Vollmachtgeber oft nicht gewünscht sein. Weiter ist zu beachten, dass eine Überwachung des primär Bevollmächtigten die Praxistauglichkeit der Vollmacht einschränkt, da im Zweifel umfangreiche Abstimmungen zwischen den primär Bevollmächtigen und dem Kontrollbevollmächtigten notwendig sind und es zu einem Kompetenzgerangel zwischen den Beteiligten kommen kann. Auch ist der erhebliche Arbeitsaufwand zu beachten, den die Kontrollbevollmächtigung auf beiden Seiten auslöst. Sie wird sich daher nur bei sehr komplexen Konstellationen anbieten, in denen geschäftlich versierte Personen die Aufgaben wahrnehmen. Die Einsetzung eines Kontrollbevollmächtigen kann folgendermaßen formuliert werden:

▶ Für alle von mir ▪▪▪ (Vollmachtgeber) erteilten Vollmachten erteile ich ▪▪▪, geb. am ▪▪▪, wohnhaft ▪▪▪ (Kontrollbevollmächtigter) – im Folgenden Kontrollbevollmächtigter – folgende Vollmacht:

Der Kontrollbevollmächtigte ist ermächtigt, meine Rechte gegenüber dem Bevollmächtigten umfassend wahrzunehmen; dies umfasst insbesondere die Möglichkeit umfassend Auskunft über meine vermögensmäßigen und persönlichen Verhältnisse zu verlangen, alle gegenüber dem Bevollmächtigten erteilten Vollmachten ganz oder zum Teil zu widerrufen. Die Kontrollbevollmächtigung stellt keine Beschränkung der dem primär Bevollmächtigten erteilten Vollmacht im Außenverhältnis dar. ◀

116 [17] Gem. § 45 BeurkG verbleibt die **Urschrift** der notariellen Urkunde in der **Verwahrung des Notars** und ist nur ausnahmsweise an die Beteiligten herauszugeben. Die Urschrift wird im Rechtsverkehr gem. § 47 BeurkG von der Ausfertigung vertreten, wobei gem. § 51 Abs. 1 Nr. 1 BeurKG der an der Urkunde Beteiligte, also regelmäßig nur der Vollmachtgeber, die Modalitäten der Erteilung von Ausfertigungen entscheiden kann.

117 In diesem Zusammenhang kann durch Anweisungen gem. § 51 Abs. 2 BeurkG an den beurkundenden Notar bestimmt werden, ob die Erteilung von Ausfertigungen eher flexibel oder restriktiv gehandhabt werden soll. Die diesbezüglich zu treffende Entscheidung steht im Spannungsfeld zwischen der Gefahr des Missbrauchs der Vollmacht durch den Bevollmächtigten und der Gefahr, dass auf Grund einer abhanden gekommenen Vollmachtsurkunde, die Vollmacht ihrer praktischen Wirksamkeit beraubt wird (vgl nur § 174, weiter verlangen viele Teilnehmer im Rechtsverkehr die Vorlage der Vollmachtsurkunde). Das Muster sieht eine **flexible** Handhabung vor, da die Erteilung einer General- und Vorsorgevollmacht an sich nur bei

Bestehen eines besonderen Vertrauensverhältnisses erfolgen sollte und demgemäß die Erteilung weiterer Ausfertigungen grds. zulässig sein sollte.

Alternativ kann die Erteilung von Ausfertigungen restriktiver geregelt werden. Dabei ist zu beachten, dem Notar keine umfangreichen Prüfungspflichten aufzubürden, da sich hierbei analog zu den Beschränkungen im Außenverhältnis (vgl Rn 107) erhebliche Nachweisschwierigkeiten auftun. Eine Ausfertigung die unter Verstoß der Anweisungen erteilt wurde entfaltet keine Rechtswirkungen (OLG München, 10.9.2009 – 34 Wx 044/09, Beck RS 2009 27253). Auch insoweit ist auf eine präzise Formulierung der Anweisung zu achten. Zum einen kann bei der Erteilung weiterer Ausfertigungen auf die Vorlage der bereits erteilten Ausfertigung an den Bevollmächtigten abgestellt werden: 118

► Der Notar ist berechtigt auf Antrag des Bevollmächtigten weitere Ausfertigungen zu erteilen, solange ihm ein Widerruf der Vollmacht nicht vorher schriftlich zur Kenntnisnahme angezeigt wurde. Dabei hat der Bevollmächtigte eine Ausfertigung der Vollmacht vorzulegen. ◄

Weiter kann auch der Vollmachtgeber in die Erteilung weiterer Ausfertigungen eingebunden werden: 119

► Der Notar ist berechtigt auf Antrag des Bevollmächtigten weitere Ausfertigungen zu erteilen, solange ihm ein Widerruf der Vollmacht nicht vorher schriftlich zur Kenntnisnahme angezeigt wurde. Der Notar wird bei dem Vollmachtgeber nach Beantragung der weiteren Ausfertigung schriftlich bei der ihm zuletzt bekannt gegebene Adresse (der Notar ist diesbezüglich nicht zu Nachforschungen verpflichtet) eine diesbezügliche Bestätigung des Vollmachtgebers anfordern. Wird dieser Anforderung nicht innerhalb einer Frist von zwei Wochen nach Absendung der Aufforderung (Datum des Poststempels) schriftlich widersprochen, gilt die Bestätigung unwiderleglich als erteilt. Für die Rechtzeitigkeit eines Widerspruchs ist der Zugang beim Notar maßgeblich. ◄

[18] Um die Information der mit Betreuungen befassten Stellen sicherzustellen, wurde bei der Bundesnotarkammer unter Aufsicht des Bundesministeriums der Justiz nach § 78 BNotO ein automatisiertes Register über Vorsorgevollmachten (**Zentrales Vorsorgeregister**) errichtet. In das Register können Vorsorgevollmachten, Betreuungsverfügungen und Patientenverfügungen und zwar auch jeweils isoliert aufgenommen werden. Der Notar hat nach § 20 a BeurkG bei Beurkundungen auf die Möglichkeit der Registrierung hinzuweisen. Die Erfassung darf nur bei Einverständnis der Beteiligten erfolgen. Die Registrierung von privatschriftlichen Erklärungen ist möglich. 120

Notargebühren und Gebühren für Vorsorgeregister: Für die Beurkundung einer Vollmacht fällt gem. § 38 Abs. 1 Nr. 4 KostO eine halbe Gebühr an. Zwischen der Vollmacht für den vermögensrechtlichen und persönlichen Bereich besteht Gegenstandsgleichheit (§ 44 Abs. 1 KostO). Der Geschäftswert richtet sich nach dem Aktivvermögen des Vollmachtgebers ohne Schuldenabzug begrenzt auf 500.000 EUR (§ 41 Abs. 2, 4 KostO). Für die Betreuungs- und/oder Patientenverfügung fällt eine volle Gebühr nach § 36 Abs. 1 KostO an. Der Geschäftswert beträgt 3.000 EUR (§ 30 KostO). Wird das Innenverhältnis mitbeurkundet, fällt hierfür eine Gebühr nach § 36 Abs. 2 KostO aus dem Geschäftswert der Vollmacht an. Hinzu kommen noch Dokumentenpauschale, Auslagen und USt (§§ 32, 136, 137, 153, 151 a KostO). Die Registrierung der Vollmacht durch den Notar beim Vorsorgeregister stellt ein gebührenfreies Nebengeschäft dar. Das Zentrale Vorsorgeregister verlangt auf Grund der nach § 78 b BNotO erlassenen Vorsorgeregistergebührensatzung Gebühren. Siehe hierzu „www.vorsorgeregister.de". **Rechtsanwaltsgebühren:** Siehe § 107 Rn 7. 121

II. Generalvollmacht im vermögensrechtlichen Bereich

122 **1. Muster: Kurze Generalvollmacht im vermögensrechtlichen Bereich**

▶ **Generalvollmacht (vermögensrechtlicher Bereich)**

▪▪▪ (notarieller Urkundeneingang)[1]

Generalvollmacht

▪▪▪ – im Folgenden auch „der Vollmachtgeber" – erteilt hiermit ▪▪▪ geb. am ▪▪▪, wohnhaft ▪▪▪ – im Folgenden auch „der Bevollmächtigte" – Generalvollmacht:

Der Bevollmächtigte ist berechtigt, den Vollmachtgeber in allen vermögensrechtlichen Angelegenheiten uneingeschränkt zu vertreten.[2]

Dies gilt insbesondere auch für Grundstücksgeschäfte im weitesten Sinn sowie gegenüber Banken, Gerichten und Behörden. Vorstehende Aufzählung ist nicht abschließend und beschränkt die Vollmacht im Außenverhältnis nicht.[3]

Der Bevollmächtigte ist berechtigt, für bestimmte Arten von Rechtsgeschäften oder für einzelne Rechtsgeschäfte Untervollmacht zu erteilen.[4]

Befreiung von den Beschränkungen des § 181 BGB ist erteilt, so dass der Bevollmächtigte ferner berechtigt ist, den Vollmachtgeber bei Rechtsgeschäften mit sich im eigenen Namen oder als Vertreter eines Dritten zu vertreten.[5]

Die Vollmacht ist im Außenverhältnis Dritten gegenüber unbeschränkt. Im Innenverhältnis darf der Bevollmächtigte von ihr jedoch nur nach Weisung des Vollmachtgebers Gebrauch machen, ohne dass diese Dritten gegenüber nachzuweisen ist.

Die Vollmacht erlischt nicht, wenn der Vollmachtgeber verstirbt.[6]

Die Vollmacht ist frei widerruflich.

▪▪▪ (Regelungen über Tragung von Kosten, Erteilung von Abschriften und Ausfertigungen und notarielle Ausgansformel) ◀

2. Erläuterungen

123 [1] Die Generalvollmacht unterliegt grundsätzlich keinem besonderem Formerfordernis (§ 167 Abs. 2). In der Praxis ist jedoch einem notarielle Beurkundung anzuraten um die problemlose Verwendbarkeit der Vollmacht sicherzustellen, da in zahlreichen Fällen (vgl Rn 28) die Vollmacht einer bestimmten Form unterworfen ist. Weitere Vorteile einer notariellen Vollmacht sind die Möglichkeit Feststellungen zur Geschäftsfähigkeit zu treffen (§ 11 BeurkG), die eindeutige Festlegung der Urheberschaft der Vollmacht und der verfahrensrechtliche Vorteil, mehrere Ausfertigungen einer Vollmacht zu erteilen, die im Rechtsverkehr jeweils vollwertige Vollmachten darstellen. Weiter ist zu beachten, dass im Zusammenhang mit dem Abschluss von Verbraucherdarlehensverträgen nur die notarielle Vollmacht von der Aufnahme der Pflichtangaben des § 492 Abs. 1 und Abs. 2 befreit ist (§ 492 Abs. 4 S. 2).

124 [2] Die vorstehende Generalvollmacht deckt lediglich den **vermögensrechtlichen** Bereich ab. Bei Vollmachten, die auch den persönlichen Bereich erfassen sollen, sind die § 1904 Abs. 5 und § 1906 Abs. 5 zu beachten (sog. **Zitiergebot**, vgl *OLG Zweibrücken*, NJW-RR 2002, 1156), die eine ausdrücklich und gegenständliche Bezeichnung verlangen.

125 [3] Eine Aufzählung der Rechtsgeschäfte die mit der Vollmacht vorgenommen werden können, ist grds. nicht nötig, kann aber in der Praxis sinnvoll sein um dem Vollmachtgeber und auch Dritten gegenüber den Umfang der Vollmacht zu verdeutlichen. Stets sollte klargestellt werden, dass solche Aufzählungen nicht abschließend sind.

126 [4] Die Generalvollmacht sollte die Möglichkeit einer Unterbevollmächtigung vorsehen. In der Regel wird Unterbevollmächtigung im Umfang der Generalvollmacht nicht vom Vollmachtge-

ber gewünscht sein, da der Generalvollmacht ein persönliches Vertrauensverhältnis zu Grunde liegen sollte. Das Muster sieht demgemäß die Unterbevollmächtigung im Wege einer Gattungs- oder Spezialvollmacht vor.

[5] Die Generalvollmacht sollte eine Befreiung von § 181 vorsehen um den umfassenden Einsatz der Vollmacht sicherzustellen. 127

[6] Die Generalvollmacht sollte über den Tod hinaus erteilt werden. Zu **Notargebühren** vgl. Rn 36, zu **Rechtsanwaltsgebühren** vgl § 107 Rn 7. 128

§ 165 Beschränkt geschäftsfähiger Vertreter

Die Wirksamkeit einer von oder gegenüber einem Vertreter abgegebenen Willenserklärung wird nicht dadurch beeinträchtigt, dass der Vertreter in der Geschäftsfähigkeit beschränkt ist.

§ 166 Willensmängel; Wissenszurechnung

(1) Soweit die rechtlichen Folgen einer Willenserklärung durch Willensmängel oder durch die Kenntnis oder das Kennenmüssen gewisser Umstände beeinflusst werden, kommt nicht die Person des Vertretenen, sondern die des Vertreters in Betracht.
(2) [1]Hat im Falle einer durch Rechtsgeschäft erteilten Vertretungsmacht (Vollmacht) der Vertreter nach bestimmten Weisungen des Vollmachtgebers gehandelt, so kann sich dieser in Ansehung solcher Umstände, die er selbst kannte, nicht auf die Unkenntnis des Vertreters berufen. [2]Dasselbe gilt von Umständen, die der Vollmachtgeber kennen musste, sofern das Kennenmüssen der Kenntnis gleichsteht.

§ 167 Erteilung der Vollmacht

(1) Die Erteilung der Vollmacht erfolgt durch Erklärung gegenüber dem zu Bevollmächtigenden oder dem Dritten, dem gegenüber die Vertretung stattfinden soll.
[2] Die Erklärung bedarf nicht der Form, welche für das Rechtsgeschäft bestimmt ist, auf das sich die Vollmacht bezieht.

A. Muster: Erteilung einer Vollmacht durch Erklärung gegenüber einem Dritten 1

▶ Erteilung einer Vollmacht gegenüber Dritten

An ■■■ (Angabe des Dritten, dem gegenüber die Vertretung stattfinden soll)[1]

Hiermit erteile ich ■■■, geb. am ■■■, wohnhaft ■■■ – im folgendem Vollmachtgeber – gem. § 167 BGB ■■■ – im folgendem Bevollmächtigter – durch Erklärung gegenüber ihnen ■■■ (Dritter) die folgende Vollmacht[2]: ■■■ (Inhalt der Vollmacht).

■■■, den ■■■

■■■

Unterschrift[3] ◀

B. Erläuterungen

[1] Die Vollmacht kann entweder gegenüber dem Bevollmächtigten (§ 167), gegenüber dem Dritten, dem gegenüber die Vertretung stattfinden soll (§ 168) oder durch öffentliche Bekanntmachung (§ 171) erteilt werden. In der Praxis spielt die Vollmachterteilung gem. § 167 keine Rolle, da der Widerruf der Vollmacht entweder gegenüber dem Dritten zu erklären ist (168 S 3) oder zusätzlich nach § 170 dem Dritten angezeigt werden muss. Vorteile einer Vollmacht- 2

erteilung nach § 167 werden sich nur in besonderen Konstellationen (zB Verhandlungsabkürzung) ergeben.

3 [2] Die Erklärung muss den Namen des Bevollmächtigten enthalten und eindeutig bestimmen, dass dieser bevollmächtigt wird. Eine präzise Formulierung in Anlehnung an den Gesetzteswortlaut ist somit angebracht.

4 [3] Die Erklärung, mit der eine Vollmacht gem. § 167 erteilt wird ist grds. formfrei (§ 167 Abs. 2). Ausnahmen sind jedoch zu beachten (vgl § 164 Rn 14). **Rechtsanwaltsgebühren:** Siehe § 107 Rn 7

§ 168 Erlöschen der Vollmacht

[1]Das Erlöschen der Vollmacht bestimmt sich nach dem ihrer Erteilung zugrunde liegenden Rechtsverhältnis. [2]Die Vollmacht ist auch bei dem Fortbestehen des Rechtsverhältnisses widerruflich, sofern sich nicht aus diesem ein anderes ergibt. [3]Auf die Erklärung des Widerrufs findet die Vorschrift des § 167 Abs. 1 entsprechende Anwendung.

A. Widerruf einer Vollmacht durch Erklärung gegenüber dem Bevollmächtigten

1 **I. Muster: Widerruf der Vollmacht gegenüber Bevollmächtigten**

63 ▶ **Widerruf Vollmacht**

An ▪▪▪ (Bevollmächtigter)[1]

Hiermit widerrufen wir alle ihnen erteilten Vollmachten mit sofortiger Wirkung.[2] Alle ihnen ausgehändigten Vollmachturkunden bitten wir Sie umgehend an uns zurückzuleiten.[3]

▪▪▪, den ▪▪▪

▪▪▪

Unterschrift ◀

II. Erläuterungen und Varianten

2 [1] Der Widerruf einer Vollmacht stellt eine **empfangsbedürftige Willenserklärung dar** (Hk-BGB/*Dörner* § 168 Rn 6). Auf einen beweissicheren Nachweis des Zugangs ist zu achten. Die Erklärung des Widerrufs ist entweder an den Bevollmächtigten oder an den Dritten, dem gegenüber die Vertretung stattfinden soll, zu richten. Bei durch öffentlicher Bekanntmachung erteilter Vollmacht ist der Widerruf öffentlich bekannt zu geben (§ 172 Abs. 2). Der Widerruf unterliegt soweit keine Formverschärfung vereinbart wurde, keiner besonderen Form; Schriftform wird aber angeraten.

3 [2] Der Widerruf sollte präzise festlegen welche Vollmachten widerrufen werden. Im Zweifel empfiehlt sich eine globale Formulierung. Bei Vollmachten, die noch weitere Erklärungen beinhalten, sollte auch deren Schicksal geregelt werden. So finden sich in Generalvollmachten häufig Patientenverfügungen und Betreuungsverfügungen.

▶ Etwaige Betreuungs- bzw Patientenverfügungen werden hiermit ebenfalls widerrufen, insbesondere auch die in der vorstehend bezeichneten Vollmacht enthaltenen Betreuungs- und Patientenverfügung. ◀

[3] Zur Vermeidung einer eventuellen Rechtsscheinhaftung sollte darauf geachtet werden, dass 4
für den Fall, dass Vollmachtsurkunden vorliegen, diese dem Vollmachtgeber zurückgegeben werden. Ein Zurückbehaltungsrecht an den Vollmachtsurkunden steht dem Bevollmächtigten nicht zu (§ 175). Zur Vollmachtsurkunde vgl Hk-BGB/*Dörner* § 170-173 Rn 4. **Rechtsanwaltsgebühren:** Siehe § 107 Rn 7.

B. Widerruf einer Vollmacht durch Erklärung gegenüber dem Dritten

I. Muster: Widerruf gegenüber Dritten 5

▶ Einschreiben[1] 64

An ■■■ (Dritter, dem gegenüber die Vertretung stattfinden sollte)

Sämtliche ■■■ (Bevollmächtigter) erteilten Vollmachten sind hiermit ab sofort widerrufen.[2] Der Vorgenannte ist somit nicht mehr berechtigt uns zu vertreten.

■■■, den ■■■

■■■

Unterschrift ◀

II. Erläuterungen

[1] Wird die Vollmacht gegenüber einem Dritten erteilt, bleibt diese nach § 170 dem Dritten 6
gegenüber wirksam, bis ihm das Erlöschen der Vollmacht angezeigt wird. Vgl Hk-BGB/*Dörner* § 170-173 Rn 2. Auf eine beweissichere Dokumentation des Zugangs ist zu achten.

[2] Auch hier sollte klargestellt werden, dass der Widerruf global auf alle erteilten Vollmachten 7
bezogen ist, oder näher präzisiert werden, auf welche Vollmachten sich der Widerruf bezieht. Zu den Rechtsanwaltsgebühren Siehe § 107 Rn 7.

C. Anzeige des Widerruf an den Dritten

I. Muster: Anzeige an Dritten 8

▶ Einschreiben[1] 65

An ■■■ (Dritter, dem gegenüber die Vertretung stattfinden sollte)

Sämtliche ■■■ (Bevollmächtigter) erteilten Vollmachten wurden unsererseits diesem gegenüber widerrufen. Dies wird hiermit angezeigt. Der Vorgenannte ist somit nicht mehr berechtigt uns zu vertreten.[2]

■■■, den ■■■

■■■

Unterschrift ◀

II. Erläuterungen

[1] Wird die gegenüber dem Bevollmächtigten erteilte Vollmacht gem. § 171 Abs. 1 einem Drit- 9
ten gegenüber kundgegeben, so ist gem. § 171 Abs. 2 der gegenüber dem Bevollmächtigten erfolgte Widerruf der Vollmacht auch gegenüber dem Dritten kundzugeben.

10 [2] Auch hier sollte klargestellt werden, dass der Widerruf global auf alle erteilten Vollmachten bezogen ist oder näher präzisiert werden, auf welche Vollmachten sich der Widerruf bezieht. Zu den Rechtsanwaltsgebühren siehe § 107 Rn 7.

§ 169 Vollmacht des Beauftragten und des geschäftsführenden Gesellschafters

Soweit nach den §§ 674, 729 die erloschene Vollmacht eines Beauftragten oder eines geschäftsführenden Gesellschafters als fortbestehend gilt, wirkt sie nicht zugunsten eines Dritten, der bei der Vornahme eines Rechtsgeschäfts das Erlöschen kennt oder kennen muss.

§ 170 Wirkungsdauer der Vollmacht

Wird die Vollmacht durch Erklärung gegenüber einem Dritten erteilt, so bleibt sie diesem gegenüber in Kraft, bis ihm das Erlöschen von dem Vollmachtgeber angezeigt wird.

§ 171 Wirkungsdauer bei Kundgebung

(1) Hat jemand durch besondere Mitteilung an einen Dritten oder durch öffentliche Bekanntmachung kundgegeben, dass er einen anderen bevollmächtigt habe, so ist dieser auf Grund der Kundgebung im ersteren Falle dem Dritten gegenüber, im letzteren Falle jedem Dritten gegenüber zur Vertretung befugt.
(2) Die Vertretungsmacht bleibt bestehen, bis die Kundgebung in derselben Weise, wie sie erfolgt ist, widerrufen wird.

§ 172 Vollmachtsurkunde

(1) Der besonderen Mitteilung einer Bevollmächtigung durch den Vollmachtgeber steht es gleich, wenn dieser dem Vertreter eine Vollmachtsurkunde ausgehändigt hat und der Vertreter sie dem Dritten vorlegt.
(2) Die Vertretungsmacht bleibt bestehen, bis die Vollmachtsurkunde dem Vollmachtgeber zurückgegeben oder für kraftlos erklärt wird.

§ 173 Wirkungsdauer bei Kenntnis und fahrlässiger Unkenntnis

Die Vorschriften des § 170, des § 171 Abs. 2 und des § 172 Abs. 2 finden keine Anwendung, wenn der Dritte das Erlöschen der Vertretungsmacht bei der Vornahme des Rechtsgeschäfts kennt oder kennen muss.

§ 174 Einseitiges Rechtsgeschäft eines Bevollmächtigten

[1]Ein einseitiges Rechtsgeschäft, das ein Bevollmächtigter einem anderen gegenüber vornimmt, ist unwirksam, wenn der Bevollmächtigte eine Vollmachtsurkunde nicht vorlegt und der andere das Rechtsgeschäft aus diesem Grunde unverzüglich zurückweist. [2]Die Zurückweisung ist ausgeschlossen, wenn der Vollmachtgeber den anderen von der Bevollmächtigung in Kenntnis gesetzt hatte.

1 A. Muster: Zurückweisung eines einseitigen Rechtsgeschäftes

▶ **Zurückweisung[1]**

An ▪▪▪ (Bevollmächtigter oder Vollmachtgeber)[2]

Die von dem Vertreter erklärte ▪▪▪ (einseitiges Rechtsgeschäft)[3] weise ich hiermit gem. § 174 BGB zurück, da mir keine Vollmachtsurkunde[4] entsprechend den gesetzlichen Vorschriften vorgelegt wurde. Auch wurde ich nicht vom Vollmachtgeber über die Bevollmächtigung in Kenntnis gesetzt.

▪▪▪, den ▪▪▪

▪▪▪

Unterschrift[5] ◀

B. Erläuterungen

[1] **Einseitige empfangsbedürftigen Willenserklärungen** (zB Kündigung, Rücktritt, Anfechtung) die vom wirksam Bevollmächtigten ohne Vorlage einer Vollmachtsurkunde vorgenommen werden, sind unwirksam, wenn sie zurückgewiesen werden. Zu beachten ist, dass einseitige **nicht** empfangsbedürftige Willenserklärungen die von einem Vertreter ohne Vertretungsmacht vorgenommen werden grds. unwirksam sind, ohne dass es auf die Zurückweisung ankommt. Die Zurückweisung selber ist ebenfalls eine empfangsbedürftige Willenserklärung (NK-BGB/*Ackermann* § 174 Rn 8). Auf beweissichere **Dokumentation** des Zugangs ist zu achten (vgl hierzu NK-BGB/*Looschelders* § 133 Rn 84 ff). 2

[2] Die Zurückweisung erfolgt **gegenüber** dem **Bevollmächtigten** oder dem **Vertretenen**. Die Zurückweisung muss unverzüglich (§ 121 Abs. 1) erfolgen. 3

[3] Die Zurückweisung ist bei einseitigen empfangsbedürftigen Willenserklärungen möglich. Zur entsprechenden Anwendung des § 174 bei **geschäftsähnliche Handlungen** (zB Mahnung) und in anderen Konstellationen (Annahme eines Vertragsangebotes, zur Einzelvertretung ermächtigter Gesamtvertreter) vgl Hk-BGB/*Dörner* § 174 Rn 4. 4

[4] Eine Vollmachtsurkunde ist ein vom Vollmachtgeber unterzeichnetes Schriftstück, aus dem sich die Person des Bevollmächtigten und der Inhalt der Vollmacht ergeben (Hk-BGB/*Dörner* § 170-173 Rn 4). Sie muss in Urschrift oder bei beurkundeten Erklärungen in Ausfertigung (§ 47 BeurkG) vorgelegt werden. Fotokopien oder beglaubigte Abschriften reichen nicht aus (Hk-BGB/*Dörner* § 170-173 Rn 4). 5

[5] Eine bestimmte Form ist nicht vorgeschrieben; **Schriftform** wird aber angeraten. **Rechtsanwaltsgebühren:** Siehe § 107 Rn 7. 6

§ 175 Rückgabe der Vollmachtsurkunde

Nach dem Erlöschen der Vollmacht hat der Bevollmächtigte die Vollmachtsurkunde dem Vollmachtgeber zurückzugeben; ein Zurückbehaltungsrecht steht ihm nicht zu.

§ 176 Kraftloserklärung der Vollmachtsurkunde

(1) [1]Der Vollmachtgeber kann die Vollmachtsurkunde durch eine öffentliche Bekanntmachung für kraftlos erklären; die Kraftloserklärung muss nach den für die öffentliche Zustellung einer Ladung geltenden Vorschriften der Zivilprozessordnung veröffentlicht werden. [2]Mit dem Ablauf eines Monats nach der letzten Einrückung in die öffentlichen Blätter wird die Kraftloserklärung wirksam.
(2) Zuständig für die Bewilligung der Veröffentlichung ist sowohl das Amtsgericht, in dessen Bezirk der Vollmachtgeber seinen allgemeinen Gerichtsstand hat, als das Amtsgericht, welches für die Klage auf Rückgabe der Urkunde, abgesehen von dem Wert des Streitgegenstands, zuständig sein würde.
[3] Die Kraftloserklärung ist unwirksam, wenn der Vollmachtgeber die Vollmacht nicht widerrufen kann.

A. Muster: Antrag auf Kraftloserklärung einer Vollmachtsurkunde 1

67

▶ **Kraftloserklärung einer Vollmachtsurkunde**[1]

An das Amtsgericht ...[2]

Betreff: Kraftloserklärung einer Vollmachtsurkunde nach § 176 BGB

Ich, ..., geb. am ..., wohnhaft ...

- erkläre die nachstehend bezeichnete Vollmachtsurkunde hiermit gem. § 176 BGB für kraftlos,[3]
- und beantrage die öffentliche Bekanntmachung der Kraftloserklärung der nachstehend bezeichneten Vollmachtsurkunde.

Bei der Vollmachtsurkunde handelt es sich um die ■■■, geb. am ■■■, wohnhaft ■■■ (Bevollmächtigter) am ■■■ (Datum) erteilte Urkunde, in welcher der Bevollmächtigte bevollmächtigt wurde folgende Handlungen vorzunehmen: ■■■ (genaue Beschreibung des Inhalts der Vollmacht).

■■■, den ■■■

■■■

Unterschrift ◀

B. Erläuterungen

2 [1] Nach dem Erlöschen einer Vollmacht hat der Bevollmächtigte die Vollmachtsurkunde an den Vollmachtgeber zurückzugeben. Ein **Zurückbehaltungsrecht** hat der Bevollmächtigte nicht (§ 175). Um ein missbräuchliches Verwenden der Vollmachtsurkunde zu vermeiden und das Erlöschen der Vertretungsmacht nach § 172 Abs. 2 herbeizuführen, besteht die Möglichkeit die Kraftloserklärung nach § 176 öffentlich bekannt zu machen (NK-BGB/*Ackermann* § 176 Rn 1). Durch die öffentliche Bekanntmachung wird der **Rechtsschein** der Vollmachtsurkunde (§ 172) beseitigt. Die Wirkung tritt nach Ablauf eines Monats nach der letzten Veröffentlichung ein (§ 176 Abs. S. 2).

3 [2] Die **Zuständigkeit** des Gerichts richtet sich nach § 176 Abs. 2. Das Gericht prüft nicht die materielle Rechtslage, sondern beschränkt sich auf die öffentliche Zustellung, die nach den Vorschriften der ZPO erfolgt (§ 185 ff ZPO). Insofern muss der Antrag **nicht** begründet werden (NK-BGB/*Ackermann* § 176 Rn 4). Die Entscheidung des Gerichts ergeht im Wege der Verfügung gegen die das Rechtsmittel der Beschwerde gemäß § 58 FamFG gegeben ist.

4 [3] Die Kraftloserklärung beinhaltet einen **externen** Widerruf der Vollmacht.

5 **Gerichtsgebühren:** Für die Bewilligung und Bewirkung der Veröffentlichung erhebt das Amtsgericht neben den Veröffentlichungsauslagen eine 1/2- Gebühr (§ 122 Abs. 1 Nr. 3 KostO). Der Geschäftswert richtet sich nach § 30 Abs. 2 KostO. Maßgeblich ist der Wert der Vollmacht zum Zeitpunkt des Widerrufs. Bei Generalvollmachten ist dies grds. der Wert des ganzen Vermögens des Vollmachtgebers.

§ 177 Vertragsschluss durch Vertreter ohne Vertretungsmacht

(1) Schließt jemand ohne Vertretungsmacht im Namen eines anderen einen Vertrag, so hängt die Wirksamkeit des Vertrags für und gegen den Vertretenen von dessen Genehmigung ab.

(2) [1]Fordert der andere Teil den Vertretenen zur Erklärung über die Genehmigung auf, so kann die Erklärung nur ihm gegenüber erfolgen; eine vor der Aufforderung dem Vertreter gegenüber erklärte Genehmigung oder Verweigerung der Genehmigung wird unwirksam. [2]Die Genehmigung kann nur bis zum Ablaufe von zwei Wochen nach dem Empfang der Aufforderung erklärt werden; wird sie nicht erklärt, so gilt sie als verweigert.

A. Aufforderung zur Genehmigung durch den Dritten

I. Muster: Aufforderung zur Genehmigung durch den Dritten 1

68

▶ **Aufforderung**[1]

An ■■■ (Adresse des Vertretenen)[2]

Herr ■■■, geb. am ■■■, wohnhaft ■■■ (Name des Vertreters ohne Vertretungsmacht) hat am ■■■ (Datum) in ihrem Namen folgenden Vertrag abgeschlossen: ■■■ (Genaue Bezeichnung des Rechtsgeschäftes).

Da der vorbezeichnete Vertreter ohne Vertretungsmacht für sie gehandelt hat, ist die Wirksamkeit des Vertrages von ihrer Genehmigung abhängig.

Hiermit fordere ich Sie höflich auf den vorgenannten Vertrag zu Genehmigen. Die Genehmigung ist allein mir gegenüber zu erklären.[3]

Ich mache sie darauf aufmerksam, dass entsprechend den gesetzlichen Bestimmungen ihre Genehmigung nur bis zum Ablauf von zwei Wochen nach dem Empfang dieser Aufforderung erklärt werden kann, ansonsten die Genehmigung als nicht erteilt gilt.

■■■, den ■■■

■■■

Unterschrift[4] ◀

II. Erläuterungen

[1] Verträge, die ohne Vertretungsmacht im Namen eines anderen abgeschlossen werden, binden den Vertretenen nicht (Hk-BGB/*Dörner* § 177 Rn 1). Für einseitige empfangsbedürftige Rechtsgeschäfte gilt § 180. Der entsprechende Vertrag ist schwebend unwirksam und kann durch Genehmigung des Vertretenen nach § 177 endgültig wirksam oder durch Verweigerung der Genehmigung endgültig unwirksam gemacht werden. Die Genehmigung kann gegenüber dem Vertreter ohne Vertretungsmacht oder dem Vertragsgegner erklärt werden; gegenüber dem Vertreter ohne Vertretungsmacht jedoch nur, wenn der Vertragsgegner den Vertretenen nicht zur Erklärung über die Genehmigung bzw Nichtgenehmigung aufgefordert hat (§ 177 Abs. 2 S. 1). Der Vertrag wird endgültig unwirksam wenn er vom Vertragsgegner vor Erteilung der Genehmigung widerrufen wird (§ 178). 2

[2] Der Vertragsgegner kann gem. § 177 Abs. 2, entsprechend dem vorstehenden Muster den Vertretenen zur Erklärung über die Genehmigung auffordern. Die Aufforderung ist eine **empfangsbedürftige geschäftsähnliche Handlung** und ist an den gesetzlichen Vertreter zu richten. Die Aufforderung führt dazu, dass eine bereits gegenüber dem Vertreter ohne Vertretungsmacht erklärte Erteilung bzw Verweigerung der Genehmigung unwirksam wird und die Genehmigung nur noch gegenüber dem Vertragsgegner erteilt werden kann (§ 177 Abs. 2 S. 1). § 177 ist entsprechend auf das Handeln unter fremden Namen bei Identitätstäuschung, bei Missbrauch der Vertretungsmacht sowie auf das Handeln eines Boten ohne Botenmacht anwendbar (Hk-BGB/*Dörner* § 177 Rn 7) 3

[3] Die Aufforderung sollte klarstellen, dass die Genehmigung nur noch gegenüber dem Auffordernden erteilt werden kann (§ 177 Abs. 2). Auch ein Hinweis auf die gesetzliche Frist und die Rechtsfolgen des Fristablaufs ist angebracht. Die gesetzliche Frist kann einseitig vom Auffordernden verlängert aber nicht verkürzt werden. 4

[4] Die Aufforderung ist formfrei und kann ausdrücklich oder konkludent erfolgen. Aus Beweissicherungsgründen sollte sie ausdrücklich und zumindest in Schriftform erfolgen. Auf eine beweissichere Dokumentation des Zugangs ist zu achten (vgl hierzu NK-BGB/*Looschelders* § 133 Rn 84 ff). **Rechtsanwaltsgebühren:** Siehe § 107 Rn 7. 5

B. Verweigerung der Genehmigung

6 **I. Muster: Verweigerung der Genehmigung**

▶ **Verweigerung**[1]

An ▪▪▪ (Adresse des Vertragsgegners)[2]

Herr/Frau ▪▪▪, geb. am ▪▪▪, wohnhaft ▪▪▪ (Name des Vertreters ohne Vertretungsmacht) hat am ▪▪▪ (Datum) in meinem Namen folgenden Vertrag mit ihnen abgeschlossen: ▪▪▪ (Genaue Bezeichnung des Rechtsgeschäftes).

Da der vorbezeichnete Vertreter ohne Vertretungsmacht für mich gehandelt hat, ist die Wirksamkeit des Vertrages von meiner Genehmigung abhängig.

Hiermit verweigere ich ausdrücklich die Genehmigung des vorstehenden Rechtsgeschäftes.[1]

▪▪▪, den ▪▪▪

▪▪▪

Unterschrift[3] ◀

II. Erläuterungen

7 [1] Die Verweigerung der Genehmigung ist eine einseitige, **empfangsbedürftige** Willenserklärung (Hk-BGB/*Dörner* § 177 Rn 5).

8 [2] Die Verweigerung der Genehmigung wird **entweder** gegenüber dem **Vertreter ohne Vertretungsmacht** oder gegenüber dem **Vertragsgegner** erklärt. Nach Aufforderung gem. § 177 Abs. 2 kann die Erklärung nur noch gegenüber dem Vertragsgegner erteilt werden. Die Verweigerung ist **bedingungsfeindlich** (Hk-BGB/*Dörner* § 109 Rn 2).

9 [3] Die Verweigerung der Genehmigung ist **formfrei** (§ 182 Abs. 2) und kann auch konkludent ausgesprochen werden. Aus Beweissicherungsgründen sollte sie ausdrücklich und zumindest in Schriftform erteilt werden. Auf eine beweissichere Dokumentation des Zugangs ist zu achten (vgl hierzu NK-BGB/*Looschelders* § 133 Rn 84 ff). **Zu Rechtsanwaltsgebühren** Siehe § 107 Rn 7.

§ 178 Widerrufsrecht des anderen Teils

[1]Bis zur Genehmigung des Vertrags ist der andere Teil zum Widerruf berechtigt, es sei denn, dass er den Mangel der Vertretungsmacht bei dem Abschluss des Vertrags gekannt hat. [2]Der Widerruf kann auch dem Vertreter gegenüber erklärt werden.

1 **A. Muster: Widerruf des Dritten**

▶ **Widerruf**[1]

An ▪▪▪ (Adresse des Vertragsgegners)[2]

Herr ▪▪▪, geb. am ▪▪▪, wohnhaft ▪▪▪ (Name des Vertreters ohne Vertretungsmacht) hat am ▪▪▪ (Datum) in ihrem Namen folgenden Vertrag abgeschlossen: ▪▪▪ (Genaue Bezeichnung des Rechtsgeschäftes).

Da der vorbezeichnete Vertreter ohne Vertretungsmacht für Sie gehandelt hat, ist die Wirksamkeit des Vertrages von ihrer Genehmigung abhängig.[3]

Hiermit widerrufen wir gem. § 178 BGB unsere auf den Abschluss des Vertrages gerichtete Willenserklärung. Der Vertrag ist damit endgültig unwirksam.

Uns war der Mangel der Vertretungsmacht bei dem Abschluss des Vertrages nicht bekannt.[4]

■■■, den ■■■

■■■

Unterschrift[5] ◄

B. Erläuterung und Varianten

[1] § 178 ermöglich es dem gutgläubigen Vertragspartner die schwebende Unwirksamkeit des Vertrages gem. § 177 und damit einhergehende ungewisse Rechtslage zu beenden. 2

[2] Der Widerruf gem. § 178 ist eine **einseitige, empfangsbedürftige Willenserklärung**, die gegenüber dem Vertreter ohne Vertretungsmacht oder seinem gesetzlichen Vertreter ausgesprochen werden kann (Hk-BGB/*Dörner* § 178 Rn 1). 3

[3] Der Widerruf muss erkennen lassen, dass gerade wegen des Mangels der Vertretungsmacht nicht am Rechtsgeschäft festgehalten werden soll (BGH NJW 1965, 1714). 4

[4] Die Erklärung sollte klarstellen, dass Gutgläubigkeit gem. § 177 S. 2 vorliegt. Bei wahrheitswidriger Behauptung einer Vertretungsmacht durch den Vertreter ist wie folgt zu formulieren: 5

► Frau/Herr ■■■ hat bei Abschluss des Vertrages erklärt, dass er bevollmächtigt ist für Sie zu handeln. Uns war zu diesem Zeitpunkt der Mangel der Vertretungsmacht nicht bekannt. ◄

[5] Der Widerruf ist **formfrei** und kann auch konkludent erteilt werden. Aus Beweissicherungsgründen sollte er ausdrücklich und zumindest in Schriftform erfolgen. Auf eine beweissichere Dokumentation des Zugangs ist zu achten (vgl hierzu NK-BGB/*Looschelders* § 133 Rn 84 ff). **Rechtsanwaltsgebühren:** Siehe § 107 Rn 7. 6

§ 179 Haftung des Vertreters ohne Vertretungsmacht

(1) Wer als Vertreter einen Vertrag geschlossen hat, ist, sofern er nicht seine Vertretungsmacht nachweist, dem anderen Teil nach dessen Wahl zur Erfüllung oder zum Schadensersatz verpflichtet, wenn der Vertretene die Genehmigung des Vertrags verweigert.
(2) Hat der Vertreter den Mangel der Vertretungsmacht nicht gekannt, so ist er nur zum Ersatz desjenigen Schadens verpflichtet, welchen der andere Teil dadurch erleidet, dass er auf die Vertretungsmacht vertraut, jedoch nicht über den Betrag des Interesses hinaus, welches der andere Teil an der Wirksamkeit des Vertrags hat.
(3) [1]Der Vertreter haftet nicht, wenn der andere Teil den Mangel der Vertretungsmacht kannte oder kennen musste. [2]Der Vertreter haftet auch dann nicht, wenn er in der Geschäftsfähigkeit beschränkt war, es sei denn, dass er mit Zustimmung seines gesetzlichen Vertreters gehandelt hat.

§ 180 Einseitiges Rechtsgeschäft

[1]Bei einem einseitigen Rechtsgeschäft ist Vertretung ohne Vertretungsmacht unzulässig. [2]Hat jedoch derjenige, welchem gegenüber ein solches Rechtsgeschäft vorzunehmen war, die von dem Vertreter behauptete Vertretungsmacht bei der Vornahme des Rechtsgeschäfts nicht beanstandet oder ist er damit einverstanden gewesen, dass der Vertreter ohne Vertretungsmacht handele, so finden die Vorschriften über Verträge entsprechende Anwendung. [3]Das Gleiche gilt, wenn ein einseitiges Rechtsgeschäft gegenüber einem Vertreter ohne Vertretungsmacht mit dessen Einverständnis vorgenommen wird.

§ 181 Insichgeschäft

Ein Vertreter kann, soweit nicht ein anderes ihm gestattet ist, im Namen des Vertretenen mit sich im eigenen Namen oder als Vertreter eines Dritten ein Rechtsgeschäft nicht vornehmen, es sei denn, dass das Rechtsgeschäft ausschließlich in der Erfüllung einer Verbindlichkeit besteht.

Titel 6 Einwilligung und Genehmigung

§ 182 Zustimmung

(1) Hängt die Wirksamkeit eines Vertrags oder eines einseitigen Rechtsgeschäfts, das einem anderen gegenüber vorzunehmen ist, von der Zustimmung eines Dritten ab, so kann die Erteilung sowie die Verweigerung der Zustimmung sowohl dem einen als dem anderen Teil gegenüber erklärt werden.
(2) Die Zustimmung bedarf nicht der für das Rechtsgeschäft bestimmten Form.
(3) Wird ein einseitiges Rechtsgeschäft, dessen Wirksamkeit von der Zustimmung eines Dritten abhängt, mit Einwilligung des Dritten vorgenommen, so finden die Vorschriften des § 111 Satz 2, 3 entsprechende Anwendung.

§ 183 Widerruflichkeit der Einwilligung

[1]Die vorherige Zustimmung (Einwilligung) ist bis zur Vornahme des Rechtsgeschäfts widerruflich, soweit nicht aus dem ihrer Erteilung zugrunde liegenden Rechtsverhältnis sich ein anderes ergibt. [2]Der Widerruf kann sowohl dem einen als dem anderen Teile gegenüber erklärt werden.

§ 184 Rückwirkung der Genehmigung

(1) Die nachträgliche Zustimmung (Genehmigung) wirkt auf den Zeitpunkt der Vornahme des Rechtsgeschäfts zurück, soweit nicht ein anderes bestimmt ist.
[2] Durch die Rückwirkung werden Verfügungen nicht unwirksam, die vor der Genehmigung über den Gegenstand des Rechtsgeschäfts von dem Genehmigenden getroffen worden oder im Wege der Zwangsvollstreckung oder der Arrestvollziehung oder durch den Insolvenzverwalter erfolgt sind.

1 ### A. Muster: Genehmigung eines Rechtsgeschäfts

▶ **Genehmigung[1]**

Der Unterzeichnete hat Kenntnis vom Inhalt der Urkunde des

Notars ■■■ in ■■■ vom ■■■ URNr. ■■■

Diese Urkunde wird hiermit in allen Teilen vorbehaltlos genehmigt und bestätigt.

Der Unterzeichnete schließt sich somit allen Erklärungen – auch einseitigen –, Bewilligungen und Anträgen in der vorbezeichneten Urkunde an.

Soweit aufgrund einer in der vorbezeichneten Urkunde enthaltenen Vollmacht bereits gehandelt wurde, wird dies rein vorsorglich ebenfalls genehmigt.[2]

Befreiung von den Beschränkungen des § 181 BGB ist erteilt.

■■■, den ■■■

■■■

Unterschrift[3]

■■■

Unterschriftsbeglaubigung ◀

B. Erläuterungen

2 [1] Genehmigungen sind vor allem im Bereich des Vertreters ohne Vertretungsmacht und im Bereich des beschränkt geschäftsfähigen Minderjährigen praxisrelevant. Den 182 ff gehen dabei die Sondervorschriften der §§ 167 ff und §§ 107 ff vor (Hk-BGB/*Dörner* § 182 – 185 Rn 7). In der Praxis ergibt sich die Genehmigungsbedürftigkeit häufig aus dem Umstand, dass ein Vertreter ohne Vertretungsmacht gehandelt hat. Dabei ist zu beachten, dass einseitige empfangesbedürftige Willenserklärungen, die ohne Vertretungsmacht abgegeben werden, nur dann ge-

nehmigungsfähig sind, wenn der Erklärungsgegner eine behauptete Vollmacht nicht beanstandet hat oder er damit einverstanden war, dass der Vertreter ohne Vertretungsmacht handelt (§ 180 S. 2). Andernfalls ist das einseitige Rechtsgeschäft grds. unheilbar nichtig (Hk-BGB/*Dörner* § 184 Rn 2) und muss gem. § 141 bestätigt werden um wirksam zu werden. Da im Rahmen von komplexen Transaktionen oft auch einseitige empfangesbedürftige Willenserklärungen wie zB Durchführungsvollmachten abgegeben werden, sollten diese einseitigen Rechtsgeschäfte vorsichtshalber auch gem. § 141 bestätigt werden. Auf Prozesshandlungen wie Anträge und Bewilligungen nach § 19 GBO (zB Bewilligung einer Auflassungsvormerkung) oder die Unterwerfung unter die sofortige Zwangsvollstreckung ist § 180 nicht anwendbar (NK-BGB/*Ackermann* § 180 Rn 3). Diese können also genehmigt werden.

Die Genehmigung ist eine **empfangsbedürftige Willenserklärung** (Hk-BGB/*Dörner* § 182-185 Rn 3). Bei der Abwicklung von mehrseitigen Verträgen, die vorbehaltlich einer Genehmigung geschlossen worden sind ist also darauf zu achten, dass die Genehmigung allen Vertragspartnern zugeht. Bei einer Abwicklung durch den Notar wird dies idR durch Mitteilungsvollmachten für den Notar sichergestellt. 3

Rechtsfolge der Genehmigung ist, dass ein bisher schwebend unwirksamer Vertrag rückwirkende Wirksamkeit erlang (§ 184 Abs. 1). 4

[2] Diese Formulierung stellt sicher, dass auch Rechtsgeschäfte genehmigt werden, die auf Grund einer noch nicht genehmigten bzw bestätigten, in der zu genehmigenden Urkunde enthaltenen, Vollmachtserteilung, getätigt wurden. 5

[3] Die Genehmigung ist grds. **formfrei** (§ 182 Abs. 2). Dies gilt auch in den Fällen, in denen eine Vollmacht für die Vornahme des zu genehmigenden Geschäftes formbedürftig gewesen wäre (BGHZ 125, 218). Aus folgenden Vorschriften ergibt sich aber eine Formbedürftigkeit der Genehmigung: 6

- § 1516 Abs. 2 (Zustimmung des Ehegatten zu Verfügungen im Rahmen der Gütergemeinschaft); öffentliche Beglaubigung notwendig,
- § 1517 Abs. 1 (Verzicht eines Abkömmling auf seinen Anteil am gesamtgut der fortgesetzten Gütergemeinschaft); öffentliche Beglaubigung notwendig,
- § 1597 Abs. 1 (Vaterschaftsanerkennung und Zustimmung der Mutter); öffentliche Beglaubigung notwendig,,
- § 1750 (Einwilligung zur Adoption); öffentliche Beglaubigung notwendig,
- § 2120 (Einwilligung des Nacherben im Rahmen der ordnungsgemäßen Verwaltung); öffentliche Beglaubigung notwendig.

Weiter ist die Genehmigung der von einem **vollmachtlosen Vertreter** bei der **Gründung einer GmbH** oder **AG** abgegebenen Erklärungen formbedürftig (OLG Köln NJW-RR 1996, 550).

Davon zu unterscheiden sind die Fälle in denen eine Genehmigung materiell wirksam formlos erteilt werden kann, aber aus **verfahrensrechtlichen Gründen** einer besonderen Form bedarf. Hierzu zählen: 7

- §§ 29, 30 GBO: Genehmigung von Bewilligungen von Eintragungen in das Grundbuch; öffentliche Beglaubigung notwendig,
- § 12 Abs. 1 S. 2 HGB: Genehmigung zum Bewirken von Handelsregisteranmeldungen; öffentliche Beglaubigung notwendig.

Die Bestätigung ein Rechtsgeschäfts gem. § 141, das einem gesetzlichen Formerfordernis unterliegt, ist ihrerseits formbedürftig, und zwar auch dann, wenn die Form bei der Vornahme des bestätigten Rechtsgeschäfts beachtet wurde. Die Bestätigung muss aber nicht den Inhalt des zu bestätigenden Rechtsgeschäfts wiedergeben, wenn dieses bereits in der entsprechenden Form errichtet wurde. (NK-BGB/*Faust* § 141 Rn 15; BGH NJW 1999, 3740). 8

9 Weiter ist zu beachten, dass sich eine eventuelle Vertretung des Unterschriftsleistenden aus dem Text der Genehmigung selbst ergeben muss. Eine Klarstellung in einem notariellen Beglaubigungsvermerk reicht nicht aus (Hügel/*Otto*, GBO, § 29 Rn 183 mwN).

10 **Notargebühren:** Es wird danach unterschieden, ob der Notar die zu beglaubigende Erklärung selbst entworfen hat oder nicht: Wenn kein Entwurf vom Notar gefertigt wurde, erhält dieser eine 1/4 Gebühr (§ 45 KostO). Bei Entwurf der Genehmigung fällt eine 1/2 Gebühr an, die den Entwurf und die erste Beglaubigung einer Unterschrift abdeckt (§ 38 Abs. 2 Nr. 1 KostO). Der Geschäftswert richtet sich nach dem Wert des genehmigten Rechtsgeschäfts (§ 40 Abs. 1 KostO). Bei einem Mitberechtigungsverhältnis bestimmt sich der Geschäftswert gem. § 40 Abs. 2 KostO nach dem Bruchteil, der dem Anteil des Mitberechtigten entspricht. **Rechtsanwaltsgebühren:** Siehe § 107 Rn 7.

§ 185 Verfügung eines Nichtberechtigten

(1) Eine Verfügung, die ein Nichtberechtigter über einen Gegenstand trifft, ist wirksam, wenn sie mit Einwilligung des Berechtigten erfolgt.

(2) [1]Die Verfügung wird wirksam, wenn der Berechtigte sie genehmigt oder wenn der Verfügende den Gegenstand erwirbt oder wenn er von dem Berechtigten beerbt wird und dieser für die Nachlassverbindlichkeiten unbeschränkt haftet. [2]In den beiden letzteren Fällen wird, wenn über den Gegenstand mehrere miteinander nicht in Einklang stehende Verfügungen getroffen worden sind, nur die frühere Verfügung wirksam.

Abschnitt 4 Fristen, Termine

§ 186 Geltungsbereich

Für die in Gesetzen, gerichtlichen Verfügungen und Rechtsgeschäften enthaltenen Frist- und Terminsbestimmungen gelten die Auslegungsvorschriften der §§ 187 bis 193.

1 A. Muster: Abweichende rechtsgeschäftliche Fristbestimmungen

▶ Sämtliche in diesem Vertrag angeordneten Tagesfristen berechnen sich abweichend von den §§ 187 ff BGB[1] nach Bankgeschäftstagen. Bankgeschäftstag[2] ist jeder Tag, an dem die Banken in Frankfurt am Main für den allgemeinen Geschäftsverkehr geöffnet sind. ◀

B. Erläuterungen

2 **[1] Zulässigkeit abweichender Frist- und Terminsbestimmungen.** Aus § 186 ergibt sich, dass die §§ 187 bis 193 lediglich subsidiär gelten, abweichende Vereinbarungen der Parteien haben Vorrang (MüKo-BGB/*Grothe* § 186 Rn 7; Staudinger/*Repgen* § 186 BGB Rn 10, 17). Insbesondere können auch dem BGB unbekannte Fristen, zB nach Stunden und Minuten (sog. Naturalkomputation s. § 187 Rn 1, 2), oder Fristen anderer Rechtsordnungen, zB der dem New Yorker Scheckgesetz entlehnte Begriff „within a reasonable time“ (RGZ 115, 195, 196 f; Staudinger/*Repgen* § 186 BGB Rn 17), vereinbart werden.

3 **[2] Präzise Formulierung und Definition der Frist- und Terminsbestimmung.** Die §§ 187 ff bezwecken eine sichere Auslegung für Zeitbestimmungen. Daher sollte auch eine hiervon abweichende rechtsgeschäftliche Frist- bzw Terminsbestimmung so genau und eindeutig wie möglich

formuliert werden. Soweit auslegungsfähige Begriffe verwendet werden, sollten diese ebenfalls exakt definiert werden.

Die Berechnung von Fristen nach **Bankgeschäfts- oder Bankarbeitstagen** begegnet häufig, vor allem in Unternehmenskaufverträgen (vgl *Meyer-Sparenberg* in Hoffmann-Becking/Rawert, II. 24. Abs. 10). Obwohl sich der Begriff des Bankgeschäftstages bzw Bankarbeitstages auch im Gesetz findet (vgl § 676 a Abs. 2 S. 1 Nr. 1; § 23 Abs. 1 SGB IV; § 118 Abs. 1 SGB VI; § 96 Abs. 1 SGB VII), muss insbesondere bei grenzüberschreitenden Verträgen klargestellt werden, auf welchen Ort für die Beurteilung eines Bankarbeitstags abzustellen ist. 4

§ 187 Fristbeginn

(1) Ist für den Anfang einer Frist ein Ereignis oder ein in den Lauf eines Tages fallender Zeitpunkt maßgebend, so wird bei der Berechnung der Frist der Tag nicht mitgerechnet, in welchen das Ereignis oder der Zeitpunkt fällt.
(2) [1]Ist der Beginn eines Tages der für den Anfang einer Frist maßgebende Zeitpunkt, so wird dieser Tag bei der Berechnung der Frist mitgerechnet. [2]Das Gleiche gilt von dem Tage der Geburt bei der Berechnung des Lebensalters.

§ 188 Fristende

(1) Eine nach Tagen bestimmte Frist endigt mit dem Ablaufe des letzten Tages der Frist.
(2) Eine Frist, die nach Wochen, nach Monaten oder nach einem mehrere Monate umfassenden Zeitraum – Jahr, halbes Jahr, Vierteljahr – bestimmt ist, endigt im Falle des § 187 Abs. 1 mit dem Ablauf desjenigen Tages der letzten Woche oder des letzten Monats, welcher durch seine Benennung oder seine Zahl dem Tage entspricht, in den das Ereignis oder der Zeitpunkt fällt, im Falle des § 187 Abs. 2 mit dem Ablauf desjenigen Tages der letzten Woche oder des letzten Monats, welcher dem Tage vorhergeht, der durch seine Benennung oder seine Zahl dem Anfangstag der Frist entspricht.
(3) Fehlt bei einer nach Monaten bestimmten Frist in dem letzten Monat der für ihren Ablauf maßgebende Tag, so endigt die Frist mit dem Ablauf des letzten Tages dieses Monats.

A. Abweichende Fristberechnung

I. Muster: Abweichende Fristberechnung (Naturalkomputation) 1

▶ Die Frist beginnt abweichend von § 187 BGB am 12.2.2009 um 12.00 Uhr zu laufen und endet eine Woche später zum selben Moment, also am 19.2.2009 um 12.00 Uhr.[1] ◀

II. Erläuterungen

[1] Naturalkomputation. Für die Berechnung von Fristen gilt das Prinzip der Zivilkomputation, dh Zeiträume werden nicht nach ihrer natürlichen Länge, sondern nach ganzen Kalendertagen berechnet (MüKo-BGB/*Grothe* § 187 Rn 1). Den Gegensatz hierzu bildet die Naturalkomputation, bei der eine Frist von Moment zu Moment berechnet wird. Die natürliche Zählweise kann abweichend von § 187 vereinbart werden (jurisPK-BGB/*Becker* § 187 Rn 4). 2

B. Abweichende Fristberechnung

3 **I. Muster: Abweichende Fristberechnung (Stundenfristen)**

▶ Die Frist beginnt abweichend von § 187 BGB am 12.2.2009 um 11.38 Uhr zu laufen und endet nach 12 Stunden am 12.2.2009 um 23.38 Uhr.[1] ◀

II. Erläuterungen

4 [1] **Stundenfristen.** § 187 BGB setzt eine Frist von mindestens einer Tageslänge voraus. Möglich ist auch die Vereinbarung kürzerer Zeiträume, insbesondere von Stunden- und Minutenfristen (MüKo-BGB/*Grothe* § 187 Rn 8). Für deren Berechnung kommt wiederum, wie im vorstehenden Muster, die natürliche Zählweise in Betracht, aber auch die entsprechende Anwendung von § 187, sodass eine Stundenfrist erst mit Beginn der nächsten Stunde zu laufen beginnt (Staudinger/*Repgen* § 187 BGB Rn 13). Gerade bei der Vereinbarung von Stundenfristen sollte deshalb ausdrücklich klargestellt werden, ob diese minutengenau zu berechnen sind, was nur im Zweifel anzunehmen ist (vgl MüKo-BGB/*Grothe* § 187 Rn 8), oder sich entsprechend § 187 Abs. 1 auf die volle Stunde verlängern. Dies gilt umso mehr, wenn es sich um Stundenfristen handelt, die eine Tageslänge oder mehr erreichen, zB bei einer Frist von 24 oder 48 Stunden (vgl jurisPK-BGB/*Becker* § 187 Rn 21).

C. Abweichender Fristbeginn

5 **I. Muster: Abweichender Fristbeginn („ab heute")**

▶ Ich fordere Sie auf, den geschuldeten Kaufpreis innerhalb von zwei Wochen ab heute[1] auf mein genanntes Konto zu überweisen. ◀

II. Erläuterungen

6 [1] **Fristbeginn „ab heute".** Eine Frist, die sich „ab heute" oder „ab dem Tag der Beurkundung" berechnet, ist nach dem Rechtsgedanken des § 187 Abs. 1 ohne den Tag des Fristbeginns, also ohne Mitberechnung des heutigen Tages bzw des Tages der Beurkundung zu verstehen (jurisPK-BGB/*Becker* § 187 Rn 22). Dies gilt auch für die Berechnung einer in einem Mahnschreiben gesetzten Frist (MüKo-BGB/*Grothe* § 187 Rn 2). Soll die Frist bereits mit dem Datum oder dem Zugang des Mahnschreibens zu laufen beginnen, so sollte dies im Schreiben ausdrücklich klargestellt werden. Bei Verwendung allgemeiner Geschäftsbedingungen ist jedoch das Klauselverbot des § 308 Nr. 6 zu beachten, so dass ein vorverlegter Fristlauf unwirksam ist, wenn er zu einer Zugangsfiktion führt (MüKo-BGB/*Kieninger* § 308 Nr. 6 Rn 3).

§ 189 Berechnung einzelner Fristen

(1) Unter einem halben Jahr wird eine Frist von sechs Monaten, unter einem Vierteljahr eine Frist von drei Monaten, unter einem halben Monat eine Frist von 15 Tagen verstanden.
(2) Ist eine Frist auf einen oder mehrere ganze Monate und einen halben Monat gestellt, so sind die 15 Tage zuletzt zu zählen.

1 A. Muster: Abweichende Berechnung einzelner Fristen

▶ Der Verkäufer verpflichtet sich, dem Käufer sämtliche Versicherungsunterlagen über das Vertragsobjekt bis spätestens heute in acht Tagen entsprechend § 359 Abs. 2 HGB[1] zur Verfügung zu stellen. ◀

B. Erläuterungen

[1] Besondere Auslegungsregeln. § 189 enthält einige Auslegungsregeln für Jahres- und Monatsbruchteile. Anders als im Handelsrecht (§ 359 Abs. 2 HGB) hat der Gesetzgeber jedoch eine Regelung für den Zeitraum „acht Tage" nicht für erforderlich erachtet (MüKo-BGB/*Grothe* § 189 Rn 1). Daher sollte bei Verwendung dieses Zeitraums klargestellt werden, ob es sich hierbei – wie im Handelsrecht – um volle acht Tage (Berechnung nach § 187 Abs. 1) oder – gemäß dem allgemeinen Sprachgebrauch (MüKo-BGB/*Grothe* § 187 Rn 2) – lediglich um eine Woche (Berechnung nach § 187 Abs. 2) handeln soll. Weitere Auslegungsregeln des Handelsrechts, zB Jahreszeitangaben („Frühjahr", „Herbst" etc.), sind entsprechend dem allgemeinen Sprachgebrauch, in Ermangelung eines solchen nach dem Kalender zu bestimmen. Ist also eine Leistung „im Frühjahr" zu erbringen, so ist sie zwischen dem 21. März und dem 20. Juni zu bewirken (Staudinger/*Repgen* § 192 BGB Rn 4). 2

§ 190 Fristverlängerung

Im Falle der Verlängerung einer Frist wird die neue Frist von dem Ablauf der vorigen Frist an berechnet.

A. Abweichende Fristverlängerung

I. Muster: Abweichende Fristverlängerung 1

▶ Jeder Vertragsteil kann die Frist durch einseitige Willenserklärung um ein Jahr verlängern. Die einjährige Fristverlängerung berechnet sich abweichend von § 190 BGB[1] nicht ab dem Ablauf der vorigen Frist, sondern ab dem Zeitpunkt der Absendung der Verlängerungserklärung. ◀ 77

II. Erläuterungen

[1] Fristverlängerung. Wird eine Frist verlängert, so kann dies auf drei Wegen geschehen. Zum einen kann die Verlängerung als neue Frist ab dem Datum der Verlängerung zu verstehen sein, zum anderen kann die neue Frist erst unmittelbar im Anschluss an die verstrichene Frist zu laufen beginnen und schließlich kann sich die Verlängerung als Austausch der ursprünglichen kürzeren Frist darstellen (Staudinger/*Repgen* § 190 BGB Rn 1). § 190 bildet eine dispositive Auslegungsregel, wonach alte und neue Frist als Einheit anzusehen sind. Die Fristverlängerung schließt somit unmittelbar an den Ablauf der alten Frist an, selbst wenn diese zum Zeitpunkt der Fristverlängerung bereits abgelaufen war (MüKo-BGB/*Grothe* § 190 Rn 1). Das Datum der Fristverlängerung ist demgegenüber unerheblich. Die Vertragsparteien können hiervon abweichen und bestimmen, dass sich die Frist von einem anderen Zeitpunkt an verlängert, zB vom Zeitpunkt der Abgabe oder des Zugangs einer Willenserklärung an (vgl Staudinger/*Repgen* § 190 BGB Rn 1). 2

B. Fristverlängerung ab dem ersten Werktag

3 **I. Muster: Fristverlängerung ab dem ersten Werktag**

► Für die Berechnung der Fristverlängerung ist § 193 BGB auf den Ablauf der alten Frist entsprechend anzuwenden.[1] ◄

II. Erläuterungen

4 **[1] Fristverlängerung ab dem ersten Werktag.** Bei der Berechnung der Fristverlängerung nach § 190 findet § 193 keine Anwendung, dh für den Beginn der neuen Frist ist es unerheblich, ob die abgelaufene Frist an einem Samstag, Sonntag oder Feiertag endet. Für die Berechnung prozessuale Fristen vertritt der BGH eine abweichende Ansicht und folgert dies aus dem von § 190 abweichenden Wortlaut des § 224 Abs. 3 ZPO (BGHZ 21, 43, 44 = NJW 1956, 1278; BGH NJW 2006, 700; aA Staudinger/*Repgen* § 190 BGB Rn 4 mwN). Es empfiehlt sich daher, entweder die Fristverlängerung nicht pauschal für einen Zeitraum zu gewähren, sondern einen konkreten Werktag als Endtermin festzusetzen (MüKo-BGB/*Grothe* § 190 Rn 3; jurisPK-BGB/*Becker* § 190 Rn 21), oder die entsprechende Anwendung von § 193 ausdrücklich anzuordnen.

§ 191 Berechnung von Zeiträumen

Ist ein Zeitraum nach Monaten oder nach Jahren in dem Sinne bestimmt, dass er nicht zusammenhängend zu verlaufen braucht, so wird der Monat zu 30, das Jahr zu 365 Tagen gerechnet.

A. Berechnung von Zeiträumen

1 **I. Muster: Berechnung von Zeiträumen**

► Der Mieter verpflichtet sich, sein Geschäft mindestens 10 volle Monate im Jahr[1] zu den üblichen Ladenöffnungszeiten offen zu halten. ◄

II. Erläuterungen

2 **[1] Berechnung von Zeiträumen.** Soweit Gegenstand der Fristberechnung ein nicht notwendigerweise zusammenhängender Zeitraum ist, enthält § 191 eine Auslegungsregel für die Dauer eines Monats bzw eines Jahres. Abweichende Vereinbarungen sind zulässig (jurisPK-BGB/*Becker* § 191 Rn 4), zB im vorliegenden Muster dahingehend, dass die Erfüllung der Betriebspflicht an 10 mal 30 Tagen nicht genügt, sondern diese 10 volle Monate umfassen muss.

3 Die Vorschrift findet keine Anwendung auf die Berechnung der **Trennungsfristen** des § 1566, so dass grundsätzlich nur zusammenhängende Zeiträume des Getrenntlebens die Zerrüttungsvermutung begründen können, soweit § 1567 Abs. 2 keine Ausnahmen gestattet (Staudinger/*Repgen* § 191 BGB Rn 3).

B. Berechnung des Zinsjahres

4 **I. Muster: Berechnung des Zinsjahres**

► Das Zinsjahr berechnet sich abweichend von § 191 BGB nach dem Kalenderjahr.[1] ◄

II. Erläuterungen

[1] **Berechnung des Zinsjahres.** Nach Auffassung des LG Berlin berechnet sich das Zinsjahr entsprechend § 191 und beträgt somit, soweit keine anderweitige vertragliche Regelung getroffen worden ist, 365 Tage (LG Berlin NJW-RR 2000, 1537). Im vorliegenden Muster entspricht das Kalenderjahr dem Zinsjahr. 5

§ 192 Anfang, Mitte, Ende des Monats

Unter Anfang des Monats wird der erste, unter Mitte des Monats der 15., unter Ende des Monats der letzte Tag des Monats verstanden.

A. Muster: Anfang, Mitte und Ende von Zeiträumen 1

▶ Der Vertragspartner verpflichtet sich, die Reinigungs- und Putzarbeiten jeweils zur Wochenmitte (Mittwoch) und zum Wochenende (Samstag oder Sonntag)[1] im Anschluss an die üblichen Büroöffnungszeiten auszuführen. ◀

B. Erläuterungen

[1] **Anfang, Mitte und Ende von Zeiträumen.** Die Vorschrift enthält eine dispositive Auslegungsregel für die Bestimmung von Anfang, Mitte und Ende des Monats. Keine entsprechende Regelung sieht das Gesetz für den Zeitraum von einer Woche vor. Da es insofern an einer eindeutigen Übung fehlt (Staudinger/*Repgen* § 192 BGB Rn 3; aA jurisPK-BGB/*Becker* § 192 Rn 6: Montag = Anfang, Mittwoch = Mitte und Sonntag = Ende der Woche), sollte – wie im Muster – stets klargestellt werden, was unter Anfang, Mitte und Ende der Woche zu verstehen ist. Haben die Vertragsparteien einen Kalendertag ohne dazugehörige Jahresangabe vereinbart („am Sechzehnten"), ist im Zweifel der nächstfolgende Tag dieses Datums gemeint (MüKo-BGB/*Grothe* § 192 Rn 1). Zur Auslegung von Jahreszeitangaben s. § 189 Rn 2. 2

§ 193 Sonn- und Feiertag; Sonnabend

Ist an einem bestimmten Tage oder innerhalb einer Frist eine Willenserklärung abzugeben oder eine Leistung zu bewirken und fällt der bestimmte Tag oder der letzte Tag der Frist auf einen Sonntag, einen am Erklärungs- oder Leistungsort staatlich anerkannten allgemeinen Feiertag oder einen Sonnabend, so tritt an die Stelle eines solchen Tages der nächste Werktag.

A. Fristende an Samstag, Sonntag oder Feiertag

I. Muster: Vertragsregelung zu Samstag, Sonntag, Feiertag als Fristende 1

▶ Der Kaufpreis muss innerhalb von zwei Wochen nach Absendung der Fälligkeitsmitteilung des Notars dem Konto des Veräußerers gutgeschrieben sein. Dies gilt auch, wenn der Fristablauf auf einen Samstag, Sonn- oder Feiertag fällt, § 193 BGB ist nicht anwendbar.[1] ◀

II. Erläuterungen

2 **[1] Samstag, Sonntag oder Feiertag als Fristende.** § 193 bestimmt zur Heiligung von Sonn- und Feiertagen sowie zur Rücksichtnahme auf die Sonn- und Feiertagsruhe, dass Erklärungs- und Bewirkungsfristen, die an einem Sonn- oder Feiertag ablaufen würden, erst am folgenden Werktag ablaufen (Staudinger/*Repgen* § 193 BGB Rn 3). Wegen der mittlerweile eingebürgerten 5-Tage-Woche ist der Samstag (Sonnabend) dem Sonntag gleichgestellt (MüKo-BGB/*Grothe* § 193 Rn 2). Abweichende Vereinbarungen von der Bestimmung des § 193 sind zulässig (BGHZ 99, 288 = NJW 1987, 1760, 1761; BGH NJW 2007, 1581, 1583), zum einen dahin, dass eine Frist auch an einem der geschützten Tage ablaufen kann, als auch dahingehend, dass an von § 193 nicht erfassten Feiertagen (zB anderer Religionen) kein Fristablauf erfolgen soll. Insbesondere bei der Vereinbarung von Fixgeschäften (zB dem Aufbau eines Kirmesstandes am Sonntag) wird eine konkludente Abbedingung von § 193 vorliegen (jurisPK-BGB/*Becker* § 193 Rn 6). Ist beispielsweise vereinbart, dass die Miete stets zu einem bestimmten Tag des Monats („am 3. Tag des laufenden Monats") fällig sein soll, so soll hierdurch § 193 abbedungen sein (BGH NJW 2001, 2324, 2325). Trotzdem sollte dies, wie im Muster, ausdrücklich klargestellt werden.

3 Umstritten ist der Einfluss des § 193 auf eine etwaige Verzinsungspflicht. Insofern sollte stets klargestellt werden, ob etwaige Darlehens-, Fälligkeits- und Verzugszinsen bis zum bzw erst ab dem nächsten Werktag geschuldet sind. **Darlehenszinsen** sind bei Fristverlängerung der Darlehensrückzahlung zum nächsten Werktag auch bis zu diesem Tag zu zahlen (OLG Frankfurt NJW 1975, 1971, 1972). **Fälligkeitszinsen** fallen, wenn die für eine Fälligkeit maßgebliche Frist an einem Samstag, Sonn- oder Feiertag abläuft, erst ab dem nächsten Werktag an (BGH NJW 2007, 1581, 1583; MüKo-BGB/*Grothe* § 193 Rn 13; aA BGH NJW 2001, 2324, 2325). **Verzugszinsen** sind erst nach Ablauf des auf den Karenztag fallenden Werktags geschuldet (BGH NJW 2007, 1581, 1583; MüKo-BGB/*Grothe* § 193 Rn 13).

B. Fristende an Werktagen

4 I. Muster: Vertragsregelung zu Werktag als Fristende

► Die Miete ist jeweils am dritten Werktag des laufenden Monats im Voraus zur Zahlung fällig. Werktag ist auch der Samstag (*alternativ*: Der Samstag ist kein Werktag.).[1] § 193 BGB bleibt unberührt. ◄

II. Erläuterungen

5 **[1] Werktage.** Trotz der Gleichstellung des Samstags mit den Sonn- und Feiertagen behält dieser seine Bedeutung als Werktag grundsätzlich bei (MüKo-BGB/*Grothe* § 193 Rn 2). Da hierzu im Banken- (vgl § 676 a Abs. 2 S. 1 Nr. 1) und im internationalen Rechtsverkehr (Staudinger/*Repgen* § 193 BGB Rn 5) eine andere Rechtslage besteht, sollte bei der Verwendung des Begriffs „Werktage" stets ausdrücklich klargestellt werden, ob auch der Samstag als Werktag anzusehen ist. Im Muster tritt Fälligkeit stets am dritten Werktag ein, auch wenn der erste oder zweite Tag des Monats ein Samstag sein sollte (Staudinger/*Repgen* § 193 BGB Rn 4). Zum Bankarbeits- oder Bankgeschäftstag s. § 186 Rn 4.

Abschnitt 5 Verjährung

Titel 1 Gegenstand und Dauer der Verjährung

§ 194 Gegenstand der Verjährung

(1) Das Recht, von einem anderen ein Tun oder Unterlassen zu verlangen (Anspruch), unterliegt der Verjährung.

(2) Ansprüche aus einem familienrechtlichen Verhältnis unterliegen der Verjährung nicht, soweit sie auf die Herstellung des dem Verhältnis entsprechenden Zustands für die Zukunft oder auf die Einwilligung in eine genetische Untersuchung zur Klärung der leiblichen Abstammung gerichtet sind.

A. Muster: Vertraglich vereinbarte Ausschlussfrist 1

84

▶ Der Anspruch muss innerhalb einer Ausschlussfrist[1] von drei Monaten nach Zugang der Kündigungserklärung[2] durch Klageerhebung geltend gemacht werden. Die Vorschriften der §§ 203 bis 213 BGB über die Hemmung und den Neubeginn der Verjährung sind [nicht] entsprechend anwendbar.[3] ◀

B. Erläuterungen

[1] Ausschlussfristen. Ausschlussfristen begegnen nicht nur im Gesetz (vgl § 382, 562 b Abs. 2, 651 g Abs. 1, 801 Abs. 1, 864 Abs. 1, 977 S. 2, 1002 Abs. 1), sondern können auch vertraglich vereinbart werden, was vornehmlich im Arbeitsrecht geschieht (Staudinger/*Peters* Vor §§ 194 ff BGB Rn 13). Im Gegensatz zur Verjährung führt der Ablauf der Ausschlussfrist zum Erlöschen des Rechts (BAG NZA 2005, 1111, 1113; *Mansel/Budzikiewicz*, Das neue Verjährungsrecht § 2 Rn 5). Es finden sich keine speziellen Regelungen über Ausschlussfristen. Die Verjährungsvorschriften sind nicht ohne weiteres, sondern nur im Einzelfall entsprechend anwendbar (BGHZ 79, 1, 2 = NJW 1981, 285 mwN; *Mansel/Budzikiewicz*, Das neue Verjährungsrecht § 2 Rn 8). 2

[2] Arbeitsvertragliche Ausschlussfristen. Ausschlussfristen können in Formulararbeitsverträgen vereinbart werden, auch als zweistufige Ausschlussfristen, die nach einer formlosen oder schriftlichen Geltendmachung des Anspruchs zusätzlich die gerichtliche Geltendmachung innerhalb einer bestimmten Frist erfordern. In Anlehnung an § 61 b ArbGG ist jedoch eine Klausel mit § 307 Abs. 1 unvereinbar, wenn die Frist zur Erhebung der Klage weniger als drei Monate beträgt (BAGE 115, 19 = NZA 2005, 1111; BAGE 116, 66 = NZA 2006, 146; BAG NZA 2008, 293). 3

[3] Hemmung und Neubeginn von Ausschlussfristen. Die Rechtsprechung erachtet die entsprechende Anwendung einzelner Verjährungsvorschriften, insbesondere über die Hemmung und den Neubeginn, auf Ausschlussfristen für zulässig, wobei jedoch stets auf die Umstände des Einzelfalls sowie den Sinn und Zweck der in Betracht kommenden Ausschlussfrist abzustellen sei (BGHZ 112, 95, 101 = NJW 1990, 3207, 3208; *Mansel/Budzikiewicz*, Das neue Verjährungsrecht § 2 Rn 8; Staudinger/*Peters* Vor §§ 194 ff BGB Rn 15). Um Auslegungsschwierigkeiten vorzubeugen, sollte deshalb bei vertraglicher Vereinbarung einer Ausschlussfrist stets geregelt werden, ob die Vorschriften über die Hemmung und den Neubeginn anwendbar sind oder nicht. 4

§ 195 Regelmäßige Verjährungsfrist

Die regelmäßige Verjährungsfrist beträgt drei Jahre.

A. Verjährungsfrist bei Schuldanerkenntnis

1 **I. Muster: Verjährungsfrist bei Schuldumschaffung (Novation)**

▶ Der Verletzer verpflichtet sich gegenüber dem Verletzten, es bei Meidung einer Vertragsstrafe in Höhe von 1.000 EUR für jeden Fall der schuldhaften Zuwiderhandlung zu unterlassen, im geschäftlichen Verkehr zu Zwecken des Wettbewerbs mit folgender Aussage zu werben: ■■■.[1] Die Ansprüche des Verletzten aus einem Verstoß gegen die vorstehende Unterlassungsverpflichtung verjähren nach Maßgabe des § 11 UWG.[2] ◀

II. Erläuterungen

2 [1] **Schuldanerkenntnis.** Durch ein konstitutives Schuldanerkenntnis (zB die Anerkennung eines Kontokorrentsaldos oder einer wettbewerbsrechtlichen Unterlassungsverpflichtung) wird das ursprüngliche Schuldverhältnis durch ein neues ersetzt. Es beginnt eine neue Verjährungsfrist mit neuem Fristbeginn zu laufen. Ein lediglich deklaratorisches Schuldanerkenntnis lässt die laufende Verjährungsfrist unberührt, kann jedoch bei Vorliegen der Voraussetzungen des § 212 Abs. 1 Nr. 1 einen Neubeginn des Verjährungslaufs auslösen (*Mansel/Budzikiewicz*, Das neue Verjährungsrecht § 3 Rn 54, 57; MüKo-BGB/*Grothe* § 195 Rn 31, 32).

3 [2] **Verjährungsfrist.** Die Verjährungsfrist der Ansprüche aus dem konstitutiven Schuldanerkenntnis richtet sich regelmäßig nach den §§ 195, 199 (*Mansel/Budzikiewicz*, Das neue Verjährungsrecht § 3 Rn 57; MüKo-BGB/*Grothe* § 195 Rn 31). Anderes kann jedoch aus der Rechtsnatur des ursprünglichen Rechtsverhältnisses folgen, zB einer wettbewerbsrechtlichen Unterlassungsverpflichtung, sodass auch für das neugeschaffene Schuldverhältnis eine kürzere Verjährungsfrist gilt (BGHZ 130, 288, 293 = NJW 1995, 2788). In diesen Fällen sollte ausdrücklich geregelt werden, welchem Verjährungsregime diese Ansprüche unterliegen.

B. Verjährungsfrist bei Vergleichen

4 **I. Muster: Verjährungsfrist bei außergerichtlichem Vergleich**

▶ Die Beteiligten vergleichen sich dahingehend, dass der Beteiligte zu 1. dem Beteiligten 2. aus dem am 15.5.2009 geschlossenen Kaufvertrag noch die Zahlung eines Restkaufpreises in Höhe von 20.000,00 EUR schuldet[1]. Dieser Zahlungsanspruch verjährt innerhalb der regelmäßigen Verjährungsfrist[2]. ◀

II. Erläuterungen

5 [1] **Vergleich.** Nach ständiger Rechtsprechung des BGH hat ein Vergleich keine schuldumschaffende Wirkung, vielmehr besteht das alte Schuldverhältnis mit der Folge fort, dass die Verjährung innerhalb der für das ursprüngliche Schuldverhältnis geltenden Frist eintritt (BGH NJW-RR 1987, 1426, 1427). Ein abweichender Parteiwille ist zB dann anzunehmen, wenn zur Zeit des Vergleichsschlusses der Anspruch einer Partei bereits verjährt war. Soweit es sich bei dem Vergleich um einen vollstreckbaren Prozessvergleich oder um einen in vollstreckbarer Urkunde geschlossenen Vergleich handelt, gilt die Verjährungsfrist des § 197 Abs. 1 Nr. 4, Abs. 2 (MüKo-BGB/*Grothe* § 197 Rn 20; unzutreffend *Mansel/Budzikiewicz* Das neue Verjährungsrecht § 3 Rn 59, die auf den Prozessvergleich § 197 Abs. 1 Nr. 3 anwenden).

6 [2] **Verjährungsfrist.** Ist der Parteiwille dahin zu verstehen, dass der Anspruch aus dem außergerichtlichen Vergleich nicht innerhalb der bereits laufenden Frist verjähren soll, so ist in

Rechtsprechung und Literatur umstritten, ob sich die Verjährung nach der regelmäßigen Frist der §§ 195, 199 oder nach der Verjährungsfrist des ursprünglichen Anspruchs richtet (*Mansel/Budzikiewicz* Das neue Verjährungsrecht § 3 Rn 56). Eine Klarstellung ist daher bei außergerichtlichen Vergleichen stets empfehlenswert.

§ 196 Verjährungsfrist bei Rechten an einem Grundstück

Ansprüche auf Übertragung des Eigentums an einem Grundstück sowie auf Begründung, Übertragung oder Aufhebung eines Rechts an einem Grundstück oder auf Änderung des Inhalts eines solchen Rechts sowie die Ansprüche auf die Gegenleistung verjähren in zehn Jahren.

A. Verjährung von Ansprüchen auf Eigentumsverschaffung oder auf Einräumung eines dinglichen Rechts an einem Grundstück

I. Muster: Verjährung des Eigentumsverschaffungsanspruchs im Grundstückskaufvertrag 1

▶ Der Anspruch auf Verschaffung des Eigentums[1] und der in dieser Urkunde bestellten dinglichen Rechte und Baulasten[2] sowie der Anspruch des Veräußerers auf die Gegenleistung[3] verjähren in dreißig Jahren ab dem gesetzlichen Verjährungsbeginn. ◀

II. Erläuterungen

[1] Eigentumsverschaffungsanspruch. Der Anspruch auf Verschaffung des Eigentums an einem Grundstück oder grundstücksgleichen Recht verjährt in zehn Jahren, § 196. Ist in einem Grundstückkaufvertrag die zum Eigentumserwerb erforderliche Auflassung und/oder die zur Grundbucheintragung erforderliche Eintragungsbewilligung nicht enthalten oder noch nicht erklärt, so besteht bei Objektverwechslungen sowie bei Verträgen über noch nicht vermessene Teilflächen und bei großen Bauvorhaben, die jeweils erst nach Jahrzehnten ihren grundbuchrechtlichen Vollzug erfahren, die Gefahr, dass der Anspruch des Erwerbers auf Eigentumsverschaffung verjährt ist (*Amann*, in Amann/Brambring/Hertel, D VII. 1. S. 294 ff). Da umgekehrt der Anspruch des Veräußerers auf den Kaufpreis im Falle einer Titulierung gem. § 794 Abs. 1 Nr. 5 ZPO wegen § 197 Abs. 1 Nr. 4 erst nach dreißig Jahren verjährt, ist der durch § 196 angestrebte Gleichlauf der Verjährung nicht mehr gewährleistet. Die vorliegende Klausel vermeidet einerseits die zu kurze zehnjährige Verjährungsfrist und sorgt andererseits für eine gleichmäßige Verjährungsfrist der im Austauschverhältnis stehenden Hauptleistungsansprüche (ebenso *Amann*, in Amann/Brambring/Hertel, D VII. 1. S. 298). 2

[2] Dingliche Rechte und Baulasten an einem Grundstück. Die vorstehend geschilderte Problematik einer verfrühten Verjährung kann auch die Ansprüche auf Einräumung dinglicher Rechte an einem Grundstück betreffen, deren Bestellung insbesondere bei großen Bauvorhaben oder Verträgen über Teilflächen oftmals erforderlich ist. Da hinsichtlich von Baulasten, die nach hM öffentlich-rechtlicher Natur sind, umstritten ist, ob sie als Rechte iS des § 196 anzusehen sind 3 (vgl *Amann*, in Amann/Brambring/Hertel, D VII. 3. S. 303; *Mansel/Budzikiewicz*, Das neue Verjährungsrecht § 4 Rn 25), empfiehlt sich, den Anspruch auf Einräumung von Baulasten ausdrücklich der gleichen Verjährungsfrist zu unterwerfen (*Mansel/Budzikiewicz*, Das neue Verjährungsrecht § 4 Rn 26).

4 **[3] Anspruch auf die Gegenleistung, Kaufpreisanspruch.** Durch § 196 soll ein Gleichlauf der Verjährung des Gegenleistungsanspruchs, insbesondere des Kaufpreisanspruchs mit der Verjährung des Eigentumsverschaffungsanspruchs erreicht werden. Dieses Ziel wird durch die gesetzliche Regelung nur unzureichend gewährleistet und schlägt im Falle der Titulierung des Kaufpreisanspruchs wegen § 197 Abs. 1 Nr. 4 fehl. Um Abgrenzungsschwierigkeiten wegen des Verjährungsbeginns und des Verjährungslaufs bei gemischten Vertragstypen (zB Bauträgerverträgen) zu begegnen (*Mansel/Budzikiewicz* Das neue Verjährungsrecht § 4 Rn 32 ff), empfiehlt es sich, durch eine Verjährungsvereinbarung nach § 202 Abs. 2 den Anspruch auf die Gegenleistung in gleicher Frist wie den Eigentumsverschaffungsanspruch verjähren zu lassen (vgl *Amann*, in Amann/Brambring/Hertel, D VII. 1. S. 298).

B. Verjährung des Anspruchs auf Rückgewähr einer nicht mehr valutierten Grundschuld

5 **I. Muster: Verjährung des Rückgewähranspruchs**

▶ Der Anspruch auf Rückgewähr der Grundschuld und der sonstigen in dieser Urkunde bestellten Sicherheiten wird mit Geltendmachung fällig[1] und verjährt dreißig Jahre nach dem gesetzlichen Verjährungsbeginn.[2] ◀

II. Erläuterungen

6 **[1] Rückgewähransprüche.** Der Anspruch auf Rückgewähr einer Grundschuld ist ein Anspruch iS des § 196, der in zehn Jahren ab seiner Fälligkeit verjährt. Soweit eine Grundschuld seit mehr als zehn Jahren nicht mehr valutiert, besteht die Gefahr, dass sich der Gläubiger gegenüber dem Rückgewähranspruch auf die Einrede der Verjährung beruft. Der Rückgewähranspruch ist jedoch nicht sofort, sondern erst mit Geltendmachung („Kündigung“) fällig. In Grundschuldurkunden und Sicherungsverträgen sollte klargestellt werden, dass die Fälligkeit des Rückgewähranspruchs von einer solchen Geltendmachung durch den Sicherungsgeber abhängt (*Amann*, in Amann/Brambring/Hertel, D VII. 2. S. 301; *Mansel/Budzikiewicz*, Das neue Verjährungsrecht § 4 Rn 12; *Wolfsteiner*, DNotZ 2001, 902, 904).

7 **[2] Verjährungsfrist.** Die Verjährung des Rückgewähranspruchs sollte unabhängig von dessen Geltendmachung auf dreißig Jahre ab dem gesetzlichen Verjährungsbeginn verlängert werden, da Grundstückseigentümer erfahrungsgemäß die Löschung bestehender Grundschulden vergessen oder aus Kostengründen verschieben (*Amann*, in Amann/Brambring/Hertel, D VII. 2. S. 302; *Wolfsteiner*, DNotZ 2001, 902, 904). Auch die Ansprüche auf Rückgewähr anderer Sicherungsrechte, die sich Sicherungsnehmer, insbesondere Banken, einräumen lassen, zB Schuldversprechen, Abtretung von anderen Rückgewähransprüchen sowie Abtretung von Lohnzahlungsansprüchen, sollten in gleicher Frist verjähren (*Amann*, in Amann/Brambring/Hertel, D VII. 2. S. 302). Eine solche Verjährungsvereinbarung kann auch formularmäßig getroffen werden (*Amann*, in Amann/Brambring/Hertel, D VII. 2. S. 302; *Wolfsteiner*, DNotZ 2001, 902, 904).

C. Verjährung von Abwehransprüchen

I. Muster: Verjährung von Abwehransprüchen 8

▶ Alle Ansprüche aus diesem Nießbrauchsrecht/aus dieser Dienstbarkeit verjähren erst dreißig Jahre nach dem gesetzlichen Verjährungsbeginn.[1] ◀

II. Erläuterungen

[1] **Abwehransprüche.** Nach ständiger Rechtsprechung des BGH unterliegt der Abwehranspruch nach §§ 1004, 1027, 1065 der Verjährung (BGHZ 125, 56, 63 = NJW 1994, 999, 1000). Soweit sich der Eigentümer hinsichtlich des dinglichen Rechtsinhabers nicht der sofortigen Zwangsvollstreckung unterworfen hat, droht bei einer Beeinträchtigung des dinglichen Rechts die Verjährung des hieraus folgenden Abwehranspruchs innerhalb der regulären Verjährungsfrist. Eine Verlängerung der Verjährungsfrist nach § 202 Abs. 2 kann in diesem Fall zum Inhalt des dinglichen Rechts gemacht werden (*Amann*, in Amann/Brambring/Hertel, D IX. 3. S. 308). 9

§ 197 Dreißigjährige Verjährungsfrist

(1) In 30 Jahren verjähren, soweit nicht ein anderes bestimmt ist,

1. **Herausgabeansprüche aus Eigentum, anderen dinglichen Rechten, den §§ 2018, 2130 und 2362 sowie die Ansprüche, die der Geltendmachung der Herausgabeansprüche dienen,**
2. **(aufgehoben)**
3. **rechtskräftig festgestellte Ansprüche,**
4. **Ansprüche aus vollstreckbaren Vergleichen oder vollstreckbaren Urkunden,**
5. **Ansprüche, die durch die im Insolvenzverfahren erfolgte Feststellung vollstreckbar geworden sind, und**
6. **Ansprüche auf Erstattung der Kosten der Zwangsvollstreckung.**

(2) Soweit Ansprüche nach Absatz 1 Nr. 3 bis 5 künftig fällig werdende regelmäßig wiederkehrende Leistungen zum Inhalt haben, tritt an die Stelle der Verjährungsfrist von 30 Jahren die regelmäßige Verjährungsfrist.

§ 198 Verjährung bei Rechtsnachfolge

Gelangt eine Sache, hinsichtlich derer ein dinglicher Anspruch besteht, durch Rechtsnachfolge in den Besitz eines Dritten, so kommt die während des Besitzes des Rechtsvorgängers verstrichene Verjährungszeit dem Rechtsnachfolger zugute.

A. Muster: Verjährung von erbrechtlichen Ansprüchen 1

▶ Pflichtteilsansprüche (Vermächtnisansprüche) unserer Abkömmlinge nach dem zuerst versterbenden Ehegatten verjähren erst dreißig Jahre nach dessen Tod.[1] ◀

B. Erläuterungen

[1] **Erbrechtliche Ansprüche** verjähren nach Aufhebung des § 197 Abs. 1 Nr. 2 nicht mehr innerhalb von dreißig Jahren, sondern innerhalb von drei Jahren ab dem Zeitpunkt, in welchem der Berechtigte von dem Eintritt des Erbfalls und einer vorhandenen Verfügung von Todes wegen Kenntnis erlangt hat, unabhängig von der Kenntnis innerhalb von 30 Jahren von der Entstehung des Anspruchs an, § 199 Abs. 3 a. Im Schrifttum war bislang vor allem umstritten, ob die Verjährungsfrist von Pflichtteilsansprüchen, die schon immer einer dreijährigen Verjährungsfrist unterlagen (vgl § 2332 Abs. 1 aF) durch den Erblasser im Wege einer letztwilligen Verfügung nach § 202 Abs. 2 verlängert werden kann (vgl *Amann*, DNotZ 2002, 94, 125 f; *Brambring*, ZEV 2002, 137, 138; *Keim*, ZEV 2004, 173; aA *Lange*, ZEV 2003, 433; jurisPK-BGB/*Lakkis* § 202 Rn 12). Dieselbe Frage stellt sich nunmehr für die Verlängerung der Verjährungsfrist von Ansprüchen auf Vermächtniserfüllung (*Keim*, MittBayNot 2010, 85, 94). 2

Richtigerweise ist dies zu bejahen, denn auch eine letztwillige Verfügung stellt ein Rechtsgeschäft iS des § 202 Abs. 2 dar (ebenso *Amann*, in Amann/Brambring/Hertel, D XIII. 3. S. 333; für die Möglichkeit, dem Erben die Verlängerung der Verjährungsfrist zur Auflage zu machen bzw. dem Vermächtnisnehmer einen Anspruch auf entsprechende Verlängerung mitzuvermachen *Keim*, MittBayNot 2010, 85, 94).

§ 199 Beginn der regelmäßigen Verjährungsfrist und Verjährungshöchstfristen

(1) Die regelmäßige Verjährungsfrist beginnt, soweit nicht ein anderer Verjährungsbeginn bestimmt ist, mit dem Schluss des Jahres, in dem

1. der Anspruch entstanden ist und
2. der Gläubiger von den den Anspruch begründenden Umständen und der Person des Schuldners Kenntnis erlangt oder ohne grobe Fahrlässigkeit erlangen müsste.

(2) Schadensersatzansprüche, die auf der Verletzung des Lebens, des Körpers, der Gesundheit oder der Freiheit beruhen, verjähren ohne Rücksicht auf ihre Entstehung und die Kenntnis oder grob fahrlässige Unkenntnis in 30 Jahren von der Begehung der Handlung, der Pflichtverletzung oder dem sonstigen, den Schaden auslösenden Ereignis an.

(3) [1]Sonstige Schadensersatzansprüche verjähren

1. ohne Rücksicht auf die Kenntnis oder grob fahrlässige Unkenntnis in zehn Jahren von ihrer Entstehung an und
2. ohne Rücksicht auf ihre Entstehung und die Kenntnis oder grob fahrlässige Unkenntnis in 30 Jahren von der Begehung der Handlung, der Pflichtverletzung oder dem sonstigen, den Schaden auslösenden Ereignis an.

[2]Maßgeblich ist die früher endende Frist.

(3 a) Ansprüche, die auf einem Erbfall beruhen oder deren Geltendmachung die Kenntnis einer Verfügung von Todes wegen voraussetzt, verjähren ohne Rücksicht auf die Kenntnis oder grob fahrlässige Unkenntnis in 30 Jahren von der Entstehung des Anspruchs an.

(4) Andere Ansprüche als die nach den Absätzen 2 bis 3 a verjähren ohne Rücksicht auf die Kenntnis oder grob fahrlässige Unkenntnis in zehn Jahren von ihrer Entstehung an.

(5) Geht der Anspruch auf ein Unterlassen, so tritt an die Stelle der Entstehung die Zuwiderhandlung.

§ 200 Beginn anderer Verjährungsfristen

[1]Die Verjährungsfrist von Ansprüchen, die nicht der regelmäßigen Verjährungsfrist unterliegen, beginnt mit der Entstehung des Anspruchs, soweit nicht ein anderer Verjährungsbeginn bestimmt ist. [2]§ 199 Abs. 5 findet entsprechende Anwendung.

§ 201 Beginn der Verjährungsfrist von festgestellten Ansprüchen

[1]Die Verjährung von Ansprüchen der in § 197 Abs. 1 Nr. 3 bis 6 bezeichneten Art beginnt mit der Rechtskraft der Entscheidung, der Errichtung des vollstreckbaren Titels oder der Feststellung im Insolvenzverfahren, nicht jedoch vor der Entstehung des Anspruchs. [2]§ 199 Abs. 5 findet entsprechende Anwendung.

1 **A. Muster: Vertraglich vereinbarter Verjährungsbeginn**

▶ Die Verjährungsfrist beginnt abweichend von § 199 Abs. 1 BGB mit dem heutigen Tage/ab dem 1.1.2010 zu laufen.[1] Die Haftung wegen Vorsatzes bleibt unberührt.[2] ◀

B. Erläuterungen

2 **[1] Vereinbarungen zum Verjährungsbeginn.** Der Beginn der Verjährungsfrist nach §§ 199 ff steht einer Vereinbarung durch die Beteiligten offen. Insbesondere kann abweichend von § 199

Abs. 1 vereinbart werden, dass die Verjährung nicht am Ende des Kalenderjahres, sondern zu einem beliebigen Zeitpunkt zu laufen beginnt.

[2] Beachtung des § 202. Die Vereinbarung eines abweichenden Verjährungsbeginns führt entweder zu einer Verkürzung oder zu einer Verlängerung der gesetzlichen Verjährungsfrist, so dass stets § 202 zu beachten ist (*Bereska*, in Schulte-Nölke/Frenz/Flohr, Formularbuch Vertragsrecht, Teil 1 B Rn 80, 82). Bei Vereinbarungen zum Verjährungsbeginn in Formular- und Verbraucherverträgen sind außerdem die §§ 305 ff einzuhalten. 3

§ 202 Unzulässigkeit von Vereinbarungen über die Verjährung

(1) Die Verjährung kann bei Haftung wegen Vorsatzes nicht im Voraus durch Rechtsgeschäft erleichtert werden.
(2) Die Verjährung kann durch Rechtsgeschäft nicht über eine Verjährungsfrist von 30 Jahren ab dem gesetzlichen Verjährungsbeginn hinaus erschwert werden.

A. Verkürzung der Verjährungsfrist

I. Individualvereinbarung

1. Muster: Verkürzung der Verjährungsfrist (Individualvereinbarung) 1

► Die Vertragsparteien sind sich darüber einig, dass alle Ansprüche aus diesem Vertrag innerhalb einer Frist von einem Jahr ab dem gesetzlichen Verjährungsbeginn verjähren. Hiervon unberührt verjähren Ansprüche aus einer Haftung wegen vorsätzlichen Verhaltens innerhalb der regulären Verjährungsfrist.[1] ◄ 92

2. Erläuterungen

[1] Verkürzung der Verjährung durch Individualvereinbarung. Die Verjährung kann nach § 202 Abs. 1 in einer Individualvereinbarung grundsätzlich verkürzt werden, allerdings nicht im Voraus für eine Haftung wegen Vorsatzes. Im Verbrauchsgüterkauf kann die Verjährung der Mängelansprüche nach § 437 bei neuen Sachen auf höchstens zwei, bei gebrauchten Sachen auf höchstens ein Jahr ab dem gesetzlichen Verjährungsbeginn verkürzt werden, § 475 Abs. 2 (s. auch §§ 478 Abs. 4, 651 m; §§ 439 Abs. 3, 463, 475 a HGB). Dass die Verjährungsfrist bei einer Haftung wegen Vorsatzes unberührt bleibt, sollte ausdrücklich klargestellt werden (*Bereska*, in Schulte-Nölke/Frenz/Flohr, Formularbuch Vertragsrecht, Teil 1 B Rn 76; *Mansel/Budzikiewicz*, Das neue Verjährungsrecht § 6 Rn 72). Fehlt dieser Hinweis, ist die Vereinbarung aber nicht insgesamt, sondern nur hinsichtlich dieses Teilbereichs unanwendbar (vgl jurisPK-BGB/*Lakkis* § 202 Rn 31). 2

II. Muster: Verkürzung der Verjährungsfrist (Formularvertrag)

1. Muster: Verkürzung der Verjährungsfrist (Formularvertrag) 3

► Die Vertragsparteien sind sich darüber einig, dass alle Ansprüche aus diesem Vertrag innerhalb einer Frist von einem Jahr ab dem gesetzlichen Verjährungsbeginn verjähren. Hiervon unberührt 

bleiben Ansprüche aus einer Haftung wegen Vorsatzes und grober Fahrlässigkeit sowie wegen einer Verletzung des Lebens, des Körpers oder der Gesundheit.[1] ◀

2. Erläuterungen

4 **[1] Verkürzung der Verjährung durch vorformulierte Klausel.** Im Formular- und Verbrauchervertrag sind Klauseln, die zu einer Verjährungserleichterung führen, einer zusätzlichen Klauselkontrolle unterworfen. Nach § 309 Nr. 8 b) ff) kann bei Verträgen über die Lieferung neu hergestellter Sachen und über Werkleistungen die Verjährung wegen eines Mangels nicht auf unter ein Jahr ab dem gesetzlichen Verjährungsbeginn verkürzt werden. Von besonderer Bedeutung ist auch § 309 Nr. 7 a) und b), der einen Haftungsausschluss für eine Verletzung des Lebens, des Körpers oder der Gesundheit sowie wegen groben Verschuldens für unwirksam erklärt. Wegen des Verbots der geltungserhaltenden Reduktion ist in diesen Fällen eine ausdrückliche Ausnahme dieser Ansprüche von einer Verjährungsverkürzung erforderlich, da die Klausel ansonsten insgesamt unwirksam ist (jurisPK-BGB/*Lakkis* § 202 Rn 51, 52; *Mansel/Budzikiewicz*, Das neue Verjährungsrecht § 6 Rn 89).

B. Verlängerung der Verjährungsfrist

5 **I. Muster: Verlängerung der Verjährungsfrist**

▶ Die Vertragsparteien sind sich darüber einig, dass alle Ansprüche aus diesem Vertrag erst dreißig Jahre nach dem gesetzlichen Verjährungsbeginn verjähren,[1] wobei die Vorschriften über eine Hemmung, Ablaufhemmung und einen Neubeginn der Verjährung unberührt bleiben.[2] ◀

II. Erläuterungen

6 **[1] Verjährungshöchstfrist.** § 202 Abs. 2 statuiert eine Verjährungshöchstfrist von dreißig Jahren ab dem gesetzlichen Verjährungsbeginn. Verstößt eine Individualvereinbarung gegen diese Höchstfrist, so ist die Vereinbarung nach § 134 unwirksam, bleibt aber mit dem gesetzlich zulässigen Inhalt wirksam, § 139 (Staudinger/*Peters* § 202 BGB Rn 19; aA MüKo-BGB/*Grothe* § 202 Rn 10). Im Formular- und Verbrauchervertrag führt eine nach § 307 unangemessen lange Verjährung dazu, dass die gesetzliche Verjährungsfrist gilt. Von der Verjährungserschwerung ist eine Garantiezusage zu unterscheiden, die durchaus länger als dreißig Jahre laufen kann, da es sich bei der Garantie um ein Dauerschuldverhältnis handelt, das nicht der Verjährung unterliegt (BGH NJW 2008, 2995; jurisPK-BGB/*Lakkis* § 202 Rn 22). Verjährungsfristen, die ohnehin dreißig Jahre betragen (zB §§ 197, 199 Abs. 2, Abs. 3 Nr. 2, Abs. 3 a), können nicht verlängert werden (jurisPK-BGB/*Lakkis* § 202 Rn 30), andere Höchstfristen, wie in § 199 Abs. 3 Nr. 1, Abs. 4 entfalten jedoch keine Sperrwirkung (aA *Bereska*, in Schulte-Nölke/Frenz/Flohr, Formularbuch Vertragsrecht, Teil 1 B Rn 79).

7 **[2] Hemmung und Neubeginn der Verjährung.** § 202 Abs. 2 steht einer Hemmung und einem Neubeginn der vertraglich verlängerten Verjährungsfrist nicht entgegen (Staudinger/*Peters* § 202 BGB Rn 19). Ein Hinweis, dass die gesetzlichen Hemmungs- und Neubeginntatbestände unberührt bleiben, ist empfehlenswert (*Mansel/Budzikiewicz*, Das neue Verjährungsrecht § 6 Rn 139).

Titel 2 Hemmung, Ablaufhemmung und Neubeginn der Verjährung

§ 203 Hemmung der Verjährung bei Verhandlungen

[1]Schweben zwischen dem Schuldner und dem Gläubiger Verhandlungen über den Anspruch oder die den Anspruch begründenden Umstände, so ist die Verjährung gehemmt, bis der eine oder der andere Teil die Fortsetzung der Verhandlungen verweigert. [2]Die Verjährung tritt frühestens drei Monate nach dem Ende der Hemmung ein.

A. Muster: Verjährungshemmung bei Verhandlungen 1

▶ Die Beteiligten stellen übereinstimmend fest, dass über die Höhe der geschuldeten Vertragsstrafe weitere Verhandlungen zwischen ihnen erforderlich sind. Sie verpflichten sich, diese Verhandlungen vom heutigen Tage an auf die Dauer von drei Monaten fortzusetzen.[1] Jeder Beteiligte kann nach Ablauf dieser Frist durch schriftliche oder in Textform abgegebene Erklärung, die dem anderen Teil gegenüber abzugeben ist, die Verhandlungen einseitig für gescheitert erklären.[2] Während der Dauer der Verhandlungen ist die Verjährungsfrist gehemmt, die Verjährung tritt frühestens drei Monate nach dem einseitigen oder übereinstimmenden Abbruch der Verhandlungen ein.[3] ◀ 95

B. Erläuterungen

[1] Verhandlungen und Verhandlungsbeginn. Solange zwischen den Beteiligten Verhandlungen über den Anspruch oder die den Anspruch begründenden Umstände schweben, ist die Verjährung nach § 203 Satz 1 gehemmt. Der Begriff der Verhandlungen ist weit zu verstehen, jedoch genügen eine Eingangsbestätigung oder Erfüllungsverweigerung des Schuldners gegenüber einem Schreiben des Gläubigers nicht (jurisPK-BGB/*Lakkis* § 203 Rn 3, 4). Um die Problematik zu vermeiden, ob sich die Beteiligten tatsächlich und ab welchem Zeitpunkt in Verhandlungen befinden, empfiehlt sich stets eine schriftliche Fixierung (jurisPK-BGB/*Lakkis* § 203 Rn 13; *Mansel/Budzikiewicz*, Das neue Verjährungsrecht § 8 Rn 19). 2

[2] Verhandlungsende. Besondere Schwierigkeiten bereitet die Bestimmung des Endzeitpunkts geführter Verhandlungen. Die von der Rechtsprechung entwickelte Kasuistik ist wenig hilfreich, es empfiehlt sich, den Endzeitpunkt entweder von vornherein vertraglich festzulegen und/oder den Beteiligten ein einseitiges Recht zum Abbruch der Verhandlungen in beweiskräftiger Form einzuräumen (vgl *Bereska*, in Schulte-Nölke/Frenz/Flohr, Formularbuch Vertragsrecht, Teil 1 B Rn 89; jurisPK-BGB/*Lakkis* § 203 Rn 18; *Mansel/Budzikiewicz*, Das neue Verjährungsrecht § 8 Rn 35). 3

[3] Verjährungsvereinbarung. Die Vorschrift des § 203 ist unabdingbar (Staudinger/*Peters* § 203 BGB Rn 18). Allerdings können die Beteiligten die Ablaufhemmung nach § 203 S. 2 konkretisieren, indem sie den Zeitpunkt des Endes der Verjährungshemmung genauer bestimmen (*Bereska*, in Schulte-Nölke/Frenz/Flohr, Formularbuch Vertragsrecht, Teil 1 B Rn 89). Außerdem können sie durch Vereinbarung nach § 202 Abs. 2 ergänzend eine Verjährungsverlängerung treffen (jurisPK-BGB/*Lakkis* § 203 Rn 18). 4

§ 204 Hemmung der Verjährung durch Rechtsverfolgung

(1) Die Verjährung wird gehemmt durch

1. **die Erhebung der Klage auf Leistung oder auf Feststellung des Anspruchs, auf Erteilung der Vollstreckungsklausel oder auf Erlass des Vollstreckungsurteils,**
2. **die Zustellung des Antrags im vereinfachten Verfahren über den Unterhalt Minderjähriger,**
3. **die Zustellung des Mahnbescheids im Mahnverfahren oder des Europäischen Zahlungsbefehls im Europäischen Mahnverfahren nach der Verordnung (EG) Nr. 1896/2006 des Europäischen Parlaments und des Rates vom 12. Dezember 2006 zur Einführung eines Europäischen Mahnverfahrens (ABl. EU Nr. L 399 S. 1),**
4. **die Veranlassung der Bekanntgabe des Güteantrags, der bei einer durch die Landesjustizverwaltung eingerichteten oder anerkannten Gütestelle oder, wenn die Parteien den Einigungsversuch einvernehmlich unternehmen, bei einer sonstigen Gütestelle, die Streitbeilegungen betreibt, eingereicht ist; wird die Bekanntgabe**

demnächst nach der Einreichung des Antrags veranlasst, so tritt die Hemmung der Verjährung bereits mit der Einreichung ein,
5. die Geltendmachung der Aufrechnung des Anspruchs im Prozess,
6. die Zustellung der Streitverkündung,
7. die Zustellung des Antrags auf Durchführung eines selbständigen Beweisverfahrens,
8. den Beginn eines vereinbarten Begutachtungsverfahrens,
9. die Zustellung des Antrags auf Erlass eines Arrests, einer einstweiligen Verfügung oder einer einstweiligen Anordnung, oder, wenn der Antrag nicht zugestellt wird, dessen Einreichung, wenn der Arrestbefehl, die einstweilige Verfügung oder die einstweilige Anordnung innerhalb eines Monats seit Verkündung oder Zustellung an den Gläubiger dem Schuldner zugestellt wird,
10. die Anmeldung des Anspruchs im Insolvenzverfahren oder im Schifffahrtsrechtlichen Verteilungsverfahren,
11. den Beginn des schiedsrichterlichen Verfahrens,
12. die Einreichung des Antrags bei einer Behörde, wenn die Zulässigkeit der Klage von der Vorentscheidung dieser Behörde abhängt und innerhalb von drei Monaten nach Erledigung des Gesuchs die Klage erhoben wird; dies gilt entsprechend für bei einem Gericht oder bei einer in Nummer 4 bezeichneten Gütestelle zu stellende Anträge, deren Zulässigkeit von der Vorentscheidung einer Behörde abhängt,
13. die Einreichung des Antrags bei dem höheren Gericht, wenn dieses das zuständige Gericht zu bestimmen hat und innerhalb von drei Monaten nach Erledigung des Gesuchs die Klage erhoben oder der Antrag, für den die Gerichtsstandsbestimmung zu erfolgen hat, gestellt wird, und
14. die Veranlassung der Bekanntgabe des erstmaligen Antrags auf Gewährung von Prozesskostenhilfe oder Verfahrenskostenhilfe; wird die Bekanntgabe demnächst nach der Einreichung des Antrags veranlasst, so tritt die Hemmung der Verjährung bereits mit der Einreichung ein.

(2) [1]Die Hemmung nach Absatz 1 endet sechs Monate nach der rechtskräftigen Entscheidung oder anderweitigen Beendigung des eingeleiteten Verfahrens. [2]Gerät das Verfahren dadurch in Stillstand, dass die Parteien es nicht betreiben, so tritt an die Stelle der Beendigung des Verfahrens die letzte Verfahrenshandlung der Parteien, des Gerichts oder der sonst mit dem Verfahren befassten Stelle. [3]Die Hemmung beginnt erneut, wenn eine der Parteien das Verfahren weiter betreibt.

(3) Auf die Frist nach Absatz 1 Nr. 9, 12 und 13 finden die §§ 206, 210 und 211 entsprechende Anwendung.

A. Verjährungshemmung durch Einleitung eines selbständigen Beweisverfahrens

1 I. Muster: Verjährungshemmung durch selbständiges Beweisverfahren

▶ Die Vertragsparteien sind sich darüber einig, dass die Verjährung aller Ansprüche aus diesem Vertrag mit der Zustellung eines Antrags auf Durchführung eines selbständigen Beweisverfahrens gehemmt ist, gleichgültig ob dieser Antrag vom Gläubiger oder vom Schuldner gestellt wird.[1] ◀

II. Erläuterungen

2 **[1] Verjährungshemmung durch selbständiges Beweisverfahren.** Mit der Zustellung des Antrags auf Durchführung eines selbständigen Beweisverfahrens nach §§ 485 ff ZPO wird die Verjährung gem. § 204 Abs. 1 Nr. 7 gehemmt. Die Hemmungswirkung tritt allerdings nur dann ein, wenn das Verfahren vom Gläubiger beantragt wurde, ein Antrag des Schuldners hat hingegen keinen Einfluss auf den Lauf der Verjährungsfrist (BGH NJW 1993, 1916; Staudinger/*Peters* § 204 BGB Rn 87). Die Vertragsteile können jedoch durch eine Vereinbarung nach § 202 auch dem Antrag des Schuldners verjährungshemmende Wirkung beilegen (*Bereska*, in Schulte-Nölke/Frenz/Flohr, Formularbuch Vertragsrecht, Teil 1 B Rn 93).

B. Verjährungshemmung durch Beginn eines Begutachtungsverfahrens

I. Muster: Verjährungshemmung durch Begutachtungsverfahren 3

▶ Die Vertragsparteien sind sich darüber einig, dass die Verjährung aller Ansprüche aus diesem Vertrag so lange gehemmt ist, solange ein gemeinsames Begutachtungsverfahren schwebt. Die Hemmung beginnt, sobald ein Vertragsteil dem anderen gegenüber durch schriftliche Erklärung die Einleitung eines Gutachtenverfahrens verlangt.[1] Die Hemmung endet sechs Monate, nachdem der Gutachter schriftlich sein Gutachten erstattet und beiden Vertragsteilen durch Einschreiben zugestellt hat.[2] ◀

II. Erläuterungen

[1] **Beginn der Hemmung.** Mit Beginn eines vereinbarten Begutachtungsverfahrens ist die Verjährung gem. § 204 Abs. 1 Nr. 8 gehemmt. Die gesetzliche Regelung lässt offen, wann ein solches Begutachtungsverfahren beginnt (vgl aber Staudinger/*Peters* § 204 BGB Rn 91), die Vertragsteile sollten daher unbedingt den Beginn des Begutachtungsverfahren festlegen (*Mansel/Budzikiewicz*, Das neue Verjährungsrecht § 8 Rn 59). Es bieten sich hierzu an: die Beauftragung des Gutachters, das einseitige Verlangen eines Vertragsteils auf Durchführung der Begutachtung oder der tatsächliche Beginn der Begutachtung (*Bereska*, in Schulte-Nölke/Frenz/Flohr, Formularbuch Vertragsrecht, Teil 1 B Rn 95). 4

[2] **Ende der Hemmung.** Auch das Ende der Verjährungshemmung durch das Begutachtungsverfahren bedarf einer Präzisierung, da § 204 Abs. 2 lediglich an die Beendigung des Verfahrens anknüpft. Da es im Gegensatz zu förmlichen (Schieds-)Gerichts- und Verwaltungsverfahren an einem eindeutig feststellbaren Endzeitpunkt fehlt, sollten die Vertragsparteien vertraglich vereinbaren, wann das Begutachtungsverfahren beendet ist (*Mansel/Budzikiewicz*, Das neue Verjährungsrecht § 8 Rn 63). Als Anknüpfungspunkt kann an die Erstellung und Übersendung des schriftlichen Gutachtens angeknüpft werden. 5

§ 205 Hemmung der Verjährung bei Leistungsverweigerungsrecht

Die Verjährung ist gehemmt, solange der Schuldner auf Grund einer Vereinbarung mit dem Gläubiger vorübergehend zur Verweigerung der Leistung berechtigt ist.

A. Vertraglich vereinbarte Hemmung durch Stundungsabrede

I. Muster: Stundungsabrede 1

98

▶ Die Vertragsparteien sind sich darüber einig, dass die seit 1.5.2009 fällige Darlehensrückzahlung in Höhe von 50.000,00 EUR bis zum 31.10.2009 zinslos gestundet wird.[1] Der Schuldner erkennt den Rückzahlungsanspruch ausdrücklich an.[2] Der Rückzahlungsanspruch verjährt innerhalb der gesetzlichen Verjährungsfrist, diese beginnt mit Ablauf des 31.10.2009 neu zu laufen.[3] ◀

II. Erläuterungen

2 [1] **Stundungsabrede.** Die Stundungsabrede, welche nach der Entstehung des Anspruchs getroffen wird, stellt den Hauptanwendungsfall der Verjährungshemmung nach § 205 dar (Staudinger/*Peters* § 205 BGB Rn 8).

3 [2] **Anerkenntnis.** Die Stundungsabrede beinhaltet in aller Regel auch das konkludente Anerkenntnis des gestundeten Anspruchs, was neben der Hemmung auch zu einem Neubeginn der Verjährung nach § 212 führt (jurisPK-BGB/*Lakkis* § 205 Rn 8, 21; MüKo-BGB/*Grothe* § 205 Rn 3).

4 [3] **Verjährungsvereinbarung.** Da bei einer Stundungsabrede Hemmungs- und Neubeginntatbestände oftmals nebeneinander vorliegen, empfiehlt sich eine Klarstellung bzw Vereinbarung der Beteiligten, ab welchem Zeitpunkt und wie lange die Verjährungsfrist des gestundeten Anspruchs läuft.

B. Vertraglich vereinbarte Hemmung durch Stillhalteabkommen

5 I. Muster: Stillhalteabkommen (pactum de non petendo)

▶ Die Beteiligten sind sich darüber einig, dass der Anspruch auf Rückzahlung eines Darlehens aus dem Darlehensvertrag vom 1.1.2003 vom 1.5.2009 bis zum 31.12.2009 ruhen soll. Der Gläubiger verpflichtet sich, den Anspruch in diesem Zeitraum nicht gerichtlich geltend zu machen, der Schuldner ist in diesem Zeitraum zur Leistungsverweigerung berechtigt.[1] Für die Dauer des Stillhalteabkommens von sieben Monaten ist die Verjährung des Rückzahlungsanspruchs gehemmt.[2] ◀

II. Erläuterungen

6 [1] **Stillhalteabkommen.** Durch ein Stillhalteabkommen (sog. pactum de non petendo) vereinbaren die Beteiligten, dass der Schuldner vorübergehend zur Leistungsverweigerung berechtigt ist und der Gläubiger den Anspruch gerichtlich nicht geltend macht (jurisPK-BGB/*Lakkis* § 205 Rn 11; MüKo-BGB/*Grothe* § 205 Rn 5). Die Abgrenzung des pactum de non petendo zur Stundungsabrede ist umstritten (vgl Staudinger/*Peters* § 205 BGB Rn 15). Im Unterschied zur Stundung beinhaltet das Stillhalteabkommen in aller Regel kein Anerkenntnis des Anspruchs, sondern allenfalls die Aufnahme von Vergleichsverhandlungen iS des § 203 (MüKo-BGB/*Grothe* § 205 Rn 5).

7 [2] **Verjährungsvereinbarung.** Da das Stillhalteabkommen regelmäßig kein Anerkenntnis iS des § 212 umfasst, beginnt die Verjährung nicht von Neuem zu laufen. Es empfiehlt sich, in einem pactum de non petendo stets klarzustellen, welche verjährungsrechtlichen Rechtsfolgen mit der Vereinbarung eintreten sollen, insbesondere die genaue Dauer der Verjährungshemmung.

§ 206 Hemmung der Verjährung bei höherer Gewalt

Die Verjährung ist gehemmt, solange der Gläubiger innerhalb der letzten sechs Monate der Verjährungsfrist durch höhere Gewalt an der Rechtsverfolgung gehindert ist.

§ 207 Hemmung der Verjährung aus familiären und ähnlichen Gründen

(1) [1]Die Verjährung von Ansprüchen zwischen Ehegatten ist gehemmt, solange die Ehe besteht. [2]Das Gleiche gilt für Ansprüche zwischen

1. Lebenspartnern, solange die Lebenspartnerschaft besteht,
2. dem Kind und
   a) seinen Eltern oder
   b) dem Ehegatten oder Lebenspartner eines Elternteils

   bis zur Vollendung des 21. Lebensjahres des Kindes,

3. dem Vormund und dem Mündel während der Dauer des Vormundschaftsverhältnisses,
4. dem Betreuten und dem Betreuer während der Dauer des Betreuungsverhältnisses und
5. dem Pflegling und dem Pfleger während der Dauer der Pflegschaft.

[3]Die Verjährung von Ansprüchen des Kindes gegen den Beistand ist während der Dauer der Beistandschaft gehemmt.

(2) § 208 bleibt unberührt.

A. Muster: Verjährungshemmung bei Ansprüchen nichtehelicher Lebenspartner 1

▶ Die Verjährung von Ansprüchen zwischen den nichtehelichen Lebenspartnern ist entsprechend § 207 BGB gehemmt, solange die nichteheliche Lebensgemeinschaft besteht,[1] längstens jedoch auf die Dauer von dreißig Jahren ab dem gesetzlichen Verjährungsbeginn.[2] ◀

B. Erläuterungen

[1] Nichteheliche Lebensgemeinschaft. Auf Partner einer nichtehelichen Lebensgemeinschaft 2
finden § 207 Abs. 1 S. 1 und § 207 Abs. 1 S. 2 Nr. 1 keine Anwendung. Der Gesetzgeber hat die Schaffung einer entsprechenden Vorschrift abgelehnt (vgl BT-Drucks. 14/6857 S. 46 gegen BT-Drucks. 14/6857 S. 9). Die im Schrifttum im Einzelfall befürwortete analoge Anwendung der Vorschrift (MüKo-BGB/*Grothe* § 207 Rn 10) wird mehrheitlich abgelehnt (OLG Brandenburg, Urt. v. 8.5.2007 – 11 U 142/06; jurisPK-BGB/*Lakkis* § 207 Rn 6; Staudinger/*Peters* § 207 BGB Rn 7).

[2] Verjährungsvereinbarung. In jedem Fall bleibt es den Partnern einer nichtehelichen Lebens- 3
gemeinschaft unbenommen, die Rechtswirkung des § 207 durch eine Verjährungsvereinbarung nach § 202 Abs. 2 herbeizuführen.

§ 208 Hemmung der Verjährung bei Ansprüchen wegen Verletzung der sexuellen Selbstbestimmung

[1]Die Verjährung von Ansprüchen wegen Verletzung der sexuellen Selbstbestimmung ist bis zur Vollendung des 21. Lebensjahrs des Gläubigers gehemmt. [2]Lebt der Gläubiger von Ansprüchen wegen Verletzung der sexuellen Selbstbestimmung bei Beginn der Verjährung mit dem Schuldner in häuslicher Gemeinschaft, so ist die Verjährung auch bis zur Beendigung der häuslichen Gemeinschaft gehemmt.

§ 209 Wirkung der Hemmung

Der Zeitraum, während dessen die Verjährung gehemmt ist, wird in die Verjährungsfrist nicht eingerechnet.

§ 210 Ablaufhemmung bei nicht voll Geschäftsfähigen

(1) [1]Ist eine geschäftsunfähige oder in der Geschäftsfähigkeit beschränkte Person ohne gesetzlichen Vertreter, so tritt eine für oder gegen sie laufende Verjährung nicht vor dem Ablauf von sechs Monaten nach dem Zeitpunkt ein, in dem die Person unbeschränkt geschäftsfähig oder der Mangel der Vertretung behoben wird. [2]Ist die Verjährungsfrist kürzer als sechs Monate, so tritt der für die Verjährung bestimmte Zeitraum an die Stelle der sechs Monate.

(2) Absatz 1 findet keine Anwendung, soweit eine in der Geschäftsfähigkeit beschränkte Person prozessfähig ist.

§ 211 Ablaufhemmung in Nachlassfällen

[1]Die Verjährung eines Anspruchs, der zu einem Nachlass gehört oder sich gegen einen Nachlass richtet, tritt nicht vor dem Ablauf von sechs Monaten nach dem Zeitpunkt ein, in dem die Erbschaft von dem Erben angenommen oder das Insolvenzverfahren über den Nachlass eröffnet wird oder von dem an der Anspruch von einem oder gegen

einen Vertreter geltend gemacht werden kann. [2]Ist die Verjährungsfrist kürzer als sechs Monate, so tritt der für die Verjährung bestimmte Zeitraum an die Stelle der sechs Monate.

A. Vertraglich vereinbarte Ablaufhemmung

1 ### I. Muster: Vertraglich vereinbarte Ablaufhemmung

▶ Die Vertragsparteien sind sich darüber einig, dass die Verjährung nicht vor dem (Datum/Ereignis),[1] spätestens jedoch dreißig Jahre nach dem gesetzlichen Verjährungsbeginn eintritt.[2] ◀

II. Erläuterungen

2 [1] **Offene Verjährungsverlängerung.** Den Beteiligten steht es grundsätzlich frei, weitere verjährungshemmende Tatbestände zu schaffen (Staudinger/*Peters* § 202 BGB Rn 20). ZB können sie durch Vereinbarung bestimmen, dass die Verjährung nicht vor Ablauf eines bestimmten Datums oder nicht vor Eintritt eines bestimmten Ereignisses eintritt (*Bereska*, in Schulte-Nölke/Frenz/Flohr, Formularbuch Vertragsrecht, Teil 1 B Rn 84, 87).

3 [2] **Höchstfrist.** Zu beachten ist allerdings, dass die Höchstfrist des § 202 Abs. 2 nicht überschritten wird (*Bereska*, in Schulte-Nölke/Frenz/Flohr, Formularbuch Vertragsrecht, Teil 1 B Rn 86).

B. Verjährungshemmung bei Musterprozess

4 ### I. Muster: Verjährungshemmung bei Musterprozess

▶ Die Beteiligten sind sich darüber einig, dass die durch die Klageschrift vom [Datum] eingetretene Hemmung der Verjährung bis zu sechs Monate nach Rechtskraft des Musterprozesses im Verfahren (Az ■■■) fortbesteht, längstens jedoch dreißig Jahre ab dem gesetzlichen Verjährungsbeginn.[1] Die Beteiligten verpflichten sich, innerhalb dieses Zeitraums den streitgegenständlichen Anspruch nicht zu fordern und nur mit Zustimmung des jeweils anderen Vertragsteils über diesen zu verfügen.[2] ◀

II. Erläuterungen

5 [1] **Musterprozessvereinbarung.** Die Parteien können im Rahmen des § 202 Abs. 2 auch eine Verjährungsvereinbarung treffen, wonach die Verjährung nicht vor Abschluss eines Musterprozesses eintreten soll (BT-Drucks. 14/6887 S. 45; *Bereska*, in Schulte-Nölke/Frenz/Flohr, Formularbuch Vertragsrecht, Teil 1 B Rn 97, 98; *Mansel/Budzikiewicz*, Das neue Verjährungsrecht § 8 Rn 106, 107). Diese Vereinbarung kann auch außerhalb eines anhängigen Rechtsstreits getroffen werden und empfiehlt sich insbesondere dann, wenn die Verhandlungen zwischen den Beteiligten für längere Zeit ruhen, sodass die Hemmungswirkung des § 203 nicht mehr eingreift (jurisPK-BGB/*Lakkis* § 202 Rn 4).

6 [2] **Stillhalteabkommen.** Eine Musterprozessklausel ist nur dann ausgewogen, wenn der Schuldner berechtigt ist, die Erfüllung des umstrittenen Anspruchs während der Dauer des Musterprozesses zu verweigern. Die Beteiligten sollten daher für diesen Zeitraum ein Stillhalteabkommen treffen oder die Fälligkeit des Anspruchs ebenfalls bis zur Beendigung des Musterprozesses hinausschieben (jurisPK-BGB/*Lakkis* § 202 Rn 4).

§ 212 Neubeginn der Verjährung

(1) Die Verjährung beginnt erneut, wenn

1. der Schuldner dem Gläubiger gegenüber den Anspruch durch Abschlagszahlung, Zinszahlung, Sicherheitsleistung oder in anderer Weise anerkennt oder
2. eine gerichtliche oder behördliche Vollstreckungshandlung vorgenommen oder beantragt wird.

(2) Der erneute Beginn der Verjährung infolge einer Vollstreckungshandlung gilt als nicht eingetreten, wenn die Vollstreckungshandlung auf Antrag des Gläubigers oder wegen Mangels der gesetzlichen Voraussetzungen aufgehoben wird.

(3) Der erneute Beginn der Verjährung durch den Antrag auf Vornahme einer Vollstreckungshandlung gilt als nicht eingetreten, wenn dem Antrag nicht stattgegeben oder der Antrag vor der Vollstreckungshandlung zurückgenommen oder die erwirkte Vollstreckungshandlung nach Absatz 2 aufgehoben wird.

§ 213 Hemmung, Ablaufhemmung und erneuter Beginn der Verjährung bei anderen Ansprüchen

Die Hemmung, die Ablaufhemmung und der erneute Beginn der Verjährung gelten auch für Ansprüche, die aus dem selben Grunde wahlweise neben dem Anspruch oder an seiner Stelle gegeben sind.

A. Muster: Neubeginn der Verjährung durch Anerkenntnis 1

▶ Dem Schuldner wird die Rückzahlung des Darlehens in Höhe von 10.000 EUR für die Dauer von sechs Monaten zinslos gestundet.[1] Der Rückzahlungsanspruch verjährt innerhalb der gesetzlichen Regelverjährungsfrist von drei Jahren, die Verjährung beginnt mit dem heutigen Tag neu zu laufen. Die Haftung wegen Vorsatzes bleibt unberührt.[2] ◀

B. Erläuterungen

[1] Anerkenntnis. Nach § 212 Abs. 1 Nr. 1 führt ein Anerkenntnis des Anspruchs durch den Schuldner gegenüber dem Gläubiger zu einem Neubeginn der Verjährung. Es muss sich dabei bei dem Anerkenntnis nicht um ein ausdrückliches Schuldanerkenntnis handeln (Staudinger/*Peters* § 212 BGB Rn 6), dieses kann vielmehr auch konkludent, nämlich durch Abschlagszahlung, Zinszahlung, Sicherheitsleistung oder in anderer Weise erfolgen. Da die Rechtsprechung eine umfangreiche Kasuistik zum Vorliegen eines Anerkenntnisses entwickelt hat (MüKo-BGB/*Grothe* § 212 Rn 14 ff), ist bei Vereinbarungen zwischen Schuldner und Gläubiger, aber auch bei einseitigen Rechtshandlungen des Schuldners, stets ausdrücklich zu regeln, ob hiermit ein Verjährungsneubeginn eintreten soll oder nicht. 2

[2] Beginn der neuen Verjährungsfrist. Der Verjährungsbeginn richtet sich nach § 187 (jurisPK-BGB/*Lakkis* § 212 Rn 25). Die Verjährungsfrist beginnt also unter Umständen sofort zu laufen, auch wenn der Anspruch ursprünglich der Ultimoverjährung nach § 199 Abs. 1 unterlag (MüKo-BGB/*Grothe* § 212 Rn 19). Etwas anderes soll wieder gelten, wenn das Anerkenntnis noch in das Jahr fällt, in dem der ursprüngliche Verjährungsbeginn lag, dann bleibt es beim Verjährungsbeginn zum Jahresende (BGH NJW 1995, 3380, 3381; jurisPK-BGB/*Lakkis* § 212 Rn 24). In jedem Fall empfiehlt sich eine ausdrückliche Regelung, ab wann die neue Verjährungsfrist zu laufen beginnt, wobei § 202 Abs. 1 zu beachten ist. 3

Titel 3 Rechtsfolgen der Verjährung

§ 214 Wirkung der Verjährung

(1) Nach Eintritt der Verjährung ist der Schuldner berechtigt, die Leistung zu verweigern.
(2) [1]Das zur Befriedigung eines verjährten Anspruchs Geleistete kann nicht zurückgefordert werden, auch wenn in Unkenntnis der Verjährung geleistet worden ist. [2]Das Gleiche gilt von einem vertragsmäßigen Anerkenntnis sowie einer Sicherheitsleistung des Schuldners.

§ 215 Aufrechnung und Zurückbehaltungsrecht nach Eintritt der Verjährung

Die Verjährung schließt die Aufrechnung und die Geltendmachung eines Zurückbehaltungsrechts nicht aus, wenn der Anspruch in dem Zeitpunkt noch nicht verjährt war, in dem erstmals aufgerechnet oder die Leistung verweigert werden konnte.

1 **A. Muster: Verzicht auf die Erhebung der Verjährungseinrede**

▶ Der Schuldner verzichtet hiermit auf die Einrede der Verjährung, auch wenn diese bereits eingetreten sein sollte,[1] längstens jedoch auf die Dauer von dreißig Jahren ab Beginn der gesetzlichen Verjährungsfrist.[2] ◀

B. Erläuterungen

2 **[1] Verzicht nach Vollendung der Verjährung.** Auf die Einrede der Verjährung kann einseitig verzichtet werden. Der Verzicht kann auch nach Vollendung der Verjährung erklärt werden, muss jedoch in diesem Fall ausdrücklich oder jedenfalls aus den Gesamtumständen eindeutig erklärt werden (OLG Celle OLGR 2006, 122; OLG Frankfurt BRAK-Mitt. 2008, 259; kritisch jurisPK-BGB/*Lakkis* § 202 Rn 25).

3 **[2] Verzicht vor Vollendung der Verjährung.** Wird der Verzicht vor Eintritt der Verjährung erklärt, so muss er sich im Rahmen des § 202 Abs. 2 halten, darf also den Rahmen von dreißig Jahren ab dem gesetzlichen Verjährungsbeginn nicht überschreiten (MüKo-BGB/*Grothe* § 214 Rn 8). Ein ohne zeitliche Einschränkung ausgesprochener Verzicht auf die Einrede der Verjährung ist regelmäßig dahin zu verstehen, dass er auf die dreißigjährige Maximalfrist begrenzt ist, soweit sich aus der Auslegung der Erklärung nichts Abweichendes ergibt (BGH BB 2007, 2591; jurisPK-BGB/*Lakkis* § 202 Rn 26). Im Formular- und Verbrauchervertrag steht § 306 Abs. 2 einer geltungserhaltenden Reduktion entgegen (MüKo-BGB/*Grothe* § 214 Rn 5; vgl BAG NZA 2005, 1111, 1114 f).

§ 216 Wirkung der Verjährung bei gesicherten Ansprüchen

(1) Die Verjährung eines Anspruchs, für den eine Hypothek, eine Schiffshypothek oder ein Pfandrecht besteht, hindert den Gläubiger nicht, seine Befriedigung aus dem belasteten Gegenstand zu suchen.
(2) [1]Ist zur Sicherung eines Anspruchs ein Recht verschafft worden, so kann die Rückübertragung nicht auf Grund der Verjährung des Anspruchs gefordert werden. [2]Ist das Eigentum vorbehalten, so kann der Rücktritt vom Vertrag auch erfolgen, wenn der gesicherte Anspruch verjährt ist.
(3) Die Absätze 1 und 2 finden keine Anwendung auf die Verjährung von Ansprüchen auf Zinsen und andere wiederkehrende Leistungen.

§ 217 Verjährung von Nebenleistungen

Mit dem Hauptanspruch verjährt der Anspruch auf die von ihm abhängenden Nebenleistungen, auch wenn die für diesen Anspruch geltende besondere Verjährung noch nicht eingetreten ist.

A. Verjährungsunabhängige Sicherung eines Anspruchs

I. Muster: Verjährungsunabhängige Sicherung eines Anspruchs 1

▶ Das Rentenstammrecht und die Reallast verjähren frühestens dreißig Jahre nach dem gesetzlichen Verjährungsbeginn, unabhängig davon, ob die Ansprüche auf die Einzelleistungen verjährt sind.[1] Der Anspruch auf die Einzelleistungen verjährt innerhalb der gesetzlichen Verjährungsfrist.[2] ◀

II. Erläuterungen

[1] **Verjährungsunabhängige Sicherung des Rentenstammrechts.** Bei einem Leibrentenversprechen geht die Rechtsprechung von einem Stammrecht aus, das der regelmäßigen Verjährungsfrist unterliegt. Wird das Leibrentenversprechen durch Eintragung einer Reallast im Grundbuch abgesichert, so wird das Stammrecht zwar möglicherweise über §§ 216 Abs. 2, 902 Abs. 1 gegen Verjährung abgesichert. Es empfiehlt sich sicherheitshalber, die Verjährungsfrist des Rentenstammrechts gem. § 202 Abs. 2 zu verlängern (*Amann*, in Amann/Brambring/Hertel, D IV. 8. S. 279 f). 2

[2] **Verjährung der Einzelleistungen.** Der Anspruch auf die einzelnen wiederkehrenden Leistungen aus dem Leibrentenversprechen und aus der Reallast verjähren innerhalb der dreijährigen Regelverjährung, selbst wenn die Reallast sofort vollstreckbar ist, §§ 195, 199 Abs. 1, 197 Abs. 2, 216 Abs. 3, 902 Abs. 1 S. 2. 3

B. Verjährung bestehender Sicherheiten

I. Muster: Verjährung bestehender Sicherheiten 4

▶ Die Vertragsparteien sind sich darüber einig, dass die in diesem Vertrag bestellte persönliche Sicherheit (abstraktes Schuldversprechen) abweichend von § 216 Abs. 1 S. 1 BGB nach Eintritt der Verjährung des gesicherten Anspruchs ebenfalls verjährt ist und vom Sicherungsnehmer herauszugeben ist.[1] ◀

II. Erläuterungen

[1] **Personalsicherheiten**, wie beispielsweise ein abstraktes Schuldversprechen werden von § 216 Abs. 1 S. 1 nicht unmittelbar erfasst, da die Vorschrift nur für dingliche Sicherheiten gilt. Allerdings befürwortet die Rechtsprechung eine entsprechende Anwendung auf Personalsicherheiten, insbesondere auf ein abstraktes Schuldversprechen mit Zwangsvollstreckungsunterwerfung in das gesamte Vermögen, welches einem Sicherungsgeber üblicherweise zusätzlich zur Realsicherheit (Grundschuld, Hypothek) eingeräumt wird (BGH DStR 2010, 501, 503 f). Ein Gleichlauf der Verjährung des gesicherten Anspruchs mit der des Schuldanerkenntnisses kann durch Abbedingung des § 216 Abs. 2 S. 1 erreicht werden. 5

§ 218 Unwirksamkeit des Rücktritts

(1) [1]Der Rücktritt wegen nicht oder nicht vertragsgemäß erbrachter Leistung ist unwirksam, wenn der Anspruch auf die Leistung oder der Nacherfüllungsanspruch verjährt ist und der Schuldner sich hierauf beruft. [2]Dies gilt auch, wenn der Schuldner nach § 275 Abs. 1 bis 3, § 439 Abs. 3 oder § 635 Abs. 3 nicht zu leisten braucht und der Anspruch auf die Leistung oder der Nacherfüllungsanspruch verjährt wäre. [3]§ 216 Abs. 2 Satz 2 bleibt unberührt.
(2) § 214 Abs. 2 findet entsprechende Anwendung.

1 A. Muster: Verjährung von Gestaltungsrechten

▶ Das Rücktrittsrecht verjährt innerhalb von drei Jahren ab heute.[1] ◀

B. Erläuterungen

2 [1] **Gestaltungsrechte** unterliegen nicht der Verjährung. Deshalb hat der Gesetzgeber in § 218 angeordnet, dass das gesetzliche Rücktrittsrecht dann unwirksam ist, wenn Anspruch auf die Leistung oder auf den Nichterfüllungsanspruch verjährt ist. Auf den vertraglichen Rücktritt und auf andere Gestaltungsrechte findet § 218 keine Anwendung. Es besteht jedoch die Möglichkeit, eine Rücktrittsfrist nach § 350 oder eine Ausschlussfrist zu vereinbaren (siehe § 194). Obwohl es rechtsdogmatisch zweifelhaft erscheint, können die Vertragsteile auch eine Verjährung des Rücktritts- bzw Gestaltungsrechts vereinbaren. Dies hat im Vergleich zur Ausschlussfrist den Vorteil, dass der Erklärungsgegner auch bei einem Ablauf der Verjährungsfrist die Erklärung gegen sich gelten lassen kann.

§§ 219 bis 225 (weggefallen)

Abschnitt 6 Ausübung der Rechte, Selbstverteidigung, Selbsthilfe

§ 226 Schikaneverbot

Die Ausübung eines Rechts ist unzulässig, wenn sie nur den Zweck haben kann, einem anderen Schaden zuzufügen.

§ 227 Notwehr

(1) Eine durch Notwehr gebotene Handlung ist nicht widerrechtlich.
(2) Notwehr ist diejenige Verteidigung, welche erforderlich ist, um einen gegenwärtigen rechtswidrigen Angriff von sich oder einem anderen abzuwenden.

§ 228 Notstand

[1]Wer eine fremde Sache beschädigt oder zerstört, um eine durch sie drohende Gefahr von sich oder einem anderen abzuwenden, handelt nicht widerrechtlich, wenn die Beschädigung oder die Zerstörung zur Abwendung der Gefahr erforderlich ist und der Schaden nicht außer Verhältnis zu der Gefahr steht. [2]Hat der Handelnde die Gefahr verschuldet, so ist er zum Schadensersatz verpflichtet.

§ 229 Selbsthilfe

Wer zum Zwecke der Selbsthilfe eine Sache wegnimmt, zerstört oder beschädigt oder wer zum Zwecke der Selbsthilfe einen Verpflichteten, welcher der Flucht verdächtig ist, festnimmt oder den Widerstand des Verpflichteten gegen eine Handlung, die dieser zu dulden verpflichtet ist, beseitigt, handelt nicht widerrechtlich, wenn obrigkeitliche Hilfe nicht rechtzeitig zu erlangen ist und ohne sofortiges Eingreifen die Gefahr besteht, dass die Verwirklichung des Anspruchs vereitelt oder wesentlich erschwert werde.

§ 230 Grenzen der Selbsthilfe

(1) Die Selbsthilfe darf nicht weiter gehen, als zur Abwendung der Gefahr erforderlich ist.

(2) Im Falle der Wegnahme von Sachen ist, sofern nicht Zwangsvollstreckung erwirkt wird, der dingliche Arrest zu beantragen.
(3) Im Falle der Festnahme des Verpflichteten ist, sofern er nicht wieder in Freiheit gesetzt wird, der persönliche Sicherheitsarrest bei dem Amtsgericht zu beantragen, in dessen Bezirk die Festnahme erfolgt ist; der Verpflichtete ist unverzüglich dem Gericht vorzuführen.
(4) Wird der Arrestantrag verzögert oder abgelehnt, so hat die Rückgabe der weggenommenen Sachen und die Freilassung des Festgenommenen unverzüglich zu erfolgen.

§ 231 Irrtümliche Selbsthilfe

Wer eine der im § 229 bezeichneten Handlungen in der irrigen Annahme vornimmt, dass die für den Ausschluss der Widerrechtlichkeit erforderlichen Voraussetzungen vorhanden seien, ist dem anderen Teil zum Schadensersatz verpflichtet, auch wenn der Irrtum nicht auf Fahrlässigkeit beruht.

Abschnitt 7 Sicherheitsleistung

§ 232 Arten

(1) Wer Sicherheit zu leisten hat, kann dies bewirken durch Hinterlegung von Geld oder Wertpapieren,
- durch Verpfändung von Forderungen, die in das Bundesschuldbuch oder in das Landesschuldbuch eines Landes eingetragen sind,
- durch Verpfändung beweglicher Sachen,
- durch Bestellung von Schiffshypotheken an Schiffen oder Schiffsbauwerken, die in einem deutschen Schiffsregister oder Schiffsbauregister eingetragen sind,
- durch Bestellung von Hypotheken an inländischen Grundstücken,
- durch Verpfändung von Forderungen, für die eine Hypothek an einem inländischen Grundstück besteht, oder
- durch Verpfändung von Grundschulden oder Rentenschulden an inländischen Grundstücken.

[2] Kann die Sicherheit nicht in dieser Weise geleistet werden, so ist die Stellung eines tauglichen Bürgen zulässig.

§ 233 Wirkung der Hinterlegung

Mit der Hinterlegung erwirbt der Berechtigte ein Pfandrecht an dem hinterlegten Geld oder an den hinterlegten Wertpapieren und, wenn das Geld oder die Wertpapiere in das Eigentum des Fiskus oder der als Hinterlegungsstelle bestimmten Anstalt übergehen, ein Pfandrecht an der Forderung auf Rückerstattung.

§ 234 Geeignete Wertpapiere

(1) [1]Wertpapiere sind zur Sicherheitsleistung nur geeignet, wenn sie auf den Inhaber lauten, einen Kurswert haben und einer Gattung angehören, in der Mündelgeld angelegt werden darf. [2]Den Inhaberpapieren stehen Orderpapiere gleich, die mit Blankoindossament versehen sind.
(2) Mit den Wertpapieren sind die Zins-, Renten-, Gewinnanteil- und Erneuerungsscheine zu hinterlegen.
[3] Mit Wertpapieren kann Sicherheit nur in Höhe von drei Vierteln des Kurswerts geleistet werden.

Schrifttum: *Bülow/Schmidt*, Hinterlegungsordnung, 4. Aufl. 2005

A. Klage auf Erbringung einer Sicherheitsleistung

I. Anwaltliche Sicht

1 **1. Muster: Klage auf Erbringung einer Sicherheitsleistung**

▶ ▪▪▪ werde ich beantragen,

den Beklagten dazu zu verurteilen, nach eigener – des Beklagten – Wahl an den Kläger Sicherheit in einer § 232 Abs. 1 BGB entsprechenden Art und Weise in Höhe von ▪▪▪ EUR zu leisten.[1] ◀

2. Erläuterungen

2 [1] **Klageantrag.** § 232 Abs. 1 stellt dem zur Erbringung einer Sicherheitsleistung Verpflichteten einen Katalog zulässiger Sicherheiten zur Verfügung, die dieser nach eigenem Ermessen – auch kombiniert – einsetzen kann (BeckOK-BGB/*Dennhardt* § 232 Rn 5). Bei der von § 232 vorausgesetzten Verpflichtung zur Erbringung einer Sicherheitsleistung handelt es sich aber nicht um eine Wahlschuld iSd §§ 262-265, weshalb **Klagen auf Erbringung der Sicherheitsleistung** auch nur auf Leistung einer nach Maßgabe von § 232 Abs. 1 zu erbringenden, hinreichenden Sicherheit zu richten sind (BeckOK-BGB/*Dennhardt* § 232 Rn 5; Palandt/*Heinrichs* § 232 Rn 1; zur **Klage wegen anfänglich unzureichender Sicherheitsleistung** vgl Staudinger/*Repgen* § 240 Rn 2 mwN).

II. Richterliche Sicht

3 **1. Muster: Verurteilung zur Erbringung einer Sicherheitsleistung**

▶ Der Beklagte wird verurteilt, nach eigener – des Beklagten – Wahl an den Kläger Sicherheit in einer § 232 Abs. 1 BGB entsprechenden Art und Weise in Höhe von ▪▪▪ EUR zu leisten.[1] ◀

2. Erläuterungen

4 [1] **Verurteilung zur Erbringung einer Sicherheitsleistung.** Zur Qualifizierung der Verpflichtung zur Erbringung einer Sicherheitsleistung sowie zu den daraus folgenden Anforderungen an Klageantrag und Urteilstenor vgl Rn 2.

B. Hinterlegungsverfahren im eigentlichen Sinne

I. Anwaltliche Sicht

5 **1. Muster: Hinterlegungsantrag**

▶ Rechtsanwalt ▪▪▪

Amtsgericht ▪▪▪

– Hinterlegungsstelle –

Antrag auf Annahme von gesetzlichen Zahlungsmitteln zur Hinterlegung[1]

Namens und in Vollmacht meines Mandanten, ▪▪▪, beantrage ich,

den Betrag von ▪▪▪ EUR zur Hinterlegung anzunehmen.

Aufgrund gesetzlicher Vorschriften ist mein Mandant zur Erbringung einer Sicherheitsleistung verpflichtet. ▪▪▪

Als Empfangsberechtigte kommen daher mein Mandant sowie ▪▪▪ als Sicherheitsberechtigter in Betracht.[2]

▪▪▪, den ▪▪▪

▪▪▪

Rechtsanwalt ◀

2. Erläuterungen

[1] **Vorbemerkungen.** Die §§ 232 ff treffen lediglich **Regelungen für Art und Weise** einer anderweitig begründeten Pflicht zur Gewährung einer Sicherheit. Eine solche **Pflicht zur Sicherheitsleistung** kann sich aus dem **Gesetz** (bspw §§ 52 Abs. 2, 843 Abs. 2 S. 2, 1039 Abs. 2 S. 2, 1051, 1067 Abs. 2, 1389, zur ausnahmsweise aus § 242 folgenden Verpflichtung zur Sicherheitsleistung vgl OLG Zweibrücken, OLGR 2006, 293 f sowie BeckOK-BGB/*Dennhardt* § 232 Rn 2), aus **Rechtsgeschäft** (BGH, NJW 1986, 1038 [1038 f]) sowie aus **richterlicher Anordnung** (vgl §§ 1382 Abs. 3, 4 BGB, 707, 709, 921 ZPO) ergeben. Ein solchermaßen zur Sicherheitsleistung Verpflichteter hat die Wahl zwischen den verschiedenen nach § 232 Abs. 1 zugelassenen Sicherheitsleistungen, ohne dass dadurch ein Wahlschuldverhältnis (§§ 262 ff) entsteht (BeckOK-BGB/*Dennhardt* § 232 Rn 5; Palandt/*Heinrichs* § 232 Rn 1; zu den Folgen im Zusammenhang mit Klagen auf Erbringung einer Sicherheitsleistung vgl bereits Rn 1 ff). 6

Zuständigkeit und Verfahren bei Hinterlegung. Die Hinterlegung von Geld oder Wertpapieren findet nach den Vorschriften der HinterlO statt (MK-BGB/*Grothe* § 232 Rn 5). Sie erfolgt auf **Antrag** des Hinterlegenden an die Hinterlegungsstelle (§ 6 HinterlO), deren Aufgaben nach § 1 Abs. 2 HinterlO dem Amtsgericht übertragen sind. Funktionell **zuständig** für die Geschäfte in Hinterlegungssachen ist dort der Rechtspfleger (§§ 3 Nr. 4 b), 30 RPflG). In Ermangelung einer Regelung der örtlichen Zuständigkeit kann sich der Hinterleger an eine Hinterlegungsstelle seiner Wahl wenden (*Bülow/Schmidt*, Hinterlegungsordnung § 1 Rn 7). Zum weiteren Verfahren, insbesondere zur Erteilung der Annahmeanordnung vgl Rn 6 ff. 7

[2] **Anforderungen an den Antrag.** Der Antrag auf Hinterlegung hat Angaben zum zu hinterlegenden Betrag, zu den die Hinterlegung rechtfertigenden oder erforderlich machenden Umständen sowie zu denjenigen Personen zu enthalten, die als Empfangsberechtigte in Betracht kommen (§ 6 Nr. 1 HinterlO; vgl dazu im Einzelnen *Bülow/Schmidt*, Hinterlegungsordnung § 6 Rn 9 ff). 8

Gebühren. Die **gerichtlichen Gebühren** und **Auslagen** für die Hinterlegung richten sich nach den Landesjustizkostengesetzen, vgl dazu die Übersicht bei *Hartmann*, Kostengesetze VIII. B. Zur Frage, inwieweit **anwaltliches Tätigwerden** gegenüber der Hinterlegungsstelle eine gesonderte Vergütung nach Nr. 2300 VV RVG auslöst, vgl *Hartmann*, Kostengesetze Anhang nach Nr. 3100 VV RVG Rn 28 mwN 9

II. Gerichtliche Sicht

1. Annahmeanordnung

a) Muster: Annahmeanordnung 10

▶ HL ▪▪▪/▪▪▪ 111

Annahmeanordnung[1]

1. EUR ▪▪▪ sind als neue Masse anzunehmen.[2] Der Antragsteller wird aufgefordert, den Betrag bis zum ▪▪▪ einzuzahlen. Wird innerhalb dieser Frist nicht eingezahlt, ist die Annahmeanordnung an die Hinterlegungsstelle zurückzugeben.[3]

2. Nachricht an Antragsteller[4]
3. Der Gerichtskasse ▪▪▪

▪▪▪, den ▪▪▪

▪▪▪

Rechtspfleger ◀

b) Erläuterungen und Varianten

11 **[1] Vorbemerkungen, Zuständigkeit und Verfahren.** Zur Verpflichtung zur Erbringung von Sicherheitsleistungen, zur gerichtlichen Zuständigkeit sowie zum Verfahren vgl zunächst Rn 2 ff. Zum Umfang der Prüfung der des Annahmeantrags durch die Hinterlegungsstelle vgl *Bülow/Schmidt*, Hinterlegungsordnung § 6 Rn 22.

12 **[2] Sicherheitsleistung in bestehendem Verfahren.** Geht es abweichend vom Muster um die Leistung weiterer Sicherheit in einem bereits bestehenden Verfahren, dann ist Folgendes zu verfügen:

▶ 1. EUR ▪▪▪ sind zu der vorhandenen Masse unter der Nr. ▪▪▪ anzunehmen. ▪▪▪ ◀

13 **[3] Zeitliche Abfolge.** Regelmäßig wird der Hinterleger zunächst die Annahmeanordnung der Hinterlegungsstelle erwirken und erst nach Kenntnis von deren Annahmeanordnung (vgl dazu Rn 10) die Hinterlegung selbst vornehmen. Zwingend ist dies allerdings nicht (vgl dazu *Bülow/Schmidt*, Hinterlegungsordnung § 6 Rn 3). Erfolgt daher im Einzelfall die Hinterlegung vor Stellung des Hinterlegungsantrags oder zeitgleich mit diesem, so hat die Hinterlegungsstelle den Antragsteller in ihrer Annahmeanordnung abweichend vom obigen Muster nicht zur Einzahlung aufzufordern, sondern die bereits erfolgte Zahlung in der Annahmeanordnung unter Bezugnahme auf die entsprechende Eintragung im Verwahrbuch zu vermerken:

▶ ▪▪▪ Antragsteller hat bereits eingezahlt. Vergleiche Verwahrbuch Nr. ▪▪▪ ◀

14 **[4] Nachricht von Annahmeanordnung an Hinterleger.** Beantragt der Hinterleger, so wie im Regelfall, zunächst die Annahmeanordnung bei der Hinterlegungsstelle (dazu Rn 9), dann wird er von dem Erlass der Annahmeanordnung in Kenntnis gesetzt (*Bülow/Schmidt*, Hinterlegungsordnung § 6 Rn 25). Hat der Hinterleger dagegen im Einzelfall bereits vor Erlass der Annahmeanordnung durch die Hinterlegungsstelle die Hinterlegung vorgenommen, dann unterbleibt die in diesem Fall überflüssige Benachrichtigung des Hinterlegers von der Annahmeanordnung. Nach Überführung der bisherigen Verwahrung in die Hinterlegung durch die Hinterlegungskasse (=Justizkasse, vgl § 1 Abs. 3 HinterlO sowie Rn 12) erteilt diese dem Hinterleger unmittelbar den Hinterlegungsschein (vgl Rn 11), aus welchem der Hinterleger den Erlass der Annahmeanordnung ersehen kann (*Bülow/Schmidt*, Hinterlegungsordnung § 6 Rn 28).

2. Hinterlegungsbescheinigung

15 **a) Muster: Hinterlegungsbescheinigung**

▶ **Hinterlegungsbescheinigung**

Am ▪▪▪ wurde der unter Nr. 1 der Annahmeanordnung des Amtsgerichts ▪▪▪ vom ▪▪▪ – HL ▪▪▪/▪▪▪ genannte Betrag in Höhe von ▪▪▪ EUR unter Nr. ▪▪▪ gebucht.

▪▪▪, den ▪▪▪

▪▪▪[1] ◀

b) Erläuterungen

16 **[1] Erteilung der Hinterlegungsbescheinigung.** Gelangt der zu hinterlegende Betrag aufgrund der Annahmeanordnung der Hinterlegungsstelle in den Besitz der auch als Hinterlegungskasse

fungierenden Justizkasse (vgl § 1 Abs. 3 HinterlO), so erteilt diese dem Hinterleger eine Hinterlegungsbescheinigung (*Bülow/Schmidt*, Hinterlegungsordnung § 7 Rn 27).

§ 235 Umtauschrecht

Wer durch Hinterlegung von Geld oder von Wertpapieren Sicherheit geleistet hat, ist berechtigt, das hinterlegte Geld gegen geeignete Wertpapiere, die hinterlegten Wertpapiere gegen andere geeignete Wertpapiere oder gegen Geld umzutauschen.

§ 236 Buchforderungen

Mit einer Schuldbuchforderung gegen den Bund oder ein Land kann Sicherheit nur in Höhe von drei Vierteln des Kurswerts der Wertpapiere geleistet werden, deren Aushändigung der Gläubiger gegen Löschung seiner Forderung verlangen kann.

§ 237 Bewegliche Sachen

[1]Mit einer beweglichen Sache kann Sicherheit nur in Höhe von zwei Dritteln des Schätzungswerts geleistet werden. [2]Sachen, deren Verderb zu besorgen oder deren Aufbewahrung mit besonderen Schwierigkeiten verbunden ist, können zurückgewiesen werden.

§ 238 Hypotheken, Grund- und Rentenschulden

(1) Eine Hypothekenforderung, eine Grundschuld oder eine Rentenschuld ist zur Sicherheitsleistung nur geeignet, wenn sie den Voraussetzungen entspricht, unter denen am Orte der Sicherheitsleistung Mündelgeld in Hypothekenforderungen, Grundschulden oder Rentenschulden angelegt werden darf.
(2) Eine Forderung, für die eine Sicherungshypothek besteht, ist zur Sicherheitsleistung nicht geeignet.

§ 239 Bürge

(1) Ein Bürge ist tauglich, wenn er ein der Höhe der zu leistenden Sicherheit angemessenes Vermögen besitzt und seinen allgemeinen Gerichtsstand im Inland hat.
(2) Die Bürgschaftserklärung muss den Verzicht auf die Einrede der Vorausklage enthalten.

§ 240 Ergänzungspflicht

Wird die geleistete Sicherheit ohne Verschulden des Berechtigten unzureichend, so ist sie zu ergänzen oder anderweitige Sicherheit zu leisten.

A. Anwaltliche Sicht

I. Muster: Klage auf Ergänzung nachträglich unzureichend gewordener Sicherheitsleistung 1

113

▶ ... werde ich beantragen,

den Beklagten dazu zu verurteilen, nach eigener – des Beklagten – Wahl in einer § 240 BGB entsprechenden Art und Weise die dem Kläger gegenüber gewährte Sicherheit zu ergänzen. ...[1] ◀

II. Erläuterungen

[1] Klageantrag. Wird eine zunächst geleistete Sicherheitsleistung ohne Verschulden des Berechtigten unzureichend, so ist der zur Erbringung der Sicherheit Verpflichtete auch zu deren 2

Ergänzung verpflichtet (§ 240). Hierbei hat er aber ein Wahlrecht hinsichtlich der Art und Weise der Ergänzung: Der Sicherungsgeber kann die unzureichend gewordene Sicherheit durch weitere Leistungen ergänzen, oder aber das bisherige Sicherungsmittel zurücknehmen und vollständig neu Sicherheit durch ein nach §§ 232 ff zulässiges Sicherungsmittel leisten (Staudinger/*Repgen* § 240 Rn 3). Dem ist auch im Rahmen einer Klage auf Ergänzung einer nachträglich unzureichend gewordenen Sicherheitsleistung Rechnung zu tragen.

B. Richterliche Sicht

3 **I. Muster: Verurteilung zur Ergänzung nachträglich unzureichend gewordener Sicherheitsleistung**

▶ Der Beklagte wird verurteilt, nach eigener – des Beklagten – Wahl in einer § 240 BGB entsprechenden Art und Weise die dem Kläger gegenüber gewährte Sicherheit zu ergänzen. ...[1] ◀

II. Erläuterungen

4 [1] **Verurteilung zur Ergänzung der Sicherheitsleistung.** Zum Wahlrecht des Sicherungsgebers bei Ergänzung der Sicherheit sowie zu den daraus folgenden Anforderungen an Klageantrag und Urteilstenor vgl Rn 2.

Buch 2 Recht der Schuldverhältnisse

Abschnitt 1 Inhalt der Schuldverhältnisse

Titel 1 Verpflichtung zur Leistung

§ 241 Pflichten aus dem Schuldverhältnis

(1) [1]Kraft des Schuldverhältnisses ist der Gläubiger berechtigt, von dem Schuldner eine Leistung zu fordern. [2]Die Leistung kann auch in einem Unterlassen bestehen.
(2) Das Schuldverhältnis kann nach seinem Inhalt jeden Teil zur Rücksicht auf die Rechte, Rechtsgüter und Interessen des anderen Teils verpflichten.

§ 241 a Unbestellte Leistungen[1]

(1) Durch die Lieferung unbestellter Sachen oder durch die Erbringung unbestellter sonstiger Leistungen durch einen Unternehmer an einen Verbraucher wird ein Anspruch gegen diesen nicht begründet.
(2) Gesetzliche Ansprüche sind nicht ausgeschlossen, wenn die Leistung nicht für den Empfänger bestimmt war oder in der irrigen Vorstellung einer Bestellung erfolgte und der Empfänger dies erkannt hat oder bei Anwendung der im Verkehr erforderlichen Sorgfalt hätte erkennen können.
(3) Eine unbestellte Leistung liegt nicht vor, wenn dem Verbraucher statt der bestellten eine nach Qualität und Preis gleichwertige Leistung angeboten und er darauf hingewiesen wird, dass er zur Annahme nicht verpflichtet ist und die Kosten der Rücksendung nicht zu tragen hat.

§ 242 Leistung nach Treu und Glauben

Der Schuldner ist verpflichtet, die Leistung so zu bewirken, wie Treu und Glauben mit Rücksicht auf die Verkehrssitte es erfordern.

§ 243 Gattungsschuld

(1) Wer eine nur der Gattung nach bestimmte Sache schuldet, hat eine Sache von mittlerer Art und Güte zu leisten.
(2) Hat der Schuldner das zur Leistung einer solchen Sache seinerseits Erforderliche getan, so beschränkt sich das Schuldverhältnis auf diese Sache.

§ 244 Fremdwährungsschuld

(1) Ist eine in einer anderen Währung als Euro ausgedrückte Geldschuld im Inland zu zahlen, so kann die Zahlung in Euro erfolgen, es sei denn, dass Zahlung in der anderen Währung ausdrücklich vereinbart ist.
(2) Die Umrechnung erfolgt nach dem Kurswert, der zur Zeit der Zahlung für den Zahlungsort maßgebend ist.

§ 245 Geldsortenschuld

Ist eine Geldschuld in einer bestimmten Münzsorte zu zahlen, die sich zur Zeit der Zahlung nicht mehr im Umlauf befindet, so ist die Zahlung so zu leisten, wie wenn die Münzsorte nicht bestimmt wäre.

§ 246 Gesetzlicher Zinssatz

Ist eine Schuld nach Gesetz oder Rechtsgeschäft zu verzinsen, so sind vier vom Hundert für das Jahr zu entrichten, sofern nicht ein anderes bestimmt ist.

§ 247 Basiszinssatz[2]

(1) [1]Der Basiszinssatz beträgt 3,62 Prozent. [2]Er verändert sich zum 1. Januar und 1. Juli eines jeden Jahres um die Prozentpunkte, um welche die Bezugsgröße seit der letzten Veränderung des Basiszinssatzes gestiegen oder

---

1 Diese Vorschrift dient der Umsetzung von Artikel 9 der Richtlinie 97/7/EG des Europäischen Parlaments und des Rates vom 20. Mai 1997 über den Verbraucherschutz bei Vertragsabschlüssen im Fernabsatz (ABl. EG Nr. L 144 S. 19).
2 Diese Vorschrift dient der Umsetzung von Artikel 3 der Richtlinie 2000/35/EG des Europäischen Parlaments und des Rates vom 29. Juni 2000 zur Bekämpfung von Zahlungsverzug im Geschäftsverkehr (ABl. EG Nr. L 200 S. 35).

gefallen ist. [3]Bezugsgröße ist der Zinssatz für die jüngste Hauptrefinanzierungsoperation der Europäischen Zentralbank vor dem ersten Kalendertag des betreffenden Halbjahrs.
(2) Die Deutsche Bundesbank gibt den geltenden Basiszinssatz unverzüglich nach den in Absatz 1 Satz 2 genannten Zeitpunkten im Bundesanzeiger bekannt.

§ 248 Zinseszinsen

(1) Eine im Voraus getroffene Vereinbarung, dass fällige Zinsen wieder Zinsen tragen sollen, ist nichtig.
(2) [1]Sparkassen, Kreditanstalten und Inhaber von Bankgeschäften können im Voraus vereinbaren, dass nicht erhobene Zinsen von Einlagen als neue verzinsliche Einlagen gelten sollen. [2]Kreditanstalten, die berechtigt sind, für den Betrag der von ihnen gewährten Darlehen verzinsliche Schuldverschreibungen auf den Inhaber auszugeben, können sich bei solchen Darlehen die Verzinsung rückständiger Zinsen im Voraus versprechen lassen.

§ 249 Art und Umfang des Schadensersatzes

(1) Wer zum Schadensersatz verpflichtet ist, hat den Zustand herzustellen, der bestehen würde, wenn der zum Ersatz verpflichtende Umstand nicht eingetreten wäre.
(2) [1]Ist wegen Verletzung einer Person oder wegen Beschädigung einer Sache Schadensersatz zu leisten, so kann der Gläubiger statt der Herstellung den dazu erforderlichen Geldbetrag verlangen. [2]Bei der Beschädigung einer Sache schließt der nach Satz 1 erforderliche Geldbetrag die Umsatzsteuer nur mit ein, wenn und soweit sie tatsächlich angefallen ist.

§ 250 Schadensersatz in Geld nach Fristsetzung

[1]Der Gläubiger kann dem Ersatzpflichtigen zur Herstellung eine angemessene Frist mit der Erklärung bestimmen, dass er die Herstellung nach dem Ablauf der Frist ablehne. [2]Nach dem Ablauf der Frist kann der Gläubiger den Ersatz in Geld verlangen, wenn nicht die Herstellung rechtzeitig erfolgt; der Anspruch auf die Herstellung ist ausgeschlossen.

§ 251 Schadensersatz in Geld ohne Fristsetzung

(1) Soweit die Herstellung nicht möglich oder zur Entschädigung des Gläubigers nicht genügend ist, hat der Ersatzpflichtige den Gläubiger in Geld zu entschädigen.
(2) [1]Der Ersatzpflichtige kann den Gläubiger in Geld entschädigen, wenn die Herstellung nur mit unverhältnismäßigen Aufwendungen möglich ist. [2]Die aus der Heilbehandlung eines verletzten Tieres entstandenen Aufwendungen sind nicht bereits dann unverhältnismäßig, wenn sie dessen Wert erheblich übersteigen.

1 A. Muster: Schadensersatz wegen Sachbeschädigung[3]

▶ An das
Amtsgericht/Landgericht

Klage

des ■■■

– Kläger –

– Prozessbevollmächtigter: RA ■■■–

gegen

3 Zu Schadensersatz wegen Verletzungen der Person vgl Muster zu § 823.

1) den Herrn …
– Beklagter zu 1) –
2) die … Versicherungs-AG
– Beklagte zu 2) –

wegen: Schadensersatz aus Verkehrsunfall[1]

Streitwert (vorläufig): … EUR

Namens und in Vollmacht des Klägers erhebe ich Klage und kündige für die mündliche Verhandlung folgende Anträge an:

I. Die Beklagten werden als Gesamtschuldner verurteilt, an den Kläger … EUR nebst Zinsen hieraus in Höhe von 5,0 Prozentpunkten über dem Basiszinssatz seit dem …/seit Rechtshängigkeit[2] zu zahlen.

II. … ggf weitere Prozessanträge[3]

Begründung

Der Kläger ist Eigentümer und Halter des PKWs mit dem amtlichen Kennzeichen …, der Beklagte zu 1) ist Halter und Fahrer des PKWs …, dessen Haftpflichtversicherer die Beklagte zu 2) ist. Der Kläger befuhr am … die A-Straße in …, der Beklagte zu 1) befand sich mit seinem Fahrzeug unmittelbar hinter ihm. An der Kreuzung zur B-Straße, die aufgrund entsprechender Beschilderung (Zeichen 306 – Vorfahrt gewähren – auf der A-Straße und Zeichen 205 – Vorfahrtsstraße – auf der B-Straße) vorfahrtsberechtigt ist, hielt der Kläger kurz an, um auf den vorfahrtsberechtigten Verkehr zu achten. Der Beklagte zu 1), der ohne ausreichenden Sicherheitsabstand fuhr, kollidierte mit dem Fahrzeug des Klägers.

Beweis: Zeugnis des Herrn …

Der Beklagte zu 1) hat hier gegen seine Pflichten als Kraftfahrer verstoßen, für den Kläger war der Unfall dagegen unvermeidbar, so dass die Beklagten zu 1) bis 2) für den gesamten Schaden haften.[4] Dieser stellt sich wie folgt dar:

1) Durch die Kollision wurde das Fahrzeug des Klägers wie folgt beschädigt: …. Nach einem vom Kläger eingeholten Gutachten des Sachverständigen … verursacht eine Reparatur Kosten in Höhe von 3.000,00 EUR brutto, während das Fahrzeug im unbeschädigten Zustand 10.000,00 EUR wert ist.
   Beweis: Gutachten des Sachverständigen … in Kopie; Einholung eines gerichtlichen Sachverständigengutachtens.
   Der Kläger macht daher die Reparaturkosten[5] in dieser Höhe geltend, da er die Reparatur hat durchführen lassen.[6]
   Beweis: Ergänzungsgutachten des Sachverständigen … in Kopie; Einholung eines gerichtlichen Sachverständigengutachtens.
2) Die Gutachten des Sachverständigen verursachten Kosten[7] in Höhe von … EUR, die der Kläger bereits beglichen hat.
   Beweis: Rechnung des Sachverständigen vom … nebst Quittung in Kopie.
3) Die Behebung der Schäden dauerte vom … bis zum …, mithin … Tage. Für diese Zeit macht er eine Nutzungsentschädigung[8] geltend, die er mit … EUR bemisst. Der Kläger war in dieser Zeit auf das Fahrzeug angewiesen, da ihm bzw seiner Familie sonst kein Fahrzeug zur Verfügung steht.
4) Auch nach Behebung der Schäden verbleibt an dem zum Unfallzeitpunkt … Jahre alten und seit … auf den Kläger zugelassenen Fahrzeug (Laufleistung bis dahin: …) eine Wertminderung. Diese ist aufgrund des Verhältnisses von Wiederbeschaffungskosten und Restwert mit … EUR zu bemessen.[9]
   Beweis: Ablichtung der Zulassungsbescheinigung II[10] in Kopie; Sachverständigengutachten.

5) Dem Kläger steht weiter als pauschale Abgeltung seines Aufwands bei der Abwicklung des Unfalls (u.a. Telefon- und Portokosten) ein Betrag von 25,00 EUR zu.[11]

Insgesamt ergibt sich damit ein Betrag von ■■■, der mit Schreiben vom ■■■ bei der Beklagten zu 2) geltend gemacht wurde, die jedoch mit Schreiben vom ■■■ eine Regulierung verweigert hat.

Beweis: Ablichtung der Schreiben vom ■■■ und ■■■ in Kopie.

Daneben haften die Beklagten zu 1) bis 2) als Gesamtschuldner für die vorgerichtlichen Kosten der anwaltlichen Tätigkeit, die ■■■ EUR ausmachen.[12]

Damit ergibt sich ein Gesamtanspruch in Höhe von ■■■ EUR.

Die Zinspflicht folgt aus ■■■.

■■■

Rechtsanwalt ◄

B. Erläuterungen

2 [1] **Angabe des Streitgegenstands.** Eine – nach § 130 Nr. 1 ZPO nicht zwingende – kurze Angabe des Streitgegenstands empfiehlt sich im Hinblick auf eine möglicherweise in der Geschäftsverteilung des Gerichts vorgesehene Bildung von Spezialkammern.

3 [2] Zu **Zinsanträgen** vgl Muster zu § 288.

4 [3] **Nebenanträge.** Zu den prozessualen Nebenanträgen (zB § 331 Abs. 3 S. 1 ZPO: Erlass eines Versäumnisurteils im schriftlichen Verfahren) bzw für die Zwangsvollstreckung relevanten Anträgen vgl GF-ZPO/*Pukall*, § 253 ZPO Rn 92 ff.

5 [4] **Kreuzungszusammenstöße.** Bei typischen **Auffahrunfällen** haftet der Auffahrende idR zu 100 % (zu entsprechendem Anscheinsbeweis Geigel/*Zieres*, Kapitel 27, Rn 146). Voraussetzung ist, dass es sich um einen typischen Auffahrunfall, also mit (Teil-) Überdeckung von Heck und Front handelt (KG NZV 2008, 197; dazu auch *Fetzer*, MDR 2009, 602). Die unmittelbare Haftung der Haftpflichtversicherung folgt aus §§ 1 PflVG, 115 VVG.

6 [5] Die **Abrechnung** auf Basis der **tatsächlichen Reparaturkosten** setzt im Grundsatz voraus, dass diese den Wiederbeschaffungswert nicht übersteigen. Liegen die Kosten um bis zu 30 % darüber und nutzt der Geschädigte das Fahrzeug (mindestens sechs Monate) weiter, so sind auch diese Kosten erstattungsfähig (sog. **Integritätszuschlag**, BGH NJW 2008, 437 sowie Hk-BGB/*Schulze*, § 249 BGB Rn 10). Im Falle einer solchen Weiternutzung kann der Geschädigte die Kosten bis zu 130 % des Wiederbeschaffungswerts auch dann geltend machen, wenn er das Fahrzeug nicht bzw. nicht vollständig repariert (BGH NJW 2006, 2179). Dabei wird der Anspruch aber sofort fällig, nicht erst nach Ablauf dieser Frist (BGH NJW 2009, 910). Zur Frage des – den Schädiger treffenden – Prognoserisikos bei höheren Kosten vgl Palandt/*Grüneberg*, § 249 BGB Rn 13. Zur Notwendigkeit des Nachweises der Reparatur siehe Rn 11. Liegen die voraussichtlichen Kosten dagegen um mehr als 30 % über dem Wiederbeschaffungswert oder wird das Fahrzeug vor Ablauf der Frist veräußert, kann der Geschädigte nur den Wiederbeschaffungsaufwand (Wiederbeschaffungswert abzüglich Restwert) verlangen. Zu den Kosten gehören auch die des **Transports des Fahrzeugs** von der Unfallstelle zur Werkstatt (jedenfalls bis zur nächsten zumutbaren Werkstatt, Geigel/*Knerr*, Kapitel 3, Rn 105).

7 Hat der Geschädigte das Fahrzeug reparieren lassen, kann er die gezahlte **Umsatzsteuer** verlangen, nicht aber, wenn ohne Reparatur allein auf Basis des Gutachtens abgerechnet wird (§ 249 Abs. 2 S. 2). Zur Frage, inwieweit bei einer Abrechung auf Gutachten-Basis die Mehrwertsteuer zu berücksichtigen ist, vgl BGH NJW 2004, 2220 und *Martis/Enslin*, MDR 2008, 117.

8 Kann der Geschädigte die Kosten der Reparatur nicht finanzieren und nimmt deshalb einen **Kredit** auf, so sind dessen Kosten ersatzfähig, wenn der Geschädigte vorher den Schädiger (oder

die Versicherung) auf seinen Geldbedarf hinweist und die **Gelegenheit zur Zahlung** eines **Vorschusses** gibt.

Immer dann, wenn die Kosten der Reparatur über den in Rn 6 dargestellten Grenzen liegen, ist eine Abrechnung auf **Totalschaden-Basis** geboten. In diesem Fall hat der Geschädigte Anspruch auf Ersatz des Wiederbeschaffungswerts abzüglich des Restwerts (sog. Wiederbeschaffungsaufwand). Ausgangspunkt für beide Werte ist idR das vom Geschädigten eingeholte Gutachten eines Sachverständigen. Hat der Geschädigte bei der Verwertung des Fahrzeugs den vom Sachverständigen ermittelten **Restwert** erzielt, obliegt dem Schädiger der Nachweis einer besseren Verwertungsmöglichkeit (BGH NJW 2005, 3134). Dabei ist der Restwert zugrunde zu legen, der dem **Markt entspricht**, der dem Geschädigten zugänglich ist (also zB nicht besondere Restwertbörsen im Internet, BGH NJW 2009, 1265); etwas anderes kann sich ergeben, wenn der Schädiger (bzw in der Praxis seine Haftpflichtversicherung) eine andere, sofort nutzbare Verwertungsmöglichkeit anbietet (allerdings vor Verwertung durch den Geschädigten selbst, vgl BGH NJW 2000, 800). Bei Beschaffung eines neuen Fahrzeugs sind auch – tatsächlich entstandene – **An- und Abmeldekosten** sowie **Verschrottungskosten** ersatzfähig. 9

Zur Abrechnung eines Schadens bei einem **Neuwagen** vgl Hk-BGB/*Schulze*, § 249 Rn 11 und Palandt/*Grüneberg*, § 249 Rn 17. 10

[6] **Durchführung der Reparatur.** Die Abrechnung auf Reparaturkostenbasis setzt jedenfalls dann, wenn der Integritäts-Zuschlag in Anspruch genommen wird oder bis zur Grenze des Wiederbeschaffungswerts Kosten der Reparatur anfallen, voraus, dass diese **fachmännisch durchgeführt** werden (BGH NJW 2008, 437). Der schlüssige Vortrag dazu kann zunächst anhand einer Ergänzungsbegutachtung durch den Sachverständigen erfolgen. Nicht erforderlich ist, dass die Reparatur in einer Fachwerkstatt vorgenommen wurde. 11

[7] Der Geschädigte darf sich bei der Abwicklung des Unfalls eines **Sachverständigen** bedienen, sofern dessen Kosten nicht unverhältnismäßig sind, was (auch) anhand der Kosten der Schadensbeseitigung bestimmt werden kann (BGH NJW 2005, 356: jedenfalls bei mehr als 700,00 EUR Schadensbetrag nicht unverhältnismäßig). In diesem Fall sind die Kosten zu erstatten, wobei str ist, auf welcher Grundlage diese zu bestimmen sind bzw vom Sachverständigen angesetzt werden können (BGH NZV 2007, 455: Basis können die geschätzten Reparaturkosten sein; vgl Geigel/*Knerr*, Kapitel 3, Rn 120 mwN). 12

Hat der Geschädigte die Kosten des Sachverständigen (noch) nicht bezahlt, kommt ein **Freistellungsanspruch** in Betracht (vgl Muster zu § 257). Sofern, was in der Praxis die Regel ist, zwischen dem Geschädigten und dem Sachverständigen eine Abtretung des Schadensersatzanspruchs in Höhe der Gutachtenkosten vereinbart wurde, dürfte eine stillschweigende Rückabtretung in Betracht kommen bei Zahlung durch den Geschädigten. Ansonsten bedarf es einer Ermächtigung durch den Sachverständigen zur Geltendmachung oder einer ausdrücklichen Rückabtretung. 13

[8] **Nutzungsausfall.** Für die Zeit der Reparatur – oder einer Neubeschaffung bei Totalschaden (dazu Rn 9) – kann der Geschädigte, der kein Ersatzfahrzeug anmietet, Ersatz des Nutzungsausfalls nach § 251 verlangen, sofern er Nutzungswillen hat (BGH NJW 2008, 915), was darzulegen ist. Daneben muss der Geschädigte die Fähigkeit zur Nutzung haben, was bei schweren Verletzungen ausscheiden dürfte (sofern nicht Angehörige das Fahrzeug benutzen dürfen, OLG Koblenz NJW-RR 2004, 747). Die Dauer des Anspruchs richtet sich nach dem **tatsächlichen Zeitbedarf** für die Reparatur, die Höhe ergibt sich bei **privat genutzten Fahrzeugen** in der Praxis aus der Tabelle *Sanden/Danner/Küppersbusch*, die regelmäßig der NJW beiliegt. Bei **gewerblich genutzten Fahrzeugen** ist auf den mit der Nutzung des Fahrzeugs zu erzielenden Gewinn abzustellen, wobei der Geschädigte auch die Kosten eines Ersatzfahrzeugs oder die Kosten für die Vorhaltung von Reservefahrzeugen verlangen kann; allerdings scheidet insofern eine fiktive Berechnung aus (zu Einzelheiten Geigel/*Knerr*, Kapitel 3, Rn 102). 14

15 Entschließt sich der Geschädigte, ein **Ersatzfahrzeug anzumieten**, kann er die entsprechenden Kosten geltend machen, wenn diese angemessen sind. Dabei hat er grundsätzlich zum sog. **Normaltarif** anzumieten, der besondere (höhere) Unfallersatztarif ist jedenfalls dann erstattungsfähig, wenn der Geschädigte (BGH NZV 2008, 339) nachweisen kann, dass ihm nur dieser zugänglich war (zu den Anforderungen BGH NJW-RR 2009, 318). Gegebenenfalls (insbesondere bei auffällig hohen Mietpreisen) ist der Geschädigte gehalten, Vergleichsangebote einzuholen (BGH, aaO), was er dokumentieren sollte. Vgl dazu insgesamt Geigel/*Knerr*, 3. Kapitel, Rn 75 mwN.

16 Im Hinblick auf die bei Anmietung eines Ersatzfahrzeugs abzuziehenden **ersparten Aufwendungen** wird idR ausreichend sein, ein Fahrzeug einer niedrigeren Klasse anzumieten.

17 [9] Die Geltendmachung eines auch nach der Reparatur verbleibenden **merkantilen Minderwerts** setzt voraus, dass das Fahrzeug auch nach der Reparatur allein aufgrund des Unfalls im Markt als geringwertiger angesehen wird. Die Bemessung des Minderwerts orientiert sich idR an einem Vergleich zwischen Wiederbeschaffungswert und Reparaturkosten und soll bei hohem Alter/Laufleistung entfallen (vgl Palandt/*Grüneberg*, § 251 Rn 16 f). Insofern handelt es sich jeweils um Schätzungen, auf die § 287 ZPO Anwendung findet (BGH NJW 2005, 277, der feste Grenzen verneint). Im Zweifel ist hier Einholung eines Gutachtens erforderlich, wobei der Geschädigte die **Anknüpfungstatsachen** (u.a. Laufleistung und Alter) vortragen muss.

18 [10] **Nachweis der Abmeldung.** Vgl hierzu § 12 Fahrzeug-Zulassungsverordnung.

19 [11] **Nebenkosten.** In der Praxis werden hier – je nach Bezirk – Beträge zwischen 20 und 30 EUR zugesprochen.

20 [12] Die **Kosten** einer **anwaltlichen Beratung** sind zu erstatten, sofern die Einschaltung eines Rechtsanwalts zweckmäßig und erforderlich ist (BGH NJW 1995, 446). Diese Kosten sind dann Teil des Schadensersatzanspruchs, Verzug ist insofern nicht erforderlich. Eine anwaltliche Tätigkeit ist nur dann nicht erforderlich, wenn es sich um einen einfachen Fall mit klarer Sach- und Rechtslage handelt (vgl Geigel/*Knerr*, Kapitel 3, Rn 115 mwN).

21 Die **Höhe der Kosten** ergibt sich v. a. aus VV-RVG Nr. 2200 (1,3 Gebühr bei durchschnittlichem Unfall angemessen, BGH NJW-RR 2007, 420). Zur **Anrechnung** der vorgerichtlichen Gebühren vgl § 15 a RVG (dazu *Fölsch*, MDR 2009, 1137, auch zur Rückwirkungs-Problematik).

§ 252 Entgangener Gewinn

[1]Der zu ersetzende Schaden umfasst auch den entgangenen Gewinn. [2]Als entgangen gilt der Gewinn, welcher nach dem gewöhnlichen Lauf der Dinge oder nach den besonderen Umständen, insbesondere nach den getroffenen Anstalten und Vorkehrungen, mit Wahrscheinlichkeit erwartet werden konnte.

1 Vgl Muster zu § 288 Rn 9.

§ 253 Immaterieller Schaden

(1) Wegen eines Schadens, der nicht Vermögensschaden ist, kann Entschädigung in Geld nur in den durch das Gesetz bestimmten Fällen gefordert werden.
(2) Ist wegen einer Verletzung des Körpers, der Gesundheit, der Freiheit oder der sexuellen Selbstbestimmung Schadensersatz zu leisten, kann auch wegen des Schadens, der nicht Vermögensschaden ist, eine billige Entschädigung in Geld gefordert werden.

1 Zur Darstellung eines Schmerzensgeldanspruchs vgl Muster zu § 823.

§ 254 Mitverschulden

(1) Hat bei der Entstehung des Schadens ein Verschulden des Beschädigten mitgewirkt, so hängt die Verpflichtung zum Ersatz sowie der Umfang des zu leistenden Ersatzes von den Umständen, insbesondere davon ab, inwieweit der Schaden vorwiegend von dem einen oder dem anderen Teil verursacht worden ist.
(2) [1]Dies gilt auch dann, wenn sich das Verschulden des Beschädigten darauf beschränkt, dass er unterlassen hat, den Schuldner auf die Gefahr eines ungewöhnlich hohen Schadens aufmerksam zu machen, die der Schuldner weder kannte noch kennen musste, oder dass er unterlassen hat, den Schaden abzuwenden oder zu mindern. [2]Die Vorschrift des § 278 findet entsprechende Anwendung.

§ 255 Abtretung der Ersatzansprüche

Wer für den Verlust einer Sache oder eines Rechts Schadensersatz zu leisten hat, ist zum Ersatz nur gegen Abtretung der Ansprüche verpflichtet, die dem Ersatzberechtigten auf Grund des Eigentums an der Sache oder auf Grund des Rechts gegen Dritte zustehen.

§ 256 Verzinsung von Aufwendungen

[1]Wer zum Ersatz von Aufwendungen verpflichtet ist, hat den aufgewendeten Betrag oder, wenn andere Gegenstände als Geld aufgewendet worden sind, den als Ersatz ihres Wertes zu zahlenden Betrag von der Zeit der Aufwendung an zu verzinsen. [2]Sind Aufwendungen auf einen Gegenstand gemacht worden, der dem Ersatzpflichtigen herauszugeben ist, so sind Zinsen für die Zeit, für welche dem Ersatzberechtigten die Nutzungen oder die Früchte des Gegenstands ohne Vergütung verbleiben, nicht zu entrichten.

§ 257 Befreiungsanspruch

[1]Wer berechtigt ist, Ersatz für Aufwendungen zu verlangen, die er für einen bestimmten Zweck macht, kann, wenn er für diesen Zweck eine Verbindlichkeit eingeht, Befreiung von der Verbindlichkeit verlangen. [2]Ist die Verbindlichkeit noch nicht fällig, so kann ihm der Ersatzpflichtige, statt ihn zu befreien, Sicherheit leisten.

A. Muster: Klage auf Befreiung von einer Verbindlichkeit[4] 1

▶ Der Beklagte wird verurteilt, den Kläger von dem Zahlungsanspruch des ... in Höhe von ... nebst Zinsen in Höhe von ... aus dem ärztlichen Behandlungsvertrag vom ... freizustellen.[1], [2] ◀

B. Erläuterungen und Varianten

[1] Voraussetzungen des Befreiungsanspruchs. Unmittelbare Voraussetzung eines Anspruchs aus § 257 ist ein Aufwendungsersatzanspruch (zB aus §§ 284, 670, 683, 775; zu weiteren Fällen vgl Hk-BGB/*Schulze*, § 257 Rn 2), allerdings findet die Norm daneben auch Anwendung bei einem Schadensersatzanspruch, sofern der Geschädigte noch keine Zahlung an den Gläubiger (hier: Arzt, aber auch zB Kosten eines Rechtsanwalts) geleistet hat. Diese Grundsätze gelten ferner bei der Freistellung eines Arbeitnehmers gegenüber Ansprüchen eines Dritten durch den Arbeitgeber (BAG AP § 611 BGB Haftung des Arbeitsnehmers Nr. 94). Auch kann bei einem Ausgleichsanspruch unter Gesamtschuldnern nach § 426 Abs. 1 S. 1 Freistellung bereits ab Entstehen des Gesamtschuldverhältnisses verlangt werden (BGH NJW-RR 2008, 256; zur Fälligkeit eines solchen Anspruchs vgl Staudinger/*Bittner*, § 257 Rn 26). 2

Der **Antrag** ist nur dann zulässig, wenn **genau bestimmt** ist, von welcher Forderung freizustellen ist (nach Grund und, sofern möglich, Höhe, vgl BGH NJW 1996, 2725). 3

4 Für das Muster einer Klage siehe GF-ZPO/*Pukall*, § 253 Rn 2.

Freistellung im **Arbeitsverhältnis:**

▶ Der Beklagte wird verurteilt, den Kläger von den Schadensersatzansprüchen (nebst Kosten) freizustellen, die Herr ▪▪▪ aufgrund des Vorfalls vom ▪▪▪, bei dem das im Eigentum des Herrn ▪▪▪ stehende Fahrzeug durch die Kollision mit dem vom Kläger geführten Pkw, amtl. Kennzeichen ▪▪▪, beschädigt wurde, geltend macht. ◀

Freistellung aus einer **Rechtsschutzversicherung:**

▶ Die Beklagte wird verurteilt, den Kläger von den Kosten des Verfahrens Az.: ▪▪▪ vor dem ▪▪▪ freizustellen. ◀

4 Ist der Anspruch, von dem befreit werden soll, noch nicht fällig bzw hinreichend bestimmbar (dazu BGH NJW 1996, 2725), kommt ein **Feststellungsantrag** in Betracht:

▶ Es wird festgestellt, dass der Beklagte verpflichtet ist, den Kläger von allen Ansprüchen freizustellen, die aufgrund des Ereignisses vom ▪▪▪ in ▪▪▪ gegen ihn geltend gemacht werden. ◀

5 Besteht die Aufwendung iSv § 257 S. 1 in der **Eingehung einer Verbindlichkeit** und ist diese noch nicht fällig, kann nach § 257 S. 2 Sicherheit geleistet werden (dazu Hk-BGB/*Schulze*, § 257, Rn 5).

6 Der Anspruch auf Freistellung ist nicht unmittelbar auf Zahlung gerichtet, vielmehr hat der **Schuldner** die **Wahl**, wie er die Befreiung des Gläubigers erreicht (zB Zahlung an den Dritten, befreiende Schuldübernahme nach § 414). Hat der Gläubiger selbst die Befreiung bewirkt (zB durch eigene Zahlung an den Dritten, dem ein Anspruch tatsächlich zustand), besteht ein direkter Zahlungsanspruch (vgl BGH NJW 2002, 2382 auch zu dem Fall der unberechtigten Zahlung). Vollstreckt wird der Befreiungsanspruch nach § 887 ZPO (BGH NJW 1996, 2725; Hk-BGB/*Schulze*, § 257 Rn 6), wobei § 887 Abs. 2 ZPO die Möglichkeit eines Vorschusses vorsieht.

7 [2] Der Befreiungsanspruch kann **nicht abgetreten/verpfändet oder gepfändet** werden, da er an die Person des Gläubigers geknüpft ist (*Staudinger/Bittner*, § 257 Rn 11), allerdings kann dieser den Anspruch unmittelbar an den Dritten, der die Verbindlichkeit geltend macht, übertragen bzw für diesen gepfändet werden (BGH NJW 1994, 49) mit der Folge, dass dieser nunmehr unmittelbar Zahlung verlangen kann. Für den Befreiungsanspruch gilt in der **Insolvenz des Verpflichteten** nach wohl hM § 45 InsO (vgl BGH NJW 2005, 3285).

§ 258 Wegnahmerecht

[1]Wer berechtigt ist, von einer Sache, die er einem anderen herauszugeben hat, eine Einrichtung wegzunehmen, hat im Falle der Wegnahme die Sache auf seine Kosten in den vorigen Stand zu setzen. [2]Erlangt der andere den Besitz der Sache, so ist er verpflichtet, die Wegnahme der Einrichtung zu gestatten; er kann die Gestattung verweigern, bis ihm für den mit der Wegnahme verbundenen Schaden Sicherheit geleistet wird.

§ 259 Umfang der Rechenschaftspflicht

(1) Wer verpflichtet ist, über eine mit Einnahmen oder Ausgaben verbundene Verwaltung Rechenschaft abzulegen, hat dem Berechtigten eine die geordnete Zusammenstellung der Einnahmen oder der Ausgaben enthaltende Rechnung mitzuteilen und, soweit Belege erteilt zu werden pflegen, Belege vorzulegen.
(2) Besteht Grund zu der Annahme, dass die in der Rechnung enthaltenen Angaben über die Einnahmen nicht mit der erforderlichen Sorgfalt gemacht worden sind, so hat der Verpflichtete auf Verlangen zu Protokoll an Eides statt zu versichern, dass er nach bestem Wissen die Einnahmen so vollständig angegeben habe, als er dazu imstande sei.
(3) In Angelegenheiten von geringer Bedeutung besteht eine Verpflichtung zur Abgabe der eidesstattlichen Versicherung nicht.

§ 260 Pflichten bei Herausgabe oder Auskunft über Inbegriff von Gegenständen

(1) Wer verpflichtet ist, einen Inbegriff von Gegenständen herauszugeben oder über den Bestand eines solchen Inbegriffs Auskunft zu erteilen, hat dem Berechtigten ein Verzeichnis des Bestands vorzulegen.
(2) Besteht Grund zu der Annahme, dass das Verzeichnis nicht mit der erforderlichen Sorgfalt aufgestellt worden ist, so hat der Verpflichtete auf Verlangen zu Protokoll an Eides statt zu versichern, dass er nach bestem Wissen den Bestand so vollständig angegeben habe, als er dazu imstande sei.
(3) Die Vorschrift des § 259 Abs. 3 findet Anwendung.

§ 261 Änderung der eidesstattlichen Versicherung; Kosten

(1) Das Gericht kann eine den Umständen entsprechende Änderung der eidesstattlichen Versicherung beschließen.
(2) Die Kosten der Abnahme der eidesstattlichen Versicherung hat derjenige zu tragen, welcher die Abgabe der Versicherung verlangt.

A. Muster: Stufenklage 1

▶ An das 117

Amtsgericht/Landgericht

Stufenklage[1]

des ■■■

– Kläger –

– Prozessbevollmächtigter: RA ■■■ –

gegen

den Rechtsanwalt ■■■

– Beklagter –

wegen: Auskunft und Zahlung

Streitwert (vorläufig): ■■■ EUR[2]

Namens und in Vollmacht des Klägers erhebe ich Klage und kündige für die mündliche Verhandlung folgende Anträge[3] an:

I. Der Beklagte wird verurteilt, dem Kläger darüber Auskunft zu erteilen, welche Zahlungen er von der ■■■-Versicherungs AG im Hinblick auf die Beauftragung durch den Kläger wegen der Abwicklung des Unfalls am ■■■ in ■■■ erhalten hat.[4]

II. Der Beklagte wird verurteilt, gegebenenfalls die Richtigkeit und Vollständigkeit der Angaben an Eides Statt zu versichern.[5]

III. Der Beklagte wird verurteilt, den sich aus der Auskunft ergebenden Betrag nebst Zinsen in Höhe von 5,0 Prozentpunkten über dem Basiszinssatz seit Rechtshängigkeit zu zahlen.[6]

IV. ■■■ ggf weitere Prozessanträge[7]

Begründung

Der Kläger war am ■■■ Opfer eines Verkehrsunfalls in ■■■. Unter dem ■■■ beauftragte er den Beklagten mit seiner Vertretung gegenüber der Haftpflichtversicherung des Schädigers, der ■■■-Versicherungs AG.

Beweis: Vollmacht vom ■■■ in Kopie.

In der Folgezeit kam es zu einer umfangreichen Korrespondenz des Beklagten mit der Versicherung, wobei die volle Haftung des Schädigers und damit die Einstandspflicht der Versicherung nicht im Streit standen. Diese weigerte sich jedoch, alle vom Kläger bzw für ihn vom Beklagten geltend gemachten Schadenspositionen auszugleichen, da sie diese teilweise nach Grund und Höhe bestritt.

Beweis: Schreiben des Beklagten an die Versicherung vom ■■■ sowie Antwort der Versicherung vom ■■■ in Kopie.

Der Beklagte leitete dem Kläger ursprünglich jeweils Abschriften seiner Schreiben sowie der Antwortschreiben der Versicherung zu, vor ca. sechs Monaten erhielt der Kläger letztmals eine entsprechende Nachricht. Auf verschiedene Nachfragen durch den Kläger selbst sowie den Unterzeichner, der in der Folge vom Kläger mandatiert wurde, erfolgte jedoch keine Mitteilung des Sachstands mehr. Die ■■■-Versicherungs AG erklärte gegenüber dem Unterzeichner, dass sie die Ansprüche aus ihrer Sicht abschließend befriedigt habe und verwies im Übrigen an den Beklagten.

Beweis: Schreiben der ■■■-Versicherungs AG vom ■■■ in Kopie.

Da der Beklagte auch weiterhin keine Angaben zu den erhaltenen Zahlungen macht, ist nunmehr Klage geboten. Die Auskunftspflicht des Beklagten ergibt sich aus §§ 675 Abs. 1, 666 BGB.[8] Der Kläger behält sich vor, nach Erhalt der Auskunft den Antrag aus § 259 Abs. 2 BGB zu stellen bzw die Zahlungsforderung zu beziffern.

■■■

Rechtsanwalt ◀

B. Erläuterungen und Varianten

2 [1] Zur **Stufenklage** vergleiche GF-ZPO/*Siebert*, § 254 Rn 2 f. Mit dieser werden Ansprüche auf Auskunft/Rechnungslegung, Abgabe der eidesstattlichen Versicherung und schließlich Zahlung zeitgleich rechtshängig gemacht. Da es sich bei den beiden erstgenannten Ansprüche nur um Hilfsansprüche des späteren Zahlungsantrags handelt, setzt die Klage insgesamt einen Zahlungs-/Leistungsanspruch voraus. Fehlt ein solcher, ist die Klage bereits auf der ersten Stufe insgesamt abzuweisen (Hk-ZPO/*Saenger*, § 254 ZPO Rn 14)). Da bei der Stufenklage die Möglichkeit eines – zunächst – unbezifferten Zahlungsantrags besteht, ist, außer im Bereich des gewerblichen Rechtsschutzes (BGH NJW 2003, 3274), eine mit einer Auskunftsklage kombinierte Feststellungsklage hinsichtlich der Leistungspflicht unzulässig (BGH NJW 1996, 2097).

3 [2] Nach § 5 ZPO werden für den die **Zuständigkeit des Gerichts** bestimmenden Streitwert der jeweilige Wert aller Anträge addiert, wobei für den Auskunftsantrag etwa 25 % des Leistungsantrags (je nach Bedeutung der Auskunft für die Bezifferung; gegebenenfalls auch mehr, wenn ohne die Auskunft der Leistungsantrag überhaupt nicht beziffert werden kann) und für den Antrag auf Abgabe der eidesstattlichen Versicherung etwa die Hälfte des Werts der ersten Stufe (abhängig von dem Interesse des Klägers an einer zusätzlichen Sicherheit der Auskunft) anzusetzen sind (vgl *Hartmann*, Kostengesetze, § 44 GKG Rn 6).

4 Der **Gebührenstreitwert** richtet sich nach dem höchsten in der Klage geltend gemachten Anspruch (§ 44 GKG), was regelmäßig der Leistungsantrag sein dürfte. Dabei kommt es auf die Vorstellungen des Klägers zum Zeitpunkt der Klageerhebung an, eine spätere Minderung – uU aufgrund der erteilten Auskunft – bleibt ohne Berücksichtigung. Der für die anwaltliche Verfahrensgebühr (VV RVG Nr. 3100) maßgebliche Wert entspricht dem nach § 44 GKG relevanten Betrag, der für die Terminsgebühr entscheidende Wert ergibt sich entsprechend der Verfahrensstufe, in der der Gebührentatbestand erfüllt wird, wobei die Gebühren aber insgesamt nur einmal anfallen (Hk-ZPO/*Saenger*, § 254 ZPO Rn 26). Diese Grundsätze gelten auch dann, wenn es nicht zu einer Verhandlung über alle Stufen kommt (sog. **steckengebliebene Stufenklage**, vgl OLG Karlsruhe FamRZ 2008, 1205, str).

[3] Mit Klageerhebung werden **alle Ansprüche rechtshängig**, eine Entscheidung und damit Antragstellung erfolgt jedoch für jede Stufe getrennt (Teilurteil). Dadurch wird auch die Verjährung für den Zahlungsanspruch gehemmt, während ein reiner Auskunftsantrag – ohne Stufenklage – diesbezüglich nicht zu einer Hemmung führt (BAG NJW 1996, 1693; auch zu der Frage, dass bei Verjährung des Leistungsanspruchs kein Auskunftsanspruch (mehr) besteht). 5

[4] **Auskunftspflichten** ergeben sich aus dem jeweiligen **materiellen Recht** (zB §§ 666, 681 S. 2, 2314; §§ 74 c Abs. 2, 87 c Abs. 3 HGB; § 31 VVG; zu weiteren Auskunftspflichten vgl Hk-BGB/*Schulze*, §§ 259–261 Rn 1; Formulierungsvorschläge für Anträge bei GF-ZPO/*Siebert*, § 254 Rn 11), ansonsten in besonderen Fällen aus § 242 (BGH NJW 2002, 2475: wenn der Berechtigte ohne eigenes Verschulden Bestehen/Umfang des Anspruchs nicht kennt, der Verpflichtete aber unschwer Auskunft geben kann). Die **Vollstreckung** des Auskunftsanspruchs erfolgt nach § 888 ZPO. 6

Hat der Verpflichtete – vor oder während des Rechtsstreits – eine Auskunft erteilt und ist diese formell ordnungsgemäß und vollständig, besteht kein Auskunftsanspruch mehr. Dies gilt auch, wenn die **Auskunft unrichtig** ist, hier ist dann der **Antrag auf Abgabe der eidesstattlichen Versicherung** zu stellen und in diesem Zusammenhang die Richtigkeit der Angaben zu prüfen. Nur dann, wenn die Auskunft nicht idS ordnungsgemäß ist, kann Ergänzung begehrt werden (vgl MK-BGB/*Krüger*, § 260 Rn 43 f). Ob jeweils eine „nur" unrichtige oder eine „noch" unvollständige Auskunft vorliegt, ist jeweils im Einzelfall zu klären (vgl Hk-BGB/*Schulze*, § 259–261 Rn 8). 7

Statt bzw neben der Auskunft kann der Berechtigte in besondere Fällen **Rechenschaftslegung** verlangen (zB §§ 666, 675; § 87 c Abs. 2 HGB; vgl auch Hk-BGB/*Schulze*, §§ 259–261 Rn 2). In diesen Fällen sind entsprechend § 259 eine Aufstellung der Einnahmen/Ausgaben zu erstellen sowie gegebenenfalls Belege vorzulegen. Antrag auf Rechenschaftslegung nach § 713: 8

► Der Beklagte wird verurteilt, dem Kläger Rechenschaft zu legen über die Führung der Geschäfte der ... GbR. ◄

Besteht die Auskunftspflicht bezüglich eines **Inbegriffs von Gegenständen** (praktisch bedeutsam: Bestand des Nachlasses iR eines Pflichtteilanspruchs, § 2314), hat der Verpflichtete eine (schriftliche, aber nicht notwendig unterschriebene, BGH NJW 2008, 917) Übersicht von Aktiva und Passiva zu erstellen (§ 260): 9

► Der Beklagte wird verurteilt, dem Kläger ein Bestandsverzeichnis über den Nachlass des am ... verstorbenen ... vorzulegen. ◄

[5] Voraussetzung für den Anspruch auf **Abgabe der eidesstattlichen Versicherung** ist, dass zu besorgen ist, dass die Angaben nicht mit der erforderlichen Sorgfalt gemacht wurden (§§ 259 Abs. 2, 260 Abs. 2) und dass es sich nicht um eine Angelegenheit von geringer Bedeutung handelt (§§ 259 Abs. 3, 260 Abs. 3). Die Annahme mangelnder Sorgfalt bzw einer Unrichtigkeit kann sich aus einer Gesamtschau aller Umstände ergeben, die Beweislast für die entsprechenden Tatsachen liegt beim Gläubiger. 10

Die eidesstattliche Versicherung ist durch den Verpflichteten (bei juristischen Personen dem Vertretungsberechtigten) persönlich abzugeben, eine Vertretung ist ausgeschlossen. Die **Vollstreckung** erfolgt nach § 889 ZPO. 11

[6] Die **Bezifferung des Zahlungsantrags** erfolgt idR erst nach Abschluss der vorherigen Stufen. Ergibt sich nach der Auskunft, dass kein Zahlungsanspruch (mehr) besteht, scheidet die Feststellung einer Erledigung iS einer einseitigen Erledigungserklärung aus, da die Klage von vornherein unbegründet war (BGH NJW 1994, 2895). Schließt sich der Beklagte der Erledigungserklärung nicht an und will der Kläger die Klage – schon aus Kostengründen (§ 269 Abs. 3 S. 2 ZPO) – nicht zurücknehmen, kann er, wenn ihm ein Schadensersatzanspruch wegen einer 12

verspäteten Auskunftserteilung zusteht, die **Klage** dahingehend **umstellen**, dass ihm ein entsprechender **Kostenerstattungsanspruch** zusteht (BGH NJW 1994, 2895):

▶ Es wird festgestellt, dass der Beklagte verpflichtet ist, dem Kläger die Kosten zu erstatten, die durch die ursprünglich erhobenen Klageanträge, sofern diese noch nicht beschieden sind, entstanden sind. ◀

13 Der **Zahlungsantrag** kann auch in der Form angekündigt werden, dass bereits bei Klageerhebung ein **Mindestschaden** dargelegt wird, dessen Höhe von der zu erteilenden Auskunft unabhängig ist. In diesem Fall liegt nur hinsichtlich des noch nicht bezifferten Betrags eine Stufenklage vor (BGH NJW-RR 2003, 68; näher Hk-ZPO/*Saenger*, § 254 ZPO Rn 10):

▶ Der Beklagte wird verurteilt, den sich aus der Auskunft ergebenden Betrag, mindestens aber einen Betrag von ..., jeweils nebst Zinsen in Höhe von 5,0 Prozentpunkten über dem Basiszinssatz seit Rechtshängigkeit zu zahlen. ◀

14 Statt eines Zahlungsantrags kommt auch ein anderer **Leistungsantrag** in Betracht (zB Herausgabe; zu weiteren Fällen GF-ZPO/*Siebert*, § 254 ZPO Rn 25).

15 [7] Zu weiteren **Prozessanträgen** vgl GF-ZPO/*Pukall*, § 253 ZPO Rn 98 ff.

16 [8] Aus dem **anwaltlichen Geschäftsbesorgungsvertrag** ergibt sich – durch Verweis in § 675 auf § 666 – eine umfassende **Auskunfts- und Rechenschaftspflicht**, unabhängig davon, ob es sich um eine gerichtliche oder eine außergerichtliche Tätigkeit handelt (vgl KG NJW-RR 2002, 708). Daraus ergibt sich auch ein Anspruch auf Einsicht/Vorlage der Handakten des Rechtsanwalts (BGH NJW 1990, 510). Ob dann nur Auskunft oder – umfassend – Rechnungslegung gefordert wird, richtet sich nach dem Einzelfall. Die Verpflichtung des Rechtsanwalts zur Herausgabe der aus dem Mandat erlangten Zahlungen folgt jedenfalls aus § 667 (vgl *Fahrendorf*, in: Fahrendorf/Mennemeyer/Terbille, Haftung des Rechtsanwalts, Rn 656 mwN).

§ 262 Wahlschuld; Wahlrecht

Werden mehrere Leistungen in der Weise geschuldet, dass nur die eine oder die andere zu bewirken ist, so steht das Wahlrecht im Zweifel dem Schuldner zu.

§ 263 Ausübung des Wahlrechts; Wirkung

(1) Die Wahl erfolgt durch Erklärung gegenüber dem anderen Teil.
(2) Die gewählte Leistung gilt als die von Anfang an allein geschuldete.

§ 264 Verzug des Wahlberechtigten

(1) Nimmt der wahlberechtigte Schuldner die Wahl nicht vor dem Beginn der Zwangsvollstreckung vor, so kann der Gläubiger die Zwangsvollstreckung nach seiner Wahl auf die eine oder auf die andere Leistung richten; der Schuldner kann sich jedoch, solange nicht der Gläubiger die gewählte Leistung ganz oder zum Teil empfangen hat, durch eine der übrigen Leistungen von seiner Verbindlichkeit befreien.
(2) [1]Ist der wahlberechtigte Gläubiger im Verzug, so kann der Schuldner ihn unter Bestimmung einer angemessenen Frist zur Vornahme der Wahl auffordern. [2]Mit dem Ablauf der Frist geht das Wahlrecht auf den Schuldner über, wenn nicht der Gläubiger rechtzeitig die Wahl vornimmt.

§ 265 Unmöglichkeit bei Wahlschuld

[1]Ist eine der Leistungen von Anfang an unmöglich oder wird sie später unmöglich, so beschränkt sich das Schuldverhältnis auf die übrigen Leistungen. [2]Die Beschränkung tritt nicht ein, wenn die Leistung infolge eines Umstands unmöglich wird, den der nicht wahlberechtigte Teil zu vertreten hat.

§ 266 Teilleistungen

Der Schuldner ist zu Teilleistungen nicht berechtigt.

§ 267 Leistung durch Dritte

(1) [1]Hat der Schuldner nicht in Person zu leisten, so kann auch ein Dritter die Leistung bewirken. [2]Die Einwilligung des Schuldners ist nicht erforderlich.
(2) Der Gläubiger kann die Leistung ablehnen, wenn der Schuldner widerspricht.

§ 268 Ablösungsrecht des Dritten

(1) [1]Betreibt der Gläubiger die Zwangsvollstreckung in einen dem Schuldner gehörenden Gegenstand, so ist jeder, der Gefahr läuft, durch die Zwangsvollstreckung ein Recht an dem Gegenstand zu verlieren, berechtigt, den Gläubiger zu befriedigen. [2]Das gleiche Recht steht dem Besitzer einer Sache zu, wenn er Gefahr läuft, durch die Zwangsvollstreckung den Besitz zu verlieren.
(2) Die Befriedigung kann auch durch Hinterlegung oder durch Aufrechnung erfolgen.
(3) [1]Soweit der Dritte den Gläubiger befriedigt, geht die Forderung auf ihn über. [2]Der Übergang kann nicht zum Nachteil des Gläubigers geltend gemacht werden.

§ 269 Leistungsort

(1) Ist ein Ort für die Leistung weder bestimmt noch aus den Umständen, insbesondere aus der Natur des Schuldverhältnisses, zu entnehmen, so hat die Leistung an dem Orte zu erfolgen, an welchem der Schuldner zur Zeit der Entstehung des Schuldverhältnisses seinen Wohnsitz hatte.
(2) Ist die Verbindlichkeit im Gewerbebetriebe des Schuldners entstanden, so tritt, wenn der Schuldner seine gewerbliche Niederlassung an einem anderen Orte hatte, der Ort der Niederlassung an die Stelle des Wohnsitzes.
(3) Aus dem Umstand allein, dass der Schuldner die Kosten der Versendung übernommen hat, ist nicht zu entnehmen, dass der Ort, nach welchem die Versendung zu erfolgen hat, der Leistungsort sein soll.

§ 270 Zahlungsort

(1) Geld hat der Schuldner im Zweifel auf seine Gefahr und seine Kosten dem Gläubiger an dessen Wohnsitz zu übermitteln.
(2) Ist die Forderung im Gewerbebetrieb des Gläubigers entstanden, so tritt, wenn der Gläubiger seine gewerbliche Niederlassung an einem anderen Orte hat, der Ort der Niederlassung an die Stelle des Wohnsitzes.
(3) Erhöhen sich infolge einer nach der Entstehung des Schuldverhältnisses eintretenden Änderung des Wohnsitzes oder der gewerblichen Niederlassung des Gläubigers die Kosten oder die Gefahr der Übermittlung, so hat der Gläubiger im ersteren Falle die Mehrkosten, im letzteren Falle die Gefahr zu tragen.
(4) Die Vorschriften über den Leistungsort bleiben unberührt.

§ 271 Leistungszeit

(1) Ist eine Zeit für die Leistung weder bestimmt noch aus den Umständen zu entnehmen, so kann der Gläubiger die Leistung sofort verlangen, der Schuldner sie sofort bewirken.
(2) Ist eine Zeit bestimmt, so ist im Zweifel anzunehmen, dass der Gläubiger die Leistung nicht vor dieser Zeit verlangen, der Schuldner aber sie vorher bewirken kann.

§ 272 Zwischenzinsen

Bezahlt der Schuldner eine unverzinsliche Schuld vor der Fälligkeit, so ist er zu einem Abzug wegen der Zwischenzinsen nicht berechtigt.

§ 273 Zurückbehaltungsrecht

(1) Hat der Schuldner aus demselben rechtlichen Verhältnis, auf dem seine Verpflichtung beruht, einen fälligen Anspruch gegen den Gläubiger, so kann er, sofern nicht aus dem Schuldverhältnis sich ein anderes ergibt, die geschuldete Leistung verweigern, bis die ihm gebührende Leistung bewirkt wird (Zurückbehaltungsrecht).
(2) Wer zur Herausgabe eines Gegenstands verpflichtet ist, hat das gleiche Recht, wenn ihm ein fälliger Anspruch wegen Verwendungen auf den Gegenstand oder wegen eines ihm durch diesen verursachten Schadens zusteht, es sei denn, dass er den Gegenstand durch eine vorsätzlich begangene unerlaubte Handlung erlangt hat.
(3) [1]Der Gläubiger kann die Ausübung des Zurückbehaltungsrechts durch Sicherheitsleistung abwenden. [2]Die Sicherheitsleistung durch Bürgen ist ausgeschlossen.

§ 274 Wirkungen des Zurückbehaltungsrechts

(1) Gegenüber der Klage des Gläubigers hat die Geltendmachung des Zurückbehaltungsrechts nur die Wirkung, dass der Schuldner zur Leistung gegen Empfang der ihm gebührenden Leistung (Erfüllung Zug um Zug) zu verurteilen ist.

(2) Auf Grund einer solchen Verurteilung kann der Gläubiger seinen Anspruch ohne Bewirkung der ihm obliegenden Leistung im Wege der Zwangsvollstreckung verfolgen, wenn der Schuldner im Verzug der Annahme ist.

1 A. Muster: Zug um Zug Antrag[5]

▶ Der Beklagte wird verurteilt, an den Kläger ▪▪▪ EUR zu zahlen, Zug um Zug gegen Herausgabe des Pkw ▪▪▪.[1], [2], [3], [4] ◀

B. Erläuterungen und Varianten

2 [1] Hat der Beklagte bereits außergerichtlich einen Anspruch geltend gemacht, der zu dem Klageanspruch in einem **Gegenseitigkeitsverhältnis** steht, kann der Kläger bereits mit der Klage eine Zug um Zug Verurteilung begehren, da dann, wenn der Beklagte die Einrede im Prozess geltend macht, eine teilweise Klageabweisung (mit entsprechenden Kostenfolgen, siehe Rn 5) erfolgt. Die Erhebung der Einrede muss nicht ausdrücklich (zB durch einen Hilfsantrag zum Klageabweisungsantrag) erfolgen, die bloße Geltendmachung eines Zurückbehaltungsrechts ist ausreichend.

3 [2] Das Bestehen des **Zurückbehaltungsrechts** setzt eine gegenseitige Forderung (jeweils identischer Schuldner und Gläubiger) voraus, die vollwirksam und fällig ist. Daneben müssen beide Ansprüche aus demselben Rechtsverhältnis stammen (**Konnexität**), zB einem vertraglichen Verhältnis, ständigen Geschäftsbeziehungen oä (näher Hk-BGB/*Schulze*, § 273 Rn 7). Ein Synallagma wie bei § 320 ist nicht Voraussetzung. Stehen sich jeweils Zahlungsansprüche gegenüber, so ist eine Verrechnung vorzunehmen, ein Zurückbehaltungsrecht scheidet idR aus (BGH NJW 2000, 278).

4 **Besondere Formen** des Zurückbehaltungsrechts sehen § 1000 (hier keine Fälligkeit der Gegenforderung erforderlich) und § 369 HGB (keine Konnexität verlangt) vor. Zum Ausschluss des Zurückbehaltungsrechts vgl Hk-BGB/*Schulze*, § 273 Rn 9 (zB nach § 175 und §§ 570, 581 Abs. 2; zur analogen Anwendung des § 393 vgl Staudinger/*Bittner*, § 273 Rn 110). Das Zurückbehaltungsrecht kann auch durch Sicherheitsleistung (Abs. 3), die nicht durch Bürgschaft erfolgen kann, abgewendet werden.

5 [3] Die **Gegenleistung** ist im Hinblick auf die Zwangsvollstreckung (dazu Rn 6) möglichst **genau** zu **bezeichnen.** Hat der Beklagte gegenüber einem uneingeschränkten Klageantrag mit der Einrede Erfolg, liegt in der dann folgenden Zug um Zug-Verurteilung eine teilweise Klageabweisung, die zu einer Kostenquote führt. Durch die Zug um Zug-Verurteilung ergeht keine rechtskraftfähige Entscheidung über den Gegenanspruch; will der Beklagte insofern Klarheit schaffen, muss er Widerklage erheben.

6 [4] Die **Vollstreckung** eines Zug um Zug-Tenors (zur Klauselerteilung vgl § 726 Abs. 2 ZPO) erfolgt nach § 756 ZPO bzw § 765 ZPO. Die Vollstreckung setzt danach voraus, dass der Gläubiger zunächst die Leistung anbietet bzw selbst leistet oder der Schuldner im Verzug der Annahme ist, was durch öffentliche/öffentlich beglaubigte Urkunden nachzuweisen ist. Zur Vereinfachung der Vollstreckung bietet es sich an, das Vorliegen des **Schuldnerverzugs** bereits

5 Für das Muster einer Klage siehe GF-ZPO/*Pukall*, § 253 Rn 2.

im Erkenntnisverfahren **feststellen zu lassen**, so dass unmittelbar vollstreckt werden kann (vgl Hk-ZPO/*Kindl*, § 756 ZPO Rn 10):

▶ Es wird festgestellt, dass sich der Beklagte mit der Annahme des Fahrzeugs ... im Verzug befindet. ◀

§ 275 Ausschluss der Leistungspflicht[6]

(1) Der Anspruch auf Leistung ist ausgeschlossen, soweit diese für den Schuldner oder für jedermann unmöglich ist.
(2) [1]Der Schuldner kann die Leistung verweigern, soweit diese einen Aufwand erfordert, der unter Beachtung des Inhalts des Schuldverhältnisses und der Gebote von Treu und Glauben in einem groben Missverhältnis zu dem Leistungsinteresse des Gläubigers steht. [2]Bei der Bestimmung der dem Schuldner zuzumutenden Anstrengungen ist auch zu berücksichtigen, ob der Schuldner das Leistungshindernis zu vertreten hat.
(3) Der Schuldner kann die Leistung ferner verweigern, wenn er die Leistung persönlich zu erbringen hat und sie ihm unter Abwägung des seiner Leistung entgegenstehenden Hindernisses mit dem Leistungsinteresse des Gläubigers nicht zugemutet werden kann.
(4) Die Rechte des Gläubigers bestimmen sich nach den §§ 280, 283 bis 285, 311 a und 326.

§ 276 Verantwortlichkeit des Schuldners

(1) [1]Der Schuldner hat Vorsatz und Fahrlässigkeit zu vertreten, wenn eine strengere oder mildere Haftung weder bestimmt noch aus dem sonstigen Inhalt des Schuldverhältnisses, insbesondere aus der Übernahme einer Garantie oder eines Beschaffungsrisikos, zu entnehmen ist. [2]Die Vorschriften der §§ 827 und 828 finden entsprechende Anwendung.
(2) Fahrlässig handelt, wer die im Verkehr erforderliche Sorgfalt außer Acht lässt.
(3) Die Haftung wegen Vorsatzes kann dem Schuldner nicht im Voraus erlassen werden.

§ 277 Sorgfalt in eigenen Angelegenheiten

Wer nur für diejenige Sorgfalt einzustehen hat, welche er in eigenen Angelegenheiten anzuwenden pflegt, ist von der Haftung wegen grober Fahrlässigkeit nicht befreit.

§ 278 Verantwortlichkeit des Schuldners für Dritte

[1]Der Schuldner hat ein Verschulden seines gesetzlichen Vertreters und der Personen, deren er sich zur Erfüllung seiner Verbindlichkeit bedient, in gleichem Umfang zu vertreten wie eigenes Verschulden. [2]Die Vorschrift des § 276 Abs. 3 findet keine Anwendung.

§ 279 (weggefallen)

§ 280 Schadensersatz wegen Pflichtverletzung

(1) [1]Verletzt der Schuldner eine Pflicht aus dem Schuldverhältnis, so kann der Gläubiger Ersatz des hierdurch entstehenden Schadens verlangen. [2]Dies gilt nicht, wenn der Schuldner die Pflichtverletzung nicht zu vertreten hat.
(2) Schadensersatz wegen Verzögerung der Leistung kann der Gläubiger nur unter der zusätzlichen Voraussetzung des § 286 verlangen.
(3) Schadensersatz statt der Leistung kann der Gläubiger nur unter den zusätzlichen Voraussetzungen des § 281, des § 282 oder des § 283 verlangen.

§ 281 Schadensersatz statt der Leistung wegen nicht oder nicht wie geschuldet erbrachter Leistung

(1) [1]Soweit der Schuldner die fällige Leistung nicht oder nicht wie geschuldet erbringt, kann der Gläubiger unter den Voraussetzungen des § 280 Abs. 1 Schadensersatz statt der Leistung verlangen, wenn er dem Schuldner erfolglos eine angemessene Frist zur Leistung oder Nacherfüllung bestimmt hat. [2]Hat der Schuldner eine Teilleistung

6 Diese Vorschrift dient auch der Umsetzung der Richtlinie 1999/44/EG des Europäischen Parlaments und des Rates vom 25. Mai 1999 zu bestimmten Aspekten des Verbrauchsgüterkaufs und der Garantien für Verbrauchsgüter (ABl. EG Nr. L 171 S. 12).

bewirkt, so kann der Gläubiger Schadensersatz statt der ganzen Leistung nur verlangen, wenn er an der Teilleistung kein Interesse hat. [3]Hat der Schuldner die Leistung nicht wie geschuldet bewirkt, so kann der Gläubiger Schadensersatz statt der ganzen Leistung nicht verlangen, wenn die Pflichtverletzung unerheblich ist.
(2) Die Fristsetzung ist entbehrlich, wenn der Schuldner die Leistung ernsthaft und endgültig verweigert oder wenn besondere Umstände vorliegen, die unter Abwägung der beiderseitigen Interessen die sofortige Geltendmachung des Schadensersatzanspruchs rechtfertigen.
(3) Kommt nach der Art der Pflichtverletzung eine Fristsetzung nicht in Betracht, so tritt an deren Stelle eine Abmahnung.
(4) Der Anspruch auf die Leistung ist ausgeschlossen, sobald der Gläubiger statt der Leistung Schadensersatz verlangt hat.
(5) Verlangt der Gläubiger Schadensersatz statt der ganzen Leistung, so ist der Schuldner zur Rückforderung des Geleisteten nach den §§ 346 bis 348 berechtigt.

A. Schadensersatz neben der Leistung

1 I. Muster: Geltendmachung von Schadensersatz neben der Leistung

▶ An das

Amtsgericht/Landgericht

Klage

des ▪▪▪

– Kläger –

– Prozessbevollmächtigter: RA ▪▪▪ –

gegen

den ▪▪▪

– Beklagter –

wegen: Schadensersatz aus Kaufvertrag[1]

Streitwert (vorläufig): ▪▪▪ EUR

Namens und in Vollmacht des Klägers erhebe ich Klage und kündige für die mündliche Verhandlung folgende Anträge an:

I. Der Beklagte wird verurteilt, an den Kläger ■■■ EUR nebst Zinsen hieraus in Höhe von 5,0 Prozentpunkten über dem Basiszinssatz seit dem ■■■/seit Rechtshängigkeit[2] zu zahlen.

II. ■■■ ggf weitere Prozessanträge.[3]

Begründung

Die Parteien schlossen am ■■■ einen privatschriftlichen Kaufvertrag[4] über einen gebrauchten Pkw des Typs ■■■, Baujahr ■■■, letztes amtliches Kennzeichen ■■■ . Als Kaufpreis waren ■■■ EUR vereinbart.

Beweis: Kaufvertrag vom ■■■

Dieser Betrag wurde seitens des Klägers am ■■■ gezahlt, woraufhin der Beklagte das Fahrzeug am gleichen Tag übergab.[5] Der Kläger fuhr mit dem Fahrzeug zu seinem Anwesen, das direkt neben dem Verkaufsgelände des Beklagten liegt, und beabsichtigte, das Fahrzeug in der Garage zu parken. Als er mit Schrittgeschwindigkeit in die Garage einfuhr, musste er feststellen, dass die Bremsen des streitgegenständlichen Fahrzeugs nicht funktionierten,[6]

Beweis: Sachverständigengutachten

so dass er mit dem Fahrzeug gegen die Rückwand der Garage fuhr.

Beweis: Zeugnis der Frau ■■■, zu laden über den Kläger.

Durch den Aufprall wurde die Rückwand der Garage so beschädigt, dass Putz abbröckelte und einzelne Wandsteine ausgetauscht werden müssen.[7]

Beweis: Sachverständigengutachten.

Nach einem Kostenvoranschlag des Malermeisters ■■■ entstehen für die Beseitigung der Schäden Kosten in Höhe von ■■■ EUR netto[8]. Diese sind auch angemessen.

Beweis: Sachverständigengutachten.

Auf eine vorgerichtliche Zahlungsaufforderung erfolgte keine Zahlung.

Der Beklagte haftet für die Schäden an der Wand der Garage des Klägers nach § 280 Abs. 1 iVm § 437 Nr. 3 BGB, da er seine Pflicht zur Lieferung einer mangelfreien Sache verletzt hat. Das Fahrzeug war iSv § 434 Abs. 1 S. 2 BGB mangelhaft, da die Bremsanlage defekt war.[9] Eine Aufforderung zur Nacherfüllung war hier entbehrlich, da es sich um einen sog. Mangelfolgeschaden handelt.

Die Zinspflicht ergibt sich aus ■■■

■■■

Rechtsanwalt ◄

II. Erläuterungen und Varianten

[1] **Angabe des Streitgegenstands.** Eine – nach § 130 Nr. 1 ZPO nicht zwingende – kurze Angabe des Streitgegenstands empfiehlt sich im Hinblick auf eine möglicherweise in der Geschäftsverteilung des Gerichts vorgesehene Bildung von Spezialkammern (vgl § 348 Abs. 1 S. 2 Nr. 2 ZPO). 2

[2] **Zinsen.** Zu den verschiedenen Möglichkeiten, Zinsen geltend zu machen, vgl Muster bei § 288. 3

[3] **Nebenanträge.** Zu den prozessualen Nebenanträgen (zB § 331 Abs. 3 S. 1 ZPO: Erlass eines Versäumnisurteils im schriftlichen Verfahren) bzw für die Zwangsvollstreckung relevanten Anträgen vgl GF-ZPO/*Pukall*, § 253 ZPO Rn 92 ff. 4

[4] § 280 ist die **Grundnorm für alle Schadensersatzansprüche** wegen einer Pflichtverletzung, wobei für verschiedene Arten des Schadensersatzes eine Modifizierung bzw Ergänzung der Voraussetzungen stattfindet (Schadensersatz statt der Leistung: § 280 Abs. 3 iVm § 281, dazu 5

Rn 19 ff), Schadensersatz wegen Verzögerung der Leistung: § 280 Abs. 2 iVm § 286, dazu Rn 38 ff). Die in der Praxis dabei besonders bedeutsame Abgrenzung zwischen § 280 Abs. 1 einerseits und §§ 280 Abs. 3, 281 andererseits erfolgt danach, ob ein Schaden vorliegt, der auch durch eine Nacherfüllung nicht mehr beseitigt werden kann (dann § 280 Abs. 1) oder ob ein solcher vorliegt, bei dem eine Nacherfüllung (zB nach § 439) den Schaden beseitigen kann (dazu iE Palandt/*Grüneberg*, § 280 Rn 18). Fallkonstellationen, bei denen § 280 Abs. 1 Anwendung findet, sind daher überwiegend solche, bei denen durch die Pflichtverletzung (zB Mangel der Kaufsache) bereits Schäden an anderen Rechtsgütern des Berechtigten eingetreten sind (dazu oa Muster). Fehlt eine explizite Regelung zur Haftung bei Mängeln (zB bei §§ 611 ff, 662 ff, vgl Hk-BGB/*Schulze*, § 280 Rn 5) bzw zur Nacherfüllung, ist § 280 Abs. 1 unmittelbar anwendbar.

6 Grundvoraussetzung eines Anspruchs auf Schadensersatz nach § 280 Abs. 1 ist das **Bestehen eines wirksamen Schuldverhältnisses,** was vom Kläger jeweils darzulegen ist. Dabei kann es sich um solche aus Vertrag (daher greift § 280 nicht bei nichtigen Verträgen) oder um ein gesetzliches Schuldverhältnis handeln (zB GoA).

7 [5] Vgl § 446 zum Gefahrübergang. § 476 findet hier **keine Anwendung.**

8 [6] Weitere Voraussetzung des Schadensersatzanspruchs ist die **Verletzung einer Pflicht** aus dem Schuldverhältnis (siehe oben Rn 5). Der Pflichtenkatalog ergibt sich aus dem jeweils anzuwendenden materiellen Recht (zB bei Kaufverträgen aus § 434: Pflicht zur Lieferung einer mangelfreien Sache; bei Werkverträgen: § 633). Die einzelnen **Pflichten im Zusammenhang mit Schuldverhältnissen** sind im Besonderen Teil dargelegt (vgl Muster zu §§ 434, 634), wobei zwischen Schlechterfüllung und Nichterfüllung zu unterscheiden ist. Bei dem erstgenannten Punkt sind – soweit vorhanden – die besonderen Pflichtenregelungen im Besonderen Teil zu beachten (also zB nicht bei Schlechterfüllung von Dienst- oder Geschäftsbesorgungsverträgen). Bei der Nichterfüllung kann der Gläubiger den Verzögerungsschaden nur unter den besonderen Bedingungen des § 286 verlangen. Für Schadensersatz statt der Leistung gilt auch hier § 280 Abs. 3 (iVm § 281).

9 Die **Beweislast** für die Pflichtverletzung trifft den Anspruchsteller, wobei gegebenenfalls Beweiserleichterungen gelten (vgl auch Hk-BGB/*Schulze*, § 280 Rn 13).

10 Pflichtverletzungen können sich auch aus der **Nichtbeachtung von Schutzpflichten nach § 241 Abs. 2** ergeben. In diesem Fall verstößt der Schuldner gegen seine Verpflichtung, bei Erfüllung seiner Pflichten aus dem Schuldverhältnis Rücksicht auf die Rechtsgüter des Gläubigers zu nehmen:

▶ Der Kläger suchte am ▪▪▪ mit seinem Pkw die Tankstelle des Beklagten auf, der eine vom Beklagten betriebene automatische Portalwaschanlage des Typs ▪▪▪ angegliedert ist. Er stellte sein Fahrzeug vor der Einfahrt in die Anlage ab und erwarb den zum Start der Anlage erforderlichen Chip für das Waschprogramm ▪▪▪ zum Preis von ▪▪▪

Beweis: Quittung des Beklagten vom ▪▪▪ ◀

11 Durch den Erwerb des Chips wurde der typengemischte Vertrag über die Nutzung der Waschanlage abgeschlossen, mithin das Schuldverhältnis begründet.

12 Die Pflichtverletzung liegt nicht in der mangelhaften Durchführung der vertraglichen Hauptpflicht, sondern in der Verletzung einer Schutzpflicht bei Ausführung der Hauptpflicht (vgl dazu OLG Düsseldorf, NJW-RR 2004, 962):

▶ Danach fuhr der Kläger in die Anlage ein und stellte sein Fahrzeug ordnungsgemäß – entsprechend den Vorgaben des Beklagten (Gang eingelegt, Handbremse angezogen, Fenster geschlossen, Antenne eingefahren) – ab und verließ dieses. Mit Einwerfen des Chips startete der Kläger das Waschprogramm.

Nach Beendigung des Vorgangs fuhr der Kläger sein Fahrzeug aus der Halle und stellte dies an der Seite ab, um die Fenster zu trocknen. Dabei bemerkte er zwei parallele, ca. 1 cm tiefe und 20 cm lange Kratzer an der linken vorderen Tür des Fahrzeugs, die dort vor der Nutzung der Anlage noch nicht vorhanden waren. Diese stammten – wie ein sofort verständigter Mitarbeiter des Beklagten bestätigte – von einem defekten Bürstensatz.

Beweis: Zeugnis des ■■■; Sachverständigengutachten. ◀

Liegt noch kein vertragliches Schuldverhältnis vor, verletzt der Schuldner aber Pflichten im Zusammenhang mit der Anbahnung eines solchen, besteht ein **vorvertragliches Schuldverhältnis** nach §§ 311 Abs. 2, 241 Abs. 2 . In diesem Fällen ist jeweils darzulegen, dass der Kontakt zwischen den Parteien zur Anbahnung eines Vertrags erfolgte, da ansonsten nur eine Haftung aus § 823 wegen Verletzung einer Verkehrssicherungspflicht bleibt (vgl dazu OLG Köln NZV 1994, 361): 13

▶ Der Kläger suchte am ■■■ mit seinem Pkw die Tankstelle des Beklagten auf, der eine vom Beklagten betriebene automatische Portalwaschanlage des Typs ■■■ angegliedert ist. Er stellte sein Fahrzeug vor der Einfahrt in die Anlage ab, stieg aus und beabsichtigte, den zum Start der Anlage erforderlichen Chip für das Waschprogramm ■■■ zum Preis von ■■■ zu erwerben. Ohne dass dies vom Kläger bemerkt werden konnte, war infolge der an diesem Tag vorherrschenden Temperaturen, die sich knapp unter dem Gefrierpunkt bewegten,

Beweis: Auskunft des DWD.

das infolge der Nutzung der Waschanlage nach außen spritzende Wasser am Boden gefroren, so dass sich Eisflächen bildeten. Auf einer solchen, die sich direkt an dem Fahrzeug des Klägers und damit für ihn zunächst unsichtbar gebildet hatte, kam dieser zu Fall. Dabei zog er sich folgende Verletzungen zu ■■■ ◀

Die Pflichtverletzung muss auch auf einem **Verschulden** beruhen, also vorsätzlich oder fahrlässig verursacht worden sein (§ 276 Abs. 1 S. 1), wobei auch eine Haftung für Erfüllungsgehilfen besteht (§ 278). Dazu bedarf es jedoch (jedenfalls in der Klage) keines Vortrags des Klägers, da nach § 280 Abs. 1 S. 2 das Vertretenmüssen des Schuldners vermutet wird. Diese Vermutung (abdingbar, bei AGB aber unter Berücksichtigung von § 309 Nr. 7) muss der Schuldner widerlegen (auch ggf für Erfüllungsgehilfen: BGH NJW 2005, 418, 419). 14

[7] Zu den von § 280 Abs. 1 erfassten **Schadensarten** gehört u.a. der sog. **Mangelfolgeschaden** (dazu Hk-BGB/*Saenger*, § 437 Rn 10 f), also der Schaden, der nicht unmittelbar am Vertragsgegenstand (zB Kaufsache) entstanden ist, sondern an anderen Rechtsgütern des Vertragspartners (Leben, Gesundheit, Eigentum). Der unmittelbare Mangelschaden kann nur nach §§ 280 Abs. 3, 281 ersetzt werden. 15

Erfasst wird nach überwiegender Ansicht (OLG Hamm, Urt. v. 23.2.2006, 28 U 164/05, BeckRS 2006, 07007; *Lorenz*, NJW 2007, 1, 2) auch der **mangelbedingte Verzögerungsschaden**, also der Ersatz des Ausfallschadens wegen der Pflichtverletzung (zB Lieferung einer mangelhaften Sache, die zu einem Betriebsausfall führt). Hiervon zu trennen ist der Schaden, der aufgrund der Verzögerung der Nachlieferung entsteht und der nur nach §§ 280 Abs. 2, 286 ersatzfähig ist. 16

[8] Der **Umfang des zu ersetzenden Schadens** richtet sich nach §§ 249 ff (vgl die entsprechenden Muster dort). Dabei ist hier § 249 Abs. 2 S. 2 zu beachten. 17

[9] **Besonderheiten im Kaufrecht.** Zu weiteren Fragen hinsichtlich des Vorliegens eines Mangels vgl die Muster zu § 434. 18

B. Schadensersatz statt der Leistung

I. Muster: Geltendmachung von Schadensersatz statt der Leistung 19

▶ An das 120

Amtsgericht/Landgericht

Klage

des ■■■

– Kläger –

– Prozessbevollmächtigter: RA ■■■ –

gegen

den ■■■

– Beklagter –

wegen: Schadensersatz aus Kaufvertrag[1]

Streitwert (vorläufig): ■■■ EUR

Namens und in Vollmacht des Klägers erhebe ich Klage und kündige für die mündliche Verhandlung folgende Anträge an:

I. Der Beklagte wird verurteilt, an den Kläger ■■■ EUR nebst Zinsen hieraus in Höhe von 5,0 Prozentpunkten über dem Basiszinssatz seit dem ■■■/seit Rechtshängigkeit[2] zu zahlen.

II. ■■■ ggf weitere Prozessanträge[3]

Begründung

Die Parteien schlossen am ■■■ einen privatschriftlichen Kaufvertrag[4] über einen gebrauchten Pkw des Typs ■■■, Baujahr ■■■, letztes amtliches Kennzeichen ■■■ . Als Kaufpreis waren ■■■ EUR vereinbart.

Beweis: Kaufvertrag vom ■■■

Dieser Betrag wurde seitens des Klägers am ■■■ gezahlt, woraufhin der Beklagte das Fahrzeug am gleichen Tag übergab.[5] Der Kläger fuhr mit dem Fahrzeug zu seinem Anwesen. Dabei musste er feststellen, dass die Bremsen des streitgegenständlichen Fahrzeugs nicht funktionierten,[6]

Beweis: Sachverständigengutachten

weshalb er das Fahrzeug an den Fahrbahnrand steuerte. Durch ein Abschleppunternehmen wurde das Fahrzeug zum Kläger verbracht, wo es sich bis heute in unverändertem Zustand befindet.

Unmittelbar nach diesem Vorfall forderte der Kläger den Beklagten zunächst mündlich, dann schriftlich auf, die Bremsen des Fahrzeugs instand zu setzen.[7] Zuletzt setzte er ihm mit Schreiben vom ■■■, das dem Beklagten persönlich durch die Ehefrau des Klägers am ■■■ ausgehändigt wurde[8]

Beweis: Zeugnis der Ehefrau des Klägers, Frau ■■■, zu laden über den Kläger

eine Frist von einer Woche für die Beseitigung des Mangels. Eine Reaktion des Beklagten erfolgte jedoch nicht.

Nach einem Kostenvoranschlag der Kfz-Werkstatt ■■■ entstehen für die Beseitigung der Schäden Kosten in Höhe von ■■■ EUR netto.[9] Diese sind auch angemessen.

Beweis: Sachverständigengutachten.

Auf eine vorgerichtliche Zahlungsaufforderung erfolgte keine Zahlung.

Der Beklagte haftet für die Schäden an dem Fahrzeug des Klägers nach §§ 280 Abs. 1, 281 Abs. 1 Satz 1 iVm § 437 Nr. 3, da er seine Pflicht zur Lieferung einer mangelfreien Sache verletzt hat. Das Fahrzeug war iSv § 434 Abs. 1 Satz 2 mangelhaft, da die Bremsanlage defekt war. Eine Aufforderung zur Nacherfüllung blieb erfolglos.

Die Zinspflicht ergibt sich aus ■■■.

■■■

Rechtsanwalt ◄

II. Erläuterungen und Varianten

20 [1] **Angabe des Streitgegenstands.** Vgl Erläuterungen Rn 2.

[2] **Zinsen.** Vgl Erläuterungen Rn 3. 21

[3] **Nebenanträge.** Vgl Erläuterungen Rn 4. 22

[4] Vgl zur Abgrenzung von § 280 Abs. 1 und 280 Abs. 3 zunächst Rn 5. Auch für § 281 ist das **Bestehen eines Schuldverhältnisses** erforderlich. 23

[5] **Übergabe.** Vgl Erläuterungen Rn 5. 24

[6] **Art der Pflichtverletzung.** Vgl Erläuterungen Rn 8. Ein Schadensersatzanspruch nach §§ 280 Abs. 3, 281 setzt voraus, dass ein Schaden zu erwarten ist, der durch Leistung bzw Nacherfüllung noch abgewendet werden kann, der mithin noch nicht endgültig entstanden ist. Damit erfasst die Norm Pflichtverletzungen in Form der **Nichtleistung** bzw der **Schlechtleistung**, also der Erbringung der Leistung nicht in der vertraglich geschuldeten Form (zB § 434). 25

[7] Nach § 281 Abs. 1 S. 1 ist grundsätzlich Voraussetzung für einen Schadensersatzanspruch eine vorherige **Fristsetzung zur Leistung bzw Nacherfüllung**, die erfolglos verstrichen sein muss. Die Aufforderung muss sich darauf beziehen, die vertraglichen Pflichten zu erfüllen. Eine konkrete Darlegung, welche Pflichten im Einzelnen nicht erfüllt werden, ist nicht erforderlich (BGH, Urt. v. 25.3.2010, VII ZR 224/08). Dabei kann die Frist erst nach Fälligkeit der geschuldeten Leistung gesetzt werden (hier: nach Entstehen der Nacherfüllungspflicht aufgrund der Übergabe einer mangelhaften Sache), eine vorherige Fristsetzung ist unwirksam. Da es sich bei der Fristsetzung um eine einseitige, empfangsbedürftige Willenserklärung handelt, hat der Gläubiger dafür Sorge zu tragen (und dies ggf auch zu beweisen), dass diese dem Schuldner zugegangen ist. Erfolgt keine Fristsetzung (oder ist diese nicht nachweisbar) und liegt kein Ausnahmefall vor, besteht kein Anspruch auf Schadensersatz. Bei der Setzung der Frist ist eine genaue zeitliche Angabe („binnen ... Wochen") nicht erforderlich, sofern deutlich wird, dass der Gläubiger dem Schuldner nicht unbegrenzt Zeit einräumen will (vgl BGH NJW 2009, 3153). 26

Die Frist muss angemessen sein, was jeweils eine Frage des Einzelfalls ist. Eine **Entbehrlichkeit der Fristsetzung** ist nur in den Fällen des § 281 Abs. 2 gegeben: 27

(a) **Endgültige Erfüllungsverweigerung, § 281 Abs. 2 Alt. 1.** Der Schuldner muss deutlich machen, dass er nicht nur Zweifel an seiner Pflicht hat, sondern deren Erfüllung ernsthaft und endgültig verweigert. An die Annahme einer solchen Verweigerung sind strenge Anforderungen zu stellen (Palandt/*Grüneberg*, § 281 Rn 14): 28

▶ Der Beklagte hat bei der sofort nach dem Liegenbleiben erfolgten telefonischen Information durch den Kläger mitgeteilt, dass er für den Mangel unter keinen Umständen verantwortlich sei und jegliche Mängelgewährleistung ablehne. ◀

(b) **Vorliegen besonderer Umstände, § 281 Abs. 2 Alt. 2.** Eine Fristsetzung ist auch dann entbehrlich, wenn besondere Umstände gegeben sind, die es rechtfertigen, dass der Gläubiger von einer Fristsetzung absehen kann. Dies liegt zB dann vor, wenn die für eine Nacherfüllung erforderliche Vertrauensgrundlage fehlt, was der Fall ist, wenn der Verkäufer einen Mangel arglistig verschwiegen hat (BGH NJW 2007, 835, 837): 29

▶ Der Kläger hat den Beklagten nicht unter Fristsetzung zur Nacherfüllung aufgefordert, da diese nach § 281 Abs. 2 Alt. 2 entbehrlich war. Die für eine weitere Zusammenarbeit der Parteien erforderliche Vertrauensgrundlage war nicht mehr vorhanden, da der Beklagte den Mangel des Fahrzeugs arglistig verschwiegen hatte.

Dem Beklagten war bei Abschluss des Kaufvertrags bekannt, dass die Bremsen des Fahrzeugs nicht funktionierten. Er wusste dies, weil das Fahrzeug kurz vor dem Verkauf durch den Beklagten persönlich einer Inspektion unterzogen worden war, bei der sich der Mangel der Bremsen herausstellte, was er aber dem Kläger nicht offenbarte. ◀

30 (c) **Unmöglichkeit der Leistung, § 283.** Eine Fristsetzung ist auch dann nicht geboten, wenn der Schuldner von seiner Leistungspflicht nach § 275 Abs. 1–3 (Unmöglichkeit) frei geworden ist, da die Fristsetzung sinnlos wäre. Die Schadensersatzpflicht setzt voraus, dass die Unmöglichkeit erst nach Vertragsschluss eingetreten ist, da ansonsten § 311 a gilt, und dass der Schuldner das Hindernis, das zum Wegfall der Leistungspflicht geführt hat, zu vertreten hat (vgl zu den weiteren Voraussetzungen Hk-BGB/*Schulze*, § 283 Rn 2 ff). Da der Gläubiger bei einer Nichtleistung nicht weiß, was Grund für diese ist, kann er zunächst nach § 281 vorgehen, während der Schuldner, wenn er sich dann auf § 275 beruft, das fehlende Verschulden darlegen und beweisen muss (Palandt/*Grüneberg*, § 283 Rn 2). Zum verschuldensunabhängigen Rücktrittsrecht in diesen Fällen vgl § 326 Abs. 5, zum Anspruch auf das Surrogat vgl § 285:

▶ Nach der Unterzeichnung des Kaufvertrags, aber noch vor Übergabe des Fahrzeugs an den Kläger wurde dieses vollständig durch einen Brand in den Räumen des Beklagten zerstört. Grund für den Brand war das Versagen der Sprinkleranlage aufgrund mangelhafter Wartung durch den Beklagten. ◀

31 [8] **Aufforderung zur Leistung.** Vgl § 130 Abs. 1 S. 1.

32 [9] **Kleiner/großer Schadensersatzanspruch.** Vgl Erläuterungen Rn 17. Hier werden die Kosten der Behebung des Mangels geltend gemacht. Dem Gläubiger steht **bei Schlechterfüllung** (also zB Mängeln der Kaufsache, zur Nichtleistung siehe unten) nach seiner Wahl der sog. kleine (Behalten der Leistung und Ersatz der Wertdifferenz zwischen mangelhafter und mangelfreier Leistung, wozu auch die Kosten der Reparatur gehören können) oder der große Schadensersatzanspruch (Ersatz des Schadens durch die Nichterfüllung des ganzen Vertrags bei Rückgabe der Leistung/Sache) zu. Letztgenannter ist bei Schlechterfüllung ausgeschlossen, wenn die Pflichtverletzung unerheblich ist (§ 281 Abs. 1 S. 3), was jeweils eine Einzelfallbewertung erforderlich macht (vgl dazu Palandt/*Grüneberg*, § 281 Rn 47). Wird der Anspruch geltend gemacht, ist gem. § 281 Abs. 5 die erhaltene Leistung zurückzugewähren.

33 Die Rückgewährpflicht ergibt sich aus § 281 Abs. 5, wobei diese an dem Ort zu erfüllen ist, an dem sich die Sache vertragsgemäß befindet (Hk-BGB/*Schulze*, § 269 Rn 7). Im Hinblick auf § 756 Abs. 1 ZPO sollte ein **Feststellungsantrag** dahingehend, dass sich der Beklagte im Verzug der Annahme befindet, gestellt werden (vgl Erläuterung Rn 6; GF-ZPO/*Gierl* Muster zu § 756 ZPO):

▶ **Antrag**

Der Beklagte wird verurteilt, an den Kläger ▪▪▪ EUR nebst Zinsen Zug um Zug gegen Rückgewähr des Pkw Typ ▪▪▪, Fahrgestellnummer ▪▪▪ zu zahlen.

Begründung

Der Beklagte veräußerte dem Kläger mit Vertrag vom ▪▪▪ einen Pkw des Typs ▪▪▪ zu einem Kaufpreis von ▪▪▪ EUR, der vom Kläger auch bezahlt wurde.

Beweis: Kaufvertrag vom ▪▪▪ ◀

34 Zur 10 %-Grenze vgl BGH NJW 2007, 2111 (zum wortgleichen § 323 Abs. 5 S. 2). Auch wenn die Darlegungslast für die Unerheblichkeit beim Beklagten liegt, empfehlen sich – zumindest kurze – Ausführungen zur Wesentlichkeit, da diese auch zur Begründung des Vorliegens eines Mangels dienen:

▶ Nach den Angaben des Herstellers des Fahrzeugs sollte der Pkw einen Kraftstoffverbrauch von ▪▪▪ haben, tatsächlich verbraucht er aber 20 % mehr.

Beweis: Sachverständigengutachten

Aufgrund dieses Umstands begehrt der Kläger nunmehr Schadensersatz statt der Leistung, da es sich um eine erhebliche Pflichtverletzung handelt. ◀

Die Pflicht zur Fristsetzung ergibt sich aus § 281 Abs. 1 S. 1, wobei die Ausnahmen nach § 281 Abs. 2 (vgl Rn 26) ebenfalls gelten: 35

▶ Eine Aufforderung an den Beklagten zur Nachlieferung mit Fristsetzung blieb erfolglos. ... ◀

Zur Schadensberechnung stehen dem Gläubiger (vor Erklärung eines Rücktritts) wahlweise die **Differenz-** und die **Surrogationsmethode** (dazu Hk-BGB/*Schulze*, § 281 Rn 13) zur Verfügung. Er kann seinen Schaden abstrakt oder konkret berechnen und dabei zB einen Gewinn geltend machen, den er durch einen Weiterverkauf der Sache erzielt hätte: 36

▶ Der Schaden des Klägers berechnet sich dabei wie folgt: ... ◀

Bei **Nicht- bzw Teilleistung** ergeben sich die Rechte des Gläubigers aus § 281 Abs. 1 S. 1, 2. Bei einer vollständigen Nichtleistung kann der Gläubiger – nach Erfüllung der sonstigen Voraussetzungen des § 281 Abs. 1 S. 1 – Schadensersatz statt der Leistung geltend machen. Die Schadensberechnung orientiert sich dabei an den oben (Rn 36) dargestellten Grundsätzen. Erfolgt nur eine Teilleistung, kann der Gläubiger zunächst für den nicht gelieferten Teil Schadensersatz verlangen. Schadensersatz wegen der ganzen Leistung als großer Schadensersatz kann dagegen nur unter den Bedingungen des § 281 Abs. 1 S. 2 gefordert werden, wenn die Leistung also insgesamt für den Gläubiger ohne Nutzen ist. Zu beachten ist insofern, dass für den Bereich des Kaufrechts nach § 434 Abs. 3 die Regelung gilt, dass auch eine Zuweniglieferung einen Mangel (= Schlechterfüllung) darstellt, so dass sich der Schadensersatzanspruch aus § 281 Abs. 1 S. 1 und 3 ergibt. 37

C. Muster: Schadensersatz wegen Verzögerung der Leistung

I. Muster: Schadensersatz wegen Verzögerung der Leistung 38

121

▶ An das
Amtsgericht/Landgericht

Klage

des ...

– Kläger –

– Prozessbevollmächtigter: RA ... –

gegen

den ....

– Beklagter –

wegen: Schadensersatz aus Darlehensvertrag[1]

Streitwert (vorläufig): ... EUR

Namens und in Vollmacht des Klägers erhebe ich Klage und kündige für die mündliche Verhandlung folgende Anträge an:

I. Der Beklagte wird verurteilt, an den Kläger ... EUR nebst Zinsen hieraus in Höhe von 5,0 Prozentpunkten über dem Basiszinssatz seit dem ... /seit Rechtshängigkeit[2] zu zahlen.

II. ggf weitere Prozessanträge[3]

Begründung

Mit Vertrag[4] vom ... gewährte der Kläger dem damals mit ihm befreundeten Beklagten ein Darlehen über ... EUR. Zinsen oder ein Rückzahlungstermin wurden nicht vereinbart, der Beklagte verpflichtete sich aber, dem Kläger zur Sicherung des Darlehens seinen Pkw zu übereignen und ihm Kraftfahrzeugbrief/Zulassungsbescheinigung II zu übergeben.

Beweis: Vertrag vom ...

Am ... zahlte der Kläger das Darlehen aus, die Sicherungsübereignung durch den Beklagten erfolgte jedoch nicht, auch nicht die Aushändigung der geschuldeten Dokumente.[5]

Mit Schreiben vom ... forderte der Kläger den Beklagten zur Vornahme dieser Handlungen auf,[6] was jedoch unterblieb.[7]

Eine Woche später beauftragte der Kläger den Unterzeichner mit der Geltendmachung des Anspruchs auf Bestellung der Sicherheit. Nach längerer Korrespondenz zwischen dem Beklagten und dem Unterzeichner übereignete dieser schließlich am ... das Fahrzeug und übergab die Dokumente.

Da sich der Beklagte mit seiner Verpflichtung im Verzug befand, hat er die Kosten der anwaltlichen Tätigkeit des Unterzeichners als Schadensersatz zu tragen (§§ 280 Abs. 1, 2, 286 Abs. 1 S. 1 BGB). Diese berechnen sich wie folgt[8]: ...

Die Zinspflicht ergibt sich aus ...

...

Rechtsanwalt ◄

II. Erläuterungen und Varianten

39 [1] **Angabe Streitgegenstand.** Vgl Erläuterungen Rn 2.

40 [2] **Zinsantrag.** Vgl Erläuterungen Rn 3.

41 [3] **Prozessanträge.** Vgl Erläuterungen Rn 4.

42 [4] **Grundlage des Schadensersatzanspruchs** wegen Verzögerung der Leistung ist § 280 Abs. 1, so dass auch bei Verzögerung der Leistung zunächst des **Bestehen eines Schuldverhältnisses** erforderlich ist. Daneben muss die geschuldete Leistung noch möglich sein, der Eintritt der Unmöglichkeit (iSv § 275) beendet den Verzug. Die Leistung muss auch fällig sein (§ 271), ihr darf insbesondere keine Einrede entgegenstehen (dazu Palandt/*Grüneberg*, § 286 Rn 9).

43 [5] Die **Pflichtverletzung** iSv § 280 Abs. 1 liegt hier in der **Nichtleistung trotz Fälligkeit.**

44 [6] **Mahnung.** Nach dem Grundsatz des § 286 Abs. 1 S. 1 setzt Verzug eine Mahnung voraus, mit der der Schuldner zur Erbringung der fälligen (keine Mahnung vor Fälligkeit, zur Möglichkeit, die Mahnung mit der die Fälligkeit begründenden Handlung zu verbinden vgl BGH NJW 2001, 3114, 3115) Leistung aufgefordert wird. Diese muss eindeutig sein, eine Fristsetzung ist jedoch nicht erforderlich. Wird – zB bei Geldforderungen – ein zu hoher bzw nicht in dieser Höhe geschuldeter Betrag angemahnt, gilt dies als Mahnung des tatsächlich Geschuldeten, wenn der Schuldner dies entsprechend verstehen muss (vgl Palandt/*Grüneberg*, § 286 Rn 20). Bei „zu geringer" Mahnung, tritt Verzug auch nur im Umfang der gemahnten Leistung ein.

45 Eine Mahnung ist entbehrlich bei Vorliegen der Voraussetzungen des § 286 Abs. 2. Zunächst ist dies der Fall bei einer **kalendermäßig bestimmten Leistungszeit** bzw bei einer kalendermäßig bestimmbaren Frist nach einem Ereignis (§ 286 Abs. 2 Nr. 1, 2):

► Die Parteien vereinbarten im Darlehensvertrag, dass die Übereignung bzw die Übergabe der Dokumente am ... zu erfolgen habe, was jedoch nicht erfolgte. ◄

bzw

► Die Parteien vereinbarten im Darlehensvertrag, dass die Übereignung bzw die Übergabe der Dokumente eine Woche nach der Auszahlung des Darlehens zu erfolgen habe, was jedoch nicht erfolgte. ◄

46 **Verweigert der Schuldner ernsthaft und endgültig die Leistung,** ist eine Mahnung sinnlos, so dass Verzug damit sofort eintritt (§ 286 Abs. 2 Nr. 3):

▶ Nach der Auszahlung des Darlehens erklärte der Beklagte dem Kläger, er werde nunmehr, da er das Geld habe, unter keinen Umständen sein Fahrzeug übereignen. ◀

Schließlich können auch **besondere Umstände** vorliegen, die aus Sicht des Gläubigers eine besondere Dringlichkeit der Leistung und damit ebenfalls Verzug ohne Mahnung begründen können (§ 286 Abs. 2 Nr. 4). Neben einem besonderen Interesse des Gläubigers an der Leistung kann dies der Fall sein, wenn der Schuldner selbst eine zeitnahe Leistung ankündigt (sog. **Selbstmahnung**), dies dann aber nicht einhält: 47

▶ Nach der Auszahlung des Darlehens erklärte der Beklagte dem Kläger, er werde ihm nunmehr sofort, nämlich am nächsten Tag, sein Fahrzeug übereignen. ◀

Für **Entgeltforderungen** sieht § 286 Abs. 3 vor, dass Verzug nach Ablauf einer 30-tägigen Frist nach Zugang einer Rechnung eintritt, wobei es ebenfalls keiner Mahnung bedarf. Voraussetzung für eine solche Forderung ist, dass es sich um ein Entgelt für die Lieferung von Gütern bzw die Erbringung von Dienstleistungen handelt und dass, sofern ein Verbraucher Schuldner ist, dieser auf die Folgen des Ablaufs der Frist hingewiesen wurde. Zur Frage, inwieweit durch die Rechnung selbst die Fälligkeit begründet werden kann, vgl Palandt/*Grüneberg*, § 286 Rn 28: 48

▶ Der Kläger lieferte dem Beklagten in der Zeit vom 1. Januar 2010 bis zum 29. Februar 2010 für die von diesem betriebene Gaststätte Getränke. Die Kosten dafür betrugen ... EUR. Am 3. März 2010 übergab der Kläger dem Beklagten anlässlich einer weiteren Lieferung die Rechnung für die in dem o.g. Zeitraum bezogenen Getränke. In dieser Rechnung waren die einzelnen Lieferungen und die jeweiligen Preise aufgeführt. Eine Zahlung erfolgte nicht, so dass sich der Beklagte seit dem 3. April 2010 in Verzug befindet. ◀

Der Fristbeginn bestimmt sich nach § 187 Abs. 1, das Fristende nach § 188 Abs. 1, so dass der Tag des Erhalts der Rechnung nicht mitzurechnen ist und die Frist mit Ablauf des am nächsten Tag beginnenden 30-Tages-Zeitraums endet. 49

[7] **Verschulden.** Verzug tritt nach § 286 Abs. 4 nicht ein, wenn den Schuldner an der Nichtleistung kein Verschulden trifft, was er jeweils darzulegen hat. Dabei ist der Schadensersatzanspruch bereits nach § 280 Abs. 1 S. 2 bei fehlendem Verschulden ausgeschlossen, so dass § 286 Abs. 4 nur Bedeutung für die sonstigen Verzugsfolgen (zB §§ 287, 288) hat. 50

[8] Nach § 280 Abs. 1, 2 besteht ein Anspruch auf Ersatz des **Verzögerungsschadens.** Dazu gehören zB Finanzierungs- und Rechtsverfolgungskosten, wobei insofern §§ 249 ff gelten (vgl die Muster dort). 51

§ 282 Schadensersatz statt der Leistung wegen Verletzung einer Pflicht nach § 241 Abs. 2

Verletzt der Schuldner eine Pflicht nach § 241 Abs. 2, kann der Gläubiger unter den Voraussetzungen des § 280 Abs. 1 Schadensersatz statt der Leistung verlangen, wenn ihm die Leistung durch den Schuldner nicht mehr zuzumuten ist.

§ 283 Schadensersatz statt der Leistung bei Ausschluss der Leistungspflicht

[1]Braucht der Schuldner nach § 275 Abs. 1 bis 3 nicht zu leisten, kann der Gläubiger unter den Voraussetzungen des § 280 Abs. 1 Schadensersatz statt der Leistung verlangen. [2]§ 281 Abs. 1 Satz 2 und 3 und Abs. 5 findet entsprechende Anwendung.

§ 284 Ersatz vergeblicher Aufwendungen

Anstelle des Schadensersatzes statt der Leistung kann der Gläubiger Ersatz der Aufwendungen verlangen, die er im Vertrauen auf den Erhalt der Leistung gemacht hat und billigerweise machen durfte, es sei denn, deren Zweck wäre auch ohne die Pflichtverletzung des Schuldners nicht erreicht worden.

§ 285 Herausgabe des Ersatzes

(1) Erlangt der Schuldner infolge des Umstands, auf Grund dessen er die Leistung nach § 275 Abs. 1 bis 3 nicht zu erbringen braucht, für den geschuldeten Gegenstand einen Ersatz oder einen Ersatzanspruch, so kann der Gläubiger Herausgabe des als Ersatz Empfangenen oder Abtretung des Ersatzanspruchs verlangen.
(2) Kann der Gläubiger statt der Leistung Schadensersatz verlangen, so mindert sich dieser, wenn er von dem in Absatz 1 bestimmten Recht Gebrauch macht, um den Wert des erlangten Ersatzes oder Ersatzanspruchs.

§ 286 Verzug des Schuldners[7]

(1) [1]Leistet der Schuldner auf eine Mahnung des Gläubigers nicht, die nach dem Eintritt der Fälligkeit erfolgt, so kommt er durch die Mahnung in Verzug. [2]Der Mahnung stehen die Erhebung der Klage auf die Leistung sowie die Zustellung eines Mahnbescheids im Mahnverfahren gleich.
(2) Der Mahnung bedarf es nicht, wenn
1. für die Leistung eine Zeit nach dem Kalender bestimmt ist,
2. der Leistung ein Ereignis vorauszugehen hat und eine angemessene Zeit für die Leistung in der Weise bestimmt ist, dass sie sich von dem Ereignis an nach dem Kalender berechnen lässt,
3. der Schuldner die Leistung ernsthaft und endgültig verweigert,
4. aus besonderen Gründen unter Abwägung der beiderseitigen Interessen der sofortige Eintritt des Verzugs gerechtfertigt ist.

(3) [1]Der Schuldner einer Entgeltforderung kommt spätestens in Verzug, wenn er nicht innerhalb von 30 Tagen nach Fälligkeit und Zugang einer Rechnung oder gleichwertigen Zahlungsaufstellung leistet; dies gilt gegenüber einem Schuldner, der Verbraucher ist, nur, wenn auf diese Folgen in der Rechnung oder Zahlungsaufstellung besonders hingewiesen worden ist. [2]Wenn der Zeitpunkt des Zugangs der Rechnung oder Zahlungsaufstellung unsicher ist, kommt der Schuldner, der nicht Verbraucher ist, spätestens 30 Tage nach Fälligkeit und Empfang der Gegenleistung in Verzug.
(4) Der Schuldner kommt nicht in Verzug, solange die Leistung infolge eines Umstands unterbleibt, den er nicht zu vertreten hat.

§ 287 Verantwortlichkeit während des Verzugs

[1]Der Schuldner hat während des Verzugs jede Fahrlässigkeit zu vertreten. [2]Er haftet wegen der Leistung auch für Zufall, es sei denn, dass der Schaden auch bei rechtzeitiger Leistung eingetreten sein würde.

§ 288 Verzugszinsen[1]

(1) [1]Eine Geldschuld ist während des Verzugs zu verzinsen. [2]Der Verzugszinssatz beträgt für das Jahr fünf Prozentpunkte über dem Basiszinssatz.
(2) Bei Rechtsgeschäften, an denen ein Verbraucher nicht beteiligt ist, beträgt der Zinssatz für Entgeltforderungen acht Prozentpunkte über dem Basiszinssatz.
(3) Der Gläubiger kann aus einem anderen Rechtsgrund höhere Zinsen verlangen.
(4) Die Geltendmachung eines weiteren Schadens ist nicht ausgeschlossen.

§ 289 Zinseszinsverbot

[1]Von Zinsen sind Verzugszinsen nicht zu entrichten. [2]Das Recht des Gläubigers auf Ersatz des durch den Verzug entstehenden Schadens bleibt unberührt.

§ 290 Verzinsung des Wertersatzes

[1]Ist der Schuldner zum Ersatz des Wertes eines Gegenstands verpflichtet, der während des Verzugs untergegangen ist oder aus einem während des Verzugs eingetretenen Grund nicht herausgegeben werden kann, so kann der Gläubiger Zinsen des zu ersetzenden Betrags von dem Zeitpunkt an verlangen, welcher der Bestimmung des Wertes zugrunde gelegt wird. [2]Das Gleiche gilt, wenn der Schuldner zum Ersatz der Minderung des Wertes eines während des Verzugs verschlechterten Gegenstands verpflichtet ist.

---

7 Diese Vorschrift dient zum Teil auch der Umsetzung der Richtlinie 2000/35/EG des Europäischen Parlaments und des Rates vom 29. Juni 2000 zur Bekämpfung von Zahlungsverzug im Geschäftsverkehr (ABl. EG Nr. L 200 S. 35).

§ 291 Prozesszinsen

[1]Eine Geldschuld hat der Schuldner von dem Eintritte der Rechtshängigkeit an zu verzinsen, auch wenn er nicht im Verzug ist; wird die Schuld erst später fällig, so ist sie von der Fälligkeit an zu verzinsen. [2]Die Vorschriften des § 288 Abs. 1 Satz 2, Abs. 2, Abs. 3 und des § 289 Satz 1 finden entsprechende Anwendung.

A. Muster: Zinsanträge[8] 1

▶ Der Beklagte wird verurteilt, an den Kläger ▪▪▪ EUR nebst Zinsen hieraus in Höhe von 5,0 Prozentpunkten über dem Basiszinssatz seit dem ▪▪▪ zu zahlen.[1]

Der Beklagte wird verurteilt, an den Kläger ▪▪▪ EUR nebst Zinsen hieraus in Höhe von 5,0 Prozentpunkten über dem Basiszinssatz seit Rechtshängigkeit zu zahlen.[2]

Der Beklagte wird verurteilt, an den Kläger ▪▪▪ EUR nebst Zinsen hieraus in Höhe von 5,0 Prozentpunkten über dem Basiszinssatz seit dem ▪▪▪ abzüglich am ▪▪▪ gezahlter ▪▪▪ zu zahlen.[3] ◀

B. Erläuterungen und Varianten

[1] **Verzugszinsen.** Befindet sich der Schuldner in Verzug (§ 286), ist die Schuld ab Eintritt des Verzugs zu verzinsen, wobei sich die Zinshöhe für Verzugszinsen aus Abs. 1 S. 2 (5,0 Prozentpunkte über Basiszinssatz, vgl aber § 497 Abs. 1 S. 2 für Verbraucherimmobiliendarlehen) ergibt. Zur Vermeidung von Unklarheiten sollte dabei als Zinssatz nicht „5,0 Prozent", sondern 5,0 Prozentpunkte beantragt werden, allerdings ist der erstgenannte Antrag entsprechend auslegungsfähig (OLG Hamm NJW 2005, 2238). 2

Im **Antrag** sind der zu verzinsende Betrag, Zinsbeginn und die Zinshöhe (nicht aber die Höhe des variablen, vgl § 247 Basiszinssatzes) anzugeben, einer Angabe des Zinsendes bedarf es nicht, da dieses von der Zahlung der Hauptforderung abhängt und das Vollstreckungsorgan (Gerichtsvollzieher) die notwendigen Berechnungen selbst vornehmen kann. 3

Voraussetzung für die Zinspflicht ist das Bestehen einer **Geldschuld**, deren Rechtsgrund (dazu Hk-BGB/*Schulze*, § 288 Rn 3) ist unerheblich. Macht der Arbeitnehmer ausstehende Lohnforderungen geltend, kann er Zinsen auf den Brutto-Betrag verlangen (BAG NJW 2001, 3570). Die Zinsforderung selbst unterliegt nicht der Mehrwertsteuer (EuGH NJW 1983, 505). Sie ist selbst nicht zu verzinsen (§ 289). 4

Unabhängig vom Vorliegen des Verzugs bzw eines entsprechenden Nachweises (Zugang der Rechnung) kann ein **Kaufmann** ab Fälligkeit Zinsen in Höhe von 5,0 Prozentpunkten geltend machen (§§ 352, 353 HGB). Die Zinsforderungen können verbunden werden: 5

▶ Der Beklagte wird verurteilt, an den Kläger ▪▪▪ EUR nebst Zinsen hieraus in Höhe von 5,0 Prozentpunkten vom ▪▪▪ bis zum ▪▪▪ sowie Zinsen in Höhe von 8,0 Prozentpunkten über dem Basiszinssatz ab dem ▪▪▪ zu zahlen. ◀

Die **Zinshöhe** beträgt idR 5,0 Prozentpunkte, hingegen 8,0 Prozentpunkte über dem Basiszinssatz (Abs. 2), wenn es sich um eine Entgeltforderung handelt und kein Verbraucher (§ 13) an dem Rechtsgeschäft beteiligt ist. **Entgeltforderungen** sind solche, die Gegenleistung für die Lieferung von Waren oder die Erbringung von Dienstleistungen darstellen (vgl Art. 2 Nr. 1 der Richtlinie 2000/35/EG vom 29.6.2000 – Zahlungsverzugsrichtlinie), so dass dazu nicht Darlehensforderungen, Schadensersatzansprüche oder Vertragsstrafen gehören (vgl Hk-BGB/*Schul-* 6

8 Für das Muster einer Klage siehe GF-ZPO/*Pukall*, § 253 Rn 2.

ze, § 286 Rn 22). Auch Ansprüche von Arbeitnehmern aus dem Arbeitsverhältnis fallen nicht unter Abs. 2 (BAG NZA 2005, 694).

7 **Höhere Zinsen** als die in Abs. 1 genannten kann der Gläubiger nach Abs. 3 geltend machen, wenn zB die Parteien eine entsprechende Vereinbarung getroffen haben.

8 Daneben steht dem Gläubiger die Möglichkeit offen, höhere Zinsen nach Abs. 4 zu verlangen, wenn er insofern einen **weitergehenden Schaden** geltend machen kann. Dazu gehören zB die Kosten eines Kredits, wobei hier der Gläubiger darlegen muss, dass er den Kredit wegen des Verzugs aufgenommen hat bzw einen bereits vor Verzug aufgenommenen Kredit entsprechend zurückgeführt hätte. Bei Kaufleuten bzw Unternehmen der öffentlichen Hand ist davon idR auszugehen, so dass hier entsprechende Beweiserleichterungen bestehen (BGH NJW-RR 1991, 793). Hinsichtlich der Höhe der Zinsen sollte eine Bankbescheinigung vorgelegt werden, die Angaben zu Höhe, Zinsen und Umfang der Inanspruchnahme des Darlehens enthält.

9 Macht der Gläubiger geltend, er hätte den offenen Betrag, wäre er rechtzeitig eingegangen, **anderweitig angelegt**, kann ihm ein nach Abs. 4 ersatzfähiger Schaden entstanden sein. Dabei hat er darzulegen, dass und wie er den Betrag angelegt hätte, wobei § 287 ZPO Anwendung findet (Hk-BGB/*Schulze*, § 288 Rn 7 mwN). Kreditinstitute können den Schaden abstrakt auf Grundlage ihrer üblichen Sollzinsen berechnen (BGH NJW 1988, 1967).

10 [2] **Rechtshängigkeitszinsen.** Aus § 291 ergibt sich die Verzinsung eines eingeklagten Betrags ab Rechtshängigkeit, also Zustellung der Leistungsklage (§§ 253, 261 ZPO) bzw des Mahnbescheides (§ 693 ZPO). Verzug ist nicht erforderlich, das Bestehen eines Zurückbehaltungsrechts schließt jedoch die Zinspflicht aus, da der Anspruch damit nicht fällig ist. Zum Sonderfall des Vorteilsausgleichs vgl BGH NJW-RR 2005, 170.

11 Die Angabe des **Datums der Rechtshängigkeit** im Antrag ist nicht erforderlich, da sich dieses aus der Verfahrensakte ergibt und vom Gericht im Tenor ausgesprochen wird (falls dieses fehlt: § 319 ZPO). Zur Zinshöhe vgl Rn 6 ff.

12 [3] **„Abzüglich"-Antrag.** Zahlt der Schuldner nach Beginn des Zinslaufs (also auch während des Rechtsstreits), kann die Hauptforderung wegen § 362 nicht weiter geltend gemacht werden. Anstatt dann den Zinsbetrag auszurechnen, kann der Gläubiger seinen Zahlungsantrag „abzüglich" der geleisteten Zahlungen des Schuldners stellen, wobei allerdings zur genauen Berechnung des Zinslaufs die Angabe des Zahlungsdatums erforderlich ist. In welcher Höhe dann Zinsen tatsächlich geschuldet werden, berechnet das Vollstreckungsorgan. Ein solcher Antrag ist als (gegebenenfalls teilweise) Erledigungserklärung auszulegen (BGH NJW-RR 1991, 1211).

§ 292 Haftung bei Herausgabepflicht

(1) Hat der Schuldner einen bestimmten Gegenstand herauszugeben, so bestimmt sich von dem Eintritt der Rechtshängigkeit an der Anspruch des Gläubigers auf Schadensersatz wegen Verschlechterung, Untergangs oder einer aus einem anderen Grunde eintretenden Unmöglichkeit der Herausgabe nach den Vorschriften, welche für das Verhältnis zwischen dem Eigentümer und dem Besitzer von dem Eintritt der Rechtshängigkeit des Eigentumsanspruchs an gelten, soweit nicht aus dem Schuldverhältnis oder dem Verzug des Schuldners sich zugunsten des Gläubigers ein anderes ergibt.
(2) Das Gleiche gilt von dem Anspruch des Gläubigers auf Herausgabe oder Vergütung von Nutzungen und von dem Anspruch des Schuldners auf Ersatz von Verwendungen.

Titel 2 Verzug des Gläubigers

§ 293 Annahmeverzug

Der Gläubiger kommt in Verzug, wenn er die ihm angebotene Leistung nicht annimmt.

§ 294 Tatsächliches Angebot

Die Leistung muss dem Gläubiger so, wie sie zu bewirken ist, tatsächlich angeboten werden.

§ 295 Wörtliches Angebot

[1]Ein wörtliches Angebot des Schuldners genügt, wenn der Gläubiger ihm erklärt hat, dass er die Leistung nicht annehmen werde, oder wenn zur Bewirkung der Leistung eine Handlung des Gläubigers erforderlich ist, insbesondere wenn der Gläubiger die geschuldete Sache abzuholen hat. [2]Dem Angebot der Leistung steht die Aufforderung an den Gläubiger gleich, die erforderliche Handlung vorzunehmen.

§ 296 Entbehrlichkeit des Angebots

[1]Ist für die von dem Gläubiger vorzunehmende Handlung eine Zeit nach dem Kalender bestimmt, so bedarf es des Angebots nur, wenn der Gläubiger die Handlung rechtzeitig vornimmt. [2]Das Gleiche gilt, wenn der Handlung ein Ereignis vorauszugehen hat und eine angemessene Zeit für die Handlung in der Weise bestimmt ist, dass sie sich von dem Ereignis an nach dem Kalender berechnen lässt.

§ 297 Unvermögen des Schuldners

Der Gläubiger kommt nicht in Verzug, wenn der Schuldner zur Zeit des Angebots oder im Falle des § 296 zu der für die Handlung des Gläubigers bestimmten Zeit außerstande ist, die Leistung zu bewirken.

§ 298 Zug-um-Zug-Leistungen

Ist der Schuldner nur gegen eine Leistung des Gläubigers zu leisten verpflichtet, so kommt der Gläubiger in Verzug, wenn er zwar die angebotene Leistung anzunehmen bereit ist, die verlangte Gegenleistung aber nicht anbietet.

§ 299 Vorübergehende Annahmeverhinderung

Ist die Leistungszeit nicht bestimmt oder ist der Schuldner berechtigt, vor der bestimmten Zeit zu leisten, so kommt der Gläubiger nicht dadurch in Verzug, dass er vorübergehend an der Annahme der angebotenen Leistung verhindert ist, es sei denn, dass der Schuldner ihm die Leistung eine angemessene Zeit vorher angekündigt hat.

§ 300 Wirkungen des Gläubigerverzugs

(1) Der Schuldner hat während des Verzugs des Gläubigers nur Vorsatz und grobe Fahrlässigkeit zu vertreten.
(2) Wird eine nur der Gattung nach bestimmte Sache geschuldet, so geht die Gefahr mit dem Zeitpunkt auf den Gläubiger über, in welchem er dadurch in Verzug kommt, dass er die angebotene Sache nicht annimmt.

§ 301 Wegfall der Verzinsung

Von einer verzinslichen Geldschuld hat der Schuldner während des Verzugs des Gläubigers Zinsen nicht zu entrichten.

§ 302 Nutzungen

Hat der Schuldner die Nutzungen eines Gegenstands herauszugeben oder zu ersetzen, so beschränkt sich seine Verpflichtung während des Verzugs des Gläubigers auf die Nutzungen, welche er zieht.

§ 303 Recht zur Besitzaufgabe

[1]Ist der Schuldner zur Herausgabe eines Grundstücks oder eines eingetragenen Schiffs oder Schiffsbauwerks verpflichtet, so kann er nach dem Eintritt des Verzugs des Gläubigers den Besitz aufgeben. [2]Das Aufgeben muss dem Gläubiger vorher angedroht werden, es sei denn, dass die Androhung untunlich ist.

§ 304 Ersatz von Mehraufwendungen

Der Schuldner kann im Falle des Verzugs des Gläubigers Ersatz der Mehraufwendungen verlangen, die er für das erfolglose Angebot sowie für die Aufbewahrung und Erhaltung des geschuldeten Gegenstands machen musste.

1 ## A. Muster: Klage bei Annahmeverzug

► An das
Arbeitsgericht

Klage[1]

des ▪▪▪

– Kläger –

– Prozessbevollmächtigter: RA ▪▪▪ –

gegen

die ▪▪▪ GmbH

– Beklagte –

wegen: Zahlung von Arbeitslohn

Namens und in Vollmacht des Klägers erhebe ich Klage und kündige für die mündliche Verhandlung folgenden Antrag an:

Der Beklagte wird verurteilt, an den Kläger ▪▪▪ EUR nebst Zinsen hieraus in Höhe von 5,0 Prozentpunkten über dem Basiszinssatz seit dem ▪▪▪ zu zahlen.[2]

Begründung

Der Kläger ist aufgrund des Arbeitsvertrags vom ▪▪▪ bei der Beklagten, die ca. 100 Mitarbeiter beschäftigt, seit dem ▪▪▪ als ▪▪▪ beschäftigt. Sein Brutto-Verdienst beträgt zuletzt ▪▪▪ EUR.

Beweis: Arbeitsvertrag vom ▪▪▪ in Kopie.

Mit Schreiben vom ▪▪▪, dem Kläger am ▪▪▪ persönlich übergeben, erklärte die Beklagte die ordentliche Kündigung des Arbeitsverhältnisses zum ▪▪▪

Beweis: Schreiben des Beklagten vom ▪▪▪ in Kopie.

Vor der Kündigung wurde der bei der Beklagten bestehende Betriebsrat nicht angehört.[3] Aus diesem Grund hat der Kläger unter dem ▪▪▪ Kündigungsschutzklage[4] erhoben, die bei dem angerufenen Gericht unter dem Az ▪▪▪ geführt wird. Gütetermin wurde anberaumt auf den ▪▪▪. Es wird angeregt, die Akte beizuziehen.

Trotz der Unwirksamkeit der Kündigung weigert sich die Beklagte, den Lohn des Klägers weiter zu zahlen. Dieser hat, obwohl dazu nicht verpflichtet, mit Schreiben seines Prozessbevollmächtigten vom ▪▪▪ seine Arbeitsleistung angeboten.[5]

Beweis: Schreiben vom ▪▪▪ in Kopie.

Die Beklagte befindet sich damit seit dem ▪▪▪ im Annahmeverzug und ist zur Zahlung des Arbeitslohns verpflichtet.

Die Zinspflicht ergibt sich aus §§ 288, 286 BGB.

▪▪▪

Rechtsanwalt ◄

B. Erläuterungen und Varianten

2 [1] Zur **Klage vor dem Arbeitsgericht** vgl Muster zu § 612. Die Klage auf Weiterzahlung des Lohns kann mit der Kündigungsschutzklage verbunden werden.

[2] **Zinsantrag.** Zur Zinspflicht – auch im Hinblick auf den Brutto-Lohn – siehe Muster zu § 288 Rn 4. 3

[3] Die **Unwirksamkeit der Kündigung** folgt aus § 102 Abs. 1 S. 2 BetrVG. 4

[4] Die **Kündigungsschutzklage** ist binnen drei Wochen nach Ausspruch der Kündigung bei dem ArbG zu erheben (§ 4 S. 1 KSchG), da ansonsten die Kündigung als gerechtfertigt gilt (§ 7 KSchG). Klageerhebung erfolgt durch Zustellung der Klageschrift (§ 46 Abs. 2 ArbGG iVm §§ 253, 261 ZPO), wobei § 167 ZPO Anwendung findet. 5

[5] **Annahmeverzug.** Nach § 615 S. 1 iVm §§ 293 ff behält der Arbeitnehmer seinen **Vergütungsanspruch trotz Nichtleistung der geschuldeten Dienste**, wenn sich der Arbeitgeber in Annahmeverzug befindet. Voraussetzung des Annahmeverzugs ist, dass der Gläubiger der Leistung, also der Arbeitgeber, eine in richtiger Weise angebotene Leistung nicht annimmt und der Schuldner, der Arbeitnehmer, auch zur Erbringung der Leistung in der Lage war (§ 297). 6

Grundsätzlich (§ 294) erforderlich ist dabei ein **tatsächliches Angebot**, dh die Leistung muss am richtigen Ort (§§ 269, 270) zur rechten Zeit (§ 271) angeboten werden. Nur dann, wenn der Gläubiger vorher deutlich gemacht hat, dass er die Leistung nicht annehmen werde oder er eine erforderliche Mitwirkungshandlung unterlässt, ist ein wörtliches Angebot ausreichend (§ 295). Ein Angebot ist insgesamt entbehrlich (§ 296), wenn für diese Mitwirkungshandlung eine Zeit nach dem Kalender bestimmt ist und diese nicht rechtzeitig vorgenommen wird. 7

Nach ständiger Rspr des BAG ist ein **Angebot insgesamt entbehrlich**, wenn der Arbeitgeber eine unwirksame Kündigung ausspricht, da er damit deutlich mache, dass er seine Mitwirkungshandlung, das Bereitstellen des Arbeitsplatzes, nicht erbringen (BAG NZA 1985, 119) bzw die Leistung des Arbeitnehmers nicht annehmen werde (BAG NJW 2004, 316). Der Annahmeverzug endet noch nicht dadurch, dass der Arbeitgeber eine Weiterbeschäftigung unter Aufrechterhaltung der Kündigung anbietet (BAG NJW 1986, 2846). Zu berücksichtigen ist in diesem Fall aber, dass sich der Arbeitnehmer nach § 11 S. 1 Nr. 2 KSchG uU den entgangenen Verdienst auf einen Lohnanspruch anrechen lassen muss (BAG NJW 2005, 1068). 8

Der Annahmeverzug entfällt, wenn der Schuldner **nicht leistungsfähig** ist (§ 297). Ist der Arbeitnehmer erkrankt und deshalb objektiv nicht zur Erbringung der Arbeit in der Lage (auf einen Leistungswillen kommt es nicht an), besteht kein Annahmeverzug (BAG NZA 1999, 377). Entfällt die Arbeitsunfähigkeit nach der Kündigung, tritt unmittelbar Annahmeverzug ein, eine Anzeige (etwa nach § 5 EFZG) ist entbehrlich (BAG, AP BGB § 615 Nr. 60). Die Beweislast für das Unvermögen des Arbeitnehmers trägt der Arbeitgeber (BAG, AP BGB § 615 Nr. 106). 9

Abschnitt 2 Gestaltung rechtsgeschäftlicher Schuldverhältnisse durch Allgemeine Geschäftsbedingungen

Vorbemerkung

Die nachfolgend wiedergegebenen Klauselvorschläge wurden mit entsprechender Sorgfalt unter Auswertung der Rechtsprechung und Literatur erstellt. Sie können aber schon deshalb keinen Anspruch auf Richtigkeit erheben, da namentlich die AGB-Kontrolle durch die Gerichte einem ständigen Fluss unterliegt; so werden immer wieder jahrelang unbeanstandet gebliebene AGB-Klauseln für unwirksam erklärt. Hinzu kommt, dass der Großteil der Klauseln nur für bestimmte Vertragskonstellationen oder Vertragstypen passen, mithin nicht ohne weiteres verallgemeinerungsfähig sind. Da eine insoweit umfassende Darstellung den vorliegenden Rahmen bei weitem sprengen würde, können die wiedergegebenen Klauselvorschläge allenfalls eine Anregung und Orientierungshilfe sein, die nicht von einer eigenverantwortlichen und kritischen Überprüfung im jeweiligen Einzelfall entbinden. 1

§ 305 Einbeziehung Allgemeiner Geschäftsbedingungen in den Vertrag

(1) [1]Allgemeine Geschäftsbedingungen sind alle für eine Vielzahl von Verträgen vorformulierten Vertragsbedingungen, die eine Vertragspartei (Verwender) der anderen Vertragspartei bei Abschluss eines Vertrags stellt. [2]Gleichgültig ist, ob die Bestimmungen einen äußerlich gesonderten Bestandteil des Vertrags bilden oder in die Vertragsurkunde selbst aufgenommen werden, welchen Umfang sie haben, in welcher Schriftart sie verfasst sind und welche Form der Vertrag hat. [3]Allgemeine Geschäftsbedingungen liegen nicht vor, soweit die Vertragsbedingungen zwischen den Vertragsparteien im Einzelnen ausgehandelt sind.
(2) Allgemeine Geschäftsbedingungen werden nur dann Bestandteil eines Vertrags, wenn der Verwender bei Vertragsschluss

1. die andere Vertragspartei ausdrücklich oder, wenn ein ausdrücklicher Hinweis wegen der Art des Vertragsschlusses nur unter unverhältnismäßigen Schwierigkeiten möglich ist, durch deutlich sichtbaren Aushang am Orte des Vertragsschlusses auf sie hinweist und
2. der anderen Vertragspartei die Möglichkeit verschafft, in zumutbarer Weise, die auch eine für den Verwender erkennbare körperliche Behinderung der anderen Vertragspartei angemessen berücksichtigt, von ihrem Inhalt Kenntnis zu nehmen,

und wenn die andere Vertragspartei mit ihrer Geltung einverstanden ist.
(3) Die Vertragsparteien können für eine bestimmte Art von Rechtsgeschäften die Geltung bestimmter Allgemeiner Geschäftsbedingungen unter Beachtung der in Absatz 2 bezeichneten Erfordernisse im Voraus vereinbaren.

A. Einbeziehung von AGB gegenüber Verbrauchern

I. Schriftlicher Vertragsabschluss

1 **1. Muster: Einbeziehung von AGB bei schriftlichem Vertragsabschluss**

▶ ...

Bestellung

...

Ihre Bestellung nehmen wir unter ausschließlicher Geltung unserer allgemeinen Geschäftsbedingungen,[1] die auf der Rückseite dieser Bestellung abgedruckt sind,[2] an.

[Abdruck des AGB-Textes auf der Rückseite][3]

...

Unterschrift[4] ◀

2. Erläuterungen

2 [1] Zum **Begriff der AGB** s. die gesetzliche Definition in § 305 Abs. 1 sowie die weiterführenden Kommentierungen, zB bei Hk-BGB/*Schulte-Nölke* § 305 Rn 2 ff; NK-BGB/*Kollmann* § 305 Rn 2 ff; MüKo-BGB/*Basedow* § 305 Rn 5 ff.

3 [2] AGB werden weder automatisch noch durch bloße Kenntnis oder Kennenmüssen in den Vertrag einbezogen; vielmehr bedarf es einer **Einbeziehungsvereinbarung** nach § 305 Abs. 2,

wobei an die Einbeziehungsvoraussetzungen aus Gründen des Verbraucherschutzes strenge Anforderungen gestellt werden. Gem. § 305 Abs. 2 Nr. 1 Alt. 1 muss grds. ein ausdrücklicher Hinweis auf die AGB bei Vertragsschluss erfolgen. Dies bedeutet im Wesentlichen dreierlei:

Der Hinweis muss so klar sein, dass ihn auch ein Durchschnittskunde bei flüchtiger Betrachtung 4 nicht übersehen kann (vgl BGH NJW-RR 1987, 112 [114]). So genügt es insb. nicht, wenn der AGB-Verwender seine AGB lediglich auf der Rückseite des Vertragsformulars abdruckt, ohne auf der Vorderseite deutlich darauf hinzuweisen; ebenso wenig reicht ein schwer lesbarer, ein versteckter oder ein missverständlicher Hinweis auf die AGB aus (vgl NK-BGB/*Kollmann* § 305 Rn 37). Eine Ausnahme vom Erfordernis des ausdrücklichen Hinweises gilt nur bei Massengeschäften bzw Vertragsabschlüssen, bei denen ein näherer persönlicher Kontakt mit den Kunden nicht stattfindet, zB bei Automatengeschäften, in Parkhäusern, usw; in diesen Fällen genügt ein deutlich sichtbarer Aushang der AGB.

Bei mündlichem Vertragsabschluss muss der AGB-Verwender während des Gesprächs noch vor 5 Vertragsabschluss ausdrücklich auf seine AGB hinweisen.

Ein erstmaliger Hinweis auf die Geltung der AGB auf Auftragsbestätigungen, Rechnungen, 6 Lieferscheinen ist, da erst nach Vertragsschluss erfolgt, zu spät mit der Folge, dass die AGB nicht mehr Vertragsbestandteil werden können. Ein Hinweis bei einem früheren Geschäft genügt ebenfalls nicht (Hk-BGB/*Schulte-Nölke* § 305 Rn 12, Palandt/*Grüneberg* § 305 Rn 30).

[3] **Zumutbare Kenntnisnahmemöglichkeit.** Gem. § 305 Abs. 2 Nr. 2 muss der Klauselverwen- 7 der dem Vertragspartner die Möglichkeit verschaffen, in zumutbarer Weise vom Inhalt der AGB Kenntnis nehmen zu können. Diese Regelung beinhaltet zwei Voraussetzungen:

Erstens müssen die AGB bei Vertragsschluss tatsächlich verfügbar sein, damit der Vertrags- 8 partner die Rechtsfolgen und Risiken des Vertrages abschätzen kann. Die Verfügbarkeit verlangt nicht zwingend die Übergabe der AGB an den Kunden; nach hM ist eine Aushändigung aber unumgänglich, wenn dem Vertragspartner die Kenntnisnahme der AGB, insb. aufgrund des Umfangs auf andere Weise nicht oder nur schwer möglich ist (vgl NK-BGB/*Kollmann* § 305 Rn 54 – 58; BGH NJW 2009, 1486 für Reisebedingungen).

Zweitens muss die Möglichkeit der Kenntnisnahme zumutbar sein. Dies ist dann der Fall, wenn 9 die AGB in der Vertragssprache abgefasst, gut lesbar (Faustformel: Zeilenhöhe und -abstand jeweils mindestens 1 mm, vgl BGH BB 1983, 2074; OLG Saarbrücken, NJW-RR 2009, 989) und übersichtlich gestaltet sind. Maßgebend ist der Gesamteindruck, wobei auf den Durchschnittskunden für die jeweilige Art von Geschäften abzustellen ist (vgl Hk-BGB/*Schulte-Nölke* § 305 Rn 16; NK-BGB/*Kollmann* § 305 Rn 60).

[4] Nach § 305 Abs. 2 Hs 2 muss der Vertragspartner mit der Geltung der AGB einverstanden 10 sein. Das **Einverständnis** kann schriftlich oder konkludent erfolgen. Zweckmäßigerweise sollte sich daher in einem Vertragsformular mit Vertragsbedingungen der Hinweis auf die AGB vor der Unterschrift des Vertragspartners befinden. Eine formularmäßige Erklärung in einem Vertragsformular, dass der Vertragspartner von den AGB Kenntnis genommen und deren Geltung akzeptiert hat, unterliegt nach BGH nicht der Inhaltskontrolle gem. §§ 307 ff, da eine solche Bestätigungsklausel nicht Teil der AGB ist (BGH NJW 1982, 1388 – str.). Folgt man der anderen Auffassung – also Inhaltskontrolle – wird grds. Unwirksamkeit nach § 309 Nr. 9 gegeben sein (vgl NK-BGB/*Kollmann* § 305 Rn 37 und 77).

II. Vertragsabschluss über Internet

11 **1. Muster: Einbeziehung von AGB bei Vertragsabschluss über Internet**

▶ [Online-Bestellvorgang]

Durch das Anklicken des Feldes „AGB akzeptieren" kommt ein Vertrag mit unseren Allgemeinen Geschäftsbedingungen zustande,[1] die Sie auf Ihren Rechner herunterladen oder ausdrucken können.[2]

[Auslösen der Bestellung] ◀

2. Erläuterungen

12 [1] **Hinweis auf AGB.** Schließt ein Verbraucher einen Vertrag im elektronischen Geschäftsverkehr ab, muss der Hinweis auf die in den Vertrag einzubeziehenden AGB, um § 305 Abs. 2 Nr. 1 zu genügen, so ausgestaltet sein, dass ein Durchschnittskunde die AGB auch bei flüchtiger Betrachtung nicht übersieht (Palandt/*Grüneberg* § 305 Rn 38). Ob es ausreicht, wenn auf der Homepage die AGB hinterlegt und über einen Button oder Link abgerufen werden können, ist zweifelhaft (vgl MüKo-BGB/*Basedow* § 305 Rn 65). Nach BGH NJW 2006, 2976 genügt ein gut sichtbarer Link auf der Bestellseite. In der Praxis hat sich der sicherere Weg bewährt, unmittelbar vor dem Auslösen des Bestellvorgangs auf die AGB hinzuweisen, wobei der Kunde durch Anklicken eines bestimmten Feldes („Einverstanden"/Abhaken oä) auf elektronischem Wege erklärt, dass er mit der Geltung der AGB einverstanden ist, sog. „Klick-and-Accept-Verfahren". So kann im Online-Geschäftsverkehr mit Verbrauchern dem § 305 Abs. 2 Nr. 1 Rechnung getragen werden.

13 [2] **Kenntnisnahmemöglichkeit.** Dem Kunden muss mit Blick auf § 305 Abs. 2 Nr. 2 des Weiteren die Möglichkeit gegeben werden, die AGB einzusehen sowie ohne weiteren technischen Aufwand herunterzuladen, auf dem eigenen Computer zu speichern und/oder auszudrucken. Bei Verträgen, die auf elektronischem Wege abgeschlossen werden, tritt an die Stelle der Aushändigung insoweit die Möglichkeit des unentgeltlichen Ausdruckes (vgl oben Rn 8 sowie NK-BGB/*Kollmann* § 305 Rn 56 und 63).

B. Einbeziehung von AGB gegenüber Unternehmern

I. AGB im unternehmerischen Verkehr

14 **1. Muster: Einbeziehung von AGB im unternehmerischen Verkehr**

▶ Unsere Leistungen und Lieferungen erfolgen ausschließlich auf der Grundlage der nachfolgenden Geschäftsbedingungen.[1] Diese gelten auch für alle künftigen Geschäfte, soweit es sich um solche gleicher Art handelt.[2]

Entgegenstehende oder von unseren Geschäftsbedingungen abweichende Bedingungen des Kunden werden nicht anerkannt, es sei denn wir stimmen ihrer Geltung ausdrücklich zu.[3] ◀

2. Erläuterungen

15 [1] Bei Verträgen zwischen Unternehmern gelten die Einbeziehungsregeln des § 305 Abs. 2 nicht, § 310 Abs. 1. Nichtsdestotrotz ist auch im unternehmerischen Verkehr eine rechtsgeschäftliche **Einbeziehungsvereinbarung** erforderlich, wenn auch unter wesentlich erleichterten Voraussetzungen (BGHZ 117, 190 [194]; Palandt/*Grüneberg* § 305 Rn 50). So muss der AGB-Verwender nicht ausdrücklich auf seine AGB hinweisen oder dem Vertragspartner eigens die Möglichkeit der Kenntnisnahme verschaffen; vielmehr muss die Kenntnisnahme lediglich in zumutbarer Weise möglich sein (Hk-BGB/*Schulte-Nölke* § 305 Rn 19). Es genügt im Unterschied zur Einbeziehung von AGB gegenüber Nichtunternehmern etwa, wenn – wie im Muster

– der Unternehmer eingangs der AGB zum Ausdruck bringt, dass neben dem Individualteil auch die AGB Vertragsbestandteil sein sollen.

[2] **Erstreckung auf künftige Verträge.** Anders als gegenüber Verbrauchern (vgl hierzu BGH NJW-RR 1987, 112 [113] – möglich ist hier aber eine Rahmenvereinbarung nach § 305 Abs. 3) kann der Klauselverwender gegenüber Unternehmern seine AGB auch auf künftige Verträge erstrecken. Derartiges muss allerdings durch einen entsprechenden Hinweis – wie im Muster – zum Ausdruck gebracht werden (vgl BGHZ 117, 190 [198]). 16

[3] **AGB-Kollision.** Im unternehmerischen Geschäftsverkehr muss der AGB-Verwender damit rechnen, dass auch der andere Teil mit AGB arbeitet; es kollidiert dann das eigene Klauselwerk mit dem des Vertragspartners (vor allem Einkaufsbedingungen des Käufers – Verkaufsbedingungen/Lieferbedingungen des Verkäufers). In diesen Fällen sollte man nicht nur auf die (ausschließliche) Geltung der eigenen AGB hinweisen, sog. Geltungsklausel bzw Ausschließlichkeitsklausel, sondern es sollten – wie im Muster – entgegenstehende AGB des Vertragspartners ausdrücklich abgewehrt werden, sog. Abwehrklausel. Eine solche Abwehrklausel ist als vorweggenommener Widerspruch in Bezug auf die AGB des Vertragspartners anzusehen. Folge ist, dass nur die übereinstimmenden Klauseln Vertragsbestandteil werden – Prinzip der Kongruenzgeltung, iÜ liegt Dissens vor, der jedoch nicht zur Unwirksamkeit des Vertrages führt. Vielmehr gelten insoweit die entsprechenden gesetzlichen Regeln – Rechtsgedanke des § 306 Abs. 2 (so die heute ganz hM in Rspr und Literatur, vgl BGH NJW 1991, 1606; Palandt/*Grüneberg* § 305 Rn 55; Hk-BGB/*Schulte-Nölke* § 305 Rn 20). Zu dem Sonderproblem von kollidierenden AGB im Zusammenhang mit Eigentumsvorbehaltsklauseln vgl Palandt/*Grüneberg* § 305 Rn 56 und NK-BGB/*Kollmann* § 305 Rn 106. 17

§ 305 a Einbeziehung in besonderen Fällen

Auch ohne Einhaltung der in § 305 Abs. 2 Nr. 1 und 2 bezeichneten Erfordernisse werden einbezogen, wenn die andere Vertragpartei mit ihrer Geltung einverstanden ist,

1. **die mit Genehmigung der zuständigen Verkehrsbehörde oder auf Grund von internationalen Übereinkommen erlassenen Tarife und Ausführungsbestimmungen der Eisenbahnen und die nach Maßgabe des Personenbeförderungsgesetzes genehmigten Beförderungsbedingungen der Straßenbahnen, Obusse und Kraftfahrzeuge im Linienverkehr in den Beförderungsvertrag,**
2. **die im Amtsblatt der Bundesnetzagentur für Elektrizität, Gas, Telekommunikation, Post und Eisenbahnen veröffentlichten und in den Geschäftsstellen des Verwenders bereitgehaltenen Allgemeinen Geschäftsbedingungen**
   a) **in Beförderungsverträge, die außerhalb von Geschäftsräumen durch den Einwurf von Postsendungen in Briefkästen abgeschlossen werden,**
   b) **in Verträge über Telekommunikations-, Informations- und andere Dienstleistungen, die unmittelbar durch Einsatz von Fernkommunikationsmitteln und während der Erbringung einer Telekommunikationsdienstleistung in einem Mal erbracht werden, wenn die Allgemeinen Geschäftsbedingungen der anderen Vertragspartei nur unter unverhältnismäßigen Schwierigkeiten vor dem Vertragsschluss zugänglich gemacht werden können.**

§ 305 b Vorrang der Individualabrede

Individuelle Vertragsabreden haben Vorrang vor Allgemeinen Geschäftsbedingungen.

1 **A. Muster: Schriftformklausel/Vollständigkeitsklausel**

▶ Alle Vereinbarungen,[1] die zwischen uns und dem Kunden im Zusammenhang mit diesem Vertrag getroffen werden, sind in dem Vertrag und unseren Allgemeinen Geschäftsbedingungen zu diesem Vertrag schriftlich niedergelegt.[2] ◀

B. Erläuterungen

2 [1] Das **Problem:** Jede Individualabrede – gleich ob schriftlich, mündlich oder auch konkludent – verdrängt abweichende Geschäftsbedingungen, § 305 b. In AGB oder Formularverträgen würden Schriftformklauseln, wonach Änderungen, Ergänzungen oder Abweichungen vom Vertrag der Schriftform bedürfen, oder Bestätigungsklauseln, wonach mündliche Nebenabreden zu ihrer Wirksamkeit der schriftlichen Bestätigung bedürfen, den gesetzlich zwingenden Vorrang der Individualabrede außer Kraft setzen. Sie sind daher bereits wegen Verstoßes gegen § 305 b, jedenfalls wegen Verstoßes gegen § 307 Abs. 2 Nr. 1 unwirksam. Von der Rspr beanstandet wurden bspw folgende Klauseln: „Änderungen oder Ergänzungen bedürfen der Schriftform" (NJW 1995, 1488), „Vereinbarungen, Zusicherungen oder Änderungen sind nur in schriftlicher Form gültig" (NJW 1985, 320), „Mündliche Abmachungen haben ohne schriftliche Bestätigung der Firma keine Gültigkeit" (NJW 1986, 1809). Vgl weitergehend NK-BGB/*Kollmann* § 305 b Rn 15 ff.

3 [2] Die **Lösung:** Schriftform- oder Bestätigungsklauseln sind nicht per se unwirksam; sie können – wie im Muster – als Vollständigkeitsklausel wirksam ausgestaltet werden, wenn sie sich zeitlich auf (mündliche) Vereinbarungen beschränken, die vor oder bei Vertragsschluss getroffen werden, da dann der zwingende Vorrang der Individualvereinbarung nach § 305 b nicht tangiert wird; vielmehr wird nur die ohnehin geltende Vermutung der Vollständigkeit und Richtigkeit der Vertragsurkunde bestätigt (BGH NJW 1985, 623 [630]; 2000, 207 f; MüKo-BGB/*Basedow* § 305 b Rn 13). Nicht erstrecken darf sich die Klausel auf nach Vertragsabschluss erfolgende Nebenabreden (Hk-BGB/*Schulte-Nölke* § 305 b Rn 5; Palandt/*Grüneberg* § 305 b Rn 5). Differenziert die Klausel in zeitlicher Hinsicht nicht, ist sie wegen des Verbots der geltungserhaltenden Reduktion insgesamt unwirksam (vgl NK-BGB/*Kollmann* § 305 b Rn 16).

§ 305 c Überraschende und mehrdeutige Klauseln

(1) Bestimmungen in Allgemeinen Geschäftsbedingungen, die nach den Umständen, insbesondere nach dem äußeren Erscheinungsbild des Vertrags, so ungewöhnlich sind, dass der Vertragspartner des Verwenders mit ihnen nicht zu rechnen braucht, werden nicht Vertragsbestandteil.
(2) Zweifel bei der Auslegung Allgemeiner Geschäftsbedingungen gehen zu Lasten des Verwenders.

§ 306 Rechtsfolgen bei Nichteinbeziehung und Unwirksamkeit

(1) Sind Allgemeine Geschäftsbedingungen ganz oder teilweise nicht Vertragsbestandteil geworden oder unwirksam, so bleibt der Vertrag im Übrigen wirksam.
(2) Soweit die Bestimmungen nicht Vertragsbestandteil geworden oder unwirksam sind, richtet sich der Inhalt des Vertrags nach den gesetzlichen Vorschriften.
(3) Der Vertrag ist unwirksam, wenn das Festhalten an ihm auch unter Berücksichtigung der nach Absatz 2 vorgesehenen Änderung eine unzumutbare Härte für eine Vertragspartei darstellen würde.

A. Muster: Salvatorische Erhaltungsklausel 1

▶ Sollte eine Bestimmung dieser Geschäftsbedingungen unwirksam sein oder werden oder eine Lücke enthalten,[1] so berührt dies die Wirksamkeit der übrigen Bestimmungen nicht.[2] ◀

B. Erläuterungen

[1] Sog. **salvatorische Erhaltungsklauseln,** wie im Muster, bestätigen letztlich nur den gesetzlichen Grundgedanken des § 306 und sind daher unbedenklich. 2

[2] Davon zu trennen sind jedoch sog. **salvatorische Ersetzungs- bzw Anpassungsklauseln.** Diese bestimmen, dass eine nichtige oder unwirksame Bestimmung durch eine solche zu ersetzen ist, die dem wirtschaftlichen Zweck der unwirksamen Regelung am nächsten kommt. Klauseln in AGB oder auch Formularverträgen dergestalt „Die Vertragsparteien verpflichten sich anstelle der unwirksamen Bestimmung eine solche wirksame Regelung zu treffen, die der unwirksamen Bestimmung innerhalb der gesetzlichen Grenzen wirtschaftlich am nächsten kommt." sind daher wegen Verstoßes gegen § 306 Abs. 2 und § 307 Abs. 1 S. 2 unwirksam (Palandt/*Grüneberg* § 306 Rn 9; MüKo-BGB/*Basedow* § 306 Rn 29). 3

§ 306 a Umgehungsverbot

Die Vorschriften dieses Abschnitts finden auch Anwendung, wenn sie durch anderweitige Gestaltungen umgangen werden.

§ 307 Inhaltskontrolle

(1) [1]Bestimmungen in Allgemeinen Geschäftsbedingungen sind unwirksam, wenn sie den Vertragspartner des Verwenders entgegen den Geboten von Treu und Glauben unangemessen benachteiligen. [2]Eine unangemessene Benachteiligung kann sich auch daraus ergeben, dass die Bestimmung nicht klar und verständlich ist.
(2) Eine unangemessene Benachteiligung ist im Zweifel anzunehmen, wenn eine Bestimmung

1. **mit wesentlichen Grundgedanken der gesetzlichen Regelung, von der abgewichen wird, nicht zu vereinbaren ist oder**
2. **wesentliche Rechte oder Pflichten, die sich aus der Natur des Vertrags ergeben, so einschränkt, dass die Erreichung des Vertragszwecks gefährdet ist.**

(3) [1]Die Absätze 1 und 2 sowie die §§ 308 und 309 gelten nur für Bestimmungen in Allgemeinen Geschäftsbedingungen, durch die von Rechtsvorschriften abweichende oder diese ergänzende Regelungen vereinbart werden. [2]Andere Bestimmungen können nach Absatz 1 Satz 2 in Verbindung mit Absatz 1 Satz 1 unwirksam sein.

1 **A. Muster: Allgemeine Verkaufs- und Lieferbedingungen für den unternehmerischen Verkehr**

▶ **1. Geltungsbereich**

(1) Diese Geschäftsbedingungen gelten gegenüber Unternehmern, juristischen Personen des öffentlichen Rechts oder öffentlich-rechtlichen Sondervermögen (nachfolgend: Kunde).[1]

(2) Unsere Lieferungen, Leistungen und Angebote erfolgen ausschließlich auf der Grundlage dieser Verkaufs- und Lieferbedingungen. Diese gelten auch für alle künftigen Geschäfte mit dem Kunden, sofern es sich um Rechtsgeschäfte gleicher oder verwandter Art handelt.[2]

(3) Geschäfts- bzw Einkaufsbedingungen des Kunden werden hiermit widersprochen.[3]

2. Angebot und Vertragsschluss

(1) Unsere Angebote sind freibleibend und unverbindlich, es sei denn, dass wir diese ausdrücklich als verbindlich bezeichnet haben.[4]

(2) Eine Bestellung des Kunden, die als Angebot zum Abschluss eines Vertrages zu qualifizieren ist, können wir innerhalb von zwei Wochen durch Übersendung einer schriftlichen Bestätigung oder durch Ausführung der vertraglichen Leistung innerhalb der gleichen Frist annehmen.[5]

(3) Zeichnungen, Abbildungen, Maße, Gewichte oder sonstige Leistungsdaten sind nur verbindlich, wenn dies ausdrücklich schriftlich vereinbart wird.

3. Lieferung

(1) Unsere Lieferverpflichtungen stehen unter dem Vorbehalt der richtigen und rechtzeitigen Selbstbelieferung, es sei denn, die unrichtige oder verspätete Selbstbelieferung ist von uns zu vertreten.[6]

(2) Wir sind zu Teillieferungen und Teilleistungen nur dann berechtigt, wenn diese für den Kunden nach dem Vertragszweck von Interesse sind und dem Kunden dadurch kein erheblicher Mehraufwand entsteht.[7]

(3) Angaben zu Lieferzeiten sind annähernd, sofern nichts anderes mit dem Kunden vereinbart ist. Lieferfristen beginnen erst nach vollständiger Klarstellung aller Ausführungseinzelheiten und setzen die rechtzeitige und ordnungsgemäße Erfüllung der Verpflichtungen des Kunden voraus.

(4) Gerät der Kunde mit dem Abruf, der Annahme oder der Abholung der Ware in Verzug, sind wir berechtigt, Ersatz des uns entstandenen Schadens zu verlangen; mit Eintritt des Annahmeverzuges geht die Gefahr der zufälligen Verschlechterung und des zufälligen Untergangs auf den Kunden über.

(5) Im Fall des von uns nicht vorsätzlich oder grob fahrlässig herbeigeführten Lieferverzuges haften wir für jede vollendete Woche Verzug im Rahmen einer pauschalierten Verzugsentschädigung in Höhe von 3 % des Lieferwertes, max. jedoch nicht mehr als 15 % des Lieferwertes.[8]

(6) Weitere gesetzliche Ansprüche und Rechte des Kunden wegen eines Lieferverzuges bleiben unberührt.

4. Preise und Zahlung

(1) Unsere Preise verstehen sich ab Werk oder Lager zzgl Fracht und der jeweils geltenden Umsatzsteuer.

(2) Die für den Transport/Versand übliche Verpackung berechnen wir zu Selbstkosten, soweit mit dem Kunden nicht etwas anderes vereinbart ist.

(3) Unsere Rechnungen sind sofort und ohne Abzug zur Zahlung fällig.

(4) Der Kunde kann nur mit unbestrittenen, von uns anerkannten und rechtskräftig festgestellten Forderungen gegen unsere Forderungen aufrechnen.[9] Der Kunde ist zur Ausübung eines Zurückbehaltungsrechts nur befugt, soweit sein Gegenanspruch auf dem gleichen Vertragsverhältnis beruht.[10]

(5) Gerät der Kunde mit einer Zahlung in Verzug, gelten die gesetzlichen Regelungen.

5. Gefahrübergang bei Versendung

(1) Wird die Ware auf Wunsch des Kunden an diesen versandt, so geht mit der Absendung an den Kunden, spätestens mit Verlassen des Werkes/Lagers die Gefahr des zufälligen Untergangs oder der zufälligen Verschlechterung der Ware auf den Kunden über. Dies gilt unabhängig davon, wer die Frachtkosten trägt.

(2) Wird der Versand auf Wunsch des Kunden verzögert, geht die Gefahr mit der Meldung der Lieferbereitschaft auf ihn über.

6. Eigentumsvorbehalt

(1) Bis zur endgültigen Bezahlung sämtlicher auf der Grundlage der Geschäftsverbindung entstandenen und entstehenden Forderungen bleibt die gelieferte Ware unser Eigentum (Vorbehaltsware). Bei mehreren Forderungen oder laufender Rechnung gilt der Eigentumsvorbehalt als Sicherung für die Saldoforderung, auch wenn einzelne Warenlieferungen bereits bezahlt sind.[11]

(2) Im Falle vertragswidrigen Verhaltens des Kunden, zB Zahlungsverzug, haben wir nach vorheriger Setzung einer angemessenen Frist das Recht, die Vorbehaltsware zurückzunehmen. Nehmen wir die Vorbehaltsware zurück, stellt dies einen Rücktritt vom Vertrag dar.[12] Wir sind berechtigt, die Vorbehaltsware nach Rücknahme zu verwerten. Nach Abzug eines angemessenen Betrages für die Verwertungskosten ist der Verwertungserlös mit den uns vom Kunden geschuldeten Beträgen zu verrechnen.

(3) Bei Zugriffen Dritter auf die Vorbehaltsware, insb. Pfändungen, wird der Kunde auf unser Eigentum hinweisen und uns unverzüglich benachrichtigen, damit wir unsere Eigentumsrechte durchsetzen können.

(4) Der Kunde ist berechtigt, die Vorbehaltsware im ordnungsgemäßen Geschäftsgang zu verarbeiten und zu veräußern, solange er nicht in Verzug ist. Verpfändungen oder Sicherungsübereignungen sind unzulässig. Die aus dem Weiterverkauf oder einem sonstigen Rechtsgrund (Versicherung, unerlaubte Handlung) bzgl der Vorbehaltsware entstehenden Forderungen tritt der Kunde bereits jetzt sicherungshalber in vollem Umfang an uns ab. Wir ermächtigen den Kunden widerruflich, die an uns abgetretenen Forderungen für dessen Rechnung im eigenen Namen einzuziehen. Die Einzugsermächtigung erlischt, wenn der Kunde seinen Zahlungsverpflichtungen nicht ordnungsgemäß nachkommt, in Zahlungsschwierigkeiten gerät, ihm gegenüber Zwangsvollstreckungsmaßnahmen ergriffen werden oder über sein Vermögen das gerichtliche Insolvenzverfahren eröffnet oder dessen Eröffnung mangels Masse abgelehnt wird.[13]

(5) Verarbeitung oder Umbildung der Ware erfolgen stets für uns als Hersteller, jedoch ohne Verpflichtung für uns. Werden die Liefergegenstände mit anderen uns nicht gehörenden Gegenständen verarbeitet, so erwerben wir das Miteigentum an der neuen Sache im Verhältnis des Wertes der Liefergegenstände zu den anderen verarbeiteten Gegenständen zur Zeit der Verarbeitung.[14] Werden die Liefergegenstände mit anderen, uns nicht gehörenden Gegenständen verbunden oder untrennbar vermischt, so erwerben wir das Miteigentum an der neuen Sache im Verhältnis des Wertes der Liefergegenstände zu den anderen verbundenen oder vermischten Gegenständen. Ist bei der Verbindung oder Vermischung die Sache des Kunden als Hauptsache anzusehen, so gilt als vereinbart, dass der Kunde uns anteilig das Miteigentum an der neuen Sache überträgt.[15] Der Kunde verwahrt das so entstandene Miteigentum für uns.

(6) Wir sind verpflichtet, die uns zustehenden Sicherheiten insoweit freizugeben, als der realisierbare Wert unserer Sicherheiten die zu sichernden Forderungen um mehr als 10 % übersteigt; dabei obliegt uns die Auswahl der freizugebenden Sicherheiten.[16]

7. Gewährleistung

(1) Bei Verletzung einer Vertragspflicht stehen dem Kunden uns gegenüber die gesetzlichen Rechte nach Maßgabe der folgenden Regelungen zu.

(2) Dem Kunden stehen Gewährleistungsansprüche nur zu, wenn er seinen Untersuchungs- und Rügeobliegenheiten nach § 377 HGB nachgekommen ist.[17]

(3) Bei berechtigter und fristgerechter Mangelrüge hat der Kunde während des Gewährleistungszeitraums einen Anspruch auf Nacherfüllung; hinsichtlich der Art der Nacherfüllung – Beseitigung des Mangels oder Lieferung einer mangelfreien Sache – steht uns das Wahlrecht zu. Schlägt die Nacherfüllung fehl oder sind für den Kunden weitere Nacherfüllungsversuche unzumutbar, so ist der Kunde zur Minderung oder zum Rücktritt vom Vertrag berechtigt.[18]

(4) Wird der Kunde von seinem Abnehmer oder einem Verbraucher wegen eines Mangels der gelieferten Ware, der bereits bei Gefahrübergang vorhanden war oder von einem Verbraucher als Endabnehmer reklamiert wurde, in Anspruch genommen, bleiben die gesetzlichen Rückgriffsansprüche des Kunden gegenüber uns nach §§ 478, 479 BGB unberührt.

(5) Schadensersatzansprüche zu den in Ziffer 8 geregelten Bedingungen wegen eines Mangels kann der Kunde erst geltend machen, wenn die Nacherfüllung fehlgeschlagen ist oder wir die Nacherfüllung verweigern. Das Recht des Kunden zur Geltendmachung von weitergehenden Schadensersatzansprüchen zu den in Ziffer 8 geregelten Bedingungen bleibt davon unberührt.

(6) Ansprüche gegen uns wegen Mängeln stehen nur dem Kunden zu und sind nicht abtretbar.

(7) Die Verjährungsfrist für Mängelansprüche beträgt ein Jahr ab Gefahrübergang.[19] Dies gilt nicht, soweit das Gesetz gemäß §§ 438 Abs. 1 Nr. 2 (Bauwerke und Sachen für Bauwerke), 478, 479 (Lieferantenregress) und 634 a Abs. 1 Nr. 2 BGB (Baumängel) längere Fristen vorschreibt sowie in Fällen der Verletzung des Lebens, des Körpers oder der Gesundheit, bei einer vorsätzlichen oder grob fahrlässigen Pflichtverletzung durch uns und bei arglistigem Verschweigen eines Mangels.

8. Haftung

Wir haften für entstehende Schäden lediglich, soweit diese auf einer Verletzung einer wesentlichen Vertragspflicht oder auf einem vorsätzlichen oder grob fahrlässigen Verhalten von uns, unserer gesetzlichen Vertreter oder Erfüllungsgehilfen beruhen.[20] Wird eine wesentliche Vertragspflicht leicht fahrlässig verletzt, so ist unsere Haftung auf den vorhersehbaren vertragstypischen Schaden begrenzt. Eine wesentliche Vertragspflicht ist bei Verpflichtungen gegeben, deren Erfüllung die ordnungsgemäße Durchführung des Vertrages erst möglich macht oder auf deren Einhaltung der Kunde vertraut hat und vertrauen durfte.[21]

Eine darüber hinausgehende Haftung auf Schadensersatz ist ausgeschlossen. Die Haftung wegen schuldhafter Verletzung von Leben, Körper oder Gesundheit nach den gesetzlichen Bestimmungen bleibt unberührt.[22] Dies gilt auch für die zwingende Haftung nach dem Produkthaftungsgesetz.

9. Erfüllungsort/Gerichtsstand/Anwendbares Recht

(1) Erfüllungsort für sämtliche Lieferverpflichtungen unsererseits und für die sonstigen Vertragsverpflichtungen beider Parteien ist ■■■[23]

(2) Dieser Vertrag und diese Geschäftsbedingungen sowie die gesamten Rechtsbeziehungen zwischen dem Kunden und uns unterliegen dem Recht der Bundesrepublik Deutschland unter Ausschluss aller Verweisungen auf andere Rechtsordnungen und internationale Verträge. Die Geltung von UN-Kaufrecht ist ausgeschlossen.[24]

(3)Bei allen sich aus diesem Vertragsverhältnis ergebenden Streitigkeiten ist ■■■ Gerichtsstand. Wir sind jedoch berechtigt, den Kunden auch an seinem Geschäftssitz zu verklagen.[25] ◄

B. Erläuterungen

[1] **Geltungsbereich.** Die Klausel stellt klar, dass die nachfolgenden AGB nur im unternehmerischen Verkehr gelten sollen – dies vor folgendem Hintergrund: Nach § 310 Abs. 1 findet bei gegenüber einem Unternehmer verwendeten AGB keine Inhaltskontrolle nach §§ 308, 309 statt. Kontrollmaßstab und alleinige Prüfvorschrift, ob eine Klausel unwirksam ist, ist § 307. Bei einem Unternehmer kann ein gewisser Grad an Geschäftsgewandtheit angenommen werden; er bedarf daher eines geringeren rechtlichen Schutzes als ein Verbraucher. Im unternehmerischen Verkehr sind daher weitergehende AGB zulasten des geschäftserfahrenen Vertragspartners möglich (vgl hierzu NK-BGB/*Kollmann* § 307 Rn 54). In der anwaltlichen Praxis empfehlen sich daher ggf verschiedene Klauselwerke im Verhältnis zu Unternehmern und zu Verbrauchern. 2

Bei der inhaltlichen Überprüfung haben allerdings die im unternehmerischen Verkehr nicht anwendbaren Klauselverbote der §§ 308, 309 Indizwirkung für eine mögliche unangemessene Benachteiligung nach § 307 und sind daher bei Erstellung von Klauselwerken im unternehmerischen Bereich jedenfalls mittelbar zu berücksichtigen, wobei im Einzelfall die kaufmännischen Besonderheiten zu beachten sind, vgl § 310 Abs. 1 S. 2 (Palandt/*Grüneberg* § 307 Rn 49; NK-BGB/*Kollmann* vor § 307 ff Rn 20 f; Hk-BGB/*Schulte-Nölke* § 310 Rn 2, § 307 Rn 3). 3

[2] Zur **Einbeziehung von AGB** s. § 305 Rn 14–16. 4

[3] Zur **Kollision von AGB** s. § 305 Rn 14, 17. 5

[4] Die **Bindungswirkung des Angebots** kann – auch in AGB – ausgeschlossen werden, § 145 Hs 2. 6

[5] **Annahmefrist.** Eine bestimmte Frist, die sich der Klauselverwender in seinen AGB für die Annahme eines Angebots ausbedingt, ist im unternehmerischen Verkehr am Maßstab des § 307 zu messen. Entscheidend kommt es dabei auf etwaige Handelsbräuche (§ 310 Abs. 1 S. 2 Hs 2) bzw auf die Gegebenheiten und Erfordernisse der jeweiligen Branche an. 7

[6] Bei der Formulierung der **Selbstbelieferungsvorbehaltsklausel** kann gegenüber einem Unternehmer weitgehend auf die gegenüber einem Verbraucher geltenden Anforderungen für das Lösungsrecht (vgl hierzu § 308 Nr. 3 Rn 6) verzichtet werden; inhaltlich sind aber im Wesentlichen die selben Voraussetzungen für das Lossagen vom Vertrag zu verlangen wie beim Verbraucher (NK-BGB/*Kollmann* § 308 Rn 46). 8

[7] **Teillieferungen oder Teilleistungen** stellen eine Leistungsänderung iS § 308 Nr. 4 dar (MüKo-BGB/Basedow § 308 Nr. 4 Rn 5; NK-BGB/*Kollmann* § 308 Rn 48). Dessen Wertung gilt über § 307 Abs. 2 auch im kaufmännischen Verkehr (NK-BGB/*Kollmann* § 308 Rn 59; Palandt/*Grüneberg* § 308 Rn 24). Dabei sind grds. die Voraussetzungen und Grenzen der Leistungsänderung transparent zu machen; der bloße Hinweis auf die gesetzliche Einschränkung („soweit für den Kunden zumutbar"), wie er in der Praxis häufig zu finden ist, dürfte insoweit regelmäßig nicht genügen. Den Bedenken versucht die vorgeschlagene Klausel Rechnung zu tragen. 9

[8] Die hier verwendete **Haftungsbegrenzungsklausel bei Verzug** findet sich in der Praxis häufig und dürfte die Grenzen des § 307 einhalten. Das Verbot der Haftungsfreizeichnung bei groben Verschulden nach § 309 Nr. 7 b, dessen Wertung auch im unternehmerischen Verkehr zu beachten ist, ist berücksichtigt. 10

[9] **Aufrechnungsklausel.** Die Wertungen des § 309 Nr. 3 gelten auch im unternehmerischen Verkehr (Palandt/*Grüneberg* § 309 Rn 21, MüKo-BGB/*Basedow* § 309 Nr. 3 Rn 10). 11

[10] **Einredenklausel.** § 309 Nr. 2 ist im unternehmerischen Verkehr nicht anwendbar. Eine formularmäßige Abbedingung der §§ 320, 273 ist daher grds. zulässig (Palandt/*Grüneberg* § 309 Rn 16, NK-BGB/*Kollmann* § 309 Rn 38). 12

[11] Die Vereinbarung eines Eigentumsvorbehalts muss sich nicht auf die jeweilige Kaufpreisforderung beschränken; sie kann sich auch auf andere Forderungen aus der Geschäftsverbin- 13

dung beziehen – sog. **erweiterter Eigentumsvorbehalt** oder Kontokorrentvorbehalt. Dieser ist gegenüber Unternehmen grds. zulässig. Näher § 449 Rn 1 f sowie Palandt/*Weidenkaff* § 449 Rn 19.

14 [12] Die Klausel orientiert sich an der gesetzlichen Regelung des § 449 Abs. 2. Streitig ist, ob § 449 Abs. 2 – **Rücknahme der Vorbehaltsware** nur nach Rücktritt, was nach § 323 Abs. 1 wiederum eine vorherige Fristsetzung voraussetzt – im unternehmerischen Verkehr durch AGB abbedungen werden kann. Einzelheiten hierzu bei MüKo-BGB/*H. P. Westermann* § 449 Rn 38.

15 [13] Im unternehmerischen Verkehr ist die Vereinbarung eines sog. **verlängerten Eigentumsvorbehalts** üblich und in AGB unbedenklich (Palandt/*Weidenkaff* § 449 Rn 18). Der Verkäufer ermächtigt hier den Kunden, die Vorbehaltsware im ordnungsgemäßen Geschäftsverkehr weiterzuverkaufen. Im Gegenzug tritt der Kunde dem Verkäufer im Voraus alle Rechte aus der Weiterveräußerung ab – stille Sicherungszession. Der Käufer bleibt ermächtigt, die Forderung aus dem Weiterverkauf für Rechnung des Vorbehaltsverkäufers einzuziehen. Diese Ermächtigung kann bei berechtigtem Interesse des Vorbehaltsverkäufers, wie zB Zahlungsverzug, Insolvenz des Kunden, entzogen werden (NK-BGB/*Kollmann* § 307 Rn 70).

16 [14] Die sog. **Verarbeitungsklausel** trägt dem Umstand Rechnung, dass der Lieferant (Vorbehaltseigentümer) bei Verarbeitung nach § 950 sein vorbehaltenes Eigentum verlieren kann. Um dies zu verhindern, lässt die Rechtsprechung die Abbedingung von § 950 dergestalt zu, dass der Käufer die Verarbeitung vereinbarungsgemäß nicht für sich, sondern für den Vorbehaltseigentümer durchführt, dieser also Eigentum an der neuen Sache erwirbt.

17 Um die Wirksamkeit der Klausel nach § 307 nicht zu gefährden, ist für den Fall, dass die neue Sache aus Waren mehrerer Lieferanten hergestellt wird, zu regeln, dass nur Teileigentum – bezogen auf den Wert der Vorbehaltsware – erworben wird. Das Bestimmtheitserfordernis ist insoweit zu beachten.

18 [15] Zu den gesetzlichen Vorgaben bei **Verbindung und Vermischung** der Vorbehaltsware mit anderen Sachen s. §§ 947, 948. Zu den Regelungsmöglichkeiten in AGB s. MüKo-BGB/*Füller* § 947 Rn 10.

19 [16] Diese Klausel dient dazu, eine Übersicherung des Vorbehaltsverkäufers zu vermeiden und den Vorbehaltskäufer in seiner wirtschaftlichen Freiheit nicht zu sehr zu beschneiden. Auch wenn der BGH seit BGHZ 137, 212 in AGB eine ausdrückliche Freigabeverpflichtung nicht mehr für erforderlich hält (denn der Freigabeanspruch ergibt sich bereits aus der getroffenen Sicherungsabrede), ist eine **Freigabeklausel** nach wie vor zu empfehlen. Näher hierzu NK-BGB/*Kollmann* § 307 Rn 72; Palandt/*Grüneberg* § 307 Rn 149.

20 [17] **Rüge- und Untersuchungsobliegenheiten.** Da die im unternehmerischen Verkehr geltenden Regelungen des § 377 HGB für den Verkäufer von Vorteil sind, besteht kein Bedarf für eine Modifikation. Denkbar wäre, in einer entsprechenden AGB-Klausel die Rüge- und Untersuchungsfristen konkret zu bestimmen; diese dürfen dann im jeweiligen Einzelfall nicht unangemessen kurz sein, um § 307 Abs. 2 Nr. 1 standzuhalten.

21 [18] **Wahlrecht bei Nacherfüllung.** Im unternehmerischen Verkehr gelten die Wertungen des § 309 Nr. 8 b bb grds. ebenfalls (Palandt/*Grüneberg* § 309 Rn 64). Unbedenklich ist allerdings hier die Übertragung des Wahlrechts in Bezug auf die Art der Nacherfüllung auf den Lieferanten (NK-BGB/*Kollmann* § 309 Rn 141).

22 [19] Eine Verkürzung der regelmäßigen 2-jährigen **Verjährungsfrist** auf ein Jahr wird im unternehmerischen Verkehr allgemein für zulässig erachtet. Näher NK-BGB/*Kollmann* § 309 Rn 173 ff.

23 [20] Bei der Ausgestaltung von **Haftungsfreizeichnungsklauseln** – Haftungsausschluss und Haftungsbegrenzung – ist im unternehmerischen Verkehr zunächst der Verbotstatbestand des § 309 Nr. 7 b über § 307 Abs. 2 Nr. 1 uneingeschränkt zu beachten (allgM, vgl nur Palandt/*Grüneberg* § 309 Rn 48).

[21] Soweit wesentliche Vertragspflichten (sog. **Kardinalpflichten**) verletzt werden, ist nach hM auch im unternehmerischen Verkehr ein Haftungsausschluss nicht möglich; jedoch kann die Haftung auf den vertragstypischen Schaden begrenzt werden (Palandt/*Grüneberg* § 309 Rn 48 f). Weitere Einzelheiten s. § 309 Rn 33 f sowie NK-BGB/*Kollmann* § 307 Rn 31 ff. 24

[22] Diese Klarstellung trägt **§ 309 Nr. 7 a** Rechnung, dessen Wertung im unternehmerischen Verkehr ebenfalls greift (Palandt/*Grüneberg* § 309 Rn 48). 25

[23] **Erfüllungsort.** Die Festlegung des Erfüllungsortes in AGB ist unter Kaufleuten zulässig, § 29 Abs. 2 ZPO. 26

[24] Bei Verträgen mit Auslandsbezug ist die vertragliche Regelung des anzuwendenden Rechts geboten (vgl Art. 27 EGBGB). **Rechtswahlklauseln** in AGB sind zwischen Unternehmern grds. unbedenklich. Ausführlich MüKo-BGB/*Füller* § 307 Rn 265 ff. 27

[25] **Gerichtsstandsvereinbarungen** zwischen Kaufleuten sind gem. § 38 Abs. 1 ZPO möglich und nach hM auch in AGB zulässig, sofern der vereinbarte Gerichtsstand einen Bezug zum Vertragsinhalt oder zum Geschäftssitz der Parteien hat (Palandt/*Grüneberg* § 307 Rn 107). 28

§ 308 Klauselverbote mit Wertungsmöglichkeit

In Allgemeinen Geschäftsbedingungen ist insbesondere unwirksam

1. **(Annahme- und Leistungsfrist)**
   eine Bestimmung, durch die sich der Verwender unangemessen lange oder nicht hinreichend bestimmte Fristen für die Annahme oder Ablehnung eines Angebots oder die Erbringung einer Leistung vorbehält; ausgenommen hiervon ist der Vorbehalt, erst nach Ablauf der Widerrufs- oder Rückgabefrist nach § 355 Abs. 1 bis 3 und § 356 zu leisten;
2. **(Nachfrist)eine Bestimmung, durch die sich der Verwender für die von ihm zu bewirkende Leistung abweichend von Rechtsvorschriften eine unangemessen lange oder nicht hinreichend bestimmte Nachfrist vorbehält;**
3. **(Rücktrittsvorbehalt)die Vereinbarung eines Rechts des Verwenders, sich ohne sachlich gerechtfertigten und im Vertrag angegebenen Grund von seiner Leistungspflicht zu lösen; dies gilt nicht für Dauerschuldverhältnisse;**
4. **(Änderungsvorbehalt)die Vereinbarung eines Rechts des Verwenders, die versprochene Leistung zu ändern oder von ihr abzuweichen, wenn nicht die Vereinbarung der Änderung oder Abweichung unter Berücksichtigung der Interessen des Verwenders für den anderen Vertragsteil zumutbar ist;**
5. **(Fingierte Erklärungen)eine Bestimmung, wonach eine Erklärung des Vertragspartners des Verwenders bei Vornahme oder Unterlassung einer bestimmten Handlung als von ihm abgegeben oder nicht abgegeben gilt, es sei denn, dass**
   a) **dem Vertragspartner eine angemessene Frist zur Abgabe einer ausdrücklichen Erklärung eingeräumt ist und**
   b) **der Verwender sich verpflichtet, den Vertragspartner bei Beginn der Frist auf die vorgesehene Bedeutung seines Verhaltens besonders hinzuweisen;**
6. **(Fiktion des Zugangs)eine Bestimmung, die vorsieht, dass eine Erklärung des Verwenders von besonderer Bedeutung dem anderen Vertragsteil als zugegangen gilt;**
7. **(Abwicklung von Verträgen)eine Bestimmung, nach der der Verwender für den Fall, dass eine Vertragspartei vom Vertrag zurücktritt oder den Vertrag kündigt,**
   a) **eine unangemessen hohe Vergütung für die Nutzung oder den Gebrauch einer Sache oder eines Rechts oder für erbrachte Leistungen oder**
   b) **einen unangemessen hohen Ersatz von Aufwendungen verlangen kann;**
8. **(Nichtverfügbarkeit der Leistung)die nach Nummer 3 zulässige Vereinbarung eines Vorbehalts des Verwenders, sich von der Verpflichtung zur Erfüllung des Vertrags bei Nichtverfügbarkeit der Leistung zu lösen, wenn sich der Verwender nicht verpflichtet,**
   a) **den Vertragspartner unverzüglich über die Nichtverfügbarkeit zu informieren und**
   b) **Gegenleistungen des Vertragspartners unverzüglich zu erstatten.**

A. Annahme- und Leistungsfrist, § 308 Nr. 1

I. Angebotsfrist

1 1. Muster: Angebotsfrist in Kaufverträgen, § 308 Nr. 1 Alt. 1

▶ Der Käufer ist an die Bestellung[1] höchstens drei Wochen, und sofern die Ware beim Verkäufer vorhanden ist, 10 Tage gebunden.[2] ◀

2. Erläuterungen

2 [1] Gibt der Vertragspartner, insb. in Antrags- oder Bestellformularen, ein Angebot auf Abschluss eines Vertrages im Sinne § 145 ab, so ist für den AGB-Verwender als Angebotsempfänger § 308 Nr. 1 zu beachten, wonach die **Bindungsfrist** des Kunden bzw die Annahmefrist des Klauselverwenders nicht unangemessen lang oder nicht hinreichend bestimmt sein darf.

3 [2] **Angemessenheit.** Welche Frist angemessen ist, ist nach Inhalt und wirtschaftlicher Bedeutung des Vertrages unter Berücksichtigung der beiderseitigen Interessen und der Verkehrsanschauung zu entscheiden (Hk-BGB/*Schulte-Nölke* § 308 Rn 2; Palandt/*Grüneberg* § 308 Rn 4). Nach derzeitiger Rspr zulässig: Max. 14 Tage bei Alltagsgeschäften; 10 Tage bei Gebrauchtwagenkauf; drei Wochen im Möbelhandel sowie vier Wochen beim Neuwagenkauf, sofern das Fahrzeug/die Möbel beim Verkäufer noch nicht vorhanden sind, sonst 10 Tage. Nach der Rspr muss der Klauselverwender, wenn er vorrätige und nicht vorrätige Waren vertreibt, entweder für alle Fälle eine angemessen kurze Frist vorsehen oder für den Verkauf vorrätiger Ware eine besondere, dh kürzere Frist bestimmen. Fehlt es an einer solchen Differenzierung, ist die Klausel wegen des Verbotes der geltungserhaltenden Reduktion insgesamt unwirksam (BGH NJW 2001, 303 [304]. Weitere Beispiele s. Palandt/*Grüneberg* § 308 Rn 4).

4 Hinreichende **Bestimmtheit.** Ein Durchschnittskunde muss Beginn, Dauer und Ende der Frist ohne Schwierigkeiten selbst errechnen können, BGH NJW 85, 855 [856], Hk-BGB/*Schulte-Nölke* § 308 Rn 3.

II. Leistungsfrist in Austauschverträgen

1. Muster: Leistungsfrist in Austauschverträgen, § 308 Nr. 1 Alt. 2 5

▶ Wir[1] werden den Vertragsgegenstand so schnell wie möglich, spätestens ca. vier Wochen nach Vertragsschluss[2] liefern. ◀

2. Erläuterungen

[1] Die gesetzliche Regelung zur **Leistungsfrist** soll verhindern, dass der Klauselverwender die dem Kunden im Falle einer Fristüberschreitung zustehenden Rechte, vor allem aus §§ 281, 323, 280 Abs. 2 durch unangemessen lange bzw unbestimmte Leistungsfristen aushöhlt. Sie gilt für Leistungen jeder Art (Palandt/*Grüneberg* § 308 Rn 6). 6

[2] Zur **Angemessenheit und Bestimmtheit** der Leistungsfrist gilt das zur Angebotsfrist oben in Rn 3 und 4 Ausgeführte entsprechend. Von der Rspr beanstandet werden in diesem Zusammenhang vor allem in der Praxis häufig anzutreffende Überziehungsfristen bzw unechte Leistungsfristen, also Fristen, die die Überziehung bzw Aufweichung individualvertraglich festgelegter Leistungstermine gestatten, hierzu MüKo/*Kieninger* § 308 Rn 19. Ebenso kassiert wurden regelmäßig Klauseln, die den Leistungs-/Lieferzeitpunkt „verwässern" (Liefertermin „nach Möglichkeit", „in der Regel" oder unter einem Vorbehalt, der im Einflussbereich des Verwenders steht). Die Nennung von „ca.-Fristen" wird von der derzeit hM als noch zulässig angesehen (vgl NK-BGB/*Kollmann* § 308 Rn 15; Palandt/*Grüneberg* § 308 Rn 8). 7

Zu beachten ist die Einschränkung für Verbraucherverträge gem. § 308 Nr. 1 Hs 2. 8

B. Nachfrist, § 308 Nr. 2

I. Muster: Nachfristklausel 9

▶ Der Kunde kann uns nach Überschreitung eines unverbindlichen Liefertermins[1] oder einer unverbindlichen Leistungsfrist auffordern, binnen zwei Wochen[2] zu liefern. Mit dieser Aufforderung geraten wir in Verzug. ◀

II. Erläuterungen und Varianten

[1] Der Unterschied zwischen Leistungsfrist einschließlich Überziehungsfrist, die unter § 308 Nr. 1 fallen, und **Nachfrist** gem. § 308 Nr. 2 liegt darin, dass der Ablauf der Leistungsfrist die Fälligkeit des Anspruchs erst begründet, während die Bestimmung der Nachfrist die Fälligkeit des Anspruchs voraussetzt; Nr. 2 betrifft demgemäß die Fristen gem. §§ 323 Abs. 1, 281 Abs. 1, 637 Abs. 1 und soll vor deren Aushöhlung durch AGB schützen (MüKo-BGB/*Kieninger* § 308 Nr. 1 Rn 17, Palandt/*Grüneberg* § 308 Rn 11). 10

[2] **Angemessenheit.** Ob eine Frist unangemessen lange iS § 308 Nr. 2 ist, ist für den Einzelfall unter Abwägung und Beurteilung der beteiligten Interessen (vor allem nach Branche und Geschäftstyp) zu bestimmen. Allgemeine Richtwerte verbieten sich (MüKo/*Kieninger* § 308 Nr. 2 Rn 4). Als Faustformel mag dienen, dass bei üblichen Verbrauchsgeschäften die Höchstfristen bei zwei Wochen liegen werden. Zu weiteren Einzelheiten und Beispielen vgl NK-BGB/*Kollmann* § 308 Rn 22–24. 11

Hinsichtlich der **Bestimmtheit** der Nachfrist gelten dieselben Grundsätze wie bei Nr. 1, vgl Rn 3 f und 7. Die Nachfrist muss also für den Vertragspartner bestimmt oder zumindest ohne Schwierigkeiten bestimmbar sein. Zulässig wäre allerdings auch, in der Klausel anstelle einer bestimmten Frist (wie im Muster) entsprechend der gesetzlichen Vorgabe „binnen angemessener Frist" zu formulieren, MüKo-BGB/*Kieninger* § 308 Nr. 2 Rn 6. 12

C. Rücktrittsvorbehalt, § 308 Nr. 3

I. Kreditunwürdigkeitsklausel

13 **1. Muster: Kreditunwürdigkeitsklausel**

▶ Wir sind zum Rücktritt berechtigt[1], wenn uns nach Vertragsschluss Umstände bekannt werden, aus denen sich die Kreditunwürdigkeit des Käufers ergibt.[2] ◀

2. Erläuterungen

14 [1] **Lösungsrechte.** § 308 Nr. 3 soll sicherstellen, dass der Rechtsgrundsatz „pacta sunt servanda" nicht vom AGB-Verwender aushöhlt wird. Die Vorschrift gilt für Verträge aller Art, nicht aber für Dauerschuldverhältnisse (Hs 2) und umfasst sämtliche Rechte, sich vom Vertrag zu lösen, vor allem Kündigung, Rücktritt, Widerruf (vgl Palandt/*Grüneberg* § 308 Rn 14).

15 [2] **Lösungsgründe.** Der Grund für die Lösung vom Vertrag muss in der Klausel genau angegeben und sachlich gerechtfertigt sein. Bloße Floskeln wie „freibleibend", „jederzeit kündbar" oä sind daher von vornherein unwirksam (Hk-BGB/*Schulte-Nölke* § 308 Rn 10).

16 Ein sachlich gerechtfertigter Grund kann gegeben sein

- auf Seiten des Vertragspartners
  - bei fehlender Kreditwürdigkeit/Vermögensverschlechterung, die den Gegenleistungsanspruch ernsthaft gefährdet,
  - bei erheblichem vertragswidrigen Verhalten
- auf Seiten des Klauselverwenders
  - bei Leistungshindernissen,
  - bei wesentlicher Verteuerung der Leistung,
  - bei Ausbleiben der eigenen Selbstbelieferung (hierzu nachfolgend Rn 17 ff)

Weitere Einzelheiten und Kasuistik s. MüKo-BGB/*Kieninger* § 308 Nr. 3 Rn 6 – 12, NK-BGB/*Kollmann* § 308 Rn 32 ff.

II. Leistungshindernisklausel – Selbstbelieferungsvorbehalt

17 **1. Muster: Leistungshindernisklausel – Selbstbelieferungsvorbehalt**

▶ Wir sind zum Rücktritt berechtigt, wenn wir trotz eines entsprechend abgeschlossenen Deckungsgeschäftes aus von uns nicht zu vertretenden Gründen von unserem Zulieferer nicht beliefert werden.[1] ◀

2. Erläuterungen

18 [1] **Wirksamkeitsvoraussetzungen.** In der Praxis häufig sind Selbstbelieferungsvorbehalte. Diese sind gegenüber Verbrauchern, wenn sie allgemein gehalten sind („richtige und rechtzeitige Selbstbelieferung vorbehalten") nach hM gem. § 308 Nr. 3 unwirksam. Derartige Selbstbelieferungsvorbehalte können aber wirksam sein, wenn

1. sie sich auf ein kongruentes Deckungsgeschäft beziehen,
2. die eigene Nichtbelieferung nicht vom Verwender zu vertreten ist und
3. die Rücktrittsvoraussetzungen in der Klausel genau formuliert sind (vgl NK-BGB/Kollmann § 308 Rn 38).

D. Änderungsvorbehalt, § 308 Nr. 4

19 **I. Muster: Klausel mit Änderungsvorbehalt**

▶ Konstruktions- oder Formänderungen, Abweichungen im Farbton sowie Änderungen des Lieferumfangs seitens des Herstellers bleiben während der Laufzeit vorbehalten[1], sofern die Änderungen oder Abweichungen unter Berücksichtigung der Interessen des Verkäufers für den Käufer zumutbar sind.[2] ◀

II. Erläuterungen und Varianten

[1] § 308 Nr. 4 begrenzt die Möglichkeiten des AGB-Verwenders, die vertraglich vereinbarte Leistung einseitig zu ändern oder von ihr abzuweichen, und schafft zugunsten der Vertragspartner hohe Hürden für einen klauselmäßigen **Änderungsvorbehalt** (vgl BGH NJW-RR 2008, 134; Hk-BGB/*Schulte-Nölke* § 308 Rn 16; Palandt/*Grüneberg* § 308 Rn 22). 20

[2] Die **Zumutbarkeit** für einzelne Änderungen/Abweichungen wird nur ausnahmsweise anzunehmen sein, da in die vorzunehmende Interessenabwägung vor allem das Prinzip der Vertragstreue einfließt (Hk-BGB/*Schulte-Nölke* § 308 Rn 16). Das vorliegende Muster gibt die Klausel in den unverbindlich empfohlenen Neuwagenbedingungen des Zentralverbandes des deutschen Kfz-Gewerbes (Stand 03/08) wieder und dürfte keinen Bedenken begegnen, zumal hinsichtlich der Frage der Zumutbarkeit auf die gesetzliche Regelung in § 308 Nr. 4 abgestellt wird. 21

IÜ werden – als überschlägige Faustformel – vorbehaltene Änderungen zumutbar sein bei Waren, die handwerklich unter Verwendung von Naturprodukten gefertigt werden, Hk-BGB/*Schulte-Nölke* § 308 Rn 16. Beispiel einer zulässigen Klausel im Möbelhandel (BGH NJW 1987, 1886): 22

▶ Abweichungen in Struktur und Farbe gegenüber dem Ausstellungsstück bleiben vorbehalten, soweit diese in der Natur der verwendeten Materialien (Massivhölzer, Furniere, Natursteinplatten, Leder, textile Produkte) liegen und handelsüblich sind. ◀

Ansonsten ist größte Zurückhaltung geboten. Zu Klauseln, die von der Rspr bspw in diesem Zusammenhang beanstandet wurden s. Palandt/*Grüneberg* § 308 Rn 23 mwN.

E. Fingierte Erklärungen, § 308 Nr. 5

I. Muster: Klausel für einen Einwendungsausschluss

▶ Einwendungen wegen Unrichtigkeit oder Unvollständigkeit eines Rechnungsabschlusses hat der Kunde spätestens vor Ablauf von sechs Wochen nach dessen Zugang zu erheben; macht er seine Einwendungen in Textform geltend, genügt die Absendung innerhalb der Sechs-Wochen-Frist. Das Unterlassen rechtzeitiger Einwendungen gilt als Genehmigung. Auf diese Folge werden wir bei Erteilung des Rechnungsabschlusses besonders hinweisen.[1] Der Kunde kann auch nach Fristablauf eine Berichtigung des Rechnungsabschlusses verlangen, muss dann aber beweisen, dass zu Unrecht sein Konto belastet oder eine ihm zustehende Gutschrift nicht erteilt wurde.[2] ◀ 23

II. Erläuterungen

[1] **Erklärungsfiktion**. Klauseln, nach denen Schweigen des Vertragspartners im Rahmen bestehender Verträge (§ 308 Nr. 5 gilt nicht für Vertragsabschlussklauseln) als Willenserklärung gelten soll, sind nach § 308 Nr. 5 grds. unzulässig. Nur wenn die beiden in lit. a) und b) genannten Voraussetzungen kumulativ vorliegen, kann eine solche AGB-Regelung wirksam sein (Hk-BGB/*Schulte-Nölke* § 308 Rn 18). Diesen trägt das vorliegende Muster durch eine großzügige Frist von sechs Wochen (vgl hierzu auch BGHZ 141, 153 [158]) und durch den Passus in S. 3, auf die Folgen des Schweigens ausdrücklich hinzuweisen, Rechnung. 24

[2] Nach hM muss über die gesetzlichen Voraussetzungen des § 308 Nr. 5 hinaus ein **berechtigtes Interesse** an der Erklärungsfiktion bestehen, andernfalls verstößt eine entsprechende AGB-Klausel gegen § 307. Ein solches Interesse wird grds. nur aus den organisatorischen Be- 25

dürfnissen bei Massengeschäften herzuleiten sein (Hk-BGB/*Schulte-Nölke* § 308 Rn 20, Palandt/*Grüneberg* § 308 Rn 27). Verwendet werden solche Klauseln insb. auf dem Bank- und Versicherungssektor; bei der im Muster verwendeten Klausel handelt es sich um Ziffer 7 AGB-Banken in der Fassung vom 31.10.2009.

F. Fiktion des Zugangs, § 308 Nr. 6

26 **I. Muster: Zugangsfiktion**

▶ Unsere regelmäßigen schriftlichen Mitteilungen[1] gelten drei Tage nach Absendung[2] als zugegangen, sofern sie nicht als unzustellbar an uns zurückgeleitet werden. ◀

II. Erläuterungen

27 [1] § 308 Nr. 6 mildert das strikte Verbot des § 309 Nr. 12 dahingehend ab, dass in Abweichung von der gesetzlichen Beweislastverteilung der Absender einer Erklärung nicht deren Zugang zu beweisen hat, zumal der Nachweis in der Praxis meist schwierig ist, Hk-BGB/*Schulte-Nölke* § 308 Rn 22. Allerdings ist nach Nr. 6 eine **Zugangsfiktion** nur für Erklärungen ohne besondere Bedeutung, dh für solche, die keine nachteiligen Rechtsfolgen für das Vertragsverhältnis haben, zulässig. Dies werden idR nur Anzeigen bzw (periodische) Mitteilungen sein wie Tagesauszüge einer Bank, nicht aber Mahnungen, Fristsetzungen oä (vgl Palandt/*Grüneberg* § 308 Rn 33). Der Spielraum für wirksame Klauseln ist daher sehr begrenzt, zumal eine nicht zwischen Erklärungen mit besonderer Bedeutung und ohne besonderer Bedeutung differenzierende Klausel wegen des Verbotes der geltungserhaltenden Reduktion insg. unwirksam ist.

28 [2] Für die Absendung der Erklärung bleibt es bei der **Darlegungslast und Beweislast** des Klauselverwenders; die Zugangsfiktion greift demnach erst, wenn dieser die Absendung beweisen kann (Hk-BGB/*Schulte-Nölke* § 308 Rn 22).

G. Abwicklung von Verträgen, § 308 Nr. 7

29 **I. Muster: Abwicklungspauschale**

▶ Bei Rücknahme des Kaufgegenstandes trägt der Käufer die Kosten der Rücknahme und Verwertung des Kaufgegenstandes.[1] Die Verwertungskosten betragen ohne Nachweis 5 % des gewöhnlichen Verkaufswertes.[2] Sie sind höher oder niedriger anzusetzen, wenn der Verkäufer höhere oder der Käufer niedrigere Kosten nachweist.[3] ◀

II. Erläuterungen

30 [1] **Zweck und Umfang der Regelung.** § 308 Nr. 7 hat den Zweck, den Vertragspartner vor einer Erschwerung der Vertragsbeendigung zu schützen. Nr. 7 erfasst hierbei über den Wortlaut hinaus alle Arten der vorzeitigen Vertragsbeendigung, wobei unerheblich ist, welche Partei sich vom Vertrag löst. Die Regelung – sie greift bei Vergütungen für Nutzung/Gebrauch, erbrachte Leistungen sowie Ersatz von Aufwendungen – ist von § 309 Nr. 5 und Nr. 6, die Schadensersatz und Vertragsstrafen betreffen, abzugrenzen (vgl im Einzelnen Hk-BGB/*Schulte-Nölke* § 308 Rn 23, Palandt/*Grüneberg* § 308 Rn 35 f).

31 [2] **Angemessenheit der Pauschalierung.** Der Klauselverwender darf im Rahmen des Angemessenen pauschalieren. Die Angemessenheit der Vergütung oder des Aufwandsersatzes bemisst sich danach, was kraft Gesetzes geschuldet wäre. Eine erhebliche Abweichung von den wesentlichen gesetzlichen Grundgedanken ist unzulässig. Abzustellen ist dabei nicht auf die besonderen Umstände des Einzelfalles, sondern auf die typische Sachlage (Hk-BGB/*Schulte-Köl-*

ke § 308 Rn 24; Palandt/*Grüneberg* § 308 Rn 37 mwN). Das Muster gibt die entsprechende Klausel in den Neuwagenverkaufsbedingungen des ZDK – Stand 03/2008 – wieder.

[3] **Nachweis geringerer Kosten.** Nach hM muss dem anderen Vertragsteil analog § 309 Nr. 5 b ausdrücklich der Nachweis gestattet bleiben, dass im konkreten Fall Nutzungsvergütung oder Aufwendungen nicht oder in geringerer Höhe entstanden sind (Palandt/*Grüneberg* § 308 Rn 38 mwN, NK-BGB/*Kollmann* § 308 Rn 90). 32

§ 309 Klauselverbote ohne Wertungsmöglichkeit

Auch soweit eine Abweichung von den gesetzlichen Vorschriften zulässig ist, ist in Allgemeinen Geschäftsbedingungen unwirksam

1. (Kurzfristige Preiserhöhungen)
   eine Bestimmung, welche die Erhöhung des Entgelts für Waren oder Leistungen vorsieht, die innerhalb von vier Monaten nach Vertragsschluss geliefert oder erbracht werden sollen; dies gilt nicht bei Waren oder Leistungen, die im Rahmen von Dauerschuldverhältnissen geliefert oder erbracht werden;
2. (Leistungsverweigerungsrechte)
   eine Bestimmung, durch die
   a) das Leistungsverweigerungsrecht, das dem Vertragspartner des Verwenders nach § 320 zusteht, ausgeschlossen oder eingeschränkt wird oder
   b) ein dem Vertragspartner des Verwenders zustehendes Zurückbehaltungsrecht, soweit es auf demselben Vertragsverhältnis beruht, ausgeschlossen oder eingeschränkt, insbesondere von der Anerkennung von Mängeln durch den Verwender abhängig gemacht wird;
3. (Aufrechnungsverbot)
   eine Bestimmung, durch die dem Vertragspartner des Verwenders die Befugnis genommen wird, mit einer unbestrittenen oder rechtskräftig festgestellten Forderung aufzurechnen;
4. (Mahnung, Fristsetzung)
   eine Bestimmung, durch die der Verwender von der gesetzlichen Obliegenheit freigestellt wird, den anderen Vertragsteil zu mahnen oder ihm eine Frist für die Leistung oder Nacherfüllung zu setzen;
5. (Pauschalierung von Schadensersatzansprüchen)
   die Vereinbarung eines pauschalierten Anspruchs des Verwenders auf Schadensersatz oder Ersatz einer Wertminderung, wenn
   a) die Pauschale den in den geregelten Fällen nach dem gewöhnlichen Lauf der Dinge zu erwartenden Schaden oder die gewöhnlich eintretende Wertminderung übersteigt oder
   b) dem anderen Vertragsteil nicht ausdrücklich der Nachweis gestattet wird, ein Schaden oder eine Wertminderung sei überhaupt nicht entstanden oder wesentlich niedriger als die Pauschale;
6. (Vertragsstrafe)
   eine Bestimmung, durch die dem Verwender für den Fall der Nichtabnahme oder verspäteten Abnahme der Leistung, des Zahlungsverzugs oder für den Fall, dass der andere Vertragsteil sich vom Vertrag löst, Zahlung einer Vertragsstrafe versprochen wird;
7. (Haftungsausschluss bei Verletzung von Leben, Körper, Gesundheit und bei grobem Verschulden)
   a) (Verletzung von Leben, Körper, Gesundheit)
   ein Ausschluss oder eine Begrenzung der Haftung für Schäden aus der Verletzung des Lebens, des Körpers oder der Gesundheit, die auf einer fahrlässigen Pflichtverletzung des Verwenders oder einer vorsätzlichen oder fahrlässigen Pflichtverletzung eines gesetzlichen Vertreters oder Erfüllungsgehilfen des Verwenders beruhen;
   b) (Grobes Verschulden)
   ein Ausschluss oder eine Begrenzung der Haftung für sonstige Schäden, die auf einer grob fahrlässigen Pflichtverletzung des Verwenders oder auf einer vorsätzlichen oder grob fahrlässigen Pflichtverletzung eines gesetzlichen Vertreters oder Erfüllungsgehilfen des Verwenders beruhen;

   die Buchstaben a und b gelten nicht für Haftungsbeschränkungen in den nach Maßgabe des Personenbeförderungsgesetzes genehmigten Beförderungsbedingungen und Tarifvorschriften der Straßenbahnen, Obusse und Kraftfahrzeuge im Linienverkehr, soweit sie nicht zum Nachteil des Fahrgasts von der Verordnung über die Allgemeinen Beförderungsbedingungen für den Straßenbahn- und Obusverkehr sowie den Linienverkehr mit Kraftfahrzeugen vom 27. Februar 1970 abweichen; Buchstabe b gilt nicht für Haftungsbeschränkungen für staatlich genehmigte Lotterie- oder Ausspielverträge;
8. (Sonstige Haftungsausschlüsse bei Pflichtverletzung)
   a) (Ausschluss des Rechts, sich vom Vertrag zu lösen)

eine Bestimmung, die bei einer vom Verwender zu vertretenden, nicht in einem Mangel der Kaufsache oder des Werkes bestehenden Pflichtverletzung das Recht des anderen Vertragsteils, sich vom Vertrag zu lösen, ausschließt oder einschränkt; dies gilt nicht für die in der Nummer 7 bezeichneten Beförderungsbedingungen und Tarifvorschriften unter den dort genannten Voraussetzungen;

b) (Mängel)
eine Bestimmung, durch die bei Verträgen über Lieferungen neu hergestellter Sachen und über Werkleistungen
   aa) (Ausschluss und Verweisung auf Dritte)
   die Ansprüche gegen den Verwender wegen eines Mangels insgesamt oder bezüglich einzelner Teile ausgeschlossen, auf die Einräumung von Ansprüchen gegen Dritte beschränkt oder von der vorherigen gerichtlichen Inanspruchnahme Dritter abhängig gemacht werden;
   bb) (Beschränkung auf Nacherfüllung)
   die Ansprüche gegen den Verwender insgesamt oder bezüglich einzelner Teile auf ein Recht auf Nacherfüllung beschränkt werden, sofern dem anderen Vertragsteil nicht ausdrücklich das Recht vorbehalten wird, bei Fehlschlagen der Nacherfüllung zu mindern oder, wenn nicht eine Bauleistung Gegenstand der Mängelhaftung ist, nach seiner Wahl vom Vertrag zurückzutreten;
   cc) (Aufwendungen bei Nacherfüllung)
   die Verpflichtung des Verwenders ausgeschlossen oder beschränkt wird, die zum Zwecke der Nacherfüllung erforderlichen Aufwendungen, insbesondere Transport-, Wege-, Arbeits- und Materialkosten, zu tragen;
   dd) (Vorenthalten der Nacherfüllung)
   der Verwender die Nacherfüllung von der vorherigen Zahlung des vollständigen Entgelts oder eines unter Berücksichtigung des Mangels unverhältnismäßig hohen Teils des Entgelts abhängig macht;
   ee) (Ausschlussfrist für Mängelanzeige)
   der Verwender dem anderen Vertragsteil für die Anzeige nicht offensichtlicher Mängel eine Ausschlussfrist setzt, die kürzer ist als die nach dem Doppelbuchstaben ff zulässige Frist;
   ff) (Erleichterung der Verjährung)
   die Verjährung von Ansprüchen gegen den Verwender wegen eines Mangels in den Fällen des § 438 Abs. 1 Nr. 2 und des § 634 a Abs. 1 Nr. 2 erleichtert oder in den sonstigen Fällen eine weniger als ein Jahr betragende Verjährungsfrist ab dem gesetzlichen Verjährungsbeginn erreicht wird;

9. (Laufzeit bei Dauerschuldverhältnissen)
bei einem Vertragsverhältnis, das die regelmäßige Lieferung von Waren oder die regelmäßige Erbringung von Dienst- oder Werkleistungen durch den Verwender zum Gegenstand hat,
   a) eine den anderen Vertragsteil länger als zwei Jahre bindende Laufzeit des Vertrags,
   b) eine den anderen Vertragsteil bindende stillschweigende Verlängerung des Vertragsverhältnisses um jeweils mehr als ein Jahr oder
   c) zu Lasten des anderen Vertragsteils eine längere Kündigungsfrist als drei Monate vor Ablauf der zunächst vorgesehenen oder stillschweigend verlängerten Vertragsdauer;

dies gilt nicht für Verträge über die Lieferung als zusammengehörig verkaufter Sachen, für Versicherungsverträge sowie für Verträge zwischen den Inhabern urheberrechtlicher Rechte und Ansprüche und Verwertungsgesellschaften im Sinne des Gesetzes über die Wahrnehmung von Urheberrechten und verwandten Schutzrechten;

10. (Wechsel des Vertragspartners)
eine Bestimmung, wonach bei Kauf-, Darlehens-, Dienst- oder Werkverträgen ein Dritter anstelle des Verwenders in die sich aus dem Vertrag ergebenden Rechte und Pflichten eintritt oder eintreten kann, es sei denn, in der Bestimmung wird
   a) der Dritte namentlich bezeichnet oder
   b) dem anderen Vertragsteil das Recht eingeräumt, sich vom Vertrag zu lösen;

11. (Haftung des Abschlussvertreters)
eine Bestimmung, durch die der Verwender einem Vertreter, der den Vertrag für den anderen Vertragsteil abschließt,
   a) ohne hierauf gerichtete ausdrückliche und gesonderte Erklärung eine eigene Haftung oder Einstandspflicht oder
   b) im Falle vollmachtsloser Vertretung eine über § 179 hinausgehende Haftung

auferlegt;

12. (Beweislast)
eine Bestimmung, durch die der Verwender die Beweislast zum Nachteil des anderen Vertragsteils ändert, insbesondere indem er

a) diesem die Beweislast für Umstände auferlegt, die im Verantwortungsbereich des Verwenders liegen, oder
b) den anderen Vertragsteil bestimmte Tatsachen bestätigen lässt;

Buchstabe b gilt nicht für Empfangsbekenntnisse, die gesondert unterschrieben oder mit einer gesonderten qualifizierten elektronischen Signatur versehen sind;

13. (Form von Anzeigen und Erklärungen)
eine Bestimmung, durch die Anzeigen oder Erklärungen, die dem Verwender oder einem Dritten gegenüber abzugeben sind, an eine strengere Form als die Schriftform oder an besondere Zugangserfordernisse gebunden werden.

A. Kurzfristige Preiserhöhungen, § 309 Nr. 1

I. Muster: Preisänderungsklausel 1

► Preisänderungen[1] sind nur zulässig, wenn zwischen Vertragsabschluss und vereinbarten Liefertermin mehr als vier Monate liegen; in diesem Fall gilt der am Tag der Lieferung gültige Preis des Verkäufers.[2] Bei Lieferung innerhalb von vier Monaten gilt der am Tage des Vertragsschlusses gültige Preis.[3] ◄

II. Erläuterungen

[1] Nachträgliche Preisänderungen. § 309 Nr. 1 schützt die andere Vertragspartei vor einer nachträglichen Veränderung des Äquivalenzverhältnisses; der von den Parteien ausgehandelte Preis soll nicht einseitig geändert werden können, Hk-BGB/*Schulte-Nölke* § 309 Rn 5. 2

Nach Nr. 1 sind demzufolge bspw unwirksam sog. Tagespreisklauseln („der am Tag gültige Listenpreis"; „Preis freibleibend"), Umsatzsteuerklauseln („zzgl Umsatzsteuer in der jeweils 3 gesetzlichen Höhe") sowie Anpassungsklauseln, insb. Preisgleit-, Spannungs- oder Indexklauseln. Einzelheiten s. MüKo-BGB/*Kieninger* § 309 Nr. 1 Rn 12 ff.

4 [2] **Reichweite.** § 309 Nr. 1 erfasst grds. alle entgeltlichen Verträge, sofern das zugrunde liegende Vertragsverhältnis kein Dauerschuldverhältnis (wie Mietverträge, Versicherungsverträge, Darlehensverträge usw) ist, § 309 Nr. 1 Hs 2.

5 [3] Die **Viermonatsfrist** des § 309 Nr. 1 beginnt mit Vertragsabschluss und endet mit Fälligkeit der Leistung. Wann die Leistung tatsächlich erbracht wird, ist dabei unerheblich. Ist also eine Lieferfrist von weniger als vier Monaten vorgesehen, ist eine Preisanpassungsklausel unwirksam – und zwar auch dann, wenn die Leistung nach über vier Monaten erbracht wird, MüKo-BGB/*Kieninger* § 309 Nr. 1 Rn 18.

6 Ist eine Preisanpassungsklausel nach § 309 Nr. 1 unwirksam, bleibt es bei dem bei Vertragsschluss vereinbarten Preis, Hk-BGB/*Schulte-Nölke* § 309 Rn 9.

B. Leistungsverweigerungsrechte, § 309 Nr. 2

7 **I. Muster: Einredenklausel**

139 ▶ Zur Ausübung eines Zurückbehaltungsrechts[1] ist der Kunde nur insoweit befugt, als sein Gegenanspruch auf dem selben Vertragsverhältnis beruht.[2] Das Leistungsverweigerungsrecht nach § 320 bleibt unberührt.[3] ◀

II. Erläuterungen

8 [1] § 309 Nr. 2 sichert das Gebot vertraglicher Abwicklungsgerechtigkeit und verbietet die klauselmäßige Abbedingung von **Einreden** gem. § 320 (lit. a) und § 273 (lit. b) (MüKo-BGB/*Kieninger* § 309 Nr. 2 Rn 1).

9 [2] Das **Zurückbehaltungsrecht nach § 273** ist klauselmäßig nur abdingbar, soweit es auf Gegenansprüche gestützt wird, die zwar aus dem selben Lebenssachverhalt, nicht aber aus dem selben Vertragsverhältnis herrühren (Palandt/*Grüneberg* § 309 Rn 15).

10 [3] Das **Leistungsverweigerungsrecht nach § 320** ist nach § 309 Nr. 2 a jeglicher Einschränkung durch AGB entzogen. Um die nach § 309 Nr. 2 b bei § 273 begrenzte Ausschlussmöglichkeit wirksam auszunutzen, empfiehlt sich, um die Klausel wegen des Verbotes der geltungserhaltenden Reduktion nicht insg. zu gefährden, die Klarstellung, dass § 320 unberührt bleibt, so NK-BGB/*Kollmann* § 309 Rn 31.

11 Sog. Vorleistungsklauseln (wie „Kasse gegen Dokumente") sind nach hM nicht an § 309 Nr. 2, sondern an § 307 zu messen (Hk-BGB/*Schulte-Nölke* § 309 Rn 13; Palandt/*Grüneberg* § 309 Rn 13).

C. Aufrechnungsverbot, § 309 Nr. 3

12 **I. Muster: Aufrechnungsklausel**

140 ▶ Ein Recht zur Aufrechnung[1] steht dem Kunden nur zu, wenn seine Gegenansprüche rechtskräftig festgestellt oder von uns unbestritten sind.[2] ◀

II. Erläuterungen

13 [1] Aus § 309 Nr. 3 folgt im Umkehrschluss, dass **Aufrechnungsverbote** grds. zulässig sind (Hk-BGB/*Schulte-Nölke* § 309 Rn 16). Unwirksam ist lediglich ein klauselmäßiges Aufrechnungsverbot bei zweifelsfreien, dh unbestrittenen oder rechtskräftig festgestellten Gegenforderungen.

14 Ein Verstoß gegen § 309 Nr. 3 führt zur Gesamtnichtigkeit der Klausel (Palandt/*Grüneberg* § 309 Rn 18).

Zum Verhältnis und zur **Abgrenzung** zu § 309 Nr. 2 s. NK-BGB/*Kollmann* § 309 Rn 27; Palandt/*Grüneberg* § 309 Rn 20; MüKo-BGB/*Kieninger* § 309 Nr. 2 Rn 4. 15

D. Mahnung, Fristsetzung, § 309 Nr. 4

I. Muster: Rücktrittsklausel 16

▶ Befindet sich der Kunde in Zahlungsverzug, sind wir, sofern wir ihm zuvor eine angemessene Frist zur Zahlung gesetzt haben, nach Ablauf der Nachfrist berechtigt, vom Kaufvertrag zurückzutreten.[1] ◀

II. Erläuterungen

[1] **Freizeichnungsverbot.** § 309 Nr. 4 verbietet die formularmäßige Freizeichnung des AGB-Verwenders von den Obliegenheiten einer Mahnung oder Fristsetzung vor allem nach §§ 281 Abs. 1, 286 Abs. 1, 321 Abs. 2 und 323 Abs. 1 (MüKo-BGB/*Kieninger* § 309 Nr. 4 Rn 2). 17

Klauseln wie *„Bei Zahlungsverzug des Käufers kann der Verkäufer vom Kaufvertrag zurücktreten"* sind daher als unwirksam anzusehen, da sie dem – klauselfesten – Erfordernis der Fristsetzung nach § 323 Abs. 1 nicht genügen. Weitere Einzelheiten und Beispiele unwirksamer Klauseln s. NK-BGB/*Kollmann* § 309 Rn 45 – 47. 18

E. Pauschalierung von Schadensersatzansprüchen, § 309 Nr. 5

I. Muster: Schadenspauschale 19

▶ Im Falle der Nichtabnahme der Ware kann der Verkäufer von seinen gesetzlichen Rechten Gebrauch machen. Verlangt der Verkäufer Schadensersatz[1], so beträgt dieser 15 % des Kaufpreises.[2] Der Schadensersatz ist niedriger oder höher anzusetzen, wenn der Käufer nachweist, dass ein wesentlich geringerer oder überhaupt kein Schaden entstanden ist[3], oder wenn der Verkäufer einen wesentlichen höheren Schaden nachweist.[4] ◀

II. Erläuterungen

[1] **Schadenspauschalierungen** bieten die Möglichkeit zur Rationalisierung der Geschäftsabwicklung und sind daher auch im Rahmen von AGB möglich, sofern sie den Vorgaben des § 309 Nr. 5 genügen, insb. den Vertragspartner nicht unangemessen benachteiligen, vgl lit. a (MüKo-BGB/*Kieninger* § 309 Nr. 5 Rn 1). 20

Mitunter schwierig ist insb. aufgrund möglicher Überschneidungen die Abgrenzung zu anderen Vorschriften: 21

- § 308 Nr. 7 betrifft Abfindungen und Vergütungen, während § 309 Nr. 5 Schadensersatzansprüche aller Art erfasst; insoweit ist letztere Bestimmung vorrangig, vgl Palandt/*Grüneberg* § 309 Rn 25.
- § 309 Nr. 6 betrifft Vertragsstrafen, § 309 Nr. 5 Schadenspauschalierungen. Die Unterscheidung ist in der Praxis mitunter problematisch und umstritten, vgl MüKo-BGB/*Kieninger* § 309 Nr. 5 Rn 5 f; NK-BGB/*Kollmann* § 309 Rn 50 – 52.
- § 309 Nr. 12 verbietet eine Beweislaständerung zugunsten des Klauselverwenders; im Anwendungsbereich des § 309 Nr. 5 ist hingegen der Verwender von vornherein von einem Schadensnachweis befreit, indem er die Schadenshöhe pauschalieren und damit die Last des Gegenbeweises dem Vertragspartner aufbürdet. Insoweit ist § 309 Nr. 5 lex specialis zu § 309 Nr. 12 (MüKo-BGB/*Kieninger* § 309 Nr. 5 Rn 7).

[2] **Höhe des Pauschalbetrages.** Nach § 309 Nr. 5 a darf der in AGB festgelegte Pauschalbetrag nicht höher sein als der Schaden, der nach dem gewöhnlichen Lauf der Dinge zu erwarten ist 22

(bzw nicht höher als die gewöhnlich eintretende Wertminderung). Abzustellen ist dabei auf den branchentypischen Durchschnittsschaden; das ist der Schaden, der nach der Schätzung eines informierten Beobachters in der betreffenden Branche normalerweise entsteht, wenn der Vertragspartner seine Pflichten verletzt (BGH NJW 1984, 2093 [2094]; NK-BGB/*Kollmann* § 309 Rn 53; MüKo-BGB/*Kieninger* § 309 Nr. 5 Rn 11). Entsprechendes gilt für Wertminderungspauschalen, die sich überwiegend in Einkaufsbedingungen des Verwenders finden.

23 Zur Kausuistik und zur Beurteilung von Schadenspauschalen in einzelnen Branchen und Bereichen vgl NK-BGB/*Kollmann* § 309 Rn 60; MüKo-BGB/*Kieninger* § 309 Nr. 5 Rn 16 ff; Palandt/*Grüneberg* § 309 Rn 27 ff.

24 [3] **Gegenbeweis.** Ein pauschaler Schadensersatz bzw Wertminderungssatz ist per se unwirksam, wenn dem Vertragspartner nicht ausdrücklich die Möglichkeit des Gegenbeweises, dass im konkreten Einzelfall kein oder nur ein wesentlich geringerer Schaden (Wertminderung) entstanden ist, eingeräumt wird, § 309 Nr. 5 b. Die Beweislast liegt insoweit beim Vertragspartner.

25 [4] Der Klauselverwender kann sich seinerseits vorbehalten, einen höheren als den pauschal festgelegten Schaden nachzuweisen. Dies muss ausdrücklich und klar in der Klausel formuliert sein (MüKo-BGB/*Kieninger* § 309 Nr. 5 Rn 24).

26 Das Muster entspricht im Wesentlichen der Pauschalierungsklausel in den Neuwagenverkaufsbedingungen des ZDK, Stand 3/2008.

F. Vertragsstrafe, § 309 Nr. 6

27 § 309 Nr. 6 verbietet Vertragsstrafenklauseln nicht generell, sondern nur in bestimmten gesetzlich statuierten Fällen: keine oder verspätete Abnahme der Leistung, Zahlungsverzug sowie Vertragslösung des Vertragspartners. Da eine Vertragsstrafe jedoch auch in anderen Bereichen eine erhebliche Benachteiligung darstellt, hat insoweit stets eine Kontrolle nach § 307 stattzufinden (Hk-BGB/*Schulte-Nölke* § 309 Rn 22). Von einer weiteren Darstellung an dieser Stelle wird insoweit abgesehen.

G. Haftungsausschluss, § 309 Nr. 7

28 I. Muster: Haftungsfreizeichnungsklausel

▶ Wir haften[1] für entstehende Schäden lediglich, soweit diese auf einer Verletzung einer wesentlichen Vertragspflicht oder auf einem vorsätzlichen oder grob fährlässigen Verhalten durch uns, unserer gesetzlichen Vertreter oder Erfüllungsgehilfen beruht.[2] Wird eine wesentliche Vertragspflicht leicht fahrlässig verletzt, so ist unsere Haftung auf den vorhersehbaren vertragstypischen Schaden begrenzt. Eine wesentliche Vertragspflicht ist bei Verpflichtungen gegeben, deren Erfüllung die ordnungsgemäße Durchführung des Vertrages erst möglich macht oder auf deren Einhaltung der Kunde vertraut hat und vertrauen durfte.[3]

Eine darüber hinausgehende Haftung auf Schadensersatz ist ausgeschlossen. Die Haftung wegen schuldhafter Verletzung von Leben, Körper oder Gesundheit nach den gesetzlichen Bestimmungen bleibt unberührt.[4] Dies gilt auch für die zwingende Haftung nach dem Produkthaftungsgesetz. ◀

II. Erläuterungen

29 [1] **Geltungsbereich.** § 309 Nr. 7 gilt für Verträge aller Art (Ausnahmen gem. Hs 2 und Hs 3) und erfasst neben vertraglichen und vorvertraglichen Ansprüchen auch deliktische Ansprüche entsprechend (Palandt/*Grüneberg* § 309 Rn 40).

30 Bei Haftungsfreizeichnungsklauseln ist zu unterscheiden zwischen Haftungsausschluss (er betrifft den Anspruchsgrund und hindert die Entstehung des Anspruchs) und Haftungsbegrenzung (sie beschränkt den Umfang der Haftung), vgl Palandt/*Grüneberg* § 307 Rn 42 f.

[2] Eine Haftungsfreizeichnungsklausel muss die engen gesetzlichen Vorgaben des § 309 Nr. 7 berücksichtigen; hinzu kommen weitere Grenzen aus § 307 (hierzu nachfolgend Rn 32). 31

Nach **§ 309 Nr. 7 b** Alternative 1 ist eine Haftungsfreizeichnung wegen einer grob fahrlässigen Pflichtverletzung des Verwenders unwirksam; für Vorsatz, der nicht ausdrücklich erwähnt ist, greift bereits § 276 Abs. 3. Ebenso wenig kann die Haftung des gesetzlichen Vertreters oder Erfüllungsgehilfen für Vorsatz oder grobe Fahrlässigkeit ausgeschlossen werden, § 309 Nr. 7 b Alternative 2. 32

[3] Nicht nach § 309 Nr. 7, sondern nach § 307 Abs. 2 Nr. 2 ist – so die ständige Rspr – ein Haftungsausschluss unwirksam, wenn eine **Kardinalpflicht** bzw eine wesentliche Vertragspflicht schuldhaft verletzt wird (Hk-BGB/*Schulte-Nölke* § 307 Rn 17; Palandt/*Grüneberg* § 307 Rn 35 ff mwN). Allerdings kann bei leichter Fahrlässigkeit die Haftung auf den vorhersehbaren vertragstypischen Schaden begrenzt werden (BGHZ 138, 118 [133], Palandt/*Grüneberg* § 307 Rn 35, 49). 33

Zu beachten ist, dass es nach der Rspr des BGH nicht genügt, eine bei leichter Fahrlässigkeit mögliche Haftungsbegrenzung in der Klausel schlagwortartig unter der Bezeichnung „Kardinalpflicht" oder „vertragswesentliche Pflicht" vorzunehmen, da sich der juristische Laie hierunter nichts vorstellen kann. Um dem Transparenzgebot zu genügen, muss die Bezeichnung – zweckmäßigerweise am jeweiligen Vertragstyp ausgerichtet – definiert bzw konkretisiert werden (BGH NJW-RR 2005, 1496; Palandt/*Grüneberg* § 307 Rn 53). Näher zum Begriff „Kardinalpflicht" bzw „verkehrswesentliche Pflicht" MüKo-BGB/*Kieninger* § 309 Nr. 7 Rn 26 ff. 34

[4] Diese Regelung trägt dem zwingenden **§ 309 Nr. 7 a** Rechnung. Berücksichtigt eine Haftungsfreizeichnungsklausel dies nicht ausdrücklich, ist die Klausel insg. unwirksam (Hk-BGB/*Schulte-Nölke* § 309 Rn 24). 35

H. Sonstige Haftungsausschlüsse bei Pflichtverletzung, § 309 Nr. 8

Nach § 309 Nr. 8 a darf das Recht des Vertragspartners, sich wegen einer Pflichtverletzung des Klauselverwenders vom Vertrag zu lösen, nicht ausgeschlossen oder eingeschränkt werden, sofern der Klauselverwender die Pflichtverletzung zu vertreten hat. Namentlich geschützt wird das Rücktrittsrecht nach §§ 323, 324 und 326 Abs. 5 (Hk-BGB/*Schulte-Nölke* § 309 Rn 28; Palandt/*Grüneberg* § 309 Rn 52). Nr. 8 a gilt ausdrücklich nicht für Pflichtverletzungen, die in einem Mangel der Kaufsache oder des Werkes bestehen; hier ist allein Nr. 8 b anwendbar. 36

§ 309 Nr. 8 b hat nur noch geringe praktische Bedeutung. Denn infolge der Umsetzung der Verbrauchsgüterrichtlinie sind Mängelrechte bei Verkauf einer beweglichen Sache im Verhältnis Unternehmer – Verbraucher (B2C) nach § 474 Abs. 1 und bei einem Vertrag über die Lieferung herzustellender oder zu erzeugender beweglicher Sachen nach § 651 nicht mehr zum Nachteil des Vertragspartners dispositiv; vielmehr sind gem. § 475 Abs. 1 die dem Verbraucher bei Mängeln zustehenden Rechte weitestgehend zwingend, also weder durch Individualvereinbarung noch durch AGB abdingbar. Lediglich beim Schadensersatz sind gem. § 475 Abs. 3 in Grenzen abweichende Regelungen möglich, s. hierzu § 309 Nr. 7. Ansonsten beschränkt sich der Anwendungsbereich des § 309 Nr. 8 b im Wesentlichen noch auf Verträge über unbewegliche Sachen, Verträge zwischen Verbrauchern und auf Verträge über Werkleistungen, die nicht unter § 651 fallen (Palandt/*Grüneberg* § 309 Rn 53). Wegen des geringen Gestaltungsspielraums des Klauselverwenders wird an dieser Stelle von weiteren Klauselvorschlägen abgesehen. 37

I. Laufzeit bei Dauerschuldverhältnissen, § 309 Nr. 9

38 **I. Muster: Laufzeit- und Verlängerungsklausel**

▶ Dieser Vertrag[1] wird über eine Dauer von zwei Jahren fest abgeschlossen (Erstvertragslaufzeit).[2] Der Vertrag verlängert sich um ein Jahr[3], wenn der Kunde nicht drei Monate vor Ablauf schriftlich widerspricht.[4] ◀

II. Erläuterungen

39 [1] § 309 Nr. 9 bezweckt die **Sicherung der Dispositionsfreiheit** gegen zu lange Bindung bei Dauerschuldverhältnissen (Hk-BGB/*Schulte-Nölke* § 309 Rn 43).

40 Entgegen der zu weiten Gesetzesüberschrift greift die Vorschrift nur bei Kauf-, Werk- und Dienstverträgen, sofern sie auf regelmäßige Erbringung von Leistungen durch den Klauselverwender gerichtet sind, § 309 Nr. 9 Hs 1. In den **Anwendungsbereich** fallen zB Bierlieferungsverträge, Ehe-/Partnervermittlungsverträge; Wartungsverträge; Bewachungsverträge; Unterrichtsverträge; Zeitschriftenabonnementverträge; nicht aber zB Miete, Pacht, Leasing- oder Darlehensverträge sowie die in § 309 Nr. 9 letzter Hs genannten Verträge. Weitere Kasuistik und Grenzfälle bei Palandt/*Grüneberg* § 309 Rn 79 – 83; MüKo-BGB/*Kieninger* § 309 Nr. 9 Rn 5 ff.

41 Eine Klausel, die gegen § 309 Nr. 9 verstößt, ist insg. unwirksam. Anstelle der unwirksamen Frist tritt nicht die in § 309 Nr. 9 a – c genannte Höchstfrist (Hk-BGB/*Schulte-Nölke* § 309 Rn 44; Palandt/*Grüneberg* § 309 Rn 88). Eine nach § 309 wirksame Klausel kann allerdings gegen § 307 verstoßen (Hk-BGB/*Schulte-Nölke* § 309 Rn 44).

42 [2] Unzulässig sind **Laufzeitklauseln** mit einer erstmaligen Laufzeit von mehr als zwei Jahren, § 309 Nr. 9 a.

43 [3] Sog. **Verlängerungsklauseln**, durch die Vertrag stillschweigend um mehr als ein Jahr verlängert wird, sind nach § 309 Nr. 9 b unwirksam.

44 [4] Eine sog. **Kündigungsfristklausel**, die eine längere Kündigungsfrist als drei Monate vorsieht, verstößt gegen § 309 Nr. 9 c. Die Regelung greift auch, wenn die Klausel – wie im Muster – statt der Kündigung einen Widerspruch gegen die Verlängerung erfordert (Palandt/*Grüneberg* § 309 Rn 86).

J. Wechsel des Vertragspartners, § 309 Nr. 10

45 **I. Muster: Rechtsnachfolgeklausel**

▶ Wir sind berechtigt, die Rechte und Pflichten aus diesem Vertrag auf einen Dritten (Rechtsnachfolger) zu übertragen[1]. Hierüber werden wir den Kunden unverzüglich informieren. Der Kunde ist in diesem Fall berechtigt, den Vertrag innerhalb einer Frist von ▪▪▪ ohne Angabe von Gründen zu kündigen.[2] ◀

II. Erläuterungen

46 [1] **Verbot des einseitigen Vertragspartnerwechsels.** § 309 Nr. 10 soll verhindern, dass dem Vertragspartner anstelle des Klauselverwenders einseitig in AGB eine neue Vertragspartei aufgezwungen werden kann (NK-BGB/*Kollmann* § 309 Rn 190; Palandt/*Grüneberg* § 309 Rn 90).

47 Die Regelung erfasst jegliche rechtsgeschäftliche Übertragung des Vertrages im Ganzen (Vertragsübernahme) sowie entsprechend Sinn und Zweck auch die befreiende Schuldübernahme nach §§ 414 ff, nicht aber Gestaltungen, die ohnehin nicht der Zustimmung des Vertragspartners bedürfen, wie Fälle der gesetzlichen Gesamtrechtsnachfolge (vor allem Erbschaft, Um-

wandlung) oder Abtretung (vgl NK-BGB/*Kollmann* § 309 Rn 191 f; Palandt/*Grüneberg* § 309 Rn 91).

[2] Von dem grundsätzlichen Verbot, einseitig den Vertragspartner auszutauschen, sieht § 309 Nr. 10 zwei alternativ mögliche **Ausnahmen** vor: Namentliche Nennung des Rechtsnachfolgers (lit. a) oder, wenn es hieran fehlt, Einräumung eines Lösungsrechts des Vertragspartners (lit. b); das Lösungsrecht darf jedoch nicht mit Erschwernissen oder Nachteilen verbunden sein, muss aber auch nicht zeitlich unbefristet gewährt werden (BGH NJW 1985, 83; NK-BGB/*Kollmann* § 309 Rn 193; Palandt/*Grüneberg* § 309 Rn 92). 48

K. Haftung des Abschlussvertreters, § 310 Nr. 11

I. Muster: Mithaftungsvereinbarung 49

146

▶ **Vertrag**

...[1]

Hiermit übernehme ich gegenüber dem Vertragspartner neben dem von mir Vertretenen die gesamtschuldnerische Mithaftung aus diesem Vertrag unter Anerkennung der vorstehenden/umseitigen Vertragsbedingungen.[2]

...

Unterschrift ◀

II. Erläuterungen

[1] **Keine Vertragshaftung des Vertreters.** § 309 Nr. 11 verbietet dem Klauselverwender, in AGB neben dem Vertragspartner den mit Vertretungsmacht handelnden Vertreter des Vertragspartners als weiteren Schuldner in die Vertragshaftung zu nehmen (Hk-BGB/*Schulte-Nölke* § 309 Rn 50). 50

[2] **Ausnahmen.** Eine vertragliche Eigenhaftung oder Einstandspflicht des Abschlussvertreters kann nach lit. a) vielmehr nur wirksam begründet werden durch eine hierauf gerichtete ausdrückliche und gesonderte Erklärung. Dies setzt einen drucktechnisch abgesetzten Passus im Hauptvertrag dergestalt voraus, dass der durchschnittlich aufmerksame Vertreter das Eingehen einer gesonderten eigenen Verpflichtung erkennen kann (BGH NJW 2001, 3168; 2002, 3468). 51

L. Beweislast, § 309 Nr. 12

§ 309 Nr. 12 verbietet umfassend Klauseln, durch die der Verwender die – gesetzliche oder richterrechtliche – Beweislast zum Nachteil des Vertragspartners verändert, wobei zwei Fallgruppen exemplarisch („insbesondere") ausdrücklich geregelt sind: Umstände im Verantwortungsbereich des Klauselverwenders (lit. a) und Tatsachen-/Wissensbestätigungen (lit. b). Unzulässig sind hiernach etwa formularmäßige Erklärungen betreffend die Einbeziehung von AGB, die Belehrung über das gesetzliche Widerrufsrecht, die Genehmigung von Kontoauszügen oä (vgl NK-BGB/*Kollmann* § 309 Rn 212; Palandt/*Grüneberg* § 309 Rn 1). Um nicht die Unwirksamkeit von Klauseln, die die Beweislast tangieren können, zu riskieren, empfiehlt sich in Zweifelsfällen folgende Klarstellung (vgl NK-BGB/*Kollmann* § 309 Rn 223): 52

▶ Mit vorstehender Bestimmung ist keine Änderung der Beweislast zu Lasten des Vertragspartners verbunden. ◀

M. Form von Anzeigen und Erklärungen, § 309 Nr. 13

53 **I. Muster: Form- und Zugangsklausel**

▶ Die Einräumung und der Widerruf eines widerruflichen Bezugsrechts aus dem Versicherungsvertrag sind uns gegenüber nur und erst dann wirksam, wenn Sie uns vom bisherigen Berechtigten schriftlich[1] angezeigt worden sind.

Für uns bestimmte Mitteilungen werden wirksam, sobald sie uns zugegangen sind.[2] Versicherungsvertreter sind zu ihrer Entgegennahme nicht bevollmächtigt.[3] ◀

II. Erläuterungen

54 [1] Nach § 309 Nr. 13 Alt. 1 darf die Abgabe von Anzeigen oder Erklärungen des Vertragspartners nicht an eine strengere Form als die **Schriftform** gebunden werden (sofern nicht bereits das Gesetz eine strengere Form vorschreibt, vgl § 307 Abs. 3). Die Vorschrift erfasst – lediglich einseitige – Erklärungen wie Anfechtung, Rücktritt, Kündigung, Mahnungen, Mängelanzeigen oder ähnliches, nicht aber auf Vertragsschluss oder Vertragsänderung gerichtete Abreden (MüKo-BGB/*Kieninger* § 309 Nr. 13 Rn 3, NK-BGB/*Kollmann* § 309 Rn 225 f).

55 Was unter Schriftform zu verstehen ist, ergibt sich aus §§ 126, 127.

56 [2] Nach § 309 Nr. 13 Alt. 2 unzulässig sind des weiteren Klauseln, die strengere Anforderungen an den **Zugang** von Anzeigen oder Erklärungen als das Gesetz (§ 130) stellen. Eine unzulässige Verschärfung des Zugangserfordernisses liegt daher bspw dann vor, wenn der Klauselverwender die Übermittlung durch Einschreibung oder gegen Quittung verlangt (MüKo-BGB/*Kieninger* § 309 Nr. 13 Rn 5, Palandt/*Grüneberg* § 309 Rn 106).

57 [3] Nicht zulässig ist es auch, den Eingang der Erklärung bei einer bestimmten Abteilung des Unternehmens zu verlangen. Allerdings ist Gegenstand dieser Vorschrift nicht die Ausgestaltung von **Empfangsvollmachten**. Nach BGH NJW 1999, 1633 (das vorliegende Muster ist dem Urteil entnommen), ist es daher möglich, wenn ein Versicherer die Vollmacht seiner Agenten für die Entgegennahme schriftlicher Vertragserklärungen ausschließt (so auch Palandt/*Grüneberg* § 309 Rn 106, NK-BGB/*Kollmann* § 309 Rn 228). Dies ist allerdings nicht unumstritten; teilweise wird auch hier ein Verstoß gegen § 309 Nr. 13 angenommen (so MüKo-BGB/*Kieninger* § 309 Nr. 13 Rn 5 mwN). Bei der Verwendung solcher Klauseln ist daher Vorsicht geboten.

§ 310 Anwendungsbereich

(1) [1]§ 305 Abs. 2 und 3 und die §§ 308 und 309 finden keine Anwendung auf Allgemeine Geschäftsbedingungen, die gegenüber einem Unternehmer, einer juristischen Person des öffentlichen Rechts oder einem öffentlich-rechtlichen Sondervermögen verwendet werden. [2]§ 307 Abs. 1 und 2 findet in den Fällen des Satzes 1 auch insoweit Anwendung, als dies zur Unwirksamkeit von in den §§ 308 und 309 genannten Vertragsbestimmungen führt; auf die im Handelsverkehr geltenden Gewohnheiten und Gebräuche ist angemessen Rücksicht zu nehmen. [3]In den Fällen des Satzes 1 findet § 307 Abs. 1 und 2 auf Verträge, in die die Vergabe- und Vertragsordnung für Bauleistungen Teil B (VOB/B) in der jeweils zum Zeitpunkt des Vertragsschlusses geltenden Fassung ohne inhaltliche Abweichungen insgesamt einbezogen ist, in Bezug auf eine Inhaltskontrolle einzelner Bestimmungen keine Anwendung.

(2) [1]Die §§ 308 und 309 finden keine Anwendung auf Verträge der Elektrizitäts-, Gas-, Fernwärme- und Wasserversorgungsunternehmen über die Versorgung von Sonderabnehmern mit elektrischer Energie, Gas, Fernwärme und Wasser aus dem Versorgungsnetz, soweit die Versorgungsbedingungen nicht zum Nachteil der Abnehmer von Verordnungen über Allgemeine Bedingungen für die Versorgung von Tarifkunden mit elektrischer Energie, Gas, Fernwärme und Wasser abweichen. [2]Satz 1 gilt entsprechend für Verträge über die Entsorgung von Abwasser.

(3) Bei Verträgen zwischen einem Unternehmer und einem Verbraucher (Verbraucherverträge) finden die Vorschriften dieses Abschnitts mit folgenden Maßgaben Anwendung:

1. Allgemeine Geschäftsbedingungen gelten als vom Unternehmer gestellt, es sei denn, dass sie durch den Verbraucher in den Vertrag eingeführt wurden;

2. § 305 c Abs. 2 und die §§ 306 und 307 bis 309 dieses Gesetzes sowie Artikel 46 b des Einführungsgesetzes zum Bürgerlichen Gesetzbuche finden auf vorformulierte Vertragsbedingungen auch dann Anwendung, wenn diese nur zur einmaligen Verwendung bestimmt sind und soweit der Verbraucher auf Grund der Vorformulierung auf ihren Inhalt keinen Einfluss nehmen konnte;
3. bei der Beurteilung der unangemessenen Benachteiligung nach § 307 Abs. 1 und 2 sind auch die den Vertragsschluss begleitenden Umstände zu berücksichtigen.

(4) [1]Dieser Abschnitt findet keine Anwendung bei Verträgen auf dem Gebiet des Erb-, Familien- und Gesellschaftsrechts sowie auf Tarifverträge, Betriebs- und Dienstvereinbarungen. [2]Bei der Anwendung auf Arbeitsverträge sind die im Arbeitsrecht geltenden Besonderheiten angemessen zu berücksichtigen; § 305 Abs. 2 und 3 ist nicht anzuwenden. [3]Tarifverträge, Betriebs- und Dienstvereinbarungen stehen Rechtsvorschriften im Sinne von § 307 Abs. 3 gleich.

Abschnitt 3 Schuldverhältnisse aus Verträgen

Titel 1 Begründung, Inhalt und Beendigung

Untertitel 1 Begründung

§ 311 Rechtsgeschäftliche und rechtsgeschäftsähnliche Schuldverhältnisse

(1) Zur Begründung eines Schuldverhältnisses durch Rechtsgeschäft sowie zur Änderung des Inhalts eines Schuldverhältnisses ist ein Vertrag zwischen den Beteiligten erforderlich, soweit nicht das Gesetz ein anderes vorschreibt.
(2) Ein Schuldverhältnis mit Pflichten nach § 241 Abs. 2 entsteht auch durch

1. die Aufnahme von Vertragsverhandlungen,
2. die Anbahnung eines Vertrags, bei welcher der eine Teil im Hinblick auf eine etwaige rechtsgeschäftliche Beziehung dem anderen Teil die Möglichkeit zur Einwirkung auf seine Rechte, Rechtsgüter und Interessen gewährt oder ihm diese anvertraut, oder
3. ähnliche geschäftliche Kontakte.

(3) [1]Ein Schuldverhältnis mit Pflichten nach § 241 Abs. 2 kann auch zu Personen entstehen, die nicht selbst Vertragspartei werden sollen. [2]Ein solches Schuldverhältnis entsteht insbesondere, wenn der Dritte in besonderem Maße Vertrauen für sich in Anspruch nimmt und dadurch die Vertragsverhandlungen oder den Vertragsschluss erheblich beeinflusst.

A. Änderungsvertrag

I. Muster: Änderung eines Gewerbe-Mietvertrages 1

▶ Änderung des Gewerbe-Mietvertrags vom ■■■ 148

zwischen ■■■

nachstehend: – Vermieter –

und ■■■

nachstehend: – Mieter –

nehmen wir Bezug auf den Mietvertrag vom ▪▪▪ betreffend das Ladenlokal, ▪▪▪ (Adresse), Erdgeschoss links, in der Fassung des 1. Nachtrages vom ▪▪▪ (Datum) und ändern diesen wie folgt.

§ 1

Ziffer 4 des Mietvertrages wird dahingehend geändert, dass der Mieter statt eines Damenmodengeschäfts ein Lebensmitteleinzelhandelsgeschäft in dem Ladenlokal betreiben wird; der Mietzweck wird dahingehend geändert. Weitere Änderungen des Mietzwecks bedürfen der Zustimmung des Vermieters. Ggf erforderliche behördliche Genehmigungen hat der Mieter einzuholen. Der Mieter versichert, die Geeignetheit des Mietobjekts für den Betrieb eines Lebensmitteleinzelhandelsgeschäfts bereits geprüft zu haben. Er erkennt an, dass der Vermieter eine Geeignetheit der Mietsache für diesen Gebrauch nicht schuldet und/oder zugesichert hat. Notwendige Umbauarbeiten wird der Mieter nach vorheriger Absprache mit dem Vermieter auf seine Kosten ausführen lassen. Bei Beendigung des Mietvertrages wird er den ursprünglichen Zustand des Mietobjekts auf seine Kosten wieder herstellen, sofern der Vermieter dies fordert, Sollte es in diesem Zuge zu berechtigten Mietminderungen der anderen Mieter kommen, hat der Mieter diese auszugleichen.

§ 2

Die anderen Bestimmungen des Mietvertrages bleiben unberührt.[1]

§ 3

Jede Partei bestätigt mit der Unterschrift, eine von beiden Vertragsparteien unterzeichnete Vertragsurkunde erhalten zu haben.

▪▪▪

Ort, Datum

▪▪▪

Unterschrift Vermieter

▪▪▪

Unterschrift Mieter ◄

II. Erläuterungen

2 [1] Bei einem Änderungsvertrag bleibt die **Identität** des ursprünglichen Vertrags bestehen. Jedoch sind Änderungen in der Rechtsnatur möglich, so zB bei der Änderung einer Bürgschaft in ein Darlehen. Da im Einzelfall auch ein Aufhebungsvertrag und ein Neuabschluss eines Vertrages in Frage kommen können, sollte eine Klarstellung dahingehend erfolgen, dass sich der Wille der Parteien – auch über die Überschrift hinaus – lediglich auf die Änderung eines bereits bestehenden Vertrages bezieht.

3 Der häufig vorkommende Fall der Erweiterung eines Mietobjekts kann in Form eines Änderungsvertrages Bestandteil eines bestehenden Mietvertrages sein (BGH NJW 92, 2283). Der Änderungsvertrag muss nach § 125 die Form des Ausgangsvertrages erfüllen. Auch kann die Änderung eines Vertrages erst die Formbedürftigkeit begründen, so etwa bei Mietverträgen, die eine feste Laufzeit von mehr als einem Jahr haben (§ 550). Die Nichteinhaltung dieser Formvorschrift führt zur Kündbarkeit des Mietvertrages. Auch eine Änderung des Mietvertrages selbst kann die notarielle Form der Beurkundung begründen, wenn etwa ein Vorkaufsrecht für eine Immobilie begründet wird.

B. Aufhebungsvertrag

I. Muster: Aufhebungsvertrag 4

▶ **Aufhebungsvertrag**[1] 149

zwischen

■■■

nachstehend: – Arbeitgeber –

und

■■■

nachstehend: – Arbeitnehmer –

wird zwecks Beendigung des Arbeitsverhältnisses nachfolgende Vereinbarung getroffen:

§ 1

Die Parteien sind sich darüber einig, dass das zwischen ihnen bestehende Arbeitsverhältnis mit Ablauf des ■■■ aufgrund arbeitgeberseitiger Veranlassung sein Ende findet.

§ 2

Der Arbeitnehmer bleibt von seinen ihm obliegenden Verpflichtungen zur Erbringung der Arbeitsleistung widerruflich freigestellt. Die Freistellung erfolgt unter Anrechnung auf möglicherweise bestehenden Urlaubsansprüchen.

Kann der Arbeitnehmer Urlaub wegen der Beendigung des Arbeitsverhältnisses nicht nehmen, so erhält er eine Urlaubsabgeltung von ■■■ EUR, zahlbar nach dem in § 1 genannten Zeitpunkt.

Das restliche Arbeitsentgelt wird am ■■■ gezahlt.

§ 3

Der Arbeitgeber zahlt dem Arbeitnehmer zum Ausgleich für den Verlust des Arbeitsplatzes eine Abfindung entsprechend §§ 9, 10 KschG, §§ 24, 34 EStG in Höhe von ■■■ EUR (in Worten: ■■■ Euro).

Die Abfindung reduziert sich um den Betrag, der gemäß § 115 SGB X auf die Bundesagentur für Arbeit übergegangen ist. Die Abfindung wird erst fällig, wenn die zuständige Arbeitsagentur einen entsprechenden Bescheid erteilt hat.

Die Parteien vereinbaren, dass der Abfindungsanspruch vererbbar und bereits mit Unterzeichnung dieses Vertrages entstanden ist.

§ 4

Der Arbeitnehmer wurde darauf hingewiesen, dass er bei vorzeitiger einvernehmlicher Beendigung des Arbeitsverhältnisses ohne Einhaltung einer Kündigungsfrist und ohne dass betriebsbedingte Gründe bestehen mit dem Ruhen des Arbeitslosengeldanspruchs und mit einer Sperrzeit von bis zu drei Monaten bei der Agentur für Arbeit rechnen muss, falls er Arbeitslosengeld in Anspruch nehmen möchte.

§ 5

Der Arbeitgeber verpflichtet sich, dem Arbeitnehmer ein wohlwollendes qualifiziertes Zeugnis zu erteilen. Bis zum ■■■ wird der Arbeitgeber dem Arbeitnehmer ein entsprechendes Zwischenzeugnis ausstellen.

§ 6

Der Arbeitnehmer wird auch nach Beendigung des Arbeitsverhältnisses Verschwiegenheit über Betriebs- und Geschäftsgeheimnisse sowie den Inhalt des Aufhebungsvertrages wahren.

§ 7

Der Arbeitnehmer verpflichtet sich, alle in seinem Besitz befindlichen Arbeitsmittel und Arbeitsunterlagen des Arbeitgebers einschließlich Kopien hiervon umgehend an den Arbeitgeber herauszugeben.

§ 8

Die Parteien sind sich darüber einig, dass mit Erfüllung dieser Vereinbarung alle wechselseitigen Ansprüche aus dem Arbeitsverhältnis und im Zusammenhang mit dessen Beendigung – gleich, ob bekannt oder unbekannt – ausgeschlossen und erledigt sind.

Ort, Datum

■■■

Unterschrift Arbeitgeber

■■■

Unterschrift Arbeitnehmer ◀

II. Erläuterungen und Varianten

5 Siehe hierzu oben Rn 2.

C. Begründung eines vorvertraglichen Schuldverhältnisses durch die Anbahnung eines Vertrages

6 I. Muster: Geheimhaltungsvereinbarung

▶ **Geheimhaltungsvereinbarung**[1]

zwischen

der Firma ■■■

nachfolgend „Empfänger" genannt,

und

der Firma ■■■

nachfolgend „Firma" genannt,

wird die folgende Vereinbarung getroffen:

Präambel

Die Firma prüft die Möglichkeit einer Zusammenarbeit mit dem Empfänger und insbesondere die Möglichkeit, den Empfängermit der Entwicklung/ Fertigung/Lieferung/Beratung von/bei ■■■ (Leistung) zu beauftragen. Die Firma wird zu diesem Zweck dem Empfängergegebenenfalls Geschäftsgeheimnisse und vertrauliche und schützenswerte Informationen und Unterlagen überlassen, deren Geheimhaltung gegenüber Dritten durch diese Vereinbarung sichergestellt werden soll. Da das Know-how teilweise nicht durch gewerbliche Schutzrechte gesichert ist, soll die Firma durch die nachfolgende vertragliche Regelung vor Missbrauch, insbesondere dem Offenkundigwerden, geschützt werden. Dies gilt insbesondere auch für den Fall, dass ein weiterer Vertragsabschluss über eine Zusammenarbeit nicht zustande kommt.

1. Geheimhaltung/Definitionen

Der Empfänger verpflichtet sich, alle von der Firma im Rahmen dieser Vereinbarung überlassenen Informationen geheim zu halten und keinem Dritten zu offenbaren.

Die Informationen umfassen insbesondere alle Informationen in schriftlicher, auch fotokopierter, Form sowie auch Entwürfe, Skizzen, technische Protokolle, Modelle, elektronische Daten, unabhängig davon, in welcher Form diese Informationenüberlassen werden (zB durch Gespräche, Ferngespräche, auf Datenträgern der unterschiedlichsten Art, mittels Datenfernübertragung jeglicher Art oder per Postsendung). Erfasst werden auch alle Informationen und Know-how, die bei Betriebsbesuchen visuell und/oder akustisch wahrgenommen werden.

Mündlich übermittelte Informationen, die vertraulich zu behandeln sind, sind dem Empfängerinhaltlich, unter Hinweis auf ihren vertraulichen Charakter und innerhalb einer Woche schriftlich zu bestätigen. Falls es die Firma für zweckdienlich erachtet, wird dieser Vereinbarung ein aktualisierbarer Anhang beigefügt werden, in dem, unter Angabe des jeweiligen Offenbarungsdatums, die Informationen auflistet sind, die dem Empfänger überlassenen wurden bzw werden. Als geheim zu haltende Informationen gelten darüber hinaus auch alle personenbezogenen Daten.

Die Geheimhaltungsverpflichtung gilt nicht für Informationen,

- welche der Empfänger zum Zeitpunkt der Überlassung der Informationen durch die Firma ohne Verpflichtung zur Geheimhaltung bereits besessen hat,
- welche bereits vor dem Inkrafttreten dieser Vereinbarung gemeinfrei oder veröffentlicht waren,
- welche der Empfängerrechtmäßig von dritter Seite ohne Verpflichtung zur Geheimhaltung erhalten hat oder wird,
- welche der Empfängerunabhängig von den unter dieser Vereinbarung überlassenen Informationenentwickelt hat und noch entwickelt,
- welche die Firma durch eine zusätzliche schriftliche Vereinbarung dem Empfänger zur Weitergabe an Dritte freigegeben hat und/oder
- welche nach Ablauf dieser Geheimhaltungs-Vereinbarung übermittelt werden.

2. Sicherstellung der Geheimhaltung/Erstreckung der Geheimhaltungsverpflichtungen auf Dritte

Der Empfängerwird alle geeigneten Vorkehrungen treffen, um die Geheimhaltung der überlassenen Informationensicherzustellen. Insbesondere werden diese Informationen nur an solche Mitarbeiter weitergegeben, die sie aufgrund ihrer Tätigkeit unbedingt erhalten müssen. Der Empfängerwird dafür sorgen, dass Unterlagen mit geheim zu haltenden Informationen, soweit nicht unmittelbar damit gearbeitet wird, unter Verschluss gehalten werden.

Der Empfängerverpflichtet sich, eine entsprechende Geheimhaltungsverpflichtung auch seinen Angestellten, sonstigen Mitarbeitern und externen Dienst- bzw Werkleistern, mit denen er zusammenarbeitet, vertraglich aufzuerlegen.

Sollte es der Empfänger für notwendig erachten, im Rahmen dieser Vereinbarung einen Dritten im Sinne eines Zulieferers hinzuzuziehen, so ist dazu vorab das schriftliche Einverständnis der Firma erforderlich. Möchte der Empfängerdiesem Zulieferer unter dieser Vereinbarung erhaltene Informationenoffenbaren, so wird der Empfängernach einem von der Firma erklärten Einverständnis mit dem Zulieferer eine schriftliche Geheimhaltungs-Vereinbarung abschließen, die dem Sinn und Umfang der vorliegenden Vereinbarung entspricht und dem Zulieferer mindestens die gleichen Verpflichtungen zur Geheimhaltung auferlegt, denen der Empfängerin dieser Vereinbarung unterworfen ist. Der Empfänger ist der Firma gegenüber für die Einhaltung der Verpflichtungen durch den Zulieferer verantwortlich.

3. Erlangung von Informationen im Betrieb des Vertragspartners

Der Empfängerverpflichtet sich, alle ihm und seinen Erfüllungsgehilfen während der Erbringung von Leistungen im Betrieb der Firma oder vom Geschäftsbetrieb der Firma bekannt werdenden betriebsinternen Informationen, die den Geschäftsbetrieb der Firma betreffen, geheim zu halten und nicht an Dritte weiterzugeben. Dies gilt insbesondere für alle Informationenüber Produkte, technische und bauliche Einrichtungen, Fertigungsmethoden und -verfahren, Betriebsabläufe und organisatorische und finanzielle Maßnahmen bei der Firma.

4. Rückgabe von Unterlagen/Vernichtung bzw Löschung von Daten

Der Empfänger verpflichtet sich, auf erstes Verlangen der Firma und/oder nach Beendigung der Zusammenarbeit beziehungsweise Beendigung dieser Geheimhaltungs-Vereinbarung alle unter diese Vereinbarung fallenden Informationen, beispielsweise erhaltene Zeichnungen, Skizzen, Dokumente, Datenspeicher und Modelle, herauszugeben oder sachgemäß zu zerstören bzw sicher zu löschen und die vollständige Zerstörung/unwiderherstellbare Löschung der Firma schriftlich anzuzeigen.

5. Erfindungen und Schutzrechte

Sofern nicht in sonstigen Vereinbarungen zwischen den Parteien anders geregelt, verbleiben alle Rechte an den in den überlassenen Informationen offenbarten Know-how, Entwicklungen und Erfindungen im weitesten Sinne bei der Firma. Mit der Überlassung von Informationen von der Firma an den Empfängerwerden ausschließlich die auf den eingangs genannten Zweck bezogenen Rechte für eine interne Nutzung beim Empfängereingeräumt. Weitere Rechte für den Empfängerim Sinne einer Lizenz an Schutzrechten, insbesondere Gebrauchsmuster, Patente, Marken, Urheberrechte etc., die zugunsten der Firma bestehen, sind ausgeschlossen.

6. Beginn und Dauer der Vereinbarung/Anzeigepflicht bei Wettbewerbstätigkeit

Diese Geheimhaltungs-Vereinbarung tritt mit dem Tag der letzten Unterschrift in Kraft.

Die Geheimhaltungspflichten aus diesem Vertrag gelten zeitlich unbegrenzt.

Falls der Empfänger zur Firma in Wettbewerb tritt oder von einem Dritten, zB einem Wettbewerber der Firma, vollständig oder in Teilen übernommen wird, wird er die Firma unverzüglich davon schriftlich in Kenntnis setzen. Unabhängig von weiteren, die Zusammenarbeit der Vertragsparteien regelnden Vereinbarungen erhält die Firma das Recht, innerhalb von einem Monat nach Zustellung einer solchen Mitteilung diese Vereinbarung bzw die Zusammenarbeit mit sofortiger Wirkung zu kündigen.

7. Sanktionen bei Verstoß gegen Geheimhaltungsvereinbarung

Der Empfänger wird ausdrücklich auf die Folgen der Verletzung von Geschäfts- und Betriebsgeheimnissen gem. §§ 17, 18 UWG hingewiesen.

Er wird außerdem darauf hingewiesen, dass er bei Verletzung von Geschäfts- und Betriebsgeheimnissen gem. §§ 17, 18 UWG zum Ersatz des entstandenen Schadens gem. § 19 UWG verpflichtet ist.

Verstößt der Empfänger gegen eine gesetzliche oder vertragliche Geheimhaltungspflicht gegenüber der Firma, so hat er für jede schuldhafte Zuwiderhandlung eine von der Firma nach billigem Ermessen festzusetzende, im Streitfall vom zuständigen Gericht zu überprüfende Vertragsstrafe an die Firma zu leisten. Der Einwand des Fortsetzungszusammenhanges wird ausgeschlossen.

Auf Schadensersatzansprüche der Firma – gleich aus welchem Rechtsgrund – werden Zahlungen auf das Vertragsstrafversprechen angerechnet.

8. Vertragssprache/Gerichtsstand/anzuwendendes Recht

Vertragssprache ist Deutsch.

Als Gerichtsstand wird ... vereinbart.

Diese Vereinbarung unterliegt dem Recht der Bundesrepublik Deutschland.

9. Schriftform/Salvatorische Klausel/Vertragsausfertigungen

Änderungen und Ergänzungen dieser Vereinbarung bedürfen der Schriftform und erfordern die schriftliche Bestätigung der Parteien. Das gilt auch für die Aufhebung dieses Schriftformerfordernisses.

Änderungen und Ergänzungen dieser Vereinbarung werden dieser Vereinbarung als Anhang beigefügt.

Die Unwirksamkeit einzelner Bestimmungen dieser Vereinbarung hat nicht die Unwirksamkeit der gesamten Vereinbarung zur Folge. Die Parteien werden sich anstelle der unwirksamen Bestimmung auf eine neue, solche Bestimmung einigen, die der gewollten Regelung möglichst nahekommt und rechtlich Bestand hat.

Jede der Parteien erklärt durch ihre Unterschrift, eine von beiden Parteien unterschriebene Version dieser Vereinbarung erhalten zu haben.

für den Empfänger	für die Firma
▪▪▪, den ▪▪▪	▪▪▪, den ▪▪▪
Name: ▪▪▪	Name: ▪▪▪
Titel/Funktion: ▪▪▪	Titel/Funktion: ▪▪▪

◄

II. Erläuterungen

[1] Der Abschluss einer **Geheimhaltungsvereinbarung** stellt einen typischen Fall des § 311 Abs. 2 Nr. 2 dar. Das vorliegende Muster gibt Verhaltensmaßregeln der Vertragsparteien vor sowie eine Sanktionsmöglichkeit bei Verstoß gegen die auferlegten Pflichten durch Vereinbarung einer Vertragsstrafe. 7

D. Nachweis der Erfüllung vorvertraglicher Aufklärungspflichten

I. Muster: Checkliste zum Nachweis der Erfüllung vorvertraglicher Aufklärungspflichten 8

► **Checkliste der vorvertraglichen Aufklärung des Franchisesystems XY**[1]

ANLAGE Nr. 1 zum Franchisevertrag zwischen der XY-GmbH und Herrn ▪▪▪ vom ▪▪▪ (Datum)

Der Franchisenehmer hat am heutigen Tag einen Franchisevertrag des XY-Franchisesystems unterzeichnet.

I. Schriftliche Informationen

Der Franchisenehmer bestätigt, am ▪▪▪ (Datum) folgende Informationen in Papierform/per E-Mail erhalten zu haben:

1. 2 Bilanzen eines durchschnittlich erfolgreichen Franchisenehmers des Systems XY
2. 2 Bilanzen eines unterdurchschnittlichen Franchisenehmers des Systems XY
3. 2 Bilanzen eines der erfolgreichsten Franchisenehmers des Systems XY
4. Planrechnung des Kapitalbedarfs
5. Auflistung aller ausgeschiedenen Franchisenehmer des Franchisesystems XY samt Angaben zu den Gründen der Beendigung der Franchiseverträge

▪▪▪

II.

Der Franchisenehmer bestätigt, dass ihm in Gesprächen am ▪▪▪ (Datum) und ▪▪▪ (Datum) alle Fragen, die er zu dem Franchisesystem XY stellte umfangreich und zu seiner Zufriedenheit durch Herrn ▪▪▪ beantwortet worden sind.

Datum

▪▪▪

Unterschrift Franchisenehmer ◄

II. Erläuterungen

[1] Im Franchiserecht nimmt die Rechtsprechung bei der Verletzung von vorvertraglichen Aufklärungspflichten eine **Umkehr der Darlegungs- und Beweislast** zulasten des Franchisegebers an. Franchisegeber werben Franchiseinteressenten häufig mit Plan-Ertragszahlen an. Die Recht- 9

sprechung verlangt sogar teilweise, dass der Franchisegeber solche im vorvertraglichen Stadium vorlegt. Wenn der Franchisenehmer nach Abschluss des Franchisevertrages diese Plan- bzw Prognosezahlen nicht erreicht, werden Schadensersatzansprüche häufig auf die Behauptung gestützt, die Planzahlen seien beschönigt gewesen. Wenn der Franchisenehmer im Prozess schlüssig darlegt, dass er falsch oder ungenügend informiert worden ist, muss der Franchisegeber die Richtigkeit seiner Planzahlen darlegen und ggf beweisen. Es kommt dabei u.a. darauf an, dass der Franchisegeber ihm bekannte Ist-Zahlen seiner bisherigen Franchisenehmer nicht beschönigt. Hintergrund ist, dass der Franchisenehmer die Zahlen derjenigen Franchisenehmer, die lange vor ihm in dem Franchisesystem waren, im Prozess in aller Regel nicht vorlegen kann. Auch weiß der Franchisenehmer in aller Regel nicht, wie und auf welcher Basis der Franchisegeber die Planzahlen erstellt hatte. Nicht selten wird seitens des Franchisenehmers auch geltend gemacht, dass die vorvertragliche Aufklärung gar nicht erfolgt oder vom Umfang und den Details unvollständig gewesen wäre sei. In solchen Fällen hilft dem Franchisegeber die vorstehende Liste, um Darlegungs- und Beweisproblemen von vornherein entgegenzutreten.

E. Verletzung einer Schutzpflicht

10 I. Muster: Schadensersatz wegen Verletzung einer Schutzpflicht iSd § 241 Abs. 2[1]

▶ An das

Amtsgericht/Landgericht

■■■

Klage

des ■■■

– Kläger –

Prozessbevollmächtigter: RA ■■■

gegen

die ABC-Franchise-Systeme GmbH, ■■■, vertreten durch den Geschäftsführer ■■■,

geschäftsansässig ebenda,

– Beklagte –

wegen: Schadensersatz aus culpa in contrahendo

Streitwert (vorläufig): ■■■ EUR

Namens und in Vollmacht des Klägers erhebe ich Klage und kündige für die mündliche Verhandlung folgende Anträge an:

I. die Beklagte zu verurteilen, an den Kläger ■■■ EUR nebst Zinsen hieraus in Höhe von 5,0 Prozentpunkten über dem Basiszinssatz seit dem ■■■/seit Rechtshängigkeit zu zahlen,

II. festzustellen, die in Zukunft noch entstehenden Schäden, die dem Kläger aus dem Abschluss notweniger Verträge, insbesondere des Leasingsvertrages und der Darlehenverträge noch entstehen werden, zu ersetzen,

III. die Beklagte zu verurteilen, an den Kläger die Kosten für die vorgerichtliche Tätigkeit des Unterzeichners in Höhe von ■■■ EUR zu zahlen,

IV. ■■■ ggf weitere Prozessanträge

Begründung

Der Kläger macht mit dieser Klage gegen die Beklagte Ansprüche auf alle von ihm bisher infolge des Abschlusses des Franchisevertrages geleisteten Zahlungen als Schadensersatz aus culpa in contrahendo geltend.

Der Kläger und die Beklagte waren Vertragspartner aufgrund eines am ▪▪▪ unterzeichneten Franchisevertrages nach dem ABC-Franchise-System. Der Kläger ist Franchisenehmer; die Beklagte ist Franchisegeberin. Der Franchisevertrag begann am ▪▪▪ und wurde für eine Laufzeit von ▪▪▪ Jahren geschlossen.

Beweis: Franchisevertrag vom ▪▪▪

Im Franchisevertrag ist die Zahlung einer einmaligen Franchiseeintrittsgebühr in Höhe von ▪▪▪ EUR zzgl Mehrwertsteuer vertraglich festgelegt. Hinzu kommen eine monatliche Franchisegebühr in Höhe von 5 % des Nettoumsatzes, mindestens aber ▪▪▪ EUR zzgl Mehrwertsteuer und eine monatliche Werbegebühr in Höhe von ▪▪▪ EUR zzgl Mehrwertsteuer.

Der Kläger stieß im Internet auf das Franchisesystem der Beklagten. Er nahm am ▪▪▪ zunächst per E-Mail und dann telefonisch Kontakt mit der Beklagten auf, die ihn zu einer Informationsveranstaltung einlud. Die Informationsveranstaltung wurde von dem Geschäftsführer der Beklagten, Herrn ▪▪▪, geleitet. Dort wurde das Konzept, auf dem das ABC-Franchisesystem basiert, erklärt. Besonders betont wurden die erfolgreichen Zukunftsaussichten eines ABC-Franchisenehmers.

Bei einem zweiten Treffen des Klägers mit dem Geschäftsführer der Beklagten, erkundigte sich der Kläger, ob es auch negative Erfahrungen von Franchisenehmern gegeben habe und es gescheiterte Franchisenehmer im ABC-Franchisesystem gebe. Dies wurde von dem Geschäftsführer der Beklagten ausdrücklich verneint. Lediglich ein Franchisenehmer habe wegen privater Probleme seinen Betrieb schließen müssen. Der Geschäftsführer legte auch betriebswirtschaftliche Umsatz- und Ertrags-Zahlen vor, die als Prognose des Franchisenehmerbetriebes des Klägers bezeichnet wurden. Die Zahlen ließen bereits im ersten Jahr Gewinne in einer Größenordnung von ▪▪▪ EUR erwarten. Aufgrund der Angaben des Geschäftsführers der Beklagten entschied sich der Kläger zur Vertragsunterzeichnung. Am ▪▪▪ eröffnete er seinen ABC-Betrieb in ▪▪▪

Der Kläger hatte keine berufliche Erfahrung mit dem Betrieb der oben genannten Aufgaben, setzte aber pflichtbewusst alle von der Beklagten gemachten Vorgaben zum Betrieb um.

Er erzielte im ersten Jahr einen Verlust von ▪▪▪ EUR bei einem Umsatz von knapp ▪▪▪ EUR. Insbesondere die für den Betrieb aufgewendeten Materialkosten überstiegen bei weitem das, was die Beklagte prognostiziert hatte. Die Ertragsprognosen wurden von einer Vielzahl anderer Franchisebetriebe des ABC-Systems nicht erreicht, die in ähnlicher Umgebung wie der Kläger angesiedelt sind.

Beweis:
1. Zeugnis des Franchisenehmers ▪▪▪
2. Zeugnis des Franchisenehmers ▪▪▪

Über diese Tatsache hat die Beklagte nicht aufgeklärt. Sie hat den Kläger im Vorfeld der Vertragsunterzeichnung durch Vorlage der Ertragplanung für die ersten drei Jahre darüber getäuscht, das die Planzahlen zu erreichen sind. Überdies waren bereits damals, im Zeitpunkt der Vertragsunterzeichnung, über 20 Franchisenehmer des ABC-Systems aus wirtschaftlichen Gründen gescheitert.

Beweis:
1. Zeugnis des ▪▪▪
2. Parteivernehmung des Geschäftsführers der Beklagten

Der Kläger hat gegen die Beklagte einen Anspruch auf Schadensersatz aus culpa in contrahendo, §§ 311 Abs. 2, 280 Abs. 1, 241 Abs. 2 BGB.

Hätte die Beklagte den Kläger wahrheitsgetreu und umfassend aufgeklärt, hätte er den Franchisevertrag nicht abgeschlossen. Es ist ein beratungskonformes Verhalten zu unterstellen. Nach ständiger Rechtsprechung ist der Franchisegeber verpflichtet bei Verhandlungen mit potenziellen Franchisenehmern diese umfassend und vollständig aufzuklären (vgl OLG Hamburg, Urteil v. 30.12.2002, Az 5 U 220/01 – nicht veröffentlicht; vgl Palandt/Grüneberg, § 311 Rn 50). Angesichts der erheblichen Verpflichtungen des Franchisenehmers besteht bereits in der Phase der Vertragsanbahnung und der auf den Abschluss gerichteten Verhandlungen und Gesprächen ein vorvertragliches Vertrauensschuldverhältnisses (LG Hamburg, Urteil v. 2.5.1995, Az 312 O 519/94 – nicht veröffentlicht).

Dazu zählen verlässliche Angaben über Kosten und Umsätze in vergleichbaren Franchisebetrieben des Systems. Der Franchisegeber muss Informationen über die konkrete Marktsituation am Standort offenbaren, wenn ihm besondere Umstände des Standortes bekannt sind (Metzlaff, Praxishandbuch Franchising, § 7 Rn 12). Insbesondere hätte der Kläger den Vertrag nicht abgeschlossen, wenn er den wahren Kapitalbedarf – auch für die Durststrecke – gekannt hätte. Hätte er zudem die wahren Zahlen anderer Franchisenehmer gekannt, wäre er nie Franchisenehmer geworden.

Der Schadensersatz nach c.i.c. umfasst den gesamten entstandenen Vertrauensschaden, also die Rückzahlung der Eintrittsgebühr und sämtlicher Franchisegebühren sowie alle sonstige Aufwendungen des Franchisenehmers, die dieser im Vertrauen auf die Wirksamkeit und Durchführung des Franchisevertrages getätigt hat (LG Hamburg, Urteil v. 6.6.1995, Az 312 O 519/94 – nicht veröffentlicht; OLG München, BB 1988, 865). Der Franchisegeber hat dem Franchisenehmer alle notwendigen Aufwendungen zu erstatten, die dieser im Vertrauen auf die korrekte und vollständige Aufklärung bei der Vertragsanbahnung und den nachfolgenden Vertragsschluss getätigt hat (Metzlaff, Praxishandbuch Franchising, § 7 Rn 24 ff; Giesler in Giesler/Nauschütt, Franchiserecht, § 5 Rn 39).

Den Franchisegeber trifft die Darlegungs- und Beweislast bezüglich der vorvertraglichen Aufklärung (OLG München, BB 1988, S. 865; LG Hamburg, Urt. v. 6.6.1995, Az 312 O 519/94 – unveröffentlicht; Martinek/Semler, Handbuch des Vertriebsrechts, 1. Aufl., § 19 I 1; Metzlaff, Praxishandbuch Franchising, § 7 Rn 23; Giesler, Franchisevertrag Rn 202 mit zahlreichen Nachweisen aus der Rechtsprechung; BGH, NJW 1998, 302, 303; Graf v. Westphalen in Röhricht/Graf v. Westphalen, HGB, 2. Aufl. S. 2213 Rn 41).

Der Schadensumfang beträgt ■■■ EUR.

Auf eine vorgerichtliche Zahlungsaufforderung erfolgte keine Zahlung.

Die Zinspflicht ergibt sich aus ■■■

■■■

Rechtsanwalt ◄

II. Erläuterungen

11 [1] Das Klagemuster bezieht sich auf die Geltendmachung von **Schadenersatz wegen Verletzung vorvertraglicher Aufklärungspflichten**, hierzu siehe Muster Rn 8 und Erläuterungen Rn 9.

§ 311 a Leistungshindernis bei Vertragsschluss

(1) Der Wirksamkeit eines Vertrags steht es nicht entgegen, dass der Schuldner nach § 275 Abs. 1 bis 3 nicht zu leisten braucht und das Leistungshindernis schon bei Vertragsschluss vorliegt.
(2) [1]Der Gläubiger kann nach seiner Wahl Schadensersatz statt der Leistung oder Ersatz seiner Aufwendungen in dem in § 284 bestimmten Umfang verlangen. [2]Dies gilt nicht, wenn der Schuldner das Leistungshindernis bei Vertragsschluss nicht kannte und seine Unkenntnis auch nicht zu vertreten hat. [3]§ 281 Abs. 1 Satz 2 und 3 und Abs. 5 findet entsprechende Anwendung.

A. Muster: Schadensersatz statt der Leistung 1

▶ An das 153

Amtsgericht/Landgericht

■■■

Klage

des ■■■

– Kläger –

Prozessbevollmächtigter: RA ■■■

gegen

den ■■■

– Beklagter –

wegen: Schadensersatz aufgrund anfänglicher Unmöglichkeit[1]

Streitwert (vorläufig): ■■■ EUR

Namens und in Vollmacht des Klägers erhebe ich Klage und kündige für die mündliche Verhandlung folgende Anträge an:

I. den Beklagten zu verurteilen, an den Kläger ■■■ EUR nebst Zinsen hieraus in Höhe von 5,0 Prozentpunkten über dem Basiszinssatz seit dem ■■■/seit Rechtshängigkeit zu zahlen,[2]

II. den Beklagten zu verurteilen, an den Kläger die Kosten für die vorgerichtliche Tätigkeit des Unterzeichners in Höhe von ■■■ EUR zu zahlen,

III. ■■■ ggf weitere Prozessanträge[3]

Begründung

Der Kläger wollte einen gebrauchten Pkw-Kombi erwerben, der ihm genügend Stauraum zur Unterbringung seines Fahrrades und seiner Campingausrüstung bietet. Am ■■■ hat er beim Beklagten einen seinen Wünschen entsprechenden gebrauchten Kombi des Typs ■■■, Modell ■■■, Baujahr ■■■ besichtigt. Während der Verkaufsverhandlungen wies der Beklagte insbesondere auf die niedrige Laufleistung von nur 20.000 km hin. Diese war für die Kaufpreisverhandlung, die sich an der Schwacke-Liste orientiert hat, maßgebend. Nachdem sich die Parteien einig geworden waren, unterzeichneten sie einen privatschriftlichen Kaufvertrag[4] über den gebrauchten Pkw des Typs ■■■, Modell ■■■, Baujahr ■■■, Fahrgestellnummer ■■■, in dem die Laufleistung mit 20.000 km ausgewiesen und der Kaufpreis mit ■■■ EUR angegeben ist.

Beweis: Kaufvertrag vom ■■■

Diesen Betrag zahlte der Kläger am ■■■ an den Beklagten in bar aus. Der Beklagte übergab dem Kläger das Fahrzeug am gleichen Tag und händigte diesem die zugehörigen Fahrzeugpapiere aus.[5]

Am selben Tag verunfallte der Kläger mit dem Pkw, als ihm der Fahrer eines anderen Pkw die Vorfahrt nahm.

Bei der in der Kfz-Werkstatt ■■■ vorgenommenen Reparatur stellte der Kfz-Werkstattmeister ■■■ fest, dass das Fahrzeug nicht die vom Beklagten zugesicherte, sondern eine erheblich höhere Laufleistung von 120.000 km aufweist.

Beweis:

1. Zeugnis des Kfz-Werkstattmeisters ■■■, zu laden über die Kfz-Werkstatt ■■■,
2. Sachverständigengutachten.

Daher ist das Fahrzeug nach der Schwacke-Liste nicht – wie vereinbart – ■■■ EUR, sondern nur ■■■ EUR wert.

Beweis: Schwacke-Liste vom ■■■

Daraufhin forderte der Kläger den Beklagten vorgerichtlich zur Zahlung des durch den Minderwert des Fahrzeugs entstandenen Schaden in Höhe von ■■■ EUR auf.[6] Der Beklagte hat bis jetzt nicht gezahlt. Klage ist daher geboten.

Der Beklagte haftet für die Zusicherung aus § 311 a Abs. 2 iVm § 437 Nr. 3 BGB, da er seine Pflicht zur Lieferung einer Sache mit der von ihm zugesicherten Eigenschaft verletzt hat.[7] Das Fahrzeug war iSd § 434 Abs. 1 S. 2 Nr. 2 iVm S. 3 BGB mangelhaft, da der Beklagte eine viel geringere Laufleistung in Höhe von 20.000 km zugesichert hatte.[5] Eine Aufforderung zur Nacherfüllung war hier entbehrlich. Eine Nachbesserung scheidet mangels Reparaturmöglichkeit aus. Das Fahrzeug kann auch nicht durch ein gleichartiges und gleichwertiges ersetzt werden, da dem Kaufentschluss des Klägers eine persönliche Besichtigung des Fahrzeugs vorangegangen war.[8]

Die Zinspflicht ergibt sich aus ■■■

■■■

Rechtsanwalt ◄

B. Erläuterungen

2 [1] **Angabe des Streitgegenstands.** Eine – nach § 130 Nr. 1 ZPO nicht zwingende – kurze Angabe des Streitgegenstands empfiehlt sich im Hinblick auf eine möglicherweise in der Geschäftsverteilung des Gerichts vorgesehene Bildung von Spezialkammern (vgl § 348 Abs. 1 S. 2 Nr. 2 ZPO).

3 [2] **Zinsen.** Zu den verschiedenen Möglichkeiten, Zinsen geltend zu machen, vgl Muster bei § 288.

4 [3] **Nebenanträge.** Zu den prozessualen Nebenanträgen (zB § 331 Abs. 3 S. 1 ZPO: Erlass eines Versäumnisurteils im schriftlichen Verfahren) bzw für die Zwangsvollstreckung relevanten Anträgen vgl GF-ZPO/*Pukall*, § 253 ZPO Rn 92 ff.

5 [4] **Wirksamer Vertragsschluss.** Voraussetzung eines Schadensersatzanspruchs aus § 311 a Abs. 2 ist zunächst, dass zwischen den Parteien ein wirksamer Vertrag geschlossen worden ist, der die Verpflichtung zur Erbringung einer Leistung enthält. § 311 a findet auch auf einseitige Rechtsgeschäfte entsprechende Anwendung. Der Vertrag ist gemäß § 311 a Abs. 1 auch wirksam, wenn er eine anfänglich objektiv unmögliche Leistung beinhaltet. Zu beachten ist allerdings ggf. die Ausnahme des § 2171 Abs. 1, der eine Sondervorschrift für Vermächtnisse beinhaltet. Diese sind unwirksam, wenn sie auf eine zur Zeit des Erbfalls objektiv unmögliche Leistung gerichtet sind.

6 Der Schuldner muss gemäß § 275 Abs. 1, 2 oder 3 von seiner primären Leistungspflicht frei geworden sein. Hier ist ein Fall anfänglicher qualitativer Unmöglichkeit gegeben.

7 Das **Leistungshindernis** muss **schon bei Vertragsschluss** vorgelegen haben. Daher ist auch dann ein Fall nachträglicher Unmöglichkeit gegeben, wenn die Leistung bei einem bedingten oder befristeten Vertrag zwar vor Bedingungseintritt oder Fälligkeit unmöglich wird, aber nach Vertragsschluss. Ist zur Erbringung der Leistung die Genehmigung eines Dritten einzuholen, ist bei Versagung derselben ebenfalls ein Fall nachträglicher Unmöglichkeit gegeben.

8 Weiterhin muss sich der Schuldner zur Leistung verpflichtet haben, obwohl er wusste oder wissen musste, dass er diese nicht erbringen kann. Es kommt gerade nicht darauf an, ob der Schuldner die Unmöglichkeit der Leistung schuldhaft herbeigeführt hat, da ihn vor Vertragsschluss noch keine Sorgfaltspflichten im Umgang mit der Sache gegenüber seinem Vertragspartner treffen. Nach § 311 a Abs. 2 S. 2 wird das Verschulden vermutet. Die Vorschrift statuiert insofern eine **Beweislastumkehr,** dh der Schuldner ist beweispflichtig dafür, dass ihm das Leistungshindernis nicht schon zum Zeitpunkt des Vertragschlusses bekannt gewesen ist und er dieses auch nicht fahrlässig verkannt hat (OLG Karlsruhe NJW 2005, 989). Ausnahmsweise haftet jedoch der Verkäufer trotz Kenntnis von einem nicht behebbaren Mangel nicht, wenn

keine Aufklärungspflicht bestand, weil es sich um einen Bagatellmangel handelte (Palandt/*Grüneberg*, § 311 a Rn 9). Das Wissen oder die fahrlässige Unkenntnis seines Erfüllungsgehilfen muss sich der Schuldner gemäß § 278 als eigenes Verschulden zurechnen lassen. Lässt er den Vertrag durch einen Vertreter schließen, kommt es gemäß § 166 Abs. 1 grds. auf dessen Kenntnis an.

[5] **Anwendung des § 437.** Bis zur Übergabe iSd § 446 ist § 311 a Abs. 2 allein anwendbar. Ab Übergabe gilt die Vorschrift nur iVm § 437 Nr. 3. Demnach muss es sich beim zwischen den Parteien geschlossenen Vertrag iSd § 311 a um einen Kaufvertrag über eine bewegliche Sache handeln und die Pflichtverletzung des Verkäufers in der Lieferung einer mangelhaften Sache iSd § 434 bestehen. Im **Mietrecht** ist § 536 a Abs. 1 eine Sondervorschrift gegenüber § 311 a Abs. 2, da der Gesetzgeber an der Garantiehaftung des Vermieters festhalten wollte (BT-Drucks. 14/6857, Anlage 3, S. 66; 14/7052, S. 203). 9

[6] **Positives Interesse und Differenzmethode.** Der Schuldner haftet auf das positive Interesse, da er den Gläubiger gemäß §§ 249 ff so zu stellen hat, wie wenn er die unmögliche Leistung wie versprochen erbracht hätte. Er schuldet gemäß § 251 Wertersatz. Zur Schadensermittlung nach der Differenz- oder der Surrogationsmethode vgl Hk-BGB/*Schulze*, § 281 Rn 13. Vorliegend berechnet der Gläubiger seinen Schadensersatz nach der Differenzmethode, nach der er die Differenz zwischen dem objektiven Wert der Gegenleistung und dem Wert der nicht erbrachten Leistung, hier also dem nach der Schwacke-Liste ausgewiesenen Wert des Wagens und dem bezahlten Kaufpreis, erstattet verlangen kann. Im Kaufrecht werden diese Methoden der Berechnung des Schadensersatzes kleiner und großer Schadensersatz genannt. Vgl hierzu ebenfalls Hk-BGB/*Schulze*, § 437 Rn 12. Auch Folgeschäden sind gemäß § 280 Abs. 1 zu ersetzen (BGH NJW 2005, 2852). Gemäß Abs. 2 S. 3 iVm § 281 Abs. 1 S. 5 kann der Schuldner im Gegenzug die erbrachten unvollständigen Leistungen gemäß §§ 346 ff zurückverlangen. 10

Alternativ kann der Gläubiger gemäß § 311 a Abs. 2 S. 1 Alt. 2 Aufwendungsersatz für seine nutzlos gewordenen Aufwendungen, die er im Vertrauen auf den Erhalt der Leistung gemacht hat und billigerweise auch tätigen durfte, verlangen. Aufgrund der Grundsätze der Rentabilitätsvermutung kann Aufwendungsersatz auch als ein Teil des Schadensersatzanspruchs geltend gemacht werden (OLG Karlsruhe NJW 2005, 989). S. hierzu Hk-BGB/*Schulze*, § 281 Rn 16. 11

Weiterhin kann der Gläubiger nach § 285 einen eventuell erlangten Ersatz herausverlangen (BT-Drucks. 14/6040, S. 165; Palandt/*Grüneberg*, § 311 a Rn 13; aA *Hammen* in: FS Hadding, S. 41), selbst dann, wenn der Wert desselben höher ist als der der versprochenen Leistung. 12

Unterrichtet der Schuldner den Gläubiger trotz Feststellung nicht über das Bestehen des Leistungshindernisses, haftet er dem Gläubiger für die diesem deswegen entstehenden Schäden aus §§ 280 Abs. 1, 311 Abs. 2, 241 Abs. 2 auf das negative Interesse (aA Staudinger/*Löwisch*, § 311 a Rn 3: Haftung aus § 280 Abs. 1 iVm § 241 Abs. 2). 13

[7] **Garantiehaftung.** Ausnahmsweise haftet der Schuldner trotz Entlastungsbeweis, wenn er für die Leistungsmöglichkeit eine Garantie übernommen hat oder wenn er – wie bei Gattungsschulden – ein Beschaffungsrisiko übernommen hat. **Haftungsmilderungen** anderer Vertragstypen wie sie in §§ 521, 599 oder 690 normiert sind, sind ebenfalls zu berücksichtigen. 14

Vorliegend ist nicht von der Übernahme einer Garantie auszugehen, auch wenn die Laufleistung Inhalt der Vertragsverhandlungen war: Für die Annahme eines **Garantieversprechens** muss im Kaufrecht noch hinzukommen, dass der Verkäufer für das Vorhandensein der Eigenschaft und alle Folgen ihres Fehlens verschuldensunabhängig einstehen möchte (BGHZ 128, 111, 114; 132, 55, 58). 15

Wird der Schuldner nur **teilweise von seiner Leistungspflicht frei**, ist gemäß Abs. 2 S. 3 iVm § 281 Abs. 1 S. 2 zusätzliche Voraussetzung des Anspruchs auf Schadensersatz statt der ganzen Leistung, dass der Gläubiger an der Teilleistung kein Interesse hat. 16

17 [8] **Nachlieferung beim Stückkauf.** Ob eine Nachlieferung bei einem Stückkauf generell unmöglich ist, ist umstr. Aufgrund des offenen Wortlauts des § 439 („Lieferung einer mangelfreien Sache") geht die überwiegende Rechtsprechung (BGH NJW 2006, 2839 ff; OLG Schleswig NJW 2005, 1579 ff; OLG Braunschweig NJW 2003, 1053 f; LG Ellwangen NJW 2003, 517 f; LG Münster DAR 2004, 226 f) davon aus, dass eine **Ersatzlieferung** immer dann möglich sei, wenn die mangelhafte Kaufsache durch eine gleichartige und gleichwertige Sache ersetzt werden könne und dies dem Willen der Vertragsparteien entspreche. Dies ist auch beim Gebrauchtwagenkauf theoretisch möglich, allerdings zu verneinen, wenn dem Kaufentschluss eine persönliche Besichtigung des Fahrzeugs vorausgegangen ist (BGH NJW 2006, 2839 ff).

18 § 311 a Abs. 2 geht einem Schadensersatzanspruch aus §§ 280 Abs. 1, 311 Abs. 2, 241 Abs. 2 vor (aA NK-BGB/*Dauner-Lieb*, § 311 a Rn 31), da der Schuldner fahrlässig handelt, wenn er bei Zweifeln über seine Leistungsfähigkeit nicht noch einmal seine Leistungsfähigkeit überprüft.

19 Grds. gilt die dreijährige **Regelverjährung** iSd §§ 195, 199. Stellt das Leistungshindernis jedoch – wie hier – zugleich einen Mangel iSd § 434 dar, ist § 438 einschlägig.

20 Bei gegenseitigen Verträgen entfällt der Anspruch auf die Gegenleistung gemäß § 326 Abs. 1 S. 1 Hs 1.

§ 311 b Verträge über Grundstücke, das Vermögen und den Nachlass

(1) [1]Ein Vertrag, durch den sich der eine Teil verpflichtet, das Eigentum an einem Grundstück zu übertragen oder zu erwerben, bedarf der notariellen Beurkundung. [2]Ein ohne Beachtung dieser Form geschlossener Vertrag wird seinem ganzen Inhalt nach gültig, wenn die Auflassung und die Eintragung in das Grundbuch erfolgen.

(2) Ein Vertrag, durch den sich der eine Teil verpflichtet, sein künftiges Vermögen oder einen Bruchteil seines künftigen Vermögens zu übertragen oder mit einem Nießbrauch zu belasten, ist nichtig.

(3) Ein Vertrag, durch den sich der eine Teil verpflichtet, sein gegenwärtiges Vermögen oder einen Bruchteil seines gegenwärtigen Vermögens zu übertragen oder mit einem Nießbrauch zu belasten, bedarf der notariellen Beurkundung.

(4) [1]Ein Vertrag über den Nachlass eines noch lebenden Dritten ist nichtig. [2]Das Gleiche gilt von einem Vertrag über den Pflichtteil oder ein Vermächtnis aus dem Nachlass eines noch lebenden Dritten.

(5) [1]Absatz 4 gilt nicht für einen Vertrag, der unter künftigen gesetzlichen Erben über den gesetzlichen Erbteil oder den Pflichtteil eines von ihnen geschlossen wird. [2]Ein solcher Vertrag bedarf der notariellen Beurkundung.

A. Grundstückskaufvertrag

1 **I. Muster: Grundstückskaufvertrag**

▶ Grundstückskaufvertrag mit Anderkontoabwicklung

Urkundenrolle Nr. ■■■ Jahrgang 20 ■■■

Verhandelt

zu ■■■ (Stadt)

am ■■■

Vor mir, dem unterzeichneten Notar ■■■

mit dem Amtssitz in ■■■

erschienen heute:

1. Herr ▪▪▪
geb. ▪▪▪
geb. am ▪▪▪
geschäftsansässig: ▪▪▪
- dem Notar von Person bekannt/ausgewiesen durch gültigen
BPA, Nr. ▪▪▪ –,
nicht handelnd für sich selbst, sondern als alleinvertretungsberechtigter Geschäftsführer der Firma ▪▪▪, ▪▪▪ (Anschrift), eingetragen im Handelsregister des Amtsgerichts ▪▪▪ unter HRB ▪▪▪
2. Herr ▪▪▪
geb. ▪▪▪
geb. am ▪▪▪
wohnhaft: ▪▪▪
- dem Notar von Person bekannt/ausgewiesen durch gültigen
BPA, Nr. ▪▪▪ –

Zunächst stellte der Notar durch Befragen der Erschienen fest, dass er außerhalb seiner Amtstätigkeit oder eine der mit ihm beruflich verbundenen Personen außerhalb ihrer Amtstätigkeit in einer Angelegenheit, die Gegenstand dieser Beurkundung ist, nicht bereits tätig war oder ist.[1]

Die Erschienenen schließen zu Protokoll des amtierenden Notars den nachstehend formulierten

Grundstückskaufvertrag

und erklären übereinstimmend:

§ 1 Grundbuch- und Sachstand

Das Grundbuch des Amtsgerichts ▪▪▪ für ▪▪▪, Blatt ▪▪▪ wurde am ▪▪▪ eingesehen.

Dort ist folgender Grundbesitz verzeichnet:

▪▪▪ qm großes Flurstück (Nr. ▪▪▪), Flur ▪▪▪, Gemarkung ▪▪▪, bebaut mit ▪▪▪

Die Firma ▪▪▪ ist alleinige Eigentümerin des Grundbesitzes.

Die postalische Anschrift lautet: ▪▪▪

Der Grundbesitz ist im Grundbuch wie folgt belastet:[2]

Abteilung II: ▪▪▪

Abteilung III: ▪▪▪

§ 2 Veräußerung; Grundbucherklärungen

Den in § 1 näher bezeichneten Kaufgegenstand verkauft die Erschienene zu 1. – im Folgenden „die Verkäuferin" genannt – mit allen Rechten, Bestandteilen (§ 94 BGB) und dem Zubehör (§ 97 BGB) an den Erschienen zu 2. – im Folgenden „der Käufer" genannt – zum Alleineigentum.

Dieser nimmt den Kaufgegenstand ab.

Der Kaufgegenstand wird so verkauft wie er steht und liegt.

Weitere bewegliche Gegenstände (etwa Inventar) sind nicht mitverkauft. Hiervon ausgenommen sind die vorhandenen Brennstoffvorräte abzüglich des Verbrauchs bis zum Besitzübergang.

Zur Sicherung des Anspruchs des Käufers auf Übertragung des Eigentums am Kaufgegenstand bestellt die Verkäuferin hiermit dem Käufer eine Eigentumsvormerkung gemäß § 883 BGB und bewilligt und beantragt die Eintragung dieser Eigentumsvormerkung in das Grundbuch von ▪▪▪ Blatt ▪▪▪.

Der Notar wird angewiesen, die Eintragung dieser Vormerkung unverzüglich nach Beurkundung dieses Vertrages zu beantragen. Der Vormerkung dürfen lediglich die vorstehend in § 1 dieses Vertrages erwähnten Belastungen im Rang vorgehen.

Die Vertragsparteien bewilligen und beantragen bereits jetzt die Löschung dieser Eigentumsvormerkung und weisen den amtierenden Notar unwiderruflich an, von diesem Löschungsantrag entweder nur Zug um Zug mit der vertragsgemäßen Eigentumsumschreibung Gebrauch zu machen oder aber nach seinem pflichtgemäßen Ermessen bei Störungen in der Abwicklung dieses Vertrages.

Die Parteien sind über den vereinbarten Eigentumsübergang in dem angegebenen Erwerbsverhältnis einig und erklären die

Auflassung

wie folgt:

Wir sind uns darüber einig, dass das Eigentum an dem in § 1 näher bezeichneten Kaufgegenstand von der Verkäuferin auf den Käufer zu Alleineigentum übergeht und bewilligen und beantragen die Eintragung dieser Eigentumsänderung in das Grundbuch von ■■■, Blatt ■■■.

Der Notar wird angewiesen, nur eine Ausfertigung dieses Vertrages mit der Auflassung zu versehen, um diese dem Grundbuchamt zur Eigentumsumschreibung vorzulegen, sobald ihm hierzu alle notwendigen Unterlagen vorliegen, die Verkäuferin unverzüglich nach Erhalt des Geldes schriftlich bestätigt oder hilfsweise der Käufer durch Bankbescheinigung nachgewiesen hat, dass der gesamte Kaufpreis gezahlt ist[3] und – bestätigt durch die Vertragsparteien – die Übergabe stattgefunden hat. Ansonsten soll der amtierende Notar nur Ausfertigungen, beglaubigte und einfache Abschriften dieses Vertrages ohne die Auflassung erteilen.

§ 3 Kaufpreis; Fälligkeit

Der Kaufpreis beträgt ■■■ EUR – in Worten: ■■■ Euro –.

Im Kaufpreis enthalten ist ■■■; den auf diese/n entfallenen Kaufpreis geben die Parteien übereinstimmend mit ■■■ EUR an.

1. Soweit der Kaufpreis nicht zur Lastenfreistellung benötigt wird, ist er zur direkten Zahlung an die abzulösende Gläubigerin bzw an die Verkäuferin bis spätestens zum ■■■ fällig (Kontogutschrift). Die Verkäuferin unterhält folgende Bankverbindung:
   Bankinstitut: ■■■
   BLZ: ■■■
   Konto-Nr.: ■■■
   Voraussetzung für die Fälligkeit des Kaufpreises ist es jedoch, dass den Erschienenen die schriftliche Mitteilung des Notars[4] zugeht, in dem dieser mitteilt, dass die zugunsten des Käufers bewilligte Eigentumsverschaffungsvormerkung im Grundbuch von ■■■, Blatt ■■■ eingetragen ist bzw die Eintragung gewährleistet ist, wobei der Vormerkung die in § 1 genannten Belastungen im Range vorgehen dürfen und dem amtierenden Notar für die Rechte in Abteilung III die Löschungsbewilligung vorliegt und der Gebrauch der Löschungsunterlagen lediglich von der Zahlung eines bestimmten Geldbetrages, der den Kaufpreis nicht übersteigt, abhängt.[5]
   Der Notar wird von den Parteien bevollmächtigt, die notwendigen Löschungsbewilligungen anzufordern, entgegenzunehmen und zu verwenden.
   Soweit eingetragene Gläubiger für die Lastenfreistellung Ablösebeträge verlangen oder erforderliche Genehmigungen mit den die Verkäuferin treffenden Zahlungsauflagen versehen sind, ist der Käufer nur zur Erfüllung dieser Zahlungsauflagen in Anrechnung auf den Kaufpreis verpflichtet, ohne dass die Empfänger insoweit ein eigenes Forderungsrecht erwerben. Zur Überprüfung der geforderten Beträge hinsichtlich Grund und Höhe sind Notar und Käufer weder verpflichtet noch berechtigt.
   Aufschiebend bedingt auf die Kaufpreiszahlung vereinbaren Verkäuferin und Käufer entsprechend dem Erwerbsverhältnis gemäß § 2 die Abtretung aller Eigentümerrechte und Rückübertragungsansprüche bezüglich eingetragener oder einzutragender Grundpfandrechte; die Umschreibung im Grundbuch wird bewilligt.
2. Zahlt der Käufer bei Fälligkeit nicht oder nicht vollständig, kommt er auch ohne Mahnung in Verzug. Er hat dann unbeschadet der Pflicht zum Ersatz eines eventuellen weitergehenden Ver-

zugsschadens den gesetzlichen Verzugszins zu zahlen. Dieser beträgt nach Mitteilung des Notars 5 Prozentpunkte über dem Basiszinssatz.

Die Verkäuferin ist berechtigt, ohne Fristsetzung von diesem Kaufvertrag zurückzutreten, falls der gesamte Kaufpreis nicht innerhalb von vier Wochen nach Fälligkeit vertragsgemäß gezahlt ist.

Damit ist der Kaufpreis belegt.

Wird ein Vorkaufsrecht ausgeübt, so sind beide Vertragsteile zum Rücktritt vom Vertrag berechtigt; ein Anspruch auf Schadensersatz statt der Leistung oder Verzinsung bereits geleisteter Kaufpreisteile besteht in diesem Fall nicht. Wird das Vorkaufsrecht wirksam ausgeübt, kann sich die Verkäuferin nur dann vom Vertrag lösen, wenn deren Entgelt hinter dem vereinbarten Kaufpreis zurückbleibt. Die Verkäuferin tritt alle aus der Ausübung des Vorkaufsrechts gegen den Vorkäufer entstehenden Ansprüche sicherungshalber an den Käufer ab, der die Abtretung dem Vorkäufer selbst anzeigen wird.

§ 4 Besitzübergabe; Erschließung

Der Kaufgegenstand ist am ■■■ bzw am Folgetag des Geldeingangs auf dem Konto der Verkäuferin zu übergeben.

Am Tag der tatsächlichen Übergabe geht die Gefahr von der Verkäuferin auf den Käufer über. Bereits ab Eintritt der Fälligkeit gehen alle Rechte und alle Pflichten am Kaufgegenstand sowie die öffentlichen und privaten Lasten des Kaufgegenstands, die Haftung und Verkehrssicherungspflichten auf den Käufer über.

Wegen der laufenden Lasten für das Jahr ■■■ erfolgt zwischen den Erschienenen direkt eine zeitanteilige Abrechnung.

Soweit Gebäude- und Betriebshaftpflichtversicherungen bestehen, gehen diese kraft Gesetzes auf den Käufer über, der sie jedoch innerhalb eines Monats nach Eigentumsumschreibung kündigen kann. Ab Lastenübergang hat er die Prämien zu tragen und den Gefahrübergang anzuzeigen. Aufschiebend bedingt auf die Zahlung des Kaufpreises werden alle Ansprüche abgetreten, die der Verkäuferin gegen Dritte (etwa Sachversicherer, Schädiger, Werkunternehmer oder Planer) wegen eines Mangels oder Schadens am Vertragsobjekt zustehen (werden).

Die Verkäuferin garantiert, dass die derzeit vorhandene öffentlich-rechtliche Erschließung des Vertragsbesitzes gemäß BauGB und Kommunalabgabengesetz mit Straßenausbau und Entwässerung endabgerechnet und bezahlt ist. Gleiches gilt für die Anbindung an die öffentliche Wasserversorgung.

Sofern allerdings Baukostenzuschüsse, Hausanschlusskosten und Nacherhebungen von Erschließungskosten anlässlich einer künftigen Bebauung des Vertragsbesitzes oder künftiger Veränderungen der Erschließungsanlagen angefordert werden, treffen diese den Käufer.

Hinsichtlich etwa vorhandener privatrechtlicher Versorgungsanlagen (Elektrizität und – sofern einschlägig – Gas, Heizwärme etc.) begründet der Käufer mit Wirkung ab Lastenübergang neue Vertragsverhältnisse.

Die Verkäuferin garantiert: Der Grundbesitz unterliegt keinen Beschränkungen nach dem Wohnungsbindungsgesetz oder aufgrund Verwaltungsakten nach dem Wohnraumförderungsgesetz.

§ 5 Rechtsmängel

Der Verkäufer verkauft den Kaufgegenstand frei von Rechten Dritter, insbesondere frei von dinglichen Belastungen, soweit in dieser Urkunde nichts anderes vereinbart ist.

Etwa in Abteilung II des Grundbuches eingetragene, in § 1 dieser Urkunde bezeichnete Belastungen, übernimmt der Käufer zur weiteren Duldung mit allen sich aus der Eintragungsbewilligung ergebenden Verpflichtungen. Etwaige Rechte in Abteilung III des Grundbuchs werden nicht übernommen. Für diese wird die Löschung beantragt. Der Notar wird unwiderruflich angewiesen, die bestehenden Belastungen aus dem Kaufpreis abzulösen.

Dem Käufer ist bekannt, dass das Gebäude derzeit noch an die Firma ... vermietet ist. Die monatliche Miete beträgt ... EUR zzgl Nebenkostenpauschale in Höhe von ... EUR zzgl Umsatzsteuer. Der Käufer erklärt, dass ihm der Mietvertrag mit allen Anlagen und Nachträgen vorliegt.

Dem Käufer ist bekannt, dass das vorgenannte Mietverhältnis zum ... gekündigt wurde. Die Mieterin hat zugesagt, die vermieteten Flächen zum ... geräumt zurückzugeben. Der Notar hat auf das Risiko der nicht rechtzeitigen Räumung durch die Mieterin hingewiesen. Die Verkäuferin erklärt, dass die Mieterin eine Bankbürgschaft über ... EUR als Kaution gestellt hat. Der Käufer tritt in alle Rechte und Pflichten des Mietverhältnisses mit der Besitzübergabe ein. Verkäuferin und Käufer werden die Mieterin übereinstimmend anweisen, die Mieten ab Besitzübergabe an den Käufer zu zahlen.

Die Rechte an der Mietkaution werden mit der Durchführung dieses Grundstückkaufvertrages von der Verkäuferin an den Käufer abgetreten, der diese Abtretung auch im Hinblick auf eine etwaige Nichträumung des Kaufgegenstandes zum ... (Kündigungstermin) annimmt.[6]

Der Notar hat das Baulastenverzeichnis nicht eingesehen. Er belehrte über die damit verbundenen Risiken, gleichwohl baten die Erschienenen um Beurkundung.

§ 6 Sachmängel

Alle Rechte des Käufers wegen eines Sachmangels des Grund und Bodens, Gebäudes und etwa mitverkaufter beweglicher Sachen sind ausgeschlossen, allerdings mit Ausnahme

a) der in dieser Urkunde enthaltenen Beschaffenheitsvereinbarungen und Garantien;
b) vorsätzlich zu vertretender und/oder arglistig verschwiegener Mängel, wozu der Verkäufer erklärt, er habe keine ihm bekannten Mängel, schädlichen Bodenveränderungen oder Altlasten arglistig verschwiegen, auf die der Käufer angesichts ihrer Bedeutung und des sonstigen Zustandes des Kaufgegenstandes einen Hinweis hätte erwarten dürfen;
c) solcher Sachmängel, die erst nach Besichtigung bzw Vertragsschluss entstanden sind und die über die gewöhnliche Abnutzung hinausgehen.

Vorstehender Haftungsausschluss gilt nicht für Ansprüche auf Schadensersatz aus der Verletzung des Lebens, des Körpers oder der Gesundheit, wenn der Verkäufer die Pflichtverletzung zu vertreten hat, und auf Ersatz sonstiger Schäden, die auf einer vorsätzlich oder grob fahrlässigen Pflichtverletzung des Verkäufers beruhen. Einer Pflichtverletzung des Verkäufers steht die eines gesetzlichen Vertreters oder Erfüllungsgehilfen gleich.

§ 7 Vollstreckungsunterwerfungen

Der Käufer unterwirft sich wegen der in dieser Urkunde eingegangenen Zahlungsverpflichtungen, die eine bestimmte Geldsumme zum Gegenstand haben – einschließlich der Verzugszinsen gemäß § 288 Abs. 1 BGB aus dem Kaufpreis ab einem Monat ab heute – der sofortigen Zwangsvollstreckung aus dieser Urkunde in sein gesamtes Vermögen. Gleiches gilt für die Verkäuferin wegen ihrer Verpflichtung zur Verschaffung des Besitzes.

Auf Antrag des Gläubigers kann ohne weitere Nachweise eine vollstreckbare Ausfertigung dieser Urkunde erteilt werden. Eine solche kann der Verkäuferin jedoch erst nach notarieller Fälligkeitsmitteilung und gemäß deren Inhalt erteilt werden.

§ 8 Vollzugsauftrag

Die Vertragsparteien beauftragen und bevollmächtigen den amtierenden Notar, seinen amtlichen Vertreter oder Nachfolger im Amt mit der Durchführung dieses Vertrages.[7] Insoweit verzichten die Vertragsparteien hiermit und unwiderruflich auf ihre gesamten, aus diesem Vertrag resultierenden Antragsrechte.

Der Notar, sein amtlicher Vertreter oder Nachfolger im Amt ist ermächtigt, den Grunderwerbssteuerbescheid entgegenzunehmen und hinsichtlich der Belastungen des Kaufgegenstandes durch den Käufer Rangbestimmungen zu treffen.

Die Vertragsparteien erteilen der Notariatsangestellten ■■■ aus ■■■ oder einer anderen, durch den amtierenden Notar in Eigenurkunde zu benennende Person, Vollmacht, alle zur Durchführung dieses Vertrages etwaig notwendigen Erklärungen für die Parteien abzugeben und/oder diesen Vertrag für die Vertragsparteien abzuändern und/oder zu ergänzen.

Von dieser Vollmacht darf die Bevollmächtigte nur dann Gebrauch machen, wenn ihr hierzu schriftliche und übereinstimmende Willenserklärungen der Vertragsparteien vorliegen.

Die Bevollmächtigte ist von den Beschränkungen des § 181 befreit. Sie darf von dieser Vollmacht nur vor dem beurkundenden Notar oder dessen amtlich bestellten Vertreter Gebrauch machen. Die Vollmacht erlischt mit der vertragsgemäßen Eigentumsumschreibung.

§ 9 Vollmacht zur Kaufpreisfinanzierung

Die Verkäuferin ist verpflichtet, bei der Bestellung von Grundpfandrechten zur Kaufpreisfinanzierung mitzuwirken, wenn gleichzeitig die nachfolgenden Sicherungsvereinbarungen getroffen werden. Es ist jedoch allein Sache des Käufers, dafür zu sorgen, dass etwa benötigte Finanzierungsmittel rechtzeitig zur Verfügung stehen.

Die Verkäuferin bevollmächtigt daher den Käufer auch bereits vor Eigentumsumschreibung Hypotheken oder Grundschulden in beliebiger Höhe mit Zinsen und Nebenleistungen zur Eintragung in das Grundbuch vor dem beurkundenden Notar oder dessen amtlich bestellten Vertreter zu bewilligen und zu beantragen und dabei in Ansehung der Grundpfandrechte den jeweiligen Eigentümer der sofortigen Zwangsvollstreckung zu unterwerfen.

Die Vollmacht wird insoweit eingeschränkt, als die Verkäuferin keine persönliche Haftung gegenüber den Gläubigern übernimmt und die Grundpfandrechte bis zur vollständigen Kaufpreiszahlung nur zur Sicherung des finanzierten und tatsächlich an die Verkäuferin ausgezahlten Kaufpreises dienen.[8] Die Beachtung dieser Einschränkung ist dem Grundbuchamt gegenüber nicht nachzuweisen, vom amtierenden Notar jedoch zu beachten.

Der Käufer tritt bereits jetzt seine Ansprüche auf Auszahlung der Darlehen bis zur Höhe des Kaufpreises an die Verkäuferin bzw eine etwaig abzulösende Gläubigerin ab und weist die Finanzierungsgläubiger unwiderruflich an, aus dem Darlehen den Kaufpreis an die Verkäuferin bzw die abzulösende Gläubigerin zu überweisen.

Der Käufer übernimmt die persönlichen Zahlungsverpflichtungen und unterwirft sich insoweit der Zwangsvollstreckung. Er trägt die Kosten der Bestellung und Eintragung der Grundpfandrechte.

Die aufgrund vorstehender Vollmacht bestellten Grundpfandrechte werden in Durchführung dieses Kaufvertrages vom Käufer übernommen.

Diese Vollmacht ermächtigt auch zur Bewilligung und Beantragung von Rangänderungen zwischen der Eigentumsverschaffungsvormerkung und den aufgrund dieser Vollmacht bestellten Grundpfandrechten.

Beurkundungen aufgrund der vorstehenden Vollmacht können nur an dieser Notarstelle erfolgen.

§ 10 Hinweise des Notars

Der amtierende Notar bzw sein amtlicher Vertreter hat die Vertragsparteien über die rechtliche Bedeutung der von ihnen abgegebenen Erklärungen informiert und abschließend insbesondere auf Folgendes hingewiesen:

a) Das Eigentum geht nicht schon mit der heutigen Beurkundung, sondern erst mit der Umschreibung im Grundbuch auf den Käufer über.
b) Der Gemeinde ■■■ steht ein gesetzliches Vorkaufsrecht zu.
c) Die Eigentumsumschreibung ist erst möglich, wenn die Unbedenklichkeitsbescheinigung des Finanzamtes, erforderliche Genehmigungen und die Verzichtserklärung der Gemeinde auf das gesetzliche Vorkaufsrecht erteilt sind. Die Unbedenklichkeitsbescheinigung wird erst erteilt, wenn die Grunderwerbssteuer gezahlt ist.

d) Das Baulastenverzeichnis sollte von den Vertragsparteien selbst eingesehen werden, um auszuschließen, dass weitere Lasten auf dem Grundstück ruhen.
e) Der jeweilige Eigentümer haftet kraft Gesetzes für rückständige öffentliche Lasten (zB Erschließungskosten, Grundsteuer, Ausgleichsbetrag nach dem BundesbodenschutzG).
f) Die Parteien haften gesamtschuldnerisch für die Gerichts- und Notarkosten und die Grunderwerbsteuer.
g) Alle Vereinbarungen müssen richtig und vollständig beurkundet werden, andernfalls kann der ganze Vertrag nichtig sein.
h) Eine steuerliche Beratung hat der Notar nicht übernommen, jedoch auf die mögliche Steuerpflicht einer Veräußerung vor Ablauf von zehn Jahren gemäß § 23 EStG und aus Betriebsvermögen hingewiesen.

§ 11 Kosten, Abschriften

Die Kosten der Beurkundung, eventuelle Genehmigungen und der Durchführung dieses Vertrages trägt der Käufer Etwaige Lastenfreistellungskosten des Kaufgegenstandes in Abteilung III trägt die Verkäuferin.

Der Käufer trägt auch die Grunderwerbsteuer, deren Entstehen erörtert wurde und zu deren unverzüglicher Zahlung er sich verpflichtet, um die Durchführung dieses Vertrages nicht zu verzögern.

Zahlt der Käufer anfallende Gerichtskosten oder die Grunderwerbsteuer nicht, ist die Verkäuferin zum Rücktritt vom Vertrag berechtigt.

Von dieser Urkunde erhalten:

Ausfertigungen:
- die Vertragsparteien
- das Grundbuchamt

beglaubigte Abschriften:
- die zuständigen Gebietskörperschaften zur Erklärung über etwaige Vorkaufsrechte

(auf Anforderung)
- etwaige Kaufpreisfinanzierungsgläubiger zur Anzeige der Abtretung der Auszahlungsansprüche

einfache Abschriften:
- die Grunderwerbsteuerstelle
- der Gutachterausschuss

§ 12 Maklercourtage

Verkäuferin und Käufer sind sich darüber einig, dass dieser Vertrag vermittelt wurde von der Firma ■■■, ■■■ (Anschrift). Die Maklercourtage, verhandelt in Höhe von ■■■ EUR zzgl der gesetzlichen Umsatzsteuer von 19 %, insgesamt ■■■ EUR, trägt der Käufer allein. Die Courtage ist mit Beurkundung dieses Vertrages verdient und fällig. Die Maklerfirma erlangt einen selbständigen Zahlungsanspruch gemäß § 328 BGB gegen den Käufer. Dieses Recht bleibt vom Vollzug des notariellen Kaufvertrages unberührt.

Vorstehendes Protokoll wurde den Erschienenen vorgelesen, von ihnen genehmigt und eigenhändig wie folgt unterschrieben:

 ◄

II. Erläuterungen und Varianten

2 [1] **Ausschluss eines Beurkundungsverbots.** Dieser Passus ergibt sich aus § 3 Abs. 1 S. 1 Nr. 7 Beurkundungsgesetz; er entfällt in den Amtsbezirken, in denen es Nur-Notare gibt.

[2] Alternativformulierung 3

▶ Die Firma ■■■, im Folgenden „die Verkäuferin" genannt, ist alleinige Eigentümerin des im Grundbuch des Amtsgerichts ■■■ von ■■■ Blatt ■■■ verzeichneten Grundbesitzes, bestehend aus dem ■■■ qm großen Flurstück ■■■, Flur ■■■, Gemarkung ■■■, bebaut mit ■■■, im Folgenden „Kaufgegenstand" genannt.

Die postalische Anschrift lautet: ■■■

Das Grundbuch und damit der Kaufgegenstand ist in Abteilung II und III wie folgt belastet:

Abteilung II, lfd. Nr. ■■■:

Abteilung III, lfd. Nr. ■■■:

■■■

Der amtierende Notar hat das Grundbuch nicht eingesehen, ihm liegt jedoch der einfache Grundbuchauszug vom ■■■ vor.

Die Parteien entbinden den Notar nach Belehrung von der Verpflichtung, das Grundbuch unmittelbar vor dieser Beurkundung einzusehen. ◀

[3] Zeitpunkt der Antragstellung beim Grundbuchamt. Der Verkäufer muss dem Käufer das 4
Eigentum nur Zug um Zug gegen Zahlung des Kaufpreises verschaffen. Daher wird der Notar gemäß § 53 BeurkG angewiesen, die Eintragung erst nach vollständiger Bezahlung vornehmen zu lassen.

[4] Mitwirkungspflicht des Notars. Die Mitteilung sollte aus Beweisgründen per Einwurf-Ein- 5
schreiben erfolgen.

[5] Weitere Bedingungen für den Eintritt der Fälligkeit. Verzichten die Parteien nicht auf die 6
Einsichtnahme des Notars ins Baulastenverzeichnis, kann die Fälligkeit der Kaufpreiszahlung auch daran geknüpft werden, dass Vorkaufsrechte nicht bestehen oder bestehende Vorkaufsrechte nicht ausgeübt werden. In diesem Fall muss der Notar den Parteien noch mitteilen:

▶ Dem Notar liegt hinsichtlich der gesetzlichen Vorkaufsrechte nach dem BauGB eine Erklärung der zuständigen Gebietskörperschaft in grundbuchmäßiger Form vor, wonach solche Vorkaufsrechte nicht bestehen oder zum gegenwärtigen Kauf nicht ausgeübt werden. ◀

Die Parteien können auch die Räumung des Grundstücks zur Voraussetzung der Fälligkeit machen. Ob der Grundbesitz tatsächlich geräumt worden ist, überprüft der Notar nicht. Daher ist in diesem Fall folgender Passus in den notariellen Grundstückskaufvertrag aufzunehmen:

▶ Der Verkäufer hat dem Käufer wahrheitsgemäß mitgeteilt, dass die vollständige Räumung des Anwesens erfolgt ist, so dass dieses besenrein übergeben werden kann. Nachweis über die Mitteilung ist ratsam. Diese Fälligkeitsvoraussetzung prüft und bescheinigt der Notar nicht. ◀

Im Muster wurde diese Klausel nicht aufgenommen, da dieses eine Vermietung des zu veräußernden Gebäudes beinhaltet und die Verkäuferin nicht für die Räumung des Mieters haften möchte.

[6] Räumungsklausel. Wenn der Grundbesitz von der Verkäuferin bewohnt wird, sollte dies 7
unter § 4 (Besitzübergabe) aufgenommen und folgende Vereinbarung getroffen werden.

▶ Die Verkäuferin verpflichtet sich, den Grundbesitz bis zum ■■■ vollständig zu räumen und in grob gereinigtem Zustand zu übergeben. Auf Käuferrechte für den Fall verspäteter Räumung – neben dem Zinsvorteil aus dem späteren Eintritt der Fälligkeit – wird für den Zeitraum bis zum ■■■ verzichtet. Bei Überschreitung auch dieser Frist schuldet die Verkäuferin unabhängig von ihrem Verschulden für jede angefangene Woche der Überschreitung im Voraus einen Betrag von ■■■ EUR, der ggf mit dem Kaufpreis aufgerechnet werden kann. Die Verpflichtung zur Räumung besteht fort. Der Nachweis eines höheren oder geringeren Schadens bleibt beiderseits vorbehalten; ebenso weitergehende Ansprüche auf Schadensersatz bei Verschulden. Ab einer Fristüberschreitung von ■■■ Wochen kann der Käufer ferner vom Vertrag zurücktreten. ◀

8 [7] **Durchführung des Vertrages.** Hiermit ist einerseits die Vertretung im Grundbuchverfahren gemeint. Andererseits wird der Notar ermächtigt, die zur Wirksamkeit und für den Vollzug dieser Urkunde erforderlichen Genehmigungen und Erklärungen anzufordern, entgegenzunehmen und als Eigenurkunde abzugeben. Hierzu zählen vor allem die von den in Abteilung III eingetragenen Gläubigern abzugebenden Löschungsbewilligungen, an die diese gemäß § 875 Abs. 2 nur bei Abgabe gegenüber dem Grundbuchamt oder Aushändigung an den Käufer gebunden sind.

9 [8] **Wert des Grundpfandrechts.** Hiermit ist gemeint, dass der Gläubiger das Grundpfandrecht bis zur vollständigen Kaufpreiszahlung nur in der Höhe als Sicherheit behalten oder verwerten darf, in der er tatsächlich mit Erfüllungswirkung auf die Kaufpreisschuld des Käufers geleistet hat. Das Grundpfandrecht besteht nicht in Höhe des wahren Grundbesitzwerts.

10 B. Muster: Vertrag künftiger gesetzlicher Erben untereinander

▶ Urkundenrolle Nr. ■■■ Jahrgang 20 ■■■

Vertrag unter künftigen gesetzlichen Erben

Verhandelt zu ■■■ (Stadt)

am ■■■

Vor ■■■

Notar mit Amtssitz in ■■■

erschienen:

1. Herr ■■■
   ausgewiesen durch gültigen BPA, Nr. ■■■
2. dessen Schwester, Frau ■■■
   dem Notar persönlich bekannt.

Die Erschienenen baten um Beurkundung und erklärten:

§ 1 Tatsächliche Verhältnisse/Erbregelungen der Erblasser

Wir sind Sohn und Tochter von Frau ■■■, geborene ■■■. Weitere Geschwister gibt es nicht.

Unser Vater ■■■, ist am ■■■verstorben. In dem gemeinschaftlich errichteten Testament unserer Eltern vom ■■■, dass dieser Urkunde als Anlage beigefügt ist, und das durch den Tod unseres Vaters bindend geworden ist, sind wir zu gleichen Teilen als Schlusserben eingesetzt. Beim Tode unserer Mutter würden wir also zu je 1/2 Anteil deren Erben werden.

§ 2 Verpflichtung zur Zahlung

Frau ■■■ verpflichtet sich, Herrn ■■■ (Bruder), einen Betrag in Höhe von 150.000,– EUR (hundertfünfzigtausend Euro) zu zahlen. Ein Teilbetrag in Höhe von 50.000,– EUR ist zur Zahlung fällig am ■■■, der Restbetrag in Höhe von 100.000,– EUR ist zur Zahlung fällig am ■■■

Frau ■■■ unterwirft sich wegen dieser Zahlungsverpflichtungen der sofortigen Zwangsvollstreckung aus dieser Urkunde in ihr gesamtes Vermögen. Zur Erteilung einer vollstreckbaren Ausfertigung genügt die Darlegung der Fälligkeit durch den Gläubiger.

§ 3 Gegenleistung

Herr ■■■ verpflichtet sich, als Gegenleistung Frau ■■■ seinen vorstehend näher bezeichneten Erbteil am Nachlass seiner Mutter unverzüglich nach deren Tod zu übertragen. Er verpflichtet sich weiter, alles zu unterlassen, was seinen Erwerb von Todes wegen hindern könnte; insbesondere verpflichtet er sich, auf die Zuwendung in dem o.g. gemeinschaftlichen Testament in keiner Form zu verzichten.

Ein eventueller Pflichtteilsanspruch gegen den Nachlass seiner Mutter tritt er hiermit an Frau ■■■ ab. Frau ■■■ nimmt diese Abtretung an. Herr ■■■ verpflichtet sich weiter, eine etwa noch notwendige Übertragung des Pflichtteilsanspruchs vorzunehmen.

§ 4 Unmöglichkeit der Erfüllung der Verpflichtung

Erhält Herr ■■■ weder seinen Erbteil noch einen Pflichtteilsanspruch, so hat er binnen einem Jahr, nachdem dies rechtskräftig feststeht, 150.000,– EUR zuzüglich 5 v.H. Zinsen p.a., gerechnet ab dem Tag des Eingangs der in § 2 genannten Zahlung bis zur Auszahlung, an Frau ■■■ zu zahlen. Wenn der nach den Verkehrswerten am Tage des Erbfalles berechnete Wert des Erbteiles oder Pflichtteilsanspruches unter 150.000,– EUR nebst vorgenannten Zinsen bleibt, so hat Herr ■■■ den Fehlbetrag binnen eines Jahres nach dessen Feststellung an Frau ■■■ zu zahlen. Ein etwaiger Mehrwert des Erbteils oder Pflichtteils soll Frau ■■■ jedoch nicht zu einer Nachzahlung verpflichten.

§ 5 Belehrungen über schuldrechtliche Verpflichtung und Erfüllung

Der Notar hat die Vertragsparteien darüber belehrt, dass die über den Erbteil getroffene Vereinbarung nur schuldrechtliche Wirkung hat und somit nach Eintritt des Erbfalles diese Verpflichtung noch durch Übertragung des Erbteils erfüllt werden muss. Der eventuelle Pflichtteilsanspruch gegen den Nachlass der Mutter der Vertragsparteien ist jedoch schon jetzt mit dinglicher Wirkung abgetreten worden.

§ 6 Unwiderrufliche Vollmacht

Herr ■■■ bevollmächtigt Frau ■■■ unter Befreiung von den Beschränkungen des § 181 BGB unwiderruflich, nach dem Eintritt des Erbfalls seine Rechte am Nachlass der Mutter auszuüben und den Erbteil bzw Pflichtteil auf sich selbst oder einen Dritten zu übertragen. Die Vollmacht erlischt nicht durch den Tod des Vollmachtgebers. Von dieser Vollmacht kann, soweit für die betreffenden Erklärungen eine notarielle Beurkundung oder Beglaubigung erforderlich ist, nur vor dem beurkundenden Notar, seinem Vertreter oder Amtsnachfolger Gebrauch gemacht werden, jedoch erst nachdem diesem von Frau ■■■ die vollständige Erfüllung der Zahlungsfrist aus § 2 bestätigt oder diese Zahlung von Herrn ■■■ nachgewiesen ist.

§ 7 Kosten /Ausfertigungen

Der Wert des künftigen Erbteils wird auf 150.000,– EUR geschätzt.

Die Kosten dieses Vertrages trägt Herr ■■■.

Von dieser Urkunde erhalten die Beteiligten je eine Ausfertigung. Das Finanzamt – Schenkungsteuerstelle – erhält eine beglaubigte Abschrift.

■■■

Notar ◀

§ 311 c Erstreckung auf Zubehör

Verpflichtet sich jemand zur Veräußerung oder Belastung einer Sache, so erstreckt sich diese Verpflichtung im Zweifel auch auf das Zubehör der Sache.

Untertitel 2 Besondere Vertriebsformen[1]

§ 312 Widerrufsrecht bei Haustürgeschäften

(1) [1]Bei einem Vertrag zwischen einem Unternehmer und einem Verbraucher, der eine entgeltliche Leistung zum Gegenstand hat und zu dessen Abschluss der Verbraucher

1. durch mündliche Verhandlungen an seinem Arbeitsplatz oder im Bereich einer Privatwohnung,
2. anlässlich einer vom Unternehmer oder von einem Dritten zumindest auch im Interesse des Unternehmers durchgeführten Freizeitveranstaltung oder
3. im Anschluss an ein überraschendes Ansprechen in Verkehrsmitteln oder im Bereich öffentlich zugänglicher Verkehrsflächen

bestimmt worden ist (Haustürgeschäft), steht dem Verbraucher ein Widerrufsrecht gemäß § 355 zu. [2]Dem Verbraucher kann anstelle des Widerrufsrechts ein Rückgaberecht nach § 356 eingeräumt werden, wenn zwischen dem Verbraucher und dem Unternehmer im Zusammenhang mit diesem oder einem späteren Geschäft auch eine ständige Verbindung aufrechterhalten werden soll.

(2) [1]Der Unternehmer ist verpflichtet, den Verbraucher gemäß § 360 über sein Widerrufs- oder Rückgaberecht zu belehren. [2]Die Belehrung muss auf die Rechtsfolgen des § 357 Abs. 1 und 3 hinweisen. [3]Der Hinweis ist nicht erforderlich, soweit diese Rechtsfolgen tatsächlich nicht eintreten können.

(3) Das Widerrufs- oder Rückgaberecht besteht unbeschadet anderer Vorschriften nicht bei Versicherungsverträgen oder wenn

1. im Falle von Absatz 1 Nr. 1 die mündlichen Verhandlungen, auf denen der Abschluss des Vertrags beruht, auf vorhergehende Bestellung des Verbrauchers geführt worden sind oder
2. die Leistung bei Abschluss der Verhandlungen sofort erbracht und bezahlt wird und das Entgelt 40 EUR nicht übersteigt oder
3. die Willenserklärung des Verbrauchers von einem Notar beurkundet worden ist.

1 Die Muster **Widerrufs-** und **Rückgabebelehrung** finden sich unter §§ 360 Rn 1 und 356 Rn 1. Das Rückgaberecht darf nur bei Vorliegen der Voraussetzungen des § 356 eingeräumt werden. Gemäß § 312 Abs. 1 S. 2 ist zusätzlich Voraussetzung, dass im Zusammenhang mit dem abgeschlossenen oder einem künftigen Geschäft eine ständige Verbindung aufrechterhalten werden soll. Dieses Erfordernis trägt einer angestrebten Kundenbindung im Versandhandel Rechnung, obwohl dieser ein Fernabsatzgeschäft iS des § 312 b Abs. 1 S. 1 darstellt.

§ 312 a Verhältnis zu anderen Vorschriften

Steht dem Verbraucher zugleich nach Maßgabe anderer Vorschriften ein Widerrufs- oder Rückgaberecht nach § 355 oder § 356 dieses Gesetzes, nach § 126 des Investmentgesetzes zu, ist das Widerrufs- oder Rückgaberecht nach § 312 ausgeschlossen.

§ 312 b Fernabsatzverträge

(1) [1]Fernabsatzverträge sind Verträge über die Lieferung von Waren oder über die Erbringung von Dienstleistungen, einschließlich Finanzdienstleistungen, die zwischen einem Unternehmer und einem Verbraucher unter ausschließlicher Verwendung von Fernkommunikationsmitteln abgeschlossen werden, es sei denn, dass der Vertragsschluss nicht im Rahmen eines für den Fernabsatz organisierten Vertriebs- oder Dienstleistungssystems erfolgt. [2]Finanzdienstleistungen im Sinne des Satzes 1 sind Bankdienstleistungen sowie Dienstleistungen im Zusammenhang mit einer Kreditgewährung, Versicherung, Altersversorgung von Einzelpersonen, Geldanlage oder Zahlung.

---

1 Dieser Untertitel dient der Umsetzung
1. der Richtlinie 85/577/EWG des Rates vom 20. Dezember 1985 betreffend den Verbraucherschutz im Falle von außerhalb von Geschäftsräumen geschlossenen Verträgen (ABl. EG Nr. L 372 S. 31),
2. der Richtlinie 97/7/EG des Europäischen Parlaments und des Rates vom 20. Mai 1997 über den Verbraucherschutz bei Vertragsabschlüssen im Fernabsatz (ABl. EG Nr. L 144 S. 19) und
3. der Artikel 10, 11 und 18 der Richtlinie 2000/31/EG des Europäischen Parlaments und des Rates vom 8. Juni 2000 über bestimmte rechtliche Aspekte der Dienste der Informationsgesellschaft, insbesondere des elektronischen Geschäftsverkehrs, im Binnenmarkt („Richtlinie über den elektronischen Geschäftsverkehr", ABl. EG Nr. L 178 S. 1).

(2) Fernkommunikationsmittel sind Kommunikationsmittel, die zur Anbahnung oder zum Abschluss eines Vertrags zwischen einem Verbraucher und einem Unternehmer ohne gleichzeitige körperliche Anwesenheit der Vertragsparteien eingesetzt werden können, insbesondere Briefe, Kataloge, Telefonanrufe, Telekopien, E-Mails sowie Rundfunk, Tele- und Mediendienste.

(3) Die Vorschriften über Fernabsatzverträge finden keine Anwendung auf Verträge

1. über Fernunterricht (§ 1 des Fernunterrichtsschutzgesetzes),
2. über die Teilzeitnutzung von Wohngebäuden (§ 481),
3. über Versicherungen sowie deren Vermittlung,
4. über die Veräußerung von Grundstücken und grundstücksgleichen Rechten, die Begründung, Veräußerung und Aufhebung von dinglichen Rechten an Grundstücken und grundstücksgleichen Rechten sowie über die Errichtung von Bauwerken,
5. über die Lieferung von Lebensmitteln, Getränken oder sonstigen Haushaltsgegenständen des täglichen Bedarfs, die am Wohnsitz, am Aufenthaltsort oder am Arbeitsplatz eines Verbrauchers von Unternehmern im Rahmen häufiger und regelmäßiger Fahrten geliefert werden,
6. über die Erbringung von Dienstleistungen in den Bereichen Unterbringung, Beförderung, Lieferung von Speisen und Getränken sowie Freizeitgestaltung, wenn sich der Unternehmer bei Vertragsschluss verpflichtet, die Dienstleistungen zu einem bestimmten Zeitpunkt oder innerhalb eines genau angegebenen Zeitraums zu erbringen,
7. die geschlossen werden
   a) unter Verwendung von Warenautomaten oder automatisierten Geschäftsräumen oder
   b) mit Betreibern von Telekommunikationsmitteln aufgrund der Benutzung von öffentlichen Fernsprechern, soweit sie deren Benutzung zum Gegenstand haben.

(4) [1]Bei Vertragsverhältnissen, die eine erstmalige Vereinbarung mit daran anschließenden aufeinander folgenden Vorgängen oder eine daran anschließende Reihe getrennter, in einem zeitlichen Zusammenhang stehender Vorgänge der gleichen Art umfassen, finden die Vorschriften über Fernabsatzverträge nur Anwendung auf die erste Vereinbarung. [2]Wenn derartige Vorgänge ohne eine solche Vereinbarung aufeinander folgen, gelten die Vorschriften über Informationspflichten des Unternehmers nur für den ersten Vorgang. [3]Findet jedoch länger als ein Jahr kein Vorgang der gleichen Art mehr statt, so gilt der nächste Vorgang als der erste Vorgang einer neuen Reihe im Sinne von Satz 2.

(5) Weitergehende Vorschriften zum Schutz des Verbrauchers bleiben unberührt.

A. Muster: Versandhandel-Bestellformular beim Fernabsatzvertrag[1] 1

► An ▪▪▪ – Versand – 156

Ich bestelle[2] aus Ihrem Katalog I/2010 zu Ihren Bedingungen:

Artikelnummer ▪▪▪

Stückzahl ▪▪▪

Artikelbezeichnung ▪▪▪

Gesamtpreis ▪▪▪

Gesamtbetrag: ▪▪▪ EUR[3]

Die Bezahlung soll

- auf Rechnung innerhalb von 14 Tagen nach Erhalt der Ware(n)
- per Kreditkarte
- durch Bankeinzug (BLZ: ▪▪▪, Konto-Nr.: ▪▪▪, Bank: ▪▪▪)

erfolgen.

▪▪▪, ▪▪▪

Ort, Datum

▪▪▪

Unterschrift ◄

B. Erläuterungen

2 [1] **Voraussetzungen, Anwendungsbereich.** Der **persönliche Anwendungsbereich** ist eröffnet, wenn die Vertragsparteien ein Unternehmer iS des § 14 und ein oder mehrere Verbraucher iS des § 13 sind.

3 Tritt jemand als Verkäufer bei **Transaktionen über Online-Auktions-Plattformen** auf, kann die Bestimmung, ob er Unternehmer ist, Schwierigkeiten bereiten. Die Unternehmereigenschaft ist insbesondere zu bejahen, wenn der Anbieter als „Powerseller" registriert ist und/oder über einen eigenen Shop verkauft (OLG Frankfurt MMR 2007, 378).

4 Weitere Kriterien sind eine hohe Anzahl von Bewertungen (AG Bad Kissingen NJW 2005, 2463: 154 Bewertungen innerhalb von zwei Jahren und drei Monaten; LG Mainz MMR 2006, 51) und die Verwendung besonderer Vertragsbestandteile wie zB Androhung einer Vertragsstrafenzahlung (LG Mainz MMR 2006, 51).

5 Nimmt der Unternehmer als Vorsichtsmaßnahme, falls er den Vertrag mit einem Verbraucher schließen sollte, alle Vorgaben des Fernabsatzrechts in seine Vertragsbedingungen auf, findet das Fernabsatzrecht aufgrund der vertraglichen Vereinbarung auch auf Verträge zwischen Unternehmern Anwendung. Die §§ 312 b ff finden bei der Konstellation, dass der Verbraucher sich zur Lieferung von Waren an den Unternehmer verpflichtet hat, keine Anwendung.

6 [2] **Sachlicher Anwendungsbereich.** Gemäß Abs. 1 S. 1 müssen Unternehmer und Verbraucher einen Vertrag über die Lieferung von Waren oder über die Erbringung von Dienstleistungen, einschließlich Finanzdienstleistungen, unter ausschließlicher Verwendung von Fernkommunikationsmitteln im Rahmen eines für den Fernabsatz organisierten Vertriebs- oder Dienstleistungssystems abschließen.

7 Nach Abs. 2 sind **Fernkommunikationsmittel** solche, die für den Abschluss des Vertrages keine gleichzeitige körperliche Anwesenheit der Parteien erfordern. Insbesondere Katalogbestellungen im Versandhandel, Telefonate, SMS, E-Mails (BGH NJW 2002, 363) sowie Tele- und Mediendienste fallen hierunter.

8 Sowohl für das Angebot als auch für die Annahmeerklärung müssen Fernkommunikationsmittel zum Einsatz gekommen sein. Auch wenn der Unternehmer den Antrag konkludent durch Zusendung der Ware annimmt, setzt er ein Fernkommunikationsmittel ein (OLG Schleswig NJW 2004, 231).

9 Meldet sich ein Verbraucher beim Friseur, Arzt oder Rechtsanwalt an, um dessen Dienstleistungen in Anspruch zu nehmen, unterfällt die **Anmeldung** grds. nicht § 312 b, da der Vertrag erst bei Feststehen der essentialia negotii zustande kommt und die zu erbringenden Leistung erst im persönlichen Gespräch geklärt wird (AG Wiesloch JZ 2002, 671).

10 In den Fällen, in denen der Vertrag **nur teilweise durch Fernkommunikationsmittel** zustande gekommen ist, ist für die rechtliche Qualifizierung danach zu unterscheiden, ob die zwischen den Vertragschließenden geführten Gespräche bereits Teil der eigentlichen Vertragsverhandlungen waren oder nicht. Im ersten Fall ist das Fernabsatzrecht nicht anwendbar.

11 Sucht der Kunde nur deshalb ein Geschäft auf, um sich die Ware aus der Nähe anzusehen und kauft er sich diese später via Internet in einem Online-Shop, liegt ein Fernabsatzgeschäft vor. Gleiches gilt, wenn ein Bote mit dem Verbraucher persönlich spricht, aber keine näheren Angaben zum Inhalt des Vertrags machen kann und soll (BGH NJW 2004, 3699 zum Postboten beim Postident-2-Verfahren der Post AG). Dagegen ist kein Vertragsschluss im Fernabsatz zustande gekommen, wenn ein Vertreter oder sonstiger Repräsentant des Unternehmers eingeschaltet wird, der über die Vertragsgestaltung Auskunft erteilen kann (BGH aaO).

12 Grds. ist für die Qualifizierung des Vertrages die Vornahme der auf den Vertragsschluss gerichteten Handlungen entscheidend. Daher trägt der Unternehmer die **Beweislast** für einen früheren persönlichen Kontakt und die dabei erfolgte Information des Verbrauchers mit den für den Vertragsschluss wesentlichen Informationen.

Unter **Lieferung von Waren** oder **Erbringung von Dienstleistungen** sind nach der Rspr des EuGH nicht nur Versteigerungen iS des § 156, Kauf-, Miet-, Werk-, Geschäftsbesorgungs-, Makler- und Partnerschaftsvermittlungsverträge, sondern zB auch Bürgschaftsverträge zu subsumieren (EuGH NJW 1998, 1295; aA MüKo-BGB/*Wendehorst*, § 312 b Rn 40: Bei Inanspruchnahme des Bürgen erbringe der Unternehmer keine Dienstleistung an den Bürgen, vgl auch die Rspr des BGH zur Bürgenhaftung bei Aufnahme eines Verbraucherdarlehens iS der §§ 491 ff: NJW 1998, 1939). Die Begriffe sind demnach sehr weit zu verstehen. 13

Der Begriff **„Finanzdienstleistungen"** ist in § 312 b Abs. 1 S. 2 legaldefiniert. Versicherungen werden jedoch in Abs. 3 Nr. 3 vom Anwendungsbereich des Fernabsatzes wieder ausgenommen, da diese im VVG spezialgesetzlich geregelt sind. 14

Durch den Abschluss eines **Girovertrages** iS des § 676 f oder durch die Eröffnung eines **Wertpapierdepots** wird ein Rahmenvertrag geschlossen, der Abs. 4 S. 1 unterfällt. Danach ist nur auf die erste Vereinbarung zur Begründung des Rahmenvertrags das Fernabsatzrecht anwendbar. Auf den Abschluss weiterer Überweisungsverträge und Wertpapierorder sind die §§ 312 b ff nicht mehr anwendbar. Dies gilt gemäß Abs. 4 S. 2 auch, wenn gar kein Rahmenvertrag geschlossen worden ist, aber dennoch regelmäßig Überweisungen pp. getätigt werden. In diesem Fall muss der Unternehmer seinen Informationspflichten aus § 312 c nur bei Abschluss des ersten Vertrages nachkommen, es sei denn, der letzte Folgevertrag wurde länger als ein Jahr zuvor abgeschlossen. In diesem Fall muss der Unternehmer erneut informieren. 15

Die gleichen Grundsätze finden auch Anwendung auf den Abschluss eines Dauerschuldverhältnisses wie zB eines **Wartungsvertrags**, bei dessen Vollzug es zu weiteren Vorgängen kommt. Auch hier gelten die §§ 312 b ff nur für die Begründung des Dauerschuldverhältnisses. 16

Beweislast. Der Verbraucher muss nur beweisen, dass der Vertrag unter ausschließlicher Verwendung von Fernkommunikationsmitteln zustande gekommen ist. Aus der Formulierung in § 312 b Abs. 1 S. 1 „es sei denn" geht deutlich hervor, dass der Unternehmer darlegen und beweisen muss, dass der Vertrag nicht im Rahmen eines organisierten Vertriebs- oder Dienstleistungssystems, sondern lediglich zufällig oder gelegentlich als Distanzgeschäft geschlossen worden ist. Dies stellt eine Beweislastumkehr dar. Der Ladeninhaber, der nur gelegentlich telefonische Bestellungen entgegennimmt und ausführt, fällt nicht in den Anwendungsbereich des § 312 b. 17

[3] Eine **Belehrung über den Preis** ist im Bestellformular nicht unbedingt anzugeben. Die Belehrung im Katalog, dass die Preise inklusive aller Steuern und sonstigen Preisbestandteile ausgewiesen sind, ist zur Einhaltung des Art. 246 EGBGB § 1 Ziffer 7 ausreichend. Vgl hierzu auch § 312 e. 18

§ 312 c Unterrichtung des Verbrauchers bei Fernabsatzverträgen

(1) [1]Der Unternehmer hat den Verbraucher bei Fernabsatzverträgen nach Maßgabe des Artikels 246 §§ 1 und 2 des Einführungsgesetzes zum Bürgerlichen Gesetzbuche zu unterrichten.

(2) Der Unternehmer hat bei von ihm veranlassten Telefongesprächen seine Identität und den geschäftlichen Zweck des Kontakts bereits zu Beginn eines jeden Gesprächs ausdrücklich offen zu legen.

(3) Bei Finanzdienstleistungen kann der Verbraucher während der Laufzeit des Vertrags jederzeit vom Unternehmer verlangen, dass ihm dieser die Vertragsbestimmungen einschließlich der Allgemeinen Geschäftsbedingungen in einer Urkunde zur Verfügung stellt.

(4) Weitergehende Einschränkungen bei der Verwendung von Fernkommunikationsmitteln und weitergehende Informationspflichten auf Grund anderer Vorschriften bleiben unberührt.

1 **A. Muster: Verbraucherinformationen nach Art. 246 §§ 1 und 2 EGBGB[1]**

▶ § 1 Identität des Vertragspartners

Soweit nicht ▪▪▪ ist ▪▪▪ Vertragspartner.[2]

Anschrift: ▪▪▪ (ladungsfähige Postanschrift; bei juristischen Personen und Personengesellschaften inkl. Namen des Vertretungsberechtigten)[3]

Sitz: ▪▪▪

eingetragen im Handelsregister am Amtsgericht ▪▪▪

HRA/HRB ▪▪▪ (Handelsregisternummer von Einzelkaufleuten und Personengesellschaften/Kapitalgesellschaften)

USt-Id-Nr.: DE ▪▪▪ (neunstellige Ziffernfolge)[4]

§ 2 Abschluss des Vertrages[5]

Die auf unseren Internetseiten, in Prospekten oder sonstigen Formularen präsentierten Waren stellt kein verbindliches Angebot von uns an Sie dar. Sie geben uns gegenüber ein rechtlich bindendes Angebot ab, wenn Sie in schriftlicher, telefonischer, elektronischer (zB per E-Mail) oder sonstiger Form eine Bestellung aufgeben. In der Regel geben Sie uns gegenüber ein rechtlich bindendes Angebot ab, wenn Sie auf sämtlichen Online-Bestellformularen die von Ihnen verlangten Angaben eingeben und zuletzt den Button „Bestellung abschicken" anklicken. Insbesondere stellt die bloße Zwischenspeicherung im Warenkorb noch kein verbindliches Angebot von Ihnen dar.

Bei Eingang Ihrer Bestellung senden wir Ihnen eine Empfangsbestätigung per E-Mail zu, die Sie lediglich über den Zugang Ihrer Bestellung informieren soll und in der die Einzelheiten Ihrer Bestellung nochmals aufgeführt sind. Diese Empfangsbestätigung beinhaltet nicht die Annahme Ihres Angebots. Wir behalten uns für den Fall, dass der Vorrat aufgebraucht ist, das Recht vor, die bestellte Leistung gar nicht zu erbringen. Dies wird Ihnen in der Empfangsbestätigung nochmals gesondert mitgeteilt.

Die Bestellung größerer als haushaltsüblicher Mengen bedarf unserer ausdrücklichen Zustimmung. Sollte sich bei einer Überprüfung Ihrer Bonität herausstellen, dass Sie als nicht kreditwürdig gelten, behalten wir uns vor, die Annahme der Bestellung zu verweigern.

Erst die Zusendung der Versandbestätigung oder der von Ihnen bestellten Ware stellt die Annahme Ihres Angebots dar. Der Vertrag kommt erst in diesem Zeitpunkt zustande.

§ 3 Preise,[6] Lieferung

Es gelten die Preise zum Zeitpunkt der Bestellung. Alle Preise verstehen sich in Euro. In ihnen ist die gesetzliche Umsatzsteuer in Höhe von 19 % enthalten. In den Preisangaben sind anfallende Versandkosten nicht enthalten.

Wir liefern ausschließlich innerhalb Deutschlands. Die Lieferzeit beträgt 3 Werktage. Diese verlängert sich bei großen sperrigen Artikeln um mindestens einen Tag. Die Lieferzeit kann in diesem Fall bis zu 10 Werktage betragen.[7] Zusätzlich zu den Versandkosten können weitere Frachtkostenzuschläge anfallen. Wird als Zahlungsart Nachnahme gewählt, ist darüber hinaus ein Nachnahmebetrag in Höhe von 2,00 EUR zu entrichten. Das bei dieser Zahlungsart darüber hinaus anfallende Übermittlungsentgelt in Höhe von 2,00 EUR zahlen wir.

Für die Zustellung großer sperriger Artikel auf die deutschen Inseln wird aufgrund des erforderlichen Seetransports ein erhöhtes Transportgeld in Höhe der tatsächlich anfallenden Fremdkosten erhoben.

Wir übernehmen keine Haftung für die Einhaltung der voraussichtlichen Lieferzeit, es sei denn, die Nichteinhaltung der Lieferfrist beruht auf vorsätzlichem oder fahrlässigem Verhalten der ■■■.[8]

Die von Ihnen bestellte Ware kann aufgrund unerwartet großer Nachfrage ausverkauft sein, auch wenn diese zum Zeitpunkt der Abgabe Ihrer Bestellung als verfügbar gekennzeichnet war. In diesem Fall werden wir, soweit uns dies möglich ist, eine in Qualität und Preis gleichwertige Ware erbringen. Sollte uns dies nicht möglich sein, werden wir die von Ihnen bestellte Ware auch zu einem späteren Zeitpunkt nicht nachliefern.[9]

§ 4 Versandkosten

In der Regel ist von Ihnen unabhängig vom Bestellwert eine Versandkostenpauschale in Höhe von 4,95 EUR zu entrichten. Übersteigt das Gewicht der bestellten Artikel ■■■ kg, beträgt die Pauschale ■■■ EUR. Diese wird in unserem Bestellkatalog ausgewiesen.

Sollte aus technischen oder logistischen Gründen eine Versendung nur in mehreren Etappen möglich sein, fallen die Versandkosten nur einmal an.

§ 5 Fälligkeit, Zahlungsmodalitäten, Zahlungsverzug

Grundsätzlich ist der Kaufpreis sofort bei Erhalt der Ware zu entrichten.

Die Bezahlung der bestellten Artikel können Sie wahlweise mittels Kreditkarte, per Bankeinzug oder auf Rechnung veranlassen. Wir behalten uns das Recht vor, im Einzelfall bestimmte Zahlarten auszuschließen bzw eine Vorauszahlung zu verlangen. Diese Einschränkung ist abhängig von Ihrer Bonität und Ihrem Bestellverhalten.

Bei Kreditkartenzahlung erfolgt die Abbuchung von Ihrem Konto nachdem die Ware versandt worden ist.

Bei Zahlung per Bankeinzug erklären Sie ausdrücklich, dass Sie uns zum Einzug fälliger Beträge von dem von Ihnen angegebenen Bankkonto ermächtigen. Gleichzeitig versichern Sie, dass das angegebene Bankkonto genügende Deckung aufweist. Im Einzugsermächtigungsverfahren wird der zu zahlende Betrag ca. 14 Tage nach dem auf der Rechnung ausgewiesenen Datum abgebucht.

Bei Zahlung auf Rechnung sind Sie dazu verpflichtet, den in der Rechnung ausgewiesenen Betrag 14 Tage nach Erhalt der Ware zu begleichen. Benutzen Sie hierzu bitte den der Rechnung beiliegenden Überweisungsträger. Sollte dieser fehlen, überweisen Sie den Rechnungsbetrag bitte an folgendes Konto: Empfänger: ■■■; ■■■-Bank; Konto-Nr.: ■■■; BLZ: ■■■ Im Feld „Verwendungszweck" tragen Sie bitte die Rechnungsnummer ein.

Bei einer Bestellung per Nachnahme haben Sie die von uns geforderte Geldsumme bei Anlieferung zu entrichten. Weiterhin ist der von der Deutschen Post bzw DHL erhobene Nachnahmebetrag in Höhe von 2,00 EUR vor Ort von Ihnen zu entrichten. Das darüber hinaus anfallende Übermittlungsentgelt in Höhe von 2,00 EUR entrichten wir.

Eine Barzahlung oder die Zahlung per Scheck ist ausgeschlossen.

Kommen Sie mit Ihrer Zahlungsverpflichtung in Verzug, haben Sie die ausstehende Geldsumme zu verzinsen. Der Verzugszinssatz beträgt pro Jahr fünf Prozentpunkte über dem von der Deutschen Bundesbank gemäß § 247 Abs. 2 BGB bekannt gegebenen Basiszinssatz.

§ 6 Widerrufsbelehrung[10]

■■■

§ 7 Kundendienst

Etwaige Fragen oder Beanstandungen richten Sie bitte schriftlich an ■■■, per E-Mail an ■■■, telefonisch an ■■■, Tel.-Nr. ■■■ (0,14 EUR/Min. aus dem deutschen Festnetz/Mobilfunknetze ggf höher) oder per Fax an ■■■, Fax-Nr. ■■■ (0,14 EUR aus dem deutschen Festnetz/Mobilfunknetze ggf höher).

§ 8 Gewährleistung

Hat die gelieferte Ware nicht die vereinbarte Beschaffenheit oder eignet sie sich nicht für die nach dem Vertrag vorausgesetzte oder die allgemein übliche Verwendung oder hat sie nicht die Eigenschaften, die Sie nach unseren Äußerungen in diesem Online-Shop erwarten können, leisten wir nach Ihrer Wahl Nacherfüllung durch Beseitigung des Mangels oder Lieferung einer mangelfreien Ware. Wir können die von Ihnen gewählte Art der Nacherfüllung verweigern, wenn sie nur mit unverhältnismäßigen Kosten möglich ist. Schlägt die Nacherfüllung fehl, was erst nach zwei Nacherfüllungsversuchen anzunehmen ist, haben Sie die Wahl zwischen Kaufpreisminderung oder Rücktritt oder Schadensersatz oder Ersatz etwaiger durch Sie getätigter vergeblicher Aufwendungen.

Diese Ansprüche verjähren innerhalb von zwei Jahren ab Anlieferung der Ware.

Liefern wir Ihnen im Zuge der Nacherfüllung eine mangelfreie Ware, sind Sie verpflichtet, die mangelhafte Ware innerhalb von 30 Tagen an uns auf unsere Kosten zurückzusenden.

Im Fall einer Reklamation nehmen Sie bitte Kontakt zu unserem Kundendienst auf. Bitte schicken Sie ohne vorherige Absprache mit dem Kundendienst keine Einzelteile, Bauteile oder einzelne Komponenten zu.

§ 9 Garantieerklärung[11]

Der/Die ... (Name und Anschrift des Garantiegebers) gibt Ihnen eine Garantie von drei Jahren auf die technisch-mechanische Hardware. Bei allen anderen Produkten achten Sie bitte auf die beim jeweiligen Produkt angegebene Garantiedauer. Ist der Garantiefall eingetreten wenden Sie sich bitte an unseren Kundendienst. Ihre gesetzlichen Gewährleistungsrechte werden durch diese Garantie nicht eingeschränkt.

Weitergehende Angaben bei Finanzdienstleistungen im Fernabsatz:

Hauptgeschäftstätigkeit der Bank

Gegenstand des Unternehmens ist der Betrieb von Bankgeschäften aller Art sowie das Erbringen von Finanzdienstleistungen aller Art und sonstigen Dienstleistungen und Geschäften, die damit zusammenhängen.

Zuständige Aufsichtsbehörde

Bundesanstalt für Finanzdienstleistungsaufsicht

Graurheindorfer Straße 108

53117 Bonn

und

Lurgiallee 12

60439 Frankfurt (Internet: www.bafin.de)

Hinweis auf Risiken und Preisschwankungen von Wertpapieren

Wertpapiergeschäfte sind wegen ihrer Eigenschaften oder der Durchführung der An- und Verkäufe mit speziellen Risiken verbunden, insbesondere des Risikos der Kursänderung bzw rückläufiger Anteilspreise, Insolvenzrisikos des Emittenten, Risikos des Totalverlusts.

Der Preis eines Wertpapiers unterliegt Schwankungen auf dem Finanzmarkt, auf die die Bank keinen Einfluss hat.

Deshalb kann der Abschluss eines Wertpapiergeschäfts nicht widerrufen werden.

In der Vergangenheit erzielte Erträge (zB Zinsen, Dividenden) und erzielte Wertsteigerungen sind kein Indikator für künftige Erträge oder Wertsteigerungen. Ausführliche Informationen enthält die Broschüre „Informationen über die Anlage des Vermögens in Wertpapieren".

Kündigung

Sie können den Vertrag jederzeit ohne Einhaltung einer Kündigungsfrist kündigen.

Die Bank kann den Vertrag jederzeit unter Einhaltung einer angemessenen Kündigungsfrist kündigen, die mindestens sechs Wochen beträgt. Bei der Bemessung der Länge der Kündigungsfrist hat die Bank auf Ihre berechtigten Interessen Rücksicht zu nehmen.

Anwendbares Recht

Gemäß Nr. ▪▪▪ der Allgemeinen Geschäftsbedingungen findet auf den Vertragsschluss und die Geschäftsbeziehung zwischen dem Kunden und der Bank deutsches Recht Anwendung.

Vertragssprache

Diese Vorabinformationen und die Vertragsbedingungen werden dem Kunden auf Deutsch zur Verfügung gestellt. Mit Zustimmung des Kunden wird die Kommunikation zwischen der Bank und dem Kunden auf Deutsch geführt.

Außergerichtliche Streitschlichtung

Für die Beilegung von Streitigkeiten mit der Bank kann der Ombudsmann der privaten Banken angerufen werden. Näheres ist in der „Verfahrensordnung für die Schlichtung von Kundenbeschwerden im deutschen Bankgewerbe" geregelt, die der Kunde auf der Internetseite des Bundesverbandes deutscher Banken (www.dbd.de) einsehen und herunterladen kann. Auf Wunsch schickt die Bank dem Kunden die Verfahrensordnung auch zu. Die Beschwerde ist schriftlich bei der Kundenbeschwerdestelle beim Bundesverband deutscher Banken e.V., Postfach 04 03 07, 10062 Berlin, einzureichen

Bestehen einer freiwilligen Einlagensicherung

Die Bank ist dem Einlagensicherungsfonds des Bundesverbandes deutscher Banken e.V. angeschlossen. Der Umfang der durch den Einlagensicherungsfonds geschützten Verbindlichkeiten ist in Nr. ▪▪▪ der Allgemeinen Geschäftsbedingungen beschrieben. ◄

B. Erläuterungen

[1] Grds. müssen die Informationen dem Verbraucher vor Abgabe seiner Willenserklärung zur Verfügung gestellt werden. Diese Willenserklärung kann bei einer invitatio ad offerendum in der Abgabe des auf das Zustandekommen des Vertrags gerichteten **Angebots** oder aber in der Abgabe der **Annahmeerklärung** liegen. Ausnahmsweise müssen die Fernseh-, Radio- oder Anzeigenwerbungen, die zur Bestellung der Ware eine Telefonnummer oder Internetadresse angeben, die Informationen noch nicht enthalten, es sei denn, die Anzeige enthält auch ein Bestellformular (OLG Hamburg GRUR-RR 2005, 236). 2

In Art. 246 § 2 Abs. 1 S. 1 Nr. 2 EGBGB ist der **spätest mögliche Zeitpunkt** normiert. Der Unternehmer kann die formgerechte Belehrung auch schon vor oder bei Vertragsschluss vornehmen. Nach der Neugestaltung des § 355 Abs. 2 S. 2 steht eine „unverzüglich" nach dem Kauf per E-Mail abgeschickte Widerrufsbelehrung einer solchen bei Vertragsschluss gleich. Erfolgt die Belehrung dagegen erst zusammen mit der Warenlieferung, gilt gemäß § 355 Abs. 2 S. 3 die verlängerte Widerrufsfrist von einem Monat. 3

Da Zweck des Fernabsatzrechts auch die Förderung dieser Vertriebsart ist, reichen etwa bei telefonischem Kontakt oder WAP-Anwendungen **summarische Informationen** aus (Hk-BGB/*Schulte-Nölke*, § 312 c Rn 3). Bei Online-Geschäften muss der Verbraucher diese Informationen **abrufen** und in wiedergabefähiger Form **speichern** können. 4

Nach BGH NJW 2006, 3633 ist das **Transparenzgebot** des Abs. 1 S. 1 auch dann noch gewahrt, wenn Informationen nur über einen doppelten Link aufgerufen werden können. Um sicherzugehen, sollte der Unternehmer eine Zusammenfassung aller relevanten Daten einen Klick vor 5

Abgabe der Willenserklärung platzieren und zugleich – um die Anforderungen des § 312 e Abs. 1 Nr. 1 zu erfüllen – die Möglichkeit einer Änderung bieten. Zumindest diese Seite sollte gespeichert werden können. Verbraucherfreundlicher ist es, auch den Ausdruck der Seite via Download zu ermöglichen. Falls insofern ein spezieller Viewer erforderlich sein sollte wie ein Reader für pdf-Dateien, muss der Verbraucher auch hierüber informiert werden. So kann zB eine kostenlose Download-Möglichkeit für den Reader eingerichtet werden. Zum **Beweis des Zugangs** der Informationen und damit des **Beginns der Widerrufsfrist** sollte der Unternehmer eine Lesebestätigung durch Anklicken anfordern. Er schuldet jedoch nicht die tatsächliche Kenntnisnahme durch den Verbraucher. Die Website sollte so programmiert sein, dass der Verbraucher aber erst dann eine rechtlich verbindliche Willenserklärung abgibt, wenn er auf den Button „Bestellung abschicken" klickt.

6 Dem Verbraucher darf nach Erhalt der Informationen nicht zu wenig **Zeit zur Entscheidung** für oder gegen den Vertragsschluss verbleiben (BT-Drucks. 14/2658, S. 38). Es darf daher kein Sekunden-Countdown laufen, innerhalb dessen der Verbraucher seinen Entschluss fassen muss.

7 Bei einem zusammenfassenden Bestellformular müssen die **Versandkosten** nicht angegeben werden, da diese allein für die Versendungsleistung zu entrichten sind. Diese müssen allerdings – zB durch die Aufnahme eines Hyperlinks – leicht auffindbar sein (BGH NJW 2006, 211). Eine Erläuterung der Informationen schuldet der Unternehmer nicht.

8 Gemäß Abs. 2 muss der Unternehmer bei von ihm veranlassten **telefonischen Vertragsschlüssen** zu Beginn des Gesprächs den Namen der Firma angeben sowie die Rechtsform des Unternehmens, das den Vertrag schließen will. Gemäß Art. 246 § 1 Abs. 3 S. 1 EGBGB braucht er seine ladungsfähige Anschrift nicht preiszugeben, es sei denn, der Verbraucher hat eine Vorauszahlung zu erbringen. Des Weiteren muss der Unternehmer zu Beginn des Gesprächs den geschäftlichen Zweck des Telefonats offenlegen. Im weiteren Gesprächsverlauf braucht er nur über § 1 bis § 6 zu informieren. Dies gilt jedoch nur, wenn der Unternehmer den Verbraucher darüber informiert, dass auf Wunsch weitere Informationen übermittelt werden können und welcher Art diese Informationen sind, und der Verbraucher ausdrücklich auf die Übermittlung der weiteren Informationen vor Abgabe seiner Vertragserklärung verzichtet.

9 **Form der Belehrung.** Im Gegensatz zur Widerrufs- und Rückgabebelehrung muss die oben stehende Belehrung **zur Zeit des Vertragsschlusses** grundsätzlich nicht in Textform gemäß § 126 b erfolgen (OLG Hamburg MMR 2007, 600), so dass die Präsentation auf der Website des Unternehmers genügend ist.

- Eine **Ausnahme** normiert Art. 246 § 2 Abs. 1 Nr. 1 EGBGB für **Finanzdienstleistungen.** Hier sind die Informationen bereits vorvertraglich in Textform nach § 126 b zu erteilen. Hauptbeispiele sind per Brief oder Fax übermittelte Texte sowie CD-ROMs und E-Mails. Diese müssen dem Verbraucher auch zugehen. Hierfür ist der Unternehmer beweispflichtig. Die Einstellung der Hinweise auf der Homepage des Unternehmers ist danach nur ausreichend, wenn es tatsächlich zu einem Download derselben kommt und der Unternehmer den Download beweisen kann (OLG Köln GRUR-RR 2008, 88; LG Kleve NJW-RR 2003, 196; aA OLG München NJW 2001, 2263; *Schulte-Nölke/Behren* in: Formularbuch Vertragsrecht, S. 94: Selbst wenn die entsprechende Datei heruntergeladen werden kann, ist das nach dem Wortlaut des Gesetzes erforderliche „Mitteilen" nicht gegeben).
- **Ausnahmsweise** ist bei Anbahnung eines **Finanzdienstleistungsvertrages,** der **auf Verlangen des Verbrauchers** unter Benutzung des Telefons oder eines anderen Fernkommunikationsmittels, mit dem das Erfordernis der Textform aus technischen Gründen nicht gewahrt werden kann (zB Versand per SMS oder WAP-Internet-Anwendung), die Belehrung nach Art. 246 § 2 Abs. 1 Nr. 1 EGBGB unverzüglich (vgl Legaldefinition in § 121 Abs. 1 S. 1) nach Vertragsschluss in Textform zu erteilen.

Der Unternehmer muss dem Verbraucher die im Muster aufgeführten Informationen gemäß Art. 246 § 2 Abs. 1 S. 1 Nr. 2 EGBGB jedoch auch bei sonstigen Fernabsatzverträgen **nach Vertragsschluss** nochmals in Textform zur Verfügung stellen. Danach muss die formgerechte Belehrung bei der Lieferung von Waren bis zur Anlieferung derselben erfolgen, bei Dienstleistungen bis zur vollständigen Erfüllung des Vertrages. Der Unternehmer kann die Informationen zB auf seiner Rechnung mitteilen. Bei einer telefonischen Anzeigenannahme können die erforderlichen Informationen auf dem Datenträger im Lastschriftverfahren übermittelt werden. 10

Nach Abs. 3 muss der Anbieter von Finanzdienstleistungen die Vertragsbestimmungen einschließlich der allgemeinen Geschäftsbedingungen auf Verlangen des Kunden diesem jederzeit in Papierform kostenlos zur Verfügung stellen. Eine mehrfache Anforderung ohne triftigen Grund ist jedoch rechtsmissbräuchlich. 11

Im **Online-business-to-business (B2B)**, dh bei Beziehungen im rein geschäftlichen Bereich, brauchen die Informationspflichten nicht eingehalten zu werden. Aus den Gründen der Benutzerfreundlichkeit und der einheitlichen Abwicklung sollten die im Telemediengesetz beschriebenen Informationspflichten jedoch auch hier beachtet werden. Insbesondere sollten die technischen Schritte, die für den Vertragsschluss notwendig sind, erläutert und Möglichkeiten geschaffen werden, Eingabefehler zu beheben. Stellt ein Verkäufer Angebote bei ebay ein, sind weitere eigene Informationen des Unternehmers über die Schritte, die zum Vertragsschluss führen, aufgrund der ausreichenden ebay-eigenen Information nicht erforderlich (LG Frankenthal MMR 2009, 144; aA LG Leipzig, Beschluss v. 3.3.2008, 04 HK O 597/08, n.v.). 12

Sinn und Zweck der Informationspflicht ist es, den Online-Vertragsschluss dem offline getätigten Vertragsschluss anzugleichen. Daher soll der Verbraucher hauptsächlich über die Identität des Verkäufers (mit Registernummer und ladungsfähiger Anschrift), die Ware (insbesondere deren Preis inkl. aller anfallenden Steuern und Kosten) und die Abwicklung des Kaufs informiert werden. Durch das Textformerfordernis iVm dem Zugang der Information soll sichergestellt werden, dass die von der Fernabsatz-RL und der FinanzDL-Fernabsatz-RL vorgeschriebene Dauerhaftigkeit der Information erreicht wird (BT-Drucks. 14/7052, S. 191). 13

Bei sog. „sponsored links", dh Werbung auf Suchmaschinen-Seiten, ist es jedoch einhellige Meinung, dass die **Informationen zu Zahlung und Lieferung** erst auf der verlinkten Seite stehen müssen (OLG Hamburg CR 2006, 209). 14

Werden die Informationen in **Vertragsbestimmungen einschließlich Allgemeinen Geschäftsbedingungen** übermittelt, sind die ladungsfähige Anschrift des Unternehmers bzw Unternehmens und bei Letzterem der Name eines Vertretungsberechtigten in einer hervorgehobenen und deutlich gestalteten Form mitzuteilen. Gleiches gilt für eine Widerrufs- oder Rückgabebelehrung bzw die Belehrung über das Nichtbestehen eines solchen Rechts. Dabei muss auch angegeben werden, welchen Betrag der Verbraucher im Falle des Widerrufs oder Rückgabe gemäß § 357 Abs. 1 für die erbrachte Dienstleistung zu zahlen hat. Ebenso sind in diesem Fall bei Abschluss eines Finanzdienstleistungsvertrages im Fernabsatz die vertraglichen Kündigungsbedingungen einschließlich etwaiger Vertragsstrafen hervorzuheben und in deutlich gestalteter Form mitzuteilen. Auch die Informationen über den Kundendienst sowie geltende Gewährleistungs- und Garantiebedingungen müssen dann besonders hervorgehoben sein. Die Verletzung einer Informationspflicht nach Art. 246 §§ 1 und 2 EGBGB kann überraschend iS des § 305 c sein (Palandt/*Grüneberg*, § 312 c Rn 12). 15

Da § 312 c nur zur Anwendung gelangt, wenn deutsches Recht anwendbar ist, ist bei einem Angebot eines deutschen Anbieters für den deutschen Markt die Information nur in **deutscher Sprache** wirksam. Bietet jemand jedoch weltweit seine Waren oder Dienstleistungen an, ist eine nur auf Englisch erfolgende Information ausreichend. Ist einem Verbraucher Englisch nicht geläufig, lässt er sich aber dennoch auf einen Vertragsschluss in der ihm fremden Sprache ein, ist er nicht schutzbedürftig (Hk-BGB/*Schulte-Nölke*, § 312 c Rn 7). Bei mehrsprachiger Information müssen alle Versionen den Anforderungen des Art. 246 §§ 1 und 2 EGBGB genügen. 16

17 **Rechtsfolge eines Verstoßes gegen die Informationspflichten** ist gemäß § 312 d Abs. 2 ein verzögerter Beginn der Widerrufsfrist erst bei vollständiger Belehrung. Für die Vollständigkeit der Belehrung und deren Zugang trägt der Unternehmer die Beweislast. Vgl hierzu § 355 Rn 41. Weiterhin können sich aus der Verletzung der Informationspflichten Schadensersatzansprüche aus § 280 Abs. 1, bei der Verletzung der vorvertraglichen Pflichten iVm § 311 Abs. 2, 241 Abs. 2 ergeben. Da es sich bei den Informationspflichten iS des § 312 c Abs. 1 iVm Art. 246 §§ 1 und 2 EGBGB um Rechtsnormen handelt, die auch dazu bestimmt sind, im Interesse der Marktteilnehmer das Marktverhalten zu regeln (OLG Hamburg MMR 2008, 44 zu § 312 c Abs. 1 S. 1 aF iVm der BGB-InfoV), können auch Unterlassungsansprüche nach § 8 UWG begründet werden (so auch OLG Frankfurt DB 2001, 1610 zur alten Rechtslage vor dem 11.6.2010). Weiterhin kommen Unterlassungsansprüche gemäß § 2 UklaG in Betracht (OLG Frankfurt aaO).

18 **Salvatorische Klauseln**, die den unwirksamen AGB-Inhalt durch eine rechtlich zulässige und wirtschaftlich sinnvolle hypothetische Vereinbarung der Vertragsparteien ersetzen, sind im Verbraucherhandel nach st Rspr des BGH nichtig, da diese gegen das in § 307 Abs. 1 S. 2 normierte Transparenzgebot verstoßen. Soweit AGB-Klauseln unwirksam sind, tritt im Verbraucherhandel an deren Stelle die einschlägige gesetzliche Regelung.

19 [2] Tritt ein **Vertreter** für den Verkäufer auf, sind dessen Identität sowie die Eigenschaft, in der er dem Verbraucher gegenübertritt, zu offenbaren. Zudem muss der Anbieter dem Verbraucher gemäß Art. 246 § 1 Abs. 1 Nr. 3 EGBGB auch die Geschäftsanschrift des Vertreters zur Verfügung stellen.

20 [3] Die eigene **Adresse** bzw die **des Vertreters** muss gemäß Art. 246 § 1 Abs. 3 S. 1 EGBGB zu Anfang eines Telefongesprächs nur angegeben werden, wenn der Verbraucher eine Vorauszahlung leisten muss.

21 [4] Nach § 5 Abs. 1 Nr. 6 TMG ist auch die **Umsatzsteueridentifikationsnummer** gemäß § 27 a UStG oder die **Wirtschaftsidentifikationsnummer** gemäß § 139 c AO anzugeben.

22 [5] **Belehrung über das Zustandekommen des Vertrages.** Bei Online-Verkäufen stellen die im Internet eingestellten Angebote in der Regel lediglich eine invitatio ad offerendum dar mit der Folge, dass der Kunde die auf den Vertragsschluss gerichtete rechtsverbindliche Willenserklärung abgibt und der Internetshop-Betreiber die Annahme des Angebots unter Nutzung von Fernkommunikationsmitteln erklärt oder aber eine konkludente Annahmeerklärung durch die Zusendung der Ware ausspricht. Bei Online-Auktionen dagegen sind die auf den Internetseiten präsentierten Waren bereits rechtlich verbindliche Angebote (BGH NJW 2002, 363; OLG Hamm NJW 2001, 1142). Im Gegensatz zu anderen Händlern muss ein **ebay-Händler** nicht über den Ablauf des Vertragsschlusses informieren (LG Frankenthal MMR 2009, 144; aA LG Leipzig, Beschluss v. 3.3.2008, 04 HK O 597/08, n.v.).

23 [6] **Preisangabe.** Die Angabe von Preisen in **AGB** ist nach Art. 246 § 1 Abs. 1 Nr. 7 EGBGB unzulässig. Eine Hervorhebung des Preises durch Fettdruck bei kleiner Schriftart ist nicht ausreichend, wenn die Website noch andere ähnliche Hervorhebungen enthält. Nach einem Urteil des LG Hanau (MMR 2008, 488) gilt dies jedenfalls beim Angebot von Dienstleistungen, da der Verbraucher bei diesen nicht von einer Vergütungspflicht ausgehen müsse.

24 Die **Preisangabenverordnung** enthält in § 1 Abs. 2 Nr. 1 die Verpflichtung, den ausdrücklichen Hinweis aufzuführen, dass die zu entrichtende Umsatzsteuer sowie sämtliche weitere Preisbestandteile bereits in der Preisangabe enthalten sind. Es ist jedoch ausreichend, die durch die Verordnung geforderten Angaben leicht erkennbar und deutlich lesbar auf einer anderen Internetseite einzustellen (BGH GRUR 2008, 84; aA OLG Hamburg MMR 2005, 108; 467; MMR 2007, 321; 723). Der Unternehmer hat die Möglichkeit, entweder den Hinweis auf die zu entrichtende Umsatzsteuer und die anfallenden Versandkosten zu unterstreichen oder einen sprechenden Link einzurichten, der beim Herüberziehen der Maus auf diese Pflichtangaben

hinweist. Denn die Verbraucher wüssten, dass in angegebenen Preisen die Umsatzsteuer bereits enthalten sei und im Versandhandel neben dem Endpreis üblicherweise Liefer- und Versandkosten anfielen. Die Seite, die die Steuern und Kosten unter Angabe deren Höhe auflistet, muss allerdings vor Einleitung des Bestellvorgangs zwingend aufgerufen werden (BGH aaO).

Wenn der Unternehmer **Lieferungen ins Ausland** anbietet, sind die den Verbraucher treffenden zusätzlichen Steuern und Zölle aufzuführen. Bei Waren, die nach Gewicht, Volumen, Länge oder Fläche bemessen werden, wie es zB bei Textilien, Lebensmitteln und Arzneimitteln der Fall ist, besteht nach § 2 Abs. 1 S. 1 PAngVO darüber hinausgehend die Pflicht, den Grundpreis anzugeben. 25

Gemäß Art. 246 § 1 Abs. 1 Nr. 12 EGBGB muss der Unternehmer den Verbraucher insbesondere auf die befristete **Gültigkeitsdauer** von Angeboten hinweisen und dabei hervorheben, dass der Preis nur innerhalb der Frist gilt. 26

Wirbt der Unternehmer mit einem **durchgestrichenen Preis**, muss er angeben, mit welchem ehemaligen Preis – zB ehemalige unverbindliche Preisempfehlung des Herstellers – er den Neupreis vergleicht. Im Rahmen von ebay-Verkäufen darf ein Unternehmer darauf hinweisen, dass er keine Gebühren vom Käufer verlangt. Selbst wenn dies als Werbung anzusehen sein sollte, überschreitet der Werbeeffekt nicht die Bagatellgrenze des § 3 UWG (LG Coburg, Beschluss v. 24.6.2008, 1 HK 046/08). 27

[7] **Lieferzeit.** Wenn auf der Website, auf der der Unternehmer seine Produkte präsentiert, keine Lieferzeiten angegeben werden, muss die Ware sofort auslieferbar sein, anderenfalls ist das Angebot wettbewerbswidrig (BGH NJW 2005, 2229). Daher sollte der Unternehmer schon dort die jeweilige Lieferzeit angeben. 28

Die Formulierung „Die Lieferzeit beträgt in der Regel …" stellt nach Ansicht des KG Berlin (NJW 2007, 2266) eine unwirksame Klausel in AGB dar. Denn ein Durchschnittskunde solle ohne Schwierigkeiten und ohne rechtliche Beratung in der Lage sein, eine in AGB vorgegebene Lieferfrist selbst zu berechnen. Bei der Formulierung „in der Regel" würde die Lieferzeit jedoch in das Belieben des Shop-Betreibers gestellt, was nach § 308 Nr. 1 unwirksam sei. 29

Gleiches gilt für die Nutzung der Formulierung, die Angaben über die Lieferfristen seien „unverbindlich, soweit nicht ausnahmsweise der Liefertermin verbindlich und schriftlich zugesagt wurde" (OLG Frankfurt MMR 2006, 325). Das OLG nimmt zwar einen Verstoß gegen § 307 Abs. 1 S. 1, Abs. 2 Nr. 1 an; § 308 Nr. 1 ist demgegenüber jedoch lex specialis. 30

Die Verwendung des Begriffs „circa" ist nach Ansicht des LG Detmold (Beschluss v. 15.12.2008, 8 O 144/08, n.v.) zumindest wettbewerbswidrig. 31

Der Unternehmer muss den Verbraucher unmissverständlich auf eine Verlängerung der üblichen Lieferfrist hinweisen (BGH MMR 2005, 531). 32

[8] Die Regelung entspricht § 309 Nr. 7 b. 33

[9] Möchte sich der Unternehmer vorbehalten, eine in Qualität und/oder Preis **gleichwertige Leistung** zu erbringen oder im Fall der **Nichtverfügbarkeit** die versprochene Leistung nicht zu erbringen, muss er den Verbraucher hierüber ausdrücklich informieren. Dies gilt auch, wenn der Vertrag dauernde oder wiederkehrende Leistungen beinhaltet und für eine Mindestlaufzeit abgeschlossen werden soll. 34

Allerdings ist die in Art. 246 § 1 Abs. 1 Nr. 6 EGBGB vorgesehene Möglichkeit, dass sich der Unternehmer die Lieferung eines in Qualität und Preis gleichwertigen Produkts vorbehält, nach dem BGH (NJW 2005, 3567; so auch OLG Frankfurt MMR 2006, 325; LG Frankfurt aM MMR 2006, 831) **in AGB** unwirksam. Dies soll sogar dann gelten, wenn bei Nichtgefallen des Ersatzartikels ein auf zwei Wochen befristetes Rückgaberecht eingeräumt wird (BGH aaO). Die Klausel böte einen zu weiten Spielraum für Abweichungen von der bestellten Ware. Danach sei es möglich, ein aliud zu liefern. Nach § 434 Abs. 3 liegt jedoch ein Sachmangel vor, wenn der Verkäufer eine andere als die bestellte Ware liefert. In diesem Fall kann der Verbraucher gemäß 35

§ 437 innerhalb von zwei Jahren seine Sachmängelgewährleistungsrechte ausüben. Mit der Klausel würden daher die Sachmängelgewährleistungsvorschriften ausgehebelt. Dies stelle einen Verstoß gegen § 308 Nr. 4 dar, wenn der Vertrag schon vor Zusendung des Ersatzartikels zustande kommen solle; ansonsten sei ein Verstoß gegen das Transparenzgebot des § 307 Abs. 1 S. 2 iVm S. 1 gegeben, da die Rechtslage unzutreffend dargestellt werde. Daher kann der Unternehmer diese Bedingung nicht einseitig stellen, sondern muss eine Ersatzlieferung mit dem Verbraucher individualvertraglich aushandeln. So kann der Unternehmer den Verbraucher fragen, ob dieser auch mit der Lieferung eines – genau beschriebenen – anderen Produkts einverstanden sei. Bei Bejahung wird der alternative Kaufgegenstand Vertragsinhalt.

36 Stellt der Unternehmer dem Verbraucher Telefonate oder andere Dienstleistungen in Rechnung, ist hierauf nach Art. 246 § 1 Abs. 1 Nr. 11 EGBGB unter Angabe der Höhe des Preises gesondert hinzuweisen.

37 Ggf muss der Unternehmer auch das Textilkennzeichnungsgesetz und/oder die Energieverbrauchskennzeichnungsverordnung und die Verpackungsverordnung einhalten. Aus § 6 Abs. 1 der Verpackungsverordnung folgt, dass alle Händler seit dem 1.1.2009 nur noch lizenzierte Verpackungen versenden dürfen und daher einem Entsorgungssystem wie dem Grünen Punkt angeschlossen sein müssen. Aufgrund dessen entfällt der zuvor notwendige Hinweis auf die eigene Rücknahme der Verpackung.

38 Weitere Informationspflichten können sich aus dem TMG, dem Rundfunkstaatsvertrag, §§ 66 a ff TKG, § 121 InvG sowie den handelsrechtlichen Vorschriften über Briefbogenangaben ergeben. Überdies sind die Einschränkungen des UWG sowie § 43 AMG beim Versand apothekenpflichtiger Arzneimittel zu beachten.

39 [10] Es ist insbesondere darauf zu achten, dass die Belehrung sich durch entsprechende Absätze und Fettdruck deutlich **vom übrigen Text abhebt**. Sollen nur Kunden, die Verbraucher iS des § 13 sind, ein Widerrufsrecht erhalten und nicht auch gewerbliche Kunden, empfiehlt es sich, einen klarstellenden Zusatz über der Widerrufsbelehrung aufnehmen, dass **gewerblichen Kunden** kein Widerrufsrecht zusteht. Dieser Zusatz darf wegen des **Deutlichkeitsgebots** nicht in die Widerrufsbelehrung aufgenommen werden. Damit der Charakter der getätigten Bestellung sofort erkannt werden kann, sollte ein zusätzliches Auswahlfeld in den Bestellverlauf integriert werden, aus dem sich ergibt, dass der Kunde als Unternehmer seine Bestellung aufgibt.

40 Die Widerrufsbelehrung sollte zweckmäßigerweise in die **Empfangsbestätigungs-E-Mail** (vgl Muster § 312 e Rn 18) aufgenommen werden. Ansonsten verlängert sich die Widerrufsfrist des Verbrauchers auf einen Monat und die online geschaltete Information über das Bestehen einer zweiwöchigen Widerrufsfrist ist falsch und daher **abmahngefährdet**.

41 Bei der Lieferung von Waren und Dienstleistungen muss der Unternehmer über die im Muster aufgeführten Informationen hinaus die **vertraglichen Kündigungsbedingungen** einschließlich etwaiger **Vertragsstrafen** in Textform mitteilen, wenn der Vertrag ein **Dauerschuldverhältnis** betrifft und für eine längere Zeit als ein Jahr oder für unbestimmte Zeit geschlossen wird. Dies gilt gemäß Art. 246 § 2 Abs. 2 EGBGB jedoch nicht für Dienstleistungen, die unmittelbar unter Einsatz von Fernkommunikationsmitteln iSd § 312 b Abs. 2 erbracht werden, sofern diese Leistungen in einem Mal erfolgen und über den Betreiber der Fernkommunikationsmittel abgerechnet werden. Hierunter fallen alle auf einen **einmaligen Leistungsaustausch beschränkte Verträge** wie zB Telefonauskünfte, telefonische Ansagedienste bezüglich Wettervorhersagen, Bahnverbindungen oder Veranstaltungshinweise sowie Downloads von Software oder Musik. In diesen Ausnahmefällen, in denen die Dienstleistung auf Wunsch des Verbrauchers sofort erbracht wird, würde eine nachvertragliche Informationsverpflichtung zu Verzögerungen führen. Daher muss hier nur eine Möglichkeit für den Verbraucher bereitgestellt werden, sich über die Anschrift der Niederlassung des Unternehmers zu informieren, bei der er Beanstandungen vorbringen kann.

[11] **Inhalt der Garantie.** Die Garantie muss erklären, worauf sie sich bezieht und alle wesentlichen Angaben enthalten, die für die Geltendmachung der Garantie erforderlich sind, insbesondere die Dauer und den räumlichen Geltungsbereich des Garantieschutzes sowie Namen und Anschrift des Garantiegebers. Dies ergibt sich aus §§ 443, 477 Abs. 1 Nr. 2. 42

§ 312 d Widerrufs- und Rückgaberecht bei Fernabsatzverträgen

(1) [1]Dem Verbraucher steht bei einem Fernabsatzvertrag ein Widerrufsrecht nach § 355 zu. [2]Anstelle des Widerrufsrechts kann dem Verbraucher bei Verträgen über die Lieferung von Waren ein Rückgaberecht nach § 356 eingeräumt werden.
(2) Die Widerrufsfrist beginnt abweichend von § 355 Abs. 3 Satz 1 nicht vor Erfüllung der Informationspflichten gemäß Artikel 246 § 2 in Verbindung mit § 1 Abs. 1 und 2 des Einführungsgesetzes zum Bürgerlichen Gesetzbuche, bei der Lieferung von Waren nicht vor deren Eingang beim Empfänger, bei der wiederkehrenden Lieferung gleichartiger Waren nicht vor Eingang der ersten Teillieferung und bei Dienstleistungen nicht vor Vertragsschluss.
(3) Das Widerrufsrecht erlischt bei einer Dienstleistung auch dann, wenn der Vertrag von beiden Seiten auf ausdrücklichen Wunsch des Verbrauchers vollständig erfüllt ist, bevor der Verbraucher sein Widerrufsrecht ausgeübt hat.
(4) Das Widerrufsrecht besteht, soweit nicht ein anderes bestimmt ist, nicht bei Fernabsatzverträgen

1. zur Lieferung von Waren, die nach Kundenspezifikation angefertigt werden oder eindeutig auf die persönlichen Bedürfnisse zugeschnitten sind oder die auf Grund ihrer Beschaffenheit nicht für eine Rücksendung geeignet sind oder schnell verderben können oder deren Verfalldatum überschritten würde,
2. zur Lieferung von Audio- oder Videoaufzeichnungen oder von Software, sofern die gelieferten Datenträger vom Verbraucher entsiegelt worden sind,
3. zur Lieferung von Zeitungen, Zeitschriften und Illustrierten, es sei denn, dass der Verbraucher seine Vertragserklärung telefonisch abgegeben hat,
4. zur Erbringung von Wett- und Lotterie-Dienstleistungen, es sei denn, dass der Verbraucher seine Vertragserklärung telefonisch abgegeben hat,
5. die in der Form von Versteigerungen (§ 156) geschlossen werden,
6. die die Lieferung von Waren oder die Erbringung von Finanzdienstleistungen zum Gegenstand haben, deren Preis auf dem Finanzmarkt Schwankungen unterliegt, auf die der Unternehmer keinen Einfluss hat und die innerhalb der Widerrufsfrist auftreten können, insbesondere Dienstleistungen im Zusammenhang mit Aktien, Anteilsscheinen, die von einer Kapitalanlagegesellschaft oder einer ausländischen Investmentgesellschaft ausgegeben werden und anderen handelbaren Wertpapieren, Devisen, Derivaten oder Geldmarktinstrumenten, oder
7. zur Erbringung telekommunikationsgestützter Dienste, die auf Veranlassung des Verbrauchers unmittelbar per Telefon oder Telefax in einem Mal erbracht werden, sofern es sich nicht um Finanzdienstleistungen handelt.

(5) [1]Das Widerrufsrecht besteht ferner nicht bei Fernabsatzverträgen, bei denen dem Verbraucher bereits auf Grund der §§ 495, 506 bis 512 ein Widerrufs- oder Rückgaberecht nach § 355 oder § 356 zusteht. [2]Bei Ratenlieferungsverträgen gilt Absatz 2 entsprechend.
(6) Bei Fernabsatzverträgen über Dienstleistungen hat der Verbraucher abweichend von § 357 Abs. 1 Wertersatz für die erbrachte Dienstleistung nach den Vorschriften über den gesetzlichen Rücktritt nur zu leisten, wenn er vor Abgabe seiner Vertragserklärung auf diese Rechtsfolge hingewiesen worden ist und wenn er ausdrücklich zugestimmt hat, dass der Unternehmer vor Ende der Widerrufsfrist mit der Ausführung der Dienstleistung beginnt.

A. Widerrufsbelehrung nach § 355 im Fernabsatz

1 I. Muster: Belehrung bei Fernabsatzverträgen, die die Lieferung von Waren zum Inhalt haben

▶ **I. Widerrufsrecht**

Sie können Ihre Vertragserklärung innerhalb von [14 Tagen][1] ohne Angabe von Gründen in Textform (zB Brief, Fax, E-Mail) [oder – wenn Ihnen die Sache vor Fristablauf überlassen wird – durch Rücksendung der Sache] widerrufen.

Die Frist beginnt[2] nach Erhalt dieser Belehrung in Textform,[3] jedoch nicht vor Eingang der Ware beim Empfänger (bei der wiederkehrenden Lieferung gleichartiger Waren nicht vor Eingang der ersten Teillieferung) und auch nicht vor Erfüllung unserer Informationspflichten gemäß Artikel 246 § 2 in Verbindung mit § 1 Abs. 1 und 2 EGBGB.

Zur Wahrung der Widerrufsfrist genügt die rechtzeitige Absendung des Widerrufs [oder der Sache].[4] Der Widerruf ist zu richten an: ■■■ (Name und Sitz des Unternehmers)[5]

II. Widerrufsfolgen

Im Falle eines wirksamen Widerrufs sind die beiderseits empfangenen Leistungen zurückzugewähren und ggf gezogene Nutzungen (zB Zinsen) herauszugeben. Können Sie uns die empfangene Sache ganz oder teilweise nicht oder nur in verschlechtertem Zustand zurückgewähren, müssen Sie uns insoweit ggf Wertersatz leisten.[6] Dies gilt nicht, wenn die Verschlechterung der Sache ausschließlich auf deren Prüfung – wie Sie Ihnen etwa im Ladengeschäft möglich gewesen wäre – zurückzuführen ist. Im Übrigen können Sie die Pflicht zum Wertersatz für eine durch die bestimmungsgemäße Ingebrauchnahme der Sache entstandene Verschlechterung vermeiden, indem Sie die Sache nicht wie Ihr Eigentum in Gebrauch nehmen und alles unterlassen, was deren Wert beeinträchtigt.[7] Paketversandfähige Sachen sind auf unsere [Kosten und] Gefahr zurückzusenden. Nicht paketversandfähige Sachen werden bei Ihnen abgeholt. Verpflichtungen zur Erstattung von Zahlungen müssen innerhalb von 30 Tagen erfüllt werden. Die Frist beginnt für Sie mit der Absendung Ihrer Widerrufserklärung [oder der Sache], für uns mit deren Empfang.

Ort, Datum

■■■

Unterschrift des Verbrauchers ◀

2 II. Muster: Belehrung bei Fernabsatzverträgen, die die Erbringung von Dienstleistungen zum Inhalt haben

▶ **I. Widerrufsrecht**

Sie können Ihre Vertragserklärung innerhalb von [14 Tagen][1] ohne Angabe von Gründen in Textform (zB Brief, Fax, E-Mail) [oder – wenn Ihnen die Sache vor Fristablauf überlassen wird – durch Rücksendung der Sache] widerrufen. **Die Frist beginnt[2] nach Erhalt dieser Belehrung in Textform,[3] jedoch nicht vor Vertragsschluss und auch nicht vor Erfüllung unserer Informationspflichten gemäß Art. 246 § 2 in Verbindung mit § 1 Abs. 1 und 2 EGBGB.** Zur Wahrung der Widerrufsfrist genügt die rechtzeitige Absendung des Widerrufs [oder der Sache].[4] Der Widerruf ist zu richten an: ■■■ (Name und Sitz des Unternehmers)[5]

II. Widerrufsfolgen

Im Falle eines wirksamen Widerrufs sind die beiderseits empfangenen Leistungen zurückzugewähren und ggf gezogene Nutzungen (zB Zinsen) herauszugeben. Können Sie uns die empfangene Leistung ganz oder teilweise nicht oder nur in verschlechtertem Zustand zurückgewähren, müssen Sie uns insoweit ggf Wertersatz leisten.[6] **Dies kann dazu führen, dass Sie die vertraglichen Zahlungsverpflichtungen für den Zeitraum bis zum Widerruf gleichwohl erfüllen müssen.** [Bei der Überlassung von Sachen gilt dies nicht, wenn die Verschlechterung der Sache ausschließlich auf deren Prüfung – wie Sie Ihnen etwa im Ladengeschäft möglich gewesen wäre – zurückzuführen ist. Im Übrigen können Sie die Pflicht zum Wertersatz für eine durch die bestimmungsgemäße Ingebrauchnahme der Sache entstandene Verschlechterung vermeiden, indem Sie die Sache nicht wie Ihr Eigentum in Gebrauch nehmen und alles unterlassen, was deren Wert beeinträchtigt.[7] Paketversandfähige Sachen sind auf unsere [Kosten und] Gefahr zurückzusenden. Nicht paketversandfähige Sachen werden bei Ihnen abgeholt.] Verpflichtungen zur Erstattung von Zahlungen müssen innerhalb von 30 Tagen erfüllt werden. Die Frist beginnt für Sie mit der Absendung Ihrer Widerrufserklärung [oder der Sache], für uns mit deren Empfang. **Sie können die Pflicht zum Wertersatz vermeiden, indem Sie die unsere Leistung vor Ablauf der Widerrufsfrist nicht in Anspruch nehmen.**

Ihr Widerrufsrecht erlischt vorzeitig, wenn der Vertrag von beiden Seiten auf Ihren ausdrücklichen Wunsch vollständig erfüllt ist, bevor Sie Ihr Widerrufsrecht ausgeübt haben.

Ort, Datum

■■■

Unterschrift des Verbrauchers ◄

III. Muster: Belehrung bei Fernabsatzverträgen, die die Erbringung von Finanzdienstleistungen zum Inhalt haben 3

► **I. Widerrufsrecht**

Sie können Ihre Vertragserklärung innerhalb von [14 Tagen][1] ohne Angabe von Gründen in Textform (zB Brief, Fax, E-Mail) widerrufen.

Die Frist beginnt[2] nach Erhalt dieser Belehrung in Textform,[3] jedoch nicht vor Vertragsschluss und auch nicht vor Erfüllung unserer Informationspflichten gemäß Artikel 246 § 2 in Verbindung mit § 1 Abs. 1 und 2 EGBGB.

Zur Wahrung der Widerrufsfrist genügt die rechtzeitige Absendung des Widerrufs.[4] Der Widerruf ist zu richten an: ■■■ (Name und Sitz des Unternehmers)[5]

II. Widerrufsfolgen

Im Falle eines wirksamen Widerrufs sind die beiderseits empfangenen Leistungen zurückzugewähren und ggf gezogene Nutzungen (zB Zinsen) herauszugeben. Können Sie uns die empfangene Leistung ganz oder teilweise nicht oder nur in verschlechtertem Zustand zurückgewähren, müssen Sie uns insoweit ggf Wertersatz leisten.[6]

Dies kann dazu führen, dass Sie die vertraglichen Zahlungsverpflichtungen für den Zeitraum bis zum Widerruf gleichwohl erfüllen müssen. Sie können die Pflicht zum Wertersatz vermeiden, indem Sie unsere Leistung vor Ablauf der Widerrufsfrist nicht in Anspruch nehmen.

Verpflichtungen zur Erstattung von Zahlungen müssen innerhalb von 30 Tagen erfüllt werden. Die Frist beginnt für Sie mit der Absendung Ihrer Widerrufserklärung, für uns mit deren Empfang.

Ihr Widerrufsrecht erlischt vorzeitig, wenn der Vertrag von beiden Seiten auf Ihren ausdrücklichen Wunsch vollständig erfüllt ist, bevor Sie Ihr Widerrufsrecht ausgeübt haben.

Ort, Datum

...

Unterschrift des Verbrauchers ◄

4 **IV. Muster: Belehrung bei Online-Auktionen**

► **I. Widerrufsrecht**

Sie können Ihre Vertragserklärung innerhalb von [14 Tagen][1] ohne Angabe von Gründen in Textform (zB Brief, Fax, E-Mail) [oder – wenn Ihnen die Sache vor Fristablauf überlassen wird – durch Rücksendung der Sache] widerrufen.

Die Frist beginnt[2] nach Erhalt dieser Belehrung in Textform,[3] jedoch nicht vor Eingang der Ware beim Empfänger (bei der wiederkehrenden Lieferung gleichartiger Waren nicht vor Eingang der ersten Teillieferung) und auch nicht vor Erfüllung unserer Informationspflichten gemäß Artikel 246 § 2 in Verbindung mit § 1 Abs. 1 und 2 EGBGB.

Zur Wahrung der Widerrufsfrist genügt die rechtzeitige Absendung des Widerrufs [oder der Sache].[4] Der Widerruf ist zu richten an: ... (Name und Sitz des Unternehmers)[5]

II. Widerrufsfolgen

Im Falle eines wirksamen Widerrufs sind die beiderseits empfangenen Leistungen zurückzugewähren und ggf gezogene Nutzungen (zB Zinsen) herauszugeben. Können Sie uns die empfangene Sache ganz oder teilweise nicht oder nur in verschlechtertem Zustand zurückgewähren, müssen Sie insoweit ggf Wertersatz leisten.[6] [Bei der Überlassung von Sachen gilt dies nicht, wenn die Verschlechterung der Sache ausschließlich auf deren Prüfung – wie Sie Ihnen etwa im Ladengeschäft möglich gewesen wäre – zurückzuführen ist. Im Übrigen können Sie die Pflicht zum Wertersatz für eine durch die bestimmungsgemäße Ingebrauchnahme der Sache entstandene Verschlechterung vermeiden, indem Sie die Sache nicht wie Ihr Eigentum in Gebrauch nehmen und alles unterlassen, was deren Wert beeinträchtigt.[7] Paketversandfähige Sachen sind auf unsere [Kosten und] Gefahr zurückzusenden. Nicht paketversandfähige Sachen werden bei Ihnen abgeholt.] Verpflichtungen zur Erstattung von Zahlungen müssen innerhalb von 30 Tagen erfüllt werden. Die Frist beginnt für Sie mit der Absendung Ihrer Widerrufserklärung [oder der Sache], für uns mit deren Empfang.

Ort, Datum

...

Unterschrift des Verbrauchers ◄

V. Erläuterungen

5 Verwendet der Unternehmer für die Belehrung die Muster Rn 1–4, darf er in Format und Schriftgröße von diesen abweichen und Zusätze wie die Firma oder sein Kennzeichen anbringen. Die Musterwiderrufs- und Rückgabebelehrung sind nunmehr als Anlagen dem EGBGB beigefügt. Durch diese Neugestaltung der Gesetzeslage werden die Muster Bestandteile eines formellen Gesetzes und können nicht mehr von einzelnen Gerichten verworfen werden. Solange die Muster nur Verordnungsrang hatten, konnten sie von einzelnen Gerichten für unwirksam erklärt und von jedermann abgemahnt werden. Auch die bisher in § 312 c enthaltenen Regelungen sind ins EGBGB integriert worden.

6 **[1] Widerrufsfrist.** Bei **Online-Auktionen**, wie sie zB von ebay angeboten werden, ist ein auf der Internetauktionsplattform eingestelltes Angebot sofort rechtlich bindend. Eine der Textform des § 126 genügende Belehrung ist erst möglich, wenn der Unternehmer erfahren hat, wer den

„Zuschlag" (bei Online-Auktionen handelt es sich nicht um Versteigerungen iS des § 156) erhalten hat.

Eine **Belehrung** kann somit erst **nach Vertragsschluss** erfolgen. Dadurch wurde gemäß § 355 Abs. 2 S. 2 aF immer die Monatsfrist in Gang gesetzt (OLG Hamburg MMR 2008, 44; MMR 2006, 675; OLG Hamm ZIP 2007, 824, 825; OLG Köln MMR 2007, 713; KG MMR 2007, 185, 186; 2006, 678; aA LG Paderborn MMR 2007, 191; LG Flensburg MMR 2006, 686, 687: Eine zugleich mit dem Angebot eingestellte Widerrufsbelehrung auf der Internetseite wahre das Textformerfordernis). Um eine **Gleichstellung** von **Online-Auktionen** mit Verkäufen über **Online-Shops** zu erreichen, trat am 11.6.2010 § 355 Abs. 2 S. 2 nF in Kraft, der vorschreibt, dass nunmehr auch bei Online-Auktionen die 14-tägige Frist gilt, wenn der Verbraucher vor Abgabe seiner Willenserklärung auf der Internetseite über sein Widerrufsrecht unterrichtet worden ist und die Widerrufsbelehrung unverzüglich nach Vertragsschluss in Textform erfolgt. Nach § 355 Abs. 2 S. 3 und 4 nF wird eine Belehrung nur dann „unverzüglich" nach Vertragsschluss abgegeben, wenn sie unmittelbar nach dem Kauf als E-Mail versandt wird. Eine Belehrung erst ein paar Tage nach dem Kauf zusammen mit der Warenlieferung ist nicht ausreichend, um die 14-tägige Frist zur Anwendung gelangen zu lassen. Daran ändert auch Art. 246 § 2 Abs. 1 Nr. 2 EGBGB nichts, der eine Belehrung spätestens bis zur Lieferung an den Verbraucher zulässt. Wird erst mit Anlieferung der Ware belehrt, gilt die verlängerte Widerrufsfrist von einem Monat. § 357 Abs. 3 S. 2 nF stellt klar, dass die 14-tägige Frist nur dann läuft, wenn unverzüglich nach Vertragsschluss auch auf die Wertersatzpflicht und eine Möglichkeit zu ihrer Vermeidung hingewiesen wird. 7

[2] **Fristbeginn.** Insbesondere ist darauf zu achten, dass bei der Lieferung von Waren die Widerrufsfrist nicht vor Erfüllung der Informationspflichten gemäß Art. 246 §§ 1 und 2 EGBGB und dem Eingang der Ware beim Verbraucher, bei Teilleistungen nicht vor Lieferung der ersten Teilleistung beginnt. Wenn die bestellte Ware aus mehreren, **nicht gleichartigen Leistungen** besteht und nicht vollständig geliefert wird, läuft die **Frist** erst **ab vollständiger Lieferung** (Hk-BGB/*Schulte-Nölke*, § 312 d Rn 2). Denn ein Zweck des Widerrufsrechts bei einem Vertrag über die Lieferung von Waren ist die Ermöglichung der Prüfung der Ware. 8

[3] **Textform.** Siehe § 355 Rn 69. 9

[4] Bei einem **Fernabsatzvertrag über die Lieferung von Waren im elektronischen Geschäftsverkehr** ist die im Muster Rn 1 aufgeführte Belehrung mit der über die Lieferung von Waren im elektronischen Geschäftsverkehr zu kombinieren: Die Frist beginnt nach Erhalt dieser Belehrung in Textform, jedoch nicht vor Eingang der Ware beim Empfänger (bei der wiederkehrenden Leistung gleichartiger Waren nicht vor Eingang der ersten Teillieferung) und auch nicht vor Erfüllung der Informationspflichten gemäß Art. 246 § 2 iVm§ 1 Abs. 1 und 2 EGBGB sowie der Pflichten gemäß § 312 e Abs. 1 S. 1 BGB iVm Art. 246 § 3 EGBGB. 10

Der Begriff „Eingang" entspricht dem der „Ablieferung" in § 438 Abs. 2. Die bestellte Ware wird idR durch Übergabe an den Käufer abgeliefert, wenn diesem die Ware so überlassen wird, dass ihm die Möglichkeit verschafft wird, die Ware zu untersuchen (BGH 1993, 338, 345). Ist Montage vereinbart, ist die Ablieferung erst mit Ausführung der Montage erfolgt (Palandt/*Weidenkaff*, § 438 Rn 15). Beim Kauf eines Computers nebst zugehöriger Software ist der Computer bereits mit Übergabe und nicht erst mit Einweisung in die Bedienung und Probelauf abgeliefert (BGH NJW 2000, 1514; so auch LG Gießen NJW-RR 1996, 44 bei Mitlieferung einer Standardsoftware; aA OLG Bremen NJW-RR 1992, 951; OLG Köln NJW-RR 1993, 1140). Ob bei der wiederkehrenden Leistung ungleichartiger Waren – wie zB bei Buchlieferungen eines Buchclubs – die Leistung vollständig erbracht sein muss, ist umstr. (dagegen MüKo-BGB/*Wendehorst*, § 312 d Rn 92). 11

Grds. kann der Unternehmer – gemäß § 308 Nr. 1 auch in **AGB** – bestimmen, dass er erst nach Ablauf der Widerrufsfrist zu leisten braucht. Dies gilt jedoch nicht für Fernabsatzverträge über 12 die Lieferung von Waren, da die Widerrufsfrist gemäß § 312 d Abs. 2 erst mit deren Lieferung zu laufen beginnt. Ein solcher Vorbehalt würde dazu führen, dass der Schwebezustand niemals endete. Bei einer Bestimmung in AGB stellt dies einen Verstoß gegen § 307 dar. Außerhalb von AGB hätte der Unternehmer den Verbraucher falsch über sein Widerrufsrecht belehrt und könnte sich daher nach § 242 nicht auf den Leistungsvorbehalt berufen.

13 Bei der **Erbringung von Dienstleistungen** beginnt die Widerrufsfrist gemäß § 312 d Abs. 2 am Tag des Vertragsschlusses zu laufen.

14 Der Unternehmer sollte dem Verbraucher nach Abschluss des Vertrages eine Bestätigung des Vertragsschlusses per E-Mail zusenden, in der die Belehrung enthalten ist. Um dem **Deutlichkeitsgebot** hinreichend Rechnung zu tragen, sollte die Belehrung vom übrigen Text durch Trennlinien abgeteilt werden. Überdies sollte der Verbraucher auf die Möglichkeit der Speicherung des Textes und des Ausdrucks hingewiesen werden.

15 Wer ganz sicher gehen will, dass seine Belehrung den gesetzlichen Anforderungen genügt, sollte dem Verbraucher mit der Warenlieferung eine **Widerrufsbelehrung in Papierform** zusenden.

16 Den **vorvertraglichen Informationspflichten** nach § 312 c Abs. 1 kann mangels Textformerfordernis durch Darstellung auf der Website Rechnung getragen werden. Das heißt, dass die Einstellung der Widerrufsbelehrung auf der Angebotsseite des Unternehmers zur Erfüllung seiner vorvertraglichen Informationspflicht erforderlich ist. Dabei ist speziell bei ebay eine Verlinkung mit der „Mich-Seite“ zulässig, wenn unmittelbar wahrnehmbar bei dem Angebot auf die Widerrufsmöglichkeit hingewiesen wird.

17 Der nicht von der Standard-Widerrufserklärung abweichende **Inhalt der Belehrung** ist unter § 355 erläutert.

18 [5] **Identität des Unternehmers.** Siehe § 355 Rn 42.

19 [6] **Wertersatz.** Siehe § 355 Rn 47.

20 Gemäß § 312 d Abs. 6 steht dem Unternehmer **kein Wertersatzanspruch** zu, wenn er den Verbraucher vor Abgabe seiner Willenserklärung nicht darauf hingewiesen hat, dass er bei einem Widerruf für die Nutzung oder die Nutzungsmöglichkeit der bis dahin erbrachten Dienstleistung Wertersatz leisten muss. Abs. 6 wurde an § 312 d Abs. 3 insofern angepasst, als dass auch Abs. 6 nunmehr alle Dienstleistungen und nicht mehr nur Finanzdienstleistungen betrifft.

21 Die **Beweislast** für das Vorliegen der Voraussetzungen des Wertersatzanspruchs trägt der Unternehmer. Er muss beweisen, dass er rechtzeitig auf die Wertersatzpflicht hingewiesen hat und der Verbraucher danach der Ausführung der Dienstleistung ausdrücklich zugestimmt hat. Der Unternehmer sollte sich daher den Hinweis und die Zustimmung von den Verbrauchern bestätigen lassen.

22 [7] Bei **Online-Auktionen** ist es nicht möglich, einen **Hinweis auf die Wertersatzpflicht** nach § 357 Abs. 3 S. 1 und eine Möglichkeit zu ihrer Vermeidung vor oder bei Vertragsschluss in Textform zu geben, da erst nach „Zuschlag“ (bei Online-Auktionen handelt es sich nicht um Versteigerungen iS des § 156) feststeht, wer der Käufer ist und daher über sein Widerrufsrecht belehrt werden muss.

23 Nach § 357 Abs. 3 S. 2 genügt eine Widerrufsbelehrung **unverzüglich nach Vertragsschluss** in **Textform** für die Entstehung des Wertersatzanspruchs für die „bestimmungsgemäße Ingebrauchnahme“, wenn der Käufer vor Abgabe seiner Willenserklärung auf der Internetseite über die Wertersatzpflicht und eine Möglichkeit zu ihrer Vermeidung unterrichtet worden ist (so OLG Hamburg, MMR 2007, 660 zu § 312 c Abs. 2 aF).

24 Der **Unternehmer** ist für die **ordnungsgemäße Belehrung** des Verbrauchers **beweispflichtig.** Zum Beweis der Information des Verbrauchers sollte der Unternehmer nach Eingang der Bestellung eine zusammenfassende E-Mail mit allen relevanten Informationen an den Verbraucher senden. Zwar ist der Unternehmer auch für den Zugang der E-Mail beweisbelastet. Eine emp-

fangsbedürftige Willenserklärung unter Abwesenden gilt jedoch als zugegangen, wenn sie derart in den Machtbereich des Empfängers gelangt ist, dass mit dessen Kenntnisnahme gerechnet werden konnte. Daher ist das Erscheinen der E-Mail im Postfach des E-Mail-Servers des Verbrauchers sowie der Ablauf der Zeitspanne, in der typischerweise mit dem Abruf der E-Mail durch den Empfänger gerechnet werden kann, zum Beweis des Zugangs ausreichend.

Das **Sendeprotokoll** ist zum Beweis des Zugangs nicht ausreichend, da dieses nur die ordnungsgemäße Versendung der E-Mail dokumentiert (BGH NJW 1995, 665 zum Telefax-Sendeprotokoll). 25

Eine **Lesebestätigung** sollte der Unternehmer nicht anfordern, da diese nicht automatisch beim Öffnen der E-Mail abgegeben wird, sondern gesondert angeklickt werden muss. Alternativ kann der Unternehmer aber ein notwendig zur Aktivierung des Bestellvorgangs vom Verbraucher anzuklickendes Kästchen in seine Website integrieren. Dass der Verbraucher die Belehrung tatsächlich angeklickt hat, muss der Unternehmer dem Gericht gegenüber dokumentieren. 26

Verzicht auf das Widerrufsrecht. Ob der Verbraucher in Kenntnis des Widerrufsrechts auf dieses wirksam verzichten kann ist umstritten. Die hM geht davon aus, dass einem solchen Verzicht § 312 g nF entgegensteht (LG Fulda NJW-RR 1987, 1460; Palandt/*Grüneberg*, § 312 g Rn 1). 27

Folgen der Nichterfüllung der Informationspflichten sowie falscher Widerrufs- bzw Rückgabebelehrungen. Werden diese Pflichten bei einem Fernabsatzgeschäft nicht erfüllt, ist nach § 355 Abs. 3 primäre Rechtsfolge, dass die Widerrufsfrist nicht in Gang gesetzt wird. Wurde der Verbraucher in **AGB** falsch über seine Rechte belehrt oder ist der Unternehmer seinen Informationspflichten aus Art. 246 § 2 iVm § 1 Abs. 1 EGBGB nicht nachgekommen, verstoßen diese AGB-Bestimmungen gegen § 307 Abs. 2 Nr. 1. 28

Sekundäre Rechtsfolge ist nach Ansicht des KG (MDR 2005, 677) und des OLG Hamburg (MMR 2008, 44) bei **Wiederholungsgefahr** das Entstehen eines **wettbewerbsrechtlichen Unterlassungsanspruchs** sowie eines Schadensersatzanspruchs, da durch die Nichterfüllung der Informationspflichten gegen § 3 UWG verstoßen worden sei. Das OLG Köln lehnt das Entstehen wettbewerbsrechtlicher Ansprüche mit der Begründung ab, es fehle an einer unlauteren geschäftlichen Handlung iS des § 3 UWG (MMR 2007, 713). Gemäß § 4 Nr. 11 UWG handelt insbesondere derjenige unlauter, der einer gesetzlichen Vorschrift zuwiderhandelt, die auch dazu bestimmt ist, im Interesse der Marktteilnehmer das Marktverhalten zu regeln. § 357 Abs. 3 bezwecke aber nicht den Schutz des Verbrauchers als einer am Markt agierenden Person iS des § 4 Nr. 11 UWG, sondern beträfe lediglich die individuelle vertragsrechtliche Beziehung zwischen Unternehmer und Verbraucher. 29

Bei **falscher Belehrung über das Online-Widerrufsrecht** besteht jedoch grds. ein Anspruch auf **Erlass einer einstweiligen Verfügung**, es sei denn, mit der Geltendmachung dieses Anspruchs ist ein sog. „Abmahnanwalt" beauftragt worden, der im eigenen finanziellen Interesse handelt und aktiv bei potentiellen Wettbewerbern für eine Abmahntätigkeit gegen Verkäufer im Internetversandhandel unter Zusicherung der Kostenneutralität wirbt. Solches Geschäftsgebaren stellt nach Ansicht des LG Heilbronn einen Rechtsmissbrauch iS des § 8 Abs. 4 UWG dar (MMR 2007, 536). Weiterhin besteht ein Unterlassungsanspruch nach § 2 UKlaG. 30

Zudem kann der Verbraucher bei **Nichterfüllung der Informationspflichten** ein **Schadensersatzanspruch** aus §§ 280 Abs. 1, 311 Abs. 2 iVm 241 Abs. 2 oder § 280 Abs. 1 zustehen. 31

B. Belehrung über das Nichtbestehen des Widerrufsrechts[1]

I. Muster: Belehrung über das Nichtbestehen des Widerrufsrechts 32

▶ Fernabsatzverträge iS des § 312 d Abs. 4 BGB: 162

Ihnen steht kein Widerrufsrecht zu,

- da die von Ihnen bestellte Ware speziell nach Ihren Wünschen angefertigt worden oder eindeutig auf Ihre persönlichen Bedürfnisse zugeschnitten worden ist und wegen Berücksichtigung Ihrer Wünsche anderweitig nicht oder nur mit einem unzumutbaren Preisnachlass abgesetzt werden kann[2]
- da die von Ihnen bestellte Ware aufgrund Ihrer Beschaffenheit nicht für eine Rücksendung geeignet ist[3]
- da die von Ihnen bestellte Ware schnell verderben kann oder deren Verfallsdatum überschritten wurde[4]
- wenn die gelieferten Audio-/Videoaufzeichnungen oder die gelieferte Software auf einem versiegelten Datenträger geliefert worden sind und Sie diesen entsiegelt haben, obwohl dies nicht zur Prüfung der Funktionsfähigkeit einer mit gekauften Hardware erforderlich war[5]
- da Ihnen Zeitungen, Zeitschriften bzw Illustrierte geliefert worden sind[6]
- da die Dienstleistung in der Erbringung von Wett- und Lotteriedienstleistungen bestand[6]
- da Sie bei einer Versteigerung den Zuschlag erhalten haben[7]
- da der Vertrag die Lieferung von Waren oder die Erbringung von Finanzdienstleistungen zum Gegenstand hat, deren Preis auf dem Finanzmarkt Schwankungen unterliegt, auf die der Unternehmer keinen Einfluss nehmen kann und die innerhalb der Widerrufsfrist auftreten können[8]
- da Sie die Erbringung unserer Dienste veranlasst haben[9] ◄

II. Erläuterungen

33 [1] **Nichtbestehen des Widerrufsrechts.** Besteht das Widerrufsrecht in den in § 312 d Abs. 4 aufgezählten Fällen ausnahmsweise nicht, ist der Verbraucher hierüber gemäß Art. 246 § 1 Abs. 1 Nr. 10 EGBGB ebenfalls zu belehren. Die Belehrung muss natürlich verständlich sein, daher wird den an die Belehrung zu stellenden Anforderungen mit der alleinigen Wiedergabe des Gesetzestexts nicht genügt. Liegt eine der im Muster genannten **Bereichsausnahmen** vor, muss der Unternehmer dennoch seinen Informationspflichten aus § 312 c nachkommen.

34 Nach dem Einleitungssatz von Abs. 4 ist das Widerrufsrecht nicht ausgeschlossen, soweit ein anderes bestimmt ist. Damit ist das Bestehen eines Widerrufsrechts aufgrund einer anderen Vorschrift gemeint. Bei Verträgen, die unter Nr. 1, 3, 5 oder 6 fallen, kann sich ein Widerrufsrecht aus § 495 und bei der Lieferung von Sachen – wie zB Zeitschriften – auch aus § 510 ergeben. Bei der Lieferung mehrerer Sachen, die nur teilweise unter Abs. 4 fallen, richtet sich das Widerrufsrecht nach der Hauptleistung, im Übrigen ist es teilbar.

35 [2] **Kundenspezifikation.** Diese Ausnahme gilt nicht bei Waren, die nach Kundenwünschen aus **Standardkomponenten** zusammengefügt worden sind, denn hier ist die Ware nicht schwer weiter verkäuflich, so dass der Unternehmer nicht besonders schutzwürdig erscheint. Insbesondere bei Computern kann der Unternehmer in der Regel die bestellten Zusatzkomponenten mit geringem Aufwand und ohne Beschädigung ihrer Substanz wieder trennen (BGH NJW 2003, 1665). Die **Beweislast**, dass die Sache nach den Wünschen des Verbrauchers angefertigt worden ist, trägt der Unternehmer.

36 [3] **Softwaredownload.** Auch Verträge über Software, die per Download aus dem Internet besorgt worden sind, fallen unter Nr. 1. Das Widerrufsrecht ist in diesem Fall ausgeschlossen, da die Software wegen der Möglichkeit der Anfertigung von Kopien nicht mit ihrem vollen Wert zurückgegeben werden kann (BT-Drucks. 14/2658, S. 44).

37 [4] **Arznei-, Kosmetik- und Hygieneartikel.** Bei freiverkäuflichen Arzneimitteln sowie angebrochenen Kosmetik- und Hygieneartikeln ist eine Rücksendung nicht wegen der Gefahr des Verderbs ausgeschlossen (AG Köln NJW 2008, 236; aA Palandt/*Grüneberg*, § 312 d Rn 9).

38 [5] **Audio-/Videoaufzeichnungen, Software.** Dem Verbraucher steht in diesem Fall kein Widerrufsrecht zu, da sich die Daten leicht vervielfältigen lassen und es dem Unternehmer bei einer

Entsiegelung praktisch nicht möglich ist, eine unberechtigte Vervielfältigung der von ihm gelieferten Daten zu unterbinden.

[6] **Zeitschriften, Wett- und Lotteriedienstleistungen.** Die Ausnahmetatbestände des § 312 Abs. 4 Nr. 3 und 4 rechtfertigen sich daraus, dass der Verbraucher dem Unternehmer nach Ausübung des Widerrufsrechts nur einen wirtschaftlich weitgehend wertlosen Gegenstand zurückgeben kann. **Kalender** werden vom Ausnahmetatbestand der Zeitungen, Zeitschriften und Illustrierten nicht erfasst (OLG Hamburg NJW 2004, 1114). 39

Unter **Wett- und Lotteriedienstleistungen** fallen nur Verträge, die staatlich genehmigt und gemäß § 763 rechtsverbindlich sind. 40

Nach dem am 4.8.2009 in Kraft getretenem Gesetz zur Bekämpfung unerlaubter Telefonwerbung und zur Verbesserung des Verbraucherschutzes bei besonderen Vertriebsformen sind telefonisch geschlossene Verträge vom Anwendungsbereich der Ausschlusstatbestände des Abs. 4 Nr. 3 und 4 ausgenommen. Das Widerrufsrecht besteht demnach unabhängig davon, ob der Werbeanruf iSd neu gefassten § 7 Abs. 2 Nr. 2 Alt. 1 UWG unerlaubt war oder nicht. Bei Werbeanrufen beträgt die Widerrufsfrist mangels ordnungsgemäßer Belehrung bei Vertragsschluss regelmäßig einen Monat. 41

Die Regelung verstößt nicht gegen Art. 6 Abs. 3 der Fernabsatzrichtlinie (97/7/EG), obwohl diese vorsieht, dass Verbrauchern bei Fernabsatzverträgen über die Lieferung von Zeitungen, Zeitschriften und Illustrierten bzw die Erbringung von Wett- und Lotteriedienstleistungen kein Widerrufsrecht zusteht. Ausnahme ist die individuelle Parteivereinbarung. Art. 14 der Richtlinie räumt den Mitgliedstaaten jedoch das Recht ein, die Verbraucher durch Einführung oder Aufrechterhaltung strengerer Regelungen besser zu schützen. 42

[7] **Auktionen.** Diese Ausnahme gilt nicht für Internet-Auktionen, wie sie insbesondere von ebay betrieben werden, da der Vertrag hier nicht durch einen Zuschlag, sondern durch vorweggenommene Annahme des Höchstgebots durch den Anbieter zustande kommt (BGH NJW 2005, 53; OLG Hamm NJW 2005, 2319; aA *Hoffmann* ZIP 2004, 2337; *Braun* JZ 2008, 330). Im Übrigen ist hier die Interessenlage auch eine ganz andere als bei dem gesetzgeberischen Leitbild einer traditionellen Versteigerung. Abs. 4 Nr. 5 soll den bei einer einmaligen Auktion via Internet mitbietenden Verbraucher schützen, der im Gegensatz zu den vor Ort Anwesenden nicht die Möglichkeit hat, die angebotenen Ausstellungsstücke zu besichtigen. Bei ebay werden dagegen ständig Verkaufsangebote eingestellt, ohne dass den Mitbietern eine vorherige Besichtigung möglich ist. 43

[8] **Finanzmarktschwankungen unterliegende Waren.** Die Einräumung eines Widerrufsrechts wäre hier unbillig, da der Verbraucher dann auf Risiko des Unternehmers gefahrlos spekulieren könnte. Waren, deren Preis auf dem Finanzmarkt Schwankungen unterliegt, sind zB Edelmetalle und die an den Börsen gehandelten Rohstoffe. 44

[9] **Anforderung telekommunikationsgeschützter Dienste.** Durch das am 4.8.2009 in Kraft getretene Gesetz zur Bekämpfung unerlaubter Telefonwerbung und zur Verbesserung des Verbraucherschutzes bei besonderen Vertriebsformen ist Nr. 7 bei § 312 d Abs. 4 neu eingefügt worden. Bei den angeforderten Diensten muss es sich um telekommunikationsgestützte handeln, die per Telefon oder Telefax in einem Mal erbracht werden. Werden Finanzdienstleistungen auf diese Art und Weise erbracht, darf das Widerrufsrecht des Verbrauchers ausgeschlossen werden, da es für den Unternehmer in diesem Fall nahezu unmöglich ist, eine ordnungsgemäße Widerrufsbelehrung in Textform zu erteilen. 45

§ 312 e Pflichten im elektronischen Geschäftsverkehr

(1) [1]Bedient sich ein Unternehmer zum Zwecke des Abschlusses eines Vertrags über die Lieferung von Waren oder über die Erbringung von Dienstleistungen eines Tele- oder Mediendienstes (Vertrag im elektronischen Geschäftsverkehr), hat er dem Kunden

1. angemessene, wirksame und zugängliche technische Mittel zur Verfügung zu stellen, mit deren Hilfe der Kunde Eingabefehler vor Abgabe seiner Bestellung erkennen und berichtigen kann,
2. die in Artikel 246 § 3 des Einführungsgesetzes zum Bürgerlichen Gesetzbuche bestimmten Informationen rechtzeitig vor Abgabe von dessen Bestellung klar und verständlich mitzuteilen,
3. den Zugang von dessen Bestellung unverzüglich auf elektronischem Wege zu bestätigen und
4. die Möglichkeit zu verschaffen, die Vertragsbestimmungen einschließlich der Allgemeinen Geschäftsbedingungen bei Vertragsschluss abzurufen und in wiedergabefähiger Form zu speichern.

[2]Bestellung und Empfangsbestätigung im Sinne von Satz 1 Nr. 3 gelten als zugegangen, wenn die Parteien, für die sie bestimmt sind, sie unter gewöhnlichen Umständen abrufen können.

(2) [1]Absatz 1 Satz 1 Nr. 1 bis 3 findet keine Anwendung, wenn der Vertrag ausschließlich durch individuelle Kommunikation geschlossen wird. [2]Absatz 1 Satz 1 Nr. 1 bis 3 und Satz 2 findet keine Anwendung, wenn zwischen Vertragsparteien, die nicht Verbraucher sind, etwas anderes vereinbart wird.

(3) [1]Weitergehende Informationspflichten auf Grund anderer Vorschriften bleiben unberührt. [2]Steht dem Kunden ein Widerrufsrecht gemäß § 355 zu, beginnt die Widerrufsfrist abweichend von § 355 Abs. 3 Satz 1 nicht vor Erfüllung der in Absatz 1 Satz 1 geregelten Pflichten.

1 Das Muster zur **Widerrufsbelehrung** findet sich unter § 355. Beachte zur Belehrung über den Beginn des Fristlaufs § 355 Rn 18. Die Frist läuft erst mit Erfüllung der Informationspflichten iS des Art. 246 § 3 EGBGB. Alternativ kann der Unternehmer dem Kunden auch ein Rückgaberecht nach § 356 einräumen, solange er einen normalen Online-Shop und keine Auktionsplattform betreibt, vgl § 356 Rn 9.

A. Informationspflichten für Verträge im elektronischen Geschäftsverkehr

2 **I. Muster: Verbraucherinformationen nach Art. 246 § 3 EGBGB[1]**

▶ **1. Einzelne technische Schritte, die zum Vertragsschluss führen**

Die auf der Internetseite (insbesondere im Warenkorb), in Prospekten oder sonstigen Formularen präsentierten Waren stellt kein verbindliches Angebot von uns an Sie dar, es sei denn, es liegt ein individuell erstelltes Angebot vor. Sie geben uns gegenüber ein rechtlich bindendes Angebot ab, wenn Sie in schriftlicher, telefonischer, elektronischer (zB per E-Mail) oder sonstiger Form eine Bestellung aufgeben. In der Regel geben Sie uns gegenüber ein rechtlich bindendes Angebot ab, wenn Sie auf sämtlichen Online-Bestellformularen die von Ihnen verlangten Angaben eingeben und zuletzt den Button „Bestellung abschicken" anklicken.

Bei Eingang der Bestellung senden wir Ihnen eine Empfangsbestätigung per E-Mail zu, die Sie lediglich über den Zugang Ihrer Bestellung informieren soll und in der die Einzelheiten Ihrer Bestellung nochmals aufgeführt sind.[2] Diese Empfangsbestätigung beinhaltet nicht die Annahme Ihres Angebots.

Wir behalten uns das Recht vor, dass Sie in dem Fall, dass der Vorrat aufgebraucht ist, eine in Qualität und Preis gleichwertige Ware erhalten. Sollte auch eine solche nicht verfügbar sein, behalten wir uns vor, die bestellte Leistung gar nicht zu erbringen. Dies wird Ihnen in der Empfangsbestätigung nochmals gesondert mitgeteilt.

Die Bestellung größerer als haushaltsüblicher Mengen bedarf unserer ausdrücklichen Zustimmung. Sollte sich bei einer Überprüfung Ihrer Bonität herausstellen, dass Sie als nicht kreditwürdig gelten, behalten wir uns vor, die Annahme der Bestellung zu verweigern.

Erst die Zusendung der Versandbestätigung oder der von Ihnen bestellten Ware stellt die Annahme Ihres Angebots dar. Der Vertrag kommt erst in diesem Zeitpunkt zustande.

2. Speicherung des Vertragstextes nach Vertragsschluss und Zugänglichmachung

Wir speichern den Vertragstext einschließlich der AGB nach Vertragsschluss zu eigenen Zwecken. Bei einer Online-Bestellung sind Einzelheiten Ihres Einkaufs in der Empfangsbestätigung enthalten, die wir Ihnen bei Eingang Ihrer Bestellung per E-Mail zusenden. Sie sind zur dauerhaften Abspeicherung oder zum Ausdruck dieser Bestellbestätigung verpflichtet, so dass Ihnen der Inhalt des Vertrages in dauerhafter Form zur Verfügung steht. Sie können den Vertragsschluss speichern indem Sie die E-Mail, in der dieser enthalten ist, speichern.[3] Wenn Sie registrierter Nutzer des kostenfreien ■■■-Portals sind, können Sie nach Eingabe von Benutzernamen und Passwort im Rahmen der Bestellhistorie die von Ihnen abgeschlossenen Verträge auch nach Vertragsschluss einsehen. Hierbei handelt es sich um einen kostenfreien Zusatzservice, dessen Einstellung wir uns vorbehalten. Ein Anspruch auf dauerhafte Zugänglichmachung des Vertragsinhalts auch nach Vertragsschluss besteht nicht. Bezüglich der Einzelheiten zur Nutzung des ■■■-Portals wird auf unsere Allgemeinen Geschäftsbedingungen verwiesen.

3. Erkennen und Berichtigen von Eingabefehlern

Nachdem Sie zur Eingabe Ihrer Kundendaten aufgefordert worden sind, werden Sie durch Betätigung des Buttons „Weiter" auf die Folgeseite geleitet. Auf dieser Seite wird Ihnen ein Gesamtüberblick über die bestellte Ware nebst Kosten sowie der von Ihnen eingegebenen Daten zur Verfügung gestellt. Hierbei wird Ihnen die Möglichkeit der Überprüfung und Änderung sowohl der Bestellung als auch der von Ihnen angegebenen Kundendaten ermöglicht. Bitte überprüfen Sie Ihre Eingaben. Sie können diese durch Anklicken der Buttons „Zurück" oder „Reset" korrigieren.[4]

Ein verbindliches Angebot geben Sie erst ab, wenn Sie durch eine erneute Willensbekundung (Betätigen des Buttons „Bestellung abschicken") das Angebot auf den Weg bringen.

4. Für den Vertragsschluss zur Verfügung stehende Sprachen[5]

Vertragssprache ist ausschließlich Deutsch.

5. Einschlägige Verhaltenskodizes und elektronischer Zugang zu diesen Regelwerken[6]

Wir sind keinen Verhaltenskodizes unterworfen. ◄

II. Erläuterungen

[1] Anwendungsbereich. Es muss ein Vertragsschluss zwischen Unternehmer und Kunden im 3
elektronischen Geschäftsverkehr vorliegen. Kunde kann auch ein anderer Unternehmer sein. Wird ein Fernabsatzvertrag unter Einsatz von elektronischen Kommunikationsmitteln mit einem Verbraucher abgeschlossen, finden zusätzlich zu § 312 e auch die §§ 312 b ff Anwendung. Ein Vertragsschluss im elektronischen Geschäftsverkehr ist gegeben, wenn sich der Unternehmer (vgl § 14) zum Zweck des Abschlusses eines Vertrages über die Lieferung von Waren oder über die Erbringung von Dienstleistungen eines Tele- oder Mediendienstes bedient.

4 Der Begriff **„Teledienst"** wurde bis zum Außerkrafttreten des TDG zum 1.3.2007 in § 2 Abs. 2 TDG legaldefiniert. Hierunter fällt zB Telebanking sowie Angebote von Waren und Dienstleistungen in elektronisch abrufbaren Datenbanken mit interaktiver Zugriffs- und Bestellmöglichkeit wie Datendienste über Verkehrs-, Wetter- oder Börsendaten, Angebote zur Nutzung von Netzen wie das Internet sowie Internet-Shopping. Diese Aufforderungen zur Nutzung bzw Bestellung sind im Zweifel als invitatio ad offerendum aufzufassen. § 2 Abs. 2 Mediendienste-Staatsvertrag enthielt eine Definition des Begriffs „Mediendienste".

5 Nunmehr wird der Oberbegriff **„Telemediendienste"** in § 1 Abs. 1 TMG von den Telekommunikationsdiensten und dem Rundfunk abgegrenzt, aber nicht mehr vom Gesetz selbst definiert. Tele- oder Mediendienste, die im Wege einer Übertragung von Daten ohne individuelle Anforderung gleichzeitig für eine unbegrenzte Zahl von Nutzern erbracht werden, sind aufgrund der Tatsache, dass sich der Unternehmer dieser Dienste zum Zweck eines Vertragsschlusses bedienen muss, vom Anwendungsbereich ausgenommen, obwohl diese sog. „Verteildienste" noch vom MDStV unter den Begriff „Mediendienste" gefasst worden waren. Damit fallen nunmehr zB Fernsehen, Rundfunk oder Teletext heraus. § 312 e umfasst nur solche Tele- und Mediendienste, die der Empfänger individuell elektronisch und zum Zweck einer Bestellung abrufen kann. Damit sind auch Vertragsschlüsse per Telefon oder Brief nicht erfasst.

6 Vom Anwendungsbereich ausgenommen sind gemäß Abs. 2 S. 1 aber auch Verträge, die ausschließlich durch individuelle elektronische Kommunikation geschlossen werden. Hiermit sind durch den Austausch von E-Mails geschlossene Verträge gemeint. Diese sind vom Anwendungsbereich ausgenommen, da sich diese Art des Vertragsschlusses kaum vom Vertragsschluss via Briefaustausch unterscheidet.

7 Der Begriff **„Dienstleistung"** ist weit zu verstehen. Ob auch Wetten und Lotterien hierunter fallen, ist jedoch noch nicht höchstgerichtlich geklärt (offengelassen vom BGH, NJW 2008, 2026; bejaht vom LG Koblenz v. 26.6.2007, 6 S 342/06 mit der Gesetzessystematik: § 312 d Abs. 4 Nr. 4 enthält die Formulierung „Wett- und Lotterie-Dienstleistungen").

8 **Abdingbarkeit.** Der Unternehmer braucht die in Art. 246 § 3 EGBGB normierten Informationen dem Kunden nicht mitzuteilen, wenn diese Pflicht wirksam abbedungen worden ist. Dies ist zwischen einem Unternehmer und einem Verbraucher nach Abs. 2 S. 1 möglich, wenn der Vertrag ausschließlich durch individuelle Kommunikation zustande kommt. Kommt der Vertragsschluss durch den Austausch von E-Mails zustande, unterscheidet sich dieser nicht von einem brieflichen Vertragsschluss. Daher bedarf der Verbraucher nicht des Schutzes durch § 312 e. Abs. 1 Nr. 4 kann jedoch nicht abbedungen werden. Teilt der Unternehmer dem Verbraucher die Informationen in AGB mit, genügt er durch Erfüllung der Anforderungen des Abs. 1 Nr. 4 zugleich seiner Obliegenheit aus § 305 Abs. 2 Nr. 1 und 2.

9 Zwei Unternehmer können gemäß Abs. 2 S. 2 auch bei Nutzung von Formularvordrucken etwas anderes vereinbaren (aA AK/*Ring*, § 312 e Rn 36: auch zwei Unternehmer können die Pflichten nur durch Individualvereinbarung modifizieren oder ausschließen). Allerdings können auch Unternehmer Abs. 1 Nr. 4 nicht abbedingen. Diese Verpflichtung geht weit über die Anforderungen der §§ 305 ff hinaus, da § 305 Abs. 2, der übertragen auf Geschäfte im elektronischen Geschäftsverkehr die Abrufbarkeit von AGB vorschreibt, gemäß § 310 Abs. 1 gegenüber Unternehmern keine Anwendung findet.

10 **Zeitpunkt der Informationserteilung.** Die nach § 312 e Abs. 1 Nr. 2 erforderlichen, in Art. 246 § 3 EGBGB normierten Informationen müssen vor Abgabe der Bestellung erteilt werden. Ebenso muss der Unternehmer nach Abs. 1 Nr. 4 dem Kunden vor Vertragsschluss die Möglichkeit verschaffen, die Vertragsbestimmungen einschließlich der AGB abzurufen und zu speichern. Um diesen Pflichten und seiner Pflicht aus § 312 c Abs. 1 S. 1 zu genügen, sollte er eine Zusammenfassung aller relevanten Daten einen Klick vor Abgabe der Willenserklärung und zugleich – um seiner Pflicht aus § 312 e Abs. 1 Nr. 1 nachzukommen – die Möglichkeit einer Än-

derung bieten. Diese Seite sollte zumindest in wiedergabefähiger Form gespeichert werden können. Verbraucherfreundlicher ist es, auch den Ausdruck der Seite zu ermöglichen. Zu Beweiszwecken sollte der Unternehmer eine Lesebestätigung durch Anklicken anfordern. Vgl auch § 312 c Rn 5.

Rechtsfolge bei Verletzung der Informationspflicht. Nach Abs. 3 S. 2 verlängert sich bei Verletzung der Pflichten iS des Abs. 1 die Widerrufsfrist insofern, als dass sie erst nach Erfüllung der Pflichten aus § 312 e Abs. 1 S. 1 beginnt. Weiterhin ist eine Haftung nach §§ 280 Abs. 1, 311 Abs. 2, 241 Abs. 2 auf Schadensersatz sowie aus § 8 UWG und § 2 UKlaG auf Unterlassung denkbar. Erwägenswert ist auch, dem Kunden einen Anspruch auf nachträgliche Unterrichtung einzuräumen (Hk-BGB/*Schulte-Nölke*, § 312 e Rn 12). 11

[2] **Empfangsbestätigung.** Gemäß § 312 e Abs. 1 Nr. 3 hat der Unternehmer die Pflicht, dem Kunden den Zugang der Bestellung unverzüglich elektronisch, zB per E-Mail, zu bestätigen. Wenn sich der Unternehmer die Annahme des Angebots weiter vorbehalten möchte, sollte er eine solche Empfangsbestätigung abschicken. Diese stellt gerade keine Annahmeerklärung dar. Möchte der Unternehmer das Angebot des Kunden jedoch sogleich annehmen, kann er sogleich eine entsprechende Erklärung abgeben und muss nicht zuerst eine Empfangsbestätigung versenden, sofern er dem Kunden deutlich vor Augen führt, dass dessen Bestellung zugegangen ist. S. hierzu Rn 20. 12

[3] **Möglichkeit zum Abruf und zur Speicherung der Vertragsbestimmungen einschließlich der AGB.** Nach § 312 e Abs. 1 Nr. 4 ist der Unternehmer verpflichtet, dem Kunden bei Vertragsschluss die Möglichkeit zu verschaffen, die Vertragsbestimmungen einschließlich der AGB abzurufen und in wiedergabefähiger Form zu speichern. AGB müssen nicht nur wie nach § 305 Abs. 2 üblich abrufbar, sondern auch in wiedergabefähiger Form speicherbar sein. 13

[4] **Korrekturmöglichkeiten.** Art. 246 § 3 Nr. 3 EGBGB ergänzt § 312 e Abs. 1 Nr. 1 dahingehend, dass der Unternehmer den Kunden darüber zur informieren hat, wie er mit der zur Verfügung gestellten Korrekturmöglichkeit Eingabefehler erkennen und berichtigen kann. Unzulässig ist eine Programmierung, bei der das Formular immer wieder neu ausgefüllt werden muss, sobald die Bestellseite verlassen wird (MüKo-BGB/*Wendehorst*, § 312 e Rn 66; *Schneider* in: Formularbuch Vertragsrecht, Teil 3, S. 127). Bietet der Unternehmer keine Korrekturmöglichkeit zur Behebung von Eingabefehlern an, hat der Kunde einen Schadensersatzanspruch aus §§ 280 Abs. 1, 311 Abs. 2, 241 Abs. 2. Außerdem kann der Unternehmer aus dem Eingabefehler keine Rechte herleiten, insbesondere ist ein Schadensersatzanspruch aus § 122 ausgeschlossen. 14

[5] Zur Sprache, in der die Informationen zur Verfügung gestellt werden müssen, vgl § 312 c Rn 16. 15

[6] **Verhaltenskodizes.** Gemäß Art. 246 § 3 Nr. 5 EGBGB muss der Unternehmer sämtliche einschlägige Verhaltenskodizes angeben, denen er sich unterwirft und einen elektronischen Zugang zu diesen Regelwerken ermöglichen. Eine Verletzung dieser Pflicht ist für die Ausübung des Widerrufsrechts ohne Bedeutung, so dass sich der Fristbeginn in diesem Fall nicht verschiebt. 16

Weitergehende Informationspflichten können sich aus §§ 312 b ff, 5 f TMG, § 55 Rundfunkstaatsvertrag (Anbieterkennzeichnung) sowie der PreisangabenVO ergeben. 17

B. Empfangsbestätigung

I. Muster: Empfangsbestätigung[1] 18

▶ Sehr geehrter Herr ■■■,

wir bestätigen, dass wir von Ihnen mit der Auslieferung von ■■■ Stück(en) ■■■ (Artikel-Nr. ■■■) zum Preis von ■■■ EUR an die Adresse ■■■ beauftragt worden sind.[2]

Kaufsumme inkl. MwSt. = ■■■ EUR

Versandkosten: ▪▪▪ EUR

Gesamtsumme: ▪▪▪ EUR[3]

Der Kaufvertrag kommt mit Zusendung der Versandbestätigung zustande.[4]

Da Sie große Artikel bestellt haben, beträgt die Lieferzeit abweichend von der üblichen Lieferzeit 10 Werktage.

Die von Ihnen bestellte Ware kann aufgrund unerwartet großer Nachfrage ausverkauft sein, auch wenn diese zum Zeitpunkt der Abgabe Ihrer Bestellung als verfügbar gekennzeichnet war. In diesem Fall ist es uns nicht möglich, die von Ihnen bestellte Ware zu einem späteren Zeitpunkt nachzuliefern.[5]

Bei Fragen oder Änderungswünschen senden Sie bitte eine E-Mail an ▪▪▪ oder antworten Sie einfach auf diese E-Mail.[4]

Widerrufsbelehrung[6]

▪▪▪

Mit freundlichen Grüßen

▪▪▪

Firma, Sitz, Registergericht und Handelsregisternummer, persönlich haftende Gesellschafter, Geschäftsführer oder Vorstände, Name des Aufsichtsratsvorsitzenden[7] ◀

II. Erläuterungen

19 [1] **Allgemeines.** Zur Eröffnung des **Anwendungsbereichs** der Norm vgl Rn 3 ff; zur **Abdingbarkeit** s. Rn 8.

20 [2] **Empfangsbestätigung.** Gemäß § 312 e Abs. 1 Nr. 3 ist der Eingang der Bestellung unverzüglich (in § 121 Abs. 1 legaldefiniert) auf elektronischem Weg zu bestätigen. Dies kann über eine Website geschehen, die herunterladen und ausgedruckt werden kann, oder per E-Mail. Unterbleibt die Bestätigung des Zugangs der Bestellung, steht dem Kunden ein Schadensersatzanspruch aus §§ 280 Abs. 1, 311 Abs. 2, 241 Abs. 2 zu. Möchte sich der Unternehmer die Annahmeerklärung nicht vorbehalten, kann er alternativ auch sogleich das Angebot des Kunden annehmen. Er muss dann keine eigenständige Zugangsbestätigung versenden, sofern für den Kunden erkennbar ist, dass seine Bestellung zugegangen ist. Die Erklärung, der erteilte Auftrag werde so schnell wie möglich ausgeführt, ist grds. als Annahmeerklärung auszulegen.

21 [3] **Gesamtpreis.** Nach Art. 246 § 1 Abs. 1 Nr. 7 EGBGB muss der Unternehmer dem Verbraucher den Gesamtpreis der Ware mitteilen. Vgl hierzu näher Muster bei § 312 c Rn 1.

22 [4] **Information zum Vollzug des Vertragsschlusses.** Der Unternehmer hat gemäß Art. 246 § 3 Nr. 1 EGBGB (s. auch Muster Rn 2) die Pflicht, den Verbraucher darüber zu informieren, wie sich der Vertragsschluss vollzieht.

23 Wenn der Unternehmer sich eine Prüfung hinsichtlich der Vorrätigkeit der Ware oder der Identität und Solvenz des Bestellers vorbehalten möchte, darf er keine Formulierungen wählen, die als Annahme des abgegebenen Bestellangebots ausgelegt werden könnten. Vor allem darf der Unternehmer nicht die Wendungen „bestätigen wir Ihren Auftrag", „werden umgehend ausführen" sowie „freuen uns über unsere Zusammenarbeit" benutzen. Eine derartige Erklärung ist auch dann, wenn sie automatisiert abgegeben wird, dem Unternehmer als eigene Willenserklärung zuzurechnen, da dieser den Programmablauf angewiesen haben muss.

24 Wenn der Verbraucher sein Angebot nicht mehr einseitig ändern können soll, sollte der Vertrag spätestens mit Zugang der Versandbestätigung geschlossen werden. Der Unternehmer kann auch sogleich die Annahme erklären, wenn hieraus für den Kunden erkennbar ist, dass sein Angebot zugegangen ist (vgl auch Rn 20).

Der Unternehmer trägt die **Beweislast** für den **Zugang** der Empfangsbestätigung. Diese gilt gemäß § 312 e Abs. 1 aE als zugegangen, wenn der Kunde sie unter gewöhnlichen Umständen abrufen kann. § 312 e Abs. 1 aE ergänzt § 130 und stellt klar, dass dieselbe Regelung auch für den Zugang elektronischer Erklärungen gilt. Allerdings bedarf es keiner Fiktion („gilt"), da die Bestätigung bei Vorliegen der Voraussetzungen des Abs. 1 aE zugegangen ist. Überdies eröffnet die Normierung in § 312 e den Anwendungsbereich des § 312 g, so dass die Vorschrift lediglich zum Vorteil des Verbrauchers abbedungen werden kann. 25

[5] **Lieferzeitangaben.** Der Unternehmer ist aufgrund Art. 246 § 1 Abs. 1 Nr. 9 EGBGB verpflichtet, im Fernabsatz Angaben zur Lieferzeit zu machen. Zudem muss er nach Art. 246 § 1 Abs. 1 Nr. 6 EGBGB den Vorbehalt aussprechen, die angebotene Leistung bei Nichtverfügbarkeit nicht zu erbringen. Vgl zu den Informationspflichten nach Art. 246 §§ 1 und 2 EGBGB Muster zu § 312 c Rn 1. 26

[6] **Widerrufsrecht.** Da der Verbraucher nach Vertragsschluss entweder bis zur Lieferung der Ware oder – bei Dienstleistungen – bis zur vollständigen Erfüllung des Vertrages in Textform über sein Widerrufsrecht zu belehren ist, sollte dieses zweckmäßigerweise in die Empfangsbestätigungs-E-Mail aufgenommen werden. Vgl hierzu auch § 312 c Rn 3. 27

[7] **Impressum.** Grundsätzlich gelten die in §§ 37 a, 125 a, 177 a HGB, § 7 Abs. 5 PartGG, § 35 a GmbHG, § 80 AktG, § 25 GenG und § 25 SCEAG normierten allgemeinen Pflichten zu Angaben im geschäftlichen Verkehr auch für E-Mails. Dies ergibt sich aus dem EHUG (Gesetz über elektronische Handelsregister und Genossenschaftsregister sowie das Unternehmensregister vom 10.11.2006, abgedruckt im BGBl. I 2006, 2253). Nicht ausreichend ist es, wenn diese Daten nur in einer elektronischen Visitenkarte an die E-Mail angehängt werden oder ein Hyperlink auf das Impressum verweist. 28

C. Datenschutz

I. Muster: Hinweise zum Datenschutz 29

▶ Unseren Datenschutzbestimmungen liegt sowohl das TMG als auch das BDSG zugrunde.[1]

§ 1 Verwendung Ihrer Daten[2]

Ihnen ist bekannt, dass wir Ihre im Rahmen des Bestellvorgangs erhobenen personenbezogenen Daten zur Auftragsabwicklung nutzen[3] und diese – soweit notwendig – in diesem Zusammenhang auch an Dritte wie zB Auslieferer übermitteln.[4]

Wir geben Ihre für die Auftragsabwicklung notwendigen persönlichen Daten nur in dem Umfang an Dritte weiter, wie es zur Auftragsabwicklung erforderlich ist oder wenn eine gesetzliche Verpflichtung zur Weitergabe besteht.[4]

Wir überprüfen Ihre Bonität, indem wir der SCHUFA HOLDING AG, Kormoranweg 5 in 65201 Wiesbaden, Daten über die Beantragung, Aufnahme und Beendigung dieses Vertrages übermitteln und Auskünfte über Sie von der SCHUFA erhalten, soweit dies nach Abwägung unserer Interessen mit Ihrem Interesse an dem Ausschluss der Übermittlung zulässig ist.[5]

Weiterhin werden wir der SCHUFA nach Vornahme der gebotenen Abwägung aller betroffenen Interessen auch Daten, die nicht vertragsgemäßes Verhalten wie Kartenmissbrauch zum Inhalt haben, übermitteln.[5]

Die SCHUFA stellt personenbezogene Daten nur zur Verfügung, wenn ein berechtigtes Interesse hieran im Einzelfall glaubhaft dargelegt wurde. Zur Schuldnerermittlung gibt die SCHUFA Adressdaten bekannt. Bei der Erteilung von Auskünften kann die SCHUFA ihren Vertragspartnern ergänzend einen aus ihrem Datenbestand errechneten Wahrscheinlichkeitswert zur Beurteilung des Kreditrisikos mitteilen (sog. Score-Verfahren).

Unter der Adresse SCHUFA HOLDING AG, Verbraucherservice, Postfach ▪▪▪, ▪▪▪ (Stadt) können Sie jederzeit bei der SCHUFA Auskunft über die Sie betreffenden gespeicherten Daten einholen.[5]

Überdies nutzen und verarbeiten wir Ihre personenbezogenen Daten für eigene Marketingzwecke wie telefonische Marktforschung, wenn Sie uns hierzu durch Anklicken des entsprechenden Buttons Ihre Einwilligung erteilen. Erteilen Sie uns Ihr Einverständnis zur Zusendung weiterer Informationen, willigen Sie auch darin ein, dass wir Ihre Anschrift für postalische Werbezwecke an unsere Partnerunternehmen weitergeben dürfen. Ihre Einwilligungserklärung können Sie unter „www ▪▪▪" jederzeit einsehen. Überdies können Sie Ihre Einwilligung uns gegenüber ohne Einhaltung einer Form (zB fernmündlich oder per E-Mail) stets widerrufen.[6]

Sie können der Nutzung und Verarbeitung Ihrer Daten zu Marketingzwecken jederzeit per E-Mail an: ▪▪▪ widersprechen.[6]

§ 2 Einsehen, Veränderung und Löschung Ihrer persönlichen Daten

Sie können Ihre personenbezogenen Daten jederzeit im Bereich ▪▪▪ unter Verwendung Ihrer E-Mail-Adresse und Ihres Passwortes einsehen, bearbeiten und löschen.[7]

§ 3 Recht zur Auskunft, Berichtigung, Löschung und Sperrung Ihrer Daten

Auf Wunsch geben wir Ihnen gemäß § 34 BDSG unentgeltlich Auskunft über die zu Ihrer Person gespeicherten Daten. Weiterhin steht Ihnen das Recht zu, von uns jederzeit die Berichtigung, Löschung und Sperrung Ihrer personenbezogenen Daten zu verlangen. Eine Löschung wird durch uns jedoch erst vorgenommen, wenn der Bestellvorgang vollständig abgewickelt ist. Die Löschung erfolgt unter Berücksichtigung der Einschränkungen durch das Finanzamt.

Üben Sie das Ihnen eingeräumte außerordentliche Kündigungsrecht (s. § ▪▪▪ unserer AGB) aus, sind wir verpflichtet, diese Daten nach Ihrem Willen zu sperren oder zu löschen.[7]

§ 4 Einsatz von Cookies

Cookies sind Dateien, die als Identifizierungszeichen dienen. Wir übermitteln diese mit Hilfe Ihres Webbrowsers auf die Festplatte Ihres Computers und können die Cookies während jeden Besuchs auf unseren Websites auslesen. Bei diesen sog. dauerhaften Cookies verwenden wir ein Pseudonym zum Schutz Ihrer Daten.[8] Unsere kurzzeitigen Cookies sind dagegen nicht extra durch uns verschlüsselt. Gegen ein Auslesen durch Dritte sind diese jedoch durch den Sicherheitsstandard Ihres Browsers geschützt.

Durch den Einsatz von Cookies wird Ihr Browser erkannt. Dadurch ist es uns möglich, Ihnen zB nicht zu häufig Werbung für unsere Saisonartikel zu zeigen. Gleichzeitig wollen wir unser Angebot auf Ihre Präferenzen abstimmen.

In der Hilfe-Funktion Ihres Webbrowsers finden Sie Anleitungen, wie Sie Ihren Browser anweisen können, neue Cookies anzuzeigen, kein neues Cookie zu akzeptieren oder sämtliche erhaltenen Cookies zu deaktivieren.

Überdies können Sie der Erstellung Ihres Nutzungsprofils mit Hilfe von Cookies jederzeit widersprechen.[8]

§ 5 Einsatz von Zählpixeln

Dies sind kleine Grafiken, die wir auf unseren Websites einsetzen. Wird eine Seite von Ihnen geöffnet, wird das Zählpixel von einem Server im Internet geladen und mit der von Ihnen verwendeten IP-Adresse und ggf zusätzlich mit Ihrer Cookie-ID (s. § 4 Einsatz von Cookies) bei uns registriert. So können wir genau verfolgen, welche Seiten Sie besucht und welche Aktionen Sie dort vorgenommen haben.

Die über Sie gewonnenen Informationen nutzen wir dazu, Ihnen gezielt unsere Internetwerbung auf unseren Werbe-Websites zu präsentieren. Zu diesem Zweck übermitteln wir die Zählpixel-Informationen auch an einzelne unserer Partner-Unternehmen.

Wünschen Sie keine automatisierte personalisierte Auswertung können Sie jederzeit widersprechen.[6] Senden Sie hierzu eine E-Mail an: ■■■. In diesem Fall werden zwar weiterhin Cookies gesetzt, jedoch nur, um Sie von der Auswertung auszunehmen. Ihre personenbezogenen Daten werden dann nicht mehr von uns ausgewertet.

§ 6 Einsatz von personalisierten Links in Newslettern

Mit der Bestellung unseres Newsletters willigen Sie darin ein, dass beim Abruf der Bilder in Ihrem E-Mail-Programm oder durch aktives Anklicken eines Links automatisch Ihre Interessen ausgewertet werden. Dadurch ist es uns möglich, unsere Angebote mit Ihren Vorlieben abzustimmen. Diese Daten werden von uns weder an unsere Partner-Unternehmen, noch an andere Dritte weitergegeben.[9]

Wenn Sie eine automatische Auswertung durch den Abruf von Bildern nicht wünschen, haben Sie die Möglichkeit unseren Newsletter im reinen Textformat zu beziehen. Hier werden Ihre Interessen nur bei aktivem Anklicken eines personalisierten Links ausgewertet. Am Ende jedes Newsletters befindet sich ein Link, mit dem Sie das Format ändern können.

Möchten Sie gar keine automatisierte personalisierte Auswertung, den Newsletter aber dennoch weiterbeziehen, können Sie der Auswertung jederzeit widersprechen.[6] Senden Sie hierzu eine E-Mail an: ■■■ ◄

II. Erläuterungen

[1] **Rechtsgrundlagen** sind das Telemediengesetz (TMG) und das Bundesdatenschutzgesetz (BDSG). Ob das TMG oder das BDSG Anwendung finden, richtet sich danach, in welcher Phase das Internet genutzt wird. Die Bereitstellung der Waren oder Dienstleistungen des Unternehmers im Internet, die als invitatio ad offerendum oder als verbindliches Angebot qualifiziert werden kann, stellt einen Telemediendienst dar. Gibt der Nutzer eine auf einen Vertragsschluss gerichtete Willenserklärung ab, bestimmt sich die Erhebung, Verarbeitung und Nutzung seiner personenbezogenen Daten nach dem BDSG. Sowohl nach § 12 Abs. 1 TMG als auch nach § 4 Abs. 1 BDSG ist die Erhebung und Verarbeitung personenbezogener Daten nur zulässig, soweit sie gesetzlich gestattet ist oder der Betroffene einwilligt. 30

Platzierung der Datenschutzbestimmungen. Die Hinweise zum Datenschutz dürfen nicht in AGB versteckt sein, da der Verbraucher diese hier nicht vermuten würde. Zulässig ist es allerdings, unter „Datenschutzerklärung" einen ständig verfügbaren und aussagekräftigen Link namens „Datenschutz" einzurichten und mit diesem auf die Stelle der AGB zu verweisen, an der sich die Datenschutzhinweise befinden. 31

[2] **Umfang der Informationspflicht.** Der Diensteanbieter muss über Art, Umfang und Zweck der Erhebung der Daten informieren und eine beabsichtigte Verarbeitung der Daten im Ausland kenntlich machen. Sowohl diese Belehrung als auch die über ihn gespeicherten Daten müssen für den Kunden jederzeit abrufbar sein. 32

[3] **Adressverwendung.** Nach dem sowohl im TMG als auch im BDSG geltenden Grundsatz der Zweckbindung ist der Betroffene über Art, Umfang, Ort und Zweck der Erhebung und Nutzung seiner Daten vor deren Erhebung zu informieren. Die Verarbeitung von Kundendaten im Rahmen der Durchführung oder Abwicklung des Vertrages ist nach § 28 Abs. 1 Nr. 1 BDSG ohne Einwilligung des Betroffenen zulässig. Nach Auftragsabwicklung sind die Daten zu löschen. Bietet der Unternehmer das Abonnement eines Newsletters an, wird die E-Mail-Adresse nicht nur zur Abwicklung der vertraglichen Beziehungen, sondern auch zu Marketing- und Werbezwecken genutzt. Dies muss in der Datenschutzerklärung zum Ausdruck kommen. Schon vor Einholung der Einwilligung des Kunden zum Abonnement des Newsletters (zB durch Anklicken des Buttons „Anmeldung") muss der Kunde auf eine bestehende Widerrufsmöglichkeit hingewiesen werden. Der Unternehmer muss den Kunden daher im Bestellverlauf darauf hinweisen, dass eine Abmeldung zB durch Anklicken des Buttons „Abbestellen" jederzeit möglich ist. Dem 33

Verbraucher muss es möglich sein, den Newsletter ohne Angabe seines Namens zu abonnieren. Die zwingende Notwendigkeit der Angabe eines realen Namens bei der Bestellung eines Newsletters verstößt gegen das Prinzip der Datenvermeidung. Die Angabe des Namens sollte daher nur als Option gewählt werden können.

34 [4] **Einwilligung.** Grundsätzlich dürfen Daten nur dann **ohne Einwilligung** verwendet werden, soweit sie für die Begründung, inhaltliche Ausgestaltung oder Änderung eines Vertragsverhältnisses mit dem Kunden über die Nutzung von Telemediendiensten erforderlich sind (sog. Bestandsdaten).

35 Die personenbezogenen Daten eines Nutzers dürfen gemäß § 4 Abs. 1 S. 1 BDSG aber auch **ohne Einwilligung verarbeitet**, insbesondere an Dritte übermittelt werden, wenn eine Vorschrift des BDSG dies erlaubt. Gemäß § 28 Abs. 1 BDSG dürfen Daten verarbeitet werden, die unmittelbar **für die Durchführung** des jeweiligen Telemediendienstes im Verhältnis Diensteanbieter und Nutzer **benötigt** werden. Daher darf der Unternehmer die zur Abwicklung des Kaufvertrages erforderlichen Daten auch ohne ausdrückliche Einwilligung des Kunden zB an ein **Transportunternehmen** weitergeben. Aus Gründen der Kundenfreundlichkeit sollte der Unternehmer die Einwilligung des Kunden im Bestellprozess anfordern. Diese muss bewusst abgegeben werden. Ein vorangekreuztes Kästchen ist daher nicht ausreichend. Überdies muss der Unternehmer die Einwilligung protokollieren. In eine darüber hinausgehende Verwendung der Daten muss der Nutzer nach dem BDSG eine schriftliche Einwilligungserklärung abgeben. Es genügt aber auch eine elektronische Einwilligungserklärung, wenn sie iS des § 126 a signiert wird.

36 [5] **SCHUFA-Klausel.** Da ein Kaufvertrag auch ohne Überprüfung der Bonität des Kunden erfüllt werden kann, ist für diese gem. § 4 Abs. 1 iVm § 4 a Abs. 1 S. 3 BDSG grundsätzlich die Einholung seines schriftlichen Einverständnisses notwendig. Ausnahmsweise darf eine Bonitätsprüfung jedoch gemäß § 28 Abs. 1 Nr. 2 BDSG bei berechtigtem Interesse auch ohne Einwilligung durchgeführt werden. Dies wird angenommen, wenn der Unternehmer in Vorleistung tritt, zB bei Lieferung auf Rechnung. Vgl hierzu auch § 5 des Musters zu § 312 c. Liegt ein berechtigtes Interesse vor, genügt es, den Kunden in der Datenschutzerklärung ausführlich über die Bonitätsprüfung zu informieren. Der Unternehmer hat kein berechtigtes Interesse an der Überprüfung der Bonität des Kunden, wenn zB erst nach Vorkasse geliefert werden soll. In diesem Fall muss er das schriftliche Einverständnis des Kunden einholen.

37 Empfehlenswert ist es, auch bei einem berechtigten Interesse eine Einwilligung durch Anfordern eines Häkchens im Bestellvorgang anzufordern. Damit hat der Unternehmer gleichzeitig seiner **Pflicht zur Protokollierung** der Einwilligungserklärung genügt. Da in diesem Bereich in rechtlicher Hinsicht vieles umstritten ist, sollte der Händler so umfassend wie möglich über SCHUFA und Scoring-Verfahren informieren. Wird auf eine Einwilligung bestanden, muss der Unternehmer diese in der Datenschutzerklärung wiederholen. Eine genaue Benennung des Datenempfängers ist gesetzlich zwar nicht vorgeschrieben, aber empfehlenswert. Damit der Kunde sich genau über die Datenverarbeitung der SCHUFA informieren kann, sollte zumindest ein Link auf die Informationsseite angebracht werden. Im Muster wird die Adresse des Verbraucherservice bekannt gegeben, unter der der Kunde seinen eigenen Datenverarbeitungsvorgang abrufen kann.

38 **Negativdaten** dürfen gemäß § 28 Abs. 2 S. 1 Nr. 2 a BDSG in der seit dem 1.7.2009 geltenden Fassung aufgrund des berechtigten Interesses der Vertragspartner der SCHUFA ebenfalls ohne Einwilligung des Kunden an die SCHUFA übermittelt werden. Kundenfreundlicher ist es jedoch auch hier auf die beschriebene Art und Weise zumindest eine Online-Einwilligung des Kunden einzuholen. Überdies ist im Rahmen des § 28 Abs. 2 S. 1 Nr. 2 a BDSG eine Interessenabwägung vorzunehmen. Nach einer Entscheidung des BGH zu § 24 Abs. 1 BDSG aF (NJW 1986, 46) muss bei der Verwendung der Datenschutzbestimmungen als **AGB** auch zum Ausdruck kom-

men, dass eine Abwägung vorgenommen worden ist. Ansonsten verstößt die Klausel gegen § 307 Abs. 1 S. 1 und Abs. 2 Nr. 1 BGB.

[6] **Werbung, Markt- und Meinungsforschung.** Will der Unternehmer den Nutzer über eigene weitere Produkte oder Dienstleistungen informieren, muss der Nutzer gemäß § 12 Abs. 1 TMG – zumindest elektronisch – seine Einwilligung erklären. 39

Sollen die Daten des Nutzers an Dritte zu **Werbezwecken** oder zur **Markt- und Meinungsforschung** an Dritte übermittelt werden, muss der Nutzer nach § 28 Abs. 3 S. 1 BDSG hierin ebenfalls einwilligen. Aus § 28 Abs. 3 a BDSG ergibt sich, dass die Einwilligung auch in anderer als der in § 4 a Abs. 1 S. 3 BDSG vorgeschriebenen Schriftform erteilt werden kann. Der Unternehmer kann das Einverständnis des Kunden online anfordern. 40

Sowohl im Falle des § 12 Abs. 1 TMG als auch des § 28 Abs. 3 S. 1 BDSG muss er das Einverständnis protokollieren und dem Kunden die Möglichkeit zur Verfügung stellen, den Inhalt jederzeit abrufen zu können. Überdies darf der Kunde die Einwilligung jederzeit mit Wirkung für die Zukunft widerrufen. Aus einem Umkehrschluss zu § 355 Abs. 1 S. 2 ergibt sich, dass der Kunde keine bestimmte Form einzuhalten braucht. Ihm steht nach § 13 Abs. 2 Nr. 4 TMG bzw § 28 Abs. 4 S. 1 BDSG ein Widerspruchsrecht zu, auf das ihn der Unternehmer hinweisen muss. Zugleich muss der Unternehmer dem Verbraucher zB durch Anklicken eines entsprechenden Buttons die Möglichkeit einräumen, von seinem Widerspruchsrecht Gebrauch zu machen (OLG München, MMR 2007, 48). Für die Ausübung des Widerspruchsrechts darf keine strengere Form vorgeschrieben werden als es für die Begründung des Schuldverhältnisses erforderlich gewesen ist. 41

Gemäß § 28 Abs. 3 b BDSG ist es unzulässig, wenn Unternehmen ihre Position am Markt dahingehend ausnutzen, dass sie einen Vertragsabschluss von der Erteilung einer Einwilligung in die Nutzung personenbezogener Daten zu Werbezwecken abhängig machen. 42

[7] **Ausübungsmöglichkeit für die Kündigung.** Gemäß § 13 Abs. 7 TMG hat der Kunde das Recht, die zu seiner Person gespeicherten Daten unentgeltlich einzusehen. Darüber hinaus ist der Diensteanbieter verpflichtet, dem Kunden eine jederzeit ausübbare Kündigungsmöglichkeit einräumen. Macht der Kunde von seinem Kündigungsrecht Gebrauch, ist der Diensteanbieter verpflichtet, die Daten iS des § 3 Abs. 4 Nr. 4 BDSG zu sperren oder iS des § 3 Abs. 4 Nr. 5 BDSG zu löschen. Trotz Sperrung oder Löschung muss jedoch das Finanzamt gemäß §§ 147, 200 AO im Rahmen steuerlicher Außenprüfungen noch Zugriff auf die Kundendaten nehmen können. 43

[8] **Schutz vor Erstellung eines Nutzungsprofils.** Lässt der Diensteanbieter mit Hilfe von Cookies Nutzungsprofile erstellen, muss er es gemäß § 15 Abs. 3 S. 1 TMG dem Kunden im Rahmen des technisch Machbaren ermöglichen, seinen Telemediendienst, insbesondere die Bezahlung, anonym oder unter Verwendung eines Pseudonyms vorzunehmen. Gemäß § 15 Abs. 3 S. 3 TMG darf dieses Pseudonym nicht mit dem Nutzerprofil des Kunden in Verbindung gebracht werden können. Hierfür hat der Anbieter sowohl technische als auch organisatorische Vorkehrungen zu treffen. So muss der Diensteanbieter seine Mitarbeiter gemäß § 5 BDSG auf das Datengeheimnis verpflichten. Soweit die Cookies personenbezogene Daten enthalten, müssen sie zum frühest möglichen Zeitpunkt, spätestens unmittelbar nach Beendigung der jeweiligen Nutzung wieder gelöscht werden. Überdies steht dem Kunden gemäß § 15 Abs. 3 S. 2 TMG ein Widerspruchsrecht gegen die Erstellung von Nutzungsprofilen zu, auf das ihn der Unternehmer hinweisen muss. 44

[9] **Newsletter.** Die Versendung eines Newsletters an sog. Bestandskunden ist gemäß § 7 Abs. 3 UWG auch ohne ausdrückliche Einwilligung derselben möglich, wenn für eigene ähnliche Produkte geworben wird, der Kunde schon bei Erhebung der Adresse sowie bei jeder Verwendung auf sein Widerspruchsrecht hingewiesen worden ist und der Verwendung nicht widersprochen hat. Ansonsten ist eine unzumutbare Belästigung anzunehmen. Vgl auch Rn 33. 45

§ 312 f Kündigung und Vollmacht zur Kündigung

Wird zwischen einem Unternehmer und einem Verbraucher nach diesem Untertitel ein Dauerschuldverhältnis begründet, das ein zwischen dem Verbraucher und einem anderen Unternehmer bestehendes Dauerschuldverhältnis ersetzen soll, und wird anlässlich der Begründung des Dauerschuldverhältnisses von dem Verbraucher

1. **die Kündigung des bestehenden Dauerschuldverhältnisses erklärt und der Unternehmer oder ein von ihm beauftragter Dritter zur Übermittlung der Kündigung an den bisherigen Vertragspartner des Verbrauchers beauftragt oder**
2. **der Unternehmer oder ein von ihm beauftragter Dritter zur Erklärung der Kündigung gegenüber dem bisherigen Vertragspartner des Verbrauchers bevollmächtigt,**

bedarf die Kündigung des Verbrauchers oder die Vollmacht zur Kündigung der Textform.

A. Kündigung des bestehenden Dauerschuldverhältnisses mit Beauftragung zur Übermittlung

1 I. Muster: Klage auf Feststellung der Kündigung des bestehenden Dauerschuldverhältnisses mit Beauftragung zur Übermittlung

▶ An das

Amtsgericht/Landgericht

■■■

Klage

des ■■■

– Kläger –

Prozessbevollmächtigter: RA ■■■

gegen

den ■■■,

– Beklagter –

wegen: ■■■

Streitwert (vorläufig): ■■■ EUR[1]

Namens und in Vollmacht des Klägers erhebe ich Klage und kündige für die mündliche Verhandlung folgende Anträge an:

I. festzustellen, dass der Abonnementvertrag der Parteien durch die Kündigung vom ■■■ aufgelöst ist,

II. den Beklagten zu verurteilen, an den Kläger die Kosten für die vorgerichtliche Tätigkeit des Unterzeichners in Höhe von ■■■ EUR zu zahlen,

III. ■■■ ggf weitere Prozessanträge[2]

Begründung

Die Parteien haben am ■■■ einen Vertrag über die Lieferung der Zeitschrift „■■■" für die Dauer eines Jahres geschlossen.[3]

Beweis: Vertrag vom ■■■

Durch Telefax vom ■■■ hat der Kläger den Abonnementvertrag gemäß § 312 f S. 1 Nr. 1 mit Wirkung zum ■■■ gekündigt.[4]

Beweis: Kopie des Originalfaxes

Dieses Telefax hat er zunächst seinem neuen Vertragspartner geschickt und diesen darum gebeten, das Fax an den alten Vertragspartner zu übermitteln.[5]

Das Telefax ist dem Beklagten am ■■■ zugegangen.

Beweis: Zeugnis des Herrn ■■■, zu laden über den Beklagten

Grund für die Kündigung war die Begründung des neuen Vertragsverhältnisses mit Fa. ■■■. Im Kündigungsfax hat der Kläger diesen Grund auch angegeben und zugleich den neuen Vertrag hineinkopiert.[6]

Der Beklagte zweifelt die Wirksamkeit der Kündigung per Telefax an. Er ist der Auffassung, eine Kündigung des zwischen den Parteien begründeten Vertragsverhältnisses bedürfe der Schriftform.[4]

Beweis: Schreiben vom ■■■

Daher ist Klage auf Feststellung der Auflösung des zwischen den Parteien bestehenden Vertragsverhältnisses durch Kündigung vom ■■■ geboten.

■■■

Rechtsanwalt ◀

II. Erläuterungen

[1] **Angabe des Streitgegenstands.** Eine – nach § 130 Nr. 1 ZPO nicht zwingende – kurze Angabe des **Streitgegenstands** empfiehlt sich im Hinblick auf eine möglicherweise in der Geschäftsverteilung des Gerichts vorgesehene Bildung von Spezialkammern (vgl § 348 Abs. 1 S. 2 Nr. 2 ZPO). 2

[2] **Nebenanträge.** Zu den prozessualen Nebenanträgen (zB § 331 Abs. 3 S. 1 ZPO: Erlass eines Versäumnisurteils im schriftlichen Verfahren) bzw für die Zwangsvollstreckung relevante Anträge vgl GF-ZPO/*Pukall*, § 253 ZPO Rn 92 ff. 3

[3] **Voraussetzungen des § 312 f.** § 312 f betrifft den **Anbieterwechsel** bei einem zwischen einem Unternehmer und einem Verbraucher bestehenden Dauerschuldverhältnis. Dauerschuldverhältnisse sind sowohl auf die Lieferung einer bestimmten Gesamtmenge gerichtete (sog. Ratenlieferungsverträge) als auch solche auf un- oder bestimmte Zeit geschlossene Verträge (sog. Bezugs- bzw Dauerlieferungsverträge wie Versorgungsverträge und Zulieferungsverträge). Es muss ein vollständiger Anbieterwechsel stattfinden (BT-Drucks. 16/10734, S. 12), dh dass die Begründung eines neuen Dauerschuldverhältnisses mit einer Tochtergesellschaft des bisherigen Anbieters oder einer in die bestehende Konzernstruktur integrierten Gesellschaft nicht ausreichend ist. 4

[4] **Textform.** Die **Kündigung** oder die **Vollmacht** zur Kündigung bedarf der **Textform** iSd § 126 b. Sie kann danach in einer Urkunde oder in einer anderen zur dauerhaften Wiedergabe in Schriftzeichen geeigneten Weise erklärt werden. Hierunter fallen zB Briefe, Telefaxe und Telegramme. Unter den Begriff des dauerhaften Datenträgers sind elektronische Dokumente wie Disketten, CD-ROMs sowie E-Mails und Computerfaxe zu subsumieren. Bei Übermittlung in einer E-Mail ist es ausreichend, wenn der Empfänger diese speichern und ausdrucken kann. Ein tatsächlicher Ausdruck ist dagegen nicht erforderlich. Der **Zugang** iSd § 130 muss ebenfalls 5

gewährleistet sein. Daher genügen Faxe und E-Mails nur, wenn der Empfänger durch die Mitteilung seiner Fax-Nr., E-Mail-Adresse oder dergleichen zu verstehen gegeben hat, dass er mit dieser Übermittlungsform einverstanden ist. Aus dem gleichen Grund muss der Empfänger bei der Verwendung von Disketten oder CD-ROMs über ein Disketten- oder CD-ROM-Laufwerk verfügen. Textform erfordert weiterhin, dass die **Person des Erklärenden** genannt wird. Dies kann durch eine mechanisch hergestellte Unterschrift aber auch durch die Angabe im Kopf oder Inhalt des Textes geschehen. Überdies muss der **Abschluss der Erklärung erkennbar** werden. Der **Unternehmer** ist für die Einhaltung der Textform **beweispflichtig.** Er muss bei Nutzung von Fax und E-Mail insbesondere beweisen, dass nach dem Auftreten des Empfängers eine Übermittlung durch Fax oder E-Mail zulässig war.

6 Durch das Textformerfordernis soll den Verbrauchern verdeutlicht werden, dass sie ein **neues Vertragsverhältnis begründet** haben und ihr Verhalten die Kündigung des alten Vertrages impliziert (BT-Drucks. 16/10734, S. 12). Überdies soll das Textformerfordernis die Verbraucher darauf aufmerksam machen, dass bei einem Widerruf des neu abgeschlossenen Vertrages das ursprüngliche Dauerschuldverhältnis nicht wieder auflebt, dh sie in diesem Fall weder ein neues Vertragsverhältnis begründet haben noch das alte Vertragsverhältnis fortbesteht (BT-Drucks. 16/10734, S. 12). Aus § 130 Abs. 1 S. 2 ergibt sich nämlich, dass die Kündigung des Altvertrages nach Zugang der Kündigungserklärung nicht mehr widerrufen werden kann.

7 **Rechtsfolgen fehlender Textform.** Wird die Textform nicht eingehalten, ist die Kündigungserklärung bzw die Vollmacht nach § 125 S. 1 unwirksam. Das ursprüngliche Dauerschuldverhältnis bleibt bestehen, es sei denn, im Falle der Vertretung durch einen vollmachtlosen Vertreter beanstandet der Altanbieter die fehlende Vertretungsmacht nicht und der vertretene Verbraucher genehmigt das schwebend unwirksame Vertretergeschäft nach § 182 Abs. 2. Ansonsten haftet der vollmachtlose Vertreter dem Altanbieter gegenüber ggf nach § 179.

8 [5] **Einsetzung eines Boten.** Der Unternehmer oder eine von diesem beauftragte dritte Person müssen als Bote mit der Übermittlung der Kündigungserklärung an den bisherigen Vertragspartner des Verbrauchers beauftragt werden. Dieser muss die Kündigung dem ursprünglichen Vertragspartner nicht zukommen lassen. Der bisherige Vertragspartner hat aber das Recht, die Vorlage der Kündigung in Textform zu verlangen. § 174 findet neben § 312 f Anwendung. Dh der bisherige Vertragspartner des Verbrauchers kann die Kündigung oder die Vollmacht zur Kündigung bei fehlender Textform zurückweisen.

9 [6] **Angabe des Kündigungsgrundes.** Gemäß § 312 f ist die Kündigung **nicht fristgebunden.** Es handelt sich somit um ein **außerordentliches** Kündigungsrecht, das einen Grund erfordert. Dieser besteht in der Begründung des neuen Schuldverhältnisses.

B. Bevollmächtigung zur Erklärung der Kündigung gegenüber dem bisherigen Vertragspartner

10 I. Muster: Vollmacht[1]

▶ Ich, der unterzeichnende ... (Name, Anschrift) bevollmächtige Herrn ... (Name, Geburtsdatum[2], Anschrift) Herrn ... (ursprünglicher Vertragspartner) gegenüber die Kündigung des zwischen diesem und mir bestehenden Abonnementvertrages zu erklären.[3]

... Ort, Datum

...

Unterschrift ◀

II. Erläuterungen und Varianten

11 [1] **Form.** § 167 Abs. 2 bestimmt zwar, dass eine Vollmacht grds. formfrei erteilt werden kann. § 174 gibt dem ursprünglichen Vertragspartner des Verbrauchers jedoch das Recht, die Kün-

digung **zurückzuweisen,** wenn die bevollmächtigte Person **keine schriftliche Vollmachtsurkunde** vorlegt, was die Unwirksamkeit der Kündigung zur Folge hätte. Über § 174 hinausgehend bestimmt § 312 f nunmehr, dass die **Bevollmächtigung** der **Textform** bedarf. Hintergrund ist, dass dem ursprünglichen Vertragspartner die Vorschrift des § 174 unbekannt sein könnte. Überdies kann es diesem aus kartellrechtlichen Gründen untersagt sein, sich auf die Vorschrift des § 174 zu berufen (BGH NJW-RR 2007, 1705 ff). Der Altanbieter soll aber nicht schutzlos sein und zumindest die Vorlage der Vollmacht zur Kündigung in Textform verlangen können (BT-Drucks. 16/10734, S. 12). Zur Textform vgl Rn 5.

Nach dem **Umfang der Vollmacht** handelt es sich um eine Spezialvollmacht, da diese aus- 12
schließlich zur Vornahme der Kündigung erteilt wird (Hk-BGB/*Dörner*, § 167 Rn 11).

[2] Vertretungsbefugnis des Unternehmers oder eines von diesem beauftragten Dritten. Ein nach 13
§ 112 zum selbständigen Betrieb eines Erwerbsgeschäfts wirksam ermächtigter beschränkt geschäftsfähiger Unternehmer kann unproblematisch mit der Erklärung der Kündigung beauftragt werden, da der Betrieb seines Erwerbsgeschäfts diese Erklärung mit sich bringt. Ein beschränkt geschäftsfähiger Dritter oder ein beschränkt geschäftsfähiger Unternehmer, der ein solches Erwerbsgeschäft nicht mit Ermächtigung seiner Eltern oder ohne Genehmigung des Vormundschaftsgerichts betreibt, kann den Vollmachtgeber zwar gemäß § 165 rechtswirksam nach außen vertreten, da die Rechtsfolgen der Erklärung den Vollmachtgeber treffen und die Vertretung für den beschränkt Geschäftsfähigen daher ein neutrales Geschäft darstellt. Das der Vertretung zugrunde liegende Grundverhältnis der Beauftragung selbst ist für den beschränkt Geschäftsfähigen jedoch ein nachteiliges und damit gemäß § 107 von der Einwilligung seiner Eltern abhängendes Rechtsgeschäft. Der beschränkt Geschäftsfähige kann nämlich aus dem Auftragsverhältnis auf Vornahme der Vertretungshandlung verklagt werden. Daher sollte der Verbraucher die Vollmachtsurkunde nur einem Volljährigen ausstellen.

[3] Erlöschen der Vollmacht. Die Vollmacht kann befristet werden, indem der Zusatz 14

▶ Die Vollmacht erlischt am ■■■ ◀

aufgenommen wird. Wird in ihr keine Frist aufgenommen, gilt sie gemäß § 172 Abs. 2 Dritten gegenüber solange als wirksam, bis die Vollmachtsurkunde dem Vollmachtgeber zurückgegeben oder für kraftlos erklärt wird.

§ 312 g Abweichende Vereinbarungen

[1]Von den Vorschriften dieses Untertitels darf, soweit nicht ein anderes bestimmt ist, nicht zum Nachteil des Verbrauchers oder Kunden abgewichen werden. [2]Die Vorschriften dieses Untertitels finden, soweit nicht ein anderes bestimmt ist, auch Anwendung, wenn sie durch anderweitige Gestaltungen umgangen werden.

Untertitel 3 Anpassung und Beendigung von Verträgen

§ 313 Störung der Geschäftsgrundlage

(1) Haben sich Umstände, die zur Grundlage des Vertrags geworden sind, nach Vertragsschluss schwerwiegend verändert und hätten die Parteien den Vertrag nicht oder mit anderem Inhalt geschlossen, wenn sie diese Veränderung vorausgesehen hätten, so kann Anpassung des Vertrags verlangt werden, soweit einem Teil unter Berücksichtigung aller Umstände des Einzelfalls, insbesondere der vertraglichen oder gesetzlichen Risikoverteilung, das Festhalten am unveränderten Vertrag nicht zugemutet werden kann.
(2) Einer Veränderung der Umstände steht es gleich, wenn wesentliche Vorstellungen, die zur Grundlage des Vertrags geworden sind, sich als falsch herausstellen.
(3) [1]Ist eine Anpassung des Vertrags nicht möglich oder einem Teil nicht zumutbar, so kann der benachteiligte Teil vom Vertrag zurücktreten. [2]An die Stelle des Rücktrittsrechts tritt für Dauerschuldverhältnisse das Recht zur Kündigung.

1 **A. Muster: Klage auf Anpassung eines Vertrages**

▶ An das
Amtsgericht/Landgericht

▪▪▪

Klage

des ▪▪▪

– Kläger –

Prozessbevollmächtigter: RA ▪▪▪

gegen

die ▪▪▪-AG,

gesetzlich vertreten durch den Vorstandsvorsitzenden ▪▪▪, den stellvertretenden Vorstandsvorsitzenden ▪▪▪ sowie die Mitglieder des Vorstands ▪▪▪

– Beklagte –

wegen: Vertragsanpassung

Streitwert (vorläufig): ▪▪▪ EUR[1]

Namens und in Vollmacht des Klägers erhebe ich Klage und kündige für die mündliche Verhandlung folgende Anträge an:

I. festzustellen, dass der Kläger verpflichtet ist, lediglich einen Kaufpreis in Höhe von ▪▪▪ EUR zu zahlen,

II. die Beklagte zu verurteilen, an den Kläger die Kosten für die vorgerichtliche Tätigkeit des Unterzeichners in Höhe von ▪▪▪ EUR zu zahlen,

III. ▪▪▪ ggf weitere Prozessanträge[2]

Begründung

Die Parteien haben am ▪▪▪ einen notariellen Kaufvertrag über eine Beteiligung an der ▪▪▪-AG geschlossen.

Beweis: Kaufvertrag vom ▪▪▪

Dieser ist noch nicht vollzogen worden.[3]

Da die Preise von den von der ▪▪▪-AG zu verarbeitenden Rohstoffe um ▪▪▪ % gestiegen sind, ist ein Rückgang des Gewinns vor Steuern und Abschreibungen im laufenden und kommenden Geschäftsjahr von ▪▪▪ % zu erwarten. Der Kläger hat seinem Kaufpreisangebot eine Preisspanne für die zu beziehenden Rohstoffe in Höhe von ▪▪▪ EUR zugrunde gelegt, die nun um ▪▪▪ % überschritten worden ist.[4]

Bei der derzeitigen Ertragslage der Gesellschaft ist der Kläger nicht dazu bereit, den vereinbarten Kaufpreis zu zahlen, sondern möchte nur einen Kaufpreis in Höhe von 90 % der vertraglich vereinbarten Kaufsumme aufbringen.

Solch ein Angebot hat der Kläger der Beklagten mit Schreiben vom ▪▪▪ unterbreitet.

Beweis: Schreiben vom ▪▪▪

Die Beklagte hat das Angebot unter Hinweis auf den Kaufvertragsschluss mit Schreiben vom jedoch ▪▪▪ abgelehnt.

Beweis: Schreiben vom ▪▪▪

Daher ist Klage auf Anpassung des notariellen Kaufvertrages nach den Vorschriften über den Wegfall der Geschäftsgrundlage gemäß § 313 BGB geboten.[5]

...

Rechtsanwalt ◄

B. Erläuterungen

[1] **Angabe des Streitgegenstands.** Eine – nach § 130 Nr. 1 ZPO nicht zwingende – kurze Angabe des **Streitgegenstands** empfiehlt sich im Hinblick auf eine möglicherweise in der Geschäftsverteilung des Gerichts vorgesehene Bildung von Spezialkammern (vgl § 348 Abs. 1 S. 2 Nr. 2 ZPO). 2

[2] **Nebenanträge.** Zu den prozessualen Nebenanträgen (zB § 331 Abs. 3 S. 1 ZPO: Erlass eines Versäumnisurteils im schriftlichen Verfahren) bzw für die Zwangsvollstreckung relevante Anträge vgl GF-ZPO/*Pukall*, § 253 ZPO Rn 92 ff. 3

[3] **Folgen der Vertragsumsetzung.** Nach Vollzug des Unternehmensverkaufs kann sich der Käufer auf den Wegfall der Geschäftsgrundlage bei wesentlichen Veränderungen im Unternehmen oder Marktveränderungen nicht mehr berufen, da diese Risiken ab diesem Zeitpunkt in die Risikosphäre des Erwerbers fallen. 4

[4] **Voraussetzungen des § 313.** Zwischen den Parteien muss ein **wirksamer Vertrag** geschlossen worden sein. Hierbei kann es sich auch um einseitig verpflichtende Verträge wie Schenkungen oder Vorverträge handeln. Die Rechtskraft eines Urteils steht einer nach § 313 erforderlichen Anpassung nicht entgegen (BGHZ 38, 149). Dagegen findet § 313 auf einseitige Rechtsgeschäfte wie Verfügungen von Todes wegen oder eine Erbausschlagung keine Anwendung (BGH NJW 1993, 850, str.). 5

Grds. darf der Vertrag noch nicht vollständig erfüllt worden sein (BGH NJW 2001, 1204). Ist dieser schon teilweise erfüllt worden, ist § 313 grds. nur auf die noch nicht erbrachten Leistungen anwendbar (BGHZ 58, 363). Ausnahmen werden bei bereits anfänglichem Fehlen der Geschäftsgrundlage und unter Zumutbarkeitsgesichtspunkten zugelassen (BGH NJW 2001, 1204; BGHZ 131, 209, 216). 6

Der BGH vertritt bei **Vereinbarungen über Schadensersatzrenten** noch die frühere Auffassung des älteren gemeinen Rechts, dass einem solchen Vertrag auch ohne besondere Vereinbarung die clausula rebus sic stantibus innewohne und wendet nicht § 313 an (BGHZ 105, 245). 7

Das sog. **reale Element** der Geschäftsgrundlage ist die bei Vertragsschluss bei mindestens einer Partei vorhandene Vorstellung über das Vorhandensein oder den zukünftigen Eintritt eines bestimmten Umstandes, die nicht Vertragsinhalt geworden ist und auf der der Geschäftswille der Parteien aufbaut (sog. subjektiver Begriff der Geschäftsgrundlage). 8

Bei einer **falschen Vorstellung** nur einer Partei muss hinzukommen, dass die andere Partei die Erwartung kennt, nicht beanstandet und ihr Verhalten nach Treu und Glauben als Aufnahme der Vorstellungen in die Grundlage des Geschäftswillens zu verstehen ist. Hierfür genügt die Erwähnung der beabsichtigten Nutzung des Kauf- oder Mietgegenstandes oder die Mitteilung der steuerlichen Erwartungen grds. nicht (BGH NJW-RR 1992, 182; 1986, 708). 9

Da § 313 Abs. 2 die **wesentlichen Vorstellungen** der Parteien den in Abs. 1 beschriebenen Umständen gleichstellt, liegt der Schluss nahe, dass die subjektiven Vorstellungen nur einen Unterfall der Störung der Geschäftsgrundlage iS des Abs. 1 bilden und im Rahmen des Abs. 1 auch Umstände, über die sich die Parteien keine Gedanken gemacht haben, deren Vorhandensein aber erforderlich ist, damit der Vertrag als sinnvolle Regelung bestehen kann, als Geschäftsgrundlage des Vertrages zu berücksichtigen sind (sog. objektiver Begriff der Geschäftsgrundlage). 10

11 Um den objektiven Tatbestand des § 313 nicht zulasten anderer Regelungen zu sehr auszuweiten, sind unter den objektiven Begriff der Geschäftsgrundlage nur die Fälle der **Äquivalenzstörung**, dh ein bei einem gegenseitigen Vertrag gegebenes grobes Missverhältnis zwischen den von den Parteien zu erbringenden Leistungen, und der Zweckstörung zu subsumieren. Im Fall fehlgeschlagener Erwartungen der Parteien kann der Fall der Äquivalenzstörung auch die subjektive Geschäftsgrundlage betreffen (BGH NJW 2001, 1204).

12 Der dem Vertrag zugrunde liegende Umstand muss sich nach Vertragsschluss schwerwiegend geändert oder von Anfang an gefehlt haben, ohne dass die Parteien dies vor Vertragsschluss erkannt haben. Der erste Fall ist in Abs. 1 geregelt; der zweite Fall in Abs. 2. Hier ist zwischen der großen und der kleinen Geschäftsgrundlage zu unterscheiden.

13 Unter die **große Geschäftsgrundlage** sind alle grundlegenden politischen, wirtschaftlichen, sozialen und natürlichen Ereignisse zu subsumieren, deren Veränderung sich auf das zwischen den Parteien bestehende Vertragsverhältnis auswirken kann. Hierzu zählen zB die Wiedervereinigung Deutschlands (BGHZ 133, 293), schwere Wirtschaftskrisen (BGHZ 77, 198 f), Revolutionen (BGH NJW 1984, 1747), Kriege sowie Natur- und Umweltkatastrophen. Allerdings kann sich der Schuldner nicht wegen eines hierdurch verursachten Vermögensverlusts auf § 313 berufen (BGHZ 7, 360).

14 Unter die **kleine Geschäftsgrundlage** sind alle übrigen Fälle zu subsumieren wie zB die Nichterteilung einer Baugenehmigung (BGH JZ 1966, 409), Entwertung des Erbbauzinses um 60 % (BGHZ 119, 220, 222) oder Scheitern der Ehe als Veränderung der Geschäftsgrundlage ehebezogener Zuwendungen (BGH NJW 2003, 510).

15 Weitere Voraussetzung ist, dass zumindest eine Partei den Vertrag nicht oder nur mit einem anderen Inhalt geschlossen hätte, wenn sie die Änderung vorausgesehen hätte (sog. **hypothetisches Element**). Maßgeblich ist der Zeitpunkt des Vertragsschlusses. Schließlich muss das Festhalten am unveränderten Vertrag für die sich auf die Störung der Geschäftsgrundlage berufende Partei unzumutbar sein (sog. **normatives Element**). Diese Voraussetzung ist gegeben, wenn nach einer Abwägung der beiderseitigen Interessen das Festhalten an der vereinbarten Regelung zu untragbaren Härten und einem mit Recht und Gerechtigkeit nicht mehr zu vereinbarenden Ergebnis führen würde (BGHZ 128, 238; BGH NJW 1995, 48).

16 Zur **Bestimmung der Unzumutbarkeit** ist insbesondere auf die vertragliche oder gesetzliche Risikoverteilung im jeweiligen Einzelfall abzustellen. Nur wenn sich durch die Störung kein Risiko verwirklicht, das eindeutig von der Partei zu tragen ist, die sich auf § 313 beruft (BGHZ 101, 151 f; BGH NJW 1992, 2691) und die Störung der Geschäftsgrundlage von dieser Partei auch nicht vorsätzlich herbeigeführt oder sonst verschuldet worden ist, kommt eine Störung der Geschäftsgrundlage überhaupt in Betracht (BGH NJW 1995, 2031).

17 Die allgemeine wirtschaftliche Entwicklung ist grds. der Risikosphäre des Käufers zuzuordnen. Bei negativen Entwicklungen der Märkte, in denen das Unternehmen tätig ist, ist nach den Umständen des Einzelfalls, insbesondere der Interessenlage der Parteien zu differenzieren: Ein Konkurrent, der den Unternehmenskauf aus wettbewerbsstrategischen Gründen tätigt, kann sich nicht auf – auch schwerwiegende und unerwartete – Steigerungen von Rohstoffpreisen berufen. Ein Finanzinvestor, der seine Ertragserwartungen erkennbar ausgehend von einer bestimmten Rechengrundlage kalkuliert hat, hat diese Möglichkeit dagegen schon.

18 Darauf, dass dem Käufer **kein Darlehen mehr gewährt** wird, kann dieser sich nicht berufen. Dieser Umstand fällt in die Risikosphäre des Käufers und begründet daher keine Ansprüche nach den Grundsätzen des Wegfalls der Geschäftsgrundlage (BGH NJW 1983, 1489, 1490; 2005, 2071). Nur bei einer Vermittlung des Darlehens durch den Gläubiger oder engen persönlichen Beziehungen der Parteien kann der Geldschuldner das Risiko unvorhergesehener Finanzierungsschwierigkeiten über § 313 geltend machen (BGH NJW-RR 1986, 946).

19 § 313 greift auch nicht ein, wenn sich aus dem Umstand des konkreten Vertragsschlusses eine **Risikobeteiligung** ergibt: Allgemein trägt der Schuldner einer Sachleistung das Beschaffungsri-

siko und der Gläubiger derselben bei Mangelfreiheit das Risiko der Verwertbarkeit. Der Gläubiger einer Geldleistung übernimmt das Risiko der Geldentwertung. Fehleinschätzungen zukünftiger Entwicklungen zählen zu den von den Parteien übernommenen Risiken.

Um das Risiko der Verwendung auf den Schuldner abzuwälzen, ist die Aufnahme der Verwendungsabsicht in den Vertrag nicht ausreichend. Erst recht genügt nicht die Mitteilung der beabsichtigten Verwertung (BGH NJW-RR 1992, 182). Der Schuldner muss sich die geplante Verwendung soweit zu eigen gemacht haben, dass sich sein Verlangen nach Durchführung des Vertrages als widersprüchliches Verhalten darstellt (*Larenz*, Schuldrecht I, § 21 II). Dies ist zB der Fall, wenn die Preisgestaltung an der geplanten Verwendungsabsicht ausgerichtet worden ist (sog. **Krönungszugfall**, BGH LM § 242 (Bb) Nr. 83). Grds. trägt auch der Käufer das Risiko der Bebaubarkeit beim Kauf von Bauerwartungsland BGH NJW-RR 1995, 1105). Hier macht der BGH jedoch eine Ausnahme, wenn sich aus dem Gesamtinhalt des Vertrags oder dem bei Vertragsschluss Gesagten ergibt, dass der Verkäufer dieses Risiko tragen soll (BGH aaO). 20

Ein **Anstieg der Lebenshaltungskosten** um 120 %–135 % in 25 Jahren gilt nach der Rspr als vorhersehbar (BGH NJW 1981, 1668). In diesem Fall trägt der Gläubiger einer Geldleistung das Risiko der Geldentwertung nicht. Ein langes Abwarten der benachteiligten Partei kann Indiz gegen die Unzumutbarkeit des Festhaltens am Vertrag sein. 21

Empfehlenswert ist die Regelung dieses Falles und ähnlicher Fälle im **Unternehmenskaufvertrag**. Eine solche Regelung geht § 313 vor. Bei internationalen Unternehmenskäufen werden insbesondere die Vollzugsbedingungen und Rücktrittsrechte bei wesentlichen nachteiligen Veränderungen geregelt. Es kann auch ein allgemeiner Vorbehalt in den Kaufvertrag aufgenommen werden, dass kein Ereignis eingetreten sein darf, das wesentliche nachteilige Auswirkungen auf das Unternehmen hat (**Material-Adverse-Change-Klauseln**). Generelle Kapitalmarktentwicklungen oder die Entwicklung der Märkte, in denen das Unternehmen tätig ist, können hiervon ausgenommen werden. 22

Vor allem Finanzinvestoren verlangen teilweise generelle **Finanzierungsvorbehalte** des Inhalts, dass sie nur zur zum Vollzug des Vertrages verpflichtet sind, wenn ihnen am Vollzugsdatum die notwendigen finanziellen Mittel auch tatsächlich zur Verfügung stehen. Damit wird das gesamte sonst beim Käufer liegende Finanzierungsrisiko auf den Verkäufer abgewälzt. Bei einer solchen ausdrücklichen vertraglichen Risikoübernahme sind die Rechte aus § 313 ausgeschlossen (BGH NJW 2004, 58; 2006, 899, 901). Eine solche Vereinbarung ist viel weitreichender als eine auf das Unternehmen bezogene Material-Adverse-Change-Klausel. 23

Enthält ein Unternehmenskaufvertrag keine Material-Adverse-Change-Klausel, ist zu untersuchen, ob die Vertragsparteien diese Problematik nicht gesehen haben und daher eine vorrangige **ergänzende Vertragsauslegung** (st Rspr, s. BGH NJW-RR 2005, 205, 206) in Betracht kommt oder ob die Parteien die zu regelnde Problematik bewusst der gesetzlichen Regelung des § 313 überlassen wollten. Es ist auch möglich, eine Haftungsausschlussklausel für Ansprüche aus § 313 in den Vertrag aufzunehmen. Danach wird das Risiko von nach Vertragsschluss eingetretenen Veränderungen auf den Käufer abgewälzt. 24

Die **Beweislast** für das Vorliegen der Voraussetzungen des Wegfalls der Geschäftsgrundlage, insbesondere, dass dem Vertragsschluss bestimmte Vorstellungen zugrunde lagen und die Parteien mögliche Änderungen nicht bedacht haben, trägt nach dem allgemeinen Grundsatz des Beweisrechts die Partei, die sich auf die Störung der Geschäftsgrundlage beruft. 25

[5] **Rechtsfolgen.** Vorrangige **Rechtsfolge** ist ein **Anspruch auf** die interessengerechte **Anpassung** des Vertrages an die tatsächlich bestehenden Verhältnisse unter Berücksichtigung der Zumutbarkeit für die Parteien und weitestgehender Berücksichtigung ihrer Interessen. Die Vertragsanpassung kann auch in einer Änderung der Risikoverteilung zwischen den Parteien bestehen (BGHZ 109, 229; BGH WM 1995, 2073). 26

Die benachteiligte Partei hat somit ein **Wahlrecht**, ob sie etwa aufgrund ihrer sonstigen geschäftlichen Interessen am Vertrag festhalten oder sich auf die Störung der Geschäftsgrundlage 27 berufen und den Anspruch auf Vertragsanpassung geltend machen möchte. Im letzteren Fall kann sie – wegen der Gefahr des sofortigen Anerkenntnisses nach § 93 ZPO – nach Verhandlung über eine Vertragsanpassung unmittelbar auf Leistung aus dem veränderten Vertrag klagen. Die früher zum Recht auf Wandelung vertretene Herstellungstheorie soll weiterhin gelten (BT-Drucks. 14/6040; BGH NZM 2005, 144, 146; Hk-BGB/*Schulze*, § 313 Rn 19; aA *Eidenmüller* Jura 2001, 830 f: Es ist eine Klage auf Zustimmung der anderen Partei zur Vertragsanpassung zu erheben). Weigert sich der andere Vertragspartner, an der Vertragsanpassung mitzuwirken, kann dieser nicht auf Schadensersatz aus § 280 Abs. 1 verklagt werden, da § 313 nach hM keine Neuverhandlungspflicht normiert (Hk-BGB/*Schulze*, § 313 Rn 26; *Dauner-Lieb/Dötsch* NJW 2003, 921 ff; aA *Riesenhuber* BB 2004, 2697, 2699). In diesem Fall kann der Anspruchsinhaber aber vom Vertrag zurücktreten oder kündigen.

28 Nur wenn die Vertragsanpassung nicht möglich ist, da sie von der Rechtsordnung verboten oder undurchführbar ist oder sinnlos ist oder der von der Störung betroffenen Partei nicht zumutbar, gewährt Abs. 3 S. 1 als ultima ratio ein **Rücktrittsrecht**, das auf die Auflösung des Vertrages gerichtet ist.

29 Grds. ist der Vertrag nach erklärtem Rücktritt nach §§ 346 ff zurück abzuwickeln (aA BGHZ 109, 144: wie vor der Schuldrechtsmodernisierung unter Geltung des § 242 Anwendung des Bereicherungsrechts). Hierbei dürfen sich beide Vertragsparteien auf § 346 Abs. 3 Nr. 3 (Haftung nur für eigenübliche Sorgfalt) berufen (Hk-BGB/*Schulze*, § 346 Rn 16, aA Palandt/*Grüneberg*, § 313 Rn 42).

30 **Bei Dauerschuldverhältnissen** tritt gemäß Abs. 3 S. 2 an die Stelle des Rücktrittsrechts das Recht zur **Kündigung**. Ein Dauerschuldverhältnis liegt bei einem Vertrag vor, während dessen Laufzeit jeweils neue Leistungspflichten entstehen, ohne dass die Vertragsparteien von vornherein den Leistungsgegenstand durch die Festlegung der Gesamtliefermenge bestimmt haben. Ist beim Finanzierungsleasing der Kaufvertrag unwirksam oder aufgrund Ausübung des Rücktrittsrechts zurück abzuwickeln, entfallen die Verpflichtungen aus dem Leasingvertrag erst nach Kündigung des Dauerschuldverhältnisses Leasingvertrag (Hk-BGB/*Schulze*, § 313 Rn 21; aA *Reinking* ZGS 2002, 233).

31 Vgl zum Rücktritt und zur Kündigung die Muster bei §§ 323, 324, 326 und § 314; zum Verhältnis des Abs. 3 S. 1 zu § 314 vgl § 314 Rn 3.

32 **Abgrenzung zu anderen Rechtsinstituten.** Die Vorstellungen beider Parteien, die die Geschäftsgrundlage bilden können, sind vom Eigenschaftsirrtum iS des § 119 Abs. 2 zu unterscheiden. Würde § 119 Abs. 2 angewendet werden, könnte nur derjenige Schadensersatzansprüche iS des § 122 geltend machen, der zuerst anficht. Dieses Ergebnis erscheint unbillig. Daher ist auch in diesem Fall die Anwendung des § 313 zu bevorzugen.

33 Das generelle Verhältnis von § 275 und § 313 ist umstr. Nach hA ist § 275 gegenüber § 313 lex specialis (BGH NJW-RR 1995, 854 für § 275 Abs. 1; Hk-BGB/*Schulze*, § 275 Rn 20; *Canaris* JZ 2001, 501). Hierfür ist der Wille des Gesetzgebers, dass § 275 Abs. 2 gegenüber § 313 Vorrang genießt (BT-Drucks. 14/6040, S. 176), anzuführen. Nach dem Willen des Gesetzgebers (BT-Drucks. 14/6040, S. 130) besteht jedoch eine Ausnahme bei Äquivalenzstörungen: In diesem Fall kommt § 313 gegenüber § 275 Abs. 2 der Vorrang zu.

34 Die sog. **wirtschaftliche Unmöglichkeit**, die unter § 313 fällt, ist von der faktischen Unmöglichkeit iS des § 275 Abs. 2 zu unterscheiden. Die Voraussetzungen des § 275 Abs. 2 sind gegeben, wenn zwischen dem vom Schuldner zu erbringenden Aufwand und dem Interesse des Gläubigers an der Leistung ein grobes Missverhältnis besteht. Bei der wirtschaftlichen Unmöglichkeit ist dagegen auf das Interesse des Schuldners an der Vertragsdurchführung abzustellen und unter Zumutbarkeitsgesichtspunkten mit den von ihm zu erbringenden Anstrengungen abzuwägen.

35 Außerdem ist die sog. **moralische Unmöglichkeit**, die unter § 313 subsumiert wird, von der persönlichen Unmöglichkeit iS des § 275 Abs. 3 abzugrenzen. § 275 Abs. 3 ist einschlägig, wenn

der Schuldner die Leistung in seiner Person erbringen muss. § 313 kommt dagegen zur Anwendung, wenn der Schuldner die Leistung nicht höchstpersönlich erbringen muss.

Überdies divergiert der Bewertungsmaßstab beider Normen insofern, als dass bei § 275 Abs. 3 die Unzumutbarkeit der Leistungserbringung nicht zwingend auf moralischen oder sittlichen Gründen beruhen muss und § 313 auch dann zur Anwendung gelangt, wenn die Erbringung der Leistung vom Schuldner objektiv nach allgemeinen sittlichen Grundsätzen nicht verlangt werden kann. 36

In den sog. Fällen der **Zweckstörung** kann der Leistungserfolg zwar noch herbeigeführt werden, der Gläubiger hat hieran jedoch kein Interesse mehr. Voraussetzung eines Anspruchs nach § 313 ist in diesen Fällen nicht nur, dass bei Vertragsschluss der Verwendungszweck für die andere Partei erkennbar war, sondern auch, dass beide Parteien ihre Vorteilserwartungen hierauf aufgebaut haben. Beispiel ist die nach der Hochzeit noch mögliche Lieferung des dann fertig geschneiderten Brautkleides. 37

Die sog. **Zweckstörung** ist ein Ausnahmefall von dem Grundsatz, dass bei mangelfreien Leistungen der Gläubiger das Risiko der Verwendung bzw Verwertbarkeit trägt (BGHZ 74, 374). 38

Der Anwendungsbereich von § 313 und condictio ob rem kann sich nicht überschneiden. Die in § 812 Abs. 1 S. 2 2. Alt. geregelte condictio ob rem setzt voraus, dass sich die Parteien eines gegenseitigen Vertrages über einen über den Primärzweck der Erfüllung hinausgehenden weiteren Leistungszweck geeinigt haben und dieser somit Inhalt des Rechtsgeschäfts geworden ist. Geschäftsgrundlage sind aber gerade die Umstände, die nicht Vertragsinhalt geworden sind (aA BGH NJW 1975, 776; 1992, 2690; MüKo-BGB/*Lieb*, § 812 Rn 165 ff: § 812 Abs. 1 S. 2 Alt. 2 ist gegenüber § 313 subsidiär. Demzufolge gehen sowohl der BGH als auch *Lieb* davon aus, dass der Leistungszweck lediglich in den Vorstellungen der Parteien existiert und nicht Vertragsinhalt geworden ist). 39

§ 779 ist lex specialis. Daher findet § 313 Anwendung, wenn die Voraussetzungen des Irrtums über die **Vergleichsgrundlage** nicht gegeben sind (BGH NJW 2000, 2498). Leges speciales sind darüber hinaus §§ 321, 489, 490, 519, 527 f, 530, 593, 594 e, 650, 651 j, 723, 775, 1301, 1612 a, 2077, 2079 sowie § 41 a VVG, 32, 32 a UrhG und § 29 UStG in Bezug auf Mehrwertsteuererhöhungen. § 313 bleibt jedoch anwendbar, soweit die Sondervorschriften tatbestandlich oder hinsichtlich der geltend gemachten Rechtsfolgen nicht passen (BGH NJW 2002, 2098). 40

§ 314 Kündigung von Dauerschuldverhältnissen aus wichtigem Grund

(1) [1]Dauerschuldverhältnisse kann jeder Vertragsteil aus wichtigem Grund ohne Einhaltung einer Kündigungsfrist kündigen. [2]Ein wichtiger Grund liegt vor, wenn dem kündigenden Teil unter Berücksichtigung aller Umstände des Einzelfalls und unter Abwägung der beiderseitigen Interessen die Fortsetzung des Vertragsverhältnisses bis zur vereinbarten Beendigung oder bis zum Ablauf einer Kündigungsfrist nicht zugemutet werden kann.

(2) [1]Besteht der wichtige Grund in der Verletzung einer Pflicht aus dem Vertrag, ist die Kündigung erst nach erfolglosem Ablauf einer zur Abhilfe bestimmten Frist oder nach erfolgloser Abmahnung zulässig. [2]§ 323 Abs. 2 findet entsprechende Anwendung.

(3) Der Berechtigte kann nur innerhalb einer angemessenen Frist kündigen, nachdem er vom Kündigungsgrund Kenntnis erlangt hat.

(4) Die Berechtigung, Schadensersatz zu verlangen, wird durch die Kündigung nicht ausgeschlossen.

A. Vertragsgestaltung

I. Kündigung

1 **1. Muster: Außerordentliche Kündigung eines Markenlizenzvertrages[1]**

▶ per Einschreiben/Rückschein

Herrn ▪▪▪

Außerordentliche Kündigung des Markenlizenzvertrages

Sehr geehrter Herr ▪▪▪

hiermit kündigen wir den Lizenzvertrag betreffend die Nutzung der Wort-/Bildmarke XY im Stadtgebiet Hamburg vom ▪▪▪ (Datum) fristlos aus wichtigem Grund. Indem Sie unter der Nutzung der Marke trotz unserer Abmahnung vom ▪▪▪ (Datum)[2] wiederholt[3] minderwertige fremde Waren anboten,[4] ist uns ein Festhalten am Vertrag nicht länger zuzumuten. Insbesondere ist ein Abwarten bis zur ordentlichen Beendigung des Vertrages in einem Jahr nicht zumutbar.

Bitte stellen Sie die Markennutzung im geschäftlichen Verkehr zur Vermeidung von Schritten im einstweiligen Rechtsschutz umgehend ein.[5]

Die Geltendmachung von Vertragsstrafansprüchen und/oder Schadensersatzansprüchen bleibt einem gesonderten Schreiben vorbehalten.

Mit freundlichen Grüßen

▪▪▪

Unterschrift ◀

2. Erläuterungen

2 [1] **Anwendungsbereich.** § 314 ist bei Dauerschuldverhältnissen anstelle der §§ 323 ff anzuwenden (str. im Fall des § 324). Unter der Voraussetzung, dass die vollständige Rückabwicklung unschwer möglich und interessengerecht ist, finden ausnahmsweise die §§ 323 ff Anwendung (BGH NJW 1998, 2004, 2006; 2002, 1870). Leges speciales sind §§ 490, 543, 569, 626, 723 und § 89 b HGB. Bei nachvertraglichen Wettbewerbsverboten sind die §§ 74 ff HGB ebenfalls vorrangig.

3 Bei Vorliegen der Voraussetzungen des § 313 kann gleichzeitig ein wichtiger Grund iS des § 314 gegeben sein. Nach dem BGH soll § 313 jedoch vorrangig anwendbar sein (NJW 1958, 785). Für den Vorrang von § 314 spricht sich *Eidenmüller*, Jura 2001, 832 aus. Eine vermittelnde Auffassung geht davon aus, dass dem Anspruchsberechtigten ein Wahlrecht zusteht, ob er sich mit einer Vertragsanpassung nach § 313 begnügen oder ob er sich vom Vertrag nach § 314 lösen will (Hk-BGB/*Schulze*, § 314 Rn 2). Auf ein Vertragsangebot mit langer Bindungsdauer ist § 314 entsprechend anwendbar (OLG Düsseldorf NJW-RR 1991, 312).

4 § 314 ist in **AGB** nicht zulasten des Berechtigten abdingbar (BGH NJW 1986, 3134). Auch durch Individualvereinbarungen darf das Recht zur Kündigung lediglich beschränkt, aber nicht ausgeschlossen werden.

5 **Voraussetzung** ist das Vorliegen eines Dauerschuldverhältnisses. Ein solches setzt voraus, dass die Parteien ein andauerndes Verhalten schulden oder in Zeitabschnitten wiederkehrende Leis-

tungen erfüllen und der Gesamtumfang der Leistung von der Dauer der Rechtsbeziehung abhängt. Dauerschuldverhältnisse sind Darlehens-, Miet-, Pacht-, Leih-, Dienst-, Verwahrungs-, Gesellschafts-, Versicherungsverträge sowie atypische Vertragsverhältnisse wie zB Factoring, Frachchising, Leasing-, Lizenz-, Belegarzt-, Bezugsverträge, bei denen keine bestimmte Liefermenge festgelegt wird, Grundschuld- und Pfandrechtsbestellung, soweit diese sich auf künftig entstehende Ansprüche beziehen, sowie der Makleralleinauftrag. Kein kündbares Dauerschuldverhältnis stellt Vertrag über die Bestellung eines dinglichen Wohnrechts dar (BGH NJW-RR 1999, 376).

[2] **Zusätzliche Voraussetzung** bei Verletzung von Vertragspflichten – auch Schutzpflichten iS des § 241 Abs. 2 – ist gemäß § 314 Abs. 2 S. 1 grundsätzlich der erfolglose Ablauf einer zur Abhilfe bestimmten Frist oder eine erfolglose Abmahnung. Gemäß § 314 Abs. 2 S. 2 bedarf es dessen ausnahmsweise nicht, wenn die Voraussetzungen des § 323 Abs. 2 gegeben sind. S. § 323 Rn 14 ff. 6

Eine **Abmahnung** ist zwingend erforderlich, wenn nach der Art des Pflichtverstoßes eine Fristsetzung nicht in Betracht kommt. Dies ist insbesondere der Fall, wenn die Hauptpflicht des Schuldners in einem Unterlassen besteht, zB bei Unterlassungsverträgen im Wettbewerbsrecht oder bei vertraglichen Bauverboten. Aber auch wenn eine vertragliche Nebenpflicht darin besteht, den Leistungserfolg nicht durch aktives Tun zu gefährden, ist eine Fristsetzung ausgeschlossen. 7

Der Zedent hat alles zu unterlassen, was die Forderungseinziehung durch den Zessionar beeinträchtigen könnte. Der Handelsvertreter muss jede Tätigkeit für ein Konkurrenzunternehmen unterlassen. Das Wettbewerbsverbot bei dem Verkauf eines Unternehmens stellt ebenfalls eine selbständige Nebenpflicht dar. 8

[3] **Verfristung.** Die außerordentliche Kündigung muss zeitnah ab Kenntnis des wichtigen Grundes durch den zur Kündigung Berechtigten ausgesprochen werden. Auch wenn es anders als im Arbeitsrecht **keine starre gesetzliche Frist** gibt, geht die Rechtsprechung teilweise davon aus, dass eine nach 2 Monaten ausgesprochene außerordentliche Kündigung bereits verspätet und damit unwirksam ist (BGH NJW 1994, 722). Nach deren Ablauf kann nicht mehr davon ausgegangen werden, dass die Fortsetzung des Vertragsverhältnisses tatsächlich unzumutbar ist. Soweit in einzelnen Vorschriften – wie zB in § 543, 569 – Fristen zur Kündigung von Dauerschuldverhältnissen festgelegt sind, sind diese vorrangig zu berücksichtigen. 9

[4] **Angabe des Kündigungsgrundes.** Es ist nicht erforderlich, den wichtigen Grund iS des § 314 Abs. 1 S. 2 in der Kündigungserklärung selbst anzugeben. Jedoch muss der Kündigungsgrund in analoger Anwendung des § 626 Abs. 2 S. 3 auf Verlangen des Kündigungsempfängers unverzüglich angegeben werden. Im **Prozess** ist es grundsätzlich möglich weitere Kündigungsgründe **nachzuschieben**, wenn diese im Zeitpunkt des Kündigungsausspruchs tatsächlich vorlagen und noch nicht zeitlich verfristet waren. Im Zweifel sollten mehrere Kündigungserklärungen (hilfsweise) nacheinander ausgesprochen werden. 10

Ein wichtiger Grund ist zB bei gravierender **Störung der Vertrauensgrundlage** oder wesentlicher Veränderung der Verhältnisse gegeben wie bei drohender Zahlungsunfähigkeit bei einem Darlehensvertrag (BGH NJW 2003, 2674). Ein Kündigungsrecht scheidet jedoch aus, wenn die Störung aus dem eigenen Risikobereich stammt (BGHZ NJW 1981, 1265; 1991, 1829; 1996, 714; 2005, 1360). Eine Ausnahme wird nur bei einem besonders engen Vertrauensverhältnis gemacht (BGH NJW 2003, 431, 433). 11

Bei substitutiven Krankenversicherungen ist eine ordentliche Kündigung nach § 206 Abs. 1 S. 2 VVG ausgeschlossen. Hier sind an das Vorliegen des wichtigen Grundes höhere Anforderungen zu stellen als bei anderen Versicherungsverträgen (OLG Hamm NJW-RR 2006, 1035). 12

[5] **Aufbrauchfristen.** Bei der Verwendung von Marken und Corporate Identity-Gegenständen kann der Vertragspartner häufig die genutzten Rechte nicht sofort aus seinem Geschäftsbetrieb 13

entfernen. Häufig wird er auf die Hilfe Dritter angewiesen sein. Die Rechtsprechung billigt daher in diesen Fällen dem Kündigungsempfänger eine sog. Aufbrauchfrist von in aller Regel maximal 3 Wochen zu.

II. Abmahnung

14 **1. Muster: Abmahnung wegen Verletzung des exklusiven Lizenzgebiets**

▶ per Einschreiben/Rückschein

Herrn ■■■

Abmahnung wegen Verletzung des exklusiven Lizenzgebiets

Sehr geehrter Herr ■■■,

hiermit mahne ich Sie wegen Verletzung des Vertragsschutzgebietes ab. Am ■■■ (Datum) habe ich erfahren, dass die Firma ■■■ mit Sitz in Hamburg Waren anbietet, die mit der Ware identisch ist, die Gegenstand des mit Ihnen geschlossenen Lizenzvertrages ist und die nur mit Hilfe der im Rahmen dieses Vertrages exklusiv übertragenen Vertragsschutzrechte hergestellt werden darf. Die angebotene Ware der Firma ■■■ ist mit einem Hinweis auf die Lizenzgeberin versehen. Der Annahme, dass der Hinweis auf die Lizenzgeberin authentisch ist, stehen keine gegenteiligen Anhaltspunkte entgegen, so dass ein durch Sie genehmigter Vertrieb in meinem exklusiven Vertragsgebiet vorliegt.

Indem Sie der Firma ■■■ das Recht eingeräumt haben, im Stadtgebiet Hamburg die Vertragsschutzrechte nebst ■■■ (Bezeichnung der Ware) zu verwerten, verstoßen Sie gegen Ihre Hauptleistungspflichten aus dem Lizenzvertrag.[1] Die Verwertung durch die Firma ■■■ ist auch nicht durch die Tatsache, dass Sie selbst zur Verwertung im Stadtgebiet berechtigt sind, gedeckt. Daher gehe ich davon aus, dass Sie vorsätzlich meine vertraglichen Rechte unterlaufen.

Ich fordere Sie auf, sich mir gegenüber zu verpflichten,

1. es zu unterlassen, im Stadtgebiet Hamburg Firmen oder Privatleuten das Recht einzuräumen, die Vertragsschutzrechte nebst ■■■ (Bezeichnung der Ware) zu verwerten,
2. für jeden Fall einer Zuwiderhandlung gegen die vorstehende Unterlassungsverpflichtung an mich eine vom Verletzten nach billigem Ermessen zu bestimmende, im Streitfall vom zuständigen Gericht zu überprüfende Vertragsstrafe zu zahlen.[2]

Sollte die Firma ■■■ das Angebot dieser Waren im geschäftlichen Verkehr nicht bis zum ■■■ (Datum) verbindlich und vollkommen eingestellt haben, werde ich den Lizenzvertrag vom ■■■ gemäß § 314 BGB in Verbindung mit § ■■■ des Lizenzvertrages fristlos kündigen.[3]

Die Geltendmachung von Vertragsstrafansprüchen und/oder Schadensersatzansprüchen bleibt einem gesonderten Schreiben vorbehalten.[4]

Mit freundlichen Grüßen

■■■

Unterschrift ◀

2. Erläuterungen

15 [1] **Alleinlizenz.** Lizenzverträge sehen üblicherweise eine sog. **Alleinlizenzklausel** vor. Danach wird dem Lizenznehmer die Lizenz exklusiv für ein bestimmtes Vertragsgebiet erteilt. Der Lizenzgeber erteilt in diesem Vertragsgebiet keine weiteren Lizenzen an Dritte.

16 [2] **Hamburger Brauch.** Nach dem sog. „Hamburger Brauch“ ist das Vertragsstrafeversprechen der Höhe nach unbestimmt und erst im Fall der Zuwiderhandlung gemäß § 315 Abs. 1 oder gemäß § 317 von einem Dritten festzusetzen, jedoch nicht von einem Gericht (BGH GRUR 1978, 121). Dieses überprüft jedoch deren Angemessenheit. Ist die Höhe einer Vertragsstrafe erst nach einem Verstoß gegen die Unterlassungserklärung zu bestimmen, kann dem Charakter

der Zuwiderhandlung – vorsätzlicher Verstoß mit erheblichen Auswirkungen für den Gläubiger oder fahrlässiger Verstoß mit geringen Auswirkungen für den Gläubiger – besser Rechnung getragen werden. Streiten die Parteien nach einer Zuwiderhandlung über die angemessene Höhe der festgesetzten Vertragsstrafe, entscheidet darüber allerdings dennoch gemäß § 315 Abs. 3 bzw § 319 Abs. 1 das zuständige Gericht. Nach Unterzeichnung steht dem Schuldner das Recht zu, den durch ein Vertragsstrafeversprechen gesicherten wettbewerbsrechtlichen Unterlassungsvertrag zu kündigen, wenn die beanstandete Handlung nicht mehr wettbewerbswidrig ist (BGHZ 133, 316; BGH NJW 2000, 3645; NJW 1983, 2143).

[3] **Zeitpunkt der Abmahnung.** Die Abmahnung sollte zeitnah zur **Kündigung** erfolgen. Sie braucht nicht mit der Androhung einer Kündigung verbunden zu werden. 17

[4] **Pflichtverstoß des Lizenzgebers.** Verstößt der Lizenzgeber gegen die ihm im Lizenzvertrag auferlegten Pflichten zur Beachtung des exklusiven Territoriums des Lizenznehmers, kann der Lizenznehmer gemäß § 15 Abs. 2 S. 2 PatG eine sog. Patentrechtsverletzungsklage erheben (BGH GRUR 1962, 580; GRUR 1980, 784). Weiterhin kann er im Wettbewerbsrecht gemäß § 12 Abs. 1 S. 2 UWG, aus GoA oder § 280 Abs. 1 Ersatz der für die Abmahnung erforderlichen Aufwendungen verlangen. 18

Inhalt einer Abmahnung. Eine Abmahnung muss das beanstandete Verhalten sowie den Wettbewerbsverstoß konkret bezeichnen. Weiterhin sollte zur Abgabe einer **Unterwerfungserklärung** aufgefordert, eine nach den Umständen des Einzelfalls angemessene Frist gesetzt und für den Fall des fruchtlosen Fristablaufs gerichtliche Maßnahmen angedroht werden. 19

- Die Frist sollte unter Angabe des Datums genau bestimmt werden, da Stunden-, Tages- oder Wochenfristen erst ab Zugang zu laufen beginnen und daher das Fristende nicht sicher bestimmt werden kann.
- Der Abgemahnte ist verpflichtet, auf eine begründete Abmahnung fristgemäß zu antworten. Er kann entweder eine ausreichend strafbewehrte Unterlassungserklärung abgeben oder die Abgabe einer solchen ablehnen (BGH WRP 1990, 276). Der Abgemahnte muss den Abmahnenden auch darüber aufklären, ob er wegen derselben Verletzungshandlung bereits eine Unterwerfungserklärung gegenüber einem Dritten abgegeben hat (BGH WRP 1986, 672; 1989, 90).
- Verletzt der Abgemahnte seine Antwort- und Aufklärungspflichten schuldhaft, steht dem Abmahnenden ein Schadensersatzanspruch aus §§ 280 Abs. 1, 2, 286 oder § 280 Abs. 1 auf Ersatz der Kosten zu, die durch die Einleitung eines Prozesses entstanden und durch die Abgabe einer Unterwerfungserklärung hätten vermieden werden können.

Weitere Hinweise. Der Gläubiger trägt bei sofortiger Klagerhebung, wenn er dem Wettbewerbsstörer zuvor keine Gelegenheit zur außergerichtlichen Streiterledigung gegeben hat, das Risiko, dass der Wettbewerbsstörer anerkennt und dem Gläubiger daraufhin gemäß § 93 ZPO die Prozesskosten auferlegt werden. Zum Beweis, dass der Gläubiger dem Schuldner die außergerichtliche Streitbeilegung angeboten hat, sollte der Gläubiger die Abmahnung gegen Einschreiben mit Rückschein aussprechen. In dringenden Fällen sollte er ein Telefax schicken. Mahnt ein vom Gläubiger beauftragter Rechtsanwalt den Schuldner ab, sollte sicherheitshalber die Originalvollmachturkunde beigelegt werden. 20

Kurzfristigen Rechtsschutz, insbesondere bei Andauern des verletzenden Verhaltens, bietet die **einstweilige Verfügung** iS des § 935 ZPO. Bei Darlegung besonderer Dringlichkeit wird die einstweilige Verfügung gemäß § 937 Abs. 2 ZPO sogar ohne vorherige mündliche Verhandlung erlassen. 21

B. Prozess

22 ### I. Muster: Positive Feststellungsklage

▶ An das

Amtsgericht/Landgericht

■■■

Klage

des ■■■

– Kläger –

Prozessbevollmächtigter: RA ■■■

gegen

den ■■■

– Beklagter –

wegen: Feststellung des Bestehens des Lizenzvertrages

Streitwert (vorläufig): ■■■ EUR

Namens und in Vollmacht des Klägers erhebe ich Klage und kündige für die mündliche Verhandlung folgende Anträge an:

I. Es wird festgestellt, dass das zwischen den Parteien durch den Abschluss des Lizenzvertrages am ■■■ zustande gekommene Vertragsverhältnis nicht durch die außerordentliche Kündigung des Beklagten vom ■■■ – zugegangen am ■■■ – beendet worden ist.[1]

II. ■■■ ggf weitere Prozessanträge[2]

Begründung

Am ■■■ schlossen die Parteien einen Lizenzvertrag betreffend die Nutzung der Wort-/Bildmarke XY im Stadtgebiet Hamburg.

Beweis: Lizenzvertrag vom ■■■

Mit Schreiben vom ■■■ hat der Beklagte dem Kläger fristlos aus dem Grunde gekündigt, dass der Kläger unter der Nutzung der Marke am ■■■ Herrn ■■■ minderwertige fremde Waren angeboten habe.

Beweis: Schreiben vom ■■■

Der Kläger bestreitet diese Behauptung.

Ferner ist er der Auffassung, dass die außerordentliche Kündigung mangels vorheriger Abmahnung unwirksam ist.[3]

Daher stellt er den Antrag, festzustellen, dass der Lizenzvertrag durch die vom Beklagten ausgesprochene fristlose Kündigung nicht aufgehoben worden ist.

■■■

Rechtsanwalt ◀

II. Erläuterungen

23 [1] **Feststellungsantrag.** Die Erhebung einer Feststellungsklage zur Feststellung der Unwirksamkeit einer fristlosen Kündigung ist zulässig und nicht gegenüber der Leistungsklage subsidiär, wenn das Feststellungsurteil den gesamten Rechtsstreit einfach und schnell beheben kann, insbesondere über zu erwartende Folgeansprüche schnell entschieden werden kann (BGH GRUR 1992, 114; Urteil des Saarländischen OLG v. 11.2.1998, 1 U 364/97 -83, n.v.; zuletzt Urteil des OLG Bremen v. 9.4.2009, 2 U 25/08, n.v.).

[2] **Nebenanträge.** Zu den prozessualen Nebenanträgen (zB § 331 Abs. 3 S. 1 ZPO Erlass eines Versäumnisurteils im schriftlichen Vorverfahren) bzw für die Zwangsvollstreckung relevante Anträge vgl GF-ZPO/*Pukall*, § 253 ZPO Rn 92 ff. 24

[3] **Abmahnung als Voraussetzung einer außerordentlichen Kündigung.** Eine außerordentliche Kündigung kann nur nach Abmahnung ausgesprochen werden, vgl Rn 7. 25

Untertitel 4 Einseitige Leistungsbestimmungsrechte

§ 315 Bestimmung der Leistung durch eine Partei

(1) Soll die Leistung durch einen der Vertragschließenden bestimmt werden, so ist im Zweifel anzunehmen, dass die Bestimmung nach billigem Ermessen zu treffen ist.
(2) Die Bestimmung erfolgt durch Erklärung gegenüber dem anderen Teil.
(3) [1]Soll die Bestimmung nach billigem Ermessen erfolgen, so ist die getroffene Bestimmung für den anderen Teil nur verbindlich, wenn sie der Billigkeit entspricht. [2]Entspricht sie nicht der Billigkeit, so wird die Bestimmung durch Urteil getroffen; das Gleiche gilt, wenn die Bestimmung verzögert wird.

A. Muster: Freigabeklausel[1] 1

▶ Sollte der realisierbare Wert aller Sicherheiten den Gesamtbetrag aller Ansprüche aus der Geschäftsverbindung nicht nur vorübergehend übersteigen, hat der Gläubiger auf Verlangen des Schuldners Sicherheiten in Höhe des diesen Gesamtbetrag übersteigenden Betrages nach seiner Wahl freizugeben;[2] dabei hat er auf die berechtigten Belange des Schuldners Rücksicht zu nehmen. ◀

B. Erläuterungen

[1] **Freigabeklausel.** Das Muster enthält ein Beispiel für einen Freigabeanspruch im Fall der Übersicherung. Der Freigabeanspruch selbst ist ermessensunabhängig (BGH NJW 1998, 671). Der Sicherungsnehmer – im Muster als „Gläubiger" bezeichnet – darf sich aber die freizugebenden Gegenstände aussuchen. Seine Wahl muss gemäß § 315 Abs. 3 der Billigkeit entsprechen. 2

Weitere Beispiele für einen Vorbehalt einer Leistungsbestimmung: Vorbehalt einer **Preisänderung** (BGHZ 1, 353), der das Recht zur Anpassung an den jeweiligen Marktpreis und die jeweilige Wirtschaftslage beinhaltet; Vorbehalt der Festsetzung von **Vertragsstrafen**, der gegenüber der Herabsetzung der Vertragsstrafe durch das Gericht nach § 343 Vorrang genießt (BGH NJW 1994, 45) sowie der Vorbehalt der Festsetzung oder **Anpassung von Zinsen** (BGH NJW 1991, 833). 3

Gegenstand des Bestimmungsrechts können über den Wortlaut der Vorschrift hinaus auch die Person des Vertragspartners, die Anpassung des Vertrages an veränderte Verhältnisse, die Ergänzung der Vertragsbedingungen oder die Leistungsmodalitäten (Ort, Zeit und Art der Leistung wie zB die Leistung auf Abruf) sein. Die Einräumung eines Bestimmungsrechts für Vertragsinhalt und -dauer ist allerdings ausgeschlossen (BGHZ 89, 213). 4

Normiert das Gesetz objektive Beurteilungsmaßstäbe wie zB in §§ 612 Abs. 2, 632 Abs. 2 und § 653 Abs. 2 sowie in den Gebührenordnungen der Ärzte oder der Architekten, gehen diese besonderen Auslegungsregeln einem vereinbarten Leistungsbestimmungsrecht vor. Allerdings wird auf dieses zurückgegriffen, wenn eine übliche Vergütung nicht existiert oder diese ausfüllungsbedürftig ist (BGH NJW 2006, 2472, 2473). Oftmals haben die Parteien konkludent einen 5 objektiven Bestimmungsmaßstab wie zB die ortsübliche Miete vereinbart, was die Anwendung der §§ 315 ff ebenfalls ausschließt (BGH NJW-RR 1992, 517). Eine ergänzende Vertragsauslegung geht den §§ 315 ff ebenfalls vor (BGH NJW 1975, 1117).

6 Leges speciales sind § 14 RVG, § 5 Abs. 2 GOÄ und HOAI, § 16 BetrAVG, § 106 GewO, § 9 a ErbbRVO, § 660, § 2156 sowie § 375 HGB.

7 Der in § 315 enthaltene Gedanke des Schutzes des schwächeren Vertragspartners wird auf Rechtsgebiete, in denen die §§ 307 ff nicht zur Anwendung gelangen, dh vor allem auf das Vereins- und Gesellschaftsrecht, übertragen. Hier ist § 315 iVm § 242 Grundlage der richterlichen Inhaltskontrolle. Daher müssen sich auch die Tarife für Leistungen der Daseinsvorsorge wie die Flughafentarife (BGH NJW-RR 1997, 1019) an §§ 315 ff messen lassen (BGH NJW 2005, 2919, 2920). Eine Ausnahme gilt für die Tarife der Telekom (BGH NJW 1998, 3188). Auf Pauschalpreise, die aufgrund eines öffentlichen Anschluss- und Benutzungszwangs zu entrichten sind, wird nicht nur § 315 entsprechend angewandt (BGH NJW 2005, 1772). Diese unterliegen auch öffentlichrechtlichen Maßstäben wie dem Kostendeckungsprinzip (BGH NJW-RR 2006, 133).

8 § 315 Abs. 1 enthält eine durch Parteivereinbarung abdingbare Auslegungsregel. Die Parteien können sogar die Abrede treffen, dass die Bestimmung in das freie Ermessen gestellt werde. Eine solche Vereinbarung ist jedoch bei offenkundiger Unbilligkeit disponibel (RGZ 99, 106; BAG AP § 242 Nr. 18). Das **Leistungs- und Preisbestimmungsrecht** kann der Verwender von **AGB** jedoch nur in den Grenzen der §§ 308 Nr. 4, 309 Nr. 1 und 307 begründen.

9 In **AGB** darf eine **Preiserhöhung** nicht in das Belieben des Verwenders gestellt werden. Solche Klauseln sind entweder schon nach § 309 Nr. 1, ansonsten nach § 307 unwirksam (BGH NJW 1985, 856). Der Verwender muss ein berechtigtes Interesse an der Erhöhung haben. Aus der Klausel müssen sowohl Grund als auch Umfang der Erhöhung deutlich werden (BGH NJW 1986, 3135). Die Klausel muss eine nachvollziehbare Begrenzung enthalten (BGH NJW 1990, 116), die die Interessen des Vertragspartners angemessen berücksichtigt (BGH NJW-RR 1988, 821). Für den Fall sinkender Kosten muss dem Verbraucher ein Recht zur Herabsetzung des Preises eingeräumt sein (OLG Hamm NJW-RR 1987, 1141). Überdies hat der Verwender dem Verbraucher im Fall eines im Vergleich zum Anstieg der allgemeinen Lebenshaltungskosten deutlich stärkeren Preisanstiegs ein Lösungsrecht einzuräumen (BGH NJW 1986, 3135).

10 **Zinsklauseln**, die zur Herabsetzung bei Absinken des Zinsniveaus verpflichten, verstoßen nicht gegen § 307 (BGHZ 97, 212; ZIP 2000, 962). Ob sie auf die relevanten Parameter Bezug nehmen müssen, ist umstr. (dagegen BGHZ 97, 212; dafür OLG Köln und Dortmund ZIP 2001, 65, 66). Wird einer Bank durch AGB das Recht eingeräumt, inhaltlich unbegrenzt Zinsen für eine neue Festzinsperiode festzulegen, ist die Klausel nur wirksam, wenn dem Kunden ein Kündigungsrecht zusteht (BGH NJW 2004, 1588).

11 **[2] Voraussetzungen des Vorbehalts der Leistungsbestimmung.** Zunächst müssen die Vertragspartner stillschweigend oder ausdrücklich vereinbart haben, dass eine derartige Bestimmung erfolgen soll. Weiterhin ist auch eine zumindest konkludente Einigung darüber erforderlich, wer das Bestimmungsrecht ausüben darf. Haben sich die Parteien nicht über die Person des Bestimmungsberechtigten geeinigt, kann die Ergänzungs- und Auslegungsregel des § 316 herangezogen werden. Weiterhin kann eine Auslegung ergeben, dass die Leistungsbestimmung zugunsten der Partei, die vom Bestimmungsrecht während der gesamten Dauer des Vertragsverhältnisses Gebrauch gemacht hat, als konkludent vereinbart gilt (BGH NJW-RR 2005, 762).

12 Die Parteien können für die **Leistungsbestimmung** einen **Maßstab** festlegen oder dem Berechtigten freies Ermessen einräumen. Dieser darf das Leistungsbestimmungsrecht jedoch nicht willkürlich ausüben können. In diesem Fall ist der Vertrag gemäß § 138 sittenwidrig. Haben die Vertragspartner das Bestimmungsrecht nicht näher festgelegt, ergibt sich der Maßstab aus der Auslegungsregel des § 315 Abs. 1. Ist das Bestimmungsrecht durch AGB zugewiesen, muss

dieses nicht nur im Zweifel, sondern gemäß § 307 Abs. 1, Abs. 2 Nr. 1 stets nach billigem Ermessen ausgeübt werden.

Die Parteien können auch vereinbaren, dass die Bestimmung durch Verfügung von Todes wegen erfolgen soll (BGH NJW-RR 1986, 164, 165). Soll der Schuldner die Leistungszeit bestimmen und gerät er in Verzug, liegt die Auslegung nahe, dass das Bestimmungsrecht auf den Gläubiger übergehen soll (BGH NJW 1983, 2934). 13

Voraussetzung der Ausübung des Leistungsbestimmungsrechts. Dieses muss nach billigem Ermessen ausgeübt werden. Das billige Ermessen bestimmt sich hauptsächlich nach den Interessen beider Vertragspartner und des in vergleichbaren Fällen Üblichen (BGHZ 41, 279). Eine Auslegung kann ergeben, dass das Leistungsbestimmungsrecht die Befugnis mit umfasst, die Aufrechnung und das Zurückbehaltungsrecht des anderen Vertragspartners auszuschließen (BGH NJW 1983, 1778). 14

Das Leistungsbestimmungsrecht ist **unwiderruflich** (BGH NJW 2002, 1424), kann aber nach §§ 119 ff angefochten werden. Die Ausübung der Leistungsbestimmung ist auch bei einem formbedürftigen Rechtsgeschäft formlos möglich (BGH DNotZ 1984, 240). Wird die ursprüngliche Leistung bestimmt, wirkt die Bestimmung auf die vergangene Zeit zurück. Wird dagegen eine Leistungsanpassung vorgenommen, wirkt die Bestimmung im Zweifel nur für die Zukunft. 15

Die Partei, die sich auf das Recht zur Leistungsbestimmung beruft, trägt die **Beweislast** dafür, dass ihr dieses Recht eingeräumt worden ist. Hat die Partei ihr Leistungsbestimmungsrecht ausgeübt, ist sie auch dafür beweispflichtig, dass die von ihr getroffene Bestimmung der Billigkeit entspricht oder aber dass sie vom Maßstab der Billigkeit freigestellt war. Die andere Partei muss im Rahmen der Geltendmachung eines bereicherungsrechtlichen Rückforderungsanspruchs die Unbilligkeit der Bestimmung beweisen. 16

Folge der Ausübung des Bestimmungsrechts ist, dass das Schuldverhältnis gemäß Abs. 2 den Inhalt erhält, der mit der Bestimmung festgelegt wird. 17

Folge des Fehlens der Voraussetzungen. Ist der Inhalt der Leistung nicht zumindest eindeutig bestimmbar, ist das zwischen den Parteien geschlossene Schuldverhältnis unwirksam. Verstößt eine nach freiem Belieben zu treffende Bestimmung gegen § 138 oder § 242, ist sie unverbindlich. Dann ist durch Auslegung zu ermitteln, ob der Berechtigte das Bestimmungsrecht ein zweites Mal ausüben darf oder ob das Recht auf den anderen Vertragspartner übergeht. Ist die Bestimmung wiederum unwirksam, wird der Vertrag endgültig unwirksam (Palandt/*Grüneberg*, § 315 Rn 15; aA Soergel/*Wolf*, § 315 Rn 50: Abs. 3 S. 2 Hs 2 ist hier entsprechend anwendbar). 18

Entspricht eine nach billigem Ermessen zu treffende Bestimmung nicht der Billigkeit, ist sie nach Abs. 3 S. 1 unverbindlich. Allerdings ist ihr solange eine **vorläufige Bindungswirkung** zuzusprechen, bis der Verstoß durch Klage nach § 315 Abs. 3 oder durch Erhebung der Einrede der Unverbindlichkeit geltend gemacht wird (OLG Frankfurt am Main NJW-RR 1999, 379). 19

Nicht nur im Falle einer unbilligen, sondern auch im Falle einer **verzögerten Bestimmung** kann der andere Vertragspartner nach § 315 Abs. 3 S. 2 auf Ersetzung derselben durch gestaltendes Urteil klagen. Eine Verzögerung kann auch ohne Eintreten der Verzugsvoraussetzungen vorliegen (BGH NJW 1998, 1390). Ist der Schuldner Bestimmungsberechtigter und befindet er sich mit der Bestimmung der Leistung bereits im Verzug, kann der Gläubiger gemäß §§ 280 Abs. 1, 2, 286 auf Ersatz des Verzögerungsschadens klagen. Ihm steht jedoch wegen der Klagemöglichkeit aus Abs. 3 kein Rücktrittsrecht aus § 323 zu. 20

Ist der Schuldner Bestimmungsberechtigter und entspricht seine Bestimmung nicht der Billigkeit und ist daher unverbindlich, kann der Gläubiger unmittelbar auf eine bestimmte, der Billigkeit entsprechende Leistung klagen (BGH NJW 1996, 1055). Hat der Gläubiger das Bestimmungsrecht inne, kommt er in Annahmeverzug, wenn er das Recht nicht ausübt und der Schuldner 21 ihn unter Bereiterklärung zur Leistung zur Leistungsbestimmung auffordert (str.). Übt der Gläubiger das Recht aus, entspricht dies aber nicht der Billigkeit, kann der Schuldner die Unbilligkeit einredeweise geltend machen (BGH NJW 1983, 1778).

§ 316 Bestimmung der Gegenleistung

Ist der Umfang der für eine Leistung versprochenen Gegenleistung nicht bestimmt, so steht die Bestimmung im Zweifel demjenigen Teil zu, welcher die Gegenleistung zu fordern hat.

§ 317 Bestimmung der Leistung durch einen Dritten

(1) Ist die Bestimmung der Leistung einem Dritten überlassen, so ist im Zweifel anzunehmen, dass sie nach billigem Ermessen zu treffen ist.
(2) Soll die Bestimmung durch mehrere Dritte erfolgen, so ist im Zweifel Übereinstimmung aller erforderlich; soll eine Summe bestimmt werden, so ist, wenn verschiedene Summen bestimmt werden, im Zweifel die Durchschnittssumme maßgebend.

1 A. Muster: Feststellung der angemessenen Miete[1]

▶ Falls sich der vom Statistischen Bundesamt für die Bundesrepublik Deutschland monatlich festgestellte und veröffentlichte Preisindex für die Lebenshaltung für Vier-Personen-Arbeitnehmerhaushalte mit mittlerem Einkommen künftig gegenüber dem bei Vertragsabschluss geltenden Index um mehr als 5 Punkte nach oben oder nach unten verändert, können beide Vertragspartner die Aufnahme von Verhandlungen über eine angemessene Anpassung des Mietzinses verlangen.[2]

Einigen sich die Vertragspartner nicht über die Methode, so entscheidet ein auf Antrag einer oder beider Parteien von der Industrie- und Handelskammer in ■■■ zu benennender Sachverständiger[3] als Schiedsgutachter gemäß § 317 BGB nach billigem Ermessen[4] darüber, in welcher Höhe[5] eine Änderung der Miete eintreten soll. Die neue Miete ist vom nächsten Monatsersten nach Aufforderung an den Vertragspartner, in eine Änderung einzuwilligen, vorbehaltlich des § 319 Abs. 1 BGB[6] für beide Vertragspartner verbindlich.

Wenn aufgrund des vorstehenden Leistungsvorbehalts eine Anpassung der Miete durchgeführt worden ist, wird die Klausel gemäß den vorstehenden Bedingungen erneut anwendbar, sobald der Index sich gegenüber dem Stand im Zeitpunkt der vorangegangenen Anpassung erneut um mehr als 5 Punkte nach oben oder unten verändert hat. ◀

B. Erläuterungen

2 **[1] Schiedsgutachtenklauseln im Bereich der Wohnraummiete.** Das Muster basiert auf § 557 b Abs. 1. Ob ein Schiedsgutachtenvertrag im Bereich des Wohnmietrechts nur geschlossen werden kann, wenn der Gutachter an die formellen und materiellen Vorschriften des Mietpreisrechts gebunden ist, ist umstr. Würde das Muster eine Entscheidung des Gutachters über die Verlängerung eines Mietvertrages verlangen, wäre der Schiedsgutachtenvertrag nur wirksam, wenn er ausreichend Anhaltspunkte dafür enthielte, wie die Verlängerung vorzunehmen ist (BGHZ 55, 248).

3 **[2] Leistungsbestimmungsvorbehaltsklauseln.** Inhalt solcher Klauseln ist, dass bei Eintritt einer bestimmten Voraussetzung wie zB der Ablauf einer Frist oder der Änderung einer Vergleichs-

größe ein Sachverständiger oder Sachkundiger als Schiedsgutachter das Recht hat, durch Neufestsetzung die Höhe der Geldschuld der geänderten Situation anzupassen (BGHZ 63, 136; OLG Hamm NJW-RR 1996, 268). Wird auf die Veränderung des Indexes um Prozente abgestellt, sind die Zeiträume zwischen den Anpassungen trotz gleich bleibender Inflationsrate länger.

Die **Zulässigkeit von Preisanpassungs- und ähnlichen Klauseln** ist in § 1 PreisklauselG geregelt. 4
Nach § 1 Abs. 1 PreisklauselG darf der Betrag von Geldschulden grundsätzlich nicht indexiert werden. Gemäß § 1 Abs. 2 PreisklauselG werden Leistungsvorbehalts-, Spannungs- und Kostenelementeklauseln sowie Klauseln, die lediglich zu einer Ermäßigung der Geldschuld führen können, vom Verbot des § 1 Abs. 1 PreisklauselG ausgenommen. Zugleich beinhaltet § 1 Abs. 2 PreisklauselG eine Legaldefinition der Leistungsvorbehalts-, Spannungs- und Kostenelementeklauseln. In § 1 Abs. 3 sowie §§ 3 bis 7 PreisklauselG sind weitere Ausnahmen vom Verbot des § 1 Abs. 1 PreisklauselG normiert. Die §§ 3 bis 7 unterliegen allerdings den in § 2 des Gesetzes beschriebenen Einschränkungen. § 557 b sieht ebenfalls eine Ausnahme für Indexmieten in Mietverträgen über Wohnraum vor. Der Verbraucherpreisindex ist auf der Website des Statistischen Bundesamts (www.destatis.de) veröffentlicht. Bis zum 13.9.2007 galt das Preisangaben- und Preisklauselgesetz (PakG) sowie die Preisklauselverordnung (PrKV). Alle bis zu diesem Datum vereinbarten Preisklauseln müssen sich an der **alten Gesetzeslage** messen lassen. Sog **Gleitklauseln** mussten durch das Bundesamt für Wirtschaft und Ausfuhrkontrolle (BaFa) genehmigt werden, wenn deren Genehmigung bis zum Stichtag 13.9.2007 bei der BaFa beantragt worden war. Gleitklauseln sind Wertsicherungsklauseln, bei denen sich die Anpassung der Leistungshöhe bei Änderung der Vergleichsgröße wie des Preisindexes automatisch vollzieht. Nach der nunmehr geltenden Rechtslage ist die Einschaltung der BaFa nicht mehr notwendig und auch nicht mehr zulässig.

Schiedsgutachtenklauseln in AGB verstoßen nicht gegen § 309 Nr. 12, der die Änderung der 5
Beweislast normiert. Sie müssen aber die Interessen des Verwendungsgegners ausreichend berücksichtigen, um nicht gemäß § 307 unwirksam zu sein. Zumindest müssen die folgenden Grundsätze eingehalten werden:

1. Die Unparteilichkeit des Gutachters muss gewährleistet sein. Dies kann dadurch geschehen, dass eine auch aus Sicht des Verwendungsgegners vertrauenswürdige Stelle beauftragt wird oder dem Verwendungsgegner ein Ablehnungsrecht eingeräumt wird (OLG Naumburg VIZ 1998, 412, 415).
2. Das Recht, das Schiedsgutachten wegen offenkundiger Unrichtigkeit anzufechten, darf nicht eingeschränkt werden (BGHZ 101, 317; OLG Düsseldorf NJW-RR 2000, 279).
3. Die Nachteile, die dem Verwendungsgegner aus einem möglicherweise unrichtigen Gutachten entstehen, dürfen nicht unverhältnismäßig sein (BGHZ 115, 331). Schiedsgutachterklauseln, die die Feststellung oder Nichtfeststellung von Mängeln bei Häusern zum Inhalt haben, sind wegen Nichterfüllung der dritten Voraussetzung unwirksam (BGHZ 115, 331; OLG Düsseldorf Baurecht 1995, 559).

Ob weitere Voraussetzung der Wirksamkeit einer Schiedsgutachterklausel ist, dass dem Verwendungsgegner ein Anspruch auf rechtliches Gehör eingeräumt wird, ist umstr. (dagegen OLG Frankfurt am Main, DB 1987, 2195; dafür LG Frankfurt am Main NJW-RR 1988, 1133; Erman/*Roloff*, § 307 Rn 156).

[3] **Person des Dritten.** Zunächst ist Voraussetzung der Schiedsgutachtenklausel, dass die Par- 6
teien vertraglich die Bestimmung der Leistung einem Dritten übertragen haben. Es genügt, wenn die Person des Dritten bestimmbar ist. Die Benennung selbst kann einer Behörde oder anderen unparteiischen Person oder Stelle – wie hier der IHK – übertragen werden. Ob bei der Festsetzung von Rechtsanwaltshonoraren die Bestimmung gemäß § 4 Abs. 3 RVG allein der Rechtsanwaltskammer oder aber auch jedem anderen Dritten übertragen werden kann, ist umstr.

(dafür *Hartmann*, Kostengesetz, § 4 RVG Rn 31; dagegen Hk-BGB/*Schulze*, § 317 Rn 3). Die Beauftragung des Dritten kann auch von nur einer Partei vorgenommen werden, wenn diese deutlich macht, dass das Schiedsgutachten für beide Parteien erstellt werden soll (BGH DNotZ 2005, 709). Das Gericht ist nur Dritter iS des § 317, wenn die Parteien ihm die Befugnis zur rechtsgestaltenden Leistungsbestimmung übertragen haben. Dies kann in Anpassungsklauseln geschehen, nach denen die Festsetzung für den Fall der Nichteinigung entsprechend §§ 315 Abs. 3, 319 unmittelbar durch Urteil erfolgen soll. Beispiele sind die Festsetzung des Erbbauzinses (BGH NJW 1995, 1360) und die Anpassung von Gehältern, wenn das für die Anpassung zunächst vorgesehene Schiedsgericht wegen Mängel des Schiedsvertrags nicht tätig wird (BGH NJW 1998, 1388). Dagegen ist das Gericht nicht Dritter iS des § 317, wenn dessen Entscheidung keinen gestaltenden, sondern nur feststellenden Charakter hat. Beispiele sind die richterliche Auslegung der Begriffe „angemessen", „Billigkeit" oder „Zumutbarkeit" (BGH NJW-RR 1992, 517; BGHZ 62, 314).

7 Soll die Bestimmung durch eine Vertragspartei im Einvernehmen mit einem Dritten vorgenommen werden, sind zumindest im Arbeitsrecht die §§ 317 ff einschlägig (BAG AP 319 Nr. 2). § 315 und nicht § 317 gelangt zur Anwendung, wenn das Bestimmungsrecht dem Drittbegünstigten iS des § 328 (BGH NJW-RR 2003, 1355) oder in einem Arbeitsvertrag dem Arbeitgeberverband übertragen worden ist (BAG DB 1988, 1273).

8 Die Leistungsbestimmung müssen die Parteien nicht im Rahmen ihres Schuldvertrages auf einen Dritten übertragen. Insbesondere um Meinungsverschiedenheiten über den Leistungsinhalt beizulegen können die Parteien solch eine Abrede auch noch nach Vertragsschluss treffen.

9 [4] **Maßstab der Bestimmung der Leistung.** § 317 Abs. 1 enthält eine Auslegungsregel, dass der Dritte die Bestimmung im Zweifel nach billigem Ermessen zu treffen hat und entspricht damit § 315 Abs. 1. Aus § 319 Abs. 2 folgt, dass die Bestimmung auch in das freie Ermessen oder Belieben des Dritten gestellt werden kann. Die Vertragsparteien können das Ermessen des Gutachters durch Vorgabe bestimmter zu beachtender Kriterien beschränken. Hierbei muss dem Dritten aber noch ein Ermessensspielraum verbleiben (BGH BB 1978, 581).

10 [5] **Aufgabe des Schiedsgutachters.** Die Vertragspartner können den Dritten damit beauftragen den Vertrag zu ergänzen. Beispiele sind die Ausfüllung von Vertragslücken im Hinblick auf Vergütung oder Lieferzeit oder die Anpassung des Vertrages an veränderte Umstände (BGH NJW 1991, 2761). Die Beauftragung kann durch Verwendung des Begriffes „billige Leistungsbestimmung" geschehen. In diesem Fall soll der Dritte rechtsgestaltend tätig werden. Hier liegt ein Schiedsgutachtenvertrag iwS vor. Insbesondere fällt die Anpassung des Vertrages im Fall eines Leistungsvorbehalts hierunter. Das Muster hat einen solchen Leistungsvorbehalt zum Inhalt. Hiernach soll der von der IHK zu beauftragende Sachverständige die Methode der Mietanpassung bestimmen und unter Anwendung derselben die Höhe der Miete verbindlich festlegen. Zeitpunkt der Leistungsbestimmung ist im Zweifel der Zugang des Änderungsverlangens (Palandt/*Grüneberg*, § 317 Rn 7).

11 Dem Dritten kann auch die Befugnis übertragen werden, Tatsachen oder Tatbestandsmerkmale für die Parteien festzustellen, die für die Art und den Umfang der Leistung von Bedeutung sind. Die dem Gutachter eingeräumte Befugnis braucht nicht auf die Feststellung von Tatsachen oder Tatbestandsmerkmalen beschränkt zu sein, sondern kann auch die Klärung rechtlicher Vorfragen zur Bestimmung des Vertragsinhalts beinhalten (BGH NJW 1975, 1556). Auf den letzten Fall finden die §§ 315 ff entsprechende Anwendung (BGH DB 1970, 827, str.). Hierbei handelt es sich um einen Schiedsgutachtenvertrag ieS Unter diese Fallgestaltung fallen insbesondere Klauseln, nach denen der Gutachter den Wert einer Sache schätzen soll (BGH NJW 1983, 1854), die Mangelhaftigkeit beurteilen oder den Kausalzusammenhang zwischen schädigendem Ereignis und Schaden feststellen soll (BGH WM 1975, 1047).

12 Das Schiedsgutachten ieS ist vom Schiedsvertrag iSd § 1029 ZPO abzugrenzen. Inhaltlich ist der Schiedsvertrag auf die Entscheidung eines oder mehrerer Schiedsrichter über das gesamte

Rechtsverhältnis durch Schiedsspruch gerichtet. Die unterschiedliche Aufgabenstellung ermöglicht jedoch nicht immer eine genaue Abgrenzung. Viele Streitfragen können sowohl von einem Schiedsgutachter als auch einem Schiedsrichter entschieden werden. Der Schiedsspruch kann jedoch keiner gerichtlichen Kontrolle unterzogen werden, während dies beim Schiedsgutachten gemäß § 319 Abs. 1 S. 2 möglich ist. Daher ist ausschlaggebendes Kriterium, ob nach dem Parteiwillen das Gericht die Unbilligkeit bzw Unrichtigkeit überprüfen können soll oder ob eine derartige Überprüfung gerade ausgeschlossen sein soll (BGH NJW 1975, 1556). Im ersten Fall liegt ein Schiedsgutachten vor, im zweiten ist ein Schiedsvertrag geschlossen worden. Wegen der besseren Rechtsschutzmöglichkeit ist im Zweifelsfall das Vorliegen eines Schiedsgutachtenvertrages anzunehmen (BGH MDR 1982, 37).

[6] **Unbilligkeit der Entscheidung.** Wenn eine rechtsgestaltende, ins Ermessen des Schiedsgutachters gestellte Entscheidung offenbar unbillig ist, ist sie gemäß § 319 Abs. 1 S. 1 für die Vertragsparteien nicht verbindlich. Offenbare Unbilligkeit ist gegeben, wenn das Ergebnis in grober Weise gegen die Grundsätze von Treu und Glauben verstößt und sich die Unbilligkeit einem sachkundigen und unbefangenen Beobachter sofort aufdrängt (BGH NJW 1991, 2761; 2001, 3777). Im Gegensatz zur Entscheidung einer Partei iSd § 315 Abs. 3 soll die Entscheidung eines Dritten, die eine größere Gewähr der Richtigkeit für sich beansprucht, nur bei Vorliegen wichtiger Gründe angreifbar sein (OGH 4, 39, 44). Bei Fehlschätzungen zwischen 20 % bis 25 % ist das Gutachten nicht unbedingt offenbar unbillig (BGH NJW 1991, 2761). Auch bei der Feststellung von Tatsachen ist das Schiedsgutachten – unabhängig vom Ergebnis – bei schwerwiegenden Begründungsmängeln (BGH NJW 1979, 1885; 2001, 1929; NJW-RR 1988, 506) oder schwerwiegenden Verfahrensmängeln (OLG Schleswig NZM 2000, 338; aA NK-BGB/*Wagner*, § 319 Rn 6) offenbar unrichtig und damit unverbindlich. Offenbare Unrichtigkeit ist gegeben, wenn sich die Unrichtigkeit einem sachkundigen und unbefangenen Beobachter – wenn auch erst nach gründlicher Prüfung – aufdrängt (BGH NJW-RR 1993, 1034). Sowohl im Fall der Unbilligkeit als auch der Unrichtigkeit des Gutachtens wird die Leistung gemäß Abs. 1 S. 2 Hs 2 durch Urteil bestimmt. Die Beweislast für die offenbare Unbilligkeit oder Unrichtigkeit trägt die Partei, die sich hierauf beruft. Ist sie zur Überprüfung des Gutachtens auf Informationen der Gegenpartei angewiesen, kann ihr gemäß § 242 ein Auskunftsanspruch zustehen (OGH 4, 39). Ist die Entscheidung des Dritten hingegen in sein freies Belieben gestellt, kann diese keiner Billigkeitskontrolle unterzogen werden. Diese ist nur bei einem Verstoß gegen § 134 oder § 138 unwirksam. Sondervorschriften enthalten § 9 a ErbbauVO und §§ 84, 189 VVG. 13

Die Vertragsparteien können eine **Anfechtung** wegen offenbarer Unbilligkeit oder Unrichtigkeit durch Individualvereinbarung, aber nicht in AGB ausschließen (BGH NJW 1972, 827). Der Ausschluss ist aber nur wirksam, wenn die Parteien die gesetzliche Regelung kannten und dennoch einer offenbar unbilligen oder unrichtigen Bestimmung Folge leisten wollten (RGZ 150, 7). 14

Wenn der Dritte die Bestimmung nicht treffen kann oder will oder diese verzögert, wird diese gemäß Abs. 1 S. 2 Hs 2 ebenfalls durch **Urteil** ersetzt. Nichtkönnen ist gegeben, wenn das Schiedsgutachtenverfahren zB aufgrund Scheiterns der Bestellung des Dritten nicht durchgeführt werden kann (BGH NJW 2001, 1928). Für eine Verzögerung müssen die Verzugsvoraussetzungen nicht vorliegen (BGH NJW 1990, 1231). Sie ist schon bei einer objektiven Verspätung gegeben. Im Gegensatz zu einer nach billigem Ermessen zu treffenden Bestimmung wird der Vertrag bei einer ins freie Belieben des Dritten gestellten Entscheidung auch dann unwirksam, wenn der Dritte die Bestimmung nicht treffen kann oder will oder wenn er diese verzögert. Grund ist das Fehlen eines objektiven Maßstabes. 15

Im Fall einer **unverbindlichen Bestimmung** kann der Gläubiger seine Klage unmittelbar auf Erbringung der Leistung richten, die bei verbindlicher Bestimmung geschuldet werden würde. 16

17 Der **Schiedsgutachtervertrag** ist ein zwischen den Parteien und dem Gutachter geschlossener **Geschäftsbesorgungsvertrag.** Die Parteien können dem Gutachter in Anlehnung an § 1036 ZPO ein Ablehnungsrecht zugestehen (BGH NJW 1972, 827). Weiterhin können sie regeln, dass sie angehört werden müssen (OLG Schleswig NZM 2000, 338) bzw dass ein mündlicher Erörterungstermin stattfinden muss. Mangels ausdrücklicher Regelung gilt der Grundsatz des rechtlichen Gehörs nämlich nicht im Schiedsgutachtenverfahren (BGHZ 6, 335, 341; Palandt/*Grüneberg*, § 317 Rn 7; aA MüKo-BGB/*Gottwald*, § 317 Rn 42). Die Parteien können vorgreifliche Rechtsverhältnisse, aber auch Kriterien, die der Gutachter bei der Ausübung seines Ermessens zu berücksichtigen hat, durch ein Gericht feststellen lassen (BGH NJW 1982, 1879; 1996, 453). Der Schiedsgutachter kann nur bei Unverbindlichkeit seines Gutachtens iSd § 319 Abs. 1 S. 1 aufgrund offenkundiger Unrichtigkeit bzw Unbilligkeit in Haftung genommen werden (BGHZ 43, 376; str.). Die Kosten des Schiedsgutachtens haben die Parteien im Zweifel jeweils zur Hälfte zu tragen (LG Hamburg MDR 1975, 143). Gerechter ist die Vereinbarung der Aufteilung nach dem Grad des Obsiegens und Unterliegens.

§ 318 Anfechtung der Bestimmung

(1) Die einem Dritten überlassene Bestimmung der Leistung erfolgt durch Erklärung gegenüber einem der Vertragschließenden.

(2) [1]Die Anfechtung der getroffenen Bestimmung wegen Irrtums, Drohung oder arglistiger Täuschung steht nur den Vertragschließenden zu; Anfechtungsgegner ist der andere Teil. [2]Die Anfechtung muss unverzüglich erfolgen, nachdem der Anfechtungsberechtigte von dem Anfechtungsgrund Kenntnis erlangt hat. [3]Sie ist ausgeschlossen, wenn 30 Jahre verstrichen sind, nachdem die Bestimmung getroffen worden ist.

§ 319 Unwirksamkeit der Bestimmung; Ersetzung

(1) [1]Soll der Dritte die Leistung nach billigem Ermessen bestimmen, so ist die getroffene Bestimmung für die Vertragschließenden nicht verbindlich, wenn sie offenbar unbillig ist. [2]Die Bestimmung erfolgt in diesem Falle durch Urteil; das Gleiche gilt, wenn der Dritte die Bestimmung nicht treffen kann oder will oder wenn er sie verzögert.

(2) Soll der Dritte die Bestimmung nach freiem Belieben treffen, so ist der Vertrag unwirksam, wenn der Dritte die Bestimmung nicht treffen kann oder will oder wenn er sie verzögert.

Titel 2 Gegenseitiger Vertrag

§ 320 Einrede des nichterfüllten Vertrags

(1) [1]Wer aus einem gegenseitigen Vertrag verpflichtet ist, kann die ihm obliegende Leistung bis zur Bewirkung der Gegenleistung verweigern, es sei denn, dass er vorzuleisten verpflichtet ist. [2]Hat die Leistung an mehrere zu erfolgen, so kann dem einzelnen der ihm gebührende Teil bis zur Bewirkung der ganzen Gegenleistung verweigert werden. [3]Die Vorschrift des § 273 Abs. 3 findet keine Anwendung.

(2) Ist von der einen Seite teilweise geleistet worden, so kann die Gegenleistung insoweit nicht verweigert werden, als die Verweigerung nach den Umständen, insbesondere wegen verhältnismäßiger Geringfügigkeit des rückständigen Teils, gegen Treu und Glauben verstoßen würde.

A. Gegenseitiger Vertrag

I. Muster: Gegenseitiger Vertrag 1

▶ Vertrag zwischen Herrn ■■■ (Adresse, Geburtsdatum)
und Herrn ■■■ (Adresse, Geburtsdatum):

§ 1 Gegenstand

[■■■]

Die jeweils geschuldete Leistung wird als Entgelt für die von der anderen Vertragspartei geschuldete Leistung erbracht.[1]

§ 2 Vergütung

§ 3 Einbeziehung von Vertragsbedingungen[2]

■■■ ◀

II. Erläuterungen

[1] **Abhängigkeitsverhältnis der Leistungspflichten.** Beim **gegenseitigen Vertrag** stehen die beiderseitigen Verpflichtungen in einem Abhängigkeitsverhältnis zueinander. Jeder Vertragspartner verspricht seine Leistung um der Gegenleistung willen. Jeder schuldet daher seine Leistung als Entgelt für die Leistung des anderen (synallagmatische Verknüpfung). Gegenseitige Verträge sind immer entgeltliche Verträge. Die Leistung kann auch an einen Dritten erbracht werden. Daher können auch Verträge zugunsten Dritter gegenseitige Verträge sein. 2

Die wichtigsten Beispiele für gegenseitige Verträge sind Kaufverträge, Tauschverträge, Mietverträge, Pachtverträge, Dienstverträge, Werkverträge, Reiseverträge, Geschäftsbesorgungsverträge, Darlehensverträge, Sukzessivlieferungsverträge, Arbeitsverträge, Versicherungsverträge und Leasingverträge. Es ist auch ausreichend, wenn das Vertragsverhältnis zB aufgrund eines Rücktritts noch als Abwicklungsverhältnis besteht. 3

Die §§ 320 ff BGB gelten grundsätzlich nur für synallagmatische Leistungspflichten und **nicht** für die nicht im Gegenseitigkeitsverhältnis stehenden **Nebenleistungs- und Schutzpflichten.** Ausnahmsweise finden die §§ 320 ff auch auf diese Anwendung, wenn eine Auslegung des Parteiwillens dies ergibt. 4

Der Gesellschaftsvertrag stellt ebenfalls einen gegenseitigen Vertrag dar. Auf diesen sind die §§ 320 ff BGB jedoch nur mit erheblichen Einschränkungen anwendbar (vgl Palandt/*Sprau*, § 705 Rn 13). 5

Die **Verknüpfung von Leistung und Gegenleistung** muss nicht synallagmatisch ausgestaltet sein. Es reicht auch eine kausale oder konditionelle Verknüpfung aus. Bei der konditionellen Verknüpfung wird die Erbringung der einen Leistung zur Bedingung für die Verpflichtung zur Erbringung der anderen Leistung gemacht. Bei der kausalen Verknüpfung verfolgt die eine Partei den Zweck, die andere zur Erbringung der an sich nicht geschuldeten Leistung zu veranlassen. Wird ihre Erwartung enttäuscht, kann sie ihre Leistung nach § 812 Abs. 1 S. 2 Alt. 2 kondizieren. 6

[2] **Einschränkungen des Leistungsverweigerungsrechts** durch AGB sind unter Nichtkaufleuten nach § 309 Nr. 2 a unwirksam. 7

Eine formularmäßige Begründung der **Vorleistungspflicht** unterliegt den Beschränkungen des § 309 Nr. 8 b dd BGB. Vorleistungspflicht meint das gegenüber der Leistung der anderen Partei frühere Fälligwerden der Leistung der betreffenden Partei. Der Käufer ist vorleistungspflichtig bei der Vereinbarung „Kasse bereits gegen Faktura“, „cash against document“, „cash on deli- 8 very". Er ist ebenfalls bei einem „Kauf unter Nachnahme" vorleistungspflichtig, da hier keine Untersuchung vor Zahlung möglich ist.

9 Bei Vereinbarung eines **Ratenkaufs** ist der Verkäufer vorleistungspflichtig. Vorleistungspflichten ergeben sich auch aus dem Gesetz, vgl §§ 556 b Abs. 1, 614, 641 Abs. 1, 699.

10 Folge der Vorleistungspflicht ist das Entfallen des Leistungsverweigerungsrechts. Weitere Folge ist das Fälligwerden der Gegenleistung erst nach Erbringung der Vorleistung (sog. **beständige Vorleistungspflicht**). Durch Bewirkung der Vorleistung wird der Vertragspartner jedoch in Verzug gesetzt.

11 Ist die Vorleistungspflicht entfallen, ist unmittelbar Klage auf Erbringung der Gegenleistung möglich, ohne dass die Einrede des § 320 erhoben werden muss.

12 Die Parteien gehen idR davon aus, dass die Leistung des anderen Teils ihrer eigenen gleichwertig ist. Diese Vorstellung ist daher Geschäftsgrundlage iSd § 313.

B. Leistungsverweigerung

13 I. Muster: Ausübung des Leistungsverweigerungsrechts

▶ An das

Amtsgericht/Landgericht

■■■

Az.: ■■■

Klageerwiderung

In dem Rechtsstreit

■■■ gegen ■■■

zeige ich unter anwaltlicher Versicherung ordnungsgemäßer Bevollmächtigung die Vertretung des Beklagten an. Der Beklagte wird sich gegen die Klage verteidigen. Für die mündliche Verhandlung kündige ich folgenden Antrag an:

Der Beklagte wird beantragen, ihn nur Zug-um-Zug gegen Übergabe und Übereignung (der geschuldeten Sache) zur Zahlung von ■■■ EUR (nebst Zinsen in Höhe von 5 Prozentpunkten über dem jeweiligen Basiszinssatz seit Rechtshängigkeit) zu verurteilen.[1]

Begründung

Der Kläger schuldet dem Beklagten aus ■■■ (gegenseitiger Vertrag) vom ■■■ (Datum) die Erbringung von ■■■

Beweis: Vertrag vom ■■■

Bis jetzt hat der Kläger immer noch nicht geleistet. Daher verweigert der Beklagte die ihm obliegende Zahlung von ■■■ EUR (ggf nebst 5 % Zinsen per anno seit ■■■). Diese wird er erst nach Leistung des Klägers vornehmen.[2]

■■■

Rechtsanwalt ◀

II. Erläuterungen

14 **[1] Folgen der Geltendmachung des Leistungsverweigerungsrechts.** Gemäß § 322 Abs. 1 BGB führt die Geltendmachung des Leistungsverweigerungsrechts nicht zur Abweisung der Klage, sondern nur zu einer Zug-um-Zug-Verurteilung.

15 **Weitere Hinweise.** Hat der Gläubiger zusätzlich zum Leistungsantrag einen Antrag auf Feststellung, dass sich der Schuldner mit der Abholung der Sache im Annahmeverzug befände,

gestellt, und stellt das Urteil den Annahmeverzug des Schuldners fest, gilt nach § 322 Abs. 3 § 274 Abs. 2. Danach kann der Gläubiger ohne Erbringung der ihm obliegenden Leistung sogleich die Zwangsvollstreckung gegen den Schuldner betreiben.

[2] **Funktionelles Synallagma.** Diese Formulierung ist Ausdruck des funktionellen Synallagmas. 16
Die Abhängigkeit der gegenseitigen Verpflichtung wirkt sich auf die Durchsetzung der Ansprüche aus. Der Schuldner kann die eigene Leistung bis zur Erbringung der Gegenleistung verweigern. Der Gläubiger kann die Leistung nur Zug um Zug gegen Erbringung seiner Gegenleistung verlangen.

Grundvoraussetzung eines Leistungsverweigerungsrechts aus § 320 ist das **Bestehen eines ge-** 17
genseitigen Vertrages (s. Rn 2 ff), was vom Schuldner darzulegen ist.

Weitere Voraussetzung ist die **Wirksamkeit und Fälligkeit** der vom Schuldner zu erbringenden 18
Gegenleistung. Die Fälligkeit der Gegenleistung besteht nicht bei Vorleistungspflicht des Schuldners. Maßgeblich ist, ob die Gegenforderung bei Entstehung der Hauptforderung bereits erloschen war oder nicht. Wandelt sich die Gegenforderung in einen Sekundäranspruch um, besteht das Leistungsverweigerungsrecht weiterhin. Beispiele für Sekundäransprüche sind solche aus §§ 439 Abs. 1, 635 Abs. 1, 536 ff und Herausgabe des Surrogats nach § 285.

Weiterhin darf der Gläubiger die ihm obliegende **Gegenleistung noch nicht erbracht** haben und 19
auch nicht gleichzeitig mit der Geltendmachung des Leistungsverweigerungsrechts erbringen. Auch eine Teilleistung des Gläubigers berechtigt zur Ausübung des Leistungsverweigerungsrechts. Der Schuldner ist auch berechtigt, eine nicht vertragsgemäße Leistung nach § 266 zurückzuweisen und sich auf sein Leistungsverweigerungsrecht aus § 320 zu berufen. Das Leistungsverweigerungsrecht ist sogar bei Annahme der mangelhaften Leistung nicht ausgeschlossen, sofern sich nicht aus der Natur des Schuldverhältnisses etwas anderes ergibt. Da die Leistungsverweigerung einer Minderung gleich steht, ein solches Recht im Dienstvertragsrecht jedoch nicht vorgesehen ist, darf sich der Schuldner bei Erbringung einer mangelhaften Dienstleistung aber nicht auf § 320 berufen. Beim Kauf- und Werkvertrag gehen die spezielleren §§ 439 Abs. 1 und 635 Abs. 1 § 320 vor. Bei Mängeln von Werkleistungen gilt die Sonderregelung des § 641 Abs. 3, nach der der Besteller mindestens das Dreifache der Nachbesserungskosten zurückhalten darf. Auch der Käufer, der nach § 439 Abs. 1 Nachbesserung verlangt, kann mindestens das Dreifache der Nachbesserungskosten zurückhalten. Dies gilt auch im Mietrecht. Im Arbeitsrecht dagegen kann sich der Arbeitgeber jedoch bei mangelhafter Arbeitsleistung des Arbeitnehmers nicht auf die Einrede des § 320 berufen.

Ferner wird die **eigene Vertragstreue** des Schuldners vorausgesetzt. Der Schuldner verhält sich 20
nicht vertragstreu, wenn er am Vertrag nicht mehr festhalten, sondern sich von diesem lösen will. Die eigene Vertragstreue fehlt ebenfalls, wenn der Schuldner sich im Schuldnerverzug nach §§ 280 Abs. 1, 2, 286 befindet. Ausdruck der eigenen Vertragstreue ist das Anbieten der Leistung.

Rechtsfolgen. Das bloß objektive Bestehen des Leistungsverweigerungsrechts hindert den Ein- 21
tritt des Schuldnerverzuges. Der Schuldner kommt daher nur in Verzug, wenn der Gläubiger bei der Mahnung die Gegenleistung anbietet. Das Bestehen des Leistungsverweigerungsrechts verhindert die Geltendmachung von Prozesszinsen iSd § 291 und von Fälligkeitszinsen iSd § 641, da die Ansprüche dann noch nicht fällig sind. Die Fristsetzung nach § 281 oder § 323 ist ebenfalls nur wirksam, wenn der Gläubiger die von ihm geschuldete Gegenleistung ausdrücklich oder konkludent anbietet.

§ 320 Abs. 2 regelt einen Sonderfall des Ausschlusses des Leistungsverweigerungsrechts. Da- 22
nach ist die Leistungsverweigerung treuwidrig, wenn die Art des Gegenstands die Zurückbehaltung verbietet oder wenn die Zurückbehaltung die Ansprüche des Gläubigers endgültig vereiteln würde (dazu Palandt/*Heinrichs*, § 273 Rn 15 ff).

Nach § 320 Abs. 1 S. 3 hat der Gläubiger nicht die Möglichkeit, die Einrede durch Sicherheits- 23
leistung abzuwenden.

24 **Erlöschen der Einrede.** Die Einrede aus § 320 erlischt mit dem Eintritt des Leistungserfolgs.

§ 321 Unsicherheitseinrede

(1) [1]Wer aus einem gegenseitigen Vertrag vorzuleisten verpflichtet ist, kann die ihm obliegende Leistung verweigern, wenn nach Abschluss des Vertrags erkennbar wird, dass sein Anspruch auf die Gegenleistung durch mangelnde Leistungsfähigkeit des anderen Teils gefährdet wird. [2]Das Leistungsverweigerungsrecht entfällt, wenn die Gegenleistung bewirkt oder Sicherheit für sie geleistet wird.
(2) [1]Der Vorleistungspflichtige kann eine angemessene Frist bestimmen, in welcher der andere Teil Zug um Zug gegen die Leistung nach seiner Wahl die Gegenleistung zu bewirken oder Sicherheit zu leisten hat. [2]Nach erfolglosem Ablauf der Frist kann der Vorleistungspflichtige vom Vertrag zurücktreten. [3]§ 323 findet entsprechende Anwendung.

A. Leistungsverweigerung

1 **I. Muster: Ausübung des Leistungsverweigerungsrechts**

► An das

Amtsgericht/Landgericht

■■■

Klageerwiderung

des ■■■

– Beklagter –

Prozessbevollmächtigter: RA ■■■

Unter Vorlage der Originalvollmacht zeige ich die Vertretung des Beklagten an. Der Beklagte wird sich gegen die Klage verteidigen. Für die mündliche Verhandlung kündige ich folgenden Antrag an:

Der Beklagte wird beantragen, die Klage abzuweisen.

Begründung

Der Kläger schuldet dem Beklagten aus ■■■ (gegenseitiger Vertrag) vom ■■■ (Datum) die Erbringung von ■■■

Beweis: Vertrag vom ■■■

Mittlerweile hat sich herausgestellt, dass der Kläger nicht (voll) leistungsfähig ist und seiner vertraglichen Verpflichtung nicht (nur in geringem Umfang) nachkommen wird.[1] Daher verweigert der Beklagte die ihm obliegende Zahlung von ■■■ EUR (ggf nebst 5 % Zinsen per anno seit ■■■). Diese wird er erst nach Leistung des Klägers vornehmen.[2]

■■■

Rechtsanwalt ◄

II. Erläuterungen und Varianten

2 [1] **Das Leistungsverweigerungsrecht des Vorleistungspflichtigen** besteht nicht nur, wenn der Vorleistungsberechtigte überhaupt nicht leistungsfähig ist, sondern auch, wenn dieser nur eingeschränkt leistungsfähig ist. Der Vorleistungspflichtige kann sich auch auf sein Leistungsver-

weigerungsrecht berufen, wenn er sich bereits bei Vertragsschluss über ein vorhandenes Leistungshindernis unverschuldet geirrt hat. Ob die mangelnde Leistungsfähigkeit bereits bei Vertragsschluss erkennbar war, wird aus der Perspektive eines objektiven Beobachters in der Lage des Vorleistungspflichtigen beurteilt.

[2] **Ausübung des Leistungsverweigerungsrechts** nach Erhebung der **Unsicherheitseinrede.** Folge ist das Entfallen der Vorleistungspflicht. Der Vorleistungspflichtige braucht seine Leistung nur noch Zug-um-Zug gegen Bewirkung der Gegenleistung zu erbringen. 3

Wenn der zu leistende Gegenstand bereits auf dem Weg zur anderen Vertragspartei gebracht worden ist, steht dem Schuldner ein sog. **Stoppungsrecht** nach Maßgabe des Art. 71 Abs. 2 CISG zu: 4

▶ Der Beklagte teilt dem Kläger sofort nach Kenntniserlangung von der Gefährdung seines Anspruchs auf die Gegenleistung mit, dass er dem Kläger die Ware nicht aushändigen werde. ◀

Voraussetzung eines Leistungsverweigerungsrechts aus § 321 BGB ist das **Bestehen eines gegenseitigen Vertrages** (s. § 320 Rn 2 ff), wofür der Schuldner darlegungspflichtig ist. 5

Weiterhin muss der Schuldner **vorleistungspflichtig** sein (s. § 320 8). 6

Der **Anspruch auf die Gegenleistung** muss durch die mangelnde Leistungsfähigkeit des Vorleistungsberechtigten **gefährdet** werden. Dies ist der Fall, wenn der Vorleistungsberechtigte voraussichtlich gar nicht oder aber von der vertragsgemäßen Bestimmung erheblich abweichend leisten wird. Beispiele für die mangelnde Leistungsfähigkeit sind Ablehnung eines in Aussicht gestellten Kredits, Zwangsvollstreckungsmaßnahmen, Eröffnung des Insolvenzverfahrens, Export- oder Importverbote, Liefereinstellung von Zulieferanten, krankheitsbedingte Arbeitsausfälle. 7

Die **mangelnde Leistungsfähigkeit** darf der Vorleistungspflichtige erst **nach Abschluss des gegenseitigen Vertrages erkannt** haben. 8

Verweigert der Schuldner die Vorleistung aufgrund falscher Annahme der Gefährdung des Anspruchs auf die Gegenleistung, kommt er in Schuldnerverzug. 9

Das Leistungsverweigerungsrecht entfällt nach § 321 Abs. 1 S. 2, wenn die Gegenleistung iSd § 362 bewirkt oder Sicherheit iSd § 232 für diese geleistet wird. Der Gläubiger ist hierfür beweispflichtig. 10

B. Fristbestimmung

I. Muster: Fristbestimmung 11

▶ An Herrn ■■■ 177

Hiermit fordere ich Sie auf, bis zum ■■■ (Datum der Frist)[1] nach Ihrer Wahl entweder ■■■ (Bezeichnung der Leistung) oder Sicherheit in entsprechender Höhe zu leisten. Im Gegenzug werde ich bis zum genannten Zeitpunkt die von mir geschuldete Vorleistung bewirken.

Mit freundlichen Grüßen

■■■

Unterschrift ◀

II. Erläuterungen

[1] **Entbehrlichkeit der Fristsetzung.** Nach § 321 Abs. 2 ist **Rechtsfolge** des Verstreichens der gesetzten Frist ohne Bewirkung der Leistung oder der Sicherheit ein Rücktrittsrecht des Vorleistungspflichtigen. Da § 321 Abs. 2 S. 3 auf § 323 verweist, ist unter den dort genannten Voraussetzungen der Absätze 2 bis 4 die Fristsetzung entbehrlich. Das Rücktrittsrecht kann nach § 323 Abs. 5 auch ganz ausgeschlossen sein. Vgl hierzu die Muster und Erläuterungen bei § 323. 12

§ 322 Verurteilung zur Leistung Zug-um-Zug

(1) Erhebt aus einem gegenseitigen Vertrag der eine Teil Klage auf die ihm geschuldete Leistung, so hat die Geltendmachung des dem anderen Teil zustehenden Rechts, die Leistung bis zur Bewirkung der Gegenleistung zu verweigern, nur die Wirkung, dass der andere Teil zur Erfüllung Zug um Zug zu verurteilen ist.
(2) Hat der klagende Teil vorzuleisten, so kann er, wenn der andere Teil im Verzug der Annahme ist, auf Leistung nach Empfang der Gegenleistung klagen.
(3) Auf die Zwangsvollstreckung findet die Vorschrift des § 274 Abs. 2 Anwendung.

1 A. Muster: Klage auf Leistung nach Empfang der Gegenleistung

▶ An das
Amtsgericht/Landgericht
■■■

Klage

des ■■■
– Kläger –
Prozessbevollmächtigter: RA ■■■
gegen
den ■■■
– Beklagter –

wegen: Zahlung von Werklohn

Streitwert (vorläufig): ■■■ EUR

Namens und in Vollmacht des Klägers erhebe ich Klage und kündige für die mündliche Verhandlung folgende Anträge an:

I. Der Beklagte wird verurteilt, dem Kläger den noch ausstehenden Werklohn in Höhe von ■■■ EUR nebst Zinsen hieraus in Höhe von 5,0 Prozentpunkten über dem Basiszinssatz seit dem ■■■/seit Rechtshängigkeit[1] zu zahlen.
II. ■■■ ggf weitere Prozessanträge[2]

Begründung

Die Parteien schlossen am ■■■ einen privatschriftlichen Werkvertrag über die Errichtung eines Einfamilienhauses auf dem Grundstück des Klägers in ■■■, Flur ■■■, Flurstück ■■■. Als Werklohn waren ■■■ EUR vereinbart. Der Beklagte sollte den Werklohn in Abschlagszahlungen nach Baufortschritt entrichten.

Beweis: Werkvertrag vom ■■■

Am ■■■ hat der Kläger das Werk fertig erstellt. Der Beklagte hat die Abnahme des letzten Bauabschnitts jedoch verweigert und die letzte Abschlagszahlung nicht geleistet.[3]

Beweis: Zeugnis des Herrn ■■■, zu laden über den Kläger.

Auf eine vorgerichtliche Zahlungsaufforderung erfolgte keine Zahlung.

Der Beklagte ist aus dem Werkvertrag zur Entrichtung der letzten Abschlagszahlung verpflichtet.

Die Zinspflicht ergibt sich aus ■■■[1]

■■■

Rechtsanwalt ◀

B. Erläuterungen

[1] **Zinsen.** Zu den verschiedenen Möglichkeiten, **Zinsen** geltend zu machen, vgl Muster bei § 288 BGB. 2

[2] **Nebenanträge.** Zu den prozessualen Nebenanträgen (zB § 331 Abs. 3 S. 1 ZPO: Erlass eines Versäumnisurteils im schriftlichen Verfahren) bzw für die Zwangsvollstreckung relevante Anträge vgl GF-ZPO/*Pukall*, § 253 ZPO Rn 92 ff. 3

[3] Grundsätzlich kann der vorleistungspflichtige Gläubiger bei Vorliegen der Voraussetzungen des § 322 Abs. 2 nur die **Verurteilung auf Leistung nach Empfang der Gegenleistung** beantragen. Wenn der Vorleistungsberechtigte die Leistungsannahme jedoch unberechtigt endgültig verweigert, ist er nach dem Rechtsgedanken des § 162 Abs. 1 BGB unbedingt zu verurteilen. 4

[4] **Voraussetzungen** einer Verurteilung auf Leistung nach Empfang der Gegenleistung sind **Vorleistungspflicht des Gläubigers** (s. § 320 Rn 2 ff) und **Annahmeverzug des Schuldners** (= des Vorleistungsberechtigten). Zu den Voraussetzungen des Annahmeverzugs vgl §§ 293 ff. 5

Weiterer Hinweis. § 274 Abs. 2 findet auch auf § 322 Abs. 2 Anwendung. Vgl hierzu § 320 Rn 15. 6

§ 323 Rücktritt wegen nicht oder nicht vertragsgemäß erbrachter Leistung[1]

(1) Erbringt bei einem gegenseitigen Vertrag der Schuldner eine fällige Leistung nicht oder nicht vertragsgemäß, so kann der Gläubiger, wenn er dem Schuldner erfolglos eine angemessene Frist zur Leistung oder Nacherfüllung bestimmt hat, vom Vertrag zurücktreten.
(2) Die Fristsetzung ist entbehrlich, wenn
1. **der Schuldner die Leistung ernsthaft und endgültig verweigert,**
2. **der Schuldner die Leistung zu einem im Vertrag bestimmten Termin oder innerhalb einer bestimmten Frist nicht bewirkt und der Gläubiger im Vertrag den Fortbestand seines Leistungsinteresses an die Rechtzeitigkeit der Leistung gebunden hat oder**
3. **besondere Umstände vorliegen, die unter Abwägung der beiderseitigen Interessen den sofortigen Rücktritt rechtfertigen.**

(3) Kommt nach der Art der Pflichtverletzung eine Fristsetzung nicht in Betracht, so tritt an deren Stelle eine Abmahnung.
(4) Der Gläubiger kann bereits vor dem Eintritt der Fälligkeit der Leistung zurücktreten, wenn offensichtlich ist, dass die Voraussetzungen des Rücktritts eintreten werden.
(5) [1]Hat der Schuldner eine Teilleistung bewirkt, so kann der Gläubiger vom ganzen Vertrag nur zurücktreten, wenn er an der Teilleistung kein Interesse hat. [2]Hat der Schuldner die Leistung nicht vertragsgemäß bewirkt, so kann der Gläubiger vom Vertrag nicht zurücktreten, wenn die Pflichtverletzung unerheblich ist.
(6) Der Rücktritt ist ausgeschlossen, wenn der Gläubiger für den Umstand, der ihn zum Rücktritt berechtigen würde, allein oder weit überwiegend verantwortlich ist oder wenn der vom Schuldner nicht zu vertretende Umstand zu einer Zeit eintritt, zu welcher der Gläubiger im Verzug der Annahme ist.

1 Diese Vorschrift dient auch der Umsetzung der Richtlinie 1999/44/EG des Europäischen Parlaments und des Rates vom 25. Mai 1999 zu bestimmten Aspekten des Verbrauchsgüterkaufs und der Garantien für Verbrauchsgüter (ABl. EG Nr. L 171 S. 12).

A. Rücktritt mit Fristsetzung

1 **I. Muster: Klage aus ausgeübtem Rücktritt**

▶ An das

Amtsgericht/Landgericht

▪▪▪

Klage

des ▪▪▪

– Kläger –

Prozessbevollmächtigter: RA ▪▪▪

gegen

den ▪▪▪

– Beklagter –

wegen: Rücktritts vom Kaufvertrag

Streitwert (vorläufig): ▪▪▪ EUR

Namens und in Vollmacht des Klägers erhebe ich Klage und kündige für die mündliche Verhandlung folgende Anträge an:

I. Der Beklagte wird verurteilt, an den Kläger ▪▪▪ EUR nebst Zinsen[1] hieraus in Höhe von 5,0 Prozentpunkten über dem Basiszinssatz seit dem ▪▪▪/seit Rechtshängigkeit[1] zu zahlen Zug-um-Zug gegen Übergabe und Übereignung des Pkws (Typ, Baujahr) mit dem amtlichen Kennzeichen/der Fahrgestellnummer ▪▪▪[2]

II. Es wird festgestellt, dass sich der Beklagte mit der Verpflichtung zur Abholung des Pkws ▪▪▪ im Annahmeverzug befindet.[3]

III. Der Beklagte wird verurteilt, den Pkw ▪▪▪ beim Kläger abzuholen.[4]

IV. Ggf weitere Prozessanträge[5]

Begründung

Die Parteien schlossen am ▪▪▪ einen privatschriftlichen Kaufvertrag über einen gebrauchten Pkw des Typs ▪▪▪, Baujahr ▪▪▪, letztes amtliches Kennzeichen/Fahrgestellnummer ▪▪▪. Als Kaufpreis waren ▪▪▪ EUR vereinbart.

Beweis: Kaufvertrag vom ▪▪▪

Bei Übergabe des Fahrzeugs und des Fahrzeugbriefes[6] hat der Kläger diesen Betrag gezahlt. Der Kläger fuhr mit dem Fahrzeug zu seinem Anwesen. Kurz vor Erreichen der Einfahrt fiel der Motor aus,[7] weshalb er das Fahrzeug auf den Hof ausrollen ließ. Der Kläger unternahm mehrere erfolglose Versuche, den Motor erneut anzulassen. Bis heute lässt sich der Motor nicht mehr starten.

Unmittelbar nach diesem Vorfall forderte der Kläger den Beklagten zunächst mündlich, dann schriftlich auf, den Motor des Wagens reparieren oder aber ggf austauschen zu lassen.[8] Zuletzt setzte er ihm mit Schreiben vom ▪▪▪, das dem Beklagten persönlich durch die Ehefrau des Klägers am ▪▪▪ ausgehändigt worden ist[9]

Beweis: Zeugnis der Ehefrau des Klägers, Frau ▪▪▪, zu laden über den Kläger

eine Frist von zwei Wochen zur Beseitigung des Mangels. Der Beklagte hat bis jetzt darauf nicht reagiert.

Nach Auskunft des Kfz-Werkstattmeisters ▪▪▪ muss der Motor komplett ausgetauscht werden. Ein Motoraustausch verursache Kosten in Höhe von ▪▪▪ EUR netto.

Diese Maßnahme ist angesichts des für den Wagen gezahlten Kaufpreises, der dem Wert des Fahrzeuges entspricht, wirtschaftlich unsinnig. Der Kläger sah sich daher gezwungen, vom Vertrag zurückzutreten.

Am ■■■ erklärte der Kläger dem Beklagten gegenüber den Rücktritt vom Kaufvertrag. Der Kläger forderte den Beklagten auf, das Fahrzeug von seinem Anwesen abzuholen. Auch dieser Aufforderung kam der Beklagte nicht nach.[3]

Der Kläger ist nach §§ 323 Abs. 1, Abs. 5 S. 2, iVm § 437 Nr. 2 BGB zum Rücktritt berechtigt, da der Beklagte seine Pflicht zur Lieferung einer mangelfreien Sache verletzt hat. Das Fahrzeug war iSd § 434 Abs. 1 S. 2 BGB mangelhaft, da der Motor defekt war. Eine Aufforderung zur Nacherfüllung ist erfolglos geblieben.

Die Zinspflicht ergibt sich aus ■■■

■■■

Rechtsanwalt ◄

II. Erläuterungen

[1] **Zinsen.** Zu den verschiedenen Möglichkeiten, Zinsen geltend zu machen, vgl Muster bei § 288. 2

[2] **Klage auf Leistung Zug-um-Zug.** Bei Vorliegen der Rücktrittsvoraussetzungen kann der Gläubiger unter den Voraussetzungen der §§ 346 ff vom Vertrag zurücktreten. Gemäß § 348 hat der Schuldner nach Rücktritt vom Kaufvertrag einen Gegenanspruch auf Rückgabe und Rückübereignung der Kaufsache. 3

[3] **Feststellungsantrag.** Befindet sich der Schuldner mit der Abholung der Kaufsache bereits im Annahmeverzug, sollte dieser zur Erleichterung der Zwangsvollstreckung nach §§ 756 Abs. 1, 765 ZPO im Urteil festgestellt werden (vgl hierzu auch Formularbuch ZPO, Muster zu § 756 ZPO). Überdies haftet der Gläubiger während des Annahmeverzuges des Schuldners nach §§ 300 ff nur noch eingeschränkt. Die Rückgewährpflicht ist an dem Ort zu erfüllen, an dem sich die Sache vertragsgemäß befindet (Palandt/*Heinrichs*, § 269 Rn 16). 4

[4] **Leistungsantrag.** Der Gläubiger kann sich auf diese Weise einen vollstreckbaren eigenen Titel über die Pflicht des Schuldners zur Abholung bzw Abnahme der Kaufsache schaffen. 5

[5] **Nebenanträge.** Zu den prozessualen Nebenanträgen (zB § 331 Abs. 3 S. 1 ZPO: Erlass eines Versäumnisurteils im schriftlichen Vorverfahren) bzw für die Zwangsvollstreckung relevante Anträge vgl GF-ZPO/*Pukall*, § 253 ZPO Rn 92 ff. 6

Grundvoraussetzung eines Rücktrittsanspruchs nach § 323 Abs. 1 BGB ist das **Bestehen eines gegenseitigen Vertrages** (vgl § 320 Rn 2 ff), was vom Gläubiger darzulegen ist. Die Anwendbarkeit des § 323 ist im **Mietrecht** jedoch gemäß §§ 536 ff, 542 f, im **Dienst- und Arbeitsrecht** gemäß §§ 626 f und im **Teilzahlungsrecht** gemäß § 498 ausgeschlossen. Auf **Kauf- und Werkverträge** ist § 323 bis zum Gefahrübergang nach §§ 446 f bzw §§ 640 f auch anzuwenden, wenn der Käufer oder Besteller Mängelgewährleistungsrechte geltend macht. Nach Gefahrübergang ist § 323 nur bei Vorliegen der in § 437 Nr. 2, 440 bzw §§ 634 Nr. 3, 635 genannten Voraussetzungen anwendbar. 7

[6] **Zeitpunkt des Gefahrübergangs.** Vgl § 446 zum Gefahrübergang. 8

[7] **Pflichtverletzung.** Weitere Voraussetzung für das Bestehen eines Rücktrittsrechts ist die **Verletzung einer Pflicht** aus dem Schuldverhältnis durch Nicht- oder Schlechterfüllung. Die verletzte Pflicht muss nicht im synallagmatischen Verhältnis zur Gegenleistung stehen. Die Vorschrift findet vielmehr auch auf leistungsbezogene Nebenpflichten Anwendung. Beispiele sind die Pflicht zur **Abnahme** der Kaufsache iSd § 433 Abs. 2 und **Montage** derselben sowie die Vorlage des Mustertextes für die Finanzierungsbestätigung. Eine Pflichtverletzung liegt vor, 9

wenn der Schuldner eine fällige Leistung nicht oder nicht vertragsgemäß erbracht hat. Dabei ist eine Nichtleistung gegeben, wenn der Schuldner trotz Fälligkeit und Möglichkeit die Leistung nicht erbringt. Die Verzugsvoraussetzungen des § 286 müssen nicht vorliegen.

10 Ausnahmsweise kann der Gläubiger nach § 323 Abs. 4 auch schon **vor Fälligkeit** der dem Gläubiger obliegenden Leistung vom Vertrag **zurücktreten**, wenn mit an Sicherheit grenzender Wahrscheinlichkeit feststeht, dass die Voraussetzungen des Rücktritts eintreten werden. Hierunter fällt v.a. die ernsthafte und endgültige Erfüllungsverweigerung vor Fälligkeit (s. Rn 14). Zudem steht dem Gläubiger auch dann ein Rücktrittsrecht zu, wenn der im Vertrag mit dem Schuldner vereinbarte Rücktrittsgrund eingetreten und dieser sachlich gerechtfertigt ist. Unter diesen Voraussetzungen – Angabe des Rücktrittsgrundes im Vertrag und sachliche Rechtfertigung desselben – kann ein Rücktrittsrecht nach § 308 Nr. 3 sogar formularmäßig durch Verwendung von **AGB** wirksam begründet werden.

11 § 323 ist die Grundnorm im Rücktrittsrecht. Der Gläubiger, der nicht weiß, dass dem Schuldner die Leistung unmöglich geworden ist, darf daher auch dann nach § 323 vorgehen, wenn die Voraussetzungen des § 275 gegeben sind. In diesem Falle ergibt sich sein Rücktrittsrecht aus § 323 Abs. 1 iVm § 323 Abs. 2 Nr. 3.

12 [8] **Nachfristsetzung.** Ein Anspruch auf Rücktritt setzt grundsätzlich eine **erfolglose Nachfristsetzung** voraus, dh eine vorherige Fristsetzung zur Leistung oder Nacherfüllung in den Formen der Nachbesserung bzw Nachlieferung, die der Schuldner erfolglos hat verstreichen lassen. Die Fristsetzung muss eine bestimmte und eindeutige Aufforderung zur Leistung enthalten. Daher liegt in der Fristsetzung regelmäßig zugleich eine Mahnung iSd § 286 Abs. 1. Die Frist muss nach Fälligkeit, spätestens zusammen mit der die Fälligkeit begründenden Handlung, und vor Undurchsetzbarkeit des Anspruchs gesetzt werden.

13 Die Frist muss so bemessen sein, dass der Schuldner die Möglichkeit hat, eine nahezu vollendete Leistung fertig zu stellen, aber nicht so, dass sie ausreicht, um eine noch gar nicht begonnene Leistung zu vollenden (BGH NJW 1982, 1280; 1985, 323).

14 Bei einer zu kurzen Frist wird eine angemessene Frist in Lauf gesetzt. Die Fristsetzung ist nach § 323 Abs. 2 BGB entbehrlich in folgenden Fällen:

1. **Ernsthafter und endgültiger Erfüllungsverweigerung** (§ 323 Abs. 2 Nr. 1 BGB). Vgl die Kommentierung zu §§ 280, 281 Rn 28. Beispielsweise ist in einem hartnäckigen Bestreiten der Pflichtverletzung oder in der Stellung eines Klageabweisungsantrages das „letzte Wort" des Schuldners und somit eine ernsthafte und endgültige Erfüllungsverweigerung zu sehen.
2. **Relatives Fixgeschäft** (§ 323 Abs. 2 Nr. 2). Ein solches liegt vor, wenn das Geschäft nach dem übereinstimmenden Willen der Parteien mit der fristgerechten Bewirkung der Leistung stehen und fallen soll. Ein relatives Fixgeschäft liegt zB bei der Lieferung von Saisonartikeln vor. **Gebräuchliche Klauseln** für die Abrede eines relativen Fixgeschäftes sind iVm einer bestimmten Leistungszeit: genau, präzise, prompt, spätestens; aber auch „Lieferung zum Verkauf für Weihnachten". Die Formulierung „ohne Nachfrist" ist dagegen nicht genügend.

   In Abgrenzung zum absoluten Fixgeschäft fällt das Interesse des Gläubigers an der Bewirkung der Leistung nach Fristablauf nicht fort. Er soll deshalb in der Lage sein zu entscheiden, ob er nach Ablauf der Frist den Schuldner an der Verpflichtung festhält oder nicht. Dagegen ist bei der Vereinbarung eines absoluten Fixgeschäftes die Bewirkung der Leistung nach Fristablauf für den Gläubiger sinnlos. In diesem Falle findet § 326 Abs. 1 Anwendung. Ein absolutes Fixgeschäft liegt beispielsweise vor bei Bestellung eines Hochzeitsbuffets, der Fahrt zum Flughafen bei Buchung eines bestimmten Fluges sowie der Buchung einer Reise oder Reservierung eines Hotels für die Urlaubszeit. § 376 HGB und § 104 InsO knüpfen besondere Rechtsfolgen an die Nichteinhaltung der Leistungszeit bei einem relativen Fixgeschäft.

3. **Vorliegen besonderer Umstände** (§ 323 Abs. 2 Nr. 3). Nr. 3 eröffnet als Auffangtatbestand für die nicht in Nr. 2 und 3 erfassten Fälle die Möglichkeit des sofortigen Rücktritts, wenn besondere Umstände vorliegen, die unter Abwägung der beiderseitigen Interessen den Rücktritt rechtfertigen.
   Dies ist insbesondere bei **Pflichtverletzungen** seitens des Schuldners der Fall, die das **Vertrauen** des Gläubigers derart erschüttern, dass ihm ein Festhalten am Vertrag unzumutbar erscheinen muss, zB bei Entdeckung, dass bei dem von ihm bestellten Neuwagen neue gegen gebrauchte Teile ausgetauscht worden sind.
   Von dieser Vorschrift sind auch die Fälle des Interessewegfalls erfasst, dh die Fälle, in denen infolge Zeitablaufs das Interesse des Gläubigers an der Bewirkung der Leistung entfallen ist. Dies ist zB der Fall, wenn sich der Abnehmer des Gläubigers wegen der Verzögerung woanders eingedeckt hat.

Im Rahmen eines **Kaufvertrages** ist die Fristsetzung auch bei Vorliegen der Voraussetzungen des § 440 entbehrlich. Das Gleiche gilt für den **Werkvertrag** bei Vorliegen der Voraussetzungen des § 636. 15

Da § 323 dispositiv ist, können die Parteien insbesondere auf das Erfordernis der Fristsetzung verzichten. Dies ist jedoch nur individualvertraglich und wegen § 309 Nr. 4 nicht in AGB möglich. 16

Es verstößt jedoch gegen den dem § 242 BGB zugrunde liegenden Rechtsgedanken des „venire contra factum proprium", wenn der Gläubiger sofort sein Rücktrittsrecht ausübt, obwohl er dem Schuldner in Kenntnis des Vorliegens der Umstände, aufgrund denen eine Fristsetzung entbehrlich ist, eine Frist gesetzt hat. 17

Schließlich setzt § 323 Abs. 1 als ungeschriebene Voraussetzung die **eigene Vertragstreue** des Gläubigers voraus. Insbesondere muss der Gläubiger, wenn zur Vornahme der Leistung seine Mitwirkungshandlung erforderlich ist, diese vornehmen oder aber ihre Vornahme anbieten. 18

[9] Zeitpunkt des Zugangs. Vgl hierzu § 130 Abs. 1 S. 1. 19

Der Rücktritt ist nach § 323 Abs. 5 S. 2 bei Schlechtleistung ausgeschlossen, wenn die Pflichtverletzung unerheblich ist. Hier ist eine Einzelfallbewertung erforderlich (vgl Palandt/*Heinrichs*, § 323). 20

Erheblichkeit liegt jedenfalls bei arglistiger Täuschung durch den Schuldner vor. In der Regel ist die Erheblichkeit eines Mangels zu bejahen, wenn die Kosten der Beseitigung mindestens 10 % der vereinbarten Gegenleistung ausmachen. Für Abweichungen von der in Prospekten angepriesenen Höchstgeschwindigkeit eines Pkws gilt schon eine Wesentlichkeitsgrenze von 5 % (OLG Düsseldorf NJW 2005, 3504). Auch wenn die Beweislast für die Unerheblichkeit beim Schuldner liegt, sollte zur Begründung des Vorliegens eines Mangels zur Wesentlichkeit vorgetragen werden. S. hierzu Muster bei §§ 280, 281 Rn 34. 21

Da Schlecht- und Nichterfüllung aus Wertungsgesichtspunkten nicht unterschiedlich behandelt werden können, ist § 323 Abs. 5 S. 2 entsprechend auch auf die Nichterfüllung anzuwenden. Ist diese Pflichtverletzung unerheblich, kann der Gläubiger nur Erfüllung geltend machen, aber nicht vom Vertrag zurücktreten. Die **Beweislast**, dass der Ausschlussgrund des § 323 Abs. 5 eingreift, trifft den Schuldner. 22

Nach § 323 Abs. 6 ist die Ausübung des Rücktrittsrechts ausgeschlossen. 23

- **1. Var.: Verantwortlichkeit des Gläubigers**: Es ist eine Mitverschuldensquote von mind. 80 % erforderlich.
- **2. Var.: Annahmeverzug des Gläubigers**: Da der Schuldner während des Annahmeverzuges des Gläubigers nach § 300 nur Vorsatz und grobe Fahrlässigkeit zu vertreten hat, entfällt das Rücktrittsrecht des Gläubigers auch dann, wenn der Schuldner leicht fahrlässig gehandelt hat.

Die Frage, wie die von beiden Parteien zu vertretende Unmöglichkeit zu behandeln ist, regelt Abs. 6 nicht. Nach hM wird in diesen Fällen der um das jeweilige Mitverschulden gekürzte Schadensersatzanspruch des Gläubigers aus §§ 280 Abs. 1, Abs. 3, 283 mit dem Schadensersatzanspruch des Schuldners aus § 280 Abs. 1 saldiert. Die **Beweislast**, dass der Rücktritt nach § 323 Abs. 6 ausgeschlossen ist, trifft den Schuldner.

24 Der Gläubiger kann ebenso bei (quantitativer) **teilweiser Leistung** vom Vertrag zurücktreten. Unter Teilleistungen sind alle Leistungen zu verstehen, die bei objektiver Betrachtungsweise in Bezug auf die geschuldete Leistung unvollständig sind. Hat der Gläubiger die **teilweise Leistung angenommen**, kann er gemäß § 323 Abs. 5 S. 1 nur dann vom Vertrag zurücktreten, wenn die Leistung nicht teilbar ist oder er an der Leistung insgesamt kein Interesse mehr hat. Beispiel: Bei Bestellung einer EDV-Anlage ist die für die Bedürfnisse des Gläubigers zu entwickelnde Software noch nicht fertig erstellt.

25 Ist die erbrachte Teilleistung dagegen **teilbar und für den Gläubiger von Interesse**, zerfällt der Vertrag in zwei selbständige Teile. Der Gläubiger muss für die bewirkte Teilleistung einen entsprechenden **Teil der Gegenleistung** erbringen und kann nur hinsichtlich des nicht erbrachten Teils der Leistung vom Vertrag zurücktreten. Beispiel: Der Gläubiger mietet beim Schuldner fünf Computer an. Es werden nur vier geliefert. Diese sind jedoch alle voll funktionstüchtig. Der Gläubiger kann hinsichtlich der gelieferten vier Computer nicht den Rücktritt vom Mietvertrag erklären, da er ein Interesse am Einsatz der gelieferten Computer hat. Für diese muss er die vereinbarte Miete entrichten. Er kann allerdings im Hinblick auf den nicht gelieferten fünften Computer den Rücktritt vom Mietvertrag erklären. Ist hingegen die vom Gläubiger zu erbringende Gegenleistung nicht teilbar, kann er doch vom ganzen Vertrag Abstand nehmen.

26 Hat der Gläubiger die **Teilleistung nach § 266 zurückgewiesen**, liegt ein Fall vollständiger Nichtleistung vor. Konsequenterweise kann er dann unter den Voraussetzungen des § 323 Abs. 1 vom ganzen Vertrag zurücktreten.

27 Im Kaufrecht und im Werkvertragsrecht stellt nach § 434 Abs. 3 bzw § 633 Abs. 2 S. 3 auch eine Zuweniglieferung eine Schlechtleistung dar, so dass sich der Rücktrittsanspruch aus § 323 Abs. 5 S. 2 und nicht aus S. 1 ergibt.

28 Allein das Bestehen einer aufschiebenden Einrede wie zB die des nicht erfüllten Vertrages nach § 320, schließt das Rücktrittsrecht aus. Diese muss vom Schuldner nicht erhoben werden.

29 Bei in Vollzug gesetzten Dauerschuldverhältnissen tritt an die Stelle des Rücktrittsrechts das Recht zur Kündigung aus wichtigem Grund, s. Muster bei § 314 Rn 1. Ist der Vertrag noch nicht in Vollzug gesetzt worden, ist dagegen § 323 anwendbar. Zu Ausnahmen im Erbrecht s. Palandt/*Grüneberg*, § 323 Rn 4.

30 Ist der **Anspruch verjährt**, dessen Verletzung das Rücktrittsrecht begründet, kann der Schuldner dem Rücktrittsrecht die Einrede des § 218 entgegenhalten. Rechtsfolge des Vorliegens der Rücktrittsvoraussetzungen ist die Anwendbarkeit der §§ 346 ff.

B. Abmahnung

31 I. Muster: Abmahnung wegen eines Verstoßes gegen ein vereinbartes Wettbewerbsverbot beim Unternehmensverkauf[1]

▶ Einschreiben/Rückschein

■■■-AG

Sehr geehrter Vorstandsvorsitzender, sehr geehrte Mitglieder des Vorstands,

wir haben die von Ihnen seit dem ■■■ als Testversion angebotene Software zur Unterstützung von Schultergelenk-Operationen selbst ausprobiert und mussten dabei feststellen, dass der Quellcode der Software identisch ist mit dem Quellcode unserer für denselben Tätigkeitsbereich angebotenen Software.

Damit verstößt die ■■■-AG gegen das in § ■■■ des mit uns geschlossenen Unternehmenskaufvertrags festgelegte Wettbewerbsverbot.

Danach hat sich die ■■■-AG verpflichtet, dass sie für einen Zeitraum von ■■■ Jahren nach Abschluss des Vertrags alle das Unternehmen der Verkäuferin betreffenden Geschäfts- und Betriebsgeheimnisse geheim halten und diese Geheimnisse auch nicht selbst nutzen wird.

Nach dieser Vertragsbestimmung ist die ■■■-AG zur Unterlassung der Nutzung unserer Betriebsgeheimnisse[2] verpflichtet.

Sollte die ■■■-AG den Vertrieb der Testversion im geschäftlichen Verkehr nicht bis zum ■■■ (Datum) verbindlich und vollkommen eingestellt haben, werden wir den Rücktritt vom Unternehmenskaufvertrag erklären.[1][3]

Mit freundlichen Grüßen

■■■

Unterschrift ◄

II. Erläuterungen

[1] **Voraussetzungen der Abmahnung.** Der Schuldner muss eine vertragliche Pflicht verletzt haben. Diese Pflichtverletzung darf nicht behoben werden können, so dass eine Fristsetzung sinnlos ist. Dies ist vor allem dann der Fall, wenn die Pflicht in einem Unterlassen besteht. Vorliegend wird das Unterlassen wettbewerbswidriger Handlungen als selbständige Nebenpflicht im Rahmen eines Unternehmensverkaufs geschuldet. Das Unterlassen ist Hauptpflicht bei Unterlassungsverträgen im Wettbewerbsrecht, etwa bei Abreden über die Abstandnahme vom Bieten in der Versteigerung sowie bei vertraglichen Bauverboten. Abs. 3 erfasst darüber hinaus die auf Unterlassung gerichtete vertragliche unselbständige Nebenpflicht, den Leistungserfolg nicht durch aktives Tun zu gefährden. Daher muss der Zedent alles, was die Forderungseinziehung durch den Zessionar beeinträchtigen könnte, unterlassen (RGZ 111, 303). Auch der Handelsvertreter hat aus diesem Grund jede Tätigkeit für ein Konkurrenzunternehmen einzustellen (BGHZ 42, 61). Schutzpflichten, die die Unterlassung einer das Integritätsinteresse des Gläubigers gefährdenden Handlung zum Inhalt haben, fallen dagegen nicht unter § 323. Die **Beweislast** für das Vorliegen dieser Voraussetzungen trägt der Gläubiger. 32

[2] **Betriebsgeheimnis.** Nach der Definition des BVerfG werden als Betriebs- und Geschäftsgeheimnisse alle auf ein Unternehmen bezogene Tatsachen, Umstände und Vorgänge verstanden, die nicht offenkundig, sondern nur einem begrenzten Personenkreis zugänglich sind und an deren Nichtverbreitung der Rechtsträger ein berechtigtes Interesse hat. Betriebsgeheimnisse umfassten im Wesentlichen technisches Wissen im weitesten Sinne; Geschäftsgeheimnisse beträfen vornehmlich kaufmännisches Wissen (BVerfGE 115, 205). 33

[3] **Abmahnung.** Eine Abmahnung ist die ernsthafte Aufforderung an den Schuldner, weitere Zuwiderhandlungen zu unterlassen. Nach hM kann der Unterlassungsanspruch nur unter der Voraussetzung der Befürchtung von Zuwiderhandlungen mit einer Klage durchgesetzt werden. 34

§ 324 Rücktritt wegen Verletzung einer Pflicht nach § 241 Abs. 2

Verletzt der Schuldner bei einem gegenseitigen Vertrag eine Pflicht nach § 241 Abs. 2, so kann der Gläubiger zurücktreten, wenn ihm ein Festhalten am Vertrag nicht mehr zuzumuten ist.

1 **A. Muster: Rücktrittserklärung**

▶ Sehr geehrter Herr ▪▪▪

wir haben am ▪▪▪ einen privatschriftlichen Werkvertrag[1] über den Neuanstrich der mir und meiner Ehefrau gehörenden Eigentumswohnung in der ▪▪▪-straße in ▪▪▪ geschlossen.

Sie sind am ▪▪▪ in der Wohnung erschienen. Zum Streichen der Zimmerwände und -decken haben Sie eine Aluminium-Leiter mitgebracht. Bei dem Versuch, diese durch den hölzernen Türrahmen ins Wohnzimmer zu verbringen, haben Sie der rechten Seite des Türrahmens einen tiefen, ca. 10 cm langen Kratzer zugefügt.[2] Erst beim zweiten Anlauf gelang es Ihnen, die Leiter ohne weitere Beschädigungen des Türrahmens ins Wohnzimmer zu tragen.

Dies kann meine Ehefrau, die zugegen war, bezeugen.[3]

Im Wohnzimmer selbst haben Sie die Leiter so ungeschickt aufgestellt, dass Sie dabei die auf der Anrichte stehende Blumenvase im Wert von ▪▪▪ EUR umwarfen, die auf dem Boden zerschellt ist.[2]

Auch hierfür ist meine Ehefrau Zeugin.[3]

Schließlich musste meine Ehefrau nach Ihrem Weggang feststellen[3], dass aus ihrem im Wohnzimmer auf der Anrichte liegenden Portemonnaie 50 EUR fehlen. Da außer Ihnen kein weiterer Besuch an diesem Tag in unserer Wohnung empfangen worden ist, liegt der Verdacht nahe, dass Sie die 50 EUR entwendet haben.[2]

Unter diesen Umständen ist es mir nicht zuzumuten, länger am Vertrag mit Ihnen festzuhalten.[4] Ich erkläre daher den Rücktritt vom Vertrag.

Mit freundlichen Grüßen

▪▪▪

Unterschrift ◀

B. Erläuterungen

2 [1] **Rücktritt von einem gegenseitigen Vertrag.** § 324 regelt den Rücktritt von einem **gegenseitigen Vertrag.** Bei Bestehen eines Dauerschuldverhältnisses wird § 324 jedoch von dem spezielleren § 314 verdrängt.

3 [2] **Verletzung einer Schutzpflicht.** Weitere Voraussetzung des Rücktrittsrechts ist die Verletzung einer Schutzpflicht iSd **§ 241 Abs. 2.** Diese bezwecken den Schutz der Integritätsinteressen des Gläubigers. Vorliegend ist in allen drei Beispielen das Eigentum des Ehepaares verletzt worden, Beispiele sind auch Gesundheits- oder Ehrverletzungen des Vertragspartners und seiner Angehörigen. Die Vorschrift erfasst die von der früheren Rspr entwickelten Fallgruppen zur pVV, bei denen die Pflichtverletzung zu einem Rücktrittsrecht geführt hat. Die Verletzung vorvertraglicher Schutzpflichten wird dagegen von §§ 311 Abs. 2, 280 Abs. 1, 241 Abs. 2 erfasst. In diesen Vorschriften ist nunmehr das Institut der culpa in contrahendo gesetzlich normiert.

4 [3] Die **Beweislast** für die Pflichtverletzung liegt grundsätzlich beim Gläubiger. Ausnahmsweise muss jedoch nach dem Gedanken der sog. Sphärentheorie der Schuldner den Entlastungsbeweis führen, wenn der Gläubiger in den Bereich des Schuldners, aus der die Pflichtverletzung stammt, keinen Einblick hat.

5 [4] Zudem muss dem Gläubiger ein **Festhalten am Vertrag unzumutbar** sein. Dies ist der Fall, wenn durch die Pflichtverletzung die Vertrauensgrundlage zwischen den Vertragsparteien

schwerwiegend gestört oder sogar zerstört ist. Das Rücktrittsrecht aus § 324 kann daher sogar schon bei einem einmaligen schweren Vertrauensbruch ausgeübt werden.

Das Rücktrittsrecht ist nach § 242 ausgeschlossen, wenn der Gläubiger nach Pflichtverletzung weitere Leistungen entgegennimmt. Dies stellt ein widersprüchliches Verhalten dar (venire contra factum proprium). 6

§ 325 Schadensersatz und Rücktritt

Das Recht, bei einem gegenseitigen Vertrag Schadensersatz zu verlangen, wird durch den Rücktritt nicht ausgeschlossen.

§ 326 Befreiung von der Gegenleistung und Rücktritt beim Ausschluss der Leistungspflicht[2]

(1) [1]Braucht der Schuldner nach § 275 Abs. 1 bis 3 nicht zu leisten, entfällt der Anspruch auf die Gegenleistung; bei einer Teilleistung findet § 441 Abs. 3 entsprechende Anwendung. [2]Satz 1 gilt nicht, wenn der Schuldner im Falle der nicht vertragsgemäßen Leistung die Nacherfüllung nach § 275 Abs. 1 bis 3 nicht zu erbringen braucht.
(2) [1]Ist der Gläubiger für den Umstand, auf Grund dessen der Schuldner nach § 275 Abs. 1 bis 3 nicht zu leisten braucht, allein oder weit überwiegend verantwortlich oder tritt dieser vom Schuldner nicht zu vertretende Umstand zu einer Zeit ein, zu welcher der Gläubiger im Verzug der Annahme ist, so behält der Schuldner den Anspruch auf die Gegenleistung. [2]Er muss sich jedoch dasjenige anrechnen lassen, was er infolge der Befreiung von der Leistung erspart oder durch anderweitige Verwendung seiner Arbeitskraft erwirbt oder zu erwerben böswillig unterlässt.
(3) [1]Verlangt der Gläubiger nach § 285 Herausgabe des für den geschuldeten Gegenstand erlangten Ersatzes oder Abtretung des Ersatzanspruchs, so bleibt er zur Gegenleistung verpflichtet. [2]Diese mindert sich jedoch nach Maßgabe des § 441 Abs. 3 insoweit, als der Wert des Ersatzes oder des Ersatzanspruchs hinter dem Wert der geschuldeten Leistung zurückbleibt.
(4) Soweit die nach dieser Vorschrift nicht geschuldete Gegenleistung bewirkt ist, kann das Geleistete nach den §§ 346 bis 348 zurückgefordert werden.
(5) Braucht der Schuldner nach § 275 Abs. 1 bis 3 nicht zu leisten, kann der Gläubiger zurücktreten; auf den Rücktritt findet § 323 mit der Maßgabe entsprechende Anwendung, dass die Fristsetzung entbehrlich ist.

A. Muster: Rücktritt beim Ausschluss der Leistungspflicht 1

182

▶ An das

Amtsgericht/Landgericht

...

Klage

des ...

– Kläger –

Prozessbevollmächtigter: RA ...

gegen

den ...

– Beklagter –

wegen Rücktritts vom Kaufvertrag[1]

---

2 Diese Vorschrift dient auch der Umsetzung der Richtlinie 1999/44/EG des Europäischen Parlaments und des Rates vom 25. Mai 1999 zu bestimmten Aspekten des Verbrauchsgüterkaufs und der Garantien für Verbrauchsgüter (ABl. EG Nr. L 171 S. 12).

Streitwert (vorläufig): ▪▪▪ EUR

Namens und in Vollmacht des Klägers erhebe ich Klage und kündige für die mündliche Verhandlung folgende Anträge an:

I. Der Beklagte wird verurteilt, an den Kläger ▪▪▪ EUR nebst Zinsen hieraus in Höhe von 5,0 Prozentpunkten über dem Basiszinssatz seit dem ▪▪▪/seit Rechtshängigkeit[2] zu zahlen.

II. ▪▪▪ ggf weitere Prozessanträge[3]

Begründung

Die Parteien schlossen am ▪▪▪ einen Kaufvertrag[4] über ein Klavier. Als Kaufpreis waren ▪▪▪ EUR vereinbart.

Beweis: Kaufvertrag vom ▪▪▪

Bei Abschluss des Kaufvertrages vereinbarten die Parteien, dass das Klavier dem Kläger vom Beklagten angeliefert werden soll. Der Kläger leistete sogleich eine Anzahlung in Höhe von ▪▪▪ EUR, die u.a. den Beklagten für seine Anlieferungskosten entschädigen sollte.

Beweis: Quittung vom ▪▪▪

Als der Beklagte das Klavier zum Kläger transportierte, verunfallte er mit dem Lieferfahrzeug. Das Klavier wurde dabei völlig zerstört.[5]

Am ▪▪▪ erklärte der Kläger dem Beklagten gegenüber den Rücktritt vom Kaufvertrag und forderte den Beklagten zur Rückzahlung der Anzahlung auf.

Der Beklagte hat bis dato nicht gezahlt.

Der Kläger ist nach § 326 Abs. 5 BGB zum Rücktritt berechtigt, da der Beklagte nach § 275 Abs. 1 von seiner Leistungspflicht frei geworden ist. Der Kläger hat sich ein bestimmtes Klavier ausgesucht. Hierdurch ist der Kaufgegenstand iSd § 243 Abs. 2 konkretisiert worden, so dass der Beklagte seiner Leistungsverpflichtung nicht mehr durch die Lieferung eines anderen Klaviers entsprechen kann. Er ist daher von seiner Leistungspflicht nach § 275 Abs. 1 frei geworden.

Der Beklagte hat dem Kläger nach ausgeübtem Rücktritt gem. § 346 Abs. 1 die Anzahlung zurückzuerstatten.

Die Zinspflicht ergibt sich aus ▪▪▪[2]

▪▪▪

Rechtsanwalt ◄

B. Erläuterungen

2 [1] **Angabe des Streitgegenstands.** Eine – nach § 130 Nr. 1 ZPO nicht zwingende – kurze Angabe des Streitgegenstands empfiehlt sich im Hinblick auf eine möglicherweise in der Geschäftsverteilung des Gerichts vorgesehene Bildung von Spezialkammern (vgl § 348 Abs. 1 S. 2 Nr. 2 ZPO).

3 [2] **Zinsen.** Zu den verschiedenen Möglichkeiten, Zinsen geltend zu machen, vgl Muster bei § 288.

4 [3] **Nebenanträge.** Zu den prozessualen Nebenanträgen (zB § 331 Abs. 3 S. 1 ZPO: Erlass eines Versäumnisurteils im schriftlichen Verfahren) bzw für die Zwangsvollstreckung relevanten Anträgen vgl GF-ZPO/*Pukall*, § 253 ZPO Rn 92 ff.

5 [4] **Gegenseitiger Vertrag.** Grundvoraussetzung eines Rücktrittsanspruchs nach § 326 Abs. 5 BGB ist das Bestehen eines gegenseitigen Vertrages (vgl § 320 Rn 2 ff), was vom Gläubiger darzulegen ist. Vgl die Kommentierung zu § 323 Rn 7.

6 [5] **Befreiung des Schuldners von seiner Leistungspflicht.** Weiterhin muss der Schuldner von seiner Leistungspflicht **nach § 275 Abs. 1 bis 3** frei geworden sein. Auf ein Vertretenmüssen des

Schuldners kommt es nicht an. Wie bei § 323 muss die verletzte Pflicht nicht im synallagmatischen Verhältnis zur Gegenleistung stehen. Die Vorschrift findet vielmehr auch auf leistungsbezogene Nebenpflichten Anwendung, zB die Pflicht zur Abnahme der Kaufsache, Montage derselben, Vorlage des Mustertextes für die Finanzierungsbestätigung. Anders als für den Rücktritt nach § 323 ist für den Rücktritt nach § 326 Abs. 5 wegen der hier feststehenden Unmöglichkeit der Nacherfüllung **keine Fristsetzung erforderlich.**

Im Fall **qualitativer Unmöglichkeit** muss die Pflichtverletzung nach § 326 Abs. 5 iVm § 323 Abs. 5 S. 2 erheblich sein. Ein Fall der qualitativen Unmöglichkeit iSd § 275 Abs. 1 liegt vor, wenn eine Sache geliefert wird, die mit einem Sachmangel behaftet ist und eine Nacherfüllung weder durch Beseitigung des Mangels noch – bei Gattungsschulden – durch Lieferung einer mangelfreien Sache möglich ist, da zB die gesamte Gattung die geschuldete Eigenschaft nicht aufweist. Zur Frage der Erheblichkeit der Pflichtverletzung vgl die Ausführungen bei § 323 Rn 20 f. 7

Schließlich ist das Rücktrittsrecht nach § 326 Abs. 5 iVm § 323 Abs. 6 ausgeschlossen, wenn der Gläubiger für den Eintritt des Leistungshindernisses verantwortlich ist oder sich im Zeitpunkt des Eintritts des Leistungshindernisses mit der Annahme der Sache im Verzug befand. 8

Wenn die untergegangene Sache mit einem Mangel behaftet gewesen ist, bleibt das Rücktrittsrecht des Käufers aus § 326 Abs. 5 iVm § 437 Nr. 2 selbst in dem Fall, in dem die Sache durch sein Verschulden untergegangen ist, bestehen (*Dauner-Lieb/Arnold* in: FS Hadding, S. 25 ff). 9

In den Fällen der Teilunmöglichkeit erlischt nach § 326 Abs. 1 S. 1 2. Hs (ggf iVm § 441 Abs. 3) die Gegenleistungspflicht nur teilweise. Möchte der Gläubiger sich aber vom ganzen Vertrag lösen, gestattet ihm § 326 Abs. 5 unter den Voraussetzungen des § 323 Abs. 5 S. 1 den Rücktritt vom ganzen Vertrag. 10

Rechtsfolge des Vorliegens der Rücktrittsvoraussetzungen nach § 326 Abs. 5 ist die Anwendbarkeit der §§ 346 ff. 11

Da der Gläubiger in der Regel nicht weiß, aus welchem Grund der Schuldner nicht oder nicht vertragsgemäß geleistet hat, sollte er vorsichtshalber nach § 323 unter Setzung einer Frist vom Vertrag zurücktreten, auch wenn die Voraussetzungen des § 275 vorliegen könnten. 12

§ 327 (weggefallen)

Titel 3 Versprechen der Leistung an einen Dritten

§ 328 Vertrag zugunsten Dritter

(1) Durch Vertrag kann eine Leistung an einen Dritten mit der Wirkung bedungen werden, dass der Dritte unmittelbar das Recht erwirbt, die Leistung zu fordern.

(2) In Ermangelung einer besonderen Bestimmung ist aus den Umständen, insbesondere aus dem Zwecke des Vertrags, zu entnehmen, ob der Dritte das Recht erwerben, ob das Recht des Dritten sofort oder nur unter gewissen Voraussetzungen entstehen und ob den Vertragschließenden die Befugnis vorbehalten sein soll, das Recht des Dritten ohne dessen Zustimmung aufzuheben oder zu ändern.

A. Echter Vertrag zugunsten Dritter

1 **I. Muster: Zahlungsvereinbarung – echter Vertrag zugunsten Dritter**[1]

▶ **Zahlungsvereinbarung**

zwischen

Herrn/Firma ■■■

– im Folgenden Versprechender genannt –

und

Herrn/Firma ■■■

– im Folgenden Versprechensempfänger genannt –

Hinsichtlich des Kaufs einer Computeranlage am ■■■ im Wert von ■■■ wird zwischen dem Versprechensempfänger und dem Versprechenden folgende Zahlungsvereinbarung geschlossen:

Der Versprechende soll diesen Betrag in Raten bis zum ■■■ an ■■■ (Name des Dritten) zahlen.[2]

Die Höhe einer jeden Ratenzahlung beträgt ■■■ EUR. Die Raten sind spätestens am 3. eines jeden Monats fällig, die erste Rate am ■■■

Herr/Firma ■■■ (Name des Dritten) erwirbt durch diese Vereinbarung unmittelbar das Recht, vom Versprechenden die Zahlung der jeweils fällig werdenden Rate zu verlangen.[3]

Gerät der Versprechende mit der Zahlung einer Rate in Verzug, ist ■■■ (Name des Dritten) berechtigt, die gesamte Restschuld auf einmal zu verlangen.

für den Versprechenden	für den Versprechensempfänger
■■■, den ■■■	■■■, den ■■■
Name: ■■■	Name: ■■■
Titel/Funktion: ■■■	Titel/Funktion: ■■■

◀

II. Erläuterungen

2 **[1] Voraussetzungen.** Ein **Vertrag zugunsten eines Dritten** liegt bei der Vereinbarung der Vertragsparteien vor, dass der Schuldner (= Versprechender) seine Primärleistungspflicht an einen vom Gläubiger (= Versprechensempfänger) verschiedenen Dritten erbringen soll. Dabei muss es sich nach hM dem Wortlaut nach und der systematischen Stellung des § 328 im allgemeinen Teil des Schuldrechts um eine schuldrechtliche Verpflichtung handeln. Einzige Ausnahme ist die befreiende Schuldübernahme iRd § 414. Auch öffentlich-rechtliche Verträge können als Verträge zugunsten Dritter ausgestaltet werden. Nach Übernahme ins innerstaatliche Recht können sogar völkerrechtliche Verträge Ansprüche von Privatpersonen begründen.

3 Es liegen drei Rechtsbeziehungen vor:

1. Der Vertrag zwischen Schuldner (= Versprechendem) und Gläubiger (= Versprechensempfänger) bestimmt die zu erbringende Leistung und die Person des Dritten. Da der Schuldner aus diesem Deckung, dh den Gegenwert für seine Leistung erhält, wird es als **Deckungsverhältnis** bezeichnet. Nach diesem Verhältnis bestimmt sich, ob der ganze Vertrag zugunsten Dritter formbedürftig ist.
2. Der Vertrag zwischen Gläubiger (= Versprechensempfänger) und Drittem wird als **Valutaverhältnis oder Zuwendungsverhältnis** bezeichnet. Diese Rechtsbeziehung bildet den

Rechtsgrund für die Zuwendung an den Dritten und entscheidet darüber, ob dieser die Leistung behalten darf. Häufigste Rechtsgründe sind die Schuldtilgung und die Schenkung. Etwaige Mängel des Zuwendungsverhältnisses berühren nicht die Wirksamkeit des Vertrages zugunsten Dritter. Ein Ausgleich nach Bereicherungsrecht ist zwischen Gläubiger (= Versprechensempfänger) und Drittem vorzunehmen.

3. Das Verhältnis zwischen Schuldner (= Versprechendem) und Drittem wird **Vollzugsverhältnis** genannt. Es stellt kein vertragliches Rechtsverhältnis dar. Beim echten Vertrag zugunsten Dritter erlangt der Dritte allerdings ein eigenes Forderungsrecht gegenüber dem Schuldner. Dieser ist dementsprechend verpflichtet, die Forderung des Dritten zu erfüllen. Er kann ihm jedoch nach § 334 alle Einwendungen, die gegenüber dem Gläubiger bestehen, entgegenhalten.

Sowohl Schuldner als auch Dritter müssen untereinander die in § 241 Abs. 2 beschriebenen Schutzpflichten einhalten. Tun sie dies nicht, haftet der eine dem anderen gegenüber aus §§ 280 Abs. 1, 241 Abs. 2 auf Schadensersatz. Bei einer derartigen Pflichtverletzung des Dritten haftet zugleich auch der Versprechensempfänger, da diesem das Verhalten des Dritten nach § 278 zuzurechnen ist. 4

Eine Auslegung des Vertrages kann ergeben, dass der Dritte sogar die grundsätzlich nur dem Gläubiger zustehenden Schadensersatzansprüche statt der Leistung nach §§ 281 ff und ein Rücktrittsrecht nach § 323 sowie alle anderen Gestaltungsrechte geltend machen können soll. Mit Ausnahme der Anfechtung kann der Gläubiger die aufgezählten Rechte aber nur mit Zustimmung des Dritten selbst ausüben, wenn dieser eine unwiderrufliche Rechtsposition erlangt hat (RGZ 101, 276 f). Bei Wegfall der Geschäftsgrundlage kann der Dritte selbst Anpassung des Vertrages an die veränderten Verhältnisse verlangen (BGH NJW 1972, 152 f; 92, 428). 5

Nach § 335 kann auch der Gläubiger (= Versprechensempfänger) die Erbringung der Leistung an den Dritten fordern. 6

[2] **Vertragszweck** kann sowohl die Verkürzung des Leistungswegs durch eine direkte Leistung des Versprechensempfängers an den Dritten (anstelle der Leistung an den Versprechensempfänger, der diese an den Dritten weiterleitet), aber auch die Sicherstellung der Versorgung des Dritten sein, zB durch Versicherungs-, Leibrenten- und Hofübergangsverträge. 7

[3] **Echter Vertrag zugunsten Dritter.** Beim **echten Vertrag zugunsten Dritter**, der allein in § 328 geregelt ist, erwirbt der Dritte aufgrund des Vertrages (und nicht im Wege der Rechtsnachfolge) einen eigenen Anspruch gegen den Schuldner (Beispiele bei Palandt/*Grüneberg*, § 328 Rn 8 ff). 8

Gem. § 331 Abs. 2 ist es ausreichend, dass der **Dritte bei Vertragsschluss bestimmbar** ist. Dritter kann daher auch eine noch nicht gezeugte natürliche oder eine noch nicht existierende juristische Person sein (BGHZ 93, 274; 129, 305). Möglich ist daher die Begründung eines Auflassungsanspruchs für den jeweiligen Eigentümer eines anderen Grundstücks, eines Wettbewerbsverbots für den jeweiligen Inhaber eines Betriebs oder eines Unterhaltsanspruchs für ein Kind, das durch Fremdinsemination gezeugt werden soll. 9

Das Forderungsrecht muss nicht an die zwischen Schuldner und Gläubiger bestehende Vereinbarung anknüpfen, sondern kann auch abstrakt ausgestaltet sein. Der Dritte darf das Forderungsrecht nach § 333 zurückweisen. 10

Verträge zulasten Dritter sind aufgrund des in Art. 2 Abs. 1 iVm Art. 1 Abs. 1 GG normierten Selbstbestimmungsrechts schon aus sich heraus unwirksam. 11

Ob der Dritte ein eigenes Forderungsrecht erwerben soll, ist durch die in § 328 Abs. 2 genannten Auslegungskriterien zu ermitteln. Der Rechtserwerb des Dritten kann sich auch aus einer ergänzenden Vertragsauslegung ergeben (BGH NJW 1975, 344). Ergänzend kann auch auf die Auslegungsregeln der §§ 329, 330 zurückgegriffen werden. Das Forderungsrecht des Dritten kann gem. § 328 Abs. 2 auch befristet oder bedingt begründet werden. Nach dieser Vorschrift 12 können sich die Parteien auch eine Aufhebung oder Änderung des Rechts des Dritten vorbehalten. Die Änderung und der Widerruf des dem Dritten zustehenden Forderungsrechts erfolgt nach § 328 Abs. 2 grundsätzlich durch einen zwischen Versprechendem und Versprechensempfänger geschlossenen Vertrag. Eine Ausnahme ist in § 332 geregelt.

13 **Voraussetzung** eines echten Vertrages zugunsten Dritter ist ein **wirksamer Vertragsschluss im Deckungsverhältnis** (vgl Rn 3) zwischen Schuldner und Gläubiger.

14 **Weitere Hinweise.** Der Dritte erwirbt den Leistungsanspruch, ohne dass dieser Teil des Vermögens des Gläubigers (= Versprechensempfängers) wurde. Daher kann kein Gläubiger des Versprechensempfängers in diesen vollstrecken. Entsteht das Recht erst nach dem Tod des Versprechensempfängers, gehört es nicht zum Nachlass.

B. Unechter Vertrag zugunsten Dritter

15 I. Muster: Versicherungsschutzklausel beim Pkw-Leasingvertrag[1]

► Der Leasingnehmer hat für das Leasingfahrzeug zu den Allgemeinen Bedingungen für die Kraftfahrtversicherung (AKB) eine Kfz-Haftpflichtversicherung sowie eine Kfz-Vollversicherung mit ... EUR Selbstbeteiligung je Schadenereignis für den Leasinggeber[2] abzuschließen und dem Leasinggeber den Abschluss dieser Versicherungen nachzuweisen. Der Leasingnehmer ermächtigt den Leasinggeber, für sich einen Sicherungsschein über die Fahrzeugvollversicherung zu beantragen und Auskunft über die vorgenannten Versicherungsverhältnisse einzuholen.[3]

Im Fall des Schadenseintritts hat der Leasingnehmer die Reparaturarbeiten unverzüglich durch eine vom Hersteller anerkannte Fachwerkstatt im eigenen Namen und auf eigene Rechnung durchführen zu lassen, es sei denn, dass ein Totalschaden vorliegt oder die voraussichtlichen Reparaturkosten 60 % des Wiederbeschaffungswerts des Fahrzeugs übersteigen.[4]

Weiterhin hat der Leasingnehmer den Leasinggeber unverzüglich vom Eintritt des Schadensfalls zu unterrichten. Er hat dem Leasinggeber unverzüglich eine Kopie der an den Versicherer gerichteten Schadensanzeige und die Rechnung der die Reparatur ausführenden Kfz-Werkstatt zu übersenden. ◄

II. Erläuterungen

16 Zum **Zweck** vgl Rn 7. Zu den **Voraussetzungen** vgl Rn 2 und 13.

17 Beim **unechten Vertrag zugunsten Dritter** ist der Schuldner zwar ermächtigt, nach § 362 Abs. 2 iVm § 185 Abs. 1 mit befreiender Wirkung an den Dritten zu leisten. Das Recht, Leistung an den Dritten zu verlangen, steht aber allein dem Gläubiger zu.

18 [2] **Person des Versicherungsnehmers.** Da sich regelmäßig die Entschädigungssumme durch den vom Versicherungsnehmer, dh den Leasinggeber, aufgewendeten Neupreis des Leasingguts bestimmt, ist dieser auch als Versicherungsnehmer anzusehen (BGH NJW 1989, 3021; 1993, 2870).

19 [3] **Inhaber der Rechte aus dem Versicherungsvertrag.** Im dargestellten Muster einer Versicherung für fremde Rechnung iSd §§ 43 ff VVG stehen die Rechte aus dem Versicherungsvertrag ausschließlich dem Versicherungsnehmer – hier dem Leasinggeber – zu. Der Leasingnehmer ist nicht berechtigt, diese Rechte geltend zu machen, da er sich nicht im Besitz des Versicherungsscheins befindet.

20 [4] Im Fall einer **völligen Zerstörung oder erheblichen Beschädigung des Leasingguts** ist der Leasinggeber nicht verpflichtet, das Leasinggut neu zu beschaffen. Dann sind Leasinggeber und Leasingnehmer berechtigt, den Leasingvertrag vorzeitig durch fristlose Kündigung zu beenden. Auch der Kaufvertrag zwischen Leasinggeber und Lieferanten stellt einen unechten Vertrag zugunsten Dritter dar.

C. Vertrag mit Schutzwirkung zugunsten Dritter

I. Muster: Kfz-Sachverständigengutachten 21

185

▶ Dipl.-Ing. ■■■

Betreff: Wertermittlung

Auftrag vom ■■■

Auftraggeber ■■■[1]

Fahrzeugdaten

amtliches Kennzeichen ■■■

Fabrikat ■■■

Typ ■■■

Fahrgestellnr. ■■■

Leistung ■■■

Hubraum ■■■

Baujahr ■■■

Erstzulassung ■■■

Farbe ■■■

Laufleistung ■■■

Ausstattung

(■■■)

Unfallschäden

(■■■)

Zustandsbeschreibung

Die Überprüfung der Verkehrssicherheit ■■■

Fahrzeugbewertung

Das Fahrzeug hat zum Zeitpunkt der Besichtigung einen geschätzten Wert von ■■■ EUR. Der Unfallschaden führt zu einem Minderwert von ■■■ EUR.[2] Ohne den Unfallschaden würde der objektive Wert daher ■■■ EUR betragen.

Eine Behebung des noch vorhandenen Unfallschadens ist durch Reparatur möglich, welche Kosten in Höhe von ca. ■■■ EUR verursachen würde.[2]

Das Gutachten wurde nach bestem Wissen und Gewissen erstellt.[3]

■■■, den ■■■

■■■

Sachverständiger ◀

II. Erläuterungen

[1] **Gläubiger der Hauptpflicht.** Nur der Gläubiger kann die Erbringung der Hauptleistung – hier die Erstellung des Gutachtens – verlangen. 22

[2] **Einbezug der Kfz-Haftpflichtversicherung in den Schutzbereich.** Die Kfz-Haftpflichtversicherung ist in den Schutzbereich des zwischen Auftraggeber und Gutachter geschlossenen Vertrages einbezogen, so dass ihr im Falle einer zu hohen Schadensbewertung ein Schadensersatzanspruch gegenüber dem Gutachter zusteht. Zu diesem Ergebnis gelangt die Rechtsprechung 23

über eine ergänzende Vertragsauslegung (BGHZ 56, 273; NJW 1984, 356). Die herrschende Literatur sieht die Rechtsgrundlage für die Einbeziehung eines Dritten in ein Vertragsverhältnis in einer richterlichen Rechtsfortbildung (*Bayer*, JuS 1996, 475).

24 Entfaltet ein Vertrag Schutzwirkung zugunsten Dritter, hat dies zur Folge, dass die vertraglichen Sorgfalts- und Obhutspflichten des Schuldners auch dem Dritten gegenüber bestehen, bei deren Verletzung der Dritte eigene vertragliche Schadensersatzansprüche geltend machen kann. Das Gleiche gilt bei der Verletzung von Leistungspflichten. Die **Vorteile gegenüber der Geltendmachung von deliktischen Ansprüchen** liegen darin, dass der Dritte auch Vermögensschäden ersetzt verlangen kann, der Schuldner für das Handeln seiner Erfüllungsgehilfen über § 278 einstehen muss und für ihn keine Exkulpationsmöglichkeit besteht.

25 [3] **Kenntnis des Auftraggebers von Gutachtenmängeln.** Grundsätzlich entfällt der Drittschutz auch dann nicht, wenn der Auftraggeber von Mängeln des Gutachtens Kenntnis hat und diese dem Dritten bewusst verschweigt (BGHZ 127, 378; NJW-RR 2004, 1356). Allerdings ist dieser ausgeschlossen, wenn der Dritte durch ein weiteres Gutachten Kenntnis von den Mängeln des Erstgutachtens erhält (BGH NJW 2001, 512). In gerichtlichen Verfahren oder Verwaltungsverfahren bestellte Sachverständige haften aus der vorrangigen Spezialnorm § 839 a und nicht aus den Grundsätzen des Vertrages mit Schutzwirkung zugunsten Dritter. Vgl zu den Gutachterverträgen auch Rn 27.

26 Ein Vertrag mit Schutzwirkung zugunsten Dritter besteht, wenn ein **zwischen Schädiger und Gläubiger bestehendes schuldrechtliches** (vertragliches oder gesetzliches) **Verhältnis** Schutzwirkung zugunsten eines Dritten entfaltet. Der Dritte kann sogar bei einem vorvertraglichen Schuldverhältnis iSd § 311 Abs. 2 und bei nichtigen Verträgen in den Schutz der auch in diesen Fällen geschuldeten Obhut und Sicherung einbezogen sein (BGHZ 66, 56; NJW-RR 2003, 1035). Dies ist auch bei einem öffentlichrechtlich ausgestalteten Nutzungsverhältnis möglich (BGH NJW 1974, 1817).

27 Ob der Dritte in den Vertrag mit einbezogen ist, hängt davon ab, ob die Voraussetzungen für seine Einbeziehung erfüllt sind:

- **Leistungsnähe.** Diese ist gegeben, wenn der Dritte bestimmungsgemäß (nicht nur zufällig) mit der Leistung in Berührung kommt und den Gefahren von Schutzpflichtverletzungen in gleichem Maße wie der Gläubiger auch ausgesetzt ist (BGHZ 49, 354; 70, 329; 129, 168).
- **Einbeziehungsinteresse des Gläubigers.** Der Gläubiger muss ein Interesse daran haben, dass der Dritte in den Schutzbereich des zwischen ihm und dem Schuldner geschlossenen Vertrages einbezogen wird. Haben die Vertragsparteien hierzu keine Vereinbarung getroffen, kann sich aus einer ergänzenden Vertragsauslegung das Interesse des Gläubigers am Schutz des Dritten ergeben. Ein berechtigtes Interesse ist gegeben, wenn der Gläubiger aufgrund eines zwischen ihm und dem Drittem bestehenden Fürsorgeverhältnisses für das „Wohl und Wehe" des Dritten verantwortlich ist.
  - Beispielsweise sind bei allen **arbeitsrechtlichen und mietvertraglichen Rechtsverhältnissen** auch die Familienangehörigen in den Schutzbereich des Vertrages einbezogen.
  - Der **ärztliche Behandlungsvertrag** entfaltet auch Schutzwirkung zugunsten der Eltern des zu behandelnden Kindes.
  - Der **Überweisungsempfänger** ist in den Schutzbereich des zwischen Überweisenden und Bank bestehenden Girovertrages einbezogen.
  - Abweichend von diesem Grundsatz nimmt der BGH bei **Gutachterverträgen**, aber auch bei gegenteiligen Interessen des Gläubigers und des Dritten (zB Verkäufer und Käufer bei einem Grundstückskaufvertrag) eine Schutzwirkung des zwischen dem Gläubiger und dem Gutachter abgeschlossenen Werkvertrages an. **Erkennbarkeit für den Schuldner.** Eine Haftung des Schuldners wird nur dann begründet, wenn die Leistungsnähe – auch eines ihm unbekannten – Dritten und das Interesse des Gläubigers an der Einbeziehung des

Dritten in den Vertrag für den Schuldner erkennbar sind. Ausnahmsweise kann Drittschutz auch gegenüber einer **Vielzahl unbekannter Dritter** gegeben sein, wenn durch die Einbeziehung derselben in den Schutzbereich des Vertrages nicht das Haftungsrisiko des Gläubigers ausgedehnt wird, zB die Erstellung eines Gutachtens über den Beleihungswert eines Grundstücks im Rahmen einer Finanzierungsmaßnahme. In diesen Werkvertrag zwischen Verkäufer und Gutachter werden sowohl der Käufer als auch der Darlehensgeber bzw die Investoren einbezogen, da das Haftungsrisiko auf den im Gutachten festgestellten Grundstückswert begrenzt ist.

- **Schutzbedürftigkeit des Dritten.** Der Dritte ist nur schutzwürdig, wenn er keine eigenen gleichwertigen vertraglichen Ersatzansprüche gegen den Gläubiger oder einen anderen geltend machen kann, die dem gleichen Lebenssachverhalt entspringen, aus dem er seinen Anspruch gegen den Schuldner des Gläubigers herleitet. Ob diese realisierbar sind, ist irrelevant.

Der Dritte kann den aus dem Vertrag abgeleiteten Schadensersatzanspruch nicht uneingeschränkt geltend machen, wenn eine gesetzliche Haftungsbeschränkung besteht. Insbesondere die Vorschrift des § 334 ist entsprechend auf den Vertrag mit Schutzwirkung zugunsten Dritter anzuwenden, denn dem geschädigten Dritten sollen nicht mehr Rechte zustehen als dem Gläubiger. Daher muss sich der Dritte ein Mitverschulden des Gläubigers nach § 254 anspruchsmindernd entgegenhalten lassen. Vertragliche Haftungsbegrenzungen sind auch auf den Dritten auszudehnen. 28

Liegt dagegen der umgekehrte Fall einer Schadensersatzpflicht des Dritten vor, wirken die zwischen Gläubiger und Schuldner vereinbarten Haftungsbeschränkungen regelmäßig zu seinen Gunsten. Er kann sich genauso wie der Gläubiger auch auf die im BGB für besondere Verträge geltenden kurzen Verjährungsfristen berufen. 29

§ 329 Auslegungsregel bei Erfüllungsübernahme

Verpflichtet sich in einem Vertrag der eine Teil zur Befriedigung eines Gläubigers des anderen Teils, ohne die Schuld zu übernehmen, so ist im Zweifel nicht anzunehmen, dass der Gläubiger unmittelbar das Recht erwerben soll, die Befriedigung von ihm zu fordern.

A. Muster: Vereinbarung einer Erfüllungsübernahme 1

▶ **Vereinbarung einer Erfüllungsübernahme** 186

zwischen

Herrn/Firma ...

– im Folgenden Versprechender genannt –

und

Herrn/Firma ...

– im Folgenden Versprechensempfänger genannt –

Der Versprechensempfänger schuldet dem Kreditinstitut ... aus der Aufnahme eines Darlehens einen Betrag in Höhe von ... EUR. Der Versprechende verpflichtet sich hiermit gegenüber dem Versprechensempfänger, das Kreditinstitut zu befriedigen.[1] Der Anspruch des Versprechensempfängers gegen den Versprechenden auf Befreiung von der Verbindlichkeit ist – mit Ausnahme der Abtretung an das Kreditinstitut – nicht abtretbar und nicht pfändbar.[2]

für den Versprechenden
▪▪▪, den ▪▪▪
Name: ▪▪▪

für den Versprechensempfänger
▪▪▪, den ▪▪▪
Name: ▪▪▪

◄

B. Erläuterungen und Varianten

2 [1] **Erfüllungsübernahme** wird ein Vertrag zwischen Versprechensempfänger und Versprechenden genannt, durch den sich der Versprechende verpflichtet, eine Verbindlichkeit des Versprechensempfängers zu erfüllen. Eine gesetzliche Regelung für eine Erfüllungsübernahme findet sich in § 415 Abs. 3 (Fall der gescheiterten Schuldübernahme). Der Schuldner der Forderung hat einen **Anspruch auf Befreiung** gegenüber dem Versprechenden. Wenn nichts anderes vereinbart ist, besteht dieser Befreiungsanspruch nur in dem Umfang und in der Höhe, den bzw die die Forderung im Zeitpunkt der Erfüllungsübernahme hatte.

3 § 329 stellt für die Erfüllungsübernahme die widerlegbare Vermutung auf, dass der Gläubiger gegenüber dem Versprechenden kein eigenes Forderungsrecht erhält. Die Erfüllungsübernahme ist somit ein **unechter Vertrag zugunsten Dritter**. § 329 ist anwendbar, wenn eine Partei die Kosten des von der anderen Partei beauftragten Rechtsanwalts oder Maklers übernimmt.

4 [2] **Abtretungsverbot.** Der Befreiungsanspruch, den der Versprechensempfänger gegenüber dem Versprechenden erwirbt, ist nach § 399 1. Alt. und § 400 grundsätzlich unabtretbar und unpfändbar. Schuldbefreiungsansprüche unterliegen nach § 399 1. Alt. **grundsätzlich** einem **Abtretungsverbot**, da sich mangels Pflicht des Zessionars, von der er befreit werden könnte, der Anspruch bei Abtretung in einen inhaltlich verschiedenen Zahlungsanspruch umwandeln würde. Eine **Ausnahme** besteht bei Abtretung des Befreiungsanspruchs an den Gläubiger, da dieser derjenige ist, dem die Forderung gebührt. Eine Beeinträchtigung des Schuldners ist damit ausgeschlossen. Im Zeitpunkt der Abtretung an den Gläubiger wandelt sich der Anspruch auf Befreiung in einen Zahlungsanspruch um (BGH ZIP 2004, 452/454).

5 Die vertragliche Vereinbarung einer Erfüllungsübernahme ist ohne Einhaltung einer **Form** möglich, es sei denn, sie wird zB als **abstraktes Schuldanerkenntnis** iSd §§ 780, 781 oder als **Schenkung** nach § 516 ausgestaltet. Dagegen muss keine Formvorschrift beachtet werden, wenn die Erfüllungsübernahme als Bürgschaftsvertrag ausgestaltet wird. In diesem Falle unterliegt nur die Bürgschaftserklärung selbst der Formvorschrift des § 766.

6 Versprechensempfänger und Versprechender können die im Muster dargestellte Vereinbarung auch iSe **echten Vertrags zugunsten Dritter** treffen. Dies ist bei der Absprache anzunehmen, dass der Versprechende neben den Versprechensempfänger in das Schuldverhältnis eintritt. Beide Vertragsparteien werden dann Gesamtschuldner iSd §§ 421 ff. Die in § 25 Abs. 3 HGB geregelte Haftung des Übernehmers einer Handelsgesellschaft stellt einen einseitigen rechtsgeschäftlichen Schuldbeitritt und somit einen echten Vertrag zugunsten Dritter dar.

§ 330 Auslegungsregel bei Leibrentenvertrag

[1]Wird in einem Leibrentenvertrag die Zahlung der Leibrente an einen Dritten vereinbart, ist im Zweifel anzunehmen, dass der Dritte unmittelbar das Recht erwerben soll, die Leistung zu fordern. [2]Das Gleiche gilt, wenn bei einer unentgeltlichen Zuwendung dem Bedachten eine Leistung an einen Dritten auferlegt oder bei einer Vermögens- oder Gutsübernahme von dem Übernehmer eine Leistung an einen Dritten zum Zwecke der Abfindung versprochen wird.

A. Leibrentenvertrag mit Drittzahlungsklausel

I. Muster: Leibrentenvertrag mit Drittzahlungsklausel[1] 1

▶ Der Versprechende ▪▪▪ gewährt seinen Eltern ▪▪▪ als Gesamtgläubiger nach § 428 BGB auf deren beider Lebenszeit[2] eine 187

Leibrente[3]

ab dem ▪▪▪, in Höhe von ▪▪▪ EUR monatlich. Die Einzelleistungen sind jeweils drei Monate im Voraus[4] auf das Konto der Tochter, Frau ▪▪▪, bei der ▪▪▪-Bank, Konto-Nr. ▪▪▪, BLZ ▪▪▪, zahlbar.[5] ◀

II. Erläuterungen

[1] **Echter Vertrag zugunsten Dritter.** § 330 stellt in drei Fällen die widerlegbare Vermutung auf, dass ein echter Vertrag zugunsten Dritter iS des § 328 vorliegt. 2

[2] **Dauer der Zahlung.** Dass die Rente für die Lebensdauer des Gläubigers zu entrichten ist, ergibt sich aus § 759 Abs. 1. 3

[3] **Leibrentenvertrag.** Ausführliches Muster mit Erläuterungen bei § 759. 4

[4] **Zeitpunkt der Zahlung.** Vgl § 760. 5

[5] **Eigenes Forderungsrecht.** Nach der Auslegungsregel des § 330 S. 1 hat die Tochter ein eigenes Forderungsrecht. 6

B. Schenkung mit Drittleistungspflicht

I. Muster: Schenkung mit Drittleistungspflicht 7

▶ **Schenkungsvertrag[1]** 188

Der Beschenkte verpflichtet sich zugunsten des Schenkers, einen Teil des geschenkten Geldbetrages in Höhe von ▪▪▪ EUR als Einlage in die ▪▪▪-Gesellschaft einzubringen.[2] ◀

II. Erläuterungen

[1] **Grundlagen.** Ausführliches Muster bei § 516. 8

[2] **Schenkungsauflage iS des § 525.** Ist an einen Dritten – hier den vertretungsberechtigten Gesellschafter – zu leisten, hat dieser nach Vollzug der Schenkung einen unmittelbaren Anspruch gegen den Beschenkten auf Erfüllung der Auflage. 9

Voraussetzung für ein eigenes Forderungsrecht des Dritten ist das Vorliegen einer **unentgeltlichen Zuwendung** (§ 330 S. 2) im **Deckungsverhältnis** zwischen Versprechenden und Versprechensempfänger. Hierunter sind nicht nur Schenkungen und Schenkungen von Todes wegen, sondern auch Leihen und unverzinsliche Darlehen zu verstehen. 10

C. Vermögens- oder Gutsübernahme mit Drittleistungsversprechen

11 **I. Muster: Abfindungsklausel bei einem Hofübergabevertrag[1]**

▶ Der Einheitswert des Hofes ist durch am ■■■ erstellten Bescheid des Finanzamtes ■■■ auf ■■■ EUR festgesetzt worden.[2]

Die Erschienene zu 4 hat aus dem Hof am ■■■ einen Betrag in Höhe von ■■■ EUR und ferner als Ausstattung am ■■■ eine Zahlung in Höhe von ■■■ EUR erhalten.

Der Erschienene zu 3 verpflichtet sich, der weichenden Erbin – der Erschienenen zu 4 – zur Abgeltung ihres Abfindungsanspruchs einen Abfindungsbetrag in Höhe von ■■■ EUR zu zahlen.[3] Die Forderung der Erschienenen zu 4 ist am ■■■ fällig und von diesem Zeitpunkt an mit 5 % zu verzinsen.

Die Erschienene zu 4 hat ein eigenes Forderungsrecht gegen den Erschienenen zu 3.[4]

Zur Sicherung des Abfindungsanspruchs der Erschienenen zu 4 bewilligen und beantragen die Beteiligten die Eintragung einer Grundschuld für die Erschienene zu 4 in Höhe von ■■■ EUR nebst 5 % Zinsen auf den in § 1 dieses Vertrages erwähnten Grundstücken. Die Grundschuld soll hinter der zugunsten der ■■■– Bank in Höhe von ■■■ EUR nebst ■■■ % Zinsen bestellten Grundschuld eingetragen werden. ◀

II. Erläuterungen

12 [1] **Übertragung von Vermögenswerten im Wege vorweggenommener Erbfolge.** Zur Übertragung eines Hofes iS der Höfeordnung im Wege vorweggenommener Erbfolge vgl Muster bei § 311 b. Das Muster findet auch auf Vermögensübertragungen Anwendung. S. hierzu ebenfalls Muster bei § 311 b.

13 [2] **Bemessungsgrundlage des Abfindungsanspruchs.** Der Abfindungsanspruch bemisst sich gemäß § 12 Abs. 2 der Höfeordnung nach dem Wert des Hofes im Zeitpunkt des Erbfalls. Hofeswert ist das Eineinhalbfache des zuletzt festgesetzten Einheitswertes iS des § 48 Bewertungsgesetz.

14 [3] **Zweck der Abfindung.** Mit der Abfindung wird die Auszahlung der Miterbin bezweckt. Im Einzelfall kann es angebracht sein zu bestimmen, welche Vorausempfänge ganz oder zum Teil nach § 12 Abs. 4 Höfeordnung auf die Abfindung anzurechnen sind und welche Leistungen der Ausgleichung unterliegen.

15 Als Abfindung können auch Landvermächtnisse ausgesetzt werden. Wirtschaftlich schwache Höfe können dadurch geschützt werden, dass die Abfindung für den Fall des Verlangens einer Nachabfindung auf den Pflichtteil beschränkt wird. Nach § 13 Abs. 7 iVm § 13 Abs. 1 der Höfeordnung haben die Miterben bei Realisierung des Verkehrswerts des Hofes durch Veräußerung zumindest einzelner Grundstücke oder Verwertung seines Zubehörs einen Anspruch auf Herausgabe des erzielten Erlöses in Höhe ihres Anteils am Nachlass oder dessen Werts unter Abzug der bereits erhaltenden Abfindung.

16 [4] **Eigenes Forderungsrecht des weichenden Erben.** S. Rn 6; § 330 findet entsprechende Anwendung auf die Übernahme eines gewerblichen Betriebes (RG JW 2005, 717).

§ 331 Leistung nach Todesfall

(1) Soll die Leistung an den Dritten nach dem Tode desjenigen erfolgen, welchem sie versprochen wird, so erwirbt der Dritte das Recht auf die Leistung im Zweifel mit dem Tode des Versprechensempfängers.

(2) Stirbt der Versprechensempfänger vor der Geburt des Dritten, so kann das Versprechen, an den Dritten zu leisten, nur dann noch aufgehoben oder geändert werden, wenn die Befugnis dazu vorbehalten worden ist.

A. Rechtsgeschäftliche Nachfolge

I. Muster: Rechtsgeschäftliche Nachfolgeklausel 1

190

▶ Beim Tod des Gesellschafters ■■■ geht dessen Gesellschafterstellung auf seine Abkömmlinge ■■■ über. Diese treten im Zeitpunkt des Todes unmittelbar in die Gesellschafterstellung ein.[1]

■■■

Unterschrift des Gesellschafters

■■■

Unterschrift der Abkömmlinge[2] ◀

II. Erläuterungen

[1] Zeitpunkt des Erwerbs der Forderung. Ein Vertrag zugunsten eines Dritten auf den Todesfall ist ein echter Vertrag zugunsten eines Dritten iS des § 328 Abs. 1. **Zeitpunkt des Erwerbs der Forderung** ist hier allerdings der Tod des Versprechensempfängers. 2

[2] Beteiligung der Nachfolger. An diesem Rechtsgeschäft unter Lebenden müssen die **Nachfolger** unmittelbar durch Unterzeichnung des Vertragsschlusses beteiligt werden. Eine rechtsgeschäftliche Nachfolgeklausel, an der die Nachfolger nicht beteiligt sind, ist wegen Verstoßes gegen die Verbote von Verfügungen zugunsten Dritter und von Verträgen zulasten Dritter nichtig (BGHZ 68, 225, 232). 3

An das den Nachfolgern eingeräumte Recht auf direkten Übergang der Gesellschafterstellung sind die übrigen Gesellschafter solange gebunden, bis die Nachfolger eine Verzichtserklärung unterschreiben. 4

Die nicht in die Gesellschafterstellung eintretenden Erben können keine Abfindungsansprüche gegen die Gesellschaft selbst geltend machen, da die Gesellschafterstellung nicht in die Erbmasse fällt. Ihnen stehen allerdings Pflichtteils- und Pflichtteilsergänzungsansprüche gegen den bzw die Nachfolger zu. 5

B. Gesellschaftsrechtliche Nachfolge

I. Muster: Einfache gesellschaftsrechtliche Nachfolgeklausel[1] 6

191

▶ Beim Tod eines Gesellschafters wird die Gesellschaft mit seinen Erben fortgesetzt. Die Beteiligung des verstorbenen Gesellschafters geht auf die Miterben zu den ihren Erbteilen entsprechenden Quoten über. ◀

II. Erläuterungen

7 **[1] Übertragung der Gesellschafterstellung durch Nachfolgeklauseln.** Gemäß § 727 Abs. 1 ist der Gesellschaftsanteil nicht vererblich, die Gesellschaft wird liquidiert. § 727 Abs. 1 ist allerdings abdingbar: Die Gesellschafterstellung kann entweder durch Aufnahme einer entsprechenden Klausel in den Gesellschaftsvertrag oder bei Zustimmung aller Gesellschafter übertragen werden (BGHZ 13, 179, 182). Eine ohne Beachtung dieser Förmlichkeiten vorgenommene Übertragung der Gesellschafterstellung ist schwebend unwirksam. Sie wird bei Verweigerung der Genehmigung endgültig unwirksam (BGH aaO). Die Rspr ist der Ansicht, dass sich die **Nachfolge in die Gesellschafterstellung** eines Gesellschafters nach den erbrechtlichen Bestimmungen vollziehe (BGHZ 22, 186; NJW 1986, 2431). Danach fällt die Gesellschafterbeteiligung direkt in den Nachlass.

8 Sind mehrere Personen Erben, würden sie nach erbrechtlichen Grundsätzen als Erbengemeinschaft Gesellschafter werden. Dies ist jedoch mit der Gesellschafterstellung und der Gesellschafterhaftung unvereinbar. Daher hat der BGH das **Prinzip der Sonderrechtsnachfolge** geschaffen, nach welchem jeder Miterbe direkt einen Anteil der Gesellschafterbeteiligung des Verstorbenen in Höhe seiner Erbquote erhält (BGH NJW 1983, 2376; 1999, 571).

9 Nach § 139 Abs. 1 HGB kann jeder Erbe sein Verbleiben in der Gesellschaft davon abhängig machen, dass ihm unter Belassung des bisherigen Gewinnanteils die Stellung eines Kommanditisten eingeräumt wird und der auf ihn fallende Teil der Einlage des Erblassers als seine Kommanditeinlage anerkannt wird. Diese Regelung ist nicht abdingbar. Wenn die übrigen Gesellschafter diesem Verlangen nicht nachgeben sollten, kann der Erbe nach § 139 Abs. 2 HGB gegen Zahlung einer Abfindung aus der Gesellschaft ausscheiden. Die einfache gesellschaftsrechtliche Nachfolgeklausel ist daher nur dann **zweckmäßig**, wenn alle Gesellschafter in der Vererbung ihrer Beteiligung frei sein sollen.

10 Dagegen wird bei der **qualifizierten gesellschaftsrechtlichen Nachfolgeklausel** die Gesellschaft beim Tod des Gesellschafters mit nur einem oder mehreren bestimmten Erben fortgesetzt: Beim Tod eines Gesellschafters wird die Gesellschaft mit dem vom Verstorbenen in der letztwilligen Verfügung bestimmten Erben/mit dem ältesten Sohn des Erblassers fortgesetzt. Hat der Erblasser die Bestimmung nicht wirksam getroffen, kann sie von den Erben nicht nachgeholt werden.

11 Der Nachfolger hat die anderen Erben abzufinden, soweit nicht die Gesellschafterstellung dem Nachfolger zusätzlich zu seinem Erbteil zugewendet wird.

12 Im Fall der **gescheiterten gesellschaftsrechtlichen Nachfolgeklausel** ist jemand persönlich im Gesellschaftsvertrag als Erbe benannt worden, der nach der letztwilligen Verfügung des Erblassers doch nicht Erbe geworden ist. Dann rückt er auch nicht als Nachfolger in die Gesellschafterstellung des Erben ein. Die gesellschaftsrechtliche Vereinbarung ist in diesem Fall als Eintrittsrecht auszulegen (s. Rn 13 ff).

III. Gesellschaftsrechtliche Eintrittsklausel

13 **1. Muster: Gesellschaftsrechtliche Eintrittsklausel[1]**

▶ Jeder Gesellschafter kann seine Beteiligung ganz oder teilweise auf seine Abkömmlinge, andere Gesellschafter oder auf Abkömmlinge anderer Gesellschafter übertragen.[2] Mit der Übertragung der Beteiligung gehen Guthaben und Zahlungsverpflichtungen des Übertragenden gegenüber der Gesellschaft in voller Höhe bzw zu dem entsprechenden Teil auf den Erwerber über.

Der Erwerber erklärt sich durch seinen Eintritt in die Gesellschaft mit dem Übergang einverstanden.[2] Für die Ausübung des Eintrittsrechts wird ihm eine Frist zum ■■■ gesetzt.

Sollte sich der Erwerber gegen den Eintritt in die Gesellschaft entscheiden, stehen ihm keine Abfindungsansprüche zu.[3]

Im Übrigen kann eine Beteiligung weder übertragen noch verpfändet noch auf andere Art und Weise belastet werden. Die Einräumung einer Unterbeteiligung ist ebenfalls nicht erlaubt.[4] ◀

2. Erläuterungen

[1] **Eintrittsklausel als Auffangtatbestand.** Diese Klausel kommt als **Auffangtatbestand bei gescheiterten erbrechtlichen Nachfolgeklauseln** zur Geltung. Vorzugswürdig sind erbrechtliche Nachfolgeklauseln, da der Eintretende unmittelbar in die Gesellschaft eintritt und nicht lediglich einen Anspruch auf Abschluss eines Aufnahmevertrages mit der Option der Ausübung eines Abfindungsanspruchs erhält (s. Rn 17). 14

[2] **Aufnahmevertrag unter Lebenden.** Im Todesfall wird die Gesellschaft grundsätzlich zunächst unter den Erben fortgesetzt. Die Mitgliedschaft des Verstorbenen wächst somit erst einmal den Erben zu. Es kann aber die Vereinbarung getroffen werden, dass die Erben eines Gesellschafters bei dessen Tod den Anspruch erhalten sollen, durch Aufnahmevertrag unter Lebenden mit den Rechten und Pflichten des verstorbenen Gesellschafters in die Gesellschaft einzutreten. In diesem Fall erhalten die Nachfolger gegen die Gesellschaft einen schuldrechtlichen Anspruch nach §§ 328 Abs. 1, 331 auf Abschluss eines Aufnahmevertrages. Die Annahme der angebotenen Aufnahme können die Nachfolger konkludent durch den Eintritt in die Gesellschaft erklären. 15

Hat der Versprechensempfänger nur einen Nachfolger benannt, steht bei Versterben desselben vor dem Versprechensempfänger der Anspruch dem Versprechensempfänger zu (BGH NJW 1993, 2172), es sei denn, der Anspruchsübergang auf den Versprechensempfänger ist abbedungen worden. 16

[3] **Abfindungsanspruch.** Wenn der Eintrittsberechtigte von seinem Eintrittsrecht keinen Gebrauch macht, kann er grundsätzlich einen Anspruch auf Abfindung geltend machen. Die Geltendmachung dieses Anspruchs wird aber in der Regel durch entsprechende Ausgestaltung der Gesellschaftssatzung ausgeschlossen sein. 17

[4] **Verbot der Vereinbarung einer Unterbeteiligung.** Trotz des Verbots ist die Vereinbarung einer Unterbeteiligung wirksam, da der Unterbeteiligte nur zu dem betreffenden Gesellschafter in schuldrechtliche Beziehungen tritt. Der das Verbot missachtende Gesellschafter muss allerdings mit Sanktionen bis hin zu seinem Ausschluss aus der Gesellschaft rechnen. 18

C. Schenkung eines Sparguthabens

I. Muster: Schenkung eines Sparguthabens 19

▶ Der ... ist Inhaber des unter der Sparbuch-Nr. ... mit der Konto-Nr. ... eingerichteten Sparkontos. Der Kontoinhaber erklärt, dass zum Zeitpunkt seines Todes sämtliche Rechte aus dem o.g. Sparkonto unmittelbar auf den Drittbegünstigten 

... (Name, Adresse)

übergehen sollen.[1] Der Eintritt des Todes wird durch Vorlage einer entsprechenden Sterbeurkunde nachgewiesen werden.

Der Kontoinhaber ist berechtigt, diesen Vertrag durch einseitige schriftliche Erklärung gegenüber der Bank/Sparkasse zu widerrufen.[2]

Bis zum Eintritt des Todes steht dem Kontoinhaber weiterhin das Recht zu, Verfügungen jeglicher Art frei zu treffen.

Die Bank/Sparkasse wird ermächtigt, nach dem Tod des derzeitigen Kontoinhabers den Drittbegünstigten von diesem Vertrag zu unterrichten.[3]

Das Recht der Bank/Sparkasse, an den Inhaber des Sparkontos mit befreiender Wirkung zu leisten, wird durch diesen Vertrag zugunsten Dritter auf den Todesfall nicht berührt.

Der Kontoinhaber wird seine rechtliche Beziehung zum Drittbegünstigten außerhalb dieses Vertrages regeln.[4]

▪▪▪, den ▪▪▪ ▪▪▪, den ▪▪▪
Name: ▪▪▪ Name: ▪▪▪

◀

II. Erläuterungen

20 [1] **Unmittelbarer Leistungsanspruch.** Nach Eintritt des Todes des Kontoinhabers erlangt der Dritte einen unmittelbaren Leistungsanspruch gegen die Bank/Sparkasse auf Gutschrift der bestehenden Forderungen nach §§ 780, 781 bzw Auszahlung des Guthabens nach §§ 675 Abs. 1, 667.

21 Voraussetzung ist der **wirksame Abschluss eines Vertrages zugunsten eines Dritten auf den Todesfall** zwischen Bank/Sparkasse und Kontoinhaber. Der BGH nimmt in st. Rspr an, dass es sich beim Vertrag zugunsten Dritter auf den Todesfall um ein Rechtsgeschäft unter Lebenden handelt, das sich nicht nach den erbrechtlichen Vorschriften richtet. Aus §§ 328 Abs. 1, 331 folgt, dass dieses Rechtsgeschäft formlos abgeschlossen werden kann (BGHZ 41, 96; 46, 201; 54, 147; 66, 11; BGH NJW 1984, 481; 2004, 767).

22 [2] Ein **Unwirksames Schenkungsangebot** liegt vor, wenn der Erblasser keinen Übermittlungsauftrag erteilt hat oder aber spätestens mit der Begünstigungserklärung der zuvor durch den Erblasser oder die Erben ausgesprochene Widerruf des Schenkungsangebots zugeht. Das Widerrufsrecht der Erben kann allerdings mit Zustimmung der Erben im Vertrag ausgeschlossen werden.

23 [3] **Fehlen eines Schenkungsvertrages.** Fehlt es an einem zu Lebzeiten des Kontoinhabers zwischen diesem und dem Dritten geschlossenen Schenkungsvertrag, kommt der Schenkungsvertrag wie folgt zustande, indem der Versprechende auftragsgemäß nach dem Tod des Versprechensempfängers als dessen Stellvertreter das Schenkungsangebot an den Dritten übermittelt. Dieses Angebot kann der Dritte nach §§ 130 Abs. 2, 153 annehmen. Der Zugang der Annahmeerklärung ist nach § 153 entbehrlich (BGHZ 41, 97; 46, 204).

24 [4] **Wirksames Rechtsgeschäft im Valutaverhältnis.** Wenn im **Valutaverhältnis** zwischen Kontoinhaber und Drittem ein **wirksames Rechtsgeschäft** abgeschlossen worden ist, besteht ein Rechtsgrund für den Erhalt des Sparguthabens und somit ein Grund für das Behaltendürfen desselben. In diesem Fall ist der Dritte nicht verpflichtet, das Sparguthaben gemäß §§ 812 Abs. 1 S. 1 Alt. 1, 818 Abs. 1 wieder herauszugeben. Es kommen dann nur noch Ansprüche aus §§ 2287, 2325 in Betracht.

25 Der dem Valutaverhältnis zwischen Kontoinhaber und Drittem zugrunde liegende Rechtsgrund kann eine Schenkung oder aber ein erbrechtliches Rechtsgeschäft sein. Nach der Rspr ist beim Abschluss eines Schenkungsvertrages von einer Schenkung unter Lebenden iS der §§ 518 ff und nicht von einer Schenkung von Todes wegen iS von § 2301 auszugehen (BGHZ 46, 201; 66,12 f; BGH JZ 2004, 519; aA *Kipp-Coing* aaO). Danach unterliegt das Valutaverhältnis der Formvorschrift des § 518 Abs. 1. Ein möglicher Formmangel wird nach § 518 Abs. 2 geheilt, wenn der Begünstigte den Anspruch mit dem Tode des Versprechensempfängers erwirbt. Denn zu diesem Zeitpunkt ist die versprochene Leistung iS des § 518 Abs. 2 bewirkt.

D. Vorbehalt der Aufhebung oder Änderung des Drittleistungsversprechens

26 **I. Muster: Vorbehalt der Aufhebung oder Änderung des Drittleistungsversprechens**

▶ Falls der Versprechensempfänger vor der Geburt des Dritten versterben sollte, ist der Versprechende einseitig berechtigt, das Versprechen, bei Geburt des Dritten an diesen zu leisten, aufzuheben oder zu ändern. ◀

II. Erläuterungen

[1] **Versterben des Versprechensempfängers vor Geburt des Dritten.** Die Vereinbarung wird für den Fall des Versterbens des Versprechensempfängers vor Geburt des Dritten geschlossen. Der Ungeborene oder noch nicht Erzeugte erhält ein unentziehbares Anwartschaftsrecht, das mit seiner Geburt zum Vollrecht erstarkt. 27

§ 332 Änderung durch Verfügung von Todes wegen bei Vorbehalt

Hat sich der Versprechensempfänger die Befugnis vorbehalten, ohne Zustimmung des Versprechenden an die Stelle des in dem Vertrag bezeichneten Dritten einen anderen zu setzen, so kann dies im Zweifel auch in einer Verfügung von Todes wegen geschehen.

A. Muster: Ersetzungsbefugnis 1

▶ Die Benennung der bezugsberechtigten Person kann der Versprechensempfänger ohne Zustimmung des Versprechenden jederzeit frei widerrufen.[1] ◀

B. Erläuterungen

[1] **Auslegungsregel.** § 332 enthält lediglich eine **Auslegungsregel** und ist daher durch Individualvereinbarung oder entsprechende AGB abdingbar. Diese Klausel ist eine **Ausnahme** von dem Grundsatz des § 328 Abs. 2, nach dem es zur Aufhebung des Bezugsrechts des Dritten eines Vertrages zwischen Versprechendem und Versprechensempfänger bedarf. Zugleich stellt die Möglichkeit, den Widerruf testamentarisch oder erbvertraglich zu erklären, eine **Ausnahme** von dem Grundsatz dar, dass der Versprechensempfänger die Ausübung des Rechts dem Versprechenden anzuzeigen hat. 2

Allerdings wird der testamentarisch erklärte Widerruf erst wirksam, wenn er dem Begünstigten zugeht. Die diesem hinterlassene Zuwendung fällt nicht in den Nachlass, sondern wird direkt vom Versprechenden erworben. 3

Besonderheiten bestehen bei einem **Lebensversicherungsvertrag** zugunsten eines Dritten: Nach der im Zweifelsfall geltenden Regelung des § 159 Abs. 1 und 2 VVG hat der Versicherungsnehmer das Recht, ohne Zustimmung des Versicherers einen Dritten als Bezugsberechtigten erstmals zu bestimmen, an dessen Stelle einen anderen Bezugsberechtigten zu setzen oder die Bestimmung – auch ohne Benennung eines neuen Bezugsberechtigten – zu widerrufen. Einer ausdrücklichen Vereinbarung zwischen Versicherungsnehmer und Versicherer bedarf es hier nicht. 4

Allerdings muss der Versicherungsnehmer nach ALB 13 IV die Begründung oder den Widerruf des Drittrechts dem Versicherer schriftlich anzeigen, damit die Willenserklärungen wirksam werden. Die Vorlage der von Todes wegen getroffenen Verfügung beim Versicherer nach dem Tod des Erblassers genügt daher nicht. 5

Vergisst der Versprechensempfänger, den Versprechenden von der Ausübung des Widerrufsrechts in Kenntnis zu setzen, kann eine vorzunehmende Auslegung die Rücknahme des dem Bezugsberechtigten unterbreiteten Angebots ergeben. In diesem Fall erwirbt der Drittbegünstigte kein Bezugsrecht. 6

Nach § 159 Abs. 2 VVG kann das Widerrufsrecht im Zweifel bis zum Eintritt des Versicherungsfalls ausgeübt werden. Daneben besteht nach ALB 13 II die Möglichkeit, vor Eintritt des Versicherungsfalls ein eigenes Forderungsrecht des Bezugsberechtigten dadurch zu schaffen, dass der Versicherungsnehmer dem Versicherer gegenüber erklärt, dass er dem Bezugsberechtigten ein sofort entstehendes unwiderrufliches Bezugsrecht einräume. In diesem Fall kann das Bezugsrecht nur noch mit Zustimmung des Drittbegünstigten wieder aufgehoben werden. 7

8 Das Bestimmungsrecht kann abgetreten und verpfändet werden. Durch diese Rechtshandlungen wird das bestehende Bezugsrecht nicht widerrufen. Auch die Anzeige einer Abtretung oder Verpfändung des Bestimmungsrechts stellt demnach keinen Widerruf dar.

9 Wird der Widerruf gleichzeitig mit einer Sicherungsabtretung erklärt, ist dieser dahingehend zu verstehen, dass das Bezugsrecht nicht erlöschen, sondern hinter den vereinbarten Sicherungszweck zurücktreten soll.

10 **Weitere Hinweise.** Ein Gläubiger des Versprechensempfängers kann das diesem zustehende Widerrufsrecht mit dem Anspruch aus dem Versicherungsvertrag nach § 857 ZPO pfänden und nach Überweisung selbst ausüben. Auch der **Insolvenzverwalter** kann das Widerrufsrecht anstelle des Versicherungsnehmers ausüben.

§ 333 Zurückweisung des Rechts durch den Dritten

Weist der Dritte das aus dem Vertrag erworbene Recht dem Versprechenden gegenüber zurück, so gilt das Recht als nicht erworben.

1 **A. Muster: Zurückweisung eines Bezugsrechts durch Dritten**

▶ Herrn ▪▪▪

Sehr geehrter ▪▪▪,

aufgrund ▪▪▪[1] weise ich das mir aus dem Vertrag zwischen Ihnen und ▪▪▪ (Name des Versprechenden) zustehende Bezugsrecht zurück. Diese Ausübung meines Rechts ist unwiderruflich.[2]

▪▪▪

Mit freundlichen Grüßen

▪▪▪

Unterschrift ◀

B. Erläuterungen

2 [1] **Grund der Zurückweisung** kann zB die Verhinderung der Entstehung einer Aufrechnungslage sein.

3 [2] **Unwiderruflichkeit der Zurückweisung.** Die Zurückweisung stellt ein Gestaltungsrecht dar und ist somit **unwiderruflich**.

4 Zu welchem **Zeitpunkt** der Bezugsberechtigte das Recht zurückweisen kann – ab Anfall desselben oder schon zu einem früheren Zeitpunkt – ist umstritten. Es besteht jedoch die Möglichkeit, dass sich der Bezugsberechtigte schon vor Anfall des Rechts verpflichtet, das Bezugsrecht nicht auszuüben.

5 Der Drittbegünstigte hat das Recht zur Zurückweisung des ihm angebotenen Bezugsrechts **verwirkt**, wenn er dieses ausdrücklich oder durch schlüssiges Verhalten angenommen hat.

6 **Rechtsfolgen der Zurückweisung:** Der Dritte wird so behandelt, als ob er das Bezugsrecht nie erworben hätte. Welche Rechtsfolge im Deckungsverhältnis zwischen Versprechenden und Versprechensempfänger eintritt, ist durch Auslegung desselben zu ermitteln. Hier kommen folgende Möglichkeiten in Betracht:

- Die Ausübung des Bezugsrechts steht dem Versprechensempfänger oder dessen Erben zu. Für Kapitellebensversicherungen bestimmt § 160 Abs. 3 VVG, dass der Versprechensempfänger Leistung an sich selbst fordern kann.

- Dem Versprechensempfänger ist das Recht eingeräumt, einen anderen Bezugsberechtigten zu bestimmen.
- Die Erbringung der Leistung ist durch die Zurückweisung gemäß § 275 Abs. 1 nachträglich unmöglich geworden.

Das Schicksal der Gegenleistung bestimmt sich nach § 326.

Parallelvorschriften desselben Inhalts beinhalten §§ 516 Abs. 2 und 1942. 7

Auf die **Zurückweisung von Gutschriften durch den Kontoinhaber** findet § 333 keine Anwen- 8
dung (BGHZ 128, 135). Inwieweit dieser Gutschriften zurückweisen darf, bestimmt sich allein nach dem im Deckungsverhältnis zwischen Bank und Versprechensempfänger bestehenden Girovertrag iS des § 676 f. Ausnahmsweise kann sich ein Zurückweisungsrecht auch aus dem Valutaverhältnis ergeben, wenn es an einem Rechtsgrund für die Gutschrift fehlt. In diesem Fall ist der Begünstigte verpflichtet, dem Überweisenden den Betrag zurückzuerstatten.

§ 334 Einwendungen des Schuldners gegenüber dem Dritten

Einwendungen aus dem Vertrag stehen dem Versprechenden auch gegenüber dem Dritten zu.

A. Muster: Geltendmachung einer Einwendung gegenüber dem Dritten[1] 1

▶ Sehr geehrter Herr ■■■, 197

hiermit berufe ich mich auf ■■■[2] Die dem Versprechensempfänger gegenüber bestehende Einwendung/Einrede der ■■■ gilt nach § 334 auch Ihnen gegenüber.[3]

■■■

Mit freundlichen Grüßen

■■■

Unterschrift ◀

B. Erläuterungen

[1] Zweck der Vorschrift ist es, den Versprechenden durch die Zahlung an den Dritten nicht 2
schlechterzustellen als bei Zahlung an den Versprechensempfänger. Parallelvorschrift ist § 404.

[2] Auslegung des Einwendungsbegriffs. Der Begriff „Einwendung" ist weit auszulegen. Unter 3
diesen sind alle rechtshindernden und rechtsvernichtenden Einwendungen sowie alle Einreden zu subsumieren, die schon bei Vertragsabschluss dem Grunde nach im Deckungsverhältnis angelegt waren.

Erst nachträglich zwischen Versprechendem und Versprechensempfänger getroffene Stun- 4
dungsvereinbarungen oder ein zwischen diesen nachträglich abgeschlossener Erlassvertrag können nicht berücksichtigt werden, es sei denn, das Recht des Dritten soll nicht schon mit Abschluss des Vertrages im Deckungsverhältnis, sondern erst zukünftig entstehen. Weiterhin fallen auch Rechte aus prozessualen Abreden wie beispielsweise Schiedsverträgen und Gerichtsstandsvereinbarungen hierunter.

Nur, wenn das zwischen Versprechensempfänger und Drittem im Valutaverhältnis abgeschlos- 5
sene Rechtsgeschäft Geschäftsgrundlage des Vertrags zugunsten des Dritten ist, kann sich der Versprechensempfänger auch auf in diesem Verhältnis bestehende Einwendungen bzw Einreden

berufen (BGHZ 54, 156). Zudem ist bei der Beurteilung des Vorliegens von Sittenwidrigkeit im Deckungsverhältnis auch das Valutaverhältnis zu berücksichtigen (BGH DNotZ 70, 240).

6 [3] **Gestaltungsrechte** kann der Versprechende nicht dem Dritten, sondern nur dem Versprechensempfänger gegenüber ausüben. Lediglich den **Rücktritt** muss der Versprechende sowohl dem Dritten als auch dem Versprechensempfänger gegenüber erklären (OLG Düsseldorf VersR 70, 739).

7 Eine **Aufrechnung** ist nur mit eigenen Ansprüchen gegen den Dritten möglich. Mit gegen den Versprechensempfänger bestehenden Ansprüchen kann der Versprechende nicht die Aufrechnung erklären.

8 § 334 ist **abdingbar.** Die gegenüber dem Versprechenden zustehenden Einwendungen können entweder begrenzt oder aber zB auf die Geltendmachung von Einwendungen aus anderen Rechtsverhältnissen erweitert werden.

9 § 334 findet auf Verträge mit Schutzwirkung zugunsten Dritter (vgl § 328 Rn 21) und Versicherungen für fremde Rechnung (vgl § 328 Rn 15 ff) mit der Einschränkung des § 117 VVG entsprechende Anwendung.

10 Im Falle der Nichtigkeit des Vertrages zugunsten des Dritten findet die **bereicherungsrechtliche Rückabwicklung** grundsätzlich in den jeweiligen Vertragsbeziehungen statt. Ausnahmsweise wird ein Durchgriff des Versprechenden gegenüber dem Dritten befürwortet, wenn die Zuwendung des Versprechensempfängers an den Dritten unentgeltlich erfolgt ist. Dies ergibt sich aus dem Rechtsgedanken des § 822. Das Gleiche gilt, wenn entgegen das Forderungsrecht gegen den Versprechenden ausschließlich dem Dritten zustehen soll. Dann kann der Versprechende das Zugewendete über die Eingriffskondiktion nach § 812 Abs. S. 1 2. Alt. zurückfordern. Aus Wertungsgesichtspunkten findet ebenfalls ein Durchgriff statt, wenn der Versprechensempfänger geschäftsunfähig war oder keinerlei Zuwendung veranlasst hat.

§ 335 Forderungsrecht des Versprechensempfängers

Der Versprechensempfänger kann, sofern nicht ein anderer Wille der Vertragschließenden anzunehmen ist, die Leistung an den Dritten auch dann fordern, wenn diesem das Recht auf die Leistung zusteht.

1 A. Muster: Forderung der Bewirkung der Leistung an den Dritten

▶ Sehr geehrter Herr ■■■,

hiermit fordere ich die Zahlung von Schadensersatz in Höhe von ■■■ EUR wegen Schlechterfüllung an ■■■ (Dritter).[1] Meine Berechtigung ergibt sich aus § 335 BGB.[2]

■■■

Mit freundlichen Grüßen

■■■

Unterschrift ◀

B. Erläuterungen

2 [1] **Umfang der Berechtigung.** Der Versprechensempfänger kann auch Folgeansprüche, insbesondere Schadensersatzansprüche wegen Schlechtleistung oder statt der Leistung an den Dritten einfordern (BGH NJW 1967, 2261; 1974, 502). Ist dem Versprechensempfänger jedoch ein

eigener Schaden entstanden, muss er die Leistung von Schadensersatz an sich selbst verlangen (BGH WM 1972, 488). Dieses Recht steht dem Versprechensempfänger nicht zu, wenn eine Vertragsauslegung ergibt, dass bei Leistungsstörungen nur der Schaden des Dritten ersatzfähig sein soll (vgl BGHZ 89, 266 zu einem Arztvertrag).

Der Versprechensempfänger kann ein auf eine dingliche Rechtsänderung gerichtetes Forderungsrecht durch eine Vormerkung sichern lassen (BGH NJW 1983, 1543, 1544). Er muss es nicht in eigener Person ausüben, sondern kann es auch an einen Dritten abtreten (RGZ 150, 133). 3

Ein von oder gegen den Versprechensempfänger oder Dritten ergangenes Urteil entfaltet keine Wirkung für oder gegen den jeweils anderen (BGHZ 3, 389; aA *Schwab*, ZZP 1977, 149). 4

Die Versicherung für fremde Rechnung ist in den §§ 43 ff VVG spezialgesetzlich geregelt. 5

[2] Auslegungsregel. § 335 enthält eine Auslegungsregel, dass bei einem echten Vertrag zugunsten Dritter im Zweifel neben dem Dritten auch der Versprechensempfänger zur Forderung der Leistung an den Dritten berechtigt ist. Nach hM wird der Versprechensempfänger nicht bloß zur Einziehung ermächtigt, sondern erhält einen eigenen Anspruch (OLG Hamm NJW-RR 1996, 1157; Hk-BGB/*Schulze*, § 335 Rn 1). § 335 begründet eine Forderungsmehrheit eigener Art, die keine Gesamtgläubigerschaft iSd § 428 darstellt. 6

Titel 4 Draufgabe, Vertragsstrafe

§ 336 Auslegung der Draufgabe

(1) Wird bei der Eingehung eines Vertrags etwas als Draufgabe gegeben, so gilt dies als Zeichen des Abschlusses des Vertrags.
(2) Die Draufgabe gilt im Zweifel nicht als Reugeld.

§ 337 Anrechnung oder Rückgabe der Draufgabe

(1) Die Draufgabe ist im Zweifel auf die von dem Geber geschuldete Leistung anzurechnen oder, wenn dies nicht geschehen kann, bei der Erfüllung des Vertrags zurückzugeben.
(2) Wird der Vertrag wieder aufgehoben, so ist die Draufgabe zurückzugeben.

A. Muster: Aufhebungsvereinbarung 1

▶ zwischen

Herrn ▪▪▪

– nachfolgend „Geber" genannt –

und

Herrn ▪▪▪

– nachfolgend „Nehmer" genannt –

wird folgende Aufhebungsvereinbarung geschlossen:

1. Das bestehende Vertragsverhältnis über ▪▪▪ wird einvernehmlich zum ▪▪▪ beendet.
2. Der Nehmer schuldet die Rückgabe[1] der Draufgabe.[2]
3. Die Vertragsparteien verzichten auf die Geltendmachung von weitergehenden Ansprüchen, insbesondere von Schadensersatzansprüchen, die sich aus und in Verbindung mit dem Vertragsverhältnis sowie seiner Beendigung ergeben.

▪▪▪, den ▪▪▪
Name: ▪▪▪

▪▪▪, den ▪▪▪
Name: ▪▪▪

◄

B. Erläuterungen

1 [1] **Pflicht zur Rückgewähr.** Wird der Vertrag aufgehoben, besteht eine **Pflicht zur Rückgewähr.** Sollte die Rückgewähr für den Nehmer unmöglich geworden sein, ergeben sich die weiteren Rechtsfolgen aus §§ 275 ff und nicht aus §§ 812 ff, da die Draufgabe eine vertraglich begründete Pflicht ist.

2 [2] Die **Draufgabe**, auch **Handgeld** oder **Angeld** genannt, meint nach § 336 Abs. 1 die Hingabe einer Leistung durch Überlassung, Abtretung oder Übereignung zum Beweis des Abschlusses eines Vertrages. Sie begründet die widerlegbare Vermutung iS des § 292 ZPO für den Abschluss des Vertrages. Nach § 337 Abs. 1 ist die Draufgabe grundsätzlich auf die geschuldete Leistung anzurechnen. Die Draufgabe ist von der Anzahlung abzugrenzen. Diese stellt gerade kein Beweiszeichen dar, sondern ist grundsätzlich bereits Teilerfüllung. Sie kann ausnahmsweise auch eine Vorausleistung sein. Dann tritt bei Entstehung des Anspruchs des Empfängers Erfüllung ein.

§ 338 Draufgabe bei zu vertretender Unmöglichkeit der Leistung

[1]Wird die von dem Geber geschuldete Leistung infolge eines Umstands, den er zu vertreten hat, unmöglich oder verschuldet der Geber die Wiederaufhebung des Vertrags, so ist der Empfänger berechtigt, die Draufgabe zu behalten. [2]Verlangt der Empfänger Schadensersatz wegen Nichterfüllung, so ist die Draufgabe im Zweifel anzurechnen oder, wenn dies nicht geschehen kann, bei der Leistung des Schadensersatzes zurückzugeben.

1 Zur **Wiederaufhebung des Vertrages** vgl Muster bei § 337; zum **Schadensersatz wegen Nichterfüllung** vgl Muster bei §§ 280, 281 Rn 19.

§ 339 Verwirkung der Vertragsstrafe

[1]Verspricht der Schuldner dem Gläubiger für den Fall, dass er seine Verbindlichkeit nicht oder nicht in gehöriger Weise erfüllt, die Zahlung einer Geldsumme als Strafe, so ist die Strafe verwirkt, wenn er in Verzug kommt. [2]Besteht die geschuldete Leistung in einem Unterlassen, so tritt die Verwirkung mit der Zuwiderhandlung ein.

A. Vertragsstrafe bei Nichtleistung

I. Muster: Vertragsstrafenregelung für den Fall der Nichtleistung 1

▶ **Vertragsstrafeversprechen**

Der Auftraggeber verpflichtet sich, für jeden schuldhaften Verstoß gegen die Verpflichtung zur Geheimhaltung[1] eine Vertragsstrafe von mindestens ■■■ EUR und höchstens ■■■ EUR zu zahlen.[2] Die Höhe der zu leistenden Vertragsstrafe richtet sich nach der Art und der Schwere des Verstoßes.

Die Geltendmachung eines darüber hinausgehenden Schadensersatzanspruchs aus dem Gesichtspunkt des Verzuges bleibt daneben bestehen.[3]

Ebenso bleiben etwaig bestehende Unterlassungsansprüche von dieser Regelung unberührt.[4] ◀

II. Erläuterungen und Varianten

[1] Ist Inhalt der Schuld ein **Unterlassen**, fordert die hM entgegen des Wortlauts des S. 2 in Anlehnung an S. 1 ein schuldhaftes Zuwiderhandeln (BGH NJW 1972, 1893, 1894 f; BGH NJW 1985, 191). Die Parteien können allerdings – wie bereits im Hinblick auf S. 1 dargestellt – hiervon abweichen. Nach § 345 aE trägt der Gläubiger die Beweislast für die Zuwiderhandlung. 2

Ungeschriebene Voraussetzung ist die **eigene Vertragstreue** des Gläubigers (BGH NJW-RR 1991, 569). 3

Soweit das positive Interesse gesichert werden soll, richtet sich die **Verjährungsfrist** nach der für die Hauptverbindlichkeit geltenden Verjährungsfrist, ansonsten gelten die §§ 195, 199. 4

Sinn und Zweck eines Vertragsstrafeversprechens. Eine Vertragsstrafe wird aus zwei Gründen vereinbart: Die Strafe dient einerseits als Druckmittel, um den Schuldner zur ordnungsgemäßen Erfüllung zu bewegen. Dadurch bindet sie ihn an den geschlossenen Vertrag. Überdies muss der Gläubiger bei einer Vertragsverletzung gemäß §§ 340 Abs. 2, 341 Abs. 2 den ihm entstandenen Schaden nicht beweisen. Daher wird eine Vertragsstrafenvereinbarung insbesondere dann getroffen, wenn der Schaden nicht oder nur schwer nachweisbar ist. Dies ist insbesondere im Wettbewerbsrecht der Fall. Überdies wird die Zahlung einer Vertragsstrafe vereinbart, wenn der Schaden gar nicht ersatzfähig ist. Dies betrifft insbesondere die in § 253 Abs. 1 geregelten Fälle. 5

Unterschiede zu anderen Regelungen. In der Bindungswirkung liegt der Unterschied zum **Reugeld,** das in § 353 geregelt ist. Durch die Zahlung eines Reugeldes kann der Schuldner vom Vertrag zurücktreten und wird gerade nicht an diesen gebunden. Der Unterschied zur Vereinbarung einer **Schadenspauschalierung** liegt in der Funktion, Zwang auf den Schuldner zur Erfüllung seiner Verbindlichkeit auszuüben. Die Vereinbarung einer Schadenspauschale dient nur der Vermeidung des Schadensnachweises. 6

Verfallklauseln haben den Inhalt, dass der Schuldner bei Nicht- oder nicht gehöriger Erfüllung eigene Rechte verliert. Auf diese finden §§ 339 ff entsprechende Anwendung, wenn sie nur den Wegfall einzelner Rechte zur Folge haben. Sollen nach dem Inhalt der Klausel dagegen sämtliche Rechte wegfallen, ist sie als Rücktrittsvorbehalt iS des § 354 anzusehen. In diesem Fall sind die §§ 339 ff nicht anwendbar. 7

Ebenfalls abgegrenzt werden muss die Vertragsstrafe von der **Vereinsstrafe,** bei der es sich um ein eigenständig auf der Vereinssatzung beruhendes Institut handelt, von der Betriebsstrafe, die aufgrund einer Regelung im Tarifvertrag oder in der Betriebsvereinbarung verhängt wird und von den in den Gemeinschaftsordnungen der Wohnungseigentümergemeinschaften vorgesehenen Strafen. 8

Der Anspruch auf die fällige Vertragsstrafe ist selbständig abtretbar. Wegen der bestehenden Akzessorietät ist allerdings nach § 401 eine isolierte **Abtretung** nicht wirksam. 9

10 [2] Voraussetzung für das Entstehen des Strafanspruchs ist ein **echtes Vertragsstrafeversprechen**. Die Parteien müssen sich über die Bedingung für das Entstehen des Strafanspruchs sowie über Höhe und Gegenstand der Strafe einigen. Sie können die Festlegung der Vertragsstrafe auch einem Schiedsgericht übertragen.

11 Der Gegenstand des Hauptvertrages bestimmt, ob das Vertragsstrafeversprechen **formbedürftig** ist. Bei der Regelung in AGB muss § 309 Nr. 6 beachtet werden.

12 [3] Unter diese Bestimmung fällt auch die Abbedingung von § 340 Abs. 2. Gegenüber Unternehmern ist die Abbedingung dieser Vorschrift als unangemessene Benachteiligung iS des § 307 Abs. 2 Nr. 1 zu werten (BGH NJW 1992, 1097, 1098; BGHZ 63, 256, 258 ff).

13 Außerdem verstößt ein Ausschluss des Vertragsstrafeversprechens in AGB gegen § 307 Abs. 2 Nr. 1 (BGHZ 121, 13, 18). Überdies sind die in §§ 555, 1297 Abs. 2 sowie §§ 75 c, d HGB bestehenden Sonderregelungen zu beachten.

14 Das echte Vertragsstrafeversprechen wird auch unselbständiges Versprechen genannt, da seine Wirksamkeit von der **wirksamen Vereinbarung der zu sichernden Hauptforderung** abhängig ist, was aus § 344 folgt. Diese muss überhaupt zur Entstehung gelangt sein und darf weder anfänglich nichtig noch rückwirkend erloschen sein.

15 Inhalt der Hauptforderung kann auch eine gesetzliche Pflicht sein, deren Erfüllung durch ein Strafversprechen gesichert werden soll. Als Vertragsstrafen kommen in Betracht: sog. „Reueprovisionen" in Maklerverträgen sowie Überziehungs- und Verzugsgebühren.

16 Ist zwar die Hauptverbindlichkeit wirksam vereinbart worden, das Strafversprechen selbst aber nichtig, kann diese Nichtigkeit gemäß § 139 die Unwirksamkeit der Hauptforderung nach sich ziehen.

17 Die Nichtigkeit der Vertragsstrafenvereinbarung kann sich vor allem aus einem Verstoß gegen §§ 555, 723 Abs. 3, 1297 Abs. 2 und § 4 WoVermG ergeben. Die Vereinbarung einer Vertragsstrafe ist sittenwidrig, wenn sich dies aus dem Zweck und Inhalts der zwischen den Parteien getroffenen Vertragsstrafenvereinbarung oder der Motive der Parteien zur Vereinbarung derselben ergibt. Dies ist insbesondere der Fall bei Gefährdung der beruflichen Existenz (RGZ 85, 102) und Anknüpfung der Vertragsstrafe an familienrechtliche Verpflichtungen (RGZ 158, 300).

18 Das unselbständige Strafversprechen ist vom **selbständigen Strafversprechen** abzugrenzen. Ein solches ist gegeben, wenn die Hauptverbindlichkeit fehlt. Dies ist der Fall, wenn jemand eine Leistung für den Fall verspricht, dass er eine Handlung vornimmt oder unterlässt, ohne sich zur Vornahme oder Unterlassung der versprochenen Handlung zu verpflichten. Dabei handelt es sich um rein gesellschaftliche, rechtlich nicht verbindliche Zusagen. Auch hier ist grundsätzlich ein Verschulden Voraussetzung für den Anfall der Strafe (RGZ 95, 203).

▶ Sollte Herr ... nicht bis zum ... aufhören zu rauchen, hat er eine Vertragsstrafe in Höhe von ... EUR zu zahlen. ◀

Nur §§ 343 Abs. 2 und 344 finden auf das selbständige Strafversprechen Anwendung.

19 Weitere Voraussetzung ist die **Verletzung der gesicherten Verpflichtung**. Hierfür unterscheidet § 339 danach, was als Hauptleistung geschuldet wird. Wird als Hauptverbindlichkeit ein Handeln geschuldet, entsteht der Anspruch nach S. 1, wenn der Schuldner in Verzug gerät. Da Voraussetzung für den Schuldnerverzug nach § 286 Abs. 4 ein Verschulden ist, ist die Entstehung des Vertragsstrafenanspruchs ebenfalls verschuldensabhängig (vgl hierzu Muster Rn 23). Die Parteien können dies jedoch regeln, dass die Vertragsstrafe verschuldensunabhängig anfallen soll (BGH NJW-RR 1997, 686, 688). Dies kann nur in AGB wirksam vereinbart werden, wenn hierfür wichtige Gründe vorliegen (BGH NJW 1997, 135). Ansonsten liegt ein Verstoß gegen § 309 Nr. 6 vor. Vgl hierzu Palandt/*Grüneberg*, § 309 Rn 39. Dem Verzug gleichgestellt ist die

verschuldete Unmöglichkeit (BGH LM Nr. 2). Die Parteien können auch vereinbaren, dass die Fälligkeit der Vertragsstrafe von einem qualifizierten Verschulden abhängig sein soll.

Die Beweislast für die rechtzeitige Erfüllung iS des § 345 bzw das fehlende Verschulden iS des § 286 Abs. 4 trägt der Schuldner. Ein Schaden muss nicht entstehen. 20

Durch Auslegung nach §§ 133, 157 ist zu ermitteln, ob die Vertragsstrafe bei mehrmaligen Verstößen nur einmal oder mehrfach anfallen soll. Gleichartige Einzelhandlungen können nur eine Verletzung beinhalten, wenn zwischen ihnen ein Fortsetzungszusammenhang besteht (BGH NJW 1998, 1146, 1148). Durch Vereinbarung in AGB kann grundsätzlich nicht auf die Einrede des Fortsetzungszusammenhangs verzichtet werden (BGH NJW 1993, 72). 21

[4] **Weitere Hinweise.** Trotz Vertragsstrafeversprechens ist das Rechtschutzbedürfnis für eine Unterlassungsklage und den Antrag nach § 890 ZPO gegeben (BGH NJW 1998, 1138). Der Gerichtsstand bestimmt sich nach dem für die Hauptverbindlichkeit geltenden Gerichtsstand. 22

B. Vertragsstrafe bei Schlechtleistung

I. Muster: Vertragsstrafenregelung für den Fall der Schlechtleistung 23

▶ **Vertragsstrafenklausel in Bauvertrag** 

Der Bauunternehmer hat das Werk in 90 Tagen zu errichten.

Als Schlechtwettertage, an denen sich die Frist automatisch um einen Tag verlängert, werden vereinbart:

Regentage mit mehr als vierstündiger Regendauer während der Arbeitszeit und Tage, an denen die Mindesttemperatur unter 5° C liegt.

Für jeden Werk- und Kalendertag der schuldhaften[1] Überschreitung des Fertigstellungstermins hat der Bauunternehmer eine Vertragsstrafe in Höhe von 0,2 % der Nettoauftragssumme zu leisten. Die Gesamtsumme ist auf 5 % der Nettoauftragssumme beschränkt.[2] Die Geltendmachung eines darüber hinausgehender Schadensersatzanspruchs aus dem Gesichtspunkt des Verzuges bleibt daneben bestehen.[3]

Der Bauherr muss sich die Vertragsstrafe nicht bei Abnahme vorbehalten, sondern kann diese bis zur Schlusszahlung fordern.[4] ◀

II. Erläuterungen und Varianten

[1] Eine in **AGB** getroffene Vertragsstrafenvereinbarung muss **verschuldensabhängig** sein (BGH BauR 1987, 92 ff; vgl auch Rn 19). Allerdings ist ein Verweis auf die Regelung des § 11 VOB/B ausreichend. Dort ist das Erfordernis des Verschuldens eindeutig geregelt (BGH BauR 1987, 92). 24

Verzögert sich die Bauausführung, ohne dass der Bauunternehmer diese Verzögerung zu vertreten hat, entfällt nach hM die ursprünglich vereinbarte Vertragsstrafenregelung zumindest bei wesentlicher Verschiebung (BGH BauR 1999, 645; OLG Jena BauR 1988, 639; OLG Düsseldorf BauR 1997, 1041). Da die Frage, wann eine wesentliche Verschiebung vorliegt, umstritten ist, sollten für die neuen Fertigstellungstermine individualvertraglich neue Vertragsstrafen vereinbart werden. 25

[2] Wird die **Vertragsstrafe formularmäßig vereinbart**, ist es erforderlich, dass sie sowohl in der Höhe des zu zahlenden Tagessatzes, als auch in der Gesamtsumme **begrenzt** wird (BGH BauR 2000, 1049; BGH BauR 2002, 971; BGH BauR 2003, 870). In **AGB** ist eine Vertragsstrafenregelung wirksam, nach der der Bauunternehmer für jede schuldhafte Bauzeitüberschreitung dem Bauherrn eine Vertragsstrafe in Höhe von 0,2 % pro Kalendertag oder aber 0,3 % pro Werktag schuldet (BGH BauR 1979, 56). Die Prozentangaben beziehen sich auf die Nettoauf- 26

tragssumme. Die Obergrenze der Vertragsstrafe darf 5 % der Nettoauftragssumme nicht überschreiten (BGH BauR 2003, 870, 876; BGH BauR 2004, 1609).

27 [3] Mangels Abdingbarkeit der Regelungen der §§ 341 Abs. 2, 340 Abs. 2 durch formularvertragliche Regelung muss die **Vertragsstrafe** auf einen etwaig bestehenden **Schadensersatzanspruch angerechnet** werden.

28 [4] Auch durch AGB kann in Bauverträgen vereinbart werden, dass der Bauherr sich eine Vertragsstrafe nicht schon bei Abnahme vorbehalten muss. Der Zeitpunkt, in dem der **Vorbehalt** erklärt werden muss, kann auf die Schlusszahlung verschoben werden (BGH BauR 1079, 56; BGH BauR 2000, 1758; BGH BauR 2001, 758). Der Bauherr sollte unbedingt auf der Aufnahme dieser Regelung in den Bauvertrag bestehen, da er ansonsten bei einer schlüssig erklärten Abnahme oder einer Abnahmefiktion den Anspruch auf Zahlung der Vertragsstrafe aufgrund des nicht erklärten Vorbehalts verliert. Die Abbedingung des Vorbehalts der Vertragsstrafe kann nur individualvertraglich und nicht in AGB vereinbart werden (BGH BauR 1997, 1036).

29 Es können auch **mehrere Vertragsfristen** als verbindliche Fristen vereinbart werden. In diesem Fall muss jedoch die kumulativ maximal mögliche Vertragsstrafe der Maximalbegrenzung unterworfen sein. Eine individuelle Abrede kann lauten:

▶ Der Bauunternehmer hat jeden Bauabschnitt innerhalb von 30 Tagen zu errichten.

Für die schuldhafte Überschreitung jedes Zwischentermins hat der Bauunternehmer eine Vertragsstrafe für jeden Tag der verschuldeten Fristüberschreitung in Höhe von 0,2 % der Nettoauftragssumme zu entrichten. Die wegen etwaig verzögerter Fertigstellung mehrerer Bauabschnitte zu leistenden Vertragsstrafen dürfen 5 % der Nettoauftragssumme nicht überschreiten. ◀

30 Allerdings ist fraglich, ob diese Regelung auch in AGB wirksam vereinbart werden kann, da die Vertragsstrafe auch dann in voller Höhe verwirkt werden kann, wenn der Bauherr den Endtermin einhält. Zudem sind Vertragsstrafenregelungen, die bei der Überschreitung von Zwischenfristen fällig werden, in AGB unwirksam, wenn die Überschreitung der ersten Frist zwangsläufig die Überschreitung weiterer Fristen nach sich zieht, so dass die Überschreitung nur einer Frist eine sehr hohe Vertragsstrafe nach sich zieht (OLG Bremen NJW-RR 1987, 468; OLG Hamm BauR 2000, 1202). Weiterhin kann bei mehreren Zwischenfristen die Vereinbarung getroffen werden, dass die Vertragsstrafe auch dann insgesamt anfällt, wenn der Bauunternehmer nur mit der Fertigstellung eines Bauabschnitts in Verzug gekommen ist (BGH BauR 1999, 645; OLG Jena NJW-RR 2001, 1178).

31 Die vereinbarte Vertragsstrafe kann vom Generalunternehmer auf den von diesem beauftragten **Subunternehmer** abgewälzt werden, wenn dieser die alleinige Verantwortung für die Versäumung der Fertigstellungsfrist trägt (BGH NZBau 2000, 195).

§ 340 Strafversprechen für Nichterfüllung

(1) [1]Hat der Schuldner die Strafe für den Fall versprochen, dass er seine Verbindlichkeit nicht erfüllt, so kann der Gläubiger die verwirkte Strafe statt der Erfüllung verlangen. [2]Erklärt der Gläubiger dem Schuldner, dass er die Strafe verlange, so ist der Anspruch auf Erfüllung ausgeschlossen.
(2) [1]Steht dem Gläubiger ein Anspruch auf Schadensersatz wegen Nichterfüllung zu, so kann er die verwirkte Strafe als Mindestbetrag des Schadens verlangen. [2]Die Geltendmachung eines weiteren Schadens ist nicht ausgeschlossen.

A. Muster: Strafverlangen und weitergehender Schadensersatz statt der Leistung 1

202

▶ Sehr geehrter Herr ■■■,

im Vertrag vom ■■■ haben Sie sich uns gegenüber zur Zahlung einer Vertragsstrafe in Höhe von ■■■ EUR für den Fall (der Verletzung Ihrer Geheimhaltungspflicht/der Behauptung der dem Beweis zugänglichen Tatsache, ■■■) verpflichtet. Sie haben am ■■■ durch ■■■ Ihre Geheimhaltungspflicht/Unterlassungspflicht verletzt. Daher verlangen wir die Zahlung der vereinbarten Vertragsstrafe bis zum ■■■.[1]

Durch Ihr Verhalten ist uns ein Gesamtschaden in Höhe von ■■■ EUR entstanden. Daher fordern wir zusätzlich zur Vertragsstrafe die Zahlung von Schadensersatz in Höhe der Differenz zwischen der Vertragsstrafensumme und dem uns entstandenen Gesamtschaden.[2]

■■■

Mit freundlichen Grüßen

■■■

Unterschrift ◀

B. Erläuterungen

[1] Gemäß Abs. 1 kann der Gläubiger zwischen der bereits verwirkten Vertragsstrafe und Erfüllung des Vertrages wählen. Der Strafanspruch wird erst durch die **Ausübung des Wahlrechts durch den Gläubiger** erfüllbar. Gemäß Abs. 1 S. 2 erlischt gleichzeitig bei Begründetheit des Vertragsstrafenanspruchs (RGZ 77, 292; BGH LM UWG 17 Nr. 2) mit der Geltendmachung desselben der Erfüllungsanspruch. Allerdings erlischt ein Unterlassungsanspruch nur für den Zeitraum, auf den sich die verwirkte Strafe bezieht. Für die restliche Zeit besteht der Erfüllungsanspruch weiter fort (BAG NJW 1973, 1717). Der Gläubiger sollte zur Erfüllung der Vertragsstrafe eine Frist setzen, damit er nach Ablauf der Frist Verzugszinsen geltend machen kann. Das Wahlrecht des Gläubigers ist ausgeschlossen, wenn er die Zuwiderhandlung widerspruchslos geduldet hat. 2

Die nach §§ 133, 157 bei gegenseitigen Verträgen vorzunehmende Auslegung ergibt regelmäßig, dass das Erlöschen des Erfüllungsanspruchs den Ausschluss des Gegenleistungsanspruchs zur Folge haben soll. Die Auslegung ist anhand der Höhe der verwirkten Vertragsstrafe vorzunehmen. 3

Fordert der Gläubiger Erfüllung, ist er an seine Erklärung bis zur Annahme der Leistung als Erfüllung nicht gebunden. Der Strafanspruch erlischt erst zu diesem Zeitpunkt. Der Gläubiger hat weiterhin ein **Wahlrecht zwischen Vertragsstrafe und Schadensersatz statt der Leistung** nach § 280 iVm §§ 281 ff. Der Unterschied besteht darin, dass der Gläubiger auch in dem Fall Zahlung der Vertragsstrafe verlangen kann, in dem gar kein Schaden entstanden ist (BGH NJW 1975, 163). 4

[2] Der Gläubiger kann die verwirkte **Strafe als Mindestschaden** ersetzt verlangen. Abs. 2 S. 2 bestimmt, dass die Vertragsstrafe im Fall der Geltendmachung eines Schadensersatzanspruchs auf diesen anzurechnen ist. 5

§ 340 kann durch Individualvereinbarung abbedungen werden. Die Parteien können zB die Vereinbarung treffen, dass der Vertrag bei einer Verletzung desselben unter Verfall der Strafe aufgelöst werden soll oder der weitergehende Schadensersatzanspruch ausgeschlossen sein soll. In **AGB** sind solche Vereinbarungen wegen Verstoßes gegen § 307 Abs. 2 Nr. 1 nicht möglich (BGH NJW 1975, 163). Insbesondere verstößt die Vereinbarung, dass die verwirkte Vertragsstrafe auf den Schadensersatzanspruch statt der Leistung nicht anzurechnen ist, gegen § 307 Abs. 2 Nr. 1 (BGHZ 63, 256; NJW 1985, 56; 1992, 1096). 6

Die **Verjährung** des Strafanspruchs richtet sich nach der Verjährung des Erfüllungsanspruchs. 7

§ 341 Strafversprechen für nicht gehörige Erfüllung

(1) Hat der Schuldner die Strafe für den Fall versprochen, dass er seine Verbindlichkeit nicht in gehöriger Weise, insbesondere nicht zu der bestimmten Zeit, erfüllt, so kann der Gläubiger die verwirkte Strafe neben der Erfüllung verlangen.
(2) Steht dem Gläubiger ein Anspruch auf Schadensersatz wegen der nicht gehörigen Erfüllung zu, so findet die Vorschrift des § 340 Abs. 2 Anwendung.
(3) Nimmt der Gläubiger die Erfüllung an, so kann er die Strafe nur verlangen, wenn er sich das Recht dazu bei der Annahme vorbehält.

1 ### A. Muster: Vorbehalt des Strafverlangens bei Annahme der Leistung

▶ Die Geltendmachung der versprochenen Strafe wird vorbehalten.[1] ◀

B. Erläuterungen

2 [1] Vgl zum **Strafverlangen** iS des Abs. 1 und zum **Schadensersatzverlangen** iS des Abs. 2 das Muster bei § 340.

§ 342 Andere als Geldstrafe

Wird als Strafe eine andere Leistung als die Zahlung einer Geldsumme versprochen, so finden die Vorschriften der §§ 339 bis 341 Anwendung; der Anspruch auf Schadensersatz ist ausgeschlossen, wenn der Gläubiger die Strafe verlangt.

1 Vgl zum Strafverlangen das Muster bei § 340.

§ 343 Herabsetzung der Strafe

(1) [1]Ist eine verwirkte Strafe unverhältnismäßig hoch, so kann sie auf Antrag des Schuldners durch Urteil auf den angemessenen Betrag herabgesetzt werden. [2]Bei der Beurteilung der Angemessenheit ist jedes berechtigte Interesse des Gläubigers, nicht bloß das Vermögensinteresse, in Betracht zu ziehen. [3]Nach der Entrichtung der Strafe ist die Herabsetzung ausgeschlossen.
(2) Das Gleiche gilt auch außer in den Fällen der §§ 339, 342, wenn jemand eine Strafe für den Fall verspricht, dass er eine Handlung vornimmt oder unterlässt.

1 ### A. Muster: Antrag auf Herabsetzung der Strafe auf angemessenen Betrag

▶ An das

Amtsgericht/Landgericht[1]

■■■

Klage

des ■■■

– Kläger –

Prozessbevollmächtigter: RA ■■■

gegen

den ■■■

– Beklagter –

wegen: Herabsetzung Vertragsstrafe[2]

Streitwert (vorläufig): ■■■ EUR[3]

Namens und in Vollmacht des Klägers erhebe ich Klage und kündige für die mündliche Verhandlung folgende Anträge an:

I. Die zwischen den Parteien im Vertrag vom ■■■ vereinbarte Vertragsstrafe wird auf den angemessenen Betrag herabgesetzt.[4]

II. Ggf weitere Prozessanträge[5]

Begründung

Die Parteien schlossen am ■■■ einen privatschriftlichen Vertrag über die Errichtung eines Bauwerks. In diesem verpflichtete sich der Kläger für den Fall der Nichteinhaltung des vereinbarten Fertigstellungstermins zur Zahlung einer Vertragsstrafe in Höhe von ■■■ EUR für jeden Werk-/Kalendertag, an dem die Frist überschritten wird.

Beweis: Vertrag vom ■■■

Nach der Parteivereinbarung sollte das Bauwerk am ■■■ fertig erstellt sein. Das Bauwerk wurde jedoch erst am ■■■ vollständig fertig gestellt, so dass der Kläger nach der zwischen den Parteien getroffenen Vereinbarung zur Zahlung von ■■■ EUR verpflichtet wäre.

Aufgrund ausstehender Forderungen ist der Kläger nach seinen wirtschaftlichen Verhältnissen jedoch nicht in der Lage, eine derart hohe Vertragsstrafe zu entrichten. Der Kläger hat in diesem Jahr bislang Einnahmen in Höhe von ■■■ EUR erzielt. Dem stehen Ausgaben in Höhe von ■■■ EUR für ■■■ gegenüber.[6]

Nach Maßgabe des § 287 ZPO wird die Bestimmung der angemessenen Höhe der Vertragsstrafe in das Ermessen des Gerichts gestellt.

■■■

Rechtsanwalt ◄

B. Erläuterungen

[1] **Anrufung der ordentlichen Zivilgerichte oder der Schiedsgerichtsbarkeit.** Die Klage kann entweder vor einem ordentlichen Gericht oder – sofern eine Schiedsabrede getroffen ist – einem Schiedsgericht erhoben werden. 2

[2] **Angabe des Streitgegenstands.** Eine – nach § 130 Nr. 1 ZPO nicht zwingende – kurze Angabe des Streitgegenstands empfiehlt sich im Hinblick auf eine möglicherweise in der Geschäftsverteilung des Gerichts vorgesehene Bildung von Spezialkammern (vgl § 348 Abs. 1 S. 2 Nr. 2 ZPO). 3

[3] Der Antrag bedarf **keiner Bezifferung** des für angemessen gehaltenen Betrages. Die **Angabe des Streitwerts** indiziert jedoch die vorgestellte Größenordnung. Diese ergibt sich auch aus dem eingezahlten Kostenvorschuss oder dem Stillschweigen zur gerichtlichen Festsetzung des Streitwerts. 4

[4] Zweck des § 343 ist der Schutz des Schuldners durch richterliche Billigkeitskontrolle durch Erhebung einer **Gestaltungsklage.** 5

[5] **Nebenanträge.** Zu den prozessualen Nebenanträgen (zB § 331 Abs. 3 Nr. 1 ZPO: Erlass eines Versäumnisurteils im schriftlichen Verfahren) bzw für die Zwangsvollstreckung relevanten Anträgen vgl GF-ZPO/*Pukall*, § 253 ZPO Rn 92 ff. 6

7 § 343 ist **zwingend** und kann durch Parteivereinbarung nicht abbedungen werden. Nach Verwirkung der Vertragsstrafe ist aber die Erklärung eines Verzichts des Schuldners auf die Herabsetzung der Strafe möglich.

8 **Anwendbarkeit auf andere Rechtsinstitute.** § 343 findet auch auf selbständige Strafversprechen iS des Abs. 2 (s. § 339 Rn 5) und Verfallklauseln Anwendung (vgl § 339 Rn 7). Für Schadenspauschalen ist dies umstritten (für eine analoge Anwendung LAG Düsseldorf DB 1973, 85; aA OLG Schleswig DNotZ 85, 310: Aus dem Rechtsgedanken des § 309 Nr. 5 ergebe sich, dass der Schuldner den Nachweis erbringen dürfe, dass dem Gläubiger tatsächlich ein geringerer Schaden entstanden ist). Gemäß § 342 findet § 343 sogar bei nicht auf Geld gerichteten Strafen Anwendung. Ebenso ist § 343 auf Strafen anwendbar, die auf einer durch Verordnung zum Vertragsinhalt gewordenen Vorschrift beruhen. Sonderregelungen enthalten § 75 c Abs. 1 S. 2 und § 75 d HGB.

9 Eine Vertragsstrafenvereinbarung eines Vollkaufmannes iS des § 348 HGB kann nach § 242 oder § 313 auf die angemessene Höhe herabgesetzt werden. Gleiches gilt für Vertragsstrafenvereinbarungen zwischen Scheinkaufleuten (OLG Stuttgart MDR 2005, 518). Die Herabsetzung der Strafe ist in analoger Anwendung des § 348 HGB auch beim Alleingesellschafter und Geschäftsführer einer GmbH ausgeschlossen (BGH NJW 1952, 623).

10 Voraussetzung der Strafenvereinbarung ist deren **unverhältnismäßige Höhe**. In **AGB** hat die Vereinbarung einer zu hohen Strafe die Unwirksamkeit der Klausel nach § 307 zur Folge (BGH NJW 1983, 385; 1997, 323). Dies ist anzunehmen, wenn sich bei Nichteinhaltung einer Zwischenfrist die Höhe der Vertragsstrafe an der Auftragssumme und nicht am erreichten Fortschritt orientiert (OLG Celle BauR 2005, 1780). Wird für jede nicht eingehaltene Zwischenfrist eine Vertragsstrafenzahlung fällig, kann auch aufgrund unangemessener Kumulierung der Strafen ein Verstoß gegen § 307 vorliegen (OLG Jena NJW-RR 2002, 1178). Vgl zu Vertragsstrafenregelungen für Terminüberschreitungen in Bauverträgen § 339 Rn 23 ff. Voraussetzung der Antragstellung ist zunächst die **Wirksamkeit der Vertragsstrafenvereinbarung**. Vgl hierzu § 339 Rn 2 ff und 14.

11 Weiterhin ergibt sich aus einem Umkehrschluss zu Abs. 1 S. 3, dass die versprochene **Strafe verwirkt worden** sein muss, aber noch nicht entrichtet worden sein darf. Nach der Ansicht von Erman/*Westermann*, § 343 Rn 6, soll die Entrichtung der Strafe die Herabsetzung derselben dann nicht ausschließen, wenn die Strafe unter Vorbehalt gezahlt worden ist. Bei der Anwendung des § 343 auf Verfallklauseln entspricht der Verfall nicht der Entrichtung der Strafe.

12 Schließlich muss der Schuldner bei Gericht einen **Antrag** auf Herabsetzung der Strafe stellen. Hierfür genügt jede Willenserklärung, die auf Herabsetzung oder Aufhebung der Strafe gerichtet ist. Auch eine gegen die Strafe erhobene Einrede kann als ein solcher Antrag auszulegen sein (BGH NJW 1968, 1625).

13 Bei der **Bestimmung der angemessenen Höhe** berücksichtigt das entscheidende Gericht das Gläubigerinteresse an der Sicherung der Erfüllung seiner Forderung durch das Druck- und Abschreckungsmittel der Vertragsstrafe sowie die Art und Schwere des Verstoßes des Schuldners, dessen Verschuldensgrad und Einkommens- und Vermögensverhältnisse. Daher rechtfertigt lediglich der Nichteintritt eines Schadens nicht die Herabsetzung der Vertragsstrafe. Entscheidend ist vielmehr, welchen Schaden die Zuwiderhandlung hätte herbeiführen können (BGH LM § 339 Nr. 2). Wäre der Schaden jedoch auch bei vertragstreuem Verhalten des Schuldners eingetreten, kann dies die Geltendmachung der Vertragsstrafe ausschließen (Palandt/*Grüneberg*, § 343 Rn 7). Auch wenn die vereinbarte Vertragsstrafe nicht höher ist als der eingetretene Schaden kommt eine Herabsetzung nicht in Betracht.

14 [6] Der Schuldner trägt die **Beweislast** für die Umstände, aus denen sich die Unverhältnismäßigkeit der Vereinbarung ergibt. Der maßgebliche **Beurteilungszeitpunkt** der Angemessenheit ist umstritten. Entweder wird auf den Zeitpunkt abgestellt, in dem der Gläubiger die Vertrags-

strafe geltend macht (*Sieg* NJW 1951, 1508; *Bötticher* ZFA 1970, 25) oder auf den Zeitpunkt, in dem die Vertragsstrafe verwirkt worden ist (RG Recht 12 Nr. 1761).

Weitere Hinweise. Die Antragsbefugnis des Schuldners ist nicht pfändbar. Er kann diese auch nicht abtreten. Mit der **Revision** kann nicht gerügt werden, dass die Höhe der versprochenen Vertragsstrafe tatsächlich (nicht) unverhältnismäßig sei. Die Unverhältnismäßigkeit der Höhe ist Tatfrage. Das Revisionsgericht prüft nur, ob der Tatrichter seiner Entscheidung richtige rechtliche Gesichtspunkte zugrunde gelegt hat (BGH LM § 339 Nr. 2, BAG 1971, 2007). 15

§ 344 Unwirksames Strafversprechen

Erklärt das Gesetz das Versprechen einer Leistung für unwirksam, so ist auch die für den Fall der Nichterfüllung des Versprechens getroffene Vereinbarung einer Strafe unwirksam, selbst wenn die Parteien die Unwirksamkeit des Versprechens gekannt haben.

§ 345 Beweislast

Bestreitet der Schuldner die Verwirkung der Strafe, weil er seine Verbindlichkeit erfüllt habe, so hat er die Erfüllung zu beweisen, sofern nicht die geschuldete Leistung in einem Unterlassen besteht.

Titel 5 Rücktritt; Widerrufs- und Rückgaberecht bei Verbraucherverträgen

Untertitel 1 Rücktritt[1]

§ 346 Wirkungen des Rücktritts

(1) Hat sich eine Vertragspartei vertraglich den Rücktritt vorbehalten oder steht ihr ein gesetzliches Rücktrittsrecht zu, so sind im Falle des Rücktritts die empfangenen Leistungen zurückzugewähren und die gezogenen Nutzungen herauszugeben.

(2) [1]Statt der Rückgewähr oder Herausgabe hat der Schuldner Wertersatz zu leisten, soweit

1. **die Rückgewähr oder die Herausgabe nach der Natur des Erlangten ausgeschlossen ist,**
2. **er den empfangenen Gegenstand verbraucht, veräußert, belastet, verarbeitet oder umgestaltet hat,**
3. **der empfangene Gegenstand sich verschlechtert hat oder untergegangen ist; jedoch bleibt die durch die bestimmungsgemäße Ingebrauchnahme entstandene Verschlechterung außer Betracht.**

[2]Ist im Vertrag eine Gegenleistung bestimmt, ist sie bei der Berechnung des Wertersatzes zugrunde zu legen; ist Wertersatz für den Gebrauchsvorteil eines Darlehens zu leisten, kann nachgewiesen werden, dass der Wert des Gebrauchsvorteils niedriger war.

(3) [1]Die Pflicht zum Wertersatz entfällt,

1. **wenn sich der zum Rücktritt berechtigende Mangel erst während der Verarbeitung oder Umgestaltung des Gegenstandes gezeigt hat,**
2. **soweit der Gläubiger die Verschlechterung oder den Untergang zu vertreten hat oder der Schaden bei ihm gleichfalls eingetreten wäre,**
3. **wenn im Falle eines gesetzlichen Rücktrittsrechts die Verschlechterung oder der Untergang beim Berechtigten eingetreten ist, obwohl dieser diejenige Sorgfalt beobachtet hat, die er in eigenen Angelegenheiten anzuwenden pflegt.**

[2]Eine verbleibende Bereicherung ist herauszugeben.

(4) Der Gläubiger kann wegen Verletzung einer Pflicht aus Absatz 1 nach Maßgabe der §§ 280 bis 283 Schadensersatz verlangen.

Literatur: *Annuß*, JA 2006, 184; *Armbrüster*, EWiR 2002, 869; *Benicke*, ZGS 2002, 372; *Canaris*, Karlsruher Forum 2002, S. 20; *Canaris*, Schuldrechtsmodernisierung 2002; *Dauner-Lieb/Arnold* in: FS Hadding, S. 25 ff; *Gaier*, WM 2002, 11; *Hager* in: FS Musielak, S. 195; *Hansen*, ZGS 2006, 18; *Kaiser*, JZ 2001, 1061; *Kamanabrou*, NJW 2003, 30; *Köhler* in: FS Heinrichs, S. 367; *Kohler*, AcP 203, 539 ff; *Lorenz*, NJW

---

1 Dieser Untertitel dient auch der Umsetzung der Richtlinie 1999/44/EG des Europäischen Parlaments und des Rates vom 25. Mai 1999 zu bestimmten Aspekten des Verbrauchsgüterkaufs und der Garantien für Verbrauchsgüter (ABl. EG Nr. L 171 S. 12).

2002, 2499; *Lorenz*, NJW 2005, 1889; *Schwab*, JuS 2002, 630; *Schulze/Ebers*, JuS 2004, 366; *Stöber*, NJW 2006, 2661

A. Rücktrittsvorbehalt

1 **I. Muster: Rücktrittsvorbehalt[1]**

▶ Jeder Vertragspartner kann von diesem Vertrag zurücktreten, wenn aufgrund außergewöhnlicher Umstände die Erbringung der vereinbarten Leistungen um mehr als eine Woche verzögert oder unmöglich wird.[2]

Unter außergewöhnlichen Umständen sind höhere Gewalt wie beispielsweise Naturkatastrophen, Betriebsunterbrechungen infolge Streiks und Aussperrung oder technischen Ausfalls, Gewaltakte Dritter sowie behördliche Eingriffe zu verstehen.[3]

Ferner darf der Auftraggeber unter den Voraussetzungen des § 323 BGB vom Vertrag zurücktreten, wenn die Pflichtverletzung des Auftraggebers in einem Mangel der Leistung besteht und der Auftraggeber dem Auftragnehmer zuvor eine mindestens zweiwöchige Frist zur Nacherfüllung gesetzt hat, die der Auftragnehmer hat verstreichen lassen.[4]

Der Rücktritt ist in jedem Fall nur unter den vorgenannten Voraussetzungen zulässig und muss innerhalb von vier Wochen nach Kenntniserlangung vom Rücktrittsgrund dem anderen Vertragspartner gegenüber schriftlich erklärt werden.[1]

Insbesondere ist ein Rücktrittsrecht des Auftragnehmers ausgeschlossen, wenn dieser die Pflichtverletzung zu vertreten hat.[5] ◀

II. Erläuterungen

2 [1] **Zweck** der vertraglichen **Vereinbarung eines Rücktrittsrechts** (Rücktrittsvorbehalt) ist entweder die Erleichterung des Vertragsschlusses oder die Sicherung der Durchführung des Vertrages. Letztgenannter Zweck ist insbesondere bei der Vereinbarung eines Eigentumsvorbehalts relevant. Nach § 449 Abs. 2 kann der Verkäufer die Sache nur herausverlangen, wenn er vom Vertrag zurückgetreten ist. Der Rücktritt kann aber nur unter den Voraussetzungen der vertraglichen Vereinbarung erklärt werden.

3 [2] Grundsätzlich sind Klauseln unzulässig, die bei nur **vorübergehenden Leistungsstörungen** ein **Rücktrittsrecht** vorsehen (BGH NJW 1985, 857). Ausnahmsweise ist eine solche Klausel jedoch bei Fixgeschäften vereinbar (BGH aaO).

4 [3] Ein im nichtkaufmännischen Verkehr **in AGB vereinbarter Rücktrittsvorbehalt** ist nur nach Maßgabe des § 308 Nr. 3 wirksam. Danach muss zumindest ein **Grund** angegeben werden,

aufgrund dessen der Rücktritt sachlich gerechtfertigt ist. Er muss so konkret angegeben werden, dass der Durchschnittsverbraucher beurteilen kann, wann er sich vom Vertrag lösen darf. Bei Erklärung des Rücktritts ist auf den in den AGB angegebenen Grund abzustellen.

Die Einschränkung des § 308 Nr. 3 gilt nicht für Dauerschuldverhältnisse, worunter auch Sukzessivlieferungsverträge zu verstehen sind, soweit sie als Bezugsverträge ausgestaltet sind. Hierzu zählen jedoch keine Ratenlieferungsverträge, die eine bestimmte Liefermenge vorsehen, und Vorverträge. Ist als Rücktrittsgrund die Nichtverfügbarkeit der Leistung vereinbart, ist in AGB zusätzlich § 308 Nr. 8 zu beachten. 5

Ein nicht in AGB normiertes Rücktrittsrecht ist grds. bedingungsfeindlich. Ausnahmsweise darf das Rücktrittsrecht aber unter eine Bedingung gestellt werden, die den Rücktrittsgegner nicht im Ungewissen darüber lässt, wann die Voraussetzungen, unter denen der Rücktritt erklärt werden darf, vorliegen. 6

Weitere Beispiele für **sachlich gerechtfertigte Rücktrittsgründe**: Unmöglichkeit; Verzug; Pflichtverletzung; falsche Angaben über die Bonität des Vertragspartners; fehlende Bonität unter der Voraussetzung, dass der Leistungsanspruch des Verwenders gefährdet ist; Abschluss eines konkreten Deckungsgeschäfts und Wegfall des Abkäufers. 7

Den Anforderungen an den Bestimmtheitsgrundsatz genügen folgende Formulierungen nicht: „wenn es die Umstände erfordern", „Betriebsstörungen", „zwingender Grund", „Erkrankungen". Dem Verwender kann ein Rücktrittsrecht nicht aufgrund folgender Formulierungen eingeräumt werden: „freibleibend", „Lieferungsmöglichkeit vorbehalten". 8

Der Rücktrittsgrund darf nicht auf Umständen beruhen, die schon bei Vertragsschluss erkennbar waren. 9

[4] Ein **Rücktritt wegen Pflichtverletzung** ist in AGB gemäß § 309 Nr. 4 nur unter der Voraussetzung der Fristsetzung zur Nacherfüllung möglich. Überdies muss die Ausgestaltung des Rücktrittsrechts in diesem Fall nach § 307 Abs. 2 Nr. 1 dem gesetzlichen Leitbild des § 323 entsprechen. 10

[5] Zusätzlich muss die Klausel die **Klarstellung** enthalten, dass ein vom Verwender selbst zu vertretendes Leistungshindernis nicht zum Rücktritt berechtigt. 11

III. Weitere Hinweise zur Verwendung des Musters

Im Geschäftsverkehr zwischen **Unternehmern** findet § 308 Nr. 3 über §§ 307 Abs. 2 Nr. 1 Anwendung. Der Begriff „sachlich gerechtfertigter Grund" ist unter Berücksichtigung der Handelsbräuche (§ 346 HGB) weiter auszulegen als beim Verbrauchergeschäft. Zudem sind die an den Bestimmtheitsgrundsatz zu stellenden Anforderungen bei der Angabe des Lösungsgrundes niedriger. 12

Voraussetzung für die Ausübung des Rücktrittsvorbehalts ist ein **wirksam** abgeschlossener **schuldrechtlicher Vertrag.** Wenn das Rechtsgeschäft zB wegen Anfechtung nach § 142 Abs. 1 nichtig ist, wird es nicht gemäß §§ 346 ff, sondern nach §§ 812 ff zurück abgewickelt. Der Rücktritt erstreckt sich nicht auf das Verfügungsgeschäft. Allerdings können die Vertragspartner unter der Voraussetzung, dass das Verfügungsgeschäft nicht bedingungsfeindlich ist, Verfügungs- und Verpflichtungsgeschäft dergestalt miteinander verknüpfen, dass sie das Verfügungsgeschäft nach § 158 Abs. 2 unter die auflösende Bedingung des Rücktritts vom Verpflichtungsgeschäft stellen. 13

Die Voraussetzungen, bei deren Vorliegen eine Berechtigung zum Rücktritt besteht, ergeben sich aus der von den Vertragspartnern getroffenen Vereinbarung. Grundvoraussetzung ist die **Wirksamkeit der Vereinbarung des Rücktrittsvorbehalts.** Dieser kann auch noch nach Abschluss des schuldrechtlichen Verpflichtungsgeschäfts vereinbart werden. Ggf ist durch Auslegung zu ermitteln, ob ein Rücktrittsrecht bestehen soll oder nicht. Bei Kaufleuten ist das Rücktrittsrecht nach § 346 HGB ein **Handelsbrauch.** 14

15 Im Umkehrschluss aus § 346 Abs. 2 ergibt sich, dass das Rücktrittsrecht auch dann ausgeübt werden kann, wenn die Rückgewähr der empfangenen Leistung unmöglich ist und der Rücktrittsberechtigte den Untergang oder eine wesentliche Verschlechterung der zurückzugewährenden Sache zu vertreten hat.

16 Ob dies auch im Fall des vorsätzlichen Zerstörens der Sache gilt, ist umstritten. Dagegen wird von *Lorenz*, NJW 2002, 2499 sowie *Kohler*, AcP 203, 539 ff angeführt, dass der Rücktrittsberechtigte auf diese Weise Nacherfüllungsrechte seines Vertragspartners vereiteln könnte. Dafür sprechen sich *Dauner-Lieb/Arnold* in: FS Hadding, S. 25 ff für den Fall aus, in dem der Rücktrittsberechtigte aufgrund eines in der Sphäre des Vertragspartners liegenden Umstandes zum Rücktritt berechtigt ist. Dann habe der Vertragspartner die erste Ursache für die Ausübung des Rücktrittsrechts gesetzt.

17 Die **Beweislast** für die Wirksamkeit des vereinbarten Rücktrittsvorbehalts und das Vorliegen von dessen Voraussetzungen trägt der das Rücktrittsrecht Ausübende.

18 Die Parteien können – auch durch AGB – bestimmen, dass die Ausübung des Rücktrittsrechts **ausgeschlossen** sein soll, wenn der Berechtigte die empfangene Sache nicht zurückgeben kann. Weiterhin muss sich der das Rücktrittsrecht Ausübende selbst **vertragstreu** verhalten haben. Schließlich muss der Rücktritt gemäß § 349 dem Vertragspartner gegenüber **erklärt** werden.

19 Ist ein vertragliches Rücktrittsrecht einem gesetzlichen nachgebildet, gilt zugunsten des Rücktrittsberechtigten § 346 Abs. 3 S. 1 Nr. 3, sofern auch die gesetzlichen Rücktrittsvoraussetzungen vorliegen. Dies kommt in Betracht, wenn das Rücktrittsrecht auf die Nichtleistung trotz Fristsetzung oder – auch im Fall des Fehlschlagens der Nacherfüllung iS der §§ 437 Nr. 2, 440 oder §§ 634 Nr. 3, 636 iVm § 323 – auf das Vorliegen eines Sach- oder Rechtsmangels gestützt wird.

20 **Haftung.** Beide Vertragspartner haben die Pflicht, mit dem empfangenen Gegenstand sorgfältig umzugehen. Diese resultiert daraus, dass die Vertragspartner bei der Vereinbarung eines vertraglichen Rücktrittsrechts mit der Entstehung der Pflicht zum Austausch der empfangenen Leistungen rechnen müssen. Beachtet ein Vertragspartner diese Anforderungen nicht, macht er sich nach § 346 Abs. 4 iVm § 280 Abs. 1 bzw bei Unmöglichkeit der Herausgabe der empfangenen Leistung nach § 346 Abs. 4 iVm §§ 280 Abs. 1, 3, 283 schadensersatzpflichtig. Dabei ist gleichgültig, ob der Pflichtenverstoß vor oder nach der Erklärung des Rücktritts eintritt (Palandt/*Grüneberg*, § 346 Rn 15; *Hager* in: FS Musielak, S. 195). Die von Erman/*Bezzenberger*, § 346 Rn 33 vertretene aA, die damit argumentiert, dass eine Pflicht erst dann verletzt werden könne, wenn sie entstanden und fällig geworden sei, verkennt, dass die Pflichtverletzung in dem Moment begangen wird, in dem die empfangene Leistung nicht oder verschlechtert zurückgegeben wird. Eine strengere Haftung auch für Zufall kann sich aus § 287 ergeben. Einen milderen Haftungsmaßstab normiert § 304.

21 Bei einem gesetzlichen Rücktrittsrecht ist zwischen dem Rücktritt des Gegners und dem Rücktritt des Berechtigten zu unterscheiden: Der Rücktrittsgegner ist – genau wie beim vertraglich vereinbarten Rücktrittsrecht – ab Empfang der Sache zum sorgfältigen Umgang mit derselben verpflichtet. Dies gilt nicht nur in dem Fall, in dem der Gegner die Erklärung des Rücktritts sicher voraussehen konnte, da er die Erklärung des Rücktritts zu vertreten hat (BGH NJW-RR 1993, 627; Palandt/*Grüneberg*, § 346 Rn 17).

22 Dagegen entsteht die Haftung des Rücktrittsberechtigten erst, wenn er weiß oder wissen muss, dass die Voraussetzungen des gesetzlichen Rücktrittsrechts vorliegen, dh spätestens im Zeitpunkt der Erklärung des Rücktritts.

23 Haftungsmaßstab ist nach hM § 277. AA sind *Gaier* (WM 2002, 11) und *Kamanabrou* (NJW 2003, 30) im Fall der Erklärung des Rücktritts aufgrund eines gesetzlichen Rücktrittsrechts durch den Rücktrittsberechtigten. Für die Anwendung des Haftungsmaßstabs des § 277 spricht Abs. 3 Nr. 3, der auch auf den Schadensersatzanspruch Anwendung findet. Nach Abs. 3 Nr. 3

haftet der Rücktrittsberechtigte trotz eines schuldhaften Verhaltens nicht auf Wertersatz, wenn er die Sorgfalt beachtet hat, die er in eigenen Angelegenheiten anzuwenden pflegt. Diese Freistellung würde ihre Bedeutung verlieren, wenn der Rücktrittsberechtigte für das gleiche Verhalten, für das er nach Abs. 3 Nr. 3 keinen Wertersatz leisten müsste, nach Abs. 4 schadensersatzpflichtig wäre. Der in Abs. 3 Nr. 3 vorgesehene Ausschluss der Leistung von Wertersatz muss erst recht für den stärkeren Schadensersatzanspruch gelten. Wenn der Rücktrittsberechtigte vom Gegner in Verzug gesetzt worden ist, haftet er nach § 287 aber auch für Zufall.

Nur im Fall des gesetzlichen Rücktrittsrechts trägt der Rücktrittsgegner nach § 346 Abs. 3 24
Nr. 3 die Gefahr des zufälligen Untergangs. Beispiele für Sorgfaltspflichtverstöße sind: Der Rückgewährschuldner gebraucht die empfangene Sache übermäßig, setzt diesen einer über das normale Maß hinausgehenden Gefahr aus, veräußert sie ohne Möglichkeit des Rückerwerbs, wirft sie als mangelhaft weg oder verhindert nicht die Zwangsvollstreckung in die Sache.

Verzögert der Rückgewährschuldner die Rückgabe, besteht ein Schadensersatzanspruch aus 25
§§ 280 Abs. 1, 2, 286. Zur Beweislastverteilung hinsichtlich des Vorliegens der Voraussetzungen eines Schadensersatzanspruchs vgl § 280 Rn 14. Unabhängig von Schadensersatz kann der Gläubiger nach § 285 das Surrogat des Gegenstandes herausverlangen, dessen Rückgewähr unmöglich geworden ist. Dies gilt selbst dann, wenn das Surrogat wertvoller ist als der zurück zu gewährende Gegenstand. Allerdings ist der Wert des Surrogats auf den Wert- oder Schadensersatzanspruch anzurechnen.

Das vertragliche Rücktrittsrecht unterliegt als Gestaltungsrecht nicht den Verjährungsregeln, 26
sondern nach § 350 der **Verfristung** bzw nach § 242 der **Verwirkung**. Der Rücktritt wegen nicht oder nicht vertragsgemäß erbrachter Leistung ist aber nach § 218 Abs. 1 S. 1 unwirksam, wenn der Anspruch auf die Leistung oder die Nacherfüllung verjährt ist und der Schuldner sich hierauf beruft. Gleiches gilt gemäß § 218 Abs. 1 S. 2, wenn der Schuldner nach §§ 275, 439 Abs. 3 oder 635 Abs. 3 nicht zu leisten braucht. Dagegen kann der Vorbehaltseigentümer nach § 216 Abs. 2 S. 2 gerade auch in dem Fall vom Vertrag zurücktreten, in dem der gesicherte Anspruch verjährt ist.

Vorrangige Sonderregeln enthalten §§ 357, 503 Abs. 2, 572 Abs. 1, 651 i, 1298 ff, 2293 ff sowie 27
§§ 16 ff VVG. Auf die Kündigung des Reisevertrages nach § 651 e ist § 346 entsprechend anwendbar (BGH NJW 1983, 33).

B. Rückgewähr

I. Muster: Rückgewährklausel 28

▶ Im Falle der Ausübung des vertraglich eingeräumten oder des Vorliegens der Voraussetzungen 206
eines gesetzlichen Rücktrittsrechts haben die Vertragspartner die empfangenen Leistungen zurückzugeben.[1] Die Vertragspartner haften einander für alle Schäden, die dem jeweils anderen Vertragspartner aus der Nichtbefolgung der Pflicht entstehen.[2] ◀

II. Erläuterungen

[1] Rechtsfolgen der Ausübung des Rücktrittsrechts. Durch die Ausübung des Rücktrittsrechts 29
erlöschen die noch nicht erfüllten Leistungsansprüche und die mit diesen zusammenhängenden sekundären Ansprüche (Befreiungsanspruch). Zugleich wandelt sich das Vertragsverhältnis in ein **Rückgewährschuldverhältnis** um: Bereits erbrachte Leistungen sind zurückzugewähren und gezogene Nutzungen herauszugeben. Dieser Anspruch ist jedoch nur schuldrechtlicher Natur.

Alternativ können die Parteien den ursprünglichen Vertrag wieder in Vollzug setzen (OLG 30
Düsseldorf ZGS 2004, 393), zB durch Vereinbarung einer einvernehmlichen Mängelbeseitigung.

31 Bei Sachen ist auch die **Originalpackung** zurückzugeben (OLG Frankfurt MDR 2006, 919, 920). Bei Geldleistungen wird die Rückgewähr des Geldwertes, nicht die Rückgabe der individuellen Geldnoten geschuldet. Eine **Gutschrift** ist jedoch nicht ausreichend, da hiermit lediglich eine neue Verbindlichkeit eingegangen wird und somit keine Erfüllung eintritt (BGH NJW 2006, 211, 213). Die Rückgewährpflicht ist um einen abgezogenen Skonto zu mindern (AG Freiburg MDR 1988, 494).

32 **Transport-, Einbau- und Malerkosten** können nur gemäß § 284 bzw bei Vertragsanbahnung gemäß §§ 280 Abs. 1, 311 Abs. 2, 241 Abs. 2 ersetzt verlangt werden (OLG Nürnberg NJW-RR 2005, 1581; aA *Hansen*, ZGS 2006, 18). Dass die Geltendmachung von Schadensersatzansprüchen neben der Ausübung des Rücktrittsrechts möglich ist, ergibt sich aus § 325 bzw § 346 Abs. 4.

33 **Erfüllungsort** der Pflichten zur Rückgewähr ist bei einem vertraglich vereinbarten Rücktrittsrecht der Ort, an dem die nunmehr zurückzugebende Leistung zu erfüllen war (OLG Hamm MDR 1982, 141; aA *Köhler* in: FS Heinrichs, S. 367, dieser sieht den Empfangsort als Erfüllungsort an). Bei einem aufgrund Gesetzes eingeräumten Rücktrittsrecht ist dort, wo sich die Sache bestimmungsgemäß befindet, zu erfüllen (BGH NJW 1983, 1479; aA *Stöber*, NJW 2006, 2661).

34 [2] Gemäß § 346 Abs. 4 kann der Gläubiger im Fall der Rückgabe einer beschädigten Sache **Schadensersatz** nach §§ 280 ff verlangen, im Fall der verspäteten Rückgabe den Verzögerungsschaden nach §§ 280 Abs. 1, 2, 286, vgl Rn 20. Zum Entwurf einer **Klage** auf Rückübereignung vgl Muster bei § 323 Rn 1.

C. Herausgabe von Nutzungen

35 **I. Muster: Nutzungsherausgabeklausel**

▶ Im Falle der Ausübung des vertraglich eingeräumten oder des Vorliegens der Voraussetzungen eines gesetzlichen Rücktrittsrechts haben die Vertragspartner die gezogenen Nutzungen herauszugeben.[1] Die Vertragspartner haften einander für alle Schäden, die dem jeweils anderen Vertragspartner aus der Nichtbefolgung der Pflicht entstehen.[2] ◀

II. Erläuterungen

36 [1] Nur die **tatsächlich gezogenen Nutzungen** unterliegen der Herausgabepflicht. Für nicht gezogene Nutzungen kann eine Ersatzpflicht nach Maßgabe des § 347 bestehen. Der **Begriff Nutzungen** umfasst nach § 99 die Früchte einer Sache oder eines Rechts, Gebrauchsvorteile iS des § 100 sowie die durch Geldleistung des Vertragspartners ersparten Schuldzinsen (BGH NJW 1998, 2354). Etwaige durch den Verbrauch der Sache entstandene Vorteile begründen nur nach § 346 Abs. 2 Nr. 2 eine Verpflichtung zum Wertersatz (BGH NJW 1954, 1194). Der **Wert der Nutzung** bemisst sich bei Gebrauchsgütern des täglichen Lebens nach dem Umfang der Nutzung im Verhältnis zur voraussichtlichen Gesamtnutzungsdauer. Dabei ist auch die durch den bestimmungsgemäßen Gebrauch eingetretene Wertminderung zu berücksichtigen (BGHZ 115, 54 f; BGH NJW 1996, 252). Zur **Herausgabe** von Nutzungen im Zuge der Nacherfüllung vgl Palandt/*Weidenkaff*, § 439 Rn 25.

37 [2] Vgl zu etwaigen **Schadensersatzansprüchen** Rn 25.

38 Zum Entwurf einer **Klage** auf Rückübereignung vgl Muster bei § 323 Rn 1.

D. Wertersatz

39 **I. Muster: Wertersatzklausel**

▶ Im Falle der Ausübung des vertraglich eingeräumten oder des Vorliegens der Voraussetzungen eines gesetzlichen Rücktrittsrechts haben die Vertragspartner bei Unmöglichkeit der Rückgewähr der empfangenen Leistungen oder Herausgabe der gezogenen Nutzungen Wertersatz zu leisten.[1] Die Vertragspartner haften einander für alle Schäden, die dem jeweils anderen Vertragspartner aus der Nichtbefolgung der Pflicht entstehen.[2] ◄

II. Erläuterungen

[1] **Voraussetzungen des Wertersatzanspruchs.** Der BGH hat mit Urteil v. 10.10.2008, V ZR 131/07, n.v., entschieden, dass ein Wertersatzanspruch nur besteht, wenn es dem Rückgewährschuldner **unmöglich** ist, den **empfangenen Gegenstand in seiner ursprünglichen Gestalt zurückzugeben.** 40

Er begründet seine Auffassung damit, dass § 346 Abs. 2 S. 1 Nr. 1 bis 3 den allgemeinen Rechtsgedanken enthalte, dass der Rückgewährschuldner im Falle der Unmöglichkeit der Rückgewähr der Sache zum Wertersatz verpflichtet sei (so auch BGH NJW 2008, 2028). Abs. 2 sei systematisch mit Abs. 1 verbunden. Überdies sei es nach dem gesetzgeberischen Willen gerade Sinn und Zweck der Schaffung des Wertersatzanspruchs, die Ausübung des Rücktrittsrechts zu ermöglichen, wenn der Rücktrittsberechtigte zur Rückgewähr der empfangenen Leistung nicht in der Lage ist (BT-Drucks. 14/6040, S. 194). Der Vorrang des Abs. 1 vor Abs. 2 entspreche der Regelung im Bereicherungsrecht, die dem Gesetzgeber als Vorlage für die Neuregelung der §§ 346 ff gedient habe. 41

Nach Meinung des BGH zielt Abs. 1 auf die Herstellung eines am negativen Interesse der Vertragspartner ausgerichteten Zustands ab. Danach ist der Schuldner zur Rückgewähr verpflichtet, wenn er einen veräußerten Gegenstand wiederbeschaffen kann. Dies ergebe sich aus einem Vergleich mit der zu § 346 Abs. 1 aF ergangenen Rechtsprechung, die durch die Neuregelung des Rücktrittsrechts nicht habe geändert werden sollen. Demnach muss der Rückgewährschuldner einen ihm gegen einen Dritten gebührenden fälligen Herausgabeanspruch geltend machen. 42

Unter **„Veräußerung" iS des § 346 Abs. 2 Nr. 2** ist nämlich bereits der Abschluss des schuldrechtlichen Verpflichtungsgeschäfts zur Übereignung des Gegenstandes zu verstehen, da bereits die Eingehung der schuldrechtlichen Verpflichtung die Rückgewähr verhindert. Zudem ist nach Auffassung des BGH die Pflicht zur Beseitigung einer auf der Sache ruhenden Belastung gegenüber der Pflicht zur Leistung von Wertersatz vorrangig. Verfügt der Rückgewährschuldner nicht über die finanziellen Mittel zur Ablösung einer auf dem Grundstück ruhenden Grundschuld, muss er dem Grundpfandgläubiger anbieten, die gesicherte Forderung durch Abtretung seines Anspruchs auf Rückgewähr des Kaufpreises zumindest teilweise zu erfüllen. 43

Mit **„Belastung" iS des § 346 Abs. 2 Nr. 2** ist nicht nur ein dingliches Recht, sondern zB auch ein gegenüber dem Berechtigten wirksamer Abschluss eines Miet- oder Pachtvertrages über den zurückzugewährenden Gegenstand gemeint. 44

Um seinen Anspruch schnellstmöglich durchzusetzen, kann der Rückgewährgläubiger eine Frist setzen, innerhalb derer die Belastung beseitigt werden muss und nach deren fruchtlosem Ablauf er nach §§ 346 Abs. 4, 280 Abs. 1, 3, 281 Abs. 1 S. 1 Schadensersatz statt der Leistung verlangen kann. 45

Da die sich aus dem Rücktritt ergebenden Verpflichtungen nach § 348 Zug um Zug zu erfüllen sind, muss er vorher die Rückgewähr der von ihm empfangenen Leistungen in einer den Annahmeverzug begründenden Weise anbieten. Sonst fehlt es an der nach § 346 Abs. 4 erforderliche Pflichtverletzung des Rückgewährschuldners. 46

Nach **§ 346 Abs. 2 S. 1 Nr. 3** hat der Rückgewährschuldner Wertersatz zu leisten, wenn sich der empfangene Gegenstand verschlechtert hat oder untergegangen ist. § 346 Abs. 2 S. 1 Nr. 3 Hs 2 bestimmt, dass für Verschlechterungen, die durch die **bestimmungsgemäße Ingebrauchnahme** entstanden sind, kein Wertersatz zu leisten ist. 47

48 Hierzu zählt zB die Erstzulassung eines Pkws. Daher werden vom Wertersatzanspruch nach § 346 Abs. 2 Nr. 3 nur die darüber hinaus gehenden Verletzungen wie Substanzverletzungen, Änderungen der Funktionstauglichkeit und Abnutzungen infolge übermäßigen Gebrauchs erfasst.

49 Die Wertminderung, die nach Ingebrauchnahme der Sache durch deren weitere Benutzung entsteht, begründet ebenfalls einen Wertersatzanspruch. Nicht berücksichtigt wird lediglich der Teil der Wertminderung, der auf den Akt der Ingebrauchnahme selbst zurückzuführen ist.

50 **Ausnahmsweise** schuldet der Käufer dem Verkäufer jedoch auch für die Ingebrauchnahme der Sache Wertersatz nach §§ 325, 280 Abs. 1, wenn der Verkäufer gegen diesen einen Schadensersatzanspruch statt der Leistung geltend machen kann. Dies ist der Fall, wenn der Käufer trotz Fristsetzung den Kaufpreis nicht oder nicht vollständig erbracht hat.

51 Der objektive Tatbestand des § 346 Abs. 2 Nr. 3 setzt **kein Verschulden** des Rückgewährschuldners voraus. Dieser haftet daher auch für Zufall und höhere Gewalt. Dies entspricht der Regelung des § 326. Abs. 1.

52 **Berechnung des Wertersatzes.** Diese richtet sich grundsätzlich nach § 346 Abs. 2 S. 2 Hs 1, dh nach der vertraglich bestimmten Gegenleistung. Im Fall einer Belastung besteht der Wertersatz in dem zur Ablösung erforderlichen Betrag (OLG Oldenburg NJW-RR 2003, 447).

53 Wenn keine Gegenleistung geschuldet wird, ist der objektive Wert der Leistung zu ersetzen. Umstr. ist, ob bei einem gesetzlichen Rücktrittsrecht das vertragliche Entgelt auch um den Gewinnanteil zu kürzen ist. Dafür spricht, dass dieser dem Rücktrittsgläubiger unter Wertungsgesichtspunkten nur bei ordnungsgemäßer Erfüllung zusteht (Palandt/*Grüneberg*, § 346 Rn 10; aA *Benicke*, ZGS 2002, 372). Maßgeblicher Beurteilungszeitpunkt sind die Verhältnisse im Zeitpunkt des Leistungsaustauschs.

54 Wird der **Vertrag aufgrund eines Mangels zurück abgewickelt**, ist Wertersatz nicht nach Abs. 2 S. 2 zu leisten, sondern nur in Höhe eines entsprechend § 441 Abs. 3 geminderten Kaufpreises. Grund ist, dass das gestörte Äquivalenzverhältnis zwischen der mangelhaften Leistung und der an der mangelfreien Leistung ausgerichteten Gegenleistung die Rückgängigmachung des Vertrages veranlasst hat. Dies gilt auch, wenn Wertersatz wegen der Verschlechterung des empfangenen Gegenstandes nach Abs. 2 S. 1 Nr. 3 geschuldet ist.

55 Der **für Nutzungen zu leistende Wertersatz** berechnet sich nach der zeitanteiligen linearen Wertminderung: Der (ggf wegen Mängeln zu mindernde) Kaufpreis wird bei einer neuen Sache durch die voraussichtliche Gesamtnutzungsdauer und bei einer gebrauchten Sache durch die Restnutzungsdauer geteilt und mit der tatsächlichen Nutzungszeit multipliziert (BGH NJW 1996, 250; BGH 2006, 1582). Bei **Kfz** ist auf die entsprechende **Laufleistung** abzustellen (OLG Karlsruhe NJW 2003, 1950), bei der Nutzung von **Immobilien** auf die übliche **Miete oder Pacht** (BGH NJW 2006, 1582). Nach § 287 ZPO kann die Nutzungsentschädigung für 1000 km auf 0,4 % bis 1 % des Anschaffungspreises geschätzt werden (OLG Braunschweig, NJW-RR 1998, 1586; OLG Koblenz ZGS 2006, 117). AA ist das OLG Celle, das 0,15 EUR/km ansetzt (ZGS 2004, 74). Bei Nutzfahrzeugen ist auf 0,5 % dieses Betrages zu erkennnen (OLG Stuttgart DAR 1998, 393).

56 Wenn **Wertersatz für den Gebrauchsvorteil eines Darlehens** geschuldet ist, ist dieses gemäß Abs. 2 S. 2 Hs 1 grds. zum Vertragszins zu verzinsen. Gemäß Abs. 2 S. 2 Hs 2 ist es jedoch dem Schuldner überlassen, nachzuweisen, dass er einen niedrigeren oder gar keinen Gebrauchsvorteil gehabt hat. In Rspr und Lit. ist bislang nicht geklärt worden, ob Abs. 2 S. 2 Hs 2 auf sämtliche Darlehensverträge anwendbar ist oder nur auf Verbraucherdarlehensverträge iS des § 491 Abs. 1. Für die erste Ansicht spricht der Wortlaut des Gesetzes, für die zweite Ansicht die Gesetzesbegründung (BT-Drucks. 14/9266, S. 45).

57 **Beweislast.** Der Gläubiger, der nach § 346 Abs. 2 Wertersatz verlangt, muss die Voraussetzungen des Anspruchs nach Grund und Höhe beweisen.

§ **346 Abs.** 3 regelt Fälle, in denen die Pflicht zur Leistung von Wertersatz **ausgeschlossen** ist. 58
Hier ist zwischen einem vertraglich vereinbarten und einem auf Gesetz beruhendem Rücktrittsrecht zu differenzieren: Bei einem vertraglich begründeten Rücktrittsrecht kann der Berechtigte nach Abs. 3 S. 1 Nr. 2 Alt. 2 nur ohne Leistung von Wertersatz vom Vertrag zurücktreten, wenn der Schaden gleichfalls beim Vertragspartner eingetreten wäre. Die Vorschrift erfasst vor allem die Fälle, in denen der Untergang oder die Verschlechterung auf dem zum Rücktritt berechtigenden Sachmangel beruht.

Der aufgrund Gesetzes zum Rücktritt Berechtigte ist dagegen nach § 346 Abs. 3 S. 1 Nr. 3 pri- 59
vilegiert. Bei zufälligem Untergang oder zufälliger Verschlechterung der Sache ist er nicht zur Leistung von Wertersatz verpflichtet. AA ist NK-BGB/*Hager*, § 346 Rn 49. Dieser ist der Auffassung, dass § 346 Abs. 3 S. 1 Nr. 3 auch auf den aufgrund Vertrages Rücktrittsberechtigten Anwendung finde.

[2] Nicht nur bei Verletzung der Pflicht zur Leistung von Wertersatz, sondern bei jeglicher 60
schuldhafter Verletzung einer **Pflicht aus dem Rückgewährschuldverhältnis** , kann der Rückgewährgläubiger **Schadensersatz** nach § 346 Abs. 4 iVm §§ 280 ff oder den Ersatz des Verzögerungsschadens nach § 346 Abs. 4 iVm §§ 280 Abs. 1, 2, 286 fordern. S. hierzu Rn 20.

Ebenfalls neben die Pflicht zur Leistung von Wertersatz iS des Abs. 2 tritt die Pflicht zur Leistung 61
von Schadensersatz nach Abs. 4, wenn der Rückgewährschuldner die Unmöglichkeit der Rückgewähr zu vertreten hat. Da ggf die Ersatzleistung höher sein kann als die zurückzugewährende Gegenleistung, sollte der Rücktrittsberechtigte abwägen, ob er sein Rücktrittsrecht ausübt.

Führen die Ansprüche des Rücktrittsberechtigten aus Abs. 2 und Abs. 4 nicht zum vollen Ersatz 62
der diesem entstandenen Nachteile, kann er den restlichen Schaden nach §§ 325, 281 ersetzt verlangen. Der Rücktrittsberechtigte kann Rücktritt und Schadensersatz miteinander kombinieren, indem er die gelieferte Sache zurück verlangt und iÜ Schadensersatz statt der Leistung fordert. In diesem Fall muss er sich allerdings den Wert der zurückerlangten Sache auf den Anspruch anrechnen lassen (BGH NJW 1983, 1605; 1994, 2480).

Zum Entwurf einer **Klage** auf Rückübereignung vgl Muster bei § 323 Rn 1. 63

§ 347 Nutzungen und Verwendungen nach Rücktritt

(1) [1]Zieht der Schuldner Nutzungen entgegen den Regeln einer ordnungsmäßigen Wirtschaft nicht, obwohl ihm das möglich gewesen wäre, so ist er dem Gläubiger zum Wertersatz verpflichtet. [2]Im Falle eines gesetzlichen Rücktrittsrechts hat der Berechtigte hinsichtlich der Nutzungen nur für diejenige Sorgfalt einzustehen, die er in eigenen Angelegenheiten anzuwenden pflegt.
(2) [1]Gibt der Schuldner den Gegenstand zurück, leistet er Wertersatz oder ist seine Wertersatzpflicht gemäß § 346 Abs. 3 Nr. 1 oder 2 ausgeschlossen, so sind ihm notwendige Verwendungen zu ersetzen. [2]Andere Aufwendungen sind zu ersetzen, soweit der Gläubiger durch diese bereichert wird.

A. Leistung von Wertersatz

I. Muster: Wertersatzklausel 1

▶ Im Falle der Ausübung des vertraglich eingeräumten oder des Vorliegens der Voraussetzungen eines gesetzlichen Rücktrittsrechts haben die Vertragspartner die trotz Möglichkeit[1] entgegen den Regeln einer ordnungsgemäßen Wirtschaft nicht gezogenen Nutzungen herauszugeben.[2] ◀ 209

II. Erläuterungen

2 [1] Der Anspruch setzt die **Möglichkeit der Nutzungsziehung** voraus. Er ist daher ausgeschlossen, wenn die Muttersache verbraucht oder verarbeitet ist.

3 Vgl zur Bestimmung des Begriffs „Nutzung" § 346 Rn 36.

4 [2] Ein **objektiver Verstoß gegen die Regeln der ordnungsgemäßen Wirtschaft** ist bei übermäßiger Nutzung bzw übermäßigem Gebrauch gegeben. Beispiel: Der Ackerboden wird so intensiv genutzt, dass er im nächsten Jahr brach liegen muss, damit er überhaupt noch einmal Früchte hervorbringen kann.

5 Umstr. ist, ob die Vorschrift entgegen ihres Wortlauts dahingehend einschränkend auszulegen ist, dass die Nutzungen, die der Schuldner hätte ziehen können, die aber nicht dem bestimmungsgemäßen Gebrauch der Sache entsprechen, nicht in den Anwendungsbereich fallen. Dafür spricht, dass eine Vergütungspflicht für derartige Nutzungen nicht dem vom Gesetz bezweckten sachgerechten Interessenausgleich entspricht (Hk-BGB/*Schulze*, § 347 Rn 2). Der Anspruch besteht aber auch, wenn der andere Teil die Sache nicht hätte nutzen können (BGH NJW 1963, 1249). In **zeitlicher Hinsicht** werden auch die vor Ausübung des Rücktrittsrechts nicht nach den Regeln einer ordnungsgemäßen Wirtschaft gezogenen Nutzungen erfasst. Geschuldet wird der objektive Wert.

6 Nach § 347 Abs. 1 S. 2, der der Regelung des § 346 Abs. 3 S. 1 Nr. 3 entspricht, wird der aufgrund Gesetzes zum Rücktritt Berechtigte insofern privilegiert, als dass er bei Anwendung der eigenüblichen Sorgfalt nicht für die Verschlechterung oder den Untergang der Sache haftet. Auch bei zufälligem Untergang oder zufälliger Verschlechterung der Sache ist er nicht zur Leistung von Wertersatz verpflichtet. Für die Herausgabe tatsächlich gezogener Nutzungen gilt § 346 Abs. 1.

B. Ersatz notwendiger Verwendungen

7 I. Muster: Verwendungsersatzklausel

▶ Gibt der Rücktrittsberechtigte den Gegenstand zurück, leistet er Wertersatz oder ist seine Wertersatzpflicht wegen Zeigen des Mangels erst während der Verarbeitung oder Umgestaltung des Gegenstandes bzw wegen Verschlechterung oder Untergang des Gegenstandes durch Verschulden des Rücktrittsgegners oder hypothetischem Schadenseintritt auch bei diesem ausgeschlossen, ist der Rücktrittsgegner auf Verlangen des Rücktrittsberechtigten verpflichtet, alle zum Erhalt der Sache notwendigen Maßnahmen, die der Rücktrittsberechtigte vorgenommen hat, gegen Entgelt zu übernehmen.[1] Das Entgelt wird in der Weise berechnet, dass der Anschaffungs- oder Herstellungspreis gleichmäßig auf den Zeitraum zwischen Anschaffung oder Herstellung und dem Zeitpunkt der regulär vorgesehenen Beendigung des Vertrages umgelegt wird. Den auf den Zeitraum zwischen dem vorzeitigen Ende des Vertrages und dem regulär vorgesehenen Beendigungszeitpunkt entfallenden Anteil muss der Rücktrittsgegner zahlen, jedoch nicht mehr als den Zeitwert im Zeitpunkt der Beendigung des Vertrages.

Weitergehende Schadensersatzansprüche sind hierdurch nicht ausgeschlossen.[2] ◀

II. Erläuterungen

8 [1] Der Begriff **„notwendige Verwendungen"** in § 347 Abs. 2 S. 1 entspricht der Regelung des § 994 Abs. 1. Unter **„Verwendungen"** sind Vermögensaufwendungen zu verstehen, die der Erhaltung, Wiederherstellung oder Verbesserung der Sache dienen. Hierunter fallen zB Tragung der Kosten für eine Reparatur oder Aufbewahrung an einem sicheren Ort. Dazu zählen zB nicht die Vermögensaufwendung für den rechtsgeschäftlichen Erwerb, die Aufwendungen, die für eine nicht mehr funktionsfähige Sache getätigt werden oder die Verwaltung einer Sache.

Umstr. ist, ob auch **Aufwendungen, die die Sache grundlegend verändern**, unter den Verwendungsbegriff subsumiert werden können. Ein Grundstück wird in seinem Kernbestand grundlegend verändert, wenn es bisher unbebaut war und nunmehr mit einem Haus bebaut wird. Gleiches gilt, wenn ein Haus kernsaniert wird, dh zB Zwischenwände eingezogen oder Durchbrüche zur Vergrößerung der Räumlichkeiten geschaffen werden. 9

Nach der Rechtsprechung ist in der grundlegenden Umgestaltung nach dem allgemeinen Sprachgebrauch die Herstellung einer neuen Sache zu verstehen (sog. enger Verwendungsbegriff). Damit soll der Eigentümer weitestgehend von der Pflicht zur Leistung von Verwendungsersatz freigestellt werden. 10

Dem Verwender soll lediglich ein **Wegnahmerecht** nach § 997 zustehen (BGHZ 41, 157). Eine Ausnahme lässt der BGH für § 951 iVm § 812 Abs. 1 S. 2 Alt. 2 zu, wenn von dem berechtigten Besitzer Aufwendungen in der begründeten Erwartung des späteren Eigentumserwerbs vorgenommen werden (BGH NJW 1996, 52; NJW 2001, 3118). 11

Notwendig ist eine Verwendung, wenn sie zur Erhaltung der Sache oder deren ordnungsgemäße Bewirtschaftung im Zeitpunkt der Vornahme objektiv erforderlich ist. Beispiele sind die zu zahlende Miete für die Aufbewahrung der Sache an einem sicheren Ort, die Reparatur der Sache, die gewöhnlichen Erhaltungskosten wie zB Futter und Wasser für ein Haustier oder Inspektionskosten für ein Kfz. 12

Der Rechtsgedanke des § 994 Abs. 1 S. 2, wonach dem Verwender die gewöhnlichen Erhaltungskosten für die Zeit, für welche ihm die Nutzungen verbleiben, nicht zu ersetzen sind, ist auf § 347 nicht anwendbar, da nach dieser Vorschrift der Rückgewährschuldner die Nutzungen herausgeben oder vergüten muss. Die Verwendungen können allerdings bei der Ermittlung des Nutzungsersatzanspruchs des Gläubigers vorweg in Abzug gebracht werden. 13

Im Fall des § 347 Abs. 1 S. 2 muss der Rücktrittsgegner dem Rücktrittsberechtigten keine notwendigen Verwendungen ersetzen. Dies wäre unbillig, wenn der Rücktrittsberechtigte die Sache nicht oder nur verschlechtert herausgeben kann und aufgrund der Privilegierung des § 346 Abs. 3 S. 1 Nr. 3 keinen Wertersatz leisten muss. S. auch Rn 6. Nach § 256 S. 1 hat der Rücktrittsgegner den für die notwendige Verwendung aufgewandten Betrag **Zinsen** zu zahlen. 14

[2] **Schadensersatz.** Hat der Rücktrittsgegner den Rücktrittsgrund zu vertreten, kann der Rücktrittsberechtigte nach §§ 280 Abs. 1, Abs. 2, 286 und §§ 280 Abs. 1, Abs. 3, 281 gegen diesen vorgehen. Ob er auch den Vorenthaltungsschaden verlangen kann, ist umstr. (Hk-BGB/*Schulze*, § 347 Rn 5; *Arnold/Dötsch*, BB 2003, 2250; aA *Huber/Faust*, Kap. 4 Rn 18). 15

C. Ersatz anderer Aufwendungen

I. Muster: Aufwendungsersatzklausel 16

▶ Dem aufgrund Vertrages oder Gesetzes Rücktrittsberechtigten sind alle wertsteigernden Aufwendungen bis zur tatsächlichen Höhe der Aufwendungen zu ersetzen.[1] ◀ 211

II. Erläuterungen

[1] Nach § 347 Abs. 2 S. 2 sind Aufwendungen zu ersetzen, soweit der Rücktrittsgegner durch diese bereichert wird. Es ist die **vorhandene Bereicherung** herauszugeben, begrenzt durch die tatsächliche Höhe der Aufwendungen (BGH NJW 1980, 833). Abs. 2 S. 2 begründet demnach einen Ersatzanspruch für nützliche Verwendungen iSd § 996, wozu auch die Gebrauchstauglichkeit der Sache erhöhende Maßnahmen zählen. 17

Wenn eine Aufwendung nicht zu einer Bereicherung geführt hat, darf der Rücktrittsberechtigte diese auch dann nicht abziehen, wenn er nach § 346 Abs. 2 Wertersatz schuldet. § 347 Abs. 2 S. 2 stellt eine abschließende Regelung dar. 18

19 Aus § 347 Abs. 2 S. 2 folgt weiterhin, dass der Rückgewährschuldner andere Aufwendungen, insbesondere **Luxusaufwendungen**, nicht ersetzt verlangen kann.

20 Hat der Rücktrittsgegner den Rücktrittsgrund schuldhaft herbeigeführt, kann der Rücktrittsberechtigte seine nutzlos gewordenen Aufwendungen nicht nur nach § 347 Abs. 2, sondern bei Eingreifen der Rentabilitätsvermutung auch nach §§ 280 Abs. 1, Abs. 3, 281 (vgl Palandt/*Heinrichs*, § 281 Rn 23 f) oder gemäß § 284 ersetzt verlangen und den Vorenthaltungsschaden liquidieren (str., wie hier Hk-BGB/*Schulze*, § 347 Rn 5; *Arnold/Dötsch*, BB 2003, 2250; aA *Huber/Faust*, Kap. 4 Rn 18). Zugleich kann er den Verzögerungsschaden nach §§ 280 Abs. 1, 2, 286 geltend machen.

§ 348 Erfüllung Zug-um-Zug

[1]Die sich aus dem Rücktritt ergebenden Verpflichtungen der Parteien sind Zug um Zug zu erfüllen. [2]Die Vorschriften der §§ 320, 322 finden entsprechende Anwendung.

1 A. Muster: Leistung Zug-um-Zug

► Herrn ...

Hiermit fordere ich Sie auf, bis zum ... (Datum der Frist) ... (Bezeichnung der Sache) abzuholen. Im Gegenzug erwarte ich, dass Sie bis zum genannten Zeitpunkt den an Sie gezahlten Betrag auf mein Konto ... (Konto-Nr., BLZ, Bank) zurücküberweisen.[1]

Mit freundlichen Grüßen

...

Unterschrift ◄

B. Erläuterungen

2 [1] **Gemeinsamer Leistungsort** (= Ort, an dem die Erfüllungshandlung vorzunehmen ist) für den Rücktritt ist der Ort, an dem sich die Sache vertragsgemäß befindet (BGH NJW 1983, 1479; WM 1974, 1073; aA *Stöber*, NJW 2006, 2661). Bei Überweisung von Geld ist dies also die Bank am Wohnsitz des Schuldners. Str. ist, ob dies auch beim vertraglichen Rücktritt gilt. Nach Auffassung des OLG Hamm (MDR 1982, 141) soll im Zweifel der vertragliche Erfüllungsort auch für die Rückgewähr der ausgetauschten Leistungen maßgeblich sein.

3 **Zweck.** Hierdurch wird das zwischen Leistung und Gegenleistung bestehende Synallagma berücksichtigt. Das durch den Rücktritt begründete Rückgewährschuldverhältnis ist kein gegenseitiges Vertragsverhältnis (BGH NJW 2002, 506). Ausnahmen bestehen allerdings für die Ansprüche auf Ersatzlieferung und Rückgabe der mangelhaften Sache gemäß §§ 439 Abs. 4, 639 Abs. 4 (str., wie hier Palandt/*Grüneberg*; Jauernig/*Stadler*, § 439 Rn 18; aA *Jungmann*, ZGS 2004, 263) und für die Ansprüche aus § 284 und Rückgabe der mangelhaften Sache (BGH NJW 2005, 2848, 2851).

4 Die §§ 320, 322 können gemäß § 309 Nr. 2 nicht durch AGB abbedungen werden.

§ 349 Erklärung des Rücktritts

Der Rücktritt erfolgt durch Erklärung gegenüber dem anderen Teil.

Vgl Muster bei §§ 323 Rn 1, 324 Rn 1, 326 Rn 1.

§ 350 Erlöschen des Rücktrittsrechts nach Fristsetzung

[1]Ist für die Ausübung des vertraglichen Rücktrittsrechts eine Frist nicht vereinbart, so kann dem Berechtigten von dem anderen Teil für die Ausübung eine angemessene Frist bestimmt werden. [2]Das Rücktrittsrecht erlischt, wenn nicht der Rücktritt vor dem Ablauf der Frist erklärt wird.

A. Muster: Fristsetzung 1

▶ Das Rücktrittsrecht kann binnen 14 Tagen (nach Kenntniserlangung vom Rücktrittsgrund) ausgeübt werden.[1] Nach Ablauf der Frist erlischt das Rücktrittsrecht, wenn der Rücktritt nicht zuvor erklärt worden ist.[2] ◀

B. Erläuterungen

[1] **Zweck.** Der Rücktrittsgegner kann durch die Fristsetzung Gewissheit darüber erhalten, ob das Rücktrittsrecht ausgeübt werden wird oder nicht. 2

Voraussetzungen: 3

- gemäß § 350 S. 1 darf eine Rücktrittsfrist vertraglich nicht vereinbart worden sein.
- die Rücktrittsvoraussetzungen müssen vorliegen (BGH NJW-RR 1989, 626).
- etwa zu beachtende Formvorschriften sind einzuhalten.
- die gesetzte Frist muss **angemessen** sein. Welche Frist angemessen ist, bestimmt sich nach den Umständen des Einzelfalls. Eine zu kurze Fristsetzung löst eine angemessene Frist aus.

[2] **Rechtsfolge.** Nach § 350 S. 2 ist Rechtsfolge des Fristablaufs ohne Ausübung des Rücktrittsrechts das Erlöschen desselben. 4

Der Rücktrittsberechtigte kann auf die Ausübung des Rücktrittsrechts verzichten (BGH LM § 326 (J) Nr. 2). Der Verzicht kann auch schlüssig erklärt werden. Dies geschieht zB durch Annahme der Gegenleistung oder Erbringung der eigenen Leistung in Kenntnis der Rücktrittsvoraussetzungen. 5

Gesetzliches Rücktrittsrecht. Umstr. ist, ob § 350 entsprechende Anwendung auf die Ausübung eines gesetzlichen Rücktrittsrechts finden muss (so NK-BGB/*Hager*, § 350 Rn 1; *Marotzke*, KTS 2002, 35 ff; aA Palandt/*Grüneberg*, § 350 Rn 1; *Schwab*, JR 2003, 136). 6

Neben der Fristsetzung besteht die Möglichkeit der **Verwirkung** eines vertraglichen Rücktrittsrechts wegen ungebührlicher Verzögerung (BGH NJW 1957, 1358; 1999, 352; 2002, 669). Auch die durch den Rücktritt entstandenen Rückgewähransprüche können ebenfalls verwirkt werden (BGH NJW 1960, 2331). 7

§ 351 Unteilbarkeit des Rücktrittsrechts

[1]Sind bei einem Vertrag auf der einen oder der anderen Seite mehrere beteiligt, so kann das Rücktrittsrecht nur von allen und gegen alle ausgeübt werden. [2]Erlischt das Rücktrittsrecht für einen der Berechtigten, so erlischt es auch für die übrigen.

§ 352 Aufrechnung nach Nichterfüllung

Der Rücktritt wegen Nichterfüllung einer Verbindlichkeit wird unwirksam, wenn der Schuldner sich von der Verbindlichkeit durch Aufrechnung befreien konnte und unverzüglich nach dem Rücktritt die Aufrechnung erklärt.

Zur Aufrechnungserklärung vgl Muster bei § 388 Rn 1. 1

§ 353 Rücktritt gegen Reugeld

[1]Ist der Rücktritt gegen Zahlung eines Reugelds vorbehalten, so ist der Rücktritt unwirksam, wenn das Reugeld nicht vor oder bei der Erklärung entrichtet wird und der andere Teil aus diesem Grunde die Erklärung unverzüglich zurückweist. [2]Die Erklärung ist jedoch wirksam, wenn das Reugeld unverzüglich nach der Zurückweisung entrichtet wird.

A. Rücktritt gegen Zahlung eines Reugeldes

1 **I. Muster: Rücktrittsklausel gegen Zahlung eines Reugeldes**

▶ Jeder Vertragspartner kann gegen Zahlung eines Reugeldes in Höhe von ▪▪▪ EUR von diesem Vertrag zurücktreten.[1] Das Reugeld muss spätestens im Zeitpunkt der Erklärung des Rücktritts entrichtet werden. Geschieht dies nicht und weist der Rücktrittsgegner aus diesem Grunde die Erklärung unverzüglich[2] zurück, ist der Rücktritt unwirksam. Ausnahmsweise ist der Rücktritt doch wirksam, wenn das Reugeld unverzüglich nach der Zurückweisung entrichtet wird.[3] ◀

II. Erläuterungen

2 [1] **Zweck.** Der Rücktrittsberechtigte erhält das Recht, sich gegen Zahlung einer Abfindung vom Vertrag zu lösen. Weist der Rücktrittsgegner die Rücktrittserklärung nicht unverzüglich zurück, ist der Rücktritt wirksam mit der Folge, dass ihm gegen den Rücktrittsberechtigten sowohl der Rückgewähranspruch als auch ein Anspruch auf Zahlung des Reugeldes zusteht (str., aA OLG München NJW 1969, 1630; wie hier KG NJW-RR 1989, 1078; Hk-BGB/*Schulze*, § 353 Rn 1; Palandt/*Grüneberg*, § 353 Rn 1).

3 [2] **Unverzüglich** wird wie in § 121 Abs. 1 S. 1 als ohne schuldhaftes Zögern definiert. Eine den Umständen des Einzelfalls gerecht werdende Prüfungs- und Überlegungsfrist beträgt höchstens zwei Wochen (OLG Hamm NJW-RR 1990, 523; OLG Jena OLG-NL 2000, 37).

4 [3] § 353 S. 2 enthält eine **Heilungsmöglichkeit** für den Fall der Entrichtung des Reugeldes unverzüglich nach Zurückweisung der Rücktrittserklärung. Der Anspruch auf Zahlung des Reugeldes entfällt, wenn für den Rücktrittsberechtigten ein gesetzliches Rücktrittsrecht zur Entstehung gelangt (BGH DB 1984, 2293).

B. Zurückweisung der Rücktrittserklärung

5 **I. Muster: Zurückweisung der Rücktrittserklärung**

▶ An Herrn ▪▪▪

kraft Vertrages vom ▪▪▪ (Datum des Vertragsschlusses) sind Sie verpflichtet, spätestens im Zeitpunkt der Erklärung des Rücktritts vom Vertrag das vereinbarte Reugeld zu entrichten. Da Sie dies nicht getan haben, sehen wir uns gezwungen, Ihre Rücktrittserklärung zurückzuweisen.[1], [2]

Mit freundlichen Grüßen

▪▪▪

Unterschrift ◀

II. Erläuterungen

[1] **Zurückweisung.** Der Rücktrittsgegner muss die Erklärung des Rücktrittsberechtigten wegen der Nichtentrichtung des Reugeldes nach § 353 S. 1 unverzüglich zurückweisen. Siehe zur Definition des Begriffs „unverzüglich" Rn 3. 6

[2] Die **Beweislast** dafür, dass das Reugeld gezahlt worden ist, trägt der Zurücktretende. 7

§ 354 Verwirkungsklausel

Ist ein Vertrag mit dem Vorbehalt geschlossen, dass der Schuldner seiner Rechte aus dem Vertrag verlustig sein soll, wenn er seine Verbindlichkeit nicht erfüllt, so ist der Gläubiger bei dem Eintritt dieses Falles zum Rücktritt von dem Vertrag berechtigt.

A. Muster: Verwirkungsklausel 1

▶ Jeder Vertragspartner kann von diesem Vertrag zurücktreten, wenn der andere Vertragspartner seine Verbindlichkeit nicht erfüllt und deswegen seine Rechte aus dem Vertrag verliert.[1]-[4] ◀

B. Erläuterungen

[1] **Sinn und Zweck der Verwirkungsklausel.** Entgegen des Gesetzeswortlauts und dementsprechend des Wortlauts des Musters begründet eine solche Verwirkungsklausel lediglich ein Rücktrittsrecht. Der Gesetzgeber trug damit dem Interesse des Rücktrittsberechtigten an einer Aufrechterhaltung des Vertrages und Erhalt des Erfüllungsanspruchs Rechnung. Die Vorschrift des § 354 kann abbedungen werden (BGH NJW 1972, 1894). 2

In **AGB** entspricht die Klausel den Anforderungen des § 308 Nr. 3. Weiterhin findet § 309 Nr. 6 auf Verwirkungsklauseln entsprechende Anwendung (BGH NJW-RR 1993, 464). Umstr. ist, ob bei einer für beide Vertragspartner geltenden Klausel, die einen Verstoß gegen § 309 Nr. 6 begründet, die Nichtigkeit nach § 306 nur auf den Verfall der Rechte des Nichterfüllenden Anwendung findet (dafür Palandt/*Grüneberg*, § 309 Rn 33; aA *Feiber*, NJW 1980, 1148). 3

Der Rücktrittsgegner braucht die Vertragsverletzung nicht zu vertreten (Hk-BGB/*Schulze*, § 354 Rn 2). Das Rücktrittsrecht muss innerhalb **angemessener Frist** geltend gemacht werden, ansonsten ist es verwirkt. 4

Ausschluss des Rücktrittsrechts. § 323 Abs. 6 ist entsprechend anwendbar. Das Rücktrittsrecht ist demnach ausgeschlossen, wenn der Rücktrittsberechtigte für die Nichterfüllung weit überwiegend verantwortlich ist (Hk-BGB/*Schulze*, § 354 Rn 2). 5

Bei **Teilzahlungsdarlehen** und **Teilzahlungsgeschäften** sind die Schranken der §§ 498, 503 und 506 zu beachten. 6

§ 354 findet auf Verwirkungsklauseln, die die nicht gehörige oder nicht rechtzeitige Erfüllung betreffen, entsprechende Anwendung (BGH WM 1968, 1300). Geringfügige Verletzungen sind jedoch nicht ausreichend. §§ 323 Abs. 5, 324 finden entsprechende Anwendung (Hk-BGB/*Schulze*, § 354 Rn 2). 7

[2] **Abgrenzung zu anderen Rechtsinstituten.** Sollen nach der Vereinbarung der Parteien lediglich einzelne Rechte verfallen, liegt kein Rücktrittsvorbehalt, sondern eine Vertragsstrafenklausel oder eine Fallgestaltung vor, auf die die §§ 339 ff entsprechend anwendbar sind (BGH NJW 1972, 1894; s. § 339 Rn 7). 8

9 [3] **Rechtsfolge** ist ein **Wahlrecht** des Rücktrittsberechtigten zwischen Erfüllung oder Rücktritt und – bei Vertretenmüssen des Rücktrittsgegners – Schadensersatz statt der Leistung.

10 [4] Der Rücktrittsgegner trägt sowohl die **Beweislast** für die ordnungsgemäße Erfüllung als auch ein eventuelles Verschulden des Rücktrittsberechtigten.

Untertitel 2 Widerrufs- und Rückgaberecht bei Verbraucherverträgen[1]

§ 355 Widerrufsrecht bei Verbraucherverträgen

(1) [1]Wird einem Verbraucher durch Gesetz ein Widerrufsrecht nach dieser Vorschrift eingeräumt, so ist er an seine auf den Abschluss des Vertrags gerichtete Willenserklärung nicht mehr gebunden, wenn er sie fristgerecht widerrufen hat. [22]Der Widerruf muss keine Begründung enthalten und ist in Textform oder durch Rücksendung der Sache innerhalb der Widerrufsfrist gegenüber dem Unternehmer zu erklären; zur Fristwahrung genügt die rechtzeitige Absendung.
(2) [1]Die Widerrufsfrist beträgt 14 Tage, wenn dem Verbraucher spätestens bei Vertragsschluss eine den Anforderungen des § 360 Abs. 1 entsprechende Widerrufsbelehrung in Textform mitgeteilt wird. [2]Bei Fernabsatzverträgen steht eine unverzüglich nach Vertragsschluss in Textform mitgeteilte Widerrufsbelehrung einer solchen bei Vertragsschluss gleich, wenn der Unternehmer den Verbraucher gemäß Artikel 246 § 1 Abs. 1 Nr. 10 des Einführungsgesetzes zum Bürgerlichen Gesetzbuche unterrichtet hat. [3]Wird die Widerrufsbelehrung dem Verbraucher nach dem gemäß Satz 1 oder Satz 2 maßgeblichen Zeitpunkt mitgeteilt, beträgt die Widerrufsfrist einen Monat. [4]Dies gilt auch dann, wenn der Verbraucher über das Widerrufsrecht gemäß Artikel 246 § 2 Abs. 1 Satz 1 Nr. 2 des Einführungsgesetzes zum Bürgerlichen Gesetzbuche zu einem späteren als dem in Satz 1 oder Satz 2 genannten Zeitpunkt unterrichtet werden darf.
(3) [1]Die Widerrufsfrist beginnt, wenn dem Verbraucher eine den Anforderungen des § 360 Abs. 1 entsprechende Belehrung über sein Widerrufsrecht in Textform mitgeteilt worden ist. [2]Ist der Vertrag schriftlich abzuschließen, so beginnt die Frist nicht, bevor dem Verbraucher auch eine Vertragsurkunde, der schriftliche Antrag des Verbrauchers oder eine Abschrift der Vertragsurkunde oder des Antrags zur Verfügung gestellt wird. [3]Ist der Fristbeginn streitig, so trifft die Beweislast den Unternehmer.
(4) [1]Das Widerrufsrecht erlischt spätestens sechs Monate nach Vertragsschluss. [2]Diese Frist beginnt bei der Lieferung von Waren nicht vor deren Eingang beim Empfänger. [3]Abweichend von Satz 1 erlischt das Widerrufsrecht nicht, wenn der Verbraucher nicht entsprechend den Anforderungen des § 360 Abs. 1 belehrt worden ist, bei Fernabsatzverträgen über Finanzdienstleistungen ferner nicht, wenn der Unternehmer seine Mitteilungspflichten gemäß Artikel 246 § 2 Abs. 1 Satz 1 Nr. 1 und Satz 2 Nr. 1 bis 3 des Einführungsgesetzes zum Bürgerlichen Gesetzbuche nicht ordnungsgemäß erfüllt hat.

1 Dieser Untertitel dient der Umsetzung
1. Richtlinie 85/577/EWG des Rates vom 20. Dezember 1985 betreffend den Verbraucherschutz im Falle von außerhalb von Geschäftsräumen geschlossenen Verträgen (ABl. EG Nr. L 372 S. 31),
2. Richtlinie 94/47/EG des Europäischen Parlaments und des Rates vom 26. Oktober 1994 zum Schutz der Erwerber im Hinblick auf bestimmte Aspekte von Verträgen über den Erwerb von Teilzeitnutzungsrechten an Immobilien (ABl. EG Nr. L 280 S. 82) und
3. Richtlinie 97/7/EG des Europäischen Parlaments und des Rates vom 20. Mai 1997 über den Verbraucherschutz bei Vertragsabschlüssen im Fernabsatz (ABl. EG Nr. L 144 S. 19).

A. Widerrufsbelehrung

I. Muster: Widerrufsbelehrung 1

217

▶ **§ 1 Widerrufsrecht**

Sie können Ihre Vertragserklärung innerhalb von [14 Tagen][1] ohne Angabe von Gründen in Textform (zB Brief, Fax, E-Mail) [oder – wenn Ihnen die Sache vor Fristablauf überlassen wird – durch Rücksendung der Sache][2] widerrufen. Die Frist beginnt[3] nach Erhalt dieser Belehrung in Textform.[4] Zur Wahrung der Widerrufsfrist genügt die rechtzeitige Absendung des Widerrufs [oder der Sache].[5], [2] Der Widerruf ist zu richten an: (Name und Sitz des Unternehmers)[6]

§ 2 Widerrufsfolgen[7]

Im Falle eines wirksamen Widerrufs sind die beiderseits empfangenen Leistungen zurückzugewähren und ggf gezogene Nutzungen (zB Zinsen) herauszugeben.[8] Können Sie uns die empfangene Leistung ganz oder teilweise nicht oder nur in verschlechtertem Zustand zurückgewähren, müssen Sie uns insoweit ggf Wertersatz leisten.[9] [Bei der Überlassung von Sachen gilt dies nicht, wenn die Verschlechterung der Sache ausschließlich auf deren Prüfung – wie Sie Ihnen etwa im Ladengeschäft möglich gewesen wäre – zurückzuführen ist. Im Übrigen können Sie die Pflicht zum Wertersatz für eine durch die bestimmungsgemäße Ingebrauchnahme der Sache entstandene Verschlechterung vermeiden, indem Sie die Sache nicht wie Ihr Eigentum in Gebrauch nehmen und alles unterlassen, was deren Wert beeinträchtigt.[10] Paketversandfähige Sachen sind auf unsere [Kosten und][11] Gefahr zurückzusenden.[12] Nicht paketversandfähige Sachen werden bei Ihnen abgeholt.][2],[13] Verpflichtungen zur Erstattung von Zahlungen müssen innerhalb von 30 Tagen erfüllt werden. Die Frist beginnt für Sie mit der Absendung Ihrer Widerrufserklärung [oder der Sache][2], für uns mit deren Empfang.[14]

Besondere Hinweise[15]

Finanzierte Geschäfte[16]

Ort, Datum ■■■

■■■

Unterschrift des Verbrauchers[17] ◀

II. Allgemeine Hinweise zur Verwendung des Musters

(a) Sinn und Zweck des Widerrufsrechts. Das Widerrufsrecht ist aus zwei Gründen eingeführt 2 worden: Zum einen aus dem Grunde des Verbraucherschutzes, zum anderen sollen die Unternehmer in ihrem Verhalten kontrolliert werden. Das Muster entspricht der **Anlage 1 zu Art. 246 § 2 Abs. 3 S. 1 EGBGB**. Diese hat den Rang eines formellen Gesetzes. Bis zum Inkrafttreten des Gesetzes zur Umsetzung der Verbraucherkreditrichtlinie, des zivilrechtlichen Teils der Zahlungsdiensterichtlinie sowie zur Neuordnung der Vorschriften über das Widerrufs- und Rückgaberecht am 11.6.2010 hatte das Muster nur Verordnungsrang. Überdies ist die Fiktion, dass eine dem dargestellten Muster entsprechende Belehrung den normativen Anforderungen genügt, von der BGB-InfoVO in § 360 Abs. 3 integriert worden. Aufgrund dieser Neuerungen kann das Muster von einzelnen Gerichten nicht mehr für unwirksam erklärt und von jedermann abgemahnt werden. Das Muster ist allgemein gehalten und gilt demzufolge für alle Vertragsarten. Bei einzelnen Vertragsarten einzuhaltende Besonderheiten werden unter den in den Klammerzusätzen stehenden Ziffern näher erläutert. Insbesondere bei Fernabsatzverträgen und verbundenen Geschäften müssen die unter den Ziffern [15] und [16] dargestellten

Hinweise gesondert in die Widerrufsbelehrung aufgenommen werden. Vgl hierzu Rn 64 und 65 sowie die Muster zu § 312 d.

3 Der Unternehmer, der diese Widerrufsbelehrung benutzt, genügt damit gemäß § 360 Abs. 3 den normativen Anforderungen. Darüber hinaus wird auch das **Deutlichkeitsgebot** des § 360 Abs. 1 S. 1 gewahrt, das einerseits Verständlichkeit (BGH NJW 2002, 3396) und andererseits Abhebung vom übrigen Vertragstext durch Verwendung einer entsprechenden Schriftart oder -größe verlangt (BGH NJW 1996, 1964; NJW-RR 2003, 1481). Eine Belehrung auf der Rückseite des Vertrages ist allerdings ausreichend. Zwingend muss aus der Belehrung deutlich hervorgehen, auf welchen Vertrag bzw welche Willenserklärung des Verbrauchers sie sich bezieht. Weiterhin ist eine Vermischung der Widerrufsbelehrung mit anderen Belehrungen und Inhalten zu vermeiden. Der Unternehmer darf gemäß § 360 Abs. 3 S. 3 lediglich **Zusätze** wie die Firma oder ein Kennzeichen seines Unternehmens anbringen.

4 Keinesfalls darf die Widerrufsbelehrung dem Verbraucher **juristische Wertungen** überlassen. So darf diesem zB die persönliche Qualifizierung, ob er Verbraucher iS des § 13 ist, nicht aufgebürdet werden.

5 Die Widerrufsbelehrung kann auch innerhalb von **AGB** erfolgen, sofern sie optisch deutlich vom übrigen Text abgetrennt ist. Die Widerrufsbelehrung muss augenfällig von den übrigen Texten hervorstechen (OLG Schleswig NJW 2008, 1477). Daher sollte diese unter einem gesonderten Menüpunkt in augenfälligem Fettdruck präsentiert werden.

6 Der Unternehmer kann – gemäß § 308 Nr. 1 auch in **AGB** – bestimmen, dass er erst nach Ablauf der Widerrufsfrist zu leisten braucht. Dies gilt jedoch nicht für Fernabsatz- und Fernunterrichtsverträge. Hier beginnt die Widerrufsfrist gemäß § 312 d bzw § 4 Abs. 1 S. 2 FernUSG erst mit Lieferung, vgl § 312 d Rn 8.

7 Der Verbraucher kann nicht auf sein Widerrufsrecht verzichten. Es können jedoch abweichende Vereinbarungen zugunsten des Verbrauchers getroffen werden. Demnach können die Parteien auch für nicht § 355 unterfallende Verträge ein Widerrufsrecht nach Maßgabe des § 360 vereinbaren. Dies ist auch in **AGB** möglich. Genauso ist es den Parteien nicht verwehrt, die grds. 14 Tage betragende Widerrufsfrist zu verlängern.

8 **(b) Zeitpunkt der Belehrung.** Die Belehrung muss erfolgen, nachdem der Verbraucher seine auf den Vertragsschluss gerichtete Willenserklärung abgegeben hat. Es ist aber auch ausreichend, wenn der Unternehmer zeitgleich bei Abgabe dieser Willenserklärung belehrt.

9 (c) **Belehrung im Internet.** Gemäß § 355 Abs. 2 S. 1 hat die **Belehrung** in **Textform** iS des § 126 b zu erfolgen. Stellt der Unternehmer die Belehrung auf seiner Homepage ein, sollen die Anforderungen des § 126 b nach dem Willen des Gesetzgebers (BT-Drucks. 14/2658, S. 40) nur gewahrt sein, wenn der Verbraucher die Belehrung tatsächlich herunterlädt (LG Kleve NJW-RR 2003, 196; aA OLG München NJW 2001, 2263). Zur Wahrung des Textformerfordernisses bei Online-Auktionen s. § 312 d Rn 9, 22 f.

III. Erläuterungen und Varianten

10 [1] **Einmonatige Widerrufsfrist.** Abs. 2 S. 3 räumt dem Unternehmer die Möglichkeit ein, eine versäumte oder fehlerhafte Belehrung jederzeit nachzuholen und im Zeitpunkt der korrekten Belehrung eine Widerrufsfrist von einem Monat in Lauf zu setzen. In diesem Fall lautet der Klammerzusatz „einem Monat." Nach Art. 229 § 9 EGBGB gilt dies auch für Altverträge.

11 Bei **Online-Auktionen**, wie sie zB von ebay angeboten werden, ist eine der Textform des § 126 genügende Belehrung erst möglich, wenn der Unternehmer erfahren hat, wer den „Zuschlag" (bei Online-Auktionen handelt es sich nicht um Versteigerungen iS des § 156) erhalten hat. Eine Belehrung kann somit erst nach Vertragsschluss erfolgen. Gemäß § 355 Abs. 2 S. 2 aF wurde daher die Monatsfrist in Gang gesetzt (OLG Hamburg MMR 2008, 44; 2006, 675; OLG Köln MMR 2007, 713; KG MMR 2006, 678; aA LG Paderborn MMR 2007, 191; LG Flensburg

MMR 2006, 686, 687: Eine zugleich mit dem Angebot eingestellte Widerrufsbelehrung wahre das Textformerfordernis). § 355 Abs. 2 S. 2 nF sieht jedoch die **Geltung der 14-Tage-Frist auch bei Online-Auktionen** vor, wenn der Unternehmer vor Abgabe der Vertragserklärung durch den Verbraucher auf seiner Homepage die Informationen iSd Art. 246 § 1 Abs. 1 Nr. 10 EGBGB eingestellt hat und die Belehrung unverzüglich nach Vertragsschluss in Textform nachreicht. Durch die Einführung des Abs. 2 S. 2 hat der Gesetzgeber die Online-Auktion mit dem Kauf in Internetshops gleichgestellt. Bei diesen ist die Präsentation der Waren im Internet lediglich eine invitatio ad offerendum, so dass der Unternehmer bei seiner den Vertragsschluss besiegelnden Annahmeerklärung über das Bestehen des Widerrufsrechts belehren kann, was die 14-tägige Widerrufsfrist auslöst.

Wenn der unter Rn 49 aufgeführte Hinweis nicht spätestens bei Vertragsschluss in Textform erfolgt ist, muss der Unternehmer diesen ebenfalls nachholen. 12

Hat der Unternehmer falsch oder gar nicht über das Widerrufsrecht des Verbrauchers belehrt, können sowohl Mitbewerber als auch Verbraucherschutzverbände wettbewerbsrechtliche Unterlassungsansprüche gegen diesen geltend machen. Dies gilt jedoch nicht für Bagatellverstöße. So hat der 5. Zivilsenat des OLG Hamburg entschieden, dass in der Formulierung, der Lauf der Widerrufsfrist beginne „frühestens mit Erhalt dieser Belehrung", lediglich ein Bagatellverstoß zu sehen sei, der einen Unterlassungsanspruch nicht rechtfertige (OLG Hamburg, Beschl. v. 12.9.2007, 5 W 129/07, abgedruckt in: MMR 2008, 44). 13

Beispiel einer Unterlassungsverpflichtungserklärung bei einem Verstoß gegen die Belehrungspflicht: 14

► Der Unternehmer ▪▪▪ verpflichtet sich gegenüber dem Verbraucher ▪▪▪, es bei Vermeidung einer für jeden Fall der Zuwiderhandlung fälligen und an ▪▪▪ zu zahlenden Vertragsstrafe in Höhe von 5.000 EUR, zu unterlassen,

mit nachstehend wiedergegebenen Bestellformularen und/oder Bestellseiten im Internet zu werben und/oder diese in den Verkehr zu bringen:

Ablichtung des beanstandeten Formulars

(Alternative: im Rahmen der Freizeitveranstaltung ▪▪▪ (Name derselben) ▪▪▪ (Bezeichnung der Ware) anzubieten, ohne über das dem Verbraucher nach § 312 Abs. 1 S. 1 BGB zustehende Widerrufsrecht in gesetzmäßiger Form zu belehren.)

▪▪▪, den ▪▪▪

▪▪▪

Unterschrift des Unternehmers ◄

Widerrufs- und Rückgabebelehrungen sind oft aus den unterschiedlichsten Gründen falsch. Da das entscheidende Gericht einzelne Verstöße lediglich als nicht anspruchsbegründende Bagatellverstöße ansehen könnte, ist es nicht zweckmäßig, in der Unterlassungserklärung jeden Verstoß einzeln zu beschreiben. Aus der Kopie des Belehrungstexts gehen Verstöße gegen die Belehrungspflicht eindeutig hervor. 15

Beispiel für Verstöße gegen die Belehrungspflicht: Nach Abschluss eines Fernabsatzgeschäfts erklärt der Unternehmer auf die Widerrufserklärung eines privaten Bestellers, es gebe kein Widerrufsrecht; die gesetzliche Widerrufsbelehrung wird als „Widerrufsgarantie" bezeichnet (LG Köln, Urt. v. 10.10.1990, 26 S 38/90, n.v.). 16

[2] Überlassung von Sachen. Der Klammerzusatz entfällt bei Leistungen, die nicht in der Überlassung von Sachen bestehen. Bei Haustürwiderrufsgeschäften herrscht die Geschäftspraxis vor, dass die Ware erst nach Ablauf der Widerrufsfrist ausgeliefert wird. In diesem Fall ist die Ausübung des Widerrufsrechts durch Rücksendung der Sache ausgeschlossen. 17

18 [3] **Beginn der Widerrufsfrist.** Nach § 187 Abs. 1 beginnt die Widerrufsfrist erst am Tag nach ordnungsgemäßer Belehrung an zu laufen. Abs. 3 S. 1 und die Anlage 1 zu Art. 246 § 2 Abs. 3 S. 1 EGBGB sind missverständlich, da diese auf die Belehrung selbst abstellen. Die alte Anlage 2 zu § 14 Abs. 1 BGB-InfoV, abgedruckt im BGBl. 2002 I S. 3002, sah in Anlehnung an den Wortlaut des damals gültigen Gesetzestextes noch folgende Belehrung vor: „Die Frist beginnt frühestens mit Erhalt dieser Belehrung in Textform."

19 Bereits damals konnte der Verbraucher nicht zweifelsfrei erkennen, dass die Widerrufsfrist gemäß § 187 Abs. 1 erst einen Tag nach Erhalt einer ordnungsgemäßen Belehrung in Gang gesetzt wird. Daher wurde vom LG Halle (BB 2006, 1817, 1818 f), LG Münster (MMR 2006, 762), LG Kleve (MMR 2007, 332), LG Koblenz (BB 2007, 239) sowie vom KG (MMR 2007, 185) angenommen, dass diese Belehrung nicht ordnungsgemäß sei, mit der Folge, dass gemäß § 355 Abs. 3 S. 3 aF gar keine Frist anfing zu laufen, sondern dem Verbraucher vielmehr eine zeitlich unbegrenzte Widerrufsmöglichkeit zustand.

20 Der Gesetzgeber hat es im Zuge mehrerer Reformen versäumt, den Wortlaut des § 355 Abs. 2 S. 1 aF bzw des Abs. 3 S. 1 nF so klar zu fassen, dass deutlich wird, dass die Widerrufsfrist erst am Tag nach Erhalt der Widerrufsbelehrung zu laufen beginnt.

21 Der BGH entschied zwar im Jahre 1994, dass eine Erläuterung der §§ 187, 188, 193 nicht erforderlich sei (NJW 1994, 1800, 1801). Ob der BGH seine Ansicht vor dem Hintergrund der unterinstanzlichen Verwerfungen der Anlage 2 zu § 14 Abs. 1 BGB-InfoV wegen Nichteinhaltung des nunmehr in § 360 Abs. 1 S. 1 nF normierten Deutlichkeitsgebots aufrecht erhalten kann, ist jedoch zweifelhaft (aA *Lejeune*, CR 2008, 226, 228; aA nur für Fernabsatzverträge OLG Hamm CR 2008, 451).

22 Ist für den Abschluss des Vertrages – wie in § 484 Abs. 1 S. 1, 492 Abs. 1 S. 1 und 510 Abs. 2 S. 1 – **Schriftform** vorgeschrieben, ist nach Abs. 3 S. 2 für den Beginn der Frist weiterhin erforderlich, dass dem Widerspruchsberechtigten die Vertragsurkunde, deren Abschrift oder dessen schriftlicher Antrag auf Abschluss des Vertrages zur Verfügung gestellt wird. Daher ist bei schriftlich abzuschließenden Verträgen folgender Zusatz erforderlich:

▶ ■■■ jedoch nicht, bevor Ihnen auch eine Vertragsurkunde, Ihr schriftlicher Antrag oder eine Abschrift der Vertragsurkunde oder des Antrags zur Verfügung gestellt worden ist. ◀

23 Problematisch ist, ob Abs. 3 S. 2 auch für eine vereinbarte Schriftform gilt. Würde dies angenommen werden, könnte der Unternehmer von der Vereinbarung einer für den Verbraucher oftmals günstigeren Schriftform abgehalten werden (Hk-BGB/*Schulze*, § 355 Rn 15). Vgl zur Belehrung bei Fernabsatzverträgen § 312 d Rn 1 ff.

24 Liegt ein **Vertrag im elektronischen Geschäftsverkehr iS des § 312 e Abs. 1 S. 1** vor, ist folgende Ergänzung vorzunehmen:

▶ ■■■ jedoch nicht vor Erfüllung unserer Pflichten gemäß § 312 e Abs. 1 S. 1 in Verbindung mit Artikel 246 § 3 EGBGB. ◀

25 Bei einem **Kauf auf Probe iS des § 454** läuft die Frist erst ab Billigung des Gegenstandes durch den Käufer (BGH NJW-RR 2004, 1058). Daher ist hier in die Belehrung folgender Zusatz aufzunehmen:

▶ ■■■ jedoch nicht, bevor der Kaufvertrag durch Ihre Billigung des gekauften Gegenstandes für Sie bindend geworden ist. ◀

26 Bei einem **Teilzeit-Wohnrechtevertrag** iS des § 481 Abs. 1 S. 1 ist folgende Zusatzbelehrung erforderlich:

▶ ■■■ jedoch nicht, bevor wir Ihnen sämtliche in § 2 Abs. 1 und 3 BGB-InfoV bestimmten Angaben schriftlich mitgeteilt haben. ◀

Ggf ist der erweiterte Zusatz: 27

▶ ... jedoch nicht, bevor Ihnen auch eine Vertragsurkunde, Ihr schriftlicher Antrag oder eine Abschrift der Vertragsurkunde oder des Antrags zur Verfügung gestellt worden ist, und auch nicht, bevor wir Ihnen sämtliche in § 2 Abs. 1 und 3 BGB-InfoV bestimmten Angaben schriftlich mitgeteilt haben. ◀

einzufügen.

Bei einem **Fernabsatzvertrag über die Lieferung von Waren im elektronischen Geschäftsverkehr** ist daher folgender Zusatz in die Belehrung aufzunehmen: 28

▶ ... jedoch nicht vor Eingang der Ware beim Empfänger (bei der wiederkehrenden Lieferung gleichartiger Waren nicht vor Eingang der ersten Teillieferung) und auch nicht vor Erfüllung unserer Informationspflichten gemäß Artikel 246 § 2 in Verbindung mit § 1 Abs. 1 und 2 EGBGB sowie unserer Pflichten gemäß § 312 e Abs. 1 S. 1 BGB in Verbindung mit Artikel 246 § 3 EGBGB. ◀

Soll die Belehrung für einen Vertrag erfolgen, auf den mehrere der vorstehenden Sonderfälle zutreffen, sind die jeweils zutreffenden Ergänzungen zu kombinieren. 29

Nach § 4 Abs. 1 S. 2 **FernUSG** beginnt die Frist erst mit Zugang der ersten Lieferung des Fernlehrmaterials an zu laufen. Bei Teilzahlungen ist nach § 9 FernUSG zusätzlich eine Abschrift mit den in Art. 247 §§ 1–8, 12–17 EGBGB normierten Angaben erforderlich, um die Frist in Gang zu setzen. Nach § 507 Abs. 3 S. 1 brauchen jedoch abweichend von Art. 247 § 3, 6 und 12 EGBGB weder der Barzahlungspreis noch der effektive Jahreszins angegeben zu werden. Die Literatur kritisiert die Intransparenz der vielen Sonderregelungen (*Faustmann*, ZGS 2008, 147; zur Belehrung bei verbundenen Geschäften *Masuch*, NJW 2008, 1700, 1702). 30

Hat der Unternehmer die Widerrufsbelehrung **vor Vertragsschluss** abgegeben, beginnt der Lauf der Frist erst mit Wirksamwerden des Vertrages. 31

Ein Exemplar der Widerrufsbelehrung muss dem Verbraucher für die Dauer der Widerrufsfrist verbleiben (BGH NJW 1998, 540). Daher beginnt die 14-tägige Widerrufsfrist nicht, wenn der Unternehmer die Belehrung unmittelbar nach Unterzeichnung derselben durch den Verbraucher wieder an sich nimmt (OLG Koblenz WM 2002, 2460). Diese läuft erst, wenn die Belehrung dem Verbraucher zum dauerhaften Verbleib übergeben worden ist. 32

Wurde die Belehrung per **E-Mail** übermittelt, ist nach hM ein tatsächlicher Download erforderlich. Die Aufforderung, die E-Mail zu speichern oder auszudrucken, genüge gerade nicht. ME ist eine Empfangsbestätigung ausreichend, wenn der Belehrungstext in der E-Mail selbst enthalten ist. Ansonsten würde der Abschluss von Verträgen via E-Mail lebensfremd erschwert (iE auch NK-BGB/*Ring*, § 355 Rn 58). 33

Belehrung über Rechtsfolgen. Weiterhin fängt die Widerrufsfrist nicht an zu laufen, wenn der Unternehmer den Verbraucher nicht darüber belehrt, dass er selbst ebenfalls zur Rückgewähr der erhaltenen Leistung(en) verpflichtet ist (BGH NJW 2007, 1946). 34

[4] **Textform der Widerrufserklärung.** Die Widerrufserklärung muss gemäß Abs. 3 S. 1 in **Textform** mitgeteilt werden. Vgl hierzu § 126 b. Der Unternehmer hat zu erläutern, wie diese auszusehen hat, da dem Verbraucher der „dauerhafte Datenträger" iS des § 126 b sonst nicht verständlich ist. 35

Voraussetzung des Widerrufsrechts iS des Abs. 1 ist die Einräumung eines Widerrufsrechts durch eine Vorschrift, die auf § 355 verweist. Derartige Verweisungen sind in §§ 312 Abs. 1 S. 1 (Haustürgeschäft), 312 d Abs. 1 S. 1 (Fernabsatzvertrag), 485 Abs. 1 (Teilzeit-Wohnrechtevertrag), 495 Abs. 1 (Verbraucherdarlehensvertrag), § 508 Abs. 1 iVm § 495 Abs. 1 (Teilzahlungsgeschäft) und § 510 Abs. 1 S. 1 (Ratenlieferungsvertrag) sowie § 4 Abs. 1 S. 1 FernUSG (Fernunterrichtsvertrag) normiert. 36

Obwohl ein **Existenzgründer** iS des § 512 nach der Legaldefinition des § 14 bereits ein Unternehmer ist, wird dieser über die Verweisungsnorm des § 512 hinsichtlich der im BGB normier- 37 ten Widerrufsrechte einem **Verbraucher gleichgestellt** (BGH NJW 2005, 1273). Existenzgründer iS des § 512 ist auch, wer zuvor in einer anderen Branche selbständig tätig war. In Bezug auf die Wertgrenze in Höhe von 75.000 EUR, die § 512 als Ausschlusskriterium für die Gleichstellung des Existenzgründers mit einem Verbraucher enthält, ist vieles umstritten. ME ist das Widerrufsrecht nur ausgeschlossen, wenn sich der Existenzgründer vertraglich dazu verpflichtet, insgesamt Waren zu einem Kaufpreis von über 75.000 EUR zu beziehen. In Zweifelsfällen sollte ein Unternehmer einen Existenzgründer immer über seine Widerrufsmöglichkeiten belehren.

38 Nach § 312 e Abs. 3 S. 2 ist **kein eigenständiges Widerrufsrecht für den elektronischen Geschäftsverkehr** vorgesehen. Genau so wenig gilt § 355 für die in §§ 8, 152 VVG geregelten Widerrufsrechte. § 312 e Abs. 3 S. 2 regelt aber, dass die Widerrufsfrist bei einem Widerrufsrecht, das dem Verbraucher nach einer anderen Norm zusteht, bei einem Vertrag im elektronischen Geschäftsverkehr nicht zu laufen beginnt, bevor der Unternehmer alle Pflichten aus § 312 e Abs. 1 S. 1 erfüllt hat.

39 Weiterhin muss der widerrufsberechtigte **Verbraucher** iS des § 13 und der Widerrufsempfänger **Unternehmer** iS des § 14 sein. Bei Vorliegen der Voraussetzungen des § 1357 oder des § 179 steht das Widerrufsrecht auch dem mithaftenden Ehegatten bzw dem vollmachtlosen Vertreter zu. Es kann auch zusammen mit den vertraglichen Pflichten vererbt werden.

40 Gemäß Abs. 1 S. 2 braucht die Widerrufserklärung **keine Begründung** zu enthalten.

41 [5] **Widerrufsfrist.** Nach Abs. 1 S. 2 letzter Hs ist die 14-tägige **Widerrufsfrist** bei Absendung innerhalb dieses Zeitraums gewahrt. Der Widerruf wird allerdings nach § 130 Abs. 1 S. 1 erst wirksam, wenn er dem Unternehmer zugeht. Dem Verbraucher obliegt die Beweislast für Absendung und Zugang des Widerrufs. Dieser Hinweis darf nicht als Zusatz in die Widerrufsbelehrung aufgenommen werden (LG Berlin NJW-RR 2006, 639). Die Fristberechnung erfolgt anhand der §§ 187 Abs. 1, 188 Abs. 2 Alt. 1, 193.

42 [6] **Adressdaten des Unternehmers.** Ob die Angabe des Postfachs genügt, ist zweifelhaft. Nach § 360 Abs. 1 S. 2 Nr. 3 und der Anlage 1 zu Art. 246 § 2 Abs. 3 S. 1 EGBGB müssen der Name bzw die Firma und die **ladungsfähige Anschrift** des Unternehmers angegeben werden (so auch schon zur alten Rechtslage unter Geltung des § 14 BGB-InfoV OLG Koblenz NJW 2006, 919, 921). Dem Unternehmer ist anzuraten, darüber hinaus verbraucherfreundlich auch Telefaxnummer, E-Mail-Adresse und Internet-Adresse anzugeben.

43 [7] **Entfallen des Absatzes.** Dieser Absatz kann entfallen, wenn die beiderseitigen Leistungen erst nach Ablauf der Widerrufsfrist erbracht werden. Dasselbe gilt, wenn eine Rückabwicklung nicht in Betracht kommt (zB Hereinnahme einer Bürgschaft). Die Widerrufsfolgen können in diesen Fällen nicht eintreten, so dass eine Belehrung hierüber eine überflüssige Information darstellt.

44 Nach der bis zum 10.6.2010 gültigen, am 4.8.2009 in Kraft getretenen Fassung der Widerrufsbelehrung musste immer über die Widerrufsfolgen belehrt werden. Dies wurde damit begründet, dass § 312 Abs. 2 aF unabhängig davon, ob die Rechtsfolgen überhaupt eintreten können oder nicht, einen Hinweis auf die Widerrufsfolgen verlange (vgl LG Koblenz ZIP 2007, 638 f). Überdies sollte der Verbraucher prophylaktisch über die Folgen des Widerrufs belehrt werden, falls der Unternehmer die Leistung doch während des Laufs der Widerrufsfrist erbringen sollte. Nunmehr ist die Rechtslage wieder die Gleiche wie vor dem 4.8.2009. Da § 312 Abs. 2 S. 2 nF unverändert die Hinweispflicht auf die Widerrufsfolgen normiert, hat der Gesetzgeber eine widersprüchliche Neuregelung geschaffen.

45 [8] Bei **Teilzeit-Wohnrechteverträgen** schließt § 485 Abs. 5 S. 1 eine Vergütung für geleistete Dienste sowie für die Überlassung der Nutzung von Wohngebäuden, dh für die Leistungen des Unternehmers, aus. Daher ist bei Widerrufsrechten nach § 485 Abs. 1 folgender Satz einzufügen:

► Eine Vergütung für geleistete Dienste sowie für die Überlassung der Nutzung von Wohngebäuden müssen Sie nicht zahlen. ◄

Umgekehrt kann dem Verbraucher natürlich ein Anspruch auf Herausgabe der ggf vom Unternehmer gezogenen Nutzungen zustehen. **Rechtsfolge** des Widerrufs ist gemäß § 357 Abs. 1 S. 1 die Aufhebung des Pflichtenverhältnisses und das Entstehen eines Rückabwicklungsverhältnisses. Aus § 360 Abs. 1, der eine umfassende Information des Verbrauchers über seine Rechte statuiert, folgt, dass auch eine Belehrung über die Rechtsfolgen des Widerrufs stattfinden muss.

Weitergehende Ansprüche sind gemäß § 357 Abs. 4 ausgeschlossen, soweit sie aus der Rückabwicklung des Vertrages resultieren. Dagegen erfasst § 357 Abs. 4 sich aus dem Verhalten des Unternehmers oder seiner Hilfspersonen ergebende Schadensersatzansprüche nicht (str.). 46

[9] **Fernabsatzverträge über Dienstleistungen.** Bei Fernabsatzverträgen über Dienstleistungen ist folgender Satz einzufügen: 47

► Dies kann dazu führen, dass Sie die vertraglichen Zahlungsverpflichtungen für den Zeitraum bis zum Widerruf gleichwohl erfüllen müssen. ◄

Bei im Fernabsatz abgeschlossenen Finanzdienstleistungsverträgen kann der Unternehmer vom Verbraucher allerdings nur dann Wertersatz für die erbrachte Dienstleistung verlangen, wenn er den Verbraucher gemäß Art. 246 § 1 Abs. 1 Nr. 10 EGBGB vor Abgabe von dessen Vertragserklärung auf diese Rechtsfolge hingewiesen hat. Kann der Verbraucher gezogene Nutzungen nicht herausgeben, hat er auch für diese nach § 357 Abs. 1 S. 1 iVm § 346 Abs. 2 Wertersatz zu leisten. Für nicht gezogene Nutzungen und Verwendungen gilt § 347. Der Unternehmer trägt die **Beweislast** dafür, dass der Verbraucher die Vorteile der Leistung des Unternehmers auch noch nach seinem Widerruf nutzen konnte.

Zur Ermittlung des Wertersatzes vgl § 346 Rn 40 ff. Eine Ausnahme ist in § 485 Abs. 5 normiert. Demnach muss der Verbraucher Nutzungen und geleistete Dienste nicht vergüten. 48

[10] **Alternative.** Wenn ein Hinweis auf die Wertersatzpflicht nach § 357 Abs. 3 S. 1 und eine Möglichkeit zu ihrer Vermeidung nicht spätestens bei Vertragsschluss in Textform erfolgt, ist anstelle des im Muster enthaltenen Satzes folgender Satz einzufügen: 49

► Für eine durch die bestimmungsgemäße Ingebrauchnahme der Sache entstandene Verschlechterung müssen Sie keinen Wertersatz leisten. ◄

Seit dem 11.6.2010 ist eine bei Fernabsatzverträgen **unverzüglich nach Vertragsschluss in Textform erfolgende Widerrufsbelehrung** für die Anwendung des Wertersatzanspruchs für die „bestimmungsgemäße Ingebrauchnahme" genügend, wenn der Verbraucher rechtzeitig vor Abgabe seiner Willenserklärung auf der Internetseite des Unternehmers über die Wertersatzpflicht und eine Möglichkeit zu ihrer Vermeidung unterrichtet worden ist. 50

Die Pflicht zur Leistung von Wertersatz scheidet demnach bei erst nach Vertragsschluss erfolgender Widerrufsbelehrung nicht automatisch aus, wenn der Unternehmer losgelöst von einer Widerrufsbelehrung vor oder bei Vertragsschluss auf die Wertersatzpflicht nach § 357 Abs. 3 S. 1 hingewiesen hat (so schon zur Rechtslage vor dem 11.6.2010 *Marx/Bäuml*, WRP 2004, 162, 166). 51

Um eines etwaigen Wertersatzanspruchs nicht verlustig zu gehen, ist dem Unternehmer grds. anzuraten, seiner Hinweispflicht nachzukommen. ZB kann eine Probefahrt mit einem Pkw direkt nach Erstzulassung zu einem Wertverlust von bis zu 20 % führen (BT-Drucks. 14/6040, S. 199 f). 52

Macht der Unternehmer einen Wertersatzanspruch geltend, trägt er die **Beweislast** dafür, dass sich die Sache verschlechtert hat. Dagegen muss der Verbraucher beweisen, dass die eingetretene Verschlechterung auf der bestimmungsgemäßen Ingebrauchnahme der Sache beruht. 53

54 Da die Privilegierung des § 346 Abs. 3 S. 1 Nr. 3 durch § 357 Abs. 3 S. 1 und 4 abbedungen ist, muss der Verbraucher auch im Fall der Verschlechterung der Sache trotz Wahrung der eigenüblichen Sorgfalt iS des § 277 oder des zufälligen Untergangs der Sache Wertersatz leisten, sofern er über sein Widerrufsrecht ordnungsgemäß belehrt worden ist oder anderweitig von seiner Pflicht zur Leistung von Wertersatz positive Kenntnis erlangt hat (aA *Schinkels*, ZGS 2005, 179, 182, 183). Allerdings soll der Verbraucher nach dem Willen des Gesetzgebers für die Kosten, die durch eine notwendigerweise mit einer Ingebrauchnahme einhergehenden Prüfung der Ware entstehen, nicht ersatzpflichtig sein (BT-Drucks. 14/4060, S. 200). Dieser Fall ist mithin unter § 357 Abs. 3 S. 3 zu subsumieren. Eine mit einer Ingebrauchnahme notwendigerweise einhergehende Prüfung ist zB bei einer Probefahrt mit einem Pkw vor Erstzulassung auf einem Privatgelände, beim Anprobieren von Kleidung und dem Durchblättern eines Buches anzunehmen.

55 Str. ist, ob § 357 Abs. 3 gegen Art. 6 Abs. 2 Fernabsatz-RL verstößt, wonach die einzigen Kosten, die dem Verbraucher infolge der Ausübung seines Widerrufsrechts auferlegt werden können, die Kosten der unmittelbaren Rücksendung sind (MüKo-BGB/*Masuch*, § 357 Rn 5 f; *Artz*, VuR 2001, 393 f; iE auch NK-BGB/*Ring*, § 357 Rn 100 mit dem Argument, dass anderenfalls dem Verbraucher die durch Art. 6 Abs. 1 S. 2, Abs. 2 S. 2 Fernabsatz-RL iVm dem 14. Erwägungsgrund der Fernabsatz-RL gewährleistete Entscheidungsfreiheit, ob er die Sache behalten wolle, genommen werde). Nach Auffassung des Gesetzgebers sollen von § 357 Abs. 3 jedoch nicht die Kosten, die infolge der Ausübung des Widerrufsrechts, sondern die bei der Rückabwicklung von Vorteilen und Schäden entstehen, erfasst werden (BT-Drucks. 14/6040, S. 199). Der BGH hat die Frage des EU-Rechtsverstoßes dem EuGH zur Entscheidung vorgelegt (BGH ZGS 2009, 41). Der BGH vertritt ebenfalls die Auffassung, dass § 357 Abs. 3 gegen Art. 6 Abs. 2 Fernabsatz-RL verstoße.

56 Vor Inkrafttreten des Gesetzes zur Umsetzung der Verbraucherkreditrichtlinie, des zivilrechtlichen Teils der Zahlungsdiensterichtlinie sowie zur Neuordnung der Vorschriften über das Widerrufs- und Rückgaberecht am 11.6.2010 war streitig, ob auch auf den voraussichtlichen Umfang der allein durch die Ingebrauchnahme eintretenden Wertminderung hingewiesen werden muss (dafür NK-BGB/*Ring*, § 357 Rn 77; dagegen Staudinger/*Kaiser*, § 357 Rn 23). Der Reformgesetzgeber hat eine solche Pflicht nicht normiert.

57 **[11] Kostentragung des Verbrauchers.** Ist entsprechend § 357 Abs. 2 S. 3 eine **Übernahme der Versandkosten durch den Verbraucher** vereinbart worden, kann der Klammerzusatz weggelassen werden. Stattdessen ist hinter „zurückzusenden“ das unter § 357 kommentierte Muster einzufügen. Die sog. „40-Euro-Klausel“ darf gemäß § 357 Abs. 2 S. 3 nur in die Widerrufsbelehrung aufgenommen werden, wenn dem Verbraucher die regelmäßigen Kosten der Rücksendung explizit vertraglich auferlegt worden sind (LG Coburg, Beschl. v. 24.6.2008, Az 1 HK 046/08, n.v.; OLG Hamburg, Beschl. v. 24.1.2008, 3 W 7/08). Dies kann auch durch Festlegung in den Allgemeinen Geschäftsbedingungen geschehen. Selbst ebay-Händler müssen die 40-Euro-Klausel gesondert in Ihren AGB ausweisen, da ebay selbst nur die Muster-Widerrufsbelehrung eingestellt hat.

58 Die Kosten bestimmen sich nach dem Wert der Ware einschließlich USt ohne Versandkosten. Vgl hierzu auch § 357 Rn 6.

59 Nur, wenn der Unternehmer keine Zusätze dergestalt aufnimmt, dass „unfreie Sendungen nicht angenommen“ werden, wird das Verständlichkeitsgebot gewahrt (BGH NJW 2002, 3396). Der Verbraucher könnte einer solchen Belehrung nämlich nicht die eindeutige Aussage entnehmen, dass Waren ab einem Preis von mehr als 40,00 EUR stets frei versandt werden können, mithin die Pakete mit Sicherheit angenommen werden und der Widerruf somit wirksam ausgeübt worden ist (OLG Hamburg MIR 2008, Dok. 080). Überdies ist ein Verstoß iS des § 3 UWG gegeben, da der Verbraucher durch die Vorschusspflicht auf die Rücksendekosten davon ab-

gehalten werden könnte, sein gesetzliches Widerrufsrecht auszuüben (OLG Hamburg MMR 2008, 44). Bei Fernabsatzgeschäften verstieße eine solche Belehrung auch gegen § 312 c Abs. 1 S. 1 iVm Art. 246 § 1 Abs. 1 Nr. 10 EGBGB, da unrichtig über die Bedingungen der Ausübung des Widerrufs belehrt worden wäre. Verstößt der Unternehmer gegen das Verständlichkeitsgebot darf der Verbraucher die Ware unfrei zurücksenden und ist nicht dazu verpflichtet, die Kosten vorzuschießen (OLG Hamburg MMR 2008, 44).

Der ins Muster aufgenommene Klammerzusatz entspricht der Regelung des § 357 Abs. 2 S. 2, wonach die **Gefahr der Rücksendung** immer der Unternehmer trägt. 60

[12] Dieser Satz entspricht § 357 **Abs. 2 S. 1.** Ob der Verbraucher bis zur Zahlung durch den Unternehmer die Rücksendung verweigern und einen Kostenvorschuss verlangen darf, ist umstr. (dafür *Bülow/Artz*, NJW 2000, 2049, 2052). Ebenfalls str. ist die Frage, ob der Verbraucher die Ware per Nachnahme zurücksenden darf (dafür Hk-BGB/*Schulze*, § 357 Rn 4; Palandt/*Heinrichs*, § 357 Rn 5; aA Jauernig/*Stadler*, § 357 Rn 4 mit dem Argument, dass dann keine „regelmäßigen Kosten" gegeben seien). 61

[13] **Abholung auf Verlangen des Verbrauchers.** Ist die Ware nicht versandfähig, kann der Verbraucher vom Unternehmer verlangen, die Ware abzuholen, vgl § 356 Rn 36. 62

[14] **Zahlungsfrist.** Dieser Teil der Belehrung entspricht den §§ **357 Abs. 1 S. 2, 3 und 286 Abs. 3 S. 1.** Nicht nur der Verbraucher, sondern auch der Unternehmer ist zur Erstattung von Zahlungen (insbesondere des Kaufpreises) innerhalb von 30 Tagen nach Zugang der Widerrufserklärung oder Rückgabe der Sache verpflichtet. Die grds. nach § 286 Abs. 3 erforderliche Zahlungsaufforderung wird gemäß § 357 Abs. 1 S. 2 durch den Zugang der Widerrufserklärung bzw durch die Rückgabe der Sache ersetzt. Nach Beanstandung durch den BGH (BGH ZIP 2007, 1067, 1068) enthält die Musterwiderrufsbelehrung seit dem 4.8.2009 auch die wesentlichen Rechte des Verbrauchers (= Pflichten des Unternehmers). 63

[15] **Besondere Hinweise.** Bei einem **Teilzeit-Wohnrechtevertrag** ist an dieser Stelle der Belehrung folgender Hinweis aufzunehmen: 64

► Die Widerrufsfrist verlängert sich auf einen Monat, wenn Ihnen nicht bereits vor Vertragsschluss ein Prospekt über das Wohnungsobjekt ausgehändigt worden ist oder wenn der Prospekt nicht in der Sprache des Staates, dem Sie angehören oder in dem Sie Ihren Wohnsitz haben, abgefasst ist. Ist der Prospekt in Deutsch abgefasst, gilt dies, wenn Sie Bürger oder Bürgerin eines Mitgliedstaats der Europäischen Union oder eines Vertragsstaats des Abkommens über den Europäischen Wirtschaftsraum sind, nur, wenn Sie um einen Prospekt in der oder einer der Amtssprachen Ihres Heimatlandes gebeten und ihn nicht erhalten haben.

Bei Widerruf müssen Sie ggf auch die Kosten einer notariellen Beurkundung erstatten, wenn dies im Vertrag ausdrücklich bestimmt ist. ◄

Die Pflicht zur **Erstattung der Beurkundungskosten** entfällt gemäß § 485 Abs. 5 S. 3 Hs 1, wenn dem Verbraucher nicht rechtzeitig ein Prospekt in der vorgeschriebenen Sprache ausgehändigt worden ist oder wenn im Vertrag die nach Abs. 4 erforderlichen Pflichtangaben fehlen.

[16] Der Hinweis für **finanzierte Geschäfte,** wenn **gleichzeitig** ein **verbundenes Geschäft** gegeben ist, ist bei § 358 Rn 45 aufgeführt. Wenn ein verbundenes Geschäft nicht vorliegt, kann der dort aufgeführte Hinweis für finanzierte Geschäfte entfallen. 65

[17] Eine **Unterschrift des Verbrauchers** unter der Widerrufsbelehrung ist zwar nicht erforderlich, aber zum Beweis der Mitteilung derselben für den Unternehmer zweckmäßig. Nach Abs. 3 S. 3 ist dieser dafür beweispflichtig, dass die Widerrufsfrist in Gang gesetzt worden ist, dh für die Widerrufsbelehrung, ihre Ordnungsmäßigkeit, ihren Zeitpunkt und ihre Mitteilung. 66

B. Widerrufserklärung

67 **I. Muster: Widerrufserklärung des Verbrauchers in Textform**

▶ An (Unternehmer, Unternehmen)

Ich habe bei Ihnen am ... (Datum) ... (Bezeichnung der Ware) bestellt und Ihnen die Ermächtigung zur Abbuchung nebst Versandkosten erteilt. Auf die schriftliche Vereinbarung nehme ich Bezug. Hiermit widerrufe[1] ich meine Willenserklärung.[2], [3] Dieser Widerruf bezieht sich auch auf die Ermächtigung zur Abbuchung im Lastschriftverfahren. Bis zum ... (Datum) erwarte ich Ihre Bestätigung, dass der Vertrag storniert worden ist.[4], [5], [6]

..., den ...

...

Name und Unterschrift des Verbrauchers[7] ◀

II. Erläuterungen

68 [1] **Begründung keine Voraussetzung.** Gemäß § 355 Abs. 1 S. 2 muss der Widerruf nicht begründet werden.

69 [2] **Textformerfordernis.** Er muss allerdings nach derselben Vorschrift in Textform iS des § 126 b oder durch Rücksendung der Sache erfolgen, dh nach der Legaldefinition des § 126 b per Urkunde oder auf andere zur dauerhaften Wiedergabe in Schriftzeichen geeigneter Weise. Auch Fax und E-Mail erfüllen diese Anforderungen, wenn der Unternehmer dem Verbraucher gegenüber zumindest konkludent sein Einverständnis mit dieser Art des Widerrufs erklärt hat, indem er seine Faxnummer oder E-Mail-Adresse angegeben hat. Denn dem Unternehmer muss der Widerruf zugehen können. Diesem muss es möglich sein, Faxe zu empfangen und E-Mails zu speichern und auszudrucken. Nicht erforderlich ist dagegen, dass er die Erklärung auch tatsächlich ausdruckt. Die Erklärung kann auch in stärkerer Form wie zB in Schriftform nach § 126 oder in elektronischer Form nach § 126 a abgegeben werden, Da hiermit zugleich die niedrigeren Anforderungen des § 126 b gewahrt werden.

70 [3] **Anforderungen an die Widerrufserklärung.** Eine Widerrufserklärung kann sich auch aus den **Umständen des Einzelfalls** ergeben. Der Verbraucher muss nicht explizit erwähnen, dass er den Vertragsschluss widerrufen will (BGH NJW 1993, 128; 1996, 1964). Insbesondere die Rücksendung der Ware kann Ausdruck der Geltendmachung des Widerrufsrechts sein. Allerdings kann die Erklärung des Verbrauchers, er habe „eine Rücksendung“ nicht als Ausübung des Widerrufsrechts ausgelegt werden (AG Schopfheim MMR 2008, 427).

71 Die Erklärung, vom Vertrag zurücktreten zu wollen, ist als Widerrufserklärung auszulegen, wenn dies für den Verbraucher günstiger ist, zB wenn ihm kein gesetzliches Rücktrittsrecht, aber ein Widerrufsrecht zusteht. Ebenfalls ist eine Anfechtungs- als Widerrufserklärung auszulegen, wenn sie form- und fristgerecht erfolgt ist und nach dem mutmaßlichen Willen des Verbrauchers die für ihn günstigeren Rechtsfolgen des Widerrufs herbeigeführt werden sollen. Gleiches gilt, wenn der Vertrag aufgrund Gesetzes- oder Sittenverstoßes nach § 134 bzw § 138 nichtig ist. Auch hier ist es idR im Interesse des Verbrauchers, nicht auf die für ihn ungünstigeren Regeln des Bereicherungsrechts verwiesen zu werden.

72 Die Erklärung des Verbrauchers, vom Vertrag Abstand nehmen zu wollen, ist ebenfalls als Widerrufserklärung auszulegen.

73 Trotz grds. bestehender Bedingungsfeindlichkeit kann ein **Eventualwiderruf** für den Fall erklärt werden, dass das Vorbringen, auf das der Verbraucher seine Verteidigung primär stützt, erfolglos ist.

74 Aus der Widerrufserklärung muss der Erklärende hervorgehen.

Weitere Voraussetzung der wirksamen Ausübung des Widerrufsrechts ist die fristgerechte Erklärung nach § 355 Abs. 1 S. 2. Der **Beginn der Widerrufsfrist** gemäß § 355 Abs. 2 setzt die **ordnungsgemäße Belehrung** des Verbrauchers über sein Widerrufsrecht voraus. Der Beginn der Widerrufsfrist ist unter **Rn 41** kommentiert. 75

Gemäß § 355 Abs. 1 S. 2 Hs 2 ist die 14-tägige **Widerrufsfrist** bei rechtzeitiger Absendung gewahrt (vgl auch Rn 41). Da dem Verbraucher die **Beweislast** für die fristgerechte Absendung des Widerrufs obliegt, ist die Absendung per Einschreiben zu empfehlen. Nach § 355 Abs. 4 S. 3 Hs 1 muss die Widerrufserklärung nicht binnen 14-tägiger Frist erfolgen, wenn nicht, nicht rechtzeitig, unvollständig oder fehlerhaft über das Widerrufsrecht belehrt worden ist. Rechtsfolge ist ein unbefristetes Widerrufsrecht. ZB löst die Belehrung über einen zu frühen Termin zur Einlegung des Widerrufs den Beginn der Widerrufsfrist nicht aus. 76

Sonstige unvollständig erteilte Informationen sollen nach den Gesetzesmaterialien (BT-Drucks. 14/9266, S. 45 f) diese Rechtsfolge nicht nach sich ziehen. Eine Ausnahme für im Fernabsatz abgeschlossene Finanzdienstleistungsverträge iS des § 312 b Abs. 1 S. 2 normiert Abs. 4 S. 3 Hs 2, demzufolge das Widerrufsrecht auch dann keiner zeitlichen Befristung unterliegen soll, wenn der Unternehmer die in Art. 246 § 2 Abs. 1 S. 1 Nr. 1 und S. 2 Nr. 1 bis 3 EGBGB beschriebenen Informationspflichten nicht ordnungsgemäß erfüllt hat. 77

Geht die Widerrufserklärung auf dem Weg zum Empfänger verloren, gilt die unverzügliche Wiederholung der Erklärung als innerhalb der 14-Tages-Frist abgegeben (OLG Dresden NJW-RR 2000, 356). Wird die Ware zurückgesandt, ist der Widerruf wegen der Gefahrtragung des Unternehmers auch dann wirksam, wenn die Sache während des Versandes verloren geht. Die Fristberechnung erfolgt anhand der §§ 187 Abs. 1, 188 Abs. 2 Alt. 1, 193. 78

Der Verbraucher trägt die **Beweislast** für die Absendung und den Zugang des Widerrufs. Daher ist die Versendung mit Einschreiben und Rückschein empfehlenswert. 79

Ob der Verbraucher bis zum Ablauf der Widerrufsfrist die Leistung verweigern darf, ist umstr. (dafür NK-BGB/*Ring*, § 355 Rn 21; aA Erman/*Saenger*, § 355 Rn 4). Ist noch keine Widerrufsbelehrung erteilt worden, kann er das Leistungsverweigerungsrecht auch auf den Anspruch auf Aushändigung einer Widerrufsbelehrung stützen. 80

[4] **Wirkung des Widerrufs.** Nach hM wird der Vertrag in ein Rückgewährschuldverhältnis umgewandelt. Denn die Widerrufsmöglichkeit nach § 355 stellt ausweislich des Wortlauts des § 357 Abs. 1 S. 1 ein besonders ausgestaltetes Rücktrittsrecht dar (BGH BB 2004, 1246; Staudinger/*Kaiser*, § 355 Rn 18; NK-BGB/*Ring*, § 355 Rn 16; aA *Reimer*, AcP 203, 1, der das Widerrufsrecht als ein anfechtungsähnliches Gestaltungsrecht ansieht). 81

[5] **Erlöschen des Widerrufsrechts.** Das Widerrufsrecht erlischt mit Ablauf der Widerrufsfrist. Bei Fernabsatzverträgen, die keine Finanzdienstleistungen zum Inhalt haben, erlischt das Widerrufsrecht nach Abs. 4 S. 1 auch spätestens sechs Monate nach Vertragsschluss, wenn der Unternehmer seinen Informationspflichten nicht oder nur unzureichend nachgekommen ist. Dass Abs. 4 S. 1 nur Bedeutung bei Fernabsatzverträgen über Waren und Dienstleistungen, die keine Finanzdienstleistungen sind, erlangt, ergibt sich aus einem Umkehrschluss aus Abs. 4 S. 3 Hs. 2. Gemäß Abs. 4 S. 3 Hs. 2 erlischt das Widerrufsrecht nämlich gar nicht, wenn der Unternehmer seine Informationspflichten nach Art. 246 § 2 Abs. 1 S. 1 Nr. 1 und S. 2 Nr. 1 bis 3 EGBGB nicht oder nur unzureichend erfüllt hat (BT-Drucks. 15/2946, S. 23). Bei Warenlieferungen beginnt die Frist gemäß Abs. 4 S. 2 erst am Tag des Eingangs der Lieferung beim Empfänger. Durch den eindeutigen Verweis auf S. 1 wird klargestellt, dass die Ausschlussfrist für das Widerrufsrecht und nicht die Widerrufsfrist gemeint ist (Dies wurde vom LG Siegen in: NJW 2007, 1826 anders gesehen). 82

Nach Abs. 4 S. 3 Hs. 1 erlischt das Widerrufsrecht nicht, wenn der Verbraucher nicht oder nicht vollständig über sein **Widerrufsrecht** belehrt worden ist. 83

84 [6] **Verwirkung des Widerrufsrechts.** Ein Teil der Rspr nimmt Verwirkung an, wenn der Verbraucher den Widerruf erst nach einem Jahr erklärt (OLG Hamm MDR 1999, 537). Nach aA ist das Widerrufsrecht selbst dann, wenn es erst nach mehreren Jahren ausgesprochen wird, nicht verwirkt, da jederzeit eine ordnungsgemäße Begründung nachgeschoben werden könne (OLG Frankfurt NJW-RR 2001, 1279).

85 [7] Gemäß § 126 b müssen die **Person des Erklärenden und** möglichst auch die **Unterschrift** erkennbar sein. Vgl näher Hk-BGB/*Dörner*, § 126 b, Rn 5 und 6 sowie Palandt/*Heinrichs*, § 126 b, Rn 4 und 5.

§ 356 Rückgaberecht bei Verbraucherverträgen

(1) [1]Das Widerrufsrecht nach § 355 kann, soweit dies ausdrücklich durch Gesetz zugelassen ist, beim Vertragsschluss auf Grund eines Verkaufsprospekts im Vertrag durch ein uneingeschränktes Rückgaberecht ersetzt werden. [2]Voraussetzung ist, dass

1. **im Verkaufsprospekt eine den Anforderungen des § 360 Abs. 2 entsprechende Belehrung über das Rückgaberecht enthalten ist und**
2. **der Verbraucher den Verkaufsprospekt in Abwesenheit des Unternehmers eingehend zur Kenntnis nehmen konnte.**

(2) [1]Das Rückgaberecht kann innerhalb der Widerrufsfrist, die jedoch nicht vor Erhalt der Sache beginnt, und nur durch Rücksendung der Sache oder, wenn die Sache nicht als Paket versandt werden kann, durch Rücknahmeverlangen ausgeübt werden. [2]Im Übrigen sind die Vorschriften über das Widerrusrecht entsprechend anzuwenden. [3]An die Stelle von § 360 Abs. 1 tritt § 360 Abs. 2.

A. Rückgaberecht

1 **I. Muster: Belehrung über Rückgaberecht**

▶ **Rückgaberecht[1]**

Sie können die erhaltene Ware ohne Angabe von Gründen innerhalb von [14 Tagen][2] durch Rücksendung der Ware zurückgeben.[3] Die Frist beginnt nach[4] Erhalt dieser Belehrung in Textform (zB als Brief, Fax, E-Mail), jedoch nicht vor Eingang der Ware.[5] Nur bei nicht paketversandfähiger Ware (zB bei sperrigen Gütern) können Sie die Rückgabe auch durch Rücknahmeverlangen in Textform erklären.[6] Zur Wahrung der Frist genügt die rechtzeitige Absendung der Ware oder des Rücknahmeverlangens.[7] In jedem Fall erfolgt die Rücksendung auf unsere Kosten und Gefahr. Die Rücksendung oder das Rücknahmeverlangen hat zu erfolgen an: ▪▪▪ (Name und Sitz des Unternehmers)[8]

Die Rückgabe paketversandfähiger Ware kann auch an ▪▪▪ (Name/Firma und Telefonnummer einer Versandstelle) erfolgen, die die Ware bei Ihnen abholt.[9]

Bei Rücknahmeverlangen wird die Ware bei Ihnen abgeholt.[10]

Rückgabefolgen

Im Falle einer wirksamen Rückgabe sind die beiderseits empfangenen Leistungen zurückzugewähren und ggf gezogene Nutzungen (zB Gebrauchsvorteile) herauszugeben.[11] Bei einer Verschlechterung der Ware kann Wertersatz verlangt werden. Dies gilt nicht, wenn die Verschlechterung der Ware ausschließlich auf deren Prüfung – wie Sie Ihnen etwa im Ladengeschäft möglich gewesen wäre – zurückzuführen ist. Im Übrigen können Sie die Pflicht zum Wertersatz für eine durch die bestimmungsgemäße Ingebrauchnahme der Sache entstandene Verschlechterung vermeiden, indem Sie die Ware nicht wie Ihr Eigentum in Gebrauch nehmen und alles unterlassen, was deren Wert beeinträchtigt.[12] Verpflichtungen zur Erstattung von Zahlungen müssen innerhalb von 30 Tagen erfüllt werden. Die Frist beginnt für Sie mit der Absendung der Ware oder des Rücknahmeverlangens, für uns mit dem Empfang.[13]

Finanzierte Geschäfte[14]

...

Ort, Datum ...

...

Unterschrift des Verbrauchers[15] ◄

II. Erläuterungen und Varianten

[1] Das Muster entspricht der am 11.6.2010 in Kraft getretenen Anlage 2 zu Art. 246 § 2 Abs. 3 S. 1 EGBGB. Der Unternehmer, der diese Rückgabebelehrung benutzt, genügt damit seinen Pflichten nach § 360 Abs. 2. Das Muster ist allgemein gehalten und gilt demzufolge für alle Vertragsarten. Bei einzelnen Vertragsarten einzuhaltende Besonderheiten werden unter den in den Klammerzusätzen stehenden Ziffern näher erläutert. 2

[2] **Rückgabefrist.** Gemäß § 356 Abs. 2 S. 2 iVm § 355 Abs. 2 S. 1 muss der Unternehmer die 14-tägige **Rückgabefrist** einhalten. Hier gilt die Ausführung in § 355 Rn 41 mit der Maßgabe, dass die Frist nach Abs. 3 S. 1 nicht vor Erhalt der Ware bzw bei anderen – nicht in § 356 Abs. 2 berücksichtigten – Leistungen nicht vor deren Empfang anfängt zu laufen. 3

Wird die **Belehrung** nicht spätestens bei, sondern erst **nach Vertragsschluss** mitgeteilt, lautet der Klammerzusatz „einem Monat." Nach Art. 229 § 9 EGBGB gilt dies auch für Altverträge. Eine aA geht von einem Verstoß gegen Art. 4 der HausTW-RL aus. Bei Fernabsatzverträgen steht jedoch eine unverzüglich nach Vertragsschluss in Textform mitgeteilte Rückgabebelehrung einer solchen bei Vertragsschluss gleich, wenn der Unternehmer den Verbraucher gemäß Art. 246 § 1 Abs. 1 Nr. 10 EGBGB unterrichtet hat. 4

Wenn der Unternehmer den unter Rn 49 aufgeführten Hinweis nicht spätestens bei Vertragsschluss in Textform mitgeteilt hat, muss er diesen ebenfalls nachholen. Vgl hierzu Rn 47. Im Übrigen gilt die Ausführung in § 355 Rn 10 mit der Maßgabe, dass bei Online-Auktionen das Widerrufsrecht nicht durch ein Rückgaberecht ersetzt werden sollte. Zu den Gründen vgl Rn 2 ff. 5

[3] **Einräumung des Rückgaberechts.** Das grds. nicht abdingbare Widerrufsrecht kann – **auch in AGB** – durch ein uneingeschränktes Rückgaberecht ersetzt werden, wenn dies ausdrücklich im Gesetz zugelassen ist. Entsprechende Bestimmungen sind in §§ 312 Abs. 1 S. 2, 312 d Abs. 1 S. 2 und 508 Abs. 1 für Haustür-, Fernabsatz- und Teilzahlungsgeschäfte enthalten. 6

Obwohl § 508 Abs. 1 die Ersetzungsmöglichkeit nicht auf Verträge über die Lieferung einer bestimmten Sache beschränkt, entspricht es allgemeiner Meinung, dass die Einräumung eines Rückgaberechts bei Vorliegen eines Teilzahlungsgeschäfts nur bei Teilzahlungsgeschäften über die Lieferung und ggf Herstellung von beweglichen Sachen möglich ist. Bei Vorliegen eines Teilzahlungsgeschäfts, das zB eine Dienstleistung zum Gegenstand hat, würde die Einräumung 7 des Rückgaberechts eine Umgehung des Widerrufsrechts iS von § 511 S. 2 darstellen, da der Verbraucher keine Möglichkeit hätte, das Rückgaberecht auszuüben.

8 Bei **Teilzeit-Wohnrechteverträgen** ist ein solches Recht nicht vorgesehen. Bei diesen Verträgen kommt eine Ersetzung des Widerrufsrechts durch ein Rückgaberecht dennoch unter der Voraussetzung in Betracht, dass zugleich ein Fernabsatz- oder ein Teilzahlungsgeschäft vorliegt. Ist dagegen zugleich ein Haustürgeschäft gegeben, schließt § 312 a das Rückgaberecht nach § 312 Abs. 1 aus, da dem Verbraucher schon aus § 485 Abs. 1 ein Widerrufsrecht zusteht. In diesem Fall besteht also keine Ersetzungsmöglichkeit. Das gleiche Ergebnis gilt bei im Fernabsatz geschlossenen Verträgen über die Teilnutzung von Wohngebäuden, da § 312 d Abs. 1 S. 2 nach § 312 b Abs. 3 Nr. 2 hier keine Anwendung findet.

9 Für **Fernabsatzverträge** regelt § 312 d Abs. 1 S. 2, dass die Möglichkeit der Einräumung eines Rückgaberechts anstelle des Widerrufsrechts nur bei der Lieferung von Waren gegeben ist. Die Vorschriften über das Widerrufsrecht sind entsprechend anwendbar mit der Folge, dass lediglich die Rückgabefrist nicht beginnt, bevor dem Verbraucher eine Belehrung über sein Rückgaberecht in Textform mitgeteilt worden ist. Hiermit soll ein Gleichlauf von Rückgabe- und Widerrufsrecht erreicht werden (BT-Drucks. 16/11643, S. 108).

Bei **Online-Geschäften** sollte dem Verbraucher jedoch kein Rückgaberecht eingeräumt werden, da der Unternehmer bei Einräumung eines Rückgaberechts die Kosten der Rücksendung nicht auf den Verbraucher überwälzen kann.

10 Das Rückgaberecht ist **ausschließlich** durch **Rücksendung der Ware** auszuüben. Die weiteren Möglichkeiten des Verbrauchers, die im Rahmen des Widerrufsrechts nach § 355 bestehen, sind damit ausgeschlossen.

11 Gerade in **AGB** sollte die Rückgabebelehrung optisch deutlich vom übrigen Text abgetrennt sein (vgl OLG Schleswig NJW 2008, 1477 zur Widerrufsbelehrung). Daher sollte diese unter einem gesonderten Menüpunkt präsentiert werden.

12 Keinesfalls darf die Rückgabebelehrung dem Verbraucher juristische Wertungen überlassen. So darf diesem zB die persönliche Qualifizierung, ob er Verbraucher iS des § 13 ist, nicht aufgebürdet werden. Wie beim Widerrufsrecht kann der Unternehmer – gemäß § 308 Nr. 1 **auch in AGB** – bestimmen, dass er erst nach Ablauf der Rückgabefrist zu leisten braucht. Dies gilt jedoch nicht für Fernabsatz- und Fernunterrichtsverträge. Hier beginnt die Rückgabefrist gemäß § 312 d bzw § 4 Abs. 1 S. 2 FernUSG erst mit Lieferung. Zur Abdingbarkeit des Rückgaberechts vgl § 355 Rn 3 letzter Absatz.

13 **[4] Formulierung „nach Erhalt dieser Belehrung“.** Die Gründe zur Neuformulierung dieses Satzes werden in § 355 Rn 18 erläutert. Mit dem Hinweis, dass die Frist jedoch nicht vor Eingang der Ware beginnt, wird § 356 Abs. 2 S. 1 entsprochen.

14 **[5] Zusätze in Sonderfällen.**

Bei **schriftlich abzuschließenden Verträgen:**

▶ ... und auch nicht, bevor Ihnen auch eine Vertragsurkunde, Ihr schriftlicher Antrag oder eine Abschrift der Vertragsurkunde oder des Antrags zur Verfügung gestellt worden ist. ◀

15 Bei **Fernabsatzverträgen** iS des § 312 b Abs. 1 S. 1:

▶ ... beim Empfänger (bei der wiederkehrenden Lieferung gleichartiger Waren nicht vor Eingang der ersten Teillieferung) und auch nicht vor Erfüllung unserer Informationspflichten gemäß Artikel 246 § 2 in Verbindung mit § 1 Abs. 1 und 2 EGBGB. ◀

16 Bei **Verträgen im elektronischen Geschäftsverkehr** iS des § 312 e Abs. 1 S. 1:

▶ ... und auch nicht vor Erfüllung unserer Pflichten gemäß § 312 e Abs. 1 S. 1 BGB in Verbindung mit Artikel 246 § 3 EGBGB. ◀

Bei einem **Kauf auf Probe** iS des § 454: 17

▶ ... und auch nicht, bevor der Kaufvertrag durch Ihre Billigung des gekauften Gegenstandes für Sie bindend geworden ist. ◀

Wird für einen Vertrag belehrt, der unter mehrere der vorstehenden Sonderfälle fällt, sind die 18
jeweils zutreffenden **Ergänzungen zu kombinieren.** ZB sind bei einem Fernabsatzvertrag im elektronischen Geschäftsverkehr folgende Zusätze einzufügen:

▶ ... beim Empfänger (bei der wiederkehrenden Lieferung gleichartiger Waren nicht vor Eingang der ersten Teillieferung) und auch nicht vor Erfüllung unserer Informationspflichten gemäß Artikel 246 § 2 in Verbindung mit § 1 Abs. 1 und 2 EGBGB sowie unserer Pflichten gemäß § 312 e Abs. 1 S. 1 BGB in Verbindung mit Artikel 246 § 3 EGBGB. ◀

Der Vertrag muss aufgrund eines **Verkaufsprospekts** zustande kommen. Hierunter sind (Inter- 19
net-)Kataloge, Postwurfsendungen, CD-ROMs, aber auch Inserate, soweit sie alle erforderlichen Angaben enthalten, zu verstehen. Dieser selbst stellt idR jedoch nur eine Aufforderung zur Abgabe eines Vertragsangebots dar.

[6] **Belehrung über das Rückgaberecht.** Weiterhin muss nach § 356 Abs. 1 S. 2 Nr. 1 im Ver- 20
kaufsprospekt eine deutlich gestaltete **Belehrung** über das Rückgaberecht enthalten sein. Diese muss dem Deutlichkeitsgebot entsprechen (vgl § 355 Rn 3). Die Belehrung genügt diesen Anforderungen, wenn das in Anlage 2 des Art. 246 § 2 Abs. 3 S. 1 EGBGB vorgesehene Muster für die Rückgabebelehrung verwandt wird. Vgl zu den an die Belehrung zu stellenden Anforderungen Rn 2 ff und § 355 Rn 2 ff.

Möglichkeit der Kenntnisnahme. Vor Abgabe seiner auf den Vertragsschluss gerichteten Wil- 21
lenserklärung muss es dem Verbraucher nach § 356 Abs. 1 S. 2 Nr. 2 ermöglicht werden, den Verkaufsprospekt – auch in Abwesenheit des Unternehmers – eingehend zur Kenntnis zu nehmen. Der Verbraucher muss diese Möglichkeit nicht tatsächlich nutzen.

Wirksame Einbeziehung bei Belehrung in AGB. Räumt der Unternehmer dem Verbraucher in 22
seinen AGB ein Rückgaberecht ein, muss dieses wirksam in den Vertrag einbezogen werden. Hierfür ist § 305 Abs. 2 maßgeblich.

Weiterhin müssen die unter § 355 Rn 36 ff geschilderten Voraussetzungen gegeben sein. 23

Schließlich muss gemäß § 356 Abs. 2 S. 2 iVm § 355 Abs. 2 S. 1 die 14-tägige **Rückgabefrist** 24
eingehalten werden. Hier gilt § 355 Rn 41 mit der Maßgabe, dass die Frist nach Abs. 2 S. 1 nicht vor Erhalt der Ware bzw bei anderen – nicht in § 356 Abs. 2 berücksichtigten – Leistungen nicht vor deren Empfang anfängt zu laufen.

[7] **Fristwahrung.** Nach § 356 Abs. 2 S. 2 iVm § 355 Abs. 1 S. 2 genügt zur **Wahrung der** 25
Frist die rechtzeitige Absendung der Ware bzw die rechtzeitige Geltendmachung des Rücknahmeverlangens. Vgl hierzu näher § 355 Rn 63.

[8] **Adressdaten des Unternehmers.** Zumindest sind der Name bzw die Firma des Unternehmers 26
sowie die ladungsfähige Anschrift des Rückgabeadressaten aufzuführen. Dem Unternehmer ist jedoch anzuraten, verbraucherfreundlich zusätzlich Telefaxnummer, E-Mail-Adresse und/oder, wenn der Verbraucher eine Bestätigung seines Rücknahmeverlangens an den Unternehmer erhält, auch eine Internet-Adresse anzugeben. Vgl auch § 355 Rn 42.

Rechtsfolge des Fehlens der o.g. Voraussetzungen. Fehlt die Belehrung, ist diese bei Verwendung 27
von AGB nicht wirksam in den Vertrag einbezogen worden oder ist dem Verbraucher nicht die Möglichkeit gegeben worden, diese zur Kenntnis zu nehmen, wird das Rückgaberecht nicht Vertragsbestandteil. Gemäß § 306 Abs. 1 bleibt der übrige Vertrag aber wirksam.

Kann die erhaltene Ware per Paket verschickt werden, muss der Verbraucher von dieser Mög- 28
lichkeit Gebrauch machen. Gemäß § 357 Abs. 2 S. 2 trägt der Unternehmer sowohl Kosten als auch Gefahr der Rücksendung.

29 [9] **Versandstelle.** Die Benennung einer **Versandstelle** ist optional.

30 [10] **Rücknahmeverlangen.** Wiegt die erhaltene Ware mehr als 20 kg oder überschreitet das zu fertigende Paket die Höchstmaße von 120 x 60 x 60 cm, wird die Ware von der Deutschen Post AG nicht befördert. In diesem Fall kann der Verbraucher die Rücknahme der Ware verlangen. Macht der Verbraucher wegen Unmöglichkeit der Rückgabe der erhaltenen Ware von seinem Widerrufsrecht Gebrauch, muss er in seiner Widerrufserklärung die Unmöglichkeit angeben. Der Hinweis auf die Abholung der Ware ist ebenfalls optional.

31 [11] **Rückabwicklung.** Diese Rechtsfolge ordnet § 357 Abs. 1 S. 1 nicht nur für das Widerrufsrecht, sondern auch für das Rückgaberecht an. Vgl hierzu § 355 Rn 45.

32 [12] **Verschlechterung infolge Ingebrauchnahme.** Hiermit wird den Anforderungen des § 357 **Abs. 3 S. 1 und 2** Rechnung getragen. Wenn ein Hinweis auf die Wertersatzpflicht gemäß § 357 Abs. 3 S. 1 und eine Möglichkeit zu ihrer Vermeidung nicht spätestens bei Vertragsschluss in Textform erfolgt ist, ist anstelle dieses Satzes folgender Satz einzufügen:

▶ Für eine durch die bestimmungsgemäße Ingebrauchnahme der Sache entstandene Verschlechterung müssen Sie keinen Wertersatz leisten. ◀

Bei Fernabsatzverträgen steht ein unverzüglich nach Vertragsschluss in Textform mitgeteilter Hinweis einem solchen bei Vertragsschluss gleich, wenn der Unternehmer den Verbraucher rechtzeitig vor Abgabe von dessen Vertragserklärung in einer dem eingesetzten Fernkommunikationsmittel entsprechenden Weise über die Wertersatzpflicht und eine Möglichkeit zu ihrer Vermeidung unterrichtet hat. Vgl zu den Einzelheiten, insbesondere zur Pflicht der Leistung von Wertersatz für gezogene und nicht gezogene Nutzungen sowie die Möglichkeit des isolierten Hinweises auf die Wertersatzpflicht vor oder bei Vertragsschluss § 355 Rn 47 ff.

33 [13] **Rückerstattung von Zahlungen.** Dieser Teil der Belehrung entspricht den §§ 357 **Abs. 1 S. 2, 3 und 286 Abs. 3 S. 1.** Nicht nur der Verbraucher, sondern auch der Unternehmer ist zur Erstattung von Zahlungen innerhalb von 30 Tagen nach Empfang der Sache verpflichtet.

34 [14] **Hinweis für finanzierte Geschäfte.** Der Hinweis für **finanzierte Geschäfte**, wenn **gleichzeitig** ein **verbundenes Geschäft** vorliegt, ist bei § 358 Rn 24 dargestellt. Wenn ein verbundenes Geschäft nicht vorliegt, sollte der Hinweis aus dem Grunde der Schaffung von Rechtsklarheit für den Verbraucher entfallen.

35 [15] **Abschluss der Belehrung.** Eine **Unterschrift des Verbrauchers** unter der Rückgabebelehrung ist genau wie eine Orts- und Datumsangabe zwar nicht erforderlich, aber zum Beweis der Mitteilung der Rückgabebelehrung für den Unternehmer zweckmäßig. Nach allgemeinen Beweislastgrundsätzen ist dieser dafür beweispflichtig, dass die Rückgabefrist in Gang gesetzt worden ist, dh für die Rückgabebelehrung, ihre Ordnungsmäßigkeit, ihren Zeitpunkt und ihre Mitteilung. Alternativ sind diese Angaben entweder durch die Wörter „Ende der Rückgabebelehrung" oder durch die Wörter „Ihr(e) (einsetzen: Firma des Unternehmers)" zu ersetzen.

B. Rücknahmeverlangen

36 **I. Muster: Rücknahmeverlangen des Verbrauchers**

▶ An ■■■ (Unternehmer, Unternehmen)

Ich habe bei Ihnen am ■■■ (Datum) ■■■ (Bezeichnung der Ware) bestellt und Ihnen die Ermächtigung zur Abbuchung nebst Versandkosten erteilt. Auf die schriftliche Vereinbarung nehme ich Bezug. Hiermit widerrufe ich meine Willenserklärung.[1] Dieser Widerruf bezieht sich auch auf die Ermächtigung zur Abbuchung im Lastschriftverfahren. Bis zum ▪▪▪ (Datum) erwarte ich Ihre Bestätigung, dass der Vertrag storniert worden ist.[2], [3]

▪▪▪, den ▪▪▪

▪▪▪

Name und Unterschrift des Verbrauchers[4] ◄

II. Erläuterungen

[1] **Rücknahmeerklärung.** Wenn die Sache mehr als 20 kg wiegt oder die Maße 120 cm x 60 cm x 60 cm überschreitet, kann sie nicht per Paket verschickt werden. In diesem Fall kann der Verbraucher die Rücknahme gemäß Abs. 2 S. 1 Hs. 2 in Textform iS des § 126 b erklären, vgl hierzu § 355 Rn 69. Dabei muss er den Vertrag konkret bezeichnen. Das Wort „Rücknahme" braucht er nicht zu verwenden. Der Verbraucher muss lediglich erkennen lassen, dass er die Ware nicht behalten möchte. Die Rücknahmeerklärung muss nicht begründet werden. 37

Die weiteren Voraussetzungen eines wirksamen Rücknahmeverlangens sind unter Rn 25 ff sowie § 355 Rn 36 ff kommentiert. Zulässig ist auch ein **Eventualrücknahmeverlangen** für den Fall, dass die vom Verbraucher primär vorgetragene Rechtsverteidigung, die zB darin besteht, dass der Vertrag nichtig sei, keinen Erfolg hat. 38

Der Verbraucher muss die 14-tägige **Frist** einhalten. Hier gilt § 355 Rn 41 mit der Maßgabe, dass die Frist nach § 356 Abs. 2 S. 1 nicht vor Erhalt der Ware anfängt zu laufen. 39

Nach § 356 Abs. 2 S. 2 iVm § 355 Abs. 1 S. 2 genügt zur Wahrung der Frist die rechtzeitige Absendung des Rücknahmeverlangens. Vgl näher § 355 Rn 25 sowie Rn 75 ff. 40

[2] **Rechtsfolge des Rücknahmeverlangens.** Der Unternehmer, der verpflichtet ist, die Ware beim Verbraucher abzuholen, gerät in **Annahmeverzug.** Der Verbraucher haftet daher gemäß § 300 nur noch für Vorsatz und grobe Fahrlässigkeit. 41

[3] Zum **Erlöschen** und zur **Verwirkung** des Rechts vgl § 355 Rn 82–84. 42

[4] **Person des Erklärenden und Unterschrift.** Vgl hierzu § 355 Rn 66. 43

§ 357 Rechtsfolgen des Widerrufs und der Rückgabe

(1) [1]Auf das Widerrufs- und das Rückgaberecht finden, soweit nicht ein anderes bestimmt ist, die Vorschriften über den gesetzlichen Rücktritt entsprechende Anwendung. [2]§ 286 Abs. 3 gilt für die Verpflichtung zur Erstattung von Zahlungen nach dieser Vorschrift entsprechend; die dort bestimmte Frist beginnt mit der Widerrufs- oder Rückgabeerklärung des Verbrauchers. [3]Dabei beginnt die Frist im Hinblick auf eine Erstattungsverpflichtung des Verbrauchers mit Abgabe dieser Erklärung, im Hinblick auf eine Erstattungsverpflichtung des Unternehmers mit deren Zugang.

(2) [1]Der Verbraucher ist bei Ausübung des Widerrufsrechts zur Rücksendung verpflichtet, wenn die Sache durch Paket versandt werden kann. [2]Kosten und Gefahr der Rücksendung trägt bei Widerruf und Rückgabe der Unternehmer. [3]Wenn ein Widerrufsrecht nach § 312 d Abs. 1 Satz 1 besteht, dürfen dem Verbraucher die regelmäßigen Kosten der Rücksendung vertraglich auferlegt werden, wenn der Preis der zurückzusendenden Sache einen Betrag von 40 Euro nicht übersteigt oder wenn bei einem höheren Preis der Sache der Verbraucher die Gegenleistung oder eine Teilzahlung zum Zeitpunkt des Widerrufs noch nicht erbracht hat, es sei denn, dass die gelieferte Ware nicht der bestellten entspricht.

(3) [1]Der Verbraucher hat abweichend von § 346 Abs. 2 Satz 1 Nr. 3 Wertersatz für eine durch die bestimmungsgemäße Ingebrauchnahme der Sache entstandene Verschlechterung zu leisten, wenn er spätestens bei Vertragsschluss in Textform auf diese Rechtsfolge und eine Möglichkeit hingewiesen worden ist, sie zu vermeiden. [2]Bei Fernabsatzverträgen steht ein unverzüglich nach Vertragsschluss in Textform mitgeteilter Hinweis einem solchen bei Vertragsschluss gleich, wenn der Unternehmer den Verbraucher rechtzeitig vor Abgabe von dessen Willenserklärung in einer dem eingesetzten Fernkommunikationsmittel entsprechenden Weise über die Wertersatzpflicht und eine Möglichkeit zu ihrer Vermeidung unterrichtet hat. [3]Satz 1 gilt nicht, wenn die Verschlechterung ausschließlich auf die Prüfung der Sache zurückzuführen ist. [4]§ 346 Abs. 3 Satz 1 Nr. 3 findet keine Anwendung, wenn

der Verbraucher über sein Widerrufsrecht ordnungsgemäß belehrt worden ist oder hiervon anderweitig Kenntnis erlangt hat.
(4) Weitergehende Ansprüche bestehen nicht.

A. Kostentragungspflicht des Verbrauchers

1 **I. Muster: Belehrung des Unternehmers über Kostentragung durch den Verbraucher**

► Sie haben die Kosten der Rücksendung zu tragen[1], wenn die gelieferte Ware der bestellten entspricht[2] und wenn der Preis[3] der zurückzusendenden Sache einen Betrag von 40 EUR nicht übersteigt oder wenn Sie bei einem höheren Preis der Sache zum Zeitpunkt des Widerrufs noch nicht die Gegenleistung oder eine vertraglich vereinbarte Teilzahlung[4] erbracht haben. Anderenfalls ist die Rücksendung für Sie kostenfrei.[5] ◄

II. Allgemeine Hinweise zur Verwendung des Musters

2 (a) **Anwendungsbereich des § 357 Abs. 2 S. 3.** § 357 Abs. 2 S. 3 findet nur auf Widerrufsfälle Anwendung. Die Möglichkeit der Abwälzung der regelmäßigen Kosten der Rücksendung auf den Verbraucher besteht bei der Ausübung des Rückgaberechts demnach nicht.

3 (b) **§ 357 Abs. 2 S. 1.** Nach § 357 Abs. 2 S. 1 ist der Verbraucher zur Rücksendung der Ware nur verpflichtet, wenn ein Paketversand möglich ist.

III. Erläuterungen

4 [1] **Abbedingung des Abs. 2 S. 2.** Für die Rücksendung hat nach § 357 Abs. 2 S. 2 grds. der Unternehmer sowohl die Kosten als auch die Gefahr der Verschlechterung oder des Untergangs zu tragen. Bei Vorliegen eines Widerrufsrechts iS des § 312 d Abs. 1 kann unter den im Muster genannten Voraussetzungen, die Abs. 2 S. 3 nachgebildet sind, von dieser Vorschrift ausnahmsweise abgewichen werden. Gemäß § 357 Abs. 2 S. 3 darf die sog. „40-Euro-Klausel" nur in die Widerrufsbelehrung aufgenommen werden, wenn dem Verbraucher die regelmäßigen Kosten der Rücksendung explizit vertraglich auferlegt worden sind (LG Coburg, Beschl. v. 24.6.2008, Az 1 HK 046/08, n.v.; OLG Hamburg, Beschl. v. 24.1.2008, 3 W 7/08). Dies kann auch durch Festlegung in den Allgemeinen Geschäftsbedingungen geschehen. Selbst ebay-Händler müssen die 40-Euro-Klausel gesondert in Ihren AGB ausweisen, da ebay selbst nur die Muster-Widerrufsbelehrung eingestellt hat.

5 [2] Gemäß Abs. 2 S. 3 letzter Hs muss der Verbraucher die Kosten nicht tragen, wenn ihm eine **mangelhafte Sache oder** ein **aliud** geliefert worden ist. In diesem Falle braucht er die Sache noch nicht einmal zurückzusenden, da Ort der Erfüllung für die Rückgewähr der Sache der Wohnsitz des Verbrauchers ist.

[3] Mit „Preis" ist der **Warenwert einschließlich USt. ohne Versandkosten** gemeint. 6

[4] Nichterbringen der Gegenleistung oder einer Teilzahlung. Wenn der Verbraucher noch nicht gezahlt hat, weil der Unternehmer zur Vorleistung verpflichtet ist, hat der Verbraucher die Kosten der Rücksendung immer zu tragen, unabhängig davon, wie hoch der Wert der zurückzusendenden Sache ist. Gleiches gilt bei vereinbarter Teilratenzahlung, wenn noch mind. eine Rate aussteht. Hinsichtlich des Nichterbringens der Gegenleistung oder der Teilzahlung ist auf den **Zeitpunkt** der Erteilung des Überweisungsauftrags (Vornahme der Leistungshandlung) abzustellen und nicht auf den Zeitpunkt der Gutschrift auf dem Konto des Unternehmers (Eintritts des Leistungserfolgs). 7

[5] Einschaltung eines Abholdienstes. Entstehen durch die Einschaltung eines Abholdienstes Mehrkosten, können diese nicht auf den Verbraucher umgelegt werden. 8

B. Annahme der Widerrufserklärung

I. Muster: Annahme der Widerrufserklärung durch den Unternehmer 9

▶ **Ihr Widerruf**

Sehr geehrter Herr ■■■,

wir bestätigen den Eingang Ihres Widerrufs und erklären uns mit der Rückabwicklung des Vertrages[1] einverstanden. Bitte senden Sie uns die Ware als Paket zu.[2] Den von Ihnen gezahlten Kaufpreis überweisen wir auf Ihr Konto, sobald Ihr Paket mit der Ware in ordnungsgemäßen Zustand bei uns eingegangen ist.[3]

Mit freundlichen Grüßen

■■■

Name der Firma/des Unternehmers ◀

II. Erläuterungen

[1] Entstehung eines Rückgewährschuldverhältnisses. Gemäß § 357 Abs. 1 S. 1 finden §§ 346 ff entsprechende Anwendung. Zu den Einzelheiten der Rückabwicklung s. § 355 Rn 45 ff. 10

[2] Paketversand. Vgl Muster zur Widerrufsbelehrung unter § 355 (Widerrufsfolgen), § 355 Rn 61 f sowie § 356 Rn 30. 11

[3] Zahlungspflicht des Unternehmers. Der Verbraucher ist nach § 357 Abs. 3 zur Leistung von Wertersatz verpflichtet, wenn er die Sache nicht in ordnungsgemäßen Zustand zurückgeben kann. Vgl zu den Einzelheiten § 355 Rn 47 ff. Gemäß § 357 Abs. 1 S. 2 und 3 ist der Unternehmer ab Zugang der Widerrufserklärung bzw des Rücknahmeverlangens zur Erstattung eines etwaig gezahlten Kaufpreises verpflichtet. Siehe auch § 355 Rn 63. 12

C. Zurückweisung der Widerrufserklärung

I. Muster: Zurückweisung der Widerrufserklärung durch den Unternehmer 13

▶ **Ihr Widerruf**

Sehr geehrter Herr ■■■,

Sie haben bei uns ■■■ (Bezeichnung der Ware) bestellt. Ihren am ■■■ (Datum) erklärten Widerruf weisen wir zurück. Am ■■■ haben Sie in unseren Büroräumen mit der schriftlichen Vertragsausfertigung eine ordnungsgemäße Widerrufsbelehrung erhalten. Gemäß § 355 Abs. 1 S. 2 und Abs. 2 S. 1 BGB konnten Sie Ihre Willenserklärung innerhalb von 14 Tagen widerrufen.[1] Diese Frist war zum Zeitpunkt der Absendung Ihrer Widerrufserklärung bereits verstrichen. Insoweit verweisen wir auf

▪▪▪ (zB Poststempel, Speicherung des Zeitpunkts des Eingangs Ihrer E-Mail auf unserem E-Mail-Account).

Ein Rücktrittsrecht steht Ihnen ebenfalls nicht zu.[2]

Wir können Ihrem Wunsch auf Rückabwicklung des Vertrages daher nicht entsprechen und müssen Sie an der Erfüllung Ihrer vertraglichen Verpflichtungen festhalten.

Mit freundlichen Grüßen

▪▪▪

Name der Firma/des Unternehmers ◄

II. Erläuterungen

14 [1] **Widerrufsfrist.** Gemäß § 355 Abs. 1 S. 2 genügt die rechtzeitige Absendung der Widerrufserklärung oder der Sache selbst innerhalb der Frist. Zum Fristenlauf s. § 355 Rn 41.

15 [2] **Auslegung des Widerrufs als Rücktrittserklärung.** Zugunsten des nicht anwaltlich vertretenen Verbrauchers ist dessen Willenserklärung bei Ablauf der Widerrufsfrist als Rücktrittserklärung auszulegen, sofern die Voraussetzungen eines vertraglichen oder gesetzlichen Rücktrittsrechts gegeben sind.

§ 358 Verbundene Verträge

(1) Hat der Verbraucher seine auf den Abschluss eines Vertrags über die Lieferung einer Ware oder die Erbringung einer anderen Leistung durch einen Unternehmer gerichtete Willenserklärung wirksam widerrufen, so ist er auch an seine auf den Abschluss eines mit diesem Vertrag verbundenen Verbraucherdarlehensvertrags gerichtete Willenserklärung nicht mehr gebunden.

(2) Hat der Verbraucher seine auf den Abschluss eines Verbraucherdarlehensvertrags gerichtete Willenserklärung wirksam widerrufen, so ist er auch an seine auf den Abschluss eines mit diesem Verbraucherdarlehensvertrag verbundenen Vertrags über die Lieferung einer Ware oder die Erbringung einer anderen Leistung gerichtete Willenserklärung nicht mehr gebunden.

(3) [1]Ein Vertrag über die Lieferung einer Ware oder die Erbringung einer anderen Leistung und ein Verbraucherdarlehensvertrag sind verbunden, wenn das Darlehen ganz oder teilweise der Finanzierung des anderen Vertrags dient und beide Verträge eine wirtschaftliche Einheit bilden. [2]Eine wirtschaftliche Einheit ist insbesondere anzunehmen, wenn der Unternehmer selbst die Gegenleistung des Verbrauchers finanziert, oder im Falle der Finanzierung durch einen Dritten, wenn sich der Darlehensgeber bei der Vorbereitung oder dem Abschluss des Verbraucherdarlehensvertrags der Mitwirkung des Unternehmers bedient. [3]Bei einem finanzierten Erwerb eines Grundstücks oder eines grundstücksgleichen Rechts ist eine wirtschaftliche Einheit nur anzunehmen, wenn der Darlehensgeber selbst das Grundstück oder das grundstücksgleiche Recht verschafft oder wenn er über die Zurverfügungstellung von Darlehen hinaus den Erwerb des Grundstücks oder grundstücksgleichen Rechts durch Zusammenwirken mit dem Unternehmer fördert, indem er sich dessen Veräußerungsinteressen ganz oder teilweise zu Eigen macht, bei der Planung, Werbung oder Durchführung des Projekts Funktionen des Veräußerers übernimmt oder den Veräußerer einseitig begünstigt.

(4) [1]§ 357 gilt für den verbundenen Vertrag entsprechend. [2]Im Falle des Absatzes 1 sind jedoch Ansprüche auf Zahlung von Zinsen und Kosten aus der Rückabwicklung des Verbraucherdarlehensvertrags gegen den Verbraucher ausgeschlossen. [3]Der Darlehensgeber tritt im Verhältnis zum Verbraucher hinsichtlich der Rechtsfolgen des Widerrufs oder der Rückgabe in die Rechte und Pflichten des Unternehmers aus dem verbundenen Vertrag ein, wenn das Darlehen dem Unternehmer bei Wirksamwerden des Widerrufs oder der Rückgabe bereits zugeflossen ist.

(5) Die erforderliche Belehrung über das Widerrufs- oder Rückgaberecht muss auf die Rechtsfolgen nach den Absätzen 1 und 2 Satz 1 und 2 hinweisen.

A. Verknüpfungsklausel

I. Muster: Verknüpfungsklausel bei verbundenen Verträgen 1

224

► **Verbraucherdarlehensvertrag**[1]

...

Das Darlehen dient dem Zweck[2] der Finanzierung des mit Datum vom heutigen Tage gleichfalls geschlossenen Kaufvertrages über den Kauf des Pkws ... (Marke) ... (Typ) mit der Fahrgestellnr. ... [3], [4]

... ◄

II. Erläuterungen

[1] Anwendungsbereich. Der Anwendungsbereich des § 358 erstreckt sich auf alle Verträge zwischen Unternehmern und Verbrauchern, die eine Warenlieferung oder die Erbringung einer anderen Leistung zum Gegenstand haben und über einen Verbraucherdarlehensvertrag iS des § 491 finanziert werden. § 358 findet ebenfalls auf Verträge Anwendung, durch die ein Unternehmer einem Verbraucher einen entgeltlichen Zahlungsaufschub von mehr als drei Monaten oder eine sonstige entgeltliche Finanzierungshilfe iS des § 506 Abs. 1 gewährt, auf Finanzierungsleasingverträge sowie auf Teilzahlungsgeschäfte iS des § 507. 2

Typischerweise findet § 358 auf **Dreipersonenverhältnisse** zwischen Verbraucher, Unternehmer und Darlehensgeber Anwendung. Die Vorschrift regelt aber auch den Fall, dass Unternehmer und Darlehensgeber personenidentisch sind. 3

Nach § 359 a Abs. 3 können Verbraucherdarlehensverträge, die der Finanzierung des Erwerbs von Finanzinstrumenten dienen, nicht mehr widerrufen werden. Daher braucht bei Abschluss eines solchen Verbraucherdarlehensvertrages nicht mehr über das Widerrufsrecht belehrt werden. Zulässig bleibt allerdings der Widerruf des verbundenen Vertrages, der den Erwerb von Finanzinstrumenten regelt. Bei Abschluss dieses Vertrages muss der Verbraucher mithin weiterhin über sein Widerrufsrecht belehrt werden. Widerruft der Verbraucher diesen verbundenen Vertrag, ist er nach Abs. 1 auch nicht mehr an seine auf den Abschluss des Verbraucherdarlehensvertrages gerichtete Willenserklärung gebunden. 4

Nach § 359 a Abs. 1 besteht ein Widerrufsrecht entsprechend § 358 Abs. 1, wenn die zu finanzierende Ware oder Leistung des Unternehmers im Verbraucherdarlehensvertrag genau angegeben ist. Gemäß Abs. 2 wird das Recht zum Widerruf eines Verbraucherdarlehensvertrages auf Verträge über Zusatzleistungen ausgedehnt, die der Verbraucher in unmittelbarem Zusam- 5 menhang mit dem Verbraucherdarlehensvertrag abgeschlossen hat. Für diese beiden Fälle ist ein Widerrufsrecht im BGB normiert worden, da die Ausgangslage mit der eines verbundenen Geschäfts vergleichbar ist (BT-Drucks. 16/11643, S. 111).

6 [2] **Voraussetzung** eines verbundenen Geschäfts ist einerseits die **Zweckgebundenheit des Darlehens**. Dieses muss zumindest teilweise der Finanzierung eines Geschäfts des Verbrauchers, insbesondere eines Erwerbsgeschäfts, dienen. Nach hM ist dies der Fall, wenn der Abschluss des finanzierten Vertrags wirtschaftlicher Grund für den Abschluss des Kreditvertrags ist. Auf die zeitliche Reihenfolge des Abschlusses der Verträge kommt es nicht an. Schließt der Verbraucher den Darlehensvertrag erst nach Abschluss des Bargeschäfts, muss der Unternehmer aber mit der Ersetzung seines Anspruchs gegen den Verbraucher durch einen Anspruch gegen den Darlehensgeber einverstanden sein (Palandt/*Grüneberg*, § 358 Rn 11).

7 Eine ausdrückliche Vereinbarung ist nicht erforderlich. Es reicht aus, wenn sich die Zweckgebundenheit aus den Umständen des Vertragsschlusses ergibt (LG Leipzig NZM 1999, 723).

8 Andererseits muss zwischen dem Verbraucherdarlehensvertrag und dem finanzierten Vertrag eine **wirtschaftliche Einheit** bestehen. Ob eine solche vorliegt, beurteilt sich nach hM aus Sicht eines durchschnittlichen vernünftigen Verbrauchers. Aus seiner Sicht bilden beide Verträge eine wirtschaftliche Einheit, wenn sie den Eindruck erwecken, dass ihm beide Parteien als Vertragspartner gegenüber stünden (BGHZ 91, 341; 95, 354 f; OLG Köln ZIP 1995, 22).

9 Nach § 358 Abs. 3 S. 2 wird das **Vorliegen eines verbundenen Geschäfts** unwiderleglich **vermutet**, wenn der Unternehmer selbst die Gegenleistung des Verbrauchers zumindest teilweise finanziert (sog. Personenidentität). Weiterhin wird das Vorliegen eines verbundenen Geschäfts nach § 358 Abs. 3 S. 2 vermutet, wenn Verkäufer und Darlehensgeber faktisch zusammenwirken (BGH NJW 2003, 2821; NJW-RR 2005, 1073, 1074) und dem Verbraucher die Leistung, bestehend aus Ware und Finanzierung, anbieten. Dabei ist ausreichend, wenn beide Vertragsschließenden zusammen den Vertragsschluss vorbereiten und nur der Unternehmer als Verhandlungsgehilfe des Darlehensgebers den Verbraucherdarlehensvertrag mit dem Verbraucher schließt. Dies ist insbesondere beim **Händler- und Hersteller-Leasing** typisch. Der BGH hat eine wirtschaftliche Einheit weiterhin bejaht, wenn der Verbraucher im Vertrag als „Käufer und Darlehensnehmer" bezeichnet wird (NJW 1983, 2250), er nicht frei über die Darlehenssumme verfügen darf (aaO) und wenn Unternehmer und Darlehensgeber einheitliche oder aufeinander abgestimmte Formulare verwenden (NJW 1987, 1698, 1700).

10 Als **Verhandlungsgehilfe** ist anzusehen, wer mit Wissen und Wollen des anderen Vertragsschließenden über dessen Formulare verfügt.

11 Eine **wirtschaftliche Einheit** der Verträge ist nicht gegeben, wenn der Verbraucher zunächst von sich aus ein Darlehen aufnimmt und anschließend das Erwerbsgeschäft tätigt.

12 Weiterhin fehlt es idR beim Leasing an der Bindung des Leasingnehmers an zwei Verträge. Persönlich kontrahiert er nur mit dem Leasinggeber. Dieser wiederum schließt den (Kauf-) Vertrag mit dem Lieferanten des Leasingguts ab. Beim Leasing liegt nur ausnahmsweise ein verbundenes Geschäft vor, wenn der Leasinggeber in den zunächst vom Leasingnehmer geschlossenen Kaufvertrag eintritt (Palandt/*Grüneberg*, § 358 Rn 11).

13 Gemäß § 359 a Abs. 3 sollen die §§ 358, 359 nicht gelten, wenn mit dem Verbraucherdarlehensvertrag der **Erwerb von Finanzinstrumenten** finanziert werden soll, obwohl hier ein verbundenes Geschäft gegeben ist. Denn der Erwerber kennt idR die Risiken dieser Geschäfte, so dass er nicht durch ein Widerrufsrecht geschützt werden muss. Diese Bereichsausnahme gilt für alle Finanzinstrumente iS des KWG.

14 Ausnahmsweise ist gemäß § 359 a Abs. 1 und 2 aber auch in bestimmten Fällen, in denen kein verbundenes Geschäft vorliegt, ein Widerrufsrecht entsprechend § 358 Abs. 1 zu gewähren. Dies ist nach Abs. 1 der Fall, wenn die zu finanzierende Ware oder Leistung des Unternehmers im Verbraucherdarlehensvertrag genau angegeben ist. Gemäß Abs. 2 wird das Recht zum Wi-

derruf eines Verbraucherdarlehensvertrages auf Verträge über Zusatzleistungen ausgedehnt, die der Verbraucher in unmittelbarem Zusammenhang mit dem Verbraucherdarlehensvertrag abgeschlossen hat. Für diese beiden Fälle ist ein Widerrufsrecht im BGB normiert worden, da die Ausgangslage mit der eines verbundenen Geschäfts vergleichbar ist (BT-Drucks. 16/11643, S. 111).

Abs. 1 setzt voraus, dass die Ware oder die Leistung eindeutig iS des sachenrechtlichen Bestimmtheitsgrundsatzes identifizierbar ist (BT-Drucks. 16/11643, S. 111). In diesem Fall kann auch ein verbundenes Geschäft iS des § 358 Abs. 3 vorliegen, wenn sich der Verbraucher trotz bereits erfolgter Konkretisierung des Verwendungszwecks im Darlehensvertrag nach Auszahlung des Darlehens für einen bestimmten Vertragspartner entscheidet, der die Sache liefert bzw die Leistung erbringt. Abs. 2 ist gegeben, wenn die Leistung nicht aus dem Darlehen finanziert wird. Unter „Zusatzleistung“ sind solche iS des Art. 247 § 8 Abs. 1 EGBGB, dh Rahmenbedingungen für den Darlehensvertrag wie zB ein Vertrag über eine Restschuldversicherung oder ein Vertrag über ein Girokonto, zu subsumieren. 15

[3] Die **Beweislast** für das Vorliegen eines verbundenen bzw für ein Geschäft iS des § 359 a Abs. 1 oder 2 trägt grds. derjenige, der sich hierauf beruft. Dies ist idR der Verbraucher. Da der Verbraucher regelmäßig das Verhältnis zwischen Unternehmer und Darlehensgeber nicht kennt, wird in der Lit. vorgeschlagen, die Beweislast umzukehren, wenn im betreffenden Fall deutliche Anhaltspunkte für eine wirtschaftliche Einheit vorliegen (Hk-BGB/*Schulze*, § 358 Rn 14). In den Fällen des § 358 Abs. 3 S. 2 wird das Vorliegen eines verbundenen Geschäfts ausnahmsweise unwiderleglich vermutet. 16

[4] Finanzierter Erwerb eines Grundstücks. 17

(a) **Immobiliardarlehensvertrag.** Gemäß § 358 Abs. 3 S. 3 liegt ein verbundenes Geschäft bei einem finanzierten Erwerb eines Grundstücks oder grundstückgleichen Rechts wie zB Wohnungseigentum oder einem Erbbaurecht nur vor, wenn der Darlehensgeber selbst das Grundstück verschafft oder den Erwerb des Grundstücks über die Zurverfügungstellung des Darlehens hinaus durch Zusammenwirken mit dem Unternehmer fördert, indem er sich die Veräußerungsinteressen zu eigen macht, Funktionen des Veräußerers übernimmt oder den Veräußerer einseitig begünstigt.

Die Regelung trägt der Praxis Rechnung. Da sich diese bei der Immobilienfinanzierung üblicherweise in irgendeiner Form der Mitwirkung des Veräußerers bedient, sind gemäß Abs. 3 S. 3 erhöhte Anforderungen an das Vorliegen eines verbundenen Geschäfts zu stellen. Ansonsten wäre die Mehrzahl der abgeschlossenen Immobiliardarlehensverträge verbundene Geschäfte mit der Folge, dass diese nach Abs. 1 nF leicht widerrufen werden könnten (Hk-BGB/*Schulze*, § 358 Rn 9). 18

Der Darlehensgeber macht sich die Veräußerungsinteressen des Veräußerers zu eigen, wenn er zugleich als Makler des Veräußerers auftritt (Palandt/*Grüneberg*, § 358 Rn 17). Eine einseitige Begünstigung des Veräußerers durch den Darlehensgeber liegt vor, wenn der Darlehensgeber dem Verbraucher ein falsches Wertgutachten vorlegt oder trotz Aufklärungspflicht Tatsachen verschweigt, die den Verbraucher vom Vertragsschluss abgehalten hätten (aaO, Rn 18). 19

Nach der zum VerbrKrG ergangenen Rspr des BGH bedurfte die Darlehensgewährung einer grundpfandrechtlichen Absicherung (NJW 2003, 3703). Nach dem Wortlaut des § 358 Abs. 3 S. 3 genügt nunmehr wohl jeder Verbraucherdarlehensvertrag (Palandt/*Grüneberg*, § 358 Rn 14). Nach Auffassung des II. Senats kann im Fall der Beteiligung an einem geschlossenen Immobilienfonds, dh der Aufnahme des Darlehens zur Finanzierung des Beitritts zu einer Gesellschaft, ein verbundenes Geschäft vorliegen. Dies sei insbesondere anzunehmen, wenn der Kreditvertrag nicht aufgrund eigener Initiative des Verbrauchers zustande gekommen ist, sondern diesem nach Absprache mit dem Darlehensgeber die auf den Abschluss eines Darlehensvertrags gerichteten Unterlagen durch den Vertriebsbeauftragten des Anlagevertreibers vorge- 20 legt worden sind (BGH NJW 2006, 1788) oder der Darlehensgeber die vom Vertriebsbeauftragten benutzten Auskunftsformulare vorlegt (BGH NJW 2004, 2736, 2742; NJW-RR 2005, 986, 987; aA OLG Bamberg und KG WM 2005, 593, 596 und 596, 605) und sich Fondsgesellschaft und Bank somit derselben Vertriebsorganisation bedienen (BGH NJW 2005, 986).

21 Die Rspr wendet hier die unwiderlegliche Vermutung des § 358 Abs. 3 S. 2 Alt. 2 bei Vorliegen der Voraussetzungen des § 358 Abs. 3 S. 3 an (BGH NJW 2003, 422; NJW 2006, 1952, 1954). Dies wird von *Wallner*, BKR 2003, 799 und *Schäfer*, BKR 2005, 98, 100, kritisiert. In diesem Fall wird die Gewährung des Darlehens von der Bestellung eines Grundpfandrechts am Grundstück abhängig gemacht. Die Bestellung des Grundpfandrechts darf allerdings nicht vor dem Beitritt zum Immobilienfonds oder durch einen den Verbraucher vertretenden Treuhänder erfolgt sein (BGH NJW 2005, 664, 665; NJW 2006, 1952, 1953).

22 (b) Ein **Realdarlehen** liegt dagegen vor, wenn dieses unmittelbar dem Erwerb einer Immobilie dient.

23 (c) **Schrottimmobilien.** Sowohl nach Ansicht des XI. als auch des II. Senats soll der Anlage in nicht rentable Immobilien aufgrund der Eigenart der jeweiligen Vertriebsstruktur idR kein verbundenes Geschäft zugrunde liegen (BGHZ 150, 263; NJW 2003, 199; 423). Dies soll auch gelten, wenn nicht der Verbraucher, sondern der Fonds das Grundpfandrecht bestellt hat (BGH WM 2006, 1008).

B. Qualifizierte Widerrufsbelehrung

24 I. Muster: Belehrung für finanzierte Geschäfte[1]

▶ Haben Sie diesen Vertrag durch ein Darlehen finanziert und widerrufen Sie den finanzierten Vertrag, sind Sie auch an den Darlehensvertrag nicht mehr gebunden,[2] wenn beide Verträge eine wirtschaftliche Einheit bilden.[3] Dies ist insbesondere anzunehmen, wenn wir gleichzeitig Ihr Darlehensgeber sind oder wenn sich Ihr Darlehensgeber im Hinblick auf die Finanzierung unserer Mitwirkung bedient. Wenn uns das Darlehen bei Wirksamwerden des Widerrufs oder der Rückgabe bereits zugeflossen ist, tritt Ihr Darlehensgeber im Verhältnis zu Ihnen hinsichtlich der Rechtsfolgen des Widerrufs oder der Rückgabe in unsere Rechte und Pflichten aus dem finanzierten Vertrag ein.[4] Letzteres gilt nicht, wenn der vorliegende Vertrag den Erwerb von Finanzinstrumenten (zB von Wertpapieren, Devisen oder Derivaten) zum Gegenstand hat.

Wollen Sie eine vertragliche Bindung so weitgehend wie möglich vermeiden, widerrufen Sie beide Vertragserklärungen gesondert.

Bei einem finanzierten Erwerb eines Grundstücks oder eines grundstücksgleichen Rechts ist Satz 2 des vorstehenden Hinweises wie folgt zu ändern:[5]

Dies ist nur anzunehmen, wenn die Vertragspartner in beiden Verträgen identisch sind oder wenn der Darlehensgeber über die Zurverfügungstellung von Darlehen hinausgeht und Ihr Grundstücksgeschäft durch Zusammenwirken mit dem Veräußerer fördert, indem er sich dessen Veräußerungsinteressen ganz oder teilweise zu Eigen macht, bei der Planung, Werbung oder Durchführung des Projekts Funktionen des Veräußerers übernimmt oder den Veräußerer einseitig begünstigt.[6] ◀

II. Erläuterungen

25 [1] **Rechtslage seit 11.6.2010.** Mit Inkrafttreten des Gesetzes zur Umsetzung der Verbraucherkreditrichtlinie pp. ist bei Vorliegen eines verbundenen Geschäfts nur noch über das finanzierte Geschäft und nicht mehr über den Darlehensvertrag zu belehren. Zur Belehrung über das Widerrufsrecht beim Darlehensvertrag vgl § 495 Rn 1, insbesondere die Gestaltungshinweise Rn 8-15 sowie Rn 21-35.

26 [2] **Sinn und Zweck.** Die wirksame Ausübung des Widerrufsrechts soll grds. beide Verträge erfassen (sog. **Widerrufsdurchgriff**), um den Verbraucher vor den Risiken zu schützen, die ihm

durch die Aufspaltung eines verbundenen Geschäfts in ein Bargeschäft über eine Warenlieferung oder sonstige Leistung einerseits und einen der Finanzierung dieses Geschäfts dienenden Verbraucherdarlehensvertrag iS des § 491 andererseits drohen.

Liegt ein verbundenes Geschäft vor und steht dem Verbraucher sowohl aus dem Darlehens- 27
vertrag als auch aus dem finanzierten Geschäft ein Recht zur Lösung vom Vertrag zu, bestimmte § 358 Abs. 2 S. 2 aF, dass das Widerrufsrecht aus dem finanzierten Vertrag Vorrang genießt. Widerrief der Verbraucher versehentlich den Darlehensvertrag, galt der Widerruf des Darlehensvertrags gemäß § 358 Abs. 2 S. 3 aF als solcher des finanzierten Geschäfts. Dies wurde auch dann fingiert, wenn für den Darlehensvertrag ein Widerrufsrecht gar nicht bestand, da der Verbraucher uU gar keine andere Wahl hatte als den Darlehensvertrag zu widerrufen, zB wenn ihm die Identität seines Vertragspartners in Bezug auf das finanzierte Geschäft unbekannt war. Durch das Gesetz zur Einführung einer Musterwiderrufsinformation für Verbraucherdarlehensverträge, zur Änderung der Vorschriften über das Widerrufsrecht bei Verbraucherdarlehensverträgen und zur Änderung des Darlehensvermittlungsrechts (BGBl. I S. 977) ist § 358 Abs. 2 S. 2 aF gestrichen worden, so dass nunmehr beide Verträge widerruflich sind. Ab Abschluss des Verbraucherdarlehensvertrags kann dieser innerhalb von 14 Tagen widerrufen werden. Die Gesetzesänderung ist insbesondere dann von Bedeutung, wenn der Verbraucherdarlehensvertrag erst nach dem finanzierten Geschäft abgeschlossen wird. In diesem Fall bestand aufgrund der vorrangigen Widerruflichkeit des finanzierten Vertrages nach § 358 Abs. 2 S. 2 aF kein Widerrufsrecht des Verbraucherdarlehensvertrags. Die Widerrufsfrist wäre unabhängig vom Zeitpunkt des Abschlusses des Verbraucherdarlehensvertrags 14 Tage nach Abschluss des finanzierten Geschäfts abgelaufen. Diese Rechtslage verstieß gegen Art. 14 der Verbraucherkreditrichtlinie, die bestimmt, dass der Darlehensvertrag innerhalb von 14 Kalendertagen ohne Angabe von Gründen widerrufen können werden muss und gegen Art. 14 Abs. 1 lit. a) und b) der Richtlinie, wonach die Widerrufsfrist nicht vor Abschluss des Darlehensvertrags zu laufen beginnt. Durch die Streichung des § 358 Abs. 2 S. 2 aF ist auch die Fiktion des § 358 Abs. 2 S. 3 aF überflüssig geworden.

Widerruft daher der Verbraucher bei einem verbundenen Geschäft nunmehr den Darlehens- 28
vertrag nach §§ 495, 355, erstreckt sich der Widerruf gemäß § 358 Abs. 2 S. 1 auch auf das finanzierte Geschäft.

Bei **Immobiliardarlehensverträgen**, die nicht mit dem Grundstückskaufvertrag verbunden sind, 29
ist der Verbraucher im Fall des Widerrufs des Darlehensvertrags zur sofortigen Rückzahlung des Darlehens inkl. marktüblicher Verzinsung verpflichtet, ohne zugleich den Immobilienkaufvertrag auflösen zu können (BGH NJW 2007, 357). Daher sollte der Verbraucher von seinem Widerrufsrecht idR keinen Gebrauch machen.

Im Fall des Erwerbs einer sog. **Schrottimmobilie** sollte er vielmehr vom Darlehensgeber nach 30
§ 280 Abs. 1 Schadensersatz verlangen (BGH NJW 2006, 2099; 2007, 357), da der Darlehensvertrag nicht mehr durch Verwertung der Immobilie erfüllt werden kann. Der Schadensersatzanspruch kann sich aus der Verletzung bestehender Aufklärungspflichten oder der Belehrungspflicht ergeben (BGH NJW 2007, 357; aA *Kern*, BKR 2006, 345, 347). Ob die Bank auch verschuldensunabhängig haftet, ist str. (gegen eine verschuldensunabhängige Haftung BGH NJW 2007, 357; dafür *Schubert*, WM 2006, 1328). Voraussetzung eines solchen Schadensersatzanspruchs ist allerdings, dass der Darlehensvertrag vor dem Kauf- bzw Kapitalanlagevertrag abgeschlossen worden ist (BGH NJW 2006, 2099, 3003). Sollte der letztgenannte Vertrag vor Abschluss des Darlehensvertrags zustande gekommen sein, kann der Verbraucher auch dann Schadensersatzansprüche geltend machen, wenn der Kauf- bzw Kapitalanlagevertrag unwirksam ist (OLG Bremen NJW 2006, 1210; OLG Celle NJW 2006, 1817; aA *Habersack*, BKR, 2006, 305, 310). Denn der Verbraucher hätte sich vom Kaufvertrag lösen können.

Weitere Voraussetzung des Schadensersatzanspruchs ist die Kausalität zwischen dem Aufklä- 31
rungs- oder Belehrungsverstoß und dem Schaden. Hierfür muss der Verbraucher nachweisen,

dass er im Fall der ordnungsgemäßen Aufklärung bzw Belehrung den Darlehensvertrag widerrufen und die Kapitalanlage nicht getätigt hätte (BGH NJW 2007, 357).

32 Dagegen ist der Verbraucher beim **finanzierten Erwerb des Anteils an einer Gesellschaft**, dh bei Vorliegen eines verbundenen Geschäfts, im Fall des Widerrufs des Darlehensvertrags gegenüber dem Darlehensgeber nicht zur Rückzahlung des Darlehens, sondern zur Übertragung seines Anspruchs auf das Auseinandersetzungsguthaben oder seiner sonstigen Rechte wie zB Schadensersatzansprüche aus dem fehlgeschlagenen Beitritt verpflichtet (BGH NJW 2003, 2821; 2004, 2731; ZIP 2006, 1626, 1630). Im Gegenzug erhält der Verbraucher seine geleisteten Zins- und Tilgungsraten abzüglich vereinnahmter Erträgnisse und Steuervorteile zurück, allerdings nicht die diesem zugeflossenen Fondsausschüttungen (BGH NJW 2006, 1952, 1955; 1957). Der Darlehensgeber trägt dabei das Risiko der Uneinbringlichkeit des Auseinandersetzungsanspruchs sowie die Beweislast für dessen Höhe (BGH NJW 2003, 2821).

33 Der Darlehensgeber kann gegenüber dem Unternehmer gemäß den vertraglichen Absprachen, hilfsweise nach den bereicherungsrechtlichen Regeln, Regress nehmen (BGH NJW 1996, 3414).

34 **Voraussetzungen einer Lösung vom Vertrag iS des Abs. 1 und Abs. 2** sind, dass ein Verbraucher iS des § 13 eine Willenserklärung abgegeben hat, die auf den Abschluss eines Vertrages über eine Warenlieferung oder über eine sonstige Leistungserbringung oder einen Darlehensvertrag mit einem Unternehmer iS des § 14 gerichtet ist. Es braucht kein wirksamer Vertragsschluss erfolgt sein. Der Verbraucher muss seine Willenserklärung wirksam widerrufen haben. Im Falle des Widerrufs des Darlehensvertrags dürfen daher weder die Voraussetzungen des § 491 Abs. 2, 3 noch die des § 504 bzw 505 gegeben sein. Die Anforderungen an einen wirksamen Widerruf sind in § 355 unter Rn 68 ff, 85 und § 356 Rn 37 ff, 40 beschrieben. An weitere Voraussetzungen können die Parteien den Widerruf des Darlehensvertrags gemäß § 511 S. 2 nicht wirksam knüpfen. Fehlt eine ordnungsgemäße Widerrufsbelehrung, kann der Verbraucher den Widerruf nach § 355 Abs. 4 S. 3 jederzeit erklären. Schließlich muss das Bargeschäft zumindest teilweise durch einen Verbraucherdarlehensvertrag finanziert werden (vgl hierzu Rn 3 und 4) oder es müssen die Voraussetzungen des § 359 a Abs. 1 bzw 2 gegeben sein (vgl Rn 5).

35 [3] **Entscheidungspflicht des Verbrauchers.** Durch die Belehrung auch über verbundene Rechtsgeschäfte wird dem Verbraucher die Entscheidung aufgebürdet, im Einzelfall zu entscheiden, ob im konkreten Fall ein verbundenes Geschäft vorliegt. Dies birgt die Gefahr in sich, dass die Widerrufsbelehrung nicht geeignet sein könnte, dem Verbraucher seine Rechte zu verdeutlichen, und damit nicht ordnungsgemäß iS des § 355 Abs. 2. Gemäß § 358 Abs. 5 trifft die Belehrungspflicht nämlich den Unternehmer. Dieser sollte sich vor Erteilung der Belehrung überlegen, ob verbundene Verträge denkbar sind oder nicht.

36 Dieses Problem bestand bereits vor **Neufassung der Widerrufsbelehrung** zum 11.6.2010. Der Verbraucher könnte irrig von verbundenen Verträgen ausgehen und deshalb nur einmal den Widerruf erklären. Dies hätte zur Folge, dass er an die nicht widerrufene Vertragserklärung gebunden bliebe, auch wenn diese widerruflich war. Dieser Gefahr wurde schon vor Neufassung der Belehrung durch die Ergänzung am Ende des Belehrungssatzes Rechnung getragen, wonach der Verbraucher wenn rechtlich möglich vorsichtshalber beide Vertragserklärungen widerrufen sollte. Im Zuge der Verbraucherschutzreformen hat der Gesetzgeber die gewählte Lösung beibehalten.

37 [4] **Rückabwicklung mit dem Darlehensgeber.** Der Darlehensgeber tritt im Verhältnis zum Verbraucher in die Rechte und Pflichten des Unternehmers ein. Mit dieser Regelung wird dem Interesse des Verbrauchers Rechnung getragen, sich nicht mit zwei Vertragsparteien auseinander setzen zu müssen.

38 Hat die Bank das Darlehen bereits an den Unternehmer ausgezahlt und der Verbraucher die Ware entgegengenommen, ist die Rückabwicklung allein mit der Bank vorzunehmen. Der Verbraucher übergibt der Bank die erhaltene Ware bzw leistet dieser Wertersatz und erhält im

Gegenzug etwaig auf das Darlehen geleistete Zins- und Tilgungszahlungen sowie eine etwaig an den Unternehmer geleistete Anzahlung zurück. Die Bank kann gegenüber dem Verbraucher allerdings keine Ansprüche wegen des an den Unternehmer ausgezahlten Darlehens geltend machen (BGHZ 91, 17 f).

Der Darlehensgeber kann gegen den Unternehmer vorrangig vertragliche Ansprüche geltend 39
machen. Nachrangig kann er sich gemäß § 812 Abs. 1 S. 1 Alt. 2 auf einen bereicherungsrechtlichen Anspruch berufen (BGHZ 133, 254).

Nach aA hat der Darlehensgeber in entsprechender Anwendung des Abs. 4 S. 3 gegen den Un- 40
ternehmer einen Anspruch auf Rückzahlung des Nettodarlehensbetrags sowie der vom Verbraucher an den Unternehmer geleisteten und vom Darlehensgeber nach Abs. 4 S. 3 zurückerstatteten Anzahlung (MüKo-BGB/*Habersack*, § 358 Rn 90 mwN).

Ist noch keine Auszahlung der Darlehensvaluta an den Vertragspartner des zu finanzierenden 41
Geschäfts erfolgt, findet eine Rückabwicklung der Vereinbarung allein zwischen diesem und dem Verbraucher statt. Der Verbraucher hat den erworbenen Gegenstand zurückzugeben bzw Wertersatz und uU auch Nutzungsersatz zu leisten. Der Vertragspartner muss den Anspruch des Verbrauchers auf Aufwendungsersatz befriedigen.

[5] **Widerrufsrecht für Immobiliardarlehensverträge.** Immobiliardarlehensverträge sind erst seit 42
den Entscheidungen des EuGH (NJW 2002, 281) und des BGH (BGHZ 150, 248) im Verfahren *Heininger* widerruflich. Gemäß § 506 Abs. 3 aF konnte das Widerrufsrecht für Immobiliardarlehensverträge – ausgenommen Haustürgeschäfte – bis zum 30.6.2005 durch eine besondere schriftliche Vereinbarung ausgeschlossen werden. Zu den Folgen des Widerrufs des Verbraucherdarlehensvertrags, insbesondere im Fall des Erwerbs sog. Schrottimmobilien, vgl Rn 23, 29 f.

[6] **Rechtsfolgen des Widerrufs.** Widerruft der Verbraucher einen der beiden Verträge, wandeln 43
sich beide Rechtsverhältnisse gemäß § 358 Abs. 4 S. 1 in Rückgewährschuldverhältnisse um. Auf den widerrufenen Vertrag findet § 357 direkte, auf den verbundenen Vertrag entsprechende Anwendung, vgl auch Rn 9.

Nach Abs. 4 S. 2 dürfen dem Verbraucher im Fall eines Widerrufs des Bargeschäfts und einer 44
Rückabwicklung mit dem Unternehmer nicht die Zahlung von Zinsen und Kosten aus der Rückabwicklung des Verbraucherdarlehensvertrags auferlegt werden.

C. Qualifizierte Rückgabebelehrung

I. Muster: Hinweis des Unternehmers für finanzierte Geschäfte 45

▶ Haben Sie diesen Vertrag durch ein Darlehen finanziert und machen Sie von Ihrem Rückgaberecht 226
Gebrauch,[1] sind Sie auch an den Darlehensvertrag nicht mehr gebunden, wenn beide Verträge eine wirtschaftliche Einheit bilden. Dies ist insbesondere anzunehmen, wenn wir gleichzeitig Ihr Darlehensgeber sind oder wenn sich Ihr Darlehensgeber im Hinblick auf die Finanzierung unserer Mitwirkung bedient.[2] Wenn uns das Darlehen bei Wirksamwerden des Widerrufs oder der Rückgabe bereits zugeflossen ist, tritt Ihr Darlehensgeber im Verhältnis zu Ihnen hinsichtlich der Rechtsfolgen des Widerrufs oder der Rückgabe in unsere Rechte und Pflichten aus dem finanzierten Vertrag ein.[3]

Wollen Sie eine vertragliche Bindung so weitgehend wie möglich vermeiden, machen Sie von Ihrem Rückgaberecht Gebrauch und widerrufen Sie Ihre auf Abschluss des Darlehensvertrags gerichtete Willenserklärung. ◀

II. Erläuterungen

[1] **Ausübung des Rücknahmeverlangens.** Zur Ausübung des Rücknahmeverlangens vgl Muster 46
2 zu § 356. Zu den Voraussetzungen des Rücknahmeverlangens s. § 356 Rn 2 ff und Rn 38.

47 [2] Zur **Kritik** an der Formulierung des Hinweises vgl § 358 Rn 35.

48 [3] **Eintritt des Darlehensgebers in den finanzierten Vertrag.** Vgl § 358 Rn 37. 11.

D. Widerruf des finanzierten Vertrages

49 **I. Muster: Widerruf des finanzierten Vertrages durch den Verbraucher**

► An Herrn/Firma ..., (Unternehmer)

Ich habe mit Ihnen am ... (Datum) einen Vertrag über (den Erwerb) von ... (Ware) geschlossen. Meine Willenserklärung widerrufe ich hiermit.[1]

Mit freundlichen Grüßen

...

Unterschrift ◄

II. Erläuterungen

50 [1] Der **Widerruf des finanzierten Vertrages** hat nach § 358 Abs. 1 auch den Widerruf des Darlehensvertrags zur Folge.

51 Durch die Streichung des § 358 Abs. 2 S. 2 aF geht der Widerruf des finanzierten Geschäfts dem Widerruf des Verbraucherdarlehensvertrags nicht länger vor. Daher muss auch eine Widerrufserklärung im Hinblick auf den Verbraucherdarlehensvertrag nicht mehr gemäß § 358 Abs. 2 S. 3 aF als Widerruf des finanzierten Vertrags fingiert werden (vgl zur alten Rechtslage vor Inkrafttreten des Gesetzes zur Änderung der Vorschriften über das Widerrufsrecht bei Verbraucherdarlehensverträgen auch Rn 27).

E. Widerruf des Verbraucherdarlehensvertrages

52 **I. Muster: Widerruf des Verbraucherdarlehensvertrages**

► An Herrn/Firma ..., (Unternehmer)

Ich habe mit Ihnen am ... (Datum) einen Verbraucherdarlehensvertrag zur Finanzierung des Erwerbs eines ... (Ware) geschlossen. Meine Willenserklärung widerrufe ich hiermit.[1]

Mit freundlichen Grüßen

...

Unterschrift ◄

II. Erläuterungen

53 [1] **Widerruf des Darlehensvertrags.** Widerruft der Verbraucher bei einem verbundenen Geschäft den Darlehensvertrag nach §§ 495, 355, erstreckt sich der Widerruf gemäß § 358 Abs. 2 S. 1 auch auf das finanzierte Geschäft.

F. Rückforderung der Zins- und Tilgungsraten

54 **I. Muster: Rückforderung der Zins- und Tilgungsraten nach Widerruf des Verbraucherdarlehensvertrags**

► An Herrn/Firma ..., (Unternehmer)

Ich habe meine am ... (Datum) auf den Abschluss eines Verbraucherdarlehensvertrags zur Finanzierung des Erwerbs eines ... (Ware) abgegebene Willenserklärung Ihnen gegenüber mit Schreiben vom ... (Datum) widerrufen und Ihnen am ... (Datum) die erhaltene Ware übergeben (Alternative: für die Ware Wertersatz geleistet). Hieran anknüpfend bitte ich um Rückzahlung der auf das Darlehen geleisteten Zins- und Tilgungszahlungen.[1], [2] Ich darf darauf hinweisen, dass mir ein Anspruch auf eine marktübliche Verzinsung der von mir gezahlten Darlehensraten zusteht.

Mit freundlichen Grüßen

...

Unterschrift ◀

II. Erläuterungen

[1] **Anspruchsvoraussetzungen.** Der Darlehensgeber muss das Darlehen bereits an den Unternehmer ausgezahlt und der Verbraucher die Ware entgegengenommen haben. 55

[2] **Rechtsfolgen.** In diesem Fall muss der Verbraucher die Rückabwicklung allein mit dem Darlehensgeber vornehmen. Der Verbraucher übergibt dem Darlehensgeber die erhaltene Ware bzw leistet diesem Wertersatz und erhält im Gegenzug auf das Darlehen geleistete Zins- und Tilgungszahlungen sowie eine etwaig an den Unternehmer geleistete Anzahlung zurück. Dem Darlehensgeber stehen gegenüber dem Verbraucher allerdings keine Ansprüche wegen des an den Unternehmer ausgezahlten Darlehens zu (BGHZ 91, 17 f). 56

§ 359 Einwendungen bei verbundenen Verträgen

[1]Der Verbraucher kann die Rückzahlung des Darlehens verweigern, soweit Einwendungen aus dem verbundenen Vertrag ihn gegenüber dem Unternehmer, mit dem er den verbundenen Vertrag geschlossen hat, zur Verweigerung seiner Leistung berechtigen würden. [2]Dies gilt nicht bei Einwendungen, die auf einer zwischen diesem Unternehmer und dem Verbraucher nach Abschluss des Verbraucherdarlehensvertrags vereinbarten Vertragsänderung beruhen. [3]Kann der Verbraucher Nacherfüllung verlangen, so kann er die Rückzahlung des Darlehens erst verweigern, wenn die Nacherfüllung fehlgeschlagen ist.

A. Vertragsgestaltung

I. Muster: Freiwillige Belehrung über Leistungsverweigerungsrecht 1

▶ Sie können die Rückzahlung des Darlehens verweigern, soweit Ihnen gegenüber ... (dem Verkäufer etc./Name des Unternehmers/der Firma) ein Leistungsverweigerungsrecht zusteht. Dies ist der Fall, wenn Sie gegenüber ... (dem Verkäufer etc./Name des Unternehmers/der Firma) eine rechtshindernde oder rechtshemmende Einwendung oder eine rechtsvernichtende Einrede erheben können, wie zB Formunwirksamkeit, Erfüllung, Aufrechnung, Anfechtung, Rücktritt,[1] Abtretung, Verjährung[2] oder Stundung. Die Rückzahlung des Darlehens können Sie nicht verweigern, wenn [der Preis der bestellten Ware 200 EUR nicht überschreitet oder] wenn die Einwendung oder Einrede, die Sie ... (dem Verkäufer etc./Name des Unternehmers/der Firma) entgegenhalten können, auf einer zwischen Ihnen und ... (dem Verkäufer etc./Name des Unternehmers/der Firma) nach Abschluss des Darlehensvertrags vereinbarten Vertragsänderung beruht.[3] Können Sie vom ... (dem Verkäufer etc./ Name des Unternehmers/der Firma) wegen Falsch- oder Schlechtlieferung Nacherfüllung verlangen, können Sie die Rückzahlung des Darlehens erst verweigern, wenn die Nacherfüllung fehlgeschlagen ist.[4]

Ende der Belehrung (oder: Ihr(e) [einsetzen: Firma des Unternehmers])[5] ◄

II. Allgemeine Hinweise zur Verwendung des Musters

2 (a) **Rechtsgrundlage des Einwendungsdurchgriffs** ist grds. § 242. § 359 ist demgegenüber lex specialis.

3 (b) **Sinn und Zweck.** Der Verbraucher wird nach § 359 ermächtigt, Einwendungen aus dem finanzierten Vertrag gegenüber dem Unternehmer auch den Darlehensrückforderungen des Darlehensgebers entgegenzuhalten. Der Verbraucher soll durch diese Regelung davor geschützt werden, das Darlehen auch dann in voller Höhe zurückzahlen zu müssen, wenn der Unternehmer seine Leistung nicht oder nicht vertragsgemäß erbringt.

4 Außer im Fall der Nacherfüllung (s. Rn 14) kann sich der Darlehensgeber grds. nicht darauf berufen, dass der Verbraucher seine Ansprüche zunächst gegenüber dem Unternehmer geltend machen müsse.

5 (c) **Voraussetzung des Durchgriffs** ist zunächst, dass der Verbraucher mit einem Unternehmer einen Vertrag über eine Warenlieferung oder die Erbringung einer anderen Leistung sowie mit einem Darlehensgeber einen Finanzierungsleasingvertrag, ein Teilzahlungsgeschäft iS des § 507 oder einen Verbraucherdarlehensvertrag iS des § 491 abgeschlossen hat. Es darf keine der in §§ 491 Abs. 2, 3 oder § 504 bzw § 505 normierten Ausnahmen eingreifen. In diesen Fällen kann ein Einwendungsdurchgriff auch nicht aus § 242 hergeleitet werden (BGH NJW 2004, 1376).

6 Der Verbraucherdarlehensvertrag muss zusammen mit dem finanzierten Vertrag eine **wirtschaftliche Einheit** iS des § 358 Abs. 3 bilden. Auch wenn nach § 359 a Abs. 1 ein Widerrufsrecht entsprechend § 358 Abs. 1 besteht, wenn die zu finanzierende Ware oder Leistung des Unternehmers im Verbraucherdarlehensvertrag genau angegeben ist, findet der Einwendungsdurchgriff des § 359 auf diesen Fall keine Anwendung. Denn dies würde für den Darlehensgeber mangels Kenntnis des Lieferanten ein nicht kalkulierbares Risiko schaffen. Gemäß Abs. 2 wird das Recht zum Widerruf eines Verbraucherdarlehensvertrages auf Verträge über Zusatzleistungen ausgedehnt, die der Verbraucher in unmittelbarem Zusammenhang mit dem Verbraucherdarlehensvertrag abgeschlossen hat. Der Einwendungsdurchgriff des § 359 findet in diesem Fall jedoch ebenfalls keine Anwendung. Abs. 3 bestimmt weiterhin, dass § 359 nicht auf Verbraucherdarlehensverträge, die der Finanzierung des Erwerbs von Finanzinstrumenten dienen, anzuwenden ist.

7 Die Einwendung oder Einrede, die der Verbraucher dem Unternehmer entgegenhalten kann, muss bereits entstanden sein.

8 (d) Die **Darlegungs- und Beweislast** hierfür trägt nach allgemeinen Beweislastgrundsätzen der Verbraucher.

9 Das Leistungsverweigerungsrecht stellt eine **aufschiebend bedingte Einrede** dar, so dass der Verbraucher dieses dem Darlehensgeber gegenüber geltend machen muss.

III. Erläuterungen

10 [1] **Gestaltungsrechte.** Kann der Verbraucher gegenüber dem Unternehmer ein Gestaltungsrecht ausüben, kann er die Rückzahlung des Darlehens nur verweigern, wenn er das Gestaltungsrecht dem Unternehmer oder dem Darlehensgeber gegenüber bereits geltend gemacht hat.

11 Kann der Verbraucher **mehrere Gestaltungsrechte** ausüben, kann der Darlehensgeber entsprechend § 350 vorgehen und dem Verbraucher eine Frist zur Ausübung eines Gestaltungsrechts setzen (Palandt/*Grüneberg*, § 359 Rn 3; *Bülow*, WM 2004, 1258).

Ausnahmsweise braucht jedoch ein Anleger, der bei einem **finanzierten Gesellschaftsbeitritt** getäuscht worden ist, gegenüber der Gesellschaft nicht zu kündigen. Hier genügt es, wenn er sich gegenüber dem Darlehensgeber auf die Täuschung beruft (BGH NJW 2004, 2731, 2736, 2742; aA *Mülbert/Hoger*, WM 2004, 2281). Weiterhin kann er dem Darlehensgeber auch seinen ihm gegen den Vermittler bestehenden Schadensersatzanspruch aus §§ 280 Abs. 1, 311 Abs. 2, 241 Abs. 2 und die ihm gegenüber der Fondsgesellschaft zustehenden Ansprüche entgegenhalten, nicht aber etwaige Schadensersatzansprüche, die ihm gegen die Gründungsgesellschafter, Geschäftsführer und andere Prospektverantwortliche zustehen mögen (BGH NJW 2006, 1955, 1957 unter Aufgabe von BGH NJW 2004, 2731, 2736, 2742; NJW-RR 2005, 1073). Auch bei Verjährung des Anspruchs gegen den Vermittler kann er diesen gegenüber dem Darlehensgeber einwenden (KG WM 2005, 2218). Vgl zur Fallgestaltung und zur Rückabwicklung auch § 358 Rn 25. 12

[2] **Einrede der Verjährung.** Der Anspruch auf Zahlung des Entgelts verjährt sofort. Da die Verjährung des Anspruchs auf Zahlung des Darlehens uU erst nach Kündigung einsetzt, ist die Berufung auf die Einrede der Verjährung des finanzierten Vertrags trotz gleicher Länge der Verjährungsfrist von Bedeutung. 13

Wenn dem Verbraucher nach § 437 Nr. 1 oder § 634 Nr. 1 ein **Anspruch auf Nacherfüllung** gegenüber dem Verkäufer bzw dem Werkunternehmer zusteht, darf er nach § 359 S. 3 die Zahlung gegenüber dem Darlehensgeber erst verweigern, wenn die Nacherfüllung fehlgeschlagen ist. Auch wenn die Ablehnung der Nacherfüllung und ihre Unzumutbarkeit nach §§ 440, 636 nicht unter den Begriff des „Fehlschlagens" subsumiert werden, stehen sie im Fall des § 359 S. 3 einem Fehlschlagen gleich. 14

[3] **Ausschluss des Einwendungsdurchgriffs.** Auch nach dem 11.6.2010 kann sich der Verbraucher gemäß § 359 a Abs. 4 auf den Einwendungsdurchgriff nicht berufen, wenn das finanzierte Entgelt 200,00 EUR oder weniger beträgt. § 359 a Abs. 4 findet auch Anwendung, wenn ein höheres Darlehensvolumen zur Finanzierung mehrerer Verträge mit Entgelten unter 200,00 EUR ausgenutzt wird. Überdies sind Einwendungen, die sich aus einem nach Abschluss des Darlehensvertrages mit dem Unternehmer geschlossenen Änderungsvertrag ergeben, nicht geschützt. 15

[4] **Rechtsfolgen.** Der Verbraucher kann gegenüber dem Darlehensgeber die Rückzahlung des Darlehens in dem Umfang verweigern, in dem ihm gegenüber dem Unternehmer aus dem finanzierten Vertrag Einwendungen zustehen. Steht dem Verbraucher dem Unternehmer gegenüber ein Minderungsrecht zu, braucht er das Darlehen in Höhe des Minderungsbetrags und eines entsprechenden Zinsanteils nicht zurückzuzahlen. 16

Im Fall der **Nichtigkeit des finanzierten Vertrags** kann er ausnahmsweise die gezahlten Darlehensraten nach § 813 Abs. 1 S. 1 oder in entsprechender Anwendung des § 358 Abs. 4 S. 3 zurückfordern. Die Nichtigkeit des finanzierten Vertrags begründet eine dauernde Einrede iS des § 813 Abs. 1 S. 1. Der Verbraucher kann die Raten allerdings nur Zug um Zug gegen Abtretung seines Anspruchs gegen den Unternehmer auf Rückzahlung der an diesen geleisteten Darlehensvaluta (**sog. Kondiktion der Kondiktion**) zurückverlangen. 17

Ob dies auch bei Ausübung eines bestehenden **Anfechtungsrechts** gilt, ist umstr. Aufgrund des Schutzzwecks des § 359 muss der Verbraucher jedoch auch die vor Anfechtung geleisteten Raten zurückfordern dürfen. 18

Weiterhin kann der Verbraucher vom Unternehmer eine etwaig geleistete Anzahlung zurückverlangen. 19

Ist dem Darlehensgeber die Sache zur Sicherheit übereignet worden, kann er wiederum vom Verbraucher die **Herausgabe** der Sache verlangen. Im Gegenzug erhält der Verbraucher Zug um Zug gegen die Rückgabe der Sache vom Unternehmer die Darlehensvaluta zurück (BGH 20

NJW 1996, 3414). Der Unternehmer kann vom Verbraucher nach §§ 812, 818 Leistung von Wertersatz für erbrachte Arbeit oder Dienste oder für Nutzungen verlangen.

21 Beim **finanzierten Erwerb des Anteils an einer Gesellschaft** richten sich die Ansprüche des Verbrauchers im Fall der Anfechtungsmöglichkeit des Beitritts zur Gesellschaft nach den Grundsätzen der fehlerhaften Gesellschaft (BGH NJW 2001, 2718; 2003, 2821; 2006, 1788; 1955, 1957). Sein Anfechtungsrecht wird durch das Recht zur fristlosen Kündigung ersetzt. Bei verbundenen Verträgen findet in dieser Konstellation der Rückforderungsdurchgriff des § 358 Abs. 4 S. 3 entsprechende Anwendung (BGH NJW 2003, 2821). Der Verbraucher braucht die Kündigung gegenüber der Gesellschaft nicht zu erklären, sondern kann die Täuschung oder seine Ansprüche gegen die Fondsgesellschaft bzw seinen gegenüber dem Vermittler zustehenden Schadensersatzanspruch aus §§ 280 Abs. 1, 311 Abs. 2, 241 Abs. 2 dem Darlehensgeber entgegenhalten (s. Rn 12). Vgl zur Rückabwicklung § 358 Rn 37 ff.

22 Ist der **Darlehensvertrag nichtig**, ist dieser zwischen Verbraucher und Darlehensgeber nach bereicherungsrechtlichen Grundsätzen zurück abzuwickeln. Der Verbraucher hat die Befreiung von seiner Verbindlichkeit erlangt. Deren objektiver Wert iS des § 818 Abs. 2 bestimmt sich unter Berücksichtigung der Einwendungen aus dem finanzierten Vertrag (BGH NJW 1980, 2301, 2302).

23 Bei einem **Doppelmangel**, dh Nichtigkeit sowohl des finanzierten als auch des Darlehensvertrags, wird jedes Vertragsverhältnis nach bereicherungsrechtlichen Grundsätzen zurück abgewickelt. Demnach erhält der Verbraucher eine an den Unternehmer geleistete Anzahlung von diesem zurück. Vom Darlehensgeber kann er die gezahlten Raten zurückverlangen, allerdings nur Zug um Zug gegen Abtretung seines gegen den Unternehmer bestehenden Anspruchs auf Rückzahlung der an diesen gezahlten Valuta (**sog. Kondiktion der Kondiktion**).

24 Ist der Unternehmer Eigentümer der Sache, steht ihm gegen den Verbraucher ein Anspruch auf Herausgabe derselben sowie auf Leistung von Wertersatz hinsichtlich etwaig gezogener Nutzungen sowie für erbrachte Arbeit oder Dienste aus §§ 812, 818 zu.

25 Ist die Sache zur Sicherheit an den Darlehensgeber übereignet worden, kann der Verbraucher diesem gegenüber einen Anspruch auf Rückübereignung geltend machen. Der Darlehensgeber wiederum kann dem Verbraucher einen Anspruch auf Einräumung von Miteigentum im Verhältnis der Valuta entgegenhalten.

26 **Mängel der vom Unternehmer geschuldeten Leistung.** Zum Anspruch auf Nacherfüllung und Minderung vgl Rn 14 und 16. Tritt der Verbraucher gemäß § 437 Nr. 2 oder § 634 Nr. 3 vom Vertrag zurück oder verlangt er großen Schadensersatz, ist anders als bei Nichtigkeit des finanzierten Vertrags ein Rückforderungsdurchgriff gegen den Darlehensgeber ausgeschlossen. Das dem Verbraucher aufgrund der mangelhaften Leistung zustehende Leistungsverweigerungsrecht stellt keine dauernde Einrede iS des § 813 Abs. 1 S. 1 dar (OLG Stuttgart ZIP 2002, 1885, 1890; OLG Frankfurt am Main WM 2002, 1275; NK-BGB/*Ring*, § 359 Rn 39; Palandt/*Grüneberg*, § 359 Rn 8; aA OLG Dresden NZM 2000, 207; *Bülow*, WM 2004, 1263; *Schäfer*, BKR 2005, 98/101; Erman/*Saenger*, § 359 Rn 8). Der Verbraucher kann vom Unternehmer gemäß § 346 das an den Unternehmer ausgezahlte Darlehen und eine etwaig geleistete Anzahlung zurückverlangen. Im Gegenzug muss er dem Unternehmer die gelieferte Sache zurückgeben oder den Wert der geleisteten Arbeit oder der geleisteten Dienste vergüten und den Wert der Nutzungen der überlassenen Sache ersetzen. Unternehmer und Darlehensgeber haben ihre gegenseitigen Ansprüche nach den getroffenen vertraglichen Abreden oder nach §§ 812 ff auszugleichen.

27 [5] Da der Verbraucher gar nicht über sein Leistungsverweigerungsrecht belehrt werden muss, ist eine **Unterschrift des Verbrauchers** unter der Belehrung auch nicht aus Beweisgründen zweckmäßig.

B. Prozess

I. Muster: Rückzahlungsverweigerung 28

► An das 231

Amtsgericht/Landgericht

■■■

Klageerwiderung

des ■■■

– Beklagten –

Prozessbevollmächtigter: RA ■■■

Unter Vorlage der Originalvollmacht zeige ich die Vertretung des Beklagten an. Der Beklagte wird sich gegen die Klage verteidigen. Für die mündliche Verhandlung kündige ich folgenden Antrag an:

I. Der Beklagte wird beantragen, die Klage abzuweisen.

II. Darüber hinaus erhebt er gegen den Kläger Widerklage und wird widerklagend beantragen, den Kläger und Widerbeklagten zu verurteilen, an den Beklagten die bereits gezahlten Raten in Höhe von ■■■ EUR nebst Zinsen in Höhe von 5 Prozentpunkten über dem jeweiligen Basiszinssatz seit Rechtshängigkeit zu zahlen Zug um Zug gegen Abtretung des dem Beklagten gegen den Verkäufer zustehenden Anspruchs auf Rückzahlung der Darlehensvaluta.[1]

Begründung

I. Begründetheit der Klage

Der Beklagte schuldet dem Kläger aus dem Verbraucherdarlehensvertrag vom ■■■ (Datum) die Rückzahlung des gewährten Darlehens in Höhe von ■■■ EUR in gleichen monatlichen Raten in Höhe von ■■■ EUR. Die Raten sind jeweils am ■■■ eines jeden Monats zu zahlen. Das Darlehen ist mit 5 % p.a. zu tilgen. Die monatliche Belastung (Zins und Tilgung) beträgt somit ■■■ EUR.

Beweis: Vertrag vom ■■■

Dieser Vertrag dient der Finanzierung eines mit ■■■ am ■■■ geschlossenen Kaufvertrags über einen Pkw ■■■ (Marke) ■■■ (Typ), Baujahr ■■■, Farbe ■■■ mit der Fahrgestell-Nr. ■■■ Der Kaufpreis beträgt ■■■ EUR.

Beweis: Kaufvertrag vom ■■■

Beide Verträge stellen ein verbundenes Geschäft im Sinne des § 358 Abs. 3 S. 1 BGB dar.[2]

Der Beklagte hat bislang ■■■ Raten gezahlt.

Beweis: Kontoauszüge vom ■■■

Mittlerweile hat der Beklagte den Kaufvertrag wegen arglistiger Täuschung angefochten, da der Pkw entgegen der Beschreibung im Kaufvertrag einen Unfallschaden aufweist.

Beweis:

1. Schreiben an den Verkäufer vom ■■■
2. Augenscheinnahme
3. Sachverständigengutachten

Die Anfechtung hat er auch dem Kläger gegenüber angezeigt[3] und angekündigt, die noch ausstehenden monatlichen Ratenzahlungen einzustellen.

Beweis: Schreiben an den Kläger vom ■■■

Der Beklagte ist nach dem Vorstehenden berechtigt, die ihm gegenüber dem Kläger obliegende monatliche Ratenzahlung von ■■■ EUR nebst 5 % Zinsen per anno in Höhe von ■■■ EUR einzustellen.[4]

II. Begründetheit der Widerklage

Dem Beklagten steht gegen den Kläger gemäß § 813 Abs. 1 S. 1 BGB ein Anspruch auf Rückzahlung der bereits an diesen geleisteten Raten zu. Nach Abtretung des gegen den Verkäufer bestehenden Anspruchs auf Rückzahlung der an diesen ausgezahlten Darlehenssumme, ist der Anspruch aus § 813 Abs. 1 S. 1 auch durchsetzbar.

Die Abtretungsurkunde liegt anbei.

■■■

Rechtsanwalt ◄

II. Erläuterungen

29 [1] **Bereicherungsanspruch gegenüber dem Darlehensgeber.** Siehe Rn 17.

30 [2] Eine **Voraussetzung des Einwendungsdurchgriffs** ist das Vorliegen eines verbundenen Vertrages.

31 [3] **Weitere Voraussetzung.** Wenn der Verbraucher dem Darlehensgeber ein ihm gegenüber dem Unternehmer zustehendes Gestaltungsrecht entgegenhalten möchte, muss er dieses gegenüber dem Unternehmer bereits ausgeübt haben. Vgl auch Rn 12, insbesondere zur Ausnahme beim finanzierten Gesellschaftsbeitritt. Zu den weiteren Voraussetzungen vgl Rn 5 ff.

32 [4] **§ 359 S. 1.** Diese Rechtsfolge ordnet § 359 S. 1 an.

§ 359 a Anwendungsbereich

(1) Liegen die Voraussetzungen für ein verbundenes Geschäft nicht vor, ist § 358 Abs. 1 und 4 entsprechend anzuwenden, wenn die Ware oder die Leistung des Unternehmers aus dem widerrufenen Vertrag in einem Verbraucherdarlehensvertrag genau angegeben ist.
(2) Liegen die Voraussetzungen für ein verbundenes Geschäft nicht vor, ist § 358 Abs. 2 und 4 entsprechend auf Verträge über Zusatzleistungen anzuwenden, die der Verbraucher in unmittelbarem Zusammenhang mit dem Verbraucherdarlehensvertrag geschlossen hat.
(3) § 358 Abs. 2, 4 und 5 sowie § 359 sind nicht anzuwenden auf Verbraucherdarlehensverträge, die der Finanzierung des Erwerbs von Finanzinstrumenten dienen.
(4) § 359 ist nicht anzuwenden, wenn das finanzierte Entgelt weniger als 200 Euro beträgt.

§ 360 Widerrufs- und Rückgabebelehrung

(1) Die Widerrufsbelehrung muss deutlich gestaltet sein und dem Verbraucher entsprechend den Erfordernissen des eingesetzten Kommunikationsmittels seine wesentlichen Rechte deutlich machen. Sie muss Folgendes enthalten:

1. einen Hinweis auf das Recht zum Widerruf,
2. einen Hinweis darauf, dass der Widerruf keiner Begründung bedarf und in Textform oder durch Rücksendung der Sache innerhalb der Widerrufsfrist erklärt werden kann,
3. den Namen und die ladungsfähige Anschrift desjenigen, gegenüber dem der Widerruf zu erklären ist, und
4. einen Hinweis auf Dauer und Beginn der Widerrufsfrist sowie darauf, dass zur Fristwahrung die rechtzeitige Absendung der Widerrufserklärung oder der Sache genügt.

(2) Auf die Rückgabebelehrung ist Absatz 1 Satz 1 entsprechend anzuwenden. Sie muss Folgendes enthalten:

1. einen Hinweis auf das Recht zur Rückgabe,
2. einen Hinweis darauf, dass die Ausübung des Rückgaberechts keiner Begründung bedarf,
3. einen Hinweis darauf, dass das Rückgaberecht nur durch Rücksendung der Sache oder, wenn die Sache nicht als Paket versandt werden kann, durch Rücknahmeverlangen in Textform innerhalb der Rückgabefrist ausgeübt werden kann,
4. den Namen und die ladungsfähige Anschrift desjenigen, an den die Rückgabe zu erfolgen hat oder gegenüber dem das Rücknahmeverlangen zu erklären ist, und
5. einen Hinweis auf Dauer und Beginn der Rückgabefrist sowie darauf, dass zur Fristwahrung die rechtzeitige Absendung der Sache oder des Rücknahmeverlangens genügt.

(3) [1]Die dem Verbraucher gemäß § 355 Abs. 3 Satz 1 mitzuteilende Widerrufsbelehrung genügt den Anforderungen des Absatzes 1 und den diesen ergänzenden Vorschriften dieses Gesetzes, wenn das Muster der Anlage 1 zum Einführungsgesetz zum Bürgerlichen Gesetzbuche in Textform verwendet wird. [2]Die dem Verbraucher gemäß § 356 Abs. 2 Satz 2 in Verbindung mit § 355 Abs. 3 Satz 1 mitzuteilende Rückgabebelehrung genügt den Anforderungen des Absatzes 2 und den diesen ergänzenden Vorschriften dieses Gesetzes, wenn das Muster der Anlage 2 zum Einführungsgesetz zum Bürgerlichen Gesetzbuche in Textform verwendet wird. [3]Der Unternehmer darf unter Beachtung von Absatz 1 Satz 1 in Format und Schriftgröße von den Mustern abweichen und Zusätze wie die Firma oder ein Kennzeichen des Unternehmers anbringen.

Die Muster „Widerrufsbelehrung" und „Rückgaberecht" werden unter § 355 Rn 1 bzw § 356 1
Rn 1 aufgeführt und erläutert. Unter den entsprechenden Paragraphen sind auch Muster zu der vom Verbraucher abzugebenden „Widerrufserklärung" sowie dem von ihm zu erklärenden „Rücknahmeverlangen" dargestellt und kommentiert.

§ 361 (weggefallen)

Abschnitt 4 Erlöschen der Schuldverhältnisse

Titel 1 Erfüllung

§ 362 Erlöschen durch Leistung

(1) Das Schuldverhältnis erlischt, wenn die geschuldete Leistung an den Gläubiger bewirkt wird.
(2) Wird an einen Dritten zum Zwecke der Erfüllung geleistet, so findet die Vorschrift des § 185 Anwendung.

§ 363 Beweislast bei Annahme als Erfüllung

Hat der Gläubiger eine ihm als Erfüllung angebotene Leistung als Erfüllung angenommen, so trifft ihn die Beweislast, wenn er die Leistung deshalb nicht als Erfüllung gelten lassen will, weil sie eine andere als die geschuldete Leistung oder weil sie unvollständig gewesen sei.

§ 364 Annahme an Erfüllungs statt

(1) Das Schuldverhältnis erlischt, wenn der Gläubiger eine andere als die geschuldete Leistung an Erfüllungs statt annimmt.
(2) Übernimmt der Schuldner zum Zwecke der Befriedigung des Gläubigers diesem gegenüber eine neue Verbindlichkeit, so ist im Zweifel nicht anzunehmen, dass er die Verbindlichkeit an Erfüllungs statt übernimmt.

A. Muster: Annahme an Erfüllungs statt 1

232

▶ **Vereinbarung**[1], [2]

zwischen

der Firma ▪▪▪

nachfolgend „Empfänger" genannt,

und

der Firma ▪▪▪

nachfolgend „Firma" genannt,

wird die folgende Vereinbarung getroffen:

1. Die Firma schuldet dem Empfänger wegen der Lieferung mangelhafter Ware (Auftrag vom .../ Auftragsnr. ...) Schadensersatz in Höhe von ... EUR.
2. Zur Befriedigung dieser Forderung bietet die Firma dem Empfänger an, Waren im Gesamtwert von ... EUR zu übereignen. Der Empfänger nimmt die Lieferung an Erfüllungs statt an und bestätigt, dass sein Schadensersatzanspruch in der in Ziffer 1 genannten Höhe erloschen ist.[3], [4]
3. Hinsichtlich der Gewährleistung für die von der Firma an Erfüllungs statt gelieferten Waren gelten die Bestimmungen des zwischen den Parteien geschlossenen Rahmenvertrages vom ... (Datum).[5]

für den Empfänger	für die Firma
..., den ...	..., den ...
Name: ...	Name: ...
Titel/Funktion: ...	Titel/Funktion: ...

◄

B. Erläuterungen

2 [1] **Voraussetzung** der Leistung an Erfüllungs statt ist, dass dem Schuldner ausdrücklich oder stillschweigend die vertragliche Befugnis eingeräumt wird, eine andere als die geschuldete Leistung zu erbringen. Wird die Vereinbarung stillschweigend geschlossen, muss der Wille des Gläubigers, die andere Leistung als Erfüllung anzunehmen, hinreichend deutlich werden. **Rechtsfolge** ist das Erlöschen des Schuldverhältnisses im Zeitpunkt des Bewirkens der anderen Leistung.

3 Eine Leistung an Erfüllungs statt ist ebenfalls bei einer **Banküberweisung im Giroverkehr** nach § 676 a gegeben (BGH NJW 1953, 897; OLG Hamm NJW 1988, 2115; aA OLG Frankfurt am Main NJW 1998, 387; Palandt/*Heinrichs*, § 362 Rn 9, die hier von Erfüllung iS des § 362 ausgehen). Der Gläubiger erklärt mit der Angabe seiner Bankverbindung konkludent sein Einverständnis mit der Leistung an Erfüllungs statt. Erfüllung tritt gemäß § 676 **mit Gutschrift auf dem Konto** des Gläubigers ein.

4 [2] **Zeitpunkt der Absprache.** Die Vereinbarung kann in dem Zeitpunkt, in dem der Schuldner die Leistung bewirkt, aber auch schon zu einem früheren Zeitpunkt getroffen werden. In letzterem Fall wird eine **Ersetzungsbefugnis** des Schuldners begründet, dh dieser wird ermächtigt, anstelle der an sich geschuldeten Leistung eine andere als Leistung an Erfüllungs statt zu erbringen.

5 Eine Ersetzungsbefugnis wird begründet, wenn der Kfz-Käufer seinen **Gebrauchtwagen** in Zahlung gibt. Soll jedoch ein Mindesterlös für den Gebrauchtwagen erzielt werden, werden ausnahmsweise zwei Verträge – ein Kaufvertrag über den Neuwagen und ein Agenturvertrag über den Gebrauchtwagen – abgeschlossen. Inhalt des Agenturvertrages ist dann nicht nur die Angabe des Mindesterlöses, sondern auch eine Stundungsabrede hinsichtlich des Neuwagenpreises in dieser Höhe sowie eine Verrechnungsabrede. Es kann auch eine Ersetzungsbefugnis des Gläubigers begründet werden. In diesem Fall wird dem Gläubiger zumeist das Recht eingeräumt, statt der geschuldeten Geldleistung Naturalleistungen zu verlangen. Dies dient der Wertsicherung seines Anspruchs.

6 Durch **AGB** kann eine **Ersetzungsbefugnis** nur unter den Voraussetzungen des § 308 Nr. 4 begründet werden. Demnach muss die Vereinbarung der Ersetzungsbefugnis für den anderen Vertragsteil zumutbar sein.

7 [3] **Abgrenzung zur Leistung erfüllungshalber.** Übernimmt der Schuldner dergestalt eine neue Verbindlichkeit, dass diese an die Stelle der alten tritt, übernimmt er die neue Verbindlichkeit nach der Auslegungsregel des § 364 Abs. 2 im Zweifel erfüllungshalber.

Eine Annahme wird erfüllungshalber vorgenommen, wenn anstelle von Bargeld ein Scheck akzeptiert wird. Das Gleiche gilt, wenn der Schuldner einen Anspruch des Gläubigers gegenüber einem Dritten begründet, wie zB bei einer Zahlung mit Kreditkarte oder Abtretung von Ansprüchen oder Sicherheiten. Dieses Ergebnis wird schon aufgrund einer Auslegung nach §§ 133, 157 gewonnen und nicht erst durch Anwendung der Auslegungsregel des § 364 Abs. 2. Für eine Leistung erfüllungshalber spricht, dass der Gläubiger in der Regel nicht das Insolvenzrisiko des Dritten übernehmen will. Zudem wird im Kreditkartenverfahren der zwischen Schuldner und Gläubiger abgeschlossene Vertrag zumeist mit der Abrede verbunden, dass der Gläubiger die Leistung erfüllungshalber vom Kreditkartenaussteller erhält. 8

Der Schuldner kann gegenüber Dritten bestehende **Forderungen** auch zugleich sicherungs- und erfüllungshalber abtreten. Dies ist beim sog. **unechten Factoring** der Fall, bei dem der Factor in Höhe des Gegenwerts der Forderungen ein Darlehen gewährt und nicht selbst für die Nichteinbringbarkeit der abgetretenen Kundenforderungen des Schuldners einsteht, sondern der Schuldner das Bonitätsrisiko trägt. Werden einzelne abgetretene Forderungen nicht erfüllt, bleibt der Schuldner zur Tilgung des Darlehens verpflichtet. 9

Um vor dem Zugriff auf den Gegenstand durch andere Gläubiger des Schuldners geschützt zu sein, erlangt der Gläubiger nach Auslegung der Parteiabrede treuhänderisch Eigentum oder ein sonstiges Vollrecht an dem erfüllungshalber geleisteten Gegenstand (*Köhler*, WM 1977, 246). 10

Bei der Leistung erfüllungshalber erlischt das Schuldverhältnis erst, wenn sich der Gläubiger aus der neuen Verbindlichkeit befriedigt hat, im Fall der Hingabe eines Schecks also, wenn dieser eingelöst wird und der Gläubiger den entsprechenden Betrag bar ausgezahlt oder auf seinem Girokonto gutgeschrieben erhält (BGH NJW 1995, 3386); im Fall der Zahlung durch Kredit- oder Geldkarte, wenn der Kartenaussteller an die Bank des Schuldners überwiesen hat. Die Befriedigung des Gläubigers ist hier schon zu diesem frühen Zeitpunkt zu bejahen, da zwischen der Bank des Schuldners und des Gläubigers ein **Garantievertrag** besteht. 11

Es besteht die Verpflichtung des Gläubigers, sich vorrangig und unter Beachtung der verkehrsüblichen Sorgfalt aus dieser Leistung zu befriedigen (BGHZ 96, 193). Gelingt ihm dies nicht, darf er auf die ursprüngliche Forderung zurückgreifen, da regelmäßig zwischen den Parteien (konkludent) die Stundung der ursprünglichen Forderung bis zum Scheitern der Befriedigung aus der erfüllungshalber angenommenen Leistung vereinbart ist (BGH NJW 1992, 684). Ausnahmsweise kann sich der Schuldner auf ein dauerndes Leistungsverweigerungsrecht berufen, wenn dem Gläubiger ein vom Schuldner gegebener Scheck abhanden gekommen ist und dieser zugunsten eines Dritten eingelöst wird (BGH NJW 1996, 1961; 2000, 3345). 12

Die mit der Verwertung einhergehenden **Kosten** trägt grds. gemäß § 670 der Schuldner. Dies gilt auch, wenn der Gläubiger Sach- oder Rechtsmängelgewährleistungsansprüchen des Erwerbers ausgesetzt ist. 13

[4] **Ausschluss der Vereinbarung.** Bei nicht klagbaren Ansprüchen sind Vereinbarungen über Leistungen an Erfüllungs statt wegen Gesetzesumgehung nichtig. 14

[5] **Abbedingung des § 365.** Nach § 365 gelten bei Leistungsstörungen auf Seiten des Schuldners die allgemeinen Gewährleistungsregeln des Kaufrechts (§§ 434 ff). Von diesen Bestimmungen wird vorliegend abgewichen. 15

Nach hM bleibt das ursprüngliche Schuldverhältnis Rechtsgrund der Leistung. Daher ergeben sich aus diesem die Voraussetzungen für die Rechtsbeständigkeit und Rückforderbarkeit der Leistung. Der Schuldner wird mithin im Fall der Unmöglichkeit der Erbringung der Primärleistung auch frei, wenn er die Ersatzleistung weiterhin erbringen könnte. 16

Ist die an Erfüllungs statt erbrachte Leistung mehr oder weniger als die ursprünglich geschuldete Leistung wert, setzt ein Anspruch auf Wertausgleich allerdings eine entsprechende Parteivereinbarung voraus. 17

§ 365 Gewährleistung bei Hingabe an Erfüllungs statt

Wird eine Sache, eine Forderung gegen einen Dritten oder ein anderes Recht an Erfüllungs statt gegeben, so hat der Schuldner wegen eines Mangels im Recht oder wegen eines Mangels der Sache in gleicher Weise wie ein Verkäufer Gewähr zu leisten.

1 Zu den **Gewährleistungsrechten** des Gläubigers vgl Muster bei § 437 Rn 1, 35, 53, 64, 74.

§ 366 Anrechnung der Leistung auf mehrere Forderungen

(1) Ist der Schuldner dem Gläubiger aus mehreren Schuldverhältnissen zu gleichartigen Leistungen verpflichtet und reicht das von ihm Geleistete nicht zur Tilgung sämtlicher Schulden aus, so wird diejenige Schuld getilgt, welche er bei der Leistung bestimmt.

(2) Trifft der Schuldner keine Bestimmung, so wird zunächst die fällige Schuld, unter mehreren fälligen Schulden diejenige, welche dem Gläubiger geringere Sicherheit bietet, unter mehreren gleich sicheren die dem Schuldner lästigere, unter mehreren gleich lästigen die ältere Schuld und bei gleichem Alter jede Schuld verhältnismäßig getilgt.

1 A. Muster: Tilgungsbestimmung

▶ Hiermit bestimme ich, dass ich die gegebene Summe von ▪▪▪ EUR auf die am ▪▪▪ fällige Darlehensrate entrichte.[1]-[3] ◀

B. Allgemeine Hinweise zur Verwendung des Musters

2 Obwohl in § 366 von „Schuldverhältnissen“ die Rede ist, meint § 366 den Fall, dass der Schuldner dem Gläubiger aus mehreren Forderungen verpflichtet ist und durch die erbrachte Leistung nicht alle Forderungen erfüllt werden können, so dass der Schuldner seine Leistung einer Forderung zuordnen muss. Nimmt der Schuldner **keine Leistungsbestimmung** iS des § 366 Abs. 1 vor, gilt subsidiär die gesetzliche Reihenfolge iS des § 366 Abs. 2. Im Fall des Nichtbestehens der zur Tilgung bestimmten Forderung kommt § 366 Abs. 2 allerdings wieder zur Anwendung.

3 § 366 findet im Verhältnis von **rechtlich verselbständigten Forderungsteilen** zueinander entsprechende Anwendung. Dies ist zB der Fall, wenn eine Teilklage erhoben worden ist (BGH NJW-RR 1991, 170) oder nur eine Teilforderung durch eine Hypothek gesichert worden ist (BGH NJW 1973, 1689). § 366 gilt allerdings nicht bei einem bestehenden Kontokorrentverhältnis, da die hierauf geleisteten Zahlungen keine einzelnen Forderungen betreffen, sondern Habenposten der künftigen Gesamtabrechnung werden (BGH NJW 1980, 2131; NJW-RR 1991, 564).

4 Soweit der Schuldner mit befreiender Wirkung gegenüber allen seinen Gläubigern leisten kann (wie beispielsweise bei Abtretung gleichrangiger Teilforderungen), ist § 366 auch bei **Forderungen verschiedener Gläubiger** entsprechend anwendbar (st Rspr, vgl BGH NJW 2006, 2845, 2846). Wenn der Schuldner von der Aufspaltung der Forderung – wie zB bei der stillen Teilabtretung – keine Kenntnis hatte, ist er ausnahmsweise auch ohne entsprechende Abrede zu einer nachträglichen Tilgungsbestimmung berechtigt (BGH NJW 2006, 2845; OLG Hamm WM 2002, 451; KG ZIP 2005, 176; aA Staudinger/*Olzen*, § 366 Rn 23).

Das Bestimmungsrecht steht grds. nicht nur dem Schuldner, sondern auch einem gemäß § 267 leistenden Dritten zu. Nach der Parteivereinbarung kann das Bestimmungsrecht auch dem Gläubiger eingeräumt werden. 5

§§ 396, 1247 S. 1 sind gegenüber § 366 Abs. 1 leges speciales. Auch ist nur § 366 Abs. 2 in der Zwangsvollstreckung entsprechend anwendbar und nicht § 366 Abs. 1 (BGH NJW 1999, 1704). 6

C. Erläuterungen

[1] **Voraussetzung** einer Tilgungsbestimmung ist eine Verpflichtung des Schuldners gegenüber einem Gläubiger aus **mehreren Forderungen** zu **gleichartigen Leistungen**. Die Forderungen können aus demselben Schuldverhältnis stammen, zB bei mehreren Darlehensraten (BGH WM 1982, 329) oder mehreren Mietraten (BGH NJW 1984, 2404). 7

Wird bei mehreren offenen Darlehensraten **keine Tilgungsbestimmung** getroffen, wird gemäß § 366 Abs. 2 die **älteste noch nicht beglichene Rate** getilgt. Die Ansprüche auf Zahlung von Heilungskosten und Schmerzensgeld sind nur verschiedene Rechnungspositionen innerhalb eines einheitlichen Anspruchs. Eine Zurechnung von Teilleistungen über § 366 ist damit nicht notwendig. 8

[2] **Zeitpunkt der Tilgungsbestimmung.** Die Bestimmung, worauf gezahlt wird, muss grds. bei Leistung getroffen werden. Die Bestimmung kann konkludent erfolgen, indem zB gerade der Betrag einer der Schuldsummen entrichtet wird (BGH NJW 2001, 3781). Die Parteien können aber auch eine nachträgliche Tilgungsbestimmung vorbehalten (BGH NJW 1969, 840; 1991, 1605, 1606). 9

Eine **nachträgliche Tilgungsbestimmung** liegt auch vor, wenn der Schuldner einer nachträglichen Anrechnungsbestimmung des Gläubigers nicht widerspricht. Hiervon ist bei Leistung eines Vorschusses oder einer Sicherheit sowie bei Zahlung im Lastschriftverfahren auszugehen. 10

In **AGB** kann wegen Verstoßes gegen § 307 Abs. 1 nicht wirksam vereinbart werden, dass dem Gläubiger das Recht zustehen soll, Zahlungen nach seiner Wahl zu verrechnen (BGH NJW 1999, 2043). 11

Zu den einzelnen Tatbestandsmerkmalen des § 366 Abs. 2 vgl Palandt/*Grüneberg*, § 366 Rn 8. Wird eine Forderung durch eine Grundschuld oder Hypothek gesichert und sind Schuldner der Forderung und Eigentümer nicht identisch, zahlt der Schuldner im Zweifel auf die Forderung und der Eigentümer auf die Grundschuld bzw die Hypothek. 12

Sind Schuldner und Eigentümer dagegen identisch, wird bei **drohender Zwangsvollstreckung** im Zweifel auf die Forderung gezahlt, da sich im Falle der Sicherung derselben durch eine Hypothek die Hypothek gemäß § 1163 Abs. 1 S. 2 in eine Eigentümergrundschuld umwandelt und im Falle der Sicherung derselben durch eine Grundschuld eine Auslegung des Sicherungsvertrages ergibt, dass dem Eigentümer gegen den Gläubiger gemäß § 311 Abs. 1 iVm § 241 Abs. 1 ein schuldrechtlicher Rückübertragungsanspruch zusteht. 13

Von § 366 Abs. 2 ist auch ohne Tilgungsbestimmung iS des § 366 Abs. 1 abzuweichen, wenn bei seiner Anwendung die Interessen des Schuldners keine genügende Berücksichtigung finden. So ist zB die Prämienzahlung auf einen Versicherungsvertrag so anzurechnen, dass der Versicherungsschutz erhalten bleibt (BGH NJW 1978, 1524). 14

[3] **Beweislast.** Der Gläubiger, der die Existenz der Forderung bestreitet, auf die der Schuldner leisten möchte und die Leistung auf eine andere Forderung anrechnen möchte, muss deren Existenz beweisen. Erbringt er diesen Beweis, trifft den Schuldner die Darlegungslast, warum die Leistung auf die streitige Forderung anzurechnen sei (BGH NJW-RR 1993, 1015). 15

Derjenige, der sich auf eine von § 366 Abs. 2 abweichende Anrechnungsabrede beruft, muss diese Vereinbarung beweisen. 16

§ 367 Anrechnung auf Zinsen und Kosten

(1) Hat der Schuldner außer der Hauptleistung Zinsen und Kosten zu entrichten, so wird eine zur Tilgung der ganzen Schuld nicht ausreichende Leistung zunächst auf die Kosten, dann auf die Zinsen und zuletzt auf die Hauptleistung angerechnet.
(2) Bestimmt der Schuldner eine andere Anrechnung, so kann der Gläubiger die Annahme der Leistung ablehnen.

A. Anrechnungsbestimmung

1 **I. Muster: Anrechnungsbestimmung**

▶ Hiermit bestimme ich, dass ich die gegebene Summe von ▪▪▪ EUR auf die Zinsen des Restdarlehensbetrages entrichte.[1], [2] ◀

II. Allgemeine Hinweise zur Verwendung des Musters

2 **Voraussetzung des § 367** ist, dass der Schuldner dem Gläubiger neben der Hauptforderung auch Zinsen und/oder Kosten als zugehörige Nebenleistungen schuldet und dass die erbrachte Geldsumme nicht ausreicht, um die Forderungen insgesamt zu tilgen. Die Gegenleistung muss nicht vom Schuldner, sondern kann gemäß § 267 auch von einem Dritten gegeben worden sein.

3 Bestehen mehrere Hauptforderungen, findet zunächst § 366 Anwendung. Die **Tilgungsreihenfolge** bei Bestehen einer selbständigen Forderung und mehreren Nebenforderungen einer anderen Hauptforderung bestimmt sich ebenfalls nach § 366.

4 Erst nach vollständiger Befriedigung der bevorrechtigten Forderung wird gemäß § 367 Abs. 1 die Reihenfolge der Tilgung der nachrangigen Forderung und dieser zugehörige Nebenforderungen festgelegt (BGH NJW 1969, 1846).

5 Eine Anrechnung auf **verjährte Zinsforderungen** findet jedoch nicht statt, auch wenn der Schuldner die Einrede der Verjährung nicht erhebt (OLG Hamm MDR 1981, 844; OLG Brandenburg OLG-NL 1995, 266).

6 Ist der abgeschlossene Darlehensvertrag **nach § 138 nichtig**, sind nach umstr. Rspr des BGH die bereits in Unkenntnis der Unwirksamkeit gezahlten Raten anteilig auf das Kapital und auf die Darlehenskosten anzurechnen (BGH NJW 1987, 831).

7 Unter **Kosten** sind alle Aufwendungen des Gläubigers zur Rechtsverfolgung zu verstehen, einschl. Prozess- und Vollstreckungskosten. Der Begriff **„Zinsen"** wird bei § 246 erläutert. Hierunter fallen auch Kreditgebühren (st Rspr des BGH seit NJW 1979, 806). Die Parteien treffen jedoch regelmäßig die Vereinbarung, dass die Kreditgebühren abweichend von § 367 ratenweise mit der Kreditsumme getilgt werden sollen (BGH NJW 1984, 21, 261).

8 **Abdingbarkeit des § 367 Abs. 1.** Dem Schuldner ist nach § 367 Abs. 2 die Möglichkeit eingeräumt, eine andere Tilgungsreihenfolge zu bestimmen, indem er zB ausdrücklich unter Vorbehalt zahlt (OLG Köln NJW-RR 1998, 955). Diese wird jedoch nur wirksam, wenn der Gläubiger die Gegenleistung annimmt. Nach umstr. Ansicht des BGH ist ein nach Annahme erklärter Widerspruch des Gläubigers gegen die Tilgungsbestimmung des Schuldners unbeachtlich (BGH NJW 1983, 2774). Genauso können die Parteien von vornherein eine andere Tilgungsreihenfolge vereinbaren (OLG Hamm NJW 1974, 1952).

III. Erläuterungen

[1] **Anrechnung auf Zinsen.** Da Zinsen stetig weiter wachsen, empfiehlt es sich, eine Anrech- 9
nungsbestimmung nach oben stehendem Muster zu treffen.

[2] Der **Anwendungsbereich des § 367** ist genau der Gleiche wie bei § 366. Auch § 367 ist auf 10
rechtlich **verselbständigte Forderungsteile** entsprechend anwendbar. Dies ist zB bei Erhebung einer Teilklage oder Sicherung einer Teilforderung durch eine Hypothek der Fall.

§ 367 gilt auch bei **Forderungen verschiedener Gläubiger**, sofern die Leistung an einen von ihnen 11
befreiende Wirkung gegenüber dem anderen Gläubiger entfaltet (OLG Hamm NJW-RR 2000, 174). Genau wie § 366 ist § 367 aber nicht analog auf Kontokorrentverhältnis anzuwenden (BGH NJW 1980, 2131). Vgl zu Vorstehendem auch § 366 Rn 3.

Weiterhin findet § 367 entsprechende Anwendung auf **Erlöse aus** der **Zwangsvollstreckung** und 12
der Verwertung von Sicherheiten (BGH NJW 1956, 1595), es sei denn, die Zwangsvollstreckung wird nur wegen der Hauptforderung betrieben (LG Hamburg NJW-RR 1986, 1445).

§ 367 ist auch unmittelbar oder entsprechend bei einer **Zahlung auf Kostenfestsetzungsbe-** 13
schlüsse, freiwilliger Versteigerung (OLG Hamburg MDR 1968, 47) oder bei **Leistung von Sozialversicherungsbeiträgen** anwendbar (BGH MDR 1968, 917).

§ 497 Abs. 3 S. 1 ist lex specialis. Demnach sind erbrachte Gegenleistungen genau wie bei § 366 14
zunächst auf die Kosten der Rechtsverfolgung, dann jedoch auf die Hauptforderung und erst zuletzt auf die Zinsen anzurechnen. Diese Reihenfolge der Anrechnung ist gemäß § 506 zwingend.

B. Verweigerung der Annahme der Leistung

I. Muster: Verweigerung der Annahme der Leistung 15

235

▶ Sehr geehrter Herr ■■■,

Sie/Ihre Firma ■■■ schulden/schuldet mir aus einem am ■■■ geschlossenen Kaufvertrag einen Betrag in Höhe von ■■■ EUR. Dieser war spätestens 30 Tage nach Erhalt der am ■■■ ausgestellten Rechnung zu zahlen.

Nach Aufforderung zur Leistung am ■■■ befinden Sie/ Ihre Firma ■■■ sich im Schuldnerverzug und schulden/schuldet mir daher zusätzlich Zinsen in Höhe von 5/8 Prozentpunkten[1] über dem Basiszinssatz.

Durch Einschaltung eines Rechtsanwalts sind mir mittlerweile Rechtsverfolgungskosten in Höhe von ■■■ EUR entstanden.

Ich nehme die mir am ■■■ von Ihnen angebotene Summe in Höhe von ■■■ EUR, die Sie zur Begleichung der Kaufpreisforderung bestimmt haben, nicht an.[2]

Mit freundlichen Grüßen

■■■

Unterschrift ◀

II. Erläuterungen

[1] **Höhe des Zinssatzes.** Ist eine der Vertragsparteien Verbraucher iS des § 13 kann der Gläu- 16
biger gemäß § 288 Abs. 1 lediglich Zinsen in Höhe von 5 Prozentpunkten über dem Basiszinssatz verlangen. Sind beide Vertragspartner dagegen Unternehmer iS des § 14 oder Kaufleute iS der §§ 1 ff HGB, kann der Gläubiger sogar 8 Prozentpunkte Zinsen über dem Basiszinssatz verlangen.

Trifft der Schuldner eine **andere Bestimmung** iS des § 367 Abs. 2, darf der Gläubiger die **Leis-** 17
tung ablehnen, da diese ihm gemäß § 294 nicht so angeboten worden ist, wie sie zu bewirken ist.

18 [2] **Rechtsfolge.** Nimmt der Gläubiger die Leistung demnach nicht an, kommt er wegen § 294 nicht in Annahmeverzug.

§ 368 Quittung

[1]Der Gläubiger hat gegen Empfang der Leistung auf Verlangen ein schriftliches Empfangsbekenntnis (Quittung) zu erteilen. [2]Hat der Schuldner ein rechtliches Interesse, dass die Quittung in anderer Form erteilt wird, so kann er die Erteilung in dieser Form verlangen.

A. Vertragsgestaltung

1 **I. Muster: Quittung[1], [2]**

▶ Es wird bestätigt,

netto ▪▪▪ EUR

+ ▪▪▪ % Umsatzsteuer in Höhe von ▪▪▪ EUR

gesamt ▪▪▪ EUR (in Worten: ▪▪▪ Euro)

von Herrn/Firma ▪▪▪

wegen ▪▪▪

ordnungsgemäß erhalten zu haben.[3]-[6]

▪▪▪, den ▪▪▪ (Ort, Datum)

▪▪▪

Unterschrift des Zahlungsempfängers ◀

II. Erläuterungen

2 [1] **Definition.** Die Quittung ist eine Bestätigung des Gläubigers, dass er befriedigt worden ist.

3 Insb. ein Erlassvertrag oder ein negatives Schuldanerkenntnis können mit der Erteilung der Quittung verbunden werden (BGH DB 1985, 2402). Die bei Abschluss eines arbeitsrechtlichen Aufhebungsvertrages üblicherweise erteilte Ausgleichsquittung enthält idR zugleich ein negatives Schuldanerkenntnis.

4 [2] **Form.** Grds. ist die Quittung in Schriftform iS des § 126 (BGH NJW-RR 1988, 881) oder in der die Schriftform gemäß § 126 Abs. 3 ersetzende elektronischer Form iS des § 126 a zu erteilen. Nur bei Darlegung eines rechtlichen Interesses kann der Schuldner gemäß § 368 S. 2 die Erteilung in anderer Form fordern.

5 § 368 Abs. 2 findet in der Praxis hauptsächlich bei der notariell zu beglaubigenden Quittung für die Löschung oder Umschreibung einer Hypothek (bzw Grundschuld) im Grundbuch nach § 29 GBO iVm §§ 1144, 1167, [1192] Anwendung (BGH NJW 1991, 1953). Diese wird auch löschungsfähige Quittung genannt. Weiterhin muss die Quittung eigenhändig unterschrieben

sein oder eine qualifizierte elektronische Signatur enthalten. Nach der Ansicht *Köhlers* ist auch ein Stempel oder eine faksimilierte Unterschrift ausreichend (AcP 182, 151).

[3] **Inhalt.** Die Quittung muss die Parteien des Schuldverhältnisses, den empfangenen Gegen- 6
stand, die auszugleichende Forderung sowie Ort und Zeit des Empfangs ausweisen. Dabei ist die Annahme einer Teilleistung ausreichend. Auch wenn der Gläubiger in die Quittung einen Vorbehalt wegen weiterer Ansprüche aufnimmt, handelt es sich um eine ordnungsgemäße Quittung (KG JW 18, 776).

[4] **Kosten.** Die Kosten der Quittung hat nach § 369 grds. der Schuldner selbst zu tragen. 7

[5] **Beweiskraft.** Eine ordnungsgemäße Quittung hat formelle Beweiskraft iS des § 416 ZPO, 8
dh sie erbringt als privatschriftliche Urkunde den Beweis, dass die in ihr enthaltene Erklärung abgegeben worden ist.

Ob der Schuldner tatsächlich geleistet hat, unterliegt dagegen der freien Beweiswürdigung des 9
Richters gemäß § 286 ZPO. Eine vorgelegte Quittung lässt allerdings regelmäßig diesen Schluss zu (BGH NJW 1988, 206). Diese Schlussfolgerung ist bei Vorlage einer Bankquittung sogar dann zulässig, wenn diese nicht eigenhändig unterschrieben ist (BGH NJW-RR 1988, 881). Anders ist dies bei der Quittierung des Empfangs eines Darlehens (BGH NJW 2001, 2096), es sei denn, hierin ist keine Quittung, sondern ein abstraktes oder kausales Schuldanerkenntnis zu sehen (BGH DB 1985, 2402). Dann gilt wieder die Beweislastumkehr.

[6] **Beweislast.** Handelt es sich bei der Quittung um eine sog. Vorausquittung, muss der Gläu- 10
biger lediglich den Beweis erbringen, dass die Quittung im Voraus erteilt worden ist, damit auf den Schuldner die volle Beweislast der späteren Erfüllung übergeht (BGH WM 1979, 1157).

Gemäß § 370 gilt der Überbringer einer Quittung als ermächtigt, die Leistung in Empfang zu 11
nehmen.

B. Prozess

I. Muster: Verlangen der Quittungsausstellung 12

▶ An das 237

Amtsgericht/Landgericht[1]

■■■

Klage

des ■■■

– Kläger –

Prozessbevollmächtigter: RA ■■■

gegen

den ■■■

– Beklagter –

wegen: Feststellung des Nichtbestehens von Forderungen aus Kaufvertrag

Streitwert: ■■■ EUR[2]

Namens und in Vollmacht des Klägers erhebe ich Klage und kündige für die mündliche Verhandlung folgende Anträge an:

I. Es wird festgestellt, dass dem Beklagten aus dem zwischen den Parteien geschlossenen Kaufvertrag vom ■■■ keine Forderungen mehr zustehen.[3]

II. ■■■ ggf weitere Prozessanträge[4], [5]

Begründung

Die Parteien schlossen am ▪▪▪ einen privatschriftlichen Kaufvertrag über den Kauf eines/r ▪▪▪ Als Kaufpreis waren ▪▪▪ EUR vereinbart. Der Kläger sollte den Kaufpreis spätestens am ▪▪▪ entrichten.

Beweis: Kaufvertrag vom ▪▪▪

Am ▪▪▪ hat der Kläger die Ware vom Beklagten ausgehändigt bekommen und diese sofort bar bezahlt.

Beweis: Zeugnis des Herrn/der Frau ▪▪▪, zu laden über den Kläger.

Auf eine vorgerichtliche Aufforderung zur Erteilung einer Quittung hat der Beklagte nicht reagiert.

Beweis: Aufforderungsschreiben an den Beklagten vom ▪▪▪

Der Beklagte ist gemäß § 368 BGB verpflichtet, den Empfang des Geldes zu quittieren.[6]

Das Feststellungsinteresse ergibt sich daraus, dass nicht – wie bei einer Leistungsklage – nur der Tenor, sondern auch die tragenden Entscheidungsgründe in Rechtskraft erwachsen.[7]

Die Feststellungsklage ist gegenüber der Erhebung einer Leistungsklage auf Ausstellung einer Quittung nicht subsidiär.[8]

▪▪▪

Rechtsanwalt ◄

II. Erläuterungen und Varianten

13 [1] **Gerichtsstand** ist der für die im Fall der Erhebung einer Leistungsklage zulässige.

14 [2] Bei einer negativen Feststellungsklage ist der **Streitwert** so hoch anzusetzen wie bei einer Leistungsklage des Gegners, da ein Obsiegen mit der negativen Feststellungsklage einem Unterliegen des Gegners mit einer Leistungsklage entspricht (BGH NJW-RR 2005, 938).

15 [3] **Schuldner hat geleistet/negative Feststellungsklage.** Hat der Schuldner seine Leistung bereits erbracht, ist es für ihn wegen der weitergehenden Rechtskraft des Urteils günstiger, negative Feststellungsklage iS des § 256 ZPO zu erheben als auf Erteilung einer Quittung zu klagen.

16 **Voraussetzung** einer negativen Feststellungsklage ist, dass sich der Beklagte berühmt, einen Anspruch gegen den Kläger zu haben. Dies braucht er nicht ausdrücklich tun. Es ist vielmehr ausreichend, wenn der Kläger aufgrund des vorherigen Verhaltens des Beklagten nach Treu und Glauben eine Erklärung erwarten kann (BGH NJW 1995, 2032, 2033). Der Kläger muss das Nichtbestehen eines Rechtsverhältnisses, aus dem der Beklagte einen Anspruch herleiten könnte, schlüssig vortragen. Unter Rechtsverhältnis ist die rechtlich geregelte Beziehung einer Person zu einer anderen Person oder zu einem Gegenstand zu verstehen (BGHZ 22, 43, 47).

17 Der Kläger muss das Berühmen, der Beklagte die Berechtigung zum Berühmen **darlegen und beweisen.** Dh der Beklagte muss sowohl Anspruchsgrund als auch -höhe beweisen.

18 [4] **Nebenanträge.** Zu den prozessualen Nebenanträgen (zB § 331 Abs. 3 S. 1 ZPO: Erlass eines Versäumnisurteils im schriftlichen Verfahren) bzw für die Zwangsvollstreckung relevante Anträge vgl GF-ZPO/*Pukall*, § 253 ZPO Rn 92 ff.

19 [5] **Schuldner hat noch nicht geleistet.** In diesem Fall kann er die Ausstellung der Quittung nur **Zug-um-Zug** gegen Erbringung der geschuldeten Leistung verlangen. Verweigert der Gläubiger die Ausstellung der Quittung, ist der Schuldner berechtigt, die Leistung zu verweigern. Selbst bei einer bestehenden Vorleistungspflicht des Schuldners gerät der Gläubiger in Annahme- und nicht der Schuldner in Schuldnerverzug (RGZ 82, 27). Vgl zur Vorleistungspflicht § 322 Rn 4 bis 6.

20 Der Gläubiger kann allerdings seinen Vorschussanspruch aus § 369 dem Anspruch auf Erteilung der Quittung entgegenhalten. Hat der Schuldner vor Klageerhebung noch nicht geleistet, lautet der **Klageantrag** daher wie folgt:

▶ I. Der Beklagte wird verurteilt, dem Kläger über die Erfüllung der aus dem zwischen den Parteien geschlossenen Kaufvertrag vom ■■■ resultierenden Kaufpreisforderung in Höhe von ■■■ EUR eine Quittung auszustellen Zug-um-Zug gegen Zahlung des Kaufpreises in Höhe von ■■■ EUR.

II. Es wird festgestellt, dass sich der Beklagte mit der Verpflichtung zur Abholung der Kaufsache in Annahmeverzug befindet.

III. Der Beklagte wird verurteilt, die Kaufsache beim Kläger abzuholen. ◀

Sinn und Zweck des § 368. Der Schuldner trägt die **Beweislast** für den Eintritt der Erfüllung. Die Quittung ist ein hierfür geeignetes Beweismittel. 21

Befindet sich der Schuldner mit der Abholung der Kaufsache bereits im **Annahmeverzug**, sollte dies zur Erleichterung der Zwangsvollstreckung nach §§ 756 Abs. 1, 765 ZPO im Urteil festgestellt werden (vgl hierzu auch GF-ZPO/*Gierl*, umfassende Muster zu § 756 ZPO). Überdies haftet der Gläubiger während des Annahmeverzuges des Schuldners nach §§ 300 ff nur noch eingeschränkt. 22

Mit Hilfe des Feststellungsantrags kann sich der Gläubiger einen eigenen vollstreckbaren Titel über die Pflicht des Schuldners zur Abholung der Kaufsache schaffen. 23

Trotz Klage auf Leistung Zug-um-Zug entspricht der **Streitwert** dem bei Erhebung einer negativen Feststellungsklage (OLG Nürnberg JurBüro 1966, 876). 24

Voraussetzung des Anspruchs aus § 368 ist eine bestehende Forderung. Der Schuldner muss zumindest die teilweise Erfüllung derselben oder eine Leistung an Erfüllungs statt iS des § 364 Abs. 1 in Annahmeverzug begründender Weise anbieten. Bietet der Schuldner eine Zahlung per Scheck an, kann er nur bei Vorliegen eines berechtigten Interesses die Ausstellung einer Quittung fordern. Gleiches gilt beim Angebot einer Überweisung des geschuldeten Geldes (OLG Düsseldorf NJW-RR 1992, 439; Palandt/*Grüneberg*, § 368 Rn 6). Bietet der Schuldner dagegen die Hinterlegung des Geldes an oder möchte er aufrechnen, steht ihm kein Anspruch auf Ausstellung einer Quittung zu. 25

Der Anspruch aus § 368 kann auch **bei Leistung eines Dritten** geltend gemacht werden. Der Gläubiger ist zur Erteilung der Quittung allerdings nur verpflichtet, wenn der Schuldner die Ausstellung einer solchen verlangt hat. 26

[6] **Verjährung.** Der Anspruch auf Ausstellung der Quittung verjährt mit Verjährung der Forderung. 27

[7] **Feststellungsinteresse.** Grds. muss der Kläger das Feststellungsinteresse darlegen und beweisen (BGH NJW-RR 1990, 130). Hier ergibt sich dieses daraus, dass bei einer negativen Feststellungsklage nicht nur der Tenor, sondern auch die Entscheidung über das Erlöschen des Rechtsverhältnisses und die tragenden Entscheidungsgründe in Rechtskraft erwachsen, so dass eine Klage des Beklagten auf Zahlung unter keinem Gesichtspunkt mehr in Betracht kommt (OLG Celle NdsRPfl 1976, 196; Zöller/*Vollkommer*, § 322 Rn 12; aA Stein/Jonas/*Leipold*, § 322 Rn 106; *Brox*, JuS 1962, 125). 28

Im Übrigen muss bei Unklarheit, ob die streitige Forderung besteht, der negativen Feststellungsklage ebenso stattgegeben werden als wenn deren Nichtbestehen feststünde (BGH NJW 1993, 1716). 29

Das Feststellungsinteresse entfällt allerdings, sobald positive Feststellungs- oder Leistungsklage erhoben wird und einseitig nicht mehr zurückgenommen werden kann (BGH NJW 1999, 2516; 2006, 515). 30

[8] **Subsidiarität.** Die Feststellungsklage ist gegenüber der Leistungsklage nicht allgemein subsidiär (BGH NJW 2006, 2548). 31

§ 369 Kosten der Quittung

(1) Die Kosten der Quittung hat der Schuldner zu tragen und vorzuschießen, sofern nicht aus dem zwischen ihm und dem Gläubiger bestehenden Rechtsverhältnis sich ein anderes ergibt.
(2) Treten infolge einer Übertragung der Forderung oder im Wege der Erbfolge an die Stelle des ursprünglichen Gläubigers mehrere Gläubiger, so fallen die Mehrkosten den Gläubigern zur Last.

§ 370 Leistung an den Überbringer der Quittung

Der Überbringer einer Quittung gilt als ermächtigt, die Leistung zu empfangen, sofern nicht die dem Leistenden bekannten Umstände der Annahme einer solchen Ermächtigung entgegenstehen.

§ 371 Rückgabe des Schuldscheins

[1]Ist über die Forderung ein Schuldschein ausgestellt worden, so kann der Schuldner neben der Quittung Rückgabe des Schuldscheins verlangen. [2]Behauptet der Gläubiger, zur Rückgabe außerstande zu sein, so kann der Schuldner das öffentlich beglaubigte Anerkenntnis verlangen, dass die Schuld erloschen sei.

A. Rückgabeverlangen

1 I. Muster: Klage auf Herausgabe eines Schuldscheins

▶ An das

Amtsgericht/Landgericht

■■■

Klage

des ■■■

– Kläger –

Prozessbevollmächtigter: RA ■■■

gegen

den ■■■

– Beklagter –

wegen: Herausgabe eines Schuldscheins[1]

Streitwert: ■■■ EUR

Namens und in Vollmacht des Klägers erhebe ich Klage und kündige für die mündliche Verhandlung folgende Anträge an:

I. Der Beklagte wird verurteilt, an den Kläger den von diesem am ■■■ wegen ■■■ ausgestellten Schuldschein herauszugeben.

II. ■■■ ggf weitere Prozessanträge[2]

Begründung

Die Parteien schlossen am ■■■ einen privatschriftlichen Kaufvertrag über ein gebrauchtes Fahrrad der Marke ■■■, Modell ■■■, Baujahr ■■■, Rahmennummer ■■■. Als Kaufpreis waren ■■■ EUR vereinbart.

Beweis: Kaufvertrag vom ■■■

Der Kläger hat das Fahrrad vom Beklagten am ■■■ ausgehändigt erhalten. Er hat dem Beklagten einen Schuldschein über den vereinbarten Kaufpreis in Höhe von ■■■ EUR ausgestellt[3] und diesem übergeben.

Beweis: Zeugnis des Herrn ■■■, zu laden über den Kläger.

Der Kläger hat den Kaufpreis mittlerweile am ■■■ dem Beklagten in dessen Wohnung bar ausgehändigt.[4]

Beweis: Zeugnis des Herrn ■■■, zu laden über den Kläger.

Auf Aufforderung des Klägers, ihm im Gegenzug den Schuldschein zurückzugeben, weigerte sich der Beklagte.

Beweis: Zeugnis des Herrn ■■■, zu laden über den Kläger.

Der Beklagte ist gemäß § 371 S. 1 BGB zur Herausgabe des Schuldscheins verpflichtet, da die Schuld vom Kläger beglichen worden ist.

■■■

Rechtsanwalt ◄

II. Erläuterungen

2 [1] **Angabe des Streitgegenstands.** Eine – nach § 130 Nr. 1 ZPO nicht zwingende – kurze Angabe des Streitgegenstands empfiehlt sich im Hinblick auf eine möglicherweise in der Geschäftsverteilung des Gerichts vorgesehene Bildung von Spezialkammern (vgl § 348 Abs. 1 S. 2 Nr. 2 ZPO).

3 [2] **Nebenanträge.** Zu den prozessualen Nebenanträgen (zB § 331 Abs. 3 S. 1 ZPO: Erlass eines Versäumnisurteils im schriftlichen Verfahren) bzw für die Zwangsvollstreckung relevanten Anträgen vgl GF-ZPO/*Pukall*, § 253 ZPO Rn 92 ff.

4 [3] **Definition des Schuldscheins.** Ein Schuldschein ist eine Urkunde, die die Schuld begründet oder bestätigt und formelle Beweiskraft iS des § 416 hat. Ob die beurkundete Schuld in materieller Hinsicht tatsächlich besteht, ist eine Frage der materiellen Beweiskraft. Dies hat der Richter gemäß § 286 ZPO in freier Beweiswürdigung zu bestimmen. Schuldscheine iS des § 371 sind zB Urkunden über eine Sicherungsabtretung oder -übereignung (AG Mönchengladbach NJW-RR 1997, 997) oder eine Bürgschaft (OLG München NJW-RR 1998, 992). Auch mehrere Einzelurkunden können zusammen einen Schuldschein bilden (RGZ 131, 6).

5 **Inhalt des Schuldscheins.** Aus diesem muss die wesentliche Verpflichtung des Schuldners hervorgehen.

6 **Indizwirkung.** Ist der Gläubiger im Besitz des Schuldscheins, ist dies ein Indiz dafür, dass die Schuld tatsächlich besteht. Besitzt dagegen der Schuldner den Schuldschein, stellt dies grds. ein Indiz dafür dar, dass die Schuld erloschen ist. Weist der Schuldschein aber auch ein kausales oder abstraktes Schuldanerkenntnis aus, ist der Schuldner voll beweispflichtig für das Nichtentstehen der Verpflichtung (BGH NJW 1986, 2572).

7 **Sinn und Zweck des § 371 S. 1.** Der Gläubiger ist gemäß § 952 Eigentümer des Schuldscheins. Nach hM geht das Eigentum an diesem nicht durch Begleichung der Forderung auf den Schuldner über. § 371 gibt dem Schuldner daher einen schuldrechtlichen Anspruch auf Herausgabe des Schuldscheins, um zu verhindern, dass der Gläubiger den Schuldschein nach Erlöschen der Schuld als Beweismittel für das Bestehen derselben gegen den Schuldner verwendet. Der An-

spruch kann – mit Ausnahme des Prozessbevollmächtigten des Gläubigers – nach hM auch gegenüber einem Dritten geltend gemacht werden.

8 Alternativ hat der Schuldner die Möglichkeit, eine Quittung vom Gläubiger ausstellen zu lassen, vgl zur prozessualen Geltendmachung § 368 Rn 12 ff.

9 **[4] Voraussetzungen des Herausgabeanspruchs.** Die Schuld muss erloschen sein. Weiterhin muss der Rückfordernde aktivlegitimiert sein. Eine Bürgschaftsurkunde kann nur der Bürge selbst herausverlangen (BGH NJW 2004, 3553, 3555). Ein Dritter, der die Leistung für den Schuldner erbringt, kann den Herausgabeanspruch nur im Fall des gesetzlichen Forderungsübergangs iS des § 268 geltend machen. Der Anspruch muss gegenüber dem richtigen Passivlegitimierten ausgeübt werden. Dies ist entweder der Gläubiger oder der sich im Besitz des Schuldscheins befindliche Dritte (hM), aber nicht der Prozessbevollmächtigte des Gläubigers (aA OLG München MDR 2005, 900).

10 **Weiterer Hinweis.** Hat der Schuldner die Forderung des Gläubigers erfüllt und betreibt dieser die Zwangsvollstreckung, steht dem Schuldner in analoger Anwendung des § 371 auch ein Anspruch auf Herausgabe des Vollstreckungstitels zu, wenn die Vollstreckung unstr. ist (BGH NJW 1994, 1161, 3225) oder der Schuldner mit einer Vollstreckungsgegenklage iS des § 767 ZPO obsiegt hat und das Urteil rechtskräftig geworden ist (BGHZ 127, 148).

B. Öffentlich beglaubigtes Anerkenntnis

11 I. Muster: Verlangen eines öffentlich beglaubigten Anerkenntnisses

▶ An das

Amtsgericht/Landgericht

■■■

Klage

des ■■■

– Kläger –

Prozessbevollmächtigter: RA ■■■

gegen

den ■■■

– Beklagter –

wegen: Abgabe eines öffentlich beglaubigten Anerkenntnisses[1]

Streitwert: ■■■ EUR

Namens und in Vollmacht des Klägers erhebe ich Klage und kündige für die mündliche Verhandlung folgende Anträge an:

I. Der Beklagte wird verurteilt, ein öffentlich beglaubigtes Anerkenntnis abzugeben, dass der Kläger aus dem mit dem Beklagten am ■■■ geschlossenen Kaufvertrag über die Lieferung eines Fahrrades der Marke ■■■, Modell ■■■, Baujahr ■■■, Rahmennummer ■■■ nichts mehr schuldet.[2]

II. ■■■ ggf weitere Prozessanträge[3]

Begründung

Die Parteien schlossen am ■■■ einen privatschriftlichen Kaufvertrag über ein gebrauchtes Fahrrad der Marke ■■■, Modell ■■■, Baujahr ■■■, Rahmennummer ■■■. Als Kaufpreis waren ■■■ EUR vereinbart.

Beweis: Kaufvertrag vom ■■■

Der Kläger hat das Fahrrad vom Beklagten am ■■■ ausgehändigt erhalten. Er hat dem Beklagten einen Schuldschein über den vereinbarten Kaufpreis in Höhe von ■■■ EUR ausgestellt[4] und diesem übergeben.

Beweis: Zeugnis des Herrn ..., zu laden über den Kläger.

Der Kläger hat den Kaufpreis mittlerweile am ... dem Beklagten in dessen Wohnung bar ausgehändigt.

Beweis: Zeugnis des Herrn ..., zu laden über den Kläger.

Auf Aufforderung des Klägers, ihm im Gegenzug den Schuldschein zurückzugeben, erklärte der Beklagte, hierzu nicht mehr im Stande zu sein.

Beweis: Zeugnis des Herrn ..., zu laden über den Kläger.

Der Beklagte ist gemäß § 371 S. 2 BGB zur Abgabe eines öffentlich beglaubigten Anerkenntnisses verpflichtet, dass die Kaufpreisschuld erloschen ist.[5], [6]

...

Rechtsanwalt ◀

II. Erläuterungen

[1] **Angabe des Streitgegenstands.** Eine – nach § 130 Nr. 1 ZPO nicht zwingende – kurze Angabe des Streitgegenstands empfiehlt sich im Hinblick auf eine möglicherweise in der Geschäftsverteilung des Gerichts vorgesehene Bildung von Spezialkammern (vgl § 348 Abs. 1 S. 2 Nr. 2 ZPO). 12

[2] Hierbei handelt es sich um ein **negatives Schuldanerkenntnis** iS des § 397 Abs. 2. 13

[3] **Nebenanträge.** Zu den **prozessualen Nebenanträgen** (zB § 331 Abs. 3 S. 1 ZPO: Erlass eines Versäumnisurteils im schriftlichen Verfahren) bzw für die Zwangsvollstreckung relevanten Anträgen vgl GF-ZPO/*Pukall*, § 253 ZPO Rn 92 ff. 14

[4] Zum **Inhalt des Schuldscheins** vgl Rn 5. 15

[5] **Voraussetzungen eines Anspruchs auf Abgabe eines öffentlich beglaubigten Anerkenntnisses** sind, dass die Schuld erloschen ist und der Gläubiger erklärt hat, zur Rückgabe des Schuldscheins nicht in der Lage zu sein. 16

[6] Die **Kosten** hat der Gläubiger zu tragen. 17

Titel 2 Hinterlegung

§ 372 Voraussetzungen

[1]Geld, Wertpapiere und sonstige Urkunden sowie Kostbarkeiten kann der Schuldner bei einer dazu bestimmten öffentlichen Stelle für den Gläubiger hinterlegen, wenn der Gläubiger im Verzug der Annahme ist. [2]Das Gleiche gilt, wenn der Schuldner aus einem anderen in der Person des Gläubigers liegenden Grund oder infolge einer nicht auf Fahrlässigkeit beruhenden Ungewissheit über die Person des Gläubigers seine Verbindlichkeit nicht oder nicht mit Sicherheit erfüllen kann.

§ 373 Zug-um-Zug-Leistung

Ist der Schuldner nur gegen eine Leistung des Gläubigers zu leisten verpflichtet, so kann er das Recht des Gläubigers zum Empfang der hinterlegten Sache von der Bewirkung der Gegenleistung abhängig machen.

A. Muster: Erklärung des Vorbehalts 1

▶ An

das Amtsgericht ...

– Hinterlegungskasse[1] –

240

Ich beantrage, das Angebot auf Übergabe und Übereignung des hinterlegten Kaufpreises in Höhe von ▪▪▪ EUR nur Zug-um-Zug gegen das Angebot auf Übergabe und Übereignung des geschuldeten Bildes abzugeben.[2], [3]

▪▪▪

Unterschrift ◀

B. Erläuterungen

2 [1] **Hinterlegungsstelle.** Die Hinterlegung fällt gemäß § 30 RPflG in den Zuständigkeitsbereich des Rechtspflegers. Obwohl sich nach § 1 Abs. 2 HinterlO nur die Hinterlegungsstelle beim Amtsgericht befindet und nach § 1 Abs. 3 HinterlO für die Hinterlegung von Geld die Landesjustizkassen zuständig sind, kann auch Geld zunächst beim Amtsgericht hinterlegt werden. Die Gerichtskasse zahlt das hinterlegte Geld bei der Zahlstelle der Landesjustizkasse ein. Zur Bestimmung der örtlichen Zuständigkeit s. § 374 Rn 3.

3 [2] **Anwendungsbereich.** Die Vorschrift gilt für alle Zurückbehaltungsrechte (§§ 273, 320 sowie 369 und 370 HGB). Sie findet aber auch v.a. bei Anspruch auf Erteilung einer Quittung oder eines Schuldscheins nach § 368 und § 371 Anwendung. **Voraussetzung.** Der Schuldner darf nicht vorleistungspflichtig sein.

4 [3] **Erklärung des Vorbehalts.** Er muss den Vorbehalt, dass die Herausgabe des hinterlegten Gegenstandes von der Erbringung der Gegenleistung abhängig sein solle, gegenüber der Hinterlegungsstelle erklären. Dies muss spätestens bis zu dem Zeitpunkt, in dem die Geltendmachung des Rücknahmerechts ausgeschlossen ist, geschehen (vgl zu den Ausschlussgründen § 376 Abs. 2).

5 **Rechtsfolge.** Der Gläubiger darf die hinterlegte Sache nur bei Nachweis der Gegenleistung herausverlangen. Gemäß § 380 kann der Nachweis durch Abgabe der Erklärung des Schuldners, dass der Gläubiger empfangsberechtigt sei, erbracht werden. Vgl § 380 Rn 1.

§ 374 Hinterlegungsort; Anzeigepflicht

(1) Die Hinterlegung hat bei der Hinterlegungsstelle des Leistungsorts zu erfolgen; hinterlegt der Schuldner bei einer anderen Stelle, so hat er dem Gläubiger den daraus entstehenden Schaden zu ersetzen.
(2) [1]Der Schuldner hat dem Gläubiger die Hinterlegung unverzüglich anzuzeigen; im Falle der Unterlassung ist er zum Schadensersatz verpflichtet. [2]Die Anzeige darf unterbleiben, wenn sie untunlich ist.

A. Anzeige der Hinterlegung

1 **I. Muster: Anzeige der Hinterlegung**

▶ Sehr geehrter Herr ▪▪▪,

der Kaufpreis[1] wurde von mir am ▪▪▪ beim Amtsgericht in ▪▪▪[2] hinterlegt.[3]

▪▪▪

Mit freundlichen Grüßen

■■■

Unterschrift ◀

II. Erläuterungen

[1] **Hinterlegung von Geld.** Gemäß § 1 Abs. 1 und 3 HintO sind bei Geld die Justizkassen zuständig. Dieses ist dennoch bei den Amtsgerichten zu hinterlegen. Die Amtsgerichte zahlen den hinterlegten Betrag bei den Zahlstellen der Landesjustizkassen ein. 2

[2] **Hinterlegungsort** ist der Ort, an dem der Schuldner die Leistungshandlung vornehmen muss. Hierfür ist § 269 maßgeblich. Leistungsort ist demnach sowohl bei Hol- als auch bei Schickschulden – wie zB Geldschulden – der Wohnsitz des Schuldners. 3

[3] **Anzeigepflicht.** Gemäß § 374 Abs. 2 S. 1 muss der Schuldner allen seinen Gläubigern die Hinterlegung unverzüglich anzeigen. Vgl zur Legaldefinition des Begriffs „unverzüglich" § 121 Abs. 1 S. 1. Die Pflicht zur Anzeige besteht gemäß § 374 Abs. 2 S. 2 nicht, wenn diese untunlich ist. Eine Anzeige ist zB untunlich, wenn die mit der Ermittlung der Anschrift des Gläubigers verbundenen Schwierigkeiten unverhältnismäßig sind. 4

Eine Beifügung des Hinterlegungsscheins ist nicht zwingend notwendig. 5

Rechtsfolge. Die Anzeige wirkt als **Anerkenntnis** iS des § 212 Abs. 1 Nr. 1. Demnach lässt sie die Verjährung neu beginnen. 6

B. Schadensersatz

I. Muster: Schadensersatzklage bei fehlerhafter/nicht unverzüglich angezeigter Hinterlegung 7

▶ An das 242

Amtsgericht/Landgericht

■■■

Klage

des ■■■

– Kläger –

Prozessbevollmächtigter: RA ■■■

gegen

den ■■■

– Beklagter –

wegen: Schadensersatz

Streitwert (vorläufig): ■■■ EUR

Namens und in Vollmacht des Klägers erhebe ich Klage und kündige für die mündliche Verhandlung folgende Anträge an:

I. Der Beklagte wird verurteilt, an den Kläger als Schadensersatz ■■■ EUR nebst Zinsen in Höhe von 5 Prozentpunkten über dem jeweiligen Basiszinssatz seit dem ■■■/seit Rechtshängigkeit[1] zu zahlen,

II. ■■■ ggf weitere Prozessanträge[2]

Begründung

Der Beklagte schuldet dem Kläger aus einem zwischen den Parteien am ■■■ geschlossenen Kaufvertrag die Zahlung des Kaufpreises in Höhe von ■■■ EUR.

Beweis: Kaufvertrag vom ...

Der Beklagte hat den Kaufpreis bereits am ... beim Amtsgericht ... hinterlegt. Dies hat er dem Beklagten jedoch nicht innerhalb von zwei Wochen und damit nicht unverzüglich angezeigt.[3]

Alternativ: Der Beklagte hat den Kaufpreis beim unzuständigen Amtsgericht in ... hinterlegt.

Zuständiges Amtsgericht ist das Gericht, an dem die Leistung zu erbringen ist (Palandt/*Grüneberg*, § 374 Rn 1). Die Zahlung des Kaufpreises stellt eine Schickschuld iS des § 270 Abs. 1 BGB dar. Da die Anwendung des § 269 Abs. 1 BGB gemäß § 270 Abs. 4 BGB unberührt bleibt, ist die Zahlung am Wohnsitz des Beklagten vorzunehmen. Für die Hinterlegung zuständig ist demnach das Amtsgericht in ...

Der Beklagte schuldet dem Kläger daher aus § 374 Abs. 2 S. 1 Hs 2 BGB/§ 374 Abs. 1 Hs 2 BGB die Zahlung von Schadensersatz.

Die Höhe des Ersatzanspruchs bemisst sich danach, dass der Kläger, der mit dem Erhalt des Geldes fest gerechnet hatte, seinen aus dem am ... mit Herrn ... geschlossenen Vertrag bestehenden vertraglichen Zahlungsverpflichtungen nicht nachkommen konnte und Herr ... nunmehr seinerseits Schadensersatz vom Kläger nebst Verzugszinsen in Höhe von 5 Prozentpunkten über dem Basiszinssatz verlangt.

Beweis für das Vorstehende: Vertrag vom ... sowie Klageschrift des Herrn ...

(wenn der Kläger keine Hinterlegung vorgenommen hat:

Der Beklagte hat auf das Aufforderungsschreiben des Klägers vom ... zur Hinterlegung des Geldes nicht reagiert, so dass nunmehr Klage geboten ist.)

Die Zinspflicht ergibt sich aus ...

...

Rechtsanwalt ◄

II. Erläuterungen

8 [1] **Zinsen.** Zu den verschiedenen Möglichkeiten, Zinsen geltend zu machen, vgl Muster bei § 288.

9 [2] **Nebenanträge.** Zu den prozessualen Nebenanträgen (zB § 331 Abs. 3 S. 1 ZPO Erlass eines Versäumnisurteils im schriftlichen Vorverfahren) bzw für die Zwangsvollstreckung relevante Anträge vgl GF-ZPO/*Pukall*, § 253 ZPO Rn 92 ff.

10 [3] **Voraussetzungen des Schadensersatzanspruchs.** Die nicht unverzüglich erfolgende Anzeige der Hinterlegung begründet gemäß § 374 Abs. 2 S. 1 eine Schadensersatzverpflichtung des Schuldners. Ebenso ist der Schuldner dem Gläubiger gemäß § 374 Abs. 1 Hs 2 zum Schadensersatz verpflichtet, wenn er die geschuldete Leistung bei einem anderen Amtsgericht als dem des Leistungsorts hinterlegt hat.

§ 375 Rückwirkung bei Postübersendung

Ist die hinterlegte Sache der Hinterlegungsstelle durch die Post übersendet worden, so wirkt die Hinterlegung auf die Zeit der Aufgabe der Sache zur Post zurück.

§ 376 Rücknahmerecht

(1) Der Schuldner hat das Recht, die hinterlegte Sache zurückzunehmen.

(2) Die Rücknahme ist ausgeschlossen:

1. **wenn der Schuldner der Hinterlegungsstelle erklärt, dass er auf das Recht zur Rücknahme verzichte,**
2. **wenn der Gläubiger der Hinterlegungsstelle die Annahme erklärt,**
3. **wenn der Hinterlegungsstelle ein zwischen dem Gläubiger und dem Schuldner ergangenes rechtskräftiges Urteil vorgelegt wird, das die Hinterlegung für rechtmäßig erklärt.**

A. Vertragsgestaltung

I. Muster: Widerrufserklärung 1

▶ An

das Amtsgericht ■■■

– Hinterlegungsstelle[1] –

Im Hinblick auf den von mir hinterlegten Gegenstand erkläre ich den Widerruf der Hinterlegung.[2], [3]

■■■

Unterschrift ◀

II. Erläuterungen

[1] Hinterlegungsstelle ist gemäß § 1 Abs. 2 Hinterlegungsordnung das Amtsgericht. Die Hinterlegung fällt gemäß § 30 RPflG in den Zuständigkeitsbereich des Rechtspflegers. Zur Bestimmung der örtlichen Zuständigkeit s. § 374 Rn 3. 2

[2] Gestaltungsrecht. Das Rücknahmerecht des Gläubigers ist kein Anspruch (RG HRR 40, 419), sondern ein Gestaltungsrecht. Bei Geltendmachung desselben gegenüber der Hinterlegungsstelle wandelt sich das Hinterlegungsverhältnis in ein Abwicklungsverhältnis um, ohne dass es der tatsächlichen Rückgabe der Sache bedarf. Auch die Rechtsfolgen iSd § 379 Abs. 3 (vgl Rn 6) treten schon in diesem Moment ein. Der Hinterleger erwirbt einen öffentlichrechtlichen Herausgabeanspruch gegen die Hinterlegungsstelle, den er bei ablehnender Entscheidung des Amtsgerichtsdirektors gemäß § 3 Abs. 3 HintO auf dem ordentlichen Rechtsweg einklagen kann. Unstatthaft ist ein Antrag auf gerichtliche Entscheidung gemäß § 23 EGGVG (OLG Frankfurt am Main OLG 74, 538). Ob auch bei hinterlegtem inländischem Geld der Widerruf erklärt werden kann, erscheint im Hinblick auf §§ 7, 9 HintO, wonach das Land Eigentum am Geld erwirbt, zweifelhaft. 3

[3] Voraussetzungen des Rücknahmerechts. Der Schuldner darf sein Rücknahmerecht ausüben, wenn er auf dieses nicht verzichtet hat, der Gläubiger nicht die Annahme erklärt hat und der Hinterlegungsstelle kein rechtskräftiges Urteil vorgelegt worden ist, dass die Hinterlegung im Verhältnis zwischen Gläubiger und Schuldner für rechtmäßig erklärt. Dem Schuldner steht das Rücknahmerecht nach § 382 aE jedoch auch im Falle eines Verzichts noch zu, wenn der Gläubiger sich nicht binnen 30 Jahren bei der Hinterlegungsstelle gemeldet hat und dessen Anspruch 4 daher verjährt ist. Obwohl § 382 nur den hinterlegten „Betrag“ erwähnt, gilt er auch für die Hinterlegung einer Sache. Hat der Schuldner zugunsten mehrerer Gläubiger hinterlegt, ist sein Rücknahmerecht schon ausgeschlossen, wenn nur einer der potentiellen Gläubiger die Annahme erklärt.

5 Solange der Schuldner das Rücknahmerecht innehat, ist die Hinterlegung noch nicht endgültig und er noch nicht endgültig von seiner Leistungspflicht iSd § 362 Abs. 1 frei. Der Schuldner kann dem Gläubiger nur die Einrede aus § 379 Abs. 1 (Verweis auf die Hinterlegung) entgegenhalten.

6 Übt der Schuldner sein Rücknahmerecht aus, gilt die Hinterlegung gemäß § 379 Abs. 3 als nicht erfolgt. Ist der Schuldner zur Zahlung von Zinsen verpflichtet, muss er diese rückwirkend zahlen, es sei denn, der Gläubiger befindet sich im Annahmeverzug. Zudem muss er nach § 381 auch die Kosten der Hinterlegung tragen. Überdies kann er dem Herausgabeanspruch des Gläubigers durch Ausübung seines Rücknahmerechts die Grundlage entziehen (Hk-BGB/*Schulze*, § 376 Rn 3). Regelmäßig ist der Schuldner jedoch verpflichtet, unter Verzicht auf sein Rücknahmerecht zu hinterlegen.

7 **III. Muster: Verzichtserklärung bezüglich hinterlegtem Gegenstand**

▶ An

das Amtsgericht ▪▪▪

– Hinterlegungsstelle[1] –

Im Hinblick auf den von mir hinterlegten Gegenstand erkläre ich den Verzicht auf mein Rücknahmerecht.[2]

▪▪▪

Unterschrift ◀

IV. Erläuterungen

8 [1] **Hinterlegungsstelle** bei Sachen ist gemäß § 1 Abs. 2 Hinterlegungsordnung das Amtsgericht. Die Hinterlegung fällt gemäß § 30 RPflG in den Zuständigkeitsbereich des Rechtspflegers. Zur Bestimmung der örtlichen Zuständigkeit s. § 374 Rn 3.

9 [2] **Rechtsfolge des Verzichts.** Gemäß § 376 Abs. 2 Nr. 1 kann der Schuldner die Sache nach dem Verzicht nicht mehr zurücknehmen. Dies löst nach § 378 die Rechtsfolge aus, dass der Schuldner von seiner Pflicht zur Leistung iSd § 362 Abs. 1 frei wird. Überdies verliert der Schuldner seine Stellung als Hinterlegungsbeteiligter iSd § 13 HintO. Für die Herausgabe der Sache an den Gläubiger ist seine Einwilligung daher nicht mehr erforderlich und für den Nachweis der Empfangsberechtigung des Gläubigers iSd § 380 nicht mehr genügend. Der Schuldner behält jedoch das Recht, weitere mögliche Gläubiger zu benennen (BGH NJW 1960, 1003).

B. Prozess

I. Herausgabeklage

10 **1. Muster: Herausgabeklage des Hinterlegers**

▶ An das

Landgericht[1]

Klage

des ▪▪▪

– Kläger –

Prozessbevollmächtigter: RA ■■■

gegen

das Land ■■■, vertreten durch ■■■[2]

– Beklagter –

wegen: Herausgabe[3]

Streitwert (vorläufig): ■■■ EUR

Namens und in Vollmacht des Klägers erhebe ich Klage und kündige für die mündliche Verhandlung folgende Anträge an:

I. Der Beklagte wird verurteilt, an den Kläger den von diesem hinterlegten mit einem Brillanten besetzten Goldring herauszugeben.[4]

II. Der Beklagte wird weiterhin verurteilt, an den Kläger die Kosten für die vorgerichtliche Tätigkeit des Unterzeichners in Höhe von ■■■ EUR zu zahlen.

III. ■■■ ggf weitere Prozessanträge[5]

Begründung

Der Kläger schuldet dem ■■■ nach § 2018 BGB die Herausgabe des vom Goldschmied ■■■ hergestellten mit einem Brillanten besetzten Goldringes. Der Kläger hat in dem Glauben, Erbe des am ■■■ verstorbenen ■■■ geworden zu sein, den Ring an sich genommen. Am ■■■ wurde ein handschriftlich verfasstes Testament des ■■■ aufgefunden, wonach dieser den ■■■ und nicht den Kläger zum Erben eingesetzt hat.

Beweis: Testament vom ■■■

Der Kläger hat mit dem ■■■ telefonisch vereinbart, dass dieser den Ring am ■■■ an der Wohnanschrift des Klägers abholen solle. Bei diesem Telefonat war der Sohn des Klägers zugegen.

Beweis: Zeugnis des ■■■, zu laden über den Kläger

Der Beklagte ist am ■■■ jedoch nicht beim Kläger erschienen. Er meldete sich auch in den darauf folgenden Tagen nicht nochmals beim Kläger.

Da sich der ■■■ seit dem ■■■ im Annahmeverzug befand,[6] hat der Kläger den Ring bei der Hinterlegungsstelle des Amtsgerichts ■■■[7] hinterlegt und den ■■■ per Einschreiben mit Rückschein über die Hinterlegung verständigt.[8] Ausweislich des Rückscheins ist das Einschreiben dem ■■■ am ■■■ ausgehändigt worden.[9]

Beweis:

1. Kopie des Einschreibens vom ■■■
2. Rückschein vom ■■■[10]

Durch die Hinterlegung ist zwischen den Parteien ein öffentlich-rechtliches Verwahrungsverhältnis begründet worden.

Da ■■■ den Ring drei Monate später noch nicht abgeholt hatte, hat der Kläger gegenüber der Hinterlegungsstelle schriftlich erklärt, den Ring wieder an sich nehmen zu wollen. Der zuständige Rechtspfleger hat in einem Schreiben vom ■■■ geantwortet, den Ring nicht aushändigen zu können.

Beweis: Schreiben vom ■■■

Daher hat sich der Kläger mit einer Beschwerde an das Amtsgericht ■■■ gewandt, mit der er seinen Antrag auf Herausgabe des Ringes weiterverfolgt hat. Diese hat der Direktor des Amtsgerichts ■■■ negativ beschieden.

Beweis: Beschluss vom ■■■

Daher ist nunmehr Klage auf dem ordentlichen Rechtsweg geboten. Diese ist gemäß § 3 Abs. 3 HintO zulässig.

■■■

Rechtsanwalt ◀

2. Erläuterungen

11 [1] **Rechtsweg und sachliche Zuständigkeit.** Obwohl durch die Hinterlegung ein öffentlich-rechtliches Verwahrungsverhältnis begründet worden ist, ist gemäß § 3 Abs. 3 S. 1 HintO für Herausgabeklagen der ordentliche Rechtsweg gegeben, wenn der Antrag auf Herausgabe zuvor vom Direktor des Amtsgerichts abgelehnt worden ist. § 3 Abs. 3 S. 2 HintO bestimmt, dass das Landgericht unabhängig vom Wert des Streitgegenstandes für die Herausgabeklage zuständig ist.

12 [2] **Klagegegner.** Gemäß § 3 Abs. 3 S. 1 ist die Klage gegen das Land zu richten. Durch wen dieses vor Gericht vertreten wird, bestimmt sich nach Landesrecht.

13 [3] **Angabe des Streitgegenstands.** Eine – nach § 130 Nr. 1 ZPO nicht zwingende – kurze Angabe des **Streitgegenstands** empfiehlt sich im Hinblick auf eine möglicherweise in der Geschäftsverteilung des Gerichts vorgesehene Bildung von Spezialkammern (vgl § 348 Abs. 1 S. 2 Nr. 2 ZPO).

14 [4] **Antrag auf Herausgabe.** Es muss kein Antrag auf Übereignung hinzukommen, da lediglich inländisches Geld nach §§ 7, 9 HintO ins Eigentum des Landes übergeht.

15 [5] **Nebenanträge.** Zu den prozessualen Nebenanträgen (zB § 331 Abs. 3 S. 1 ZPO Erlass eines Versäumnisurteils im schriftlichen Vorverfahren) bzw für die Zwangsvollstreckung relevante Anträge vgl GF-ZPO/*Pukall*, § 253 ZPO Rn 92 ff.

16 [6] **Voraussetzungen der Hinterlegung.** Gemäß § 372 S. 1 ist eine Hinterlegung von Kostbarkeiten, zu denen alle beweglichen Sachen, deren Wert im Verhältnis zu Größe und Gewicht im Vergleich zu anderen Sachen besonders hoch ist und die unverderblich sowie leicht aufzubewahren sind, zählen, möglich. Weiterhin ist erforderlich, dass sich der Gläubiger im Annahmeverzug befindet. Annahmeverzug setzt nach § 294 grds. ein tatsächliches Angebot des Schuldners voraus. Ausnahmsweise war vorliegend ein Angebot des Klägers jedoch gemäß § 296 S. 1 entbehrlich, da der Gläubiger den Ring beim Kläger an einem bestimmten Tag abholen sollte, dieser aber nicht erschienen ist.

17 [7] **Hinterlegungsort.** Gemäß § 374 Abs. 1 muss die Hinterlegung bei der Hinterlegungsstelle des Leistungsorts erfolgen. Dies ist der Ort, an dem der Schuldner die Leistungshandlung vornehmen muss. Nach der getroffenen Vereinbarung ist dies hier der Wohnsitz des Klägers. Richtige Hinterlegungsstelle ist daher das Amtsgericht am Wohnsitz des Klägers.

18 [8] **Anzeige der Hinterlegung.** § 374 Abs. 2 S. 1 verpflichtet den Schuldner, dem Gläubiger die Hinterlegung **unverzüglich** anzuzeigen. Unverzüglichkeit meint ohne schuldhaftes Zögern; idR innerhalb von **drei bis fünf Tagen** (vgl die Legaldefinition in § 121 Abs. 1 S. 1). Den Hinterlegungsschein braucht der Schuldner nicht beizufügen. Unterlässt der Schuldner die Anzeige, macht er sich schadensersatzpflichtig. Nach § 374 Abs. 2 S. 2 darf die Anzeige nur im Fall ihrer Untunlichkeit unterbleiben. Untunlichkeit liegt insbesondere vor, wenn die mit der Feststellung der Anschrift des Gläubigers verbundenen Schwierigkeiten unverhältnismäßig groß sind. In der Anzeige liegt ein Anerkenntnis, welches gemäß § 212 Abs. 1 Nr. 1 den Neubeginn der Verjährung zur Folge hat.

19 [9] **Nachweis der Anzeige an den Gläubiger.** Nach § 11 S. 1 HintO fordert die Hinterlegungsstelle den Schuldner zum Nachweis auf, dass und wann der Gläubiger die Anzeige von der Hinterlegung empfangen hat. Daher sollte der Gläubiger den Schuldner per Einschreiben mit Rückschein benachrichtigen. Kann der Schuldner den Nachweis gegenüber der Hinterlegungs-

stelle nicht führen, ist die Hinterlegungsstelle gemäß § 11 S. 2 HintO befugt, dem Gläubiger im Namen und auf Kosten des Schuldners die Hinterlegung anzuzeigen.

[10] **Zustellungsnachweis beim Empfänger.** Das Einschreiben mit Rückschein beweist lediglich den Zugang des Umschlags beim Empfänger, aber nicht, dass dieser einen bestimmten Inhalt hatte. Genauso verhält es sich beim Einwurf-Einschreiben. Wenn der Schuldner ein ganz sicheres Beweismittel benutzen möchte, sollte er vor den Augen eines Boten das Schreiben in den Umschlag stecken und diesen mit der Zustellung beauftragen. Die Zustellung durch den Gerichtsvollzieher ist ebenfalls nicht ausreichend, wenn diesem der Inhalt des Briefumschlags nicht bekannt gemacht wird. 20

II. Prätendentenstreit

1. Muster: Prätendentenstreit 21

▶ An das 246

Amtsgericht/Landgericht

■■■

Klage

des ■■■

– Kläger –

Prozessbevollmächtigter: RA ■■■

gegen

den ■■■

– Beklagter –

wegen: Abgabe der Einwilligungserklärung[1]

Streitwert (vorläufig): ■■■ EUR

Namens und in Vollmacht des Klägers erhebe ich Klage und kündige für die mündliche Verhandlung folgende Anträge an:

I. Der Beklagte wird verurteilt, die Freigabe des beim Amtsgericht ■■■ zu 7 HL 8/09 hinterlegten Betrages in Höhe von 3.000 EUR nebst den aufgelaufenen Zinsen an den Kläger zu erklären,

II. Der Beklagte wird weiterhin verurteilt, an den Kläger die Kosten für die vorgerichtliche Tätigkeit des Unterzeichners in Höhe von ■■■ EUR zu zahlen,

III. ■■■ ggf weitere Prozessanträge[2]

Begründung

Der Kläger hat am 27.3.2009 hinsichtlich der Darlehensforderung seines Schuldners ■■■ gegen ■■■ in Höhe von ■■■ EUR einen Pfändungs- und Überweisungsbeschluss des Amtsgerichts ■■■ bewirkt. Einen Tag später ist der Beschluss dem Schuldner zugestellt worden. Am 30.3.2009 wurde der Beschluss durch den Gerichtsvollzieher am Amtsgericht ■■■ auch dem Drittschuldner zugestellt.

Beweis: Zustellungsurkunde vom ■■■

Der Beklagte hat am 31.3.2009 mit dem Schuldner einen Abtretungsvertrag geschlossen, nach dem der Schuldner dem Beklagten seine gegen den Drittschuldner ■■■ bestehende Forderung abgetreten hat. Es wird beantragt, zum Beweis der Abtretung der dem Schuldner ■■■ gegen seinen Schuldner ■■■ zustehenden Darlehensforderung in Höhe von 3.000 EUR am 31.3.2009 an den Beklagten sich den im Besitz des Beklagten befindlichen Vertrag vorlegen zu lassen.

Der Beklagte ist der Ansicht, durch den Abtretungsvertrag wahrer Forderungsinhaber geworden zu sein.

Daher hat der Drittschuldner ■■■ den Betrag beim Amtsgericht ■■■ zugunsten des Klägers und des Beklagten hinterlegt.

Beweis: Zeugnis des zuständigen Rechtspflegers, Herr ■■■, zu laden über das Amtsgericht ■■■

Gemäß § 829 Abs. 3 ZPO ist die Pfändung mit Zustellung des Beschlusses an den Drittschuldner als bewirkt anzusehen. Die wirksame Pfändung hat die Verstrickung der Forderung zur Folge, dh der Schuldner darf über die Forderung nicht mehr verfügen und der Drittschuldner nicht mehr an den Schuldner leisten. Die erst nach diesem Zeitpunkt erfolgte Abtretung ist daher gemäß § 135 Abs. 1 S. 1 BGB unwirksam. Der Beklagte hat die Forderung nicht erworben.

Dem Kläger hingegen steht die Forderung zu. Die Hinterlegungsstelle kann den hinterlegten Betrag aber nur mit Einwilligung des Beklagten an den Kläger auszahlen.[3] Der Beklagte weigert sich, diese Einwilligungserklärung abzugeben. Daher ist Klage geboten.

Der Anspruch des Klägers auf Abgabe der Freigabeerklärung durch den Beklagten[4] ergibt sich aus § 812 Abs. 1 S. 1 Alt. 2 BGB.[5] Das vermögensgleiche Recht, das der Beklagte erlangt hat, ist die sog. „Blockierstellung", die er als Beteiligter iSd § 13 HintO innehat. Diese hat er aufgrund eines Eingriffs des Drittschuldners in das dem Kläger zustehende Einziehungsrecht erhalten. Dem Beklagten ist seine Rechtsposition auch rechtsgrundlos vom Drittschuldner eingeräumt worden, da er – wie dargelegt – in Wahrheit gar kein weiterer Gläubiger ist.

■■■

Rechtsanwalt ◄

2. Erläuterungen

22 [1] **Angabe des Streitgegenstands.** Eine – nach § 130 Nr. 1 ZPO nicht zwingende – kurze Angabe des Streitgegenstands empfiehlt sich im Hinblick auf eine möglicherweise in der Geschäftsverteilung des Gerichts vorgesehene Bildung von Spezialkammern (vgl § 348 Abs. 1 S. 2 Nr. 2 ZPO).

23 [2] **Nebenanträge.** Zu den prozessualen Nebenanträgen (zB § 331 Abs. 3 S. 1 ZPO Erlass eines Versäumnisurteils im schriftlichen Vorverfahren) bzw für die Zwangsvollstreckung relevante Anträge vgl GF-ZPO/*Pukall*, § 253 ZPO Rn 92 ff.

24 Wenn der Schuldner einen Betrag zugunsten mehrerer Gläubiger beim Amtsgericht hinterlegt und auch nur einer der Gläubiger die Annahme erklärt, ist das Rücknahmerecht des Schuldners nach § 376 Abs. 2 Nr. 2 ausgeschlossen.

25 [3] **Einwilligungserklärung des weiteren Gläubigers.** Die Auszahlung darf nur an den wahren Rechtsinhaber erfolgen. Die Freigabeerklärung des Schuldners allein ist zur Veranlassung der Auszahlung nicht genügend, da auch der Nichtberechtigte Beteiligter iSd § 13 HintO ist und daher in die Freigabeerklärung einwilligen muss. Dieses Erfordernis muss auch bei einer nicht förmlichen Hinterlegung erfüllt sein (Palandt/*Sprau*, § 812 Rn 21). Weiterhin ist die Einwilligungserklärung eines Dritten erforderlich, wenn der Schuldner die Auszahlung einer Versicherungssumme oder eines Guthabens von der Zustimmung einer materiell nicht berechtigten Person abhängig macht (OLG Köln VersR 2001, 635; OLG Düsseldorf WM 1997, 867).

26 [4] **Mehrere Gläubiger.** Mehrere materiell Hinterlegungsberechtigte sind untereinander Zug-um-Zug zur Abgabe der Freigabeerklärung verpflichtet (BGH ZIP 1989, 736).

27 [5] **Keine Sperrung.** Obwohl das Zwangsvollstreckungsrecht hier Anwendung findet, ist der bereicherungsrechtliche Anspruch nicht durch spezielle Klagen der Zwangsvollstreckung gesperrt. § 771 ZPO greift nur bei einer Klage des Beklagten ein. In diesem Fall ist der Rückgriff auf materiellrechtliche Ansprüche verwehrt. Bei einer Klage des Vollstreckungsgläubigers ist § 771 ZPO aber gar nicht statthaft. Diese Vorschrift kann vorliegend gar keine Sperrwirkung entfalten.

§ 377 Unpfändbarkeit des Rücknahmerechts

(1) Das Recht zur Rücknahme ist der Pfändung nicht unterworfen.
(2) Wird über das Vermögen des Schuldners das Insolvenzverfahren eröffnet, so kann während des Insolvenzverfahrens das Recht zur Rücknahme auch nicht von dem Schuldner ausgeübt werden.

§ 378 Wirkung der Hinterlegung bei ausgeschlossener Rücknahme

Ist die Rücknahme der hinterlegten Sache ausgeschlossen, so wird der Schuldner durch die Hinterlegung von seiner Verbindlichkeit in gleicher Weise befreit, wie wenn er zur Zeit der Hinterlegung an den Gläubiger geleistet hätte.

§ 379 Wirkung der Hinterlegung bei nicht ausgeschlossener Rücknahme

(1) Ist die Rücknahme der hinterlegten Sache nicht ausgeschlossen, so kann der Schuldner den Gläubiger auf die hinterlegte Sache verweisen.
(2) Solange die Sache hinterlegt ist, trägt der Gläubiger die Gefahr und ist der Schuldner nicht verpflichtet, Zinsen zu zahlen oder Ersatz für nicht gezogene Nutzungen zu leisten.
(3) Nimmt der Schuldner die hinterlegte Sache zurück, so gilt die Hinterlegung als nicht erfolgt.

A. Muster: Klageerwiderung mit Leistungsverweigerung und Verweis auf hinterlegte Sache 1

▶ An das
Amtsgericht/Landgericht

...

Az.: ...

Klageerwiderung

In dem Rechtsstreit

... gegen ...

zeige ich unter anwaltlicher Versicherung ordnungsgemäßer Bevollmächtigung die Vertretung des Beklagten an. Der Beklagte wird sich gegen die Klage verteidigen. Für die mündliche Verhandlung kündige ich folgenden Antrag an:

Der Beklagte wird beantragen, die Klage abzuweisen.[1]

Begründung

Es ist richtig, dass der Beklagte dem Kläger die Herausgabe des unter der Konto-Nr. ... auf den Namen des ... angelegten Sparbuchs schuldet. Der Beklagte hat das Sparbuch als vermeintlicher Erbe des verstorbenen Inhabers in Besitz genommen. Nachdem sich nach Testamentseröffnung herausgestellt hat, dass in Wahrheit der Kläger Erbe des Verstorbenen ist, wollte der Kläger das Sparbuch am ... an der Wohnanschrift des Beklagten abholen.

Beweis: Zeugnis des ...

Er ist dort zum vereinbarten Termin jedoch nicht erschienen.[2]

Beweis: Zeugnis des ...

Daher hat der Beklagte das Sparbuch am ... beim Amtsgericht ...[3] hinterlegt und die Hinterlegung dem Kläger angezeigt.[4]

Beweis: Hinterlegungsanzeige nebst Rückschein vom ...[4]

Der Kläger kann sich aus dem hinterlegten Sparbuch befriedigen. Der Beklagte haftet vor allem nicht unter Verzugsgesichtspunkten.[5]

■■■

Rechtsanwalt ◄

B. Erläuterungen

2 [1] **Leistungsverweigerungsrecht.** Hat der Schuldner nicht auf sein Rücknahmerecht verzichtet und ist dieses Recht auch nicht aus anderen Gründen ausgeschlossen, darf der Schuldner den Gläubiger gemäß § 379 Abs. 1 auf die hinterlegte Sache verweisen. Dieses Leistungsverweigerungsrecht muss der Schuldner im Prozess als Einrede geltend machen. Gemäß §§ 768 Abs. 1 S. 1, 1137 Abs. 1 S. 1, 1211 Abs. 1 S. 1 können auch Bürgen und Verpfänder das Leistungsverweigerungsrecht geltend machen.

3 [2] **Voraussetzungen des Leistungsverweigerungsrechts.** Gemäß § 372 S. 1 ist Voraussetzung der Hinterlegung, dass es sich bei der zu hinterlegenden Sache um Geld, Wertpapiere, sonstige Urkunden oder eine Kostbarkeit handelt und sich der Gläubiger im Annahmeverzug befindet. Vgl zur Definition der Kostbarkeit und der Voraussetzungen des Annahmeverzuges § 276 Rn 16. Befindet sich der Gläubiger im Annahmeverzug, hat § 379 Abs. 2 keine eigenständige Bedeutung mehr, da die in diesem Absatz angeordneten Rechtsfolgen gemäß §§ 300 Abs. 2, 326 Abs. 2, 301 und 302 schon mit dem Vorliegen der Voraussetzungen des Annahmeverzugs eintreten. Weiterhin muss der Schuldner noch die Möglichkeit haben, die Rücknahme der Sache aus der Hinterlegung iSd § 376 zu erklären.

4 [3] **Hinterlegungsort.** Hinterlegungsort ist der Ort, an dem der Schuldner die geschuldete Leistungshandlung vornehmen muss. Nach der Vereinbarung der Parteien ist dies vorliegend sein Wohnsitz. Daher ist gemäß § 1 Abs. 2 HinterlO das im Bezirk seines Wohnsitzes gelegene Amtsgericht für die Hinterlegung örtlich zuständig.

5 [4] **Pflicht zur Anzeige der Hinterlegung und Nachweis.** Vgl hierzu § 376 Rn 18 ff.

6 [5] **Auswirkung auf den Eintritt der Verzugsvoraussetzungen.** Bereits das Bestehen des Leistungsverweigerungsrechts und nicht erst dessen Ausübung hindert den Eintritt des Verzugs.

§ 380 Nachweis der Empfangsberechtigung

Soweit nach den für die Hinterlegungsstelle geltenden Bestimmungen zum Nachweis der Empfangsberechtigung des Gläubigers eine diese Berechtigung anerkennende Erklärung des Schuldners erforderlich oder genügend ist, kann der Gläubiger von dem Schuldner die Abgabe der Erklärung unter denselben Voraussetzungen verlangen, unter denen er die Leistung zu fordern berechtigt sein würde, wenn die Hinterlegung nicht erfolgt wäre.

1 **A. Muster: Klage auf Abgabe der Freigabeerklärung bei Hinterlegung**

► An das

Amtsgericht/Landgericht

■■■

Klage

des ■■■

– Kläger –

Prozessbevollmächtigter: RA ...

gegen

den ...

– Beklagter –

wegen: Abgabe der Freigabeerklärung[1]

Streitwert (vorläufig): ... EUR

Namens und in Vollmacht des Klägers erhebe ich Klage und kündige für die mündliche Verhandlung folgende Anträge an:

I. Der Beklagte wird verurteilt, die Freigabe der beim Amtsgericht ... zu 7 HL 8/09 hinterlegten 10 x 10 cm großen Büste des verstorbenen ... an den Kläger zu erklären,

II. Der Beklagte wird weiterhin verurteilt, an den Kläger die Kosten für die vorgerichtliche Tätigkeit des Unterzeichners in Höhe von ... EUR zu zahlen,

III. ... ggf weitere Prozessanträge[2]

Begründung

Der Vater des Klägers ist am ... verstorben. Von seiner Ehefrau hat er sich bereits im Jahre ... scheiden lassen. Einziger weiterer gesetzlicher Erbe ist der Bruder des Klägers, Herr .... Der Erblasser hat mehrere Testamente errichtet. Im letzten Testament hat er den Bruder des Klägers zum Alleinerben bestimmt. Der Kläger zweifelt die Gültigkeit dieses Testaments an und beruft sich auf die Wirksamkeit des zuvor errichteten Testaments, in dem er als Erbe bezeichnet ist und seinem Bruder die Sparbücher des Erblassers zukommen sollen.

Am ... hat sich der Beklagte bei den beiden Brüdern gemeldet, der vom Erblasser vor seinem Tode damit beauftragt worden war, eine 10 x 10 cm große Büste von dessen Antlitz anzufertigen.

Beweis: Auftragsbestätigung vom ...[3]

Die Werkleistung hat der Erblasser kurz vor Fertigstellung bereits vollständig vergütet.

Beweis: Kontoauszug vom ...

Diese Büste hat der Beklagte nach dem Tod des Erblassers endgültig fertiggestellt. Wegen der Ungewissheit, wer von den Brüdern Erbe geworden ist, hat der Beklagte die Büste beim Amtsgericht ... hinterlegt und den Brüdern die Hinterlegung angezeigt.[4]

Am ... ist dem Kläger eine Klage seines Bruders zugestellt worden, mit der dieser die Herausgabe sämtlicher vom Kläger an sich genommener Münzsammlungen, Schmuckstücke und Sparbücher verlangt. Im Lauf des Rechtsstreits hat der Kläger Zwischenfeststellungswiderklage mit dem Antrag erhoben, festzustellen, dass er der wahre Erbe des verstorbenen ... sei. Das mit dem Rechtsstreit befasste Gericht hat am ... entschieden, dass das vom Erblasser zuletzt errichtete Testament unwirksam und der Kläger Erbe des Verstorbenen geworden sei.

Beweis: Teilurteil vom ...

Über die Hauptsache ist noch nicht entschieden worden, da die Sparbücher ihrem Wert nach dem Pflichtteilsanspruch des enterbten Bruders des Klägers entsprechen und es daher der Auslegung bedarf, ob eine Erbeinsetzung auf die Pflichtteilsquote erfolgen sollte oder ein Vermächtnis in Höhe des Pflichtteils ausgesetzt werden sollte.

Der Kläger hat dem Beklagten das Teilurteil entgegengehalten und ihn zur Erklärung der Freigabe der hinterlegten Büste aufgefordert.[5] Der Beklagte hat sich jedoch geweigert, vor Beendigung des Rechtsstreits in der Hauptsache den Kläger als wahren Gläubiger anzuerkennen und die von ihm geforderte Erklärung abzugeben.

Daher ist nunmehr Klage auf Abgabe dieser Erklärung geboten.

...

Rechtsanwalt ◄

B. Erläuterungen

2 [1] **Angabe des Streitgegenstands.** Eine – nach § 130 Nr. 1 ZPO nicht zwingende – kurze Angabe des Streitgegenstands empfiehlt sich im Hinblick auf eine möglicherweise in der Geschäftsverteilung des Gerichts vorgesehene Bildung von Spezialkammern (vgl § 348 Abs. 1 S. 2 Nr. 2 ZPO).

3 [2] **Nebenanträge.** Zu den prozessualen Nebenanträgen (zB § 331 Abs. 3 S. 1 ZPO Erlass eines Versäumnisurteils im schriftlichen Vorverfahren) bzw für die Zwangsvollstreckung relevante Anträge vgl GF-ZPO/*Pukall*, § 253 ZPO Rn 92 ff.

4 [3] **Beweislast.** Der Gläubiger trägt nicht nur die Beweislast dafür, dass er der berechtigte Gläubiger ist, sondern auch, dass die Forderung, wegen der hinterlegt worden ist, tatsächlich besteht.

5 [4] **Voraussetzungen der Hinterlegung.** Die Voraussetzungen der Hinterlegung werden bei § 376 Rn 16 ff dargestellt. Gemäß § 372 S. 2 Alt. 2 ist die Hinterlegung nicht nur zulässig, wenn sich der Gläubiger im **Annahmeverzug** befindet, sondern auch dann, wenn der Schuldner über die Person des Gläubigers **im Ungewissen** ist und seine Ungewissheit nicht auf eigene Fahrlässigkeit zurückzuführen ist.

6 [5] **Abgabe der Freigabeerklärung.** Eine solche Freigabeerklärung ist bei Bestehen des Rücknahmerechts iSd § 376 immer dann notwendig, wenn der Hinterleger zugunsten mehrer Gläubiger hinterlegt hat. Ansonsten ist die Erklärung überflüssig, da sich der Schuldner mit Bezeichnung des Gläubigers bei der Hinterlegung mit der Herausgabe der hinterlegten Sache an die von ihm bezeichnete Person einverstanden erklärt.

7 Hat der Schuldner auf sein Rücknahmerecht aus § 376 verzichtet, ist seine Freigabeerklärung trotz Aufgabe seiner Beteiligtenstellung iSd § 13 HinterlO erforderlich, wenn er gemäß § 373 ein Zurückbehaltungsrecht geltend gemacht hat oder die Forderung nach Hinterlegung und Verzicht bestreitet (RGZ 87, 382).

8 Der Schuldner darf dem Anspruch des Gläubigers auf Abgabe der Freigabeerklärung die gleichen Einwendungen entgegenhalten wie dem ursprünglichen Leistungsanspruch.

§ 381 Kosten der Hinterlegung

Die Kosten der Hinterlegung fallen dem Gläubiger zur Last, sofern nicht der Schuldner die hinterlegte Sache zurücknimmt.

§ 382 Erlöschen des Gläubigerrechts

Das Recht des Gläubigers auf den hinterlegten Betrag erlischt mit dem Ablauf von 30 Jahren nach dem Empfang der Anzeige von der Hinterlegung, wenn nicht der Gläubiger sich vorher bei der Hinterlegungsstelle meldet; der Schuldner ist zur Rücknahme berechtigt, auch wenn er auf das Recht zur Rücknahme verzichtet hat.

§ 383 Versteigerung hinterlegungsunfähiger Sachen

(1) [1]Ist die geschuldete bewegliche Sache zur Hinterlegung nicht geeignet, so kann der Schuldner sie im Falle des Verzugs des Gläubigers am Leistungsort versteigern lassen und den Erlös hinterlegen. [2]Das Gleiche gilt in den Fällen des § 372 Satz 2, wenn der Verderb der Sache zu besorgen oder die Aufbewahrung mit unverhältnismäßigen Kosten verbunden ist.

(2) Ist von der Versteigerung am Leistungsort ein angemessener Erfolg nicht zu erwarten, so ist die Sache an einem geeigneten anderen Orte zu versteigern.

(3) [1]Die Versteigerung hat durch einen für den Versteigerungsort bestellten Gerichtsvollzieher oder zu Versteigerungen befugten anderen Beamten oder öffentlich angestellten Versteigerer öffentlich zu erfolgen (öffentliche Versteigerung). [2]Zeit und Ort der Versteigerung sind unter allgemeiner Bezeichnung der Sache öffentlich bekannt zu machen.

(4) Die Vorschriften der Absätze 1 bis 3 gelten nicht für eingetragene Schiffe und Schiffsbauwerke.

§ 384 Androhung der Versteigerung

(1) Die Versteigerung ist erst zulässig, nachdem sie dem Gläubiger angedroht worden ist; die Androhung darf unterbleiben, wenn die Sache dem Verderb ausgesetzt und mit dem Aufschub der Versteigerung Gefahr verbunden ist.
(2) Der Schuldner hat den Gläubiger von der Versteigerung unverzüglich zu benachrichtigen; im Falle der Unterlassung ist er zum Schadensersatz verpflichtet
(3) Die Androhung und die Benachrichtigung dürfen unterbleiben, wenn sie untunlich sind.

A. Muster: Schadensersatz statt der Leistung bei unrechtmäßigem Selbsthilfeverkauf 1

▶ An das
Amtsgericht/Landgericht
■■■

Klage

des ■■■

– Kläger –

Prozessbevollmächtigter: RA ■■■

gegen

den ■■■

– Beklagter –

wegen: Schadensersatz wegen unrechtmäßigem Selbsthilfeverkauf[1]

Streitwert (vorläufig): ■■■ EUR

Namens und in Vollmacht des Klägers erhebe ich Klage und kündige für die mündliche Verhandlung folgende Anträge an:

I. Der Beklagte wird verurteilt, an den Kläger ■■■ EUR nebst Zinsen hieraus in Höhe von 5,0 Prozentpunkten über dem Basiszinssatz seit dem ■■■/seit Rechtshängigkeit[2] zu zahlen,
II. Der Beklagte wird weiterhin verurteilt, an den Kläger die Kosten für die vorgerichtliche Tätigkeit des Unterzeichners in Höhe von ■■■ EUR zu zahlen,
III. ■■■ ggf weitere Prozessanträge[3]

Begründung

Der Beklagte schuldet dem Kläger aus einem privatschriftlichen Kaufvertrag über das 3 x 3 m große Bild ■■■ des Szenemalers ■■■ die Übergabe und Übereignung des Bildes.

Beweis: Kaufvertrag vom ■■■

Der Kläger hat den vereinbarten Kaufpreis in Höhe von 750 EUR bereits entrichtet.

Die Parteien haben vereinbart, dass der Beklagte das Bild am ■■■ um ■■■ Uhr beim Kläger anliefern sollte. Leider war der Kläger aufgrund eines unvorhergesehenen privaten Ereignisses verhindert, das Bild zum vereinbarten Zeitpunkt entgegenzunehmen.[4] Aufgrund dieses Ereignisses hat der Kläger auch vergessen, den Beklagten über seine Abwesenheit zu informieren und einen anderen Anlieferungstermin abzusprechen.

Da der Beklagte in seiner Ausstellungshalle Platz für neue Kunstwerke benötigte, das Bild aufgrund seiner mangelnden Geeignetheit aber nicht beim Amtsgericht ... hinterlegen konnte[5], bewirkte er am ... durch den zur öffentlichen Versteigerung ermächtigten Herrn ... den freihändigen Verkauf des Bildes. Für das Bild wurde ein Preis in Höhe von 650 EUR erzielt.

Bei einem vom Kläger in die Wege geleitetem erneuten Treffen der Parteien am ... hat der Beklagte dem Kläger vom Verkauf des Bildes berichtet und ihm den Erlös ausgehändigt.[6] Auf das Verlangen des Klägers, ihm weitere 100 EUR auszuhändigen, weigerte sich der Beklagte.

Da der Kläger für das Bild 750 EUR gezahlt hat, ist ihm durch den Verkauf des Bildes ein Schaden in Höhe von 100 EUR entstanden, den er mit seiner Klage geltend macht. Der Beklagte hat den Verkauf des Bildes entgegen § 384 Abs. 1 BGB ohne vorherige Androhung durchführen lassen.[7] In analoger Anwendung des § 1243 BGB war der Selbsthilfeverkauf daher unrechtmäßig. Der Beklagte hat diese Pflicht auch schuldhaft verletzt.[8] Selbst wenn sich der Kläger im Annahmeverzug befunden hat, ist die Haftungsmilderung des § 300 Abs. 1 nicht anwendbar (OLG Köln NJW-RR 1995, 53). Dem Beklagten ist aber mindestens Fahrlässigkeit vorzuwerfen, da er den Verkauf ohne vorherige Erkundigung über seine Pflichten hat durchführen lassen. Da der Selbsthilfeverkauf aufgrund der fehlenden Anhörung unzulässig war, ist der Beklagte dem Kläger gegenüber weiterhin zur Lieferung des Bildes verpflichtet. Die Erfüllung dieser Pflicht ist ihm unmöglich geworden. Die Unmöglichkeit der Leistung hat der Beklagte durch die unrechtmäßige Durchführung des Selbsthilfeverkaufs zumindest fahrlässig verschuldet. Dem Kläger steht daher ein Anspruch aus §§ 280 Abs. 1, 3, 283 BGB auf Zahlung von 100 EUR zu.

Der Zinsanspruch ergibt sich aus ...

...

Rechtsanwalt ◄

B. Erläuterungen

2 **[1] Angabe des Streitgegenstands.** Eine – nach § 130 Nr. 1 ZPO nicht zwingende – kurze Angabe des Streitgegenstands empfiehlt sich im Hinblick auf eine möglicherweise in der Geschäftsverteilung des Gerichts vorgesehene Bildung von Spezialkammern (vgl § 348 Abs. 1 S. 2 Nr. 2 ZPO).

3 **[2] Zinsen.** Zu den verschiedenen Möglichkeiten, Zinsen geltend zu machen, vgl Muster bei § 288.

4 **[3] Nebenanträge.** Zu den prozessualen Nebenanträgen (zB § 331 Abs. 3 S. 1 ZPO Erlass eines Versäumnisurteils im schriftlichen Vorverfahren) bzw für die Zwangsvollstreckung relevante Anträge vgl GF-ZPO/*Pukall*, § 253 ZPO Rn 92 ff.

5 **[4] Voraussetzungen des Selbsthilfeverkaufs.** Neben der Vorschrift des § 385 gelangen auch die §§ 383 und 384 zur Anwendung. Mit **„laufender Preis"** iSd § 385 ist der Durchschnittspreis an Ort und Tag des Verkaufs gemeint. Nach § 383 Abs. 1 S. 1 muss sich der Gläubiger mit der Annahme der Sache im Verzug befinden. Der Annahmeverzug muss auch zur Zeit des Verkaufs noch bestehen, nicht aber bei der Hinterlegung des Erlöses. Ist dagegen ein Hinderungsgrund iSd § 372 S. 2 gegeben, ist der Selbsthilfeverkauf gemäß § 383 Abs. 1 S. 2 nur bei drohendem Verderb der Sache oder unverhältnismäßigen Aufbewahrungskosten zulässig.

6 **[5] Keine Hinterlegungsfähigkeit.** Weiterhin handelt es sich bei dem Bild um eine nicht hinterlegungsfähige bewegliche Sache iSd § 383 Abs. 1 S. 1. Es stellt keine Kostbarkeit iSd § 372 S. 1 dar, da sein Wert im Verhältnis zu Größe und Gewicht im Vergleich mit anderen Sachen nicht besonders hoch ist. Würde das Bild hinterlegt werden können, hätte der Schuldner das Bild bei dem Amtsgericht hinterlegen müssen, in dessen Bezirk er die Leistungshandlung vornehmen muss. Dies ist hier das AG am Wohnsitz des Gläubigers.

[6] **Herausgabe des Erlöses.** Nur ein rechtmäßiger Selbsthilfeverkauf hat nach hM in entsprechender Anwendung des § 1247 die Umwandlung des dem Gläubiger ursprünglich zustehenden Anspruchs auf Erbringung der geschuldeten Leistung in einen Anspruch auf Herausgabe des Erlöses zur Folge (Hk-BGB/*Schulze*, §§ 383–386 Rn 4; Palandt/*Grüneberg*, § 383 Rn 6; *Medicus*, Schuldrecht I, Allgemeiner Teil, § 25 Rn 260). Den erzielten Erlös kann der Schuldner entweder hinterlegen oder auszahlen. Sollte der Schuldner selbst eine Forderung gegen den Schuldner haben, kann er mit dem Erlös auch die Aufrechnung erklären. Wenn er den Erlös hinterlegt, wird er gemäß § 378 nur von seiner Schuld befreit, wenn die Rücknahme des hinterlegten Geldes ausgeschlossen ist. Verzichtet der Schuldner nicht auf sein Rücknahmerecht, kann er den Gläubiger jedoch nach § 379 Abs. 1 auf den hinterlegten Erlös verweisen. 7

[7] **Weitere Voraussetzungen des Selbsthilfeverkaufs.** Nach § 384 Abs. 1 muss der Verkauf dem Gläubiger grds. angedroht werden, es sei denn, die Androhung ist nach § 384 Abs. 3 untunlich. Die Androhung ist in analoger Anwendung des § 1243 Voraussetzung der Rechtmäßigkeit des Selbsthilfeverkaufs. Die nach § 384 Abs. 2 geforderte Benachrichtigung von der Versteigerung ist dagegen keine Voraussetzung der Rechtmäßigkeit des Selbsthilfeverkaufs. Unterlässt der Schuldner die Benachrichtigung, macht er sich allerdings gemäß § 384 Abs. 2 schadensersatzpflichtig. Auch eine an einem anderen Ort als dem Leistungsort durchgeführte Versteigerung zieht nicht deren Unrechtmäßigkeit nach sich. Der Schuldner ist aber auch in diesem Fall schadensersatzpflichtig, es sei denn, ihm gelingt der Beweis, dass bei einer Versteigerung am Leistungsort kein höherer Erlös erzielt worden wäre (RGZ 110, 270). 8

[8] **Voraussetzung der Pflichtverletzung iSd §§ 280 Abs. 1, 3, 283.** Der Schadensersatzanspruch iSd §§ 280 Abs. 1, 3, 283 ist durch die **fehlende Androhung** des Selbsthilfeverkaufs begründet worden, da deren Fehlen den Selbsthilfeverkauf unrechtmäßig sein lässt. Dies hat das Bestehenbleiben des dem Gläubiger zustehenden Leistungsanspruchs zur Folge, den der Schuldner nach Durchführung des Selbsthilfeverkaufs nicht mehr erfüllen kann. 9

Weiterhin steht dem Gläubiger auch der verschuldensunabhängige Anspruch auf Herausgabe des Erlöses als **stellvertretendes commodum** nach § 285 Abs. 1 zu. Diesen sollte er vor allem dann geltend machen, wenn bei dem Selbsthilfeverkauf ein höherer Erlös erzielt worden ist als es dem objektiven Wert des ursprünglich zu übereignenden Gegenstandes entspricht (BGH LM § 281 Rn 10; Palandt/*Heinrichs*, § 285 Rn 9; aA *Löwisch*, NJW 2003, 2051). Denn der umgewandelte Anspruch des Gläubigers besteht nur in Höhe des objektiven Werts des ursprünglichen Leistungsgegenstandes. 10

§ 385 Freihändiger Verkauf

Hat die Sache einen Börsen- oder Marktpreis, so kann der Schuldner den Verkauf aus freier Hand durch einen zu solchen Verkäufen öffentlich ermächtigten Handelsmäkler oder durch eine zur öffentlichen Versteigerung befugte Person zum laufenden Preis bewirken.

§ 386 Kosten der Versteigerung

Die Kosten der Versteigerung oder des nach § 385 erfolgten Verkaufs fallen dem Gläubiger zur Last, sofern nicht der Schuldner den hinterlegten Erlös zurücknimmt.

Titel 3 Aufrechnung

§ 387 Voraussetzungen

Schulden zwei Personen einander Leistungen, die ihrem Gegenstand nach gleichartig sind, so kann jeder Teil seine Forderung gegen die Forderung des anderen Teiles aufrechnen, sobald er die ihm gebührende Leistung fordern und die ihm obliegende Leistung bewirken kann.

§ 388 Erklärung der Aufrechnung

[1]Die Aufrechnung erfolgt durch Erklärung gegenüber dem anderen Teil. [2]Die Erklärung ist unwirksam, wenn sie unter einer Bedingung oder einer Zeitbestimmung abgegeben wird.

A. Vertragsgestaltung

I. Einseitige Aufrechnungserklärung

1 **1. Muster: Einseitige Aufrechnungserklärung**

▶ Sehr geehrte Damen und Herren,

heute wurden die bei Ihnen bestellten Bürostühle angeliefert. Ausweislich der beigefügten Rechnung schulden wir Ihnen 2.250 EUR. Da einer Ihrer Monteure das Hartplastik-Untergestell eines der Stühle aus Versehen so hart auf eine Glastischplatte aufgesetzt hat, dass diese gesprungen ist, steht uns ein Schadensersatzanspruch aus § 280 Abs. 1 bzw § 823 Abs. 1 BGB gegen Sie zu. Die Kosten für eine neue Glastischplatte sind mit 1.000 EUR anzusetzen.

Wir erklären daher die Aufrechnung[1] unserer Forderung[2] gegenüber Ihrer Forderung[3] und überweisen nur den Restbetrag in Höhe von 1.350 EUR.[4]

Mit freundlichen Grüßen

...

Unterschrift ◀

2. Erläuterungen

2 [1] **Aufrechnungserklärung.** Erste Voraussetzung der Aufrechnung ist die **Abgabe** der Aufrechnungserklärung iSd § 388. Grds. kann nur der Schuldner, aber kein Dritter die Aufrechnung erklären. Dies ist dem Dritten nur möglich, soweit ihm ein Ablösungsrecht iSd §§ 268 Abs. 2, 1142 Abs. 2, 1150 oder 1249 S. 2 zusteht. Die Erklärung der Aufrechnung wirkt **rechtsgestaltend** und ist daher unwiderruflich und bedingungsfeindlich und darf nicht befristet werden. Nur im Prozess kann eine Eventualaufrechnung erklärt werden. In einer Leistungsverweigerung gegenüber einer gleichartigen Schuld kann eine Aufrechnungserklärung enthalten sein. Dies ist zB anzunehmen, wenn der Schuldner weiß, dass seine Gegenforderung wegen der schlechten Vermögenslage des Gläubigers nicht vollstreckt werden kann. Dann ist die Geltendmachung des Zurückbehaltungsrechts nach dem Rechtsgedanken der §§ 392, 394, 395 ausgeschlossen (BGH LM § 395 Nr. 2).

3 Weiterhin muss gemäß § 387 eine **Aufrechnungslage** gegeben sein. Diese setzt die Gegenseitigkeit und Gleichartigkeit der Forderungen sowie die Wirksamkeit und Fälligkeit der Gegenforderung und der Erfüllbarkeit der Hauptforderung voraus.

Gegenseitigkeit der Forderungen bedeutet, das der Schuldner gegenüber dem Gläubiger eine Forderung innehat und umgekehrt auch der Gläubiger gegenüber dem Schuldner. Die Forderung, mit der der Schuldner aufrechnet, wird Gegenforderung bzw Aktivforderung genannt; die Forderung des Gläubigers, gegen die er aufrechnet, heißt Passiv- bzw Hauptforderung. Die Gegenforderung muss eine eigene Forderung des Schuldners sein, es sei denn, sowohl Gläubiger als auch Forderungsinhaber sind mit einer Geltendmachung der Forderung durch einen anderen einverstanden. Daher kann der Schuldner zB als Gesamtschuldner gemäß § 422 Abs. 2 nicht mit einer Forderung eines anderen Gesamtschuldners aufrechnen und ein Gesamthänder nach § 719 Abs. 1 bzw § 2040 Abs. 1 nicht mit der Forderung der gesamten Hand. Der Forderungsinhaber kann seinen Anspruch jedoch an den Schuldner abtreten, um die Gegenseitigkeit herzustellen. Die Gegenforderung muss gegen den Gläubiger der Hauptforderung gerichtet sein. Deshalb kann der Schuldner auch nicht mit einer nur gegen einen Mitgläubiger gerichteten Gegenforderung die Aufrechnung gegenüber der gemeinschaftlichen Forderung iSd § 432 Abs. 1 S. 1 erklären (BGH NJW 1969, 839 f). Der Schuldner darf jedoch gegen eine **Gesamtforderung** iSd § 428 S. 1 aufrechnen, indem er mit einer nur gegen einen der Gesamtgläubiger bestehenden Forderung aufrechnet (BGHZ 55, 33), es sei denn, es existiert eine abweichende Vereinbarung (BGH NJW 1979, 2038 f). Auch gegen eine Forderung der Gesellschaft kann der Schuldner gemäß § 719 Abs. 2 nur mit einer gegen diese gerichteten Forderung und nicht mit einer nur gegen einen der Gesellschafter bestehenden Forderung aufrechnen. Ausnahmen vom Erfordernis der Gegenseitigkeit sind in §§ 406, 409 und 566 d normiert. Sowohl bei **Zessionen zu Inkassozwecken** als auch bei **Treuhandverhältnissen** kommt eine Ausnahme nach § 242 in Betracht. Der Schuldner kann gegen eine zu Inkassozwecken abgetretenen Hauptforderung auch mit einer gegen den Altgläubiger bestehenden Forderung aufrechnen. Ebenfalls kann der Schuldner gemäß § 242 in **Strohmannfällen** mit Forderungen gegen den Treuhänder aufrechnen (BGH NJW 1987, 3250; NJW 1989, 2387; 1990, 982, 989). Entgegen § 392 Abs. 2 HGB lässt die Rspr auch die Aufrechnung des Vertragspartners eines Kommissionärs gegen eine Kommissionsforderung zu (BGH NJW 1969, 276; OLG Düsseldorf NJW 1998, 690, aA Hk-BGB/*Schulze*, § 387 Rn 12). 4

Weiterhin müssen die **Gegenstände** der geforderten Leistungen grds. im Zeitpunkt der Erklärung der Aufrechnung **gleichartig** sein. Ausnahmsweise genügt auch das Vorliegen von Gleichartigkeit im Zeitpunkt der Aufrechnungslage (BGHZ 2, 308; 35, 253). Unterschiede in den Leistungsmodalitäten wie der Verzinsung oder des Leistungsorts sind unbeachtlich. Hinsichtlich des Leistungsorts wird dies durch § 391 bestimmt. Eine Ungleichartigkeit des Schuldgrundes schadet ebenfalls nicht (BGH NJW 1955, 497). Daher können sogar Forderungen des öffentlichen und des privaten Rechts gegeneinander aufgerechnet werden, vgl hierzu aber § 395. In der Praxis überwiegt die Aufrechnung bei gegenseitigen Geldforderungen. Geldforderungen in unterschiedlicher Währung sind allerdings ungleichartig (KG NJW 1988, 2181; BKR 2003, 998; OLG Hamm NJW-RR 1999, 1736; str.). Die Aufrechnung ist hier nur zulässig, wenn dem Schuldner die Ersetzungsbefugnis aus § 244 Abs. 1 zusteht (OLG Frankfurt am Main OLGZ 67, 17). Im Hinblick auf § 389 ist umstr., eine Aufrechnung bei Geldwert- und Geldsummenschulden erklärt werden kann (bejahend: *Reinicke* NJW 1959, 361 mit dem Argument, dass diese Schulden im Zeitpunkt der Aufrechnungserklärung gleichartig werden). Mit Geldforderungen gleichartig sind Ansprüche auf Herausgabe von Geld wie der Anspruch auf Herausgabe eines erlangten Geldbetrages aus § 667 (BGH NJW 1995, 1426), auf Einwilligung in die Auszahlung hinterlegten Geldes (BGH NJW-RR 1989, 173; 2006, 279, 281), der Anspruch des Reallastberechtigten aus § 1108 (BGH LM Nr. 60) und der Anspruch auf Auszahlung eines Darlehens. Im ersten und im letzten Fall schließt allerdings der Vertragszweck eine Aufrechnungserklärung aus (BGHZ 54, 247; BGHZ 71, 20 f). Grds. nicht gleichartig mit Zahlungsansprüchen sind Ansprüche auf Befreiung (BGH NJW 1999, 1182; 2005, 3285). Ausnahmsweise ist hier doch Gleichartigkeit anzunehmen, wenn sich der Befreiungsanspruch bei Über- 5 gang auf den Gläubiger in einen Zahlungsanspruch umwandelt (BGH NJW 1961, 1966). Eine Aufrechnung kann auch bei Gattungsschulden von vertretbaren Sachen erklärt werden.

6 [2] **Gegenforderung.** Die Gegenforderung muss im Zeitpunkt der Aufrechnungserklärung wirksam und fällig (BGH NZA 2006, 375), dh durchsetzbar sein. Nicht aufrechenbar sind Ansprüche aus Spiel oder Wette, aufschiebend bedingte Ansprüche, gestundete Ansprüche, bei denen die Stundung nicht widerrufen worden ist, erloschene Ansprüche und künftige Ansprüche. So wird der Gebührenanspruch des Rechtsanwalts und Notars erst mit Erteilung einer Kostennote nach § 10 Abs. 1 RVG bzw § 154 KostO aufrechenbar (BGH AnwBl 1985, 257). Weder eine noch nicht eingetretene auflösende Bedingung (OLG Celle OLGZ 1972, 275; OLG Nürnberg NJW-RR 2002, 1239) noch die Anfechtbarkeit der Gegenforderung stehen der Aufrechnung entgegen. Rechnet der Schuldner mit einer anfechtbaren Forderung auf, bestätigt er idR gemäß § 144 das Rechtsgeschäft, so dass er danach mangels Anfechtungsbefugnis nicht mehr anfechten darf. Bei mehreren aufrechenbaren Forderungen bestimmt gemäß § 396 Abs. 1 S. 1 der Aufrechnende, mit welchen Forderungen er aufrechnen will. Trifft der Aufrechnende keine derartige Bestimmung und widerspricht der Aufrechnungsgegner unverzüglich, bestimmt sich die Forderung, die von der Aufrechnungserklärung erfasst werden soll, gemäß § 396 Abs. 1 S. 2 nach § 366 Abs. 2 und § 367.

7 [3] **Hauptforderung.** Die Hauptforderung braucht im Zeitpunkt der Aufrechnungserklärung nur erfüllbar zu sein. Erfüllbarkeit ist gemäß § 271 Abs. 1 Hs 2 Alt. 2 in dem Zeitpunkt gegeben, in dem der Schuldner die geschuldete Leistung bewirken kann. Daher kann gegen Ansprüche aus Spiel und Wette die Aufrechnung erklärt werden. Gleiches gilt für gestundete und einredebehaftete Ansprüche. Ob eine im Insolvenzverfahren angemeldete Forderung erst mit ihrer Feststellung zur Insolvenztabelle erfüllbar wird, ist wegen §§ 94 ff InsO umstr. (dafür BGH in BGHZ 100, 227). Allerdings kann aufgrund § 40 Abs. 1 WG gegen Wechselforderungen vor Fälligkeit nicht aufgerechnet werden (BGH NJW 1970, 41). Mangels Erfüllbarkeit unzulässig ist die Aufrechnung gegen aufschiebend bedingte und künftige Ansprüche (BGH NJW 1988, 2542; 2004, 3118). Zum Schutz des Unterhaltsbedürftigen ist eine Aufrechnung gegen Ansprüche auf Zahlung von Unterhalt nur für maximal sechs Monate im Voraus zulässig. Gleiches gilt bei Aufrechnungen gegenüber Ansprüchen auf Versorgungsrenten und Ruhegehalt (BGHZ 123, 55).

8 Schließlich darf die **Aufrechnung nicht verboten** sein. Von Gesetzes wegen wird die Aufrechnung zB in den §§ 390–395, § 19 Abs. 2 S. 2 GmbHG, §§ 66 Abs. 1 S. 2, 114 Abs. 2 S. 2 AktG, § 96 InsO, § 26 VAG sowie § 43 RVG verboten. Hauptanwendungsfall in der Praxis ist § 393, der eine Aufrechnung gegen eine vorsätzliche unerlaubte Handlung verbietet. Die Aufrechnung mit einer aus einer vorsätzlich unerlaubten Handlung resultierenden Forderung ist dagegen nicht verboten. Die Parteien können aber auch vertraglich ein Aufrechnungsverbot vereinbart haben. Ein Aufrechnungsverbot wird vor allem beim Abschluss von Mietverträgen vereinbart. Die Vereinbarung der Hingabe eines Schecks Zug-um-Zug gegen Lieferung und Übereignung ist idR ebenfalls als Aufrechnungsverbot auszulegen (OLG Köln NJW 1987, 262). Darüber hinaus kommt es auch als Handels- oder Barzahlungsklausel vor. Verbreitet sind die Formulierungen „netto Kasse gegen Rechnung und Verladepapiere" sowie „cash on delivery" (BGH NJW 1985, 550). In AGB sind Aufrechnungsverbote nur in den Grenzen des § 309 Nr. 3 zulässig. Gemäß § 309 Nr. 3 darf trotz formularmäßigen Verbots mit einer unbestrittenen, rechtskräftig festgestellten oder entscheidungsreifen Gegenforderung aufgerechnet werden. Für Kaufleute gilt dies über § 307 Abs. 1 ebenfalls. § 309 Nr. 3 ist auch auf den Fall der individuellen Vereinbarung eines Aufrechnungsverbots anzuwenden (BGH WM 1978, 621). Ob in AGB vereinbarte Aufrechnungsverbote auch durch eine entsprechende Anwendung des § 309 Nr. 2 begrenzt werden ist umstr. (dagegen BGH NJW-RR 1989, 481; dafür OLG Düsseldorf NJW-RR 1997, 628; LG München NJW-RR 1990, 30; Palandt/*Grüneberg*, § 309 Rn 20). Anzulegender Maßstab ist das Klauselwerk der Hauptforderung (BGH NJW 1999, 3629; 2005, 2771).

Weitere Schranken für vertragliche Aufrechnungsverbote ergeben sich aus § 556 b Abs. 2, aufgrund einschränkender Auslegung auch bei der Eröffnung des Insolvenzverfahrens oder dem sonstigen Vermögensverfall beim Inhaber der Hauptforderung (BGH NJW 1984, 357; NJW-RR 1991, 971), es sei denn, die Gegenforderung ist abgetreten worden (BGH NJW-RR 1989, 124) oder das Verbot wurde im Interesse eines Darlehensgebers vereinbart (OLG Düsseldorf ZIP 1998, 1790). Die Berufung auf das vertragliche Abtretungsverbot verstößt gegen § 242, wenn die Gegenforderung auf einer vorsätzlich unerlaubten Handlung beruht (BGH ZIP 1985, 926). Ein Aufrechnungsverbot kann sich auch aus dem Inhalt des Schuldverhältnisses ergeben. Vgl hierzu die Fälle bei Palandt/*Grüneberg*, § 387 Rn 15 und 16.

[4] **Rechtsfolge der Aufrechnung.** Nach § 389 erlöschen beide Forderungen, soweit sie sich 9 decken, bereits in dem Zeitpunkt, in dem sie sich erstmals aufrechenbar gegenübergestanden haben.

Zweck der Aufrechnung ist somit einerseits die Tilgung der Hauptforderung. Andererseits kann 10 der Schuldner mit Hilfe der Aufrechnung seine Gegenforderung selbst vollstrecken und muss dazu nicht die staatlichen Organe einschalten (BGH NJW 1987, 2998). Dies ist vor allem beim Vermögensverfall des Inhabers der Hauptforderung von Bedeutung (BGH NJW 1995, 1967).

II. Aufrechnungsvertrag

1. Muster: Aufrechnungsvertrag 11

▶ Aufrechnungsvertrag 251

zwischen

■■■-GmbH

und

■■■-KG

1. Die ■■■-GmbH schuldet der ■■■-KG aus einem Kaufvertrag die Zahlung von 8.000 EUR. Die ■■■-KG schuldet der ■■■-GmbH wegen eines aus verzögerter Lieferung resultierenden entgangenen Gewinns inklusive Zinsen in Höhe von acht Prozentpunkten über dem Basiszinssatz[1] Schadensersatz in Höhe von 12.000 EUR.
2. Die Vertragsparteien vereinbaren, dass die vorstehenden Forderungen in Höhe von 8.000 EUR miteinander verrechnet werden.[2]
3. Hinsichtlich der nach der Verrechnung verbleibenden Forderung der ■■■-GmbH in Höhe von 4.000 EUR treffen die Vertragsparteien folgende Vereinbarung: Die ■■■-KG stellt der ■■■-GmbH einen Scheck über diese Summe aus. Die ■■■-GmbH nimmt diesen Scheck an Erfüllungs statt an[3] und erklärt, dass ihre Schadensersatzforderung in voller Höhe erloschen ist.[4], [5]

■■■ (Ort, Datum)	■■■ (Ort, Datum)
■■■	■■■
Unterschrift Geschäftsführer der ■■■-GmbH	Unterschrift Komplementär/vertretungsberechtigter Kommanditist der ■■■-KG

◀

2. Erläuterungen

[1] **Zinsen.** Die Zinshöhe beträgt bei Kaufleuten gemäß § 288 Abs. 2 8 Prozentpunkte über dem 12 Basiszinssatz. Den aktuellen Basiszinssatz gibt die Bundesbank bekannt.

[2] **Voraussetzungen des Aufrechnungsvertrags.** Im Rahmen einer Aufrechnungsabrede brau- 13 chen die Aufrechnungsvoraussetzungen der einseitigen Aufrechnung nicht vorzuliegen (BGH NJW 2004, 3185; aA MüKo-BGB/*Schlüter*, § 387 Rn 52 für das Erfordernis der Gleichartigkeit). Voraussetzungen einer solchen Abrede sind jedoch, dass die Forderungen rechtsgültig

bestehen (BGH NJW 1998, 978, 979) und die Parteien die Befugnis zur Verfügung über die Forderungen haben. Ausnahmsweise ist der Aufrechnungsvertrag jedoch trotz Nichtbestehens einer Forderung wirksam, wenn die Forderung durch den Abschluss des Vertrages neu begründet wird oder rechtlich wirksam anerkannt wird.

14 Es ist sogar möglich, eine **antizipierte bzw aufschiebend bedingte Aufrechnung** zu vereinbaren, dh dass künftige Forderungen bei ihrem Entstehen sogleich verrechnet und damit getilgt werden. Einen antizipierten Aufrechnungsvertrag enthält das in den §§ 355 ff HGB geregelte Kontokorrentverhältnis, da die gegenseitigen Forderungen bei Ablauf einer Rechnungsperiode automatisch miteinander verrechnet werden (BGH NJW 1979, 1658). Der antizipierte Aufrechnungsvertrag ist vom Aufrechnungsvorvertrag abzugrenzen. Ein solcher ist gegeben, wenn sich die Parteien lediglich dazu verpflichten, in Zukunft einen Aufrechnungsvertrag schließen zu wollen.

15 Sog. **Konzernverrechnungsklauseln** sind **keine Aufrechnungsverträge.** Diese ermöglichen lediglich eine Drittaufrechnung, indem sie das Gegenseitigkeitserfordernis abbedingen. Eine solche Klausel verleiht entweder einem Begünstigten allein oder beiden Vertragspartnern die Befugnis, mit Forderungen anderer zum Konzernunternehmen gehörender Gesellschaften aufzurechnen. Diese Klausel wird auch von der öffentlichen Hand genutzt (BGH WM 1977, 760). Ob eine solche Klausel auch in **AGB** wirksam vereinbart werden kann, ist str. (dagegen Hk-BGB/*Schulze*, § 388 Rn 7; Palandt/*Grüneberg*, § 387 Rn 22). Hat der Aufrechnungsgegner Insolvenz angemeldet, ist die Klausel trotz § 94 InsO gemäß § 96 Abs. 1 S. 2 InsO unwirksam (BGH ZIP 2006, 1740, 1741).

16 **Aufrechnungsverbote** stehen dem Vertragsschluss nur entgegen, wenn sie die **Interessen Dritter schützen** (RGZ 141, 210; OLG Dresden ZIP 1998, 609; OLG Naumburg ZIP 1999, 118). Daher müssen zB die § 19 Abs. 2 S. 2 GmbHG und § 66 Abs. 1 S. 2 AktG beachtet werden. Wenn ein Aufrechnungsvertrag nach Beschlagnahme geschlossen wird, ist er dem Pfändungsgläubiger gegenüber in entsprechender Anwendung des § 392 unwirksam. Ein vor Pfändung geschlossener Aufrechnungsvertrag ist aufgrund des **Prioritätsprinzips** jedoch wirksam (BGH NJW 1968, 835). In entsprechender Anwendung des § 850 h ZPO darf der Arbeitnehmer nach erfolgter Pfändung seine Lohnforderung nicht mehr mit Geldern verrechnen, die er für den Arbeitgeber vereinnahmt hat (BAG NJW 1966, 469; str.).

17 [3] **Vereinbarung der Leistung an Erfüllungs statt.** Grds. übernimmt der Schuldner bei der Hingabe eines Schecks nur eine neue Verbindlichkeit. Diese stellt nach der Zweifelsregelung des § 364 Abs. 2 eine Leistung erfüllungshalber dar. Der Gläubiger erwirbt lediglich eine zusätzliche Befriedigungsmöglichkeit. Erst wenn er sich hieraus befriedigt hat, wird der Schuldner von seiner Leistungspflicht frei. Daher sollten die Parteien ausdrücklich klarstellen, wenn die Leistung an Erfüllungs statt erfolgen soll, dh mit dem Bewirken einer anderen als der geschuldeten Leistung das Schuldverhältnis erlöschen soll.

18 [4] **Verzicht auf Ersatz von Folgeschäden.** Werden etwaige künftige Folgeschäden erwartet, sollten die Parteien vereinbaren, dass die Schadensersatzforderung nur in der in Ziffer 1 genannten Höhe erloschen sei. Hiermit wird klargestellt, dass nicht auf die Geltendmachung künftiger Schäden verzichtet wird.

19 [5] **Rechtsfolge:** Die sich gegenüberstehenden Forderungen erlöschen.

B. Prozess

20 I. Muster: Eventualaufrechnung im Prozess iRd Klageerwiderung

► An das

Amtsgericht/Landgericht

...

Az.: ■■■

Klageerwiderung

In dem Rechtsstreit

■■■ gegen ■■■

zeige ich unter anwaltlicher Versicherung ordnungsgemäßer Bevollmächtigung die Vertretung des Beklagten an. Der Beklagte wird sich gegen die Klage verteidigen. Für die mündliche Verhandlung kündige ich folgenden Antrag an:

Der Beklagte wird beantragen, die Klage abzuweisen.[1]

Begründung

Der Beklagte bestreitet, dass das an den Kläger verkaufte Gebrauchtfahrzeug bereits bei Übergabe die vom Kläger geltend gemachten Mängel aufgewiesen hat.[2]

In rechtlicher Hinsicht ist zu bemängeln, dass der Kläger sogleich den Rücktritt vom Kaufvertrag erklärt hat, ohne den Beklagten zunächst zur Reparatur der am Kauffahrzeug angeblich vorhandenen Mängel aufzufordern. Überdies ist eine Haftung des Beklagten auch aufgrund des unter Ziffer 10 des Kaufvertrages vereinbarten Gewährleistungsausschlusses ausgeschlossen.

Hilfsweise, für den Fall, dass das Gericht dennoch die eingeklagte Forderung des Klägers als gegeben ansieht, erklärt der Beklagte gegenüber der Kaufpreisrückzahlungsforderung die Aufrechnung mit einem ihm gegenüber dem Kläger zustehenden Anspruch auf Nutzungsersatz.[3] Der Kläger hat den Pkw seit dem Tag des Kaufs gefahren. Daher hat der Kläger dem Beklagten eine Nutzungsentschädigung für die von ihm gefahrenen km zu zahlen. Die Laufleistung des Wagens beträgt nach Auskunft des Klägers ■■■ km.

Bei Abschluss des Kaufvertrages hatte der Kilometerstand nur ■■■ km betragen. Wenn der Kaufpreis ins Verhältnis zur noch zu erwartenden Laufleistung des Wagens in Höhe von weiteren ■■■ km gesetzt wird, und das Ergebnis mit der von dem Kläger zurückgelegten Kilometern multipliziert wird, ergibt sich ein Anspruch auf Zahlung von Nutzungsentschädigung in Höhe von ■■■ EUR.[4]

■■■

Rechtsanwalt ◄

II. Erläuterungen

[1] **Klageantrag.** Die Aufrechnung ist Inhalt der Klagebegründung. Daher lautet der Antrag auf Abweisung der Klage. 21

[2] **Doppelnatur der Prozessaufrechnung.** Eine Aufrechnungserklärung im Prozess ist nach hM gleichzeitig Prozesshandlung und materielles Rechtsgeschäft (BGH NJW 1957, 591). Sie ist unwirksam, wenn die materiellrechtlichen Voraussetzungen der Aufrechnung nicht gegeben sind. Ist die Aufrechnung aus prozessualen Gründen – zB gemäß § 296 oder § 533 – unzulässig, ist sie in analoger Anwendung des § 139 auch materiellrechtlich unwirksam (BGH NJW-RR 1991, 157). Durch Widerruf der Aufrechnung, der gegenüber dem Gericht zu erklären ist (OLG Zweibrücken NJW-RR 2004, 651), wird die Aufrechnung ebenfalls materiellrechtlich unwirksam (BGH NJW-RR 1991, 157). In den vorgenannten Fällen kann der Aufrechnende die Gegenforderung jedoch anderweitig geltend machen (BGH NJW 2001, 3616), es sei denn, der Aufrechnungseinwand wird vom Gericht berücksichtigt, hat aber aufgrund unsubstantiierten oder verspäteten Vortrags keinen Erfolg. In diesem Fall kann die aberkannte Forderung gemäß § 322 Abs. 2 ZPO nicht mehr anderweitig geltend gemacht werden (BGH NJW 1994, 1538). 22

[3] **Hilfsweise Aufrechnung.** Die hilfsweise Aufrechnung wird nicht unter einer Bedingung iSd § 388 S. 2 erklärt, da das Bestehen der Hauptforderung keine echte Bedingung, sondern lediglich eine innerprozessuale Bedingung ist. Die Parteien des Rechtsstreits können den Eintritt der 23

Bedingung nicht herbeiführen. Das Gericht entscheidet, ob die Hauptforderung begründet ist und daher auch über die Gegenforderung zu entscheiden ist. Auch aus § 204 Abs. 1 Nr. 5, Abs. 2 und § 45 GKG lässt sich die Zulässigkeit der Eventualaufrechnung ableiten, da diese Vorschriften deren Zulässigkeit voraussetzen. Nach der sog. **Beweiserhebungstheorie** muss das Gericht angebotene Beweise erheben, wenn die zur Aufrechnung gestellte Gegenforderung liquide ist und zur Entscheidung über die Hauptforderung eine Beweisaufnahme erforderlich ist (RGZ 167, 258; BGH LM ZPO 322 Nr. 21).

24 Von der **Rechtskraft des Urteils** wird – bis zur Höhe der Klageforderung bzw des aufgerechneten Betrages – gemäß § 322 Abs. 2 ZPO die Entscheidung über die zur Aufrechnung gestellte Gegenforderung erfasst. Dies gilt auch für die im klageabweisenden Urteil enthaltende Entscheidung, die begründete Gegenforderung sei durch die Aufrechnung verbraucht (BGH NJW 1962, 907).

25 Durch die Prozessaufrechnung wird die **Gegenforderung nicht rechtshängig** (BGHZ 57, 242, 243 f). Die Gegenforderung kann daher in einem anderen Prozess eingeklagt werden. Alternativ kann die rechtshängige Forderung in einem anderen Prozess zur Aufrechnung gestellt werden (BGH NJW 1999, 1179). Vorsicht ist jedoch bei unterschiedlichen Rechtswegzuständigkeiten geboten. Wenn die Gegenforderung unstreitig ist, ist eine unterschiedliche Rechtswegzuständigkeit irrelevant. Wenn für die Gegenforderung jedoch im Streit steht und eine ausschließliche Zuständigkeit der ordentlichen Gerichtsbarkeit gegeben ist, dürfen Gerichte anderer Gerichtsbarkeiten nicht über die Gegenforderung entscheiden (BAG NJW 2002, 317). Im Verhältnis zwischen den Zivilgerichten und den Gerichten der allgemeinen und besonderen Verwaltungsgerichtsbarkeit muss das angerufene Gericht bei einer streitigen Gegenforderung nach §§ 148, 302 ZPO das Verfahren aussetzen und das Urteil des zuständigen Gerichts abwarten (BGH NJW 1955, 497; BVerwG NJW 1987, 2530; aA Hessischer VGH DVBl 1994, 806). Schließlich darf das angerufene Gericht über eine zur Aufrechnung gestellte Forderung auch nicht entscheiden, wenn für die Gegenforderung ein Schiedsgericht oder kraft Parteivereinbarung ein ausländisches Gericht zuständig ist.

26 [4] **Rechtsfolge der Prozess- und Eventualaufrechnung.** Wenn die Aufrechnung sowohl prozessual zulässig ist als auch ihre materiellrechtlichen Voraussetzungen vorliegen, erlöschen Hauptforderung und Gegenforderung nach § 389, soweit sie sich der Höhe nach decken. Klagt der Kläger nur eine Teilforderung ein, kann er zur Vermeidung einer Abweisung seiner Klage seine Forderung erweitern.

§ 389 Wirkung der Aufrechnung

Die Aufrechnung bewirkt, dass die Forderungen, soweit sie sich decken, als in dem Zeitpunkt erloschen gelten, in welchem sie zur Aufrechnung geeignet einander gegenübergetreten sind.

§ 390 Keine Aufrechnung mit einredebehafteter Forderung

Eine Forderung, der eine Einrede entgegensteht, kann nicht aufgerechnet werden.

§ 391 Aufrechnung bei Verschiedenheit der Leistungsorte

(1) [1]Die Aufrechnung wird nicht dadurch ausgeschlossen, dass für die Forderungen verschiedene Leistungs- oder Ablieferungsorte bestehen. [2]Der aufrechnende Teil hat jedoch den Schaden zu ersetzen, den der andere Teil dadurch erleidet, dass er infolge der Aufrechnung die Leistung nicht an dem bestimmten Orte erhält oder bewirken kann.

(2) Ist vereinbart, dass die Leistung zu einer bestimmten Zeit an einem bestimmten Orte erfolgen soll, so ist im Zweifel anzunehmen, dass die Aufrechnung einer Forderung, für die ein anderer Leistungsort besteht, ausgeschlossen sein soll.

§ 392 Aufrechnung gegen beschlagnahmte Forderung

Durch die Beschlagnahme einer Forderung wird die Aufrechnung einer dem Schuldner gegen den Gläubiger zustehenden Forderung nur dann ausgeschlossen, wenn der Schuldner seine Forderung nach der Beschlagnahme erworben hat oder wenn seine Forderung erst nach der Beschlagnahme und später als die in Beschlag genommene Forderung fällig geworden ist.

§ 393 Keine Aufrechnung gegen Forderung aus unerlaubter Handlung

Gegen eine Forderung aus einer vorsätzlich begangenen unerlaubten Handlung ist die Aufrechnung nicht zulässig.

§ 394 Keine Aufrechnung gegen unpfändbare Forderung

[1]Soweit eine Forderung der Pfändung nicht unterworfen ist, findet die Aufrechnung gegen die Forderung nicht statt. [2]Gegen die aus Kranken-, Hilfs- oder Sterbekassen, insbesondere aus Knappschaftskassen und Kassen der Knappschaftsvereine, zu beziehenden Hebungen können jedoch geschuldete Beiträge aufgerechnet werden.

§ 395 Aufrechnung gegen Forderungen öffentlich-rechtlicher Körperschaften

Gegen eine Forderung des Bundes oder eines Landes sowie gegen eine Forderung einer Gemeinde oder eines anderen Kommunalverbands ist die Aufrechnung nur zulässig, wenn die Leistung an dieselbe Kasse zu erfolgen hat, aus der die Forderung des Aufrechnenden zu berichtigen ist.

§ 396 Mehrheit von Forderungen

(1) [1]Hat der eine oder der andere Teil mehrere zur Aufrechnung geeignete Forderungen, so kann der aufrechnende Teil die Forderungen bestimmen, die gegeneinander aufgerechnet werden sollen. [2]Wird die Aufrechnung ohne eine solche Bestimmung erklärt oder widerspricht der andere Teil unverzüglich, so findet die Vorschrift des § 366 Abs. 2 entsprechende Anwendung.
(2) Schuldet der aufrechnende Teil dem anderen Teil außer der Hauptleistung Zinsen und Kosten, so findet die Vorschrift des § 367 entsprechende Anwendung.

Titel 4 Erlass

§ 397 Erlassvertrag, negatives Schuldanerkenntnis

(1) Das Schuldverhältnis erlischt, wenn der Gläubiger dem Schuldner durch Vertrag die Schuld erlässt.
(2) Das Gleiche gilt, wenn der Gläubiger durch Vertrag mit dem Schuldner anerkennt, dass das Schuldverhältnis nicht bestehe.

A. Erlassvertrag

I. Muster: Erlassvertrag 1

▶ Zwischen 253

■■■

– Gläubiger –

und

▪▪▪

– Schuldner –

wird folgende Vereinbarung getroffen:[1]

1. Aus einem am ▪▪▪ zwischen den Parteien geschlossenen Darlehensvertrag[2] schuldet der Schuldner dem Gläubiger[3] die Rückzahlung von drei Darlehensraten in Höhe von ▪▪▪ EUR, insgesamt ▪▪▪ EUR, nebst Zinsen in Höhe von ▪▪▪ Prozentpunkten über dem Basiszinssatz[4] seit dem ▪▪▪
2. Der Gläubiger erlässt diese Schuld einschließlich der Zinsen.
3. Der Schuldner nimmt den Erlass an.[5]

▪▪▪, den ▪▪▪	▪▪▪, den ▪▪▪
▪▪▪	▪▪▪
Unterschrift	Unterschrift

◄

II. Erläuterungen und Varianten

2 **[1] Voraussetzungen des Erlassvertrages.** Voraussetzung des Erlassvertrags iSd § 397 Abs. 1 ist ein zwischen den Parteien eines Schuldverhältnisses geschlossener Vertrag, in dem der Gläubiger auf die Begleichung einer Schuld teilweise oder ganz verzichtet und der Schuldner diesen Verzicht annimmt. Der Vertrag ist nicht formbedürftig. Zu Beweiszwecken und um Auslegungsstreitigkeiten zu vermeiden, sollte der Vertrag jedoch schriftlich fixiert werden. Zwar impliziert die Rückgabe eines Schuldscheins oder die Ausstellung einer Quittung idR den Willen des Gläubigers, seine Forderung aufzugeben. In der Rücksendung einer Bürgschaftsurkunde ist jedoch nur bei weiteren Anhaltspunkten eine konkludente Verzichtserklärung zu sehen (OLG Dresden BB 1999, 497). In den vorgenannten Fällen ist die Annahmeerklärung des Schuldners nach § 151 nicht empfangsbedürftig. Unterbreitet der Schuldner dem Gläubiger das Angebot eines Teilerlasses und sendet er ihm gleichzeitig einen Scheck über den Restbetrag zu, muss der Gläubiger das Erlassangebot vor Einlösung des Schecks ablehnen, wenn er den Scheck zwar einlösen, aber das hierin liegende konkludente Zustandekommen eines Teilerlassvertrages verhindern möchte (OLG Koblenz NJW 2003, 758; aA *Kleinschmidt* NJW 2002, 346). In diesem Fall wird jedoch kein Erlassvertrag geschlossen, wenn der auf dem Scheck eingetragene Betrag viel geringer ist als der erlassene Teilbetrag wie zB bei einem Scheck iHv 10 % der Forderung (OLG Koblenz NJW 2003, 758) oder gar weniger als 2 % (BGH NJW 2001, 2324).

3 **Unbekannte Ansprüche**, insbesondere Forderungen aus unerlaubten Handlungen, werden im Zweifel nicht vom Erlass erfasst (BGH NJW 1984, 1346).

4 Das Vorliegen eines Erlassvertrages kann auch dann anzunehmen sein, wenn der Gläubiger subjektiv keinen Erlasswillen hatte, aber bei Anwendung pflichtgemäßer Sorgfalt hätte erkennen können, dass sein Verhalten als Erlass aufgefasst werden könnte und der Schuldner das Verhalten des Gläubigers auch dahingehend verstanden hat (BGH NJW 1990, 454; 1995, 953; ZIP 2004, 1394).

5 **[2] Einzelanspruch.** Weitere Voraussetzung des Erlassvertrages ist das Bestehen einer einzelnen Forderung. Nur eine aus dem Schuldverhältnis iwS erwachsene Leistungsbeziehung soll durch Abschluss des Erlassvertrages zum Erlöschen gebracht werden. Wollen die Parteien dagegen das Schuldverhältnis iwS beenden, müssen sie einen Aufhebungsvertrag schließen. Dabei kann es sich auch um eine künftige, bedingte oder befristete Forderung handeln. Auf eine künftige Forderung kann jedoch nur verzichtet werden, wenn im Zeitpunkt des Entstehens der Forderung nicht nur Gläubiger und Schuldner, sondern auch Schuldgrund und -höhe bestimmbar sind (BGH NJW-RR 1993, 1111, 1113). IdR wird ein antizipierter Verzicht auf eine künftige Forderung allerdings dahingehend auszulegen sein, dass die Forderung gar nicht erst zur Ent-

stehung gelangt (BGH BB 1956, 1086). In der Praxis ist der Erlass mit einem sog. Besserungsschein ein Erlass unter einer auflösenden Bedingung (BGH NJW 1984, 2762).

[3] **Parteien des Erlassvertrages.** Nach hM können nur Schuldner und Gläubiger der Forderung einen Erlassvertrag schließen. Ein Erlass zugunsten eines Dritten ist aufgrund der Rechtsnatur des Erlassvertrages als Verfügungsgeschäft nach hM auch in analoger Anwendung der §§ 328 ff mangels vergleichbarer Interessenlage nicht möglich (st Rspr, BGHZ 41, 95; aA *Larenz* in: Schuldrecht I, § 17 IV, Staudinger/*Jagmann*, § 328 Rn 49 ff). Um zugunsten eines Dritten das gleiche Ergebnis zu erzielen, kann ein unbefristetes Stillhalteabkommen getroffen werden (vgl Rn 21 ff). 6

Weiterhin muss dem Gläubiger die Befugnis zustehen, auf die Geltendmachung der Forderung verzichten zu können. Bestimmte Bereiche sind von Gesetzes wegen einer Regelung durch Erlassvertrag nicht zugänglich. Insbesondere im Familienrecht kann auf Unterhaltsansprüche nicht verzichtet werden. Entsprechende Regelungen enthalten § 1360 a Abs. 3, § 1614 Abs. 1 sowie § 1615. **Gesetzliche Verbote** der Schließung von Erlassverträgen sind weiterhin in §§ 9 b Abs. 1 S. 1, 19 Abs. 2 S. 1, 25 und 43 Abs. 3 S. 2 GmbHG, 50, 66 AktG, § 2 Abs. 3 BBesG, § 4 Abs. 4 TVG, § 12 EFZG, 13 Abs. 1 S. 3 BUrlG, 34 Abs. 5 S. 2 GenG normiert. 7

Die **Beweislast** für das Vorliegen der Voraussetzungen eines Erlassvertrages trägt nach allgemeinen Beweislastgrundsätzen der Schuldner. 8

Ein in **AGB** antizipiert erklärter Verzicht kann gegen § 307 Abs. 1 verstoßen (OLG Karlsruhe NJW 1991, 112). 9

[4] **Zinsen.** Die Zinshöhe ergibt sich aus § 288 Abs. 1 bis 3. 10

[5] **Rechtsfolge** eines wirksam geschlossenen Erlassvertrages ist das Erlöschen der Forderung. 11
Da es sich beim Erlassvertrag um ein abstraktes Verfügungsgeschäft handelt, tritt die Rechtsfolge selbst dann ein, wenn das dem Erlassvertrag zugrunde liegende Schuldverhältnis iwS zB wegen Formmangels unwirksam ist. Der Gläubiger der durch den Abschluss des Erlassvertrages getilgten Forderung kann in diesem Fall jedoch die Wiederbegründung der Forderung nach § 812 verlangen (RGZ 76, 60; 108, 107). Besteht das Schuldverhältnis iwS allerdings in einer Schenkung, wird ein Formmangel des Schenkungsversprechens bereits durch den Abschluss des Erlassvertrags geheilt, der den Vollzug des Schenkungsversprechens iSd § 518 Abs. 2 darstellt (RGZ 53, 296; OLG Hamburg NJW 1961, 76).

Der Erlassvertrag ist ein **verfügender Vertrag.** Auf ihn findet daher § 185 Anwendung. 12

B. Negatives Schuldanerkenntnis

I. Muster: Übergabeprotokoll bei Mietwohnung[1] 13

▶ **Übergabeprotokoll** 254

Der Mieter erklärt, dass bei der gemeinsamen Besichtigung der sich im ▪▪▪ OG ▪▪▪ gelegenen Wohnung in der ▪▪▪ -straße in ▪▪▪ festgestellt worden ist, dass sich diese Wohnung bis auf die nachstehend näher bezeichneten Beanstandungen im ordnungsgemäßen Zustand befindet.[2]

Beanstandungen: ▪▪▪

Der Mieter übergibt dem Vermieter sämtliche vorhandenen Schlüssel (▪▪▪ Haustür-, ▪▪▪ Zimmertür-, ▪▪▪ Kellerschlüssel).

Er verpflichtet sich, Gas, Wasser und Strom gegenüber den Versorgungsträgern abzumelden

Zählerstände am ▪▪▪:

Strom: ▪▪▪

Wasser: ▪▪▪

Gas: ▪▪▪

Das Protokoll gibt den Zustand der Mietwohnung im Zeitpunkt der Besichtigung am ■■■ wieder. Bei der Besichtigung zugegen waren: ■■■

■■■, den ■■■

Unterschrift des Vermieters: ■■■

Unterschrift des Mieters: ■■■

Unterschrift des Zeugen: ■■■ ◄

II. Erläuterungen

14 [1] **Übergabeprotokoll.** Ein Beispiel für ein negatives Schuldanerkenntnis kann das Protokoll über die Rückgabe einer Miet- oder Leasingsache darstellen, das ein negatives Schuldanerkenntnis hinsichtlich nicht aufgeführter erkennbarer Mängel beinhalten kann (OLG Celle DB 1997, 2215; LG Hamburg ZMR 1999, 405). Die im Muster aufgeführte Generalquittung betrifft nur den Zustand der Räume und nicht Ansprüche wegen verspäteter Räumung. Diese können vom Vermieter immer noch geltend gemacht werden. Vgl hierzu BGH NJW-RR 1999, 593.

15 [2] **Voraussetzungen des negativen Schuldanerkenntnisses.** Gläubiger und Schuldner müssen einen Vertrag des Inhalts miteinander schließen, dass das zwischen ihnen bestehende Schuldverhältnis nicht mehr bestehen soll.

16 Auch wenn die Parteien über den Bestand einer Forderung streiten oder Zweifel haben, ob die Forderung tatsächlich noch existiert, können sie vereinbaren, dass kein Schuldverhältnis mehr zwischen ihnen besteht. Diese Vereinbarung bedarf ebenfalls nicht der Einhaltung einer Form.

17 Insb. die **Ausgleichsquittung** beinhaltet idR ein negatives Schuldanerkenntnis (vgl § 368 Rn 1 ff). Diese wird oftmals bei Aufhebung eines bestehenden Arbeitsverhältnisses abgegeben (BAG NJW 2004, 3445). In der Regel wird der Erhalt von Arbeitsunterlagen bestätigt und mit dem Verzicht auf weitere Ansprüche, wie zB das 13. Monatsgehalt (BAG NJW 2004, 3445), verbunden. Der Arbeitnehmer muss ausdrücklich seinen Verzicht auf den Anspruch auf Kündigungsschutz, Zahlung des Ruhegehalts und Erstellung eines Arbeitszeugnisses erklären (BAG NJW 1979, 2267; DB 1990, 1870; NJW 1975, 407 und LAG Düsseldorf NZA-RR 1996, 42), da Mindestvoraussetzung der Wirksamkeit von Verzichtsklauseln in vorgedruckten Ausgleichsquittungen eine ausdrückliche und gesonderte Erläuterung der Bedeutung des Verzichts ist. Ansonsten liegen eine überraschende Klausel iSd § 305 c Abs. 1 und eine unangemessene Benachteiligung iSd § 307 Abs. 1 S. 1 vor. Die Verknüpfung der Bestätigung des Empfangs von Arbeitspapieren mit einem Globalverzicht des Arbeitnehmers auf alle seine Ansprüche ist nur zulässig, wenn dem Transparenzgebot des § 307 Abs. 1 S. 2 entsprochen wird und innerhalb der Ausgleichsquittung ausführlich über die Folgen der Verzichtserklärung belehrt wird. Ausgleichsquittung und Empfangsbestätigung sollten in getrennten Urkunden abgefasst werden. UU verzichtet der Arbeitgeber auch auf die Erfüllung der Verpflichtung aus einem Wettbewerbsverbot und Zahlung der Karenzentschädigung (BAG BB 2004, 1280).

18 Theoretisch ist genau wie beim in den §§ 780, 781 ff geregelten positiven Schuldanerkenntnis die Unterscheidung zwischen konstitutivem und deklaratorischem Schuldanerkenntnis möglich. Aufgrund der **Formfreiheit** des negativen Schuldanerkenntnisses ist diese in der Praxis jedoch nicht von Bedeutung.

19 Das negative Schuldanerkenntnis kann gemäß § 812 kondiziert werden, wenn diesem ein unwirksames Kausalgeschäft zugrunde liegt oder wenn die Parteien irrig davon ausgehen, die Forderung sei bereits erloschen und die Tilgung lediglich positiv feststellen wollen. Im letztgenannten Fall trägt der Gläubiger die Beweislast für das Bestehen der Forderung und seinen Irrtum. Hatte der Gläubiger jedoch Kenntnis vom Bestehen oder möglichen Bestehen der For-

derung, liegt dem Anerkenntnis idR eine Schenkung iSd § 516 oder ein Vergleich iSd § 779 zugrunde. Ist in diesem Fall ausnahmsweise kein Rechtsgrund gegeben, greift § 814 ein.

Rechtsfolge eines wirksamen negativen Schuldanerkenntnisses ist das Erlöschen der Forderung. 20

C. Pactum de non petendo

I. Muster: Stillhalteabkommen 21

▶ **Stillhalteabkommen** 255

zwischen

■■■

– Gläubiger –

und

■■■

– Schuldner –

1. Der Schuldner schuldet dem Gläubiger aus einem am 30.4.2009 gekündigten Darlehensvertrag die Zahlung von ■■■ EUR.
2. Der Gläubiger verpflichtet sich gegenüber dem Schuldner, die Forderung nicht auf dem Rechtsweg geltend zu machen,[1] wenn der Schuldner die Forderung in einem Zeitraum von ■■■ bis ■■■[2] durch Zahlung im Rahmen seiner finanziellen Möglichkeiten oder Abtretung von ihm gegen Dritten zustehenden Ansprüchen begleicht.[3]

■■■, den ■■■	■■■, den ■■■
■■■	■■■
Unterschrift Gläubiger	Unterschrift Schuldner

◀

II. Erläuterungen und Varianten

[1] **Voraussetzung des Abschlusses eines Stillhalteabkommens.** Der Wille der Parteien muss dahin gehen, für den Schuldner eine Einrede zu begründen, die die Einklagbarkeit der Forderung zeitweilig oder dauerhaft hindert (BGH NJW 1998, 2274; 1999, 1101; 2000, 2661). 22

[2] **Auslegung.** Wenn das Abkommen unbefristet ist, liegt die Auslegung nahe, dass die Parteien einen Erlassvertrag mit dem Inhalt des unbefristeten Verzichts auf die Geltendmachung der Forderung schließen wollten. Die Abrede, einen Prozess vorläufig nicht weiter zu betreiben, ist nicht ausreichend (BGH NJW 1983, 2497). 23

[3] **Rechtsfolge.** Die Verjährung der Forderung wird gemäß § 205 gehemmt. Die Forderung selbst erlischt gerade nicht. Auch die Fälligkeit der Forderung bleibt bis zur Erhebung der Einrede bestehen. Dagegen zielt eine Stundungsvereinbarung darauf ab, die Fälligkeit der Forderung und damit den Beginn der Verjährung iSd § 199 Abs. 1 und nicht nur den Zeitpunkt ihrer prozessualen Geltendmachung hinauszuschieben (Hk-BGB/*Schulze*, § 271 Rn 4, 5). Vorliegend macht der Gläubiger das Stillhalteabkommen lediglich von der Zahlung im Rahmen des dem Schuldner Möglichen abhängig. Die Fälligkeit soll gerade nicht hinausgeschoben werden (vgl hierzu BGHZ 173, 286). 24

Ein Stillhalteabkommen kann gegeben sein, wenn zunächst Entscheidungen von Behörden oder Gerichten, weitere Ermittlungsergebnisse, die Entwicklung eines Schadens abgewartet werden soll (BGH NJW 1973, 316; 1986, 1338; 1993, 1323) oder Ansprüche Dritter abgewehrt oder zunächst versucht werden soll, eigene Ansprüche gegen Dritte durchzusetzen (BGH NJW 1999, 1022; BGH LM § 202 Nr. 5; OLG Hamm NJW-RR 1993, 215). 25

26 Ein Stillhalteabkommen kann auch zugunsten eines Dritten vereinbart werden. Dies ist zB bei einem Teilungsabkommen zwischen Sozialversicherungsträger und Haftpflichtversicherer der Fall. Hier wird die Verjährung so lange gehemmt, bis die Leistungen des Versicherers die vertragliche Höchstgrenze erreicht haben (BGH NJW 1974, 698; 1978, 2506) oder ein nicht am Abkommen beteiligter Sozialversicherungsträger zuständig wird (OLG Braunschweig VersR 1977, 450).

Abschnitt 5 Übertragung einer Forderung

§ 398 Abtretung

[1]Eine Forderung kann von dem Gläubiger durch Vertrag mit einem anderen auf diesen übertragen werden (Abtretung). [2]Mit dem Abschluss des Vertrags tritt der neue Gläubiger an die Stelle des bisherigen Gläubigers.

A. Vertragsgestaltung

I. Standardvereinbarung

1. Muster: Vertragsbaustein für Standardvereinbarung 1

▶ Vereinbarung[1] zwischen … – Zedent – 256

und

… – Zessionar –

1. …[2]
2. Der Zedent tritt hiermit[3] seine Forderung vom … aus …[4] gegen den Schuldner … iHv …[5] an den Zessionar ab. …[6] ◀

2. Erläuterungen

[1] **Formfreiheit.** Die Abtretung ist formfrei möglich (Hk-BGB/*Schulze* § 398 Rn 3) 2

[2] **Kausalverhältnis.** Der Abtretungsvertrag ist ein abstraktes Verfügungsgeschäft, das zur 3
Erfüllung oder als **Erfüllungssurrogat** unterschiedlichster schuldrechtlicher Grundgeschäfte (zB Forderungskauf, Treuhandverhältnis oder Geschäftsbesorgung) getätigt werden kann (vgl hierzu Hk-BGB/*Schulze* § 398 Rn 1). Das Kausalverhältnis kann zusammen mit der Abtretungsvereinbarung erst begründet werden oder es wird an dieser Stelle im Vertragstext auf ein bestehendes Kausalverhältnis verwiesen.

[3] **Verfügung.** Die Formulierung **„hiermit"** sollte stets verwendet werden, damit kein Zweifel 4
daran besteht, dass die Abtretung **als Verfügung** (s. Rn 3) gewollt ist und nicht nur die Verpflichtung zu einer Abtretung begründet wird. Die **Verfügungsbefugnis** muss beim Abschluss

des Verfügungstatbestands, nicht notwendig jedoch bis zum Eintritt des Verfügungserfolgs vorliegen (BGH NJW-RR 2010, 192).

5 [4] **Bestimmtheitserfordernis.** S. hierzu MüKo-BGB/*Roth* § 398 Rn 67 ff.

6 [5] **Teilabtretung.** S. hierzu NK-BGB/*Eckardt* § 398 Rn 12.

7 [6] **Auskünfte und Urkunden.** Bzgl der Vereinbarung über die Erteilung von Auskünften und die Aushändigung von Urkunden wird auf die Ausführungen zu § 402 Rn 2 ff verwiesen.

II. Einfache Sicherungsabtretung

8 1. Muster: Baustein für einfache Sicherungsabtretung (Lebensversicherung)

▶ **§ 1**

Gegenstand dieser Abtretung ist/sind folgende Forderung(en) des Zedenten:

Gegenwärtige und künftige Ansprüche aus[1] dem Lebensversicherungsvertrag[2] bei der ▪▪▪ Lebensversicherungs-AG vom ▪▪▪, Versicherungs-Nummer▪▪▪, versicherte Person ist der Zedent,[3] insb.:[4] Ansprüche für den Todesfall; [5] Ansprüche für den Erlebensfall;[6] Ansprüche auf den Rückkaufswert zuzüglich Überschussanteile einschließlich des Rechts auf Kündigung der Versicherung;[7] das Recht, die Versicherung in eine beitragsfreie Versicherung umzuwandeln.

§ 2

Der Zedent widerruft hiermit das Bezugsrecht von ▪▪▪[8]

Der Zessionar ist berechtigt, aber nicht verpflichtet, für den Zedenten die Versicherungsbeiträge zu zahlen.

Der Zedent bevollmächtigt hiermit den Zedenten unwiderruflich zu der für die Wirksamkeit der Abtretung nach den AVB erforderlichen Abtretungsanzeige.[9]

Der Zedent übergibt mit Abschluss dieses Vertrages den Versicherungsschein.

§ 3 Zweck der Abtretung

Die abgetretene Forderung dient der Sicherung folgenden Anspruchs beziehungsweise folgender Ansprüche des Zessionars:

Anspruch des Zessionars gegen den Zedenten aus der Vorfinanzierung der Einrichtung des Geschäftslokals des Zedenten in ▪▪▪ gemäß Vertrag vom ▪▪▪.[10]

Die Parteien sind sich einig, dass etwaige weitere zwischen ihnen bestehende Sicherungsabreden durch diese Vereinbarung nicht berührt werden.

§ 4 Offenlegung und Verwertung

Der Zessionar ist im Verwertungsfall[11] – soweit nicht ohnehin die Versicherungssumme fällig ist – auch berechtigt, unter Aufhebung des Lebensversicherungsvertrags die Rückvergütung zu verlangen[12] oder die Beitragsfreistellung des Vertrages und die Auszahlung von Überschussbeteiligungen zu verlangen.

§ 5 Freigabe der Sicherheit[13]

Bei vollständiger Befriedigung der gesicherten Forderung (§ 2) hat der Zessionar die abgetretenen Ansprüche rückabzutreten und die Versicherungspolice dem Zedenten zurückzugeben. ◀

2. Erläuterungen und Varianten

9 Vgl auch die Muster mit Erläuterungen in Münchener Vertragshandbuch, Band 2: Wirtschaftsrecht I, Formular I 7 (Sicherungszession) und Formular I 8 (Globalzession). Zur Sicherungszession im Insolvenzverfahren s. *Gottwald*, Insolvenzrechts-Handbuch § 43 Rn 81 ff. Zur Globalzession s. Rn 25.

[1] Variante für sicherungsweise Lohn- oder Gehaltsabtretung: 10

▶ Gegenstand der Abtretung: der jeweils pfändbare Teil der gegenwärtigen und künftigen Ansprüche auf Arbeitsentgelt des Zedenten gegen seinen jeweiligen Arbeitgeber, derzeit ■■■, einschließlich Renten- und Pensionsansprüche sowie ■■■ bis zu einem Höchstbetrag von ■■■ EUR.
Wenn die abgetretenen Forderungen durch Auszahlung des Lohnes an den Zedenten erlöschen, gehen die danach entstehenden Lohnansprüche in der zeitlichen Reihenfolge ihres Entstehens auf den Zessionar über, bis der Höchstbetrag von ■■■ EUR wieder erreicht ist. ◀

Zu solchen Teilabtretungen aus Forderungsmehrheiten (**Maximalzession**) vgl MüKo-BGB/*Roth* § 398 Rn 75 und 78. Bei der (stillen) Abtretung von Arbeitsentgelt ist im Hinblick auf die Inhaltskontrolle nach § 307 Abs. 1 neben der **Bestimmung von Zweck und Umfang** (vgl hierzu BGH NJW 1989, 2383) auch der **Verwertungsregelung** besondere Aufmerksamkeit zu schenken (vgl hierzu BGH NJW-RR 2005, 1408). Bei anderen Verträgen als Kreditverträgen kann die Lohnabtretung überraschend iS von § 305 c Abs. 1 sein, wenn andere Sicherheiten vorhanden sind (Palandt/*Heinrichs* § 307 Rn 126). 11

[2] **Berufsunfähigkeitszusatzversicherung.** Die isolierte Abtretung der Ansprüche aus einer Lebensversicherung ist auch dann nicht nach § 400 unwirksam, wenn mit der Lebensversicherung eine gemäß § 850 b Abs. 1 Nr. 1 ZPO unpfändbare unselbständige Berufsunfähigkeits-Zusatzversicherung verbunden ist, , die im Fall einer Kündigung der Lebensversicherung nicht fortbesteht (BGH NJOZ 2010, 154) 12

[3] **Versicherte Person.** Ist die **versicherte Person eine andere als der Versicherungsnehmer** (§ 150 VVG), so ist nach den AVB die schriftliche Einwilligung der versicherten Person auch für die Abtretung erforderlich – und nicht nur für den Abschluss des Versicherungsvertrages (§ 150 Abs. 2 VVG). 13

[4] **Umfang der Abtretung.** Es unterliegt grds. der freien Gestaltung der Vertragsparteien, auf welche Rechte sich die Abtretung erstreckt (BGH NJW 2007, 2320). 14

[5] **Todesfallansprüche.** Werden, weil zB für den Sicherungszweck ausreichend, nur die Todesfallansprüche abgetreten, so ist zu berücksichtigen, dass die Möglichkeit der vorzeitigen Kündigung die Sicherheit gefährden kann (vgl hierzu LG Bonn NJW-RR 2008, 475). Da das **Kündigungsrecht** nur zusammen mit dem **Anspruch auf den Rückkaufswert** übertragen werden kann (BGH NJW 1966, 1071), sind somit auch diese Rechte wie im Muster formuliert abzutreten, was zu einem Mehr an Rechtsmacht des Zessionars führt. Oder die Rechte sind dem Zedenten zu belassen und die Ausübung des Kündigungsrechtes an die Zustimmung des Zessionars zu knüpfen, was aber mangels einer dinglichen Wirkung des Zustimmungsvorbehalts zu einem Mehr an Rechtsmacht des Zedenten führt: 15

▶ Die Kündigung des Versicherungsvertrages bedarf der Zustimmung des Zessionars. ◀

Ansprüche aus einer **nur auf den Todesfall abgeschlossenen** Lebensversicherung sind, auch wenn die Versicherungssumme 3.579,00 EUR überschreitet, gem. § 850 b Abs. 1 Nr. 4 ZPO insoweit unpfändbar, als sie sich auf der Grundlage einer den Betrag von 3579 EUR nicht übersteigenden Versicherungssumme ergeben (BGH NJW-RR 2008, 412). Soweit der Anspruch unabtretbar ist, ist die Abtretung ausgeschlossen, § 400. 16

[6] **Kapitalbildende Lebensversicherung.** Das Muster geht von einer solchen Versicherung aus. 17

[7] **Rückkaufswert.** Wenn der Anspruch auf den Rückkaufswert nicht ausdrückliche Berücksichtigung im Vertrag findet, ist durch **Auslegung** zu ermitteln, ob er abgetreten ist oder nicht; insb. gibt es keinen generellen Vorrang für eine Zuordnung zu den Ansprüchen auf den Todesfall (BGH NJW 2007, 2320). Wenn der Zedent „seine Rechte aus dem Versicherungsvertrag“ zur Sicherheit an den Zessionar abtritt, erfasst die Abtretung im Zweifelsfall auch das 18

Recht auf Vereinnahmung des Rückkaufswerts nach Kündigung (LG Dortmund BeckRS 2008 06741).

19 [8] **Bezugsberechtigung.** Die **einfache** Bezugsberechtigung eines Dritten kann ohne Zustimmung des Dritten widerrufen werden (§ 159 VVG). In der Abtretung der Versicherung liegt idR der Widerruf. Bei einer **unwiderruflichen** Bezugsberechtigung – sie führt grundsätzlich zum sofortigen Erwerb der Ansprüche aus dem Versicherungsvertrag durch den Bezugsberechtigten (vgl hierzu BGH NJW 2003, 2679) – ist der Bezugsberechtigte einzubeziehen und zB zu formulieren:

▶ Der bisher unwiderruflich Bezugsberechtigte, ..., willigt in diesen Widerruf ein. ◀

Der Vertrag ist in diesem Fall auch vom Bezugsberechtigten zu unterzeichnen.

20 [9] **Abtretungsanzeige.** Zur absoluten Unwirksamkeit der Abtretung mangels Abtretungsanzeige vgl LG Dortmund BeckRS 2008 08313.

21 [10] **Zusatzvereinbarungen.** Es können dann beispielsweise ein Schuldanerkenntnis des Zedenten und eine Vereinbarung der Parteien über eine ratenweise Wegfertigung der gesicherten Schuld folgen.

22 [11] **Verwertung.** Siehe zum Verwertungsfall Rn 56. Zur schonenden Verwertung von Lebensversicherungen s. BGH NJW 1991, 1946.

23 [12] **Tilgungsbestimmung.** Der Schuldner und Sicherungsgeber hat bei der Verwertung einer sicherungshalber abgetretenen Forderung **kein Tilgungsbestimmungsrecht** nach § 366 Abs. 1 (BGH NJW 2008, 2842).

24 [13] **Freigabeanspruch.** Zum Freigabeanspruch bei nachträglicher Übersicherung s. Rn 66 und 69.

III. Globalzession

25 **1. Muster: Vertragsbausteine für Sicherungszession in Form einer Globalzession**

▶ **Vereinbarung**[1]

über Forderungsabtretung (Globalabtretung)[2]

zwischen ... als Sicherungsgeber – nachfolgend Zedent –

und ... als Sicherungsnehmerin – nachfolgend Zessionarin –[3]

Der Zedent tritt hiermit die in § 1 bestimmten Forderungen an die Zessionarin zum Zwecke der Sicherung der in § 2 bestimmten Ansprüche ab. Die Parteien vereinbaren im Einzelnen:

§ 1 Bestimmung der abgetretenen Forderungen (Umfang der Sicherheiten)

(1) Gegenstand dieser Abtretung sind alle bestehenden und erst künftig[4] entstehenden bedingten und unbedingten Forderungen des Zedenten aus Lieferungen und Leistungen und aus ... gegen Dritte – nachfolgend Drittschuldner. Drittschuldner in diesem Sinne sind:[5] Alle Schuldner[6] mit den Anfangsbuchstaben ....[7] Anfangsbuchstabe in diesem Sinne ist bei Drittschuldnern, die in das deutsche Handelsregister eingetragen sind: bei Firmen, die einen Familiennamen enthalten, der Anfangsbuchstabe des ersten Familiennamens; bei anderen Firmen der erste Buchstabe der Firma. Anfangsbuchstabe in diesem Sinne ist bei Drittschuldnern, die nicht ins Handelsregister eingetragen sind, der Anfangsbuchstabe des (ersten) Familiennamens.

(2) Forderungen bei verlängertem Eigentumsvorbehalt:[8] Bei Forderungen, die ganz oder teilweise von einem branchenüblichen[9] verlängerten Eigentumsvorbehalt eines Lieferanten des Zedenten gegenwärtig erfasst sind oder künftig erfasst werden, gehen bzgl des vom Eigentumsvorbehalt erfassten Teils erst in dem Zeitpunkt[10] auf die Zessionarin über, in dem sie nicht mehr vom verlängerten Eigentumsvorbehalt erfasst werden. Die Zessionarin ist berechtigt, bei verlängertem Eigentumsvorbehalt den Kaufpreisanspruch des Lieferanten zu erfüllen, um so den Forderungsübergang auf sich herbeizuführen.

(3) Gegenstand der Abtretung sind weiter: Nebenansprüche und Vorzugsrechte iS des § 401 BGB (insb. Hypotheken, Pfandrechte, Bürgschaften, Ansprüche aus sichernden Schuldmitübernahmen, Vormerkung, Ansprüche auf Bestellung einer Hypothek oder eines sonstigen akzessorischen Sicherheitsrechts); Forderungen aus gezogenen und künftigen Salden,[11] wenn die in § 1 (1) oder (2) abgetretene Forderung in ein Kontokorrent einzustellen ist, einschließlich des Rechtes zur Kündigung des Kontokorrents und des Rechtes auf Feststellung des Saldos; bestehende und künftige Zinsansprüche, Schadensersatzansprüche und Ansprüche auf Vertragsstrafen; zur Sicherung einer abgetretenen Forderung an den Zedenten abgetretene Forderungen und die Rechte aus den zugrunde liegenden Sicherungsabreden; Herausgabe- und Zahlungsansprüche gegen Inkassobeauftragte, die mit dem Inkasso der oben bezeichneten Forderungen betraut waren, betraut sind oder betraut werden; Gewährleistungsansprüche gegen Lieferanten des Zedenten, die sich daraus ergeben, dass die oben bezeichneten Forderungen infolge Mängelrügen nicht oder nicht vollständig durchgesetzt werden können; Ansprüche des Zedenten gegen seine Lieferanten aus verlängertem Eigentumsvorbehalt auf Rückübertragung (Freigabe) der Forderungen; Anwartschaftsrechte des Zedenten gegen seine Lieferanten aus verlängertem Eigentumsvorbehalt auf Rückerwerb auflösend bedingt abgetretener Forderungen; Ansprüche des Zedenten gegen seine Lieferanten aus verlängertem Eigentumsvorbehalt auf Auskehrung von Übererlösen nach Einziehung von Forderungen; Ansprüche auf Rückabtretung der sicherungsweise abgetretenen Forderungen; Ansprüche auf Rückzahlung von eingezogenen Forderungen; Anwartschaftsrechte auf Rückerwerb auflösend bedingt abgetretener Forderungen; Versicherungsansprüche, soweit eine abgetretene Forderung versichert ist oder nachträglich versichert wird; Ansprüche aus Wechseln, die der Zedent im Rahmen des Forderungseinzugs erhält; Herausgabeansprüche aus Sicherungs- und Vorbehaltseigentum gem. § 1 (4); Rechte des Zedenten aus den den Sicherungsrechten nach § 1 (4) zugrunde liegenden Sicherungsabreden; Gestaltungsrechte, die der Durchsetzung der abgetretenen Forderungen dienen.[12]

(4) Übertragung weiterer Sicherungsrechte: Haften für eine mit diesem Vertrag abgetretene Forderung weitere Sicherheiten, wie insb. Sicherungs- oder Vorbehaltseigentum des Zedenten, so werden diese hiermit ebenfalls auf die Zessionarin übertragen. Die Parteien sind sich über den Eigentumsübergang einig. Die Übergabe wird durch die Abtretung der Ansprüche des Zedenten auf Herausgabe der Sachen ersetzt. Falls der Zedent unmittelbaren Besitz an dem Sicherungsgut hat, so wird die Übergabe der Sache dadurch ersetzt, dass der Zedent das Sicherungsgut für die Zessionarin unentgeltlich verwahrt.

(5) Falls für die Übertragung der in diesem § 1 bestimmten Forderungen und Rechte auf die Zessionarin vom Zedenten zusätzliche Handlungen vorzunehmen und/oder Erklärungen abzugeben sind, ist der Zedent auf Verlangen der Zessionarin zur Vornahme bzw Abgabe verpflichtet.[13]

§ 2 Zweck der Abtretung (Sicherungszweck)[14]

Die abgetretenen Forderungen und die weiteren der Zessionarin nach dieser Vereinbarung gewährten Sicherheiten dienen der Sicherung aller bestehenden und künftigen – auch bedingten oder befristeten – Ansprüche[15] der Zessionarin[17] aus dem ■■■-Vertrag vom ■■■.[18] Insb. sollen damit auch folgende Ansprüche gesichert werden: ■■■ Wenn der Zedent (Sicherungsgeber) selbst Schuldner der gesicherten Forderungen ist, so dienen die Sicherheiten auch der Sicherung von Ansprüchen, die erst in der Person des Gesamtrechtsnachfolgers begründet werden.

§ 3 Pflichten des Zedenten zur Auskunft

(1) Forderungsverzeichnisse

1. Erstellungszeitpunkte: Der Zedent ist verpflichtet, der Zessionarin ein jeweils aktuelles Verzeichnis aller abgetretenen Forderungen zu übergeben oder gemäß gesonderter Vereinbarung elektronisch zur Verfügung zu stellen, und zwar mit Abschluss dieses Vertrages, künftig jeweils am ■■■ eines Monats mit Stand zum Ende des Vormonats und jederzeit auf gesonderte

Anforderung durch die Zessionarin. Der Umfang der vereinbarten Forderungsabtretung (§ 1) wird durch eine etwaige Unvollständigkeit der Forderungsverzeichnisse nicht geschmälert.[19]

2. Die Forderungsverzeichnisse müssen zu jeder Forderung enthalten: den vollständigen Namen des Drittschuldners, Anschrift des Drittschuldners, Forderungshöhe, Rechnungsdatum, Zeitpunkt der Fälligkeit der Forderung; den Zusatz „Kontokorrentforderung", wenn die Forderung in eine laufende Rechnung (echtes oder unechtes Kontokorrent) einzustellen ist; den Zusatz „verlängerter Eigentumsvorbehalt", wenn die Forderung aufgrund verlängerten Eigentumsvorbehalts dem Lieferanten abgetreten ist; den Zusatz „Abtretung zustimmungsbedürftig", wenn die Zustimmung des Schuldners zur Abtretung erforderlich ist; den Zusatz „Aufrechnung möglich", wenn der Drittschuldner aufrechenbare Gegenforderung(en) hat.
   Unbeschadet der Verpflichtung aus § ... (Urkundenauslieferung) hat der Zedent auf Verlangen der Zessionarin dieser Kopien zur Glaubhaftmachung des Bestehens der Forderung zu übergeben, und zwar insb. Vertragskopien und Rechnungskopien.
3. Garantieversprechen ...[20]

§ 4 Gelegenheit zur Buchprüfung

Soweit es zur Überprüfung der mit dieser Vereinbarung abgetretenen Forderungen erforderlich ist, ist der Zedent verpflichtet, der Zessionarin bzw ihren Mitarbeitern oder einem von der Zessionarin Beauftragten, der einer gesetzlichen Verschwiegenheitspflicht unterliegt (zB Wirtschaftsprüfer, Steuerberater oder Rechtsanwalt), auf Anforderung folgende Geschäftsunterlagen – ... – vorzulegen und deren Einsicht und Prüfung zu gestatten sowie die zur Überprüfung notwendigen Auskünfte zu erteilen. Elektronisch gespeicherte Daten sind der Zessionarin auf einem geeigneten lesbaren Datenträger oder auf Anforderung durch die Zessionarin in Schriftform vorzulegen.

§ 5 Erhaltungspflichten des Zedenten

(1) Zugriff Dritter
Der Zedent hat die Zessionarin über den Zugriff Dritter (insb. durch Zwangsvollstreckungsmaßnahmen in Form von Pfändung oder Wegnahme bei Herausgabevollstreckung) auf eine abgetretene Forderung oder eine übertragene Sicherheit sofort zu informieren. Der Anzeige sind alle Unterlagen beizufügen, die zur außergerichtlichen oder gerichtlichen Abwehr des Zugriffs notwendig sind, insb. Pfändungs- und Überweisungsbeschluss oder Pfändungsprotokoll und eidesstattliche Versicherung des Zedenten oder eines berufenen Mitarbeiters über die Tatsachen, die die Rechtsinhaberschaft der Zessionarin gemäß dieser Vereinbarung bestätigen. Dem Pfändenden ist sofort die Abtretung bzw die Übertragung der Sicherheit schriftlich mitzuteilen. Die Kosten der Rechtsverteidigung trägt der Zedent.

(2) Verfügungen des Zedenten
Der Zedent darf über die abgetretenen Forderungen nur im Rahmen der in § ... (Einziehungsermächtigung und -verpflichtung) erteilten Einziehungsermächtigung verfügen.

(3) Werterhaltung
Der Zedent hat dafür Sorge zu tragen, dass die Forderungen in ihrem Wert nicht geschmälert und in ihrem Bestand nicht gefährdet werden. Der Zedent hat alles zu unterlassen, was die abgetretenen Forderungen in ihrem Wert schmälern und in ihrem Bestand gefährden könnte. Der Zedent hat die Zessionarin unverzüglich zu informieren, wenn sich der Wert einer abgetretenen Forderung wesentlich ändert.

(4) Auskunft über Aufrechnungsmöglichkeiten
Auf Anforderung durch die Zessionarin hat der Zedent schriftlich zu erklären, ob und welche zur Aufrechnung geeignete Gegenforderungen ein Schuldner hat.

§ 6 Urkundenauslieferung durch den Zedenten

(1) Urkunden in Bezug auf die Forderung
Der Zedent ist verpflichtet, der Zessionarin auf Anforderung folgende Urkunden zu überlassen: ... Weitergehende Rechte der Zessionarin auf Auskunft und Urkundenauslieferung gem. § 402 BGB bleiben hiervon unberührt.

(2) Urkunden in Bezug auf die Abtretung
Der Zedent ist verpflichtet, der Zessionarin auf schriftliches Verlangen für jede Forderung eine schriftliche Abtretungsanzeige iS von § 410 Abs. 2 BGB auszuhändigen, und zwar zum Zwecke der Vorlage an den Schuldner gem. § 410 im Sicherungsfall. Die Pflicht des Zedenten zur Aushändigung einer öffentlich beglaubigten Urkunde nach § 403 BGB bleibt hiervor unberührt.

§ 7 Verpflichtung des Zedenten zur Nachsicherung

Falls der Zedent auch Schuldner der gesicherten Ansprüche ist, ist er zur Bestellung weiterer Sicherheiten verpflichtet, wenn aufgrund nach Abschluss dieser Vereinbarung eingetretener oder bekannt gewordener Umstände der Sicherungswert der abgetretenen Forderungen 110 % des Wertes der gesicherten Forderung unterschreitet.

§ 8 Einziehung der Forderung durch den Zedenten

(1) Einziehungsermächtigung und -verpflichtung[21]
Der Zedent ist berechtigt und verpflichtet, die abgetretenen Forderungen im Rahmen eines ordnungsgemäßen Geschäftsbetriebs im eigenen Namen einzuziehen und die Schecks und Wechsel einzulösen. Die Forderungseinziehung bzw die Einlösung von Schecks oder Wechseln hat auf das bei der Zessionarin geführte Konto des Zedenten mit der Kontonummer ... zu erfolgen.[22]

(2) Erlöschen des Einziehungsrechtes
Das Einziehungsrecht erlischt, wenn vom Zedenten selbst Antrag auf Eröffnung eines Insolvenzverfahrens über sein Vermögen gestellt wird, wenn sonst ein Antrag auf Eröffnung eines Insolvenzverfahrens über das Vermögen des Zedenten gestellt wird und dieser Antrag dem Zedenten zugestellt wird[23] oder wenn es von der Zessionarin widerrufen wird.
Die Zessionarin ist zum Widerruf berechtigt, wenn der Verwertungsfall (s. unten § 9 Sicherungsfall und Verwertung) eingetreten ist oder der Zedent seine Pflichten aus diesem Vertrag erheblich verletzt hat.[24]

(3) Information über Leistungseingang
Auf Verlangen der Zessionarin ist der Zedent verpflichtet, der Zessionarin über den Eingang von Leistungen oder Teilleistungen – unabhängig von deren Form (zB Barzahlung, Überweisung oder Wertpapiere) – zu informieren, und zwar unter Angabe der Forderung, auf die die Leistung erbracht wurde.

(4) Übertragung der Leistungen auf die Zessionarin
Bargeld und Schecks: Das Eigentum an Bargeld und Schecks[25] geht im Zeitpunkt des Erwerbs durch den Zedenten auf die Zessionarin über. Die Übergabe an die Zessionarin wird zunächst dadurch ersetzt, dass der Zedent das Geld oder den Scheck für die Zessionarin unentgeltlich verwahrt.[26] Bargeld ist unverzüglich der Zessionarin abzuliefern. Schecks sind vom Zedenten zu indossieren und unverzüglich der Zessionarin zu übergeben.

(5) Wechsel[27]
Bei Zahlung durch Wechsel tritt der Zedent die ihm hieraus zustehenden Rechte hiermit im Voraus sicherungshalber an die Zessionarin ab. Die Übergabe an die Zessionarin wird zunächst dadurch ersetzt, dass der Zedent den Wechsel für die Zessionarin unentgeltlich verwahrt. Die Wechsel sind vom Zedenten zu indossieren und unverzüglich der Zessionarin zu übergeben.

Wenn für die Übertragung der Leistungen auf die Zessionarin zusätzliche Handlungen und/oder Erklärungen notwendig sind, ist der Zedent verpflichtet, diese auf Verlangen der Zessionarin abzugeben bzw vorzunehmen.

§ 9 Sicherungsfall und Verwertung[28]

(1) Offenlegung der Forderungsabtretung
Die Forderungsabtretung wird von der Zessionarin den Schuldnern zunächst nicht offengelegt. Die Zessionarin ist mit Eintritt des Sicherungsfalles (siehe hierzu unten (2)) zur Offenlegung berechtigt.

(2) Sicherungsfall
Der Sicherungsfall als Voraussetzung für die Verwertung ist gegeben, wenn mit diesem Vertrag gesicherte Forderungen fällig sind und der Zedent mit seinen Zahlungen ganz oder teilweise im Verzug ist[29] oder wenn der Zedent seine Zahlungen eingestellt hat oder wenn vom Zedenten selbst Antrag auf Eröffnung eines Insolvenzverfahrens über sein Vermögen gestellt wird[30] oder wenn sonst ein Antrag auf Eröffnung eines Insolvenzverfahrens über das Vermögen des Zedenten gestellt wird und dieser Antrag dem Zedenten zugestellt wird.[31]

(3) Androhung von Offenlegung und Verwertung
Im Falle des Zahlungsverzuges des Zedenten bzgl eines durch diese Vereinbarung gesicherten Anspruchs der Zessionarin ist die Offenlegung und Verwertung dem Zessionar zunächst schriftlich anzudrohen.[32] Die Zahlungsfrist ist von der Zessionarin so zu bemessen, dass dem Zedenten die Möglichkeit eröffnet wird, Einwendungen vorzubringen oder den den Verwertungsfall auslösenden Verzug zu beseitigen. Ist der Zedent Kaufmann, beträgt die Frist eine Woche, andernfalls einen Monat.

(4) Art der Verwertung

1. Verwertung von Forderungen
Die Zessionarin ist berechtigt – nicht verpflichtet -, die abgetretenen Forderungen einzuziehen oder auch in anderer Weise als durch Einziehung nach ihrem billigen Ermessen zu verwerten. Bei der Forderungseinziehung darf die Zessionarin alle Maßnahmen ergreifen und alle Vereinbarungen mit Drittschuldnern treffen, die sie zur Eintreibung der Forderungen für zweckmäßig hält. Insb. darf die Zessionarin die Forderungen stunden, teilweise erlassen und zum Gegenstand von Vergleichen machen. Das Tilgungsbestimmungsrecht bzgl der Verwendung der Erlöse aus der Verwertung einer Sicherheit steht der Zessionarin zu.[33] Soweit es zur Geltendmachung der abgetretenen Forderungen erforderlich ist, ist der Zedent zur Vorlage von Unterlagen und zur Auskunftserteilung entsprechend § 4 dieses Vertrages verpflichtet. Die Pflichten des Zedenten zur Auskunftserteilung und Urkundenauslieferung gem. § 402 BGB bleiben unberührt.

2. Sonstige Sicherungsrechte[34]
Die Zessionarin darf sonstige Sicherungsrechte auch in anderer Weise als durch Veräußerung nach ihrem billigen Ermessen verwerten; insb. darf die Zessionarin die Sicherheit unter Ansatz des Verkehrswertes selbst übernehmen.

(5) Auswahl der Verwertungsgegenstände
Die Zessionarin ist berechtigt, unter mehreren Sicherungsrechten auszuwählen, welches sie verwertet. Die Zessionarin hat hierbei auf die Interessen des Zedenten Rücksicht zu nehmen.[35]

(6) Verwendung des Verwertungserlöses

1. Unterdeckung
Ist der Verwertungserlös nicht ausreichend, um alle durch diese Abtretung gesicherten Forderungen zu tilgen, so wird der Erlös nach billigem Ermessen der Zessionarin auf die gesicherten Forderungen verrechnet.

2. Übererlös
   Ist der Verwertungserlös höher als die durch diese Abtretung gesicherten Forderungen, so wird der Überschuss an den Zedenten ausbezahlt.

§ 10 Freigabe von Sicherheiten

(1) Wegfall des Sicherungszwecks
Die Zessionarin hat ihre Rechte aus dieser Globalabtretung freizugeben und an den Zedenten zurückzuübertragen, sobald alle mit dieser Globalabtretung gesicherten Forderungen der Zessionarin erfüllt sind.[36] Die Rückübertragung an den Zedenten hat nicht zu erfolgen, wenn und soweit infolge von Zahlungen durch Bürgen oder Dritte auf gesicherte Forderungen die Zessionarin verpflichtet ist, die Sicherungsrechte auf den Dritten zu übertragen.[37]

(2) Übersicherung[38]
Die Zessionarin ist bereits vor Wegfall des Sicherungszwecks auf Verlangen des Zedenten zur Freigabe von Forderungen aus dieser Globalabtretung verpflichtet, wenn und soweit der realisierbare Wert (Sicherungswert)[39] aller abgetretenen Forderungen sowie aller sonstigen Sicherheiten 110 %[40] aller gesicherten Forderungen der Zessionarin – nicht nur kurzfristig – übersteigt.[41] Das Wahlrecht, welche Sicherheiten freigegeben werden, steht der Zessionarin zu.[42] Der Anspruch der Zessionarin auf spätere Nachsicherung bleibt hiervon unberührt. Die Deckungsgrenze von 110 % erhöht sich um den jeweils aktuellen Umsatzsteuersatz, soweit Verwertungserlöse mit einer Umsatzsteuerbelastung der Zessionarin einhergehen. Bei der Bewertung der sichernden Forderungen (Sicherungswert) wird zunächst vom Nennwert der Forderung ausgegangen. Vom Nennwert wird ein Sicherheitsabschlag von ■■■ % wegen der Gefahr von Forderungsausfällen vorgenommen.[43] Bei der Ermittlung des erzielbaren Erlöses werden folgende Forderungen nicht berücksichtigt: künftige Forderungen; Forderungen, die von Dritten wirksam gepfändet oder wirksam an Dritte verpfändet sind, falls das Recht des Dritten Vorrang hat; Forderungen, denen aufrechenbare Gegenforderungen des Schuldners gegenüberstehen; Forderungen, gegen die Mängelgewährleistungsansprüche eingewandt werden, in Höhe des geltend gemachten Gewährleistungsanspruches; Forderungen, die infolge gesetzlichen oder vertraglichen Abtretungsverbots nicht auf die Zessionarin übergegangen sind; Forderungen oder Teilforderungen, die infolge verlängerten Eigentumsvorbehalts noch nicht auf die Zessionarin übergegangen sind; Forderungen, bei denen der Schuldner seinen Sitz im Ausland hat.

(3) Kosten der Rückübertragung bzw Freigabe von Sicherheiten trägt ■■■

§ 11 Allgemeine Geschäftsbedingungen

Ergänzend gelten die Allgemeinen Geschäftsbedingungen (AGB) der Zessionarin. ◄

2. Erläuterungen und Varianten

Vgl auch die Muster mit Erläuterungen in Münchener Vertragshandbuch, Band 2: Wirtschaftsrecht I, Formular I 7 (Sicherungszession) und Formular I 8 (Globalzession). 26

[1] **Insolvenz.** Zur Globalzession im Insolvenzverfahren s. Gottwald, Insolvenzrechts-Handbuch § 43 Rn 70 ff. 27

[2] **Bezeichnung.** Es wird eine **Vielzahl oder Gesamtheit** von Forderungen „global" abgetreten. Zur Globalzession im Rahmen des Factorings vgl Rn 85. 28

[3] **Sicherungsnehmer.** Dies sind hauptsächlich **Geldkreditgeber** (Banken), aber auch **Warenkreditgeber** (Lieferanten). 29

[4] **Bestimmbarkeit.** Die für die Wirksamkeit der Vorausabtretung erforderliche Bestimmbarkeit – **im Zeitpunkt der Entstehung**, nicht der Übertragung der Forderung – verlangt eine Benennung der rechtlichen Entstehungsgrundlage und/oder eine Beschreibung des für die Entstehung relevanten Sachverhalts, so dass sich die Forderung bei ihrem Entstehen zuverlässig als – 30

vollständig oder teilweise – der Abtretung unterfallend definieren lässt (vgl im Einzelnen MüKo-BGB/*Roth* § 398 Rn 81). Zur Bestimmbarkeit der Forderungen bei einer Sicherungszession, bei der auch künftige Forderungen abgetreten werden, wenn jedoch das Abtretungsvolumen durch die offenen Forderungen aus der Geschäftsbeziehung zwischen den Parteien der Abtretung beschränkt ist (BGH BeckRS 2009 28929). Zu den Anforderungen an eine **Maximalzession** vgl MüKo-BGB/*Roth* § 398 Rn 75 und das Muster zur Gehaltsabtretung Rn 10.

31 [5] **Anfängliche Übersicherung.** Dem Umfang der Abtretung ist besondere Aufmerksamkeit zu schenken, denn eine anfängliche oder ursprüngliche Übersicherung führt zur **Sittenwidrigkeit** (§ 138) oder **Unangemessenheit** iS von § 307. Schon bei Vertragsschluss muss sicher sein, dass im Verwertungsfall ein Missverhältnis zwischen Sicherungswert (s. Rn 67 und 71) und zu sichernden Forderungen bestehen wird. Zum Missverhältnis zwischen Sicherungswert und gesicherten Ansprüchen – die Pauschalierung mit lediglich 150% wie bei der nachträglichen Übersicherung gilt hier nicht – sowie zur verwerflichen Gesinnung, auf die eine Übersicherung idR schließen lässt, s. MüKo-BGB/*Roth* § 398 Rn 132 und OLG Hamm BeckRS 2010 02549. Schwierigkeiten, den Sicherungsbedarf abzuschätzen, machen Anpassungs- und Freigabebestimmungen erforderlich (vgl MüKo-BGB/*Roth* § 398 Rn 131 f und 146). Zur **nachträglichen** Übersicherung, die nur zu einem Freigabeanspruch führt, s. BGH NJW 1998, 671 und Rn 66 und 69.

32 [6] **Bestimmung nach Kunden.** Es kann alternativ auch formuliert werden:

▶ Drittschuldner sind die in der diesem Vertrag beigefügten Liste aufgeführten Schuldner. ◀

33 [7] **Bestimmung nach Geschäftssparten.** Zur Beschreibung der Kunden kann statt des **Kundennamens** oder ergänzend zum Kundenamen zB auch auf einen bestimmten **Geschäftsbereich** abgestellt werden:

▶ alle Forderungen aus der Veräußerung von ...

alle Mietzinsforderungen aus der Vermietung der Wohnungen in den Objekten ... ◀

34 [8] **Kollision mit Eigentumsvorbehalt.** Eine Globalzession zugunsten von Geld- oder Warenkreditgeber ist **sittenwidrig,** soweit sie auch Forderungen erfassen soll, die der Sicherungsgeber auf Grund **branchenüblicher verlängerter** Eigentumsvorbehalte künftig abtreten muss und abtritt (vgl hierzu die Nachweise bei MüKo-BGB/*Roth* § 398 Rn 148). Kritisch hierzu und mit dem Vorschlag, eine in ihrem Umfang missbilligte Sicherungsabtretung auf ein angemessenes Maß zu reduzieren statt sie völlig zu verwerfen, MüKo-BGB/*Roth* § 398 Rn 159 ff.

35 [9] **Branchenunüblicher Eigentumsvorbehalt.** Einem solchen Eigentumsvorbehalt muss die Globalzession keinen Vorrang einräumen (BGH NJW 1987, 487).

36 [10] **Dinglicher Teilverzicht.** Zur Abwendung einer Sittenwidrigkeit ist ein solcher dinglicher Teilverzicht erforderlich; ein bloß **schuldrechtlicher** Teilverzicht reicht nicht (vgl MüKo-BGB/*Roth* § 398 Rn 150 und 151 und MüKo-BGB/*Armbrüster* § 138 Rn 102 ff). Andererseits ist es ausreichend, wenn dem Eigentumsvorbehaltsverkäufer (dinglich) ein Vorrang eingeräumt wird, die Forderung also aufschiebend bedingt – Bedingung ist, dass die Forderung nicht mehr vom Eigentumsvorbehalt erfasst wird – an die Zessionarin abgetreten wird (**Nachrangklausel**).

37 [11] **Kontokorrent.** Aufgrund einer **Kontokorrentabrede** ist die Einzelforderung nur ein unselbständiger Rechnungsposten (Baumbach/*Hopt* § 355 HGB Rn 7). Den **künftigen Salden** ist wegen **fehlender Insolvenzfestigkeit** größte Aufmerksamkeit zu widmen; die Vorausabtretung kontokorrentgebundener Forderungen und des kausalen Schlusssaldos aus dem Kontokorrent führt nicht (mehr) zum Rechtserwerb des Zessionars, wenn die Kontokorrentabrede erst mit der Insolvenzeröffnung erlischt BGH NJW 2009, 2677. Der Problematik kann unter Umständen dadurch etwas entschärft werden, dass durch entsprechende Vertragsgestaltung auf eine Saldierung in kürzeren Zeitabständen hingewirkt wird.

[12] **Gestaltungsrechte.** Zur Übertragung von Gestaltungsrechten vgl im Einzelnen die Ausführungen zu § 401 und § 413. 38

[13] **Ergänzende Übertragungspflichten.** Aufgrund der Vielgestaltigkeit der Rechte, deren Übertragung (dinglich) vereinbart ist, ist klarstellend bzw ergänzend die schuldrechtliche Verpflichtung zur Herbeiführung des Rechtsübergangs für den Fall aufzunehmen, dass die Vereinbarung allein (noch) nicht ausreichend ist. 39

[14] **Umfang der Zweckerklärung.** Hier ist stets darauf zu achten, dass keine **unangemessene Benachteiligung** (§ 307) des Sicherungsgebers entsteht (vgl hierzu MüKo-BGB/*Roth* § 398 Rn 133). 40

[15] **Variierender Sicherungsbedarf.** Die Globalzession ist typischerweise eine Sicherheit für eine wechselnde Mehrheit von Forderungen oder von Forderungen in wechselnder Höhe. 41

[16] **Gesicherte Person.** Gesichert werden im Muster nur Ansprüche der Zessionarin, nicht eines Dritten. 42

[17] **Gesicherte Ansprüche.** Bei Globalzessionen zugunsten einer Bank wird üblicherweise formuliert: 43

▶ aus ihrer bankmäßigen Geschäftsverbindung mit ▪▪▪. ◀

[18] **„Geschäftsverbindung".** Zu diesem **Begriff**, der auch die Abtretung von Ansprüchen Dritter gegen den Sicherungsgeber an die Bank erfasst, und zum Rechtsmissbrauch, wenn die Abtretung dem Dritten nur von der Bank nicht benötigte Sicherheiten verschaffen soll, vgl BGH MDR 2009, 211. 44

Die gesicherten Ansprüche können **gegen den Zedenten oder einen Dritten** gerichtet sein. Werden Ansprüche gegen einen Dritten (Personenverschiedenheit von Kreditnehmer und Sicherungsgeber) gesichert, ist die Zweckabrede auf Ansprüche zu beschränken, die im Zeitpunkt der Sicherungsabrede **bereits bestehen**, da andernfalls die Gefahr besteht, dass die Klausel überraschend iS von § 305 c Abs. 1 ist (vgl hierzu Hk-BGB/*Schulte-Nölke* § 305 c Rn 3). Zudem müssen die bestehenden Ansprüche gegen den Dritten für den Sicherungsgeber **erkennbar** sein. 45

[19] **Forderungsverzeichnisse.** Sie haben nur deklaratorischen Charakter. Für die Bestimmung, welche Forderungen tatsächlich übergehen, ist die Abtretungsvereinbarung maßgebend. 46

[20] **Garantieversprechen.** Anders als nach § 437 aF sieht das neue Recht (§ 453) keine verschuldensunabhängige Haftung für den Bestand einer Forderung vor. Eine **Garantiehaftung** müsste also gesondert vereinbart werden. Problematisch ist jedoch die Vereinbarung in **AGB** wegen des hierzu bisher generell ablehnenden Standpunkts des BGH (vgl hierzu BeckOK-BGB/*Faust* § 453 Rn 19). Für die Zulässigkeit der Vereinbarung einer verschuldensabhängigen Haftung in AGB speziell bzgl des Bestandes von Forderungen mit dem Argument der alleinigen **Risikobeherrschung** durch den Verkäufer und Zedenten allerdings BeckOK-BGB/*Faust* § 453 Rn 19. Eine solche Vereinbarung, die vorsorglich **individualvertraglich** zu treffen wäre, würde zB lauten: 47

▶ Der Zedent versichert, dass die Forderungen, die in ein Forderungsverzeichnis aufgenommen werden, tatsächlich bestehen, nicht unabtretbar und nicht gepfändet, verpfändet oder abgetreten sind – mit Ausnahme einer Abtretung infolge verlängerten Eigentumsvorbehalts –, und dass keine Gegenforderungen bestehen, die dem Schuldner die Aufrechnung oder die Geltendmachung eines Zurückbehaltungsrechtes ermöglichen. ◀ 48

[21] **Einziehungsermächtigung.** S. hierzu MüKo-BGB/*Schramm* § 185 Rn 40 ff. 49

[22] **Zahlstelle.** Die Zahlungen auf das vom Sicherungsnehmer geführte Konto des Zedenten sind Zahlungen an den Zedenten. Die Bank fungiert nur als **Zahlstelle**. 50

51 [23] **Insolvenzantrag.** Anders als beim **Eigenantrag** des Zedenten auf Eröffnung des **Insolvenzverfahrens** ist bei einem **Antrag durch einen Gläubiger** des Zedenten sicherzustellen, dass dieser nicht missbräuchlich ist. Nach Eingang des Insolvenzantrages bei Gericht prüft dieses die formelle und materielle Wirksamkeit des Antrags, die eine Glaubhaftmachung von Forderung und Eröffnungsgrund verlangt. Dieses einseitige Zulassungsverfahren endet, soweit der Eröffnungsantrag nicht als unzulässig zurückgewiesen wird (vgl hierzu MüKo-InsO/*Ganter* § 14 Rn 104 und 107), mit der Zustellung des Antrags an den Schuldner (vgl im Einzelnen MüKo-InsO/*Ganter* Vorbem vor §§ 2 bis 10 Rn 16). Zur Behandlung der sicherungsweise abgetretenen Forderungen im Insolvenzverfahren vgl BGH NJW 2009, 2304 (keine Empfangsberechtigung des Sicherungszessionars für Leistung des Drittschuldners bei Kenntnis von Verfahrenseröffnung) und BGH NZI 2009, 312.

52 [24] **Pflichtverletzung.** Bei der **erheblichen** Pflichtverletzung ist zu beachten, dass sie zwar als Grund für einen Widerruf der Einziehungsermächtigung bestimmt werden kann, dass sie allein aber nicht den Sicherungsfall begründen kann. Bei einer erheblichen Pflichtverletzung hat die Zessionarin ggf durch eine Kündigung nach § 314 die Fälligkeit der gesicherten Forderung und damit den Sicherungsfall herbeizuführen (MüKo-BGB/*Oechsler* Anhang nach §§ 929-936 Rn 48).

53 [25] **Schecks.** Sie werden wie Wechsel grds. durch Indossament und Übereignung der Urkunde – Inhaberschecks nur durch Übereignung – übertragen (Art. 14 ScheckG).

54 [26] **Besitzkonstitut.** Für den Fall, dass der Zedent nicht unmittelbarer Besitzer ist, kann zusätzlich auch die (Voraus-)Abtretung des Herausgabeanspruchs gegen den unmittelbaren Besitzer vereinbart werden.

55 [27] **Wechsel.** Sie können durch Abtretung des verbrieften Rechts oder durch Indossament (Art. 11 Abs. 1 WG) übertragen werden. Für die Abtretung ist zusätzlich zur Einigung die Übergabe der Urkunde oder ein Übergabesurrogat notwendig. Für die Übertragung durch Indossament ist auch die Übereignung der Urkunde notwendig.

56 [28] **Sicherungsfall und Verwertung.** Sicherungsfall und Verwertung sind zu unterscheiden. Der Sicherungsfall entspricht der Pfandreife iS von § 1228 Abs. 2 S. 1, die Verwertung entspricht der Befriedigung durch Pfandverkauf nach § 1228 Abs. 1, die gem. § 1234 Abs. 1 grds. der Androhung bedarf. Der Sicherungsgeber muss die Möglichkeit der Abwendung der Offenlegung haben (BGH NJW-RR 2005, 1408).

57 [29] **Fälligkeit.** Grds. ist bereits die Nichtleistung trotz Fälligkeit für den Eintritt des Sicherungsfalles ausreichend (vgl MüKo-BGB/*Oechsler* Anhang nach §§ 929-936 Rn 48).

58 [30] **Insolvenz.** Zur Behandlung der sicherungsweise abgetretenen Forderungen im Insolvenzverfahren vgl **§§ 51 Nr. 1, 166 Abs. 2, 168 Abs. 3 S. 1 und 170 Abs. 1 InsO** sowie BGH NJW 2009, 2304 und BGH NZI 2009, 312. Zu den Anfechtungsmöglichkeiten s. MüKo-BGB/*Roth* § 398 Rn 84 ff. Zur Insolvenzanfechtung – speziell bei künftigen Forderungen – s. BGH NJW 2008, 430 und *Kammel/Staps*, Die Deckungsanfechtung von Globalzessionen, NZI 2008, 143. Zur Behandlung kontokorrentgebundener Forderungen s. BGH NJW 2009, 2677.

59 [31] **Missbräuchlicher Insolvenzantrag.** Vgl hierzu Rn 51 und BGH NJW 2004, 1385, BGH NZI 2006, 353, BGH NZI 2006, 588 und BGH BeckRS 2008, 11779.

60 [32] **Androhung der Verwertung.** In Fällen bloßer Nichtleistung bei Fälligkeit, also unabhängig von einer vollständiger Zahlungseinstellung und einem Insolvenzantrag, benachteiligt eine Verwertungsregelung ohne Androhung den Sicherungsgeber unangemessen (BGH NJW 1996, 847).

61 [33] **Tilgungsbestimmung.** Der **Sicherungsgeber** hat im Falle der Verwertung einer sicherungshalber abgetretenen Forderung **kein Tilgungsbestimmungsrecht** (BGH NJW 2008, 2842). Wird

auch vom Sicherungsnehmer keine wirksame Tilgungsbestimmung getroffen, kommt § 366 Abs. 2 zur Anwendung (BGH NJW 2008, 2842).

[34] **Umsatzsteuer.** Vgl hierzu exemplarisch *Siebert*, Die Verwertung der unter Eigentumsvorbehalt gelieferten Gegenstände im Umsatzsteuerrecht, NZI 2008, 529. 62

[35] **Schonende Verwertung.** S. zu diesem Grundsatz MüKo-BGB/*Roth* § 241 Rn 80. 63

[36] **Rechtsmissbräuchlicher Forderungserwerb.** Ein Sicherungsnehmer handelt rechtsmissbräuchlich, wenn er ihm sicherungsweise abgetretene Forderungen für solche Forderungen in Anspruch nimmt, die er zwar in banküblicher Weise erworben hat, deren Einziehung aber ohne eigenes wirtschaftliches Interesse nur erfolgt, um dem Zedenten Deckung aus den von ihm nicht voll benötigten Sicherheiten zu verschaffen (BGH NJW 1983, 1735). 64

[37] **Sicherheitenübertragung auf Dritte.** Beim gesetzlichen Forderungsübergang (zB nach § 774) erfolgt der Übergang von Nebenrechten ohnehin gem. §§ 412, 401. Bei selbständigen Sicherungsrechten, für die § 401 nicht gilt, kann sich eine schuldrechtliche Verpflichtung zur Übertragung ergeben (vgl Hk-BGB/*Schulze* § 401 Rn 2). 65

[38] **Freigabeanspruch.** Eine Vereinbarung hierzu ist nicht zwingend erforderlich. Auch ohne ausdrückliche vertragliche Regelung hat der Sicherungsgeber bei **nachträglicher Übersicherung** einen aus § 157 oder § 242 abgeleiteten vertraglichen Freigabeanspruch (vgl hierzu BGH NJW 1998, 671, MüKo-BGB/*Roth* § 398 Rn 122 und 146 sowie MüKo-BGB/*Kieninger* § 307 Rn 259 ff). Der Sicherungsnehmer hat dadurch nicht mehr das Risiko der Unwirksamkeit der Zession wegen Übersicherung. Anderes gilt jedoch für die **anfängliche** Übersicherung (vgl Rn 31). 66

[39] **Sicherungswert.** Das ist der bei der Verwertung voraussichtlich erzielbare Wert (BGH NJW 1998, 671). 67

[40] **Deckungsgrenze.** Zur Deckungsgrenze **von 110 %** (Verhältnis Sicherungswert zu gesicherten Forderungen) vgl BGH NJW 1998, 671 und MüKo-BGB/*Roth* § 398 Rn 100 und 126. Der 10%ige Aufschlag deckt die Feststellungs-, Verwertungs- und Rechtsverfolgungskosten ab. 68

[41] **Nachträgliche Übersicherung.** Da der **Sicherungswert** (der bei der Verwertung erzielbare Erlös) idR um ein Drittel niedriger ist als der **Nennwert** der Forderungen, kann eine Übersicherung grds. erst dann angenommen werden, wenn die **Nennbeträge** der abgetretenen Forderungen die **gesicherten Ansprüche** um mehr als **50 %** – hierin sind die 10 % für Feststellungs-, Verwertungs- und Rechtsverfolgungskosten enthalten – **überschreiten** (BGH NJW 1998, 671). 69

[42] **Wahlrecht bei Freigabe.** Auch ohne Vereinbarung kann der Sicherungsnehmer wählen, welche Sicherheiten er freigeben will (§ 262) (vgl MüKo-BGB/*Roth* § 398 Rn 125). 70

[43] **Sicherungswert.** Zur Pauschalierung (iS einer Vermutung) des Sicherungswertes der abgetretenen Forderungen auf **2/3 des Nennwertes** (Bewertungsabschlag von einem Drittel) s. BGH NJW 1998, 671, 677. 71

IV. Factoring-Vertrag

1. Muster: Bausteine für Factoring-Verträge 72

▶ **Factoring-Vertrag**[1] 259

zwischen

▪▪▪ – nachfolgend Unternehmen[2] – und ▪▪▪ – nachfolgend Factor –

§ 1 Forderungskauf

(1) Kaufangebot

Das Unternehmen ist verpflichtet, dem Factor alle bereits seit ▪▪▪ bestehenden und künftig entstehenden Geldforderungen gegen seine Kunden aus vollständig erbrachten Warenlieferungen und Dienstleistungen fortlaufend zum Kauf anzubieten. Ausgenommen hiervon sind Forderungen gegen folgende Kunden des Unternehmens: ■■■[3] Das Unternehmen teilt zur Unterbreitung des Angebots dem Factor jeden Vertragschluss, durch den eine Geldforderung iSv von Satz 1 begründet wird, unverzüglich schriftlich durch Übersendung einer Kopie der Rechnung[4] oder elektronisch gemäß der gesonderten Vereinbarung zur Datenübertragung mit. Die Mitteilung muss mindestens enthalten: Schuldner, Schuldgrund, Art der Leistung, Menge bzw Umfang der Leistung, Forderungshöhe und Fälligkeit. Stets sind die für eine Forderung bestehenden Sicherungsrechte des Unternehmens mitzuteilen.

(2) Annahme des Kaufangebots
Der Factor ist verpflichtet, die angebotenen Forderungen in der Reihenfolge der Rechnungsdaten durch Angebotsannahme zu kaufen. Der Kaufvertrag über eine Forderung kommt zustande, wenn der Factor nicht innerhalb von ■■■ Tagen nach Zugang des Kaufangebots die Ablehnung[5] des Angebots erklärt.[6] Der Factor darf den Ankauf von Forderungen ablehnen, wenn für die Forderung ein Abtretungsverbot besteht, das auch unter Berücksichtigung von § 354 a HGB[7] wirksam ist, wenn eine (Voraus-)Abtretung der Forderung durch das Unternehmen bereits erfolgt ist,[8] wenn ein Zahlungsziel von mehr als ■■■ Tagen eingeräumt ist, wenn die Forderung sich gegen einen Kunden richtet, der gemäß (1) von der Angebotspflicht ausgenommen wurde, wenn die Forderung sich gegen einen erst nach Abschluss dieses Vertrages gewonnen Kunden des Unternehmens richtet und die Ablehnung mit der Kreditunwürdigkeit des Kunden, die nicht dargelegt werden muss, begründet wird, wenn das vom Factor bestimmte Kauflimit für den einzelnen Kunden überschritten würde[9] oder wenn der vereinbarte Höchstbetrag für die Summe aller offenen Forderungen überschritten würde.[10]
Der Höchstbetrag für die Summe aller offenen Forderungen (Gesamtlimit) beträgt: EUR ■■■ Der Höchstbetrag für die Summe der offenen Forderungen einzelner Kunden wird gesondert festgelegt.[11] Für die bei Abschluss dieser Vereinbarung bereits vorhandenen Kunden erfolgt die Bestimmung des Höchstbetrages durch Vereinbarung der Vertragsparteien im Anhang zu diesem Vertrag. Für künftige Neukunden des Unternehmens erfolgt die Bestimmung des Limits durch den Factor unter Berücksichtigung der nach banküblichen Grundsätzen einzuschätzenden Bonität der Neukunden. Der für einzelne Kunden bereits jetzt oder künftig bestimmte Höchstbetrag kann vom Factor herabgesetzt werden, wenn nach den für die Beurteilung der Bonität banküblichen Grundsätzen eine Verschlechterung der Kreditwürdigkeit des Kunden eingetreten ist. Dies gilt insb. bei wiederholtem Zahlungsverzug und bei Wechsel- und Scheckprotesten. Die Herabsetzung hat keine Auswirkung auf bereits gekaufte Forderungen oder auf Forderungen, für die das Unternehmen bereits die Gegenleistung an seinen Kunden erbracht hat.

(3) Rücktrittsrecht des Factors
Der Factor ist berechtigt, vom Kauf einer Forderung zurückzutreten, wenn gegen die Forderung Einwendungen oder Gegenforderungen geltend gemacht werden oder wenn vom Schuldner die Unabtretbarkeit der Forderung geltend gemacht wird. Die Rücktrittserklärung hat schriftlich binnen 2 Wochen nach Bekanntgabe der Einwendungen oder Gegenforderungen durch das Unternehmen gem. § 8 (3) zu erfolgen. Für den Fall des Rücktritts gehen die Forderung sowie Neben- und Sicherungsrechte wieder auf das Unternehmen über, worüber sich die Parteien bereits jetzt einig sind. Für die Forderung gelten dann die Vertragsbestimmungen für Forderungen, deren Ankauf abgelehnt wurde. Gutschriften werden rückwirkend zurückbelastet.

§ 2 Abtretung

(1) Einigung über den Forderungsübergang
Die Vertragsparteien sind sich hiermit über die Abtretung aller gegenwärtigen und künftigen Forderungen[12] des Unternehmens gegen seine Abnehmer nach § 1 dieses Vertrages[13] an den Factor einig. Die Abtretung erfolgt für jede abgetretene Forderung unter der aufschiebenden

Bedingung, dass über die Forderung ein Kaufvertrag nach § 1 dieses Vertrages zustande kommt.[14]

Bei Forderungen, die das Unternehmen im Rahmen eines verlängerten Eigentumsvorbehalts an seinen Lieferanten bereits abgetreten hat, sind sich die Vertragsparteien einig, dass der Forderungsübergang in dem Zeitpunkt erfolgt, in dem die Forderung wegen Wegfalls des verlängerten Eigentumsvorbehalts (insb. durch Befriedigung des Lieferanten oder durch dessen Verzicht auf die Sicherheit) wieder auf das Unternehmen übergeht.[15]

(2) Erwerb von Teilforderungen

Wird eine Forderung nur zum Teil angekauft, so hat der vom Factor erworbene Teil Vorrang zu seinen Gunsten vor dem nicht erworbenen Teil.

(3) Nachträglicher Forderungsübergang

Aufhebung eines Abtretungsverbots: Bei späterer Aufhebung eines wirksamen Abtretungsverbots für eine Forderung geht diese Forderung bei Vorliegen der Voraussetzungen des § 2 (1) mit Aufhebung des Verbots auf den Factor über.

Verlängerter Eigentumsvorbehalt: s. (1)

(4) Kontokorrent

Bei Bestehen eines Kontokorrentverhältnisses zwischen dem Unternehmen und einem Abnehmer erfasst die Abtretung auch die Saldoforderung des Unternehmens.

(5) Neben- und Sicherungsrechte

Die Vertragsparteien sind sich einig, dass mit Übergang einer Forderung auch alle Neben- und Sicherungsrechte einschließlich Vorbehalts- und Sicherungseigentum auf den Factor übergehen. Das Unternehmen tritt hiermit zum Zwecke der Übereignung von Vorbehaltsware oder von Sicherungsgut seinen Herausgabeanspruch gegen den Besitzer an den Factor ab. Soweit der Unternehmer Besitzer des Sicherungsgutes ist, wird die Übergabe dadurch ersetzt, dass das Unternehmen unentgeltlich für den Factor verwahrt. Das Unternehmen überträgt das sich aus ihren Verkäufen unter Eigentumsvorbehalt ergebende Rücktrittsrecht an den Factor.

Rechte, die der Durchsetzung oder Sicherung einer verkauften Forderung dienen und nicht bereits kraft Gesetzes oder aufgrund dieser Vereinbarung[16] auf den Factor übergegangen sind, hat das Unternehmen dem Factor auf Verlangen zu übertragen.

(6) Ansprüche gegen Transporteur und Versicherer

Die Vertragsparteien sind sich einig, dass mit Übergang einer Forderung auch alle Ansprüche aus Versicherungen, die für abgetretene Ansprüche oder sicherungsweise übereignete Sachen bestehen, auf den Factor übergehen.

(7) Einziehungsermächtigung: Bei Forderungen, die wegen Ablehnung des Kaufs nicht auf den Factor übergehen, ist der Factor zur Einziehung[17] ermächtigt.[18]

§ 3 Garantieversprechen des Unternehmens

...[19]

§ 4 Risiko des Forderungsausfalls (Delkredere)[20]

Für angekaufte Forderungen trägt der Factor das Risiko der Zahlungsunfähigkeit der Schuldner und somit der Einbringlichkeit der Forderung. Zahlungsunfähigkeit wird vermutet, wenn die Forderung nicht innerhalb von ... Tagen ab Fälligkeit beglichen wird. Diese Vermutung gilt nicht, wenn der Schuldner das Bestehen der Forderung – vor oder auch nach Ablauf der vorgenannten Frist – substanziiert bestreitet.

§ 5 Konten

Der Factor führt ein Abrechnungs-, ein Sperr- und ein Treuhandkonto.

§ 6 Kaufpreis, Factoringentgelt, Zinsen, Sicherheitseinbehalt und Abrechnung bei abgetretenen Forderungen

(1) Für die vom Factor mit Delkredere-Risiko angekauften Forderungen schuldet das Unternehmen ein Factoringentgelt von ▪▪▪ % des Rechnungsbetrages sowie Zinsen iHv ▪▪▪ % p.a. vom Zeitpunkt der Gutschrift des Kaufpreises auf dem Abrechnungskonto des Unternehmens bis zum Zahlungseingang beim Factor oder dem Zeitpunkt der Eintrittspflicht des Factors im Delkrederefall. Der Factor zahlt für die Forderungen einen Kaufpreis in Höhe des jeweiligen Rechnungsbetrages abzüglich Factoringentgelt und Zinsen.[21] Ist die tatsächliche Forderungshöhe niedriger als der Rechnungsbetrag, ist dieser Betrag maßgebend. Ein Umsatzsteuererstattungsanspruch des Unternehmens im Falle der Zahlungsunfähigkeit des Kunden ist Kaufpreis mindernd zu berücksichtigen. Der Kaufpreis ist – abzüglich des Sicherheitseinbehalts – am ersten Werktag nach dem Zustandekommen des Forderungskaufs fällig.

(2) Der Factor führt für das Unternehmen ein Abrechnungskonto, dem die Beträge der angekauften Forderungen abzüglich des Factoringentgelts sowie abzüglich eines Einbehalts zur Sicherung von Ansprüchen des Factors gegen das Unternehmen (Sicherheitseinbehalt) von ▪▪▪ % des Forderungsbetrages gutgeschrieben werden. Die vom Unternehmen zu tragenden Zinsen werden erst bei Abrechnung des Sperrkontos verrechnet. Das Unternehmen darf über das Abrechnungskonto verfügen.

(3) Der Sicherheitseinbehalt von ▪▪▪ % des Forderungsbetrags wird auf dem vom Factor zu führenden Sperrkonto verbucht, das dem Factor zur Sicherung seiner Ansprüche aus diesem Vertrag dient. Mit Begleichung der Forderung (Eingang der Debitorenzahlung), spätestens jedoch im Delkrederefall wird der Sicherheitseinbehalt vom Sperrkonto auf das Abrechnungskonto übertragen.

(4) Die Guthaben auf dem Sperrkonto werden wie folgt verzinst: ▪▪▪

§ 7 Inkassoentgelt und Abrechnung bei nur zur Einziehung übernommenen Forderungen[22]

(1) Für Forderungen, die vom Factor nicht erworben, sondern nur zur Einziehung übernommen wurden, zahlt das Unternehmen ein Inkassoentgelt iHv ▪▪▪ % des Rechnungsbetrages an den Factor.

(2) Die Forderungen werden auf ein Treuhandkonto eingezogen und nach Zahlungseingang im Nennbetrag abzüglich des Inkassoentgelts dem Abrechnungskonto gutgeschrieben. Ein Abzug des Inkassoentgelts erfolgt nicht, wenn die Forderung von einem verlängerten Eigentumsvorbehalt erfasst wird.[23]

§ 8 Debitorenbuchhaltung

Der Factor führt die Debitorenbuchhaltung für das Unternehmen, auch soweit Forderungen wegen Ablehnung des Kaufs nicht erworben wurden. ▪▪▪

§ 9 Forderungseinziehung

(1) Die außergerichtliche und gerichtliche Durchsetzung der gekauften Forderungen obliegt dem Factor.[24] Die Kosten der Rechtsverfolgung trägt ▪▪▪.[25]

(2) Sieht der Factor auf Wunsch des Unternehmens von der Einziehung einer Forderung ab, so kann der Factor Befreiung von seiner Haftung für den Forderungsausfall (§ 4) verlangen.

§ 10 Weitere Pflichten des Unternehmens

(1) Bekanntgabe des Factoringvertrages
Das Unternehmen informiert seine Abnehmer über den Abschluss dieses Factoringvertrages und die damit verbundene Forderungsabtretung. In den Rechnungen ist auf den Factoringvertrag und die Forderungsabtretung hinzuweisen und die Kunden sind unter Belehrung, dass eine schuldbefreiende Leistung nur an den Factor möglich ist, anzuweisen, ausschließlich auf das Konto des Factors zu zahlen.[26] Bzgl der im Zeitpunkt des Vertragsschlusses bereits erteilten Rechnungen vereinbaren die Vertragsparteien folgendes: ▪▪▪ Das Unternehmen erteilt dem Factor eine für die

Vertragszeit unwiderrufliche Vollmacht, die Abtretung gegenüber den Schuldnern anzuzeigen, wozu der Factor jederzeit berechtigt ist.

(2) Informations- und Urkundenauslieferungspflicht gegenüber dem Factor
Das Unternehmen teilt dem Factor unverzüglich mit, wenn ein Abnehmer Einwendungen gegen die Forderung erhebt, und es nimmt zugleich zu den erhobenen Einwendungen Stellung. Berechtigten Einwendungen hat das Unternehmen unverzüglich abzuhelfen (zB durch Nachbesserung). Das Unternehmen teilt dem Factor unverzüglich mit, wenn Gegenforderungen des Kunden gegen das Unternehmen bestehen oder solche Gegenforderungen behauptet werden. Das Unternehmen teilt dem Factor unverzüglich mit, wenn ihm Umstände bekannt werden, die auf eine Verschlechterung der Zahlungsfähigkeit des Kunden schließen lassen. Das Unternehmen teilt dem Factor unverzüglich mit, wenn Waren zurückgesandt wurden, für die die Kaufpreisforderung an den Factor abgetreten wurde, und äußert sich zugleich zu den Gründen der Rücksendung.[27] Das Unternehmen unterstützt den Factor bei der Durchsetzung der Forderungen und Verwertung von Sicherheiten durch Auskunftserteilung und Urkundenauslieferung auf Anforderung des Factors.[28] Das Unternehmen hat dem Factor im Hinblick auf dessen mögliche Haftung, insb. nach § 13 c UStG, nachfolgende Unterlagen innerhalb der nachfolgend genannten Fristen auszuliefern:[29] ■■■

(3) Behandlung von Zahlungseingängen beim Unternehmen
Das Unternehmen ist verpflichtet, Zahlungen auf abgetretene Forderungen sofort an den Factor weiterzuleiten. Der Factor ist sofort über den Zahlungseingang zu informieren. Schecks und Wechsel ■■■.[30] Das Unternehmen ist verpflichtet, Zahlungen auf Forderungen, deren Ankauf vom Factor abgelehnt wurde, dem Factor sofort mitzuteilen.

(4) Gestattung der Buchprüfung ■■■.[31]

(5) Zahlung bei Eigentumsvorbehalt ■■■.[32]

(6) Kontokorrent
Das Unternehmen ist verpflichtet, auf Verlangen des Factors ein bestehendes Kontokorrentverhältnis zu kündigen.

(7) Zahlungsziel
Das Unternehmen ist verpflichtet, seinen Kunden maximal 90 Tage Zahlungsziel zu gewähren.

(8) Abtretungsverbot
Das Unternehmen ist verpflichtet, bei der Begründung von Forderungen nicht deren Abtretbarkeit auszuschließen.

(9) Eigentumsvorbehalt des Unternehmens
Das Unternehmen ist verpflichtet, Waren nur unter branchenüblichem einfachen, verlängerten bzw erweiterten Eigentumsvorbehalt zu verkaufen.[33]

§ 11 Weitere Pflichten des Factors

(1) Der Factor übersendet dem Unternehmen ■■■tägig Mitteilungen über den Bestand der Forderungen und den Stand des Abrechnungs- und des Sperrkontos. Zudem hat der Unternehmer die Möglichkeit, sich ständig online über Forderungs- und Kontostand zu informieren. ■■■ Die Mitteilungen des Factors müssen es dem Unternehmen ermöglichen, eine Buchhaltung zu führen, die handels- und steuerrechtlichen Vorgaben entspricht.

(2) Der Factor teilt dem Unternehmen unverzüglich mit, wenn ihm Umstände bekannt werden, die auf eine Verschlechterung der Zahlungsfähigkeit des Kunden schließen lassen.

§ 12 ...[34] ◄

2. Erläuterungen und Varianten

73 Zum Factoring-Vertrag vgl auch Münchener Vertragshandbuch, Band 2: Wirtschaftsrecht I, Formular II 6, und das Muster von *Bette*, Handbuch des deutschen und europäischen Bankrechts, § 29 Rn 60.

74 [1] **Allgemeines.** Zu Rechtsnatur und Bedeutung sowie zur Abgrenzung zwischen **echtem** und **unechtem** Factoring s. MüKo-BGB/*Roth* § 398 Rn 164. Zur Erlaubnisfreiheit (nach dem RBerG) von echtem und unechtem Factoring, bei dem der Factor jeweils **keine fremden**, sondern eigene **Rechtsangelegenheiten** wahrnimmt, vgl BGH NJW 2001, 756. Zum Begriff der **Rechtsdienstleistung** s. § 2 RDG. Zum Factoring im Insolvenzverfahren s. *Gottwald*, Insolvenzrechts-Handbuch § 43 Rn 75 ff.

75 [2] **Vertragspartner.** Er wird auch „Kunde" oder „**Anschlusskunde**" genannt.

76 [3] **Andienungspflicht.** Statt einer grundsätzlichen Andienungspflicht mit einzelnen Ausnahmen kann die Andienungspflicht zB begrenzt auf Forderungen aus bestimmten Arten von Geschäften oder auf Forderungen gegen bestimmte Kunden vereinbart werden.

77 [4] **Rechnungen.** Möglich ist auch, dass dem Factor die Originalrechnungen überlassen werden und diese vom Factor versandt werden.

78 [5] **Nichtablehnung als Annahmeerklärung.** Bei dieser Vertragsgestaltung wird auf den **Zugang** der in der Nichtablehnung liegenden Annahmeerklärung **verzichtet** (§ 151 S. 1). Zur ausnahmsweisen Erklärungswirkung beim Schweigen vgl Hk-BGB/*Dörner* vor §§ 116-144 Rn 2.

79 [6] **Forderungsgutschrift als Annahmeerklärung.** Alternativ kann für die Annahme des Kaufangebots zB auch auf die Gutschrift der Forderung abgestellt werden.

80 [7] **§ 354 a Abs. 1 S. 1 HGB.** Unter den Voraussetzungen des § 354 a Abs. 1 S. 1 HGB, der die **Verkehrsfähigkeit von Forderungen** und dem Gläubiger die Möglichkeit einer Nutzung seiner Forderungen zu Kredit- oder Finanzierungszwecken, auch durch Verkauf an Factoring-Institute, erhalten soll, bleibt eine trotz des vertraglich vereinbarten Abtretungsverbots vorgenommene Abtretung wirksam. Eine Ablehnungsmöglichkeit für den Factor kann sich infolge § 354 a HGB praktisch nur ergeben, wenn die Forderung ausnahmsweise nicht einem Handelsgeschäft entstammt.

81 [8] **Kollision mit verlängertem Eigentumsvorbehalt.** Auch **bei Priorität** einer Vorausabtretung im Rahmen eines verlängerten Eigentumsvorbehalts ist die Einziehung durch den (echten) Factor möglich (vgl hierzu BGH NJW 1978, 1972). Die Einziehungsermächtigung des Kunden aus dem verlängerten Eigentumsvorbehalt ermöglicht die Einziehung durch ein Factoring-Unternehmen.

82 [9] **Limitüberschreitung.** Für diesen Fall gibt es diverse Gestaltungsmöglichkeiten wie zB den **Teilankauf** mit Teilabtretung oder das spätere **Nachrücken** von Forderungen bei freiwerdendem Limit.

83 [10] **Nachträgliche Ankaufspflicht.** Für Forderungen, die einen Ablehnungsgrund erfüllen, kann eine nachträgliche Ankaufspflicht vereinbart werden, zB wenn nachträglich das Limit wieder ausreichend Kapazität bietet oder das Zahlungsziel infolge Zeitablaufs keine Ablehnung mehr rechtfertigen würde.

84 [11] **Behandlung von Schecks.** Erforderlichenfalls ist eine Regelung zu treffen, wie sich verbuchte, aber noch nicht eingelöste Schecks auf ein Limit auswirken.

85 [12] **Global- oder Mantelzession.** Die Abtretung erfolgt hier in Form einer Globalzession, bei der die Forderungen **bei Abschluss** des Factoringvertrages übertragen werden. Hierzu und zur Alternative der Mantelzession, bei der die einzelnen Forderungen **erst bei oder nach ihrem Entstehen** übertragen werden, vgl MüKo-BGB/*Roth* § 398 Rn 167.

[13] **Bestimmtheitserfordernis.** Vgl hierzu Rn 30. 86

[14] **Bedingung.** Statt einer **aufschiebenden** Bedingung ist es auch möglich, die Ablehnung des Factors als **auflösende** Bedingung für den Kaufvertrag und die Abtretung zu vereinbaren. 87

[15] **Forderungsübergang bei Kollision mit verlängertem Eigentumsvorbehalt.** Der **Grundsatz**, dass eine Globalzession künftiger Kundenforderungen an eine Kredit gebende Bank **sittenwidrig** ist, wenn und soweit sie auch Forderungen umfassen soll, die der Zedent seinen Lieferanten aufgrund verlängerten Eigentumsvorbehalts künftig abtreten muss und abtritt (vgl hierzu Rn 34), findet auf eine Globalzession, die im Rahmen **echten** Factorings erfolgt, **keine Anwendung** (BGH NJW 1987, 1878). Anderes gilt beim **unechten** Factoring, das den Kreditgeschäften zuzuordnen ist (BGH NJW 1987, 1878, aA MüKo-BGB/*Roth* § 398 Rn 183). Dennoch ist das Konkurrenzverhältnis der beiden Sicherungsformen problembehaftet (vgl MüKo-BGB/*Roth* § 398 Rn 168 ff und 184 f). **Geht das (echte) Factoring** der Vorausabtretung aus dem verlängerten Eigentumsvorbehalt **zeitlich voraus**, genießt es ohnehin Priorität. Schutzmaßnahmen zugunsten des Vorbehaltsverkäufers muss der Factor erst ergreifen, wenn der Anschlusskunde und Vorbehaltskäufer erkennbar seine Pflichten gegenüber dem Vorbehaltsverkäufer nicht (mehr) erfüllt (BGH NJW 1977, 2207). Für den Fall der **Priorität des Eigentumsvorbehalts** – zur Einziehungsmöglichkeit des Factors in einem solchen Fall s. Rn 96 – wurde im Muster ein späterer Forderungsübergang auf den Factor geregelt. 88

[16] **Übertragung anderer Rechte.** Zur Übertragung anderer Rechte als das der Hauptforderung vgl die Ausführungen zu § 401 und *Bette*, Handbuch zum deutschen und europäischen Bankrecht, § 29 Rn 60 Ziffer 12. 89

[17] **Abgelehnte Forderungen.** Forderungen, deren Kauf abgelehnt wurde, können auch zum Gegenstand eines **unechten** Factoring gemacht werden. Spätestens dort sind dann aber jedenfalls solche Forderungen auszuscheiden, die von einer vorrangigen Vorausabtretung aus verlängertem Eigentumsvorbehalt erfasst werden (vgl hierzu Rn 96). 90

[18] **Inkasso.** Die **Einziehungsermächtigung** ist entbehrlich, wenn der Factor nicht das Inkasso für Forderungen übernimmt, deren Ankauf abgelehnt wurde. Insoweit nimmt der Factor fremde Rechtsangelegenheiten wahr. Ob dies eine Registrierung nach dem RDG erfordert, ist an den §§ 2 und 5 RDG zu messen. 91

[19] **Veritätshaftung.** Zur Haftung für den Bestand des Rechtes (**Verität**) s. § 453. Anders als nach § 437 aF sieht § 453 keine verschuldensunabhängige Haftung für den Bestand einer Forderung vor. Eine **Garantiehaftung** müsste also gesondert vereinbart werden. Problematisch ist jedoch die Vereinbarung in **AGB** wegen des hierzu bisher generell ablehnenden Standpunkts des BGH (vgl hierzu BeckOK-BGB/*Faust* § 453 Rn 19). Für die Zulässigkeit der Vereinbarung einer verschuldensabhängigen Haftung in AGB speziell bzgl des Bestandes von Forderungen im Hinblick auf die alleinige **Risikobeherrschung** durch den Verkäufer und Zedenten allerdings BeckO-BGB/*Faust* § 453 Rn 19. Eine solche Vereinbarung, die vorsorglich **individualvertraglich** zu treffen wäre, würde zB lauten: 92

▶ Das Unternehmen garantiert, dass die übertragenen Forderungen – soweit die Forderungen erst künftig entstehen, im Zeitpunkt der Forderungsmitteilung nach § 1 (1) – bestehen, abtretbar sind, nicht mit Rechten Dritter belastet sowie einredefrei sind und dass keine Gegenforderungen vorhanden sind. ◀

Das Vertragsmuster sieht ein Rücktrittsrecht des Factors für den Fall von Einwendungen und damit möglicherweise fehlender Verität vor (s. § 1 Ziff. 3 des Musters). Möglich wäre zB auch eine Vereinbarung, dass im Falle von Einwendungen des Schuldners zunächst geklärt wird, ob ein Fall fehlender Verität oder ein Fall fehlender Bonität vorliegt (s. hierzu das Muster von *Bette*, Handbuch zum deutschen und europäischen Bankrecht, § 29 Rn 60 Ziffer 7).

93 [20] **Bonitätsrisiko.** Die Übernahme des **Delkredere,** also des Risikos der Zahlungsfähigkeit (Bonität) und Zahlungswilligkeit des Schuldners, unterscheidet das echte vom unechten Factoring.

94 [21] **Ankauf ohne Delkredere.** Falls der Vertrag auch einen Forderungsankauf ohne Übernahme des Delkredere vorsieht, ist eine weitere Vereinbarung zum (niedrigeren) Factoringentgelt und zur Verzinsung in einem solchen Fall geboten.

95 [22] **Inkassoentgelt.** Vgl auch das Muster zur Inkassoabtretung Rn 109.

96 [23] **Inkasso und verlängerter Eigentumsvorbehalt.** Der Factor muss bei bloßer Inkassotätigkeit sicherstellen, dass sein Kunde als Vorbehaltskäufer den vollen Forderungsbetrag erhält.

97 [24] **RDG.** Zur Erlaubnisfreiheit s. Rn 74.

98 [25] **Rechtsverfolgungskosten.** Es kann zB danach unterschieden werden, ob die Rechtsverfolgungskosten nur **mangels Zahlungsfähigkeit** des Schuldners (die Vollstreckung aus einem erstrittenen Titel ist erfolg- oder aussichtslos) oder **wegen berechtigter Einwendungen** des Schuldners (zB Prozessniederlage wegen berechtigter Mängeleinrede des Schuldners) verbleiben. Außerdem kann für bestrittene Forderungen eine Verpflichtung des Unternehmens zur Leistung eines Prozesskostenvorschusses vereinbart werden.

99 [26] **Hinweis auf Factoring.** Die Parteien können auch einen ausformulierten Hinweis, wie er dann wörtlich zu verwenden ist, in den Vertrag aufnehmen.

100 [27] **Sicherungseigentum.** Ggf kann hier eine Vereinbarung über Sicherungseigentum des Factors an der Ware erfolgen.

101 [28] **Auskunft und Urkunden.** Vgl die Ausführungen zu § 402.

102 [29] **Steuer.** Eine Auslieferungspflicht kann zB begründet werden für Umsatzsteuer-Voranmeldung und -Erklärung, Zahlungsnachweise etc. Zur Umsatzsteuer beim Factoring vgl *Bette*, Handbuch zum deutschen und europäischen Bankrecht, § 29 Rn 28 und 53.

103 [30] **Schecks und Wechsel.** Vgl hierzu die Formulierung bei der Globalzession Rn 25.

104 [31] **Buchprüfung.** Vgl hierzu die Formulierung bei der Globalzession Rn 25.

105 [32] **Weiterleitung an Vorbehaltsverkäufer.** Falls auch Forderungen abgetreten werden, die ohne Factoring von einem verlängerten Eigentumsvorbehalt erfasst würden (vgl hierzu Rn 88), muss die Weiterleitung des Verkaufserlöses an den Eigentumsvorbehaltsverkäufer sichergestellt werden:

▶ Erteilt der Factor dem Unternehmen Gutschriften für Forderungen aus dem Verkauf von Waren, die das Unternehmen selbst unter verlängertem Eigentumsvorbehalt erworben hat, so ist das Unternehmen verpflichtet, unverzüglich nach Erteilung der Gutschrift Zahlung an seinen Lieferanten zu leisten. ◀

106 Der Eigentumsvorbehaltsverkäufer sollte in seinen Vertragsbedingungen eine Klausel aufnehmen, mit der ihm der Vorbehaltskäufer seine Ansprüche gegen einen Factor aus einem Forderungskauf bzw aus einer Forderungseinziehung abtritt, soweit die Forderung aus einem Geschäft über Vorbehaltsware resultiert.

107 [33] **Verpflichtung des Kunden zum Vorbehaltsverkauf.** Die Forderung des Eigentumsvorbehaltskäufers gegen seinen Kunden geht dann aufgrund der Vereinbarung im Factoring-Vertrag zum Übergang von Sicherungsrechten auf den Factor über.

108 [34] **Weitere Vertragsbestimmungen.** Es folgen weitere allgemeine Vertragsklauseln wie zB Abtretungsausschluss, salvatorische Klausel, Aufrechnungsausschluss, Vertragsdauer bzw -beendigung, Datenspeicherung, Erfüllungsort, Gerichtsstand

V. Inkassozession

1. Muster: Vertragsbaustein für Inkassozession 109

▶ **Inkassovereinbarung**[1] 260

zwischen ■■■ – nachfolgend Auftraggeber –

und ■■■ – nachfolgend Inkassounternehmen –

Der Auftraggeber tritt hiermit die in § 1 bestimmten Forderungen an das Inkassounternehmen zum Zwecke der entgeltlichen Einziehung gem. § 2 ab.[2] Die Parteien vereinbaren im Einzelnen:

§ 1 Bestimmung der abgetretenen Forderungen

Gegenstand der Abtretung sind die in der Anlage bezeichneten[3] Forderungen des Auftraggebers, jeweils einschließlich bestehender und künftiger Zinsansprüche, sowie alle bestehenden und künftigen Ansprüche des Auftraggebers auf Ersatz des Verzugsschadens (insb. in Form von Inkassokosten[4]).

§ 2 Zweck der Abtretung (Inkasso)

Die Abtretung erfolgt nur zum Zwecke der Einziehung der Forderung durch das Inkassounternehmen.

§ 3 Übergabe von Urkunden und Unterlagen

Unbeschadet der Rechte des Inkassounternehmens aus § 402 BGB (Auskunftspflicht; Urkundenauslieferung) werden dem Inkassounternehmen auf Anforderung vom Auftraggeber die zur Durchsetzung der Forderung zweckdienlichen Unterlagen ausgehändigt und zweckdienlichen Auskünfte erteilt.

§ 4 Inkassoleistung[6]

(1) Geltendmachung der Ansprüche
Das Inkassounternehmen macht gegenüber dem Schuldner die Hauptforderung, Zinsansprüche sowie Mahn- und Inkassokosten geltend. Art und Gestaltung der Einziehungsmaßnahmen bestimmt das Inkassounternehmen. Das Inkassounternehmen hat sich um eine schnelle und vollständige Einziehung der Forderungen zu bemühen. Insb. verpflichtet sich das Inkassounternehmen zu folgendem Tätigwerden: ■■■ Das Inkassounternehmen ist zunächst nur zur außergerichtlichen Geltendmachung der Forderungen berechtigt. Das Inkassounternehmen ist berechtigt, mit dem Schuldner Ratenzahlungs- und Stundungsvereinbarungen zu treffen. Zum (Teil-)Erlass bedarf das Inkassounternehmen der Zustimmung des Auftraggebers.

(2) Aussichtslosigkeit des Inkassos
Ist die außergerichtliche Geltendmachung erfolglos geblieben oder hat die Forderungseinziehung keine weitere Aussicht auf Erfolg, so ist das Inkassounternehmen verpflichtet, dies dem Auftraggeber unverzüglich schriftlich anzuzeigen. Erfolglosigkeit beziehungsweise Aussichtslosigkeit sind insb. dann gegeben, wenn ■■■ In einem solchen Fall ist der Auftraggeber berechtigt, die Rückabtretung der Forderung zu verlangen.

(3) Forderungseinzug
Das Inkassounternehmen ist verpflichtet, die Zahlungen auf ein von seinen übrigen Geschäftskonten getrenntes Treuhandkonto einzuziehen. Das Inkassounternehmen hat dem Auftraggeber jeweils ein schriftliches Verzeichnis über eingegangene Zahlungen zu übergeben. Das Inkassounternehmen ist verpflichtet, monatlich, spätestens zum ■■■ eines Monats für den Vormonat, schriftlich abzurechnen und die Zahlungseingänge – abzüglich der Vergütung des Inkassounternehmens – an den Auftraggeber auszuzahlen.

(4) Vergütung
Das Inkassounternehmen erhält für seine Leistungen folgende Vergütung: Ein pauschales Entgelt iHv ■■■ Prozent jeder abgetretenen Forderung. Darüber hinaus ein Erfolgshonorar iHv ■■■ Prozent des Zahlungseinganges. Zahlungseingang in diesem Sinne ist auch der Zahlungseingang beim

Auftraggeber oder dessen Bevollmächtigten. Das Inkassounternehmen ist verpflichtet, das Pauschalentgelt und Erfolgshonorar[6] als Verzugsschaden gegenüber dem Schuldner geltend zu machen, soweit dies gesetzlich zulässig ist.

(5) Gerichtliche Geltendmachung von Forderungen
Soweit das Inkassounternehmen mit der gerichtlichen Geltendmachung von Forderungen beauftragt wird, trägt die Kosten des Rechtsstreits der Auftraggeber. Die übrigen Kosten der Forderungseinziehung hat das Inkassounternehmen zu tragen.[7] ◀

2. Erläuterungen

110 Zum Forderungsmanagement von Geheimnisträgern iS von § 203 StGB vgl *Lips/Schönberger*, Unechtes Factoring im Gesundheitswesen, NJW 2007, 1567; *Ueberfeldt*, Neue Möglichkeiten des Forderungsmanagements für Steuerberater, DStR 2008, 121.

111 [1] **Geschäftsbesorgungsvertrag.** Das Grundgeschäft der Inkassozession ist ein Geschäftsbesorgungsvertrag (§ 675).

112 [2] **Forderungsinhaber.** Der Inkassozedent ist Forderungsinhaber; er ist nicht lediglich zur Einziehung ermächtigt.

113 [3] **Forderungsbezeichnung.** Sie erfolgt zB durch Angabe von Name/Firma und Anschrift des Schuldners, Leistungsgegenstand, Rechnungsnummer, Forderungsbetrag, Fälligkeitszeitpunkt, Zeitpunkt des Verzugseintritts.

114 [4] **Inkassokosten als Verzugsschaden.** Zur Ersatzfähigkeit vgl Palandt/*Grüneberg* § 286 Rn 46 und JurBüro 2006, 180.

115 [5] **RDG.** Inkassodienstleistungen sind Rechtsdienstleistungen, § 2 Abs. 2 RDG.

116 [6] **Erfolgsprovision.** Sie ist kein ersatzfähiger Schaden (str., vgl *Jäckle*, Inkassokosten als Verzugsschaden, NJW 1986, 2692).

117 [7] **Aufwendungsersatz.** Ohne eine solche Vereinbarung hätte der Zedent einen Aufwendungsersatzanspruch nach §§ 675, 670.

VI. „Dreiseitige" Vertragsübernahme

118 1. Muster: Baustein für „dreiseitige" Vertragsübernahme

▶ **Vereinbarung**[1]

zwischen ■■■ und ■■■ – nachfolgend Übertragende – und

■■■ – nachfolgend Übernehmende –[2]

Zwischen ■■■ und der Übertragenden ist folgender Vertrag zustande gekommen: ■■■ Die Übernehmende übernimmt hiermit[3] anstelle der Übertragenden den Vertrag und tritt damit in alle Rechte und Pflichten der Übertragenden aus diesem Vertrag ein. Die Vertragsübernahme wirkt schuldbefreiend für die Übertragende bzgl aller Verbindlichkeiten aus diesem Vertrag, mit Ausnahme von ■■■.[4] Die letztgenannten Verpflichtungen bleiben – neben den nunmehr begründeten Verpflichtungen der Übernehmenden – auch für die Übertragende weiterhin bestehen.

■■■ erklärt hiermit seine Zustimmung zu der Vertragsübernahme. ◀

2. Erläuterungen

119 [1] **Rechtsgeschäft eigener Art.** Die Vertragsübernahme ist nicht gesetzlich geregelt. Sie ist ein **einheitliches** Rechtsgeschäft und nicht nur die Summe aus Abtretungen und Schuldübernahmen (Hk-BGB/*Schulze* § 398 Rn 27). Zur entsprechenden Anwendung der Regelungen dieser Rechtsinstitute s. Hk-BGB/*Schulze* § 398 Rn 30. Bei einer Vertragsübernahme in **AGB** ist das Klauselverbot des **§ 309 Nr. 10** zu beachten (vgl Hk-BGB *Schulte-Nölke* § 309 Rn 47 ff), das

nunmehr auch für Darlehensverträge gilt. Vgl hierzu *Langenbucher*, Kredithandel nach dem **Risikobegrenzungsgesetz**, NJW 2008, 3169. Allgemein bei Verbraucherverträgen – also über die in § 309 Nr. 10 genannten Vertragsarten hinaus – ist im Rahmen des § **310 Abs.** 3 **Nr.** 3 auch die europäische Richtlinie 93/13/EWG über missbräuchliche Vertragsbedingungen in Verbraucherverträgen vom 4.4.1993 (**Klausel-RL**) zu berücksichtigen (vgl Hk-BGB/*Schulte-Nölke* Vor §§ 305-310 Rn 7 ff, § 310 Rn 9 und 309 Rn 48), insb. die Nr. 1 p („Abtretung" von Verträgen) des Anhanges zu Art. 3 Abs. 3 Klausel-RL.

[2] **Vertragsschluss.** Zur Vertragsübernahme durch **zweiseitigen** Vertrag mit **Zustimmung** des Dritten oder durch **„dreiseitigen Vertrag"** vgl Hk-BGB/*Schulze* § 398 Rn 28. 120

[3] **Verfügungsgeschäft.** Die Vertragsübernahme ist Verfügungsgeschäft (Hk-BGB/*Schulze* § 398 Rn 29). Zur Verdeutlichung des Verfügungscharakters – in Abgrenzung zur bloßen schuldrechtlichen Verpflichtung – empfiehlt sich die Verwendung des Begriffes „hiermit". 121

[4] **Fortbestand von Pflichten.** Bzgl einzelner Verpflichtungen kann die Beibehaltung einer (Mit-)Verpflichtung des Übertragenden geboten sein. 122

B. Prozess

I. Muster: Baustein für Klage aus abgetretenem Recht 123

▶ Der Kläger[1] hat gegen den Beklagten einen Anspruch auf ... aus ....[2] Dieser Anspruch stand ursprünglich dem XY zu. Durch Vertrag[3] zwischen dem Altgläubiger XY und dem Kläger vom ... wurde der Anspruch an den Kläger gem. § 398 BGB abgetreten.[4]

Beweis: ...

Der Abtretungsvertrag ist wirksam. Ein Abtretungsvertrag ist grundsätzlich formfrei möglich (vgl hierzu Hk-BGB/Schulze § 398 Rn 3). ... Die abgetretene Forderung war auch ausreichend bestimmt (zum Bestimmtheitserfordernis vgl Hk-BGB/Schulze § 398 Rn 5). ....[5] Zum geltend gemachten Anspruch selbst ist Folgendes auszuführen: ... ◀

II. Erläuterungen und Varianten

[1] **Mahnbescheid.** Ein Mahnbescheid muss gem. § 690 Abs. 1 Nr. 3 ZPO erkennen lassen, ob der Anspruch aus eigenem oder abgetretenem Recht geltend gemacht wird (BGH NJW 2008, 3498; Hk-ZPO/*Gierl* § 690 Rn 30). 124

[2] **Streitgegenstand.** Als **Einleitungssätze** können auch verwendet werden: 125

▶ Die Klagepartei klagt aus abgetretenem Recht.

Die Klagepartei nimmt den Beklagten aus abgetretenem Recht der ... (im Folgenden: Zedentin) auf ... in Anspruch. ◀

Es ist stets klarzustellen bzw auf eine solche Klarstellung hinzuwirken, ob aus eigenem Recht oder aus abgetretenem Recht oder aus beiden Rechten geklagt wird. Die rechtskräftige Abweisung einer allein auf abgetretenes Recht gestützten Klage steht einer auf eigenes Recht gestützten Klage zwischen den Parteien nicht entgegen. Vgl zum **Umfang der Rechtskraft** einer Entscheidung über Ansprüche aus abgetretenem Recht und zur Bestimmung des Streitgegenstandes allein durch den Kläger BGH NJW 2008, 2922. Wird aus einer Vielzahl erworbener Forderungen nur ein Teil eingeklagt, ist der Bestimmtheit der Klageforderung (§ 253 Abs. 2 Nr. 2 ZPO) besondere Aufmerksamkeit zu schenken (vgl hierzu BGH NZG 2010, 194).

[3] **Legalzession.** Zur Variante beim gesetzlichem Forderungsübergang und Forderungsübergang kraft Hoheitsakt s. die Ausführungen zu § 412 Rn. 126

127 [4] **Einziehungsermächtigung.** In einem solchen Fall kann zB formuliert werden:

▶ Der Kläger kann vom Beklagten Zahlung von ▪▪▪ EUR aus ▪▪▪ verlangen. Zwar ist Inhaber dieser Forderung XY, doch wurde dem Kläger von XY durch Erklärung vom ▪▪▪ eine Einziehungsermächtigung mit folgendem Wortlaut erteilt: ▪▪▪

Beweis: ▪▪▪

Der Kläger ist somit befugt, diese fremde Forderung im eigenen Namen geltend zu machen (vgl hierzu Hk-BGB/Schulze § 398 Rn 23). Auch besteht das für die gerichtliche Geltendmachung der Forderung in gewillkürter Prozessstandschaft notwendige schutzwürdige Interesse des Klägers. Der Kläger hat nämlich als ▪▪▪ ein wirtschaftliches Interesse an der Geltendmachung der Forderung (vgl hierzu Hk-ZPO/Kayser § 51 Rn 23). Die Einziehungsermächtigung hat zudem den Inhalt, dass der Kläger Leistung an sich selbst verlangen kann. ▪▪▪ ◀

Je nach Gestaltung der Einziehungsermächtigung hat auch der Klageantrag auf Leistung an den Kläger oder an den Forderungsinhaber zu lauten.

128 [5] An dieser Stelle kann auf weitere mögliche Unwirksamkeitsgründe eingegangen werden. Zur Sittenwidrigkeit und zur Unwirksamkeit nach § 307 vgl Hk-BGB/*Schulze* § 398 Rn 18 f; zum Ausschluss der Abtretbarkeit vgl Hk-BGB/*Schulze* § 399 Rn 1.

§ 399 Ausschluss der Abtretung bei Inhaltsänderung oder Vereinbarung

Eine Forderung kann nicht abgetreten werden, wenn die Leistung an einen anderen als den ursprünglichen Gläubiger nicht ohne Veränderung ihres Inhalts erfolgen kann oder wenn die Abtretung durch Vereinbarung mit dem Schuldner ausgeschlossen ist.

A. Vertragsgestaltung

1 I. Muster: Baustein für Abtretungsausschluss

▶ Die Forderungen des ▪▪▪ aus Ziffer ▪▪▪ dieses Vertrages[1] sind[2] unabtretbar.[3] ◀

II. Erläuterungen und Varianten

2 [1] Für **Geldforderungen** – aber nicht solche aus einem Darlehensvertrag, deren Gläubiger ein Kreditinstitut iS des KWG ist, § 354 a Abs. 2 HGB, vgl hierzu Langenbucher, Kredithandel nach dem **Risikobegrenzungsgesetz**, NJW 2008, 3169 – aus u.a. einem **beiderseitigen Handelsgeschäft** (§§ 343, 344 Abs. 1 HGB) bestimmt **§ 354 a Abs. 1 HGB** besondere Rechtsfolgen des Abtretungsverbotes. Die Vereinbarung des vertraglichen Abtretungsausschlusses als solche ist nicht unwirksam, jedoch wird der Forderung ihre Abtretbarkeit erhalten (vgl hierzu Staudinger/*Busche* § 399 Rn 70 und *Seggewiße*, Das Kaufmännische Abtretungsverbot und seine Rechtsfolgen, NJW 2008, 3256). § 354 a Abs. 1 S. 2 HGB gibt dem Zedenten eine **gesetzliche Empfangszuständigkeit**. Wegen der wirksamen Abtretung hat der Zedent aber kein Einziehungsrecht (vgl im Einzelnen Staudinger/*Busche* § 399 Rn 70). § 354 a HGB findet keine analoge

Anwendung auf Personengesellschaften, die kein Handelsgewerbe betreiben (BGH NJW 2006, 3486).

[2] Zur bloßen **Beschränkung der Abtretbarkeit** vgl Hk-BGB/*Schulze* § 399 Rn 3. Die Abtretung kann auch von der Zustimmung des Schuldners abhängig gemacht werden. Weder eine nachträgliche Aufhebung eines vereinbarten Abtretungsausschlusses noch eine nachträgliche Zustimmung bei Zustimmungsvorbehalt wirkt auf den Zeitpunkt einer vorangegangenen Abtretung zurück (BGH NJW 1990, 109). 3

[3] Es kann bspw auch formuliert werden: 4

▶ Die Abtretung der Ansprüche des ■■■ gegen ■■■ aus ■■■ ist ausgeschlossen. ◀

Das (auch formularmäßig) vereinbarte Abtretungsverbot verstößt idR weder gegen § 138 noch gegen § 307 (vgl nur BGH NJW 2006, 3486 und Hk-BGB/*Schulze* § 399 Rn 5). Zu den verschiedenen Erscheinungsformen Staudinger/*Coester* § 307 Rn 350 ff.

B. Prozess

I. Muster: Baustein für Einwand der Unabtretbarkeit (fehlende Aktivlegitimation) in der Klageerwiderung 5

▶ Die Klage ist unbegründet. Der Klagepartei fehlt die Aktivlegitimation (Sachbefugnis). Der Kläger ist nicht Inhaber der geltend gemachten Forderung. Die behauptete Forderungsinhaberschaft der Klagepartei beruht auf der Abtretung (§ 398 BGB)[1] vom ■■■ Eine Abtretung war jedoch gem. § 399 BGB ausgeschlossen. ■■■[2] Dies hatte die Unwirksamkeit der Abtretung zur Folge, so dass die Forderung dem Zedenten verblieb (Hk-BGB/Schulze § 399 Rn 7).[3] Ein Ausnahmefall.[4] insb. ein solcher nach § 354 a HGB,[5] ist nicht gegeben. Die Klage ist somit wegen fehlender Sachlegitimation der Klagepartei als unbegründet abzuweisen (Hk-ZPO/Saenger vor § 253 ZPO Rn 39). Rein vorsorglich ist bzgl der geltend gemachten Forderung Folgendes zu erwidern ■■■ ◀ 264

II. Erläuterungen

[1] Bei einem Forderungsübergang infolge **Pfändung und Überweisung** ist § 851 ZPO zu beachten, dessen Abs. 2 einen Forderungsübergang dann ermöglicht, wenn die Unabtretbarkeit nur auf einer Vereinbarung beruht. 6

[2] Der Ausschluss besteht aufgrund Vereinbarung oder wegen Inhaltsänderung. **„Bankgeheimnis"** und **Bundesdatenschutzgesetz** stehen der Wirksamkeit einer Abtretung von Darlehensforderungen eines Kreditinstituts idR nicht entgegen (BGH NJW 2007, 2106, hiergegen *Schwintowski/Schantz* NJW 2008, 472). Zur Nichtigkeit (§ 134) der Abtretung von **Forderungen von Geheimnisträgern iS von § 203 StGB** vgl Hk-BGB/*Schulze* § 399 Rn 5. Die Abtretung einer Darlehensforderungen durch eine als Anstalt des öffentlichen Rechts organisierte Sparkasse verstößt nicht gegen § 203 Absatz 2 Satz 1 Nr. 1 StGB (BGH NJW 2010, 361). 7

Zu den Möglichkeiten des Forderungsmanagements von Rechtsanwälten, Steuerberatern, Ärzten etc. s. aber § 398 Rn 110 Zum Streit über die Abtretbarkeit von Forderungen der **Leistungserbringer iS von § 302 SGB V** vgl *Lipps/Schönberger*, Unechtes Factoring im Gesundheitswesen: Ein Geschäftsmodell vor dem Aus? NJW 2007, 1567. Zur Entbehrlichkeit der Zustimmung der Landeskasse zur Abtretung des Vergütungsanspruchs des beigeordneten Rechtsanwalts gegen die Landeskasse vgl OLG Düsseldorf JurBüro 2008, 650). 8

[3] Die dingliche Wirkung eines Abtretungsausschlusses ist eine **Ausnahme zu § 137 S. 1**, wonach Verfügungsverbote unwirksam sind. 9

[4] Zum Einwand der Unanwendbarkeit des § 399 wegen **einer wirtschaftlich gleichwertigen Leistung** des Zessionars an den Zedenten vgl die Ausführungen zu § 400 sowie Hk-BGB/*Schulze* § 399 Rn 10). 10

11 [5] Zum § 354 a HGB, der der Forderung ihre Abtretbarkeit erhält, vgl Rn 2. Zum besonderen Schuldnerschutz nach § 354 a Abs. 1 S. 2 HGB in diesem Fall s. die Ausführungen zu § 407.

§ 400 Ausschluss bei unpfändbaren Forderungen

Eine Forderung kann nicht abgetreten werden, soweit sie der Pfändung nicht unterworfen ist.

A. Unabtretbarkeit mangels Pfändbarkeit

1 **I. Muster: Baustein für Einwand der Unabtretbarkeit mangels Pfändbarkeit**

► Die Klage ist unbegründet. Der Klagepartei fehlt die Aktivlegitimation (Sachbefugnis). Der Kläger ist nicht Inhaber der geltend gemachten Forderung. Die behauptete Forderungsinhaberschaft der Klagepartei beruht auf der Abtretung[1] (§ 398 BGB) vom ... Die Abtretung ist jedoch gem. § 400 BGB, der zwingendes Recht ist (Hk-BGB/Schulze § 400 Rn 1), nichtig. Die Forderung, die Gegenstand der Abtretung war, ist nämlich unpfändbar,[2] und zwar gem. ... ◄

II. Erläuterungen

2 [1] Die Bestimmung über die **Abtretung unpfändbarer** Forderung hat ihr vollstreckungsrechtliches Gegenstück zur **Pfändung unabtretbarer** Forderungen in § 851 ZPO (vgl hierzu Hk-ZPO/*Kemper* § 851 Rn 1).

3 [2] Zu den einzelnen Verboten siehe NK-BGB/*Eckardt* § 400 Rn 2.

B. Fehlende Schutzwürdigkeit des Zedenten

4 **I. Muster: Baustein für Einwand der Unanwendbarkeit des § 400 mangels Schutzwürdigkeit des Zedenten**

► Die Klagepartei hat als Sozialhilfeträger gegen den Beklagten einen Schenkungsherausgabeanspruch gem. § 528 Abs. 1 S. 1 BGB[1]. Dieser Anspruch stand ursprünglich dem Vater des Beklagten zu, der dem Beklagten am ... ein ... schenkweise übereignete. ... Der Herausgabeanspruch ergibt sich aus folgendem Sachverhalt: ...[2] Durch Vereinbarung zwischen dem ursprünglichen Forderungsinhaber[3] und der Klagepartei vom ... wurde dieser Herausgabeanspruch an die Klagepartei abgetreten. Die Abtretung ist wirksam.

Das Abtretungsverbot des § 400 BGB steht nicht entgegen. Zwar ist die Forderung gem. § 852 Abs. 2 ZPO unpfändbar,[4] doch gilt dies dann ausnahmsweise nicht, wenn der Zedent vom Zessionar eine wirtschaftlich gleichwertige Leistung erhält (BGH NJW 1995, 323). Die Klagepartei hat als Sozialhilfeträger für den ursprünglichen Forderungsinhaber, den Vater des Beklagten, Pflegeheimkosten iHv ... EUR – was bereits mehr ist als der Rückforderungsanspruch – getragen. ...

Der Wirksamkeit der Abtretung steht in einem solchen Fall auch nicht das Abtretungsverbot des § 399 Alt. 1 BGB entgegen. Eine Inhaltsänderung iS von § 399 Alt. 1 BGB ist jedenfalls dann nicht gegeben, wenn wie hier die Abtretung nur deshalb erfolgt, weil der Abtretungsempfänger zum einen Unterhaltsleistungen für den Zessionar erbracht hat, die höher sind als die abgetretene Forderung, und wenn der Abtretungsempfänger zum anderen den Unterhalt auch weiterhin sicherstellt (BGH NJW 1995, 323). ▪▪▪ ◀

II. Erläuterungen

[1] Zu weiteren Beispielen der Abtretbarkeit trotz Pfändungsverbotes wegen **wirtschaftlich gleichwertiger Gegenleistung** vgl GK/*Eckardt* § 400 Rn 5. Vgl hierzu auch BGH ZEV 2010, 91. Die isolierte Abtretung der Ansprüche aus einer Lebensversicherung ist auch dann nicht nach § 400 unwirksam, weil mit der Lebensversicherung eine gemäß § 850 b Abs. 1 Nr. 1 ZPO unpfändbare unselbständige Berufsunfähigkeits-Zusatzversicherung verbunden ist, die im Fall einer Kündigung der Lebensversicherung nicht fortbesteht (BGH NJOZ 2010, 154). Zum Ausschluss einer Abtretung von Altenteilsleistungen wegen Unpfändbarkeit nach Umzug der Berechtigten in ein Pflegeheim vgl BGH BeckRS 2010 01127. 5

[2] Vgl hierzu die Ausführungen zu § 528. 6

[3] In Fällen der beispielhaft gezeigten Art wird der Zedent bei der Abtretung typischerweise bzw häufig durch einen Bevollmächtigten oder einen Betreuer (§ 1896) vertreten. 7

[4] Zu den Voraussetzungen der Pfändbarkeit vgl § 852 Abs. 1 ZPO. 8

§ 401 Übergang der Neben- und Vorzugsrechte

(1) Mit der abgetretenen Forderung gehen die Hypotheken, Schiffshypotheken oder Pfandrechte, die für sie bestehen, sowie die Rechte aus einer für sie bestellten Bürgschaft auf den neuen Gläubiger über.
(2) Ein mit der Forderung für den Fall der Zwangsvollstreckung oder des Insolvenzverfahrens verbundenes Vorzugsrecht kann auch der neue Gläubiger geltend machen.

A. Vertragsgestaltung

I. Muster: Baustein für die Vereinbarung des Übergangs von anderen Rechten als der Hauptforderung 1

▶ **§ ▪▪▪ Übergang weiterer Rechte[1]** 267

Bzgl des Übergangs von anderen Rechten als dem der Hauptforderung[2] vereinbaren die Parteien Folgendes: Vereinbarungen, die bereits oben unter § ▪▪▪ im Rahmen der Bestimmung des Abtretungsgegenstandes getroffen wurden, bleiben hiervon unberührt.

(1) Vorzugsrechte

Bzgl der Vorzugsrechte verbleibt es bei der gesetzlichen Regelung des § 401 Abs. 2 BGB.

(2) Sichernde Nebenrechte

a) Vom Forderungsbestand abhängige (akzessorische) Sicherheiten (unselbständige Sicherungsrechte)

Bzgl der akzessorischen Sicherheiten wie Hypotheken, Pfandrechte, Bürgschaften und ... belassen es die Parteien bei der gesetzlichen Regelung des § 401 Abs. 1 BGB, wonach diese Nebenrechte mit der abgetretenen Forderung auf den Zessionar (Neugläubiger) übergehen.[3]

Andere unselbständige Sicherungsrechte[4] gehen ebenfalls auf den Zessionar über. Insb. gehen folgende Rechte über: Ansprüche gegen Dritte aus deren Schuldbeitritt ...

b) Vom Forderungsbestand unabhängige (nicht akzessorische) Sicherheiten (selbständige Sicherungsrechte)

Die Parteien sind sich einig, dass nicht akzessorische Sicherungsrechte des Altgläubigers (Zedenten) wie Vorbehalts- und Sicherungseigentum, Forderungen aus Sicherungsabtretung, Sicherungsgrundschulden und Garantiezusagen auf den Neugläubiger (Zessionar) übergehen,[5] soweit nicht Abreden des Altgläubigers mit dem Sicherungsgeber entgegenstehen.

(3) Rechte, die der Durchsetzung der Forderung dienen

Die Parteien sind sich einig, dass sonstige, die Durchsetzung der Forderung sichernde oder ermöglichende, nicht selbständig abtretbare Rechte mit der Forderung auf den Neugläubiger übergehen.[6] Insb. gehen hierbei über: das Recht zur Fälligkeitskündigung, Wahlrecht und Ersetzungsbefugnis des Gläubigers, die Fristsetzungsbefugnis nach den §§ 281 und 323 BGB und die Genehmigungsbefugnis (§ 185 Abs. 2 BGB) bei einem Anspruch nach § 816 BGB. Bzgl der Auskunfts- und Rechnungslegungsansprüche vereinbaren die Parteien Folgendes: ...

(4) Weitere selbständige Rechte

Folgende selbständig abtretbare Nebenrechte[7] gehen mit der Forderung auf den Neugläubiger über: bestehende und künftige Zinsansprüche und bestehende und künftige Schadensersatzansprüche ...

(5) Gestaltungsrechte

a) Anfechtungsrechte

Anfechtungsrechte verbleiben dem Zedenten. Ihre Ausübung bedarf jedoch der Zustimmung durch den Zessionar.

b) Forderungsbezogene Gestaltungsrechte

Gestaltungsrechte, die der Übertragung des Wertes der Forderung auf den Zessionar dienen, also die Gestaltungsrechte, die der Durchsetzung, der Aufgabe und Änderung der Forderung, der Schaffung, Erhaltung und Durchsetzung von Surrogaten und Äquivalenten oder sonst der Schaffung eines Ausgleichs für die mangelhaft,[8] nicht oder noch nicht erbrachte Leistung dienen (forderungsbezogene Gestaltungsrechte), werden auf den Zessionar zur alleinigen Ausübung übertragen, soweit sie nicht ohnehin zwingend auf den Zessionar übergehen. Insb. wird insoweit auf den Zessionar übertragen: ...[9]

c) Verpflichtungsbezogene Gestaltungsrechte

Gestaltungsrechte, mit denen der Zedent auf eine Abweichung der von ihm bei Vertragschluss kalkulierten Belastung durch die von ihm zu erbringende Gegenleistung reagieren kann (verpflichtungsbezogene Gestaltungsrechte), verbleiben dem Zedenten zur alleinigen Ausübung. Insb. verbleiben dem Zedenten folgende Rechte: ...[10]

d) Gestaltungsrechte ohne speziellen Bezug zu Forderung oder Gegenleistung

Gestaltungsrechte, deren Ausübung nicht an Voraussetzungen mit einem besonderen Bezug zur Forderung oder mit einem besonderen Bezug zu der vom Zedenten zu erbringenden Gegenleistung geknüpft sind, verbleiben dem Zedenten.[11] Ihre Ausübung bedarf jedoch der

Zustimmung durch den Zessionar.[12] Insb. verbleibt insoweit das Recht zur ordentlichen Kündigung des Mietverhältnisses dem Zedenten.[13] ◄

II. Erläuterungen und Varianten

[1] **Ohne ausdrückliche vertragliche Regelung** ergeben sich häufig Streitfragen, wem – Zedent oder Zessionar – einzelne Rechte **von Gesetzes wegen** oder infolge einer Vertragsauslegung zuzuordnen sind (vgl hierzu allgemein Staudinger/*Busche* § 401 Rn 29 und BGH NJW 2002, 1568 speziell zur Zuordnung der Gestaltungsrechte bei einer Sicherungszession). § 401 ist **dispositiv**; die Parteien können den Übergang der Nebenrechte ausschließen oder erweitern (Palandt/*Grüneberg* § 401 Rn 1). Berücksichtigt man auch die Rechte, für die die analoge Anwendung des § 401 anerkannt ist (vgl hierzu NK-BGB/*Eckardt* § 401 Rn 5 ff), dürfte die Grenze für den **Ausschluss des Übergangs** dann erreicht sein, wenn dem Zessionar die Geltendmachung der Forderung nicht mehr eigenständig möglich wäre. Bzgl einer **Erweiterung des Übergangs** sind folgende Fragen zu unterscheiden: Geht das Recht ohnehin zwingend auf den Zessionar über (zB die Fälligkeitskündigung) oder muss das Recht zwingend dem Zedenten verbleiben? Oder sind die Parteien nur gemeinsam zur Rechtsausübung befugt? Die Erweiterung des Übergangs, die in den Anwendungsbereich des § 413 führt, birgt die Problematik der Übertragbarkeit bzw der Zuordnung von Gestaltungsrechten, die das gesamte Schuldverhältnis betreffen (insb. Anfechtungs-, Kündigungs- und Rücktrittsrechte). Ihre Abtretbarkeit zusammen mit der Forderung ist anerkannt (vgl NK-BGB/*Eckardt* § 413 Rn 4). Zur Streitvermeidung und zur Vermeidung einer Haftung für die Ausübung eines nicht bestehenden Gestaltungsrechtes (vgl hierzu BGH 16.1.2009 V ZR 133/08) empfiehlt sich, den Übergang oder Verbleib von Rechten im Abtretungsvertrag ausdrücklich zu regeln (vgl NK-BGB/*Eckardt* § 401 Rn 13). Das nachfolgende Muster stellt einen zwischen den Interessen der Zessionsparteien vermittelnden Vorschlag dar. Zum Schuldnerschutz bei der Zuordnung der Gestaltungsrechte durch Parteivereinbarung vgl *Sitzmann*, Die Verteilung der Folgerechte nach der Zession und nach der Übertragung der Anwartschaft, S. 137 ff. 2

[2] Von der Zuweisung von Rechten an Zedent oder Zessionar ist die **isolierte Übertragung** (§ 413) solcher Rechte ohne die Hauptforderung zu unterscheiden (zur isolierten Übertragung eines Kündigungsrechtes vgl zB BGH NJW 1998, 896 und die Ausführungen zu § 413). 3

[3] Ein **Ausschluss** der Übertragung führt zum **Erlöschen von Pfandrechten** (§ 1250 Abs. 2) und **Bürgschaften.** Bei **hypothekarisch** gesicherten Forderungen führt der Ausschluss zur **Nichtigkeit der Abtretung** (§ 1153 Abs. 2). 4

[4] Zu den **weiteren** unselbständigen Sicherungsrechten vgl Hk-BGB/*Schulze* § 401 Rn 2. 5

[5] Ohne eine solche Vereinbarung ist der Altgläubiger im Zweifel **schuldrechtlich verpflichtet**, solche Sicherungsrechte auf den Neugläubiger zu übertragen (NK-BGB/*Eckardt* § 401 Rn 4). 6

[6] Hier erfolgt eine ausdrückliche Vereinbarung. Andernfalls ist der Übergang analog § 401 möglich, was jedoch Auslegungsfrage ist, soweit der Übergang nicht ohnehin zwingend ist. 7

[7] Infolge der selbständigen Abtretbarkeit findet § 401 keine analoge Anwendung. Eine **stillschweigende** Mitabtretung mit der Forderung ist jedoch denkbar, zB bei künftigen Zinsansprüchen und künftigen Schadensersatzansprüchen, jedoch nicht bei Gestaltungsrechten, die das gesamte Schuldverhältnis betreffen. Zur Vermeidung von Streitigkeiten ist eine vertragliche Regelung sinnvoll. 8

[8] Zur Übertragung dieses Rücktrittsrechtes vgl OLG Köln BeckRS 2008 09080 und OLG München BeckRS 2009 18428. 9

[9] Zur Übertragung der Ausübung eines vertraglichen Rücktrittsrechtes und des Rückgewähranspruchs vgl BGH NJW 2009, 3155. Sind zB Mietzinsansprüche Gegenstand der Abtre- 10

tung (zur Zulässigkeit der Abtretung solcher Ansprüche vgl BGH NJW 2003, 2987) kann formuliert werden:

▶ Insb. wird insoweit auf den Zessionar das Recht zur Kündigung des Mietverhältnisses wegen Zahlungsverzuges des Mieters übertragen. ◀

Zum Verbleib des **Kündigungsrechtes wegen Zahlungsverzuges** beim Zedenten, wenn keine abweichende Vereinbarung erfolgt ist, vergleiche OLG Bamberg OLGR 2003, 307.

11 [10] Sind zB Mietzinsansprüche Gegenstand der Abtretung kann zu einem **außerordentlichen Kündigungsrecht** formuliert werden:

▶ Insb. verbleibt insoweit das Recht zur Kündigung des Mietverhältnisses wegen nachhaltiger Störung des Hausfriedens dem Zedenten. ◀

12 [11] oder:

▶ ... werden dem Zessionar übertragen. ◀

Das Muster betrifft einen Fall, in dem **auch eine Forderung** übertragen wird. Hiervon zu unterscheiden sind die Fälle, in denen ein Gestaltungsrecht **isoliert**, also ohne Forderung übertragen werden soll. Vgl hierzu die Ausführungen zu § 413 und BGH NJW 1998, 896, wo die Zulässigkeit der isolierten Übertragung offen gelassen, aber ein entsprechendes Ergebnis über das Rechtsinstitut der Ermächtigung erzielt wurde.

13 [12] Auch ohne ausdrückliche Vereinbarung kann die Vertragsauslegung zu einem solchen Zustimmungsvorbehalt führen (so zB OLG Rostock NZM 2008 449 für den Fall, dass Mietzinsansprüche aus einem befristeten Mietverhältnis abgetreten werden).

14 [13] Zur Problematik des Übergangs von vertraglichen und außerordentlichen Kündigungsrechten, abstrakten Schuldanerkenntnissen, Sicherungsrechten mit höchstpersönlichem Charakter und von Erklärungen der Unterwerfung unter die sofortige Zwangsvollstreckung vgl *Reifner*, Der Verkauf notleidender Verbraucherdarlehen, BKR 2008, 142, und *Dieckmann*, Das Risikobegrenzungsgesetz in der Immobilienwirtschaft, NZM 2008, 865.

B. Prozess

15 I. Muster: Baustein für das Leistungsverweigerungsrecht des Zedenten trotz Abtretung

▶ ... Überdies hat der Beklagte[1] ein Leistungsverweigerungsrecht nach § 320 Abs. 1 BGB. Der vom Kläger behauptete Anspruch auf Übergabe und Übereignung von ... beruht auf einem Kaufvertrag, also auf einem gegenseitigen Vertrag.[2] Eine Vorleistungspflicht des Beklagten besteht nicht. Der Kläger ist aus dem Kaufvertrag zur Kaufpreiszahlung iHv ... EUR verpflichtet. Diese Zahlung ist noch nicht erfolgt. Zwar hat der Beklagte seinen Kaufpreisanspruch durch Vertrag vom ... an ... abgetreten, doch steht dies und insb. § 401 BGB der Geltendmachung des Leistungsverweigerungsrechtes nach § 320 Abs. 1 BGB nicht entgegen (vgl NK-BGB/Tettinger § 320 Rn 5, BGH NJW 1995, 187). Der Beklagte kann somit gem. § 322 Abs. 1 BGB allenfalls zur Leistung Zug um Zug gegen Zahlung des Kaufpreises an ..., den nunmehrigen Forderungsinhaber, verurteilt werden. ◀

II. Erläuterungen und Varianten

16 [1] Das Muster betrifft die Leistungsverweigerung durch den **Zedenten** (speziell zur Einrede des nicht erfüllten Vertrages wegen Mängel der Werkleistung trotz Abtretung der Gewährleistungsansprüche vgl BGH NJW-RR 2007, 1612). Dem **Schuldner** der abgetretenen Forderung bleiben seine Rechte nach §§ 273, 320 ohnehin nach § 404 erhalten (Hk-BGB/*Schulze* § 404 Rn 2).

[2] Besteht kein Gegenseitigkeitsverhältnis iS von § 320 (vgl hierzu Hk-BGB/*Schulze* § 320 Rn 2 f) zwischen den Forderungen, kommt allenfalls ein Zurückbehaltungsrecht nach § 273 in Betracht, das trotz Forderungsabtretung ebenfalls dem Zedenten verbleibt (Hk-BGB/*Schulze* § 401 Rn 2). Ein solches **Zurückbehaltungsrecht des Zedenten** ist jedoch nur in Ausnahmefällen gegeben, zB wenn er trotz Abtretung zur Einziehung der Forderung oder zur Klage auf Leistung an den Neugläubiger berechtigt bleibt (vgl NK-BGB/*Schmidt-Kessel* § 273 Rn 14, BGH NJW 2000, 278). Ein **Zurückbehaltungsrecht des Neugläubigers** gegenüber Ansprüchen des Schuldners der zedierten Forderung wird meist am Erfordernis der Konnexität scheitern (vgl hierzu NK-BGB/*Schmidt-Kessel* § 273 Rn 14). 17

§ 402 Auskunftspflicht; Urkundenauslieferung

Der bisherige Gläubiger ist verpflichtet, dem neuen Gläubiger die zur Geltendmachung der Forderung nötige Auskunft zu erteilen und ihm die zum Beweis der Forderung dienenden Urkunden, soweit sie sich in seinem Besitz befinden, auszuliefern.

A. Vertragsgestaltung

I. Muster: Vertragsbaustein mit Vereinbarung über Auskunftserteilung und Urkundenauslieferung 1

▶ Der Zedent ist verpflichtet, dem Zessionar die zur Geltendmachung der Forderung nötigen Auskünfte zu erteilen,[1] insb.[2] ■■■. Der Zedent ist weiter verpflichtet, dem Zessionar die zum Beweis der Forderung dienenden Urkunden, soweit sie sich in seinem Besitz befinden, auszuhändigen, insb. ■■■ Erst auf Anforderung[3] durch den Zessionar sind folgende Auskünfte zu erteilen und folgende Urkunden auszuliefern: ■■■ ◀

II. Erläuterungen

[1] Eine ausdrückliche Vereinbarung hilft einen späteren Streit darüber zu vermeiden, was im Einzelnen Gegenstand der Auskunfts- und Auslieferungspflicht ist. 2

[2] Aus Sicht des Zessionars empfiehlt es sich, die Vereinbarung nicht abschließend zu gestalten, zumal nicht immer voraussehbar ist, welches Wissen und welche Urkunden später für die Durchsetzung der Forderung Bedeutung erlangen. Zum weiten Umfang der Pflichten des Zedenten nach § 402 vgl Hk-BGB/*Schulze* § 402 Rn 2 und 3. 3

[3] Der Zessionar ist uU an einer alsbaldigen Auskunftserteilung und Urkundenauslieferung gar nicht interessiert, zumal die Informationen gespeichert und die Urkunden verwahrt werden müssen. 4

B. Prozess

I. Muster: Baustein für Klage auf Auskunftserteilung und Urkundenvorlagen 5

▶ Der Beklagte hat dem Kläger Auskunft darüber zu erteilen, ■■■.[1]

Der Beklagte hat dem Kläger folgende Urkunden herauszugeben: ■■■.[2]

■■■[3]

Begründung

Der Kläger macht einen Anspruch nach § 402 BGB geltend. Der Beklagte hat dem Kläger mit schriftlichen Vertrag vom ■■■ folgende Forderung abgetreten: ■■■ Beweis: ■■■ Es wurde keine Regelung über die Auskunftserteilung und Urkundenauslieferung getroffen. Die geltend gemachten Ansprüche ergeben sich jedoch aus § 402 BGB. Die Auskunftspflicht umfasst jeden Umstand, der für die Durchsetzung von Forderung und Nebenrechten notwendig ist (vgl Hk-BGB/Schulze § 402 Rn 2). ■■■ Die Ablieferungspflicht, die eine Pflicht zur Übergabe, also Herausgabe bedeutet, bezieht sich auf alle Urkunden, die beweiserheblich für Forderung oder Nebenrechte sind (Hk-BGB/Schulze § 402 Rn 3). ■■■ ◀

II. Erläuterungen und Varianten

6 **[1] Antrag bei Klage auf Auskunft,** § 888 ZPO:

▶ ■■■ welche Vereinbarung der Beklagte mit dem Schuldner ■■■ am ■■■ bzgl einer Stundung der ■■■forderung des Beklagten aus dem ■■■vertrag mit dem Schuldner vom ■■■ getroffen hat. ◀

Die Vollstreckung erfolgt nach **§ 888 ZPO** (nicht vertretbare Handlung). **§ 260** findet bei **§ 402** entsprechende Anwendung (Staudinger/*Bittner* § 260 Rn 11). Die Durchsetzung von Auskunftsansprüchen ist insb. im Hinblick auf die Zwangsvollstreckung mühsam und zeitaufwändig. Wenn das Auskunftsbedürfnis erst im Rahmen eines Rechtstreits des Zessionars mit dem Schuldner entsteht, kann eine Streitverkündung (§ 72 ZPO) gegenüber dem Zedenten uU effektiver sein.

7 **[2] Antrag bei Klage auf Urkundenauslieferung,** § 883 ZPO:

▶ ■■■ die an den Schuldner ■■■ gerichtete Schlussrechnung des Beklagten vom ■■■ ◀

Die Vollstreckung erfolgt nach **§ 883 ZPO** (Herausgabe bestimmter beweglicher Sachen). Die Urkunde muss so genau beschrieben sein, dass der Gerichtsvollzieher sie zweifelsfrei erkennen kann.

8 [3] Die **umfassende Auskunftspflicht** ist Grund für die Nichtigkeit (§ 134 BGB iV mit § 203 StGB) der ohne Zustimmung des Vertragspartners erfolgten Abtretung der Honorarforderungen von Geheimnisträgern iS von § 203 StGB (BGH NJW 2005, 1506, BGH NJW-RR 2009, 490 und Hk-BGB/*Schulze* § 399 Rn 5). Zur parallelen Problematik bei Apothekerforderungen vgl OLG Hamm BeckRS 2008 07742. Zu Ansprüchen aus Versicherungsvertreterverträgen vgl BGH BeckRS 2010 04932.

§ 403 Pflicht zur Beurkundung

[1]Der bisherige Gläubiger hat dem neuen Gläubiger auf Verlangen eine öffentlich beglaubigte Urkunde über die Abtretung auszustellen. [2]Die Kosten hat der neue Gläubiger zu tragen und vorzuschießen.

1 A. Muster: Baustein für Anspruchsschreiben

▶ Mit Vertrag vom ■■■ haben Sie folgende Forderung an meinen Mandanten abgetreten: ■■■[1] Die Abtretung erfolgte lediglich durch eine privatschriftliche Vereinbarung. Gem. § 403 S. 1 BGB sind Sie verpflichtet, eine öffentlich beglaubigte Urkunde (§ 129 BGB) über die Abtretung auszustellen. Zu diesem Zweck haben Sie[2] schriftlich und zwar mit Ihrer notariell beglaubigten Unterschrift zu bestätigen, dass die Abtretung an meinen Mandanten erfolgt ist. Die Forderung und der Schuldner sind hierbei genau zu bezeichnen.[3]

Gem. § 402 S. 2 BGB hat mein Mandant die Kosten der Beurkundung zu tragen und vorzuschießen. Zu diesem Zweck werden Sie aufgefordert, bis spätestens ■■■ Ihre Bankverbindung mitzuteilen. Nach fruchtlosem Ablauf der Frist wird gem. § 273 Abs. 3 BGB eine Sicherheitsleistung gem. § 232 Abs. 1 BGB erfolgen.[4] Für diesen Fall fordere ich Sie bereits jetzt auf, die notariell beglaubigte Urkunde bis spätestens ■■■ zu übersenden. Andernfalls wird der Anspruch gerichtlich geltend gemacht werden.[5] Vorsorglich wird darauf hingewiesen, dass die Urkundenausstellung auch dann geschuldet ist, wenn Sie dem Schuldner der Forderung die Abtretung bereits angezeigt haben. ◄

B. Erläuterungen und Varianten

[1] § 403 gilt auch beim gesetzlichen Forderungsübergang. 2

[2] Zum Inhalt der Bestätigung, die der eindeutigen Legitimation des Neugläubigers dient, vgl Staudinger/*Busche* § 403 Rn 5. 3

[3] Ist der Anspruchsgegner nicht anwaltlich vertreten, kann angefügt werden: 4

Ihre Erklärung kann zB lauten:

► Der Unterzeichner bestätigt hiermit gem. § 403 BGB, dass er seine Forderung gegen ■■■ aus dem Vertrag vom ■■■ iHv ■■■ mit Vereinbarung vom ■■■ an ■■■ abgetreten hat.

■■■

Unterschrift ◄

[4] Die Vorschusspflicht begründet hier keine Vorleistungspflicht, deren Nichterbringung der 5 Fälligkeit des Anspruchs entgegenstünde. Vielmehr hat der Zedent bis zur Vorschussleistung ein **Zurückbehaltungsrecht** nach § 273 (vgl MüKo-BGB/*Roth* § 403 Rn 4). Der Zessionar kann also nach § 273 Abs. 3 vorgehen. Wesentlich einfacher ist die Situation, wenn der Zessionar zum einen die Bankverbindung des Zedenten kennt und zum anderen den Vorschuss – die Beglaubigungsgebühr liegt zwischen 10 und 130 EUR, §§ 32, 33, 45 und 140 ff KostO – auch auf die Gefahr einer Insolvenz des Zedenten hin schlicht leistet.

[5] Die Zwangsvollstreckung erfolgt nach **§ 888 ZPO** (**unvertretbare Handlung**), nicht nach 6 § 894 ZPO (Abgabe einer Willenserklärung). Das Erfordernis der Umsetzung des Leistungstitels durch Zwangsvollstreckung nach § 888 ZPO dürfte vor Erhebung einer Klage nach § 403 meist Anlass zur Prüfung geben, ob nicht im Einzelfall die Voraussetzungen für eine **Feststellungsklage** gegen den Zessionar gegeben sind (vgl hierzu BGH NJW-RR 1992, 252).

§ 404 Einwendungen des Schuldners

Der Schuldner kann dem neuen Gläubiger die Einwendungen entgegensetzen, die zur Zeit der Abtretung der Forderung gegen den bisherigen Gläubiger begründet waren.

1 **A. Muster: Baustein für Erwiderung auf eine Klage aus abgetretenem Recht**

▶ Zur Wirksamkeit der Abtretung der Forderung an den Kläger ist Folgendes auszuführen: ■■■ Dem Klageanspruch stehen folgende Einwendungen entgegen:

Der Klageanspruch ist erloschen. Der Beklagte hat die zum Vertragsschluss führende Willenserklärung gem. § 355 BGB[1] widerrufen. ■■■ Der Widerruf war, wie geschehen, gegenüber dem Altgläubiger[2] zu erklären (Hk-BGB/Schulze § 404 Rn 3). Zwar erfolgte der Widerruf erst am ■■■, also nach der Abtretung, die am ■■■ erfolgt ist. Doch steht dies der Geltendmachung der Einwendung[3] gem. § 404 BGB nicht entgegen. Gem. § 404 BGB ist es ausreichend, dass eine Einwendung im Zeitpunkt der Abtretung[4] dem Rechtsgrunde nach in dem Schuldverhältnis angelegt war (Hk-BGB/Schulze § 404 Rn 3). Tatsachen, die zur Wirksamkeit der Einwendung erforderlich sind[5] – hier die Erklärung des Widerrufs – können auch nach der Abtretung erfolgen. ■■■ ◀

B. Erläuterungen

2 [1] Zum Widerrufsrecht bei Verbraucherverträgen vgl im Einzelnen die Ausführungen zu § 355.

3 [2] Im Rahmen von § 404 sind die **Gestaltungsrechte** gegenüber dem **Altgläubiger** auszuüben. Die **Aufrechnung** (vgl § 406) ist allerdings gegenüber dem **Neugläubiger** zu erklären (vgl hierzu Hk-BGB/*Schulze* § 406 Rn 5).

4 [3] Zu dem **weit zu fassenden** Begriff der **Einwendungen** vgl Hk-BGB/*Schulze* Rn 2. Zum möglichen **Einwendungsverzicht** des Schuldners und zur Bedeutung von **„Abtretungsbestätigungen“** siehe Hk-BGB/*Schulze* Rn 4.

5 [4] Bei der Abtretung **künftiger** Forderungen ist dies der Zeitpunkt des **Entstehens** der Forderung (BGH NJW 2008, 1153). Zur Unterscheidung bei Dauerschuldverhältnissen zwischen sofort existenten (**„betagten“**) und erst entstehenden (**befristeten**) Forderungen vgl MüKo-BGB/*Krüger* § 271 Rn 13.

6 [5] Zu den **weiteren Wirksamkeitsvoraussetzungen** einer Einwendung, insb. der Ausübung von Gestaltungsrechten **nach erfolgter Zession**, vgl Hk-BGB/*Schulze* § 404 Rn 3. Bei der **Aufrechnung** ist jedoch zu beachten, dass § 404 nur zur Anwendung kommt, wenn sie im Zeitpunkt der Abtretung bereits erklärt war. **Spätere** Aufrechnungserklärungen sind an den §§ 406, 407 zu messen (NK-BGB/*Eckardt* § 404 Rn 6). Beim **Zurückbehaltungsrecht** (§ 273) gilt **§ 404,** wenn die Gegenforderung im Zeitpunkt der Abtretung bereits fällig war, andernfalls ist **§ 406 entsprechend** anzuwenden (NK-BGB/*Eckardt* § 404 Rn 8).

§ 405 Abtretung unter Urkundenvorlegung

Hat der Schuldner eine Urkunde über die Schuld ausgestellt, so kann er sich, wenn die Forderung unter Vorlegung der Urkunde abgetreten wird, dem neuen Gläubiger gegenüber nicht darauf berufen, dass die Eingehung oder Anerkennung des Schuldverhältnisses nur zum Schein erfolgt oder dass die Abtretung durch Vereinbarung mit dem ursprünglichen Gläubiger ausgeschlossen sei, es sei denn, dass der neue Gläubiger bei der Abtretung den Sachverhalt kannte oder kennen musste.

1 **A. Muster: Baustein für eine Klage oder Replik des Neugläubigers gegen den Schuldner**

▶ Der Einwand des Beklagten, der Kaufvertrag, aus dem er nunmehr aus abgetretenem[1] Recht auf Kaufpreiszahlung in Anspruch genommen wird, sei nur zum Schein (§ 117 BGB) abgeschlossen worden, um ■■■,[2] wird vorsorglich mit Nichtwissen bestritten. Letztlich kann jedoch die Richtigkeit dieser Behauptung des Beklagten dahinstehen, da der Einwand des Scheingeschäftes gem. § 405 BGB ausgeschlossen ist. Der Altgläubiger und der Beklagte haben einen schriftlichen Kaufvertrag erstellt.

Beweis: Kaufvertrag vom ■■■, der in beglaubigter Abschrift beigefügt ist

Dieser Vertrag[3] wurde bei der Abtretung vorgelegt[4] iS von § 405 BGB. Die Vertragsurkunde wurde sogar bei Abschluss des Abtretungsvertrages an den Kläger als neuen Gläubiger übergeben. Die Übergabe der Urkunde über den Kaufvertrag wird im Abtretungsvertrag auch bestätigt.

Beweis: Abtretungsvertrag vom ■■■, der in beglaubigter Abschrift beigefügt ist.

Dem Kläger war das Vorliegen eines Scheingeschäftes nicht bekannt. Auch musste er diesen Sachverhalt nicht kennen.[5] Für diese Gutgläubigkeit des Klägers spricht auch die Vermutung des § 405 BGB. ◀

B. Erläuterungen

[1] Beim **gesetzlichen Forderungsübergang**, zu dem auch die Pfändung mit Überweisung zu rechnen ist, kommt § 405 nicht zur Anwendung (§ 412). 2

[2] Die Beteiligten erwecken zB den äußeren Schein eines Kaufvertrages, um in betrügerischer Absicht eine Forderung des Zedenten oder eine Verbindlichkeit des Scheinschuldners vortäuschen zu können. 3

[3] Zum **Urkundenbegriff** iS von § 405 vgl Hk-BGB/*Schulze* Rn 1. 4

[4] Zum Begriff der **Vorlage bei Abtretung** s. Hk-BGB/*Schulze* § 405 Rn 1. 5

[5] Schon **einfache Fahrlässigkeit** (§ 122 Abs. 2) lässt den Schutz des § 405 entfallen (Hk-BGB/*Schulze* § 405 Rn 2). 6

§ 406 Aufrechnung gegenüber dem neuen Gläubiger

Der Schuldner kann eine ihm gegen den bisherigen Gläubiger zustehende Forderung auch dem neuen Gläubiger gegenüber aufrechnen, es sei denn, dass er bei dem Erwerb der Forderung von der Abtretung Kenntnis hatte oder dass die Forderung erst nach der Erlangung der Kenntnis und später als die abgetretene Forderung fällig geworden ist.

A. Muster: Baustein für Erwiderung auf Klage des Neugläubigers mit Einwand des Erlöschens der Forderung durch Aufrechnung 1

▶ Die Klageforderung ist durch Aufrechnung (§ 387 BGB) erloschen (§ 389 BGB).[1] Der Beklagte erklärte am ■■■ außergerichtlich[2] die Aufrechnung gegenüber dem Kläger als Neugläubiger.[3] Zwar ist der Kläger nicht Schuldner der zur Aufrechnung gestellten Gegenforderungen des Beklagten, so dass es an der Gegenseitigkeit iS von § 387 BGB fehlt. Dennoch ist die Aufrechnung gem. § 406 BGB möglich. Der Kläger hat seine Forderung im Wege der Abtretung am ■■■ erworben. Die Aufrechnung wurde am ■■■, also nach der Abtretung erklärt.[4] Der Neugläubiger[5] war der richtige Adressat für die Aufrechnungserklärung (Hk-BGB/Schulze § 406 Rn 5). Die Gegenforderung des Beklagten richtet sich gegen den ursprünglichen Gläubiger. Die Gegenforderung ist auch gleichartig iS von § 387 274

BGB.[6] Weiter hat der Beklagte die Gegenforderung bereits vor der Kenntniserlangung[7] von der Abtretung der Hauptforderung – die Kenntniserlangung war am ... – erworben, nämlich am ...

Beweis: ...[8]

Die Gegenforderung des Beklagten wurde auch bereits vor der Kenntniserlangung fällig,[9] nämlich am ...

Beweis: ...[10] ◄

B. Erläuterungen und Varianten

2 [1] Es ist zu unterscheiden (vgl hierzu Palandt/*Grüneberg* § 406 Rn 1): Wird die Aufrechnung **vor der Abtretung erklärt**, gilt **§ 404.** Wird sie **nach der Abtretung, aber in Unkenntnis von ihr erklärt**, kommt § 407 zur Anwendung. Nur für die **in Kenntnis der Abtretung erklärte Aufrechnung** gilt **§ 406.**

3 [2] Vgl zur Aufrechnung im Prozess Hk-BGB/*Schulze* § 387 Rn 16 f.

4 [3] Zum Fall **Unkenntnis des Schuldners** von der Abtretung s. Rn 2.

5 [4] Bei einer Aufrechnung **vor der Abtretung** gilt **§ 404.**

6 [5] Die Aufrechnung ist **gegenüber dem Neugläubiger** zu erklären (Hk-BGB/*Schulze* § 406 Rn 1), während andere Gestaltungsrechte gegenüber dem Altgläubiger auszuüben sind (Hk-BGB/*Schulze* § 404 Rn 3). Im Falle des **§ 354 a HGB** (vgl hierzu HK-BGB/*Schulze* § 399 Rn 8) kann die Aufrechnungserklärung sowohl gegenüber dem Altgläubiger als auch gegenüber dem Neugläubiger abgegeben werden (BGH NJW-RR 2005, 624).

7 [6] Zu den weiteren Voraussetzungen der Aufrechnung vgl Hk-BGB/*Schulze* § 387 Rn 3 ff und die Ausführungen zu § 387.

8 [7] Für die Anwendung der komplizierten Regelung (Palandt/*Grüneberg* § 406 Rn 1) ist es sinnvoll auf die **Kenntnis** des Schuldners von der Abtretung abzustellen. Die Kenntnis ist das entscheidende Abgrenzungskriterium (Palandt/*Grüneberg* § 406 Rn 1). Die Aufrechnung ist also möglich, **wenn im Zeitpunkt der Kenntniserlangung des Schuldners von der Abtretung**

- die **Aufrechnungslage (§ 389) bereits bestand** (so im obigen Muster)
- eine **Rechtslage bestand,** die bis zur Fälligkeit der abgetretenen Forderung eine Aufrechnungslage ergeben hätte, wenn die Forderung nicht abgetreten worden wäre (so in der Variante Rn 10). Die im Zeitpunkt der Kenntniserlangung bestehende Forderung des Schuldners muss vor oder spätestens mit der Hauptforderung fällig werden (vgl hierzu Hk-BGB/*Schulze* § 406 Rn 3).

Einen **weitergehenden Schuldnerschutz** bezweckt **§ 354 a Abs. 1 S. 2 HGB** (vgl hierzu HK-BGB/*Schulze* § 399 Rn 8), der auch für die Aufrechnung gilt und § 406 verdrängt (BGH NJW-RR 2005, 624).

9 [8] Der **Schuldner** trägt die **Beweislast** für seinen Forderungserwerb vor Kenntniserlangung von der Abtretung (Palandt/*Grüneberg* § 406 Rn 5).

10 [9] Variante, wenn die Gegenforderung des Schuldners **erst nach der Kenntniserlangung** von der Abtretung **fällig** wurde:

► Die Gegenforderung des Beklagten wurde zwar erst nach der Kenntniserlangung fällig, nämlich am ....

Beweis: ...

Damit wurde sie aber vor bzw spätestens mit der abgetretenen Forderung fällig. ... Ohne Abtretung hätte sich also eine Aufrechnungslage für den Beklagten ergeben. Somit war der Beklagte gem. § 406 BGB auch gegenüber dem Kläger, dem neuen Gläubiger, zur Aufrechnung berechtigt. ◄

[10] Der **Schuldner** trägt die **Beweislast** für die Fälligkeit seiner Forderung vor oder spätestens mit der Fälligkeit der abgetretenen Forderung (Palandt/*Grüneberg* § 406 Rn 5). 11

§ 407 Rechtshandlungen gegenüber dem bisherigen Gläubiger

(1) Der neue Gläubiger muss eine Leistung, die der Schuldner nach der Abtretung an den bisherigen Gläubiger bewirkt, sowie jedes Rechtsgeschäft, das nach der Abtretung zwischen dem Schuldner und dem bisherigen Gläubiger in Ansehung der Forderung vorgenommen wird, gegen sich gelten lassen, es sei denn, dass der Schuldner die Abtretung bei der Leistung oder der Vornahme des Rechtsgeschäfts kennt.
(2) Ist in einem nach der Abtretung zwischen dem Schuldner und dem bisherigen Gläubiger anhängig gewordenen Rechtsstreit ein rechtskräftiges Urteil über die Forderung ergangen, so muss der neue Gläubiger das Urteil gegen sich gelten lassen, es sei denn, dass der Schuldner die Abtretung bei dem Eintritt der Rechtshängigkeit gekannt hat.

A. Muster: Erwiderung des Schuldners auf eine Klage des Neugläubigers mit dem Einwand der Leistung an den Altgläubiger (§ 407 Abs. 1) 1

▶ Die Klage[1] ist unbegründet. Zur Forderungsinhaberschaft der Klagepartei ist Folgendes auszuführen ■■■ 

Der Klageanspruch durch Erfüllung ist erloschen (§ 362 BGB). Der Beklagte hat am ■■■ die geschuldete Leistung[2] durch Zahlung von ■■■ EUR erbracht.[3]

Beweis: ■■■

Die Leistung erfolgte allerdings nicht an die Klagepartei, sondern an ■■■, den Altgläubiger. Diese Zahlung an den Altgläubiger, der zu diesem Zeitpunkt infolge Abtretung[4] nicht mehr Forderungsinhaber war,[5] muss die Klagepartei jedoch gem. § 407 Abs. 1 BGB gegen sich gelten lassen. Denn im Zeitpunkt der Vornahme der Leistungshandlung (Hk-BGB/Schulze § 407 Rn 4) hatte der Beklagte[6] keine[7] Kenntnis[8] von der Abtretung.[9] ◀

I. Erläuterungen und Varianten

[1] Der Schuldner muss sich nicht auf den Schutz nach § 407 berufen; er kann bspw auch an den Neugläubiger leisten und seine Leistung an den Altgläubiger kondizieren (str., vgl Hk-BGB/*Schulze* Rn 6). 2

[2] Zu den **Rechtsgeschäften (insb. Erlass, Stundung, Vergleich und Aufrechnung)**, die der Neugläubiger gegen sich gelten lassen muss, siehe Hk-BGB/Schulze § 407 Rn 3. Dazu gehören nicht Rechtsgeschäfte, die die Rechtsstellung des Schuldners **verschlechtern** (Hk-BGB/*Schulze* § 407 Rn 3). 3

[3] Zu den Möglichkeiten der **Leistungsbewirkung** vgl Hk-BGB/*Schulze* § 407 Rn 2. 4

[4] Beim **gesetzlichen Forderungsübergang** ist im Anwendungsbereich des § 116 Abs. 1 S. 1 SGB X zu beachten, dass der Forderungsübergang meist bereits **mit dem Schadensereignis** er- 5

folgt (BGH NJW-RR 2009, 1534). Speziell zum Forderungsübergang nach § 5 OEG, § 81 a BVG im Zeitpunkt der schädigenden Handlung s. BGH NJW 2008, 1162. Bei künftigen Forderungen ist für die Frage, ob bereits eine Abtretung erfolgt ist, zwischen befristeten und betagten Forderungen zu unterscheiden (vgl hierzu BGH NZM 2010, 126).

6 [5] Im Falle einer bloß **teilweisen** stillen **Abtretung** ist der Schuldner nach ihrer Offenlegung bzgl seiner Teil- bzw Abschlagszahlungen zu einer (unverzüglichen) **nachträglichen Tilgungsbestimmung** entsprechend § 366 Abs. 1 berechtigt; er kann bestimmen, ob bzw in welchem Umfang auf die abgetretene Teilforderung gezahlt wurde (BGH NJW 2006, 2845, Hk-BGB/*Schulze* § 366 Rn 2).

7 [6] Zu den Hilfspersonen des Beklagten, deren Kenntnis schadet, siehe Hk-BGB/*Schulze* § 407 Rn 5.

8 [7] **Beweispflichtig** für die Kenntnis des Schuldners ist der Neugläubiger.

9 [8] Es schadet die **positive Kenntnis** der Tatsachen, die zur Abtretung führen (vgl im Einzelnen Hk-BGB/*Schulze* § 407 Rn 4). Maßgeblicher Zeitpunkt ist die Vornahme der Leistungshandlung, nicht der Eintritt des Leistungserfolges (vgl BGH BeckRS 2009 23545). Bei der **Aufrechnung** durch den Schuldner ist im Falle der Kenntnis § 406 zu beachten. Wird ein vereinbartes Abtretungsverbot durch § 354 a Abs. 1 S. 1 HGB überwunden, kann der Schuldner gem. **§ 354 a Abs. 1 S. 2 HGB trotz Kenntnis** von der Abtretung schuldbefreiend an den Altgläubiger leisten (vgl hierzu Hk-BGB/*Schulze* § 407 Rn 4). § 354 a HGB betrifft **jedoch nur Erfüllungshandlungen** iS der §§ 362, 364 und die **Aufrechnung**, er begründet also nur eine fortdauernde Empfangszuständigkeit des Zedenten. Zu weitergehenden Verfügungen (zB Erlass im Rahmen eines Vergleichs) über die abgetretene Forderung hat der Zedent keine Befugnis (BGH MDR 2009, 210)

10 [9] Beim **gesetzlichen** Forderungsübergang sind zum Schutz der sozialen Leistungsträger nur **maßvolle Anforderungen** an die Kenntnis vom Übergang zu stellen (BGH NJW 2008, 1162). Der hierdurch bedingten Rechtsunsicherheit beim **Abfindungsvergleich** zwischen Geschädigtem und Schädiger bzw Haftpflichtversicherer kann dadurch begegnet werden, dass der Sozialleistungsträger in den Vergleich einbezogen wird oder dem Forderungsübergang ausreichend Rechnung getragen wird (vgl *Dauck*, Anmerkung zu BGH NJW 2008,1162):

▶ Von diesem Vergleich nicht erfasst sind Ansprüche, die auf soziale Leistungsträger übergegangen sind oder übergehen werden. ◀

11 B. Muster: Erwiderung des Schuldners auf eine Klage des Neugläubigers mit dem Einwand entgegenstehender Rechtskraft (§ 407 Abs. 2)

▶ Die Klage ist unzulässig. Prozessvoraussetzung ist, dass nicht die Rechtskraft eines Urteils (§ 322 ZPO) entgegensteht (vgl hierzu Hk-ZPO/Saenger vor §§ 253 – 494 a Rn 26). Eine entgegenstehende Rechtskraft ist hier jedoch gegeben. Bzgl des Klageanspruchs besteht bereits ein klageabweisendes Sachurteil, das zwar nicht zwischen den Parteien erging, das aber der Kläger gem. § 407 Abs. 2 BGB gegen sich gelten lassen muss.[1] Wie die Klagepartei zur Begründung ihrer Klage selbst vorträgt, wurde ihr der Anspruch mit Vertrag vom ... von XY abgetreten. Trotz dieser Abtretung machte der Zedent XY den Anspruch danach[2] gerichtlich gegen den Beklagten geltend,[3] und zwar vor dem ... gericht unter Az ... Die die Rechtshängigkeit begründende Klagezustellung erfolgte am ....

Beweis: Beiziehung der Akte ...

Der Beklagte hatte zu diesem Zeitpunkt keine Kenntnis[4] von der Abtretung. Kenntnis erlangte der Beklagte erst durch .... ◀

I. Erläuterungen und Varianten

[1] § 407 Abs. 2 gilt nur **zugunsten des Schuldners**, nicht zugunsten des Neugläubigers (Hk-BGB/*Schulze* § 407 Rn 8). 12

[2] § 407 Abs. 2 gilt nur für die Abtretung **vor Rechtshängigkeit** der Forderung. Im Fall der Abtretung **nach Rechtshängigkeit** kommen **die §§ 265, 325 ZPO** zur Anwendung, wonach der Zedent weiter aktivlegitimiert bleibt und seinen Antrag auf Leistung an den Neugläubiger umstellen muss (vgl hierzu Hk-BGB/*Schulze* § 407 Rn 7). 13

[3] Erfolgt die **Abtretung vor Rechtshängigkeit** und erlangt der Schuldner bspw schon während des Rechtsstreits mit dem Zedenten – aber **nach Rechtshängigkeit – Kenntnis** vor der Abtretung, kann er sich mit dem Ziel der Klageabweisung auf die **fehlende Forderungsinhaberschaft** (Aktivlegitimation) des Zedenten berufen. Macht er dies nicht, kann er bei späterer Inanspruchnahme durch den Neugläubiger § 407 Abs. 2 einwenden (vgl hierzu Hk-BGB/*Schulze* § 407 Rn 7). Um diesen Einwand sicherzustellen, ist es idR geboten, im Vorprozess mit dem Altgläubiger dem Neugläubiger den Streit zu verkünden (§ 72 ZPO). Bei (bloßer) Ungewissheit des Schuldners darüber, wer Gläubiger ist, sind stets § 372 und § 75 ZPO zu beachten. Zum Verhalten des Schuldners bei unklarer Lage vgl auch NK-BGB/*Eckardt* § 407 Rn 17 f. 14

[4] Zur **positiven Kenntnis** des Schuldners von der Abtretung vgl NK-BGB/*Eckardt* § 407 Rn 10 ff. 15

§ 408 Mehrfache Abtretung

(1) Wird eine abgetretene Forderung von dem bisherigen Gläubiger nochmals an einen Dritten abgetreten, so findet, wenn der Schuldner an den Dritten leistet oder wenn zwischen dem Schuldner und dem Dritten ein Rechtsgeschäft vorgenommen oder ein Rechtsstreit anhängig wird, zugunsten des Schuldners die Vorschrift des § 407 dem früheren Erwerber gegenüber entsprechende Anwendung.

(2) Das Gleiche gilt, wenn die bereits abgetretene Forderung durch gerichtlichen Beschluss einem Dritten überwiesen wird oder wenn der bisherige Gläubiger dem Dritten gegenüber anerkennt, dass die bereits abgetretene Forderung kraft Gesetzes auf den Dritten übergegangen sei.

A. Muster: Baustein für Erwiderung des Schuldners auf Klage des Erstzessionars mit Einwand der schuldbefreienden Leistung an (scheinberechtigten) Zweitzessionar 1

▶ Die Klage ist unbegründet. Zur Forderungsinhaberschaft der Klagepartei ist Folgendes auszuführen: ▪▪▪ 277

Selbst wenn die Klagepartei, wie von ihr behauptet, durch die Abtretung vom ▪▪▪ Inhaberin der streitgegenständlichen Forderung wurde, so ist die Klage dennoch unbegründet, weil der geltend gemachte Anspruch durch Erfüllung erloschen ist (§ 362 BGB). Der Beklagte hat die Leistung durch Überweisung am ▪▪▪ erbracht. Zwar erfolgte diese Zahlung nicht an die Klagepartei und auch nicht an den ursprünglichen Forderungsinhaber, sondern an XY.

Beweis: ▪▪▪

Die Leistung hatte dennoch Erfüllungswirkung, weil die Klagepartei sie gem. §§ 408 Abs. 1,[1] 407 Abs. 1 BGB gegen sich gelten lassen muss. Der ursprüngliche Gläubiger hat nämlich nach Abtretung der Forderung an den Kläger nochmals eine Abtretung der Forderung vereinbart[2] – diesmal mit XY, dem späteren Leistungsempfänger. Aufgrund dieser Abtretung,[3] die freilich wegen des Vorrangs der Erstabtretung ins Leere ging, zahlte der Beklagte, wie bereits dargelegt, am ▪▪▪ an XY. Der Beklagte hatte im Zeitpunkt der Leistung keine Kenntnis davon, dass die Forderung bereits zuvor an die Klagepartei abgetreten worden war und XY somit gar nicht Forderungsinhaber wurde. Mangels positiver Kenntnis, für die die Klagepartei als Erstzessionarin beweispflichtig ist, hatte die Zahlung des Beklagten schuldbefreiende Wirkung. ◄

B. Erläuterungen und Varianten

2 [1] Einwand der schuldbefreienden Leistung an den **durch gerichtlichen Überweisungsbeschluss (§ 835 ZPO) Scheinberechtigten:**

► Die Leistung hatte dennoch Erfüllungswirkung, weil die Klagepartei die Zahlung zum Zwecke der Erfüllung der streitgegenständlichen Forderung gem. §§ 408 Abs. 2, 407 Abs. 1 BGB gegen sich gelten lassen muss. Dem Beklagten wurde nämlich am ... der Pfändungs- und Überweisungsbeschluss des Amtsgerichts ... vom ..., Az ..., zugestellt, mit dem im Zwangsvollstreckungsverfahren des XY, des späteren Leistungsempfängers, gegen den ursprünglichen Forderungsinhaber die streitgegenständliche Forderung gepfändet und dem XY zur Einziehung überwiesen wurde. Aufgrund dieses Beschlusses leistete der Beklagte, wie bereits dargelegt, am ... an den Vollstreckungsgläubiger XY. Der Beklagte hatte im Zeitpunkt der Leistung keine Kenntnis davon, dass die gepfändete und zur Einziehung überwiesene Forderung bereits zuvor an die Klagepartei abgetreten worden war und die Pfändung und Überweisung somit ins Leere gegangen waren mit der Folge, dass XY nicht Forderungsinhaber wurde. Mangels positiver Kenntnis des Beklagten, für die die Klagepartei als Erstzessionarin beweispflichtig ist, hatte die Leistung des Beklagten schuldbefreiende Wirkung. ◄

3 § 408 ist bei umgekehrter Abfolge – weitere Zession nach erfolgter Pfändung – entsprechend anwendbar (Hk-BGB/*Schulze* § 408 Rn 1). Allerdings wird dem Schuldner der Pfändungs- und Überweisungsbeschluss zugestellt, was idR zur Kenntnis des Schuldners vom Forderungsübergang führt.

4 Zum Schutz des Schuldners **gegenüber dem ursprünglichen Forderungsinhaber** als Zwangsvollstreckungsschuldner vgl **§ 836 ZPO.**

5 [2] Der Schuldnerschutz des § 408 verlangt **keine Anzeige oder Urkundenvorlage** gegenüber dem Schuldner. Ausreichend ist, dass der ursprüngliche Gläubiger eine weitere (wenngleich durch die Priorität der Erstzession wirkungslose) weitere Zession vornimmt. Diese Zweitzession geht durch die vorrangige Erstabtretung ins Leere. Für den Schuldnerschutz ist **nur erforderlich**, dass die **„Zweitzession" wirksam wäre, wenn man die Erstzession hinwegdenkt.**

6 [3] Es ist **unerheblich, wie** der Schuldner von der (wirkungslosen) Zweitabtretung **Kenntnis erlangt** und wie sicher diese Kenntnis ist. Insb setzt **§ 408 nicht voraus,** dass der scheinberechtigte Zweitzessionar eine **Abtretungsurkunde oder sonstige Nachweise** vorgelegt hat (NK-BGB/*Eckardt* § 408 Rn 2).

§ 409 Abtretungsanzeige

(1) [1]Zeigt der Gläubiger dem Schuldner an, dass er die Forderung abgetreten habe, so muss er dem Schuldner gegenüber die angezeigte Abtretung gegen sich gelten lassen, auch wenn sie nicht erfolgt oder nicht wirksam ist. [2]Der Anzeige steht es gleich, wenn der Gläubiger eine Urkunde über die Abtretung dem in der Urkunde bezeichneten neuen Gläubiger ausgestellt hat und dieser sie dem Schuldner vorlegt.

(2) Die Anzeige kann nur mit Zustimmung desjenigen zurückgenommen werden, welcher als der neue Gläubiger bezeichnet worden ist.

A. Muster: Baustein für Klageerwiderung des Schuldners mit Einwand der Erfüllung gegenüber dem (Schein-)Zedenten 1

▶ Die Klage ist unbegründet. Zur Forderungsinhaberschaft der Klagepartei ist folgendes auszuführen: ■■■ Der Klageanspruch ist jedenfalls durch Erfüllung erloschen (§ 362 BGB). Der Beklagte hat die geschuldete Leistung erbracht.[1] Zwar erfolgte die Leistung nicht an den Kläger, sondern an ■■■ 278

Beweis: ■■■

Diese Leistung erfolgte gemäß § 409 BGB dennoch mit schuldbefreiender Wirkung. Der Leistungsempfänger hatte am ■■■, also vor der Leistung des Beklagten, einen vom Kläger unterzeichneten Abtretungsvertrag vom ■■■ vorgelegt, der ihn, den Leistungsempfänger, als Neugläubiger der Forderung auswies.[2] Zugleich wurde der Beklagte zur Leistung aufgefordert.[3]

Beweis: ■■■

Trotz Unwirksamkeit der Abtretung muss der Kläger deshalb die mit der Urkundenvorlage zum Ausdruck gebrachte Abtretung gegen sich gelten lassen (§ 409 Abs. 1 S. 2 BGB), zumal der Beklagte im Zeitpunkt der Leistung auch keine positive Kenntnis von der Unwirksamkeit der Abtretung hatte.[4] ◀

B. Erläuterungen und Varianten

[1] Hat der Schuldner noch nicht geleistet und liegt ihm lediglich daran, eine (weitere) Inanspruchnahme durch den Scheinzessionar zu vermeiden, kann er den Klageanspruch (sofort) anerkennen, allerdings nur Zug um Zug (vgl hierzu Hk-ZPO/*Saenger* § 307 Rn 3) gegen die Erklärung des Scheinzessionars, dass er der Rücknahme der Abtretungsanzeige des Klägers zustimmt (vgl zum Leistungsverweigerungsrecht nach § 273 in diesem Fall Staudinger/*Busche* § 409 Rn 28). Zur Zwangsvollstreckung bei Zug um Zug zu erbringender Gegenleistung s. §§ 756 und 765 ZPO. 2

[2] Das Muster betrifft § 409 Abs. 1 S. 2 (**schriftliche Abtretungsurkunde**) Bei § 409 Abs. 1 S. 1 wäre zu formulieren: 3

▶ Der Kläger selbst teilte dem Beklagten am ■■■ mit, er habe die Forderung an ■■■ abgetreten. Es erfolgte also eine Abtretungsanzeige iS von § 409 Abs. 1 S. 1 BGB. ◀

Eine solche **Anzeige durch den Gläubiger** ist **formfrei**, also auch mündlich durch den (Schein-) Zedenten möglich (Hk-BGB/*Schulze* § 409 Rn 2). Für die Anzeige ist jedoch der Schuldner beweispflichtig (Hk-BGB/*Schulze* § 409 Rn 5).

[3] Da der Gläubiger weiterhin Forderungsinhaber ist, hätte der Schuldner, wenn ihm das Nichtvorliegen einer (wirksamen) Zession bekannt ist, auch an ihn leisten können, allerdings mit dem Risiko einer Fehlbeurteilung des Nichtvorliegens oder der Unwirksamkeit der Zession (vgl hierzu Hk-BGB/*Schulze* § 409 Rn 3). 4

[4] Selbst positive Kenntnis steht der Anwendung des § 409 BGB nicht entgegen (str., vgl Palandt/*Grüneberg* § 409 Rn 5). 5

§ 410 Aushändigung der Abtretungsurkunde

(1) [1]Der Schuldner ist dem neuen Gläubiger gegenüber zur Leistung nur gegen Aushändigung einer von dem bisherigen Gläubiger über die Abtretung ausgestellten Urkunde verpflichtet. [2]Eine Kündigung oder eine Mahnung

des neuen Gläubigers ist unwirksam, wenn sie ohne Vorlegung einer solchen Urkunde erfolgt und der Schuldner sie aus diesem Grunde unverzüglich zurückweist.
[2] Diese Vorschriften finden keine Anwendung, wenn der bisherige Gläubiger dem Schuldner die Abtretung schriftlich angezeigt hat.

1 A. Muster: Baustein für Klageerwiderung mit Leistungsverweigerung mangels Urkundenvorlage

▶ Die Klage ist unbegründet. Der geltend gemachte Anspruch besteht nicht ■■■.[1] Überdies macht der Beklagte hiermit von seinem Leistungsverweigerungsrecht gem. § 410 Abs. 1 S. 1 BGB Gebrauch.[2] Eine vom bisherigen Gläubiger über die Abtretung ausgestellte Urkunde, die den Anforderungen des § 126 BGB oder § 126 a BGB genügen muss[3] (vgl Hk -BGB/Schulze § 410 Rn 1), wurde bislang nicht vorgelegt. Auch wurde dem Beklagten die behauptete Abtretung vom bisherigen Gläubiger noch nicht schriftlich angezeigt iS von § 410 Abs. 2 BGB.[4] ◀

B. Erläuterungen und Varianten

2 [1] Variante für Klageerwiderung mit **Einwand der Unwirksamkeit einer Mahnung oder der Ausübung eines Gestaltungsrechtes**

▶ Der geltend gemachte Anspruch auf Zahlung von Verzugszinsen gem. § 288 Abs. 1 BGB ist nicht gegeben. Jedenfalls gilt dies für die Zeit bis ■■■. Die Mahnung vom ■■■ durch den Kläger als Neugläubiger wurde mit Schriftsatz vom ■■■ gem. § 410 Abs. 1 S. 2 BGB zurückgewiesen.
Beweis: Schriftsatz vom ■■■
Die Zurückweisung war somit unverzüglich iS der §§ 410 Abs. 1 S. 2, 121 Abs. 1 S. 1 BGB. Sie enthielt auch den erforderlichen Hinweis, dass sie deshalb erfolgte, weil keine Abtretungsurkunde iS von § 410 Abs. 1 S. 1 BGB vorgelegt wurde und auch keine Abtretungsanzeige des Altgläubigers gem. § 410 Abs. 2 BGB erfolgt war.
Beweis: wie vor
Infolge der Zurückweisung war die Mahnung unwirksam und konnte somit keinen Verzug begründen. ◀

§ 410 ist auf **andere** als dort genannte **Gestaltungsrechte** entsprechend anwendbar (vgl hierzu auch die Ausführungen zu § 413).

3 [2] Hat der Schuldner keine anderen berechtigten Einwendungen, führt das Leistungsverweigerungsrecht entsprechend §§ 273, 274 (vgl hierzu Hk-BGB/*Schulze* § 410 Rn 1) (nur) zur **Verurteilung Zug um Zug**. Stützt der unbedingt zur Leistung aufgeforderte Schuldner seine Verteidigung ausschließlich auf § 410 BGB, ist uU ein Anerkenntnis des Klageanspruchs Zug um Zug gegen Aushändigung einer Urkunde iS von § 410 geboten (vgl hierzu Musielak/*Wolst*, ZPO, § 93 Rn 35):

▶ Der Beklagte anerkennt den Klageanspruch, allerdings nur Zug um Zug gegen ■■■ ◀

Zur ähnlichen Konstellation bei § 409 vgl dort Rn 4.

4 [3] Eine **Kopie ist nicht ausreichend** (NK-BGB/*Eckardt* § 410 Rn 2). Bei einer Privaturkunde ist die Originalurkunde vorzulegen (KG NJOZ 2010, 240). Eine öffentliche Beglaubigung ist nicht erforderlich.

[4] Für die Urkundenvorlage iS von § 410 Abs. 1 S. 1 und für die schriftliche Abtretungsanzeige iS von § 410 Abs. 2 ist der **Neugläubiger beweispflichtig** (Hk-BGB/*Schulze* § 410 Rn 3). 5

§ 411 Gehaltsabtretung

[1]Tritt eine Militärperson, ein Beamter, ein Geistlicher oder ein Lehrer an einer öffentlichen Unterrichtsanstalt den übertragbaren Teil des Diensteinkommens, des Wartegelds oder des Ruhegehalts ab, so ist die auszahlende Kasse durch Aushändigung einer von dem bisherigen Gläubiger ausgestellten, öffentlich oder amtlich beglaubigten Urkunde von der Abtretung zu benachrichtigen. [2]Bis zur Benachrichtigung gilt die Abtretung als der Kasse nicht bekannt.

A. Muster: Benachrichtigung der auszahlenden Kasse über Gehaltsabtretung 1

▶ An ■■■[1] 280

Ihr Bediensteter: ■■■,[2] Personalnummer ■■■

hier: Abtretungsanzeige[3]

Sehr geehrte Damen und Herren,

hiermit zeige ich unter Vollmachtsvorlage an, dass ich ■■■ vertrete. Namens meiner Mandantin mache ich gem. § 411 S. 1 BGB Anzeige davon, dass Ihr Bediensteter ■■■ mit Vertrag[4] vom ■■■ den pfändbaren Teil seiner Dienstbezüge für die Zeit ab ■■■ bis zu einem Gesamtbetrag iHv ■■■ an meine Mandantin abgetreten[5] hat. Die Abtretungsurkunde[6] mit der notariell beglaubigten[7] Unterschrift ihres Bediensteten ist beigefügt.[8] ◀

B. Erläuterungen

[1] Wer zu benachrichtigen ist, bestimmt sich nach den jeweiligen bundes-, landes- oder kommunalrechtlichen Vorschriften, vgl hierzu Staudinger/*Busche* § 411 Rn 9. 2

[2] § 411 ist auch auf **Angestellte und Arbeiter des öffentlichen Dienstes** anzuwenden (Hk-BGB/*Schulze* § 411 Rn 1). 3

[3] Die Anzeige kann durch **Zedent oder Zessionar** erfolgen (Staudinger/*Busche* § 411 Rn 8). Die Anzeige ist nicht Wirksamkeitsvoraussetzung für die Abtretung. Sie verstärkt lediglich den Schuldnerschutz (Hk-BGB/*Schulze* § 411 Rn 1). 4

[4] Auf den gesetzlichen Forderungsübergang (§ 412) ist die Vorschrift nicht anwendbar. 5

[5] Zur Gehaltsabtretung vgl § 398 Rn 10. 6

[6] Es muss sich nicht um die Abtretungsurkunde handeln. Es kann auch eine Urkunde sein, die die Abtretung nur bescheinigt (vgl hierzu Staudinger/*Busche* § 411 Rn 7 und § 409 Rn 22 f). 7

[7] Neben dieser öffentlichen Beglaubigung (§ 129) ist auch die amtliche Beglaubigung (§ 65 BUrkG) möglich. Zur Beurkundungspflicht des Zedenten vgl § 403. 8

[8] Erforderlichenfalls kann hier eine Zahlungsaufforderung angefügt werden. 9

§ 412 Gesetzlicher Forderungsübergang

Auf die Übertragung einer Forderung kraft Gesetzes finden die Vorschriften der §§ 399 bis 404, 406 bis 410 entsprechende Anwendung.

1 A. Muster: Baustein für Klage bei gesetzlichem Forderungsübergang

► Die Klagepartei macht einen Anspruch aus übergegangenem Recht geltend. Der Anspruch stand ursprünglich dem ... zu. Der Anspruch ist am ... gem. § ...[1] kraft Gesetzes[2] auf die Klagepartei übergegangen. ... Die Klagepartei ist also aktivlegitimiert. Zum Anspruch selbst ist Folgendes auszuführen. ... ◄

I. Erläuterungen

2 [1] Vgl hierzu die Beispiele in Hk-BGB/*Schulze* § 412 Rn 1.

3 [2] Dem Übergang **kraft Gesetzes** gleichgestellt ist der Forderungsübergang **kraft Hoheitsakt** (insb. durch **Überweisung** gem. § 835 ZPO, bei der die Pflicht zur Streitverkündung gegenüber dem Altgläubiger gem. § 841 ZPO zu beachten ist, oder durch Verwaltungsakt in Form einer **Überleitungsanzeige**) sowie durch **Gesamtrechtsnachfolge unter Lebenden** (Hk-BGB/*Schulze* § 412 Rn 1).

4 B. Muster: Baustein für Erwiderung auf Unterhaltsklage, die einen Forderungsübergang gem. UVG oder SGB nicht berücksichtigt

► Der Antrag[1] ist unbegründet.

Für die Unterhaltsansprüche[2] bis zum Monat der Rechtshängigkeit ist die Antragstellerin nicht aktivlegitimiert.[3] Die Unterhaltsansprüche sind gem. § 94 Abs. 1 SGB XII kraft Gesetzes[4] für die Zeit ab ... auf ... übergegangen. ... Eine Rückabtretung dieser Ansprüche wird bereits jetzt mit Nichtwissen bestritten.

Bzgl der Unterhaltsansprüche für die Zeit ab der Rechtshängigkeit der Klage bis zum Ende des Monats, in dem die letzte mündliche Verhandlung stattfindet, ist die Antragstellerin zwar gem. § 265 Abs. 2 ZPO[5] prozessführungsbefugt,[6] aber nicht aktivlegitimiert (vgl hierzu Hk-ZPO/Saenger § 265 Rn 12 und 14). Die Antragstellerin kann lediglich Leistung an ..., auf den die Unterhaltsansprüche übergegangen sind, verlangen; sie kann nicht, wie jedoch beantragt, Leistung an sich selbst verlangen.[7]

Lediglich für die Zeit nach Schluss der mündlichen Verhandlung kann die Antragstellerin Leistung an sich selbst verlangen. Bzgl dieser Ansprüche ist jedoch Folgendes einzuwenden: ... ◄

I. Erläuterungen

5 [1] Zur **Terminologie** (Verfahren, Antrag, Antragsteller, Antragsgegner und Beteiligte) in Familienstreitsachen vgl § 113 Abs. 5 FamFG.

[2] Beim gesetzlichen **Übergang einer einzelnen Forderung** ist lediglich zu prüfen, ob der Übergang vor Rechtshängigkeit erfolgte – dann erfolgt nach allgemeinen Regeln eine Klageabweisung bei fehlender Rechtsinhaberschaft – oder ob der Übergang nach Rechtshängigkeit erfolgte – dann ist § 265 ZPO zu beachten. Beim **Übergang von wiederkehrenden Leistungen** wie im Muster sind drei Zeitabschnitte zu unterscheiden. 6

[3] Für den Forderungsübergang **vor Rechtshängigkeit** gilt § 265 Abs. 2 ZPO nicht, eine Klage ist mangels Sachlegitimation als unbegründet abzuweisen (Hk-ZPO/*Saenger* § 265 Rn 10). 7

[4] Zum gleichgestellten Übergang **kraft Hoheitsaktes** (Überleitungsanzeige) s. Rn 3. Zur Problematik eines **Abfindungsvergleiches** zwischen Geschädigtem und Schädiger/Versicherung bei einem möglichen gesetzlichen Forderungsübergang s. § 407 Rn 5 und 10. 8

[5] **§ 265 Abs. 2 ZPO** gilt auch beim Forderungsübergang kraft Gesetzes oder Hoheitsakt (Hk-ZPO/*Saenger* § 265 Rn 6). 9

[6] Zur **Prozessführungsbefugnis** gem. § 265 Abs. 2 ZPO für Forderungen, die erst **nach Rechtshängigkeit** übergehen, vgl Hk-ZPO/*Saenger* § 265 Rn 12. 10

[7] Wird der **fehlenden Aktivlegitimation** nicht durch **Antragsumstellung**, auf die das Gericht gem. § 139 ZPO hinzuwirken hat, Rechnung getragen, ist die Klage abzuweisen (Hk-ZPO/*Saenger* § 265 Rn 14). 11

§ 413 Übertragung anderer Rechte

Die Vorschriften über die Übertragung von Forderungen finden auf die Übertragung anderer Rechte entsprechende Anwendung, soweit nicht das Gesetz ein anderes vorschreibt.

A. Vertragsgestaltung

I. Muster: Baustein für die isolierte Übertragung eines Gestaltungsrechtes 1

▶ § ...

Der Veräußerer überträgt hiermit sein Eigentum an dem in Ziffer ... näher beschriebenen Grundbesitz an ... zu dessen Alleineigentum. ...

§ ...

(1) Dem Erwerber ist bekannt, dass die auf dem Grundstück befindliche Lagerhalle durch Vertrag vom ... an ... vermietet ist. ...[1]

(2) Der Veräußerer überträgt hiermit das Recht zur ordentlichen Kündigung des Mietvertrages auf den Erwerber.[2]

(3) Vorsorglich – für den Fall der Unwirksamkeit der Übertragung des Kündigungsrechtes – ermächtigt[3] der Veräußerer den Erwerber hiermit zur Kündigung gegenüber dem Mieter. ◀

II. Erläuterungen

2 [1] Eine Forderung aus dem Mietvertrag wird im Musterfall gerade nicht übertragen. Es erfolgt vielmehr eine **isolierte Übertragung** eines Gestaltungsrechtes – hier eines Kündigungsrechtes (vgl hierzu BGH NJW 1998, 271. Zur **Übertragung** von Gestaltungsrechten **zusammen mit einer Forderung** vgl die Ausführungen zu § 401.

3 [2] Zur Zulässigkeit der Übertragung **unselbständiger vertragsbezogener** Gestaltungsrechte vgl Staudinger/*Busche* § 413 Rn 13 f mit Darstellung des Streitstandes. Offengelassen wurde die Zulässigkeit der isolierten Übertragung in BGH NJW 2003, 2987 und BGH NJW 1998, 846, wonach eine möglicherweise unwirksame Übertragung aber jedenfalls nach § 140 in eine wirksame Ermächtigung (§ 185 Abs. 1) zur Ausübung des Gestaltungsrechtes umzudeuten sei. Zur Übertragbarkeit des Rücktrittsrechtes nach §§ 437 Nr. 2, 323 vom Leasinggeber auf den Leasingnehmer vgl VVR 2008, 228.

4 [3] Zur **Ermächtigung** s. BGH NJW 1998, 271 und Rn 5 und 8.

B. Prozess

5 **I. Muster: Baustein für Erwiderung bei unwirksamer Ausübung eines Gestaltungsrechtes**

▶ Der von der Klagepartei geltend gemachte Anspruch ist nicht gegeben. Der Anspruch hat die wirksame Ausübung eines Gestaltungsrechtes, und zwar hier des ..., zur Voraussetzung. Es kann dahinstehen, ob der Kläger überhaupt Inhaber dieses Gestaltungsrechtes ist bzw war.[1] ... Die Ausübung des Gestaltungsrechtes war jedenfalls unwirksam. Ursprünglicher Inhaber des Gestaltungsrechtes war unstreitig ... Das Gestaltungsrecht wurde vom Kläger ausgeübt. Der Beklagte hat die Erklärung des Klägers unverzüglich zurückgewiesen, und zwar mit der Begründung, dass ihm kein schriftlicher Nachweis vorgelegt wurde, der ihm entweder die Übertragung des Gestaltungsrechtes auf den Kläger gem. §§ 413, 410 Abs. 1 S. 2 BGB[2] oder die Ermächtigung des Klägers zur Ausübung des Gestaltungsrechtes gem. §§ 183 Abs. 2, 111 S. 2 BGB[3] belegt. Die Ausübung des Gestaltungsrechtes ist somit entweder gem. § 410 Abs. 1 S. 2 BGB oder gem. §§ 182 Abs. 3, 111 S. 2 BGB unwirksam, zumal der bisherige Inhaber des Gestaltungsrechtes dem Beklagten weder eine Anzeige iS von § 410 Abs. 2 BGB noch eine Mitteilung entsprechend § 111 S. 3 BGB gemacht hatte. ◀

II. Erläuterungen

6 [1] Zur Problematik, wem die **Gestaltungsrechte** im Falle einer Zession **zuzuordnen** sind, s. die Ausführungen zu § 401.

7 [2] Die Möglichkeit der **Zurückweisung nach** § **410 Abs. 1 S. 2** besteht auch für andere als die dort genannten Gestaltungsrechte (Staudinger/*Busche* § 410 Rn 13).

8 [3] Die Möglichkeit der **Zurückweisung nach den §§ 182 Abs. 3, 111 S. 2** wurde offengelassen in BGH NJW 1998, 896.

Abschnitt 6 Schuldübernahme

§ 414 Vertrag zwischen Gläubiger und Übernehmer

Eine Schuld kann von einem Dritten durch Vertrag mit dem Gläubiger in der Weise übernommen werden, dass der Dritte an die Stelle des bisherigen Schuldners tritt.

A. Vertragsgestaltung

I. Muster: Vereinbarung einer Schuldübernahme durch Gläubiger und Übernehmer (Neuschuldner) 1

285

▶ Vereinbarung[1] zwischen[2]

▪▪▪ – nachfolgend Gläubiger – und ▪▪▪ – nachfolgend Neuschuldner –

XY hat gegenüber dem Gläubiger folgende Schuld: ▪▪▪ Diese Verbindlichkeit übernimmt[3] hiermit[4] der Neuschuldner gem. § 414 BGB (Schuldübernahme) mit Wirkung ab[5] ▪▪▪ in folgendem Umfang: ▪▪▪.[5] Die hiermit im Umfang der Schuldübernahme verbundene schuldbefreiende Wirkung für den bisherigen Schuldner XY ist den Parteien bekannt und entspricht deren Willen. ◀

II. Erläuterungen und Varianten

2 [1] **Formbedürftigkeit** (vgl hierzu Hk-BGB/*Schulze* § 414 Rn 2) besteht nur, wenn auch für die erstmalige Begründung der Verbindlichkeit Formbedürftigkeit besteht (vgl insb. § 311 b Abs. 1 und § 492).

3 [2] Die Zustimmung des bisherigen Schuldners ist nicht erforderlich (Hk-BGB/*Schulze*, § 414 Rn 2).

4 [3] Zur Abgrenzung vom Schuldbeitritt (Schuldmitübernahme, kumulative Schuldübernahme), der im Gesetz nicht geregelt ist, s. NK-BGB/*Eckardt* § 414 Rn 9. Variante für bloßen Schuldbeitritt (vgl hierzu Hk-BGB/Schulze Vorbem zu § 414 – 419 Rn 2 ff), der gem. § 311 Abs. 1 vereinbart werden kann:

▶ Diese Verbindlichkeit wird hiermit vom Neuschuldner mit Wirkung ab ▪▪▪ mitübernommen (Schuldbeitritt), und in folgendem Umfang: ▪▪▪ Den Vertragsparteien ist bekannt und es entspricht deren Willen, dass dies zur gesamtschuldnerischen Haftung des Neugläubigers und XY führt. ◀

Zur **Abgrenzung von der Bürgschaft** s. Hk-BGB/*Schulze* Vor §§ 414-419 Rn 4. Zur bloßen **Erfüllungsübernahme** vgl § 415 Rn 9 und die Ausführungen zu § 329.

5 [4] Wie bei Abtretungen ist auch bei der Schuldübernahme der Begriff „hiermit" empfehlenswert, um den **Verfügungscharakter** eindeutig zum Ausdruck zu bringen.

6 [5] Zur **aufschiebenden Bedingung und Befristung** bei der Schuldübernahme vgl Staudinger/*Rieble* § 414 Rn 67.

7 [6] Eine genaue Bezeichnung von Schuld und etwaigen Nebenpflichten (zB Zinsen, Schadensersatzansprüchen), die übernommen werden sollen, ist erforderlich, um Zweifelsfälle und Auslegungsstreitigkeiten zu vermeiden. Insb. ist auch der Übergang von **Gestaltungsrechten** zu regeln (vgl hierzu die Ausführungen zu § 417 Rn und Hk-BGB/*Schulze* § 417 Rn 2).

B. Prozess

I. Muster: Baustein für Klage des Gläubigers gegen den Schuldübernehmer 8

▶ Die Klagepartei hat gegen den Beklagten einen Anspruch aus ▪▪▪ auf ▪▪▪. Der Anspruch richtete sich ursprünglich gegen XY. Dessen Verbindlichkeit hat der Beklagte durch Vereinbarung mit dem

Kläger[1] am … übernommen (§ 414 BGB).[2] Einer Zustimmung des bisherigen Schuldners bedurfte es nicht (vgl Hk-BGB/Schulze § 414 Rn 2). Die Schuldübernahme war auch nicht formbedürftig, da auch die erstmalige Begründung der Verbindlichkeit nicht formbedürftig war (vgl hierzu Hk-BGB/Schulze § 414 Rn 2). … IÜ ist zum Klageanspruch Folgendes auszuführen …[2] ◄

II. Erläuterungen

9 [1] Zum Vertrag zwischen Übernehmer und Schuldner s. die Ausführungen zu § 415. Die dann erforderliche Zustimmung des Gläubigers kann auch schlüssig (insb. durch eine Klageerhebung des Gläubigers gegen den Übernehmer) erfolgen (MüKo-BGB/*Möschel* § 415 Rn 12).

10 [2] Zu den **Einwendungsmöglichkeiten** des Übernehmers s. die Ausführungen zu § 417.

§ 415 Vertrag zwischen Schuldner und Übernehmer

(1) [1]Wird die Schuldübernahme von dem Dritten mit dem Schuldner vereinbart, so hängt ihre Wirksamkeit von der Genehmigung des Gläubigers ab. [2]Die Genehmigung kann erst erfolgen, wenn der Schuldner oder der Dritte dem Gläubiger die Schuldübernahme mitgeteilt hat. [3]Bis zur Genehmigung können die Parteien den Vertrag ändern oder aufheben.

(2) [1]Wird die Genehmigung verweigert, so gilt die Schuldübernahme als nicht erfolgt. [2]Fordert der Schuldner oder der Dritte den Gläubiger unter Bestimmung einer Frist zur Erklärung über die Genehmigung auf, so kann die Genehmigung nur bis zum Ablauf der Frist erklärt werden; wird sie nicht erklärt, so gilt sie als verweigert.

[3] [1]Solange nicht der Gläubiger die Genehmigung erteilt hat, ist im Zweifel der Übernehmer dem Schuldner gegenüber verpflichtet, den Gläubiger rechtzeitig zu befriedigen. [2]Das Gleiche gilt, wenn der Gläubiger die Genehmigung verweigert.

1 A. Muster: Baustein für Schuldübernahme durch Vereinbarung zwischen Altschuldner und Neuschuldner

► Vereinbarung[1] zwischen

… – nachfolgend Altschuldner –

und

… – nachfolgend Neuschuldner –

Der Altschuldner hat gegenüber dem Gläubiger XY folgende Schuld: … Diese Verbindlichkeit übernimmt hiermit[2] der Neuschuldner gem. §§ 414, 415 BGB mit Wirkung ab[3] …, und zwar in folgendem Umfang: … Den Parteien ist bekannt, dass die Wirksamkeit der Schuldübernahme von der Genehmigung[4] des Gläubigers abhängt (§ 415 Abs. 1 S. 1 BGB).[5] …[6] wird die Schuldübernahme dem Gläubiger unverzüglich mitteilen und ihn unter Setzung einer Frist bis … zur Genehmigung auffordern.[7] Bis zur Genehmigung und für den Fall der Verweigerung der Genehmigung durch den Gläubiger, …[8] ◄

B. Erläuterungen und Varianten

2 [1] Zur rechtlichen Einordnung dieser Vereinbarung nach der **Verfügungstheorie** der hM s. im Einzelnen Hk-BGB/*Schulze* § 415 Rn 2. Zur Schuldübernahme durch Vertrag zwischen Gläubiger und Übernehmer s. § 414.

[2] Wie bei Abtretungen ist auch bei der Schuldübernahme der Begriff „hiermit“ empfehlenswert, um den **Verfügungscharakter** eindeutig zum Ausdruck zu bringen. 3

[3] Zur **aufschiebenden Bedingung und Befristung** bei der Schuldübernahme vgl Staudinger/*Rieble* § 414 Rn 67. 4

[4] Es ist nicht nur die nachträgliche Zustimmung (**Genehmigung** gem. § 184), sondern auch die vorherige Zustimmung (**Einwilligung** gem. § 183) möglich (vgl Hk-BGB/*Schulze* § 415 Rn 2). 5

[5] Zu den Anforderungen an die Genehmigung s. Hk-BGB/*Schulze* § 415 Rn 3. Falls die Zustimmung des Gläubigers bereits vorliegt: 6

▶ Den Parteien ist bekannt, dass der Gläubiger bereits am ... durch Erklärung gegenüber ... der Schuldübernahme zugestimmt hat. ◀

Sollen **AGB** die Zustimmung des Vertragspartners zu einer Schuldübernahme durch einen Dritten enthalten (zB die von einer Vertriebsgesellschaft eingegangene Lieferpflicht wird von einem Dritten übernommen), sind die **§§ 309 Nr. 10, 310 Abs. 3 Nr. 3** und insb. die Nr. 1 p („Abtretung“ von Verträgen) des **Anhanges zu Art. 3 Abs. 3 Klausel-RL** zu beachten.

[6] Die Mitteilung kann durch den Schuldner oder den Übernehmer erfolgen. 7

[7] Die Genehmigung des Gläubigers kann auch **konkludent** (insb. durch eine Klageerhebung des Gläubigers gegen den Übernehmer) erfolgen (MüKo-BGB/*Möschel* § 415 Rn 12). Bei **fruchtlosem Fristablauf** gilt die Genehmigung als verweigert (§ 415 Abs. 2 S. 2 Hs 2). 8

[8] Bis zur Genehmigung und nach verweigerter Genehmigung hat die Schuldübernahme, soweit von den Parteien nichts anderes vereinbart ist, nach der Auslegungsregel des § 415 Abs. 3 die Wirkung einer bloßen **Erfüllungsübernahme** (§ 329). 9

§ 416 Übernahme einer Hypothekenschuld

(1) [1]Übernimmt der Erwerber eines Grundstücks durch Vertrag mit dem Veräußerer eine Schuld des Veräußerers, für die eine Hypothek an dem Grundstück besteht, so kann der Gläubiger die Schuldübernahme nur genehmigen, wenn der Veräußerer sie ihm mitteilt. [2]Sind seit dem Empfang der Mitteilung sechs Monate verstrichen, so gilt die Genehmigung als erteilt, wenn nicht der Gläubiger sie dem Veräußerer gegenüber vorher verweigert hat; die Vorschrift des § 415 Abs. 2 Satz 2 findet keine Anwendung.
(2) [1]Die Mitteilung des Veräußerers kann erst erfolgen, wenn der Erwerber als Eigentümer im Grundbuch eingetragen ist. [2]Sie muss schriftlich geschehen und den Hinweis enthalten, dass der Übernehmer an die Stelle des bisherigen Schuldners tritt, wenn nicht der Gläubiger die Verweigerung innerhalb der sechs Monate erklärt.
[3] [1]Der Veräußerer hat auf Verlangen des Erwerbers dem Gläubiger die Schuldübernahme mitzuteilen. [2]Sobald die Erteilung oder Verweigerung der Genehmigung feststeht, hat der Veräußerer den Erwerber zu benachrichtigen.

A. Muster: Baustein für Grundstücksveräußerungsvertrag mit Darlehensübernahme durch Erwerber 1

▶ ... Der Erwerber[1] übernimmt mit Wirkung ab ... im Wege der befreienden Schuldübernahme sämtliche Verbindlichkeiten, die der Grundschuld über ... EUR für ... Bank, die auf dem veräußerten 288 und unter Ziffer ■■■ beschriebenen Grundbesitz lastet, zugrunde liegen, insb. die Darlehensschuld[2] des Veräußerers gegenüber der ■■■ Bank, Darlehens-Nr. ■■■, Darlehensstand zum ■■■ EUR ■■■.

■■■

Die übernommene Schuld wird iHv ■■■ EUR auf den Kaufpreis angerechnet[3]. Der Veräußerer beauftragt und bevollmächtigt[4] hiermit den beurkundenden Notar, dem Darlehensgläubiger, der ■■■ Bank, die Schuldübernahme mitzuteilen. Die erste Mitteilung hat nach erfolgter Beurkundung[5] mit der informatorischen Anfrage zu erfolgen, ob mit einer Genehmigung gerechnet werden kann. Die zweite Mitteilung hat unverzüglich nach Eintragung des Erwerbers als Eigentümer in das Grundbuch[6] gem. § 416 Abs. 1 S. 1 BGB zu erfolgen. Hierbei ist der Gläubiger darauf hinzuweisen,[7] dass der Erwerber als Schuldübernehmer an die Stelle des Veräußerers als Darlehensschuldner tritt, wenn nicht die X-Bank binnen 6 Monaten ab Zugang des Mitteilungsschreibens die Genehmigung der Schuldübernahme gegenüber dem Veräußerer[8] verweigert.[9]

Bis zur Erteilung der Genehmigung ■■■[10]

Für den Fall des Scheiterns der Schuldübernahme infolge einer Verweigerung der Genehmigung durch den Gläubiger vereinbaren die Parteien Folgendes: ■■■[11] ◄

B. Erläuterungen und Varianten

2 [1] § 416 vereinfacht durch die **Genehmigungsfiktion** des Abs. 1 die Übernahme (§ 415) einer Darlehensschuld durch einen Grundstückserwerber. Besonders häufig erfolgt die Darlehensübernahme bei Grundstücksübertragungen zwischen Verwandten oder Ehegatten, wobei sinnvollerweise vorher mit dem Darlehensgeber (Bank) abgeklärt werden sollte, ob eine Genehmigung der Schuldübernahme zu erwarten ist.

3 [2] Zur Frage der Anwendbarkeit der **verbraucherkreditrechtlichen Bestimmungen** bei der Schuldübernahme vgl Staudinger/Noack § 492 Rn 22. Erfolgt die Schuldübernahme iS von § 415 durch Vereinbarung mit dem ursprünglichen Kreditnehmer und weder mit dem Kreditgeber noch auf dessen Veranlassung, sind die §§ 491 ff nicht anzuwenden (vgl hierzu BeckOK-BGB/*Möller* § 491 Rn 25).

4 [3] Die Vereinbarung der Anrechnung auf den Kaufpreis ist eine typische, aber nicht zwingende Folge der Schuldübernahme.

5 [4] Die **Mitteilung** muss dem Veräußerer zuzurechnen sein (Hk-BGB/*Schulze* § 416 Rn 2).

6 [5] Durch diese **Vorabinformation** kann auch geklärt werden, welche weiteren Anforderungen der Gläubiger stellt (häufig zB ein abstraktes Schuldanerkenntnis des Übernehmers und die Unterwerfung unter die sofortige Zwangsvollstreckung). Zu einer verbindlichen Zustimmung wird der Gläubiger idR erst nach Eintragung des Übernehmers im Grundbuch bereit sein.

7 [6] Die **Mitteilung** darf erst **nach der Eigentumsumschreibung** erfolgen (§ 416 Abs. 2 S. 1).

8 [7] § 416 Abs. 2 S. 2 verlangt einen **Hinweis** auf die Genehmigungsfiktion.

9 [8] Die **Verweigerung** der Genehmigung ist gegenüber dem Veräußerer zu erklären (Hk-BGB/*Schulze* § 416 Rn 2).

10 [9] **Daneben** bleibt eine Schuldübernahme, die unabhängig von § 416 die Voraussetzungen der §§ **414, 415** erfüllt, möglich (vgl hierzu Hk-BGB/*Schulze* § 416 Rn 4.

11 [10] Für die Zeit bis zur Erteilung der Genehmigung (vgl hierzu auch § 415 Abs. 3 S. 1) kann zB vereinbart werden:

► Bis zur Erteilung oder Verweigerung der Genehmigung der Schuldübernahme durch die ■■■ Bank gilt die vereinbarte Schuldübernahme als Freistellungsverpflichtung und Erfüllungsübernahme des Erwerbers gegenüber dem Veräußerer in Bezug auf übernommene Schuld. ◄

[11] Der Veräußerer wird idR – anders zB bei einer Grundstücksveräußerung unter Angehörigen – das hohe Risiko einer bloßen **Erfüllungsübernahme** (vgl hierzu Hk-BGB/Schulze § 329 Rn 2) bzw **Freistellung** durch den Erwerber meiden und die Vereinbarung der vollständigen Kaufpreiszahlung anstreben – mit nachfolgender Tilgung der Darlehensschuld (vgl zu diesem Problemkreis NK-BGB/*Eckardt* § 417 Rn 4 u 6). UU ist die Vereinbarung von Rücktrittsrechten für den Fall des Scheiterns einer Schuldübernahme geboten – mit Regelungen zur konkreten Rückabwicklung, die auch etwaige Zahlungen des Erwerbers während der Schwebezeit zum Gegenstand haben sollten. 12

§ 417 Einwendungen des Übernehmers

(1) [1]Der Übernehmer kann dem Gläubiger die Einwendungen entgegensetzen, welche sich aus dem Rechtsverhältnis zwischen dem Gläubiger und dem bisherigen Schuldner ergeben. [2]Eine dem bisherigen Schuldner zustehende Forderung kann er nicht aufrechnen.
[2] Aus dem der Schuldübernahme zugrunde liegenden Rechtsverhältnis zwischen dem Übernehmer und dem bisherigen Schuldner kann der Übernehmer dem Gläubiger gegenüber Einwendungen nicht herleiten.

A. Muster: Baustein für Klage oder Replik des Gläubigers gegen den Schuldübernehmer 1

289

▶ Die Klagepartei hat gegen den Beklagten einen Anspruch aus ... auf ... Der Anspruch richtete sich ursprünglich gegen XY. Dessen Verbindlichkeit hat der Beklagte durch Vereinbarung mit dem Kläger am ... übernommen (§ 414 BGB). Zu den Einwendungen des Beklagten aus dem Vertragsverhältnis der Parteien[1] ist Folgendes auszuführen: ...

Die Einwendungen des Beklagten aus dem Rechtsverhältnis zwischen ihm als Neuschuldner (Übernehmer) und dem Altschuldner sind gem. § 417 Abs. 2 BGB ausgeschlossen.[2]

Einwendungen aus dem Rechtsverhältnis zwischen dem Kläger als Gläubiger und dem Altschuldner kann der Beklagte nur nach Maßgabe des § 417 Abs. 1 BGB erheben. Sie müssen also im Zeitpunkt der Schuldübernahme bereits begründet gewesen sein (Hk-BGB/Schulze § 417 Rn 2).[3] ...

Jedenfalls ist die Einwendung des Beklagten deshalb unbegründet, weil das Gestaltungsrecht, hier der Rücktritt, bereits aufgrund seiner Art dem Beklagten nicht zustand, zumal es sich inhaltlich nicht ausschließlich auf die übernommene Verpflichtung bezieht, sondern auch auf den dem Altschuldner verbliebenen Lieferanspruch gegen den Kläger (vgl hierzu Hk-BGB/Schulze § 417 Rn 2).[4] ... ◀

B. Erläuterungen

[1] Einwendungen aus dem **Verhältnis** zwischen **Gläubiger und Übernehmer,** also aus deren Vereinbarung über die Schuldübernahme oder dem zugrunde liegenden Kausalverhältnis, kann der Neuschuldner uneingeschränkt erheben (zB Unwirksamkeit der Schuldübernahme oder Vereinbarung eines Erlasses oder einer Stundung zwischen Gläubiger und Neuschuldner). 2

[2] Einwendungen aus dem **Verhältnis** zwischen **Schuldner und Übernehmer** sind ausgeschlossen. Jedoch können Einwendungen aus dem Grundgeschäft von Alt- und Neuschuldner auf die (abstrakte) Schuldübernahme durchschlagen (vgl Hk-BGB/*Schulze* § 417 Rn 2) und damit zu Einwendungen aus dem Rechtsverhältnis zwischen Gläubiger und Neuschuldner werden. Vgl hierzu Rn 1. 3

4 [3] Die Einwendung muss **zumindest** im Zeitpunkt der Übernahme ihrem rechtlichen Grund nach im Schuldverhältnis **angelegt** sein (Hk-BGB/*Schulze* § 417 Rn 2). Im Falle des § 415 (Vertrag zwischen Schuldner und Übernehmer) ist der Zeitpunkt des Vertragsschlusses, nicht der der Genehmigung maßgebend (NK-BGB/*Eckardt* § 417 Rn 2).

5 [4] Hier tun sich die Probleme der **Zuordnung bzw Verteilung von Gestaltungsrechten** auf, wie sie in vergleichbarer Form bei der Forderungsabtretung bestehen (vgl die Ausführungen zu § 401).

6 Dem Neuschuldner einer Kaufpreisschuld steht bspw nicht das Rücktrittsrecht zu, das sich infolge der Mangelhaftigkeit der dem Altschuldner veräußerten Sache ergibt. Exakte Vereinbarungen im Rahmen der Schuldübernahme über den Übergang oder Verbleib von Gestaltungsrechten sind also empfehlenswert (vgl hierzu die Ausführungen zu § 401).

§ 418 Erlöschen von Sicherungs- und Vorzugsrechten

(1) [1]Infolge der Schuldübernahme erlöschen die für die Forderung bestellten Bürgschaften und Pfandrechte. [2]Besteht für die Forderung eine Hypothek oder eine Schiffshypothek, so tritt das Gleiche ein, wie wenn der Gläubiger auf die Hypothek oder die Schiffshypothek verzichtet. [3]Diese Vorschriften finden keine Anwendung, wenn der Bürge oder derjenige, welchem der verhaftete Gegenstand zur Zeit der Schuldübernahme gehört, in diese einwilligt.

[2] Ein mit der Forderung für den Fall des Insolvenzverfahrens verbundenes Vorzugsrecht kann nicht im Insolvenzverfahren über das Vermögen des Übernehmers geltend gemacht werden.

1 ## A. Muster: Baustein für Klageerwiderung des Bürgen

► Es ist richtig, dass sich der Beklagte für die Erfüllung des Anspruchs der Klagepartei gegen X verbürgt[1] hat. Das Bürgschaftsversprechen ist jedoch erloschen, da X nicht mehr Schuldner des gesicherten Anspruchs ist. Die Schuld wurde nämlich am ... durch Vereinbarung zwischen der Klagepartei und Y von Y übernommen.[2]

Beweis: ...[3]

Die Bürgschaft ist deshalb gem. § 418 Abs. 1 S. 1 BGB erloschen.[4] Die Vorschrift trägt dem Umstand Rechnung, dass andernfalls der Beklagte als Sicherungsgeber das Risiko einer fehlenden oder geringeren Zahlungsfähigkeit des Neuschuldners trüge. Der Anwendung des § 418 Abs. 1 S. 1 BGB steht auch nicht § 418 Abs. 1 S. 3 BGB entgegen, da der Beklagte eine Einwilligung[5] zu der Schuldübernahme nicht[6] erteilt hat.[7] ◄

B. Erläuterungen

2 [1] § 418 ist auch auf **nicht akzessorische** Sicherungsrechte wie insb. Vormerkung, Grundschuld und Sicherungsübereignung entsprechend anwendbar (Hk-BGB/*Schulze* § 418 Rn 1). Bei der Sicherungsübereignung führt § 418 zur Fälligkeit des Freigabeanspruchs (NK-BGB/*Eckardt* § 418 Rn 1).

3 [2] Bei der **Vertragsübernahme**, die aus der Sicht des Sicherungsgebers einen Hauptschuldnerwechsel darstellt, gilt § 418 Abs. 1 entsprechend (Hk-BGB/*Schulze* § 418 Rn 1).

4 [3] Der Sicherungsgeber ist für die ihn befreiende Schuldübernahme **beweispflichtig** (Staudinger/*Noack* § 418 Rn 24).

[4] Bei einer **Hypothek** fingiert § 418 Abs. 1 S. 2 einen Verzicht des Gläubigers auf die Hypothek. Der Sicherungsgeber ist nicht nach § 418 Abs. 1 u 2 geschützt, wenn er in die Schuldübernahme einwilligt, also vorher zustimmt (§ 418 Abs. 1 S. 3). 5

[5] Es ist die **vorherige bzw gleichzeitige Zustimmung** (Einwilligung) – mit Übernahme bei § 414 oder mit Genehmigung bzw Genehmigungsfiktion bei den §§ 415, 416 – erforderlich. Die **nachträgliche Zustimmung** (Genehmigung) kommt allenfalls bei **nicht akzessorischen** Sicherungsrechten in Betracht, was jedoch umstritten ist (vgl im Einzelnen NK-BGB-Eckardt § 418 Rn 5). 6

[6] **Beweispflichtig** für die Zustimmung ist der Gläubiger (Staudinger/*Noack* § 418 Rn 24). 7

[7] Die Frage der **Formfreiheit** der Einwilligung ist umstritten (vgl zum Streitstand NK-BGB/*Eckardt* § 418 Rn 5). Aus Beweisgründen empfiehlt sich stets eine Dokumentation zumindest in Schriftform. 8

§ 419 (weggefallen)

Abschnitt 7 Mehrheit von Schuldnern und Gläubigern

§ 420 Teilbare Leistung

Schulden mehrere eine teilbare Leistung oder haben mehrere eine teilbare Leistung zu fordern, so ist im Zweifel jeder Schuldner nur zu einem gleichen Anteil verpflichtet, jeder Gläubiger nur zu einem gleichen Anteil berechtigt.

A. Muster: Baustein für Klage gegen zwei Teilschuldner 1

▶ ...

1. Der Beklagte zu 1) hat an den Kläger 5.000 EUR zu zahlen.[1]
   Der Beklagte zu 2)[2] hat an den Kläger 5.000 EUR[3] zu zahlen.
2. Die außergerichtlichen Kosten des Klägers und die Gerichtskosten tragen die Beklagten jeweils zur Hälfte.[4]

Begründung

Die Klagepartei hat gegen die Beklagten jeweils einen Anspruch wegen ungerechtfertigter Bereicherung (§ 812 BGB).[5] Der Kläger[6] hat gegen jeden der beiden Beklagten einen Anspruch iHv 5.000 EUR. Die Beklagten sind Eheleute. Die Beklagten haben ein gemeinsames Konto bei der X-Bank mit der Kontonummer .... Am ... überwies der Kläger von seinem Konto bei der Y-Bank mit der Kontonummer ... versehentlich 10.000 EUR auf das Konto der Beklagten.

Beweis: ...

Als der Kläger seinen Fehler am ... bemerkte, konnte die Überweisung nicht mehr rückgängig gemacht werden. Da für die Leistung des Klägers kein Rechtsgrund bestand und besteht, sind die Beklagten zur Rückzahlung verpflichtet (§ 812 BGB).[7] Eine Gesamtschuld (§ 421 BGB) liegt nicht vor.[8] Die Beklagten sind Teilschuldner (§ 420 BGB). Bei der Zahlungsverpflichtung der Beklagten handelt es sich um eine teilbare Leistung (zum Begriff vgl Hk-BGB/Schulze § 420 Rn 2). Aufgrund der Vermutungen[9] des § 420 BGB sind die Beklagten als Teilschuldner verpflichtet, und zwar zu gleichen Teilen. Beide Beklagten wurden erfolglos zur Zahlung aufgefordert.[10] ...

Die Kostentragungspflicht der Beklagten ergibt sich aus § 91 ZPO. Die Kostenverteilung ist dem § 100 Abs. 1 ZPO zu entnehmen.

Bzgl der zu treffenden Entscheidung über die vorläufige Vollstreckbarkeit wird darauf hingewiesen, dass die Wertgrenzen des § 708 Nr. 11 ZPO für jeden Streitgenossen gesondert zu berechnen sind (Hk-ZPO/Kindl § 708 Rn 13). ◀

B. Erläuterungen und Varianten

2 [1] Oder:

▶ Der Beklagte zu 1) wird verurteilt, an den Kläger 5.000 EUR zu zahlen. ◀

3 [2] Die Beklagten sind **einfache Streitgenossen** gem. §§ 59-61 ZPO.

4 [3] Die Ansprüche sind verschiedene Gegenstände, so dass **Streitwertaddition** gem. § 5 ZPO erfolgt.

5 [4] Bzgl der Kostenentscheidung ist kein Antrag erforderlich (§ 308 Abs. 2 ZPO). Es ist jedoch sinnvoll, im Antrag oder in der Begründung auf die gebotene **Kostenverteilung nach § 100 Abs. 1 ZPO** hinzuweisen. Bzgl der Einzelheiten, insb. auch zu den Fällen verschiedener Beteiligung, vgl Hk-ZPO/*Gierl* § 100 Rn 5 ff.

6 [5] Zur Kondiktion bei fehlerhafter Banküberweisung vgl Hk-BGB/Schulze § 812 Rn 27. Der Musterfall mutet konstruiert an, ist aber erforderlich, weil die Teilschuld selten ist, da bei **vertraglichen** Ansprüchen und bei **deliktischen** Ansprüchen durch die Auslegungsregeln der §§ 427, 840 meist **Gesamtschuld** gegeben ist. Die **Auslegung** kann aber auch in diesen Fällen wieder zur **Teilschuld** führen (so zB bei einer gemeinsamen Heizölbestellung durch mehrere Nachbarn, bei der erkennbar die Rechnungstellung gegenüber jedem Besteller einzeln entsprechend seinem Anteil erfolgen soll, vgl LG Augsburg NJW-RR 2004, 852). Die **gesetzliche** Anordnung einer Teilschuld findet sich zB in § 1606 Abs. 3 S. 1 und in § 10 Abs. 8 WEG.

7 [6] Wäre zB die Überweisung vom gemeinsamen Konto eines Ehepaares erfolgt, wären diese uU Teilgläubiger gem. § 420 (zu einem solchen Fall vgl OLG Hamm NJW-RR 1988, 1004). Dann könnte jeder Teilgläubiger von jedem Teilschuldner jeweils 2.500 EUR beanspruchen:

▶ Der Beklagte zu 1) hat an den Kläger zu 1) und an die Klägerin zu 2) jeweils 2.500 EUR zu zahlen. ◀

8 [7] Bei vertraglichen Ansprüchen ist die Frage nach einer Teilschuld meist bereits durch die Auslegungsregel des § 427 (Gesamtschuld) obsolet, soweit die Gesamtschuld nicht ohnehin ausdrücklich vereinbart ist. Bei **Bereicherungsansprüchen** erübrigt sich die Frage nach einer Teilschuld häufig dadurch, dass der Bereicherungsschuldner ohnehin nur das herauszugeben hat, was er **„erlangt"** hat iS von § 812 (vgl BGH NJW 2001, 1127), mit der Folge, dass uU kein Anspruch mehr besteht, der sich gegen eine Mehrheit von Schuldnern richtet. Muss jedoch wie in dem im Muster geschilderten Fall eines gemeinschaftlichen Kontos (speziell zum Oder-Konto vgl § 428 Rn 8) davon ausgegangen werden, dass jeder Bereicherungsschuldner den vollen Betrag erlangt hat, besteht bzgl des Bereicherungsanspruchs eine Schuldnermehrheit. In diesem Fall wird gem. § 427 eine Teilschuld vermutet (vgl OLG München NZM 2006, 827).

9 [8] Eine Gesamtschuld wegen Unteilbarkeit der Leistung (§ 431) ist nicht gegeben, da eine Geldforderung teilbar ist. Die Gesamtschuld bei teilbarer Leistung setzt gerade voraus, dass jeder Schuldner **zur ganzen Leistung verpflichtet** ist, was hier gerade nicht der Fall ist bzw erst festzustellen wäre, weil sich dies – wie § 420 zeigt – nicht allein aus dem Umstand ergibt, dass

eine Leistung von mehreren geschuldet wird, und weil eben bei einem bloßen Bereicherungsanspruch die Auslegungsregel des § 427 nicht zur Anwendung kommt.

[9] § 420 enthält **zwei Vermutungen**, und zwar die der **Teilforderung** bei einer teilbaren Leistung und die der **gleichen Anteile** (NK-BGB/*Völzmann-Stickelbrock* § 420 Rn 2). 10

[10] Verzug, Mahnung, Rechtshängigkeit etc. betreffen, wenn nichts anderes vereinbart ist, nur die Forderung, auf die sie sich beziehen (vgl hierzu und zur gemeinsamen Ausübung der Gestaltungsrechte NK-BGB/*Völzmann-Stickelbrock* § 420 Rn 7). 11

§ 421 Gesamtschuldner

[1]Schulden mehrere eine Leistung in der Weise, dass jeder die ganze Leistung zu bewirken verpflichtet, der Gläubiger aber die Leistung nur einmal zu fordern berechtigt ist (Gesamtschuldner), so kann der Gläubiger die Leistung nach seinem Belieben von jedem der Schuldner ganz oder zu einem Teil fordern. [2]Bis zur Bewirkung der ganzen Leistung bleiben sämtliche Schuldner verpflichtet.

A. Muster: Baustein für Klage gegen Gesamtschuldner 1

▶ 1. Die Beklagten[1] werden als Gesamtschuldner[2] verurteilt, an den Kläger … zu zahlen.[3]

2. [4] Die Beklagten tragen die Kosten des Rechtsstreits.[5]

3. …[6]

Begründung

…

Die Beklagten sind bzgl des Klageanspruchs Gesamtschuldner gem. § 421 BGB. Die gesamtschuldnerische Haftung der Beklagten beruht auf einer ausdrücklichen vertraglichen Vereinbarung[7] der Parteien. … ◀

B. Erläuterungen und Varianten

[1] Die Beklagten sind idR einfache Streitgenossen (§ 59 ZPO); bei der Gesamthandsschuld besteht notwendige Streitgenossenschaft (§ 62 ZPO), vgl NK-BGB/*Völzmann-Stickelbrock* § 421 Rn 20. Der Gläubiger kann frei wählen, welchen der Gesamtschuldner er in Anspruch nimmt (BGH NJW 2010, 62). Der Umstand, dass zwei oder mehrere Gesamtschuldner verklagt werden, wirkt sich nicht streitwerterhöhend aus (Hk-ZPO/*Kayser* § 5 Rn 1). Wird nur **einer der Gesamtschuldner** verklagt, so hat er keinen prozessualen Anspruch darauf, dass die gesamtschuldnerische Verpflichtung **in der Urteilsformel** zum Ausdruck gebracht wird (LG Bielefeld BGH NJW 1962, 111). Die (mögliche) gesamtschuldnerische Mithaftung eines weder mitverklagten noch bereits verurteilten Dritten wirkt sich auf die Verurteilung nicht aus (BGH NJW 1990, 2615). Es reicht, dass sich die – unstreitige oder nachgewiesene – gesamtschuldnerische Haftung aus den Urteilsgründen oder dem Zusammenhang ergibt. Im **Mahnantrag** muss aber die gesamtschuldnerische Verpflichtung des Anspruchsgegners zum Ausdruck gebracht werden (BGH NJW 2008, 3498). 2

[2] Statt des Ausdrucks „als Gesamtschuldner" können auch die Begriffe „gesamtschuldnerisch" oder „gesamtverbindlich" verwendet werden. 3

▶ Die Beklagten haben gesamtschuldnerisch ... EUR an den Kläger zu zahlen. ◀

4 [3] Für die **vollstreckbare Ausfertigung** (§ 724 ZPO) ist zu unterscheiden: Wurden die Titel gegen die Gesamtschuldner in **verschiedenen Verfahren** erwirkt, kann für jeden Titel eine vollstreckbare Ausfertigung gem. § 724 ZPO erteilt werden. Die Gesamtschuldner sind gehalten, intern zu überwachen, dass der Gläubiger die Leistung nur einmal erhält, und erforderlichenfalls Vollstreckungsabwehrklage (§ 767 ZPO) zu erheben. Liegt ein **einheitlicher Titel** gegen mehrere Gesamtschuldner vor, ist die Klausel zur Zwangsvollstreckung gegen alle Titelschuldner („ ... zur Zwangsvollstreckung gegen die Beklagten zu 1), zu 2) etc. ...") und die Erteilung mehrer vollstreckbarer Ausfertigungen zur Zwangsvollstreckung jeweils gegen einen einzelnen Gesamtschuldner (die eine Ausfertigung „...zur Zwangsvollstreckung gegen die Beklagten zu 1) ..." und zB die andere Ausfertigung „... zur Zwangsvollstreckung gegen die Beklagten zu 2) ...") ebenfalls nach § 724 ZPO zu erteilen. Wurde dagegen bereits eine Klausel zur Zwangsvollstreckung gegen alle oder mehrere Titelschuldner erteilt, und wird nunmehr bzgl eines oder mehrer dieser Titelschuldner nochmals eine Klausel beantragt (zB zum Zwecke der parallelen Vollstreckung), handelt es sich um eine **weitere vollstreckbare Ausfertigung iS von § 733 ZPO.**

5 [4] Ein **Antrag zur Kostenentscheidung** ist nicht zwingend erforderlich (§ 308 Abs. 2 ZPO). Durch einen Antrag zur Kostenentscheidung beziehungsweise durch Ausführungen hierzu in der Begründung kann Fehlern bei der Kostenentscheidung vorgebeugt werden.

6 [5] Die **gesamtschuldnerische Haftung für die Kosten** ergibt sich bei gesamtschuldnerischer Verurteilung in der Hauptsache aus **§ 100 Abs. 4 ZPO**; sie muss nicht in die Kostenentscheidung aufgenommen werden (vgl Hk-ZPO/*Gierl* § 100 Rn 16). Zum Fall des Obsiegens der Streitgenossen und zum Teilunterliegen einzelner oder aller Streitgenossen vgl Hk-ZPO/*Gierl* § 100 Rn 17 ff.

7 [6] Für jedes Prozessrechtsverhältnis sind die §§ 708 bis 720 a ZPO gesondert anzuwenden.

8 [7] Fehlt eine **ausdrückliche vertragliche Vereinbarung** über das Vorliegen einer Gesamtschuld und ist die Gesamtschuld auch nicht **gesetzlich angeordnet** (zB § 840 bei deliktischen Ansprüchen; zu weiteren Fällen vgl Hk-BGB/*Schulze* § 421 Rn 1), ist bei der weiteren Prüfung der Voraussetzungen des § 421 bei teilbaren Leistungen, insb. also bei Geldleistungen, zunächst die Vermutung des § 420 zu beachten. Eine **Teilschuld gem. § 420** liegt jedoch in den meisten Fällen letztlich schon deshalb nicht vor, weil bei vertraglichen Ansprüchen die **Auslegungsregel des § 427** zur Gesamtschuld führt.

9 Hat eine Personenmehrheit als Partei eines Vertrags sowohl die Stellung des Schuldners als auch die Stellung des Gläubigers, ist die Art der Schuldnermehrheit bzw Gläubigermehrheit **für jeden Anspruch** anhand des Vertrages oder der Vermutungen und Auslegungsregeln der §§ 420 ff **gesondert festzustellen** (vgl zur **Kumulation von Schuldner- und Gläubigermehrheit** NK-BGB-*Völzmann-Stickelbrock* vor §§ 420 ff Rn 15).

10 Dem Umfang der Gesamtschuld ist besondere Aufmerksamkeit zu schenken, wenn sich der Gläubiger das Verschulden eines Gesamtschuldners gem. § 254 zurechnen lassen muss, zB wenn sich der Bauherr das Verschulden des Architekten im Verhältnis zum Bauunternehmer gem. §§ 254, 287 zurechnen lassen muss. Vgl zu einem solchen Fall OLG Oldenburg MDR 2008, 1207.

§ 422 Wirkung der Erfüllung

(1) [1]Die Erfüllung durch einen Gesamtschuldner wirkt auch für die übrigen Schuldner. [2]Das Gleiche gilt von der Leistung an Erfüllungs statt, der Hinterlegung und der Aufrechnung.

(2) Eine Forderung, die einem Gesamtschuldner zusteht, kann nicht von den übrigen Schuldnern aufgerechnet werden.

A. Muster: Baustein für Klageerwiderung mit Einwand des Erlöschens des Anspruchs durch Aufrechnung 1

293

▶ Die Klage ist unbegründet. ■■■ Die Klageforderung ist durch Aufrechnung erloschen (§ 389 BGB).[1] Zwar erfolgte die Aufrechnung nicht durch den Beklagten, sondern durch XY. Diese Aufrechnung wirkt jedoch gem. § 422 Abs. 1 BGB auch zu Gunsten des Beklagten. XY und der Beklagte sind Gesamtschuldner bzgl der Klageforderung. ■■■ XY hat am ■■■ die Aufrechnung mit seiner[2] Forderung gegen den Kläger aus ■■■ erklärt. ■■■.[3] Eine etwaige Vereinbarung zwischen dem Kläger und XY, das Erlöschen der Forderung durch die Aufrechnung solle nur im Verhältnis zwischen dem Kläger und XY eintreten, also nur Einzelwirkung haben, ist unwirksam. § 422 BGB ist zwingendes Recht (NK-BGB/Völzmann-Stickelbrock § 422 Rn 2).[4] ◀

B. Erläuterungen

[1] Zu den weiteren Fällen der **Gesamtwirkung** s. Hk-BGB/Schulze § 422 Rn 1. Zu den Besonderheiten beim **Erlass**, bei dem die Wirkungsart vom Parteiwillen abhängt, vgl **§ 423**. Ist einer der Gesamtschuldner dem Gläubiger über die Gesamtschuld hinaus zu einer Leistung verpflichtet, ist bei der Frage, ob überhaupt eine **Leistung auf die Gesamtschuld** vorliegt, **§ 366** zu beachten (vgl hierzu OLG Koblenz NJW 2008, 3006). 2

[2] § 422 Abs. 2 stellt klar, dass auch ein Gesamtschuldner nur mit seiner eigenen Forderung aufrechnen kann. Zur Streitwerterhöhung bei der Hilfsaufrechnung durch nur einen Gesamtschuldner vgl KG MDR 2009, 586. 3

[3] Die Voraussetzungen für die Erfüllung bzw das Erfüllungssurrogat – im Musterfall die Aufrechnungsvoraussetzungen – sind darzulegen und unter Beweis zu stellen. Bzgl der Einzelheiten speziell bei der Aufrechnung vgl die Ausführungen zu § 387. 4

[4] Die Gesamtwirkung kann **nicht** zugunsten einer Einzelwirkung **abbedungen** werden (BGH WM 1972, 929). 5

§ 423 Wirkung des Erlasses

Ein zwischen dem Gläubiger und einem Gesamtschuldner vereinbarter Erlass wirkt auch für die übrigen Schuldner, wenn die Vertragschließenden das ganze Schuldverhältnis aufheben wollten.

A. Muster: Baustein für Replik des Klägers mit Einwand der bloßen Einzelwirkung des Erlasses 1

▶ Die Klage ist weiterhin begründet. Die Klageforderung ist nicht durch Erlass (§ 397 BGB) erloschen. Der Einwand des Beklagten, die Forderung sei durch eine Vereinbarung[1] vom ■■■ zwischen dem Kläger und dem für die Forderung als Gesamtschuldner mithaftenden XY erlassen worden, ist nicht begründet. Denn dieser Erlass[2] wirkt nur zwischen dem Kläger und dem XY. Der Erlass hat nur

Einzelwirkung,[3] er ist somit nur ein pactum de non petendo. Anders als bei den übrigen Erfüllungssurrogaten, für die § 422 BGB zwingend eine Gesamtwirkung anordnet, kann beim Erlassvertrag eine Einzelwirkung vereinbart werden (§ 423 BGB). Eine Gesamtwirkung, also ein Erlass auch zu Gunsten des Beklagten, ist nicht gegeben (a), auch nicht beschränkt bzgl eines Teils der Forderung (b). Vorsorglich wird darauf hingewiesen, dass der Beklagte, der sich auf die Gesamtwirkung beruft, hierfür die Beweislast trägt (Hk-BGB/Schulze § 423 Rn 6).

a) Eine Erlassvereinbarung hat nur bei entsprechendem Willen der Parteien Gesamtwirkung. Eine Gesamtwirkung wurde nicht ausdrücklich vereinbart. Der Vereinbarung des Klägers und des XY kann auch durch Auslegung (§§ 133, 157 BGB) nicht entnommen werden, dass sie das ganze Schuldverhältnis aufheben wollten. Insbesondere ist der XY im Innenverhältnis, also im Verhältnis zwischen ihm und dem Beklagten, nicht allein verpflichtet, was für eine solche Auslegung spräche.[4] Eine Alleinhaftung des XY im Innenverhältnis ist deshalb nicht gegeben, weil … Durch die Vereinbarung zwischen dem Kläger und XY sollte auch die Verpflichtung des XY nicht endgültig erledigt werden.[5] Ziel der Vereinbarung war es also nicht, den XY auch von Regressansprüchen der anderen Gesamtschuldner, hier also des Beklagten, zu entlasten. Der Erlass im Rahmen des zwischen dem Kläger und XY abgeschlossenen gerichtlichen Vergleiches erfolgte vielmehr aus prozesstaktischen beziehungsweise prozessökonomischen Gründen. … Der Kläger kann den Beklagten also weiterhin in Anspruch nehmen, wenngleich dies möglicherweise einen Ausgleichsanspruch des Beklagten gegen XY zur Folge hat.

b) Die Klageforderung ist auch nicht teilweise erloschen. Denn der Vereinbarung zwischen dem Kläger und XY kann nicht einmal bezüglich eines Teils[6] der Forderung eine Gesamtwirkung zuerkannt werden. Der Vereinbarung ist nämlich nicht der Wille der Parteien zu entnehmen, dass XY zumindest bezüglich seines Haftungsanteils, den er im Innenverhältnis zu tragen hat, endgültig – und somit also auch bezüglich eines drohenden Regresses – befreit werden sollte. ◀

B. Erläuterungen und Varianten

2 [1] Ein (Teil-)Erlass kann insb. auch in einem **gerichtlichen Vergleich** liegen.

3 [2] Der **Erlass** gegenüber einem Schuldner ist im Muster unstreitig. An die Feststellung des für einen Erlass erforderlichen Willen, die Forderung aufzugeben, sind ansonsten **strenge Anforderungen** zu stellen (BGH BKR 2008, 332). Zur Auslegung von Vergleichen bzw. Erlassverträgen s. *Einsiedler*, Auswirkung einer Erlassvereinbarung mit einem Gesamtschuldner in Bezug auf die übrigen Gesamtschuldner, MDR 2009, 1369.

4 [3] **Im Zweifel** hat ein Erlass **nur Einzelwirkung** (BGH NJW 2000, 1942 und BGH NJW-RR 2009, 1534). Trotz Erlass bleiben bei der Einzelwirkung die Ansprüche gegen die anderen Gesamtschuldner bestehen und damit auch deren Rückgriffsmöglichkeiten nach § 426 gegen den Schuldner, der Partei der Erlassvereinbarung war (Hk-BGB/*Schulze* § 423 Rn 3). Will sich deshalb ein in Anspruch genommener Gesamtschuldner abschließend mit dem Anspruchsteller vergleichen und einen Regress der anderen Gesamtschuldner ausschließen, ist in die Vereinbarung ein Verzicht des Gläubigers als Vereinbarung zugunsten Dritter aufzunehmen:

▶ 1. Der Beklagte zahlt zur Abgeltung der Klageforderung an den Kläger … EUR.

2. Der Kläger verzichtet auf seine Ansprüche aus … gegen …, für die eine gesamtschuldnerische Mithaftung des Beklagten besteht, insbesondere auf folgende Ansprüche: … Der Beklagte nimmt diesen Verzicht an. ◀

5 [4] Vgl zum Erlassvertrag zwischen dem Geschädigten und dem Schuldner, der **im Innenverhältnis allein haftet**, und zur Gesamtwirkung des Erlasses (zugunsten des Haftpflichtversicherers) in einem solchen Fall Hk-BGB/*Schulze* § 423 Rn 1.

6 [5] Die **Gesamtwirkung** führt auch zum Erlöschen der Ausgleichspflichten der Gesamtschuldner untereinander (Hk-BGB/*Schulze* § 423 Rn 2).

[6] Zu dieser **beschränkten Gesamtwirkung**, bei der sich die Schuld der anderen Gesamtschuldner um den internen Haftungsanteil des Gesamtschuldners, der den Erlass vereinbart hat, reduziert, s. Hk-BGB/*Schulze* § 423 Rn 4 und BGH NJW-RR 2009, 1534. 7

§ 424 Wirkung des Gläubigerverzugs

Der Verzug des Gläubigers gegenüber einem Gesamtschuldner wirkt auch für die übrigen Schuldner.

A. Muster: Baustein für Erwiderung auf Schadensersatzklage gegen einen Gesamtschuldner mit dem Einwand des Gläubigerverzugs des Klägers 1

295

▶ Der vom Kläger behauptete Anspruch auf Ersatz des Verzögerungsschadens[1] nach § 280 Abs. 1 und 2 BGB iVm § 286 BGB (vgl hierzu NK-BGB/Dauner-Lieb § 280 Rn 58) ist nicht gegeben. Ein Verzug des Beklagten lag nicht vor, weil der Beklagte ein Zurückbehaltungsrecht nach § 273 BGB hatte und er diese Einrede gegenüber dem Kläger auch erhoben hat (vgl zur Verzugsvoraussetzung der Einredefreiheit des Anspruchs Hk-BGB/Schulze § 286 Rn 6). ... Der Beklagte hatte nämlich gegen den Kläger einen Anspruch auf Ersatz von Mehraufwendungen nach § 304 BGB iVm 293 BGB. Dem Kläger wurde der geschuldete Pkw vereinbarungsgemäß an seinem Wohnort angeboten (§ 294 BGB). Der Kläger hat die Leistung nicht angenommen. ... Das tatsächliche Angebot erfolgte zwar nicht durch den Beklagten, sondern durch XY. Allerdings sind der Beklagte und XY gemeinsam Verkäufer des Pkws. Sie schulden die Übergabe und Übereignung infolge Unteilbarkeit der Leistung gemäß § 431 BGB als Gesamtschuldner.[2] Infolge der Gesamtschuldnerschaft wirkt der Gläubigerverzug des Klägers gemäß § 424 BGB auch für den Beklagten[.3] Der Beklagte musste den Pkw von ... bis ... verwahren, wodurch ihm Kosten in Höhe von ... EUR entstanden sind.[4] ◀

B. Erläuterungen und Varianten

[1] Bei Untergang der geschuldeten Sache während des Gläubigerverzugs kann formuliert werden: 2

▶ Der Schadensersatzanspruch des Klägers nach §§ 283, 280 BGB ist nicht gegeben. Der Beklagte hat nämlich den Untergang der Sache gemäß § 300 BGB nicht zu vertreten. Denn der Kläger befand sich durch das Angebot des XY im Gläubigerverzug ...
Dieser Gläubigerverzug wirkt gemäß § 424 BGB auch für den Beklagten, da der Beklagte und XY Gesamtschuldner waren. ... ◀

[2] Bei einer teilbaren Leistung ist § 420 zu beachten. Bei **Teilschuldnerschaft** ist der Gläubigerverzug gegenüber einem Teilschuldner ohne Bedeutung für die andere Teilschuld. Die Vermutung der Teilschuldnerschaft in § 420 hat jedoch bei vertraglichen Ansprüchen wegen der Auslegungsregel des § 427 nur geringe praktische Bedeutung. 3

[3] Siehe hierzu Hk-BGB/*Schulze* § 424 Rn 1. 4

[4] Bezüglich der Einzelheiten des Anspruchs auf Ersatz von Mehraufwendungen vgl die Ausführungen zu § 304. 5

§ 425 Wirkung anderer Tatsachen

(1) Andere als die in den §§ 422 bis 424 bezeichneten Tatsachen wirken, soweit sich nicht aus dem Schuldverhältnis ein anderes ergibt, nur für und gegen den Gesamtschuldner, in dessen Person sie eintreten.
[2] Dies gilt insbesondere von der Kündigung, dem Verzug, dem Verschulden, von der Unmöglichkeit der Leistung in der Person eines Gesamtschuldners, von der Verjährung, deren Neubeginn, Hemmung und Ablaufhemmung, von der Vereinigung der Forderung mit der Schuld und von dem rechtskräftigen Urteil.

1 A. Muster: Baustein für Klageerwiderung des Gesamtschuldners mit Einwand der Unzulässigkeit einer Beendigungskündigung und Einwand der Einzelwirkung einer Fälligkeitskündigung

▶ Die Klage ist unbegründet. Der geltend gemachte Anspruch auf Darlehensrückzahlung ist nicht gegeben. Es fehlt an einer wirksamen Kündigung – jedenfalls gegenüber dem Beklagten.

Zwar wurde mit Schreiben vom ▪▪▪ die Kündigung des Darlehens erklärt, doch erfolgte die Erklärung gegenüber XY. Der Beklagte und XY sind Gesamtschuldner[1] bezüglich einer etwaigen Rückzahlungsverpflichtung.[2]

a) Soweit die Kündigungserklärung als Beendigungskündigung aus wichtigem Grund verstanden werden muss, ist diese Kündigung insgesamt unwirksam. Die Kündigung zur Beendigung[2] eines Dauerschuldverhältnisses[3] kann bei einer Gesamtschuld nur einheitlich, also gegenüber allen Gesamtschuldner gemeinsam erklärt werden (Hk-BGB/Schulze § 425 Rn 2, BGH NJW 2002, 2866).[4]

   Das Kündigungsschreiben vom ▪▪▪ enthielt nur die Kündigungserklärung gegenüber XY. Selbst wenn dem Schreiben durch Auslegung auch eine Kündigungserklärung gegenüber dem Beklagten entnommen werden müsste, ist diese Erklärung dem Beklagten nicht zugegangen. Der Beklagte selbst hat das Kündigungsschreiben nicht erhalten. XY war auch nicht Empfangsvertreter (§ 164 Abs. 3 BGB) des Beklagten.

b) Soweit die Kündigungserklärung als Fälligkeitskündigung verstanden werden muss, hat diese gegenüber dem Beklagten ebenfalls keine Wirkung. Wie bereits ausgeführt, war das Kündigungsschreiben weder inhaltlich an den Beklagten gerichtet noch ist es dem Beklagten zugegangen.[5] Soweit die Fälligkeitskündigung wirksam gegenüber dem XY erklärt wurde, hat diese jedoch nur Einzelwirkung.[6]

   Eine Vereinbarung iS von § 425 Abs. 1 BGB zur Begründung einer Gesamtwirkung einer Fälligkeitskündigung in Abweichung vom Grundsatz der Einzelwirkung, wurde im Darlehensvertrag nicht getroffen.

Eine wirksame Kündigung liegt somit nicht vor.

Selbst wenn eine wirksame Kündigung und damit eine Rückzahlungsverpflichtung des Beklagten bejaht werden müsste, wäre der Beklagte jedoch nicht zum Ersatz des Verzugsschadens verpflichtet, jedenfalls nicht des Schadens, der bis zur Rechtshängigkeit der vorliegenden Klage[7] entstanden ist. Ein Verzug des Beklagten lag nicht vor. Gegenüber dem Beklagten erfolgte keine Mahnung. Auch war kein sonstiger verzugsbegründender Tatbestand erfüllt. Die Mahnung gegenüber XY hat gemäß § 425 BGB nur Einzelwirkung, also nur Wirkung gegenüber XY, so dass dieser allein hierfür haftet (NK-BGB/Völzmann-Stickelbrock § 425 Rn 6), zumal sich auch aus dem Schuldverhältnis nichts anderes (Gesamtwirkung) ergibt iS von § 425 Abs. 1 BGB.[8] ◀

B. Erläuterungen

[1] Beim Darlehen ergibt sich eine Gesamtschuldnerschaft im Zweifel bereits aus § 427, da es sich um einen Anspruch aus Vertrag handelt. 2

[2] § 425 Abs. 2 regelt nur die Fälligkeitskündigung, nicht die Beendigungskündigung (BGH NJW 2002, 2866). 3

[3] Der Grundsatz der einheitlichen Beendigungskündigung gilt also zB auch bei Mietvertrag, Dienstvertrag und Pachtvertrag. 4

[4] Gegen den **Grundsatz der Gesamtkündigung** der Rspr und hL ausführlich Staudinger/*Noack* § 425 Rn 11. 5

[5] Zur **Unwirksamkeit** einer AGB-Bestimmung, mit der sich gesamtschuldnerisch haftende Darlehensnehmer gegenseitig zur Empfangnahme von Erklärungen der Bank **bevollmächtigen** s. BGH NJW 1989, 2383. 6

[6] Die **Fälligkeitskündigung** kann nur **einheitlich gegenüber allen** gesamtschuldnerisch haftenden Darlehensnehmern erklärt werden (vgl BGH NJW 2002, 2866) 7

[7] Mit der Zustellung der Klage gerät auch der Beklagte in Verzug (§ 286 Abs. 1 S. 2). Zu den Prozesszinsen vgl § 291. 8

[8] Eine **Gesamtwirkung** kann auf Vereinbarung (so zB häufig in Mietverträgen mit Personenmehrheiten für die Sekundärpflichten) beruhen oder sich aus dem Inhalt und Zweck des Schuldverhältnisses ergeben. In Bezug auf **Verschulden**, für das § 425 auch den Grundsatz der **Einzelwirkung** aufstellt, ergibt sich zB bei Verträgen mit Rechtsanwalts- und Steuerkanzleien sowie mit ärztlichen Gemeinschaftspraxen eine **Gesamtwirkung aus Inhalt und Zweck des Schuldverhältnisses** (Hk-BGB/*Schulze* § 425 Rn 3). 9

§ 426 Ausgleichungspflicht, Forderungsübergang

(1) [1]Die Gesamtschuldner sind im Verhältnis zueinander zu gleichen Anteilen verpflichtet, soweit nicht ein anderes bestimmt ist. [2]Kann von einem Gesamtschuldner der auf ihn entfallende Beitrag nicht erlangt werden, so ist der Ausfall von den übrigen zur Ausgleichung verpflichteten Schuldnern zu tragen.

(2) [1]Soweit ein Gesamtschuldner den Gläubiger befriedigt und von den übrigen Schuldnern Ausgleichung verlangen kann, geht die Forderung des Gläubigers gegen die übrigen Schuldner auf ihn über. [2]Der Übergang kann nicht zum Nachteil des Gläubigers geltend gemacht werden.

A. Muster: Baustein für Klage auf Gesamtschuldnerausgleich 1

▶ 1. Der Beklagte zu 1) wird verurteilt, dem Kläger 10.000 EUR zu zahlen.
Der Beklagte zu 2)[1] wird verurteilt, dem Kläger 10.000 EUR zu zahlen.

2. Die außergerichtlichen Kosten des Klägers und die Gerichtskosten tragen die Beklagten jeweils zur Hälfte[2]

Begründung

Der Kläger verlangt von den Beklagten Gesamtschuldnerausgleich nach § 426 BGB. Am ... schlossen der Kläger und die Beklagten als Darlehensnehmer und XY als Darlehensgeber einen Darlehensvertrag über 30.000 EUR. Die Parteien waren gesamtschuldnerisch zur Rückzahlung verpflichtet.[3] Mit dem Darlehen sollte eine Gesellschaft bürgerlichen Rechts gegründet werden. Die Gesellschaftsgründung scheiterte. Am ■■■ nahm XY den Kläger auf Rückzahlung des Darlehens in Anspruch. Das Rückzahlungsverlangen erfolgte zu Recht; insb. war die Forderung auch fällig. ■■■. Der Kläger beglich die gesamte[4] Forderung durch Zahlung an XY. ■■■

Beweis: ■■■

Der Kläger verlangt nunmehr Gesamtschuldnerausgleich von den beiden Beklagten. Der Kläger hat gegen jeden der beiden Beklagten einen Anspruch in Höhe von 10.000 EUR gemäß § 426 Abs. 1 BGB. Die Parteien sind gemäß § 426 Abs. 1 S. 1 BGB im Verhältnis zueinander zu gleichen Anteilen,[5] also jeweils 1/3 verpflichtet. Diese Haftungsverteilung ergibt sich aus § 426 Abs. 1 BGB. Eine von der Haftung nach Kopfteilen abweichende Verteilungsquote, für die die Beklagten beweispflichtig wären (Hk-BGB/Schulze § 426 Rn 6), ergibt sich weder aus Gesetz[6] noch aus Vertrag[7] noch sonst aus dem zugrunde liegenden Rechtsverhältnis[8]. Vorsorglich ist auszuführen, dass die Parteien an der BGB-Gesellschaft, deren Gründung beabsichtigt war, zu gleichen Anteilen berechtigt gewesen wären. ■■■ Auch hierdurch kann sich also kein anderweitiger Verteilungsmaßstab ergeben.[9] Weiter ergibt sich der geltend gemachte Anspruch des Klägers gegen die Beklagten direkt aus dem Darlehensvertrag in Verbindung mit § 426 Abs. 2 S. 1 BGB.[10] Infolge der Zahlung an XY ist dessen Anspruch in Höhe des Ausgleichsanspruchs im Wege der Legalzessionen auf den Kläger übergegangen.[11] ◄

B. Erläuterungen und Varianten

2 [1] Bezüglich der Ausgleichspflicht nach § 426 Abs. 1 S. 1 haften die Ausgleichspflichtigen nicht als Gesamtschuldner, sondern als **Teilschuldner** nur entsprechend ihrer **Haftungsquote im Innenverhältnis** (Hk-BGB/*Schulze* § 426 Rn 4) – anders jedoch die Gesamtschuldner, die eine **Haftungseinheit** bilden und wie ein Beteiligter behandelt werden (Hk-BGB/*Schulze* § 426 Rn 8).

3 [2] Ein **Antrag zur Kostenentscheidung** ist grundsätzlich nicht erforderlich. Doch kann hierdurch auf eine richtige Kostenentscheidung nach §§ 91, 100 Abs. 1 ZPO hingewirkt werden.

4 [3] Die gesamtschuldnerische Haftung kann sich hier unmittelbar aus der vertraglichen Vereinbarung oder infolge der Auslegungsregel des § 427 ergeben.

5 [4] Eine (vom Gläubiger akzeptierte) **Teilleistung** über den eigenen Anteil im Innenverhältnis hinaus begründet ebenfalls eine Ausgleichspflicht der übrigen Gesamtschuldner (Staudinger/*Noack* § 426 Rn 23). Der Ausgleichsanspruch setzt voraus, dass der Schuldner **mehr geleistet** hat **als er im Innenverhältnis zu tragen hat** (NK-BGB/*Völzmann-Stickelbrock* § 426 Rn 2). Erbringt ein Gesamtschuldner, der über die Gesamtschuld hinaus verpflichtet ist, eine Leistung, die höher ist als die Gesamtschuld, aber niedriger als der gesamte Anspruch des Gläubigers, so ist nach § 366 zu beurteilen, ob und inwieweit durch diese Teilleistung die Gesamtschuld getilgt wird (OLG Koblenz NJW 2008, 3006).

6 [5] Auf **Haftungseinheiten** (s. hierzu Hk-BGB/*Schulze* § 426 Rn 9) entfällt nur ein – der Höhe nach zu bestimmender (vgl zu dieser Abwägung BGH NJW 2006, 896) – Anteil, für den die Beteiligten der Haftungseinheit den anderen Gesamtschuldnern wiederum **gesamtschuldnerisch** haften (Hk-BGB/*Schulze* § 426 Rn 9).

7 [6] Zu abweichenden **gesetzlichen** Verteilungsmaßstäben s. Hk-BGB/*Schulze* § 426 Rn 7.

8 [7] Zu abweichenden **vertraglichen** Verteilungsmaßstäben s. Hk-BGB/*Schulze* § 426 Rn 8. Wären die Parteien im Musterfall nicht zu gleichen Teilen an der geplanten Gesellschaft beteiligt, wäre zB zu formulieren:

► Die Beklagten haften nicht nach Kopfteilen, sondern entsprechend ihrer Beteiligung an der geplanten Gesellschaft (Hk-BGB/Schulze § 426 Rn 8), die wie folgt vereinbart war: ■■■ Der Beklagten zu 1) hat somit im Innenverhältnis ■■■% der Gesamtforderung zu tragen, der Beklagte zu 2) ■■■ %. ◄

[8] Ein **anderweitige Bestimmung** der Haftungsverteilung erfordert keine besondere Vereinbarung; sie kann sich **„aus der Natur der Sache"**, also auch aus einem tatsächlichen Geschehen ergeben (BGH NJW 2008, 849, dort speziell zum **Gesamtschuldnerausgleich zwischen getrennt lebenden Ehegatten** für den Fall, dass die Darlehenstilgung durch einen Ehegatten bei der Berechnung des Unterhalts des anderen Ehegatten – nicht beim Kindesunterhalt und nicht bei bloß einstweiliger Anordnung nach §§ 246, 49 FamFG – einkommens- und damit unterhaltsmindernd berücksichtigt wurde bzw wird; BGH NJW 2010, 868 zur nichtehelichen Lebensgemeinschaft). Zur Haftungsverteilung im Innenverhältnis infolge **Mitverschuldens** (§ 254) vgl Hk-BGB/*Schulze* § 426 Rn 10 ff. Zum gestörten Gesamtschuldverhältnis (**Haftungsbeschränkung oder -ausschluss zugunsten eines Gesamtschuldners** gegenüber dem Gläubiger) s. Hk-BGB/*Schulze* § 426 Rn 13 ff. Zu weiteren besonderen Fallgestaltungen (Bürgschaft und Mehrheit von Sicherungsgebern) s. NK-BGB/*Völzmann-Stickelbrock* § 426 Rn 26 ff. 9

[9] Bei **BGB-Gesellschaftern** besteht ansonsten eine Haftungsverteilung entsprechend der **Beteiligung** an der Gesellschaft, wobei jedoch bspw der Gedanke des **§ 254** eine abweichende Verteilung gebieten kann (BGH NJW-RR 2009, 49 zur **Alleinhaftung** des Mitglieds einer Gemeinschaftspraxis, an der die Mitglieder in gleicher Höhe beteiligt sind). Allgemein zum Gesamtschuldnerausgleichsanspruch zwischen BGB-Gesellschaftern und zum Entstehungszeitpunkt s. BGH NJW-RR 2008, 256. 10

[10] Der **Ausgleichsanspruch nach § 426 Abs. 1 S. 1** und der **übergegangene Anspruch** aus § 426 Abs. 2 S. 1 stehen **selbständig** nebeneinander und sind hinsichtlich Verjährung und Einwendungen (§§ 404, 412) grundsätzlich gesondert zu betrachten (BGH NJW 2010, 435 und NJW 2010, 62; *Pfeiffer*, Gesamtschuldnerausgleich und Verjährung, NJW 2010, 23; NK-BGB/*Völzmann-Stickelbrock* § 426 Rn 15). Gegen den Anspruch aus § 426 Abs. 1 S. 1 kann der Ausgleichspflichtige nur solche Einwendungen aus dem Grundverhältnis (Verhältnis Gläubiger/Gesamtschuldner) erheben, die bei Zahlung durch den vorleistenden Gesamtschuldner offensichtlich und so gravierend waren, dass die Zahlung einen **Rechtsmissbrauch** darstellt (OLG München NJW 2008, 3505). Zur Frage des Rechtsmissbrauchs im Gesamtschuldverhältnis – insb bzgl der Verjährung – s. BGH NJW 2010, 435. 11

[11] Wenn sich die Forderung des Altgläubigers wie hier im Musterfall gegen mehr als 2 Gesamtschuldner richtet und somit mehrere Ausgleichsschuldner vorhanden sind, wird die nach § 426 Abs. 2 S. 1 **übergegangene Forderung** in der Hand des ausgleichsberechtigten Neugläubigers **in Teilforderungen aufgespalten** (Staudinger/*Noack* § 426 Rn 123). 12

§ 427 Gemeinschaftliche vertragliche Verpflichtung

Verpflichten sich mehrere durch Vertrag gemeinschaftlich zu einer teilbaren Leistung, so haften sie im Zweifel als Gesamtschuldner.

A. Muster: Baustein für Klage bei Gesamtschuld trotz teilbarer Leistung (Geldschuld) 1

► Die Beklagten sind als Gesamtschuldner verpflichtet.[1] Zwar schulden die Beklagten eine teilbare Leistung,[2] nämlich eine Geldleistung. Doch kommt die Vermutung einer Teilschuld nach § 420 BGB nicht zum Tragen. Trotz Teilbarkeit der Leistung ist gemäß der Auslegungsregel des § 427 BGB eine Gesamtschuld gegeben, weil die Verpflichtung der Beklagten auf Vertrag beruht[3] und sich die Beklagten gemeinschaftlich[4] iS von § 427 BGB verpflichtet haben. ■■■ Dem Vertrag der Parteien kann 298 weder direkt noch durch Auslegung eine andere Art der Schuldnermehrheit entnommen werden.[5] ◄

B. Erläuterungen und Varianten

2 [1] Zum **Klageantrag** bei der Gesamtschuld vgl § 421 Rn 1. Im **Mahnantrag** muss die gesamtschuldnerische Verpflichtung des Anspruchsgegners zum Ausdruck gebracht werden (BGH NJW 2008, 3498).

3 [2] Zum Begriff der **teilbaren Leistung** s. Hk-BGB/*Schulze* § 420 Rn 2). Bei einer **unteilbaren Leistung** ist ohnehin nach § 431 Gesamtschuld gegeben. **§ 431** enthält eine **Anordnung** und nicht nur eine Vermutung der Gesamtschuld (str, vgl NK-BGB/*Völzmann-Stickelbrock* § 431 Rn 2).

4 [3] Strittig ist, inwieweit **Ansprüche aus einer Rückwicklung des Vertrages** vertragliche Verpflichtungen iS von § 427 sind. Zu bejahen ist dies für Verpflichtungen aus Rücktritt oder Minderung (Hk-BGB/*Schulze* § 427 Rn 2). Bei Verpflichtungen nach § 812 wegen anfänglicher oder nachträglich herbeigeführter Unwirksamkeit eines Vertrages stellt sich die vorgelagerte bereicherungsrechtliche Frage, wer in welchem Umfang „etwas erlangt" hat iS von § 812 Abs. 1. Nur soweit sich danach die Leistungspflichten der Kondiktionsgegner noch decken, kommt gemäß §§ 421, 427 eine Gesamtschuld in Betracht. Zur parallelen Problematik bei (Bereicherungs-)Ansprüchen bei **Fehlen jeglicher vertraglichen Beziehung der Parteien** (zB beim **Bereicherungsanspruch** bei Fehlüberweisung auf ein Gemeinschaftskonto) s. § 420 Rn 1. Zu Recht kritisch gegen die hM, die § 427 bei der **Geschäftsführung ohne Auftrag** anwendet, Staudinger/*Noack* § 427 Rn 8; interessengerechte Ergebnisse können in diesen Fällen auch über § 421 erzielt werden.

5 [4] Eine **gemeinschaftliche Verpflichtung** iSv § 421 erfordert nicht zwingend den gleichzeitigen Vertragsschluss (vgl hierzu Hk-BGB/*Schulze* § 427 Rn 2), wie umgekehrt der gleichzeitige Vertragsschluss nicht zwingend eine gemeinschaftliche Verpflichtung beinhaltet. Stets stellt sich die Frage, ob das rechtsgeschäftliche Handeln überhaupt eine rechtliche und wirtschaftliche Einheit darstellt, die den Anwendungsbereich von § 427 eröffnet, oder ob gar mehrere getrennte Verträge vorliegen. Liegt letztlich eine gemeinschaftliche Verpflichtung vor, kann eine Vertragsauslegung in Abweichung von der (bloßen) Auslegungsregel des § 427 auch zu einer Teilschuld führen (so zB bei einer gemeinsamen Heizölbestellung durch mehrere Nachbarn, bei der erkennbar die Rechnungstellung gegenüber jedem Besteller einzeln entsprechend seinem Anteil erfolgen soll, vgl LG Augsburg NJW-RR 2004, 852). Es ist also zB bei Sammelbestellungen und Gruppenreisen auf den Einzelfall abzustellen (vgl hierzu NK-BGB/*Völzmann-Stickelbrock* § 427 Rn 5).

6 [5] Die Auslegungsregel des § 427 kann nicht herangezogen werden, wenn sich aus dem Vertrag etwas anderes ergibt (Hk-BGB/*Schulze* § 427 Rn 3), zB wenn eine **Vertragsauslegung nach den §§ 133, 157** die Vereinbarung einer Teilschuld ergibt (vgl Rn 5).

§ 428 Gesamtgläubiger

[1]Sind mehrere eine Leistung in der Weise zu fordern berechtigt, dass jeder die ganze Leistung fordern kann, der Schuldner aber die Leistung nur einmal zu bewirken verpflichtet ist (Gesamtgläubiger), so kann der Schuldner nach seinem Belieben an jeden der Gläubiger leisten. [2]Dies gilt auch dann, wenn einer der Gläubiger bereits Klage auf die Leistung erhoben hat.

A. Einzelklage eines Gesamtgläubigers

I. Muster: Baustein für Einzelklage eines Gesamtgläubigers 1

299

▶ Der Beklagte wird verurteilt, an den Kläger ■■■ EUR zu zahlen.[1]

Begründung

Der Kläger hat gegen den Beklagten einen Anspruch auf Rückzahlung einer Mietkaution in Höhe von ■■■ EUR. ■■■

Der Kläger ist Inhaber des Rückzahlungsanspruchs.

Zwar ist bzw war neben dem Kläger auch dessen ehemalige Lebensgefährtin Partei des Mietvertrages. Doch besteht zwischen dem Kläger und der weiteren Mieterin Gesamtgläubigerschaft gemäß § 428 BGB[2] (vgl hierzu Hk-BGB/Schulze § 428 Rn 2).

Infolge der Gesamtgläubigerschaft kann der Kläger die gesamte[3] Forderung allein geltend machen, und zwar in Form eines Leistungsverlangens an sich selbst.

Dem Kläger ist nicht bekannt, ob seine ehemalige Lebensgefährtin den Anspruch ebenfalls bereits gerichtlich geltend macht oder bereits eine rechtskräftige Abweisung ihrer Klage erfolgt ist. Insoweit ist jedoch vorsorglich darauf hinzuweisen, dass dies weder den Einwand der anderweitigen Rechtshängigkeit noch den Einwand entgegenstehender Rechtskraft rechtfertigen würde Staudinger/Noack § 428 Rn 120 f). ◀

II. Erläuterungen und Varianten

[1] Der **Klageantrag** eines Gesamtgläubigers ist **wie der eines Einzelgläubigers** zu formulieren (Staudinger/*Noack* § 428 Rn 119), und nicht etwa „… an den Kläger oder … zu zahlen". 2

Bei der **gemeinsamen Klage aller oder mehrerer Gesamtgläubiger** – sie sind einfache Streitgenossen nach **§ 59 ZPO** (Staudinger/*Noack* § 428 Rn 123) und eine Streitwertaddition nach **§ 5 ZPO** erfolgt nicht (Staudinger/*Noack* § 428 Rn 124) – ist beim Unterliegen bei der Kostenentscheidung **§ 100 Abs. 1 bis 3 ZPO** zu beachten (zum Unterliegen einzelner Streitgenossen vgl Hk-ZPO/*Gierl* § 100 Rn 18 ff). Die **§§ 708 bis 720 a ZPO** sind für jedes Prozessrechtsverhältnis gesondert anzuwenden: 3

Klageantrag bzw Tenor sind wie folgt zu fassen:

▶ 1. Der Beklagte wird verurteilt, an die Kläger zu 1) und zu 2) als Gesamtgläubiger 10.000 EUR zu zahlen.

2. ■■■ ◀

Der **Zusatz „als Gesamtgläubiger"** ist erforderlich, da andernfalls bei einer Vollstreckung durch nur einen Titelgläubiger vom Vollstreckungsorgan das Vorliegen eine Mitgläubigerschaft (§ 432) nicht ausgeschlossen werden kann. Eine Vollstreckung allein zugunsten eines Titelgläubigers mit Auskehrung des Vollstreckungserlöses bzw Überweisung gepfändeter Forderungen allein an ihn ist bei Mitgläubigerschaft nicht möglich ist (vgl hierzu LG Frankenthal JurBüro 1996, 442).

4 Die Gesamtgläubiger können eine **gemeinsame vollstreckbare Ausfertigung** beantragen, die dann lautet:

▶ Vorstehende mit der Urschrift übereinstimmende Ausfertigung wird dem Kläger zu 1) und dem Kläger zu 2) zum Zwecke der Zwangsvollstreckung gegen den Beklagten erteilt. ◀

Aus dieser Klausel kann jeder der Gesamtgläubiger einzeln die Zwangsvollstreckung betreiben oder sie können gemeinsam einen Zwangsvollstreckungsauftrag erteilen. Auf Antrag ist jedem bzw **einem einzelnen Gesamtgläubiger eine vollstreckbare Ausfertigung** über die gesamte Forderung zu erteilen, die dann bspw lautet:

▶ Vorstehende mit der Urschrift übereinstimmende Ausfertigung wird dem Kläger zu 1) zum Zwecke der Zwangsvollstreckung gegen den Beklagten erteilt. ◀

In diesem Fall ist umstritten, ob eine Vollstreckungsklausel für den oder die anderen Gesamtgläubiger – im Beispiel also für den Kläger zu 2) – eine **„weitere" Vollstreckungsklausel iS von § 733 ZPO** ist, soweit diese Klausel nicht ohnehin auf die bereits dem Kläger zu 1) erteilte vollstreckbare Ausfertigung gesetzt wird. Sie wäre dann gemäß § 733 ZPO als zweite, dritte etc. Ausfertigung zu bezeichnen, der Schuldner wäre von der Erteilung der weiteren Ausfertigung in Kenntnis zu setzen ist und die Erteilung müsste durch den Rechtspfleger erfolgen (§ 20 Nr. 12 RPflG) (vgl hierzu Hk-ZPO/*Kindl* § 724 Rn 6 und § 733 Rn 3). Nachdem vom antragstellenden Gesamtgläubiger kein besonderes Interesse an der Klausel dargetan werden muss (vgl Hk-ZPO/*Kindl* § 733 Rn 3 und 4), dessen Prüfung eine Rechtspflegerzuständigkeit rechtfertigen würde, könnte die Informationspflicht nach § 733 Abs. 2 ZPO für die Einordnung als weitere Klausel sprechen. Jedoch liegt es gerade in der rechtlichen Natur der Gesamtgläubigerschaft, dass der Schuldner der Gefahr einer doppelten Inanspruchnahme ausgesetzt ist, so dass der Schuldner hierauf nicht nochmals hingewiesen werden muss. Überdies muss die Unabhängigkeit der verschiedenen Ansprüche der Gesamtgläubiger auch in der Zwangsvollstreckung gewahrt bleiben (OLG Köln Rpfleger 1990, 82). Die Anwendung des § 733 ZPO erscheint deshalb nicht geboten. Wie bei einer Inanspruchnahme über seine Leistungspflicht hinaus infolge mehrerer in getrennten Verfahren geschaffener Titel (vgl hierzu Staudinger/*Noack* § 428 Rn 126) ist der Schuldner gehalten, erforderlichenfalls Vollstreckungsabwehrklage zu erheben (OLG Köln Rpfleger 1990, 82). Zum **Klageantrag bei Mitgläubigerschaft** (zB bei Anwaltshonorar) vgl § 432 Rn 5.

5 [2] Die **Gesamtgläubigerschaft** kann wie die Gesamtschuld durch Gesetz oder eben durch Vertrag (vgl hierzu BGH NJOZ 2010,536) begründet werden. Für sie gibt es jedoch **keine gesetzliche Vermutung** (HK-BGB/*Schulze* § 428 Rn 2). Zu den gesetzlich angeordneten Fällen vgl NK-BGB/*Völzmann-Stickelbrock* § 428 Rn 8 und 10. Beim Honoraranspruch von Rechtsanwälten besteht Mitgläubigerschaft. Zur unnötigen Vereinbarung von Gesamtgläubigerschaft (§ 428) statt Mitgläubigerschaft (§ 432) im Hinblick auf vermeintliche Eintragungshürden durch **§ 47 GBO** s. *Amann*, Auf der Suche nach einem interessengerechten und grundbuchtauglichen Gemeinschaftsverhältnis, DNotZ 2008, 324. Zu dem in der Praxis häufigen Oder-Konto vgl BGH NJW 2009, 2054 mwN und unten Rn 8.

6 [3] Der Gesamtgläubiger kann aber auch **Teilklage** erheben (Staudinger/*Noack* § 428 Rn 122). Zur Frage der Augleichspflicht in diesem Fall s. § 430 Rn 6.

B. Klageerwiderung des Schuldners

7 I. Muster: Baustein für Klageerwiderung des Schuldners mit dem Einwand der Erfüllung durch Leistung an den anderen Gesamtgläubiger

▶ Die Klage ist unbegründet. Die Klageforderung ist durch Erfüllung erloschen (§ 362 Abs. 1 BGB). Richtig ist, dass der Kläger ursprünglich Gläubiger der Forderung war. Allerdings war er Gesamtgläubiger (§ 428 BGB) infolge ■■■.[1] Richtig ist auch, dass ein Gesamtgläubiger die ganze Leistung an sich fordern kann. Andererseits war der Schuldner jedoch gemäß § 428 BGB berechtigt, nach seinem Belieben an den einen oder anderen Gesamtgläubiger zu leisten.[2] Der Beklagte hat an den anderen Gesamtgläubiger, nämlich an ■■■, geleistet, wozu er gemäß § 428 BGB auch berechtigt war.[3] Die Leistung erfolgte am ■■■ in Form von ■■■ ◀

II. Erläuterungen und Varianten

[1] Für Gesamtgläubigerschaft besteht **keine Vermutung**. Sie beruht entweder auf gesetzlicher Vereinbarung oder auf vertraglicher Vereinbarung (vgl hierzu Rn 5. Zu der in der Praxis wichtigen Gesamtgläubigerschaft beim Gemeinschaftskonto in der Form des **Oder-Kontos** s. NK-BGB/*Völzmann-Stickelbrock* § 428 Rn 12 f und *Baumbach/Hopt*, HGB, 2.Teil V (7), Rn A/38 ff. Zur Gesamtgläubigerschaft von Ehegatten beim Bausparvertrag s. BGH NJW 2009, 2054. Beim Oder-Konto ist § 428 insoweit abgewandelt, als die Bank an den die Leistung fordernden Gesamtgläubiger leisten muss. Bei der **Zwangsvollstreckung** gegen einen Inhaber eines Oder-Kontos kann wegen dessen Stellung als Gesamtgläubiger der gesamte Anspruch – nicht nur der Anteil der Berechtigung im Innenverhältnis – gepfändet werden (Hk-ZPO/*Kindl* § 771 Rn 7). Den Pfändungsgläubiger trifft auch keine Ausgleichspflicht gegenüber den anderen Gesamtgläubigern (BGHReport 2003, 50) 8

[2] Beim Oder-Konto besteht die Besonderheit, dass die Bank verpflichtet ist, an den fordernden Gläubiger zu leisten, s. Rn 8. 9

[3] Zur Ausgleichspflicht der Gesamtgläubiger im Innenverhältnis vgl § 430. 10

§ 429 Wirkung von Veränderungen

(1) Der Verzug eines Gesamtgläubigers wirkt auch gegen die übrigen Gläubiger.
(2) Vereinigen sich Forderung und Schuld in der Person eines Gesamtgläubigers, so erlöschen die Rechte der übrigen Gläubiger gegen den Schuldner.
[3] [1]Im Übrigen finden die Vorschriften der §§ 422, 423, 425 entsprechende Anwendung. [2]Insbesondere bleiben, wenn ein Gesamtgläubiger seine Forderung auf einen anderen überträgt, die Rechte der übrigen Gläubiger unberührt.

A. Gläubigerverzug eines Gesamtgläubigers

I. Muster: Baustein für Klageerwiderung des Schuldners mit Einwand des Gläubigerverzugs eines Gesamtgläubigers (§ 429 Abs. 1) 1

▶ Ein Anspruch des Klägers auf Zahlung von Zinsen[1] ist nicht gegeben. Die Zinspflicht ist gemäß § 301 BGB entfallen, da Gläubigerverzug (§ 293 BGB) des Klägers gegeben ist bzw war. Der Beklagte

hat zwar die Leistung nicht dem Kläger angeboten iS von §§ 293 ff BGB, sondern dem XY. Doch sind der Kläger und XY Gesamtgläubiger (§ 428 BGB). Die Gesamtgläubigerschaft beruht auf ■■■.[2] Gemäß § 428 BGB stand es im Belieben des Beklagten und Schuldners, welchem Gesamtgläubiger er die Leistung anbietet. Das Angebot an XY führte zum Gläubigerverzug des XY. Dieser Annahmeverzug eines Gesamtgläubigers wirkt gemäß § 429 Abs. 1 BGB auch gegen die übrigen Gläubiger, also gegen den Kläger.[3] ◄

II. Erläuterungen und Varianten

2 [1] Zu welchen Verbesserungen der Rechtstellung des Schuldners ein **Gläubigerverzug** führen kann s. Hk-BGB/*Schulze* § 293 Rn 9 und das Muster § 424 Rn 1.

3 [2] Sie beruht auf Vereinbarung oder Gesetz. Es gibt **keine Vermutung** für eine Gesamtgläubigerschaft (Hk-BGB/*Schulze* § 428 Rn 2, vgl auch § 428 Rn 5 und 8). Andererseits besteht aber zwischen Gesamtgläubigerschaft und Mitgläubigerschaft (§ 432) kein Regel-Ausnahmeverhältnis (NK-BGB/*Völzmann-Stickelbrock* § 432 Rn 4).

4 [3] Variante hierzu:

► Der Anspruch des Klägers gegen den Beklagten ist durch Erfüllung erloschen (§ 362 Abs. 1 BGB). Die Leistung des Beklagten an XY, der neben dem Kläger Gesamtgläubiger (§ 428 BGB) ist, wirkt gemäß §§ 429 Abs. 3 S. 1, 422 Abs. 1 BGB auch gegenüber dem Kläger. ◄

B. Fehlende Gesamtwirkung eines Erlassvertrages

5 I. Muster: Baustein für Gesamtgläubigervortrag zur fehlenden Gesamtwirkung eines Erlassvertrages (§§ 429 Abs. 3 S. 1, 423)

► Der Kläger hatte gegen den Beklagten ursprünglich einen Anspruch iHv ■■■ EUR. Hiervon wird eine Restforderung iHv ■■■ EUR geltend gemacht. Richtig ist, dass der Kläger und XY Gesamtgläubiger (§ 428 BGB) bzgl des geltend gemachten Anspruchs sind.

Richtig ist weiter, dass der Beklagte mit XY einen Vergleich über die Forderung geschlossen hat. Ebenso wenig wie ein rechtskräftiges Urteil zwischen dem Schuldner und XY Wirkung gegenüber dem Kläger hätte, hat der Vergleich als solcher Wirkung gegenüber dem Kläger (§§ 429 Abs. 3 S. 1, 425 Abs. 1 BGB).[1]

Wirkung für den am Vergleich nicht beteiligten Kläger hat allenfalls der im Vergleich liegende Teilerlass der Forderung. Diese Wirkungen bestimmen sich nach §§ 429 Abs. 2 S. 1, 423 BGB.

Der Erlass hatte keine Gesamtwirkung.[2] Denn dem Vergleich kann nicht – auch nicht durch Auslegung – entnommen werden, dass die Vergleichsparteien das gesamte Schuldverhältnis aufheben wollten[3]. ■■■ Überdies hatte XY nicht die hierfür erforderliche Befugnis zur Verfügung[4] über die Forderung des Klägers (zur Auslegung von Erlassvereinbarungen und zur Verfügungsmacht des Gesamtgläubigers vgl BGH NJW 1986, 1862). Der Erlass hat somit allenfalls eingeschränkte Gesamtwirkung,[5] also Gesamtwirkung bzgl des Teils der Gesamtforderung, der dem Gesamtgläubiger XY im Innenverhältnis zusteht (vgl hierzu BGH NJW 1986, 1862) ■■■ Von einer solchen eingeschränkten Gesamtwirkung geht auch die Klagepartei aus, weshalb die Forderung nur gekürzt um den Forderungsanteil[6] des anderen Gesamtgläubigers geltend gemacht wird. ◄

II. Erläuterungen und Varianten

6 [1] Soweit ein im Vergleich titulierter Zahlungsanspruch auch tatsächlich **erfüllt** wird, hat dies freilich gemäß § 429 Abs. 3 S. 1, 422 Abs. 1 Wirkung gegenüber den anderen Gesamtgläubigern.

7 [2] Zur Abgrenzung dieser Wirkungen bei **Gesamtschuldnern** s. § 423.

[3] Ein vereinbarter Erlass wirkt überhaupt nur dann auch gegenüber den übrigen Gläubigern, wenn die **Auslegung** des Erlassvertrages bzw des einen (Teil-)Erlass beinhaltenden Vergleiches ergibt, dass die Vertragsschließenden **das ganze Schuldverhältnis aufheben wollten.** Zu dieser Gesamtwirkung des Erlasses vgl BGH NJW 1986, 1862. Der Annahme eines solchen Willens auf Seiten des Gesamtgläubigers steht idR bereits das Fehlen seiner Verfügungsmacht über die Forderung der anderen Gesamtgläubiger entgegen. 8

[4] Im Regelfall hat ein Gesamtgläubiger **keine Verfügungsbefugnis** über die Forderung der anderen Gesamtgläubiger (BGH NJW 1986, 1862 und BGH NJW-RR 2009, 1534). Sofern sich aus dem Schuldverhältnis zwischen den Gesamtgläubigern nichts anderes ergibt, kann ein Gesamtgläubiger grds. – also ohne abweichende Vereinbarung mit den anderen Gesamtschuldnern – **nur seine eigene Forderung gegen den Schuldner erlassen.** Zu diesem Grundsatz der **Einzelwirkung** bildet die eingeschränkte Gesamtwirkung eine Ausnahme (s. Rn 10). 9

[5] Sinn und Zweck des Schuldverhältnisses zwischen Schuldner und Gesamtgläubiger können eine Verfügungsbefugnis des einzelnen Gesamtgläubigers zum Erlass der Forderung mit Wirkung auch für die Forderung des anderen Gesamtgläubigers ergeben, und zwar bzgl des dem erlassenden Gesamtgläubiger im Innenverhältnis zustehenden Forderungsanteils (zu dieser **eingeschränkten Gesamtwirkung** s. BGH NJW 1986, 1862 und BGH NJW-RR 2009, 1534). Das Ausmaß dieser eingeschränkten Gesamtwirkung hat Einfluss auf die Forderungshöhe des klagenden Gesamtgläubigers, so dass uU eine Streitverkündung (§ 72 ZPO) gegenüber dem anderen Gesamtgläubiger geboten ist. 10

[6] Die Kürzung erfolgt um den berechtigterweise erlassenen Forderungsteil und etwaige bereits erfolgte Leistungen des Schuldners, die gemäß § 422 Abs. 1 Erfüllungswirkung haben. Ob darüber hinaus eine Kürzung um die zugunsten des anderen Gesamtgläubigers lediglich titulierten, aber noch nicht erfüllten Ansprüche erfolgt, kann im Einzelfall davon abhängig gemacht werden, ob diese Ansprüche betragsmäßig im Innenverhältnis dem anderen Gesamtgläubiger zustehen. Ein Gesamtgläubiger kann **Teilklage** erheben (Staudinger/*Noack* § 428 Rn 122). Zur Frage der Augleichspflicht in diesem Fall s. die Ausführungen zu § 430. 11

C. Nicht ausgleichspflichtiger Zessionar

I. Muster: Baustein für die Einwendung, dass der Zessionar nicht ausgleichspflichtig ist (§ 429 Abs. 3 S. 2) 12

▶ Richtig ist, dass der Beklagte die vom ursprünglichen Gesamtgläubiger XY an ihn abgetretene[1] Forderung eingezogen hat. Dies führt jedoch nicht zu einer Ausgleichspflicht (§ 430 BGB) des Beklagten gegenüber dem klagenden Gesamtgläubiger Z. Gemäß § 429 Abs. 3 S. 2 BGB ist dem Kläger weiterhin (ausschließlich)[2] der Gesamtgläubiger XY ausgleichspflichtig (vgl hierzu BGH Report 2003, 50). ◀

II. Erläuterungen und Varianten

[1] Zur parallelen Problematik bei der Pfändung (in ein Oder-Konto) vgl die Ausführungen zu § 430. 13

[2] Die Annahme eines gesetzlichen Schuldbeitritts des Zessionars ist mit § 429 Abs. 3 S. 2 unvereinbar (BGH Report 2003, 50). 14

§ 430 Ausgleichungspflicht der Gesamtgläubiger

Die Gesamtgläubiger sind im Verhältnis zueinander zu gleichen Anteilen berechtigt, soweit nicht ein anderes bestimmt ist.

1 **A. Muster: Baustein für Klage eines Gesamtgläubigers auf Ausgleich**

▶ An das

Amtsgericht – Familiengericht –[1] ...

Antrag[2] ...

Der Antragsgegner hat an die Antragstellerin ... EUR nebst ... zu zahlen.

Begründung

Die Beteiligten sind getrennt lebende Ehegatten. Sie haben bei der X-Bank ein gemeinsames[3] Konto mit der Kontonummer ..., über das jeder der Ehegatten alleine verfügen darf (Oder-Konto).[4] Am ..., also nach der Trennung, hat der Antragsgegner das Konto „abgeräumt". Der Antragsgegner hat das Guthaben von ... EUR bis auf einen Betrag von 1,-- EUR abgehoben.[5] Die Antragstellerin hat gegen den Antragsgegner einen Ausgleichsanspruch gemäß § 430 BGB. Die Beteiligten sind als Inhaber eines Gemeinschaftskontos in Form eines Oder-Kontos Gesamtgläubiger gemäß § 428 BGB (Hk-BGB/Schulze § 428 Rn 2). Die Ausgleichspflicht bestimmt sich nach § 430 BGB, da die Beteiligten keine anderweitige Vereinbarung getroffen haben.[6] Vorsorglich wird bereits jetzt darauf hingewiesen, dass sich eine abweichende Regelung[7] zur Ausgleichspflicht nicht dadurch ergibt, dass auf das Konto im Wesentlichen nur das Einkommen des Antragsgegners floss (vgl Hk-BGB/Schulze § 430 Rn 2).[8] Die Beteiligten sind mangels anderweitiger Vereinbarung gemäß § 430 BGB zu gleichen Anteilen berechtigt. Eine Ausgleichspflicht ergibt sich, soweit ein verfügungsbefugter Ehegatte mehr als die Hälfte des Kontoguthabens für sich verwendet (BGH NJW 1990, 705).[9] Die Antragstellerin hat deshalb einen Ausgleichsanspruch iHv ... EUR. Die Zahlungspflicht des Antragsgegners ist antragsgemäß durch Beschluss (§§ 266, 112, 116 und 38 FamFG) auszusprechen.[10] ◀

B. Erläuterungen und Varianten

2 [1] Streitigkeiten zwischen miteinander verheirateten oder ehemals miteinander verheirateten Personen sind bei Verfahren ab dem 1.9.2009 **sonstige Familiensachen** iS von § 266 Abs. 1 Nr. 3 FamFG und damit Familiensachen iS von § 111 FamFG, für die gemäß § 23 b GVG die Familiengerichte zuständig sind. Die örtliche Zuständigkeit bestimmt sich nach § 267 FamFG.

3 [2] Zur **Anwendbarkeit der ZPO** vgl § 113 Abs. 1 bis 3 FamFG. Zur **Terminologie** (Verfahren, Antrag, Antragsteller, Antragsgegner und Beteiligte) in Familienstreitsachen vgl § 113 Abs. 5 FamFG.

4 [3] § 430 kommt nur beim **gemeinsamen Konto** zur Anwendung. Beim Konto auf den Namen nur eines Ehegatten mit zusätzlicher Einzelverfügungsbefugnis des anderen Ehegatten kommen die §§ 741 ff (Bruchteilsgemeinschaft) mit der widerlegbaren Vermutung gleicher Teilhabe des § 742 zur Anwendung (vgl hierzu BGH NJW 2002, 3702).

5 [4] Zur Gesamtgläubigerschaft vgl zunächst die Ausführungen zu § 428. Zum **Oder-Konto** s. *Baumbach/Hopt*, HGB, 2. Teil V (7) Rn A/38 ff. Zur **Zwangsvollstreckung** gegen einen Kontoinhaber, die das gesamte Guthaben und nicht nur den Ausgleichsanspruch erfasst, vgl BGH Report 2003, 50. Die Einzelwirkung der Pfändung ermöglicht es der Bank, ungehindert durch § 829 Abs. 1 S. 1 ZPO weiterhin befreiend an die anderen Kontoinhaber auszuzahlen (BGH Report 2003, 50). Den Pfändungsgläubiger, der die Forderung eingezogen hat, trifft – ebenso

wie einen Zessionar – keine Ausgleichspflicht nach § 430. Ausgleichspflichtig bleibt der Gesamtgläubiger, dessen Forderung gepfändet wurde.

[5] Im Prozess muss nur vorgetragen und ggf unter Beweis gestellt werden, dass dem in Anspruch genommenen Gesamtgläubiger durch die Leistung des Schuldners mehr zugeflossen ist, als seinem Hälfteanteil entspricht; der Beklagte hat eine abweichende Regelung des Innenverhältnisses **darzulegen und zu beweisen** (BGH NJW 1990, 705, OLG Brandenburg FamRZ 2008, 2036). 6

[6] Für eine **von § 430 abweichende Vereinbarung** ist der beweispflichtig, der sich darauf beruft (BGH NJW 1990, 705). 7

[7] Während **intakter Ehe** besteht in der Regel keine Ausgleichspflicht, da sich aus ausdrücklichen oder stillschweigenden Vereinbarungen, Zweck und Handhabung des Kontos oder Vorschriften über die eheliche Lebensgemeinschaft (zB § 1357) ergibt, dass „ein anderes bestimmt ist" iS von § 430 (BGH NJW 1990, 705). 8

[8] Die **güterrechtlichen Verhältnisse** der Ehegatten sind ohne Bedeutung; ebenso die Herkunft der Mittel und der Grund für die Errichtung des Kontos (BGH NJW 1990,705). 9

[9] Zum **Entstehen der Ausgleichspflicht** vgl OLG Naumburg BeckRS 2007 05634 und Brandenburgisches OLG FamRZ 2008, 2036. 10

[10] Die Anordnung der **sofortigen Wirksamkeit** ermöglicht § 116 Abs. 3 S. 2 FamFG. 11

§ 431 Mehrere Schuldner einer unteilbaren Leistung

Schulden mehrere eine unteilbare Leistung, so haften sie als Gesamtschuldner.

A. Muster: Baustein für Klage gegen Gesamtschuldner bei unteilbarer Leistung 1

▶ Die Beklagten[1] werden samtverbindlich verurteilt, an den Kläger den Pkw Marke ..., Baujahr ..., Farbe..., amtl. Kennzeichen ..., Fahrzeugidentifikationsnummer ..., herauszugeben.[2]

Begründung

... Der Kläger hat gegen die Beklagten einen Anspruch auf Rückgabe der Mietsache gemäß § 546 BGB.[3] ... Die Beklagten haften gemäß § 431 BGB als Gesamtschuldner,[4] weil eine unteilbare Leistung (Herausgabe eines Pkws) geschuldet ist. Teilbarkeit ist nämlich nur dann gegeben, wenn die Leistung in mehrere Teile zerlegt werden kann, ohne dass hierdurch ein Wertverlust oder eine Beeinträchtigung des Leistungszwecks eintritt (Hk-BGB/Schulze § 420 Rn 2). ◀

B. Erläuterungen

[1] Soweit nicht ein Fall einer materiellrechtlich notwendigen Streitgenossenschaft (§ 62 Abs. 1 Alt. 2 ZPO) vorliegt (s. Rn 4), kann auch nur einer der Gesamtschuldner in Anspruch genommen werden, wenn dies im konkreten Fall – auch im Hinblick auf die Effektivität der Zwangsvollstreckung – ausreichend erscheint. 2

[2] Zu den Kosten des Rechtsstreits s. die Ausführungen zu § 421. 3

[3] Als Fall der Gesamtschuld nach § 431 wird bspw der Rückgabeanspruch des Vermieters gegen mehrere Mieter eingeordnet (vgl BGH NJW 2005, 3786), wenngleich sich die Gesamtschuld im Zweifel bereits aus § 427 ergibt, der freilich nur eine Auslegungsregel ist, so dass 4

letztlich erst durch § 431 eine Teilschuld unabdingbar ausgeschlossen ist. Letztlich kommen Fälle, die **allein infolge Unteilbarkeit** der Schuld zur Gesamtschuld führen, in der Praxis nicht vor (vgl hierzu Erman/*Ehmann* § 431 Rn 5).

5 [4] Zum Streit, ob es sich bei § 431 um eine Auslegungsregel oder um **zwingendes Recht** handelt, s. NK-BGB/*Völzmann-Stickelbrock* § 431 Rn 2. Jedenfalls besteht Einigkeit, dass bei unteilbarer Leistung eine Teilschuld nicht vereinbart werden kann. Dass andererseits eine **gemeinschaftliche Schuld** vorliegt, wenn die Leistung nur von den Schuldnern gemeinsam erbracht werden kann (Hk-BGB/Schulze § 431 Rn 1 u 3), ist für Fälle außerhalb der Gesamthandsschulden umstritten (Erman/*Ehmann* vor § 420 Rn 26 ff und § 432 Rn 1). Die gemeinschaftliche Schuldnerschaft (Schuldnergemeinschaft) ist im Gesetz nicht geregelt. Hinsichtlich der Hauptleistungspflicht sind gemeinschaftliche Schuldner gemäß § 62 Abs. 1 Alt. 2 ZPO im Prozess notwendige Streitgenossen aus materiellrechtlichen Gründen (vgl hierzu Hk-BGB/*Schulze* § 431 Rn 4 und Hk-ZPO/*Kayser* § 62 Rn 7).

§ 432 Mehrere Gläubiger einer unteilbaren Leistung

(1) [1]Haben mehrere eine unteilbare Leistung zu fordern, so kann, sofern sie nicht Gesamtgläubiger sind, der Schuldner nur an alle gemeinschaftlich leisten und jeder Gläubiger nur die Leistung an alle fordern. [2]Jeder Gläubiger kann verlangen, dass der Schuldner die geschuldete Sache für alle Gläubiger hinterlegt oder, wenn sie sich nicht zur Hinterlegung eignet, an einen gerichtlich zu bestellenden Verwahrer abliefert.
[2] Im Übrigen wirkt eine Tatsache, die nur in der Person eines der Gläubiger eintritt, nicht für und gegen die übrigen Gläubiger.

1 A. Muster: Baustein für Klage eines Gläubigers bei gemeinschaftlicher Gläubigerschaft (Mitgläubigerschaft)

▶ Der Beklagte wird verurteilt, an den Kläger und an XY als Mitgläubiger[1] ■■■ EUR zu zahlen.

Begründung

Der Kläger[2] und XY sind Miteigentümer der von ihnen an den Beklagten vermieteten ■■■. Der Beklagte hat durch schuldhaft vertragswidrigen Gebrauch einen Substanzschaden an der Mietsache verursacht, den er gemäß § 280 Abs. 1 BGB iVm § 241 Abs. 2 BGB zu ersetzen hat. ■■■ Der Kläger und XY sind Mitgläubiger (§ 432 BGB) bezüglich dieses Anspruchs (vgl Staudinger/Noack § 432 Rn 36). Der Kläger und XY sind nämlich nicht Gesamtgläubiger (§ 428 BGB). Es besteht weder ein Fall gesetzlich angeordneter noch ein Fall vertraglich begründeter Gesamtgläubigerschaft (vgl hierzu Hk-BGB/Schulze § 428 Rn 2), die vorliegend auch nicht interessengerecht wäre (vgl Staudinger/Noack § 432 Rn 36).[3] Der Kläger hat die erforderliche Prozessführungsbefugnis, da er dem Umstand seiner bloßen Mitgläubigerschaft neben XY im Antrag Rechnung trägt (vgl hierzu Hk-BGB/Schulze § 432 Rn 4).[4] ◀

B. Erläuterungen und Varianten

2 [1] § 432 (**Mitgläubigerschaft**) betrifft **unteilbare Leistungen**. Dies sind zum einen im natürlichen Sinn, also **real unteilbare** Leistungen. Unteilbarkeit kann auch bei einer im natürlichen Sinn teilbaren Leistung gegeben sein, wenn sich aus dem Leistungszweck und der Eigenart der Forderung eine **rechtliche Unteilbarkeit** ergibt (vgl hierzu BGH GRUR 2008, 896). Zur Teilbarkeit beim Nießbrauch vgl OLG München NJW 2009, 3310. Die Mitgläubigerschaft in di-

rekter Anwendung des § 432, bei der also eine gemeinsame Forderungsberechtigung besteht, **ohne** dass sie auf einem **besonders gestalteten Innenverhältnis** (Gesamthandsgemeinschaft oder Bruchteilsgemeinschaft) besteht, ist sehr selten (vgl hierzu Staudinger/*Noack* § 432 Rn 2). Dieser **Grundfall** der Mitgläubigerschaft als gemeinsame Forderungsberechtigung, der u.a. als **„einfache Forderungsgemeinschaft"** (so Staudinger/*Noack* § 432 Rn 33) bezeichnet wird (zur uneinheitlichen Terminologie vgl NK-BGB/*Völzmann-Stickelbrock* § 432 Rn 8) kommt in der Prozesspraxis schon deshalb nicht bzw kaum vor, weil der auf die unteilbare Leistung gerichtete Primärleistungsanspruch – bei der einfachen Forderungsgemeinschaft – nicht geltend gemacht wird, sondern ein auf Geldleistung und damit auf eine teilbare Leistung gerichteter Sekundäranspruch in Form eines Schadensersatzanspruchs, für den dann meist Teilgläubigerschaft besteht (vgl hierzu Staudinger/*Noack* § 432 Rn 33; unklar allerdings BGH NJW-RR 2009, 687, wo trotz Verweis auf die vorgenannte Fundstelle wohl eine Mitgläubigerschaft nach § 432 befürwortet wird).

Mitgläubigerschaft besteht neben dem im § 432 geregelten Fall der **unteilbaren Leistung** auch bei **gemeinsamer Empfangszuständigkeit** der Gläubiger, insb. bei der Gesamthands- und Bruchteilsgemeinschaft (s. zu diesen Fallgruppen NK-BGB/*Völzmann-Stickelbrock* § 432 Rn 9 und 10). Zur Einordnung des Honoraranspruchs einer Anwaltssozietät als Gesamthandsgläubigerschaft und nicht als Gesamtgläubigerschaft s. BGH NJW 1996, 2859. Bei Gesamthandsgläubigern lautet der Antrag: 3

▶ Der Beklagte wird verurteilt, an den Kläger und an XY zur gesamten Hand ■■■ EUR zu zahlen. ◀

[2] Im Muster ist **nur ein Mitgläubiger Kläger**, der Leistung an sich und den anderen Mitgläubiger verlangt. Ihm und nur ihm allein ist nach § 724 ZPO die **vollstreckbare Ausfertigung** zu erteilen (vgl hierzu KG NJW-RR 2000, 1409): 4

▶ Vorstehende Ausfertigung wird dem Kläger zum Zwecke der Zwangsvollstreckung gegen den Beklagten erteilt. ◀

Die Klage kann auch von **mehreren oder allen Mitgläubigern** erhoben werden, die einfache (str., vgl Staudinger/*Noack* § 432 Rn 61) Streitgenossen sind: 5

▶ Der Beklagte wird verurteilt, an die Kläger zur gesamten Hand ■■■ EUR zahlen.

Der Beklagte wird verurteilt, an die Kläger als Mitgläubiger ■■■ EUR zahlen. ◀

Jeder Titelgläubiger hat Anspruch auf Erteilung einer selbständigen **vollstreckbaren Ausfertigung** des Titels (vgl hierzu KG NJW-RR 2000, 1409), die dann zB bei einem Antrag des Klägers zu 1) lautet:

▶ Vorstehende Ausfertigung wird dem Kläger zu 1) zum Zwecke der Zwangsvollstreckung gegen den Beklagten erteilt. ◀

Dies ändert freilich nichts daran, dass der Titel und damit die Zwangsvollstreckung nur auf Leistung an alle Mitgläubiger gerichtet sind. Zudem bedarf die Auszahlung von Vollstreckungserlösen bzw die Überweisung von Forderungen einer Weisung aller Mitgläubiger an das Vollstreckungsorgan (vgl hierzu LG Frankenthal JurBüro 1996, 442), soweit sich der Kläger nicht den Anspruch der anderen Mitgläubiger abtreten lässt und eine Titelumschreibung auf sich alleine gemäß § 727 ZPO herbeiführt.

[3] Zugunsten einer Gesamtgläubigerschaft (§ 428) besteht keine Vermutung (Hk-BGB/*Schulze* § 428 Rn 2). Keine der Vorschriften – § 428 bzw § 432 – genießt systematischen Vorrang (*Amann*, Auf der Suche nach einem interessengerechten und grundbuchtauglichen Gemeinschaftsverhältnis, DNotZ 2008, 324); es besteht **zwischen § 428 und § 432 kein Regel-Ausnahme-Verhältnis** (NK-BGB/*Völzmann-Stickelbrock* § 432 Rn 4). 6

7 [4] Jeder Gläubiger kann Klage auf Verurteilung des Schuldners zur Leistung an alle erheben, unabhängig davon, ob die übrigen Gläubiger damit einverstanden sind oder nicht (Staudinger/*Noack* § 432 Rn 6). In diesem Fall erstreckt sich die Rechtskraft eines Urteils nicht auf die anderen Mitgläubiger (NK-BGB/*Völzmann-Stickelbrock* § 432 Rn 14). Zum Streit, ob bzw in welchen Fällen es sich hierbei um Prozessstandschaft oder um die Geltendmachung eines eigenen Rechts handelt, vgl Staudinger/*Noack* § 432 Rn 62.

Abschnitt 8 Einzelne Schuldverhältnisse

Titel 1 Kauf, Tausch

Untertitel 1 Allgemeine Vorschriften

§ 433 Vertragstypische Pflichten beim Kaufvertrag

(1) [1]Durch den Kaufvertrag wird der Verkäufer einer Sache verpflichtet, dem Käufer die Sache zu übergeben und das Eigentum an der Sache zu verschaffen. [2]Der Verkäufer hat dem Käufer die Sache frei von Sach- und Rechtsmängeln zu verschaffen.

(2) Der Käufer ist verpflichtet, dem Verkäufer den vereinbarten Kaufpreis zu zahlen und die gekaufte Sache abzunehmen.

A. Vertragsgestaltung

1 **I. Muster: Kaufvertrag über eine bewegliche Sache**

► **Kaufvertrag**[1]

zwischen

■■■, nachfolgend Verkäufer genannt

und

■■■, nachfolgend Käufer genannt[2]

§ 1 Kaufgegenstand

Der Verkäufer verkauft dem Käufer ■■■[3]

§ 2 Kaufpreis

Der Kaufpreis beträgt EUR ■■■[4]

§ 3 Beschaffenheitsvereinbarung

Die Parteien vereinbaren folgende Beschaffenheit der Kaufsache: ■■■[5]

§ 4 Beschaffenheitsgarantie

Der Verkäufer sichert zu, dass die Kaufsache folgende Beschaffenheit aufweist: ■■■[6]

§ 5 Zahlungsbedingungen[7]

■■■

§ 6 Eigentumsvorbehalt[8]

■■■

§ 7 Übergabe und Übereignung[9]

■■■

§ 8 Kosten der Übergabe[10]

■■■

§ 9 Gefahrenübergang[11]

■■■

§ 10 Abnahme der Kaufsache[12]

■■■

§ 11 Pflichten des Verkäufers[13]

■■■

§ 12 Gewährleistung[14]

■■■

§ 13 Verjährung[15]

■■■

§ 14 Rechtswahl

Dieser Vertrag unterliegt deutschem Recht.[16]

§ 15 Gerichtsstand

Für alle Streitigkeiten aus oder im Zusammenhang mit diesem Vertrag oder über seine Gültigkeit sind die Gerichte in ■■■ zuständig.[17]

§ 16 Salvatorische Klausel

Die Unwirksamkeit einer einzelnen oder mehrerer Bestimmungen dieser Vereinbarung lässt die Wirksamkeit der übrigen Vereinbarung unberührt. Sollte eine Klausel dieser Vereinbarung nichtig sein oder werden, so tritt an ihre Stelle eine Regelung, die dem von den Parteien Gewollten am nächsten kommt. ◄

II. Erläuterungen und Varianten

2 **[1] Kaufvertrag.** (a) **Notwendiger Inhalt.** Ein Kaufvertrag iS des § 433 verpflichtet den Verkäufer dazu, dem Käufer die Kaufsache zu verschaffen und den Käufer, den Kaufpreis zu entrichten und die Kaufsache abzunehmen (Hk-BGB/*Saenger* vor §§ 433–480 Rn 1). Die Parteien des Kaufvertrages müssen eindeutig feststehen. Als notwendiger Inhalt des Kaufvertrages müssen sich die Parteien über den Kaufgegenstand und den Kaufpreis geeinigt haben (MüKo-BGB/*Westermann* § 433 Rn 9).

3 (b) **Form.** Ein Kaufvertrag kann idR formlos geschlossen werden, wobei aus Beweisgründen ein schriftlicher Kaufvertrag zu empfehlen ist (Beweislast vgl § 433 Rn 36; Hk-BGB/*Saenger* § 433 Rn 2). In bestimmen Fällen ist gesetzlich eine besondere Form vorgeschrieben (vgl §§ 311 b Abs. 1, 3, 15 Abs. 3, Abs. 4 GmbHG 11 ErbbauVO, 4 Abs. 3 WEG; MüKo-BGB/*Westermann* § 433 Rn 37). So bedarf ein Kaufvertrag über ein Grundstück gem. § 311 b sowie ein Kaufvertrag über einen GmbH-Anteil gem. § 15 Abs. 3, 4 GmbHG der notariellen Form.

4 **[2] Vertragsparteien.** (a) **Verbrauchsgüterkauf.** Durch das Schuldrechtsmodernisierungsgesetz wurden die Regelungen zum Verbrauchsgüterkauf (§§ 474 bis 479) neu eingeführt. Diese Regelungen setzen die Verbrauchsgüterkaufrichtlinie um und dienen dem Verbraucherschutz. Die §§ 474 ff ergänzen das allgemeine Kaufrecht (Hk-BGB/*Saenger* § 474 Rn 1; Palandt/*Weidenkaff* § 474 Rn 1). Ein Verbrauchsgüterkauf liegt gem. § 474 Abs. 1 S. 1 vor, wenn ein Verbraucher von einem Unternehmer eine bewegliche Sache kauft (BGH NJW 2007, 2619, 2621). **Verbraucher** ist nach § 13 jede natürliche Person, die ein Rechtsgeschäft zu einem Zweck abschließt, der weder ihrer gewerblichen noch ihrer selbständigen beruflichen Tätigkeit zugerechnet werden kann. Der Käufer muss den Kaufvertrag somit zu privaten Zwecken abgeschlossen haben (Palandt/*Weidenkaff* § 474 Rn 4). Ein Käufer, der allein zu privaten Zwecken handelt, jedoch wahrheitswidrig vortäuscht, Unternehmer zu sein, kann sich jedoch nicht auf die für ihn günstigen Vorschriften des Verbrauchsgüterkaufs berufen (BGH NJW 2005, 1045; Hk-BGB/*Saenger* § 474 Rn 2). Erwirbt der Käufer eine Sache sowohl zu beruflichen als auch zu privaten Zwecken (dual use), ist auf den Schwerpunkt der Nutzung abzustellen (OLG Celle NJW-RR 2004, 1645, 1646). Für den Begriff des Unternehmers gilt § 14. **Unternehmer** ist jede natürliche oder juristische Person oder eine rechtsfähige Personengesellschaft, die bei Abschluss des Kaufvertrages in Ausübung ihrer gewerblichen oder selbständigen beruflichen Tätigkeit handelt (Palandt/*Weidenkaff* § 474 Rn 5). Erforderlich ist ein selbständiges, planmäßiges und auf Dauer angelegtes Anbieten entgeltlicher Leistungen am Markt. Gewinnerzielungsabsicht ist nicht erforderlich (BGH NJW 2006, 2250, 2251; MüKo-BGB/*Lorenz* § 474 Rn 21). Unerheblich ist, wenn die Tätigkeit nebenberuflich ausgeübt wird (Palandt/*Weidenkaff* § 474 Rn 5). **Gegenstand des Verbrauchsgüterkaufs** sind gem. § 474 Abs. 1 S. 1 nur bewegliche Sachen. Nicht erfasst sind daher Kaufverträge über Grundstücke, Rechte und sonstige Sachen iS des § 453 Abs. 1 wie zB Elektrizität und Gas (Hk-BGB/*Saenger* § 474 Rn 3; MüKo-BGB/*Lorenz* § 474 Rn 10). Gem. § 474 Abs. 1 S. 2 greifen die Regeln des Verbrauchsgüterkaufs nicht für den Kauf gebrauchter, öffentlich versteigerter Sachen (Hk-BGB/*Saenger* § 474 Rn 3).

5 (b) **Handelskauf.** Ist der Kauf von Waren oder Wertpapieren mind. für eine Vertragspartei ein Handelsgeschäft, greifen die Sonderregelungen der §§ 373 ff HGB zum Handelskauf (MüKo-BGB/*Westermann* Vor § 433 Rn 15; Baumbach/Hopt/*Hopt* Einl v. § 373 Rn 8).

6 **[3] Kaufgegenstand.** Gegenstand eines Kaufvertrages können gem. § 433 Abs. 1 Sachen und gem. § 453 Abs. 1 Rechte sowie sonstige verkehrsfähige Güter sein (Hk-BGB/*Saenger* § 433 Rn 3). Die Bestimmungen der §§ 433 ff über den Sachkauf sind auf den Rechtskauf gem. § 453 Abs. 1 entspr. anwendbar (Hk-BGB/*Saenger* § 453 Rn 1). **Sachen** iS des § 433 Abs. 1 sind sowohl bewegliche Sachen als auch Grundstücke. Auch Tiere können Gegenstand eines Kaufvertrages sein (§ 90 a BGB). Möglich ist auch der Kauf **künftiger Sachen,** wie zB Kauf einer Ernte (MüKo-BGB/*Westermann* § 433 Rn 15). Dem Risiko, dass die Sache nicht entsteht, kann Rech-

nung getragen werden, indem der Kaufvertrag durch aufschiebende Bedingung von der Entstehung der Sache oder durch auflösende Bedingung vom Nichtentstehen abhängig gemacht wird (Bamberger/Roth/*Faust* § 433 Rn 27). Die Kaufsache kann individuell (**Stückkauf**) oder auch allgemeinen Merkmalen nach bestimmt sein (**Gattungskauf**) (Hk-BGB/*Saenger* § 433 Rn 5). **Rechte** können Gegenstand eines Kaufvertrages sein, wenn sie übertragbar sind, wie zB Forderungen, Grundpfandrechte, Gesellschaftsanteile sowie gewerbliche Schutzrechte (Hk-BGB/*Saenger* § 453 Rn 2). Nicht übertragbar sind höchstpersönliche Rechte, wie zB das Namensrecht (Palandt/*Weidenkaff* § 453 Rn 4). Sonstige verkehrsfähige Güter iS des § 453 Abs. 1 sind zB Elektrizität oder Gesamtheiten von Rechten und Sachen, wie Unternehmen oder auch freiberufliche Arzt- und Anwaltspraxen (Hk-BGB/*Saenger* § 543 Rn 3). Standardsoftware, die für eine Vielzahl von Anwendern entwickelt wurde, kann Gegenstand eines Kaufvertrages sein. Wird eine Software jedoch nach den individuellen Bedürfnissen und Anforderungen des Auftraggebers entwickelt, handelt es sich um einen Werkvertrag (BGH NJW 1987, 1259; MüKo-BGB/*Westermann* vor § 433 Rn 22). Der Verkäufer muss nicht notwendig Eigentümer der Kaufsache bzw Inhaber des Rechts sein (Hk-BGB/*Saenger* § 433 Rn 3).

Gebrauchtwagenkauf. Der Kaufgegenstand ist eindeutig zu bestimmen und zu bezeichnen (vgl § 433 Rn 2). Wird bspw ein Gebrauchtwagen verkauft, ist dieser durch Hersteller, Typ, amtliches Kennzeichen, Fahrzeugidentifizierungsnummer, Kilometerstand und das Datum der Erstzulassung genau zu bezeichnen. Soll auch das Zubehör, wie Winterreifen, Reserverad, Verbandskasten etc... mitverkauft werden, ist zu empfehlen, dieses aufzuführen (Hoffmann/Becking/Rawert/*Meyer-Sparenberg* S. 157). 7

Hauptleistungspflicht des Verkäufers. Als **Hauptleistungspflicht** beim **Sachkauf** ist der Verkäufer gem. § 433 Abs. 1 dazu verpflichtet, dem Käufer die Sache zu übergeben und frei von Sach- und Rechtsmängeln zu übereigenen (**Erfüllungstheorie**, Palandt/*Weidenkaff* § 433 Rn 16). Die Übergabe erfordert, dass der Verkäufer dem Käufer unmittelbaren Besitz gem. 854 verschafft (Hk-BGB/*Saenger* § 433 Rn 8). Die Übergabe kann nur dann durch Vereinbarung eines Besitzmittlungsverhältnisses oder durch Abtretung des Herausgabeanspruchs ersetzt werden, wenn dies vertraglich vereinbart wurde (Palandt/*Weidenkaff* § 433 Rn 13). Beim **Rechtskauf** ist der Verkäufer gem. §§ 453 Abs. 1, § 433 Abs. 1 dazu verpflichtet, dem Käufer das Recht uneingeschränkt zu übertragen. Wie dies erfolgt, richtet sich nach den für das jeweilige Recht maßgeblichen Vorschriften. So erwirbt zB der Käufer eine Forderung durch Abtretung gem. § 398 (Hk-BGB/*Saenger* § 453 Rn 4). Wird ein Recht verkauft, das zum Besitz einer Sache berechtigt, ist der Verkäufer gem. § 453 Abs. 3 dazu verpflichtet, dem Käufer die Sache frei von Sach- und Rechtsmängeln zu übergeben. 8

[4] **Kaufpreis.** Die Parteien müssen sich über den Kaufpreis einigen (vgl § 433 Rn 2; MüKo-BGB/*Westermann* § 433 Rn 9, 18). Der Kaufpreis muss in Geld bestehen. Besteht die Gegenleistung in einer Sache oder einem Recht, handelt es sich um einen Tauschvertrag (Hk-BGB/*Saenger* § 433 Rn 7). Der Kaufpreis ist regelmäßig der Höhe nach bestimmt. Es ist jedoch auch ausreichend, wenn der Preis lediglich bestimmbar ist (Palandt/*Weidenkaff* § 433 Rn 39). Zulässig ist eine Vereinbarung, nach der der Kaufpreis durch einen Dritten zu bestimmen ist oder die Vereinbarung einer Preisbestimmungsklausel (dazu ausführlich MüKo-BGB/*Westermann* § 433 Rn 19–22). Ist ein bestimmter Kaufpreis ausgewiesen, ist grds. davon auszugehen, dass die Umsatzsteuer enthalten ist. Dies gilt unabhängig davon, ob der Käufer Unternehmer oder Verbraucher ist (MüKo-BGB/*Westermann* § 433 Rn 26; Bamberger/Roth/*Faust* § 433 Rn 54). 9

[5] **Beschaffenheitsvereinbarungen.** Vgl § 434 Rn 1 ff. 10

[6] **Beschaffenheitsgarantie.** Vgl § 443 Rn 4. 11

[7] **Zahlungsbedingungen.** Die Hauptleistungspflicht des Käufers besteht in der **Kaufpreiszahlung** (§ 433 Abs. 2) und entsteht gem. § 271 Abs. 1 mit Abschluss des Vertrages. Der Käufer ist grds. nicht vorleistungspflichtig, so dass der Kaufpreis, sofern kein besonderer Zeitpunkt ver- 12

einbart wurde, gem. §§ 320 Abs. 1, 322 Zug-um-Zug gegen Verschaffung des Kaufgegenstandes zu zahlen ist (Hk-BGB/*Saenger* § 433 Rn 13; Palandt/*Weidenkaff* § 433 Rn 38). Der Kaufpreis ist gem. § 433 Abs. 2 in bar zu entrichten (MüKo-BGB/*Westermann* § 433 Rn 74, 75). Die Parteien können eine vom gesetzlichen Regelfall abweichende Vereinbarungen über die Art der Zahlung, über die Fälligkeit und den Zahlungsort treffen (MüKo-BGB/*Westermann* § 433 Rn 76).

13 (a) **Bargeldlose Zahlung.** Die Parteien können wie folgt eine bargeldlose Zahlung vereinbaren:

▶ Der Kaufpreis ist mit Abschluss dieses Vertrages auf das Konto des Verkäufers mit der Konto-Nr.: ■■■ bei der ■■■-Bank mit der BLZ ■■■ zu überweisen. ◀

Wird auf der Rechnung lediglich eine Kontonummer angegeben, ist eine bargeldlose Zahlung des Kaufpreises gebilligt (Wurm/Wagner/Zartmann/*Fleckenstein* Kap. 13 Rn 18).

14 (b) **Fälligkeit.** Die Parteien können die Fälligkeit der Kaufpreiszahlung wie folgt hinausschieben (Palandt/*Weidenkaff* § 433 Rn 41).

▶ Der Kaufpreis ist innerhalb von ■■■ Tagen/■■■ Wochen nach Lieferung/nach Rechnungsstellung auf das Konto des Verkäufers mit der Konto-Nr.: ■■■ bei der ■■■-Bank mit der BLZ ■■■ zu überweisen. ◀

Die Parteien können eine Vorleistungspflicht des Verkäufers vereinbaren, was üblicherweise durch die Klausel „**Vorauskasse**" erfolgt. Häufig wird vereinbart, dass die Kaufpreiszahlung mit Rechnung fällig wird:

▶ Der Kaufpreis ist mit Aushändigung der Rechnung fällig. ◀

15 [8] **Eigentumsvorbehalt.** Wird die Fälligkeit des Kaufpreises hinausgeschoben, kann sich zur Sicherung der Kaufpreisforderung die Vereinbarung eines Eigentumsvorbehalts empfehlen (vgl § 449 Rn 1 ff).

16 [9] **Übergabe und Übereignung.** Vgl § 447 Rn 1 ff.

17 [10] **Kosten der Übergabe.** Vgl § 448 Rn 1 ff.

18 [11] **Gefahrenübergang.** Vgl § 446 Rn 1 ff.

19 [12] **Abnahme.** Gem. § 433 Abs. 2 ist der Käufer beim Sachkauf zur Abnahme der Kaufsache verpflichtet. Die Parteien können die Pflicht zur Abnahme im Kaufvertrag näher ausgestalten:

▶ Der Käufer ist verpflichtet, die Kaufsache bis zum ■■■ abzunehmen. ◀

Die Abnahmepflicht des Käufers ist regelmäßig als Nebenleistungspflicht einzuordnen und stellt keine Gegenleistung für die Übergabe und Übereignung der Kaufsache dar (Palandt/*Weidenkaff* § 433 Rn 44; Hk-BGB/*Saenger* § 433 Rn 14, 15). Die Pflicht zur Abnahme ist Hauptleistungspflicht, wenn die Parteien dies vereinbart haben. Eine solche konkludente Vereinbarung ist anzunehmen, wenn der Verkäufer an der Abnahme ein besonderes Interesse hat und dies dem Käufer erkennbar war, wie zB ein Interesse des Verkäufers an der Räumung von Lagerraum oder bei leicht verderblichen Waren (Hk-BGB/*Saenger* § 433 Rn 15; MüKo-BGB/*Westermann* § 433 Rn 78).

20 [13] **Pflichten des Verkäufers.** Neben der Pflicht, dem Käufer die Kaufsache zu verschaffen, können weitere Pflichten des Verkäufers bestehen. Diese Nebenpflichten können sich aus Gesetz oder aus dem Kaufvertrag, ggf auch durch Auslegung, ergeben (Hk-BGB/*Saenger* § 433 Rn 11; Palandt/*Weidenkaff* § 433 Rn 22 ff; § 453 Rn 16). Bspw ist der Verkäufer dazu verpflichtet, die Kaufsache für den Transport so zu verpacken, dass sie keinen Schaden nimmt (vgl § 448 Rn 1), eine Bedienungsanleitung zu überlassen oder beim Verkauf reparaturanfälliger Sachen Ersatzteile vorzuhalten (Hk-BGB/*Saenger* § 433 Rn 11; Palandt/*Weidenkaff* § 433 Rn 35). Es ist aus Gründen der Rechtssicherheit zu empfehlen, Nebenpflichten des Verkäufers im Kauf-

vertrag zu regeln. Die Nebenpflichten stehen nicht im Gegenseitigkeitsverhältnis (Palandt/*Weidenkaff* § 433 Rn 22).

[14] Gewährleistung. Vgl § 444 Rn 1ff. 21

[15] Verjährung. Vgl § 438 Rn 1, 2. 22

[16] Rechtswahl. Das UN-Kaufrecht (CISG) findet Anwendung auf Kaufverträge über Waren, 23
wenn die Parteien ihre Niederlassung in verschiedenen Vertragsstaaten des Abkommens haben (MüKo-BGB/*Westermann* Vor § 433 Rn 17). Das UN-Kaufrecht ist Teil des deutschen Rechts. Ist die Anwendung deutschen Rechts vereinbart, erfasst dies daher auch die Anwendbarkeit des UN-Kaufrechts. Ist dies nicht gewollt, muss das UN-Kaufrecht ausdrücklich ausgeschlossen werden, zB durch folgende Formulierung:

► Der Vertrag unterliegt deutschem Recht unter Ausschluss des UN-Kaufrechts. ◄

[17] Gerichtsstandsvereinbarung 24

(a) **Kaufmännischer Verkehr**
Für die Zulässigkeit einer Gerichtsstandsvereinbarung im Kaufvertrag ist zwischen kaufmännischem und nichtkaufmännischem Verkehr zu differenzieren. Im kaufmännischen Verkehr sind Gerichtsstandsvereinbarungen gem. § 38 Abs. 1 ZPO zulässig. Eine solche Vereinbarung kann bereits im Kaufvertrag oder auch nachträglich vereinbart werden (Zöller/*Vollkommer* § 38 Rn 20). Die Gerichtsstandsvereinbarung unterliegt dabei nicht der Form des Hauptvertrags (Zöller/*Vollkommer* § 38 Rn 8, 20). Gerichtsstandsklauseln sind aufgrund ihrer Verbreitung idR nicht überraschend iS des § 305 c BGB (OLG Hamburg MDR 2000, 170; GF-ZPO/*Fölsch* § 38 Rn 9; Zöller/*Vollkommer* § 305 Rn 22). Eine formularmäßige Gerichtsstandsvereinbarung iS des § 38 Abs. 1 ZPO unterliegt gem. § 310 Abs. 1 S. 2 der Inhaltskontrolle nach § 307 Abs. 1, Abs. 2 (Zöller/*Vollkommer* § 38 Rn 22). Gebräuchlich und zulässig ist eine Vereinbarung des Gerichtsstands am Sitz des Verkäufers (Zöller/*Vollkommer* § 38 Rn 22; OLG Karlsruhe NJW 1996, 2041; OLG Frankfurt MDR 1998, 664). Nicht erforderlich ist eine ausdrückliche Beschränkung der Klausel auf Vollkaufleute (Zöller/*Vollkommer* § 38 Rn 22; OLG Frankfurt MDR 1998, 664). Gem. § 40 Abs. 1 ZPO muss sich die Gerichtsstandsvereinbarung auf ein bestimmtes Rechtsverhältnis beziehen. Bezieht sich die Gerichtsstandsvereinbarung auf ein bestimmtes Vertragsverhältnis, ist den Anforderungen des § 40 Abs. 1 ZPO genügt (GF-ZPO/*Fölsch* § 38 Rn 10). Eine Gerichtsstandsvereinbarung ist gem. § 40 Abs. 2 Nr. 1 ZPO grds. für nichtvermögensrechtliche Streitigkeiten, wie bspw Ehe- und Kindschaftssachen und gem. § 40 Abs. 2 Nr. 2 ZPO für solche Klagen unzulässig, für die ein ausschließlicher Gerichtsstand begründet ist, wie bspw gem. § 29 c ZPO für Haustürgeschäfte (Hk-ZPO/*Bendtsen* § 40 Rn 6, 7). Gerichtsstandsvereinbarungen können sich auf die örtliche, sachliche und internationale Zuständigkeit beziehen. Die Parteien können eine ausschließliche Zuständigkeit vereinbaren (GF-ZPO/*Fölsch* § 38 Rn 8; Zöller/*Vollkommer* § 38 Rn 14).

(b) **Nichtkaufmännischer Verkehr**
Im nichtkaufmännischen Verkehr, kann eine Gerichtsstandsvereinbarung unter den Voraussetzungen des § 38 Abs. 3 Nr. 2 ZPO bereits im Kaufvertrag geschlossen werden. IÜ kann eine Gerichtsstandsvereinbarung bei Verbraucherbeteiligung gem. § 38 Abs. 3 Nr. 1 ZPO nur nach Entstehen der Streitigkeit vereinbart werden. Die Gerichtsstandsvereinbarung kann daher nicht bereits mit Abschluss des Kaufvertrages, sondern erst danach vereinbart werden (Zöller/*Vollkommer* § 38 Rn 11, 33). Dadurch soll sichergestellt werden, dass die Gerichtsstandsvereinbarung nur in voller Kenntnis und ohne Ausnutzen der wirtschaftlichen oder strukturellen Überlegenheit einer Vertragspartei zustande kommt (Zöller/*Vollkommer* § 38 Rn 32).

B. Prozess

I. Zahlung des Kaufpreises und Abnahme der Kaufsache

25 **1. Muster: Klage auf Zahlung des Kaufpreises und Abnahme der Kaufsache**

▶ An das

Amtsgericht/Landgericht ▪▪▪[1]

Klage

▪▪▪ – Kläger -

Prozessbevollmächtigte: ▪▪▪

gegen

▪▪▪ – Beklagter -

wegen Kaufpreisforderung und Abnahme

Vorläufiger Streitwert: ▪▪▪

Namens und in Vollmacht des Klägers erheben wir hiermit Klage und werden in der mündlichen Verhandlung beantragen:

1. Der Beklagte wird verurteilt, an den Kläger EUR ▪▪▪ nebst Zinsen hieraus iHv 5 Prozentpunkten über dem Basiszinssatz seit dem ▪▪▪ Zug-um-Zug gegen Übergabe und Übereignung des Biedermeier-Sekretärs mit der Katalog-Nr. ▪▪▪ zu zahlen.[2]
2. Es wird festgestellt, dass sich der Beklagte seit dem ▪▪▪ mit der Annahme der in Klageantrag Ziffer 1 bezeichneten Übergabe und Übereignung des Biedermeier-Sekretärs mit der Katalog-Nr. ▪▪▪ in Verzug befindet.[3]
3. Der Beklagte wird verurteilt, den Biedermeier-Sekretär mit der Katalog-Nr. ▪▪▪ abzunehmen.[4]
4. Der Beklagte trägt die Kosten des Rechtsstreits.
5. Das Urteil ist – notfalls gegen Sicherheitsleistung – vorläufig vollstreckbar.

Begründung

1. Mit vorliegender Klage macht der Kläger gegen den Beklagten u.a. einen Kaufpreisanspruch geltend.[5]

   Der Kläger betreibt in ▪▪▪ ein Antiquitätengeschäft. Am ▪▪▪ haben die Parteien einen schriftlichen Kaufvertrag über einen Biedermeier-Sekretär mit der Katalog-Nr. ▪▪▪ zu einem Kaufpreis iHv EUR ▪▪▪ geschlossen.

   Beweis: Kaufvertrag vom ▪▪▪ in Kopie als Anlage K1

   Die Parteien haben im Kaufvertrag vereinbart, dass der Beklagte dem Kläger den genannten Biedermeier-Sekretär am ▪▪▪ an den Wohnsitz des Beklagten anliefern wird und der Beklagte den Kaufpreis bei Lieferung bar bezahlt.

   Beweis: Kaufvertrag vom ▪▪▪ b.v. als Anlage K1

   Am ▪▪▪ fuhren der Kläger und sein Mitarbeiter ▪▪▪ vereinbarungsgemäß zum Wohnsitz des Beklagten in ▪▪▪ und boten dem Beklagten den genannten Biedermeier-Sekretär an. Der Beklagte verweigerte die Annahme des Biedermeier-Sekretärs mit der Begründung, er habe für den Sekretär aufgrund eines bevorstehenden Umzugs in eine andere Wohnung keine Verwendung mehr. Da der Beklagte die Annahme verweigerte, musste der Kläger den Biedermeier-Sekretär in seinem Lager unterbringen.

   Beweis: Mitarbeiter des Klägers ▪▪▪ (ladungsfähige Anschrift) als Zeuge

   Aufgrund des Kaufvertrages vom ▪▪▪ steht dem Kläger ein Anspruch auf Zahlung des Kaufpreises iHv EUR ▪▪▪ gem. § 433 Abs. 2 BGB zu.

   Wie im Kaufvertrag vereinbart, war der Beklagte dazu verpflichtet, den Kaufpreis iHv EUR ▪▪▪ an den Kläger gegen Lieferung des genannten Biedermeier-Sekretärs zu bezahlen. Da der Beklagte dieser Verpflichtung nicht nachgekommen ist, befindet er sich seit dem ... gem. § 286 Abs. 1, Abs. 2 Nr. 1 BGB in Verzug. Der Zinsanspruch ergibt sich aus § 288 Abs. 1 BGB.[6]

2. Die Zulässigkeit des Klageantrags Ziffer 2 folgt aus § 756 ZPO.
   Da der Beklagte die vom Kläger am ... vertragsgemäß angebotene Übergabe und Übereignung des genannten Biedermeier-Sekretärs nicht angenommen hat, befindet er sich seit dem ... in Annahmeverzug gem. § 293 BGB.[7]
3. Der Anspruch des Klägers gegen den Beklagten auf Abnahme des Biedermeier-Sekretärs folgt aus § 433 Abs. 2 BGB. Der Kläger ist im Besitz des Biedermeier-Sekretärs und daher dazu imstande, dem Beklagten den Sekretär zu übergeben. Der Kläger hat dem Beklagten den Sekretär bereits am ... angeboten und hält das Angebot aufrecht.[8]

..., den ...

...

Rechtsanwalt ◄

2. Erläuterungen und Varianten

[1] **Zuständigkeit. (a) Sachliche Zuständigkeit.** Gem. § 23 Nr. 1 GVG ist für Streitwerte bis EUR 5.000,00 das Amtsgericht und gem. § 71 Abs. 1 GVG für Streitwerte über EUR 5.000,00 das Landgericht zuständig. Bei einer Zahlungsklage ergibt sich der Streitwert aus dem geforderten Betrag (Hk-ZPO/*Bendtsen* § 3 Rn 2). Bei der Kaufpreisklage kommt es daher auf den geforderten Kaufpreis an. Verzugszinsen, die neben der Hauptforderung geltend gemacht werden, sind bei der Berechnung des Streitwerts gem. § 4 Abs. 1 Hs 2 ZPO nicht zu berücksichtigen. Dies gilt auch dann, wenn die Zinsen im Klageantrag ausgerechnet und mit der Hauptforderung als einheitlicher Betrag geltend gemacht werden (Zöller/*Herget* § 4 Rn 11). Der Wert der Gegenleistung beim Zug-um-Zug-Antrag ist für die Bestimmung des Streitwerts unbeachtlich (Zöller/*Herget* § 3 Rn 16). Der Antrag auf Feststellung des Annahmeverzugs führt aufgrund wirtschaftlicher Identität mit dem Leistungsantrag nicht zur Erhöhung des Streitwerts (MüKo-ZPO/*Wöstmann* § 3 Rn 29; Thomas/Putzo/*Hüßtege* § 5 Rn 8). Der Streitwert einer Klage auf Abnahme des Kaufgegenstands bemisst sich nicht nach dem Kaufpreis, sondern nach dem Interesse des Käufers an der Abnahme, wie zB nach den für die Lagerung des Kaufgegenstands erforderlichen Kosten (MüKo-ZPO/*Wöstmann* § 3 Rn 22; Hk-ZPO/*Bendtsen* § 3 Rn 15). Wird eine isolierte Abnahmeklage erhoben, ist dieser Wert maßgeblich. Wird die Kaufpreisklage – wie im dargestellten Muster – mit einer Klage auf Abnahme der Kaufsache verbunden, wird der Streitwert der Kaufpreisklage mit dem Wert der Abnahmeklage aufgrund wirtschaftlicher Identität nicht zusammengerechnet (Hk-ZPO/Bendtsen § 5 Rn 6; Zöller/*Herget* § 5 Rn 8). Für den Streitwert ist dann auf den höheren Wert abzustellen (MüKo-ZPO/*Wöstmann* § 3 Rn 22; Musielak/*Heinrich* § 3 Rn 23). 26

(b) Örtliche Zuständigkeit. Bei der Kaufpreisklage kommt neben dem allgemeinen Gerichtsstand nach §§ 12 ff ZPO der besondere Gerichtsstand des Erfüllungsorts gem. § 29 ZPO in Betracht (Hk-ZPO/*Bendtsen* § 29 Rn 5). Kaufpreisschulden sind am Wohnsitz des Käufers bzw am Ort seiner Niederlassung zu erfüllen (§§ 269 Abs. 1, Abs. 2, 270 Abs. 4; BGH NJW-RR 2003, 192, 193). Die Kaufpreisklage ist daher grds. am Wohnsitz des Käufers zu erheben (Hk-ZPO/*Bendtsen* § 29 Rn 7; Zöller/*Vollkommer* § 29 Rn 25). Der Wohnsitz des Käufers ist auch für den Antrag auf Feststellung des Annahmeverzugs und den Antrag auf Abnahme der Kaufsache maßgeblich. Dies gilt auch dann, wenn für die Lieferung der Ware der Wohnsitz des Verkäufers als Erfüllungsort vereinbart wurde (MüKo-ZPO/*Patzina* § 29 Rn 62; Zöller/*Vollkommer* § 29 Rn 25). Im Fall eines Ladenkaufs oder auch eines Kunstauktionskaufs ist der Erfüllungsort für die Kaufpreisklage der Wohnsitz bzw das Geschäftslokal des Verkäufers (BGH NJW 2004, 54, 55; NJW-RR 2003, 192, 193; Zöller/*Vollkommer* § 29 Rn 25). 27

28 [2] **Klageantrag auf Zahlung des Kaufpreises.** Die Hauptleistungspflichten des Kaufvertrags sind grds. Zug-um-Zug zu erbringen (zu den Ausnahmen vgl unten § 433 Rn 31; MüKo-BGB/*Westermann* § 433 Rn 74; Palandt/*Weidenkaff* § 433 Rn 38). Zur Vermeidung von Kostennachteilen einer teilweisen Klageabweisung (§ 92 ZPO) ist der Klageantrag auf Zahlung der Kaufpreisforderung Zug-um-Zug gegen Erbringung der Gegenleistung zu stellen (BFB/*Koeble*/*U. Locher* S. 468). Stellt der Kläger in einem solchen Fall lediglich einen Antrag auf uneingeschränkte Verurteilung des Beklagten und erhebt dieser die Einrede des nichterfüllten Vertrags gem. § 320, führt dies gem. § 322 Abs. 1 zu einer eingeschränkten Verurteilung des Beklagten zur Leistung Zug-um-Zug. Hierin liegt eine teilweise Klageabweisung mit der Kostenfolge des § 92 ZPO (Hk-ZPO/*Gierl* § 92 Rn 5; Hk-BGB/*Schulze* § 320 Rn 15, § 322 Rn 2).

29 Beim Kauf einer **beweglichen Sache** ist der Verkäufer zur Übergabe und Übereignung der Sache verpflichtet und es ist wie im dargestellten Muster zu formulieren. Beim **Kauf eines Grundstücks** ist wie folgt zu formulieren (BFB/*Koeble*/*U. Locher* S. 469):

▶ Der Beklagte wird verurteilt, an den Kläger EUR ... nebst Zinsen hieraus iHv 5 Prozentpunkten über dem Basiszinssatz seit dem .../seit Rechtshängigkeit Zug-um-Zug gegen die Auflassung des Grundstücks Gemarkung ..., Flurstück-Nummer ... Grundbuchheft Nr. ... und Bewilligung der Eintragung im Grundbuch zu zahlen. ◀

30 Bei einem **Rechtskauf** ist der Antrag Zug-um-Zug auf Verschaffung des jeweiligen Rechts zu richten (vgl § 433 Rn 8). Beim Forderungskauf lautet der Antrag zB wie folgt:

▶ Der Beklagte wird verurteilt, an den Kläger EUR ... nebst Zinsen hieraus iHv 5 Prozentpunkten über dem Basiszinssatz seit dem .../seit Rechtshängigkeit Zug-um-Zug gegen die Abtretung der Forderung des Klägers gegen ... auf Zahlung von EUR ... von ... zu zahlen. ◀

31 **Klageantrag auf uneingeschränkte Verurteilung.** Eine Klage auf uneingeschränkte Verurteilung kommt in Betracht, wenn die Parteien abweichend von dem Grundsatz, dass die Hauptleistungspflichten des Kaufvertrags Zug-um-Zug zu erfüllen sind, eine Vorleistungspflicht des Käufers vereinbart haben oder der Verkäufer seiner Verpflichtung zur Übertragung der Kaufsache bereits nachgekommen ist. In diesem Fällen steht dem Käufer die Einrede des § 320 nicht zu. Ist der Käufer zur Vorleistung verpflichtet, ist die Forderung des Käufers gegen den Verkäufer auf Übertragung des Kaufgegenstands noch nicht fällig und damit die Voraussetzungen der Einrede des § 320 nicht gegeben (§ 320 Abs. 1 S. 1 aE) (Hk-BGB/*Schulze* § 320 Rn 4, 7, § 322 Rn 3). Ein **Antrag** auf uneingeschränkte Verurteilung lautet wie folgt:

▶ Der Beklagte wird dazu verurteilt an den Kläger EUR ... nebst Zinsen hieraus iHv 5 Prozentpunkten über dem Basiszinssatz seit dem .../seit Rechtshängigkeit zu bezahlen. ◀

32 **Klageantrag gem. § 322 Abs. 2.** Ist der Verkäufer vorleistungspflichtig und befindet sich der Käufer in Annahmeverzug, kann der Verkäufer gem. § 322 Abs. 2 wie folgt auf „Leistung nach Empfang der Gegenleistung" klagen:

▶ Der Beklagte wird dazu verurteilt, nach Übergabe und Übereignung des ... durch den Kläger an den Beklagten, an den Kläger EUR ... nebst Zinsen hieraus iHv 5 Prozentpunkten über dem Basiszinssatz seit Rechtshängigkeit zu zahlen. ◀

33 [3] **Antrag auf Feststellung des Annahmeverzugs. (a) Erleichterung der Zwangsvollstreckung.** Die Vollstreckung aus einem Zug-um-Zug-Titel darf gem. § 756 Abs. 1 ZPO erst dann beginnen, wenn dem Schuldner die ihm gebührende Gegenleistung durch den Gerichtsvollzieher in einer den Annahmeverzug nach §§ 293 ff begründenden Weise angeboten wurde (Hk-ZPO/*Kindl* § 756 Rn 3). Die Zwangsvollstreckung kann ohne Angebot der Gegenleistung sofort beginnen, wenn der Gläubiger durch öffentliche oder öffentlich beglaubigte Urkunde nachweisen kann, dass der Schuldner befriedigt oder in Annahmeverzug ist. Der Nachweis des Annahme-

verzugs kann durch das Leistungsurteil selbst oder durch ein anderes Urteil erbracht werden (Hk-ZPO/*Kindl* § 756 Rn 10; Zöller/*Stöber* § 756 Rn 9). Dabei ist zu berücksichtigen, dass Annahmeverzug nicht schon durch den Klageabweisungsantrag des Schuldners bewiesen ist (Hk-ZPO/*Kindl* § 756 Rn 10; Zöller/*Stöber* § 756 Rn 9). Der Nachweis des Annahmeverzugs kann sich aus dem Tenor selbst oder auch aus den Entscheidungsgründen ergeben (BFB/*Koeble/U. Locher* S. 468; Thomas/Putzo/*Hüßtege* § 756 Rn 10). Soll der Nachweis durch die Gründe geführt werden, muss der Annahmeverzug durch den Gerichtsvollzieher ohne rechtliche Überlegungen deutlich ersichtlich sein (BGH NJW 1982, 1048, 1049; Hk-ZPO/*Kindl* § 756 Rn 10). Für die Praxis ist zu empfehlen, den Beklagten in Annahmeverzug zu setzen und die Klage auf Leistung Zug-um-Zug mit einem Antrag auf Feststellung des Annahmeverzugs zu verbinden (Thomas/Putzo/*Hüßtege* § 756 Rn 10; Vorwerk/*Bacher* S. 1171). Die Zulässigkeit dieser Feststellungsklage ergibt sich aus § 756 ZPO (*Würdinger* NJW 2008, 3147, 3148; BFB/*Koeble/U. Locher* S. 468). Darauf ist in der Klage entspr. hinzuweisen (Vorwerk/*Bacher* S. 1172).

(b) **Gefahrenübergang nach § 446 S. 3.** Dem Verkäufer bzw Kläger ist auch aufgrund der Regelung des § 446 S. 3 BGB zu empfehlen, den Käufer bzw Beklagten in Annahmeverzug zu setzen und einen Antrag auf Feststellung des Annahmeverzugs zu stellen, da die Gefahr des zufälligen Untergangs und der zufälligen Verschlechterung der Sache mit Annahmeverzug des Käufers auf diesen übergeht (*Müller/Schöppe-Fredenburg*, S. 586, 588; Hk-BGB/*Saenger* § 446 Rn 4; MüKo-BGB/*Westermann* § 434 Rn 44). Mit Übergang der Gegenleistungsgefahr ist der Käufer dazu verpflichtet, den vollen Kaufpreis zu entrichten, auch wenn die Kaufsache untergegangen oder verschlechtert bzw beschädigt ist (Palandt/*Weidenkaff* § 446 Rn 15; Hk-BGB/*Saenger* § 446 Rn 6). Für Mängel, die während des Annahmeverzugs entstehen, stehen dem Käufer keine Gewährleistungsrechte zu (MüKo-BGB/*Westermann* § 434 Rn 44). 34

[4] **Klageantrag auf Abnahme des Kaufgegenstands.** Gem. § 433 Abs. 2 ist der Käufer dazu verpflichtet, die Kaufsache abzunehmen (vgl § 433 Rn 19). Die Abnahmepflicht kann der Verkäufer durch Leistungsklage gerichtlich durchsetzen (Hk-BGB/*Saenger* § 433 Rn 15; MüKo-BGB/*Westermann* § 433 Rn 78). Die Abnahmepflicht ist idR eine Nebenpflicht, die keine Gegenleistung für die Übergabe und Übereignung der Kaufsache darstellt (vgl § 433 Rn 19; Palandt/*Weidenkaff* § 433 Rn 44). Klagt der Verkäufer auf Abnahme und steht die Abnahmepflicht nicht im Gegenseitigkeitsverhältnis ist der Antrag auf Abnahme nicht Zug-um-Zug gegen Erbringung der Gegenleistung (Übergabe und Übereignung) zu stellen (MüKo-BGB/*Westermann* § 433 Rn 78; Palandt/*Weidenkaff* § 433 Rn 48). Die Klage auf Abnahme der Kaufsache kann mit der Kaufpreisklage verbunden oder auch isoliert erhoben werden (MüKo-BGB/*Westermann* § 433 Rn 78). Es bietet sich an, die Kaufpreisklage mit einer Klage auf Abnahme der Kaufsache zu verbinden, wenn das Vorhalten oder die Lagerung der Kaufsache für den Verkäufer mit erheblichen Kosten verbunden ist (Vorwerk/*Bacher* S. 1173). Eine isolierte Abnahmeklage kommt dann in Betracht, wenn der Käufer den Kaufpreis schon bezahlt hat, die Kaufsache jedoch nicht abnimmt, zB aus Gründen der Lagerung (*Müller/Schöppe-Fredenburg* S. 591). Der Klageantrag auf Abnahme einer beweglichen Sache ist wie im Muster zu formulieren. Beim Kaufvertrag über eine Immobilie besteht die Abnahmepflicht des Käufers darin, die Auflassung entgegenzunehmen (Hk-BGB/*Saenger* § 433 Rn 14). 35

[5] **Kaufpreisforderung.** Der Anspruch auf Zahlung des Kaufpreises ergibt sich aus § 433 Abs. 2 und setzt einen Kaufvertrag voraus. Der Kläger bzw Verkäufer hat den Abschluss des Kaufvertrags und die Höhe des Kaufpreises darzulegen und zu beweisen (Hk-BGB/*Saenger* § 433 Rn 17; Bamberger/Roth/*Faust* § 433 Rn 65). Dies erfolgt durch Darlegung und Beweis des Kaufvertrags sowie die sich daraus ergebenden Hauptleistungspflichten der Vertragsparteien (OLG Hamm NJW 2007, 611; BFB/*Koeble/U. Locher* S. 469). Der Käufer trägt die Darlegungs- und Beweislast für die Zahlung des Kaufpreises (BGH NJW 2006, 300; Hk-BGB/*Saenger* § 434 Rn 17; Palandt/*Weidenkaff* § 433 Rn 57). Etwas anderes gilt beim Handkauf, bei dem grds. vermutet wird, dass eine sofortige Bezahlung erfolgt ist. In diesem Fall trägt der 36

Verkäufer die Darlegungs- und Beweislast dafür, dass die Zahlung des Kaufpreises nicht erfolgt ist (Hk-BGB/*Saenger* § 434 Rn 17; Palandt/*Weidenkaff* § 434 Rn 56).

37 [6] **Zinsanspruch.** Der Zinsanspruch ergibt sich aus § 288 Abs. 1 und setzt Verzug des Schuldners iS des § 286 voraus. Die Voraussetzungen des § 286 sind vom Kläger darzulegen und zu beweisen (vgl § 291 Rn 1ff; Hk-BGB/*Schulze* § 286 Rn 32; Palandt/*Grüneberg* § 286 Rn 49).

38 [7] **Annahmeverzug.** Annahmeverzug des Gläubigers setzt gem. § 293 voraus, dass der Schuldner dazu berechtigt ist, seine Leistung zu erbringen, diese dem Gläubiger ordnungsgemäß angeboten hat, im Zeitpunkt des Angebots zur Leistung imstande und bereit war und der Gläubiger die angebotene Leistung nicht angenommen hat (Hk-BGB/*Schulze* § 293 Rn 3–6). Verschulden des Gläubigers ist nicht erforderlich (Palandt/*Heinrichs* § 293 Rn 10). Die Voraussetzungen des Annahmeverzugs sind vom Kläger bzw Schuldner darzulegen und zu beweisen (Hk-BGB/*Schulze* § 293 Rn 12). Der Beklagte bzw Gläubiger trägt die Darlegungs- und Beweislast für eine Annahmeverhinderung iS des § 299 (Hk-BGB/*Schulze* § 293 Rn 12; § 299 Rn 3).

39 [8] **Abnahmepflicht gem. § 433 Abs. 2.** Die Abnahmepflicht nach § 433 Abs. 2 setzt voraus, dass der Verkäufer oder ein Dritter, der im Besitz der Sache ist, dem Käufer die Kaufsache frei von Sach- und Rechtsmängeln anbietet (Hk-BGB/*Saenger* § 433 Rn 14; MüKo-BGB/*Westermann* § 433 Rn 79). Diese Voraussetzungen sind vom Kläger darzulegen und zu beweisen.

II. Übergabe und Übereignung der Kaufsache

40 1. Muster: Klage auf Übergabe und Übereignung der Kaufsache

► An das

Amtsgericht/Landgericht ■■■[1]

Klage

■■■ – Kläger -

Prozessbevollmächtigte: ■■■

gegen

■■■ – Beklagter -

wegen Übergabe und Übereignung

Vorläufiger Streitwert: ■■■

Namens und in Vollmacht des Klägers erheben wir hiermit Klage und werden in der mündlichen Verhandlung beantragen:

1. Der Beklagte wird verurteilt, dem Kläger den Ford Mustang Baujahr 1968 mit der Fahrgestell-Nr. ■■■ Zug-um-Zug gegen Zahlung von EUR ■■■ zu übergeben und zu übereigen.[2]
2. Es wird festgestellt, dass sich der Beklagte seit dem ■■■mit der Annahme der in Klageantrag Ziffer 1 bezeichneten Zahlung von EUR ■■■ durch den Kläger in Verzug befindet.[3]
3. Der Beklagte wird verurteilt, die Übergabe und Übereignung gemäß Klageantrag Ziffer 1 innerhalb einer in das Ermessen des Gerichts gestellten Frist vorzunehmen.[4]
4. Der Beklagte trägt die Kosten des Rechtsstreits.
5. Das Urteil ist – notfalls gegen Sicherheitsleistung – vorläufig vollstreckbar.

Begründung

1. Mit vorliegender Klage macht der Kläger u.a. einen Anspruch auf Übergabe und Übereignung des Ford Mustang mit der Fahrgestell-Nr. ■■■ aus Kaufvertrag geltend.
   In der ■■■-Zeitung vom ■■■ hat der Beklagte einen Ford Mustang des Baujahres 1986 zu einem Kaufpreis iHv EUR ■■■ angeboten. Aufgrund dieses Inserats hat sich der Kläger mit dem Beklagten am selben Tag in Verbindung gesetzt und den genannten Ford Mustang begutachtet. Daraufhin

haben der Kläger und der Beklagte am selben Tag einen schriftlichen Kaufvertrag über den Ford Mustang Baujahr 1968 mit der Fahrgestell-Nr. ■■■ zu einem Kaufpreis iHv EUR ■■■ geschlossen.
Beweis: Kaufvertrag vom ■■■ in Kopie als Anlage K1
Die Parteien haben vereinbart, dass der Kläger den Ford Mustang am ■■■ am Wohnsitz des Beklagten in ■■■ abholt und bar bezahlt.
Beweis: Kaufvertrag vom ■■■ b.v. als Anlage K1
Der Kläger hat sich vereinbarungsgemäß am ■■■ in Begleitung seiner Ehefrau ■■■ am Wohnsitz des Beklagten eingefunden, um den Ford Mustang abzuholen und hat dem Beklagten die Zahlung des Kaufpreises iHv EUR ■■■ in bar angeboten.[5]
Beweis: Ehefrau des Klägers ■■■ (ladungsfähige Anschrift) als Zeugin
Der Beklagte hat sich jedoch geweigert, die Zahlung entgegenzunehmen und dem Kläger den streitgegenständlichen Ford Mustang herauszugeben, da er es sich anders überlegt habe und den Ford Mustang behalten möchte.
Beweis: Frau ■■■ b.b. als Zeugin
Aufgrund des Kaufvertrags vom ■■■ steht dem Kläger gem. § 433 Abs. 1 S. 1 BGB gegen den Beklagten ein Anspruch auf Übergabe und Übereignung des Ford Mustang Baujahr 1968 mit der Fahrgestell-Nr. ■■■ zu. Da der Beklagte sich weigert, den Kaufvertrag zu erfüllen, ist Klage geboten.

2. Die Zulässigkeit des Klageantrags Ziffer 2 folgt aus § 756 ZPO.
   Da der Beklagte die vom Kläger vertragsgemäß am ■■■ angebotene Kaufpreiszahlung iHv EUR ■■■ nicht angenommen hat, befindet sich der Beklagte seit dem ■■■ in Annahmeverzug gem. § 293 BGB.
3. Der Klageantrag Ziffer 3 beruht auf § 255 Abs. 1 ZPO.

■■■, den ■■■

■■■

Rechtsanwalt ◄

2. Erläuterungen

[1] **Zuständigkeit.** (a) **Sachliche Zuständigkeit.** Gem. § 23 Nr. 1 GVG ist für Streitwerte bis EUR 5.000,00 das Amtsgericht und gem. § 71 Abs. 1 GVG für Streitwerte über EUR 5.000,00 das Landgericht zuständig. Bei einer Klage auf Übergabe und Übereignung einer beweglichen Sache bemisst sich der Streitwert gem. § 6 S. 1, 1. Alt. nach dem objektiven Verkehrswert der Sache. Auf den Kaufpreis kommt es nicht an (Zöller/*Herget* § 3 Rn 16, § 6 Rn 2; Thomas/Putzo/*Hüßtege* § 6 Rn 2, 4). Dies gilt auch für die Klage auf Herausgabe einer Immobilie. Grundpfandrechte mindern den Streitwert grds. nicht. Allerdings mindern Belastungen, die die Nutzungsmöglichkeit einschränken, den Streitwert (MüKo-ZPO/*Wöstmann* § 6 Rn 12; Zöller/*Herget* § 3 Rn 16, § 6 Rn 2). Der Wert der Gegenleistung beim Zug-um-Zug-Antrag ist für die Bestimmung des Streitwerts unbeachtlich (Zöller/*Herget* § 3 Rn 16). Der Antrag auf Feststellung des Annahmeverzugs führt aufgrund wirtschaftlicher Identität mit dem Leistungsantrag nicht zur Erhöhung des Streitwerts (MüKo-ZPO/*Wöstmann* § 3 Rn 29; Thomas/Putzo/*Hüßtege* § 5 Rn 8). Der Antrag auf Fristsetzung gem. § 255 Abs. 1 ZPO erhöht den Streitwert nicht (Hk-ZPO/*Saenger* § 255 Rn 8; Zöller/*Greger* § 255 Rn 6). 41

(b) Örtliche Zuständigkeit. Neben dem allgemeinen Gerichtsstand nach §§ 12 ff ZPO kommt der besondere Gerichtsstand des Erfüllungsortes gem. § 29 ZPO in Betracht. Erfüllungsort für die Verpflichtung des Verkäufers, die Kaufsache zu übergeben und zu übereignen, ist grds. der Sitz des Verkäufers. Beim Versendungskauf ist der Erfüllungsort auch der Wohnsitz des Verkäufers, da es sich hierbei um einen Fall der Schickschuld handelt (vgl § 447 Rn 2 ff). Dies gilt auch beim Verbrauchsgüterkauf (BGH NJW 2003, 3341, 3342; Zöller/*Vollkommer* § 29 42

Rn 25). Haben die Parteien einen Bringkauf vereinbart, wie häufig im Viehhandel üblich, ist der Sitz des Käufers Erfüllungsort (BGH BB 2004, 853, 854; Zöller/*Vollkommer* § 29 Rn 25).

43 [2] **Klageantrag auf Übergabe und Übereignung.** Die Hauptleistungspflichten des Kaufvertrages sind grds. Zug-um-Zug zu erbringen (vgl § 433 Rn 12; Palandt/*Weidenkaff* § 433 Rn 38). Um die Kostennachteile einer teilweisen Klageabweisung zu vermeiden (§ 92 ZPO), ist der Antrag auf Übergabe und Übereignung Zug-um-Zug gegen Erbringung der Gegenleistung (Kaufpreiszahlung) zu stellen (zum Zug-um-Zug Antrag vgl auch § 433 Rn 28). Ein Antrag auf uneingeschränkte Verurteilung kommt in Betracht, wenn der Käufer den Kaufpreis schon bezahlt hat oder der Verkäufer vorleistungspflichtig ist.

44 [3] **Antrag auf Feststellung des Annahmeverzugs.** Zur Erleichterung der Zwangsvollstreckung des Zug-um-Zug-Urteils gem. § 756 ZPO ist zu empfehlen, den Beklagten in Annahmeverzug zu setzen und einen Antrag auf Feststellung des Annahmeverzugs zu stellen (dazu ausführlich vgl § 433 Rn 33; BFB/*Koeble/U. Locher* S. 475).

45 [4] **Antrag auf Fristsetzung gem. § 255 Abs. 1 ZPO.** Erfüllt der Verkäufer seine Pflicht aus § 433 Abs. 1 S. 1 BGB nicht oder nicht ordnungsgemäß, steht dem Käufer ggf ein Schadensersatzanspruch zu (vgl § 437 Rn 58 Überblick über die Schadensersatzansprüche im Kaufrecht). Dieser Anspruch setzt grds. voraus, dass der Käufer dem Verkäufer erfolglos eine angemessene Frist zur Leistung oder Nacherfüllung bestimmt hat (vgl § 437 Rn 69). Macht der Käufer wie im dargestellten Muster als Kläger den Primäranspruch auf Übergabe und Übereignung der Kaufsache geltend, besteht gem. § 255 Abs. 1 ZPO die Möglichkeit, die für den Sekundäranspruch erforderliche Fristbestimmung bereits im Leistungsurteil zu beantragen und durch das Urteil zu ersetzen (Hk-ZPO/*Saenger* § 255 Rn 1, 3, 7; Zöller/*Greger* § 255 Rn 1, 4). Dies hat den Vorteil, dass die Angemessenheit der Frist nicht mehr im Streit stehen kann (Hk-ZPO/*Saenger* § 255 Rn 1). Zu berücksichtigen ist, dass durch den Antrag auf Fristsetzung der Sekundäranspruch jedoch nicht rechtshängig gemacht wird und ggf in einer neuen Klage geltend zu machen ist (Hk-ZPO/*Saenger* § 255 Rn 1; Zöller/*Greger* § 255 Rn 2). Der Antrag auf Fristsetzung ist ein Sachantrag, der bis zum Schluss der mündlichen Verhandlung in der Berufungsinstanz nachgeholt werden kann (Zöller/*Greger* § 255 Rn 5). Die Fristsetzung kann – wie im dargestellten Muster – in das Ermessen des Gerichts gestellt werden (Hk-ZPO/*Saenger* § 255 Rn 7; BFB/*Koeble/U. Locher* S. 475, 476). Der Kläger kann auch eine bestimmte Frist beantragen. Ist die vom Kläger beantragte Frist zu kurz, bestimmt das Gericht unter teilweiser Klageabweisung eine angemessene Frist (Hk-ZPO/*Saenger* § 255 Rn 7). Schlägt der Kläger dem Gericht eine bestimmte Frist vor, darf das Gericht diese überscheiten, aufgrund § 308 Abs. 1 S. 1 ZPO aber nicht unterschreiten (Zöller/*Greger* § 225 Rn 5; Hk-ZPO/*Saenger* § 255 Rn 7). Die Frist beginnt nach hM grds. mit formeller Rechtskraft des Urteils (Hk-ZPO/*Saenger* § 255 Rn 7; Zöller/*Greger* § 255 Rn 5). Dies gilt auch dann, wenn dies nicht ausdrücklich im Tenor zum Ausdruck kommt. Für die Fristberechnung gelten die §§ 187 ff. Der Antrag auf Fristsetzung ist zurückzuweisen, wenn der Erfüllungsanspruch unbegründet ist oder kein Anspruch auf Fristsetzung besteht (Hk-ZPO/*Saenger* § 255 Rn 7).

46 [5] **Annahmeverzug.** Vgl § 433 Rn 38.

§ 434 Sachmangel

(1) [1]Die Sache ist frei von Sachmängeln, wenn sie bei Gefahrübergang die vereinbarte Beschaffenheit hat. [2]Soweit die Beschaffenheit nicht vereinbart ist, ist die Sache frei von Sachmängeln,

1. **wenn sie sich für die nach dem Vertrag vorausgesetzte Verwendung eignet, sonst**
2. **wenn sie sich für die gewöhnliche Verwendung eignet und eine Beschaffenheit aufweist, die bei Sachen der gleichen Art üblich ist und die der Käufer nach der Art der Sache erwarten kann.**

[3]Zu der Beschaffenheit nach Satz 2 Nr. 2 gehören auch Eigenschaften, die der Käufer nach den öffentlichen Äußerungen des Verkäufers, des Herstellers (§ 4 Abs. 1 und 2 des Produkthaftungsgesetzes) oder seines Gehilfen ins-

besondere in der Werbung oder bei der Kennzeichnung über bestimmte Eigenschaften der Sache erwarten kann, es sei denn, dass der Verkäufer die Äußerung nicht kannte und auch nicht kennen musste, dass sie im Zeitpunkt des Vertragsschlusses in gleichwertiger Weise berichtigt war oder dass sie die Kaufentscheidung nicht beeinflussen konnte.

(2) [1]Ein Sachmangel ist auch dann gegeben, wenn die vereinbarte Montage durch den Verkäufer oder dessen Erfüllungsgehilfen unsachgemäß durchgeführt worden ist. [2]Ein Sachmangel liegt bei einer zur Montage bestimmten Sache ferner vor, wenn die Montageanleitung mangelhaft ist, es sei denn, die Sache ist fehlerfrei montiert worden.

(3) Einem Sachmangel steht es gleich, wenn der Verkäufer eine andere Sache oder eine zu geringe Menge liefert.

A. Muster: Beschaffenheitsvereinbarung iS des § 434 Abs. 1 S. 1 1

▶ Die Parteien vereinbaren folgende Beschaffenheit der Kaufsache: ... [1], [2], [3], [4], [5], [6] ◀ 310

B. Erläuterungen

[1] Sachmangel iS des § 434. Ob ein Sachmangel vorliegt, richtet sich gem. § 434 Abs. 1 S. 1 in erster Linie nach dem subjektiven Fehlerbegriff. Danach ist eine Sache frei von Sachmängeln, wenn sie der vereinbarten Beschaffenheit entspricht. Haben die Vertragsparteien keine Beschaffenheit vereinbart, ist gem. § 434 Abs. 1 S. 2 zunächst zu prüfen, ob die Sache zur vertraglich vereinbarten Verwendung geeignet ist. Hilfsweise ist auf die Eignung zur gewöhnlichen Verwendung abzustellen (Hk-BGB/*Saenger* § 434 Rn 7). Ein Sachmangel liegt nach § 434 Abs. 2 S. 1 bei unsachgemäßer Montage vor, sei es durch den Verkäufer oder einen Erfüllungsgehilfen, sowie nach § 434 Abs. 2 S. 2 bei mangelhafter Montageanleitung. Maßgeblicher Zeitpunkt für das Vorliegen eines Sachmangels ist der Zeitpunkt des Gefahrenübergangs (vgl § 446 Rn 2, 3, § 447 Rn 2). 2

[2] Beschaffenheitsvereinbarung iS des § 434 Abs. 1 S. 1. Die Parteien können eine Vereinbarung über die Beschaffenheit der Kaufsache treffen. Der Begriff der Beschaffenheit erfasst jede Eigenschaft und jeden der Sache anhaftenden tatsächlichen, wirtschaftlichen oder rechtlichen Umstand, die bzw der in der Beschaffenheit der Kaufsache wurzelt und ihr unmittelbar für eine gewisse Dauer anhaftet (OLG Hamm NJW-RR 2003, 1360, Palandt/*Weidenkaff* § 434 Rn 14). Eine Vereinbarung über die Beschaffenheit einer Sache wird regelmäßig im Kaufvertrag geschlossen, kann durch die Parteien aber auch nachträglich vereinbart werden (Palandt/*Weidenkaff* § 434 Rn 15). Um Unsicherheiten darüber zu vermeiden, ob eine Beschaffenheitsvereinbarung iS des § 434 Abs. 1 S. 1 oder eine Beschaffenheitsgarantie iS des § 443 (vgl § 443 Rn 1) vereinbart wurde, ist die dargestellte Formulierung zu wählen. Möglich ist auch eine ausdrückliche Klarstellung, dass es sich bei der Vereinbarung nicht um eine Beschaffenheitsgarantie handelt (Hoffmann-Becking/Rawert/*Meyer-Sparenberg* S. 212). 3

[3] Abgrenzung Beschaffenheitsangabe iS des § 434 Abs. 1 S. 1 und Beschaffenheitsgarantie iS des § 433 Abs. 1, 1. Alt. beim Gebrauchtwagenkauf. Für die Frage, ob eine Erklärung des Verkäufers zur Beschaffenheit eines Gebrauchtwagens als Beschaffenheitsangabe oder als Beschaffenheitsgarantie zu werten ist, ist danach zu unterscheiden, ob es sich um einen privaten Gebrauchtwagenverkauf handelt oder ob der Gebrauchtwagen durch einen Gebrauchtwagenhändler verkauft wird. Gibt ein **Gebrauchtwagenhändler** eine Erklärung zur Beschaffenheit ei- 4 nes Pkws ab, darf der Käufer darauf vertrauen, dass der Händler für die Beschaffenheit die Rechtsgewähr übernimmt. Will der Verkäufer für die Beschaffenheit nicht einstehen, muss er dies ausdrücklich zum Ausdruck bringen. Dagegen kann sich der Käufer beim **privaten Verkauf** eines Gebrauchtwagens idR nicht auf die besondere Sachkunde und Erfahrung des Verkäufers verlasen (BGH NJW 2007, 1346, 1348). Daher stellt zB die Angabe der Laufleistung eines Pkws durch einen privaten Verkäufer regelmäßig eine Beschaffenheitsvereinbarung iS des § 434 Abs. 1 S. 1 dar (BGH NJW 2007, 1346, 1348). Beim privaten Gebrauchtwagenkauf muss eine Garantie für die Beschaffenheit ausdrücklich zum Ausdruck gebracht werden. Eine stillschweigende Garantieübernahme kann nur dann angenommen werden, wenn weitere Umstände vorliegen, die beim Käufer die berechtigte Erwartung wecken, der Verkäufer wolle für die Beschaffenheit einstehen. Dies ist bei der Angabe der Laufleistung eines Pkw regelmäßig der Fall, wenn sich der Verkäufer als Erstbesitzer bezeichnet (BGH NJW 2007, 1346, 1349).

5 **Beispiel: Bezeichnung als Jahreswagen.** Die Bezeichnung eines Pkws als „Jahreswagen" stellt eine Beschaffenheitsvereinbarung iS des § 434 Abs. 1 S. 1 BGB dar. Ein Jahreswagen ist ein Gebrauchtfahrzeug, das von einem Werksangehörigen ein Jahr lang ab der Erstzulassung gefahren worden ist. Bei der Bezeichnung eines Gebrauchtwagens als Jahreswagen kann der Käufer erwarten, dass der verkaufte Pkw bis zum Zeitpunkt seiner Erstzulassung eine Standzeit von nicht mehr als zwölf Monaten aufweist, da die vor der Erstzulassung liegende Standdauer einen wertbildenden Faktor darstellt. Der Käufer, der einen Jahreswagen kauft, hat die Erwartung, einen „jungen" Gebrauchtwagen aus erster Hand zu erwerben, der sich von einem Neuwagen lediglich durch seine einjährige Nutzung unterscheidet (BGH NJW 2006, 2694, 2695).

6 **[4] Verhältnis Beschaffenheitsangabe zum Gewährleistungsausschluss.** Haben die Parteien eine Beschaffenheit iS des § 434 Abs. 1 S. 1 sowie einen Gewährleistungsausschluss vereinbart, hat dies zur Folge, dass der Gewährleistungsausschluss nicht für das Fehlen der vereinbarten Beschaffenheit, sondern nur für Mängel gilt, die darin bestehen, dass die Sache sich nicht für die vertraglich vorausgesetzte Verwendung (§ 434 Abs. 1 S. 2 Nr. 1) bzw für die gewöhnliche Verwendung eignet und keine Beschaffenheit aufweist, die bei Sachen der gleichen Art üblich ist und die der Käufer nach der Art der Sache erwarten kann (§ 434 Abs. 1 S. 2 Nr. 2) (BGH NJW 2007, 1346, 1349).

7 **[5] Form.** Die Beschaffenheitsvereinbarung unterliegt der für den Kaufvertrag geltenden Form (Palandt/*Weidenkaff* § 434 Rn 18). Aus Beweisgründen ist grds. Schriftform zu empfehlen (vgl § 434 Rn 8).

8 **[6] Beweislast.** Den Käufer trifft die Beweislast dafür, dass eine bessere Beschaffenheit als die übliche vereinbart wurde (Bamberger/Roth/*Faust* § 434 Rn 118).

§ 435 Rechtsmangel

[1]Die Sache ist frei von Rechtsmängeln, wenn Dritte in Bezug auf die Sache keine oder nur die im Kaufvertrag übernommenen Rechte gegen den Käufer geltend machen können. [2]Einem Rechtsmangel steht es gleich, wenn im Grundbuch ein Recht eingetragen ist, das nicht besteht.

§ 436 Öffentliche Lasten von Grundstücken

(1) Soweit nicht anders vereinbart, ist der Verkäufer eines Grundstücks verpflichtet, Erschließungsbeiträge und sonstige Anliegerbeiträge für die Maßnahmen zu tragen, die bis zum Tage des Vertragsschlusses bautechnisch begonnen sind, unabhängig vom Zeitpunkt des Entstehens der Beitragsschuld.
(2) Der Verkäufer eines Grundstücks haftet nicht für die Freiheit des Grundstücks von anderen öffentlichen Abgaben und von anderen öffentlichen Lasten, die zur Eintragung in das Grundbuch nicht geeignet sind.

A. Muster: Parteivereinbarung hinsichtlich öffentlicher Lasten 1

▶ Der Käufer übernimmt die Haftung für öffentliche Anliegerbeiträge, die durch nach Abschluss des 311
Kaufvertrages zugestellten Bescheid auferlegt werden.[1], [2] ◀

B. Erläuterungen

[1] **§ 436 Abs. 1.** Nach § 436 Abs. 1 ist der Verkäufer dazu verpflichtet, **Erschließungs- und** 2
sonstige Anliegerbeiträge für die Maßnahmen zu tragen, die bis zum Tage des Vertragsschlusses bautechnisch begonnen sind. Dies gilt unabhängig davon, wann die Beitragsschuld entstanden ist. Die Parteien können eine von § 436 Abs. 1 abweichende Regelung treffen (BGH NJW 1993, 2797, 2797; Hk-BGB/*Saenger* § 436 Rn 1). Bei der Höhe des Kaufpreises wird regelmäßig berücksichtigt, wie die Beitragslasten zwischen Verkäufer und Käufer verteilt werden (*Wilhelms* NJW 2003, 1420, 1421). In der Zukunft können jedoch Änderungen entstehen, die der Verkäufer nicht voraussehen und daher auch nicht in den Kaufpreis mit einbeziehen konnte, die er aber aufgrund Beginn der bautechnischen Maßnahmen vor Vertragsschluss gem. § 436 Abs. 1 zu tragen hat. Wird bspw vor Entstehung des endgültigen Beitrags anstatt einer ursprünglich geplanten schmalen Straße eine breitere Straße gebaut, so trägt der Verkäufer gem. § 436 Abs. 1 die hierfür entstehenden Kosten, obwohl die Vorteile lediglich dem Käufer zugute kommen (*Wilhelms* NJW 2003, 1420, 1425). Um derart unerwartete Beitragspflichten zu Lasten des Verkäufers zu vermeiden, kann sich eine von § 436 Abs. 1 abweichende Regelung empfehlen. Eine solche Regelung betrifft jedoch lediglich das Innenverhältnis zwischen Verkäufer und Käufer. Wer im Außenverhältnis Beitragsschuldner ist, wird durch öffentlich-rechtliche Vorschrift bestimmt (Bamberger/Roth/*Faust* § 436 Rn 7).

[2] **Anliegerbeiträge.** Anliegerbeiträge iS des § 436 Abs. 1 sind Erschließungsbeiträge nach 3
§§ 127 ff BauGB sowie andere Kosten für öffentliche Einrichtungen, die den Grundstückseigentümern durch die Kommunalabgabengesetze auferlegt werden (MüKo-BGB/*Westermann* § 436 Rn 2; Bamberger/Roth/*Faust* § 436 Rn 5).

§ 437 Rechte des Käufers bei Mängeln

Ist die Sache mangelhaft, kann der Käufer, wenn die Voraussetzungen der folgenden Vorschriften vorliegen und soweit nicht ein anderes bestimmt ist,

1. **nach § 439 Nacherfüllung verlangen,**
2. **nach den §§ 440, 323 und 326 Abs. 5 von dem Vertrag zurücktreten oder nach § 441 den Kaufpreis mindern und**
3. **nach den §§ 440, 280, 281, 283 und 311 a Schadensersatz oder nach § 284 Ersatz vergeblicher Aufwendungen verlangen.**

A. Fristsetzung zur Nacherfüllung

1 I. Muster: Aufforderung und Fristsetzung zur Nacherfüllung

▶ Per Einschreiben/Rückschein

An ...

Kaufvertrag vom ... über ...

Aufforderung zur Nacherfüllung[1], [2]

Sehr geehrter ...

Mit Kaufvertrag vom ... habe ich bei Ihnen eine Waschmaschine des Typs ... zu einem Kaufpreis iHv EUR ... gekauft und am selben Tag bar bezahlt. Vereinbarungsgemäß haben Sie mir am ... eine Waschmaschine dieses Typs geliefert. Am ... habe ich die Waschmaschine erstmalig in Betrieb genommen und dabei festgestellt, dass der Schleudergang nicht funktioniert.[3] Ich fordere Sie daher hiermit dazu auf, mir nach Terminsabsprache bis zum ▪▪▪[4] eine neue Waschmaschine desselben Typs zu liefern und die mangelhafte Waschmaschine gleichzeitig zurückzunehmen.[5], [6], [7]

Mit freundlichen Grüßen

▪▪▪, den ▪▪▪

▪▪▪

Unterschrift ◄

II. Erläuterungen

[1] Anspruch auf Nacherfüllung. Weist die Kaufsache einen Sachmangel iS des § 434 oder einen Rechtsmangel iS des § 435 auf, steht dem Käufer gem. §§ 437 Nr. 1, 439 gegen den Verkäufer primär ein Anspruch auf Nacherfüllung zu (Hk-BGB/*Saenger* § 437 Rn 3; Bamberger/Roth/*Faust* § 439 Rn 7). Die Vorrangigkeit des Nacherfüllungsanspruchs ergibt sich daraus, dass die Rechte des § 437 Nr. 2 und Nr. 3 regelmäßig voraussetzen, dass der Käufer dem Verkäufer erfolglos eine angemessene Frist zur Nacherfüllung gesetzt hat (Hk-BGB/*Saenger* § 437 Rn 3). Dem Nacherfüllungsanspruch des Käufers entspricht ein Recht des Verkäufers zur zweiten Andienung. Der Käufer kann zwischen Nachbesserung, also der Beseitigung des Mangels und Neulieferung einer mangelfreien Sache wählen (Hk-BGB/*Saenger* § 437 Rn 3, § 439 Rn 2; Palandt/*Weidenkaff* § 439 Rn 1). Bei dem Wahlrecht handelt es sich nach hM nicht um eine Wahlschuld iS der §§ 262, 263 BGB, sondern um einen Fall elektiver Konkurrenz. Der Käufer ist daher an eine einmal getroffene Wahl nicht gebunden (Palandt/*Weidenkaff* § 439 Rn 5; MüKo-BGB/*Westermann* § 439 Rn 4). Das Wahlrecht erlischt erst, wenn der Verkäufer die verlangte Nachforderung vorgenommen hat (OLG Celle NJW-RR 2007, 353, 354; MüKo-BGB/*Westermann* § 439 Rn 5; Palandt/*Weidenkaff* § 439 Rn 8). Der Nacherfüllungsanspruch hängt nicht davon ab, dass der Mangel erheblich ist, sondern ist auch bei geringfügigen Mängeln gegeben (zur Unverhältnismäßigkeit vgl § 439 Rn 7 ff; Hk-BGB/*Saenger* § 437 Rn 3, § 439 Rn 2; MüKo-BGB/*Westermann* § 439 Rn 8). Ein Vertretenmüssen des Verkäufers ist nicht erforderlich. Dies ergibt sich aus der Natur des Nacherfüllungsanspruchs als modifizierter Erfüllungsanspruch (Hk-BGB/*Saenger* § 439 Rn 2; MüKo-BGB/*Westermann* § 439 Rn 2). 2

Selbstvornahme durch den Käufer. Der Käufer hat grds. kein Recht, den Mangel selbst zu beseitigen und die dafür erforderlichen Kosten vom Verkäufer zu verlangen (Bamberger/Roth/*Faust* § 439 Rn 25; Ausnahme vgl § 437 Rn 71, 72). Insofern sind die Gewährleistungsregeln der §§ 437 ff abschließend (BGH NJW 2005, 1348, 1349). 3

[2] Verlangen des Nacherfüllungsanspruchs. Der Nacherfüllungsanspruch setzt voraus, dass der Käufer den Mangel geltend macht und den Verkäufer zur Nacherfüllung auffordert. Das Nacherfüllungsverlangen erfolgt durch empfangsbedürftige Willenserklärung (Palandt/*Weidenkaff* § 437 Rn 10). Dabei übt der Käufer – wie im vorliegenden Muster – regelmäßig sein Wahlrecht zwischen Neulieferung und Nachbesserung aus (MüKo-BGB/*Westermann* § 439 Rn 4). Der Käufer kann jedoch auch dem Verkäufer die Wahl zwischen Nachbesserung und Neulieferung überlassen (Palandt/*Weidenkaff* § 439 Rn 5). Ohne Nacherfüllungsverlangen des Käufers hat der Verkäufer kein Recht, die Nacherfüllung zu erbringen (Bamberger/Roth/*Faust* § 439 Rn 11). 4

Form. Die Aufforderung des Käufers an den Verkäufer zur Nacherfüllung kann formfrei erfolgen (Palandt/*Weidenkaff* § 437 Rn 10, § 439 Rn 6). Aus Beweisgründen ist eine schriftliche Aufforderung zur Nacherfüllung und eine Zusendung per Einschreiben/Rückschein zu empfehlen. 5

[3] Bezeichnung des Mangels. Der Käufer muss den Mangel in der Aufforderung zur Nacherfüllung konkret bezeichnen (Palandt/*Weidenkaff* § 439 Rn 6). Ausreichend ist insofern, wenn 6 der Kläger die Symptome des Mangels beschreibt (OLG München MDR 2006, 1338, 1339; Bamberger/Roth/*Faust* § 439 Rn 11). Die Bezeichnung des Mangels ermöglicht es dem Verkäufer zu prüfen, ob eine Leistungsbefreiung nach § 439 Abs. 3 gegeben ist (vgl § 439 Rn 4; MüKo-BGB/*Westermann* § 439 Rn 4).

7 [4] **Fristsetzung.** Der Anspruch auf Nacherfüllung setzt keine Fristsetzung voraus (Palandt/*Weidenkaff* § 437 Rn 10). Es ist jedoch regelmäßig anzuraten, dem Verkäufer eine angemessene Frist zur Nacherfüllung zu setzen, da der Käufer grds. (zu den Ausnahmen vgl § 437 Rn 49, 50, 71, 72) erst dann vom Vertrag zurücktreten, mindern oder Schadensersatz verlangen kann, wenn er den Verkäufer erfolglos unter Fristsetzung zur Nacherfüllung aufgefordert hat (Hk-BGB/*Saenger* § 439 Rn 1; Palandt/*Weidenkaff* § 437 Rn 4). Welche Frist angemessen ist, ergibt sich im Einzelfall unter Berücksichtigung der Interessen des Käufers und des Verkäufers. Die Frist soll so bemessen sein, dass der Verkäufer die Chance hat, die bereits begonnene Leistung zu vollenden (BGH NJW 1982, 1280; Hk-BGB/*Schulze* § 323 Rn 5; § 281 Rn 7).

8 [5] **Rückgabepflicht des Käufers.** § 439 Abs. 4 verweist im Fall der Nacherfüllung durch Neulieferung auf die Rücktrittsregeln der §§ 346 bis 348. Liefert der Verkäufer zum Zweck der Nacherfüllung eine mangelfreie Sache, steht ihm gem. § 439 Abs. 4 iVm § 346 Abs. 1 gegen den Käufer ein Anspruch auf Rückgabe und Rückübereignung der mangelhaften Sache zu (Hk-BGB/*Saenger* § 439 Rn 9; Bamberger/Roth/*Faust* § 439 Rn 31). Aufgrund der Verweisung auf § 348 ist die mangelfreie Sache Zug-um-Zug gegen Rückgewähr der mangelhaften Sache zu liefern (Palandt/*Weidenkaff* § 439 Rn 23). Das Verlangen der Neulieferung setzt jedoch nicht voraus, dass der Käufer die Rückgabe der mangelhaften Sache von sich aus anbietet. Aufgrund der Verknüpfung der Pflicht des Verkäufers zur Neulieferung und der Pflicht des Käufers zur Rückgabe der mangelhaften Sache kommt der Verkäufer jedoch nur dann in Verzug mit der Neulieferung, wenn der Käufer ihm die Rückgabe der mangelhaften Sache anbietet (Bamberger/Roth/*Faust* § 439 Rn 31; MüKo-BGB/*Westermann* § 439 Rn 13).

9 [6] **Umfang des Nacherfüllungsanspruchs und Rücknahmepflicht des Verkäufers.** Gem. § 439 Abs. 4 iVm § 346 Abs. 1 ist der Verkäufer nicht nur dazu berechtigt, die Rückgabe der mangelhaften Sache vom Käufer zu verlangen; der Verkäufer ist auch dazu verpflichtet, die mangelhafte Sache zurückzunehmen (Palandt/*Weidenkaff* § 439 Rn 25; Bamberger/Roth/*Faust* § 439 Rn 32). Diese Rücknahmepflicht ist in der Praxis von erheblicher Bedeutung, da der Käufer regelmäßig kein Interesse daran haben wird, eine mangelhafte Sache zu behalten; der Verkäufer jedoch auch häufig kein Interesse an der Rücknahme einer mangelhaften Sache hat (Bamberger/Roth/*Faust* § 439 Rn 32). Die Kosten, die für die Nacherfüllung erforderlich sind, wie Transport-, Arbeits- und Materialkosten, trägt gem. § 439 Abs. 2 der Verkäufer (Hk-BGB/*Saenger* § 439 Rn 3). Hat der Käufer die mangelhafte Sache bestimmungsgemäß eingebaut, ist der Verkäufer nach hM in Rspr und Literatur dazu verpflichtet, die Sache auszubauen und abzutransportieren (OLG Köln NJW-RR 2006, 677; MüKo-BGB/*Westermann* § 439 Rn 13; Bamberger/Roth/*Faust* § 439 Rn 32; zum Meinungsstand vgl auch BGH v. 14.1.2009, VIII ZR 70/08). Nach anderer Ansicht, sind die Kosten des Ausbaus der mangelhaften Sache als verschuldensabhängiger Schadensersatzanspruch oder als Aufwendungsersatzanspruch ersetzbar (Hk-BGB/*Saenger* § 439 Rn 3). Die Frage, ob die Pflicht zum Ausbau vom Nacherfüllungsanspruch erfasst ist, hat der BGH dem EuGH zur Entscheidung vorgelegt, so dass insoweit die Entscheidung des EuGH abzuwarten bleibt (BGH v. 14.1.2009, VIII ZR 70/08). Sofern der Verkäufer ursprünglich nicht zum Einbau der Sache verpflichtet war, ist er aufgrund des Nacherfüllungsanspruchs nicht dazu verpflichtet, die neu gelieferte Sache einzubauen oder die dafür erforderlichen Kosten zu tragen. Die Kosten für den Einbau der neuen Sache kann der Käufer vom Verkäufer als Schadensersatz (§ 280 Abs. 1) verlangen (MüKo-BGB/*Westermann* § 439 Rn 13; Palandt/*Weidenkaff* § 439 Rn 11). Der Ersatz von Schäden, die durch die mangelhafte Sache an anderen Rechtsgütern des Käufers verursacht wurden, sind nicht vom Nacherfül-

lungsanspruch erfasst, sondern nach Schadensersatzgrundsätzen zu ersetzen (MüKo-BGB/*Westermann* § 439 Rn 15; zum Ersatz von Mangelfolgeschäden vgl § 437 Rn 74 ff).

[7] **Herausgabe der Nutzungen, Wertersatz.** Ob der Verkäufer, der dem Käufer im Rahmen der 10
Nacherfüllung eine neue Sache liefert, gem. § 439 Abs. 4 iVm § 346 Abs. 2 Nr. 1 gegen den Käufer einen Anspruch auf Wertersatz für die Vorteile hat, die der Käufer aus der Nutzung der mangelhaften Sache hat, war umstritten (Hk-BGB/*Saenger* § 439 Rn 9; Bamberger/Roth/*Faust* § 439 Rn 33). Für den Verbrauchsgüterkauf hat der BGH diese Frage dem EuGH zur Entscheidung vorgelegt (BGH NJW 2006, 3200). Der **EuGH** hat entschieden, dass Art. 3 der Verbrauchsgüterkaufrichtlinie einer nationalen Regelung entgegensteht, die dem Verkäufer, der eine vertragswidrige Sache geliefert hat, gegen den Käufer einen Anspruch auf Wertersatz für Nutzung des vertragswidrigen Kaufgegenstandes gewährt (EuGH NJW 2008, 1433). § 439 Abs. 4 ist daher bei einem Verbrauchsgüterkauf **im Wege richtlinienkonformer Rechtsfortbildung teleologisch** darauf **zu reduzieren**, dass der Verkäufer nach den Vorschriften über den Rücktritt (§§ 346 bis 348) gegen den Käufer lediglich einen Anspruch auf Rückgewähr der mangelhaften Sache hat. Ein Anspruch auf Herausgabe der gezogenen Nutzungen oder auf Wertersatz für die Nutzung der mangelhaften Sache steht dem Verkäufer nicht zu. Liegt kein Verbrauchsgüterkauf vor, ist § 439 Abs. 4 uneingeschränkt anzuwenden. Der Verkäufer hat einen Anspruch auf Herausgabe der vom Käufer gezogenen Nutzungen bzw einen Anspruch auf Wertersatz (BGH NJW 2009, 427, 429; NJW 2006, 3200).

B. Nacherfüllung in Form der Neulieferung

I. Muster: Klage auf Nacherfüllung in Form der Neulieferung 11

313

▶ An das

Amtsgericht/Landgericht ▪▪▪[1]

Klage

▪▪▪ – Kläger -

Prozessbevollmächtigte: ▪▪▪

gegen

▪▪▪ – Beklagter -

wegen Nacherfüllung

Vorläufiger Streitwert: ▪▪▪

Namens und im Auftrag des Klägers erheben wir hiermit Klage und werden in der mündlichen Verhandlung beantragen:

1. Der Beklagte wird verurteilt, an den Kläger eine Waschmaschine des Typs ▪▪▪ Zug-um-Zug gegen Übergabe und Übereignung der dem Kläger am ▪▪▪ gelieferten Waschmaschine des Typs ▪▪▪ zu übergeben und zu übereignen.[2]
2. Es wird festgestellt, dass sich der Beklagte seit dem ▪▪▪ mit der Annahme der in Klageantrag Ziffer 1 bezeichneten Übergabe und Übereignung der dem Kläger am ▪▪▪ gelieferten Waschmaschine in Verzug befindet.[3]
3. Der Beklagte trägt die Kosten des Rechtsstreits.
4. Das Urteil ist – notfalls gegen Sicherheitsleistung – vorläufig vollstreckbar.

Begründung

1. Der Kläger macht gegen den Beklagten u.a. einen Anspruch auf Nacherfüllung in Form der Neulieferung gem. §§ 437 Nr. 1, 439 Abs. 1 BGB geltend.[4]
   Der Beklagte betreibt einen Fachhandel für Elektrogeräte. Am ▪▪▪ hat der Kläger vom Beklagten eine Waschmaschine des Typs ▪▪▪ zu einem Kaufpreis iHv EUR ▪▪▪ zu privaten Zwecken gekauft.

Beweis: Kaufvertrag vom ... in Kopie als Anlage K1

Der Kläger hat den Kaufpreis iHv EUR ... bei Abschluss des Kaufvertrags am ... bar entrichtet.

Beweis: Quittung vom ... in Kopie als Anlage K2

Die Waschmaschine wurde dem Kläger vereinbarungsgemäß am ... geliefert.

Beweis: Lieferschein vom ... in Kopie als Anlage K3

Am ..., vier Wochen nach Lieferung der Waschmaschine, nahm der Kläger die Waschmaschine zum ersten Mal in Betrieb und stellte dabei fest, dass der Schleudergang nicht funktioniert.[5]

Beweis: Sachverständigengutachten

Mit Schreiben vom ... forderte der Kläger den Beklagten unter Beschreibung des Mangels und unter Fristsetzung bis zum ... dazu auf, ihm Zug-um-Zug gegen Rückgabe der am ... gelieferten defekten Waschmaschine, eine neue Waschmaschine des gleichen Typs zu liefern.[6]

Beweis: Schreiben des Klägers vom ... in Kopie als Anlage K4

Der Beklagte ist dieser Aufforderung bislang nicht nachgekommen. Daher ist Klage geboten.

Die dem Kläger am ... gelieferte Waschmaschine ist mangelhaft. Da der Schleudergang der Waschmaschine nicht funktioniert, fehlt der Waschmaschine die Soll-Beschaffenheit nach § 434 Abs. 1 S. 1 BGB. Zumindest eignet sich die Waschmaschine nicht zur gewöhnlichen Verwendung iS des § 434 Abs. 1 S. 2 Nr. 2 BGB. Dieser Mangel lag bereits bei Übergabe der Waschmaschine am ... vor.

Der Anspruch des Klägers auf Lieferung einer neuen Waschmaschine des Typs ... ergibt sich aus §§ 437 Nr. 1, 439 Abs. 1 BGB.

2. Die Zulässigkeit des Klageantrags Ziffer 2 folgt aus § 756 ZPO.

   Mit Schreiben vom ... hat der Kläger dem Beklagten die Rückgewähr der dem Kläger am ... gelieferten Waschmaschine angeboten. Der Beklagte befindet sich mit der Rücknahme der Waschmaschine daher seit dem ... in Annahmeverzug gem. § 293 BGB.[7]

..., den ...

...

Rechtsanwalt ◄

II. Erläuterungen

12 [1] Zuständigkeit. (a) **Sachliche Zuständigkeit.** Gem. § 23 Nr. 1 GVG ist für Streitwerte bis EUR 5.000,00 das Amtsgericht und gem. § 71 Abs. 1 GVG für Streitwerte über EUR 5.000,00 das Landgericht zuständig. Bei einer Klage auf Übergabe und Übereignung einer beweglichen Sache bemisst sich der Streitwert gem. § 6 S. 1, 1. Alt. ZPO nach dem objektiven Verkehrswert der Sache (Zöller/*Herget* § 3 Rn 16; Thomas/Putzo/*Hüßtege* § 6 Rn 2, 4). Der Wert der Gegenleistung beim Zug-um-Zug Antrag bleibt für die Bestimmung des Streitwerts unbeachtlich (Zöller/*Herget* § 3 Rn 16). Der Antrag auf Feststellung des Annahmeverzugs führt aufgrund wirtschaftlicher Identität mit dem Leistungsantrag nicht zur Erhöhung des Streitwerts (MüKo-ZPO/*Wöstmann* § 3 Rn 29; Thomas/Putzo/*Hüßtege* § 5 Rn 8).

13 (b) **Örtliche Zuständigkeit.** Neben dem allgemeinen Gerichtsstand gem. §§ 12 ff ZPO kommt der besondere Gerichtsstand des Erfüllungsortes gem. § 29 ZPO in Betracht. Der Erfüllungsort für die Nacherfüllung ist nicht der ursprüngliche Erfüllungsort. Für die Frage, wo die Nacherfüllung erbracht werden soll, ist primär auf die Absprachen der Parteien abzustellen. Haben die Parteien diesbzgl keine Absprache getroffen, ist die Nacherfüllung an dem Ort zu erbringen, an dem sich die Sache vertragsgemäß befindet (BGH v. 8.1.2008, X ZR 97/05; OLG München NJW 2006, 449, 450; MüKo-ZPO/*Patzina* § 29 Rn 62; Palandt/*Weidenkaff* § 439 Rn 3 a).

14 [2] **Klageantrag auf Neulieferung.** Besteht ein Anspruch auf Nacherfüllung in Form der Neulieferung ist der Verkäufer dazu verpflichtet, dem Käufer eine mangelfreie Sache zu übergeben und zu übereignen (BGH NJW 2008, 2839). Aufgrund der Verweisung des § 439 Abs. 4 auf § 348 ist die mangelfreie Sache Zug-um-Zug gegen Rückgewähr der mangelhaften Sache zu

liefern (vgl § 437 Rn 8; Palandt/*Weidenkaff* § 439 Rn 23). Zur Vermeidung der Kostennachteile einer teilweisen Klageabweisung (vgl § 92 ZPO) ist der Antrag daher auf Übergabe und Übereignung der mangelfreien Sache Zug-um-Zug gegen Übergabe und Übereignung der gelieferten mangelhaften Sache zu stellen. Verlangt der Käufer klageweise eine Art der Nacherfüllung und wird der Verkäufer zu dieser Art der Nacherfüllung rechtskräftig verurteilt, ist der Käufer an diese Art der Nacherfüllung gebunden und kann die andere Art der Nacherfüllung nicht verlangen (MüKo-BGB/*Westermann* § 439 Rn 5).

[3] **Antrag auf Feststellung des Annahmeverzugs.** Zur Erleichterung der Zwangsvollstreckung des Zug-um-Zug-Antrags nach § 756 Abs. 1 ZPO ist zu empfehlen, den Beklagten in Annahmeverzug zu setzen und einen Antrag auf Feststellung des Annahmeverzuges zu stellen (dazu ausführlich vgl § 433 Rn 33). 15

[4] **Anspruch auf Neulieferung gem. § 439 BGB.** Der Nacherfüllungsanspruch gem. §§ 437 Nr. 1, 439 BGB setzt einen wirksamen Kaufvertrag, einen Sachmangel iS des § 434 BGB oder einen Rechtsmangel iS des § 435 BGB und das Nacherfüllungsverlangen des Käufers an den Verkäufer (vgl § 437 Rn 4) voraus (Hk-BGB/*Saenger* § 437 Rn 2, 3; Palandt/*Weidenkaff* § 437 Rn 8, 10). Diese Voraussetzungen sind vom Kläger darzulegen und zu beweisen (Hk-BGB/*Saenger* § 437 Rn 30). 16

[5] **Sachmangel im Zeitpunkt des Gefahrenübergangs.** Ein Sachmangel iS des § 434 muss im Zeitpunkt des Gefahrenübergangs vorliegen (Hk-BGB/*Saenger* § 434 Rn 4). Dies hat der Kläger, der sich auf einen Sachmangel beruft, darzulegen und zu beweisen (zum Gefahrenübergang vgl § 446 Rn 2 ff; BGH NJW 2007, 2621, 2622; NJW 2006, 434, 435; Hk-BGB/*Saenger* § 476 Rn 1). 17

(a) **Vermutung des § 476 beim Verbrauchsgüterkauf.** Wendet der Verkäufer ein, der Mangel sei erst nach Gefahrenübergang entstanden, ist es für den Käufer in der Praxis häufig schwierig, den Beweis zu führen, dass die Sache bereits im Zeitpunkt des Gefahrenübergangs mangelhaft war und nicht erst später zB durch Gebrauch der Kaufsache entstanden ist. Um dem Käufer diesen Beweis zu erleichtern, gilt für den Verbrauchsgüterkauf die Sonderregelung des § 476 (Hk-BGB/*Saenger* § 476 Rn 1; MüKo-BGB/*Lorenz* § 476 Rn 3). Zeigt sich innerhalb von sechs Monaten nach Gefahrenübergang ein Sachmangel, wird gem. § 476 grds. vermutet, dass dieser Mangel bereits im Zeitpunkt des Gefahrenübergangs vorlag. Dem liegt die Erwägung zugrunde, dass der Verkäufer regelmäßig über bessere Erkenntnis- und Beweismöglichkeiten verfügt als der Verbraucher (BGH NJW 2007, 2619, 2620). § 476 gilt nur für Sachmängel (Palandt/*Weidenkaff* § 476 Rn 3). § 476 ist auf den **Tierkauf** anzuwenden (BGH NJW 2006, 2250; 2251; NJW 2007, 2619, 2620). 18

(b) **Voraussetzungen des § 476.** § 476 setzt einen Verbrauchsgüterkauf voraus (Definition vgl § 433 Rn 4). Nach allgemeinen Grundsätzen trägt im Streitfall derjenige die Darlegungs- und Beweislast, der sich auf den Tatbestand einer ihm günstigen Rechtsnorm beruft (BGH NJW 2007, 2619, 2621). Die Beweislast dafür, dass ein Verbrauchsgüterkauf vorliegt, trifft im Streitfall daher denjenigen, der sich darauf beruft (OLG Celle NJW-RR 2004, 1645, 1646; Palandt/*Weidenkaff* § 474 Rn 5 a; MüKo-BGB/*Lorenz* § 474 Rn 26). Daher hat der Verbraucher darzulegen und zu beweisen, dass die Verbraucherschutzvorschriften greifen (BGH NJW 2007, 2619, 2621). Die Beweislast dafür, dass eine Ausnahme nach § 474 Abs. 1 S. 2 vorliegt, trägt der Unternehmer (MüKo-BGB/*Lorenz* § 474 Rn 17). 19

(c) **Sachmangel.** Die Vermutung des § 476 setzt voraus, dass binnen sechs Monaten nach Gefahrenübergang ein Sachmangel aufgetreten ist. Der Kläger bzw Verbraucher hat dies darzulegen und zu beweisen. In diesem Fall ist nach § 476 in zeitlicher Hinsicht zu vermuten, dass dieser Mangel bereits im Zeitpunkt des Gefahrenübergangs gegeben war. Eine Vermutung dafür, dass ein Sachmangel vorliegt, enthält § 476 jedoch nicht (BGH NJW 2007, 2621, 2622; NJW 2007, 2619, 2620; NJW 2006, 1195, 1196; Hk-BGB/*Saenger* § 476 Rn 2). Der Verkäufer 20 kann die Vermutung des § 476 widerlegen, indem er darlegt und beweist, dass der Sachmangel nicht im Zeitpunkt des Gefahrenübergangs vorhanden war. Nicht ausreichend ist eine bloße Erschütterung der Vermutung (BGH NJW 2006, 2250, 2253; Palandt/*Weidenkaff* § 476 Rn 8 a; Bamberger/Roth/*Faust* § 476 Rn 17).

21 (d) **Fristbeginn.** Die Frist des § 476 beginnt mit Gefahrenübergang. Da die Regelung des § 447 beim Verbrauchsgüterkauf gem. § 474 Abs. 2 nicht gilt, ist für den Zeitpunkt des Gefahrenübergangs auf § 446 abzustellen (vgl § 446 Rn 3; Bamberger/Roth/*Faust* § 476 Rn 59).

22 (e) **Ausschluss der Vermutung des § 476.** Die Vermutung greift gem. § 476, 2. Hs nicht, wenn sie mit der Art der Sache oder des Mangels unvereinbar ist. Die Vermutung ist mit der Art des Mangels unvereinbar, wenn eine äußere Beschädigung vorliegt, die auch einem fachlich nicht versierten Käufer hätte auffallen müssen. In diesem Fall ist zu erwarten, dass der Käufer den Mangel bei der Übergabe beanstandet (BGH NJW 2006, 1195, 1196; Hk-BGB/*Saenger* § 476 Rn 4). Beim Kauf von Tieren kann die Frage, ob die Vermutung mit der Art des Mangels unvereinbar ist, nicht für jede Erkrankung des Tieres einheitlich bejaht werden (dazu ausführlich mit weiteren Nachweisen BGH NJW 2006, 2250, 2253). Beim Kauf gebrauchter Sachen kann Unvereinbarkeit der Vermutung mit der Art der Sache nicht grds. angenommen werden. Es ist auf die Besonderheit des Mangels abzustellen (Hk-BGB/*Saenger* § 476 Rn 4; Bamberger/Roth/*Faust* § 476 Rn 18).

23 Die Vermutung des § 476 wird nicht dadurch ausgeschlossen, dass es sich um einen Mangel handelt, der typischerweise jederzeit eintreten kann und der für sich genommen keinen hinreichend wahrscheinlichen Rückschluss auf sein Vorliegen schon zum Zeitpunkt des Gefahrenübergangs zulässt. Die gegenteilige Auffassung würde die Vermutungsregelung gerade in den Fällen leer laufen lassen, in denen der Entstehungszeitpunkt des Mangels nicht zuverlässig festgestellt werden kann und damit den mit der Regelung beabsichtigten Verbraucherschutz weitgehend aushöhlen (BGH NJW 2007, 2621, 2623; NJW 2006, 1195, 1196; NJW 2007, 2612, 2620).

24 Für die Beweislastumkehr des § 476 ist es unerheblich, ob der Verkäufer den Mangel, sofern dieser schon bei Gefahrenübergang vorhanden war, hätte erkennen können. § 476 setzt nicht voraus, dass der Verkäufer bzgl des betreffenden Mangels bessere Erkenntnismöglichkeiten hat, als der Käufer. Auch wenn die typischerweise besseren Erkenntnismöglichkeiten des Unternehmers als Erwägung der Beweislastumkehr des § 476 zugrunde liegt, setzt diese Regelung nicht voraus, dass der Unternehmer im Einzelfall hinsichtlich der Mangelfreiheit der Kaufsache einen Wissensvorsprung hat. Ansonsten würde § 476 bei verdeckten Mängeln, wie zB beim Kauf originalverpackter Ware, generell nicht eingreifen und der spezifisch verbraucherschützende Charakter der Vorschrift damit weitgehend leer laufen (BGH NJW 2007, 2619, 2620; Bamberger/Roth/*Faust* § 476 Rn 19).

25 [6] **Nacherfüllungsverlangen.** Vgl § 437 Rn 1, 4.

26 [7] **Annahmeverzug.** Vgl § 433 Rn 38.

C. Nacherfüllung in Form der Nachbesserung

27 **I. Muster: Klage auf Nacherfüllung in Form der Nachbesserung**

▶ An das

Amtsgericht/Landgericht ▪▪▪[1]

Klage

▪▪▪ – Kläger -

Prozessbevollmächtigte: ▪▪▪

gegen

▪▪▪ – Beklagter -

wegen Nacherfüllung

Vorläufiger Streitwert: ▪▪▪

Namens und im Auftrag des Klägers erheben wir hiermit Klage und werden in der mündlichen Verhandlung beantragen:

1. Der Beklagte wird verurteilt, den Pkw ▪▪▪ mit der Fahrzeugidentifizierungsnummer ▪▪▪ so nachzubessern, dass die Zündung ordnungsgemäß funktioniert.[2]
2. Der Beklagte trägt die Kosten des Rechtsstreits.
3. Das Urteil ist – notfalls gegen Sicherheitsleistung – vorläufig vollstreckbar.

Begründung

Mit vorliegender Klage macht der Kläger einen Anspruch auf Nacherfüllung in Form der Nachbesserung gem. §§ 437 Nr. 1, 439 Abs. 1 geltend.[3]

Der Beklagte betreibt einen Gebrauchtwagenhandel. Am ▪▪▪ hat der Kläger vom Beklagten einen gebrauchten Pkw ▪▪▪ mit der Fahrzeugidentifizierungsnummer ▪▪▪ zu einem Kaufpreis iHv EUR ▪▪▪ zu privaten Zwecken gekauft.

Beweis: Kaufvertrag vom ▪▪▪ in Kopie als Anlage K1

Vereinbarungsgemäß hat der Kläger den Pkw ▪▪▪ am ▪▪▪ beim Beklagten abgeholt und bar bezahlt.

Beweis: Quittung des Beklagten vom ▪▪▪ in Kopie als Anlage K2

Am ▪▪▪, also drei Wochen nachdem der Kläger den genannten Pkw ▪▪▪ beim Beklagten abgeholt hat, stellte der Kläger fest, dass die Zündung des Pkws aufgrund eines defekten Zündverteilers nicht ordnungsgemäß funktioniert. Der Defekt des Zündverteilers ist nicht auf einen alters- und gebrauchsbedingten Verschleiß zurückzuführen.[4]

Beweis: Sachverständigengutachten

Mit Schreiben vom ▪▪▪ forderte der Kläger den Beklagten unter Fristsetzung zum ▪▪▪ und genauer Beschreibung des Mangels dazu auf, den Mangel zu beseitigen.[5]

Beweis: Schreiben des Klägers vom ▪▪▪ in Kopie als Anlage K3

Der Beklagte ist dieser Aufforderung bislang nicht nachgekommen.

Da die Zündung aufgrund eines defekten Zündverteilers nicht funktioniert, ist der genannte Pkw nicht zur gewöhnlichen Verwendung geeignet und daher nach § 434 Abs. 1 S. 2 Nr. 2 BGB mangelhaft. Der Mangel lag im Zeitpunkt der Übergabe des Pkw an den Kläger am ▪▪▪ bereits vor.

Der Anspruch des Klägers auf Nachbesserung des Pkws ▪▪▪ ergibt sich aus §§ 437 Nr. 1, 439 Abs. 1 BGB.

▪▪▪, den ▪▪▪

▪▪▪

Rechtsanwalt ◄

II. Erläuterungen

[1] **Zuständigkeit.** (a) **Sachliche Zuständigkeit.** Gem. § 23 Nr. 1 GVG ist für Streitwerte bis EUR 5.000,00 das Amtsgericht und gem. § 71 Abs. 1 GVG für Streitwerte über EUR 5.000,00 das Landgericht zuständig. Bei einer Klage auf Nacherfüllung durch Mängelbeseitigung richtet sich der Streitwert nach der Höhe der Kosten, die für die Mängelbeseitigung erforderlich sind (BFB/*Koeble/U. Locher* S. 477). 28

(b) **Örtliche Zuständigkeit.** Vgl § 437 Rn 13. 29

[2] **Klageantrag auf Nachbesserung.** Begehrt der Kläger Nacherfüllung in Form der Nachbesserung, ist der Antrag auf Beseitigung des Mangels zu richten. Wie der Mangel beseitigt wird, 30

also zB durch Reparatur oder auch Austausch eines mangelhaften Einzelteils, entscheidet grds. der Verkäufer. Der Käufer hat diesbzgl kein Wahlrecht (Bamberger/Roth/*Faust* § 439 Rn 26; MüKo-BGB/*Westermann* § 439 Rn 8).

31 [3] **Nachbesserungsanspruch.** Der Nacherfüllungsanspruch gem. §§ 437 Nr. 1, 439 Abs. 1 setzt einen wirksamen Kaufvertrag, einen Sachmangel iS des § 434 oder einen Rechtsmangel iS des § 435 und das Nacherfüllungsverlangen des Käufers an den Verkäufer (vgl § 437 Rn 1, 4) voraus (Hk-BGB/*Saenger* § 437 Rn 2, 3; Palandt/*Weidenkaff* § 437 Rn 8, 10). Diese Voraussetzungen sind vom Kläger darzulegen und zu beweisen (Hk-BGB/*Saenger* § 437 Rn 30).

32 [4] **Sachmangel im Zeitpunkt des Gefahrenübergangs.** Der Sachmangel muss im Zeitpunkt des Gefahrenübergangs vorliegen (Hk-BGB/*Saenger* § 434 Rn 4). Dies hat der Kläger, der sich auf einen Sachmangel beruft, darzulegen und zu beweisen (BGH NJW 2007, 2621, 2622; NJW 2006, 434, 435; Hk-BGB/*Saenger* § 476 Rn 1). Weist ein **Gebrauchtwagen** technische Mängel auf, die die Zulassung zum Straßenverkehr hindern oder die Gebrauchsfähigkeit aufheben oder beeinträchtigen, eignet sich der Gebrauchtwagen nicht zur gewöhnlichen Verwendung iS des § 434 Abs. 1 S. 2 Nr. 2und ist mangelhaft (Palandt/*Weidenkaff* § 434 Rn 70). Dies gilt jedoch nicht für technische Mängel, die auf einen normalen alters- und gebrauchsbedingten Verschleiß zurückzuführen sind. Die übliche Beschaffenheit hängt von den Umständen des Einzelfalls ab, wie zB vom Alter und der Laufleistung des Gebrauchtwagens, der Anzahl der Vorbesitzer, der Art der Vorbenutzung, dem erkennbaren Pflegezustand sowie von dem Kaufpreis (BGH NJW 2006, 434, 435).

33 **Beweislastumkehr nach § 476.** Vgl § 437 Rn 18 ff.

34 [5] **Nacherfüllungsverlangen.** Vgl § 437 Rn 1, 4.

D. Rücktrittserklärung bei Unmöglichkeit der Nacherfüllung

35 I. Muster: Rücktrittserklärung bei Unmöglichkeit der Nacherfüllung

▶ Per Einschreiben/Rückschein[1]

An ...

Betreff: Kaufvertrag vom ... über ...

Sehr geehrter ...

In obiger Angelegenheit zeigen wir hiermit die anwaltliche Vertretung von ... an. Ordnungsgemäße Bevollmächtigung wird versichert.

Am ... hat unser Mandant Sie in Ihrem Gebrauchtwagenhandel aufgesucht. Am selben Tag haben Sie und unser Mandant einen Kaufvertrag über einen Gebrauchtwagen des Typs ... mit der Fahrzeugidentifizierungsnummer... zu einem Kaufpreis von EUR ... vereinbart.

In dem Kaufvertrag sind unter der Rubrik: „Zahl, Art und Umfang von Unfallschäden" keine Eintragungen erfolgt.

Sie haben unserem Mandanten den genannten Pkw am ... übergeben und unser Mandant hat den Kaufpreis iHv EUR ... am selben Tag bar an Sie bezahlt.

Am ..., also zwei Wochen nach Übergabe des Pkws, stellte unser Mandant fest, dass dieser Pkw an dem linken hinteren Seitenteil einen unfallbedingten Karosserieschaden aufweist. Da der Pkw einen Unfall mit einem erheblichen Schaden erlitten hat, über den Sie unseren Mandanten nicht aufgeklärt haben, liegt ein Mangel iS des § 434 Abs. 1 S. 2 Nr. 2 BGB vor.[2]

Laut einem von unserem Mandanten eingeholten Sachverständigengutachten, beträgt der merkantile Minderwert daher ... % des Kaufpreises.[3]

Eine Kopie dieses Sachverständigengutachtens fügen wir anliegend bei.

Aufgrund dieses Mangels erklären wir hiermit namens und im Auftrag unseres Mandanten den Rücktritt vom Kaufvertrag über den Pkw ... vom ...

Wir fordern Sie hiermit Zug-um-Zug gegen Rückgabe des Pkws des Typs ■■■ mit der Fahrzeugidentifizierungsnummer dazu auf, den Kaufpreis iHv EUR ■■■ bis zum ■■■ an unseren Mandanten auf dessen Konto (Konto-Nr.: ■■■, ■■■-Bank, BLZ ■■■) zurückzuzahlen.[4]

Sollte die Zahlung nicht fristgerecht eingehen, sind wir bereits jetzt beauftragt, Klage zu erheben.

Mit freundlichen Grüßen

■■■, den ■■■

■■■

Rechtsanwalt ◄

II. Erläuterungen

[1] **Rücktrittserklärung.** Bei der Rücktrittserklärung des Käufers handelt es sich um eine empfangsbedürftige Willenserklärung (Palandt/*Weidenkaff* § 437 Rn 21). Die Rücktrittserklärung kann in dem Verlangen liegen, den Kaufpreis zurückzuzahlen (MüKo-BGB/*Westermann* § 437 Rn 10). Um den Zugang beim Verkäufer (§ 130) beweisen zu können, ist Schriftform und eine Zusendung per Einschreiben/Rückschein anzuraten. Mit Zugang der Rücktrittserklärung beim Verkäufer wird der Kaufvertrag rückgängig gemacht und in ein Abwicklungsverhältnis umgewandelt (Palandt/*Weidenkaff* § 437 Rn 21). Da es sich bei dem Recht zum Rücktritt um ein Gestaltungsrecht handelt, ist der Käufer an die Rücktrittserklärung gebunden. Der Käufer kann daher nach Erklärung des Rücktritts keine Minderung verlangen. Eventuelle Schadensersatzansprüche werden durch Rücktritt nicht ausgeschlossen (Hk-BGB/*Saenger* § 437 Rn 5). 36

Rücktrittsrecht nach § 437 Nr. 2, 1. Alt. Das Rücktrittsrecht des Käufers setzt einen wirksamen Kaufvertrag und einen nicht unerheblichen (vgl § 437 Rn 38 ff) Sachmangel iS des § 434 oder Rechtsmangel iS des § 435 voraus. Verschulden des Verkäufers ist nicht erforderlich. Ist der Mangel behebbar, ist nach § 437 Nr. 2, 1. Alt. iVm § 323 Abs. 1 erforderlich, dass der Käufer dem Verkäufer erfolglos eine angemessene Frist zur Nacherfüllung gesetzt hat. Sind beide Arten der Nacherfüllung unmöglich, kann der Käufer gem. § 437 Nr. 2, 1. Alt. iVm § 326 Abs. 5 vom Kaufvertrag zurücktreten. Eine Fristsetzung zur Nacherfüllung ist dann gem. § 326 Abs. 5, 2. Hs entbehrlich (Hk-BGB/*Saenger* § 437 Rn 5; MüKo-BGB/*Westermann* § 437 Rn 9). Liegt der Mangel – wie im dargestellten Muster – in der Eigenschaft des Fahrzeugs als Unfallwagen, kommt Nacherfüllung durch Nachbesserung nicht in Betracht, da der Mangel nicht behebbar ist. Auch eine Neulieferung ist bei einem Gebrauchtwagenkauf regelmäßig nicht möglich (BGH v. 12.3.2008, VIII ZR 253/05). 37

[2] **Nicht unerheblicher Mangel.** Das Rücktrittsrecht des Käufers setzt gem. § 323 Abs. 5 S. 2 einen nicht unerheblichen Mangel voraus (BGH NJW 2007, 1346, 1347; Hk-BGB/*Saenger* § 437 Rn 5; MüKo-BGB/*Westermann* § 437 Rn 11). Ist der Mangel unerheblich, verbleiben dem Käufer das Recht auf Minderung und der Anspruch auf den kleinen Schadensersatz (BGH NJW 2006, 1960, 1961; MüKo-BGB/*Westermann* § 437 Rn 11). Gem. § 441 Abs. S. 2 findet der Ausschlussgrund des § 323 Abs. 5 S. 2 bei der Minderung keine Anwendung (MüKo-BGB/*Westermann* § 437 Rn 18). Der Anspruch auf den großen Schadensersatz kommt gem. § 281 Abs. 1 S. 3 nur in Betracht, wenn der Mangel nicht unerheblich ist. Hat der Verkäufer für das Fehlen des betreffenden Mangels eine Garantie übernommen oder arglistig gehandelt, liegt ein nicht unerheblicher Mangel vor (BGH NJW 2006, 1960, 1961; Bamberger/Roth/*Faust* § 437 Rn 26; Hk-BGB/*Schulze* § 323 Rn 14). 38

[3] **Unfallschaden als Mangel.** Klärt der Verkäufer eines Gebrauchtwagens den Käufer über einen Schaden oder Unfall, der ihm bekannt ist oder mit dessen Vorhandensein er rechnet, nicht auf, ist ein Sachmangel nach § 434 Abs. 1 S. 2 Nr. 2 gegeben. Der Käufer kann erwarten, dass das Fahrzeug keinen Unfall erlitten hat, bei dem es zu mehr als Bagatellschäden gekommen ist. Die Pflicht des Verkäufers, den Käufer diesbezüglich zu informieren, besteht auch ungefragt. 39

Allein der Umstand, dass ein Fahrzeug einen Unfall erlitten hat, stellt dann einen Sachmangel iS des § 434 Abs. 1 S. 2 Nr. 2 dar. Dies gilt auch dann, wenn das KfZ nach dem Unfall fachgerecht repariert wurde. Die Grenze, wann ein nicht mitteilungspflichtiger Bagatellschaden vorliegt, wird dabei eng gezogen und betrifft zB nur ganz geringfügige äußere Lackschäden. Andere (Blech-) Schäden, auch wenn sie keine weitergehenden Folgen hatten und der Reparaturaufwand gering war, begründen bereits einen Mangel (BGH v. 10.10.2007, VIII ZR 330/06; v. 12.3.2009, VIII ZR 253/05).

40 **Nicht unerheblicher Mangel beim Gebrauchtwagenkauf.** Ob beim Kauf eines Gebrauchtwagens ein nicht unerheblicher Mangel vorliegt, hängt davon ab, ob und ggf mit welchem Kostenaufwand der Mangel beseitigt werden kann. Das OLG Köln hat eine erhebliche Pflichtverletzung angenommen, wenn der Nachbesserungsaufwand den Anschaffungspreis um 5 % übersteigt (OLG Köln NJW 2007, 1694, 1696). Ob die Eigenschaft als Unfallwagen einen nicht unerheblichen Mangel begründet, ist in Abkehr von der früheren Rspr (BGH v. 10.10.2007, VIII ZR 330/06) nicht grds. zu bejahen, sondern nach dem merkantilen Minderwert zu beurteilen. Beträgt dieser weniger als 1 % des Kaufpreises, ist die Pflichtverletzung unerheblich (BGH v. 12.3.2008, VIII ZR 253/05).

41 **[4] Rückzahlungsanspruch.** Dem Käufer steht ein Anspruch auf Rückzahlung des Kaufpreises gem. § 437 Nr. 2, 1. Alt. iVm §§ 326 Abs. 5, 346 Abs. 1 zu.

E. Rückgewähr des Kaufpreises nach Rücktritt

42 I. Muster: Klage auf Rückgewähr des Kaufpreises nach Rücktritt

▶ An das

Amtsgericht/Landgericht ■■■[1]

Klage

■■■ – Kläger –

Prozessbevollmächtigte: ■■■

gegen

■■■ – Beklagter –

wegen Rückzahlung

Vorläufiger Streitwert: ■■■

Namens und im Auftrag des Klägers erheben wir hiermit Klage und werden in der mündlichen Verhandlung beantragen:

1. Der Beklagte wird verurteilt, an den Kläger EUR ■■■ nebst Zinsen hieraus iHv 5 Prozentpunkten über dem Basiszinssatz seit dem ■■■ Zug-um-Zug gegen Übergabe und Übereignung des Motorrads ■■■ mit der Fahrzeugidentifizierungsnummer ■■■ zu bezahlen.[2]
2. Es wird festgestellt, dass sich der Beklagte seit dem ■■■ mit der Annahme der in Klageantrag Ziffer 1 bezeichneten Übergabe und Übereignung des Motorrads ■■■ mit der Fahrzeugidentifizierungsnummer ■■■ in Verzug befindet.[3]
3. Der Beklagte trägt die Kosten des Rechtsstreits.
4. Das Urteil ist – notfalls gegen Sicherheitsleistung – vorläufig vollstreckbar.

Begründung[4]

1. Mit vorliegender Klage macht der Kläger einen Anspruch auf Rückzahlung des Kaufpreises gem. § 437 Nr. 2, 1. Alt. iVm §§ 326 Abs. 5, 346 Abs. 1 BGB nach Rücktritt vom Kaufvertrag geltend.[5] Der Beklagte hat das Motorrad ■■■ mit der Fahrzeugidentifizierungsnummer ■■■ am ■■■ bei ebay angeboten und unter der Rubrik Beschreibung „Kilometerstand (km): 30.000 km" angegeben.

Beweis: Angebot des Beklagten vom ■■■ in Kopie als Anlage K1

Der Kläger hat mit dem Beklagten am ■■■ einen Kaufvertrag über das genannte Motorrad zu einem Preis iHv EUR ■■■ geschlossen.

Beweis: Kaufvertrag vom ■■■ in Kopie als Anlage K2

Vereinbarungsgemäß lieferte der Beklagte dem Kläger das streitgegenständliche Motorrad und der Kläger zahlte dem Beklagten den Kaufpreis von EUR ■■■ am gleichen Tag in bar.

Beweis: Ehefrau des Klägers ■■■ (ladungsfähige Anschrift) als Zeugin

Am ■■■ stellte der Kläger fest, dass der Tachometer des Motorrads die Geschwindigkeit sowohl in mph (Meilen pro Stunde) als auch in km/h (Kilometer pro Stunde) ausweist. Die Wegstrecke bezifferte das Tachometer auf 30.431, 1, wobei durch das Tachometer nicht erkennbar ist, ob es sich dabei um Meilen oder Kilometer handelt.

Beweis: Ehefrau des Klägers ■■■ b.b. als Zeugin

Daraufhin beauftragte der Kläger einen Sachverständigen, der feststellte, dass es sich bei der Angabe der Wegstrecke um Meilen handelt, die einer Laufleistung von 48.965,25 Kilometern entsprechen.

Beweis: Sachverständigengutachten in Kopie als Anlage K3

Mit Schreiben vom ■■■ hat der Kläger gegenüber dem Beklagten daher den Rücktritt vom Kaufvertrag erklärt und ihn dazu aufgefordert, den Kaufpreis iHv EUR ■■■ Zug-um-Zug gegen Rückgewähr des Motorrads bis zum ■■■ zurückzuzahlen.

Beweis: Schreiben des Klägers vom ■■■ in Kopie als Anlage K4

Dies hat der Beklagte mit Schreiben vom ■■■ abgelehnt.

Beweis: Schreiben des Beklagten vom ■■■ in Kopie als Anlage K5

Das Motorrad ist mangelhaft. Da es dem Käufer eines Motorrads entscheidend auf die Laufleistung und nicht auf den Tachostand ankommt, konnte der Kläger bei der Angabe des Kilometerstands mit 30.000 durch den Beklagten davon ausgehen, dass sich diese Angabe auf die Laufleistung des Motorrads bezieht. Da die Laufleistung des Motorrads jedoch 48.965,25 Kilometer beträgt und nicht 30.000 Kilometer, weicht die tatsächliche Beschaffenheit des Motorrads von der vereinbarten Beschaffenheit ab, so dass ein Mangel iS des § 434 Abs. 1 S. 1 BGB gegeben ist. Dieser Mangel lag bereits bei Übergabe des Motorrads am ■■■ vor.

Der Kläger ist gem. § 437 Nr. 2, 1. Alt. iVm § 326 Abs. 5 BGB zum Rücktritt berechtigt, da die Nacherfüllung durch den Verkäufer unmöglich ist. Die Abweichung der tatsächlichen von der vereinbarten Laufleistung des Motorrads kann durch Nachbesserung nicht behoben werden. Auch die Nachlieferung eines anderen, gleichwertigen Motorrads ist unmöglich, da es sich bei dem vom Beklagten angebotenen Motorrad um eine Sonderlackierung handelt und der Kläger die Kaufentscheidung aufgrund des persönlichen Eindrucks von dem Motorrad in seiner Gesamtheit getroffen hat (BGH NJW 2006, 2839, 2841). Eine Fristsetzung zur Nacherfüllung war daher gem. § 326 Abs. 5, 2. Hs BGB entbehrlich.[6]

Der Rückzahlungsanspruch des Klägers ergibt sich aus § 437 Nr. 2, 1. Alt. iVm §§ 326 Abs. 5, 346 Abs. 1 BGB.

Da der Beklagte der Aufforderung des Klägers, den Kaufpreis iHv EUR ■■■ bis zum ■■■ zurückzuzahlen, nicht nachgekommen ist, befindet er sich seit dem ■■■ gem. § 286 Abs. 1 BGB in Verzug. Der Zinsanspruch ergibt sich aus § 288 Abs. 1 BGB.[7]

2. Die Zulässigkeit des Klageantrags Ziffer 2 folgt aus § 756 ZPO.

Da der Beklagte die vom Kläger angebotene Übergabe und Übereignung des streitgegenständlichen Motorrads nicht angenommen hat, befindet er sich seit dem ■■■ in Annahmeverzug gem. § 293 BGB.[8]

■■■, den ■■■

■■■

Rechtsanwalt ◄

II. Erläuterungen

43 [1] Zuständigkeit. (a) **Sachliche Zuständigkeit.** Gem. § 23 Nr. 1 GVG ist für Streitwerte bis EUR 5.000,00 das Amtsgericht und gem. § 71 Abs. 1 GVG für Streitwerte über EUR 5.000,00 das Landgericht zuständig. Der Zuständigkeitsstreitwert bemisst sich nach dem Wert der zurückgeforderten Leistung (BFB/*Koeble/U. Locher* S. 479; *Müller/Schöppe-Fredenburg* S. 596). Die geltend gemachten Verzugszinsen erhöhen gem. § 4 Abs. 1, 2. Hs ZPO den Streitwert nicht (Zöller/*Herget* § 4 Rn 11). Der Wert der Gegenleistung beim Zug-um-Zug Antrag bleibt für die Bestimmung des Streitwerts unbeachtlich (Zöller/*Herget* § 3 Rn 16). Der Antrag auf Feststellung des Annahmeverzugs führt aufgrund wirtschaftlicher Identität mit dem Leistungsantrag nicht zur Erhöhung des Streitwerts (MüKo-ZPO/*Wöstmann* § 3 Rn 29; Thomas/Putzo/*Hüßtege* § 5 Rn 8).

44 (b) **Örtliche Zuständigkeit.** Neben dem allgemeinen Gerichtsstand gem. §§ 12 ff ZPO kommt bei der Klage auf Rückgewähr des Kaufpreises aufgrund Rücktritt der besondere Gerichtsstand des Erfüllungsortes gem. § 29 ZPO in Betracht (MüKo-ZPO/*Patzina* § 29 Rn 5). Verlangt der Käufer nach Rücktritt die Rückzahlung des Kaufpreises Zug-um-Zug gegen Rückgewähr der Kaufsache, ist Erfüllungsort der Ort, an dem sich die Kaufsache im Zeitpunkt des Rücktritts nach dem Vertrag bestimmungsgemäß befindet. Dies ist idR der Wohnsitz des Käufers. An diesem Ort ist die Kaufsache zurückzugewähren (BGH NJW 1983, 1479, 1480; OLG Saarbrücken NJW 2005, 906, 907; MüKo-ZPO/*Patzina* § 29 Rn 62; Zöller/*Vollkommer* § 29 Rn 25). Der Gerichtsstand am Wohnsitz des Klägers ist auch dann gegeben, wenn der Kläger die Kaufsache bereits zurückgegeben hat (Zöller/*Vollkommer* § 29 Rn 25; BGB/*Koeble/U. Locher* S. 479). Tritt der Käufer vom Kaufvertrag zurück, bevor die Ware geliefert wurde, hat der Käufer jedoch bereits bezahlt, ist der Erfüllungsort der Rückzahlungsverpflichtung nicht der Wohnsitz des Käufers, sondern der des Schuldners (BFB/*Koeble/U. Locher* S. 479).

45 [2] **Klageantrag auf Rückzahlung des Kaufpreises.** Tritt der Käufer wirksam vom Kaufvertrag zurück, wird das Schuldverhältnis in ein Rückgewährschuldverhältnis umgewandelt. Die Rechtsfolgen richten sich nach §§ 346 ff (MüKo-BGB/*Westermann* § 437 Rn 10). Hat der Verkäufer die Sache bereits geliefert und der Käufer den Kaufpreis bezahlt, sind die jeweiligen Leistungen daher gem. §§ 346 Abs. 1, 348 Zug-um-Zug zurückzugewähren. Zur Vermeidung der Kostennachteile einer teilweisen Klageabweisung (§ 92 ZPO) ist der Antrag auf Rückzahlung des Kaufpreises daher Zug-um-Zug gegen Übergabe und Übereignung der Kaufsache zu stellen.

46 [3] **Antrag auf Feststellung des Annahmeverzugs.** Zur Erleichterung der Zwangsvollstreckung des Zug-um-Zug-Antrags gem. § 756 Abs. 1 ZPO ist zu empfehlen, den Beklagten in Annahmeverzug zu setzen und einen Antrag auf Feststellung des Annahmeverzugs zu stellen (dazu ausführlich vgl § 433 Rn 33).

47 [4] **Begründung der Klage.** Nach BGH NJW 2007, 1346.

48 [5] **Rückzahlungsanspruch nach § 437 Nr. 2, 1. Alt. iVm §§ 326 Abs. 5, 346.** Der Rückzahlungsanspruch gem. § 437 Nr. 2, 1. Alt. iVm §§ 326 Abs. 5, 346 setzt einen wirksamen Kaufvertrag, einen nicht unerheblichen Sachmangel iS des § 434 oder einen Rechtsmangel iS des § 435, Unmöglichkeit der Nacherfüllung und eine Rücktrittserklärung voraus. Diese Voraussetzungen sind vom Kläger darzulegen und zu beweisen (Hk-BGB/*Saenger* § 437 Rn 30; Hk-BGB/*Schulze* § 275 Rn 26). Der Rücktritt ist gem. § 323 Abs. 5 S. 2 ausgeschlossen, wenn der Mangel unerheblich ist. Die Darlegungs- und Beweislast für die Unerheblichkeit des Mangels trägt der Verkäufer bzw der Beklagte (OLG Köln NJW 2007, 1694, 1696; Bamberger/Roth/*Faust* § 437 Rn 30).

49 [6] **Entbehrlichkeit der Nachfristsetzung bei Unmöglichkeit der Nacherfüllung.** Sind beide Arten der Nacherfüllung unmöglich, ist eine Fristsetzung zur Nacherfüllung gem. § 326 Abs. 5, 2. Hs entbehrlich (MüKo-BGB/*Westermann* § 437 Rn 9; Palandt/*Weidenkaff* § 437 Rn 22). Ist

die Nacherfüllung unmöglich, wird der Schuldner gem. § 275 Abs. 1 von der Leistungspflicht kraft Gesetzes frei. § 275 Abs. 1ist von Amts wegen zu beachten (MüKo-BGB/*Westermann* § 439 Rn 14). Ob Unmöglichkeit vorliegt, ist jeweils in Bezug auf die konkret geltend gemachte Form der Nacherfüllung zu prüfen. Ist bspw nur die Nachlieferung unmöglich, verbleibt dem Käufer die Möglichkeit der Nachbesserung (Hk-BGB/*Saenger* § 439 Rn 4; MüKo-BGB/*Westermann* § 439 Rn 19). Die Darlegungs- und Beweislast für die Entbehrlichkeit der Nachfristsetzung aufgrund Unmöglichkeit trägt der Kläger bzw Käufer (Hk-BGB/*Saenger* § 437 Rn 30; MüKo-BGB/*Westermann* § 439 Rn 28).

Nachlieferung beim Stückkauf. Beim Gattungskauf ist eine Nachlieferung grds. möglich, solange der Verkäufer eine mangelfreie Sache mittlerer Art und Güte beschaffen kann. Problematisch ist, ob eine Nachlieferung auch beim Stückkauf in Betracht kommt, da der Verkäufer beim Stückkauf nur die Lieferung einer von den Parteien konkret individualisierten Kaufsache schuldet (MüKo-BGB/*Westermann* § 439 Rn 11; *Huber* NJW 2002, 1004, 1006). Dennoch ist auch beim Stückkauf eine Ersatzlieferung nicht grds. wegen Unmöglichkeit ausgeschlossen. Ersatzlieferung ist beim Stückkauf nach der Vorstellung der Parteien dann möglich, wenn die Kaufsache im Falle ihrer Mangelhaftigkeit durch eine gleichartige und gleichwertige Sache ersetzt werden kann (BGH NJW 2006, 2839, 2841; OLG Karlsruhe NJW-RR 2007, 1210, 1211). Eine Ersatzlieferung wird daher beim Kauf gebrauchter Sachen regelmäßig ausscheiden (BGH NJW 2006, 2839, 2841; OLG Karlsruhe NJW-RR 2007, 1210, 1211). Beim Kauf eines gebrauchten Kraftfahrzeugs hängt der Kaufentschluss regelmäßig von dem persönlichen Gesamteindruck des Käufers von den technischen Eigenschaften, der Funktionsfähigkeit und dem äußeren Erscheinungsbild ab, so dass das konkrete Fahrzeug in seiner Gesamtheit nicht gegen ein anderes austauschbar ist (BGH NJW 2006, 2839, 2841; OLG Karlsruhe NJW-RR 2007, 1210, 1211). 50

[7] **Verzugszinsen.** Der Zinsanspruch ergibt sich aus § 288 Abs. 1 und setzt Verzug des Schuldners iS des § 286 voraus. Die Voraussetzungen des § 286 sind vom Kläger darzulegen und zu beweisen (Hk-BGB/*Schulze* § 286 Rn 32; Palandt/*Grüneberg* § 286 Rn 49). 51

[8] **Annahmeverzug.** Vgl § 433 Rn 38. 52

F. Schadensersatz statt der Leistung bei anfänglicher Unmöglichkeit der Nacherfüllung

I. Muster: Klage auf Schadensersatz statt der Leistung bei anfänglicher Unmöglichkeit der Nacherfüllung gem. § 437 Nr. 3 iVm § 311 a Abs. 2 53

317

▶ An das

Amtsgericht/Landgericht ...[1]

Klage

... – Kläger -

Prozessbevollmächtigte: ...

gegen

... – Beklagter -

wegen Schadensersatz

Vorläufiger Streitwert: ...

Namens und in Vollmacht des Klägers erheben wir hiermit Klage und werden in der mündlichen Verhandlung beantragen:

1. Der Beklagte wird verurteilt, an den Kläger EUR ... nebst Zinsen hieraus iHv 5 Prozentpunkten über dem Basiszinssatz seit dem ... Zug-um-Zug gegen Übergabe und Übereignung des Pkws ... mit der Fahrzeugidentifizierungsnummer... zu bezahlen.[2]

2. Es wird festgestellt, dass sich der Beklagte mit der Annahme der in Klageantrag Ziffer 1 bezeichneten Übergabe und Übereignung des Pkws ▪▪▪ mit der Fahrzeugidentifizierungsnummer ▪▪▪ seit dem ▪▪▪ in Verzug befindet.[3]
3. Der Beklagte trägt die Kosten des Rechtsstreits.
4. Das Urteil ist – notfalls gegen Sicherheitsleistung – vorläufig vollstreckbar.

Begründung

1. Mit der Klage macht der Kläger u.a. Schadensersatzansprüche gem. § 437 Nr. 3 iVm § 311 a Abs. 2 BGB geltend.[4]
   Der Beklagte ist Hersteller von Kraftfahrzeugen. Am ▪▪▪ hat der Kläger vom Beklagten einen Neuwagen des Typs ▪▪▪ zu einem Kaufpreis iHv EUR ▪▪▪ gekauft.
   Beweis: Kaufvertrag vom ▪▪▪ in Kopie als Anlage K1
   Der Kläger hat den Pkw des Typs ▪▪▪ mit der Fahrzeugidentifizierungsnummer▪▪▪ am ▪▪▪ vereinbarungsgemäß beim Beklagten abgeholt und bezahlt.
   Beweis: Quittung vom ▪▪▪ in Kopie als Anlage K2
   Ausweislich der im Kaufvertrag enthaltenen Angaben des Herstellers liegt der Kraftstoffverbrauch im innerstädtischen Verkehr ca. bei ▪▪▪ Liter/100 km, im außerstädtischen Verkehr bei ▪▪▪ Liter/ 100 km.
   Beweis: Kaufvertrag vom ▪▪▪ b.v. als Anlage K1
   Der Kläger stellte bereits bei der ersten Fahrt mit dem genannten Pkw einen deutlich höheren Kraftstoffverbrauch fest. Ausweislich eines vom Kläger in Auftrag gegebenen Sachverständigengutachtens, liegt der Kraftstoffverbrauch konstruktionsbedingt sowohl innerhalb als auch außerhalb der Stadt ▪▪▪ % über den Angaben des Beklagten.
   Beweis: Sachverständigengutachten in Kopie als Anlage K3
   Aufgrund des erhöhten Kraftstoffverbrauchs weicht das Kraftfahrzeug des Herstellers ▪▪▪ des Typs ▪▪▪ im Sinne des § 434 Abs. 1 S. 1 BGB von der vereinbarten Beschaffenheit ab und ist daher mangelhaft. Dieser Mangel lag bereits bei Übergabe des genannten Pkw am ▪▪▪ vor.[5]
   Da es sich um einen konstruktionsbedingt erhöhten Kraftstoffverbrauch handelt, ist eine Nacherfüllung sowohl in Form der Nachbesserung als auch in Form der Neulieferung eines Pkws desselben Typs unmöglich. Eine Fristsetzung zur Nacherfüllung war daher entbehrlich.[6]
   Der Schadensersatzanspruch des Klägers ergibt sich daher aus §§ 437 Nr. 3, 311 a Abs. 2 BGB.
   Der Kläger hat den Beklagten mit Schreiben vom ▪▪▪ von dem erhöhten Kraftstoffverbrauch in Kenntnis gesetzt und Zug-um-Zug gegen Rückgewähr des genannten Pkw zur Zahlung von EUR ▪▪▪ unter Fristsetzung bis zum ▪▪▪ aufgefordert.
   Beweis: Schreiben des Klägers vom ▪▪▪ in Kopie als Anlage K4
   Da der Beklagte dieser Aufforderung bislang nicht nachgekommen ist, befindet er sich gem. § 286 Abs. 1 BGB seit dem ▪▪▪ in Verzug. Der Zinsanspruch ergibt sich aus § 288 Abs. 1 BGB.[7]
2. Die Zulässigkeit des Klageantrags Ziffer 2 ergibt sich aus § 756 ZPO.

Da der Beklagte die vom Kläger angebotene Übergabe und Übereignung des streitgegenständlichen Pkws nicht angenommen hat, befindet er sich seit dem ▪▪▪ in Annahmeverzug.[8]

▪▪▪, den ▪▪▪

▪▪▪

Rechtsanwalt ◄

II. Erläuterungen

54 [1] **Zuständigkeit.** (a) **Örtliche Zuständigkeit.** Gem. § 23 Nr. 1 GVG ist für Streitwerte bis EUR 5.000,00 das Amtsgericht und gem. § 71 Abs. 1 GVG für Streitwerte über EUR 5.000,00 das Landgericht zuständig. Der Streitwert richtet sich nach dem geforderten Betrag (Hk-ZPO/*Bendtsen* § 3 Rn 2). Die neben der Hauptforderung geltend gemachten Verzugszinsen führen

gem. § 4 Abs. 1 Hs 2 ZPO nicht zur Erhöhung des Streitwerts (Zöller/*Herget* § 4 Rn 11). Der Wert der Gegenleistung beim Zug-um-Zug-Antrag bleibt für die Bestimmung des Streitwerts unbeachtlich (Zöller/*Herget* § 3 Rn 16). Der Antrag auf Feststellung des Annahmeverzugs führt aufgrund wirtschaftlicher Identität mit dem Leistungsantrag nicht zur Erhöhung des Streitwerts (MüKo-ZPO/*Wöstmann* § 3 Rn 29; Thomas/Putzo/*Hüßtege* § 5 Rn 8).

(b) Sachliche Zuständigkeit. Neben dem allgemeinen Gerichtsstand gem. §§ 12 ff ZPO kommt 55 bei Klagen auf Schadensersatz wegen Nicht- oder Schlechterfüllung der vertraglichen Hauptleistungspflicht der besondere Gerichtsstand des Erfüllungsortes gem. § 29 ZPO in Betracht (MüKo-ZPO/*Patzina* § 29 Rn 8; Zöller/*Vollkommer* § 29 Rn 20). Hat der Verkäufer die Kaufsache bereits geliefert und der Käufer den Kaufpreis gezahlt und verlangt der Käufer den großen Schadensersatz, ist Erfüllungsort der Ort, an dem sich die Kaufsache vertragsgemäß befindet (Zöller/*Vollkommer* § 29 Rn 25).

[2] Klageantrag auf Schadensersatz. Macht der Käufer gegen den Verkäufer gem. § 437 Nr. 3 56 Schadensersatzansprüche geltend, kann er entweder die Sache behalten und Ersatz des mangelbedingten Minderwerts als Mindestschaden verlangen (**kleiner Schadensersatz**) oder unter der Voraussetzung des § 281 Abs. 1 S. 3 dem Verkäufer die Kaufsache zurückgewähren bzw die Kaufsache zurückweisen und Ersatz des gesamten Schadens verlangen (**großer Schadensersatz**) (Hk-BGB/*Saenger* § 437 Rn 12; MüKo-BGB/*Westermann* § 437 Rn 18). Hat der Verkäufer die Kaufsache bereits geliefert und verlangt der Käufer den großen Schadensersatz ist der Käufer gem. § 281 Abs. 5 iVm §§ 346 Abs. 1, 348 Zug-um-Zug zur Rückgewähr der Kaufsache verpflichtetet (Bamberger/Roth/*Faust* § 437 Rn 56). Zur Vermeidung der Kostennachteile einer teilweisen Klageabweisung (§ 92 ZPO) lautet der Klageantrag daher auf Leistung Zug-um-Zug gegen Übergabe und Übereignung der Kaufsache.

[3] Antrag auf Feststellung des Annahmeverzugs. Zur Erleichterung der Zwangsvollstreckung 57 des Zug-um-Zug-Antrags gem. § 756 Abs. 1 ZPO ist zu empfehlen, den Beklagten in Annahmeverzug zu setzen und einen Antrag auf Feststellung des Annahmeverzugs zu stellen (dazu ausführlich vgl § 433 Rn 33).

[4] Überblick über die Schadensersatzansprüche im Kaufrecht. Weist die Kaufsache bereits im 58 Zeitpunkt des Vertragsschlusses einen nicht behebbaren Mangel auf und liefert der Verkäufer gar nicht, richten sich die Ansprüche des Käufers direkt nach § 311 a Abs. 2. Liefert der Verkäufer eine mangelhafte Sache und sind beide Arten der Nacherfüllung von Anfang an unmöglich, richtet sich der Schadensersatzanspruch des Käufers nach § 437 Nr. 3 iVm § 311 a Abs. 2 (Palandt/*Weidenkaff* § 437 Rn 33; MüKo-BGB/*Westermann* § 437 Rn 22). Wird die Nacherfüllung erst nachträglich unmöglich, kommt ein Schadensersatzanspruch des Käufers nach § 437 Nr. 3 iVm §§ 280 Abs. 1, Abs. 3, 283 in Betracht (Hk-ZPO/*Saenger* § 437 Rn 14; MüKo-BGB/*Westermann* § 437 Rn 26). Ist die Nacherfüllung dagegen noch möglich, kann ein Schadensersatzanspruch nach § 437 Nr. 3 iVm §§ 280 Abs. 1, Abs. 3, 281 gegeben sein. Im vorliegenden Muster macht der Kläger Schadensersatz nach § 437 Nr. 3 iVm § 311 a Abs. 2 geltend.

Anspruch auf Schadensersatz gem. § 437 Nr. 3 iVm § 311 a Abs. 2. Der Anspruch auf Scha- 59 densersatz gem. § 437 Nr. 3 iVm § 311 a Abs. 2 setzt einen wirksamen Kaufvertrag, einen Sachmangel iS des § 434 oder einen Rechtsmangel iS des § 435, sowie anfängliche Unmöglichkeit beider Arten der Nacherfüllung iS des § 275 voraus. Diese Voraussetzungen sind vom Kläger darzulegen und zu beweisen (Hk-BGB/*Saenger* § 437 Rn 14, 30; Hk-BGB/*Schulze* § 311 a Rn 1, 6, 10). Verschulden des Verkäufers wird grds. vermutet. Der Anspruch auf Schadensersatz gem. § 437 Nr. 3 iVm § 311 a Abs. 2 ist gem. § 311 a Abs. 2 S. 2 ausgeschlossen, wenn der Verkäufer nachweist, dass er die anfängliche Unmöglichkeit der Nacherfüllung nicht kannte und nicht kennen musste (Hk-BGB/*Schulze* § 311 a Rn 10).

[5] Nicht unerheblicher Mangel. Macht der Kläger den großen Schadensersatzanspruch geltend, 60 darf der Mangel gem. § 311 a Abs. 2 S. 3 iVm § 281 Abs. 1 S. 3 nicht unerheblich sein (Hk-BGB/

Saenger § 437 Rn 14; MüKo-BGB/*Westermann* § 437 Rn 18). Ziel dieser Regelung ist, einen Gleichlauf zwischen Rücktritt, der gem. § 323 Abs. 5 S. 2 einen nicht unerheblichen Mangel erfordert (vgl § 437 Rn 37 ff), und dem großen Schadensersatz herzustellen. Im Rahmen des § 281 Abs. 1 S. 3 gelten daher die gleichen Maßstäbe wie bei § 323 Abs. 5 S. 2 (BGH NJW 2006, 1960, 1962; MüKo-BGB/*Westermann* § 437 Rn 18). Ist der Mangel unerheblich, bleibt dem Käufer die Möglichkeit, den kleinen Schadensersatz zu verlangen und das Recht zur Minderung (BGH NJW 2006, 1960, 1961; MüKo-BGB/*Westermann* § 437 Rn 11, 18; Hk-BGB/*Saenger* § 437 Rn 12). Nach der Rspr des BGH ist eine Abweichung des Kraftstoffverbrauchs eines verkauften Neufahrzeugs um weniger als 10 % von den Herstellerangaben als unerheblich einzuordnen (BGH v. 8.5.2007, VIII ZR 19/05).

61 [6] **Entbehrlichkeit der Nachfristsetzung bei nicht behebbaren Mängeln.** Ein Schadensersatzanspruch nach § 437 Nr. 3 iVm § 311 a Abs. 2 setzt voraus, dass beide Arten der Nacherfüllung von Anfang an unmöglich sind. Ist dies der Fall, ist eine Nachfristsetzung zur Mängelbeseitigung entbehrlich (Hk-BGB/*Saenger* § 437 Rn 14).

62 [7] **Verzugszinsen.** Der Zinsanspruch ergibt sich aus § 288 Abs. 1 und setzt Verzug des Schuldners iS des § 286 voraus. Die Voraussetzungen des § 286 sind vom Kläger darzulegen und zu beweisen (Hk-BGB/*Schulze* § 286 Rn 32; Palandt/*Grüneberg* § 286 Rn 49).

63 [8] **Annahmeverzug.** Vgl § 433 Rn 38.

G. Schadensersatz gem. § 437 Nr. 3 iVm §§ 280, 281

64 I. Muster: Klage auf Schadensersatz gem. § 437 Nr. 3 iVm §§ 280, 281

▶ An das
Amtsgericht/Landgericht ...[1]

Klage

... – Kläger -
Prozessbevollmächtigte: ...
gegen
... – Beklagter -
wegen Schadensersatz
Vorläufiger Streitwert: ...

Namens und in Vollmacht des Klägers erheben wir hiermit Klage und werden in der mündlichen Verhandlung beantragen:

1. Der Beklagte wird verurteilt, an den Kläger EUR ... nebst Zinsen hieraus iHv 5 Prozentpunkten über dem Basiszinssatz seit dem ... zu bezahlen.[2]
2. Der Beklagte trägt die Kosten des Rechtsstreits.
3. Das Urteil ist – notfalls gegen Sicherheitsleistung – vorläufig vollstreckbar.

Begründung[3]

Mit der Klage macht der Kläger einen Anspruch auf Schadensersatz gem. § 437 Nr. 3 iVm §§ 280, 281 Abs. 1 und Abs. 3 BGB geltend.[4]

Der Beklagte züchtet Dackel. Der Kläger und der Beklagte haben am ... einen schriftlichen Kaufvertrag über einen Dackelwelpen geschlossen.

Beweis: Kaufvertrag vom ... in Kopie als Anlage K1

Vereinbarungsgemäß holte der Kläger den Dackelwelpen am ... am Wohnort des Beklagten ab und bezahlte den Kaufpreis iHv EUR ... bar am selben Tag. In der Nacht desselben Tages zeigte der

Dackelwelpe Symptome einer Magen-Darm-Erkrankung, verweigerte jede Nahrung und wurde apathisch.[5]

Da sich der Zustand des Tieres zunehmend verschlechterte, fuhr der Kläger noch in derselben Nacht zu dem Tiernotdienst ■■■ und ließ den Dackelwelpen von Tierarzt Dr. ■■■ untersuchen. Da der Dackelwelpe stark dehydriert war, leitete Dr. ■■■ sofort eine tierärztliche Behandlung ein.[6]

Beweis: Tierarzt Dr. ■■■ (ladungsfähige Anschrift) als Zeuge

Durch eine Blutanalyse des Dackelwelpen stellte sich heraus, dass der Welpe an einer ■■■-Infektion des Magen-Darm-Traktes litt. Die Inkubationszeit der ■■■-Infektion beträgt drei bis 5 Tage. Der Dackel war daher bereits im Zeitpunkt der Übergabe am ■■■ erkrankt.

Beweis: Tierarzt Dr. ■■■ b.b. als Zeuge

Für die tierärztliche Behandlung sind Kosten iHv EUR ■■■ entstanden.

Beweis: Rechnung des Tierarztes Dr. ■■■ in Kopie als Anlage K2

Mit Schreiben vom ■■■ hat der Kläger den Beklagten dazu aufgefordert, ihm die Tierarztkosten iHv EUR ■■■ unter Fristsetzung bis zum ■■■ zu erstatten.

Beweis: Schreiben des Klägers in der Anlage K3

Dieser Aufforderung ist der Beklagte bislang nicht nachgekommen.

Der Anspruch des Klägers auf Ersatz der Kosten für die tierärztliche Behandlung ergibt sich aus § 437 Nr. 3 BGB iVm §§ 280, 281 Abs. 1, Abs. 3 BGB.

Da der Beklagte der Aufforderung des Klägers vom ■■■ zur Zahlung von EUR ■■■ nicht nachgekommen ist, befindet er sich seit dem ■■■ gem. § 286 Abs. 1 BGB in Verzug. Der Zinsanspruch ergibt sich aus § 288 Abs. 1 BGB.[7]

■■■, den ■■■

■■■

Rechtsanwalt ◄

II. Erläuterungen

[1] **Zuständigkeit.** **(a) Sachliche Zuständigkeit.** Gem. § 23 Nr. 1 GVG ist für Streitwerte bis 65
EUR 5.000,00 das Amtsgericht und gem. § 71 Abs. 1 GVG für Streitwerte über EUR 5.000,00 das Landgericht zuständig. Bei einer Klage auf Schadensersatz richtet sich der Streitwert nach dem bezifferten Betrag (Zöller/*Herget* § 3 Rn 16). Verzugszinsen, die neben der Hauptforderung geltend gemacht werden, erhöhen den Streitwert gem. § 4 Abs. 1, 2. Hs ZPO nicht (Zöller/*Herget* § 4 Rn 11).

(b) Örtliche Zuständigkeit. Neben dem allgemeinen Gerichtsstand gem. §§ 12 ff ZPO kommt 66
bei Klagen auf Schadensersatz wegen Nicht- oder Schlechterfüllung der vertraglichen Hauptleistungspflicht der besondere Gerichtsstand des Erfüllungsortes gem. § 29 ZPO in Betracht (MüKo-ZPO/*Patzina* § 29 Rn 8; Zöller/*Vollkommer* § 29 Rn 20). Erfüllungsort für den Anspruch auf Schadensersatz wegen Schlechtlieferung ist der Erfüllungsort für die Lieferung der Kaufsache (Zöller/*Vollkommer* § 29 Rn 25). Dies ist idR der Sitz des Verkäufers (vgl § 447 Rn 2).

[2] **Klageantrag auf Schadensersatz.** Beim **kleinen Schadensersatz** behält der Käufer die Kauf- 67
sache und verlangt den Ersatz des mangelbedingten Minderwertes als Mindestschaden (MüKo-BGB/*Westermann* § 437 Rn 18). Der Klageantrag lautet daher auf Zahlung des als Schadensersatz geforderten Betrages.

[3] **Begründung der Klage.** Nach BGH NJW 2005, 3211. 68

[4] **Anspruch auf Schadensersatz gem. § 437 Nr. 3 iVm §§ 280, 281 Abs. 1 und Abs. 3.** Der 69
Anspruch auf Schadensersatz gem. § 437 Nr. 3 iVm §§ 280, 281 Abs. 1 und Abs. 3 setzt einen

wirksamen Kaufvertrag, einen Sachmangel iS des § 434 oder einen Rechtsmangel iS des § 435, Verschulden des Verkäufers sowie eine erfolglose Fristsetzung zur Nacherfüllung, soweit diese nicht entbehrlich ist, voraus. Diese Voraussetzungen sind vom Kläger dazulegen und zu beweisen (Hk-BGB/*Saenger* § 437 Rn 30). Das Verschulden des Verkäufers wird gem. § 280 Abs. 1 S. 2 vermutet (Hk-BGB/*Schulze* § 280 Rn 15). Der Beklagten hat somit darzulegen und zu beweisen, dass er den Mangel nicht zu vertreten hat (MüKo-BGB/*Westermann* § 437 Rn 27).

70 [5] **Sachmangel.** Ein Sachmangel iS des § 434 muss grds. im Zeitpunkt des Gefahrenübergangs vorliegen (vgl § 437 Rn 17 ff). Nach Lieferung der Sache trägt der Kläger die Beweislast dafür, dass ein Sachmangel vorliegt und dieser bereits bei Gefahrenübergang gegeben war (Hk-BGB/*Saenger* § 434 Rn 24; MüKo-BGB/*Westermann* § 434 Rn 48).

71 [6] **Entbehrlichkeit der Nachfristsetzung nach § 281 Abs. 2.** Der Anspruch des Käufers auf Schadensersatz statt der Leistung nach § 437 Nr. 3 iVm §§ 280, 281 setzt grds. voraus, dass der Käufer dem Verkäufer erfolglos eine angemessene Frist zur Nacherfüllung gesetzt hat. Dem Käufer steht daher kein Recht zu, den Mangel selbst zu beseitigen und die dafür erforderlichen Aufwendungen gem. § 326 Abs. 2 S. 2 vom Verkäufer zu verlangen. Ansonsten würde dem Käufer im Ergebnis ein Selbstvornahmerecht auf Kosten des Verkäufers zugebilligt, auf das der Gesetzgeber bewusst verzichtet hat und das den Vorrang der Nacherfüllung unterlaufen würde (BGH NJW 2006, 988, 989; BGH v. 20.1.2009, X ZR 45/07; MüKo-BGB/*Westermann* § 439 Rn 10). Durch den Vorrang der Nacherfüllung soll dem Verkäufer u.a. die Gelegenheit gegeben werden, selbst festzustellen, ob die Sache einen Mangel aufweist und ob dieser Mangel bereits im Zeitpunkt des Gefahrenübergangs vorgelegen hat (BGH NJW 2006, 1195, 1197). Die Nachfristsetzung ist jedoch entbehrlich, wenn ein Fall des § 281 Abs. 2 oder des § 440 gegeben ist (MüKo-BGB/*Westermann* § 437 Rn 26).

72 **§ 281 Abs. 2, 2. Alt.** Die Nachfristsetzung ist gem. § 281 Abs. 2, 2. Alt. entbehrlich, wenn besondere Umstände vorliegen, die unter Abwägung der Interessen des Käufers und des Verkäufers eine sofortige Geltendmachung des Schadensersatzanspruchs rechtfertigen (BGH NJW 2005, 3211, 3212). Der Vorrang der Nacherfüllung gilt grds. auch beim Kauf von Tieren. Lässt der Zustand des Tieres jedoch eine unverzügliche tierärztliche Behandlung als Notmaßnahme erforderlich erscheinen und kann diese vom Verkäufer nicht rechtzeitig veranlasst werden, ist der Käufer dazu berechtigt, die tierärztlichen Maßnahmen sofort vornehmen zu lassen und Schadensersatz statt der Leistung geltend zu machen (BGH NJW 2005, 3211, 3212; 2006, 988, 989). Dabei kommt es nicht darauf an, ob sich bei der Untersuchung des Tieres herausstellt, dass keine lebensbedrohliche Erkrankung vorlag (BGH NJW 2005, 3211, 3212).

73 [7] **Verzugszinsen.** Der Zinsanspruch ergibt sich aus § 288 Abs. 1 und setzt Verzug des Schuldners iS des § 286 voraus. Die Voraussetzungen des § 286 sind vom Kläger darzulegen und zu beweisen (Hk-BGB/*Schulze* § 286 Rn 32; Palandt/*Grüneberg* § 286 Rn 49).

H. Ersatz des Mangelfolgeschadens

74 **I. Muster: Klage auf Ersatz des Mangelfolgeschadens gem. § 437 Nr. 3 iVm § 280 Abs. 1**

▶ An das

Amtsgericht/Landgericht ■■■[1]

Klage

■■■ – Kläger-

Prozessbevollmächtigte: ■■■

gegen

■■■ -Beklagter-

wegen Schadensersatz

Vorläufiger Streitwert: ...

Namens und im Auftrag des Klägers erheben wir hiermit Klage und werden in der mündlichen Verhandlung beantragen:

1. Der Beklagte wird verurteilt, an den Kläger EUR ... nebst Zinsen hieraus iHv 5 Prozentpunkten über dem Basiszinssatz seit dem ... zu bezahlen.
2. Der Beklagte trägt die Kosten des Rechtsstreits.
3. Das Urteil ist – notfalls gegen Sicherheitsleistung – vorläufig vollstreckbar.

Begründung

Mit der Klage macht der Kläger einen Schadensersatzanspruch gem. § 437 Nr. 3 iVm § 280 Abs. 1 BGB geltend.[2]

Der Beklagte stellt Holzbadewannen her. Am ... hat der Kläger bei dem Beklagten eine Holzbadewanne des Typs ... zu einem Kaufpreis iHv EUR ... zum privaten Gebrauch gekauft.

Beweis: Kaufvertrag vom ... in Kopie als Anlage K1

Vereinbarungsgemäß lieferte der Beklagte dem Kläger die Badewanne am ... an.

Beweis: Lieferschein vom ... in Kopie als Anlage K2

Der Kläger bezahlte den Kaufpreis iHv EUR ... am selben Tag in bar.

Beweis: Quittung vom ... in Kopie als Anlage K3

Am ..., also eine Woche nach Lieferung, benutzte der Kläger die Badewanne erstmalig. Dabei trat Wasser aus der Badewanne aus.

Beweis: Ehefrau des Klägers ... (ladungsfähige Anschrift) als Zeugin

Da die Badewanne undicht ist, ist sie nicht zur gewöhnlichen Verwendung geeignet und daher nach § 434 Abs. 1 S. 2 Nr. 2 BGB mangelhaft. Dieser Mangel war bereits bei Übergabe vorhanden.

Die Holzbadewanne befindet sich im Badezimmer im ersten Obergeschoss des Hauses des Klägers. Das aus der Badewanne auslaufende Wasser hat Flecken an der Decke der unter dem Badezimmer liegenden Küche von Herrn ... hinterlassen.

Beweis: Herr ... (ladungsfähige Anschrift) als Zeuge.

Der Kläger beauftragte Malermeister ... mit der erforderlichen Renovierung der Decke der Küche. Dabei ist ein Aufwand von EUR ... entstanden.

Beweis: Rechnung des Malermeisters ... in Kopie als Anlage K4

Mit Schreiben vom ... hat der Kläger den Beklagten unter Fristsetzung Zug-um-Zug gegen Rückgabe der am ... gelieferten mangelhaften Badewanne zur Neulieferung einer Badewanne und zum Ersatz der für die Beseitigung des Wasserschadens in der Wohnung des Herrn ... erforderlichen Kosten aufgefordert.[3]

Beweis: Schreiben des Klägers vom ... in Kopie als Anlage K5

Der Beklagte hat dem Kläger am ... eine neue Badewanne geliefert und die die mangelhafte Badewanne zurückgenommen. Den Ersatz der für die die Beseitigung des Wasserschadens erforderlichen Kosten hat der Kläger jedoch ausdrücklich abgelehnt.

Beweis: Frau ... b.b. als Zeugin

Der Anspruch des Klägers gegen den Beklagten auf Zahlung von EUR ... ergibt sich aus § 437 Nr. 3 iVm § 280 Abs. 1 BGB.

Da der Beklagte der Aufforderung des Klägers zur Zahlung von EUR ... mit Schreiben vom ... nicht nachgekommen ist, befindet sich der Beklagte seit dem ... in Verzug. Der Zinsanspruch folgt aus § 288 Abs. 1 BGB.[4]

■■■, den ■■■

■■■

Rechtsanwalt ◄

II. Erläuterungen

75 [1] **Sachliche Zuständigkeit.** Gem. § 23 Nr. 1 GVG ist für Streitwerte bis EUR 5.000,00 das Amtsgericht und gem. § 71 Abs. 1 GVG für Streitwerte über EUR 5.000,00 das Landgericht zuständig. Der Streitwert bemisst sich nach dem geforderten Betrag (Hk-ZPO/*Bendtsen* § 3 Rn 2). Die geltend gemachten Verzugszinsen bleiben gem. § 4 Abs. 1, 2. Hs BGB unberücksichtigt (Zöller/*Herget* § 4 Rn 11).

76 [2] **Ersatz des Mangelfolgeschadens gem. § 437 Nr. 3 iVm § 280 Abs. 1.** Entstehen durch die mangelhafte Kaufsache an anderen Rechtsgütern des Käufers Schäden, hat der Kläger gem. § 437 Nr. 3 iVm § 280 Abs. 1 gegen den Verkäufer einen Anspruch auf Ersatz des Mangelfolgeschadens (Hk-BGB/*Saenger* § 437 Rn 8, 10; Palandt/*Weidenkaff* § 437 Rn 35). Dieser Anspruch setzt einen wirksamen Kaufvertrag, einen Sachmangel iS des § 434 oder einen Rechtsmangel nach § 435 sowie Verschulden des Verkäufers voraus. Die Voraussetzungen sind vom Kläger darzulegen und zu beweisen (Hk-BGB/*Saenger* § 437 Rn 30). Verschulden des Verkäufers wird gem. § 280 Abs. 1 S. 2 widerlegbar vermutet (Hk-BGB/*Schulze* § 280 Rn 15). Den Verkäufer trifft daher die Beweislast dafür, dass er den Mangel nicht zu vertreten hat (Palandt/*Heinrichs* § 280 Rn 34).

77 [3] **Verhältnis zum Nacherfüllungsanspruch.** Der Mangelfolgeschaden ist auch dann zu ersetzen, wenn der Käufer weiterhin Nacherfüllung verlangt. Mangelfolgeschäden können durch eine mangelfreie Nacherfüllung nicht beseitigt werden (Hk-BGB/*Saenger* § 437 Rn 10; Palandt/*Weidenkaff* § 437 Rn 35). Daher setzt der Anspruch auf Ersatz des Mangelfolgeschadens gem. § 437 Nr. 3 iVm § 280 Abs. 1 nicht voraus, dass der Käufer dem Verkäufer erfolglos eine angemessene Frist zur Nacherfüllung gesetzt hat (Bamberger/Roth/*Faust* § 437 Rn 53, 60; MüKo-BGB/*Westermann* § 437 Rn 26).

78 **Mangelfolgeschaden.** Mangelfolgeschaden ist der Schaden, der durch die mangelfreie Nacherfüllung nicht beseitigt wird und an anderen Rechtsgütern des Käufers als an der Kaufsache entsteht. Solche anderen Rechtsgüter sind bspw Gesundheit, Eigentum oder Besitz. Als Mangelfolgeschaden ist auch ein Nutzungsausfall sowie eine Ersatzpflicht gegenüber Dritten ersetzbar (Palandt/*Weidenkaff* § 437 Rn 35; MüKo-BGB/*Westermann* § 437 Rn 34).

79 [4] **Verzugszinsen.** Der Zinsanspruch ergibt sich aus § 288 Abs. 1 und setzt Verzug des Schuldners iS des § 286 voraus. Die Voraussetzungen des § 286 sind vom Kläger darzulegen und zu beweisen (Hk-BGB/*Schulze* § 286 Rn 32; Palandt/*Heinrichs* § 286 Rn 38).

§ 438 Verjährung der Mängelansprüche

(1) Die in § 437 Nr. 1 und 3 bezeichneten Ansprüche verjähren

1. in 30 Jahren, wenn der Mangel
   a) in einem dinglichen Recht eines Dritten, auf Grund dessen Herausgabe der Kaufsache verlangt werden kann, oder
   b) in einem sonstigen Recht, das im Grundbuch eingetragen ist,

   besteht,

2. in fünf Jahren
   a) bei einem Bauwerk und
   b) bei einer Sache, die entsprechend ihrer üblichen Verwendungsweise für ein Bauwerk verwendet worden ist und dessen Mangelhaftigkeit verursacht hat, und

3. im Übrigen in zwei Jahren.

(2) Die Verjährung beginnt bei Grundstücken mit der Übergabe, im Übrigen mit der Ablieferung der Sache.
(3) [1]Abweichend von Absatz 1 Nr. 2 und 3 und Absatz 2 verjähren die Ansprüche in der regelmäßigen Verjährungsfrist, wenn der Verkäufer den Mangel arglistig verschwiegen hat. [2]Im Falle des Absatzes 1 Nr. 2 tritt die Verjährung jedoch nicht vor Ablauf der dort bestimmten Frist ein.
(4) [1]Für das in § 437 bezeichnete Rücktrittsrecht gilt § 218. [2]Der Käufer kann trotz einer Unwirksamkeit des Rücktritts nach § 218 Abs. 1 die Zahlung des Kaufpreises insoweit verweigern, als er auf Grund des Rücktritts dazu berechtigt sein würde. [3]Macht er von diesem Recht Gebrauch, kann der Verkäufer vom Vertrag zurücktreten.
(5) Auf das in § 437 bezeichnete Minderungsrecht finden § 218 und Absatz 4 Satz 2 entsprechende Anwendung.

A. Vertragsgestaltung

I. Muster: Individualvertragliche Verkürzung der Gewährleistungsfrist außerhalb des Verbrauchsgüterkaufs 1

▶ Die Gewährleistungsrechte des Käufers verjähren innerhalb von ... Monaten/Jahren. Für eine Haftung des Verkäufers wegen Vorsatz gilt die gesetzliche Verjährungsfrist.[1], [2], [3] ◀ 320

II. Erläuterungen und Varianten

[1] Individualvertragliche Verkürzung der Gewährleistungsfrist. Wie sich aus § 202 Abs. 1 ergibt, ist eine Verkürzung der Verjährungsfrist grds. möglich. Nicht möglich ist gem. § 202 Abs. 1 eine Haftungserleichterung im Voraus für Haftung wegen Vorsatz (Hk-BGB/*Dörner* § 202 Rn 2). Für den Verbrauchsgüterkauf gelten gem. § 475 Abs. 2 Besonderheiten (vgl § 475 Rn 5 ff; Hk-BGB/*Saenger* § 438 Rn 8). 2

[2] Formularmäßige Verkürzung der Verjährungsfrist. Bei einer formularmäßigen Verkürzung der Verjährung ist § 309 Nr. 8 b ff zu berücksichtigen (Hk-ZPO/*Saenger* § 438 Rn 8; Hk-BGB/*Schulte-Nölke* § 309 Rn 36 ff). Danach ist eine Verkürzung der Verjährungsfrist beim Kauf neu hergestellter Sachen auf weniger als ein Jahr unwirksam (Palandt/*Grüneberg* § 309 Rn 75; Palandt/*Heinrichs* § 202 Rn 15). Nach § 309 Nr. 8 b ff darf die 5jährige Verjährungsfrist des § 438 Abs. 1 Nr. 2 für Mängel an Bauwerken und Mängeln an Baumaterialien nicht verkürzt werden (Palandt/*Grüneberg* § 309 Rn 75). Gem. § 309 Nr. 7 a kann die Haftung bei der Verletzung von Leben, Körper oder Gesundheit durch AGB weder begrenzt noch ausgeschlossen werden. Dies gilt selbst für einfache Fahrlässigkeit (Hk-BGB/*Schulte-Nölke* § 309 Rn 24). Für alle anderen Schäden kann die Haftung wegen grober Fahrlässigkeit gem. § 309 Nr. 7 b nicht ausgeschlossen oder begrenzt werden (Hk-BGB/*Schulte-Nölke* § 309 Rn 25). Unter einer Haftungsbegrenzung iS des § 309 Nr. 7 a, 7 b ist auch eine Verkürzung der gesetzlichen Verjährungsfrist zu verstehen (BGH NJW 2007, 674, 675). Eine inhaltlich zulässige Klausel muss daher eine Ausnahmereglung für die Verjährung der in § 309 Nr. 7 a, 7 b aufgeführten Schadensersatzansprüche enthalten (BGH NJW 2007, 674, 675). Diese Ausnahmeregelung kann wie folgt lauten: 3

▶ Für die Haftung des Verkäufers für Schäden aus der Verletzung des Lebens, des Körpers oder der Gesundheit, die auf einer vorsätzlichen oder fahrlässigen Pflichtverletzung des Verwenders oder eines gesetzlichen Vertreters oder Erfüllungsgehilfen des Verwenders beruhen sowie die Haftung für sonstige Schäden, die auf einer vorsätzlichen oder grob fahrlässigen Pflichtverletzung des Verwenders oder eines gesetzlichen Vertreters oder eines Erfüllungsgehilfen beruhen, gilt die gesetzliche Verjährung. ◀

Bei der Verwendung von AGB gegenüber Unternehmern erfolgt die Inhaltskontrolle lediglich nach § 307 Abs. 1 und Abs. 2, wobei die Wertungen der §§ 308, 309 mit einzubeziehen sind (Hk-BGB/*Schulte-Nölke* § 310 Rn 2).

4 [3] **Verlängerung der Verjährungsfrist.** Eine Verlängerung der Gewährleistungsfrist ist grds. möglich (Hk-BGB/*Saenger* § 438 Rn 8). Gem. § 202 Abs. 2 kann die Verjährungsfrist jedoch nicht über eine Frist von 30 Jahre ausgedehnt werden.

B. Prozess

I. Verjährung

5 **1. Muster: Einrede der Verjährung**

▶ An das

Amtsgericht/Landgericht ▪▪▪

In Sachen

▪▪▪/▪▪▪

Az. ▪▪▪

Zeigen wir an, dass wir den Beklagten vertreten und werden beantragen:

1. Die Klage wird abgewiesen.
2. Der Kläger trägt die Kosten des Rechtsstreits.

Begründung

Mit seiner Klage macht der Kläger Schadensersatzansprüche wegen mangelhafter Lieferung von Bodenfliesen gem. § 437 Nr. 3 iVm §§ 280, 281 BGB geltend.

Der Beklagte erhebt hiergegen die Einrede der Verjährung gem. § 438 Abs. 1 Nr. 3 BGB[1] und führt aus:

Der Beklagte hat dem Kläger die streitgegenständlichen Fliesen auf die Baustelle des Klägers in ▪▪▪ am ▪▪▪ abgeliefert.

Beweis: Lieferschein vom ▪▪▪ in Kopie als Anlage B1

Der Kläger hat die Klage erst nach Ablauf der Verjährungsfrist gem. § 438 Abs. 1 Nr. 3 BGB erhoben. Die Klage wurde am ▪▪▪ bei Gericht eingereicht und dem Beklagten am ▪▪▪ zugestellt.[2], [3]

Der vom Kläger geltend gemachte Anspruch ist daher gem. § 438 Abs. 1 Nr. 3 BGB verjährt. Die Klage ist abzuweisen.

▪▪▪, den ▪▪▪

▪▪▪

Rechtsanwalt ◀

2. Erläuterungen

6 [1] **Verjährung kaufrechtlicher Gewährleistungsansprüche.** Für die kaufrechtlichen Gewährleistungsrechte des § 437 gelten abweichend von § 195 gem. § 438 Sonderregeln für die Verjährung. § 438 gilt für Sach- und Rechtsmängel (Hk-BGB/*Saenger* § 438 Rn 1). Gem. § 438 **Abs. 1 Nr. 1** gilt eine dreißigjährige Verjährungsfrist, wenn der Mangel in einem dinglichen Recht eines Dritten, auf Grund dessen Herausgabe der Kaufsache verlangt werden kann oder

einem sonstigen im Grundbuch eingetragenen Recht besteht. Ein sonstiges Recht in diesem Sinne ist zB ein Grundpfandrecht oder eine Grunddienstbarkeit (Bamberger/Roth/*Faust* § 438 Rn 16). Wird der Käufer selbst aus diesen Rechten in Anspruch genommen, gilt die dreißigjährige Verjährungsfrist des § 197 Abs. 1 Nr. 2. Durch die Regelung des § 438 Abs. 1 Nr. 1 wird sichergestellt, dass der Käufer im Fall seiner Inanspruchnahme auch seinerseits den Verkäufer in Anspruch nehmen kann (Hk-BGB/*Saenger* § 438 Rn 5; MüKo-BGB/*Westermann* § 438 Rn 12). Für Bauwerke und bei einer Sache, die entspr. ihrer üblichen Verwendungsweise für ein Bauwerk verwendet worden ist und dessen Mangelhaftigkeit verursacht hat, gilt gem. **§ 438 Abs. 1 Nr. 2** eine 5-jährige Verjährungsfrist. Ein Bauwerk iS des § 438 Abs. 1 Nr. 2 a ist eine unbewegliche Sache, die durch Verwendung von Arbeit und Material in Verbindung mit dem Erdboden hergestellt ist. Dazu zählen nicht nur Gebäude, sondern auch sämtliche Produkte des Hoch- und Tiefbaus wie zB Straßen und Brücken (MüKo-BGB/*Westermann* § 438 Rn 17; Bamberger/Roth/*Faust* § 438 Rn 21). Beim Verkauf eines unbebauten Grundstücks sowie bei Mängeln des Grundstücks selbst, zB aufgrund Altlasten, gilt § 438 Abs. 1 Nr. 3 (MüKo-BGB/*Westermann* § 438 Rn 16). Die Regelung des § 438 Abs. 1 Nr. 2 a ermöglicht es Bauhandwerkern, die ihrerseits für Werkleistungen an einem Bauwerk gem. § 634 a Abs. 1 Nr. 2 einer 5-jährigen Verjährungsfrist unterliegen, innerhalb einer 5-jährigen Frist bei mangelhaftem Baumaterial ihre Lieferanten in Anspruch zu nehmen (MüKo-BGB/*Westermann* § 438 Rn 18). Liegt kein Fall des § 438 Abs. 1 Nr. 1 und Nr. 2 vor, beträgt die Verjährungsfrist gem. **§ 438 Abs. 1 Nr. 3** zwei Jahre.

[2] **Beginn der Verjährung.** Der Beginn der Verjährung nach § 438 setzt grds. einen wirksamen Kaufvertrag voraus. Wurde der Kaufvertrag unter einer aufschiebenden Bedingung geschlossen, beginnt die Verjährung daher erst mit Eintritt der Bedingung. Die Verjährung beginnt gem. § 438 Abs. 2 beim Kauf beweglicher Sachen mit der Ablieferung und beim Kauf von Grundstücken mit Übergabe (Hk-BGB/*Saenger* § 438 Rn 9; MüKo-BGB/*Westermann* § 438 Rn 23). 7

[3] **Hemmung der Verjährung.** In der Praxis beruft sich der Kläger in einer solchen Situation nicht selten auf die Hemmung der Verjährung. Ein typischer Beispielsfall ist die Hemmung der Verjährung bei Verhandlungen gem. § 203. Die Beweislast für die Hemmung der Verjährung trägt derjenige, der sich darauf beruft (Hk-BGB/*Dörner* § 204 Rn 8). 8

II. Berufung auf § 438 Abs. 3

1. Muster: Berufung auf § 438 Abs. 3 9

322

▶ An das

Amtsgericht/Landgericht ■■■

In Sachen

■■■/■■■

Az. ■■■

Zur Klageerwiderung des Beklagten vom ■■■ nehmen wir wie folgt Stellung:

Der Beklagte erhebt gegen die vom Kläger geltend gemachten Schadensersatzansprüche aufgrund Feuchtigkeitsschäden des Hauses Flurgrundstück ■■■ die Einrede der Verjährung gem. § 438 Abs. 1 Nr. 2 BGB.[1]

Im Rahmen der Vertragsverhandlung zwischen den Parteien über den Kauf des genannten Hauses hat sich der Kläger bei dem Beklagten ausdrücklich nach Feuchtigkeitsschäden erkundigt. Der Beklagte hat daraufhin erwidert, ihm sei davon nichts bekannt.

Beweis: Ehefrau des Klägers ■■■ (ladungsfähige Anschrift) als Zeugin

Der Beklagte hat die Feuchtigkeitsschäden in den Kellerwänden des genannten Haus arglistig verschwiegen.[2] Dies ergibt sich daraus, dass der Beklagte die von Feuchtigkeitsschäden betroffenen

Stellen im Keller vor der Besichtigung des Hauses durch den Kläger und dem Vertragsabschluss gezielt durch Putz- und Malerarbeiten überdecken und anstreichen ließ.

Beweis: Malermeister ▪▪▪ (ladungsfähige Anschrift) als Zeuge

Der Kläger hat von den Feuchtigkeitsschäden der Kellerwände erst am ▪▪▪ Kenntnis erlangt, als er den Keller durch den Bauunternehmer ▪▪▪ neu renovieren ließ und die Feuchtigkeitsschäden im Rahmen der Renovierung erstmalig sichtbar wurden.

Beweis: Bauunternehmer ▪▪▪ (ladungsfähige Anschrift) als Zeuge.

Da der Beklagte dem Kläger die Feuchtigkeitsschäden arglistig verschwiegen hat, beginnt die Verjährung gem. § 438 Abs. 3 BGB erst in dem Zeitpunkt, in dem der Kläger Kenntnis von dem Mangel erlangt hat, also am ▪▪▪. Der geltend gemachte Schadensersatzanspruch ist daher nicht verjährt.

▪▪▪, den ▪▪▪

▪▪▪

Rechtsanwalt ◄

2. Erläuterungen

10 **[1] Einrede der Verjährung.** Vgl § 438 Rn 3 ff.

11 **[2] Verjährung bei Arglist des Verkäufers.** Hat der Verkäufer den Mangel arglistig verschwiegen, gilt in den Fällen des § 438 Abs. 1 Nr. 2 und Nr. 3 gem. § 438 Abs. 3 S. 1 die regelmäßige dreijährige Verjährungsfrist des § 195. Der Beginn der Verjährung richtet sich nach § 199 Abs. 1 und setzt voraus, dass der Anspruch entstanden ist und der Käufer von den Anspruch begründenden Tatsachen, dh vom Mangel der Kaufsache, Kenntnis erlangt hat (Hk-BGB/*Saenger* § 438 Rn 12; Palandt/*Heinrichs* § 199 Rn 2). Um den Käufer durch die Geltung der Regelverjährung nicht schlechter zu stellen, gilt gem. § 438 Abs. 3 S. 2 in den Fällen des § 438 Abs. 1 Nr. 2 die 5-jährige Verjährungsfrist. Auch in diesem Fall beginnt die Verjährung jedoch nach § 199 (MüKo-BGB/*Westermann* § 438 Rn 28). Ob Arglist vorliegt, beurteilt sich nach den Grundsätzen des § 123, auf die an dieser Stelle verwiesen wird (Palandt/*Weidenkaff* § 438 Rn 12). Der Käufer hat die Arglist des Verkäufer darzulegen und zu beweisen (Bamberger/Roth/*Faust* § 438 Rn 45).

§ 439 Nacherfüllung

(1) Der Käufer kann als Nacherfüllung nach seiner Wahl die Beseitigung des Mangels oder die Lieferung einer mangelfreien Sache verlangen.

(2) Der Verkäufer hat die zum Zwecke der Nacherfüllung erforderlichen Aufwendungen, insbesondere Transport-, Wege-, Arbeits- und Materialkosten zu tragen.

(3) [1]Der Verkäufer kann die vom Käufer gewählte Art der Nacherfüllung unbeschadet des § 275 Abs. 2 und 3 verweigern, wenn sie nur mit unverhältnismäßigen Kosten möglich ist. [2]Dabei sind insbesondere der Wert der Sache in mangelfreiem Zustand, die Bedeutung des Mangels und die Frage zu berücksichtigen, ob auf die andere Art der Nacherfüllung ohne erhebliche Nachteile für den Käufer zurückgegriffen werden könnte. [3]Der Anspruch des Käufers beschränkt sich in diesem Fall auf die andere Art der Nacherfüllung; das Recht des Verkäufers, auch diese unter den Voraussetzungen des Satzes 1 zu verweigern, bleibt unberührt.

(4) Liefert der Verkäufer zum Zwecke der Nacherfüllung eine mangelfreie Sache, so kann er vom Käufer Rückgewähr der mangelhaften Sache nach Maßgabe der §§ 346 bis 348 verlangen.

A. Einrede der Unverhältnismäßigkeit

I. Muster: Einrede der Unverhältnismäßigkeit gem. § 439 Abs. 3 1

▶ An das 323

Landgericht ■■■

In Sachen

■■■/■■■

Az.: ■■■

Zeigen wir an, dass wir den Beklagten vertreten und werden beantragen:

1. Die Klage wird abgewiesen.
2. Der Kläger trägt die Kosten des Rechtsstreits.

Begründung[1]

Mit seiner Klage verlangt der Kläger die Neulieferung eines Pkws ■■■. [2]

Der Beklagte erhebt hiergegen die Einrede der Unverhältnismäßigkeit gem. § 439 Abs. 3 BGB und führt aus:[3]

Die Parteien haben am ■■■ einen Kaufvertrag über den Pkw ■■■ zu einem Kaufpreis iHv EUR ■■■ geschlossen. Der Kläger hat den genannten Pkw vereinbarungsgemäß am ■■■ beim Beklagten abgeholt und bezahlt.

Aufgrund eines defekten Fensterhebers an der linken vorderen Tür und Roststellen an den Scharnieren des Kofferraumdeckels verlangt der Kläger vom Beklagten die Neulieferung eines solchen Pkws.

Mit Schreiben vom ■■■ hat der Kläger den Beklagten unter Fristsetzung bis zum ■■■ zur Neulieferung eines Pkws ■■■ aufgefordert.[4]

Daraufhin hat der Beklagte mit Schreiben vom ■■■ gegenüber dem Kläger den Einwand der Unverhältnismäßigkeit gem. § 439 Abs. 3 BGB geltend gemacht.[5]

Beweis: Schreiben vom ■■■ in Kopie als Anlage B1

Die Gesamtkosten der Nacherfüllung in Form der Ersatzlieferung eines solchen Pkws belaufen sich auf insgesamt EUR ■■■. Der Listenpreis eines neuen Pkws ■■■ der gleichen Baureihe und der gleichen Ausstattung beträgt EUR ■■■ Abzüglich ■■■ % Händlerrabatt ergibt sich ein Preis von EUR ■■■.

Beweis: Mitarbeiter des Herstellers ■■■ (ladungsfähige Anschrift) als Zeuge

Der Neupreis des streitgegenständlichen Pkws beläuft sich auf EUR ■■■.

Beweis: Kaufvertrag vom ■■■ b.v. als Anlage K1

Der Wertverlust des streitgegenständlichen Pkw beläuft sich auf EUR ■■■.

Beweis: Sachverständigengutachten in Kopie als Anlage B2

Die Gesamtkosten der Nachlieferung betragen daher EUR ■■■.

Die Reparaturkosten zur Beseitigung der Mängel belaufen sich auf EUR■■■.

Beweis: Sachverständigengutachten in Kopie als Anlage B2

Die Kosten der Neulieferung übersteigen die Kosten der Nachbesserung um ■■■ %. Die Neulieferung ist daher iS des § 439 Abs. 3 unverhältnismäßig.[6]

Durch die Reparatur des streitgegenständlichen Pkws entsteht kein merkantiler Minderwert.

Dem Kläger steht daher kein Anspruch auf Neulieferung eines Pkws ■■■ gem. § 439 Abs. 1 BGB zu. Die Klage ist abzuweisen.

■■■, den ■■■

■■■

Rechtsanwalt ◄

II. Erläuterungen

2 [1] **Begründung der Klageerwiderung.** Nach OLG Celle NJW-RR 2007, 353.

3 [2] **Ausschluss des Nacherfüllungsanspruchs.** Der Anspruch auf Nacherfüllung ist gem. **§ 275 Abs. 1** ausgeschlossen, wenn die Erfüllung unmöglich ist. Gem. § 275 Abs. 1 wird der Schuldner von der Leistungspflicht kraft Gesetzes frei. § 275 Abs. 1 ist von Amts wegen zu beachten (MüKo-BGB/*Westermann* § 439 Rn 14). Ob Unmöglichkeit vorliegt, ist jeweils in Bezug auf die konkret geltend gemachte Form der Nacherfüllung zu prüfen. Ist bspw lediglich die Nachlieferung unmöglich, verbleibt dem Käufer die Möglichkeit der Nachbesserung (Hk-BGB/*Saenger* § 439 Rn 4; MüKo-BGB/*Westermann* § 439 Rn 19). Gem. **§ 275 Abs. 2** kann sich der Verkäufer darauf berufen, dass der erforderliche Aufwand in einem groben Missverhältnis zu dem Interesse des Gläubigers bzw Käufers an der Leistung steht. Nach **§ 275 Abs. 3** kann der Verkäufer geltend machen, dass ihm die persönliche Leistungserbringung unzumutbar ist. § 275 Abs. 2 und Abs. 3 sind als Einreden geltend zu machen (Hk-BGB/*Schulze* § 275 Rn 18; Hk-BGB/*Saenger* § 439 Rn 4; Palandt/*Heinrichs* § 275 Rn 32). Nach **§ 439 Abs. 3** hat der Verkäufer das Recht, die Nacherfüllung zu verweigern, wenn diese nur mit unverhältnismäßigen Kosten möglich ist (vgl § 439 Rn 4, 7 ff). Die **Beweislast** dafür, dass die Nacherfüllung aufgrund § 275 Abs. 1 unmöglich ist oder ein Fall der §§ 275 Abs. 2, Abs. 3, 439 Abs. 3 vorliegt, trägt der Verkäufer (MüKo-BGB/*Westermann* § 439 Rn 28).

4 [3] **Einrede der Unverhältnismäßigkeit gem. § 439 Abs. 3.** Gem. § 439 Abs. 3 S. 1 kann der Verkäufer die vom Käufer gewählte Art der Nacherfüllung verweigern, wenn diese nur mit unverhältnismäßigen Kosten möglich ist. § 439 Abs. 3 ist als Einrede ausgestaltet und daher nur dann zu beachten, wenn sich der Verkäufer darauf beruft (Hk-BGB/*Saenger* § 439 Rn 4). Der Verkäufer kann sich auf die Einrede des § 439 Abs. 3 berufen, muss es jedoch nicht. Es bleibt daher dem Verkäufer vorbehalten, die vom Käufer gewählte Art der Nacherfüllung auch mit überobligatorischen Anstrengungen vorzunehmen (BGH NJW 2006, 1195, 1197). Der Käufer kann daher nicht unter Hinweis auf § 439 Abs. 3 wegen unverhältnismäßiger Kosten der Nacherfüllung sogleich die Minderung des Kaufpreises erklären, ohne dem Verkäufer zuvor die Gelegenheit zur Nacherfüllung gegeben zu haben (BGH NJW 2006, 1195, 1197).

5 [4] **Ausübung des Wahlrechts durch den Verkäufer.** Die Einrede des § 439 Abs. 3 setzt voraus, dass der Käufer eine Form der Nacherfüllung gewählt hat (Palandt/*Weidenkaff* § 439 Rn 14).

6 [5] **Erhebung der Einrede.** Die Verweigerung der Nacherfüllung aufgrund § 439 Abs. 3 ist dem Käufer durch empfangsbedürftige Willenserklärung mitzuteilen. Der Verkäufer muss die Nacherfüllung eindeutig ablehnen. Nicht ausreichend ist reines Bestreiten des Mangels. Die Erklärung ist formlos möglich (BGH NJW 2006, 1195, 1197; Palandt/*Weidenkaff* § 439 Rn 16). Aus Beweisgründen ist jedoch Schriftform und eine Zusendung per Einschreiben/Rückschein anzuraten. Die Erklärung ist bedingungsfeindlich und nach Zugang unwiderruflich (Palandt/*Weidenkaff* § 439 Rn 16). Der Einwand der Unverhältnismäßigkeit ist vor Ablauf der Nacherfüllungsfrist zu erheben. Nach Fristablauf oder nach Rücktritt des Käufers kann die Einrede des § 439 Abs. 3 nicht mehr geltend gemacht werden (OLG Celle NJW-RR 2007, 353, 354; Palandt/*Weidenkaff* § 439 Rn 14).[6] Unverhältnismäßigkeit iS des § 439 Abs. 3

7 [6] **Unverhältnismäßigkeit iS des § 439 Abs. 3.** Im Rahmen des § 439 Abs. 3 ist zwischen relativer und absoluter Unverhältnismäßigkeit zu differenzieren. Absolute Unverhältnismäßigkeit

ist gegeben, wenn die Kosten der Nacherfüllung im Verhältnis zu den Interessen des Käufers an der Nacherfüllung unverhältnismäßig sind. Relative Unverhältnismäßigkeit liegt vor, wenn die vom Käufer gewählte Art der Nacherfüllung im Verhältnis zur anderen Art der Nacherfüllung unverhältnismäßig ist (Bamberger/Roth/*Faust* § 439 Rn 39; MüKo-BGB/*Westermann* § 439 Rn 20).

(a) **Absolute Unverhältnismäßigkeit.** Ob absolute Unverhältnismäßigkeit gegeben ist, ergibt 8 sich aus dem Vergleich der voraussichtlichen Kosten der verlangten Nacherfüllung mit dem objektiven Wert der vertraglich geschuldeten Sache (OLG Celle NJW-RR 2007, 353, 354; OLG Braunschweig NJW 2003, 1053, 1054; Hk-BGB/*Saenger* § 439 Rn 5). Auf das Verhältnis der Nacherfüllungskosten zum Kaufpreis kommt es nicht an (Palandt/*Weidenkaff* § 439 Rn 16 a). Für die Frage, ob die Nacherfüllung absolut unverhältnismäßig ist, werden in der Literatur unterschiedliche Grenzwerte vorgeschlagen. So ist nach *Huber* die Nacherfüllung dann unverhältnismäßig, wenn die Nacherfüllungskosten 100 % des Wertes der mangelfreien Sache überschreiten (*Huber* NJW 2002, 1004, 1008). *Bitter/Meidt* gehen von Unverhältnismäßigkeit aus, wenn die Kosten der Nacherfüllung mehr als 150 % des Wertes der mangelfreien Sache oder mehr als 200 % des mangelbedingten Minderwertes betragen (*Bitter/Meidt* ZIP 2001, 2114). Nach *Feuersänger* liegt die absolute Grenze erst bei 300 % (*Feuersänger* MDR 2004, 922, 924).

(b) **Relative Unverhältnismäßigkeit.** Sind beide Arten der Nacherfüllung nach diesen Grund- 9 sätzen nicht unverhältnismäßig, ist die Frage, ob relative Unverhältnismäßigkeit gegeben ist, durch einen Vergleich der Kosten der einen und der Kosten der anderen Form der Nacherfüllung zu ermitteln (sog. interner Kostenvergleich; Bamberger/Roth/*Faust* § 439 Rn 42; MüKo-BGB/*Westermann* § 439 Rn 21). In Rspr und Literatur werden für diese Verhältnismäßigkeitsrechnung Prozentgrenzen als Faustformel vorgeschlagen, die bei 10 %, 20 % oder auch bei 25 % liegen (dazu vgl Bamberger/Roth/*Faust* § 439 Rn 49). Nach Ansicht des LG Ellwangen liegt relative Unverhältnismäßigkeit bereits vor, wenn die Kosten der gewählten Art der Nacherfüllung die Kosten der anderen Art der Nacherfüllung um 20 % übersteigen (LG Ellwangen NJW 2003, 517).

Ist nur die vom Käufer gewählte Art der Nacherfüllung unverhältnismäßig, kann der Käufer 10 gem. § 439 Abs. 3 S. 3 die andere Art der Nacherfüllung verlangen (OLG Celle NJW-RR 2007, 353, 354; Hk-BGB/*Saenger* § 439 Rn 5; Palandt/*Weidenkaff* § 439 Rn 20). Voraussetzung ist, dass der Mangel durch die andere Art der Nacherfüllung vollständig beseitigt wird (LG Ellwangen NJW 2003, 517, 518; Bamberger/Roth/*Faust* § 439 Rn 46). Dies ist nicht der Fall, wenn ein merkantiler Minderwert verbleibt (Bamberger/Roth/*Faust* § 439 Rn 46).

(c) **Beweislast.** Die Beweislast für die Unverhältnismäßigkeit und für die zugrunde liegenden 11 Tatsachen trägt der Verkäufer (LG Ellwangen NJW 2003, 517; Hk-BGB/*Saenger* § 439 Rn 8). Im Fall der absoluten Unverhältnismäßigkeit hat der Verkäufer die für die Nacherfüllung erforderlichen Kosten darzulegen und zu beweisen (MüKo-BGB/*Westermann* § 439 Rn 28). Beruft sich der Käufer auf die relative Unverhältnismäßigkeit, muss er auch die Kosten der anderen Art der Nacherfüllung darlegen und beweisen (Bamberger/Roth/*Faust* § 439 Rn 58).

(d) **Entscheidungserheblicher Zeitpunkt.** Für die Frage, ob Unverhältnismäßigkeit gem. § 439 12 Abs. 3 gegeben ist, ist auf den Zeitpunkt der **letzten mündlichen Tatsachenverhandlung** abzustellen. Dies gilt sowohl für die relative als auch für die absolute Unverhältnismäßigkeit (Bamberger/Roth/*Faust* § 439 Rn 43, 55; MüKo-BGB/*Westermann* § 439 Rn 25). Dies ist nicht mit dem Zeitpunkt zu verwechseln, in dem die Einrede zu erheben ist (vgl § 439 Rn 5).

B. Geltendmachung des Nacherfüllungsanspruchs

13 **I. Muster: Geltendmachung des Nacherfüllungsanspruchs gegen Kaufpreisklage**

► An

Amtsgericht/Landgericht ▪▪▪

In Sachen

▪▪▪/▪▪▪

Az.: ▪▪▪

zeigen wir an, dass wir den Beklagten vertreten und werden beantragen:

1. Die Klage wird abgewiesen.
2. Der Kläger trägt die Kosten des Rechtsstreits.

Begründung

Mit seiner Klage verlangt der Kläger die Zahlung des Kaufpreises iHv EUR ▪▪▪ für ▪▪▪ die Lieferung der Waschmaschine des Typs ▪▪▪.

Der Beklagte erhebt hiergegen die Einrede des § 320 BGB.[1]

Die Parteien haben am ▪▪▪ einen Kaufvertrag über eine Waschmaschine des Typs ▪▪▪ zu einem Kaufpreis iHv EUR ▪▪▪ geschlossen. Der Kläger hat dem Beklagten die Waschmaschine am ▪▪▪ geliefert.

Am ▪▪▪ hat der Beklagte die genannte Waschmaschine erstmalig in Betrieb genommen und dabei festgestellt, dass der Schleudergang nicht funktioniert.

Beweis: Sachverständigengutachten[2]

Daraufhin hat der Beklagte den Kläger mit Schreiben vom ▪▪▪ unter Fristsetzung bis zum ▪▪▪ zur Neulieferung einer Waschmaschine desselben Typs und zur Rücknahme der dem Beklagten am ▪▪▪ gelieferten Waschmaschine aufgefordert.[3]

Beweis: Schreiben vom ▪▪▪ in Kopie als Anlage B1

Dieser Aufforderung ist der Kläger bislang nicht nachgekommen. Die Klage ist daher abzuweisen.

▪▪▪, den ▪▪▪

▪▪▪

Rechtsanwalt ◄

II. Erläuterungen

14 **[1] Geltendmachung des Nacherfüllungsanspruchs als Einrede.** Nach hM kann der Käufer einen Nacherfüllungsanspruch als Einrede nach § 320 gegen die Kaufpreisforderung geltend machen (Palandt/*Grüneberg* § 320 Rn 9; MüKo-BGB/*Westermann* § 437 Rn 20; Bamberger/Roth/*Faust* § 437 Rn 164). Nach anderer Ansicht ist § 320 nach Gefahrenübergang nicht mehr anwendbar (Hk-BGB/*Saenger* § 437 Rn 23). Für die Auffassung der herrschenden Lehre spricht, dass der Nacherfüllungsanspruch die Fortsetzung des Erfüllungsanspruchs darstellt und daher mit dem Anspruch auf Zahlung des Kaufpreises im Synallagma steht (MüKo-BGB/*Westermann* § 437 Rn 20; Bamberger/Roth/*Faust* § 437 Rn 164). Grds. kann der Verkäufer aufgrund des Nacherfüllungsanspruchs gem. § 320 die Zahlung des gesamten Kaufpreises verweigern. Davon kann nach § 320 Abs. 2 bei unerheblichen Mängeln eine Ausnahme bestehen (Bamberger/Roth/*Faust* § 437 Rn 164).

15 **[2] Beweislast.** Beruft sich der Beklagte bzw Käufer aufgrund des Nacherfüllungsanspruchs auf die Einrede des § 320, hat er darzulegen und zu beweisen, dass der Kaufpreisforderung des Verkäufers der Anspruch auf Nacherfüllung entgegensteht (Hk-BGB/*Schulze* § 320 Rn 16; zum Nacherfüllungsanspruch vgl § 437 Rn 2).

16 **[3] Nacherfüllungsverlangen.** Vgl § 437 Rn 4.

§ 440 Besondere Bestimmungen für Rücktritt und Schadensersatz

[1]Außer in den Fällen des § 281 Abs. 2 und des § 323 Abs. 2 bedarf es der Fristsetzung auch dann nicht, wenn der Verkäufer beide Arten der Nacherfüllung gemäß § 439 Abs. 3 verweigert oder wenn die dem Käufer zustehende Art der Nacherfüllung fehlgeschlagen oder ihm unzumutbar ist. [2]Eine Nachbesserung gilt nach dem erfolglosen zweiten Versuch als fehlgeschlagen, wenn sich nicht insbesondere aus der Art der Sache oder des Mangels oder den sonstigen Umständen etwas anderes ergibt.

§ 441 Minderung

(1) [1]Statt zurückzutreten, kann der Käufer den Kaufpreis durch Erklärung gegenüber dem Verkäufer mindern. [2]Der Ausschlussgrund des § 323 Abs. 5 Satz 2 findet keine Anwendung.
(2) Sind auf der Seite des Käufers oder auf der Seite des Verkäufers mehrere beteiligt, so kann die Minderung nur von allen oder gegen alle erklärt werden.
(3) [1]Bei der Minderung ist der Kaufpreis in dem Verhältnis herabzusetzen, in welchem zur Zeit des Vertragsschlusses der Wert der Sache in mangelfreiem Zustand zu dem wirklichen Wert gestanden haben würde. [2]Die Minderung ist, soweit erforderlich, durch Schätzung zu ermitteln.
(4) [1]Hat der Käufer mehr als den geminderten Kaufpreis gezahlt, so ist der Mehrbetrag vom Verkäufer zu erstatten. [2]§ 346 Abs. 1 und § 347 Abs. 1 finden entsprechende Anwendung.

A. Minderungserklärung

I. Muster: Minderungserklärung[1] 1

▶ Per Einschreiben/Rückschein 325

An ▪▪▪

Kaufvertrag vom ▪▪▪ über ▪▪▪

Sehr geehrter ▪▪▪

In obiger Angelegenheit zeigen wir hiermit die anwaltliche Vertretung von ▪▪▪ an. Ordnungsgemäße Bevollmächtigung wird versichert.

Unser Mandant hat am ▪▪▪ in Ihrem Antiquitätengeschäft eine antike Perlenkette mit einem silbernen Jugendstilverschluss zu einem Kaufpreis iHv EUR 1.200,00 gekauft und bezahlt.

Am ▪▪▪, also eine Woche nach Kauf der Perlenkette, hat unser Mandant festgestellt, dass der Verschluss der Perlenkette nicht ordnungsgemäß funktioniert[2] und sich am selben Tag zu Ihnen in das Antiquitätengeschäft begeben und Sie dazu aufgefordert, den Verschluss ▪▪▪ zu reparieren. Sie haben die Reparatur ausdrücklich und ernsthaft verweigert und dabei erklärt, dies sei Ihr letztes Wort.[3]

Namens und in Vollmacht unseres Mandanten erklären wir daher hiermit die Minderung.

Ausweislich eines von unserem Mandanten in Auftrag gegebenen Sachverständigengutachtens hat die Kette im mangelfreien Zustand einen Wert von EUR 1.500,00 und mit dem mangelhaften Verschluss einen Wert von EUR 1.000,00. Daraus ergibt sich ein geminderter Kaufpreis iHv EUR 800,00 und somit ein Minderungsbetrag von EUR 400,00.[4]

Eine Kopie dieses Sachverständigengutachtens fügen wir anliegend bei.

Da unser Mandant den vereinbarten Kaufpreis iHv EUR 1.200,00 bereits bezahlt hat, fordern wir Sie hiermit dazu auf, den zuviel gezahlten Betrag iHv EUR 400,00 bis zum ■■■ an unseren Mandanten auf dessen Konto (Konto-Nr.: ■■■, ■■■-Bank, BLZ ■■■) zurückzuzahlen.[5]

Sollte die Zahlung nicht fristgerecht eingehen, sind wir bereits jetzt beauftragt, Klage zu erheben.

Mit freundlichen Grüßen

■■■, den ■■■

■■■

Rechtsanwalt ◄

II. Erläuterungen

2 [1] **Minderung.** Gem. § 441 Abs. 1 kann der Käufer statt zurücktreten, die Minderung verlangen. Daraus folgt, dass die Minderung nur dann in Betracht kommt, wenn auch die Voraussetzungen zum Rücktritt erfüllt sind. Die Minderung setzt daher einen wirksamen Kaufvertrag, einen Sachmangel iS des § 434 oder einen Rechtsmangel iS des § 435 und, soweit nicht nach § 323 Abs. 2 BGB oder § 440 entbehrlich, eine erfolglose Fristsetzung zur Nacherfüllung voraus (Hk-BGB/*Saenger* § 441 Rn 2; Palandt/*Weidenkaff* § 441 Rn 7).

3 **Erklärung der Minderung.** Die Minderung ist ein Gestaltungsrecht und wird durch **einseitige empfangsbedürftige Willenserklärung** gegenüber dem Verkäufer ausgeübt (MüKo-BGB/*Westermann* § 441 Rn 4; Palandt/*Weidenkaff* § 441 Rn 9). Die Erklärung der Minderung bedarf keiner besonderen Form, wobei aus Beweisgründen eine schriftliche Erklärung und Zustellung per Einschreiben/Rückschein anzuraten ist (Palandt/*Weidenkaff* § 441 Rn 9). Als Gestaltungserklärung ist die Minderung bedingungsfeindlich. Die Minderung kann **konkludent** durch Einbehalten eines Teils des Kaufpreises erklärt werden (MüKo-BGB/*Westermann* § 441 Rn 4). Die Minderungserklärung muss den Umfang der Minderung des Kaufpreises nicht angeben, da dieser nach den gesetzlichen Regeln ermittelt werden kann. Insofern genügt die Erklärung, zu mindern (MüKo-BGB/*Westermann* § 441 Rn 5; Bamberger/Roth/*Faust* § 441 Rn 6; aA Palandt/*Weidenkaff* § 441 Rn 10). Stehen auf Verkäuferseite mehrere, so ist die Minderung gem. § 441 Abs. 2 gegenüber allen zu erklären (Bamberger/Roth/*Faust* § 441 Rn 5).

4 [2] **Mangel.** Das Recht zur Minderung setzt einen Sachmangel iS des § 434 oder einen Rechtsmangel iS des § 435 voraus. Im Unterschied zum Rücktritt und zum großen Schadensersatz ist die Minderung nicht ausgeschlossen, wenn der Mangel unerheblich ist (vgl § 437 Rn 37, 48, 60). Praktische Relevanz kommt der Minderung daher v.a. dann zu, wenn der Rücktritt gem. § 323 Abs. 5 S. 2 oder der Anspruch auf den großen Schadensersatz gem. § 281 Abs. 1 S. 3 aufgrund eines unerheblichen Mangels ausgeschlossen ist (MüKo-BGB/*Westermann* § 441 Rn 1; Palandt/*Weidenkaff* § 441 Rn 7).

5 [3] **Entbehrlichkeit der Nachfristsetzung gem. § 323 Abs. 2 Nr. 1.** Grds. setzt das Recht zur Minderung voraus, dass der Käufer den Verkäufer erfolglos unter Fristsetzung zur Nacherfüllung aufgefordert hat. Gem. § 323 Abs. 2 Nr. 1 ist eine Nachfristsetzung entbehrlich, wenn der Verkäufer die Nacherfüllung ernsthaft und endgültig verweigert. An die Voraussetzung einer endgültigen Erfüllungsverweigerung sind strenge Anforderungen zu stellen. In dem Bestreiten von Mängeln liegt nicht ohne Weiteres eine eindeutige Nacherfüllungsverweigerung, da das Bestreiten von Mängeln prozessuales Recht des Schuldners ist. Zum bloßen Bestreiten müssen daher weitere Umstände hinzukommen, die die Annahme rechtfertigen, dass der Schuldner über das Bestreiten der Mängel hinaus bewusst und endgültig die Erfüllung seiner Vertragspflichten ablehnt und es damit ausgeschlossen erscheint, dass er sich von einer Fristsetzung umstimmen lässt. Die Weigerung des Verkäufers muss als sein „letztes Wort" zu verstehen sein (BGH NJW 2006, 1195, 1197; Palandt/*Grüneberg* § 323 Rn 18).

[4] **Berechnung.** Gem. § 441 Abs. 3 S. 1 ist der Kaufpreis bei der Minderung in dem Verhältnis herabzusetzen, in welchem zur Zeit des Vertragsschlusses der Wert der Sache im mangelfreien Zustand zu dem wirklichen Wert gestanden haben würde. Der vereinbarte Kaufpreis verhält sich demnach zum geminderten Preis wie der Wert der Sache ohne Mangel zum Wert der mangelhaften Sache (Hk-BGB/*Saenger* § 441 Rn 4). Daraus ergibt sich folgende Formel: 6

> geminderter Kaufpreis ./. vereinbarter Kaufpreis = Wert der mangelhaften Sache ./. Wert der mangelfreien Sache

Zur Ermittlung des geminderten Kaufpreises ist daher wie folgt zu rechnen:

> geminderter Kaufpreis = Wert der mangelhaften Sache ./. Wert der mangelfreien Sache x vereinbarter Kaufpreis (Bamberger/Roth/*Faust* § 441 Rn 7).

Im vorliegenden Fall ergibt sich der geminderte Kaufpreis aus folgender Rechnung:

> geminderter Kaufpreis = EUR 1.000,00 (mangelhafter Wert) ./. EUR 1.500,00 (Wert der mangelfreien Sache) x EUR 1.200,00 (vereinbarter Kaufpreis) = EUR 800,00.

Ist die Differenz zwischen dem vereinbarten Kaufpreis und dem geminderten Betrag größer als die Kosten der Mangelbeseitigung, ist dem Käufer, der die mangelhafte Sache behalten möchte, die Minderung zu empfehlen; ist dieser Differenzbetrag jedoch geringer als die Kosten der Mangelbeseitigung, empfiehlt sich die Geltendmachung des kleinen Schadensersatzanspruchs.

Richterliche Schätzung. Soweit erforderlich, ist die Minderung gem. § 441 Abs. 3 S. 2 durch richterliche Schätzung gem. § 287 Abs. 2 ZPO zu ermitteln. 7

[5] **Wirkung der Minderung.** Die Minderung bewirkt automatisch eine Herabsetzung des Kaufpreises (MüKo-BGB/*Westermann* § 441 Rn 17). IÜ besteht der Kaufvertrag mit allen Rechte und Pflichten fort (Palandt/*Weidenkaff* § 441 Rn 19). Wurde der Kaufpreis noch nicht bezahlt, erlischt der Anspruch auf Zahlung des Kaufpreises in Höhe des Minderungsbetrags (Bamberger/Roth/*Faust* § 441 Rn 14). Wurde der Kaufpreis schon bezahlt, steht dem Käufer ein Rückzahlungsanspruch gem. § 441 Abs. 4 in Höhe des Minderungsbetrags zu (vgl § 441 Rn 12). 8

B. Rückzahlung des überzahlten Kaufpreises nach Minderung

I. Muster: Klage auf Rückzahlung des überzahlten Kaufpreises nach Minderung gem. § 441 Abs. 4 9

▶ An das 326

Amtsgericht ■■■[1]

Klage

■■■ – Kläger –

Prozessbevollmächtigte: ■■■

gegen

■■■ – Beklagter –

wegen Rückzahlung

Vorläufiger Streitwert: ■■■

Namens und in Vollmacht des Klägers erheben wir hiermit Klage und werden in der mündlichen Verhandlung beantragen:

1. Der Beklagte wird verurteilt, an den Kläger EUR 400,00 nebst Zinsen hieraus iHv 5 Prozentpunkten über dem Basiszinssatz seit dem ■■■ zu bezahlen.
2. Der Beklagte trägt die Kosten des Rechtsstreits.
3. Das Urteil ist – notfalls gegen Sicherheitsleistung – vorläufig vollstreckbar.

Begründung

Der Kläger macht mit seiner Klage einen Anspruch auf Rückzahlung gem. § 441 Abs. 4 iVm § 346 Abs. 1 BGB geltend.[2]

Der Kläger hat am ▪▪▪ im Antiquitätengeschäft des Beklagten eine antike Perlenkette mit einem silbernen Jugendstilverschluss zu einem Kaufpreis iHv EUR 1.200,00 zum privaten Gebrauch gekauft und bar bezahlt.

Beweis:

1. Kaufvertrag vom ▪▪▪ in Kopie als Anlage K1
2. Quittung über EUR ▪▪▪ vom ▪▪▪ in Kopie als Anlage K2

Eine Woche nach Kauf der Perlenkette, am ▪▪▪, stellte der Kläger fest, dass der Verschluss der Perlenkette nicht ordnungsgemäß funktioniert und beim Tragen der Kette die Gefahr besteht, diese zu verlieren.

Beweis: Ehefrau des Klägers ▪▪▪ (ladungsfähige Adresse) als Zeugin

Aus diesem Grund begab sich der Kläger am selben Tag in Begleitung seiner Ehefrau ▪▪▪ in das Antiquitätengeschäft des Beklagten, zeigte ihm den mangelhaften Verschluss und forderte den Beklagten dazu auf, den Verschluss zu reparieren.

Beweis: Ehefrau des Klägers ▪▪▪ b.b. als Zeugin

Der Beklagte hat die Reparatur des Verschlusses jedoch ausdrücklich und endgültig verweigert und dabei erklärt, dies sei sein letztes Wort.[3]

Beweis: Ehefrau des Klägers ▪▪▪ b.b. als Zeugin

Mit Schreiben vom ▪▪▪ hat der Kläger dem Beklagten die Minderung erklärt und Rückzahlung von EUR 400,00 verlangt.[4]

Beweis: Schreiben des Klägers vom ▪▪▪ in Kopie als Anlage K3

Dieser Aufforderung ist der Beklagte bislang nicht nachgekommen.

Aufgrund des fehlerhaften Verschlusses eignet sich die Kette nicht zur gewöhnlichen Verwendung und ist daher gem. § 434 Abs. 1 S. 2 Nr. 2 BGB mangelhaft. Dieser Mangel war im Zeitpunkt der Übergabe der Kette an den Kläger am ▪▪▪ bereits vorhanden.

Der Wert der Kette beläuft sich im mangelfreien Zustand auf EUR 1.500,00 und mit mangelhaftem Verschluss auf EUR 1.000,00.

Beweis: Sachverständigengutachten in Kopie als Anlage K4

Nach § 441 Abs. 3 BGB ist bei der Minderung der Kaufpreis in dem Verhältnis herabzusetzen, in welchem zur Zeit des Vertragsschlusses der Wert der Sache in mangelfreiem Zustand zu dem wirklichen Wert gestanden haben würde. Demnach verhält sich der vereinbarte Kaufpreis zum geminderten Preis wie der Wert der Kaufsache ohne Mangel im Verhältnis zum Wert der mangelhaften Sache (Hk-BGB/*Saenger* § 441 Rn 4). Dies ergibt im vorliegenden Fall einen geminderten Kaufpreis iHv EUR 8.00,00.[5]

Der Kläger hat einen Kaufpreis von EUR 1.200,00 gezahlt.

Der Kläger hat daher einen Anspruch auf Rückzahlung des überzahlten Kaufpreises in Höhe des Minderungsbetrages von EUR 400,00 gem. § 441 Abs. 4 iVm § 346 Abs. 1 BGB.

Da der Beklagte der Aufforderung des Klägers zur Zahlung von EUR 400,00 vom ▪▪▪ nicht nachgekommen ist, befindet sich der Beklagte seit dem gem. § 286 Abs. 1 BGB ▪▪▪ in Verzug. Der Zinsanspruch ergibt sich aus § 288 Abs. 1 BGB.[6]

▪▪▪, den ▪▪▪

▪▪▪

Rechtsanwalt ◄

II. Erläuterungen

[1] **Zuständigkeit.** (a) **Sachliche Zuständigkeit.** Gem. § 23 Nr. 1 GVG ist für Streitwerte bis EUR 5.000,00 das Amtsgericht und gem. § 71 Abs. 1 GVG für Streitwerte über EUR 5.000,00 das Landgericht zuständig. Für den Streitwert ist auf den geforderten Betrag abzustellen (Hk-ZPO/*Bendtsen* § 3 Rn 2). Die geltend gemachten Verzugszinsen führen gem. § 4 Abs. 1 Hs 2 ZPO nicht zur Erhöhung des Streitwertes (Zöller/*Herget* § 4 Rn 11). 10

(b) **Örtliche Zuständigkeit.** Neben dem allgemeinen Gerichtsstand gem. §§ 12 ff ZPO kommt bei Streitigkeiten die auf Minderung beruhen, der Gerichtsstand des Erfüllungsortes gem. § 29 ZPO in Betracht (MüKo-ZPO/*Patzina* § 29 Rn 5; Zöller/*Vollkommer* § 29 Rn 19). 11

[2] **Rückzahlungsanspruch gem. § 441 Abs. 4.** Wurde der Kaufpreis bereits vollständig oder über den geminderten Betrag hinaus erbracht, ergibt sich der Rückzahlungsanspruch des überzahlten Kaufpreises aus § 441 Abs. 4. § 441 Abs. 4 ist eine eigenständige Anspruchsgrundlage, die bereicherungsrechtliche Ansprüche ausschließt (MüKo-BGB/*Westermann* § 441 Rn 17; Palandt/*Weidenkaff* § 441 Rn 19, 20). Gem. § 441 Abs. 4 S. 2 finden die Rücktrittsregeln der §§ 346 Abs. 1, 347 Abs. 1 entsprechende Anwendung. Der Rückerstattungsanspruch nach § 441 Abs. 4 iVm § 346 Abs. 1 setzt eine **wirksame Minderung** des Kaufpreises voraus (Palandt/*Weidenkaff* § 441 Rn 20). Das Recht zur Minderung setzt einen wirksamen Kaufvertrag, einen Sachmangel iS des § 434 oder einen Rechtsmangel iS des § 435, sowie eine erfolglose Fristsetzung zur Nacherfüllung, soweit diese nicht nach §§ 323 Abs. 2, 440 entbehrlich ist, voraus (Hk-BGB/*Saenger* § 441 Rn 2; Palandt/*Weidenkaff* § 441 Rn 7). Der Käufer muss das Recht zur Minderung durch Minderungserklärung wirksam ausgeübt haben (vgl § 441 Rn 1, 3; Palandt/*Weidenkaff* § 441 Rn 9). Diese Voraussetzungen sind vom Kläger darzulegen und zu beweisen (Hk-BGB/*Saenger* § 437 Rn 30). 12

[3] **Entbehrlichkeit der Nachfristsetzung gem. § 323 Abs. 2 Nr. 1.** Der Käufer trägt die Darlegungs- und Beweislast für die Entbehrlichkeit der Nachfristsetzung (MüKo-BGB/*Westermann* § 440 Rn 139). 13

[4] **Minderungserklärung.** Vgl § 441 Rn 1, 3. 14

[5] **Berechnung.** Vgl § 441 Rn 6. 15

[6] **Verzugszinsen.** Der Zinsanspruch ergibt sich aus § 288 Abs. 1 und setzt Verzug des Schuldners iS des § 286 voraus. Die Voraussetzungen des § 286 BGB sind vom Kläger darzulegen und zu beweisen (Hk-BGB/*Schulze* § 286 Rn 32; Palandt/*Grüneberg* § 286 Rn 49). 16

§ 442 Kenntnis des Käufers

(1) [1]Die Rechte des Käufers wegen eines Mangels sind ausgeschlossen, wenn er bei Vertragsschluss den Mangel kennt. [2]Ist dem Käufer ein Mangel infolge grober Fahrlässigkeit unbekannt geblieben, kann der Käufer Rechte wegen dieses Mangels nur geltend machen, wenn der Verkäufer den Mangel arglistig verschwiegen oder eine Garantie für die Beschaffenheit der Sache übernommen hat.
(2) Ein im Grundbuch eingetragenes Recht hat der Verkäufer zu beseitigen, auch wenn es der Käufer kennt.

§ 443 Beschaffenheits- und Haltbarkeitsgarantie

(1) Übernimmt der Verkäufer oder ein Dritter eine Garantie für die Beschaffenheit der Sache oder dafür, dass die Sache für eine bestimmte Dauer eine bestimmte Beschaffenheit behält (Haltbarkeitsgarantie), so stehen dem Käufer im Garantiefall unbeschadet der gesetzlichen Ansprüche die Rechte aus der Garantie zu den in der Garantieerklärung und der einschlägigen Werbung angegebenen Bedingungen gegenüber demjenigen zu, der die Garantie eingeräumt hat.
(2) Soweit eine Haltbarkeitsgarantie übernommen worden ist, wird vermutet, dass ein während ihrer Geltungsdauer auftretender Sachmangel die Rechte aus der Garantie begründet.

1 ## A. Muster: Beschaffenheitsgarantie iS des § 443 Abs. 1 S. 1

► Der Verkäufer sichert folgende Beschaffenheit der Kaufsache zu: ■■■[1], [2], [3] ◄

B. Erläuterungen

2 **[1] Beschaffenheitsgarantie.** Unter einer Beschaffenheitsgarantie ist die **Zusicherung einer Eigenschaft iS des § 459 Abs. 2 aF** zu verstehen. Die Übernahme einer Beschaffenheitsgarantie setzt voraus, dass der Verkäufer in vertragsmäßig bindender Weise die Gewähr für das Vorhandensein der vereinbarten Beschaffenheit der Kaufsache übernimmt und damit seine Bereitschaft zu erkennen gibt, für alle Folgen des Fehlens dieser Beschaffenheit einzustehen. Die Übernahme einer solchen Garantie hat zur Folge, dass der Verkäufer zum Schadensersatz auch dann verpflichtet ist, wenn ihn hinsichtlich des Fehlens der garantierten Beschaffenheit kein Verschulden trifft oder dem Käufer der Mangel infolge grober Fahrlässigkeit gem. § 442 Abs. 1 S. 2unbekannt geblieben ist. Aufgrund dieser Folgen, ist mit der Annahme einer stillschweigenden Übernahme einer Beschaffenheitsgarantie grds. Zurückhaltung geboten (BGH NJW 2007, 1346, 1348; NJW 1996, 1337). Um Unsicherheiten darüber zu vermeiden, ob eine **Beschaffenheitsvereinbarung iS des § 434 Abs. 1 S. 1** oder eine Beschaffenheitsgarantie iS des § 443 Abs. 1 S. 1 vorliegt, ist eine eindeutige Bezeichnung zu empfehlen. Dabei ist nicht zwingend erforderlich, dass der Begriff „Garantie" verwendet wird. Durch die Verwendung der Formulierung „Der Verkäufer sichert zu …" oder „Der Verkäufer steht voll dafür ein …" wird klargestellt, dass der Verkäufer eine Beschaffenheitsgarantie übernimmt (Palandt/*Weidenkaff* § 443 Rn 11; vgl § 434 Rn 4, 5 zur Abgrenzung zur Beschaffenheitsvereinbarung und den Besonderheiten des Gebrauchtwagenkaufs). Die Beschaffenheitsgarantie wird regelmäßig im Zusammenhang mit dem Kaufvertrag vereinbart, kann jedoch auch davor oder später erklärt werden (Palandt/*Weidenkaff* § 443 Rn 10).

Unselbständige Garantie. Nach hM handelt es sich bei einer Garantie nach § 443 Abs. 1 um eine unselbständige Garantie (Hk-BGB/*Saenger* § 443 Rn 1). Im Unterschied zu selbständigen Garantien schafft eine unselbständige Garantie keinen eigenen Haftungsgrund, sondern erweitert die kaufrechtlichen Gewährleistungsrechte zugunsten des Käufers (Hk-BGB/*Saenger* § 443 Rn 1; Bamberger/Roth/*Faust* § 443 Rn 10).

3 **Gegenstand einer Garantie iS des § 443 Abs. 1.** § 443 Abs. 1 bezieht sich seinem Wortlaut nach nur auf Sachen. Umstritten ist, ob eine Beschaffenheitsgarantie auch an Rechten und sonstigen Gegenständen begründet werden kann. Nach teilweise vertretener Ansicht ist dies uneingeschränkt zu bejahen (Bamberger/Roth/*Faust* § 443 Rn 7). Nach anderer Auffassung ist Beschaffenheitsgarantie beim Rechtskauf nur möglich, wenn das Recht an einer Sache besteht und sich die Beschaffenheitsgarantie auf diese Sache bezieht (Palandt/*Weidenkaff* § 443 Rn 5).

4 **[2] Form.** Die Beschaffenheitsgarantie unterliegt der für den Kaufvertrag geltenden Form. Aus Beweisgründen ist grds. eine schriftliche Vereinbarung zu empfehlen.

5 **[3] Beweislast.** Den Käufer trifft die Beweislast dafür, dass der Verkäufer eine Beschaffenheitsgarantie übernommen hat (Palandt/*Weidenkaff* § 443 Rn 24).

§ 444 Haftungsausschluss

Auf eine Vereinbarung, durch welche die Rechte des Käufers wegen eines Mangels ausgeschlossen oder beschränkt werden, kann sich der Verkäufer nicht berufen, soweit er den Mangel arglistig verschwiegen oder eine Garantie für die Beschaffenheit der Sache übernommen hat.

A. Muster: Individualvertraglicher Gewährleistungsausschluss außerhalb des Verbrauchsgüterkaufs 1

▶ Der Verkauf erfolgt unter Ausschluss jeglicher Gewährleistung. Dieser Ausschluss gilt nicht für Ansprüche des Käufers, die auf vorsätzlichem Verhalten des Verkäufers beruhen.[1], [2], [3], [4], [5] ◀ 

B. Erläuterungen und Varianten

[1] Individualvertraglicher Gewährleistungsausschluss. Aus § 444 ergibt sich, dass die Parteien die Gewährleistungsansprüche durch Vereinbarung grds. beschränken oder ausschließen können (Hk-BGB/*Saenger* § 444 Rn 1). Für den Verbrauchsgüterkauf gilt die Sonderregelung des § 475 Abs. 1 (vgl § 475 Rn 1 ff.). Für Rückgriffsansprüche des Unternehmers nach einem Verbrauchsgüterkauf ist § 478 Abs. 4 zu beachten. Liegt kein Verbrauchsgüterkauf vor, also beim Kauf zwischen Unternehmern oder beim Kauf unter Verbrauchern, können die Gewährleistungsrechte des Käufers – wie im Muster – individualvertraglich pauschal abbedungen (MüKo-BGB/*Westermann* § 444 Rn 4). Die Haftung für Schadensersatzansprüche wegen vorsätzlicher Pflichtverletzung des Verkäufers kann gem. § 276 Abs. 3 im Voraus nicht ausgeschlossen werden (MüKo-BGB/*Westermann* § 444 Rn 7; Hk-BGB/*Schulze* § 276 Rn 25). Beim Kauf von neu errichteten Häusern und Grundstücken muss der Käufer im Rahmen der notariellen Beurkundung über einen Gewährleistungsausschluss nach Treu und Glauben (§ 242) ausdrücklich aufgeklärt werden (BGH NJW 1997, 652; NJW 1989, 27482749; MüKo-BGB/*Westermann* § 444 Rn 8). Sofern die Parteien keine abweichende vertragliche Vereinbarung getroffen haben, sind Mängel, die zwischen Vertragsschluss und Gefahrenübergang entstehen, vom Gewährleistungsausschluss regelmäßig nicht umfasst (BGH NJW 2003, 1316; Hk-BGB/*Saenger* § 444 Rn 3; Palandt/*Weidenkaff* § 444 Rn 6). Die Parteien können auch einzelne Gewährleistungsrechte des Käufers ausschließen (MüKo-BGB/*Westermann* § 444 Rn 4). 2

Beispiel: Klausel **„gekauft wie besichtigt"**. Die Klausel bewirkt einen Gewährleistungsausschluss für sämtliche Mängel, die ohne die Hinzuziehung eines Sachverständigen erkennbar sind (Hk-BGB/*Saenger* § 444 Rn 3; Palandt/*Weidenkaff* § 444 Rn 16). Eine Klausel, die einen vollständigen Gewährleistungsausschluss mit der zusätzlichen Klausel verbindet, wie zB „gekauft wie besichtigt unter Ausschluss jeglicher Gewährleistung" bedeutet einen vollständigen Ausschluss der Gewährleistungsansprüche und ist nicht auf Mängel begrenzt, die ohne Sachverständigen erkennbar sind (BGH NJW 2005, 3205; Palandt/*Weidenkaff* § 444 Rn 18; MüKo-BGB/*Westermann* § 444 Rn 7). 3

[2] Form. Der Ausschluss der Gewährleistung wird üblicherweise im Kaufvertrag, kann aber auch später vereinbart werden. Der Gewährleistungsausschluss unterliegt der für den Kaufvertrag erforderlichen Form (Palandt/*Weidenkaff* § 444 Rn 5). Der Ausschluss oder die Beschränkung der Gewährleistungsrechte kann auch konkludent erfolgen oder auf einem Handelsbrauch beruhen (MüKo-BGB/*Westermann* § 444 Rn 5). Aus Beweisgründen ist grds. eine schriftliche Vereinbarung zu empfehlen. 4

5 [3] **Unwirksamkeit gem. § 444.** Gem. § 444 kann sich der Verkäufer nicht auf den Gewährleistungsausschluss berufen, wenn er den Mangel arglistig verschwiegen hat oder eine Garantie für die Beschaffenheit (vgl § 443 Rn 1 ff) der Sache übernommen hat. In diesem Fall ist der Haftungsausschluss unwirksam. Die Wirksamkeit des Kaufvertrages wird davon nicht berührt (Palandt/*Weidenkaff* § 444 Rn 14).

6 [4] **Beweislast.** Die Beweislast für den Gewährleistungsausschluss trägt der Verkäufer (MüKo-BGB/*Westermann* § 444 Rn 17). Der Käufer hat zu beweisen, dass der Verkäufer den Mangel arglistig iS des § 444 verschweigen hat oder eine Beschaffenheitsgarantie übernommen hat (Hk-BGB/*Saenger* § 444 Rn 9).

7 [5] **Formularmäßiger Gewährleistungsausschluss.** Ein formularmäßiger Gewährleistungsausschluss unterliegt der AGB-Kontrolle der §§ 305 ff (MüKo-BGB/*Westermann* § 444 Rn 1). Beim Kauf neu hergestellter Sachen ist der vollständige Gewährleistungsausschluss gem. **§ 309 Nr. 8 b** unwirksam (Palandt/*Grüneberg* § 309 Rn 56). Eine Regelung, die den Käufer unter Ausschluss des Rücktrittsrechts auf das Recht zur Minderung beschränkt ist ausgeschlossen. Zulässig ist jedoch eine Klausel, die den Käufer unter Ausschluss des Minderungsrechts auf das Recht zum Rücktritt beschränkt (OLG München NJW 1994, 1661; Palandt/*Grüneberg* § 309 Rn 56). Nach § 309 Nr. 7 a kann die Haftung bei der Verletzung von Leben, Körper oder Gesundheit durch AGB weder begrenzt, noch ausgeschlossen werden. Dies gilt selbst für einfache Fahrlässigkeit (Hk-BGB/*Schulte-Nölke* § 309 Rn 24). Für alle anderen Schäden kann die Haftung wegen grober Fahrlässigkeit gem. § 309 Nr. 7 b nicht ausgeschlossen oder begrenzt werden (Hk-BGB/*Schulte-Nölke* § 309 Rn 25). Aufgrund des Verbots der geltungserhaltenden Reduktion des § 306, muss daher eine Klausel, die die Gewährleistung ausschließt, für die Ansprüche iS des § 309 Nr. 7 a und Nr. 7 b eine Ausnahmeregelung enthalten. Eine solche **Ausnahmeregelung** kann wie folgt lauten:

▶ Der Verkauf erfolgt unter Ausschluss jeglicher Gewährleistung. Dies gilt nicht für Schadensersatzansprüche des Käufers aufgrund von Verletzungen von Leben, Körper oder Gesundheit, die auf vorsätzlicher oder fahrlässiger Pflichtverletzung des Verwenders oder eines gesetzlichen Vertreters oder eines Erfüllungsgehilfen beruhen sowie für Schadensersatzansprüche für sonstige Schäden, die auf einer vorsätzlichen oder grob fahrlässigen Pflichtverletzung des Verwenders oder eines gesetzlichen Vertreters oder Erfüllungsgehilfen beruhen. ◀

8 Gem. § 310 Abs. 1 findet § 308 und § 309 im unternehmerischen Verkehr keine Anwendung. Die Inhaltskontrolle richtet sich nach § 307 Abs. 1 und Abs. 2. Die Wertungen der §§ 308, 309 fließen jedoch mittelbar in die Inhaltskontrolle mit ein (Hk-BGB/*Schulte-Nölke* § 310 Rn 2).

§ 445 Haftungsbegrenzung bei öffentlichen Versteigerungen

Wird eine Sache auf Grund eines Pfandrechts in einer öffentlichen Versteigerung unter der Bezeichnung als Pfand verkauft, so stehen dem Käufer Rechte wegen eines Mangels nur zu, wenn der Verkäufer den Mangel arglistig verschwiegen oder eine Garantie für die Beschaffenheit der Sache übernommen hat.

§ 446 Gefahr- und Lastenübergang

[1]Mit der Übergabe der verkauften Sache geht die Gefahr des zufälligen Untergangs und der zufälligen Verschlechterung auf den Käufer über. [2]Von der Übergabe an gebühren dem Käufer die Nutzungen und trägt er die Lasten der Sache. [3]Der Übergabe steht es gleich, wenn der Käufer im Verzug der Annahme ist.

A. Muster: Parteivereinbarung über den Gefahrenübergang 1

▶ Die Gefahr des zufälligen Untergangs oder der zufälligen Verschlechterung der Kaufsache geht mit Abschluss des Kaufvertrages auf den Käufer über.[1], [2], [3], [4] ◀

B. Erläuterungen

[1] Überblick über den Gefahrenübergang im Kaufrecht. Beim Kauf einer Sache geht die Gefahr gem. § 446 S. 1, 2 mit Übergabe der Sache auf den Käufer über (Hk-BGB/*Saenger* § 446 Rn 1). Gem. § 446 S. 3 geht die Gefahr auf den Käufer über, wenn dieser im Annahmeverzug ist. Für den Versendungskauf gilt die Sonderregelung des § 447, nach der die Gefahr mit Übergabe der Sache an die Beförderungsperson auf den Käufer übergeht. § 447 gilt nicht für den Verbrauchsgüterkauf (Hk-BGB/*Saenger* § 447 Rn 2). 2

[2] Gefahrenübergang mit Übergabe gem. § 446 S. 1. Nach § 446 S. 1 wird der Zeitpunkt des Gefahrenübergangs auf den Zeitpunkt der Übergabe vorverlegt (HK-BGB/*Saenger* § 446 Rn 1). Unter **Übergabe** ist die Verschaffung unmittelbaren Besitzes iS des § 854 zu verstehen. Die Übergabe muss zur Erfüllung des Kaufvertrags, aber nicht notwendigerweise zur Übereignung erfolgen (Hk-BGB/*Saenger* § 446 Rn 4). Der Käufer trägt mit Übergabe der Sache somit auch schon dann die Gefahr des zufälligen Untergangs, wenn er noch nicht Eigentümer der Sache geworden ist, also der Verkäufer seine Leistungspflicht noch nicht vollständig erfüllt hat. Die Regelung hat v.a. beim Kauf unter Eigentumsvorbehalt große Bedeutung (MüKo-BGB/*Westermann* § 446 Rn 1). Auch wenn der Verkäufer dem Käufer kein Eigentum mehr an der Kaufsache verschaffen kann, bleibt der Käufer zur Kaufpreiszahlung verpflichtet (Hk-BGB/*Saenger* § 446 Rn 6). § 446 S. 1 setzt einen **wirksamen Kaufvertrag** voraus. Ein wirksamer Kaufvertrag ist nicht gegeben, wenn der Käufer wirksam zurücktritt (Hk-BGB/*Saenger* § 446 Rn 3). Wurde ein Kaufvertrag unter einer auflösenden Bedingung geschlossen und tritt die Bedingung ein, besteht kein Kaufvertrag und somit auch keine Kaufpreisforderung (Palandt/*Weidenkaff* § 446 Rn 10). Bereits erbrachte Zahlungen können nach Bereicherungsrecht zurückgefordert werden (MüKo-BGB/*Westermann* § 446 Rn 6). Tritt bei einem unter aufschiebender Bedingung geschlossenen Kaufvertrag nach Übergabe und Untergang der Sache die aufschiebende Bedingung ein, ist § 446 anwendbar und der Käufer zur Kaufpreiszahlung verpflichtet (Hk-BGB/*Saenger* § 446 Rn 3; Palandt/*Weidenkaff* § 446 Rn 11). Untergang der Sache bedeutet sowohl die physische Vernichtung oder Zerstörung der Sache sowie auch die Entziehung der Sache durch einen Dritten, zB durch Diebstahl (Hk-BGB/*Saenger* § 446 Rn 5; Palandt/*Weidenkaff* § 446 Rn 6). Verschlechterung ist jede Qualitätsminderung (Palandt/*Weidenkaff* § 446 Rn 7). Untergang und Verschlechterung der Sache ist zufällig iS des § 446 S. 1, wenn dies durch keine der Parteien zu vertreten ist (MüKo-BGB/*Westermann* § 446 Rn 10). 3

[3] Abdingbarkeit. Die Regelung des § 446 kann durch Parteivereinbarung abbedungen werden. Die Parteien können den Zeitpunkt des Gefahrenübergangs verlegen, verschieben, vorziehen oder von bestimmten tatsächlichen Ereignissen abhängig machen (Palandt/*Weidenkaff* § 446 Rn 3; MüKo-BGB/*Westermann* § 446 Rn 14). Klauseln, die von § 446 abweichen, finden sich in **Handelsklauseln**, wie zB in Ziff. 8 der Incoterms (MüKo-BGB/*Westermann* § 447 Rn 14). Die Incoterms sind bei *Baumbach/Hopt* abgedruckt, auf die an dieser Stelle verwiesen wird. 4

5 **Abdingbarkeit beim Verbrauchsgüterkauf.** Ob § 446 auch beim Verbrauchsgüterkauf abdingbar ist, ist umstritten (vgl MüKo-BGB/*Westermann* § 446 Rn 14; Bamberger/Roth/*Faust* § 466 Rn 24). Dafür spricht zwar, dass § 475 Abs. 1 die Regelung des § 446 nicht erwähnt. Doch dürfte eine Umgehung des § 434 gegeben sein, wenn der Zeitpunkt des Gefahrenübergangs beim Kauf einer beweglichen Sache auf einen Zeitpunkt vor Übergabe der Kaufsache vorverlegt wird (MüKo-BGB/*Westermann* § 446 Rn 14).

6 [4] **Form.** Eine Parteivereinbarung, die die Regelung des § 446 abbedingt, unterliegt der für den Kaufvertrag erforderlichen Form (Palandt/*Weidenkaff* § 446 Rn 3).

§ 447 Gefahrübergang beim Versendungskauf

(1) Versendet der Verkäufer auf Verlangen des Käufers die verkaufte Sache nach einem anderen Ort als dem Erfüllungsort, so geht die Gefahr auf den Käufer über, sobald der Verkäufer die Sache dem Spediteur, dem Frachtführer oder der sonst zur Ausführung der Versendung bestimmten Person oder Anstalt ausgeliefert hat.
(2) Hat der Käufer eine besondere Anweisung über die Art der Versendung erteilt und weicht der Verkäufer ohne dringenden Grund von der Anweisung ab, so ist der Verkäufer dem Käufer für den daraus entstehenden Schaden verantwortlich.

1 A. Muster: Parteivereinbarung eines Versendungskaufs

▶ Der Verkäufer versendet die Kaufsache mittels Kurierdienst (zB DHL) an den Wohnsitz des Käufers. Erfüllungsort ist der Wohnsitz des Verkäufers.[1], [2], [3], [4] ◀

B. Erläuterungen

2 [1] **Versendungskauf.** Gem. § 447 Abs. 1 geht beim Versendungskauf die Vergütungsgefahr auf den Käufer über, sobald der Verkäufer die Sache der Transportperson ausgeliefert hat. Dadurch wird der Zeitpunkt des Gefahrenübergangs im Verhältnis zu § 446 weiter vorverlegt (Hk-BGB/*Saenger* § 447 Rn 1). § 447 Abs. 1 gilt nicht beim Verbrauchsgüterkauf (Hk-BGB/*Saenger* § 447 Rn 2). Sofern keine abweichende Parteivereinbarung getroffen wurde, ist der Erfüllungsort für die Pflicht des Verkäufers zur Übergabe und Übereignung der Wohnsitz bzw die Niederlassung des Verkäufers (Palandt/*Weidenkaff* § 447 Rn 11). Davon abweichend können die Parteien eine Pflicht des Verkäufers vereinbaren, die Kaufsache an den Wohnort oder die Niederlassung des Käufers zu versenden (Versendungskauf). Es handelt sich dann um eine Schickschuld, die dadurch gekennzeichnet ist, dass der Erfüllungsort beim Verkäufer und der Leistungsort beim Käufer liegt (Hk-BGB/*Saenger* § 447 Rn 3; Palandt/*Weidenkaff* § 447 Rn 6). Bei der Bringschuld fallen dagegen Erfüllungs- und Leistungsort am Wohnsitz des Käufers zusammen. Haben die Parteien die Einschaltung selbständiger Transportpersonen vereinbart, spricht dies dafür, dass die Parteien den Erfüllungsort nicht verlegen wollten (MüKo-BGB/*Westermann* § 447 Rn 7). Um Abgrenzungsprobleme zwischen Bring- und Schickschuld zu vermeiden, ist zu empfehlen, ausdrücklich anzugeben, dass der Erfüllungsort beim Verkäufer liegt. Die Vereinbarung eines Versendungskaufs erfolgt idR bereits im Kaufvertrag, kann aber auch nachträglich vereinbart werden (Palandt/*Weidenkaff* § 447 Rn 9). Haben die Parteien einen Versendungskauf vereinbart, können sie eine von § 447 Abs. 1 abweichende Vereinbarung über die Gefahrtragung treffen (Hk-BGB/*Saenger* § 447 Rn 2; Palandt/*Weidenkaff* § 447 Rn 5).

3 [2] **Transportkosten.** Haben die Parteien eine Schickschuld vereinbart, trägt der Käufer vorbehaltlich abweichender Parteivereinbarung die Transportkosten (vgl § 448 Rn 2; MüKo-BGB/

Westermann § 448 Rn 6). Soll der Verkäufer abweichend davon die Kosten tragen, ist dies daher ausdrücklich zu vereinbaren. Zu beachten ist, dass eine Regelung darüber, wer die Transportkosten trägt, nichts darüber aussagt, wo der Erfüllungsort liegt (MüKo-BGB/*Westermann* § 447 Rn 7).

[3] **Handelsklauseln.** Im kaufmännischen Verkehr sind Warenschulden regelmäßig Schickschulden (BGH NJW 1991, 915; Palandt/*Weidenkaff* § 447 Rn 6). Im Handelsverkehr werden idR standardisierte Bedingungen und Klauseln verwendet, wie bspw die Incoterms für den internationalen Handelsverkehr, die im Überblick bei Baumbach/Hopt/*Hopt* § 346 Rn 39 ff abgedruckt sind und auf die an dieser Stelle verwiesen wird (vgl auch MüKo-BGB/*Westermann* § 447 Rn 10 ff). 4

[4] **Beweislast.** Die Beweislast dafür, dass die Parteien einen Versendungskauf vereinbart haben, trägt der Verkäufer. Eine schriftliche Vereinbarung ist zu empfehlen (MüKo-BGB/*Westermann* § 447 Rn 28). 5

§ 448 Kosten der Übergabe und vergleichbare Kosten

(1) Der Verkäufer trägt die Kosten der Übergabe der Sache, der Käufer die Kosten der Abnahme und der Versendung der Sache nach einem anderen Ort als dem Erfüllungsort.
(2) Der Käufer eines Grundstücks trägt die Kosten der Beurkundung des Kaufvertrags und der Auflassung, der Eintragung ins Grundbuch und der zu der Eintragung erforderlichen Erklärungen.

A. Muster: Parteivereinbarungen über die Kosten der Übergabe 1

▶ Der Käufer trägt die Kosten der Übergabe.[1] ◀

331

B. Erläuterungen und Varianten

[1] **§ 448 Abs. 1.** Gem. § 448 Abs. 1, 1. Hs trägt grds. der Verkäufer die Kosten der Übergabe der Sache. Kosten der Übergabe sind sämtliche Kosten, die entstehen, um dem Käufer die Annahme der Kaufsache am Erfüllungsort zu ermöglichen (Hk-BGB/*Saenger* § 448 Rn 1, 2). Zu den Kosten der Übergabe zählen bspw Transport, Lagerungs-, Verpackungskosten sowie Kosten des Messens und Wiegens (Palandt/*Weidenkaff* § 448 Rn 3). Welche Kosten der Verkäufer gem. § 488 Abs. 1 zu tragen hat, richtet sich danach, ob der gesetzliche Regelfall der Holschuld gegeben ist, oder die Parteien Bring- oder Schickschuld vereinbart haben (Bamberger/Roth/*Faust* § 448 Rn 4 ff; MüKo-BGB/*Westermann* § 448 Rn 3). Im Fall der **Holschuld,** ist der Verkäufer dazu verpflichtet, die Kaufsache zur Abholung bereit zu stellen (Bamberger/Roth/Faust § 448 Rn 5). Dazu zählt, dass die Ware ausgesondert und ggf auch gemessen und gewogen wird. IdR wird der Verkäufer auch dazu verpflichtet sein, die Sache für den Transport zu verpacken (MüKo-BGB/*Westermann* § 448 Rn 4). Sollte dies zweifelhaft sein, empfiehlt sich, die Pflicht des Verkäufers zur Verpackung ausdrücklich zu regeln. Die Kosten der Verladung des Transportfahrzeugs hat im Fall der Holschuld der Käufer zu tragen (Bamberger/Roth/*Faust* § 448 Rn 5). Haben die Parteien **Bringschuld** vereinbart, trägt der Verkäufer die Kosten des Transports, die Kosten der für den Transport notwendigen Verpackung sowie die Kosten des Entladens (Bamberger/Roth/*Faust* § 448 Rn 5; MüKo-BGB/*Westermann* § 448 Rn 5). Im Fall der **Schickschuld** trägt grds. der Käufer die Kosten für den Transport. Der Verkäufer trägt die Kosten, die für die Bereitstellung der Kaufsache zur Abholung durch die Transportperson anfallen (MüKo-BGB/*Westermann* § 448 Rn 6; Bamberger/Roth/*Faust* § 448 Rn 5). 2

Abweichend von § 448 Abs. 1, Hs 1 können die Parteien vereinbaren, dass der Käufer sämtliche Kosten der Übergabe (wie im Muster) oder auch bestimmte Kosten zu tragen hat (Hk-BGB/*Saenger* § 448 Rn 5; Palandt/*Weidenkaff* § 448 Rn 2). So können die Parteien bspw dem Käufer die Transportkosten auferlegen: 3

▶ Der Käufer trägt die Transportkosten. ◀

Dies gilt auch beim Verbrauchsgüterkauf (Palandt/*Weidenkaff* § 448 Rn 2). Im Handelsverkehr werden idR standardisierte Bedingungen und Klauseln verwendet, wie bspw die Incoterms für den internationalen Handelsverkehr, die im Überblick bei Baumbach/Hopt/*Hopt* § 346 Rn 39 ff abgedruckt sind und auf die an dieser Stelle verwiesen wird.

§ 449 Eigentumsvorbehalt

(1) Hat sich der Verkäufer einer beweglichen Sache das Eigentum bis zur Zahlung des Kaufpreises vorbehalten, so ist im Zweifel anzunehmen, dass das Eigentum unter der aufschiebenden Bedingung vollständiger Zahlung des Kaufpreises übertragen wird (Eigentumsvorbehalt).

(2) Auf Grund des Eigentumsvorbehalts kann der Verkäufer die Sache nur herausverlangen, wenn er vom Vertrag zurückgetreten ist.

(3) Die Vereinbarung eines Eigentumsvorbehalts ist nichtig, soweit der Eigentumsübergang davon abhängig gemacht wird, dass der Käufer Forderungen eines Dritten, insbesondere eines mit dem Verkäufer verbundenen Unternehmens, erfüllt.

A. Einfacher Eigentumsvorbehalt

1 **I. Muster: Einfacher Eigentumsvorbehalt**

332 ▶ **Eigentumsvorbehalt[1]**

1. Zur Sicherung der Kaufpreisforderung des Verkäufers gegen den Käufer behält sich der Verkäufer bis zur vollständigen Kaufpreiszahlung das Eigentum an ▪▪▪[2] (Kaufgegenstand, nachfolgend: Vorbehaltsware[3] genannt) vor.
2. Kommt der Käufer mit der Kaufpreiszahlung in Verzug, hat der Verkäufer das Recht, vom Kaufvertrag zurückzutreten und vom Kläger die Herausgabe der Vorbehaltsware zu verlangen.[4]
3. Der Käufer ist dazu verpflichtet, die Vorbehaltsware pfleglich zu behandeln[5] und die Vorbehaltsware auf eigene Kosten gegen Feuer, Wasser und Diebstahl in Höhe des Neuwerts der Vorbehaltsware zu versichern.[6] Wird die Vorbehaltsware durch Dritte gepfändet, ist der Käufer dazu verpflichtet, auf das Eigentum des Verkäufers hinzuweisen und den Verkäufer unverzüglich schriftlich von der Pfändung in Kenntnis zu setzen.[7] ◀

II. Erläuterungen

2 **[1] Einfacher Eigentumsvorbehalt.** Ist der Käufer in Abweichung von dem gesetzlichen Regelfall (vgl § 433 Rn 12) nicht dazu verpflichtet, den Kaufpreis Zug-um-Zug gegen die Übergabe der

Kaufsache zu zahlen, kann zur Sicherung der Kaufpreisforderung des Verkäufers ein Eigentumsvorbehalt an der Kaufsache vereinbart werden (Hk-BGB/*Saenger* § 449 Rn 1). Auf diese Weise wird der Verkäufer abgesichert, während der Käufer die Kaufsache schon in Besitz hat und gebrauchen kann. Der Eigentumsvorbehalt ist das typische Sicherungsmittel der Warenkreditgeber. § 449 Abs. 1 regelt den einfachen Eigentumsvorbehalt. Weitere Formen des Eigentumsvorbehalts (vgl § 449 Rn 16 ff, 36 ff) sind gesetzlich nicht geregelt (MüKo-BGB/*Westermann* § 449 Rn 1). Der Eigentumsvorbehalt wird regelmäßig als Bestandteil des Kaufvertrages vereinbart, ist aber auch als selbständige Vereinbarung möglich. Der Eigentumsvorbehalt ist kein akzessorisches Sicherungsrecht iS des § 401, so dass mit Abtretung der Kaufpreisforderung an einen Dritten, das Sicherungseigentum nicht automatisch mit übergeht (BGH NJW 1998, 671, 672; BGH v. 27.3.2008, IX ZR 220/05). Der Verkäufer ist jedoch grds. dazu befugt, das Vorbehaltseigentum als Berechtigter durch Einigung und Abtretung des Herausgabeanspruchs zu übertragen (BGH v. 27.3.2008, IX ZR 220/05). Wurde ein einfacher Eigentumsvorbehalt vereinbart, steht dem Verkäufer in der Insolvenz des Käufers, der den Kaufpreis noch nicht vollständig gezahlt hat, ein Aussonderungsrecht zu (BGH v. 27.3.2008, IX ZR 220/05; MüKo-BGB/*Westermann* § 449 Rn 78).

(a) **Formularmäßige Vereinbarung.** Der einfache Eigentumsvorbehalt ist als Vereinbarung in AGB grds. auch gegenüber Verbrauchern zulässig (Palandt/*Grüneberg* § 307 Rn 99; Bamberger/Roth/*Faust* § 449 Rn 12). Sehen die AGB des Verkäufers einen einfachen Eigentumsvorbehalt vor, schließen jedoch die AGB des Käufers den Eigentumsvorbehalt aus, kommt kein vertraglicher Eigentumsvorbehalt zustande. Aufgrund der AGB des Verkäufers liegt jedoch nur ein Angebot auf bedingte Übereignung vor, so dass sich der Eigentumsvorbehalt durchsetzt (BGH NJW 1982, 1751; NJW-RR 1991, 357; Hk-BGB/*Saenger* § 449 Rn 3; Palandt/*Grüneberg* § 305 Rn 56). 3

(b) **Form.** Grds. kann ein Eigentumsvorbehalt formlos vereinbart werden. Die Vereinbarung eines Eigentumsvorbehalts zwischen Unternehmer und Verbraucher unterliegt der Schriftform des § 502 Abs. 1 S. 1 Nr. 6 (Hk-BGB/*Saenger* § 449 Rn 3). In der Praxis ist Schriftform üblich und aus Beweisgründen zu empfehlen (NK-BGB/*Meller-Hannich/Schilken* § 929 Rn 73). 4

(c) **Beweislast.** Die Darlegungs- und Beweislast für die Vereinbarung eines Eigentumsvorbehalts trägt der Verkäufer. Dem Käufer kommt die Vermutung des § 1006 zugute (Bamberger/Roth/*Faust* § 499 Rn 38; NK-BGB/*Meller-Hannich/Schilken* § 929 Rn 99). 5

(d) **Konkludente Vereinbarung eines Eigentumsvorbehalts.** Ein Eigentumsvorbehalt kann konkludent vereinbart werden (NK-BGB/*Meller-Hannich/Schilken* § 929 Rn 73). Dies kommt in Betracht, wenn der Eigentumsvorbehalt branchenüblich ist oder bei laufenden Geschäftsbeziehungen, bei denen die Lieferung üblicherweise unter Eigentumsvorbehalt erfolgt (HK-BGB/*Saenger* § 449 Rn 3; MüKo-BGB/*Westermann* § 449 Rn 16). Es ist regelmäßig von einem Eigentumsvorbehalt auszugehen, wenn der Kaufpreis beim Verkauf eines Pkw noch nicht vollständig bezahlt ist und der Verkäufer den Kfz-Brief bei Übergabe des Pkws einbehält (BGH NJW 2006, 3488, 3489; NK-BGB/*Meller-Hannich/Schilken* § 929 Rn 73). Ohne Anhaltspunkte für einen Eigentumsvorbehalt ist jedoch bei nicht vollständiger Kaufpreiszahlung nicht grds. von einem Eigentumsvorbehalt auszugehen (NK-BGB/*Meller-Hannich/Schilken* § 929 Rn 73). 6

[2] **Bedingte Einigung.** Wird ein Eigentumsvorbehalt vereinbart, steht die dingliche Einigung über die Übereignung unter der **aufschiebenden Bedingung** der vollständigen Kaufpreiszahlung (Palandt/*Bassenge* § 929 Rn 27; Hk-BGB/*Saenger* § 449 Rn 2). Der schuldrechtliche Kaufvertrag wird unbedingt geschlossen (Hk-BGB/*Schulte-Nölke* § 929 Rn 34). Die Übereignung richtet sich in der Praxis regelmäßig nach § 929, so dass dem Käufer der unmittelbare Besitz an der Kaufsache eingeräumt wird (Palandt/*Bassenge* § 929 Rn 26). Mit Übergabe geht die Gefahr des zufälligen Untergangs gem. § 446 S. 1 auf den Käufer über (vgl § 446 Rn 1; Hk-BGB/*Saenger* § 449 Rn 6). Bis zum Bedingungseintritt bleibt der Verkäufer Eigentümer der Kaufsache. Mit 7

vollständiger Kaufpreiszahlung geht das Eigentum an der Kaufsache dann auf den Käufer über. Es bedarf dazu keiner weiteren Willenserklärung des Verkäufers (Hk-BGB/*Saenger* § 449 Rn 2; Palandt/*Weidenkaff* § 449 Rn 1). Mit der bedingten Übereignung erwirbt der Käufer an der Kaufsache ein **Anwartschaftsrecht** (Palandt/*Bassenge* § 929 Rn 37, 38; NK-BGB/*Meller-Hannich/Schilken* § 929 Rn 81). Dem Käufer steht ein Recht zum Besitz iS des § 986 Abs. 1 an der unter Eigentumsvorbehalt gelieferten Sache zu. Der Verkäufer hat daher keinen Anspruch auf Herausgabe der Sache gem. § 985 (Bamberger/Roth/*Faust* § 449 Rn 18). Das Besitzrecht kann nur durch wirksamen Rücktritt des Verkäufers gem. §§ 323 ff vom Kaufvertrag beseitigt werden (BGH v. 27.3.2008, IX ZR 220/05; v. 19.12.2007, XII ZR 61/05).

8 **Vertragswidriger Eigentumsvorbehalt.** Ein vertragswidriger Eigentumsvorbehalt ist gegeben, wenn der Verkäufer sich bei der Übergabe das Eigentum an der Kaufsache vorbehält, obwohl die Parteien keinen Eigentumsvorbehalt vereinbart haben, zB durch einseitige Erklärung im Lieferschein (Palandt/*Weidenkaff* § 449 Rn 11; MüKo-BGB/*Westermann* § 449 Rn 18). Auch wenn der Verkäufer damit seine Pflicht aus § 433 Abs. 1 S. 1 verletzt (Palandt/*Weidenkaff* § 499 Rn 11), entfaltet auch der vertragswidrige Eigentumsvorbehalt des Verkäufers sachenrechtliche Wirkung (BGH NJW 2006, 3488, 3489; Hk-BGB/*Schulte-Nölke* § 929 Rn 47). Der Käufer hat die Möglichkeit, dieses Angebot zur bedingten Übereignung anzunehmen oder abzulehnen. Lehnt der Käufer die bedingte Übereignung ab, scheitert die Einigung und der Käufer erwirbt kein Eigentum, auch nicht aufschiebend bedingt (Palandt/*Weidenkaff* § 929 Rn 29). Der Käufer kann dann seinen Anspruch auf unbedingte Übereignung der Kaufsache geltend machen (vgl § 433 Rn 40 ff). Bis zur Kaufpreiszahlung durch den Käufer kann sich der Verkäufer dann auf die Einrede des nichterfüllten Vertrages gem. § 320 berufen (Hk-BGB/*Schulte-Nölke* § 939 Rn 47). Nimmt der Käufer das Angebot der bedingten Übereignung an, erwirbt er aufschiebend bedingtes Eigentum. Diese Einverständniserklärung kann ausdrücklich erfolgen, oder auch konkludent durch Annahme der Ware (Hk-BGB/*Schulte-Nölke* § 929 Rn 47; MüKo-BGB/*Westermann* § 449 Rn 18).

9 **[3] Gegenstand des Eigentumsvorbehalts.** Ein Eigentumsvorbehalt kann nur an **beweglichen Sachen** vereinbart werden. Da die Auflassung gem. § 925 Abs. 2 bedingungsfeindlich ist, ist ein Eigentumsvorbehalt an Grundstücken nicht möglich (Hk-BGB/*Schulte-Nölke* § 939 Rn 34). Dies gilt auch für wesentliche Bestandteile eines Grundstücks iS des § 94, da diese gem. § 93 nicht sonderrechtsfähig sind (Bamberger/Roth/*Faust* § 449 Rn 6). Wird ein Eigentumsvorbehalt an einem Kfz vereinbart, ist regelmäßig zu empfehlen, dass der Verkäufer den Kfz-Brief behält, um so gutgläubigen Erwerb durch einen Dritten zu verhindern (vgl § 449 Rn 9; MüKo-BGB/*Westermann* § 449 Rn 10). Wird eine Sachgesamtheit, wie zB ein Unternehmen, verkauft, kann sich ein Eigentumsvorbehalt aufgrund des sachenrechtlichen Spezialitätsgrundsatzes nur auf die einzelnen Sachen aus dieser Sachgesamtheit beziehen, nicht auf die Sachgesamtheit an sich (Hk-BGB/*Saenger* § 449 Rn 2). Dabei können an unkörperlichen Gütern, wie zB know-how oder Kundenkreis, die zwar Gegenstand eines Kaufvertrages sein können (vgl § 433 Rn 3), kein Eigentumsvorbehalt begründet werden. Soweit sämtliche im Lager enthaltene Sachen von dem Eigentumsvorbehalt erfasst sind, kann ein Eigentumsvorbehalt an einem Warenlager begründet werden (MüKo-BGB/*Westermann* § 449 Rn 9).

10 **[4] Rücktrittsrecht des Verkäufers.** Gem. § 449 Abs. 2 kann der Verkäufer die Vorbehaltssache nur herausverlangen, wenn er vom Kaufvertrag wirksam zurückgetreten ist. Kommt der Käufer mit der Kaufpreiszahlung in Verzug, ist der Verkäufer zum Rücktritt berechtigt. Allein der Verzug des Käufers begründet noch keinen Herausgabeanspruch des Verkäufers (BGH v. 19.12.2007, XII ZR 61/05; Hk-BGB/*Saenger* § 449 Rn 7; Palandt/*Weidenkaff* § 449 Rn 26). Der Rücktritt richtet sich nach allgemeinen Regeln und setzt gem. § 323 Abs. 1grds. voraus, dass der Verkäufer dem Käufer eine angemessene Frist setzt. Die Fristsetzung kann nach § 323 Abs. 2 entbehrlich sein (Hk-BGB/*Saenger* § 449 Rn 7; MüKo-BGB/*Westermann* § 449 Rn 31). Umstritten ist, ob die Fristsetzung nach § 323 Abs. 2 Nr. 1 entbehrlich ist, wenn der Käufer den

Kaufpreis an einem bestimmten Termin zu zahlen hat (so MüKo-BGB/*Westermann* § 449 Rn 31). Hat der Vorbehaltsverkäufer das Vorbehaltseigentum an einen Dritten übertragen, ohne dass es zu einer Vertragsübernahme des Dritten gekommen ist, steht dem Dritten nur dann ein Herausgabeanspruch zu, wenn der Verkäufer den Rücktritt erklärt hat (BGH v. 27.3.2008, IX ZR 220/05). Durch wirksamen Rücktritt des Verkäufers verliert der Käufer sein Recht zum Besitz (§ 986) und der Verkäufer hat als Eigentümer einen Herausgabeanspruch der Kaufsache nach § 985 (Hk-BGB/*Saenger* § 449 Rn 9; Palandt/*Weidenkaff* § 449 Rn 26). Ist die Kaufpreisforderung verjährt, kann der Verkäufer nach § 216 Abs. 2 S. 2 zurücktreten und die Herausgabe der Kaufsache verlangen (Hk-BGB/*Saenger* § 449 Rn 8; MüKo-BGB/*Westermann* § 449 Rn 35).

(a) **Teilzahlungsgeschäfte.** Bei Teilzahlungsgeschäften iS des § 499 Abs. 2 ist die zwingende 11
Regelung des § 503 Abs. 2 S. 4 zu berücksichtigen, nach der die Rücknahme der Sache durch den Verkäufer als Rücktritt zu werten ist (MüKo-BGB/*Westermann* § 449 Rn 38; Bamberger/Roth/*Faust* § 449 Rn 4, 18).

(b) **Abdingbarkeit.** Es stellt sich die Frage, ob die Parteien eine von § 449 Abs. 2abweichende 12
Vereinbarung treffen können, nach der der Verkäufer bei Zahlungsverzug grds. ohne Nachfristsetzung vom Vertrag zurücktreten oder die Sache ohne Ausübung des Rücktrittsrechts unter Aufrechterhaltung des Vertrages herauszuverlangen kann. § 449 Abs. 2 ist grds. abdingbar (Hk-BGB/*Saenger* § 449 Rn 8; MüKo-BGB/*Westermann* § 449 Rn 38). Dies gilt auch gegenüber Verbrauchern, da § 475 Abs. 1 die Regelung des § 449 Abs. 2 nicht für unabdingbar erklärt (BGH v. 19.12.2007, XII ZR 61/05; MüKo-BGB/*Westermann* § 449 Rn 38). Im Rechtsverkehr mit Verbrauchern kann der Grundsatz des § 449 Abs. 2 „keine Rücknahme ohne Rücktritt" nicht durch AGB abbedungen werden. Eine solche Regelung ist gem. § 307 Abs. 2 Nr. 1, Abs. 1 S. 1 unwirksam (BGH v. 19.12.2007, XII ZR 61/05). Die Parteien können jedoch eine von § 449 Abs. 2 abweichende Regelung individualvertraglich vereinbaren (BGH v. 19.12.2007, XII ZR 61/05; Bamberger/Roth/*Faust* § 449 Rn 18; Wolf/Lindacher/Pfeiffer/*Dammann* Anh. Rn E 31). Nach hM kann auch im unternehmerischen Verkehr die Regelung des § 449 Abs. 2 nicht durch AGB abbedungen werden (Wolf/Lindacher/Pfeiffer/*Dammann* Anh. Rn E 31; Palandt/*Grüneberg* § 307 Rn 99; Bamberger/Roth/*Faust* § 449 Rn 18; aA MüKo-BGB/*Westermann* § 449 Rn 38). Möglich ist eine individualvertragliche Regelung. Eine Klausel, die, wie im dargestellten Muster, einen Herausgabeanspruch des Vorbehaltsverkäufers für den Fall vorsieht, dass der Vorbehaltsverkäufer wirksam vom Vertrag zurücktritt, ist formularmäßig zulässig (Wolf/Lindacher/Pfeiffer/*Dammann* Anh. Rn E 30).

[5] **Sorgfaltspflicht des Käufers.** In der Praxis wird üblicherweise vereinbart, dass der Käufer 13
dazu verpflichtet ist, die Vorbehaltsware pfleglich zu behandeln. Eine solche Vereinbarung ist in AGB zulässig, da der Vorbehaltskäufer ohnehin gem. §§ 241 Abs. 2, 242 dazu verpflichtet ist, die Vorbehaltsware pfleglich zu behandeln (Wolf/Lindacher/Pfeiffer/*Dammann* Anh. Rn E 26).

[6] **Versicherung der Vorbehaltsware.** In der Praxis wird üblicherweise vereinbart, dass der 14
Käufer verpflichtet ist, die Vorbehaltsware zum Neuwert zu versichern. Eine solche Vereinbarung kann in AGB erfolgen (Wolf/Lindacher/Pfeiffer/*Dammann* Anh. E 27).

[7] **Pfändung der Vorbehaltsware.** Es wird idR vereinbart, dass der Käufer auf eigene Kosten 15
dazu verpflichtet ist, den Verkäufer unverzüglich von der Pfändung der Vorbehaltssache durch Dritte zu informieren. Der Verkäufer hat dann die Möglichkeit, seine Eigentümerrechte geltend zu machen und gegen die Pfändung mit der Drittwiderspruchsklage gem. § 771 ZPO vorzugehen. Eine solche Vereinbarung kann in AGB erfolgen (Wolf/Lindacher/Pfeiffer/*Dammann* Anh. E 28).

B. Verlängerter Eigentumsvorbehalt

16 **I. Muster: Verlängerter Eigentumsvorbehalt mit Verarbeitungsklausel**

▶ **Eigentumsvorbehalt**[1]

1. Zur Sicherung der Kaufpreisforderung des Verkäufers gegen den Käufer behält sich der Verkäufer bis zur vollständigen Kaufpreiszahlung das Eigentum an ... (Kaufsache, nachfolgend Vorbehaltsware genannt) vor.[2]
2. Der Käufer ist dazu verpflichtet, die Vorbehaltsware pfleglich zu behandeln und auf eigene Kosten gegen Feuer, Wasser und Diebstahl in Höhe des Neuwerts der Kaufsache zu versichern. Wird die Vorbehaltsware durch Dritte gepfändet, ist der Käufer dazu verpflichtet, auf das Eigentum des Verkäufers hinzuweisen und den Verkäufer unverzüglich schriftlich von der Pfändung in Kenntnis zu setzen.[3]
3. Der Käufer ist dazu berechtigt, die Vorbehaltsware im ordnungsgemäßen Geschäftsverkehr weiterzuveräußern.[4]
   Für den Fall der Weiterveräußerung tritt der Käufer zur Sicherung der Kaufpreisforderung bereits jetzt die hieraus entstehenden Ansprüche gegen den Erwerber ab.[5]
4. Der Käufer ist dazu berechtigt, die Vorbehaltsware im ordnungsgemäßen Geschäftsverkehr zu be- und zu verarbeiten und die neue Sache im ordnungsgemäßen Geschäftsverkehr zu veräußern.
   Verarbeitet der Vorbehaltskäufer die Vorbehaltsware, erfolgt die Verarbeitung im Namen und für Rechnung des Verkäufers als Hersteller. Der Verkäufer erwirbt an der neuen Sache unmittelbar Eigentum.[6]
   Erfolgt die Verarbeitung aus Stoffen mehrerer Eigentümer, so erwirbt der Verkäufer einen Miteigentumsanteil an der neuen Sache entspr. dem Wert der Vorbehaltsware.[7]
   Erwirbt der Verkäufer Eigentum oder einen Miteigentumsanteil an der neuen Sache, übereignet der Verkäufer dem Käufer sein Eigentum oder seinen Miteigentumsanteil an der neuen Sache unter der aufschiebenden Bedingung der vollständigen Kaufpreiszahlung.[8]
   Wird die Vorbehaltsware mit anderen Sachen des Käufers verbunden oder vermischt und ist die Sache des Käufers als Hauptsache anzusehen, übereignet der Käufer dem Verkäufer einen Miteigentumsanteil an der Hauptsache entspr. dem Wert der Vorbehaltsware unter der auflösenden Bedingung vollständiger Kaufpreiszahlung.[9]
   Veräußert der Käufer die neue Sache bzw die durch Verbindung oder Vermischung entstandene Sache, tritt der Käufer dem Verkäufer schon jetzt zur Sicherung der Kaufpreisforderung die ihm gegen den Erwerber dieser Sache zustehende Forderung an den Verkäufer ab. Für den Fall, dass der Verkäufer an dieser Sache einen Miteigentumsanteil erworben hat, tritt der Käufer dem Verkäufer die Forderung anteilig entspr. dem Wert des Miteigentumsanteils ab.
5. Der Verkäufer ermächtigt den Käufer, die an den Verkäufer abgetretenen Forderungen im eigenen Namen und für Rechnung des Verkäufers einzuziehen.[10]
6. Kommt der Käufer mit der Kaufpreiszahlung in Verzug, hat der Verkäufer das Recht, vom Kaufvertrag zurückzutreten und vom Kläger die Herausgabe der Vorbehaltsware zu verlangen.[11] ◀

II. Erläuterungen und Varianten

17 [1] **Verlängerter Eigentumsvorbehalt.** Häufig wird der Käufer ein Interesse daran haben, die unter Eigentumsvorbehalt erworbenen Sachen weiterzuveräußern oder zu verarbeiten, um die Mittel für die Zahlung des Kaufpreises zu erwirtschaften. Der Eigentumsvorbehalt an der Kaufsache erlischt, wenn diese weiterveräußert, nach § 950 verarbeitet oder in der Weise mit anderen Sachen verbunden oder vermischt wird, dass eine andere Sache als Hauptsache (§ 947 Abs. 2) anzusehen ist (Hk-BGB/*Schulte-Nölke* § 929 Rn 39; Palandt/*Weidenkaff* § 449 Rn 13, 15). Um dem Interesse des Käufers an der Veräußerung und Verarbeitung und dem Sicherungsinteresse des Verkäufers gerecht zu werden, kann vereinbart werden, dass sich der Eigen-

tumsvorbehalt auf die durch Veräußerung und Verarbeitung entstehenden Surrogate erstreckt (Bamberger/Roth/*Faust* § 449 Rn 25; NK-BGB/*Meller-Hannich/Schilken* § 929 Rn 93). Im Unterschied zum einfachen Eigentumsvorbehalt hat der Verkäufer im Fall eines erweiterten oder verlängerten Eigentumsvorbehalts nach Eintritt des Verlängerungs- bzw Erweiterungsfalls in der Insolvenz des Käufers lediglich ein Recht zur abgesonderten Befriedigung. Ein Absonderungsrecht steht dem Verkäufer nicht zu (BGH v. 27.3.2008, IX ZR 220/05; MüKo-BGB/*Westermann* § 449 Rn 94).

(a) **Formularmäßige Vereinbarung.** Ein verlängerter Eigentumsvorbehalt kann im kaufmänni- 18
schen Verkehr formularmäßig vereinbart werden (BGH NJW 1987, 487; Bamberger/Roth/*Faust* § 449 Rn 28; Palandt/*Grüneberg* § 307 Rn 100). Kollidieren die AGB des Verkäufers, die einen verlängerten Eigentumsvorbehalt vorsehen, mit AGB des Käufers, ist der verlängerte Eigentumsvorbehalt nicht vereinbart (BGH NJW-RR 1991, 357; NJW-RR 2001, 484, 485; Palandt/*Grüneberg* § 305 Rn 56). In diesem Fall ist auch die Ermächtigung zur Weiterveräußerung und Verarbeitung unwirksam (BGH NJW-RR 1986, 1379; Palandt/*Grüneberg* § 305 Rn 56). Der verlängerte Eigentumsvorbehalt kann auch als Handelsbrauch Vertragsinhalt werden (BGH NJW-RR 2004, 555; Palandt/*Grüneberg* § 305 Rn 56).

(b) **Beweislast.** Die Beweislast für die Vereinbarung eines verlängerten Eigentumsvorbehalts 19
trifft den Verkäufer (Bamberger/Roth/*Faust* § 449 Rn 38).

[2] **Eigentumsvorbehalt.** Vgl § 449 Rn 2. 20

[3] **Pflichten des Käufers.** Vgl § 449 Rn 13. 21

[4] **Ermächtigung zur Weiterveräußerung.** In der Praxis wird der Käufer idR dazu ermächtigt, 22
die Vorbehaltsware im ordnungsgemäßen Geschäftsverkehr weiter zu veräußern. Veräußert der Käufer mit Einwilligung des Verkäufers die unter Eigentumsvorbehalt gelieferte Sache an einen Dritten weiter, erlischt der Eigentumsvorbehalt (Hk-BGB/*Schulte-Nölke* § 929 Rn 40; Palandt/*Weidenkaff* § 449 Rn 18). Der Dritte bzw Zweitkäufer erwirbt dann Eigentum vom Berechtigten (NK-BGB/ *Meller-Hannich/Schilken* § 929 Rn 93). Sicherungsübereignung, Verpfändung sowie Veräußerung der Vorbehaltssache im Sale-and-Lease-Back-Verfahren sind vom ordnungsgemäßen Geschäftsbetrieb nicht erfasst und daher von der Ermächtigung nicht gedeckt (BGH NJW 1988, 1774, 1775).

[5] **Vorausabtretungsklausel.** Zur Sicherung der Kaufpreisforderung des Verkäufers für den Fall 23
der Weiterveräußerung der Vorbehaltsware wird eine Vorausabtretungsklausel vereinbart, nach der der Käufer seine zukünftige Forderung aus dem Verkauf an den Dritten dem Verkäufer im Voraus abtritt (Hk-BGB/*Schulte-Nölke* § 393 Rn 40; MüKo-BGB/*Westermann* § 449 Rn 88). Eine wirksame Abtretung setzt voraus, dass die Forderung bestimmbar ist. Die Vorausabtretung einer Forderung ist wirksam, wenn die einzelne Forderung spätestens im Zeitpunkt ihrer Entstehung ihrem Gegenstand und Umfang nach bestimmbar ist (BGH NJW 2000, 276, 277). Die Vorausabtretung von Forderungen, die sich aus der Weiterveräußerung ergeben, ist ausreichend bestimmt (Wolf/Lindacher/Pfeiffer/*Dammann* Anh. Rn E 57; Palandt/*Grüneberg* § 398 Rn 17).

(a) **Abtretungsverbot.** Hat der Vorbehaltskäufer mit dem Dritten, der die Vorbehaltssache vom 24
Vorbehaltskäufer erwirbt, ein Abtretungsverbot vereinbart, ist die Vorausabtretung unwirksam (§ 339 Hs 2) (Hk-BGB/*Schulte-Nölke* § 929 Rn 41; MüKo-BGB/*Westermann* § 449 Rn 88). In diesem Fall ist der Weiterverkauf unzulässig und nicht von der Ermächtigung erfasst (Bamberger/Roth/*Faust* § 449 Rn 26; MüKo-BGB/*Westermann* § 449 Rn 88). Bei beiderseitigen Handelsgeschäften ist die Regelung des § 354 a S. 1 HGB zu beachten, nach der ein Abtretungsverbot für Geldforderungen durch Vereinbarung mit dem Schuldner nicht wirksam ist (MüKo-BGB/*Westermann* § 449 Rn 88; Baumbach/Hopt/*Hopt* § 354 a Rn 1). Ob der Weiterverkauf auch dann unzulässig und nicht von der Ermächtigung erfasst ist, wenn § 354 a HGB anwendbar ist, ist problematisch (Bamberger/Roth/*Faust* § 449 Rn 26). Veräußert der Käufer die Vor-

behaltsware ohne Einwilligung des Verkäufers, kann der Dritte Eigentum nur nach § 932 BGB erwerben (BGH NJW 1989, 895, 896; MüKo-BGB/*Westermann* § 449 Rn 88).

25 (b) **Übersicherung.** Beim verlängerten Eigentumsvorbehalt kann es zur Übersicherung des Verkäufers kommen, wenn der Wert der abgetretenen Forderungen den Wert der Vorbehaltsware erheblich überschreitet (Bamberger/Roth/*Faust* § 449 Rn 31). Dies kann sich daraus ergeben, dass sich die Vorausabtretung auch auf die Verdienstspanne des Käufers beim Weiterverkauf erstreckt (Hk-BGB/*Schulte-Nölke* § 929 Rn 41). Um bei der Vorausabtretung eine Übersicherung zu vermeiden, kann eine Klausel vereinbart werden, nach der sich die Abtretung auf Forderungen entspr. dem Wert der Vorbehaltsware erstreckt (BGH WM 2006, 1289; Palandt/*Grüneberg* § 398 Rn 17). Wann eine Übersicherung vorliegt, ist nach den gleichen Maßstäben zu beurteilen, die für die Sicherungsübereignung gelten (vgl § 930 Rn 16; Hk-BGB/*Schulte-Nölke* § 929 Rn 41). Danach ist von einer Übersicherung auszugehen, wenn der realisierbare Wert der zur Sicherung abgetretenen Forderung den Wert der gesicherten Forderung um 10 % oder der Schätzwert der zur Sicherung abgetretenen Forderung den Wert der gesicherten Forderung um 50 % übersteigt (BGH NJW 1998, 671, 674, 677, Bamberger/Roth/*Faust* § 449 Rn 31). Tritt eine nachträgliche nicht nur vorübergehende Übersicherung ein, hat der Sicherungsgeber gegen den Sicherungsnehmer einen ermessensunabhängigen Freigabeanspruch. Dieser Anspruch besteht auch dann, wenn keine ausdrückliche Freigaberegelung getroffen wurde (BGH NJW 1998, 671, 672, 673). Da eine Freigabeklausel nach der Rspr des BGH keine Wirksamkeitsvoraussetzung darstellt (BGH NJW 1998, 671, 673) wurde auf eine entsprechende Regelung an dieser Stelle verzichtet (vgl auch Wolf/Lindacher/Pfeiffer/*Dammann* Anh. Rn E 58).

26 (c) **Kollision mit Globalzession.** Kollidiert der verlängerte Eigentumsvorbehalt mit einer Vorausabtretungsklausel mit einer Globalzession, gilt das Prioritätsprinzip. Danach ist die zeitlich erste Abtretung wirksam, die nachfolgende Abtretung dagegen wirkungslos (Hk-BGB/*Schulte-Nölke* § 929 Rn 42; Hk-BGB/*Schulze* § 398 Rn 18). Regelmäßig geht die Globalzession der Vorausabtretungsklausel zeitlich vor, so dass die Vorausabtretung gegenstandslos ist (Hk-BGB/*Schulte-Nölke* § 929 Rn 42). Dies gilt jedoch nur dann, wenn die Globalzession wirksam ist (Palandt/*Grüneberg* § 398 Rn 249). Die Globalzession ist gem. § 138 Abs. 1 wegen Verleitung des Zedenten zum Vertragsbruch nichtig, wenn sie sich auf Forderungen erstreckt, die branchenüblich unter einem verlängerten Eigentumsvorbehalt stehen (BGH NJW 1999, 940; Hk-BGB/*Schulze* § 398 Rn 18). Diese Nichtigkeit der Globalzession lässt sich durch eine dingliche Teilverzichtsklausel vermeiden, die dem verlängerten Eigentumsvorbehalt Vorrang einräumt (vgl § 398 Rn 36; Hk-BGB/*Schulze* § 398 Rn 18; Palandt/*Grüneberg* § 398 Rn 28).

27 **[6] Verarbeitungsklausel.** Wird eine Sache, die dem Käufer unter Eigentumsvorbehalt geliefert wird, durch diesen zu einer neuen Sache iS des § 950 verarbeitet, erwirbt der Käufer Eigentum an der neuen Sache und der Eigentumsvorbehalt an der alten Sache geht unter. Zur Sicherung des Verkäufers kann durch einen verlängerten Eigentumsvorbehalt mit einer Verarbeitungsklausel der Verkäufer als Hersteller iS des § 950 Abs. 1 bestimmt und damit Eigentümer der neuen Sache werden (Hk-BGB/*Schulte-Nölke* § 929 Rn 39; MüKo-BGB/*Westermann* § 449 Rn 91).

28 **[7] Herstellung einer neuen Sachen aus der Vorbehaltsware mehrerer Vorbehaltseigentümer.** Wird die neue Sache aus mehreren Sachen verschiedener Lieferanten hergestellt, sind den Sicherungsinteressen dieser Lieferanten Rechnung zu tragen. Möglich ist eine Klausel, wie im dargestellten Muster, nach der der Verkäufer an der neuen Sache einen Anteil entspr. dem Wert der Vorbehaltsware erwirbt (Wolf/Lindacher/Pfeiffer/*Dammann* Anh. Rn E 63). Durch eine solche Klausel wird der Verkäufer nicht an dem durch die Verarbeitung geschaffenen Mehrwert beteiligt (Bamberger/Roth/*Faust* § 449 Rn 30; MüKo-BGB/*Füller* § 950 Rn 28). Soll der Verkäufer an dem Verarbeitungswert teilnehmen, kann wie folgt vereinbart werden:

▶ Erfolgt die Verarbeitung aus Stoffen mehrerer Eigentümer, so erwirbt der Verkäufer einen Miteigentumsanteil an der neuen Sache der dem Verhältnis des Wertes der Vorbehaltsware zu dem Wert der Sachen anderer Lieferanten entspricht. ◀

Übersicherung. Indem der Verkäufer an der Wertsteigerung durch die Verarbeitung teilnimmt, besteht die Gefahr der Übersicherung (Bamberger/Roth/*Faust* § 449 Rn 30; MüKo-BGB/*Füller* § 449 Rn 28). Aufgrund der Rspr des BGH, nach der dem Sicherungsgeber im Fall der Übersicherung auch ohne entsprechende Klausel ein ermessensunabhängiger Freigabeanspruch zusteht, wird an dieser Stelle auf eine entsprechende Freigabeklausel verzichtet (vgl § 499 Rn 25; Wolf/Lindacher/Pfeiffer/*Damann* Anh. Rn E 63). Allerdings ist eine Klausel, nach der der durch die Verarbeitung entstehende Mehrwert unter Ausschluss der anderen Lieferanten allein dem Verkäufer zusteht, gem. § 307 unwirksam (Wolf/Lindacher/Pfeiffer/*Dammann* Anh. Rn E 63). 29

[8] **Antizipierte bedingte Übereignung der neuen Sache.** Gem. § 950 Abs. 2 erwirbt der Hersteller originär und lastenfrei Eigentum an der neuen Sache. Der Käufer verliert daher sein Anwartschaftsrecht. Um eine unangemessene Benachteiligung des Vorbehaltskäufers gem. § 307 zu verhindern, ist durch eine antizipierte aufschiebend bedingte Übereignung der neuen Sache an den Käufer gem. § 929 S. 2 ein neues Anwartschaftsrecht des Käufers zu begründen (Wolf/Lindacher/Pfeiffer/*Dammann* Anh. Rn E 61, E 62; NK-BGB/*Meller-Hannich/Schilken* § 393 Rn 94). 30

[9] **Verbindung, Vermischung.** Wird die Vorbehaltsware mit anderen Sachen des Käufers verbunden oder vermischt (§§ 947, 948) und ist eine der Sachen des Käufers iS des § 947 Abs. 2 als Hauptsache anzusehen, werden die mit dieser Sache verbundenen Sachen, also auch die Vorbehaltsware, wesentliche Bestandteile der Hauptsache. Der Eigentümer der Hauptsache erwirbt gem. § 947 Abs. 2 das Alleineigentum an der Hauptsache und den wesentlichen Bestandteilen. Das bisher bestehende Eigentum an den anderen Sachen erlischt (Hk-BGB/*Schulte-Nölke* § 947 Rn 3). In diesem Fall verliert der Verkäufer daher sein Eigentum an der Vorbehaltsware. Zur Sicherung des Verkäufers ist für diesen Fall daher eine Regelung zu empfehlen, nach der der Käufer einen Miteigentumsanteil an der Hauptsache an den Verkäufer überträgt. Im vorliegenden Muster entspricht der zu übertragene Miteigentumsanteil dem Wert des Vorbehaltseigentums. Soll der Verkäufer an der durch die Verbindung oder Vermischung entstehenden Wertsteigerung teilnehmen, kann wie folgt formuliert werden: 31

▶ Wird die Vorbehaltsware mit anderen Sachen des Käufers verbunden oder vermischt und ist die Sache des Käufers als Hauptsache anzusehen, übereignet der Käufer dem Verkäufer an der Hauptsache einen Miteigentumsanteil an der Hauptsache der dem Verhältnis des Wertes der Vorbehaltssache zu dem Wert der anderen Sachen entspricht. ◀

Um dem Käufer wieder ein Anwartschaftsrecht einzuräumen, erfolgt die Übertragung des Miteigentumsanteils an den Verkäufer unter der auflösenden Bedingung der vollständigen Kaufpreiszahlung (Hk-BGB/*Schulte-Nölke* § 929 Rn 51).

Wird die Vorbehaltsware mit anderen Sachen des Käufers in der Art verbunden oder vermischt, dass keine der Sachen des Käufers als Hauptsache anzusehen ist, so werden die bisherigen Eigentümer gem. § 947 Abs. 1 S. 1 (§ 948 Abs. 1) Miteigentümer der einheitlichen Sache. Der Verkäufer verliert in diesem Fall seine Sicherheit demnach nicht. Die Miteigentumsanteile bestimmen sich gem. § 947 Abs. 1 S. 2 nach dem Verhältnis des Wertes, den die Sachen zur Zeit ihrer Verbindung haben. Aufgrund der Regelung des § 949 S. 2 setzt sich das Anwartschaftsrecht des Käufers an der Vorbehaltssache an dem Miteigentumsanteil, den der Verkäufer aufgrund der Verbindung oder Vermischung erwirbt, fort. 32

Übersicherung. Beim Erwerb des Eigentums oder eines Miteigentumsanteils an einer neuen oder einheitlichen Sache, kann Übersicherung eintreten, wenn der Verkäufer dadurch an der Wert- 33 erhöhung durch die Verarbeitung bzw Verbindung oder Vermischung partizipiert (Bamberger/Roth/*Faust* § 449 Rn 31). Aufgrund der Rspr des BGH, nach der dem Sicherungsgeber im Fall der Übersicherung auch ohne entsprechende Klausel ein ermessensunabhängiger Freigabeanspruch zusteht, wird an dieser Stelle auf eine entsprechende Freigabeklausel verzichtet (vgl § 449 Rn 25).

34 [10] **Einzugsermächtigung.** Soll die Forderungsabtretung gegenüber den Kunden des Käufers nicht in Erscheinung treten, können die Parteien eine Einzugsermächtigung vereinbaren. Die Kunden des Käufers leisten dann gem. §§ 407, 408 mit befreiender Wirkung an den Käufer. Der Verkäufer darf die Forderungsabtretung nur dann aufdecken und die Forderung selbst geltend machen, wenn seine Sicherungsinteressen gefährdet sind (Bamberger/Roth/*Faust* § 449 Rn 27). Dies ist der Fall, wenn der Käufer seiner Zahlungsverpflichtung nicht ordnungsgemäß nachkommt. Dieser Rechtslage nach kann folgende Klausel vereinbart werden:

▶ Der Verkäufer ermächtigt den Käufer, die an den Verkäufer abgetretenen Forderungen im eigenen Namen und für Rechnung des Verkäufers einzuziehen. Kommt der Käufer seiner Zahlungsverpflichtung nicht ordnungsgemäß nach, ist der Verkäufer berechtigt, die Einzugsermächtigung zu widerrufen und die Forderungen selbst geltend zu machen. Widerruft der Verkäufer die Einzugsermächtigung, ist der Käufer verpflichtet, die Schuldner von der Abtretung der Forderung in Kenntnis zu setzen. ◀

35 [11] **Rücktrittsrecht des Verkäufers.** Vgl § 449 Rn 10.

C. Erweiterter Eigentumsvorbehalt

36 I. Muster: Erweiterter Eigentumsvorbehalt

▶ **Eigentumsvorbehalt**

1. Zur Sicherung sämtlicher bestehenden und zukünftigen Forderungen des Verkäufers gegen den Käufer aus der zwischen dem Verkäufer und dem Käufer bestehenden Lieferbeziehung über ... behält sich der Verkäufer bis zur vollständigen Zahlung sämtlicher gesicherten Forderungen das Eigentum an ... (Kaufsache, nachfolgend Vorbehaltware genannt) vor.[1]
2. Der Käufer ist dazu verpflichtet, die Vorbehaltsware pfleglich zu behandeln und auf eigene Kosten gegen Feuer, Wasser und Diebstahl in Höhe des Neuwerts der Kaufsache zu versichern. Wird die Vorbehaltssache durch Dritte gepfändet, ist der Käufer dazu verpflichtet, auf das Eigentum des Verkäufers hinzuweisen und den Verkäufer unverzüglich schriftlich von der Pfändung zu informieren.[2]
3. Kommt der Käufer mit der Zahlung einer Forderung nach Ziffer 1 in Verzug, hat der Verkäufer das Recht, vom Kaufvertrag zurückzutreten und vom Kläger die Herausgabe der Vorbehaltssache zu verlangen.[3] ◀

II. Erläuterungen

37 [1] **Erweiterter Eigentumsvorbehalt.** Ein erweiterter Eigentumsvorbehalt sichert nicht nur die Kaufpreisforderung, sondern noch weitere Forderungen des Verkäufers gegen den Käufer. Bedingung für den Eigentumsübergang ist somit nicht nur die vollständige Erfüllung der Kaufpreisforderung, sondern auch die Erfüllung weiterer Forderungen (Hk-BGB/*Schulte-Nölke* § 929 Rn 46; MüKo-BGB/*Westermann* § 449 Rn 81). Das Muster gibt einen **Kontokorrentvorbehalt** wieder, durch den auch alle zukünftigen Forderungen des Verkäufers aus der Geschäftsverbindung mit dem Käufer gesichert werden (MüKo-BGB/*Westermann* § 449 Rn 82; Hk-BGB/*Schulte-Nölke* § 929 Rn 46). Die Vereinbarung eines **Konzernvorbehalts**, nach dem die Übereignung von der Erfüllung von Forderungen Dritter, die demselben Konzern wie der Verkäufer angehören, abhängt, ist gem. § 449 Abs. 3 unwirksam (BGH v. 27.3.2008, IX ZR 220/05; Hk-BGB/*Schulte-Nölke* § 929 Rn 46).

(a) **Formularmäßige Vereinbarung.** Ein erweiterter Eigentumsvorbehalt kann im unternehmerischen Verkehr formularmäßig vereinbart werden (BGH NJW 2001, 292, 297; NJW 1994, 1154; MüKo-BGB/*Westermann* § 449 Rn 82; Bamberger/Roth/*Faust* § 449 Rn 34). Da Bedenken im Hinblick auf eine Übersicherung bestehen, ist zu empfehlen, den Kontokorrentvorbehalt jedoch auf Forderungen zu beschränken, die mit dem Kaufgegenstand bzw der konkreten Geschäftsbeziehung in Verbindung stehen (BGH NJW 1978, 632, 633; Wolf/Lindacher/Pfeiffer/*Dammann* Anh. E 43; MüKo-BGB/*Westermann* § 449 Rn 82). Sehen die AGB des Verkäufers einen erweiterten Eigentumsvorbehalt vor, wird dieser nicht Vertragsinhalt, wenn die AGB des Käufers eine Abwehrklausel enthalten (Palandt/*Grüneberg* § 305 Rn 56). Der erweiterte Eigentumsvorbehalt kann mit dem verlängerten Eigentumsvorbehalt verbunden werden (Wolf/Lindacher/Pfeiffer/*Dammann* Anh. E 42). Ob ein erweiterter Eigentumsvorbehalt mit Verbrauchern formularmäßig vereinbart werden kann, wird von der herrschenden Meinung abgelehnt, ist aber höchstrichterlich noch nicht entschieden (OLG Koblenz NJW-RR 1989, 1459, 1460; offen gelassen in BGH NJW 2001, 292, 297; Palandt/*Weidenkaff* § 449 Rn 19; Wolf/Lindacher/Pfeiffer/*Dammann* Anh. Rn E 46). 38

(b) **Bedingungseintritt.** Der Käufer erwirbt Eigentum an der Vorbehaltsware, wenn erstmalig alle Forderungen aus der Geschäftsbeziehung erfüllt sind. Entsteht danach aus der Geschäftsbeziehung eine neue Forderung gegen den Käufer, lebt der Eigentumsvorbehalt nicht wieder auf. Eine Klausel, die dies vorsieht, ist nach § 307 Abs. 2 Nr. 1 unwirksam (Wolf/Lindacher/Pfeiffer/*Dammann* Anh. E 45; Bamberger/Roth/*Faust* § 449 Rn 34).

[2] **Pflichten des Käufers.** Vgl § 449 Rn 13. 39

[3] **Rücktrittsrecht des Verkäufers.** Vgl § 449 Rn 4. 40

§ 450 Ausgeschlossene Käufer bei bestimmten Verkäufen

(1) Bei einem Verkauf im Wege der Zwangsvollstreckung dürfen der mit der Vornahme oder Leitung des Verkaufs Beauftragte und die von ihm zugezogenen Gehilfen einschließlich des Protokollführers den zu verkaufenden Gegenstand weder für sich persönlich oder durch einen anderen noch als Vertreter eines anderen kaufen.
[2] Absatz 1 gilt auch bei einem Verkauf außerhalb der Zwangsvollstreckung, wenn der Auftrag zu dem Verkauf auf Grund einer gesetzlichen Vorschrift erteilt worden ist, die den Auftraggeber ermächtigt, den Gegenstand für Rechnung eines anderen verkaufen zu lassen, insbesondere in den Fällen des Pfandverkaufs und des in den §§ 383 und 385 zugelassenen Verkaufs, sowie bei einem Verkauf aus einer Insolvenzmasse.

§ 451 Kauf durch ausgeschlossenen Käufer

(1) [1]Die Wirksamkeit eines dem § 450 zuwider erfolgten Kaufs und der Übertragung des gekauften Gegenstandes hängt von der Zustimmung der bei dem Verkauf als Schuldner, Eigentümer oder Gläubiger Beteiligten ab. [2]Fordert der Käufer einen Beteiligten zur Erklärung über die Genehmigung auf, so findet § 177 Abs. 2 entsprechende Anwendung.
[2] Wird infolge der Verweigerung der Genehmigung ein neuer Verkauf vorgenommen, so hat der frühere Käufer für die Kosten des neuen Verkaufs sowie für einen Mindererlös aufzukommen.

§ 452 Schiffskauf

Die Vorschriften dieses Untertitels über den Kauf von Grundstücken finden auf den Kauf von eingetragenen Schiffen und Schiffsbauwerken entsprechende Anwendung.

§ 453 Rechtskauf

(1) Die Vorschriften über den Kauf von Sachen finden auf den Kauf von Rechten und sonstigen Gegenständen entsprechende Anwendung.
(2) Der Verkäufer trägt die Kosten der Begründung und Übertragung des Rechts.
[3] Ist ein Recht verkauft, das zum Besitz einer Sache berechtigt, so ist der Verkäufer verpflichtet, dem Käufer die Sache frei von Sach- und Rechtsmängeln zu übergeben.

Untertitel 2 Besondere Arten des Kaufs

Kapitel 1 Kauf auf Probe

§ 454 Zustandekommen des Kaufvertrags

(1) [1]Bei einem Kauf auf Probe oder auf Besichtigung steht die Billigung des gekauften Gegenstandes im Belieben des Käufers. [2]Der Kauf ist im Zweifel unter der aufschiebenden Bedingung der Billigung geschlossen.
(2) Der Verkäufer ist verpflichtet, dem Käufer die Untersuchung des Gegenstandes zu gestatten.

1 **A. Muster: Vereinbarung über einen Kauf auf Probe**

▶ Der Kaufgegenstand wird dem Käufer auf Probe geliefert.[1] Der Kaufvertrag steht unter der aufschiebenden Bedingung, dass der Käufer den Kaufgegenstand innerhalb einer Frist von ▪▪▪ Tagen/Wochen billigt.[2], [3] ◀

B. Erläuterungen

2 **[1] Kauf auf Probe.** Bei einem Kauf auf Probe steht der Kaufvertrag unter der aufschiebenden Bedingung der Billigung oder unter der auflösenden Bedingung der Missbilligung durch den Käufer (Hk-BGB/*Saenger* §§ 454, 455 Rn 3). Gem. § 454 Abs. 1 S. 2 liegt – wie im Muster – im Zweifel die aufschiebende Bedingung der Billigung vor. Dagegen ist der Verkäufer an den Kaufvertrag gebunden (Bamberger/Roth/*Faust* § 454 Rn 2). Im Versandhandel ist häufig ein Kauf auf Probe gegeben (Palandt/*Weidenkaff* § 454 Rn 1).

3 **[2] Billigung.** Die Billigung erfolgt durch empfangsbedürftige Willenserklärung und ist grds. formfrei möglich (Bamberger/Roth/*Faust* § 454 Rn 8). Aus Beweisgründen ist grds. Schriftform und Zusendung per Einschreiben Rückschein zu empfehlen. Die Billigungserklärung muss innerhalb der Frist des § 455 zugehen (Palandt/*Weidenkaff* § 455 Rn 1). Gem. § 455 S. 2 BGB gilt das Schweigen des Käufers bei Fristablauf als Billigung (Hk-BGB/*Saenger* §§ 454, 455 Rn 2).

4 **[3] Beweislast.** Derjenige, der sich darauf beruft, dass ein wirksamer Kaufvertrag zustande gekommen ist, hat dies darzulegen und zu beweisen (MüKo-BGB/*Westermann* § 455 Rn 5). Beruft sich der Verkäufer gegenüber dem Käufer auf den Kaufvertrag, trägt er daher die Beweislast dafür, dass der Käufer den Kaufvertrag gebilligt hat (Palandt/*Weidenkaff* § 454 Rn 2). Beruft sich dagegen der Käufer auf den Kaufvertrag, trifft ihn die Beweislast für die Billigung (Bamberger/Roth/*Faust* § 454 Rn 10).

§ 455 Billigungsfrist

[1]Die Billigung eines auf Probe oder auf Besichtigung gekauften Gegenstandes kann nur innerhalb der vereinbarten Frist und in Ermangelung einer solchen nur bis zum Ablauf einer dem Käufer von dem Verkäufer bestimmten angemessenen Frist erklärt werden. [2]War die Sache dem Käufer zum Zwecke der Probe oder der Besichtigung übergeben, so gilt sein Schweigen als Billigung.

Kapitel 2 Wiederkauf

§ 456 Zustandekommen des Wiederkaufs

(1) [1]Hat sich der Verkäufer in dem Kaufvertrag das Recht des Wiederkaufs vorbehalten, so kommt der Wiederkauf mit der Erklärung des Verkäufers gegenüber dem Käufer, dass er das Wiederkaufsrecht ausübe, zustande. [2]Die Erklärung bedarf nicht der für den Kaufvertrag bestimmten Form.
(2) Der Preis, zu welchem verkauft worden ist, gilt im Zweifel auch für den Wiederkauf.

A. Wiederkaufsvereinbarung

I. Muster: Wiederkaufsvereinbarung 1

▶ **Kaufvertrag** 336

zwischen

■■■, nachfolgend Verkäufer genannt

und

■■■, nachfolgend Käufer genannt

§ 1 Kaufgegenstand und Kaufpreis[1]

■■■

§ ■■■ Wiederkaufsrecht[2]

1. Dem Verkäufer steht ein Wiederkaufsrecht zu. Das Wiederkaufsrecht ist innerhalb einer Frist von ■■■ Jahren[3] nach Abschluss des Kaufvertrags auszuüben.
2. Das Wiederkaufsrecht steht unter der Bedingung, ■■■[4]
3. Das Wiederkaufsrecht ist durch schriftliche Erklärung gegenüber dem Käufer auszuüben.
4. Der Wiederkaufspreis beträgt EUR ■■■[5]
5. Der Verkäufer ist nicht dazu berechtigt, das Wiederkaufsrecht zu übertragen.[6]

■■■, den ■■■ ◀

II. Erläuterungen

[1] Kaufgegenstand, Kaufpreis. Zum Kaufvertrag vgl § 433 Rn 6, 9. 2

[2] Wiederkaufsrecht. Das Wiederkaufsrecht gibt dem Verkäufer das Recht, die Kaufsache vom Käufer zurückzukaufen (Hk-BGB/*Saenger* § 456 Rn 1). Das Wiederkaufsrecht setzt daher einen Kaufvertrag über eine bestimmte Sache voraus (Palandt/*Weidenkaff* § 456 Rn 9). Die Ausübung des Wiederkaufsrechts ist nach hM die aufschiebende Bedingung für den zweiten Kaufvertrag, den **Rückkaufvertrag** (Hk-BGB/*Saenger* § 456 Rn 1; MüKo-BGB/*Westermann* § 456 Rn 3). Wird das Wiederkaufsrecht ausgeübt, ist der Käufer dazu verpflichtet, dem Verkäufer die Sache zurück zu übereigenen (Palandt/*Weidenkaff* § 456 Rn 3). Das Widerkaufsrecht kann im ursprünglichen Kaufvertrag – wie im Muster – oder auch nachträglich vereinbart werden (Hk-BGB/*Saenger* § 456 Rn 1, 3; MüKo-BGB/*Westermann* § 456 Rn 3). Durch ein Wiederkaufsrecht wird häufig eine bestimmte Zweckbindung oder eine bestimmte Nutzung der verkauften Sache durchgesetzt (Palandt/*Weidenkaff* § 456 Rn 1; MüKo-BGB/*Westermann* § 456 Rn 1). 3

Das Wiederkaufsrecht kann zu Gunsten, jedoch nicht zu Lasten Dritter begründet werden (MüKo-BGB/*Westermann* § 456 Rn 7; Bamberger/Roth/*Faust* § 456 Rn 7).

4 **Form der Wiederkaufsvereinbarung.** Die Wiederkaufsvereinbarung muss der für den Kaufvertrag erforderlichen Form entsprechen (vgl § 433 Rn 3; Hk-BGB/*Saenger* § 456 Rn 3). Aus Beweisgründen empfiehlt sich grds. eine schriftliche Vereinbarung.

5 [3] **Frist.** Nach § 462 BGB kann das Wiederkaufsrecht bei Grundstücken nur bis zum Ablauf von 30, bei anderen Gegenständen nur bis zum Ablauf von drei Jahren nach der Vereinbarung des Wiederkaufsrechts ausgeübt werden. Dabei handelt es sich um Ausschlussfristen, so dass die Regelungen über die Hemmung der Verjährung nicht anwendbar sind (Palandt/*Weidenkaff* § 462 Rn 1). Die Parteien können abweichende Vereinbarungen treffen. Sie können eine andere Frist vereinbaren oder den Beginn der Frist an ein anderes zukünftiges Ereignis knüpfen, wie zB an den Bestand einer juristischen Person (OLG Schleswig NJW-RR 1999, 284; Palandt/*Weidenkaff* § 462 Rn 4). Eine Änderung ist auch nachträglich möglich. Ein unbefristetes Wiederkaufsrecht ist nach hM unzulässig (Hk-BGB/*Saenger* § 462 Rn 1; aA Bamberger/Roth/*Faust* § 462 Rn 3).

6 [4] **Bedingungen.** Das Wiederkaufsrecht kann neben der Ausübung des Wiederkaufsrechts durch entsprechende Willenserklärung an weitere Bedingungen gebunden werden, wie bspw an die Veräußerung des Gegenstands an Dritte (BGH NJW 1994, 3299, 3300; Hk-BGB/*Saenger* § 456 Rn 3; MüKo-BGB/*Westermann* § 456 Rn 7).

7 [5] **Wiederkaufspreis.** Die Parteien können den Wiederkaufspreis vertraglich festlegen. Haben die Parteien keinen Wiederkaufspreis festgelegt, gilt gem. § 456 Abs. 2 im Zweifel der Preis, zu dem auch verkauft worden ist (MüKo-BGB/*Westermann* § 456 Rn 10, 11; Palandt/*Weidenkaff* § 456 Rn 13). Es kann auch ein Schätzpreis vereinbart werden (vgl § 460 BGB; Palandt/*Weidenkaff* § 456 Rn 13).

8 [6] **Ausschluss der Übertragbarkeit des Wiederkaufsrechts.** Das Wiederkaufsrecht ist übertragbar. Es kann daher gepfändet und verpfändet werden (Hk-BGB/*Saenger* § 456 Rn 1). Die Übertragbarkeit kann iS des § 399 vertraglich ausgeschlossen werden (Palandt/*Weidenkaff* § 456 Rn 11). Dies ist zu empfehlen, wenn der Käufer einen ihm noch unbekannten Vertragspartner vermeiden möchte. Die Pfändbarkeit wird dadurch jedoch nicht beseitigt (MüKo-BGB/*Westermann* § 456 Rn 9).

B. Ausübung des Wiederkaufsrechts

9 I. Muster: Ausübung des Wiederkaufsrechts

▶ An ▪▪▪

Sehr geehrter ▪▪▪

Hiermit übe ich mein Wiederkaufsrecht nach § ▪▪▪ des Kaufvertrages vom ▪▪▪ aus.[1]

Mit freundlichen Grüßen

▪▪▪, den ▪▪▪

▪▪▪

Unterschrift ◀

II. Erläuterungen

10 [1] **Ausübung des Wiederkaufsrechts.** Das Wiederkaufsrecht wird durch einseitige empfangsbedürftige Willenserklärung des Wiederkäufers gegenüber dem Wiederverkäufer ausgeübt. Ein neuer Vertragsschluss ist nicht erforderlich (Hk-BGB/*Saenger* § 456 Rn 4; MüKo-BGB/*Westermann* § 456 Rn 10). Durch die Ausübung des Wiederkaufsrechts kommt der Kaufvertrag

zustande. Voraussetzung ist ein wirksam eingeräumtes Widerkaufsrecht (MüKo-BGB/*Westermann* § 456 Rn 10). Gem. § 456 Abs. 1 S. 2 muss die Ausübung nicht der für den Kaufvertrag erforderlichen Form entsprechen. Um die Ausübung des Wiederkaufsrechts und die Fristwahrung (vgl § 456 Rn 5) zu beweisen, ist eine schriftliche Erklärung und eine Zusendung per Einschreiben/Rückschein grds. anzuraten. Der Wiederkäufer muss mit der Ausübung des Wiederkaufsrechts nicht gleichzeitig die Zahlung des Wiederkaufspreises anbieten (MüKo-BGB/*Westermann* § 456 Rn 10; Palandt/*Weidenkaff* § 456 Rn 10). Der Kaufpreis ergibt sich aus der vertraglichen Vereinbarung oder aus § 456 Abs. 2, wonach im Zweifel der Preis gilt, zu dem auch verkauft worden ist. Der Wiederkäufer muss keinen Grund für die Ausübung des Wiederkaufsrechts angeben (MüKo-BGB/*Westermann* § 456 Rn 10, 11).

§ 457 Haftung des Wiederverkäufers

(1) Der Wiederverkäufer ist verpflichtet, dem Wiederkäufer den gekauften Gegenstand nebst Zubehör herauszugeben.
(2) Hat der Wiederverkäufer vor der Ausübung des Wiederkaufsrechts eine Verschlechterung, den Untergang oder eine aus einem anderen Grund eingetretene Unmöglichkeit der Herausgabe des gekauften Gegenstandes verschuldet oder den Gegenstand wesentlich verändert, so ist er für den daraus entstehenden Schaden verantwortlich. Ist der Gegenstand ohne Verschulden des Wiederverkäufers verschlechtert oder ist er nur unwesentlich verändert, so kann der Wiederkäufer Minderung des Kaufpreises nicht verlangen.

§ 458 Beseitigung von Rechten Dritter

Hat der Wiederverkäufer vor der Ausübung des Wiederverkaufsrechts über den gekauften Gegenstand verfügt, so ist er verpflichtet, die dadurch begründeten Rechte Dritte zu beseitigen. Einer Verfügung des Wiederverkäufers steht eine Verfügung gleich, die im Wege der Zwangsvollstreckung oder der Arrestvollziehung oder durch den Insolvenzverwalter erfolgt.

§ 459 Ersatz von Verwendungen

Der Wiederverkäufer kann für Verwendungen, die er auf den gekauften Gegenstand vor dem Wiederkauf gemacht hat, insoweit Ersatz verlangen, als der Wert des Gegenstandes durch die Verwendungen erhöht ist. Eine Einrichtung, mit der er die herauszugebende Sache versehen hat, kann er wegnehmen.

§ 460 Wiederkauf zum Schätzungswert

Ist als Wiederkaufpreis der Schätzungswert vereinbart, den der gekaufte Gegenstand zur Zeit des Wiederkaufs hat, so ist der Wiederverkäufer für eine Verschlechterung, den Untergang oder die aus einem anderen Grund eingetretene Unmöglichkeit der Herausgabe des Gegenstandes nicht verantwortlich, der Wiederkäufer zum Ersatz von Verwendungen nicht verpflichtet.

§ 461 Mehrere Wiederkaufsberechtigte

[1]Steht das Wiederkaufsrecht mehreren gemeinschaftlich zu, so kann es nur im Ganzen ausgeübt werden. [2]Ist es für einen der Berechtigten erloschen oder übt einer von ihnen sein Recht nicht aus, so sind die übrigen berechtigt, das Wiederkaufsrecht im Ganzen auszuüben.

§ 462 Ausschlussfrist

[1]Das Wiederkaufsrecht kann bei Grundstücken nur bis zum Ablauf von 30, bei anderen Gegenständen nur bis zum Ablauf von drei Jahren nach der Vereinbarung des Vorbehalts ausgeübt werden. [2]Ist für die Ausübung eine Frist bestimmt, so tritt diese an die Stelle der gesetzlichen Frist.

Kapitel 3 Vorkauf

§ 463 Voraussetzungen der Ausübung

Wer in Ansehung eines Gegenstandes zum Vorkauf berechtigt ist, kann das Vorkaufsrecht ausüben, sobald der Verpflichtete mit einem Dritten einen Kaufvertrag über den Gegenstand geschlossen hat.

A. Vorkaufsrecht

1 **I. Muster: Vereinbarung eines Vorkaufsrechts**

▶ **Vorkaufsvereinbarung**[1]

zwischen

▪▪▪, nachfolgend Vorkaufsverpflichteter genannt

und

▪▪▪, nachfolgend Vorkaufsberechtigter genannt

über ▪▪▪

1. Der Vorkaufsverpflichtete ist Eigentümer des ▪▪▪ (nachfolgend Vorkaufsgegenstand genannt).
2. Für den Fall, dass der Vorkaufsverpflichtete den Vorkaufsgegenstand[2] an einen Dritten verkauft[3], steht dem Vorkaufberechtigten das Vorkaufsrecht zu.
3. Das Vorkaufsrecht besteht für die Dauer von ▪▪▪ Jahren seit Vereinbarung des Vorkaufsrechts.[4]
4. Verkauft der Vorkaufsverpflichtete den Vorkaufsgegenstand an einen Dritten, ist er dazu verpflichtet, dies dem Vorkaufsberechtigten unverzüglich schriftlich mitzuteilen. Der Vorkaufsverpflichtete ist dazu verpflichtet, den Dritten über das Vorkaufsrecht zu informieren.[5]
5. Das Vorkaufsrecht ist durch den Vorkaufsberechtigten innerhalb einer Frist von ▪▪▪ Wochen nach Empfang der Mitteilung nach Ziffer 4 gegenüber dem Vorkaufsverpflichteten durch schriftliche Erklärung auszuüben.[6]

▪▪▪, den ▪▪▪

▪▪▪

Unterschrift ◀

II. Erläuterungen und Varianten

2 **[1] Vertragliches Vorkaufsrecht.** Die §§ 463 ff regeln das vertragliche Vorkaufsrecht, das durch eine Vereinbarung des Vorkaufsberechtigten und des Vorkaufsverpflichteten zustande kommt. Das Vorkaufsrecht nach § 463 gibt dem Vorkaufsberechtigten das Recht, eine Sache vom Vorkaufsverpflichteten zu erwerben, wenn dieser mit einem Dritten über die Sache einen Kaufvertrag schließt. Mit Ausübung des Vorkaufsrechts kommt dann zwischen dem Vorkaufsberechtigten und dem Vorkaufsverpflichteten ein Kaufvertrag mit dem gleichen Inhalt zustande, wie der Kaufvertrag zwischen dem Vorkaufsverpflichtetem und dem Dritten. Nach hM ist das Vorkaufsrecht ein Gestaltungsrecht (Hk-BGB/*Saenger* § 463 Rn 1; Palandt/*Weidenkaff* § Vorb v.

§ 463 Rn 1). Das Vorkaufsrecht nach § 463 hat lediglich schuldrechtliche Wirkung und wirkt daher nicht gegenüber Dritten (Bamberger/Roth/*Faust* § 463 Rn 3).

Dingliches Vorkaufsrecht. Für Grundstücke und grundstücksgleiche Rechte kann gem. 3
§§ 1094 ff ein dingliches Vorkaufsrecht begründet werden. Das dingliche Vorkaufsrecht kann im Unterschied zum schuldrechtlichen Vorkaufsrecht durch eine Belastung des Grundstücks und Eintragung ins Grundbuch gesichert werden und hat gem. § 1098 Abs. 2 gegenüber Dritten die Wirkung einer Vormerkung. Die Übereignung des Grundstücks an einen Dritten ist dem Vorkaufsberechtigten gegenüber unwirksam, so dass der Vorkaufsberechtigte dennoch Eigentum vom Vorkaufsverpflichteten erwerben kann (Hk-BGB/*Staudinger* § 1094 Rn 1; Bamberger/Roth/*Faust* § 463 Rn 3). Dagegen stehen dem Vorkaufsberechtigten eines schuldrechtlichen Vorkaufsrechts bei Übereignung der Sache an einen Dritten gegenüber dem Vorkaufsverpflichteten lediglich Schadensersatzansprüche zu (Hk-BGB/*Staudinger* § 1094 Rn 1). Neben dem vertraglichen Vorkaufsrecht bestehen **gesetzliche Vorkaufsrechte**, wie zB das Vorkaufsrecht der Miterben nach §§ 2034 ff (Palandt/*Weidenkaff* Vorb v. § 463 Rn 4).

[2] **Gegenstand des Vorkaufsrechts.** Ein Vorkaufsrecht kann an jedem Gegenstand begründet 4
werden, der auch Gegenstand eines Kaufvertrags sein kann (vgl § 433 Rn 6; Bamberger/Roth/*Faust* § 463 Rn 19). Große praktische Bedeutung hat das Vorkaufsrecht v.a. bei Grundstücken und Gesellschaftsanteilen. So lässt sich durch ein Vorkaufsrecht an Gesellschaftsanteilen verhindern, dass Dritte Gesellschafter werden. Eine solche Regelung findet sich häufig bei Familiengesellschaften (Bamberger/Roth/*Faust* § 463 Rn 2; MüKo-BGB/*Westermann* § 439 Rn 1).

Form. Die Vereinbarung eines Vorkaufsrechts unterliegt der für den Kaufvertrag erforderlichen 5
Form (vgl. § 433 Rn 3; Bamberger/Roth/*Faust* § 463 Rn 13). Bei der Begründung eines Vorkaufsrechts über ein Grundstück ist die Form des § 311 b Abs. 1 zu beachten (Hk-BGB/*Saenger* § 463 Rn 3). Bezieht sich das Vorkaufsrecht auf einen GmbH-Anteil, gilt die Form des § 15 Abs. 4 GmbHG (Palandt/*Weidenkaff* § 463 Rn 2).

[3] **Wirksamer Kaufvertrag.** Der **Vorkaufsfall** setzt voraus, dass der Vorkaufsverpflichtete mit 6
einem Dritten einen wirksamen Kaufvertrag iS des § 433 über den Vorkaufsgegenstand vereinbart hat. Nicht ausreichend ist daher ein Tausch, ein Ringtausch, eine Schenkung oder die Einbringung des betreffenden Gegenstands in eine Gesellschaft (Palandt/*Weidenkaff* § 463 Rn 5; Bamberger/Roth/*Faust* § 463 Rn 19, 25). Ausreichend ist ein Kaufvertrag, der unter einer aufschiebenden Bedingung steht. Übt der Vorkaufsberechtigte sein Vorkaufsrecht aus, ist der Vertrag zwischen dem Vorkaufsberechtigten und Vorkaufverpflichteten aufschiebend bedingt (Bamberger/Roth/*Faust* § 463 Rn 27). Hängt die Wirksamkeit des Vertrages von einer behördlichen Genehmigung ab, tritt der Vorkaufsfall erst mit Erteilung der Genehmigung ein. Das Vorkaufsrecht kann jedoch bereits zuvor mit Wirkung auf den Genehmigungszeitpunkt ausgeübt werden (BGH NJW 1998, 2352; Bamberger/Roth/*Faust* § 463 Rn 26; MüKo-BGB/*Westermann* § 463 Rn 16).

[4] **Zeitliche Begrenzung.** Das Vorkaufsrecht kann auf einen bestimmten Zeitraum begrenzt 7
werden (Bamberger/Roth/*Faust* § 463 Rn 16).

[5] **Mitteilung des Vorkaufsfalls.** Die Mitteilung des Vorkaufsfalls an den Vorkaufberechtigten 8
kann wie folgt lauten:

▶ Per Einschreiben/Rückschein

An ■■■

Sehr geehrter ■■■

Durch Vereinbarung vom ■■■ steht Ihnen ein Vorkaufsrecht über ■■■ zu. Hiermit teile ich Ihnen mit, dass ich am ■■■ einen Kaufvertrag über ■■■ mit einem Kaufpreis iHv EUR ■■■ mit ■■■ vereinbart habe. Den Kaufvertrag habe ich in Kopie als Anlage beigefügt.

Mit freundlichen Grüßen

▪▪▪, den ▪▪▪

▪▪▪

Unterschrift ◀

9 [6] **Ausübungsfrist.** Gem. § 469 Abs. 2 S. 1 muss das Vorkaufsrecht bei Grundstücken innerhalb zwei Monaten, bei anderen Gegenständen innerhalb einer Woche nach Empfang der Mitteilung des Vorkaufsfalls ausgeübt werden. Die Frist beginnt mit der Mitteilung des Vorkaufsfalls iS des § 469 Abs. 1 durch den Vorkaufsverpflichteten oder den Drittkäufer. Dabei muss der Inhalt des Vertrags zwischen dem Vorkaufsverpflichtetem und dem Dritten vollständig und richtig mitgeteilt werden. Wird der Vertrag geändert, beginnt die Frist neu (Hk-BGB/*Saenger* § 464 Rn 2; Palandt/*Weidenkaff* § 469 Rn 2, 3). Bei der Frist des § 469 Abs. 2 handelt es sich um eine Ausschluss-, keine Verjährungsfrist, so dass eine Hemmung nicht in Betracht kommt (Hk-BGB/*Saenger* § 464 Rn 2, § 469 Rn 2; Palandt/*Weidenkaff* § 469 Rn 3). Die Frist wird nach §§ 186 ff berechnet (Palandt/*Weidenkaff* § 469 Rn 3). Übt der Vorkaufsberechtigte das Vorkaufsrecht nicht innerhalb dieser Frist aus, erlischt das Vorkaufsrecht. Nach § 469 Abs. 2 S. 2 können die Parteien eine von § 469 Abs. 1 abweichende Vereinbarung treffen und die Fristen verlängern oder verkürzen (Hk-BGB/*Saenger* § 469 Rn 2; Palandt/*Weidenkaff* § 469 Rn 3).

B. Kaufvertrag zwischen dem Vorkaufsverpflichtetem und einem Dritten

10 I. Muster: Klausel im Kaufvertrag zwischen dem Vorkaufsverpflichtetem und einem Dritten

▶ An dem Kaufgegenstand besteht ein Vorkaufsrecht für ▪▪▪. Der Kaufvertrag steht daher unter der aufschiebenden Bedingung, dass das Vorkaufsrecht nicht ausgeübt wird.[1], [2] ◀

II. Erläuterungen und Varianten

11 [1] **Aufschiebende Bedingung.** Übt der Vorkaufsberechtigte sein Vorkaufsrecht aus, kommt gem. § 464 Abs. 2 zwischen dem Vorkaufsberechtigten und dem Vorkaufsverpflichteten ein Kaufvertrag zustande (vgl § 464 Rn 2; Hk-BGB/*Saenger* § 464 Rn 1). Der Kaufvertrag zwischen dem Vorkaufsverpflichteten und dem Dritten bleibt davon unberührt (Bamberger/Roth/*Faust* § 464 Rn 8). Um eine Doppelverpflichtung zu vermeiden, ist daher zu empfehlen, in den Kaufvertrag des Vorkaufsverpflichtetem mit dem Dritten eine Klausel aufzunehmen, nach der dieser Kaufvertrag unter der **aufschiebenden Bedingung** steht, dass der Vorkaufsberechtigte sein Vorkaufsrecht nicht ausübt. Auf diese Weise vermeidet der Vorkaufsverpflichtete eine nicht erfüllbare Doppelverpflichtung (Hk-BGB/*Saenger* § 463 Rn 1).

12 [2] **Auflösende Bedingung.** Es kann auch eine Vereinbarung getroffen werden, nach der der Kaufvertrag unter der **auflösenden Bedingung** der Ausübung des Vorkaufsrechts steht:

▶ An dem Kaufgegenstand besteht ein Vorkaufsrecht für ▪▪▪. Der Kaufvertrag steht unter der auflösenden Bedingung der Ausübung des Vorkaufsrechts. ◀

13 Haben die Parteien nicht ausdrücklich vereinbart, dass der Kaufvertrag unter der auflösenden Bedingung der Ausübung des Vorkaufsrechts steht und hat der Käufer Kenntnis von dem Vorkaufsrecht, so ist durch Auslegung zu entnehmen, dass der Kaufvertrag nach dem Willen der Parteien unter der auflösenden Bedingung der Ausübung des Vorkaufsrechts stehen soll (BGH v. 13.3.2009, V ZR 157/08).

§ 464 Ausübung des Vorkaufsrechts

(1) [1]Die Ausübung des Vorkaufsrechts erfolgt durch Erklärung gegenüber dem Verpflichteten. [2]Die Erklärung bedarf nicht der für den Kaufvertrag bestimmten Form.

(2) Mit der Ausübung des Vorkaufsrechts kommt der Kauf zwischen dem Berechtigten und dem Verpflichteten unter den Bestimmungen zustande, welche der Verpflichtete mit dem Dritten vereinbart hat.

A. Muster: Ausübung des Vorkaufsrechts[1] 1

▶ Per Einschreiben/Rückschein

An ■■■

Sehr geehrter ■■■

Mit Schreiben vom ■■■ haben Sie mich davon in Kenntnis gesetzt, dass Sie am ■■■ mit ■■■ einen Kaufvertrag über ■■■ mit einem Kaufpreis iHv EUR■■■ geschlossen haben.[2]

Unter Bezugnahme auf die Vorkaufsvereinbarung vom ■■■ übe ich hiermit als Vorkaufsberechtigter[3] mein Vorkaufsrecht über ■■■ aus.

Daher kommt zwischen Ihnen und mir ein Kaufvertrag über ■■■ zu den mit ■■■ vereinbarten Bedingungen zustande.[4]

Mit freundlichen Grüßen

■■■, den■■■

Unterschrift ◀

B. Erläuterungen

[1] Ausübung des Vorkaufsrechts. (a) Willenserklärung. Das Vorkaufsrecht wird durch einseitige empfangsbedürftige Willenserklärung gegenüber dem Vorkaufverpflichteten ausgeübt (Hk-BGB/*Saenger* § 464 Rn 2). Die Erklärung ist bedingungsfeindlich (Palandt/*Weidenkaff* § 464 Rn 1). 2

(b) Form. Die Ausübung des Vorkaufsrechts unterliegt gem. § 464 Abs. 1 S. 2 nicht der für den Kaufvertrag erforderlichen Form. Auch wenn das Vorkaufsrecht formlos ausgeübt werden kann, empfiehlt sich für die Praxis aus Beweisgründen Schriftform und Zustellung per Einschreiben/Rückschein. 3

(c) Frist. Vgl § 463 Rn 9. 4

[2] Vorkaufsfall. Die Ausübung des Vorkaufsrechts setzt neben seiner wirksamen Begründung einen wirksamen Kaufvertrag über den betreffenden Gegenstand zwischen dem Vorkaufverpflichteten und einem Dritten voraus (Hk-BGB/*Saenger* § 463 Rn 4). 5

[3] Vorkaufsberechtigter. Das Vorkaufsrecht ist durch den Vorkaufsberechtigten auszuüben. Steht das Vorkaufsrecht mehreren gemeinschaftlich zu, kann es gem. § 472 S. 1 nur im Ganzen ausgeübt werden. Übt einer der Berechtigten sein Vorkaufsrecht nicht aus oder ist es für ihn erloschen, können die anderen Berechtigten gem. § 472 S. 2 das Vorkaufsrecht im Ganzen ausüben. Übt ein Berechtigter sein Vorkaufsrecht unwirksam aus, so führt dies nicht zum Untergang des gemeinschaftlichen Vorkaufsrechts, sondern es verbleibt den übrigen Berechtigten die Möglichkeit, das Vorkaufsrecht auszuüben (BGH v. 13.3.2009, V ZR 157/08). 6

[4] Wirkungen. Durch die Ausübung des Vorkaufsrechts kommt gem. § 464 Abs. 2 zwischen dem Vorkaufsberechtigten und dem Vorkaufsverpflichteten ein neuer Kaufvertrag mit dem gleichen Inhalt zustande, wie der Vertrag mit dem Dritten (Hk-BGB/*Saenger* § 464 Rn 1; Palandt/*Weidenkaff* § 464 Rn 5). Der Vorkaufsberechtigte hat somit die Rechte und Pflichten, wie sie sich für den Dritten aus der Vereinbarung mit dem Vorkaufsverpflichteten ergeben. Nicht davon erfasst sind jedoch unübliche Vereinbarungen des Vorkaufsverpflichteten mit dem Drit- 7 ten, die nur für den Vorkaufsfall getroffen wurden und nicht zum Wesen des Kaufvertrags gehören (Palandt/*Weidenkaff* § 464 Rn 6, 7).

§ 465 Unwirksame Vereinbarungen

Eine Vereinbarung des Verpflichteten mit dem Dritten, durch welche der Kauf von der Nichtausübung des Vorkaufsrechts abhängig gemacht oder dem Verpflichteten für den Fall der Ausübung des Vorkaufsrechts der Rücktritt vorbehalten wird, ist dem Vorkaufsberechtigten gegenüber unwirksam.

§ 466 Nebenleistungen

[1]Hat sich der Dritte in dem Vertrag zu einer Nebenleistung verpflichtet, die der Vorkaufsberechtigte zu bewirken außerstande ist, so hat der Vorkaufsberechtigte statt der Nebenleistung ihren Wert zu entrichten. [2]Lässt sich die Nebenleistung nicht in Geld schätzen, so ist die Ausübung des Vorkaufsrechts ausgeschlossen; die Vereinbarung der Nebenleistung kommt jedoch nicht in Betracht, wenn der Vertrag mit dem Dritten auch ohne sie geschlossen sein würde.

§ 467 Gesamtpreis

[1]Hat der Dritte den Gegenstand, auf den sich das Vorkaufsrecht bezieht, mit anderen Gegenständen zu einem Gesamtpreis gekauft, so hat der Vorkaufsberechtigte einen verhältnismäßigen Teil des Gesamtpreises zu entrichten. [2]Der Verpflichtete kann verlangen, dass der Vorkauf auf alle Sachen erstreckt wird, die nicht ohne Nachteil für ihn getrennt werden können.

§ 468 Stundung des Kaufpreises

(1) Ist dem Dritten in dem Vertrag der Kaufpreis gestundet worden, so kann der Vorkaufsberechtigte die Stundung nur in Anspruch nehmen, wenn er für den gestundeten Betrag Sicherheit leistet.
(2) [1]Ist ein Grundstück Gegenstand des Vorkaufs, so bedarf es der Sicherheitsleistung insoweit nicht, als für den gestundeten Kaufpreis die Bestellung einer Hypothek an dem Grundstück vereinbart oder in Anrechnung auf den Kaufpreis eine Schuld, für die eine Hypothek an dem Grundstück besteht, übernommen worden ist. [2]Entsprechendes gilt, wenn ein eingetragenes Schiff oder Schiffsbauwerk Gegenstand des Vorkaufs ist.

§ 469 Mitteilungspflicht, Ausübungsfrist

(1) [1]Der Verpflichtete hat dem Vorkaufsberechtigten den Inhalt des mit dem Dritten geschlossenen Vertrags unverzüglich mitzuteilen. [2]Die Mitteilung des Verpflichteten wird durch die Mitteilung des Dritten ersetzt.
(2) [1]Das Vorkaufsrecht kann bei Grundstücken nur bis zum Ablauf von zwei Monaten, bei anderen Gegenständen nur bis zum Ablauf einer Woche nach dem Empfang der Mitteilung ausgeübt werden. [2]Ist für die Ausübung eine Frist bestimmt, so tritt diese an die Stelle der gesetzlichen Frist.

§ 470 Verkauf an gesetzlichen Erben

Das Vorkaufsrecht erstreckt sich im Zweifel nicht auf einen Verkauf, der mit Rücksicht auf ein künftiges Erbrecht an einen gesetzlichen Erben erfolgt.

§ 471 Verkauf bei Zwangsvollstreckung oder Insolvenz

Das Vorkaufsrecht ist ausgeschlossen, wenn der Verkauf im Wege der Zwangsvollstreckung oder aus einer Insolvenzmasse erfolgt.

§ 472 Mehrere Vorkaufsberechtigte

[1]Steht das Vorkaufsrecht mehreren gemeinschaftlich zu, so kann es nur im Ganzen ausgeübt werden. [2]Ist es für einen der Berechtigten erloschen oder übt einer von ihnen sein Recht nicht aus, so sind die übrigen berechtigt, das Vorkaufsrecht im Ganzen auszuüben.

§ 473 Unübertragbarkeit

[1]Das Vorkaufsrecht ist nicht übertragbar und geht nicht auf die Erben des Berechtigten über, sofern nicht ein anderes bestimmt ist. [2]Ist das Recht auf eine bestimmte Zeit beschränkt, so ist es im Zweifel vererblich.

Untertitel 3 Verbrauchsgüterkauf

§ 474 Begriff des Verbrauchsgüterkaufs

(1) [1]Kauft ein Verbraucher von einem Unternehmer eine bewegliche Sache (Verbrauchsgüterkauf), gelten ergänzend die folgenden Vorschriften. [2]Dies gilt nicht für gebrauchte Sachen, die in einer öffentlichen Versteigerung verkauft werden, an der der Verbraucher persönlich teilnehmen kann.
(2) [1]Auf die in diesem Untertitel geregelten Kaufverträge ist § 439 Abs. 4 mit der Maßgabe anzuwenden, dass Nutzungen nicht herauszugeben oder durch ihren Wert zu ersetzen sind. [2]Die §§ 445 und 447 sind nicht anzuwenden.

§ 475 Abweichende Vereinbarungen

(1) [1]Auf eine vor Mitteilung eines Mangels an den Unternehmer getroffene Vereinbarung, die zum Nachteil des Verbrauchers von den §§ 433 bis 435, 437, 439 bis 443 sowie von den Vorschriften dieses Untertitels abweicht, kann der Unternehmer sich nicht berufen. [2]Die in Satz 1 bezeichneten Vorschriften finden auch Anwendung, wenn sie durch anderweitige Gestaltungen umgangen werden.
(2) Die Verjährung der in § 437 bezeichneten Ansprüche kann vor Mitteilung eines Mangels an den Unternehmer nicht durch Rechtsgeschäft erleichtert werden, wenn die Vereinbarung zu einer Verjährungsfrist ab dem gesetzlichen Verjährungsbeginn von weniger als zwei Jahren, bei gebrauchten Sachen von weniger als einem Jahr führt.
(3) Die Absätze 1 und 2 gelten unbeschadet der §§ 307 bis 309 nicht für den Ausschluss oder die Beschränkung des Anspruchs auf Schadensersatz.

A. Individualvertraglicher Ausschluss von Schadensersatzansprüchen beim Verbrauchsgüterkauf

I. Muster: Individualvertraglicher Ausschluss von Schadensersatzansprüchen beim Verbrauchsgüterkauf 1

▶ Schadensersatzansprüche des Käufers sind ausgeschlossen. Dies gilt nicht für Ansprüche des Käufers, die auf vorsätzlichem Verhalten des Verkäufers beruhen.[1], [2] ◀

II. Erläuterungen und Varianten

[1] Ausschluss von Schadensersatzansprüchen. Gem. § 475 Abs. 1 können die dem Käufer nach § 437 Nr. 1 und Nr. 2 zustehenden Rechte beim Verbrauchsgüterkauf nicht abbedungen werden (MüKo-BGB/*Lorenz* § 475 Rn 3). Dagegen können Schadensersatzansprüche nach § 437 Nr. 3 durch Parteivereinbarung innerhalb der allgemeinen Grenzen ausgeschlossen oder beschränkt werden. Dies ist mit der Verbrauchsgüterkaufrichtlinie vereinbar, da diese Schadensersatzansprüche des Käufers nicht regelt (MüKo-BGB/*Lorenz* § 475 Rn 13; Palandt/*Weidenkaff* § 475 Rn 14). § 475 Abs. 3 erfasst den Schadensersatz statt der Leistung sowie Schadensersatz neben der Leistung und damit auch den Mangelfolgeschaden. Auch wenn § 475 Abs. 3 den Aufwendungsersatzanspruch nach § 437 Nr. 3 iVm § 284 nicht ausdrücklich erwähnt, kann auch dieser Anspruch ausgeschlossen werden, da der Aufwendungsersatzanspruch nach § 284 an die Stelle des Schadensersatzes tritt (MüKo-BGB/*Lorenz* § 475 Rn 14; Bamberger/ 2

Roth/*Faust* § 475 Rn 21). Gem. § 276 Abs. 3 kann die Haftung für Vorsatz im Voraus nicht abbedungen werden (Palandt/*Heinrichs* § 276 Rn 35).

3 **Unwirksame Vereinbarung.** Eine Klausel, die gegen § 475 Abs. 1 verstößt, zB weil sie sämtliche Gewährleistungsrechte des Käufers ausschließt, ist unwirksam. Eine geltungserhaltende Reduktion kommt nicht in Betracht. Die Wirksamkeit des Kaufvertrags bleibt davon unberührt. § 139 gilt insofern nicht (Palandt/*Weidenkaff* § 475 Rn 5; MüKo-BGB/*Lorenz* § 475 Rn 12)

4 **[2] Formularmäßiger Ausschluss von Schadensersatzansprüchen.** Werden Schadensersatzansprüche in AGB ausgeschlossen, unterliegt die Klausel der Inhaltskontrolle der §§ 305 ff (MüKo-BGB/*Lorenz* § 475 Rn 15; Palandt/*Weidenkaff* § 375 Rn 14). Bei neu hergestellten Sachen ist das Klauselverbot des § 309 Nr. 8 b ff zu beachten (Hk-BGB/*Saenger* § 475 Rn 3). Ein formularmäßiger Ausschluss von Schadensersatzansprüchen muss die Klauselverbote des § 309 Nr. 7 a und 7 b berücksichtigen (MüKo-BGB/*Lorenz* § 475 Rn 15). Um dem AGB-rechtlichen Verbot der geltungserhaltenden Reduktion des § 306 Rechnung zu tragen empfiehlt sich daher folgende Ausnahmeregelung:

▶ Dieser Ausschluss gilt nicht für Schadensersatzansprüche des Käufers aufgrund Verletzung des Lebens, des Körpers oder der Gesundheit, die auf einer fahrlässigen Pflichtverletzung des Verkäufers oder einer vorsätzlichen oder fahrlässigen Pflichtverletzung eines gesetzlichen Vertreters oder Erfüllungsgehilfen des Verkäufers beruhen sowie für die Haftung des Verkäufers für sonstige Schäden, die auf einer vorsätzlichen oder grob fahrlässigen Pflichtverletzung des Verkäufers, seines gesetzlichen Vertreters oder seines Erfüllungsgehilfen beruhen. ◀

B. Individualvertragliche Verkürzung der Verjährung bei gebrauchten Sachen

5 **I. Muster: Individualvertragliche Verkürzung der Verjährung iS des § 475 Abs. 2 bei gebrauchten Sachen[1]**

▶ Die Gewährleistungsansprüche des Käufers verjähren innerhalb eines Jahres nach Lieferung.[2] Für die Haftung des Verkäufers wegen Vorsatz gilt die gesetzliche Verjährung. ◀

II. Erläuterungen

6 **[1] Einleitung.** Im Fall des Verkaufs **neuer Sachen** kann die Verjährung der in § 437 bezeichneten Ansprüche nicht auf weniger als zwei Jahre abgekürzt werden (BGH NJW 2007, 674, 676). Es bleibt vielmehr bei der gesetzlichen Verjährungsfrist von zwei Jahren ab Ablieferung (§ 438 Abs. 1 Nr. 3, Abs. 2; BGH NJW 2007, 674, 677). Nur bei **gebrauchten Sachen** ist eine Abkürzung der Verjährung der Mängelansprüche des Käufers auf ein Jahr zulässig (BGH NJW 2007, 674, 677). Das Verbot des § 475 Abs. 2 gilt nicht nur für die Verkürzung der Verjährungsfrist, sondern erfasst auch alle Regelungen, die im Ergebnis die Verjährungsfrist verbotswidrig verkürzen, wie zB die Vorverlegung des Fristbeginns (MüKo-BGB/*Lorenz* § 475 Rn 17; Palandt/*Weidenkaff* § 475 Rn 11). Die Verjährung beginnt gem. § 438 Abs. 2 mit Übergabe. Auf diesen Zeitpunkt ist abzustellen (MüKo-BGB/*Lorenz* § 475 Rn 20).

7 **[2] Gebrauchte Sache.** Eine Sache ist gebraucht iS des § 474 Abs. 1 S. 2, wenn sie bereits benutzt worden ist (BGH NJW 2007, 674, 676). Ob ein Tier oder eine Sache neu oder gebraucht ist, ist nach einem objektiven Maßstab zu bestimmen und für den Verbrauchsgüterkauf einer Parteivereinbarung entzogen. Eine objektiv neue Sache kann demnach nicht mit der Beschaffenheitsvereinbarung „gebraucht" verkauft werden, um eine Abkürzung der Verjährung von Mängelansprüchen des Verbrauchers zu ermöglichen. Dies ergibt sich aus dem Sinn und Zweck des § 475 Abs. 2, wonach beim Kauf neuer Sachen nicht nur eine ausdrückliche Verkürzung der Verjährungsfrist unwirksam ist, sondern auch sonstige Vereinbarungen über eine Erleichterung der Verjährung, wenn sie im Ergebnis eine kürzere Frist als zwei Jahre ab Lieferung der Kauf-

sache zur Folge hat (BGH NJW 2007, 674, 677). Tiere sind nicht grds. als gebrauchte Sachen einzustufen (BGH NJW 2007, 674, 676).

Unwirksame Vereinbarung. Eine Vereinbarung, die gegen § 475 Abs. 2 verstößt, ist unwirksam. 8
Die Wirksamkeit des Kaufvertrages bleibt davon unberührt. § 139 gilt insofern nicht (Palandt/*Weidenkaff* § 475 Rn 13; MüKo-BGB/*Lorenz* § 475 Rn 22).

§ 476 Beweislastumkehr

Zeigt sich innerhalb von sechs Monaten seit Gefahrübergang ein Sachmangel, so wird vermutet, dass die Sache bereits bei Gefahrübergang mangelhaft war, es sei denn, diese Vermutung ist mit der Art der Sache oder des Mangels unvereinbar.

Zur Beweislastumkehr nach § 476 vgl oben § 437 Rn 18 ff. 1

§ 477 Sonderbestimmungen für Garantien

(1) [1]Eine Garantieerklärung (§ 443) muss einfach und verständlich abgefasst sein. [2]Sie muss enthalten
1. **den Hinweis auf die gesetzlichen Rechte des Verbrauchers sowie darauf, dass sie durch die Garantie nicht eingeschränkt werden, und**
2. **den Inhalt der Garantie und alle wesentlichen Angaben, die für die Geltendmachung der Garantie erforderlich sind, insbesondere die Dauer und den räumlichen Geltungsbereich des Garantieschutzes sowie Namen und Anschrift des Garantiegebers.**

(2) Der Verbraucher kann verlangen, dass ihm die Garantieerklärung in Textform mitgeteilt wird.
(3) Die Wirksamkeit der Garantieverpflichtung wird nicht dadurch berührt, dass eine der vorstehenden Anforderungen nicht erfüllt wird.

§ 478 Rückgriff des Unternehmers

(1) Wenn der Unternehmer die verkaufte neu hergestellte Sache als Folge ihrer Mangelhaftigkeit zurücknehmen musste oder der Verbraucher den Kaufpreis gemindert hat, bedarf es für die in § 437 bezeichneten Rechte des Unternehmers gegen den Unternehmer, der ihm die Sache verkauft hatte (Lieferant), wegen des vom Verbraucher geltend gemachten Mangels einer sonst erforderlichen Fristsetzung nicht.
(2) Der Unternehmer kann beim Verkauf einer neu hergestellten Sache von seinem Lieferanten Ersatz der Aufwendungen verlangen, die der Unternehmer im Verhältnis zum Verbraucher nach § 439 Abs. 2 zu tragen hatte, wenn der vom Verbraucher geltend gemachte Mangel bereits beim Übergang der Gefahr auf den Unternehmer vorhanden war.
(3) In den Fällen der Absätze 1 und 2 findet § 476 mit der Maßgabe Anwendung, dass die Frist mit dem Übergang der Gefahr auf den Verbraucher beginnt.
(4) [1]Auf eine vor Mitteilung eines Mangels an den Lieferanten getroffene Vereinbarung, die zum Nachteil des Unternehmers von den §§ 433 bis 435, 437, 439 bis 443 sowie von den Absätzen 1 bis 3 und von § 479 abweicht, kann sich der Lieferant nicht berufen, wenn dem Rückgriffsgläubiger kein gleichwertiger Ausgleich eingeräumt wird. [2]Satz 1 gilt unbeschadet des § 307 nicht für den Ausschluss oder die Beschränkung des Anspruchs auf Schadensersatz. [3]Die in Satz 1 bezeichneten Vorschriften finden auch Anwendung, wenn sie durch anderweitige Gestaltungen umgangen werden.
(5) Die Absätze 1 bis 4 finden auf die Ansprüche des Lieferanten und der übrigen Käufer in der Lieferkette gegen die jeweiligen Verkäufer entsprechende Anwendung, wenn die Schuldner Unternehmer sind.
(6) § 377 des Handelsgesetzbuchs bleibt unberührt.

A. Rückgewähr des Kaufpreises nach Rücktritt

1 **I. Muster: Klage des Letztverkäufers gegen Lieferanten auf Rückgewähr des Kaufpreises nach Rücktritt**

▶ An das

Amtsgericht/Landgericht ■■■[1]

Klage

■■■ – Kläger -

Prozessbevollmächtigte: ■■■

gegen

■■■ – Beklagter -

wegen Rückzahlung

Vorläufiger Streitwert: ■■■

Namens und im Auftrag des Klägers erheben wir hiermit Klage und werden in der mündlichen Verhandlung beantragen:

1. Der Beklagte wird verurteilt, an den Kläger EUR ■■■ nebst Zinsen hieraus iHv 5 Prozentpunkten über dem Basiszinssatz seit dem ■■■ Zug-um-Zug gegen Übergabe und Übereignung der Waschmaschine des Typs ■■■ zu bezahlen.[2]
2. Es wird festgestellt, dass sich der Beklagte seit dem ■■■ mit der Annahme der in Klageantrag Ziffer 1 bezeichneten Übergabe und Übereignung der Waschmaschine des Typs ■■■ in Verzug befindet.[3]
3. Der Beklagte trägt die Kosten des Rechtsstreits.
4. Das Urteil ist – notfalls gegen Sicherheitsleistung – vorläufig vollstreckbar.

Begründung

1. Der Kläger macht einen Anspruch auf Rückzahlung des Kaufpreises nach Rücktritt gem. § 437 Nr. 2, 1. Alt. iVm §§ 323, 346 Abs. 1 BGB geltend.
   Der Kläger ist Inhaber eines Einzelhandelsgeschäfts für Elektrogeräte und hat am ■■■ vom Beklagten, einem Großlieferanten für Elektrogeräte, eine Waschmaschine des Typs ■■■ zu einem Kaufpreis iHv EUR ■■■ gekauft.[4]
   Beweis: Kaufvertrag vom ■■■ in Kopie als Anlage K1
   Die Waschmaschine wurde dem Kläger am ■■■ vereinbarungsgemäß geliefert
   Beweis: Lieferschein vom ■■■ in Kopie als Anlage K2
   und vom Kläger bar bezahlt.
   Beweis: Quittung vom ■■■ in Kopie als Anlage K3
   Der Kläger hat die Waschmaschine am ■■■ unverzüglich untersucht, in Gang gesetzt und dabei keinen Mangel festgestellt.
   Beweis: Mitarbeiterin des Klägers ■■■ (ladungsfähige Anschrift) als Zeugin
   Am ■■■ hat der Kläger die genannte Waschmaschine Herrn ■■■ zum privaten Gebrauch zu einem Kaufpreis iHv EUR ■■■ verkauft.[5]
   Beweis: Kaufvertrag vom ■■■ in Kopie als Anlage K4

Herr ▪▪▪ hat die Waschmaschine am selben Tag in bar bezahlt.
Beweis: Quittung vom ▪▪▪ in Kopie als Anlage K5
Der Kläger hat Herrn ▪▪▪ die genannte Waschmaschine vereinbarungsgemäß am ▪▪▪ geliefert.
Beweis: Lieferschein vom ▪▪▪ in Kopie als Anlage K6
Mit Schreiben vom ▪▪▪ hat Herr ▪▪▪ dem Kläger mitgeteilt, dass der Schleudergang der Waschmaschine nach mehreren Waschgängen nicht mehr funktioniert hat und unter Fristsetzung zur Neulieferung einer Waschmaschine des Typs gegen Rückgabe der mangelhaften Waschmaschine aufgefordert.
Beweis: Schreiben des Herrn ▪▪▪ vom ▪▪▪ in Kopie als Anlage K7
Der Kläger hat Herrn ▪▪▪ am ▪▪▪ Zug-um-Zug gegen Rückgabe der defekten Waschmaschine eine neue Waschmaschine des Typs ▪▪▪ geliefert.[6]
Beweis: Lieferschein vom ▪▪▪ in Kopie als Anlage K8
Der Kläger hat die Waschmaschine durch einen Sachverständigen überprüfen lassen, der zu dem Ergebnis gekommen ist, dass der Schleudergang der Waschmaschine aufgrund eines Fehlers in der Elektronik nicht funktioniert. Dieser Mangel lag bereits bei Übergabe der Waschmaschine durch den Beklagten an den Kläger vor.[7]
Beweis: Sachverständigengutachten vom ▪▪▪ in Kopie als Anlage K9
Der Kläger hat den Beklagten mit Schreiben vom ▪▪▪ über den Mangel der Waschmaschine informiert, den Rücktritt vom Kaufvertrag erklärt und den Beklagten Zug-um-Zug gegen Rückgabe der defekten Waschmaschine des Typs▪▪▪ zur Zahlung von EUR ▪▪▪ aufgefordert.[8], [9]
Beweis: Schreiben des Klägers vom ▪▪▪ in Kopie als Anlage K10
Dieser Aufforderung ist der Beklagte bislang nicht nachgekommen.
Der Anspruch des Klägers ergibt sich aus § 437 Nr. 2, 1. Alt. iVm §§ 323, 346 BGB.

2. Da der Beklagte der Aufforderung des Klägers zur Zahlung von EUR ▪▪▪ vom ▪▪▪ nicht nachgekommen ist, befindet er sich seit dem ▪▪▪ in Verzug gem. § 286 Abs. 1 BGB. Der Zinsanspruch folgt aus § 288 Abs. 1 BGB.[10]
3. Die Zulässigkeit des Klageantrags Ziffer 2 ergibt sich aus § 756 ZPO.

Da der Beklagte die vom Kläger angebotene Übergabe und Übereignung der Waschmaschine des Typs ▪▪▪ nicht angenommen hat, befindet er sich seit dem ▪▪▪ in Annahmeverzug gem. § 293 BGB.

▪▪▪, den ▪▪▪

▪▪▪

Rechtsanwalt ◄

II. Erläuterungen

[1] Zuständigkeit. (a) **Sachliche Zuständigkeit.** Gem. § 23 Nr. 1 GVG ist für Streitwerte bis EUR 5.000,00 das Amtsgericht und gem. § 71 Abs. 1 GVG für Streitwerte über EUR 5.000,00 das Landgericht zuständig. Der Zuständigkeitsstreitwert richtet sich nach dem Wert der zurückgeforderten Leistung (BFB/*Koebele*/*U. Locher* S. 479) 2

(b) **Örtliche Zuständigkeit.** Vgl § 437 Rn 44. 3

[2] **Klageantrag auf Rückzahlung des Kaufpreises.** Vgl § 437 Rn 45. 4

[3] **Antrag auf Feststellung des Annahmeverzugs.** Zur Erleichterung der Zwangsvollstreckung des Zug-um-Zug-Antrags gem. § 756 Abs. 1 ZPO ist zu empfehlen, den Beklagten in Annahmeverzug zu setzen und einen Antrag auf Feststellung des Annahmeverzugs zu stellen (dazu ausführlich § 433 Rn 33). 5

[4] **Unternehmerregress.** Kauft ein Unternehmer von einem anderen Unternehmer, dem sog. Lieferanten (vgl § 478 Rn 7), eine mangelhafte Sache und wird diese Sache an einen Verbraucher veräußert, der dann gegen den Unternehmer Ansprüche wegen des Mangels geltend macht, kann der Unternehmer Regressansprüche gegen den Lieferanten nach §§ 478, 479 geltend ma- 6

chen (MüKo-BGB/*Lorenz* § 478 Rn 1). Der Unternehmer, der einem Verbraucher eine neue Sache veräußert, wird als Letztverkäufer bezeichnet (Hk-BGB/*Saenger* § 479 Rn 1). Es wurde darauf verzichtet, den Unternehmerregress selbständig zu regeln. Dem Letztverkäufer stehen daher gegen den Lieferanten die Gewährleistungsrechte des § 437 zu, die jedoch durch § 478 modifiziert werden (**sog. unselbständiger Regress**; Hk-BGB/*Saenger* § 479 Rn 1; MüKo-BGB/*Lorenz* § 478 Rn 4). § 478 Abs. 2 gewährt dem Letztverkäufer einen eigenständigen Aufwendungsersatzanspruch gegen den Lieferanten (vgl § 478 Rn 19 ff). Durch diese Regelungen soll vermieden werden, dass der Letztverkäufer, insbesondere der Einzelhandel, allein die Last des Verbrauchsgüterrechts zu tragen hat, wenn der Grund für seine Inanspruchnahme durch den Verbraucher nicht bei ihm, sondern zB bei seinem Lieferanten entstanden ist (Palandt/*Weidenkaff* § 478 Rn 2). Entsprechendes gilt gem. § 478 Abs. 5 in der Lieferkette (Hk-BGB/*Saenger* § 479 Rn 1).

7 (a) **Kaufvertrag zwischen Unternehmern.** Die Anwendung der Regressregelungen setzt einen Kaufvertrag zwischen zwei Unternehmern iS des § 14 voraus (Unternehmerbegriff vgl § 433 Rn 4; Hk-BGB/*Saenger* § 479 Rn 4). Es ist daher erforderlich, dass beide Parteien des Kaufvertrags den Vertrag in ihrer Eigenschaft als Unternehmer abschließen. Der Verkäufer wird gem. § 478 Abs. 1 als Lieferant bezeichnet (MüKo-BGB/*Lorenz* § 478 Rn 9).

8 (b) **Anwendbarkeit deutschen Rechts.** Die §§ 478, 479 setzen voraus, dass die gesamten Lieferbeziehungen deutschem Recht unterliegen. Dies ist nach hM auch dann der Fall, wenn das UN-Kaufrecht anwendbar ist (Hk-BGB/*Saenger* § 479 Rn 4; Palandt/*Weidenkaff* § 478 Rn 3; aA MüKo-BGB/*Lorenz* § 478 Rn 10). Der Vertrag zwischen dem Letztverkäufer und dem Verbraucher muss nicht deutschem Recht unterstehen (MüKo-BGB/*Lorenz* § 478 Rn 11).

9 [5] **Verbrauchsgüterkauf über neu hergestellte Sache.** § 478 setzt als Endverkauf einen Verbrauchsgüterkauf über eine neu hergestellte Sache voraus (Verbrauchsgüterkauf vgl § 433 Rn 4; BGH NJW 2006, 47, 50; Hk-BGB/*Saenger* § 479 Rn 4; MüKo-BGB/*Lorenz* § 478 Rn 8, 14). Eine analoge Anwendung des § 478 für den Fall, dass kein Verbrauchsgüterkauf des Letzterkäufers vorliegt, ist abzulehnen. Eine vertragliche Vereinbarung, nach der §§ 478, 479 auf den Endverkauf an einen Unternehmer anwendbar sind, ist unwirksam (BGHZ 164, 186, 214 ff; MüKo-BGB/*Lorenz* § 478 Rn 14). Die Sache, die der Letztverkäufer an den Verbraucher verkauft, muss dieselbe Sache sein, die er vom Lieferanten gekauft hat. Gestaltet der Letztverkäufer die vom Lieferanten gekaufte Sache dergestalt um, dass nach der Verkehrsanschauung eine neue Sache entsteht, ist § 478 nicht anwendbar (MüKo-BGB/*Lorenz* § 478 Rn 15). Der Kläger, der Regressansprüche gegen seinen Lieferanten geltend macht, hat die Voraussetzungen eines Verbrauchsgüterkaufs über eine neu hergestellte bewegliche Sache darzulegen und zu beweisen (Palandt/*Weidenkaff* § 478 Rn 5).

10 [6] **Rücknahme oder Minderung.** § 478 Abs. 1 setzt voraus, dass der Letztverkäufer die Kaufsache vom Unternehmer aufgrund des Mangels zurücknehmen musste oder der Kaufpreis durch den Verbraucher gemindert wurde. Erforderlich ist daher, dass der Verbraucher seine Rechte geltend gemacht und verlangt hat (MüKo-BGB/*Lorenz* § 478 Rn 17). Das Begehren des Verbrauchers gegenüber dem Letztverkäufer muss berechtigt und einredefrei sein. Dies ist nicht der Fall, wenn kein Sachmangel gegeben war oder der Anspruch gem. § 438 bereits verjährt oder nicht mehr geltend gemacht werden kann. Eine freiwillige Rücknahme ist nicht ausreichend (Hk-BGB/*Saenger* § 479 Rn 5; MüKo-BGB/*Lorenz* § 478 Rn 19). Eine Verurteilung des Letztverkäufers ist nicht erforderlich. Die Rücknahme kann auf Nacherfüllung, Rücktritt oder auf der Geltendmachung des großen Schadensersatzanspruchs beruhen (Hk-BGB/*Saenger* § 479 Rn 5; Palandt/*Weidenkaff* § 478 Rn 10). Dabei ist unerheblich, ob der Letztverkäufer die Rücknahme durch Nachbesserung hätte abwenden können (Bamberger/Roth/*Faust* § 478 Rn 18). Nach hM ist § 478 Abs. 1 auch anwendbar, wenn der Verbraucher den kleinen Schadensersatzanspruch geltend macht und die Sache behält (Bamberger/Roth/*Faust* § 478 Rn 20; MüKo-

BGB/*Lorenz* § 478 Rn 18). § 478 Abs. 1 gilt auch dann, wenn der Verbraucher die Sache aufgrund des Mangels von vornherein zurückweist (Bamberger/Roth/*Faust* § 478 Rn 19; MüKo-BGB/*Lorenz* § 478 Rn 18).

Beweislast. Der Letztverkäufer hat die Berechtigung des Begehrens des Verbrauchers gegenüber dem Unternehmer und die Rücknahme der Kaufsache darzulegen und zu beweisen (Palandt/*Weidenkaff* § 478 Rn 5; MüKo-BGB/*Lorenz* § 478 Rn 20). Hat der Verbraucher seine Rechte klageweise erfolgreich gegen den Letztverkäufer geltend gemacht, wirkt dieses Urteil jedoch nicht im Verhältnis zwischen Letztverkäufer und Lieferanten. Verkündet der Letztverkäufer im Verfahren gegen den Verbraucher dem Lieferanten den Streit, kann er für das Verfahren gegen Lieferanten die Interventionswirkung gem. §§ 74, 68 ZPO herbeiführen (MüKo-BGB/*Lorenz* § 478 Rn 20). 11

[7] **Mangel.** Gewährleistungsansprüche des Letztverkäufers gegen den Lieferanten setzen einen Sachmangel iS des § 434 voraus. Ob dies der Fall ist, ist unabhängig davon zu prüfen, ob sich der Verbraucher im Verhältnis zum Letztverkäufer auf einen Sachmangel berufen kann, da das Vertragsverhältnis zwischen Verbraucher und Letztverkäufer und Letztverkäufer und Lieferant gesondert zu beurteilen ist und unterschiedlich ausgestaltet sein kann. Es ist daher möglich, dass im Verhältnis zwischen Verbraucher und Letztverkäufer ein Sachmangel zu bejahen ist, nicht dagegen im Verhältnis zwischen Lieferant und Letztverkäufer. Ein solcher Fall ist denkbar, wenn der Letztverkäufer dem Verbraucher eine bestimmte Beschaffenheit zusichert, die der der Lieferant dem Letztverkäufer nicht zugesichert hat (Hk-BGB/*Saenger* § 479 Rn 6; MüKo-BGB/*Lorenz* § 478 Rn 23). 12

Beweislastumkehr gem. §§ 478 Abs. 3, 476. Macht der Letztverkäufer gegen den Lieferanten Gewährleistungsrechte nach § 437 geltend, trifft ihn grds. die Darlegungs- und Beweislast für das Vorliegen eines Sachmangels im Zeitpunkt des Gefahrenübergangs (Palandt/*Weidenkaff* § 478 Rn 5). Sind die Voraussetzungen des § 478 Abs. 1 erfüllt, gilt gem. § 478 Abs. 3 die Beweislastregelung des § 476 auch für das Verhältnis zwischen dem Letztverkäufer und Lieferanten (zu § 476 vgl § 437 Rn 18 ff). Für den Beginn der Frist ist gem. § 478 Abs. 3 auf den Zeitpunkt abzustellen, in dem die Gefahr auf den Verbraucher übergeht (zum Gefahrenübergang vgl § 446 Rn 2; Hk-BGB/*Saenger* § 479 Rn 6; Palandt/*Weidenkaff* § 478 Rn 17). Steht nicht fest, wann der Mangel entstanden ist, wird demnach vermutet, dass der Mangel bereits im Zeitpunkt des Gefahrenübergangs vorhanden war. Der Lieferant hat dann den Beweis zu führen, dass die Sache im Zeitpunkt des Gefahrenübergangs nicht mangelhaft war (Palandt/*Weidenkaff* § 478 Rn 17). Greift die Beweislastvermutung nach §§ 478 Abs. 3, 476 nicht, gelten die allgemeinen Beweisregeln (Hk-BGB/*Saenger* § 479 Rn 6). 13

[8] **Entbehrlichkeit der Fristsetzung.** Die Geltendmachung der Gewährleistungsrechte durch den Käufer setzen grds. voraus, dass der Käufer den Verkäufer erfolglos eine Frist zur Nacherfüllung gesetzt hat (vgl § 437 Rn 2). Liegen die Voraussetzungen des § 478 Abs. 1 vor (vgl § 478 Rn 10), ist eine solche Fristsetzung jedoch entbehrlich. Der Letztverkäufer ist in diesem Fall nicht vorrangig auf die Nacherfüllung verwiesen, sondern kann unmittelbar zurücktreten, mindern oder Schadensersatz verlangen (Hk-BGB/*Saenger* § 479 Rn 3; Palandt/*Weidenkaff* § 478 Rn 10). IÜ müssen die Voraussetzungen der Gewährleistungsansprüche des Letztverkäufers gegen den Lieferanten gem. § 437 erfüllt sein (MüKo-BGB/*Lorenz* § 478 Rn 23; Palandt/*Weidenkaff* § 478 Rn 11). 14

[9] **Untersuchungs- und Rügepflicht gem. § 377 HGB.** Gem. § 478 Abs. 6 bleibt § 377 HGB unberührt und ist daher für den Vertrag zwischen Letztverkäufer und Lieferanten anwendbar (Hk-BGB/*Saenger* § 479 Rn 7). Dies bedeutet, dass der Letztverkäufer im Fall eines Handelskaufs gem. § 377 Abs. 1 HGB dazu verpflichtet ist, die Sache unverzüglich zu untersuchen und im Fall eines Mangels diesen dem Lieferanten unverzüglich anzuzeigen. Der Umfang der Untersuchungspflicht richtet sich nach den konkreten Umständen des Einzelfalls (Baumbach/ 15

Hopt/*Hopt* § 377 Rn 25). Bei Maschinen ist idR ein Probelauf erforderlich (Baumbach/Hopt/*Hopt* § 377 Rn 26). Verletzt der Käufer diese Pflicht, gilt die mangelhafte Sache gem. § 377 Abs. 2 HGB als genehmigt. Handelt es sich um einen verdeckten Mangel, der bei der nach § 377 HGB erforderlichen Untersuchung nach nicht erkennbar war – wie im vorliegenden Muster – und zeigt sich dieser Mangel später, so muss dieser gem. § 377 Abs. 3 HGB unverzüglich angezeigt werden, da die Sache sonst als genehmigt gilt. Greift die Genehmigungsfiktion des § 377 Abs. 3 HGB sind die Gewährleistungsrechte des Letzterkäufers gegen den Lieferanten ausgeschlossen.

16 **Mängelanzeige.** Die Anzeige des Mangels ist formfrei möglich, wenn auch aus Beweisgründen Schriftform und Zusendung per Einschreiben/Rückschein zu empfehlen ist (Baumbach/Hopt/*Hopt* § 377 Rn 43). In der Mängelanzeige muss die Art und der Umfang des Mangels mind. in allgemeiner Form beschrieben sein (Baumbach/Hopt/*Hopt* § 377 Rn 42).

17 **Beweislast.** Die Beweislast für die unverzügliche Untersuchung sowie die rechtzeitige Rüge und ihren Zugang trägt der Käufer bzw im vorliegenden Fall der Letztverkäufer. Liegt ein verdeckter Mangel vor, hat der Käufer bzw Letztverkäufer darzulegen und zu beweisen, dass der Mangel bei der vorgenommenen Untersuchung nicht erkennbar war (Baumbach/Hopt/*Hopt* § 377 Rn 55).

18 [10] **Verzugszinsen.** Der Zinsanspruch ergibt sich aus § 288 Abs. 1 und setzt Verzug des Schuldners iS des § 286 voraus. Die Voraussetzungen des § 286 sind vom Kläger darzulegen und zu beweisen (Hk-BGB/*Schulze* § 286 Rn 32; Palandt/*Grüneberg* § 286 Rn 49).

B. Aufwendungsersatz

19 **I. Muster: Klage auf Aufwendungsersatz gem. § 478 Abs. 2**

► An das

Amtsgericht/Landgericht ▪▪▪[1]

Klage

▪▪▪ – Kläger -

Prozessbevollmächtigte: ▪▪▪

gegen

▪▪▪ – Beklagter -

wegen Aufwendungsersatz

Vorläufiger Streitwert: ▪▪▪

Namens und im Auftrag des Klägers erheben wir hiermit Klage und werden in der mündlichen Verhandlung beantragen:

1. Der Beklagte wird dazu verurteilt, an den Kläger EUR ▪▪▪ nebst Zinsen hieraus iHv 5 Prozentpunkten über dem Basiszinssatz seit dem ▪▪▪ zu zahlen.
2. Der Beklagte trägt die Kosten des Rechtsstreits.
3. Das Urteil ist – notfalls gegen Sicherheitsleistung – vorläufig vollstreckbar.

Begründung

Mit vorliegender Klage macht der Kläger einen Anspruch auf Ersatz von Aufwendungen gem. § 478 Abs. 2 BGB geltend.[2]

Der Kläger betreibt eine Gärtnerei, in der er auch Gartengeräte verkauft. Der Kläger hat am ▪▪▪ vom Beklagten, der Rasenmäher herstellt, einen motorbetriebenen Sitzrasenmäher des Typs ▪▪▪ zu einem Kaufpreis iHv EUR ▪▪▪ gekauft.

Beweis: Kaufvertrag vom ▪▪▪ in Kopie als Anlage K1

Der genannte Sitzrasenmäher wurde dem Kläger am ■■■ vereinbarungsgemäß geliefert

Beweis: Lieferschein vom ■■■ in Kopie als Anlage K2

und vom Kläger am selben Tag bezahlt.

Beweis: Quittung vom ■■■ in Kopie als Anlage K3

Der Kläger hat den Sitzrasenmäher unverzüglich untersucht und in Gang gesetzt und dabei keinen Mangel festgestellt.[4]

Beweis: Mitarbeiter des Klägers ■■■ (ladungsfähige Anschrift) als Zeuge

Am ■■■ hat der Kläger den Sitzrasenmäher an Herrn ■■■ zu privaten Zwecken verkauft

Beweis: Kaufvertrag vom ■■■ in Kopie als Anlage K4

und am selben Tag an Herrn ■■■ ausgeliefert.

Beweis: Lieferschein vom ■■■ in Kopie als Anlage K5

Herr ■■■ hat den Kaufpreis iHv EUR ■■■ am selben Tag bezahlt.

Beweis: Quittung vom ■■■ in Kopie als Anlage K6

Mit Schreiben vom ■■■ hat Herr ■■■ den Beklagten davon in Kenntnis gesetzt, dass die Gangschaltung des genannten Sitzrasenmähers nach mehrfacher Benutzung nicht mehr ordnungsgemäß funktioniert und unter Fristsetzung zur Nachbesserung aufgefordert.

Beweis: Schreiben vom ■■■ in Kopie als Anlage K7

Der Mitarbeiter des Klägers Herr ■■■ hat die Gangschaltung des Sitzrasenmähers am ■■■ repariert.[5]

Beweis: Mitarbeiter des Klägers ■■■ (ladungsfähige Anschrift) als Zeuge

Der Sitzrasenmäher weist einen konstruktionsbedingten Fehler der Gangschaltung auf, der dazu führt, dass die Gangschaltung nach mehrmaligem Gebrauch nicht mehr ordnungsgemäß funktioniert. Dieser Mangel lag bereits bei Übergabe des Sitzrasenmähers durch den Beklagten an den Kläger vor.[3]

Beweis: Sachverständigengutachten

Mit Schreiben vom ■■■ hat der Kläger den Beklagten über diesen Mangel informiert.

Beweis: Schreiben vom ■■■ in Kopie als Anlage K8

Die Reparatur des Rasenmähers nahm drei Arbeitsstunden für je EUR ■■■ in Anspruch. Für die Reparatur des Rasenmähers ist dem Kläger daher ein Arbeitsaufwand iHv EUR ■■■ entstanden.

Beweis: Mitarbeiter des Klägers ■■■ b.b. als Zeuge

Aufgrund der Reparatur des Rasenmähers konnte der Mitarbeiter ■■■ nicht bei einem Auftrag zur Gartengestaltung bei ■■■ eingesetzt werden.[6]

Beweis: Mitarbeiter des Klägers ■■■ b.b. als Zeuge

Mit Schreiben vom ■■■ hat der Kläger den Beklagten dazu aufgefordert, den für die Reparatur des Rasenmähers erforderlichen Aufwand iHv EUR ■■■ bis zum ■■■ zu bezahlen.

Beweis: Schreiben vom ■■■ in Kopie als Anlage K9

Dieser Aufforderung ist der Beklagte bislang nicht nachgekommen.

Dem Kläger steht gem. § 478 Abs. 2 BGB gegen den Beklagten ein Anspruch auf Ersatz der für die Nachbesserung erforderlichen Aufwendungen iHv EUR ■■■ zu.

Da der Beklagte der Aufforderung vom ■■■, dem Kläger den Aufwand bis zum ■■■ zu ersetzen, nicht nachgekommen ist, befindet sich der Beklagte seit dem ■■■ gem. § 286 Abs. 1 BGB in Verzug. Der Zinsanspruch ergibt sich aus § 288 Abs. 1 BGB.[7]

■■■, den ■■■

■■■

Rechtsanwalt ◄

II. Erläuterungen

20 [1] **Sachliche Zuständigkeit.** Gem. § 23 Nr. 1 GVG ist für Streitwerte bis EUR 5.000,00 das Amtsgericht und gem. § 71 Abs. 1 GVG für Streitwerte über EUR 5.000,00 das Landgericht zuständig. Bei einer Zahlungsklage bemisst sich der Streitwert nach dem geforderten Betrag (Hk-ZPO/*Bendtsen* § 3 Rn 2).

21 [2] **Aufwendungsersatzanspruch gem. § 478 Abs. 2.** § 478 Abs. 2 gibt dem Letztverkäufer einen eigenständigen Anspruch gegen Lieferanten auf Aufwendungsersatz, wenn der Letztverkäufer vom Verbraucher gem. § 439 Abs. 3 auf Nacherfüllung in Anspruch genommen wurde (Hk-BGB/*Saenger* § 479 Rn 14). § 478 Abs. 2 ist eine eigenständige Anspruchsgrundlage. § 478 Abs. 2 gewährt dem Letztverkäufer gegen den Lieferanten einen verschuldensunabhängigen Aufwendungsersatzanspruch. Ohne die Regelung des § 478 Abs. 2 könnte der Letztverkäufer vom Lieferanten die Aufwendungen iS des § 478 Abs. 2 nur als Schadensersatz geltend machen, der Verschulden des Lieferanten voraussetzt (Bamberger/Roth/*Faust* § 478 Rn 23).

22 [3] **Mangel.** § 478 Abs. 2 setzt einen Mangel voraus, der bereits im Zeitpunkt des Gefahrenübergangs vom Lieferanten auf den Letztverkäufer vorhanden war. Dieser Mangel muss im Verhältnis zwischen Letztverkäufer und Lieferanten bestehen (Bamberger/Roth/*Faust* § 478 Rn 23). Diese Voraussetzung ist vom Kläger darzulegen und zu beweisen, wobei dem Letztverkäufer gem. § 478 Abs. 3 die Beweislastumkehr gem. § 476 zugutekommt (Hk-BGB/*Saenger* § 479 Rn 16).

23 [4] **Untersuchungs- und Rügepflicht gem. § 377 HGB.** Der Letztverkäufer muss seiner Untersuchungs- und Rügepflicht gem. § 377 HGB nachgekommen sein (dazu vgl § 478 Rn 15; Bamberger/Roth/*Faust* § 478 Rn 23).

24 [5] **Pflicht zur Nacherfüllung.** Der Anspruch nach § 478 Abs. 2 setzt voraus, dass der Letztverkäufer dem Verbraucher gegenüber zur Nacherfüllung verpflichtet war (MüKo-BGB/*Lorenz* § 478 Rn 27).

25 [6] **Aufwendungen iS des § 478 Abs. 2.** § 478 Abs. 2 gilt für Aufwendungen für die Nacherfüllung gem. § 439 Abs. 2. Dazu zählen insbesondere Transport-, Arbeits-, Wege-, und Materialkosten (Hk-BGB/*Saenger* § 479 Rn 16; MüKo-BGB/*Lorenz* § 478 Rn 29). Wird vorhandenes Personal eingesetzt, sind die Personalkosten nur dann ersatzfähig, wenn das Personal aufgrund des Arbeitsaufwands für die Nacherfüllung nicht anderweitig eingesetzt werden konnte (MüKo-BGB/*Lorenz* § 478 Rn 29 a; Bamberger/Roth/*Faust* § 478 Rn 24).

26 [7] **Verzugszinsen.** Der Zinsanspruch ergibt sich aus § 288 Abs. 1 und setzt Verzug des Schuldners iS des § 286 voraus. Die Voraussetzungen des § 286 sind vom Kläger darzulegen und zu beweisen (Hk-BGB/*Schulze* § 286 Rn 32; Palandt/*Grüneberg* § 286 Rn 49).

§ 479 Verjährung von Rückgriffsansprüchen

(1) Die in § 478 Abs. 2 bestimmten Aufwendungsersatzansprüche verjähren in zwei Jahren ab Ablieferung der Sache.

(2) [1]Die Verjährung der in den §§ 437 und 478 Abs. 2 bestimmten Ansprüche des Unternehmers gegen seinen Lieferanten wegen des Mangels einer an einen Verbraucher verkauften neu hergestellten Sache tritt frühestens zwei Monate nach dem Zeitpunkt ein, in dem der Unternehmer die Ansprüche des Verbrauchers erfüllt hat. [2]Diese Ablaufhemmung endet spätestens fünf Jahre nach dem Zeitpunkt, in dem der Lieferant die Sache dem Unternehmer abgeliefert hat.

(3) Die vorstehenden Absätze finden auf die Ansprüche des Lieferanten und der übrigen Käufer in der Lieferkette gegen die jeweiligen Verkäufer entsprechende Anwendung, wenn die Schuldner Unternehmer sind.

Untertitel 4 Tausch

§ 480 Tausch

Auf den Tausch finden die Vorschriften über den Kauf entsprechende Anwendung.

Titel 2 Teilzeit-Wohnrechteverträge[1]

§ 481 Begriff des Teilzeit-Wohnrechtevertrags

(1) [1]Teilzeit-Wohnrechteverträge sind Verträge, durch die ein Unternehmer einem Verbraucher gegen Zahlung eines Gesamtpreises das Recht verschafft oder zu verschaffen verspricht, für die Dauer von mindestens drei Jahren ein Wohngebäude jeweils für einen bestimmten oder zu bestimmenden Zeitraum des Jahres zu Erholungs- oder Wohnzwecken zu nutzen. [2]Das Recht kann ein dingliches oder anderes Recht sein und insbesondere auch durch eine Mitgliedschaft in einem Verein oder einen Anteil an einer Gesellschaft eingeräumt werden.
(2) Das Recht kann auch darin bestehen, die Nutzung eines Wohngebäudes jeweils aus einem Bestand von Wohngebäuden zu wählen.
(3) Einem Wohngebäude steht ein Teil eines Wohngebäudes gleich.

§ 482 Prospektpflicht bei Teilzeit-Wohnrechteverträgen

(1) Wer als Unternehmer den Abschluss von Teilzeit-Wohnrechteverträgen anbietet, hat jedem Verbraucher, der Interesse bekundet, einen Prospekt auszuhändigen.
(2) Der in Absatz 1 bezeichnete Prospekt muss eine allgemeine Beschreibung des Wohngebäudes oder des Bestandes von Wohngebäuden sowie die in der Rechtsverordnung nach Artikel 242 des Einführungsgesetzes zum Bürgerlichen Gesetzbuche bestimmten Angaben enthalten.
(3) Der Unternehmer kann vor Vertragsschluss eine Änderung gegenüber den im Prospekt enthaltenen Angaben vornehmen, soweit dies auf Grund von Umständen erforderlich wird, auf die er keinen Einfluss nehmen konnte.
(4) In jeder Werbung für den Abschluss von Teilzeit-Wohnrechteverträgen ist anzugeben, dass der Prospekt erhältlich ist und wo er angefordert werden kann.

§ 483 Vertrags- und Prospektsprache bei Teilzeit-Wohnrechteverträgen

(1) [1]Der Vertrag ist in der Amtssprache oder, wenn es dort mehrere Amtssprachen gibt, in der vom Verbraucher gewählten Amtssprache des Mitgliedstaats der Europäischen Union oder des Vertragsstaats des Abkommens über den Europäischen Wirtschaftsraum abzufassen, in dem der Verbraucher seinen Wohnsitz hat. [2]Ist der Verbraucher Angehöriger eines anderen Mitgliedstaats, so kann er statt der Sprache seines Wohnsitzstaats auch die oder eine der Amtssprachen des Staats, dem er angehört, wählen. [3]Die Sätze 1 und 2 gelten auch für den Prospekt.
(2) Ist der Vertrag vor einem deutschen Notar zu beurkunden, so gelten die §§ 5 und 16 des Beurkundungsgesetzes mit der Maßgabe, dass dem Verbraucher eine beglaubigte Übersetzung des Vertrags in der von ihm nach Absatz 1 gewählten Sprache auszuhändigen ist.
(3) Teilzeit-Wohnrechteverträge, die Absatz 1 Satz 1 und 2 oder Absatz 2 nicht entsprechen, sind nichtig.

§ 484 Schriftform bei Teilzeit-Wohnrechteverträgen

(1) [1]Der Teilzeit-Wohnrechtevertrag bedarf der schriftlichen Form, soweit nicht in anderen Vorschriften eine strengere Form vorgeschrieben ist. [2]Der Abschluss des Vertrags in elektronischer Form ist ausgeschlossen. [3]Die in dem in § 482 bezeichneten, dem Verbraucher ausgehändigten Prospekt enthaltenen Angaben werden Inhalt des Vertrags, soweit die Parteien nicht ausdrücklich und unter Hinweis auf die Abweichung vom Prospekt eine abweichende Vereinbarung treffen. [4]Solche Änderungen müssen dem Verbraucher vor Abschluss des Vertrags mitgeteilt werden. [5]Unbeschadet der Geltung der Prospektangaben nach Satz 3 muss die Vertragsurkunde die in der in § 482 Abs. 2 bezeichneten Rechtsverordnung bestimmten Angaben enthalten.
(2) [1]Der Unternehmer hat dem Verbraucher eine Vertragsurkunde oder Abschrift der Vertragsurkunde auszuhändigen. [2]Er hat ihm ferner, wenn die Vertragssprache und die Sprache des Staates, in dem das Wohngebäude belegen ist, verschieden sind, eine beglaubigte Übersetzung des Vertrags in der oder einer zu den Amtssprachen der Europäischen Union oder des Übereinkommens über den Europäischen Wirtschaftsraum zählenden Sprache

1 Dieser Titel dient der Umsetzung der Richtlinie 94/47/EG des Europäischen Parlaments und des Rates vom 26. Oktober 1994 zum Schutz der Erwerber im Hinblick auf bestimmte Aspekte von Verträgen über den Erwerb von Teilzeitnutzungsrechten an Immobilien (ABl. EG Nr. L 280 S. 82).

des Staates auszuhändigen, in dem das Wohngebäude belegen ist. [3]Die Pflicht zur Aushändigung einer beglaubigten Übersetzung entfällt, wenn sich das Nutzungsrecht auf einen Bestand von Wohngebäuden bezieht, die in verschiedenen Staaten belegen sind.

§ 485 Widerrufsrecht bei Teilzeit-Wohnrechteverträgen

(1) Dem Verbraucher steht bei einem Teilzeit-Wohnrechtevertrag ein Widerrufsrecht nach § 355 zu.
(2) Die erforderliche Belehrung über das Widerrufsrecht muss auch die Kosten angeben, die der Verbraucher im Falle des Widerrufs gemäß Absatz 5 Satz 2 zu erstatten hat.
(3) Ist dem Verbraucher der in § 482 bezeichnete Prospekt vor Vertragsschluss nicht oder nicht in der in § 483 Abs. 1 vorgeschriebenen Sprache ausgehändigt worden, so beträgt die Frist zur Ausübung des Widerrufsrechts abweichend von § 355 Abs. 2 Satz 1 einen Monat.
(4) Fehlt im Vertrag eine der Angaben, die in der in § 482 Abs. 2 bezeichneten Rechtsverordnung bestimmt werden, so beginnt die Frist zur Ausübung des Widerrufsrechts erst, wenn dem Verbraucher diese Angabe schriftlich mitgeteilt wird.
(5) [1]Eine Vergütung für geleistete Dienste sowie für die Überlassung der Nutzung von Wohngebäuden ist abweichend von § 357 Abs. 1 und 3 ausgeschlossen. [2]Bedurfte der Vertrag der notariellen Beurkundung, so hat der Verbraucher dem Unternehmer die Kosten der Beurkundung zu erstatten, wenn dies im Vertrag ausdrücklich bestimmt ist. [3]In den Fällen der Absätze 3 und 4 entfällt die Verpflichtung zur Erstattung von Kosten; der Verbraucher kann vom Unternehmer Ersatz der Kosten des Vertrags verlangen.

§ 486 Anzahlungsverbot bei Teilzeit-Wohnrechteverträgen

[1]Der Unternehmer darf Zahlungen des Verbrauchers vor Ablauf der Widerrufsfrist nicht fordern oder annehmen. [2]Für den Verbraucher günstigere Vorschriften bleiben unberührt.

§ 487 Abweichende Vereinbarungen

[1]Von den Vorschriften dieses Titels darf nicht zum Nachteil des Verbrauchers abgewichen werden. [2]Die Vorschriften dieses Titels finden, soweit nicht ein anderes bestimmt ist, auch Anwendung, wenn sie durch anderweitige Gestaltungen umgangen werden.

Titel 3 Darlehensvertrag; Finanzierungshilfen und Ratenlieferungsverträge zwischen einem Unternehmer und einem Verbraucher[1]

Untertitel 1 Darlehensvertrag

Kapitel 1 Allgemeine Vorschriften

§ 488 Vertragstypische Pflichten beim Darlehensvertrag

(1) [1]Durch den Darlehensvertrag wird der Darlehensgeber verpflichtet, dem Darlehensnehmer einen Geldbetrag in der vereinbarten Höhe zur Verfügung zu stellen. [2]Der Darlehensnehmer ist verpflichtet, einen geschuldeten Zins zu zahlen und bei Fälligkeit das zur Verfügung gestellte Darlehen zurückzuzahlen.
(2) Die vereinbarten Zinsen sind, soweit nicht ein anderes bestimmt ist, nach dem Ablauf je eines Jahres und, wenn das Darlehen vor dem Ablauf eines Jahres zurückzuzahlen ist, bei der Rückzahlung zu entrichten.
(3) [1]Ist für die Rückzahlung des Darlehens eine Zeit nicht bestimmt, so hängt die Fälligkeit davon ab, dass der Darlehensgeber oder der Darlehensnehmer kündigt. [2]Die Kündigungsfrist beträgt drei Monate. [3]Sind Zinsen nicht geschuldet, so ist der Darlehensnehmer auch ohne Kündigung zur Rückzahlung berechtigt.

1 Dieser Titel dient der Umsetzung der Richtlinie 87/102/EWG des Rates zur Angleichung der Rechts- und Verwaltungsvorschriften der Mitgliedstaaten über den Verbraucherkredit (ABl. EG Nr. L 42 S. 48), zuletzt geändert durch die Richtlinie 98/7/EG des Europäischen Parlaments und des Rates vom 16. Februar 1998 zur Änderung der Richtlinie 87/102/EWG zur Angleichung der Rechts- und Verwaltungsvorschriften der Mitgliedstaaten über den Verbraucherkredit (ABl. EG Nr. L 101 S. 17).

A. Gelddarlehen

I. Muster: Gelddarlehensvertrag 1

▶ zwischen 345

■■■

– nachfolgend Darlehensgeber genannt –

und

■■■

– nachfolgend Darlehensnehmer genannt –

wird der folgende Darlehensvertrag geschlossen:[1]

§ 1 Hauptpflichten[2]

Der Darlehensgeber stellt dem Darlehensnehmer ein Darlehen iHv ■■■ EUR (in Worten: ■■■ Euro) zur Verfügung.[3] Dieses ist am ■■■ auszuzahlen.

Das Darlehen wird für den Kauf des Grundstücks in ■■■ gewährt und darf ausschließlich zu diesem Zweck verwendet werden.[4]

Der Darlehensnehmer verpflichtet sich, das Darlehen bis zum ■■■ vom Darlehensgeber abzunehmen[5] und dieses mit ■■■ Prozentpunkten jährlich über dem jeweiligen Basiszinssatz ab ■■■ zu verzinsen.[6]

§ 2 Zinsen

Für die Zahlung der Zinsen gelten die gesetzlichen Vorschriften. Sie werden auf der Grundlage eines Jahres mit 360 Tagen und 12 Monaten zu je 30 Tagen berechnet.

§ 3 Rückzahlungspflicht

Der Darlehensnehmer tilgt das Darlehen in ■■■ gleichen monatlichen Raten in Höhe von ■■■ EUR beginnend am ■■■ Die Zins- und Tilgungsraten sind jeweils am Letzten eines jeden Monats fällig.[7]

§ 4 Zahlungsweise

Der Darlehensnehmer leistet Zins- und Tilgungsleistungen bargeldlos durch Überweisung auf das folgende Konto des Darlehensgebers: ■■■

§ 5 Zahlungsverzug

Gerät der Darlehensnehmer mit Zahlungen aus diesem Vertrag in Verzug, hat er dem Darlehensgeber den geschuldeten Betrag mit ■■■ Prozentpunkten über dem jeweiligen Basiszinssatz zu verzinsen.[8] Der Darlehensnehmer kann nachweisen, dass dem Darlehensgeber kein oder ein geringerer Schaden entstanden ist. Das Recht des Darlehensgebers, einen höheren Verzugsschaden geltend zu machen, wird hierdurch nicht berührt.[9]

§ 6 Sicherheitsleistung[10]

Der Darlehensnehmer tritt dem Darlehensgeber zur Sicherung aller Forderungen aus diesem Vertrag die ihm gegen den ▪▪▪ zustehende Forderung aus einem am ▪▪▪ mit diesem abgeschlossenen ▪▪▪-vertrag in Höhe von ▪▪▪ EUR ab. Der Darlehensgeber verpflichtet sich, dass er, sobald die Darlehensforderung von dem Darlehensnehmer vollständig getilgt worden ist, die abgetretene Forderung an den Darlehensnehmer zurück abtritt. Kommt der Darlehensnehmer mit mind. zwei aufeinander folgenden Raten bei Tilgungsleistungen oder Zinszahlungen in Verzug, ist der Darlehensgeber berechtigt, die an ihn zur Sicherheit abgetretene Forderung gegenüber dem Schuldner des Darlehensnehmers einzuziehen. Soweit der eingezogene Betrag die Darlehensforderung übersteigt, muss der Darlehensgeber den die Darlehensforderung übersteigenden Teil der eingezogenen Forderung an den Darlehensnehmer herausgeben.

§ 7 Kündigung

Dem Darlehensnehmer steht ein Kündigungsrecht nach Maßgabe der §§ 489, 490 und des § 314 BGB zu. Die Kündigungserklärung bedarf der Schriftform.[11]

§ 8 Schlussbestimmungen

Nebenabreden und Änderungen zu diesem Vertrag bedürfen der Schriftform oder schriftlichen Bestätigung durch den Darlehensgeber. Dieses Schriftformerfordernis kann nur durch schriftliche Vereinbarung wieder aufgehoben werden.

Erfüllungsort für alle Zins- und Tilgungsleistungen ist der Sitz der Hausbank des Darlehensgebers. Die Unwirksamkeit einzelner Vertragsbestimmungen berührt die Wirksamkeit des Vertrags im Übrigen nicht. Ungültige Vertragsbestimmungen sind durch solche Regelungen zu ersetzen, die dem wirtschaftlichen Sinn und Zweck der ungültigen Regelung am nächsten kommen. Dies gilt auch für etwaige Vertragslücken.

▪▪▪, den ▪▪▪	▪▪▪, den ▪▪▪
▪▪▪	▪▪▪
Darlehensgeber	Darlehensnehmer

◄

II. Erläuterungen

1. Erläuterungen zum Muster

2 [1] **Form.** Grds. müssen zwischen Privatpersonen geschlossene Darlehensverträge über Geld nicht schriftlich abgeschlossen werden. Die schriftliche Ausarbeitung ist jedoch zur Beweiserleichterung und zur etwaigen Darlegung gegenüber Finanzbehörden zu empfehlen.

3 [2] **Pflichten der Vertragspartner.** Die Pflicht des Darlehensgebers, das Kapital zu verschaffen und zu überlassen und die Pflichten des Darlehensnehmers, die Geldsumme abzunehmen, diese zu verzinsen und die vereinbarten Sicherheiten zu bestellen, stehen im Gegenseitigkeitsverhältnis. Die Pflicht des Darlehensnehmers zur Rückerstattung des Darlehens ist zwar eine Hauptpflicht (Hk-BGB/*Schulze*, § 488, Rn 2; Palandt/*Weidenkaff*, § 488, Rn 12; MüKo-BGB/*Berger*, § 488, Rn 42; aA NK-BGB/*Reiff*, § 488, Rn 5); diese steht aber nicht im Gegenseitigkeitsverhältnis. Der Darlehensgeber ist grds. weder zur Aufklärung noch Beratung verpflichtet. Ausnahmsweise hat der Darlehensgeber jedoch eine solche Pflicht, wenn er einen konkreten und erheblichen Wissensvorsprung hat (BGH NJW 1999, 2032), ein Anlageberatungsvertrag geschlossen werden soll (BGH NJW 2004, 2878) oder das WpHG Anwendung findet. Verletzt der Darlehensgeber seine Nebenpflicht schuldhaft, schuldet er nach § 311 Abs. 2 oder § 280 Schadensersatz. Vor Leistung der Darlehensvaluta können beide Parteien bei Verletzung einer Hauptpflicht gemäß §§ 323 ff vom Vertrag zurücktreten.

[3] **Zur-Verfügung-Stellen.** Durch die gewählte Formulierung „zur Verfügung stellen" werden alle Formen der Geldüberlassung als Darlehen erfasst. Der Darlehensgeber kann seiner Hauptpflicht durch Übergabe von Bargeld, Überweisung, Gutschrift, Einräumung eines Kontokorrentkredits oder Überziehungskredits erfüllen (*Wittig/Wittig*, WM 2002, 145, 146). Die Parteien können auch einen Höchst- oder Mindestbetrag zum freien Abruf durch den Darlehensnehmer oder eine für ein bestimmtes Geschäft zur Verfügung zu stellende, in ihrer Höhe noch nicht feststehende Summe vereinbaren. Der Darlehensgeber trägt die Beweislast dafür, dass das Darlehen ausgezahlt worden ist und dass es auch als Darlehen ausgezahlt worden ist. Zahlt der Darlehensgeber das Darlehen verspätet aus, stehen dem Darlehensnehmer Schadensersatzansprüche aus §§ 280 ff zu. Im Zweifel ist das Darlehen gemäß § 271 sofort nach Vertragsabschluss zu gewähren. Die Parteien können jedoch zB auch vereinbaren, dass eine vereinbarte Sicherheit geleistet worden sein muss oder – insbesondere bei Bankdarlehen üblich – der Darlehensnehmer das Darlehen abrufen muss. Die ausgezahlte Darlehenssumme geht ins Eigentum des Darlehensnehmers über. Dieser Eigentümerwechsel macht den Unterschied zu einem Leih- oder Mietvertrag aus. Vor Auszahlung der Darlehensvaluta kann der Darlehensnehmer den Darlehensvertrag gemäß § 495 widerrufen oder von diesem gemäß §§ 323 ff zurücktreten. 4

[4] **Darlehenszweck.** Der Darlehensgeber sollte auf der schriftlichen Fixierung des Zwecks der Darlehenshingabe bestehen, wenn er das Darlehen für einen ganz bestimmten Zweck zur Verfügung stellen will. Er hat dann das Recht zur außerordentlichen Kündigung nach § 314 Abs. 2, wenn der Darlehensnehmer seine Vertragspflicht durch zweckwidrigen Einsatz des Darlehens verletzt. 5

[5] **Abnahmepflicht des Darlehensnehmers.** Aus Gründen der Vertragsklarheit sollte die Pflicht des Darlehensnehmers, das Darlehen im Fall seiner Verzinsung abnehmen zu müssen, schriftlich festgehalten werden. Nimmt der Darlehensnehmer das Darlehen nicht ab, ist der Darlehensgeber berechtigt, den Darlehensvertrag gemäß § 314 Abs. 2 fristlos zu kündigen und gemäß §§ 280 Abs. 1, 3, 281 Schadensersatz zu verlangen (sog. Nichtabnahmeentschädigung, BGH NJW 2001, 510). 6

[6] **Zahlung von Zinsen.** Die Zinszahlungspflicht ist nach § 488 Abs. 1 S. 2 abdingbare Hauptpflicht des Darlehensnehmers. Das entgeltliche Darlehen stellt den in der Praxis vorherrschenden Regelfall dar. Die Zinszahlungspflicht entsteht grds. mit Auszahlung des Darlehens, es sei denn diese ist zB auf den Zeitpunkt der Bereitstellung der Darlehensvaluta vorverlegt worden (BGH NJW-RR 1989, 949). Eine frei vereinbarte Zinshöhe darf nicht sittenwidrig sein und gegen § 138 Abs. 1 verstoßen. Ansonsten ist der Zinsanspruch des Darlehensgebers nicht entstanden. Das objektive Element der Sittenwidrigkeit ist bei einem auffälligen Missverhältnis zwischen Leistung und Gegenleistung gegeben. Dieses liegt dann vor, wenn der vereinbarte Zinssatz den marktüblichen Effektivzinssatz um 100 % oder zwölf Prozentpunkte (st Rspr, vgl BGHZ 110, 338) übersteigt. Bei Gewährung des Darlehens in einer Niedrigzinsphase ohne Vereinbarung einer Zinsanpassungsklausel ist ein Richtwert in Höhe von 110 % maßgeblich (BGH NJW 1991, 834). Es sind immer die Gesamtumstände, wie Inhalt und Zweck des Darlehensgeschäfts, zu berücksichtigen. Auch hieraus kann sich bei einer Abweichung zwischen 90 % und 100 % das Vorliegen der objektiven Voraussetzungen der Sittenwidrigkeit ergeben (BGH NJW 1994, 1056, 1057). Subjektiv muss die wirtschaftlich oder intellektuell schwächere Position des Darlehensnehmers durch den Darlehensgeber entweder vorsätzlich oder grob fahrlässig ausgenutzt werden (st Rspr, vgl BGHZ 128, 257). Hierfür besteht eine tatsächliche Vermutung, wenn der Darlehensnehmer Verbraucher ist und der Darlehensgeber gewerblich tätig wird (BGH NJW 1995, 1022). Die vorstehenden Grundsätze finden keine Anwendung auf ein Gelegenheitsdarlehen eines nicht gewerbsmäßig handelnden Darlehensgebers (BGH NJW-RR 1990, 1199; NJW 1994, 1056). Sollte die Zinsvereinbarung nach den vorstehenden Kriterien sittenwidrig sein, darf der Darlehensnehmer das Darlehen nach § 817 S. 2 dennoch bis zum 7

Ablauf der vereinbarten Lieferzeit behalten. Der Darlehensgeber trägt die Beweislast dafür, dass die Zahlung eines Zinses vereinbart worden ist und für die Höhe der Zinsen. Statt eines Prozentsatzes können die Parteien auch einen festen Betrag wie zB die Differenz zwischen Auszahlungs- und Rückzahlungsbetrag (Disagio) vereinbaren. Zinsanpassungsklauseln iSv § 315 sind auch durch AGB zulässig (BGHZ 97, 216). Wurde keine Zinshöhe vereinbart, beträgt diese nach § 246 4 %, bei Handelsgeschäften nach § 352 5 %. Die Pflicht zur Entrichtung des Vertragszinses endet mit Fälligstellung des Darlehens (BGHZ 104, 341). Der Zinsanspruch verjährt gemäß §§ 195, 199 in der regelmäßigen Verjährungsfrist von drei Jahren; befindet sich ein Verbraucher mit seiner Rückzahlungspflicht im Verzug, ist die Verjährung des Anspruchs nach § 497 Abs. 3 S. 3 gehemmt. Die Verzinsung von Darlehen iR von Handelsgeschäften ist in §§ 353 f HGB geregelt. Wenn das Vorliegen eines Darlehensvertrags unstr. oder bewiesen ist, muss der Darlehensnehmer eine von ihm behauptete Unverzinslichkeit beweisen (Palandt/*Weidenkaff*, § 488, Rn 38). Hinsichtlich der Zinshöhe muss der Darlehensgeber die Vereinbarung eines höheren als den gesetzlich normierten Zinssatz, der Darlehensnehmer dagegen die Vereinbarung eines niedrigeren beweisen (Palandt/*Weidenkaff*, § 488, Rn 38).

8 [7] **Fälligkeit der Zinsen.** In § 488 Abs. 2 ist abweichend vom Regelfall des § 271 die nachträgliche Fälligkeit für Darlehenszinsen festgeschrieben. Alternativ kann die Fälligkeit zur Rückzahlung des Darlehens in einer Summe zu einem bestimmten Zeitpunkt oder es können längere Tilgungszeiträume vereinbart werden. Auch in AGB können diese Absprachen getroffen werden (BGH NJW 1993, 3261). Haben die Parteien keine Vereinbarung zur Fälligkeit des Zinsanspruchs getroffen, werden die Zinsen gemäß § 488 Abs. 2 nach Ablauf eines Jahres fällig. Bei Vereinbarung einer kürzeren Laufzeit – die auch in AGB möglich ist (BGH NJW 1993, 3261) – tritt die Fälligkeit der Zinszahlung bei Rückerstattung des Darlehens ein. Für den Inhalt der Zinsvereinbarung trägt der Darlehensgeber die Beweislast (differenzierend Palandt/*Putzo*, § 488, Rn 39: für das Nichtvorliegen einer Zinsvereinbarung trägt der Darlehensnehmer die Beweislast). Dagegen ist der Darlehensnehmer für die Erbringung der Tilgungsleistungen beweispflichtig (Palandt/*Putzo*, § 488, Rn 38). Der Darlehensnehmer kann gegenüber dem Darlehensgeber auch aufrechnen. Eine Aufrechnung durch den Darlehensgeber ist wegen Verstoßes gegen den Zweck des Darlehensvertrages dagegen nicht möglich (BGHZ 71, 20 f; Palandt/*Putzo*, § 488, Rn 9).

9 [8] **Verzug des Darlehensnehmers.** Gerät der Darlehensnehmer mit der Begleichung der Tilgungs- oder Zinszahlungen in Verzug, endet die vertraglich vereinbarte Zinszahlungspflicht. An ihre Stelle tritt der in § 288 normierte gesetzliche Anspruch auf Zahlung von Verzugszinsen. Nach § 288 Abs. 1 beträgt der regelmäßige jährliche Zinssatz 5 Prozentpunkte über dem Basiszinssatz. Der erhöhte Zinssatz des § 288 Abs. 2 (8 Prozentpunkte Zinsen über dem Basiszinssatz) ist bei Darlehensverträgen auch dann nicht anwendbar, wenn der Darlehensnehmer Unternehmer ist. Denn bei § 288 Abs. 2 muss der Schuldner mit der Zahlung auf eine Entgeltforderung in Verzug geraten sein. Die Zahlung auf das Darlehen ist aber kein Entgelt für die Darlehenshingabe (*Rathemacher*, NWB Fach 21, 1447). Ggf kann der Darlehensgeber bei Eintritt der Verzugsvoraussetzungen auch Schadensersatz nach § 280 Abs. 1, 3, 281 verlangen. Dieser umfasst die Verzinsung und den Gewinn, der mit ihr erzielt werden sollte. Der Schadensersatzanspruch endet jedoch zum in § 489 Abs. 3 normierten nächstmöglichen Kündigungstermin oder dem vertraglichen Fälligkeitszeitpunkt (BGHZ 104, 342).

10 [9] **Höhe der Verzugszinsen.** Der Darlehensgeber kann gemäß § 288 Abs. 3 höhere als die gesetzlichen Verzugszinsen vereinbaren. Diese vereinbarten Darlehenszinsen können als Verzugszinsen in Ansatz gebracht werden (OLG Hamm ZIP 1990, 641). Auch bei Vereinbarung der Verzugszinsen muss § 138 Abs. 1 beachtet werden (s. Rn 7).

11 [10] **Sicherheitsleistung.** Die möglichen Arten von Sicherheitsleistungen werden in den §§ 232 bis 239 aufgezählt. Die Parteien können eine bestimmte Sicherheitsleistung vereinbaren. Tun

sie dies nicht, hat der Darlehensnehmer die Wahl, welche Sicherheit er gibt. Eine dem Darlehensbetrag zzgl einem angemessenen Zuschlag für mind. eine Zinsperiode entsprechende Sicherheit ist iSv § 315 Abs. 3 angemessen. Ohne Vereinbarung bestimmt nach § 316 der Darlehensgeber die Höhe.

[11] **Fälligkeit des Rückzahlungsanspruchs.** Ist bei einem entgeltlichen Darlehen keine be- 12
stimmte Laufzeit vertraglich festgelegt (die sich nicht nur aus einer ausdrücklichen Parteivereinbarung, sondern auch aus dem Zweck der Darlehenshingabe wie zB zum Aufbau eines Unternehmens bis zur Gewinnerzielung oder zur Überbrückung von Zahlungsschwierigkeiten ergeben kann, vgl BGH NJW 1995, 2282), setzt die Fälligkeit des Rückzahlungsanspruchs des Darlehensgebers gemäß § 488 Abs. 3 S. 1 eine Kündigung durch einen der Vertragspartner voraus. Wenn die Parteien nichts anderes vereinbart haben, beträgt die Kündigungsfrist nach § 488 Abs. 3 S. 2 drei Monate. Wird dagegen eine bestimmte Laufzeit vereinbart, wird das Darlehen gemäß § 488 Abs. 1 S. 2, Abs. 3 S. 1 zum vereinbarten Zeitpunkt zur Rückzahlung fällig. Eine ordentliche Kündigung des Darlehens ist in diesem Fall nicht möglich. Eine vorzeitige Aufhebung des Vertrages kann nur durch eine außerordentliche Kündigung iSd § 490 Abs. 1 (oder der §§ 314 bzw 313 Abs. 3) erzielt werden. Daher sollte dem Darlehensgeber ein außerordentliches Kündigungsrecht eingeräumt und gleichzeitig die Gründe aufgeführt werden, aus denen nach dem Willen der Parteien eine Kündigung möglich sein soll. Von der Rspr anerkannte wichtige Gründe sind zB der drohende Eintritt einer wesentlichen Verschlechterung in den Vermögensverhältnissen des Darlehensnehmers oder in der Werthaltigkeit einer für das Darlehen gegebenen Sicherheit und die dadurch entstehende Gefährdung der Rückzahlung des Darlehens sowie der wiederholte Verzug der Leistung von Zins- oder Tilgungsraten. Bei einer Vereinbarung über die Laufzeit kann überdies dem Darlehensnehmer vertraglich für den Fall, dass der Darlehensgeber ohne Veranlassung des Darlehensnehmers vorzeitig kündigen sollte, das Recht zur Forderung von Schadensersatz eingeräumt werden. Damit sich der Darlehensgeber über die wirtschaftlichen Verhältnisse des Darlehensnehmers informieren und evtl sein Sonderkündigungsrecht für den Fall einer wirtschaftlichen Verschlechterung beim Darlehensnehmer ausüben kann, sollte eine Klausel in den Vertrag aufgenommen werden, nach der sich der Darlehensnehmer verpflichtet, den Darlehensgeber auf Verlangen mindestens einmal im Jahr über seine wirtschaftlichen Verhältnisse zu unterrichten und der Darlehensgeber hierzu die Vorlage von Jahresabschlüssen, Steuererklärungen oder Einkommensbescheinigungen verlangen kann. Beruft sich der Darlehensgeber auf seinen Rückzahlungsanspruch trägt er die Beweislast für die Beendigung des Darlehensvertrags. Bei einem zinslosen Darlehen kann der Darlehensnehmer nach Abs. 3 S. 3 das Darlehen jederzeit ohne Ausspruch einer Kündigung zurückzahlen.

Für die Erklärung der Kündigung, den Zeitpunkt und die Wirksamkeit trägt diejenige Partei 13
die **Beweislast**, die sich auf die Kündigung beruft.

Im Fall der Fälligkeit des Rückzahlungsanspruchs endet die Zinszahlungspflicht und das Dau- 14
erschuldverhältnis zwischen den Parteien wandelt sich grds. in eine einseitige Abwicklungspflicht um. Ob dies der Fall ist, ist durch Auslegung zu ermitteln (BGH NJW-RR 2003, 1351). Die Rückzahlungspflicht kann wiederum bar oder durch Buchgeld erfüllt werden. Sollte das Darlehen infolge einer Inflation an Wert verloren haben, geht dieser Verlust zulasten des Darlehensgebers, wenn die Parteien keine Wertsicherungsklausel in den Vertrag aufgenommen haben. Abs. 3 ist abdingbar. Allerdings kann das außerordentliche Kündigungsrecht des Darlehensnehmers aus § 314 nicht dauerhaft ausgeschlossen werden (MüKo-BGB/*Berger*, § 488, Rn 243).

Wird in einen unentgeltlichen Darlehensvertrag in Anlehnung an Abs. 3 S. 3 die Klausel aufge- 15
nommen, dass der Darlehensnehmer zur vorzeitigen Rückzahlung des Darlehens jederzeit berechtigt sei, fällt eine Vorfälligkeitsentschädigung nicht an.

16 Sowohl bei bestimmter wie bei unbestimmter Laufzeit kann der Vertrag jederzeit durch den **Abschluss eines Aufhebungsvertrages** iSd § 311 Abs. 1 beendet werden. Auch in diesem Fall wird das Darlehen zur Rückzahlung fällig. Die Parteien haben die Option, in den Aufhebungsvertrag eine Vorfälligkeitsentschädigung festzuschreiben und die Aufhebung des Vertrages von der Zahlung derselben abhängig zu machen. Nach der in § 490 Abs. 2 S. 3 normierten Legaldefinition ist dies der Schaden, den der Darlehensgeber bei vorzeitiger Kündigung erleidet. Die Aufhebung kann auch durch einen Vergleich iSd § 779 vereinbart werden, wenn sich die Parteien nicht sicher sind, ob eine Kündigung wirksam ausgesprochen worden ist.

17 Bei einem bestehenden Kontokorrentverhältnis führt der Ablauf der vereinbarten Kontokorrentfrist oder die Fälligstellung eines solchen Kredits nicht zur Beendigung des Kontokorrentverhältnisses. Hierfür ist eine Vereinbarung der Parteien vonnöten (BGH NJW-RR 2003, 1351).

2. Weiterführende Erläuterungen

18 Zur Abgrenzung zwischen echtem Darlehensnehmer und bloßen Mithaftenden, die über Auszahlung und Verwendung des Darlehens nicht mitentscheiden dürfen und daher keine gleichberechtigten Vertragspartner sind vgl BGH NJW-RR 2004, 924.

19 Leges speciales enthalten die InsO, das BBankG und die AGB der Banken und Sparkassen.

20 Ein Darlehensvertrag, den die gesetzlichen Vertreter eines Minderjährigen zu dessen Gunsten abschließen, muss gemäß §§ 1643 Abs. 1, 1822 Nr. 8 durch das Familiengericht genehmigt werden. Ist Darlehensnehmer ein Betreuter, der von seinem Betreuer bei der Aufnahme des Darlehens vertreten wird, muss das Vormundschaftsgericht gemäß § 1908 i iVm § 1822 Nr. 8 den Vertrag genehmigen.

21 Der Anspruch aus dem Darlehensvertrag kann gemäß § 829 ZPO gepfändet werden. Die Pfändung ist gemäß § 851 ZPO zulässig, soweit der Anspruch abgetreten werden kann. Eine geduldete Überziehung des Bankkontos schafft noch keinen pfändbaren Anspruch (BGHZ 93, 315). Bei Bankkonten kann die Abtretbarkeit nach § 399 ausgeschlossen sein.

B. Kündigung des Darlehens

22 **I. Muster: Kündigungserklärung des Darlehensgebers[1]**

▶ Sehr geehrter Herr ■■■,

ich erkläre die Kündigung des mit Ihnen am ■■■ geschlossenen Darlehensvertrags. Gemäß § 488 Abs. 3 beträgt die Kündigungsfrist drei Monate.[2] Das Darlehen ist daher zum nächstzulässigen Kündigungstermin zur Rückzahlung fällig. Eine genaue Abrechnung des Darlehens ist als Anlage beigefügt.

Für die Rückzahlung nach Fälligkeit wird Ihnen eine weitere Zahlungsfrist von ■■■ Wochen eingeräumt.[3]

Bitte wenden Sie sich bei Rückfragen bezüglich des Kündigungszeitpunkts oder der Rückzahlungsmodalitäten gerne an mich.

■■■

Mit freundlichen Grüßen

■■■

Unterschrift ◀

II. Erläuterungen

1. Erläuterungen zum Muster

23 **[1] Voraussetzungen der Kündigung** sind die Erklärung derselben, die Wirksamkeit des Darlehensvertrags sowie die Auszahlung des Darlehens (BGH NJW 1983, 1543). Weiterhin dürfen die Parteien grds. keinen Rückzahlungszeitpunkt vereinbart haben. Haben sie eine feste Darlehenslaufzeit vereinbart, ist die Kündigung nur zulässig, wenn sie gleichzeitig auch die Möglichkeit der Kündigung vereinbart haben. Die Kündigung kann schon vor Valutierung des Darlehens erklärt werden (Palandt/*Weidenkaff*, § 488, Rn 32; MüKo-BGB/*Berger*, § 488, Rn 236; aA Bamberger/Roth/*Rohe*, § 488, Rn 41). Die Kündigung kann auch konkludent durch Klage auf Rückerstattung, Verlangen derselben oder durch Zwangsvollstreckung erklärt werden (BGH WM 1965, 767). Auch in der Aufrechnung mit der Rückerstattungsforderung gegen eine Forderung des Darlehensnehmers ist eine Kündigung des Darlehens zu sehen (Bamberger/Roth/*Rohe*, § 488, Rn 39).

24 Die Kündigungserklärung ist nach ihrem Zugang unwiderruflich und als Gestaltungsrecht bedingungsfeindlich. Ist zwischen den Parteien keine Schriftform vereinbart worden, kann die Kündigung formfrei erklärt werden.

25 **[2] Kündigungsfrist.** Die Parteien können eine andere als der in § 488 Abs. 3 normierten dreimonatigen Kündigungsfrist, aber auch die Einhaltung gar keiner Kündigungsfrist vereinbaren. Das Ende der Kündigungsfrist berechnet sich nach § 188 Abs. 2.

26 **[3] Rückzahlungsfrist.** Dem Darlehensnehmer sollte eine angemessene Frist zur Rückzahlung eingeräumt werden, um ihm die Möglichkeit zu verschaffen, die Darlehensrückzahlung durch die Aufnahme eines weiteren Darlehens bei einem anderen Darlehensgeber zu finanzieren. Wird dem Darlehensnehmer keine weitere Zeit zur Verfügung gestellt, muss der Darlehensgeber sogleich etwaige zur Verfügung gestellte Sicherheiten verwerten oder aber die Zwangsvollstreckung in das Vermögen des Darlehensnehmers betreiben.

2. Weiterführende Erläuterungen

27 **Rechtsfolge** der Kündigungserklärung ist die Auflösung des Vertragsverhältnisses und die Umwandlung desselben in ein Rückabwicklungsverhältnis. Der Darlehensnehmer ist zur sofortigen Rückzahlung der Darlehensvaluta verpflichtet. Dagegen muss der Darlehensgeber nicht verbrauchte bereits gezahlte Zinsen erstatten. Dabei ist idR nicht die Gesamtlaufzeit des Darlehens, sondern die Zinsfestschreibung zugrunde zu legen (BGH NJW 1995, 2778).

28 Haben mehrere Darlehensnehmer den Darlehensvertrag unterzeichnet, muss der Darlehensgeber die Kündigung gegenüber allen Darlehensnehmern aussprechen (BGH NJW 2002, 2866).

29 Die ordentliche Kündigung des Darlehensnehmers ist bei einem festverzinslichen Darlehen an die in § 489 Abs. 1 und 2, bei einem Darlehen mit variablen Zinssatz an die in § 489 Abs. 2 beschriebenen Voraussetzungen geknüpft. Bei einem unverzinslichem Darlehen kann der Darlehensnehmer das Darlehensverhältnis gemäß § 488 Abs. 3 S. 3 jederzeit durch Rückzahlung des Darlehens beenden. Erklärt er dennoch die Kündigung, ist diese als fristlos auszulegen.

§ 489 Ordentliches Kündigungsrecht des Darlehensnehmers

(1) Der Darlehensnehmer kann einen Darlehensvertrag mit gebundenem Sollzinssatz ganz oder teilweise kündigen,

1. wenn die Sollzinsbindung vor der für die Rückzahlung bestimmten Zeit endet und keine neue Vereinbarung über den Sollzins getroffen ist, unter Einhaltung einer Kündigungsfrist von einem Monat frühestens für den Ablauf des Tages, an dem die Sollzinsbindung endet; ist eine Anpassung des Sollzinssatzes in bestimmten Zeiträumen bis zu einem Jahr vereinbart, so kann der Darlehensnehmer jeweils nur für den Ablauf des Tages, an dem die Sollzinsbindung endet, kündigen;

2. in jedem Fall nach Ablauf von zehn Jahren nach dem vollständigen Empfang unter Einhaltung einer Kündigungsfrist von sechs Monaten; wird nach dem Empfang des Darlehens eine neue Vereinbarung über die Zeit der Rückzahlung oder den Sollzinssatz getroffen, so tritt der Zeitpunkt dieser Vereinbarung an die Stelle des Zeitpunkts der Empfangs.

(2) Der Darlehensnehmer kann einen Darlehensvertrag mit veränderlichem Zinssatz jederzeit unter Einhaltung einer Kündigungsfrist von drei Monaten kündigen.

(3) Eine Kündigung des Darlehensnehmers gilt als nicht erfolgt, wenn er den geschuldeten Betrag nicht binnen zwei Wochen nach Wirksamwerden der Kündigung zurückzahlt.

(4) [1]Das Kündigungsrecht des Darlehensnehmers nach den Absätzen 1 und 2 kann nicht durch Vertrag ausgeschlossen oder erschwert werden. [2]Dies gilt nicht bei Darlehen an den Bund, ein Sondervermögen des Bundes, ein Land, eine Gemeinde, einen Gemeindeverband, die Europäischen Gemeinschaften oder ausländische Gebietskörperschaften.

(5) [1]Sollzinssatz ist der gebundene veränderliche periodische Prozentsatz, der pro Jahr auf das in Anspruch genommene Darlehen angewendet wird. [2]Der Sollzinssatz ist gebunden, wenn für die gesamte Vertragslaufzeit ein Sollzinssatz oder mehrere Sollzinssätze vereinbart sind, die als feststehende Prozentzahl ausgedrückt werden. [3]Ist für die gesamte Vertragslaufzeit keine Sollzinsbindung vereinbart, gilt der Sollzinssatz für diejenigen Zeiträume als gebunden, für die er durch eine feste Prozentzahl bestimmt ist.

1 A. Muster: Klage auf Feststellung der Nichtauflösung eines festverzinslichen Darlehensvertrages

▶ An das

Amtsgericht/Landgericht

Klage

des ■■■

– Klägers –

– Prozessbevollmächtigter: RA ■■■ –

gegen

den ■■■,

– Beklagten –

wegen: ■■■

Streitwert (vorläufig): ■■■ EUR[1]

Namens und in Vollmacht des Klägers erhebe ich Klage und kündige für die mündliche Verhandlung folgende Anträge an:

1) festzustellen, dass der Darlehensvertrag der Parteien durch die Kündigung[2] vom ■■■ nicht aufgelöst ist,
2) den Beklagten zu verurteilen, an den Kläger die Kosten für die vorgerichtliche Tätigkeit des Unterzeichners in Höhe von ■■■ EUR zu zahlen,
3) ggf weitere Prozessanträge[3]

Begründung

Die Parteien haben am ■■■ einen Darlehensvertrag über die Zurverfügungstellung eines Darlehens in Höhe von ■■■ EUR gegen eine monatliche Zinszahlung in Höhe von ■■■ EUR geschlossen.

Beweis: Darlehensvertrag vom ■■■

Der Kläger hat dem Beklagten die Darlehensvaluta noch am gleichen Tag auf dessen bei der ■■■ -Bank bestehendes Konto (Nr. ■■■) überwiesen.[4]

Beweis: Kontoauszug vom ■■■

Im Darlehensvertrag haben die Parteien vereinbart, dass das Darlehen eine Laufzeit von ■■■ Monaten ab dem Auszahlungsdatum haben soll. Zudem sei es mit 5 % p.a. zu tilgen. Der Darlehensnehmer soll ■■■ monatliche Raten auf Zins und Tilgung iHv ■■■ EUR beginnend am ■■■ und dann jeweils zu ■■■ eines jeden Monats zahlen.[5]

Ausweislich des Darlehensvertrags war das Darlehen für die Finanzierung des Hausgrundstücks des Beklagten bestimmt. Dieser ist daher Verbraucher iSd § 13.[6]

Das Darlehen ist durch Sicherungsübereignung des Pkws des Beklagten, Typ ■■■, Baujahr ■■■, Kennzeichen ■■■ gesichert worden.[7]

Mit Schreiben vom ■■■ hat der Beklagte den Darlehensvertrag gemäß § 489 Abs. 1 Nr. 2 BGB zum nächstzulässigen Termin gekündigt.[8]

Beweis: Kopie des Schreibens vom ■■■

Der Beklagte ist der Auffassung, er habe wirksam gekündigt.[9]

Beweis: Schreiben vom ■■■

Der Beklagte hat das Darlehen spätestens am ■■■ erhalten und damit die nach § 489 Abs. 1 Nr. 2 BGB erforderliche sechsmonatige Vorlaufzeit eingehalten. Mittlerweile ist seit Zustellung der Kündigung jedoch ein weiterer Monat vergangen, ohne dass der Beklagte dem Kläger das Darlehen zurückerstattet hat. Gemäß § 489 Abs. 3 BGB muss das Darlehen innerhalb von zwei Wochen nach Wirksamwerden der Kündigung zurückgezahlt werden, ansonsten gilt die Kündigung als nicht erfolgt.[10] Die Kündigung ist am ■■■ wirksam geworden. Der Beklagte hat die Darlehensvaluta aber bis dato nicht zurückgezahlt, mit der Folge, dass die wirksam abgegebene Kündigungserklärung als nicht erfolgt gilt. Der Darlehensvertrag besteht daher mit allen Rechten und Pflichten weiter fort, insbesondere muss der Beklagte weiterhin die vertraglich vereinbarten Zinsen entrichten.

Die Kündigungserklärung des Beklagten kann auch nicht als außerordentliche Kündigung nach § 490 Abs. 2 oder § 314 ausgelegt oder in eine solche umgedeutet werden.

■■■

Rechtsanwalt ◄

B. Erläuterungen

I. Erläuterungen zum Muster

2 [1] **Angabe des Streitgegenstands.** Eine – nach § 130 Nr. 1 ZPO nicht zwingende – kurze Angabe des **Streitgegenstands** empfiehlt sich im Hinblick auf eine möglicherweise in der Geschäftsverteilung des Gerichts vorgesehene Bildung von Spezialkammern (vgl § 348 Abs. 1 S. 2 Nr. 2 ZPO).

3 [2] **Anwendungsbereich.** Vom Anwendungsbereich der Vorschrift sind nur ordentliche Kündigungen von Darlehensverträgen durch den Darlehensnehmer umfasst. Abs. 1 regelt das Recht die Kündigung von fest verzinslichen, Abs. 2 die von variabel verzinslichen Darlehen. Eine Teilkündigung ist nur bei fest verzinslichen Darlehen zulässig.

4 [3] **Nebenanträge.** Zu den prozessualen Nebenanträgen (zB § 331 Abs. 3 S. 1 ZPO: Erlass eines Versäumnisurteils im schriftlichen Verfahren) bzw für die Zwangsvollstreckung relevante Anträge vgl GF-ZPO/*Pukall*, § 253 ZPO, Rn 92 ff.

5 [4] **Rückerstattungsanspruch des Klägers.** Um den Grund und die Höhe des im unteren Teil der Klageschrift dargestellten Rückerstattungsanspruchs des Klägers zu untermauern, werden eingangs der Klage die vertraglich festgelegten Hauptpflichten der Vertragsparteien beschrieben.

6 [5] **Kündigungsvoraussetzungen.** Voraussetzung einer ordentlichen Kündigung durch den Darlehensnehmer iSd § 489 Abs. 1 Nr. 2 ist zunächst das Vorliegen eines festverzinslichen Darlehensvertrags. Dies ist ein Darlehen bei dem für einen bestimmten Zeitraum ein fester Zinssatz vereinbart ist. Auch wenn ein fester Zinssatz nur für kurze Zeit gezahlt werden soll, liegt ein festverzinslicher Darlehensvertrag iSd Abs. 1 vor. Demgegenüber ist ein variabel verzinsliches Darlehen gegeben, wenn der Zinnsatz iSd § 315 einseitig vom Darlehensgeber bestimmt werden kann oder wenn er an einen von den Parteien nicht beeinflussbaren Faktor geknüpft ist. Mit Inkrafttreten des Gesetzes zur Umsetzung der Verbraucherkreditrichtlinie, des zivilrechtlichen Teils der Zahlungsdiensterichtlinie sowie zur Neuordnung der Vorschriften über das Widerrufs- und Rückgaberecht am 11.6.2010 wurde in Abs. 5 eine Legaldefinition des festverzinslichen und des variabel verzinslichen Darlehens aufgenommen.

7 [6] **Verbrauchereigenschaft des Darlehensnehmers.** Weiterhin muss der Darlehensnehmer Verbraucher iSd § 13 sein. Dies ist der Fall, wenn das Darlehen nicht ganz oder überwiegend für gewerbliche oder berufliche Zwecke gegeben worden ist. Die Beweislast für das Vorliegen eines überwiegend privaten Zwecks trägt der Darlehensgeber. Die spätere tatsächliche Verwendung ist irrelevant. Der Darlehensgeber selbst muss nicht wie bei einem Verbraucherdarlehen iSd § 491 Unternehmer gemäß § 14 sein (Palandt/*Weidenkaff*, § 488, Rn 7). BT-Drucks.

8 [7] **Bestehende Sicherheiten.** Das Darlehen darf nicht durch Hypothek, Grundschuld oder Schiffspfandrecht gesichert sein. Mit Sicherung ist gemeint, dass die Vereinbarung getroffen worden ist, dass der Darlehensgeber ein Pfandrecht am Grundstück bzw Schiff erhalten solle (OLG Stuttgart WM 1999, 1007; aA *Knops/Stempel* ZfIR 2000, 789). Auf die Einleitung des Eintragungsverfahrens beim Grundbuchamt kommt es nicht an. Ist die Sicherung durch den Darlehensgeber kurzzeitig freigegeben worden, wird dem Darlehensnehmer hierdurch kein Kündigungsrecht eingeräumt (OLG Stuttgart WM 1999, 1007).

9 [8] **Kündigungsfristen.** Die Kündigung des Darlehensnehmers darf erst nach Ablauf der sechsmonatigen Vorlaufzeit zugehen, wenn vom vollständigen Empfang des Darlehens oder der letzten darauf folgenden Rückzahlungs- oder Zinssatzvereinbarung an gerechnet mindestens zehn Jahre vergangen sind. Der Empfangszeitpunkt ist der Zeitpunkt, in dem das Darlehen zur Verfügung gestellt worden ist. Zur Fristberechnung vgl §§ 187 Abs. 1, 188 Abs. 2 und 3. Mit fristgerechter und wirksamer Kündigungserklärung wird der Darlehensvertrag beendet und der Rückerstattungsanspruch des Darlehensgebers fällig.

10 [9] **Feststellungsinteresse.** Das Feststellungsinteresse ist bereits gegeben, wenn der Gegner ein Recht des Klägers – hier die Weiterzahlung der vertraglich vereinbarten Zinsen – ernsthaft bestreitet und das erstrebte Urteil infolge seiner materiellen Rechtskraft nach § 322 ZPO geeignet ist, die Gefahr der Unsicherheit über den Bestand des Rechts zu beseitigen (BGH NJW 1986, 2507).

11 [10] **Fiktion iSd Abs. 3. Voraussetzungen** der Fiktion der Nichterklärung der Kündigung. Der Darlehensnehmer muss gemäß Abs. 1 oder Abs. 2 wirksam gekündigt haben. Schließlich muss die zweiwöchige Frist abgelaufen sein, ohne dass das Darlehen ganz zurückgezahlt worden ist. Die Frist fängt mit dem Wirksamwerden der Kündigung an zu laufen. **Zweck** der Fiktion ist die Verhinderung der Umgehung der Zahlung eines vertraglich vereinbarten hohen Zinssatzes durch Kündigung, Nichtrückzahlung des Darlehens und dadurch bedingte Herbeiführung des

Verzugs mit der Folge der Verpflichtung zur Entrichtung niedrigerer Verzugszinsen (BGH NJW 1988, 1969 zum § 489 entsprechenden § 609 a aF).

II. Weiterführende Erläuterungen

Rechtsfolgen der Kündigung. Der Darlehensnehmer ist zur sofortigen Rückzahlung der Darlehensvaluta verpflichtet. Im Gegenzug steht ihm das Recht zu, nicht verbrauchte vorausgezahlte Zinsen nach § 812 Abs. 1 S. 2 Alt. 1 zurückzufordern. Er hat in diesem Fall auch das Recht, ein vereinbartes Disagio anteilig nach § 812 zurückzuverlangen (BGH NJW 1996, 3337). Dabei ist idR nicht die Gesamtlaufzeit des Darlehens, sondern die Zinsfestschreibung zugrunde zu legen (BGH NJW 1995, 2778). 12

Sinn und Zweck der verschiedenen Kündigungsmöglichkeiten ist einerseits der Schutz des Darlehensnehmers vor einer Bindung an nicht mehr marktgerechte Konditionen, andererseits der Schutz des Gläubigers bei der Refinanzierung von Darlehen mit längerer Laufzeit vor Zinsänderungen. 13

Bei einem Sanierungsdarlehen ist die ordentliche Kündigung durch den vereinbarten Sanierungszweck ausgeschlossen (BGH WM 2004, 1676). Ansonsten kann das ordentliche Kündigungsrecht des Darlehensnehmers gemäß Abs. 4 S. 2 nur vertraglich ausgeschlossen oder erschwert werden, wenn Darlehensnehmer die öffentliche Hand ist. 14

§ 490 Außerordentliches Kündigungsrecht

(1) Wenn in den Vermögensverhältnissen des Darlehensnehmers oder in der Werthaltigkeit einer für das Darlehen gestellten Sicherheit eine wesentliche Verschlechterung eintritt oder einzutreten droht, durch die die Rückzahlung des Darlehens, auch unter Verwertung der Sicherheit, gefährdet wird, kann der Darlehensgeber den Darlehensvertrag vor Auszahlung des Darlehens im Zweifel stets, nach Auszahlung nur in der Regel fristlos kündigen.

(2) [1]Der Darlehensnehmer kann einen Darlehensvertrag, bei dem der Sollzinssatz gebunden und das Darlehen durch ein Grund- oder Schiffspfandrecht gesichert ist, unter Einhaltung der Fristen des § 488 Abs. 3 Satz 2 vorzeitig kündigen, wenn seine berechtigten Interessen dies gebieten und seit dem vollständigen Empfang des Darlehens sechs Monate abgelaufen sind. [2]Ein solches Interesse liegt insbesondere vor, wenn der Darlehensnehmer ein Bedürfnis nach einer anderweitigen Verwertung der zur Sicherung des Darlehens beliehenen Sache hat. [3]Der Darlehensnehmer hat dem Darlehensgeber denjenigen Schaden zu ersetzen, der diesem aus der vorzeitigen Kündigung entsteht (Vorfälligkeitsentschädigung).

(3) Die Vorschriften der §§ 313 und 314 bleiben unberührt.

A. Vertragsgestaltung

I. Außerordentliche Kündigung durch Darlehensgeber

1 **1. Muster: Außerordentliche Kündigung durch den Darlehensgeber**[1]

▶ Sehr geehrte Frau ■■■,

wir haben erfahren, dass Sie die Eröffnung des Privatinsolvenzverfahrens beantragt haben. Es droht damit die dauernde Einstellung der geschuldeten Zins- und Tilgungsraten.[2] Aus diesem Grund kündigen wir den mit Ihnen am ■■■ geschlossenen Darlehensvertrag gemäß § 490 Abs. 1 fristlos.[3]

Sobald das Privatinsolvenzverfahren abgeschlossen ist, nehmen wir mit Ihnen gerne erneut Vertragsverhandlungen auf.

Mit freundlichen Grüßen

■■■

Unterschrift ◀

2. Erläuterungen

a) Erläuterungen zum Muster

2 [1] **Voraussetzungen.** Zwischen den Parteien muss ein wirksamer Darlehensvertrag abgeschlossen worden sein. Der Darlehensgeber muss die Kündigung aufgrund einer der in Abs. 1 dargestellten Gründe erklärt haben. Danach müssen sich die Vermögensverhältnisse des Darlehensnehmers oder die Werthaltigkeit einer gegebenen Sicherheit wesentlich verschlechtert haben oder drohen, sich wesentlich zu verschlechtern. Mithin ist der Darlehensgeber nicht gezwungen, den Eintritt der Verschlechterung in den Vermögensverhältnissen des Darlehensnehmers abzuwarten. Eine objektiv drohende Vermögensverschlechterung ist jedoch nur ausreichend, wenn der Darlehensnehmer nicht zahlungsfähig ist und auch keine unverändert werthaltigen Sicherheiten mehr vorhanden sind. Die Verschlechterung darf nicht lediglich die Regelmäßigkeit der Rückzahlung oder der Zahlung der vereinbarten Zinsen betreffen. Bei einer **Sicherung durch ein Grundpfandrecht** ist auf die voraussichtliche Wertentwicklung des Grundstücks und den Rang abzustellen. Zur Zeit der Darlehensgewährung dürfen dem Darlehensgeber diese Tatsachen noch nicht bekannt gewesen sein (BGH NJW 2002, 3167). Eine Verschlechterung ist eingetreten, wenn der Darlehensnehmer mehr als ein Viertel seines Eigentums und seiner Liquidität eingebüßt hat oder bei einem Sanierungsdarlehen die Sanierung nicht mehr erfolgsversprechend erscheint (BGH NJW 2004, 3782). Weiterhin muss durch die drohende oder eingetretene Verschlechterung in den Vermögensverhältnissen oder in der Werthaltigkeit der für das Darlehen gegebenen Sicherheit der Rückerstattungsanspruch des Darlehensgebers insofern gefährdet sein, als dass voraussichtlich höchstens ein Teil der Darlehenssumme zurückgezahlt werden wird.

3 **Zeitpunkt der Kündigungserklärung.** Der Darlehensgeber kann das Darlehen entweder vor oder nach Valutierung kündigen. Vor Valutierung kann der Darlehensgeber im Zweifel immer von seinem Kündigungsrecht Gebrauch machen. Ihm ist es nicht zumutbar, die Auszahlung vorzunehmen, wenn sich bereits zu diesem Zeitpunkt abzeichnet, dass er sein Geld nicht zurückerhalten wird. Nachdem der Darlehensgeber dem Darlehensnehmer das Darlehen zur Verfügung gestellt hat, darf er nur in der Regel kündigen. Es ist eine Einzelfallprüfung erforderlich, ob ihm das erhöhte Risiko zugemutet werden, die Darlehensvaluta beim Darlehensnehmer zu belassen. Sollte dies der Fall sein, kann er jedoch vom in § 314 normierten außerordentlichen Kündigungsrecht Gebrauch machen.

4 [2] **Wichtiger Grund iSd § 490 Abs. 1.** Das Musterbeispiel stellt einen außerordentlichen Kündigungsgrund dar, auf den sich der Darlehensgeber sowohl vor als auch nach Valutierung stützen kann. ZB kann sich der Darlehensgeber ausschließlich vor Valutierung auf die Stellung eines

Insolvenzantrags durch den Arbeitgeber des Darlehensnehmers stützen, da der Darlehensnehmer diesem Kündigungsgrund ggf wegen seiner erworbenen Qualifikationen und damit einhergehenden großen Chancen auf dem Arbeitsmarkt zurückweisen kann.

Weitere Beispiele für wichtige Gründe sind: wiederholter Verzug des Darlehensnehmers mit Zins- und Tilgungsraten, schuldhafte Zerrüttung eines bei Vertragsschluss vorhandenen Vertrauensverhältnisses, dringender Eigenbedarf bei Gewährung eines zinslosen Darlehens; falsche Darstellung wesentlicher Tatsachen zwischen Vertragsabschluss und Auszahlung. 5

[3] **Kündigungserklärung.** Der Darlehensgeber muss die Kündigung erklären. Dies kann er erst bei Vorliegen der vorbeschriebenen Voraussetzungen. Ab Zugang der Erklärung ist die Kündigung unwiderruflich. Als Gestaltungsrecht darf sie unter keiner Bedingung erklärt werden. Eine konkludente Kündigungserklärung steckt im Verlangen der Rückgabe der Darlehensvaluta bzw in einer Klage auf Rückerstattung derselben. Sie ist auch in der Durchführung der Zwangsvollstreckung zu sehen (BGH WM 1965, 767). Ebenfalls wird durch Aufrechnung mit der Rückerstattungsforderung gegen eine Forderung des Darlehensnehmers schlüssig die Kündigung des Darlehensvertrages erklärt (Bamberger/Roth/*Rohe*, § 488, Rn 39). Die Erklärung ist nicht fristgebunden. 6

b) Weiterführende Erläuterungen

Das Recht zur außerordentlichen Kündigung nach § 313 Abs. 3 und § 314 bleibt gemäß § 490 Abs. 3 neben der Kündigungsmöglichkeit nach § 490 Abs. 1 bestehen. Das Gleiche gilt für das aus § 488 Abs. 3 folgende ordentliche Kündigungsrecht (BT-Drucks. 14/6040, 254). Diese Kündigungsrechte können neben dem Kündigungsrecht aus § 490 Abs. 1 ausgeübt werden. § 490 ist jedoch lex specialis gegenüber § 314 und § 313 (Palandt/*Weidenkaff*, § 490, Rn 17, 18). Ist ein gegenseitiger Vertrag gegeben (vgl § 488 Rn 3) und ist für die Darlehensvaluta eine Sicherheit vereinbart worden, hat der Darlehensgeber auch die Möglichkeit statt zu kündigen, die in §§ 320-322 normierten Leistungsverweigerungsrechte geltend zu machen. 7

Das außerordentliche Kündigungsrecht des § 490 Abs. 1 kann durch Parteivereinbarung ausgeschlossen werden. Grenzen ergeben sich aus dem aus § 242 abgeleiteten Gedanken des Rechtsmissbrauchs und bei Verwendung von AGB aus § 307. Insbesondere können Zinsanpassungsklauseln für den Eintritt bestimmter Veränderungen wie zB Bonitätsänderungen vereinbart werden. Ob die Klausel die Voraussetzungen und das Ausmaß einer möglichen Zinsänderung durch eine transparente Bezugnahme auf die relevanten Parameter deutlich machen muss, ist umstr. (verneinend BGHZ 97, 212; bejahend OLG Köln und OLG Dortmund ZIP 2001, 65, 66; *Habersack* WM 2001, 753). Bei Bejahung der Beachtung des Transparenzgebots ist weiterhin umstr., ob eine bestehende Lücke nach § 315 geschlossen werden kann (*Habersack* WM 2001, 753) oder ob die Klausel bei Unwirksamkeit ersatzlos wegfällt (Palandt/*Grüneberg*, § 309, Rn 10). 8

Rechtsfolgen der Kündigung. Der Darlehensnehmer ist zur sofortigen Rückzahlung der Darlehensvaluta verpflichtet. Dagegen muss der Darlehensgeber nicht verbrauchte bereits gezahlte Zinsen erstatten. Dabei ist idR nicht die Gesamtlaufzeit des Darlehens, sondern die Zinsfestschreibung zugrunde zu legen (BGH NJW 1995, 2778). 9

II. Kündigungserklärung Darlehensnehmer

1. Muster: Kündigungserklärung des Darlehensnehmers[1] 10

▶ Sehr geehrter Herr ■■■,

ich habe mit Ihnen am ■■■ einen Darlehensvertrag zwecks Finanzierung des Kaufs eines Hausgrundstücks abgeschlossen. Mein Arbeitgeber hat mir zum ■■■ gekündigt und ich habe bislang noch keine neue Anstellung gefunden. Daher sehe ich mich außerstande, die Zins- und Tilgungslast länger abzutragen.[2] Ich kündige hiermit das Darlehen gemäß § 490 Abs. 2 mit einer einzuhaltenden Kündigungsfrist von drei Monaten.[3]

Bitte senden Sie mir eine transparente Berechnung der Vorfälligkeitsentschädigung zu.

Mit freundlichen Grüßen

...

Unterschrift ◄

2. Erläuterungen

a) Erläuterungen zum Muster

11 [1] **Voraussetzungen.** Zwischen den Parteien muss ein wirksamer Darlehensvertrag zu einem festen Zinssatz für mind. einen bestimmten Zeitraum bestehen. Weiterhin muss der Rückerstattungsanspruch des Darlehensgebers durch ein Grund- oder Schiffspfandrecht gesichert sein. Das Grundstück oder Schiff muss nicht im Eigentum des Darlehensnehmers, sondern kann auch im Eigentum eines Dritten stehen. Schließlich muss der Darlehensnehmer wegen eines wichtigen Grundes die Kündigung erklärt haben.

12 [2] **Außerordentlicher Kündigungsgrund.** Der Darlehensnehmer muss ein berechtigtes Interesse an einer außerordentlichen Kündigung haben. Als Regelbeispiel hierfür ist in Abs. 2 S. 2 normiert, dass der Darlehensnehmer aus geschäftlichen oder privaten Gründen ein Interesse an einer anderweitigen Verwertung der zur Sicherung des Darlehens gepfändeten Sache hat. Wichtige Gründe für den Verwertungswunsch sind zB wesentliche Veränderungen der privaten Lebensumstände wie Ehescheidung, Krankheit oder Umzug (BT-Drucks. 14/6040, S. 255). Auch die im Muster erwähnte Arbeitslosigkeit stellt einen wichtigen Grund idS dar. Dieser kann auch in einer besonders günstigen Gelegenheit zum Verkauf zu sehen sein (BGH NJW 1997, 2877). Ein wichtiger Grund liegt nicht vor, wenn der Darlehensnehmer nur die Gelegenheit zu einer zinsgünstigeren Umschuldung nutzen will (LG München I WM 2004, 616) oder der Wunsch des Darlehensnehmers nach Aufstockung eines Betriebsmitteldarlehens abgelehnt wurde. Ausreichend ist jedoch die Möglichkeit, von einem Dritten ein dringend benötigtes höheres Darlehen für die Hingabe der Sicherheit zu erhalten.

13 [3] **Kündigungsfrist.** Bei Vorliegen dieser Voraussetzungen kann der Darlehensnehmer gemäß § 490 Abs. 2 S. 1 iVm § 488 Abs. 3 S. 2 die Kündigung frühestens sechs Monate nach dem vollständigen Empfang des Darlehens unter Einhaltung einer Kündigungsfrist von drei Monaten aussprechen. Anders als der Darlehensgeber kann der Darlehensnehmer nicht fristlos kündigen. Die dreimonatige Kündigungsfrist wird auch ohne Angabe des Kündigungstermins durch den Darlehensnehmer in Gang gesetzt. Erklärt sich der Darlehensnehmer nicht zum Kündigungstermin, ist dies im Zweifel der nächstzulässige Zeitpunkt. Vgl zur Kündigungserklärung Rn 6.

b) Weiterführende Erläuterungen

14 **Rechtsfolgen der Kündigung.** Der Darlehensnehmer ist zur sofortigen Rückzahlung der Darlehensvaluta verpflichtet. Dagegen muss der Darlehensgeber nicht verbrauchte bereits gezahlte Zinsen erstatten. Dabei ist idR nicht die Gesamtlaufzeit des Darlehens, sondern die Zinsfestschreibung zugrunde zu legen (BGH NJW 1995, 2778). Weitere Rechtsfolge der Kündigung ist nach Abs. 2 S. 3 das Entstehen eines Anspruchs des Darlehensgebers auf Ersatz des Schadens, der ihm durch die vorzeitige Kündigung des Darlehensnehmers entstanden ist, die sog Vorfälligkeitsentschädigung. Diese ist auch dann zu zahlen, wenn die Voraussetzungen des § 490 Abs. 2 nicht gegeben oder zwischen den Vertragsparteien streitig sind bzw die Parteien unsicher sind, ob die Voraussetzungen vorliegen. Der Darlehensnehmer kann die Zahlung der Vorfälligkeitsentschädigung vermeiden, indem er einen Ersatzdarlehensnehmer benennt.

Zur Möglichkeit der Ausübung weiterer bzw anderer Kündigungsrechte vgl Rn 7. § 313 ist nicht anwendbar, wenn der Darlehensnehmer das Darlehen wegen anderweitiger günstiger Finanzierung oder Änderung seiner Planung nicht mehr benötigt (BGH NJW 1990, 981 und 1991, 1817) oder finanzielle Leistungsfähigkeit erlangt hat (Palandt/*Weidenkaff*, § 490, Rn 18). Denn diese Risiken stammen aus seiner Sphäre und können daher nicht dem Darlehensgeber auferlegt werden. 15

Kapitel 2 Besondere Vorschriften für Verbraucherdarlehensverträge

§ 491 Verbraucherdarlehensvertrag

(1) Die Vorschriften dieses Kapitels gelten für entgeltliche Darlehensverträge zwischen einem Unternehmer als Darlehensgeber und einem Verbraucher als Darlehensnehmer (Verbraucherdarlehensvertrag), soweit in den Absätzen 2 oder 3 oder in den §§ 503 bis 505 nichts anderes bestimmt ist.
(2) Keine Verbraucherdarlehensverträge sind Verträge,

1. bei denen der Nettodarlehensbetrag (Artikel 247 § 3 Abs. 2 des Einführungsgesetzes zum Bürgerlichen Gesetzbuche) weniger als 200 Euro beträgt,
2. bei denen sich die Haftung des Darlehensnehmers auf eine dem Darlehensgeber zum Pfand übergebene Sache beschränkt,
3. bei denen der Darlehensnehmer das Darlehen binnen drei Monaten zurückzuzahlen hat und nur geringe Kosten vereinbart sind,
4. die von Arbeitgebern mit ihren Arbeitnehmern als Nebenleistung zum Arbeitsvertrag zu einem niedrigeren als dem marktüblichen effektiven Jahreszins (§ 6 der Preisangabenverordnung) abgeschlossen werden und anderen Personen nicht angeboten werden,
5. die nur mit einem begrenzten Personenkreis auf Grund von Rechtsvorschriften in öffentlichem Interesse abgeschlossen werden, wenn im Vertrag für den Darlehensnehmer günstigere als marktübliche Bedingungen und höchstens der marktübliche Sollzinssatz vereinbart sind.

(3) § 358 Abs. 2, 4 und 5 sowie die §§ 491 a bis 495 sind nicht auf Darlehensverträge anzuwenden, die in ein nach den Vorschriften der Zivilprozessordnung errichtetes gerichtliches Protokoll aufgenommen oder durch einen gerichtlichen Beschluss über das Zustandekommen und den Inhalt eines zwischen den Parteien geschlossenen Vergleichs festgestellt sind, wenn in das Protokoll oder den Beschluss der Sollzinssatz, die bei Abschluss des Vertrags in Rechnung gestellten Kosten des Darlehens sowie die Voraussetzungen aufgenommen worden sind, unter denen der Sollzinssatz oder die Kosten angepasst werden können.

A. Muster: Verbraucherdarlehensvertrag[1] 1

▶ **Befristeter Verbraucherdarlehensvertrag mit regelmäßiger Tilgung[2]** 350

zwischen

der ■■■-Bank, nachfolgend: Bank

■■■ (ladungsfähige Anschrift)[3]

zuständige Aufsichtsbehörde: ■■■[3]

und

Frau/Herrn ■■■, nachfolgend: Darlehensnehmer

wohnhaft in ■■■ (ladungsfähige Anschrift)[3]

§ 1 Darlehensgewährung

Die Bank gewährt dem Darlehensnehmer ein Darlehen in Höhe von ■■■ EUR (in Worten: ■■■ Euro). Sie zahlt an den Darlehensnehmer einen Nettodarlehensbetrag in Höhe von ■■■ EUR (in Worten: ■■■ Euro) aus.[4] Dieser Nettodarlehensbetrag wird zum ■■■ auf das Konto ■■■ (Konto-Verbindung) des Darlehensnehmers überwiesen.

§ 2 Zinssatz/Zinsbindung

Der Darlehensnehmer verpflichtet sich, das Darlehen abzunehmen und dieses ab Vertragsschluss mit ■■■ % p.a. zu verzinsen. Der Zinssatz wird bis zum ■■■ (Datum) nicht verändert.[5] Bis spätestens zwei Wochen vor Ablauf der Zinsbindungsfrist kann jede Partei verlangen, dass über die Bedingungen der Darlehensgewährung neu verhandelt wird. Die Bank wird den Darlehensnehmer spätestens 3 Monate vor Auslaufen der Zinsbindung informieren, ob sie weiter eine Zinsbindung anbietet.[6] Wird bis zum Ablauf der Zinsbindungsfrist keine neue Vereinbarung getroffen, so hat der Darlehensnehmer das Recht, das Darlehen unter Einhaltung einer Kündigungsfrist von einem Monat zu kündigen. Macht der Darlehensnehmer hiervon keinen Gebrauch, so läuft der Darlehensvertrag zu veränderlichen Konditionen weiter. Als Konditionen gelten dann die dem Darlehensnehmer schriftlich mitgeteilten, für Verbraucherdarlehen dieser Art üblichen Bedingungen der Bank, wobei die Bank den Zinssatz entsprechend erhöhen kann oder herabsetzen wird, wenn sich die Verhältnisse am Geld- oder Kapitalmarkt entsprechend ändern. Die Erhöhung oder Herabsetzung wird die Bank nach billigem Ermessen gemäß § 315 BGB unter Berücksichtigung der Zinsentwicklung am Geld- oder Kapitalmarkt und den sich daraus ergebenden Veränderungen der Refinanzierungsmöglichkeiten vornehmen. Im Falle einer Erhöhung oder Herabsetzung des Zinssatzes kann der Darlehensnehmer das Darlehen innerhalb eines Monats nach Zugang der Mitteilung über den geänderten Zinssatz kündigen. Kündigt der Darlehensnehmer, so ist das Darlehen zu dem Zeitpunkt vorzeitig zur Rückzahlung fällig, zu dem die neuen Bedingungen in Kraft treten sollten. Weitergehende Kündigungsrechte des Darlehensnehmers bleiben unberührt.

Der anfängliche effektive Jahreszins beträgt ■■■ %.[7]

§ 3 Laufzeit/Zinszahlung/Zahlungsmodalitäten/Gesamtbelastung

Das Darlehen hat ein Laufzeit von ■■■ Monaten ab dem Auszahlungsdatum.[8]

Die Bank wird den Darlehensnehmer spätestens 3 Monate vor Auslaufen des Vertrages darüber informieren, ob sie zur Fortführung des Vertrages bereit ist.[9]

Das Darlehen ist in ■■■ gleichen monatlichen Raten in Höhe von ■■■ EUR, beginnend am ■■■, danach jeweils am ■■■ eines jeden Monats zu tilgen. Hinzu kommen die geschuldeten Zinsen, so dass die anfängliche monatliche Belastung (Zins und Tilgung) ■■■ EUR beträgt.[10]

Der Darlehensnehmer hat die Zinsen auf den Darlehensbetrag jeweils nachträglich für den abgelaufenen Monat zu entrichten.

Er veranlasst die Überweisung aller nach dem Darlehensvertrag zu entrichtenden Zahlungen zu den Fälligkeitsterminen auf folgendes Konto des Darlehensgebers: ■■■

Erfüllungsort für alle Zahlungen ist der Sitz des Darlehensgebers.

Der Darlehensnehmer ist berechtigt, das Darlehen jederzeit mit befreiender Wirkung vorzeitig zurückzuzahlen. Der Darlehensgeber kann in diesem Fall eine angemessene Vorfälligkeitsentschädigung für den unmittelbar mit der vorzeitigen Rückzahlung in Zusammenhang stehendem Schaden nach den gesetzlichen Vorschriften verlangen. Diese berechnet sich wie folgt: ■■■[11]

Berechnungsgrundlage der geschuldeten Zinsen ist ein Jahr mit 360 Tagen und 12 Monaten zu je 30 Tagen.

Aus der Darlehenshöhe und den zu entrichtenden Zinsen ergibt sich, dass der Darlehensnehmer der Bank einen Betrag in Höhe von ■■■ EUR schuldet.[12]

Weiterhin fallen folgende sonstige Kosten an:

Das Disagio beträgt ■■■ %; das einmalige Bearbeitungsentgelt[13] beträgt ■■■ % des Nettodarlehensbetrages.

Beide Beträge werden bei Auszahlung fällig und werden von der Bank mit der auszuzahlenden Darlehenssumme verrechnet. Das Bearbeitungsentgelt wird bei vorzeitiger Rückzahlung des Darlehens nicht zurückerstattet.

Das Disagio und das Bearbeitungsentgelt werden auf die Zinsbindungsfrist verrechnet.

Der Gesamtbetrag setzt sich aus allen während der Darlehenslaufzeit zu entrichtenden Zinszahlungen, Tilgungsleistungen, dem Disagio, dem Bearbeitungsentgelt sowie den sonstigen Kosten zusammen.

Sonstige Kosten sind:

Kosten einer Restschuldversicherung in Höhe von ■■■ EUR (§ 6)

Der Gesamtbetrag beläuft sich auf ■■■ EUR.[12]

Der Darlehensnehmer kann von der Bank jederzeit einen den gesetzlichen Vorgaben entsprechenden Tilgungsplan verlangen.[14]

§ 4 Warnhinweis für den Fall ausbleibender Zahlung[15]

Leistet der Darlehensnehmer die geschuldeten Beträge nicht, ist der Darlehensgeber berechtigt, vom Darlehensnehmer Verzugszinsen zu verlangen. Darüber hinaus ist der Darlehensnehmer verpflichtet, dem Darlehensgeber den aufgrund der ausbleibenden Zahlungen entstandenen Schaden zu ersetzen. Schließlich hat der Darlehensgeber das Recht, das Darlehen zu kündigen und sofortige Rückzahlung der gesamten geschuldeten Summe zu verlangen. Die Voraussetzungen, unter denen der Darlehensgeber vom Darlehensnehmer die Zahlung von Verzugszinsen und Schadensersatz verlangen oder kündigen kann sind in den nachfolgenden Paragraphen 5, 6 und 7 näher geregelt.

§ 5 Zahlungsverzug

Gerät der Darlehensnehmer mit den unter § 3 beschriebenen Zahlungen in Verzug, hat er dem Darlehensgeber den geschuldeten Betrag mit 5 % über dem jeweiligen Basiszinssatz zu verzinsen.[16] Dem Darlehensnehmer kann den Nachweis führen, dass dem Darlehensgeber kein oder ein geringerer Schaden entstanden ist. Das Recht des Darlehensgebers, einen höheren Verzugsschaden geltend zu machen, bleibt durch diese Regelung unberührt.

Wird das Darlehen vor Ablauf der vereinbarten Laufzeit durch Kündigung seitens des Darlehensnehmers fällig, hat der Darlehensnehmer den durch die vorzeitige Rückzahlung entstehenden Schaden zu ersetzen.

§ 6 Stellung von Sicherheiten[17]

Zur Sicherung der Darlehensforderung übereignet der Darlehensnehmer dem Darlehensgeber folgenden Gegenstand: ■■■. Der Darlehensnehmer wird ermächtigt, den Gegenstand weiterhin zu nutzen. Der Darlehensgeber wird den Gegenstand nach Rückzahlung des Darlehens zurückübereignen. Gerät der Darlehensnehmer mit mindestens zwei Raten in Verzug, ist der Darlehensgeber berechtigt, den Gegenstand in Besitz zu nehmen, ihn zu veräußern und seine Forderung aus dem Erlös zu befriedigen.

Der Darlehensnehmer ist verpflichtet, eine Restschuldversicherung abzuschließen. Die hierdurch entstehenden Kosten betragen ■■■ EUR.

§ 7 Kündigungsmöglichkeiten[18]

Der Darlehensgeber kann den Darlehensvertrag nur aus wichtigem Grund vorzeitig kündigen und in voller Höhe mit sofortiger Wirkung zur Rückzahlung fällig stellen. Ein wichtiger Grund ist insbesondere gegeben, wenn

1. der Eintritt einer wesentlichen Verschlechterung in den Vermögensverhältnissen des Darlehensnehmers oder in der Werthaltigkeit einer für das Darlehen gestellten Sicherheit droht und dadurch die Rückerstattung des Darlehens gefährdet wird;

2. der Darlehensnehmer vertragliche Verpflichtungen verletzt hat, insbesondere wenn

a) sich der Darlehensnehmer mit mindestens zwei aufeinander folgenden Raten bei Tilgungsleistungen oder Zinszahlungen in Verzug befindet und diese mindestens 10 % des Nennbetrages des Darlehens oder des Teilzahlungsbetrages darstellen und der Darlehensgeber dem Darlehensnehmer erfolglos eine zweiwöchige Frist zur Zahlung des rückständigen Betrags mit der Erklärung gesetzt hat, dass er bei Nichtzahlung innerhalb der Frist die gesamte Restschuld verlange;[19][20]

b) der Darlehensnehmer unrichtige Angaben gemacht hat, die auf die Gewährung des Darlehens Einfluss hatten.

§ 8 weitere Bestimmungen

Mehrere Darlehensnehmer haften als Gesamtschuldner.

Für die Beilegung von Streitigkeiten mit der Bank besteht die Möglichkeit, den Ombudsmann der privaten Banken anzurufen. Hierzu bedarf es der Einlegung einer schriftlichen Beschwerde bei der Kundenbeschwerdestelle beim Bundesverband deutscher Banken e.V., Postfach 04 03 07 in 10062 Berlin. Näheres regelt die „Verfahrensordnung für die Schlichtung von Kundenbeschwerden im deutschen Bankgewerbe", die auf der Internetseite des Bundesverbandes deutscher Banken (www.bdb.de) eingesehen und von dieser heruntergeladen werden kann. Diese kann der Darlehensnehmer auch von der Bank anfordern.[21]

Ort, Datum ■■■

■■■

Unterschrift des Darlehensgebers

■■■

Unterschrift des Darlehensnehmers

Widerrufsbelehrung

[Siehe Muster zu § 495 BGB, Rn 1]

■■■

Der Darlehensnehmer erklärt mit seiner Unterschrift, eine Vertragsurkunde samt Widerrufsbelehrung ausgehändigt erhalten zu haben.[22]

Ort, Datum ■■■

■■■

Unterschrift des Darlehensnehmers ◄

B. Erläuterungen und Varianten

I. Erläuterungen und Varianten zum Muster

2 [1] Nach der **Legaldefiniton** des § 491 Abs. 1 ist grds. jeder entgeltliche Darlehensvertrag, der zwischen einem Unternehmer iSd § 14 als Darlehensgeber und einem Verbraucher als Darlehensnehmer abgeschlossen wird, ein Verbraucherdarlehensvertrag iSd §§ 491 ff. Der Darlehensgeber ist auch dann Unternehmer, wenn er das Darlehen im Rahmen seiner gewerblichen

oder selbständigen beruflichen Tätigkeit vergibt. Seine unternehmerische Tätigkeit muss nicht in der Vergabe von Darlehen bestehen (BGH WM 2009, 262). Verbraucher kann auch eine Gesellschaft sein, wenn sie nur aus natürlichen Personen besteht (BGH NJW 2002, 368). Bei den in Abs. 2 aufgezählten Darlehensverträgen handelt es sich nicht um Verbraucherdarlehensverträge. Sie sind vom Anwendungsbereich der §§ 491 ff vollständig ausgenommen, da sie für den Verbraucher mit wesentlich geringeren Risiken verbunden sind. Auf diese Darlehensverträge finden die allgemeinen Vorschriften Anwendung. Verbraucherdarlehensverträge müssen nach § 492 Abs. 1 S. 1 schriftlich abgeschlossen werden. Eine Blankounterschrift genügt diesem Erfordernis nicht (BGH NJW-RR 2005, 1141). Wird die Schriftform nicht eingehalten ist der Verbraucherdarlehensvertrag nach § 494 Abs. 1 nichtig. Der Formmangel wird jedoch gemäß § 494 Abs. 2 S. 1 durch die Inanspruchnahme, spätestens durch die Annahme des Darlehens durch den Verbraucher geheilt.

[2] Gemäß Art. 247 § 6 Abs. 1 Nr. 1 iVm § 3 Nr. 2 EGBGB nF muss die **Art des Darlehens** im Verbraucherdarlehensvertrag angegeben werden. Dies kann bereits durch die Auswahl eines entsprechenden Vertragstitels geschehen. Weitere mögliche Arten können Tilgung bei Endfälligkeit, unbefristete Verbraucherdarlehensverträge oder Immobiliardarlehensverträge sein. 3

[3] Im Zuge der Umsetzung der **Verbraucherkreditrichtlinie** ist Art. 247 EGBGB geändert worden. Nach Art. 247 § 6 Abs. 1 Nr. 1 iVm § 3 Abs. 1 Nr. 1, § 6 Abs. 1 Nr. 2 und Nr. 3 EGBGB muss ein Verbraucherdarlehensvertrag nunmehr Namen und Anschrift sowohl des Darlehensgebers als auch des Darlehensnehmers und die für den Darlehensgeber zuständige Aufsichtsbehörde enthalten. 4

[4] Nach § 492 Abs. 2 iVm Art. 247 § 6 Abs. 1 Nr. 1 iVm § 3 Abs. 1 Nr. 4 EGBGB muss bei der Nennung des Darlehensbetrags der **Nettobetrag** schriftlich festgehalten werden. Mit **Nettodarlehensbetrag** wird der Betrag bezeichnet, der dem Darlehensnehmer tatsächlich ausgezahlt wird. Steht dieser bei Vertragsabschluss noch nicht fest, muss die Höchstgrenze des Darlehens angegeben werden, wenn die Parteien sich über einen Kreditrahmen geeinigt haben. 5

[5] Der **Festzinssatz** kann auch **für die gesamte Laufzeit** des Kredites vereinbart werden. Fehlt die Angabe des Sollzinssatzes, ermäßigt sich der dem Verbrauchervertrag zugrunde gelegte Sollzinssatz gemäß § 494 Abs. 2 S. 2 iVm § 246 auf den gesetzlichen Zinssatz in Höhe von 4 %. Sind Teilzahlungen vereinbart, sind diese gemäß § 494 Abs. 5 neu zu berechnen. Wird im Vertrag nicht angegeben, unter welchen Voraussetzungen die Zinsen angepasst werden können, darf der Darlehensgeber nach § 494 Abs. 4 S. 2 nF die Zinsen nur zum Vorteil des Darlehensnehmers anpassen. 6

[6] Diese **Informationspflicht** folgt für Darlehensverträge, bei denen die Zinsbindung vor der für die Rückzahlung des Darlehens bestimmten Zeit endet, aus § 493 Abs. 1 S. 1 nF. Ist der Darlehensgeber dazu bereit, eine neue Sollzinsbindungsabrede zu treffen, muss er den Darlehensnehmer gemäß § 493 Abs. 1 S. 2 nF sowie Abs. 3 S. 1 nF über den angebotenen Sollzinssatz und die in Art. 247 § 15 EGBGB normierten Einzelheiten unterrichten. 7

[7] Im Zuge der Neufassung des § 492 Abs. 2 sowie des Art. 247 § 6 Abs. 1 Nr. 1 iVm § 3 Nr. 3 EGBGB im Rahmen der Umsetzung der Verbraucherkreditrichtlinie muss der **effektive Jahreszins** angegeben werden, wenn die Parteien einen festen Zinssatz vereinbart haben. Haben die Parteien sich dagegen auf einen variablen Zinssatz verständigt, muss der anfängliche Jahreszinssatz genannt werden. Wird der effektive Jahreszins gar nicht angegeben, ermäßigt sich der dem Verbraucherdarlehensvertrag zugrunde gelegte Sollzinssatz nach § 494 Abs. 2 S. 2 nF auf den gesetzlichen Zinssatz. Dieser beträgt gemäß § 246 4 %. Zahlt der Darlehensgeber das Darlehen in Raten zurück, sind die vereinbarten Ratenzahlungen nach § 494 Abs. 5 neu zu berechnen. Ist der effektive Jahreszinssatz lediglich zu niedrig angegeben, wird gemäß § 494 Abs. 3 nF nur der angegebene – niedrigere – Zinssatz geschuldet. 8

9 [8] Gemäß Art. 247 § 6 Nr. 1 iVm § 3 Abs. 1 Nr. 6 EGBGB muss im Verbrauchervertrag ausdrücklich die vereinbarte Laufzeit angegeben werden oder erklärt werden, dass der Vertrag unbefristet gelten soll. Fehlt die Angabe der Laufzeit, ist der Darlehensnehmer gemäß § 494 Abs. 6 S. 1 nF jederzeit zur Kündigung berechtigt.

10 [9] Diese Informationspflicht folgt aus § 493 Abs. 2 S. 1 nF. Erklärt sich der Darlehensgeber zur Fortführung des Verbraucherdarlehensvertrages bereit, muss er den Darlehensnehmer gemäß § 493 Abs. 2 S. 2 nF nochmals über die in Art. 247 EGBGB normierten Pflichtangaben informieren.

11 [10] Nach § 492 Abs. 2 iVm Art. 247 § 6 Abs. 1 Nr. 1 iVm § 3 Abs. 1 Nr. 7 EGBGB muss die Art und Weise der Rückzahlung schriftlich festgehalten werden. Dienen die vom Darlehensnehmer geleisteten Zahlungen nicht der unmittelbaren Darlehenstilgung, sind nach Art. 247 § 8 Abs. 2 EGBGB die Zeiträume und Bedingungen für die Zahlung der Sollzinsen und der damit verbundenen wiederkehrenden und nicht wiederkehrenden Kosten im Verbraucherdarlehensvertrag einzustellen. Nach Art. 247 § 8 Abs. 2 EGBGB müssen bei einer Verpflichtung des Darlehensnehmers zur Vermögensbildung sowohl aus dem Verbraucherdarlehensvertrag als auch aus der vorvertraglichen Information hervorgehen, dass weder die während der Vertragslaufzeit fälligen Zahlungsverpflichtungen noch die Ansprüche, die der Darlehensnehmer aus der Vermögensbildung erwirbt, die Tilgung des Darlehens gewährleisten. Eine andere vertragliche Vereinbarung ist möglich.

12 [11] Nach § 500 Abs. 2 nF kann der Darlehensnehmer jederzeit seine Verbindlichkeiten aus dem Verbraucherdarlehensvertrag ganz oder teilweise vorzeitig erfüllen. Gemäß Art. 247 § 6 Abs. 1 Nr. 1 iVm § 3 Abs. 1 Nr. 14 EGBGB muss der Darlehensgeber den Darlehensnehmer über dieses Recht im Vertrag aufklären. Bei festverzinslichen Darlehen kann der Darlehensgeber in diesem Fall nach § 502 die Zahlung einer entsprechenden Vorfälligkeitsentschädigung vom Darlehensnehmer verlangen. Diese soll den Darlehensgeber dafür entschädigen, dass er für die Kosten zur Refinanzierung des Darlehens aufkommen muss und ihm zudem die Zinsen, auf deren Zahlung er wegen der festen Vertragslaufzeit vertrauen durfte, entgehen. Die Vorfälligkeitsentschädigung kann der Darlehensgeber gemäß § 502 Abs. 2 Nr. 2 jedoch dann nicht verlangen, wenn im Vertrag die Angaben über die Berechnung der Vorfälligkeitsentschädigung, das Kündigungsrecht des Darlehensnehmers oder die Laufzeit des Vertrages nur unzureichend sind. Der Darlehensgeber hat in diesem Fall nämlich seine aus Art. 247 § 7 Nr. 3 EGBGB resultierende Pflicht verletzt. Bewirkt der Darlehensnehmer die vorzeitige Rückzahlung des Darlehens mit den Mitteln einer Restschuldversicherung, zu deren Abschluss er sich gegenüber dem Darlehensgeber vertraglich verpflichtet hat, ist der Anspruch des Darlehensgebers ebenfalls ausgeschlossen. Der Darlehensgeber darf nach § 502 Abs. 1 S. 2 Nr. 1 höchstens 1 Prozent des vorzeitig zurückgezahlten Betrages als Vorfälligkeitsentschädigung verlangen. Wenn zwischen der vorzeitigen und der vereinbarten Rückzahlungszeit weniger als oder genau ein Jahr liegt, darf die Vorfälligkeitsentschädigung sogar nur 0,5 Prozent des vorzeitig zurückgezahlten Betrags betragen. Überdies darf gemäß § 502 Abs. 1 Nr. 2 der Betrag der Sollzinsen, den der Darlehensnehmer in dem Zeitraum zwischen der vorzeitigen und der vereinbarten Rückzahlung entrichtet hätte, nicht überschritten werden. Erfüllt der Darlehensnehmer seine Verbindlichkeiten vorzeitig, vermindern sich nach § 501 die Gesamtkosten um die Zinsen und sonstigen laufzeitabhängigen Kosten, die auf die Zeit nach Erfüllung entfallen.

13 [12] Nach § 492 Abs. 2 iVm Art. 247 § 6 Abs. 1 Nr. 1 iVm § 3 Abs. 1 Nr. 8 EGBGB muss ein Verbraucherdarlehensvertrag den Gesamtbetrag aller zur Tilgung des Darlehens und der Zinsen zu entrichtenden Zahlungen enthalten, wenn Laufzeit und Höhe der Zinsen fest vereinbart worden sind. Hierzu gehören gemäß Art. 247 § 3 Abs. 1 Nr. 10 EGBGB auch alle sonstigen Kosten. Sollen diese angepasst werden können, muss der Darlehensgeber gemäß § 494 Abs. 4 S. 2 nF auch die Bedingungen angeben, unter denen dies möglich ist. Fehlt die Angabe des

Gesamtbetrags, ermäßigt sich der dem Verbraucherdarlehensvertrag zugrunde gelegte Sollzinssatz gemäß § 494 Abs. 2 S. 2 nF iVm § 246 auf den gesetzlichen Zinssatz in Höhe von 4 %. In diesem Fall sind gemäß § 494 Abs. 5 vereinbarte Teilzahlungen neu zu berechnen. Ist ein **variabler Zinssatz** vereinbart worden, muss der Darlehensgeber einen fiktiven Gesamtbetrag nennen und auf die Möglichkeit der Änderung der Höhe der Raten oder der Zahl und Dauer der Ratenzahlungen wie folgt hinweisen:

▶ Wegen der Vereinbarung eines variablen Zinses kann die Höhe der Gesamtbelastung durch das Darlehen zum jetzigen Zeitpunkt nicht genau angegeben werden. Auf der Grundlage der Anfangskonditionen schuldet der Darlehensnehmer dem Darlehensgeber insgesamt einen Betrag in Höhe von ... EUR. Der Darlehensnehmer wird ausdrücklich darauf hingewiesen, dass sich der zu zahlende Gesamtbetrag auf die Darlehensschuld durch Änderung der Zinssätze erhöhen kann. ◀

[13] In der Rechtsprechung des BGH sind **Bearbeitungsentgelte** in Höhe ca. 2-3 % als üblich angesehen worden und somit zulässig. 14

[14] Wenn für die Rückzahlung des Darlehens ein Zeitpunkt bestimmt ist, kann der Darlehensnehmer nach § 492 Abs. 3 S. 2 nF vom Darlehensgeber jederzeit einen **Tilgungsplan** verlangen. Auf dieses Recht muss der Darlehensnehmer nach § 492 Abs. 2 iVm Art. 247 § 6 Abs. 1 Nr. 4 EGBGB hingewiesen werden. Die Anforderungen, die an den Tilgungsplan gestellt werden, werden von Art. 247 § 14 EGBGB beschrieben. 15

[15] Gemäß Art. 247 Abs. 1 § 6 Nr. 1 iVm § 3 Nr. 12 EGBGB muss der Darlehensnehmer im Vertrag vor den Folgen ausbleibender Zahlungen gewarnt werden. Es wird empfohlen, diesen **Warnhinweis** im Vertrag an gesonderter Stelle kenntlich zu machen und nicht in den einzelnen Unterpunkten Zahlungsverzug, Stellung von Sicherheiten und Kündigungsrecht des Darlehensgebers zu verstecken. 16

[16] Gemäß § 492 Abs. 2 iVm Art. 247 § 6 Abs. 1 Nr. 1 iVm § 3 Abs. 1 Nr. 11 EGBGB ist der Verzugszinssatz, die Art und Weise einer etwaigen Anpassung und ggf anfallende Verzugskosten in den Vertrag aufzunehmen. Nach § 497 Abs. 1 werden die **Verzugszinsen** bei Verbraucherdarlehensverträgen nach § 288 Abs. 1 berechnet. Bei dem Darlehen darf es sich jedoch nicht um ein grundpfandrechtlich gesichertes Darlehen handeln. Nach § 497 Abs. 2 müssen diese Verzugszinsen auf einem gesonderten Konto und nicht mit dem geschuldeten Betrag oder anderen Forderungen des Darlehensgebers zusammen verbucht werden. 17

[17] **Weitere Optionen.** Die in Art. 247 § 7 EGBGB aufgezählten Angaben müssen im Verbrauchervertrag enthalten sein, soweit sie für den Vertrag von Bedeutung sind. Hierzu gehören nach Art. 247 § 7 Nr. 2 EGBGB auch etwaige vom Darlehensgeber verlangte Sicherheiten. Im Fall der Gewährung einer entgeltlichen Finanzierungshilfe muss der Darlehensgeber nach dieser Vorschrift einen Eigentumsvorbehalt in den Vertrag aufnehmen. Übersteigt der Nettodarlehensbetrag 75.000 EUR, kann der Darlehensnehmer jedoch trotz fehlender Angaben zu den zu stellenden Sicherheiten gemäß § 494 Abs. 6 S. 3 nF eine Sicherheit fordern. 18

[18] Gemäß § 499 Abs. 1 nF ist zwar eine Vereinbarung über ein **Kündigungsrecht des Darlehensgebers** unwirksam, wenn eine bestimmte Vertragslaufzeit vereinbart worden ist. Die gesetzlich normierten Kündigungsrechte des Darlehensgebers können jedoch gleichwohl schriftlich fixiert werden. In den vorliegenden befristeten Verbraucherdarlehensvertrag wurden sowohl die aus § 490 Abs. 1 als auch aus § 498 und § 490 Abs. 3 iVm § 313 Abs. 3 resultierenden Kündigungsrechte des Darlehensgebers aufgenommen. Wird abweichend vom Muster ein **unbefristeter Verbraucherdarlehensvertrag** abgeschlossen, sollte eine Kündigungsfrist vereinbart werden. Diese muss gemäß § 499 Abs. 1 mindestens zwei Monate betragen. Zugleich sollte in einen solchen Vertrag entsprechend § 499 Abs. 2 die Vereinbarung aufgenommen werden, dass der Darlehensgeber berechtigt ist, die Auszahlung aus sachlichem Grund zu verweigern. Ein derartiger sachlicher Grund kann in der Verschlechterung der Vermögensverhältnisse des Dar- 19

lehensnehmers zwischen Vertragsabschluss und Auszahlung des Darlehens oder in der missbräuchlichen Verwendung eines zweckgebundenen Darlehens liegen. Dem Darlehensnehmer steht beim Abschluss eines unbefristeten Verbraucherdarlehensvertrags nach § 500 Abs. 1 S. 1 ein **außerordentliches Kündigungsrecht** zu. Dieses kann gemäß § 500 Abs. 1 S. 2 vertraglich abbedungen werden; jedoch kann eine Kündigungsfrist von mehr als einem Monat gemäß § 500 Abs. 1 S. 2 nicht vereinbart werden. **Kündigen** Darlehensgeber oder Darlehensnehmer, vermindern sich die Gesamtkosten nach § 501 um die Zinsen und sonstigen laufzeitabhängigen Kosten, die auf die Zeit nach Erfüllung entfallen.

20 [19] Für **Verträge mit Tilgung in Teilzahlungen** ist in § 498 S. 1 Nr. 1 und 2 eine vorzeitige **Kündigungsmöglichkeit** aus den aufgezählten Gründen vorgesehen.

21 [20] Bei **Verträgen mit mehr als dreijähriger Laufzeit** ist die Kündigungsmöglichkeit wie folgt zu formulieren:

▶ ... wenn sich der Darlehensnehmer mit mindestens zwei aufeinander folgenden Raten bei Tilgungsleistungen oder Zinszahlungen in Verzug befindet und diese mindestens 5 % des Nennbetrages des Darlehens oder des Teilzahlungsbetrages darstellen und der Darlehensgeber dem Darlehensnehmer erfolglos eine zweiwöchige Frist zur Zahlung des rückständigen Betrages mit der Erklärung gesetzt hat, dass er bei Nichtzahlung innerhalb der Frist die gesamte Restschuld verlange. ◀

22 [21] Nach Art. 247 § 7 Nr. 4 EGBGB muss der Darlehensgeber den Darlehensnehmer über die Möglichkeit des Darlehensnehmers zur **außergerichtlichen Streitschlichtung** und die Voraussetzungen für den Zugang zum außergerichtlichen Beschwerde- und Rechtsbehelfsverfahren aufklären.

23 [22] Der Darlehensgeber hat dem Darlehensnehmer gemäß § 492 Abs. 3 S. 1 nach Vertragsschluss eine **Abschrift** der Vertragserklärung zur Verfügung zu stellen. Das Erfordernis der Abschrift wahrt nur ein Schriftstück, das den gesamten Inhalt des Vertrages und nicht lediglich seine wesentlichen Bestandteile wiedergibt. Durch die in § 492 Abs. 3 gewählte Formulierung „zur Verfügung stellen" soll klargestellt werden, dass es dem Darlehensgeber überlassen ist, ob er dem Verbraucher eine Abschrift aushändigt oder mit der Post zusendet (BT-Drucks. 14/7052, 201). § 492 Abs. 3 normiert einen klagbaren Anspruch des Verbrauchers.

II. Weiterführende Erläuterungen

24 Wenn der Darlehensgeber dem Darlehensnehmer etwaig anfallende **Notarkosten** auferlegen möchte, muss er nach Art. 247 § 7 Nr. EGBGB auch den Hinweis in den Verbraucherdarlehensvertrag aufnehmen, dass der Darlehensnehmer die Notarkosten zu tragen hat.

25 Wenn der Darlehensnehmer **zusätzliche Leistungen des Darlehensgebers** annehmen oder einen weiteren Vertrag abschließen soll, muss der Darlehensgeber dies in der vorvertraglichen Information angeben. Soll der Darlehensnehmer einen Kontoführungsvertrag abschließen, sind sowohl in die vorvertragliche Information als auch im Vertrag die Kontoführungsgebühren und die Bedingungen, unter denen diese angepasst werden können, aufzunehmen. Diese Pflichten normiert Art. 247 § 8 Abs. 1 EGBGB.

26 **Rechtsfolge** des **Fehlens** der nach § 492 Abs. 2 iVm Art. 247 § 6 iVm § 3 Abs. 1 Nr. 1 bis 14 EGBGB vorgeschriebenen **Pflichtangaben** ist grds. die Nichtigkeit des Vertrages. Eine Heilung ist jedoch möglich, indem das Darlehen entgegengenommen wird. Denn die Rechtsfolge der Nichtigkeit des Darlehens liefe nach Auszahlung desselben den Interessen des Verbrauchers zuwider, der das von ihm benötigte Kapital gemäß den §§ 812 ff zurückerstatten müsste. Nichtigkeit tritt nicht ein, wenn die Angabe des Sollzinssatzes, des effektiven Jahreszinses oder des Gesamtbetrags fehlt. In diesem Fall ermäßigt sich der dem Verbraucherdarlehensvertrag zugrunde gelegte Sollzinssatz auf den gesetzlichen Zinssatz in Höhe von 4 %; bei Vereinbarung von Teilzahlungen müssen diese gemäß § 494 Abs. 5 neu berechnet werden; vgl auch Rn. 6, 8,

13. Nach § 494 Abs. 7 muss der Darlehensgeber dem Darlehensnehmer in diesem Fall eine Abschrift des Vertrages zur Verfügung stellen, in der diese Änderungen berücksichtigt werden.
Hat das Fehlen von Pflichtangaben die Nichtigkeit des Vertrages zur Folge, können die Pflichtangaben nach § 494 Abs. 2 nur schriftlich nachgeholt werden. Ist der Vertrag dagegen auch bei Fehlen einiger Pflichtangaben wirksam, kann der Darlehensgeber die fehlenden Angaben grds. nach § 492 Abs. 6 nF in Textform nachholen. Nachholbar sind ggf erforderliche Angaben nach Art. 247 § 7 Nr. 1 und 4 EGBGB über etwaige vom Darlehensnehmer zu tragende Notarkosten und über ein außergerichtliches Beschwerde- und Rechtsbehelfsverfahren. Würde durch die Nachholung von Angaben dagegen der Inhalt des Vertrags geändert, bedarf die nachträgliche Einführung der Pflichtangaben der Schriftform. Dies ist zB bei fehlenden Angaben zu vom Darlehensnehmer verlangten Sicherheiten oder über die Einzelheiten des Anspruchs auf Vorfälligkeitsentschädigung gemäß Art. 247 § 7 Nr. 2 und 3 EGBGB der Fall. Hier können die Sicherheiten bzw die Vorfälligkeitsentschädigung gemäß § 494 Abs. 6 S. 2 bzw § 502 Abs. 2 Nr. 2 nicht verlangt werden. Diese vom Gesetz angeordnete Rechtsfolge kann der Darlehensgeber nicht dadurch einseitig ändern, dass er den Darlehensnehmer hierauf nur in Textform hinweist. Eine Ausnahme bilden Verträge mit einem Nettodarlehensbetrag in Höhe von 75000 EUR. Hier besteht der Anspruch auf Stellung einer Sicherheit durch den Darlehensnehmer gemäß § 494 Abs. 6 S. 3 unabhängig von einer entsprechenden Angabe im Darlehensvertrag. Wenn sich aufgrund der Heilung des Vertrags die Vertragsbedingungen geändert haben, können fehlende Pflichtangaben nur dadurch nachgeholt werden, indem der Darlehensgeber dem Darlehensnehmer nach § 492 Abs. 6 S. 2 iVm § 494 Abs. 7 eine Abschrift des Vertrags in Textform zur Verfügung stellt. Nur auf diese Weise ist sichergestellt, dass der Darlehensnehmer zB über die tatsächliche Höhe seiner Schuld und seiner Teilzahlungen informiert wird. 27

§ 491 a Vorvertragliche Informationspflichten bei Verbraucherdarlehensverträgen

(1) Der Darlehensgeber hat den Darlehensnehmer bei einem Verbraucherdarlehensvertrag über die sich aus Artikel 247 des Einführungsgesetzes zum Bürgerlichen Gesetzbuche ergebenden Einzelheiten in der dort vorgesehenen Form zu unterrichten.
(2) [1]Der Darlehensnehmer kann vom Darlehensgeber einen Entwurf des Verbraucherdarlehensvertrags verlangen. [2]Dies gilt nicht, solange der Darlehensgeber zum Vertragsabschluss nicht bereit ist.
(3) [1]Der Darlehensgeber ist verpflichtet, dem Darlehensnehmer vor Abschluss eines Verbraucherdarlehensvertrags angemessene Erläuterungen zu geben, damit der Darlehensnehmer in die Lage versetzt wird, zu beurteilen, ob der Vertrag dem von ihm verfolgten Zweck und seinen Vermögensverhältnissen gerecht wird. [2]Hierzu sind gegebenenfalls die vorvertraglichen Informationen gemäß Absatz 1, die Hauptmerkmale der vom Darlehensgeber angebotenen Verträge sowie ihre vertragstypischen Auswirkungen auf den Darlehensnehmer, einschließlich der Folgen bei Zahlungsverzug, zu erläutern.

1 **A. Muster: Vorvertragliche Informationen**[1][2]

▶ **Europäische Standardinformationen für Verbraucherkredite**

1. Name und Kontaktangaben des Kreditgebers/Kreditvermittlers

Kreditgeber Anschrift Telefon*)[3] E-Mail*) Fax*) Internet-Adresse*)	[Name] [Ladungsfähige Anschrift für Kontakte des Verbrauchers]
(falls zutreffend) Kreditvermittler Anschrift Telefon*) E-Mail*) Fax*) Internet-Adresse*)	[Name] [Anschrift für Kontakte mit dem Verbraucher]

2. Beschreibung der wesentlichen Merkmale des Kredits

Kreditart	
Gesamtkreditbetrag *Obergrenze oder Summe aller Beträge, die aufgrund des Kreditvertrags zur Verfügung gestellt wird*	
Bedingungen für die Inanspruchnahme *Gemeint ist, wie und wann Sie das Geld erhalten*	
Laufzeit des Kreditvertrags	
Teilzahlungen und gegebenenfalls Reihenfolge, in der die Teilzahlungen angerechnet werden]	Sie müssen folgende Zahlungen leisten: [Betrag, Anzahl und Periodizität der vom Verbraucher zu leistenden Zahlungen] Zinsen und/oder Kosten sind wie folgt zu entrichten:
Von Ihnen zu zahlender Gesamtbetrag *Betrag des geliehenen Kapitals zuzüglich Zinsen und etwaiger Kosten im Zusammenhang mit Ihrem Kredit*	[Summe des Gesamtkreditbetrags und der Gesamtkosten des Kredits]
(falls zutreffend) Der Kredit wird in Form eines Zahlungsaufschubs für eine Ware oder Dienstleistung gewährt oder ist mit der Lieferung bestimmter Waren oder der Erbringung einer Dienstleistung verbunden. Bezeichnung der Ware oder Dienstleistung Barzahlungspreis	
(falls zutreffend) Verlangte Sicherheiten: [Beschreibung der im Zusammenhang mit dem Kreditvertrag zu stellenden Sicherheiten]	[Art der Sicherheit]

(falls zutreffend) Zahlungen dienen nicht der unmittelbaren Kapitaltilgung.	

3. Kreditkosten

Sollzinssatz oder gegebenenfalls die verschiedenen Sollzinssätze, die für den Kreditvertrag gelten	[% – gebunden oder – veränderlich (mit dem Index oder Referenzzinssatz für den anfänglichen Sollzinssatz) – Zeiträume]
Effektiver Jahreszins *Gesamtkosten ausgedrückt als jährlicher Prozentsatz des Gesamtkreditbetrags* *Diese Angabe hilft Ihnen dabei, unterschiedliche Angebote zu vergleichen.*	[% Repräsentatives Beispiel unter Angabe sämtlicher in die Berechnung des Jahreszinses einfließender Annahmen]
Ist – der Abschluss einer Kreditversicherung oder – die Inanspruchnahme einer anderen mit dem Kreditvertrag zusammenhängenden Nebenleistung zwingende Voraussetzung dafür, dass der Kredit überhaupt oder nach den vorgesehenen Vertragsbedingungen gewährt wird? *Falls der Kreditgeber die Kosten dieser Dienstleistungen nicht kennt, sind sie nicht im effektiven Jahreszins enthalten.*	Ja/Nein [Falls ja, Art der Versicherung:] Ja/Nein [Falls ja, Art der Nebenleistung:]
Kosten im Zusammenhang mit dem Kredit	
(falls zutreffend) Die Führung eines oder mehrerer Konten ist für die Buchung der Zahlungsvorgänge und der in Anspruch genommenen Kreditbeträge erforderlich.	
(falls zutreffend) Höhe der Kosten für die Verwendung eines bestimmten Zahlungsmittels (zB einer Kreditkarte)	
(falls zutreffend) Sonstige Kosten im Zusammenhang mit dem Kreditvertrag	
(falls zutreffend) Bedingungen, unter denen die vorstehend genannten Kosten im Zusammenhang mit dem Kreditvertrag geändert werden können	
(falls zutreffend) Notargebühren	
Kosten bei Zahlungsverzug *Ausbleibende Zahlungen können schwerwiegende Folgen für Sie haben (zB Zwangsverkauf) und die Erlangung eines Kredits erschweren.*	Für ausbleibende Zahlungen wird Ihnen [... (anwendbarer Zinssatz und gegebenenfalls Verzugskosten)] berechnet.

4. Andere wichtige rechtliche Aspekte

Widerrufsrecht *Sie haben das Recht, innerhalb von 14 Kalendertagen den Kreditvertrag zu widerrufen.*	Ja/Nein
Vorzeitige Rückzahlung *Sie haben das Recht, den Kredit jederzeit ganz oder teilweise vorzeitig zurückzuzahlen.*	
(falls zutreffend) Dem Kreditgeber steht bei vorzeitiger Rückzahlung eine Entschädigung zu.	[Festlegung der Entschädigung (Berechnungsmethode) gemäß § 502 BGB]
Datenbankabfrage *Der Kreditgeber muss Sie unverzüglich und unentgeltlich über das Ergebnis einer Datenbankabfrage unterrichten, wenn ein Kreditantrag aufgrund einer solchen Abfrage abgelehnt wird. Dies gilt nicht, wenn eine entsprechende Unterrichtung durch die Rechtsvorschriften der Europäischen Gemeinschaft untersagt ist oder den Zielen der öffentlichen Ordnung oder Sicherheit zuwiderläuft.*	
Recht auf einen Kreditvertragsentwurf *Sie haben das Recht, auf Verlangen unentgeltlich eine Kopie des Kreditvertragsentwurfs zu erhalten.* *Diese Bestimmung gilt nicht, wenn der Kreditgeber zum Zeitpunkt der Beantragung nicht zum Abschluss eines Kreditvertrags mit Ihnen bereit ist.*	
(falls zutreffend) Zeitraum, während dessen der Kreditgeber an die vorvertraglichen Informationen gebunden ist	Diese Informationen gelten vom ▪▪▪ bis ▪▪▪

5. Zusätzliche Informationen beim Fernabsatz von Finanzdienstleistungen

a) zum Kreditgeber	
(falls zutreffend) Vertreter des Kreditgebers in dem Mitgliedstaat, in dem Sie Ihren Wohnsitz haben: Anschrift Telefon*)[3] E-Mail*) Fax*) Internet-Adresse*)	[Name] [Ladungsfähige Anschrift für Kontakte des Verbrauchers]
(falls zutreffend) Eintrag im Handelsregister	[Handelsregister, in das der Kreditgeber eingetragen ist, und seine Handelsregisternummer oder eine gleichwertige in diesem Register verwendete Kennung]
(falls zutreffend)Zuständige Aufsichtsbehörde	
b) zum Kreditvertrag	

(falls zutreffend) Ausübung des Widerrufsrechts	[Praktische Hinweise zur Ausübung des Widerrufsrechts, darunter Widerrufsfrist, Angabe der Anschrift, an die die Widerruferklärung zu senden ist, sowie Folgen bei Nichtausübung dieses Rechts]
(falls zutreffend) Recht, das der Kreditgeber der Aufnahme von Beziehungen zu Ihnen vor Abschluss des Kreditvertrags zugrunde legt	
(falls zutreffend) Klauseln über das auf den Kreditvertrag anwendbare Recht und/oder das zuständige Gericht	[Entsprechende Klausel hier wiedergeben]
(falls zutreffend) Wahl der Sprache	Die Informationen und Vertragsbedingungen werden in [Angabe der Sprache] vorgelegt. Mit Ihrer Zustimmung werden wir während der Laufzeit des Kreditvertrags in [Angabe der Sprache(n)] mit Ihnen Kontakt halten.
c) zu den Rechtsmitteln	
Verfügbarkeit außergerichtlicher Beschwerde- und Rechtsbehelfsverfahren und Zugang dazu	[Angabe, ob der Verbraucher, der Vertragspartei eines Fernabsatzvertrags ist, Zugang zu einem außergerichtlichen Beschwerde- und Rechtsbehelfsverfahren hat, und gegebenenfalls die Voraussetzungen für diesen Zugang]

◄

B. Erläuterungen

I. Erläuterungen zum Muster

[1] **Sinn und Zweck.** Der Darlehensgeber muss den Darlehensnehmer gemäß Abs. 3 in die Lage versetzen zu beurteilen, ob der Vertrag dem von ihm verfolgten Zweck und seinen Vermögensverhältnissen gerecht wird. 2

[2] **Textform.** Der Darlehensgeber muss dem Verbraucher das ordnungsgemäß ausgefüllte Muster in Textform übermitteln. Zur Textform vgl § 126 b. Das Muster kann danach in einer Urkunde oder in einer anderen zur dauerhaften Wiedergabe in Schriftzeichen geeigneten Weise übermittelt werden. Unter den Begriff der Urkunde (schriftliche Gedankenerklärung) fallen zB Briefe, Telefaxe und Telegramme. Unter den Begriff des dauerhaften Datenträgers sind elektronische Dokumente wie Disketten, CD-ROMs sowie E-Mails und Computerfaxe zu subsumieren. Bei Übermittlung in einer E-Mail ist es ausreichend, wenn der er diese speichern und ausdrucken kann. Ein tatsächlicher Ausdruck ist dagegen nicht erforderlich. Der Zugang iSd § 130 muss ebenfalls gewährleistet sein. Daher genügen Faxe und E-Mails nur, wenn der Verbraucher durch die Mitteilung seiner Fax-Nr., E-Mail-Adresse oder dergleichen zu verstehen gegeben hat, dass er mit dieser Übermittlungsform einverstanden ist. Aus dem gleichen Grund muss der Verbraucher bei der Verwendung von Disketten oder CD-ROMs über ein Disketten- 3

oder CD-ROM-Laufwerk verfügen. Textform erfordert weiterhin, dass die Person des Erklärenden genannt wird. Dies kann durch eine mechanisch hergestellte Unterschrift aber auch durch die Angabe im Kopf oder Inhalt des Textes geschehen. Überdies muss der Abschluss der Erklärung erkennbar werden. Der Darlehensgeber ist für die Einhaltung der Textform beweispflichtig. Er muss bei Nutzung von Fax und E-Mail insbesondere beweisen, dass nach dem Auftreten des Verbrauchers eine Übermittlung durch Fax oder E-Mail zulässig war.

4 [3] **Freiwillige Angaben.** Bei den mit Stern gekennzeichneten Angaben handelt es sich um freiwillige Angaben des Darlehensgebers.

II. Weiterführende Erläuterungen

5 Bei Einschaltung eines Darlehensvermittlers bei der Anbahnung oder beim Abschluss eines Verbraucherdarlehensvertrags oder eines Vertrags über eine entgeltliche Finanzierungshilfe sind sowohl Name als auch Anschrift dem Verbraucher bekannt zu geben. Wirbt der Darlehensvermittler im Vorfeld des Vertragsabschlusses gegenüber einem Verbraucher für den Abschluss eines dieser Verträge, muss er gemäß Art. 247 § 13 Abs. 4 EGBGB den Umfang seiner Befugnisse, insbesondere, ob er ausschließlich für einen oder mehrere bestimmte Darlehensgeber oder unabhängig tätig wird, offenlegen.

6 Liegt zugleich ein Fernabsatzvertrag vor, hat der Darlehensgeber nach Art. 247 § 2 Abs. 3 S. 2 EGBGB mit der Übermittlung des ordnungsgemäß ausgefüllten Musters in Textform zugleich seine Informationspflichten nach § 312 c Abs. 1 erfüllt.

7 Kann der Darlehensgeber aufgrund der gewählten Form des Kommunikationsmittels die Textform nicht einhalten, braucht er den Verbraucher nicht vollständig über alle vorstehenden Informationen unterrichten. Er muss die vollständige Unterrichtung jedoch unverzüglich nachholen. Unter unverzüglich sind 2-3 Tage nach Beendigung der Kommunikation, spätestens jedoch innerhalb derselben Woche zu verstehen. Der Unternehmer muss bei **telefonischen Vertragsschlüssen** nur über die in Art. 247 § 3 Abs. 1 Nr. 3 bis 9 sowie die in Abs. 3 und 4 enthaltenen Angaben informieren, dh über den effektiven Jahreszins, den Nettodarlehensbetrag, den Sollzinssatz, die Vertragslaufzeit, den Betrag sowie Zahl und Fälligkeit der einzelnen Teilzahlungen, den Gesamtbetrag und die Auszahlungsbedingungen, wobei er sowohl den effektiven Jahreszins als auch den Gesamtbetrag anhand eines repräsentativen Beispiels erläutern muss und den Hinweis geben muss, dass sich der effektive Jahreszins erhöhen kann, wenn der Verbraucherdarlehensvertrag mehrere Auszahlungsmöglichkeiten mit unterschiedlichen Kosten oder Sollzinssätzen vorsieht und die Berechnung der effektiven Jahreszinsen auf der Vermutung beruht, dass die für die Art des Darlehens übliche Auszahlungsmöglichkeit vereinbart werde. Überdies muss der Darlehensgeber die in Abs. 4 vorgeschriebenen umfassenden Angaben zum Sollzinssatz machen.

8 Damit sich der Darlehensnehmer über die von Abs. 1 erfassten Pflichten hinaus über den Vertragsinhalt informieren kann, steht ihm nach Abs. 2 das Recht zu, sich einen Entwurf des Verbraucherdarlehensvertrages aushändigen zu lassen. Dieser Anspruch wird begründet, sobald der Darlehensgeber mit dem Darlehensnehmer einen Darlehensvertrag abschließen will. Dies ist idR nach abgeschlossener Bonitätsprüfung der Fall.

9 Bei Immobiliardarlehensverträgen iSd § 503 sowie bei Umschuldungen iSd § 495 Abs. 3 Nr. 1 und Einräumung von Überziehungsmöglichkeiten iSd § 504 Abs. 2 sind andere Muster zu verwenden, die die in Art. 247 §§ 9, 10 und 11 des Art. 247 normierten Vorgaben berücksichtigen. Vgl hierzu die Muster unter § 495 Rn 43 und § 503 Rn 1.

§ 492 Schriftform, Vertragsinhalt

(1) [1]Verbraucherdarlehensverträge sind, soweit nicht eine strengere Form vorgeschrieben ist, schriftlich abzuschließen. [2]Der Schriftform ist genügt, wenn Antrag und Annahme durch die Vertragsparteien jeweils getrennt

schriftlich erklärt werden. [4]Die Erklärung des Darlehensgebers bedarf keiner Unterzeichnung, wenn sie mit Hilfe einer automatischen Einrichtung erstellt wird.
(2) Der Vertrag muss die für den Verbraucherdarlehensvertrag vorgeschriebenen Angaben nach Artikel 247 §§ 6 bis 13 des Einführungsgesetzes zum Bürgerlichen Gesetzbuche enthalten.
(3) [1]Nach Vertragsschluss stellt der Darlehensgeber dem Darlehensnehmer eine Abschrift des Vertrags zur Verfügung. [2] Ist ein Zeitpunkt für die Rückzahlung des Darlehens bestimmt, kann der Darlehensnehmer vom Darlehensgeber jederzeit einen Tilgungsplan nach Artikel 247 § 14 des Einführungsgesetzes zum Bürgerlichen Gesetzbuche verlangen.
(4) [1]Die Absätze 1 und 2 gelten auch für die Vollmacht, die ein Darlehensnehmer zum Abschluss eines Verbraucherdarlehensvertrags erteilt. [2]Satz 1 gilt nicht für die Prozessvollmacht und eine Vollmacht, die notariell beurkundet ist.
(5) Erklärungen des Darlehensgebers, die dem Darlehensnehmer gegenüber nach Vertragsabschluss abzugeben sind, bedürfen der Textform.
(6) [1]Enthält der Vertrag die Angaben nach Absatz 2 nicht oder nicht vollständig, können sie nach wirksamem Vertragsschluss oder in den Fällen des § 494 Absatz 2 Satz 1 nach Gültigwerden des Vertrags in Textform nachgeholt werden. [2]Hat das Fehlen von Angaben nach Absatz 2 zu Änderungen der Vertragsbedingungen gemäß § 494 Absatz 2 Satz 2 bis Absatz 6 geführt, kann die Nachholung der Angaben nur dadurch erfolgen, dass der Darlehensnehmer die nach § 494 Absatz 7 erforderliche Abschrift des Vertrags erhält. [3]In den sonstigen Fällen muss der Darlehensnehmer spätestens im Zeitpunkt der Nachholung der Angaben eine der in § 355 Absatz 3 Satz 2 genannten Unterlagen erhalten. [4]Werden Angaben nach diesem Absatz nachgeholt, beträgt die Widerrufsfrist abweichend von § 495 einen Monat. [5]Mit der Nachholung der Angaben nach Absatz 2 ist der Darlehensnehmer in Textform darauf hinzuweisen, dass die Widerrufsfrist von einem Monat nach Erhalt der nachgeholten Angaben beginnt.

§ 492 a (aufgehoben)

§ 493 Informationen während des Vertragsverhältnisses

(1) [1]Ist in einem Verbraucherdarlehensvertrag der Sollzinssatz gebunden und endet die Sollzinsbindung vor der für die Rückzahlung bestimmten Zeit, unterrichtet der Darlehensgeber den Darlehensnehmer spätestens drei Monate vor Ende der Sollzinsbindung darüber, ob er zu einer neuen Sollzinsbindungsabrede bereit ist. [2]Erklärt sich der Darlehensgeber hierzu bereit, muss die Unterrichtung den zum Zeitpunkt der Unterrichtung vom Darlehensgeber angebotenen Sollzinssatz enthalten.
(2) [1]Der Darlehensgeber unterrichtet den Darlehensnehmer spätestens drei Monate vor Beendigung eines Verbraucherdarlehensvertrags darüber, ob er zur Fortführung des Darlehensverhältnisses bereit ist. [2]Erklärt sich der Darlehensgeber zur Fortführung bereit, muss die Unterrichtung die zum Zeitpunkt der Unterrichtung gültigen Pflichtangaben gemäß § 491 a Abs. 1 enthalten.
(3) [1]Die Anpassung des Sollzinssatzes eines Verbraucherdarlehensvertrags mit veränderlichem Sollzinssatz wird erst wirksam, nachdem der Darlehensgeber den Darlehensnehmer über die Einzelheiten unterrichtet hat, die sich aus Artikel 247 § 15 des Einführungsgesetzes zum Bürgerlichen Gesetzbuche ergeben. [2]Abweichende Vereinbarungen über die Wirksamkeit sind im Rahmen des Artikels 247 § 15 Abs. 2 des Einführungsgesetzes zum Bürgerlichen Gesetzbuche zulässig.
(4) Wurden Forderungen aus dem Darlehensvertrag abgetreten, treffen die Pflichten aus den Absätzen 1 bis 3 auch den neuen Gläubiger, wenn nicht der bisherige Darlehensgeber mit dem neuen Gläubiger vereinbart hat, dass im Verhältnis zum Darlehensnehmer weiterhin allein der bisherige Darlehensgeber auftritt.

§ 494 Rechtsfolgen von Formmängeln

(1) Der Verbraucherdarlehensvertrag und die auf Abschluss eines solchen Vertrags vom Verbraucher erteilte Vollmacht sind nichtig, wenn die Schriftform insgesamt nicht eingehalten ist oder wenn eine der in Artikel 247 §§ 6 und 9 bis 13 des Einführungsgesetzes zum Bürgerlichen Gesetzbuche für den Verbraucherdarlehensvertrag vorgeschriebenen Angaben fehlt.
(2) [1]Ungeachtet eines Mangels nach Absatz 1 wird der Verbraucherdarlehensvertrag gültig, soweit der Darlehensnehmer das Darlehen empfängt oder in Anspruch nimmt. [2]Jedoch ermäßigt sich der dem Verbraucherdarlehensvertrag zugrunde gelegte Sollzinssatz auf den gesetzlichen Zinssatz, wenn die Angabe des Sollzinssatzes, des effektiven Jahreszinses oder des Gesamtbetrags fehlt.
(3) Ist der effektive Jahreszins zu niedrig angegeben, so vermindert sich der dem Verbraucherdarlehensvertrag zugrunde gelegte Sollzinssatz um den Prozentsatz, um den der effektive Jahreszins zu niedrig angegeben ist.
(4) [1]Nicht angegebene Kosten werden vom Darlehensnehmer nicht geschuldet. [2]Ist im Vertrag nicht angegeben, unter welchen Voraussetzungen Kosten oder Zinsen angepasst werden können, so entfällt die Möglichkeit, diese zum Nachteil des Darlehensnehmers anzupassen.

(5) Wurden Teilzahlungen vereinbart, ist deren Höhe vom Darlehnsgeber unter Berücksichtigung der verminderten Zinsen oder Kosten neu zu berechnen.
(6) [1]Fehlen im Vertrag Angaben zur Laufzeit oder zum Kündigungsrecht, ist der Darlehensnehmer jederzeit zur Kündigung berechtigt. [2]Fehlen Angaben zu Sicherheiten, können sie nicht gefordert werden. [3]Satz 2 gilt nicht, wenn der Nettodarlehensbetrag 75000 Euro übersteigt.
(7) [1]Der Darlehensgeber stellt dem Darlehensnehmer eine Abschrift des Vertrags zur Verfügung, in der die Vertragsänderungen berücksichtigt sind, die sich aus den Absätzen 2 bis 6 ergeben. [2]Abweichend von § 495 beginnt die Widerrufsfrist in diesem Fall, wenn der Darlehensnehmer diese Abschrift des Vertrags erhalten hat.

§ 495 Widerrufsrecht

(1) Dem Darlehensnehmer steht bei einem Verbraucherdarlehensvertrag ein Widerrufsrecht nach § 355 zu.
(2) [1]Die §§ 355 bis 359 a gelten mit der Maßgabe, dass
1. an die Stelle der Widerrufsbelehrung die Pflichtangaben nach Artikel 247 § 6 Absatz 2 des Einführungsgesetzes zum Bürgerlichen Gesetzbuche treten,
2. die Widerrufsfrist auch nicht beginnt
   a) vor Vertragsschluss und
   b) bevor der Darlehensnehmer die Pflichtangaben nach § 492 Absatz 2 erhält, und
3. der Darlehensnehmer abweichend von § 346 Absatz 1 dem Darlehensgeber auch die Aufwendungen zu ersetzen hat, die der Darlehensgeber an öffentliche Stellen erbracht hat und nicht zurückverlangen kann; § 346 Absatz 2 Satz 2 zweiter Halbsatz ist nur anzuwenden, wenn das Darlehen durch ein Grundpfandrecht gesichert ist.

[2]§ 355 Absatz 2 Satz 3 und Absatz 4 ist nicht anzuwenden.
(3) Ein Widerrufsrecht besteht nicht bei Darlehensverträgen,
1. die einen Darlehensvertrag, zu dessen Kündigung der Darlehensgeber wegen Zahlungsverzugs des Darlehensnehmers berechtigt ist, durch Rückzahlungsvereinbarungen ergänzen oder ersetzen, wenn dadurch ein gerichtliches Verfahren vermieden wird und wenn der Gesamtbetrag (Artikel 247 § 3 des Einführungsgesetzes zum Bürgerlichen Gesetzbuche) geringer ist als die Restschuld des ursprünglichen Vertrags,
2. die notariell zu beurkunden sind, wenn der Notar bestätigt, dass die Rechte des Darlehensnehmers aus den §§ 491 a und 492 gewahrt sind, oder
3. die § 504 Abs. 2 oder § 505 entsprechen.

A. Widerrufsinformation

I. Muster: Widerrufsinformation[1] 1

▶ **Widerrufsrecht** 352

Der Darlehensnehmer kann seine Vertragserklärung innerhalb von 14 Tagen ohne Angabe von Gründen in Textform (zB Brief, Fax, E-Mail) widerrufen.[2] Die Frist beginnt nach Abschluss des Vertrags, aber erst, nachdem der Darlehensnehmer alle Pflichtangaben nach § 492 Abs. 2 BGB (zB Angabe **zur Art** des **Darlehens**, Angabe zum **Nettodarlehensbetrag**, Angabe zur **Vertragslaufzeit**) erhalten hat.[3] Der Darlehensnehmer hat alle Pflichtangaben erhalten, wenn sie in der für den Darlehensnehmer bestimmten Ausfertigung seines Antrags oder in der für den Darlehensnehmer bestimmten Ausfertigung der Vertragsurkunde oder in einer für den Darlehensnehmer bestimmten Abschrift seines Antrags oder der Vertragsurkunde enthalten sind und dem Darlehensnehmer eine solche Unterlage zur Verfügung gestellt worden ist. Über in den Vertragstext nicht aufgenommene Pflichtangaben kann der Darlehensnehmer nachträglich in Textform informiert werden; die Widerrufsfrist beträgt dann einen Monat. Der Darlehensnehmer ist mit den nachgeholten Pflichtangaben nochmals auf den Beginn der Widerrufsfrist hinzuweisen. Zur Wahrung der Widerrufsfrist genügt die rechtzeitige Absendung des Widerrufs. Der Widerruf ist zu richten an:[4]

...[5]

...[5a]

...[5b]

...[5c]

Widerrufsfolgen

Der Darlehensnehmer hat innerhalb von 30 Tagen das Darlehen, soweit es bereits ausbezahlt wurde, zurückzuzahlen und für den Zeitraum zwischen der Auszahlung und der Rückzahlung des Darlehens den vereinbarten Sollzinssatz zu entrichten. Die Frist beginnt mit der Absendung der Widerrufserklärung. Für den Zeitraum zwischen Auszahlung und Rückzahlung ist bei vollständiger Inanspruchnahme des Darlehens pro Tag ein Zinsbetrag in Höhe von ... EUR[6] zu zahlen. Dieser Betrag verringert sich entsprechend, wenn das Darlehen nur teilweise in Anspruch genommen wurde.[7][8]

...[9]

...[9a]

...[9b]

...[9c]

...[9d]

...[9e]

...[9f] ◀

II. Erläuterungen und Varianten zum Muster

[1] **Gesetzlichkeitsfiktion.** Das Muster entspricht der Anlage 6 zur Art. 247 § 6 Abs. 2 und § 12 Abs. 1 EGBGB. Es handelt sich um eine sog **Gesetzlichkeitsfiktion.** Verwendet der Darlehensgeber das vorstehende Muster wie für den jeweiligen Vertrag vorgesehen, wird fingiert, dass er hiermit die Vorgaben aus Art. 247 § 6 Abs. 2 S. 1 und 2 EGBGB erfüllt. Dies ist jedoch nicht der Fall, wenn der Darlehensgeber seine Pflichtangaben lediglich nachholt. Wenn das Muster in einen Verbraucherdarlehensvertrag integriert wird, muss es sich gemäß Art. 247 § 6 Abs. 2 S. 3 von den übrigen Vertragsklauseln in ihrer Form hervorheben und deutlich gestaltet sein. Durch dieses Erfordernis wird ein Gleichklang mit § 355 Abs. 2 S. 1 und § 360 Abs. 1 S. 1 hergestellt. Art. 247 § 6 Abs. 2 S. 4 EGBGB stellt klar, dass der Darlehensgeber nicht an 2

Format und Schriftgröße des im Anhang zu Art. 247 § 6 Abs. 2 und § 12 Abs. 1 abgedruckten Musters gebunden ist. Möchte der Darlehensgeber für den Fall der Ausübung des Widerrufsrechts durch den Darlehensnehmer weitere Rechtsfolgen vereinbaren – etwa im Fall des Abschlusses des Vertrags mit mehreren Darlehensnehmern – kann er dies nur an einer anderen Stelle des Verbraucherdarlehensvertrags.

3 [2] Bei **entgeltlichen Finanzierungshilfen betreffend die Überlassung von Sachen** ist hier Folgendes einzufügen:

▶ ...; wenn ihm die Sache vor Fristablauf überlassen wird, kann er den Widerruf auch durch Rücksendung der Sache erklären. ◀

4 [3] Bei **Verträgen im elektronischen Geschäftsverkehr** (**§ 312 e Abs. 1 S. 1**) ist hier Folgendes einzufügen:

▶ ... aber erst, nachdem der Darlehensgeber seine Pflichten aus § 312 e Abs. 1 S. 1 BGB in Verbindung mit Art. 246 § 3 EGBGB erfüllt hat. ◀

5 Angesichts des Schriftformerfordernisses für Verbraucherdarlehensverträge ist dieser Gestaltungshinweis nur in Ausnahmefällen zu geben.

6 [4] **Widerrufsadressat.** Hier sind einzufügen: Name/Firma und ladungsfähige Anschrift des Widerrufsadressaten. Zusätzlich können angegeben werden: Telefaxnummer, E-Mail-Adresse und/oder, wenn der Darlehensnehmer eine Bestätigung seiner Widerrufserklärung an den Darlehensgeber erhält, auch eine Internet-Adresse.

7 [5] **Besonderheiten bei weiteren Verträgen.** Bei Anwendung der Gestaltungshinweise 5 a, 5 b oder 5 c sind hier folgende Unterüberschrift und folgender Hinweis einzufügen:

▶ **Besonderheiten bei weiteren Verträgen**
Wenn dem Darlehensnehmer für den weiteren Vertrag ein Rückgaberecht an Stelle eines Widerrufsrechts eingeräumt wurde, steht die Rückgabe im Folgenden dem Widerruf gleich. ◀

8 [5a] **Besonderheiten bei einem verbundenen Vertrag nach § 358.** Bei einem verbundenen Vertrag nach § 358 ist hier einzufügen:

a) wenn der Vertrag **nicht den Erwerb von Finanzinstrumenten** zum Gegenstand hat:

▶ – Widerruft der Darlehensnehmer[a] diesen Darlehensvertrag, so ist er auch an den [einsetzen: Bezeichnung des verbundenen Vertrags] (im Folgenden: verbundener Vertrag)[b] nicht mehr gebunden.

– Steht dem Darlehensnehmer in Bezug auf den [einsetzen:[c] verbundenen Vertrag] ein Widerrufsrecht zu, so ist er mit wirksamem Widerruf des [einsetzen:[b] verbundenen Vertrags] auch an den Darlehensvertrag nicht mehr gebunden. Für die Rechtsfolgen des Widerrufs sind die in dem [einsetzen:[c] verbundenen Vertrag] getroffenen Regelungen und die hierfür erteilte Widerrufsbelehrung maßgeblich. ◀

b) wenn der Vertrag den **Erwerb von Finanzinstrumenten** zum Gegenstand hat:

▶ – Widerruft der Darlehensnehmer den [einsetzen: Bezeichnung des verbundenen Vertrags], so ist er auch an den Darlehensvertrag nicht mehr gebunden. ◀

9 In der im zweiten Spiegelstrich unter 5 a) beschriebenen Konstellation braucht der Unternehmer den Verbraucher nur abstrakt für den Fall, dass diesem ein Widerrufsrecht zustehen sollte, informieren. Hier hat der Darlehensgeber nicht immer Kenntnis vom Bestehen oder Nichtbestehen eines Widerrufsrechts des Darlehensnehmers bezüglich des Vertrags über die Lieferung einer Ware oder die Erbringung einer anderen Leistung. Abgesehen davon, dass der Unternehmer den Abschluss derartiger Verträge nicht kennen muss, kann dem Verbraucher auch trotz

Abschlusses eines Haustürgeschäfts oder eines Fernabsatzgeschäfts kein Widerrufsrecht zustehen, wenn die mündlichen Vertragsverhandlungen auf seine Veranlassung geführt worden sind oder er die Ware zuvor schon im Laden besichtigt hat.

Der Gestaltungshinweis bezieht sich unter Buchstabe a) zweiter Spiegelstrich und Buchstabe b) nicht auf ein bestimmtes Widerrufsrecht, so dass auch das nicht auf Gemeinschaftsrecht beruhende Widerrufsrecht nach § 126 InvG hierunter subsumiert werden kann. Geht ein Darlehensgeber aufgrund Art. 15 Abs. 1 der Verbraucherkreditrichtlinie davon aus, dass ein Widerrufsdurchgriff nur bei einem auf Gemeinschaftsrecht beruhenden Widerrufsrecht möglich ist und will er einen solchen Durchgriff im Hinblick auf § 126 InvG nicht vertraglich vereinbaren, muss er den Verbraucher eigenständig belehren und kann das Muster nicht verwenden. 10

[5b] Besonderheiten bei einem angegebenen Geschäft nach § 359 a Abs. 1. Bei einem Geschäft, dessen Vertragsgegenstand (die Ware oder Leistung des Unternehmers) in dem Verbraucherdarlehensvertrag genau angegeben ist und das nicht gleichzeitig die Voraussetzungen eines verbundenen Vertrags gemäß § 358 BGB erfüllt (angegebenes Geschäft gemäß § 359 a Abs. 1 BGB), ist hier Folgendes einzufügen: 11

▶ – Steht dem Darlehensnehmer in Bezug auf das [einsetzen: Bezeichnung des im Darlehensvertrag angegebenen Geschäfts] (im Folgenden: angegebenes Geschäft)[b] ein Widerrufsrecht zu, so ist er mit wirksamem Widerruf des angegebenen Geschäfts auch an einen Darlehensvertrag nicht mehr gebunden. ◀

Der Unterabsatz kann wie folgt ergänzt werden: 12

▶ - Paketversandfähige Sachen sind auf Kosten und auf Gefahr des Vertragspartners des Verbrauchers zurückzusenden. Die Kosten der Rücksendung hat der Verbraucher abweichend davon zu tragen, wenn dies wirksam vereinbart wurde. Nicht paketversandfähige Sachen werden beim Verbraucher abgeholt. ◀

[5c] Besonderheiten bei einem Vertrag über eine Zusatzleistung. Bei einem Vertrag über eine vom Darlehensgeber für die Darlehensgewährung verlangte Zusatzleistung (§ 359 a Abs. 2 in Verbindung mit Art. 247 § 8 EGBGB), der nicht gleichzeitig die Voraussetzungen eines verbundenen Vertrags gemäß § 358 erfüllt und der nicht den durch das Darlehen finanzierten Erwerb von Finanzinstrumenten zum Gegenstand hat, kann hier Folgendes eingefügt werden: 13

▶ – Steht dem Darlehensnehmer in Bezug auf diesen Darlehensvertrag ein Widerrufsrecht zu, so ist er mit wirksamem Widerruf des Darlehensvertrags auch an den [einsetzen: Bezeichnung des Vertrags über eine Zusatzleistung] (im Folgenden: Vertrag über eine Zusatzleistung)[b] nicht mehr gebunden, wenn der [einsetzen[c]: Vertrag über eine Zusatzleistung] in unmittelbarem Zusammenhang mit dem Darlehensvertrag abgeschlossen wurde. ◀

Im Rahmen des Gestaltungshinweises 5 c muss der Verbraucher beurteilen, ob die Voraussetzung des unmittelbaren Zusammenhangs mit dem Darlehensvertrag gegeben ist, da der Darlehensgeber dies nicht immer wissen kann. Erforderlich ist eine direkte kausale Verknüpfung von Zusatzvertrag und Darlehensvertrag (BT-Drucks. 16/11643, S. 73). 14

Von der Vertragsausgestaltung im Einzelfall hängt es ab, welche der Gestaltungshinweise tatsächlich in den Vertragstext aufzunehmen ist. Es sind sowohl Fallkonstellationen denkbar, in denen der Gestaltungshinweis 5 a durch den Hinweis 5 b ergänzt werden muss und/oder der Hinweis 5 c einzufügen ist. Die Gestaltungshinweise können daher alle nacheinander in den Vertrag einzufügen sein. Bezieht sich der Verbraucherdarlehensvertrag sowohl auf einen **verbundenen Vertrag** iSd § 358 als auch auf ein **angegebenes Geschäft** iSd § 359 a Abs. 1, muss der Darlehensgeber den Verbraucher neben dem verbundenen Vertrag auch über das Widerrufsrecht und die Widerrufsfolgen des angegebenen Geschäfts informieren. In diesen Fällen sind die Gestaltungshinweise 5 a und 5 b in den Vertrag aufzunehmen. Der Hinweis 5 a ist durch den 15

Hinweis 5 b zu ersetzen, wenn das im Verbraucherdarlehensvertrag angegebene Geschäft nicht die Voraussetzungen nach § 358 Abs. 3 für einen verbundenen Vertrag erfüllt. Dies ist der Fall, wenn zwar der Vertragszweck im Darlehensvertrag bereits konkret bezeichnet ist, sich der Verbraucher aber erst nach Auszahlung des Darlehens für einen bestimmten Vertragspartner entscheidet, der den finanzierten Gegenstand liefert (BT-Drucks. 16/11643, S. 73).

16 [6] **Ausgestaltung des Zinsbetrags.** Hier ist der genaue Zinsbetrag in Euro pro Tag einzufügen. Centbeträge sind als Dezimalstellen anzugeben.

17 [7] **Grundpfandrechtlich gesichertes Darlehen.** Ist das Darlehen durch ein Grundpfandrecht gesichert, ist hier Folgendes einzufügen:

▶ Wenn der Darlehensnehmer nachweist, dass der Wert seines Gebrauchsvorteils niedriger war als der Vertragszins, muss er nur den niedrigeren Betrag zahlen. Dies kann zB in Betracht kommen, wenn der marktübliche Zins geringer war als der Vertragszins. ◀

18 Der Verbraucher hat trotz unterhalb des Vertragszinses liegendem Marktzins einen Gebrauchsvorteil zu ersetzen, wenn zB mit dem widerrufenen Vertrag ein anderes Darlehen abgelöst wurde und die hierdurch gesparten Schuldzinsen zu einem vom Marktzins in der Höhe abweichenden Gebrauchsvorteil geführt haben.

19 [8] **Ersatz von Aufwendungen des Darlehensgebers.** Erbringt der Darlehensgeber gegenüber öffentlichen Stellen Aufwendungen gemäß § 495 Abs. 2 S. 1 Nr. 3 Hs 1 und will er sich für den Fall des Widerrufs die Geltendmachung dieses Anspruchs vorbehalten, ist hier Folgendes einzufügen:

▶ – Der Darlehensnehmer hat dem Darlehensgeber auch die Aufwendungen zu ersetzen, die der Darlehensgeber gegenüber öffentlichen Stellen erbracht hat und nicht zurückverlangen kann. ◀

20 [9] **Besonderheiten bei weiteren Verträgen.** Bei Anwendung der Gestaltungshinweise 9 a, 9 b, 9 c, 9 d, 9 e oder 9 f ist hier als Unterüberschrift einzufügen:

▶ **Besonderheiten bei weiteren Verträgen** ◀

Dies gilt nicht, wenn bei einer **entgeltlichen Finanzierungshilfe** betreffend die **Überlassung einer Sache** ausschließlich der Hinweis 9 c verwandt wird und weitere Verträge nicht vorliegen. Liegen mehrere weitere Verträge nebeneinander vor, kann im Folgenden die Unterrichtung gemäß den anwendbaren Gestaltungshinweisen auch durch eine entsprechende, jeweils auf den konkreten Vertrag bezogene, wiederholte Nennung der Hinweise erfolgen.

21 [9a] **Besonderheiten bei einem verbundenen Vertrag nach § 358 oder einem angegebenen Geschäft nach § 359 a Abs. 1.** Bei einem verbundenen Vertrag nach § 358 oder einem angegebenen Geschäft nach § 359 a Abs. 1, der oder das nicht den Erwerb von Finanzinstrumenten zum Gegenstand hat, ist hier Folgendes einzufügen:

▶ – Steht dem Darlehensnehmer in Bezug auf [einsetzen[c]: den verbundenen Vertrag und/oder das angegebene Geschäft] ein Widerrufsrecht zu, sind im Fall des wirksamen Widerrufs [einsetzen[c]: des verbundenen Vertrags und/oder des angegebenen Geschäfts] Ansprüche des Darlehensgebers auf Zahlung von Zinsen und Kosten aus der Rückabwicklung des Darlehensvertrags gegen den Darlehensnehmer ausgeschlossen. ◀

22 Soweit bei Verträgen über entgeltliche Finanzierungshilfen verbundene Verträge iSv § 358 vorliegen können (vgl MüKo-BGB/*Schürnbrand*, 5. Aufl. 2008, § 499, Rn 30, Fn 60 und § 500, Rn 8), ist der Mustertext entsprechend anzupassen.

23 [9b] **Besonderheiten bei einem verbunden Vertrag oder einem Vertrag über eine Zusatzleistung.** Bei einem verbundenen Vertrag nach § 358, der nicht den Erwerb von Finanzinstrumenten zum Gegenstand hat oder bei einem Vertrag über eine Zusatzleistung, wenn von Gestaltungshinweis 5 c Gebrauch gemacht wurde, ist hier Folgendes einzufügen:

▶ – Ist der Darlehensnehmer aufgrund des Widerrufs dieses Darlehensvertrags an [einsetzen[c]: den verbundenen Vertrag und/oder den Vertrag über eine Zusatzleistung] nicht mehr gebunden, sind insoweit die beiderseits empfangenen Leistungen zurückzugewähren und ggf. gezogene Nutzungen (zB Zinsen) herauszugeben. ◀

Kommt bei einem Vertrag über eine entgeltliche Finanzierungshilfe ein verbundener Vertrag in Betracht (vgl MüKo-BGB/*Schürnbrand*, 5. Aufl. 2008, § 499, Rn 30, Fn 60 und § 500, Rn 8), ist der Mustertext entsprechend anzupassen. 24

[9c] Besonderheiten bei Überlassung einer Sache. Bei einem verbundenen Vertrag nach § 358 über die Überlassung einer Sache oder bei einem Vertrag über eine entgeltliche Finanzierungshilfe, deren Vertragsgegenstand die Überlassung einer Sache ist, sowie bei einem Vertrag über eine Zusatzleistung gerichtet auf die Überlassung einer Sache, wenn von Gestaltungshinweis 5 c Gebrauch gemacht wurde, ist hier folgender Hinweis einzufügen: 25

▶ - Paketversandfähige Sachen sind auf Kosten und auf Gefahr des Vertragspartners des Darlehensnehmers zurückzusenden. Die Kosten der Rücksendung hat der Darlehensnehmer abweichend davon zu tragen, wenn dies im [einsetzen[c]: verbundenen Vertrag und/oder Vertrag über eine Zusatzleistung] wirksam vereinbart wurde. Nicht paketversandfähige Sachen werden beim Darlehensnehmer abgeholt. ◀

Der zweite Satz („Die Kosten der Rücksendung...") entfällt, wenn ein weiterer Vertrag nicht vorliegt. Der Unterabsatz kann wie folgt ergänzt werden:

▶ Wenn der Darlehensnehmer die aufgrund [einsetzen[c]: des verbundenen Vertrags oder des Vertrags über eine Zusatzleistung oder einsetzen: Bezeichnung der entgeltlichen Finanzierungshilfe] überlassene Sache nicht oder teilweise nicht oder nur in verschlechtertem Zustand zurückgewähren kann, hat er insoweit ggf. Wertersatz zu leisten. Dies gilt nicht, wenn die Verschlechterung der überlassenen Sache ausschließlich auf deren Prüfung – wie sie etwa im Ladengeschäft möglich gewesen wäre – zurückzuführen ist. Im Übrigen kann der Darlehensnehmer die Pflicht zum Wertersatz für eine durch die bestimmungsgemäße Ingebrauchnahme der Sache entstandene Verschlechterung vermeiden, indem er die Sache nicht wie sein Eigentum in Gebrauch nimmt und alles unterlässt, was deren Wert beeinträchtigt. ◀

Kommt bei einem Vertrag über eine entgeltliche Finanzierungshilfe ein verbundener Vertrag in Betracht (vgl MüKo-BGB/*Schürnbrand*, 5. Aufl. 2008, § 499, Rn 30, Fn 60 und § 500, Rn 8), ist der Mustertext entsprechend anzupassen. 26

[9d] Besonderheiten bei einem angegebenen Geschäft nach § 359 a Abs. 1. Bei einem angegebenen Geschäft nach § 359 a Abs. 1 ist hier Folgendes einzufügen: 27

▶ – Ist der Darlehensnehmer aufgrund des Widerrufs des [einsetzen:[c] angegebenen Geschäfts] an den Darlehensvertrag nicht mehr gebunden, sind insoweit die beiderseits empfangenen Leistungen zurückzugewähren und ggf. die gezogenen Nutzungen (z.B. Zinsen) herauszugeben. ◀

Kommt bei einem Vertrag über eine entgeltliche Finanzierungshilfe ein verbundener Vertrag in Betracht (vgl MüKo-BGB/*Schürnbrand*, 5. Aufl. 2008, § 499, Rn 30, Fn 60 und § 500, Rn 8), ist der Mustertext entsprechend anzupassen. 28

[9e] Besonderheiten bei Verträgen, die nicht den Erwerb von Finanzierungsinstrumenten zum Gegenstand haben oder bei finanzierten Verträgen über eine Zusatzleistung. Bei einem verbundenen Vertrag nach § 358 oder einem angegebenen Geschäft nach § 359 a Abs. 1, der oder das nicht den Erwerb von Finanzinstrumenten zum Gegenstand hat, oder bei einem vom Darlehensgeber finanzierten Vertrag über eine Zusatzleistung, wenn von Gestaltungshinweis 5 c Gebrauch gemacht wurde, ist hier Folgendes einzufügen: 29

▶ – Wenn der Darlehensnehmer infolge des Widerrufs des Darlehensvertrags nicht mehr an den weiteren Vertrag gebunden ist oder infolge des Widerrufs des weiteren Vertrags nicht mehr an den Darlehensvertrag gebunden ist, gilt ergänzend Folgendes: Ist das Darlehen bei Wirksamwerden des Widerrufs dem Vertragspartner des Darlehensnehmers aus [einsetzen[c]: dem verbundenen Vertrag und/oder dem angegebenen Geschäft und/oder dem Vertrag über eine Zusatzleistung] bereits zugeflossen, tritt der Darlehensgeber im Verhältnis zum Darlehensnehmer hinsichtlich der Rechtsfolgen des Widerrufs in die Rechte und Pflichten des Vertragspartners aus dem weiteren Vertrag ein. ◀

Dieser Hinweis entfällt, wenn der Darlehensgeber zugleich Vertragspartner des Darlehensnehmers aus dem weiteren Vertrag ist.

30 Bei einer Identität der Person des Darlehensgebers mit der Person des Vertragspartners ist der Gestaltungshinweis an den Verbraucher über den Eintritt des Darlehensgebers in die Rechte und Pflichten des Vertragspartners unnötig und missverständlich.

31 Bei einem Erwerb von Finanzierungsinstrumenten kann es nicht zu einer Verwendung des Gestaltungshinweises 5 c kommen. Daher ist in diesem Fall auch der Hinweis aus 9 c nicht anzubringen.

32 Kommt bei einem Vertrag über eine entgeltliche Finanzierungshilfe ein verbundener Vertrag in Betracht (vgl MüKo-BGB/*Schürnbrand*, 5. Aufl. 2008, § 499, Rn 30, Fn 60 und § 500, Rn 8), ist der Mustertext entsprechend anzupassen.

33 **[9f] Einwendungsdurchgriff bei verbundenen Verträgen.** Bei einem verbundenen Vertrag nach § 358, der nicht den Erwerb von Finanzinstrumenten zum Gegenstand hat, sind hier folgende Überschrift und folgender Hinweis einzufügen:

▶ **Einwendungen bei verbundenen Verträgen**

– Der Darlehensnehmer kann die Rückzahlung des Darlehens verweigern, soweit ihn Einwendungen berechtigen würden, seine Leistung gegenüber dem Vertragspartner aus dem verbundenen Vertrag zu verweigern. Dies gilt nicht, wenn das finanzierte Entgelt weniger als 200 EUR beträgt oder wenn der Rechtsgrund für die Einwendung auf einer Vereinbarung beruht, die zwischen dem Darlehensnehmer und dem anderen Vertragspartner nach dem Abschluss des Darlehensvertrags getroffen wurde. Kann der Darlehensnehmer von dem anderen Vertragspartner Nacherfüllung verlangen, so kann er die Rückzahlung des Darlehens erst verweigern, wenn die Nacherfüllung fehlgeschlagen ist. ◀

Dieser Hinweis und die Überschrift können entfallen, wenn der Darlehensgeber weiß, dass das finanzierte Entgelt weniger als 200 EUR beträgt.

34 Kommt bei einem Vertrag über eine entgeltliche Finanzierungshilfe ein verbundener Vertrag in Betracht (vgl MüKo-BGB/*Schürnbrand*, 5. Aufl. 2008, § 499, Rn 30, Fn 60 und § 500, Rn 8), ist der Mustertext entsprechend anzupassen.

35 Zwar handelt es sich auch bei angegebenen Geschäften iSd § 359 a Abs. 1 um verbundene Darlehensverträge nach § 358. Da nach Art. 15 Abs. 1 der Verbraucherkreditrichtlinie bei angegebenen Geschäften nur der Widerrufsdurchgriff gegeben sein muss, unterfallen diese nicht dem vorstehenden Gestaltungshinweis. Der Darlehensgeber wäre auch einem unkalkulierbarem Risiko ausgesetzt, wenn er – wie bei angegebenen Geschäften häufig der Fall – den Lieferanten nicht kennt (BT-Drucks. 16/1643, S. 73).

III. Erläuterungen zu (a)-(c) der Varianten (Rn 8-15)

36 [a] Die Vertragsparteien können auch direkt angesprochen werden (z. B. „Sie", „Wir"). Es kann auch die weibliche Form der jeweiligen Bezeichnung und/oder die genaue Bezeichnung der Vertragsparteien verwendet werden. Es können auch die Bezeichnungen „Kreditnehmer" und „Kreditgeber" verwendet werden. Bei entgeltlichen Finanzierungshilfen sind die Bezeichnungen entsprechend anzupassen, beispielsweise mit „Leasinggeber" und „Leasingnehmer". Die wei-

tergehende Anpassungspflicht für entgeltliche Finanzierungshilfen gemäß Art. 247 § 12 Abs. 1 S. 4 EGBGB bleibt unberührt.

[b] Dieser Klammerzusatz entfällt bei durchgängiger genauer Bezeichnung des Vertrags/Geschäfts. 37

[c] Die Bezugnahme auf den betreffenden Vertrag/auf das betreffende Geschäft kann nach erstmaliger genauer Bezeichnung im Weiteren durch Verwendung der allgemeinen Bezeichnung des jeweiligen Vertrags/Geschäfts (verbundener Vertrag, angegebenes Geschäft, Vertrag über eine Zusatzleistung) erfolgen. 38

IV. Weiterführende Erläuterungen und Varianten

Nach § 495 Abs. 2 S. 1 Nr. 2 lit. b) hat das **Unterbleiben von Pflichtangaben** zur Folge, dass die Widerrufsfrist nicht beginnt. Mangels Verweises auf § 355 Abs. 4 kann der Vertrag während seiner gesamten Laufzeit nicht widerrufen werden. Das Fehlen einer Höchstfrist entspricht den Vorgaben der Verbraucherkreditrichtlinie. 39

Holt der Darlehensgeber die nicht im Vertrag enthaltenen vertraglichen Pflichtangaben nach, löst er nach §§ 492 Abs. 6, 494 Abs. 7 S. 2 und 495 Abs. 2 S. 1 Nr. 2 lit. b den Beginn der Widerrufsfrist aus. Eine Heilung des Formmangels des nicht schriftlichen Abschlusses des Vertrags durch Inanspruchnahme oder Empfang des Darlehens nach § 494 Abs. 2 S. 1 reicht demgegenüber nicht aus, um den Lauf der Widerrufsfrist in Gang zu setzen. Durch die Inanspruchnahme bzw den Empfang des Darlehens wird lediglich der Vertrag an sich wirksam. 40

In welcher **Form** der Darlehensgeber über die fehlenden Angaben unterrichten muss, um den Beginn der Widerrufsfrist auszulösen, hängt davon ab, ob das Fehlen der Angaben die Nichtigkeit des Vertrags nach sich zieht und ob die Formnichtigkeit des Vertrags geheilt worden ist. 41

Ist der Vertrag aufgrund der fehlenden Pflichtangaben oder Nichteinhaltung der Schriftform nach § 494 Abs. 1 **nichtig**, muss der Darlehensgeber mit dem Darlehensnehmer einen neuen schriftlichen Vertrag schließen. Denn nur dann liegt überhaupt ein wirksamer Vertrag vor. Die Vertragsurkunde, den schriftlichen Antrag des Verbrauchers oder eine Abschrift der Vertragsurkunde oder des Antrags muss er dem Verbraucher gemäß § 492 Abs. 6 S. 3 spätestens mit den nachgeholten Pflichtangaben zur Verfügung stellen. 42

Wenn der Vertrag **trotz fehlender Angaben wirksam** ist, weil nur solche Pflichtangaben fehlen, die nicht die Nichtigkeit des Vertrags nach sich ziehen, kann der Darlehensgeber gemäß § 492 Abs. 6 S. 1 grds. durch Nachreichen der fehlenden Angaben in Textform den Beginn der Widerrufsfrist herbeiführen. Auch in diesem Fall muss er dem Verbraucher spätestens mit den nachgeholten Angaben die übrigen Pflichtangaben in einer der in § 355 Abs. 3 S. 2 beschriebenen Unterlage zur Verfügung stellen. Zur Frage, welche Pflichtangaben keinen Einfluss auf die Wirksamkeit des Vertrags haben, vgl § 491 Rn 27. 43

Gemäß § 494 Abs. 6 S. 2 können allerdings solche Pflichtangaben **nicht in Textform nachgeholt** werden, die ausweislich des Gesetzes einen eigenständigen Anspruch des Darlehensgebers gegen den Darlehensnehmer begründen. In diesen Fällen kann der Darlehensgeber kraft Gesetzes (zB §§ 494 Abs. 6 S. 2, 502 Abs. 2 Nr. 2) nicht nachträglich Ansprüche gegen den Darlehensnehmer begründen. Überdies entspricht der mit dem Darlehensnehmer geschlossene Vertrag der geltenden Rechtslage. Dies betrifft zB mögliche Forderungen des Darlehensgebers nach Zahlung einer **Vorfällgikeitsentschädigung** bei vorzeitiger Beendigung des Vertrags durch den Darlehensnehmer. Möchte der Darlehensgeber derartige Ansprüche begründen, bedarf es hierzu des Abschlusses eines neuen Vertrags mit dem Darlehnsnehmer. Dieser wird aufgrund der Wirksamkeit des alten Vertrags seine Zustimmung zum Abschluss eines neuen Vertrags aber wohl nicht geben, der für ihn mit weiteren Nachteilen behaftet ist. Eine Ausnahme besteht gemäß § 494 Abs. 6 S. 3 nur bei Verträgen, denen ein Nettodarlehensbetrag in Höhe von 75000 EUR zugrunde liegt. Hier hat der Darlehensgeber unabhängig von einer entsprechenden 44

Angabe im Vertrag einen Anspruch auf Stellung einer Sicherheit durch den Darlehensgeber. Vgl hierzu ebenfalls § 491 Rn 27. Allerdings beginnt der Lauf der Widerrufsfrist auch im letztgenannten Fall gemäß §§ 492 Abs. 2, 495 Abs. 2 Nr. 2 iVm Art. 247 § 7 Nr. 2 EGBGB erst mit der Unterrichtung des Darlehensnehmers. Daher sollte der Darlehensgeber die Information unbedingt nachholen.

45 Wurde ein **vormals nichtiger Vertrag** durch Inanspruchnahme oder Empfang des Darlehens **geheilt** und haben sich die Vertragsbedingungen geändert, kann das Nachholen der Pflichtangaben nach § 492 Abs. 6 S. 2 nur dadurch erfolgen, dass der Darlehensnehmer eine Abschrift des gesamten Vertrags in Textform erhält. Im Fall der Änderung des Vertragsinhalts muss der Darlehensnehmer über sämtliche Änderungen unterrichtet werden. ZB muss dieser über die tatsächliche Höhe seiner Schuld und seiner zu leistenden Teilzahlungen informiert werden. § 494 Abs. 7 S. 2 bestimmt dementsprechend, dass die Widerrufsfrist in diesem Fall erst nach Heilung und nach Erhalt der Abschrift zu laufen anfängt. Hiervon bleiben abschließende Sondervorschriften zum Beginn der Widerrufsfrist wie zB § 312 e Abs. 3 S. 2 unberührt.

46 In der Regel löst der Darlehensgeber gemäß § 495 Abs. 2 S. 1 Nr. 2 lit. b) mit der Zustellung der Pflichtangaben und der in § 355 Abs. 2 S. 3 genannten Unterlagen den **Beginn der Widerrufsfrist** aus, es sei denn, es liegt ein nichtiger Vertrag oder ein Fall der Heilung eines formnichtigen Vertrags mit geändertem Inhalt vor. Dann beginnt der Fristenlauf gemäß § 492 Abs. 6 S. 3 bzw erst mit Erhalt der Abschrift des Vertrags, in der die korrigierten Angaben enthalten sind. Die Widerrufsfrist verlängert sich immer gemäß § 492 Abs. 6 S. 4 auf einen Monat. Der Darlehensgeber muss den Darlehensnehmer sowohl darüber belehren, dass die Widerrufsfrist nach Erhalt der Pflichtangaben zu laufen beginnt, als auch darüber, dass die Frist einen Monat beträgt.

47 Die Fristverlängerung verschafft dem Darlehensnehmer genügend Zeit zum Überlegen, ob er auch unter Berücksichtigung der weiteren Informationen am Vertrag festhalten möchte. Außerdem wird durch die Einführung der einmonatigen Frist ein Gleichlauf mit § 355 Abs. 2 S. 3 erreicht. Kommt der Darlehensgeber seiner Nebenpflicht nicht nach, kann er sich nach dem Grundsatz von Treu und Glauben nicht auf den Ablauf der Widerrufsfrist berufen und zudem nach § 280 schadensersatzpflichtig sein.

48 Der Verbraucher kann den Unternehmer auch bei Nachholung der unterlassenen Pflichtangaben aus § 280 auf Zahlung von Schadensersatz in Anspruch nehmen, wenn ihm aufgrund der unterlassenen Angaben bereits ein Schaden entstanden ist.

49 Art. 247 § 6 Abs. 2 S. 1 EGBGB und Art. 10 Abs. 2 lit. p der Verbraucherkreditrichtlinie begründen zwar keine Pflicht, über den 30-tägigen Rückzahlungszeitraum zu unterrichten. Im Interesse des Verbrauchers sollte ihm die Frist dennoch mitgeteilt werden.

50 Bei Gewährung einer entgeltlichen Finanzierungshilfe muss die Vertragsklausel nach Art. 247 § 12 Abs. 1 S. 2 iVm S. 1 iVm § 6 Abs. 2 S. 1 EGBGB angepasst werden. Liegt ein Finanzierungsleasingvertrag vor, lautet die Belehrung über die Widerrufsfolgen wie folgt:

► Der Leasingnehmer hat den Leasinggegenstand, soweit er ihm übergeben wurde, zurückzugeben und für den Zeitraum zwischen Übergabe und Rückgabe des Leasinggegenstandes die vereinbarten Leasingraten zu entrichten. Für den Zeitraum zwischen Übergabe und Rückgabe ist pro Tag eine Leasingrate in Höhe von ... EUR zu zahlen. ◄

B. Vorvertragliche Informationen bei Überziehungskrediten und Umschuldungen

I. Muster: Europäische Verbraucherkreditinformationen bei Überziehungskrediten und Umschuldungen [1] 51

353

▶ 1. Name und Kontaktangaben des Kreditgebers/Kreditvermittlers

Kreditgeber Anschrift Telefon*)[2] E-Mail*) Fax*) Internet-Adresse*)	[Name] [Ladungsfähige Anschrift für Kontakte des Verbrauchers]
(falls zutreffend) Kreditvermittler Anschrift Telefon*) E-Mail*) Fax*) Internet-Adresse*)	 [Name] [Ladungsfähige Anschrift für Kontakte des Verbrauchers]

2. Beschreibung der wesentlichen Merkmale des Kredits

Kreditart
Gesamtkreditbetrag *Obergrenze oder Summe aller Beträge, die aufgrund des Kreditvertrags zur Verfügung gestellt wird*
Laufzeit des Kreditvertrags]
(falls zutreffend) Sie können jederzeit zur Rückzahlung des gesamten Kreditbetrags aufgefordert werden.

3. Kreditkosten

Sollzinssatz oder gegebenenfalls die verschiedenen Sollzinssätze, die für den Kreditvertrag gelten	[% – gebunden oder – veränderlich (mit dem Index oder Referenzzinssatz für den anfänglichen Sollzinssatz]
(falls zutreffend) Effektiver Jahreszins[3] *Gesamtkosten ausgedrückt als jährlicher Prozentsatz des Gesamtkreditbetrags* *Diese Angabe hilft Ihnen dabei, unterschiedliche Angebote zu vergleichen.*	 [%. Repräsentatives Beispiel unter Angabe sämtlicher in die Berechnung des Jahreszinses einfließender Annahmen]
(falls zutreffend) Kosten (falls zutreffend) Bedingungen, unter denen diese Kosten geändert werden können	 [Sämtliche vom Zeitpunkt des Vertragsabschlusses des Kreditvertrags an zu zahlende Kosten]

Kosten bei Zahlungsverzug	Für ausbleibende Zahlungen wird Ihnen [… (anwendbarer Zinssatz und gegebenenfalls Verzugskosten)] berechnet.

4. Andere wichtige rechtliche Aspekte

Beendigung des Kreditvertrags	[Bedingungen und Verfahren zur Beendigung des Kreditvertrags]
Datenbankabfrage *Der Kreditgeber muss Sie unverzüglich und unentgeltlich über das Ergebnis einer Datenbankabfrage unterrichten, wenn ein Kreditantrag aufgrund einer solchen Abfrage abgelehnt wird. Dies gilt nicht, wenn eine entsprechende Unterrichtung durch die Rechtsvorschriften der Europäischen Gemeinschaft untersagt ist oder den Zielen der öffentlichen Ordnung oder Sicherheit zuwiderläuft.*	
(falls zutreffend) Zeitraum, während dessen der Kreditgeber an die vorvertraglichen Informationen gebunden ist	Diese Informationen gelten vom … bis …

5. Zusätzliche Informationen, die zu liefern sind, wenn die vorvertraglichen Informationen einen Verbraucherkredit für eine Umschuldung betreffen

Teilzahlungen und gegebenenfalls Reihenfolge, in der die Teilzahlungen angerechnet werden	Sie müssen folgende Zahlungen leisten: [Repräsentatives Beispiel für einen Ratenzahlungsplan unter Angabe des Betrags, der Anzahl und der Periodizität der vom Verbraucher zu leistenden Zahlungen]
Von Ihnen zu zahlender Gesamtbetrag	
Vorzeitige Rückzahlung *Sie haben das Recht, den Kredit jederzeit ganz oder teilweise vorzeitig zurückzuzahlen* (falls zutreffend) Dem Kreditgeber steht bei vorzeitiger Rückzahlung eine Entschädigung zu:	[Festlegung der Entschädigung (Berechnungsmethode) gemäß § 502 BGB]

6. Zusätzlich zu gebende Informationen beim Fernabsatz von Finanzdienstleistungen

a) Zum Kreditgeber	
(falls zutreffend) Vertreter des Kreditgebers in dem Mitgliedstaat, in dem Sie Ihren Wohnsitz haben Anschrift Telefon*)[2] E-Mail*) Fax*) Internet-Adresse*)	[Name] [Ladungsfähige Anschrift für Kontakte des Verbrauchers]

(falls zutreffend) Eintrag im Handelsregister	[Handelsregister, in das der Kreditgeber eingetragen ist, und seine Handelsregisternummer oder eine gleichwertige in diesem Register verwendete Kennung]
(falls zutreffend) zuständige Aufsichtsbehörde	
b) Zum Kreditvertrag	
Widerrufsrecht *Sie haben das Recht, innerhalb von 14 Kalendertagen den Kreditvertrag zu widerrufen* (falls zutreffend) Ausübung des Widerrufsrechts	Ja/Nein [Praktische Hinweise zur Ausübung des Widerrufsrechts, u. a. Anschrift, an die die Widerrufserklärung zu senden ist, sowie Folgen bei Nichtausübung dieses Rechts]
(falls zutreffend) Recht, das der Kreditgeber der Aufnahme von Beziehungen zu Ihnen vor Abschluss des Kreditvertrags zugrunde legt	
(falls zutreffend) Klauseln über das auf den Kreditvertrag anwendbare Recht und/oder das zuständige Gericht	[Entsprechende Klauseln hier wiedergeben]
(falls zutreffend) Wahl der Sprache	Die Informationen und Vertragsbedingungen werden in [Angabe der Sprache] vorgelegt. Mit Ihrer Zustimmung werden wir während der Laufzeit des Kreditvertrags in [Angabe der Sprache(n)] mit Ihnen Kontakt halten.
c) Zu den Rechtsmitteln	
Verfügbarkeit außergerichtlicher Beschwerde- und Rechtsbehelfsverfahren und Zugang zu ihnen.	[Angabe, ob der Verbraucher, der Vertragspartei eines Fernabsatzvertrags ist, Zugang zu einem außergerichtlichen Beschwerde- und Rechtsbehelfsverfahren hat, und gegebenenfalls die Voraussetzungen für diesen Zugang]

◄

II. Erläuterungen

[1] Informationen bei Umschuldungen und Überziehungskrediten. Mit Hilfe des vorstehenden Musters kann der Darlehensgeber seine Informationspflichten sowohl bei Umschuldungen iSd § 495 Abs. 3 Nr. 1 als auch bei Überziehungskrediten iSd § 504 Abs. 2 erfüllen. Verwendet der Darlehensgeber das Muster nicht, muss er über alle in Art. 247 §§ 3 bis 5 sowie 10 bis 13 normierten Angaben eigenständig informieren. Die Angaben müssen gleichartig gestaltet sein und hervorgehoben werden. 52

[2] Freiwillige Angaben. Bei den mit Stern gekennzeichneten Angaben handelt es sich um freiwillige Angaben des Darlehensgebers. 53

54 [3] Bei Überziehungsmöglichkeiten nach § 504 Abs. 2, bei denen der Kredit jederzeit vom Kreditgeber gekündigt werden kann oder binnen drei Monaten zurückgezahlt werden muss, muss der **effektive Jahreszins** nicht angegeben werden, wenn der Kreditgeber außer den Sollzinsen keine weiteren Kosten verlangt.

§ 496 Einwendungsverzicht, Wechsel- und Scheckverbot

(1) Eine Vereinbarung, durch die der Darlehensnehmer auf das Recht verzichtet, Einwendungen, die ihm gegenüber dem Darlehensgeber zustehen, gemäß § 404 einem Abtretungsgläubiger entgegenzusetzen oder eine ihm gegen den Darlehensgeber zustehende Forderung gemäß § 406 auch dem Abtretungsgläubiger gegenüber aufzurechnen, ist unwirksam.
(2) [1]Wird eine Forderung des Darlehensgebers aus einem Darlehensvertrag an einen Dritten abgetreten oder findet in der Person des Darlehensgebers ein Wechsel statt, ist der Darlehensnehmer unverzüglich darüber sowie über die Kontaktdaten des neuen Gläubigers nach Artikel 246 § 1 Abs. 1 Nr. 1 bis 3 des Einführungsgesetzes zum Bürgerlichen Gesetzbuche zu unterrichten. [2]Die Unterrichtung ist bei Abtretungen entbehrlich, wenn der bisherige Darlehensgeber mit dem neuen Gläubiger vereinbart hat, dass im Verhältnis zum Darlehensnehmer weiterhin allein der bisherige Darlehensgeber auftritt. [3]Fallen die Voraussetzungen des Satzes 2 fort, ist die Unterrichtung unverzüglich nachzuholen.
[3] [1]Der Darlehensnehmer darf nicht verpflichtet werden, für die Ansprüche des Darlehensgebers aus dem Verbaucherdarlehensvertrag eine Wechselverbindlichkeit einzugehen. [2]Der Darlehensgeber darf vom Darlehensnehmer zur Sicherung seiner Ansprüche aus dem Verbaucherdarlehensvertrag einen Scheck nicht entgegennehmen. [3]Der Darlehensnehmer kann vom Darlehensgeber jederzeit die Herausgabe eines Wechsels oder Schecks, der entgegen Satz 1 oder 2 begeben worden ist, verlangen. [4]Der Darlehensgeber haftet für jeden Schaden, der dem Darlehensnehmer aus einer solchen Wechsel- oder Scheckbegebung entsteht.

§ 497 Behandlung der Verzugszinsen, Anrechnung von Teilleistungen

(1) [1]Soweit der Darlehensnehmer mit Zahlungen, die er auf Grund des Verbraucherdarlehensvertrags schuldet, in Verzug kommt, hat er den geschuldeten Betrag nach § 288 Abs. 1 zu verzinsen. [2]Im Einzelfall kann der Darlehensgeber einen höheren oder der Darlehensnehmer einen niedrigeren Schaden nachweisen.
(2) [1]Die nach Eintritt des Verzugs anfallenden Zinsen sind auf einem gesonderten Konto zu verbuchen und dürfen nicht in ein Kontokorrent mit dem geschuldeten Betrag oder anderen Forderungen des Darlehensgebers eingestellt werden. [2]Hinsichtlich dieser Zinsen gilt § 289 Satz 2 mit der Maßgabe, dass der Darlehensgeber Schadensersatz nur bis zur Höhe des gesetzlichen Zinssatzes (§ 246) verlangen kann.
[3] [1]Zahlungen des Darlehensnehmers, die zur Tilgung der gesamten fälligen Schuld nicht ausreichen, werden abweichend von § 367 Abs. 1 zunächst auf die Kosten der Rechtsverfolgung, dann auf den übrigen geschuldeten Betrag (Absatz 1) und zuletzt auf die Zinsen (Absatz 2) angerechnet. [2]Der Darlehensgeber darf Teilzahlungen nicht zurückweisen. [3]Die Verjährung der Ansprüche auf Darlehensrückerstattung und Zinsen ist vom Eintritt des Verzugs nach Absatz 1 an bis zu ihrer Feststellung in einer in § 197 Abs. 1 Nr. 3 bis 5 bezeichneten Art gehemmt, jedoch nicht länger als zehn Jahre von ihrer Entstehung an. [4]Auf die Ansprüche auf Zinsen findet § 197 Abs. 2 keine Anwendung. [5]Die Sätze 1 bis 4 finden keine Anwendung, soweit Zahlungen auf Vollstreckungstitel geleistet werden, deren Hauptforderung auf Zinsen lautet.

§ 498 Gesamtfälligstellung bei Teilzahlungsdarlehen

[1]Wegen Zahlungsverzugs des Darlehensnehmers kann der Darlehensgeber den Verbraucherdarlehensvertrag bei einem Darlehen, das in Teilzahlungen zu tilgen ist, nur kündigen, wenn

1. der Darlehensnehmer mit mindestens zwei aufeinander folgenden Teilzahlungen ganz oder teilweise und mit mindestens 10 Prozent, bei einer Laufzeit des Verbraucherdarlehensvertrags von mehr als drei Jahren mit mindestens 5 Prozent des Nennbetrags des Darlehens in Verzug ist und
2. der Darlehensgeber dem Darlehensnehmer erfolglos eine zweiwöchige Frist zur Zahlung des rückständigen Betrags mit der Erklärung gesetzt hat, dass er bei Nichtzahlung innerhalb der Frist die gesamte Restschuld verlange.

[2]Der Darlehensgeber soll dem Darlehensnehmer spätestens mit der Fristsetzung ein Gespräch über die Möglichkeiten einer einverständlichen Regelung anbieten.

§ 499 Kündigungsrecht des Darlehensgebers; Leistungsverweigerung

(1) In einem Verbraucherdarlehensvertrag ist eine Vereinbarung über ein Kündigungsrecht des Darlehensgebers unwirksam, wenn eine bestimmte Vertragslaufzeit vereinbart wurde oder die Kündigungsfrist zwei Monate unterschreitet.
(2) [1]Der Darlehensgeber ist bei entsprechender Vereinbarung berechtigt, die Auszahlung eines Darlehens, bei dem eine Zeit für die Rückzahlung nicht bestimmt ist, aus einem sachlichen Grund zu verweigern. [2]Beabsichtigt der Darlehensgeber dieses Recht auszuüben, hat er dies dem Darlehensnehmer unverzüglich mitzuteilen und ihn über die Gründe möglichst vor, spätestens jedoch unverzüglich nach der Rechtsausübung zu unterrichten. [3]Die Unterrichtung über die Gründe unterbleibt, soweit hierdurch die öffentliche Sicherheit oder Ordnung gefährdet würde.

§ 500 Kündigungsrecht des Darlehensnehmers; vorzeitige Rückzahlung

(1) [1]Der Darlehensnehmer kann einen Verbraucherdarlehensvertrag, bei dem eine Zeit für die Rückzahlung nicht bestimmt ist, ganz oder teilweise kündigen, ohne eine Frist einzuhalten. [2]Eine Vereinbarung über eine Kündigungsfrist von mehr als einem Monat ist unwirksam.
(2) [1]Der Darlehensnehmer kann seine Verbindlichkeiten aus einem Verbraucherdarlehensvertrag jederzeit ganz oder teilweise vorzeitig erfüllen.

§ 501 Kostenermäßigung

Soweit der Darlehensnehmer seine Verbindlichkeiten vorzeitig erfüllt oder die Restschuld vor der vereinbarten Zeit durch Kündigung fällig wird, vermindern sich die Gesamtkosten (§ 6 Abs. 3 der Preisangabenverordnung) um die Zinsen und sonstigen laufzeitabhängigen Kosten, die bei gestaffelter Berechnung auf die Zeit nach der Fälligkeit oder Erfüllung entfallen.

§ 502 Vorfälligkeitsentschädigung

(1) [1]Der Darlehensgeber kann im Fall der vorzeitigen Rückzahlung eine angemessene Vorfälligkeitsentschädigung für den unmittelbar mit der vorzeitigen Rückzahlung zusammenhängenden Schaden verlangen, wenn der Darlehensnehmer zum Zeitpunkt der Rückzahlung Zinsen zu einem bei Vertragsabschluss vereinbarten, gebundenen Sollzinssatz schuldet. [2]Die Vorfälligkeitsentschädigung darf folgende Beträge jeweils nicht überschreiten:

1. 1 Prozent beziehungsweise, wenn der Zeitraum zwischen der vorzeitigen und der vereinbarten Rückzahlung ein Jahr nicht übersteigt, 0,5 Prozent des vorzeitig zurückgezahlten Betrags,
2. den Betrag der Sollzinsen, den der Darlehensnehmer in dem Zeitraum zwischen der vorzeitigen und der vereinbarten Rückzahlung entrichtet hätte.

(2) Der Anspruch auf Vorfälligkeitsentschädigung ist ausgeschlossen, wenn

1. die Rückzahlung aus den Mitteln einer Versicherung bewirkt wird, die auf Grund einer entsprechenden Verpflichtung im Darlehensvertrag abgeschlossen wurde, um die Rückzahlung zu sichern, oder
2. im Vertrag die Angaben über die Laufzeit des Vertrags, das Kündigungsrecht des Darlehensnehmers oder die Berechnung der Vorfälligkeitsentschädigung unzureichend sind.

§ 503 Immobiliardarlehensverträge

(1) § 497 Abs. 2 und 3 Satz 1, 2, 4 und 5 sowie die §§ 499, 500 und 502 sind nicht anzuwenden auf Verträge, bei denen die Zurverfügungstellung des Darlehens von der Sicherung durch ein Grundpfandrecht abhängig gemacht wird und zu Bedingungen erfolgt, die für grundpfandrechtlich abgesicherte Verträge und deren Zwischenfinanzierung üblich sind; der Sicherung durch ein Grundpfandrecht steht es gleich, wenn von einer solchen Sicherung nach § 7 Abs. 3 bis 5 des Gesetzes über Bausparkassen abgesehen wird.
(2) Der Verzugszinssatz beträgt abweichend von § 497 Abs. 1 für das Jahr 2,5 Prozentpunkte über dem Basiszinssatz.
(3) Für Verträge, die die Lieferung einer bestimmten Sache oder die Erbringung einer bestimmten anderen Leistung gegen Teilzahlungen zum Gegenstand haben (Teilzahlungsgeschäfte), gelten vorbehaltlich des Absatzes 4 zusätzlich die in den §§ 507 und 508 geregelten Besonderheiten.

1 **A. Muster: Vorvertragliche Informationen bei Immobiliardarlehensverträgen**

354 ▶ **Europäisches Standardisiertes Merkblatt[1]**

Inhalt	Beschreibung
[Einleitungstext]	Diese Angaben stellen kein rechtsverbindliches Angebot dar. Die Angaben werden nach Treu und Glauben zur Verfügung gestellt und sind eine genaue Beschreibung des Angebots, das das Kreditinstitut unter aktuellen Marktbedingungen und auf der Basis der vom Kunden bereitgestellten Informationen machen würde. Es sollte allerdings beachtet werden, dass sich die Angaben je nach Marktentwicklung ändern können. Die Aushändigung dieses Informationsmerkblattes verpflichtet den Darlehensgeber nicht automatisch zur Darlehensbewilligung.
1. Darlehensgeber und eventuell Darlehensvermittler	
2. Beschreibung	[In diesem Absatz sollte eine kurze, aber deutliche Beschreibung des vorgeschlagenen Vertrags erfolgen. Dabei sollte verdeutlicht werden, ob – das Darlehen grundpfandrechtlich oder durch eine andere gewöhnlich verwendete Sicherheit zu sichern ist; – es sich bei dem vorgeschlagenen Vertrag um ein Zinszahlungsdarlehen handelt (d. h. der Darlehensnehmer bedient während der Darlehenslaufzeit nur die Zinsen und zahlt am Ende der Laufzeit den vollen Darlehensbetrag zurück) oder um ein Annuitätendarlehen (d. h. der Darlehensnehmer tilgt während der Darlehenslaufzeit nicht nur Zinsen und Kosten, sondern auch das Darlehen); – die Darlehensbedingungen vom zur Verfügung gestellten Eigenkapital des Darlehensnehmers abhängig sind (eventuell beschrieben als Prozentsatz des Wohneigentumswertes); – die Darlehensbedingungen von der Bürgschaft eines Dritten abhängig sind.]

3. Sollzinssatz (anzugeben ist die Art des Sollzinssatzes und die Dauer der festgesetzten Darlehenslaufzeit)	[Dieser Abschnitt sollte Informationen zur wichtigsten Gegenleistung des Darlehens liefern – dem Sollzinssatz. Soweit bedeutsam, sollten Details zur Veränderlichkeit des Sollzinssatzes beschrieben werden, einschließlich u.a. Überprüfungsphasen, ausgesetzter Phasen und verbundener Strafklauseln sowie die Angabe von Zinsmargen, innerhalb derer ein veränderlicher Sollzinssatz schwanken kann usw. Es sollte beschrieben werden, ob sich ein veränderlicher Sollzinssatz auf einen Index oder Referenzzinssatz bezieht oder nicht und, soweit relevant, nähere Angaben zum Index oder Referenzzinssatz.]
4. Effektiver Jahreszins Gesamtkosten ausgedrückt als jährlicher Prozentsatz des Gesamtkreditbetrags	
5. Nettodarlehensbetrag und Währung	
6. Gesamtdauer der Darlehensvereinbarung	
7. Anzahl und Häufigkeit der Ratenzahlung (kann variieren)	
8. Bei Annuitätendarlehen: Höhe der Ratenzahlung (kann variieren)]	
9. Bei wohnungswirtschaftlichen Zinszahlungsdarlehen: – Höhe jeder regelmäßigen Zinszahlung; – Höhe der regelmäßig zur Vermögensbildung zu leistenden Zahlungen.]	[Der Darlehensgeber sollte – reale oder repräsentative – Angaben – zur Höhe und Anzahl jeder regelmäßigen Zinszahlung (vgl. Angaben unter Punkt 7) sowie – zur Höhe und Anzahl der zur Vermögensbildung zu leistenden regelmäßigen Zahlungen (vgl. Angaben unter Punkt 7) liefern. Gegebenenfalls sollte der Darlehensgeber darauf hinweisen, dass die zur Vermögensbildung geleisteten Zahlungen und daraus resultierenden Ansprüche möglicherweise nicht die vollständige Rückzahlung des Darlehens gewährleisten. Falls ein Darlehensgeber Vermögensbildungsverträge in seinem Angebot führt und diese als Teil eines Zinszahlungsdarlehens anbietet, sollte klargestellt werden, ob das Angebot an den vom Darlehensgeber vorgeschlagenen Vermögensbildungsvertrag gebunden ist.]

10. Zusätzliche einmalige Kosten, soweit anwendbar	[Eine Liste aller anfänglichen einmaligen Kosten, die der Darlehensnehmer zum Zeitpunkt der Aufnahme des wohnungswirtschaftlichen Darlehens zahlen muss, muss vorgelegt werden. Falls diese Kosten unter direkter oder indirekter Kontrolle des Darlehensgebers stehen, sollte eine Schätzung der Kosten erfolgen. Soweit dies relevant ist, sollte klargestellt werden, ob die Kosten auch unabhängig von der Darlehensbewilligung entrichtet werden müssen. Solche Kosten könnten zB umfassen: – Verwaltungskosten – Kosten für Rechtsberatung – Schätz- und Sachverständigenkosten. Wenn ein Angebot daran gebunden ist, dass der Darlehensnehmer die genannten Dienstleistungen vom Darlehensgeber in Anspruch nimmt, sollte deutlich auf diese Tatsache hingewiesen werden.]
11. Zusätzliche wiederkehrende Kosten (soweit nicht bereits in Punkt 8 berücksichtigt)	[Diese Liste sollte zB beinhalten: – Versicherung bei Zahlungsunfähigkeit (Arbeitslosigkeit oder Todesfall) – Feuerversicherung – Gebäude- und Hausratsversicherung. Wenn ein Angebot daran gebunden ist, dass der Darlehensnehmer die genannten Dienstleistungen vom Darlehensgeber in Anspruch nimmt, sollte deutlich auf diese Tatsache hingewiesen werden.]
12. Vorzeitige Rückzahlung, Kündigungsmöglichkeiten	[Der Darlehensgeber sollte Hinweise geben zu – der Möglichkeit und den Bedingungen der vorzeitigen Rückzahlung – einschließlich eines Hinweises auf jegliche anwendbaren Gebühren. In Fällen, in denen eine genaue Angabe der Kosten zu diesem Zeitpunkt nicht möglich ist, sollte der Hinweis erfolgen, dass ein Betrag vom Darlehensnehmer zu zahlen ist, der ausreicht, um die sich aus der Kündigung für den Darlehensgeber ergebenden Kosten auszugleichen.]
13. Internes Beschwerdesystem	[Name, Anschrift und Telefonnummer der Kontaktstelle]

14. Repräsentativer Tilgungsplan	[Der Darlehensgeber sollte einen repräsentativen und zusammenfassen den Tilgungsplan vorlegen, der mindestens folgende Angaben enthalten sollte: – monatliche oder (soweit dies der Fall ist) vierteljährliche Raten für das erste Jahr; – gefolgt von jährlichen Angaben für die gesamte (Rest-)Laufzeit des Darlehens. Der Tilgungsplan sollte auch Angaben – zu den Tilgungszahlungen, – zu den Zinszahlungen, – zur zu zahlenden Restschuld, – zu den einzelnen Raten sowie – zum Gesamtbetrag enthalten. Es sollte deutlich darauf hingewiesen werden, dass der Tilgungsplan lediglich illustrativ ist und eine Warnung enthalten, falls das angebotene wohnungswirtschaftliche Darlehen veränderlich verzinst wird.]
15. Verpflichtung, das Bank- und Gehaltskonto beim Darlehensgeber zu führen	
16. Widerrufsrecht Sie haben das Recht, innerhalb von 14 Kalendertagen den Darlehensvertrag zu widerrufen.	Ja/Nein
17. Abtretung, Übertragung Forderungen aus dem Darlehensverhältnis können an Dritte, zB Inkassounternehmen, abgetreten werden. Der Darlehensgeber kann das Vertragsverhältnis ohne Ihre Zustimmung auf andere Personen übertragen, zB bei einer Umstrukturierung des Geschäfts.	Ja/Nein [eventuell mit Einschränkungen, zB nur bei Zahlungsrückstand] Ja/Nein [eventuell mit Einschränkungen]
18. Zusätzliche Informationen im Fernabsatzgeschäft (falls zutreffend)	
Darlehensvermittler oder Vertreter des Darlehensgebers in dem Mitgliedstaat, in dem Sie Ihren Wohnsitz haben: Anschrift: Telefon*)[2] E-Mail*)[2] Fax*)[2] Internet-Adresse*)[2]	[Name] [ladungsfähige Anschrift für Kontakte des Darlehensnehmers]

Eintrag im Handelsregister	[Handelsregister, in das der Darlehensgeber eingetragen ist, und seine Handelsregisternummer oder eine gleichwertige in diesem Register verwendete Kennung]
Zuständige Aufsichtsbehörde	
Ausübung des Widerrufsrechts	[Praktische Hinweise zur Ausübung des Widerrufsrechts, darunter Angabe der Anschrift, an die die Widerrufserklärung zu senden ist, sowie der Folgen bei Nichtausübung dieses Rechts]
Rechtsordnungen, die der Darlehensgeber der Aufnahme von Beziehungen zu Ihnen vor Abschluss des Darlehensvertrags zugrunde legt	
Klauseln über das auf den Darlehensvertrag anwendbare Recht und das zuständige Gericht	[Entsprechende Klauseln hier wiedergeben]
Wahl der Sprache	Die Informationen und Vertragsbedingungen werden in [Angabe der Sprache] vorgelegt. Mit Ihrer Zustimmung werden wir während der Laufzeit des Darlehensvertrags in [Angabe der Sprache(n)] mit Ihnen Kontakt halten.
Verfügbarkeit außergerichtlicher Beschwerde- und Rechtsbehelfsverfahren und Zugang zu ihnen	[Angabe, ob der Darlehensnehmer Zugang zu einem außergerichtlichen Beschwerde- und Rechtsbehelfsverfahren hat, und gegebenenfalls die Voraussetzungen für diesen Zugang]
Zeitraum, für den der Darlehensgeber an die vorvertraglichen Informationen gebunden ist	Diese Informationen gelten vom ... bis ...

◄

B. Erläuterungen

2 [1] **Informationen bei Immobiliardarlehensverträgen.** Mit Hilfe des vorstehenden Musters kann der Darlehensgeber seine Informationspflichten bei Immobilardarlehensverträgen erfüllen. Verwendet der Darlehensgeber das Muster nicht, muss er über alle in Art. 247 §§ 3 bis 5, 8 und 9 sowie 12 und 13 normierten Angaben eigenständig informieren. Die Angaben müssen gleichartig gestaltet sein und hervorgehoben werden.

3 [2] **Freiwillige Angaben.** Bei den mit Stern gekennzeichneten Angaben handelt es sich um freiwillige Angaben des Darlehensgebers.

§ 504 Eingeräumte Überziehungsmöglichkeit

(1) [1]Ist ein Verbraucherdarlehen in der Weise gewährt, dass der Darlehensgeber in einem Vertragsverhältnis über ein laufendes Konto dem Darlehensnehmer das Recht einräumt, sein Konto in bestimmter Höhe zu überziehen (Überziehungsmöglichkeit), hat der Darlehensgeber den Darlehensnehmer in regelmäßigen Zeitabständen über die Angaben zu unterrichten, die sich aus Artikel 247 § 16 des Einführungsgesetzes zum Bürgerlichen Gesetzbuche ergeben. [2]Ein Anspruch auf Vorfälligkeitsentschädigung aus § 502 ist ausgeschlossen. [3]§ 493 Abs. 3 ist nur bei einer Erhöhung des Sollzinssatzes anzuwenden und gilt entsprechend bei einer Erhöhung der vereinbarten sonstigen Kosten. [4]§ 499 Abs. 1 ist nicht anzuwenden.

(2) [1]Ist in einer Überziehungsmöglichkeit vereinbart, dass nach der Auszahlung die Laufzeit höchstens drei Monate beträgt oder der Darlehensgeber kündigen kann, ohne eine Frist einzuhalten, sind § 491 a Abs. 3, die §§ 495, 499 Abs. 2 und § 500 Abs. 1 Satz 2 nicht anzuwenden. [2]§ 492 Abs. 1 ist nicht anzuwenden, wenn außer den Sollzinsen keine weiteren laufenden Kosten vereinbart sind, die Sollzinsen nicht in kürzeren Zeiträumen als drei Monaten fällig werden und der Darlehensgeber dem Darlehensnehmer den Vertragsinhalt spätestens unverzüglich nach Vertragsabschluss in Textform mitteilt.

Zur vorvertraglichen Informationspflicht bei Überziehungskrediten iSd § 504 Abs. 2 vgl Muster zu § 495 Rn 43. 1

§ 505 Geduldete Überziehung

(1) [1]Vereinbart ein Unternehmer in einem Vertrag mit einem Verbraucher über ein laufendes Konto ohne eingeräumte Überziehungsmöglichkeit ein Entgelt für den Fall, dass er eine Überziehung des Kontos duldet, müssen in diesem Vertrag die Angaben nach Artikel 247 § 17 Abs. 1 des Einführungsgesetzes zum Bürgerlichen Gesetzbuche in Textform enthalten sein und dem Verbraucher in regelmäßigen Zeitabständen in Textform mitgeteilt werden. [2]Satz 1 gilt entsprechend, wenn ein Darlehensgeber mit einem Darlehensnehmer in einem Vertrag über ein laufendes Konto mit eingeräumter Überziehungsmöglichkeit ein Entgelt für den Fall vereinbart, dass er eine Überziehung des Kontos über die vertraglich bestimmte Höhe hinaus duldet.
(2) Kommt es im Fall des Absatzes 1 zu einer erheblichen Überziehung von mehr als einem Monat, unterrichtet der Darlehensgeber den Darlehensnehmer unverzüglich in Textform über die sich aus Artikel 247 § 17 Abs. 2 des Einführungsgesetzes zum Bürgerlichen Gesetzbuche ergebenden Einzelheiten.
(3) Verstößt der Unternehmer gegen Absatz 1 oder Absatz 2, kann der Darlehensgeber über die Rückzahlung des Darlehens hinaus Kosten und Zinsen nicht verlangen.
(4) Die §§ 491 a bis 496 und 499 bis 502 sind auf Verbraucherdarlehensverträge, die unter den in Absatz 1 genannten Voraussetzungen zustande kommen, nicht anzuwenden.

Untertitel 2 Finanzierungshilfen zwischen einem Unternehmer und einem Verbraucher

§ 506 Zahlungsaufschub, sonstige Finanzierungshilfe

(1) Die Vorschriften der §§ 358 bis 359 a und 491 a bis 502 sind mit Ausnahme des § 492 Abs. 4 und vorbehaltlich der Absätze 3 und 4 auf Verträge entsprechend anzuwenden, durch die ein Unternehmer einem Verbraucher einen entgeltlichen Zahlungsaufschub oder eine sonstige entgeltliche Finanzierungshilfe gewährt.
(2) [1]Verträge zwischen einem Unternehmer und einem Verbraucher über die entgeltliche Nutzung eines Gegenstandes gelten als entgeltliche Finanzierungshilfe, wenn vereinbart ist, dass
1. der Verbraucher zum Erwerb des Gegenstandes verpflichtet ist,
2. der Unternehmer vom Verbraucher den Erwerb des Gegenstandes verlangen kann oder
3. der Verbraucher bei Beendigung des Vertrags für einen bestimmten Wert des Gegenstandes einzustehen hat.

[2]Auf Verträge gemäß Satz 1 Nr. 3 sind § 500 Abs. 2 und § 502 nicht anzuwenden.
(3) Für Verträge, die die Lieferung einer bestimmten Sache oder die Erbringung einer bestimmten anderen Leistung gegen Teilzahlungen zum Gegenstand haben (Teilzahlungsgeschäfte), gelten vorbehaltlich des Absatzes 3 die in den §§ 500 bis 504 geregelten Besonderheiten.
[4] [1]Die Vorschriften dieses Untertitels sind in dem in § 491 Abs. 2 und 3 bestimmten Umfang nicht anzuwenden. [2]Soweit nach der Vertragsart ein Nettodarlehensbetrag (§ 491 Abs. 2 Nr. 1) nicht vorhanden ist, tritt an seine Stelle der Barzahlungspreis oder, wenn der Unternehmer den Gegenstand für den Verbraucher erworben hat, der Anschaffungspreis.

1 **A. Muster: Finanzierungsleasingvertrag**

▶ … [Firmierung und Anschrift des Leasinggebers]
nachfolgend: Leasinggeber

Antrag auf Abschluss eines Finanzierungsleasingvertrages[1]

des … [Name und Adresse]
nachfolgend: Leasingnehmer

über Ladeneinrichtung

Der Leasingnehmer bietet dem Leasinggeber den Abschluss des umseitigen Leasingvertrages zu den aufgeführten Vertragskonditionen an. Er hat mit dem Lieferanten … (genaue Firmierung) einen Kaufvertrag über die Ladeneinrichtung … (nachfolgend: Leasingobjekt) geschlossen und beauftragt den Leasinggeber, durch eine Vereinbarung mit dem Lieferanten an seiner Stelle zu den von ihm ausgehandelten Bedingungen einschließlich der von ihm akzeptierten Lieferbedingungen des Lieferanten (Anlage 1) in den Kaufvertrag einzutreten. Ist der Kaufvertrag zwischen Leasingnehmer und Lieferant noch nicht zustande gekommen, beauftragt er den Leasinggeber, mit dem Lieferanten den Kaufvertrag zu den bereits schriftlich bestätigten Konditionen abzuschließen.
Leasingdauer … (Monate)

Monatliche Leasingrate … EUR (wird mit dem Leasinggeber zusammen ausgefüllt)

Gesamtpreis: … EUR (inklusive Mehrwertsteuer)

Leasingvertrag

Nachfolgende Vertragsbedingungen des Leasinggebers werden alleiniger Vertragsinhalt, etwaige allgemeine Geschäftsbedingungen des Leasingnehmers werden nicht Vertragsbestandteil.

§ 1 Vertragsannahme/Vertragsbeginn/Zustellungen

1. Der Leasingvertrag kommt mit schriftlicher Annahme durch den Leasinggeber zustande. Nach Zustandekommen des Leasingvertrages wird der Leasinggeber dem Lieferanten ein Angebot zum Eintritt in den Kaufvertrag oder ein Angebot zum Abschluss eines Kaufvertrages unverzüglich zusenden. Der Leasingnehmer ist an sein Vertragsangebot für einen Zeitraum von 4 Wochen nach Einreichung aller für das Vertragsangebot erforderlichen Informationen gebunden.
2. Ab dem Tag der mängelfreien Abnahme des Leasingobjektes (§ 2) tritt der Leasingvertrag in Kraft (Leasingbeginn). Der Leasinggeber ist berechtigt, das Datum des Leasingbeginns nachträglich einzusetzen; der Leasingnehmer erhält eine Mitteilung hierüber in Textform.
3. Der Leasinggeber kann diesen Vertrag kündigen, wenn ein Kaufvertrag zwischen dem Leasinggeber und dem Lieferanten nicht in angemessener Zeit zustande kommt.
4. Beide Vertragsparteien erklären hiermit übereinstimmend, dass sie mit Zustellung an den jeweils anderen einverstanden sind und sich somit Empfangsvollmacht erteilen. Sie verpflichten sich einander unverzüglich über Zustellungen des Lieferanten zu informieren.

§ 2 Lieferantenauswahl/Abnahme/Lieferstörungen

1. Die Auswahl des Lieferanten und des Leasingobjektes erfolgt ausschließlich durch den Leasingnehmer. Der Leasinggeber übernimmt daher keine Gewähr für die Zahlungs- und Leistungsfähigkeit des Lieferanten sowie die ordnungsgemäße und termingerechte Lieferung des Leasingobjektes.
2. Der Leasingnehmer ist verpflichtet, das Leasingobjekt vom Lieferanten abzunehmen, sofern sich kein offenkundiger Mangel zeigt. Der Leasingnehmer verpflichtet sich, den Leasinggegenstand unverzüglich nach dessen Eingang bei ihm zu untersuchen und etwaige Mängel und/oder Schäden unverzüglich dem Lieferanten anzuzeigen.[2]

3. Hat sich bei Untersuchung des Leasingobjektes kein Mangel gezeigt, so hat der Leasingnehmer dem Leasinggeber schriftlich zu bestätigen, dass und wann ihm das Leasingobjekt geliefert wurde und dass kein erkennbarer Mangel gefunden wurde.

§ 3 Leasingraten/Kostenverteilung

1. Den Leasingraten liegt das Zinsniveau auf dem Kapitalmarkt im Zeitpunkt der Abgabe des Leasingangebotes zugrunde. Hat sich das Zinsniveau zum Zeitpunkt des Einganges der Abnahmeerklärung des Leasingnehmers beim Leasinggeber verändert, so können beide Vertragsparteien eine Anpassung des Leasingsatzes im Verhältnis der Zinsveränderung verlangen.
2. Der Leasingnehmer hat auf die Leasingraten die jeweils gültige Umsatzsteuer zu zahlen.
3. Die erste Leasingrate ist zu dem vereinbarten Termin, die folgenden Leasingraten sind jeweils am 1. der Folgemonate fällig. Der Leasingnehmer ermächtigt hiermit den Leasinggeber, die im Zusammenhang mit dem Leasingvertrag zu entrichtenden Zahlungen bei Fälligkeit mittels Lastschrift zulasten des folgenden Kontos einzuziehen: ...
4. Der Leasingnehmer hat den Leasinggeber von allen mit dem Erwerb, der Einfuhr, der Lieferung und der Montage des Leasingobjektes zusammenhängenden Kosten freizustellen. Leistungen, die der Leasinggeber gegenüber dem Lieferanten zur Erfüllung von Verpflichtungen des Leasingnehmers erbracht hat, sind vom Leasingnehmer zu ersetzen.

§ 4 Schutz der Rechte des Leasinggebers

1. Der Leasingnehmer verpflichtet sich, das Leasingobjekt auf seine Kosten in betriebsfähigem und nutzbarem Zustand zu erhalten.
2. Der Leasingnehmer wird etwaige Rechtsvorschriften, die für den Besitz und den Gebrauch des Leasingobjektes gelten, beachten.
3. Der Leasingnehmer verpflichtet sich, Änderungen an dem Leasingobjekt zu unterlassen, die dessen Substanz verletzen, sein Wesen beeinträchtigen oder seinen Wert mindern. Solche Maßnahmen bedürfen der vorherigen schriftlichen Zustimmung des Leasinggebers. Gleiches gilt für die entgeltliche und unentgeltliche Überlassung an Dritte.
4. Jegliche Verbindung des Leasingobjektes mit einem Grundstück geschieht zu einem vorübergehenden Zweck und mit der Absicht der Trennung zum Ende des Leasingvertrages. Der Leasingnehmer ist verpflichtet, dies gegenüber jedem Eigentümer des Grundstückes und Gebäudes, auf dem sich das Leasingobjekt befindet, vor Schaffung der Verbindung klarzustellen. Eine bewegliche Sache, die der Leasingnehmer in das Leasingobjekt einbaut, geht mit ihrem Einbau in das Eigentum des Leasinggebers über; der Leasingvertrag erstreckt sich auch auf diese Einbauten. Der Leasingnehmer hat das Recht, den ursprünglichen Zustand wiederherzustellen.
5. Der Leasingnehmer wird dem Leasinggeber unverzüglich über die Geltendmachung des Vermieterpfandrechts und etwaige Zwangsvollstreckungsmaßnahmen in das Leasingobjekt oder das Grundstück, auf dem es sich befindet, unterrichten. Beauftragte des Leasinggebers sind während der gewöhnlichen Geschäftszeit berechtigt, das Leasingobjekt zu überprüfen und als dem Leasinggeber gehörig zu kennzeichnen. Notwendige Kosten der Rechtsverteidigung trägt der Leasingnehmer, sofern deren Erstattung nicht von Dritten zu erlangen ist.

§ 5 Sach-/Preisgefahr

1. Der Leasingnehmer trägt die Gefahr des zufälligen Untergangs, des Abhandenkommens, des Totalschadens, der Verschlechterung und des Wegfalls der Gebrauchsfähigkeit des Leasingobjektes oder Teilen hiervon. Der Leasingnehmer bleibt bei Eintritt eines dieser Ereignisse verpflichtet, von ihm geschuldete Leistungen weiterhin zu erbringen. Der Leasingnehmer wird den Leasinggeber über derartige Ereignisse unverzüglich schriftlich unterrichten.

2. Bei Eintritt eines solchen Ereignisses ist der Leasingnehmer berechtigt und verpflichtet, nach seiner Wahl unverzüglich und unabhängig davon, ob eine Versicherung oder ein Dritter für das Ereignis einzustehen hat,
   a) das Leasingobjekt auf seine Kosten instand zu setzen bzw durch einen gleichartigen und gleichwertigen Gegenstand zu ersetzen und den Leasingvertrag unverändert fortzusetzen oder
   b) den Leasingvertrag vorzeitig schriftlich zu kündigen.

   Kündigt der Leasingnehmer den Leasingvertrag vorzeitig, so hat er dem Leasinggeber die Summe der noch ausstehenden Leasingraten, mit einem angemessenen Zinssatz auf den Gegenwartswert abgezinst, zuzüglich Umsatzsteuer zu zahlen. Der vom Leasingnehmer hiernach geschuldete Betrag vermindert sich um vom Leasinggeber eventuell ersparte Aufwendungen für die weitere Abwicklung des Leasingvertrages Zug um Zug gegen Zahlung dieses Betrages geht das Eigentum am Leasingobjekt auf den Leasingnehmer über.

   Wählt der Leasingnehmer die Instandsetzung, so hat er das Leasingobjekt in einen vertragsgemäßen Zustand zu versetzen und dem Leasinggeber dies unverzüglich nachzuweisen. Wählt er die Ersetzung, so hat er dem Leasinggeber, soweit dieser das Ersatz-Leasingobjekt nicht selbst unmittelbar vom Lieferanten erwirbt, das Eigentum an dem Ersatzobjekt zu verschaffen. Der Leasingvertrag gilt unverändert für das Ersatzobjekt.
3. Der Leasinggeber ist seinerseits berechtigt, den Leasingvertrag vorzeitig zu kündigen, wenn
   a) der Leasingnehmer nicht innerhalb angemessener Frist von seinem Kündigungsrecht nach Absatz 2 b) Gebrauch macht oder eine Entscheidung über die Instandsetzung bzw Ersetzung des Leasingobjektes trifft oder
   b) der Leasingnehmer es entgegen der von ihm getroffenen Entscheidung zur Instandsetzung oder Ersetzung des Leasingobjektes unterlässt, das Leasingobjekt innerhalb angemessener Frist instand zu setzen bzw zu ersetzen.

§ 6 Haftungsfreistellung/Versicherung

1. Der Leasingnehmer hat den Leasinggeber von allen privat- und öffentlichrechtlichen Ansprüchen freizustellen, die Dritte ihm gegenüber als Eigentümer des Leasingobjektes, wegen der Überlassung des Leasingobjektes an den Leasingnehmer oder aus sonstigen Gründen wie Lieferung, Aufstellung oder Gebrauch des Leasingobjektes geltend machen.
2. Der Leasingnehmer wird das Leasingobjekt während der Leasingdauer auf eigene Kosten gegen die vom Leasinggeber gewünschten Risiken versichern und es in seine Betriebshaftpflichtversicherung einschließen. Der Leasingnehmer verpflichtet sich, dem Leasinggeber bis spätestens 14 Tage nach Vertragsbeginn (§ 1) einen Antrag auf Abgabe einer Sicherungsbestätigung zur Weiterleitung an seinen Versicherer einzureichen. Sollte er dieser Pflicht oder der Zahlung der vereinbarten Versicherungsprämien trotz Abmahnung nicht nachkommen, ist der Leasinggeber berechtigt, auf seine Kosten eine entsprechende Versicherung abzuschließen.
3. Der Leasingnehmer tritt hiermit seine Rechte und Ansprüche aus der Versicherung des Leasingobjektes zur Abdeckung der Nachteile, die der Leasinggeber aus der Beschädigung des Leasingobjektes erleidet, an diesen ab. Der Leasinggeber nimmt diese Abtretung bereits jetzt an. Der Leasinggeber hat an ihn gezahlte Schadensersatzbeträge auf die Zahlungsverpflichtungen des Leasingnehmers gemäß bis zur Höhe des von diesem geschuldeten Betrages anzurechnen bzw – im Falle der Instandsetzung oder der Beschaffung eines Ersatz-Leasingobjektes – gegen Vorlage entsprechender Belege an den Leasingnehmer oder – für den Fall, dass der Leasingnehmer den Reparatur- bzw Anschaffungsbetrag nicht oder nicht vollständig entrichtet hat – ganz oder teilweise an die Werkstatt bzw den Lieferanten des Ersatzobjektes auszuzahlen.
4. Der Leasinggeber hat die aus einem in § 5 Abs. 1 genannten Ereignis herrührenden Versicherungsansprüche in Höhe der von dem Leasingnehmer bereits erbrachten Leistung auf diesen zu

übertragen, wenn dieser seinen Zahlungsverpflichtungen gemäß § 5 Abs. 2 bzw seiner Verpflichtung zur Instandsetzung oder zur Ersetzung des Leasingobjektes nachgekommen ist. Kommt der Versicherer bzw ein Schädiger seiner Zahlungsverpflichtung nicht unverzüglich nach, so obliegt es dem Leasingnehmer, die dem Leasinggeber zustehenden Rechte und Ansprüche auf eigene Kosten gegenüber der Versicherung bzw dem Schädiger durchzusetzen. Der Leasinggeber ermächtigt hiermit den Leasingnehmer, solche Ansprüche im eigenen Namen mit der Maßgabe geltend zu machen, dass er Zahlung an den Leasinggeber direkt verlangt.

§ 7 Gewährleistung/Haftung des Leasinggebers

1. Sollte der Gegenstand nicht oder nicht fristgerecht oder nicht vertragsgemäß geliefert werden oder sollte der Lieferant sonstige Pflichtverletzungen begangen haben, stehen dem Leasingnehmer Rechte und Ansprüche nur gegen den Lieferanten zu.
   Hat der Leasinggeber für einen Schaden des Leasingnehmers aufgrund eigenen Verschuldens oder Verschuldens von gesetzlichen Vertretern oder Erfüllungsgehilfen einzustehen, ist die Haftung des Leasinggebers auf Fälle von Vorsatz und grober Fahrlässigkeit beschränkt; in Fällen der Verletzung von Leben, Körper oder Gesundheit sowie bei Verletzung wesentlicher Vertragspflichten wird auch für einfache Fahrlässigkeit gehaftet. Unberührt bleibt eine Haftung nach dem Produkthaftungsgesetz.
   Alle Ansprüche und Rechte des Leasingnehmers gegen den Leasinggeber wegen der Beschaffenheit, Sach- und Rechtsmängeln des Leasingobjektes oder wegen dessen mangelnder Verwendbarkeit sind zu jeder Zeit ausgeschlossen.
   Gegen den Leasinggeber stehen dem Leasingnehmer Ansprüche und Rechte wegen Sach- und/oder Rechtsmängeln des Leasingobjekts zu keiner Zeit zu. Die §§ 536–536 d BGB sind ausgeschlossen.
2. Als Ausgleich für diesen Haftungsausschluss tritt der Leasinggeber alle Gewährleistungs- und Schadensersatzansprüche, die er gegen den Lieferanten hat, an den Leasingnehmer ab. Die Abtretung umfasst insbesondere nach Maßgabe des Kaufvertrages und der gesetzlichen Regelungen, den Nacherfüllungsanspruch, Rücktrittsrecht, Minderungsrecht, Schadensersatz oder Ersatz vergeblicher Aufwendungen sowie etwaiger selbständiger Garantien Dritter. Der Leasingnehmer nimmt die Abtretung an. Er ist berechtigt und verpflichtet, die abgetretenen Ansprüche im eigenen Namen mit der Maßgabe geltend zu machen, dass im Falle des Rücktritts vom Kaufvertrag oder der Herabsetzung des Kaufpreises etwaige Zahlungen des Lieferanten/Garantieverpflichteten/Dritten direkt an den Leasinggeber zu leisten sind. Mit der Kündigung des Kaufvertrages endet auch dieser Leasingvertrag. Ein Verzicht auf diese Ansprüche bedarf in diesem Fall der vorherigen Zustimmung des Leasinggebers. Ausgenommen von der Abtretung sind die Ansprüche des Leasinggebers auf Verschaffung des Eigentums, aus einer Rückabwicklung des Liefervertrages, Ansprüche auf Rückgewähr, insbesondere auch Ansprüche aus oder im Zusammenhang mit vom Leasinggeber geleisteten Anzahlungen sowie auf Ersatz eines dem Leasinggeber entstandenen Schadens. Die Abtretung umfasst nicht die Ansprüche des Leasingnehmers gegen den Leasinggeber wegen Verletzung des Lebens, des Körpers oder der Gesundheit sowie Ansprüche wegen sonstiger Schäden, die der Leasingnehmers durch grob fahrlässige oder vorsätzliche Pflichtverletzung des Leasinggebers oder dessen Vertreters oder Erfüllungsgehilfen erleidet.
3. Der Leasingnehmer ist verpflichtet, die abgetretenen Rechte und Ansprüche unverzüglich auf seine Kosten durchzusetzen. Soweit Rechte und Ansprüche nicht abgetreten sind, wird er hiermit zur Geltendmachung dieser Rechte und Ansprüche im eigenen Namen und für eigene Rechnung mit der Maßgabe ermächtigt und verpflichtet, dass Zahlungen aus der Rückabwicklung, einer Minderung und auf einen Schaden des Leasinggebers ausschließlich an den Leasinggeber zu leisten sind. Der Leasinggeber ist über die Geltendmachung von Ansprüchen durch den Leasingnehmer unverzüglich zu informieren.

4. Tritt der Leasingnehmer vor der Lieferung des Leasingobjektes aufgrund der abgetretenen Ansprüche vom Liefervertrag mit dem Lieferanten zurück oder verlangt der Leasingnehmer Schadensersatz statt der Leistung oder ist die Lieferung unmöglich, sind beide Vertragsparteien berechtigt, vom Leasingvertrag durch schriftliche Erklärung zurückzutreten. Sofern Lieferant und Leasingnehmer sich nach Auslieferung des Leasingobjektes nicht über die Wirksamkeit eines vom Leasingnehmer erklärten Rücktritts, eines Schadensersatzes statt der Leistung oder einer Minderung einigen, kann der Leasingnehmer die Zahlung der Leasingraten wegen etwaiger Mängel erst dann – im Falle der Minderung anteilig – vorläufig verweigern, wenn er Klage gegen den Lieferanten auf Rückabwicklung des Liefervertrages, Schadensersatz statt der Leistung oder Minderung des Lieferpreises erhoben hat. Die gerichtliche Geltendmachung von Nacherfüllungsansprüchen entbindet den Leasingnehmer hingegen nicht von der Verpflichtung zur Leistung der vereinbarten Zahlungen.
5. Setzt der Leasingnehmer gegen den Lieferanten im Wege der Nacherfüllung einen Anspruch auf Lieferung eines neuen Leasingobjektes durch, so erklärt der Leasinggeber sein Einverständnis, dass das bisherige Leasingobjekt gegen ein gleichwertiges neues Leasingobjekt ausgetauscht wird. Der Leasingnehmer wird mit dem Lieferanten vereinbaren, dass dieser das Eigentum am neuen Leasingobjekt unmittelbar auf den Leasinggeber überträgt.
6. Stellt der Leasingnehmer während der gerichtlichen Auseinandersetzung über eine Minderung des Kaufpreises, einen von ihm erklärten Rücktritt von dem Liefervertrag mit dem Lieferanten oder Schadensersatzansprüche statt der Erfüllung des Liefervertrages die Zahlung der Leasingraten an den Leasinggeber ein, obwohl er das Leasingobjekt nutzt, kann der Leasinggeber nach seiner Wahl vom Leasingnehmer entweder Zahlung der Leasingraten auf ein Treuhandkonto oder eine Sicherheit die Erfüllung des Leasingvertrages verlangen. Hat der Leasingnehmer seinen Minderungsanspruch durchgesetzt, tritt eine Anpassung des Leasingvertrages dahingehend ein, dass sich die Leasingraten und ein etwa vereinbarter Restwert und/oder etwa vereinbarte Abschlusszahlungen von Anfang an entsprechend reduzieren. Der Leasinggeber wird dem Leasingnehmer zuviel gezahlte Beträge erstatten.
7. Hat der Leasingnehmer einen Rücktritt oder eine Rückabwicklung des Vertrages mit dem Lieferanten im Zusammenhang mit der Geltendmachung von Schadenersatz statt der Erfüllung durchgesetzt, entfällt die Geschäftsgrundlage des Leasingvertrages.
8. Eine Rückgabe des Leasingobjektes an den Lieferanten oder Dritten führt der Leasingnehmer auf eigene Kosten und Gefahr nur Zug um Zug gegen Erfüllung der Zahlungsverpflichtung des Lieferanten/des Dritten gegenüber dem Leasinggeber durch.
9. Ausschließlich der Leasingnehmer trägt das Risiko, dass die Durchsetzung der ihm abgetretenen Rechte und Ansprüche an der Insolvenz des Lieferanten scheitert.

§ 8 Leasingdauer/außerordentliche Kündigung

1. Die ordentliche Kündigung des Leasingvertrages vor Ablauf der vereinbarten Leasinglaufzeit ist ausgeschlossen. Das Recht beider Vertragsparteien zur außerordentlichen Kündigung des Leasingvertrages bei Vorliegen eines wichtigen Grundes (§ 314 BGB) bleibt hiervon unberührt. Der Leasinggeber ist zur außerordentlichen Kündigung des Leasingvertrages insbesondere berechtigt, wenn der Leasingnehmer
   a) mit zwei aufeinanderfolgenden Leasingraten ganz oder teilweise in Verzug ist. Die Kündigung kann nur dann erfolgen, wenn der Betrag, mit dem der Leasingnehmer in Verzug ist, sich mindestens auf 10 % (bei einer Laufzeit über drei Jahre: 5 %) der Summe aller Leasingraten beläuft und der Leasinggeber dem Leasingnehmer erfolglos eine zweiwöchige Frist zur Zahlung der gesamten ausstehenden Leasingraten gesetzt hat;

b) seine Zahlungen einstellt, als Schuldner einen außergerichtlichen Vergleich anbietet, Wechsel und Schecks mangels Deckung zu Protest gehen lässt, das Verfahren zur Abgabe der eidesstattlichen Versicherung eingeleitet und nicht binnen 14 Tagen beendet wird;
c) bei Vertragsabschluss unrichtige Angaben gemacht oder Tatsachen verschwiegen hat und dem Leasinggeber deshalb die Fortsetzung des Vertrages nicht zuzumuten ist;
d) trotz vorheriger schriftlicher Abmahnung schwerwiegend Vertragspflichten verletzt und/oder bereits eingetretene Folgen solcher Vertragsverletzungen nicht unverzüglich beseitigt.

2. Im Falle der außerordentlichen Kündigung ist der Leasingnehmer verpflichtet, das Leasingobjekt unverzüglich an den Leasinggeber herauszugeben und diesem seinen durch die Nichterfüllung des Vertrages bedingten Schaden zu ersetzen. Dieser Schaden berechnet sich aus der Differenz zwischen
   a) der Summe der noch ausstehenden Leasingraten ohne Umsatzsteuer, abgezinst mit dem Zinssatz, der im Zeitpunkt des Abschlusses des Leasingvertrages – bzw für den Fall, dass der Leasingsatz gem. § 3 Abs. 1 S. 2 angepasst wurde, der im Zeitpunkt der Anpassung – für die Aufnahme eines entsprechenden Kredites am Geld- und Kapitalmarkt hätte gezahlt werden müssen, und
   b) den vom Leasinggeber ersparten Aufwendungen sowie dem Nettoerlös aus der Verwertung des Leasingobjektes abzüglich der Verwertungskosten.
3. Erfolgt die Kündigung vor Abnahme gemäß § 2 Abs. 1 S. 1, hat der Leasingnehmer dem Leasinggeber Leistungen auf den Anschaffungspreis zu erstatten und den Leasinggeber von allen Verpflichtungen aus dem Kaufvertrag und sonstigen mit dem Leasingvertrag zusammenhängenden Verpflichtungen freizustellen. Zug um Zug gegen Zahlung und Freistellung gehen sämtliche Rechte des Leasinggebers an dem Leasingobjekt sowie dessen sämtliche diesbezüglichen Ansprüche auf den Leasingnehmer über.

§ 9 Abtretung/Rechte der Erben/Gesamtschuldner

1. Die Abtretung der Rechte und Ansprüche des Leasingnehmers aus dem Leasingvertrag bedarf der vorherigen schriftlichen Zustimmung des Leasinggebers.
2. Den Erben des Leasingnehmers steht ein Kündigungsrecht nicht zu.
3. Leasingnehmer und Mithaftende schulden als Gesamtschuldner.

§ 10 Kauf- und Verlängerungsoption

1. Am Ende der Leasingdauer hat der Leasingnehmer nach seiner Wahl das Recht,
   a) das Leasingobjekt vom Leasinggeber zu kaufen (Kaufoption). Der Kaufpreis entspricht dem Buchwert des Leasingobjektes, der sich am Ende der Leasingdauer unter Anwendung der linearen AfA nach der amtlichen AfA-Tabelle ergibt, oder dessen niedrigeren gemeinen Wert;
   b) den Leasingvertrag zu verlängern (Verlängerungsoption). Die Verlängerungsdauer richtet sich nach dem Erhaltungszustand des Leasingobjektes. Die Leasingrate für die Verlängerungszeit errechnet sich aus dem Verhältnis des Buchwertes des Leasingobjektes, der sich am Ende der Leasingdauer unter Anwendung der linearen AfA nach der amtlichen AfA-Tabelle ergibt, oder dessen niedrigeren gemeinen Wertes zu der Verlängerungsdauer.
2. Der Leasingnehmer kann eine Option nur bis zum Ablauf der Leasingdauer ausüben. Im Zusammenhang mit der Feststellung des gemeinen Wertes entstehende Kosten trägt der Leasingnehmer.

§ 11 Rückgabe bzw Entsorgung des Leasingobjektes

1. Nach Beendigung des Leasingvertrages hat der Leasingnehmer das Leasingobjekt auf seine Kosten und Gefahr transportversichert an einen vom Leasinggeber bestimmten Ort innerhalb der Bundesrepublik Deutschland zurückzugeben oder auf Verlangen des Leasinggebers auf seine Kosten entsprechend den einschlägigen gesetzlichen Bestimmungen zu entsorgen.

2. Das Leasingverhältnis wird bei Fortsetzung des Gebrauchs durch den Leasingnehmer über den Zeitpunkt der Beendigung des Vertrages hinaus nicht verlängert.

§ 12 Informationspflichten/Datenverwendung/Abtretungsberechtigung

Der Leasingnehmer ist verpflichtet, dem Leasinggeber während der Leasingdauer auf Aufforderung seine wirtschaftlichen Verhältnisse offenzulegen, insbesondere seine Jahresabschlüsse vorzulegen. Hierbei handelt es sich um eine wesentliche Vertragsverpflichtung. Der Leasinggeber ist berechtigt, alle für die Vertragsdurchführung notwendigen und sinnvollen Daten zu erheben und zu speichern (§ 28 BDSG). Der Leasinggeber ist berechtigt, Auskünfte zur Bonitätsprüfung einzuholen und zu speichern. Der Leasingnehmer erklärt seine Zustimmung zur Datennutzung zum Zwecke der gesamten Vertragsdurchführung. Der Leasingnehmer ermächtigt den Leasinggeber hiermit, diese Unterlagen, Daten und Informationen einem Refinanzierungsinstitut zum Zwecke der Refinanzierung dieses Vertrages vorzulegen und personenbezogene Daten des Leasingnehmers zu speichern und diese an Dritte zu übermitteln, soweit dies für die Abwicklung dieses Vertrages und dessen Refinanzierung erforderlich ist.

§ 13 Schlussbestimmungen

1. Nebenabreden, Kündigung und Aufhebung dieses Vertrages bedürfen der Schriftform. Das gilt auch für die Aufhebung dieses Schriftformerfordernisses.
2. Erfüllungsort für alle Rechte und Pflichten aus diesem Vertrag ist ■■■. Gerichtsstand für alle Streitigkeiten aus diesem Vertrag ist ■■■[3] ◄

B. Erläuterungen

I. Erläuterungen zum Muster

2 [1] Der Mustervertrag beruht auf einem Leasingvertrag **im rein unternehmerischen Verkehr**. Da Finanzierungsleasingverträge zwischen Automobil-Leasinggesellschaften und Verbrauchern, die in der Praxis häufig vorkommen, immer von der Leasinggeberin vorgegeben werden, wurde bewusst auf eine Darstellung verzichtet.

3 [2] Diese Klausel ist nur im rein **kaufmännischen Verkehr** gültig, die Unternehmereigenschaft des Leasingnehmers ist nicht ausreichend.

4 [3] **Gerichtsstandsklauseln** sind nur zwischen zwei Kaufleuten wirksam, § 38 ZPO; die Unternehmereigenschaft (§ 14 BGB) des Leasingnehmers ist nicht ausreichend.

II. Weiterführende Erläuterungen

5 Bei Finanzierungsleasingverträgen zwischen einem Unternehmer und einem Verbraucher ist stets die **Widerrufsbelehrung** zu verwenden (§ 355 BGB).

§ 507 Teilzahlungsgeschäfte

(1) [1]§ 494 Abs. 1 bis 3 und 6 Satz 3 ist auf Teilzahlungsgeschäfte nicht anzuwenden. [2]Gibt der Verbraucher sein Angebot zum Vertragsabschluss im Fernabsatz auf Grund eines Verkaufsprospekts oder eines vergleichbaren elektronischen Mediums ab, aus dem der Barzahlungspreis, der Sollzinssatz, der effektive Jahreszins, ein Tilgungsplan anhand beispielhafter Gesamtbeträge sowie die zu stellenden Sicherheiten und Versicherungen ersichtlich sind, ist auch § 492 Abs. 1 nicht anzuwenden, wenn der Unternehmer dem Verbraucher den Vertragsinhalt spätestens unverzüglich nach Vertragsabschluss in Textform mitteilt.

(2) [1]Das Teilzahlungsgeschäft ist nichtig, wenn die vorgeschriebene Schriftform des § 492 Abs. 1 nicht eingehalten ist oder im Vertrag eine der in Artikel 247 §§ 6, 12 und 13 des Einführungsgesetzes zum Bürgerlichen Gesetzbuche vorgeschriebenen Angaben fehlt. [2]Ungeachtet eines Mangels nach Satz 1 wird das Teilzahlungsgeschäft gültig, wenn dem Verbraucher die Sache übergeben oder die Leistung erbracht wird. [3]Jedoch ist der Barzahlungspreis höchstens mit dem gesetzlichen Zinssatz zu verzinsen, wenn die Angabe des Gesamtbetrags oder des effektiven

Jahreszinses fehlt. [4]Ist ein Barzahlungspreis nicht genannt, so gilt im Zweifel der Marktpreis als Barzahlungspreis. [5]Ist der effektive Jahreszins zu niedrig angegeben, so vermindert sich der Gesamtbetrag um den Prozentsatz, um den der effektive Jahreszins zu niedrig angegeben ist.
(3) [1]Abweichend von den §§ 491 a und 492 Abs. 2 dieses Gesetzes und von Artikel 247 §§ 3, 6 und 12 des Einführungsgesetzes zum Bürgerlichen Gesetzbuche müssen in der vorvertraglichen Information und im Vertrag der Barzahlungspreis und der effektive Jahreszins nicht angegeben werden, wenn der Unternehmer nur gegen Teilzahlugen Sachen liefert oder Leistungen erbringt. [2]Im Fall des § 501 ist der Berechnung der Kostenermäßigung der gesetzliche Zinssatz (§ 246) zugrunde zu legen. [3]Ein Anspruch auf Vorfälligkeitsentschädigung ist ausgeschlossen.

§ 508 Rückgaberecht, Rücktritt bei Teilzahlungsgeschäften

(1) [1]Anstelle des dem Verbraucher gemäß § 495 Abs. 1 zustehenden Widerrufsrechts kann dem Verbraucher bei Verträgen über die Lieferung einer bestimmten Sache ein Rückgaberecht nach § 356 eingeräumt werden. [2]§ 495 Abs. 2 gilt für das Rücktrittsrecht entsprechend.
(2) [1]Der Unternehmer kann von einem Teilzahlungsgeschäft wegen Zahlungsverzugs des Verbrauchers nur unter den in § 498 Satz 1 bezeichneten Voraussetzungen zurücktreten. [2]Dem Nennbetrag entspricht der Gesamtbetrag. [3]Der Verbraucher hat dem Unternehmer auch die infolge des Vertrags gemachten Aufwendungen zu ersetzen. [4]Bei der Bemessung der Vergütung von Nutzungen einer zurückzugewährenden Sache ist auf die inzwischen eingetretene Wertminderung Rücksicht zu nehmen. [5]Nimmt der Unternehmer die auf Grund des Teilzahlungsgeschäfts gelieferte Sache wieder an sich, gilt dies als Ausübung des Rücktrittsrechts, es sei denn, der Unternehmer einigt sich mit dem Verbraucher, diesem den gewöhnlichen Verkaufswert der Sache im Zeitpunkt der Wegnahme zu vergüten. [6]Satz 5 gilt entsprechend, wenn ein Vertrag über die Lieferung einer Sache mit einem Verbraucherdarlehensvertrag verbunden ist (§ 358 Absatz 3) und wenn der Darlehensgeber die Sache an sich nimmt; im Falle des Rücktritts bestimmt sich das Rechtsverhältnis zwischen dem Darlehensgeber und dem Verbraucher nach den Sätzen 3 und 4.

§ 509 Prüfung der Kreditwürdigkeit

[1]Vor dem Abschluss eines Vertrags über eine entgeltliche Finanzierungshilfe hat der Unternehmer die Kreditwürdigkeit des Verbrauchers zu bewerten. [2]Grundlage für die Bewertung können Auskünfte des Verbrauchers und erforderlichenfalls Auskünfte von Stellen sein, die geschäftsmäßig personenbezogene Daten, die zur Bewertung der Kreditwürdigkeit von Verbrauchern genutzt werden dürfen, zum Zweck der Übermittlung erheben, speichern oder verändern. [3]Die Bestimmungen zum Schutz personenbezogener Daten bleiben unberührt.

Untertitel 3 Ratenlieferungsverträge zwischen einem Unternehmer und einem Verbraucher

§ 510 Ratenlieferungsverträge

(1) [1]Dem Verbraucher steht vorbehaltlich des Satzes 2 bei Verträgen mit einem Unternehmer, in denen die Willenserklärung des Verbrauchers auf den Abschluss eines Vertrags gerichtet ist, der
1. die Lieferung mehrerer als zusammengehörend verkaufter Sachen in Teilleistungen zum Gegenstand hat und bei dem das Entgelt für die Gesamtheit der Sachen in Teilzahlungen zu entrichten ist oder
2. die regelmäßige Lieferung von Sachen gleicher Art zum Gegenstand hat oder
3. die Verpflichtung zum wiederkehrenden Erwerb oder Bezug von Sachen zum Gegenstand hat,

ein Widerrufsrecht gemäß § 355 zu. [2]Dies gilt nicht in dem in § 491 Abs. 2 und 3 bestimmten Umfang. [3]Dem in § 491 Abs. 2 Nr. 1 genannten Nettodarlehensbetrag entspricht die Summe aller vom Verbraucher bis zum frühestmöglichen Kündigungszeitpunkt zu entrichtenden Teilzahlungen.
[2] [1]Der Ratenlieferungsvertrag nach Absatz 1 bedarf der schriftlichen Form. [2]Satz 1 gilt nicht, wenn dem Verbraucher die Möglichkeit verschafft wird, die Vertragsbestimmungen einschließlich der Allgemeinen Geschäftsbedingungen bei Vertragsschluss abzurufen und in wiedergabefähiger Form zu speichern. [3]Der Unternehmer hat dem Verbraucher den Vertragsinhalt in Textform mitzuteilen.

Ratenlieferungsvertrag: Siehe Muster zu § 512. 1

Untertitel 4 Unabdingbarkeit, Anwendung auf Existenzgründer

§ 511 Abweichende Vereinbarungen

[1]Von den Vorschriften der §§ 491 bis 510 darf, soweit nicht ein anderes bestimmt ist, nicht zum Nachteil des Verbrauchers abgewichen werden. [2]Diese Vorschriften finden auch Anwendung, wenn sie durch anderweitige Gestaltungen umgangen werden.

§ 512 Anwendung auf Existenzgründer

Die §§ 491 bis 511 gelten auch für natürliche Personen, die sich ein Darlehen, einen Zahlungsaufschub oder eine sonstige Finanzierungshilfe für die Aufnahme einer gewerblichen oder selbständigen beruflichen Tätigkeit gewähren lassen oder zu diesem Zweck einen Ratenlieferungsvertrag schließen, es sei denn, der Nettodarlehensbetrag oder Barzahlungspreis übersteigt 75 000 Euro.

1 **A. Muster: Belieferungsvertrag für die Gastronomie**

▶ Belieferungsvertrag über Getränke

zwischen

■■■

– nachfolgend: Unternehmer –

und

■■■

– nachfolgend: Lieferant –

wird folgender

Getränke-Belieferungsvertrag

geschlossen:

Präambel

Der Unternehmer plant, ein Restaurant in ■■■ (Ort) unter dem Namen ■■■ (Geschäftsbezeichnung) zu eröffnen. Zwischen dem Lieferanten und dem Unternehmer wurde ein Darlehensvertrag zur Finanzierung der Restaurant-Einrichtung geschlossen, der als Anlage 1 zu diesem Vertrag beigefügt ist. In diesem Darlehensvertrag verpflichtete sich der Unternehmer zum Abschluss folgenden Getränke-Belieferungsvertrages. Die Tilgung des Darlehens erfolgt durch interne Gutschrift eines Betrages von ■■■ EUR je bei dem Lieferanten bezogenem und bezahltem Hektoliter Fassbier bzw ■■■ (Mengeneinheit) Getränke.

§ 1 Lieferverpflichtung/Getränkebezugsverpflichtung

1. Der Lieferant liefert an den Unternehmer die von ihm produzierten und vertriebenen Getränke, wobei sich die einzelnen Produkte der gelieferten Produkte aus Anlage 2 ergibt.
2. Der Unternehmer verpflichtet sich, dass in seinem Restaurant ausschließlich und ununterbrochen alle Getränke und die vom Lieferanten bestimmten Marken auf dem vom Lieferanten vorgeschriebenen Wege zu beziehen. Nach Angaben des Unternehmers wird ein jährlicher Mindestbezug von 1.000 Hektolitern Fassbier zugrunde gelegt und dient als Basis für diese Leistung. Sollte der jährliche Mindestbezug vom Unternehmer nicht erreicht werden, so hat der Unternehmer für die zu wenig gelieferten Hektoliter eine Ausfallentschädigung in Höhe von ■■■ EUR pro Hektoliter an

den Lieferanten zu zahlen oder das Lieferverhältnis verlängert sich bis zur Abnahme von 10.000 Hektolitern Fassbier.

3. Der Lieferant verpflichtet sich, die bei ihm eingehenden Bestellungen für Produkte des Unternehmers unverzüglich auszuführen und innerhalb der vereinbarten Lieferfristen zu liefern. Der Lieferant verpflichtet sich, für eine geeignete Lagerhaltung Sorge zu tragen, um jederzeit die Nachfrage des Unternehmers fristgemäß erfüllen zu können.
4. Der Lieferant ist unter billiger Würdigung der Interessen des Unternehmers berechtigt, die von ihm an den Unternehmer zu liefernden Produkte zu ändern oder zu ergänzen, allerdings erst nach rechtzeitiger vorheriger Information. Insbesondere kann er Bier- und andere Getränkemarken ganz aus dem Sortiment nehmen, wenn er ähnliche Produkte anderer Marken anbietet. Irgendwelche Rechte daraus kann das Unternehmen nicht ableiten.

§ 2 Übertragung auf Nachfolger

Als Gegenleistung für die vom Lieferanten erbrachten Leistungen – auch aus dem Darlehensvertrag – verpflichtet sich der Unternehmer, die nachfolgenden Verpflichtungen aus diesem Vertrag, insbesondere hinsichtlich des Getränkebezuges, jedem mittelbaren oder unmittelbaren Rechtsnachfolger, seien es Käufer, Pächter, Mieter, Nutznießer etc. aufzuerlegen hierbei erforderlichenfalls die Sonderregeln des Verbraucherkreditrechts zu beachten. Durch diese wirksame Übertragung auf jedwede Nachfolger im Geschäftsbetrieb wird der Lieferant – für die Zeit einer Vermietung/Verpachtung oder ähnlichem- ihre Rechte und Pflichten aus dieser Vereinbarung nur gegen den Mieter/Pächter unmittelbar geltend machen. Nur bei endgültigem Ausfall steht der Unternehmer für die Erfüllung der Verpflichtungen ein. Für den Fall der vorzeitigen Aufhebung oder sonstigen vorzeitigen Beendigung des Miet- und Pachtverhältnisses zwischen Unternehmer und Mieter/Pächter ist der Unternehmer verpflichtet, die Verpflichtungen dieser Vereinbarung einem neuen Mieter/Pächter wiederum wirksam aufzuerlegen. Gleiches ist für den Fall der weiteren Untervermietung/-verpachtung sicherzustellen.[1]

§ 3 Gegenseitige Unterrichtung

1. Die Vertragsparteien werden sich unverzüglich gegenseitig über ihnen bekannt gewordene geschäftliche Vorgänge, die wesentliche Interessen der anderen Vertragspartei berühren oder gefährden können, unterrichten.
2. Beide Vertragsparteien sind gehalten, Geschäfts- oder Betriebsgeheimnisse, die ihnen während der Zusammenarbeit bekannt geworden sind oder bekannt werden, ohne Einwilligung der jeweils anderen Vertragspartei weder zu verwerten noch Dritten mitzuteilen, soweit diese nicht allgemein zugänglich sind, es sei denn, die allgemeine Zugänglichkeit der Geschäfts- und Betriebsgeheimnisse geht auf einen Vertragsverstoß der Vertragsparteien zurück, der sich auf die allgemeine Zugänglichkeit der Geschäfts- und Betriebsgeheimnisse beruft.
3. Dies gilt auch für die Zeit nach Beendigung dieses Belieferungsvertrages, soweit die Geschäfts- oder Betriebsgeheimnisse nicht allgemein zugänglich sind.

§ 4 Vertragsdauer

1. Der Belieferungsvertrag wird auf die Dauer von 10 Jahren, beginnend mit dem ■■■ (Datum) fest abgeschlossen.[2]
2. Sollte der Belieferungsvertrag nicht mit einer Frist von drei Monaten zum Ende der jeweils vertraglich vereinbarten Festlaufzeit von einer der Vertragsparteien gekündigt werden, so verlängert sich dieser jeweils um weitere drei Jahre.
3. Das Recht beider Vertragsparteien zur Kündigung dieses Belieferungsvertrages aus wichtigem Grund (§ 314 BGB) bleibt unberührt.
4. Kündigungen bedürfen zu ihrer Wirksamkeit der Schriftform und sind per Einschreiben/Rückschein zu erklären.

§ 5 Vertragsstrafe

1. Verstößt eine der Vertragsparteien schuldhaft gegen eine Verpflichtung aus diesem Vertrag, so hat diese für jede schuldhafte Zuwiderhandlung eine Vertragsstrafe zu leisten, die die andere Vertragspartei nach Billigem Ermessen unter Berücksichtigung der Schwere des Verstoßes bemisst und die der Höhe nach der Überprüfung des zuständigen Gerichts unterstellt wird.
2. Unabhängig davon stehen jeder Vertragspartei weiterhin die Rechte zu, den Liefervertrag – nach vorheriger fruchtloser Abmahnung – fristlos aus wichtigem Grund zu kündigen, sowie Ansprüche auf Auskunftserteilung und Schadensersatz geltend zu machen und durchzusetzen. Eine zu leistende Vertragsstrafe wird auf einen Schadensersatzanspruch angerechnet.

§ 6 Schlussbestimmungen

1. Auf diesen Liefervertrag findet ausschließlich das Recht der Bundesrepublik Deutschland Anwendung.
2. Erfüllungsort ist ▪▪▪
3. Nebenabreden, Ergänzungen oder Abänderungen dieses Belieferungsvertrages bedürfen zu ihrer Wirksamkeit der Schriftform. Dies gilt auch für die Abbedingung des Schriftformerfordernisses sowie den Abschluss eines etwaigen Aufhebungsvertrages.
4. Sollte eine Bestimmung dieses Belieferungsvertrages unwirksam oder undurchführbar sein oder werden, so berührt dies die Wirksamkeit dieses Vertrages im Übrigen nicht. Die Vertragsparteien verpflichten sich vielmehr in einem derartigen Fall eine wirksame oder durchführbare Bestimmung an die Stelle der unwirksamen oder undurchführbaren Bestimmung zu setzen, die den wirtschaftlichen und ideellen Bestimmungen soweit wie möglich entspricht.

Widerrufsrecht[3]

Sie können Ihre Vertragserklärung innerhalb von 14 Tagen ohne Angabe von Gründen in Textform (zB Brief, Fax, E-Mail) oder – wenn Ihnen die Sache vor Fristablauf überlassen wird – durch Rücksendung der Sache widerrufen. Die Frist beginnt nach Erhalt dieser Belehrung in Textform jedoch nicht, bevor Ihnen auch eine Vertragsurkunde, Ihr schriftlicher Antrag oder eine Abschrift der Vertragsurkunde oder des Antrags zur Verfügung gestellt worden ist bei der wiederkehrenden Lieferung gleichartiger Waren nicht vor Eingang der ersten Teillieferung. Zur Wahrung der Widerrufsfrist genügt die rechtzeitige Absendung des Widerrufs oder der Sache.

Der Widerruf ist zu richten an:

▪▪▪ [Vollständige ladungsfähige Anschrift des Lieferanten]

E-Mail: ▪▪▪

Fax: ▪▪▪

Widerrufsfolgen

Im Falle eines wirksamen Widerrufs sind die beiderseits empfangenen Leistungen zurückzugewähren und ggf gezogene Nutzungen (zB Zinsen) herauszugeben. Können Sie uns die empfangene Leistung ganz oder teilweise nicht oder nur in verschlechtertem Zustand zurückgewähren, müssen Sie uns insoweit ggf Wertersatz leisten. Bei der Überlassung von Sachen gilt dies nicht, wenn die Verschlechterung der Sache ausschließlich auf deren Prüfung – wie Sie Ihnen etwa im Ladengeschäft möglich gewesen wäre – zurückzuführen ist. Im Übrigen können Sie die Pflicht zum Wertersatz für eine durch die bestimmungsgemäße Ingebrauchnahme der Sache entstandene Verschlechterung vermeiden, indem Sie die Sache nicht wie Ihr Eigentum in Gebrauch nehmen und alles unterlassen, was deren Wert beeinträchtigt. Paketversandfähige Sachen sind auf unsere Kosten und Gefahr zurückzusenden. Nicht paketversandfähige Sachen werden bei Ihnen abgeholt. Verpflichtungen zur Erstattung von Zahlungen müssen innerhalb von 30 Tagen erfüllt werden. Die Frist beginnt für Sie mit der Absendung Ihrer Widerrufserklärung oder der Sache, für uns mit deren Empfang.

Der Widerruf beendet auch den Darlehensvertrag.

Ort, Datum ■■■

■■■

Unterschriften ◄

B. Erläuterungen

[1] Die Parteien eines kombinierten Darlehens- und Getränkelieferungsvertrages vereinbaren häufig – so auch im Streitfall – eine **Rechtsnachfolgeklausel**, welche den Darlehensnehmer und Getränkeabnehmer verpflichtet, die Bezugsverpflichtung auf einen Dritten – etwa einen Rechts- oder Geschäftsnachfolger – zu übertragen. So ist auch hier unter § 2 des Darlehens- und Getränkelieferungsvertrages die Vereinbarung enthalten, dass der Kläger verpflichtet ist, die Verpflichtungen aus diesen Verträgen, insbesondere hinsichtlich des Getränkebezuges, jedem „mittelbaren oder unmittelbaren Rechtsnachfolger, seien es Käufer, Pächter, Mieter, ..." aufzuerlegen. 2

[2] Der Bundesgerichtshof erkennt in ständiger Rechtsprechung an, dass Bezugsverpflichtungen in Getränkelieferungsverträgen eine Gegenleistung für die Bereitstellung und Gewährung von Darlehen bilden können und beide Leistungen eine wirtschaftliche Einheit bilden. Eine solche Gegenleistung des Getränkelieferanten in Form eines Darlehens bestimmt bei der Prüfung, ob eine mehrjährige Bezugsbindung gemäß § 138 Abs. 1 BGB oder § 307 BGB wirksam vereinbart ist, im besonderen Maße die Ausgewogenheit von Leistung und Gegenleistung und damit das Höchstmaß einer **zeitlichen Bezugsbindung** (vgl etwa BGH NJW 1972, 1459; NJW 2001, 2331). 3

[3] **Widerrufsrecht des Existenzgründers.** Das Muster basiert auf der Annahme, dass der Unternehmer Existenzgründer iSd § 507 BGB ist. Existenzgründer in diesem Sinne ist er nach der Rechtsprechung, wenn er auf einem Geschäftsgebiet erstmals gewerblich tätig wird. Dehnt er durch den Abschluss der Bezugsbindung seine selbständige geschäftliche Tätigkeit nur aus, indem er etwa ein weiteres Restaurant eröffnet, ist er kein Existenzgründer mehr. 4

Besteht **Uneinigkeit**, ob der Vertragspartner Existenzgründer im Rechtssinne des § 507 BGB ist, wird vielfach empfohlen, auf jeden Fall die Widerrufsbelehrung zu verwenden. Da Fehler bei der Widerrufsbelehrung in Hinblick auf § 355 Abs. 3 S. 3 BGB stets ein latentes Risiko in sich bergen, dass sich der Vertragspartner nach Jahren noch vom Vertrag durch Erklärung des Widerrufs zu lösen versucht, sollte vorrangig geklärt werden, ob der Vertragspartner Existenzgründer ist. Mangels höchstrichterlicher Klärung ist die Rechtsprechung uneinheitlich. Manche Instanzgerichte neigen dazu, auch Fehler in einer **freiwilligen Widerrufsbelehrung** mit der Rechtsfolge des § 355 Abs. 3 S. 3 BGB „zu bestrafen". 5

§§ 513 bis 515 (weggefallen)

Titel 4 Schenkung

§ 516 Begriff der Schenkung

(1) Eine Zuwendung, durch die jemand aus seinem Vermögen einen anderen bereichert, ist Schenkung, wenn beide Teile darüber einig sind, dass die Zuwendung unentgeltlich erfolgt.

(2) [1]Ist die Zuwendung ohne den Willen des anderen erfolgt, so kann ihn der Zuwendende unter Bestimmung einer angemessenen Frist zur Erklärung über die Annahme auffordern. [2]Nach dem Ablauf der Frist gilt die Schenkung als angenommen, wenn nicht der andere sie vorher abgelehnt hat. [3]Im Falle der Ablehnung kann die Herausgabe des Zugewendeten nach den Vorschriften über die Herausgabe einer ungerechtfertigten Bereicherung gefordert werden.

A. Vertragsgestaltung

I. Überlassungsvertrag

1 **1. Muster: Überlassungsvertrag – Zuwendung mit Anrechnung auf Pflichtteilsansprüche**

▶ …

Notarielle Eingangsformel[1]

Grundbuchstand

Im Grundbuch des Amtsgerichts … für … Blatt … ist der folgende Grundbesitz im Miteigentum je zur Hälfte von … eingetragen: …

Der Grundbesitz ist laut Grundbuchvortrag wie folgt belastet: …

Überlassung, Auflassung, Vormerkung

… – nachstehend „der Veräußerer" genannt –

überlässt hiermit das in Ziffer I. bezeichnete Vertragsobjekt mit allen Rechten und Pflichten, Bestandteilen und dem gesetzlichen Zubehör an seinen Sohn[2]

… – nachstehend „der Erwerber" genannt –

zum Alleineigentum.

Die Vertragsteile sind über den vereinbarten Eigentumsübergang einig. Der Veräußerer bewilligt und der Erwerber beantragt, die Rechtsänderung in das Grundbuch einzutragen.

Die Eintragung einer Vormerkung zur Sicherung des Anspruchs des Erwerbers auf Eigentumsübertragung wird nach Belehrung über die Bedeutung einer solchen Vormerkung nicht gewünscht.[3]

Rechtsgrund, Gegenleistungen

…

Anrechnung, Ausgleichung

Der Erwerber hat sich den Wert der heutigen Zuwendung auf seine Pflichtteilsansprüche am Nachlass des Veräußerers anrechnen zu lassen.[4] Eine Erbausgleichung wird ausgeschlossen.[5]

Der Ehegatte des Veräußerers stimmt der heutigen Überlassung durch seinen Ehegatten hiermit vollinhaltlich zu und verzichtet auf Pflichtteilsergänzungsansprüche hinsichtlich des übertragenen Vertragsobjekts, was der Veräußerer hiermit annimmt.[6]

Im Übrigen erfolgt die Überlassung unentgeltlich im Wege der vorweggenommenen Erbfolge.[7]

Besitzübergang, Gewährleistung

Der Besitz, die Gefahr eines zufälligen Untergangs oder einer zufälligen Verschlechterung, die Nutzungen und alle öffentlichen Lasten und Abgaben des Vertragsobjekts gehen ab sofort auf den Erwerber über.

Der Veräußerer versichert, dass Rückstände an Steuern und öffentlichen Lasten, die das Vertragsobjekt betreffen, nicht bestehen. Soweit Erschließungskosten und sonstige Anliegerlasten noch nicht angefallen oder bezahlt sind, hat sie der Erwerber zu tragen.

Der Veräußerer erklärt, dass das Vertragsobjekt weder vermietet oder verpachtet ist.

Eine Haftung für Sach- und Rechtsmängel wird weder verlangt noch geleistet.

Hinweise des Notars

Die Vertragsteile wurden hingewiesen

- auf die Haftung des Vertragsobjekts für öffentliche Lasten und Steuern sowie für etwaige Rückstände hieraus,
- auf die Haftung der Vertragsteile als Gesamtschuldner für die Kosten und Steuern der Urkunde,
- auf den Zeitpunkt und die Voraussetzungen des Eigentumsübergangs.

Kosten

Die Kosten dieser Urkunde und ihres Vollzugs sowie eine etwa anfallende Grunderwerb- oder Schenkungsteuer trägt der Erwerber.

Abschriften, Ausfertigungen

■■■

Notarielle Schlussformel ◄

2. Erläuterungen und Varianten

[1] Die **notarielle Beurkundungspflicht** folgt aus §§ 311 b, 518 Abs. 1. 2

[2] Die **Angabe des Verwandtschaftsverhältnisses** ist von besonderer Bedeutung für die Festsetzung der Schenkungsteuer; zu den nunmehr geltenden Steuerklassen und Freibeträgen vergleiche §§ 15–19 ErbStG. 3

[3] Die **Sicherung durch** eine **Vormerkung** ist bei Geschäften zwischen nahestehenden Verwandten regelmäßig entbehrlich und wird auch aus Kostengründen (Eintragungsgebühren beim Grundbuchamt) nicht gewünscht. 4

[4] Die **Pflichtteilsanrechnung** gemäß § 2315 muss ausdrücklich angeordnet werden. Die Anrechnungsbestimmung muss dem Empfänger vor oder spätestens mit der Zuwendung zugehen. Die geplante Änderung des Pflichtteilsrechts nach Maßgabe des Regierungsentwurfs vom 24.4.2008 (BR-Drucks. 96/08, abrufbar unter www.zev.de), die vorgesehen hatte, dass eine Pflichtteilsanrechnung auch nachträglich durch Verfügung von Todes wegen möglich sei, ist nicht Gesetz geworden. Die Pflichtteilsanrechnung führt zu einer Minderung eines etwaigen Pflichtteilsanspruchs des Erwerbers und kommt damit dem Erben zugute. Der Zuwendungswert entspricht dem Verkehrswert zum Zeitpunkt der Umschreibung, § 2315 Abs. 2 S. 2. Die Anordnung höherer oder niedriger Anrechnungswerte ist zulässig. Insoweit wird ein teilweiser Pflichtteilsverzicht miterklärt (*Krauß,* Überlassungsverträge in der Praxis, Rn 2820). 5

Werden weichende Geschwister gegen **Abfindung** gleichgestellt, empfiehlt sich der **Abschluss eines gegenständlich beschränkten Pflichtteilsverzichts.** Dieser muss lediglich durch den Erblasser (i.e. Veräußerer) persönlich erklärt werden, so dass der Erwerber vorbehaltlich nachträglicher Genehmigung für die betreffenden Geschwister handeln kann: 6

▶ ... verzichtet hiermit für sich und seine Abkömmlinge auf sein Pflichtteilsrecht am Nachlass des Veräußerers in der Weise, dass der Vertragsgegenstand gemäß gegenwärtiger Urkunde bei der Berechnung seines Pflichtteilsanspruchs als nicht zum Nachlass des Veräußerers gehörend angesehen und aus der Berechnungsgrundlage für den Pflichtteilsanspruch, die Ausgleichspflicht und den Pflichtteilsergänzungsanspruch ausgeschieden wird. Der Veräußerer nimmt diesen gegenständlich beschränkten Pflichtteilsverzicht an. Er kann nur unter Mitwirkung des Erwerbers wieder aufgehoben werden. ◀

7 [5] **Ausgleichung der Zuwendung.** Gemäß § 2050 Abs. 3 kann der Erblasser die Ausgleichung der Zuwendung bei Vorhandensein mehrerer Abkömmlinge anordnen. Daneben findet eine **Erbausgleichung von Gesetzes wegen** statt bei:

- Ausstattungen (§ 2050 Abs. 1),
- Übermaßzuschüssen (§ 2050 Abs. 2) sowie bei
- Einsetzung von Abkömmlingen – wie häufig beim Berliner Testament – als testamentarische Erben im Verhältnis ihrer gesetzlichen Erbteile, § 2052.

Die Ausgleichungsbestimmung muss dem Zuwendungsempfänger spätestens im Zeitpunkt der Zuwendung erklärt werden. Reformüberlegungen, die eine nachträgliche Anordnung der Ausgleichspflicht erlaubt hätten (vgl § 2050 Abs. 4 BGB-E nach Maßgabe des Regierungsentwurfs vom 24.4.2008, vorstehend Rn 4), sind aufgrund verfassungsrechtlicher Bedenken nicht umgesetzt worden. Angesichts der Komplexität der gesetzlichen Bestimmungen zur Erbausgleichung kann hiervon nur abgeraten werden. Die Anordnung einer Ausgleichungspflicht sollte daher, wenn möglich, unterbleiben bzw. eine etwa bestehende Ausgleichungspflicht ausgeschlossen werden. Zumeist wird der Veräußerer wünschen, selbst für einen Ausgleich unter seinen Abkömmlingen zu sorgen (*Bülow* in: Dombek/Kroiß, Formularbibliothek Vertragsgestaltung, Band Miete/Grundstück/WEG, Teil 2 § 7 Rn 6).

8 [6] In der **Zustimmung des Ehegatten** des Veräußerers liegt regelmäßig zugleich ein **konkludent erklärter Pflichtteilsverzicht** (*Eckert/Kroiß* in: Dombek/Kroiß, Formularbibliothek Vertragsgestaltung, Band Erbrecht, § 13 Rn 59). Sofern der Ehegatte als Vertragserbe zB im Rahmen eines Berliner Testaments eingesetzt ist, liegt in der Zustimmung auch eine solche nach § 2287. Darüber hinaus bietet sich an, eine **güterrechtliche Regelung** für den Fall der Scheidung zu vereinbaren, damit der Zuwendungsgegenstand nicht nach § 1375 Abs. 2 S. 1 Nr. 1 dem Endvermögen des Veräußerers hinzugerechnet wird:

▶ Der Ehegatte des Veräußerers verzichtet ferner für den Fall der Scheidung der Ehe mit dem Veräußerer auf Einbeziehung des heute an das gemeinschaftliche Kind übergebenen Grundbesitzes in den Zugewinnausgleich. ◀

9 [7] **Rechtsgrund für die Zuwendung** wird regelmäßig eine:

- ehebedingte Zuwendung,
- Ausstattung oder eine
- Überlassung zum Zwecke der vorweggenommenen Erbfolge

sein. Allen Vertragstypen ist gemein, dass sie sich durch das Kriterium einer **freigiebigen Zuwendung** auszeichnen. Schenkungsverträge werden praktisch nur bei Zuwendungen vorkommen, die sich an nahestehende Personen richten, ohne dass diese Abkömmlinge sind. Bei Abkömmlingen liegt regelmäßig eine vorweggenommene Erbfolge vor. Dieser Rechtstypus muss in der Urkunde zwar nicht ausdrücklich erwähnt werden, zur Klarstellung des Rechtsgrundes ist eine Erwähnung aber durchaus sinnvoll. Bei Zuwendungen unter Ehegatten (ehebedingte Zuwendung), muss in der Beratungspraxis wie folgt unterschieden werden:

Variante 1 a: Vertragsgegenstand verbleibt dem Erwerber-Ehegatten auch im Fall der Scheidung; **Ausgleich** nur **über** den **Zugewinn**

► Eine unmittelbare Gegenleistung hat der Erwerber nicht zu erbringen. Dennoch handelt es sich bei der Zuwendung nicht um eine Schenkung, sondern um eine unbenannte (ehebedingte) Zuwendung, mit der ein Beitrag zur Verwirklichung der ehelichen Lebensgemeinschaft erbracht werden soll. Auf die weitgehende Gleichstellung der ehebedingten mit der unentgeltlichen Zuwendung im Verhältnis zu Gläubigern oder Pflichtteilsberechtigten und die unverändert fortbestehende Einsatzpflicht des Vermögens gegenüber Sozialleistungsträgern wurde hingewiesen, ebenso auf die Grenzen der schenkungsteuerlichen Privilegierung der ehebedingten Zuwendung.

Die heutige Zuwendung soll dem Erwerber auch dann verbleiben, wenn die Ehe der Beteiligten geschieden wird. Die Beteiligten sehen den Fortbestand der Ehe nicht als Geschäftsgrundlage dieser Zuwendung an. Die Vereinbarung eines Rückforderungsrechts des Veräußerers für den Fall der Scheidung der Ehe wird nicht gewünscht. Bei Beendigung des Güterstandes der Ehegatten soll der Zugewinnausgleich nach den gesetzlichen Bestimmungen durchgeführt werden. ◄

Variante 1 b: **Kein Ausgleich**, auch nicht über den Zugewinn

► Zusätzlich vereinbaren die Beteiligten ehevertraglich Folgendes: Das gesamte Grundstück Fl.Nr. ▪▪▪ soll abweichend von der gesetzlichen Regelung bei der Berechnung des Zugewinns im Fall einer Scheidung nicht berücksichtigt werden, also weder ein Rechnungsposten des Anfangs- noch den Endvermögens des Erwerbers sein. Auch Surrogate dieses aus dem Zugewinnausgleich herausgenommenen Grundstücks sollen nicht ausgleichspflichtiges Vermögen darstellen. Auch sie werden bei der Berechnung des Zugewinns nicht berücksichtigt. ◄

Variante 2: Vertragsgegenstand verbleibt dem Erwerber-Ehegatten auch im Fall der Scheidung; Anrechnung auf den Zugewinn (regelmäßig gewünscht):

► Der Erwerber hat sich den Wert der Zuwendung im Falle der Scheidung gemäß § 1380 BGB auf seinen gesetzlichen Zugewinnausgleichsanspruch anrechnen zu lassen. Soweit eine Anrechnung nicht möglich ist, ist der Wert dem Endvermögen des Beschenkten zuzurechnen (jedoch nicht dessen Anfangsvermögen), so dass die Ansprüche des Veräußerers bei Scheidung der Ehe im Wege des Zugewinnausgleichsverfahrens geregelt werden.

Im Sterbefall ist der Wert der Zuwendung auf einen etwaigen Pflichtteilsanspruch des Erwerbers gegenüber dem Veräußerer anzurechnen. Eine Rückübertragungsverpflichtung im Fall der Scheidung wird nicht gewünscht. § 530 BGB bleibt vorbehalten. ◄

[8] **Sach- und Rechtsmängelansprüche** bestehen nur nach Maßgabe der §§ 523, 524, solange 10
sich der Schenker nicht vertraglich zu einer schärferen Haftung verpflichtet. Vorsorglich sollten die Ansprüche des Beschenkten wegen Sach- oder Rechtsmängel ausgeschlossen werden.

[9] **Verkehrsteuern** werden nicht anfallen, vorausgesetzt die persönlichen schenkungsteuerli- 11
chen Freibeträge sind nicht überschritten. Da die Überlassung eine Schenkung nach dem ErbStG darstellt, fällt keine Grunderwerbsteuer an, § 3 Nr. 2 GrEStG. Es darf jedoch nicht übersehen werden, dass bei Schenkungen unter Auflagen oder gemischten Schenkungen (zB bei einer Schuldübernahme oder dauernden Last), der Anteil grunderwerbsteuerpflichtig ist, der bei der Schenkungsteuer abziehbar ist. Die frühere Unterscheidung zwischen Leistungsauflagen (abziehbar) und Nutzungsauflagen (nicht abziehbar) ist durch Wegfall des § 25 ErbStG hinfällig geworden. Nunmehr sind alle Auflagen im weiteren Sinne bei der Schenkungsteuer abziehbar und vice versa bei der Grunderwerbsteuer zu berücksichtigen. Regelmäßig werden allerdings die Befreiungstatbestände der §§ 3 Nr. 4, 6 GrEStG eingreifen (Erwerb unter Ehegatten bzw Verwandten in gerader Linie), so dass auch keine Grunderwerbsteuer anfallen wird.

Die Schenkungsteuerpflicht ergibt sich aus §§ 1 Abs. 1 Nr. 2, 7 Abs. 1 Nr. 1 ErbStG. Bei der 12
schenkungsteuerlichen Bewertung von Grundbesitz wird nunmehr der gemeine Wert angesetzt, § 177 BewG. Der gemeine Wert bebauter Grundstücke wird im Vergleichswertverfahren (Wohnungs- und Teileigentum, Ein- und Zweifamilienhäuser), Ertragswertverfahren (Mietwohn-

grundstücke, Geschäftsgrundstücke) oder Sachwertverfahren (alle sonstigen Grundstücke) ermittelt, §§ 182 ff BewG. Die nach alter Rechtslage bestehende bewertungsrechtliche Privilegierung von Grundbesitz ist damit Geschichte. Geld- und Sachschenkungen sind bewertungsrechtlich gleichgestellt, so dass früher oft gewählte Konstruktionen wie zB die mittelbare Grundstücksschenkung in vielen Fällen ihren Reiz verloren haben (anders bei zu Wohnzwecken vermieteten Grundstücken, vgl Bewertungsabschlag nach § 13 c Abs. 1 ErbStG).

II. Schenkungsvertrag

13 1. Muster: Schenkungsvertrag mit auf den Tod verzögerter Erfüllung

▶ **Schenkung**

A überlässt hiermit schenkweise das vorgenannte Grundstück an B, der diese Schenkung annimmt.

Die Schenkung erfolgt unbedingt, dh auch ohne die Bedingung[1], dass der Beschenkte den Schenker überlebt. Die Erfüllung dieser Schenkung durch Auflassung und Grundbucheintragung soll allerdings erst mit dem Tod des A erfolgen.[2] Mit dessen Tod soll B das Grundstück aufgrund der ihm nachstehend erteilten Vollmacht auf sich auflassen und den Antrag auf Vollzug des Eigentumswechsels im Grundbuch stellen. Bis zum Tod des Schenkers ist der Anspruch des Beschenkten durch eine Vormerkung zu sichern.

Besitz, Nutzen, Lasten, Verkehrssicherungspflichten sowie die Haftung gehen am Todestag des B über.

...

Vormerkung

Zur Sicherung des Anspruchs des B auf Eigentumserwerb nach dem Tod des Schenkers, bewilligen und beantragen die Beteiligten die Eintragung einer Vormerkung im Grundbuch an nächstoffener Rangstelle am Vertragsgegenstand.

Auflassungsvollmacht

A erteilt hiermit unwiderruflich und unter Befreiung von den Beschränkungen des § 181 BGB B Vollmacht, ihn nach seinem Tode bei der Auflassung zu vertreten und alle für die Grundbucheintragung des Eigentumserwerbs notwendigen Grundbucherklärungen abzugeben. B darf von dieser Vollmacht nur Gebrauch machen, wenn er eine Sterbeurkunde des A vorlegt.

... ◀

2. Erläuterungen

14 [1] **Bedingung.** Die Schenkung erfolgt nicht unter der Bedingung, dass der Schenker den Beschenkten überlebt. Für den Fall, dass die Schenkung unter einer echten Überlebensbedingung des Schenkers erfolgt, unterstellt § 2301 die Schenkung hinsichtlich Form, Voraussetzungen und Rechtsfolgen den Bestimmungen des Erbrechts.

15 [2] Der **Schenkungsvertrag mit auf den Tod verzögerter Erfüllung** kann eine inhaltliche Alternative sein, wenn der Schenker aus persönlichen Gründen das Eigentum noch nicht übertragen, der Beschenkte aber schon Verwendungen auf den Vertragsgegenstand tätigen möchte und ihm eine testamentarische Regelung zu unsicher ist (*Eckert/Kroiß* in: Dombek/Kroiß, Formularbibliothek Vertragsgestaltung, Band Erbrecht, § 13 Rn 18). Weiter bietet diese Variante den Vorteil, dass die Schenkungsteuer erst mit Ausführung der Zuwendung, § 9 Abs. 1 Nr. 2 ErbStG, dh nach dem Tod des Schenkers mit Eintragung im Grundbuch anfällt. Im Hinblick auf Pflichtteilsergänzungsansprüche die Variante hingegen nachteilig, da die 10-Jahresfrist des § 2325 Abs. 3 mangels Leistung nicht zu laufen beginnt.

Hinsichtlich der Erfüllung der Grundstücksschenkung wäre es auch möglich, die Auflassung 16
sofort zu erklären, aber den Notar unwiderruflich anzuweisen, den Vertrag erst dann dem Grundbuchamt einzureichen, wenn der Schenker verstorben und dies durch Vorlage einer Sterbeurkunde nachgewiesen ist.

B. Prozess

I. Herausgabeklage

1. Muster: Klage auf Herausgabe einer beweglichen Sache 17

359

▶ An das ■■■ Gericht ■■■[1]

Klage

des ■■■

gegen ■■■

wegen: Herausgabe einer Sache

Namens und in Vollmacht der Klägerin erheben wir Klage und beantragen:

Der Beklagte wird verurteilt, den Tablet-PC, Marke ■■■, Farbe weiß, Seriennummer ■■■ herauszugeben.[2]

zur

Begründung[3]

tragen wir vor:

Der Kläger hat einen Anspruch auf Herausgabe des in seinem Eigentum stehenden Tablet-PC gegenüber dem besitzenden Beklagten.

Der Kläger hat den vorbezeichneten Tablet-PC unter dem ■■■ im Online-Shop der Firma ■■■ erworben.

Beweis:

1. Auftragsbestätigung vom ■■■, Anlage K 1
2. Lieferschein vom ■■■, Anlage K 2
3. Rechnung vom ■■■, Anlage K 3

Der Kläger hat die Sendung unter dem ■■■ entgegengenommen, den Kaufpreis bezahlt und ist daher Eigentümer der Sache geworden.

Der Beklagte ist Inhaber einer Softwarefirma. Da es sich beim streitgegenständlichen Gerät um eine Ausführung mit dem neuen Betriebssystem ■■■ handelte, hat der Kläger dem Beklagten das Gerät unter dem ■■■ in seiner Firma vorgeführt. Der Beklagte bat darum, das Gerät ausleihen zu dürfen, um darauf verschiedene Programme auf ihre Funktionsfähigkeit unter dem neuen Betriebssystem zu testen. Als Termin für die Rückgabe hatten die Parteien den ■■■ vereinbart. Diesen bestätigte der Beklagte dem Kläger mit E-Mail vom ■■■, in der er sich bei dem Kläger noch einmal für die Überlassung des Gerätes bedankte.

Beweis: E-Mail des Beklagten vom ■■■, Anlage K 4

Der Kläger hat den Beklagten nach Ablauf der vereinbarten und vom Beklagten bestätigten Frist mehrfach telefonisch zu erreichen versucht, um mit ihm einen Termin für die Übergabe zu vereinbaren. Der Kläger war jedoch nicht in seiner Firma und nicht unter seiner Privatadresse zu erreichen.

Der Kläger hat den Beklagten in der Folge mehrfach aufgefordert, unverzüglich Kontakt mit ihm aufzunehmen, zuletzt unter dem ■■■ per Einschreiben.

Beweis: Einschreiben/Rückschein vom ■■■, Anlage K 5

Der Beklagte befindet sich noch immer im Besitz des Tablet-PC. Am ■■■ suchte er mit dem Gerät die Firma ■■■ auf, um dafür verschiedene Zubehörteile zu erwerben.

Beweis: Zeugnis des Herrn ■■■ [ladungsfähige Anschrift], Anlage K 6.

Klage ist daher geboten.

■■■

Rechtsanwalt ◀

2. Erläuterungen und Varianten

18 [1] **Örtliche und sachliche Zuständigkeit.** Örtlich zuständig ist das Gericht des allgemeinen Gerichtsstands, §§ 12–19 ZPO. Die sachliche Zuständigkeit bemisst sich nach dem Streitwert. Hierbei ist nach § 6 ZPO der Verkehrswert, nicht der Einheitswert oder der Kaufpreis entscheidend (Hk-ZPO/*Kayser*, § 6 Rn 2). Eventuell muss der Kläger einen Antrag auf Zug um Zug gegen Erstattung von Aufwendungen nach den §§ 994 ff stellen.

19 [2] **Bezeichnung der Sache und Fristsetzung.** Die Sache ist so genau zu bezeichnen, dass der Gerichtsvollzieher sie zweifelsfrei identifizieren kann. Gegebenenfalls kann der **Antrag mit einer Fristsetzung verbunden** werden:

▶ Dem Beklagten wird zur Herausgabe eine Frist von vier Wochen nach Rechtskraft des Urteils gesetzt. Der Beklagte wird für den Fall, dass die Frist fruchtlos abläuft, verurteilt, EUR ■■■ nebst Zinsen in Höhe von 5 Prozentpunkten über dem Basiszinssatz seit Fristablauf zu zahlen. ◀

20 Die Verbindung von Herausgabeantrag und Antrag auf Fristsetzung ist gemäß § 255 ZPO zulässig; dies gilt auch für die **Verbindung mit dem Schadensersatzanspruch** (TP/*Reichold*, § 255, Rn 2, 5). Sie bereitet den Schadensersatzanspruch vor, § 281 Abs. 1 S. 1. Hat der Kläger ein besonderes Interesse am Erhalt der Sache, sollte er die Frist so bemessen, dass ihm ausreichend Zeit bleibt, zu vollstrecken. Ist der Kläger nur am Erhalt der Sache, nicht an Schadensersatz interessiert, sollte er den Antrag auf Fristsetzung ganz unterlassen. Denn der Anspruch auf Herausgabe ist nach § 281 Abs. 4 ausgeschlossen, sobald der Gläubiger statt der Leistung Schadensersatz verlangt.

21 [3] **Beweislast.** Behauptet im Rahmen des § 985 der Beklagte Erwerb von Besitz und Eigentum durch Schenkung, so gilt für ihn die Eigentumsvermutung des § 1006 Abs. 1. Behauptet der Beklagte nachträglich Schenkung (etwa aufgrund einer vorangegangenen Leihe), gilt für den Kläger die Eigentumsvermutung des § 1006 Abs. 2. Stützt der Kläger seinen Anspruch auf Vertrag (hier § 604), muss er den von ihm behaupteten Vertrag beweisen (Palandt/*Weidenkaff*, § 516 Rn 18).

II. Anfechtungsankündigung

22 1. Muster: Anfechtungsankündigung durch einfaches Schreiben

▶ Sehr geehrte Frau A,

hiermit zeige ich an, dass ich B anwaltlich vertrete.

Für meinen Mandanten habe ich gegen Ihren Ehemann, Herrn A, ein Urteil bei dem LG ■■■, Az ■■■ vom ■■■ über eine Kaufpreisforderung in Höhe von EUR ■■■ nebst Zinsen und Kosten erstritten. Das Urteil ist noch nicht rechtskräftig.

Im Laufe der letzten mündlichen Verhandlung vor dem Landgericht habe ich erfahren, dass Ihr Ehemann Ihnen durch notariellen Schenkungsvertrag vom ■■■ das Grundstück Fl.Nr. ■■■ eingetragen im Grundbuch von ■■■ (Ort, Grundbuchstelle) übertragen hat.

Diese Übertragung begründet einen anfechtbaren Rechtserwerb gem. §§ 3 und 4 des Anfechtungsgesetzes.[1] Durch diese Grundstücksübertragung sollten jegliche Vollstreckungsversuche gegen Ihren Ehemann vereitelt werden. Dies war Ihnen auch bekannt. Ich kündige Ihnen hierdurch an, dass ich Klage auf Rückgewähr dieses Grundstückes zum Schuldnervermögen gem. den §§ 1, 4 und 11 des

Anfechtungsgesetzes in Form der Duldung der Zwangsvollstreckung in dieses Grundstück erheben werde.[2] Sie können diese Klage auch durch Zahlung der Forderung abwenden. Ich fordere Sie auf, sich über diesen Sachverhalt mir gegenüber bis zum ■■■ zu erklären.

Nach fruchtlosem Ablauf dieser Frist bin ich gegebenenfalls gezwungen, Klage auf Duldung der Zwangsvollstreckung zu erheben oder den Rückgewähranspruch meiner Mandantin im Wege des Arrestes zu sichern.[3]

■■■

Rechtsanwalt ◄

2. Erläuterungen

[1] Die **Wirkung der Anfechtungsankündigung** ist eine doppelte: einerseits die Wahrung der Fristen gemäß §§ 3 und 4 AnfG, andererseits die Ingangsetzung der 2-Jahresfrist, innerhalb derer der Anfechtungsanspruch gerichtlich geltend gemacht werden muss (zB durch Anfechtungsklage). 23

[2] Zum notwendigen Inhalt gehört die genaue **Bezeichnung der Forderung**, die angefochten werden soll. Weiteres Inhaltserfordernis ist die genaue **Kennzeichnung der Rechtshandlung** des Schuldners, die angefochten werden soll. Hier kommen alle in §§ 3, 4 AnfG genannten Rechtshandlungen in Betracht. 24

[3] **Anfechtungsanspruch.** Es dürfen noch nicht sämtliche Voraussetzungen für die gerichtliche Geltendmachung des Anfechtungsanspruchs selbst vorliegen. Entweder darf die Forderung des Gläubigers gegen den Schuldner noch nicht fällig sein oder es liegt noch kein vollstreckbarer Schuldtitel vor. In diesem Beispiel fehlt es an der Rechtskraft; der Anspruch ist noch nicht vollstreckbar. 25

§ 517 Unterlassen eines Vermögenserwerbs

Eine Schenkung liegt nicht vor, wenn jemand zum Vorteil eines anderen einen Vermögenserwerb unterlässt oder auf ein angefallenes, noch nicht endgültig erworbenes Recht verzichtet oder eine Erbschaft oder ein Vermächtnis ausschlägt.

A. Muster: Erlass eines Pflichtteilsanspruchs 1

► Mit Testament vom ■■■ hat die am ■■■ in ■■■ verstorbene Frau A ihren Enkelsohn Herrn B zum alleinigen Erben eingesetzt. Ihrem einzigen Kind, Herrn C, steht ein Pflichtteilsanspruch in Höhe der Hälfte des reinen Nachlasses zu. Er beträgt EUR 50.000.[1] 361

Der Pflichtteilsberechtigte Herr C macht den Anspruch nicht geltend und erlässt dem Erben Herrn B die Schuld. Dieser erklärt sich damit einverstanden.[2]

■■■

Ort, Datum, zwei Unterschriften ◄

B. Erläuterungen

[1] **Pflichtteilsanspruch und Steuerpflicht.** Erbschaftsteuerlich gilt ein geltend gemachter Pflichtteilsanspruch als **Erwerb von Todes wegen,** § 9 Abs. 1 Nr. 1 b ErbStG. Allein das Entstehen des Pflichtteilsanspruchs mit dem Erbfall, § 2317, löst die Steuerpflicht noch nicht aus. Korrespon- 2

dierend dazu kann auch nur der geltend gemachte Pflichtteilsanspruch beim Erben als Nachlassverbindlichkeit abgezogen werden, § 10 Abs. 5 Ziff. 2 ErbStG. Die Steuerpflicht eines geltend gemachten Pflichtteilsanspruchs entfällt nicht dadurch, dass der Anspruch nicht erfüllt wird. Wird der Anspruch geltend gemacht, dann aber auf ihn verzichtet, kann im Ergebnis zweimal Erbschaftsteuer anfallen: einmal für den geltend gemachten Pflichtteilsanspruch und zweitens für den Verzicht, der eine freigiebige Zuwendung gegenüber dem Erben darstellen kann (*Krauß*, Überlassungsverträge in der Praxis, Rn 3183).

3 [2] **Erlassvertrag.** Wenn der Pflichtteilsberechtigte seinen durch Erbfall entstandenen Anspruch nicht geltend machen will, so erlässt er dem Erben die Pflichtteilsschuld durch einen formlosen Erlassvertrag nach § 397. Nach richtiger Ansicht liegt hier eine **Schenkung** vor (Palandt/*Weidenkaff*, § 517 Rn 4). § 517 ist nicht entsprechend anwendbar, da der Pflichtteilsanspruch mit dem Tod des Erblassers bereits im Vermögen des Berechtigten entstanden ist. Das Vermögen des Erlassenden wird tatsächlich gemindert (NK-BGB/*Dendorfer*, § 517 Rn 1). Wird der Erlass auf den Pflichtteilsanspruch nicht geschenkt, sondern eine Abfindung geleistet, so ist diese erbschaft- und schenkungsteuerlich mit dem Wert der hingegebenen Leistung anzusetzen, § 3 Abs. 2 Ziff. 4 ErbStG. Hier können sich auch nach der Reform des ErbStG Gestaltungsmöglichkeiten ergeben, wenn der Erbe als Abfindung Betriebsvermögen oder Grundbesitz (vgl zB § 13 c Abs. 1 ErbStG) überträgt.

§ 518 Form des Schenkungsversprechens

(1) [1]Zur Gültigkeit eines Vertrags, durch den eine Leistung schenkweise versprochen wird, ist die notarielle Beurkundung des Versprechens erforderlich. [2]Das Gleiche gilt, wenn ein Schuldversprechen oder ein Schuldanerkenntnis der in den §§ 780, 781 bezeichneten Art schenkweise erteilt wird, von dem Versprechen oder der Anerkennungserklärung.
(2) Der Mangel der Form wird durch die Bewirkung der versprochenen Leistung geheilt.

A. Beteiligung der Kinder am Handelsgeschäft des Vaters

1 I. Muster: Gesellschaftsvertrag unter Beteiligung der Kinder am Handelsgeschäft des Vaters (Auszug)

▶ ▪▪▪

[Gesellschafter, Kapitalanteile, Einlagen, Haftsummen]

Persönlich haftender Gesellschafter ist Vater A mit einem Kapitalanteil von 100.000,– EUR.[1]

Kommanditisten sind

a) B mit einem Kapitalanteil von EUR 50.000; sowie

b) C mit einem Kapitalanteil von EUR 50.000.[2]

A erbringt seinen Kapitalanteil dadurch, dass er das bisher von ihm unter der Firma A e.K. betriebenen Handelsgeschäft mit allen Aktiven und Passiven, die bei der Eintragung der Gesellschaft in das Handelsregister vorhanden sind, unverzüglich nach ihrer Eintragung auf die Gesellschaft überträgt.[3] Eine Haftung für Sach- und Rechtsmängel ist ausgeschlossen. Die Einbringung erfolgt zu den Buchwerten der Schlussbilanz des A e.K. Soweit das darin ausgewiesene Eigenkapital von A seinen Kapitalanteil nach Abs. 1 übersteigt, wird der Mehrbetrag seinem Rücklagenkonto gutgebracht.

Die Kommanditisten B und C erbringen ihre Kapitalanteile durch Bareinlagen in Höhe von je EUR 50.000, die ihnen A zu diesem Zwecke geschenkt hat.[4]

Die Kapitalanteile der Gesellschafter sind fest, sie können nur durch Änderung des Gesellschaftsvertrages geändert werden. Sie bilden zusammen das Festkapital der Gesellschaft im Sinne dieses Vertrages.

Die Kapitalanteile der Kommanditisten sind als ihre Haftsumme in das Handelsregister einzutragen.

■■■ ◀

II. Erläuterungen und Varianten

[1] **Eintritt des Kommanditisten in das Handelsgeschäft.** Ein bloßer Eintritt des Kommanditisten in das Handelsgeschäft des Vaters ist entgegen dem Wortlaut der §§ 24 Abs. 1, 28 Abs. 1 HGB nicht möglich. Das einzelkaufmännische Unternehmen wandelt sich also nicht ipso iure in Gesamthandsvermögen um. Ein Ausgliederung nach dem UmwG ist nur zur Aufnahme in eine bereits bestehende KG möglich, nicht jedoch zu deren Neugründung, § 152 UmwG. Der Einzelkaufmann kommt also nicht umhin, alle zu seinem Unternehmen gehörenden **Vermögensgegenstände auf die KG zu übertragen**, Grundstücke also etwa aufzulassen. Diese Einbringung stellt eine Sacheinlage dar (vgl dazu *Riegger/Götze* in: Münchener Vertragshandbuch, Band 1 III. 4, Anm. 6). 2

[2] **Buchwerte.** Regelmäßig wird die Gesellschaft die Buchwerte des einzelkaufmännisches Unternehmens fortführen, um die Aufdeckung stiller Reserven zu verhindern. Hier wird das Handelsgeschäft unentgeltlich, dh nicht gegen einen Kapitalanteil, eingebracht, so dass für die **Buchwertfortführung § 6 Abs. 3 S. 1 EStG** gilt. Wirtschaftsgüter, die nicht zumindest eine Teilbetriebsqualität besitzen, sind grundsätzlich mit dem Teilwert anzusetzen. Im Einzelfall kann es günstiger sein, die stillen Reserven aufzudecken und unter Ausnutzung eines Freibetrags tarifgünstig zu versteuern (**§§ 20, 24 UmwStG iVm § 16, 34 EStG**). Dies gilt namentlich dann, wenn künftige Gewinne durch korrespondierende höhere Abschreibungen der abnutzbaren Wirtschaftsgüter reduziert werden können oder eingebrachte Wirtschaftsgüter zeitnah veräußert werden sollen. Im letzteren Fall wäre der Veräußerungserlös als laufender Gewinn ohne die bei Aufdeckung der stillen Reserven möglichen Tarifbegünstigungen zu versteuern. 3

[3] **Auflage.** Das oa Muster geht davon aus, dass Vater A seinen Kindern die zur **Erbringung ihrer Einlagen erforderlichen Geldbeträge** schon vor Abschluss des Gesellschaftsvertrages **geschenkt** hat, unter der **Auflage**, sie in die Gesellschaft einzulegen (s.a. Muster Rn 1 zu § 525). Denkbar wären auch zwei andere Varianten: 4

▶ Die Schenkung wird erst im Gesellschaftsvertrag vereinbart, dahingehend, dass Vater A sich verpflichtet, auch die Einlagen seiner Kinder zu erbringen.

Die jeweiligen Beträge werden vom Kapitalkonto des Vaters A auf die Kapitalkonten seiner Kinder umgebucht. Ein Formmangel nach § 518 Abs. 1 BGB wird durch den Vollzug der Umbuchung nach § 518 Abs. 2 BGB geheilt. Die Umbuchung gilt jedoch nicht als Vollzug im Sinne des § 518 Abs. 2

BGB bei schenkweiser Einräumung einer stillen Beteiligung oder Unterbeteiligung (s. Muster Rn 6). ◀

5 [4] **Minderjährigkeit.** Der volljährig gewordene Gesellschafter kann seine **Haftung** für während der Minderjährigkeit begründete Verbindlichkeiten (§§ 128, 161 Abs. 2, 171 HGB) gemäß § 1629 a Abs. 1 S. 1 auf das im Zeitpunkt seiner Volljährigkeit vorhandene Vermögen **beschränken.** Dies gilt auch dann, wenn der Gesellschaftsvertrag durch das Familiengericht genehmigt wurde, § 1629 a Abs. 1 S. 1 Hs 2.

B. Unterbeteiligung an der Beteiligung eines persönlich haftenden Gesellschafters im Wege der Schenkung

6 **I. Muster: Begründung einer (atypischen) Unterbeteiligung an der Beteiligung eines persönlich haftenden Gesellschafters im Wege der Schenkung**

▶ ■■■ [Notarielle Eingangsformel]

1. A (nachfolgend „Hauptbeteiligter" genannt),
2. B (nachfolgend „Unterbeteiligte" genannt)[1]

Die Erschienenen erklärten:

Der Hauptbeteiligte ist an der in Y-Stadt unter der Firma X-KG in der Rechtsform einer Kommanditgesellschaft – eingetragen im Handelsregister des Amtsgerichts Y-Stadt unter HRA ■■■ – betriebene Firma nachfolgend „Kommanditgesellschaft" genannt als persönlich haftender Gesellschafter beteiligt. Für ihn werden zum 31.12.2009 folgende Konten geführt:

a)	Festkapitalkonto mit einem Stand von	EUR 300.000,00;
b)	Privatkonto mit einem Stand von	EUR 200.000,00;
c)	Verlustkonto mit einem Stand von	EUR ■■■

Der Hauptbeteiligte räumt der Unterbeteiligten[2] schenkweise mit Wirkung zum 1.1.2011 eine Unterbeteiligung an seiner vorerwähnten Beteiligung ein.[3] Die Unterbeteiligung beträgt

a)	an dem Kapitalkonto	EUR 100.000,00;
b)	an dem Privatkonto	EUR 60.000,00.

Die Schenkung erfolgt unter der auflösenden Bedingung, dass über das Vermögen des Unterbeteiligten durch rechtskräftigen Beschluss das Insolvenzverfahren eröffnet oder dessen Eröffnung mangels Masse abgelehnt wird. Das gleiche gilt im Falle einer Zwangsvollstreckung in Gesellschaftsrechte des Unterbeteiligten, wenn die Pfändung nicht innerhalb von drei Monaten wieder aufgehoben wird, oder wenn der Unterbeteiligte vor dem Hauptbeteiligten kinderlos verstirbt.[4]

Die Unterbeteiligte nimmt die Schenkung hiermit an. Sie muss sich die Schenkung mit EUR ■■■ auf ihren Erb- oder Pflichtteil am Nachlass des Hauptbeteiligten anrechnen lassen.[5] Durch die Einräumung der Unterbeteiligung entsteht eine Gesellschaft nur im Innenverhältnis der Beteiligten (Innengesellschaft). Für das Unterbeteiligungsverhältnis gelten im Einzelnen die folgenden Bestimmungen: ■■■ ◀

II. Erläuterungen und Varianten

7 [1] Die **Unterbeteiligung** bezieht sich anders als die Stille Gesellschaft nicht auf das kaufmännische Unternehmen als solches, sondern lediglich auf den **Gesellschaftsanteil** des Hauptbeteiligten. Es wird kein Gesamthandsvermögen gebildet, der Unterbeteiligte steht lediglich in einer **schuldrechtlichen Beziehung** zum Hauptbeteiligten. Die Einkünfte aus einer typischen Unterbeteiligung stellen solche aus Kapitalvermögen dar. Bei einer atypischen Unterbeteiligung ist der Unterbeteiligte auch an den stillen Reserven der Hauptgesellschaft beteiligt. Diese vermittelt

Einkünfte aus Gewerbebetrieb iSd § 15 Abs. 1 S. 1 Nr. 2 EStG. Regelmäßig wird eine atypische Unterbeteiligung gewünscht, da sie eine Buchwertverknüpfung nach § 6 Abs. 3 EStG erlaubt.

[2] Für den **Abschluss eines Unterbeteiligungsvertrages** zwischen einem Elternteil und einem minderjährigen Kind bedarf es eines **Pflegers**, und zwar auch bei schenkweiser Einräumung (§§ 1909 Abs. 1 S. 1, 1629 Abs. 2, 1795 Abs. 2, 181). Eine Dauerpflegschaft ist zivilrechtlich nicht möglich. Ein Pfleger ist lediglich erforderlich für Beschlüsse zur Änderung des Gesellschaftsvertrages. Wenn eine Verlustbeteiligung des minderjährigen Kindes nicht ausgeschlossen ist, bedarf die auch schenkweise Einräumung einer Unterbeteiligung der vormundschaftsgerichtlichen Genehmigung nach §§ 1822 Nr. 3, 1915. 8

[3] **Schenkungsvollzug.** Umstritten ist, ob für die Beteiligung als stiller Gesellschafter der Vertragsabschluss bzw die Einbuchung für den Schenkungsvollzug iSd § 518 Abs. 2 ausreichen. Der BFH differenziert insoweit zwischen der typischen und der atypischen Unterbeteiligung und sieht nur bei letzterer bereits in der „**Einbuchung**" die Ausführung der Schenkung (BFH DStR 2008, 768). Die typische Unterbeteiligung räumt dem Unterbeteiligten lediglich eine **Gläubigerstellung** ein, mit der Konsequenz, dass eine Bereicherung des Zuwendungsempfängers erst stattfindet, wenn tatsächlich Gewinnausschüttungen oder Liquidationserlöse zufließen. Im Einzelfall kann jedoch die Zuwendung sowohl der typischen als auch der atypischen Unterbeteiligung als Ausstattung iSd § 1624 formfrei möglich sein. 9

[4] **Schutz gegen Vermögensverfall.** Hierdurch soll ein möglichst dinglich wirkender Schutz gegen Vermögensverfall des Beschenkten geschaffen werden. Solche Klauseln sind wegen der potentiellen Beeinträchtigung von Gläubigerinteressen nur bei einer **schenkweisen Zuwendung** zulässig. Wenn der Unterbeteiligte noch minderjährig ist, wird häufig weiter als Rückübertragungsgrund vereinbart: 10

▶ ... wenn der Unterbeteiligte sein Sonderkündigungsrecht nach § 723 Abs. 1 Nr. 2 BGB ausübt. ◀

Ein freies Widerrufsrecht des Schenkers sollte vermieden werden, da dies die Mitunternehmerstellung des Unterbeteiligten verhindern wird. Die dem Unterbeteiligten zugedachten Gewinngutschriften verblieben beim Schenker. Die Zuwendungen an den beschenkten Unterbeteiligten würden nicht abzugsfähige Unterhaltszahlungen darstellen, § 12 Nr. 2 EStG.

[5] **Pflichtteilsanrechnung.** Es wird der Interessenlage der Beteiligten entsprechen, dass sich der Unterbeteiligte die Schenkung auf seinen Pflichtteil anrechnen lassen muss, § 2315. 11

C. Vertrag zugunsten Dritter

I. Muster: Vertrag zugunsten Dritter bei Sparkonto 12

364

▶ A ist Inhaber des Sparkontos Nr. ... bei der Bank B. A vereinbart hiermit mit der Bank B, dass mit dem Tod des A alle Rechte aus diesem genannten Sparkonto unmittelbar auf C übergehen.[1] Der Nachweis des Todes des A erfolgt durch Vorlage einer Sterbeurkunde.

A ist jederzeit berechtigt, diesen Vertrag durch einstweilige schriftliche Erklärung gegenüber der Bank B zu widerrufen. Dieses Widerrufsrecht erlischt jedoch mit seinem Tod, so dass die Erben des A kein Widerrufsrecht haben. Sollte C vor A versterben, wird dieser Vertrag unwirksam.[2]

A ist weiterhin berechtigt, bis zu seinem Tod frei über das Sparkonto zu verfügen. Das Recht der Bank, an den Inhaber des Sparbuchs mit befreiender Wirkung zu leisten, wird durch diesen Vertrag nicht berührt.[3] Die Bank ist ermächtigt, aber nicht verpflichtet, nach dem Tod des A den C von dieser Vereinbarung zu verständigen. ◀

II. Erläuterungen und Varianten

[1] Der **Vertrag zugunsten Dritter auf den Todesfall** gemäß § 331 behandelt nur das Rechtsverhältnis zwischen Gläubiger und Schuldner. Das Rechtsverhältnis zwischen Gläubiger und 13

begünstigten Dritten, das Valutaverhältnis, ist selbständig zu betrachten. Das Valutaverhältnis ist die Rechtsgrundlage für das Behaltendürfen der Leistung.

14 [2] **Valutaverhältnis.** Dem og Valutaverhältniswird regelmäßig eine Schenkung zugrunde liegen. Für diese Schenkung gilt die notarielle Form nach § 518. Wird das Valutaverhältnis, i.e. Schenkung, nicht formgerecht geregelt, so kann die Schenkung allenfalls noch mittels Vollzug iSd § 518 Abs. 2 gerettet werden. Der Vollzug liegt hier darin, dass die Bank das Sparkonto auf den Beschenkten umschreibt. Erfahren die Erben des Gläubigers hiervon allerdings rechtzeitig, könnten sie durch Widerruf den Vollzug scheitern lassen. Hiergegen soll durch den Ausschluss des Widerrufsrechts mit dem Tod des Gläubigers Vorkehrung getroffen werden.

15 Weil oa Muster nicht das Valutaverhältnis erfasst, ist der Vertrag zugunsten Dritter grundsätzlich formfrei möglich, wenngleich freilich die Schriftform aus Beweiszwecken angeraten ist.

16 [3] **Leistung mit befreiender Wirkung an Sparbuchinhaber.** Wenn über das Sparkonto ein Sparbuch ausgestellt ist, so ist klarzustellen, dass die Bank weiterhin an den Inhaber des Sparbuchs mit befreiender Wirkung auszahlen kann und nicht etwa § 808 dahingehend eingeschränkt ist, dass die Bank nur an den Drittbegünstigten zahlen darf.

Variante: Bezeichnung eines Bezugsberechtigten

▶ An die Versicherungsgesellschaft V-AG

Betreff: Mein Lebensversicherungsvertrag Nr. ■■■

Hiermit benenne ich A als den Bezugsberechtigten aus dem von mir am ■■■ abgeschlossenen Lebensversicherungsvertrag Nr. ■■■ .[4] Der Widerruf der Benennung ist [nicht] ausgeschlossen.[5]

In meinem heutigen Schreiben liegt zugleich ein Angebot an den Begünstigten A auf Abschluss eines Schenkungsvertrages nach § 516 BGB; die V-AG als Versicherungsgesellschaft wird ermächtigt und beauftragt, dieses Angebot dem Bezugsberechtigten nach meinem Tod unverzüglich zu übermitteln.

Darüber, dass das Angebot formunwirksam ist und der Formmangel nur durch den Vollzug geheilt werden kann, bin ich unterrichtet.[6], [7]

■■■

[Ort, Datum, Unterschrift]

■■■

[Gegebenenfalls notarielle Beglaubigung] ◀

17 [4] **Benennung des Bezugsberechtigten.** In einem Lebensversicherungsvertrag auf den Todesfall des Versicherungsnehmers ist von diesem ein Bezugsberechtigter zu benennen. Im Zweifel liegt hier ein echter Vertrag zugunsten Dritter, § 330, auf den die Vorschrift des § 2301 Abs. 1 nicht anwendbar ist (Staudinger/*Kanzleiter*, BGB, § 2301, Rn 42 f). Fehlt die Benennung eines Bezugsberechtigten, handelt es sich um einen Vertrag zu eigenen Gunsten, mit der Folge, dass das Recht auf Leistung zum Nachlass des Versicherungsnehmers gehört und damit den Erben zusteht (BGHZ 81, 97).

18 [5] **Widerruf des Bezugsrechts.** Die Einräumung der Bezugsberechtigung ist im Verhältnis Versicherungsnehmer/Versicherung eine einseitige, empfangsbedürftige, rechtsgestaltende Willenserklärung. Von besonderer Bedeutung ist, ob das Bezugsrecht unwiderruflich festgelegt wird. Ist das Bezugsrecht unwiderruflich angeordnet, erwirbt der Dritte gemäß **§ 159 Abs. 3 VVG** sofort alle Ansprüche aus dem Versicherungsvertrag. Vertragspartner des Versicherungsvertrags bleibt zwar der Versicherungsnehmer. Über den Anspruch auf die Versicherungsleistung kann jedoch der Versicherungsnehmer nicht mehr frei verfügen. Dem Dritten gebühren die Ansprüche auf die Versicherungsleistung also nicht nur im Versicherungsfall, sondern auch, wenn sie vorzeitig fällig werden. Allerdings kann der Versicherungsnehmer den Versicherungsvertrag weiterhin kündigen (§§ 165, 178 Abs. 1 VVG), sofern das Kündigungsrecht nicht abgetreten wurde.

[6] **Vollzug.** Im Rahmen des Valutaverhältnisses ist zu untersuchen, ob die Leistung an den Dritten mit Rechtsgrund erfolgt. In aller Regel wird eine Schenkung vorliegen, so dass sich auch hier die Frage stellt, ob der Formmangel der Schenkung nach § 518 Abs. 1 durch Vollzug nach Tod des Versicherungsnehmers gemäß § 518 Abs. 2 geheilt wird. 19

[7] **Entgeltliche Leistung.** Im Hinblick auf **Pflichtteilsergänzungsansprüche** ist zu beachten, dass bei einer Lebensversicherung die Zuwendung der Versicherungssumme an den Dritten keine unentgeltliche Leistung darstellt, weil die Leistung beitragserkauft ist. Unentgeltlich zugewendet sind hingegen die Prämien (*Eckert/Kroiß* in: Dombek/Kroiß, Formularbibliothek Vertragsgestaltung, Band Erbrecht, § 13 Rn 46). 20

§ 519 Einrede des Notbedarfs

(1) Der Schenker ist berechtigt, die Erfüllung eines schenkweise erteilten Versprechens zu verweigern, soweit er bei Berücksichtigung seiner sonstigen Verpflichtungen außerstande ist, das Versprechen zu erfüllen, ohne dass sein angemessener Unterhalt oder die Erfüllung der ihm kraft Gesetzes obliegenden Unterhaltspflichten gefährdet wird.
(2) Treffen die Ansprüche mehrerer Beschenkter zusammen, so geht der früher entstandene Anspruch vor.

§ 520 Erlöschen eines Rentenversprechens

Verspricht der Schenker eine in wiederkehrenden Leistungen bestehende Unterstützung, so erlischt die Verbindlichkeit mit seinem Tode, sofern nicht aus dem Versprechen sich ein anderes ergibt.

§ 521 Haftung des Schenkers

Der Schenker hat nur Vorsatz und grobe Fahrlässigkeit zu vertreten.

A. Muster: Haftungsausschluss 1

▶ Der Vertragsbesitz geht im Zustand am Tage des Übergangs des unmittelbaren Besitzes auf den Erwerber über.[1] Der heutige Zustand ist dem Erwerber nach Angabe genau bekannt. Alle Ansprüche und Rechte wegen Sachmängeln am Vertragsgegenstand werden hiermit ausgeschlossen.[2], [3] Dies gilt insbesondere für Bauzustand, Flächenmaß, Bodenbeschaffenheit und Verwertbarkeit. 365

In Abteilung II eingetragene Rechte werden samt den sich hieraus ergebenden schuldrechtlichen Verpflichtungen übernommen, sofern in der heutigen Urkunde nicht etwas anderes vereinbart ist.

Die in Abteilung III eingetragenen Grundpfandrechte sind nach Angabe nicht mehr valutiert. Ihrer Löschung wird unter Vollzugsantrag zugestimmt.[4] ◀

B. Erläuterungen

[1] **Mittelbarer Besitz.** Die ausdrückliche Erwähnung des „unmittelbaren Besitzes" bezieht sich auf eine (Grundstücks-) Überlassung unter Vorbehalt des Nießbrauchs oder eines Wohnungsrechts. Hier geht der mittelbare Besitz sofort, der unmittelbare Besitz aber erst mit Beendigung des Nießbrauchs/Wohnungsrechts auf den Erwerber über. Richtiger Zeitpunkt für den Ausschluss der Mängelhaftung muss dann der möglicherweise erst Jahre später erfolgende Zeitpunkt des unmittelbaren Besitzübergangs sein. 2

[2] Für **Sach- und Rechtsmängel** stellen die §§ 523, 524 Spezialregeln dar, die insoweit § 521 verdrängen. 3

[3] **Haftung.** Gemäß § 521 haftet der Schenker abweichend vom Grundsatz des § 276 nur für Vorsatz und grobe Fahrlässigkeit. Der Grund der Haftungsbeschränkung liegt in der **Uneigen-** 4

nützigkeit des Schenkers (Palandt/*Weidenkaff*, § 521 Rn 1). § 521 ist abdingbar (NK-BGB/*Dendorfer*, § 521 Rn 3). Die Haftung des Schenkers kann also bis zur Grenze des § 276 Abs. 3 (Vorsatz) noch weiter gemildert werden.

5 **[4] Eingetragene Rechte.** Bei einer Grundstücksüberlassung muss geklärt werden, wie mit in Abteilung II und III eingetragenen Rechten zu verfahren ist. Sofern in Abteilung III eingetragene Rechte, namentlich Grundschulden, nicht mehr valutieren, wird oftmals eine Löschung angezeigt sein. Gleichermaßen kann der Erwerber aber die Grundschuld(en) für eigene Finanzierungszwecke übernehmen. In diesem Fall muss allerdings geklärt werden, wie mit bestehenden Rückgewähransprüchen verfahren werden soll, insbesondere inwieweit der Erwerber die übernommene Grundschuld ohne Zustimmung des Veräußerers valutieren darf. Sofern im Rang nach der Grundschuld Rechte für den Veräußerer bestellt werden (zB Nießbrauch, Wohnungsrecht), können diese in einem etwaigen Zwangsversteigerungsverfahren untergehen, § 91 Abs. 1 ZVG. Darüber muss der Veräußerer ausführlich belehrt werden (BGH NJW 1996, 522 ff) Ein praktikabler Weg in der Praxis besteht oftmals darin, die Rückgewähransprüche dem Veräußerer und dem Erwerber gemeinsam als Gesellschaftern bürgerlichen Rechts zuzuordnen (*Krauß*, Überlassungsverträge in der Praxis, Rn 1619 ff).

§ 522 Keine Verzugszinsen

Zur Entrichtung von Verzugszinsen ist der Schenker nicht verpflichtet.

§ 523 Haftung für Rechtsmängel

(1) Verschweigt der Schenker arglistig einen Mangel im Recht, so ist er verpflichtet, dem Beschenkten den daraus entstehenden Schaden zu ersetzen.

(2) [1]Hatte der Schenker die Leistung eines Gegenstandes versprochen, den er erst erwerben sollte, so kann der Beschenkte wegen eines Mangels im Recht Schadensersatz wegen Nichterfüllung verlangen, wenn der Mangel dem Schenker bei dem Erwerb der Sache bekannt gewesen oder infolge grober Fahrlässigkeit unbekannt geblieben ist. [2]Die für die Haftung des Verkäufers für Rechtsmängel geltenden Vorschriften des § 433 Abs. 1 und der §§ 435, 436, 444, 452, 453 finden entsprechende Anwendung.

A. Rechtsmängel nach § 523 Abs. 1

1 **I. Muster: Anschreiben wegen Rechtsmangel nach § 523 Abs. 1**

▶ Sehr geehrter Herr ■■■,

unter dem ■■■ haben Sie mir mit notarieller Urkunde das Gebäude in der ■■■-Straße ■■■ geschenkt. Ich wusste, dass das Objekt vermietet ist, kannte aber nicht die Einzelheiten des Mietvertrages. Erst nach der Schenkung, am ■■■, habe ich durch den Mieter ■■■ erfahren, dass es sich um ein langfristiges Mietverhältnis handelt und dass der Mieter wegen eines von ihm geleisteten Baukostenzuschusses bis zum ■■■ keine Miete mehr zahlen muss. Darüber hatten Sie mich im Vorfeld der Schenkung nicht aufgeklärt.[1]

Aufgrund der mir arglistig verschwiegenen Vereinbarung mit dem Mieter ist nun eine Durchführung der von mir geplanten Sanierungsmaßnahmen nicht mehr möglich. Für die vorgenommenen Planungsarbeiten habe ich an den Architekten ■■■ ein Honorar in Höhe von EUR ■■■ zahlen müssen.

Diesen Betrag verlange ich als Schadensersatz und bitte um kurzfristige Zahlung auf mein Ihnen bekanntes Konto.[2] ◀

II. Erläuterungen und Varianten

[1] Arglistiges Verschweigen. Gemäß § 523 Abs. 1 haftet der Schenker bei Rechtsmängeln ab- 2
weichend von der Grundregel des § 521 nur bei arglistigem Verschweigen. Das Bestehen eines Mietverhältnisses stellt einen Rechtsmangel dar, über den der Schenker aufklärungsbedürftig gewesen wäre. Der Schenker haftet daher auf Schadensersatz.

Ist der Vertragsgegenstand vermietet, bietet sich folgende Formulierung an, um der Rechts- 3
mängelhaftung nach § 523 Abs. 1 zu entgehen:

▶ Der Vertragsgegenstand ist vollständig vermietet. Die bestehenden Mietverhältnisse sind dem Erwerber bekannt und werden übernommen. Der Veräußerer erklärt, dass der Mieter die in den Mietverträgen bezeichneten Sicherheiten geleistet hat. Er verpflichtet sich, dem Erwerber die geleisteten Sicherheiten samt Zinsen zu übertragen. Dem Veräußerer ist bekannt, dass er zur Rückgewähr der Sicherheiten verpflichtet bleibt, wenn der Mieter diese vom Erwerber bei Ende des Mietverhältnisses nicht erlangen kann. Der Veräußerer wird daher dem Mieter von der heutigen Veräußerung unterrichten und seine Zustimmung zur Übertragung der Sicherheiten einholen. ◀

[2] Negatives Interesse. Im Rahmen des § 523 Abs. 1 haftet der Schenker nur auf Ersatz des 4
negativen Interesses, im oa Muster die sonst unterlassenen Planungsmaßnahmen auf den Gegenstand. Als negative Schadensersatzposition ist insbesondere auch denkbar ein anderweitig unterlassener Erwerb (NK-BGB/*Dendorfer*, § 523 Rn 8).

B. Rechtsmängel nach § 523 Abs. 2

I. Muster: Anschreiben wegen Rechtsmangel nach § 523 Abs. 2 5

▶ Sehr geehrter Herr ■■■, 367

unter dem ■■■ haben Sie vom Bauträger ■■■ eine noch zu errichtende Eigentumswohnung in ■■■ erworben und mir unter dem ■■■ mit notariellem Vertrag geschenkt.[1] Im Zeitpunkt der Schenkung waren Sie noch nicht Eigentümer. Zur Finanzierung des Kaufpreises hatten Sie eine Grundschuld an der Wohnung eintragen lassen ohne dies in unserem Schenkungsvertrag zu erwähnen. Von der Grundschuld habe ich erst nach Eigentumsumschreibung auf mich am ■■■ erfahren.

Ich setze Ihnen daher eine Frist von acht Wochen für die auflagenfreie Vorlage der Löschungsbewilligung in grundbuchmäßiger Form zu der eingetragenen Grundschuld an der mir geschenkten Eigentumswohnung.[2] Sollte die Löschungsbewilligung nicht bis zum Ablauf der Frist vorliegen, werde ich wegen der damit verbundenen Minderung des Wertes der Schenkung Schadensersatzansprüche geltend machen.[3]

■■■

Unterschrift ◀

II. Erläuterungen

[1] Schenkungsgegenstand ist eine noch zu errichtende Wohnung, die der Schenker von einem 6
Bauträger erworben hat. Im Zeitpunkt des Schenkungsvertrags war der Schenker noch nicht Eigentümer des Schenkungsgegenstandes. Somit haftet der Schenker, weil er einen noch nicht in seinem Eigentum befindlichen Gegenstand verschenkt hat, gemäß § 523 Abs. 2 nach den dort genannten kaufrechtlichen Vorschriften auf Schadensersatz.

[2] Behebbarkeit des Mangels. Der Gesetzeswortlaut stellt nicht darauf ab, ob der Mangel be- 7
hoben werden kann. Richtigerweise muss allerdings über den Gesetzeswortlaut hinaus noch

der Mangel behebbar sein. (NK-BGB/*Dendorfer*, § 523 Rn 10). Hier kann der Schenker den Mangel durch die Vorlage einer Löschungsbewilligung beheben.

8 [3] **Nichterfüllungsschaden.** Anders als im Rahmen des § 523 Abs. 1 haftet der Schenker eines erst noch zu beschaffenden Gegenstandes auf den vollen Nichterfüllungsschaden. Dieser umfasst hier die Wertminderung der Wohnung in Höhe der noch bestehenden Valutierung der eingetragenen Grundschuld.

§ 524 Haftung für Sachmängel

(1) Verschweigt der Schenker arglistig einen Fehler der verschenkten Sache, so ist er verpflichtet, dem Beschenkten den daraus entstehenden Schaden zu ersetzen.

(2) [1]Hatte der Schenker die Leistung einer nur der Gattung nach bestimmten Sache versprochen, die er erst erwerben sollte, so kann der Beschenkte, wenn die geleistete Sache fehlerhaft und der Mangel dem Schenker bei dem Erwerb der Sache bekannt gewesen oder infolge grober Fahrlässigkeit unbekannt geblieben ist, verlangen, dass ihm anstelle der fehlerhaften Sache eine fehlerfreie geliefert wird. [2]Hat der Schenker den Fehler arglistig verschwiegen, so kann der Beschenkte statt der Lieferung einer fehlerfreien Sache Schadensersatz wegen Nichterfüllung verlangen. [3]Auf diese Ansprüche finden die für die Gewährleistung wegen Fehler einer verkauften Sache geltenden Vorschriften entsprechende Anwendung.

§ 525 Schenkung unter Auflage

(1) Wer eine Schenkung unter einer Auflage macht, kann die Vollziehung der Auflage verlangen, wenn er seinerseits geleistet hat.

(2) Liegt die Vollziehung der Auflage im öffentlichen Interesse, so kann nach dem Tod des Schenkers auch die zuständige Behörde die Vollziehung verlangen.

A. Geldschenkung unter Auflage

1 **I. Muster: Geldschenkung unter Auflage**

▶ Zwischen ▪▪▪ (nachfolgend „Schenker") sowie ▪▪▪ (nachfolgend „Beschenkter") wird folgender Schenkungsvertrag geschlossen:

1. Der Schenker schenkt dem Beschenkten 150.000,– EUR.
2. Der Schenker hat auf das Konto des Beschenkten Nr. ▪▪▪, BLZ ▪▪▪, Bank ▪▪▪, einen Betrag in Höhe von 150.000,– EUR einbezahlt. Diese Zuwendung dient dem Vollzug dieses Schenkungsvertrags.[1]
3. Der Beschenkte muss sich den Nominalbetrag der Schenkung auf seine Pflichtteilsansprüche am Nachlass des Schenkers anrechnen lassen.
4. Eine etwa anfallende Schenkungsteuer trägt der Schenker.[2]
5. Die Schenkung steht unter der Auflage, dass der Beschenkte den geschenkten Betrag zur Erbringung seiner Bareinlage in die Vermögensverwaltungsgesellschaft Familie ▪▪▪ verwendet.[3]

6. Die Schenkung steht unter der auflösenden Bedingung, dass das zuständige Familiengericht die Genehmigung zur Gründung der vorgenannten Gesellschaft rechtskräftig ablehnt.[4]
7. Der Beschenkte nimmt die Schenkung an. ◀

II. Erläuterungen

[1] **Rechtsnachfolge.** Die Schenkung erfolgt hier zur Beteiligung des Beschenkten (regelmäßig eines Kindes) am Handelsgeschäft des Schenkers, zumeist in der Rechtsform einer Kommanditgesellschaft. Dies dient neben der etwaigen Vorbereitung der Rechtsnachfolge auch der **Steuerersparnis.** Neben der Erbschaftsteuer kann vor allem Einkommensteuer erspart werden, indem der Gewinn auf mehrere Personen verteilt wird. Voraussetzung hierfür ist, dass der Beschenkte als Mitunternehmer iSd § 15 Abs. 1 Nr. 2 EStG anerkannt wird. Hierzu ist u.a. erforderlich, dass der Beschenkte eine eigene Einlage erbringt, die allerdings, wie im vorliegenden Fall, auch vom Schenker stammen kann (*Riegger/Götze* in: Münchener Vertragshandbuch Band 1 III. 4, Anm. 3). 2

[2] **Schenkungsteuer.** Schenkungsteuerlich gilt nicht der geschenkte Geldbetrag, sondern die **Gesellschaftsbeteiligung** als geschenkt. Diese Konstruktion einer mittelbaren Schenkung hat zwar nach der Reform des Erbschaftsteuergesetztes und des Bewertungsgesetzes an Bedeutung verloren, kann aber in Einzelfällen immer noch zu günstigeren Bewertungen führen. 3

[3] **Auflage.** Die Schenkung erfolgt unter der Auflage, die geschenkten Geldbeträge in die zu gründende Kommanditgesellschaft einzulegen. Denkbar ist auch die Schenkung erst im Gesellschaftsvertrag zu vereinbaren: In diesem Fall würde der Schenker sich verpflichten, auch die Einlage des Beschenkten allein aufzubringen, oder die Einlage des Beschenkten dadurch zu erbringen, dass von seinem Kapitalkonto entsprechende Beträge abgebucht und auf dem Kapitalkonto des Beschenkten gutgeschrieben werden. Durch eine solche „Umbuchung" kann auch die Einlage eines neu eintretenden Kommanditisten erbracht werden (*Riegger/Götze* in: Münchener Vertragshandbuch Band 1 III. 4, Anm. 8). Der Formmangel nach § 518 Abs. 1 würde in diesem Fall durch den Vollzug der Umbuchung geheilt werden, § 518 Abs. 2. 4

[4] **Auflösende Bedingung.** Die Schenkung soll nur dann wirksam werden, wenn es tatsächlich zur **Gründung der beabsichtigten Gesellschaft** kommt. Der Abschluss eines Gesellschaftsvertrages zur Errichtung einer Kommanditgesellschaft bedarf nach §§ 1643, 1822 Nr. 3 der gerichtlichen Genehmigung, wenn ein Minderjähriger am Abschluss beteiligt ist. Ob dies auch bei einer reinen Vermögensverwaltungsgesellschaft gilt, wird durch die einzelnen Gerichte unterschiedlich beurteilt (*Schachner* in: Rechtsformularbuch für den Mittelstand, Teil B. 3. Anm. 4). Vorsorglich sollte die Genehmigung beantragt werden. 5

Da die Schenkung nicht ausschließlich rechtlich vorteilhaft ist, muss ein minderjähriger Beschenkter durch einen Ergänzungspfleger vertreten werden, § 1909 Abs. 1 S. 1. Eine Dauerpflegschaft ist jedoch nicht erforderlich, weil das Verbot des Selbstkontrahierens einen (zukünftigen) Gesellschafter nicht daran hindert, bei Gesellschafterbeschlüssen als Vertreter eines anderen Gesellschafters und zugleich im eigenen Namen mitzuwirken (*Riegger/Götze* in: Münchener Vertragshandbuch Band 1 III. 4, Anm. 4). 6

B. Ruhen ortsgebundener Rechte

I. Muster: Ruhen ortsgebundener Rechte bei Abwesenheit 7

▶ Diese Rechte und Leistungen ruhen, solange der Schenker das überlassene Anwesen, gleich aus welchem Grund, verlassen hat.[1] Geldersatz[2] steht ihm nur zu, wenn der Beschenkte den Wegzug gemäß Art. 20, 21 BayAGBGB (bzw die jeweilige landesrechtliche Vorschrift des AGBGB oder PrALR über die verschuldete Verdrängung) veranlasst hat, andernfalls werden Ersatzansprüche aus jedem Rechtsgrund ausgeschlossen.[3] ◀

II. Erläuterungen und Varianten

8 [1] **Wegfall von Auflagen.** Bei der Überlassung von Grundbesitz werden oftmals ortsgebundene Auflagen wie die Gewährung eines Wohnungsrechts oder Wart und Pflege vereinbart. Diese Ansprüche fallen **nicht automatisch** weg, wenn der Berechtigte in einem Heim untergebracht wird. Die bloße dauernde Unmöglichkeit der Ausübung ist kein Erlöschensgrund (*Krauß*, Überlassungsverträge in der Praxis, Rn 970). Wenn also die Ansprüche des Berechtigten auch bei dessen Heimunterbringung fortbestehen, stellt sich die Frage, ob der Sozialhilfeträger diese Ansprüche auf sich überleiten kann, § 93 SGB XII. Dies ist dem Grunde nach zwar denkbar, allerdings darf eine Überleitung nicht zu einer Änderung des Leistungsinhalts führen. Eine Wart- und Pflegeverpflichtung oder ein Wohnungsrecht ist aber entsprechend ihrem Leistungsinhalt für den Sozialhilfeträger nichts wert (anders nur, wenn entgegen der gesetzlichen Regelung die Ausübung des Rechts einem Dritten überlassen werden kann).

9 [2] **Umwandlung in Geldansprüche.** Ortsgebundene Rechte können sich aufgrund landesrechtlicher Vorschriften (zB Art. 18 BayAGBGB oder Art. 15 § 9 Abs. 3 PrAGBGB) bei Umzug des Schenkers in ein Pflegeheim und dadurch begründeter Sozialhilfebedürftigkeit in Geldansprüche umwandeln. Auch außerhalb landesrechtlicher Vorschriften hat der BGH die Möglichkeit der Umwandlung ortsgebundener Rechte in Geldansprüche auf der Grundlage einer interessengerechten Vertragsauslegung bejaht (BGH DNotZ 2002, 702; DNotZ 2009, 431). Eine interessengerechte Vertragsauslegung ergebe regelmäßig, dass lediglich die ersparten Aufwendungen zu erstatten sein. Eine ergänzende Vertragsauslegung führt jedoch nicht zu der Pflicht des Eigentümers, nach Auszug des Wohnungsberechtigten die nicht mehr genutzten Räume zu vermieten (BGH DNotZ 2009, 431). Dies wäre mit dem höchstpersönlichen Charakter dieses Rechts nicht vereinbar. Werden jedoch die freigewordenen Räume an Dritte vermietet, spricht eine Analogie zu § 430 dafür, die Mieteinnahmen jeweils hälftig dem Berechtigten und dem Eigentümer zuzuweisen.

10 [3] **Vertraglicher Ausschluss.** Der BGH hat in dankenswerter Klarheit eine Vereinbarung, die Versorgungsleistungen ausschließt, die nicht im übertragenen Grundbesitz erbracht werden können, als nicht sittenwidrig geadelt (BGH ZErb 2009, 150). Ein vertraglicher Ausschluss von nach Landesrecht oder Rechtsprechung umgewandelten Geldansprüchen kann also derzeit als gesichert angesehen werden. Der Kautelarjurist sollte weiterhin darauf achten, jegliche Schlechterstellung des Sozialhilfeträgers in seinen Formulierungen zu vermeiden (Beispiel: „Diese Leistungsverpflichtungen ruhen, wenn sich der Berechtigte in einem Alten- oder Pflegeheim aufhält."). Eine sozialhilferechtliche Motivation für den vertraglichen Ausschluss würde sich aufdrängen und die Klausel damit wieder der Gefahr der Sittenwidrigkeit aussetzen. Die Klausel im vorstehenden Beispiel stellt daher ganz abstrakt darauf ab, dass der Berechtigte das Anwesen verlassen hat.

11 Variante: Erlöschen ortsgebundener Rechte aufgrund fachärztlicher Feststellung

▶ Die genannten Rechte erlöschen endgültig, sobald ein Facharzt schriftlich feststellt, dass eine Rückkehr in die dem Wohnungsrecht unterliegenden Räumlichkeiten mit an Sicherheit grenzender Wahrscheinlichkeit ausgeschlossen ist. ◀

Das oa Muster sieht vor, dass die Rechte des Berechtigten lediglich „ruhen". Damit soll zum Ausdruck gebracht werden, dass der Berechtigte im Fall einer unvermuteten körperlichen Erholung wieder zurückkehren kann und die ortsgebundenen Leistungen wieder erbracht werden müssen. Um die Verkehrsfähigkeit des überlassenen Grundstücks zu erhöhen, sieht die Variante ein endgültiges Erlöschen des ortsgebundenen Rechts für den Fall vor, dass eine Rückkehr fachärztlich ausgeschlossen wird.

12 Ist eine dauernde Last vereinbart, kann folgende Formulierung verwandt werden:

▶ Verlässt der Veräußerer das überlassene Anwesen, gleich aus welchem Grunde, führt etwaiger Mehrbedarf in seiner Person zu keiner Anpassung der Zahlungspflicht. ◀

Fehlt eine solche Klausel, so muss der Erwerber aufgrund der vereinbarten dauernden Last die Heimunterbringungskosten des Veräußerers als Ausfluss dessen erhöhter Bedürftigkeit übernehmen. Auch hier gilt freilich, dass ein Konnex zur Heimunterbringung und damit zur faktischen Sozialhilfebedürftigkeit auf jeden Fall vermieden werden sollte.

C. Ablösung eines Nießbrauchsrechts

I. Muster: Ablösung Nießbrauchsrecht durch dauernde Last 13

▶ **I. Grundbuchstand**

Im Wohnungsgrundbuch des Amtsgerichts ■■■, Blatt ■■■ ist folgendes Wohnungs- und Teileigentum eingetragen: ■■■

Dieser Grundbesitz ist in Abt. II wie folgt belastet:

Nießbrauch für ■■■

II. Ablösung

Das vorbezeichnete Nießbrauchsrecht wird hiermit vom Berechtigten mit Wirkung zum Ablauf des Monats ■■■ aufgegeben.[1]

Als Ablösung für die Aufgabe des Rechts vereinbaren die Vertragsteile was folgt:

Der Eigentümer verpflichtet sich hiermit an den Berechtigten auf dessen Lebenszeit als dauernde Last einen monatlichen Geldbetrag in Höhe von 500,– EUR zu bezahlen, erstmals für den an die Aufgabe des Nießbrauchs anschließenden Monat.[2]

III. Besitz, Nutzen, Lasten

Der unmittelbare Besitz, Nutzen und Lasten gehen mit Wirkung zum Zeitpunkt der Aufgabe des Nießbrauchsrechts auf den Eigentümer über.[3]

IV. Grundbucherklärungen

Der Berechtigte bewilligt und beantragt die Löschung des in Abschnitt I. bezeichneten Nießbrauchsrechts im Grundbuch, Zug um Zug gegen Eintragung der nachstehen bestellten Reallast.

Der Eigentümer bewilligt und beantragt die Eintragung einer Reallast zur Sicherung der vorstehend vereinbarten Zahlungsverpflichtung in Höhe des Ausgangsbetrages im Grundbuch im Range nach den in Abschnitt I. bezeichneten Belastungen mit dem Vermerk, dass zur Löschung der Nachweis des Ablebens des Berechtigten genügen soll, Zug um Zug gegen Löschung des Nießbrauchsrechts. Auf die Bedeutung des Rangverhältnisses wies der Notar hin.

V. Schlussbestimmungen

 ◀

II. Erläuterungen

14 [1] **Aufgabe des Nießbrauchs.** Gelegentlich wünschen die Vertragsbeteiligten, dass ein ursprünglich vereinbarter Nießbrauch zu einem späteren Zeitpunkt aufgegeben werden soll. Hier ist Vorsicht geboten, da die unentgeltliche Aufgabe des Nießbrauchs Schenkungsteuer auslösen kann (*Krauß*, Überlassungsverträge in der Praxis, Rn 1124 ff). Dies kann vermieden werden, wenn das Nießbrauchsrecht durch eine **dauernde Last** abgelöst wird. Wirtschaftlich wird die dauernde Last aus der Sicht des Schenkers oft zu vergleichbaren Ergebnissen führen wie ein vorbehaltenes Nießbrauchsrecht.

15 [2] **Einkommen-, Schenkung- und Grunderwerbsteuer.** Die dauernde Last hat in einkommensteuerlicher Hinsicht durch das Jahressteuergesetz 2008 und die damit einhergehende Änderung des § 10 Abs. 1 Nr. 1 a EStG erheblich an Bedeutung verloren. Der früher mögliche Sonder-

ausgabenabzug ist radikal auf betriebliche Überlassungen reduziert worden, so dass in vielen Fällen die Beibehaltung des Nießbrauchs die interessantere Gestaltungsvariante sein wird. In schenkungs- und grunderwerbsteuerlicher Sicht hat die dauernde Last eine Gleichstellung mit dem Nießbrauch erfahren. Der Gesetzgeber hat mit dem Erbschaftsteuerreformgesetz 2009 § 25 ErbStG aF aufgehoben. Sowohl Duldungs- (zB Nießbrauch) als auch Leistungsauflagen (zB dauernde Last) reduzieren nun gleichermaßen die schenkungsteuerliche Bemessungsgrundlage, werden auf der anderen Seite aber grunderwerbsteuerlich erfasst.

16 [3] **Frist des § 2325.** Interessant kann die Ablösung eines Nießbrauchsrechts durch eine dauernde Last aber mit Blick auf § 2325 sein. Ein vereinbartes Nießbrauchsrecht verhindert den **Beginn der zehnjährigen Frist** nach § 2325 Abs. 3. Dies gilt für die dauernde Last nicht. Ob ein Nießbrauchsrecht auch den Fristbeginn nach § 529 Abs. 1 hemmt, ist derzeit unklar. Falls es den Vertragsbeteiligten jedoch entscheidend auf den Fristbeginn nach § 529 ankommt, wird der vorsichtige Kautelarjurist auch dann raten, ein bereits vereinbartes Nießbrauchsrecht in eine dauernde Last umzuwandeln.

§ 526 Verweigerung der Vollziehung der Auflage

[1]Soweit infolge eines Mangels im Recht oder eines Mangels der verschenkten Sache der Wert der Zuwendung die Höhe der zur Vollziehung der Auflage erforderlichen Aufwendungen nicht erreicht, ist der Beschenkte berechtigt, die Vollziehung der Auflage zu verweigern, bis der durch den Mangel entstandene Fehlbetrag ausgeglichen wird. [2]Vollzieht der Beschenkte die Auflage ohne Kenntnis des Mangels, so kann er von dem Schenker Ersatz der durch die Vollziehung verursachten Aufwendungen insoweit verlangen, als sie infolge des Mangels den Wert der Zuwendung übersteigen.

§ 527 Nichtvollziehung der Auflage

(1) Unterbleibt die Vollziehung der Auflage, so kann der Schenker die Herausgabe des Geschenkes unter den für das Rücktrittsrecht bei gegenseitigen Verträgen bestimmten Voraussetzungen nach den Vorschriften über die Herausgabe einer ungerechtfertigten Bereicherung insoweit fordern, als das Geschenk zur Vollziehung der Auflage hätte verwendet werden müssen.
(2) Der Anspruch ist ausgeschlossen, wenn ein Dritter berechtigt ist, die Vollziehung der Auflage zu verlangen.

1 A. Muster: Rückforderungsrecht

► Der Veräußerer ist berechtigt, die unentgeltliche Rückübereignung und Rückgabe des heutigen Vertragsgegenstandes an sich zu verlangen, wenn[1]
- der Erwerber vor dem Veräußerer verstirbt,
- wenn der Vertragsbesitz oder Teile davon zu Lebzeiten des Veräußerers ohne seine schriftliche Zustimmung belastet oder veräußert werden,
- die Zwangsvollstreckung in den Vertragsgegenstand betrieben wird, ohne dass der Erwerber die Maßnahme innerhalb von drei Monaten abwendet, oder
- über das Vermögen des Erwerbers das Insolvenzverfahren eröffnet oder dessen Eröffnung mangels Masse abgelehnt wird.

Verwendungen auf den Vertragsbesitz sind dem Erwerber im Hinblick auf die Lastentragung des nießbrauchsberechtigten Veräußerers nicht zu erstatten.

Das Rückforderungsrecht kann nur durch schriftliche Erklärung gegenüber dem Erwerber oder dessen Gesamtrechtsnachfolger ausgeübt werden.[2] Es ist weder vererblich noch übertragbar[3], es sei denn, dass es zu Lebzeiten des Veräußerers ausgeübt wurde.[4]

Zur Sicherung des vorstehenden bedingten Rückerwerbsanspruchs bewilligt und beantragt der Erwerber die Eintragung einer Rückauflassungsvormerkung[5] am Vertragsbesitz zugunsten des Veräußerers im Grundbuch im Range nach den Belastungen gem. Abschnitt I. dieser Urkunde und dem in dieser Urkunde bestellten Nießbrauchsrecht.

Der Veräußerer bevollmächtigt den Erwerber und jeden künftigen Eigentümer des Vertragsbesitzes, diese Vormerkung unter Vorlage einer Sterbeurkunde zur Löschung zu bewilligen. Der Erwerber erteilt dem Veräußerer unter Befreiung der Beschränkungen des § 181 BGB die unwiderrufliche Vollmacht, den heute übertragenen Vertragsgegenstand unabhängig von weiteren Nachweisen zurückzuübertragen, wenn der Erwerber vor dem Veräußerer verstirbt. Der Bevollmächtigte ist berechtigt, alle Handlungen vorzunehmen und Erklärungen abzugeben, die zur Rückübertragung erforderlich und zweckdienlich sind.[6] ◄

B. Erläuterungen und Varianten

[1] **Vertragliche Rückforderungsrechte.** Das Gesetz räumt dem Schenker lediglich im Fall der Nichtvollziehung einer Auflage, § 527, bei Verarmung, § 528 sowie bei grobem Undank, § 530, ein Rückforderungsrecht ein. Diese konfliktträchtigen Regelungen werden oft durch vertragliche Rückforderungsrechte ergänzt. Die **Rückforderungsgründe** können dabei geradezu beliebig erweitert werden, solange sie nur bestimmt genug sind und nicht die Grenze zur Sittenwidrigkeit (etwa Gläubigerbenachteiligung bei Inanspruchnahme von nachrangigen Sozialleistungen) überschreiten. 2

Klassischerweise sollen mit einem vertraglichen Rückforderungsrecht die **typischen Lebensrisiken** auf Seiten des Erwerbers abgesichert werden. Dazu gehören namentlich: 3
- ein Vorversterben des Erwerbers,
- die unberechtigte Verfügung über den Grundbesitz,
- Zwangsvollstreckungsmaßnahmen in den Grundbesitz oder
- Eröffnung des Insolvenzverfahrens über das Vermögen des Erwerbers.

Weitere mögliche Rückforderungsgründe sind etwa, wenn:
- der Erwerber und sein (künftiger) Ehegatte/Lebenspartner getrennt leben iSd § 1567, es sei denn, durch vertragliche Vereinbarung ist sichergestellt, dass der Vertragsgegenstand im Rahmen des Zugewinn- bzw Vermögensausgleiches nicht berücksichtigt wird, sondern allenfalls tatsächlich getätigte Investitionen zu erstatten sind;
- der Erwerber der Drogen- oder Alkoholsucht verfällt;
- der Erwerber Mitglied oder Sympathisant einer im Sektenbericht der Bundesregierung aufgeführten Sekte oder einer unter Beobachtung des Verfassungsschutzes stehenden Vereinigung ist;
- der Erwerber geschäftsunfähig wird.

[2] Ein **freies Rückforderungsrecht** würde zwar den schenkungsteuerlichen Vollzug nicht in Frage stellen, führt jedoch (wohl) nicht zu einer einkommensteuerlichen Zurechnung zur Person des Erwerbers (BFH DStRE 1998, 790). Wie bei Ausübung eines Vor- oder Wiederkaufsrechts gelten für die Ausübung des Rückforderungsrechts keine Formerfordernisse. Aus Beweisgründen empfiehlt sich freilich zumindest die Vereinbarung der Schriftform. 4

[3] **Pfändbarkeit des Rückforderungsanspruchs.** Eine Pfändung des Rückforderungsrechts (im Unterschied zum durch den Eintritt der Rückforderungsgründe bedingten Rückforderungsanspruch) kommt in Analogie zu § 851 Abs. 2 ZPO dann nicht in Betracht, wenn die Entscheidung 5

über die Ausübung in erster Linie auf familiären Erwägungen beruht (*Krauß*, Überlassungsverträge in der Praxis, Rn 1668). Dies trifft im Fall des Vorversterbens und der Scheidung sicherlich zu. Aber auch die pflichtwidrige Verfügung wird regelmäßig Ausdruck einer zerrütteten Beziehung sein, so dass eine Analogie zu § 851 Abs. 2 ZPO gerechtfertigt scheint. Lediglich die Rückforderung wegen Vermögensverfalls (Insolvenz, Zwangsversteigerungsmaßnahmen) wird in erster Linie dem Schutz des Vermögens und weniger dem der Familie dienen, eine Pfändbarkeit ist daher zu bejahen. Im Gegensatz zum Rückforderungsrecht ist der bedingte Rückforderungsanspruch pfändbar. Eine etwaige Pfändung wird bei einer eingetragenen Vormerkung vermerkt, mit der Folge, dass eine Löschung der Vormerkung nur noch mit Zustimmung des Pfändungsberechtigten möglich ist.

6 [4] **Verwendungsersatzanspruch.**

(a) **Nießbrauchsrecht.** Vorliegendes Muster geht davon aus, dass sich der Schenker ein Nießbrauchsrecht am Vertragsgegenstand vorbehalten hat. Bei Vereinbarung eines (Netto-)Nießbrauchs ist ein Verwendungsersatzanspruch **regelmäßig nicht interessengerecht**, weil der Erwerber für die Dauer des Nießbrauchsrechts keine Aufwendungen in den Schenkungsgegenstand vornehmen wird. Wenn dies nicht der Fall ist oder etwa nur ein Wohnungsrecht an einem Teil des Gebäudes vereinbart wurde, muss die **unterschiedliche wirtschaftliche Lasten- und Nutzenverteilung** berücksichtigt werden. Mit dem Mandanten ist zu erörtern, ob bzw in welchem Umfang der Veräußerer Verwendungen/Investitionen des Erwerbers im Rückforderungsfall ersetzen muss. Hierzu folgender Formulierungsvorschlag:

► Nur im Falle der Rückforderung wegen Ablebens des Erwerbers sind dessen Erben nützliche (werterhöhende) Verwendungen auf den Vertragsbesitz zu erstatten, jedoch nur, soweit der Wert des Vertragsbesitzes bei Ableben des Erwerbers noch erhöht ist. Sind sich die Parteien über die Wertsteigerung nicht einig, so wird diese – auch der Höhe nach – von einem Sachverständigen als Schiedsgutachter für alle Beteiligten verbindlich festgestellt, der auf Antrag auch nur einer Partei vom Präsidenten der örtlich zuständigen Industrie- und Handelskammer benannt wird.

Die durch die Rückübertragung entstehenden Kosten hat der Rückübertragungsverpflichtete zu tragen; die Kosten des Gutachtens tragen die Beteiligten je zur Hälfte.

Der Berechtigte hat in Anrechnung auf den Erstattungsbetrag Darlehen und zu ihrer Sicherung etwa bestellte Grundpfandrechte auf dem Vertragsbesitz in schuldbefreiender Weise zu übernehmen, jedoch nur, soweit solche Darlehen zur Finanzierung der zu erstattenden Verwendungen aufgenommen wurden, und zwar in der bei Ableben des Erwerbers noch bestehenden Höhe. ◄

7 (b) **Erstattung geleisteter Tilgungen und Zinsen.** Handelt es sich um eine gemischte Schenkung, in der Schulden des Schenkers übernommen werden, so muss auch die Erstattung geleisteter Tilgungen und Zinsen geregelt werden. Regelmäßig wird gewünscht sein, dass die gezahlten Zinsen durch die gezogenen Nutzungen aufgewogen werden, der Erwerber aber billigerweise die Erstattung der geleisteten Tilgungen erwarten kann. Hierzu folgender Formulierungsvorschlag:

► Im Falle der Rückforderung sind dem Erwerber die tatsächlich erfolgten Tilgungen hinsichtlich der von ihm im Rahmen dieser Schenkung übernommenen Verbindlichkeiten zu erstatten. Aufgewendete Zinsen werden nicht erstattet. Der Rückforderungsberechtigte hat ferner die zu vorliegender Urkunde vom Erwerber übernommenen Verbindlichkeiten samt den zu ihrer Sicherung bestehenden Grundpfandrechten auf dem Vertragsbesitz in schuldbefreiender Weise für den Rückübertragungsverpflichteten zu übernehmen in der dann noch bestehenden Höhe. ◄

8 [5] **Vormerkung.** Nach neuer Rechtsprechung kann eine für bestimmte Rückforderungsgründe eingetragene Vormerkung auch **nachträglich vereinbarte Rücktrittstatbestände** sichern (BGH v. 7.12.2007, Az V ZR 21/07). Es bedarf keiner erneuten Eintragung im Grundbuch selbst; erforderlich ist lediglich eine nachträglich Bewilligung, gleichsam ein „Aufladen" der bereits

eingetragenen Vormerkung. Der Rang der nachträglich vereinbarten Rückforderungsgründe richtet sich freilich nach dem Zeitpunkt ihrer Bewilligung, nicht nach dem Zeitpunkt der Bewilligung der ursprünglichen Vormerkung.

[4] **Vollmacht.** Insbesondere für den Fall des Vorversterbens des Erwerbers ist die Aufnahme 9
einer **über den Tod hinaus wirkenden** Vollmacht zur Rückauflassung angezeigt, um dem Schenker eine Auseinandersetzung mit den Erben zu ersparen. Eine Rückauflassungsvollmacht auch für andere Rückforderungsgründe außer Vorversterben ist zwar praktikabel, aber natürlich auch leicht zu missbrauchen.

§ 528 Rückforderung wegen Verarmung des Schenkers

(1) [1]Soweit der Schenker nach der Vollziehung der Schenkung außerstande ist, seinen angemessenen Unterhalt zu bestreiten und die ihm seinen Verwandten, seinem Ehegatten, seinem Lebenspartner oder seinem früheren Ehegatten oder Lebenspartner gegenüber gesetzlich obliegende Unterhaltspflicht zu erfüllen, kann er von dem Beschenkten die Herausgabe des Geschenkes nach den Vorschriften über die Herausgabe einer ungerechtfertigten Bereicherung fordern. [2]Der Beschenkte kann die Herausgabe durch Zahlung des für den Unterhalt erforderlichen Betrags abwenden. [3]Auf die Verpflichtung des Beschenkten findet die Vorschrift des § 760 sowie die für die Unterhaltspflicht der Verwandten geltende Vorschrift des § 1613 und im Falle des Todes des Schenkers auch die Vorschrift des § 1615 entsprechende Anwendung.
(2) Unter mehreren Beschenkten haftet der früher Beschenkte nur insoweit, als der später Beschenkte nicht verpflichtet ist.

§ 529 Ausschluss des Rückforderungsanspruchs

(1) Der Anspruch auf Herausgabe des Geschenks ist ausgeschlossen, wenn der Schenker seine Bedürftigkeit vorsätzlich oder durch grobe Fahrlässigkeit herbeigeführt hat oder wenn zurzeit des Eintritts seiner Bedürftigkeit seit der Leistung des geschenkten Gegenstandes zehn Jahre verstrichen sind.
(2) Das Gleiche gilt, soweit der Beschenkte bei Berücksichtigung seiner sonstigen Verpflichtungen außerstande ist, das Geschenk herauszugeben, ohne dass sein standesmäßiger Unterhalt oder die Erfüllung der ihm kraft Gesetzes obliegenden Unterhaltspflichten gefährdet wird.

A. Vertragsgestaltung

I. Umgekehrte Ersetzungsbefugnis

1. Muster: Umgekehrte Ersetzungsbefugnis 1

▶ Der Beschenkte ist berechtigt, sich von einer etwa bestehenden Pflicht zur Leistung von Wertersatz bei Verarmung des Schenkers[1] durch Rückgabe des Geschenkes[2] unmittelbar an den Schenker zu befreien,[3] Zug um Zug gegen Ausgleich der durch seine Investitionen geschaffenen Werterhöhung sowie seiner an den Schenker oder weichende Geschwister erbrachten Zahlungen. ◀

2. Erläuterungen

[1] **Sozialhilfebedürftigkeit.** Angesichts der stetig wachsenden Fälle von Sozialhilfebedürftigkeit 2
im Alter (namentlich bei Heimunterbringung) ist § 528 das entscheidende Instrument des So-

zialhilfeträgers, in den letzten zehn Jahren erfolgte Schenkungen rückgängig zu machen. Der Anspruch aus § 528 gilt sozialhilferechtlich als **einsatzfähiges Vermögen**, das grundsätzlich verwertet werden muss, bevor Sozialhilfe gewährt wird. Handelt es sich bei dem Schenkungsgegenstand um ein Grundstück, wird in der Praxis zumeist eine Sicherungshypothek/Sicherungsgrundschuld für die insoweit darlehensweise gewährte Sozialhilfe am Schenkungsobjekt eingetragen. Alternativ kann der Sozialhilfeträger den Anspruch aus § 528 auch auf sich überleiten, § 93 SGB XII.

3 [2] **Rückgabe des Geschenks.** Oft wird der Anspruch nach § 528 nicht auf Rückgabe des Geschenkes in natura gerichtet sein. Dies ist nur dann der Fall, wenn der Wert des Geschenkes niedriger ist als der akkumulierte Unterhaltsbedarf, deren Deckung im Wege des § 528 geltend gemacht wird. Zumindest bei Grundstücksschenkungen wird der Betrag der Unterhaltslücke den Wert des Grundstücks regelmäßig nicht erreichen. In diesem Fall richtet sich der Anspruch („soweit") aufgrund Rechtsfolgenverweisung nach § 818 Abs. 2 auf **Wertersatz**, i.e. die laufenden Unterhaltskosten (BGH, ZEV 2003, 29). Die Pflicht zur Geldzahlung (zB Heimkosten), der anders als einer Unterhaltspflicht nicht der Einwand mangelnder finanzieller Leistungsfähigkeit entgegengesetzt werden kann, wird den Beschenkten oftmals schwerer treffen als die Rückgabe des Schenkungsgegenstandes. Aus diesem Grund sollte standardmäßig eine **umgekehrte Ersetzungsbefugnis** vereinbart werden, an deren Zulässigkeit derzeit keine Zweifel bestehen (*Eckert/Kroiß* in: Dombek/Kroiß, Formularbibliothek Vertragsgestaltung, Band Erbrecht, § 13 Rn 66, wohl auch der BGH NJW 1994, 1655)). Mit Geltendmachung wandelt sich der Geldanspruch in einen Anspruch auf Rückgabe des Schenkungsgegenstandes selbst um. Der Beschenkte ist von der Pflicht zur Zahlung der laufenden Unterhaltslücke befreit.

4 [3] Die **Umwandlung des Geldanspruchs** in einen Anspruch auf Rückgabe des Geschenkes in natura bringt noch einen weiteren Vorteil mit sich. Nunmehr greifen auf der Seite des Schenkers nicht mehr die kaum relevanten sozialhilferechtlichen Schoneinkommenstatbestände (zB § 88 SGB XII), sondern die **Schonvermögenstatbestände** (*Krauß,* Überlassungsverträge in der Praxis, Rn 872). Ist etwa das Geschenk ein angemessenes Hausgrundstück, das vom Schenker oder einem anderen Mitglied der Einsatz- bzw Bedarfsgemeinschaft bewohnt wird (vgl § 90 Abs. 2 Nr. 8 SGB XII, § 12 Abs. 3 Nr. 4 SGB II), kommt eine Inanspruchnahme durch den Sozialhilfeträger nicht in Betracht. Noch größere Bedeutung kann der umgekehrten Ersetzungsbefugnis im Rahmen des § 529 Abs. 2 zukommen. § 529 Abs. 2 schützt den Beschenkten, wenn dieser das Geschenk zur Bewahrung seines angemessenen Unterhalts benötigt. Zur Bemessung des insoweit geschützten angemessenen Unterhalts des Kindes gegenüber den Eltern zieht der BGH die familienrechtlichen Grundsätze im Rahmen des Elternunterhalts heran (BGH NJW 2000, 3488, BGH NJW 2001, 1207). Das unterhaltsrechtliche Schonvermögen geht aber über das sozialhilferechtliche Schonvermögen teilweise noch weit hinaus (zB keine Verwertung der vom Beschenkten bewohnten Immobilie, unabhängig von der Größe).

II. Ausstattung

5 1. Muster: Ausstattung, Anrechnung auf Pflichtteilsansprüche

▶ Die Zuwendung wird als Ausstattung[1] zur Erhaltung einer eigenen Lebensstellung gewährt, unter Anrechnung auf die gesetzlichen Pflichtteilsansprüche des Beschenkten. Eine Erbausgleichung wird jedoch ausgeschlossen.

Wir stellen fest, dass bei dieser Ausstattung ein Übermaß vorliegt.[2] Wir bestimmen, dass hinsichtlich des Übermaßes Unentgeltlichkeit und damit insoweit eine Schenkung vorliegt. Der Wert der Ausstattung beträgt EUR ..., der Wert des Übermaßes beträgt EUR .... ◀

2. Erläuterungen

[1] **Ausstattung.** Bei Schenkungen von Eltern an ihre Kinder kann eine Ausstattung iSd § 1624 vorliegen. Anlass muss sein die: 6
- Verheiratung („Mitgift"),
- Erlangung einer angemessenen Lebensstellung („Existenzhilfe"),
- Erhaltung der Lebensstellung oder der Wirtschaft (zB Tilgung von Verbindlichkeiten auf das Familienheim).

Die Ausstattung ist ein eigener familienrechtlicher Vertrag, auf den das **Schenkungsrecht keine Anwendung** findet (anders nur bzgl. der Mängelhaftung, §§ 1624 Abs. 2, 523, 524, und des Schenkungsteuerrechts). Dies gilt namentlich für die Rückforderung des Schenkungsgegenstandes nach § 528. Die Qualifizierung eines Vertrages als Ausstattung ist also eine elegante Möglichkeit, Rückforderungsansprüche, gerade auch im Fall der Sozialhilfebedürftigkeit des Schenkers, auszuschließen. Darüber hinaus unterliegt die Ausstattung nach hL nicht der Pflichtteilsergänzung nach § 2325 sowie der Gläubigeranfechtung nach § 4 AnfG, § 134 InsO (Anfechtung von unentgeltlichen Leistungen innerhalb von vier Jahren) (umstritten, siehe *Bülow* in: Dombek/Kroiß, Formularbibliothek Vertragsgestaltung, Band Grundstück, § 7 Rn 7; aA MüKo-BGB/*Hinz*, § 1624 Rn 13). Die Anfechtung nach §§ 4 AnfG, 134 InsO ist aber sehr wohl möglich (Anfechtung innerhalb von zwei Jahren bei entgeltlichen Verträgen mit nahestehenden Personen). Kehrseite der Ausstattung ist freilich, dass sie bei gesetzlicher Erbfolge im Zweifel ausgeglichen werden muss, § 2050, und – nicht vertraglich disponibel – bei der Pflichtteilsberechnung nach § 2316 berücksichtigt werden muss (ohne zeitliche Befristung etwa nach § 2325). Auch ein vertraglicher Ausschluss der Ausgleichung, wie im Muster vorgesehen, hindert also nicht, dass eine Ausstattung zu einer Erhöhung des Pflichtteils eines nicht ausgestatteten Geschwisterteils führt.

[2] **Vermögensverhältnisse der Eltern.** Zwischen der Ausstattung und der Schenkung besteht ein gewisses **Wahlrecht** der Beteiligten. Dies gilt freilich nur, soweit die Zuwendung das die Vermögensverhältnisse der Eltern entsprechende Maß nicht übersteigt. Soweit ein solches Übermaß vorliegt, führt dies zur Anwendung des Schenkungsrechts, namentlich des **Rückforderungstatbestands** des § 528. Eine Umqualifizierung des Übermaßes in eine Ausstattung, um etwa der Pflichtteilsergänzung oder der Rückforderung des Sozialhilfeträgers nach § 528 zu entgehen, ist nicht möglich. Die Festlegung im Vertrag, inwieweit die Zuwendung als Ausstattung gilt, ist aber gleichwohl Indiz für diese Qualifizierung, da die Einschätzung der angemessenen Vermögensverhältnisse in erheblichem Umfang der Parteidisposition unterliegt. Wer das Übermaß behauptet (zB der Staat als Träger der Sozialhilfe), muss dies beweisen. Dazu kommt, dass das Übermaß nicht zwingend Schenkung ist, sondern nur dann, wenn es eines anderen Rechtsgrunds entbehrt (RG, JW 1908, 71 f). 7

B. Prozess

I. Muster: Rückforderung des Schenkungsgegenstandes 8

▶ Landgericht ▪▪▪

Klage

des ▪▪▪, Prozessbevollmächtigte ▪▪▪

– Kläger –

gegen

▪▪▪, Prozessbevollmächtigte ▪▪▪

– Beklagter –

wegen Rückforderung des Grundstücks ▪▪▪, Gegenstand der Schenkung vom ▪▪▪

Namens und mit Vollmacht des Klägers erheben wir Klage; in der mündlichen Verhandlung werden wir wie folgt beantragen:

1. Der Beklagte wird verurteilt, an den Kläger monatlich regelmäßig wiederkehrende Leistungen in derzeitiger Höhe von EUR 1.000,-- bis zu einer Gesamthöhe von EUR 350.000,-- zu zahlen.
2. ▪▪▪ ggf. weitere Prozessanträge.

Zur

Begründung

führen wir wie folgt aus:

Der Kläger ist kinderlos und hat unter dem ▪▪▪ 2005 mit notariellem Schenkungsvertrag seinem Neffen, dem Beklagten, das Hausgrundstück in der ▪▪▪-Straße in ▪▪▪ geschenkt.

Beweis: Notarieller Schenkungsvertrag vom ▪▪▪ 2005, Anlage K 1

Der Beklagte wurde unter dem ▪▪▪ 2005 als Eigentümer in das Grundbuch der Stadt ▪▪▪ eingetragen.

Beweis: Grundbuchauszug, Anlage K 2

Zum Zeitpunkt des Vollzugs der Schenkung stand im Eigentum des Kläger noch ein weiteres, mit einem Zweifamilienhaus bebautes Grundstück in ▪▪▪. Der Kläger hatte dies zu seiner Altersversorgung behalten und beabsichtigte, von den Mieteinnahmen sowie seiner Altersrente zu leben.

Am ▪▪▪ 2007 jedoch erlitt der Kläger aufgrund eines bisher unbekannt gebliebenen Herzfehlers einen besonders schweren Herzinfarkt.

Beweis:

1. Zeugnis des Dr. ▪▪▪, ▪▪▪, Anlage K 3
2. Gutachten des Dr. ▪▪▪, Anlage K 4

In Folge der Erkrankung waren bei dem Kläger zahlreiche Operationen und mehrere Rehabilitationsmaßnahmen erforderlich, die die private Krankenversicherung des Klägers nur zu geringen Teilen übernahm.

Beweis:

1. Schreiben der ▪▪▪ Krankenkasse vom ▪▪▪, Anlage K 5
2. Schreiben der ▪▪▪ Krankenkasse vom ▪▪▪, Anlage K 6

Um die anstehenden Operationen zu finanzieren, musste der Kläger das ihm verbliebene Hausgrundstück verkaufen.

Da der Kläger in Folge seiner mehrjährigen Erkrankung nicht in der Lage war, dringend erforderliche Wartungsarbeiten an seinem Haus vorzunehmen, minderten seine Mieter zunächst ihre Mietzahlungen.

Beweis: Schreiben der Eheleute ▪▪▪ vom ▪▪▪, Anlage K7

Die Mieter zogen schließlich aus, der Kläger konnte das Haus nicht neu vermieten. In Folge des eingetretenen Wartungsstaus konnte das Haus nur noch zu einem Kaufpreis von EUR ▪▪▪ veräußert werden.

Beweis: Gutachten des Sachverständigen ▪▪▪ vom ▪▪▪, Anlage K8

In Folge seiner Erkrankung lebt der Kläger nunmehr in einem Pflegeheim. Von den Erlösen des Hausverkaufs war ihm aufgrund der hohen Arztrechnungen nur ein geringer Teil verblieben, der inzwischen aufgebraucht ist. Der Kläger kann aus seiner monatlichen Renten nach dem Wegfall der Mieteinnahmen seinen angemessenen Lebensunterhalt nicht mehr bestreiten.

Der Beklagte ist jedoch nicht bereit, Zahlungen an den Kläger zu leisten. Der Rückforderungsanspruch des Klägers entfalle seiner Ansicht nach vielmehr dadurch, dass er bis zum Beginn seiner Erkrankung jahrzehntelang keine Arztbesuche durchgeführt und auch über keine Krankenversicherung verfügt habe. Erst kurz vor seinem Ruhestand habe sich der Kläger dann zu sehr ungünstigen Bedingungen krankenversichert. Obwohl der Kläger finanziell dazu noch in der Lage gewesen sei, habe er keine Versicherung abgeschlossen, die die im Rahmen der Herzerkrankung benötigten Leistungen übernommen hätte. Zwar sei für den Kläger die eigentliche Diagnose des Herzfehlers überraschend gewesen, doch habe er seit mehr als 10 Jahren regelmäßig nach größeren Anstrengungen unter starker Erschöpfung und Schmerzen im Brustkorb gelitten. Dass der Kläger vor diesem Hintergrund einmal in die jetzige Situation kommen würde, habe er voraussehen können, sein verhalten sei grob fahrlässig gewesen.

Der Beklagte hat es deshalb zuletzt mit Schreiben vom ... unter Berufung auf § 529 Abs. 1, 1. Alt.[1] abgelehnt, Zahlungen an den Kläger zu leisten.

Beweis: Schreiben des Prozessbevollmächtigten des Beklagten vom ..., Anlage K9

Der Kläger hat seine Bedürftigkeit[2] jedoch weder vorsätzlich noch grob fahrlässig herbeigeführt; somit sind die Voraussetzungen des §§ 529 Abs. 1, 1. Alt. nicht gegeben. Der Kläger hatte keinerlei Anhaltspunkte, davon auszugehen zu müssen, ernsthaft erkrankt zu sein. Aufgrund seiner Tätigkeit als selbständiger Landschaftsgärtner hat sich der Kläger jahrzehntelang im Freien betätigt und war zum Zeitpunkt des Beginns der Erkrankung in sehr guter körperlicher Verfassung.

Beweis: Zeugnis des Dr. ..., behandelnder Arzt im Krankenhaus ...

Der Kläger war Nichtraucher, trank keinen Alkohol und besuchte nach seinem Eintritt in den Ruhestand mehrmals wöchentlich ein Fitnessstudio für Senioren.

Beweis: Zeugnis des ..., Trainer im Fitnessstudio ..., Anlage K10

Er hatte keine Anhaltspunkte dafür, dass bei ihm eine derart komplexe Krankheit auftreten könnte, die zu derart tiefgreifenden finanziellen Folgen führen würde. Insofern konnte der Schenker seine Bedürftigkeit zum Zeitpunkt der Schenkung entgegen der Auffassung des Beklagten nicht voraussehen (BGH NJW 2003, 1384).

Der Fall des Notbedarfs liegt vor.[3] Der Kläger hat seine Vermögenssubstanz bereits angegriffen,[4] indem er zur Deckung der Kosten für mehrere Operationen und Rehabilitationen bereits das früher von ihm bewohnte Haus verkauft hat.

Beweis:

1. Rechnung des Krankenhauses ...
2. Abrechnung der Krankenkasse ... vom ...

Soweit der Beklagte hier mit Schreiben vom ... eingewandt hat, dass für das Haus nach der Durchführung von verschiedenen Reparaturmaßnahmen ein deutlich höherer Wert erzielen gewesen wäre, war zumindest der Kläger aufgrund seines Gesundheitszustandes zu deren Veranlassung und Beaufsichtigung nicht mehr in der Lage.

Der vom Kläger geltend gemachte monatliche Unterhaltsbedarf, den dieser aus seinen sonstigen Einkünften nicht bestreiten kann, liegt bei EUR 1.000,00. Dieser errechnet sich wie folgt:

...

Beweis: ..., Anlage K11

Der Beklagte ist auch leistungsfähig. Das ihm unter dem ... mit notariellem Vertrag geschenkte Mehrfamilienhaus befindet sich noch immer in seinem Eigentum, dort sind alle Wohnungen vermietet.

...

Rechtsanwalt ◄

II. Erläuterungen

[1] Die **Einrede nach § 529 Abs. 1 Alt. 1** setzt voraus, dass der Schenker seine Bedürftigkeit vorsätzlich oder grob fahrlässig herbeigeführt hat. Die Bedürftigkeit darf erst nach der Schen- 9

kung entstanden und für den Schenker nicht voraussehbar gewesen sein (BGH NJW 2003, 1384).

10 [2] Die **Beweislast für die Bedürftigkeit** trägt der Schenker, wobei der Bezug von Sozialhilfe auf den Notbedarf hindeutet (NK-BGB/*Dendorfer*, § 528 Rn 17). Beweispflichtig für den Wegfall der Bereicherung ist der Beschenkte.

11 [3] Der **Notbedarf des Schenkers** muss vorliegen. Dabei ist grundsätzlich auf den Schluss der mündlichen Verhandlung abzustellen (MüKo-BGB/*Kohlhosser*, § 528 Rn 11). Die Schenkung muss nicht Ursache für den Notbedarf sein. Zur Ermittlung des Notbedarfs ist auf den eigenen angemessenen Unterhalt des Schenkers (§ 1610), der objektiv der Lebensstellung des Schenkers nach der Schenkung angemessen ist, abzustellen (BGH NJW 2003, 1384).

12 [4] **Vermögensbilanzierung.** Im Rahmen einer Vermögensbilanzierung sind das Aktiv- und das Passivvermögen gegenüberzustellen. Dem **Aktivvermögen** sind gesicherte Erwerbsaussichten und Einkommensmöglichkeiten hinzuzurechnen, mögliche Unterhaltsansprüche des Schenkers sind nicht zu berücksichtigen. Das **Passivvermögen** besteht aus den Aufwendungen für den eigenen Lebensunterhalt und die gesetzlichen (nicht vertraglichen) Unterhaltspflichten. Der Schenker ist gehalten, seine Vermögenssubstanz anzugreifen, sofern dies nicht zu völlig unwirtschaftlichen Maßnahmen führt.

13 Eine Inanspruchnahme eines Beschenkten kommt nur insoweit in Betracht, als er noch bereichert ist. Der Beschenkte kann sich auf § 818 Abs. 3 berufen, der auf den Schenkungsrückforderungsanspruch entsprechend anzuwenden ist (NK-BGB/*Dendorfer*, § 528 Rn 8).

§ 530 Widerruf der Schenkung

(1) Eine Schenkung kann widerrufen werden, wenn sich der Beschenkte durch eine schwere Verfehlung gegen den Schenker oder einen nahen Angehörigen des Schenkers groben Undanks schuldig macht.

(2) Dem Erben des Schenkers steht das Recht des Widerrufs nur zu, wenn der Beschenkte vorsätzlich und widerrechtlich den Schenker getötet oder am Widerruf gehindert hat.

§ 531 Widerrufserklärung

(1) Der Widerruf erfolgt durch Erklärung gegenüber dem Beschenkten.

(2) Ist die Schenkung widerrufen, so kann die Herausgabe des Geschenks nach den Vorschriften über die Herausgabe einer ungerechtfertigten Bereicherung gefordert werden.

§ 532 Ausschluss des Widerrufs

[1]Der Widerruf ist ausgeschlossen, wenn der Schenker dem Beschenkten verziehen hat oder wenn seit dem Zeitpunkt, in welchem der Widerrufsberechtigte von dem Eintritt der Voraussetzungen seines Rechts Kenntnis erlangt hat, ein Jahr verstrichen ist. [2]Nach dem Tode des Beschenkten ist der Widerruf nicht mehr zulässig.

§ 533 Verzicht auf Widerrufsrecht

Auf das Widerrufsrecht kann erst verzichtet werden, wenn der Undank dem Widerrufsberechtigten bekannt geworden ist.

1 **A. Muster: Widerruf einer Schenkung**

▶ **Klage**[1]

des ▪▪▪, Prozessbevollmächtigte ▪▪▪

– Kläger –

gegen ■■■, Prozessbevollmächtigte ■■■

– Beklagter –

wegen Herausgabe des Schenkungsgegenstandes nach widerrufener Schenkung

Namens und mit Vollmacht des Klägers erhebe ich Klage und werde in der mündlichen Verhandlung folgende Anträge stellen:

1. Der Beklagte wird verurteilt, an den Kläger den Pkw Karmann Ghia Cabriolet, Fahrgestellnummer ■■■ herauszugeben.
2. ■■■ gegebenenfalls weitere Prozessanträge.

Zur

Begründung

führe ich wie folgt aus:

Der Kläger macht einen Anspruch auf Herausgabe des oben bezeichneten Pkws aus § 531 Abs. 2, 812 Abs. 1 Satz 2 1. Alt. BGB geltend.

Am ■■■ hat der Kläger dem Beklagten den Pkw schenkweise überlassen, nachdem sich der Kläger aus Altersgründen zu einer Weiterbenutzung des Fahrzeugs nicht mehr in der Lage sah. Der Kläger wollte dem Beklagten das Fahrzeug schenken, da dieser der Ehemann seiner Enkeltochter war und bereits mehrfach große Begeisterung für das Fahrzeug gezeigt hatte.

Die Schenkung erfolgte am 40. Geburtstag des Beklagten. Der Kläger übergab dem Beklagten den Fahrzeugbrief und die Schlüssel des Fahrzeugs mit der Bemerkung, dass dieses nun ihm gehören solle. Der Beklagte nahm die Schenkung an. Die Schenkung war somit trotz des Formmangels gemäß § 518 Abs. 2 BGB wirksam.

Am 31.3.2010 hat der Kläger gemäß § 531 BGB gegenüber dem Beklagten den Widerruf der Schenkung erklärt.

Beweis: Einschreiben des Klägers mit Rückschein vom 31.3.2010

Dem Widerruf der Schenkung war Folgendes vorausgegangen:

Der Kläger hatte am Abend des 25.3.2010 erfahren, dass der Ehemann seiner Enkelin sowohl dieser, als auch den gemeinsamen Kindern – seinen Urenkeln – gegenüber wiederholt gewalttätig geworden war und seine Enkelin gegen den Beklagten bereits eine einstweilige Anordnung auf Wohnungszuweisung nach § 2 GewSchG bzw. auf gerichtliche Schutzmaßnahme nach § 1 GewSchG erwirkt hatte.

Beweis:

1. Beiziehung der Akten im Verfahren ■■■
2. Beiziehung der Akten im Strafverfahren ■■■

Die Voraussetzungen für den Widerruf der Schenkung gemäß § 530 Abs. 1 liegen vor: In der vorsätzlichen Körperverletzung gegenüber der Enkelin des Klägers sowie gegenüber deren Kindern liegt eine im Rahmen des § 530 Abs. 1 beachtliche schwere Verfehlung gegen einen nahen Angehörigen des Schenkers (grober Undank).[2] Die Enkelin des Klägers sowie dessen Urenkel sind ohne weiteres als nahe Angehörige zu qualifizieren; die Verfehlung gegen diese hat bei dem Kläger berechtigter Weise das Gefühl einer eigenen Kränkung hervorgerufen (MüKo-BGB/J. Koch, § 530 Rn. 5 m.w.N.).

Eine Verzeihung des Klägers gegenüber dem Beklagten liegt nicht vor.

Der Beklagte hat überdies auf die die vorprozessuale Aufforderung zur Rückgabe des Pkws mit Anwaltsschreiben vom ■■■ nicht reagiert und keine Anstalten zu einer Rückgabe des Pkws gemacht. Klage ist damit geboten.

■■■

Rechtsanwalt ◄

B. Erläuterungen

2 [1] **Widerruf der Schenkung.** Der Widerruf erfolgt durch eine formlose, einseitige, empfangsbedürftige **Willenserklärung** iSd §§ 130 ff. Nach hM kann der Widerruf auch durch **Klageerhebung** oder durch ein **Testament** erfolgen. Der Widerruf muss unter Angabe der Widerrufsgründe erklärt werden; eine nachträgliche Änderung der Widerrufsgründe bedingt einen erneuten Widerruf, welcher im Prozess nur durch Klageänderung geltend gemacht werden kann.

3 [2] **Grober Undank** muss in der Person des Beschenkten gegenüber dem Schenker oder einem nahen Angehörigen vorliegen. Dieser erfordert **objektiv** eine **schwere Verfehlung des Beschenkten** und **subjektiv** eine zu missbilligende Gesinnung, die in grobem Maße einen Mangel an Dankbarkeit ausdrückt (Hk-BGB/*Saenger*, §§ 530–534 Rn 2). Beeinflusst wird die Beurteilung des Grades an Undank durch die Beschaffenheit, Bedeutung und durch das Motiv der Schenkung. Das Verhalten beider Parteien ist hierbei in einer **Gesamtwürdigung aller Umstände** zu betrachten (NK-BGB/*Dendorfer*, § 530 Rn 2).

4 Eine schwere Verfehlung setzt eine tadelnswerte Gesinnung voraus, die einen Mangel an Dankbarkeit erkennen lässt. Subjektiv ist zudem erforderlich, dass der Beschenkte bei der Begehung der Verfehlung von der Schenkung wusste oder die Eigenschaft des Verletzten als Schenker oder als naher Angehöriger des Schenkers kannte.

5 [3] Die **Verzeihung** ist ein rein tatsächlicher Vorgang (Palandt/Weidenkaff, § 532 Rn 2), der daher zwar nicht Geschäftsfähigkeit, wohl aber natürliche Einsichtsfähigkeit voraussetzt. Ein bloßer Versöhnungsversuch genügt nicht (BGH NJW 1999, 1626).

§ 534 Pflicht- und Anstandsschenkungen

Schenkungen, durch die einer sittlichen Pflicht oder einer auf den Anstand zu nehmenden Rücksicht entsprochen wird, unterliegen nicht der Rückforderung und dem Widerruf.

1 **A. Muster: Rechtsgrund sittliche Pflicht**

► ▪▪▪

Heutige Schenkung stellt in Höhe eines Teilwerts von EUR ▪▪▪ eine Pflichtschenkung iSd § 534 BGB dar.[1]

Ich, der Schenker, bin seit dem 1.11.1999 pflegebedürftig iSd § 15 Abs. 1 Nr. 1 SGB XI. Seit diesem Tag hat der Beschenkte meine Pflege übernommen, angefangen von der Körperpflege (insbesondere Waschen, Rasieren) über die Mobilität (An- und Auskleiden, Treppengehen, Verlassen des Hauses) bis zur hauswirtschaftlichen Versorgung (insbesondere Einkaufen, Reinigen der Wohnung, Gartenarbeiten). Darüber hinaus hat der Beschenkte meine sämtlichen administrativen Arbeiten übernommen (Rente, Versicherungen, Bankgeschäfte, Verfassen von Briefen etc.).[2]

Wir gehen übereinstimmend davon aus, dass den Pflegeleistungen auf der Grundlage der Pflegesachleistungssätze nach § 36 Abs. 3 Nr. 1 SGB XI sowie den administrativen Tätigkeiten ein Wert von EUR ▪▪▪ zukommt. Insofern liegt eine Pflichtschenkung iSd § 534 BGB vor. Für das Übermaß gelten im Übrigen die §§ 516 ff BGB.[3] ◄

B. Erläuterungen

2 [1] **Pflicht- oder Anstandsschenkung.** Schenkungen nach § 534 sind dahingehend privilegiert, dass sie weder dem Widerruf nach den §§ 530 ff noch der Rückforderung nach den §§ 528, 529

unterliegen. Liegt also tatsächlich eine Pflicht- oder Anstandsschenkung vor, scheidet in sozialhilferechtlicher Hinsicht eine Rückforderung des Geschenks als vorrangig einzusetzendes Vermögen (zB § 90 Abs. 1 SGB XII) aus.

[2] **Pflicht zur Zuwendung.** Eine Pflichtschenkung setzt eine besondere Pflicht zur Zuwendung voraus, deren Ausbleiben als sittlich anstößig erscheinen würde (Palandt/*Weidenkaff*, § 534 Rn 2). Eine belohnende Schenkung für erbrachte Pflegeleistungen kann darunter subsumiert werden (NK-BGB/*Dendorfer*, § 534 Rn 5). Dies gilt umso mehr als der Gesetzgeber Pflegeleistungen aufgewertet hat (vgl die Neuregelung in § 2057 a), so dass zukünftig selbst Grundstücksschenkungen zumindest teilweise § 534 unterfallen können. 3

[3] Das **Geschenk** stellt im o.g. Muster nur teilweise eine Pflichtschenkung dar. Hier bietet sich an, genau darzulegen, welcher Teil des Geschenks nach § 534 geschenkt wurde und für welchen Teil (das Übermaß) im Übrigen Schenkungsrecht gilt. Zwar wird an diese Festlegung namentlich der Sozialhilfeträger nicht gebunden sein, gleichwohl aber kommt der übereinstimmenden Werteinschätzung der Parteien eine gewisse Vermutung der Richtigkeit zu. Was die **Bemessung der Pflegeleistungen** betrifft, wird man auch im Rahmen des § 534 auf die Beträge nach § 36 Abs. 3 SGB XI (ab 1.1.2010 440 EUR pro Monat in der Pflegestufe I) abstellen können. 4

Handelt es sich um ein **teilbares Geschenk** (Geld), so ist nur der § 534 unterfallende Teil von der Rückforderung ausgeschlossen. Im Übrigen kann eine Rückforderung, insbesondere nach § 528, verlangt werden. Bei einem unteilbaren Schenkungsgegenstand kann ein Rückgewähranspruch auf Herausgabe des ganzen Geschenks Zug-um-Zug gegen eine der sittlichen oder Anstandspflicht entsprechende Leistung gegeben sein. 5

Titel 5 Mietvertrag, Pachtvertrag

Untertitel 1 Allgemeine Vorschriften für Mietverhältnisse

§ 535 Inhalt und Hauptpflichten des Mietvertrags

(1) [1]Durch den Mietvertrag wird der Vermieter verpflichtet, dem Mieter den Gebrauch der Mietsache während der Mietzeit zu gewähren. [2]Der Vermieter hat die Mietsache dem Mieter in einem zum vertragsgemäßen Gebrauch geeigneten Zustand zu überlassen und sie während der Mietzeit in diesem Zustand zu erhalten. [3]Er hat die auf der Mietsache ruhenden Lasten zu tragen.
(2) Der Mieter ist verpflichtet, dem Vermieter die vereinbarte Miete zu entrichten.

A. Vertragsgestaltung

I. Muster: Mietvertrag 1

▶ **Mietvertrag**[1]

zwischen ■■■ (Vermieter)
wohnhaft in ■■■

und ■■■ (Mieter)
wohnhaft in ■■■

§ 1 Mietsache

1. Der Vermieter vermietet dem Mieter zu Wohnzwecken folgende Wohnung im Hause ■■■ (Straße, Hausnummer, Ort, Postleitzahl)
   im ■■■ Geschoß
   bestehend aus ■■■ (Zimmer, Küche, Diele/Flur, Bad/Duschraum/WC, Mansarde, Keller, Balkon)
   Mit vermietet werden:
   ■■■ (Garten, Stellplatz/Tiefgarage).
   Die Fläche dieser Räume beträgt: ■■■ qm[2]
   Die Berechnung der Mietfläche richtet sich nach:
   a) der II BV
   b) der WohnflächenVO
2. Es werden ■■■ Personen in die Mietsache einziehen.
3. Dem Mieter werden von dem Vermieter für die Mietzeit folgende Schlüssel ausgehändigt: ■■■. Die Anfertigung zusätzlicher Schlüssel zu gemeinschaftlich benutzten Räumen durch den Mieter bedarf der Einwilligung durch den Vermieter. Zusätzlich angefertigte Schlüssel sind nach Beendigung des Mietverhältnisses an den Vermieter abzuliefern oder nachweislich zu vernichten.

§ 2 Mietzeit

1. Das Mietverhältnis beginnt am ■■■
   und läuft auf unbestimmte Zeit.
2. Die Parteien verzichten beiderseits auf die Ausübung ihres ordentlichen Kündigungsrechtes bis ■■■
3. Das Mietverhältnis gilt nicht als verlängert, wenn Mieter den Gebrauch der Mietsache nach Ablauf der Mietzeit fortsetzt. § 545 BGB findet keine Anwendung.

§ 3 Miete

1. a) Die Netto-Miete beträgt monatlich ■■■ EUR (in Worten ■■■ Euro)[3]
   b) Daneben ist eine Vorauszahlung von monatlich ■■■ EUR (in Worten ■■■ Euro) zu zahlen, die jährlich abzurechnen ist und für folgende neben der Miete zu zahlende Betriebskosten im Sinne von § 556 Abs. 1 BGB (siehe Betriebskostenverordnung) entrichtet wird:

Kosten für:		Verteilungsschlüssel:
1.	Grundsteuer	■■■
2.	Wasserversorgung	■■■
3.	Kanal-, Entwässerung-, Niederschlagswasser-, Fäkalienabfuhr	■■■
4.	Heizungsanlage einschließlich Abgasanlage nebst Betriebsstrom	■■■
5.	Warmwasserversorgungsanlage	■■■
6.	Messungen nach dem Bundes-Immissionsschutzgesetz sowie die Anmietung oder andere Arten der Gebrauchsüberlassung von Verbrauchserfassungsgeräten sowie die Kosten für Berechnung und Aufteilung. Kosten der Reinigung der Heiz-, Abgas- und Warmwasseranlagen	■■■
7.	Personen- und/oder Lastenaufzug	■■■
8.	Straßenreinigung und Müllbeseitigung	■■■

9. Gebäudereinigung und Ungezieferbekämpfung sowie Schnee und Eisbeseitigung ■■■
10. Gartenpflege ■■■
11. Beleuchtung, Allgemeinstrom ■■■
12. Schornsteinreinigung ■■■
13. Sach- und Haftpflichtversicherung ■■■
14 Hauswart ■■■
15. Betrieb der Gemeinschafts-Antennenanlage oder Breitbandkabelnetz ■■■
16. Wartungskosten für Feuerlöscher und sonstige Anlagen ■■■
17. Dachrinnen- und Bürgersteigreinigung ■■■
18. Maschinelle Wascheinrichtung ■■■
19. Überprüfung und Wartung der Gas- und Elektroinstallation ■■■

2. Der Verteilungsschlüssel richtet sich nach den gesetzlichen Bestimmungen soweit in der Spalte „Verteilungsschlüssel" oder bei Einzelpositionen ein solcher nicht eingesetzt ist.
Ist ein Verteilungsschlüssel nur bei einzelnen Betriebskostenarten eingesetzt, wird dadurch die Umlagefähigkeit der übrigen Betriebskostenarten nicht berührt. Bei Vorliegen eines sachlichen Grundes kann der Vermieter während der Mietzeit zu Anfang eines neuen Berechnungszeitraumes den Verteilungsschlüssel neu bilden, wenn er dies dem Mieter bei Beginn der neuen Berechnungsperiode mitteilt.
3. Erhöhungen und neu eingeführte Betriebskosten sind umlagefähig, wenn der Vermieter dem Mieter dies unverzüglich nach Erlangung der Kenntnis hierüber mitteilt.

§ 4 Aufrechnung, Zurückbehaltung, Schadensersatz

1. Die verschuldensunabhängige Haftung bei Verletzungen von Leben, Körper oder Gesundheit ist ausgeschlossen. Gleiches gilt gemäß § 536 a Abs. 1 BGB für Schadensersatzansprüche für bei Mietvertragsschluss vorhandene Sachmängel.[4]
2. Aufrechnung und Zurückbehaltung wegen Ansprüchen aus anderen Schuldverhältnissen sind nur dann möglich, soweit es sich um unbestrittene, rechtskräftig festgestellte Forderungen handelt.[5]
3. Im Übrigen gilt § 556 b BGB.

§ 5 Benutzung der Mieträume, Gebrauchsüberlassung

1. Die Benutzung der Mieträume ist nur im Rahmen des vertraglich vereinbarten Zweckes gestattet.
2. Der Mieter ist ohne Erlaubnis des Vermieters nicht berechtigt, den Gebrauch der Mietsache einem Dritten zu überlassen, insbesondere sie weiterzuvermieten, ausgenommen an sich besuchsweise aufhaltende Personen. Die Rechte des Mieters aus § 553 BGB bleiben unberührt.

§ 6 Tierhaltung

Das Halten von Tieren bedarf der schriftlichen Einwilligung des Vermieters[6]. Dies gilt jedoch nicht für Kleintiere[7]. Die Einwilligung bezieht sich nur auf ein bestimmtes Tier. Sie kann widerrufen werden, sofern Unzulänglichkeiten auftreten. Für durch die Tierhaltung entstandene Schäden haftet der Mieter.

§ 7 Zustand der Mieträume

1. Der Zustand der Mieträume ergibt sich aus dem bei Übergabe zu fertigenden Übergabeprotokoll, das Gegenstand des Mietvertrages ist.
2. Folgende Einrichtungen sind Eigentum des Vermieters: ■■■

§ 8 Schönheitsreparaturen, Instandhaltung und Instandsetzung der Mieträume

1. Für Beschädigungen des Mietgegenstandes und des Gebäudes sowie der zu der Mietsache oder zu dem Gebäude gehörigen Einrichtungen oder Anlagen ist der Mieter ersatzpflichtig, soweit sie von ihm oder den zu seinem Haushalt gehörenden Personen sowie Untermietern verursacht worden sind. Dies gilt auch für Schäden, die von Besuchern oder anderen Personen, die sich in seiner Wohnung aufhalten, verursacht worden sind, soweit deren Erscheinen dem Mieter zuzurechnen ist oder sie Erfüllungsgehilfen des Mieters sind. Leistet der Mieter Schadensersatz, so ist der Vermieter verpflichtet, dem Mieter seine etwaig bestehenden Ansprüche gegen den Verursacher des Schadens abzutreten.
2. Der Mieter ist verpflichtet, die Schönheitsreparaturen in den Mieträumen auf seine Kosten, falls erforderlich, fachgerecht durchzuführen.
   Entsteht Streit über den Zustand der Mietsache oder das Erfordernis der Durchführung von Schönheitsreparaturen, haben beide Parteien das Recht, einen öffentlich bestellten und vereidigten Sachverständigen mit der Erstellung eines Gutachtens über diese Fragen zu beauftragen. Das Ergebnis des Sachverständigengutachtens bindet die Parteien wie ein Schiedsgutachten. Die Kosten tragen beide Parteien zu Hälfte.[8]
3. Der Mieter ist verpflichtet, verschuldensunabhängig die Kosten für Kleinreparaturen[9] an den Installationsgegenständen für Elektrizität, Wasser und Gas, den Heiz- und Kocheinrichtungen, den Fenster- und Türverschlüssen sowie den Verschlussvorrichtungen von Fensterläden, soweit sie seinem unmittelbaren Zugriff unterliegen. Dies gilt nur soweit die Kosten für die einzelne Reparatur einen Betrag von 75 EUR und der dem Mieter dadurch entstehende Aufwand 8 % der Jahresnettomiete nicht übersteigt.

§ 9 Beendigung der Mietzeit

Der Mietgegenstand ist bei Beendigung der Mietzeit gesäubert, ohne Schäden und unter Rückgabe sämtlicher Schlüssel zurückzugeben.[10]

§ 10 Personenmehrheiten

1. Sind mehrere Personen Mieter, haften diese für alle Verpflichtungen aus dem Mietverhältnis als Gesamtschuldner.
2. Willenserklärungen, deren Wirkung die Mieter berührt, müssen von oder gegenüber allen Mietern abgegeben werden. Die Mieter bevollmächtigen sich in jederzeit widerruflicher Weise gegenseitig zur Entgegennahme und Abgabe solcher Erklärungen. Von dieser Vollmacht umfasst ist auch die Entgegennahme von Kündigungen, nicht aber der Ausspruch von Kündigungen seitens der Mieter und Mietaufhebungs- und Mietänderungsverträge.

§ 11 Kaution[11]

Der Mieter leistet dem Vermieter für die Einhaltung der ihm aus diesem Vertrag obliegenden Verbindlichkeiten eine Sicherheit in Höhe von ■■■ EUR (in Worten: ■■■ Euro).

§ 12 Wirksamkeit der Vertragsbestimmungen

Durch etwaige Ungültigkeit einer oder mehrerer Bestimmungen dieses Vertrages wird die Gültigkeit der übrigen Bestimmungen nicht berührt.

■■■

Unterschrift ◄

II. Erläuterungen

2 **[1] Muster eines unbefristeten Mietvertrages über preisfreien Wohnraum.** Das hier dargestellte Muster beschränkt sich auf die nach derzeitigem Stand der Rechtsprechung möglichen Ver-

tragsvereinbarungen und verzichtet auf Regelungen, die die ohnehin auf Grund Gesetzes geltende Rechtslage nur wiederholen würden.

Zu beachten ist, dass auch bei Verwendung einer Klausel aus diesem Muster eine vorformulierte Vertragsbedingung vorliegen kann und demgemäß eine AGB-Kontrolle eingreift. Hinsichtlich der **Form des Mietvertrages** ist auf Folgendes hinzuweisen: Wird der Mietvertrag für längere Zeit als ein Jahr nicht in schriftlicher Form geschlossen, so gilt er für unbestimmte Zeit (vgl § 550). **Hinweis auf aktuelle Rechtsprechung:** Zur Zulässigkeit von Rauchverboten im Wohnungsmietvertrag siehe *Harsch*, WuM 2009, 76. 3

[2] **Berechnungsgrundlage Mietfläche.** Zur Vermeidung von Streit ist die Festlegung der Berechnungsgrundlage für die Mietfläche im Mietvertrag sinnvoll. Werden in den Mietvertrag genaue qm-Angaben der Wohnfläche aufgenommen, so sollten diese in jedem Falle zutreffend sein, da sich der Vermieter ansonsten etwaigen Minderungsansprüchen aussetzt. Hinzuweisen ist in diesem Zusammenhang auf die Entscheidung des BGH vom 24.3.2004 (VIII ZR 133/03, WuM 2004, 268): „Weist die gemietete Wohnung tatsächlich eine Wohnfläche von mehr als 10 % unter der im Mietvertrag angegebenen Fläche auf, ist ein Mangel der Mietsache gegeben." Liegt die tatsächliche Fläche mehr als 10 % unter der vereinbarten Quadratmeterzahl, ist ein zur Mietminderung berechtigender Sachmangel auch dann gegeben, wenn die als Beschaffenheit vereinbarte Wohnfläche mit einer „ca."-Angabe versehen ist (BGH v. 10.3.2010 – VIII ZR 144/09). 4

[3] **Fälligkeit der Miete.** Gemäß § 556 b Abs. 1 ist die Miete spätestens am dritten Werktag eines Monats zu entrichten. Für die Rechtzeitigkeit der Zahlung kommt es nicht auf die Absendung, sondern auf die Ankunft des Geldes auf dem Vermieterkonto an. Entscheidend ist, dass der Mieter das zur Übermittlung des Geldes Erforderliche getan hat. Bei Zahlung durch Überweisung ist die Leistungshandlung als rechtzeitig anzusehen, wenn der Überweisungsauftrag vor Fristablauf bei dem Geldinstitut eingeht und auf dem Konto Deckung vorhanden ist (jurisPK-BGB/*Münch*, § 535 Rn 138). 5

[4] **Verschuldensunabhängige Vermieterhaftung. Sie kann** für anfängliche Mängel an der Mietsache als eine für das gesetzliche Haftungssystem untypische Regelung auch formularmäßig wirksam abbedungen werden (vgl BGH Beschl. v. 4.10.1990 – XII ZR 46/90). Allerdings wird sodann das Risiko auf den Mieter abgewälzt. Ob der BGH diese Entscheidung heute noch so aufrecht erhalten würde, ist unklar. 6

Der formularmäßige Gewährleistungsausschluss für **sämtliche** anfänglich oder nachträglich auftretende **Mängel** ist jedenfalls wegen Verstoßes gegen § 307 Abs. 2 Nr. 2 unwirksam. 7

Der BGH hat in einer Entscheidung aus dem Jahr 2002 entschieden, dass eine Klausel, der zufolge der Vermieter für eine bestimmte Größe und Beschaffenheit sowie für sichtbare und unsichtbare Mängel der Mietsache keine Gewähr leistet, unter Berücksichtigung des gesamten Vertrages **geltungserhaltend** dahin **auszulegen** sein kann, dass lediglich die Gewährleistung für die bei Abschluss des Vertrages vorhandenen Mängel ausgeschlossen wird (vgl BGH v. 3.7.2002 – XII ZR 327/00). 8

[5] **Aufrechnung.** Zu beachten ist, dass in Wohnraummietverträgen gem. § 556 b Abs. 2 S. 1 die Aufrechnung mit Schadensersatzansprüchen nach § 536 a Abs. 1 und Aufwendungsersatzansprüchen nach § 536 a Abs. 2 Nr. 1 nicht ausgeschlossen werden kann. Zum formularmäßigen Aufrechnungsverbot siehe vertiefend *Lützenkirchen*, WuM 2008, 119–134 Nr. 7.3. 9

Der BGH hat nunmehr festgestellt, dass keine Verwirkung eintritt, wenn ein Mieter auf Grund einer Gewährleistungseinschränkung auf die Geltendmachung seines Gewährleistungsanspruches verzichtet, die sich im Nachhinein als unwirksam herausstellte (BGH v. 23.4.2008 – XII ZR 62/06, NJW 2008, 2497). 10

[6] **Tierhaltungsverbot.** Eine Klausel, die ein generelles Tierhaltungsverbot ausspricht, ist unwirksam (BGH v. 20.1.1993 – VIII ZR 10/92, WuM 1993, 109). Nach Beschluss des BGH vom 11

14.11.2007 (VIII ZR 340/06, NJW 2008, 218) hält die folgende Klausel in einem formularmäßigen Wohnungsmietvertrag: „Jede Tierhaltung, insbesondere von Hunden und Katzen, mit Ausnahme von Ziervögeln und Zierfischen, bedarf der Zustimmung des Vermieters." der Inhaltskontrolle nach § 307 Abs. 1 nicht stand.

12 Die Beantwortung der Frage, ob die Haltung von Haustieren in dem Fall, dass eine wirksame mietvertragliche Regelung fehlt, zum vertragsgemäßen Gebrauch im Sinne von § 535 Abs. 1 gehört, erfordert, soweit es sich nicht um Kleintiere handelt, eine umfassende **Abwägung der Interessen** des Vermieters und des Mieters sowie der weiteren Beteiligten. Diese Abwägung lässt sich nicht allgemein, sondern nur im Einzelfall vornehmen, weil die dabei zu berücksichtigenden Umstände so individuell und vielgestaltig sind, dass sich jede schematische Lösung verbietet.

13 [7] Das Halten von **Kleintieren** in Einzelexemplaren ist vom vertragsgemäßen Gebrauch der Mietsache umfasst. Als Kleintiere in diesem Sinne gelten beispielsweise Wellensittiche und Zierfische, Hamster, Meerschweinchen usw.

14 [8] **Schönheitsreparaturen.** Eine allgemeine **Definition** des Begriffs der Schönheitsreparatur liefert § 28 Abs. 4 S. 3 II. BV: „Schönheitsreparaturen umfassen nur das Tapezieren, Anstreichen oder Kalken der Wände und Decken, das Streichen der Fußböden, Heizkörper einschließlich der Heizrohre, der Innentüren sowie der Fenster und Außentüren von innen.". Nicht zu dem Begriff der Schönheitsreparatur gehört der Außenanstrich von Türen und Fenstern (BGH v. 18.2.2009 – VIII ZR 21/08).

15 Ausdrücklich gilt § 28 Abs. 4 S. 3 II. BV nur für den öffentlich geförderten Wohnungsbau, diese Begriffsdefinition wird dennoch ganz allgemein als **Auslegungsrichtlinie** für den Pflichtenumfang zur Ausführung von Schönheitsreparaturen herangezogen; für den Begriff der Schönheitsreparatur ist also auch bei preisfreiem Wohnraum die Definition in § 28 Abs. 4 S. 3 II. BV maßgeblich (BGH v. 30.10.1984 – ARZ 1/84, BGHZ 92, 363, 368). Ungeachtet dessen, können die Mietvertragsparteien allerdings vereinbaren, dass weitere, andere Arbeiten auch zu den Schönheitsreparaturen zählen sollen. Grundsätzlich liegt die Verpflichtung zur Durchführung der Schönheitsreparaturen beim Vermieter und nicht beim Mieter.

16 Eine Überwälzung als Hauptpflicht auf den Mieter durch **Formularklausel** ist möglich, wobei aber die Klauseln nicht gegen §§ 305 ff, insbesondere § 307 verstoßen dürfen. Gemessen am Maßstab des § 307 darf die Klausel dem Mieter keine Renovierungspflichten auferlegen, die über den tatsächlichen Renovierungsbedarf hinausgehen, denn dann würde dem Mieter eine höhere Instandhaltungsverpflichtung aufgebürdet, als der Vermieter dem Mieter im Rahmen des § 535 Abs. 1 schuldet.

17 Der BGH hat in seinem Urteil vom 23.6.2004 (VIII ZR 361/03) ausgeführt, dass der Vermieter kein schützenswertes Interesse hat, den Mieter zur Renovierung der Wohnung zu verpflichten, obwohl ein Renovierungsbedarf tatsächlich nicht besteht. Hinsichtlich der **Renovierungsfristen** sind folgende Grundsätze auszuführen. Zunächst einmal ist zwischen starren und weichen Fristen zu unterscheiden:

- **Weiche Fristen.** Sie liegen vor bei Formulierungen wie „in der Regel" (BGH v. 13.7.2005 – VIII ZR 351/04), „im Allgemeinen" (BGH v. 9.3.2005 VIII ZR 17/04). Lässt in besonderen Ausnahmefälle der Zustand der Wohnung eine Verlängerung der (festen) Fristen zu, ist der Vermieter nach billigem Ermessen verpflichtet, die Fristen des Planes zu verlängern (BGH v. 20.10.2004 – VIII ZR 378/03).
- **Starre Fristen.** Sie hingegen liegen vor, wenn die Fristen allein durch Angabe eines nach Jahren bemessenen Zeitraumes ohne jeden Zusatz bezeichnet sind (BGH v. 5.4.2006 – VIII ZR 178/05).

Wird dem Mieter durch eine mietvertragliche Formularklausel die Ausführung der Schönheitsreparaturen nach einem starren Fristenplan auferlegt, so ist diese unwirksam.

In seiner Entscheidung vom 5.4.2006 hat der BGH folgende Grundsätze zu der Durchführung von Schönheitsreparaturen aufgestellt: 18

- Die Klausel: „Der Mieter ist verpflichtet, die während der Dauer des Mietverhältnisses notwendig werdenden Schönheitsreparaturen ordnungsgemäß auszuführen. Auf die üblichen Fristen wird insoweit Bezug genommen, wie zB: Küchen und Bäder 3 Jahre, Wohn- und Schlafräume 4–5 Jahre, Fenster, Türen und Heizkörper 6 Jahre." ist als starre Klausel zu qualifizieren, da der durchschnittlicher Mieter sie als verbindliche Vorgabe verstehen muss. Aufgrund dessen ist die gesamte die Schönheitsreparaturen betreffende Vertragsbestimmung wegen § 307 Abs. 1 unwirksam.
- Ebenso unwirksam ist die in einem formularmäßigen Mietvertrag enthaltene Klausel, wonach der Mieter verpflichtet ist, bei seinem Auszug alle von ihm angebrachten oder vom Vormieter übernommenen Tapeten zu beseitigen, da diese Maßnahmen unabhängig von der letzten durchgeführten Schönheitsreparatur durchgeführt werden sollten und damit über den tatsächlich erforderlichen Renovierungsbedarf hinausgehen.

Diese ausgeführten Grundsätze gelten gleichermaßen für die Entfernung von Bodenbelägen.

Durch sein Urteil vom 18.10.2006 hat der BGH die Grundsätze, die er zu Renovierungsklauseln mit starren Fristenplänen entwickelt hatte, auf die **Abgeltungsklausel** übertragen. (siehe Urteil des BGH v. 18.10.2006 – VIII ZR 52/06, WuM 2006, 677; weiterführend BGH v. 7.3.2007 – VIII ZR 247/05, WuM 2007, 260 und BGH v. 26.9.2007 – VIII ZR 143/06, WuM 2007, 684). 19

Demgemäß ist eine Abgeltungsklausel mit **„starrer" Abgeltungsquote** nach § 307 unwirksam, wenn diese bei Beendigung des Mietverhältnisses zur Zahlung eines allein vom Zeitablauf abhängigen Anteils an den Kosten für noch nicht fällige Schönheitsreparaturen nach feststehenden Prozentsätzen verpflichtet und ein diesem Kostenanteil entsprechender Renovierungsbedarf aufgrund des tatsächlichen Erscheinungsbildes der Wohnung noch nicht gegeben ist. 20

Mit Beschluss vom 26.9.2007 hat der BGH diese Rechtsprechung nunmehr auch auf die **Quotenklausel mit** so genannten **„weichen Fristen"** ausgeweitet, die nach Auffassung des BGH gegen das Transparenzgebot verstoßen, weil sie für den Mieter nicht erkennen lassen, in welcher Art und Weise die Abrechnung erfolgen wird. Jedoch führt eine unwirksame Quotenabgeltungsklausel nicht zur Unwirksamkeit der Übertragung der Schönheitsreparaturen auf den Wohnungsmieter (BGH v. 18.11.2008 – VIII ZR 73/08). 21

Weiterhin ist zu beachten, dass selbst einzelne unbedenkliche Klauseln im Zusammenspiel mit dazugehörigen unwirksamen Klauseln zu einer Unwirksamkeit des Klauselwerkes insgesamt führen können (sog. **Summierungseffekt**). Ein derartiger Summierungseffekt kann auch dann vorliegen, wenn nur eine der beiden betreffenden Klauseln formularmäßig, die andere dagegen als Individualvereinbarung zustande gekommen ist. Vertiefend hierzu *Lützenkirchen*, WuM 2008, 119–134 Nr. 11.3. 22

Hinzuweisen ist jedoch auf den Beschluss des BGH vom 14.1.2009 (VIII ZR 71/08), wonach bei Zusammentreffen von starren und deshalb unwirksamen Formularklauseln zu Vornahme der laufenden Schönheitsreparaturen und der Endrenovierung durch den Mieter mit einer später bei Einzug individuell vereinbarten Übernahme der Endrenovierungspflicht, die Individualvereinbarung weder der Inhaltskontrolle nach § 307 Abs. 1 S. 1 unterliegt, noch von der Unwirksamkeit der Formularklausel gemäß § 139 erfasst wird. 23

Hinsichtlich **Art, Umfang** und **Qualität der auszuführenden Schönheitsreparaturen** ist auf die allgemeinen schuldrechtlichen Grundsätze zu verweisen. Der Auffassung des BGH (BGH v. 26.5.2006 – VIII ZR 77/03, WuM 2004, 466) zufolge sind die Schönheitsreparaturen stets fachgerecht in mittlerer Art und Güte auszuführen (vgl § 243). Zum Fälligkeitszeitpunkt geschuldet sind demgemäß fachgerecht durchgeführte Schönheitsreparaturen mittlere Qualität. Hinsichtlich der Gestaltung der Räumlichkeiten seitens des Mieters ist darauf abzustellen, ob die Wohnung für einen „mit durchschnittlichem Geschmacksinn behafteten Nachmieter" hin- 24 nehmbar ist. Zum **Schadensersatzanspruch** des Vermieters wegen nicht bzw wegen mangelhaft ausgeführter Schönheitsreparaturen bei Beendigung des Mietverhältnisses siehe BGH-Urteil v. 21.10.2008 – VIII ZR 189/07.

25 [9] Es ist zulässig, **Kleinreparaturen** durch Formularvereinbarung auf den Mieter abzuwälzen. Dabei sind jedoch folgende Einschränkungen zu beachten: Die Klausel darf sich nur auf diejenigen Teile der Mietsache erstrecken, die dem häufigen Zugriff des Mieters ausgesetzt sind. Eine Kleinreparaturklausel in einem Formularmietvertrag über Wohnraum, wonach der Mieter die Kosten von Kleinreparaturen verschuldensunabhängig zu tragen hat, benachteiligt den Mieter unangemessen, wenn sie keinen Höchstbetrag für den Fall enthält, dass innerhalb eines bestimmten Zeitraumes mehrere Kleinreparaturen anfallen (BGH v. 7.6.1989 – VIII ZR 91/88).

26 [10] **Endrenovierungsklauseln** zusätzlich zu der laufenden Schönheitsreparatur sind wegen unangemessener Benachteiligung unwirksam, da in diesem Falle dem Mieter ebenfalls ein Mehr an Instandhaltungs- und Renovierungskosten auferlegt würde, als es der Vermieter schulden bzw selbst durchführen würde (BGH Urteil v. 25.6.2003 – VIII ZR 355/02).

27 Der BGH hat mit Beschluss vom 27.5.2009 (VIII ZR 302/07) nunmehr entschieden, dass bei einer unwirksamen Endrenovierungsklausel der Vermieter einem **Ersatzanspruch wegen ungerechtfertigter Bereicherung** ausgesetzt sein kann, wenn der Mieter im Vertrauen auf die Wirksamkeit der Regelung vor dem Auszug Schönheitsreparaturen ausführt. Der VIII. Senat führt hierzu aus, der Wert der rechtsgrundlos erbrachten Leistung bemesse sich insoweit nach dem Betrag der üblichen, hilfsweise der angemessenen Vergütung für die ausgeführten Renovierungsarbeiten. Dabei sei allerdings zu berücksichtigen, dass Mieter bei der Ausführung von Schönheitsreparaturen regelmäßig von der im Mietvertrag eingeräumten Möglichkeit Gebrauch machen, die Arbeiten in Eigenleistung zu erledigen oder sie durch Verwandte oder Bekannte erledigen zu lassen. In diesem Fall bemesse sich der Wert der Dekorationsleistungen üblicherweise nach dem, was der Mieter billigerweise neben einem Einsatz an freier Zeit als Kosten für das notwendige Material sowie als Vergütung für die Arbeitsleistung seiner Helfer aus dem Verwandten- und Bekanntenkreis aufgewendet hat oder hätte aufwenden müssen. Der **Wert** der erbrachten Leistung ist von dem Gericht gemäß **§ 287 ZPO** zu schätzen.

28 [11] Um zuverlässigen Schutz vor Vollstreckungsakten zu erwirken, erhält der Vermieter die **Kaution** nicht zu seiner freien Verfügung, sondern als treuhänderisch gebundenes Vermögen. Dem Vermieter obliegt gemäß § 551 Abs. 3 die Pflicht, die Sicherheitsleistung getrennt von seinem sonstigen Vermögen bei einem Kreditinstitut zu dem für Spareinlagen mit dreimonatiger Kündigungsfrist üblichen Zinssatz anzulegen. Ein Verstoß gegen diese Vermögensbetreuungspflicht setzt den Vermieter dem Vorwurf einer nach § 266 Abs. 1 StGB strafbaren Untreue aus. Zur Vermögensbetreuungspflicht des Vermieters für Kautionen bei Wohnraum- und Gewerberaummiete siehe vertiefend BGH v. 2.4.2008 – 5 StR 354/07.

B. Gerichtliches Verfahren

29 I. Muster: Klage des Vermieters auf Zahlung rückständigen Mietzinses

▶ An das
Amtsgericht ...[1]

Klage[2]

In Sachen des
Vermieters ...
– Kläger –
Prozessbevollmächtigte: RAe....
gegen

den Mieter ...

– Beklagter –

Prozessbevollmächtigte: RAe ...

wegen: Forderung aus Mietverhältnis

Vorläufiger Streitwert: EUR ...

Namens und in Vollmacht des Klägers erheben wir Klage und werden im Termin zur mündlichen Verhandlung beantragen,

den Beklagten zu verurteilen, an den Kläger ... EUR nebst Zinsen hieraus in Höhe von fünf Prozentpunkten über dem Basiszinssatz seit dem ..., sowie weiteren ... EUR nebst hieraus Zinsen in Höhe von fünf Prozentpunkten über dem Basiszinssatz seit dem ... zu zahlen[3].

Sofern das Gericht das schriftliche Vorverfahren anordnet, wird beantragt,

ein Versäumnisurteil gem. § 331 Abs. 3 ZPO zu erlassen, sofern der Beklagte auf Aufforderung nach § 276 Abs. 1 ZPO nicht rechtzeitig anzeigt, dass er sich gegen die Klage verteidigen will.

Begründung

Ausweislich des schriftlichen Mietvertrages besteht zwischen den Parteien ein Mietverhältnis über die Wohnung ...

Beweis: In beglaubigter Kopie anliegender Mietvertrag vom ...

Der Beklagte hat laut § ... des Mietvertrages monatlich eine Gesamtmiete von ... EUR zu entrichten.

Beweis: wie vor

Seit dem ... hat der Beklagte lediglich einen Teil der Miete in Höhe von ... EUR bezahlt. Für den Monat ... hat der Kläger gar keine Miete mehr erhalten.

Insgesamt ergibt sich somit eine Zahlungspflicht in Höhe von ... EUR.

Der Beklagte wurden mit anwaltlichem Schreiben vom ... letztmalig zur Zahlung der offenen Beträge bis zum ... aufgefordert.

Beweis: Schreiben des Unterzeichners vom ...

Bis zum heutigen Tage hat der Beklagte keinerlei Reaktion gezeigt.

Mithin ist die Erhebung der Klage[4] geboten.

Der geltend gemachte Zinsanspruch steht dem Kläger aus §§ 288, 291 BGB zu.

...

Rechtsanwalt ◀

II. Erläuterungen

[1] **Zuständigkeit.** § 23 Nr. 2 a GVG normiert die ausschließliche **sachliche Zuständigkeit** des Amtsgerichts für Streitigkeiten im Zusammenhang mit einem Wohnraummietverhältnis. Hiervon erfasst werden sämtliche in Frage kommende Ansprüche sowie Streitigkeiten über den Bestand des Mietverhältnisses. Das Bestehen eines Wohnraummietverhältnisses muss zumindest schlüssig behauptet werden (OLG Karlsruhe v. 26.8.2005 – 15 AR 33/05). Liegt kein Wohnraummietverhältnis vor, bestimmt sich die sachliche Zuständigkeit gemäß § 23 Nr. 1 GVG nach dem Streitwert. Bis einschließlich 5.000 EUR ist das Amtsgericht zuständig, bei darüber liegenden Streitwerten das Landgericht gemäß § 71 Abs. 1 GVG. 30

Örtlich zuständig ist gemäß § 29 a Abs. 1 ZPO das Gericht, in dessen Bezirk sich die streitgegenständlichen Räume befinden. Der Gerichtsstand ist ausschließlich. Die örtliche Zuständigkeit eines anderen Gerichts kann daher auch nicht durch rügelose Einlassung gem. § 39 ZPO begründet werden. Ebenfalls unwirksam sind Gerichtsstandvereinbarungen nach § 40 ZPO. 31

32 [2] Für Ansprüche auf rückständigen Mietzins steht der Weg der **Zahlungsklage** offen. Zahlt der Mieter die vereinbarte Miete nicht, so hat der Vermieter auch die Möglichkeit eine außerordentliche fristlose Kündigung unter den Voraussetzungen der §§ 543, 569 Abs. 3 zu erwirken. Sofern gesichert ist, dass der Mieter zumindest über pfändbares Arbeitseinkommen verfügt, sollte bereits die erste nicht gezahlte Miete gerichtlich geltend gemacht werden.

33 [3] Ein klagender Vermieter braucht im Rahmen der **Schlüssigkeit** keine Rechenleistungen darzulegen. Mietzinsen entstehen periodisch. Werden sie für mehrere Mietperioden eingeklagt, handelt es sich sachlich um eine **Klagehäufung**. Zur Zulässigkeit einer solchen Klage sind als Mindestvoraussetzungen die Angabe der streitgegenständlichen Mietperioden und der darauf entfallenden eingeklagten Mietzinsen, (wobei erforderlichenfalls letztere noch in Grundmiete und Betriebskostenvorauszahlung aufzugliedern sind), unverzichtbar, aber auch ausreichend. Dies ist zur Festlegung des Streitgegenstandes und im Hinblick auf die Rechtskraftwirkung des Urteils unabdingbar. Klagen, die diese unverzichtbaren Elementarangaben zu Monat und monatsbezogener Klageforderung nicht enthalten, sind gemäß § 253 Abs. 2 Nr. 2 ZPO unzulässig (Brandenburgisches OLG v. 8.5.2006 – 3 W 18/06).

34 [4] Mit Urteil vom 1.6.2005 (VIII ZR 216/04, WuM 2005, 526) hat der BGH die früher herrschende Meinung bestätigt, dass der **Urkundenprozess** auch bei Wohnraummiete statthaft ist. Der Vermieter von Wohnraum kann nunmehr rückständige Miete gegenüber dem Mieter im Wege des Urkundenprozesses geltend machen, dies gilt auch dann, wenn der Mieter Mängel der Wohnung einwendet (BGH v. 20.12.2006 – VIII ZR 112/06, WuM 2007, 82).

§ 536 Mietminderung bei Sach- und Rechtsmängeln

(1) [1]Hat die Mietsache zur Zeit der Überlassung an den Mieter einen Mangel, der ihre Tauglichkeit zum vertragsgemäßen Gebrauch aufhebt, oder entsteht während der Mietzeit ein solcher Mangel, so ist der Mieter für die Zeit, in der die Tauglichkeit aufgehoben ist, von der Entrichtung der Miete befreit. [2]Für die Zeit, während der die Tauglichkeit gemindert ist, hat er nur eine angemessen herabgesetzte Miete zu entrichten. [3]Eine unerhebliche Minderung der Tauglichkeit bleibt außer Betracht.

(2) Absatz 1 Satz 1 und 2 gilt auch, wenn eine zugesicherte Eigenschaft fehlt oder später wegfällt.

(3) Wird dem Mieter der vertragsgemäße Gebrauch der Mietsache durch das Recht eines Dritten ganz oder zum Teil entzogen, so gelten die Absätze 1 und 2 entsprechend.

(4) Bei einem Mietverhältnis über Wohnraum ist eine zum Nachteil des Mieters abweichende Vereinbarung unwirksam.

A. Vorgerichtliches Verfahren

1 **I. Muster: Mängelanzeige durch den Mieter[1]**

▶ ■■■

(Rechtsanwalt)

an

■■■

(Vermieter)

Sehr geehrter ■■■,

hiermit zeigen wir an, dass uns ■■■ (Mieter) mit der Wahrnehmung seiner berechtigten Interessen betraut hat. Ordnungsgemäße Bevollmächtigung wird anwaltlich versichert.

In der von unserem Mandanten am ■■■ angemieteten Wohnung ■■■ sind folgende Mängel[2] aufgetreten: ■■■ (Aufzählung der Mängel unter exakter Bezeichnung der Mangelart und der Lage in der Wohnung).

Rein vorsorglich ist darauf hinzuweisen, dass die vorstehenden Mängel nicht von unserem Mandanten zu vertreten sind. Die Gebrauchstauglichkeit des Mietobjekts wird durch diese Mängel aber nicht unerheblich beeinträchtigt.

Hiermit fordern wir Sie auf, die vorgenannten Mängel in einer Frist von 14 Tagen, mithin bis zum ■■■ zu beheben. Sollte Sie die Mängel nicht innerhalb dieser Frist beheben, so wird meine Mandantschaft die Beseitigung der Mängel auf Ihre Kosten vornehmen lassen.

Das Recht zur Minderung behält unser Mandant sich vor.[3]

■■■

Rechtsanwalt ◄

II. Erläuterungen

[1] Gegenstände der **Mieterberatung** in der oben dargestellten Situation sind Minderungsmöglichkeit, Minderungsquote, Mangelbeseitigung und Zurückbehaltungsrecht. 2

Der Schwerpunkt der **Vermieterberatung** in der vorgenannten Situation ist die Abwehr von Mängelansprüchen der Mieter. Hier ist eine schnelle Reaktion angezeigt, damit der Mieter nicht weiter mindert oder den Mangel selbst behebt und der Vermieter die Einwirkungsmöglichkeit auf die Reparaturkosten verliert. 3

[2] Ein **Mangel** der Mietsache liegt bei einem Fehler vor, der die Tauglichkeit der Sache zum vertragsgemäßen Gebrauch aufhebt (§ 536 Abs. 1 S. 1) oder nicht bloß unerheblich (Abs. 1 S. 3) mindert (Abs. 1 S. 2) (vgl Hk-BGB/*Ebert*, § 536 Rn 9). Diese Definition des Sachmangels stellt auf die Vereinbarungen der Vertragsparteien ab, so dass im Mietrecht ein subjektiver Fehlerbegriff gilt (hierzu BGH v. 6.10.2004 – VIII ZR 355/03, WuM 2004, 715). Als Fehler können sowohl tatsächliche Umstände als auch rechtliche Verhältnisse in Bezug auf die Mietsache in Betracht kommen. 4

[3] **Rechte des Mieters bei Mängeln der Mietsache.** Die **Mietminderung** tritt **kraft Gesetzes** ein. Demgemäß bedarf es keiner rechtsgestaltenden Erklärung des Mieters. Allerdings kann der Vermieter dem Mieter unter Umständen den **Einwand der Verwirkung** entgegenhalten (hierzu LG Berlin v. 8.11.2002 – 65 S 275/02, GE 2003, 254). 5

Ist der Mietzins für einen bestimmten Zeitraum schon entrichtet, kann sich der Mieter grundsätzlich auch noch rückwirkend auf die Minderung berufen, sofern nicht ein **Ausschlusstatbestand** eingreift. Eine Rückforderung kann unter anderem wegen § 536 b oder wegen § 536 c Abs. 2 Nr. 1 ausgeschlossen sein (Schmidt-Futterer/*Eisenschmid*, § 536 Rn 322). 6

Die **Höhe der Minderungsquote** bemisst sich nach den Umständen des Einzelfalles und wird in der Praxis in aller Regel in Prozenten ausgedrückt. Zur Berechnung der Mietminderung sind maßgeblich: Art und Umfang der Beeinträchtigung für den vertragsgemäßen Gebrauch, zeitlicher Umfang des Mangels, Jahreszeit, baulicher oder optischer Mangel, flächenmäßiger oder quantitativer Anteil der vom Mangel betroffenen Räume (siehe hierzu die Mietminderungstabellen in *Hannemann/Wiek/Emmert*, Handbuch des Mietrechts, § 21 Rn 106 ff und § 21 Rn 334). Berechnungsgrundlage ist nach hA die Bruttomiete (BGH v. 6.4.2005 – XII ZR 255/03, WuM 2005, 384). Probleme können in der Konstellation auftreten, wenn der Vermieter mit dem Mieter eine Nettomiete mit Vorauszahlungen auf kalte Betriebskosten und Heizung bzw Heizung und Warmwasser vereinbart hat (hierzu ausführlich siehe Schmidt-Futterer/*Ei-* 7 *senschmid*, § 536 Rn 350–361) Zuviel gezahlte Miete kann unter den Voraussetzungen des § 812 Abs. 1 Alt. 1 zurückgefordert werden.

8 Das **Recht zur Zurückbehaltung** an der Miete gemäß § 320 bis zur vollständigen Beseitigung des Mangels, besteht neben dem Recht auf Mietminderung (BGH v. 7.5.1982 – V ZR 90/81, BGHZ 84, 42). Dies gilt unstreitig für Mietverträge, die nach dem 1.9.2001 abgeschlossen wurden.

9 Problematisch ist die Rechtslage jedoch bei Verträgen, die vor dem 31.8.2001 abgeschlossen wurden. Hier ist eine differenzierte Betrachtungsweise geboten, da aufgrund der Regelung des § 556 b Abs. 1 (auf Gewerberaummietverträge über § 579 Abs. 2 anwendbar) die Miete kraft Gesetzes vorschüssig zu zahlen ist (hierzu Schmidt-Futterer/*Eisenschmid*, § 536 Rn 379–391).

10 Weiterhin kann der Mieter nach § 536 a **Schadensersatz** verlangen. Ebenfalls steht es dem Mieter zu, den Mangel selbst beheben zu lassen und unter den Voraussetzungen des § 536 a Abs. 2 **Aufwendungsersatz** zu verlangen. Schließlich hat der Mieter bei nicht unerheblichen Sach- oder Rechtsmängeln ein **Recht zu fristlosen Kündigung** (§ 543 Abs. 2 Nr. 1, 569 Abs. 1).

B. Gerichtliches Verfahren

11 I. Muster: Klage des Mieters auf Beseitigung eines Sachmangels

▶ An das Amtsgericht[1] ...

Klage[2]

In Sachen

des Mieters ...

– Kläger –

Prozessbevollmächtigte: RAe ...

gegen

den Vermieter ...

– Beklagter –

Prozessbevollmächtigte: RAe ...

wegen: Mängelbeseitigung

Vorläufiger Streitwert: ... EUR

Namens und im Auftrage des Klägers erheben wir Klage und werden im Termin zur mündlichen Verhandlung beantragen:

Die Beklagten zu verurteilen, in der von der Klägerin angemieteten Wohnung ... folgende Mängel zu beseitigen:[3]

1. ...[4]
2. ...

Sofern das Gericht das schriftliche Vorverfahren anordnet, wird beantragt,

ein Versäumnisurteil gem. § 331 Abs. 3 ZPO zu erlassen, sofern der Beklagte auf Aufforderung nach § 276 Abs. 1 ZPO nicht rechtzeitig anzeigt, dass er sich gegen die Klage verteidigen will.

Begründung

Der Kläger ist ausweislich des Mietvertrages vom ... Mieter der streitgegenständlichen Räumlichkeiten.

Beweis: Mietvertrag vom ...

Während dem Mietverhältnis sind in der von dem Beklagten vermieteten Wohnung die folgenden Mängel aufgetreten:

1. ...

2. ...

Beweis: Zeugnis des Handwerkers, Sachverständigengutachten[5]

Mit Schreiben vom ... setzte der Kläger den Beklagten von den vorliegenden Mängeln in Kenntnis. Dieses Schreiben ist der Beklagten am ... zugegangen.

Beweis: Schreiben vom ...

Die mit anwaltlichem Schreiben vom ... gesetzte vorprozessuale Abhilfefrist zum ... ließ der Beklagte ungenutzt verstreichen.

Beweis: Anwaltliches Schreiben vom ...

Da der Beklagte bis zum heutigen Tage keinerlei Anstalten unternimmt, die bezeichneten Mängel zu beseitigen, ist die Erhebung der Klage geboten.

...

Rechtsanwalt ◄

II. Erläuterungen

[1] § 23 Nr. 2 a GVG normiert die ausschließliche **sachliche Zuständigkeit** des Amtsgerichts für Streitigkeiten im Zusammenhang mit einem Wohnraummietverhältnis. Liegt kein Wohnraummietverhältnis vor, bestimmt sich die sachliche Zuständigkeit gemäß § 23 Nr. 1 GVG nach dem Streitwert. **Örtlich zuständig** ist gemäß § 29 a Abs. 1 ZPO das Gericht, in dessen Bezirk sich die streitgegenständlichen Räume befinden. 12

[2] Weigert sich der Vermieter die angezeigten Mängel zu beseitigen, so hat der Mieter die Möglichkeit, die Mangelbehebung neben der Mietminderung und dem Zurückbehaltungsrecht entweder im Wege der Ersatzvornahme selbst durchzuführen oder den Vermieter auf Mängelbeseitigung in Anspruch zu nehmen. Sind jedoch die erforderlichen Aufwendungen für die Beseitigung eines Mangels einer Wohnung unverhältnismäßig hoch und übersteigen somit die **„Opfergrenze" des Vermieters**, endet die Verpflichtung des Vermieters und kann der Mieter vom Vermieter nicht mehr die Mängelbeseitigung verlangen (BGH v. 20.7.2005 – VIII ZR 342/03; BGH VIII ZR 205/89, WuM 1990, 546). Wann diese Zumutbarkeitsgrenze überschritten ist, ist von Fall zu Fall unter Berücksichtigung der beiderseitigen Interessen zu ermitteln (OLG Karlsruhe WuM 1995, 207 f). Es darf kein krasses Missverhältnis entstehen zwischen dem Reparaturaufwand einerseits und dem Nutzen der Reparatur für den Mieter sowie den Wert des Mietobjekts andererseits. Grundsätzlich steht dem Verlangen der Mängelbeseitigung nicht entgegen, dass der Vermieter einer Eigentumswohnung die Zustimmung anderer Wohnungseigentümer herbeizuführen hat (BGH v. 20.7.2005 – VIII ZR 342/03). Hinzuweisen ist noch auf den Umstand, dass eine Mängelbeseitigungsklage häufig langwierig ist und im Regelfall der Mangel während der Verfahrensdauer abgestellt werden muss. Besonders eilige Mängel können im Wege der **einstweiligen Verfügung** geltend gemacht werden. 13

[3] Die Klage kann sich grundsätzlich nur auf die Beseitigung der im Einzelnen zu bezeichnenden Mängel richten, da die **Art und Weise der Mängelbeseitigung Sache des Vermieters** ist, es sei denn, es kommt lediglich eine Art der Mängelbeseitigung in Betracht. Kommt der Vermieter der im Urteil titulierten Pflicht nicht nach, müsste die Vollstreckung gemäß § 887 ZPO durchgeführt werden. Nach § 887 ZPO ist der Gläubiger von dem Prozessgericht auf Antrag zu ermächtigen, auf Kosten des Schuldners die Handlung vornehmen zu lassen. Hier nun muss der vollstreckende Mieter die seiner Ansicht nach erforderlichen Einzelmaßnahmen genau bezeichnen, damit das Prozessgericht einen entsprechenden Ermächtigungsbeschluss erlassen kann. 14

Insofern geht also in diesem Moment die **Konkretisierung der Handlung** auf den **Mieter** über. Bei der Mängelbeseitigung handelt es sich in der Regel um eine **vertretbare Handlung** im Sinne des § 887 ZPO.

15 [4] **Klageantrag.** Wichtig ist die besonders exakte Fassung des Klageantrages (genaue Definition und Lage des Mangels), damit später die Zwangsvollstreckung aus dem Titel möglich ist.

16 [5] Die **Beweislast** für Mängel liegt bei dem Mieter, dh der Mieter hat darzulegen und zu beweisen, dass der Mangel während der Dauer des Mietverhältnisses entstanden ist oder die Mietsache bereits bei Beginn des Mietverhältnisses mangelhaft war. Deshalb ist es essentiell, die Mängel genau zu dokumentieren und Art und Dauer ggf unter Zuhilfenahme von Zeugen festzuhalten.

§ 536 a Schadens- und Aufwendungsersatzanspruch des Mieters wegen eines Mangels

(1) Ist ein Mangel im Sinne des § 536 bei Vertragsschluss vorhanden oder entsteht ein solcher Mangel später wegen eines Umstands, den der Vermieter zu vertreten hat, oder kommt der Vermieter mit der Beseitigung eines Mangels in Verzug, so kann der Mieter unbeschadet der Rechte aus § 536 Schadensersatz verlangen.

(2) Der Mieter kann den Mangel selbst beseitigen und Ersatz der erforderlichen Aufwendungen verlangen, wenn

1. der Vermieter mit der Beseitigung des Mangels in Verzug ist oder

2. die umgehende Beseitigung des Mangels zur Erhaltung oder Wiederherstellung des Bestands der Mietsache notwendig ist.

A. Vorgerichtliches Verfahren

1 **I. Muster: Geltendmachung eines Aufwendungsersatzanspruchs durch den Mieter**

▶ ▪▪▪ (Rechtsanwalt)

an

▪▪▪ (Vermieter)

Betreff: Aufwendungsersatz[1], [2]

Sehr geehrter ▪▪▪,

hiermit zeigen wir an, dass uns ▪▪▪ (Mieter) mit der Wahrnehmung seiner berechtigten Interessen beauftragt hat. Ordnungsgemäße Bevollmächtigung wird anwaltlich versichert.

Wie Ihnen unsere Mandantschaft bereits mit Schreiben vom ▪▪▪ mitgeteilt hat, weisen die von Ihnen vermieteten Räumlichkeiten im Hause ▪▪▪ (Adresse, Stockwerk) die folgenden Mängel auf:[3], [4]

1. ▪▪▪
2. ▪▪▪

Nachdem Sie die Ihnen gesetzte Frist zur Mangelbeseitigung zum ▪▪▪ haben ungenutzt verstreichen lassen, sahen sich meine Mandanten gezwungen, die erforderliche Mangelbeseitigung selbst durchführen zu lassen. Die dazu erforderlichen Kosten geben wir Ihnen hiermit auf. Wie Sie aus den beigefügten Rechnungskopien ersehen können, sind die folgenden Kosten entstanden:

■■■

Sie schulden unserer Mandantschaft daher den aus der Berechnung ersichtlichen Gesamtbetrag i. H. v. ■■■ EUR.

Mit freundlichen Grüßen

■■■

Rechtsanwalt ◄

II. Erläuterungen

[1] § 536 a regelt die Anspruchsgrundlagen für Schadens- und Aufwendungsersatzansprüche des Mieters bei Sach- und Rechtsmängeln. Hat der Mieter einen Mangel im Sinne von § 536 a Abs. 1 beseitigt, so kann er gemäß § 536 a Abs. 2 vom Vermieter den Ersatz der für die Beseitigung **erforderlichen Aufwendungen** verlangen. Dies gilt jedoch nur dann, soweit die Aufwendungen zur Erhaltung oder ordnungsgemäßen Bewirtschaftung der Wohnung objektiv erforderlich sind. 2

[2] **Aufwendungsersatz.** Da es grundsätzlich dem Vermieter obliegt, für einen vertragsgemäßen Zustand der Wohnung zu sorgen, und der Mieter im Rahmen seiner Obhutspflicht grundsätzlich nur zur Anzeige der Gefahr oder des Mangels verpflichtet ist, trifft den Vermieter nur dann eine Pflicht zum Aufwendungsersatz, wenn der Vermieter mit der Beseitigung des Mangels in Verzug ist (§ 536 a Abs. 2 Nr. 2) oder die umgehende Beseitigung des Mangels zur Erhaltung der Wiederherstellung des Bestandes der Mietsache notwendig ist (§ 536 a Abs. 2 Nr. 2). Unter § 536 a Abs. 1 Nr. 2 fallen nur Notmaßnahmen, die keinerlei Aufschub dulden und daher von dem Mieter auch ohne vorherige Mahnung vorgenommen werden dürfen, so zum Beispiel bei einem Hausbrand, Rohrbruch, Heizungsausfall (BT-Drucks. 14/4553, S. 41; BGH v. 20.1.1993 – VIII ZR 22/92). 3

[3] **Normstruktur.** Voraussetzung für die Ansprüche aus § 536 a ist jeweils das Vorhandensein eines Mangels im Sinne des § 536. § 536 a Abs. 1 Alt. 1 statuiert eine **verschuldensunabhängige Garantiehaftung des Vermieters** für bei Vertragsschluss vorhandene, anfängliche Mängel. Hierfür genügt, dass die Ursache für die spätere schädigende Handlung bei Vertragsschluss bereits in der Mietsache angelegt war. Eine Erkennbarkeit des Mangels oder gar der Eintritt der schädigenden Wirkung bei Vertragsschluss ist nicht erforderlich, vielmehr genügt, dass die Ursache für die spätere schädigende Handlung zu diesem Zeitpunkt bereits in der Mietsache angelegt war (Hk-BGB/*Ebert*, § 536 a Rn 6). 4

[4] Die **Beweislast** für das Vorhandensein eines anfänglichen Mangels liegt hier beim **Mieter** (Zur Begrenzung der Haftung durch Formularklausel, Ausschluss der Haftung siehe *Kinne/Schach/Bieber*, Miet- und Mietprozessrecht, § 536 a Rn 1). Im Verhältnis zu den allgemeinen Vorschriften verdrängt § 536 a Abs. 1 die Regelung des § 311 a erst nach Übergabe der Mietsache (vgl BGH v. 18.6.1997 – XII ZR 192/95, BGHZ 136, 102). 5

§ 536 a Abs. 1 Alt. 2 regelt den Fall, dass nach Vertragsschluss infolge eines vom Vermieter zu vertretenen Umstandes ein Mangel entsteht, also die **Verschuldenshaftung des Vermieters.** Das Verschulden des Vermieters ist zu bejahen bei eigener Verantwortlichkeit im Sinne von § 276 oder bei Verantwortlichkeit für Dritte im Sinne des § 278. Hierbei sind die allgemeinen Grundsätze zu § 280 Abs. 1 heranzuziehen. Zur Beweislast hierbei und der Möglichkeit einer Beweislastumkehr zu Lasten des Vermieters, wenn die Schadensursache im Herrschafts- und Einflussbereich des Vermieters gesetzt wurde (siehe BGH v. 25.1.2006 – VIII ZR 223/04, NJW 2006, 1061). 6

7 Von § 536 a Abs. 1 Alt. 3 erfasst ist der Fall, dass der Vermieter mit der Beseitigung eines Mangels in Verzug ist. Diese **Verzugshaftung** setzt grundsätzlich eine Mahnung des Mieters im Sinne von § 286 Abs. 1 voraus; die bloße Mängelanzeige gemäß § 536 c genügt nicht (Palandt/*Weidenkaff*, § 536 a Rn 12).

B. Gerichtliches Verfahren

I. Aufwendungsersatz

8 **1. Muster: Klage auf Aufwendungsersatz**

▶ An das Amtsgericht[1] ▪▪▪

Klage

in Sachen

des Mieters ▪▪▪

– Kläger –

Prozessbevollmächtigte: RAe ▪▪▪

gegen

den Vermieter ▪▪▪

– Beklagter –

Prozessbevollmächtigte: RAe ▪▪▪

wegen: Aufwendungsersatz

Streitwert: ▪▪▪ EUR

Namens und im Auftrage des Klägers erheben wir Klage und werden im Termin zur mündlichen Verhandlung beantragen,

den Beklagten zu verurteilen, an den Kläger ▪▪▪ EUR nebst hieraus Zinsen in Höhe von fünf Prozentpunkten über dem Basiszinssatz seit dem ▪▪▪ zu zahlen.

Sofern das Gericht das schriftliche Vorverfahren anordnet, wird beantragt,

ein Versäumnisurteil gemäß § 331 Abs. 3 ZPO zu erlassen, sofern der Beklagte auf Aufforderung nach § 276 Abs. 1 ZPO nicht rechtzeitig anzeigt, dass er sich gegen die Klage verteidigen will.

Begründung

Ausweislich des schriftlichen Mietvertrages vom ▪▪▪ besteht zwischen den Parteien ein Mietverhältnis über die Wohnung ▪▪▪

Beweis: Schriftlicher Mietvertrag vom ▪▪▪

Seit dem ▪▪▪ sind in der von dem Kläger angemieteten Wohnung die folgenden Mängel[2] aufgetreten:

1. ▪▪▪
2. ▪▪▪

Beweis: Zeugnis des Handwerkers, Sachverständigengutachten

Mit Schreiben vom ▪▪▪ setzte der Kläger den Beklagten von dem Vorliegen der Mängel in Kenntnis.

Beweis: Schreiben vom ▪▪▪

Die mit Schreiben des Unterzeichners gesetzte Abhilfefrist ließ der Beklagte ungenutzt verstreichen.[3]

Beweis:[4] Anwaltliches Schreiben vom ▪▪▪

Nachdem der Beklagte die anwaltlich gesetzte Frist ungenutzt hat verstreichen lassen, sah sich der Kläger gezwungen, die erforderliche Mängelbeseitigung selbst durchführen zu lassen.

Hierzu beauftragte er am ▪▪▪ Handwerker ▪▪▪

Ausweislich der Rechnung des Handwerkers … entstanden hierbei Kosten in Höhe von …

Beweis: Rechnung von Handwerker vom …

Der Beklagte schuldet dem Kläger somit einen Gesamtbetrag von … EUR.

Der Erhebung der Klage ist mithin geboten.

Der geltend gemachte Zinsanspruch steht dem Kläger aus §§ 288, 291 BGB zu.

…

Rechtsanwalt ◀

2. Erläuterungen

[1] § 23 Nr. 2 a GVG normiert die ausschließliche **sachliche Zuständigkeit** des Amtsgerichts für Streitigkeiten im Zusammenhang mit einem Wohnraummietverhältnis. Liegt kein Wohnraummietverhältnis vor, bestimmt sich die sachliche Zuständigkeit gemäß § 23 Nr. 1 GVG nach dem Streitwert. **Örtlich zuständig** ist gemäß § 29 a Abs. 1 ZPO das Gericht, in dessen Bezirk sich die streitgegenständlichen Räume befinden. 9

[2] Zur Unterscheidung von verschuldensunabhängiger Garantiehaftung, Verschuldenshaftung und Verzugshaftung siehe die Erläuterungen zu § 536 a Rn 4 ff. 10

[3] **Voraussetzung** für den **Aufwendungsersatzanspruch** des Mieters ist ein bestehender fälliger Mängelbeseitigungsanspruch, den der Vermieter trotz Mahnung nicht erfüllt. Dieser ist ausgeschlossen, wenn sich der Mieter im Annahmeverzug befindet. Zur Begründung des Annahmeverzuges ist ein Leitungsangebot im Sinne des § 294 erforderlich. Der Anspruch des Mieters auf Aufwendungsersatz verjährt gemäß § 548 in sechs Monaten nach Rückgabe der Mietsache. 11

[4] Die **Darlegungs- und Beweislast** für sämtliche anspruchsbegründende Umstände liegt grundsätzlich bei dem **Mieter** (jurisPK-BGB/*Münch*, § 536 a Rn 37). Der **Vermieter** hingegen ist darlegungs- und beweispflichtig für durchgeführte Mängelbeseitigung oder fehlende Ursächlichkeit (siehe hierzu jurisPK-BGB/*Münch*, § 536 a Rn 37–40). Nach dem Urteil des BGH vom 15.3.2006 (VIII ZR 223/04) muss der Mieter das Verschulden des Vermieters jedoch nicht beweisen, wenn die Ursache für den Mangel im Verantwortungsbereich des Vermieters liegt. Ist beispielsweise eine Schimmelbildung unstreitig, hat der Vermieter darzulegen und zu beweisen, dass diese nicht auf der Bausubstanz beruht. Ggf empfiehlt es sich, ein selbständiges Beweisverfahren gemäß § 485 Abs. 2 ZPO einzuleiten. 12

II. Schadensersatz

1. Muster: Klage auf Schadensersatz 13

▶ An das Amtsgericht …[1] 383

Klage

in Sachen

des Mieters …

– Kläger –

Prozessbevollmächtigte: RAe …

gegen

den Vermieter …

– Beklagter –

Prozessbevollmächtigte: RAe …

wegen: Schadensersatz[2]

Vorläufiger Streitwert: … EUR

Namens und im Auftrage des Klägers erheben wir Klage und werden im Termin zur mündlichen Verhandlung beantragen,

den Beklagten zu verurteilen, an den Kläger ... EUR nebst hieraus Zinsen in Höhe von fünf Prozentpunkten über dem Basiszinssatz seit dem ... zu zahlen.

Sofern das Gericht das schriftliche Vorverfahren anordnet, wird beantragt,

ein Versäumnisurteil gemäß § 331 Abs. 3 ZPO zu erlassen, sofern der Beklagte auf Aufforderung nach § 276 Abs. 1 ZPO nicht rechtzeitig anzeigt, dass er sich gegen die Klage verteidigen will.

Begründung

Ausweislich des schriftlichen Mietvertrages vom ... besteht zwischen den Parteien ein Mietverhältnis über die von dem Beklagten vermietete, vom Kläger gemietete Wohnung ...

Beweis: Schriftlicher Mietvertrag vom ...

Seit dem ... sind in der von dem Kläger angemieteten Wohnung die folgenden Mängel aufgetreten:

1. ...
2. ...

Beweis: Zeugnis des Handwerkers, Sachverständigengutachten

Mit Schreiben vom ... setzte der Kläger den Beklagten von dem Vorliegen der Mängel in Kenntnis.[3]

Beweis: Schreiben vom ...

Die mit anwaltlichem Schreiben gesetzte Abhilfefrist ließ der Beklagte ungenutzt verstreichen.

Beweis: Anwaltliches Schreiben vom ...

Ebenfalls entstanden dem Kläger Arztkosten in Höhe von ... EUR da er sich aufgrund von allergischen Reaktionen, die aufgrund des Schimmelbefalls auftraten, ärztlich behandeln lassen musste.[4]

Beweis: Rechnung vom ...

Der Beklagte schuldet dem Kläger somit einen Gesamtbetrag von ... EUR.

Die Erhebung der Klage war mithin geboten.

Der geltend gemachte Zinsanspruch steht dem Kläger aus §§ 288, 291 BGB zu.

...

Rechtsanwalt ◄

2. Erläuterungen

14 [1] **Zuständigkeit.** § 23 Nr. 2 a GVG normiert die ausschließliche **sachliche Zuständigkeit** des Amtsgerichts für Streitigkeiten im Zusammenhang mit einem Wohnraummietverhältnis. Liegt kein Wohnraummietverhältnis vor, bestimmt sich die sachliche Zuständigkeit gemäß § 23 Nr. 1 GVG nach dem Streitwert. **Örtlich zuständig** ist gemäß § 29 a Abs. 1 ZPO das Gericht, in dessen Bezirk sich die streitgegenständlichen Räume befinden.

15 [2] **Anspruch auf Schadensersatz.** Ist die Sache mangelhaft, hat der Mieter in folgenden Fällen einen Anspruch auf Schadensersatz:

- wenn ein Sach- oder Rechtsmangel oder das Fehlen einer zugesicherten Eigenschaft im Sinne des § 536 bereits bei Vertragsschluss vorlag (sog. Garantiehaftung)
- wenn ein solcher Mangel nach Vertragsabschluss entsteht und der Vermieter ihn zu vertreten hat,
- wenn der Vermieter mit der Beseitigung des Mangels in Verzug ist (MüKo-BGB/*Häublein*, § 536 a Rn 5).

16 [3] Kommt der Mieter seiner Pflicht zur **Anzeige des Mangels** gemäß § 536 c nicht nach, entfällt ein Schadensersatzanspruch, soweit der Vermieter infolge der fehlenden Anzeige nicht Abhilfe schaffen konnte (Schmidt-Futterer/*Eisenschmid*, § 536 a Rn 37).

[4] **Umfang der Schadensersatzpflicht.** Von der Schadensersatzpflicht umfasst ist das positive Interesse des Mieters sowie aller sonstigen in den Schutzbereich einbezogenen Personen. In den Schutzbereich des Mietvertrages mit einbezogen sind auch Angestellte und Arbeitnehmer des Unternehmers, nicht hingegen gelegentliche Besucher (jurisPK-BGB/*Münch*, § 536 a Rn 32). Zu ersetzen sind somit auch alle Mangelfolgeschäden und sonstigen Begleitschäden, die über das reine Erfüllungsinteresse hinausgehen, wie Gesundheitsschäden oder Schäden an vom Mieter eingebrachten Sachen (Schmidt-Futterer/*Eisenschmid*, § 536 a Rn 80). Der Schadensanspruch unterliegt gemäß § 195 der dreijährigen **Verjährung**. 17

§ 536 b Kenntnis des Mieters vom Mangel bei Vertragsschluss oder Annahme

[1]Kennt der Mieter bei Vertragsschluss den Mangel der Mietsache, so stehen ihm die Rechte aus den §§ 536 und 536 a nicht zu. [2]Ist ihm der Mangel infolge grober Fahrlässigkeit unbekannt geblieben, so stehen ihm diese Rechte nur zu, wenn der Vermieter den Mangel arglistig verschwiegen hat. [3]Nimmt der Mieter eine mangelhafte Sache an, obwohl er den Mangel kennt, so kann er die Rechte aus den §§ 536 und 536 a nur geltend machen, wenn er sich seine Rechte bei der Annahme vorbehält.

A. Muster: Klage auf Zahlung des Mietzinses wegen unberechtigter Mietminderung aufgrund Kenntnis vom Mangel 1

► An das Amtsgericht[1] ...

384

Klage

in Sachen

des Vermieters ...

– Kläger –

Prozessbevollmächtigte: ...

gegen

den Mieter ...

– Beklagter –

Prozessbevollmächtigte

wegen: Mietzahlung

Streitwert: ...

Namens und im Auftrage des Klägers erheben wir Klage und werden im Termin zur mündlichen Verhandlung beantragen

1. Den Beklagten zu verurteilen, an den Kläger ... EUR nebst hieraus Zinsen in Höhe von fünf Prozentpunkten über dem Basiszinssatz seit dem ... zu zahlen.
2. Festzustellen, dass der Beklagte nicht dazu berechtigt war, die für die von ihm angemietete Wohnung ... zu entrichtende Miete zu mindern.

Begründung

Zwischen den Parteien besteht ein Mietvertrag seit dem ... für die streitgegenständliche Wohnung. Ausweislich § ... des Mietvertrages vom ... hat der Beklagte monatlich eine Miete von ... EUR an den Kläger zu entrichten.

Beweis: Mietvertrag vom ▪▪▪

Seit dem ▪▪▪ hat der Beklagte lediglich einen Teil der Miete in Höhe von ▪▪▪ EUR bezahlt.

Es sind daher die folgenden Beträge noch offen:

1. ▪▪▪
2. ▪▪▪

Mit Schreiben vom ▪▪▪ teilte der Beklagte mit, es bestünde ein Minderungsrecht in Höhe von ▪▪▪%, da zwischenzeitlich in der Wohnung die folgenden Mängel aufgetreten seien:

1. ▪▪▪
2. ▪▪▪

Tatsächlich sind die aufgeführten Mängel jedoch dem Beklagten bereits bei Vertragsschluss bekannt gewesen.[2]

Beweis:[3] Übergabeprotokoll vom ▪▪▪[4]

Das behauptete Minderungsrecht besteht somit nicht, da dem Beklagten gemäß § 536 b BGB aufgrund positiver Kenntnis des Mangels bei Vertragsschluss die Rechte aus den §§ 536 und 536 a nicht zustehen.[5]

Der Beklagte wurde mit anwaltlichem Schreiben am ▪▪▪ letztmalig zur Zahlung der offenen Beträge aufgefordert.

Beweis: Schreiben des Unterzeichners vom ▪▪▪

Da er dieser Aufforderung bis zum heutigen Tage nicht nachkam, war die Erhebung der Klage geboten.

Der geltend gemachte Zinsanspruch steht dem Kläger aus §§ 288, 291 BGB zu.

▪▪▪

Rechtsanwalt ◄

B. Erläuterungen

2 [1] **Zuständigkeit.** § 23 Nr. 2 a GVG normiert die ausschließliche **sachliche Zuständigkeit** des Amtsgerichts für Streitigkeiten im Zusammenhang mit einem Wohnraummietverhältnis. Liegt kein Wohnraummietverhältnis vor, bestimmt sich die sachliche Zuständigkeit gemäß § 23 Nr. 1 GVG nach dem Streitwert. **Örtlich zuständig** ist gemäß § 29 a Abs. 1 ZPO das Gericht, in dessen Bezirk sich die streitgegenständlichen Räume befinden.

3 [2] **Normstruktur.** Die Ausschlusswirkung des § 536 b liegt vor bei positiver Kenntnis eines Mangels bei Abschluss des Vertrages (§ 536 b S. 1), grob fahrlässiger Unkenntnis bei Abschluss des Vertrages, ohne dass der Vermieter den Mangel arglistig verschwiegen hat (§ 536 b S. 2) oder bei Kenntnis des Mangels und vorbehaltsloser Übergabe (§ 536 b S. 3). **Kenntnis** im Sinne des § 536 b ist gegeben, wenn der Mieter zum Zeitpunkt des Vertragsschlusses oder zum Zeitpunkt der Vertragsverlängerung positive Kenntnis von dem Mangel oder den ihn begründenden Umständen hatte. Bei mehreren Mietern ist die positive Kenntnis eines Mieters ausreichend (vgl BGH v. 1.12.1971 – VIII ZR 88/70).

4 Ob § 536 b analog auf den **Fall der vorbehaltslosen Weiterzahlung der Miete** bei nachträglich vom Mieter erkannten Mängeln angewendet werden kann, war lange umstritten. Der VIII. Senat des BGH hat jedoch mit Urteil vom 16.7.2003 (VIII ZR 274/02) entschieden, dass die Rechtsprechung zu § 539 aF nicht auf § 536 b übertragbar ist. Eine analoge Anwendung des § 536 b auf später erkannte Mängel scheidet in Ermangelung einer planwidrigen Regelungslücke aus, da dieser Fall von § 536 c erfasst ist (BT-Drucks. 14/4553 S. 41).

5 Demgemäß beurteilt sich die Frage, ob und in welchem Umfang ein Mieter wegen eines Mangels der Wohnung mindern kann, ausschließlich nach § 536 c. Seit Inkrafttreten des Mietrechtsreformgesetzes am 1.9.2001 kommt ein Verlust des Minderungsrechts bei vorbehaltsloser Fort-

zahlung der Miete nur noch unter den engen Voraussetzungen der **Verwirkung** oder des **stillschweigenden Verzichts** in Betracht.

Grobe Fahrlässigkeit liegt vor, wenn der Mieter die erforderliche Sorgfalt bei Vertragsschluss in ungewöhnlich hohem Maße verletzt und dasjenige unbeobachtet lässt, was im gegebenen Fall jedem hätte einleuchten müssen; mithin also ein Zustand, bei dem sich das Vorliegen eines Mangels geradezu aufdrängen musste (BGH v. 28.11.1979 – VIII ZR 302/78, NJW 1980, 777). Dazu muss der Mieter aber zumindest die Umstände erkennen können, was der Vermieter darzulegen und zu beweisen hat (BGH v. 18.4.2007 – XII ZR 139/05). Den Mieter trifft jedoch in der Regel keine Erkundungs- oder Untersuchungspflicht (BGH v. 4.4.1977 – VIII ZR 143/75, NJW 1977, 1236). 6

Arglistiges Verschweigen eines Mangels setzt als Fall der arglistigen Täuschung durch Unterlassen wie in § 123 und § 263 StGB eine Täuschung zum Zwecke der Erregung oder Aufrechterhaltung eines Irrtums voraus. Voraussetzung für eine Täuschung durch Verschweigen ist jedoch das Bestehen einer Aufklärungspflicht. Nach dem Urteil des BGH vom 13.12.1990 (BGH 13.12.1990 – III ZR 333/89) besteht dagegen im Rahmen der Vertragsverhandlungen vor dem Vertragsschluss eine Offenbarungspflicht der Parteien hinsichtlich der wesentlichen Umstände. Eine grundsätzliche Aufklärungspflicht ist zu verneinen, jedoch sind Fragen immer vollständig und richtig zu beantworten (BGH v. 11.6.1979 – VIII ZR 224/78). 7

Als **Vorbehalt** im Sinne des § 536 b S. 3 ist eine formlos mögliche, einseitige, empfangsbedürftige Willenserklärung zu verstehen mit dem Inhalt, dass der Mieter einen Mangel kennt und insoweit nicht auf seine Gewährleistungsrechte verzichten will. Die bloße Mängelanzeige gemäß § 536 c genügt diesen Anforderungen nicht, da in ihr regelmäßig keine Verzichtserklärung enthalten ist. Der Vorbehalt ist grundsätzlich zum Zeitpunkt der Annahme zu erklären. 8

[3] Die **Beweislast** für die Kenntnis, grob fahrlässige Unkenntnis sowie die vorbehaltslose Annahme mangelhafter Mietsachen durch den Mieter trägt der Vermieter. Die Beweislast für das arglistige Verschweigen, die Zusicherung der Mängelbeseitigung durch den Vermieter sowie die Erklärung des Vorbehalts bei Annahme mangelhafter Sachen liegt hingegen beim Mieter (jurisPK-BGB/*Münch*, § 536 b Rn 30). 9

[4] Insbesondere wenn Mängel (ohne Vorbehalt) in einem Übergabeprotokoll ausdrücklich vermerkt sind, kann der Ausschluss eintreten, da in diesem Falle die Mietsache mit den vorhandenen Mängeln Gegenstand der vertraglichen Vereinbarung wird. 10

[5] Der Gewährleistungsausschluss besteht **sowohl für Sach- als auch für Rechtsmängel**. Der Erfüllungsanspruch aus § 535 Abs. 1 S. 2 (BGH v. 18.4.2007 – XII ZR 139/05) bleibt davon jedoch ebenso unberührt wie deliktische Ansprüche wegen Mangelfolgeschäden (Jauernig/*Teichmann*, § 536 a Rn 2) und die Kündigungsrechte des Mieters. § 536 b ist eine Einwendung, die von Amts wegen zu berücksichtigen ist (BGH v. 10.11.1965 – 1 b ZR 101/63, NJW 1966, 343). 11

§ 536 c Während der Mietzeit auftretende Mängel; Mängelanzeige durch den Mieter

(1) [1]Zeigt sich im Laufe der Mietzeit ein Mangel der Mietsache oder wird eine Maßnahme zum Schutz der Mietsache gegen eine nicht vorhergesehene Gefahr erforderlich, so hat der Mieter dies dem Vermieter unverzüglich anzuzeigen. [2]Das Gleiche gilt, wenn ein Dritter sich ein Recht an der Sache anmaßt.

(2) [1]Unterlässt der Mieter die Anzeige, so ist er dem Vermieter zum Ersatz des daraus entstehenden Schadens verpflichtet. [2]Soweit der Vermieter infolge der Unterlassung der Anzeige nicht Abhilfe schaffen konnte, ist der Mieter nicht berechtigt,

1. **die in § 536 bestimmten Rechte geltend zu machen,**
2. **nach § 536 a Abs. 1 Schadensersatz zu verlangen oder**
3. **ohne Bestimmung einer angemessenen Frist zur Abhilfe nach § 543 Abs. 3 Satz 1 zu kündigen.**

1 **A. Muster: Mängelanzeige durch den Mieter[1]**

▶ ▪▪▪ (Anwalt)
an
▪▪▪ (Vermieter)

Betreff: Mängelanzeige

Sehr geehrter ▪▪▪,

hiermit zeigen wir an, dass uns ▪▪▪ (Mieter) mit der Wahrnehmung seiner berechtigten Interessen betraut hat. Ordnungsgemäße Bevollmächtigung wird anwaltlich versichert.

In der von unserem Mandanten mit Mietvertrag vom ▪▪▪ angemieteten Wohnung ▪▪▪ (Adresse) haben sich zwischenzeitlich die folgenden Mängel[2] gezeigt:[3]

1. ▪▪▪
2. ▪▪▪

(exakte Aufzählung der Mängel unter exakter Bezeichnung der Mangelart und der Lage in der Wohnung).

▪▪▪

Rechtsanwalt ◀

B. Erläuterungen

2 [1] Für die Anzeige ist eine besondere **Form** nicht vorgeschrieben, da sie keine einseitige Willenserklärung, sondern nur eine sog. rechtserhebliche Handlung ist. Es bietet sich jedoch die Schriftlichkeit zu Beweiszwecken an, da der Mieter im Streitfalle die rechtzeitige Anzeige beweisen muss. Der Vermieter trägt hingegen die **Beweislast** für die Kenntnis des Mieters vom Mangel bzw dessen Erkennbarkeit und für die rechtzeitige Abhilfe im Falle einer Anzeige.

3 [2] Die **Anzeige** hat **unverzüglich**, dh ohne schuldhaftes Zögern zu erfolgen. Gemessen wird dies an der Art des Mangels und der damit verbundenen Gefahr.

4 [3] Der **Begriff des Mangels** ist hier weiter zu verstehen als in den §§ 536, 536 a und versteht sich auf jeden schlechten Zustand der Mietsache, ohne Rücksicht darauf, ob die Tauglichkeit zum vertragsgemäßen Gebrauch dadurch beeinträchtigt wird oder nicht (BGHZ 68, 281).

5 [4] Der Mangel muss sich dem Mieter **„zeigen"**, so dass hinsichtlich verborgener Mängel keine Anzeigepflicht besteht. Muss sich allerdings dem Mieter ein Verdacht aufdrängen bzw übersieht er einen Mangel infolge grober Fahrlässigkeit, verletzt er die Anzeigepflicht (BGHZ 68, 281).

§ 536 d Vertraglicher Ausschluss von Rechten des Mieters wegen eines Mangels

Auf eine Vereinbarung, durch die die Rechte des Mieters wegen eines Mangels der Mietsache ausgeschlossen oder beschränkt werden, kann sich der Vermieter nicht berufen, wenn er den Mangel arglistig verschwiegen hat.

A. Muster: Vertragliche Vereinbarung eines Ausschlusses der Rechte des Mieters wegen eines Mangels 1

▶ Schadensersatzansprüche des Mieters gegen den Vermieter wegen anfänglicher Mängel der Mietsache sind ausgeschlossen.[1], [2] ◀

B. Erläuterungen

[1] **Ausschlussvereinbarung.** Die Regelung des § 536 d gilt für Sach- und Rechtsmängel und ist ihrer Natur nach zwingend (vgl Begr. RegE, BT-Drucks. 14/4553 S. 42). Bei Formularverträgen ist daneben allerdings § 309 zu beachten. Die Unwirksamkeit der Ausschlussvereinbarung führt im Interesse des Mieters nicht zur Unwirksamkeit des gesamten Mietvertrages; § 139 ist also nicht anzuwenden. Nach der amtlichen Begründung des Erlasses der Norm sollen so schwierige Auslegungsfragen zu den Auswirkungen der unwirksamen Ausschlussvereinbarung auf den übrigen Vertrag vermieden werden (vgl BT-Drucks. 14/4553 S. 42). Voraussetzung des § 536 d ist eine Vereinbarung zwischen den Partien eines Mietvertrages über den Ausschluss der Gewährleistung. Eine derartige Vereinbarung ist im Rahmen der Privatautonomie grundsätzlich möglich. Eine Einschränkung gilt allerdings für den Bereich des Wohnraummietrechts gemäß § 536 Abs. 4. 2

[2] Der Begriff der **Arglist** im Sinne des **§ 536 d** erfasst nicht nur ein Handeln, das von betrügerischer Absicht getragen ist, sondern auch Verhaltensweisen, die auf bedingten Vorsatz im Sinne eines „Fürmöglichhaltens und Inkaufnehmens" reduziert sind und mit denen kein moralisches Unwerturteil verbunden sein muss (vgl Schmidt/Futterer/*Eisenschmid*, § 536 d Rn 4) 3

Rechnet demgemäß der Vermieter mit dem Vorhandensein eines Mangels oder hält er ihn zumindest für möglich, ist § 536 d anwendbar. **Verschweigen** im Sinne des § 536 d liegt vor, wenn den Vermieter eine Pflicht zur Aufklärung trifft mit der Folge, dass der Vermieter auf Fragen des Mieters wahrheitsgemäß Auskunft erteilen muss. Die **Beweislast** für die positive Kenntnis des Mieters von dem Mangel trägt der Vermieter. Der Mieter muss die Arglist des Vermieters beweisen. 4

§ 537 Entrichtung der Miete bei persönlicher Verhinderung des Mieters

(1) [1]Der Mieter wird von der Entrichtung der Miete nicht dadurch befreit, dass er durch einen in seiner Person liegenden Grund an der Ausübung seines Gebrauchsrechts gehindert wird. [2]Der Vermieter muss sich jedoch den Wert der ersparten Aufwendungen sowie derjenigen Vorteile anrechnen lassen, die er aus einer anderweitigen Verwertung des Gebrauchs erlangt.

(2) Solange der Vermieter infolge der Überlassung des Gebrauchs an einen Dritten außerstande ist, dem Mieter den Gebrauch zu gewähren, ist der Mieter zur Entrichtung der Miete nicht verpflichtet.

§ 538 Abnutzung der Mietsache durch vertragsgemäßen Gebrauch

Veränderungen oder Verschlechterungen der Mietsache, die durch den vertragsgemäßen Gebrauch herbeigeführt werden, hat der Mieter nicht zu vertreten.

1 ## A. Muster: Klageerwiderung gegen Schadensersatzklage des Vermieters

▶ An das Amtsgericht[1] ...

In Sachen

des Vermieters ...

gegen

den Mieter ...

melden wir uns für den Kläger und beantragen zu erkennen:

Die Klage wird abgewiesen.

Begründung

Ein Schadensersatzanspruch des Klägers wegen ... besteht nicht, da es sich bei den klägerseits geltend gemachten Mängeln lediglich um Veränderungen handelt, die gemäß § 538 BGB[2] im Rahmen des vertragsgemäßen Gebrauches[3] entstanden sind.

Die bloße Abnutzung der Badewanne ist von dem vertragsgemäßen Gebrauch gedeckt. Anders wäre der Fall zu beurteilen bei Beschädigungen der Badewanne durch Verletzungen der Obhutspflicht des Beklagten (zB Abplatzungen der Badewannenbeschichtung durch hineinfallende Gegenstände). Dies ist hier jedoch nicht der Fall.

Beweis: Sachverständigengutachten ...[4]

Es findet sich somit keinerlei Anhaltspunkte, die das Schadensersatzbegehren des Klägers begründen könnten. Für die von § 538 BGB erfassten, durch vertragsgemäßen Gebrauch verursachten Abnutzungen, muss der Beklagte nicht haften, da die durch den vertragskonformen Gebrauch herbeigeführten Veränderungen und Verschlechterungen durch den Mietzins abgegolten werden.

Mithin ist die Klage abzuweisen.

...

Rechtsanwalt ◀

B. Erläuterungen

2 [1] **Zuständigkeit.** § 23 Nr. 2 a GVG normiert die ausschließliche **sachliche Zuständigkeit** des Amtsgerichts für Streitigkeiten im Zusammenhang mit einem Wohnraummietverhältnis. Liegt kein Wohnraummietverhältnis vor, bestimmt sich die sachliche Zuständigkeit gemäß § 23 Nr. 1 GVG nach dem Streitwert. **Örtlich zuständig** ist gemäß § 29 a Abs. 1 ZPO das Gericht, in dessen Bezirk sich die streitgegenständlichen Räume befinden.

3 [2] **Normstruktur.** Die Vorschrift schließt als rechtsgestaltende Norm das Vertretenmüssen des Mieters für Abnutzungen der Mietsache durch vertragsgemäßen Gebrauch aus. § 538 beruht auf dem Gedanken, dass der Vermieter die Veränderungen oder Verschlechterungen der Mietsache durch den vertragsgemäßen Gebrauch aufgrund seiner Erhaltungspflicht nach § 535 Abs. 1 S. 2 zu beheben hat und dass die Abnutzungen bereits durch die Miete abgegolten sind (Hk-BGB/*Ebert*, § 538 Rn 1). Die Ersatzansprüche des Vermieters unterliegen nach Rückgabe der Mietsache gemäß § 548 Abs. 1 der sechsmonatigen Verjährung.

4 [3] Der Begriff des **vertragsgemäßen Gebrauches** findet sich in mehreren Vorschriften des BGB ohne nähere Erläuterung oder Legaldefinition (siehe §§ 535, 536, 538, 543, 567, 567 a). Bei dem notwendigerweise zusammen zu beurteilenden Begriffspaar „vertragsgemäßer Gebrauch" und „vertragswidriger Gebrauch" handelt es sich nicht um objektive Kriterien. Für die Beurteilung der Frage, welcher Gebrauch als vertragsgemäß anzusehen ist, sind vielmehr in erster Linie die Abreden der Mietvertragsparteien (insbes. Vertragsinhalt und Vertragszweck) und ergänzend die Grundsätze von Treu und Glauben, die jeweils maßgebliche Verkehrssitte und

die gesamten Umstände des Einzelfalles heranzuziehen (vertiefend mit Überblick über den derzeitigen Stand der Rechtsprechung und Einzelfälle siehe *Kinne/Schach/Bieber*, Miet- und Mietprozessrecht, § 538 Rn 4–6; jurisPK-BGB/*Münch*, § 538 Rn 26–50).

[4] Dem Vermieter obliegt die **Beweislast** dafür, dass die Schadensursache dem Verantwortungsbereich des Mieters zuzuordnen ist. Der Mieter kann sich gegenüber dem Vorwurf des Vermieters, die Mietsache vertragswidrig gebraucht zu haben, durch den Beweis des vertragsgemäßen Gebrauches exkulpieren. Steht fest, dass der Schaden in den Obhutsbereich des Mieters fällt, muss dieser sich entlasten, um einer Haftung zu entgehen. 5

§ 539 Ersatz sonstiger Aufwendungen und Wegnahmerecht des Mieters

(1) Der Mieter kann vom Vermieter Aufwendungen auf die Mietsache, die der Vermieter ihm nicht nach § 536 a Abs. 2 zu ersetzen hat, nach den Vorschriften über die Geschäftsführung ohne Auftrag ersetzt verlangen.
(2) Der Mieter ist berechtigt, eine Einrichtung wegzunehmen, mit der er die Mietsache versehen hat.

§ 540 Gebrauchsüberlassung an Dritte

(1) [1]Der Mieter ist ohne die Erlaubnis des Vermieters nicht berechtigt, den Gebrauch der Mietsache einem Dritten zu überlassen, insbesondere sie weiter zu vermieten. [2]Verweigert der Vermieter die Erlaubnis, so kann der Mieter das Mietverhältnis außerordentlich mit der gesetzlichen Frist kündigen, sofern nicht in der Person des Dritten ein wichtiger Grund vorliegt.
(2) Überlässt der Mieter den Gebrauch einem Dritten, so hat er ein dem Dritten bei dem Gebrauch zur Last fallendes Verschulden zu vertreten, auch wenn der Vermieter die Erlaubnis zur Überlassung erteilt hat.

A. Muster: Außerordentliche Kündigung des Mieters wegen Verweigerung der Erlaubnis der Gebrauchsüberlassung an Dritte[1] 1

▶ ▪▪▪ (Rechtsanwalt)

an

▪▪▪ (Vermieter)

Sehr geehrter ▪▪▪,

hiermit zeigen wir an, dass uns ▪▪▪ (Mieter) mit der Wahrnehmung seiner berechtigten Interessen beauftragt hat. Ordnungsgemäße Bevollmächtigung wird anwaltlich versichert.

Ausweislich des Mietvertrages vom ▪▪▪ besteht zwischen unserem Mandanten und Ihnen ein Mietverhältnis seit dem ▪▪▪ über die Wohnung ▪▪▪ (Adresse).

Mit Schreiben vom ▪▪▪ bat unser Mandant Sie um Erteilung der Erlaubnis[2] der Gebrauchsüberlassung[3] an ▪▪▪ für die betreffende Wohnung. Da Sie jegliche Untervermietung generell ohne Angabe eines wichtigen Grundes[4] ablehnen, machen wir hiermit von dem unserer Mandantschaft zustehenden Recht zur außerordentlichen Kündigung gemäß § 540 Abs. 1 S. 2 BGB[5] Gebrauch und kündigen namens und in Vollmacht unseres Mandanten das mit Ihnen bestehende Mietverhältnis fristgemäß[6] zum ▪▪▪

▪▪▪

Rechtsanwalt ◀

B. Erläuterungen

2 [1] **Normstruktur.** § 540 Abs. 1 gewährt dem Mieter im Falle der unberechtigten Verweigerung der Gebrauchsüberlassung an Dritte ein Sonderkündigungsrecht. § 540 Abs. 2 statuiert die Haftung des Mieters auch bei erlaubter Gebrauchsüberlassung für das Verschulden des Dritten.

3 [2] Die **Erlaubnis** des Vermieters zur Untervermietung ist eine **einseitige, empfangsbedürftige Willenserklärung** im Sinne des § 130, die grundsätzlich formlos möglich ist. Sie kann dem Mieter oder aber gegenüber dem Dritten erklärt werden und auch bei längerer Duldung der Gebrauchsüberlassung stillschweigend erteilt werden (Schmidt/Futterer/*Blank*, § 540 Rn 42).

4 [3] Als **Gebrauchsüberlassung an Dritte** im Sinne des § 540 Abs. 1 ist jede Einräumung des entgeltlichen oder unentgeltlichen, vollständigen oder teilweisen Besitzes an der Mietsache zum selbständigen oder unselbständigen Allein- oder Mitgebrauch zu qualifizieren (jurisPK-BGB/*Münch*, § 540 Rn 6). Die Gebrauchsüberlassung muss auf eine gewisse Dauer erfolgen (*Kinne/Schach/Bieber*, Miet- und Mietprozessrecht, § 540 Rn 7). Der zur Nutzung berechtigte Personenkreis ist grundsätzlich aus dem Mietvertrag zu entnehmen.

5 [4] Der Vermieter darf seine Erlaubnis zur Gebrauchsüberlassung an Dritte nur versagen, wenn in der Person des Dritten ein **wichtiger Grund** liegt, der die Versagung rechtfertigt. Zur Beurteilung der Frage ob ein derartiger wichtiger Grund vorliegt, ist darauf abzustellen, ob dem Vermieter nach den Umständen des Einzelfalles die Überlassung der vermieteten Sache an den Dritten zuzumuten ist (*Kinne/Schach/Bieber*, Miet- und Mietprozessrecht, § 540 Rn 16). Ein wichtiger Grund für die Versagung der Erlaubnis liegt beispielsweise vor, wenn die Untervermietung zu einer einseitigen Änderung der vertraglich vereinbarten Nutzungsart führen würde (OLG Köln in NJW-RR 1997, 204). Vertiefend und Übersicht über Rechtsprechung siehe *Kinne/Schach/Bieber*, Miet- und Mietprozessrecht, § 540 Rn 16 und jurisPK-BGB/*Münch*, § 540 Rn 29–34. Die **Beweislast** für das Vorliegen der Voraussetzungen des Kündigungsausschlusses liegt beim Vermieter.

6 [5] Als Rechtsfolge der grundlos verweigerten Zustimmung steht dem Mieter ein Sonderkündigungsrecht zu. Der Mieter muss, bevor ihm das **außerordentliche befristete Kündigungsrecht** zusteht, den Vermieter zuvor um Erlaubnis ersucht haben, wobei er den Dritten benennen muss.

7 [6] **Kündigungsfrist.** Die Kündigung ist bei befristeten und unbefristeten Mietverhältnissen über Wohnraum spätestens am dritten Werktag eines Kalendermonats zum Ablauf des übernächsten Monats zulässig (§§ 573 d Abs. 2, 575 a Abs. 3), bei möblierten Einliegerwohnungen spätestens am Fünfzehnten des Monats zum Ablauf dieses Monats (§§ 573 d Abs. 2, 575 a Abs. 3), in Geschäftsraummietverhältnissen kann gemäß § 580 Abs. 4 nur zum Quartalsende gekündigt werden. Unerheblich ist hierbei die Dauer des Mietverhältnisses. Zwar muss der Mieter sein Kündigungsrecht nicht zum ersten zulässigen Termin ausüben, sondern kann eine angemessene Überlegungsfrist in Anspruch nehmen (vgl BGH v. 8.5.1977 – VIII ZR 36/71, BGHZ 59, 3); um sich jedoch nicht dem Einwand der Verwirkung auszusetzen, empfiehlt es sich, dem Vermieter in angemessener Zeit nach der Verweigerung der begehrten Erlaubnis der Gebrauchsüberlassung an Dritte mitzuteilen, dass der Mieter sich das Recht der Kündigung vorbehält.

§ 541 Unterlassungsklage bei vertragswidrigem Gebrauch

Setzt der Mieter einen vertragswidrigen Gebrauch der Mietsache trotz einer Abmahnung des Vermieters fort, so kann dieser auf Unterlassung klagen.

§ 542 Ende des Mietverhältnisses

(1) Ist die Mietzeit nicht bestimmt, so kann jede Vertragspartei das Mietverhältnis nach den gesetzlichen Vorschriften kündigen.

(2) Ein Mietverhältnis, das auf bestimmte Zeit eingegangen ist, endet mit dem Ablauf dieser Zeit, sofern es nicht
1. in den gesetzlich zugelassenen Fällen außerordentlich gekündigt oder
2. verlängert wird.

§ 543 Außerordentliche fristlose Kündigung aus wichtigem Grund

(1) [1]Jede Vertragspartei kann das Mietverhältnis aus wichtigem Grund außerordentlich fristlos kündigen. [2]Ein wichtiger Grund liegt vor, wenn dem Kündigenden unter Berücksichtigung aller Umstände des Einzelfalls, insbesondere eines Verschuldens der Vertragsparteien, und unter Abwägung der beiderseitigen Interessen die Fortsetzung des Mietverhältnisses bis zum Ablauf der Kündigungsfrist oder bis zur sonstigen Beendigung des Mietverhältnisses nicht zugemutet werden kann.
(2) [1]Ein wichtiger Grund liegt insbesondere vor, wenn
1. dem Mieter der vertragsgemäße Gebrauch der Mietsache ganz oder zum Teil nicht rechtzeitig gewährt oder wieder entzogen wird,
2. der Mieter die Rechte des Vermieters dadurch in erheblichem Maße verletzt, dass er die Mietsache durch Vernachlässigung der ihm obliegenden Sorgfalt erheblich gefährdet oder sie unbefugt einem Dritten überlässt oder
3. der Mieter
   a) für zwei aufeinander folgende Termine mit der Entrichtung der Miete oder eines nicht unerheblichen Teils der Miete in Verzug ist oder
   b) in einem Zeitraum, der sich über mehr als zwei Termine erstreckt, mit der Entrichtung der Miete in Höhe eines Betrages in Verzug ist, der die Miete für zwei Monate erreicht.

[2]Im Falle des Satzes 1 Nr. 3 ist die Kündigung ausgeschlossen, wenn der Vermieter vorher befriedigt wird. [3]Sie wird unwirksam, wenn sich der Mieter von seiner Schuld durch Aufrechnung befreien konnte und unverzüglich nach der Kündigung die Aufrechnung erklärt.
(3) [1]Besteht der wichtige Grund in der Verletzung einer Pflicht aus dem Mietvertrag, so ist die Kündigung erst nach erfolglosem Ablauf einer zur Abhilfe bestimmten angemessenen Frist oder nach erfolgloser Abmahnung zulässig. [2]Dies gilt nicht, wenn
1. eine Frist oder Abmahnung offensichtlich keinen Erfolg verspricht,
2. die sofortige Kündigung aus besonderen Gründen unter Abwägung der beiderseitigen Interessen gerechtfertigt ist oder
3. der Mieter mit der Entrichtung der Miete im Sinne des Absatzes 2 Nr. 3 in Verzug ist.

(4) [1]Auf das dem Mieter nach Absatz 2 Nr. 1 zustehende Kündigungsrecht sind die §§ 536 b und 536 d entsprechend anzuwenden. [2]Ist streitig, ob der Vermieter den Gebrauch der Mietsache rechtzeitig gewährt oder die Abhilfe vor Ablauf der hierzu bestimmten Frist bewirkt hat, so trifft ihn die Beweislast.

A. Vorgerichtliches Verfahren

I. Kündigung durch den Vermieter

1 **1. Muster: Außerordentliche fristlose Kündigung aus wichtigem Grund**

▶ ■■■ (Rechtsanwalt)

an

■■■ (Mieter)

Betreff: Außerordentliche fristlose Kündigung[1]

Sehr geehrter ■■■[2] (Mieter),

hiermit zeigen wir an, dass uns ■■■[2] (Vermieter) mit der Wahrung seiner berechtigten Interessen betraut hat. Ordnungsgemäße Bevollmächtigung wird anwaltlich versichert.

Namens und in Auftrage unseres Mandanten kündigen wir hiermit den mit Ihnen am ■■■. geschlossenen Mietvertrag über die Wohnung ■■■ fristlos gemäß § 543 Abs. 1S. 1 BGB wegen ■■■[3]

Gründe:[4]

■■■

Beweis: ■■■[5]

Da die Rechte unserer Mandantschaft durch ihr Verhalten in erheblichem Maße beeinträchtigt werden und Sie ihr Verhalten trotz mehrfacher Aufforderung nicht geändert haben, kündigen wir Ihnen hiermit fristlos.[6]

Wir fordern Sie auf, die Wohnung bis zum ■■■ zu räumen und in ordnungsgemäßem und vertragsgerechtem Zustand an ■■■ (Vermieter) zu übergeben.

Wir widersprechen bereits jetzt ausdrücklich einer Fortsetzung des Mietverhältnisses gemäß § 545 BGB.[7]

Weiterhin kündigen wir hilfsweise das Mietverhältnis ordentlich.[8]

Sollten Sie die Wohnung nicht bis zu dem genannten Termin an ■■■ (Vermieter) herausgeben, werden wir unverzüglich die Räumungsklage erheben.

■■■

Unterschrift[9]

■■■

Rechtsanwalt ◀

2. Erläuterungen

2 [1] **Normstruktur.** Die Vorschrift konkretisiert die Voraussetzungen für das bei jedem Dauerschuldverhältnis bestehende fristlose Kündigungsrecht beider Vertragsparteien aus wichtigem Grund. § 543 ist lex specialis zu § 314, der den allgemeinen Rechtsgrundsatz ausdrückt, dass ein Dauerschuldverhältnis von jedem Vertragspartner aus wichtigem Grund ohne Einhaltung der Kündigungsfrist gekündigt werden kann. Für Mietverhältnisse über Wohnraum enthält

§ 569 eine im Verhältnis zu § 543 speziellere Regelung. Durch die **außerordentliche fristlose Kündigung** wird das Mietverhältnis sofort, dh mit Zugang des Kündigungsschreibens, beendet. Erforderlich ist die eindeutige Erklärung, dass das Mietverhältnis fristlos beendet werden soll.

Die allgemeine Kündigungsmöglichkeit aus wichtigem Grund gemäß § 543 Abs. 1 ist nicht abdingbar (BGH v. 5.6.1992 – LwZR 11/91, BGHZ 118, 351–356); die besonderen Kündigungsgründe sind hingegen grundsätzlich abdingbar (jurisPK-BGB/*Münch*, 4. Aufl. 2008, § 543 Rn 40). Zu beachten ist jedoch im Bereich des Wohnraummietrechts die Vorschrift des § 569 Abs. 5 S. 1, wonach eine Vereinbarung, die zum Nachteil des Mieters von § 569 Abs. 1–3 oder von § 543 abweicht unwirksam ist. Ferner ist nach § 569 Abs. 5 S. 1eine Vereinbarung unwirksam, nach der der Vermieter berechtigt sein soll, aus anderen als dem im Gesetz zugelassenen Gründen außerordentlich fristlos zu kündigen. Zu dem Verhältnis zu anderen Vorschriften siehe Palandt/*Weidenkaff*, § 543 Rn 9–17. 3

[2] Bei einer **Mehrheit von Vermietern und Mietern** ist zu beachten: Die Kündigung hat grundsätzlich von allen an alle zu erfolgen. 4

[3] **Normzweck.** Die Vorschrift des § 543 Abs. 1 dient als Auffangtatbestand für die in den §§ 543 Abs. 2, 569 Abs. 1, 2 nicht ausdrücklich geregelten Fälle, denen ein ähnliches Gewicht beizumessen ist wie den speziellen Kündigungstatbeständen (Schmidt-Futterer/*Blank*, § 543 Rn 155). Ein **wichtiger Grund** liegt nach der Legaldefinition des § 543 Abs. 1 S. 2 vor, wenn dem Kündigenden unter Berücksichtigung aller Umstände des Einzelfalles, insbesondere eines Verschuldens der Vertragsparteien, und unter Abwägung der beiderseitigen Interessen die Fortsetzung des Mietverhältnisses bis zum Ablauf der Kündigungsfrist oder bis zur sonstigen Beendigung des Mietverhältnisses nicht zugemutet werden kann. 5

Die Berücksichtigung aller Umstände des Einzelfalles meint eine umfassende Würdigung aller maßgeblichen Tatsachen. Die Unzumutbarkeit der Fortsetzung des Mietverhältnisses ist objektiv zu beurteilen. Ein Verschulden ist nicht erforderlich. Im Falle eines Verschuldens werden jedoch die Anforderungen an die durch Abwägung der beiderseitigen Interessen festzustellende Unzumutbarkeit niedriger sein (vgl Palandt/*Weidenkaff*, § 543 Rn 5, 6). Nicht ausreichend ist die bloße Zerrüttung des Vertragsverhältnisses. 6

Ob die **Nichtleistung einer Kaution** einen wichtigen Grund im Sinne des § 543 Abs. 1 darstellt wird unterschiedlich beurteilt, da dem Vermieter der Weg der Zahlungsklage regelmäßig als milderes Mittel offensteht. Grundsätzlich ist jedoch davon auszugehen, dass nach einer Abmahnung in solchen Fällen ein Recht zur fristlosen Kündigung des Vermieters besteht. Der BGH hat in seiner Entscheidung vom 21.3.2007 (XII ZR 36/05) festgestellt, dass der Vermieter aufgrund des bestehenden Sicherungsinteresses nicht darauf verwiesen werden kann, seinen Leistungsanspruch zunächst einzuklagen. An der für § 543 Abs. 1 notwendigen Unzumutbarkeit fehle es aber, wenn der Vermieter sich selbst nicht vertragstreu verhalte und zB trotz mehrfacher Fristsetzung eine Mietsache anbietet, die sich nicht im vertragsgemäßen Zustand befindet. Weitere Beispiele mit Übersicht über Rechtsprechung siehe jurisPK-BGB/*Münch*, § 543 Rn 7– 31. 7

[4] **Angabe des Kündigungsgrundes.** Im Gegensatz zum früheren Recht, welches eine Begründung nicht als Wirksamkeitsvoraussetzung ansah, ist nunmehr gemäß § 569 Abs. 4 bei Wohnraummietverhältnissen die **Angabe des Kündigungsgrunds** erforderlich. 8

[5] Die **Beweislast** für das Vorliegen eines Kündigungsgrundes trägt grundsätzlich der Kündigende (BGH v. 13.2.1985 – VIII ZR 154/84). Die Beweislast für den Ausschluss oder das Erlöschen des Kündigungsrechts hingegen liegt beim jeweils anderen Vertragspartner (jurisPK-BGB/*Münch*, § 543 Rn 125). 9

[6] Bei Dauerschuldverhältnissen kommt eine außerordentliche Kündigung grundsätzlich nur nach vorheriger **Abmahnung** in Betracht. Obgleich die Kündigung nicht sofort zu erfolgen hat, so muss sie jedoch in angemessener Frist erklärt werden. Wartet der zur Kündigung berechtigte 10

Vertragspartner zu lange, begründet er die Vermutung, dass trotz Störung ein Festhalten am Vertrag zumutbar ist (vgl BGH v. 3.10.1984 – VIII ZR 118/83, NJW 1985, 1894).

11 [7] Nach **§ 545** muss der Vermieter innerhalb von zwei Wochen der Fortsetzung des Mietgebrauches durch den Mieter widersprechen, anderenfalls wird ein unbefristetes Mietverhältnis fingiert, so dass der Räumungsanspruch erlischt.

12 [8] Es empfiehlt sich das Mietverhältnis **hilfsweise ordentlich zu kündigen,** denn die **Umdeutung** einer außerordentlichen Kündigung in eine ordentliche kommt nur dann in Betracht, wenn der Kündigende eindeutig und unmissverständlich erklärt hat, dass er das Mietverhältnis in jedem Falle beenden wolle (vgl BGH v. 12.1.1981 – VIII ZR 332/79, NJW 1981, 976; NJW 2003, 3053; NJW 2007, 1269).

13 [9] Die Kündigung muss in der Regel von allen Vermietern **eigenhändig unterschrieben** werden. Gemäß § 568 Abs. 1 hat bei Wohnraummietverhältnissen die Kündigung schriftlich zu erfolgen. Maßgebend ist hierbei die **gesetzliche Schriftform** des **§ 126,** dh die Kündigung muss in der Regel von allen Vermietern **eigenhändig unterschrieben** werden. Der Schriftform gleichgestellt ist die **elektronische Form** im Sinne des **§ 126 a** (mit qualifizierter elektronischer Signatur). Hingegen genügt die Textform im Sinne des § 126 b nicht.

II. Kündigung durch den Mieter

14 1. Muster: Außerordentliche fristlose Kündigung des Mieters wegen Nichtgewährung des vertragsgemäßen Gebrauchs der Mietsache

► ▪▪▪ (Rechtsanwalt)

an

▪▪▪[1] (Vermieter)

Betreff: Außerordentliche fristlose Kündigung

Sehr geehrter ▪▪▪ (Vermieter),

hiermit zeigen wir an, dass uns ▪▪▪[2] (Mieter) mit der Wahrung seiner rechtlichen Interessen beauftragt hat. Ordnungsgemäße Bevollmächtigung wird anwaltlich versichert.

Namens und in Vollmacht unseres Mandanten kündigen wir hiermit das mit Ihnen durch Mietvertrag vom ▪▪▪ bestehende Mietverhältnis über die Wohnung ▪▪▪ fristlos gemäß § 543 Abs. 2 S. 1Nr. 1 BGB wegen Nichtgewährung des vertragsgemäßen Gebrauchs.[3], [4]

Mit Schreiben vom ▪▪▪ hatten wir Sie aufgefordert, unserem Mandanten die betreffende Wohnung ▪▪▪ bis zum ▪▪▪ mit allen Schlüsseln zu übergeben.

Beweis: ▪▪▪

Sie teilten mit, dass dies nicht möglich sei weil ▪▪▪

Eine mit anwaltlichem Schreiben vom ▪▪▪ gesetzte Frist[5] ließen sie erneut verstreichen.[6]

Beweis: Schreiben des Unterzeichners vom ▪▪▪

Da Ihnen somit keinerlei Ansprüche aus dem Mietverhältnis gegen unseren Mandanten zustehen, fordern wir sie hiermit auf, die bereits bei Mietvertragsschluss am ▪▪▪ gezahlte Mietkaution unverzüglich an ihn zurückzuzahlen.[7]

Falls die Zahlung nicht bis zum ▪▪▪ auf dem Konto unseres Mandanten eingegangen ist, sehen wir uns zusätzlich gezwungen, neben den gesetzlichen Zinsen auf die Mietkaution Verzugszinsen zu verlangen. Die Geltendmachung eines darüber hinaus gehenden Verzugsschadens wird vorbehalten.

Mit freundlichen Grüßen[8]

▪▪▪

Rechtsanwalt ◄

2. Erläuterungen

[1] Als **einseitige empfangsbedürftige Willenserklärung** muss die Kündigung an alle Vermieter gerichtet sein und zugestellt werden. Da der Mieter diesbezüglich nachweispflichtig ist, empfiehlt sich die Zustellung per Einschreiben mit Rückschein, Zustellung durch Gerichtsvollzieher oder durch Boten, der das genaue Datum notiert und selbst sieht welches Schriftstück er überbringt. 15

[2] Die **Kündigungserklärung** muss von der Vertragspartei stammen, das bedeutet, die Kündigung muss grundsätzlich von allen Mietern ausgehen und von diesen unterschrieben werden (Palandt/*Weidenkaff*, § 543 Rn 52). Liegt nur die Unterschrift eines Mieters vor, so ist der Erklärung die ihn zur Kündigung ermächtigende Vollmacht beizufügen. Hinzuweisen ist jedoch darauf, dass eine Klausel, mit der sich die Mieter gegenseitig zur Abgabe einer Kündigungserklärung bevollmächtigen unwirksam ist (LG Frankfurt a.M. NJW-RR 1992, 396). 16

[3] Im Gegensatz zum früheren Recht, welches eine Begründung nicht als Wirksamkeitsvoraussetzung ansah, ist nunmehr gemäß § 569 Abs. 4 bei Mietverhältnissen über Wohnraum die **Angabe des Kündigungsgrunds** erforderlich. 17

[4] **Nichtgewährung des vertragsgemäßen Gebrauches.** § 543 Abs. 2 Nr. 1 gewährt dem Mieter ein außerordentliches Kündigungsrecht, wenn ihm der Gebrauch der Mietsache nicht gewährt oder wieder entzogen wird. Geschützt durch die Vorschrift wird lediglich die Vorenthaltung des vertragsgemäßen Gebrauches, nicht des vertragswidrigen (Palandt/*Weidenkaff*, § 543 Rn 4 a). Ein Verschulden muss den Vermieter nicht treffen. Hinzuweisen ist auf die Vorschrift des § 543 Abs. 4 S. 1, hiernach sind auf das dem Mieter gemäß § 543 Abs. 2 Nr. 1 zustehende Kündigungsrecht die §§ 536 b und § 536 d entsprechend anzuwenden. Demgemäß ist bei Vorliegen eines Mangels das **Kündigungsrecht** des Mieters **ausgeschlossen** wenn: 18

- der Mieter den Mangel kannte oder grob fahrlässig nicht kannte, es sei denn, der Vermieter hat den Mangel arglistig verschwiegen (§ 536 b);
- die Gewährleistungsrechte des Mieters vereinbarungsweise ausgeschlossen wurden, es sei denn, der Vermieter hat den Mangel arglistig verschwiegen (§ 536 d);
- wenn mehrere Mietsachen oder Mietsachen mit Zubehör vermietet wurden und der Mangel nur einen Teil der Mietsachen betrifft (§§ 469–471).

Übersicht über Rechtsprechung siehe jurisPK-BGB/*Münch*, § 543 Rn 44–53.

[5] **Abmahnung oder Fristsetzung.** Da der kündigungsrelevante Umstand nicht in der Vertragsverletzung an sich liegt, sondern vielmehr in deren Aufrechterhaltung trotz entsprechenden Beseitigungsverlangens des Vertragspartners, ist nach § 543 Abs. 3 S. 1 BGB die Kündigung erst nach erfolglosem Ablauf einer zur Abhilfe bestimmten angemessenen Frist oder nach erfolgloser Abmahnung zulässig, wenn der wichtige Grund in der Verletzung einer Pflicht aus dem Mietvertrag besteht (vgl *Lammel* in: AnwaltKommentar Wohnraummietrecht, § 543 Rn 137). Dies gilt nicht in den Fällen des § 543 Abs. 3 S. 2 Nr. 1–3 BGB. 19

In der Abmahnung oder Fristsetzung zur Abhilfe ist das beanstandete Verhalten genau zu bezeichnen und zu dessen Unterlassen aufzufordern, die bloße Anzeige des Mangels nach § 536 c ist nicht ausreichend (Hk-BGB/*Ebert*, § 543 Rn 10). Die Kündigung muss jedoch nicht angedroht werden (BGH v. 13.6.2007 – VIII ZR 281/06, NJW 2007, 2474). Fristsetzung und Abmahnung sind formlose empfangsbedürftige Willenserklärungen, eine bestimmte Form oder schriftliche Begründung ist demgemäß nicht zu fordern (vgl Schmidt-Futterer/*Blank*, § 543 Rn 30). Die Einholung der schriftlichen Bestätigung des Kündigungsempfängers oder die Form des Einwurfeinschreibens sind jedoch im Hinblick auf etwaige Beweisschwierigkeiten zu empfehlen (vgl Palandt/*Weidenkaff*, § 543 Rn 47). 20

Das Abhilfeverlangen muss mit einer bestimmten oder nach dem Kalender bestimmbaren und angemessenen **Abhilfefrist** verbunden werden. Die angemessene Länge der Frist richtet sich 21 nach den Umständen des Einzelfalles, namentlich der Art der Störung, dem Schadensumfang, dem Umfang der Gebrauchsbeeinträchtigung, der Gefahr eines weitergehenden Schadenseintritts, den Umständen, welche die Dauer der Schadensbeseitigung beeinflussen, dem Schadensumfang sowie den Möglichkeiten der Schadensbeseitigung (vgl Schmidt-Futterer/*Blank*, § 543 Rn 30). Eine genaue Bestimmung nach Tag oder Stunden ist hingegen nicht erforderlich. Eine zu kurze Frist setzt eine angemessene Frist in Gang; an eine zu lange Fristsetzung ist der Mieter hingegen gebunden.

22 Das Verlangen „unverzüglicher" Abhilfe ist nur ausreichend, wenn nach der Art der Störung ein sofortiges Handeln des Vermieters erforderlich ist (vgl *Lammel* in: AnwaltKommentar Wohnraummietrecht, § 543 Rn 143). Problematisch ist der Fall, wenn mit der Fristsetzung eine andere Maßnahme als die Kündigung, etwa eine Ersatzvornahme oder eine Mängelbeseitigungsklage angedroht wird. Nach einer verbreiteten Auffassung kann die Kündigung wegen des darin liegenden widersprüchlichen Verhaltens gemäß § 242 nicht bereits nach erfolglosem Ablauf der gesetzten Abhilfefrist wirksam erklärt werden, sondern erst nach erfolglosem Ablauf einer neuen Frist (hierzu *Kinne/Schach/Biber*, Miet- und Mietprozessrecht, § 543 Rn 37, *Lammel* in: AnwaltKommentar Wohnraummietrecht, § 543 Rn 14) Zum Erfordernis einer zuvor erfolgten Abmahnung im Falle der erheblichen Gesundheitsgefährdung siehe BGH v. 18.4.2007 – VIII ZR 182/06.

23 [6] Voraussetzung für den Ausspruch der Kündigung ist der **erfolglose Ablauf der Frist**. Unerheblich ist hierbei, ob den Vermieter oder dessen Hilfspersonen an der nicht erfolgten Abhilfe ein Verschulden trifft oder nicht (Schmidt-Futterer/*Blank*, § 543 Rn 38). Da das mit dem Fristablauf entstandene Dispositionsinteresse des Mieters auch fortbesteht, wenn der Vermieter nach Ablauf der Frist Abhilfe schafft, verliert der Mieter sein Kündigungsrecht nicht (Schmidt-Futterer/*Blank*, § 543 Rn 38). Die Kündigung wirkt nur für die Zukunft, lässt also die anderen Gewährleistungsrechte des Mieters für die Zeit bis zur Wirksamkeit der Kündigung unberührt.

24 [7] Weiterhin ist ein enger **zeitlicher Zusammenhang zwischen dem Ausspruch der Kündigung und der Vertragsstörung** zu fordern. Da die Kündigung darauf gestützt wird, dass die Fortsetzung des Mietverhältnisses bis zum Ablauf entweder der vereinbarten Vertragszeit oder der ordentlichen Kündigungsfrist unzumutbar ist, haben demgemäß nach Fristablauf Kündigung und Auszug zeitnah zu erfolgen, vgl § 314 Abs. 3. Maßgeblich sind die Umstände des Einzelfalles. Durch vorbehaltslose länger dauernde Fortzahlungen der ungeminderten Miete kann der Mieter sein Kündigungsrecht verlieren (BGH v. 31.5.2000 – XII ZR 41/98, NJW 2000, 2663).

25 [8] **Schriftform.** Gemäß § 568 Abs. 1 hat bei Wohnraummietverhältnissen die Kündigung schriftlich zu erfolgen. Maßgebend ist hierbei die **gesetzliche Schriftform** des **§ 126,** dh die Kündigung muss in der Regel von allen Mietern **eigenhändig unterschrieben** werden. Der Schriftform gleichgestellt ist die **elektronische Form** im Sinne des **§ 126 a** (mit qualifizierter elektronischer Signatur). Hingegen genügt die Textform im Sinne des § 126 b nicht.

B. Gerichtliches Verfahren

I. Räumung nach Kündigung wegen Zahlungsverzuges

26 **1. Muster: Klage des Vermieters auf Räumung nach Kündigung wegen Zahlungsverzuges nach § 543 Abs. 2 Ziff. 3**

▶ An das Amtsgericht[1] ...

Klage

des ... (Vermieters)

– Kläger –

Prozessbevollmächtigte: ...

gegen
den …[2] (Mieter)
– Beklagter –

wegen: Räumung

Gegenstandswert: …[3] EUR

Namens und in Vollmacht des Klägers erheben wir Klage und werden im Termin zur mündlichen Verhandlung beantragen:

Den Beklagten zu verurteilen die Wohnung …, bestehend aus … Zimmern, … Küche, … Bad/WC … etc.[4] an den Kläger geräumt herauszugeben.

Sofern das Gericht das schriftliche Vorverfahren anordnet, wird beantragt,

ein Versäumnisurteil gem. § 331 Abs. 3 S. 2 ZPO zu erlassen, sofern der Beklagte auf Aufforderung nach § 276 Abs. 1 ZPO nicht rechtzeitig anzeigt, dass er sich gegen die Klage verteidigen will.

Weiterhin beantragen wir bereits jetzt,

dem Kläger eine Kurzausfertigung des Urteils mit Vollstreckungsklausel zu erteilen und den Zeitpunkt der Zustellung des Urteils zu bescheinigen.

Begründung

I. Sachverhalt

Der Kläger ist Eigentümer der streitgegenständlichen Wohnung …. Zwischen den Parteien besteht eine Mietverhältnis seit dem …. Ausweislich des § … des Mietvertrages vom … hat der Beklagte spätestens am 3. Werktage eines Monats im Voraus eine Nettomiete von … EUR sowie eine Nebenkostenvorauszahlung von … zu entrichten.

Beweis: Mietvertrag vom …

Seit dem … ist auf dem Konto des Klägers keine Miete mehr eingegangen[5].

Mit Schreiben vom … und … hat der Kläger dem Beklagten Aufstellungen zum Zahlungsrückstand übersandt und ihn zur Zahlung aufgefordert. Diese Schreiben blieben unbeantwortet.

Beweis: Schreiben vom … und …

Mit Schreiben vom …, dem Beklagten zugegangen am …, hat der Kläger dem Beklagten nochmals eine aktuelle Forderungsaufstellung übermittelt und für den Fall der Nichtzahlung bis zum … die fristlose Kündigung des Mietverhältnisses angedroht.

Beweis:

1. Letztes Mahnschreiben vom …[6]
2. Zeuge[7]

Mit anwaltlichem Schreiben vom …, dem Beklagten zugestellt am …, erklärte der Kläger die fristlose Kündigung des Mietverhältnisses zum Monatsende unter Hinweis auf den Zahlungsrückstand und das letzte Mahnschreiben vom …[8] Des Weiteren forderte er den Beklagten zur sofortigen Räumung der Wohnung auf und widersprach einer Weiterbenutzung der Wohnung durch den Beklagten.

Beweis:

1. Anwaltliches Kündigungsschreiben vom …
2. Zeuge

Mit Schreiben des Unterzeichners vom …, dem eine Originalvollmacht des Klägers beigefügt war, ließ der Kläger das Mietverhältnis unter Bezugnahme auf den Zahlungsrückstand hilfsweise ordentlich kündigen.[9]

Beweis: Schreiben des Unterzeichners vom …

Der Beklagte hat bis zum heutigen Tage weder auf die vorgenannten Schreiben reagiert noch irgendwelche Anstalten getroffen, die Wohnung zu räumen ist die Erhebung der Klage geboten.

II. Rechtliche Würdigung

Die Klage ist zulässig.

Die örtliche Zuständigkeit des angerufene Gerichts ergibt sich aus § 29 a ZPO, die sachliche aus § 23 Nr. 2 a GVG.

Die Klage ist auch begründet.

Das außerordentliche Kündigungsrecht ergibt sich aus § 543 Abs. 2 Nr. 3 da der Beklagte für mehr als zwei aufeinanderfolgende Termine mit der Entrichtung der Miete in Verzug geraten ist.[10]

Der von dem Kläger mit dem Klageantrag geltend gemachte Räumungsanspruch ergibt sich aus § 985 BGB und § 546 Abs. 1 BGB.

...

Rechtsanwalt ◄

2. Erläuterungen

27 [1] **Zuständigkeit.** Gemäß § 29 a Abs. 1 ZPO **örtlich zuständig**, ist für alle Räumungsklagen das Gericht der belegenen Sache. Die **sachliche Zuständigkeit** hingegen richtet sich gemäß § 23 Nr. 1 GVG nach dem Streitwert; für Streitigkeiten aus einem Mietverhältnis über Wohnraum gilt § 23 Nr. 2 a GVG.

28 [2] **Adressaten.** Die Klage scheitert, wenn auf Beklagtenseite nicht die richtigen, vor allem nicht alle Personen benannt sind. Der BGH hat in seiner Entscheidung vom 25.6.2004 (IXa ZB 29/04 – BGHZ 159, 383–388) festgestellt, dass aus einem Räumungstitel gegen den Mieter einer Wohnung der Gläubiger nicht gegen einen im Titel nicht aufgeführten Dritten vollstrecken kann, wenn dieser Mitbesitzer ist. Gemäß § 850 Abs. 1 ZPO muss der jeweilige Besitzer zugleich der im Titel ausgewiesene Vollstreckungsschuldner sein. Wer als Besitzer zu qualifizieren ist, bestimmt sich nach den §§ 854 ff. Ist danach der Ehegatte als Mitbesitzer anzusehen, hat der Gläubiger einen Titel gegen ihn zu erwirken.

29 Regelmäßig sind beide Ehegatten als gleichberechtigte Mitbesitzer der ehelichen Wohnung anzusehen. In diesem Zusammenhang kommt es nicht darauf an, dass der Mietvertrag allein zwischen dem Gläubiger und Schuldner abgeschlossen wurde, denn aus dem Gebot der ehelichen Lebensgemeinschaft (§ 1353 Abs. 1) folgt die Pflicht der Ehegatten, sich gegenseitig die Benutzung der ehelichen Wohnung zugestatten. Auch gegen einen Untermieter kann die Räumungsvollstreckung nicht aufgrund des gegen den Hauptmieter ergangenen Titels betrieben werden (vgl BGH v. 18.7.2003 – IXa ZB 116/03 – WM 2003, 1825 – 1826).

30 [3] **Streitwert.** Gemäß § 41 Abs. 1, 2 GKG beläuft sich der Streitwert der Räumungsklage auf 12 Monatsmieten. Betriebskosten sind nicht einzurechnen, es sei denn, sie sind als Pauschale vereinbart und nicht gesondert abzurechnen (§ 41 Abs. 1 S. 2 GKG). Zur Festlegung des Streitwertes und für die Überprüfung der Mietrückstände empfiehlt sich die Aufschlüsselung in Nettomiete und Betriebskosten. Der frühere Streit, ob Netto- oder Bruttomiete zugrundezulegen sind, hat sich durch die Neufassung des § 41 Abs. 1 GKG erledigt.

31 [4] **Bestimmtheit des Räumungsantrages.** Der Räumungsantrag muss so bestimmt sein, dass der Gerichtsvollzieher befähigt wird, die Mietsache anhand des Titels zu identifizieren; ggf ist dem Klageantrag ein entsprechender Grundriss beizufügen.

32 [5] **Schlüssigkeit der Klage.** Aus der Klageschrift muss sich ergeben, auf welche Rückstände für welche Monate die Kündigung gestützt wird, anderenfalls fehlt es der Klage an Schlüssigkeit (Schmidt-Futterer/*Blank*, § 543 Rn 137). Die bloße Aufstellung eines **Saldos**, aus der nicht ersichtlich ist, welche unterlassenen Zahlungen ihm zugrunde liegen, ist nicht ausreichend (LG Hamburg v. 8.7.2003, NJW 2003, 3064–3065).

33 [6] Der Vermieter trägt die **Darlegungs- und Beweislast** für das Vorliegen eines Zahlungsrückstandes im Sinne des § 543 Abs. 2 Nr. 3 , für den Ausspruch der schriftlichen Kündigung, für

das Vorliegen der Zugangsvoraussetzungen und die Nichträumung der Wohnung durch den Mieter (Schmidt-Futterer/*Blank*, § 543 Rn 137).

[7] **Zustellung.** Da der Vermieter für den Zugang der Kündigung die Beweislast trägt, ist die Versendung mittels Gerichtsvollzieher oder Boten empfehlenswert, da bei Versendung per Einschreiben mit Rückschein unsicher, da gerade zahlungsschwache Mieter niedergelegte Schriftstücke nicht abholen. 34

[8] **Anforderungen an Kündigungsschreiben.** Kündigt der Vermieter das Wohnungsmietverhältnis fristlos wegen Zahlungsverzuges des Mieters (§ 543 Abs. 2 S. 1 Nr. 3), so genügt er nach der Entscheidung des BGH vom 22.12.2003 jedenfalls bei klarer und einfacher Sachlage seiner Pflicht zur Angabe des Kündigungsgrundes, wenn er in dem Kündigungsschreiben den Zahlungsverzug als Grund benennt und den Gesamtbetrag der rückständigen Mieten beziffert. Die Angabe weiterer Einzelheiten wie Datum des Verzugseintritts oder Aufgliederung des Mietrückstandes für einzelne Monate ist hiernach entbehrlich. (Vgl BGH v. 22.12.2003, VIII ZB 94/03 in WuM 2004, 97–98). 35

[9] Ist nur eine außerordentliche Kündigung erklärt, sollte der Rechtsanwalt dafür sorgen, dass **hilfsweise eine ordentliche Kündigung nachgeschoben** wird. Besorgt er dies selbst, muss er die Kündigung unter Beifügung einer Originalvollmacht erklären, damit die Kündigung nicht gem. § 174 S. 1 zurückgewiesen werden kann. 36

[10] **Voraussetzungen des Zahlungsverzuges.** Für den Eintritt des Zahlungsverzuges finden sich in § 543 Abs. 2 Nr. 3 zwei Alternativen: Beim **terminabhängigem Rückstand** muss der Mieter für zwei aufeinander folgende Termine mit der Mietzahlung ganz oder erheblich in Verzug sein. Für Wohnraummietverhältnisse enthält § 569 Abs. 3 Nr. 1 eine Legaldefinition des erheblichen Rückstandes. Demgemäß ist im Falle des § 543 Abs. 2 S. 1 Nr. 3 a der rückständige Teil der Miete nur dann als nicht unerheblich anzusehen, wenn er die Miete für einen Monat übersteigt. Dies gilt nicht, wenn der Wohnraum nur zum vorübergehenden Gebrauch vermietet ist. Mit Urteil vom BGH 17.9.2008 (VII ZR 61/07) hat der BGH festgestellt, dass die Regelung des § 543 Abs. 2 Nr. 3 a unabhängig davon gilt, ob die Miete monatlich oder in längeren Zeitabschnitten, zB jährlich, zu entrichten ist. Der **mietenhöhenabhängige Rückstand** stellt darauf ab, dass der Mieter über einen längeren Zeitraum als zwei Zahlungstermine mit einem Betrag in Höhe von zwei Monatsmieten in Verzug geraten ist. 37

Die Kündigung wegen Zahlungsverzuges ist gemäß § 543 Abs. 2 S. 2 ausgeschlossen, wenn der Vermieter rechtzeitig in voller Höhe befriedigt wird. Dies gilt jedoch nur bei vollständiger Befriedigung des Vermieters; auf Teilleistungen braucht sich der Vermieter grundsätzlich nicht einzulassen. Die Kündigung wird unwirksam, wenn sich der Mieter von seiner Schuld durch Aufrechnung befreien konnte und unverzüglich nach der Kündigung die Aufrechnung erklärt (§ 543 Abs. 2 S. 3). Unverzüglich ist hierbei im Sinne des § 121 zu verstehen. 38

In Wohnraummietverhältnissen wird die Kündigung gemäß § 569 Abs. 3 Nr. 2 auch dann unwirksam, wenn der Vermieter spätestens bis zum Ablauf von zwei Monaten nach Eintritt der Rechtshängigkeit des Räumungsanspruchs hinsichtlich der fälligen Miete und der fälligen Entschädigung nach § 546 a Abs. 1 befriedigt wird oder sich eine öffentliche Stelle zur Befriedigung verpflichtet (siehe zu den Einzelheiten zu **Schonfrist** und **Nachholrecht** vertiefend Schmidt-Futterer/*Blank*, § 543 Rn 35–60). 39

Der Mieter gerät in **Verzug**, wenn er die Miete nicht zu dem vereinbarten Zeitpunkt leistet (§ 286 BGB). Da sich der Leistungszeitpunkt entweder aus dem Gesetz (§ 556 b Abs. 1) oder aus der vertraglichen Vereinbarung ergibt (§ 286 Abs. 2), bedarf es zur Begründung des Verzuges keiner vorherigen Mahnung des Vermieters. Etwas anderes gilt nur für den Fall, dass die Miethöhe erst aus einer vom Vermieter zu erstellenden Berechnung ersichtlich wird (hierzu BGH ZMR 1971, 27). 40

41 Nach Beschluss des BGH vom 7.9.2005 (VIII ZR 24/05) gerät der Mieter nicht in Verzug und unterbleiben seine Mietzahlungen infolge eines Umstandes, den er nicht zu vertreten hat, solange er nach dem Tod seines Vermieters keine Gewissheit darüber erlagen kann, wer Gläubiger seiner Mietverpflichtung geworden ist. Überblick über die Rechtsprechung in jurisPK-BGB/*Münch*, § 543 Rn 76–100.

II. Kündigung wegen Vernachlässigung der Mietsache

42 **1. Muster: Klage des Vermieters auf Räumung nach Kündigung wegen Vernachlässigung der Mietsache nach § 543 Abs. 2 Ziff. 2**

▶ An das Amtsgericht ■■■[1]

Klage

des ■■■ (Vermieters)

– Kläger –

Prozessbevollmächtigte: ■■■

gegen

den ■■■[2] (Mieter)

– Beklagter –

Prozessbevollmächtigte: ■■■

wegen: Räumung

Gegenstandswert: ■■■ EUR

Namens und in Vollmacht des Klägers erheben wir Klage und werden im Termin zur mündlichen Verhandlung beantragen:

Den Beklagten zu verurteilen die Wohnung ■■■ zu räumen und an den Kläger herauszugeben.[3]

Sofern das Gericht das schriftliche Vorverfahren anordnet, wird beantragt,

ein Versäumnisurteil gem. § 331 Abs. 3 S. 2 ZPO zu erlassen, sofern der Beklagte auf Aufforderung nach § 276 Abs. 1 ZPO nicht rechtzeitig anzeigt, dass er sich gegen die Klage verteidigen will.

Weiterhin beantragen wir bereits jetzt,

dem Kläger eine Kurzausfertigung des Urteils mit Vollstreckungsklausel zu erteilen und den Zeitpunkt der Zustellung des Urteils zu bescheinigen.

Begründung

I. Sachverhalt

Ausweislich des Mietvertrages vom ■■■ besteht zwischen dem Kläger und dem Beklagten ein Mietverhältnis.

Am ■■■ trat aufgrund eines Defektes Wasser aus der Waschmaschine aus, so dass ein erheblicher Wasserschaden entstand. Der Schaden beläuft sich auf ca. ■■■ EUR.

Mit Schreiben vom ■■■ wurde der Beklagte vom Kläger aufgefordert, den Schaden an der Waschmaschine beheben zu lassen oder alternativ eine neue Waschmaschine anzuschaffen.[4]

Am ■■■ verursachte der Beklagte erneut einen erheblichen Wasserschaden infolge der defekten Waschmaschine.

Weiterhin traten bereits im Monat ■■■ Feuchtigkeitsprobleme in der streitgegenständlichen Wohnung auf, die jedoch vom Beklagten erst nach Monaten gemeldet wurde.[5] Aufgrund dieses Verhaltens kam es zu erheblichen Feuchtigkeitsschäden und Schimmelpilzbildung.

Aufgrund der oben genannten Ereignisse erklärte der Kläger mit anwaltlichem Schreiben vom ■■■, dem Beklagten zugestellt am ■■■ die fristlose Kündigung des Mietverhältnisses wegen Vernachlässigung der Mietsache gemäß § 543 Abs. 2 Nr. 2 BGB[6] zum Monatsende unter der Angabe von Gründen. Des Weiteren wurde der Beklagte zur sofortigen Räumung der Wohnung aufgefordert und einer Weiterbenutzung der Wohnung seinerseits ausdrücklich widersprochen.

Beweis:

1. Anwaltliches Kündigungsschreiben vom …
2. Zeuge[7]

Mit anwaltlichem Schreiben vom …, dem eine Originalvollmacht des Klägers beigefügt war, ließ der Kläger das Mietverhältnis unter Bezugnahme auf die Vernachlässigung der Mietsache hilfsweise ordentlich kündigen.[8]

Beweis:

1. Anwaltliches Schreiben vom …
2. Zeuge

Der Beklagte hat bis zum heutigen Tage weder auf die vorgenannten Schreiben reagiert, noch irgendwelche Anstalten getroffen, die Wohnung zu räumen. Die Erhebung der Klage ist daher geboten.

II. Rechtliche Würdigung

Die Klage ist zulässig.

Die örtliche Zuständigkeit des angerufenen Gerichts ergibt sich aus § 29 a ZPO, die sachliche aus § 23 Nr. 2 a GVG.

Die Klage ist auch begründet.

Das Mietverhältnis wurde durch die am … ausgesprochenen Kündigung mit Wirkung zum … wirksam beendet, da dem Kläger ein außerordentliches Kündigungsrecht aus § 543 Abs. 1 Nr. 2 BGB wegen Vernachlässigung der Mietsache zustand.

Der von dem Kläger mit dem Klageantrag geltend gemachte Räumungsanspruch ergibt sich aus § 985 und § 546 Abs. 1 BGB.

…

Rechtsanwalt ◄

2. Erläuterungen

[1] **Zuständigkeit.** Gemäß § 29 a Abs. 1 ZPO **örtlich zuständig** ist für alle Räumungsklagen das Gericht der belegenen Sache. Die **sachliche Zuständigkeit** hingegen richtet sich gemäß § 23 Nr. 2 a GVG nach dem Streitwert. 43

[2] **Adressaten.** Die Klage scheitert, wenn auf Beklagtenseite nicht die richtigen, vor allem nicht alle Personen benannt sind. Der BGH hat in seiner Entscheidung vom 25.6.2004 (IXa ZB 29/04 – BGHZ 159, 383–388) festgestellt, dass aus einem Räumungstitel gegen den Mieter einer Wohnung der Gläubiger nicht gegen einen im Titel nicht aufgeführten Dritten vollstrecken kann, wenn dieser Mitbesitzer ist. Gemäß § 850 Abs. 1 ZPO muss der jeweilige Besitzer zugleich der im Titel ausgewiesene Vollstreckungsschuldner sein. Wer als Besitzer zu qualifizieren ist, bestimmt sich nach den §§ 854 ff. Ist danach der Ehegatte als Mitbesitzer anzusehen, hat der Gläubiger einen Titel gegen ihn zu erwirken. 44

Regelmäßig sind beide Ehegatten als gleichberechtigte Mitbesitzer der ehelichen Wohnung anzusehen. In diesem Zusammenhang kommt es nicht darauf an, dass der Mietvertrag allein zwischen dem Gläubiger und Schuldner abgeschlossen wurde, denn aus dem Gebot der ehelichen Lebensgemeinschaft (§ 1353 Abs. 1) folgt die Pflicht der Ehegatten, sich gegenseitig die Benutzung der ehelichen Wohnung zu gestatten. Auch gegen einen Untermieter kann die Räumungsvollstreckung nicht aufgrund des gegen den Hauptmieter ergangenen Titels betrieben werden (vgl BGH v. 18.7.2003 – IXa ZB 116/03, WM 2003, 1825–1826).

45 [3] Der **Räumungsantrag** muss so bestimmt sein, dass der Gerichtsvollzieher befähigt wird, die Mietsache anhand des Titels zu identifizieren; ggf ist dem Klageantrag ein entsprechender Grundriss beizufügen.

46 [4] **Abmahnung oder Fristsetzung.** Voraussetzung für die Geltendmachung des außerordentlichen Kündigungsrechtes aus § 543 Abs. 2 Nr. 2 ist eine vorherige Abmahnung oder Fristsetzung. Dies ist zwingend und nur unter den Voraussetzungen des § 543 Abs. 3 entbehrlich. Dem Mieter muss jedoch zwischen Abmahnung und Kündigung genügend Zeit gelassen werden, um sein Verhalten auf die Abmahnung einzustellen. Zwar ist für die Kündigung gesetzlich keine Frist vorgesehen, um sich jedoch nicht dem Vorwurf der Verwirkung auszusetzen sollte die Kündigung in angemessener Frist erfolgen. Dies ergibt sich auch aus dem Wortlaut des § 314 („angemessen"). Zudem muss der Kündigungsgrund bei Zugang der Kündigung vorliegen (hM, BGH v. 11.1.2006 – VIII ZR 364/04, WuM 2006, 193, 194).

47 [5] Eine **Verletzung von Sorgfaltspflichten** kommt insbesondere in Betracht, wenn der Mieter die ihm gemäß § 536 c obliegende Anzeigepflicht verletzt. Der einmalige Verstoß gegen Anzeigepflichten rechtfertigt die fristlose Kündigung in der Regel nicht. Bei wiederholten Verstößen und dem Eintritt einer Substanzgefährdung ist die fristlose Kündigung jedoch gerechtfertigt.

48 [6] Eine **erhebliche Gefährdung** der Mietsache infolge Vernachlässigung muss auf einen Sorgfaltspflichtverstoß des Mieters zurückführbar sein. Dies kommt insbesondere in Betracht bei Verletzung der Obhuts- und Anzeigepflichten oder durch Nichterfüllung einer Instandsetzungs- und Instandhaltungspflicht, die vom Mieter übernommen wurde (mit weiteren Beispielen Weidenkaff in Palandt/*Weidenkaff*, § 543 Rn 21).

49 Dem Mieter obliegt die Pflicht die Mietsache sorgsam zu behandeln und drohende Schäden von ihr abzuwenden. Dies gilt gerade auch in Abwesenheit des Mieters. Ein Verschulden des Mieters ist hingegen nicht erforderlich. Weiterhin müssen die Rechte des Mieters in erheblichem Maße beeinträchtigt sein. Zur Feststellung der Erheblichkeit sind die beiderseitigen Interessen gegenüberzustellen. Es ist erforderlich im Rahmen einer den beiderseitigen Eigentumsschutz beachtenden Abwägung, die Interessen beider Vertragsparteien gegenüberzustellen. Verfassungsrechtlicher Prüfungsmaßstab ist Art. 14 Abs. 1 S. 1 GG, da das Besitzrecht an einer gemieteten Wohnung als Eigentum im Sinne dieser Freiheitsgewährleistung zu qualifizieren ist. Der vertragstreue Mieter wird hiernach gegen einen Verlust seiner Wohnung geschützt, der nicht durch berechtigte Interessen des Vermieters begründet ist. Die Wohnung als der räumliche Mittelpunkt freier Entfaltung seiner Persönlichkeit, als Freiraum eigenverantwortlicher Betätigung darf ihm nicht ohne beachtliche Gründe durch Kündigung entzogen werden (vgl BVerfG v. 18.10.1993 – 1BvR 1335/93, NJW 1994, 42). Auf Seiten des Vermieters sind hingegen die Auswirkungen der Vertragsverletzung zu berücksichtigen. Rechtsprechungsübersicht mit zahlreichen Beispielen siehe jurisPK-BGB/*Münch*, § 543 Rn 57–63.

50 [7] **Beweislast.** Da der Vermieter für den Zugang der Kündigung die Beweislast trägt, ist die Versendung mittels Gerichtsvollzieher oder Boten empfehlenswert, weil bei Versendung per Einschreiben mit Rückschein eine gewisse Unsicherheit besteht, da gerade zahlungsschwache Mieter niedergelegte Schriftstücke nicht abholen.

51 [8] Ist nur eine außerordentliche Kündigung erklärt, sollte der Rechtsanwalt dafür sorgen, dass **hilfsweise eine ordentliche Kündigung nachgeschoben** wird. Besorgt er dies selbst, muss er die Kündigung unter Beifügung einer Originalvollmacht erklären, damit die Kündigung nicht gem. § 174 S. 1 zurückgewiesen werden kann.

§ 544 Vertrag über mehr als 30 Jahre

[1]Wird ein Mietvertrag für eine längere Zeit als 30 Jahre geschlossen, so kann jede Vertragspartei nach Ablauf von 30 Jahren nach Überlassung der Mietsache das Mietverhältnis außerordentlich mit der gesetzlichen Frist kündi-

gen. [2]Die Kündigung ist unzulässig, wenn der Vertrag für die Lebenszeit des Vermieters oder des Mieters geschlossen worden ist.

§ 545 Stillschweigende Verlängerung des Mietverhältnisses

[1]Setzt der Mieter nach Ablauf der Mietzeit den Gebrauch der Mietsache fort, so verlängert sich das Mietverhältnis auf unbestimmte Zeit, sofern nicht eine Vertragspartei ihren entgegenstehenden Willen innerhalb von zwei Wochen dem anderen Teil erklärt. [2]Die Frist beginnt

1. für den Mieter mit der Fortsetzung des Gebrauchs,
2. für den Vermieter mit dem Zeitpunkt, in dem er von der Fortsetzung Kenntnis erhält.

§ 546 Rückgabepflicht des Mieters

(1) Der Mieter ist verpflichtet, die Mietsache nach Beendigung des Mietverhältnisses zurückzugeben.
(2) Hat der Mieter den Gebrauch der Mietsache einem Dritten überlassen, so kann der Vermieter die Sache nach Beendigung des Mietverhältnisses auch von dem Dritten zurückfordern.

A. Muster: Angebot des Mieters auf Rückgabe der Mietsache[1] 1

▶ …[2] (Mieter) 393

an

…[3] (Vermieter)

Betreff: Rückgabe der Mietwohnung …

Sehr geehrter … (Vermieter),

nachdem das Mietverhältnis[4] aufgrund meiner ordentlichen Kündigung zum … beendet wird,[5] möchte ich Ihnen hiermit anbieten[6] die Mietwohnung … am …[7] mit allen Schlüsseln[8] besenrein[9] am oben angeführten Ort[10] zu übergeben und für eine Endbesichtigung[11] zu Verfügung zu stellen. Falls es Ihnen nicht möglich ist den oben genannten Termin wahrzunehmen, bitte ich Sie, mich zwecks einer Terminvereinbarung zu kontaktieren.

Mit freundlichen Grüßen

…

Mieter ◀

B. Erläuterungen

[1] Normstruktur. Die Vorschrift des § 546 ist ein nachvertraglicher Herausgabeanspruch des Vermieters gegen den Mieter (Abs. 1) oder den Dritten, dem der Gebrauch vom Mieter überlassen wurde (Abs. 2). Abzugrenzen ist er vom dinglichen Herausgabeanspruch des Eigentümers gemäß § 985. Ist der Vermieter zugleich Eigentümer, so kann er sich auf beide Anspruchsgrundlagen stützen, wenn das Mietverhältnis beendet ist. Die nachvertragliche Rückgabepflicht ist nicht mehr als synallagmatische Hauptpflicht aus dem Mietvertrag zu qualifizieren. Demgemäß haftet der Mieter für Schlechterfüllung nach den Vorschriften des allgemeinen Leistungsstörungsrechts, § 280. 2

[2] Mieter. Gemäß § 546 zur Rückgabe verpflichtet ist der Mieter. Wer Mieter ist bestimmt sich nach dem Mietvertrag. Sind mehrere Personen Mieter, so schulden alle gemeinschaftlich 3 die Rückgabe als Gesamtschuldner. Ein bereits ausgezogener Mitmieter kann sich seiner Pflicht zur Rückgabe nicht dadurch entziehen, dass er den Besitz an der Mietsache aufgegeben hat und den bloßen Hinweis erteilt, er sei ausgezogen (BGH v. 25.6.2004, IXa ZB 29/04). Bei der Anmietung durch mehrere Mieter kann eine BGB-Gesellschaft (§§ 705 ff) vorliegen (siehe hierzu vertiefend: Schmidt-Futterer/*Gather*, § 546 Rn 29–32).

4 [3] **Vermieter.** Zurückzugeben ist die Mietsasche an den **Vermieter**, der zur Zeit der Beendigung des Mietvertrages Partner des Mietvertrages ist. Möglich ist auch die Rückgabe an dessen Vertreter.

5 [4] **Wirksamer Mietvertrag.** Voraussetzung des vertraglichen Herausgabeanspruches gemäß § 546 ist ein wirksamer Mietvertrag. Der Rückgabeanspruch gemäß § 546 scheidet jedoch aus, wenn der Mietvertrag nicht wirksam zustande gekommen oder rückwirkend im Wege der Anfechtung entfallen ist.

6 [5] **Wirksame Beendigung.** Weiterhin muss das Mietverhältnis wirksam beendet worden sein, wobei der Rechtsgrund unerheblich ist und sämtliche Beendigungsmöglichkeiten (zB Zeitablauf, Kündigung, Aufhebungsvertrag, Bedingungseintritt) in Betracht kommen.

7 [6] **Rückgabepflicht.** Nach Beendigung der Mietzeit ist die gemietet Sache zurückzugeben. Nimmt der Vermieter sich das Mietobjekt selbständig und eigenmächtig zurück, begeht er verbotene Eigenmacht nach § 858 Abs. 1. Kommt der Mieter seiner Rückgabeverpflichtung nicht nach, muss er demgemäß auf Räumung verklagt werden. Räumt der Mieter die Mietsache ohne ausdrücklich den Besitz zu übertragen, so reicht dies rechtlich nicht zur Erfüllung der Rückgabepflicht aus, weil der Mieter nach § 546 Abs. 1 verpflichtet ist, dem Vermieter unmittelbaren Besitz zu übertragen. Durch die bloße Besitzaufgabe tritt keine Erfüllung des Anspruchs im Sinne von § 362 Abs. 1 ein (Schmidt-Futterer/*Gather*, § 546 Rn 30). Kontrovers wird diskutiert, ob der Mieter die Mietsache vorzeitig zurückgeben darf, wenn keine entsprechende Vereinbarung getroffen wurde (siehe hierzu Schmidt-Futterer/*Gather*, § 546 Rn 23–27)

8 [7] Der **Zeitpunkt der Rückgabeverpflichtung** wird kontrovers diskutiert. Nach einer Auffassung ist auf den Wortlaut auf § 188 abzustellen, wonach die Beendigung des Mietverhältnisses erst mit Ablauf des letzten Tages der Mietzeit eintritt, so dass demgemäß die Rückgabeverpflichtung erst am darauf folgenden Tage zu erfüllen sei. Für diese Ansicht streitet des Wortlaut des § 546 („nach"). Nach der gegenteiligen Auffassung wir der Anspruch bereits am letzten Tag der Mietzeit fällig, so dass die Rückgabe mit Ablauf des letzten Tages der Mietzeit zu erfolgen hat. Als Argument hierfür wird angeführt, dass es dem Vermieter nicht möglich ist die Wohnung zum ersten des Monats wieder zu vermieten über die Wohnung frei zu verfügen, da nach der gegenteiligen Auffassung unter Berücksichtigung des Fristablaufs gemäß § 188 die Rückgabepflicht erst am Tag nach der Beendigung des Mietverhältnisses entstehen würde (str. vgl Jauernig/*Teichmann*, § 546 Abs. 2; Schmidt-Futterer/*Gather*, § 546 Rn 18; *Lammel* in: AnwaltKommentar Wohnraumietrecht, § 546 Rn 10). Streit besteht auch über die Frage, ob der Mieter die Mietsache vor Ende des Mietverhältnisses zurückgeben darf (vgl Schmidt-Futterer/*Gather*, § 546 Rn 23–26; *Lammel* in: AnwaltKommentar Wohnraummietrecht, § 546 Rn 11, OLG Dresden NZM 2000, 827; OLG Düsseldorf VersR 1989, 46).

9 [8] Bei Rückgabe der Mietsache sind alle **Schlüssel** zurückzugeben, auch von dem Mieter gefertigte Ersatzschlüssel sind gegen Kostenerstattung herauszugeben oder zu vernichten. Für fehlende Schlüssel ist Ersatz zu leisten. Die Schlüsselübergabe hat in den gemieteten Räumlichkeiten zu erfolgen. Eine Übergabe der Schlüssel an den Hauswart reicht zur Erfüllung der Rückgabepflicht nach § 546 Abs. 1 nicht aus, es sei denn, der Vermieter hat den Hauswart als seinen Vertreter bestellt.

10 [9] **Umfang der Rückgabepflicht.** Als Rückgabe im Sinne des § 546 ist die Beendigung des Mietgebrauches abzusehen, so dass alles zu beseitigen ist, was als Ausfluss des Gebrauches der Mietsache anzusehen wäre (vgl BGH v. 11.5.1988 – VIII ZR 96/87, NJW 1988, 2665). Der

Mieter hat die Wohnung „**besenrein**" zu übergeben, dh sämtliche Möbel oder sonstige Einrichtungsgegenstände zu entfernen und die Mietsache so zurückzugeben, wie er sie vertragsgemäß übernommen hat (*Kinne/Schach/Bieber*, Miet- und Mietprozessrecht, § 546 Rn 3).

Die Rückgabeverpflichtung gemäß § 546 umfasst nicht nur die Verpflichtung sämtlich Einrichtungen, dh alle Sachen, die mit der Hauptsache verbunden und dazu bestimmt sind, dem wirtschaftlichen Zweck der Mietsache zu dienen, zu entfernen, sondern beinhaltet auch die Pflicht, durchgeführte **bauliche Veränderungen** zu beseitigen. Nach hM schließt sogar das Einverständnis des Vermieters mit den ursprünglichen Maßnahmen die Entfernungspflicht nicht aus, da aus dem bloßen Einverständnis mit der Einbaumaßnahme keine Übernahme der Einbauten zu entnehmen ist (vgl BGH v. 8.7.1981 – VIII ZR 326/80; aA LG Köln WuM 1995, 654). Lautet daher ein Titel auf Räumung eines konkret bezeichneten Mietobjektes, ist damit zugleich die Verpflichtung festgestellt, ohne Einschränkung sämtliche seitens des Mieters vorgenommene bauliche Änderungen zu beseitigen und Einrichtungen zu entfernen. 11

§ 546 beinhaltet den Anspruch auf Einräumung des unmittelbaren Besitzes im Sinne des § 854, dh die tatsächliche Gewalt über die Sache. Nicht von der Vorschrift umfasst ist jedoch der Anspruch auf Verschaffung des Besitzes in ordnungsgemäßem Zustand. In welchem Zustand sich die Mietsache bei der Rückgabe befindet, ist für die Rückgabe selbst ohne Bedeutung. Bleiben in den Räumen einzelne Gegenstände zurück und ist der Vermieter mithin nicht an der Wiederinbesitznahme gehindert, so darf er die Rücknahme nicht verweigern, anderenfalls gerät er in Annahmeverzug. 12

Ersatzansprüche wegen etwaigen Aufwands für die vollständige Räumung bleiben unberührt und sichern die Interessen des Vermieters ebenso, wie Ersatzansprüche bei Rückgabe der Mietsache in beschädigtem oder verschlechtertem Zustand (vgl BGH v. 10.1.1983 – VIII ZR 304/81). Zum Überblick über höchstrichterliche Rechtsprechung siehe *Kinne/Schach/Bieber*, Miet- und Mietprozessrecht, § 546 Rn 3. 13

[10] **Rückgabeort** bei beweglichen Sachen ist der Wohnort des Vermieters (Bringschuld). Bei Grundstücken und Räumen hat die Rückgabe naturgemäß vor Ort stattzufinden. Dem Vermieter obliegt eine Pflicht zur Mitwirkung an der Rückgabe. (*Kinne/Schach/Bieber*, Miet- und Mietprozessrecht, § 546 Rn 8). 14

[11] Rechtlich nicht notwendig, jedoch zur Förderung der Rechtsklarheit empfehlenswert, ist die Fertigung eines **Übergabeprotokolls**, um etwaige vorhandene Mängel bzw Schäden konkret beschreiben und festhalten zu können.

§ 546 a Entschädigung des Vermieters bei verspäteter Rückgabe

(1) Gibt der Mieter die Mietsache nach Beendigung des Mietverhältnisses nicht zurück, so kann der Vermieter für die Dauer der Vorenthaltung als Entschädigung die vereinbarte Miete oder die Miete verlangen, die für vergleichbare Sachen ortsüblich ist.

(2) Die Geltendmachung eines weiteren Schadens ist nicht ausgeschlossen.

1 ## A. Muster: Klage auf Nutzungsentschädigung

▶ An das Amtsgericht ■■■[1]

Klage

des ■■■ (Vermieter)

– Kläger –

Prozessbevollmächtigte: ■■■

gegen

den ■■■ (Mieter)

– Beklagter –

Prozessbevollmächtigte: ■■■

wegen: Nutzungsentschädigung

Streitwert: ■■■

Namens und in Vollmacht des Klägers erheben wir Klage und werden im Termin zur mündlichen Verhandlung beantragen:

Den Beklagten zu verurteilen Nutzungsentschädigung in Höhe von ■■■ EUR nebst hieraus Zinsen in Höhe von fünf Prozentpunkten über dem Basiszinssatz seit ■■■ an den Kläger zu zahlen.

Sofern das Gericht das schriftliche Vorverfahren anordnet, wird beantragt, ein Versäumnisurteil gemäß § 331 Abs. 3 S. 2 ZPO zu erlassen, sofern der Beklagte auf Aufforderung nach § 276 Abs. 1 ZPO nicht rechtzeitig anzeigt, dass er sich gegen die Klage verteidigen will.

Begründung

Die Parteien haben am ■■■ wirksam einen Mietvertrag über die Wohnung ■■■ geschlossen[2].

Beweis: Mietvertrag vom ■■■[3]

Das Mietverhältnis über die von dem Beklagten gemietete Wohnung ist durch ordentliche Kündigung mit Wirkung zum ■■■ wirksam beendet worden.[4]

Beweis: Ordentliche Kündigung vom ■■■

Trotz mehrfacher Aufforderung seitens des Klägers und bestehender Rückgabeverpflichtung des Beklagten gemäß § 546 BGB[5] hat der Beklagte die betreffende Wohnung bisher noch nicht zurückgegeben[6].

Mit Schreiben vom ■■■ hat der Kläger den Beklagten aufgeordert als Nutzungsentschädigung die ortsübliche Vergleichsmiete für die von ihm weiter genutzte Wohnung auf das im Mietvertrag angegebene Konto zu zahlen, die er auf ■■■ EUR zuzüglich bisherigen Nebenkosten bezifferte. Die Summe errechnet sich aus ■■■ EUR/m² x ■■■ m² (Wohnungsgröße).[7]

Beweis: Schreiben vom ■■■

Der Anspruch des Klägers auf Nutzungsentschädigung ergibt sich aus § 546 a Abs. 1 BGB.

Da der Beklagte bis zum heutigen Tage weder auf die vorgenannten Schreiben reagiert hat, noch irgendwelche Anstalten getroffen hat, die Wohnung zu räumen, ist die Erhebung der Klage geboten.

Der geltend gemachte Zinsanspruch steht dem Kläger aus §§ 288, 291 BGB zu.

■■■

Rechtsanwalt ◀

B. Erläuterungen

2 **[1] Normzweck.** Die Vorschrift des § 546 a trägt dem Umstand Rechnung, dass der Mieter den Vorteil, den er aus dem unberechtigten Gebrauch der Mietsache zieht, dem Vermieter auszu-

gleichen hat. Denn da der Vermieter nach Beendigung des Mietvertrages keinen Anspruch mehr auf Miete hat, gebraucht der Mieter das Mietobjekt bis zur endgültigen Rückgabe unentgeltlich. Der Anspruch aus § 546 a BGB ist als vertraglicher Anspruch eigener Art auf Nutzungsentschädigung zu qualifizieren (BGH v. 15.2.1984 – VIII ZR 213/82; BGHZ 90, 145–154). Der Anspruch geht bei Veräußerung der Mietsache auf den Erwerber über (BGH v. 28.6.1978 – VIII ZR 139/77; BGHZ 147–151).

Zuständigkeit. § 23 Nr. 2 a GVG normiert die ausschließliche **sachliche Zuständigkeit** des Amtsgerichts für Streitigkeiten im Zusammenhang mit einem Wohnraummietverhältnis. Liegt kein Wohnraummietverhältnis vor, bestimmt sich die sachliche Zuständigkeit gemäß § 23 Nr. 1 GVG nach dem Streitwert. 3

Örtlich zuständig ist gemäß § 29 a Abs. 1 ZPO das Gericht, in dessen Bezirk sich die streitgegenständlichen Räume befinden. 4

[2] Der Anspruch aus § 546 Abs. 1 setzt zunächst voraus, dass zwischen den Parteien ein **wirksames Mietverhältnis** bestanden hat. War der Mietvertrag hingegen unwirksam, stehen dem Vermieter die Ansprüche aus § 812 und den §§ 987–988 zu. 5

[3] Die **Beweislast** für das Vorliegen der Anspruchsvoraussetzungen des Anspruches auf Nutzungsentschädigung gemäß § 546 a Abs. 1 und damit für das Bestehen eines wirksamen Mietvertrages, dessen Beendigung, die Herausgabepflicht des Mieters, die Vorenthaltung durch den Mieter und falls der Anspruch nicht auf Zahlung einer Nutzungsentschädigung in Höhe der vereinbarten, sondern in Höhe der ortsüblichen Miete gerichtet ist, auch die Ortsüblichkeit der begehrten Miethöhe, liegt beim Vermieter (jurisPK-BGB/*Münch*, § 546 a Rn 62). 6

[4] Weiterhin muss das **Mietverhältnis wirksam beendet** worden sein, wobei der Rechtsgrund unerheblich ist und sämtliche Beendigungsmöglichkeiten (zB Zeitablauf, Kündigung, Aufhebungsvertrag, Bedingungseintritt) in Betracht kommen. 7

[5] Voraussetzung für den Anspruch aus § 546 a Abs. 1 ist eine bestehende **Herausgabeverpflichtung** des Mieters gegenüber dem Vermieter. Die hier vorausgesetzte Rückgabeverpflichtung entspricht der Verpflichtung des Mieters zur Rückgabe in § 546 (jurisPK-BGB/*Münch*, § 546 a Rn 16). Es besteht die Möglichkeit, seitens des Mieters ein Zurückbehaltungsrecht gegen den Vermieter geltend zu machen. In diesem Falle muss er sich jedoch auf die Zurückbehaltung beschränken und darf die Mietsache nicht vertragsgemäß weiternutzen (BGH v. 2.7.1975 – VIII ZR 87/74, BGHZ 65, 56–59). 8

[6] Eine **Vorenthaltung** im Sinne des § 546 a Abs. 1 liegt vor, wenn der Mieter die Sache gegen den Willen des Vermieters nicht vollständig zurückgibt, obwohl ihm dies möglich wäre. Unerheblich ist dabei die Rechtswidrigkeit der Vorenthaltung oder ein etwaiges Verschulden des Vermieters (Jauernig/*Teichmann*, § 546 a Rn 2). Die Mietsache wird demgemäß auch dann vorenthalten, wenn dem Mieter eine Räumungsfrist (§§ 721, 794 a ZPO) oder Vollstreckungsschutz (§ 765 a ZPO) bewilligt wurde (Hk-BGB/*Ebert*, § 546 a Rn 3; Palandt/*Weidenkaff*, § 546 a Rn 8). Die Vorenthaltung hat nicht zur Voraussetzung, dass der Mieter den Gebrauch an der Mietsache fortsetzt, insbesondere im Besitz des Mietobjekts ist. Deshalb verletzt der Mieter seine Herausgabepflicht auch dann, wenn er die Mietsache wegen der auf Grund eines Untermietvertrages bestehenden Bindungen nicht rechtzeitig wiederbeschaffen kann. Der Umstand, dass Grundstück und Räume in verwahrlostem Zustand zurückgegeben und vom Mieter angebrachte Einrichtungen nicht entfernt worden sind, begründet keinen Anspruch auf Nutzungsentschädigung, sondern allenfalls Schadenersatzansprüche. Zu den zeitlichen Schranken des Anspruchs auf Nutzungsentschädigung nunmehr auch BGH v. 11.5.2006 – VIII ZR 96/87. Übersicht über den derzeitigen Stand der Rechtsprechung siehe jurisPK-BGB/*Münch*, § 546 a Rn 22–45. 9

[7] Gemäß § 546 a Abs. 1 kann der Vermieter für die Dauer der Vorenthaltung als Entschädigung die **vereinbarte Miete** (Hs 1) oder die **ortsübliche Miete** (Hs 2) verlangen. Entgegen der 10

vormals in der Literatur verbreitet vertretenen Auffassung bedarf es keiner besonderen rechtsgestaltenden Willenserklärung seitens des Vermieters, um von vornherein die, möglicherweise höhere, ortsübliche Vergleichsmiete als Mindestentschädigung zu verlangen. Somit ist die frühere Auffassung BGH, frühere herrschende Meinung zum Gesetz geworden (vgl BGH v. 14.7.1999 – XII ZR 215/97). Dies ist auch durchaus sachgerecht, da dem Vermieter durch die Nichterfüllung der Rückgabepflicht des Mieters die Weitervermietung der Sache zum ortsüblichen Preis unmöglich gemacht wird (vgl Hk-BGB/*Ebert*, § 546 a Rn 4). Von der Nutzungsentschädigung werden auch die Nebenkosten mit umfasst. Dies gilt allerdings nur für Leistungen, die der Mieter auch tatsächlich in Anspruch nimmt (vgl *Kinne/Schach/Bieber*, Miet- und Mietprozessrecht, § 546 a Rn 4).

11 Hinweis zu Urteilen des BGH zur Behandlung des Falles bei **Insolvenz des Mieters:**
- BGH v. 18.5.1995 – IX ZR 189/94 – BGHZ 130, 38–49,
- BGH v. 1.3.2007 – IX ZR 81/05 – ZIP 2007, 778–781,
- BGH v. 21.12.2006 – IX ZR 66/05 – WM 2007, 411–414.

§ 547 Erstattung von im Voraus entrichteter Miete

(1) [1]Ist die Miete für die Zeit nach Beendigung des Mietverhältnisses im Voraus entrichtet worden, so hat der Vermieter sie zurückzuerstatten und ab Empfang zu verzinsen. [2]Hat der Vermieter die Beendigung des Mietverhältnisses nicht zu vertreten, so hat er das Erlangte nach den Vorschriften über die Herausgabe einer ungerechtfertigten Bereicherung zurückzuerstatten.
(2) Bei einem Mietverhältnis über Wohnraum ist eine zum Nachteil des Mieters abweichende Vereinbarung unwirksam.

§ 548 Verjährung der Ersatzansprüche und des Wegnahmerechts

(1) [1]Die Ersatzansprüche des Vermieters wegen Veränderungen oder Verschlechterungen der Mietsache verjähren in sechs Monaten. [2]Die Verjährung beginnt mit dem Zeitpunkt, in dem er die Mietsache zurückerhält. [3]Mit der Verjährung des Anspruchs des Vermieters auf Rückgabe der Mietsache verjähren auch seine Ersatzansprüche.
(2) Ansprüche des Mieters auf Ersatz von Aufwendungen oder auf Gestattung der Wegnahme einer Einrichtung verjähren in sechs Monaten nach der Beendigung des Mietverhältnisses.

Untertitel 2 Mietverhältnisse über Wohnraum

Kapitel 1 Allgemeine Vorschriften

§ 549 Auf Wohnraummietverhältnisse anwendbare Vorschriften

(1) Für Mietverhältnisse über Wohnraum gelten die §§ 535 bis 548, soweit sich nicht aus den §§ 549 bis 577 a etwas anderes ergibt.
(2) Die Vorschriften über die Mieterhöhung (§§ 557 bis 561) und über den Mieterschutz bei Beendigung des Mietverhältnisses sowie bei der Begründung von Wohnungseigentum (§ 568 Abs. 2, §§ 573, 573 a, 573 d Abs. 1, §§ 574 bis 575, 575 a Abs. 1 und §§ 577, 577 a) gelten nicht für Mietverhältnisse über

1. Wohnraum, der nur zum vorübergehenden Gebrauch vermietet ist,
2. Wohnraum, der Teil der vom Vermieter selbst bewohnten Wohnung ist und den der Vermieter überwiegend mit Einrichtungsgegenständen auszustatten hat, sofern der Wohnraum dem Mieter nicht zum dauernden Gebrauch mit seiner Familie oder mit Personen überlassen ist, mit denen er einen auf Dauer angelegten gemeinsamen Haushalt führt,
3. Wohnraum, den eine juristische Person des öffentlichen Rechts oder ein anerkannter privater Träger der Wohlfahrtspflege angemietet hat, um ihn Personen mit dringendem Wohnungsbedarf zu überlassen, wenn sie den Mieter bei Vertragsschluss auf die Zweckbestimmung des Wohnraums und die Ausnahme von den genannten Vorschriften hingewiesen hat.

(3) Für Wohnraum in einem Studenten- oder Jugendwohnheim gelten die §§ 557 bis 561 sowie die §§ 573, 573 a, 573 d Abs. 1 und §§ 575, 575 a Abs. 1, §§ 577, 577 a nicht.

§ 550 Form des Mietvertrags

[1]Wird der Mietvertrag für längere Zeit als ein Jahr nicht in schriftlicher Form geschlossen, so gilt er für unbestimmte Zeit. [2]Die Kündigung ist jedoch frühestens zum Ablauf eines Jahres nach Überlassung des Wohnraums zulässig.

§ 551 Begrenzung und Anlage von Mietsicherheiten

(1) Hat der Mieter dem Vermieter für die Erfüllung seiner Pflichten Sicherheit zu leisten, so darf diese vorbehaltlich des Absatzes 3 Satz 4 höchstens das Dreifache der auf einen Monat entfallenden Miete ohne die als Pauschale oder als Vorauszahlung ausgewiesenen Betriebskosten betragen.
(2) [1]Ist als Sicherheit eine Geldsumme bereitzustellen, so ist der Mieter zu drei gleichen monatlichen Teilzahlungen berechtigt. [2]Die erste Teilzahlung ist zu Beginn des Mietverhältnisses fällig.
(3) [1]Der Vermieter hat eine ihm als Sicherheit überlassene Geldsumme bei einem Kreditinstitut zu dem für Spareinlagen mit dreimonatiger Kündigungsfrist üblichen Zinssatz anzulegen. [2]Die Vertragsparteien können eine andere Anlageform vereinbaren. [3]In beiden Fällen muss die Anlage vom Vermögen des Vermieters getrennt erfolgen und stehen die Erträge dem Mieter zu. [4]Sie erhöhen die Sicherheit. [5]Bei Wohnraum in einem Studenten- oder Jugendwohnheim besteht für den Vermieter keine Pflicht, die Sicherheitsleistung zu verzinsen.
(4) Eine zum Nachteil des Mieters abweichende Vereinbarung ist unwirksam.

A. Muster: Klage auf Auskunft über Anlage Mietsicherheit 1

▶ An das Amtsgericht[1] ■■■ 395

Klage

des

■■■ (Mieter)

– Kläger –

Prozessbevollmächtigte: ■■■

gegen

■■■ (Vermieter)

– Beklagter –

Prozessbevollmächtigte: ■■■

wegen: Auskunft über Anlage Mietsicherheit

Streitwert: ■■■[2]

Namens und in Vollmacht des Klägers erheben wir Klage und werden im Termin zur mündlichen Verhandlung beantragen:

Der Beklagte wird verurteilt, Auskunft über die Anlage der Mietsicherheit zu erteilen.

Sofern das Gericht das schriftliche Vorverfahren anordnet, wird beantragt, ein Versäumnisurteil gemäß § 331 Abs. 3 S. 2 ZPO zu erlassen, sofern der Beklagte auf Aufforderung nach § 276 Abs. 1 ZPO nicht rechtzeitig anzeigt, dass er sich gegen die Klage verteidigen will.

Begründung

Zwischen den Parteien wurde mit Mietvertrag vom ■■■ ein Mietverhältnis abgeschlossen. Gemäß § ■■■ des Mietvertrages[3] hat der Kläger eine Sicherheitsleistung[4] in Höhe von ■■■ EUR[5] zu entrichten.

Beweis: In beglaubigter Fotokopie anliegender Mietvertrag vom ■■■

Diesen Betrag hat der Kläger bei Wohnungsübergabe am ■■■ in bar an den Beklagten geleistet.

Beweis: Schriftliche Quittung vom ■■■[6]

Mit Schreiben vom ■■■ forderte der Kläger den Beklagten zur Auskunftslegung über die Anlage der Mietsicherheit auf.[7]

Beweis: Schreiben des Klägers an den Beklagten vom ■■■

Auf dieses Schreiben reagierte der Beklagte nicht.

Mit anwaltlichem Schreiben des Unterzeichners wurde dem Beklagten eine Frist zum ■■■ zur Auskunftserteilung gesetzt.

Beweis: Anwaltliches Schreiben vom ■■■

Infolge der entsprechenden Fristsetzung gemäß § 284 Abs. 1 BGB befindet sich der Beklagte mit der Erfüllung seiner Auskunftspflicht seit dem ■■■ in Verzug.

Da der Beklagte bis zum heutigen Tage weder auf die vorgenannten Schreiben reagiert hat, noch dem Begehren des Klägers und somit seiner Pflicht auf Auskunftserteilung, nachkam, ist die Erhebung der Klage geboten.

■■■

Rechtsanwalt ◄

B. Erläuterungen

2 [1] **Normzweck.** Die Vorschrift des § 551, die nur für Wohnraummietverträge gilt, versucht einen gerechten Ausgleich zu schaffen zwischen dem Sicherungsinteresse des Vermieters und dem Schutzbedürfnis des Mieters und beide Interessen in gleichem Umfang zu berücksichtigen (Hk-BGB/*Ebert*, § 551 Rn 1). Gemäß § 551 Abs. 4 ist eine zum Nachteil des Mieters abweichende Vereinbarung unwirksam.

3 **Zuständigkeit.** § 23 Nr. 2 a GVG normiert die ausschließliche **sachliche Zuständigkeit** des Amtsgerichts für Streitigkeiten im Zusammenhang mit einem Wohnraummietverhältnis. Liegt kein Wohnraummietverhältnis vor, bestimmt sich die sachliche Zuständigkeit gemäß § 23 Nr. 1 GVG nach dem Streitwert. **Örtlich zuständig** ist gemäß § 29 a Abs. 1 ZPO das Gericht, in dessen Bezirk sich die streitgegenständlichen Räume befinden.

4 [2] Der **Streitwert** der Auskunftsklage des Mieters über die Anlage der Kaution kann höchstens ein Viertel der Gesamtkaution betragen, bemisst sich nach höchstens einem Viertel der insgesamt anzulegenden Sicherheit (AG Neumünster v. 9.5.1996 – 8 C 271/96, WuM 1996, 632–633; AG Pinneberg WuM 1999, 337–338).

5 [3] Es ist erforderlich, dass die **Sicherheitsleistung** im Mietvertrag oder in einem Nachtrag vereinbart worden ist. (jurisPK-BGB/*Schlemmer*, § 551 Rn 4).

6 [4] **Arten der Sicherheitsleistung.** § 551 gewährt den Parteien eine Wahlmöglichkeit über die Form der Sicherungsleistung, demgemäß richtet sich die Art der Sicherung nach der vertraglichen Vereinbarung (jurisPK-BGB/*Schlemmer*, § 551).§ 551 umfasst alle Arten der Sicherheitsleistungen, in Betracht kommen insbesondere Barkaution, Verpfändung eines Sparbuches, Abtretung der Sparforderung gemäß den §§ 398–413, Bürgschaft, Verpfändung von Wertpapieren, Abtretung von Lohn-oder Gehaltsforderungen, Sicherungsübereignung von Wertgegenständen, Hinterlegung von Wertpapieren (vertiefend zu den Arten der Sicherungsleistung siehe Schmidt-Futterer, § 551 Rn 12–55).

7 [5] Die zulässige **Höhe der Sicherungsleistung** richtet sich nach § 551 Abs. 1. Demgemäß darf die Kaution das Dreifache der auf einen Monat entfallenden Miete, ohne die als Pauschale oder als Vorauszahlung ausgewiesenen Betriebskosten, nicht übersteigen. Wird zwischen den Parteien eine Pauschalmiete vereinbart, in der auch nicht abzurechnende Betriebskosten enthalten sind, so ist diese als Berechnungsgrundlage heranzuziehen (vgl *Schmidt-Futterer*, § 551 Rn 56).

Im Falle einer Mietminderung gemäß § 536 Abs. 1 ist die Miete aufgrund eines Mangels nach § 536 Abs. 1 gemindert, bleibt dieser Umstand für die Berechnung der zulässigen Höhe einer Mietsicherheit nach § 551 Abs. 1 außer Betracht. Maßgeblich für die Höchstgrenze ist die vereinbarte, nicht geminderte Miete. Unter Miete im Sinne des § 551 Abs. 1 ist jedoch dann die aufgrund eines Mangels geminderte Miete zu verstehen, wenn im Zeitpunkt der Vereinbarung über die Mietsicherheit ein unbehebbarer Mangel vorliegt (BGH v. 20.7.2005 – VIII ZR 347/04, NJW 2005, 2773). Dem Wortlaut entsprechend („höchstens") handelt es sich hierbei um einen Höchstbetrag, von dem nach unten abgewichen werden kann (jurisPK-BGB/*Schlemmer*, § 551 Rn 10).

Macht der Vermieter den Abschluss eines Mietvertrages über Wohnraum davon abhängig, dass der Mieter neben einer Barkaution zusätzlich eine Bürgschaft für alle Ansprüche aus dem Mietverhältnis stellt, so kann der Mieter verlangen, dass der Bürge über eine Betrag von 3 Monatsmieten hinaus nicht in Anspruch genommen wird; der Bürge kann dieses Recht des Hauptschuldners einredeweise geltend machen (BGH v. 20.4.1989- IX ZR 212/88). 8

[6] **Beweislast.** Der Mieter trifft die Beweislast für den Umstand, dass er zu Beginn des Vertragsverhältnisses eine Kaution geleistet hat (Schmidt-Futterer/*Blank*, § 551 Rn 108). 9

[7] Anlage der Miet**sicherheit.** Nach § 551 Abs. 3 S. 1 hat der Vermieter eine ihm als Sicherheit überlassene Geldsumme bei einem Kreditinstitut zu dem für Spareinlagen mit dreimonatiger Kündigungsfrist üblichen Zinssatz anzulegen. Nach der Begründung zum Gesetzesentwurf ist Sinn und Zweck dieser Regelung ist, den Rückzahlungsanspruch des Mieters im Falle einer Insolvenz des Vermieters vor dem Zugriff der Gläubiger des Vermieters zu bewahren (BT-Drucks. 9/2079 S. 10). Zu den verschiedenen Meinungen hinsichtlich der Anlage in einem **Sammelkonto** siehe Palandt/*Weidenkaff*, § 551 Rn 12, Bamberger/Roth/*Ehlert*, § 551 Rn 26, **aA:** *Lammel* in: AnwaltKommentar Wohnraummietrecht, § 551 Rn 40. 10

Die Wahl des Kreditinstituts obliegt dem Vermieter. Es steht im frei, dass Geld auch bei kleineren Privatbanken, bei Postsparkassen oder bei ausländischen Banken im EG-Bereich anzulegen (Schmidt-Futterer/*Blank*, § 551 Rn 68).Gemäß § 551 Abs. 3 S. 2 können die Vertragsparteien eine andere Anlageform vereinbaren. Nach den Materialien zur Gesetzesbegründung sind hierunter diejenigen Anlageformen zu subsumieren, bei denen die Erzielung eines Gewinns möglich ist (siehe BT-Drucks. 14/4553 S. 48). 11

Erfüllt der Vermieter diese gesetzlichen Vorgaben (zur Anlage) nicht, so ist darin eine Vertragsverletzung zu sehen, die den Vermieter zum Schadensersatz verpflichtet. Die gesetzeskonforme Anlage ist eine **einklagbare Nebenpflicht** des Vermieters. Dem Mieter ist ein einklagbarer Anspruch auf Nachweis der gesetzeskonformen Anlage der Mietsicherheit zu zubilligen, der im Wege der Leistungsklage durchgesetzt werden kann. Zum Inhalt dieser Auskunftspflicht zählt auch die Darlegung der Kontonummer und vereinbarte Kündigungsfrist (jurisPK-BGB/*Schlemmer*, § 551 Rn 12). 12

Ob dem Mieter bei nicht vertragskonformer Anlage der Mietsicherheit ein **Zurückbehaltungsrecht** an der Miete zusteht, ist streitig (vgl LG Darmstadt in NJW-RR 2002, 155; LG Mannheim in NJW-RR 1991, 79). Der BGH hat mit Urteil v. 11.3.2009 (VIII ZR 184/08) bestätigt, dass auch den Zwangsverwalter einer Mietwohnung die Pflicht des Vermieters zur Anlage einer vom Mieter als Sicherheit geleisteten Geldsumme bei einem Kreditinstitut trifft. Dies gilt selbst dann, wenn der Vermieter die Kaution nicht an den Zwangsverwalter ausgekehrt hat (im Anschluss an BGH, Urteil v. 9.3.2005 – VIII ZR 330/03, NZM 2005, 596). 13

§ 552 Abwendung des Wegnahmerechts des Mieters

(1) Der Vermieter kann die Ausübung des Wegnahmerechts (§ 539 Abs. 2) durch Zahlung einer angemessenen Entschädigung abwenden, wenn nicht der Mieter ein berechtigtes Interesse an der Wegnahme hat.

(2) Eine Vereinbarung, durch die das Wegnahmerecht ausgeschlossen wird, ist nur wirksam, wenn ein angemessener Ausgleich vorgesehen ist.

§ 553 Gestattung der Gebrauchsüberlassung an Dritte

(1) [1]Entsteht für den Mieter nach Abschluss des Mietvertrags ein berechtigtes Interesse, einen Teil des Wohnraums einem Dritten zum Gebrauch zu überlassen, so kann er von dem Vermieter die Erlaubnis hierzu verlangen. [2]Dies gilt nicht, wenn in der Person des Dritten ein wichtiger Grund vorliegt, der Wohnraum übermäßig belegt würde oder dem Vermieter die Überlassung aus sonstigen Gründen nicht zugemutet werden kann.
(2) Ist dem Vermieter die Überlassung nur bei einer angemessenen Erhöhung der Miete zuzumuten, so kann er die Erlaubnis davon abhängig machen, dass der Mieter sich mit einer solchen Erhöhung einverstanden erklärt.
(3) Eine zum Nachteil des Mieters abweichende Vereinbarung ist unwirksam.

§ 554 Duldung von Erhaltungs- und Modernisierungsmaßnahmen

(1) Der Mieter hat Maßnahmen zu dulden, die zur Erhaltung der Mietsache erforderlich sind.
(2) [1]Maßnahmen zur Verbesserung der Mietsache, zur Einsparung von Energie oder Wasser oder zur Schaffung neuen Wohnraums hat der Mieter zu dulden. [2]Dies gilt nicht, wenn die Maßnahme für ihn, seine Familie oder einen anderen Angehörigen seines Haushalts eine Härte bedeuten würde, die auch unter Würdigung der berechtigten Interessen des Vermieters und anderer Mieter in dem Gebäude nicht zu rechtfertigen ist. [3]Dabei sind insbesondere die vorzunehmenden Arbeiten, die baulichen Folgen, vorausgegangene Aufwendungen des Mieters und die zu erwartende Mieterhöhung zu berücksichtigen. [4]Die zu erwartende Mieterhöhung ist nicht als Härte anzusehen, wenn die Mietsache lediglich in einen Zustand versetzt wird, wie er allgemein üblich ist.
(3) [1]Bei Maßnahmen nach Absatz 2 Satz 1 hat der Vermieter dem Mieter spätestens drei Monate vor Beginn der Maßnahme deren Art sowie voraussichtlichen Umfang und Beginn, voraussichtliche Dauer und die zu erwartende Mieterhöhung in Textform mitzuteilen. [2]Der Mieter ist berechtigt, bis zum Ablauf des Monats, der auf den Zugang der Mitteilung folgt, außerordentlich zum Ablauf des nächsten Monats zu kündigen. [3]Diese Vorschriften gelten nicht bei Maßnahmen, die nur mit einer unerheblichen Einwirkung auf die vermieteten Räume verbunden sind und nur zu einer unerheblichen Mieterhöhung führen.
(4) [1]Aufwendungen, die der Mieter infolge einer Maßnahme nach Absatz 1 oder 2 Satz 1 machen musste, hat der Vermieter in angemessenem Umfang zu ersetzen. [2]Auf Verlangen hat er Vorschuss zu leisten.
(5) Eine zum Nachteil des Mieters von den Absätzen 2 bis 4 abweichende Vereinbarung ist unwirksam.

1 **A. Muster: Ankündigung von Modernisierungsmaßnahmen[1]**

▶ ... (Vermieter)

an

... (Mieter)

Betreff: Ankündigung[2] von Modernisierungsmaßnahmen[3] der Mietsache[4] ...

Sehr geehrter ... (Mieter),

hiermit kündige ich Ihnen die Vornahme folgender Modernisierungsmaßnahmen an:[5]

(Art) ...

(Umfang) ...

Während der Dauer der Maßnahmen werden Sie voraussichtlich folgenden Beeinträchtigungen ausgesetzt sein[6] ...

Der Beginn der Maßnahmen ist auf den ... veranlagt und wird voraussichtlich über einen Zeitraum von ... Wochen andauern.[7]

Die geplanten baulichen Maßnahmen erfordern ausweislich des von mir eingeholten Kostenvoranschlages der Firma ▪▪▪ einen maximalen Kostenaufwand in einer Größenordnung bis zu EUR ▪▪▪ erfordern.

Gemäß § 559 Abs. 1 BGB bin ich dann auf Grund der durchgeführten Modernisierungsmaßnahmen berechtigt, die Miete um jährlich 11 % der für Ihre Wohnung aufgewendeten Kosten zu erhöhen. Dies werde ich Ihnen in einem gesonderten Schreiben nach Abschluss der Maßnahmen noch ausführlich darlegen. Voraussichtlich werden Sie mit einer monatlichen Mieterhöhung von EUR ▪▪▪ zu rechnen haben.

Ich bitte um Mitteilung bis zum ▪▪▪, ob sie mit der Durchführung der oben genannten Maßnahmen einverstanden sind.[8]

Mit freundlichen Grüßen

▪▪▪

Vermieter ◄

B. Erläuterungen

[1] **Normstruktur.** Mit der Ausnahmeregelung des § 554 wird dem Umstand Rechnung getragen, dass im Verlaufe der Mietzeit Veränderungen an der Mietsache notwendig oder wünschenswert werden können. Da der Mieter aufgrund des ihm zustehenden Rechts auf ungestörten Mietgebrauch die Durchführung notwendiger Bau- und Reparaturmaßnahmen vereiteln und damit dem Vermieter die Erfüllung der ihm obliegenden Pflicht zur Erhaltung der Mietsache in vertragsgemäßen Zustand unmöglich machen könnte, normiert § 554 Abs. 1 die Duldungspflicht des Mieters bei notwendigen Instandhaltungsmaßnahmen. § 554 Abs. 2 gewährt dem Vermieter einen Anspruch auf Vornahme von Verbesserungen am Mietobjekt und insbesondere auf Realisierung auch im Allgemeininteresse wünschenswerter Maßnahmen zur Energie- und Ressourceneinsparung (jurisPK-BGB/*Heilmann*,, § 554 Rn 1). Aus dem Grundsatz der Wirtschaftlichkeit lässt sich eine Verpflichtung des Vermieters zur Modernisierung jedoch nicht herleiten (vgl BGH v. 31.10.2007 – VIII ZR 261/06). 2

[2] **Ankündigung.** Gemäß § 554 Abs. 3 S. 1 hat der Vermieter dem Mieter spätestens drei Monate vor Beginn der Maßnahme deren Art sowie voraussichtlichen Umfang und Beginn, voraussichtliche Dauer und die zu erwartende Mieterhöhung in Textform mitzuteilen. Sinn und Zweck dieser Vorschrift ist es, den Mieter über das Ausmaß der Modernisierung und die zu erwartende Mieterhöhung zu informieren, damit er entscheiden kann, ob die Maßnahme zumutbar ist oder eine Härte bedeutet, oder ob er von dem Sonderkündigungsrecht nach § 554 Abs. 3 S. 2 Gebrauch machen will (jurisPK-BGB/*Heilmann*, § 554 Rn 22). Die **Pflicht zur Ankündigung** entfällt nur bei **Bagatellmaßnahmen** gemäß § 554 Abs. 3 S. 3. Da durch die gesetzmäßig erfolgte Mitteilung die Voraussetzungen für eine Vertragsänderung geschaffen werden, sind die Anforderungen an die Mitteilung hoch: Erforderlich ist eine individuelle, auf die konkrete Situation des betroffenen Mieters bezogenen, vorbehaltlose Mitteilung, die eine detaillierte Beschreibung der in der Wohnung oder an sonstigen Teilen des Gebäudes durchzuführenden Maßnahmen enthält (jurisPK-BGB/*Heilmann*, § 554 Rn 22). Erst durch die formwirksame Ankündigung wird die Duldungsverpflichtung des Mieters begründet (KG Berlin v. 1.9.1988 – 8 RE-Miet 4048/88). 3

Hinsichtlich **Art**: 4

- Detaillierte Beschreibung der in der Wohnung oder an sonstigen Teilen des Gebäudes durchzuführenden Maßnahmen.
- Abgrenzung zu den durch die Modernisierung mit erledigten Instandsetzungsmaßnahmen (jurisPK-BGB/*Heilmann*, § 554 Rn 30, 31).

5 Hinsichtlich **Umfang**:

- Nähere technische Beschreibung der geplanten baulichen Maßnahmen erforderlich, durch die der Mieter ein Bild von den aufgrund der durchzuführenden Maßnahmen möglicherweise entstehenden Einwirkungen auf seine Wohnsituation erlangen soll (vgl jurisPK-BGB/*Heilmann*, § 554 Rn 32). Pauschale Hinweise reichen demgemäß nicht aus, es sei denn es handelt sich um lediglich um allgemein bekannte Umstände und übliche Baumaßnahmen (KG v. 10.5.2007 – 8 U 166/06, Grundeigentum 2007, 907–909).

6 Hinsichtlich **Beginn:**

- Keine präzise Datumsangabe erforderlich, ausreichend ist die Angabe einer konkreten Kalenderwoche (vgl hierzu BT-Drucks. 14/4553 S. 50).

7 Hinsichtlich **Dauer**:

- Bezeichnung von circa-Angaben ausreichend, wenn hierdurch zumindest eine Zuordnung zu bestimmten Kalenderwochen möglich ist. Bei mehreren geplanten Maßnahmen müssen sich Angaben gesondert auf jede einzelne Maßnahme beziehen (jurisPK-BGB/*Heilmann*, § 554 Rn 36).

8 Hinsichtlich **Mieterhöhung**:

- Die zu erwartende Miete ist in einem bestimmten Geldbetrag anzugeben, die Angabe einer Mietspanne oder Erhöhungsprozentsätzen ist nicht ausreichend (Schmidt-Futterer/*Eisenschmid*, § 554 Rn 277). Eine auf den qm bezogene Mitteilung genügt nur bei gleichzeitiger Angabe der Wohnfläche der Wohnung oder wenn sich die Wohnfläche aus dem Mietvertrag ergibt (LG Berlin v. 3.12.2004 – 63 S 273/04). Nicht notwendig ist die Angabe von Kosten der Baumaßnahme oder bei mehreren Wohnungen der Verteilungsschlüssel (Palandt/*Weidenkaff*, § 554 Rn 27).
- Anzugeben sind ferner modernisierungsbedingte Erhöhungen oder die Neueinführung von **Betriebskosten**, sowie die sich sodann errechnende Gesamtmiete. Nicht ausreichend ist die Angabe eines prozentualen Erhöhungsbetrages oder einer prozentualen Veränderung.

9 Zur Umlage neuer Betriebskosten, die erstmals durch Modernisierung entstehen Schmidt-Futterer/*Eisenschmid*, § 554 Rn 277; jurisPK-BGB/*Heilmann*, § 554 Rn 38, 39.

10 [3] **Verbesserungsmaßnahme** im Sinne des § 554 Abs. 2 ist jede bauliche Veränderung der Mietsache, die im Rahmen ihres Zwecks den Gebrauchswert erhöht und eine bessere Benutzung ermöglicht. (Palandt/*Weidenkaff*, § 554 Rn 11; *Kinne/Schach/Bieber*, Miet- und Mietprozessrecht, § 554 Rn 45). Die Mietsache darf jedoch nicht so verändert werden, dass etwas völlig Neues entsteht (BGH v. 23.2.1972 – VIII ZR 91/70). **Beispiele** für Maßnahmen zu Verbesserungen siehe ausführliche und detaillierte Darstellung in *Kinne/Schach/Bieber*, Miet- und Mietprozessrecht, § 554 Rn 45–80). Bauliche Maßnahmen, die der Vermieter aufgrund einer **behördlichen Anordnung** oder **gesetzlichen Verpflichtung** durchzuführen hat, fallen nicht unter § 554 Abs. 2 und unterliegen deshalb auch nicht den in § 554 Abs. 3 dem Vermieter auferlegten Mitteilungspflichten. Derartige Maßnahmen muss der Mieter vielmehr nach § 242 dulden. Jedoch sind auch derartige Maßnahmen, soweit es keine Notmaßnahmen sind, von dem Vermieter vorher anzukündigen, so dass sich der Mieter nach Möglichkeit darauf einstellen kann. Der Mieter hingegen ist nach Treu und Glauben verpflichtet, an einer baldigen Terminsabstimmung mitzuwirken (BGH v. 4.3.2009 – VIII ZR 110/08).

11 [4] **Mietsache.** Der Begriff der Mietsache im Sinne des § 554 Abs. 2 umfasst sowohl Räume als auch Teile des Gebäudes (jurisPK-BGB/*Heilmann*, § 554 Rn 9).

12 [5] **Form.** Ausreichend ist Textform im Sinne des § 126 b.

13 [6] **Duldungspflicht.** Die Duldungspflicht trifft sowohl den Mieter als auch den Untermieter (Palandt/*Weidenkaff*, § 554 Rn 68). Unter Duldung ist nicht die Zustimmung des Mieters zu verstehen, sondern vielmehr das Unterlassen einer Behinderung des Vermieters bei Durchfüh-

rung der Arbeiten (jurisPK-BGB/*Weidenkaff*, § 554 Rn 16). Eine Mitwirkungspflicht des Mieters besteht nach herrschender Meinung nicht (Palandt/*Weidenkaff*, § 554 Rn 7).

[7] **Frist.** Die in § 554 normierte 3-Monats-Frist ist eine Mindestfrist deren Berechnung sich nach den §§ 187, 188 richtet. Als Beginn der Maßnahme ist auf die eigentlichen Ausführungsarbeiten abzustellen, vorbereitende Maßnahmen, die keinerlei Auswirkungen auf den Gebrauch der gemieteten Räumlichkeiten oder des Gebäudes herbeiführen, sind unerheblich (Palandt/*Weidenkaff*, § 554 Rn 26). 14

[8] **Interessenabwägung.** Zur Begründung der Duldungspflicht ist es erforderlich, dass die durchzuführende Interessenabwägung zugunsten des Vermieters ausfällt. Siehe zu Einzelheiten der **Interessenabwägung** Palandt/*Weidenkaff*, § 554 Rn 15–24. 15

Zu beachten ist jedoch in jedem Falle die zwingende Abwägungsregel des § 554 Abs. 2 S. 4, wonach die zu erwartende Mieterhöhung nicht als Härte anzusehen ist, wenn die Mietsache lediglich in einen Zustand versetzt wird, wie er allgemein üblich ist. 16

§ 554 a Barrierefreiheit

(1) [1]Der Mieter kann vom Vermieter die Zustimmung zu baulichen Veränderungen oder sonstigen Einrichtungen verlangen, die für eine behindertengerechte Nutzung der Mietsache oder den Zugang zu ihr erforderlich sind, wenn er ein berechtigtes Interesse daran hat. [2]Der Vermieter kann seine Zustimmung verweigern, wenn sein Interesse an der unveränderten Erhaltung der Mietsache oder des Gebäudes das Interesse des Mieters an einer behindertengerechten Nutzung der Mietsache überwiegt. [3]Dabei sind auch die berechtigten Interessen anderer Mieter in dem Gebäude zu berücksichtigen.

(2) [1]Der Vermieter kann seine Zustimmung von der Leistung einer angemessenen zusätzlichen Sicherheit für die Wiederherstellung des ursprünglichen Zustandes abhängig machen. [2]§ 551 Abs. 3 und 4 gilt entsprechend.

(3) Eine zum Nachteil des Mieters von Absatz 1 abweichende Vereinbarung ist unwirksam.

A. Muster: Klage auf behindertengerechte bauliche Veränderung der Mietsache[1] 1

▶ An das Amtsgericht[2] ■■■

Klage

In Sachen des

■■■ (Mieter)

– Kläger –

Prozessbevollmächtigte: ■■■

gegen

■■■ (Vermieter)

– Beklagter –

Prozessbevollmächtigte: ■■■

wegen: Abgabe einer Willenserklärung und Duldung baulicher Maßnahmen

Namens und in Vollmacht des Klägers erheben wir Klage und werden im Termin zur mündlichen Verhandlung beantragen,

den Beklagten zu verurteilen, der seitens des Mieters begehrten baulichen Veränderung – nämlich dem Umbau des Badezimmers dergestalt, dass ■■■ (genau bezeichnete Maßnahmen) durchgeführt werden soll, zustimmen und diese zu dulden.[3]

Sofern das Gericht das schriftliche Vorverfahren anordnet, wird beantragt,

ein Versäumnisurteil gemäß § 331 Abs. 3 ZPO zu erlassen, sofern der Beklagte auf Aufforderung nach § 276 Abs. 1 BGB nicht rechtzeitig anzeigt, dass er sich gegen die Klage verteidigen will.

Begründung

Mit der vorliegenden Klage verlangt der Kläger die Zustimmung[4] und Duldung des Beklagten hinsichtlich der von ihm begehrten baulichen Veränderungen.[5]

Ausweislich des schriftlichen Mietvertrages vom ■■■ besteht zwischen den Parteien ein Mietverhältnis über die von dem Kläger gemietete, von dem Beklagten vermietet Wohnung ■■■

Beweis: In beglaubigter Kopie anliegender Mietvertrag vom ■■■

Aufgrund eines schweren Verkehrsunfalles, der sich im letzten Jahr ereignete, ist der Kläger querschnittsgelähmt und auf einen Rollstuhl angewiesen.[6]

Beweis: Ärztliches Gutachten vom ■■■

Mit Schreiben vom ■■■ bat er den Kläger um Zustimmung zu folgenden Umbaumaßnahmen:

1. ■■■ (genau zu bezeichnen)
2. ■■■

In dem Schreiben hat der Kläger dem Beklagten zudem die Leistung einer Sicherheit in Höhe von ■■■ für die Widerherstellung des ursprünglichen Zustandes angeboten.

Beweis: Schreiben vom ■■■

Die Umbaumaßnahmen würden sich voraussichtlich lediglich auf einen Zeitraum von ■■■ Tagen erstrecken.

Beweis: Kostenvoranschlag der Firma ■■■

Die anderen Mieter des Hauses ■■■ würden durch die Baumaßnahmen nicht beeinträchtigt.

Zudem sind sämtliche geplante Veränderungen reversibel. Ein Rückbau wäre ohne weiteres problemlos möglich.

Beweis: Sachverständigengutachten vom ■■■

Mit Schreiben vom ■■■ lehnte der Beklagte seine Zustimmung zu den geplanten Umbaumaßnahmen ohne Begründung lapidar ab.

Da der Kläger dringend auf die baulichen Veränderungen angewiesen ist,[7] war die Erhebung der Klage geboten.

Zudem steht dem Kläger ein Anspruch auf Erteilung der Zustimmung zu den begehrten Baumaßnahmen durch den Vermieter zu.[8]

Da die geplante Maßnahme durch einen Fachmann durchgeführt werden soll, andere Mieter nicht beeinträchtigt werden und der Kläger sogar bereit ist, eine angemessene Sicherheit für die Wiederherstellung des ursprünglichen Zustandes zu leisten, besteht im vorliegenden Fall kein berechtigtes Interesse des Vermieters zur Verweigerung der Zustimmung.

Dies gilt umso mehr, als der Kläger dringend auf die bauliche Veränderung angewiesen ist und für den Falle der Versagung der Zustimmung nicht mehr in der betreffenden Wohnung leben kann.

Nach alledem ist antragsgemäß zu entscheiden.

■■■

Rechtsanwalt ◄

B. Erläuterungen

2 [1] **Normzweck.** Durch die Vorschrift wird ein Anspruch des Mieters auf Zustimmung des Vermieters zu behindertengerechten baulichen Veränderungen des Mietobjektes durch den

Vermieter begründet. Die Maßnahmen sind jedoch auf Veranlassung und auf Kosten des Mieters durchzuführen; Instandhaltungspflichten und durch den Umbau etwaig entstehende Betriebskosten obliegen dem Mieter (jurisPK-BGB/*Heilmann*, § 554 a).

Nach der Begründung des Gesetzesentwurfes bleibt die aus § 546 Abs. 1 hergeleitete Pflicht des Mieters, bei Beendigung des Mietverhältnisses den ursprünglichen Zustand wieder herzustellen, unberührt (vgl BT-Drucks. 14/5663 S. 78). Die Vorschrift ist ein Teil des Paradigmenwechsel des Bundes in der Behindertenpolitik und soll die Verhandlungsposition behinderter Menschen gegenüber dem Vermieter stärken und für mehr Rechtssicherheit und Rechtsklarheit sorgen. Basis hierfür ist die sog. **„Treppenlift-Entscheidung"** des BVerfG vom 28.3.2000 (NJW 2000, 2658–2660). 3

[2] **Zuständigkeit.** Da das Zustimmungsverlangen ein Anspruch aus einem Mietverhältnis über Wohnraum ist, ist das Amtsgericht ausschließlich sachlich und örtlich zuständig gemäß § 29 a Abs. 1 ZPO, § 23 Nr. 2 a GVG. 4

[3] **Prozessuales.** Die begehrte Maßnahme ist genau im Klageantrag zu bezeichnen. Dies gilt insbesondere hinsichtlich der Erlangung eines vollstreckbaren Titels. Es ist umstritten, ob der Antrag lediglich auf Erteilung der Zustimmung oder auch auf die aus § 894 ZPO allein noch nicht folgende Duldung des Vermieters zu richten ist (vgl jurisPK-BGB/*Heilmann*, § 554 a Rn 28; dafür: *Mersson*, NZM 2002, 313–320; dagegen: *Kinne/Schach/Bieber*, Miet- und Mietprozessrecht, § 554 a Rn 8). Der Mieter ist darlegungs- und beweispflichtig hinsichtlich des Vorliegens der objektiven und subjektiven Voraussetzungen der Norm. 5

[4] **Zustimmung.** Umstritten ist ob der Begriff der Zustimmung sich entsprechend der §§ 182–184 sowohl auf die Einholung der Erlaubnis vor als auch nach Beginn der baulichen Veränderung erstreckt oder ob damit die vorherige Zustimmung, also die Einwilligung des Vermieters gemeint ist. Dem Wortlaut ist eine Verpflichtung, sich bereits zuvor um die Zustimmung des Vermieters zu bemühen, nicht zu entnehmen. Jedoch folgt das Erfordernis der vorherigen Einwilligung nach meiner Ansicht aus praktischen Erwägungen sowie aus dem Gebot der Berücksichtigung der Vermieterinteressen. Durch den Umbau wird in die Gebäudesubstanz eingegriffen. Zudem entstehen für den Mieter erhebliche Risiken, wenn er bauliche Veränderungen vornimmt ohne zuvor die Einwilligung seines Vermieters einzuholen: Sollte der Vermieter zur Erteilung der Zustimmung nicht verpflichtete gewesen sein, läuft der Mieter Gefahr, schon während der Mietzeit den Rückbau vornehmen zu müssen und setzt sich dem Risiko einer fristlosen Kündigung seitens des Vermieters nach § 543 Abs. 1aus. 6

[5] **Bauliche Veränderung.** Der Mieter hat dafür Sorge zu tragen, dass der Umbau nach den anerkannten Regeln der Technik durchgeführt wird. Da § 554 a nicht nur die behindertengerechte Nutzung, sondern auch den behindertengerechten Zugang zum Mietobjekt erfasst, gilt der Begriff der „baulichen Veränderung" sowohl innerhalb als auch außerhalb der gemieteten Wohnung und soll alle dort vorgenommenen Umbauten erfassen (jurisPK-BGB/*Heilmann*, § 554 a Rn 10).[6] Behinderung 7

[6] **Behinderung.** Eine Behinderung liegt nach § 3 BGG vor, wenn die körperliche Funktion, geistige Fähigkeit oder seelische Gesundheit eines Menschen länger als sechs Monate von dem für das Lebensalter typischen Zustand abweicht und daher seine Teilhabe am Leben in der Gesellschaft beeinträchtigt ist. Eine Anerkennung als Schwerbehinderter ist nicht erforderlich. Anspruchsinhaber ist nur der Mieter. Der Anspruch erstreckt sich aber auch auf die Personen, die berechtigterweise in seiner Wohnung leben und behindert sind (BT-Drucks. 14/5663 S. 78). 8

[7] **Erforderlichkeit.** § 554 a Abs. 1 S. 1normiert, dass die Veränderungen oder Einrichtungen erforderlich sein müssen. Erforderlichkeit in diesem Sinne ist das unabweisbare Bedürfnis des Mieters oder Hausangestellten an der Maßnahme, ohne die seine Lebensqualität oder Teilnahme am gesellschaftlichen Leben eingeschränkt wäre (Palandt/*Weidenkaff*, § 554 a Rn 8). Um den mit der Zustimmungsverpflichtung einhergehenden schweren Eingriff in das Eigentums- 9

recht Rechnung zu tragen, ist eine restriktive Auslegung dieses Tatbestandsmerkmals geboten (jurisPK-BGB/*Heilmann*, § 554 a Rn 16). Dies darf jedoch nicht dazu führen, dass dem behinderten Mieter das größtmögliche Opfer an Anstrengung abverlangt werden dürfte, bevor der Anspruch nach § 554 a umgesetzt werden kann.

10 [8] **Interessenabwägung.** Nach § 554 a Abs. 1 S. 2 kann der Vermieter seine Zustimmung verweigern, wenn sein Interesse an der unveränderten Erhaltung der Mietsache oder des Gebäudes das Interesse des Mieters an einer behindertengerechten Nutzung der Mietsache überwiegt. Nach § 554 a Abs. 1 S. 3 sind bei der durchzuführenden Interessenabwägung auch die berechtigten Interessen anderer Mieter in dem Gebäude zu berücksichtigen.

11 Kriterien zur Interessenabwägung (nach Palandt/*Weidenkaff*, § 554 a Rn 9):
- Art, Dauer und Schwere der Behinderung,
- Umfang und Erforderlichkeit der Maßnahme,
- Ausführung durch einen Fachmann,
- Dauer der Bauzeit,
- Möglichkeit des Rückbaus,
- Beeinträchtigung der Mitmieter während der Durchführung der Maßnahmen,
- Haftungsrisiken des Vermieters auf Grund der Verkehrssicherungspflicht,
- Übernahme der Verkehrssicherungspflicht und Abschluss einer Haftpflichtversicherung durch den Mieter.

Nach dem Bundesverfassungsgericht kann der Mieter jedoch nicht darauf verwiesen werden, einfach eine behindertengerechte Wohnung anzumieten (vgl BVerfG NJW 2000, 2658).

12 Die **Beweislast** für ein überwiegendes Interesse des Vermieters, obliegt dem Vermieter selbst (Palandt/*Weidenkaff*, § 554 a Rn 9).

§ 555 Unwirksamkeit einer Vertragsstrafe

Eine Vereinbarung, durch die sich der Vermieter eine Vertragsstrafe vom Mieter versprechen lässt, ist unwirksam.

Kapitel 2 Die Miete

Unterkapitel 1 Vereinbarungen über die Miete

§ 556 Vereinbarungen über Betriebskosten

(1) [1]Die Vertragsparteien können vereinbaren, dass der Mieter Betriebskosten trägt. [2]Betriebskosten sind die Kosten, die dem Eigentümer oder Erbbauberechtigten durch das Eigentum oder das Erbbaurecht am Grundstück oder durch den bestimmungsmäßigen Gebrauch des Gebäudes, der Nebengebäude, Anlagen, Einrichtungen und des Grundstücks laufend entstehen. [3]Für die Aufstellung der Betriebskosten gilt die Betriebskostenverordnung vom 25. November 2003 (BGBl. I S. 2346, 2347) fort. [4]Die Bundesregierung wird ermächtigt, durch Rechtsverordnung ohne Zustimmung des Bundesrates Vorschriften über die Aufstellung der Betriebskosten zu erlassen.
(2) [1]Die Vertragsparteien können vorbehaltlich anderweitiger Vorschriften vereinbaren, dass Betriebskosten als Pauschale oder als Vorauszahlung ausgewiesen werden. [2]Vorauszahlungen für Betriebskosten dürfen nur in angemessener Höhe vereinbart werden.
(3) [1]Über die Vorauszahlungen für Betriebskosten ist jährlich abzurechnen; dabei ist der Grundsatz der Wirtschaftlichkeit zu beachten. [2]Die Abrechnung ist dem Mieter spätestens bis zum Ablauf des zwölften Monats nach Ende des Abrechnungszeitraums mitzuteilen. [3]Nach Ablauf dieser Frist ist die Geltendmachung einer Nachforderung durch den Vermieter ausgeschlossen, es sei denn, der Vermieter hat die verspätete Geltendmachung nicht zu vertreten. [4]Der Vermieter ist zu Teilabrechnungen nicht verpflichtet. [5]Einwendungen gegen die Abrechnung hat der Mieter dem Vermieter spätestens bis zum Ablauf des zwölften Monats nach Zugang der Abrechnung mitzuteilen. [6]Nach Ablauf dieser Frist kann der Mieter Einwendungen nicht mehr geltend machen, es sei denn, der Mieter hat die verspätete Geltendmachung nicht zu vertreten.
(4) Eine zum Nachteil des Mieters von Absatz 1, Absatz 2 Satz 2 oder Absatz 3 abweichende Vereinbarung ist unwirksam.

A. Muster: Klage auf Zahlung der Nachzahlung einer Betriebskostenabrechnung 1

398

▶ An das

Amtsgericht[1] ▪▪▪ Klage

des ▪▪▪ (Vermieter)

– Kläger –

Prozessbevollmächtigte: ▪▪▪

gegen

den ▪▪▪ (Mieter)

– Beklagter –

Prozessbevollmächtigte: ▪▪▪

wegen: Forderung

Vorläufiger Streitwert: ▪▪▪ EUR[2]

Namens und in Vollmacht unseres Mandanten erheben wir Klage und werden im Termin zur mündlichen Verhandlung beantragen,

den Beklagten zu verurteilen an den Kläger EUR ▪▪▪ nebst hieraus Zinsen in Höhe von Prozentpunkte über dem jeweiligen Basiszinssatz seit ▪▪▪ zu zahlen.

Sofern das Gericht das schriftliche Vorverfahren anordnet, wird beantragt,

ein Versäumnisurteil gemäß § 331 Abs. 3 ZPO zu erlassen, sofern der Beklagte auf Aufforderung nach § 276 Abs. 1 ZPO nicht rechtzeitig anzeigt, dass er sich gegen die Klage verteidigen will.

Begründung

Ausweislich des schriftlichen Mietvertrages vom ▪▪▪ besteht zwischen den Parteien über die von dem Beklagten gemietete Wohnung ▪▪▪, ▪▪▪ Stockwerk, ▪▪▪ Straße, ▪▪▪ Ort ein Mietverhältnis.

Beweis: In beglaubigter Kopie anliegender Mietvertrag vom ▪▪▪

Im vorgenannten Mietvertrag wurde vereinbart, dass der Beklagte sämtliche Betriebskosten nach der Betriebskostenverordnung zu tragen hat. Weiterhin wurde vereinbart, dass Vorauszahlungen auf die im Mietvertrag genau bezeichneten Betriebskosten erhoben werden und über den auf den Mieter entfallenden Betrag jährlich abgerechnet wird. Die Betriebskostenverordnung war dem Mietvertrag als Anlage beigefügt.[3]

Die Abrechnung[4], [5] erfolgte nach dem Umlegungsmaßstab der Wohnfläche.

Der Kläger erstellte die Abrechnung für den Abrechnungszeitraum vom ▪▪▪ bis ▪▪▪

In die Betriebskostenabrechnung eingestellt wurden die seitens des Beklagten im Jahr ▪▪▪ auf die Betriebskosten gezahlten Vorauszahlungsbeträge. Sämtliche in der Betriebskostenabrechnung enthaltene Forderungen sind tatsächlich angefallen und entsprachen den Grundsätzen einer ordnungsgemäßen Bewirtschaftung.

In die Abrechnung wurden sowohl die Angaben zur Abrechnungseinheit als auch der Abrechnungszeitraum und der dem Mietvertrag zugrunde liegende Abrechnungsmaßstab eingestellt.

Beweis: Abrechnung vom ▪▪▪

Ausweislich der als Anlage beigefügten Betriebskostenabrechnung ergibt sich eine Nachzahlung in Höhe von ▪▪▪

Beweis: Abrechnung vom ▪▪▪

Mit Schreiben vom ▪▪▪ wurde die Betriebskostenabrechnung an den Beklagten übersandt. Weiterhin wurde der Beklagte zur Zahlung der Nachzahlung in Höhe von ▪▪▪ aufgefordert.[6]

Beweis: Schreiben vom ▪▪▪

Dieser teilte mit Schreiben vom ▪▪▪ ohne genauere Begründung mit, die Betriebskostenabrechnung sei fehlerhaft.

Beweis: Schreiben des Beklagten vom ▪▪▪

Es folgte ein weiterer Schriftwechsel zwischen den Parteien.

Beweis: Schreiben vom ▪▪▪, ▪▪▪ und ▪▪▪

Eine außergerichtliche Einigung konnte dennoch nicht herbeigeführt werden, mithin war die Erhebung der Klage geboten.

▪▪▪

Rechtsanwalt ◄

B. Erläuterungen

2 [1] **Zuständigkeit.** Die örtliche Zuständigkeit richtet sich nach § 29 a ZPO. Die sachliche Zuständigkeit folgt aus § 23 Nr. 2 a GVG.

3 [2] **Gegenstandswert.** Siehe zur Festlegung von Gegenstandswerten im Zusammenhang mit Betriebskostenabrechnungen *Schneider*, MietRB 2004, 155–158.

4 [3] **Beweislast.** Für das Vorliegen der Voraussetzungen der Umlegung der Betriebskosten sowie für deren Höhe trägt der Vermieter die Darlegungs- und Beweislast, dies gilt selbst dann, wenn Vorauszahlungen vertraglich vereinbart sind (vgl OLG Braunschweig ZMR 1999, 694, 695). Ebenso ist der Vermieter für das Fehlen des Verschuldens bei fehlerhafter Abrechnung darlegungs- und beweispflichtig (Palandt/*Weidenkaff*, § 556 Rn 12).

5 [4] **Abrechnung.** Die Abrechnung muss formell und materiell ordnungsgemäß sein.

(a) **Formelle Ordnungsmäßigkeit.** Die Abrechnung muss den Anforderungen des § 259 entsprechen, also eine geordnete Zusammenstellung der Einnahmen und Ausgaben enthalten. Sie ist so klar, verständlich und übersichtlich abzufassen, dass auch ein Laie sie nachvollziehen kann, wobei auf das durchschnittliche Verständnis eines juristisch und betriebswirtschaftlich nicht geschulten Mieters abzustellen ist (vgl BGH WuM 2005, 579). Allgemein verständliche Verteilungsmaßstäbe bedürfen keiner Erläuterung (vgl BGH v. 19.11.2008 – VIII ZR 295/07). In Rechtsprechung und Literatur werden folgende **Mindestangaben** verlangt:

Zusammenstellung der Gesamtkosten unter Mitteilung, ob und in welcher Höhe nicht umlagefähige Kostenanteile abgezogen wurden;
Angabe und Erläuterung des zugrunde gelegten Verteilerschlüssels;
Berechnung des Anteils des Mieters;
der Abzug der geleisteten Vorauszahlungen des Mieters.

(b) **Materielle Ordnungsmäßigkeit.** Nach Urteil des BGH v. 19.11.2008 (Az: VIII ZR 295/07) richtet sich die Abgrenzung der formellen Wirksamkeit einer Betriebskostenabrechnung und deren inhaltlicher Richtigkeit danach, ob der durchschnittliche Mieter in der Lage ist, die Art des Verteilerschlüssels der einzelnen Kostenpositionen zu erkennen und den auf ihn entfallenden Anteil an den Gesamtkosten rechnerisch nachzuprüfen (formelle Wirksamkeit). Ob die abgerechneten Positionen dem Ansatz und der Höhe nach zu Recht bestehen oder sonstige Mängel der Abrechnung vorliegen, etwa ein falscher Anteil an den Gesamtkosten zugrunde gelegt wird, betrifft die inhaltliche Richtigkeit der Betriebskostenabrechnung. Ansatzfähig sind nur solche Kosten, die vereinbart, tatsächlich entstanden und wirtschaftlich geboten sind. Es war lange umstritten, ob der Vermieter nur Kosten einstellen darf, die für den abzurechnenden Zeitraum angefallen sind (**Leistungsprinzip**) oder alle Kosten, mit denen er im Abrechnungszeitraum belastet wurde, ungeachtet, welchen Zeitraum sie betreffen (**Abflussprinzip**). Der BGH hat nunmehr dahin gehend entschieden, dass der Vermieter jedenfalls im laufenden Mietverhältnis berechtigt ist, nach dem Abflussprinzip abzurechnen (vgl BGH NZM 2008, 277).

(c) **Form.** Die Form der Abrechnung ist gesetzlich nicht normiert. Ungeachtet dessen ist nach herrschender Meinung die Abrechnung schriftlich bzw in Textform zu erstellen (vgl Schmidt-Futterer/*Langenberg*, § 556 Rn 328).

[5] **Frist.** Nach § 556 Abs. 3 S. 2 ist die Abrechnung dem Mieter spätestens bis zum Ablauf des zwölften Monats nach Ende des Abrechnungszeitraumes mitzuteilen. Nach Ablauf dieser Frist ist die Geltendmachung einer Nachforderung durch den Vermieter ausgeschlossen, es sei denn, der Vermieter hat die verspätete Geltendmachung nicht zu vertreten, § 556 Abs. 3 S. 2, 3. Auf die Ausschlussfrist des § 556 Abs. 3 S. 2 und 3 ist § 204 Abs. 1 Nr. 2 nicht entsprechend anwendbar (BGH v. 19.11.2008 – VIII ZR 295/07). 6

[6] **Fälligkeit der Nachzahlung.** Voraussetzung für die Fälligkeit der Abrechnung ist der Zugang einer formell ordnungsgemäßen Abrechnung (BGH WuM 1991, 150). Nach herrschender Auffassung tritt Fälligkeit jedoch erst nach dem Ablauf einer angemessenen Überlegungsfrist ein; diese Frist wird überwiegend mit eine Monat ab Zugang der Abrechnung bemessen. 7

§ 556 a Abrechnungsmaßstab für Betriebskosten

(1) [1]Haben die Vertragsparteien nichts anderes vereinbart, sind die Betriebskosten vorbehaltlich anderweitiger Vorschriften nach dem Anteil der Wohnfläche umzulegen. [2]Betriebskosten, die von einem erfassten Verbrauch oder einer erfassten Verursachung durch die Mieter abhängen, sind nach einem Maßstab umzulegen, der dem unterschiedlichen Verbrauch oder der unterschiedlichen Verursachung Rechnung trägt.

(2) [1]Haben die Vertragsparteien etwas anderes vereinbart, kann der Vermieter durch Erklärung in Textform bestimmen, dass die Betriebskosten zukünftig abweichend von der getroffenen Vereinbarung ganz oder teilweise nach einem Maßstab umgelegt werden dürfen, der dem erfassten unterschiedlichen Verbrauch oder der erfassten unterschiedlichen Verursachung Rechnung trägt. [2]Die Erklärung ist nur vor Beginn eines Abrechnungszeitraums zulässig. [3]Sind die Kosten bislang in der Miete enthalten, so ist diese entsprechend herabzusetzen.

(3) Eine zum Nachteil des Mieters von Absatz 2 abweichende Vereinbarung ist unwirksam.

A. Muster: Vertragliche Vereinbarung über Betriebskosten 1

▶ 1. Neben der Miete sind folgende Betriebskosten[1] im Sinne von § 556 Abs. 1 BGB zu zahlen (siehe Betriebskostenverordnung): 399

Kosten für:		Verteilungsschlüssel:
1.	Wasser	■■■
2.	Kanal – Entwässerung – Fäkalienabfuhr	■■■
3.	Beleuchtung, Allgemeinstrom	■■■
4.	Müllabfuhr	■■■
5.	Grundsteuer	■■■
6.	Straßenreinigung	■■■

7. Schornsteinfeger ▪▪▪
8. Sach- und Haftpflichtversicherung ▪▪▪
9. Hausmeister ▪▪▪
10. Gartenpflege ▪▪▪
11. Schneebeseitigung und Streuen bei Glatteis ▪▪▪
12. Personen- und Lastenaufzug ▪▪▪
13. Gemeinschaftsantenne bzw Breitbandanschluss ▪▪▪
14. Maschinelle Wascheinrichtung ▪▪▪
15. Hausreinigung und Ungezieferbekämpfung ▪▪▪
16. Wartungskosten für Feuerlöscher, Tank- und Lecksicherungsanlagen, Blitzschutzanlagen, Dachrinnenreinigung ▪▪▪
17. Bürgersteigreinigung ▪▪▪
18. Heizung ▪▪▪
19. Warmwasser ▪▪▪
20. Reinigung und Wartung von Warmwassergeräten, Etagenheizung, z.Zt. pro Jahr ▪▪▪
21. Überprüfung und Wartung der Gas- und Elektroinstallation ▪▪▪

Monatlich ist eine Vorauszahlung von EUR ▪▪▪ zu entrichten.

2. Der Verteilungsschlüssel richtet sich nach den gesetzlichen Bestimmungen soweit in der Spalte „Verteilungsschlüssel" oder bei Einzelpositionen ein solcher nicht eingesetzt ist.[2]
   Ist ein Verteilungsschlüssel nur bei einzelnen Betriebskostenarten eingesetzt, wird dadurch die Umlagefähigkeit der übrigen Betriebskostenarten nicht berührt. Bei Vorliegen eines sachlichen Grundes kann der Vermieter während der Mietzeit zu Anfang eines neuen Berechnungszeitraumes den Verteilungsschlüssel neu bilden, wenn er dies dem Mieter bei Beginn der neuen Berechnungsperiode mitteilt.
3. Erhöhungen und neu eingeführte Betriebskosten sind umlagefähig, wenn der Vermieter dem Mieter dies unverzüglich nach Erlangung der Kenntnis hierüber mitteilt. ◄

B. Erläuterungen

2 [1] **Betriebskosten.** Gemäß § 556 Abs. 1 S. 2 sind die Betriebskosten die Kosten, die dem Eigentümer oder Erbbauberechtigten durch das Eigentum oder das Erbbaurecht am Grundstück oder durch den bestimmungsgemäßen Gebrauch des Gebäudes, der Nebengebäude, Anlagen, Einrichtungen und des Grundstücks laufend entstehen. Empfehlenswert ist eine vollständige Auflistung aller umzulegenden Betriebskosten im Mietvertrag selbst, denn nicht erwähnte Betriebskosten braucht der Mieter nicht zu zahlen. Ansatzfähig sind zudem nur tatsächlich entstandene und den Grundsätzen einer ordnungsgemäßen Wirtschaft entsprechende Betriebskosten (Palandt/*Weidenkaff*, § 556 a Rn 4).

3 [2] **Abrechnungsmaßstab.** Haben die Vertragsparteien nichts anderes vereinbart, sind die Betriebskosten vorbehaltlich anderweitiger Vorschriften nach § 556 a Abs. 1 S. 1 nach dem Anteil der Wohnfläche umzulegen. Die Wohnfläche wird entsprechend der WoFlV berechnet (Palandt/*Weidenkaff*, § 556 a Rn 5). Weicht die vereinbarte Fläche von der tatsächlichen ab, so ist grundsätzlich letztere maßgeblich (Palandt/*Weidenkaff*, § 556 a Rn 5; str.). Führt die Abrechnung nach dem Flächenmaßstab im Einzelfall zu einer groben Unbilligkeit, so kann der Mieter einen Anspruch auf Umstellung des Abrechnungsmaßstabes aus § 242 herleiten (Hk-BGB/*Ebert*, § 556 a Rn 2). Bloße Zweifel an der Billigkeit reichen hierfür jedoch nicht aus (BGH NJW 2008, 1876).

§ 556 b Fälligkeit der Miete, Aufrechnungs- und Zurückbehaltungsrecht

(1) Die Miete ist zu Beginn, spätestens bis zum dritten Werktag der einzelnen Zeitabschnitte zu entrichten, nach denen sie bemessen ist.
(2) [1]Der Mieter kann entgegen einer vertraglichen Bestimmung gegen eine Mietforderung mit einer Forderung auf Grund der §§ 536 a, 539 oder aus ungerechtfertigter Bereicherung wegen zu viel gezahlter Miete aufrechnen oder wegen einer solchen Forderung ein Zurückbehaltungsrecht ausüben, wenn er seine Absicht dem Vermieter mindestens einen Monat vor der Fälligkeit der Miete in Textform angezeigt hat. [2]Eine zum Nachteil des Mieters abweichende Vereinbarung ist unwirksam.

Unterkapitel 2 Regelungen über die Miethöhe

§ 557 Mieterhöhungen nach Vereinbarung oder Gesetz

(1) Während des Mietverhältnisses können die Parteien eine Erhöhung der Miete vereinbaren.
(2) Künftige Änderungen der Miethöhe können die Vertragsparteien als Staffelmiete nach § 557 a oder als Indexmiete nach § 557 b vereinbaren.
(3) Im Übrigen kann der Vermieter Mieterhöhungen nur nach Maßgabe der §§ 558 bis 560 verlangen, soweit nicht eine Erhöhung durch Vereinbarung ausgeschlossen ist oder sich der Ausschluss aus den Umständen ergibt.
(4) Eine zum Nachteil des Mieters abweichende Vereinbarung ist unwirksam.

§ 557 a Staffelmiete

(1) Die Miete kann für bestimmte Zeiträume in unterschiedlicher Höhe schriftlich vereinbart werden; in der Vereinbarung ist die jeweilige Miete oder die jeweilige Erhöhung in einem Geldbetrag auszuweisen (Staffelmiete).
(2) [1]Die Miete muss jeweils mindestens ein Jahr unverändert bleiben. [2]Während der Laufzeit einer Staffelmiete ist eine Erhöhung nach den §§ 558 bis 559 b ausgeschlossen.
(3) [1]Das Kündigungsrecht des Mieters kann für höchstens vier Jahre seit Abschluss der Staffelmietvereinbarung ausgeschlossen werden. [2]Die Kündigung ist frühestens zum Ablauf dieses Zeitraums zulässig.
(4) Eine zum Nachteil des Mieters abweichende Vereinbarung ist unwirksam.

§ 557 b Indexmiete

(1) Die Vertragsparteien können schriftlich vereinbaren, dass die Miete durch den vom Statistischen Bundesamt ermittelten Preisindex für die Lebenshaltung aller privaten Haushalte in Deutschland bestimmt wird (Indexmiete).
(2) [1]Während der Geltung einer Indexmiete muss die Miete, von Erhöhungen nach den §§ 559 bis 560 abgesehen, jeweils mindestens ein Jahr unverändert bleiben. [2]Eine Erhöhung nach § 559 kann nur verlangt werden, soweit der Vermieter bauliche Maßnahmen auf Grund von Umständen durchgeführt hat, die er nicht zu vertreten hat. [3]Eine Erhöhung nach § 558 ist ausgeschlossen.
(3) [1]Eine Änderung der Miete nach Absatz 1 muss durch Erklärung in Textform geltend gemacht werden. [2]Dabei sind die eingetretene Änderung des Preisindexes sowie die jeweilige Miete oder die Erhöhung in einem Geldbetrag anzugeben. [3]Die geänderte Miete ist mit Beginn des übernächsten Monats nach dem Zugang der Erklärung zu entrichten.
(4) Eine zum Nachteil des Mieters abweichende Vereinbarung ist unwirksam.

A. Muster: Vereinbarung einer Indexmiete 1

▶ Indexmiete (§ 557 b BGB)[1] 400

Die monatliche Grundmiete beträgt insgesamt EUR ■■■
Sie verändert sich automatisch nach Ablauf von jeweils 12 Monaten seit Vertragsbeginn bzw. der letzten Änderung entsprechend der Veränderung des vom Statistischen Bundesamt monatlich festgestellten Verbraucherpreisindex für Deutschland gesamt.[2]
Hiervon ausgenommen sind Änderungen nach §§ 559 bis 560 BGB.
Der zuletzt veröffentlichte vorgezeichnete Index ■■■ (Basis für das Jahr angeben) hatte:
im Monat ■■■ einen Punktestand von ■■■

Die Änderung bedarf einer Erklärung in Textform, in der die eingetretene Änderung des Preisindexes sowie die jeweilige Miete oder die Erhöhung in einem Geldbetrag anzugeben ist.[3] Die geänderte Miete ist mit Beginn des übernächsten Monats nach dem Zugang der Erklärung zu entrichten.[4] ◄

B. Erläuterungen

2 **[1] Regelungsbereich und Voraussetzungen.** Die mit Mietrechtsreform vom 19.6.2001 eingeführte Norm bezweckt die **Regelung** einer **überschaubaren, stufenweisen Mietentwicklung.** Die jeweiligen Mietbeträge liegen hierbei nicht konkret betragsmäßig fest, sondern sind an die zukünftige Entwicklung des Lebenshaltungskostenindexes geknüpft. Durch die Legaldefinition in § 557 b Abs. 1 wird die Indexmiete als der von dem Statistischen Bundesamt ermittelten Preisindex für die Lebenshaltung aller privaten Haushalte in Deutschland bestimmt. § 557 b Abs. 2 S. 2 bestimmt, dass während der Geltung der Indexmiete Mieterhöhungen nach § 559 nur verlangt werden können, soweit der Vermieter bauliche Maßnahmen auf Grund von Umständen durchgeführt hat, die er nicht zu vertreten hat. Gemäß § 557 b Abs. 2 S. 3 ist eine Erhöhung nach § 558 ausgeschlossen.

3 **Anwendungsbereich.** In Wohnraummietverträgen können Indexmietvereinbarungen erst seit dem 1.9.1993 geschlossen werden. Vorangegangene Vereinbarungen sind deshalb unwirksam. Für Wohnraummietverhältnisse nach § 549 Abs. 2, 3 können Vereinbarungen im Sinne des § 557 b nicht getroffen werden.

4 **Voraussetzungen**

(a) **Schriftform.** Eine wirksame Indexvereinbarung kann sowohl bei Abschluss eines neuen Vertrages getroffen werden als auch im Verlaufe bestehender Mietverhältnisse. Ein wirksamer Abschluss einer Indexmietvereinbarung setzt **Schriftform** im Sinne des § 126 voraus. Für die Mietänderungserklärung ist hingegen **Textform** nach § 126 b ausreichend.

(b) **Inhalt.** Die Bindung der Miete an die Entwicklung des vom Statistischen Bundesamtes ermittelten und veröffentlichten **Lebenshaltungskostenindexes** aller privaten Haushalte in Deutschland wird in der Regel auf die Dauer des Vertrages, kann aber davon abweichend vereinbart werden. Unzulässig ist eine Beschränkung in der Vereinbarung lediglich auf Erhöhungen. Herabsenkungen des Mietzinses müssen zumindest vorgesehen sein. Nicht mehr vorgeschrieben ist die ausdrückliche Angabe der Höhe, die für das Ausmaß der Mietanpassung vereinbart wird. Höher als der amtliche Index darf sie jedoch nicht festgelegt werden (vgl Palandt/*Weidenkaff*, § 557 b, Rn 9).

5 **[2] Wirkung**

(a) **Zeitliche Anstiegsbegrenzung.** Bevor eine Mietanpassung infolge Indexänderung wirksam wird, muss die Miete nach § 557 b Abs. 2 S. 1 zwischen zwei Mieterhöhungen mindestens jeweils 1 Jahr gleich bleiben.

(b) **Ausschluss anderer Erhöhungsmöglichkeiten.** Nach § 558 Abs. 2 S. 3 ist eine Erhöhung der Miete nach § 558 ausgeschlossen. Mieterhöhungen nach § 559 können gemäß § 557 b Abs. 2 S. 2 nur verlangt werden, soweit der Vermieter bauliche Maßnahmen auf Grund von Umständen durchgeführt hat, die er nicht zu vertreten hat.

(c) **Abweichende Geltendmachung.** Es besteht keine Verpflichtung des Vermieters dahingehend, die Erhöhungen der Indexmietvereinbarung entsprechend geltend zu machen. Er kann sie später, in längeren Zeitabständen, dafür mit entsprechend höheren Beträgen geltend machen (Palandt/*Weidenkaff*, § 557 b Rn 14.

6 **[3] Mietänderungserklärung.** Die Anpassung der Miete erfolgt nicht automatisch, sondern nur als Rechtsfolge einer Erklärung des Berechtigten. Für die Erklärung der Mietänderung ist die Textform im Sinne des § 126 b ausreichend.

Nach § 557 b Abs. 3 S. 2 sind die eingetretene Änderung des Preisindexes sowie die jeweilige Miete oder die Erhöhung in einem Geldbetrag anzugeben. Darzulegen ist hier die Veränderung der Vergleichsgröße. Davon umfasst sind die Angabe des Index-Punktestandes zum Zeitpunkt des Abschlusses der Vereinbarung oder der letzten Mietanpassung sowie der aktuelle Index-Punktestand (*Lammel*, AnwaltKommentar Wohnraummietrecht, § 557 b Rn 25). 7

Aus dem Vergleich des Punktestandes ist die eingetretene Veränderung zu entnehmen. Diese Veränderung ist auf den Mietzins zu übertragen und muss nachvollziehbar vorgerechnet werden (jurisPK-BGB/*Heilmann*, § 557 b Rn 12). 8

Nach § 557 b Abs. 3 S. 2 ist die geänderte Miete mit Beginn des übernächsten Monats nach Zugang der Erklärung zu entrichten. Umstritten ist, ob in diesem Zusammenhang § 193 anzuwenden ist. 9

[4] **Prozessuales.** Der Mieter gerät nach § 286 in Verzug, wenn er die infolge einer wirksamen Erklärung nach § 557 b Abs. 3 erhöhte Miete nicht zahlt. Dem Vermieter steht dann der Weg der Zahlungsklage offen. 10

§ 558 Mieterhöhung bis zur ortsüblichen Vergleichsmiete

(1) [1]Der Vermieter kann die Zustimmung zu einer Erhöhung der Miete bis zur ortsüblichen Vergleichsmiete verlangen, wenn die Miete in dem Zeitpunkt, zu dem die Erhöhung eintreten soll, seit 15 Monaten unverändert ist. [2]Das Mieterhöhungsverlangen kann frühestens ein Jahr nach der letzten Mieterhöhung geltend gemacht werden. [3]Erhöhungen nach den §§ 559 bis 560 werden nicht berücksichtigt.

(2) [1]Die ortsübliche Vergleichsmiete wird gebildet aus den üblichen Entgelten, die in der Gemeinde oder einer vergleichbaren Gemeinde für Wohnraum vergleichbarer Art, Größe, Ausstattung, Beschaffenheit und Lage in den letzten vier Jahren vereinbart oder, von Erhöhungen nach § 560 abgesehen, geändert worden sind. [2]Ausgenommen ist Wohnraum, bei dem die Miethöhe durch Gesetz oder im Zusammenhang mit einer Förderzusage festgelegt worden ist.

(3) Bei Erhöhungen nach Absatz 1 darf sich die Miete innerhalb von drei Jahren, von Erhöhungen nach den §§ 559 bis 560 abgesehen, nicht um mehr als 20 vom Hundert erhöhen (Kappungsgrenze).

(4) [1]Die Kappungsgrenze gilt nicht,

1. **wenn eine Verpflichtung des Mieters zur Ausgleichszahlung nach den Vorschriften über den Abbau der Fehlsubventionierung im Wohnungswesen wegen des Wegfalls der öffentlichen Bindung erloschen ist und**
2. **soweit die Erhöhung den Betrag der zuletzt zu entrichtenden Ausgleichszahlung nicht übersteigt.**

[2]Der Vermieter kann vom Mieter frühestens vier Monate vor dem Wegfall der öffentlichen Bindung verlangen, ihm innerhalb eines Monats über die Verpflichtung zur Ausgleichszahlung und über deren Höhe Auskunft zu erteilen. [3]Satz 1 gilt entsprechend, wenn die Verpflichtung des Mieters zur Leistung einer Ausgleichszahlung nach den §§ 34 bis 37 des Wohnraumförderungsgesetzes und den hierzu ergangenen landesrechtlichen Vorschriften wegen Wegfalls der Mietbindung erloschen ist.

(5) Von dem Jahresbetrag, der sich bei einer Erhöhung auf die ortsübliche Vergleichsmiete ergäbe, sind Drittmittel im Sinne des § 559 a abzuziehen, im Falle des § 559 a Abs. 1 mit 11 vom Hundert des Zuschusses.

(6) Eine zum Nachteil des Mieters abweichende Vereinbarung ist unwirksam.

A. Muster: Mieterhöhungsverlangen bis zur ortsüblichen Vergleichsmiete[1] 1

▶ ... (Vermieter)[2]

an

... (Mieter)

Betreff: Mieterhöhungsverlangen[3]

Wir bitten um Ihre Zustimmung zur Erhöhung der monatlichen Miete von ■■■ EUR auf ■■■ EUR (das sind EUR ■■■/qm) ab dem ■■■

Die nunmehr begehrte Miete übersteigt nicht die üblichen Entgelte, die in ■■■ für vergleichbaren, nicht preisgebundenen Wohnraum gezahlt werden.[4], [5]

Zu Begründung hierfür verweisen wir auf das von dem öffentlich bestellten und vereidigten Sachverständigen ■■■ angefertigte Gutachten, welches wir Ihnen als Anlage beifügen.[6]

Aus dem Mietspiegel der Stadt ■■■ lässt sich eine Vergleichsmiete von EUR ■■■ entnehmen. Die Miete ist seit mehr als 15 Monaten unverändert im Sinne des § 558 Abs. 1 S. 1 BGB.

Wir bitten Sie, die beigefügte Zustimmungserklärung unterzeichnet bis spätestens ■■■ an uns zurückzusenden. Sollte die schriftliche Zustimmung nicht spätestens bis zum Ablauf des 2. Kalendermonats ab Zugang dieses Schreibens, also bis zum ■■■, erfolgt sein, behalten wir uns die gerichtliche Geltendmachung unseres Anspruches auf Zustimmung zur Mieterhöhung vor.

Zustimmungserklärung:

Wir stimmen der mit Schreiben vom ■■■ mitgeteilten Erhöhung der Miete auf ■■■ EUR/monatlich mit Wirkung ab ■■■ zu.[7], [8]

Mit freundlichen Grüßen

■■■

Vermieter ◄

B. Erläuterungen

2 [1] **Normstruktur.** § 558 gewährt dem Vermieter im Gegensatz zu den §§ 557 a, 557 b keinen Zahlungsanspruch. Vielmehr richtet sich der Anspruch des Vermieters auf Zustimmung zu der verlangten Mieterhöhung.

3 [2] **Mehrheit von Vermietern oder Mietern.** Das Erhöhungsverlangen muss von und gegenüber allen Vertragsparteien erklärt werden (Palandt/*Weidenkaff*, § 558 a Rn 3).

4 [3] **Verlangen.** Der Anspruch muss formell ordnungsgemäß nach § 558 a geltend gemacht werden. Zur Wirksamkeit des Zustimmungsverlangens zur Mieterhöhung bei Bezugnahme auf einen qualifizierten Mietspiegel ist die Angabe des für die Wohnung nach Auffassung des Vermieters einschlägigen Mietspiegelfeldes erforderlich und ausreichend (BGH v. 11.3.2009 – VIII ZR 316/07). Nimmt der Vermieter zur Begründung seines Mieterhöhungsverlangens auf einen Mietspiegel Bezug und bietet er dabei dem Mieter die Einsichtnahme des Mietspiegels in den Räumen eines Kundencenters am Wohnort des Mieters an, bedarf es einer Beifügung des Mietspiegels nicht (BGH v. 11.3.2009 – VIII ZR 74/08).

5 [4] **Ortsübliche Vergleichsmiete im Sinne des § 558 Abs. 2 S. 1.** Der Vermieter kann eine Erhöhung der bisher vereinbarten Miete bis maximal zur Höhe der ortsüblichen Vergleichsmiete verlangen, dies gilt auch dann, wenn die ursprüngliche oder bisherige Miete unter der damaligen Vergleichsmiete lag (hM, siehe Palandt/*Weidenkaff*, § 558 Rn 13). Die Vergleichsmiete ist kein genau bestimmter Betrag, sondern bewegt sich innerhalb einer bestimmten Spanne (BGH NJW 2005, 2074).

6 [5] **Ermittlung der Vergleichsmiete.**

(a) **Übliche Entgelte.** Durch die Bezugnahme auf übliche Entgelte soll die Berücksichtigung von Gefälligkeitsmieten oder überhöhten Mieten ausgeschlossen werden. Ebenfalls ausgeschlossen werden Zuschläge, die an die Person des Mieters gebunden sind (jurisPK-BGB/*Heilmann*, § 558 Rn 30). Zu einem eventuell zu erhebenden Zuschlag zur ortsüblichen Vergleichsmiete im Falle einer unwirksamen Schönheitsreparaturklausel nunmehr BGH Urteil vom 11.2.2009 (VIII ZR 118/07): Der Vermieter ist nicht berechtigt, einen Zuschlag zur ortsüblichen Vergleichsmiete geltend zu machen, wenn der Mietvertrag eine unwirksame Klausel zur Übertragung der Schönheitsreparaturen enthält.

(b) **Gemeinde oder vergleichbare Gemeinde.** Abzustellen ist auf dieselbe Gemeinde. Ist darin kein vergleichbarer Wohnraum vorhanden, ist auf vergleichbaren Wohnraum oder ein Sachverständigengutachten zurückzugreifen.

(c) **Vergleichbarer Wohnraum.** Siehe zu den gesetzlichen Vergleichsmerkmalen Palandt/*Weidenkaff*, § 558 Rn 16).

[6] **Begründung der Mieterhöhung.** Nach § 558 a Abs. 2 Nr. 1–4 kann zur Begründung Bezug genommen werden auf: einen Mietspiegel (§§ 558 c, 558 d), eine Auskunft aus einer Mietdatenbank (§ 558 e), ein mit Gründen versehendes Gutachten eines öffentlich bestellten und vereidigten Sachverständigen oder entsprechende Entgelte für einzelne vergleichbare Wohnungen, wobei die Benennung von drei Wohnungen ausreichend ist. Sinn und Zweck der Begründung ist die Vermeidung von überflüssigem Prozessieren, da dem Vermieter die Möglichkeit gegeben wird, die sachliche Berechtigung des Erhöhungsverlangens zu überprüfen. 7

(a) **Mietspiegel.** Es ist zu entscheiden zwischen einem einfachen und qualifizierten Mietspiegel. Nähere Ausführungen zu Voraussetzungen siehe Palandt/*Weidenkaff*, § 558 a Rn 8). Zu beachten ist § 558 a Abs. 3: Existiert für den Geltungsbereich der Mietwohnung ein qualifizierter Mietspiegel, ist dessen Vergleichsmiete auch dann in dem Mieterhöhungsverlangen anzugeben, wenn die Mieterhöhung anderweitig begründet wird.

(b) **Mietdatenbank.** Eine Mietdatenbank ist nach der Legaldefinition in § 558 d eine zur Ermittlung der ortsüblichen Vergleichsmiete fortlaufend geführte Sammlung von Mieten, die von den Gemeinden oder Interessenvertretern der Vermieter und der Mieter gemeinsam geführt oder anerkannt wird und aus der Auskünfte gegeben werden, die für einzelne Wohnungen einen Schluss auf die ortsübliche Vergleichsmiete zulassen.

(c) **Gutachten.** Erforderlich ist ein schriftliches Gutachten eines öffentlich bestellten und vereidigten Sachverständigen, dessen Bestellung Grundstücks- und Gebäudeschätzungen umfasst (vgl BGHZ 83, 366).

(d) **Vergleichswohnungen.** Notwendige Mindestbeschreibung nach BVerfG (BVerfG NJW 1979, 31 und BVerfG NJW 1980, 1617): Adresse, Geschoss (bei mehr als einem Geschoss genaue Lage, Wohnungsnummer, Name des Wohnungsinhabers, Quadratmeterzahl und -preis der Vergleichswohnung. Grundsätzlich gilt, dass die Vergleichswohnungen identifizierbar sein müssen, so dass der Mieter sie ohne Schwierigkeiten auffinden kann (BGH in NJW 2003, 963). Weitere Abgaben sind nur erforderlich, soweit die Mietwohnung eine Besonderheit aufweist (BVerfG NJW 1989, 969).

[7] **Kappungsgrenze.** Mit Hilfe der Kappungsgrenze ist die Mietentwicklung für einen Dreijahreszeitraum auf einen bestimmten Erhöhungsbetrag begrenzt, um einen zu großen Anstieg der Miete innerhalb einer zu kurzen Zeit zu vermeiden. Die Kappungsgrenze ist in § 558 Abs. 3 geregelt und beträgt nunmehr einheitlich 20 %. Sie gilt auch für den erstmaligen Übergang von der Kostenmiete bei preisgebundenem Wohnraum zur Vergleichsmiete (BGH NJW-RR 2004, 945). Siehe zur Berechnung mit Berechnungsbeispielen: jurisPK-BGB/*Heilmann*, § 558 Rn 46–52). 8

[8] **Fristen.** Zu unterscheiden ist zwischen der Wartefrist (§ 558 Abs. 1S. 1) und der Sperrfrist (§ 558 Abs. 1 S. 2). Checkliste für bei der Mieterhöhung nach §§ 558–558 e zu beachtende Fristen (jurisPK-BGB/*Heilmann*, § 558 Rn 25–27). 9

§ 558 a Form und Begründung der Mieterhöhung

(1) Das Mieterhöhungsverlangen nach § 558 ist dem Mieter in Textform zu erklären und zu begründen.

(2) Zur Begründung kann insbesondere Bezug genommen werden auf
1. einen Mietspiegel (§§ 558 c, 558 d),
2. eine Auskunft aus einer Mietdatenbank (§ 558 e),
3. ein mit Gründen versehenes Gutachten eines öffentlich bestellten und vereidigten Sachverständigen,
4. entsprechende Entgelte für einzelne vergleichbare Wohnungen; hierbei genügt die Benennung von drei Wohnungen.

(3) Enthält ein qualifizierter Mietspiegel (§ 558 d Abs. 1), bei dem die Vorschrift des § 558 d Abs. 2 eingehalten ist, Angaben für die Wohnung, so hat der Vermieter in seinem Mieterhöhungsverlangen diese Angaben auch dann mitzuteilen, wenn er die Mieterhöhung auf ein anderes Begründungsmittel nach Absatz 2 stützt.

(4) [1]Bei der Bezugnahme auf einen Mietspiegel, der Spannen enthält, reicht es aus, wenn die verlangte Miete innerhalb der Spanne liegt. [2]Ist in dem Zeitpunkt, in dem der Vermieter seine Erklärung abgibt, kein Mietspiegel vorhanden, bei dem § 558 c Abs. 3 oder § 558 d Abs. 2 eingehalten ist, so kann auch ein anderer, insbesondere ein veralteter Mietspiegel oder ein Mietspiegel einer vergleichbaren Gemeinde verwendet werden.

(5) Eine zum Nachteil des Mieters abweichende Vereinbarung ist unwirksam.

§ 558 b Zustimmung zur Mieterhöhung

(1) Soweit der Mieter der Mieterhöhung zustimmt, schuldet er die erhöhte Miete mit Beginn des dritten Kalendermonats nach dem Zugang des Erhöhungsverlangens.

(2) [1]Soweit der Mieter der Mieterhöhung nicht bis zum Ablauf des zweiten Kalendermonats nach dem Zugang des Verlangens zustimmt, kann der Vermieter auf Erteilung der Zustimmung klagen. [2]Die Klage muss innerhalb von drei weiteren Monaten erhoben werden.

(3) [1]Ist der Klage ein Erhöhungsverlangen vorausgegangen, das den Anforderungen des § 558 a nicht entspricht, so kann es der Vermieter im Rechtsstreit nachholen oder die Mängel des Erhöhungsverlangens beheben. [2]Dem Mieter steht auch in diesem Fall die Zustimmungsfrist nach Absatz 2 Satz 1 zu.

(4) Eine zum Nachteil des Mieters abweichende Vereinbarung ist unwirksam.

1 **A. Muster: Klage auf Zustimmung zur Mieterhöhung bis zur ortsüblichen Vergleichsmiete[1]**

▶ An das Amtsgericht[2] ■■■

Klage

In Sachen

des ■■■ (Vermieter)

– Kläger –

Prozessbevollmächtigte:

gegen

den ■■■ (Mieter)

– Beklagter –

Prozessbevollmächtigte:

wegen: Abgabe einer Willenserklärung

Namens und in Vollmacht des Klägers erheben wir Klage und werden im Termin zur mündlichen Verhandlung beantragen,

den Beklagten zu verurteilen, einer Mieterhöhung für die von ihm gemietete, im Eigentum des Klägers stehende Wohnung ■■■, in der ■■■ Straße, ■■■ von bisher monatlich ■■■ EUR netto auf nunmehr ■■■ EUR netto monatlich mit Wirkung ab dem ■■■ zuzustimmen.[3]

Sofern das Gericht das schriftliche Vorverfahren anordnet, wird beantragt,

Ein Versäumnisurteil gemäß § 331 Abs. 3 ZPO zu erlassen, sofern der Beklagte auf Aufforderung nach § 276 Abs. 1 ZPO nicht rechtzeitig anzeigt, dass er sich gegen die Klage verteidigen will.

Begründung

Mit der vorliegenden Klage begehrt der Kläger Zustimmung zu einer von dem Mieter nach § 558 BGB verlangten Mieterhöhung auf Anpassung an die ortsübliche Vergleichsmiete.

I.

Ausweislich des schriftlichen Mietvertrages vom ■■■ besteht zwischen den Parteien ein Mietverhältnis über die Wohnung ■■■

Beweis: In beglaubigter Kopie anliegender Mietvertrag vom ■■■

Der Beklagte hat laut § ■■■ des Mietvertrages monatlich eine Nettomiete von ■■■ EUR zu entrichten.

Beweis: wie vor

Mit Schreiben vom ■■■ begehrte der Kläger vom Beklagten Zustimmung zu einer Erhöhung der Nettomiete von bisher ■■■ EUR auf ■■■ EUR ab dem ■■■

Beweis: Mieterhöhungsverlangen vom ■■■

Zur Begründung wurde seitens der Kläger auf ein von dem öffentlich bestellten und vereidigten Sachverständigen ■■■ schriftlich abgefasstes und begründeten Gutachten gestützt, in welchem die streitgegenständliche Wohnung für den Mieter nachvollziehbar eingeordnet und die sich hiernach ergebende ortsübliche Vergleichsmiete errechnet wurde.

Beweis: Gutachten des Sachverständigen ■■■ vom ■■■

Das Mieterhöhungsverlangen wurde dem Beklagten mittels Einschreiben mit Rückschein übermittelt und ging ihm am ■■■ zu, wie sich aus dem von dem Beklagten unterzeichneten Rückschein ergibt.

Beweis: Vom Beklagten unterzeichneter Rückschein

Die zweimonatige Zustimmungsfrist nach § 558 b Abs. 2 S. 1 BGB ist abgelaufen, ohne dass der Beklagte seine Zustimmung zu der Mieterhöhung erteilt hat.

II.

Die Klage ist zulässig und begründet.

1. Wie bereits ausgeführt, ist die Zustimmungsfrist nach § 558 b Abs. 2 S. 1 BGB abgelaufen, ohne dass der Beklagte die verlangte Zustimmung erteilt hat. Daher war die Erhebung der Klage geboten.[4]
2. Der Kläger hat einen Anspruch auf Zustimmung zur begehrten Erhöhung der Nettomiete.

Die verlangte Mieterhöhung soll am ■■■ und damit gemäß § 558 b Abs. 1 BGB zu Beginn des dritten Kalendermonats nach Zugang des Mieterhöhungsverlangens wirksam werden. Zu dem betreffenden Zeitpunkt ist die Miete mindestens 15 Monate unverändert geblieben. Zwischen dem jetzigen Mieterhöhungsverlangen und der letzten Mieterhöhung vom ■■■ liegt mehr als ein Jahr, demgemäß ist auch die Jahressperrfrist des § 558 Abs. 1 S. 3 BGB gewahrt. Weiterhin wird auch die in § 558 Abs. 3 BGB normierte Kappungsgrenze eingehalten, da die begehrte Miete die höchste in den drei vergangenen Jahren gezahlte Miete nicht mehr als 20 % übersteigt.

Die von den Klägern nunmehr begehrte Miete entspricht auch der ortsüblichen Vergleichsmiete, wie sich aus dem klägerseits vorgelegten Sachverständigengutachten ergibt.

Das Mieterhöhungsverlangen des Klägers ist damit formell und materiell ordnungsgemäß. Der Beklagte ist damit antragsgemäß zu verurteilen.

■■■

Rechtsanwalt ◄

B. Erläuterungen

2 [1] **Allgemeines.** Die Klage auf Erteilung der Zustimmung ist eine Leistungsklage und auf Abgabe einer Willenserklärung gerichtet. Nicht zulässig zur Durchsetzung des Zustimmungsverlangens ist die Zahlungsklage. Nach herrschender Meinung ist ein formell ordnungsgemäßes Erhöhungsverlangen Zulässigkeitsvoraussetzung (vgl BGH NZM 2006, 652–653; BGH NZM 2004, 581–582), da nur dieses die Zustimmungsfrist in Gang setzt, deren Ablauf wiederum Zulässigkeitsvoraussetzung ist.

3 **Prozessuales.** Die Darlegungs- und Beweislast für die Voraussetzungen der Mieterhöhung, sowie für die Einhaltung der ortsüblichen Vergleichsmiete liegen bei dem Vermieter (jurisPK-BGB/*Heilmann*, § 558 b Rn 26). Kriterien für die Würdigung eines Sachverständigengutachtens im Rahmen des § 411 Abs. 4 ZPO (jurisPK-BGB/*Heilmann*, § 558 b Rn 27, 28).

4 [2] **Zuständigkeit.** Da das Zustimmungsverlangen ein Anspruch aus einem Mietverhältnis über Wohnraum ist, ist das Amtsgericht ausschließlich sachlich und örtlich zuständig gemäß § 29 a Abs. 1 ZPO, § 23 Nr. 2 a GVG.

5 [3] **Klageantrag.** Der Klageantrag muss enthalten: Identifizierbare Angabe des Mietverhältnisses, Betrag der neuen Miethöhe sowie den Wirksamkeitszeitpunkt. Ein Kombination des Antrages mit dem Zahlungsantrag auf die erhöhte Miete ist zwar zulässig, wäre aber verfrüht (vgl Palandt/*Weidenkaff*, § 558 b Rn 8).

6 [4] **Klagefrist.** Die Klagefrist ist eine Ausschlussfrist. Sie beträgt 3 Monate und beginnt mit dem Ende der Überlegungsfrist des Mieters zu laufen und ist von diesem Tag an zu berechnen. Es gelten die §§ 187 Abs. 2, 188 Abs. 2, 3, 193. Die Klage ist ab endgültiger und bestimmter Verweigerung der Zustimmung zulässig; ist die Klage verfrüht eingereicht, so wird sie mit Ablauf der Zustimmungsfrist zulässig (Palandt/*Weidenkaff*, § 558 b Rn 9).

§ 558 c Mietspiegel

(1) Ein Mietspiegel ist eine Übersicht über die ortsübliche Vergleichsmiete, soweit die Übersicht von der Gemeinde oder von Interessenvertretern der Vermieter und der Mieter gemeinsam erstellt oder anerkannt worden ist.
(2) Mietspiegel können für das Gebiet einer Gemeinde oder mehrerer Gemeinden oder für Teile von Gemeinden erstellt werden.
(3) Mietspiegel sollen im Abstand von zwei Jahren der Marktentwicklung angepasst werden.
(4) [1]Gemeinden sollen Mietspiegel erstellen, wenn hierfür ein Bedürfnis besteht und dies mit einem vertretbaren Aufwand möglich ist. [2]Die Mietspiegel und ihre Änderungen sollen veröffentlicht werden.
(5) Die Bundesregierung wird ermächtigt, durch Rechtsverordnung mit Zustimmung des Bundesrates Vorschriften über den näheren Inhalt und das Verfahren zur Aufstellung und Anpassung von Mietspiegeln zu erlassen.

§ 558 d Qualifizierter Mietspiegel

(1) Ein qualifizierter Mietspiegel ist ein Mietspiegel, der nach anerkannten wissenschaftlichen Grundsätzen erstellt und von der Gemeinde oder von Interessenvertretern der Vermieter und der Mieter anerkannt worden ist.
(2) [1]Der qualifizierte Mietspiegel ist im Abstand von zwei Jahren der Marktentwicklung anzupassen. [2]Dabei kann eine Stichprobe oder die Entwicklung des vom Statistischen Bundesamt ermittelten Preisindexes für die Lebenshaltung aller privaten Haushalte in Deutschland zugrunde gelegt werden. [3]Nach vier Jahren ist der qualifizierte Mietspiegel neu zu erstellen.
(3) Ist die Vorschrift des Absatzes 2 eingehalten, so wird vermutet, dass die im qualifizierten Mietspiegel bezeichneten Entgelte die ortsübliche Vergleichsmiete wiedergeben.

§ 558 e Mietdatenbank

Eine Mietdatenbank ist eine zur Ermittlung der ortsüblichen Vergleichsmiete fortlaufend geführte Sammlung von Mieten, die von der Gemeinde oder von Interessenvertretern der Vermieter und der Mieter gemeinsam geführt oder anerkannt wird und aus der Auskünfte gegeben werden, die für einzelne Wohnungen einen Schluss auf die ortsübliche Vergleichsmiete zulassen.

§ 559 Mieterhöhung bei Modernisierung

(1) Hat der Vermieter bauliche Maßnahmen durchgeführt, die den Gebrauchswert der Mietsache nachhaltig erhöhen, die allgemeinen Wohnverhältnisse auf Dauer verbessern oder nachhaltig Einsparungen von Energie oder Wasser bewirken (Modernisierung), oder hat er andere bauliche Maßnahmen auf Grund von Umständen durchgeführt, die er nicht zu vertreten hat, so kann er die jährliche Miete um 11 vom Hundert der für die Wohnung aufgewendeten Kosten erhöhen.
(2) Sind die baulichen Maßnahmen für mehrere Wohnungen durchgeführt worden, so sind die Kosten angemessen auf die einzelnen Wohnungen aufzuteilen.
(3) Eine zum Nachteil des Mieters abweichende Vereinbarung ist unwirksam.

A. Muster: Mieterhöhungsverlangen bei Modernisierung[1] 1

▶ ▪▪▪ (Vermieter)[2]

an

▪▪▪ (Mieter)

Betreff: Mieterhöhung

Sehr geehrter ▪▪▪ (Mieter),

ich nehme zunächst Bezug auf die Ankündigung der Modernisierung[3] der von Ihnen gemieteten Wohnung ▪▪▪ in der ▪▪▪ Straße ▪▪▪ Stadt. Darin habe ich unter Einhaltung der Drei-Monats-Frist des § 554 Abs. 3 S. 1 BGB die Durchführung der nachfolgend nochmals beschriebenen Maßnahmen ordnungsgemäß angekündigt und Sie zur Duldung aufgefordert. Zugleich habe ich Ihnen die zu erwartende Mieterhöhung von ▪▪▪ EUR auf nunmehr ▪▪▪ EUR mitgeteilt.[4]

Die angekündigten Maßnahmen wurden zwischenzeitlich abgeschlossen.

Folgende Arbeiten sind durchgeführt worden:

▪▪▪

Diese Arbeiten haben den Gebrauchswert der Mietsache nachhaltig erhöht.

Gemäß § 559 BGB bin ich als Vermieter befugt, die jährliche Miete um 11 % der für die Wohnung aufgewendeten Kosten zu erhöhen.

Die erhöhte Miete, mithin eine neue Grundmiete in Höhe von EUR ▪▪▪ zuzüglich (unveränderter) Betriebskostenvorauszahlung in Höhe von EUR ▪▪▪, ist mit Wirkung des auf den Zugang dieses Schreibens folgenden übernächsten Monats, also ab dem ▪▪▪, zu entrichten.

Mit freundlichen Grüßen

▪▪▪

Unterschrift ◀

B. Erläuterungen

[1] Sinn und Zweck. Dem Vermieter soll nach Durchführung bestimmter baulicher Maßnahmen ein materiellrechtlicher Anspruch auf Mieterhöhung als Äquivalent für die hierdurch geschaffene Verbesserung der Mietwohnung zustehen. 2

[2] Vermieter. Nach dem Wortlaut des § 559 Abs. 1 kann der Vermieter eine Erhöhung der Miete verlangen, der die bauliche Maßnahme durchgeführt hat. Bei Veräußerung während oder nach der vom Veräußerer begonnenen Modernisierung steht der Anspruch dem Erwerber zu, wenn dieser bei Abschluss der Arbeiten Eigentümer ist (vgl KG NJW-RR 2000, 1177). 3

4 [3] **Modernisierung.** Der Begriff der Modernisierung ist legaldefiniert in § 559 Abs. 1. Unter den Begriff der Modernisierung fallen hiernach bauliche Maßnahmen, die den Gebrauchswert der Mietsache nachhaltig erhöhen, die allgemeinen Wohnverhältnisse auf Dauer verbessern oder nachhaltig Einsparungen von Energie und Wasser bewirken. Zur Geltendmachung des Anspruches muss die Modernisierung bereits durchgeführt worden sein (Palandt/*Weidenkaff*, § 559 Rn 9).

5 Der Vermieter kann die Miete bei einer Modernisierung der Wohnung gemäß § 559 Abs. 1 nur insoweit erhöhen, als die von ihm aufgewendeten Kosten hierfür notwendig waren. Unnötige, unzweckmäßige oder ansonsten überhöhte Modernisierungsaufwendungen hat der Mieter nicht zu tragen (BGH v. 17.12.2008 – VIII ZR 41/08).

6 [4] **Mieterhöhung.** Als Grundlage der Mieterhöhung ist der Jahresbetrag der zuletzt wirksam vereinbarten Miete heranzuziehen (BT-Drucks. 14/4553 S. 58).

Nach § 559 Abs. 1 kann die jährliche Miete um 11 % der für die Wohnung aufgewendeten Kosten erhöht werden. Berücksichtigt werden dürfen nur die tatsächlich angefallenen Kosten.

Ansatzfähig sind hiernach:
- Baukosten,
- Baunebenkosten: Kosten des Architekten, Gebühren behördlicher Genehmigungen, Behördliche Umlagen,
- Eigenleistungen des Vermieters,
- Adäquate Kosten der Wiederherstellung des vertragsgerechten Zustandes des Mietobjektes.

(Siehe jurisPK-BGB/*Heilmann*, § 559 Rn 14 mit weiteren Nachweisen.)

§ 559 a Anrechnung von Drittmitteln

(1) Kosten, die vom Mieter oder für diesen von einem Dritten übernommen oder die mit Zuschüssen aus öffentlichen Haushalten gedeckt werden, gehören nicht zu den aufgewendeten Kosten im Sinne des § 559.
(2) [1]Werden die Kosten für die baulichen Maßnahmen ganz oder teilweise durch zinsverbilligte oder zinslose Darlehen aus öffentlichen Haushalten gedeckt, so verringert sich der Erhöhungsbetrag nach § 559 um den Jahresbetrag der Zinsermäßigung. [2]Dieser wird errechnet aus dem Unterschied zwischen dem ermäßigten Zinssatz und dem marktüblichen Zinssatz für den Ursprungsbetrag des Darlehens. [3]Maßgebend ist der marktübliche Zinssatz für erstrangige Hypotheken zum Zeitpunkt der Beendigung der Maßnahmen. [4]Werden Zuschüsse oder Darlehen zur Deckung von laufenden Aufwendungen gewährt, so verringert sich der Erhöhungsbetrag um den Jahresbetrag des Zuschusses oder Darlehens.
(3) [1]Ein Mieterdarlehen, eine Mietvorauszahlung oder eine von einem Dritten für den Mieter erbrachte Leistung für die baulichen Maßnahmen stehen einem Darlehen aus öffentlichen Haushalten gleich. [2]Mittel der Finanzierungsinstitute des Bundes oder eines Landes gelten als Mittel aus öffentlichen Haushalten.
(4) Kann nicht festgestellt werden, in welcher Höhe Zuschüsse oder Darlehen für die einzelnen Wohnungen gewährt worden sind, so sind sie nach dem Verhältnis der für die einzelnen Wohnungen aufgewendeten Kosten aufzuteilen.
(5) Eine zum Nachteil des Mieters abweichende Vereinbarung ist unwirksam.

§ 559 b Geltendmachung der Erhöhung, Wirkung der Erhöhungserklärung

(1) [1]Die Mieterhöhung nach § 559 ist dem Mieter in Textform zu erklären. [2]Die Erklärung ist nur wirksam, wenn in ihr die Erhöhung auf Grund der entstandenen Kosten berechnet und entsprechend den Voraussetzungen der §§ 559 und 559 a erläutert wird.
(2) [1]Der Mieter schuldet die erhöhte Miete mit Beginn des dritten Monats nach dem Zugang der Erklärung. [2]Die Frist verlängert sich um sechs Monate, wenn der Vermieter dem Mieter die zu erwartende Erhöhung der Miete nicht nach § 554 Abs. 3 Satz 1 mitgeteilt hat oder wenn die tatsächliche Mieterhöhung mehr als 10 vom Hundert höher ist als die mitgeteilte.
(3) Eine zum Nachteil des Mieters abweichende Vereinbarung ist unwirksam.

§ 560 Veränderungen von Betriebskosten

(1) [1]Bei einer Betriebskostenpauschale ist der Vermieter berechtigt, Erhöhungen der Betriebskosten durch Erklärung in Textform anteilig auf den Mieter umzulegen, soweit dies im Mietvertrag vereinbart ist. [2]Die Erklärung ist nur wirksam, wenn in ihr der Grund für die Umlage bezeichnet und erläutert wird.
(2) [1]Der Mieter schuldet den auf ihn entfallenden Teil der Umlage mit Beginn des auf die Erklärung folgenden übernächsten Monats. [2]Soweit die Erklärung darauf beruht, dass sich die Betriebskosten rückwirkend erhöht haben, wirkt sie auf den Zeitpunkt der Erhöhung der Betriebskosten, höchstens jedoch auf den Beginn des der Erklärung vorausgehenden Kalenderjahres zurück, sofern der Vermieter die Erklärung innerhalb von drei Monaten nach Kenntnis von der Erhöhung abgibt.
(3) [1]Ermäßigen sich die Betriebskosten, so ist eine Betriebskostenpauschale vom Zeitpunkt der Ermäßigung an entsprechend herabzusetzen. [2]Die Ermäßigung ist dem Mieter unverzüglich mitzuteilen.
(4) Sind Betriebskostenvorauszahlungen vereinbart worden, so kann jede Vertragspartei nach einer Abrechnung durch Erklärung in Textform eine Anpassung auf eine angemessene Höhe vornehmen.
(5) Bei Veränderungen von Betriebskosten ist der Grundsatz der Wirtschaftlichkeit zu beachten.
(6) Eine zum Nachteil des Mieters abweichende Vereinbarung ist unwirksam.

§ 561 Sonderkündigungsrecht des Mieters nach Mieterhöhung

(1) [1]Macht der Vermieter eine Mieterhöhung nach § 558 oder § 559 geltend, so kann der Mieter bis zum Ablauf des zweiten Monats nach dem Zugang der Erklärung des Vermieters das Mietverhältnis außerordentlich zum Ablauf des übernächsten Monats kündigen. [2]Kündigt der Mieter, so tritt die Mieterhöhung nicht ein.
(2) Eine zum Nachteil des Mieters abweichende Vereinbarung ist unwirksam.

Kapitel 3 Pfandrecht des Vermieters

§ 562 Umfang des Vermieterpfandrechts

(1) [1]Der Vermieter hat für seine Forderungen aus dem Mietverhältnis ein Pfandrecht an den eingebrachten Sachen des Mieters. [2]Es erstreckt sich nicht auf die Sachen, die der Pfändung nicht unterliegen.
(2) Für künftige Entschädigungsforderungen und für die Miete für eine spätere Zeit als das laufende und das folgende Mietjahr kann das Pfandrecht nicht geltend gemacht werden.

§ 562 a Erlöschen des Vermieterpfandrechts

[1]Das Pfandrecht des Vermieters erlischt mit der Entfernung der Sachen von dem Grundstück, außer wenn diese ohne Wissen oder unter Widerspruch des Vermieters erfolgt. [2]Der Vermieter kann nicht widersprechen, wenn sie den gewöhnlichen Lebensverhältnissen entspricht oder wenn die zurückbleibenden Sachen zur Sicherung des Vermieters offenbar ausreichen.

§ 562 b Selbsthilferecht, Herausgabeanspruch

(1) [1]Der Vermieter darf die Entfernung der Sachen, die seinem Pfandrecht unterliegen, auch ohne Anrufen des Gerichts verhindern, soweit er berechtigt ist, der Entfernung zu widersprechen. [2]Wenn der Mieter auszieht, darf der Vermieter diese Sachen in seinen Besitz nehmen.
(2) [1]Sind die Sachen ohne Wissen oder unter Widerspruch des Vermieters entfernt worden, so kann er die Herausgabe zum Zwecke der Zurückschaffung auf das Grundstück und, wenn der Mieter ausgezogen ist, die Überlassung des Besitzes verlangen. [2]Das Pfandrecht erlischt mit dem Ablauf eines Monats, nachdem der Vermieter von der Entfernung der Sachen Kenntnis erlangt hat, wenn er diesen Anspruch nicht vorher gerichtlich geltend gemacht hat.

§ 562 c Abwendung des Pfandrechts durch Sicherheitsleistung

[1]Der Mieter kann die Geltendmachung des Pfandrechts des Vermieters durch Sicherheitsleistung abwenden. [2]Er kann jede einzelne Sache dadurch von dem Pfandrecht befreien, dass er in Höhe ihres Wertes Sicherheit leistet.

§ 562 d Pfändung durch Dritte

Wird eine Sache, die dem Pfandrecht des Vermieters unterliegt, für einen anderen Gläubiger gepfändet, so kann diesem gegenüber das Pfandrecht nicht wegen der Miete für eine frühere Zeit als das letzte Jahr vor der Pfändung geltend gemacht werden.

Kapitel 4 Wechsel der Vertragsparteien

§ 563 Eintrittsrecht bei Tod des Mieters

(1) [1]Der Ehegatte, der mit dem Mieter einen gemeinsamen Haushalt führt, tritt mit dem Tod des Mieters in das Mietverhältnis ein. [2]Dasselbe gilt für den Lebenspartner.
(2) [1]Leben in dem gemeinsamen Haushalt Kinder des Mieters, treten diese mit dem Tod des Mieters in das Mietverhältnis ein, wenn nicht der Ehegatte eintritt. [2]Der Eintritt des Lebenspartners bleibt vom Eintritt der Kinder des Mieters unberührt. [3]Andere Familienangehörige, die mit dem Mieter einen gemeinsamen Haushalt führen, treten mit dem Tod des Mieters in das Mietverhältnis ein, wenn nicht der Ehegatte oder der Lebenspartner eintritt. [4]Dasselbe gilt für Personen, die mit dem Mieter einen auf Dauer angelegten gemeinsamen Haushalt führen.
(3) [1]Erklären eingetretene Personen im Sinne des Absatzes 1 oder 2 innerhalb eines Monats, nachdem sie vom Tod des Mieters Kenntnis erlangt haben, dem Vermieter, dass sie das Mietverhältnis nicht fortsetzen wollen, gilt der Eintritt als nicht erfolgt. [2]Für geschäftsunfähige oder in der Geschäftsfähigkeit beschränkte Personen gilt § 210 entsprechend. [3]Sind mehrere Personen in das Mietverhältnis eingetreten, so kann jeder die Erklärung für sich abgeben.
(4) Der Vermieter kann das Mietverhältnis innerhalb eines Monats, nachdem er von dem endgültigen Eintritt in das Mietverhältnis Kenntnis erlangt hat, außerordentlich mit der gesetzlichen Frist kündigen, wenn in der Person des Eingetretenen ein wichtiger Grund vorliegt.
(5) Eine abweichende Vereinbarung zum Nachteil des Mieters oder solcher Personen, die nach Absatz 1 oder 2 eintrittsberechtigt sind, ist unwirksam.

§ 563 a Fortsetzung mit überlebenden Mietern

(1) Sind mehrere Personen im Sinne des § 563 gemeinsam Mieter, so wird das Mietverhältnis beim Tod eines Mieters mit den überlebenden Mietern fortgesetzt.
(2) Die überlebenden Mieter können das Mietverhältnis innerhalb eines Monats, nachdem sie vom Tod des Mieters Kenntnis erlangt haben, außerordentlich mit der gesetzlichen Frist kündigen.
(3) Eine abweichende Vereinbarung zum Nachteil der Mieter ist unwirksam.

§ 563 b Haftung bei Eintritt oder Fortsetzung

(1) [1]Die Personen, die nach § 563 in das Mietverhältnis eingetreten sind oder mit denen es nach § 563 a fortgesetzt wird, haften neben dem Erben für die bis zum Tod des Mieters entstandenen Verbindlichkeiten als Gesamtschuldner. [2]Im Verhältnis zu diesen Personen haftet der Erbe allein, soweit nichts anderes bestimmt ist.
(2) Hat der Mieter die Miete für einen nach seinem Tod liegenden Zeitraum im Voraus entrichtet, sind die Personen, die nach § 563 in das Mietverhältnis eingetreten sind oder mit denen es nach § 563 a fortgesetzt wird, verpflichtet, dem Erben dasjenige herauszugeben, was sie infolge der Vorausentrichtung der Miete ersparen oder erlangen.
(3) Der Vermieter kann, falls der verstorbene Mieter keine Sicherheit geleistet hat, von den Personen, die nach § 563 in das Mietverhältnis eingetreten sind oder mit denen es nach § 563 a fortgesetzt wird, nach Maßgabe des § 551 eine Sicherheitsleistung verlangen.

§ 564 Fortsetzung des Mietverhältnisses mit dem Erben, außerordentliche Kündigung

[1]Treten beim Tod des Mieters keine Personen im Sinne des § 563 in das Mietverhältnis ein oder wird es nicht mit ihnen nach § 563 a fortgesetzt, so wird es mit dem Erben fortgesetzt. [2]In diesem Fall ist sowohl der Erbe als auch der Vermieter berechtigt, das Mietverhältnis innerhalb eines Monats außerordentlich mit der gesetzlichen Frist zu kündigen, nachdem sie vom Tod des Mieters und davon Kenntnis erlangt haben, dass ein Eintritt in das Mietverhältnis oder dessen Fortsetzung nicht erfolgt sind.

§ 565 Gewerbliche Weitervermietung

(1) [1]Soll der Mieter nach dem Mietvertrag den gemieteten Wohnraum gewerblich einem Dritten zu Wohnzwecken weitervermieten, so tritt der Vermieter bei der Beendigung des Mietverhältnisses in die Rechte und Pflichten aus dem Mietverhältnis zwischen dem Mieter und dem Dritten ein. [2]Schließt der Vermieter erneut einen Mietvertrag zur gewerblichen Weitervermietung ab, so tritt der Mieter anstelle der bisherigen Vertragspartei in die Rechte und Pflichten aus dem Mietverhältnis mit dem Dritten ein.
(2) Die §§ 566 a bis 566 e gelten entsprechend.
(3) Eine zum Nachteil des Dritten abweichende Vereinbarung ist unwirksam.

§ 566 Kauf bricht nicht Miete

(1) Wird der vermietete Wohnraum nach der Überlassung an den Mieter von dem Vermieter an einen Dritten veräußert, so tritt der Erwerber anstelle des Vermieters in die sich während der Dauer seines Eigentums aus dem Mietverhältnis ergebenden Rechte und Pflichten ein.
(2) [1]Erfüllt der Erwerber die Pflichten nicht, so haftet der Vermieter für den von dem Erwerber zu ersetzenden Schaden wie ein Bürge, der auf die Einrede der Vorausklage verzichtet hat. [2]Erlangt der Mieter von dem Übergang des Eigentums durch Mitteilung des Vermieters Kenntnis, so wird der Vermieter von der Haftung befreit, wenn nicht der Mieter das Mietverhältnis zum ersten Termin kündigt, zu dem die Kündigung zulässig ist.

§ 566 a Mietsicherheit

[1]Hat der Mieter des veräußerten Wohnraums dem Vermieter für die Erfüllung seiner Pflichten Sicherheit geleistet, so tritt der Erwerber in die dadurch begründeten Rechte und Pflichten ein. [2]Kann bei Beendigung des Mietverhältnisses der Mieter die Sicherheit von dem Erwerber nicht erlangen, so ist der Vermieter weiterhin zur Rückgewähr verpflichtet.

A. Muster: Klage auf Rückzahlung der Mietsicherheit[1] 1

▶ An das 404

Amtsgericht[2] ■■■

Klage

des ■■■ (Mieter)

– Kläger –

Prozessbevollmächtigte: RAe ■■■

gegen

den ■■■ (Vermieter)

– Beklagter –

Prozessbevollmächtigte: RAe ■■■

wegen: Forderung

Namens und in Vollmacht des Klägers erheben wir Klage und werden im Termin zur mündlichen Verhandlung beantragen,

den Beklagten zu verurteilen, an den Kläger EUR ■■■ zuzüglich Zinsen hieraus in Höhe 5 Prozentpunkten über dem jeweiligen Basiszinssatz aus diesem Betrag seit dem ■■■ zu zahlen.

Sofern das Gericht das schriftliche Vorverfahren anordnet, wird beantragt,

ein Versäumnisurteil gemäß § 331 Abs. 3 ZPO zu erlassen, sofern der Beklagte auf Aufforderung nach § 276 Abs. 1 ZPO nicht rechtzeitig anzeigt, dass er sich gegen die Klage verteidigen will.

Begründung

Zwischen den Parteien bestand ein Mietverhältnis über die Wohnung ■■■, ■■■ Straße, ■■■ Ort.

Beweis: In beglaubigter Kopie anliegender Mietvertrag vom ■■■

Der Kläger hatte am ■■■ an den Beklagten eine Barkaution in Höhe von ■■■ als Mietsicherheit[3] geleistet.

Beweis: Quittung vom ■■■

In der Folgezeit veräußerte der Beklagte die Wohnung an ■■■ (Erwerber).

Am ■■■ kündigte der Kläger das Mietverhältnis mit ■■■ durch ordentliche Kündigung zum ■■■

Am ■■■ forderte er den ■■■ (Erwerber) letztmalig zur Auszahlung der Kaution auf.

Beweis: Schreiben der Prozessbevollmächtigten des Klägers vom ■■■

Eine Zahlung erfolgte gleichwohl nicht.

Mit Schreiben vom ■■■ teilte ■■■ (Erwerber) mit, dass eine Rückzahlung der Barkaution seitens des ■■■ (Erwerber) nicht möglich sei, da dieser sich seit dem ■■■ in Insolvenz befindet.

Beweis:

1. Schreiben des ■■■ (Erwerber) vom ■■■
2. Schreiben des AG ■■■ Über Eröffnung des Insolvenzverfahrens am ■■■

Mit Schreiben vom ■■■ forderte der Kläger den Beklagten zur Rückzahlung der Barkaution auf und wies auf die Insolvenz des ■■■ hin.

Beweis: Schreiben vom ■■■

Hierauf reagierte der Beklagte nicht.

Mit Schreiben vom ■■■ forderte der Kläger den Beklagten letztmalig unter Fristsetzung zum ■■■ zur Zahlung auf

Beweis: Schreiben vom ■■■

Der Kläger hat nach § 566 a BGB einen Anspruch gegen den Beklagten auf Rückzahlung der Mietsicherheit. Nach § 566 a BGB ist der Vermieter weiterhin zur Rückgewähr verpflichtet, wenn bei Beendigung des Mietverhältnisses der Mieter von dem Erwerber nicht erlangen kann.

Da bis zum heutigen Tage weder eine Zahlung, noch eine sonstige Reaktion seitens des Beklagten erfolgte, war die Erhebung der Klage geboten.

■■■

Rechtsanwalt ◄

B. Erläuterungen

2 [1] **Normzweck.** Durch die Vorschrift wird dem allgemeinen Grundsatz Rechnung getragen, dass eine Partei grundsätzlich nur das Insolvenzrisiko des eigenen Vertragspartners zu tragen hat (vgl Hk-BGB/*Ebert*, § 566 a Rn 1). Der Vermieter, der sich den Erwerber als Vertragspartner ausgesucht hat, muss demnach dessen Insolvenzrisiko alleine tragen (BGHZ 141, 160 ff). Die fortdauernde Haftung des früheren Vermieters ist jedoch subsidiär gegenüber der Haftung des Erwerbers. Der Mieter muss also zunächst versuchen, die Sicherheit vom Erwerber rückerstattet zu bekommen (Hk-BGB/*Ebert*, § 566 a Rn 1).

3 [2] **Zuständigkeit.** Die örtliche Zuständigkeit richtet sich nach § 29 a ZPO. Die sachliche Zuständigkeit folgt aus § 23 Nr. 2 a GVG.

4 [3] **Mietsicherheit.** Unter Sicherheit ist jede Art von Sicherheitsleistung (zB Bürgschaft, Sicherungsübereignung, Barkaution) zu verstehen.

§ 566 b Vorausverfügung über die Miete

(1) [1]Hat der Vermieter vor dem Übergang des Eigentums über die Miete verfügt, die auf die Zeit der Berechtigung des Erwerbers entfällt, so ist die Verfügung wirksam, soweit sie sich auf die Miete für den zur Zeit des Eigentumsübergangs laufenden Kalendermonat bezieht. [2]Geht das Eigentum nach dem 15. Tag des Monats über, so ist die Verfügung auch wirksam, soweit sie sich auf die Miete für den folgenden Kalendermonat bezieht.

(2) Eine Verfügung über die Miete für eine spätere Zeit muss der Erwerber gegen sich gelten lassen, wenn er sie zur Zeit des Übergangs des Eigentums kennt.

§ 566 c Vereinbarung zwischen Mieter und Vermieter über die Miete

[1]Ein Rechtsgeschäft, das zwischen dem Mieter und dem Vermieter über die Mietforderung vorgenommen wird, insbesondere die Entrichtung der Miete, ist dem Erwerber gegenüber wirksam, soweit es sich nicht auf die Miete für eine spätere Zeit als den Kalendermonat bezieht, in welchem der Mieter von dem Übergang des Eigentums Kenntnis erlangt. [2]Erlangt der Mieter die Kenntnis nach dem 15. Tag des Monats, so ist das Rechtsgeschäft auch wirksam, soweit es sich auf die Miete für den folgenden Kalendermonat bezieht. [3]Ein Rechtsgeschäft, das nach dem Übergang des Eigentums vorgenommen wird, ist jedoch unwirksam, wenn der Mieter bei der Vornahme des Rechtsgeschäfts von dem Übergang des Eigentums Kenntnis hat.

§ 566 d Aufrechnung durch den Mieter

[1]Soweit die Entrichtung der Miete an den Vermieter nach § 566 c dem Erwerber gegenüber wirksam ist, kann der Mieter gegen die Mietforderung des Erwerbers eine ihm gegen den Vermieter zustehende Forderung aufrechnen. [2]Die Aufrechnung ist ausgeschlossen, wenn der Mieter die Gegenforderung erworben hat, nachdem er von dem Übergang des Eigentums Kenntnis erlangt hat, oder wenn die Gegenforderung erst nach der Erlangung der Kenntnis und später als die Miete fällig geworden ist.

§ 566 e Mitteilung des Eigentumsübergangs durch den Vermieter

(1) Teilt der Vermieter dem Mieter mit, dass er das Eigentum an dem vermieteten Wohnraum auf einen Dritten übertragen hat, so muss er in Ansehung der Mietforderung dem Mieter gegenüber die mitgeteilte Übertragung gegen sich gelten lassen, auch wenn sie nicht erfolgt oder nicht wirksam ist.
(2) Die Mitteilung kann nur mit Zustimmung desjenigen zurückgenommen werden, der als der neue Eigentümer bezeichnet worden ist.

§ 567 Belastung des Wohnraums durch den Vermieter

[1]Wird der vermietete Wohnraum nach der Überlassung an den Mieter von dem Vermieter mit dem Recht eines Dritten belastet, so sind die §§ 566 bis 566 e entsprechend anzuwenden, wenn durch die Ausübung des Rechts dem Mieter der vertragsgemäße Gebrauch entzogen wird. [2]Wird der Mieter durch die Ausübung des Rechts in dem vertragsgemäßen Gebrauch beschränkt, so ist der Dritte dem Mieter gegenüber verpflichtet, die Ausübung zu unterlassen, soweit sie den vertragsgemäßen Gebrauch beeinträchtigen würde.

§ 567 a Veräußerung oder Belastung vor der Überlassung des Wohnraums

Hat vor der Überlassung des vermieteten Wohnraums an den Mieter der Vermieter den Wohnraum an einen Dritten veräußert oder mit einem Recht belastet, durch dessen Ausübung der vertragsgemäße Gebrauch dem Mieter entzogen oder beschränkt wird, so gilt das Gleiche wie in den Fällen des § 566 Abs. 1 und des § 567, wenn der Erwerber dem Vermieter gegenüber die Erfüllung der sich aus dem Mietverhältnis ergebenden Pflichten übernommen hat.

§ 567 b Weiterveräußerung oder Belastung durch Erwerber

[1]Wird der vermietete Wohnraum von dem Erwerber weiterveräußert oder belastet, so sind § 566 Abs. 1 und die §§ 566 a bis 567 a entsprechend anzuwenden. [2]Erfüllt der neue Erwerber die sich aus dem Mietverhältnis ergebenden Pflichten nicht, so haftet der Vermieter dem Mieter nach § 566 Abs. 2.

Kapitel 5 Beendigung des Mietverhältnisses

Unterkapitel 1 Allgemeine Vorschriften

§ 568 Form und Inhalt der Kündigung

(1) Die Kündigung des Mietverhältnisses bedarf der schriftlichen Form.
(2) Der Vermieter soll den Mieter auf die Möglichkeit, die Form und die Frist des Widerspruchs nach den §§ 574 bis 574 b rechtzeitig hinweisen.

§ 569 Außerordentliche fristlose Kündigung aus wichtigem Grund

(1) [1]Ein wichtiger Grund im Sinne des § 543 Abs. 1 liegt für den Mieter auch vor, wenn der gemietete Wohnraum so beschaffen ist, dass seine Benutzung mit einer erheblichen Gefährdung der Gesundheit verbunden ist. [2]Dies gilt

auch, wenn der Mieter die Gefahr bringende Beschaffenheit bei Vertragsschluss gekannt oder darauf verzichtet hat, die ihm wegen dieser Beschaffenheit zustehenden Rechte geltend zu machen.
(2) Ein wichtiger Grund im Sinne des § 543 Abs. 1 liegt ferner vor, wenn eine Vertragspartei den Hausfrieden nachhaltig stört, so dass dem Kündigenden unter Berücksichtigung aller Umstände des Einzelfalls, insbesondere eines Verschuldens der Vertragsparteien, und unter Abwägung der beiderseitigen Interessen die Fortsetzung des Mietverhältnisses bis zum Ablauf der Kündigungsfrist oder bis zur sonstigen Beendigung des Mietverhältnisses nicht zugemutet werden kann.
(3) Ergänzend zu § 543 Abs. 2 Satz 1 Nr. 3 gilt:

1. Im Falle des § 543 Abs. 2 Satz 1 Nr. 3 Buchstabe a ist der rückständige Teil der Miete nur dann als nicht unerheblich anzusehen, wenn er die Miete für einen Monat übersteigt. Dies gilt nicht, wenn der Wohnraum nur zum vorübergehenden Gebrauch vermietet ist.
2. Die Kündigung wird auch dann unwirksam, wenn der Vermieter spätestens bis zum Ablauf von zwei Monaten nach Eintritt der Rechtshängigkeit des Räumungsanspruchs hinsichtlich der fälligen Miete und der fälligen Entschädigung nach § 546 a Abs. 1 befriedigt wird oder sich eine öffentliche Stelle zur Befriedigung verpflichtet. Dies gilt nicht, wenn der Kündigung vor nicht länger als zwei Jahren bereits eine nach Satz 1 unwirksam gewordene Kündigung vorausgegangen ist.
3. Ist der Mieter rechtskräftig zur Zahlung einer erhöhten Miete nach den §§ 558 bis 560 verurteilt worden, so kann der Vermieter das Mietverhältnis wegen Zahlungsverzugs des Mieters nicht vor Ablauf von zwei Monaten nach rechtskräftiger Verurteilung kündigen, wenn nicht die Voraussetzungen der außerordentlichen fristlosen Kündigung schon wegen der bisher geschuldeten Miete erfüllt sind.

(4) Der zur Kündigung führende wichtige Grund ist in dem Kündigungsschreiben anzugeben.
(5) [1]Eine Vereinbarung, die zum Nachteil des Mieters von den Absätzen 1 bis 3 dieser Vorschrift oder von § 543 abweicht, ist unwirksam. [2]Ferner ist eine Vereinbarung unwirksam, nach der der Vermieter berechtigt sein soll, aus anderen als den im Gesetz zugelassenen Gründen außerordentlich fristlos zu kündigen.

§ 570 Ausschluss des Zurückbehaltungsrechts

Dem Mieter steht kein Zurückbehaltungsrecht gegen den Rückgabeanspruch des Vermieters zu.

§ 571 Weiterer Schadensersatz bei verspäteter Rückgabe von Wohnraum

(1) [1]Gibt der Mieter den gemieteten Wohnraum nach Beendigung des Mietverhältnisses nicht zurück, so kann der Vermieter einen weiteren Schaden im Sinne des § 546 a Abs. 2 nur geltend machen, wenn die Rückgabe infolge von Umständen unterblieben ist, die der Mieter zu vertreten hat. [2]Der Schaden ist nur insoweit zu ersetzen, als die Billigkeit eine Schadloshaltung erfordert. [3]Dies gilt nicht, wenn der Mieter gekündigt hat.
(2) Wird dem Mieter nach § 721 oder § 794 a der Zivilprozessordnung eine Räumungsfrist gewährt, so ist er für die Zeit von der Beendigung des Mietverhältnisses bis zum Ablauf der Räumungsfrist zum Ersatz eines weiteren Schadens nicht verpflichtet.
(3) Eine zum Nachteil des Mieters abweichende Vereinbarung ist unwirksam.

§ 572 Vereinbartes Rücktrittsrecht; Mietverhältnis unter auflösender Bedingung

(1) Auf eine Vereinbarung, nach der der Vermieter berechtigt sein soll, nach Überlassung des Wohnraums an den Mieter vom Vertrag zurückzutreten, kann der Vermieter sich nicht berufen.
(2) Ferner kann der Vermieter sich nicht auf eine Vereinbarung berufen, nach der das Mietverhältnis zum Nachteil des Mieters auflösend bedingt ist.

Unterkapitel 2 Mietverhältnisse auf unbestimmte Zeit

§ 573 Ordentliche Kündigung des Vermieters

(1) [1]Der Vermieter kann nur kündigen, wenn er ein berechtigtes Interesse an der Beendigung des Mietverhältnisses hat. [2]Die Kündigung zum Zwecke der Mieterhöhung ist ausgeschlossen.
(2) Ein berechtigtes Interesse des Vermieters an der Beendigung des Mietverhältnisses liegt insbesondere vor, wenn

1. der Mieter seine vertraglichen Pflichten schuldhaft nicht unerheblich verletzt hat,
2. der Vermieter die Räume als Wohnung für sich, seine Familienangehörigen oder Angehörige seines Haushalts benötigt oder
3. der Vermieter durch die Fortsetzung des Mietverhältnisses an einer angemessenen wirtschaftlichen Verwertung des Grundstücks gehindert und dadurch erhebliche Nachteile erleiden würde; die Möglichkeit, durch eine anderweitige Vermietung als Wohnraum eine höhere Miete zu erzielen, bleibt außer Betracht; der Ver-

mieter kann sich auch nicht darauf berufen, dass er die Mieträume im Zusammenhang mit einer beabsichtigten oder nach Überlassung an den Mieter erfolgten Begründung von Wohnungseigentum veräußern will.

(3) [1]Die Gründe für ein berechtigtes Interesse des Vermieters sind in dem Kündigungsschreiben anzugeben. [2]Andere Gründe werden nur berücksichtigt, soweit sie nachträglich entstanden sind.

(4) Eine zum Nachteil des Mieters abweichende Vereinbarung ist unwirksam.

A. Muster: Ordentliche Kündigung wegen berechtigtem Interesse (Eigenbedarf)[1], [2] 1

▶ An … (Mieter) 405

Betreff: Ordentliche Kündigung wegen Eigenbedarf, Wohnung … (Straße, Ort)

Sehr geehrter …,

hiermit zeigen wir Ihnen an, dass wir Herrn … (Vermieter) anwaltlich vertreten; eine auf uns lautende Vollmacht fügen wir Ihnen als Anlage bei.

Namens und in Vollmacht unseres Mandanten sprechen wir Ihnen hiermit eine
ordentliche Kündigung des Mietverhältnisses … (Straße, Ort);

… Zimmer, Küche, Bad, Balkon, Garage, …

zum … (Datum)

aus.

Als Kündigungsgrund machen wir im Namen unseres Mandanten Eigenbedarf gemäß § 573 Abs. 2 Nr. 2 BGB geltend.[3]

Unser Mandant benötigt die an Sie vermietete Wohnung … für sich selbst.

Auf Grund der Kündigung ist die Wohnung spätestens mit Ablauf des … (Datum) vollständig geräumt im vertragsgerechten Zustand nebst den mitvermieteten Nebenräumen herauszugeben.

Dies begründet sich wie folgt:

… (nähere Ausführungen zu Gründen des Eigenbedarfs)[4], [5]

Mithin ist ein zeitnaher Umzug in die streitgegenständliche Wohnung erforderlich, um …

Die Anmietung einer entsprechenden Ersatzwohnung in … ist angesichts der bereits seitens unseren Mandanten Ihnen eingeräumten Zeit und dem derzeitigen Wohnungsmarkt in … und der näheren Umgebung möglich und zumutbar.

Die von Ihnen angemietete Wohnung weist keine besonderen Eigenschaften auf, die es unmöglich machen eine vergleichbare und für Ihre Wohnbedürfnisse angemessene Wohnung in … zu finden.

Unter den Voraussetzungen der §§ 574–574 b BGB haben Sie nach dem Gesetz das Recht, dieser Kündigung zu widersprechen und die Fortsetzung des Mietverhältnisses zu verlangen. Die einschlägigen Vorschriften fügen wir dem Schriftsatz bei. Die Erklärung, mit der der Kündigung widersprochen und die Fortsetzung des Mietverhältnisses verlangt wird, bedarf der schriftlichen Form und muss spätestens zwei Monate vor Ablauf der Kündigungsfrist beim Vermieter eingehen. Für den Fall, dass Sie gegen die Kündigung Widerspruch einlegen, wird bereits jetzt die Darlegung der Widerspruchsgründe verlangt.

Nach Ablauf der Kündigungsfrist müssen Sie die Wohnung geräumt an unseren Mandanten herausgeben. Bereits hiermit widersprechen wir einer stillschweigenden Verlängerung des Mietverhältnisses gemäß § 545 BGB.

Mit freundlichen Grüßen

...

Unterschrift ◄

B. Erläuterungen

2 [1] **Normzweck, Normstruktur.** Durch § 573 Abs. 1 wird der allgemeine Grundsatz des Wohnraummietrechts normiert, dass ein Vermieter das Mietverhältnis durch Kündigung nur bei Vorliegen berechtigter Interessen beenden kann. § 573 bildet das Kernstück des sozialen Mietrechts. Es trägt der besonderen Schutzwürdigkeit der Wohnung als Mittelpunkt der privaten Existenz (Art. 14 Abs. 1 GG) Rechnung und begrenzt damit als Ausprägung des Sozialstaatsprinzips (Art. 20 Abs. 1 GG) das ebenfalls grundrechtlich geschützte Eigentum (Art. 14 Abs. 1GG) des Vermieters und ist Ausdruck von dessen Sozialpflichtigkeit (Art. 14 Abs. 2 GG). Diese widerstreitenden Grundrechtspositionen sind bei der Anwendung von § 573 stets zu berücksichtigen. Gemäß § 573 Abs. 3 sind die Gründe für ein berechtigtes Interesse des Vermieters in dem Kündigungsschreiben anzugeben. Andere Gründe werden nur berücksichtigt, soweit sie nachträglich entstanden sind.

3 [2] **Anwendungsbereich.** Auf Grund ihrer systematischen Stellung und ihres Schutzzweckes findet die Norm nur auf Wohnraummietverhältnisse Anwendung. Bestandsschutz wird unabhängig davon gewährt, ob es sich um Mietverhältnisse auf unbestimmte oder bestimmte Zeit oder um preisfreien oder preisgebundenen Wohnraum handelt (jurisPK-BGB/*Mössner*, § 573 Rn 8).

4 Auf Mischmietverhältnisse ist § 573 nur dann anwendbar, wenn der Schwerpunkt des Mietverhältnisses bei der Wohnraummiete liegt (Schmidt-Futterer/*Blank*, Mietrecht, § 573 Rn 4). Auch ist die Regelung des § 573 im Rahmen von Wohnraummietverhältnisses auf das Verhältnis von Hauptmieter/Untervermieter und Untermieter anwendbar (jurisPK-BGB/*Mössner*, § 573 Rn 11). Im Verhältnis zwischen Hauptvermieter und Untermieter im Wohnraummietverhältnis besteht ein Bestandsschutz nach § 573 schon deshalb grundsätzlich nicht, weil zwischen diesen keine vertraglichen Beziehungen bestehen (jurisPK-BGB/*Mössner*, § 573 Rn 13).

5 Seit der Mietrechtreform vom 19.6.2001 wird Mietverhältnisses auf Dauer über Wohnraum in Ferienwohnungen- und -häusern Bestandsschutz nach § 573 BGB gewährt. Ebenso ist § 573 auf Zweitwohnungen anwendbar (vgl Schmidt-Futterer/*Blank*, § 573 Rn 5).

6 § 573 gilt auch für den Fall, dass das Mietverhältnis in der Zeit zwischen Vertragsschluss und Mietbeginn gekündigt werden soll. Der Mieter wird hier in der Regel schutzbedürftig sein (vgl Schmidt-Futterer/*Blank*, § 573 Rn 7).

7 [3] **Eigenbedarf.** Nach § 573 Abs. 1 S. 1 kann der Vermieter nur kündigen, wenn er ein berechtigtes Interesse an der Beendigung des Mietverhältnisses hat. Nach § 573 Abs. 2 Nr. 2 liegt ein besonderes Interesse insbesondere vor, wenn der Vermieter die Räume als Wohnung für sich, seine Familienangehörigen oder Angehörige seines Haushalts benötigt. Hiervon kann ausgegangen werden, wenn der Vermieter die ernsthafte Absicht hat, die Räume selbst als Wohnung zu nutzen oder einem Angehörigen zu überlassen (**Nutzungs- und Überlassungswille**) und wenn diese Absicht auf vernünftigen, nachvollziehbaren Erwägungen beruht (**Nutzungs- und Überlassungsinteresse**) (Schmidt-Futterer/*Blank*, § 573 Rn 40; BGHZ 103, 99 f).

8 Zu beachten ist, dass nach obergerichtlicher Rechtsprechung die Interessen des Mieters zum Erhalt der Wohnung nicht im Rahmen des § 573, sondern ausschließlich auf dessen Widerspruch gegen die Kündigung nach § 574 Berücksichtigung finden.

9 [4] **Privilegierter Personenkreis**

(a) **Eigennutzung.** Die Voraussetzungen für eine Eigennutzung sind gegeben, wenn der Vermieter selbst die Räume als Wohnung für sich benötigt. Hierbei ist nicht erforderlich, dass der Vermieter Eigentümer ist, auch der Untermieter kann Eigenbedarf geltend machen (Schmidt-Futterer/*Blank*, § 573 Rn 43).

- Bei **mehreren Vermietern**, einer Personenhandelsgesellschaft oder AußenGbR ist ausreichend, wenn der Eigenbedarf bei für ein Mitglied besteht und das Mitglied bereits bei Abschluss des Mietvertrages der Gemeinschaft oder Gesellschaft angehörte. Insofern nicht ausreichend ist die nachträgliche Zustimmung zu dem Mietvertrag (Palandt/*Weidenkaff*, § 573 Rn 26).
- **Juristischen Personen** und Vereinen steht kein Kündigungsrecht nach § 573 Abs. 2 Nr. 2 zu, da der Eigenbedarf auf „Wohnen" gerichtet sein muss (Schmidt-Futterer/*Blank*, § 573 Rn 45).
- Der **Erwerber einer Wohnung** kann unmittelbar nach seiner **Eintragung ins Grundbuch** kündigen. Eine **Wartfrist** ist nur dort anzunehmen, wo dies durch Gesetz ausdrücklich bestimmt ist, nämlich in den Fällen des § 577 a. (Schmidt-Futterer/*Blank*, § 573 Rn 44).

(b) **Familienangehörige.** Nicht erforderlich ist, dass die Familienangehörigen im Haushalt des Vermieters leben müssen (Palandt/*Weidenkaff*, § 573 Rn 27). Übersicht über Familienangehörige im Sinne des § 573 Abs. 2 Nr. 2 siehe jurisPK-BGB/*Mössner*, § 573 Rn 88, 89. Es müssen familiäre Bindungen bestehen. Nach Urteil des BGH vom 3.3.2009 (VIII ZR 247/08) kann aber der Wohnbedarf eines Schwagers des Vermieters einen Eigenbedarf zumindest dann begründen, wenn ein besonders enger Kontakt besteht.

(c) **Haushaltsangehörige** im Sinne des § 573 Abs. 2 Nr. 2 sind alle Familienmitglieder und sonstigen Personen, die seit längerer Zeit auf Dauer, also nicht nur vorübergehend mit dem Vermieter in Hausgemeinschaft zusammenleben. Eine eigenständige Bedeutung kommt diesem Tatbestandsmerkmal nur zu, soweit diese betreffenden Personen nicht ohnehin zu den privilegierten Familienangehörigen des Vermieters gehören (vgl Schmidt-Futterer/*Blank*, § 573 Rn 48).

(d) **Sonstige Personen.** Ein Bedarf für andere, nicht in § 573 Abs. 2 Nr. 2 genannte Personengruppen rechtfertigt eine Eigenbedarfskündigung im Sinne des § 573 Abs. 2 grundsätzlich nicht. Problematisch ist in diesem Zusammenhang, ob dem Vermieter ein Kündigungsrecht zusteht, wenn er für seinen geschiedenen Ehegatten eine Wohnung benötigt (siehe hierzu Schmidt-Futterer/*Blank*, § 573 Rn 56; Staudinger/*Rolfs*, § 573 Rn 61).

[5] **Kündigungsschreiben.** Gemäß § 573 Abs. 3 S. 1 sind die Gründe für ein berechtigtes Interesse des Vermieters in dem Kündigungsschreiben anzugeben. Erforderlich und ausreichend ist hierfür, dass die Gründe ausreichend substantiiert dargelegt sind. Das BVerfG hat festgelegt, dass die Kündigung durch zu hohe Anforderungen an Form und Inhalt nicht unzumutbar erschwert werden darf (BVerfG NJW 1992, 1877; (BVerfG NJW 1998, 2662). Ausreichend ist, wenn dass der Kündigungsgrund durch Angabe der Kerntatsachen so ausführlich bezeichnet wird, dass er identifiziert und von anderen Kündigungsgründen hinsichtlich des Sachverhalt unterschieden werden kann (vgl BGH NJW 2007, 2845). Es ist möglich, Tatsachen zur Erläuterung, Ergänzung, Ausfüllung und Beweis des Kündigungsgrundes (sog. Ergänzungstatsachen) auf Verlangen des Mieters grundsätzlich auch im Prozess nachzuschieben (Palandt/*Weidenkaff*, § 573 Rn 48; BVerfG NJW 2007, 2845). 10

Nach § 573 Abs. 3 S. 2werden andere Gründe nur berücksichtigt, soweit sie nachträglich entstanden sind. Diese Normierung soll das Nachschieben von bei der Kündigung schon vorhandenen, aber nicht angegebenen Gründen verhindern (Palandt/*Weidenkaff*, § 573 Rn 51). Dies soll nach *Blank* selbst dann gelten, wenn dem Vermieter erst nach der Kündigungserklärung die Gründe bekannt werden (vgl Schmidt-Futterer/*Blank*, § 573 Rn 258; str.). 11

§ 573 a Erleichterte Kündigung des Vermieters

(1) [1]Ein Mietverhältnis über eine Wohnung in einem vom Vermieter selbst bewohnten Gebäude mit nicht mehr als zwei Wohnungen kann der Vermieter auch kündigen, ohne dass es eines berechtigten Interesses im Sinne des § 573 bedarf. [2]Die Kündigungsfrist verlängert sich in diesem Fall um drei Monate.
(2) Absatz 1 gilt entsprechend für Wohnraum innerhalb der vom Vermieter selbst bewohnten Wohnung, sofern der Wohnraum nicht nach § 549 Abs. 2 Nr. 2 vom Mieterschutz ausgenommen ist.
(3) In dem Kündigungsschreiben ist anzugeben, dass die Kündigung auf die Voraussetzungen des Absatzes 1 oder 2 gestützt wird.
(4) Eine zum Nachteil des Mieters abweichende Vereinbarung ist unwirksam.

1 **A. Muster: Erleichterte Kündigung des Vermieters[1]**

▶ ... (Vermieter)
an
... (Mieter)
Betreff: Ordentliche Kündigung des Mietverhältnisses über Wohnung ...
Sehr geehrter .... (Mieter),
hiermit kündige ich, gestützt auf § 573 a BGB, das mit Ihnen bestehende Mietverhältnis über die von Ihnen genutzte Einliegerwohnung ..., ... Straße, ... (Ort) zum ...[2]
Weiterhin fordere ich Sie hiermit auf, bis zu dem oben genannten Zeitpunkt die betreffende Wohnung zu räumen und in vertragsgemäßem Zustand mit sämtlichen Schlüsseln unmittelbar an mich herauszugeben. Ich bitte Sie, sich mit mir zwecks Vereinbarung eines Abnahmetermins in Verbindung zu setzen.
Gemäß § 573 a Abs. 1 BGB hat der im selben Haus wohnende Vermieter die Möglichkeit, ohne Vorliegen eines Kündigungsgrundes im Sinne des § 573 BGB den Wohnraummietvertrag einseitig zu beenden. Nach § 573 a Abs. 1 S. 2 BGB verlängert sich die Kündigungsfrist in diesem Fall um drei Monate.[3]
Nach § 568 Abs. 2 BGB weise ich Sie daraufhin, dass Sie gegen diese Kündigung Widerspruch gemäß § 574 BGB einlegen können. Der Widerspruch ist schriftlich einzulegen und muss spätestens 2 Monate vor Ende der Kündigungsfrist bei mir eingegangen sein. Für den Fall der Widerspruchseinlegung bitte ich Sie, mir auch die Gründe des Widerspruchs mitzuteilen.
Unter Bezugnahme auf § 545 BGB wird einer Verlängerung des Mietverhältnisses bereits jetzt ausdrücklich widersprochen wird.
Mit freundlichen Grüßen
...
Vermieter ◀

B. Erläuterungen

2 **[1] Normzweck.** § 573 a eröffnet dem Vermieter die Möglichkeit, auch ohne das Vorliegen eines berechtigten Interesses im Sinne des § 573 ein Wohnraummietverhältnis zu kündigen. Nach § 573 a verlängert sich in diesem Falle die Kündigungsfrist um drei Monate.

3 **[2] Anwendungsbereich.** Von der Vorschrift erfasst wird die Einliegerwohnung (§ 573 Abs. 1 S. 1) und der Einliegerwohnraum (§ 573 Abs. 2) in Zweifamilienhäusern. Es muss sich um ein Gebäude mit nicht mehr als zwei Wohnungen handeln. Entscheidend, ob es sich um ein oder

zwei Gebäude handeln, sind die Verkehrsauffassung und die zwangsläufigen Kontakte zwischen den Bewohnern, insbesondere im Eingangsbereich (Palandt/*Weidenkaff*, § 573 a Rn 4). § 573 a gelangt auch dann zu Anwendung, wenn sich die zwei Wohnungen in einem gewerblich genutzten Haus befinden, unabhängig davon, ob die Gewerberäume vom Vermieter oder einem Dritten genutzt werden (BR-Drucks. 439/00, 168).

[3] Kündigungsschreiben. In dem Kündigungsschreiben hat der Vermieter die Voraussetzungen des § 573 a Abs. 1, 2 dazulegen. Es ist anzugeben, ob die Kündigung auf Abs. 1 und Abs. 2 gestützt wird. Es ist zulässig, dass der Vermieter primär mit gesetzlicher Frist gemäß § 573 kündigt, hilfsweise mit verlängerter Frist gemäß § 573 a oder umgekehrt (Palandt/*Weidenkaff*, § 573 Rn 10). 4

§ 573 b Teilkündigung des Vermieters

(1) Der Vermieter kann nicht zum Wohnen bestimmte Nebenräume oder Teile eines Grundstücks ohne ein berechtigtes Interesse im Sinne des § 573 kündigen, wenn er die Kündigung auf diese Räume oder Grundstücksteile beschränkt und sie dazu verwenden will,

1. Wohnraum zum Zwecke der Vermietung zu schaffen oder

2. den neu zu schaffenden und den vorhandenen Wohnraum mit Nebenräumen oder Grundstücksteilen auszustatten.

(2) Die Kündigung ist spätestens am dritten Werktag eines Kalendermonats zum Ablauf des übernächsten Monats zulässig.

(3) Verzögert sich der Beginn der Bauarbeiten, so kann der Mieter eine Verlängerung des Mietverhältnisses um einen entsprechenden Zeitraum verlangen.

(4) Der Mieter kann eine angemessene Senkung der Miete verlangen.

(5) Eine zum Nachteil des Mieters abweichende Vereinbarung ist unwirksam.

A. Muster: Teilkündigung 1

▶ ▪▪▪ (Vermieter) 407

an

▪▪▪ (Mieter)

Betreff: Teilweise Kündigung des mit Ihnen bestehenden Wohnraummietverhältnisses[1]

Sehr geehrter ▪▪▪ (Mieter),

Sie haben auf Grundlage des Vertrages vom ▪▪▪ die ▪▪▪ Zimmer-Wohnung, ▪▪▪ Stockwerk, ▪▪▪ Straße, ▪▪▪ Ort gemietet.

Der Mietvertrag erstreckt sich auch über ▪▪▪ (Bezeichnung der nicht zum Wohnen bestimmten Nebenräume oder Grundstücksteile).[2]

Hiermit spreche ich Ihnen die teilweise Kündigung des Mietverhältnisses in Bezug auf ▪▪▪ (Bezeichnung der betreffenden Nebenräume oder Grundstücksteile) unter Beachtung der insoweit geltenden – dreimonatigen – Kündigungsfrist gemäß § 573 Abs. 1 Nr. 1 und Nr. 2 BGB zum ▪▪▪ aus.[3]

Ich fordere Sie hiermit auf, die vorstehend genannten Räumlichkeiten bis zum ▪▪▪ zu räumen und unmittelbar an mich herauszugeben.

Unter Verweisung auf § 545 BGB widerspreche ich bereits jetzt einer Fortsetzung des Mietgebrauches über den oben genannten Zeitpunkt hinaus.

Ich bin als Vermieter nach § 573 b Abs. 1 Nr. 1 BGB berechtigt, nicht zum Wohnen bestimmte Nebenräume oder Gebäudeteile gesondert zu kündigen, wenn ich sie dazu verwenden will, Wohnraum zum Zwecke der Vermietung zu schaffen.[4]

Diese Voraussetzen sind hier erfüllt.

Nähere Ausführungen zu geplantem Vorhaben ...[5]

...

Unter Bezugnahme auf § 568 Abs. 2 BGB weise ich Sie darauf hin, dass Sie die Möglichkeit haben, gemäß §§ 574–574 b BGB dieser Kündigung zu widersprechen und die Fortsetzung des Mietverhältnisses zu verlangen, wenn dessen vertragsgemäße Beendigung eine Härte darstellen würde, die auch unter Berücksichtigung der berechtigten Interessen meinerseits an der Beendigung des Mietverhältnisses nicht zu rechtfertigen wäre.

Eine derartige Erklärung bedarf der Schriftform sowie der Angabe von Gründen. Der Widerspruch muss spätestens zwei Monate vor Beendigung des Mietverhältnisses mir gegenüber erklärt sein.

Mit freundlichen Grüßen

...

Vermieter ◄

B. Erläuterungen

2 [1] **Normzweck.** § 573 b lässt die Teilkündigung von Nebenräumen und Grundstücksteilen durch den Vermieter ohne die Voraussetzungen des § 573 zu, um die Schaffung von neuem Wohnraum, die planungs- und baurechtlich möglich ist, zu erleichtern. Nicht anwendbar ist nach der Gesetzesbegründung die Vorschrift auf befristete Mietverhältnisse, da bei ihnen dem Vermieter zugemutet werden kann, das Ende des Mietverhältnisses abzuwarten, bis er seine Umbaupläne verwirklicht (Hk-BGB/*Ebert*, § 573 b Rn 1).

3 [2] **Gegenstand.** Nach § 573 b Abs. 1 erstreckt sich die Vorschrift auf nicht zum Wohnen bestimmte Nebenräume oder Teile des Grundstücks.

4 [3] **Kündigungsfrist.** Die Kündigung ist nach § 573 b Abs. 2 spätestens am dritten Werktag eines Kalendermonats zum Ablauf des übernächsten Monats zulässig.

5 [4] **Verwendungszweck.** Der Verwendungsweck ist nach § 573 b Abs. 1 Nr. 1 und Nr. 2 beschränkt. Der Zweck der Schaffung von neuem Wohnraum zum Zwecke der Vermietung wird nicht erfüllt, wenn die Absicht besteht die neu geschaffenen Räume selbst zu nutzen (BVerfG NJW 1992, 494). Die Ausstattung von künftigen oder vorhandenem Wohnraum mit Nebenräumen oder Grundstücksteilen kann entweder neu von vornherein oder nachträglich erfolgen (Palandt/*Weidenkaff*, § 573 b Rn 5).

6 Eine **Begründung** des Kündigungsschreibens ist nicht vorgeschrieben. Der Kündigungsgrund muss jedoch im Hinblick auf § 568 Abs. 1 inhaltlich ausreichend bestimmt sein (Palandt/*Weidenkaff*, § 573 b Rn 7).

§ 573 c Fristen der ordentlichen Kündigung

(1) [1]Die Kündigung ist spätestens am dritten Werktag eines Kalendermonats zum Ablauf des übernächsten Monats zulässig. [2]Die Kündigungsfrist für den Vermieter verlängert sich nach fünf und acht Jahren seit der Überlassung des Wohnraums um jeweils drei Monate.

(2) Bei Wohnraum, der nur zum vorübergehenden Gebrauch vermietet worden ist, kann eine kürzere Kündigungsfrist vereinbart werden.

(3) Bei Wohnraum nach § 549 Abs. 2 Nr. 2 ist die Kündigung spätestens am 15. eines Monats zum Ablauf dieses Monats zulässig.

(4) Eine zum Nachteil des Mieters von Absatz 1 oder 3 abweichende Vereinbarung ist unwirksam.

§ 573 d Außerordentliche Kündigung mit gesetzlicher Frist

(1) Kann ein Mietverhältnis außerordentlich mit der gesetzlichen Frist gekündigt werden, so gelten mit Ausnahme der Kündigung gegenüber Erben des Mieters nach § 564 die §§ 573 und 573 a entsprechend.
(2) [1]Die Kündigung ist spätestens am dritten Werktag eines Kalendermonats zum Ablauf des übernächsten Monats zulässig, bei Wohnraum nach § 549 Abs. 2 Nr. 2 spätestens am 15. eines Monats zum Ablauf dieses Monats (gesetzliche Frist). [2]§ 573 a Abs. 1 Satz 2 findet keine Anwendung.
(3) Eine zum Nachteil des Mieters abweichende Vereinbarung ist unwirksam.

§ 574 Widerspruch des Mieters gegen die Kündigung

(1) [1]Der Mieter kann der Kündigung des Vermieters widersprechen und von ihm die Fortsetzung des Mietverhältnisses verlangen, wenn die Beendigung des Mietverhältnisses für den Mieter, seine Familie oder einen anderen Angehörigen seines Haushalts eine Härte bedeuten würde, die auch unter Würdigung der berechtigten Interessen des Vermieters nicht zu rechtfertigen ist. [2]Dies gilt nicht, wenn ein Grund vorliegt, der den Vermieter zur außerordentlichen fristlosen Kündigung berechtigt.
(2) Eine Härte liegt auch vor, wenn angemessener Ersatzwohnraum zu zumutbaren Bedingungen nicht beschafft werden kann.
(3) Bei der Würdigung der berechtigten Interessen des Vermieters werden nur die in dem Kündigungsschreiben nach § 573 Abs. 3 angegebenen Gründe berücksichtigt, außer wenn die Gründe nachträglich entstanden sind.
(4) Eine zum Nachteil des Mieters abweichende Vereinbarung ist unwirksam.

A. Muster: Widerspruch des Mieters gegen Kündigung 1

▶ An

… (Vermieter)

Betreff: Widerspruch gegen die Eigenbedarfskündigung vom …

Sehr geehrter … (Vermieter),

hiermit zeigen wir Ihnen an, dass uns … (Mieter) mit der Wahrung ihrer rechtlichen Interessen beauftragt hat. Ordnungsgemäße Bevollmächtigung wird anwaltlich versichert.

Namens und in Vollmacht unseres Mandanten legen wir gegen die von Ihnen am … erklärte Eigenbedarfskündigung des Mietvertrages vom … hiermit ausdrücklich

Widerspruch[1]

ein und begründen diesen wie folgt:

Die Beendigung des Mietverhältnisses stellt für unseren Mandaten eine Härte dar, die auch unter Würdigung Ihrer Interessen an der Beendigung des Mietverhältnisses nicht zu rechtfertigen ist.[2]

Wir verlangen hiermit Fortsetzung des Mietverhältnisses bis zum …

Aus persönlichen Gründen sind unsere Mandanten auf die Fortsetzung des Mietverhältnisses bis mindestens zum … angewiesen.

Frau … ist, wie sie der beigefügten ärztlichen Bescheinigung entnehmen können, im siebten Monat schwanger. Der voraussichtliche Geburtstermin fällt zeitlich in unmittelbare Nähe des von Ihnen anvisierten Termins zur Beendigung des Mietverhältnisses. Ein Umzug ist unseren Mandanten unter diesen Umständen nicht zuzumuten. Wir bitten Sie daher um befristete Fortsetzung des Mietverhältnisses um mindestens sechs Monate, also wenigstens bis …

Die Beendigung des Mietverhältnisses würde für unsere Mandanten eine nicht zu rechtfertigende Härte bedeuten, so dass an der ausgesprochenen Eigenbedarfskündigung nicht festgehalten werden kann und eine Fortsetzung des Mietverhältnisses geboten ist.[3]

Mit freundlichen Grüßen

...

Rechtsanwalt ◄

B. Erläuterungen

2 [1] **Normzweck.** Nach § 574 Abs. 1 kann der Mieter der Kündigung widersprechen und von ihm die Fortsetzung des Mietverhältnisses verlangen, wenn die Beendigung des Mietverhältnisses für den Mieter, seine Familie oder einen anderen Angehörigen seines Haushalts eine Härt bedeuten würde, die auch unter Würdigung der berechtigten Interessen des Vermieters nicht zu rechtfertigen ist. Diese sogenannten Sozialklausel ist Teil des verfassungsrechtlich verankerten Bestandschutzes für den Mieter. Der Fortsetzungsanspruch ist nach § 574 Abs. 1 S. 2 ausgeschlossen, wenn ein Grund vorliegt, der den Vermieter zur außerordentlichen Kündigung berechtigt.

3 [2] **Härte für den Mieter.** Die Beendigung des Mietverhältnisses muss für den Mieter eine nicht zu rechtfertigende Härte bedeuten. Nicht ausreichend sind hierbei allgemeine Unannehmlichkeiten, Unbequemlichkeiten oder Kosten, die mit dem Wohnungswechsel verbunden sind. Mehrere Gründe können sich jedoch zu einer Härte summieren (vgl MüKo-BGB/*Häublein*, § 574 Rn 9). Eine besondere Härte liegt nach § 574 Abs. 2 insbesondere vor, wenn angemessener Ersatzwohnraum zu zumutbaren Bedingungen nicht beschafft werden kann. Der Mieter ist jedoch ab Erhalt der Kündigung verpflichtet, sich um eine derartige Ersatzwohnung zu bemühen (Palandt/*Weidenkaff*, § 574 Rn 8).

4 In Konkretisierung des unbestimmten Rechtsbegriffs der Härte wurden von der Rechtsprechung einzelne Fallgruppen herausgebildet, die jedoch nicht den Charakter von Regelbeispielen besitzen (vgl MüKo-BGB/*Häublein*, § 574 Rn 9). Übersicht zu Fallgruppen siehe Palandt/*Weidenkaff*, § 574 Rn 9–12, MüKo-BGB/*Häublein*, § 574 Rn 15–21.

5 [3] **Interessenabwägung.** Der Mieter kann nach § 574 Abs. 1 S. 1 nur widersprechen, wenn die Kündigung auch unter Würdigung der berechtigten Interessen des Vermieters nicht zu rechtfertigen ist. Für die dementsprechend notwendige Interessenabwägung sind die Interessen von Vermieter und Mieter angemessen und gleichberechtigt zu berücksichtigen. Ist demnach ein Übergewicht der Mieterinteressen nicht feststellbar, ist das Fortsetzungsverlangen des Mieters unberechtigt. Nach der Rechtsprechung des BVerfG muss das erkennende Gericht stets nachvollziehbar begründen, warum es der Lebensplanung der einen Partei bei der Interessenabwägung ein stärkeres Gewicht beimisst (BVerfG NJW 1994, 1358; BVerfG GE 1999, 834).

6 Abstrakte Leitlinien können in diesem Zusammenhang nur schwer aufgestellt werden. Das BVerfG tendiert allerdings dazu, im Rahmen des § 573 der wirtschaftlichen Verwertungsabsicht ein geringeres Gewicht einzuräumen als dem Eigennutzungswillen (MüKo-BGB/*Häublein*, § 573 b Rn 22.

§ 574 a Fortsetzung des Mietverhältnisses nach Widerspruch

(1) [1]Im Falle des § 574 kann der Mieter verlangen, dass das Mietverhältnis so lange fortgesetzt wird, wie dies unter Berücksichtigung aller Umstände angemessen ist. [2]Ist dem Vermieter nicht zuzumuten, das Mietverhältnis zu den bisherigen Vertragsbedingungen fortzusetzen, so kann der Mieter nur verlangen, dass es unter einer angemessenen Änderung der Bedingungen fortgesetzt wird.

(2) [1]Kommt keine Einigung zustande, so werden die Fortsetzung des Mietverhältnisses, deren Dauer sowie die Bedingungen, zu denen es fortgesetzt wird, durch Urteil bestimmt. [2]Ist ungewiss, wann voraussichtlich die Umstände wegfallen, auf Grund derer die Beendigung des Mietverhältnisses eine Härte bedeutet, so kann bestimmt werden, dass das Mietverhältnis auf unbestimmte Zeit fortgesetzt wird.

(3) Eine zum Nachteil des Mieters abweichende Vereinbarung ist unwirksam.

§ 574 b Form und Frist des Widerspruchs

(1) [1]Der Widerspruch des Mieters gegen die Kündigung ist schriftlich zu erklären. [2]Auf Verlangen des Vermieters soll der Mieter über die Gründe des Widerspruchs unverzüglich Auskunft erteilen.
(2) [1]Der Vermieter kann die Fortsetzung des Mietverhältnisses ablehnen, wenn der Mieter ihm den Widerspruch nicht spätestens zwei Monate vor der Beendigung des Mietverhältnisses erklärt hat. [2]Hat der Vermieter nicht rechtzeitig vor Ablauf der Widerspruchsfrist auf die Möglichkeit des Widerspruchs sowie auf dessen Form und Frist hingewiesen, so kann der Mieter den Widerspruch noch im ersten Termin des Räumungsrechtsstreits erklären.
(3) Eine zum Nachteil des Mieters abweichende Vereinbarung ist unwirksam.

§ 574 c Weitere Fortsetzung des Mietverhältnisses bei unvorhergesehenen Umständen

(1) Ist auf Grund der §§ 574 bis 574 b durch Einigung oder Urteil bestimmt worden, dass das Mietverhältnis auf bestimmte Zeit fortgesetzt wird, so kann der Mieter dessen weitere Fortsetzung nur verlangen, wenn dies durch eine wesentliche Änderung der Umstände gerechtfertigt ist oder wenn Umstände nicht eingetreten sind, deren vorgesehener Eintritt für die Zeitdauer der Fortsetzung bestimmend gewesen war.
(2) [1]Kündigt der Vermieter ein Mietverhältnis, dessen Fortsetzung auf unbestimmte Zeit durch Urteil bestimmt worden ist, so kann der Mieter der Kündigung widersprechen und vom Vermieter verlangen, das Mietverhältnis auf unbestimmte Zeit fortzusetzen. [2]Haben sich die Umstände verändert, die für die Fortsetzung bestimmend gewesen waren, so kann der Mieter eine Fortsetzung des Mietverhältnisses nur nach § 574 verlangen; unerhebliche Veränderungen bleiben außer Betracht.
(3) Eine zum Nachteil des Mieters abweichende Vereinbarung ist unwirksam.

Unterkapitel 3 Mietverhältnisse auf bestimmte Zeit

§ 575 Zeitmietvertrag

(1) [1]Ein Mietverhältnis kann auf bestimmte Zeit eingegangen werden, wenn der Vermieter nach Ablauf der Mietzeit

1. die Räume als Wohnung für sich, seine Familienangehörigen oder Angehörige seines Haushalts nutzen will,
2. in zulässiger Weise die Räume beseitigen oder so wesentlich verändern oder instand setzen will, dass die Maßnahmen durch eine Fortsetzung des Mietverhältnisses erheblich erschwert würden, oder
3. die Räume an einen zur Dienstleistung Verpflichteten vermieten will

und er dem Mieter den Grund der Befristung bei Vertragsschluss schriftlich mitteilt. [2]Anderenfalls gilt das Mietverhältnis als auf unbestimmte Zeit abgeschlossen.
(2) [1]Der Mieter kann vom Vermieter frühestens vier Monate vor Ablauf der Befristung verlangen, dass dieser ihm binnen eines Monats mitteilt, ob der Befristungsgrund noch besteht. [2]Erfolgt die Mitteilung später, so kann der Mieter eine Verlängerung des Mietverhältnisses um den Zeitraum der Verspätung verlangen.
(3) [1]Tritt der Grund der Befristung erst später ein, so kann der Mieter eine Verlängerung des Mietverhältnisses um einen entsprechenden Zeitraum verlangen. [2]Entfällt der Grund, so kann der Mieter eine Verlängerung auf unbestimmte Zeit verlangen. [3]Die Beweislast für den Eintritt des Befristungsgrundes und die Dauer der Verzögerung trifft den Vermieter.
(4) Eine zum Nachteil des Mieters abweichende Vereinbarung ist unwirksam.

A. Muster: Mitteilung des Grundes der Befristung durch Vermieter[1] 1

► **§ 5 Dauer des Mietverhältnisses[2]**

Der Mietvertrag beginnt am ■■■ und endet mit Ablauf des ■■■

Die zeitliche Befristung ist aus folgenden Gründen[3] erforderlich:

Der Vermieter will die betreffenden Räume als Wohnung für seine Tochter nutzen. Die Tochter des Vermieters befindet sich zurzeit im Rahmen ihres Studiums im Ausland. Nach ihrer Rückkehr am ■■■ soll die Wohnung ihr zu Wohnzwecken zur Verfügung gestellt werden.[4] ◄

B. Erläuterungen

2 [1] **Normzweck.** § 575 regelt den so genannten Zeitmietvertrag. Hiervon erfasst ist nur der so genannte „echte Zeitmietvertrag", der nach Ablauf der vertraglich vereinbarten Mietzeit zur Beendigung des Mietverhältnisses führt. Die Vorschrift dient auch dem Bestandsschutz des Mieters, da er einen Zeitmietvertrag ohne den Kündigungsschutz der §§ 573, 574–574 b nur bei den abschließend aufgezählten Befristungsgründen wegen schutzwürdigen Verwendungsabsichten des Vermieters zulässt.

3 [2] **Anwendungsbereich.** § 575 ist auf Mietverhältnisse jeder Art über Wohnraum anwendbar. Hiervon ausgeschlossen sind jedoch die in § 549 Abs. 2 und Abs. 3 genannten Mietverhältnisse ohne Bestandsschutz (Hk-BGB/*Ebert*, § 575 Rn 1). Bei den vorgenannten Mietverhältnissen sind Zeitmietverhältnisse uneingeschränkt zulässig (BR-Drucks. 439/00, 177).

4 [3] **Befristungsgründe.** Es ist erforderlich, dass einer der in § 575 Abs. 1 S. 1 Nr. 1–3 abschießend normierten Befristungsgründe bei Vertragsschluss vorliegt. Es ist aber auch möglich, dass mehrere der Befristungsgründe nebeneinander oder alternativ gegeben sein können (Palandt/*Weidenkaff*, § 575 Rn 5). Die Durchführung des Vorhabens muss nicht feststehen, es genügt die ernsthafte Absicht des Vermieters (vgl BGH NJW 2007, 2177).

5 Nicht zulässig ist ein nachträglicher Wechsel zwischen den Befristungsgründen (Hk-BGB/*Ebert*, § 575 Rn 3).

(a) **Eigennutzung (Nr. 1).** Der Begriff der Familien- und Hausangehörigen stimmt mit dem in § 573 Abs. 2 Nr. 2 überein (Palandt/*Weidenkaff*, § 575 Rn 6).

(b) **Baumaßnahmen (Nr. 2).** Abzustellen ist hierbei auf die auf die öffentlich-rechtliche Genehmigungsfähigkeit, die Wirtschaftlichkeit ist unerheblich (Palandt/*Weidenkaff*, § 575 Rn 7).

(c) **Betriebsbedarf (Nr. 3).** Es ist möglich, eine Werksdienstwohnung, die nach der Mietzeit an einen Werkangehörigen vermietet werden soll, zeitlich befristet an einen Mitarbeiter oder an einen Dritten zu vermieten (Palandt/*Weidenkaff*, § 575 Rn 8).

6 [4] **Mitteilung des Befristungsgrundes.** Die Mitteilung des Befristungsgrundes muss bei Vertragsschluss schriftlich erfolgen. Eine Wiederholung des abstrakten Gesetzeswortlautes genügt nicht, der Vermieter muss den konkreten Lebenssachverhalt darlegen, damit eine Überprüfung möglich ist (Hk-BGB/*Ebert*, § 575 Rn 4).

§ 575 a Außerordentliche Kündigung mit gesetzlicher Frist

(1) Kann ein Mietverhältnis, das auf bestimmte Zeit eingegangen ist, außerordentlich mit der gesetzlichen Frist gekündigt werden, so gelten mit Ausnahme der Kündigung gegenüber Erben des Mieters nach § 564 die §§ 573 und 573 a entsprechend.

(2) Die §§ 574 bis 574 c gelten entsprechend mit der Maßgabe, dass die Fortsetzung des Mietverhältnisses höchstens bis zum vertraglich bestimmten Zeitpunkt der Beendigung verlangt werden kann.

(3) [1]Die Kündigung ist spätestens am dritten Werktag eines Kalendermonats zum Ablauf des übernächsten Monats zulässig, bei Wohnraum nach § 549 Abs. 2 Nr. 2 spätestens am 15. eines Monats zum Ablauf dieses Monats (gesetzliche Frist). [2]§ 573 a Abs. 1 Satz 2 findet keine Anwendung.

(4) Eine zum Nachteil des Mieters abweichende Vereinbarung ist unwirksam.

Unterkapitel 4 Werkwohnungen

§ 576 Fristen der ordentlichen Kündigung bei Werkmietwohnungen

(1) Ist Wohnraum mit Rücksicht auf das Bestehen eines Dienstverhältnisses vermietet, so kann der Vermieter nach Beendigung des Dienstverhältnisses abweichend von § 573 c Abs. 1 Satz 2 mit folgenden Fristen kündigen:

1. bei Wohnraum, der dem Mieter weniger als zehn Jahre überlassen war, spätestens am dritten Werktag eines Kalendermonats zum Ablauf des übernächsten Monats, wenn der Wohnraum für einen anderen zur Dienstleistung Verpflichteten benötigt wird;

2. spätestens am dritten Werktag eines Kalendermonats zum Ablauf dieses Monats, wenn das Dienstverhältnis seiner Art nach die Überlassung von Wohnraum erfordert hat, der in unmittelbarer Beziehung oder Nähe zur Arbeitsstätte steht, und der Wohnraum aus dem gleichen Grund für einen anderen zur Dienstleistung Verpflichteten benötigt wird.

(2) Eine zum Nachteil des Mieters abweichende Vereinbarung ist unwirksam.

§ 576 a Besonderheiten des Widerspruchsrechts bei Werkmietwohnungen

(1) Bei der Anwendung der §§ 574 bis 574 c auf Werkmietwohnungen sind auch die Belange des Dienstberechtigten zu berücksichtigen.

(2) Die §§ 574 bis 574 c gelten nicht, wenn

1. der Vermieter nach § 576 Abs. 1 Nr. 2 gekündigt hat;
2. der Mieter das Dienstverhältnis gelöst hat, ohne dass ihm von dem Dienstberechtigten gesetzlich begründeter Anlass dazu gegeben war, oder der Mieter durch sein Verhalten dem Dienstberechtigten gesetzlich begründeten Anlass zur Auflösung des Dienstverhältnisses gegeben hat.

(3) Eine zum Nachteil des Mieters abweichende Vereinbarung ist unwirksam.

§ 576 b Entsprechende Geltung des Mietrechts bei Werkdienstwohnungen

(1) Ist Wohnraum im Rahmen eines Dienstverhältnisses überlassen, so gelten für die Beendigung des Rechtsverhältnisses hinsichtlich des Wohnraums die Vorschriften über Mietverhältnisse entsprechend, wenn der zur Dienstleistung Verpflichtete den Wohnraum überwiegend mit Einrichtungsgegenständen ausgestattet hat oder in dem Wohnraum mit seiner Familie oder Personen lebt, mit denen er einen auf Dauer angelegten gemeinsamen Haushalt führt.

(2) Eine zum Nachteil des Mieters abweichende Vereinbarung ist unwirksam.

Kapitel 6 Besonderheiten bei der Bildung von Wohnungseigentum an vermieteten Wohnungen

§ 577 Vorkaufsrecht des Mieters

(1) [1]Werden vermietete Wohnräume, an denen nach der Überlassung an den Mieter Wohnungseigentum begründet worden ist oder begründet werden soll, an einen Dritten verkauft, so ist der Mieter zum Vorkauf berechtigt. [2]Dies gilt nicht, wenn der Vermieter die Wohnräume an einen Familienangehörigen oder an einen Angehörigen seines Haushalts verkauft. [3]Soweit sich nicht aus den nachfolgenden Absätzen etwas anderes ergibt, finden auf das Vorkaufsrecht die Vorschriften über den Vorkauf Anwendung.

(2) Die Mitteilung des Verkäufers oder des Dritten über den Inhalt des Kaufvertrags ist mit einer Unterrichtung des Mieters über sein Vorkaufsrecht zu verbinden.

(3) Die Ausübung des Vorkaufsrechts erfolgt durch schriftliche Erklärung des Mieters gegenüber dem Verkäufer.

(4) Stirbt der Mieter, so geht das Vorkaufsrecht auf diejenigen über, die in das Mietverhältnis nach § 563 Abs. 1 oder 2 eintreten.

(5) Eine zum Nachteil des Mieters abweichende Vereinbarung ist unwirksam.

§ 577 a Kündigungsbeschränkung bei Wohnungsumwandlung

(1) Ist an vermieteten Wohnräumen nach der Überlassung an den Mieter Wohnungseigentum begründet und das Wohnungseigentum veräußert worden, so kann sich ein Erwerber auf berechtigte Interessen im Sinne des § 573 Abs. 2 Nr. 2 oder 3 erst nach Ablauf von drei Jahren seit der Veräußerung berufen.

(2) [1]Die Frist nach Absatz 1 beträgt bis zu zehn Jahre, wenn die ausreichende Versorgung der Bevölkerung mit Mietwohnungen zu angemessenen Bedingungen in einer Gemeinde oder einem Teil einer Gemeinde besonders gefährdet ist und diese Gebiete nach Satz 2 bestimmt sind. [2]Die Landesregierungen werden ermächtigt, diese Gebiete und die Frist nach Satz 1 durch Rechtsverordnung für die Dauer von jeweils höchstens zehn Jahren zu bestimmen.

(3) Eine zum Nachteil des Mieters abweichende Vereinbarung ist unwirksam.

Untertitel 3 Mietverhältnisse über andere Sachen

§ 578 Mietverhältnisse über Grundstücke und Räume

(1) Auf Mietverhältnisse über Grundstücke sind die Vorschriften der §§ 550, 562 bis 562 d, 566 bis 567 b sowie 570 entsprechend anzuwenden.
(2) [1]Auf Mietverhältnisse über Räume, die keine Wohnräume sind, sind die in Absatz 1 genannten Vorschriften sowie § 552 Abs. 1, § 554 Abs. 1 bis 4 und § 569 Abs. 2 entsprechend anzuwenden. [2]Sind die Räume zum Aufenthalt von Menschen bestimmt, so gilt außerdem § 569 Abs. 1 entsprechend.

§ 578 a Mietverhältnisse über eingetragene Schiffe

(1) Die Vorschriften der §§ 566, 566 a, 566 e bis 567 b gelten im Falle der Veräußerung oder Belastung eines im Schiffsregister eingetragenen Schiffs entsprechend.
(2) [1]Eine Verfügung, die der Vermieter vor dem Übergang des Eigentums über die Miete getroffen hat, die auf die Zeit der Berechtigung des Erwerbers entfällt, ist dem Erwerber gegenüber wirksam. [2]Das Gleiche gilt für ein Rechtsgeschäft, das zwischen dem Mieter und dem Vermieter über die Mietforderung vorgenommen wird, insbesondere die Entrichtung der Miete; ein Rechtsgeschäft, das nach dem Übergang des Eigentums vorgenommen wird, ist jedoch unwirksam, wenn der Mieter bei der Vornahme des Rechtsgeschäfts von dem Übergang des Eigentums Kenntnis hat. [3]§ 566 d gilt entsprechend.

§ 579 Fälligkeit der Miete

(1) [1]Die Miete für ein Grundstück, ein im Schiffsregister eingetragenes Schiff und für bewegliche Sachen ist am Ende der Mietzeit zu entrichten. [2]Ist die Miete nach Zeitabschnitten bemessen, so ist sie nach Ablauf der einzelnen Zeitabschnitte zu entrichten. [3]Die Miete für ein Grundstück ist, sofern sie nicht nach kürzeren Zeitabschnitten bemessen ist, jeweils nach Ablauf eines Kalendervierteljahrs am ersten Werktag des folgenden Monats zu entrichten.
(2) Für Mietverhältnisse über Räume gilt § 556 b Abs. 1 entsprechend.

§ 580 Außerordentliche Kündigung bei Tod des Mieters

Stirbt der Mieter, so ist sowohl der Erbe als auch der Vermieter berechtigt, das Mietverhältnis innerhalb eines Monats, nachdem sie vom Tod des Mieters Kenntnis erlangt haben, außerordentlich mit der gesetzlichen Frist zu kündigen.

§ 580 a Kündigungsfristen

(1) Bei einem Mietverhältnis über Grundstücke, über Räume, die keine Geschäftsräume sind, oder über im Schiffsregister eingetragene Schiffe ist die ordentliche Kündigung zulässig,
1. wenn die Miete nach Tagen bemessen ist, an jedem Tag zum Ablauf des folgenden Tages;
2. wenn die Miete nach Wochen bemessen ist, spätestens am ersten Werktag einer Woche zum Ablauf des folgenden Sonnabends;
3. wenn die Miete nach Monaten oder längeren Zeitabschnitten bemessen ist, spätestens am dritten Werktag eines Kalendermonats zum Ablauf des übernächsten Monats, bei einem Mietverhältnis über gewerblich genutzte unbebaute Grundstücke oder im Schiffsregister eingetragene Schiffe jedoch nur zum Ablauf eines Kalendervierteljahrs.

(2) Bei einem Mietverhältnis über Geschäftsräume ist die ordentliche Kündigung spätestens am dritten Werktag eines Kalendervierteljahrs zum Ablauf des nächsten Kalendervierteljahres zulässig.
(3) Bei einem Mietverhältnis über bewegliche Sachen ist die ordentliche Kündigung zulässig,
1. wenn die Miete nach Tagen bemessen ist, an jedem Tag zum Ablauf des folgenden Tages;
2. wenn die Miete nach längeren Zeitabschnitten bemessen ist, spätestens am dritten Tag vor dem Tag, mit dessen Ablauf das Mietverhältnis enden soll.

(4) Absatz 1 Nr. 3, Absatz 2 und 3 Nr. 2 sind auch anzuwenden, wenn ein Mietverhältnis außerordentlich mit der gesetzlichen Frist gekündigt werden kann.

Anhang zu §§ 535 ff: Franchiserecht

A. Muster: Franchisevertrag[1] 1

▶ Zwischen der 410

XY AG, vertreten durch den Vorstand ■■■

– nachfolgend Franchisegeberin genannt –

und

Herrn ■■■

– nachfolgend Franchisenehmer genannt –

Präambel

Die Franchisegeberin unterhält unter ihrem geschützten Namen und der Wort-/Bildmarke XY ein in Deutschland weit verbreitetes Netz von Einzelhandelsfachgeschäften für Sportartikel mit besonderem Betriebstyp. Die Franchisegeberin verfügt über jahrzehntelange Erfahrungen in Errichten, Betreiben, Beliefern und in der Betreuung solcher Fachgeschäfte. Sie betreibt diese Geschäfte teils als eigene Filialen und teils durch Franchisenehmer. Gekennzeichnet mit XY operieren diese Betriebe einheitlich im äußeren und inneren XY-typischen Erscheinungsbild und im Organisationsablauf im Rahmen des Betreuungs- und Belieferungssystem der Franchisegeberin. Als Sportartikelgeschäft ist das XY-Fachgeschäft einzigartig in Zusammenstellung der Warengruppen sowie von besonderer Qualität. XY-Fachgeschäfte sind geprägt durch ein gleichartiges und hochwertiges Sortiment von Ski-, Tennis- und Fußballbedarf. Geschäftsphilosophie, Tradition und Erfolg der XY-Fachgeschäfte werden ebenso durch diese Merkmale charakterisiert: hochwertige Eigenmarken aus eigener und fremder Herstellung, mit besonderer Fachkunde des Verkaufspersonals, Einkaufserlebnis für die Kunden, Preiswürdigkeit im Verhältnis zur Leistung, einheitliche Werbung, besondere Warenpräsentation einschließlich Aufmachung und Verpackung. Dadurch und durch überregionale Verbreitung haben Marke und Name XY bei den Kunden Bekanntheit, Image und erfolgreiche Nachfrage erlangt. Im Rahmen ihres Franchisesystems hält die Franchisegeberin ihre Schutzrechte, ihr Produktsortiment, gesammeltes Know-how, Unterstützungsleistungen und ihr Waren-Wirtschaftssystem für selbständige Franchisenehmer als örtliche Partner zur Nutzung als Franchise zur Verfügung.

§ 1 Gewährung der Franchise

1.1 Die Franchisegeberin gewährt dem Franchisenehmer persönlich[2] das Recht, in ■■■ (Ort) in den in Anlage 1 bezeichneten Geschäftsräumen ein XY-Fachgeschäft einzurichten/zu erwerben und zu betreiben. Der Franchisenehmer wird das Geschäft am ■■■ in ■■■ (genaue Adresse) eröffnen bzw übernehmen.

1.2 Der Franchisenehmer ist berechtigt und verpflichtet, das Vertriebssystem der Franchisegeberin zum Betrieb seines Geschäftes zu nutzen. Das Vertriebssystem besteht insbesondere aus folgenden Komponenten:
- der Wort-/Marke XY (DE-Marke/EU-Marke/IR-Marke, Nr. ■■■ beim DPMA/HABM/WiPo)
- dem XY- Corporate Design und Corporate Identity,
- dem sich ständig erweiternden Know-how in Verbindung mit dem Warensortiment,
- einer umfassenden Marketing- und Werbekonzeption,
- den betriebswirtschaftlichen Auswertungen samt Betriebsvergleichen

1.3 Geschäftsgegenstand des Franchisenehmers ist der Verkauf der Waren der in der XY-Sortimentsliste in Anlage 2 genannten Waren ausschließlich an genannter Adresse.

1.4 Die Franchisegeberin weist darauf hin, dass sie in der unter Punkt 1, Ziffer 1 genannten Stadt/Gemeinde noch andere Franchisenehmerbetriebe bzw eigenen Filialen hat bzw sich einzurichten vorbehält. Über die Übernahme eines solchen anderen XY-Fachgeschäftes können gesonderte Verhandlungen geführt werden.

1.5 Die Franchisegeberin behält sich den zentralen Direktverkauf, den Vertrieb über die sog. XY-outlets ausdrücklich vor.

1.6 Die Franchisegeberin ist berechtigt, das XY-Sortiment zu ändern und die Listung von Produkten zu erweitern oder einzustellen.

1.7 Die in diesem Vertrag genannten Anlagen werden in ihrer jeweils gültigen Fassung Vertragsbestandteile.

Die Franchisegeberin ist berechtigt, diese Anlagen (ausgenommen Anlagen: Geschäftsraumbezeichnung, Einrichtungsplan) zum Wohle des Gesamtsystems und der XY-Fachgeschäfte zu verändern und weiterzuentwickeln, wenn die Franchisegeberin diese den veränderten Erfordernissen aus fachlichen, wettbewerblichen oder organisatorischen Gründen anpassen will. Hierzu gehören auch die verbindlichen Franchisegeberin-Richtlinien (Anlage 3) und das Franchisehandbuch, das als Anlage 4 beigefügt ist. Dies wird der Franchisenehmer im Sinne des einheitlichen Erscheinungsbildes und des wirtschaftlichen Ablaufs in der Gesamtorganisation aller XY-Fachgeschäfte beachten.

§ 2 Rechtstellung und Auftreten des Franchisenehmers

2.1 Der Franchisenehmer ist als selbständiger Gewerbetreibender im Rahmen dieses Vertrages im eigenen Namen und auf eigene Rechnung tätig. Der Franchisenehmer versichert, dass er die erforderliche Gewerbeerlaubnis besitzt. Eine Kopie der Bescheinigung des Gewerbeamtes der Stadt wird diesem Vertrag beigefügt.

2.2 Name und Marken von XY sind in Schreibweise, Form, Ausstattung, Anordnung und Farbe verbindlich. Der Franchisenehmer ist zu einer abweichenden Benutzung nicht berechtigt. Insbesondere ist dem Franchisenehmer untersagt, ähnliche oder verwechslungsfähige Bezeichnungen (in Klang, Bild und Sinngehalt) im Zusammenhang mit seinem XY-Fachgeschäft zu benutzen und/oder registrieren zu lassen. Die Benutzung darf nur in den Schranken des Vertrages bzw des Franchisehandbuchs erfolgen.

2.3 Der Franchisenehmer wird darauf achten, dass auch im Außenverhältnis klargestellt ist, dass er Franchisenehmer und Betreiber seines XY-Geschäfts ist und nicht namens und in Vollmacht der Franchisegeberin handelt.

2.4 Der Franchisenehmer ist frei, nach eigenem Ermessen und eigener Auswahl Arbeitnehmer zu beschäftigen. Arbeitsverträge mit diesen schließt er im eigenen Namen und auf eigene Rechnung ab.

2.5 Der Franchisenehmer ist für die Zahlung von Umsatzsteuer auf seine Umsätze ebenso wie der sonstigen im Zusammenhang mit seinem XY-Geschäft anfallenden Steuern und Abgaben selbst verantwortlich.

2.6 Der Franchisenehmer ist Betreiber des XY-Fachgeschäftes im Sinne öffentlich-rechtlicher Vorschriften, insbesondere Vorschriften betreffend Arbeitssicherheit.

2.7 Die Abtretung irgendwelcher Rechte oder Pflichten aus diesem Vertrag an Dritte ist dem Franchisenehmer nicht gestattet. Sollte der Franchisenehmer diese auf eine ihm gehörende Gesellschaft übertragen wollen, so bedarf der vorherigen schriftlichen Einwilligung der Franchisegeberin.

2.8 XY-Erzeugnisse dürfen vom Franchisenehmer nicht an Wiederverkäufer abgegeben werden, die nicht zum XY-Vertriebssystem gehören.

2.9 Die Franchisegeberin kann Leistungen aus diesem Vertrag über von ihr beauftragte Dritte erbringen lassen.

§ 3 Errichtung und Eröffnung des Franchisenehmer-Fachgeschäfts

3.1 Die Franchisegeberin berät den Franchisenehmer bei der Erstellung von Planwirtschaftlichkeitsberechnungen.[3]

3.2 Der Franchisenehmer erhält von der Franchisegeberin einen individuellen und umfassenden Einrichtungsplan mit einer Konzeption für die Aufteilung und Gestaltung unter Berücksichtigung der örtlichen Gegebenheiten einschließlich der Außen- und Innendekorationen. Dieser Plan wird mit dem Franchisenehmer abgestimmt und Bestandteil dieses Vertrages (Anlage 5). Dem Franchisenehmer wird ein Angebot über die vollständige Einrichtung und Ausstattung des Geschäftslokals unterbreitet. Unbeschadet von der Verpflichtung zur Übernahme der Einrichtungspläne und deren Durchführung ist der Franchisenehmer in seiner Entscheidung frei, von diesem Angebot Gebrauch zu machen und ggf einen anderen Lieferanten dafür zu nehmen, soweit die Vorgaben der Franchisegeberin in jeder Hinsicht detailgetreu eingehalten werden.

3.3 Die Franchisegeberin wird den Franchisenehmer zu Fragen der beabsichtigten Baumaßnahmen und Überwachung derselben beraten der vertragsgemäßen Durchführung der Arbeiten unterstützen. Die Einholung von behördlichen Genehmigungen, insbesondere für Außenadaptierungen, Beschriftungen und dergleichen ist Sache des Franchisenehmers.

3.4 Die Franchisegeberin berät den Franchisenehmer bei Terminplanung und sonstigen Vorbereitungen der Eröffnungsmaßnahmen.

§ 4 Schulung/Einarbeitung

4.1 Die Franchisegeberin führt vor Eröffnung des XY-Geschäftes die Schulung und Einarbeitung des Franchisenehmers, insbesondere zu Warenkunde, Warenpflege, Verkaufstraining und Fragen der laufenden Geschäftsführung durch, um ihn mit dem Sortiment und den betriebswirtschaftlichen, organisatorischen, verkaufsfördernden und rechtlichen Fragestellungen vertraut zu machen. Die Dauer dieser Schulungs- und Trainingsmaßnahmen ist abhängig von der beruflichen Erfahrung des Franchisenehmers; sie beträgt mindestens 4 Wochen in einem bestehenden XY-Fachgeschäft.

4.2 Der Franchisenehmer und die Franchisegeberin sind sich darüber einig, dass eine intensive Schulung des Franchisenehmers und seiner Mitarbeiter/innen sowie die laufende Weiterbildung für das qualifizierte Betreiben eines XY-Fachgeschäftes von wesentlicher Bedeutung sind. Die Franchisegeberin führt deshalb auch mindestens zweimal im Jahr obligatorische Schulungs- und Trainingskurse sowie Franchisenehmertagungen mit Produktschulungen durch. Der Franchisenehmer ist verpflichtet, die Teilnahme an allen vorgenannten Schulungen einzuplanen und vorzunehmen. Es gilt auch für Mitarbeiter/innen des Franchisenehmers, bei denen eine entsprechende Schulung erforderlich erscheint.

4.3 Die Kosten der Eingangsschulung übernimmt die Franchisegeberin, die Kosten von Folgeschulungen der Franchisenehmer. Die Reise-, Unterkunfts- und Verpflegungskosten, ebenso die Kosten für das weiterzuzahlende Gehalt seiner Mitarbeiter gehen zu Lasten des Franchisenehmers.

§ 5 Werbung/Verkaufsförderung

5.1 Die Franchisegeberin erarbeitet das jeweils gültige Marketing- und Werbekonzept für das gesamte Filial- und Franchisesystem. Die Franchisegeberin trägt die Kosten der überregionalen Werbung.

5.2 Die Franchisegeberin liefert dem Franchisenehmer zu Selbstkosten sämtliche Verkaufsfördermittel des XY-Systems, insbesondere systemeinheitliche Werbeschilder und Schaufensterdekorationen. Sonderdekorationen sind nach Absprache möglich. Ebenfalls zu Selbstkosten stellt die Franchisegeberin dem Franchisenehmer die XY-systemtypische Berufskleidung zur Verfügung.

5.3 Die Franchisegeberin informiert den Franchisenehmer rechtzeitig über Werbeaktionen. Der Franchisenehmer nimmt unterstützend an allen Verkaufsaktionen, die von der Franchisegeberin veranstaltet werden, mit allen dazugehörigen Artikeln im systemeinheitlichen Zeitrahmen teil. Mindestbestellmengen je Artikel können von der Franchisegeberin festgelegt werden. Im Interesse des einheitlichen Erscheinungsbildes des Gesamtsystems wird der Franchisenehmer die Schaufensterdekorationen und die Präsentationen nach den Vorgaben der Franchisegeberin gestalten.

5.4 Die Franchisegeberin konzipiert Vorschläge für örtliche Werbemaßnahmen und stellt dem Franchisenehmer diese als Vorlagen zur Verfügung. Der Franchisenehmer wird sich bei seiner lokalen Werbung an diese Werberichtlinien halten und dafür Sorge tragen, dass das Image des gesamten XY-Systems gewahrt und gefördert wird. Zusätzliche eigene örtliche Werbe- und Verkaufsförderungsmaßnahmen durch den Franchisenehmer sind zwecks einheitlichen Auftretens des gesamten XY-Systems mit der Franchisegeberin vorher abzustimmen.

5.5 Die Kosten für den Einsatz der örtlichen Werbung und Verkaufsförderung trägt der Franchisenehmer selbst.

§ 6 Laufende Unterstützung/Kontrollrechte/Informationserteilung

6.1 Die Franchisegeberin gibt dem Franchisenehmer das Recht, bei ihr in allen XY-spezifischen Fragen seines XY-Fachgeschäftes telefonisch Rat und Auskunft einzuholen.

6.2 Während der Vertragsdauer wird die Franchisegeberin den Franchisenehmer turnusmäßig und bei Bedarf durch Beauftragte besuchen und hinsichtlich Geschäftsentwicklung und ordnungsgemäßem Erscheinungsbild und Systemablauf betreuen und in anstehenden Fragen auch beraten. Dem Beauftragten ist der erforderliche Einblick in die entsprechenden geschäftlichen Unterlagen zu gewähren.

6.3 Die Franchisegeberin führt regelmäßig eine Sammlung und Auswertung bezogen auf PC-Kassendaten von XY-Franchisegeschäften durch und gibt diese anonymisiert an die Franchisenehmer als Betriebsvergleiche zurück. Der Franchisenehmer hat das Recht und die Pflicht zur Teilnahme; er stellt erforderliche Daten in systemkompatibler Weise zur Verfügung und erklärt sich mit der Datenspeicherung einverstanden. In jedem Fall stellt der Franchisenehmer der Franchisegeberin jeweils bis zum 15. eines Monats eine Kopie der monatlichen betriebswirtschaftlichen Auswertung (kurzfristige Erfolgsrechnung) zur Verfügung. Der Franchisenehmer verpflichtet sich außerdem, der Franchisegeberin auf Wunsch Einsicht in die Buchhaltung und Finanzierungsunterlagen durch Übermittlung von beglaubigten Kopien seiner Jahresumsatzsteuererklärung und seines Jahresabschlusses einschließlich G+V-Rechnung bis zum 30.6. eines Jahres jeweils für das Vorjahr zu gewähren.

6.4 Die Franchisegeberin führt nach Bedarf, mindestens jedoch einmal im Jahr eine Tagung zum Informations- und Erfahrungsaustausch (ERFA-Tagung) zwischen ihr und den Franchisenehmern durch. Die Franchisegeberin hat das unentgeltliche Recht, Anregungen und Vorschläge daraus auch an andere XY-Fachgeschäfte und Franchisenehmer weiterzugeben.

6.5 Die Franchisegeberin wird das Marketing- und Betriebskonzept für XY-Fachgeschäfte weiterentwickeln, wenn dies zur Erhaltung der Wettbewerbsfähigkeit dient. Notwendig werdende Veränderungen im Betrieb des Franchisenehmers dürfen im Jahr nicht mehr als 2 Prozent seines Umsatzes ausmachen.

§ 7 Franchisegebühren/Umsatzmeldung

7.1 Für die erstmalige Gewährung der Franchiserechte, die hiermit verbundene Eingliederung in das XY-Franchisesystem und als Kostenbeitrag für die Konzeption sowie die zur Vorbereitung des Franchisebetriebes erbrachten und zu erbringenden Leistungen der Franchisegeberin zahlt der Franchisenehmer an Franchisegeberin eine einmalige Einstiegsgebühr von ▪▪▪ EUR (in Worten ▪▪▪ Euro).

7.2 Zur Abgeltung für die in diesem Vertrag geregelten laufenden Leistungen der Franchisegeberin (ausgenommen diejenigen, für die eine separate Vergütung vereinbart ist) hat der Franchisenehmer eine laufende Franchisegebühr zu entrichten. Bemessungsgrundlage für die laufende

Franchisegebühr ist die monatlich bis zum 15. des Folgemonats zu erstattende Umsatzmeldung, in der alle Netto-Umsätzen des Franchisenehmers im Vormonat anzugeben sind.
Diese laufende Franchisegebühr beträgt derzeit 2,5 % (in Worten zweikommafünf Prozent) vom monatlichen Gesamt-Netto-Verkaufsumsatz (inkl. des Wareneigenverbrauchs).

7.3 Die in § 7 bezeichneten Beträge und Gebühren verstehen sich zzgl der gesetzlichen Umsatzsteuer.

7.4 Der Franchisenehmer ermächtigt die Franchisegeberin zur Abbuchung der Franchisegebühren und sämtlicher sonstiger Rechnungsbeträge nach jeweiliger Rechnungsstellung mittels Bankabbuchungsverfahren

7.4 Die Franchisegeberin hat ein Bucheinsichtsrecht beim Franchisenehmer für alle Geschäfte, für welche der Franchisegeberin eine laufende Franchisegebühr zu zahlen ist.

7.5 Wertmäßige Rechnungsänderung, Zurückbehaltung von Rechnungsbeträgen, Aufrechnung mit nicht anerkannten oder nicht rechtskräftig festgestellten Gegenforderungen des Franchisenehmers sind ausgeschlossen.

§ 8 Verkaufsangebot/Bezugspflicht/Preisbildung

8.1 Zur Aufrechterhaltung des einheitlichen Images der Marke und zur Sicherung der hohen Qualität der in den XY-Fachgeschäften angebotenen Produkte verpflichtet sich der Franchisenehmer sein Verkaufssortiment wie folgt zusammenzusetzen:

a) Grundsortiment, dh das Sortiment, das jeder Franchisenehmer jederzeit vorhalten muss,
b) Zusatzsortiment, dh das flexibel gestaltete Sortiment, das zeitweise im XY-Fachgeschäft geführt werden muss,
c) Diversifikationsprodukte, dh die vom Franchisenehmer selbst gewählten Produkte.

8.2 Bei dem Grund- und Zusatzsortiment ist der Franchisenehmer verpflichtet, diese Artikel von der Franchisegeberin bzw bei von ihr benannten Lieferanten zu beziehen.[4] Die Liste dieser Artikel ergibt sich aus Anlage 6, die in ihrer jeweils gültigen Fassung diesem Franchisevertrag beigefügt ist. Soweit die Franchisegeberin selbst Produkte an den Franchisenehmer liefert, erfolgt dies auf der Grundlage der Allgemeinen Lieferungs- und Zahlungsbedingungen der Franchisegeberin, die in ihrer jeweils gültigen Fassung diesem Franchisevertrag als Anlage 7 beigefügt sind. Die Erzeugnisse des Grund- und Zusatzsortiments werden dem Franchisenehmer zu den Preisen aufgrund der jeweils gültigen Liefer-Preislisten der Franchisegeberin geliefert. Um eine schnelle und fehlerfreie Lieferung zu ermöglichen, wird der Franchisenehmer seine Bestellungen zeitgerecht und unter genauen Angaben anhand der Formulare oder ähnlichen Bestell-Vorrichtungen des XY-Waren-Wirtschaftssystems aufgeben. Dabei wird der Franchisenehmer sein Lager so halten, dass die Nachfrage der Kunden in bestmöglicher Weise befriedigt wird.

8.3 Die Bezahlung der bei der Franchisegeberin bezogenen Waren erfolgt im Abbuchungsverfahren mittels Bankeinzug. Die vom Franchisenehmer bei Vertragsabschluss zu erteilende Einzugsermächtigung (Anlage 8) darf während der Vertragsdauer nur aus wichtigem Grund widerrufen werden.

8.4 Der Franchisenehmer ist berechtigt, andere Produkte und/oder andere Dienstleistungen, die nicht Gegenstand dieses Franchisevertrages sind, die aber gleichwohl in die Sortimentspolitik und das Markenimage einzuordnen sind, gegenüber der Franchisegeberin vorzuschlagen (Diversifikationsprodukte). Soweit die Franchisegeberin die Produkte freigegeben hat, kann der Franchisenehmer diese Produkte in seinem XY-Fachgeschäft vertreiben. Die Franchisegeberin kann die von ihr erteilte Einwilligung (§ 183 BGB) mit einer Vorankündigungsfrist von einer Woche widerrufen oder aber dann, wenn diese Produkte in das Grund- bzw Zusatzsortiment des XY-Franchisesystems aufgenommen werden. Der Franchisenehmer ist berechtigt, solange Diversifikationsprodukte zu führen, wie diese nicht als Artikel des Grund- oder Zusatzsortimentes des XY-Franchisesystems angeboten werden. Wird ein Diversifikationsprodukt in das Grund- oder Zusatzsortiment aufgenommen, so ist der Franchisenehmer verpflichtet, dieses (ehemalige) Diversifikationsprodukt vom Zeitpunkt der Einführung an ausschließlich von der Franchisegeberin zu beziehen, wobei dem Franchisenehmer eine angemessene Übergangszeit einzuräumen ist.

8.5 Der Umsatz, den der Franchisenehmer mit Diversifikationsprodukten und/oder -dienstleistungen erzielt, darf nicht mehr als 20 % seines Gesamtumsatzes bezogen auf den Gesamteinkauf betragen.[5] Auch darf die Ausstellungsfläche für die Diversifikationsprodukte des Franchisenehmers nicht mehr als 15 % der Gesamtausstellungsfläche seines XY-Fachgeschäftes überschreiten.

8.6 Der Franchisenehmer verpflichtet sich, seinen Wareneinkauf in der Buchführung (vgl Ziffer 6.3) so aufzuschlüsseln, dass der Fremdwarenbezug sich aus der BWA ermitteln lässt.

8.7 Der Franchisenehmer in der Bildung seiner Verkaufspreise grundsätzlich frei. Auf Wunsch stellt die Franchisegeberin dem Franchisenehmer Kalkulationshilfen zur gewinnorientierten Ermittlung des Verkaufspreises der Artikel des Grund- und Zusatzsortiments zur Verfügung. Der Franchisenehmer verpflichtet sich von der Franchisegeberin vorgegebene Höchstpreise nicht zu überschreiten. Er ist jedoch berechtigt, diese Höchstpreise zu unterschreiten. Die Franchisegeberin ist berechtigt, für einzelne Produkte von Verkaufsaktionen Verkaufspreise vorzugeben, wenn diese Preisbindung nur für einen kurzen Zeitraum erfolgt und die Preisgestaltungsfreiheit des Franchisenehmers nur unwesentlich beeinträchtigt.

§ 9 Führung des Franchisenehmersbetriebs/Systemstandards

9.1 Der Franchisenehmer wird sich bei seiner Betriebsführung an die in diesem Vertrag genannten Grundsätze sowie die Richtlinien entsprechend dem Franchisehandbuch halten.
Das diesem Vertrag als Anlage 4 beigefügte Franchisehandbuch enthält sämtliche von der Franchisegeberin entwickelten Richtlinien und Grundsätze des XY-Franchise-Systems. Der Franchisenehmer ist verpflichtet, sich an die dort aufgestellten Vorgaben zu halten.
Die Franchisegeberin ist berechtigt, den Inhalt des Franchisehandbuchs einseitig an neue Entwicklungen der Sach- und Rechtslage im Rahmen des § 315 BGB anzupassen. Von diesen Änderungen wird die Franchisegeberin den Franchisenehmer unverzüglich schriftlich unterrichten. Die von Franchisegeberin vorgenommenen Änderungen sind für den Franchisenehmer verbindlich.

9.2 Vertragliche Hauptpflicht des Franchisenehmers ist es, das XY-Fachgeschäft nach den Grundsätzen eines ordentlichen Kaufmanns im Einzelhandel nach besten Kräften zu betreiben. Als selbständiger Kaufmann kann er seine Arbeitszeit frei bestimmen.

9.3 Das gemeinsame Image der XY-Geschäfte macht es erforderlich, dass das Fachgeschäft des Franchisenehmers sich dem Kunden stets im ordentlichen und sauberen Zustand präsentiert. Die Aufmachung des Verkaufsladens und die XY-typische Berufskleidung entsprechen dem allgemeinen Erscheinungsbild von Franchisegeberin und dürfen vom Franchisenehmer nicht eigenmächtig geändert werden.

9.4 Der Franchisenehmer wird dafür Sorge tragen, dass sein XY-Fachgeschäft zu den Standort- oder ortsüblichen und zulässigen Geschäftszeiten zum Verkauf geöffnet ist.

9.5 Die Franchisegeberin hat das Recht, ihr erforderlich erscheinende Kontrollen bezüglich Einheitlichkeit und ordnungsgemäßen Systemablaufs nach XY-Standards im Geschäft des Franchisenehmers zu den üblichen Geschäftszeiten vorzunehmen.

9.6 Die Einrichtung und Ausstattung des Geschäftslokals, einschließlich Werbeanlagen, ist vom Franchisenehmer stets in ordnungsgemäßem Zustand zu halten. Etwaige Reparaturen und Neuanschaffungen, die hierzu erforderlich sind, sind vom Franchisenehmers unverzüglich auf seine eigenen Kosten vorzunehmen.

9.7 Sollten grundsätzliche Änderungen des Erscheinungsbildes des Geschäfts systemeinheitlich von der Franchisegeberin beschlossen werden, wird der Franchisenehmer diese auf eigene Kosten vornehmen. Die Franchisegeberin wird dabei die Interessen und die wirtschaftliche Situation des Franchisenehmers berücksichtigen.

§ 10 Haftung/Versicherungen

10.1 Die Franchisegeberin ist alleinberechtigt und -verpflichtet, ihre Schutzrechte wie zB Warenzeichen, Ausstattungsrechte, Geschmacksmusterrechte, usw., nach ihren wirtschaftlichen Erwägungen aufrechtzuerhalten und gegen alle Angriffe mit Mitteln ihrer Wahl zu verteidigen. Es wird ausdrücklich vereinbart, dass Franchisegeberin das Recht hat, gegebenenfalls ein anderes Schutzrecht zu erwirken, das an die Stelle des bisherigen tritt. Irgendwelche Rechte wird der Franchisenehmers aus dieser Umstellung für sich nicht ableiten.

10.2 Der Franchisenehmer ist gehalten, die Franchisegeberin ohne Verzug über vorhandene oder drohende Beeinträchtigungen von Schutzrechten von Franchisegeberin zu unterrichten, sobald er davon Kenntnis erlangt.

10.3 Der Franchisenehmer wird sein XY-Fachgeschäft nachweislich stets ausreichend versichert halten, insbesondere gegen Betriebs-Haftpflichtansprüche Dritter, Einbruch-Diebstahl, Feuer und Leitungswasser jeweils für Ware und Einrichtung, Betriebsunterbrechung, Glasbruch.

10.4 Der Franchisenehmer wird die Franchisegeberin von allen Ansprüchen freihalten, die Dritte aus dem Geschäft des Franchisenehmers gegen Franchisegeberin herleiten. Diese Pflicht entfällt, wenn die Geltendmachung lediglich daher rührt, dass die Franchisegeberin ihre vertraglichen oder gesetzlichen Pflichten verletzt.

10.5 Der Franchisenehmer erklärt sich bereit, alle Marktdaten über das auffällige Konkurrenzverhalten von Fachgeschäften im Bereich Sportartikel in seinem Einzugsgebiet der Franchisegeberin zu melden.

§ 11 Geheimhaltung/Wettbewerbsverbot/Vertragsstrafe

11.1 Die Vertragsparteien verpflichten sich zur vertraulichen Behandlung aller gegenseitig über ihre Geschäftsbetriebe gewonnenen Erkenntnisse, auch nach Vertragsbeendigung. Die Geheimhaltung bezieht sich auch auf die dem Franchisenehmer anvertrauten Unterlagen wie zB Franchisehandbuch, Kalkulationen, Konditionen und Termine, auch gegenüber Mitarbeitern des Franchisenehmers, die aufgrund ihrer Funktion keinen Zugang dazu haben sollten.

11.2 Auch die Mitarbeiter des Franchisenehmers sind von diesem zur Geheimhaltung durch eine schriftliche Erklärung unter Einbeziehung der Vertragsstrafe gemäß Punkt 11, Ziff. 4 zu binden.

11.3 Der Franchisenehmer darf sich während der Dauer des Vertrages nicht an Unternehmen beteiligen, die in unmittelbarem oder mittelbarem Wettbewerb zu Franchisegeberin stehen. Dies gilt für Herstellungs-, Großhandels- und Einzelhandelsbetriebe und auch für den eigenen Betrieb von solchen Unternehmen. Der Franchisenehmer darf während der Dauer des Vertrages ebenfalls nicht als Angestellter, freiberuflicher Mitarbeiter, Vertreter, Berater oder Franchisenehmer oder franchiseähnlicher Vertriebspartner eines Betriebes der vorgenannten Art tätig sein.

11.4 Für jeden Fall der schuldhaften Zuwiderhandlung – unter Ausschluss des Fortsetzungszusammenhangs – gegen die Geheimhaltungsabrede und/oder das Wettbewerbsverbot zahlt die verstoßende Partei eine Vertragsstrafe von 5.001,00 EUR. Davon unberührt bleibt das Recht der jeweils anderen Partei, Schadensersatz zu verlangen und die fristlose Kündigung des Franchisevertrages zu erklären. Eine Vertragsstrafzahlung ist auf den Schadensersatzanspruch anzurechnen.

§ 12 Dauer und Kündigung des Vertrages

12.1 Dieser Vertrag wird für fünf Jahre feste Laufzeit abgeschlossen. Der Franchisenehmer hat ein Optionsrecht, den Franchisevertrag um weitere 5 Jahre zu verlängern.

12.2 Sollte das Geschäft des Franchisenehmers in Räumlichkeiten betrieben werden, die ihm von der Franchisegeberin untervermietet wurden, so endet dieser Vertrag mit dem Ende des Hauptmietvertrages.

12.3 Jede Kündigung hat mittels eingeschriebenem Brief mit Rückschein zu erfolgen.

12.4 Jede Partei ist zur außerordentlichen Kündigung des Vertrages berechtigt, wenn die andere Partei einen wichtigen Grund im Sinne des § 314 BGB gibt.

12.5 Voraussetzung für die außerordentliche Kündigung gemäß Punkt 12, Ziff. 4 sind ernsthafte Bemühungen der jeweils vertragstreuen Partei, die andere Partei zu vertragsgemäßem Verhalten anzuhalten sowie zwei schriftliche Abmahnungen im Abstand von mindestens 30 Tagen zueinander.

§ 13 Folgen der Vertragsbeendigung

13.1 Der Franchisenehmer hat ab Ende dieses Vertrages den Gebrauch des Namens, der Marken und sämtlicher Schutzrechte und Kennzeichnungen der Franchisegeberin mit sofortiger Wirkung einzustellen. Außerdem ist er verpflichtet, sämtliche ihm überlassenen Unterlagen, die mit dem Franchisesystem zusammenhängen, insbesondere Franchisehandbuch und ähnliches einschließlich angefertigter Fotokopien, an die Franchisegeberin ohne Kostenerstattung und ohne Zurückbehaltungsrecht herauszugeben.

13.2 Der Franchisenehmer hat das Geschäft so zu ändern, dass es nicht mehr als Franchisegeberin-Geschäft erscheint. Er hat alle systemtypischen Einrichtungs- und Ausstattungsteile und Werbeelemente, die geeignet sind, eine Nachahmung oder Verwechslung des Franchisegeberin-Systems zu ermöglichen, unverzüglich auf seine Kosten zu entfernen.

13.3 Bei Zuwiderhandlung gegen vorstehende Bestimmungen behält sich die Franchisegeberin die Geltendmachung von Schadenersatzansprüchen gegen den Franchisenehmer vor.

§ 14 Übertragung und Veräußerung von Rechten/Vorkaufsrecht

14.1 Die in diesem Vertrag benannten Franchiserechte sind dem Franchisenehmer persönlich übertragen. Es ist dem Franchisenehmer nicht gestattet, Unterlizenzen oder Unterfranchisen, Verpachtungen oder Untervermietungen ohne vorherige schriftliche Einwilligung der Franchisegeberin vorzunehmen. Die Ausübung der Franchise ist auf das in Punkt 1, Ziff. 1 genannte Geschäftslokal beschränkt.

14.2 Sollte der Franchisenehmer während der Vertragslaufzeit jedoch ausscheiden wollen, indem er seinen Geschäftsbetrieb an einen von ihm in Aussicht genommenen Interessenten veräußert, so kann er dies unter den in den nachfolgenden Ziffern genannten Voraussetzungen tun.

14.3 Der Franchisenehmer hat der Franchisegeberin vorher unter Benennung des Interessenten seinen Geschäftsbetrieb schriftlich unter genauer Angabe derjenigen Bedingungen anzubieten, die er diesem Interessenten genannt hat.

14.4 Nimmt die Franchisegeberin innerhalb von einem Monat dieses Angebot nicht an, so kann der Franchisenehmer das Geschäft an den benannten Interessenten zu Bedingungen veräußern, die nicht günstiger sind als die vorher genannten. Das setzt voraus, dass die Franchisegeberin bereit ist, mit dem Interessenten einen Franchisevertrag abzuschließen. Den Nachweis, dass der Interessent dem Anforderungsprofil hinsichtlich der Bildung und Bonität entspricht, das Franchisegeberin an einen Franchisenehmer stellt, hat der Franchisenehmer zu erbringen. Wichtige Gründe für eine Ablehnung durch Franchisegeberin können sein: Wenn der Franchisenehmer zuvor einen wichtigen Grund zur außerordentlichen Kündigung durch Franchisegeberin gegeben hat oder wenn die Weiterführung des Franchisebetriebes nach Prinzipien von Franchisegeberin durch den übernehmenden Interessenten nicht mehr gewährleistet ist, oder wenn der übernehmende Geschäftsinhaber Wettbewerber des XY-Systems ist, oder wenn dieser nicht die notwendige fachliche oder persönliche oder finanzielle Eignung und Bereitschaft als Franchisenehmer des XY-Systems hat.

14.5 Wird ein Interessent nach vorstehenden Bestimmungen als Erwerber des Geschäfts abgelehnt, lebt das Recht zur Veräußerung des Geschäftes erneut auf.

§ 15 Schlussbestimmungen

15.1 Erfüllungsort und Gerichtsstand für alle Streitigkeiten[6] aus diesem Vertrag ist ausschließlich der Sitz der Franchisegeberin.

15.2 Mündliche Nebenabreden bestehen nicht. Änderungen und Ergänzungen des Vertrages bedürfen der gegenseitigen schriftlichen Bestätigung. Frühere mündliche oder schriftliche Vereinbarungen zwischen den Parteien sind mit diesem Vertrag aufgehoben.

15.3 Sollte eine Bestimmung des Vertrages unwirksam oder nicht durchführbar sein oder werden, so wird der Vertrag in seinen übrigen Bestimmungen davon nicht betroffen.
Die Vertragsparteien sind verpflichtet, in diesem Fall die unwirksame oder undurchführbare Bestimmung im gegenseitigen Einvernehmen durch eine rechtlich zulässige zu ersetzen, die der beabsichtigten Zusammenarbeit gerecht wird. Entsprechendes gilt, wenn sich bei der Durchführung des Vertrages eine ergänzungsbedürftige Lücke ergeben sollte.

15.4 Jede Vertragspartei hat eine unterschriebene Vertragsausfertigung samt vertragsbestandteilebildender erwähnter Unterlagen erhalten.

15.5 Der Franchisenehmer erklärt, dass er den vorliegenden Vertrag, die ihm gemachten Angaben und die vorerwähnten Unterlagen eingehend geprüft hat und mit dem Inhalt einverstanden ist.

■■■

Ort, Datum

■■■

Unterschriften ◄

B. Erläuterungen

[1] Der Franchisevertrag ist in aller Regel **AGB-Vertrag** iSd. §§ 305 ff BGB. Da der Franchisenehmer im Zeitpunkt des Vertragsschlusses nach der Rechtsprechung des BGH (BGHZ 162, 253) auch dann Unternehmer iSd § 14 BGB ist, wenn er vorher nicht selbständig beruflich tätig war, handelt es sich um AGB zwischen Unternehmern. Zu beachten ist für den Verfasser eines Franchisevertrages, dass die sog. kundenfreundlichste Auslegung auch im Verhältnis zwischen dem Franchisegeber und dem Franchisenehmer gilt (BGH, Urt. v. 20.5.2003, – 19 KZR /02, NJW-RR 2003 1635; dazu *Prasse*, MDR 2004, 256 ff). Daher sollten zweideutige Formulierungen vermieden werden. Der Franchisenehmer sollte vor Abschluss des Franchisevertrages umfangreich und vollständig über Chancen und Risiken des Franchisevertrages durch den Franchisegeber aufgeklärt werden. Diese Aufklärungsarbeit sollte anhand des Musters zu § 311 BGB dokumentiert werden (s. § 311 Rn 8 ff). 2

[2] Franchisegeber sind stets bestrebt, die **natürliche Person als Haftungspartner** zu binden. Sollte doch mit einer Kapitalgesellschaft kontrahiert werden, sollte eine sog. „change in control-Klausel" verwendet werden, da die Geschäftsführung der Franchisenehmergesellschaft nicht ausgewechselt können werden sollte, ohne dass der Franchisegeber eingebunden wird. Franchisevertragsverhältnisse können von einer engen Kooperation geprägt sein und der Franchisegeber hat daher ein berechtigtes Interesse, dass die vertretungsberechtigte Person der Franchisenehmergesellschaft nicht ohne sein Einverständnis ausgewechselt wird. Gleiches gilt für einen erheblichen Wechsel auf der Gesellschafterebene. 3

[3] Die **Pflichten und Rechten beider Vertragsparteien** sollten im Detail geregelt werden, da beim Franchisevertrag bei Lücken nur partiell auf dispositives Gesetzesrecht zurückgegriffen werden kann. Der Franchisevertrag ist als typengemischter Vertrag ein Vertrag sui generis, der vom Gesetzgeber nicht im besonderen Schuldrecht oder spezialgesetzlich geregelt worden ist. 4

[4] Die **Bezugsbindung** führt dazu, dass der Franchisenehmer bei Vorliegen der Existenzgründereigenschaft (§§ 505, 507) über sein Widerrufsrecht zu belehren ist. Die Widerrufsbelehrung 5

sollte als Anlage zum Franchisevertrag genommen werden. Die unterbliebene Widerrufsbelehrung führt dazu, dass der Franchisenehmer den Franchisevertrag auch noch nach Jahren gem. § 355 Abs. 3 S. 3 widerrufen kann.

6 [5] Sofern deutsches oder europäisches **Kartellrecht** wegen der Marktbedeutung des Franchisesystems Anwendung findet, sollte ein Franchisevertrag zur Vorsicht die Bezugspflicht auf maximal 80 Prozent bezogen auf den Gesamteinkauf legitimieren, insbesondere, wenn er eine unbestimmte Laufzeit hat oder eine feste Laufzeit von mehr als fünf Jahren. Höchstrichterliche Rechtsprechung gibt es hierzu noch nicht. Das vorliegende Vertragsmuster sieht eine nur fünfjährige feste Vertragslaufzeit vor, so dass die Bezugsbindung aus kartellrechtlichen Gründen nicht auf die Obergrenze von 80 Prozent limitiert sein müsste. Jedoch ist die Bezugsbindung auch bei der Inhaltskontrolle nach §§ 138 und 307 zu berücksichtigen. Die Möglichkeit des Franchisenehmers in einem gewissen Umfang Fremdwaren zu beziehen zu können, dient daher der Vorsicht, den Franchisenehmer nicht zu sehr in seiner unternehmerischen Freiheit zu beschränken, als es beim Franchising ohnehin schon der Fall ist.

7 [6] **Gerichtsstandsklauseln** sind nur wirksam, wenn der Franchisenehmer im Zeitpunkt des Vertragsabschlusses schon Kaufmann iSd §§ 1 ff HGB ist. Die Unternehmereigenschaft iSd § 14 ist bei § 38 ZPO nicht ausreichend.

Untertitel 4 Pachtvertrag

§ 581 Vertragstypische Pflichten beim Pachtvertrag

(1) [1]Durch den Pachtvertrag wird der Verpächter verpflichtet, dem Pächter den Gebrauch des verpachteten Gegenstands und den Genuss der Früchte, soweit sie nach den Regeln einer ordnungsmäßigen Wirtschaft als Ertrag anzusehen sind, während der Pachtzeit zu gewähren. [2]Der Pächter ist verpflichtet, dem Verpächter die vereinbarte Pacht zu entrichten.
(2) Auf den Pachtvertrag mit Ausnahme des Landpachtvertrags sind, soweit sich nicht aus den §§ 582 bis 584 b etwas anderes ergibt, die Vorschriften über den Mietvertrag entsprechend anzuwenden.

Schrifttum: *Nies/Gies*, Beck'sches Formularbuch Mietrecht, 1. Auflage 2003; *Fritz*, Gewerberaummietrecht, 4. Auflage 2005; *Wetekamp*, Handbuch zur Wohnraummiete, 4. Auflage 2007; *Hannemann/Wiegner*, Münchener Anwaltshandbuch Mietrecht, 3. Auflage 2010; *Graf von Westphalen*, Vertragsrecht und AGB, Loseblatt (Bierlieferungsvertrag); *Sternel*, Mietrecht aktuell, 4. Auflage 2009.

A. Vertragsgestaltung

I. Muster: Pachtvertrag über eine Gaststätte[1] 1

▶ **Pachtvertrag[2]** 411

zwischen

■■■

(nachstehend Verpächter genannt)[3]

und

■■■

(nachstehend Pächter genannt)

§ 1 Pachtobjekt

1. Der Verpächter verpachtet dem Pächter das im Grundbuch des Amtsgerichts ■■■ für ■■■ Band ■■■ Blatt ■■■ eingetragene mit einer Gaststätte bebaute Grundstück.[4]
2. Mitverpachtet wird auch das gesamte vorhandene Wirtschaftsinventar. Darüber wird ein besonderes Verzeichnis angefertigt, das diesem Vertrag beigefügt ist (Anlage 2).[5]
3. Der Pächter verpflichtet sich, das Pachtobjekt schonend und pfleglich zu behandeln.[6]

§ 2 Pachtdauer[7]

1. Der Pachtvertrag beginnt am ■■■ und endet am ■■■.
2. Der Pachtvertrag verlängert sich jeweils um weitere ■■■ Jahre, wenn er nicht schriftlich mindestens sechs Monate vor Vertragsablauf gekündigt wird.
3. Das Recht beider Vertragsparteien, das Pachtverhältnis fristlos aus wichtigem Grund zu kündigen, bleibt unberührt.

§ 3 Pacht und Betriebskosten[8]

1. Die monatliche Pacht beträgt EUR ■■■ zzgl der jeweils geltenden gesetzlichen Umsatzsteuer und ist bis zum dritten Werktag eines jeden Monats im Voraus auf das Konto des Verpächters bei der ■■■ zu zahlen.[9]
2. Der Pächter hat sämtliche durch den Gewerbebetrieb verursachten Betriebskosten gem. der BetrKV (Anlage 3) zzgl der jeweils geltenden gesetzlichen Umsatzsteuer zu tragen.[10]
3. Auf die Betriebskosten ist eine monatliche Vorauszahlung in Höhe von EUR ■■■ zzgl der jeweils geltenden gesetzlichen Umsatzsteuer zu zahlen.
4. Der Pächter hat, soweit möglich, unmittelbar Versorgungsverträge mit den jeweiligen Versorgungsträgern abzuschließen und die Kosten direkt an diese zu zahlen.

5. Über die Betriebskosten ist jährlich abzurechnen. Erhöhen sich die Betriebskosten, so ist der Verpächter berechtigt, eine entsprechende Erhöhung auf den Pächter umzulegen.[11]

§ 4 Kaution

1. Zur Sicherung aller Ansprüche des Verpächters gegen den Pächter aus diesem Pachtvertrag hat der Pächter eine Kaution in Höhe von EUR ▪▪▪ spätestens bis zum ▪▪▪ auf das in diesem Vertrag benannte Konto des Verpächters einzuzahlen.[12]
2. Der Verpächter ist auch während des laufenden Pachtverhältnisses berechtigt, sich aus der Pachtkaution wegen aller Ansprüche aus dem Pachtverhältnis zu befriedigen, soweit sich der Pächter mit Leistungen in Verzug befindet. [13]
3. Unterschreitet der Kautionsbetrag infolge der vom Verpächter gesuchten Befriedigung den in Absatz [1] genannten Betrag, hat der Pächter ihn nach Bekanntgabe des Fehlbetrags durch den Verpächter umgehend und spätestens bis zum nächstfolgenden vertraglichen Pachtzahlungstermin wieder auf die vereinbarte Höhe aufzustocken.[14]

§ 5 Pachtzweck

1. Die Verpachtung erfolgt zum Betrieb einer Schank- und Speisegaststätte.[15]
2. Eine von Absatz (1) abweichende Nutzung des Pachtobjekts ist dem Verpächter nur nach vorheriger schriftlicher Erlaubnis durch den Verpächter gestattet.
3. Das vertragliche Gebrauchsrecht des Pächters erstreckt sich nur auf den durch ihn selbst als Konzessionsinhaber geführten Geschäftsbetrieb.[16]

§ 6 Inventar und Übernahme von Verträgen

1. Der Pächter ist berechtigt, das Inventar im Rahmen des vertraglichen Pachtzwecks zu nutzen.
2. Die Erhaltung und Instandsetzung sämtlichen Inventars obliegt dem Pächter, der auch die Gefahr des zufälligen Untergangs und der zufälligen Verschlechterung des Inventars trägt. Der Pächter hat das Inventar laufend in dem Zustand zu erhalten und in dem Umfang laufend zu ersetzen, der den Regeln einer ordnungsgemäßen Bewirtschaftung entspricht. Die vom Pächter als Ersatz für abgenutztes, beschädigtes oder untergegangenes Inventar angeschafften Stücke werden mit der Einverleibung in das Inventar Eigentum des Verpächters.[17]
3. Der Pächter übernimmt die folgenden, für den Betrieb der Gaststätte bestehenden Verträge: ▪▪▪.[18]

§ 7 Bezugsverpflichtung (Brauereibindung)[19]

1. Die Gaststätte ist brauereifrei und unterliegt keinen Bindungen hinsichtlich des Bezugs von Getränken und Speisen sowie hinsichtlich der Aufstellung von Automaten.
2. Es wird klargestellt, dass der Pächter nicht berechtigt ist, vertragliche Bindungen und Verpflichtungen jedweder Art einzugehen, die über seine persönliche Einstandspflicht und über die Dauer seiner Pachtzeit hinaus eine Bindung des Verpächters herbeizuführen geeignet sind. Der Pächter ist gegenüber dem Verpächter mit allen Ansprüchen ausgeschlossen, mit denen eine solche Bindung des Verpächters bezweckt wird oder einhergeht.

§ 8 Instandsetzung[20] und Schönheitsreparaturen[21]

1. Der Verpächter hat die Pachträume hinsichtlich der grundlegenden konstruktiven Bauteile instand zu halten und zu reparieren.
2. Dem Verpächter obliegt außerdem die Erhaltung und Instandsetzung der zentralen Heizungs- und Warmwasseranlage, der Fenster und Türen, der Anschlüsse, derer es für die Grundversorgung mit Wasser, Gas und elektrischer Energie und für die Entwässerung in dem bei Pachtbeginn vorhandenen Standard bedarf.

3. Im Übrigen obliegt die fachgerechte Durchführung sämtlicher Erhaltungs- und Instandsetzungsmaßnahmen dem Pächter.
4. Der Pächter hat regelmäßig alle Schönheitsreparaturen einschließlich des Außen- und Innenanstrichs von Türen und Fenstern und des Heizkörperanstrichs durchzuführen.
5. Er hat die ihm zur Nutzung überlassenen Inventarteile und alle in den Pachträumen befindlichen technischen Anlagen einschließlich der Endinstallationen für Gas, Strom, Wasser, Abwasser und Beleuchtung auf seine Kosten zu pflegen, zu warten und instand zu halten.
6. Die Abnutzung der Pachträume ist auf das bei vertragsgemäßem Gebrauch unbedingt erforderliche Ausmaß zu beschränken.

§ 9 Versicherungen[22]

1. Der Pächter verpflichtet sich, die gesamte Gaststätteneinrichtung in ausreichender Höhe gegen Einbruchs-, Diebstahls- und Glasschäden zu versichern und sowohl den Versicherungsabschluss als auch die Prämienzahlung auf Verlangen jederzeit dem Verpächter nachzuweisen. Der Pächter tritt insoweit in bereits bestehende Versicherungsverträge ein, soweit er dies wünscht.
2. Der Verpächter verpflichtet sich, das Gebäude, in welchem die Gaststätte betrieben wird, auf seine Kosten gegen Feuer-, Leitungswasser- und Sturmschäden zu versichern.

§ 10 Unterverpachtung

1. Eine Unterverpachtung oder Untervermietung des Pachtobjektes oder von Teilen des Pachtobjektes ist ohne schriftliche Erlaubnis des Verpächters nicht gestattet.[23] Die Verweigerung der Erlaubnis berechtigt den Pächter nicht zur außerordentlichen Kündigung des Pachtverhältnisses (§ 584 a Abs. 1 BGB).[24]
2. Bei unbefugter Unterverpachtung kann der Verpächter verlangen, dass der Pächter sobald wie möglich, jedoch spätestens binnen Monatsfrist, das Unterpachtverhältnis beendet. Geschieht dies nicht, dann kann der Verpächter das Hauptpachtverhältnis ohne Einhaltung einer Kündigungsfrist kündigen.[25]

§ 11 Konzession und sonstige behördliche Genehmigungen

1. Für die Erteilung behördlicher Genehmigungen oder Verbote hat der Verpächter nur insoweit einzustehen, als sie unmittelbar mit der Beschaffenheit der Pachtsache zusammenhängen und nicht durch persönliche oder betriebliche Umstände des Pächters veranlasst sind.[26]
2. Die Einholung der für den Betrieb der Gaststätte erforderlichen Konzession obliegt dem Pächter. Der Verpächter sagt dem Pächter seine Mitwirkung bei der Beantragung der Konzession zu, soweit es ihrer insbesondere hinsichtlich des Nachweises der baulichen Voraussetzungen bedarf. Für Umstände, die in der Person, in den wirtschaftlichen Verhältnissen oder sonst in der Risikosphäre des Pächters begründet liegen und der Verfolgung des Pachtzwecks oder der Erteilung behördlicher Genehmigung entgegenstehen, hat allein der Pächter einzustehen.[27]

§ 12 Verkehrssicherungspflichten[28]

Dem Pächter obliegen die Verkehrssicherungspflichten des verpachteten Objektes, einschließlich aller mitverpachteter Nebenräume und Parkplätze sowie der Zuwege und öffentlicher Wege. Der Pächter verpflichtet sich, die Wegereinigung zu übernehmen und hält den Verpächter von allen Ansprüchen frei, die sich aus einer Verletzung der Verkehrssicherungspflicht ergeben können.

§ 13 Bauliche Änderungen

1. Der Verpächter ist nach vorheriger Ankündigung berechtigt, Umbauten, Modernisierungsmaßnahmen und Reparaturen im und am Pachtobjekt durchzuführen, wenn das zur Erhaltung oder Verbesserung der Mieträume oder angrenzenden Bauteile, zur Einsparung von Energiekosten oder zur Abwehr und Beseitigung von Schäden und Gefahren für das Pachtobjekt zweckdienlich ist.

Eine Verbesserung des Pachtobjekts im Sinne dieses Vertrags kann insbesondere auch darin begründet liegen, dass die Maßnahme der wirtschaftlichen Nutzung und Verwertung des Pachtobjekts förderlich ist.[29]

2. Die in Ziffer (1) bezeichneten Maßnahmen hat der Pächter grundsätzlich entschädigungslos zu dulden. Der Pächter kann eine angemessene Herabsetzung der Pacht geltend machen, wenn die vom Verpächter veranlassten Arbeiten eine so erhebliche Beeinträchtigung des Gebrauchs des Pachtobjekts bewirken, dass die Fortentrichtung der vollen Pacht für den Pächter unbillig wäre. § 15 dieses Vertrages bleibt unberührt. Mit weitergehenden Ansprüchen ist der Pächter insoweit ausgeschlossen.[30]
3. Der Pächter darf bauliche Veränderungen an den Pachträumen, am Inventar oder an den technischen Einrichtungen und Versorgungsanlagen nur dann vornehmen, wenn der Verpächter dies zuvor schriftlich erlaubt. Die Erlaubnis kann der Pächter unter Berücksichtigung der schützenswerten Belange des Verpächters nur für solche Maßnahmen verlangen, deren Unterbleiben den vertraglichen Pachtzweck wesentlich beeinträchtigen oder für den Pächter eine unbillige Härte bewirken würde.[31]

§ 14 Betreten der Pachträume[32]

1. Der Verpächter kann die Pachträume während der Geschäftszeit nach vorheriger Ankündigung zur Prüfung ihres Zustandes oder aus anderen wichtigen Gründen betreten und hiermit auch andere Personen beauftragen.
2. Will der Verpächter das Grundstück veräußern oder die Pachträume weiterverpachten, so hat der Pächter nach vorheriger Ankündigung durch den Verpächter die Besichtigung durch Kauf- und Pachtinteressenten sowie durch Architekten, Handwerker oder Makler zu dulden.

§ 15 Aufrechnung, Zurückbehaltungsrecht, Minderung

1. Gegen Forderungen aus diesem Vertrag kann der Pächter auch für die Zeit nach Beendigung des Pachtvertrags nur mit unstreitigen oder rechtskräftig festgestellten Ansprüchen aufrechnen.[33]
2. Gegenüber den Forderungen des Verpächters aus diesem Vertrag steht dem Pächter ein Zurückbehaltungsrecht oder Leistungsverweigerungsrecht nur in Bezug auf Forderungen aus diesem Vertrag zu und nur, wenn der Anspruch, auf den das Recht gestützt wird, unbestritten oder rechtskräftig festgestellt ist.[34]
3. Die Minderung ist ausgeschlossen, soweit der Mangel des Pachtobjekts nicht unbestritten oder rechtskräftig festgestellt ist. Die Möglichkeit der Geltendmachung von Bereicherungsansprüchen bleibt unberührt.[35]

§ 16 Beendigung des Pachtvertrags

1. Bei Beendigung des Pachtverhältnisses hat der Pächter das Pachtobjekt in vertragsgemäßen Zustand zu versetzen, vollständig zu räumen und mit sämtlichen Schlüsseln bezugsfertig an den Verpächter herauszugeben. Dazu hat der Pächter auf seine Kosten die von ihm eingebrachten Einrichtungen aus den Pachträumen zu entfernen und Ein- und Umbauten zurückzubauen.[36] Der Verpächter kann aber verlangen, dass vom Pächter eingebrachte Einrichtungen bzw vorgenommene Umbauten in den Pachträumen verbleiben. In diesem Fall hat der Verpächter dem Pächter den Zeitwert zu ersetzen, sofern eine Wertsteigerung des Pachtobjektes gegeben ist.[37]
2. Bei Beendigung des Pachtverhältnisses hat der Pächter das Inventar in vertragsgemäßem Zustand herauszugeben. Für fehlende, beschädigte und solche Inventarteile, deren Gebrauchstauglichkeit durch Abnutzung oder Überalterung für eine ordnungsgemäße Bewirtschaftung nach der Verkehrsanschauung als aufgehoben zu gelten hat, ist vom Pächter Wertersatz zu leisten.[38]
3. Ein Wertausgleich wegen der vom Pächter getätigten Aufwendungen zur Erhaltung, Instandsetzung und Ergänzung des Inventars findet zugunsten des Pächters nicht statt.[39]

4. Setzt der Pächter den Pachtgebrauch nach Beendigung des Pachtvertrags fort, ist als Nutzungsentschädigung mindestens die zuletzt geschuldete vertragliche Pacht zzgl der zuletzt geschuldeten Betriebs- und Nebenkostenvorauszahlung zu entrichten. Dem Verpächter bleibt die Geltendmachung weiterer Schäden vorbehalten.[40]
5. Setzt der Pächter nach Ablauf der Pachtzeit den Pachtgebrauch fort, führt das nicht zur stillschweigenden Verlängerung des Pachtvertrags.[41]

§ 17 Schlussbestimmungen

1. Dieser Vertrag enthält alle zwischen den Vertragsparteien vereinbarten Regelungen bezüglich des Pachtvertrags. Mündliche Nebenabreden bestehen nicht. Die Vertragsparteien haben außerhalb dieses Vertrages insbesondere keine Vereinbarungen und Zusicherungen über die Gewährleistung eines bestimmten Zustandes des Pachtobjekts, des Inventars, über die künftige Ausstattung oder über den zu erwartenden Geschäftserfolg des Objekts verabredet.[42]
2. Änderungen und Ergänzungen dieses Vertrags bedürfen der Schriftform.[43]
3. Sollte ein Teil dieses Pachtvertrags nichtig oder anfechtbar sein, so wird die Gültigkeit des Vertrags im Übrigen davon nicht berührt. Anstelle des rechtsunwirksamen Teils gilt sodann als vereinbart, was dem in gesetzlich zulässiger Weise am nächsten kommt, was die Vertragschließenden vereinbart hätten, wenn sie die Unwirksamkeit gekannt hätten. Entsprechendes gilt für den Fall, dass dieser Vertrag eine Lücke haben sollte.
4. Wird dieser Pachtvertrag zunächst nur von einer Partei unterzeichnet und der anderen Partei zur Unterzeichnung ausgehändigt oder übersandt, so gilt dies als Angebot zum Abschluss des Vertrages, das die andere Partei gem. § 148 BGB innerhalb einer Frist von ■■■ Wochen wirksam annehmen kann.
5. Auf diesen Pachtvertrag findet deutsches Recht Anwendung.
6. Dieser Vertrag wird für jede Vertragspartei einmal ausgefertigt.
7. Gerichtsstandsvereinbarung[44]

Folgende Anlagen sind Bestandteil dieses Pachtvertrages:

Anlage 1: Beschreibung des Pachtgegenstandes

Anlage 2: Inventarliste

Anlage 3: Betriebskostenverordnung

■■■

Verpächter

■■■

(Ort, Datum)

■■■

Pächter

■■■

(Ort, Datum) ◄

II. Erläuterungen und Varianten

[1] **Allgemeines zum Muster.** Das vorstehende Muster betrifft den praktisch relevanten Fall des **Pachtvertrags über eine Gaststätte.** Es orientiert sich an den gängigen Mustern von *Leonhard* in: Beck'sches Formularbuch Bürgerliches, Handels und Wirtschaftsrecht, Formular III. D. 17 und *Borzutzki-Pasing* in: Beck'sches Formularbuch Mietrecht, A. VI. 6 und A VI 1. 2

[2] Allgemeines zum Pachtvertrag. Der Pachtvertrag unterscheidet sich vom Mietvertrag dadurch, dass Gegenstand des Pachtvertrags neben Sachen auch Rechte sein können und der Pächter berechtigt ist, aus dem Pachtobjekt die Früchte zu ziehen (BGH NJW-RR 1986, 1243). 3

Der Pachtvertrag sollte in **schriftlicher Form** abgeschlossen werden, weil gem. §§ 581 Abs. 2, 578 Abs. 1, 550 ein Pachtvertrag für unbestimmte Zeit gilt, der für längere Zeit als ein Jahr nicht in schriftlicher Form geschlossen worden ist. Das ist insbesondere dann problematisch, wenn die Parteien einen langfristigen Pachtvertrag schließen wollen, weil ein Pachtvertrag, der auf unbestimmte Zeit geschlossen worden ist, gem. § 584 Abs. 1 mit sechsmonatiger Kündigungsfrist zum Ende des Pachtjahres gekündigt werden kann.

4 [3] **Verpächter.** Die Person des Verpächters ist für den Pächter über das allgemein bestehende Interesse am Vertragspartner interessant, wenn dieser seinerseits nur Pächter der Gaststätte ist und damit ein Unterpachtvertrag vorliegt, weil die Rechte, die er von ihm ableitet, nicht weiter gehen können, als die Rechte, die dem Unterverpächter gegen den Verpächter zustehen. So endet mit dem Pachtverhältnis zwischen Verpächter und Unterverpächter auch das Gebrauchsrecht des Unterpächters (Staudinger/*Sonnenschein-Veit*, § 581 Rn 349).

5 [4] **Variante Beschreibung des Pachtobjekts.** Bei der Beschreibung des Pachtobjekts kann sich folgende detailliertere Variante anbieten:

► Zu der Gaststätte gehören folgende Räume und Nutzflächen:

Bezeichnung:	Anzahl und Lage:
Gastraum	■■■
Küche	■■■
Toiletten	■■■
Kühlraum	■■■
Weinkeller	■■■
Parkplätze	■■■
Weitere Räume	■■■

◄

6 [5] **Mitverpachtung des Inventars.** Wird das Inventar mitverpachtet, ist die Aufstellung einer Inventarliste angezeigt, um bei der Rückgabe des Pachtobjekts Streitigkeiten über dessen Bestand zu vermeiden. Nach der gesetzlichen Konzeption des § 582 Abs. 1 obliegt nämlich dem Pächter die Erhaltung der einzelnen Inventarstücke. Während nach § 582 Abs. 2 S. 1 der Verpächter Inventarstücke zu ersetzen hat, die infolge eines vom Pächter nicht zu vertretenden Umstands in Abgang kommen.

7 [6] Pflicht des Pächters zur schonenden Behandlung des Pachtobjekts. Die Klausel hat lediglich deklaratorischen Charakter, weil dem Pächter gem. §§ 581 Abs. 1, 241 Abs. 2 ohnehin Rücksichtnahmepflichten obliegen (Hk-BGB/*Ebert* § 581 Rn 11; Palandt/*Weidenkaff* § 581 Rn 11 ff).

8 [7] **Pachtdauer.** Das Muster enthält die Vereinbarung einer festen Pachtzeit mit Verlängerungsmöglichkeit. Die Regelung dient in erster Linie dem Schutz des Pächters, weil es dem Verpächter bei der Vereinbarung eines unbefristeten Vertrags möglich wäre, ihn gem. § 584 Abs. 1 mit sechsmonatiger Kündigungsfrist zum Ende des Pachtjahres zu kündigen.

9 Statt der Regelung im Grundmuster kommt auch die Vereinbarung eines **Optionsmodells** in Betracht:

► (■■■) Der Pachtvertrag wird für die Dauer von ■■■ Jahren, gerechnet ab dem Pachtbeginn, also bis zum ■■■ fest abgeschlossen („feste Pachtzeit“).

(■■■) Dem Pächter wird das Recht eingeräumt, die feste Pachtzeit einmal durch einseitige Erklärung um weitere ■■■ Jahre („Optionspachtzeit“) zu den Bedingungen dieses Pachtvertrags zu verlängern („Optionsrecht“). Der Pächter hat das Optionsrecht spätestens ■■■ Monate vor Ablauf der festen Pachtzeit gegenüber dem Verpächter schriftlich auszuüben.

(...) Übt der Pächter das Optionsrecht nicht aus, verlängert sich der Pachtvertrag auf unbestimmte Zeit, wenn er nicht spätestens ... Monate vor Ablauf der festen Pachtzeit von einer Vertragspartei gekündigt wird. Übt der Pächter das Optionsrecht aus, verlängert sich der Pachtvertrag nach Ablauf der Optionsmietzeit auf unbestimmte Zeit, wenn er nicht spätestens ... Monate vor Ablauf der Optionsmietzeit von einer Vertragspartei gekündigt wird. Hat sich der Pachtvertrag auf unbestimmte Zeit verlängert, so ist er mit einer Frist von ... Monaten zum Monatsende kündbar. ◀

Das Optionsmodell unterscheidet sich vom Grundmuster dadurch, dass der Pächter den Vertrag durch einseitige Erklärung verlängern kann (Palandt/*Weidenkaff* § 542 Rn 10). Es ist möglich, die Bedingungen des Pachtvertrags (zB die Höhe der Pacht) zu verändern, wenn das im Optionsrecht vereinbart wird. Die Ausübung des Optionsrechts muss gem. §§ 581 Abs. 2, 578 Abs. 1, 550 schriftlich erfolgen, wenn sie die befristete Verlängerung des Pachtvertrags um mehr als ein Jahr bewirken soll (OLG Köln NZM 2006, 464). Da die unmittelbare Beendigung bei Nichtwahrnehmung der Option bzw Ablauf der Optionszeit möglicherweise nicht im Interesse der Parteien ist, geht die Variante von der Verlängerung des Vertrags auf unbestimmte Zeit aus, wenn er nicht gekündigt wird (vgl *Leonhard* in: Beck`sches Formularbuch Bürgerliches, Handels und Wirtschaftsrecht, Formular III. D. 13 Anm. 7). Das Kündigungsrecht steht beiden Parteien zu.

[8] **Pacht.** Bei der Vereinbarung der Pacht sind die Parteien in den Grenzen des § 138 frei. Ein Vertrag ist als **wucherähnliches Geschäft** nach **§ 138 Abs. 1** nichtig, wenn Leistung und Gegenleistung in einem auffälligen Missverhältnis zueinander stehen und weitere sittenwidrige Umstände hinzutreten, zum Beispiel eine verwerfliche Gesinnung des durch den Vertrag objektiv Begünstigten (speziell zum Pachtvertrag: BGH NJW 2004, 3553 [3555]). Dabei legt ein besonders auffälliges Missverhältnis zwischen Leistung und Gegenleistung zwar im Allgemeinen den Schluss auf eine verwerfliche Gesinnung des Begünstigten nahe (BGH NJW 2004, 3553 [3555]). Das gilt beim Abschluss von gewerblichen Miet- und Pachtverträgen jedoch nicht (BGH NJW 2004, 3553 [3555]). Vielmehr ist regelmäßig eine tatrichterliche Würdigung erforderlich, ob das auffällige Missverhältnis für den Begünstigten erkennbar war. Ein solcher Rückschluss setzt nämlich voraus, dass sich der Begünstigte nach der allgemeinen Lebenserfahrung zumindest leichtfertig der Erkenntnis verschlossen hat, es liege ein auffälliges Missverhältnis vor. Davon kann nur dann ausgegangen werden, wenn der Marktwert der Leistung für ihn in etwa erkennbar war. Beim Abschluss von gewerblichen Miet- und Pachtverträgen kommt es jedoch nicht nur in Ausnahmefällen zu Bewertungsschwierigkeiten (BGH NJW 2004, 3553 [3555]). 10

[9] **Wertsicherungsklausel.** Zusätzlich zur Regelung des Grundmusters bietet sich bei langfristigen Pachtverträgen die Einfügung einer sog. Wertsicherungsklausel an. **Voraussetzung** für ihre **Wirksamkeit** ist gem. § 3 Abs. 1 Nr. 1 d Preisklauselgesetz, dass der Pachtvertrag mindestens für die Dauer von 10 Jahren geschlossen wird und dass der geschuldete Betrag durch die Änderung eines von dem Statistischen Bundesamt oder einem Statistischen Landesamt ermittelten Preisindexes für die Gesamtlebenshaltung oder eines vom Statistischen Amt der Europäischen Gemeinschaft ermittelten Verbraucherpreisindexes bestimmt werden soll. Durch die Wertsicherungsklausel wird die Entwicklung der Pachthöhe an den Preisindex angekoppelt und so eine den tatsächlichen Lebensverhältnissen entsprechende Entwicklung erreicht. Die Vereinbarung derartiger Klauseln in AGB dürfte zulässig sein, da der Gesetzgeber selbst im Preisklauselgesetz von der Möglichkeit ihrer Vereinbarung ausgeht (*Fritz*, Gewerberaummietrecht Rn 198). Als Muster kommt folgende Formulierung in Betracht: 11

▶ **§ ... Wertsicherungsklausel**

(1) Die Vertragspartner sind sich darüber einig, dass sich die Pacht automatisch, ohne dass es einer Aufforderung bedarf, jeweils zum 1. 1. eines jeden Jahres im gleichen Verhältnis erhöht oder ver-

ringert, wie sich der vom Statistischen Bundesamt in Wiesbaden für Deutschland ermittelte Verbraucherpreisindex (Basis 2009 = 100) gegenüber dem Stand bei Pachtbeginn verändert hat.

(2) Weitere Anpassungen erfolgen zu den gleichen Voraussetzungen. Ausgangsbasis ist jeweils der Indexstand zum Zeitpunkt der letzten Anpassung. ◀

12 [10] **Betriebskosten.** Die Überwälzung der Betriebskosten auf den Pächter ist im Verhältnis zum Wohnraummietrecht deutlich erleichtert, weil die Begrenzung des § 556 nicht gilt (Palandt/*Weidenkaff* § 556 Rn 2). Das Formular orientiert sich dennoch an dieser Regelung, weil die Betriebskostenverordnung (abgedruckt in: Schönfelder Ergänzungsband Nr. 30b/1) die wesentlichen objektbezogenen Kosten abdeckt. Nicht erfasst sind Instandhaltungs-, Instandsetzungs- und Verwaltungskosten (Bamberger/Roth/*Ehlert* § 556 Rn 15). Nach wohl hM ist die pauschale Überwälzung der Betriebskosten unter Bezugnahme auf die Betriebskostenverordnung zulässig und verstößt nicht gegen das Transparenzgebot oder das Schriftformerfordernis (BGH NJW 2009, 2058; Palandt/*Weidenkaff* § 556 Rn 5). Etwas anderes gilt nur in Bezug auf die sonstigen Betriebskosten iSv § 2 Nr. 17 BetrKV. Sie müssen spezifiziert werden (Palandt/*Weidenkaff* § 556 Rn 5).Zur Sicherheit sollte die Betriebskostenverordnung jedoch, wie im Formular vorgesehen, dem Vertrag als Anlage, die Teil desselben wird, angefügt werden.

13 [11] **Erhöhung der Betriebskostenvorauszahlung.** Der Verpächter kann die Betriebskostenvorauszahlung nach hM ohne eine ausdrückliche Regelung im Pachtvertrag nicht erhöhen. Diese Abrede kann im Formularvertrag erfolgen (Palandt/*Weidenkaff* § 535 Rn 92; Staudinger/*Emmerich* § 525 Rn 73 *Sternel*, Mietrecht aktuell, V. Rn 272). Aus anwaltlicher Vorsicht sollte daher eine Vereinbarung in den Pachtvertrag aufgenommen werden.

14 [12] **Kaution.** Das Muster enthält die Vereinbarung einer Barkaution. Ebenfalls verbreitet ist die Kaution mittels Bankbürgschaft (*Durst*, Die Bankbürgschaft als Mietsicherheit und die Verjährung gesicherter Ansprüche, NZM 1999, 64). Sie bietet sich an, wenn die Bindung liquider Mittel vermieden werden soll (*Wetekamp*, Handbuch zur Wohnraummiete, Kapitel 11 Rn 25). Die Höhe der Kaution unterliegt beim Pachtvertrag keinen gesetzlichen Beschränkungen, weil § 551 Abs. 1 nicht gilt (Hk-BGB/*Ebert* § 551 Rn 1; Palandt/*Weidenkaff* § 551 Rn 2). Darüber hinaus kann vereinbart werden, dass die Kaution vor Übergabe des Pachtobjekts zu entrichten ist. Als Muster für eine Kaution mittels Bankbürgschaft kommt folgende Formulierung in Betracht:

▶ (...) Dem Pächter ist gestattet, die Kaution durch eine selbstschuldnerische, unbefristete und unbedingte Bürgschaft einer deutschen Großbank oder Sparkasse bis zum ... zu erbringen. ◀

15 [13] **Befriedigung des Verpächters im laufenden Pachtverhältnis.** Nach bestr. aber hM kann der Verpächter im laufenden Pachtverhältnis ohne ausdrückliche Regelung im Pachtvertrag nur hinsichtlich unbestrittener und rechtskräftig festgestellter Forderungen Befriedigung aus der Kaution suchen (Palandt/*Weidenkaff* Einf. Vor § 535 Rn 123; *Kluth/Grün*, Kautionsverrechnung im laufenden Mietverhältnis, NZM 2002, 1015 [1016 ff] mwN). Da Pachtverträge über Gaststätten regelmäßig langfristig ausgelegt sind, ist die Aufnahme einer Klausel, die die Befriedigung des Verpächters auch im Übrigen ermöglicht, angezeigt.

16 [14] **Auffüllung der Kaution nach ihrer Inanspruchnahme.** Die Klausel verpflichtet den Pächter, die Kaution nach einer Inanspruchnahme durch den Verpächter wieder aufzufüllen (vgl Staudinger/*Sonnenschein-Veit* § 581 Rn 256). Sie korreliert mit der Möglichkeit des Verpächters, sie im laufenden Pachtverhältnis in Anspruch zu nehmen. Durch die vertragliche Vereinbarung einer kalendermäßig bestimmten Frist zur Aufstockung der Kaution bedarf es gem. § 287 Abs. 2 Nr. 1 keiner Inverzugsetzung des Pächters durch den Verpächter.

17 [15] **Pachtzweck.** Die Bezeichnung des Pachtzwecks hat beim Gaststättenpachtvertrag besondere Bedeutung, weil ganz unterschiedliche Nutzungskonzepte in Betracht kommen. Das Muster geht davon aus, dass der Verpächter kein Interesse an einer Begrenzung auf bestimmte bzw

der Festlegung eines einzigen Nutzungskonzepts hat. Ist ein solches Interesse gegeben, dann muss das Nutzungskonzept im Vertrag möglichst genau umschrieben werden. Eine Beschränkung auf ein bestimmtes Nutzungskonzept ist grundsätzlich zulässig (OLG München v. 26.1.2001, 21 U 3595/94, Rn 88 ff [zit. nach juris]; Palandt/*Weidenkaff* § 535 Rn 17). Allerdings kann dem Pächter nach Treu und Glauben das Recht zustehen, den Nutzungszweck zu ändern (BGH LM Nr. 1 zu § 550).

[16] **Identität von Pächter und Konzessionsinhaber.** Potentielle Pächter, die persönlich keine Konzession erlangen können, verlegen sich in der Praxis oft darauf, für die **Konzessionserlangung** und für den **Abschluss des Pachtvertrags** einen **Strohmann** vorzuschieben. Dies birgt die Gefahr für den Verpächter, sich in unabsehbaren Aspekten des Pachtgebrauchs mit vertragsfremden Personen konfrontiert zu sehen (*Borzutzki-Pasing* in: Hannemann/Wiegner § 69 Rn 120). Das ist risikoträchtig, weil eine Gaststättenverpachtung bei Auseinanderfallen von Betreiber und Konzessionsinhaber nach § 134 dann zur Unwirksamkeit des Vertrags führen kann, wenn unter Verstoß gegen die Konzessionsvorschriften an einen nicht konzessionsberechtigten Betreiber vermietet oder verpachtet wird (*Borzutzki-Pasing*, aaO mwN). Das Muster beugt dem vor, indem der tatsächliche Gaststättenbetrieb mit der Person des Pächters verknüpft wird. 18

[17] **Inventar.** Die Klausel des Musters wälzt die Erhaltungspflicht des Verpächters gem. § 582 Abs. 2 S. 1 in zulässiger Weise auf den Pächter über (Palandt/*Weidenkaff* § 582 Rn 4; Hk-BGB/*Ebert* § 582 Rn 4). 19

[18] **Übernahme von Verträgen.** Die Klausel des Musters ermöglicht die Vereinbarung von Vertragsübernahmen zwischen Verpächter und Pächter. Praktische Bedeutung erlangt die Vertragsübernahme vor allem bei langfristigen Verträgen. Bei der Gaststättenpacht sind insbesondere Bierbezugsverpflichtungen von Bedeutung (Bamberger/Roth/*Rohe* § 415 Rn 26). Zur Wirksamkeit einer Vertragsübernahme ist zusätzlich die Zustimmung des Vertragspartners des Verpächters erforderlich (Hk-BGB/*Schulze* § 398 Rn 27). 20

[19] **Bezugsverpflichtung/Brauereibindung.** Das Muster geht bei diesem hochbrisanten Thema vom einfachsten denkbaren Fall aus, dass **keine** Bezugsverpflichtung gegenüber einer Brauerei besteht. 21

Es liegt jedoch im vitalen Interesse von Brauereien, Getränkegroßhändlern und Automatenaufstellern, sich dauerhaft einen gesicherten Absatzmarkt zu ihnen günstigen Bedingungen zu sichern. Das Bestreben, für einen möglichst langen Zeitraum feste Abnehmer zu erlangen, hat in der Praxis vielfach zu Vertragskonstruktionen geführt, die durchgreifenden rechtlichen Bedenken begegnen (*Borzutzki-Pasing* in: Hannemann/Wiegner § 69 Rn 125). Die Bezugsbindungsklauseln müssen vielfältigen gesetzlichen Vorgaben genügen (vgl ausf. *Borzutzki-Pasing* aaO, § 69 Rn 126 ff). 22

Eine **Bezugsbindungsklausel** kann gegen § 1 GWB iVm § 134 verstoßen. Danach sind Vertragsregelungen wegen des Verstoßes gegen ein gesetzliches Verbot unwirksam, wenn sie Vereinbarungen zwischen Unternehmen darstellen die eine **Verhinderung, Einschränkung oder Verfälschung des Wettbewerb**s bezwecken oder bewirken. Das ist bei Bezugsbindungsklauseln anzunehmen, wenn sie die gesamte oder weit überwiegende Nachfrage eines oder mehrerer Abnehmer an einen einzelnen Lieferanten binden und damit den Markt für andere Lieferanten verschließen. Voraussetzungen hierfür sind zum einen eine gewisse Dauer und ein gewisses Maß an Bedarfsbindung und zum anderen ein hiervon ausgehender Nachteil für andere Lieferanten, deren Absatzmöglichkeiten durch den erschwerten Zugang zu Kunden beeinträchtigt werden (*Holzmüller/v. Köckritz*, Zur Kartellrechtswidrigkeit langfristiger Bezugsbindungen und ihrer prozessualen Geltendmachung, BB 2009, 1712). Da die Bezugsbindungsklauseln in Gaststättenpachtverträgen den Pächter gewöhnlich dazu verpflichten werden, für die Dauer der Pacht ausschließlich beim Verpächter bzw dessen Lieferanten seine gesamten Getränke zu beziehen, 23 dürfte die erste Voraussetzung regelmäßig erfüllt sein. Ein Verstoß gegen § 1 GWB hängt dann von der abstrakt nicht zu beantwortenden Frage ab, ob aufgrund der Marktstruktur und der Dauer der Bindung **spürbare Auswirkungen auf den Markt** entstehen. Ein Indiz hierfür ist der Marktanteil des Verpächters bzw Lieferanten. Je größer der absolut und im Verhältnis zu den übrigen Wettbewerbern ist, desto eher wird man Marktbeeinträchtigungen bejahen können (*Holzmüller/v. Köckritz*, Zur Kartellrechtswidrigkeit langfristiger Bezugsbindungen und ihrer prozessualen Geltendmachung, BB 2009, 1712 [1713 f]).

24 Bezugnahmeverpflichtungen können auch einen **Missbrauch einer marktbeherrschenden Stellung** gem. §§ 19, 20 GWB darstellen. Der Verpächter bzw Lieferant hat eine marktbeherrschende Stellung, wenn seine wirtschaftliche Machtstellung ihn in die Lage versetzt, die Aufrechterhaltung eines wirksamen Wettbewerbs auf dem relevanten Markt zu verhindern, indem sie ihm die Möglichkeit verschafft, sich seinen Wettbewerbern, seinen Abnehmern und letztlich den Verbrauchern gegenüber in einem nennenswerten Umfang unabhängig zu verhalten (EuGH, Rs 85/76 (Hoffmann-La Roche), Slg 1979, 461 Rn 38). Ob diese Voraussetzungen erfüllt sind, ist im Einzelfall schwer zu bestimmen und muss anhand in einer umfassenden Analyse der jeweiligen Marktstruktur festgestellt werden (*Holzmüller/v. Köckritz*, Zur Kartellrechtswidrigkeit langfristiger Bezugsbindungen und ihrer prozessualen Geltendmachung, BB 2009, 1712 [1715]). § 19 Abs. 3 S. 1 GBW vermutet eine marktbeherrschende Stellung bereits, wenn ein Unternehmen auf dem relevanten Markt einen Marktanteil vom einem Drittel erreicht. Die Vermutung lässt sich widerlegen durch den Nachweis bestehenden Wettbewerbs auf dem relevanten Markt. Nach § 19 Abs. 3 S. 2 GWB wird eine kollektive Marktbeherrschung widerleglich vermutet, wenn maximal drei Unternehmen die Hälfte oder maximal fünf Unternehmen zwei Drittel des Marktes abdecken. Ein Missbrauch dieser Stellung ist regelmäßig bereits in der Vereinbarung von umfassenden Bezugnahmeklauseln zu sehen (*Holzmüller/v. Köckritz*, Zur Kartellrechtswidrigkeit langfristiger Bezugsbindungen und ihrer prozessualen Geltendmachung, BB 2009, 1712 [1716]).

25 Bei der **Bezugsbindungsklausel** wird es sich regelmäßig **nicht** um einen **Ratenlieferungsvertrag iSv § 505** handeln, weil der **Pächter** in aller Regel **kein Verbraucher** gem. § 13 sein wird, da der Abschluss des Pachtvertrags seiner gewerblichen bzw selbständigen beruflichen Tätigkeit dienen wird. Ist der **Pächter ausnahmsweise Verbraucher**, hat das zur Folge, dass gemäß §§ 505 Abs. 1 Nr. 2, 355 ein Widerruf der auf den Abschluss einer Bezugsverpflichtung gerichteten Willenserklärung in Betracht kommt. Wenn das geschieht und von der Teilnichtigkeit des Pachtvertrags auszugehen ist, muss im Rahmen des § 139 wiederum geprüft werden, ob der Verpächter den Vertrag auch ohne das vorgesehene Bierlieferrecht abgeschlossen hätte. Das ist nicht der Fall, wenn der Pachtvertrag mit dem Lieferrecht „steht und fällt". Eine so enge Verknüpfung kann sich typischerweise aus dem wirtschaftlich unternehmerischen Hintergrund des Verpächters ergeben, der als Lieferant und zugleich als Verpächter auftritt (vgl *Borzutzki-Pasing* in: Hannemann/Wiegner § 69 Rn 126).

26 Weiterhin müssen Bezugsbindungsklauseln dem Verdikt des § 138 genügen. Bezugsbindungsklauseln greifen grundsätzlich nicht in sittenwidriger Art und Weise in die Vertragsfreiheit des Pächters ein. Sittenwidrigkeit liegt vielmehr erst vor, wenn die wirtschaftliche Bewegungsfreiheit und die Selbständigkeit des Pächters in unvertretbarer Weise eingeengt werden und er dadurch in eine mit den Anschauungen des redlichen Verkehrs nicht mehr zu vereinbarende Abhängigkeit zum Verpächter bzw Lieferanten gerät. Das ist durch eine Gesamtbetrachtung der Bezugsbindungsklausel festzustellen. Dabei sind der Wert der Leistung des Verpächters bzw Lieferanten, der Grad der Abhängigkeit des Gastwirts von diesen und die Dauer der Bezugsbindung zu berücksichtigen (vgl ausf. Staudinger/*Sack* § 138 Rn 274 ff).

27 Schließlich unterliegen sie der **AGB Kontrolle** der §§ 305 ff. Soweit die Bezugsbindungsklausel eine Allgemeine Geschäftsbedingung gem. § 305 Abs. 1 ist, sind folgenden Inhalte AGB-rechtlich relevant: § 307 Abs. 1 S. 1 setzt der Dauer der Bezugsbindung engere Grenzen als § 138.

Eine unangemessene Benachteiligung gem. § 307 Abs. 1 S. 1 liegt schon bei einer Dauer vor die fünf Jahre (*Graf v. Westphalen* in: Graf v. Westphalen, Bierlieferungsvertrag Rn 15) bzw zehn Jahre (BGH NJW 2001, 2331) übersteigt. Wurde der Pachtvertrag im Rahmen einer **Existenzgründung** geschlossen ist ferner umstritten, ob der Pächter als Verbraucher (MüKo-BGB/*Micklitz* § 13 Rn 41) oder Unternehmer (BGH NJW 2005, 1275) gilt, so dass, wenn man der ersten Ansicht folgt, auch ein Verstoß gegen § 309 Nr. 9 a in Betracht kommt (*Graf v. Westphalen* in: Graf v. Westphalen, Bierlieferungsvertrag Rn 19). **Anschlussverträge** sollen jedenfalls dann gegen § 307 Abs. 1 S. 1 verstoßen, wenn sie, unter Einrechnung des noch nicht abgelaufenen Teils des Erstvertrags, zu einer längeren Bindung als fünf bzw zehn Jahren führen (*Graf v. Westphalen* in: Graf v. Westphalen, Bierlieferungsvertrag Rn 22). **Verlängerungsklauseln** von ein bis zwei Jahren, die so gestaltet sind, dass sie greifen, wenn der Pächter ein Kündigungsrecht nicht wahrnimmt, sind möglich (*Graf v. Westphalen* in: Graf v. Westphalen, Bierlieferungsvertrag Rn 24). Eine **Mindestabnahmepflicht** verstößt gegen § 307 Abs. 1 S. 1, wenn die abzunehmende Menge so hoch angesetzt ist, dass der Pächter sie praktisch nicht erreichen kann. Soweit bei zu geringer Abnahme ein **pauschaler Schadensersatzanspruch** verwirkt ist, gilt § 309 Nr. 5, der auch auf den unternehmerischen Verkehr anwendbar ist. Eine Schadenspauschalierung in Höhe von 20% je hl Fehlmenge ist unbedenklich. Gleiches gilt für **Vertragsstrafenabreden**, die § 307 Abs. 1 S. 1 unterfallen (*Graf v. Westphalen* in: Graf v. Westphalen, Bierlieferungsvertrag Rn 26 f). **Nachfolgeklauseln** sind unter Berücksichtigung der Besonderheiten des Brauereigeschäftes grundsätzlich mit § 307 Abs. 1 S. 1 zu vereinbaren, solange sie dem Pächter einen ausreichenden Raum wirtschaftlicher Betätigung lassen, insbesondere ein Kündigungsrecht aus wichtigem Grund vorsehen (BGH NJW 1986, 2693 [2695], weitergehend: *Graf v. Westphalen* in: Graf v. Westphalen, Bierlieferungsvertrag Rn 28 ff). Kündigungsklauseln müssen sich an § 314 orientieren und dürfen die Vorschrift nicht einschränken (*Graf v. Westphalen* in: Graf v. Westphalen, Bierlieferungsvertrag Rn 34 f). Eine Klausel, nach der der Verpächter bei Vertragsverletzungen des Pächters berechtigt ist, auch ohne Kündigung des Bierlieferungsvertrags, die Rückgabe des leihweise überlassenen Inventars zu verlangen (**Abräumklausel**), verstößt gegen § 307 Abs. 1 S. 1 (*Graf v. Westphalen in:* Graf v. Westphalen, Bierlieferungsvertrag Rn 36). Gleiches gilt für eine Teilkündigung (*Graf v. Westphalen* in: Graf v. Westphalen, Bierlieferungsvertrag Rn 37). Eine Klausel, in der sich der Verpächter einseitig die Befugnis einräumt, seine Rechte und Pflichten aus der Bezugsbindungsklausel auf einen Dritten zu übertragen (**Übertragungsklausel**), verstoßen gegen § 307 Abs. 1 S. 1 (*Graf v. Westphalen* in: Graf v. Westphalen, Bierlieferungsvertrag Rn 38).

Insgesamt ist zu statuieren, dass Bezugsbindungsklauseln für jeden Einzelfall konstruiert und auf ihre Wirksamkeit überprüft werden müssen, um die Aufnahme einer unwirksamen Vereinbarung in den Vertrag zu vermeiden. 28

Nachfolgend kann daher nur eine **Checkliste** mit Aspekten, die bei der Konstruktion einer Bezugsbindungsklausel zu berücksichtigen sind, dargestellt werden: 29

a) Pflicht des Pächters zum ausschließlichen und ununterbrochenen Ausschank von Biersorten und anderen Getränken gem. der Sortenliste des Verpächters/Lieferanten/Großhändlers während einer bestimmten Nutzungsdauer des Pachtobjekts.
b) Pflicht des Pächters während einer bestimmten Nutzungsdauer des Pachtobjekts, die Biersorten und die anderen Getränke ausschließlich und ununterbrochen beim Verpächter/Lieferanten/Großhändler zu beziehen.
c) Berechtigung des Verpächters/Lieferanten/Großhändlers, einzelne Artikelbezeichnungen der vertragsgemäß abzunehmenden Sorten auszutauschen oder einzelne Artikel wegfallen zu lassen, ohne Auswirkung auf die ausschließliche Getränkebezugsverpflichtung bezüglich der übrigen Artikel.

d) Geltung der Allgemeinen Liefer- und Zahlungsbedingungen und der festgesetzten Preise des Verpächters/Lieferanten/Großhändlers.
e) Ausschluss des Eigentumsübergangs am Leergut auf den Pächter durch die Bezahlung von Pfand an Flaschen, Kästen, Fässern und sonstigen Gebinden.
f) Befreiung des Verpächters/Lieferanten/Großhändlers von der Lieferpflicht, im Falle von Arbeitskampfmaßnahmen.
g) Pflicht des Pächters zur Unterlassung des Bezugs von Biersorten und anderen Getränken von konkurrierenden Unternehmen während einer bestimmten Nutzungsdauer des Pachtobjekts.
h) Pflicht des Pächters zur Zahlung einer Vertragsstrafe für den Fall des verbotenen Fremdbezugs.
i) Befugnis des Verpächters/Lieferanten/Großhändlers zur Schätzung der Menge vertragswidrig bezogener/verkaufter/ausgeschenkter Hektoliter Bier/sonstiger Getränke, wenn der Pächter keinen Nachweis über die Menge binnen einer bestimmten Frist nach Aufforderung vorlegt.
j) Vereinbarung über einen jährlichen Mindestbierbezuges sowie des jährlichen Mindestbezuges sonstiger Getränke
k) Regelung des Abrechnungszeitraums in Bezug auf den Mindestbezug (zB das Kalenderjahr)
l) Pflicht des Pächters zur Zahlung einer Ausfallentschädigung pro hl für den Fall, dass der Pächter die vertraglich vereinbarte Mindestmenge an Bier oder sonstigen Getränken pflichtwidrig nicht abnimmt, vorbehaltlich des Nachweises eines wesentlich niedrigeren Schadens durch den Pächter.
m) Vereinbarung über die Fälligkeit der Ausfallentschädigung.

30 [20] **Formularmäßige Übertragung der Instandsetzungslast.** In der Praxis besteht das Bedürfnis, die Verpflichtung zur Instandhaltung und Instandsetzung des Pachtobjekts entgegen der Grundkonzeption des Gesetzes soweit wie möglich auf den Pächter überzuwälzen (vgl *Over* in: Hannemann/Wiegner § 58 Rn 1). Formularmäßig ist das nach hM nur möglich, soweit sie sich auf Schäden erstreckt, die dem Pachtgebrauch oder der Risikosphäre des Pächters zuzuordnen sind. Dem Pächter darf durch Formularvertrag nicht die Sachgefahr aufgebürdet werden. Das verstößt gegen § 307 Abs. 1 S. 1 (BGH NJW-RR 2006, 84 [85 f]). Diesem Umstand trägt das Muster Rechnung, indem es dem Pächter nur diejenigen Instandhaltungs- und Instandsetzungspflichten überträgt, die nicht die Sachgefahr als solche betreffen.

31 **Individualvertragliche Übertragung der Instandsetzungslast.** Individualvertraglich ist eine weitergehende Übertragung der Instandhaltungs- und Instandsetzungspflichten möglich. Eine individualvertraglich vereinbarte Regelung könnte folgendermaßen lauten (vgl *Over* in: Hannemann/Wiegner § 58 Rn 6):

► Sämtliche Reparaturen, Instandsetzungen, Instandhaltungen und Erneuerungen am Pachtobjekt gehen zulasten des Pächters, soweit sie sich der Zustand des Pachtobjekts durch den Gebrauch verändert hat und Anlass zu Reparaturen, Instandsetzungen, Instandhaltungen und Erneuerungen besteht. ◄

32 [21] **Formularmäßige Übertragung der Pflicht zur Vornahme der Schönheitsreparaturen.** Durch die Entscheidungen vom 6.4.2005 (NZM 2005, 504) und vom 8.10.2008 (NZM 2008, 890) hat der BGH seine Rechtsprechung zu Schönheitsreparaturklauseln bei Wohnraummietverhältnissen weitgehend auf Gewerberaummietverhältnisse übertragen (*Over* in: Hannemann/Wiegner § 58 Rn 18 ff). Aufgrund der Verweisung des § 581 Abs. 2 spricht viel dafür, dass die Grundsätze auch im Pachtrecht Anwendung finden. Daher ist eine Abwälzung der Pflicht zur Vornahme der Schönheitsreparaturen in Formularverträgen nur noch in engen Grenzen mög-

lich (*Over* in: Hannemann/Wiegner § 58 Rn 18 a). Dem trägt das Muster Rechnung, indem e auf Renovierungsfristen und eine Endrenovierungsklausel verzichtet.

Die **individualvertragliche Übertragung der Pflicht zur Vornahme der Schönheitsreparatur** ist demgegenüber weiterhin weitgehend möglich. So hat der BGH in jüngerer Zeit entschiede dass eine individualvertraglich vereinbarte Endrenovierungsklausel wirksam ist (BGH NZ 2009, 397). Insoweit ist davon auszugehen, dass auch Klauselkombinationen über Anfang laufende sowie Endrenovierung möglich sind (*Over* in: Hannemann/Wiegner § 58 Rn 15). bei ist aber zu beachten, dass sich eine unangemessene Benachteiligung auch daraus erge kann, dass individuelle mit vorformulierten Abreden kombiniert werden (BGH NZM 20 623). Weil sich die Ausführungsart und der Turnus von Schönheitsreparaturen in gewerb genutzten Pachträumen weitgehend einer Generalisierung entzieht, wird auf die Formulie eines Musters verzichtet (vgl *Borzutzki-Pasing* in: Beck`sches Formularbuch Mietrecht, A Anm. 40).

[22] Versicherungspflicht. Die formularmäßige Verpflichtung des Pächters zum Abschlus Versicherungen ist grundsätzlich zulässig. Ein Verstoß gegen das Transparenzgebot des Abs. 1 S. 2 kommt jedoch in Betracht, wenn die Klausel das zu versichernde Risiko nich reichend bestimmt benennt (*Hannemann* in: Hannemann/Wiegner § 48 Rn 166). Dem trä Muster Rechnung, indem es eine klare Aufteilung der Versicherungspflichten vorsieht.

[23] Unterverpachtung. Aus einem Gegenschluss aus § 584 a Abs. 1 ergibt sich, dass der I keinen Anspruch auf eine Unterverpachtung hat. Der Ausschluss ist daher vollständig r (Bamberger/Roth/*Wagner* § 584 a Rn 3). Insoweit überwiegt das Vertrauen des Verpäch die Kontinuität der Bewirtschaftung der Pachtsache durch den von ihm ausgewählten (Hk-BGB/*Ebert* § 584 a Rn 3).

[24] Keine Abbedingung von § 584 a Abs. 1. Die Regelung hat lediglich klarstellende F Sie dient zur Vermeidung des Missverständnisses, durch die Einräumung der Möglic Genehmigung sei § 584 a Abs. 1 konkludent abbedungen worden.

[25] Außerordentliche Kündigung bei vertragswidriger Unterverpachtung. Unterverpa Pächter das Pachtobjekt ohne schriftliche Genehmigung, so ist der Verpächter zur dentlichen Kündigung berechtigt (Bamberger/Roth/*Wagner* § 584 a Rn 4). Das stellt lung ebenso klar wie den Anspruch des Verpächters auf Beendigung des vertragswic terpachtverhältnisses. Das ist für den Pächter auch nicht rechtlich unmöglich, weil e Fall das Unterpachtverhältnis außerordentlich kündigen kann (Erman/*Jendrek* § mwN).

[26] Behördliche Genehmigungen in Bezug auf das Pachtobjekt. Formularvertrag lungen, die den Verpächter von der Verpflichtung freistellen, das Pachtobjekt nac schaffenheit und Lage in einem für eine Konzession geeigneten Zustand zu überlas Herstellungsrisiko auf den Pächter überbürden, verstoßen gegen § 307 Abs. 2 Nr 44
daher unwirksam (*Hannemann* in: Hannemann/Wiegner § 48 Rn 135 mwN). Da besondere Klauseln, die eine Gewähr des Verpächters dafür ausschließen, dass das den allgemeinen technischen Anforderungen sowie den behördlichen Vorschrift bzw den Pächter verpflichten, Auflagen zu erfüllen, die eine vertragsgerechte Nu möglichen (*Hannemann* in: Hannemann/Wiegner § 48 Rn 135 f mwN). 45

[27] Behördliche Genehmigungen mit Pächterbezug. Demgegenüber sind Klau die dem Mieter das Risiko der Konzessionserteilung hinsichtlich der Voraussetzu die er in seiner eigenen Person zu erfüllen hat (*Hannemann* in: Hannemann Rn 136 mwN).

[28] Übertragung der Verkehrssicherungspflicht auf den Pächter. Bei der Verpa schäftsräumen kann die Verkehrssicherungspflicht insgesamt durch formularv einbarung auf den Pächter übertragen werden, wenn ihm die Sachherrschaft ü

Gebäude zusteht (BGH NJW 1996, 2646; (*Lehr* in: Hannemann/Wiegner § 54 Rn 124). Von diesem Fall geht das Muster aus. Dem Verpächter obliegt in diesen Fällen noch eine Kontroll- und Überwachungspflicht (BGH NJW 1996, 2646).

41 [29] **Duldungspflichten des Pächters hinsichtlich baulicher Maßnahmen.** Im Pachtrecht gilt gem. §§ 581 Abs. 2, 578 Abs. 2 S. 1 die Vorschrift des § 554, die die Duldung von Erhaltungs- und Modernisierungsmaßnahmen regelt, mit der Maßgabe, dass sie abdingbar ist, weil § 554 Abs. 5, der der Regelung zwingenden Charakter gibt, von der Verweisung in § 578 Abs. 2 S. 1 ausgenommen ist. Folglich können im Pachtvertrag von den Regelungen des § 554 BGB abweichende Abreden getroffen werden (*Lutz* in: Hannemann/Wiegner § 59 Rn 7 f). Bei formularmäßigen Vereinbarungen verbieten sich wegen § 307 BGB Abreden, die den Bestand des Pachtobjekts oder wesentliche Teile davon zur freien Disposition des Verpächters stellen, eine Pflicht zur jederzeitigen Duldung von Maßnahmen begründen oder die Geltendmachung einer unzumutbaren Härte völlig ausschließen (*Kraemer* in: Bub/Treiber III. A. Rn 1124). Das Muster erweitert die Regelung des § 554 Abs. 1, indem es die Zweckdienlichkeit der Maßnahme ausreichen lässt (vgl *Borzutzki-Pasing* in: Beck'sches Formularbuch Mietrecht, A VI 1 Anm. 43).

42 [30] **Entschädigungsanspruch des Pächters wegen vom Verpächter veranlasster baulicher Maßnahmen.** Ein formularmäßiger Ausschluss sämtlicher Entschädigungsansprüche des Pächters im Zusammenhang mit vom Verpächter veranlassten baulichen Maßnahmen verstieße gegen § 307 Abs. 2 Nr. 1 BGB, weil der Verpächter dadurch das Minderungsrecht des Pächters gem. §§ 581 Abs. 2, 536 Abs. 1 S. 1 Hs 1 in allen Fällen vollständig ausschließen würde, in denen eine von ihm veranlasste bauliche Maßnahme zur Minderung der Tauglichkeit des Pachtobjekts geführt hat. Zulässig ist jedoch lediglich die Einschränkung der unmittelbaren Inanspruchnahme des Minderungsrechts (*Drettmann* in: Graf v. Westphalen, Vertragsrecht und AGB Klauselwerke, Geschäftsraummiete Rn 41 vgl ausführlich unten Rn 47).

43 [31] **Recht des Pächters zur Durchführung baulicher Maßnahmen.** Grundsätzlich sind dem Pächter bauliche Veränderungen nicht gestattet. Er ist vielmehr gehalten, das Pachtobjekt in dem Zustand zu belassen, in dem er es vom Verpächter übergeben bekommen hat, von geringfügigen Eingriffen, die jederzeit wieder rückgängig gemacht werden können, abgesehen. Ein vollständiger formularmäßiger Ausschluss jeglicher Änderungsmaßnahmen verstößt jedoch gegen § 307 Abs. 1 BGB (*Hannemann* in: Hannemann/Wiegner § 48 Rn 161). Die Vereinbarung eines generellen Erlaubnisvorbehaltes begegnet dagegen keinen Bedenken (*Hannemann* in: Hannemann/Wiegner § 48 Rn 161). Die Überbürdung einer verschuldensunabhängigen Haftung für sämtliche Schäden, die durch die erlaubnispflichtigen Veränderungen verursacht werden, zumal wenn diese vom Vermieter gestattet wurden, verstößt gegen § 307 Abs. 2 Nr. 1 BGB (*Hannemann* in: Hannemann/Wiegner § 48 Rn 162).

[32] **Betreten der Pachträume.** Das Muster erlaubt dem Verpächter unter bestimmten Voraussetzungen das Betreten des Pachtobjekts. Die grundsätzliche Zulässigkeit derartiger Klauseln auch in AGB ist allgemein anerkannt. Sie verstoßen jedoch gegen § 307 BGB, wenn sie eine generelle Befugnis des Verpächters zum jederzeitigen Betreten des Pachtobjekts vorsehen (*Hannemann* in: Hannemann/Wiegner § 48 Rn 165 mwN).

[33] **Einschränkung des Aufrechnungsrechts des Pächters.** Ein unbeschränktes Aufrechnungsverbot kann auch im unternehmerischen Verkehr wegen §§ 307, 309 Nr. 3, der auch im Verkehr zwischen Unternehmern als konkretisierende Ausformung von § 307 Abs. 2 Nr. 1 anwendbar ist (BGH NJW 2007, 3421; Palandt/*Grüneberg* § 309 Rn 21), formularmäßig nicht wirksam vereinbart werden (BGH NJW 2007, 3421; *Hannemann* in: Hannemann/Wiegner § 48 Rn 87). Zulässig sind jedoch Klauseln, die die Aufrechnung davon abhängig machen, dass die zur Aufrechnung gestellte Gegenforderung unstreitig oder rechtskräftig festgestellt ist (BGH NJW-RR 1993, 519 [520]; BGH NJW 1989, 3215 [3216]). Auch auf konnexe Gegenforde-

rungen lässt sich das Aufrechnungsrecht des Pächters nicht formularmäßig beschränken (*Hannemann* in: Hannemann/Wiegner § 48 Rn 88).

[34] **Einschränkung des Zurückbehaltungsrechts bzw Leistungsverweigerungsrechts des Pächters.** Zurückbehaltungsrechte, die auf dem Pachtvertrag beruhen, dürfen gem. § 309 Nr. 2 gegenüber einem Pächter, der Verbraucher iSv § 13 ist, formularmäßig weder ausgeschlossen noch eingeschränkt werden (*Hannemann* in: Hannemann/Wiegner § 48 Rn 91). Im unternehmerischen Verkehr können die §§ 273, 320 grundsätzlich formularvertraglich abbedungen werden (Palandt/*Grüneberg* § 309 Rn 16). Das gilt nicht, wenn der Gegenanspruch, auf den das Zurückbehaltungsrecht oder Leistungsverweigerungsrecht gestützt wird, unbestritten oder rechtskräftig festgestellt ist (BGHZ 115, 327; Palandt/*Grüneberg* § 309 Rn 16). Aber auch bei solchen Forderungen kann die Geltendmachung des Zurückbehaltungsrechts oder des Leistungsverweigerungsrechts von dem Erfordernis abhängig gemacht werden, sie einen Monat vor Fälligkeit anzukündigen (Palandt/*Grüneberg* § 309 Rn 16 mwN). 46

[35] **Einschränkung des Minderungsrechts des Pächters.** Das Recht zur Pachtminderung wegen Sachmängeln kann formularvertraglich wesentlich eingeschränkt, nicht jedoch vollständig ausgeschlossen werden (BGH NJW 1993, 519 [520]). Eine unangemessene Benachteiligung des Pächters gem. § 307 Abs. 2 Nr. 1 liegt jedoch nur dann nicht vor, wenn er nur vorläufig zur vollen Zahlung der Pacht verpflichtet bleibt und die Möglichkeit einer Rückzahlung des zuviel Geleisteten nach § 812 BGB zu verlangen oder Schadenersatz nach § 536 a BGB geltend zu machen, nicht ausgeschlossen wird (BGH NJW 1984, 2404 [2405]; *Hannemann* in: Hannemann/Wiegner § 48 Rn 191). Unwirksam dürfte im Übrigen auch ein Minderungsausschluss in Bezug auf rechtskräftig festgestellte oder unstreitige Gegenforderungen sein (BGH NJW-RR 2003, 873; *Hannemann* in: Hannemann/Wiegner § 48 Rn 192). 47

[36] **Rückgabe der Pachträume.** Der Pächter ist gem. §§ 581 Abs. 2, 546 zur Rückgabe des Pachtobjekts verpflichtet. In welchem Zustand das Pachtobjekt zurückzugeben ist, bestimmt sich nach den vertraglichen Vereinbarungen zwischen den Parteien (Palandt/*Weidenkaff* § 546 Rn 5). Das Muster sieht vor, dass das Pachtobjekt im bezugsfertigen Zustand herauszugeben ist. Das bedeutet, das auch die vom Pächter eingebrachten Einrichtungen zu entfernen und Ein- und Umbauten zurückzubauen sind. Die Regelung korreliert mit der Abrede in § 8 Ziffer 2 des Pachtvertrags, die hinsichtlich der Schönheitsreparaturen keine starren Fristen vorsieht. Bezugsfertigkeit bedeutet die Rückgabe in einem für nachfolgende Pächter gebrauchfertigen und zumutbaren Zustand. Die Aufnahme einer Pflicht zur Endrenovierung in das Muster bietet sich bei der Gaststättenpacht nicht zwingend an, weil der Pächterwechsel oft mit erheblichen Umbauten verbunden ist (*Borzutzki-Pasing* in: Beck'sches Formularbuch Mietrecht, A. VI. 1. Anm. 49). 48

[37] **Ausschluss des Wegnahmerechts des Pächters.** Das Muster ermöglicht es dem Verpächter das Wegnahmerecht des Pächters, das sich aus §§ 581 Abs. 2, 539 Abs. 2 ergibt, auszuschließen und modifiziert die gesetzlich vorgesehene Möglichkeit der Abwendung des Wegnahmerechts gem. §§ 581 Abs. 2, 578 Abs. 2 S. 1, 552 Abs. 1. Da § 578 Abs. 2 S. 1 die Regelung des § 552 Abs. 2 nicht in Bezug nimmt, wonach der Ausschluss des Wegnahmerechts nur wirksam ist, wenn eine angemessene Entschädigung vorgesehen ist, ist zu überlegen, ob das Wegnahmerecht, in Erweiterung des Grundmusters, entschädigungslos ausgeschlossen werden kann (dafür: Palandt/*Weidenkaff* § 539 Rn 11; LG Braunschweig, ZMR 2008, 453; einschränkend: *Hannemann* in: Hannemann/Wiegner § 48 Rn 230). Diese Frage ist, soweit ersichtlich, jedoch noch nicht abschließend geklärt, sodass die nachfolgende Variante mit einer gewissen Rechtsunsicherheit behaftet ist. 49

▶ Der Verpächter kann verlangen, dass vom Pächter eingebrachte Einrichtungen, Ein- und Umbauten entschädigungslos im Pachtobjekt verbleiben. ◀

50 [38] **Rückgabe des Inventars.** Das Muster knüpft an die vertragsgemäße Abnutzung des Inventars, durch die seine Gebrauchstauglichkeit nicht aufgehoben ist, keine Ersatzansprüche des Verpächters, da eine solche formularmäßig vereinbarte Klausel wegen § 307 nicht wirksam vereinbart werden kann (*Borzutzki-Pasing* in: Hannemann/Wiegner § 76 Rn 4 ff).

51 [39] **Wertausgleich.** Der Wertausgleich, der in § 582 a Abs. 3 S. 2 gesetzlich vorgesehen ist, wird formularmäßig nicht in jedem Fall ausgeschlossen werden können, weil Situationen denkbar sind, in denen das eine unangemessene Benachteiligung des Pächters gem. § 307 Abs. 1 S. 1 darstellen würde (*Borzutzki-Pasing* in: Hannemann/Wiegner § 76 Rn 10 ff). Das könnte zB anzunehmen sein, wenn dem Pächter wertvolle Inventarteile bereits in altem oder erheblich abgenutzten Zustand übergeben worden sind, und somit absehbar war, dass der Pächter erhebliche Investitionen vorzunehmen hatte. Liegt eine solche Fallgestaltung vor, bietet sich folgende Variante des Musters an (*Borzutzki-Pasing* in: Beck'sches Formularbuch Mietrecht, A. VI. 6. Anm. 8):

► Ein Wertausgleich zugunsten des Pächters findet nur hinsichtlich ... statt, und zwar nur dann, wenn der Pächter diese Anlage in den letzten ... Jahren vor Beendigung des Pachtverhältnisses durch eine jedenfalls neuwertige Anlage ersetzt hat, und nur in dem Umfang, in dem sich gegenüber der bei Pachtbeginn gemäß dem Übergabeprotokoll vorhandenen und bei Pachtbeginn ... Jahre alten Anlage eine Wertsteigerung von mehr als 20 % ergibt. ◄

52 [40] **Fortsetzung des Pachtgebrauchs.** Das Muster greift die Regelung des § 584 b auf und stellt klar, dass bei verspäteter Rückgabe neben der Pacht, die vertraglich mit der im Gesetz genannten Nutzungsentschädigung gleichgesetzt wird, auch die Neben- und Betriebskostenvorauszahlungen weiter zu entrichten sind. Das Muster verzichtet darauf, dem Verpächter einen pauschalierten Schadensersatzanspruch einzuräumen. Derartige Klauseln müssen sich auch im unternehmerischen Verkehr über §§ 307, 310 Abs. 1 an § 309 Nr. 5 messen lassen (Palandt/*Grüneberg* § 309 Rn 32). Das bedeutet, dass sie unwirksam sind, wenn die Pauschale den nach dem gewöhnlichen Lauf der Dinge zu erwartenden Schaden übersteigt (Palandt/*Grüneberg* § 309 Rn 26). Dieser über den Verlust der Pachteinnahmen hinausgehende Schaden lässt sich jedoch nicht ohne Weiteres bestimmen. So weiß der Verpächter bei Abschluss des Pachtvertrags zB nicht, ob der Nachfolger des Pächters eine höhere Pacht zahlen wird und um wie viel höher sie sein wird.

53 [41] **Keine stillschweigende Verlängerung des Pachtvertrags.** Die Klausel dient der Abbedingung des § 545, der über § 581 Abs. 2 auch auf den Pachtvertrag Anwendung findet (Palandt/*Weidenkaff* § 545 Rn 2). Die Regelung wird weithin als nicht interessengerecht erachtet und kann auch durch Formularvertrag abbedungen werden (hM: BGH NJW 1991, 1750; Palandt/*Weidenkaff* § 545 Rn 4).

54 [42] **Ausschluss von außerhalb der Vertragsurkunde liegenden Abreden.** Diese Klausel des Musters dient der Beweiserleichterung derjenigen Vertragspartei, die sich darauf beruft, dass es außerhalb der Vertragsurkunde keine anderweiten Abreden oder Zusicherungen, insbesondere über die Gewährleistung eines bestimmten Zustandes des Pachtobjekts, des Inventars, über die künftige Ausstattung oder über den zu erwartenden Geschäftserfolg des Pachtobjekts, zum Pachtvertrag gibt, in dem sie die Übereinstimmung der Parteien über diesen Punkt statuiert.

55 [43] **Schriftformerfordernis für Änderungen des Vertrags.** Die Schriftform ist aus Gründen der Beweissicherung und Vertragssicherheit auch bei Änderungen des Vertrags dringend zu empfehlen. Sie hat beim Pachtvertrag besondere Bedeutung, weil gem. §§ 581 Abs. 2, 578 Abs. 1, 550 ein Pachtvertrag für unbestimmte Zeit gilt, der für längere Zeit als ein Jahr nicht in schriftlicher Form geschlossen worden ist. Das ist insbesondere dann problematisch, wenn die Parteien einen langfristigen Pachtvertrag schließen wollen, weil ein Pachtvertrag, der auf unbestimmte

Zeit geschlossen worden ist, gem. § 584 Abs. 1 BGB mit sechs monatiger Kündigungsfrist zum Ende des Pachtjahres gekündigt werden kann.

[44] **Gerichtsstandsvereinbarung.** Eine Gerichtsstandsvereinbarung in Bezug auf **die örtliche Zuständigkeit** kommt im Muster wegen § 40 Abs. 2 Nr. 2 ZPO nicht in Betracht (Zöller/*Vollkommer* § 29 a ZPO Rn 14), weil es sich um einen Pachtvertrag über Räume im Sinne des § 29 a Abs. 1 ZPO handelt, der die ausschließliche Zuständigkeit des Gerichts statuiert, in dessen Bezirk die Räume gelegen sind (MüKo-ZPO/*Patzina* § 29 a ZPO Rn 29). Eine Klausel, die die sachliche Zuständigkeit betrifft, konnte in Anlehnung an das Muster von GF-ZPO/*Fölsch*, § 38 ZPO Rn 1 folgendermaßen aussehen: 56

▶ (...) Sind die Vertragsparteien Kaufleute, juristische Personen des öffentlichen Rechts oder öffentlich-rechtliche Sondervermögen, so ist das Land-/Amtsgericht sachlich für sämtliche Streitigkeiten aus diesem Vertragsverhältnis zuständig. ◀

B. Klage des Verpächters auf Zahlung rückständiger Pacht

Hinsichtlich einer Klage des Verpächters auf Zahlung der rückständigen Pacht wird auf das **Muster** in § 535 Rn 29 verwiesen. 57

Zuständigkeit. Die **sachliche Zuständigkeit** richtet sich bei der Klage auf Zahlung der Pacht gem. § 23 Nr. 1 GVG allein nach dem Streitwert (MK-ZPO/*Patzina* § 29 a ZPO Rn 29). § 23 Nr. 2 a GVG findet keine Anwendung. **Örtlich** ist gem. § 29 a Abs. 1 ZPO ausschließlich das Gericht **zuständig**, in dessen Bezirk sich die Räume befinden, sofern es sich, wie im Muster, um einen Pachtvertrag handelt, der die Pachtung von Räumen zum Gegenstand hat (MK-ZPO/*Patzina* § 29 a ZPO Rn 1; Zöller/*Vollkommer* § 29 a ZPO Rn 14). Im Übrigen wird auf die Erläuterungen zum Muster in § 535 Rn 30 ff verwiesen. 58

§ 582 Erhaltung des Inventars

(1) Wird ein Grundstück mit Inventar verpachtet, so obliegt dem Pächter die Erhaltung der einzelnen Inventarstücke.
(2) [1]Der Verpächter ist verpflichtet, Inventarstücke zu ersetzen, die infolge eines vom Pächter nicht zu vertretenden Umstands in Abgang kommen. [2]Der Pächter hat jedoch den gewöhnlichen Abgang der zum Inventar gehörenden Tiere insoweit zu ersetzen, als dies einer ordnungsmäßigen Wirtschaft entspricht.

Vgl das **Muster** zu § 581 Rn 1 (§ 6 des Musters) und die Erläuterungen zu § 581 Rn 19. 1

§ 582 a Inventarübernahme zum Schätzwert

(1) [1]Übernimmt der Pächter eines Grundstücks das Inventar zum Schätzwert mit der Verpflichtung, es bei Beendigung des Pachtverhältnisses zum Schätzwert zurückzugewähren, so trägt er die Gefahr des zufälligen Untergangs und der zufälligen Verschlechterung des Inventars. [2]Innerhalb der Grenzen einer ordnungsmäßigen Wirtschaft kann er über die einzelnen Inventarstücke verfügen.
(2) [1]Der Pächter hat das Inventar in dem Zustand zu erhalten und in dem Umfang laufend zu ersetzen, der den Regeln einer ordnungsmäßigen Wirtschaft entspricht. [2]Die von ihm angeschafften Stücke werden mit der Einverleibung in das Inventar Eigentum des Verpächters.
(3) [1]Bei Beendigung des Pachtverhältnisses hat der Pächter das vorhandene Inventar dem Verpächter zurückzugewähren. [2]Der Verpächter kann die Übernahme derjenigen von dem Pächter angeschafften Inventarstücke ablehnen, welche nach den Regeln einer ordnungsmäßigen Wirtschaft für das Grundstück überflüssig oder zu wertvoll sind; mit der Ablehnung geht das Eigentum an den abgelehnten Stücken auf den Pächter über. [3]Besteht zwischen dem Gesamtschätzwert des übernommenen und dem des zurückzugewährenden Inventars ein Unterschied, so ist dieser in Geld auszugleichen. [4]Den Schätzwerten sind die Preise im Zeitpunkt der Beendigung des Pachtverhältnisses zugrunde zu legen.

1 Hinsichtlich eines **Kaufvertragsmusters** wird auf das Grundmuster und seine Varianten in den §§ 433 ff verwiesen.

§ 583 Pächterpfandrecht am Inventar

(1) Dem Pächter eines Grundstücks steht für die Forderungen gegen den Verpächter, die sich auf das mitgepachtete Inventar beziehen, ein Pfandrecht an den in seinen Besitz gelangten Inventarstücken zu.
(2) [1]Der Verpächter kann die Geltendmachung des Pfandrechts des Pächters durch Sicherheitsleistung abwenden. [2]Er kann jedes einzelne Inventarstück dadurch von dem Pfandrecht befreien, dass er in Höhe des Wertes Sicherheit leistet.

§ 583 a Verfügungsbeschränkungen bei Inventar

Vertragsbestimmungen, die den Pächter eines Betriebs verpflichten, nicht oder nicht ohne Einwilligung des Verpächters über Inventarstücke zu verfügen oder Inventar an den Verpächter zu veräußern, sind nur wirksam, wenn sich der Verpächter verpflichtet, das Inventar bei der Beendigung des Pachtverhältnisses zum Schätzwert zu erwerben.

§ 584 Kündigungsfrist

(1) Ist bei dem Pachtverhältnis über ein Grundstück oder ein Recht die Pachtzeit nicht bestimmt, so ist die Kündigung nur für den Schluss eines Pachtjahrs zulässig; sie hat spätestens am dritten Werktag des halben Jahres zu erfolgen, mit dessen Ablauf die Pacht enden soll.
(2) Dies gilt auch, wenn das Pachtverhältnis außerordentlich mit der gesetzlichen Frist gekündigt werden kann.

1 Vgl zur Vertragsgestalltung das Muster zu § 581 Rn 1 (§ 2 des Musters) und die Erläuterungen zu § 581 Rn 8 f.

§ 584 a Ausschluss bestimmter mietrechtlicher Kündigungsrechte

(1) Dem Pächter steht das in § 540 Abs. 1 bestimmte Kündigungsrecht nicht zu.
(2) Der Verpächter ist nicht berechtigt, das Pachtverhältnis nach § 580 zu kündigen.

§ 584 b Verspätete Rückgabe

[1]Gibt der Pächter den gepachteten Gegenstand nach der Beendigung des Pachtverhältnisses nicht zurück, so kann der Verpächter für die Dauer der Vorenthaltung als Entschädigung die vereinbarte Pacht nach dem Verhältnis verlangen, in dem die Nutzungen, die der Pächter während dieser Zeit gezogen hat oder hätte ziehen können, zu den Nutzungen des ganzen Pachtjahrs stehen. [2]Die Geltendmachung eines weiteren Schadens ist nicht ausgeschlossen.

A. Vertragsgestaltung

1 Vgl das **Muster** zu § 581 Rn 1 (§ 16 Abs. 6, 7 des Musters) und die Erläuterungen zu § 581 Rn 52 f.

B. Prozess

2 Hinsichtlich einer Klage auf Nutzungsentschädigung wird auf das Muster in § 546 a Rn 1 verwiesen.

3 **Zuständigkeit.** Die **sachliche Zuständigkeit** richtet sich bei der Klage auf Zahlung der Pacht gem. § 23 Nr. 1 GVG allein nach dem Streitwert (MK-ZPO/*Patzina* § 29 a ZPO Rn 29). § 23 Nr. 2 a GVG findet keine Anwendung. **Örtlich** ist gem. § 29 a Abs. 1 ZPO ausschließlich das Gericht **zuständig**, in dessen Bezirk sich die Räume befinden, sofern es sich, wie im Muster, um einen Pachtvertrag handelt, der die Pachtung von Räumen zum Gegenstand hat (MK-ZPO/

Patzina § 29 a ZPO Rn 1; Zöller/*Vollkommer* § 29 a ZPO Rn 14). Im Übrigen wird auf die Erläuterungen zum Muster in § 535 Rn 30 ff verwiesen.

Untertitel 5 Landpachtvertrag

§ 585 Begriff des Landpachtvertrags

(1) [1]Durch den Landpachtvertrag wird ein Grundstück mit den seiner Bewirtschaftung dienenden Wohn- oder Wirtschaftsgebäuden (Betrieb) oder ein Grundstück ohne solche Gebäude überwiegend zur Landwirtschaft verpachtet. [2]Landwirtschaft sind die Bodenbewirtschaftung und die mit der Bodennutzung verbundene Tierhaltung, um pflanzliche oder tierische Erzeugnisse zu gewinnen, sowie die gartenbauliche Erzeugung.
(2) Für Landpachtverträge gelten § 581 Abs. 1 und die §§ 582 bis 583 a sowie die nachfolgenden besonderen Vorschriften.
(3) Die Vorschriften über Landpachtverträge gelten auch für Pachtverhältnisse über forstwirtschaftliche Grundstücke, wenn die Grundstücke zur Nutzung in einem überwiegend landwirtschaftlichen Betrieb verpachtet werden.

Schrifttum: *Barnstedt/Steffen*, Gesetz über das gerichtliche Verfahren in Landwirtschaftssachen, 7. Aufl. 2005; *Grimm*, Agrarrecht, 3. Aufl. 2010; *Lange/Wulff/Lüdtke-Handjery*, Landpachtrecht, 4. Auflage 1997

A. Vertragsgestaltung

I. Muster: Pachtvertrag über einen landwirtschaftlichen Betrieb[1] 1

▶ **Pachtvertrag[2]** 412

zwischen

■■■

(nachstehend Verpächter genannt)

und

■■■

(nachstehend Pächter genannt)

wird folgender Pachtvertrag geschlossen:

§ 1 Gegenstand der Pacht

1. Verpachtet wird der in der Gemeinde ■■■ gelegene, im Grundbuch von ■■■ Band ■■■ Blatt Nr. ■■■ verzeichnete landwirtschaftliche Betrieb ■■■ mit einer Gesamtgröße von ■■■ Hektar, ■■■ ar.
2. Die zu dem landwirtschaftlichen Betrieb gehörigen und verpachteten Gebäude und Grundstücke sind im Einzelnen in der Beschreibung des Betriebs (Anlage 1) aufgeführt, die Gegenstand dieses Vertrags ist, und die von den Parteien gemeinsam zu erstellen ist.[3]
3. Die auf den Grundstücken (vgl Anlage 1) vorhandenen Gebäude und Anlagen, der bestehende Pflanzenwuchs (Bäume, Sträucher, Hecken) und die Aussaat sowie die mit dem Eigentum an den verpachteten Grundstücken verbundenen, der Bewirtschaftung der Pachtgrundstücke dienenden Nutzungsrechte, und zwar ■■■, sowie Rechte, und zwar ■■■ werden mitverpachtet.[4]
4. Der Zustand, die Art, der Umfang, die Zahl und das Alter der auf den Grundstücken befindlichen Gebäude und Anlagen des Inventars sowie die Bepflanzung und die Art und Menge des verwendeten Saatguts, Düngers und der Pflanzenschutzmittel sowie die zum Pachtobjekt gehörenden Rechte sind in die Beschreibung des Betriebs aufzunehmen (Anlage 1).[5]
5. Das Fischereirecht und das Recht, aus dem Pachtgrundstück Bodenbestandteile (zB. Sand, Ton, Lehm, Steine, Kies, Mergel, Kalk) zu gewinnen, sind von der Verpachtung ausgenommen. Die Entnahme von Bodenbestandteilen ist jedoch insoweit gestattet, als es zur ordnungsgemäßen Bewirtschaftung des Hofes erforderlich ist. Gleiches gilt für die Torfnutzung.[6]

§ 2 Verpächtereigenes Inventar[7]

1. Der Verpächter übergibt das zum Hof gehörige lebende und tote Inventar zum festgesetzten Schätzwert. Die Stückzahl und der Schätzwert sind in der Beschreibung des Betriebs (Anlage 1) aufgeführt.
2. Der Pächter trägt die Gefahr des zufälligen Untergangs und einer zufälligen Verschlechterung des Inventars. Er kann über die einzelnen Stücke im Rahmen einer ordnungsgemäßen Wirtschaft verfügen. Er hat das Inventar nach den Regeln einer ordnungsmäßigen Wirtschaft zu erhalten. Die von ihm angeschafften Stücke werden mit der Einverleibung in das Inventar Eigentum des Verpächters.
3. Sollen Stücke, die der Pächter über den Bestand des Inventars hinaus anschafft, nicht dem Inventar einverleibt werden, so muss der Verpächter seine Zustimmung hierzu schriftlich erteilt haben, bevor die Stücke auf den Hof gebracht werden.
4. Bei Pachtende hat der Pächter das vorhandene Inventar dem Verpächter zu übergeben. Der Verpächter kann die Übernahme derjenigen von dem Pächter angeschafften Inventarstücke ablehnen, welche gemäß den Regeln einer ordnungsgemäßen Wirtschaft für den Hof überflüssig oder zu wertvoll sind. Mit der Ablehnung geht das Eigentum an den abgelehnten Stücken auf den Pächter über.
5. Den Schätzwert des vom Pächter zu übergebenden Inventars stellt ein Sachverständiger fest. Ist er höher oder niedriger als der Schätzwert des bei Pachtbeginn übernommenen Inventars, so ist der Unterschiedsbetrag in Geld zu ersetzen.

§ 3 Pachtdauer[8]

1. Der Pachtvertrag wird auf ■■■ Jahre geschlossen. Er beginnt am ■■■ und endet am ■■■.
2. Wird das Pachtverhältnis nicht von einem Vertragspartner mit einer Frist von einem Jahr zum Ende der Pachtzeit schriftlich gekündigt, so verlängert es sich jeweils um weitere fünf Jahre. Die Verlängerungsmöglichkeit gemäß § 594 Sätze 2 bis 4 BGB wird ausgeschlossen.
3. Das Pachtjahr läuft vom ■■■ bis ■■■.

§ 4 Pacht[9]

1. Die Pacht beträgt jährlich EUR ■■■ zzgl der jeweils geltenden gesetzlichen Umsatzsteuer. Sie ist vierteljährlich in Höhe von EUR ■■■ im Voraus, spätestens am dritten Werktag des Vierteljahres auf das Konto des Verpächters bei der ■■■ Bank in ■■■ Bankleitzahl ■■■, Konto-Nr. ■■■ zu entrichten.
2. Neben der Pacht hat der Pächter folgende Betriebskosten zu tragen: ■■■ Für diese entrichtet der Pächter einen Vorauszahlungsbetrag von vierteljährlich EUR ■■■, der zusammen mit der Pacht fällig wird. Der Verpächter erstellt am Ende jedes Pachtjahres darüber eine Abrechnung.[10]
3. Der Pächter hat, soweit möglich, unmittelbar Versorgungsverträge mit den jeweiligen Versorgungsträgern abzuschließen und die Kosten direkt an diese zu zahlen.
4. Erhöhen sich die Betriebskosten, so ist der Verpächter berechtigt, eine entsprechende Erhöhung auf den Pächter umzulegen.[11]

§ 5 Wertsicherungsklausel[12]

1. Die Vertragspartner sind sich darüber einig, dass sich die Pacht automatisch, ohne dass es einer Aufforderung bedarf, jeweils zum 1.1. eines jeden Jahres im gleichen Verhältnis erhöht oder verringert, wie sich der vom Statistischen Bundesamt in Wiesbaden für Deutschland ermittelte Verbraucherpreisindex (Basis 2009 = 100) gegenüber dem Stand bei Pachtbeginn verändert hat.
2. Weitere Anpassungen erfolgen zu den gleichen Voraussetzungen. Ausgangsbasis ist jeweils der Indexstand zum Zeitpunkt der letzten Anpassung.

§ 6 Lasten, Abgaben, Versicherungen

1. Der Pächter hat folgende Dienstbarkeiten, die auf den gepachteten Grundstücken ruhen, zu dulden: ■■■.[13]
2. Die auf der Pachtsache ruhenden laufenden öffentlichen Abgaben und Lasten trägt der Verpächter. Erhöht sich während der Pachtzeit deren Gesamtbeitrag im Verhältnis zum Beginn der Pachtzeit um mehr als 10 Prozent, so tragen die Parteien die Erhöhung je zur Hälfte. Der Pächter trägt die Beiträge zur Landwirtschaftskammer und zur landwirtschaftlichen Berufsgenossenschaft auch soweit diese beim Eigentümer erhoben werden.[14]
3. Der Pächter ist verpflichtet, das Inventar und Hofzubehör, die Erzeugnisse sowie Vorräte gegen Feuerschaden und Diebstahl mit einer Schadenssumme von EUR ■■■ zu versichern und eine Hagelversicherung mit einer Versicherungssumme von EUR ■■■ abzuschließen.
4. Der Verpächter verpflichtet sich, die verpachteten Gebäude und Anlagen gegen Feuer- und Sturmschäden zu versichern.[15]
5. Wird nach Eintritt des Versicherungsfalles die Versicherungssumme an den Berechtigten ausgezahlt, so ist sie zur Behebung des Schadens zu verwenden, sofern die Parteien nicht einvernehmlich diesen Vertrag aufheben oder eine Partei diesen Vertrag kündigt.
6. Die Parteien bevollmächtigen sich wechselseitig, bei den Versicherungsunternehmen, bei denen die Versicherungen nach vorstehendem Absatz (3) und (4) abgeschlossen sind, Auskünfte über den Fortbestand des Versicherungsschutzes und die regelmäßige Prämienzahlung einzuholen. Ist eine Partei mit der erforderlichen Prämienzahlung in Verzug, so ist die andere Vertragspartei berechtigt, für Rechnung der säumigen Partei die fällige Prämie zu zahlen oder in anderer Weise für ausreichenden Versicherungsschutz zu sorgen.

7. Der Pächter trägt die Verkehrssicherungspflicht für das Pachtobjekt in vollem Umfang. Er hat dem Verpächter, sofern dieser für Verletzungen der Verkehrssicherungspflicht in Anspruch genommen wird, die auch der Pächter begangen hat, von Ansprüchen Dritter freizustellen und Zahlungen des Verpächters aus diesem Grunde an Dritte zu erstatten.

§ 7 Gewährleistung

1. Der landwirtschaftliche Betrieb wird verpachtet wie besichtigt und in der Anlage 1 beschrieben. Der Verpächter übernimmt keine Gewähr für die anfängliche Größe, Güte und Beschaffenheit der Pachtsache, sowie ihre Eignung für den nach diesem Vertrag vorausgesetzten Gebrauchszweck. Die Haftung für Vorsatz und grobe Fahrlässigkeit bleibt unberührt.[16]
2. Weicht die wirkliche Größe des Hofes von der in § 1 Abs. 1 angegebenen Fläche ab, so kann die benachteiligte Partei Rechte daraus nur herleiten, wenn die Abweichung mehr als 5 % nach oben oder unten beträgt. Sie kann auch dann nur einen der Größe und dem Werte der Abweichung entsprechenden Ausgleich des Pacht verlangen.[17]

§ 8 Ordnungsgemäße Erhaltung und Bewirtschaftung des Pachtgegenstandes

1. Der Pächter verpflichtet sich:
   - die Pachtgrundstücke ordnungsgemäß zu bewirtschaften,
   - die gewöhnlichen Ausbesserungen der Pachtsache, insbesondere die der Wohn- und Wirtschaftsgebäude, der Wege, Gräben, Dränungen und Einfriedigungen, auf seine Kosten durchzuführen,
   - die übernommene Bepflanzung und Aussaat ordnungsgemäß zu pflegen,
   - die Regelungen und Auflagen, zu beachten und zu erfüllen, die einzuhalten sind, um öffentlich-rechtliche Ausgleichszahlungen (zB. Zahlungsansprüche auf EU-Direktzahlungen) zu erlangen; er hat alles Zumutbare zu unternehmen, um diese Ansprüche zu erhalten und zu mehren; dazu gehört auch die Abgabe der erforderlichen Erklärungen.[18]
2. Die Aufbringung von Klärschlamm auf die Pachtfläche ist dem Pächter untersagt.[19]
3. Der Pächter hat die Vorschriften des Umweltschutzes (insbesondere des Naturschutzes, des Pflanzenschutzes, des Boden- und Gewässerschutzes) einzuhalten und die öffentlichrechtlichen und nachbarrechtlichen Schutz-, Unterhaltungs- und Pflegeverpflichtungen zu erfüllen. Der Einsatz von Dünger und chemischen Produkten im Rahmen der Bewirtschaftung soll möglichst schonend erfolgen. Soweit die Einhaltung der vorgenannten Verpflichtungen bauliche Investitionen erfordert, verbleibt es bei der gesetzlichen Regelung. Eine Erhöhung der Bewirtschaftungskosten aus den vorgenannten Gründen fällt dem Pächter zur Last.[20]
4. Der Pächter darf ohne Zustimmung des Verpächters weder auf Produktionsquoten/Kontingente/Referenzmengen oder ähnliche Vergünstigungen bzw Marktlenkungsvorteile, die auf das Pachtobjekt entfallen oder mit seiner Bewirtschaftung in Zusammenhang stehen, verzichten noch in anderer Weise hierüber zum Nachteil des Verpächters oder eines Nachfolgepächters verfügen.[21]

§ 9 Unterhaltung von Bauten und Anlagen[22]

1. Die über die laufende Unterhaltung und Ausbesserung hinausgehenden Reparatur- und Erneuerungsarbeiten an Bauten und Anlagen fallen, soweit sie der Pächter nicht zu vertreten hat, dem Verpächter zur Last.
2. Der Verpächter verpflichtet sich, nach eingetretenen Brand- und Sturmschäden Gebäude und Anlagen unverzüglich auszubessern.

§ 10 Besichtigung[23]

Eine Besichtigung des landwirtschaftlichen Betriebes findet jährlich nach vorheriger mündlicher Vereinbarung statt. Sie ist zum einen der Überwachung der Einhaltung der Pflichten des Pächters aus § 8 des Vertrags zu dienen bestimmt. Zum anderen ist bei der Besichtigung ist die Beseitigung etwaiger Mängel der verpachteten Sache zu regeln. Zugleich ist festzulegen, ob es sich um über die laufende Unterhaltung und Ausbesserung hinausgehende Reparatur- und Erneuerungsarbeiten handelt oder nicht.

§ 11 Anzeige- und Obhutspflichten[24]

1. Werden der Pachtgegenstand oder wesentliche Teile des Pachtgegenstandes während der Pachtzeit erheblich gefährdet oder treten wesentliche Mängel auf, so hat der Pächter dem Verpächter hiervon unverzüglich Mitteilung zu machen. Der Pächter hat in diesen Fällen die erforderlichen Notmaßnahmen selbst zu treffen, um eine Vergrößerung des Schadens oder eine Schadenswiederholung oder eine Erweiterung der Schadensfolgen zu vermeiden.
2. Absatz 1 Satz 1 gilt entsprechend, wenn Dritte Rechte am Pachtgegenstand oder an Teilen des Pachtgegenstandes geltend machen.
3. Verletzt der Pächter die ihm nach Absatz 1 Satz 1 oder nach Absatz 2 obliegende Verpflichtung, so hat er dem Verpächter den hieraus entstehenden Schaden zu ersetzen.

§ 12 Änderung des Pachtgegenstandes, Nutzungsänderung[25]

1. Eine wesentliche Änderung des Pachtgegenstandes oder von Teilen des Pachtgegenstandes (zum Beispiel durch Beseitigung oder Errichtung von Anlagen oder Gebäuden) bedarf der schriftlichen Zustimmung des anderen Vertragspartners.
2. Eine vom Pächter beabsichtigte Nutzungsänderung, die sich über die Pachtzeit hinaus auswirkt, bedarf der vorherigen Einwilligung des Verpächters.

§ 13 Unterverpachtung, Beitritt zu einer Betriebsgemeinschaft[26]

Die Überlassung des Pachtgegenstandes oder wesentlicher Teile des Pachtgegenstandes zur unentgeltlichen oder entgeltlichen Nutzung oder Mitnutzung durch Dritte oder die Einbringung in eine Betriebsgemeinschaft zur Nutzung ist dem Pächter ohne vorherige schriftliche Zustimmung des Verpächters nicht gestattet.

§ 14 Wildschaden und Jagd[27]

1. Der Ersatz von Wildschaden richtet sich nach den geltenden gesetzlichen Bestimmungen und steht dem Pächter zu.
2. Bildet der Pachtbetrieb einen Eigenjagdbetrieb, so wird der Pächter mit Abschluss des Pachtvertrags nicht Jagdberechtigter.
3. Ist der Pachtbetrieb kein Eigenjagdbetrieb, so steht der Anspruch auf die Jagdpacht dem Verpächter zu.

§ 15 Aufrechnung, Zurückbehaltungsrecht, Minderung

1. Gegen Forderungen aus diesem Vertrag kann der Pächter auch für die Zeit nach Beendigung des Pachtvertrags nur mit unstreitigen oder rechtskräftig festgestellten Ansprüchen aufrechnen.[28]
2. Gegenüber den Forderungen des Verpächters aus diesem Vertrag steht dem Pächter ein Zurückbehaltungsrecht oder Leistungsverweigerungsrecht nur in Bezug auf Forderungen aus diesem Vertrag zu und nur, wenn der Anspruch, auf den das Recht gestützt wird, unbestritten oder rechtskräftig festgestellt ist.[29]
3. Die Minderung ist ausgeschlossen, soweit der Mangel des Pachtobjekts nicht unbestritten oder rechtskräftig festgestellt ist. Die Möglichkeit der Geltendmachung von Bereicherungsansprüchen bleibt unberührt.[30]

§ 16 Pflicht bei Pachtbeendigung[31]

1. Bei Beendigung des Pachtverhältnisses ist der Pächter verpflichtet, die Pachtsache in dem Zustand zurückzugeben, der einer bis zur Rückgabe fortgesetzten ordnungsgemäßen Bewirtschaftung entspricht.
2. Der Pächter hat von den bei Pachtende vorhandenen landwirtschaftlichen Erzeugnissen so viel zurückzulassen, wie zur Fortführung der Wirtschaft bis zur nächsten Ernte nötig ist. Soweit er solche Erzeugnisse in größerer Menge oder besserer Beschaffenheit zurücklassen muss, als er bei Pachtantritt übernommen hat, kann er vom Verpächter Wertersatz verlangen.
3. Der Pächter ist berechtigt, Einrichtungen, mit denen er die Pachtsache versehen hat, wegzunehmen. Der Verpächter kann die Ausübung des Wegnahmerechts durch Zahlung einer angemessenen Entschädigung abwenden, es sei denn, der Pächter hat ein berechtigtes Interesse an der Wegnahme.

§ 17 Schlussbestimmungen

1. Dieser Vertrag enthält alle zwischen den Vertragsparteien vereinbarten Regelungen bezüglich des Pachtvertrags. Mündliche Nebenabreden bestehen nicht. Die Vertragsparteien haben außerhalb dieses Vertrages insbesondere keine Vereinbarungen und Zusicherungen über die Gewährleistung eines bestimmten Zustandes des Pachtobjekts, des Inventars, über die künftige Ausstattung oder über den zu erwartenden Geschäftserfolg des Objekts verabredet.[32]
2. Änderungen und Ergänzungen dieses Vertrags bedürfen der Schriftform.[33]
3. Sollte ein Teil dieses Pachtvertrags nichtig oder anfechtbar sein, so wird die Gültigkeit des Vertrags im Übrigen davon nicht berührt. Anstelle des rechtsunwirksamen Teils gilt sodann als vereinbart, was dem in gesetzlich zulässiger Weise am nächsten kommt, was die Vertragschließenden vereinbart hätten, wenn sie die Unwirksamkeit gekannt hätten. Entsprechendes gilt für den Fall, dass dieser Vertrag eine Lücke haben sollte.
4. Wird dieser Pachtvertrag zunächst nur von einer Partei unterzeichnet und der anderen Partei zur Unterzeichnung ausgehändigt oder übersandt, so gilt dies als Angebot zum Abschluss des Vertrages, das die andere Partei gem. § 148 BGB innerhalb einer Frist von ■■■ Wochen wirksam annehmen kann.
5. Auf diesen Pachtvertrag findet deutsches Recht Anwendung.
6. Dieser Vertrag wird für jede Vertragspartei einmal ausgefertigt.

Folgende Anlagen sind Bestandteil dieses Pachtvertrages:

Anlage 1: Betriebsbeschreibung

■■■

Verpächter

■■■

(Ort, Datum)

■■■

Pächter

■■■

(Ort, Datum) ◄

II. Erläuterungen und Varianten

2 [1] **Allgemeines zum Muster.** Das vorstehende Muster betrifft den praktisch relevanten Fall des **Pachtvertrags über einen landwirtschaftlichen Betrieb.** Es orientiert sich am Muster von *Leonhard* in: Beck'sches Formularbuch Bürgerliches, Handels und Wirtschaftsrecht, Formular III. D. 18 und am Vertragsmuster, das in *Lange/Wulff/Lüdtke-Handjery* Anh. F abgedruckt ist.

[2] **Allgemeines zur Landpacht.** Der Pachtanteil an den landwirtschaftlichen Flächen der landwirtschaftlichen Betriebe in Deutschland mit einer Fläche von mehr als 2 ha betrug im Jahr 2007 über 60 % (Statistisches Jahrbuch über Ernährung Landwirtschaft und Forsten 2007, Tabelle 35). Die Pacht landwirtschaftlicher Flächen und Betriebe hat demzufolge erhebliche praktische Bedeutung (*Grimm*, S. 43). Seit 1986 enthält das Bürgerliche Gesetzbuch eine umfassende Regelung des materiellen Landpachtrechts. Daneben regelt das Landpachtverkehrsgesetz (LPachtVG, Gesetz vom 8.11.1985, BGBl. I S. 2075) die Mitwirkung der zuständigen Behörde bei der Begründung und Änderung von Landpachtverhältnissen. Im Landwirtschaftsverfahrensgesetz (Gesetz vom 21.7.1953, BGBl. I S. 667, zuletzt geändert am 17.12.2008, BGBl. I S. 2586) sind verfahrensrechtliche Fragen geregelt. 3

Begriff der Landpacht. Nach der Legaldefinition des § 585 Abs. 1 liegt ein Landpachtvertrag nur vor, wenn zwischen den Parteien ein Pachtvertrag geschlossen wird, durch den ein landwirtschaftlicher Betrieb oder ein unbebautes Grundstück überwiegend zur Landwirtschaft überlassen wird. Landwirtschaft ist die Bodenbewirtschaftung und nur die mit der Bodennutzung verbundene Tierhaltung (Palandt/*Weidenkaff* § 585 Rn 1 f). Sie muss erwerbsmäßig betrieben werden; eine Bewirtschaftung nur für die Eigennutzung oder den gelegentlichen Verkauf scheidet aus. Bei Mischbetrieben kommt es darauf an, ob die landwirtschaftliche Nutzung überwiegt und dem Gesamtbetrieb das Gepräge gibt (OLG Koblenz AgrarR 1989, 73; Erman/*Jendrek* § 585 Rn 2). Beispiele für landwirtschaftliche Nutzung sind etwa Ackerbau, Wiesen- und Weidewirtschaft, Obst- und Weingartenbau, Baumschulen, Imkereien, Binnenfischerei, Fischzucht (nicht aber wenn diese in Behältern erfolgt, Soergel/*Heintzmann* § 585 Rn 2), nicht hingegen Pflegebeweidung (OLG Oldenburg AgrarR 2004, 159 [160]). 4

[3] **Beschreibung des landwirtschaftlichen Betriebs.** Gem. § 585 b Abs. 1 **sollen** die Parteien eines Landpachtvertrags bei Beginn des Pachtverhältnisses gemeinsam eine Beschreibung der Pachtsache anfertigen, in der ihr Umfang sowie der Zustand, in dem sie sich bei Überlassung befindet, festgestellt werden. Sie soll mit dem Datum ihrer Anfertigung versehen und von den Parteien unterzeichnet werden. Die Vorschrift statuiert ein besonderes Verfahren der Beweissicherung, deren Einhaltung dringend angezeigt ist, um Streitigkeiten über den ursprünglichen Zustand während und am Ende des Pachtverhältnisses zu vermeiden (*Gies* in: Hannemann/Wiegner § 77 Rn 8). Das Muster trägt der Vorschrift Rechnung, indem es die Parteien verpflichtet eine Betriebsbeschreibung zu erstellen. Vergleiche zur Betriebsbeschreibung im Einzelnen § 585 b Rn 1 ff). 5

[4] **Vom Pachtvertrag erfasste Gegenstände.** Das Muster enthält eine allgemeine Aufzählung der mitverpachteten Gegenstände. Das Inventar ist nicht aufgeführt, weil es nach § 2 des Musters gem. §§ 585 Abs. 2, § 582 a zum Schätzwert übernommen wird. Die Rechte, die der Bewirtschaftung der Pachtsache dienen, variieren in der Praxis stark. Daher wurde auf eine katalogmäßige Aufzählung im Muster verzichtet. In Betracht kommen zB Wegerechte, Wasserrechte, Holzungsrechte (vgl *Lange/Wulff/Lüdtke-Handjery*, § 585 Rn 56 ff), aber auch Milchquoten und Zuckerrübenlieferrechte (Staudinger/*v. Jeinsen*, § 585 Rn 31). 6

[5] **Inhalt der Beschreibung des landwirtschaftlichen Betriebs.** Die Klausel konkretisiert den Inhalt der nach § 585 b Abs. 1 von den Parteien zu erstellende Beschreibung der Pachtsache (vgl vertiefend § 585 b Rn 1 ff). 7

[6] **Ausschluss der Verpachtung des Fischereirechts und des Rechts zur Entnahme von Bodenbestandteilen.** Die Klausel des Musters grenzt den Zweck des Pachtvertrags ein, indem sie das Fischereirecht und das Recht zur Entnahme von Bodenbestandteilen von der Verpachtung ausnimmt. Das ist für das Fischereirecht sinnvoll, weil es sich um ein grundsätzlich dem Grundstück anhaftendes Eigentumsrecht handelt, für dessen Nutzung es eigene landesrechtliche Vorschriften gibt (zB das Hessische Fischereigesetz). In Bezug auf das Recht zur Entnahme von Bodenbestandteilen ist es dringend angezeigt, weil Bodenbestandteile als bestimmungsgemäße Aus- 8

beute unter den Fruchtbegriff des § 99 Abs. 1 fallen (Hk-BGB/*Dörner*, § 99 Rn 2; Staudinger/*Sonnenschein-Veit* § 581 Rn 15), und das Recht zur Ausbeutung somit grundsätzlich von der Verpachtung erfasst wäre. Die Klausel erlaubt die Entnahme von Bodenbestandteilen, soweit dies zur ordnungsgemäßen Bewirtschaftung des landwirtschaftlichen Betriebs erforderlich ist, und entspricht insoweit der gängigen Praxis (vgl *Leonhard* in: Beck`sches Formularbuch Bürgerliches, Handels und Wirtschaftsrecht, Formular III. D. 18, § 1 Abs. 5; *Lange/Wulff/Lüdtke-Handjery*, Anh. F, § 10).

9 [7] **Inventarübernahme zum Schätzwert.** § 2 des Musters entspricht im Wesentlichen § 582 a, der gem. § 585 Abs. 2 auch für den Landpachtvertrag gilt. § 2 Abs. 3 des Musters stellt klar, dass eine Abbedingung der Folgen des § 582 a Abs. 2 S. 2 nur ausnahmsweise und nur dann in Betracht kommt, wenn der Verpächter hiermit zuvor einverstanden war. Das Schriftformerfordernis dient der Rechtssicherheit. Die Regelung ist auch im Formularvertrag zulässig, weil § 582 a Abs. 2 S. 2 nicht zwingend ist (Staudinger/*Emmerich-Veit*, § 582 a Rn 30) und das Muster sogar eine Besserstellung des Pächters enthält. Die Parteien können daher den Eigentumserwerb des Verpächters auch ganz ausschließen (Staudinger/*Emmerich-Veit*, § 582 a Rn 30). Denkbar ist daher auch folgende Variante:

▶ 3. Die vom Pächter angeschafften Inventarstücke werden mit der Einverleibung in das Inventar nicht Eigentum des Verpächters. ◀

10 [8] **Pachtdauer.** Das Muster enthält die Vereinbarung einer festen Pachtzeit mit Verlängerungsmöglichkeit. Die Regelung dient in erster Linie dem Schutz des Pächters, weil es dem Verpächter bei der Vereinbarung eines unbefristeten Vertrags möglich wäre, ihn gem. § 594 a S. 1 mit zweijähriger Kündigungsfrist zum Ende des Pachtjahres zu kündigen. Darüber hinaus modifiziert das Muster § 594 S. 2 bis 4, was auch im Formularvertrag zulässig ist (Palandt/*Weidenkaff*, § 594 Rn 2 f). Für weitere Varianten vgl unten § 594 Rn 1 f.

11 [9] **Pacht.** Bei der Vereinbarung der Pacht sind die Parteien in den Grenzen des § 138 frei. Ein Vertrag ist als **wucherähnliches Geschäft** nach **§ 138 Abs. 1** nichtig, wenn Leistung und Gegenleistung in einem auffälligen Missverhältnis zueinander stehen und weitere sittenwidrige Umstände hinzutreten, zum Beispiel eine verwerfliche Gesinnung des durch den Vertrag objektiv Begünstigten (BGH NJW 2004, 3553 [3555]). Dabei legt ein besonders auffälliges Missverhältnis zwischen Leistung und Gegenleistung zwar im Allgemeinen den Schluss auf eine verwerfliche Gesinnung des Begünstigten nahe (BGH NJW 2004, 3553 [3555]). Das gilt beim Abschluss von gewerblichen Miet- und Pachtverträgen jedoch nicht (BGH NJW 2004, 3553 [3555]). Vielmehr ist regelmäßig eine tatrichterliche Würdigung erforderlich, ob das auffällige Missverhältnis für den Begünstigten erkennbar war. Ein solcher Rückschluss setzt nämlich voraus, dass sich der Begünstigte nach der allgemeinen Lebenserfahrung zumindest leichtfertig der Erkenntnis verschlossen hat, es liege ein auffälliges Missverhältnis vor. Davon kann nur dann ausgegangen werden, wenn der Marktwert der Leistung für ihn in etwa erkennbar war. Beim Abschluss von gewerblichen Miet- und Pachtverträgen kommt es jedoch nicht nur in Ausnahmefällen zu Bewertungsschwierigkeiten (BGH NJW 2004, 3553 [3555]).

12 [10] **Betriebskosten.** Die Überwälzung der Betriebskosten auf den Pächter ist im Verhältnis zum Wohnraummietrecht deutlich erleichtert, weil die Begrenzung des § 556 nicht gilt (Palandt/*Weidenkaff* § 556 Rn 2). Weil je nach Art des verpachteten landwirtschaftlichen Betriebs unterschiedliche Betriebskosten anfallen, verzichtet das Formular auf eine genauere Spezifizierung. Sie ist im konkreten Einzelfall vorzunehmen.

13 [11] **Erhöhung der Betriebskostenvorauszahlung.** Der Verpächter kann die Betriebskostenvorauszahlung nach hM ohne eine ausdrückliche Regelung im Pachtvertrag nicht erhöhen. Diese Abrede kann im Formularvertrag erfolgen (Palandt/*Weidenkaff* § 535 Rn 92; Staudinger/*Emmerich* § 525 Rn 73 *Sternel*, Mietrecht aktuell, V. Rn 272). Aus anwaltlicher Vorsicht sollte daher eine Vereinbarung in den Pachtvertrag aufgenommen werden.

[12] **Wertsicherungsklausel.** Bei Landpachtverträgen bietet sich die Aufnahme einer Wertsicherungsklausel bereits im Grundmuster an. **Voraussetzung** für ihre **Wirksamkeit** ist gem. § 3 Abs. 1 Nr. 1 d Preisklauselgesetz, dass der Pachtvertrag mindestens für die Dauer von 10 Jahren geschlossen wird und dass der geschuldete Betrag durch die Änderung eines von dem Statistischen Bundesamt oder einem Statistischen Landesamt ermittelten Preisindexes für die Gesamtlebenshaltung oder eines vom Statistischen Amt der Europäischen Gemeinschaft ermittelten Verbraucherpreisindexes bestimmt werden soll. Durch die Wertsicherungsklausel wird die Entwicklung der Pachthöhe an den Preisindex angekoppelt und so eine den tatsächlichen Lebensverhältnissen entsprechende Entwicklung erreicht. Die Vereinbarung derartiger Klauseln in AGB dürfte zulässig sein, da der Gesetzgeber selbst im Preisklauselgesetz von der Möglichkeit ihrer Vereinbarung ausgeht (vgl zum Gewerberaummietrecht: *Fritz*, Gewerberaummietrecht Rn 198). 14

[13] **Dienstbarkeiten.** Die Regelung des Musters stellt sicher, dass der Verpächter sich gegenüber dem Pächter nicht gem. §§ 586 Abs. 2, 536, 536 a (Palandt/*Weidenkaff* § 586 Rn 2) schadensersatzpflichtig macht, weil dieser Dienstbarkeiten zu dulden hat, die seine Rechte aus dem Pachtvertrag beeinträchtigen, indem sie die Dienstbarkeiten nennt und damit zur vereinbarten Beschaffenheit hinzufügt. 15

[14] **Abgaben und Lasten.** Gem. § 586 a wird der Landpächter von den auf der Pachtsache liegenden Lasten befreit. Lasten im Sinne von § 586 a sind alle privaten oder öffentlich-rechtlichen Verbindlichkeiten, die auf der Sache selbst ruhen oder den Eigentümer, Besitzer oder Rechtsinhaber als solchen treffen. Sie sind von den persönlichen Verpflichtungen des Pächters (zB Beiträge zu den Berufsgenossenschaften, persönliche Steuern) zu unterscheiden (Hk-BGB/*Ebert* § 586 a Rn 2). § 586 a ist in den Grenzen der §§ 134, 138 abdingbar (Palandt/*Weidenkaff* § 586 a Rn 1 iVm § 586 Rn 1). In Formularverträgen ist allerdings eine völlige Übertragung der Lasten auf den Pächter nur dann mit § 307 Abs. 1 vereinbar, wenn ein angemessener Ausgleich, etwa Ermäßigung des Pachtzinses, vorgesehen wird (Soergel/*Heintzmann* § 586 a Rn 6). Eine entsprechende vertragliche Vereinbarung bedarf grundsätzlich der Anzeige nach § 2 Abs. 2 Nr. 2 LPachtVG (Staudinger/*v. Jeinsen* § 586 a Rn 2). Das Muster trägt diesem Umstand Rechnung, indem es die Abgaben und Lasten zwischen den Parteien aufteilt. 16

Jedenfalls im Rahmen einer Individualvereinbarung kommt auch folgende Klausel in Betracht: 17

▶ (...) Von den öffentlichen Abgaben und Lasten trägt der Verpächter die einmaligen, der Pächter die regelmäßig wiederkehrenden (insbesondere die Grundsteuer, die Beiträge zu Wasser- und Bodenverbänden, zu Deichverbänden, zur Landwirtschaftskammer und die Beiträge zur landwirtschaftlichen Berufsgenossenschaft, auch soweit diese beim Eigentümer erhoben werden). ◀

[15] **Versicherungspflicht.** Die formularmäßige Verpflichtung des Pächters zum Abschluss von Versicherungen ist grundsätzlich zulässig. Ein Verstoß gegen das Transparenzgebot des § 307 Abs. 1 S. 2 kommt jedoch in Betracht, wenn die Klausel das zu versichernde Risiko nicht hinreichend bestimmt benennt (vgl zum Gewerberaummietrecht: *Hannemann* in: Hannemann/Wiegner § 48 Rn 166). Dem trägt das Muster Rechnung, indem es eine klare Aufteilung der Versicherungspflichten vorsieht. 18

[16] **Gewährleistungsausschluss für anfängliche Mängel.** Das Muster schließt die Gewährleistung des Verpächters für anfängliche Mängel aus, soweit der Verpächter sie nicht vorsätzlich und grob fahrlässig verursacht hat. Es entspricht damit den Grundsätzen, die der BGH in seiner Entscheidung vom 3.7.2002 aufgestellt hat (BGH NJW 2002, 3232). Die Klausel kann in diesem Umfang formularmäßig verwendet werden und verstößt nicht gegen § 307 (Palandt/*Weidenkaff* § 536 a Rn 7). 19

[17] **Regelung zu Größenabweichungen.** Das Muster modifiziert die Rechte der Parteien für den Fall, dass beim Pachtobjekt Größenabweichungen festgestellt werden, indem es zum einen 20

die Geltendmachung von Rechten, soweit ein Abweichung von bis zu fünf Prozent vorliegt, ausschließt, zum anderen die Rechte der Parteien bei einer Abweichung von über fünf Prozent auf die Minderung beschränkt. Die Klausel dürfte auch formularmäßig zulässig zu vereinbaren sein und nicht gegen § 307 verstoßen, da sie die Sachgefahr nicht in Gänze auf den Pächter abwälzt (Palandt/*Weidenkaff* § 536 Rn 2).

21 **[18] Pflichten des Pächters im Zusammenhang mit der ordnungsgemäßen Erhaltung und Bewirtschaftung des Pachtgegenstandes.** Das Muster wiederholt im ersten Absatz zunächst die Pflichten des Pächters aus § 586 Abs. 1 und hat insoweit klarstellende Funktion. Es konkretisiert diese Pflicht zum einen hinsichtlich der Pflicht zur Pflege der übernommenen Bepflanzung und Aussaat, zum anderen in Bezug auf die Pflicht zur Erfüllung der Anspruchsvoraussetzungen zum Erhalt öffentlich-rechtlicher Ausgleichszahlungen (zu den sich aus § 586 Abs. 1 ergebenden Pflichten des Pächters vgl allgemein: Staudinger/*v. Jeinsen* § 586 Rn 35 ff).

22 **[19] Untersagung der Aufbringung von Klärschlamm.** Die Klausel stellt eine Konkretisierung der Pflicht des Pächters zur ordnungsgemäßen Bewirtschaftung gem. § 586 Abs. 1 S. 2 dar. Sie kann formularmäßig vereinbart werden und stellt weder eine überraschende Klausel gem. § 305 c Abs. 1 dar, noch benachteiligt sie den Pächter entgegen den Geboten von Treu und Glauben unangemessen gem. § 307 Abs. 1 S. 1, weil die Fragen, ob Klärschlamm auf Felder aufgebracht werden darf, und ob damit gesundheitliche Risiken verbunden sind, streitig sind, sodass mit einer solchen Klausel zu rechnen ist. Auch läuft der Verpächter Gefahr, seinen Betrieb nicht mehr verpachten zu können, wenn er das Aufbringen von Klärschlamm zulässt (OLG Celle v. 12.9.1996, 7 U 171/95, Rn 26 ff [zit. nach juris])

23 **[20] Konkretisierung der Pächterpflichten in Bezug auf die Umwelt.** Die Klausel stellt eine Konkretisierung der Pflicht des Pächters zur ordnungsgemäßen Bewirtschaftung gem. § 586 Abs. 1 S. 2 dar (Staudinger/*v. Jeinsen* § 586 Rn 37).

24 **[21] Verfügungsverbot in Bezug auf Produktionsquoten etc.** Die Klausel stellt eine Konkretisierung der Pflicht des Pächters zur ordnungsgemäßen Bewirtschaftung gem. § 586 Abs. 1 S. 2 dar (Staudinger/*v. Jeinsen* § 586 Rn 38).

25 **[22] Unterhaltung von Bauten und Anlagen.** Die Klausel stellt eine Wiederholung und Konkretisierung der Verpächterpflichten gem. § 586 BGB dar.

26 **[23] Besichtigung des landwirtschaftlichen Betriebs.** Das Muster erlaubt dem Verpächter einmal im Jahr das Betreten des Pachtobjekts aus bestimmten Gründen und zu einem bestimmten Zweck. Die grundsätzliche Zulässigkeit derartiger Klauseln auch in AGB ist allgemein anerkannt. Sie verstoßen jedoch gegen § 307 , wenn sie eine generelle Befugnis des Verpächters zum jederzeitigen Betreten des Pachtobjekts vorsehen (vgl zum Gewerberaummietrecht: *Hannemann* in: Hannemann/Wiegner § 48 Rn 165 mwN). Beim Landpachtvertrag besteht wegen der langen ordentlichen Kündigungsfristen ein größeres Interesse an der Möglichkeit, sich außerordentlich vom Vertrag lösen zu können, wenn ein Vertragsteil seinen Pflichten nicht ordnungsgemäß nachkommt. Aus diesem Grund kann sich als Variante zum Muster eine Vereinbarung anbieten, nach der die wiederholte Vereitelung der Besichtigung durch den Pächter ein Grund zur außerordentlichen Kündigung für den Verpächter ist. Die formularmäßige Vereinbarung verstößt gegen § 307 Abs. 2 Nr. 1, weil die Regelung der §§ 594 e Abs. 1, 543 Abs. 1, soweit ein Grund vereinbart wird, der keinen Kündigungsgrund im Sinne dieser Vorschriften darstellt, eingeschränkt wird (Staudinger/*Emmerich* § 543 Rn 13). Eine individualvertragliche Klausel könnte folgendermaßen lauten:

► (...) Die wiederholte Vereitelung der Pachtkontrollbegehung durch den Pächter stellt einen wichtigen Kündigungsgrund für den Verpächter dar. ◄

27 **[24] Anzeige- und Obhutspflichten.** Die Klausel wiederholt die in §§ 586 Abs. 2, 536 c geregelte Anzeigepflicht und stellt ausdrücklich die vom Gesetz in diesem Zusammenhang als selbstverständlich vorausgesetzte Obhutspflicht (Palandt/*Weidenkaff* § 536 c Rn 1) fest.

[25] **Änderung des Pachtgegenstandes und Nutzungsänderung.** Die Klausel des Musters hat im Wesentlichen klarstellende Funktion. Sie enthält eine Abweichung von § 588 Abs. 2 zu Gunsten des Pächters, indem sie wesentliche Änderungen des Pachtgegenstandes von seiner schriftlichen Zustimmung abhängig macht (vgl zur Zulässigkeit der Abweichung: Hk-BGB/*Ebert* § 588 Rn 7). 28

[26] **Unterverpachtung, Beitritt zu einer Betriebsgemeinschaft.** Das Muster entspricht der gesetzlichen Regelung des § 589 Abs. 1 und hat lediglich klarstellende Funktion. 29

[27] **Wildschaden und Jagd.** Das Muster schließt das Jagdpachtrecht von der Verpachtung aus. Es entspricht damit den Regelungen in der Praxis. Beim Jagdrecht handelt es sich um ein eigenes aus dem Eigentum des Grundstückseigentümers abgeleitetes Recht, das regelmäßig selbständig verpachtet wird. Weiterhin verweist das Muster in Bezug auf den Ersatz von Wildschäden auf die gesetzliche Regelung des BJagdG insbesondere § 29 BJagdG. 30

[28] **Einschränkung des Aufrechnungsrechts des Pächters.** Ein unbeschränktes Aufrechnungsverbot kann auch im unternehmerischen Verkehr wegen §§ 307, 309 Nr. 3, der auch im Verkehr zwischen Unternehmern als konkretisierende Ausformung von § 307 Abs. 2 Nr. 1 anwendbar ist (BGH NJW 2007, 3421; Palandt/*Grüneberg* § 309 Rn 21), formularmäßig nicht wirksam vereinbart werden (BGH NJW 2007, 3421; *Hannemann* in: Hannemann/Wiegner § 48 Rn 87). Zulässig sind jedoch Klauseln, die die Aufrechnung davon abhängig machen, dass die zur Aufrechnung gestellte Gegenforderung unstreitig oder rechtskräftig festgestellt ist (BGH NJW-RR 1993, 519 [520]; BGH NJW 1989, 3215 [3216]). Auch auf konnexe Gegenforderungen lässt sich das Aufrechnungsrecht des Pächters nicht formularmäßig beschränken (*Hannemann* in: Hannemann/Wiegner § 48 Rn 88). 31

[29] **Einschränkung des Zurückbehaltungsrechts bzw Leistungsverweigerungsrechts des Pächters.** Zurückbehaltungsrechte, die auf dem Pachtvertrag beruhen, dürfen gem. § 309 Nr. 2 gegenüber einem Pächter, der Verbraucher iSv § 13 ist, formularmäßig weder ausgeschlossen noch eingeschränkt werden (*Hannemann* in: Hannemann/Wiegner § 48 Rn 91). Im unternehmerischen Verkehr können die §§ 273, 320 grundsätzlich formularvertraglich abbedungen werden (Palandt/*Grüneberg* § 309 Rn 16). Das gilt nicht, wenn der Gegenanspruch, auf den das Zurückbehaltungsrecht oder Leistungsverweigerungsrecht gestützt wird, unbestritten oder rechtskräftig festgestellt ist (BGHZ 115, 327; Palandt/*Grüneberg* § 309 Rn 16). Aber auch bei solchen Forderungen kann die Geltendmachung des Zurückbehaltungsrechts oder des Leistungsverweigerungsrechts von dem Erfordernis abhängig gemacht werden, sie einen Monat vor Fälligkeit anzukündigen (Palandt/*Grüneberg* § 309 Rn 16 mwN). 32

[30] **Einschränkung des Minderungsrechts des Pächters.** Das Recht zur Pachtminderung wegen Sachmängeln kann formularvertraglich wesentlich eingeschränkt, nicht jedoch vollständig ausgeschlossen werden (BGH NJW 1993, 519 [520]). Eine unangemessene Benachteiligung gem. § 307 Abs. 2 Nr. 1des Pächters liegt jedoch nur dann nicht vor, wenn er nur vorläufig zur vollen Zahlung der Pacht verpflichtet bleibt und die Möglichkeit einer Rückzahlung des zuviel Geleisteten nach § 812 BGB zu verlangen oder Schadenersatz nach § 536 a BGB geltend zu machen, nicht ausgeschlossen wird (BGH NJW 1984, 2404 [2405]; *Hannemann* in: Hannemann/Wiegner § 48 Rn 191). Unwirksam dürfte im Übrigen auch ein Minderungsausschluss in Bezug auf rechtskräftig festgestellte oder unstreitige Gegenforderungen sein (BGH NJW-RR 2003, 873; *Hannemann* in: Hannemann/Wiegner § 48 Rn 192). 33

[31] **Pflichten bei Pachtbeendigung.** Die Klausel hat klarstellende Funktion und entspricht den Regelungen in §§ 591 a, 596 Abs. 1, 596 b. 34

[32] **Ausschluss von außerhalb der Vertragsurkunde liegenden Abreden.** Diese Klausel des Musters dient der Beweiserleichterung derjenigen Vertragspartei, die sich darauf beruft, dass es außerhalb der Vertragsurkunde keine anderweiten Abreden oder Zusicherungen, insbesondere über die Gewährleistung eines bestimmten Zustandes des Pachtobjekts, des Inventars, über 35

die künftige Ausstattung oder über den zu erwartenden Geschäftserfolg des Pachtobjekts, zum Pachtvertrag gibt, in dem sie die Übereinstimmung der Parteien über diesen Punkt statuiert.

36 [33] **Schriftformerfordernis für Änderungen des Vertrags.** Die Schriftform ist aus Gründen der Beweissicherung und Vertragssicherheit auch bei Änderungen des Vertrags dringend zu empfehlen. Sie hat beim Pachtvertrag besondere Bedeutung, weil gem. §§ 581 Abs. 2, 578 Abs. 1, 550 ein Pachtvertrag für unbestimmte Zeit gilt, der für längere Zeit als ein Jahr nicht in schriftlicher Form geschlossen worden ist. Das ist insbesondere dann problematisch, wenn die Parteien einen langfristigen Pachtvertrag schließen wollen.

B. Klage auf Zahlung der Pacht

37 Hinsichtlich einer Klage des Verpächters auf Zahlung der rückständigen Pacht wird auf das **Muster** in § 535 Rn 29 verwiesen.

38 **Zuständigkeit.** Die **sachliche Zuständigkeit** ergibt sich aus §§ 1 Nr. 1 a, § 2 Abs. 1 LwVG. Danach sind die Amtsgerichte als Landwirtschaftsgerichte **ausschließlich** für Verfahren aufgrund der Vorschriften über die Landpacht im Übrigen zuständig. Die Einschränkung „im Übrigen" bezieht sich auf § 1 Nr. 1 LwVG. Nach dieser Vorschrift sind die Amtsgerichte als Landwirtschaftsgerichte für Verfahren aufgrund bestimmter anderer Vorschriften über die Landpacht zuständig. Die Differenzierung ist mit den unterschiedlichen Verfahrensarten zu erklären, die Anwendung finden. Im Falle der Zuständigkeit nach § 1 Nr. 1a LwVG findet gem. § 48 Abs. 1 LwVG die ZPO Anwendung, während in den Fällen des § 1 Nr. 1 LwVG gem. § 9 LwVG das FamFG einschlägig ist (*Barnstedt/Steffen*, § 1 LwVG Rn 67 ff). Die örtliche Zuständigkeit ergibt sich aus §§ 48 Abs. 1 S. 2, 10 LwVG. Danach ist das Amtsgericht ausschließlich örtlich zuständig, in dessen Bezirk die Hofstelle liegt. Die Hofstelle bilden die Teile der Grundstücke des landwirtschaftlichen Betriebs, auf denen sich die zur Beweirtschaftung erforderlichen und geeigneten Gebäude befinden (*Barnstedt/Steffen*, § 1 LwVG Rn 222). Ist eine Hofstelle nicht vorhanden, so ist das Amtsgericht örtlich zuständig, in dessen Bezirk die Grundstücke ganz oder zum größten Teil liegen oder die Rechte im Wesentlichen ausgeübt werden.

§ 585 a Form des Landpachtvertrags

Wird der Landpachtvertrag für längere Zeit als zwei Jahre nicht in schriftlicher Form geschlossen, so gilt er für unbestimmte Zeit.

§ 585 b Beschreibung der Pachtsache

(1) [1]Der Verpächter und der Pächter sollen bei Beginn des Pachtverhältnisses gemeinsam eine Beschreibung der Pachtsache anfertigen, in der ihr Umfang sowie der Zustand, in dem sie sich bei der Überlassung befindet, festgestellt werden. [2]Dies gilt für die Beendigung des Pachtverhältnisses entsprechend. [3]Die Beschreibung soll mit der Angabe des Tages der Anfertigung versehen werden und ist von beiden Teilen zu unterschreiben.
(2) [1]Weigert sich ein Vertragsteil, bei der Anfertigung einer Beschreibung mitzuwirken, oder ergeben sich bei der Anfertigung Meinungsverschiedenheiten tatsächlicher Art, so kann jeder Vertragsteil verlangen, dass eine Beschreibung durch einen Sachverständigen angefertigt wird, es sei denn, dass seit der Überlassung der Pachtsache mehr als neun Monate oder seit der Beendigung des Pachtverhältnisses mehr als drei Monate verstrichen sind; der Sachverständige wird auf Antrag durch das Landwirtschaftsgericht ernannt. [2]Die insoweit entstehenden Kosten trägt jeder Vertragsteil zur Hälfte.
(3) Ist eine Beschreibung der genannten Art angefertigt, so wird im Verhältnis der Vertragsteile zueinander vermutet, dass sie richtig ist.

A. Muster: Checkliste zur Aufstellung der Beschreibung der Pachtsache bei landwirtschaftlichen Betrieben 1

▶ **Checkliste zur Aufstellung der Beschreibung der Pachtsache bei landwirtschaftlichen Betrieben**[1] 413

1. Betriebsbeschreibung[2]
2. Beschreibung der Grundstücke[3]
3. Beschreibung der Gebäude[4]
4. Beschreibung der Außenanlagen[5]
5. Beschreibung des Aufwuchses[6]
6. Beschreibung des Inventars[7]
7. Aufzählung der mit dem Eigentum an Grundstücken verbundene Rechte, Nutzungen, Grunddienstbarkeiten und sonstigen mit dem landwirtschaftlichen Betrieb verbundenen Rechten (Produktionsquoten, Kontingente, Referenzmengen und andere Vergünstigungen bzw Marktlenkungsvorteile) [8]

◀

B. Erläuterungen

[1] **Allgemeines.** Das Muster dient der Aufstellung einer Beschreibung des landwirtschaftlichen Betriebs entsprechend § 585 b durch die Vertragsparteien und knüpft damit an die Vereinbarung zur Aufstellung in § 1 des Musterpachtvertrags an (vgl oben § 585 Rn 1). Sie sollte entsprechend § 585 b Abs. 1 S. 3 mit dem Datum der Aufstellung und soweit sich diese unterscheiden mit dem der Besichtigung versehen werden. 2

[2] **Betriebsbeschreibung.** Die Betriebsbeschreibung sollte die Bezeichnung des landwirtschaftlichen Betriebs und seine Größe, sowie weitere spezifizierende Merkmale enthalten. 3

[3] **Beschreibung der unbebauten Grundstücke.** Die Grundstücksbeschreibung sollte eine Aufzählung der gepachteten Ländereien unter **Benennung des Eigentümers**, mit ihrer **Grundbuchbezeichnung** und/oder ihrer **Katasterbezeichnung** enthalten. Um den Verlauf der Grenzen der Pachtfläche zu verdeutlichen, kann die Beifügung einer **Flurkarte** oder **Planskizze** zweckmäßig sein. Darüber hinaus kann eine **allgemeine Beschreibung der Grundstücke** angezeigt sein, die die Größe (Länge, Breite), die Einfriedung (Zäune, Hecken, Gräben), die allgemeine Ausbildung der Fläche (Gefälle, Senken), die Zugangsmöglichkeiten, die Anlagen und Einrichtungen (Wege, Terrassen, Brunnen, Leitungen), die gegenwärtige Nutzung, die Bepflanzung, den Flächenzustand (Steine, Bodenverdichtung, Feuchtstellen), die Bodenqualität und Bodenwasserverhältnisse, die Pflegemaßnahmen der letzten Jahre, den erzielten Ertrag und die mit dem Grundstück verbundenen oder das Grundstück belastenden Rechte umfasst (vgl *Lange/Wulff/Lüdtke-Handjery*, § 585 b Rn 11). 4

[4] **Beschreibung der bebauten Grundstücke.** Hinsichtlich der Aufzählung der bebauten Grundstücke gilt das in Rn 4 Gesagte entsprechend. Darüber hinaus sollten die **Erschließung des Grundstücks** (Zufahrten, Ver- und Entsorgungsanschlüsse) und **Nutzungs- und Baubeschränkungen** (Denkmal-, Umweltschutz, Baulasten) aufgenommen werden. Es kann ferner angezeigt sein, für jedes Gebäude eine gesonderte **Gebäudebeschreibung** anzufertigen, die Informationen zum Fundament, zu den Wänden, zu den Geschossdecken, zur Dachkonstruktion, zur Dacheindeckung, zur Dachentwässerung, zu Schornsteinen und Schächten, zu Treppen und Trep- 5

penpodesten, zu zentralen betriebstechnischen Anlagen (Heizung, Stromversorgung, Fernmeldetechnik, Blitzschutz, Wasserversorgung, Abwasserbeseitigung), zu besonderen Bauteilen und Bauausführungen und zum allgemeinen Bauzustand, Baumängeln und erforderlichen Reparaturen an Gebäuden enthält. Auch eine **Raumbeschreibung** kann für jeden Raum gesondert anzufertigen sein, wenn die Situation dies gebietet. Ist das der Fall, dann sollte sie Daten über den Bodenbelag, über Türen und Toren, über Fenster (Verglasung, Wetter-, Sonnenschutz), über Installationen (Heizung, Klimatisierung, Wasser, Abwasser, Strom, Fernmeldeeinrichtungen), über betriebliche Einbauten, Anlagen und technische Einrichtungen (Stalleinrichtungen), Gerät und über den allgemeinen Bauzustand, Baumängel und erforderliche Reparaturen in den Räumen oder an den technischen Einrichtungen enthalten.

6 [5] **Beschreibung der Außenanlagen.** Es kommen eine Vielzahl von unterschiedlichen Außenanlagen in Betracht, deren Bauart und Zustand jeweils gesondert beschrieben werden sollten. Zu denken ist insbesondere an: Hofplätze, Wege, Einfriedungen, Grünflächen, Jauchegruben, Futtersilos, Entmistungsanlagen Getreidesilos.

7 [6] **Beschreibung des Aufwuchses.** Bei der Beschreibung des Aufwuchses sind Fruchtart, Parzellengröße, Aufwendungen für die Bodenbearbeitung, Saatgut, Düngung und Pflanzenschutzmaßnahmen aufzunehmen. Soweit zu dem landwirtschaftlichen Betrieb auch forstwirtschaftlich genutzte Flächen, ein Gartenbaubetrieb oder Weinberge gehören, sind entsprechende Beschreibungen vorzunehmen.

8 [7] **Beschreibung des Inventars.** Die Art und Weise der Beschreibung des Inventars hängt zunächst davon ab, ob das Inventar bloß mitverpachtet wurde, oder ob es gem. §§ 585 Abs. 2 S. 2, 582 a zum Schätzwert verkauft wurde. Das Muster geht in § 2 (vgl oben § 585 Rn 1) von Letzterem aus. In diesem Fall sind das tote und lebende Inventar nach Umfang, Leistung und Schätzwert festzustellen, der sich aus der Schätzungsordnung für das landwirtschaftliche Pachtwesen (abgedruckt in *Lange/Wulff/Lüdtke-Handjery*, Anh. E. [S. 457 ff]) ergibt.

9 [8] **Mit dem Eigentum an Grundstücken verbundene Rechte, Nutzungen, Grunddienstbarkeiten und sonstige mit dem landwirtschaftlichen Betrieb verbundene Rechte.** Schließlich sind auch die immateriellen Bestandteile des landwirtschaftlichen Betriebs aufzunehmen. Beispielhaft seien Wasserentzug, Jagd, Fischerei, Schilf- und Rohrnutzung, Beteiligungen, Geschäftsanteile, Lieferrechte, Bezugsrechte, Versicherungen, Produktionsquoten, Kontingente, Referenzmengen, andere Vergünstigungen bzw Marktlenkungsvorteile und die Kundenkartei genannt.

§ 586 Vertragstypische Pflichten beim Landpachtvertrag

(1) [1]Der Verpächter hat die Pachtsache dem Pächter in einem zu der vertragsmäßigen Nutzung geeigneten Zustand zu überlassen und sie während der Pachtzeit in diesem Zustand zu erhalten. [2]Der Pächter hat jedoch die gewöhnlichen Ausbesserungen der Pachtsache, insbesondere die der Wohn- und Wirtschaftsgebäude, der Wege, Gräben, Dränungen und Einfriedigungen, auf seine Kosten durchzuführen. [3]Er ist zur ordnungsmäßigen Bewirtschaftung der Pachtsache verpflichtet.
(2) Für die Haftung des Verpächters für Sach- und Rechtsmängel der Pachtsache sowie für die Rechte und Pflichten des Pächters wegen solcher Mängel gelten die Vorschriften des § 536 Abs. 1 bis 3 und der §§ 536 a bis 536 d entsprechend.

§ 586 a Lasten der Pachtsache

Der Verpächter hat die auf der Pachtsache ruhenden Lasten zu tragen.

§ 587 Fälligkeit der Pacht; Entrichtung der Pacht bei persönlicher Verhinderung des Pächters

(1) [1]Die Pacht ist am Ende der Pachtzeit zu entrichten. [2]Ist die Pacht nach Zeitabschnitten bemessen, so ist sie am ersten Werktag nach dem Ablauf der einzelnen Zeitabschnitte zu entrichten.

(2) [1]Der Pächter wird von der Entrichtung der Pacht nicht dadurch befreit, dass er durch einen in seiner Person liegenden Grund an der Ausübung des ihm zustehenden Nutzungsrechts verhindert ist. [2]§ 537 Abs. 1 Satz 2 und Abs. 2 gilt entsprechend.

§ 588 Maßnahmen zur Erhaltung oder Verbesserung

(1) Der Pächter hat Einwirkungen auf die Pachtsache zu dulden, die zu ihrer Erhaltung erforderlich sind.
(2) [1]Maßnahmen zur Verbesserung der Pachtsache hat der Pächter zu dulden, es sei denn, dass die Maßnahme für ihn eine Härte bedeuten würde, die auch unter Würdigung der berechtigten Interessen des Verpächters nicht zu rechtfertigen ist. [2]Der Verpächter hat die dem Pächter durch die Maßnahme entstandenen Aufwendungen und entgangenen Erträge in einem den Umständen nach angemessenen Umfang zu ersetzen. [3]Auf Verlangen hat der Verpächter Vorschuss zu leisten.
(3) Soweit der Pächter infolge von Maßnahmen nach Absatz 2 Satz 1 höhere Erträge erzielt oder bei ordnungsmäßiger Bewirtschaftung erzielen könnte, kann der Verpächter verlangen, dass der Pächter in eine angemessene Erhöhung der Pacht einwilligt, es sei denn, dass dem Pächter eine Erhöhung der Pacht nach den Verhältnissen des Betriebs nicht zugemutet werden kann.
(4) [1]Über Streitigkeiten nach den Absätzen 1 und 2 entscheidet auf Antrag das Landwirtschaftsgericht. [2]Verweigert der Pächter in den Fällen des Absatzes 3 seine Einwilligung, so kann sie das Landwirtschaftsgericht auf Antrag des Verpächters ersetzen.

§ 589 Nutzungsüberlassung an Dritte

(1) Der Pächter ist ohne Erlaubnis des Verpächters nicht berechtigt,
1. die Nutzung der Pachtsache einem Dritten zu überlassen, insbesondere die Sache weiter zu verpachten,
2. die Pachtsache ganz oder teilweise einem landwirtschaftlichen Zusammenschluss zum Zwecke der gemeinsamen Nutzung zu überlassen.

(2) Überlässt der Pächter die Nutzung der Pachtsache einem Dritten, so hat er ein Verschulden, das dem Dritten bei der Nutzung zur Last fällt, zu vertreten, auch wenn der Verpächter die Erlaubnis zur Überlassung erteilt hat.

§ 590 Änderung der landwirtschaftlichen Bestimmung oder der bisherigen Nutzung

(1) Der Pächter darf die landwirtschaftliche Bestimmung der Pachtsache nur mit vorheriger Erlaubnis des Verpächters ändern.
(2) [1]Zur Änderung der bisherigen Nutzung der Pachtsache ist die vorherige Erlaubnis des Verpächters nur dann erforderlich, wenn durch die Änderung die Art der Nutzung über die Pachtzeit hinaus beeinflusst wird. [2]Der Pächter darf Gebäude nur mit vorheriger Erlaubnis des Verpächters errichten. [3]Verweigert der Verpächter die Erlaubnis, so kann sie auf Antrag des Pächters durch das Landwirtschaftsgericht ersetzt werden, soweit die Änderung zur Erhaltung oder nachhaltigen Verbesserung der Rentabilität des Betriebs geeignet erscheint und dem Verpächter bei Berücksichtigung seiner berechtigten Interessen zugemutet werden kann. [4]Dies gilt nicht, wenn der Pachtvertrag gekündigt ist oder das Pachtverhältnis in weniger als drei Jahren endet. [5]Das Landwirtschaftsgericht kann die Erlaubnis unter Bedingungen und Auflagen ersetzen, insbesondere eine Sicherheitsleistung anordnen sowie Art und Umfang der Sicherheit bestimmen. [6]Ist die Veranlassung für die Sicherheitsleistung weggefallen, so entscheidet auf Antrag das Landwirtschaftsgericht über die Rückgabe der Sicherheit; § 109 der Zivilprozessordnung gilt entsprechend.
(3) Hat der Pächter das nach § 582 a zum Schätzwert übernommene Inventar im Zusammenhang mit einer Änderung der Nutzung der Pachtsache wesentlich vermindert, so kann der Verpächter schon während der Pachtzeit einen Geldausgleich in entsprechender Anwendung des § 582 a Abs. 3 verlangen, es sei denn, dass der Erlös der veräußerten Inventarstücke zu einer zur Höhe des Erlöses in angemessenem Verhältnis stehenden Verbesserung der Pachtsache nach § 591 verwendet worden ist.

§ 590 a Vertragswidriger Gebrauch

Macht der Pächter von der Pachtsache einen vertragswidrigen Gebrauch und setzt er den Gebrauch ungeachtet einer Abmahnung des Verpächters fort, so kann der Verpächter auf Unterlassung klagen.

1 **A. Muster: Klage auf Unterlassung des vertragswidrigen Gebrauchs**

▶ An das
Amtsgericht
Landwirtschaftsgericht[1]

Klage

des ■■■,

Klägers,

gegen

den ■■■,

Beklagten,

wegen vertragswidrigen Gebrauchs.

Namens und mit Vollmacht des Klägers erheben wir Klage und werden beantragen:

1. Der Beklagte wird verurteilt, es zu Unterlassen, Klärschlamm auf die Pachtfläche aufzubringen.[2]
2. Für jeden Fall der Zuwiderhandlung wird dem Beklagten angedroht, dass
   a) ein Ordnungsgeld bis zu EUR 250.000,00 gegen ihn festgesetzt werden kann und dass dieses Ordnungsgeld für den Fall, dass es nicht beigetrieben werden kann, Ordnungshaft nach sich ziehen kann, oder
   b) Ordnungshaft bis zu 6 Monaten gegen ihn festgesetzt werden kann.[3]

Begründung

Der Kläger ist Eigentümer des in der Gemeinde ■■■ gelegenen, im Grundbuch von ■■■ Band ■■■ Blatt Nr. ■■■ verzeichneten landwirtschaftlichen Betriebes in ■■■.

Beweis: Grundbuchauszug[4]

Mit Vertrag vom ■■■ verpachtete er diesen Betrieb an den Beklagten. In § 8 Abs. 2 des Pachtvertrags vereinbarten die Parteien, dass dem Pächter das Aufbringen von Klärschlamm auf die Pachtfläche untersagt ist.

Beweis: Pachtvertrag vom ■■■

Der Beklagte brachte am ■■■ um ■■■ auf die Pachtfläche in der Gemarkung ■■■ Klärschlamm auf.

Beweis: Zeugnis des Herrn ■■■ wohnhaft: ■■■ in ■■■

Der Beklagte wurde vorgerichtlich vom Kläger wegen des vertragswidrigen Gabrauchs mit Schreiben vom ■■■ abgemahnt.[5]

Beweis: Schreiben vom ■■■

Am ■■■ um ■■■ brachte der Beklagte erneut Klärschlamm auf die Pachtfläche in der Gemarkung ■■■ auf.

Beweis: Zeugnis des Herrn ■■■ wohnhaft: ■■■ in ■■■

Daher ist nunmehr Klage geboten.

■■■

Rechtsanwalt ◀

B. Erläuterungen

[1] **Zuständigkeit.** Zur Zuständigkeit der Amtsgerichte als Landwirtschaftsgerichte vgl oben § 585 Rn 35. Das Verfahren ist ein „übriges" Landpachtverfahren im Sinne von § 1 Nr. 1 a LwVG, so daß die Vorschriften der ZPO zur Anwendung kommen (*Barnstedt/Steffen*, § 1 Rn 75). 2

[2] **Bestimmtheit des Klageantrags.** Der Klageantrag ist auf Beseitigung, dh Abstellen für die Zukunft, oder Unterlassung des vertragswidrigen Gebrauchs zu richten, die so konkret bezeichnet werden muss, dass die für die Zwangsvollstreckung notwendige Bestimmtheit gesichert ist (vgl allgemein: Musielak/*Foerste* § 253 ZPO Rn 33). 3

[3] **Ordnungsmittel.** Gem. § 890 ZPO braucht der Antrag ein bestimmtes Ordnungsmittel und dessen Höhe nicht zu bezeichnen (Musielak/*Lackmann* § 890 ZPO Rn 8). 4

[4] **Beweislast.** Der Kläger hat nach den allgemeinen Regeln die Voraussetzungen des Unterlassungsanspruchs darzulegen und zu beweisen. 5

[5] **Abmahnerfordernis.** Anspruchsvoraussetzung des Verpächteranspruchs ist stets eine vorherige empfangsbedürftige Abmahnung, die dem Pächter zugehen muss und nicht dem vertragswidrig handelnden Dritten. Sind mehrere Pächter vorhanden, muß die Abmahnung allen zugehen. Denn es geht auch um die Rechtsstellung aller, und sie müssen zumindest die Möglichkeit des Einwirkens auf den vertragswidrig Handelnden haben. In ihr ist das vorwerfbare Verhalten (nicht zuletzt aus Beweiszwecken) präzise zu beschreiben und zu dessen Unterlassung aufzufordern, weshalb sich trotz Formfreiheit auch die Schriftform empfiehlt. Einer Fristsetzung zur Abänderung bedarf es ebensowenig wie der Androhung gerichtlicher Schritte.Die Abmahnung ist ausnahmsweise entbehrlich, wenn der Pächter zu erkennen gibt, dass er ihrer ungeachtet sein Verhalten fortsetzen wird. Beweispflichtig dafür ist der Verpächter (Staudinger/*v. Jeinsen*, § 590 a Rn 6). 6

§ 590 b Notwendige Verwendungen

Der Verpächter ist verpflichtet, dem Pächter die notwendigen Verwendungen auf die Pachtsache zu ersetzen.

§ 591 Wertverbessernde Verwendungen

(1) Andere als notwendige Verwendungen, denen der Verpächter zugestimmt hat, hat er dem Pächter bei Beendigung des Pachtverhältnisses zu ersetzen, soweit die Verwendungen den Wert der Pachtsache über die Pachtzeit hinaus erhöhen (Mehrwert).
(2) [1]Weigert sich der Verpächter, den Verwendungen zuzustimmen, so kann die Zustimmung auf Antrag des Pächters durch das Landwirtschaftsgericht ersetzt werden, soweit die Verwendungen zur Erhaltung oder nachhaltigen Verbesserung der Rentabilität des Betriebs geeignet sind und dem Verpächter bei Berücksichtigung seiner berechtigten Interessen zugemutet werden können. [2]Dies gilt nicht, wenn der Pachtvertrag gekündigt ist oder das Pachtverhältnis in weniger als drei Jahren endet. [3]Das Landwirtschaftsgericht kann die Zustimmung unter Bedingungen und Auflagen ersetzen.
(3) [1]Das Landwirtschaftsgericht kann auf Antrag auch über den Mehrwert Bestimmungen treffen und ihn festsetzen. [2]Es kann bestimmen, dass der Verpächter den Mehrwert nur in Teilbeträgen zu ersetzen hat, und kann Bedingungen für die Bewilligung solcher Teilzahlungen festsetzen. [3]Ist dem Verpächter ein Ersatz des Mehrwerts bei Beendigung des Pachtverhältnisses auch in Teilbeträgen nicht zuzumuten, so kann der Pächter nur verlangen, dass das Pachtverhältnis zu den bisherigen Bedingungen so lange fortgesetzt wird, bis der Mehrwert der Pachtsache abgegolten ist. [4]Kommt keine Einigung zustande, so entscheidet auf Antrag das Landwirtschaftsgericht über eine Fortsetzung des Pachtverhältnisses.

§ 591 a Wegnahme von Einrichtungen

[1]Der Pächter ist berechtigt, eine Einrichtung, mit der er die Sache versehen hat, wegzunehmen. [2]Der Verpächter kann die Ausübung des Wegnahmerechts durch Zahlung einer angemessenen Entschädigung abwenden, es sei denn, dass der Pächter ein berechtigtes Interesse an der Wegnahme hat. [3]Eine Vereinbarung, durch die das Wegnahmerecht des Pächters ausgeschlossen wird, ist nur wirksam, wenn ein angemessener Ausgleich vorgesehen ist.

§ 591 b Verjährung von Ersatzansprüchen

(1) Die Ersatzansprüche des Verpächters wegen Veränderung oder Verschlechterung der verpachteten Sache sowie die Ansprüche des Pächters auf Ersatz von Verwendungen oder auf Gestattung der Wegnahme einer Einrichtung verjähren in sechs Monaten.
(2) [1]Die Verjährung der Ersatzansprüche des Verpächters beginnt mit dem Zeitpunkt, in welchem er die Sache zurückerhält. [2]Die Verjährung der Ansprüche des Pächters beginnt mit der Beendigung des Pachtverhältnisses.
(3) Mit der Verjährung des Anspruchs des Verpächters auf Rückgabe der Sache verjähren auch die Ersatzansprüche des Verpächters.

§ 592 Verpächterpfandrecht

[1]Der Verpächter hat für seine Forderungen aus dem Pachtverhältnis ein Pfandrecht an den eingebrachten Sachen des Pächters sowie an den Früchten der Pachtsache. [2]Für künftige Entschädigungsforderungen kann das Pfandrecht nicht geltend gemacht werden. [3]Mit Ausnahme der in § 811 Abs. 1 Nr. 4 der Zivilprozessordnung genannten Sachen erstreckt sich das Pfandrecht nicht auf Sachen, die der Pfändung nicht unterworfen sind. [4]Die Vorschriften der §§ 562 a bis 562 c gelten entsprechend.

§ 593 Änderung von Landpachtverträgen

(1) [1]Haben sich nach Abschluss des Pachtvertrags die Verhältnisse, die für die Festsetzung der Vertragsleistungen maßgebend waren, nachhaltig so geändert, dass die gegenseitigen Verpflichtungen in ein grobes Missverhältnis zueinander geraten sind, so kann jeder Vertragsteil eine Änderung des Vertrags mit Ausnahme der Pachtdauer verlangen. [2]Verbessert oder verschlechtert sich infolge der Bewirtschaftung der Pachtsache durch den Pächter deren Ertrag, so kann, soweit nichts anderes vereinbart ist, eine Änderung der Pacht nicht verlangt werden.
(2) [1]Eine Änderung kann frühestens zwei Jahre nach Beginn des Pachtverhältnisses oder nach dem Wirksamwerden der letzten Änderung der Vertragsleistungen verlangt werden. [2]Dies gilt nicht, wenn verwüstende Naturereignisse, gegen die ein Versicherungsschutz nicht üblich ist, das Verhältnis der Vertragsleistungen grundlegend und nachhaltig verändert haben.
(3) Die Änderung kann nicht für eine frühere Zeit als für das Pachtjahr verlangt werden, in dem das Änderungsverlangen erklärt wird.
(4) Weigert sich ein Vertragsteil, in eine Änderung des Vertrags einzuwilligen, so kann der andere Teil die Entscheidung des Landwirtschaftsgerichts beantragen.
(5) [1]Auf das Recht, eine Änderung des Vertrags nach den Absätzen 1 bis 4 zu verlangen, kann nicht verzichtet werden. [2]Eine Vereinbarung, dass einem Vertragsteil besondere Nachteile oder Vorteile erwachsen sollen, wenn er die Rechte nach den Absätzen 1 bis 4 ausübt oder nicht ausübt, ist unwirksam.

1 **A. Muster: Vertragsregelung für Veränderungen des Pachtgegenstandes**

▶ **§ ... Ertragsänderungen durch Veränderungen des Pachtgegenstandes[1]**

(...) Wird die Ertragsfähigkeit des Pachtgegenstandes oder eines Teiles des Pachtgegenstandes durch eine vom Verpächter vorgenommene wesentliche Änderung des Pachtgegenstandes oder von Teilen des Pachtgegenstandes (zB durch Beseitigung oder Errichtung von Anlagen oder Gebäuden) gesteigert, so hat der Verpächter nach Maßgabe der gesetzlichen Vorschriften gegen den Pächter einen Anspruch auf angemessene Erhöhung der Pacht.

(...) Sinkt der Ertragswert durch die vom Verpächter vorgenommene Änderung, so kann der Pächter vom Verpächter eine angemessene Herabsetzung der Pacht verlangen. ◀

B. Erläuterungen

2 [1] **Ertragsänderungen durch Veränderungen des Pachtgegenstandes.** Das Muster enthält eine gem. § 593 Abs. 1 S. 2 zulässige Abweichung von § 593 (Palandt/*Weidenkaff* § 593 Rn 3; Hk-BGB/*Ebert* § 593 Rn 6). Durch sie wird erreicht, dass vom Verpächter vorgenommene Veränderungen des Pachtgegenstandes sich positiv wie negativ auf die zu entrichtende Pacht auswirken können.

§ 593 a Betriebsübergabe

[1]Wird bei der Übergabe eines Betriebs im Wege der vorweggenommenen Erbfolge ein zugepachtetes Grundstück, das der Landwirtschaft dient, mit übergeben, so tritt der Übernehmer anstelle des Pächters in den Pachtvertrag ein. [2]Der Verpächter ist von der Betriebsübergabe jedoch unverzüglich zu benachrichtigen. [3]Ist die ordnungsmäßige Bewirtschaftung der Pachtsache durch den Übernehmer nicht gewährleistet, so ist der Verpächter berechtigt, das Pachtverhältnis außerordentlich mit der gesetzlichen Frist zu kündigen.

§ 593 b Veräußerung oder Belastung des verpachteten Grundstücks

Wird das verpachtete Grundstück veräußert oder mit dem Recht eines Dritten belastet, so gelten die §§ 566 bis 567 b entsprechend.

§ 594 Ende und Verlängerung des Pachtverhältnisses

[1]Das Pachtverhältnis endet mit dem Ablauf der Zeit, für die es eingegangen ist. [2]Es verlängert sich bei Pachtverträgen, die auf mindestens drei Jahre geschlossen worden sind, auf unbestimmte Zeit, wenn auf die Anfrage eines Vertragsteils, ob der andere Teil zur Fortsetzung des Pachtverhältnisses bereit ist, dieser nicht binnen einer Frist von drei Monaten die Fortsetzung ablehnt. [3]Die Anfrage und die Ablehnung bedürfen der schriftlichen Form. [4]Die Anfrage ist ohne Wirkung, wenn in ihr nicht auf die Folge der Nichtbeachtung ausdrücklich hingewiesen wird und wenn sie nicht innerhalb des drittletzten Pachtjahrs gestellt wird.

A. Muster: Optionsmodell[1] 1

416

► **§ 3 Pachtdauer**

1. Der Pachtvertrag wird für die Dauer von ■■■ Jahren, gerechnet ab dem Pachtbeginn, also bis zum ■■■ fest abgeschlossen („feste Pachtzeit").
2. Dem Pächter wird das Recht eingeräumt, die feste Pachtzeit einmal durch einseitige Erklärung um weitere ■■■ Jahre („Optionspachtzeit") zu den Bedingungen dieses Pachtvertrags zu verlängern („Optionsrecht"). Der Pächter hat das Optionsrecht spätestens ■■■ Monate vor Ablauf der festen Pachtzeit gegenüber dem Verpächter schriftlich auszuüben.
3. Übt der Pächter das Optionsrecht nicht aus, verlängert sich der Pachtvertrag auf unbestimmte Zeit, wenn er nicht spätestens ■■■ Monate vor Ablauf der festen Pachtzeit von einer Vertragspartei gekündigt wird. Übt der Pächter das Optionsrecht aus, verlängert sich der Pachtvertrag nach Ablauf der Optionsmietzeit auf unbestimmte Zeit, wenn er nicht spätestens ■■■ Monate vor Ablauf der Optionsmietzeit von einer Vertragspartei gekündigt wird. Hat sich der Pachtvertrag auf unbestimmte Zeit verlängert, so ist er mit einer Frist von ■■■ Monaten zum Monatsende kündbar. ◄

B. Erläuterungen

[1] **Optionsmodell.** Statt der Regelung in § 3 des Grundmusters (vgl Muster zu § 585) kommt auch die Vereinbarung eines **Optionsmodells** in Betracht. Es unterscheidet sich vom Grundmuster dadurch, dass der Pächter den Vertrag durch einseitige Erklärung verlängern kann (Palandt/*Weidenkaff* § 542 Rn 10). Es ist möglich, die Bedingungen des Pachtvertrags (zB die Höhe der Pacht) zu verändern, wenn das im Optionsrecht vereinbart wird. Die Ausübung des Optionsrechts muss gem. §§ 581 Abs. 2, 578 Abs. 1, 550 schriftlich erfolgen, wenn sie die befristete Verlängerung des Pachtvertrags um mehr als ein Jahr bewirken soll (OLG Köln NZM 2006, 464). Da die unmittelbare Beendigung bei Nichtwahrnehmung der Option bzw Ablauf der Optionszeit möglicherweise nicht im Interesse der Parteien ist, geht die Variante von der Verlängerung des Vertrags auf unbestimmte Zeit aus, wenn er nicht gekündigt wird (vgl *Leonhard* in: Beck'sches Formularbuch Bürgerliches, Handels und Wirtschaftsrecht, Formular III. D. 13 Anm. 7). Das Kündigungsrecht steht beiden Parteien zu. 2

§ 594 a Kündigungsfristen

(1) [1]Ist die Pachtzeit nicht bestimmt, so kann jeder Vertragsteil das Pachtverhältnis spätestens am dritten Werktag eines Pachtjahrs für den Schluss des nächsten Pachtjahrs kündigen. [2]Im Zweifel gilt das Kalenderjahr als Pachtjahr. [3]Die Vereinbarung einer kürzeren Frist bedarf der Schriftform.
(2) Für die Fälle, in denen das Pachtverhältnis außerordentlich mit der gesetzlichen Frist vorzeitig gekündigt werden kann, ist die Kündigung nur für den Schluss eines Pachtjahrs zulässig; sie hat spätestens am dritten Werktag des halben Jahres zu erfolgen, mit dessen Ablauf die Pacht enden soll.

§ 594 b Vertrag über mehr als 30 Jahre

[1]Wird ein Pachtvertrag für eine längere Zeit als 30 Jahre geschlossen, so kann nach 30 Jahren jeder Vertragsteil das Pachtverhältnis spätestens am dritten Werktag eines Pachtjahrs für den Schluss des nächsten Pachtjahrs kündigen. [2]Die Kündigung ist nicht zulässig, wenn der Vertrag für die Lebenszeit des Verpächters oder des Pächters geschlossen ist.

§ 594 c Kündigung bei Berufsunfähigkeit des Pächters

[1]Ist der Pächter berufsunfähig im Sinne der Vorschriften der gesetzlichen Rentenversicherung geworden, so kann er das Pachtverhältnis außerordentlich mit der gesetzlichen Frist kündigen, wenn der Verpächter der Überlassung der Pachtsache zur Nutzung an einen Dritten, der eine ordnungsmäßige Bewirtschaftung gewährleistet, widerspricht. [2]Eine abweichende Vereinbarung ist unwirksam.

§ 594 d Tod des Pächters

(1) Stirbt der Pächter, so sind sowohl seine Erben als auch der Verpächter innerhalb eines Monats, nachdem sie vom Tod des Pächters Kenntnis erlangt haben, berechtigt, das Pachtverhältnis mit einer Frist von sechs Monaten zum Ende eines Kalendervierteljahrs zu kündigen.
(2) [1]Die Erben können der Kündigung des Verpächters widersprechen und die Fortsetzung des Pachtverhältnisses verlangen, wenn die ordnungsmäßige Bewirtschaftung der Pachtsache durch sie oder durch einen von ihnen beauftragten Miterben oder Dritten gewährleistet erscheint. [2]Der Verpächter kann die Fortsetzung des Pachtverhältnisses ablehnen, wenn die Erben den Widerspruch nicht spätestens drei Monate vor Ablauf des Pachtverhältnisses erklärt und die Umstände mitgeteilt haben, nach denen die weitere ordnungsmäßige Bewirtschaftung der Pachtsache gewährleistet erscheint. [3]Die Widerspruchserklärung und die Mitteilung bedürfen der schriftlichen Form. [4]Kommt keine Einigung zustande, so entscheidet auf Antrag das Landwirtschaftsgericht.
(3) Gegenüber einer Kündigung des Verpächters nach Absatz 1 ist ein Fortsetzungsverlangen des Erben nach § 595 ausgeschlossen.

§ 594 e Außerordentliche fristlose Kündigung aus wichtigem Grund

(1) Die außerordentliche fristlose Kündigung des Pachtverhältnisses ist in entsprechender Anwendung der §§ 543, 569 Abs. 1 und 2 zulässig.
(2) [1]Abweichend von § 543 Abs. 2 Nr. 3 Buchstaben a und b liegt ein wichtiger Grund insbesondere vor, wenn der Pächter mit der Entrichtung der Pacht oder eines nicht unerheblichen Teils der Pacht länger als drei Monate in Verzug ist. [2]Ist die Pacht nach Zeitabschnitten von weniger als einem Jahr bemessen, so ist die Kündigung erst zulässig, wenn der Pächter für zwei aufeinander folgende Termine mit der Entrichtung der Pacht oder eines nicht unerheblichen Teils der Pacht in Verzug ist.

§ 594 f Schriftform der Kündigung

Die Kündigung bedarf der schriftlichen Form.

§ 595 Fortsetzung des Pachtverhältnisses

(1) [1]Der Pächter kann vom Verpächter die Fortsetzung des Pachtverhältnisses verlangen, wenn

1. bei einem Betriebspachtverhältnis der Betrieb seine wirtschaftliche Lebensgrundlage bildet,
2. bei dem Pachtverhältnis über ein Grundstück der Pächter auf dieses Grundstück zur Aufrechterhaltung seines Betriebs, der seine wirtschaftliche Lebensgrundlage bildet, angewiesen ist

und die vertragsmäßige Beendigung des Pachtverhältnisses für den Pächter oder seine Familie eine Härte bedeuten würde, die auch unter Würdigung der berechtigten Interessen des Verpächters nicht zu rechtfertigen ist. [2]Die Fortsetzung kann unter diesen Voraussetzungen wiederholt verlangt werden.

(2) [1]Im Falle des Absatzes 1 kann der Pächter verlangen, dass das Pachtverhältnis so lange fortgesetzt wird, wie dies unter Berücksichtigung aller Umstände angemessen ist. [2]Ist dem Verpächter nicht zuzumuten, das Pachtverhältnis nach den bisher geltenden Vertragsbedingungen fortzusetzen, so kann der Pächter nur verlangen, dass es unter einer angemessenen Änderung der Bedingungen fortgesetzt wird.
(3) Der Pächter kann die Fortsetzung des Pachtverhältnisses nicht verlangen, wenn

1. er das Pachtverhältnis gekündigt hat,
2. der Verpächter zur außerordentlichen fristlosen Kündigung oder im Falle des § 593 a zur außerordentlichen Kündigung mit der gesetzlichen Frist berechtigt ist,
3. die Laufzeit des Vertrags bei einem Pachtverhältnis über einen Betrieb, der Zupachtung von Grundstücken, durch die ein Betrieb entsteht, oder bei einem Pachtverhältnis über Moor- und Ödland, das vom Pächter kultiviert worden ist, auf mindestens 18 Jahre, bei der Pacht anderer Grundstücke auf mindestens zwölf Jahre vereinbart ist,
4. der Verpächter die nur vorübergehend verpachtete Sache in eigene Nutzung nehmen oder zur Erfüllung gesetzlicher oder sonstiger öffentlicher Aufgaben verwenden will.

(4) [1]Die Erklärung des Pächters, mit der er die Fortsetzung des Pachtverhältnisses verlangt, bedarf der schriftlichen Form. [2]Auf Verlangen des Verpächters soll der Pächter über die Gründe des Fortsetzungsverlangens unverzüglich Auskunft erteilen.
(5) [1]Der Verpächter kann die Fortsetzung des Pachtverhältnisses ablehnen, wenn der Pächter die Fortsetzung nicht mindestens ein Jahr vor Beendigung des Pachtverhältnisses vom Verpächter verlangt oder auf eine Anfrage des Verpächters nach § 594 die Fortsetzung abgelehnt hat. [2]Ist eine zwölfmonatige oder kürzere Kündigungsfrist vereinbart, so genügt es, wenn das Verlangen innerhalb eines Monats nach Zugang der Kündigung erklärt wird.
(6) [1]Kommt keine Einigung zustande, so entscheidet auf Antrag das Landwirtschaftsgericht über eine Fortsetzung und über die Dauer des Pachtverhältnisses sowie über die Bedingungen, zu denen es fortgesetzt wird. [2]Das Gericht kann die Fortsetzung des Pachtverhältnisses jedoch nur bis zu einem Zeitpunkt anordnen, der die in Absatz 3 Nr. 3 genannten Fristen, ausgehend vom Beginn des laufenden Pachtverhältnisses, nicht übersteigt. [3]Die Fortsetzung kann auch auf einen Teil der Pachtsache beschränkt werden.
(7) [1]Der Pächter hat den Antrag auf gerichtliche Entscheidung spätestens neun Monate vor Beendigung des Pachtverhältnisses und im Falle einer zwölfmonatigen oder kürzeren Kündigungsfrist zwei Monate nach Zugang der Kündigung bei dem Landwirtschaftsgericht zu stellen. [2]Das Gericht kann den Antrag nachträglich zulassen, wenn es zur Vermeidung einer unbilligen Härte geboten erscheint und der Pachtvertrag noch nicht abgelaufen ist.
(8) [1]Auf das Recht, die Verlängerung eines Pachtverhältnisses nach den Absätzen 1 bis 7 zu verlangen, kann nur verzichtet werden, wenn der Verzicht zur Beilegung eines Pachtstreits vor Gericht oder vor einer berufsständischen Pachtschlichtungsstelle erklärt wird. [2]Eine Vereinbarung, dass einem Vertragsteil besondere Nachteile oder besondere Vorteile erwachsen sollen, wenn er die Rechte nach den Absätzen 1 bis 7 ausübt oder nicht ausübt, ist unwirksam.

§ 595 a Vorzeitige Kündigung von Landpachtverträgen

(1) Soweit die Vertragsteile zur außerordentlichen Kündigung eines Landpachtverhältnisses mit der gesetzlichen Frist berechtigt sind, steht ihnen dieses Recht auch nach Verlängerung des Landpachtverhältnisses oder Änderung des Landpachtvertrags zu.
(2) [1]Auf Antrag eines Vertragsteils kann das Landwirtschaftsgericht Anordnungen über die Abwicklung eines vorzeitig beendeten oder eines teilweise beendeten Landpachtvertrags treffen. [2]Wird die Verlängerung eines Landpachtvertrags auf einen Teil der Pachtsache beschränkt, kann das Landwirtschaftsgericht die Pacht für diesen Teil festsetzen.
(3) [1]Der Inhalt von Anordnungen des Landwirtschaftsgerichts gilt unter den Vertragsteilen als Vertragsinhalt. [2]Über Streitigkeiten, die diesen Vertragsinhalt betreffen, entscheidet auf Antrag das Landwirtschaftsgericht.

§ 596 Rückgabe der Pachtsache

(1) Der Pächter ist verpflichtet, die Pachtsache nach Beendigung des Pachtverhältnisses in dem Zustand zurückzugeben, der einer bis zur Rückgabe fortgesetzten ordnungsmäßigen Bewirtschaftung entspricht.
(2) Dem Pächter steht wegen seiner Ansprüche gegen den Verpächter ein Zurückbehaltungsrecht am Grundstück nicht zu.
(3) Hat der Pächter die Nutzung der Pachtsache einem Dritten überlassen, so kann der Verpächter die Sache nach Beendigung des Pachtverhältnisses auch von dem Dritten zurückfordern.

§ 596 a Ersatzpflicht bei vorzeitigem Pachtende

(1) [1]Endet das Pachtverhältnis im Laufe eines Pachtjahrs, so hat der Verpächter dem Pächter den Wert der noch nicht getrennten, jedoch nach den Regeln einer ordnungsmäßigen Bewirtschaftung vor dem Ende des Pachtjahrs zu trennenden Früchte zu ersetzen. [2]Dabei ist das Ernterisiko angemessen zu berücksichtigen.
(2) Lässt sich der in Absatz 1 bezeichnete Wert aus jahreszeitlich bedingten Gründen nicht feststellen, so hat der Verpächter dem Pächter die Aufwendungen auf diese Früchte insoweit zu ersetzen, als sie einer ordnungsmäßigen Bewirtschaftung entsprechen.
(3) [1]Absatz 1 gilt auch für das zum Einschlag vorgesehene, aber noch nicht eingeschlagene Holz. [2]Hat der Pächter mehr Holz eingeschlagen, als bei ordnungsmäßiger Nutzung zulässig war, so hat er dem Verpächter den Wert der die normale Nutzung übersteigenden Holzmenge zu ersetzen. [3]Die Geltendmachung eines weiteren Schadens ist nicht ausgeschlossen.

§ 596 b Rücklassungspflicht

(1) Der Pächter eines Betriebs hat von den bei Beendigung des Pachtverhältnisses vorhandenen landwirtschaftlichen Erzeugnissen so viel zurückzulassen, wie zur Fortführung der Wirtschaft bis zur nächsten Ernte nötig ist, auch wenn er bei Beginn des Pachtverhältnisses solche Erzeugnisse nicht übernommen hat.
(2) Soweit der Pächter nach Absatz 1 Erzeugnisse in größerer Menge oder besserer Beschaffenheit zurückzulassen verpflichtet ist, als er bei Beginn des Pachtverhältnisses übernommen hat, kann er vom Verpächter Ersatz des Wertes verlangen.

§ 597 Verspätete Rückgabe

[1]Gibt der Pächter die Pachtsache nach Beendigung des Pachtverhältnisses nicht zurück, so kann der Verpächter für die Dauer der Vorenthaltung als Entschädigung die vereinbarte Pacht verlangen. [2]Die Geltendmachung eines weiteren Schadens ist nicht ausgeschlossen.

Titel 6 Leihe

§ 598 Vertragstypische Pflichten bei der Leihe

Durch den Leihvertrag wird der Verleiher einer Sache verpflichtet, dem Entleiher den Gebrauch der Sache unentgeltlich zu gestatten.

Schrifttum: *Nehlsen-v. Stryk*, Zur Abgrenzungsproblematik von Leihe und Schenkung, AcP Bd. 187, 552; *Grziwotz*, Wohnungsvermächtnis und Grundbucheintragung, ZEV 2010, 130

A. Grundform des Leihvertrages

1 **I. Muster: Leihvertrag**

▶ **Leihvertrag**[1]

zwischen

▪▪▪ (Verleiher)

und

▪▪▪ (Entleiher)[2]

§ 1 Vertragsgegenstand

Der Verleiher verpflichtet sich, dem Entleiher den Gebrauch an folgendem Gegenstand unentgeltlich zu gestatten:

■■■ (genaue Bezeichnung des Gegenstandes).[3]

Der Verleiher versichert, dass keinerlei Verfügungsbeschränkungen bezüglich dieses Vertrages dem Verleiher von dritter Seite auferlegt wurden.

§ 2 Haftung

Die Haftung des Verleihers ist gemäß § 599 BGB auf Vorsatz und grobe Fahrlässigkeit beschränkt.

Der Verleiher versichert, dass ihm keinerlei Mängel des Vertragsgegenstandes bekannt sind.

§ 3 Pflichten des Entleihers

Die Kosten der Erhaltung des Vertragsgegenstandes hat der Entleiher zu tragen.

§ 4 Vertragsgemäßer Gebrauch

Der Entleiher verwendet den Vertragsgegenstand zu folgendem Zweck:

■■■

Der Entleiher darf den Vertragsgegenstand zu keinem anderen Zweck als dem hier vereinbarten verwenden, insbesondere ist er nicht berechtigt, ohne Erlaubnis des Verleihers, den Gebrauch des Vertragsgegenstandes einem Dritten zu überlassen. Bei Zuwiderhandlungen ist der Verleiher berechtigt, den Vertrag fristlos zu kündigen.

§ 5 Leihzeit

Die Leihe wird vom ■■■ bis zum ■■■ vereinbart.

Nach Ablauf der Leihzeit ist der Gegenstand zurückzugeben, ohne dass es hierzu einer Kündigung bedarf.

§ 6 Kündigungsrecht

Der Verleiher kann die Leihe nach § 605 BGB kündigen:

1. wenn er infolge eines nicht vorhergesehenen Umstandes der verliehenen Sache bedarf,
2. wenn der Entleiher einen vertragswidrigen Gebrauch von der Sache macht, insbesondere unbefugt den Gebrauch einem Dritten überlässt, oder die Sache durch Vernachlässigung der ihm obliegenden Sorgfalt erheblich gefährdet,
3. wenn der Entleiher stirbt.

§ 7 Untergang der entliehenen Sache

Für den Fall des Unterganges der entliehenen Sache, hat der Entleiher den Neuwert der Sache zu erstatten.[4]

§ 8 Ansprüche des Entleihers

Nach Ablauf der für die Leihe bestimmten Zeit stehen dem Entleiher keine Ansprüche wegen Ersatz von Verwendungen oder auf Gestattung einer Einrichtung, die er an dem entliehenen Gegenstand gemacht hat.

Der Verleiher kann allerdings die Wegnahme der Einrichtungen und die Wiederherstellung des ursprünglichen Zustandes oder die fachmännische Beseitigung der Mängel, die sich durch die Wegnahme der Einrichtungen ergeben, verlangen.

§ 9 Verjährung

Die Ersatzansprüche des Verleihers wegen Veränderungen oder Verschlechterungen der verliehenen Sache sowie die Ansprüche des Entleihers auf Ersatz von Verwendungen oder auf Gestattung der Wegnahme einer Einrichtung verjähren gemäß § 606 BGB in sechs Monaten.

§ 10 Schlussbestimmungen

Gerichtsstand für alle Ansprüche aus dem Leihvertrag ist der Geschäftssitz des Verleihers.

§ 11 Vertragsänderungen, Salvatorische Klausel

Änderungen und Nebenabreden dieses Vertrages bedürfen zu ihrer Wirksamkeit der Schriftform. Durch die Unwirksamkeit einzelnen Klauseln aus diesem Vertrag, wird die Wirksamkeit des übrigen Vertrages nicht berührt.

■■■

Unterschrift ◄

II. Erläuterungen

2 [1] **Begriff der Leihe.** Leihe ist die unentgeltliche Überlassung einer Sache zum Gebrauch für bestimmte oder unbestimmte Zeit (Palandt/*Weidenkaff*, Einf. v. § 589 Rn 1).

3 Nach heute herrschender Meinung handelt es sich bei einem Leihvertrag um einen **Konsensualvertrag.** Es sind somit sowohl die Handleihe als auch die Versprechensleihe, bei der die Leihsache erst nach Vertragsschluss übergeben wird, möglich (Hk-BGB/*Ebert*, § 598 Rn 2; MüKo-BGB/*Häublein*, § 598 Rn 1). Da die wechselseitigen Pflichten der Vertragsparteien in keinem Gegenseitigkeitsverhältnis stehen, es sich bei dem Leihvertrag also um einen unvollkommen zweiseitigen Vertrag handelt, sind die §§ 320 ff unanwendbar.

4 [2] **Parteien.** Es ist nicht erforderlich, dass der Verleiher Eigentümer der Leihsache ist. Auch eine etwaige Veräußerung hat keinerlei Einfluss auf den Leihvertrag (Palandt/*Weidenkaff*, § 598 Rn 1). § 566 ist nicht analog anwendbar (BGH NJW 1964, 766). Der Entleiher erlangt den unmittelbaren Besitz im Sinne des § 854 und somit vollen Besitzschutz. Der Verleiher ist mittelbarer Besitzer gemäß § 868.

5 [3] **Leihsache.** Gegenstand der Leihe kann nur eine Sache im Sinne des § 90 sein, beweglich wie unbeweglich (BGH NJW 1985, 313). Die §§ 598 ff werden entsprechend angewendet auf Tiere, sowie auf Rechte und Forderungen (hM, Hk-BGB/*Ebert*, § 598 Rn 6). Bei der Leihe von Kfz und Tieren bleibt in der Regel der Verleiher deren Halter (BGHZ 37, 309). Nach *Häublein* kann jedoch bei längerer Leihdauer der Entleiher Mit-, ausnahmsweise auch Alleinhalter werden (MüKo-BGB/*Häublein*, § 598 Rn 23).

6 **Unentgeltlichkeit** der Gebrauchsüberlassung ist das prägende Merkmal des Leihvertrages (Hk-BGB/*Ebert*, § 598 Rn 7). Bereits ein ganz geringes Entgelt schließt die Leihe aus und begründet ein Mietverhältnis (Palandt/*Weidenkaff*, § 598 Rn 4).

7 [4] **Haftung des Entleihers.** Die Vorschrift des § 599 trägt dem Umstand Rechnung, dass der Vermieter sich lediglich aus bloßer Gefälligkeit zum Entleihen der Sache verpflichtet hat und beschränkt seine Haftung auf Vorsatz und grobe Fahrlässigkeit.

C. Schuldrechtliches Wohnrecht

8 **I. Muster: Unentgeltliches schuldrechtliches Wohnrecht**

► Herr/Frau ■■■ räumt hiermit ■■■ an der im Anwesen ■■■ in ■■■ im 1. Obergeschoss gelegenen abgeschlossenen Wohnung, bestehend aus ■■■, sowie dem im Kellergeschoss gelegenen, vom Treppenabgang auf der rechten Seite gelegenen zweiten Keller ein unentgeltliches, nicht übertragbares und nicht vererbliches Wohnungsrecht[1] ab ▪▪▪[2] ein.

Mit dem Wohnungsrecht verbunden ist das Recht auf freie Benutzung der, von der Einfahrt aus gesehen links gelegenen, Garage. Der Wohnungsberechtigte hat lediglich die Kosten seines Stromverbrauchs, der Heizung sowie der Wasserversorgung und Abwasserbeseitigung zu tragen. Er hat die Schönheitsreparaturen in angemessenen Abständen durchzuführen. Weitere Wohnungsnebenkosten wie zB für den Hausmeister und die Erfüllung der Verkehrssicherungspflicht hat er nicht zu übernehmen.[3]

Der Wohnungsberechtigte ist nicht befugt, in die Wohnung andere Personen aufzunehmen oder die Wohnung entgeltlich oder unentgeltlich Dritten zur Nutzung zu überlassen.

Das Wohnungsrecht endet ▪▪▪.[4]

Das Kündigungsrecht gem. § 605 Nr. 1 BGB wird, soweit zulässig, ausgeschlossen.[5]

Eine Eintragung des Wohnungsrechts im Grundbuch hat nicht zu erfolgen.[6]

D. Erläuterungen

[1] **Einordnung und Steuer.** Die Einräumung eines unentgeltlichen Wohnungsrechts stellt zivilrechtlich kein Schenkungsversprechen dar. Es handelt sich vielmehr um eine **Leihe** (BGH NJW 1982, 820; OLG Hamm NJW-RR 1996, 717; *Slapnicar*, JZ 1983, 325 ff u. *Nehlsen-von Stryk*, AcP 187, 1987, 552 ff). Dies gilt auch bei einer langfristigen Gebrauchsüberlassung. Die Einhaltung der Form des § 518 ist daher nicht erforderlich. Praktische Relevanz haben derartige Wohnungsüberlassungen als „remuneratorische" Zuwendungen (zB für Pflegeleistungen) und unter Lebensgefährten zur Absicherung beim Tod des Haus- bzw Wohnungseigentümers. Bei Überlassung einer Wohnung durch den Arbeitgeber aufgrund Vereinbarung im Arbeits- und Dienstvertrag neben dem Barlohn liegt dagegen eine Miete vor (BFH ZfIR 1999, 144 u. BGH DStRE 1999, 53). 9

Die verbilligte Wohnungsüberlassung in Form des Vermächtnisses ist erbschaftsteuerpflichtig (FG München DStRE 2007, 1168). Die **Besteuerung** der unentgeltlichen Wohnungsüberlassung unter Lebenden oder durch Verfügung von Todes wegen erfolgt zum Kapitalwert, allerdings kann gem. § 23 ErbStG die Jahreswertbesteuerung gewählt werden (vgl *Meincke*, ErbStG, § 12 Rn 31 ff u. § 23 Rn 4 ff). Für den Vertragsentwurf entsteht beim Anwalt eine **Geschäftsgebühr** von 1,3 (Nr. 2300 VV RVG). Beim Notar fällt eine 20/10-Gebühr an. Der Gegenstand- bzw Geschäftswert bestimmt sich nach § 23 Abs. 3 S. 2 RVG, § 24 Abs. 2 KostO, wonach es auf das Lebensalter der begünstigten Person ankommt. Handelt es sich dabei um einen Angehörigen iSd § 24 Abs. 3 KostO ist Begrenzung auf den fünffachen Jahresbetrag zu beachten. 10

[2] Die **Räume** sollten wie beim Mietvertrag und dem dinglichen Wohnungsrecht möglichst genau bezeichnet werden. 11

[3] **Kosten.** Gem. § 601 hat der Entleiher die gewöhnlichen Kosten der Unterhaltung der Wohnung zu tragen. Strittig ist, ob hierunter auch die Schönheitsreparaturen fallen (MüKo-BGB/*Häublein*, § 601 Rn 3). 12

[4] Mangels Bestimmung einer **Dauer** besteht jederzeitige Rückgabepflicht (§ 504 Abs. 3), deshalb ist eine Vereinbarung ratsam. Regelmäßig endet das Wohnrecht spätestens mit dem Tod des Berechtigten. 13

[5] **Abbedingung des Kündigungsrechts.** Die Dispositivität wird von der hM bejaht (LG Deggendorf ZEV 2003, 247 u. MüKo-BGB/*Häublein*, § 606 Rn 6). Sie ist bei lebenslangen Wohnrechten idR gewollt. 14

15 [6] **Rechtsnachfolge.** Anders als bei § 1093 erfolgt keine Grundbucheintragung. Das schuldrechtliche Wohnungsrecht wirkt damit **nicht gegenüber Einzelrechtsnachfolgern** im Eigentum der Immobilie. § 566 ist nicht analog anwendbar (BGHZ 125, 253 = NJW 1994, 3156; BGH NJW 2001, 2885).

§ 599 Haftung des Verleihers

Der Verleiher hat nur Vorsatz und grobe Fahrlässigkeit zu vertreten.

§ 600 Mängelhaftung

Verschweigt der Verleiher arglistig einen Mangel im Recht oder einen Fehler der verliehenen Sache, so ist er verpflichtet, dem Entleiher den daraus entstehenden Schaden zu ersetzen.

§ 601 Verwendungsersatz

(1) Der Entleiher hat die gewöhnlichen Kosten der Erhaltung der geliehenen Sache, bei der Leihe eines Tieres insbesondere die Fütterungskosten, zu tragen.
(2) [1]Die Verpflichtung des Verleihers zum Ersatz anderer Verwendungen bestimmt sich nach den Vorschriften über die Geschäftsführung ohne Auftrag. [2]Der Entleiher ist berechtigt, eine Einrichtung, mit der er die Sache versehen hat, wegzunehmen.

§ 602 Abnutzung der Sache

Veränderungen oder Verschlechterungen der geliehenen Sache, die durch den vertragsmäßigen Gebrauch herbeigeführt werden, hat der Entleiher nicht zu vertreten.

§ 603 Vertragsmäßiger Gebrauch

[1]Der Entleiher darf von der geliehenen Sache keinen anderen als den vertragsmäßigen Gebrauch machen. [2]Er ist ohne die Erlaubnis des Verleihers nicht berechtigt, den Gebrauch der Sache einem Dritten zu überlassen.

§ 604 Rückgabepflicht

(1) Der Entleiher ist verpflichtet, die geliehene Sache nach dem Ablauf der für die Leihe bestimmten Zeit zurückzugeben.
(2) [1]Ist eine Zeit nicht bestimmt, so ist die Sache zurückzugeben, nachdem der Entleiher den sich aus dem Zweck der Leihe ergebenden Gebrauch gemacht hat. [2]Der Verleiher kann die Sache schon vorher zurückfordern, wenn so viel Zeit verstrichen ist, dass der Entleiher den Gebrauch hätte machen können.
(3) Ist die Dauer der Leihe weder bestimmt noch aus dem Zweck zu entnehmen, so kann der Verleiher die Sache jederzeit zurückfordern.
(4) Überlässt der Entleiher den Gebrauch der Sache einem Dritten, so kann der Verleiher sie nach der Beendigung der Leihe auch von dem Dritten zurückfordern.
(5) Die Verjährung des Anspruchs auf Rückgabe der Sache beginnt mit der Beendigung der Leihe.

1 ### A. Muster: Klage auf Rückgabe der Leihsache

▶ An

das Amtsgericht ■■■

Klage

des ■■■ (Verleiher)

– Kläger –

Prozessbevollmächtigte: Rechtsanwälte ■■■

gegen
den ... (Entleiher)
– Beklagter –

wegen: Herausgabe

vorläufiger Streitwert: ...

Namens und in Vollmacht unseres Mandanten erheben wir Klage und werden im Termin zur mündlichen Verhandlung beantragen,

den Beklagten zu verurteilen an den Kläger ... (genaue Bezeichnung der Leihsache) herauszugeben.

Sofern das Gericht das schriftliche Vorverfahren anordnet, wird beantragt,

ein Versäumnisurteil gemäß § 331 Abs. 3 ZPO zu erlassen, sofern der Beklagte auf Aufforderung nach § 276 Abs. 1 ZPO nicht rechtzeitig anzeigt, dass er sich gegen die Klage verteidigen will.

Begründung

Zwischen den Parteien wurde am ... ein Leihvertrag über die im Eigentum des Klägers stehende ... geschlossen.

Beweis: In beglaubigter Kopie anliegender Leihvertrag vom ...

In § 5 des Leihvertrages heißt es:

Die Leihe wird vom ... bis zum ... vereinbart.

Nach Ablauf der Leihzeit ist der Gegenstand zurückzugeben,[1] ohne dass es hierzu einer Kündigung bedarf.

Beweis: In beglaubigter Kopie anliegender Leihvertrag vom ...

Am ..., also am Tag der Ablauf der Leihzeit, forderte der Kläger den Beklagten zur Herausgabe der ... auf.[2]

Beweis: Schreiben des Klägers vom ...[3]

Bis zum heutigen Tage hat der Beklagte die ... jedoch nicht an den Kläger zurückgegeben, mithin war die Erhebung der Klage geboten.

...

Rechtsanwalt ◄

B. Erläuterungen

[1] **Rückgabepflicht.** Die Leihsache ist dem Verleiher in vertragsgemäßen Zustand zurückzugeben. Sofern sich nicht aus der Natur der Sache etwas anderes ergibt, ist ihm der unmittelbare Besitz gemäß § 854 an der Leihsache zu verschaffen (BGHZ 56, 310); die Abtretung eines Herausgabeanspruches an einen Dritten ist insofern nicht ausreichend (Palandt/*Weidenkaff*, § 604 Rn 1). 2

Soweit nichts anderes vereinbart ist, erstreckt sich die Rückgabepflicht auch auf das Zubehör der Leihsache und die aus dieser erlaubt gezogenen Früchte (Hk-BGB/*Ebert*, § 604 Rn 6). Hinsichtlich der unerlaubt gezogener Früchte kommt allenfalls ein Anspruch entsprechend § 816 Abs. 1 S. 1 in Betracht (Hk-BGB/*Ebert*, § 604 Rn 6). Die Pflicht zur Rückgabe ist als Bringschuld zu qualifizieren; demgemäß ist die Rückgabe am Wohnsitz des Verleihers geschuldet (BGH NJW-RR 2002, 1027) 3

[2] **Fälligkeit und Verjährung.** Der Anspruch auf Rückgabe der Leihsache wird mit dem Ende des Leihverhältnisses fällig. 4

Abweichend von § 199 beginnt nach § 604 Abs. 5 die Verjährung des Anspruches auf Rückgabe der Sache mit der Beendigung der Leihe. 5

6 [3] **Beweislast.** Der Verleiher trägt die Beweislast für die Vereinbarung einer bestimmten Dauer des Leihverhältnisses.

§ 605 Kündigungsrecht

Der Verleiher kann die Leihe kündigen:

1. **wenn er infolge eines nicht vorhergesehenen Umstandes der verliehenen Sache bedarf,**
2. **wenn der Entleiher einen vertragswidrigen Gebrauch von der Sache macht, insbesondere unbefugt den Gebrauch einem Dritten überlässt, oder die Sache durch Vernachlässigung der ihm obliegenden Sorgfalt erheblich gefährdet,**
3. **wenn der Entleiher stirbt.**

1 **A. Muster: Kündigung**

▶ ▪▪▪ (Verleiher)

an

▪▪▪ (Entleiher)

Betreff: Kündigung des Leihvertrages

Sehr geehrter ▪▪▪ (Entleiher),

hiermit kündige ich das mit Ihnen seit dem ▪▪▪ bestehende Leihverhältnis.

Wie ich Ihnen bereits mit Schreiben vom ▪▪▪ mitgeteilt habe, bin ich nicht damit einverstanden, dass Sie den Gebrauch an der Leihsache ▪▪▪ einem Dritten überlassen haben. Gemäß § 4 des zwischen uns am ▪▪▪ geschlossenen Leihvertrages sind Sie nicht berechtigt, den Gebrauch an der Leihsache ohne Erlaubnis des Verleihers einem Dritten zu überlassen.

Da Sie diesen Zustand jedoch trotz ausdrücklicher Aufforderung meinerseits nicht abgestellt haben, kündige ich hiermit den Leihvertrag.

Das Kündigungsrecht steht mir gemäß § 605 Nr. 2 BGB zu.[1], [2], [3]

Ich fordere Sie hiermit auf, die Sache spätestens bis zum ▪▪▪ an mich herauszugeben.[4]

Bitte setzen Sie sich zwecks Terminvereinbarung mit mir in Verbindung.

Mit freundlichen Grüßen

▪▪▪

Unterschrift ◀

B. Erläuterungen

2 [1] **Normzweck.** § 605 konkretisiert für die drei genannten Fälle den allgemeinen Rechtssatz der Kündbarkeit von Dauerschuldverhältnissen aus wichtigem Grund (Hk-BGB/*Ebert*, § 605 Rn 1). Hiervon unberührt bleibt jedoch die außerordentliche Kündigung aus anderen wichtigen Gründen möglich (BGHZ 82, 359; BGH WM 1984, 1613). Die Vorschrift gewährt jedoch nur dem Verleiher ein Kündigungsrecht, ein Kündigungsrecht des Entleihers lässt sich aus § 605 nicht ableiten. In der Regel kann dieser jedoch das Leiheverhältnis jederzeit durch Rückgabe der Sache beenden (§ 271 Abs. 2).

3 [2] **Kündigungsgründe.**

1. **Eigenbedarf.** § 605 Nr. 1 normiert den Kündigungsgrund des unvorhergesehenen Eigenbedarfs des Verleihers. Als gesetzliche Billigkeitsregel legt die Norm die Kriterien für eine

Billigkeitsabwägung zwischen den Interessen des Verleihers und des Entleihers für einen typischen Fall fest. Eine Einschränkung durch eine erneute Billigkeitsprüfung scheidet demgemäß aus (Hk-BGB/*Ebert*, § 605 Rn 4). Die Interessen des Entleihers sind bei der Abwägung dann zu berücksichtigen, wenn er im Vertrauen auf eine dauerhafte Überlassung bereits Aufwendungen auf die Sache getätigt hat (vgl OLG Düsseldorf ZMR 2001, 961). Der Eigenbedarf muss nicht notwendig dringend sein, erforderlich ist jedoch, dass dieser zum Zeitpunkt der Kündigung objektiv besteht (BGH NJW 1994, 3157). Es kommt weder auf Voraussehbarkeit oder Vorliegen schon zum Zeitpunkt des Vertragsschlusses an, noch auf Verschulden.

2. **Vertragswidriger Gebrauch.** Da eine besondere Schutzwürdigkeit des Entleihers nicht gegeben ist, ist eine vorherige Abmahnung vor Ausübung des Kündigungsrechts wegen vertragwidrigem Gebrauch nach § 605 Nr. 2 anders als im Mietrecht nicht erforderlich.
3. **Tod.** Das Kündigungsrecht aus § 605 Nr. 3 wegen Tod des Entleihers kann zu jedem beliebigen Zeitpunkt gegen die Erben ausgeübt werden (Palandt/*Weidenkaff*, § 605 Rn 5).

Die Kündigung nach § 605 ist eine formlose, empfangsbedürftige Willenserklärung im Sinne des § 130; die Angabe des Kündigungsgrundes ist nicht notwendig, aber zweckmäßig (vgl Palandt/*Weidenkaff*, § 605 Rn 1). 4

[3] Beweislast. Die Beweislast für die Voraussetzungen der außerordentlichen Kündigung liegen bei dem Verleiher. 5

[4] Frist. Grundsätzlich ist die Kündigung nach § 605 fristlos möglich. Im Einzelfall kann sich jedoch aus § 242 eine Pflicht des Verleihers zur Einräumung einer Abwicklungsfrist ergeben (Hk-BGB/*Ebert*, § 605 Rn 2). 6

§ 606 Kurze Verjährung

[1]Die Ersatzansprüche des Verleihers wegen Veränderungen oder Verschlechterungen der verliehenen Sache sowie die Ansprüche des Entleihers auf Ersatz von Verwendungen oder auf Gestattung der Wegnahme einer Einrichtung verjähren in sechs Monaten. [2]Die Vorschriften des § 548 Abs. 1 Satz 2 und 3, Abs. 2 finden entsprechende Anwendung.

Titel 7 Sachdarlehensvertrag

§ 607 Vertragstypische Pflichten beim Sachdarlehensvertrag

(1) [1]Durch den Sachdarlehensvertrag wird der Darlehensgeber verpflichtet, dem Darlehensnehmer eine vereinbarte vertretbare Sache zu überlassen. [2]Der Darlehensnehmer ist zur Zahlung eines Darlehensentgelts und bei Fälligkeit zur Rückerstattung von Sachen gleicher Art, Güte und Menge verpflichtet.
(2) Die Vorschriften dieses Titels finden keine Anwendung auf die Überlassung von Geld.

§ 608 Kündigung

(1) Ist für die Rückerstattung der überlassenen Sache eine Zeit nicht bestimmt, hängt die Fälligkeit davon ab, dass der Darlehensgeber oder der Darlehensnehmer kündigt.
(2) Ein auf unbestimmte Zeit abgeschlossener Sachdarlehensvertrag kann, soweit nicht ein anderes vereinbart ist, jederzeit vom Darlehensgeber oder Darlehensnehmer ganz oder teilweise gekündigt werden.

§ 609 Entgelt

Ein Entgelt hat der Darlehensnehmer spätestens bei Rückerstattung der überlassenen Sache zu bezahlen.

§ 610 (weggefallen)

Titel 8 Dienstvertrag[1]

§ 611 Vertragstypische Pflichten beim Dienstvertrag

(1) Durch den Dienstvertrag wird derjenige, welcher Dienste zusagt, zur Leistung der versprochenen Dienste, der andere Teil zur Gewährung der vereinbarten Vergütung verpflichtet.
[2] Gegenstand des Dienstvertrags können Dienste jeder Art sein.

A. Dienstvertrag

1 **I. Muster: Dienstvertrag**

▶ **Vertrag über freie Mitarbeit**

zwischen ▪▪▪

– im Folgenden „Auftraggeber" genannt –

und

Herrn/Frau ▪▪▪, geboren am ▪▪▪, Adresse

– im Folgenden „Auftragnehmer" genannt –

wird ein

Vertrag über die Tätigkeit als freier Mitarbeiter geschlossen.[1]

§ 1 Vertragsgegenstand

Der Auftragnehmer wird ab dem ▪▪▪ für den Auftraggeber als ▪▪▪ tätig.[2]

---

1 Dieser Titel dient der Umsetzung
1.der Richtlinie 76/207/EWG des Rates vom 9. Februar 1976 zur Verwirklichung des Grundsatzes der Gleichbehandlung von Männern und Frauen hinsichtlich des Zugangs zur Beschäftigung, zur Berufsbildung und zum beruflichen Aufstieg sowie in Bezug auf die Arbeitsbedingungen (ABl. EG Nr. L 39 S. 40) und
2.der Richtlinie 77/187/EWG des Rates vom 14. Februar 1977 zur Angleichung der Rechtsvorschriften der Mitgliedstaaten über die Wahrung von Ansprüchen der Arbeitnehmer beim Übergang von Unternehmen, Betrieben oder Betriebsteilen (ABl. EG Nr. L 61 S. 26).

Gegenstand der Tätigkeit des Auftragnehmers ist die ... (es folgt eine genaue Beschreibung der zu erbringenden Dienstleistung).[3]

Der Auftragnehmer ist in der Gestaltung seiner Tätigkeit frei. Er ist jedoch an fachliche und zeitliche Vorgaben des Auftraggebers gebunden.

Sofern die Aufgabe es erfordert, erbringt der Auftragnehmer die zu leistende Tätigkeit am Sitz des Auftraggebers, iÜ ist der Auftragnehmer in der Wahl des Ortes seiner Tätigkeit frei.

Sofern der Auftragnehmer gehindert ist, die Tätigkeit selbst zu erbringen,[4] hat er den Auftraggeber unverzüglich hierüber zu unterrichten. Der Auftragnehmer ist aufgrund seiner besonderen Sach- und Fachkenntnis verpflichtet, die Dienstleistung selbst zu erbringen (alternativ: Der Auftragnehmer ist berechtigt, auch Dritte (Subunternehmer) zur Erbringung der Dienstleistung einzusetzen. Der Auftraggeber ist jedoch berechtigt, die Annahme der Dienstleistung durch Dritte zu verweigern, soweit die Interessen des Auftraggebers gefährdet erscheinen, insbesondere wenn Anhaltspunkte dafür bestehen, dass dem Dritten die erforderliche Sach- und Fachkunde fehlt und/oder er die erforderliche Zuverlässigkeit nicht besitzt.)

Der Auftragnehmer ist grundsätzlich berechtigt, einzelne Aufträge abzulehnen. Soll ein Auftrag nicht angenommen werden, so ist dies dem Auftraggeber unverzüglich (binnen drei Werktagen) mitzuteilen.

§ 2 Vergütung[5]

Für jede geleistete Stunde/für jeden geleisteten Tag/für jede geleistete Woche/für jeden geleisteten Monat erhält der Auftragnehmer ein Zeithonorar iHv EUR ... pro Stunde/Woche/Monat zzgl gesetzlicher Mehrwertsteuer. Der Auftragnehmer ist verpflichtet, das jeweilige Honorar am Monatsende unter Ausweis der Mehrwertsteuer dem Auftraggeber in Rechnung zu stellen.

Für die Versteuerung und Abführung von Sozialversicherungs- und/oder Rentenbeiträgen ist der Auftragnehmer verantwortlich.

Dem Auftragnehmer werden zusätzlich zum Honorar folgende Nebenkosten erstattet:

Fahrtkosten

Material

...

Für den Fall, dass der Auftragnehmer daran gehindert ist, die Tätigkeit zu erbringen und er die Dienstleistung auch nicht auf einen Dritten übertragen konnte, steht dem Auftragnehmer kein Honoraranspruch zu. Das Gleiche gilt für Abwesenheitszeiten aus anderen Gründen (wie Krankheit, Urlaub etc.).

§ 3 Wettbewerbstätigkeit[6]

Dem Auftragnehmer steht es frei, auch für andere Auftraggeber tätig zu werden.

Dem Auftragnehmer ist es jedoch nicht gestattet, während des Vertragsverhältnisses eine Tätigkeit für andere Auftraggeber anzunehmen, durch die die Tätigkeit für den Auftraggeber beeinträchtigt wird oder für Auftraggeber tätig zu sein, die mit dem Auftraggeber in einem Konkurrenzverhältnis stehen.

§ 4 Vertragsdauer[7]

Der Vertrag endet nach Abschluss des in § 1 bezeichneten Projekts, spätestens jedoch am ...

Dessen ungeachtet, kann jede Vertragspartei das Dienstverhältnis mit den in § 621 BGB genannten Fristen kündigen. Das Recht zur außerordentlichen Kündigung bleibt unberührt.

§ 5 Sonstige Bestimmungen

Soweit nichts anderes vereinbart ist, gelten ergänzend die gesetzlichen Bestimmungen für Dienstverträge (§§ 611 ff BGB).

Änderungen und Ergänzungen des Vertrags bedürfen der Schriftform. Die Parteien sind darüber einig, dass mündliche Nebenabreden nicht getroffen sind.

Erfüllungsort und Gerichtsstand ist ▪▪▪ (Ort).

▪▪▪

Unterschrift ◄

II. Erläuterungen

2 [1] **Abgrenzung zum Werkvertrag.** Der Dienstvertrag ist im Gegensatz zum Werkvertrag (§ 631) nicht auf einen Erfolg gerichtet, sondern eine bestimmte Dienstleistung, also eine Tätigkeit. Geschuldet wird nur die Tätigkeit, nicht ein bestimmtes Ergebnis (vgl Hk-BGB/*Schreiber* § 611Rn 6).

3 [2] Die **Abgrenzung von Arbeitnehmern und Dienstnehmern** (wie zB freien Mitarbeitern) folgt den allgemeinen Regeln. Bei der Vertragsgestaltung mit freien Mitarbeitern ist darauf zu achten, dass diese sowohl tatsächlich als auch vertraglich von Arbeitnehmern abgegrenzt sind. Arbeitnehmer sind solche Personen, die aufgrund privatrechtlichen Vertrags im Dienste eines anderen zur Arbeitsleistung verpflichtet sind. Hauptmerkmal des Arbeitnehmers ist im Gegensatz zum freien Mitarbeiter die persönliche Abhängigkeit. Die persönliche Abhängigkeit kann sich aus verschiedenen Kriterien, die der Abgrenzung dienen, ergeben. Folgende Merkmale sprechen für eine Qualifizierung als Arbeitnehmer:

1. Der Dienstberechtigte oder sein Vertreter darf für die Durchführung der Arbeit Weisungen erteilen.
2. Der Dienstpflichtige muss bestimmte Arbeitszeiten einhalten.
3. Der Dienstpflichtige verbringt seine hauptsächliche Arbeitszeit beim Dienstgeber.
4. Der Dienstpflichtige muss die Arbeit an einem bestimmten Ort verrichten.
5. Der Dienstpflichtige ist in eine feststehende Arbeitsorganisation eingegliedert (er hat zB beim Dienstgeber einen eigenen Schreibtisch, eine eigene Telefondurchwahl, eine Visitenkarte).
6. Der Dienstpflichtige muss Berichte anfertigen.
7. Der Dienstpflichtige trägt kein finanzielles Risiko im Falle von Krankheit oder Urlaub.

Weitere Kriterien sind die Art der Vergütung, die Bezeichnung des Rechtsverhältnisses und die Steuer- und Sozialversicherungssituation. Ob ein Arbeits- oder ein Dienstverhältnis vorliegt, kann im Wege einer Statusklage festgestellt werden. Darüber hinaus besteht die Möglichkeit, etwaige Risiken im Zusammenhang mit der Abgrenzung zu Scheinselbständigen vorher auszuschließen, in dem ein Anfrageverfahren bei den Sozialversicherungsbehörden oder beim Rentenversicherungsträger eingeleitet wird (§ 7 a SGB IV).

4 Gerade beim Dienstvertrag mit einem (freien) Mitarbeiter ist es wesentlich, den **Vertragsgegenstand** so genau wie möglich anzugeben, zB durch Beschreibung der Mitwirkung an einem (zeitlich begrenzten) Projekt, bei dem bestimmte fachliche Tätigkeiten gefordert sind. Je stärker die Weisungsabhängigkeit (Fremdbestimmtheit) ist, desto größer ist die Wahrscheinlichkeit, dass der Auftragnehmer tatsächlich als Arbeitnehmer zu qualifizieren ist.

5 Die **fehlerhafte Zuordnung** des freien Mitarbeiters oder Auftragnehmers, der tatsächlich scheinselbständig ist, hat erhebliche arbeitsrechtliche Konsequenzen.

6 Wird der **Arbeitnehmerstatus bejaht**, ist der Auftragnehmer rückwirkend wie ein Arbeitnehmer zu behandeln, dh, er hat uU Anspruch auf einen Arbeitslohn in der Höhe der Vergütung ver-

gleichbarer Mitarbeiter. Hinzu kommt, dass Sozialversicherungsbeiträge für die gesamte Laufzeit des Vertragsverhältnisses vom Arbeitgeber nachentrichtet werden müssen. Das kann für den Arbeitgeber ein erhebliches Kostenrisiko darstellen. Des Weiteren wird der Auftraggeber (Arbeitgeber) in Anspruch genommen, falls der Scheinselbständige nicht ausreichend oder keine Steuern bezahlt hat, da der Arbeitgeber verpflichtet gewesen wäre, diese vom Arbeitnehmer einzubehalten und an das Finanzamt abzuführen. Ein Rückforderungsanspruch des Auftraggebers gegen den Scheinselbständigen geht nur für maximal drei Monate zurück, so dass das Risiko für den Auftraggeber ungleich höher ist. Die Bejahung des Arbeitnehmerstatus kann zudem im Nachhinein dazu führen, dass der Scheinselbständige dem KSchG unterliegt.

[3] **Vertragsgegenstand.** Gegenstand des Dienstvertrags können Dienste jeder Art sein. Es ist 7
zweckmäßig, die Dienste genau zu bezeichnen.

[4] **Höchstpersönliche Leistungspflicht.** Der zur Dienstleistung Verpflichtete hat die Dienste im 8
Zweifel persönlich zu leisten; es kann aber vereinbart werden, dass er diese auch auf Dritte übertragen kann, § 613 ist dispositiv.

[5] **Vergütung.** Die Vergütung kann frei vereinbart werden. Wird nichts vereinbart, gilt § 612 9
(taxmäßige Vergütung oder übliche Vergütung). Je nachdem in welchen zeitlichen Abständen die Honorierung erbracht wird, ändert sich (für den Fall des Fehlens einer Vereinbarung) die gesetzliche Kündigungsfrist. Das Dienstverhältnis, das kein Arbeitsverhältnis ist, ist nach den Fristen des § 621 kündbar. Die Fälligkeit der Vergütung richtet sich nach § 614 soweit nichts anderes vereinbart ist.

[6] **Wettbewerbstätigkeit.** Der freie Mitarbeiter ist im Gegensatz zu einem Arbeitnehmer wäh- 10
rend der Dauer des Vertragsverhältnisses nicht automatisch gehindert, auch für einen Konkurrenten des Auftraggebers tätig zu werden. Daher sollte dies im Bedarfsfall explizit ausgeschlossen werden. Dabei ist aber klarzustellen, dass ein Tätigwerden für andere Auftraggeber (soweit sie nicht konkurrieren) gerade nicht ausgeschlossen ist. Verpflichtet sich ein freier Mitarbeiter exklusiv nur für einen Auftraggeber tätig zu werden, spricht dies für persönliche Abhängigkeit und damit für Scheinselbständigkeit, es sei denn, die Exklusivität bezieht sich auf ein konkretes Projekt innerhalb eines überschaubaren Zeitraums.

[7] **Vertragsdauer, Kündigung.** Die Laufzeit kann frei vereinbart werden. Gem. § 620 endet ein 11
Dienstverhältnis mit Ablauf der Zeit, für die es eingegangen worden ist. Die Vereinbarung einer festen Laufzeit empfiehlt sich besonders bei Projektaufgaben. Das Dienstverhältnis, das kein Arbeitsverhältnis ist, ist nach den Fristen des § 621 kündbar (s. dort).

B. Geschäftsführeranstellungsvertrag

I. Muster: Geschäftsführeranstellungsvertrag 12

▶ **Geschäftsführeranstellungsvertrag**

zwischen

der ▪▪▪ GmbH, ▪▪▪ (Anschrift der Gesellschaft),

– nachfolgend „Gesellschaft" genannt –,

und

▪▪▪ (Name Geschäftsführer), ▪▪▪ (Anschrift Geschäftsführer),

– nachfolgend „Geschäftsführer" genannt –,

– Gesellschaft und Geschäftsführer nachfolgend zusammen die „Parteien" und einzeln eine „Partei" genannt –

Präambel

Der Geschäftsführer ist durch Beschluss der Gesellschafterversammlung vom ▪▪▪ (Datum des Bestellungsbeschlusses) mit Wirkung zum ▪▪▪ (Datum des Wirksamwerdens des Bestellungsbeschlusses) zum

Geschäftsführer der Gesellschaft bestellt worden. Für sein Anstellungsverhältnis gilt der vorliegende Anstellungsvertrag. Dieser Vertrag beendet und ersetzt alle früheren Anstellungs- und Dienstverträge zwischen dem Geschäftsführer und der Gesellschaft oder mit ihr verbundenen Unternehmen:

§ 1 Tätigkeit

(1) Der Geschäftsführer führt die Geschäfte der Gesellschaft nach Maßgabe der gesetzlichen Vorschriften, den Bestimmungen des Gesellschaftsvertrages, den Beschlüssen der Gesellschafterversammlung, dem Anstellungsvertrag und der Geschäftsordnung der Geschäftsführung in ihrer jeweils gültigen Fassung.

(2) Der Geschäftsführer vertritt die Gesellschaft gerichtlich und außergerichtlich in allen Angelegenheiten, die ihm nach diesem Anstellungsvertrag oder sonst durch die Gesellschafterversammlung oder durch die Person(en), die die Gesellschafterversammlung benennt, zugewiesen sind.

(3) Dem Geschäftsführer wird nach Ermessen der Gesellschafterversammlung Allein- oder Gesamtvertretungsmacht in Übereinstimmung mit den Vorschriften des Gesellschaftsvertrages eingeräumt werden.[1]

(4) *Der Geschäftsführer ist von der Beschränkung des § 181 BGB befreit.*

(5) Auf Wunsch der Gesellschaft wird der Geschäftsführer ohne zusätzliche Vergütung auch Aufsichtsratspositionen oder ähnliche Funktionen bei anderen Gesellschaften sowie ehrenamtliche Funktionen bei Verbänden oder Berufsvereinigungen übernehmen, in denen die Gesellschaft Mitglied ist. Im Fall der Beendigung des Geschäftsführeranstellungsvertrages ist der Geschäftsführer verpflichtet, diese Ämter, Mandate und/oder Mitgliedschaften unverzüglich zu beenden bzw. niederzulegen.

§ 2 Zustimmungspflichtige Geschäfte

Wesentliche Geschäftsangelegenheiten, die über den gewöhnlichen Betrieb des Unternehmens der Gesellschaft hinausgehen, bedürfen der vorherigen Zustimmung entweder der Gesellschafterversammlung oder den/der von der Gesellschafterversammlung hierzu berufenen Person(en).[2]
Zustimmungspflichtig sind insbesondere folgende Geschäfte:

(a) Sitzverlegung und Veräußerung des Unternehmens;
(b) Gründung, Erwerb und Veräußerung anderer Unternehmen oder Beteiligungen an solchen;
(c) Erwerb, Veräußerung oder Belastung von Grundstücken und grundstücksgleichen Rechten einschließlich der damit zusammenhängenden Verpflichtungsgeschäfte;
(d) Aufnahme oder Kündigung von stillen Beteiligungen
(e) Erteilung von Versorgungs- und Pensionszusagen, soweit sie nicht auf einer durch die Gesellschaft genehmigten Pensionsordnung beruhen;
(f) Übernahme von Bürgschaften und Eingehung von Wechselverbindlichkeiten, denen keine Warengeschäfte zugrunde liegen,
(g) Übernahme von Bürgschaften und Garantien sowie die Erteilung von Kreditaufträgen oder der Abschluss von Darlehensverträgen u. ä., sofern der Gegenstandswert oder das Verpflichtungsrisiko ▪▪▪ EUR übersteigt;
(h) Sonstige Geschäfte, die über ein Verpflichtungsrisiko in Höhe von ▪▪▪ EUR hinausgehen;
(i) Einstellung von Mitarbeitern mit Gesamtentgelt über ▪▪▪ EUR bzw. Abschluss von Beraterverträgen (uÄ) mit einem Honorar, dass einem Jahreshonorar höher als ▪▪▪ EUR entspricht;
(j) Erteilung von Prokura bzw. Löschung einer erteilten Prokura
(k) Erwerb, Verkauf und Vergabe von Lizenzen und Patenten

§ 3 Vertragsdauer, Kündigung

(1) Dieser Anstellungsvertrag wird auf unbefristete Dauer geschlossen.

(2) Eine Kündigung ist erstmals zum Ablauf des ... [Datum] möglich. Die Kündigungsfrist beträgt drei Monaten zum Monatsende.[3] Das Recht zur außerordentlichen Kündigung nach § 626 BGB bleibt unberührt.

(3) Die Kündigung bedarf zu ihrer Wirksamkeit der Schriftform. Die Kündigung durch den Geschäftsführer ist gegenüber dem Beirat der Gesellschaft oder, sofern ein solcher nicht besteht, gegenüber sämtlichen Gesellschaftern zu erklären. Die Kündigung durch die Gesellschaft erfolgt durch schriftliche Mitteilung eines entsprechenden Beschlusses der Gesellschafterversammlung.

(4) Das Anstellungsverhältnis endet mit Vollendung des ... Lebensjahres des Geschäftsführers, ohne dass es einer gesonderten Kündigung bedarf.[4]

(5) Im Falle der Abberufung des Geschäftsführers, der Kündigung dieses Anstellungsvertrages durch eine der Parteien oder der Amtsniederlegung durch den Geschäftsführer ist die Gesellschaft berechtigt, den Geschäftsführer mit sofortiger Wirkung von seiner Verpflichtung zur Dienstleistung als Geschäftsführer freizustellen. Die Dauer der Freistellung wird auf etwaige offen stehende Urlaubsansprüche angerechnet. Während der Dauer der Freistellung erhält der Geschäftsführer nur die monatliche Bezüge gem. § 5 Abs. 1. Ansprüche auf Bezüge nach § 5 Abs. 4 bestehen für den Zeitraum ab Beendigung der Organstellung nicht mehr. Unterjährig entstandene Ansprüche werden zeitanteilig ausgezahlt.

(6) Wird der Geschäftsführer während der Laufzeit dieses Anstellungsvertrages dauernd arbeitsunfähig, so endet dieser Vertrag mit dem Ende des Quartals, das auf das Quartal folgt, in dem die dauernde Arbeitsunfähigkeit festgestellt worden ist. Dauernde Arbeitsunfähigkeit im Sinne dieses Vertrages liegt vor, wenn der Geschäftsführer länger als sechs Monate außerstande ist, seiner Tätigkeit nachzugehen und die Wiederherstellung der Dienstfähigkeit innerhalb weiterer drei Monate nicht zu erwarten ist. Die Gesellschafterversammlung kann verlangen, dass das Vorliegen der Voraussetzungen durch einen ärztlichen Gutachter auf Kosten der Gesellschaft geprüft wird, wobei sich die durchzuführenden Untersuchungen nach Art und Umfang in zumutbarem Rahmen halten müssen und der Geschäftsführer den Gutachter nur gegenüber der Gesellschafterversammlung und bezüglich der Frage der Dienstfähigkeit von der ärztlichen Schweigepflicht befreien wird. Die Mitglieder der Gesellschafterversammlung werden sich insofern schriftlich zur Verschwiegenheit verpflichten. Kommt eine Einigung auf einen Arzt nicht zustande, so ist der Vorsitzende der Ärztekammer am Sitz der Gesellschaft um die Benennung eines ärztlichen Gutachters zu bitten.

§ 4 Arbeitszeit, Dienstort

(1) Der Geschäftsführer stellt seine gesamte Arbeitskraft, sein fachliches Wissen sowie seine Erfahrung ausschließlich in den Dienst der Gesellschaft.

(2) Der Geschäftsführer erbringt seine Leistungen hauptsächlich am Sitz der Gesellschaft.

§ 5 Bezüge

(1) Für seine Tätigkeit erhält der Geschäftsführer ein festes Jahresgehalt in Höhe von EUR ... (in Worten: EUR ... brutto. Das Jahresgehalt wird in 12 gleichen Raten am Ende eines jeden Kalendermonats nach Abzug aller gesetzlichen und steuerlichen Abzüge auf ein vom Geschäftsführer zu benennendes Konto gezahlt. Die Zahlung erfolgt zeitanteilig, wenn der Geschäftsführer nicht ein vollständiges Kalenderjahr für die Gesellschaft tätig ist.

(2) Das Jahresgehalt wird jährlich überprüft. Die wirtschaftliche Entwicklung der Gesellschaft sowie die persönliche Leistung des Geschäftsführers werden angemessen berücksichtigt.

(3) Die Gesellschaft übernimmt auch bei freiwilliger/privater Sozialversicherung den Arbeitgeberanteil in entsprechender Höhe auf Basis der jeweiligen Beitragsbemessungsgrenzen.

(4) Darüber hinaus erhält der Geschäftsführer ab dem Geschäftsjahr ▪▪▪ [Jahr] einen Bonus von ▪▪▪ % des Jahresüberschusses der Gesellschaft. Der Bonus ist auf höchstens EUR ▪▪▪ begrenzt. Der Bonus wird von der Gesellschaft als Einmalzahlung nach Ablauf des Geschäftsjahres der Gesellschaft und Feststellung des Jahresüberschusses der Gesellschaft gezahlt.[5]

(5) Die Gesellschaft übernimmt die Jahresprämie von EUR ▪▪▪ für die von dem Geschäftsführer abgeschlossenen Direktversicherung Nr. ▪▪▪ bei der ▪▪▪ [Bezeichnung der Versicherungsgesellschaft].

§ 6 Unfallversicherung

Der Geschäftsführer wird von der Gesellschaft mit
EUR ▪▪▪ für den Todesfall und
EUR ▪▪▪ für den Invaliditätsfall
zu seinen Gunsten gegen Unfall versichert.

§ 7 Entgeltfortzahlung

(1) Im Falle vorübergehender Arbeitsunfähigkeit aufgrund von Krankheit oder anderen von dem Geschäftsführer nicht zu vertretenden Gründen hat der Geschäftsführer Anspruch auf Fortzahlung seiner monatlichen Bezüge gem. § 5 Abs. 1 für die Dauer von längstens sechs Wochen, längstens jedoch bis zum Zeitpunkt der Beendigung dieses Vertrages. Auf die Gehaltsfortzahlung an den Geschäftsführer werden Entschädigungszahlungen wegen Verdienstausfalls, Krankengeld oder Pension durch die Krankenversicherung oder andere Versicherungen angerechnet.[6]

(2) Der Geschäftsführer tritt hiermit im Voraus alle etwaigen Ansprüche, die ihm gegen Dritte wegen Eintritts der Arbeitsunfähigkeit zustehen, an die Gesellschaft ab. Die Abtretung ist ihrer Höhe nach beschränkt auf den Betrag, den die Gesellschaft dem Geschäftsführer gem. Abs. 1 schuldet.

§ 8 Dienstfahrzeug

(1) Die Gesellschaft stellt dem Geschäftsführer für die Dauer dieses Anstellungsvertrages einen Dienstwagen der Marke ▪▪▪ oder einen vergleichbaren Kfz-Typ zur Verfügung. Hierzu übernimmt die Gesellschaft die Leasingkosten bis zu einer monatlichen Rate von ▪▪▪ EUR netto. Der Geschäftsführer ist zur Privatnutzung des Dienstwagens berechtigt. Der geldwerte Vorteil der Privatnutzung ist von dem Geschäftsführer zu versteuern.

(2) Der Geschäftsführer ist verpflichtet, das Dienstfahrzeug nach Beendigung des Anstellungsvertrages unverzüglich und unaufgefordert an die Gesellschaft herauszugeben. Ein Zurückbehaltungsrecht an dem Dienstfahrzeug besteht nicht. Die etwaige Geltendmachung entgangener Gebrauchsvorteile gegenüber der Gesellschaft ist ausgeschlossen.

§ 9 Aufwendungsersatz

Der Geschäftsführer erhält gegen Nachweis Ersatz der in der Ausübung seiner Aufgaben im Rahmen dieses Vertrages im Gesellschaftsinteresse entstehenden Auslagen, einschließlich Reise- und Bewirtungskosten, gemäß den Richtlinien der Gesellschaft. Sofern keine Belege vorgelegt werden, wird die Gesellschaft dem Geschäftsführer die Aufwendungen nach den von der Finanzverwaltung jeweils anerkannten höchsten Pauschalsätzen für Arbeitnehmer erstatten.

§ 10 Urlaub[7]

Der Geschäftsführer hat Anspruch auf einen Jahresurlaub von ▪▪▪ Arbeitstagen (Montag bis Freitag). Die Lage des Urlaubs ist in Abstimmung mit den übrigen Mitgliedern der Geschäftsführung unter Berücksichtigung der geschäftlichen Erfordernisse festzulegen.

§ 11 Geheimhaltungsverpflichtungen[8]

(1) Der Geschäftsführer ist verpflichtet, sämtliche Betriebs- und Geschäftsgeheimnisse, von denen er im Rahmen seiner Tätigkeit bei der Gesellschaft Kenntnis erlangt, vertraulich zu behandeln.

(2) Zu den Betriebs- und Geschäftsgeheimnissen der Gesellschaft zählen insbesondere: Aufzeichnungen, Muster, Pläne, Skizzen, Layouts und dergleichen, die die ... [Technologie, Herstellung, Konstruktion und/oder den Vertrieb aller Produkte der Gesellschaft bzw. anderer Entwicklungen sowie strategische Entscheidungen der Gesellschaft betreffen], sowie Kundenlisten, Anforderungsprofile und sonstige Angelegenheiten, die von der Gesellschaft ausdrücklich als vertraulich bezeichnet werden und/oder deren Geheimhaltungsbedürfnis für den Geschäftsführer erkennbar ist, auch wenn diese nicht ausdrücklich als geheimhaltungsbedürftig gekennzeichnet worden sind.

(3) Die Verschwiegenheitsverpflichtung erstreckt sich auch auf Betriebs- und Geschäftsgeheimnisse von Konzernunternehmen oder anderer Unternehmen, mit denen die Gesellschaft wirtschaftlich oder organisatorisch verbunden ist. Dies gilt auch bei längerfristigen Kooperationen und Projekten.

(4) Die vorstehenden Geheimhaltungsverpflichtungen gelten nicht, sofern die Informationen (i) nach den Bestimmungen dieses Vertrages an Dritte weitergegeben werden dürfen, (ii) dem Empfänger bereits vor Beginn der Tätigkeit des Geschäftsführers für die Gesellschaft ohne Verpflichtung zur Geheimhaltung bekannt waren, (iii) allgemein bekannt sind oder werden, ohne dass dies der Empfänger zu vertreten hat, (iv) dem Empfänger von einem Dritten ohne Verstoß gegen Geheimhaltungsverpflichtungen mitgeteilt oder überlassen werden, (v) vom Empfänger nachweislich unabhängig gewonnen worden sind, (vi) von dem überlassenden Vertragspartner einem Dritten ohne Verstoß gegen Geheimhaltungsverpflichtungen mitgeteilt oder zur Verfügung gestellt worden sind, (vii) von dem überlassenden Vertragspartner zur Bekanntmachung schriftlich freigegeben worden sind oder (viii) aufgrund einer gesetzlichen Vorschrift oder einer richterlichen oder behördlichen Anordnung offengelegt werden müssen.

§ 12 Rückgabe von Unterlagen

Auf Aufforderung der Gesellschafterversammlung oder einer von der Gesellschafterversammlung hierzu bevollmächtigten Person, hat der Geschäftsführer jederzeit alle geschäftlichen Dokumente und Schriftstücke, einschließlich Duplikaten, Kopien, elektronischen Daten, etc., sowie Gegenstände, einschließlich des Dienstfahrzeugs, an einen Bevollmächtigten der Gesellschaft herauszugeben. Im Fall seiner Abberufung oder Amtsniederlegung ist der Geschäftsführer unaufgefordert zur unverzüglichen Rückgabe verpflichtet. Ein Zurückbehaltungsrecht an diesen Dokumenten, Schriftstücken oder Gegenständen besteht nicht.

§ 13 Wettbewerbsverbot[9]

(1) Während der Dauer des Anstellungsvertrages darf der Geschäftsführer ohne vorherige schriftliche Zustimmung der Gesellschafterversammlung weder selbständig noch unselbständig oder auf andere Weise für eine andere Gesellschaft tätig werden, die direkt oder indirekt mit der Gesellschaft oder einer mit der Gesellschaft verbundenen Unternehmen in Wettbewerb steht oder die umfangreiche geschäftliche Beziehungen entweder mit der Gesellschaft oder mit einem mit der Gesellschaft verbundenen Unternehmen unterhält. Jede Nebenbeschäftigung, gleichgültig ob entgeltlich oder unentgeltlich, einschließlich der Ausübung von Pflichten als Mitglied eines Aufsichtsrates oder Beirates, bedarf der vorherigen schriftlichen Zustimmung durch die Gesellschafterversammlung.[7]

(2) Während der Dauer des Anstellungsvertrages ist es dem Geschäftsführer untersagt, eine im Wettbewerb stehende Gesellschaft gem. Abs. 1 Satz 1 zu errichten, zu erwerben oder sich direkt oder indirekt an einer solchen zu beteiligen.

§ 14 Nachvertragliches Wettbewerbsverbot

(1) Der Geschäftsführer verpflichtet sich, für die Dauer von vierundzwanzig (24) Monaten nach Beendigung dieses Anstellungsvertrages nicht für ein Unternehmen tätig zu werden, das im Wettbewerb mit der Gesellschaft steht. Unzulässig ist auch eine freiberufliche oder beratende Tätigkeit für Unternehmen, die mit der Gesellschaft im Wettbewerb stehen. Das nachvertragliche Wettbewerbsverbot gilt für alle Länder, in denen die Gesellschaft Geschäfte betreibt.

(2) Für die Dauer des nachvertraglichen Wettbewerbsverbotes ist eine monatliche Karenzentschädigung zu zahlen, die 50 % der zuletzt bezogenen monatlichen Vergütung einschließlich etwaiger variabler Vergütungsanteile entspricht. Auf die Karenzentschädigung werden folgende Leistungen in vollem Umfang angerechnet: laufende Leistungen aus etwaigen bestehenden Versorgungszusagen, Abfindungen, Arbeitslosengeld gemäß §§ 117 ff SGB III, Übergangsgelder, Betriebsrenten und sonstige Renten. Der Geschäftsführer muss sich auf die fällige Entschädigung ferner anrechnen lassen, was er während des Zeitraums, für den die Entschädigung gezahlt wird, durch anderweitige nach diesem nachvertraglichen Wettbewerbsverbot zulässige Verwertung seiner Arbeitskraft erwirbt oder zu erwerben böswillig unterlässt, soweit die Karenzentschädigung und die vorgenannten neuen Bezüge 110 % des letzten monatlichen Grundgehaltes ausschließlich der variablen Vergütungsbestandteile (insbesondere ein etwaiger Jahresbonus) übersteigen. Der Geschäftsführer hat über anderweitige Einkünfte zum Ende eines jeden Quartals unaufgefordert Auskunft zu geben. Diese Auskunft ist auf Anforderung der Gesellschaft zu belegen. Wenn und solange der Geschäftsführer dieser Verpflichtung nicht nachkommt, entfällt der Anspruch auf Zahlung der Karenzentschädigung.

(3) Für jeden Fall der Zuwiderhandlung gegen das Wettbewerbsverbot hat der Geschäftsführer eine Vertragsstrafe in Höhe von zwei Bruttomonatsgehältern gem. § 5 Abs. 1 zu zahlen. Im Falle eines Dauerverstoßes gilt die Vertragsstrafe für jeden angefangenen Zeitraum von einem Monat als neu verwirkt. Die Einrede des Fortsetzungszusammenhangs ist ausgeschlossen. Ferner ist die Gesellschaft abweichend von § 340 Abs. 1 BGB berechtigt, neben der Vertragsstrafe Ansprüche auf Unterlassung und Schadensersatz kumulativ geltend zu machen. Für die Dauer der Zuwiderhandlung entfällt ferner der Anspruch auf Zahlung der Karenzentschädigung gemäß § 14 Abs. 2. Die Vertragsstrafe ist jedoch auf einen etwaigen weitergehenden Schadensersatz anzurechnen.

(4) Die Gesellschaft kann vor Beendigung dieses Vertrages auf die Einhaltung des nachvertraglichen Wettbewerbsverbotes verzichten. Nach Ablauf eines Jahres seit der Verzichtserklärung ist keine Karenzentschädigung mehr zu zahlen.

(5) Im Übrigen finden die §§ 74 ff. HGB mit Ausnahme des § 75 HGB entsprechende Anwendung, wenn nicht in den vorstehenden Regelungen etwas anderes vereinbart ist.

§ 15 Diensterfindungen[10]

(1) Erfindungen, Patente, Urheberrechte und sonstige gewerbliche Schutzrechte (im folgenden gemeinsam „Schutzrechte"), die der Geschäftsführer während der Dauer dieses Dienstvertrages macht sowie die Nutzung und Verwertung von technischen und organisatorischen Verbesserungsvorschlägen des Geschäftsführers stehen ohne besondere Vergütung ausschließlich der Gesellschaft zu und sind auf diese zu übertragen, sofern sie in rechtlicher Hinsicht übertragbar sind. Der Geschäftsführer ist verpflichtet, alle erforderlichen Erklärungen und Rechtshandlungen zur Übertragung der vorerwähnten gewerblichen Schutzrechte und/oder der Einräumung der Nutzungs- und Verwertungsrechte sowie der Anmeldungen solcher Rechte auf die Gesellschaft abzugeben und/oder vorzunehmen. Die Überlassung der Schutzrechte ist mit den in § 5 Abs. 1 bestimmten Bezügen des Geschäftsführers für seine Tätigkeit angemessen mitvergütet.

(2) Sofern die in § 15 Abs. 1 genannten Rechte nicht übertragbar sind, räumt der Geschäftsführer der Gesellschaft das ausschließliche Recht zur räumlich und zeitlich unbegrenzten Nutzung und Verwertung solcher Schutzrechte, insbesondere von Programmen, ein.

(3) Die Einräumung der Nutzungs- und Verwertungsrechte durch den Geschäftsführer berechtigt die Gesellschaft auch zur Weiterübertragung der Nutzungs- und Verwertungsrechte an Dritte. Soweit die Nutzungs- und Verwertungsrechte auf Dritte von der Gesellschaft zulässig übertragen wurden, bleibt die Wirksamkeit dieser Übertragung von der Beendigung dieser Rechtseinräumung unberührt.

§ 16 Schlussbestimmungen

(1) Dieser Anstellungsvertrag regelt die vertraglichen Beziehungen der Parteien abschließend und ersetzt alle früheren mündlichen und schriftlichen Vereinbarungen. Nebenabreden sind nicht getroffen. Änderungen und Ergänzungen dieses Vertrages bedürfen zu Ihrer Wirksamkeit der der Schriftform.

(2) Mitteilungen der Vertragspartner zu diesem Anstellungsvertrag müssen schriftlich erfolgen. Über jede Änderung seiner Anschrift hat der Geschäftsführer die Gesellschaft unverzüglich schriftlich zu informieren.

(3) Sollten Bestimmungen dieses Vertrages oder eine künftig in ihn aufgenommene Bestimmung ganz oder teilweise unwirksam oder undurchführbar sein oder werden, wird hierdurch die Wirksamkeit der übrigen Bestimmungen nicht berührt. Das gleiche gilt, sofern dieser Vertrag eine Regelungslücke enthält. Anstelle der unwirksamen oder undurchführbaren Bestimmung oder zur Ausfüllung der Regelungslücke soll eine angemessene Regelung gelten, die, soweit rechtlich möglich, dem am nächsten kommt, was die Parteien nach Sinn und Zweck des Vertrages vereinbart hätten, sofern sie bei Abschluss des Vertrages oder dessen späterer Änderung diesen Punkt bedacht hätten.

(4) Gerichtsstand für Streitigkeiten aus diesem Vertrag ist der Sitz der Gesellschaft.

Für die ▪▪▪ GmbH:

▪▪▪ (Ort), (Datum)

▪▪▪

Unterschriften der Gesellschafter

▪▪▪: (Name Geschäftsführer)

▪▪▪ (Ort), ▪▪▪ (Datum)

▪▪▪

Unterschrift Geschäftsführer

Anlage:

Liste zustimmungsbedürftiger Geschäfte ◄

II. Erläuterungen

[1] **Vertretungsbefugnis.** Die Gesellschafterversammlung hat die Möglichkeit, die Alleinvertretung oder die Gesamtvertretung zu beschließen und ggf diesen Beschluss auch wieder zu ändern. 13

[2] **Zustimmungspflichtige Geschäfte.** Sinnvollerweise werden die zustimmungspflichtigen Geschäfte entweder im Vertragstext aufgeführt, oder als Anlage zum Anstellungsvertrag beigefügt. 14

[3] **Kündigung.** Der Geschäftsführer genießt keinen Kündigungsschutz. Aus diesem Grund ist für ihn entweder eine lange Kündigungsfrist wichtig, oder die Vereinbarung einer festen Laufzeit innerhalb derer das Anstellungsverhältnis ordentlich nicht kündbar ist. 15

[4] **Beendigung durch auflösende Bedingung.** Da der Geschäftsführer kein Arbeitnehmer ist, ist die Vereinbarung einer auflösenden Bedingung (hier: Vollendung 63. Lebensjahr) ohne sachlichen Grund möglich (ebenso wie eine Befristung der Laufzeit des Anstellungsvertrages). 16

[5] **Vergütung.** Die Vereinbarung von Sonderzahlungen über das Grundgehalt hinaus sollte konkret und leicht berechenbar gefasst sein. Soweit die Höhe der Zahlungen durch die Gesellschaft bestimmt wird, ist die Angemessenheit gerichtlich überprüfbar (§ 315 Abs. 3, S. 2). 17

18 [6] **Entgeltfortzahlung im Krankheitsfall.** Grundsätzlich hat der Geschäftsführer im Falle vorübergehender Verhinderung einen Anspruch auf Fortzahlung der Vergütung gem. § 616 „für eine verhältnismäßig nicht erhebliche Zeit". Es ist deshalb aus Sicht des Geschäftsführers unbedingt hierzu eine Regelung zu treffen (Entgeltfortzahlungsgesetz findet keine Anwendung).

19 [7] **Urlaub.** Das Bundesurlaubsgesetz findet auf Geschäftsführer keine Anwendung.

20 [8] **Geheimhaltungspflichten.** Siehe § 85 GmbHG.

21 [9] **Wettbewerbsverbot.** Der Geschäftsführer unterliegt einem weit gefassten Wettbewerbsverbot während der Laufzeit seines Anstellungsverhältnisses (besondere Treuepflicht gegenüber Gesellschaft).

22 [10] **Diensterfindungen.** Das Arbeitnehmererfindungsgesetz findet keine unmittelbare Anwendung, da der Geschäftsführer kein Arbeitnehmer ist.

23 Ohne vertragliche Regelung stünde dem Geschäftsführer ggf ein Vergütungsanspruch nach § 612 Abs. 2 zu.

C. Arbeitsvertrag

24 I. Muster: Arbeitsvertrag

▶ Zwischen

■■■

– nachstehend „Arbeitgeber" genannt –

und

■■■

– nachstehend „Arbeitnehmer/in" genannt –

wird nachfolgender

Arbeitsvertrag[1] [2]

geschlossen:

§ 1 Beginn des Arbeitsverhältnisses[3]

(1) Die/Der Arbeitnehmer/in wird ab dem ■■■ (Datum) als ■■■ (Funktion/Titel) beim Arbeitgeber beschäftigt.

(2) Die Kündigung vor Beginn des Arbeitsverhältnisses ist ausgeschlossen.

§ 2 Arbeitsort[4]

(1) Vorbehaltlich anderer Arbeitseinsätze für den Arbeitgeber oder zusätzlicher Dienstreisen wird der/die Arbeitnehmer/in ihre/seine Tätigkeit in Deutschland am Sitz des Arbeitgebers ausüben.

(2) Der Arbeitgeber behält sich vor, den/die Arbeitnehmer/in auch an einen anderen Arbeitsort innerhalb Deutschlands zu versetzen.

§ 3 Tätigkeitsbeschreibung, Versetzungsvorbehalt[5]

(1) ■■■ (Beschreibung der Tätigkeit)

(2) Der Arbeitgeber ist befugt, der/dem Arbeitnehmer/in auch andere ihren/seinen Fähigkeiten entsprechende Aufgaben zuzuweisen.

§ 4 Vergütung[6]

(1) Der/die Arbeitnehmer/in erhält ein jährliches Gehalt iHv EUR ■■■, welches in zwölf (12) gleichen Raten jeweils zum Monatsende auf ein von der/dem Arbeitnehmer/in zu benennendes Konto überwiesen wird.

(2) Mit der vereinbarten Vergütung sind bis zu vier Überstunden/Mehrarbeit wöchentlich abgegolten.

(3) Der/die Arbeitnehmer/in erhält zusätzlich zum Gehalt vermögenswirksame Leistungen (VWL) im Rahmen der steuerprivilegierten Grenzen.

(4) Verwendet die/der Arbeitnehmer/in einen Teil seines Gehalts im Wege der Entgeltumwandlung für eine betriebliche Altersvorsorge (bAV) bei einem dritten Anbieter, so bezuschusst der Arbeitgeber die Beiträge mit bis zu 10% des jährlich steuerfreien Beitrags.[7] Der/die Arbeitnehmer/in kann außerdem die VWL auch für eine bAV nutzen.

§ 5 Arbeitszeit[8]

(1) Die wöchentliche Arbeitszeit beträgt 40 Stunden (Vollzeit).

(2) Die tägliche Kernarbeitszeit liegt zwischen 9:00 Uhr bis 17:00 Uhr.

(3) Der Arbeitgeber behält sich vor, eine den betrieblichen Erfordernissen entsprechende andere regelmäßige Arbeitszeit festzulegen.

(4) Die/der Arbeitnehmer/in erklärt sich bereit, über die vereinbarte regelmäßige Arbeitszeit hinaus Überstunden/Mehrarbeit zu leisten, soweit diese angeordnet werden und gesetzlich zulässig sind.

(5) Überstunden/Mehrarbeit werden nur berücksichtigt, wenn sie vereinbart worden sind oder der Arbeitgeber sie angeordnet hat oder wenn sie aus dringenden betrieblichen Interessen erforderlich waren.

§ 6 Urlaub[9]

(1) Die/der Arbeitnehmer/in hat einen jährlichen Urlaubsanspruch iHv 24 Arbeitstagen, wobei Sonntage und allgemeine Feiertage nicht als Urlaubstage anzusehen sind. Die zeitliche Lage des Urlaubs bedarf der vorherigen Zustimmung des Arbeitgebers.

(2) Urlaubsansprüche können nicht in das Folgejahr übertragen werden, es sei denn, der Urlaub konnte aus wichtigen betrieblichen oder persönlichen Gründen nicht genommen werden und die Parteien vereinbaren, dass der Resturlaub während der ersten drei Monate des Folgejahres genommen werden darf. Bis zu diesem Zeitpunkt nicht in Anspruch genommene Urlaubstage verfallen ersatzlos.

(3) Ergänzend gilt das Bundesurlaubsgesetz (BUrlG).

§ 7 Arbeitsverhinderung[10]

(1) Jede Arbeitsverhinderung ist dem Arbeitgeber unter Angabe der Gründe und deren voraussichtlicher Dauer unverzüglich (wenn möglich vor dem regulären Arbeitsbeginn) mitzuteilen, spätestens am dritten Tag einer Erkrankung ist eine ärztliche Bescheinigung vorzulegen, aus der sich die Arbeitsunfähigkeit und deren voraussichtliche Dauer ergeben. Dauert die Arbeitsunfähigkeit länger als in der Bescheinigung angegeben, so ist die/der Arbeitnehmer/in unabhängig von der Dauer der Arbeitsunfähigkeit verpflichtet, unverzüglich eine ärztliche Folgebescheinigung vorzulegen und den Arbeitgeber rechtzeitig, dh möglichst vor dem Tag, an dem anderenfalls die Arbeit wieder aufgenommen worden wäre, hierüber zu informieren.

(2) Soweit die Arbeitsunfähigkeit von Dritten verschuldet ist, tritt die/der Arbeitnehmer/in ihre/seine Schadensersatzansprüche gegenüber dem Schädiger in Höhe des vom Arbeitgeber weiterzuzahlenden Entgelts, einschließlich der Arbeitgeberanteile zur Sozialversicherung, im Voraus an den Arbeitgeber ab.

(3) § 616 BGB wird abbedungen, im Fall einer Erkrankung gilt das EZFG.

§ 8 Probezeit, Dauer des Vertrags, Kündigungsfristen[11]

(1) Der Arbeitsvertrag wird auf unbestimmte Zeit geschlossen.

(2) Für die ersten sechs Monate des Arbeitsverhältnisses ist eine Probezeit vereinbart.

(3) Der Arbeitsvertrag kann von beiden Vertragsparteien nach den gesetzlichen Fristen gekündigt werden. Eine Verlängerung der gesetzlichen Kündigungsfristen für den Arbeitgeber gilt entsprechend für die/den Arbeitnehmer/in.

(4) Das Recht zur fristlosen Kündigung des Arbeitsvertrags aus wichtigem Grund bleibt unberührt.

(5) Der Arbeitsvertrag endet automatisch mit dem Ablauf des Monats, in dem die/der Arbeitnehmer das gesetzliche Rentenalter erreicht.

§ 9 Hinweis auf Tarifverträge, Dienst- oder Betriebsvereinbarungen[12]

Ergänzend finden auf das Arbeitsverhältnis die Tarifverträge/Dienst- oder Betriebsvereinbarungen (es folgt genaue Bezeichnung der Tarifverträge/Dienst- oder Betriebsvereinbarungen ...) Anwendung.

§ 10 Nebentätigkeit[13]

Die/der Arbeitnehmer/in stellt ihre/seine ganze Arbeitskraft in die Dienste des Arbeitgebers und sieht von anderen beruflichen Tätigkeiten als auf Rechnung und zum Nutzen des Arbeitgebers ab. Eine Nebentätigkeit gleich welcher Art wird die/der Arbeitnehmer/in nur mit vorheriger Zustimmung des Arbeitgebers ausüben, welcher diese jedoch nicht aus anderen als überwiegenden und berechtigten betrieblichen Interessen versagen darf.

§ 11 Wettbewerbsverbot[14]

(1) Für die Dauer dieses Vertrages ist es der/dem Arbeitnehmer/in untersagt, in selbständiger, unselbständiger oder sonstiger Weise für ein Unternehmen tätig zu werden, welches mit dem Arbeitgeber im direkten oder indirekten Wettbewerb steht oder mit einem Wettbewerbsunternehmen verbunden ist und sich insbesondere mit (Beschreibung des Geschäftsfelds) befasst. In gleicher Weise ist es der/dem Arbeitnehmer/in untersagt, während der Dauer dieses Arbeitsvertrages ein solches Unternehmen zu errichten, zu erwerben oder sich hieran mittelbar oder unmittelbar zu beteiligen. Ausgenommen ist der Erwerb von Aktien öffentlich gehandelter Unternehmen, vorausgesetzt dieser Erwerb gewährt keinen erheblichen Einfluss auf das Unternehmen. Als erheblicher Einfluss wird ein Anteilsbesitz von mehr als 10 % angesehen. Das Wettbewerbsverbot gilt auch zugunsten der mit dem Arbeitgeber verbundenen Unternehmen. Das Verbot ist räumlich auf Deutschland, die Länder des Europäischen Wirtschaftsraumes und die NAFTA-Mitgliedsstaaten beschränkt.

(2) Die nachfolgenden nachvertraglichen Beschränkungen gelten erst nach Ablauf der ersten sechs Monate des Arbeitsverhältnisses.

(3) Die/der Arbeitnehmer/in wird für die Dauer von zwölf Monaten nach dem Ende des Arbeitsverhältnisses weder in selbständiger, unselbständiger oder sonstiger Weise unmittelbar oder mittelbar für ein Wettbewerbsunternehmen des Arbeitgebers tätig werden. In gleicher Weise ist der/dem Arbeitnehmer/in untersagt, während der Dauer des Verbotes unmittelbar oder mittelbar ein solches Unternehmen zu errichten, zu erwerben, zu betreiben oder sich an einem solchen Unternehmen zu beteiligen, mit der Maßgabe, dass der Besitz von bis zu 2 % der öffentlich gehandelten Anteile an Unternehmen unberührt bleibt.

(3) Die/der Arbeitnehmer wird für die Dauer von zwölf Monaten nach dem Ende des Arbeitsverhältnisses weder für sich noch in selbständiger, unselbständiger oder sonstiger Weise für Dritte unmittelbar oder mittelbar Aufträge von Auftraggebern oder Kunden nachsuchen, annehmen oder bearbeiten, die in den letzten zwei Jahren vor dem Ende des Arbeitsverhältnisses zum Auftraggeber- oder Kundenkreis des Arbeitgebers gehörten. In gleicher Weise ist es der/dem Arbeitnehmer während der Dauer des Verbotes untersagt, auf den Abnehmer- oder Kundenkreis des Arbeitgebers in der Absicht einzuwirken, den Umfang der Auftragsbeziehung zum Arbeitgeber zu reduzieren oder zu begrenzen.

(4) Die/der Arbeitnehmer/in wird für die Dauer von zwölf Monaten nach dem Ende des Arbeitsverhältnisses weder für sich noch in selbständiger, unselbständiger oder sonstiger Weise für Dritte unmittelbar oder mittelbar Arbeitnehmer oder selbständig Tätige des Arbeitgebers oder mit dem Arbeitgeber verbundener Unternehmen veranlassen oder beeinflussen, die Tätigkeit für den Arbeitgeber oder das mit dem Arbeitgeber verbundene Unternehmen zu beenden.

(5) In räumlicher Hinsicht gelten diese Beschränkungen für Deutschland, die Länder des Europäischen Wirtschaftsraumes und die NAFTA-Mitgliedsstaaten.

(6) Für die Dauer der vereinbarten nachvertraglichen Wettbewerbsbeschränkungen erhält der Arbeitnehmer eine Entschädigung, die für jedes Jahr des Verbots mindestens die Hälfte seiner zuletzt bezogenen vertragsmäßigen Leistungen beträgt. IÜ finden die §§ 74 ff HGB ergänzend Anwendung.

(7) Für jeden Fall der Zuwiderhandlung gegen die vereinbarten nachvertraglichen Wettbewerbsbeschränkungen zahlt die/der Arbeitnehmer/in dem Arbeitgeber eine Vertragsstrafe. Verletzt dieselbe Handlung mehrere Verbote, wird nur eine Vertragsstrafe fällig. Die Vertragsstrafe beträgt das Zweifache des Betrages, den der/die Arbeitnehmer/in infolge der verbotswidrigen Tätigkeit erhält, mindestens jedoch ein Sechstel seiner/ihrer letzten jährlichen Vergütung als Arbeitnehmer/in der Arbeitgeberin.

§ 12 Verschwiegenheit, Aufbewahrung, Herausgabepflicht[15]

(1) Sowohl während der Dauer des Arbeitsvertrags als auch nach seiner Beendigung wird die/der Arbeitnehmer/in über alle ihr/ihm während der Vertragsdauer bekannt gewordenen geschäftlichen oder betrieblichen Angelegenheiten und Prozesse Stillschweigen bewahren und wird sämtliche ihr/ihm während der Vertragsdauer bekannt gewordenen Geschäftsgeheimnisse streng geheim halten, auch gegenüber anderen Mitarbeitern des Arbeitgebers, die mit diesem Sachverhalt nicht befasst sind. Diese vertraulichen Informationen beinhalten aber sind nicht beschränkt auf: ... (es folgt eine abstrakte Beschreibung). Dies schließt sämtliche geschäftlichen Informationen des Arbeitgebers ein, soweit sie nicht ohnehin in der jeweiligen Industrie bekannt sind.

(2) Geschäftliche und betriebliche Unterlagen aller Art (zB Urkunden, Verträge, Vermerke, Korrespondenz, Gutachten, Rezepte, Verfahren, Kalkulationen), gleichgültig, ob im Original, als Durchschrift oder in sonstiger Vervielfältigung oder im Entwurf einschließlich persönlicher Aufzeichnungen über dienstliche Angelegenheiten sind sorgfältig aufzubewahren und als von dem Arbeitgeber der/dem Arbeitnehmer/in anvertrautes Eigentum zu behandeln. Sie dürfen nur zu geschäftlichen Zwecken verwandt werden.

(3) Unterlagen des Arbeitgebers, die die/der Arbeitnehmer/in im Rahmen ihres/seines Arbeitsverhältnisses in Besitz hat, sind sorgfältig aufzubewahren und auf Verlangen jederzeit, spätestens bei Beendigung des Arbeitsverhältnisses ohne besondere Aufforderung, dem Arbeitgeber zurückzugeben. Gleiches gilt für sonstige Gegenstände, die sich im Eigentum oder Besitz des Arbeitgebers befinden. Der/dem Arbeitnehmer/in steht hieran kein Zurückbehaltungsrecht zu.

§ 13 Arbeitsergebnisse/Erfindungen[16]

(1) Die/der Arbeitnehmer/in verpflichtet sich, dem Arbeitgeber alle Arbeitsergebnisse sowie Beobachtungen und Erfahrungen, die er/sie im Rahmen seiner/ihrer dienstlichen Obliegenheiten macht, bekannt zu geben und zum ausschließlichen Gebrauch und zur freien Verfügung zu überlassen.

(2) Soweit Arbeitsergebnisse den Bestimmungen des Gesetzes über Arbeitnehmererfindungen unterliegen, gelten die Vorschriften dieses Gesetzes in der jeweils gültigen Fassung.

§ 14 Verfallfrist[17]

Sämtliche Ansprüche aus und im Zusammenhang mit dem Arbeitsvertrag verfallen, sofern sie nicht von den Parteien innerhalb von drei (3) Monaten nach Fälligkeit schriftlich geltend gemacht werden und nicht spätestens binnen drei (3) weiterer Monate nach Beendigung des Arbeitsverhältnisses klageweise geltend gemacht werden.

§ 15 Sonstige Bestimmungen[18]

(1) Die/der Arbeitnehmer/in ist verpflichtet, dem Arbeitgeber unverzüglich jede Adressänderung schriftlich mitzuteilen.

(2) Mündliche Nebenabreden bestehen nicht.

(3) Dieser Vertrag ersetzt sämtliche vorangegangene Vereinbarungen zwischen den Parteien.

▪▪▪

Unterschriften ◀

II. Erläuterungen und Varianten

25 [1] **Besonderheiten Arbeitsvertrag.** Der Arbeitsvertrag ist ein Dienstvertrag, für den ergänzend die besonderen Bestimmungen der Gewerbeordnung (§§ 105 bis 110 GewO) gelten. Beim Arbeitsvertrag sind zudem die auf das Arbeitsverhältnis wirkenden arbeitsrechtlich relevanten Normen zu berücksichtigen, die im Wesentlichen dazu dienen, den Arbeitnehmer vor Benachteiligung zu schützen. Praktisch bedeutsam sind insbesondere Allgemeines Gleichbehandlungsgesetz (AGG), Arbeitszeitgesetz (ArbZG), Betriebsrentengesetz (BetrAVG), Gesetz über Arbeitnehmererfindungen (ArbNErfG), Betriebsverfassungsgesetz (BetrVG), Bundesurlaubsgesetz (BUrlG), Entgeltfortzahlungsgesetz (EFZG), Gewerbeordnung (GewO), Kündigungsschutzgesetz (KSchG), Nachweisgesetz (NachwG), Teilzeit- und Befristungsgesetz (TZBfG). Des Weiteren finden die §§ 305 bis 310 (Inhaltskontrolle) auf Arbeitsverträge Anwendung.

26 [2] **Vertragsinhalt Arbeitsvertrag.** Der Mindestinhalt des Arbeitsvertrags ergibt sich aus § 2 NachwG sowie den §§ 105 bis 110 GewO.

27 [3] **Vertragsbeginn, Kündigung vor Vertragsbeginn.** Es ist üblich, den Vertragsbeginn festzulegen, wobei auch vorgesehen werden kann, dass der Arbeitnehmer seine Tätigkeit zu einem früheren Zeitpunkt aufnehmen kann. Dann ist ergänzend wie folgt zu formulieren:

▶ Die Aufnahme der Tätigkeit zu einem früheren Zeitpunkt ist erwünscht und kann – soweit es dem Arbeitnehmer möglich ist – bereits ab dem (Datum) erfolgen. ◀

Ein solcher Zusatz kann sinnvoll sein, wenn noch offen ist, wann der Arbeitnehmer (zB wegen eines Wettbewerbsverbots oder langer Kündigungsfristen) seine Tätigkeit tatsächlich wird aufnehmen können. Der Ausschluss der Kündigung vor Dienstantritt soll insbesondere dann, wenn der Vertragsschluss lange vor der geplanten Arbeitsaufnahme erfolgt, den Bindungswillen der Parteien dokumentieren und sicherstellen, dass der Arbeitnehmer die Arbeit zum verabredeten Zeitpunkt auch tatsächlich antritt und nicht vorher kündigt. Entscheidet eine Partei sich dann doch anders, beginnt die Kündigungsfrist erst mit dem vereinbarten Zeitpunkt der Arbeitsaufnahme zu laufen. Erscheint ein Arbeitnehmer dennoch nicht zur Arbeit, kann der Arbeitgeber ggf Schadensersatzansprüche geltend machen, wenn es ihm nicht möglich ist, rechtzeitig zu den gleichen Konditionen einen Ersatz zu finden. Die tatsächliche Arbeitsaufnahme kann nicht erzwungen werden.

28 [4] **Arbeitsort.** Der Arbeitgeber kann sich vorbehalten, den Arbeitnehmer auch an einen anderen Arbeitsort zu versetzen. Diese Befugnis hat allerdings zur Folge, dass im Fall einer arbeitgeberseitigen betriebsbedingten Kündigung geprüft werden muss, ob der Arbeitnehmer zur Vermeidung einer Kündigung auch an einem anderen Arbeitsort eingesetzt werden kann.

29 [5] **Tätigkeitsbeschreibung, Versetzungsvorbehalt.** Der Arbeitgeber kann sich vorbehalten, dem Arbeitnehmer auch andere seinen Fähigkeiten entsprechende Aufgaben zuzuweisen. Diese Befugnis hat allerdings zur Folge, dass sich im Fall einer arbeitgeberseitigen betriebsbedingten Kündigung die Sozialauswahl auch auf solche Arbeitnehmer erweitert, denen aufgrund des Direktionsrechts vergleichbare Aufgaben zugewiesen werden können.

30 [6] **Vergütung.** Festlegungen zur Vergütung sind notwendiger Inhalt des Arbeitsvertrags (§ 2 NachwG). Üblicherweise wird eine monatliche Zahlungsweise für das Entgelt vereinbart. Der Arbeitgeber ist verpflichtet, die Arbeitgeber- und Arbeitnehmeranteile der Renten- und Sozialversicherung vom Gehalt einzubehalten und ebenso wie die Lohnsteuer abzuführen, was im Arbeitsvertrag nicht der ausdrücklichen Erwähnung bedarf. Hinsichtlich Berechnung und Auszahlung des Arbeitsentgelts siehe auch bei §§ 107, 108 GewO.

Mit der Vergütung können **Mehrarbeit und Überstunden** in gewissem Umfang mit abgegolten werden. Die früher übliche Klausel, mittels derer Mehrarbeit und Überstunden generell mit dem Gehalt abgegolten werden, hält der Inhaltskontrolle nach §§ 305 ff nicht stand, da das Äquivalenzverhältnis gestört sein kann und für den Arbeitnehmer offen bleibt, in welchem Umfang er Überstunden zu leisten hat. Die Mitabgeltung von Mehrarbeit wird bis zu einem Umfang von 10 % der regelmäßigen Arbeitszeit derzeit noch für zulässig erachtet (str.). Der pauschale Hinweis auf das höchstzulässige Maß gem. ArbZG ist nicht ausreichend. 31

Der Arbeitgeber kann mit dem Arbeitnehmer die Erbringung **vermögenswirksamer Leistungen** zur Vermögensbildung der Arbeitnehmer vereinbaren, §§ 10, 11 VermBG. Es handelt sich dabei um Gelder, die der Arbeitgeber nach Maßgabe des VermBG für den Arbeitnehmer anlegt. Der Arbeitnehmer erwirbt gem. § 13 VermBG einen Anspruch auf eine steuerprivilegierte Arbeitnehmer-Sparzulage. 32

[7] **Entgeltumwandlung.** Gem. § 1 a BetrAVG ist der Arbeitgeber verpflichtet, wenn der Arbeitnehmer dies verlangt, bis zu 4 % des Betrags der jeweiligen Beitragsbemessungsgrenze für die Rentenversicherung für eine betriebliche Altersversorgung durch Entgeltumwandlung zu verwenden. 33

[8] **Arbeitszeit.** Die höchstzulässige Arbeitszeit richtet sich nach dem ArbZG. Die regelmäßige Arbeitszeit beträgt acht Stunden täglich und darf auf bis zu zehn Stunden nur verlängert werden, wenn innerhalb von sechs Kalendermonaten oder innerhalb von 24 Wochen im Durchschnitt acht Stunden werktäglich nicht überschritten werden, § 3 ArbZG. Abweichungen sind nur nach Maßgabe des § 12 ArbZG wirksam. Diese Arbeitszeitbeschränkungen gelten nicht für leitende Angestellte, § 18 ArbZG. 34

[9] **Urlaub.** Der gesetzliche Mindesturlaubsanspruch richtet sich nach § 3 BUrlG und beträgt 24 Werktage (Werktage sind alle Kalendertage, die nicht Sonn- oder gesetzliche Feiertage sind). Der gesetzliche Mindesturlaub darf nicht unterschritten werden. Schwerbehinderte haben Anspruch auf Mehrurlaub. Der gesetzliche Mindesturlaub darf nicht unterschritten werden. Während des Urlaubs besteht Anspruch auf Urlaubsentgelt, § 11 BUrlG. Verfall und Übertragung des Urlaubsanspruchs richtet sich nach § 7 Abs. 3 BUrlG. 35

[10] **Arbeitsverhinderung.** Um Streitigkeiten darüber zu vermeiden, zu welchem Zeitpunkt der Arbeitnehmer eine ärztliche Krankmeldung vorzulegen hat, empfiehlt es sich, dies im Vertrag genau zu regeln. § 616 regelt die Vergütungsfortzahlungspflicht des Arbeitgebers bei vorübergehender unverschuldeter Dienstverhinderung, die nicht auf einer Erkrankung beruht und kann abbedungen werden. 36

[11] **Vertragsdauer, Probezeit, Kündigung.** Gem. § 620 endet ein Dienstverhältnis mit Ablauf der Zeit für die es eingegangen ist. Dies gilt für das Arbeitsverhältnis allerdings mit der Maßgabe, dass für die Wirksamkeit der Befristung eines Arbeitsverhältnisses das TzBfG zu beachten ist. Soweit eine Probezeit vereinbart ist (maximal für die Dauer der ersten sechs Monate), kann das Arbeitsverhältnis mit einer Frist von zwei Wochen gekündigt werden, § 622 Abs. 3. IÜ richten sich die Kündigungsfristen bei einem auf unbestimmte Dauer begründeten Arbeitsverhältnis nach § 622. Die gesetzliche Kündigungsfrist für den Arbeitnehmer beträgt vier Wochen zum 15. oder zum Monatsende. Die Kündigungsfrist des Arbeitgebers verlängert sich mit der Dauer des Bestehens des Arbeitsverhältnisses nach Maßgabe des § 622 Abs. 2. Dabei dürfen **Beschäftigungszeiten,** die **vor der Vollendung des 25. Lebensjahres** des Arbeitnehmers liegen, bei der Berechnung der Kündigungsfrist seit dem 19.1.2010 nicht mehr unberücksichtigt bleiben. Der § 622 Abs. 2 S. 2 ist gemeinschaftsrechtswidrig und kann nicht mehr angewandt werden (EuGH vom 19.01.2010, Rs. C-555/07). **Abweichende Vereinbarungen** zu Kündigungsfristen zu Lasten des Arbeitnehmers sind **ausgeschlossen.** Es ist zulässig, für beide Parteien längere als die gesetzlichen Mindestfristen zu vereinbaren oder den Arbeitnehmer ebenfalls an die 37

für den Arbeitgeber geltenden längeren Kündigungsfristen zu binden. Die Kündigungsfristen des Arbeitnehmers dürfen nicht diejenigen, die für den Arbeitgeber gelten, übersteigen.

38 Das Recht zur ordentlichen Kündigung des Arbeitsverhältnisses ist abdingbar. Das Recht zur außerordentlichen Kündigung (§ 626) ist nicht abdingbar. Der Hinweis im Vertragsmuster ist deklaratorisch.

39 Es ist sinnvoll die Dauer des Arbeitsverhältnisses auf das Erreichen des gesetzlichen Rentenalters zu begrenzen. Dies wird als zulässige Sachgrundbefristung angesehen. Ohne eine solche Klausel muss das Arbeitsverhältnis gekündigt werden. Bei Anwendbarkeit des Kündigungsschutzgesetztes ist das Erreichen der Altersgrenze kein wirksamer Kündigungsgrund.

40 Ungeachtet der Vereinbarung von Kündigungsfristen ist ein Arbeitsverhältnis für den Arbeitgeber nur dann **frei kündbar**, wenn das **Kündigungsschutzgesetz** (KSchG) **keine Anwendung** findet. Das Kündigungsschutzgesetz in der Fassung vom 19.7.2007 beschränkt den Arbeitgeber in seinen Möglichkeiten, das Arbeitsverhältnis mit dem Arbeitnehmer durch Kündigung zu beenden. Das KSchG gilt auch für Verwaltungen des privaten und öffentlichen Rechts. Der Kündigungsschutz kommt zur Anwendung, wenn das **Arbeitsverhältnis** in demselben Betrieb oder derselben Verwaltung **ohne Unterbrechung länger als 6 Monate** bestanden hat (persönlicher Geltungsbereich, § 1 Abs. 1 KSchG) und dem Betrieb oder der Dienststelle mehr als 5 Arbeitnehmer länger als 6 Monate ohne Unterbrechung angehören (betrieblicher Geltungsbereich, § 23 Abs. 1 S. 2 KSchG). Für ab dem 1.1.2004 eingestellte Arbeitnehmer gilt der Kündigungsschutz nur, wenn sie in Betrieben und Verwaltungen mit **mehr als 10 Arbeitnehmern** beschäftigt sind (§ 23 Abs. 1 S. 3 KSchG). Die Arbeitnehmer, deren Arbeitsverhältnisse ab dem 1.1.2004 begonnen haben, sind bei der Zahl der beschäftigten Arbeitnehmer nach § 23 Abs. 1 S. 2 KSchG nicht zu berücksichtigen. Bei der Feststellung der Zahl der beschäftigten Arbeitnehmer sind **teilzeitbeschäftigte Arbeitnehmer** mit einer regelmäßigen wöchentlichen Arbeitszeit von nicht mehr als 20 Stunden mit 0,5 und von nicht mehr als 30 Stunden mit 0,75 zu berücksichtigen. Eine Kündigung ist danach grundsätzlich nur dann wirksam, wenn sie **sozial gerechtfertigt** ist. Dies ist dann der Fall, wenn das Verhalten des Arbeitnehmers oder in seiner Person liegende Gründe die Kündigung notwendig machen oder wenn **dringende betriebliche Erfordernisse** der Weiterbeschäftigung des Arbeitnehmers entgegenstehen (§ 1 Abs. 1 und Abs. 2 KSchG). Bei betriebsbedingtem Kündigungsgrund sind im Rahmen der **Sozialauswahl** nach § 1 Abs. 3 KSchG die Dauer der Betriebszugehörigkeit, das Lebensalter, die Unterhaltsverpflichtungen sowie die Schwerbehinderung eines Arbeitnehmers zu berücksichtigen. Der Arbeitgeber kann weitere Gesichtspunkte berücksichtigen. Er hat nach § 1 Abs. 3 Satz 2 KSchG die Möglichkeit, **Mitarbeiter aus der Sozialauswahl herauszunehmen**, wenn betriebstechnische, wirtschaftliche oder sonstige berechtigte Interessen die Weiterbeschäftigung eines Arbeitnehmers bedingen und somit der sozialen Auswahl entgegenstehen.

41 Dabei ist folgende **Einschränkung** zu beachten: Bei der Feststellung, ob für die „Alt-Arbeitnehmer" der Kündigungsschutz bereits ab mehr als fünf Arbeitnehmern einsetzt, ist zu prüfen, ob von den mehr als fünf Arbeitnehmern, die bereits am 31.12.2003 im Arbeitsverhältnis standen, zum Zeitpunkt der Kündigung noch immer mehr als fünf beschäftigt sind. Bei einem späteren Absinken der Zahl der am 31.12.2003 beschäftigten Arbeitnehmer auf fünf oder weniger besitzt keiner der im Betrieb verbliebenen „Alt-Arbeitnehmer" weiterhin Kündigungsschutz, soweit in dem Betrieb einschließlich der seit dem 1.1.2004 eingestellten Mitarbeiter nicht mehr als zehn Arbeitnehmer beschäftigt werden. Das gilt auch dann, wenn für ausgeschiedene „Alt-Arbeitnehmer" andere Arbeitnehmer eingestellt wurden. Nach der Rspr des BAG reicht eine solche „Ersatzeinstellung" nach Wortlaut sowie Sinn und Zweck der Besitzstandsregel des § 23 Abs. 1 S. 2 KSchG für deren Anwendung nicht aus (vgl BAG, Urteil vom 21. 9. 2006 – 2 AZR 840/05 -).

[12] **Hinweis auf Tarifverträge, Dienst- und Betriebsvereinbarungen.** Der Hinweis ist ebenfalls notwendiger Inhalt des Arbeitsvertrags (§ 2 NachwG). Das NachwG fordert einen Hinweis auf die Geltung von Tarifverträgen und Betriebsvereinbarungen soweit anwendbar und vorhanden. 42

Darüber hinaus kann (auch) der (nicht) tarifgebundene Arbeitgeber die Geltung eines Tarifvertrags vereinbaren. Möglich sind so genannte statische oder dynamische **Bezugnahmeklauseln.** 43

Statisch ist eine **Bezugnahmeklausel** dann, wenn sie auf einen bestimmten Tarifvertrag oder mehrere bestimmte Tarifverträge in einer bestimmten Fassung verweist. Bei dynamischen Bezugnahmeklauseln wird nicht auf eine bestimmte Fassung, sondern vielmehr auf die jeweils gültige Fassung Bezug genommen. Bei **dynamischen Bezugnahmeklauseln** ist zwischen kleinen und großen dynamischen Bezugnahmeklauseln zu differenzieren. Bei einer kleinen dynamischen Bezugnahme wird auf den jeweiligen Tarifvertrag einer bestimmten Branche oder auf einen konkret bezeichneten Tarifvertrag Bezug genommen. Bei einer großen dynamischen Bezugnahme wird hingegen auf den jeweils für den Arbeitgeber einschlägigen Tarifvertrag Bezug genommen. 44

Bis zur Entscheidung am 14.12.2005 war es ständiges Auslegungsergebnis der Rspr des 4. Senats des BAG, dass durch jegliche arbeitsvertragliche Bezugnahme „auf einschlägige Tarifverträge in ihrer jeweils gültigen Fassung (dynamische Verweisung)" bei tarifgebundenen Arbeitnehmern (lediglich) eine Gleichstellung der nicht tarifgebundenen mit den tarifgebundenen Arbeitnehmern herbeigeführt werden sollte, dh dass der Arbeitgeber in seinem Unternehmen eine einheitliche Tarifvertragsanwendung unabhängig von der Gewerkschaftszugehörigkeit der einzelnen Arbeitnehmer erreichen wollte. Diese durch das BAG vorgenommene Auslegung der **Bezugnahmeklausel** als **„Gleichstellungsabrede"** führte zu einer (schuldrechtlichen) Anwendung der Tarifverträge auf das Arbeitsverhältnis mit dem Inhalt, wie es für die tarifgebundenen Arbeitnehmer tarifrechtlich galt. Der 4. Senat hatte die dargestellte Auslegungsregel für alle die Fälle aufgestellt, in denen der von dem tarifgebundenen Arbeitgeber gestellte Arbeitsvertrag nach dem Wortlaut ausschließlich auf die für ihn einschlägigen, im Verhältnis zu den in einer Gewerkschaft organisierten Arbeitnehmern ohnehin anzuwendenden Tarifverträge verweist. Darauf, ob es für einen solchen Regelungswillen Hinweise im Vertragswortlaut oder in den Begleitumständen bei Vertragsschluss gab, sollte es nicht ankommen. 45

Nach der **neueren Rspr des BAG**, Urteil vom 18.4.2007, hat der 4. Senat zwischenzeitlich entschieden, dass von einem tarifgebundenen Arbeitgeber in einem vorformulierten Arbeitsvertrag vereinbarte **Bezugnahmeklauseln** nunmehr **im Zweifel nicht mehr als Gleichstellungsabrede ausgelegt** werden. Das bedeutet, dass im Zweifel eine einmal vereinbarte dynamische Verweisung dauerhaft als solche erhalten bleibt und somit kein Wechsel zu einer statischen Verweisung mehr stattfindet, auch wenn die Tarifbindung des Arbeitgebers endet. Wenn das BAG künftig im Rahmen der Auslegung die Bezugnahmeklausel nicht mehr als Gleichstellungsabrede versteht, sondern auf Grund der Anwendung des § 306 Abs. 2 zu dem jeweils arbeitnehmergünstigsten Auslegungsergebnis kommen will, dann nimmt der Arbeitnehmer an künftigen, für ihn jeweils günstigen Tarifentwicklungen des einschlägigen Tarifvertrages teil, ungeachtet einer etwaigen tarifrechtlichen Bindung des Arbeitgebers. 46

Dem **Wortlaut** der **Bezugnahmeklauseln** kommt aufgrund der neuen Rspr zukünftig entscheidende Bedeutung zu. Zwar können auch künftig Gleichstellungsabreden, statische Verweisungen und Tarifwechselklauseln vereinbart werden. Diese müssen allerdings den Vorgaben des AGB-Rechts entsprechen. Im Hinblick darauf müssen künftige Änderungen, die sich aus der betrieblichen Situation, Verbandswechseln, Verbandsaustritten sowie Betriebsübergängen ergeben können, klar und eindeutig in den Wortlaut der Regelung einbezogen werden. Dies gilt nicht nur für den Fall, dass eine Gleichstellung zwischen tarifgebundenen und nicht tarifgebundenen Arbeitnehmern vereinbart ist. Vielmehr sollten alle Bezugnahmeklauseln insgesamt eindeutig formuliert werden. 47

48 **Statische Verweisungen** auf einen bestimmten Tarifvertrag sind bei eindeutiger Formulierung weiterhin unproblematisch möglich. Sofern eine dynamische Verweisung erwünscht ist, empfiehlt es sich – abhängig von den Bedürfnissen des Unternehmens –, die folgenden Umstände zu bedenken und explizit zu regeln: Gleichstellung der nicht tarifgebundenen mit tarifgebundenen Arbeitnehmern, sofern erwünscht, Regelung der Gleichstellung (von tarifgebundenen und nicht tarifgebundenen Arbeitnehmern) auch bei einem Wechsel in bzw zu einem anderen Tarifvertrag, Beendigung der Tarifdynamik im Falle des Wegfalls der Tarifbindung des Arbeitgebers etwa wegen Verbandsaustritts oder Betriebsübergangs, Tarifkonkurrenz, dh Vorrang und Geltung eines Tarifvertrags, wenn mehrere Tarifverträge Anwendung finden.

49 [13] **Nebentätigkeit.** Das Verbot oder die Einschränkung einer Nebentätigkeit ist nur zulässig, sofern der Arbeitgeber hieran ein berechtigtes Interesse hat (vgl BAG AP Nr. 68 zu § 626 BGB). Es wird angenommen, dass ein allgemeines Nebentätigkeitsverbot unwirksam ist.

50 [14] **Wettbewerbsverbot.** Es ist einem Arbeitnehmer auch ohne besondere Vereinbarung untersagt, seinem Arbeitgeber während der Dauer des Arbeitsverhältnisses Konkurrenz zu machen. Dem kaufmännischen Angestellten ist es gem. §§ 60, 61 HGB untersagt, ohne Einwilligung des Arbeitgebers ein Handelsgewerbe im Geschäftszweig des Arbeitgebers zu betreiben, oder für eigene oder fremde Rechnung Geschäfte in diesem Bereich zu tätigen. Diese gesetzliche Regelung gilt aufgrund der vertraglichen Rücksichts- bzw Treuepflicht auch für die sonstigen Arbeitnehmer. Die Aufnahme eines vertraglichen Wettbewerbsverbots hat damit nur deklaratorische Wirkung, allerdings auch eine gewisse „Warnfunktion" für den Arbeitnehmer. Bei einem Verstoß des Arbeitnehmers gegen das Wettbewerbsverbot hat der Arbeitgeber verschiedene Ansprüche. Er kann vom Arbeitnehmer Unterlassung verlangen, wenn mit weiteren Verstößen zu rechnen ist. Daneben kann er Schadensersatz verlangen oder aber stattdessen selbst in die Geschäfte eintreten. Der Verstoß ist auch geeignet, nach erfolgter Abmahnung eine verhaltensbedingte ordentliche Kündigung und bei erheblichen Verstößen auch eine außerordentliche Kündigung zu rechtfertigen. Darüber hinaus steht dem Arbeitgeber ggf ein Auskunftsanspruch zur Vorbereitung dieser Ansprüche zu. Das Wettbewerbsverbot gilt, solange das Arbeitsverhältnis rechtlich besteht, also auch für freigestellte Arbeitnehmer für die Zeit der Freistellung. Erst mit Beendigung des Arbeitsverhältnisses enden grundsätzlich auch die Nebenpflichten des Arbeitnehmers gegenüber seinem bisherigen Arbeitgeber.

51 **Nachvertragliches Wettbewerbsverbot.** Ein nachvertragliches Wettbewerbsverbot muss ausdrücklich vereinbart werden. Möglich ist auch, das nachvertragliche Wettbewerbsverbot vom Eintritt einer objektiven Bedingung abhängig zu machen. Vereinbart werden kann zB, dass das Wettbewerbsverbot nur gelten soll, wenn das Arbeitsverhältnis über die Probezeit hinaus fortgesetzt wird oder der Arbeitnehmer eine bestimmte Position oder Betriebszugehörigkeit erreicht.

52 Der Arbeitgeber kann sich vor nachvertraglichem Wettbewerb seines ehemaligen Arbeitnehmers schützen, indem er für die Zeit nach Beendigung des Arbeitsverhältnisses ein **wirksames Wettbewerbsverbot** (vgl §§ 74 ff HGB) vereinbart (nachvertragliches Wettbewerbsverbot). In formeller Hinsicht bedarf das Wettbewerbsverbot der **Schriftform** und der Aushändigung eines vom Arbeitgeber unterschriebenen Exemplars an den Arbeitnehmer. Dies kann auch innerhalb des ohnehin zu schließenden Arbeitsvertrags geschehen. Die Verletzung des Formerfordernisses führt zur Nichtigkeit des Wettbewerbsverbots, dh es hat keinerlei rechtliche Wirkungen. Inhaltlich ist die Zusage einer **Karenzentschädigung** erforderlich. Der Arbeitgeber muss sich verpflichten, dem Arbeitnehmer für die Dauer des Wettbewerbsverbots eine Entschädigung zu zahlen, die **mindestens 50 % der zuletzt bezogenen vertragsgemäßen Leistungen** beträgt. Einzubeziehen sind dabei auch alle geldwerten Vorteile des Arbeitnehmers. Die Entschädigungspflicht besteht selbst dann, wenn der Arbeitnehmer – etwa wegen Erwerbsunfähigkeit, Krankheit, Ruhestand oder Auswanderung – nicht in der Lage ist, seinem Arbeitgeber Konkurrenz zu

machen. Das **Fehlen der Zusage** einer Karenzentschädigung führt zur **Nichtigkeit der Vereinbarung.** Enthält sie nicht den erforderlichen Mindestbetrag, ist das Wettbewerbsverbot unverbindlich. Der Arbeitnehmer hat dann ein Wahlrecht zwischen der geringen Entschädigung verbunden mit der Bindung an das Verbot und der Nichteinhaltung der Vereinbarung ohne Anspruch auf Entschädigung. Im Fall der **Auszahlung der Karenzentschädigung** ist zu beachten, dass sich der Arbeitnehmer das anrechnen lassen muss, was er durch anderweitige Verwertung seiner Arbeitskraft erworben oder böswillig zu erwerben unterlassen hat. Allerdings nur, wenn die Summe aus Entschädigung und Verdienst sein letztes Einkommen um 10 % übersteigt. Das Wettbewerbsverbot muss darüber hinaus dem **Schutz eines berechtigten geschäftlichen Interesses** des Arbeitgebers dienen. Sinn und Zweck des Wettbewerbsverbots kann dabei nur der Schutz vor einer möglichen späteren Konkurrenz des Arbeitnehmers sein. Die Bindung des Arbeitnehmers an den Betrieb oder die Verhinderung der Abwerbung durch Konkurrenten können keine schutzwürdigen Interessen des Arbeitgebers darstellen. Besteht kein berechtigtes geschäftliches Interesse des Arbeitgebers, hat dies wiederum die Unverbindlichkeit des Verbots mit einem entsprechenden Wahlrecht des Arbeitnehmers zur Folge. Der Arbeitnehmer darf zudem unter Berücksichtigung der gewährten Entschädigung nach Ort, Zeit oder Gegenstand **nicht unbillig in seinem beruflichen Fortkommen beschwert** werden. Dabei hat jeweils eine Abwägung der wechselseitigen Interessen stattzufinden. Bei der Festlegung der örtlichen Ausdehnung des Wettbewerbsverbots ist eine **Begrenzung** auf die **tatsächlichen Interessengebiete des Arbeitgebers** vorzunehmen. Zeitlich gesehen beträgt die Höchstdauer des Wettbewerbsverbots 2 Jahre. Das für einen längeren Zeitraum vereinbarte Verbot wird auf die gesetzlich zulässige Zeit zurückgeführt. Das darüber hinausgehende Wettbewerbsverbot ist unverbindlich. In gegenständlicher Hinsicht kann eine Beschränkung nur dahingehend erfolgen, dass der Arbeitnehmer sich oder Dritten aufgrund seiner Kenntnisse keinen Wettbewerbsvorteil verschafft. Erforderlich ist ein **Zusammenhang** zwischen der **früheren Tätigkeit** und der **verbotenen Tätigkeit.** Eine Beschäftigung in einem ganz bestimmten Unternehmen kann allerdings nicht verboten werden. Eine **unangemessene Erschwerung des Fortkommens** zieht die **Unverbindlichkeit der Vereinbarung** nach sich. Der Arbeitnehmer kann sich auch in diesem Fall für oder gegen das Wettbewerbsverbot entscheiden. Die Vertragsparteien haben grundsätzlich die Möglichkeit, die geschlossene Vereinbarung auch wieder einvernehmlich – durch zB einen Aufhebungsvertrag – zu beseitigen. Das Wettbewerbsverbot wird unwirksam, wenn der Arbeitnehmer seinen Arbeitsvertrag aus wichtigem Grund wegen vertragswidrigem Verhalten des Arbeitgebers kündigt und vor Ablauf eines Monats nach Kündigung schriftlich erklärt, dass er sich an die Vereinbarung nicht gebunden sieht. Das gleiche **Lossagungsrecht** steht dem Arbeitnehmer zu, wenn der Arbeitgeber den Arbeitsvertrag ordentlich kündigt, es sei denn, die Gründe liegen in der Person des Arbeitnehmers. Kündigt der Arbeitgeber den Arbeitsvertrag außerordentlich aus verhaltensbedingten Gründen, kann er innerhalb eines Monats schriftlich erklären, dass er sich nicht an das Wettbewerbsverbot gebunden sieht. Der Arbeitgeber kann auch vor Beendigung des Arbeitsverhältnisses einseitig auf das Wettbewerbsverbot verzichten. Er ist dann aber noch bis zum Ablauf eines Jahres nach Zugang der Erklärung zur Zahlung der Karenzentschädigung verpflichtet. Die Möglichkeiten eines Verzichts oder einer Aufhebung sollten besonders im Fall von Arbeitnehmern in Betracht gezogen werden, die bald in den Ruhestand gehen.

Vereinbart werden kann und sollte auch eine **Vertragsstrafe** für den Fall, dass der Arbeitnehmer 53
seine Verpflichtungen nicht erfüllt.

[15] **Verschwiegenheits-, Aufbewahrungs-, Herausgabepflicht.** Auch ohne besondere Verein- 54
barung ist der Arbeitnehmer verpflichtet, Betriebs- und Geschäftsgeheimnisse zu wahren. Es handelt sich hierbei um eine arbeitsvertragliche Nebenpflicht, die neben den spezialgesetzlichen Geheimhaltungspflichten besteht. Arbeitnehmer unterliegen zudem kraft Gesetzes Verschwiegenheitspflichten.

55 Nach § 17 UWG ist der **Verrat von Betriebs- und Geschäftsgeheimnissen** strafbar, wenn der Arbeitnehmer sie zu Zwecken des Wettbewerbs aus Eigennutz, zugunsten eines Dritten oder in der Absicht, dem Inhaber des Geschäftsbetriebs Schaden zuzufügen, jemandem mitteilt. Ein weiteres Beispiel ist § 79 BetrVG, nach dem die Mitglieder des Betriebsrats verpflichtet sind, Betriebs- oder Geschäftsgeheimnisse, die ihnen wegen ihrer Zugehörigkeit zum Betriebsrat bekannt geworden und vom Arbeitgeber ausdrücklich als geheimhaltungsbedürftig bezeichnet worden sind, nicht zu offenbaren und nicht zu verwerten. Über die gesetzlichen Regelungen hinaus erfasst die arbeitsvertragliche Verschwiegenheitspflicht nicht nur Betriebs- und Geschäftsgeheimnisse, sondern auch darüber hinausgehende schützenswerte Arbeitgeberinteressen.

56 Unter **Betriebs- und Geschäftsgeheimnissen** versteht man alle Tatsachen, die im Zusammenhang mit einem Geschäftsbetrieb stehen, nur einem eng begrenzten Personenkreis bekannt, nicht offenkundig sind und nach dem (ausdrücklich oder konkludent) bekundeten Willen des Arbeitgebers auf Grund eines berechtigten wirtschaftlichen Interesses geheim gehalten werden sollen. Beispiele sind Tatsachen aus dem technischen und betrieblichen Bereich (Produktionseinrichtungen, Computersoftware), aus dem Absatz- und Lieferantenbereich, aus dem Rechnungswesen (Bilanzen, Kalkulationen) und Fakten aus dem Personalbereich. Offenkundig und damit nicht der Verschwiegenheitspflicht unterliegend ist eine Tatsache, wenn sie von jedermann ohne größere Schwierigkeiten in Erfahrung gebracht werden kann. Zur Offenkundigkeit führt zB die Veröffentlichung in einer Fachzeitschrift. Ein berechtigtes Interesse an der Geheimhaltung scheidet bei illegal – also etwa durch Wettbewerbsverstöße oder Straftaten – erlangtem Tatsachenmaterial aus. Arbeitgeber und Arbeitnehmer können die Verschwiegenheitspflicht innerhalb der allgemeinen gesetzlichen Grenzen durch vertragliche Vereinbarung erweitern. Mindestvoraussetzung für die Zulässigkeit ist ein berechtigtes Geheimhaltungsinteresse des Arbeitgebers.

57 Die **Verschwiegenheitspflicht** beginnt grundsätzlich mit **Abschluss des Arbeitsvertrages**; im Stadium der **Vertragsanbahnung** besteht sie, soweit ein besonderes **Vertrauensverhältnis** begründet wurde. Nach neuerer Rspr des BAG ist der Arbeitnehmer auch nach Beendigung des Arbeitsverhältnisses grundsätzlich zur Verschwiegenheit über Geschäfts- und Betriebsgeheimnisse verpflichtet. Das gilt aber nur soweit der Arbeitnehmer durch die Wahrung solcher Verschwiegenheitspflichten nicht in seiner Berufsausübung unzumutbar beschränkt wird. Einen weitergehenden Geheimnisschutz kann der Arbeitgeber nur über die Vereinbarung eines nachvertraglichen Wettbewerbsverbots erreichen.

58 Es ist auch im Sinne des Geheimnisschutzes empfehlenswert, gesondert zu vereinbaren, dass dem Arbeitnehmer an Unterlagen, Dokumenten oder sonstigem Firmeneigentum **kein Zurückbehaltungsrecht** zusteht.

59 **[16] Arbeitsergebnisse, Erfindungen.** Die Klausel hat deklaratorischen Charakter, das ArbNErfG regelt die Behandlung und Vergütung von Arbeitnehmererfindungen.

60 **[17] Verfallklausel.** Die Vereinbarung von Verfallfristen, nach deren Ablauf gegenseitige Forderungen erlöschen, ist zulässig und dient der Rechtssicherheit. Sie unterliegen jedoch der Inhaltskontrolle. Zweistufige Ausschlussfristen unter jeweils drei Monaten werden als unwirksam erachtet.

61 **[18] Sonstige Bestimmungen. Schriftform.** Es war früher gängig zu vereinbaren, dass Änderungen und Ergänzungen des Arbeitsvertrags nur bindend sind, wenn sie schriftlich niedergelegt und von beiden Seiten unterschrieben werden, was auch für eine Änderung der Schriftformvereinbarung galt. Solche so genannten doppelten Schriftformklauseln oder qualifizierten Schriftformklauseln sind in Arbeitsverträgen nicht mehr zulässig, entschied das BAG am 20.5.2008, 9 AZR 382/07 (hierzu auch BGH NJW 2006, 138 ff).

Ausschluss mündlicher Nebenabreden. Zulässig und wirksam ist jedoch die Feststellung bei Vertragsabschluss, dass keine mündlichen Nebenabreden bestehen. Das führt zu einer Beweislastumkehr zu Lasten desjenigen, der zu seinen Gunsten das Bestehen einer mündlichen Vereinbarung behauptet. 62

Ersetzung früherer Vereinbarungen. Sinnvoll ist auch die Vereinbarung, dass mit Abschluss eines Arbeitsvertrags sämtliche vorangegangenen Vereinbarungen der Parteien ersetzt werden, um Unklarheiten zu vermeiden. 63

§§ 611 a und 611 b (aufgehoben)

§ 612 Vergütung

(1) Eine Vergütung gilt als stillschweigend vereinbart, wenn die Dienstleistung den Umständen nach nur gegen eine Vergütung zu erwarten ist.
[2] Ist die Höhe der Vergütung nicht bestimmt, so ist bei dem Bestehen einer Taxe die taxmäßige Vergütung, in Ermangelung einer Taxe die übliche Vergütung als vereinbart anzusehen.

A. Allgemeine Vergütungsregelungen

I. Vergütungsregelung

Muster zu Vergütungsregelungen s. bei § 611 Rn 9 (für Dienstvertrag), Rn 17 (für Geschäftsführeranstellungsvertrag), Rn 30 (für Arbeitsvertrag). Haben die Parteien keine Vergütungsabrede getroffen, findet § 612 Anwendung. 1

II. Erläuterungen

Fehlende Vergütungsregelung. Die Regelungen des § 612 Abs. 1 und Abs. 2 finden nur Anwendung, wenn die Vertragsparteien keine Vergütungsregelung getroffen haben. Sie füllen in diesem Fall die Regelungslücke aus und verhindern somit die Nichtigkeit eines Dienstvertrages wegen eines Dissenses (§§ 154, 155). Soweit Regelungen über die Vergütung getroffen wurden, sind diese grundsätzlich für die Vertragsparteien bindend. 2

Taxmäßige Vergütung. Die fingierte Vergütungsregelung richtet sich in erster Linie nach einer bestehenden Taxe. Dies sind zB Gebührenordnungen für Rechtsanwälte, Ärzte und Zahnärzte, Architekten. 3

Übliche Vergütung. Soweit derartige Taxen nicht existieren, richtet sich die Vergütung nach der Üblichkeit. Hier ist die Vergütung heranzuziehen, die am Ort der Dienstleistung für vergleichbare Tätigkeiten oder in vergleichbaren Gewerben oder Berufen gezahlt wird. Dies dürfte in aller Regel keine exakt berechenbare Vergütung sein, sondern eine Vergütungsspanne, also ein Rahmen innerhalb dessen sich die Vergütung für die geleisteten Dienste bewegt. Soweit zB tarifliche Vergütungsregelungen bestehen, wären diese als übliche Vergütung heranzuziehen. 4

Falls auch keine übliche Vergütung feststellbar ist, kann der Dienstleistende die Vergütung **nach billigem Ermessen** (§§ 315, 316) bestimmen. 5

Besonderheiten im Arbeitsverhältnis. Nach dem Gesetz über den Nachweis der für ein Arbeitsverhältnis geltenden wesentlichen Bedingungen (NachwG) ist der Arbeitgeber verpflichtet, die 6 wesentlichen Arbeitsbedingungen schriftlich zu fixieren, soweit kein schriftlicher Arbeitsvertrag existiert.

7 Nach § 2 Abs. 1 Nr. 6 NachwG hat das Schriftstück die zwischen den Parteien **vereinbarte Vergütung inklusive eventueller Sonderzahlungen** aufzuführen. Soweit der Arbeitgeber seinen Verpflichtungen aus dem Nachweisgesetz nicht nachkommt, ändert dies nichts an der Wirksamkeit des Arbeitsverhältnisses. Dem Arbeitnehmer wird in diesem Fall, insbesondere auch bei dem Nachweis einer mündlich vereinbarten Vergütung, eine erleichterte Beweisführung zuzubilligen sein. Soweit die Parteien allerdings keine Vereinbarung über die Vergütungshöhe getroffen haben, findet § 612 Anwendung.

8 In Arbeitsverträgen ist es üblich, dass neben einer festen Vergütung auch variable Zahlungen und sogenannte geldwerte Leistungen (zB Dienstwagen und Dienstwohnung) vereinbart werden. Zu denken ist etwa an Tantiemen, Prämien und Gratifikationen. Diese Zusatzleistungen sind in aller Regel erfolgs- oder leistungsabhängig.

B. Sonderzahlungen/variable Vergütung

9 Neben der Festvergütung werden zunehmend Zulagen und variable Vergütungsbestandteile vereinbart. Die Motivation hierfür ist unterschiedlich. Zulagen für zB Arbeit an Sonn- und Feiertagen, während der Nacht, Schichtarbeit, Überstunden uÄ, sollen einen Ausgleich für besondere Belastungen schaffen. Derartige Ansprüche ergeben sich zB aus einzelvertraglicher Vereinbarung, Tarifvertrag oder Betriebsvereinbarung. Variable Vergütungsbestandteile stellen in aller Regel eine erfolgs- oder leistungsbezogene Vergütung dar, zT mit einem Betriebstreueaspekt. Regelungen im Arbeitsvertrag stehen unter einer verstärkten Prüfung, ob diese den **AGB-Vorschriften** (§§ 305 ff) standhalten.

C. Vergütungsklage

10 I. Muster: Vergütungsklage

▶ An das Arbeitsgericht ▪▪▪/
Amts- oder Landgericht[1]

Klage

des ▪▪▪

– Kläger –

gegen

die X-GmbH ▪▪▪

– Beklagte –

wegen: Vergütung

Namens und im Auftrag des Klägers erheben wir Klage und werden beantragen:

Die Beklagte wird verurteilt, an den Kläger EUR ▪▪▪ brutto, nebst Zinsen iHv 5 Prozentpunkten über dem Basiszinssatz seit dem ▪▪▪ zu zahlen.[2]

Begründung

Der Kläger ist bei der Beklagten seit ▪▪▪ beschäftigt.

Beweis: Vorlage des Arbeitsvertrages der Parteien vom ▪▪▪ in Kopie als Anlage K 1

Das Monatsgehalt des Klägers beträgt EUR ▪▪▪ brutto und ist jeweils zum Ende des Monats zur Zahlung fällig.

Beweis: Verdienstbescheinigung/en vom ▪▪▪, beigefügt in Kopie als Anlage K 2

Die Beklagte hat die dem Kläger zustehende Vergütung für den Monat … nicht abgerechnet und auch nicht an den Kläger ausbezahlt.

Der Kläger hatte die Beklagte mit Schreiben vom … zur Zahlung der rückständigen Vergütung aufgefordert. Da die Beklagte bis dato nicht gezahlt hat, ist der Kläger gezwungen, gerichtliche Hilfe in Anspruch zunehmen.

Die Beklagte befindet sich seit … in Zahlungsverzug. Der Anspruch auf die Verzugszinsen ergibt sich aus §§ 247, 288 Abs. 1 BGB.[3]

…

Rechtsanwalt ◀

II. Erläuterungen

[1] **Gerichtsweg.** Klagen von Arbeitnehmern müssen beim zuständigen Arbeitsgericht erhoben werden (§ 2 Abs. 1, Ziff. 3 a Arbeitsgerichtsgesetz (ArbGG)). Bei Streitigkeiten zwischen Nichtarbeitnehmern (zB Freiberufler, Geschäftsführer, Vorstand) sind die Zivilgerichte zuständig. 11

[2] **Klageinhalt.** Der Arbeitgeber schuldet dem Arbeitnehmer den Bruttolohn, so dass mit dem Klageantrag der Bruttobetrag geltend gemacht wird (BAG AP Nr. 13 zu § 611 BGB – Lohnanspruch). 12

[3] **Verzugszinsen.** Die Verzugszinsen nach § 288 Abs. 1 Satz 1 können aus der Bruttovergütung geltend gemacht werden (BAG GS vom 7.3.2001, NZA 2001, 1195). 13

§ 612 a Maßregelungsverbot

Der Arbeitgeber darf einen Arbeitnehmer bei einer Vereinbarung oder einer Maßnahme nicht benachteiligen, weil der Arbeitnehmer in zulässiger Weise seine Rechte ausübt.

A. Muster: Baustein Geltendmachung des Maßregelungsverbots 1

▶ … 425

[Die Beklagte/der Arbeitgeber] hat gegen das Maßregelungsverbot (§ 612 a BGB)[1] verstoßen. Danach darf ein Arbeitgeber den Arbeitnehmer nicht benachteiligen, weil der Arbeitnehmer ihm zustehende Rechte zulässigerweise ausgeübt hat.

Der [Kläger/Arbeitnehmer] hat in zulässiger Weise seine Rechte ausgeübt, indem er

[das ihm zustehende Gehalt eingeklagt hat]

[auf Einrichtung eines rauchfreien Arbeitsplatzes bestanden hat]

[seinen Weiterbeschäftigungsanspruch durchgesetzt hat]

[…]

Für den Arbeitnehmer, der einen Verstoß des Arbeitgebers gegen das Maßregelungsverbot geltend macht, tritt eine Beweiserleichterung durch Anscheinsbeweis ein, wenn ein offensichtlicher Zusammenhang zwischen seiner berechtigten Rechtsausübung und der benachteiligten Maßnahme durch den Arbeitgeber besteht (ErfK/Preis, § 612 a BGB, Rn 22).

Der [Kläger/Arbeitnehmer] hat dargelegt und unter Beweis gestellt, dass zwischen der Geltendmachung des […] und der [Kündigung/Gehaltskürzung/Nichtauszahlung des Bonus/Versetzung] ein unmittelbarer zeitlicher Zusammenhang besteht.

Der [Kläger/Arbeitnehmer] hat am [Datum] seinen Anspruch geltend gemacht. Zwei Tage danach hat die [Beklagte/Arbeitgeber] [...] (angegriffene Maßnahme) durchgeführt.

Für die von der [Beklagten/Arbeitgeber] durchgeführte Maßnahme war die zulässige Rechtsausübung des [Klägers/Arbeitnehmers] nicht nur der tragende, sondern der ausschließliche Beweggrund. Vor diesem Hintergrund ist es unerheblich, ob die von der [Beklagten/Arbeitgeber] ergriffene Maßnahme auf andere Gründe hätte gestützt werden können (ErfK/Preis, § 612 a Rn 11).

Aus den vorgenannten Gründen sind die geltend gemachten Ansprüche des [Klägers/Arbeitnehmers] auf [Unterlassung, Beseitigung, Schadensersatz] begründet.[2] ◄

B. Erläuterungen

2 [1] **Maßregelverbot.** Bei § 612 a handelt sich um eine Schutzvorschrift zugunsten des Arbeitnehmers. Dieser darf nicht deswegen benachteiligt werden, weil er ihm zustehende Rechte ausgeübt hat. Der Arbeitgeber ist zur Gleichbehandlung gegenüber den Arbeitnehmern verpflichtet. Die Vorschrift soll verhindern, dass der Arbeitnehmer ihm zustehende Rechte im Zusammenhang mit dem Arbeitsverhältnis deswegen nicht ausübt, weil er eine Benachteiligung befürchten muss. Willenserklärungen des Arbeitgebers, die eine Maßregelung darstellen, sind nach § 134 nichtig.

3 [2] **Rechtsfolgen.** Verstöße gegen das Maßregelungsverbot können Unterlassungs-, Beseitigungs- und Schadenersatzansprüche begründen. § 612 a ist ein Schutzgesetz im Sinne des § 823 Abs. 2 (Hk-BGB/*Schreiber*, § 612 a Rn 4). Macht der Arbeitnehmer klageweise Schadensersatz geltend, muss der im Einzelnen erlittene Schaden kausal auf dem Verstoß gegen das Maßregelverbot beruhen. Hierfür ist grundsätzlich der Arbeitnehmer darlegungs- und beweispflichtig; hinsichtlich des Vorliegens eines Verstoßes gelten die im Muster angesprochenen Beweiserleichterungen.

4 **Verhältnis zum Allgemeinen Gleichbehandlungsgesetz (AGG).** Der Schutz des Arbeitnehmers vor Ungleichbehandlung wird durch die Vorschriften des AGG erweitert. Das AGG enthält einen umfassenden Schutz vor Ungleichbehandlung, wobei die Vorschriften überwiegend den Bereich des Arbeitsrechts betreffen. Dementsprechend sind auch mit Inkrafttreten des AGG die §§ 611 a, 611 b und 612 Abs. 3 außer Kraft getreten (Hk-BGB/*Schulze*, vor §§ 241 bis 253Rn 28 ff).

§ 613 Unübertragbarkeit

[1]Der zur Dienstleistung Verpflichtete hat die Dienste im Zweifel in Person zu leisten. [2]Der Anspruch auf die Dienste ist im Zweifel nicht übertragbar.

1 § 613 enthält eine Grundregel des Dienst- und Arbeitsvertragsrechts. Es handelt sich nach der Ausgestaltung um eine dispositive Auslegungsregel. Aus § 613 Abs. 1 folgt allerdings nicht, dass ein Arbeitnehmer verpflichtet wäre, im Fall seiner Verhinderung für Ersatz zu sorgen, vgl Anm. 3 zu Muster Dienstvertrag.

§ 613 a Rechte und Pflichten bei Betriebsübergang

(1) [1]Geht ein Betrieb oder Betriebsteil durch Rechtsgeschäft auf einen anderen Inhaber über, so tritt dieser in die Rechte und Pflichten aus den im Zeitpunkt des Übergangs bestehenden Arbeitsverhältnissen ein. [2]Sind diese Rechte und Pflichten durch Rechtsnormen eines Tarifvertrags oder durch eine Betriebsvereinbarung geregelt, so werden sie Inhalt des Arbeitsverhältnisses zwischen dem neuen Inhaber und dem Arbeitnehmer und dürfen nicht vor Ablauf eines Jahres nach dem Zeitpunkt des Übergangs zum Nachteil des Arbeitnehmers geändert werden. [3]Satz 2 gilt nicht, wenn die Rechte und Pflichten bei dem neuen Inhaber durch Rechtsnormen eines anderen Tarifvertrags oder durch eine andere Betriebsvereinbarung geregelt werden. [4]Vor Ablauf der Frist nach Satz 2

können die Rechte und Pflichten geändert werden, wenn der Tarifvertrag oder die Betriebsvereinbarung nicht mehr gilt oder bei fehlender beiderseitiger Tarifgebundenheit im Geltungsbereich eines anderen Tarifvertrags dessen Anwendung zwischen dem neuen Inhaber und dem Arbeitnehmer vereinbart wird.

(2) [1]Der bisherige Arbeitgeber haftet neben dem neuen Inhaber für Verpflichtungen nach Absatz 1, soweit sie vor dem Zeitpunkt des Übergangs entstanden sind und vor Ablauf von einem Jahr nach diesem Zeitpunkt fällig werden, als Gesamtschuldner. [2]Werden solche Verpflichtungen nach dem Zeitpunkt des Übergangs fällig, so haftet der bisherige Arbeitgeber für sie jedoch nur in dem Umfang, der dem im Zeitpunkt des Übergangs abgelaufenen Teil ihres Bemessungszeitraums entspricht.

(3) Absatz 2 gilt nicht, wenn eine juristische Person oder eine Personenhandelsgesellschaft durch Umwandlung erlischt.

(4) [1]Die Kündigung des Arbeitsverhältnisses eines Arbeitnehmers durch den bisherigen Arbeitgeber oder durch den neuen Inhaber wegen des Übergangs eines Betriebs oder eines Betriebsteils ist unwirksam. [2]Das Recht zur Kündigung des Arbeitsverhältnisses aus anderen Gründen bleibt unberührt.

(5) Der bisherige Arbeitgeber oder der neue Inhaber hat die von einem Übergang betroffenen Arbeitnehmer vor dem Übergang in Textform zu unterrichten über:

1. den Zeitpunkt oder den geplanten Zeitpunkt des Übergangs,
2. den Grund für den Übergang,
3. die rechtlichen, wirtschaftlichen und sozialen Folgen des Übergangs für die Arbeitnehmer und
4. die hinsichtlich der Arbeitnehmer in Aussicht genommenen Maßnahmen.

(6) [1]Der Arbeitnehmer kann dem Übergang des Arbeitsverhältnisses innerhalb eines Monats nach Zugang der Unterrichtung nach Absatz 5 schriftlich widersprechen. [2]Der Widerspruch kann gegenüber dem bisherigen Arbeitgeber oder dem neuen Inhaber erklärt werden.

A. Unterrichtung über Betriebsübergang gem. § 613 a Abs. 5

I. Muster: Unterrichtungsschreiben 1

426

▶ Unterrichtung Betriebsübergang[1] gem. § 613 a Abs. 5 BGB

Herrn/Frau [...]

– im Hause –

Unterrichtung gem. § 613 a BGB Ausgliederung des Bereichs XYZ[2]

Sehr geehrte Frau [...],/Sehr geehrter Herr [...],[3]

die ABC-AG wird den Geschäftsbereich XYZ mit Wirkung zum ... (Datum) auf ihre (neu zu gründende/ neu gegründete) 100%-ige Tochtergesellschaft, die XYZ-GmbH ausgliedern.

Der Geschäftsbereich entwickelt unter dem Markennamen „xyz-Technologies" Produktionsanlagen für die heute unter der Bezeichnung XYZ zusammengefassten Anwendungen. Dem Geschäftsbereich XYZ ist derzeit ein Aktivvermögen von rund EUR ... Mio. zuzuordnen. Dazu gehören ... (Aufzählung der materiellen Aktiva) sowie ... (Aufzählung der immateriellen Aktiva). Insgesamt ... (Zahl) Arbeitnehmer arbeiten am Standort ... (Ort) der ABC-AG ausschließlich für den Geschäftsbereich XYZ. Die betrieblichen Funktionen Forschung & Entwicklung, Einkauf, Konstruktion und Montage, technischer Vertrieb werden durch die Mitarbeiter des Geschäftsbereichs XYZ vollständig selbst übernommen. Die Personalverwaltung und Administration wird weiterhin von der ABC-AG mitbetreut.

Ziel der Ausgliederung ist die Sicherung eines zukunfts- und wettbewerbsfähigen Fortbestands des Geschäftsbereichs durch den Ausbau der vorhandenen Aktivitäten, die Verbesserung der Vermarktung, eine Hervorhebung der Marke und eine deutlichere Positionierung im Markt für XYZ-Produkte sowie die Schaffung höherer Kostentransparenz. Die XYZ-GmbH bleibt Teil der ABC Gruppe.

Die Einbringung des Geschäftsbereichs XYZ vollzieht sich durch die Übertragung der für den Betrieb des Geschäftsbereichs XYZ erforderlichen materiellen und immateriellen Aktiva auf die neu zu gründende XYZ-GmbH mit Wirkung zum ■■■ (Stichtag). Zum Stichtag wird auch der bestehende Kundenstamm für XYZ-Anlagen auf die XYZ-GmbH übertragen. Die ABC-AG räumt der XYZ-GmbH zum Stichtag die erforderlichen Nutzungsrechte an sämtlichen für den Geschäftsbetrieb des Bereichs XYZ notwendigen Patenten und Marken ein.

Mit der Übertragung der materiellen und immateriellen Aktiva dieses Teilbetriebs auf die XYZ-GmbH wird ein Betriebsübergang gem. § 613 a BGB ausgelöst, mit der Folge, dass die dort beschäftigen Arbeitnehmer zum Stichtag automatisch per Gesetz auf die neue Gesellschaft übergehen.

Von diesem Betriebsübergang ist auch Ihr Arbeitsverhältnis betroffen.

Die ABC-AG und die künftige XYZ-GmbH werden ihren Betrieb künftig als Gemeinschaftsbetrieb am Standort ■■■ (Ort) zu im Wesentlichen unveränderten Bedingungen fortführen. Einer der beiden künftigen Geschäftsführer der XYZ-GmbH wird der bisherige Leiter des Geschäftsbereichs XYZ, Herr ■■■. Die kaufmännische Geschäftsführung übernimmt bis zur Berufung eines weiteren Geschäftsführers, Herr ■■■

Rechtliche, wirtschaftliche und soziale Folgen für die Arbeitnehmer:

Sowohl für die Arbeitnehmer der ABC-AG, die dem Geschäftsbereich XYZ nicht angehören, als auch für die künftigen Arbeitnehmer der XYZ-GmbH sind mit der Ausgliederung keine nachteiligen wirtschaftlichen oder sozialen Folgen verbunden.

Für Sie als vom Betriebsübergang betroffener Arbeitnehmer bedeutet das:

Ihr bisheriges Arbeitsverhältnis geht vorbehaltlich Ihres Widerspruchs mit Wirkung zum ■■■ (Datum) automatisch per Gesetz zu unveränderten Bedingungen und unter Anrechnung der Betriebszugehörigkeit bei der ABC-AG gem. § 613 a BGB auf die XYZ-GmbH über und wird von dieser inhaltlich unverändert fortgeführt.

Die XYZ-GmbH tritt in alle Rechte und Pflichten Ihres bestehenden Arbeitsverhältnisses ein. Die bestehenden Betriebsvereinbarungen der ABC-AG gelten für die Arbeitnehmer der XYZ-GmbH fort.

Ihr Arbeitsort bleibt nach wie vor ■■■ (Ort). Eine Verlagerung ist nicht beabsichtigt.

Die ABC-AG haftet als Gesamtschuldnerin neben der XYZ-GmbH für die Erfüllung solcher Ansprüche aus dem Arbeitsverhältnis, die vor dem Betriebsübergang entstanden sind und vor Ablauf eines Jahres nach diesem Zeitpunkt fällig werden. Die volle gesamtschuldnerische Haftung obliegt der ABC-AG nur für solche Ansprüche, die vor dem Betriebsübergang fällig geworden sind. Für Ansprüche, die zwar vor dem Betriebsübergang entstanden sind aber noch nicht fällig waren, haftet die ABC-AG nur anteilig entsprechend dem im Zeitpunkt des Betriebsübergangs abgelaufenen Bemessungszeitraum.

Eine Kündigung Ihres Arbeitsverhältnisses durch die ABC-AG oder durch die XYZ-GmbH als neuer Arbeitgeberin wegen des Übergangs des Betriebsteils wäre unwirksam. Das Recht zur Kündigung des Arbeitsverhältnisses aus anderen Gründen bleibt unberührt.

Auswirkungen auf den Betriebsrat:

Die Zuständigkeit des Betriebsrats für sämtliche am Standort ■■■ (Ort) beschäftigten Arbeitnehmer, das heißt für die verbleibenden Arbeitnehmer der ABC-AG und für die künftigen Arbeitnehmer der XYZ-GmbH, bleibt von dem Betriebsübergang unberührt. Die XYZ-GmbH wird nicht betriebsratslos. Beide Gesellschaften bilden künftig einen Gemeinschaftsbetrieb, für den der Betriebsrat insgesamt zuständig ist. Auch künftig können Betriebsvereinbarungen – wie bisher – für den gesamten Betrieb am Standort ■■■ (Ort) geschlossen werden

Hinsichtlich der Arbeitnehmer in Aussicht genommene Maßnahmen:

Weitergehende organisatorische Maßnahmen sind im Zuge des Betriebsübergangs nicht geplant

Hinweis auf das Widerspruchsrecht

Sie haben das Recht, dem Übergang Ihres Arbeitsverhältnisses innerhalb eines Monats nach Zugang dieser Unterrichtung schriftlich zu widersprechen. Der Widerspruch kann gegenüber der ABC-AG oder gegenüber der XYZ-GmbH erklärt werden.

Wenn Sie keine Erklärung abgeben oder dem Übergang Ihres Arbeitsverhältnisses nicht innerhalb der oben genannten Monatsfrist widersprechen, geht Ihr Arbeitsverhältnis automatisch kraft Gesetzes auf Ihren neuen Arbeitgeber, die XYZ-GmbH, über.

Sollten Sie sich entschließen, dem Übergang Ihres Arbeitsverhältnisses zu widersprechen, ginge Ihr Arbeitsverhältnis nicht automatisch auf die XYZ-GmbH über, sondern bestünde mit der ABC-AG fort. Angesichts dessen, dass der Geschäftsbereich XYZ künftig von der XYZ-GmbH betrieben wird, fällt damit Ihr bisheriger Arbeitsplatz bei der ABC-AG weg. Sofern eine Weiterbeschäftigungsmöglichkeit für Sie bei der ABC-AG nicht besteht, kann dies im Fall Ihres Widerspruchs zur Folge haben, dass wir das mit Ihnen bestehende Arbeitsverhältnis aus betriebsbedingten Gründen kündigen müssten. Den Wortlaut des § 613 a BGB haben wir zur Ihrer Information beigefügt.

Sollten Sie weiterführende Fragen haben, wenden Sie sich bitte vertrauensvoll an die Personalabteilung.

Mit freundlichen Grüßen

ABC AG

■■■

Vorstandsvorsitzender

■■■

Personalleitung

Empfangsbestätigung:

Name, Vorname (in Druckbuchstaben): ■■■

Adresse: ■■■

Hiermit bestätige ich den Erhalt der schriftlichen Unterrichtung gem. § 613 a BGB zur Ausgliederung des Bereichs XYZ (künftig: XYZ-GmbH) heute von der ABC-AG erhalten zu haben.

Ort, Datum: ■■■

■■■

Unterschrift Arbeitnehmer ◄

II. Erläuterungen

[1] **Betriebsübergang.** Aufgrund der immer häufiger werdenden Umstrukturierungen von Betrieben und Unternehmen wächst die praktische Bedeutung des § 613 a. Die arbeitsrechtlichen Grundlagen und Folgen eines Betriebsübergangs sowie deren gerichtliche Geltendmachung und Durchsetzung sind im Einzelnen nach wie vor umstritten. 2

Voraussetzungen Betriebsübergang. Ein Betriebsübergang liegt vor, wenn infolge eines Übergangs des Betriebes oder Betriebsteils durch Rechtsgeschäft die Person des Betriebsinhabers wechselt, ein neuer Rechtsträger die wirtschaftliche Einheit unter Wahrung von deren Identität fortführt. Ob die Identität der wirtschaftlichen Einheit gewahrt wird, hängt von einer Gesamtwürdigung aller Umstände ab (**Betriebsbegriff iS des § 613 a**). In Branchen, in denen es im Wesentlichen auf die menschliche Arbeitskraft ankommt, kann auch eine Gesamtheit von Arbeitnehmern, die durch ihre gemeinsame Tätigkeit dauerhaft verbunden ist, eine wirtschaftliche 3

Einheit darstellen (Übernahme eines nach Zahl und Sachkunde wesentlichen Teils der bisher für die betreffenden Arbeiten eingesetzten Arbeitnehmer – „organisierte Gesamtheit von Personen und Sachen zur Ausübung einer wirtschaftlichen Tätigkeit mit eigener Zielsetzung"). Das Betreiben einer Kantine in einem Krankenhaus hat der EuGH nicht als Tätigkeit angesehen, bei der es im Wesentlichen auf die menschliche Arbeitskraft ankommt, und daher bei Weiterverwendung des Inventars durch den neuen Kantinenpächter in beträchtlichem Umfang einen Betriebsübergang angenommen. Demgegenüber gilt die bloße Fortführung der Tätigkeit (Funktionsnachfolge) im Regelfall nicht als Betriebsübergang iS von § 613 a. Auch eine reine Auftragsnachfolge ist kein Betriebsübergang nach § 613 a (zB Reinigungs- oder Bewachungstätigkeiten, Catering). In Betrieben mit unverzichtbaren sächlichen Betriebsmitteln kommt es allein auf den Übergang der wesentlichen sächlichen Betriebsmittel an, nicht auf die Übernahme von Personal.

4 Das Vorliegen eines Betriebsübergangs wird regelmäßig wie folgt geprüft:

- Art des Betriebes oder Unternehmens
- Übergang der materiellen Betriebsmittel wie Gebäude und bewegliche Güter sowie deren Wert und Bedeutung
- Übernahme der immateriellen Betriebsmittel und der vorhandenen Organisation
- Grad der Ähnlichkeit zwischen der vor und der nach dem Übergang verrichteten Tätigkeit
- Weiterbeschäftigung der Hauptbelegschaft (Hauptbelegschaft ist gegeben, wenn ein nach Zahl und Sachkunde wesentlicher Teil des Personals übergeht): In Branchen, in denen es im Wesentlichen auf die menschliche Arbeitskraft ankommt, kann die wirtschaftliche Einheit durch die Gesamtheit der Arbeitnehmer, die durch ihre gemeinsame Tätigkeit dauerhaft verbunden ist, dargestellt werden
- Übernahme der Kunden und Lieferantenbeziehungen
- Dauer der Unterbrechung dieser Tätigkeit

5 **Voraussetzungen Betriebsteilübergang.** Auch Betriebsteile können einen Betrieb in diesem Sinne darstellen, wenn eine selbständig abtrennbare organisatorische Einheit vorliegt. Ein nach § 613 a Abs. 1 S. 1 selbständig übertragungsfähiger Betriebsteil setzt voraus, dass innerhalb des betrieblichen Gesamtzwecks ein eigener Teilzweck verfolgt wird und bereits beim Betriebsveräußerer ein eigenständiger Betriebsteil vorlag. Wird aus einem Betrieb eine wirtschaftliche Einheit übernommen, die die Voraussetzungen eines Betriebsteils iS von § 613 a erfüllt, tritt der Erwerber in die Rechte und Pflichten der Arbeitsverhältnisse der Arbeitnehmer ein, die in dieser Einheit tätig sind. Maßgebend ist, dass das jeweilige Arbeitsverhältnis dem übergegangenen Bereich zuzuordnen ist.

6 **Rechtsfolgen Betriebsübergang.** Nach § 613 a tritt der neue Betriebsinhaber in die Rechte und Pflichten aus dem im Zeitpunkt des Betriebsübergangs bestehenden Arbeitsverhältnis ein. Das Arbeitsverhältnis zum bisherigen Betriebsinhaber erlischt. Der Arbeitnehmer kann jedoch den Übergang seines Arbeitsverhältnisses durch Widerspruch verhindern. Erfasst werden die individualvertraglichen Rechte und Pflichten. Der Betriebserwerber wird Schuldner aller Verbindlichkeiten aus dem Arbeitsverhältnis (§ 613 a Abs. 1 S. 1), auch soweit sie vor dem Betriebsübergang entstanden sind, zB Löhne und Gehälter, Gratifikationen und andere Sonderleistungen, Arbeitgeberdarlehen, erworbene Versorgungsanwartschaften, bindende betriebliche Übungen, Dauer der Betriebszugehörigkeit. Die kollektivrechtlichen Regelungen wie Betriebsvereinbarungen und Tarifverträge werden, sofern sie nicht kollektivrechtlich fort gelten, nach § 613 a Abs. 1 S. 2 Inhalt des Arbeitsverhältnisses. Es greift eine einjährige Veränderungssperre für individualrechtliche Verschlechterungen ein. Ist der Betriebserwerber kollektivrechtlich gebunden (zB tarifgebunden, die Betriebsidentität bleibt bestehen), gelten Tarifverträge und Betriebsvereinbarungen kollektivrechtlich weiter (die Transformation in Individualrecht und die einjährige Veränderungssperre werden dann nicht relevant).

Haftung von Veräußerer und Erwerber. Gem § 613 a Abs. 2 haftet der bisherige Betriebsinhaber, obwohl mit dem Betriebsübergang das Arbeitsverhältnis zu ihm endet und der Betriebserwerber in die Rechte und Pflichten aus dem Arbeitsverhältnis eintritt, neben dem Betriebserwerber für Verpflichtungen aus dem Arbeitsverhältnis, soweit sie vor dem Betriebsübergang entstanden sind und vor Ablauf eines Jahres nach dem Betriebsübergang fällig werden, als Gesamtschuldner. Wenn die Verpflichtung nach dem Betriebsübergang fällig wird, haftet der bisherige Betriebsinhaber aber nur in dem Umfang, der dem im Zeitpunkt des Übergangs abgelaufenen Teil des Bemessungszeitraums entspricht. 7

Kündigungsverbot. § 613 a Abs. 4 regelt ein eigenständiges Kündigungsverbot, wenn der Betriebsübergang tragender Grund der Kündigung ist. Das Kündigungsverbot gilt auch für Änderungskündigungen. 8

[2] **Informationspflichten beim Betriebsübergang.** Der bisherige Arbeitgeber oder der neue Inhaber des Betriebes ist gem § 613 a verpflichtet, die betroffenen Arbeitnehmer schriftlich vor dem Übergang über den Zeitpunkt oder geplanten Zeitpunkt des Übergangs, den Grund für den Übergang, die rechtlichen, wirtschaftlichen und sozialen Folgen für die Arbeitnehmer und über hinsichtlich der Arbeitnehmer in Aussicht genommene Maßnahmen zu unterrichten. Dabei richtet sich der Umfang der Unterrichtung nach deren Zweck, nämlich dem Arbeitnehmer eine Entscheidungsgrundlage für die Frage, ob er sein Widerspruchsrecht ausüben will, zu geben. 9

Rechtsfolge nicht ordnungsgemäßer Unterrichtung. Erfolgt die Unterrichtung gem. § 613 a Abs. 5 nicht ordnungsgemäß, wird die Frist des § 613 a Abs. 6 nicht in Gang gesetzt und das Widerspruchsrecht des Arbeitnehmers bleibt auch nach Fristablauf bestehen. Ist die Unterrichtung inhaltlich fehlerhaft und stützt der Arbeitnehmer seine Entscheidung, dem Übergang seines Arbeitsverhältnisses (nicht) zu widersprechen oder zu widersprechen auf die fehlerhafte Information (und) hat dies nachteilige Folgen (wie zB den späteren Verlust des Arbeitsplatzes) für ihn und hätte dies bei richtiger Information verhindert werden können, so können der bisherige oder der neue Arbeitgeber darüber hinaus aufgrund der fehlerhaften Information dem Arbeitnehmer gegenüber schadensersatzpflichtig sein. Auf die richtige und vollständige Information der Arbeitnehmer ist daher besondere Sorgfalt zu verwenden. 10

[3] **Form und Inhalt der Unterrichtung.** Damit die Unterrichtung gem. § 613 a Abs. 5 ordnungsgemäß ist, müssen im Hinblick auf Inhalt und Form bestimmte Voraussetzungen erfüllt werden: 11

Die Unterrichtung hat in **Textform** (§ 126 b) zu erfolgen, dh in einer Urkunde oder in einer anderen, zur dauerhaften Wiedergabe in Schriftzeichen geeigneter Form. Dies sind Verkörperungen zB auf Papier, Diskette, CD-ROM, aber auch E-Mails oder Computerfaxe. Einer Unterschrift bedarf es nicht; allerdings muss der Erklärende erkennbar sein. Auch der Abschluss der Erklärung muss zu ersehen sein, wie dies zB bei einer Unterschrift, Datierung, Grußformel oä der Fall ist. Zu Beweiszwecken ist es zu empfehlen, die Unterrichtung schriftlich vorzunehmen und diese mit einer Empfangsquittung zu versehen. 12

Die Unterrichtung soll gem. § 613 a Abs. 5 **vor dem Übergang** erfolgen. Die Missachtung dieser Sollvorschrift ist nicht sanktioniert. Die verspätete Unterrichtung hat lediglich zur Folge, dass die Widerspruchsfrist für die Arbeitnehmer später zu laufen beginnt und bei Ausübung oder Nichtausübung von Widerspruchsrechten, Gehaltszahlungen zwischen Erwerber und Veräußerer verrechnet werden müssen. Die Unterrichtungspflicht erlischt nicht mit dem Betriebsübergang, sondern besteht bis zur Erledigung fort. 13

Gem. § 613 a Abs. 4 hat der bisherige Arbeitgeber oder der neue Inhaber zu unterrichten über den **Zeitpunkt** oder geplanten Zeitpunkt des Übergangs, den **Grund** für den Übergang, **rechtliche, wirtschaftliche und soziale Folgen** für die Arbeitnehmer und über hinsichtlich der Arbeitnehmer in Aussicht genommene **Maßnahmen**. 14

15 **Rspr des BAG.** Das BAG hat in seiner Entscheidung (BAG, Az 8 AZR 1016/06) hohe **Anforderungen** an den **Inhalt** einer **Unterrichtung** gestellt: Das BAG hat auch die umstrittene Frage, ob über das Widerspruchsrecht selbst zu unterrichten ist, entschieden und diese bejaht. Dabei sei auch auf die Widerspruchsfrist, die Schriftform und die richtigen Adressaten (Erwerber oder Veräußerer) hinzuweisen. Kritisiert wurde vom BAG in der Entscheidung, dass „nicht auf das Haftungssystem nach § 613 a Abs. 2 hingewiesen" wurde, „demzufolge der bisherige Arbeitgeber gesamtschuldnerisch mit dem neuen Inhaber nur für Verpflichtungen nach § 613 a Abs. 1 haftet, soweit sie vor dem Zeitpunkt des Übergangs entstanden sind und vor Ablauf von einem Jahr nach dem Übergang fällig werden." Ein entsprechender Hinweis muss daher ebenfalls in das Unterrichtungsschreiben aufgenommen werden. Außerdem muss klar gestellt werden, dass der **Erwerber in die arbeitsrechtlichen Pflichten** kraft Gesetzes **eintritt**; es darf nicht der Eindruck entstehen, dass es hierzu noch einer Vereinbarung bedarf. Das BAG macht deutlich, dass auch irreführende Zusätze eine Unterrichtung zu Fall bringen können. Besonders problematisch an den hohen Anforderungen zum Inhalt der Unterrichtung ist, dass nach der Rspr kein ursächlicher Zusammenhang zwischen fehlerhafter Unterrichtung und unterlassenem Widerspruch bestehen muss, dh auf die Frage, ob der Arbeitnehmer sein Widerspruchsrecht bei einer ordnungsgemäßen Unterrichtung überhaupt in Anspruch genommen hätte, kommt es nicht an. Für die Frage, wie lange der Arbeitgeber bei fehlerhafter Unterrichtung noch dem Übergang des Arbeitsverhältnisses widersprechen kann, gibt es zudem keine Höchstfrist – in dem entschiedenen Fall waren seit dem Zeitpunkt des Betriebsübergangs mehr als 6 Monate verstrichen. Das bedeutet, dass der Veräußerer sich auch nach Ablauf von mehr als einem halben Jahr mit der Ausübung des Widerspruchsrechts konfrontiert sehen kann und zwar auch dann, wenn der Arbeitnehmer auch bei einer ordnungsgemäßen Unterrichtung zunächst nicht widersprochen hätte. Dies gilt auch für zwischenzeitlich ausgeschiedene Arbeitnehmer: In dem entschiedenen Fall war der Arbeitnehmer aufgrund einer vertraglichen Vereinbarung (von den Parteien als Vorruhestand bezeichnet) mit dem Veräußerer nach Betriebsübergang aus dem Unternehmen ausgeschieden. Mit dem Begriff des Arbeitnehmers meine das Gesetz, so das Gericht, alle, die zum Zeitpunkt des Übergangs Arbeitnehmer gewesen seien. In einer weiteren Entscheidung (BAG, 8 AZR 407/07) hat das BAG sich zu der Frage geäußert, wie genau der zukünftige Erwerber bezeichnet werden muss. Es sei nicht ausreichend, dass in der Unterrichtung nur angegeben werde, dass eine neue GmbH gegründet werden solle, auf die das Arbeitsverhältnis übergehen werde. Vielmehr sei konkret darüber zu informieren, wer der neue Arbeitgeber sei; die in dem entschiedenen Fall verwendete Bezeichnung „neue GmbH" reiche hierfür nicht aus (BAG, Az 8 AZR 1016/06). Die Voraussetzungen an eine ordnungsgemäße Unterrichtung bei Betriebsübergang sind anspruchsvoll und Fehler können finanziell erhebliche Konsequenzen haben. So können Arbeitnehmer etwa im Falle der Insolvenz eines Erwerbers dem lange Zeit zurückliegenden Betriebsübergang ggf noch widersprechen und zum ehemaligen Arbeitgeber zurückkehren. Zu qualifizierter rechtlicher Beratung bei Abfassung der Unterrichtung wird dringend geraten.

16 Das vorliegende **Muster** bezieht sich auf die **Ausgliederung eines vorhandenen Betriebsteils**, der mit allen Aktiva und Passiva, die auf eine neu zu gründende GmbH übertragen wird. Im Beispiel bildet der Betriebsteil einen Gemeinsamen Betrieb mit der veräußernden Aktiengesellschaft, so dass sich rein tatsächlich kaum Veränderungen für die Arbeitnehmer ergeben. Aufgrund der Komplexität eines Betriebsübergangs und der jeweils vorhandenen Unterschiede kann dieses Beispiel nur als ein grober Anhaltspunkt dienen; es ist immer auf die Umstände des Einzelfalls abzustellen und dafür zu sorgen, dass die zu informierenden Arbeitnehmer ein möglichst umfassendes Bild der sozialen und wirtschaftlichen Konsequenzen erhalten.

B. Widerspruchserklärung des Arbeitnehmers

I. Muster: Widerspruchserklärung gem. § 613 a Abs. 6 17

▶ An 427
ABC-AG
Personalleitung
Herrn/Frau [■■■]
– im Hause –

Widerspruch gem. § 613 a Abs. 6 BGB

Sehr geehrte Frau [■■■],/Sehr geehrter Herr [■■■],

hiermit widerspreche ich fristgemäß[1] dem Übergang meines Arbeitsverhältnisses von der ABC-AG auf die XYZ- GmbH.[2]

Mit freundlichen Grüßen

Ort, Datum: ■■■

■■■

Unterschrift Arbeitnehmer ◀

II. Erläuterungen

[1] **Widerspruchsfrist.** Der Arbeitnehmer muss den Widerspruch innerhalb eines Monats nach 18
Zugang der Unterrichtung nach § 613 a Abs. 5 schriftlich erklären.

[2] **Rechtsfolgen Widerspruch.** Hat der Arbeitnehmer dem Übergang seines Arbeitsverhältnisses 19
ordnungsgemäß widersprochen, so verhindert dies die Rechtsfolge des § 613 a, sein Arbeitsverhältnis zum bisherigen Betriebsinhaber besteht weiter. Widerspricht der Arbeitnehmer, zB weil er verspätet nach dem Betriebsübergang unterrichtet wurde, einem Übergang seines Arbeitsverhältnisses zu einem späteren Zeitpunkt, so wirkt das nach hM auf den Zeitpunkt des Betriebsübergangs zurück. Der Widerspruch braucht keine Begründung zu enthalten.

C. Arbeitnehmererklärung zum Betriebsübergang

I. Muster: Ausführliche Arbeitnehmererklärung zum Betriebsübergang 20

▶ ABC-AG 428
Personalleitung
Herrn/Frau [■■■]
– im Hause –

Arbeitnehmererklärung[1] gem. § 613 a Abs. 5 BGB zum Betriebsübergang des Geschäftsbereichs XYZ der ABC-AG auf die XYZ-GmbH

Sehr geehrte Frau [■■■],/Sehr geehrter Herr [■■■],

ich nehme Bezug auf die o.g. Unterrichtung gem. § 613 a Abs. 5 BGB vom ■■■ (Datum) und erkläre hiermit das Folgende:

□ hiermit widerspreche ich dem Übergang meines Arbeitsverhältnisses von der ABC-AG auf die XYZ-GmbH

□ hiermit verzichte ich auf mein Widerspruchsrecht und erkläre (bereits heute) mein Einverständnis mit dem Übergang meines Arbeitsverhältnisses auf die XYZ-GmbH

Mit freundlichen Grüßen

Ort, Datum: ■■■

■■■

Unterschrift Arbeitnehmer ◀

II. Erläuterungen

21 **[1] Arbeitnehmererklärung, Verzicht auf Widerspruchsrecht.** Ein Verzicht auf das Widerspruchsrecht ist möglich. UU kann das Widerspruchsrecht auch verwirken (§ 242). In machen Fällen empfiehlt es sich für den Arbeitgeber, den Arbeitnehmern bereits einen Vordruck für ein Widerspruchsschreiben und eine Erklärung mitzugeben, um möglichst schnell Klarheit darüber zu gewinnen, wie viele Arbeitnehmer widersprechen.

D. Dreiseitiger Überleitungsvertrag

22 **I. Muster: Dreiseitiger Überleitungsvertrag**

▶ **Überleitungsvereinbarung[1]**

zwischen

1.) Herrn/Frau

■■■

– Arbeitnehmer/in –

und

2.) ABC-AG

■■■

vertreten durch den Vorstand

- Veräußerer -

und

3.) XYZ-GmbH

■■■

vertreten durch den Geschäftsführer

– Übernehmer –

– gemeinsam die Vertragsparteien –

Die ABC-AG hat den Geschäftsbereich XYZ mit Wirkung zum (Datum) auf die neu gegründete) 100%-ige Tochtergesellschaft, die XYZ-GmbH ausgliedert und alle für den Betrieb des Geschäftsbereichs XYZ erforderlichen materiellen und immateriellen Aktiva, den bestehenden Kundenstamm für XYZ-Anlagen sowie die erforderlichen Nutzungsrechte an sämtlichen für den Geschäftsbetrieb des Bereichs XYZ notwendigen Patenten und Marken auf die XYZ-GmbH mit Wirkung zum ■■■ (Stichtag) übertragen.

Mit der Übertragung der materiellen und immateriellen Aktiva dieses Teilbetriebs auf die XYZ-GmbH wurde ein Betriebsübergang gem. § 613 a BGB ausgelöst, mit der Folge, dass die Arbeitsverhältnisse der dort beschäftigen Arbeitnehmer zum Stichtag – vorbehaltlich des Widerspruchs der betroffenen Arbeitnehmer – automatisch auf die neue Gesellschaft übergehen.

Hierüber wurde der/die Arbeitnehmer/in mit Schreiben der ABC-AG vom ■■■ (Datum) unterrichtet.

In Kenntnis dessen vereinbaren die Vertragsparteien das Folgende:

Das Arbeitsverhältnis des Arbeitnehmers/der Arbeitnehmerin beim Veräußerer endet zum Stichtag. Der Erwerber tritt unmittelbar im Anschluss in sämtliche Rechte und Pflichten aus dem Arbeitsverhältnis ein.

Die/der Arbeitnehmer/in erklärt, dass sie/er über die Folgen einer solchen einvernehmlichen Regelung, insbesondere auf den darin liegenden Verzicht auf das Führen von Bestandsstreitigkeiten gegen den Veräußerer belehrt worden ist.

Ort, Datum ■■■

■■■

Veräußerer

ABC-AG

■■■

Erwerber

XYZ-GmbH

■■■

Arbeitnehmer/in ◄

II. Erläuterungen

[1] **Überleitungsvertrag.** Es kann sich aber auch empfehlen, bereits frühzeitig eine dreiseitige Überleitungsvereinbarung zu treffen, in der der Betriebserwerber erklärt, in die Rechte und Pflichten des zwischen dem Betriebsveräußerer und dem Arbeitnehmer bestehenden Arbeitsverhältnisses einzutreten. Das hier gewählte Beispiel geht vom Bestehen eines Betriebsübergangs aus. Ist das tatsächliche Bestehen eines Betriebsübergangs zweifelhaft, besteht die Möglichkeit, dies in einer Vereinbarung festzuhalten und zur Vermeidung von Streitigkeiten über das Vorliegen eines Betriebsübergangs eine entsprechende dreiseitige Überleitungsvereinbarung zu schließen. In einer solchen Vereinbarung muss zur Wahrung des Transparenzgebots (Inhaltskontrolle) aber deutlich zum Ausdruck kommen, dass die Parteien etwaige Rechtsunsicherheiten ausschließen wollen. Anderenfalls besteht die Gefahr, dass ein Arbeitnehmer sich auf die Unwirksamkeit der Vereinbarung berufen könnte. 23

§ 614 Fälligkeit der Vergütung

[1]Die Vergütung ist nach der Leistung der Dienste zu entrichten. [2]Ist die Vergütung nach Zeitabschnitten bemessen, so ist sie nach dem Ablauf der einzelnen Zeitabschnitte zu entrichten.

§ 614 ist dispositiv. Aus der Norm ergibt sich eine Vorleistungspflicht des Arbeitnehmers. Im Regelfall wird in Arbeitsverträgen im Hinblick auf die Sozial- und Rentenversicherungspflicht eine monatliche Fälligkeit der Vergütung vereinbart, vgl Anm. 6 zum Muster Arbeitsvertrag, bei Dienstverträgen entsprechen auch andere Zeitabschnitte dem Üblichen, vgl Anm. 3 zum Muster Dienstvertrag. 1

§ 615 Vergütung bei Annahmeverzug und bei Betriebsrisiko

[1]Kommt der Dienstberechtigte mit der Annahme der Dienste in Verzug, so kann der Verpflichtete für die infolge des Verzugs nicht geleisteten Dienste die vereinbarte Vergütung verlangen, ohne zur Nachleistung verpflichtet zu sein. [2]Er muss sich jedoch den Wert desjenigen anrechnen lassen, was er infolge des Unterbleibens der Dienstleistung erspart oder durch anderweitige Verwendung seiner Dienste erwirbt oder zu erwerben böswillig unterlässt. [3]Die Sätze 1 und 2 gelten entsprechend in den Fällen, in denen der Arbeitgeber das Risiko des Arbeitsausfalls trägt.

§ 616 Vorübergehende Verhinderung

[1]Der zur Dienstleistung Verpflichtete wird des Anspruchs auf die Vergütung nicht dadurch verlustig, dass er für eine verhältnismäßig nicht erhebliche Zeit durch einen in seiner Person liegenden Grund ohne sein Verschulden an der Dienstleistung verhindert wird. [2]Er muss sich jedoch den Betrag anrechnen lassen, welcher ihm für die Zeit der Verhinderung aus einer auf Grund gesetzlicher Verpflichtung bestehenden Kranken- oder Unfallversicherung zukommt.

1 Die Norm regelt die **Vergütungsfortzahlungspflicht** des Auftraggebers oder Arbeitgebers an Dienst- oder Arbeitnehmer für die Fälle der vorübergehenden schuldlosen Arbeitsverhinderung ohne Krankheit. Gemeint sind zB Hindernisse auf dem Arbeitsweg (Glatteis, Flugverspätung etc.). § 616 ist dispositiv und kann daher im Dienst- oder Arbeitsvertrag abbedungen werden.

§ 617 Pflicht zur Krankenfürsorge

(1) [1]Ist bei einem dauernden Dienstverhältnis, welches die Erwerbstätigkeit des Verpflichteten vollständig oder hauptsächlich in Anspruch nimmt, der Verpflichtete in die häusliche Gemeinschaft aufgenommen, so hat der Dienstberechtigte ihm im Falle der Erkrankung die erforderliche Verpflegung und ärztliche Behandlung bis zur Dauer von sechs Wochen, jedoch nicht über die Beendigung des Dienstverhältnisses hinaus, zu gewähren, sofern nicht die Erkrankung von dem Verpflichteten vorsätzlich oder durch grobe Fahrlässigkeit herbeigeführt worden ist. [2]Die Verpflegung und ärztliche Behandlung kann durch Aufnahme des Verpflichteten in eine Krankenanstalt gewährt werden. [3]Die Kosten können auf die für die Zeit der Erkrankung geschuldete Vergütung angerechnet werden. [4]Wird das Dienstverhältnis wegen der Erkrankung von dem Dienstberechtigten nach § 626 gekündigt, so bleibt die dadurch herbeigeführte Beendigung des Dienstverhältnisses außer Betracht.
[2] Die Verpflichtung des Dienstberechtigten tritt nicht ein, wenn für die Verpflegung und ärztliche Behandlung durch eine Versicherung oder durch eine Einrichtung der öffentlichen Krankenpflege Vorsorge getroffen ist.

§ 618 Pflicht zu Schutzmaßnahmen

(1) Der Dienstberechtigte hat Räume, Vorrichtungen oder Gerätschaften, die er zur Verrichtung der Dienste zu beschaffen hat, so einzurichten und zu unterhalten und Dienstleistungen, die unter seiner Anordnung oder seiner Leitung vorzunehmen sind, so zu regeln, dass der Verpflichtete gegen Gefahr für Leben und Gesundheit soweit geschützt ist, als die Natur der Dienstleistung es gestattet.
(2) Ist der Verpflichtete in die häusliche Gemeinschaft aufgenommen, so hat der Dienstberechtigte in Ansehung des Wohn- und Schlafraums, der Verpflegung sowie der Arbeits- und Erholungszeit diejenigen Einrichtungen und Anordnungen zu treffen, welche mit Rücksicht auf die Gesundheit, die Sittlichkeit und die Religion des Verpflichteten erforderlich sind.
[3] Erfüllt der Dienstberechtigte die ihm in Ansehung des Lebens und der Gesundheit des Verpflichteten obliegenden Verpflichtungen nicht, so finden auf seine Verpflichtung zum Schadensersatz die für unerlaubte Handlungen geltenden Vorschriften der §§ 842 bis 846 entsprechende Anwendung.

§ 619 Unabdingbarkeit der Fürsorgepflichten

Die dem Dienstberechtigten nach den §§ 617, 618 obliegenden Verpflichtungen können nicht im Voraus durch Vertrag aufgehoben oder beschränkt werden.

1 Die §§ 617 bis 619 konkretisieren die **Fürsorgepflichten des Dienstberechtigten** und finden grundsätzlich auch im Arbeitsverhältnis Anwendung. Sie sind von geringer praktischer Bedeutung, da sie eine Aufnahme in die häusliche Gemeinschaft erfordern (Ausnahmen sind hier ggf Hauspersonal, Au-pair-Aufenthalte oä). Jedenfalls aber existiert in aller Regel eine Krankenversicherung zugunsten des Dienstverpflichteten, so dass die Pflicht zur Krankenfürsorge des Dienstberechtigten gem. § 617 Abs. 2 nicht zum Tragen kommt. § 618 Abs. 1 wird regelmäßig durch die zahlreichen öffentlich-rechtlichen Vorschriften zum Arbeitsschutz (Arbeitsschutzgesetz, Arbeitsstättenverordnung etc.) verdrängt. Die Pflichten gem. § 618 Abs. 2 erfordern wiederum die Aufnahme in die häusliche Gemeinschaft, was nur selten der Fall ist. Zu weiteren Einzelheiten s. Hk-BGB/*Schreiber*, §§ 617–619.

2 Zu beachten ist, dass die Bestimmungen der §§ 617, 618 im Voraus nicht abdingbar sind oder eingeschränkt werden können (§ 619), entgegenstehende Vereinbarungen sind nach § 134 nichtig; ein nachträglicher Verzicht bleibt nach dem Wortlaut des § 619 allerdings möglich.

§ 619 a Beweislast bei Haftung des Arbeitnehmers

Abweichend von § 280 Abs. 1 hat der Arbeitnehmer dem Arbeitgeber Ersatz für den aus der Verletzung einer Pflicht aus dem Arbeitsverhältnis entstehenden Schaden nur zu leisten, wenn er die Pflichtverletzung zu vertreten hat.

§ 619 a enthält eine **Sonderregelung der Beweislast** für das Vertretenmüssen des Arbeitnehmers. 1
Bei der Verletzung von Pflichten aus Schuldverhältnissen gilt grundsätzlich, dass die Pflichtverletzung eine Vermutung dahingehend begründet, dass der Schuldner diese auch zu vertreten hat, § 280 Abs. 1 S. 2 (Hk-BGB/*Schulze* § 280 Rn 15). Hiervon bildet § 619 a für das Arbeitsverhältnis eine Ausnahme. Für Pflichtverletzungen des Arbeitnehmers passt die Vermutungsregelung des § 280 nicht, da der Arbeitgeber den Tatsachen, auf die es für den Beweis ankommt, näher steht als der Arbeitnehmer und zudem aufgrund seines Weisungsrechts das Organisationsrisiko trägt (Palandt/*Weidenkaff*, § 619 a Rn 1). Im Fall einer Pflichtverletzung des Arbeitnehmers hat daher der Arbeitgeber **Vollbeweis dafür zu führen, dass der Arbeitnehmer die Pflichtverletzung auch zu vertreten hat**; er kann sich auf die Vermutungsregel § 280 Abs. 1 nicht berufen.

Ob von § 619 a durch Vereinbarung zum Nachteil des Arbeitnehmers abgewichen werden 2
kann, ist umstritten. Teilweise wird gefordert, dass der Arbeitnehmer für die Änderung der Beweislast zu seinem Nachteil einen angemessen Ausgleich (zB Mankogeld) erhält (ErfK/*Preis*, § 619 a Rn 11 mwN). Eine Abweichung von den Grundsätzen des § 619 a durch Allgemeine Geschäftsbedingungen wird wegen eines Verstoßes gegen § 309 Nr. 12 überwiegend für unwirksam erachtet (ErfK/*Preis*, § 619 a Rn 41, str.).

Im Bereich der Arbeitnehmerhaftung sind ferner die **Grundsätze des innerbetrieblichen Scha-** 3
densausgleiches zu berücksichtigen. Hierdurch wird eine Haftungserleichterung zugunsten der Arbeitnehmer begründet. Der genaue Umfang der Haftungserleichterung und dessen dogmatische Herleitung sind umstritten (ErfK/*Preis*, § 619 a BGB Rn 9 ff). Zuletzt ging das BAG von einem **dreistufigen Haftungsmodell** aus (BAG NZA 98, 310). Danach ist der innerbetriebliche Schadensausgleich wie folgt vorzunehmen:

- Keine Haftung bei **leichtester Fahrlässigkeit** des Arbeitnehmers;
- Anteilige Haftung bei **mittlerer Fahrlässigkeit;**
- idR volle Haftung bei **grober Fahrlässigkeit** und **Vorsatz.**

Zu den Einzelheiten des innerbetrieblichen Schadensausgleichs ausführlich ErfK/*Preis*, § 619 a BGB Rn 13 ff.

§ 620 Beendigung des Dienstverhältnisses

(1) Das Dienstverhältnis endigt mit dem Ablauf der Zeit, für die es eingegangen ist.
(2) Ist die Dauer des Dienstverhältnisses weder bestimmt noch aus der Beschaffenheit oder dem Zwecke der Dienste zu entnehmen, so kann jeder Teil das Dienstverhältnis nach Maßgabe der §§ 621 bis 623 kündigen.
[3] Für Arbeitsverträge, die auf bestimmte Zeit abgeschlossen werden, gilt das Teilzeit- und Befristungsgesetz.

§ 621 Kündigungsfristen bei Dienstverhältnissen

Bei einem Dienstverhältnis, das kein Arbeitsverhältnis im Sinne des § 622 ist, ist die Kündigung zulässig,

1. **wenn die Vergütung nach Tagen bemessen ist, an jedem Tag für den Ablauf des folgenden Tages;**
2. **wenn die Vergütung nach Wochen bemessen ist, spätestens am ersten Werktag einer Woche für den Ablauf des folgenden Sonnabends;**
3. **wenn die Vergütung nach Monaten bemessen ist, spätestens am 15. eines Monats für den Schluss des Kalendermonats;**
4. **wenn die Vergütung nach Vierteljahren oder längeren Zeitabschnitten bemessen ist, unter Einhaltung einer Kündigungsfrist von sechs Wochen für den Schluss eines Kalendervierteljahrs;**

5. wenn die Vergütung nicht nach Zeitabschnitten bemessen ist, jederzeit; bei einem die Erwerbstätigkeit des Verpflichteten vollständig oder hauptsächlich in Anspruch nehmenden Dienstverhältnis ist jedoch eine Kündigungsfrist von zwei Wochen einzuhalten.

§ 622 Kündigungsfristen bei Arbeitsverhältnissen

(1) Das Arbeitsverhältnis eines Arbeiters oder eines Angestellten (Arbeitnehmers) kann mit einer Frist von vier Wochen zum Fünfzehnten oder zum Ende eines Kalendermonats gekündigt werden.
(2) [1]Für eine Kündigung durch den Arbeitgeber beträgt die Kündigungsfrist, wenn das Arbeitsverhältnis in dem Betrieb oder Unternehmen

1. zwei Jahre bestanden hat, einen Monat zum Ende eines Kalendermonats,
2. fünf Jahre bestanden hat, zwei Monate zum Ende eines Kalendermonats,
3. acht Jahre bestanden hat, drei Monate zum Ende eines Kalendermonats,
4. zehn Jahre bestanden hat, vier Monate zum Ende eines Kalendermonats,
5. zwölf Jahre bestanden hat, fünf Monate zum Ende eines Kalendermonats,
6. 15 Jahre bestanden hat, sechs Monate zum Ende eines Kalendermonats,
7. 20 Jahre bestanden hat, sieben Monate zum Ende eines Kalendermonats.

[2]Bei der Berechnung der Beschäftigungsdauer werden Zeiten, die vor der Vollendung des 25. Lebensjahrs des Arbeitnehmers liegen, nicht berücksichtigt.
(3) Während einer vereinbarten Probezeit, längstens für die Dauer von sechs Monaten, kann das Arbeitsverhältnis mit einer Frist von zwei Wochen gekündigt werden.
(4) [1]Von den Absätzen 1 bis 3 abweichende Regelungen können durch Tarifvertrag vereinbart werden. [2]Im Geltungsbereich eines solchen Tarifvertrags gelten die abweichenden tarifvertraglichen Bestimmungen zwischen nicht tarifgebundenen Arbeitgebern und Arbeitnehmern, wenn ihre Anwendung zwischen ihnen vereinbart ist.
(5) [1]Einzelvertraglich kann eine kürzere als die in Absatz 1 genannte Kündigungsfrist nur vereinbart werden,

1. wenn ein Arbeitnehmer zur vorübergehenden Aushilfe eingestellt ist; dies gilt nicht, wenn das Arbeitsverhältnis über die Zeit von drei Monaten hinaus fortgesetzt wird;
2. wenn der Arbeitgeber in der Regel nicht mehr als 20 Arbeitnehmer ausschließlich der zu ihrer Berufsbildung Beschäftigten beschäftigt und die Kündigungsfrist vier Wochen nicht unterschreitet.

[2]Bei der Feststellung der Zahl der beschäftigten Arbeitnehmer sind teilzeitbeschäftigte Arbeitnehmer mit einer regelmäßigen wöchentlichen Arbeitszeit von nicht mehr als 20 Stunden mit 0,5 und nicht mehr als 30 Stunden mit 0,75 zu berücksichtigen. [3]Die einzelvertragliche Vereinbarung längerer als der in den Absätzen 1 bis 3 genannten Kündigungsfristen bleibt hiervon unberührt.
[6] Für die Kündigung des Arbeitsverhältnisses durch den Arbeitnehmer darf keine längere Frist vereinbart werden als für die Kündigung durch den Arbeitgeber.

§ 623 Schriftform der Kündigung

Die Beendigung von Arbeitsverhältnissen durch Kündigung oder Auflösungsvertrag bedürfen zu ihrer Wirksamkeit der Schriftform; die elektronische Form ist ausgeschlossen.

§ 624 Kündigungsfrist bei Verträgen über mehr als fünf Jahre

[1]Ist das Dienstverhältnis für die Lebenszeit einer Person oder für längere Zeit als fünf Jahre eingegangen, so kann es von dem Verpflichteten nach dem Ablauf von fünf Jahren gekündigt werden. [2]Die Kündigungsfrist beträgt sechs Monate.

A. Muster: Kündigung Dienstverhältnis

I. Muster: Kündigung 1

▶ **Kündigung**[1] 430

■■■ (Anrede) Herr/Frau ■■■

Kündigung des Dienstvertrags/Arbeitsvertrags vom ■■■

■■■ (Anrede),

hiermit kündigen wir den bestehenden Dienstvertrag/Arbeitsvertrag unter Einhaltung der vertraglich vereinbarten Kündigungsfrist von ■■■ Wochen/Monaten zum ■■■, mit Wirkung zum ■■■, hilfsweise zum nächst zulässigen Termin.[2]

Mit freundlichen Grüßen

■■■

XYZ GmbH

Geschäftsführer[3]

■■■

Empfangsquittung:[4]

■■■

Hiermit bestätige ich Herr/Frau ■■■ die Kündigungserklärung vom ■■■ am ■■■ erhalten zu haben. ◀

II. Erläuterungen

[1] **Kündigung, Schriftform.** Gem § 623 gilt (nur) für die Kündigung eines Arbeitsverhältnisses das gesetzliche Schriftformerfordernis. Dh theoretisch kann ein Dienstverhältnis auch durch mündliche oder elektronische Erklärung gekündigt werden. Es ist jedoch aus Beweisgründen unbedingt zu empfehlen, auch die Kündigung eines Dienstverhältnisses schriftlich vorzunehmen. Bei der Kündigung eines Arbeitsverhältnisses ist die Schriftform konstitutiv, dh Wirksamkeitserfordernis. Die Kündigung muss dann vom Aussteller unterschrieben sein. 2

[2] **Kündigung, Frist.** Es ist gemeinhin üblich, auch bei Dienstverträgen eine vertragliche Kündigungsfrist zu vereinbaren. Ist vertraglich keine Kündigungsfrist vereinbart, so richten sich die Kündigungsfristen beim Dienstvertrag nach § 621, beim Arbeitsvertrag nach § 622. Sind die gesetzlichen Mindestfristen im Arbeitsvertrag unterschritten, so gelten die **gesetzlichen Fristen als Untergrenze.** Es ist nicht erforderlich (aber üblich) den sich ergebenden Endtermin in der Kündigungserklärung anzugeben. Gibt man den Endtermin an, so empfiehlt sich, um möglichen Fehlern bei der Fristberechnung oder Unwägbarkeiten beim Zugang vorzubeugen, die Kündigung „hilfsweise" zum nächstmöglichen Termin auszusprechen. Handelt es sich um einen Dienstvertrag, der auf Lebenszeit oder eine Dauer von über fünf Jahren hinaus geschlossen wurde, so kann dieser nach Ablauf der ersten fünf Jahre mit einer Frist von sechs Monaten gekündigt werden, vgl § 624. 3

[3] **Kündigung, Erklärender.** Die Kündigung muss von einem zur Erklärung Berechtigten ausgesprochen werden. Für den Fall, dass zwei natürliche Personen den Vertrag geschlossen haben, ist dies unproblematisch die kündigende Vertragspartei. Wurde der Vertrag zwischen einer juristischen Person, zB GmbH/AG und einer natürlichen Person geschlossen, so muss für den Fall, dass die juristische Person den Vertrag kündigt, eine gesetzlich vertretungsberechtigte natürliche Person die Kündigung unterzeichnen, dh im Regelfall, der Geschäftsführer/Vorstand. Möglich ist auch, dass eine entsprechend bevollmächtigte Person die Kündigung erklärt. In diesem Fall ist darauf zu achten, dass der Kündigungserklärung die Vollmacht – im Original – beigefügt wird. Anderenfalls besteht das Risiko, dass der Kündigungsempfänger die Kündigungserklä- 4

rung wegen des Fehlens des Vollmachtsnachweises zurückweist, vgl § 174 S. 1 Die Zurückweisung ist ausgeschlossen, wenn der Vollmachtgeber den anderen von der Bevollmächtigung bereits in Kenntnis gesetzt hatte, vgl § 174 S. 2. Der Nachweis obliegt dem Vollmachtgeber.

5 [4] **Kündigung, Zugang.** Die Kündigung ist eine privatrechtliche rechtsgeschäftliche Gestaltungserklärung, die ein Dauerschuldverhältnis (hier Dienstvertrag oder Arbeitsvertrag) mit Wirkung für die Zukunft beenden soll. Sie ist ein einseitiges Rechtsgeschäft. Als einseitige (empfangsbedürftige) Willenserklärung bedarf sie zu ihrer Wirksamkeit des Zugangs, vgl §§ 130, 132. Es empfiehlt sich, den Nachweis des Zugangs durch eine auf einem Doppel des Kündigungsschreibens vorgesehene Empfangsquittung vorzusehen. Weigert sich der Empfänger diese zu unterzeichnen, ändert dies nichts am Zugang der Erklärung, erschwert aber ggf den Zugangsnachweis im Streitfall. Ist absehbar, dass die (fristgemäße) Zustellung einer Kündigung oder der Zugangsnachweis vom Empfänger erschwert oder vereitelt werden könnte, empfiehlt sich die Kündigung vor Zeugen zu übergeben oder diese von einem Boten überbringen zu lassen.

B. Muster: Kündigung Arbeitsverhältnis

6 I. Muster: Betriebsbedingte Kündigung gem. § 1 a KSchG

▶ **Kündigung**[1]

■■■ (Anrede) Herr/Frau ■■■

Betriebsbedingte Kündigung gem. § 1 a KSchG[2]

Sehr geehrte/r Herr/Frau ■■■,

hiermit kündigen wir das mit Ihnen bestehende Arbeitsverhältnis, ordentlich, unter Einhaltung der gesetzlichen/vertraglichen Kündigungsfrist von ■■■ Wochen/Monaten zum ■■■ mit Wirkung zum ■■■[3]

Die Kündigung erfolgt aufgrund dringender betrieblicher Erfordernisse. Wir weisen darauf hin, dass Sie gem. § 1 a Abs. 2 S. 1 KSchG Anspruch auf eine Abfindung haben, wenn Sie innerhalb der dreiwöchigen Frist für die Erhebung einer Kündigungsschutzklage nach § 4 Satz 1 KSchG keine Klage auf Feststellung des Fortbestehens des Arbeitsverhältnisses erheben. Die Abfindung beträgt gem. 0,5 Monatsgehälter für jedes Jahr des Bestehens Ihres Arbeitsverhältnisses, wobei ein Zeitraum von mehr als 6 Monaten auf ein volles Jahr aufzurunden ist.

Der Betriebsrat wurde zur Kündigung ordnungsgemäß angehört.[4]

Wir weisen Sie darauf hin, dass Sie nach § 37 b SGB III zur rechtzeitigen Meldung bei der Agentur für Arbeit verpflichtet sind. Dies muss mindestens drei Monate vor Beendigung des Arbeitsverhältnisses geschehen. Liegen zwischen der Kenntnis des Beendigungszeitpunkts und der Beendigung des Arbeitsverhältnisses weniger als drei Monate, hat die Meldung innerhalb von drei Tagen nach Kenntnis des Beendigungszeitraums zu erfolgen. Versäumen Sie diese Frist, müssen Sie nach § 144 Abs. 6 SGB III mit einer Sperrfrist bei dem Bezug von Arbeitslosengeld rechnen. Zudem weisen wir Sie darauf hin, dass Sie eigene Aktivitäten bei der Suche nach einer anderen Beschäftigung entfalten müssen.[5]

Bitte stimmen Sie sich mit Ihrem Vorgesetzten über die Abnahme von Resturlaub und evtl vorhandener Arbeitzeitguthaben ab.[6]

Für Ihre weitere berufliche und persönliche Zukunft wünschen wir Ihnen alles Gute.

Mit freundlichen Grüßen

■■■

XYZ GmbH

Geschäftsführer[7]

■■■

Empfangsquittung:[8]

■■■

Hiermit bestätige ich Herr/Frau ■■■ die Kündigungserklärung vom ■■■ am ■■■ erhalten zu haben. ◄

II. Erläuterungen

[1] **Kündigung, Schriftform.** Gem. § 623 gilt für die Kündigung eines Arbeitsverhältnisses das gesetzliche Schriftformerfordernis. Bei der Kündigung eines Arbeitsverhältnisses ist die Schriftform konstitutiv, dh Wirksamkeitserfordernis. Die Kündigung muss vom Aussteller unterschrieben sein. 7

[2] **Kündigungsgrund.** Grundsätzlich muss und sollte bei der ordentlichen Kündigung eines Arbeitsverhältnisses der Kündigungsgrund nicht angegeben werden. Sofern das KSchG keine Anwendung findet, ist der Kündigungsgrund zudem unerheblich, da die Kündigung dann keines rechtlichen Grundes bedarf. Findet das KSchG Anwendung, bedarf die Kündigung zu ihrer Wirksamkeit der **sozialen Rechtfertigung.** Im Fall der Anwendbarkeit des KSchG sollte der Kündigungsgrund in einer Kündigungserklärung dennoch nicht angegeben werden, um im Fall einer möglichen streitigen Auseinandersetzung über die Wirksamkeit einer Kündigung nicht mit der Angabe oder dem Nachschieben von Kündigungsgründen präkludiert zu sein. 8

Im Fall der **betriebsbedingten Kündigung gemäß § 1 a KSchG** gilt etwas anderes. Der Gesetzgeber hat zur Entlastung der Arbeitsgerichte diese Möglichkeit vorgesehen, um der Tatsache Rechnung zu tragen, dass unnötig arbeitsgerichtliche Streitigkeiten über die Wirksamkeit von betriebsbedingten Kündigungen geführt werden und es dabei sehr häufig zu arbeitsgerichtlichen Vergleichen kommt, in denen man sich auf der gesetzlichen Basis einigt. Mit dem gesetzlich verankerten Anspruch auf eine Regelabfindung soll den Arbeitsvertragsparteien ein Standardverfahren zur Abwicklung der Situation nach einer betriebsbedingten Kündigung zur Verfügung gestellt werden, dem Arbeitgeber wie dem Arbeitnehmer soll es dabei freigestellt bleiben, ob er diesen Weg gehen will. Dh dem Arbeitgeber bleibt es unbenommen, im Fall des Vorliegens betriebsbedingter Kündigungsgründe von dieser Möglichkeit keinen Gebrauch zu machen. Macht er von der Möglichkeit Gebrauch, ist die Erklärung allerdings für ihn bindend. Nach § 1 a KSchG hat der Arbeitnehmer Anspruch auf Zahlung einer Abfindung iHv 0,5 (Brutto-) Monatsverdiensten pro Beschäftigungsjahr, wenn der Arbeitgeber betriebsbedingt kündigt und der Arbeitnehmer gegen die Kündigung nicht innerhalb der dreiwöchigen Klagefrist nach § 4 Abs. 1 KSchG Kündigungsschutzklage erhebt. Für die Entstehung des Anspruchs kommt es darauf an, dass der Arbeitgeber in der Kündigungserklärung auf die Betriebsbedingtheit der Kündigung und den Abfindungsanspruch bei Verstreichenlassen der Klagefrist hinweist. Der Arbeitnehmer seinerseits muss lediglich "untätig bleiben", in dem er die dreiwöchige Klagefrist des § 4 Abs. 1KSchG ungenutzt lässt. Bei dieser Lösung entstehen dem Arbeitnehmer keine sozialversicherungsrechtlichen Nachteile, insbesondere auch keine Sperrzeit (wie zB bei Abschluss eines Aufhebungsvertrags). Allerdings darf die Abfindung weder unterhalb noch oberhalb der gesetzlich vorgeschriebenen Höhe liegen. 9

[3] **Kündigungsfrist.** Hier gelten die Hinweise vgl oben Rn 3 zum Muster Kündigung Dienstvertrag/Arbeitsvertrag. 10

[4] **Hinweis auf Betriebsratsanhörung.** Der Hinweis ist nur bei Vorhandensein eines Betriebsrats notwendig. In Betrieben, in denen ein Betriebsrat existiert, muss der Betriebsrat vor Ausspruch einer Kündigung gem. § 102 BetrVG zu Kündigung angehört werden. Die Kündigung kann dann spätestens nach Ablauf der Wochenfrist ausgesprochen werden. 11

[5] **Hinweis auf Meldepflicht bei der Agentur für Arbeit.** Der Hinweis ist üblich und gesetzlich vorgesehen, allerdings hat das Fehlen des Hinweises an den Arbeitnehmer im Regelfall keine Konsequenzen, da inzwischen davon ausgegangen wird, dass die Meldepflicht allgemein bekannt ist. 12

13 [6] **Hinweis Urlaub.** Der Hinweis ist nützlich, da, falls der Urlaub nicht mehr während der Vertragslaufzeit genommen wird, ein finanzieller Urlaubsabgeltungsanspruch entsteht, vgl § 7 Abs. 4 BUrlG.

14 [7] **Kündigung, Erklärender.** Hier gelten die Hinweise vgl oben Rn 4 zum Muster Kündigung Dienstvertrag/Arbeitsvertrag.

15 [8] **Kündigung, Zugang.** Hier gelten die Hinweise oben Rn 5 zum Muster Kündigung Dienstvertrag/Arbeitsvertrag.

§ 625 Stillschweigende Verlängerung

Wird das Dienstverhältnis nach dem Ablauf der Dienstzeit von dem Verpflichteten mit Wissen des anderen Teiles fortgesetzt, so gilt es als auf unbestimmte Zeit verlängert, sofern nicht der andere Teil unverzüglich widerspricht.

1 § 625 regelt eine gesetzliche Fiktion, die unabhängig vom Willen der Parteien (BAG AP Nr. 1 zu § 625 BGB) eintritt, um einen vertragslosen Zustand zu vermeiden. Die Norm gilt für alle privatrechtlichen Dienstverhältnisse, dh auch für Arbeitsverhältnisse. Praxisrelevant wird die Norm insbesondere bei der stillschweigenden Fortsetzung eines befristeten Arbeitsverhältnisses, da dies zur Folge hat, dass sich das Arbeitsverhältnis auf unbestimmte Zeit verlängert, vgl Spezialnorm § 15 Abs. 5 TzBfG, sofern der Arbeitgeber nicht unverzüglich widerspricht. Versäumt der Arbeitgeber, der Fortsetzung des Arbeitsverhältnisses zu widersprechen, muss er (sofern er es beenden will) das Arbeitsverhältnis kündigen und unterliegt dann ggf den Beschränkungen des KSchG. Jedenfalls aber hat er dann die ordentlichen Kündigungsfristen zu beachten.

§ 626 Fristlose Kündigung aus wichtigem Grund

(1) Das Dienstverhältnis kann von jedem Vertragsteil aus wichtigem Grund ohne Einhaltung einer Kündigungsfrist gekündigt werden, wenn Tatsachen vorliegen, auf Grund derer dem Kündigenden unter Berücksichtigung aller Umstände des Einzelfalles und unter Abwägung der Interessen beider Vertragsteile die Fortsetzung des Dienstverhältnisses bis zum Ablauf der Kündigungsfrist oder bis zu der vereinbarten Beendigung des Dienstverhältnisses nicht zugemutet werden kann.

[2] [1]Die Kündigung kann nur innerhalb von zwei Wochen erfolgen. [2]Die Frist beginnt mit dem Zeitpunkt, in dem der Kündigungsberechtigte von den für die Kündigung maßgebenden Tatsachen Kenntnis erlangt. [3]Der Kündigende muss dem anderen Teil auf Verlangen den Kündigungsgrund unverzüglich schriftlich mitteilen.

§ 627 Fristlose Kündigung bei Vertrauensstellung

(1) Bei einem Dienstverhältnis, das kein Arbeitsverhältnis im Sinne des § 622 ist, ist die Kündigung auch ohne die in § 626 bezeichnete Voraussetzung zulässig, wenn der zur Dienstleistung Verpflichtete, ohne in einem dauernden Dienstverhältnis mit festen Bezügen zu stehen, Dienste höherer Art zu leisten hat, die auf Grund besonderen Vertrauens übertragen zu werden pflegen.

[2] [1]Der Verpflichtete darf nur in der Art kündigen, dass sich der Dienstberechtigte die Dienste anderweit beschaffen kann, es sei denn, dass ein wichtiger Grund für die unzeitige Kündigung vorliegt. [2]Kündigt er ohne solchen Grund zur Unzeit, so hat er dem Dienstberechtigten den daraus entstehenden Schaden zu ersetzen.

1 **A. Muster: Fristlose Kündigung**

▶ **Fristlose Kündigung[1]**

▪▪▪ (Anrede) Herr/Frau ▪▪▪

Fristlose Kündigung des Dienstvertrags/Arbeitsvertrags vom ...[2]

... (Anrede),

hiermit kündigen wir den bestehenden Dienstvertrag/Arbeitsvertrag fristlos[3], dh mit sofortiger Wirkung, hilfsweise fristgerecht zum nächst zulässigen Termin.[4], [5]

Der Betriebsrat wurde zur Kündigung angehört.[6]

Mit freundlichen Grüßen

...

XYZ GmbH

Geschäftsführer[7]

...

Empfangsquittung:[8]

...

Hiermit bestätige ich Herr/Frau ... die Kündigungserklärung vom ... am ... erhalten zu haben. ◀

B. Erläuterungen

[1] Fristlose Kündigung, Schriftform. Gem § 623 gilt (nur) für die Kündigung eines Arbeitsverhältnisses das gesetzliche Schriftformerfordernis. Dh theoretisch kann ein Dienstverhältnis auch durch mündliche oder elektronische Erklärung gekündigt werden. Es ist jedoch gerade bei einer fristlosen Kündigung aus Beweisgründen unbedingt zu empfehlen, diese (unabhängig davon, ob es sich um ein Dienst- oder Arbeitsverhältnis handelt) schriftlich vorzunehmen. Bei der Kündigung eines Arbeitsverhältnisses ist die Schriftform konstitutiv, dh Wirksamkeitserfordernis. Die Kündigung muss dann vom Aussteller, dh von einer vertretungsberechtigten Person im Original unterschrieben sein. 2

[2] Fristlose Kündigung, Zwei-Wochenfrist (§ 626 Abs. 2). Gem § 626 Abs. 2 ist die Ausübung des außerordentlichen Kündigungsrechts zeitlich begrenzt. Hat der andere Vertragsteil die Voraussetzungen für eine außerordentliche Kündigung verwirklicht, darf er nicht für eine unangemessene Zeit darüber im Ungewissen bleiben, ob der Vertragspartner daraus kündigungsrechtliche Folgen zieht. Umgekehrt muss dem zur Kündigung Berechtigten eine angemessene Zeit zur Prüfung und Überlegung zustehen. Die außerordentliche Kündigung muss innerhalb von zwei Wochen ab dem Zeitpunkt, an dem der zur Kündigung Berechtigte von den für die Kündigung maßgebenden Gründen Kenntnis erlangt (das heißt zuverlässige und möglichst vollständige Kenntnis vom Kündigungssachverhalt, die eine Entscheidung darüber ermöglicht, ob die Fortsetzung des Dienst/Arbeitsverhältnisses zumutbar ist (BAG AP Nr. 1 zu § 626 BGB – Ausschlussfrist, st. Rspr)) ausgesprochen werden. Nach Ablauf der Frist kommt nur noch eine ordentliche Kündigung in Betracht. 3

[3] Kündigung, Frist. Die fristlose Kündigung aus wichtigem Grund (auch als außerordentliche Kündigung bezeichnet) wird unmittelbar nach ihrem Zugang wirksam. 4

[4] Hilfsweise ordentliche Kündigung. Die fristlose Kündigung sollte hilfsweise auch als fristgerechte Kündigung (auch als ordentliche Kündigung bezeichnet) ausgesprochen werden. Für den Fall einer gerichtlichen Auseinandersetzung wird damit dokumentiert, dass der kündigende Vertragspartner unter keinerlei Umständen mehr am Vertrag festhalten möchte (auch wenn das Gericht möglicherweise die Unwirksamkeit einer außerordentlichen Kündigung feststellen sollte) und ermöglicht somit dem Gericht ohne weitere Sachaufklärung die Umdeutung der außerordentlichen in eine ordentliche Kündigung. 5

[5] Angaben zum Kündigungsgrund. Eine fristlose Kündigung ist nur zulässig, wenn hierfür ein wichtiger Grund besteht, der es dem Kündigenden unter Berücksichtigung der Umstände des 6

Einzelfalls und unter Abwägung der Interessen beider Vertragsteile unzumutbar macht, das Vertragsverhältnis bis zum Ablauf der regulären Kündigungsfrist oder bis zum vereinbarten Ende fortzusetzen. Der Kündigungsgrund muss jedoch in der Kündigung nicht angegeben werden. Erst wenn der Kündigungsempfänger dies verlangt, muss der Kündigende die Gründe schriftlich mitteilen, vgl § 626 Abs. 2 S. 2. Sind **Dienste höherer Art** Vertragsgegenstand, die aufgrund besonderen Vertrauens übertragen zu werden pflegen, soll auch **ohne nachweisbaren wichtigen Grund** beiden Teilen die **Vertragsbeendigung jederzeit möglich** sein, sofern es sich nicht um ein dauerndes Dienstverhältnis mit festen Bezügen (freies Dienstverhältnis) handelt, vgl § 627 Abs. 1. Dienste höherer Art sind solche, die ein überdurchschnittliches Maß an Fachkenntnis, Kunstfertigkeit, wissenschaftlicher Bildung etc. voraussetzen und eine herausgehobene Stellung verleihen. Hierzu gehören die Tätigkeiten eines Arztes, Rechtsanwalts, Wirtschaftsprüfers, Werbeberaters etc. Dabei ist zu beachten, dass § 627 Abs. 2 zu Gunsten des Dienstberechtigten eine Kündigung zur Unzeit ausschließt, sofern hierfür kein wichtiger Grund vorliegt. Das heißt, der Dienstberechtigte darf jederzeit frei kündigen. Der Dienstverpflichtete darf nicht zu einem Zeitpunkt kündigen, zu dem der Dienstberechtigte nicht (mehr) in der Lage ist, sich die Dienste anderweitig zu beschaffen. Das bedeutet zB für einen Rechtsanwalt, dass er das ihm übertragene Mandat in der Regel nicht unmittelbar vor einem Termin zur mündlichen Verhandlung oder während des Termins oder kurz vor Ablauf wichtiger Fristen niederlegen darf.

7 [6] **Hinweis Betriebsratsanhörung.** Gilt nur für die Kündigung von Arbeitsverhältnissen: Existiert im Betrieb des kündigenden Arbeitgebers ein Betriebsrat muss dieser vor Ausspruch einer Kündigung gem. § 102 BetrVG zu Kündigung angehört werden. Bei einer außerordentlichen Kündigung gilt die verkürzte Anhörungsfrist des § 102 Abs. 2 S. 3 BetrVG von drei Tagen. **Achtung:** Für die ordentliche (hilfsweise) Kündigung beträgt die **Anhörungsfrist** des **Betriebsrats** eine Woche, so dass eine vor Ablauf der Wochenfrist hilfsweise ausgesprochene Kündigung ggf unwirksam wäre.

8 [7] **Kündigung, Erklärender.** Hier gelten die Hinweise vgl bei § 624 Rn 4.

9 [8] **Kündigung, Zugang.** Die außerordentliche Kündigung muss innerhalb der genannten Zweiwochenfrist zugehen, es reicht nicht aus, wenn die Kündigung innerhalb der Zweiwochenfrist lediglich abgesendet wird. IÜ gelten hier ebenfalls die Hinweise bei § 624 Rn 5.

§ 628 Teilvergütung und Schadensersatz bei fristloser Kündigung

(1) [1]Wird nach dem Beginn der Dienstleistung das Dienstverhältnis auf Grund des § 626 oder des § 627 gekündigt, so kann der Verpflichtete einen seinen bisherigen Leistungen entsprechenden Teil der Vergütung verlangen. [2]Kündigt er, ohne durch vertragswidriges Verhalten des anderen Teiles dazu veranlasst zu sein, oder veranlasst er durch sein vertragswidriges Verhalten die Kündigung des anderen Teiles, so steht ihm ein Anspruch auf die Vergütung insoweit nicht zu, als seine bisherigen Leistungen infolge der Kündigung für den anderen Teil kein Interesse haben. [3]Ist die Vergütung für eine spätere Zeit im Voraus entrichtet, so hat der Verpflichtete sie nach Maßgabe des § 346 oder, wenn die Kündigung wegen eines Umstands erfolgt, den er nicht zu vertreten hat, nach den Vorschriften über die Herausgabe einer ungerechtfertigten Bereicherung zurückzuerstatten.

[2] Wird die Kündigung durch vertragswidriges Verhalten des anderen Teiles veranlasst, so ist dieser zum Ersatz des durch die Aufhebung des Dienstverhältnisses entstehenden Schadens verpflichtet.

A. Anspruchsschreiben: Teilvergütung

I. Muster: Anspruchsschreiben 1

▶ An 433

Herrn ▪▪▪ (Anschrift) (Dienstberechtigter/Arbeitgeber)

Anspruch auf Teilvergütung

Sehr geehrter Herr ▪▪▪,

Sie haben das am ▪▪▪ [Datum] begonnene [Dienstverhältnis/Arbeitsverhältnis] mit Schreiben vom ▪▪▪ [Datum] außerordentlich fristlos gekündigt.

Gem. § 628 Abs. 1 BGB habe ich Anspruch auf Vergütung der von mir bis zur Kündigung erbrachten Leistungen[1]. Mein Vergütungsanspruch beläuft sich gem. unserer vertraglichen Vereinbarung vom ▪▪▪ auf EUR ▪▪▪.

Sofern noch nicht erfolgt, darf ich Sie bitten, den genannten Betrag bis spätestens zum

▪▪▪[2]

auf folgendes Konto ▪▪▪ [Bankverbindung] zur Zahlung zu veranlassen. Bitte beachten Sie, dass ich meinen Vergütungsanspruch zum Gegenstand eines gerichtlichen Verfahrens machen werde, sollten Sie die genannte Frist fruchtlos verstreichen lassen.[3]

Mit freundlichen Grüßen

▪▪▪

Unterschrift ◀

II. Erläuterungen

[1] Anspruch auf Teilvergütung. § 628 Abs. 1 normiert einen Anspruch des Dienstverpflichteten oder Arbeitnehmers auf Teilvergütung im Fall einer fristlosen Kündigung: Er hat Anspruch auf Vergütung seiner bis zum Zugang der fristlosen Kündigung erbrachten Leistungen. Der Anspruch besteht nach Abs. 1 S. 2 nicht, wenn der Dienstverpflichtete (Arbeitnehmer) ohne Vorliegen eines wichtigen Grundes selbst fristlos gekündigt hat oder der Dienstverpflichtete die Kündigung durch ein vertragswidriges Verhalten veranlasst hat und aus diesem Grund die bisherigen Leistungen für den Dienstberechtigten (Arbeitgeber) wertlos geworden sind. 2

Herabsetzung der Vergütung. Hat der Dienstverpflichtete eine Vergütung für einen späteren Zeitpunkt im Voraus (dh für einen Zeitraum, der nach Zugang der fristlosen Kündigung liegt) erhalten, besteht nach Abs. 1 S. 3 die Pflicht, diese Vorauszahlung zurückzugewähren. Hat der Dienstverpflichtete Veranlassung zur Kündigung gegeben, ist die Vorauszahlung nach Maßgabe des § 346 zurückzuerstatten. Hat der Dienstverpflichtete keine Veranlassung zur Kündigung gegeben, ist die Vorauszahlung nur nach den Vorschriften über die Herausgabe einer ungerechtfertigten Bereicherung zurückzuzahlen, dh der Einwand der Entreicherung kann geführt werden (§ 818). Im Fall einer Vorauszahlung ist für den Teilvergütungsanspruch regelmäßig kein Raum; dieser ist durch die Vorauszahlung häufig bereits vollständig erfüllt. 3

Abdingbarkeit. Von der Rechtsfolge des § 628 Abs. 1 können die Parteien eine abweichende Vereinbarung treffen. Die Rechtsfolge des Abs. 1 kann insgesamt abbedungen werden (BGH NJW 87, 315), ebenso ist es möglich, die Rechtsfolge des Abs. 1 durch die Rechtfolgen des § 649 zu ersetzen (BGH LM § 611 Nr. 3). 4

[2] Zahlungsfrist. Dem Dienstberechtigten (Arbeitgeber) sollte eine Frist zur Zahlung gesetzt werden. Die Fristsetzung ist zur klaren **Feststellung des Verzugseintritts** notwendig und dient zudem der Vorbereitung einer ggf klageweisen Durchsetzung der Ansprüche. 5

6 [3] **Klageandrohung.** Um der Aufforderung besonderen Nachdruck zu verleihen, kann bereits eine Klageerhebung angekündigt werden. Muster für eine Zahlungsklage s. GF-ZPO/*Pukall*, § 253 Rn 2 ff.

B. Anspruchsschreiben: Schadensersatz

7 I. Muster: Anspruchsschreiben wegen Auflösungsverschuldens

▶ An

Herrn ...

Schadensersatz wegen Auflösungsverschuldens

Sehr geehrter Herr ...,

Sie haben aufgrund ihres vertragswidrigen Verhaltens vom ... [Datum] Veranlassung zur außerordentlichen Kündigung ihres [Dienstverhältnisses/Arbeitsverhältnisses] gegeben. Es wird insoweit auf unser Kündigungsschreiben vom ... [und die dort mitgeteilte Begründung] Bezug genommen.

Aufgrund ihres vertragswidrigen Verhaltens sind Sie uns gem. § 628 Abs. 2 BGB zum Ersatz des durch Aufhebung des [Dienstverhältnisses/Arbeitsverhältnisses] entstandenen Schadens verpflichtet[1]. Der entstandene Schaden beläuft sich auf insgesamt ... [Betrag] und setzt sich wie folgt zusammensetzt:

... [Erläuterung der einzelnen Schadensposition + Kausalität][2]

Wir haben Sie aufzufordern, den genannten Betrag unverzüglich bis spätestens zum

...[3]

auf folgendes Konto: ... [Bankverbindung] zur Zahlung zu veranlassen.

Bitte beachten Sie, dass wir unsere Ansprüche zum Gegenstand eines gerichtlichen Verfahrens machen werden, sollten Sie die genannte Frist fruchtlos verstreichen lassen.[4]

Mit freundlichen Grüßen

...

Unterschrift ◀

II. Erläuterungen

8 [1] **Auflösungsverschulden.** Der Schadensersatzanspruch des § 628 Abs. 2 kann sich gegen jede Partei, dh sowohl gegen den Dienstverpflichteten (oder Arbeitnehmer) als auch den Dienstberechtigten (oder Arbeitgeber) richten. Einzige Voraussetzung ist, dass die Kündigung durch vertragswidriges Verhalten der jeweils anderen Vertragspartei veranlasst worden ist. Veranlassen bedeutet schuldhaftes vertragswidriges Verhalten des Kündigungsadressaten mit dem Gewicht eines wichtigen Grundes iSd §§ 626, 627, 628, (sog. Auflösungsverschulden). Erforderlich ist dabei, dass die außerordentliche Kündigung wirksam ist. Der Anspruch entfällt, wenn auch der Kündigungsadressat aus wichtigen, vom anderen Teil zu vertretenden Gründen hätte kündigen können (BGHZ 44, 271).

9 **Typische Schadenspositionen auf Seiten des Dienstberechtigten (Arbeitgeber):** Mehrausgaben, die durch die notwendige Fortsetzung der vom ausgeschiedenen Arbeitnehmer unterbrochenen Arbeiten verursacht werden; erhöhte Vergütungen, für Arbeitnehmer, die durch Überstunden die Arbeit des ausgeschiedenen Arbeitnehmers verrichten; Lohndifferenz einer Ersatzkraft, soweit diese nur zu einem höheren Lohn eingestellt werden kann (aber Schadensminderungspflicht beachten); Bewerbungskosten, die zur Einstellung einer Ersatzkraft notwendig sind (der Werbeaufwand muss sich aber in angemessenen Grenzen halten (ErfK/*Müller-Glöge* § 628 BGB, Rn 34 ff).

Typische Schadenspositionen auf Seiten des Dienstverpflichteten (Arbeitnehmer): Vergütungsansprüche einschließlich aller Nebenleistungen; Tantieme, noch nicht unverfallbare Ruhegeldanwartschaften, Sonderzuwendungen, Gratifikationen, Aufwendungen, die dem Arbeitnehmer aufgrund der verfrühten Suche einem neuen Arbeitsplatz entstehen; ggf Umzugskosten (ErfK/*Müller-Glöge* § 628 BGB, Rn 39 ff) 10

[2] **Darlegung des Schadens.** Im Anspruchschreiben sollten die einzelnen Schadenspositionen unter Beifügung entsprechender Nachweise bereits dargelegt werden. Die Aufstellung kann als Grundlage für eine spätere Klage genutzt werden. 11

[3] **Zahlungsfrist.** S. oben Rn 5. 12

[4] **Klageandrohung.** S. oben Rn 6 13

C. Schadensersatzklage

I. Muster: Schadensersatzklage 14

▶ An das 435

Amtsgericht/Landgericht (örtliche, sachliche Zuständigkeit beachten)

Klage[1]

des […]

– Kläger –

– Prozessbevollmächtigter: Rechtsanwalt … –

gegen

den […]

– Beklagter –

wegen: Schadensersatz

Streitwert: … EUR

Namens und in Vollmacht des Klägers erhebe ich Klage und werde beantragen:

1. den Beklagten zu verurteilen, an den Kläger … EUR nebst Zinsen iHv 5 Prozentpunkten über dem Basiszinssatz seit dem … zu zahlen
2. weitere Nebenanträge

Begründung[2]

1. Die Parteien haben am … einen … [Dienstvertrag/Arbeitsvertrag] abgeschlossen.
   Beweis: Vertrag vom …
2. Der Beklagte hat gegen seine vertraglichen Pflichten schwerwiegend verstoßen, in dem er … [Darstellung Pflichtverstöße nach Datum, Zeit, Pflichtverstoß]
   Beweis: …
   Der Kläger hat daraufhin das Vertragsverhältnis mit Schreiben vom … außerordentlich, fristlos nach § 626 BGB [§ 627 BGB] gekündigt.
   Beweis: Kündigungsschreiben vom …
   An der Wirksamkeit der Kündigung kann in Anbetracht der dargstellten Pflichtverstöße kein Zweifel bestehen. Der Beklagte hat insoweit Veranlassung zum Ausspruch der fristlosen Kündigung gegeben.
3. Durch die vom Beklagten zu vertretende Aufhebung des Vertrags sind dem Kläger folgende Schäden entstanden:
   … [Darlegung der Schadenspositionen, Darlegung Kausalität]
   Beweis: …

Der Schaden beläuft sich auf insgesamt ■■■ EUR. Der Beklagte ist dem Kläger gem. § 628 Abs. 2 BGB zum Ersatz dieser Schäden verpflichtet.

4. Mit Schreiben vom ■■■ hat der Kläger den Beklagten unter Fristsetzung zum ■■■ zum Ausgleich der genannten Schäden aufgefordert. Die Zahlung innerhalb der gesetzten Frist ist nicht erfolgt.
   Beweis: ■■■
   Es ist daher Klage geboten.
5. Die geltend gemachten Verzugszinsen folgen aus § 288 BGB. Verzugseintritt war spätestens mit Fristablauf am ■■■ (s. oben Ziffer 4).

■■■

Rechtsanwalt ◀

II. Erläuterungen

15 [1] **Klagevoraussetzungen Prozess.** Zu den zivilprozessualen Voraussetzungen einer Klage s. GF-ZPO/*Pukall*, § 253 Rn 4 ff.

16 [2] **Klagebegründung.** Im Schadensersatzprozess gem. § 628 Abs. 2 hat der Anspruchsteller das schuldhafte vertragswidrige Verhalten des anderen Teils und seinen dadurch adäquat kausal verursachten Schaden darzulegen und zu beweisen. Es gelten die Beweiserleichterungen dem § 252 und § 287 ZPO sowohl für die haftungsausfüllende Kausalität als auch für die Höhe des Schadens.

§ 629 Freizeit zur Stellungssuche

Nach der Kündigung eines dauernden Dienstverhältnisses hat der Dienstberechtigte dem Verpflichteten auf Verlangen angemessene Zeit zum Aufsuchen eines anderen Dienstverhältnisses zu gewähren.

§ 630 Pflicht zur Zeugniserteilung

[1]Bei der Beendigung eines dauernden Dienstverhältnisses kann der Verpflichtete von dem anderen Teil ein schriftliches Zeugnis über das Dienstverhältnis und dessen Dauer fordern. [2]Das Zeugnis ist auf Verlangen auf die Leistungen und die Führung im Dienst zu erstrecken. [3]Die Erteilung des Zeugnisses in elektronischer Form ist ausgeschlossen. [4]Wenn der Verpflichtete ein Arbeitnehmer ist, findet § 109 der Gewerbeordnung Anwendung.

1 A. Muster: Aufforderungsschreiben Zeugniserteilung

▶ An

■■■ (Dienstberechtigter/Arbeitgeber)

Zeugniserteilung[1]

Sehr geehrter Herr ■■■,

nachdem das zwischen uns bestehende Dienstverhältnis zum ■■■ [Datum] enden wird, darf ich Sie bitten, mir bei Beendigung ein qualifiziertes Zeugnis über das Dienstverhältnis und dessen Dauer zu erteilen, das sich auch auf meine Leistungen und meine Führung im Dienst erstreckt.

Mit freundlichen Grüßen

■■■

Unterschrift ◀

B. Erläuterungen

2 [1] **Zeugniserteilung.** § 630 normiert einen Anspruch des Dienstverpflichteten auf Erteilung eines Zeugnisses bei Beendigung des Dienstverhältnisses. Auf Arbeitsverhältnisse ist § 630 seit

Inkrafttreten des § 109 GewO nicht mehr anwendbar (§ 630 S. 4). Für Arbeitsverhältnisse gilt allein § 109 GewO. **Voraussetzung** für den Zeugnisanspruch ist, dass das Dienstverhältnis auf Dauer angelegt war und zumindest für eine gewisse Dauer bestanden hat. Man unterscheidet das sog. einfache Zeugnis (§ 630 S. 1) sowie das qualifizierte Zeugnis (§ 630 S. 2).

Das **einfache Zeugnis**, auch „Arbeitsbescheinigung" genannt, muss als Mindestinhalt Angaben zur Art der Tätigkeit und der Dauer des Dienstverhältnisses (Kalenderdatum von Beginn und Ende) umfassen. Die Angaben müssen richtig sein und können bei gemischten Tätigkeiten mehrere Arten von Diensten umfassen. 3

Das **qualifizierte Zeugnis** ist nur auf ausdrückliches Verlangen des Dienstverpflichteten zu erteilen. Es bezieht sich wie das einfache Zeugnis auf die **Art und Dauer der Tätigkeit**, darüber hinaus hat es sich aber auch auf die **Leistungen und die dienstliche Führung** zu erstrecken. Die Beurteilung hat wohlwollend unter Berücksichtigung der zeugnisrechtlichen Wahrheitspflicht zu erfolgen. 4

Pflichtverstöße. Ist das Zeugnis schuldhaft unrichtig, kann sich der Dienstberechtigte gegenüber dem Dienstverpflichteten nach §§ 280 Abs. 1, 241 Abs. 2 und gegenüber dem neuen Arbeitgeber, der sich auf den Inhalt des Zeugnisses verlässt, aus § 826 schadensersatzpflichtig machen. 5

Form. Das Dienstzeugnis muss vom Dienstberechtigten oder von dessen Vertreter, soweit dieser die Dienste des Verpflichteten entgegengenommen hat, ausgestellt sein. Das Zeugnis muss grundsätzlich schriftlich erteilt und persönlich unterzeichnet werden. Eine Erteilung in elektronischer Form (§ 126 a) ist ausgeschlossen. Der Anspruch auf Zeugniserteilung ist nicht im Voraus abdingbar. Das Muster beschränkt sich vorliegend auf die Erteilung eines qualifizierten Zeugnisses, da dies der Regefall ist. Zur **Zeugnissprache** und zu **Zeugnismustern** s. *Mayer* in: Dombek/Kroiß, Formularbibliothek Vertragsgestaltung, Band Arbeitsrecht, § 5 Rn 26 ff. 6

Anhang zu §§ 630 ff: Das Verhältnis Anwalt – Mandant

Schrifttum: *Berscheid/Kunz/Brand/Ennemann*, Anwaltshandbuch zum Arbeitsrecht, 2. Aufl. 2002; Weyland/Feuerich, BRAO, 7. Auflage 2008; *Borgmann/Jungk/Grams*, Anwaltshaftung, 4. Aufl. 2005; *Gaier/Wolf/Göcken*, Anwaltliches Berufsrecht, 2010; *Hartung/Scharmer*, Bürogemeinschaft für Rechtsanwälte, 2010; *Gaier/Wolf/Göcken*, Anwaltliches Berufsrecht, 2010; *Hinne/Klees/Müllerschön/Teubel/Winkler*, Vereinbarungen mit Mandanten, 2. Aufl. 2008; *Madert*, Die Honorarvereinbarung des Rechtsanwalts, 2002; *Hommerich/Kilian*, Vergütungsvereinbarungen deutscher Rechtsanwälte, 2006; *Ott*, Möglichkeiten der Haftungsbeschränkung bei Rechtsanwälten unter besonderer Berücksichtigung neuer Formen beruflicher Zusammenarbeit, 2001

A. Informationspflichten für Rechtsanwälte vor Mandatsabschluss

I. Stets zur Verfügung zu stellende Informationen

1 **1. Muster: Handblatt für stets zur Verfügung zu stellende Informationen[1]**

▶ Rechtsanwälte und Notare, Steuerberater

■■■ & Partner

Partnerschaft

■■■ und Partner teilen vor Beginn eines Mandatsverhältnisses folgende Informationen[2] mit:[3]

Familien- und Vornamen

Rechtsanwalt und Notar ■■■ [Vor- und Zuname], Partner
Rechtsanwältin ■■■ [Vor- und Zuname], Fachanwältin für Bank- und Kapitalmarktrecht
Steuerberater ■■■ [Vor- und Zuname], Partner

Kontakt

■■■ [Straße]
■■■ [Ort]
Telefon: + 49 ■■■
Telefax: + 49 ■■■
E-Mail: info@■■■.de

Rechtsform, Register

■■■ & Partner ist eine Partnerschaft nach Maßgabe des Partnerschaftsgesellschaftsgesetzes v. 25.7.1994. Sie ist eingetragen im Partnerschaftsregister des Amtsgerichts ■■■ unter der Nummer PR ■■■.[4]

Berufsbezeichnung und zuständige Kammern

Die Rechtsanwälte der Kanzlei sind nach dem Recht der Bundesrepublik Deutschland zugelassen und Mitglieder der Rechtsanwaltskammer ■■■ [Adresse],
info@■■■.de
www.■■■.de[5]
Herr ■■■ ist Steuerberater und Dipl. Finanzwirt (FH) (Bundesrepublik Deutschland).
Er ist Mitglied der Steuerberaterkammer ■■■ [Adresse],
info@■■■.de,
www.■■■.de.

Umsatzsteueridentifikationsnummer (§ 27 a UStG)

Die Umsatzsteueridentifikationsnummer der Partnerschaft ist: USt-ldNr. OE ■■■[6]

Allgemeine Mandatsbedingungen

Der Text der Allgemeinen Mandatsbedingungen ist auf der Website http//:www.■■■.de verfügbar oder als Ausdruck in der Praxis.[7]

Berufshaftpflichtversicherung

■■■ und Partner sind gemäß gesetzlicher Verpflichtung zur Deckung der sich aus ihrer Berufstätigkeit ergebenden Haftpflichtgefahren für Vermögensschäden versichert. Der Versicherer ist:
■■■-Versicherungs AG, ■■■ [Adresse][8]
Der räumliche Geltungsbereich erstreckt sich auf das gesamte EU-Gebiet und die Staaten des Abkommens über den Europäischen Wirtschaftsraum.[9]

Vergütung

Zur Vergütung für die Tätigkeit von ■■■ und Partner wird auf Folgendes hingewiesen (Zutreffendes ist angekreuzt):[10]

☐ Für eine Erstberatung die keine weiteren rechtlichen Schritte umfasst wird ein Betrag von ■■■ EUR zzgl 19 % MwSt. berechnet.[11]

☐ Für eine Beratung oder für die Ausarbeitung eines schriftlichen Gutachtens ohne weitere außergerichtliche oder gerichtliche Vertretung in dieser Angelegenheit wird ein Betrag von ■■■ EUR zzgl 19 % MwSt. berechnet.[12]

☐ Für die außergerichtliche und die gerichtliche Vertretung wird unabhängig von den Bestimmungen des Rechtsanwaltsvergütungsgesetzes und unabhängig vom Zeitaufwand ein Betrag von ■■■ EUR berechnet. Postgebühren und Reisekosten werden nach Aufwand berechnet.[13]

☐ Für die außergerichtliche und die gerichtliche Vertretung gilt nicht das Rechtsanwaltsvergütungsgesetz, sondern es wird gemäß dem von ■■■ und Partner nachzuweisenden Zeitaufwand der Betrag auf der Basis eines Stundensatzes von ■■■ EUR zzgl 19 % MwSt. berechnet.[14]

☐ Für die außergerichtliche und die gerichtliche Vertretung gilt das Gesetz über die Vergütung der Rechtsanwältinnen und Rechtsanwälte v. 5.5.2004 (RVG). Es wird daher darauf hingewiesen, dass sich in der beabsichtigten Rechtsangelegenheit die Höhe der Anwaltsvergütung grundsätzlich nach den gesetzlichen Vorschriften des RVG und einem sich aus dieser Angelegenheit ergebenden Gegenstandswert richtet.[15] Bei einem angenommenen Gegenstandswert von ■■■ EUR ermittelt sich eine gesetzliche Gebühr in Höhe von ■■■ EUR, die mehrmals anfallen kann. Mehrwertsteuer, Postgebühren, Reisekosten, sind zusätzlich zu entrichten.[16]

☐ Es wird darauf hingewiesen, dass für arbeitsrechtliche Streitigkeiten bis zum Abschluss der 1. Instanz die Partei die eigenen Rechtsanwaltskosten selbst zu tragen hat. Dies gilt unabhängig vom Ausgang des Rechtsstreits gemäß der gesetzlichen Bestimmung des § 12 a Arbeitsgerichtsgesetz, so dass ein Erstattungsanspruch für solche Anwaltskosten in jedem Fall – also auch bei einem obsiegenden Urteil – ausgeschlossen ist. Anfallende Gerichtskosten sind keine Anwaltskosten und werden der im Prozess unterlegenen Partei auferlegt.[17]

■■■

Ort, Datum

■■■

Unterschrift ◀

2. Erläuterungen

2 [1] **Dienstleistungs-Informationspflichten-Verordnung (DL-InfoV) und RVG.** Die am 17.5.2010 in Kraft getretene Dienstleistungs-Informationspflichten-Verordnung (DL-InfoV) dient auf Grundlage der Verordnungsermächtigung in § 6 c GewO der Umsetzung der Dienstleistungsrichtlinie in der Europäischen Union (Richtlinie 2006/123/EG vom 12.12.2007) über Dienstleistungen im Binnenmarkt (ABl. L 376 vom 27.12.2006, S. 36). Diese Verordnung regelt **Inhalt, Umfang und Art der Informationen**, die ein Dienstleistungserbringer einem Dienstleistungsempfänger allgemein oder auf Anforderung zur Verfügung stellen muss. Auch auf die anwaltliche Tätigkeit findet die DL-InfoV Anwendung. Soweit Rechtsanwälte bzw Anwaltskanzleien über eine **Internetpräsenz** verfügen, ergeben sich zahlreiche in der DL-InfoV geregelte Informationspflichten bereits aus geltendem Recht, insbesondere aus § 5 des Telemediengesetzes (TMG). Rechtsanwälte müssen auf dieser Grundlage vor Eingehen eines Mandatsverhältnisses bestimmte Informationen stets in klarer und verständlicher Form rechtzeitig vor Abschluss eines schriftlichen Vertrages, bzw wird kein Vertrag in schriftlicher Form abgeschlossen, vor tatsächlicher Erbringung der Rechtsdienstleistung mitgeteilt werden.

3 Ein weiterer Komplex anwaltsspezifischer Informationspflichten vor Vertragsabschluss ergibt sich **berufsrechtlich** aus den **Vergütungsbestimmungen** für Rechtsanwälte wie zB § 49 b Abs. 5 BRAO und § 12 a Abs. 1 S. 2 ArbGG. Nach bisheriger Rechtslage wurden dem Rechtsanwalt auch ohne ausdrückliche Nachfrage des Mandanten **weitere Belehrungspflichten** über die Anwaltsvergütung auferlegt, nämlich dann, wenn besondere Umstände unter Berücksichtigung von Treu und Glauben eine Belehrung des Mandanten erfordern (schon BGH NJW 1969, 932). Solche Umstände wurden zB angenommen, wenn der Rechtsanwalt erkennt, dass sein Mandant **falsche Vorstellungen** von der Kostendeckung seiner Rechtsschutzversicherung hat (OLG Düsseldorf NJW 2000, 1650) oder wenn die beabsichtigte Rechtsverfolgung wegen der Höhe der Kosten im Einzelfall unwirtschaftlich ist (BGH NJW-Spezial 2006, 190). All diese **vergütungs-**

bezogenen vorvertraglichen Informationspflichten werden nunmehr durch die DL-InfoV nochmals **verschärft**.

[2] Zwingende Informationen. Die DL-InfoV differenziert zwischen stets dem Mandanten zur Verfügung zu stellenden Informationen (§ 2) und Informationen, die lediglich auf Anfrage eines Mandanten zur Verfügung gestellt werden müssen (§ 3). In dem vorgeschlagenen Muster kann es nur auf die stets zur Verfügung zu stellende Informationen ankommen. Gemäß § 2 Abs. 1 DL-InfoV sind dem Mandanten durch den Rechtsanwalt die nachfolgenden Informationen stets zur Verfügung zu stellen: 4

- Familien- und Vorname(n), bei rechtsfähigen Personengesellschaften und juristischen Personen die Firma unter Angabe der Rechtsform (§ 2 Abs. 1 Nr. 1 DL-InfoV); für Internetpräsenzen ergibt sich diese Informationspflicht bereits aus § 5 Abs. 1 Nr. 1 TMG,
- Kanzleianschrift, Telefonnummer, E-Mail-Adresse oder Fax-Nummer (§ 2 Abs. 1 Nr. 2 DL-InfoV); auch diese Informationspflicht ergibt sich für Internetpräsenzen zumindest teilweise bereits aus § 5 Abs. 1 Nr. 1 und 2 TMG (neu ist die Angabe einer Telefonnummer),
- soweit einschlägig Angaben zum zuständigen Handels-, Partnerschafts- oder Genossenschaftsregister nebst Angabe des Registergerichts und der Registernummer (§ 2 Abs. 1 Nr. 3 DL-InfoV); für Internetpräsenzen ergibt sich diese Informationspflicht bereits aus § 5 Abs. 1 Nr. 4 TMG,
- Name und Anschrift der zuständigen Behörde bzw der einheitlichen Stelle (§ 2 Abs. 1 Nr. 4 DL-InfoV); zuständige Behörde ist die jeweilige regionale Rechtsanwaltskammer. Für Internetpräsenzen ergibt sich diese Pflicht bereits aus § 5 Abs. 1 Nr. 3 TMG,
- Umsatzsteuer-Identifikationsnummer nach § 27 a UStG (§ 2 Abs. 1 Nr. 5 DL-InfoV); auch diese Pflicht ergibt sich für Internetpräsenzen bereits aus § 5 Abs. 1 Nr. 6 TMG,
- gesetzliche Berufsbezeichnung, Verleihungsstaat, zuständige Rechtsanwaltskammer (§ 2 Abs. 1 Nr. 6 DL-InfoV); für Internetpräsenzen besteht diese Informationspflicht bereits gemäß § 5 Abs. 1 Nr. 5 a) und b) TMG,
- gegebenenfalls verwendete allgemeine Geschäftsbedingungen (§ 2 Abs. 1 Nr. 7 DL-InfoV); allgemeine Geschäftsbedingungen sind lediglich dann anzugeben, sofern sie in einem konkreten Mandatsverhältnis auch tatsächlich Verwendung finden sollen. Dies wird nach bisherigem Stand in Anwaltsverträgen oft nicht der Fall sein.
- gegebenenfalls verwendete Vertragsklauseln über das auf den Vertrag anwendbare Recht oder über den Gerichtsstand (§ 2 Abs. 1 Nr. 8 DL-InfoV), soweit solche Klauseln nicht bereits Bestandteil der allgemeinen Geschäftsbedingungen sind. Anwaltsverträge unterliegen als Dienstverträge dem Recht am Sitz der beauftragten Kanzlei (Hk-BGB/*Staudinger* EGBGB Art. 28 18) und Gerichtsstand ist nach weiterhin hM am Erfüllungsort nach § 29 ZPO anzunehmen, also regelmäßig am Ort der Kanzlei. Die hier vorgelegten Allgemeinen Mandatsbedingungen (s. Rn 36) enthalten keine Aussagen zu einer Rechtswahl und enthalten bereits eine Klausel zum Gerichtsstand, so dass hier das Muster zur Information nach DL-InfoV dazu keine eigenständige Aussage mehr machen muss.
- gegebenenfalls bestehende Garantien, die über gesetzliche Gewährleistungsrechte hinausgehen (§ 2 Abs. 2 Nr. 9 DL-InfoV); diese Informationspflicht wird im Bereich anwaltlicher Dienstleistungen nicht von praktischer Relevanz sein, so dass ein Mustervorschlag entbehrlich ist.
- wesentliche Merkmale der Dienstleistung, soweit sich diese nicht bereits aus dem Zusammenhang ergeben (§ 2 Abs. 1 Nr. 10 DL-InfoV); da sich die wesentlichen Merkmale einer anwaltlichen Dienstleistung bereits unmittelbar aus dem Zusammenhang ergeben, kommt auch dieser Informationspflicht im anwaltlichem Bereich keine praktische Relevanz zu, so dass das Muster auch hierzu keinen Vorschlag enthält.

- Angaben zu Namen, Anschrift und räumlichem Geltungsbereich der Berufshaftpflichtversicherung (§ 2 Abs. 1 Nr. 11 DL-InfoV); bisher hatte ein Mandant nach § 51 Abs. 6 Satz 2 BRAO lediglich die Möglichkeit, zur Geltendmachung von Schadensersatzansprüchen auf Antrag bei der Rechtsanwaltskammer Auskunft über den Namen und die Adresse der Berufshaftpflichtversicherung des Rechtsanwalts sowie die Versicherungsnummer zu erhalten, soweit der Rechtsanwalt kein überwiegendes schutzwürdiges Interesse an der Nichterteilung der Auskunft geltend machen konnte. § 2 Abs. 1 Nr. 11 DL-InfoV sieht darüber hinaus nunmehr für den Rechtsanwalt die Pflicht zur Angabe von Name und Anschrift des Versicherers sowie des räumlichen Geltungsbereichs des Versicherungsvertrages vor.
- Angaben zum Preis der Dienstleistung, sofern dieser durch den Rechtsanwalt im Vorhinein festgelegt wurde (§ 4 Abs. 1 Nr. 1 DL-InfoV).

5 [3] **Art und Weise der Information.** § 2 Abs. 2 DL-InfoV eröffnet dem Rechtsanwalt insgesamt vier unterschiedliche Möglichkeiten, auf welche Art und Weise er seinen Mandanten die im Nachfolgenden noch näher erläuterten Informationspflichten nach § 2 Abs. 1 DL-InfoV zur Kenntnis bringen kann. Die Informationen dürfen wahlweise

- dem Mandanten von sich aus mitgeteilt werden (beispielsweise postalisch, per E-Mail oder im Rahmen übermittelter Vertragsunterlagen),
- am Ort der Leistungserbringung oder des Vertragsschlusses so vorgehalten werden, dass sie dem Mandanten leicht zugänglich sind (beispielsweise durch Auslegen auf dem Empfangstresen oder durch Aushang in den Kanzleiräumen),
- dem Mandanten über eine angegebene Adresse elektronisch leicht zugänglich gemacht werden (beispielsweise durch die Veröffentlichung der Informationen auf den Internetseiten, sofern die entsprechende Internetadresse dem Mandanten entweder bekannt gemacht wird oder diese für den Mandanten leicht auffindbar ist),
- in alle dem Mandanten zur Verfügung gestellten ausführlichen Informationsunterlagen über die angebotene Dienstleistung aufgenommen werden (beispielsweise in Kanzleibroschüren, Prospekten).

6 Dem Rechtsanwalt ist es grundsätzlich möglich, für jede einzelne Informationspflicht und auch für jede neue Mandatsanbahnung gesondert zu entscheiden, auf welchem Weg er seinen Mandanten die erforderlichen Informationen zur Verfügung stellen möchte. Es wird sich aber für eine Vielzahl der Mandatsanbahnungen empfehlen, dem zukünftigen Mandanten in Form eines hand out die im Zweifel erforderlichen Angaben **geschlossen übergeben** zu können. Dafür steht dieser Mustervorschlag.

7 [4] Registerangaben entfallen für die Sozietät, nicht aber die **Angabe der Rechtsform**. Die Pflicht zur Angabe der Rechtsform besteht nach § 2 Abs. 1 Nr. 1 DL-InfoV für rechtsfähige Personengesellschaften, was seit der Anerkennung der teilweisen Rechtsfähigkeit der Gesellschaft bürgerlichen Rechts durch den BGH (NJW 2001, 1056) auch für die klassische Anwaltssozietät zu bejahen ist.

8 [5] Gehören Partner oder Gesellschafter unterschiedlichen **Kammerbezirken** an, so sind diese den einzelnen Kammern zuzuordnen.

9 [6] Sollten unterschiedliche **Umsatzsteueridentifikationsnummern** vorliegen, so sind die jeweiligen Nummern der Anwälte anzugeben.

10 [7] Wenn man **Allgemeine Mandatsbedingungen** verwendet, wie sie unter Rn 36 dargestellt sind, sind sie an dieser Stelle aufzuführen.

11 [8] Bestehen **mehrere Haftpflichtversicherungen** oder eine separate eines handelnden Rechtsanwalts, so sind auch diese anzugeben.

12 [9] Ein Anspruch des Mandanten auf **Nennung der Deckungssumme** oder weiterer Informationen zur Versicherungspolice (beispielsweise zur Versicherungsnummer) lässt sich der DL-

InfoV hingegen nicht entnehmen. Im Zusammenhang mit dem **räumlichen Geltungsbereich** müssen im Zweifel alle Regelungen des Versicherungsvertrages angegeben werden, die zu einer räumlichen Einschränkung des Versicherungsschutzes führen könnten. Vom Versicherungsschutz ausgeschlossen ist beispielsweise regelmäßig die Vertretung vor außereuropäischen Gerichten. Im Zusammenhang mit dieser Informationspflicht ist es bei Zweifelsfragen empfehlenswert, vorher seinen **Versicherer zu kontaktieren.**

[10] Die **Fälle der Vergütungsgestaltung** können je nach Einzelfall völlig unterschiedlich aus- 13
fallen. Will man ein einheitliches Muster verwenden, so empfiehlt es sich, die alternativen Fälle, in denen vorvertragliche Informationen relevant werden können, zum Ankreuzen aufzuführen.

[11] Legt der Rechtsanwalt den **Preis der anwaltlichen Dienstleistung** vorab fest, muss er darauf 14
hinweisen, indem er diese Information dem Dienstleistungsempfänger von sich aus mitteilt, oder sie am Ort der Leistungserbringung oder des Vertragsschlusses so vorhält, dass sie dem Dienstleistungsempfänger leicht zugänglich ist, oder sie dem Dienstleistungsempfänger über eine von diesem angegebene Adresse leicht zugänglich macht oder sie in alle dem Dienstleistungsempfänger zur Verfügung gestellten ausführlichen Informationsunterlagen über die angebotene Dienstleistung aufnimmt. Ein solcher im Vorhinein einseitig festgelegter Preis kann in der Praxis häufig vorkommen bei beworbenen Fixpreisen für Erstberatungsgespräche iSd § 34 Abs. 1 S. 3 Hs 2 RVG. Diese Form des Preiswettbewerbs ist in der außergerichtlichen Beratung inzwischen zulässig (s. OLG Stuttgart NJW 2007, 924). Die Gebühr ist gesetzlich bei 190,00 EUR gekappt.

[12] Die **Ausarbeitung schriftlicher Gutachten** ohne weitere Vertretung nach außen ist ein ty- 15
pischer Fall der pauschalierten Vergütung, die sicherlich auch oft vom Rechtsanwalt einseitig festgesetzt wird. Ist der Auftraggeber Verbraucher, ist diese Gebühr gemäß § 34 Abs. 1 S. 3 Hs 1 RVG von Vorneherein ab 250,00 EUR gekappt.

[13] Bei einer **Pauschalisierung der Gebühren** ist der von der DL-InfoV berührte Fall der ein- 16
seitigen Festlegung durch den Rechtsanwalt denkbar. Im Falle, dass der Mandant dies in einem nachträglichen Rechtsstreit vorträgt, ist es der sichere Weg, den Nachweis der vorherigen Information erbringen zu können.

[14] Auch bei einem **festgelegten Stundensatz** kann es sich je nach den Umständen des Man- 17
dantengesprächs um einen im Vorhinein einseitig festgesetzten Preis handeln.

[15] Diese **Hinweispflicht** ergibt sich bereits unabhängig von der DL-InfoV aus § 49 b Abs. 5 18
BRAO und hat vor der Erteilung des Mandates zu erfolgen. Der BGH hat entschieden, dass der Rechtsanwalt, der seiner Pflicht nach § 49 b Abs. 5 BRAO nicht nachkommt, dem Mandanten bei Verletzung dieser Pflicht nach den Grundsätzen zum Verschulden bei Vertragsschluss nach § 311 Abs. 2 BGB haftet (BRAK-Mitt. 2007, 175).

[16] Selbst wenn der **Preis nicht im Vorhinein einseitig festgelegt** wurde, wie dies bei Anwen- 19
dung des RVG immer der Fall sein wird, treffen den Rechtsanwalt noch **besondere Informationspflichten** gemäß § 4 Abs. 2 Nr. 2. Wurde der Preis nicht im Vorhinein einseitig durch den Rechtsanwalt festgelegt, sondern rechnet dieser entweder auf der Grundlage des Rechtsanwaltsvergütungsgesetzes oder über eine Vergütungsvereinbarung ab, muss er auf Anfrage dem Mandanten – sofern möglich – den Preis der Dienstleistung angeben oder die näheren Einzelheiten der Berechnung, anhand derer der Mandant die Höhe des Preises leicht errechnen kann.

Da mit Ausnahme von Pauschalvereinbarungen der **Endpreis** in der Regel nicht angegeben 20
werden kann, muss der Rechtsanwalt auf Anfrage durch den Mandanten die Grundlagen seiner Berechnung mitteilen. Bei der Abrechnung auf der Grundlage des RVG bedeutet dies, dass entweder die **Fest- oder Betragsrahmengebühren angegeben** werden müssen bzw die **Abrechnung nach Streitwert erläutert** werden muss. Bei der Streitwertabrechnung dürfte erforderlich sein, dem Mandanten die **Grundlagen der Streitwertberechnung** bezogen auf den konkreten Fall zu erläutern und anschließend darauf hinzuweisen, welche Gebühren anfallen können und

wie sich dies betragsmäßig auswirkt. Bei **Rahmengebühren** sollten zusätzlich die Kriterien des § 14 RVG erwähnt werden. Schließen die Parteien eine **Vergütungsvereinbarung**, enthält diese ohnehin die notwendigen Grundlagen für die Berechnung, um dem **Bestimmtheitserfordernis** zu genügen. Auf jeden Fall müssten die **Abrechnungsgrundlage** (zB Stundensatz, Pauschale, vereinbarter Gegenstandswert etc.) sowie etwaige Nebenkosten angegeben werden.

21 Diese Pflicht bedeutet aber **keine Neuerung gegenüber der Rechtslage vor der DL-InfoV**. Denn der Rechtsanwalt ist bereits aus § 49 b Abs. 5 BRAO sowie den Vorschriften über Vergütungsvereinbarungen heraus verpflichtet, dem Mandanten die Grundlagen der Berechnung zu nennen. Diese berufs- und gebührenrechtlichen Informationspflichten bestehen sogar unabhängig von der Anfrage des Mandanten. Dass auf Nachfrage auch weitere Informationen über die Gebührenberechnung gegeben werden müssen, ergibt sich bereits aus dem Mandatsvertrag.

22 [17] Gemäß **§ 12 a ArbGG** besteht **kein Anspruch** der obsiegenden Partei auf Entschädigung wegen Zeitversäumnis oder **Erstattung der Kosten für die Zuziehung eines Prozessbevollmächtigten**. Der Rechtsanwalt des Arbeitnehmers oder Arbeitgebers hat vor Abschluss der Vereinbarung über die Vertretung (Mandatserteilung) nach § 12 a Abs. 1 S. 2 ArbGG auf die arbeitsrechtlichen Besonderheiten der Kostenerstattung hinzuweisen.

II. Pflichtangaben zB in Kanzleibroschüren

23 **1. Muster: Pflichtangaben zB in Kanzleibroschüren[1]**

▶ **Berufsrechtliche Regelungen[2]**

Es gelten die folgenden berufsrechtlichen Regelungen:
Bundesrechtsanwaltsordnung (BRAO),
Berufsordnung (BORA),
Fachanwaltsordnung (FAO)
Rechtsanwaltsvergütungsgesetz (RVG)
Berufsregeln der Rechtsanwälte der Europäischen Union (CCBE)

Die berufsrechtlichen Regelungen können über die Homepage der Bundesrechtsanwaltskammer (www.brak.de) in der Rubrik „Berufsrecht" auf Deutsch und Englisch eingesehen und abgerufen werden.[3]

Multidisziplinäre Tätigkeiten/berufliche Gemeinschaften

Die angegebenen Partner haben sich in der Form einer Partnerschaft zur dauerhaften Berufsausübung zusammengeschlossen.

Die Kanzlei unterhält darüber hinaus ständige Kooperationen mit:
- ■■■ Wirtschaftsprüfungsgesellschaft mbH, ■■■ [Adresse], sowie mit
- ■■■ Law Firm, ■■■ [Adresse], USA.

Die Wahrnehmung widerstreitender Interessen ist Rechtsanwälten aufgrund berufsrechtlicher Regelungen untersagt (§ 43 a Abs. 4 BRAO). Vor Annahme eines Mandates wird deshalb immer geprüft, ob ein Interessenkonflikt vorliegt.[4]

Außergerichtliche Streitschlichtung

Bei Streitigkeiten zwischen Rechtsanwälten und ihren Auftraggebern besteht auf Antrag die Möglichkeit der außergerichtlichen Streitschlichtung
- gemäß § 73 Abs. 2 Nr. 3 iVm § 73 Abs. 5 BRAO bei der regionalen Rechtsanwaltskammer, ■■■, oder
- gemäß § 191 f BRAO bei der Schlichtungsstelle der Rechtsanwaltschaft bei der Bundesrechtsanwaltskammer, im Internet zu finden über die Homepage der Bundesrechtsanwaltskammer (www.brak.de), E-Mail: schlichtungsstelle@brak.de[5] ◀

2. Erläuterungen

[1] Von den im Muster Rn 1 behandelten Informationen, die stets zur Verfügung gestellt werden müssen, unterscheiden sich die **Informationen**, die nur **auf Anfrage** des zukünftigen Mandanten zur Verfügung gestellt werden müssen: 24

- Angaben zu berufsrechtlichen Regelungen und dazu, wie diese zugängig sind (§ 3 Abs. 1 Nr. 1 DL-InfoV); für Internetpräsenzen besteht diese Informationspflicht bereits nach § 5 Abs. 1 Nr. 5 c) TMG;
- Angaben zu den ausgeübten multidisziplinären Tätigkeiten und zu den mit anderen Personen bestehenden beruflichen Gemeinschaften und soweit erforderlich zu Maßnahmen zur Vermeidung von Interessenkonflikten (§ 3 Abs. 1 Nr. 2 DL-InfoV);
- Sofern einschlägig, Angaben zu vom Berufsträger anerkannten Verhaltenskodizes und deren elektronische Verfügbarkeit (§ 3 Abs. 1 Nr. 3 DL-InfoV); diese Informationspflicht betrifft lediglich Verhaltenskodizes, denen sich ein Rechtsanwalt freiwillig unterworfen hat, wie beispielsweise Ethikrichtlinien/Code of Conducts. Wenn, wie in dem vorliegenden Muster angenommen, keine solche Unterwerfung vorliegt – was regelmäßig der Fall sein wird – ist eine solche Angabe verzichtbar.
- Angaben zu außergerichtlichen Streitschlichtungsverfahren, insbesondere Zugang und nähere Informationen über deren Voraussetzungen (§ 3 Abs. 1 Nr. 4 DL-InfoV);
- Angaben zum Preis der Dienstleistung, sofern er nicht im Vorhinein festgelegt wurde, oder zu Einzelheiten der Berechnung oder einem Kostenvoranschlag (§ 4 Abs. 1 Nr. 2 DL-InfoV).

[2] Diese auf Anfrage zu gebenden **Informationen** sind **nicht prinzipiell schriftlich vorzuhalten.** Nur wenn man zB in einer umfangreichen **Kanzleibroschüre** die Dienstleistungen der Kanzlei vorstellt, dann ordnet § 3 Abs. 2 DL-InfoV allerdings an, dass ein Rechtsanwalt gewährleisten muss, dass jedenfalls die Informationen gemäß § 3 Abs. 1 Nr. 2 bis 4 DL-InfoV stets enthalten sein müssen. Die Homepage ist als elektronisches Medium, keine Informationsunterlage. Als ausführliche Informationsunterlage wird beispielsweise regelmäßig die Kanzleibroschüre anzusehen sein. Keine Anwendung wird § 3 Abs. 2 DL-InfoV hingegen auf kurz gehaltene Informationsunterlagen finden. Werden solche ausführlichen Informationsunterlagen eingesetzt, dann werden die in diesem Muster enthaltenen Hinweise erforderlich. 25

[3] Bei einer **berufsrechtlichen Zusammenarbeit** mit anderen Berufen, zB mit Steuerberatern muss auch auf deren berufsrechtliche Regelungen hingewiesen werden. 26

[4] Geht ein Rechtsanwalt neben seiner anwaltlichen Tätigkeit beispielsweise auch dem Beruf des Steuerberaters nach und/oder hat er sich mit weiteren Personen zur gemeinschaftlichen Berufsausübung verbunden, ist der Rechtsanwalt zu einer entsprechenden Angabe zumindest dann verpflichtet, wenn diese **Gemeinschaft in direkter Verbindung zu dem konkreten Mandatsverhältnis** steht. In diesem Zusammenhang kann auch die Angabe von Kooperationspartnern des Rechtsanwalts bzw der Kanzlei erforderlich werden. Die Vertretung widerstreitender Interessen ist Rechtsanwälten berufsrechtlich verboten. Vor Übernahme eines jeden Mandats findet daher berufsrechtlich notwendigerweise immer eine Kollisionsprüfung statt. 27

[5] Da die örtliche Rechtsanwaltskammer, in der der Rechtsanwalt Mitglied ist, gemäß § 73 Abs. 2 Nr. 3 BRAO außergerichtliche Streitschlichtungsverfahren zwischen Rechtsanwälten und Mandanten durchführt, muss ein Rechtsanwalt seine Mandanten über dieses besondere **Streitschlichtungsverfahren** informieren. Eine teleologische Auslegung von § 3 Abs. 1 Nr. 3 DL-InfoV ergibt, dass ein Rechtsanwalt darüber hinaus auf die bei der Bundesrechtsanwaltskammer angesiedelte Schlichtungsstelle der Rechtsanwaltschaft gemäß § 191 f BRAO hinzuweisen hat, obwohl er nur unmittelbares Mitglied der Rechtsanwaltskammer und nicht der Bundesrechtsanwaltskammer ist. § 3 Abs. 1 Nr. 4 DL-InfoV bezweckt, dem Dienstleistungsempfänger alle Informationen zugänglich zu machen, die spezielle für den jeweiligen Dienstleistungsbereich vorgesehene Schlichtungsverfahren betreffen. 28

B. Bestätigungen des Mandanten vor Vertragsabschluss

I. Belehrungs- und Informationsbestätigungen

29 **1. Muster: Bestätigung der Belehrung nach § 49 b Abs. 5 BRAO[1]**

▶ Hiermit bestätige ich[2], Mandant ■■■, dass ich vor Abschluss des Anwaltsvertrages in Sachen ■■■ ./. ■■■ von den Rechtsanwälten ■■■ auf die Gebühren nach dem Rechtsanwaltsvergütungsgesetz hingewiesen wurde und auch darüber informiert wurde, dass sich die durch die Rechtsanwälte zu erhebenden Gebühren nach dem Gegenstandswert richten.

Ort, Datum

■■■

Unterschrift ◀

30 **2. Muster: Bestätigung der Belehrung nach § 12 a Abs. 1 S. 2 ArbGG[3]**

▶ Hiermit bestätige ich, Mandant ■■■, dass ich vor Abschluss des Anwaltsvertrages in Sachen ■■■ ./. ■■■ von den Rechtsanwälten ■■■ darüber informiert worden bin, dass in arbeitsgerichtlichen Verfahren erster Instanz eine Erstattung der Anwaltsgebühren auch dann nicht in Betracht kommt, wenn das Verfahren erfolgreich für mich zum Abschluss kommt. Die durch die Tätigkeit der Rechtsanwälte ■■■ entstehenden Gebühren und Auslagen erster Instanz habe ich also auf jeden Fall selbst zu tragen.

■■■

Ort, Datum

■■■

Unterschrift ◀

31 **3. Muster: Bestätigung der Information nach DL-InfoV[4]**

▶ Hiermit bestätige ich, Mandant ■■■, dass ich vor Abschluss des Anwaltsvertrages in Sachen ■■■ ./. ■■■ von den Rechtsanwälten ■■■ über solche Informationen nach der Dienstleistungs-Informationspflichten-Vorordnung informiert worden bin, wie sie sich aus dem Handblatt vom ■■■ ergeben.

■■■

Ort, Datum

■■■

Unterschrift ◀

II. Erläuterungen

32 [1] Darüber, ob und mit welchem **Inhalt** die **vorgeschriebenen Informationen und Belehrungen** vorgenommen worden waren, kann es im Streitfalle leicht zu **Beweisschwierigkeiten** kommen, wenn es bei der Mündlichkeit verbleibt. Es wird für beide Seiten hilfreich sein können, die tatsächliche Information belegen zu können; dem Anwalt wird es helfen, dass er schriftlich belegen kann, dass er informiert hat, dem Mandanten kann es unter Umständen hilfreich sein, wenn er belegen kann, mit welchem Inhalt er belehrt wurde. Es ist also in beider Interesse ratsam, den Mandanten vor Vertragsschluss eine Bestätigung über die Belehrung **gegenzeichnen** zu lassen (vgl dazu *Klees* in Hinne/Klees/Müllerschön/Teubel/Winkler, Vereinbarungen mit Mandanten, Teil 2 Rn 65).

33 [2] Die **Belehrungspflicht** nach § 49 b Abs. 5 BRAO gilt erst seit dem 1.7.2004 und war zunächst als rein berufsrechtliche Hinweispflicht verstanden worden, die zu mehr Transparenz für die Rechtssuchenden führen sollte. Es setzte sich aber die Auffassung durch, dass die Regelung sich über § 134 auch direkt **zivilrechtlich auswirkt**. Insoweit hat der BGH einen Schadensersatzan-

spruch des Mandanten bei Verletzung der in § 49 b Abs. 5 BRAO vorgesehenen Informationspflicht bejaht (BGH AnwBl. 2007, 628). Die Beweislast für das Unterbleiben des Hinweises trägt insoweit nach allgemeinen Beweislastgrundsätzen der Mandant (BGH AnwBl. 2008, 68). Bei schuldhaftem Verhalten führt ein Verstoß aber auch zu einer berufsrechtlichen Aufsichtsmaßnahme der Rechtsanwaltskammer, da § 59 b Abs. 5 BRAO die Gewissenhaftigkeit der Berufsausübung in § 43 BRAO ausfüllt und über § 113 BRAO sanktionsbewehrt ist (vgl hierzu *Feuerich* in: Weyland/Feuerich, BRAO, § 113 Rn 10).

[3] Auch die Pflicht, auf die **fehlende Erstattungsmöglichkeit von Anwaltsgebühren im arbeits-** 34
gerichtlichen Verfahren gemäß § 12 a Abs. 1 S. 2 ArbGG hinzuweisen, wirkt zivilrechtlich auf das Mandatsverhältnis ein. Nach ganz überwiegender Auffassung führt ein Verstoß hiergegen zu einem Schadensersatzanspruch des Mandanten, mit der Maßgabe, dass die Anwaltsgebühren gänzlich entfallen können (*Ennemann* in Berscheid/Kunz/Brand/Ennemann, Teil 7 G II Rn 407), wenn der Mandant nachträglich darlegt, er hätte bei ordnungsgemäßer Belehrung keinen Rechtsanwalt beauftragt.

[4] Ein **Verstoß gegen die DL-InfoV** ist jedenfalls als eine **Ordnungswidrigkeit** mit einem **Buß-** 35
geld bis zu 1.000,00 EUR zu ahnden. In diesem Bereich wird es auch nur eine Frage der Zeit sein, bis erste **Konkurrentenklagen** gegen Rechtsanwälte nach UWG erhoben werden. Dies sind für den Rechtsanwalt schon Gründe genug, sich gegen einen Beweisverlust zu schützen. Hinzukommt, dass im Bereich der DL-InfoV auch Fälle auftauchen werden, in denen zumindest eine Teilunwirksamkeit des Anwaltsvertrages zur Debatte steht, soweit eine Information nicht oder unzureichend erfolgt ist. Der hier empfohlene Weg ist also der, sich die Information gemäß dem vom Anwalt unterzeichneten Handblatt (s. oben Rn 1) bestätigen zu lassen.

C. Anwaltsvertrag

I. Allgemeine Geschäftsbedingungen

1. Muster: Allgemeine Mandatsbedingungen für einzelne Angelegenheiten[1] 36

▶ RA ■■■ 442

– Rechtsanwalt –

und

Herr ■■■

– Mandant –

schließen folgende Vereinbarung über anwaltliche Leistungen:

§ 1 Umfang des Mandats

Gegenstand des Vertrages ist die vereinbarte Leistung gemäß Bezeichnung in der Vollmacht. Ein rechtlicher oder wirtschaftlicher Erfolg ist nicht geschuldet. Der Rechtsanwalt kann zur Bearbeitung des Mandats Mitarbeiter, aber auch andere Rechtsanwälte heranziehen.[2]

§ 2 Pflichten des Mandanten

Der Mandant unterrichtet den Rechtsanwalt vollständig und umfassend über den Sachverhalt und stellt dem Rechtsanwalt zur Bearbeitung des Mandats alle notwendigen Informationen rechtzeitig zur Verfügung. Insbesondere teilt der Mandant jede Änderung seiner Kontaktdaten während des Mandats mit.

§ 3 Vergütung[3]

1. Die Vergütung bestimmt sich nach dem Rechtsanwaltsvergütungsgesetz (RVG), wenn keine Vergütungsvereinbarung abgeschlossen ist.

2. Die Berechnung nach dem Rechtsanwaltsvergütungsgesetz richtet sich nach dem Gegenstandswert des Mandats.
3. Der Mandant tritt sämtliche Ansprüche auf Kostenerstattung gegen die Gegenseite, der Staatskasse, Rechtsschutzversicherung, bei vorliegender Zustimmung durch diese, oder sonstige Dritte in Höhe der Honorarforderung des Rechtsanwalts als Sicherheit an diesen mit der Ermächtigung ab, diese Abtretung dem Zahlungsverpflichteten mitzuteilen. Der Rechtsanwalt wird den Erstattungsanspruch nicht einziehen, solange der Mandant seiner Zahlungsverpflichtung nachkommt, insbesondere nicht die Zahlung verweigert, in Zahlungsverzug gerät oder Antrag auf Eröffnung eines Insolvenzverfahrens über sein Vermögen gestellt ist.
4. Der Rechtsanwalt ist befugt, eingehende Erstattungsbeträge und sonstige dem Mandanten zustehende Zahlungen, die bei ihm eingehen, mit offenen Honorarforderungen oder noch abzurechnenden Leistungen nach entsprechender Rechnungsstellung zu verrechnen, soweit eine Verrechnung gesetzlich zulässig ist.

§ 4 Zahlungen

Honorarforderungen des Rechtsanwalts sind sofort ohne Abzüge zahlbar. Dies gilt auch für Vorschussrechnungen. Eine Aufrechung gegen Forderungen des Rechtsanwalts ist nur mit unbestrittenen oder rechtskräftig festgestellten Forderungen zulässig.

§ 5 Fremdgeld

Der Rechtsanwalt ist verpflichtet, bei ihm eingegangene und dem Mandanten zustehende Gelder unverzüglich an den Mandanten weiter zu leiten. Im Einzelfall können die Parteien etwas anderes vereinbaren. Dann ist der Rechtsanwalt aber verpflichtet, Fremdgeld auf einem Anderkonto getrennt von dem üblichen Geschäftskonto zu verwahren.[4]

§ 6 Beendigung des Mandats

Das Mandat endet mit Erledigung des Auftrags bzw mit Beendigung der beauftragten Rechtsangelegenheit. Es kann beiderseitig ohne Angabe von Gründen mit sofortiger Wirkung durch entsprechende Erklärung gegenüber der anderen Vertragspartei beendet werden. Beendet der Rechtsanwalt ohne entsprechende Zustimmung des Mandanten während eines gerichtlichen Verfahrens das Mandat, so kann er dies in der Regel nur unter einer Frist von drei Werktagen beenden. Dies gilt insbesondere für den Fall, dass Gerichtstermine oder prozessuale Notfristen bekannt sind.[5]

§ 7 Haftungsbeschränkung

Die Haftung des Rechtsanwalts aus dem zwischen ihm und dem Mandanten bestehenden Vertragsverhältnis auf Ersatz eines durch einfache Fahrlässigkeit verursachten Schadens wird hiermit auf 1.000 000,00 EUR beschränkt. Die Haftungsbeschränkung gilt nicht, wenn der Schaden grob fahrlässig oder vorsätzlich verursacht worden ist, ferner nicht für die Haftung für schuldhaft verursachter Schäden wegen der Verletzung des Lebens, des Körpers oder der Gesundheit einer Person.[6]

§ 8 Aufbewahrungs- und Herausgabepflicht der Handakten

1. Handakten des Rechtsanwalts sind nur Schriftstücke, die der Rechtsanwalt aus Anlass seiner beruflichen Tätigkeit von seinem Mandanten oder für ihn erhalten hat, nicht aber der Briefwechsel zwischen ihm und seinem Mandanten und die Schriftstücke, die dieser bereits in Urschrift oder Abschrift erhalten hat.[7]
2. Der Rechtsanwalt hat die Handakten in Form der schriftlichen Dokumente und Kopien/EDV-Dateien mit Ausnahme von vollstreckungsfähigen Titeln nur für die Dauer von 5 Jahren nach Beendigung des Auftrags aufzubewahren. Diese Verpflichtung erlischt jedoch schon vor Beendigung des Zeitraumes, wenn der Rechtsanwalt den Mandaten aufgefordert hat, die Handakten in Emp-

fang zu nehmen, und der Mandant dieser Aufforderung binnen sechs Monaten, nachdem er sie erhalten hat, nicht nachgekommen ist.[8]

3. Der Rechtsanwalt kann seinem Mandanten die Herausgabe der Handakten verweigern, bis er wegen seiner Gebühren und Auslagen befriedigt ist. Dies gilt nicht, soweit die Vorenthaltung der Handakten oder einzelner Schriftstücke nach den Umständen unangemessen wäre.[9]

§ 9 Gerichtsstandsvereinbarung

Als Gerichtsstand wird der Sitz der Kanzlei des Rechtsanwalts vereinbart. Leistungsort ist ebenfalls der Sitz der Kanzlei, es sei denn, es wird ein anderer Leistungsort ausdrücklich vereinbart.

§ 10 Schlussklausel

Sollte eine dieser Bestimmungen lückenhaft, rechtsunwirksam oder undurchführbar sein oder werden, wird dadurch die Wirksamkeit der übrigen Bestimmungen nicht berührt. Anstelle der unwirksamen oder undurchführbaren Bestimmungen oder zur Ausfüllung der hierdurch entstandenen Lücke gilt eine angemessene Regelung, die im Rahmen des rechtlich zulässigen dem am nächsten kommt, was die Vertragsparteien gewollt haben bzw gewollt haben würden, als vereinbart.

■■■

Ort, Datum

■■■

Unterschrift Mandant

■■■

Unterschrift Rechtsanwalt ◄

2. Erläuterungen

[1] Die Praxis kommt in der Regel **ohne einen schriftlichen Anwaltsvertrag** aus. In der Sprache des Europarechts ist nämlich der Freie Beruf des Rechtsanwaltes gerade nicht frei, sondern ein „reglementierter Beruf" (s. zB die Formulierung in § 3 Abs. 1 Ziff. 1 DL-Info), der in der vertraglichen Gestaltung keine großen Spielräume hat. Die Mandatsbedingungen sind größtenteils nicht aushandelbar, sondern durch Gesetz und Rechtsprechung bereits festgelegt. Insbesondere eine strikte und sich immer mehr ausdifferenzierende Haftungsrechtsprechung (vgl stellvertretend für viele *Borgmann/Jungk/Grams*, Anwaltshaftung) und das anwaltliche Berufsrecht (vgl stellvertretend *Gaier/Wolf/Göcken*, Anwaltliches Berufsrecht) beschreiben das Pflichtengefüge des Rechtsanwalts umfassend. Dies ist nicht vertraglich abdingbar. Dennoch kann eine solche schriftliche Fixierung zwischen den Mandatsparteien den Sinn haben, dem Mandanten von Vorneherein das Verhältnis transparenter zu machen. 37

[2] Der Umstand, dass zB **vor Gericht ein anderer Kollege auftritt**, als der, mit dem der Mandant seine Klage besprochen hat, führt oft bei den Mandanten zu erheblichen Irritationen. Deshalb ist bei einem Mandatsvertrag mit einem konkreten Rechtsanwalt wie hier, die **Offenlegung** von Vorneherein sinnvoll. Wird der Mandatsvertrag mit einer Sozietät, einer Partnerschaftsgesellschaft oder einer Rechtsanwaltsgesellschaft mbH geschlossen, so ist das **Mandat mit der Gesamtheit der Gesellschafter abgeschlossen**, von denen jeder tätig werden kann. Dies gilt nicht für sogenannte Bürogemeinschaften, in denen sich die Rechtsanwälte nur für den gemeinsamen Betrieb der Praxis zusammengeschlossen haben, aber gerade nicht die gemeinsame Berufsausübung im Mandat wünschen (s. hierzu umfassend *Hartung/Scharmer*, Bürogemeinschaft für Rechtsanwälte). 38

[3] Die vorliegenden Allgemeinen Mandatsbedingungen enthalten den Regelfall der gesetzlichen Vergütung nach RVG. Will der Rechtsanwalt eine davon abweichende **Vergütungsvereinbarung** treffen, so ist diese an die Erfordernisse des § 3 a RVG gebunden. Sie bedarf der 39

Textform, muss als Vergütungsvereinbarung bezeichnet werden, muss sich **von anderen Vereinbarungen deutlich absetzen** und darf **nicht in der Vollmacht enthalten** sein. Deshalb werden für Gebührenvereinbarungen oft **getrennte Formulare** vorgeschlagen. Die in die Allgemeinen Mandatsbedingungen integrierte Form ist daher nur bei der Vereinbarung gesetzlicher Gebühren möglich.

40 [4] Die Verpflichtung, **Fremdgeld** als Folge der §§ 675, 677 unverzüglich an den Mandanten **herauszugeben**, steht auch zur Disposition des Mandanten. Es bleibt dann aber bei der berufsrechtlichen Pflicht zur gesonderten Verwahrung gemäß § 4 BORA.

41 [5] Das anwaltliche Mandatsverhältnis ist ein **besonderes Vertrauensverhältnis**, ohne das eine sinnvolle Zusammenarbeit im Interesse des Mandanten nicht mehr möglich ist. Es ist daher im Falle des Vertrauensverlustes von beiden Seiten jederzeit nach § 627 Abs. 1 kündbar, auch wenn sie dafür keinen wichtigen Grund im Sinne des § 626 haben (BGH NJW 2002, 2774). Für die **Kündigung seitens des Rechtsanwaltes** gibt es aber **Beschränkungen**. Sie kann zB nicht einfach bei einer Beiordnung im Wege der **Prozesskostenhilfe** erfolgen, denn dann ist der Rechtsanwalt jedenfalls zunächst gehalten, die **Aufhebung der Beiordnung** zu beantragen. Gemäß § 48 Abs. 2 BRAO ist die Aufhebung der Beiordnung nur vorgesehen, wenn ein wichtiger Grund vorliegt. Weiterhin darf die Kündigung seitens des Rechtsanwaltes **nicht zur „Unzeit"** erfolgen. Kündigt der Rechtsanwalt zu einem Zeitpunkt, zu dem der Mandant als Dienstberechtigter sich die von ihm benötigten Dienste für die Prozessvertretung nicht rechtzeitig anderweitig beschaffen kann, schuldet der Rechtsanwalt nach § 627 Abs. 2 S. 2 **Ersatz** des daraus entstehenden **Schadens**. Die Kündigung zur Unzeit ist damit zwar wirksam, kann aber zur Schadensersatzpflicht führen. (s. dazu im Einzelnen zB *Schultz* in *Gaier/Wolf/Göcken*, Anwaltliches Berufsrecht, Zivilrecht. Haftung Rn 156 ff). Um Schaden des Mandanten von Vorneherein zu vermeiden kann sich der Rechtsanwalt verpflichten, zB am „Vorabend eines Gerichtstermins" nicht zu kündigen.

42 [6] Die Klausel entspricht den durch vorformulierte Vertragsbedingungen gemäß § 51 a BRAO geregelten Möglichkeiten einer **Haftungsbegrenzung**. Der Betrag von 1.000.000,00 EUR entspricht dem vierfachen Betrag der Mindestversicherungssumme von 250.000,00 EUR gemäß § 51 Abs. 4 BRAO, auf den die Begrenzung nur vorgenommen werden darf. Diese Form der vertraglichen Begrenzung von Ersatzansprüchen ist nur für Fälle einfacher Fahrlässigkeit möglich. Für weitergehende vertragliche Begrenzungen sind ansonsten Individualvereinbarungen zu verwenden.

43 [7] Die **Regelungen zu den Handakten** des Rechtsanwalts enthält § 50 BRAO (s. dazu *Tauchert* in Gaier/Wolf/Göcken, Anwaltliches Berufsrecht, § 50 BRAO Rn 3 ff). Für den Mandanten im Streitfalle oft völlig neu ist die Erkenntnis, dass der gesamte Schriftwechsel, den der Anwalt in einer Sache mit Dritten, dem Gegner oder Gerichten geführt hat, gemäß § 50 Abs. 4 BRAO nicht zu den Aktenbestandteilen gehören, auf die der Mandant einen Herausgabeanspruch hat. Schriftwechsel und Aktennotizen des Rechtsanwalts sind seine eigenen Leistungen, die er dem Mandanten nur informativ weiterzugeben hat. Wenn der Anwalt ordnungsgemäß im Laufe des Verfahrens den getätigten Schriftwechsel immer in Abschrift an den Mandanten weiter geleitet hat, dann hat der Mandant eben nur noch Anspruch auf die Dokument, Urkunden oder Schriftstücke, die er dem Anwalt zum Zwecke der Bearbeitung der Angelegenheit reingereicht hat.

44 [8] Die Pflicht zur **Aufbewahrung der Akten** ist gemäß § 50 Abs. 2 BRAO auf fünf Jahre festgelegt. Doch wurde dem Rechtsanwalt eine Gestaltungsmöglichkeit eingeräumt, wenn er diesen Zeitraum verkürzen will, weil er zB nicht den Lagerungsaufwand erbringen möchte. Er muss aber dann das beschriebene Verfahren einhalten und den Mandanten zur Inempfangnahme auffordern, um spätestens in sechs Monaten nach dieser Aufforderung von der Aufbewahrungspflicht frei zu sein.

[9] Das dem Rechtsanwalt in § 50 Abs. 3 BRAO gegebene **Herausgabeverweigerungsrecht** bezüglich der dem Mandanten zustehenden **Aktenteile** ist oft außer der Honorarklage das einzige Mittel, gegen einen zahlungsunwilligen Mandanten ein **Zwangsmittel** einzusetzen. Allerdings muss der Rechtsanwalt ohne Rücksicht auf sein eigenes Honorarinteresse auch auf dieses Zwangsmittel verzichten, wenn dem Mandaten zB ein nicht wieder gut zu machender Rechtsschaden entstehen könnte. Wenn in der Handakte Urkunden oder Zwangsvollstreckungstitel liegen, aus denen weiteres rechtliches Vorgehen zwingend erfolgen muss, um weiteren Rechts- oder Vermögensverlust zu vermeiden, dann entspricht es berufsrechtlicher Wertung, dass der Anwalt auf sein Zurückbehaltungsrecht verzichtet. Ansonsten wäre es gerade der zur Rechtspflege berufene Rechtsanwalt, der den Fortgang der Rechtspflege hindern würde. 45

II. Beratungsvertrag für mehrere Angelegenheiten

1. Muster: Beratungsvertrag für mehrere Angelegenheiten über längeren Zeitraum 46

▶ Zwischen

■■■ & Partner

und

der Fa. ■■■ GmbH

wird folgender Pauschalberatungsvertrag geschlossen:

■■■ & Partner beraten die Fa. ■■■ GmbH in ihren zivilrechtlichen und arbeitsrechtlichen Angelegenheiten.

In allen zivilrechtlichen Angelegenheiten der Fa. ■■■ GmbH gegenüber Dritten, sowie von Dritten gegen die Fa. ■■■ GmbH ist das Sekretariat der Mandantin berechtigt, die Angelegenheit durch Vorlage ihrer Dokumentation der Kanzlei von ■■■ & Partner zur Würdigung von Erfolgsaussichten oder Empfehlung weiterer Schritte vorzulegen. Für diese zivilrechtliche Beratung erhalten ■■■ & Partner eine monatliche Vergütung von ■■■ EUR. Die Parteien gehen dabei von durchschnittlich etwa 10 Fällen dieser Art monatlich aus. Sollte sich diese Zahl auf über 12 Fälle erhöhen, so ist die Gebührenvereinbarung anteilig zu erhöhen.[1]

Für die arbeitsrechtliche Beratung der Fa. ■■■ GmbH erhalten ■■■ & Partner eine monatliche Vergütung von ■■■ EUR. Ausgangspunkt sind bis zu 20 Arbeitnehmer, gleichgültig ob Vollzeitarbeitskräfte oder Teilzeitarbeitskräfte. Erhöht sich die Zahl der Arbeitnehmer, so erhöht sich die monatliche Vergütung pro angefangene 5 Arbeitnehmer um jeweils ■■■ EUR. Zur arbeitsrechtlichen Beratung gehören keine steuerrechtlichen und sozialversicherungsrechtlichen Fragen, auch wenn sie Arbeitnehmer betreffen.[2]

Der Vertrag umfasst auch Vertretung der Position gegenüber der Gegenseite einschließlich Vergleichsabschlüssen. Nicht dagegen erfasst ist die forensische Tätigkeit ab Klageauftrag oder Auftrag zur Klageerwiderung; diese wird im Einzelfall gemäß Rechtsanwaltsvergütungsgesetz vergütet.[13]

Anwaltlicher Ansprechpartner für die zivilrechtliche Beratung ist Rechtsanwalt ■■■ und für die arbeitsrechtliche Beratung RA und Fachanwalt für Arbeitsrecht ■■■. ■■■ & Partner sind aber auch berechtigt andere, ihnen geeignet erscheinende Rechtsanwälte aus ihrer Partnerschaft mit der Bearbeitung zu betrauen.

Die beratende Tätigkeit beginnt am 1.1. ■■■; der Vertrag hat eine Laufzeit von einem Jahr; er verlängert sich jeweils um ein Jahr, wenn er nicht bis zum 30.9. eines Jahres zum Jahresende schriftlich gekündigt wird.

■■■

Ort, Datum

■■■

Fa. ▪▪▪ GmbH

▪▪▪

▪▪▪ & Partner ◀

2. Erläuterungen

47 [1] Solche **Anpassungsklauseln** können manchen Streit um den vertraglich gewollten Umfang vermeiden. Da sich die vorliegende Vereinbarung nur mit der außergerichtlichen Beratung befasst, kann selbstverständlich auch eine andere Art der Vergütung vereinbart werden, wie zB ein Stundenhonorar oder über einen Anteil am Gegenstand, etc. (s. hierzu Muster im Einzelnen *Winkler* in Hinne/Klees/Müllerschön/Teubel/Winkler, Vereinbarungen mit Mandanten, Teil 1 Rn 452 ff).

48 [2] Es empfiehlt sich, die **Beratungskomplexe** anhand von Rechtsgebieten genau zu beschreiben und erfasste, aber auch nicht erfasste Leistungen festzulegen.

49 [3] Forensische Tätigkeit sollte wegen des **Gebührenunterschreitungsverbots** gemäß § 49 b BRAO ausgeschlossen werden.

D. Vergütungsvereinbarungen

I. Zeithonorar

50 **1. Muster: Vereinbarung von Zeithonorar[1]**

▶ Zwischen

RA ▪▪▪ und ▪▪▪ GmbH

wird in Abweichung früherer Vereinbarung des RVG nunmehr folgende Zeithonorarvereinbarung[2] getroffen:[3]

Die beratende, gutachterliche und außergerichtliche Tätigkeit des Rechtsanwaltes wird mit einem Stundensatz von ▪▪▪ EUR zzgl 19 % MwSt. je Stunde berechnet.[4]

Tätigkeiten vor 7.00 Uhr und nach 20.00 Uhr sowie an Samstagen, Sonn- und Feiertagen werden zu einem 25 % höheren Stundensatz abgerechnet.

Unter „Tätigkeit" fallen auch Fahrtzeiten zu Terminen, Warten auf Zuganschlüsse und Warten auf Termine.[5]

Die Tätigkeit für eingesetzte Anwälte, die nicht länger als 3 Jahre praktizieren oder Referendare wird nur mit einem reduzierten Stundensatz von ▪▪▪ EUR je Stunde berechnet.

Vereinbart wird eine Taktung von 5 Minuten.[6]

Der Rechtsanwalt führt über die Tätigkeit Aufzeichnungen, aus der sich das Datum und die Dauer der Tätigkeit sowie die Tätigkeitsart ergeben. Diese Aufzeichnungen werden dem Mandanten mit der Rechnung vorgelegt. Abgerechnet wird jeweils am 1. eines Monats für den abgelaufenen Monat. Der abgerechnete Betrag ist sofort fällig.

Wird in einem Monat eine Obergrenze von ▪▪▪ EUR erreicht, so teilt dies der Rechtsanwalt dem Mandanten mit; vor Freigabe weiterer Tätigkeiten im laufenden Monat durch den Auftraggeber entfaltet der Rechtsanwalt keine weiteren Tätigkeiten in diesem Monat.

Entfaltet der Rechtsanwalt auftragsgemäß forensische Tätigkeit, so wird diese Vereinbarung auch darauf erstreckt. Wird in diesem Falle aufgrund der Zeitvergütungsvereinbarung die Höhe der gesetzlichen Gebühren unterschritten, so ist der Mandant verpflichtet, die Höchstgebühren der gesetzlichen Gebühren nach dem Rechtsanwaltsvergütungsgesetz für gerichtliche Verfahren als Mindestvergütung zu zahlen.

▪▪▪

Ort, Datum

▪▪▪

Unterschrift Mandant

▪▪▪

Unterschrift Rechtsanwalt ◄

2. Erläuterungen

[1] Wegen der vielen unterschiedlichen Situationen, in denen sich Vergütungsvereinbarungen empfehlen, kann dieses Thema hier nicht abschließend behandelt werden. *Winkler* in: Hinne/Klees/Müllerschön/Teubel/Winkler, Vereinbarungen mit Mandanten, Teil 1 Rn 419 ff stellt für die Vergütungsvereinbarungen insgesamt 62 Muster vor. 51

Im Rahmen einer Vergütungsvereinbarung kann in einem Anwaltsvertrag – ob er ausdrücklich, schlüssig, schriftlich oder mündlich geschlossen worden ist – eine **von der gesetzlichen Vergütung** nach RVG **abweichende Regelung** zwischen den Parteien getroffen werden. Sie hat insoweit keine Außenwirkungen, als die erstattungspflichtige gegnerische Partei oder die Staatskasse regelmäßig nicht mehr als die gesetzliche Vergütung erstatten müssen. Die Vereinbarung ist an **formelle Voraussetzungen gemäß § 3 a RVG** geknüpft. Sie bedarf jedenfalls der Textform, muss also separat schriftlich abgesetzt werden, wenn kein schriftlicher Vertrag vorliegt. Aber auch wenn ein schriftlicher Anwaltsvertrag vorliegt, muss sie als Vergütungsvereinbarung bezeichnet von den anderen Vereinbarungsinhalten des Vertrages deutlich abgesetzt sein. Auf keinen Fall darf sie in der Vollmacht enthalten sein, damit Überraschungseffekte für den Mandanten ausbleiben. Um allzu filigrane Überlegungen zur Absetzung der Vergütungsvereinbarung von übrigen Inhalten zu vermeiden, kann man sie auch gleich in separierter Textform vorsehen. 52

[2] Das **Zeithonorar** ist das klassische Gegenmodell zur RVG-Vergütung. Es wird vorwiegend dort eingesetzt, wo in erster Linie **Beratungsmandate** und nicht forensische Tätigkeit überwiegen. Aber zunehmend werden auch für gerichtliche Verfahren Zeitvergütungen vereinbart. Dann ist aber wegen des Gebührenunterschreitungsverbotes nach § 49 b Abs. 1 S. 1 BRAO darauf hinzuweisen, dass mindestens die gesetzlichen Gebühren zu zahlen sind. Eine Überschreitung der RVG-Vergütung durch eine Zeithonorarvereinbarung ist unbedenklich. Diese empfiehlt sich also, wenn erkennbar ist, dass ein gerichtlicher Streit aufwendiger werden wird, als dies durch die Gebühr nach Gegenstandswert abgedeckt ist. Im Beratungsbereich wird das Zeithonorar von Mandanten häufig als gerechter empfunden, weil es nachvollziehbar ist und insbesondere bei hohen Gegenstandswerten ungerechtfertigt hohe Gebühren vermeidet. 53

[3] Es gibt keine gesetzlichen Vorgaben, wann die Vergütungsvereinbarung abgeschlossen sein muss, ob vor oder bei Abschluss des Anwaltsvertrages, anlässlich einer etwaigen Modifizierung oder auch nach dem Abschluss des Vertrages. Selbst nach Erledigung der anwaltlichen Tätigkeit, selbst nach Zahlung der gesetzlichen Vergütung kann noch eine Vergütungsvereinbarung geschlossen werden. Die separat vertextete Vergütungsvereinbarung eignete sich also besonders gut dafür, nach anfänglicher Fehleinschätzung des Aufwandes für eine Angelegenheit, nachträglich einvernehmlich nachzubessern. Dies gilt selbst dann, wenn ursprünglich in den Informationen nach DL-InfoV andere Angaben gemacht wurden. 54

[4] Zur **Stundensatzhöhe** geht *Madert*, Die Honorarvereinbarung des Rechtsanwalts, 2002, zu § 4 Rn 34 von 150,00 EUR bis 600,00 EUR pro Stunde aus. *Hommerich/Kilian*, Vergütungsvereinbarungen deutscher Rechtsanwälte, 2006, ermittelten einen durchschnittlichen Stundensatz von 182,00 EUR, wobei der meistgenannte Stundensatz 150,00 EUR betrage. Es liegt auf der Hand, dass bei höherer Spezialisierung und höherer Bedeutung der Sache der Stundensatz auch signifikant über diesem Wert liegen kann. 55

[5] Alternativ könnte man für diese Zeiten auch zB den halben Stundensatz vereinbaren. 56

57 [6] Das OLG Düsseldorf, AnwBl. 2006, 770 – bestätigt auch in späteren Entscheidungen des OLG Düsseldorf – den gängigen 15-Minuten-Takt als Verstoß gegen § 307 BGB angesehen.

II. Erfolgshonorar

58 **1. Muster: Vereinbarung über Erfolgshonorar**[1]

445 ▶ Zwischen

Rechtsanwalt ▪▪▪ (im Folgenden: Rechtsanwalt)

und

Herrn ▪▪▪ (im Folgenden: Mandant)

wird für das Mandat ▪▪▪

folgende

Vergütungsvereinbarung

im Falle der Verfahrenstrennung für jedes getrennte Verfahren ab Verfahrenstrennung gesondert[2] geschlossen:

1. Vorliegend handelt es sich um die Vereinbarung eines Erfolgshonorars im Sinne von § 4 a des Rechtsanwaltsvergütungsgesetzes (RVG).
2. Der Mandant hat die eigenen wirtschaftlichen Verhältnisse dargelegt und erklärt, dass ohne die Vereinbarung eines Erfolgshonorars er von der Rechtsverfolgung abgehalten würde, da
   - Prozesskostenhilfeberechtigung aus wirtschaftlichen und finanziellen Gründen nicht besteht,
   - die gesetzliche oder erfolgsunabhängig vereinbarte Vergütung des Rechtsanwalts nicht bezahlt werden kann, ohne Risiken für die eigene wirtschaftliche Situation einzugehen.[3]
3. Ausgehend von einem Gegenstandswert von ▪▪▪ EUR (geschätzt; Werterhöhungen durch eigene oder gegnerische Anspruchserweiterungen sind nicht abschätzbar und führen zur Gebührenerhöhung) betragen die gem. § 49 b Abs. 5 Bundesrechtsanwaltsordnung – BRAO – streitwertabhängig abzurechnenden gesetzlichen Gebühren einschließlich derzeitiger Mehrwertsteuer rund ▪▪▪ EUR.[4]
4. Der Mandant ist gem. § 3 a Abs. 1 S. 2 RVG vom Rechtsanwalt darüber belehrt worden, dass die gegnerische Partei, ein Verfahrensbeteiligter oder die Staatskasse im Falle der Kostenerstattung regelmäßig nicht mehr als die gesetzliche Vergütung erstatten muss; es wurde zudem gem. § 4 a Abs. 3 S. 2 RVG darüber belehrt, dass die Vereinbarung keinen Einfluss auf die gegebenenfalls vom Mandanten zu zahlenden Gerichtskosten, Verwaltungskosten und von ihm an andere Beteiligte zu erstattenden Kosten hat, die alle der Rechtsanwalt nicht trägt.[5]
5. a) Der Erfolgsfall, der die nachfolgend gem. Nr. 6 a) vereinbarte Vergütung auslöst, liegt vor, wenn der Mandant aus dem Verkehrsunfall vom ▪▪▪ ein Schmerzensgeld von mindestens 100.000,00 EUR nebst einer lebenslange Rente von monatlich mindestens 300,00 EUR erhält.
   b) Der Teilerfolgsfall, der die nachfolgend gem. Nr. 6 b) vereinbarte Vergütung auslöst, liegt vor, wenn der Mandant aus dem Verkehrsunfall vom ▪▪▪ ein Schmerzensgeld von mindestens 100.000,00 EUR erhält.[6]
6. a) Bei Erfolg zahlt der Mandant an den Rechtsanwalt 30 % des erlangten Schmerzensgeldbetrages.
   b) Bei Teilerfolg zahlt der Mandant an den Rechtsanwalt 20 % des erlangten Schmerzensgeldbetrages.
   c) Die Parteien gehen einvernehmlich davon aus, dass im Hinblick auf die komplexe Sachlage, die Schwierigkeit der betroffenen Rechtsfragen und die erhebliche Bedeutung des Ausgangs für den Mandanten die angenommene Höhe des Erfolgshonorars angemessen ist.[7]

d) Die oben unter a) und b) genannte Vergütung versteht sich zuzüglich gesetzlicher Mehrwertsteuer; erhöht sich die gesetzliche Mehrwertsteuer später als vier Monate nach Abschluss dieser Vereinbarung, erhöht sich der o.g. Betrag um die Anhebung der Mehrwertsteuer.

e) Die Vergütung ist sofort mit Rechnungsstellung fällig; der Rechtsanwalt ist berechtigt, die geschuldete und abgerechnete Vergütung der Leistung des Gegners oder eines Dritten sofort vor Weiterleitung an den Mandanten zu entnehmen.

f) In Höhe der geschuldeten Vergütung sind Ansprüche an den Gegner oder Dritte unwiderruflich an den Rechtsanwalt abgetreten; der Mandant ist über die Bedeutung der unwiderruflichen Abtretung belehrt worden; ihm ist bekannt, dass eine weitere Abtretung des durch die Abtretung betroffenen Forderungsteils nicht zulässig ist; der Rechtsanwalt deckt die Abtretung nur bei Bedarf auf.

■■■

Ort, Datum

■■■

Unterschrift Mandant

■■■

Unterschrift Rechtsanwalt ◄

2. Erläuterungen

[1] Das ausnahmslose **Verbot von Erfolgshonoraren** galt über mehr als ein Jahrhundert als das berufsrechtliche Dogma, das die Unabhängigkeit des Rechtsanwaltes sicherte. Zu groß war die Befürchtung, dass mit der Beteiligung des Rechtsanwalts am Erfolg des Mandanten dieser seine Unabhängigkeit verlieren könnte, zu entscheiden, welche Maßnahme in einem Rechtsstreit richtig oder falsch sein könnte. Das BVerfG hatte mit einem Beschluss vom 12.12.2006 (NJW 2007, 979) aber eine vorsichtig abwägende Ausnahme zugelassen. Es erklärte das Verbot von Vereinbarungen von Erfolgshonoraren für verfassungswidrig, soweit es keine Ausnahme für den Fall zulässt, dass mit der Vereinbarung einer erfolgsbasierten Vergütung besonderen Umständen in der Person des Rechtssuchenden Rechnung getragen wird, die diesen andernfalls davon abhielten, seine Rechte zu verfolgen. Das BVerfG gab dem Gesetzgeber auf, bis zum 1.7.2008 eine gesetzliche Neuregelung zu schaffen, der sodann tätig wurde und das Gesetz zur Neuregelung des Verbots der Vereinbarung von Erfolgshonoraren beschlossen hat (BGBl. 2008 S. 1000), das am 1.7.2008 in Kraft treten konnte. Wie schon der Titel des Gesetzes vermittelt, bleibt es bei dem grundsätzlichen Verbot des Erfolgshonorars in § 49 b Abs. 2 S. 1 BRAO, aber nur „soweit das Rechtsanwaltsvergütungsgesetz nicht anders bestimmt". Sitz der vom BVerfG geforderten Ausnahmeregelung ist also der § 4 a RVG. 59

[2] Das Erfolgshonorar darf nach § 4 a Abs. 1 S. 1 RVG nur für den **Einzelfall** vereinbart werden. Die Vereinbarung ist also nicht im Wege allgemeiner Geschäftsbedingungen möglich oder generell für eine Mehrzahl von Fällen. Es kommt ausdrücklich auf die Abwägung im Einzelfalle an. 60

[3] Die Regelung gilt nur für den Auftraggeber, der aufgrund seiner **wirtschaftlichen Verhältnisse** bei verständiger Betrachtung ohne die Vereinbarung eines Erfolgshonorars **von der Rechtsverfolgung abgehalten** würde. Nach der Begründung der Beschlussempfehlung des Rechtsausschusses liegt ein solcher Fall nicht nur dann vor, wenn die wirtschaftlichen Verhältnisse dem Rechtsuchenden gar keine Alternativen lassen (BT-Drucks. 16/8916). Die „verständige Betrachtung" erfordere, dass nicht nur die wirtschaftlichen Verhältnisse, sondern auch die finanziellen Risiken und deren Bewertung durch den einzelnen Auftraggeber bei der Entscheidung über die Zulässigkeit eines Erfolgshonorars berücksichtigt werden. Es geht also nicht nur um „arme" Auftraggeber, sondern der flexible Maßstab soll auch etwa einem mittelständischen 61

Unternehmer ermöglichen, für einen großen Fall mit Risiken ein anwaltliches Erfolgshonorar zu vereinbaren.

62 [4] Nach § 4 a Abs. 2 RVG muss jede Erfolgshonorarvereinbarung bestimmte weitere Inhalte enthalten. Dazu gehört die **Angabe der voraussichtlichen gesetzlichen Vergütung** und ggf der **erfolgsunabhängigen vertraglichen Vergütung**, zu der der Rechtsanwalt bereit wäre, den Auftrag zu übernehmen (Nr. 1) und die Angabe, **welche Vergütung bei Eintritt welcher Bedingung verdient** sein soll (Nr. 2). Im hier gewählten Musterbeispiel hat der Anwalt keine Gebührenvereinbarung vorgeschlagen, sondern wäre bereit gewesen, den Fall zu den gesetzlichen Bedingungen zu bearbeiten.

63 [5] Gemäß § 4 a Abs. 3 S. 2 RVG ist auch ein **Hinweis** aufzunehmen, dass die Vereinbarung keinen Einfluss auf die ggf vom Auftraggeber zu zahlenden Gerichtskosten, Verwaltungskosten und die von ihm zu erstattenden Kosten anderer Beteiligter hat.

64 [6] Das Gesetz enthält keine Regelung zum **Teilerfolg.** Die Gestaltung „no win, no fee" ist ebenso möglich, wie ein Erfolgszuschlag oder -abschlag. Es ist daher erforderlich, bei Abschluss einer jeden Erfolgshonorarvereinbarung über eine Regelung für den Fall des Teilerfolges nachzudenken. Dabei sollte der Teilerfolg genau definiert und daran eine Rechtsfolge geknüpft werden.

65 [7] Gemäß § 4 a Abs. 3 S. 1 RVG sind in der Vereinbarung die wesentlichen **Gründe** anzugeben, die für die **Bemessung des Erfolgshonorars** bestimmend sind.

E. Vollmacht

66 I. Muster: Umfassende Vollmacht

► Hiermit erteile ich,
Rechtsanwalt Dr. ■■■, ■■■ [Adresse]
Tel.: ■■■
Fax: ■■■
E-Mail: ■■■@■■■.de
In Sachen: ■■■ ./. ■■■

wegen: Forderung wegen durchgeführter Reparatur am Pkw

Aktenzeichen: ■■■

Vollmacht[1]

Die Vollmacht berechtigt[2]

1. zur Prozessführung (u.a. nach §§ 81 ff ZPO) einschließlich der Befugnis zur Erhebung und Zurücknahme von Widerklage;
2. zur Antragstellung in Scheidungs- und Scheidungsfolgesachen, zum Abschluss von Vereinbarungen über Scheidungsfolgen sowie zur Stellung von Anträgen auf Erteilung von Renten- und sonstigen Versorgungsauskünften;
3. zur Vertretung und Verteidigung in Strafsachen und Bußgeldsachen (§§ 302, 374 StPO) einschließlich der Vorverfahren sowie (für den Fall der Abwesenheit) zur Vertretung nach § 411 Abs. 2 StPO, mit ausdrücklicher Ermächtigung auch nach §§ 233 Abs. 1, 234 StPO sowie mit ausdrücklicher Ermächtigung zur Empfangnahme von Ladungen nach § 145 a Abs. 2 StPO, zur Stellung von Straf- und anderen nach der Strafprozessordnung zulässigen Anträgen und von Anträgen nach dem Gesetz über die Entschädigung für Strafverfolgungsmaßnahmen, insbesondere auch für das Betragsverfahren;

4. zur Vertretung in sonstigen Verfahren und bei außergerichtlichen Verhandlungen aller Art (insbesondere in Unfallsachen zur Geltendmachung von Ansprüchen gegen Schädiger, Fahrzeughalter und deren Versicherer);
5. zur Begründung und Aufhebung von Vertragsverhältnissen und zur Abgabe und Entgegennahme von einseitigen Willenserklärungen (zB Kündigungen) in Zusammenhang mit der oben unter „wegen ..." genannten Angelegenheit.

Die Vollmacht gilt für alle Instanzen und erstreckt sich auch auf Neben- und Folgeverfahren aller Art (zB Arrest und einstweilige Verfügung, Kostenfestsetzungs-, Zwangsvollstreckungs-, Interventions-, Zwangsversteigerungs-, Zwangsverwaltungs-, und Hinterlegungsverfahren sowie Insolvenz- und Vergleichverfahren über das Vermögen des Gegners). Sie umfasst insbesondere die Befugnis, Zustellungen zu bewirken und entgegenzunehmen, die Vollmacht ganz oder teilweise auf andere zu übertragen (Untervollmacht), Rechtsmittel einzulegen, zurückzunehmen oder auf sie zu verzichten, den Rechtsstreit oder außergerichtliche Verhandlungen durch Vergleich, Verzicht oder Anerkenntnis zu erledigen, Geld, Wertsachen und Urkunden, insbesondere auch den Streitgegenstand und die von dem Gegner, von der Justizkasse oder von sonstigen Stellen zu erstattenden Beträge entgegenzunehmen sowie Akteneinsicht zu nehmen.

...

Ort, Datum

...

Unterschrift Mandant ◄

II. Erläuterungen

[1] In der gängigen Praxis wird mit Zustimmung schon des RG (JW 1910, 332) häufig das Vorliegen eines Anwaltsvertrages aus dem Vorliegen einer entsprechenden Vollmacht hergeleitet, da der Anwalt, der eine Prozessvollmacht entgegen nimmt, damit gleichzeitig erklärt, einen **Anwaltsvertrag mit dem Vollmachtgeber** abschließen zu wollen. Dennoch ist die Vollmacht gedanklich und formell zu unterscheiden. Die Prozessvollmacht nach § 80 ZPO oder die rechtsgeschäftliche Vollmacht des BGB haben in erster Linie Außenwirkung. Oft genug muss gegenüber dem Prozessgegner oder gegenüber einem Erklärungsempfänger, zB bei der Kündigungserklärung, die Bevollmächtigung nachgewiesen werden, wenn sie – sei es auch nur aus taktischen Gründen – bestritten wird. Wenn der Rechtsanwalt zB am letzten Fristtag eine Kündigungserklärung abgeben muss und er kann keine Vollmacht gleichzeitig vorlegen, kann die Gegenseite unter Bestreiten der Vollmacht den Rechtsanwalt in erhebliche Haftungsgefahren bringen. Auch im Bereich des Geldzahlungsverkehrs wird vom Rechtsanwalt oft erwartet, dass er seine Geldempfangsvollmacht nachweist, ansonsten an ihn nicht ausgezahlt werden könne. Es kommt also darauf an, die nötige Anzahl an Vollmachtserklärungen vorrätig zu haben, um immer schnell und im Zweifel fristgerecht agieren und reagieren zu können, ohne mühsam den Mandanten für eine neue Unterschrift erreichen zu müssen. 67

[2] Die Vollmacht sollte **umfassend** sein, da der Rechtsanwalt über die Prozessvollmacht nach §§ 80 ff ZPO hinausgehende Tätigkeiten entfalten muss. Er braucht gegebenenfalls eine besondere, auf das Verfahren gerichtete Vollmacht gemäß § 114 Abs. 2 FamFG in Ehesachen, oder er muss in **außergerichtlichen Verhandlungen** mit Rechtsmacht ausgestattet sein, Zahlungen an ihn muss **Erfüllungswirkung** zukommen können, er muss über die Instanzen hinweg handlungsfähig bleiben, etc. Wegen der Vielzahl der möglichen Bereiche, in denen die Vollmacht benötigt werden kann, sollte sie von Vorneherein all diese möglichen Fälle umfassen. Sicherlich erscheint es im Zeitalter der elektronischen Datenverarbeitung möglich, aber nicht unbedingt „angemessen" (so wohl GF-ZPO/*Nickel*, § 80 ZPO Rn 4), mit Hilfe von Textbausteinen nur diejenigen Bestandteile in die Urkunde aufzunehmen, die für den konkreten Fall von Belang 68

sind. Allerdings ist es für einen zügigen Arbeitsfluss unpraktisch, den jeweiligen Textbaustein immer erst dann auszudrucken und die Unterschrift unter Einbestellung des Mandanten zu besorgen, wenn er gebraucht wird.

F. Haftungsbeschränkung

I. Einzelanwalt

69 **1. Muster: Haftungsbeschränkung des Einzelanwalts[1]**

▶ Herr ■■■ [Mandant], ■■■ [Anschrift], hat Herrn Rechtsanwalt ■■■, ■■■ [Anschrift] in Sachen ■■■ [Mandant] gegen ■■■ wegen ■■■ beauftragt.

Die Parteien vereinbaren, dass die Haftung des Rechtsanwalts für Vermögensschäden, die aus einer fahrlässigen Pflichtverletzung des Rechtsanwalts im Rahmen der Mandatsführung entstehen können, der Höhe nach auf einen Betrag von 250.000,00 EUR (Mindestversicherungssumme § 51 a BRAO) begrenzt wird. Der Mandant bestätigt, dass er über die Bedeutung dieser Haftungsbegrenzung der Höhe nach durch Herrn Rechtsanwalt ■■■ aufgeklärt worden ist, insbesondere auch darüber, dass die Möglichkeit besteht, die Haftung für diese Mandat über die Mindestversicherungssumme von 250.000,00 EUR hinaus auf Wunsch und Kosten des Mandanten zu versichern, wie auch die Grundzüge des Versicherungsschutzes insbesondere einer etwaigen Leistungsfreiheit der Versicherers erläutert worden sind.

■■■

Ort, Datum

■■■

Unterschrift Mandant

■■■

Ort, Datum

■■■

Rechtsanwalt ◀

2. Erläuterungen

70 [1] Die oben unter Rn 36, zu Allgemeine Mandatsbedingungen § 7 formulierte Haftungsbeschränkung betraf die in vorformulierten Vertragsbedingungen mögliche Beschränkung auf die vierfache Mindestversicherungssumme bei einfacher Fahrlässigkeit. Will der Rechtsanwalt die Haftungshöhe und den Haftungsmaßstab noch weiter einschränken, kann er dies nach § 51 a Abs. 1 Nr. 1 BRAO nur durch schriftliche Einzelvereinbarung tun. Er kann in diesem Falle die Haftung auf den einfachen Wert der Mindestversicherungssumme begrenzen und für den gesamten Bereich der Fahrlässigkeit, also auch grobe Fahrlässigkeit (*Tauchert* in Gaier/Wolf/Göcken, Anwaltliches Berufsrecht, § 51 a Rn 7).

II. Sozietät

71 **1. Muster: Haftungsbeschränkung einer Sozietät[1]**

▶ Herr ■■■ [Mandant], ■■■ [Anschrift], hat die Rechtsanwälte ■■■ und Kollegen, ■■■ [Anschrift] in Sachen ■■■ [Mandant] gegen ■■■ wegen ■■■ beauftragt.

Die persönliche Haftung der Mitglieder der Sozietät der Rechtsanwälte ■■■ und Kollegen wird hiermit auf die Haftung des als verantwortlichen Sachbearbeiter tätigen Rechtsanwalts ■■■ unter Ausschluss einer persönlichen Haftung der übrigen Mitglieder der Sozietät der Rechtsanwälte ■■■ und Kollegen beschränkt. Sollte Rechtsanwalt ■■■ während der Mandatsbearbeitung aus Krankheits- oder sonstigen Gründen an der weiteren Mandatsbearbeitung verhindert sein, tritt Rechtanwältin ■■■ an seine Stelle.

Mit der vorstehenden Haftungsbeschränkung einverstanden:

■■■

Ort, Datum

■■■

Unterschrift Mandant ◀

2. Erläuterungen

[1] Grundsätzlich haften die Mitglieder einer Sozietät als BGB-Gesellschaft aus dem zwischen 72
ihnen gemeinsam und dem Auftraggeber bestehenden Vertragsverhältnis als Gesamtschuldner (§ 51 a Abs. 2 S. 1 BRAO). Jeder Sozius haftet für die Fehler der anderen Sozien nicht nur mit dem Gesellschaftsvermögen, sondern auch mit seinem Privatvermögen, selbst wenn er mit dem Fall, der zur Haftung führt, nie zu tun hatte. Diese Konstellation kann natürlich über die Berufshaftpflichtversicherungen aller Beteiligten aufgefangen werden. Aber jedenfalls in umfangreichen oder risikoreichen Angelegenheiten kann es für die beteiligten Sozien von Vorteil sein, zu wissen, dass nur die handelnden Sozien haften, die das Mandat im Rahmen ihrer eigenen beruflichen Befugnisse bearbeiten. Will eine Sozietät dieses Ergebnis des § 51 a Abs. 2 S. 2 BRAO erzielen, so bedarf sie gemäß § 51 a Abs. 2 S. 3 BRAO einer individuellen Zustimmungserklärung des Mandanten, die keine anderen Erklärungen enthalten darf und vom Mandanten unterschrieben sein muss. In dieser Zustimmungserklärung müssen die handelnden Rechtsanwälte, auf die die Haftung beschränkt werden soll, namentlich bestimmt sein.

Haben sich Rechtsanwälte als Partnerschaftsgesellschaft gemäß dem Gesetz über Partner- 73
schaftsgesellschaften Angehöriger Freier Berufe vom 25.7.1994 (BGBl. I S. 1744) registrieren lassen, so haben sie dieses Ergebnis ohne individuelle Zustimmung bereits aufgrund § 8 Abs. 2 PartGG erreicht. Grundsätzlich haften auch die Partner einer Partnerschaft neben dem Vermögen der Partnerschaft gesamtschuldnerisch, doch beschränkt bereits das Gesetz die Haftung auf einzelne, wenn nur einzelne mit der Bearbeitung eines Auftrages befasst waren.

III. Rechtsanwalts-GmbH

1. Muster: Haftungsbeschränkung der Rechtsanwaltsgesellschaft mbH[1] 74

▶ Herr Mandant ■■■, ■■■ [Anschrift], hat die ■■■-Rechtsanwaltsgesellschaft mbH, ■■■ [Anschrift] in 449
Sachen Mandant ■■■ gegen XY wegen beauftragt.

Die Parteien vereinbaren, dass die Haftung der ■■■-Rechtsanwaltsgesellschaft mbH für Vermögensschäden, die aus einer fahrlässigen Pflichtverletzung der für die ■■■-Rechtsanwaltsgesellschaft mbH handelnden Rechtsanwälte im Rahmen der Mandatsführung entstehen können, der Höhe nach auf einen Betrag von 2,5 Mio. EUR (Mindestversicherungssumme) nach § 59 j BRAO begrenzt wird. Der Mandant bestätigt, dass er über die Bedeutung dieser Haftungsbegrenzung der Höhe nach durch Herrn Rechtsanwalt Z aufgeklärt worden ist, insbesondere auch darüber, dass die Möglichkeit besteht, die Haftung für dieses Mandat über die Mindestversicherungssumme von 2,5 Mio. EUR hinaus auf Wunsch und Kosten des Mandanten zu versichern, wie auch die Grundzüge des Versicherungsschutzes, insbesondere einer etwaigen Leistungsfreiheit des Versicherers erläutert worden sind.

■■■

Ort, Datum

■■■

Unterschrift Mandant

■■■

Ort, Datum

■■■

Unterschrift für die ■■■-GmbH ◀

2. Erläuterungen

75 [1] Seit Zulassung der Rechtsanwaltsgesellschaft als Gesellschaft mit beschränkter Haftung gemäß den §§ 59 c ff BRAO besteht eine weitere Beschränkungsmöglichkeit auf das Gesellschaftsvermögen (§ 13 GmbH-Gesetz). Die Rechtsanwaltsgesellschaft mbH ist gemäß § 59 j BRAO zum Abschluss einer Versicherungsdeckung von mindestens 2,5 Millionen EUR verpflichtet. Will die Rechtsanwaltsgesellschaft mbH ihre Haftung ebenfalls wie der Einzelanwalt in obigem Beispiel auf die einfache Mindestversicherungssumme für fahrlässige Schadensverursachung beschränken, muss sie ebenso auf das Mittel der Individualvereinbarung nach § 51 a Abs. 1 Nr. 1 BRAO zurückgreifen (vgl *Ott*, Möglichkeiten der Haftungsbeschränkung bei Rechtsanwälten unter besonderer Berücksichtigung neuer Formen beruflicher Zusammenarbeit).

G. Abtretung von Vergütungsforderungen[1]

76 **I. Muster: Einwilligungserklärung zur Abtretung der Vergütungsforderung[2]**

▶ Hiermit erkläre ich, Mandant ■■■, dass ich von Herrn Rechtsanwalt ■■■ über dessen Möglichkeiten seine Vergütungsforderungen gegen mich an Dritte (zB ein Inkassobüro) abzutreten, unterrichtet worden bin. Ich wurde ausführlich darüber aufgeklärt, dass Herr Rechtsanwalt ■■■ im Falle der Abtretung gemäß § 402 BGB gesetzlich verpflichtet ist, dem neuen Gläubiger oder dem Einziehungsermächtigten Informationen zu meinem Fall zu erteilen und Unterlagen auszuhändigen, die dieser benötigt, um die Forderung geltend zu machen. Darüber aufgeklärt, stimme ich hiermit einer Abtretung oder Übertragung von Vergütungsforderungen von Rechtsanwalt ■■■ an Dritte zu.[3]

■■■

Ort, Datum

■■■

Unterschrift Mandant ◀

II. Erläuterungen

77 [1] Am 18.12.2007 traten mit dem Gesetz zur Neuregelung des Rechtsberatungsrechts (BGBl. I 2007 S. 2848) wichtige Änderungen zur Abtretbarkeit anwaltlicher Vergütungsforderungen in Kraft. Betroffen ist insoweit die dem Rechtsanwalt obliegende **Verschwiegenheitspflicht**. Anders als im Bereich der ärztlichen Honorarforderungen war mit dem Argument, dass der Rechtsanwalt nicht Namen, Daten und Fälle seines Mandanten offenbaren dürfe, die Einrichtung von anwaltlichen Verrechnungsstellen nicht möglich. Nach der Neuregelung in § 49 b Abs. 4 BRAO reicht nun bei der Abtretung einer Vergütungsforderung an nichtanwaltliche Dritte bereits die **schriftliche Einwilligung** des Mandanten oder die rechtskräftige Feststellung der Forderung aus. Damit sind die Voraussetzungen geschaffen, dass Rechtsanwälte das Inkasso ihrer Honorare auf Verrechnungsstellen übertragen dürfen oder auch im Rahmen eines Factorings die Abtretung als Finanzierungsinstrument nutzen können.

78 [2] Die gemäß § 49 b Abs. 4 S. 2 BRAO ausdrückliche, schriftliche Einwilligung des Mandanten **muss vor der Abtretung** vorliegen. Sie kann aber in jedem Stadium des Mandatsverhältnisses erklärt werden, muss also nicht vor Vertragsschluss erfolgen.

79 [3] Unverzichtbar ist nach § 49 b Abs. 4 S. 3 BRAO, dass der Einwilligungserklärung eine **Aufklärung des Mandanten** durch den Rechtsanwalt vorausgeht, in der der Mandant ausdrücklich

über die Informationspflichten des abtretenden Rechtsanwalts gegenüber dem Dritten unterrichtet wird. Dem Mandanten muss also verdeutlicht werden, dass Informationen über ihn und seinen Fall an Dritte weitergegeben werden müssen, damit diese die Forderungen durchsetzen können. Erst danach kann er eine wirksame Zustimmung abgeben.

Titel 9 Werkvertrag und ähnliche Verträge

Untertitel 1 Werkvertrag

§ 631 Vertragstypische Pflichten beim Werkvertrag

(1) Durch den Werkvertrag wird der Unternehmer zur Herstellung des versprochenen Werkes, der Besteller zur Entrichtung der vereinbarten Vergütung verpflichtet.
(2) Gegenstand des Werkvertrags kann sowohl die Herstellung oder Veränderung einer Sache als auch ein anderer durch Arbeit oder Dienstleistung herbeizuführender Erfolg sein.

§ 632 Vergütung

(1) Eine Vergütung gilt als stillschweigend vereinbart, wenn die Herstellung des Werkes den Umständen nach nur gegen eine Vergütung zu erwarten ist.
(2) Ist die Höhe der Vergütung nicht bestimmt, so ist bei dem Bestehen einer Taxe die taxmäßige Vergütung, in Ermangelung einer Taxe die übliche Vergütung als vereinbart anzusehen.
(3) Ein Kostenanschlag ist im Zweifel nicht zu vergüten.

Schrifttum: *Deutscher Baugerichtstag*, Stellungnahme zum Entwurf des Forderungssicherungsgesetzes, IBR 2006, 311; *Franz, Birgit/Steffen, Marc*, Verpreister Leistungsumfang versus geschuldeter Erfolg, Aufsatz, ibr-online; *Glatzel/Hofmann/Frikell*, Unwirksame Bauvertragsklauseln, 11. Aufl. 2008; *Kues, Jan-Hendrik/Steffen, Marc*, Nachtragsvereinbarung dem Grunde und der Höhe nach beim VOB/B-Vertrag, BauR 2010, 10; *Leupertz, Stefan*, Der verpreiste Leistungsumfang und der geschuldete Erfolg, BauR 2010, 273; *Schmitz, Claus*, Die Abwicklung des Bauvertrages in der Insolvenz, ibr-online; *Stangl, Andreas*, Die entprivilegierte VOB/B, ibr-online; *Thode/Wirth/Kuffer*, Praxishandbuch Architektenrecht, 2004

A. Vertragsgestaltung

I. Einheitspreisvertrag zwischen Unternehmen – Nachunternehmervertrag

1 **1. Muster: Einheitspreisvertrag**

▶ Die Firma

▪▪▪ (vollständige und richtige Bezeichnung des Auftraggebers)
hier vertreten durch den Inhaber/Geschäftsführer/Vorstand
bzw durch ▪▪▪ aufgrund Prokura/Handlungsvollmacht/Spezialvollmacht
– im Folgenden Auftraggeber oder AG genannt –
und die Firma
▪▪▪ (vollständige und richtige Bezeichnung des Auftragnehmers)
hier vertreten durch den Inhaber/Geschäftsführer/Vorstand
bzw durch ▪▪▪ aufgrund Prokura/Handlungsvollmacht/Spezialvollmacht
– im Folgenden Auftragnehmer oder AN genannt –
schließen hiermit folgenden Bauvertrag – Einheitspreisvertrag:[1]

§ 1 Bauvorhaben/Vertragsgegenstand[2]

Der Auftraggeber wurde beauftragt, als Generalunternehmer das Bauvorhaben ▪▪▪ (genaue Bezeichnung des Bauvorhabens, zB Ärztehaus an der ▪▪▪ Straße in ▪▪▪) schlüsselfertig zu errichten.

Oder

Der Auftraggeber wurde beauftragt, bei dem Bauvorhaben ▪▪▪ (genaue Bezeichnung des Bauvorhabens) folgendes Gewerk/folgende Gewerke/ folgende Leistungen auszuführen: ▪▪▪ (genaue Angabe der Gewerke oder Leistungen).

Der Auftraggeber überträgt dem Auftragnehmer mit diesem Vertrag die Ausführung des folgenden Gewerkes/folgender Gewerke/folgender Leistung(en): ▪▪▪ (genaue Angabe der übertragenen Leistungen) zu den in diesem Vertrag vereinbarten Bedingungen.[3]

§ 2 VOB/B[4]

Die Vertragsparteien vereinbaren/vereinbaren nicht (nicht zutreffendes ist zu streichen) die Geltung der VOB/B in der zur Zeit des Vertragsschlusses aktuellen Fassung.

§ 3 Baugrundstück, Zufahrt und Besonderheiten der Baustelle

Das Baugrundstück befindet sich in ▪▪▪ an der ▪▪▪ Straße.

Das Baugrundstück besteht ganz/teilweise aus der Flur-Nr. ▪▪▪ der Gemarkung ▪▪▪.

Für Baustellenfahrzeuge mit einem Gesamtgewicht bis zu ▪▪▪ t ist das Baugrundstück (nur) über ▪▪▪ zu erreichen.

Dem Auftragnehmer wird für die Lagerung von Baumaterial bzw das Abstellen von Baugeräten oder Baumaschinen ein eigener Bereich auf der Baustelle (gegebenenfalls Bezugnahme auf Lageplan der Baustelle) zugewiesen.

Die Aufstellung eines Kranes/von Kränen oder anderen „stationären" Maschinen kann durch den Auftragnehmer nur auf den im Lageplan/ ▪▪▪ angegebenen Flächen erfolgen.

§ 4 Geschuldete Leistung des Auftragnehmers[5]

Der Auftragnehmer schuldet die mängelfreie und gebrauchstaugliche Erstellung des übernommenen Gewerks/der übernommenen Leistung auf der Grundlage des vom Auftragnehmer ausgefüllten Leistungsverzeichnisses (Angebotsleistungsverzeichnis) des Architekturbüros ▪▪▪ vom ▪▪▪

Beispiele für typische Leistungsverzeichnispositionen bei einem Einheitspreisvertrag:

22 Pos.

Kunststoff-Isolierrohr FFKu-EL.F 32 mm in Mauerwerk
Ausführung entsprechend VDE 0605 DIN EN 50086, einschließlich allem Verbindungs- und Befestigungsmaterial liefern und mit Schlitzarbeiten in Mauerwerk verlegen und in Dosen einführen.
240,000 m
EP: ■■■

oder:

Pos. 1.5.7
Ortbeton Bodenplatte Beton C25/30 D 20 cm
Menge: 752,120 m²
EP: ■■■

§ 5 Werklohn

1. Der Auftragnehmer erhält die Preise gemäß seinem Angebot vom ■■■ (ausgefülltes Leistungsverzeichnis = Angebotsleistungsverzeichnis des Architekturbüros ■■■ vom ■■■) ohne Änderungen/mit folgenden Änderungen:
   Soweit einzelne Positionen als Pauschalpositionen ausgewiesen sind, werden diese Positionen als einzelne Pauschalpositionen ohne Aufmaß abgerechnet. Massenminderungen oder Massenmehrungen bleiben insoweit außer Betracht.
2. Die Preise gemäß Ziff. 1. bleiben für die gesamte Bauzeit, wie sie nach diesem Vertrag vorgesehen ist, unverändert.
3. Mehrwertsteuer: Die Parteien gehen davon aus, dass für diesen Vertrag zwischen Unternehmen die Umkehr der Umsatzsteuerlast stattfindet, § 13 b Abs. 2 S. 2 UStG.

§ 6 Abschlagszahlungen[6]

Der Auftragnehmer kann nach Leistungsfortschritt für vertragsgemäß ohne wesentliche Mängel ausgeführte Leistungen in angemessenen Abständen Abschlagszahlungen verlangen.

Die Abschlagsrechnungen sind prüfbar mit derselben Gliederung wie das Angebots-Leistungsverzeichnis aufzustellen und kumulativ aufeinander aufzubauen, dh in der 2. Abschlagsrechnung sind die mit der 1. Abschlagsrechnung berechneten Leistungen enthalten, usw.

Nicht im Angebotsleistungsverzeichnis enthaltene Leistungen (Nachträge) sind zu kennzeichnen.

Weiterhin kann der Auftragnehmer Abschlagszahlungen für auf die Baustelle zu lieferndes Baumaterial einschließlich vorgefertigter Teile (zum Beispiel Betonfertigteile) nach Maßgabe des § 632 a Abs 1 S. 5 BGB verlangen.

§ 7 Skontoregelng[7]

Zahlt der Auftraggeber auf ordnungsgemäß ausgestellte und an die richtige Stelle eingereichte (§ 10) Abschlagsrechnungen des Auftragnehmers innerhalb von 6 Arbeitstagen, dann ist er berechtigt, einen Skontoabzug von 2 % auf den berechneten und bezahlten Betrag vorzunehmen. Für die Schlussrechnung beträgt die Skontierungsfrist 18 Arbeitstage, ansonsten gilt für die Schlusszahlung Satz 1 sinngemäß.

Die Skontierungsfrist ist bei Überweisungen eingehalten, wenn der Auftraggeber innerhalb der Frist alles Notwendige für die Bewerkstelligung der Zahlung getan hat; bei Scheckzahlung ist maßgeblich der Eingang des Schecks beim Auftragnehmer.

§ 8 Umlageregelungen[8]

1. Der Auftraggeber hat für seinen gesamten Leistungsumfang eine Bauleistungsversicherung eingedeckt, um sein eigenes Risiko und das Risiko seiner Nachunternehmer abzusichern, bei zufälliger Verschlechterung oder Vernichtung der erbrachten (Teil-)Leistung vor Abnahme kostenlos erneut leisten zu müssen (Leistungsgefahr). Die Versicherungsprämie beträgt ■■■ Prozent des Werklohns. Der Auftragnehmer beteiligt sich im Verhältnis seines Werklohns hieran, dh, sein

Beitrag in Höhe von ■■■ seiner Schlussrechnungssumme wird bei der Schlussabrechnung in Abzug gebracht. Der Auftraggeber ist verpflichtet, dem Auftragnehmer Kopien der maßgeblichen Versicherungsunterlagen auszuhändigen. Die Vertragspartner sind verpflichtet, sich bei Eintritt eines Versicherungsfalles bei der Geltendmachung gegenüber dem Versicherer zu unterstützen.

2. Aus organisatorischen Gründen und aus Kostengründen werden bei dieser Baustelle Baustrom und Bauwasser zentral zur Verfügung gestellt. Dafür sind seitens des Auftraggebers Kosten in Höhe von ■■■ Prozent seiner Vergütung kalkuliert. Diese Kosten werden im Verhältnis auf die Nachunternehmer umgelegt. Die Bezahlung für die Zurverfügungstellung von Baustrom und Bauwasser in Höhe von ■■■ Prozent des Gesamtwerklohnes des Auftragnehmers wird ebenfalls bei der Schlussabrechnung in Abzug gebracht.

§ 9 Änderungen dieses Vertrages[9]

Änderungen dieses Vertrages, namentlich Zusatz- oder Nachtragsleistungen, dürfen außer durch die Inhaber/gesetzlichen Vertreter/Prokuristen/Handlungsbevollmächtigten der Vertragsparteien ausschließlich durch nachstehend aufgeführte Personen angeordnet bzw vereinbart werden:

■■■ (Folgt Angabe der hierzu befugten Personen).

Die Vertragsparteien sind berechtigt, weitere oder andere Personen als die Vorgenannten entsprechend zu bevollmächtigen; dies ist dann dem Vertragspartner jeweils mindestens in Textform mitzuteilen, wobei diese Mitteilung ebenfalls wieder von einer vertretungsberechtigten Person stammen muss.

§ 10 Ordnung auf der Baustelle, Abwicklung des Schriftverkehrs

1. Alle Beteiligten haben sich auf der Baustelle so zu verhalten und ihre eigene Tätigkeit so einzurichten, dass andere Beteiligte an dem Bauvorhaben nicht behindert werden und erbrachte Teilleistungen nicht gefährdet oder gar geschädigt werden. Neben den in § 9 genannten Personen ist der Architekt/Bauleiter berechtigt, Anordnungen in Bezug auf die Baustelle zu erteilen, zB das Umstellen von behindernden Maschinen oder Geräten oder das Freimachen von Fahrwegen oder auch Sicherheitsmaßnahmen zu verlangen. Insbesondere ist auf die Einhaltung der in § 3 genannten Regelungen zur Baustelleneinrichtung zu achten.
2. Der Auftragnehmer hat seinen Abfall zeitnah ordnungsgemäß zu entsorgen und die von ihm bearbeiteten Abschnitte so in Ordnung zu halten, dass Gefahren und Behinderungen vermieden werden.
3. Schriftverkehr, zB Rechnungen, Nachtragsangebote, Anzeigen aller Art usw, sind zu richten an die nachstehend aufgeführten Anschriften: ■■■ (genaue Angabe).

§ 11 Bauzeit[10]

1. Der Auftragnehmer ist verpflichtet, mit der Erbringung seiner Leistung am ■■■ zu beginnen und diese bis ■■■ fertig zu stellen.
2. Wegen des Ineinandergreifens verschiedener Gewerke und/oder weil die Bauleistung sich aus mehreren abgrenzbaren Teilleistungen zusammensetzt und/oder für mehrere Häuser bzw Einheiten zu erbringen ist und/oder werden folgende vertragliche Zwischenfristen vereinbart: ■■■ (Beispiel: Fertigstellung Fliesenarbeiten Erdgeschoss Haus 1: usw)
3. Für jeden Fall der Störung des in diesem Vertrag vorgesehenen zeitlichen Ablaufs vereinbaren die Parteien, mindestens in Textform die noch ausstehenden Termine anzupassen bzw neu zu vereinbaren.
4. Weiterhin ist der Auftragnehmer in diesen Fällen verpflichtet, auf Verlangen des Auftraggebers Aufholmaßnahmen durchzuführen (wobei der Auftragnehmer die Art der Aufholmaßnahmen auch selbst vorschlagen kann), soweit der Betrieb des Auftragnehmers dafür eingerichtet ist. Hat der Auftragnehmer die Störung des zeitlichen Ablaufs nicht zu vertreten, ist der Auftraggeber wei-

terhin verpflichtet, die durch diese Aufholmaßnahmen entstehenden Mehrkosten angemessen zu vergüten.

5. Die Ansprüche des Auftraggebers wegen Verzuges bleiben durch die Regelung in vorstehender Ziffer unberührt.

§ 12 Vertragsstrafe[11]

1. Gerät der Auftragnehmer durch die schuldhafte Nichteinhaltung des § 11 Ziff. 1 bestimmten Fertigstellungstermins in Verzug, ist er verpflichtet, an den Auftraggeber für jeden Werktag (ohne Samstag), um welchen der genannte Termin überschritten wird, eine Vertragsstrafe in Höhe von 0,2 % des Gesamtwerklohnes zu bezahlen. Unabhängig von der Dauer des Verzuges darf die Vertragsstrafe höchstens 5 % des Gesamtwerklohnes betragen.
2. Die Pflicht des Auftragnehmers, nach Ziff. 1 eine Vertragsstrafe zu bezahlen, endet mit dem Tag, an welchem die abnahmefähige Fertigstellung der vom Auftragnehmer geschuldeten Leistung vorliegt. Sie endet auch, wenn der Vertrag vorzeitig beendet wird.
3. Das Recht des Auftraggebers, einen gegebenenfalls eingetretenen höheren tatsächlichen Verzugsschaden geltend zu machen, bleibt unberührt; allerdings ist eine verwirkte Vertragsstrafe auf den Verzugsschaden anzurechnen; Vertragsstrafe und Verzugsschaden können nicht kumulativ geltend gemacht werden.

§ 13 Abnahme und Frist für Mängelhaftung[12]

1. Für die Abnahme gelten die gesetzlichen Bestimmungen des Werkvertragsrechts. Unbeschadet dessen kann jede Vertragspartei, solange die Abnahme nicht schon erfolgt ist, eine förmliche Abnahme unter Teilnahme beider Vertragsparteien bzw von Vertretern beider Vertragsparteien und Fertigung eines schriftlichen Abnahmeprotokolls verlangen. Dabei sind beide Parteien berechtigt, Sachverständige oder andere fachkundige Personen hinzuzuziehen.
2. Die Frist für die Mängelhaftung des Auftragnehmers nach Abnahme (die sogenannte Gewährleistungsfrist) beträgt stets, auch bei Vereinbarung der VOB/B, 5 Jahre und beginnt mit der Abnahme. Falls die VOB/B vereinbart wurde, wird hiermit § 13 Abs. 4 VOB/B ausdrücklich abbedungen.

§ 14 Ausschluss des Rücktritts

Da es sich bei der Leistung nach diesem Vertrag um eine Bauleistung handelt, wird das Recht des Auftraggebers auf Rücktritt ausgeschlossen. Alle sonstigen Mängelrechte des AG bleiben unberührt.

§ 15 Sicherheiten[13]

1. Erfüllungssicherheit: Bei Abschlagszahlungen gem. § 6 dieses Vertrages ist der Auftraggeber berechtigt, 5 % der berechtigten Abschlagszahlungsforderung des Auftragnehmers einzubehalten und auf ein gemeinsames Sperrkonto einzuzahlen. Der Auftragnehmer ist berechtigt, diesen Einbehalt durch Stellung einer selbstschuldnerischen Bürgschaft eines tauglichen Bürgen (dem Einlagensicherungsfonds angeschlossene und als Steuerbürgin zugelassene Bank einschließlich Genossenschaftsbanken und Sparkassen oder Kreditversicherer) abzulösen.
   Der Sicherungsfall für die Erfüllungssicherheit tritt ein, wenn der Auftragnehmer das Recht verliert, die Bauleistungen selbst zu erbringen bzw vertragsgemäß fertigzustellen, so namentlich im Falle der – berechtigten – Geltendmachung von Schadensersatz gem. § 281 BGB, des Rücktritts gem. § 323 BGB sowie der vom Auftragnehmer zu vertretenden außerordentlichen Kündigung des Bauvertrages.
   Die Erfüllungssicherheit ist bei Abnahme zurückzugeben, soweit nicht bei der Abnahme Mängel oder fehlende Leistungen festgestellt werden. Da die hieraus folgenden Ansprüche noch als Erfüllungsansprüche anzusehen sind, kann in diesem Fall die Erfüllungssicherheit bis zur Beseitigung der Mängel bzw Ausführung der noch fehlenden Arbeiten behalten werden; sie ist allerdings

auf Verlangen des Auftragnehmers gegebenenfalls auszutauschen gegen eine Sicherheit in Höhe der voraussichtlichen Mängelbeseitigungs- bzw Fertigstellungskosten.

2. Sicherheit für Mängelansprüche nach Abnahme (sogenannte Gewährleistungssicherheit): der Auftraggeber ist berechtigt, einen Einbehalt in Höhe von 5 % des Gesamtwerklohnes des Auftragnehmers vorzunehmen und auf ein gemeinsames Sperrkonto einzuzahlen zur Besicherung von Ansprüchen des Auftraggebers aus der gesetzlichen Mängelhaftung nach Abnahme (für den Fall der Vereinbarung der VOB/B: Mängelansprüche nach diesem Regelwerk) für die Dauer der Mängelhaftung des Auftragnehmers gem. § 13 dieses Vertrages. Haben die Parteien eine über fünf Jahre hinausgehenden Mängelhaftung vereinbart, dann ist die hier geregelte Sicherheit zurückzugeben spätestens fünf Jahre nach Abnahme. Der Auftraggeber kann die nach dieser Ziff. vorzunehmende Rückgabe der Sicherheit verweigern, wenn vor Ablauf der Mängelhaftungsfrist zu Recht gerügte Mängel noch nicht beseitigt sind; in diesem Fall ist der Auftragnehmer berechtigt, die Gewährleistungssicherheit gegen eine Sicherheit in Höhe der voraussichtlichen Kosten der Mängelbeseitigung auszutauschen.

§ 16 Vertragserhaltung, Rechtswahl, Gerichtsstandsvereinbarung[14]

1. Erweisen sich Bestimmungen dieses Vertrages als unwirksam, so bleibt die Wirksamkeit des Vertrages im Übrigen unberührt.
2. Angesichts des Umstandes, dass das Bauvorhaben auf dem Gebiet der Bundesrepublik Deutschland auszuführen ist, wird für den Fall, dass ein Vertragspartner oder beide ihren Sitz nicht in der Bundesrepublik Deutschland haben, die Geltung des Rechts der Bundesrepublik Deutschland vereinbart. Weiterhin vereinbaren die Parteien für diesen Fall als Gerichtsstand das für den Ort des Bauvorhabens nach Maßgabe der deutschen Zivilprozessordnung (ZPO) zuständige Gericht der Bundesrepublik Deutschland.
3. Haben beide Vertragspartner ihren Sitz im Gebiet der Bundesrepublik Deutschland, dann wird, wenn die Vertragspartner jeweils entweder Kaufleute, juristische Personen des öffentlichen Rechts oder öffentlich-rechtliche Sondervermögen sind, ebenfalls das für den Ort des Bauvorhabens zuständige Gericht als Gerichtsstand vereinbart.

■■■ (Datum und Unterschrift beider Vertragspartner, wobei die jeweiligen Vertragspartner und der/die jeweils Unterzeichnende bzw die Unterzeichnenden mit Funktionsangabe lesbar angegeben werden sollten und mit den im Vertragsrubrum genannten Personen übereinstimmen sollten) ◄

2. Erläuterungen

2 [1] **Bauvertrag und Werkvertragsrecht.** Seit der mit dem Schuldrechtsmodernisierungsgesetz getroffenen Entscheidung des Gesetzgebers, die Bestimmung des § 651 zu dem Werklieferungsvertrag vollständig neu zu fassen, sind Bauverträge einschließlich des Bauträgervertrages und des Architektenvertrages (welcher typischerweise als Werkvertrag mit Erfolgshaftung angesehen wird) der einzige verbliebene wirtschaftlich bedeutsame Anwendungsbereich für das Werkvertragsrecht. Die Rechtsprechung setzt die vorstehend genannte Entscheidung des Gesetzgebers konsequent um, wonach die Herstellung noch so komplexer oder großer individuell angefertigter (und damit nicht vertretbarer) Gegenstände (Maschinen, Anlagen) nach Kaufrecht zu beurteilen ist (zB BGH v. 9.2.2010 – X ZR 82/07).

3 Das Werkvertragsrecht wird geprägt von der **Vorleistungspflicht** (§§ 640, 641) und der **Erfolgshaftung** (§§ 633 ff) des Unternehmers/Auftragnehmers; beides für den Auftragnehmer einschneidende und nachteilige Regelungen.

4 [2] **Probleme des Bauens und Probleme des Bauvertrages.** Das Bauen ist schon im besten Fall eine schwierige und komplexe Tätigkeit. Es ist geprägt nicht nur durch das notwendige Ineinandergreifen der Beiträge oder Leistungen der Baubeteiligten selbst (Bauherr bzw Auftraggeber, Planer, Bauausführende, eventuell weitere Beteiligte wie Controller, Projektsteuerer, Sonder-

fachleute), sondern auch durch Einflüsse der Natur (Baugrundstück, Wetter) und Einflüsse oder Eingriffen von Dritten, nicht direkt am Bau Beteiligten (zB Nachbarn oder Behörden). Kein Bauvorhaben wird in technischer, finanzieller und zeitlicher Hinsicht genauso abgewickelt und vollendet, wie dies bei Beginn der Bauarbeiten geplant war. Die Folgen dieser **Spannung zwischen Planung** und **Realität** (wie dies auch die Rechtsprechung schon ausgedrückt hat) können durch sorgfältige, aber auch zeit- und geldaufwändige **Vorbereitung**, zB durch sehr detaillierte Planung, durch Bodengutachten, durch eingehende Einbeziehung von Nachbarn und Behörden und auch durch eine sorgfältige rechtliche Vorbereitung minimiert, aber nicht ausgeschlossen werden (auch ein noch so umfangreiches Bodengutachten auf der Grundlage noch so umfangreicher Bodenerkundungen kann nicht ausschließen, dass im Verlauf der Erdarbeiten eine Fliegerbombe oder eine Tonlinse zum Vorschein kommt).

Die meisten Bauverträge sind von schlechter Qualität – aber warum? Der eine wesentliche 5
Grund dafür ist der **Versuch**, quasi heimlich dem Vertragspartner die wirtschaftlichen Folgen der unvermeidbaren wie auch der vermeidbaren **Diskrepanzen** zwischen Planung und Wirklichkeit **aufzubürden** und/oder dem Vertragspartner die Folgen einer sehr geringen oder gar fehlerhaften Vorbereitung des Bauvorhabens zu überlasten.

Beispiel: Anstatt mit hinlänglicher Genauigkeit und hinlänglichem Aufwand die Geeignetheit des Baugrundes für die vorgesehene Gründung des Gebäudes zu untersuchen, wird in den Vertrag hineingeschrieben, dass der Auftragnehmer Gelegenheit gehabt habe, den Baugrund selbst zu untersuchen und deshalb mit Nachforderungen wegen aufwändiger Gründungsmaßnahmen oder aus jedem anderen denkbaren Grund ausgeschlossen ist.

Der zweite wesentliche Grund ist die Schwierigkeit, (mit Worten) die von dem Unternehmer 6
geschuldete Bauleistung so zu beschreiben, dass das von den Parteien **übereinstimmend Gewollte** auch für Außenstehende (Sachverständige, Gericht) erfassbar zum Ausdruck gebracht wird und beide Vertragspartner die gleiche Vorstellung von der geschuldeten Bauleistung haben. Oft genug werden seitenlange Bauverträge verfasst, welche eine Vielzahl von überflüssigen und/oder unwirksamen Bestimmungen enthalten, aber zu diesem wichtigsten Punkt keine klare Aussage treffen.

[3] **Regelungen im Bauvertrag.** Es sollte aus dem schriftlich, mindestens jedoch in Textform 7
vorliegenden Vertrag klar und eindeutig hervorgehen, wer die **Vertragspartner** sind. Die Vertragspartner sollten mit der richtigen und vollständigen Bezeichnung einschließlich Anschrift und gegebenenfalls Angabe der (gesetzlichen) Vertretung aufgeführt werden. Die Personen, welche am Schluss unterschreiben, sollten auch die eingangs des Vertrages genannten Vertreter sein. Dies sollte eine Binsenweisheit sein, wird jedoch immer wieder missachtet mit äußerst weitreichenden Folgen: Bei der Zahlungsklage trägt der Unternehmer die volle Beweislast dafür, dass die beklagte Partei die passivlegitimierte Vertragspartnerin ist. Umgekehrt dasselbe gilt natürlich für den Fall, dass der Auftraggeber Mängelhaftung geltend macht.

Insbesondere dann, wenn mehrere Vertragsentwürfe existieren und/oder sich nicht anderweitig 8
klar ergibt, was zu dem Vertrag gehört, ist es sinnvoll, wenn bei aus mehreren Seiten bestehenden Verträgen **jede Seite paraphiert** wird.

Bauverträge fallen oft durch bestenfalls überflüssige, schlimmstenfalls widersprüchliche und/ 9
oder unwirksame **Klauseln** auf. Anstatt dasjenige, was wirklich geregelt gehört, klar und interessengerecht zu regeln, wird versucht, durch oft weitschweifige und verschlungene Bestimmungen nicht klar genannte Risiken, welche sich aus der änderungsanfälligen Natur des Bauvertrages überhaupt oder aber auch aus unzulänglicher Vorbereitung des Bauvorhabens ergeben, dem Vertragspartner aufzubürden.

Das jedoch, was wirklich geregelt gehört, insbesondere die vom Auftragnehmer **geschuldete** 10
Leistung, wird unzureichend geregelt, was wiederum eng mit der vorgenannten Unzulänglichkeit zusammenhängt.

11 **In einem Bauvertrag sollte unbedingt geregelt werden:**

- am wichtigsten und in jedem Fall schon wegen § 154 Abs. 1 S. 1 zwingend erforderlich: Die von dem Unternehmer (Auftragnehmer) **geschuldete Leistung**;
- der von dem Besteller (Auftraggeber) **geschuldete Werklohn**: Die Vereinbarung des Werklohnes ist zwar gesetzlich nicht zwingend erforderlich wegen § 632 Abs. 1 und 2, für den Auftragnehmer aber gleichwohl ausgesprochen sinnvoll, wenn er im Streitfall die Ortsüblichkeit und Angemessenheit des von ihm verlangten Werklohns nicht mit einem aufwändigen Sachverständigengutachten nachweisen möchte;
- der Vertrag sollte unbedingt Regelungen zur **Bauzeit** enthalten, insbesondere dazu, wann der Auftragnehmer verpflichtet ist, mit seiner Leistung zu beginnen und wann er sie fertigzustellen hat. Wegen des Ineinandergreifens zahlreicher Gewerke oder wenn die Leistung aus mehreren Abschnitten besteht oder für unterschiedliche Bauteile oder Bauwerke zu erbringen ist, kann auch die Vereinbarung von Zwischenfristen erforderlich sein; der Grund für diese Zwischenfristen sollte dann kurz erklärt werden. In Zusammenhang damit können auch Bestimmungen sinnvoll seien, welche eingreifen, wenn die Bauzeit, womit fast sicher gerechnet werden muss, gestört wird (Vereinbarungen über Aufholmaßnahmen oder Vertragsstrafenregelung);
- im Hinblick auf die voraussichtlich erforderlichen Vertragsänderungen sollte der Vertrag eine Regelung enthalten, **welche Personen** für die Vertragsparteien **berechtigt** sind, Vertragsänderungen zu vereinbaren und Zusatzleistungen anzuordnen;
- schließlich sollte der Vertrag eine Regelung zur **Vertragserhaltung bei Unwirksamkeit einzelner Klauseln** enthalten sowie bei grenzüberschreitenden Verträgen zwingend Regelungen zur Rechtswahl und zum Gerichtsstand.

12 Je nach Art und Umfang des Bauvorhabens sind noch folgende Regelungen möglicherweise sinnvoll:

13 Genauere Angaben zum **Baugrundstück**, zur Zufahrt insbesondere mit schweren Baumaschinen, zur **Organisation** auf der Baustelle und des Schriftverkehrs, zu **Abschlagszahlungen**, zu der **Abnahme** und zur **Mängelhaftungsfrist**.

14 Aus Sicht des Auftraggebers sind Regelungen zu **Sicherheiten** für die Mängelhaftung des Unternehmers und gegebenenfalls auch für die Vertragserfüllung ausgesprochen angezeigt.

15 Auch die immer wieder einmal im Fokus der Rechtsprechung stehenden sogenannten **Umlageklauseln** können notwendig sein, zB bei zentraler Versorgung der Baustelle mit Baustrom und Bauwasser oder zentraler Entsorgung von auf der Baustelle anfallendem Abfall.

16 Nicht nur für den Bauvertrag, sondern für Verträge überhaupt gibt es einige sinnvolle, aber häufig missachtete **Grundregeln für die Gestaltung:**

- ein zu regelndes Thema sollte nur an einer Stelle und unter einer Bestimmung dort möglichst abschließend geregelt werden (werden zB Fragen zur Bauzeit oder zu Abschlagszahlungen an verschiedenen Stellen geregelt, dann ist die Wahrscheinlichkeit relativ hoch, dass Widersprüche auftreten);
- unter einer bestimmten Überschrift sollte nur das geregelt werden, was zu dieser Überschrift gehört: unter der Überschrift „Abschlagszahlungen“ werden nicht unbedingt Regelungen zur Vertragsstrafe oder zur Erfüllungssicherheit erwartet;
- egal ob es sich um einen rechtlichen oder technischen Begriff handelt: Es sollte stets nur das gleiche Wort verwendet werden (Verzug bleibt Verzug und heißt nicht gelegentlich Verzögerung und dann wieder Verspätung; eine Abdichtung bleibt eine Abdichtung und heißt nicht abwechselnd Dämmung oder gar Isolierung);
- sollen – individualvertraglich – ungewöhnliche, insbesondere vom gesetzlichen Leitbild abweichende, Regelungen getroffen werden, dann sollten diese klar benannt werden und die Gründe dafür angegeben werden;

- enthält der Vertrag Bestimmungen zur Vertragsanpassung für bestimmte Fälle oder sonstige variable Regelungen, dann sollten die Auswirkungen und gegebenenfalls auch die Funktionsweise dieser Bestimmungen mit einem Beispiel erläutert werden.

[5] **VOB/B: ja oder nein.** Die VOB/B ist eine **allgemeine Geschäftsbedingung**, auch wenn in dem Gremium, welches die VOB/B verfasst und herausgibt (dem Deutschen Vertrags- und Vergabeausschuss DVA) Vertreter der Auftragnehmerseite, nämlich der Bauindustrie sowie auch der Auftraggeberseite, nämlich der öffentlichen Auftraggeber, vertreten sind. 17

Unter anderem aus dem letztgenannten Grund hat auch die höchstrichterliche Rechtsprechung lange vertreten, dass die Regelungen der VOB/B der Inhaltskontrolle nach dem AGBG, jetzt §§ 305 ff, nicht unterworfen werden, wenn die VOB/B, welche insgesamt ein ausgewogenes Vertragswerk darstelle, als Ganzes, dh ohne Eingriffe in den Kernbereich, vereinbart wurde. Dies war die sogenannte **Privilegierung der VOB/B**. 18

Die Vergangenheitsform muss hier verwendet werden, weil zunächst einmal im **Verhältnis** von **Unternehmen** zu **Verbrauchern** im Sinne von §§ 12 und 13 die VOB/B nicht mehr privilegiert ist; dh, dass in Verbraucherverträgen jede einzelne Regelung isoliert der Inhaltskontrolle unterzogen wird (BGH v. 24.7.2008 – VII ZR 55/07, BauR 2008, 1603). 19

Für den Unternehmer, der in einem Verbrauchervertrag die VOB/B stellt, bedeutet dies, dass zu seinen Gunsten vom gesetzlichen Leitbild abweichende Regelungen, wie zB die fiktive Abnahme gem. § 12 Abs. 5.1 VOB/B, die verkürzte Mängelhaftungsfrist in § 13 Abs. 4 VOB/B oder auch die Direktzahlungsregelung in § 16 Abs. 6 VOB/B wohl unwirksam sind. Verdächtig in dieser Hinsicht sind auch die Abschlagszahlungsregelung in § 16 Abs. 1 VOB/B, welche von der gesetzlichen Regelung in § 632 a Abs. 1 und 3 abweicht, und auch die Regelung zur Auftragsentziehung in § 8 Abs. 3.1 VOB/B, weil dort im Gegensatz zur gesetzlichen Regelung in § 281 oder § 323 die Setzung einer Nachfrist, verbunden mit ausdrücklicher Androhung der Auftragsentziehung, vorgesehen ist. 20

Weiterhin kann sich der diese Bedingungen stellende Unternehmer nicht darauf berufen, dass Regelungen, welche für ihn in nachteiliger Weise vom gesetzlichen Leitbild abweichen (hier kommt zB in Betracht die Pflicht des Auftragnehmers, Behinderungen schriftlich anzuzeigen, § 6 Abs. 1 VOB/B, oder die Quasiunterbrechung durch schriftliche Mängelanzeige gem. § 13 Abs. 5.1 S. 2 VOB/B), unwirksam seien (zu den bisher von der Rechtsprechung verworfenen sowie zu den gefährdeten Klauseln der VOB/B vgl *Stangl*, Die entprivilegierte VOB/B, IBR-online, sowie *Glatzel/Hofmann/Frikell*, Unwirksame Bauvertragsklauseln, S. 37 ff). 21

Als Zwischenergebnis ist somit festzuhalten, dass die Verwendung der VOB/B im Verbrauchervertrag nicht mehr empfohlen werden kann. 22

Was den **Vertrag zwischen Unternehmen** betrifft, sieht es nicht viel besser aus: In Abkehr von der Rspr zum „Kernbereich" hat der BGH schon am 22.1.2004 (VII ZR 419/02, IBR 2004, 179) entschieden, dass jede Änderung gegenüber dem Inhalt der VOB/B dazu führt, dass dieses Regelwerk nicht mehr als Ganzes vereinbart und damit nicht mehr privilegiert ist; ein Eingriff in den „Kernbereich" ist nicht erforderlich. Da kaum vorstellbar ist, dass ein Bauvertrag abgeschlossen wird, in welchem keine Abweichung gegenüber der VOB/B enthalten ist (meist wird die längere gesetzliche Mängelhaftungsfrist vereinbart; darüber hinaus ist bei Vereinbarung der VOB/B stets auch die VOB/C vereinbart, § 1 Abs. 1, und damit führt eine von dieser Vorschrift abweichende Festlegung der Leistungen bereits zu einem Eingriff in die VOB/B), kommt man fast zum gleichen Ergebnis wie im Verbrauchervertrag. Der einzige bedeutsame Unterschied ist, dass Klauseln in Verträgen mit Unternehmen nicht richtlinienkonform anhand der EU-Klauselrichtlinie 93/13/EWG auszulegen sind. 23

Auch für Verträge mit Unternehmen gilt somit, dass derjenige, der die VOB/B in den Vertrag eingeführt, davon Nachteile hat, während sein Vertragspartner hierdurch vorteilhafter dasteht. 24

Taktisch ist es deshalb immer **vorteilhaft**, wenn der **Vertragspartner die VOB/B stellt**; vgl beispielhaft hierzu Erläuterungen zu § 640 Rn 5.

25 Tatsächlich wird die VOB/B nach wie vor in zahlreichen Bauverträgen vereinbart. Dieser anhaltende Erfolg ist zum einen darauf zurückzuführen, dass die VOB/B in Baukreisen bekannt und beliebt ist, vor allem aber darauf, dass die VOB/B Regelungen für die während der Bauzeit immer auftretenden Probleme enthält, während das Werkvertragsrecht des BGB hierzu schweigt und an gesetzlichen Vorschriften für die Lösung dieser Konflikte „nur" die Vorschriften des allgemeinen Teils bzw des allgemeinen Schuldrechts des BGB zur Verfügung stehen. So enthält die VOB/B Regeln für Fälle der Störung der Bauzeit (zB § 5 Abs. 3, 4 oder auch § 6 Abs. 6) oder für den Fall, dass Mängel während der Bauzeit vor Abnahme entdeckt werden (§ 4 Abs. 7), schließlich spezielle Regelungen zur vorzeitigen Beendigung von Bauverträgen (§§ 8, 9).

26 [4] **Vom Auftragnehmer geschuldete Leistung.** Sofern es sich nicht um ausgesprochen geringe oder einfach zu beschreibende Leistungen handelt (Beispiel: Verputzen einer Wand mit einem bestimmten Putz), kann die Beschreibung der von dem Unternehmer zu erbringenden Leistungen, also das Herzstück des Vertrages, nicht in dem Vertrag selbst erfolgen, ohne dessen Umfang gewaltig anwachsen zu lassen und den Vertrag unhandlich zu machen. Es muss also in dem Vertrag zum Zwecke der Beschreibung der Leistung auf eine oder mehrere andere Unterlagen Bezug genommen werden. Typischerweise handelt es sich bei diesen Unterlagen um **Leistungsverzeichnisse, Baubeschreibungen, Pläne** oder sonstige zeichnerische Darstellungen. Daneben gibt es noch allgemeine Regelwerke wie die **VOB/C** und andere sogenannte **DIN-Normen**, welche aber keine Normen im Rechtssinne darstellen.

27 Zunächst einmal ist sicherzustellen, dass die besonderen Regelungen betreffend das individuale Vertragsverhältnis **Vorrang** haben und allgemeine Regelungen, wenn überhaupt, hilfsweise und zum Zwecke der Lückenfüllung heranzuziehen sind (Grundsatz: Spezielleres vor Allgemeinem).

28 Zweitens ist bei jeglicher Bezugnahme unabdingbar, dass die in Bezug genommene **Unterlage eindeutig bestimmt** ist (also nicht: „Leistungsverzeichnis" oder „Baubeschreibung", sondern „Leistungsverzeichnis des Architekturbüros ... vom ..."; nicht: „Ausführungspläne", sondern: „Ausführungspläne des Architekturbüros ...vom ..., Plannummern ...").

29 Um die der Bezeichnung der geschuldeten Bauleistung immanenten Probleme zu bewältigen, haben sich historisch bestimmte **Vertragsmodelle** aus bestimmten Abrechnungsformen herausgebildet, welche auch in der **VOB/B** namentlich genannt werden:

- der Einheitspreisvertrag (§ 2 Nr. 2 u.a.);
- der Pauschalvertrag (zB § 2 Nr. 7);
- der Stundenlohn – oder auch Regievertrag (§ 15).

30 Für bedeutsamere Bauleistungen finden nur der Einheitspreisvertrag und der Pauschalvertrag Anwendung, wobei der Pauschalvertrag wiederum in zwei ausgesprochen unterschiedliche Modelle ausdifferenziert wurde, nämlich in den **Detailpauschalvertrag** und den **Globalpauschalvertrag**, wobei, wie zu zeigen ist, der Detailpauschalvertrag dem Einheitspreisvertrag wesentlich näher steht als dem Globalpauschalvertrag.

31 Die aus Vergütungsmodellen abgeleiteten Vertragsmodelle sind Krücken, welche dabei helfen können, das schwierige Problem der Übersetzung der von den Parteien (hoffentlich) übereinstimmend gewünschten Bauleistung in Sprache zu bewältigen; sie können aber auch hinderlich sein, wenn man vorschnell meint, man könne auf weiteres Nachdenken und/oder sorgfältige Formulierung des Vertrages verzichten.

32 Unabhängig von dem gewählten Vertragsmodell ist jeder **Vertrag individuell** anhand der vollständigen Vertragsunterlagen und gegebenenfalls auch von außerhalb dieser schriftlichen Unterlagen vorhandenen Tatsachen **auszulegen** (st. Rspr; vgl hier nur: BGH v. 28.2.2002 – VII ZR

376/00, BauR 2002, 935; OLG Braunschweig v. 27.11.2008 – 8 U 58/07, BauR 2010, 87; OLG Düsseldorf v. 14.11.2008 – I-22 U 69/08, BauR 2010, 88).

Von ganz zentraler Bedeutung ist, dass bei der Bestimmung von Leistung und Gegenleistung der **Grundsatz der Vertragsfreiheit** gilt. 33

Eine Inhaltskontrolle unter Anwendung der §§ 305 ff kann, wenn es um die Vereinbarung von Preis und Leistung geht, nur als **Transparenzkontrolle** bei mehrfach verwendeten oder sogenannten Standard-Leistungsverzeichnissen stattfinden – wegen § 307 Abs. 3 S. 2 (BGH v. 26.4.2005 – X ZR 166/04, IBR 2005, 357 mit Anm. *Schwenker*). Eine Kontrolle im Hinblick auf unangemessene Benachteiligung des Vertragspartners findet hier nicht statt. 34

Immer noch und immer wieder findet man Formulierungen wie: „Die Vertragspartner dürfen sich gegenseitig **keine unkalkulierbaren Risiken** auferlegen." Dies ist falsch. Mit einer transparenten Regelung von Preis und Leistung (im Falle einer Individualregelung wohl auch mit einer nicht dem Transparenzgebot genügenden Bestimmung, allerdings mit Auslegungsrisiken für die Vertragspartner) können einem Vertragspartner sehr wohl unkalkulierbare Risiken aufgebürdet werden (vgl OLG Düsseldorf v. 25.2.2003 – 21 U 44/02, BauR 2003, 1572 und auch BGH v. 13.3.2008 – VII ZR 59/95, IBR 1996, 487). 35

Der **Einheitspreis** oder der Pauschalpreis sind zunächst einmal Vergütungsmodelle, nicht Leistungsbeschreibungsmodelle. Den Vergütungsmodellen korrespondieren aber Leistungsbeschreibungsmodelle, weil der Besteller dem Bieter schon sagen muss, was er haben will. Der Einheitspreis ist, wie sein Name schon sagt, ein Preis pro Einheit. Diese Einheit ist sinnvoller Weise eine Maßeinheit, also Meter, Quadratmeter, laufende Meter, Kilogramm, Tonne und was es an Maßeinheiten mehr gibt, welche beim Bau sinnvolle Verwendung finden können. Genauso wie eine Preisangabe sinnlos ist, wenn wir nicht wissen, wofür dieser Preis zu entrichten wäre, ist die Angabe einer Maßeinheit sinnlos, wenn wir nicht wissen, auf was für einen Gegenstand sie sich bezieht. Die Angabe von Einheitspreisen setzt also voraus, dass die erwartete Leistung in Einzelbestandteile aufgespalten wird, wobei diese Einzelbestandteile sinnvoll mit der Angabe einer Maßeinheit und der Angabe der Anzahl dieser Maßeinheiten verbunden werden müssen. 36

Also werden die für ein Gebäude oder eine Tiefgarage in Beton auszuführenden Bodenplatten, Wände, Decken, Rampen sprachlich ausgedrückt in einzelnen Positionen, in denen die Eigenschaften des jeweils für eine bestimmte Bodenplatte oder eine bestimmte Wand gewünschten Betons (Ortbeton Güte C 25/30 D. 20 cm) angegeben, wobei diese Angabe sinnvoll mit einer Maßeinheit, hier Quadratmeter, verbunden werden kann. Ein Teil der Leistung wird dann so beschrieben: (Anzahl) Quadratmeter einer Beton-Bodenplatte mit den genannten Eigenschaften. 37

Oder, um das andere Beispiel des Musters zu verwenden, als ein bestimmtes Kunststoff-Isolierrohr FFKu-EL-F 32 mm in Mauerwerk. 38

Die einzelnen Positionen, in welche die herzustellenden Beton- oder Mauerwerksarbeiten, die zu erbringenden Elektro- oder Sanitärarbeiten aufgegliedert werden, und welche zusammengesetzt die Bauleistung ergeben, zu ermitteln und zu formulieren, dies ist zunächst die **Aufgabe des Verfassers des Leistungsverzeichnisses.** 39

Das Angebot enthält zu jeder einzelnen Position einen Preis, welcher multipliziert mit der angegebenen Menge den **Positionspreis** ergibt. Alle Positionspreise zusammen ergeben die voraussichtliche Vergütung oder den Angebotspreis. Sowohl der Positionspreis als auch der gesamte schließlich abgerechnete Preis ändert sich mit der Änderung der Massen, der vorgenannten Vordersätze. 40

Das **Leistungsverzeichnis** ist der Versuch, die gewünschte Bauleistung möglichst zutreffend und möglichst vollständig zu beschreiben und dem Bieter die Möglichkeit zu geben, den von ihm gewünschten Preis zu nennen. 41

42 Während das Leistungsverzeichnis mit der Aufforderung, für einzelne Positionen Einheitspreise anzugeben, zumindest der Versuch ist, die gewünschte Bauleistung im Detail zu beschreiben, geht der Auftraggeber bei Verwendung einer **funktionalen Leistungsbeschreibung** einen ganz anderen Weg: Er beschreibt pauschal das von ihm gewünschte Ergebnis (die VOB/A spricht vom „Leistungsprogramm" im Unterschied zum „Leistungsverzeichnis", § 9).

43 Damit wird dem **Bieter** die Aufgabe aufgebürdet, die einzelnen **Teilleistungen, welche zur Erreichung des Ergebnisses erforderlich sind, zu ermitteln**. Die Planungsleistungen, welche der Auftraggeber bei Fertigung eines Leistungsverzeichnisses übernimmt, muss nun er übernehmen (siehe hierzu BGH v. 13.3.2008 – VII ZR 194/06, BauR 2008, 1131 – „Bistro" und OLG Brandenburg v. 6.3.2007 – 11 U 166/05, IBR 2007, 357). Auf der anderen Seite müsste dies auch bedeuten, dass der Bieter hinsichtlich der Frage, wie er dieses Ziel erreicht, mehr Freiheiten hat und auch hinsichtlich der Qualität lediglich die allgemeinen gesetzlichen Anforderungen (mittlere Art und Güte, § 243 Abs. 1) gelten. Auch hier kommt es zu Versuchen, „den Kuchen gleichzeitig aufzuessen und ihn doch zu behalten", indem auf der einen Seite nur ein Leistungsprogramm vorgegeben wird und damit die schon beschriebene Planungsaufgabe dem Bieter überlastet wird, auf der anderen Seite aber doch genaue Standards vorgeschrieben werden, welche bei einzelnen Leistungen oder Materialien eingehalten werden müssen. Bedeutsamer ist noch, dass der (spätere) Auftraggeber nicht irgend ein Haus oder irgend eine Elektroinstallation oder irgend welche Fliesen haben will, sondern schon genaue Vorstellungen hat, welche ohne Leistungsverzeichnis nicht nur durch Pläne und/oder andere zeichnerische Darstellungen, auf welche der Vertrag Bezug nimmt, vermittelt werden können. Diese Vorstellungen versucht der Auftraggeber oft in einer Baubeschreibung, welche zusätzlich zu den Plänen herangezogen wird, zu verankern.

44 Der Bieter und mögliche spätere Auftragnehmer benennt für eine eher global beschriebene Leistung einen pauschalen Preis, welcher für sich alleine nicht erkennen lässt, wie er sich zusammensetzt. Die Verbindung aus funktionaler Leistungsbeschreibung oder Leistungsbeschreibung mit Leistungsprogramm einerseits und einem nur hinsichtlich des Endbetrages genannten Preis andererseits wird **Global-Pauschalvertrag** genannt. Dieses Vertragsmodell findet oft im Schlüsselfertigbau Verwendung, wird aber auch bei der Vergabe einzelner Gewerke verwendet.

45 Daneben gibt es noch häufig die Kombination: detaillierte Leistungsbeschreibung einerseits, pauschaler Preis andererseits. Dieser sogenannte **Detail-Pauschalvertrag** steht trotz seines Namens näher beim Einheitspreisvertrag als beim Globalpauschalvertrag. Er kommt oft dadurch zu Stande, dass zunächst ein Einheitspreisangebot auf der Grundlage eines Leistungsverzeichnisses abgegeben wird und dann während der Vertragsverhandlungen oder als Ergebnis eines Nebenangebotes der Preis pauschaliert wird, oft einhergehend mit einer (Ab-)Rundung des Endbetrages aus dem Einheitspreisangebot. Ungeachtet anderer möglicher Konsequenzen führt diese Vorgehensweise jedenfalls dazu, dass im Unterschied zum Einheitspreisvertrag die tatsächlichen Massen oder Vordersätze (wie viele Quadratmeter von dieser Position und wie viele laufende Meter von jener?) keine Rolle spielen und deshalb auch ein Aufmaß, aus welchem sich die tatsächlich verbauten Massen ergeben, nicht erforderlich ist.

46 So sinnvoll es sein mag, die den professionellen Baubeteiligten bekannten und in der VOB, Teil B wie C, erwähnten Modelle zu verwenden, so ist man bei Abschluss des Vertrages selbstverständlich nicht daran gebunden. Unter der Geltung der Vertragsfreiheit können auch **andere Lösungen für** die **Leistungsbeschreibung und Preisermittlung** gefunden werden oder, was noch häufiger vorkommt, diese Modelle miteinander kombiniert werden.

47 Unabhängig davon, ob ein Vertragsmodell verwendet wird und wenn ja, welches, gilt der Grundsatz, dass jeder **Vertrag** für sich anhand aller Vertragsunterlagen und gegebenenfalls weiterer Umstände **auszulegen** ist, auch und gerade was die Frage der vom Unternehmer geschuldeten Leistung betrifft. Weiter gilt, dass maßgeblich ist, was schließlich vereinbart wurde und nicht das, was zuvor besprochen wurde; auch wenn zunächst ein Einheitspreisangebot

abgegeben wurde, kann am Schluss ein Detail- oder gar ein Global-Pauschalvertrag vereinbart worden sein (vgl OLG München v. 10.6.2008 – 9 U 2192/07, BauR 2009, 1156).

Auch bei einer noch so detaillierten Leistungsbeschreibung kann der Auftragnehmer nicht unbedingt davon ausgehen, dass er seine Vertragspflichten mit vollständiger und insoweit auch mangelfreier Abarbeitung der Positionen des Leistungsverzeichnisses erfüllt: Nach dem Gesetz, § 633 Abs. 2, schuldet der Auftragnehmer mangels anderweitiger Vereinbarung auch eine **im Ergebnis funktionstaugliche Leistung** (sehr instruktiv dazu BGH v. 11.11.1999 – VII ZR 403/98, BauR 2000, 411 – „ein Dach muss dicht sein"). 48

Wenn von dem **Auseinanderfallen** der **Leistungspflicht** des Auftragnehmers einerseits und dem **verpreisten Leistungsumfang** andererseits die Rede ist, dann ist genau das gemeint: Der Bieter und spätere Auftragnehmer hat auf der Grundlage des vom Auftraggeber vorgelegten Leistungsverzeichnisses oder Leistungsprogramms seinen Preis genannt. Die Leistungspflicht des Unternehmers erschöpft sich aber nicht darin, etwa die einzelnen Positionen des Leistungsverzeichnisses sämtliche abzuarbeiten. Vielmehr kann der Auftraggeber eine **funktionstaugliche, ihren Zweck erfüllende Leistung** (eben ein dichtes Dach, nicht irgendein Dach) verlangen, auch wenn nicht alle hierzu führenden Einzelleistungen mit einem Preisschild versehen sind (zu dieser Diskussion siehe zusammenfassend: *Leupertz*, Der verpreiste Leistungsumfang und der geschuldete Erfolg, BauR 2010, 273; *Franz/Steffen*, Verpreister Leistungsumfang versus geschuldeter Erfolg, IBR-Online). 49

Ist die von dem Auftraggeber stammende Leistungsbeschreibung unklar, widersprüchlich oder gar technisch falsch, dann muss der Bieter im eigenen Interesse **vor Vertragsschluss** dies **aufklären**; bei formellem Vergabeverfahren muss der Bieter die ihm von der jeweiligen Vergabeordnung eingeräumten Möglichkeiten zur Information und Aufklärung und auch zur Anbringung von Rügen nutzen. 50

Vergaberechtliche Fragen können im Rahmen dieses Werkes nicht behandelt werden, an dieser Stelle nur so viel: 51

Der Bieter muss den von ihm tatsächlich verlangten Preis angeben; es ist unzulässig, einen Teil des eigentlich beanspruchten Preise für eine bestimmte Leistung in einer anderen Leistungsposition zu verstecken, sogenannte **unzulässige Mischkalkulation** (OLG Frankfurt v. 16.8.2005 – 11 Verg 7/05, NZBau 2006, 259; VK Schleswig-Holstein v. 3.12.2008 – VKSH 12/08, IBR 2009, 105). 52

Davon zu unterscheiden ist die **Frage der Spekulation.** In diesem Fall verlangt der Bieter den tatsächlich von ihm beanspruchten Preis, dieser ist aber spekulativ hoch oder niedrig angesetzt, weil der Bieter glaubt, dass die im Leistungsverzeichnis angegebenen Massen (grob) unrichtig sind. Zum Beispiel das Ansetzen eines extrem niedrigen Preises bei einer Position, von der der Bieter glaubt, dass sie in wesentlich geringerem Umfang oder möglicherweise gar nicht benötigt wird, kann ihm einen entscheidenden Vorteil im Wettbewerb bringen und dazu führen, dass er den Auftrag erhält, und zwar zu Preisen, welche an anderer Stelle durchaus auskömmlich sind oder mehr als das. Die Spekulation geht auf, wenn die niedrig bepreisten Positionen kaum auszuführen sind und die hoch bepreisten dafür häufiger als ausgeschrieben. 53

Es wird derzeit heftig darüber gestritten, ob und in welchem Umfang Spekulation überhaupt zulässig ist; unter Geltung des Grundsatzes der Vertrags- und damit auch der Kalkulationsfreiheit müsste sie es bis zur Grenze der Sittenwidrigkeit sein, weil es einen objektiv richtigen Preis nicht gibt. Der Preis soll ja gerade Ergebnis des Wettbewerbes sein und kann nicht von vornherein feststehen. Jedenfalls besteht bei um das 800-fache überhöhten Einheitspreisen eine **widerlegliche Vermutung für die Sittenwidrigkeit dieses Preises** (BGH v. 18.12.2008 – VII ZR 201/06, nachfolgend OLG Jena v. 11.8.2009 – 5 U 899/05, Fundstelle jeweils IBR-online und noch einmal BGH v. 25.3.2010 – VII ZR 160/09, IBR 2010. 256). 54

Ansonsten gilt der **Grundsatz „Guter Preis bleibt guter Preis, schlechter Preis bleibt schlechter Preis"**. Dies gilt (mit der Ausnahme von § 2 Nr. 3 Abs. 2 und 3 VOB/B) nicht nur, wenn bei 55 einem Einheitspreisvertrag Massenänderungen eintreten, sondern implizit auch bei einer Änderung der Leistung, welche eine Änderung eines Pauschalpreises nach sich zieht (und diese Änderung oder Anpassung des Pauschalpreises muss bei einer nicht unerheblichen Leistungsänderung stets erfolgen, weil auch bei Vereinbarung eines Pauschalpreises der Unternehmer nicht verpflichtet ist, Leistungen kostenlos auszuführen und der Auftraggeber nicht verpflichtet ist, nicht erbrachte Leistungen zu bezahlen, abgesehen von § 649 S. 1). Auch die danach vorzunehmende Anpassung des Preises kann nur auf der Grundlage des vertraglich vereinbarten Preises stattfinden (OLG Düsseldorf v. 13.3.1990 – 23 U 138/89, BauR 1991, 219).

56 Deshalb sind „Strategien", wonach der Auftragnehmer ruhig einen schlechten Preis vereinbaren kann, und die Bilanz dieses Auftrages dann über Nachträge retten soll, unbrauchbar: Kommt es zu Nachträgen, dann muss der Auftragnehmer nur noch mehr zu dem schlechten Vertragspreis leisten.

57 [6] **Abschlagszahlungen.** Seit 1.1.2009 gilt eine neue gesetzliche Regelung für die Abschlagszahlung im Werkvertrag in Gestalt des völlig neu gefassten § 632 a.

58 Die alte Regelung war zu Recht schwer kritisiert worden, vor allem wegen des zumindest missverständlichen Erfordernisses der in sich abgeschlossenen Teilleistung.

59 In Anlehnung an, aber nicht in völliger Übernahme der Regelung der VOB/B, § 16 Abs. 1 zur Abschlagszahlung ist eine in sich abgeschlossene Teilleistung nicht mehr Voraussetzung. Maßgeblich ist der **Wertzuwachs durch die Leistung** des Unternehmers. Weiterhin führt nach herrschender Meinung das Vorliegen eines wesentlichen Mangels dazu, dass ein Anspruch des Unternehmers auf Abschlagszahlung überhaupt nicht besteht (also nicht nur ein **Zurückbehaltungsrecht** des Bestellers in Höhe der – doppelten – Kosten der Mängelbeseitigung besteht; Stellungnahme des Baugerichtstages, IBR 2006, 311).

60 Weiterhin enthält die Vorschrift nunmehr ein Recht des Unternehmers, **Abschlagszahlungen auf geliefertes Baumaterial** zu verlangen und gegenüber einem **Verbraucher** als Auftraggeber bei Umbau oder Errichtung eines Hauses die **Pflicht zu einer Sicherheitsleistung**, bevor die erste Abschlagszahlung vereinnahmt werden darf (eine Musterregelung einer Abschlagszahlungsbestimmung in einem Verbrauchervertrag nebst Erläuterungen befindet sich bei § 632 a).

61 Bei einer Abschlagszahlungsregelung gegenüber einem Unternehmer sollte ebenfalls nicht vom gesetzlichen Leitbild abgewichen werden. Insbesondere sollten **keine Vorleistungen** des Auftraggebers vorgesehen werden; Abschlagszahlungsregelungen, welche dies nicht beachten, sind wohl unwirksam (außer wir haben es mit einem Bauträgervertrag zu tun, dort soll die – vollständige – Vorleistung des Bestellers unproblematisch sein).

62 [7] **Skonto.** Skontoklauseln spielen in den zahlreichen Baustreitigkeiten eine – je nach Höhe der Vertragssumme – wirtschaftlich nicht unbedeutende Rolle.

63 In Verträgen werden sie meist vom Auftraggeber vorgesehen, welcher sich einen um **2 % bis 3 %** günstigeren Preis verschaffen möchte. Der Auftragnehmer hat oft auch nicht unbedingt etwas dagegen, weil die Skontoklausel die Zahlungen jedenfalls im frühen Stadium der Abwicklung des Bauvertrages meistens tatsächlich beschleunigt.

64 In der Inhaltskontrolle unterliegenden Verträgen sollten 3 % nicht überschritten werden. Weiterhin sollte klargestellt werden, dass Skonto nur berücksichtigt werden darf, wenn die **Zahlung tatsächlich beschleunigt erfolgt**, die in der VOB/B, § 16, vorgesehenen Zahlungsfristen sollten jedenfalls deutlich unterschritten werden. Klauseln, welche zB vorsehen, dass der Auftraggeber oder dessen Architekt erst einmal prüfen dürfen und erst nach Abschluss der Prüfung die Frist beginnt, sind unwirksam.

65 Der Auftraggeber muss sich dabei entscheiden: Schnell zahlen und Skonto in Anspruch nehmen oder ausgiebig prüfen, beides geht nicht unbedingt zusammen.

66 Weiterhin sollte klargestellt werden, was der Auftraggeber tun muss, um Skonto in Anspruch nehmen zu können.

Der Auftragnehmer ist seinerseits nicht berechtigt, Rechnungen vor Erreichung des behaupteten Leistungsstandes zu stellen, um damit entweder den Auftraggeber zu einer überhöhten Zahlung zu zwingen oder dazu, auf das Skonto zu verzichten. Meint der Auftraggeber, die Voraussetzungen für die gestellte Rechnung seien noch nicht gegeben, sollte er dies innerhalb der Skontofrist schriftlich oder in Textform dem Vertragspartner mitteilen, um klare Verhältnisse zu schaffen und auch um zu dokumentieren, dass er nach Herstellung der Voraussetzungen innerhalb der Skontofrist bezahlt hat. 67

[8] **Umlageklauseln.** Die häufigsten sogenannten Umlageklauseln betreffen die Bauleistungsversicherung sowie Baustrom und Bauwasser. Der Auftragnehmer kann nicht erwarten, dass ihm dies kostenlos überlassen wird. 68

Die **Bauleistungsversicherung** schützt davor, eine vor Abnahme zufällig beschädigte (zB durch Drittunternehmer oder durch Vandalismus oder Unwetter) oder untergegangene Leistung kostenlos noch einmal erbringen zu müssen. Es besteht die Möglichkeit, dass der Hauptauftraggeber eine Versicherung für alle Gewerke und für die gesamte Baumaßnahme abschließt und der Schutz auf die Nachunternehmer ausgedehnt wird; die Versicherungsbedingungen dieser Versicherungsart sehen diese Möglichkeit ausdrücklich vor (ABN, abgedruckt bei *Prölss/Martin*, S. 2369 ff). 69

Der Auftraggeber sollte den Abschluss dieser Versicherung nachweisen müssen. 70

Dass der Auftragnehmer das von ihm in Anspruch genommene Bauwasser und den Baustrom bezahlt, ist nicht problematisch, wohl aber die **Abrechnung des Verbrauchs.** Jedenfalls darf der Unternehmer nicht dazu gezwungen werden, mit jemandem abzurechnen, mit dem er gar keine Vertragsbeziehung hat. Nach neuerer Rechtsprechung sind früher oft kritisch betrachtete Umlageklauseln wirksam, wenn sie eine transparente Preis-Leistungs-Vereinbarung darstellen (BGH v. 10.6.1999 – VII ZR 365/98, BauR 1999, 1290). 71

[9] **Vertragsänderungen.** Bei nahezu jedem Bauvorhaben notwendige Vertragsänderungen, welche dem Spannungsverhältnis zwischen Plan und Realität geschuldet sind, bringen für den Auftraggeber oft Mehrkosten mit sich, welche dieser vermeiden möchte. Hierzu sind in der Vertragspraxis zahlreiche Versuche unternommen worden. Soweit die Regelung der Inhaltskontrolle unterliegt, sind Versuche, zB das Baugrundrisiko oder das Planungsrisiko auf den Unternehmer zu überlasten, regelmäßig zum Scheitern verurteilt (zB BGH v. 5.6.1997 – VII ZR 54/96; OLG München v. 19.6.1990 – 9 U 2013/90). Mit **Individualvereinbarungen** können, wie oben bereits ausgeführt, durchaus auch nicht kalkulierbare Risiken auf den Vertragspartner abgewälzt werden. 72

Sinnvoll kann es sein, in Anlehnung an § 1 Nr. 4 VOB/B auch bei einem BGB-Vertrag eine **Verpflichtung des Unternehmers** vorzusehen, – natürlich gegen Bezahlung – ursprünglich **nicht vereinbarte Leistungen**, auf welche sein Betrieb eingerichtet ist, **auszuführen**. 73

Unbedingt sinnvoll ist die in dem hier vorgestellten Muster enthaltene **Regelung** dazu, **wer Vertragsänderungen vereinbaren** oder gegebenenfalls **anordnen darf**. Die Regelung ist natürlich nur so gut, wie sie danach praktiziert wird. Wenn ein Auftraggeber ständig Nachträge ausführt, welche eine Person anordnet, die ausdrücklich nicht im Vertrag genannt ist, dann hat er Probleme und muss hoffen, mit den Instrumenten der Duldungsvollmacht oder Anscheinsvollmacht zu Rande zu kommen, vgl OLG Düsseldorf v. 25.11.2008 – 23 U 13/08. 74

Schließlich ist im Rahmen von Vertragsänderungen auch die Rspr zum **Bauvertrag als Kooperationsvertrag** zu beachten. Entgegen der vielfach beobachteten Praxis, die man mit „Bauen ist Krieg" zusammenfassen könnte, ist die Rechtsprechung der Auffassung, dass die Parteien sich mit Abschluss des Bauvertrages gemeinsam in ein Boot gesetzt haben und nicht bei jeder Schwierigkeit das Boot zum Kentern bringen dürfen. Die **Kooperationspflichten** kann man wie folgt zusammenfassen: 75

- Kooperationspflicht bedeutet nicht, auf eigene, berechtigte Ansprüche verzichten zu müssen oder im Vertrag nicht vorgesehene Risiken eingehen zu müssen.
- Kooperationspflicht bedeutet, dass jede Seite Anspruch darauf hat, dass die andere Seite klare Erklärungen abgibt, zB zu Nachtragsanforderungen oder zu Bedenkenanmeldungen.
- Kooperationspflicht bedeutet, dass der Auftragnehmer nicht verpflichtet ist, zusätzliche Leistungen auszuführen, wenn er davon ausgehen muss, dass er die Vergütung dafür vor Gericht erstreiten muss, weil sich zB der Auftraggeber weigert, eine klare schriftliche Beauftragung zu erteilen.
- Kooperationspflicht bedeutet, dass die vorzeitige Vertragsbeendigung ultima ratio sein muss. Sie bedeutet auch generell Klarheit im Umgang miteinander und rechtzeitige und zutreffende gegenseitige Information.

76 Insofern die VOB/B immer wieder auf diese **Klarheit im Umgang** der Vertragspartner miteinander drängt (vgl etwa § 6 Abs. 6 oder § 8 Abs. 3 VOB/B), hat sie die Kooperationspflichten der Bauvertragspartner vor der Rechtsprechung postuliert.

77 Nichtbeachtung der Kooperationspflicht bei einem Bauvertrag kann zur **fristlosen Kündigung des Vertrages aus wichtigem Grund** berechtigen, OLG Koblenz v. 8.3.2007 – 5 U 877/06.

78 Der Auftragnehmer ist nicht verpflichtet, Nachtragsleistungen auszuführen, wenn er davon ausgehen kann, dass er die Bezahlung dafür erst vor Gericht erstreiten muss (Zusammenfassend: *Kues/Steffen*, BauR 2010, 10 ff)

79 [10] **Bauzeit.** Idealerweise steht zum Zeitpunkt des Vertragsschlusses mit den Unternehmern der Einzelgewerke der geplante zeitliche Ablauf der Baumaßnahme im Wesentlichen fest. Danach können die Parteien einen **kalendermäßig bestimmten Zeitpunkt** für den Beginn der jeweiligen Arbeiten und deren **Abschluss** festlegen sowie auch **Zwischenfristen**, welche sich aus dem Ineinandergreifen unterschiedlicher Gewerke ergeben können oder deshalb, weil die betreffende Leistung in mehreren Teilabschnitten erbracht werden soll. Sinnvoll ist es, die vereinbarten Zwischenfristen kurz zu begründen.

80 Ist eine solche Regelung der Bauzeit wegen noch nicht ausreichenden Planungsstandes zum Zeitpunkt des Vertragsschlusses nicht möglich, dann müssen **individuelle Regelungen** gefunden werden, welche zumindest den **voraussichtlichen Beginn** und die **voraussichtliche Dauer** der Arbeiten angeben. Auch wenn der Zeitpunkt für Zwischenfristen noch nicht vorliegt, ist es gleichwohl möglich, in den Vertrag die Unterteilung in zB mehrere Abschnitte aufzunehmen. Wichtig ist, dass dem Unternehmer die Möglichkeit gegeben werden muss, zu disponieren.

81 Wegen der fast unvermeidlichen Störungen auch des zeitlichen Ablaufs stellt sich die Frage, ob und wenn ja, wie die Parteien hierzu im Vertrag Regelungen treffen können. Verfehlt wie stets sind Versuche, undifferenziert die Folgen einer Partei überlasten zu wollen. Soweit eine solche Störung eintritt, gibt es zunächst einmal drei Möglichkeiten:

- sie ist vom Auftraggeber verschuldet,
- sie ist vom Auftragnehmer verschuldet oder
- sie ist von keinem der Vertragspartner verschuldet.

Rechtlich sind die beiden ersten Möglichkeiten nicht problematisch: es handelt sich um Fälle der Pflichtverletzung, wobei für den Auftragnehmer, der die Termine nicht beachtet, vorrangig die speziellere Regelung zum Verzug gilt. Die Probleme liegen eher im tatsächlichen Bereich:

82 Was den **Schuldnerverzug des Auftragnehmers** betrifft, so genügt der Auftraggeber zunächst seiner Darlegungslast, wenn er vorträgt, zu welchem Zeitpunkt die Leistung geschuldet war; sofern dieser Zeitpunkt nicht kalendermäßig bestimmt ist, zusätzlich die Mahnung vorträgt und schließlich vorträgt, dass die Leistung nicht zu dem vertraglich kalendermäßig bestimmten Zeitpunkt oder nicht zum Zeitpunkt der Fälligkeit plus Mahnung erbracht wurde, sondern später. Diese Umstände indizieren zunächst das Vorliegen eines schuldhaften Verzuges.

Der Auftragnehmer wird dem entgegenhalten, dass die Überschreitung des vertraglich vereinbarten Leistungszeitpunktes nicht von ihm zu vertreten war, weil er an der rechtzeitigen Erbringung der Leistung gehindert war, indem erforderliche Pläne nicht rechtzeitig vorgelegen haben, in dem das vorangegangene Gewerk nicht termingemäß fertiggestellt war, indem aus Witterungsgründen mit der Leistung nicht zum vorgesehenen Zeitpunkt begonnen werden konnte, usw usf. 83

Der Auftragnehmer wird möglicherweise nicht nur das Verschulden an der Überschreitung der Bauzeit als Tatbestandsvoraussetzung für eine Verzugshaftung bestreiten, sondern auch die Kausalität der eingetretenen zeitlichen Störungen für den vom Auftraggeber geltend gemachten Schaden, welcher meistens erst dadurch eintritt, dass das gesamte Bauvorhaben nicht zu dem vom Auftraggeber gewünschten Zeitpunkt nutzbar ist. Wendet der Auftragnehmer ein, dass die verspätete Fertigstellung seiner Leistung nicht kausal für die verspätete Fertigstellung des Gesamtprojekts war, dann ist der Auftraggeber gehalten, auch diese Kausalität vorzutragen und zu beweisen. In dieser Hinsicht kann eine wirksame Vertragsstrafenvereinbarung eine Entlastung bringen, siehe Erläuterungen Rn 90 ff zu § 12 des oa Mustervertrages. 84

Für den Unternehmer bedeutet eine zeitliche Störung des Bauablaufes, dass er für das gleiche Geld das für die Leistungserbringung erforderliche Personal und die erforderlichen Maschinen länger einsetzen muss, dh, er arbeitet unwirtschaftlicher. Eine Aussicht, diesen Schaden notfalls vor Gericht durchzusetzen, hat nur ein Unternehmer, der sowohl den **geplanten** als auch den **tatsächlichen Bauablauf bestmöglich dokumentiert.** Insbesondere wird von ihm verlangt, dass jede Störung des Bauablaufes erfasst wird, egal, von wem diese zu vertreten ist und für jede solche Störung ein eigener neuerer Bauzeitenplan erstellt wird, damit dann bei einer vom Vertragspartner zu vertretenden Störung die (nur) durch diese Störung verursachte zeitliche Auswirkung dargestellt und nachgewiesen werden kann (sog. **Bauablauf-Differenzverfahren,** BGH v. 19.12.2002 – VII ZR 440/01, BauR 2003, 531 und v. 24.2.2005 – VII ZR 245/03, BauR 2005, 861). 85

Sodann muss noch der **eingetretene Schaden dargelegt** werden, indem die Aufwendungen für den nicht vom Vertragspartner gestörten Bauablauf (nicht: für den im Vertrag vorgesehenen Bauablauf) einerseits und die Aufwendungen angesichts des vom Vertragspartner gestörten Bauablaufs einander gegenübergestellt werden. Dies ist für jeden Fall einer – angeblich – vom Vertragspartner verursachten Bauzeitstörung zu wiederholen. 86

Soweit ein Mehraufwand oder ein Schaden nicht vom Vertragspartner verursacht wurde, ist dieser jeweils selbst zu tragen. Denkbar ist, dass in einer **Individualvereinbarung** ein Vertragspartner eine **verschuldensunabhängige Haftung** übernimmt, zB kann ein Unternehmer für die Einhaltung eines bestimmten Termins eine verschuldensunabhängige Garantie übernehmen. Der Unternehmer müsste dann nicht nur für die Folgen einer von ihm verschuldeten Störung der Bauzeit eintreten, sondern auch für die Folgen aus Sicht der Vertragspartner zufälliger oder von dritter Seite zu vertretender Störungen. 87

In dem vorliegenden Mustervertrag wird versucht, die **Folgen der Unwägbarkeiten** hinsichtlich der Bauzeit mit zwei Maßnahmen **zu mildern**: 88

- zum einen, indem die ohnehin schon aufgrund der Kooperationspflicht bestehende Verpflichtung der Vertragsparteien, bei Störungen jeweils **neue, störungsangepasste Bauzeitpläne** zu vereinbaren, ausdrücklich genannt wird;
- zum anderen, indem eine Verpflichtung des Unternehmers zu **Beschleunigungsmaßnahmen** aufgenommen wird mit zwei notwendigerweise unbestimmten Einschränkungen, nämlich zum einen die Verpflichtung des Auftraggebers, den infolge solcher Beschleunigungsmaßnahmen auftretenden Mehraufwand zu bezahlen und zum anderen durch die Beschränkung auf für den Auftragnehmer zumutbare Maßnahmen.

89 Damit soll versucht werden, Schaden zu vermeiden oder zu mindern, anstatt ihn erst in voller Blüte entstehen zu lassen und dann hinterher zu streiten, wer ihn tragen muss.

90 [11] **Vertragsstrafenregelung.** Die Vereinbarung einer Vertragsstrafe für den Fall des (immer schuldhaften) Verzuges des Auftragnehmers soll dem Auftraggeber zwei Vorteile bringen:

91 – erstens soll diese Vereinbarung den Auftragnehmer zusätzlich zur **vertragskonformen Leistung** in zeitlicher Hinsicht anhalten;

– zweitens soll sie dem Auftraggeber die **Durchsetzung von Ansprüchen** bei vom Vertragspartner verschuldeter Nichteinhaltung der Bauzeit erleichtern, indem er zum einen keinen konkreten Schaden darlegen muss, soweit die Vertragsstrafe reicht und – noch viel wichtiger – des Erfordernisses der Darstellung der Kausalität der schuldhaften Saumseligkeit seines Vertragspartners für den tatsächlich eingetretenen Schaden (zum Beispiel Nutzungsausfall wegen späterer Vermietung) enthoben wird.

92 Auch deshalb, weil zum Beispiel der letztere Punkt dazu führen kann, dass der Auftragnehmer wegen seines Verzuges zahlen muss, obwohl dem Auftraggeber durch diesen Verzug gar kein tatsächlicher Schaden entstanden ist, werden an die wirksame Vereinbarung einer der **Inhaltskontrolle** unterliegenden Vertragsstrafenregelung hohe Anforderungen gestellt.

93 Zu diesen Anforderungen gehören schon seit langem eine **Begrenzung der absoluten Höhe der Vertragsstrafe auf 5 % der dem Unternehmer zu zahlenden Vergütung** sowie auch der **pro Zeitabschnitt verwirkten Vertragsstrafe**, wobei hier bisher ein Betrag von **0,2 % des Werklohns pro Arbeitstag** als sicher gelten kann (vgl zu diesen betragsmäßigen Beschränkungen BGH v. 12.3.1981 – VIII ZR 293/79, BB 1981,874; v. 18.11.1982 – VII ZR 305/81, BauR 1983, 80).

94 Es darf angesichts der Vertragsklausel nicht einmal der Verdacht aufkommen, dass vom Erfordernis des Verschuldens durch den Auftragnehmer Abstand genommen wird.

95 Eine **Häufung von Vertragsstrafe und tatsächlichem Schaden** sowie **mehrerer Vertragsstrafen wegen Überschreitung mehrerer Termine** kann in einem der Inhaltskontrolle unterliegenden Vertrag **nicht** vereinbart werden.

96 Schließlich sollte klargestellt werden, dass die Pflicht, Vertragsstrafe zu bezahlen, **mit Erbringung der abnahmefähigen Leistung endet** (zu den Anforderungen an eine wirksame Vertragsstrafenregelung hat sich der BGH zusammenfassend geäußert in seiner Entscheidung v. 23.1.2003 – VII ZR 210/01).

97 [12] **Abnahme und Mängelhaftungsfrist.** Die Abnahme ist neben der Zahlungspflicht die zweite **Hauptpflicht** des Bestellers (Auftraggebers) in einem Werkvertrag (§ 640 Abs. 1 S. 1).

98 Die **Abnahme** ist eine Willenserklärung des Auftraggebers des Inhalts, dass er die von dem Unternehmer erbrachte und ihm zur Verfügung gestellte Leistung als im Wesentlichen vertragsgerecht ansieht. Hierzu und zu den weitreichenden Folgen der Abnahme wird auf die Muster und Erläuterungen der §§ 640, 641 verwiesen.

99 Mit der Abnahme beginnt auch die **Mängelhaftungsfrist**, nach der früheren Terminologie immer noch häufig als Gewährleistungsfrist bezeichnet. Im Verhältnis zum Auftraggeber kann die Mängelhaftungsfrist gem. § 634 a Abs. 1 Nr. 2 (fünf Jahre) bei Stattfinden von Inhaltskontrolle kaum unterschritten werden kann; bei einer Einzelprüfung scheitert auch die vierjährige Frist gem. § 13 Nr. 4 Abs. 1 VOB/B (dies ist aus den Entscheidungen des BGH v. 7.5.1987 – VII ZR 129/86, WM 1987, 1015 und v. 29.6.1989 – VII ZR 151/88, BB 1989, 1506 abzuleiten).

100 Eine **Verlängerung** der Mängelhaftungsfrist durch den Auftraggeber ist bei Inhaltskontrolle jedenfalls dann zulässig, wenn es sich um eine Leistung handelt, bei welcher ein schutzwürdiges Interesse an einer Ausdehnung der gesetzlichen Verjährungsfrist besteht; dies sollte im Vertrag genannt werden (Beispiel: Flachdacharbeiten, BGH v. 9.5.1996 – VII ZR 259/94, BauR 1996, 707).

Vereinbaren die Parteien die VOB/B und eine längere Gewährleistung als vier Jahre gem. § 14 Ziff. 4 VOB/B, dann müssen sie diese VOB/B-Bestimmung vorsichtshalber ausdrücklich (!) **abbedingen** (OLG München v. 23.2.2010 – 28 U 5512/09, IBR-Online). 101

[13] **Sicherheiten.** Der Gesetzgeber hat schon bei Entstehung des BGB und dann sehr viel später noch einmal in den neunziger Jahren versucht, das wegen der Vorleistungspflicht des Unternehmers bestehende Risiko, nach erbrachter Leistung den Werklohn nicht zu erhalten wegen Insolvenz des Auftraggebers, zu mildern durch die Vorschriften des § 648 und des § 648 a; hierzu wird auf die Muster und Erläuterungen zu diesen Bestimmungen verwiesen. 102

Sicherheiten für den Auftraggeber, der von Gesetzes wegen schon durch die Vorleistungspflicht des Unternehmers begünstigt ist, sind im Gesetz nicht vorgesehen und müssen ausnahmslos vertraglich vereinbart werden. 103

Auch hier ist die Anzahl möglicher Regelungen aufgrund der Vertragsfreiheit potentiell unbegrenzt, aber es haben sich **in der Praxis drei typische Fälle** herausgebildet, in welchem aus Sicht des Auftraggebers ein Sicherheitsbedürfnis besteht. Dies sind die immer noch sog. 104

- Gewährleistungssicherheit zur Besicherung von Ansprüchen des Auftraggebers aus Mängelhaftung nach Abnahme,
- die Erfüllungssicherheit und
- die Vorauszahlungssicherheit.

(a) **Mängelhaftungssicherheit oder Gewährleistungssicherheit.** Obwohl gem. § 641 Abs. 1 S. 1 der volle Werklohn bei (nicht: nach!) Abnahme zu bezahlen ist, erkennt die höchstrichterliche Rechtsprechung ein schutzwürdiges Interesse des Auftraggebers daran an, einen Teil des Werklohnes zur Sicherheit einzubehalten dafür, dass der Auftragnehmer (wegen Insolvenz) die ihm obliegende Pflicht, nach Abnahme auftretende Mängel innerhalb des gesetzlichen Mängelhaftungszeitraums gemäß § 634 a zu beseitigen, nicht erfüllt. Neben der schon seit langem feststehenden **höhenmäßigen Begrenzung auf 5 % des Werklohns** ist der zentrale Bestandteil einer **wirksamen Vereinbarung** einer Gewährleistungssicherheit in einem vom Auftraggeber gestellten Vertrag eine Regelung, welche das Insolvenzrisiko nun nicht einfach dem Auftragnehmer aufbürdet und welche weiterhin den Auftragnehmer in die Lage versetzt, in zumutbarer Weise die Auszahlung des Bareinbehaltes herbeizuführen. 105

Im Ergebnis werden diese beiden Ziele unabhängig von der Vereinbarung der VOB/B dadurch erreicht, dass dem Auftragnehmer die Möglichkeit eingeräumt werden muss, den Einbehalt durch Stellung einer normalen **selbstschuldnerischen Bürgschaft** eines tauglichen Bürgen abzulösen, wobei der Auftraggeber weder eine Bürgschaft auf erstes Anfordern verlangen darf noch eine solche, in welcher der Bürge auf die ihm von Gesetzes wegen zustehenden Rechte mit Ausnahme des Rechtes aus § 771 (Einrede der Vorausklage) verzichten muss (zur Bürgschaft auf erstes Anfordern siehe BGH v. 9.12.2004 – VII ZR 57/02, BauR 2005, 539; v. 24.5.2007 – VII ZR 210/06, v. 28.2.2008 – VII ZR 51/07; zu dem Verzicht auf andere Rechte des Bürgen als die Einrede der Vorausklage siehe etwa BGH v. 8.3.2001 – IX ZR 236/00 und v. 16.1.2003 – IX ZR 171/00). Streitig war und ist zum Teil immer noch, ob das Verlangen, der Bürge müsse auf diese gesetzlichen Rechte verzichten, zur Unwirksamkeit der gesamten Abrede führt oder nur zur Unwirksamkeit der Bestimmung, dass eben auf diese Rechte verzichtet werden muss. Die Rechtsprechung geht allgemein in die Richtung, dass das Sicherungsbedürfnis des Auftraggebers nicht überspannt werden darf, weshalb sicherheitshalber darauf verzichtet werden sollte, zu verlangen, dass in der Bürgschaft auf diese Rechte verzichtet wird. 106

Weiterhin wird derzeit wohl noch die Auffassung vertreten, dass dann, wenn dem Auftraggeber die Möglichkeit eingeräumt wird, den Sicherheitseinbehalt durch normale selbstschuldnerische Bürgschaft abzulösen, die Pflicht des Auftraggebers, den Sicherheitseinbehalt auf einem Sperrkonto einzuzahlen dergestalt, dass er alleine darüber nicht mehr verfügen kann und das Guthaben auf diesem Konto wohl auch der Zwangsvollstreckung in sein Vermögen entzogen ist, 107 abbedungen werden kann. Auch hier muss man zur Vorsicht raten, denn, wie für das Insolvenzrecht schon hervorgehoben wurde, der Sicherheitseinbehalt gehört nicht mehr uneingeschränkt zu dem Vermögen des Auftraggebers; darüber hinaus kann es für den Auftragnehmer schwierig sein, eine Bürgschaft zu beschaffen, so dass zum Schutz des Auftragnehmers vor der Insolvenz des Auftraggebers in jedem Fall die Pflicht zur Einzahlung des Einbehaltes auf ein Sperrkonto bestehen bleiben und beachtet werden sollte (zu dieser Diskussion siehe *Schmitz*, Die Abwicklung des Bauvertrages in der Insolvenz, IBR-Online, Rn 64).

108 (b) **Erfüllungssicherheit.** Verhält sich der Auftragnehmer derart vertragswidrig, dass der Auftraggeber den Vertrag vor Herstellung der abnahmefähigen Leistung durch den Unternehmer vorzeitig beenden kann und aus wirtschaftlichen Gründen in der Regel auch muss (durch Geltendmachung von Schadensersatz statt der restlichen Leistung, § 281 Abs. 1, durch Rücktritt gem. § 323 und auch durch die nach wie vor von der herrschenden Meinung und auch der Rechtsprechung anerkannte außerordentliche Kündigung aus wichtigem Grund im Gegensatz zu der freien Kündigung nach § 649), dann muss der Auftraggeber die noch fehlenden Leistungen anderweitig in Auftrag geben. Dies erfordert nicht nur zusätzlichen Arbeitsaufwand, sondern bedeutet fast immer auch, dass für die von dem „gekündigten" Unternehmer nach dem Vertrag geschuldete Gesamtleistung mehr bezahlt werden muss als der mit dem „gekündigten" Unternehmer vereinbarte Gesamtwerklohn, weil Einzelleistungen oder geringere Massen meist teurer sind und/oder die in dieser Situation angefragten Unternehmer einmal in der stärkeren Position sind, weil der Auftraggeber auf eine alsbaldige Fertigstellung angewiesen ist. Da die vorzeitige Vertragsbeendigung in einem solchen Fall auf schuldhaftes vertragswidriges Verhalten des Auftragnehmers zurückzuführen ist, hat der Auftraggeber in diesen Fällen einen **Schadensersatzanspruch in Höhe der Restfertigstellungsmehrkosten**. Dieser Schadensersatzanspruch soll durch die Erfüllungssicherheit gesichert werden.

109 Der Sicherungsfall tritt somit dann ein, wenn der Auftragnehmer das Recht bzw die Möglichkeit, die geschuldete Leistung in Natur selbst noch herzustellen, verliert und zum Zahlmeister degradiert wird. In der Vereinbarung sollte der Sicherungsfall zutreffend beschrieben werden.

110 Was die Höhe und die Modalitäten der Sicherheit betrifft, so hat auch hier die Rspr strenge Regeln aufgestellt. In der **Höhe** ist bei der Inhaltskontrolle unterliegenden Vereinbarungen ein Betrag von **5 %** des (beim Einheitspreisvertrag: voraussichtlichen) Werklohnes als Obergrenze anzunehmen. Der Auftraggeber darf nicht verlangen, dass die Sicherheit durch Bürgschaft auf erstes Anfordern gestellt wird; auch hier ist es gefährlich, zu verlangen, das der Bürge auf gesetzliche Rechte mit Ausnahme der Einrede der Vorausklage verzichten soll (vgl hierzu die Entscheidungen des BGH v. 18.4.2002 – VII ZR 100. 90/01 sowie vor allem v. 4.7.2002 – Az VII ZR 502/99, BauR 2002, 1533).

111 Auch Versuche des Auftraggebers, sich eine Erfüllungssicherheit dadurch zu verschaffen, dass die Abschlagszahlungen hinter dem Leistungsfortschritt zurückbleiben, sind problematisch, wenn und soweit sie von der gesetzlichen Regelung der Abschlagszahlungen nach § 632 a abweichen.

112 (c) **Vorauszahlungssicherheit.** Eine Vorauszahlungssicherheit wird dann vereinbart, wenn der Auftraggeber Zahlungen leistet, obwohl noch keine entsprechenden Bauleistungen erbracht wurden. Der kluge Auftraggeber wird das Risiko, für diese Vorauszahlung keine vertragsgerechte Leistung zu erhalten, dadurch vermeiden, dass er sich die **Bürgschaft** eines tauglichen Bürgen **bis zur Höhe des vorausbezahlten Betrages als Sicherheit** übergeben lässt. Auch hier wird die Bürgschaft auf erstes Anfordern zunehmend kritisch betrachtet.

113 Die verschiedenen Arten der Sicherheitsleistung können miteinander kombiniert werden (sog. **Kombibürgschaften**); im Interesse der Klarheit sollte darauf aber verzichtet werden.

114 Es kann wirksam vereinbart werden, dass eine Sicherheit für Mängelhaftungsansprüche auch das Risiko abdecken soll, dass der Auftraggeber aus der bürgenähnlichen Haftung gem. § 1 AEntG in Anspruch genommen wird.

[14] Schlussbestimmungen: Salvatorische Klausel, Rechtswahl, Gerichtsstandswahl. Die einzige im Rahmen der AGB-Kontrolle wirksame salvatorische Klausel ist eine solche, welche sich darauf beschränkt, zu bestimmen, dass der Vertrag wirksam bleiben soll, wenn eine oder mehrere Bestimmungen sich als unwirksam erweisen. Diese Regelung ist sinnvoll und im Interesse beider Parteien. Darüber hinausgehende Regelungen, auch Schriftformklauseln, sind entweder unbrauchbar oder unwirksam. Wegen des **Verbotes der geltungserhaltenden Reduktion** können Vereinbarungen nicht getroffen werden, wonach bei Unwirksamkeit einer Bestimmung das gesetzlich Zulässige gelten soll. 115

Schriftformklauseln sind entweder unbrauchbar, weil sie eine trügerische Sicherheit vermitteln, obwohl mündliche Vereinbarungen gelten. Sollen Schriftformklauseln den Vorrang der mündlichen späteren Abrede wirksam abbedingen, dann sind sie unwirksam, weil sie dazu führen können, dass mündlich angeordnete Zusatzleistungen, obwohl erbracht, nicht bezahlt werden müssen, vgl zB BGH v. 27.11.2003 – VII ZR 53/03 sowie VII ZR 190/03, BauR 2005, 94. 116

Wird ein Bauvertrag mit Auslandsberührung abgeschlossen, dh hat einer der Vertragspartner seinen Sitz nicht im Gebiet der Bundesrepublik Deutschland oder befindet sich die Baustelle aus Sicht auch nur eines Vertragspartners im Ausland, dann ist sowohl die Vereinbarung des geltenden Rechts als auch die Vereinbarung des im Streitfall zuständigen Gerichts zwingend notwendig. Die Unsicherheit, welches materielle Recht anzuwenden ist und welches nationale Gericht zuständig ist, sollten die Vertragsparteien unbedingt vermeiden. Sinnvollerweise sollte sowohl das **materielle Recht** als auch der **Gerichtsstand in dem Land** liegen, **in welchen sich die Baustelle befindet.** Dies ist schon wegen der Geltung nationaler Bauordnungsrechtlicher Regeln und anderer sogenannter zwingender Vorschriften nach Art. 34 EGBGB (gilt sinngemäß in allen EU-Staaten) sinnvoll. Weiterhin kann das Unterbleiben einer Regelung insbesondere bei einer Klage des Auftraggebers gegen den Auftragnehmer (wegen Mängeln zum Beispiel) zum Auseinanderfallen des anzuwendenden materiellen Rechts einerseits und des Gerichtsstandes und damit des Verfahrensrechts andererseits führen: gem. Art. 5 EuGVVO besteht ein Wahlgerichtsstand am Ort des Bauvorhabens. Gemäß der aufgrund einer Richtlinie europaweit sinngemäß geltenden Bestimmung des Art. 28 Abs. 1 und 2 EGBGB, seit 2010 Rom-I-VO (EG) Nr. 593/2008, § 4 Abs. 1 b, ist mangels Rechtswahl das materielle Recht des Staates anzuwenden, in welchen die Vertragspartei ihren Sitz hat, welche die charakteristische Leistung erbringt. Dies ist im Falle des Werkvertrages der Unternehmer. Im Falle der genannten Klage wäre bei einer Baustelle in Deutschland das für den Ort der Baustelle zuständige deutsche Gericht zuständig, es müsste aber das materielle Recht der ausländischen Baufirma anwenden. Es liegt auf der Hand, das Rechtsstreitigkeiten, bei denen ein Gericht fremdes Recht anwenden muss, zum einem sehr teuer sind (weil jede Partei mindestens zwei Rechtsanwälte braucht, den vor Ort zugelassenen, der auch das Verfahrensrecht kennt, und einen, der das materielle Recht kennt) und zum anderen vom Ergebnis her noch weniger vorhersehbar und meist noch unbefriedigender als es ohnehin schon der Fall ist. 117

II. Detail-Pauschalvertrag

1. Muster: Detail-Pauschalvertrag 118

▶ **§ 5 Werklohn**

1. Der Auftragnehmer hat im Rahmen der Erfüllung der Aufforderung, für die hier gegenständliche Leistung auf der Grundlage des Leistungsverzeichnisses[1] des Architekturbüros ... vom ... ein Angebot abzugeben, als Nebenangebot einen Pauschalpreis in Höhe von ... EUR ohne Mehrwertsteuer, somit zzgl. MWSt. ... EUR angeboten. Die Vertragsparteien vereinbaren diesen Pauschalpreis als den nach diesem Vertrag für die Vertragsleistung geschuldeten Werklohn. Eine Änderung der vom Auftragnehmer geschuldeten Leistung ist damit ausdrücklich nicht verbunden.[2], [3] ◀

2. Erläuterungen

119 [1] Ein Detail-Pauschalvertrag zeichnet sich dadurch aus, dass die Leistung detailliert beschrieben wird, meistens mit **Leistungsverzeichnis**, jedoch keine Einheitspreise vereinbart werden, sondern ein **Pauschalpreis**.

120 [2] Da immer wieder von der jeweils interessierten Partei später behauptet wird, mit dieser Vereinbarung eines anderen Preises als des ursprünglich vorgesehenen Preises und mit der Verwendung eines anderen Vergütungsmodells als des ursprünglich vorgesehenen Vergütungsmodells sei auch eine **Änderung der geschuldeten Leistung** verbunden, sollte **im Vertrag klargestellt** werden, ob, und, wenn ja, inwieweit dies der Fall ist oder nicht (siehe hierzu noch einmal OLG München v. 10.6.2008 – 9 U 2192/07, BauR 2009, 1156 m.Anm. *Bolz*, BauR 2010, 374).

121 [3] Ein anderer „Dauerbrenner" unter den Streitigkeiten bei Vereinbarung von Detail-Pauschalverträgen ist die Frage, ob und wenn ja, welche Rechte dem Bieter und nachmaligen Auftragnehmer zustehen, wenn sich die (vom Besteller im Leistungsverzeichnis angegebenen) Massen als fehlerhaft herausstellen mit der Folge, dass für die Leistungserbringung wesentlich mehr oder weniger Massen ausgeführt werden müssen. Unbeschadet der Frage, ob in einem solchen Fall Schadensersatzansprüche nach § 311 Abs. 2 in Betracht kommen, stellt sich die Frage, ob und wenn ja, bei welchem Umfang einer Abweichung eine **Vertragsanpassung durch Anpassung des Pauschalpreises** erfolgen kann bzw muss. Nachdem die Parteien ja gerade vorgesehen haben, dass es auf die Massen nicht ankommen soll, muss die Abweichung auf den Gesamtvertrag bezogen erheblich sein; Ausreißer bei Einzelpositionen genügen nicht (es wird oft vom Erfordernis einer gesamten Massenabweichung von **20 %** nach oben oder nach unten gesprochen, OLG Stuttgart v. 7.8.2000 – 6 U 64/00, IBR 2000, 593, aber: BGH v. 2.11.1995 – VII ZR 29/98).

III. Stundenlohnvertrag

122 **1. Muster: Stundenlohnvertrag**

▶ **§ 5 Werklohn**

1. Der Auftragnehmer wird nach dem Aufwand an Arbeitsstunden, Baumaschinen und Material bezahlt.[1]
   Dabei gelten folgende Preise[2]:
   - Stunde Ingenieur//Meister: ■■■
   - Stunde Polier: ■■■
   - Stunde Baufachwerker/Facharbeiter: ■■■
   - Stunde Hilfskraft: ■■■
   - Stunde Auszubildender: ■■■
   - Stunde Kran Typ xy oder vergleichbar: ■■■
   - Stunde Bagger Typ xy oder vergleichbar: ■■■
   - Stunde Minibagger: ■■■
   - Stunde Rüttler: ■■■
   - Tonne Stabstahl: ■■■
   - Tonne Stahlmatten: ■■■
   - Tonne Wandkies: ■■■
   - (usw)[3] ◀

2. Erläuterungen

123 [1] **Aufwandserstattung.** Einheitspreisverträge und Pauschalverträge sind Leistungsverträge, dh der Unternehmer wird für eine von ihm erbrachte Leistung bezahlt. Welchen Aufwand er dafür

treiben muss, ob er für das Betonieren einer Bodenplatte drei, dreihundert oder dreitausend Stunden benötigt, wirkt sich auf den Preis nicht aus.

Anders verhält sich dies bei dem **Stundenlohn- oder Regievertrag**: dies ist ein Aufwandserstattungsvertrag. 124

[2] **Darlegungs- und Beweislast.** Der Auftragnehmer muss den von ihm betriebenen Aufwand darlegen und gegebenenfalls beweisen. Dabei sind vom Auftraggeber oder seinem Vertreter **unterschriebene Stundenzettel** hilfreich, auch für den Auftraggeber, der dabei einen Überblick über die angefallenen Stunden behält. Unterschriebene Stundenzettel begründen weder einen Beweis für den Abschluss eines Stundenlohnvertrages noch für die dort aufgeführten Arbeiten. Der Nachweis, dass für diese Arbeiten Vergütung nach Stundenlohn vereinbart wurde, obliegt dem Auftragnehmer, der dies behauptet; daran ändern unterschriebene Stundenzettel nichts. 125

Ist dieser Nachweis erbracht, dann kann der Auftraggeber noch einwenden, dass die in den unterschriebenen Stundenzetteln aufgeführten Stunden nicht geleistet worden sind und/oder das dort aufgeführte Material nicht verwendet wurde; allerdings trägt er dann für diese Einwendungen die Beweislast. 126

Weiterhin kann der Auftraggeber einwenden, dass die Stunden gemäß den Stundenzetteln zwar geleistet worden sind, aber völlig unverhältnismäßig im Verhältnis zu den erbrachten Leistungen sind; der Grundsatz, dass der Stundenlohnvertrag ein Aufwandserstattungsvertrag ist, gilt nicht für jeden beliebigen Aufwand, vgl *Ingenstau/Korbion-Keldungs*, VOB/B, § 15 Abs. 1 Rn 13 ff. 127

[3] **Anwendung.** Aus § 15 VOB/B lässt sich ableiten, dass Stundenlohnvergütung eher für vergleichsweise **geringfügige Arbeiten** vereinbart werden sollte; in der Praxis finden Stundenlohnverträge auch Anwendung bei **privaten Eigenheimbauten** vor allem im ländlichen Raum, bei denen der Auftraggeber und Verwandte oder Bekannte mithelfen: In diesen Fällen scheidet eine Vergütung nach Leistung aus, wenn und weil diese teilweise vom Auftraggeber in nicht abgrenzbarer Weise selbst erbracht wird. In solchen Fällen kann nur der Zeit- und Materialaufwand des Unternehmers festgehalten und bezahlt werden. 128

IV. Global-Pauschalvertrag Schlüsselfertigbau

1. Muster: Global-Pauschalvertrag 129

▶ ■■■ (vollständige und richtige Bezeichnung der Vertragspartner wie im Mustervertrag Rn 1 vorgegeben)

schließen hiermit folgenden Generalunternehmervertrag[1]

§ 1 Bauvorhaben/Vertragsgegenstand

Gegenstand dieses Vertrages ist die schlüsselfertige und vollständige sowie gebrauchstaugliche Errichtung des Bauvorhabens „Einkaufszentrum im L ■■■-Quartier" in ■■■.

§ 2 VOB/B

Die Vertragsparteien vereinbaren/vereinbaren nicht (nicht zutreffend ist es zu streichen) die Geltung der VOB/B in der zum Zeitpunkt des Vertragsschlusses aktuellen Fassung.

§ 3 Baugrundstück: Lage, Zufahrt, Topographie und Bodenverhältnisse

Das Baugrundstück besteht aus der Flur-Nr./den Flur-Nr. ■■■ der Gemarkung ■■■.

Lage und Grenzen des Baugrundstückes ergeben sich aus dem Lageplan ■■■ des Ingenieurbüros ■■■ vom ■■■, welcher den Parteien bekannt ist und auf welchen Bezug genommen wird.

Das Baugrundstück wird verkehrlich erschlossen über die ■■■Straße, welche auch für Schwerlastverkehr bis ■■■ Tonnen benutzt werden kann.

Topographie und Bodenverhältnisse des Grundstückes ergeben sich aus dem Baugrundgutachten des Ingenieurbüros ... vom ..., welches den Parteien ebenfalls bekannt ist und auf welches ebenfalls Bezug genommen wird.

§ 4 Geschuldete Leistung des Auftragnehmers[2]

Der Auftragnehmer schuldet die schlüsselfertige, gebrauchstaugliche und mängelfreie Herstellung des Einkaufszentrums im L...-Quartier wie folgt:

Das Gebäude einschließlich sämtlicher Ausbaugewerke ist zu erstellen nach Maßgabe der genehmigten Entwurfsplanung des Architekturbüros ... vom ..., Pläne-Nr. ... unter Beachtung des Inhalts der Baugenehmigung des Landratsamtes ... vom ....

Der Auftragnehmer hat die Ausführungsplanung zu erstellen auf der Grundlage der vorgenannten Entwurfsplanung sowie der Statik des Büros ... vom .... Die Ausführungsplanung ist gegebenenfalls fortzuschreiben und hat bei Fertigstellung dem tatsächlichen Gebäude zu entsprechen. Diese Bestandsplanung ist dem Auftraggeber auf Datenträgern zu übergeben.[3]

Die Gründung des Gebäudes, die Baugrube und alle Maßnahmen zum Schutz vor Grundwasser hat der Auftragnehmer selbst auf der Grundlage eines selbst in Auftrag gegebenen Bodengutachtens, welches bereits vom Auftraggeber bezahlt wurde, vorgeschlagen und geplant. Sollten für die im vorigen Satz genannten Arbeiten umfangreichere Maßnahmen oder aufwändigere Maßnahmen erforderlich werden oder sonst Mehraufwand bzw zusätzliche Kosten anfallen, ist der Auftragnehmer nicht berechtigt, deswegen Nachtragsvergütung zu verlangen oder diese Mehrkosten sonst wie an den Auftraggeber weiter zu reichen, weil die Auftragserteilung an den Auftragnehmer unter anderem aufgrund von dessen auf eigenen Tatsachenfeststellungen und auf eigener Planung beruhenden Vorschlägen zu diesen Arbeiten erfolgte. Insoweit trägt der Auftragnehmer das Baugrundrisiko.

Ausbau: Die gebrauchstaugliche, schlüsselfertige Erstellung der Läden hat nach den Baubeschreibungen des Hauptmieters X sowie der weiteren Mieter A, B und C, welche diesem Vertrag als Anlagen A 1 bis 4 beigefügt sind zu erfolgen. Für die Läden, für welche noch kein Mieter feststeht sowie für alle Bereiche außerhalb der Läden gelten hinsichtlich Art, Umfang und Qualität der zu erbringenden Bauleistungen die Standardbaubeschreibung des Auftraggebers vom ..., welche diesem Vertrag als Anlage A 5 beigefügt ist.

Der Auftragnehmer übernimmt das Grundstück, wie es zum Zeitpunkt des Vertragsschlusses steht und liegt. Das Herrichten des Grundstückes einschließlich Bau von Baustraßen oder Anlegung von Plätzen für das Aufstellen von Kränen (beispielsweise) ist Teil der vom Auftragnehmer geschuldeten Leistung.

§ 5 Werklohn

1. Der Auftragnehmer erhält für die von ihm nach diesem Vertrag zu erbringende Leistung einen Pauschalpreis in Höhe von ... EUR. Die Parteien sind sich darüber einig, dass der Auftraggeber dem Auftragnehmer die von diesem abzuführende Mehrwertsteuer zu erstatten hat, soweit nicht, wovon die Parteien ausgehen, die Umkehr der Steuerlast stattfindet.
2. Der Vertragspreis für die vertraglich geschuldete Leistung bleibt für die Dauer der vorgesehenen Bauzeit unverändert.

§ 6 Abschlagszahlungen[4]

Der Auftragnehmer erhält Abschlagszahlungen gemäß dem nachfolgenden/als Anlage beigefügten (nichtzutreffendes streichen) Zahlungsplan.

(Beispiel:

Herrichten des Grundstückes: ...

Fertigstellung der Gründung: ...

Fertigstellung der Bodenplatte des Kellers: ...

usw)

Neben dem Erreichen des Leistungsstandes ist Voraussetzung für die Abschlagszahlung auch die Stellung einer Abschlagsrechnung an den Auftraggeber.

§ 7 Skontoregelung

(wie § 7 im Muster Einheitspreisvertrag Rn 1)

§ 8 Bauleistungsversicherung[5]

Die Vertragsparteien sind sich darüber einig, dass das Risiko des Auftragnehmers, bei zufälliger Beschädigung oder zufälligen Untergang erbrachter Teilleistungen vor Abnahme dieser Leistungen ohne Vergütung erneut erbringen zu müssen (Leistungsgefahr) durch Eindecken einer Bauleistungsversicherung abgesichert werden muss.

Der Auftragnehmer weist den Abschluss dieser Versicherung durch Übergabe einer Kopie der Police nach. Die Kosten dieser Versicherung trägt der Auftragnehmer.

§ 9 Änderungen dieses Vertrages

(wie § 9 im Muster Einheitspreisvertrag Rn 1)

§ 10 Ordnung auf der Baustelle, Abwicklung des Schriftverkehrs

1. Es ist erforderlich, dass der Auftraggeber die Baustelle (potentiellen) Mietern, Kunden oder Vertretern der finanzierenden Banken zeigt. Dies darf einerseits die Arbeiten des Auftragnehmers und den Baufortschritt nicht hindern, andererseits ist der Auftragnehmer verpflichtet, die Baustelle in einem geordneten und gut organisierten Zustand zu halten.
   Besuche sind rechtzeitig vorher anzumelden. Der Auftraggeber soll dafür sorgen, dass Besucher sich nach dem Eintreffen auf der Baustelle im Baustellencontainer der Bauleitung des Auftragnehmers melden. Besucher sind von einem Vertreter des Auftraggebers zu begleiten, der dafür zu sorgen hat, dass Anweisungen zur Sicherheit auf der Baustelle und dazu, wo sich Besucher aufhalten dürfen und wo nicht, beachtet werden.
2. (wie § 10 Abs. 3 im Muster Einheitspreisvertrag Rn 1)

§ 11 Bauzeit[6]

1. Der Auftragnehmer ist verpflichtet, mit der Erbringung seiner Leistung am ■■■ beginnen und diese bis ■■■ fertig zu stellen.
2. Dem Auftragnehmer ist bekannt, dass der Auftraggeber sich gegenüber den Mietern, mit denen er bereits Mietverträge abgeschlossen hat, verpflichtet hat, die vermieteten Läden bis spätestens ■■■ vollständig fertig gestellt zur Verfügung zu stellen, so dass die Mieter mit der Dekoration, dem Einrichten und Einräumen der Läden und der Vorbereitung der Eröffnung beginnen können völlig ungestört durch Bauarbeiten, damit die auch in den Massenmedien avisierte Eröffnung des Einkaufszentrums am ■■■ stattfinden kann.
   Dem Auftragnehmer ist weiter bekannt, dass nach den bisher abgeschlossenen Verträgen die Mieter das Recht zur außerordentlichen Kündigung des Mietvertrages haben, wenn dieser Termin um ■■■ Wochen überschritten wird und dass auch ohne solche bisher in die Mietverträge aufgenommenen Regelungen der Mieter von Gesetzes wegen das Recht hat, sich bei Nichtzurverfügungstellung der Mietsache zu dem vertraglich vereinbarten Termin durch fristlose Kündigung von dem Mietvertrag zu lösen, § 543 Abs. 2 Nr. 1 BGB.
   Kommt es wegen schuldhaften Verzuges des Auftragnehmers zu Vertragskündigungen durch Mieter, dann ist der unter Umständen erhebliche Schaden, welcher zB durch Mietausfall und/oder eine niedrigere Miete bei Neuvermietung dann entsteht, von dem Auftragnehmer zu tragen. Ein solcher Schaden ist auch dann gegeben, wenn der Auftraggeber zur Vermeidung von Kündigungen von Mietverträgen mit Nachlässe gewährt und/oder (Schadensersatz-) Zahlungen an den Mieter

leistet, wenn dies zum Zwecke der Schadensminderung durch Verhinderung der Kündigung geschieht.

Die Ansprüche des Auftraggebers auf Erstattung tatsächlich entstandener Schaden bleiben von der nachstehenden Vertragsstrafenregelung unberührt; Vertragsstrafe und Schadensersatz können nicht kumulativ geltend gemacht werden; Vertragsstrafe ist auf den tatsächlichen Schaden anzurechnen, wenn der tatsächliche Schaden höher ist.

3. Der Auftragnehmer ist verpflichtet, den Auftraggeber unverzüglich über Umstände in Kenntnis zu setzen, welche geeignet sind, den vorstehend in Ziffer 1 vereinbarten Fertigstellungstermin zu gefährden. Die Vertragspartner sind verpflichtet, ihnen zumutbare Maßnahmen zur Vermeidung der Terminsüberschreitung abzusprechen und zu ergreifen. Soweit die Gefährdung oder voraussichtliche Überschreitungen des Fertigstellungstermins nicht von dem Auftragnehmer zu vertreten ist, ist der Auftraggeber verpflichtet, durch Beschleunigungsmaßnahmen verursachte Mehrkosten zu bezahlen. Der Auftragnehmer hat den Auftraggeber über Art, Umfang und Kosten von Beschleunigungsmaßnahmen rechtzeitig zu unterrichten. Die Verpflichtung, Beschleunigungsmaßnahmen zu ergreifen, besteht auch und erst recht dann, wenn die Gefährdung oder voraussichtliche Überschreitung des Fertigstellungstermins vom Auftragnehmer zu vertreten ist; in diesem Fall besteht allerdings kein Anspruch auf Bezahlung dieser Maßnahmen, welche der Auftragnehmer ergreift, um seinen vertraglichen Pflichten nachzukommen und um einen möglicherweise wegen Verletzung solcher Pflichten drohenden Schaden zu verhindern oder zu mindern.
4. Die Ansprüche des Auftraggebers wegen Verzuges bleiben durch die Regelung in vorstehender Ziffer unberührt.

§ 12 Vertragsstrafe

(wie § 12 im Muster Einheitspreisvertrag Rn 1)

§ 13 Abnahme und Frist für Mängelhaftung[7]

1. (wie § 13 Ziff. 1 im Muster Einheitspreisvertrag Rn 1)
2. Die Frist für die Mängelhaftung des Auftragnehmers nach Abnahme (die sogenannte Gewährleistungsfrist) beträgt stets, auch bei Vereinbarung der VOB/B, 5 Jahre und beginnt mit der Abnahme. Bei Vereinbarung der VOB/B wird § 13 Abs. 4 abbedungen.
3. Wegen der bei nachfolgend genannten Bauteilen bzw Leistungen bestehenden besonderen Risiken, insbesondere auch aufgrund der Verwendung vom Auftragnehmer vorgeschlagener neuer Konstruktionen und/oder Materialien, wird die Frist für die Mängelhaftung nach Abnahme für folgende Leistungen bzw Bauteile auf 10 Jahre verlängert:
   - Flachdach;
   - Gründung;
   - Außenabdichtung der Kellerwände gegen drückendes Wasser.

§ 14 Ausschluss des Rücktritts

(wie § 14 im Muster Einheitspreisvertrag Rn 1)

§ 15 Sicherheiten

(wie § 15 im Muster Einheitspreisvertrag Rn 1)

§ 16 Vertragserhaltung, Rechtswahl und Gerichtsstandsvereinbarung

(wie § 16 im Muster Einheitspreisvertrag Rn 1) ◄

2. Erläuterungen

130 [1] **Global-Pauschalvertrag.** Zu den typischen Bauvertragsmodellen und deren wesentlichen Unterschiede vgl die Erläuterungen Rn 2 zu dem Mustervertrag Rn 1.

In der Praxis im Schlüsselfertigbau oder überhaupt für Global-Pauschalverträge finden manchmal bombastische Formulare Verwendung. Dies macht es im Prinzip nicht besser; tatsächlich ist der Vertrag selbst bei einem Global-Pauschalvertrag sogar einfacher zu fassen. Dies liegt daran, dass die Gesamtleistung in technischer wie zeitlicher Hinsicht für den Auftraggeber eine „black box“ ist, für welche er einen Gesamtpreis bezahlt, der ebenfalls eine „black box“ darstellt. Gerade deshalb ist es für den Fall von Änderungen besonders wichtig, Klarheit zu schaffen und neue Vereinbarungen zu treffen. Weiterhin ist eine **sorgfältige Dokumentation des Leistungsumfanges** unabdingbar und für den Auftragnehmer eine sorgfältige, später **nachweisbare und nachprüfbare Kalkulation des Pauschalpreises**, damit bei nicht vollständiger Ausführung des Vertrages der ihm zustehende Werklohn für die erbrachte Leistung wie auch für die nicht erbrachten Leistungen nach § 649 schlüssig vorgetragen werden kann; mehr dazu bei der Darstellung zu § 649. 131

Der **Vorteil des Auftraggebers** bei einem solchen Vertrag besteht darin, dass die gesamte zeitliche Koordination und die gesamte Organisation des Bauvorhabens vom ersten Spatenstich oder dem ersten Fällen eines Baumes auf dem Baugrundstück bis zur schlüsselfertigen Herstellung ausschließlich Problem des Generalunternehmers ist. 132

[2] **Leistungsbeschreibung.** Der Auftraggeber will „ein Stück Haus“. Das Leistungsprogramm stellt ein fertiges Gebäude, in diesem Fall ein schlüsselfertiges Gebäude, welches nur noch eingerichtet und bezogen werden muss, vor. Dies kann vertraglich am ehesten durch Bezugnahme auf bei Vertragsschluss vorliegende Pläne bestimmt werden. Je weniger detailliert diese Pläne sind, desto mehr müssen aus Sicht des Auftraggebers bestimmte Details, Materialien und/oder Standards noch zusätzlich, etwa in einer Baubeschreibung, geregelt werden. Ist dem Auftraggeber eine solche Baubeschreibung von dritter Seite, etwa von einem Mieter oder Investoren, vorgegeben, dann soll diese auch zum Bestandteil des Vertrages mit dem Schlüsselfertigbauer werden. Mangels Vereinbarungen gilt der Grundsatz, dass **mittlere Art und Güte** geschuldet ist. Grundlage der Bauausführung soll die Entwurfsplanung in der genehmigten Fassung sein; liegt die Baugenehmigung bei Vertragsschluss noch nicht vor, dann muss in einer klaren individualvertraglichen Regelung bestimmt werden, dass die genehmigten Pläne Grundlage sein sollen. Soweit bei Ausführung der genehmigten Pläne gegenüber den zum Zeitpunkt des Vertragsschlusses vorliegenden Plänen zusätzliche Leistungen oder zusätzlicher Aufwand erforderlich sind, ist eine Preisanpassung vorzusehen. Insbesondere, aber nicht nur dann, wenn die Pläne vom Auftragnehmer stammen, kann in einer individualvertraglichen Regelung das Risiko, dass durch Auflagen in der Baugenehmigung Mehrkosten entstehen, dem Auftragnehmer überlastet werden. 133

Dieses Muster enthält die Besonderheit, dass das sog. **Baugrundrisiko** zum Teil auf den Auftragnehmer übertragen wird. Dies ist mit Individualvereinbarung möglich. Hier wird erläutert, dass dies deshalb geschieht, weil der Auftragnehmer selbst die Gründungsplanung erstellt hat und mit einem bestimmten Vorschlag zur Ausführung der Gründung den Auftrag bekommen hat. 134

[3] **Planungsleistungen des Auftragnehmers und HOAI.** Häufig liegt zum Zeitpunkt des Abschlusses des Schlüsselfertigbauervertrages die Ausführungs-, Werk- und/oder Detailplanung noch nicht oder nicht vollständig vor. Dem Generalunternehmer wird dann oft die **Ausführungsplanung übertragen.** Dies ist aus mehreren Gründen sinnvoll: Der Auftragnehmer kann den nach dem Vertrag vorhandenen Spielraum für Details selbst am sinnvollsten und wirtschaftlichsten nutzen und er ist bei der Lieferung der Pläne nicht von vertraglich nicht gebundenen Dritten abhängig. 135

In diesem Zusammenhang stellt sich die Frage, ob im Falle solcher Übertragung von Planungsleistungen, welche zu dem in der HOAI aufgeführten Leistungen gehören, das öffentliche Preisrecht der HOAI Anwendung findet mit der Folge, dass die Bezahlung der Planungsleistungen 136 nicht frei vereinbart werden kann, sondern im Regelfall den Mindestsatz und den Höchstsatz nach HOAI beachten muss.

137 Auch für die HOAI in der in 2009 in Kraft getretenen Fassung gilt, dass alleine ausschlaggebend für die Anwendbarkeit der HOAI ist, in welcher Funktion jemand tätig wird. Die Anwendung der HOAI hängt nicht davon ab, ob jemand eingetragener Architekt ist, sondern davon, ob die in der HOAI genannten Planungsleistungen im Vordergrund stehen oder ob jemand zwar Planungsleistungen erbringt, welche im Prinzip preisrechtlich in der HOAI geregelt sind, diese Planungsleistungen aber im Gesamtzusammenhang der Leistungen von untergeordneter Bedeutung sind (vgl noch zur HOAI aF: *Budde* in: Thode/Wirth/Kuffer, Praxishandbuch Architektenrecht, § 12 Rn 12 ff).

138 Wird ein Architekt damit beauftragt, ein Grundstück zu verkaufen, und fertigt er in diesem Zusammenhang Pläne an, dann tritt die Planungsleistungen hinter den Verkaufsauftrag bzw Maklervertrag zurück. Genauso verhält es sich hier, indem die Bauleistung, das heißt die Errichtung des Gebäudes mit allen Vorbereitungs- und Nebenleistungen im Vordergrund steht und die Ausführungsplanung wirtschaftlich, technisch und vom Aufwand her nur eine untergeordnete Rolle im Hinblick auf die Gesamtleistung spielt.

139 [4] **Abschlagszahlungen.** Um Meinungsverschiedenheiten über die Berechtigung zur Stellung von Abschlagsrechnungen zu vermeiden, empfiehlt es sich bei Pauschalverträgen, bestimmte **leicht feststellbare Bautenstände zu bestimmen**, bei deren Erreichung Abschlagszahlungen in einer bestimmten Höhe auf Anforderung (Rechnungsstellung) durch den Auftragnehmer fällig werden sollen. Diese Bautenstände sollten dem Leistungszuwachs im Verhältnis zu der festgelegten Abschlagszahlung entsprechen; dies gibt auch einen Hinweis auf den vertraglichen Wert der einzelnen Teilleistungen. Derlei ist bei einem Einheitspreisvertrag nicht erforderlich, weil dort aufeinander aufbauend nach den tatsächlich ausgeführten Massen abgerechnet wird. Die Abschlagszahlungsbestimmung sollte nicht zu nachteilig für den Auftragnehmer sein, diesem also keine zu großen Vorleistungen abverlangen, da dies im Hinblick auf die immer schwierige wirtschaftliche Situation im Baugewerbe und die niedrigen Deckungsbeiträge unter Umständen die wirtschaftliche Existenz des Unternehmers gefährden kann. Dem berechtigten Interesse des Auftraggebers wird auch durch die Erfüllungssicherheit, § 15, Rechnung getragen.

140 [5] **Bauleistungsversicherung.** Das Problem der Weitergabe von Baustrom und Bauwasser stellt sich gegenüber dem Generalunternehmer idR nicht. Es ist seine Aufgabe, die Baustelle einzurichten und zu organisieren und die nötigen Mittel zu beschaffen.

141 Allerdings besteht ein Interesse beider Parteien daran, dass die Leistungsgefahr abgesichert wird. Da dies aber zunächst denen Auftragnehmer betrifft, welcher im Falle des zufälligen Untergangs oder der zufälligen Verschlechterung seiner Leistung vor Abnahme diese noch einmal ohne zusätzliche Bezahlung erbringen müsste, spricht nichts dagegen, zu vereinbaren, das die Kosten für diese Versicherungen der Generalunternehmer trägt.

142 [6] **Bauzeit.** Der Auftraggeber braucht mit dem Auftragnehmer nur den Zeitpunkt der Fertigstellung zu vereinbaren; sinnvoll ist es allerdings auch, den Baubeginn festzulegen, um späteren Streit über die Verschiebung des Fertigstellungstermins wegen angeblich späterem Baubeginn zu vermeiden.

143 Der Generalunternehmer ist oft Auftragnehmer eines Investors, welcher seinerseits das zu errichtende Gebäude am liebsten schon vom Reißbrett weg verkauft oder vermietet. Dann ist der Investor und Auftraggeber natürlich darauf angewiesen, dass der Fertigstellungstermin so gestaltet wird, dass er seine Verpflichtungen gegenüber seinen Vertragspartnern einhalten kann. Dabei ist es wohl hilfreich, wenn er den Generalunternehmer über diese Bedingungen informiert.

144 Obwohl den Auftraggeber die zeitliche Koordination und während des Bauablaufs auftretende zeitliche Probleme nicht zu interessieren brauchen, da im Generalunternehmervertrag alle diese

Probleme des Generalunternehmers sind, der sich verpflichtet hat, einen bestimmten Gesamtvergütungstermin einzuhalten, ist es wohl hilfreich, wenn der Auftraggeber stets aktuell über solche Probleme unterrichtet wird, damit er seinerseits in Verhandlungen mit seinen Vertragspartnern treten kann und darüber hinaus sich bemühen kann, gemeinsam mit dem Auftragnehmer Gegenmaßnahmen zu entwickeln.

[7] **Abnahme.** Regelmäßig wird in Schlüsselfertigbauverträgen oder anderen bedeutenden Bau- 145
verträgen eine **förmliche** Abnahme vereinbart. Damit ist gemeint eine Abnahmeverhandlung genannte gemeinsame Begehung und Begutachtung der Bauleistung des Unternehmers unter Beteiligung von Vertretern beider Parteien und meist auch unter Hinzuziehung eines oder mehrerer Sachverständiger.

Aus Sicht des **Auftragnehmers** ist dies **nicht unbedingt vorteilhaft**: es kann dazu führen, dass 146
die Abnahme und damit insbesondere auch der Beginn der sogenannten Gewährleistungsfrist, aber auch der Eintritt der Fälligkeit des gesamten Werklohnes und der Beweislastumkehr, was Mängel betrifft, weit über den Zeitpunkt der tatsächlichen abnahmefähigen Herstellung der Leistung hinausgeschoben wird. Bei Vereinbarung der förmlichen Abnahme haben die Parteien zu verstehen gegeben, dass sie die konkludente Abnahme und erst recht die fiktive Abnahme nach VOB/B, § 12 Nr. 5 Abs. 1 nicht wollen. Deshalb führt die klaglose Inbetriebnahme durch den Auftraggeber oder die ebensolche Übergabe des Gebäudes durch den Auftraggeber an seinen Vertragspartner nicht die Abnahmewirkungen herbei, weil nach der Rechtsprechung eben nicht davon ausgegangen werden kann, dass durch solche Handlungen auf die vertraglich vereinbarte förmliche Abnahme verzichtet werden soll (vgl OLG Hamm v. 17.6.2008 – 19 U 152/04, IBR-Online).

Auch für den **Auftraggeber** kann indessen die Vereinbarung einer förmlichen Abnahme unan- 147
genehme **Nebenwirkungen** haben, indem nämlich bei Vergessen dieser Abnahme die sog. Gewährleistungsbürgschaft nicht (mehr) mit Aussicht auf Erfolg in Anspruch genommen werden kann (OLG Celle v. 25.5.2007 – 13 U 223/06, IBR 2007, 482).

Darum wird hier in Anlehnung an die Regelung der VOB/B vorgesehen, dass jede Partei eine 148
förmliche Abnahme verlangen kann.

B. Prozess

I. Muster: Klage auf Zahlung aus Schlussrechnung 149

▶ Landgericht ■■■ 455

(Bausache)

Klage

In Sachen

■■■ (vollständige Angabe des Klägers mit ladungsfähiger Anschrift und gegebenenfalls Angabe des gesetzlichen Vertreters)

– Kläger –

Prozessbevollmächtigte: ■■■

gegen

■■■ (vollständige Angabe des Beklagten wie beim Kläger)

– Beklagter –

Prozessbevollmächtigte: ■■■

wegen: Forderung (Schlusszahlung aus einem Bauvertrag)

vorläufiger Gegenstandswert: ■■■ EUR

wird unter Einzahlung eines Gerichtskostenvorschusses in Höhe von ▪▪▪ EUR Klage zu dem Landgericht – Zivilkammer, Spezialkammer für Bausachen – erhoben, vor welchem beantragt werden wird:

I. Die Beklagte wird verurteilt, an den Kläger ▪▪▪ EUR nebst Zinsen hieraus in Höhe von 8 %-Punkten über dem EZB-Basiszinssatz seit ▪▪▪ zu bezahlen.

II. Die Beklagte wird weiter verurteilt, an den Kläger vorgerichtliche Anwaltskosten in Höhe von ▪▪▪ EUR zu bezahlen.

III. Die Beklagte trägt die Kosten des Rechtsstreits.

IV. Das Urteil ist vorläufig vollstreckbar.

Für den Fall des Vorliegens der gesetzlichen Voraussetzungen wird der Erlass eines Versäumnisurteils bzw eines Anerkenntnisurteils beantragt.

Begründung[1]

Der Kläger ist Fensterbauer.

Nachdem er von der Beklagten, einem Bauträgerunternehmen gebeten worden war, für die Fensterbauarbeiten bei dem Vorhaben der Beklagten „vier Reihenhäuser in der ▪▪▪ Straße in ▪▪▪" ein Angebot auf ein Leistungsverzeichnis des Planungsbüro des ▪▪▪ vom ▪▪▪, abzugeben, hatte er durch Ausfüllen dieses Leistungsverzeichnisses mit seinen Angebotspreisen ein solches Angebot (hiermit als Anlage K 1 vorgelegt) gefertigt und der Beklagten übergeben.

Die Beklagte beauftragte den Kläger sodann mit Abschluss des Bauvertrages vom ▪▪▪, Anlage K 2, mit der Ausführung dieser Arbeiten.

Der Kläger führte diese Arbeiten aus. Eine förmliche Abnahme war im Vertrag nicht vorgesehen und wurde auch nicht ausgeführt, aber die Beklagte übergab alle vier Reihenhäuser bis spätestens ▪▪▪ an die jeweiligen Erwerber, ohne dass die Beklagte die Erwerber über Mängel bei den Fenstern informiert hätten oder die Erwerber solche Mängel gerügt hätten. Auch die Beklagte hatte bis zu dem vorgenannten Termin und noch danach zu keinem Zeitpunkt angebliche Mängel der Leistung des Klägers gegenüber dem Kläger gerügt.

Unter dem ▪▪▪ erteilte der Kläger die hiermit als Anlage K 3 vorgelegte Schlussrechnung, auf welche Bezug genommen wird zum Zwecke der Darlegung der ausgeführten Leistungen und der dafür geschuldeten Preise. In einem Schriftsatz in Bezug genommene Anlagen sind Parteivortrag. Die Schlussrechnung ist prüfbar und übersichtlich. Sie hält die Positionen des Angebotsleistungsverzeichnisses ein. Nachträge sind am Ende gesondert aufgeführt. Geleistete Abschlagszahlungen sind in Abzug gebracht worden. Unter Berücksichtigung der Abschlagszahlungen ergibt sich ein Restbetrag von ▪▪▪ EUR, welcher mit der Klage geltend gemacht wird. Weiterhin ist der Schlussrechnung ein Aufmaß beigefügt, welches Bestandteil der Anlage K3 bildet. Sollte das Gericht diese Bezugnahme auf die Schlussrechnung nicht zulassen wollen, wird ausdrücklich um einen gerichtlichen Hinweis nach § 139 Abs. 1 ZPO gebeten, damit die Schlussrechnung dann im Rahmen eines Schriftsatzes abgeschrieben werden kann.

Die Beklagte hat diese Schlussrechnung auch erhalten, denn mit Schreiben vom ▪▪▪ (Anlage K 4) hat sie mitgeteilt, dass die Prüfung der Rechnung noch einige Zeit dauern werde.

Nachdem zunächst der Kläger selbst und sodann dessen Prozessbevollmächtigte die Schlusszahlung angemahnt hatten (Mahnschreiben Anlagen K5 und K6), teilte die Beklagte mit, dass die Nachträge nicht anerkannt würden und darüber hinaus die Terrassentüren der ersten drei Reihenhäuser mangelhaft ausgeführt worden seien. Ein Mangelsymptom wurde nicht genannt; eine Besichtigung der Terrassentüre wurde dem Kläger durch die Beklagte nicht ermöglicht. Das Schreiben der Beklagten wird somit als Anlage K 7 vorgelegt.

Was die Nachträge[2] betrifft: Über den ersten Nachtrag gibt es eine ausdrückliche Nachtragsvereinbarung wie folgt: Nachdem die Beklagten für zwei der Reihenhäuser auf Wunsch der Erwerber einen verglasten Eingangsbereich ausführen sollte, forderte sie den Kläger zur Abgabe eines diesbezüglichen Angebotes auf. Der Kläger kann dem nach, und dieses Angebot einschließlich der dort aufgeführten Preise wurde mit Telefax vom ▪▪▪ (Anlage K 8) bestätigt; das Telefax, bei dem es sich um das Angebot des Kl. handelte, war mit dem handschriftlichen Vermerk: „bestätigt!" und der Unterschrift des Geschäftsführers der Bekl. versehen.

Der zweite Nachtrag, gerichtet auf raumhohe Fenster mit Absturzsicherungen (sogenannte französische Balkone) für das Reihenhaus Nr. 4, wurde telefonisch auf das Angebot des Klägers vom ▪▪▪ (Anlage K 9) erteilt.

Sollte die Beklagte dieses bestreiten, wird zunächst zum

Beweis Sachverständigengutachten sowie gerichtlicher Augenschein

angeboten dafür, dass dieses Reihenhaus im ersten Obergeschoss auf der Gartenseite (postalische Anschrift: ▪▪▪) keine Fenster wie ursprünglich im Angebot Anlage K 1 vorgesehen aufweist, sondern eben die bereits genannten raumhohen Fenster mit Absturzsicherungen.

Weiterhin wird Zeugnis des Erwerbers des Reihenhauses Nummer vier, ▪▪▪,

zum Beweis dafür angeboten, dass dieser bei der Beklagten diese raumhohen Fenster als Zusatzleistung bestellt und bezahlt hat.

Der Kläger hat die Leistungen einschließlich der Nachträge beauftragt ausgeführt. Mängel liegen nicht vor. Die Beklagte ist antragsgemäß zu verurteilen.

▪▪▪ (Ausführungen zum Zinsanspruch und zu den vorgerichtlichen Anwaltskosten) ◄

II. Erläuterungen

[1] **Darlegungs- und Beweislast.** Der Kläger muss vortragen und gegebenenfalls beweisen, dass: 150

- ein Vertrag mit dem von ihm behaupteten Inhalt, insbesondere mit der von ihm verlangten Vergütungsform – hier Einheitspreise – abgeschlossen wurde;
- dass und welche Leistungen er ausgeführt hat (geschieht hier durch Bezugnahme auf die Schlussrechnung);
- seine Leistung abgenommen wurde oder zumindest abnahmefähig erstellt wurde.

[2] **Nachträge.** Macht der Kläger Forderungen aus Nachträgen geltend, empfiehlt es sich, zu 151
der Beauftragung der Nachträge sowie deren Bedingungen (Preise) vorzutragen.

Gegnerische Einwendungen vorwegzunehmen, ist nicht sinnvoll. Nachdem aber ohnehin zu den 152
Nachträgen vorgetragen werden muss, da diese in dem ursprünglichen Vertrag nicht enthalten waren, kann diese Einwendung hier kurz erwähnt werden. Zur Klärung, dass irgendwelche tragfähigen Einwendungen nicht vorgebracht wurden, kann auch eine offensichtlich unschlüssige und vom Auftraggeber selbst nicht weiter verfolgte Mängelrüge kurz erwähnt werden. Dies mit dem taktischen Ziel, darzustellen, dass die Gegenseite einfach nicht bezahlen will und der Rechtsstreit unproblematisch und schnell abgewickelt werden kann und soll.

§ 632 a Abschlagszahlungen

(1) [1]Der Unternehmer kann von dem Besteller für eine vertragsgemäß erbrachte Leistung eine Abschlagszahlung in der Höhe verlangen, in der der Besteller durch die Leistung einen Wertzuwachs erlangt hat. [2]Wegen unwesentlicher Mängel kann die Abschlagszahlung nicht verweigert werden. [3]§ 641 Abs. 3 gilt entsprechend. [4]Die Leistungen sind durch eine Aufstellung nachzuweisen, die eine rasche und sichere Beurteilung der Leistungen ermöglichen muss. [5]Die Sätze 1 bis 4 gelten auch für erforderliche Stoffe oder Bauteile, die angeliefert oder eigens angefertigt und bereitgestellt sind, wenn dem Besteller nach seiner Wahl Eigentum an den Stoffen oder Bauteilen übertragen oder entsprechende Sicherheit hierfür geleistet wird.

(2) Wenn der Vertrag die Errichtung oder den Umbau eines Hauses oder eines vergleichbaren Bauwerks zum Gegenstand hat und zugleich die Verpflichtung des Unternehmers enthält, dem Besteller das Eigentum an dem Grundstück zu übertragen oder ein Erbbaurecht zu bestellen oder zu übertragen, können Abschlagszahlungen nur verlangt werden, soweit sie gemäß einer Verordnung auf Grund von Artikel 244 des Einführungsgesetzes zum Bürgerlichen Gesetzbuche vereinbart sind.

(3) [1]Ist der Besteller ein Verbraucher und hat der Vertrag die Errichtung oder den Umbau eines Hauses oder eines vergleichbaren Bauwerks zum Gegenstand, ist dem Besteller bei der ersten Abschlagszahlung eine Sicherheit für die rechtzeitige Herstellung des Werkes ohne wesentliche Mängel in Höhe von 5 vom Hundert des Vergütungsanspruchs zu leisten. [2]Erhöht sich der Vergütungsanspruch infolge von Änderungen oder Ergänzungen des Vertrages um mehr als 10 vom Hundert, ist dem Besteller bei der nächsten Abschlagszahlung eine weitere Sicherheit in Höhe von 5 vom Hundert des zusätzlichen Vergütungsanspruchs zu leisten. [3]Auf Verlangen des Unternehmers ist die Sicherheitsleistung durch Einbehalt dergestalt zu erbringen, dass der Besteller die Abschlagszahlungen bis zu dem Gesamtbetrag der geschuldeten Sicherheit zurückhält.
(4) Sicherheiten nach dieser Vorschrift können auch durch eine Garantie oder ein sonstiges Zahlungsversprechen eines im Geltungsbereich dieses Gesetzes zum Geschäftsbetrieb befugten Kreditinstituts oder Kreditversicherers geleistet werden.

Schrifttum: *Schulze-Hagen*, Das Forderungssicherungsgesetz – ausgewählte Probleme, BauR 2010, 354

A. Abschlagszahlungvereinbarung in einem Verbrauchervertrag

1 **I. Muster: Abschlagszahlungsvereinbarung**

▶ **§ 6 Abschlagszahlungen**

Der Auftragnehmer darf gemäß dem Wertzuwachs durch Leistungsfortschritt Abschlagszahlungen verlangen.[1]

Die Parteien haben einen Pauschalpreis vereinbart.

Ausgehend von dem Gesamtwert des Auftrages, wie er durch den Pauschalpreis zum Ausdruck kommt, werden Abschlagszahlungen nach Erreichen der nachstehend aufgeführten Leistungen mit der dort angegebenen Höhe vereinbart:

- Fertigstellung Parkettarbeiten Wohnzimmer: ▪▪▪ % = ▪▪▪ EUR;
- Fertigstellung Fliesenarbeiten Küche: ▪▪▪ % = ▪▪▪ EUR;
- Fertigstellung Treppenbelagsarbeiten Treppe Erdgeschoss – 1. Obergeschoss

usw.

Der Auftragnehmer ist weiter berechtigt, Abschlagszahlungen für angelieferte Baustoffe und/oder vorgefertigte Teile nach Maßgabe des § 632 a Abs. 1 S. 5 BGB zu verlangen.

Auch ansonsten sollen uneingeschränkt die Regelungen des § 632 a BGB gelten.[2] ◀

II. Erläuterungen

2 [1] **Abschlagszahlungsregelung und Verbrauchervertrag.** An sich ist bei einem Verbrauchervertrag eine vertragliche Regelung über die Abschlagszahlung nicht erforderlich: Der Auftragnehmer (Unternehmer) kann nach Maßgabe der gesetzlichen Vorschriften auch bei einem Verbrauchervertrag Abschlagszahlungen verlangen. Umgekehrt kann nicht zulasten des Verbrauchers von der gesetzlichen Regelung abgewichen werden, da dies wegen unangemessener Benachteiligung des Auftrag gebenden Verbrauchers zur Unwirksamkeit gem. § 307 Abs. 1 S. 1 führt.

3 Baupraktisch ist es aber durchaus sinnvoll, auch nach dem Gesetz bestehende Pflichten des Vertragspartners im Vertrag festzuhalten, weil dies die **Durchsetzung** solcher **Ansprüche** erleichtert („es steht doch im Vertrag!"); allerdings ist es gefährlich, den Gesetzgeber zu paraphrasieren.

Ein weiterer Grund für eine Regelung besteht bei Vereinbarung eines Pauschalpreises: In einem solchen Fall kann der Auftragnehmer nicht kumulativ aufeinander aufbauend den Baufortschritt anhand der Massen und geleisteten Einzelpositionen dokumentieren und belegen. Also ist es sinnvoll, dass die Parteien einen **Zahlungsplan** vereinbaren, der allerdings den tatsächlichen Wertzuwachs wiedergeben muss und nicht zu einer Vorleistung des Verbrauchers führen darf. 4

Bei Verlangen einer Abschlagszahlung für angelieferte Baustoffe oder vorgefertigte Teile kann der Auftraggeber nach seiner Wahl **Eigentumsübertragung oder Sicherheit** verlangen. Diese Bestimmung ist allerdings etwas missverständlich, da jedenfalls nach der zutreffenden herrschenden Meinung eine Pflicht zur Sicherheitsleistung für den Auftragnehmer nicht mehr besteht, wenn der Eigentumsübergang stattgefunden hat, da der Auftragnehmer ja nur für das Material, aber nicht für deren Einbau eine Abschlagszahlung haben möchte (siehe hierzu Palandt/*Sprau* § 632 a Rn 10). 5

[2] **Sicherheit für rechtzeitige Herstellung.** Bei einem Verbrauchervertrag, welcher die Errichtung oder den Umbau eines Hauses oder eines vergleichbaren Bauwerkes zum Gegenstand hat, muss dem Verbraucher schon bei der ersten Abschlagszahlung ungeachtet deren Höhe eine Sicherheit für die rechtzeitige Herstellung des Werkes in Höhe von **5 % des gesamten Werklohnanspruches** gegeben werden. Es soll also nicht nur die mängelfreie, sondern auch die rechtzeitige Herstellung der Leistung gesichert werden. Diese Bestimmung gilt insbesondere auch für Bauträgerverträge (*Schulze-Hagen*, BauR 2010, 354, 356). Nicht ganz klar ist die Regelung, soweit sie von dem Umbau eines Hauses oder eines vergleichbaren Bauwerkes spricht: Ist hier jede Änderungsarbeit oder Reparaturarbeit oder Renovierungsarbeit an einem Haus gemeint, zB die Erneuerung des Bodenbelages in einem Stockwerk oder die Anbringung eines Wärmedämmverbundsystems an der Fassade? 6

Eine Abweichung von dieser Regelung zulasten des Verbrauchers ist gem. § 307 Abs. 1 unwirksam. 7

B. Klage auf Abschlagszahlung

I. Muster: Klage auf Abschlagszahlung 8

▶ Landgericht ...

Baukammer

... (Bausache)

Klage

In Sachen

... (Vollrubrum)

wegen: Forderung (Abschlagszahlung aus einem Bauvertrag)

vorläufiger Gegenstandswert: ... EUR

Wird unter Einzahlung eines Gerichtskostenvorschusses in Höhe von ... EUR Klage zu dem Landgericht – Zivilkammer, Spezialkammer für Bausachen – erhoben, vor welchem beantragt werden wird:

I. Die Beklagte wird verurteilt, an die Kläger ... EUR nebst Zinsen hieraus in Höhe von 8 %-Punkten über dem EZB-Basiszinssatz seit ... zu bezahlen.

II. Die Beklagte trägt die Kosten des Rechtstreits.

III. Das Urteil ist vorläufig vollstreckbar.

Für den Fall des Vorliegens der gesetzlichen Voraussetzungen wird der Erlass eines Versäumnisurteils bzw Anerkenntnisurteils beantragt.

Begründung

Die Parteien haben am ■■■ den hiermit als Anlage K 1 vorgelegten Vertrag über die Ausführung der Elektroinstallationsarbeiten bei dem Bauvorhaben „Generalsanierung des Wohnblocks an der ■■■-Straße" abgeschlossen.

Die Kläger ist ein Meisterbetrieb des Elektrohandwerks, die Beklagte eine Wohnungsbaugenossenschaft.

Dem Vertrag lag die Ausschreibung des Architekturbüros ■■■ vom ■■■ mit Leistungsverzeichnis, welches hiermit als Anlage K 2 vorgelegt wird, zu Grunde. Der Kläger hat darauf ein Einheitspreisangebot und als Nebenangebot ein Pauschalangebot abgegeben. Sie erhielt den Zuschlag auf das Nebenangebot, wie sich aus dem Vertrag, der ein Detail-Pauschalvertrag ist, ergibt.

In dem Vertrag ist in § 5 vereinbart, dass der Kläger Abschlagszahlungen gem. den dort angegebenen Zahlungsplan erhält. Der Kläger stellte jeweils Abschlagszahlungen gem. den Zahlungsplan[1] in Rechnung. Die ersten drei Abschlagszahlungen wurden ohne weiteres bezahlt; bezüglich der 4. Abschlagszahlung (die diesbezügliche Rechnung wird als Anlage K 3 vorgelegt) erklärte die Beklagte, dass diese nicht geleistet werde, weil die Leistung der Klägerin in diesem Leistungsabschnitt wesentliche Mängel[2] aufweise. Dies trifft jedoch nicht zu. Wenn und soweit die Beklagte in diesem Rechtsstreit schlüssig wesentliche Mängel der den Gegenstand der hier streitgegenständlichen Abschlagsrechnung bildenden Leistung der Klägerin vorträgt, dann wird hierauf erwidert werden.

Dass der im Zahlungsplan angegebene Leistungsstand für die 4. Abschlagsrechnung erreicht ist, ist unstreitig.[3] ◄

II. Erläuterungen

9 [1] **Wertzuwachs.** Hier geht es um eine Abschlagszahlung aus einem Detail-Pauschalvertrag. Die Parteien haben einen Zahlungsplan vereinbart. Wenn der Vertrag der Inhaltskontrolle unterliegt und der Zahlungsplan vom Auftragnehmer gestellt wird, dann müssen die nach den Zahlungsplan vorgesehenen Zahlungen jeweils vom Leistungsfortschritt = Wertzuwachs gedeckt seien, andernfalls liegt eine unangemessene Benachteiligung des Auftraggebers vor.

10 [2] **Wesentlicher Mangel.** Nach dem Wortlaut des § 632 a Abs. 1 S. 2 kann die Abschlagszahlung wegen unwesentlicher Mängel nicht verweigert werden. Im Umkehrschluss bedeutet dies, dass bei Vorliegen wesentlicher Mängel die **gesamte Abschlagszahlung verweigert** werden kann und nicht nur ein Einbehalt in Höhe des Doppelten der voraussichtlichen Mängelbeseitigungskosten vorgenommen werden darf, wie in § 641 Abs. 3 vorgesehen (dies ist absolut herrschende Auffassung, vgl hier nur *Schulze-Hagen*, Das FoSiG – Ausgewählte Probleme, BauR 2010, 354, 357).

11 Im Prozess ist es natürlich Sache des beklagten Auftraggebers, einen wesentlichen Mangel zunächst einmal schlüssig vorzutragen (zu den Anforderungen an einen solchen Vortrag vgl die Erläuterungen zu § 633 Rn 2 ff).

12 Bestreitet der die Abschlagszahlung verlangende Auftragnehmer den vom Auftraggeber behaupteten wesentlichen Mangel, ist er nach den allgemeinen Grundsätzen der **Beweislast** verpflichtet, nachzuweisen, dass die Leistung, für die er die Abschlagszahlung haben will, keine wesentliche Mängel aufweist, oder positiv formuliert: dass er eben die Leistung ohne wesentliche Mängel ausgeführt hat.

13 Nun kann man noch fragen, wie es sich verhält, wenn ein wesentlicher Mangel nicht bei der Leistung vorliegt, für welche die aktuelle Abschlagszahlung verlangt wird, sondern bei einer früheren Leistung, welche bereits bezahlt ist. Da das Gesetz allgemein von wesentlichen Mängeln spricht, könnte man sagen, dass ein wesentlicher Mangel, egal wo er auftritt, zum Entfall des Abschlagszahlungsanspruches führt. Dies würde bedeuten, dass gegebenenfalls der Auftragnehmer alle bisher erhaltenen Abschlagszahlungen zurückzahlen müsste, wenn nur an einer

Stelle ein wesentlicher Mangel vorliegt und die Leistungen, für welche frühere Abschlagszahlungen verlangt worden sind, mängelfrei sind und damit dort der vom Gesetz verlangte Wertzuwachs vorliegt. Gelangt man zu dem Ergebnis, das der wesentliche Mangel nur dann zum Entfall der gesamten Abschlagszahlung führt, wenn er genau bei der Leistung vorliegt, für welche die Abschlagszahlung verlangt wird, dann kann der Auftraggeber aber jedenfalls **für die Mängel bei anderen Leistungsabschnitten** einen **Einbehalt**, wie in § 641 Abs. 3 geregelt, vornehmen.

[3] **Abschlagszahlung und Schlussrechnungsreife.** Vertritt der Auftragnehmer die Auffassung, dass ihm eine Abschlagszahlung zusteht, welche der Auftraggeber zu Unrecht nicht leistet, dann wird er häufig die weitere Bauausführung in Ausübung des Rechtes aus § 320 Abs. 1 einstellen. Damit geht er freilich das Risiko ein, dass dann, wenn die Bauerstellung zu Unrecht erfolgt, ihm der Auftraggeber den Auftrag entziehen oder außerordentlich kündigen kann oder von dem Vertrag gemäß § 323 zurücktreten kann. 14

Werden die Bauarbeiten bis zur Abnahmereife fortgeführt oder wird der Vertrag tatsächlich vorzeitig etwa durch Kündigung beendet, dann liegt Schlussrechnungsreife vor. In diesem Fall kann eine Abschlagszahlung nicht mehr mit Aussicht auf Erfolg eingeklagt werden, weil der Auftragnehmer sodann verpflichtet ist, die Schlussrechnung zu stellen und gegebenenfalls aus dieser vorzugehen. Der Auftragnehmer kann in diesem Fall aber eine stets zulässige Klageänderung vornehmen und die Klage auf Zahlung aus der Schlussrechnung umstellen (hierzu BGH v. 20.8.2009 – VII ZR 205/07, IBR 2009, 636). 15

Dabei kann es dann bei dem VOB-Vertrag Probleme mit der zweimonatigen Prüfungsfrist des Auftraggebers geben (§ 16 Nr. 3 Abs. 1); der Auftraggeber würde sich im Prozess hierauf berufen. 16

§ 633 Sach- und Rechtsmangel

(1) Der Unternehmer hat dem Besteller das Werk frei von Sach- und Rechtsmängeln zu verschaffen.
(2) [1]Das Werk ist frei von Sachmängeln, wenn es die vereinbarte Beschaffenheit hat. [2]Soweit die Beschaffenheit nicht vereinbart ist, ist das Werk frei von Sachmängeln,
1. wenn es sich für die nach dem Vertrag vorausgesetzte, sonst
2. für die gewöhnliche Verwendung eignet und eine Beschaffenheit aufweist, die bei Werken der gleichen Art üblich ist und die der Besteller nach der Art des Werkes erwarten kann.
[3]Einem Sachmangel steht es gleich, wenn der Unternehmer ein anderes als das bestellte Werk oder das Werk in zu geringer Menge herstellt.
(3) Das Werk ist frei von Rechtsmängeln, wenn Dritte in Bezug auf das Werk keine oder nur die im Vertrag übernommenen Rechte gegen den Besteller geltend machen können.

A. Mängelrüge, Aufforderung zur Nacherfüllung und Fristsetzung

I. Muster: Mängelrüge und Aufforderung zur Nacherfüllung 1

▶ Firma XY GmbH 458

■■■ (Anschrift)

per Einschreiben mit Rückschein oder per Boten oder per Gerichtsvollzieher

Betr.: Fensterbauarbeiten bei dem Bauvorhaben Sanierung Wohnhaus ■■■ Straße in ■■■

Mängelrüge[1] und Aufforderung zur Nacherfüllung

Sehr geehrte Damen und Herren,

unter Vorlage einer Vollmacht im Original zeigen wir an, dass wir die Eheleute ■■■ in Form bezeichneter Angelegenheit anwaltlich vertreten.

Sie haben sich mit schriftlichem Vertrag vom ■■■ verpflichtet, bei dem oben genannten Bauvorhaben unserer Mandantschaft sämtliche Fenster und Fenstertüren zu erneuern, indem sie neue Elemente des Herstellers ■■■ gemäß Spezifikation in ihrem schriftlichen Angebot vom ■■■, welches Bestandteil des vorgenannten Vertrages ist, liefern und einbauen.

Sie haben ihre Arbeiten am ■■■ abgeschlossen; ein schriftliches Abnahmeprotokoll gibt es nicht. Auf Ihre Schlussrechnung vom ■■■ hat unsere Mandantschaft den gesamten noch offenen von Ihnen verlangten Betrag bezahlt.

Am ■■■ wurde unsere Mandantschaft von den Mietern des Hauses darauf aufmerksam gemacht, dass bei mittelstarken Regenfällen bei den Fenstern sowie der Balkontüre im 1. Stock auf der Westseite in erheblichem Umfang Wasser eindringt.[2]

Diese von den Mietern noch mehrmals beobachtete Erscheinung stellt einen schwerwiegenden Mangel ihrer Leistung dar. Gemäß dem abgeschlossenen Vertrag sowie § 633 Abs. 2 BGB hat unsere Mandantschaft Anspruch auf regendichte Fenster.

Wir haben sie aufzufordern, die Mängel ihrer Leistung bis spätestens ■■■, also innerhalb von 14 Tagen,[3] zu beseitigen. ◄

II. Erläuterungen

2 [1] **Sachmangel.** Mit der am 1.1.2002 in Kraft getretenen BGB-Reform hat der Gesetzgeber zum einen den Mängelbegriff des Werkvertragsrechts und den Mängelbegriff des Kaufvertragsrechts einander angeglichen und zum anderen klargestellt, dass es ausschließlich auf die vertraglichen Vereinbarungen ankommt. Ob die konkrete Werkleistung aufgrund bestimmter beobachtbarer Tatsachen mangelhaft ist, kann nicht objektiv für alle Werkverträge entschieden werden, sondern nur subjektiv für den Werkvertrag, aufgrund dessen der Unternehmer seine Leistung erbracht hat (Hk-BGB/*Ebert*, § 633 Rn 1 f; zu den Absichten des Gesetzgebers: BT-Drucks. 14/6040, 87 ff).

3 Deshalb ist es falsch, wenn in einem Beweisbeschluss ein Sachverständiger beauftragt wird, festzustellen ob diese oder jene Leistung mangelhaft sei. Die Frage, ob eine Leistung mangelhaft ist, ist immer eine **Rechtsfrage**. Ein Sachverständiger kann feststellen, ob

- bereits bei normalen, durchschnittlichen Regenereignissen bei bestimmten Fenstern Wasser eindringt;
- diese Erscheinung auf die fehlerhafte Montage oder die Verwendung falscher Bauteile oder auf Materialfehler (oder auf alles zusammen) zurückzuführen ist;
- die Verwendung bestimmter Materialien oder deren Einbau den anerkannten Regeln der Technik oder formulierten technischen Regelwerken, zB DIN-Normen entspricht und
- er kann feststellen, welche Maßnahmen erforderlich sind, um eine bestimmte unerwünschte Erscheinung abzustellen und/oder den im Vertrag von den Vertragsparteien gewünschten Zustand herzustellen und welche Kosten dieser Maßnahmen voraussichtlich verursachen werden.

4 Stellt der Sachverständige fest, dass Materialien verwendet worden sind, welche für den normalerweise mit der betreffenden Leistung verfolgten Zweck ungeeignet sind oder dass die verwendeten Materialien so eingebaut oder verwendet worden sind, dass es im Widerspruch zu den in dem betreffenden Handwerk allgemein anerkannten Regeln steht oder dass die Materialien selbst die üblicherweise an solche Materialien zu stellenden Anforderungen nicht erfüllen, dann spricht sehr viel dafür, dass ein **Mangel** vorliegt. Die „Ein Dach muss dicht sein“-

Entscheidung des Bundesgerichtshofs wurde bereits bei den Erläuterungen, insb. Rn 48 zu den §§ 631, 632 zitiert (BGH v. 11.11.1999 – VII ZR 403/98, BauR 2000, 411). Haben die Vertragsparteien nichts anderes vereinbart, dann wird gem. § 633 Abs. 2 S. 2 Nr. 2 nur ein dichtes Dach als vertragsgerechte, mangelfreie Erfüllung angesehen werden können. Haben die Parteien aber – ausnahmsweise – ausdrücklich ein undichtes Dach (zB für eine Filmkulisse) vereinbart oder hat der Auftraggeber auf einer bestimmten von ihm vorgegebenen Ausführung bestanden, obwohl der Auftragnehmer darauf hingewiesen hat, dass damit ein dichtes Dach nicht herzustellen sein wird, dann dürfte ein Mangel nicht vorliegen.

Auf der anderen Seite kann die Leistung mangelhaft sein, obwohl an ihrer Funktion nicht das Geringste auszusetzen ist. Vereinbaren die Parteien die Verwendung ganz bestimmter Fliesen für einen Bodenbelag oder den Einbau ganz bestimmter Armaturen im Bad, dann können die tatsächlich eingebaute Fliesen oder Armaturen technisch noch so einwandfrei sein; sie sind mangelhaft, weil sie von der **vereinbarten Beschaffenheit** abweichen (§ 633 Abs. 2 S. 1). 5

Im Übrigen bedeutet das Vorliegen eines Sachmangels nicht immer, dass dem Auftraggeber auch Ansprüche zustehen. Es kann die paradoxe Situation eintreten, dass die Leistung gem. § 633 mangelhaft ist, der Unternehmer aber tatsächlich berechtigt ist, die Nacherfüllung wegen **Unverhältnismäßigkeit** zu verweigern, siehe § 635 Abs. 3, und dass dem Auftraggeber weder ein Minderungs- noch ein Schadensersatzanspruch zur Seite stehen, weil ein **Minderwert** im Verhältnis zur geschuldeten Leistung nicht vorliegt. Schadensersatz setzt außerdem Verschulden voraus, welches nicht bei jedem Mangel gegeben ist. 6

[2] **Mängelrüge – Symptomtheorie.** Die Rechtsprechung ist schon von jeher sehr großzügig und nicht formalistisch und damit bestellerfreundlich, wenn es um die Frage geht, wie der Besteller (Auftraggeber) Mängelansprüche gegenüber dem Auftragnehmer geltend machen bzw einwenden soll. 7

Nach der Symptomtheorie genügt es, wenn der Auftraggeber das Symptom, also die **Erscheinung angibt**, aufgrund dessen er der Auffassung ist, dass ein Sachmangel vorliegt. Es genügt also, wenn der Auftraggeber sagt:„ Der Keller ist feucht“, oder: „Es zieht unter dem Dach“, oder:„ Bei Regen dringt Wasser an den Fenstern ein“ (Rechtsprechung zur Symptomtheorie: OLG Frankfurt v. 7.7.2008 – 22 U 5/04, IBR 2009, 709; OLG Hamm v. 17.7.2008 – 21 U 145/08, IBR 2008, 731). Zu den Grenzen der Symptomtheorie vgl das Muster bei § 640. 8

Von dem Besteller wird nicht verlangt, dass er die technische Ursache für diese Erscheinung ermittelt und nennt. Erst recht wird nicht verlangt, dass er die zur Mängelbeseitigung erforderlichen Maßnahmen nennt; es ist nämlich Sache des Unternehmers, die für die Mängelbeseitigung erforderlichen Maßnahmen zu bestimmen (dies gehört zur **Dispositionsfreiheit des Unternehmers** und ergibt sich schon aus § 635 Abs. 1, vgl Hk-BGB/*Ebert*, § 635 Rn 3). Das Ergebnis muss dann allerdings eine mangelfreie Leistung sein. 9

Will der Besteller hinsichtlich der **Höhe eines Einbehaltes** einigermaßen sicher gehen und erst recht dann, wenn er seinerseits Geldansprüche wegen eines Mangels geltend macht, sei es durch Aufrechnung oder durch selbständige Geltendmachung, muss er jedoch die Kosten der Mängelbeseitigung einigermaßen kennen. Um sich diese Kenntnis zu verschaffen, muss er möglicherweise ein **Privatgutachten** in Auftrag geben oder gleich ein **selbständiges Beweisverfahren** einleiten (zu den Unterschieden zwischen diesen Erkenntnismöglichkeiten siehe die Erläuterungen zum prozessualen Teil, Rn 14 ff). Feuchtigkeit im Keller kann die verschiedensten Ursachen haben. Möglicherweise liegt überhaupt kein Mangel vor, möglicherweise ein Mangel, welcher mit einem relativ geringen Aufwand zu beheben ist und möglicherweise ein Mangel, dessen Beseitigung einen höheren fünfstelligen Eurobetrag erfordert. 10

[3] **Angemessene Frist.** Viele Bauhandwerker sind immer noch der Meinung, dass sich der Zeitpunkt der Mängelbeseitigung nach ihrem Terminkalender zu richten hat. Dies ist grundfalsch: der mangelhaft leistende Unternehmer hat vertragswidrig gehandelt. Das Gesetz gibt ihm die 11

Möglichkeit, selbst den Mangel zu beseitigen und damit die Sache in Ordnung zu bringen. Nachdem er aber erst einmal vertragswidrig gehandelt hat, ist er verpflichtet, **sofort auf eine Mängelrüge zu reagieren** und den **Mangel so schnell wie dies technisch möglich ist zu beseitigen.** Der Unternehmer ist demnach verpflichtet, die Nacherfüllung sofort in Angriff zu nehmen und so schnell wie möglich abzuschließen (zu diesem Thema siehe BGH v. 12.8.2009 – VIII ZR 254/08, NJW 2009, 3153).

12 Nach wie vor ist die Situation so, dass, wenn der Besteller nicht will, dass der von ihm beauftragte Unternehmer nacherfüllt, er nur die im Gesetz vorgesehene angemessene Frist zu setzen brauchte. In aller Regel wird der Auftragnehmer diese als zu kurze, möglicherweise sogar unverschämt kurze Frist empfinden und die Nacherfüllung nicht innerhalb dieser Frist vornehmen. Anders herum: Möchte man die Nacherfüllung durch den beauftragten Unternehmer, dann wird man nicht umhin können, etwas mehr Geduld aufzubringen als sie der Gesetzgeber mit dem mangelhaft leistenden Unternehmer hat.

13 Im Übrigen setzt auch eine zu knapp bemessene Frist eine angemessene Frist in Lauf (OLG Hamm v. 31.5.2007 – 24 U 150/04, IBR 2008, 430).

B. Antrag im selbständigen Beweisverfahren

14 I. Muster: Antrag im selbständigen Beweisverfahren

▶ Landgericht

Antrag im selbständigen Beweisverfahren

In Sachen

■■■

– Antragsteller –

Verfahrensbevollmächtigte: ■■■

gegen

Firma ■■■

– Antragsgegnerin –

wegen: Sicherung des Beweises

vorläufiger Gegenstandswert: 15.000 EUR

wird beantragt, das Gericht möge folgenden Beweisbeschluss erlassen:

Es wird ein schriftliches Sachverständigengutachten eines öffentlich bestellten und vereidigten Sachverständigen für Pflasterarbeiten eingeholt zu folgenden Behauptungen[1] des Antragstellers, betreffend die Pflasterarbeiten im Bereich der Zufahrt und des Bereichs vor den Garagen auf dem Anwesen■■■

1. Es wurde nicht das im Vertrag vereinbarte Pflaster „Betonpflaster ■■■ Farbe ■■■" verwendet.
2. Das eingebaute Pflaster weist nicht hinnehmbare Farbunterschiede auf, soweit die grauen (nicht weißen) Platten betroffen sind.
3. Das verlegte Pflaster weist erhebliche Höhenunterschiede und Unebenheiten auf.
4. Infolge eines unsachgemäß durchgeführten Nachbesserungsversuchs ist die Oberfläche großer Teile des verlegten Pflasters beschädigt (zerkratzt).
5. Diese Mängel können nur durch Neuherstellung des Pflasters behoben werden. Einschließlich Entfernung des vorhandenen Pflasters betragen die Kosten dafür ca. ■■■ EUR.

Begründung

Der Antragsteller hat die Antragsgegnerin auf der Grundlage von deren Angebot vom ■■■, welches hiermit als Anlage K 1 vorgelegt wird, mit der Ausführung von Betonpflasterarbeiten und weiteren

Arbeiten im Bereich der Zufahrt und des Vorhofs der Garagen auf dem Anwesen des Antragstellers ■■■ beauftragt.

Soweit dies vom Auftraggeber optisch beurteilt werden kann, weist die Leistung der Antragsgegnerin die vorstehend unter 1 bis 4 aufgeführten Mängel auf.

Es hat auch mindestens ein Nachbesserungsversuch stattgefunden, welcher allerdings diese Mängel nicht beseitigt hat.

Eine weitere Mängelrüge des Antragstellers vom ■■■ (Anlage K 2) blieb erfolglos; mit Schreiben vom ■■■ (Anlage K 3) lehnte die Antragsgegnerin die Mängelbeseitigung innerhalb der gestellten Frist ab. Trotz Ankündigung in diesem Schreiben unterblieben weitere Aktivitäten seitens der Antragsgegnerin.

Zum Zwecke der Glaubhaftmachung[2] des vorstehenden Sachverhaltes wird weiterhin auf die eidesstattliche Versicherung des Antragstellers und seiner Ehefrau, Anlage K 4, verwiesen.

Was die Kosten betrifft, so hat die Antragsgegnerin für ihre Leistung (welche den Ausbau der vorhandenen Pflasters naturgemäß nicht enthält) selbst über ■■■ EUR in Rechnung gestellt (Anlage K 5). Zuzüglich Rückbaukosten ist daher mit Mängelbeseitigungskosten in Höhe von ■■■ EUR zu rechnen. ◄

II. Erläuterungen und Varianten

[1] **Selbständiges Beweisverfahren.** Wird der gerügte Mangel nicht beseitigt, weil die Beteiligten 15
über das Vorliegen eines Mangels streiten, empfiehlt sich die Einleitung eines selbständigen Beweisverfahrens, wenn und weil damit zu rechnen ist, dass der Auftragnehmer freiwillig doch noch nacherfüllen wird, wenn der vom Gericht beauftragte Sachverständige Mängel feststellt.

Weiterhin ist die Einleitung eines selbständigen Beweisverfahrens dann notwendig, wenn der 16
Mangel umgehend beseitigt werden muss, weil bei Nichtbeseitigung **Gefahr im Verzug** ist. Man muss dann den Antrag als echten Eilantrag stellen und auf die Dringlichkeit hinweisen, damit das Gericht den Beschluss sofort erlässt und den Sachverständigen zu beschleunigter Bearbeitung anhält.

Die Rechtsprechung verhält sich im Hinblick auf die **Anträge** im selbständigen Beweisverfahren 17
sehr großzügig. Nach dem Gesetz, § 485 Abs. 2 ZPO, muss der Antragsteller bestimmte Behauptungen aufstellen und dafür Beweis durch Sachverständige oder Zeugen anbieten. Wenn er detaillierte Angaben über Mangelursachen oder die Maßnahmen zu Mängelbeseitigung will, dann muss er diese als Behauptung schon selbst aufstellen. Dabei hilft ihm dann die Symptomtheorie nicht mehr. Er müsste zuerst durch ein Privatgutachten genaueres zur Mängelursache und zu den erforderlichen Mängelbeseitigungsmaßnahmen in Erfahrung bringen; bei einem Privatgutachten kann der Auftraggeber den Auftrag frei bestimmen, kann Fragen stellen, sogar Ausforschungsfragen.

Da die konsequente Anwendung der Vorschriften nach dem Wortlaut das selbständige Beweis- 18
verfahren stark seiner Bedeutung berauben würde, lassen die Gerichte regelmäßig Anträge zu, welche Fragen enthalten wie:

► Der Sachverständige möge feststellen, worauf das Eindringen von Feuchtigkeit an den Fenstern zurückzuführen ist. Der Sachverständige möge angeben, welche Maßnahmen zur Mängelbeseitigung erforderlich sind und die dafür erforderlichen Kosten schätzen. ◄

[2] Der Antragsteller muss die seinem Antrag zugrunde liegenden **Tatsachen glaubhaft ma-** 19
chen (§ 487 Nr. 4 ZPO). Ergänzend sei auf Zöller/*Herget*, § 485 Rn 9 hingewiesen.

§ 634 Rechte des Bestellers bei Mängeln

Ist das Werk mangelhaft, kann der Besteller, wenn die Voraussetzungen der folgenden Vorschriften vorliegen und soweit nicht ein anderes bestimmt ist,

1. **nach § 635 Nacherfüllung verlangen,**
2. **nach § 637 den Mangel selbst beseitigen und Ersatz der erforderlichen Aufwendungen verlangen,**
3. **nach den §§ 636, 323 und 326 Abs. 5 von dem Vertrag zurücktreten oder nach § 638 die Vergütung mindern und**
4. **nach den §§ 636, 280, 281, 283 und 311 a Schadensersatz oder nach § 284 Ersatz vergeblicher Aufwendungen verlangen.**

§ 634 a Verjährung der Mängelansprüche

(1) Die in § 634 Nr. 1, 2 und 4 bezeichneten Ansprüche verjähren

1. **vorbehaltlich der Nummer 2 in zwei Jahren bei einem Werk, dessen Erfolg in der Herstellung, Wartung oder Veränderung einer Sache oder in der Erbringung von Planungs- oder Überwachungsleistungen hierfür besteht,**
2. **in fünf Jahren bei einem Bauwerk und einem Werk, dessen Erfolg in der Erbringung von Planungs- oder Überwachungsleistungen hierfür besteht, und**
3. **im Übrigen in der regelmäßigen Verjährungsfrist.**

(2) Die Verjährung beginnt in den Fällen des Absatzes 1 Nr. 1 und 2 mit der Abnahme.

(3) [1]Abweichend von Absatz 1 Nr. 1 und 2 und Absatz 2 verjähren die Ansprüche in der regelmäßigen Verjährungsfrist, wenn der Unternehmer den Mangel arglistig verschwiegen hat. [2]Im Falle des Absatzes 1 Nr. 2 tritt die Verjährung jedoch nicht vor Ablauf der dort bestimmten Frist ein.

(4) [1]Für das in § 634 bezeichnete Rücktrittsrecht gilt § 218. [2]Der Besteller kann trotz einer Unwirksamkeit des Rücktritts nach § 218 Abs. 1 die Zahlung der Vergütung insoweit verweigern, als er auf Grund des Rücktritts dazu berechtigt sein würde. [3]Macht er von diesem Recht Gebrauch, kann der Unternehmer vom Vertrag zurücktreten.

(5) Auf das in § 634 bezeichnete Minderungsrecht finden § 218 und Absatz 4 Satz 2 entsprechende Anwendung.

1 **A. Muster: Vereinbarung zur Verlängerung der Mängelhaftungsfrist**

▶ Zwischen

Firma ■■■ (genaue Bezeichnung)

– Auftraggeberin –

und

Firma ■■■ (genaue Bezeichnung)

– Auftragnehmerin –

ist streitig, ob die nach dem Bauvertrag vom ■■■ geschuldete Außenabdichtung der Kelleraußenwände gegen drückendes Wasser gemäß DIN ■■■ Lastfall ■■■ vertragsgerecht und mangelfrei ausgeführt worden ist.[1]

Um die erheblichen Kosten eines Sachverständigengutachtens zu vermeiden, welche das Freilegen der gesamten Kelleraußenwände erforderlich machen würde, und dies angesichts zumindest bereits teilweise fertig gestellter Außenanlagen, vereinbaren die Parteien für diesen Teil der Leistung der Auftragnehmerin eine Verlängerung der Mängelhaftungsfrist von fünf auf 10 Jahre.[2]

Die Parteien sind sich darüber einig, dass die Leistung der Auftragnehmerin am ■■■ abgenommenen wurde; die verlängerte Mängelhaftungsfrist endet somit am ■■■.

Die Parteien sind sich weiter darüber einig, dass ein Teil der durch selbstschuldnerische Bürgschaft ablösbaren Sicherheit für Mängelansprüche nach Abnahme („Gewährleistungssicherheit") iHv ■■■ EUR nach Ablauf der allgemeinen Mängelhaftungsfrist am ■■■ bis zum Ablauf der verlängerten Mängelhaftungsfrist am ■■■ aufrechtzuerhalten ist. Die betragsmäßige Höhe dieses Teils wird vereinbart mit ■■■ EUR. ◀

B. Erläuterungen

[1] **Rechte des Bestellers.** § 634 hat keinen eigenen rechtlichen Gehalt, sondern ist lediglich ein Wegweiser zu den verschiedenen anderwärts geregelten Ansprüchen des Bestellers bei mangelhafter Leistung des Unternehmers (HK-BGB/*Ebert*, § 634 Rn 1 unter Verweis auf die BT-Drucks. 14/6040, 219). 2

[2] **Verjährungsfrist.** Was die Verjährung betrifft, so ist für das Baurecht in § 634 a Abs. 1 Nr. 2 eine Frist von **fünf Jahren**, beginnend mit der Abnahme (Abs. 2), gesetzlich bestimmt. 3

- **Verkürzung.** Eine Verkürzung dieser Frist in der Inhaltskontrolle unterliegenden, vom Auftragnehmer gestellten Verträgen ist regelmäßig gem. § 307 Abs. 1 **unwirksam**; dies gilt auch für die in § 13 Nr. 4 Abs. 1 VOB/B enthaltene Regelung mit einer Regel-Verjährungsfrist von 4 Jahren, s. hierzu die Erläuterungen zu §§ 631, 632 Rn 17 ff.
- **Verlängerung.** Eine Verlängerung der Frist ist dagegen sogar **formularmäßig möglich**, wenn der diese Verlängerung in den Vertrag einführende Auftraggeber aufgrund der Natur der Leistung oder anderer Gründe ein besonderes anerkennenswertes Interesse an einer solchen Verlängerung hat.

Erst recht ist eine Verlängerung (aber auch eine Verkürzung) der Mängelhaftungsfrist, der früheren und noch heute noch meistens so bezeichneten „Gewährleistungsfrist", in Individualvereinbarungen möglich. 4

Eine solche kommt insbesondere in Betracht, wenn zwischen den Parteien Streit darüber ausgebrochen ist, ob eine bestimmte Leistung mangelhaft ist oder nicht, die Vertragsparteien aber weder eine gerichtliche Auseinandersetzung wünschen noch zu diesem Zeitpunkt eine abschließende Regelung über diesen Punkt finden. 5

Wenn es insbesondere für den Auftraggeber ausschließlich darauf ankommt, dass die befürchteten Mängelsymptome nicht auftreten, dann bietet sich eine Regelung wie hier vorgeschlagen an: eine **Kombination aus einer Verlängerung der Mängelhaftung mit einer länger zur Verfügung stehenden Sicherheitsleistung in bestimmter Höhe.** 6

Zu Verlängerungen oder Verkürzungen der Verjährung bzw Erleichterung oder Erschwernis der Verjährung einschließlich des so genannten Verzichts auf die Erhebung der Einrede der Verjährung: vgl Muster und Erläuterungen zu §§ 195 ff. 7

Die Verlängerung der Sicherheitsleistung muss auch mit der Bürgin vereinbart werden. 8

§ 635 Nacherfüllung

(1) Verlangt der Besteller Nacherfüllung, so kann der Unternehmer nach seiner Wahl den Mangel beseitigen oder ein neues Werk herstellen.
(2) Der Unternehmer hat die zum Zwecke der Nacherfüllung erforderlichen Aufwendungen, insbesondere Transport-, Wege-, Arbeits- und Materialkosten zu tragen.
(3) Der Unternehmer kann die Nacherfüllung unbeschadet des § 275 Abs. 2 und 3 verweigern, wenn sie nur mit unverhältnismäßigen Kosten möglich ist.
[4] Stellt der Unternehmer ein neues Werk her, so kann er vom Besteller Rückgewähr des mangelhaften Werkes nach Maßgabe der §§ 346 bis 348 verlangen.

Schrifttum: *Messerschmidt, Burkhard*, Die Balance von Rechten und Pflichten in der Mängelbeseitigung, BauR 2010, 322

1 **A. Muster: Nacherfüllungsklage**

▶ Landgericht …

Spezialkammer für Bausachen

Klage (Bausache)

In Sachen

…

(Vollrubrum)

wegen: Nacherfüllung

Vorläufiger Gegenstandswert: 20.000 EUR

wird unter Einzahlung eines Gerichtskostenvorschusses iHv … EUR Klage zum Landgericht – Kammer für Bausachen – erhoben, vor welcher folgende

Anträge

gestellt werden:

I. Die Beklagte wird verurteilt, nach ihrer Wahl entweder durch Mängelbeseitigung oder Neuherstellung die Regendichtigkeit der von ihr für das Bauvorhaben … Straße in …, 1. Obergeschoss Westseite, gelieferten und montierten insgesamt … Fenster und eine zweigliedrige Balkonfenstertür herzustellen.[1]

II. (Anträge betreffend die Kosten, die Vollstreckung sowie gegebenenfalls Erlass eines Versäumnisurteils oder Anerkenntnisurteil wie im Muster zu §§ 631, 632 Rn 149 – Schlusszahlungsklage)

Begründung

Es dürfte unstreitig bleiben, dass die Beklagte für das Bauvorhaben der Klägerin „Generalsanierung der Villa … in …" sämtliche Fenster und Fenstertüren geliefert und montiert hat; gleichwohl wird hiermit als Anlage K 1 der zwischen den Parteien diesbezüglich abgeschlossene schriftliche Bauvertrag vorgelegt.

Die Beklagte hatte ihre Leistungen dem äußeren Anschein nach korrekt erbracht. Eine förmliche Abnahme fand nicht statt. Nachdem infolge zahlreicher während der Bauzeit aufgetretener Probleme der Zeitpunkt, zu welchem die Klägerin das Objekt an ihre Erwerber bzw deren Mieter zu übergeben hatte, ohnehin schon überschritten war, wurden die einzelnen Wohnungen des Objektes zwischen dem … und dem … an die genannten Erwerber bzw deren Mieter übergeben; damit hat wohl die Abnahme spätestens mit dem letzten Übergabetermin stattgefunden.[2] Für den Fall, dass die Beklagte den vorstehend aufgeführten Sachverhalte bestreiten sollte, werden die Übergabeprotokolle mit den Erwerbern vorgelegt sowie Zeugnis

…

angeboten.

Die Beklagte stellte weiter unmittelbar nach dem vorgenannten Zeitpunkt ihre Schlussrechnung (Anlage K 2), welche inzwischen auch durch die Klägerin beglichen wurde mit Ausnahme eines angemessenen Einbehaltes wegen des hier streitgegenständlichen Mangels, § 641 Abs. 3 BGB, iHv … EUR.

Alsbald nach dem Bezug des Objektes wurde von den Mietern der Räume, welche sich im ersten Obergeschoss auf der Westseite befinden, gerügt, dass dort an den Fenstern und der zweiflügligen Balkonfenstertür bereits bei relativ leichten Regenfällen Wasser an den Fenstersimsen bzw, bei der Balkontür, an der Schwelle eindringt.

Beweis für diese Mängelrügen und das Zutreffen derselben: Zeugnis

Zudem hat die Klägerin zu diesem Sachverhalt ein Gutachten eines öffentlich bestellten und vereidigten Sachverständigen für Fenstertechnik eingeholt, welches als Anlage K 3 vorgelegt wird. Dieses Gutachten bestätigt den von den Erwerbern und deren Mietern vorgebrachten Sachverhalt.

Mit Schreiben vom ■■■ und noch einmal mit Schreiben vom ■■■ (Anlagen K 4 und K 5) wurde dieser Mangel gegenüber der Beklagten gerügt. Die Beklagte hat dieses Schreiben auch erhalten, denn sie hat darauf ihrerseits mit Schreiben vom ■■■ (Anlage K 6) reagiert. Dabei hat sie die Mängelerscheinungen nicht einmal in Abrede gestellt, jedoch Nacherfüllung in der irrigen Annahme, diese sei unverhältnismäßig, abgelehnt und die Kläger auf eine Minderung in Höhe von ■■■ EUR verwiesen[3] und die Auszahlung des sich nach Abzug dieser so genannten Minderung ergebenden Restbetrages verlangt.

Der Klägerin steht der einklagbare Nacherfüllungsanspruch zu. Unverhältnismäßigkeit[4] ist nach den Vorgaben der Rechtsprechung bei weitem nicht gegeben, da der Aufwand für die ordnungsgemäße Nacherfüllung einerseits und der Vorteil der Klägerin von einer ordnungsgemäßen Leistung andererseits keinesfalls außer Verhältnis stehen. Die Dichtigkeit der Fenster ist für diese Leistung von zentraler Bedeutung. Insbesondere ist das Verhältnis zwischen den Nacherfüllungskosten einerseits und dem vertraglichen Werklohn andererseits unerheblich.

Die Beklagte ist wie beantragt zu verurteilen.

■■■

Rechtsanwalt ◄

B. Erläuterungen

[1] Nacherfüllungsklage nach der Schuldrechtsreform. Eines der Merkmale des deutschen Schuldrechts, im Unterschied zum Beispiel zum angelsächsischen Schuldrecht, ist, dass die Erfüllung eingeklagt werden kann. 2

Soweit das Gesetz Nacherfüllung vorsieht, ist auch der Nacherfüllungsanspruch einklagbar, da die Nacherfüllung zur Erfüllung gehört. Sie bedeutet nur, dass der Schuldner eine zweite und möglicherweise auch noch weitere Chance bekommt, seiner Leistungspflicht nachzukommen. 3

Schon vor der BGB-Reform war die echte Nachbesserungsklage eher selten. Auf Zahlung lautende Urteile sind leichter zu vollstrecken. Einen Erfolg versprechenden und später auch vollstreckbaren Antrag zu formulieren, ist bereits schwierig. 4

Diese Schwierigkeit hat insofern zugenommen, als das Werkvertragsrecht seit dem 1.1.2002 in § 635 Abs. 1 vorsieht, dass neben der Mangelbeseitigung auch die Neuherstellung in Betracht kommt, wobei nicht der Gläubiger der Leistung, das ist der Besteller, sondern der Schuldner der Leistung, also der Unternehmer, das **Wahlrecht** hat (Hk-BGB/*Ebert* § 635 Rn 1). Wir haben also ein Wahlrecht des Schuldners gem. § 264 Abs. 1. Danach kann der Schuldner noch bis zum Beginn der Zwangsvollstreckung bestimmen, welche Leistungen er erbringen will. Dies bedeutet, und dies ist ein weiteres Erschwernis für die echte Nacherfüllungsklage, dass der klagende Auftraggeber einen **Alternativantrag** stellen muss, welcher dem Unternehmer die Wahlmöglichkeit zwischen Mängelbeseitigung und Neuherstellung lässt. 5

[2] Nacherfüllung und Abnahme. Obwohl die Verjährungsregelung des § 634 a Abs. 2 darauf hindeutet, dass die im Werkvertragsrecht geregelten Mängelrechte die Abnahme voraussetzen, gab es einen heftigen Streit, ob die Mängelrechte gem. § 634 ff auch schon vor Abnahme geltend gemacht werden können. 6

Die wohl zutreffende und inzwischen auch überwiegende Auffassung lautet, dass für die Ausübung der werkvertraglichen Mängelrechte tatsächlich die **Abnahme Voraussetzung** ist. Begründet wird dies neben der **Verjährungsregelung** mit der **Dispositionsfreiheit des Werkunternehmers**; dieser muss die Möglichkeit haben, innerhalb der vertraglich vereinbarten Fristen 7 selbst zu entscheiden, wann er welche Leistung (mangelfrei) herstellt. Es sind also im gesetzlichen Werkvertragsrecht Regelungen wie in § 4 Nr. 7 VOB/B nicht enthalten. Allerdings gilt die Dispositionsfreiheit **nicht schrankenlos**: Meint der Auftraggeber, schon während der Bauausführung Mängel festzustellen, deren Beseitigung durch den Baufortschritt erschwert, wenn nicht unmöglich, gemacht wird (Beispiel: das Fundament ist nicht geeignet für die Aufnahme des geplanten Gebäudes), dann muss er nicht tatenlos dem Untergang des Bauwerks entgegensehen, sondern kann die Beseitigung dieses Mangels schon vor Abnahme verlangen und gegebenenfalls gerichtlich durchsetzen sowie den weiteren Baufortschritt möglicherweise auch durch einstweilige Verfügung verhindern (zu dieser Diskussion: *Messerschmidt*, BauR 2010, 322).

8 [3] **Grenzen des Wahlrechts.** Unverändert gilt, dass dann, wenn eine vertragsgerechte mangelfreie Leistung nur durch **Neuherstellung** erreicht werden kann, der Besteller von vornherein Neuherstellung geltend machen und auch einklagen kann. Die Rechtsprechung hat in den letzten Jahren in einigen Fällen auf die für den Unternehmer äußerst unangenehme Neuherstellung entschieden, vgl zB die Kartoffelhallen-Entscheidung BGH v. 29.6.2006 – VII ZR 86/05, NJW 2006, 2912.

9 [4] **Unverhältnismäßigkeit der Nacherfüllung.** Die vorangehende Erläuterung steht mit der Unverhältnismäßigkeit der Nacherfüllung im Zusammenhang: Wie sich aus der vorstehend zitierten Kartoffelhallen-Entscheidung ergibt, sind die **Hürden** dafür, dass der Unternehmer Nacherfüllung wegen Unverhältnismäßigkeit verweigern kann, **sehr hoch.** Dessen ungeachtet wird erfahrungsgemäß in Bauprozessen gerne vom Auftragnehmer genau damit argumentiert. Indessen: Die Hürde vor der Unverhältnismäßigkeit muss, systematisch gesehen, hoch sein, denn der Unternehmer schuldet eine mangelfreie Leistung. Könnte sich der Unternehmer sehr leicht auf Unverhältnismäßigkeit berufen, dann wäre jeder Unternehmer, der ordentlich leistet, töricht, denn er würde regelmäßig viel besser fahren, wenn er „schnell und schlampig" arbeitet und bei Aufkommen eines Mangels den Besteller auf eine Flickreparatur oder eine geringfügige Minderung verweist. Die Faustregel lautet, dass die Nacherfüllung erst dann wegen Unverhältnismäßigkeit verweigert werden kann, wenn der **Aufwand des Unternehmers zu dem Vorteil des Bestellers** angesichts eines mangelfreien Werkes **außer jedem Verhältnis** steht. Soweit die Gebrauchstauglichkeit oder die Sicherheit beeinträchtigt ist, kann von Unverhältnismäßigkeit keine Rede sein. Auch der Grad des Verschuldens des mangelhaft leistenden Unternehmers soll eine Rolle spielen.

Die häufigsten **Anwendungsfälle** der Unverhältnismäßigkeit sind

- einerseits der geringfügige optische Mangel bei einem Objekt, an dessen Optik keine Anforderungen gestellt werden, der aber nur mit einer sehr teuren Maßnahme beseitigt werden kann und
- andererseits die Verwendung eines anderen Materials als im Bauvertrag ausdrücklich vorgesehen, wenn dieses Material aber technisch und auch sonst nicht schlechter ist als der vertraglich geschuldete und insbesondere auch dieselbe Gebrauchstauglichkeit gewährleistet ist.

Vgl zur Unverhältnismäßigkeit der Nacherfüllung: *Ingenstau/Korbion/Wirth*, VOB/B, § 13 Abs. 6 Rn 32 ff.

§ 636 Besondere Bestimmungen für Rücktritt und Schadensersatz

Außer in den Fällen der §§ 281 Abs. 2 und 323 Abs. 2 bedarf es der Fristsetzung auch dann nicht, wenn der Unternehmer die Nacherfüllung gemäß § 635 Abs. 3 verweigert oder wenn die Nacherfüllung fehlgeschlagen oder dem Besteller unzumutbar ist.

Schrifttum: *Meindl/Schmid/Kemmetter*, Bauträgermodell und geschlossener Immobilienfonds, 2006; *Thode/Reinhold*, Die Vormerkungslösung im Bauträgervertrag und die Gestaltungsrechte des Erwerbers, ZNotP 2004, 210

A. Rückabwicklungsklage bei Bauträgervertrag

I. Muster: Klage auf Rückabwicklung eines Bauträgervertrages 1

462

▶ Landgericht ■■■

Kammer für Bausachen

Klage

In Sachen

■■■

(Vollrubrum)

wegen: Rückabwicklung eines Bauträgervertrages

vorläufiger Gegenstandswert: 327.500 EUR

wird unter Einzahlung eines Gerichtskostenvorschusses in Höhe von ■■■ EUR Klage zu dem Landgericht – Kammer für Bausachen – erhoben, vor welchem

beantragt wird:

I. Die Beklagte wird verurteilt, an die Kläger 327.500 EUR nebst Zinsen hieraus in Höhe von 8 %-Punkten über dem EZB-Basiszinssatz seit ■■■ zu bezahlen Zug-um-Zug gegen Rückübereignung und Übergabe des Wohnungseigentums an der Wohnung Nr. 5 der Wohnungseigentumsgemeinschaft ■■■, bestehend aus dem Sondereigentum an den im Aufteilungsplan mit Nr. 5 gekennzeichneten abgeschlossenen Räumen im 1. OG, zuzüglich Kellerabteil Nr. 5, verbunden mit einem 150/1000stel Anteil am Gemeinschaftseigentum der Wohnungseigentumsgemeinschaft ■■■, eingetragen im Wohnungsgrundbuch von ■■■ Blatt ■■■.

II. Es wird festgestellt, dass die Beklagte sich in Annahmeverzug befindet.
(Weitere Anträge: Kosten, Vollstreckbarkeit, Versäumnisurteil, Anerkenntnisurteil wie bei dem Muster zu §§ 631, 632)

Begründung

Die Parteien haben am ■■■ den hiermit als Anlage K 1 vorgelegten Bauträgervertrag über den Erwerb einer von der beklagten Bauträgerin noch vollständig zu errichtenden Wohnung, welche im Klageantrag zu I. näher bezeichnet ist, abgeschlossen.

Die Kläger haben den als Kaufpreis bezeichneten Erwerbspreis der Wohnung in Höhe von 300.000 EUR in Raten gem. MaBV vollständig bezahlt. Am ■■■ wurde die Wohnung samt Kellerabteil mit einem förmlichen Übergabeprotokoll (Anlage K 2) an die Kläger übergeben, welche danach sofort in diese Wohnung selbst eingezogen sind. Dies ist als Abnahme der vom Bauträger geschuldeten Werkleistung anzusehen.

Nicht lange nach diesem Zeitpunkt hat sich herausgestellt, dass folgende schwerwiegende und erhebliche Baumängel an Keller, Fassade und Dach sowie Außenanlagen dieses Bauträgerobjektes vorliegen wie folgt:

■■■ (kurze, jedoch ausreichend bestimmte und substantiierte Angabe der Baumängel)

Diese Mängel ergeben sich auch aus dem von den Klägern in Auftrag gegebenen Privatgutachten des öffentlich bestellt und vereidigten Sachverständigen ■■■, Anlage K 3.

Für das Vorliegen dieser Mangel wird Sachverständigengutachten zum Zwecke des Beweises angeboten.

Die Kläger haben die Beklagte mit Schreiben vom ■■■ (Anlage K 4) zur Nacherfüllung bis ■■■ aufgefordert. Die Beklagte antwortete hierauf nur ausweichend, siehe Anlage K 5, hat aber bisher keinerlei zielgerichtete Maßnahmen ergriffen, geschweige denn innerhalb der gesetzten Frist mit der Mängelbeseitigung auch nur begonnen.[1]

Nach erfolglosem Ablauf der von den Klägern gesetzten angemessenen Frist für die Nacherfüllung sind die Kläger berechtigt, von dem Vertrag gem. §§ 634 Ziff. 3, 323 BGB zurückzutreten.[2]

Die Kläger haben den Rücktritt mit Schreiben vom ■■■, Anlage K 6, erklärt; dieses Schreiben ist der Beklagten nachweislich zugegangen.[3]

Die Kläger haben weiter die hiermit als Anlage K 7 vorgelegte notarielle Urkunde erstellen lassen, in welcher der Beklagten die Rückübertragung der Wohnung Zug um Zug gegen Rückzahlung des Kaufpreises sowie der als Schadenersatz geschuldeten weiteren Beträge angeboten wird. Die Beklagte hat dieses Angebot nicht angenommen, weshalb sie sich in Annahmeverzug befindet.

Der unter dem Gesichtspunkt der §§ 323, 280 Abs. 1 BGB an die Kläger zu zahlende Betrag setzt sich wie folgt zusammen:

- gezahlter Kaufpreis ■■■,
- Notarkosten ■■■,
- Finanzierungszinsen ■■■ .

Nach Abzug der gezogenen Nutzungen (hier: Mieteinnahmen) verbleibt der Klagebetrag.

■■■

Rechtsanwalt ◄

II. Erläuterungen

2 **[1] Voraussetzungen für den Rücktritt.** Nach der eindeutigen, durch die Schuldrechtsmodernisierung eingeführten Regelung in §§ 635, 636 ist nur noch das Verstreichen einer für die Nacherfüllung gesetzten angemessenen Frist erforderlich, um dem Besteller die Auswahl aus sämtlichen anderen in § 634 genannte Ansprüchen zu ermöglichen, also nach seiner Wahl Selbstvornahme, Rücktritt, Schadenersatz oder Minderung. Auch die letzten drei Ansprüche setzen nichts weiter voraus als das Bestehen eines Sachmangels, die Aufforderung an den Unternehmer, diesen innerhalb angemessener Frist zu beseitigen und das erfolglose Verstreichen dieser angemessenen Frist. Nach erfolglosem Verstreichen dieser Frist muss der Besteller, wie schon mehrfach dargelegt, die Nacherfüllung nicht mehr annehmen (siehe hierzu nur Hk-BGB/*Ebert*, § 634 Rn 3 ff; Palandt/*Sprau*, § 637 Rn 5).

3 Auch die Diskussion, wie viele Nachbesserungsversuche der Unternehmer hat (zwei, drei oder mehr?) ist müßig, wenn eine gesetzte angemessene Frist erfolglos verstrichen ist. Hat der Unternehmer innerhalb dieser angemessenen Frist nicht vollständig und ordnungsgemäß nachgebessert, dann stehen dem Besteller die genannten Ansprüche zu, unter welchen er auswählen kann (vgl Hk-BGB/*Ebert*, § 636 Rn 2 zur Frage des Fehlschlagens der Nacherfüllung).

4 Für alle über die Nacherfüllung hinausgehenden Ansprüche gilt, dass die Setzung einer angemessenen **Frist** dann **entbehrlich** ist, wenn der Unternehmer die Nacherfüllung ernsthaft und endgültig verweigert oder die – weitere – Nacherfüllung für den Besteller unzumutbar ist. Dies ist zB der Fall, wenn sich der Unternehmer als eklatant unfähig und/oder unzuverlässig erwiesen hat (Beispiel: Elektroinstallation in einer Art und Weise, dass davon Gefahren für Leib und

Leben ausgehen). Der emotional belastete, nicht oder kaum bauerfahrene Auftraggeber neigt erfahrungsgemäß rasch zur Annahme der Unzumutbarkeit oder der endgültigen Verweigerung der Nacherfüllung; aber es ist Vorsicht geboten, der Anwalt wird ggf zur Besonnenheit raten müssen: Die **Hürden** dafür, dass eine angemessene Frist nicht mehr gesetzt werden muss, sind **hoch**. Das bloße Bestreiten eines Mangels bedeutet noch nicht, dass die Mängelbeseitigung endgültig verweigert wird (vgl hierzu OLG Celle v. 26.7.2006 – 7 U 2/06, NJW-RR 2007, 352). Konsequenz für den Besteller und dessen Anwalt: Wenn immer es geht, nachweisbar eine an- 5
gemessene Frist für die Mängelbeseitigung setzen.

[2] **Rücktritt und Bauträgervertrag.** Aus tatsächlichen Gründen ist der Vollzug des Rücktritts 6
bei dem **Bauvertrag** normalerweise höchst problematisch. Deshalb ist es bei Bauleistungen zulässig, das Recht des Bestellers auf **Rücktritt formularmäßig auszuschließen**, § 309 Ziffer 8 lit. b) bb). **Nicht** so beim **Bauträgervertrag**, vgl BGH v. 8.12.2009 – XI ZR 181/09, GWR 2010, 98; OLG Koblenz BeckRS 2010, 02412; BGH v. 28.9.2006 – VII ZR 304/04, BauR 2007, 111 = NJW-RR 2007, 59: Da Gegenstand des Bauträgervertrages auch die Übertragung des Eigentums an dem Baugrundstück ist, kann dort ohne Weiteres rückabgewickelt werden, denn für den Fall der Rückabwicklung geht das Grundstück samt der darauf befindlichen – teilweise hergestellten und/oder mangelhaften – Bauleistungen an den Unternehmer zurück. Nach Abnahme, die wiederum Voraussetzung für Ansprüche aus § 634 ist (vgl Erläuterungen zu § 635 Rn 6), kann eine Bürgschaft gem. § 7 MaBV nicht mehr für Ansprüche aus Rückabwicklung in Anspruch genommen werden; vgl BGH v. 22.10.2002, XI ZR 393/01, NJW 2003, 285 = BauR 2003, 243. Wenn der Erwerber schon Eigentümer ist, kann er den Rücktritt riskieren, weil er das Eigentum nur verliert, wenn er den „Kaufpreis"/Schadenersatz tatsächlich bekommt, *Meindl/Schmid/Kemmetter*, Rn 70; *Thode*, ZNotP 2004, 210, 212.

[3] **Besonderheiten der Verjährung.** Der Rücktritt ist wie die Minderung, § 638, ein **Gestal-** 7
tungsrecht. Einmal ausgesprochen, kann der Rücktritt – oder die Minderung – nicht mehr zurückgenommen werden, er sollte also gut überlegt werden. Nachdem Gestaltungsrechte normalerweise nicht verjähren (Beispiel: Die Mitgliedschaft in einem Verein oder ein Arbeitsverhältnis kann auch gekündigt werden, wenn man schon lange über 30 Jahre Mitglied oder Arbeitnehmer ist), musste für diese Gestaltungsrechte eine besondere Regelung gefunden werden in § 218. Danach können diese Gestaltungsrechte nicht mehr ausgeübt werden, wenn der Anspruch auf die Leistung oder die Nacherfüllung verjährt ist und der Vertragspartner sich darauf beruft. Andererseits kann nach dieser gesetzlichen Regelung das Gestaltungsrecht theoretisch bis eine juristische Sekunde vor Ablauf der Verjährung des Nacherfüllungsanspruchs ausgeübt werden. Damit beginnt dann die selbständige Verjährung der aus dem Gestaltungsrecht erwachsenen Ansprüche, welche wohl der Regelverjährung nach § 195 unterliegen. Verkürzt formuliert heißt dies: Der aus dem Rücktritt erwachsende Rückabwicklungsanspruch kann also ggf noch **bis zu acht Jahre** (fünf Jahre Mängelhaftungsfrist plus weitere drei Jahre Verjährungsfrist) **nach Abnahme** durchgesetzt werden.

B. Schadenersatzklage

I. Muster: Klage auf Schadenersatz 8

▶ Landgericht ■■■ 463

Kammer für Bausachen

Klage

In Sachen

■■■

(Vollrubrum)

wegen: Schadenersatz

vorläufiger Gegenstandswert: ■■■ EUR

wird unter Einzahlung eines Gerichtskostenvorschusses in Höhe von ■■■ EUR Klage zu dem Landgericht – Kammer für Bausachen – erhoben, vor welchem

beantragt wird:

I. Die Beklagte wird verurteilt, an die Kläger 15.000 EUR nebst Zinsen hieraus in Höhe von 8 %-Punkten über den EZB-Basiszinssatz seit ■■■ zu bezahlen.

II. Es wird festgestellt, dass die Beklagte verpflichtet ist, den Klägern jeden im Wert über 15.000 EUR hinausgehenden Schaden infolge der nachstehend aufgeführten Mängel der Leistung der Beklagten zu ersetzen: ■■■ .
■■■ (Angabe der Mängel mindestens nach den Grundsätzen der Symptomtheorie.)
■■■ (weitere Anträge: Kosten, Vollstreckbarkeit, Versäumnisurteil, Anerkenntnisurteil wie bei dem Muster zu §§ 631, 632 Rn 149)

Begründung

Die Parteien haben am ■■■ den hiermit als Anlage K 1 vorgelegten Bauträgervertrag über den Erwerb einer von der beklagten Bauträgerin noch vollständig zu errichtenden Wohnung, welche im Klageantrag zu I. näher bezeichnet ist, abgeschlossen.

Die Kläger haben den im Vertrag ausgewiesenen, so genannten Kaufpreis in voller Höhe bezahlt; im Bestreitensfall werden hierzu die Zahlungsbelege vorgelegt.

Das von den Klägern erworbene Sondereigentum (richtig: die Bauleistung, welche sachenrechtlich Sondereigentum wird) weist die im Klageantrag zu II. genannten Mängel auf.

Beweis: Sachverständigengutachten

Trotz Setzung einer angemessenen Frist mit Schreiben vom ■■■, welches der Beklagten auch zugegangen ist (Anlage ■■■) wurden diese Mängel nicht beseitigt, so dass die Kläger nunmehr gem. §§ 634, 281 Abs. 1 BGB Schadenersatz statt der restlichen Leistung verlangen können, also den Betrag, welcher erforderlich wäre, um die genannten Mängel zu beseitigen.[1]

Die Mängelbeseitigungskosten ergeben sich aus dem Privatgutachten des Sachverständigen ■■■ vom ■■■, welches hiermit als Anlage ■■■ vorgelegt wird.

Vorsorglich wird auch für die Höhe der Mängelbeseitigungskosten Sachverständigengutachten angeboten.

Die Mängel sind von der Beklagten bzw deren Erfüllungsgehilfen zu vertreten; es handelt sich um zumindest fahrlässig verursachte Ausführungsfehler, nicht um vorher nicht erkennbare Materialfehler.

Beweis: Sachverständigengutachten.

Zu dem Feststellungsantrag: Da die Mängel bisher nicht beseitigt wurden, können die Kosten der Mängelbeseitigung und damit der in diesem Fall hiermit identische Schaden derzeit nur geschätzt werden. Es ist möglich, dass der Schaden tatsächlich höher liegt. Würde die Klagepartei keinen Feststellungsantrag auf Erstattung auch des über 15.000 EUR hinausgehenden Schadens stellen, dann könnte sie diesen Schaden wegen der Rechtskraftwirkung auch der zu ihren Gunsten ergangenen Gerichtsentscheidung nicht mehr geltend machen. Aus diesem Grund ist der Feststellungsantrag zulässig und begründet.[2]

■■■

Rechtsanwalt ◄

II. Erläuterungen

9 [1] **Voraussetzungen für den Schadenersatz.** Vgl Erläuterungen in Rn 2 ff.

[2] Besonderes zum Schadensersatzanspruch wegen eines Mangels. Der Anspruch auf Schadensersatz aus §§ 280 und 281 setzt Vertretenmüssen, also **Verschulden** voraus, als einziger Mängelanspruch (Hk-BGB/*Schulze*, § 281 Rn 6). Für alle anderen Mängelansprüche reicht es aus, wenn der Unternehmer seiner verschuldensunabhängigen Erfolgshaftung nicht genügt. 10

Da bei diesem Anspruch außer dem Vorliegen eines Mangels eben auch das Verschulden erforderlich ist, ist er für den Besteller weniger einfach durchzusetzen als die anderen Ansprüche. 11

Solange nicht zweifelsfrei feststeht, welcher Betrag für eine vertragsgerechte Leistung noch aufgewendet werden muss, muss zusätzlich noch einen **Feststellungsantrag** gestellt werden, damit sich nicht die Rechtskraftwirkung des obsiegenden Urteils nachteilig für den klagenden Besteller auswirkt und er mit Nachforderungen deshalb ausgeschlossen ist, weil er seinen Anspruch vor Gericht geltend gemacht und abschließend zugesprochen bekommen hat. 12

§ 637 Selbstvornahme

(1) Der Besteller kann wegen eines Mangels des Werkes nach erfolglosem Ablauf einer von ihm zur Nacherfüllung bestimmten angemessenen Frist den Mangel selbst beseitigen und Ersatz der erforderlichen Aufwendungen verlangen, wenn nicht der Unternehmer die Nacherfüllung zu Recht verweigert.
(2) [1]§ 323 Abs. 2 findet entsprechende Anwendung. [2]Der Bestimmung einer Frist bedarf es auch dann nicht, wenn die Nacherfüllung fehlgeschlagen oder dem Besteller unzumutbar ist.
(3) Der Besteller kann von dem Unternehmer für die zur Beseitigung des Mangels erforderlichen Aufwendungen Vorschuss verlangen.

A. Muster: Vorschussklage 1

► Landgericht ...

Klage

In Sachen

...

(Vollrubrum)

wegen: Forderung (Zahlung eines Vorschusses auf Mangelbeseitigungskosten)

vorläufiger Gegenstandswert: 16.000 EUR

wird hiermit unter Einzahlung eines Gerichtskostenvorschusses in Höhe von ... EUR Klage zu dem Landgericht – Zivilkammer – erhoben, vor welchem

beantragt wird:

I. Die Beklagte wird verurteilt, an die Kläger 16.000 EUR nebst Zinsen hieraus in Höhe von 8 %-Punkten über den EZB-Basiszinssatz seit ... zu bezahlen.[1]

II. ... (Nebenanträge wie in dem Klagemuster zu §§ 631, 632 Rn 149 – Klage aus Schlussrechnung)

Begründung

Die Kläger sind die Eigentümer des Hauses ... Straße Nr. 35 in .... Sie haben mit der Beklagten, einem Dachdecker-Unternehmen, den hiermit als Anlage K 1 vorgelegten schriftlichen Bauvertrag abgeschlossen, wonach die Beklagte sich verpflichtet hat, bei der Sanierung dieses Hauses die Dachdeckerarbeiten nach Maßgabe des Angebotes der Beklagten vom ... auszuführen.

Die Leistung der Beklagten wurde am ... ohne äußerlich erkennbare Mängel abgenommen; die Rechnung der Beklagten (Anlage K 2) wurde von den Klägern vollständig beglichen.

Nach einigen Wochen musste festgestellt werden, dass über das Dach in erheblichem Umfang Feuchtigkeit in die darunter liegenden Bauteile eindringt. Nach den Feststellungen des von den Klägern beauftragten Privatgutachters Dipl.-Ing. ▪▪▪ (Anlage K 3) wurden die Dachziegel von der Beklagten handwerklich fehlerhaft, weil ▪▪▪ verlegt. Weiterhin verhält es sich so, dass für ein Satteldach mit der hier gegebenen relativ geringen Dachneigung von nur ▪▪▪ Prozent die von der Beklagten selbst vorgeschlagenen und verwendeten Dachziegel Typ ▪▪▪ nicht geeignet sind, weil bei einer solchen Dachneigung bei starken Regenfällen Wasser über die Stellen, an denen die sich überlappenden Dachziegel übereinander liegen, in die darunter liegenden Bauteile eindringt.

Beweis: Sachverständigengutachten

Unabhängig von den Ursachen im Einzelnen schuldet die Beklagte in jedem Fall ein dichtes Dach. Die Beklagte wurde mit Schreiben vom ▪▪▪ (Anlage K 4) unter Setzung einer mehr als auskömmlichen Frist von drei Wochen zur Nacherfüllung aufgefordert, erfolglos. Mit Schreiben vom ▪▪▪ ließ die Beklagte erklären, dass sie mit dem Eindringen von Feuchtigkeit in das Dach des Hauses der Kläger nichts zu tun habe (Anlage K 5).

Nachdem ein Mangel vorliegt und Nacherfüllung nicht innerhalb der gesetzten angemessenen Frist erfolgt ist, steht den Klägern das Recht der Selbstvornahme, § 637 BGB, zu. Gemäß Abs. 3 können die Kläger von der Beklagten Zahlung eines Vorschusses[2] in Höhe der voraussichtlichen Mängelbeseitigungskosten verlangen.

Die voraussichtlichen Mängelbeseitigungskosten belaufen sich gemäß dem bereits vorgelegten Privatgutachten auf voraussichtlich 16.000 EUR. In dieser Höhe ist die Beklagte zur Zahlung verpflichtet.[3]

Auch für die Höhe der voraussichtlichen Mängelbeseitigungskosten wird vorsorglich zum Beweis durch Sachverständigengutachten angeboten. ◄

B. Erläuterungen

2 [1] **Vorteile der Vorschussklage.** Die Vorschussklage ist der Königsweg bei der Mängelhaftung, jedenfalls immer dann, wenn der Mangel tatsächlich beseitigt werden muss oder soll. Der Anspruch auf Vorschuss setzt wie die anderen dem Besteller nach nicht rechtzeitiger und/oder fehlgeschlagener Nacherfüllung zustehenden Ansprüche mit Ausnahme des Schadensersatzanspruches kein Verschulden voraus, sondern besteht einfach schon aufgrund des Vorhandenseins eines Sachmangels.

3 Der Vorschussanspruch hat darüber hinaus erhebliche verjährungsrechtliche Vorteile, denn der Vorschussanspruch ist eigentlich ein Anspruch auf Nacherfüllung, nur in Geld ausgedrückt, so dass auch für gegebenenfalls höhere Selbstvornahmekosten als ursprünglich geschätzt die Verjährung durch die Vorschussklage gehemmt ist (vgl *Werner/Pastor* Rn 1602).

4 Allerdings werden neuerdings oftmals zusätzlich noch Feststellungsanträge gestellt in Anlehnung an die Anträge bei der Schadensersatzklage; vgl Muster zu § 636. Verbleibt es bei der bisherigen Rspr, dürfte ein solcher Feststellungsantrag im Falle der Vorschussklage überflüssig sein.

5 [2] **Fragen der Abrechnung des Vorschusses.** Da es sich um einen Vorschuss handelt, muss der Besteller diesen verwenden innerhalb angemessener Zeit und dann über die Verwendung abrechnen. Ist der Vorschuss zu niedrig, kann er Nachschlag verlangen; wurde der Vorschuss für die ordnungsgemäße Mängelbeseitigung nicht verbraucht, muss er den nicht verbrauchten Teil herausgeben.

6 Wie lang diese **Frist** ist, hängt von Art und Umfang der zu beseitigenden Mängel ab; bei **einem Jahr** soll allerdings wohl die **Grenze** sein, da dem Besteller zugemutet werden könne, innerhalb eines Jahres die erforderlichen Arbeiten durchführen zu lassen. Neuerdings wird die Auffassung vertreten, dass der Abrechnungsanspruch des Unternehmers ein stumpfes Schwert ist, weil dem

Besteller unbenommen sei, gegen den möglicherweise bestehenden Anspruch des Unternehmers wegen nicht fristgerechter Verwendung des Vorschusses mit einem Anspruch auf Schadensersatz wegen der nicht ordnungsgemäßen Leistung aufzurechnen. Schließlich stehen alle Ansprüche mit Ausnahme des Nacherfüllungsanspruchs gleichberechtigt nebeneinander (siehe hierzu BGH v. 14.1.2010 – VII ZR 108/08, IBR 2010, 135). Im Falle eines auf eine Vorschussklage hin abgeschlossenen Vergleichs (Zahlung des Auftragnehmers zur Abgeltung bestimmter Mängel) sollte der **Auftraggeber** auf die **ausdrückliche Vereinbarung** bestehen, dass er nicht zur Abrechnung über die erhaltene Zahlung verpflichtet und in deren Verwendung frei sei.

[3] **Aufrechnung.** Der Anspruch auf Vorschuss kann nicht gerichtlich durchgesetzt werden, 7
wenn der Auftraggeber gegen einen noch offenen Werklohnanspruch des Auftragnehmers aufrechnen kann.

§ 638 Minderung

(1) [1]Statt zurückzutreten, kann der Besteller die Vergütung durch Erklärung gegenüber dem Unternehmer mindern. [2]Der Ausschlussgrund des § 323 Abs. 5 Satz 2 findet keine Anwendung.
(2) Sind auf der Seite des Bestellers oder auf der Seite des Unternehmers mehrere beteiligt, so kann die Minderung nur von allen oder gegen alle erklärt werden.
(3) [1]Bei der Minderung ist die Vergütung in dem Verhältnis herabzusetzen, in welchem zur Zeit des Vertragsschlusses der Wert des Werkes in mangelfreiem Zustand zu dem wirklichen Wert gestanden haben würde. [2]Die Minderung ist, soweit erforderlich, durch Schätzung zu ermitteln.
(4) [1]Hat der Besteller mehr als die geminderte Vergütung gezahlt, so ist der Mehrbetrag vom Unternehmer zu erstatten. [2]§ 346 Abs. 1 und § 347 Abs. 1 finden entsprechende Anwendung.

Schrifttum: *Korbion* (Hrsg), Baurecht 2005

A. Muster: Minderungsklage 1

▶ Landgericht ...
Spezialkammer für Bausachen

Klage

In Sachen

1. Max Müller, ... (genaue Anschrift)
   – Kläger zu 1 –
2. Friedrich Müller, ... (genaue Anschrift)
   – Kläger zu 2 –

Prozessbevollmächtigte: ...

gegen

1. Schmidt und Meier GbR ... (genaue Anschrift)
   – Beklagter zu 1 –
2. Klaus Schmidt ... (genaue Anschrift)
   – Beklagter zu 2 –
3. Franz Meier ... (genaue Anschrift)
   – Beklagter zu 3 –

wegen: Forderung (Minderungsklage)
vorläufiger Gegenstandswert: 10.000 EUR

wird unter Einzahlung eines Gerichtskostenvorschusses in Höhe von ■■■ EUR Klage zu dem Landgericht – Spezialkammer für Bausachen – erhoben, vor welcher

beantragt wird:

I. Die Beklagten werden samtverbindlich verurteilt, an die Kläger 6.000 EUR nebst Zinsen hieraus in Höhe von 8 %-Punkten über den EZB-Basiszinssatz seit ■■■ zu bezahlen.[1]

II. (Nebenanträge wie in dem Muster zu §§ 631, 632 Rn 149 – Klage aus Schlussrechnung)

Begründung

Die Kläger sind Brüder und die Eigentümer des Hauses in der ■■■ Straße 5 in ■■■ .

Die Beklagte zu 1, deren Gesellschafter die Beklagten zu 2 und 3 sind, erbringt Maler- und Putzarbeiten.

Auf der Basis des Angebotes der Beklagten zu 1 vom ■■■ (Anlage K 1) beauftragten die Kläger diese mündlich mit der Erbringung von Maler- und Putzarbeiten an dem vorgenannten Gebäude.

Die Rechnung der Beklagten zu 1 (Anlage K 2) wurde vollständig beglichen. Eine förmliche Abnahme fand nicht statt; in der vorbehaltlosen Bezahlung der Rechnung ist aber wohl die Erklärung zu sehen, dass die Kläger die Leistung der Beklagten zu 1 als im Wesentlichen vertragsgerecht annehmen.

Einige Monate nach Ausführung der Arbeiten traten im Herbst Risse in dem Außenputz an der Westseite auf. Diese Risse sind als Mängel anzusehen, weil ihre Breite und Länge über hinnehmbare Mikrorisse hinausgehen, vgl Privatgutachten des Sachverständigen ■■■ vom ■■■ (Anlage K 3).[2]

Die mit Schreiben vom ■■■ (Anlage K 4) unter Bezugnahme auf das mit vorgelegte Privatgutachten erfolgte Mängelrüge und Setzung einer auskömmlichen 14-tägigen Frist für die Mängelbeseitigung blieb erfolglos. Dieses Schreiben ging der Beklagten zu 1 ausweislich des Rückscheines (Anlage K 5) zu.

Mit weiterem Schreiben vom ■■■ (Anlage K 6), welche von beiden Klägern unterzeichnet ist und an alle drei Beklagte gerichtet wurde (Rückscheine Anlagen K 7 bis K 9), erklärten beide Kläger gegenüber allen Beteiligten[3] auf der Beklagtenseite, also gegenüber der rechtsfähigen Gesellschaft bürgerlichen Rechts und ihren Gesellschaftern, die Minderung, § 638 Abs. 2 BGB.[4]

Zur Höhe des Minderungsbetrages wird ein weiteres Privatgutachten des Sachverständigen ■■■ als Anlage K 10 vorgelegt.

Weiterhin wird zum Zwecke des Beweises sowohl für das Vorliegen der Mängel als auch für die Höhe des Minderungsbetrages Sachverständigengutachten angeboten. ◄

B. Erläuterungen

2 **[1] Wahl des Minderungsanspruchs.** Es stehen, nachdem die Nacherfüllung wegen erfolglosen Fristablaufs oder aus anderen Gründen gescheitert ist oder nicht infrage kommt, die anderen Ansprüche (Selbstvornahme, Schadensersatz, Rücktritt und Minderung) gleichberechtigt nebeneinander und setzen weiter nichts voraus als eben das Vorliegen eines Sachmangels und das – hier weit verstandene – Scheitern der Nacherfüllung.

3 Die Minderung sollte der Besteller nur anstreben, wenn er

1. den Mangel auf keinen Fall beseitigen lassen will,
2. nicht zurücktreten kann oder will und
3. sich nicht sicher ist, ob dem Unternehmer Verschulden nachgewiesen werden kann.

Die Minderung ist idR der betragsmäßig geringste Anspruch, dessen Ermittlung mit Unsicherheiten behaftet ist und der einen echten Minderwert der mangelhaften Leistung voraussetzt, also zB bei Verwendung anderer als im Vertrag vereinbart, technisch aber gleichwertiger Materialien oder Bauteile im Regelfall ausscheidet.

[2] Berechnung des Minderungsanspruchs. Die Berechnung des Minderwertes der tatsächlich erbrachten mangelhaften Leistung im Verhältnis zu der vertraglich geschuldeten mangelfreien Leistung ist ein abstrakter Vorgang, auch wenn nach dem Gesetz – Abs. 3 S. 1 – jetzt der vereinbarte Werklohn der Maßstab ist, Hk-BGB/*Ebert* § 638 Rn 6. Sachverständige, die den Minderungsbetrag ermitteln sollen, wenden Methoden an, welche diese Ermittlung wissenschaftlich und nachvollziehbar erscheinen lassen sollen, zB die Zielbaummethode, bei der jeweils gewichtet wird, auf was es bei dieser Leistung besonders ankommt und inwieweit die erbrachte hinter der geschuldeten Leistung jeweils zurückbleibt (s. hierzu auch *Ingenstau/Korbion/Wirth*, VOB/B, § 13 Abs. 6 Rn 54 ff). Letztlich jedoch sind dies nach Meinung des Verfassers immer subjektive Wertungen des Sachverständigen, welche objektiv kaum nachprüfbar sind. In Abs. 3 S. 2 ist ausdrücklich von einer Schätzung des Minderwertes die Rede (vgl auch die Rechtsprechungsübersicht in *Korbion/Frank*, Baurecht, Teil 20 Rn 214). 4

[3] Erklärung von allen und gegen alle Vertragspartner. Die Minderung ist ein Gestaltungsrecht, und Gestaltungsrechte können nur einheitlich ausgeübt werden. Im Hinblick auf die nunmehr von der Rechtsprechung zuerkannte Rechtsfähigkeit einer Personengesellschaft einschließlich der GbR stellt sich allerdings die Frage, ob auf der Auftragnehmerseite überhaupt noch mehrere beteiligt sein können, da auch bei einer so genannten ARGE mindestens eine Gesellschaft bürgerlichen Rechts vorliegt, wenn diese nur einmal sich zur Ausführung eines bestimmten Auftrages zusammenfindet. Im Interesse des sichersten Weges sollte man sowohl gegenüber der Gesellschaft als auch gegenüber allen Gesellschaftern die Minderungserklärung abgeben. 5

[4] Verjährung. Gestaltungsrechte verjähren nicht. Gem. § 634 a Abs. 4, 5 iVm § 218 gilt aber auch hier wie bei dem Rücktritt, dass die Minderung nicht mehr erklärt werden kann, wenn der Nacherfüllungsanspruch bereits verjährt ist; Hk-BGB/*Ebert* § 638 Rn 5. 6

§ 639 Haftungsausschluss

Auf eine Vereinbarung, durch welche die Rechte des Bestellers wegen eines Mangels ausgeschlossen oder beschränkt werden, kann sich der Unternehmer nicht berufen, soweit er den Mangel arglistig verschwiegen oder eine Garantie für die Beschaffenheit des Werkes übernommen hat.

Schrifttum: *Thode/Wirth/Kuffer*, Praxishandbuch Architektenrecht 2004

A. Übernahme einer Baukostengarantie

I. Muster: Übernahme einer Baukostengarantie 1

▶ Der Architekt ▪▪▪ (Name und genaue Anschrift)

übernimmt hiermit

gegenüber dem Bauherrn ▪▪▪ (Name und genaue Anschrift)

die verschuldensunabhängige Garantie dafür, dass die Kosten für das Bauvorhaben ▪▪▪ (genaue Angaben des Bauvorhabens, zB Einfamilienhaus auf der Parzelle Y des Baugebietes X) für Baumeister- und Betonarbeiten sowie die Ausbaugewerke Maler und Putz, Elektro, Heizung, Lüftung, Sanitär, Estrich und Bodenbeläge ohne Außenanlagen sowie ohne Keller und Gründungsarbeiten mit Herstellung und Sicherung der Baugrube den Höchstbetrag von ■■■ EUR nicht übersteigen wird, unter der Voraussetzung, dass das Bauvorhaben ohne Änderungen und Zusatzleistungen gemäß den Plänen des Architekten vom ■■■, Plannummern ■■■ ausgeführt wird, der Architekt die Ausschreibung und Vergabe übernimmt und die von dem Architekten nach Wertung der Angebote empfohlenen Handwerker beauftragt werden.[1]

Soweit sich die Qualität von Materialien oder Baustoffen oder zu verwendenden Teilen oder Elementen wie zB Sanitärgegenständen nicht aus den vorgenannten Plänen ergibt, richten sich diese nach der Baubeschreibung vom ■■■. Soweit auch die Baubeschreibung keine Angaben enthält, wird mittlere Art und Güte vorausgesetzt. ◄

II. Erläuterungen

2 [1] **Verschuldensunabhängige Garantie.** Mit Individualvereinbarungen kann jederzeit eine verschuldensunabhängige Garantie übernommen werden, welche stets ein **erhebliches Risiko** darstellt. Wenn schon zB ein Architekt, zB eine Baukostengarantie übernehmen will, dann sollte er sie wenigstens hinreichend klar formulieren und bestimmen, wofür er garantiert und wofür nicht und unter welcher Voraussetzung er die Garantie übernimmt. Eine echte Baukostengarantie eines Architekten ist nur bei völlig eindeutigem Erklärungsinhalt anzunehmen; vgl OLG Celle v. 30.1.2002, 7 U 89/97, IBR 2003, 260 sowie *Schwenker* in: Thode/Wirth/Kuffer, Praxishandbuch Architektenrecht, S. 498 ff.

B. Vortrag zum arglistigen Verschweigen

3 ### I. Muster: Vortrag zum arglistigen Verschweigen

► ■■■

Selbst wenn die hier geltend gemachten Mängelansprüche – wie nicht – im Regelfall verjährt wären, greift hier die Verjährung nicht, weil die Beklagte den Mangel arglistig verschwiegen hat, jedenfalls aber wegen Organisationsverschuldens so behandelt werden muss, als ob sie den Mangel arglistig verschwiegen hätte.[1]

Die von der Beklagten in diesem Fall geschuldete und mangelhaft erbrachte Leistung kann nämlich nur so erbracht werden, dass nach jedem ■■■- Vorgang der Zustand des ■■■ kontrolliert werden muss und dann erst die nächste Schicht des ■■■ aufgebracht werden darf. Angesichts des Ergebnisses steht fest: es wurde hier bewusst von der Beklagten von der technisch vorgeschriebenen Vorgehensweise und der dabei notwendigen Überwachung durch eine qualifizierte Fachkraft abgesehen.

Hilfsweise: Wenn in diesem Fall doch eine Überwachung stattgefunden haben sollte, dann hat der mit der Prüfung dieser Leistung zu beauftragende Bauleiter des Unternehmers (hiermit darf keine untergeordnete Kraft beauftragt werden) zwar den abweichenden Zustand erkannt, aber nichts unternommen, um ihn abzustellen und damit bewusst einen Mangel produziert, der dann später bei der Abnahme verschwiegen wurde. In diesem Fall läge ein dem arglistigen Verschweigen gleich gestelltes Organisationsverschulden vor, weil ein Unternehmer nicht dafür belohnt werden darf, dass er sich absichtlich gegenüber Mängeln unwissend hält, indem er geradezu dafür sorgt, dass während der Bauphase auftretende Mängel nicht entdeckt und abgestellt werden. Jedenfalls wären solche Mängel dem Auftraggeber spätestens bei der Abnahme zu offenbaren gewesen.[2]

 ◄

II. Erläuterungen

4 [1] Bei arglistigem Verschweigen eines Mangels greift ein **Ausschluss oder** eine **Beschränkung der Mängelhaftung** unabhängig von der AGB-Inhaltskontrolle der §§ 305 ff nicht.

[2] Darlegungslast des Bestellers. Arglistiges Verschweigen ist naturgemäß schwer zu beweisen, da es voraussetzt, dass dem Unternehmer bzw den für den Unternehmer maßgeblichen Erfüllungsgehilfen (dazu, wer den Mangel kennen muss, vgl *Ingenstau/Korbion/Wirth*, VOB/B, § 13 Abs. 4 Rn 108 f) der Mangel tatsächlich bei Abnahme bekannt war und dennoch nicht, wozu der Unternehmer in diesem Fall verpflichtet gewesen wäre, dem Besteller offenbart wurde. Die **Rechtsprechung des BGH** zum Organisationsverschulden ist kein Allheilmittel bei sogenannten „versteckten Mängeln"; dieser Begriff ist ohnehin juristisch von geringem Erklärungswert (viele Arten von Mängeln liegen nicht offen zu Tage und sind „versteckt") und deshalb zur Problembeschreibung ungeeignet. Sie erleichtert die Darlegungslast des Bestellers etwas, indem zB der Besteller vorträgt: Entweder es musste, bei technisch richtiger Vorgehensweise, eine maßgebliche Person den Mangel entdecken, oder es wurde keine geeignete Person eingesetzt; dann liegt Organisationsverschulden vor. Die Rechtsprechung hierzu ist den letzten Jahren deutlich restriktiver geworden, zur Entwicklung der Rspr vgl OLG Hamm v. 29.1.2010 – 26 U 37/06, IBR 2010, 205; OLG Dresden v. 11.8.2009 – 10 U 149/09, IBR 2010, 101 sowie *Werner/Pastor*, 2335 ff. 5

§ 640 Abnahme

(1) [1]Der Besteller ist verpflichtet, das vertragsmäßig hergestellte Werk abzunehmen, sofern nicht nach der Beschaffenheit des Werkes die Abnahme ausgeschlossen ist. [2]Wegen unwesentlicher Mängel kann die Abnahme nicht verweigert werden. [3]Der Abnahme steht es gleich, wenn der Besteller das Werk nicht innerhalb einer ihm vom Unternehmer bestimmten angemessenen Frist abnimmt, obwohl er dazu verpflichtet ist.
(2) Nimmt der Besteller ein mangelhaftes Werk gemäß Absatz 1 Satz 1 ab, obschon er den Mangel kennt, so stehen ihm die in § 634 Nr. 1 bis 3 bezeichneten Rechte nur zu, wenn er sich seine Rechte wegen des Mangels bei der Abnahme vorbehält.

Schrifttum: Münchener Prozessformularbuch, Band 2, Privates Baurecht, 3. Aufl. 2009; *Siegburg*, Zur Klage auf Abnahme einer Bauleistung, ZfBR 2000, 507

A. Muster: Klage auf Abnahme einer Bauleistung 1

▶ An das 468

Landgericht ▪▪▪[1]

Klage

In Sachen

▪▪▪

(Rubrum)

wegen: Abnahme einer Bauleistung

Streitwert: 13.560 EUR

werde ich beantragen zu erkennen:

I. Es wird festgestellt, dass die ▪▪▪ (hinreichend bestimmte Beschreibung der Bauleistung, zB: Bodenbelagsarbeiten im Anwesen ▪▪▪ dort ▪▪▪ – Beschreibung nach Lage im Gebäude – ▪▪▪ ausgeführt in Granitbahnen in freien Längen, 30,5 x 1 cm mit Fase nebst Sockelleisten 8 x 1 cm in freien

Längen) mit Ablauf des 11.3.2010 (hilfsweise: des 22.3.2010; weiter hilfsweise: des 26.4.2010) abgenommen wurden.[2]

Hilfsweise

anstelle von vorstehend I. werde ich nachfolgende

Anträge I. und II.

im Wege objektiver Klagenhäufung stellen, dies für den Fall eines entsprechenden Hinweises des Gerichts, § 139 ZPO:

I. Der Beklagte wird verurteilt, die ■■■ (hinreichend bestimmte Beschreibung der Bauleistung, zB: Bodenbelagsarbeiten im Anwesen ■■■ dort ■■■ – Beschreibung nach Lage im Gebäude –, ■■■ ausgeführt in Granitbahnen in freien Längen, 30,5 x 1 cm mit Fase nebst Sockelleisten 8 x 1 cm in freien Längen) abzunehmen.

II. Es wird festgestellt, dass die ■■■ (hinreichend bestimmte Beschreibung der Bauleistung, zB: Bodenbelagsarbeiten im Anwesen ■■■ dort ■■■ – Beschreibung nach Lage im Gebäude –, ausgeführt in Granitbahnen in freien Längen, 30,5 x 1 cm mit Fase nebst Sockelleisten 8 x 1 cm in freien Längen) seit Ablauf des 19.2.2010 abnahmefähig hergestellt sind.[3]

III. Der Beklagte trägt die Kosten des Rechtsstreits.

Begründung

Der Kläger als Auftragnehmer verlangt vom Beklagten, dem Auftraggeber, die Feststellung, dass es zur Abnahme der in den Klageanträgen genau bezeichneten, von ihm erbrachten Bauleistungen gekommen ist. Hilfsweise wird die Abnahme selbst im Wege der Leistungsklage verbunden mit einem Feststellungsantrag verlangt.

Im Einzelnen:

1. Die Parteien schlossen am 15.9.2009 einen schriftlichen Bauvertrag auf der Grundlage eines Formulars, das der am Vertragsschluss beteiligte Architekt des Beklagten zur Verfügung gestellt hatte.

   Beweis:

   1. Bauvertrag als Anlage K 1;
   2. als Zeuge ■■■ (Architekt), ■■■ (ladungsfähige Anschrift)

   Der Vertrag bezieht seinem Wortlaut nach die VOB/B ein.

   Beweis: Wie vor

   Damit nimmt der Vertrag auch Bezug auf § 12 VOB/B, somit auch auf dessen Nr. 5 mit dortigen Regelungen zur sog. fiktiven Abnahme. Der Beklagte ist privater Bauherr eines Einfamilienhauses; er ist damit zwar als Verbraucher, § 13 BGB, also nicht als Unternehmer, § 14 BGB, anzusehen. Jedoch hat er selbst, vertreten durch seinen Architekten, die VOB Teil B in den Bauvertrag eingeführt, so dass auch nach den Vorgaben der neueren Rspr zur Einbeziehung der VOB/B in Bauverträge mit Verbrauchern keinerlei Zweifel an der Wirksamkeit dieser Einbeziehung veranlasst sind. Somit ist auch § 12 VOB/B und auch dessen Nr. 5 wirksam vereinbart.[4]

2. Zum Hauptantrag:

   a) Die streitgegenständlichen Bodenbelagsarbeiten waren spätestens mit Ablauf des 19.2.2010 vollständig hergestellt; der Kläger hatte an diesem Tag die Baustelle auch bereits vollständig geräumt.

      Beweis: Als Zeuge ■■■, verantwortlicher Mitarbeiter, zu laden über den Kläger

      Am 24.2.2010 ging dem Beklagten eine schriftliche Mitteilung des Klägers zu, in der die Fertigstellung der streitgegenständlichen Bodenbelagsarbeiten dem Beklagten mitgeteilt wird.

      Beweis: Schreiben vom 22.2.2010 als Anlage K 2

      Damit war mit Ablauf des 11.3.2010 die Abnahmewirkung eingetreten, § 12 Nr. 5 Absatz 1 VOB/B. Innerhalb des Zeitraums seit Zugang des Schreibens vom 22.2.2010 bis zum Ablauf des zwölften Werktags nach diesem Ereignis widersprach der Beklagte der Abnahmewirkung nicht; Erklärungen mit dem Inhalt des § 12 Nr. 3 VOB/B gab er innerhalb dieses Zeitraums nicht ab.

b) Hilfsweise: Der Beklagte bezog mit seiner Familie das streitgegenständliche Einfamilienhaus spätestens am 15.3.2010. Er nahm damit einhergehend auch die streitgegenständlichen Bodenbeläge in Benutzung.
Beweis: Einvernahme des Beklagten als Partei
Es ist dadurch mit Ablauf des 22.3.2010 die Abnahmewirkung des § 12 Nr. 5 Abs. 2 S. 1 VOB/B eingetreten. Innerhalb des Zeitraums seit Bezug des Anwesens bis zum Ablauf des sechsten Werktags nach diesem Ereignis widersprach der Beklagte der Abnahmewirkung nicht; Erklärungen mit dem Inhalt des § 12 Nr. 3 VOB/B gab er innerhalb dieses Zeitraums nicht ab.[5]

c) Sofern sich im Verlauf des Rechtsstreits Zweifel am Abnahmezeitpunkt „Ablauf des 11.3.2010", § 12 Nr. 5 Abs. 1 VOB/B und der diesbezüglichen Tatsachengrundlage ergeben sollten (oben a), käme es hilfsweise auf oben b) und den Ablauf des 22.3.2010 an, § 12 Nr. 5 Abs. 2 S. 1 VOB/B.

d) Weiter hilfsweise: Auch dann, wenn das Gericht den streitgegenständlichen Werkvertrag mangels Einbeziehung der VOB/B als BGB-Werkvertrag ansehen sollte, wäre von einer konkludenten Abnahme, nämlich durch bestimmungsgemäße Ingebrauchnahme auszugehen. Konkludent handelt der Auftraggeber, wenn er dem Auftragnehmer gegenüber ohne ausdrückliche Erklärung erkennen lässt, dass er dessen Werk als im Wesentlichen vertragsgemäß billigt. Erforderlich ist ein tatsächliches Verhalten des Auftraggebers, das geeignet ist, seinen Abnahmewillen dem Auftragnehmer gegenüber eindeutig und schlüssig zum Ausdruck zu bringen. Ob eine konkludente Abnahme vorliegt, beurteilt sich grundsätzlich nach den Umständen des Einzelfalles (BGH Urt. v. 10.6.1999, VII ZR 170/98, BauR 1999, 1186, 1188; Urt. v. 22.12.2000, VII ZR 310/99, BGHZ 146, 250, 262). Bei Einzug bereits am 15.3.2010 fehlte es innerhalb des dann folgenden, dem Beklagten zuzubilligenden angemessenen Prüfungszeitraums (BGH Urt. v. 20.9.1984, VII ZR 377/83, BauR 1985, 200 = ZfBR 1985, 71; Urt. v. 28.4.1992, X ZR 27/91, ZfBR 1992, 264, 265) an jeglicher Mängelrüge oder sonstigen Erklärung, welche die Abnahmewirkung der bestimmungsgemäßen Ingebrauchnahme entfallen ließe. Die Länge dieses Prüfungszeitraums hängt von den Umständen des Einzelfalls ab (BGH Urt. v. 20.9.1984, VII ZR 377/83, BauR 1985, 200 = ZfBR 1985, 71; Urt. v. 28.4.1992, X ZR 27/91, ZfBR 1992, 264, 265); mit sechs Wochen wäre der Prüfungszeitraum angesichts der hier beanstandeten, optischen Erscheinungen bereits großzügig bemessen. Lediglich bei ausdrücklicher Vereinbarung der förmlichen Abnahme im Bauvertrag kann eine Abnahme durch Ingebrauchnahme auch nach Ablauf eines angemessenen Prüfungszeitraums zweifelhaft sein, da ein Verzicht auf das Erfordernis gerade förmlicher Abnahme nicht ohne Weiteres angenommen werden kann (vgl OLG Hamm Urt. v. 17.6.2008, 19 U 152/04, IBR 2009, 700; nachfolgend BGH Beschluss v. 18.6.2009, VII ZR 184/08 n.v.) Die förmliche Abnahme ist hier jedoch nicht vereinbart. Das Schreiben des Beklagten vom 27.5.2010, hiermit vorgelegt als
Anlage K 3,
ist nach diesen Vorgaben verspätet und es hindert die Abnahme durch Ingebrauchnahme nicht, zumal es eine substantiierte Mängelrüge gar nicht enthält.[6]
Sechs Wochen ab dem 15.3.2010 liefen am 26.4.2010 ab. Spätestens zu letzterem Zeitpunkt kam es somit zur Abnahme.

3. Zu den hilfsweise gestellten Anträgen:

a) Für den Fall, dass das Gericht hier die Abnahmewirkung des § 12 Nr. 5 Abs. 1 VOB/B nicht als eingetreten ansieht, wird um richterlichen Hinweis, § 139 ZPO, gebeten.
In diesem Fall würden die Hilfsanträge gestellt. Es ist sachgerecht, dass das Gericht bereits vor Antragstellung darauf hinweist, ob es nach der Rechtsauffassung des Gerichts der Hilfs-

anträge bedarf, weil andernfalls, bei Stellung von Haupt- und Hilfsantrag und Entscheidung über den Hilfsantrag, eine Quotelung der Kosten des Rechtsstreits einträte (vgl Zöller/Herget, ZPO, Kommentar, 28. Aufl. 2010, § 92 Rn 3, 8).

b) Wesentliche Mängel, § 12 Nr. 3 VOB/B, liegen nicht vor. Sollte das Gericht den Bauvertrag als BGB-Werkvertrag ansehen, gälte nichts anderes, da wegen anderer als wesentlicher Mängel die Abnahme nicht verweigert werden kann, § 640 Abs. 1 S. 2 BGB. Deshalb ist der Beklagte zur Abnahme verpflichtet und zu dieser zu verurteilen.

Zwar behauptete der Beklagte mit dem schon erwähnten Schreiben vom 27.5.2010, bereits vorgelegt als

Anlage K 3,

die Fugen innerhalb des streitgegenständlichen Naturstein-Bodenbelags seien „teilweise ungleichmäßig ausgeführt". Diese Mängelrüge ist jedoch bereits unsubstantiiert. Zwar muss eine Mängelrüge nicht etwa die Ursache eines Mangels benennen; nach den Vorgaben der herrschenden Symptomtheorie (vgl OLG München Urt. v. 22.2.2006, 27 U 607/05, BauR 2007, 2073; nachfolgend: BGH 14.6.2007 – VII ZR 62/06 n.v.) reicht es vielmehr aus, das jeweilige Symptom des Mangels zu beschreiben. Eine solche Beschreibung enthält das soeben vorgelegte Schreiben jedoch nicht. Es bleibt offen, was gerügt werden soll, etwa eine ungleichmäßige Breite der Fugen oder eine unzureichende Verfüllung mit Fugenmörtel. Auf Grundlage des als Anlage K 3 vorgelegten Schreibens ist es schon nicht möglich, zu überprüfen, wo genau in welchem Ausmaß Mängelerscheinungen (welche?) vorhanden sein sollen. Damit handelt es sich schon nicht um eine ausreichend substantiierte Mängelrüge.

Hilfsweise: Es wird bestritten, dass Fugen „ungleichmäßig ausgeführt" seien, was immer dies genau heißen soll.

Beweis (unter Verwahrung gegen die Übernahme der Beweislast): Sachverständigengutachten

Sollten einzelne Fugen eine unterschiedliche Breite haben oder unzulänglich mit Fugenmörtel verfüllt sein, wäre dies durch Ausbau mit nachfolgendem Wiedereinbau, gegebenenfalls Austausch einzelner Teile des Bodenbelags (Granitplatten) leicht zu beheben. Der Aufwand einschließlich Material würde sich im Bereich von allenfalls bis zu 400 EUR bewegen. Ein einzelner Arbeitnehmer des Beklagten müsste ca. einen halben Arbeitstag, also ca. 4 h aufwenden; hinzu kämen geringe Materialkosten.

Beweis: Wie vor.

d) An dem Feststellungsantrag besteht ein rechtliches Interesse, § 256 ZPO, weil der Kläger sich auf die für ihn günstigen Rechtsfolgen der Abnahme berufen können möchte.

...

Rechtsanwalt ◄

B. Erläuterungen

2 [1] **Zuständigkeit.** Auch für eine isolierte Klage auf Abnahme ist das Gericht zuständig, in dessen Bezirk das Bauvorhaben liegt, § 29 ZPO; diese Folgerung erlaubt der BGH, Beschl. v. 5.12.1985, I ARZ 737/85, BauR 1986, 241: „Soweit sich nicht aus den Umständen ein anderes ergibt, entspricht es daher der Natur dieses Schuldverhältnisses, wenn die Vertragsparteien ihre gesamten das Bauwerk betreffenden Rechtsbeziehungen an diesem Ort erledigen."

3 [2] **Isolierte Klage auf Abnahme.** Die Abnahme ist ihrer Rechtsnatur nach eine empfangsbedürftige Willenserklärung; zum Teil wird sie als rechtsgeschäftsähnliche Handlung angesehen mit der Folge, dass für sie die Vorschriften für Rechtsgeschäfte jedenfalls entsprechend gelten (Übersicht bei Palandt/*Sprau*, § 640 Rn 3). **Abnahme** bedeutet, die Werkleistung als im Wesentlichen vertragsgemäß entgegenzunehmen. Vortrag dazu, dass diese Willenserklärung vom

Auftraggeber abgegeben wurde (nach der abweichenden Auffassung: diese rechtsgeschäftsähnliche Handlung von ihm vorgenommen wurde), gehört deshalb zum notwendigen Sachvortrag einer schlüssigen Werklohnklage, weil die Werklohnklage Vortrag zur Fälligkeit der Vergütung erfordert. Denn fällig ist die Vergütung bei Abnahme, § 641 Abs. 1. Die hM verlangt allerdings nicht, im Falle einer Werklohnklage gesondert die Abnahme einzuklagen. Vielmehr enthält die **Werklohnklage** inzident das Abnahmeverlangen; deshalb ist auch kein gesonderter Klageantrag mit dem Inhalt eines Abnahmeverlangens erforderlich, wenn auf Werklohn geklagt wird (*Werner/Pastor* Rn 1339). Dennoch kann es für den Auftragnehmer sinnvoll sein, isoliert Klage auf Abnahme zu erheben, um deren **Wirkungen herbeizuführen**; zulässig ist dies jedenfalls (BGH Urt. v. 27.2.1996, X ZR 3/94; BauR 1996, 386): Der Auftragnehmer möchte die **Verjährungsfrist** für Mängelansprüche **in Lauf setzen** (§ 634 a Abs. 2, § 13 Nr. 4 VOB/B; prozessual soll die **Beweislast für Mängel umgekehrt** werden; die **Leistungs- und Vergütungsgefahr** soll auf den Auftraggeber übergehen. Im Bereich des Bauträgervertrags hat der Bauträger großes Interesse an der Abnahme und somit im Streitfall an einer gerichtlichen Entscheidung hierüber, sofern und soweit **Bürgschaften** nach § 7 MaBV von ihm gestellt wurden: Mit der Abnahme, aber erst dann, kann eine solche Bürgschaft nicht mehr für die Rückabwicklung des Bauträgervertrags in Anspruch genommen werden (BGH Urt. v. 8.12.2009, XI ZR 181/08; IBR 2010, 2485). Sich mit der Abnahme, deren Wirkungen und deren prozessualer Durchsetzung zu befassen, ist wegen ihrer zentralen Bedeutung für das Werkvertragsrecht jedenfalls auch lehrreich.

[3] Die **Hilfsanträge** erfassen folgende Problematik: 4

- Raum für eine **Feststellungsklage** ist dann, wenn eine zur Abnahme führende, rechtlich erhebliche Handlung oder ein gleichstehender Sachverhalt vorgetragen werden kann, etwa: „... durch Ingebrauchnahme mit Bezug des Einfamilienhauses am... abgenommen wurden." Dieser Antrag würde sich auf die bei einem VOB/B-Vertrag als **(fiktive) Abnahme** zu wertende Ingebrauchnahme beziehen (§ 12 Nr. 5 Abs. 2 S. 1 VOB/B). In der Klagebegründung müsste ein entsprechender Sachverhalt vorgetragen werden.
- Indessen ist ein **Feststellungsantrag** dann **nicht** der zum Erfolg führende Klageantrag, wenn ein Sachverhalt, der zur ausdrücklich erklärten, förmlichen, konkludenten, durch Fristablauf (§ 640 Abs. 1 S. 3), oder durch Fristablauf in Verbindung mit Fiktion (§ 12 Nr. 5 VOB/B), erfolgten Abnahme bereits vor Klageerhebung geführt hat, schlichtweg nicht vorgetragen werden kann: Gibt es einen solchen Sachverhalt nicht, so kann das Gericht nicht feststellen, dass es bereits zur Abnahme gekommen sei. Es ist durchaus denkbar, dass es an einem Sachverhalt dieser Art fehlt (Übersicht zu den verschiedenen Arten der Abnahme: *Werner/Pastor* Rn 1347).
- Dennoch wird ohne **Differenzierung nach Sachverhaltsvarianten** vertreten, dass stets der Feststellungsantrag richtige Antragsfassung sei (so *Koeble*, in: Münchener Prozessformularbuch, S. 233). Richtig ist an dieser Auffassung, dass eine durch Leistungsklage herbeigeführte Abnahmewirkung wegen § 894 Abs. 1 S. 1 ZPO zur Abnahme erst mit Rechtskraft des die Verurteilung zur Abnahme aussprechenden Urteils führt. Damit können jahrelange Verzögerungen entstehen; der Auftragnehmer kann Nachteile erleiden, weil die für ihn vorteilhaften Wirkungen der Abnahme (s. Erläuterungen in Rn 3) verzögert eintreten. *Koeble*, in: Münchener Prozessformularbuch, S. 233 spricht deshalb von einem „groben Anwaltsfehler", werde Leistungs- statt Feststellungsklage erhoben; übersehen wird hierbei jedoch, dass nicht immer ein Sachverhalt existiert, der in der Vergangenheit eingetretene Abnahmewirkungen zu begründen vermag.
- Um aber den aus § 894 Abs. 1 S. 1 ZPO resultierenden Bedenken zu entsprechen, wird im Muster als Hilfsantrag vorgeschlagen: **Leistungsantrag, zusätzlich im Wege der objektiven Klagenhäufung Feststellungsantrag**; das Rechtsschutzbedürfnis für letzteren Antrag ergibt sich aus dem Interesse an den Abnahmewirkungen (näher *Siegburg*, ZfBR 2000, 507).

5 **[4] VOB/B.** Der BGH entschied mit Urt. v. 24.7.2008, VII ZR 55/07, BauR 2008, 1603 entgegen langjähriger, allgemein als gefestigt angesehener Rechtsprechung, dass bei Verwendung gegenüber Verbrauchern die VOB Teil B auch dann einer Inhaltskontrolle unterliegt, wenn sie als Ganzes vereinbart ist. Die vorangegangene Rechtsprechung (etwa: OLG Hamm Urt. v. 9.12.1994, 12 U 41/94, OLGR 1995, 74), hatte die formularmäßige Vereinbarung der VOB Teil B, damit auch der fiktiven Abnahme, § 12 Nr. 5 VOB/B, als dann nach den Maßstäben des AGBG bzw jetzt, seit der Schuldrechtsreform, §§ 305 ff, wirksam angesehen, wenn die VOB/B als Ganzes vereinbart werde; dies gelte auch für Bauverträge mit Verbrauchern. Genau diese Privilegierung der VOB/B als Ganzes gibt es seit dem soeben zitierten BGH Urt. v. 24.7.2008 nicht mehr (hierzu näher Erläuterungen zu §§ 631, 632 Rn 17 ff). Wegen der für den Auftraggeber ungünstigen Fiktion des § 12 Nr. 5 VOB/B und der ganz **generellen Bedenklichkeit von klauselmäßigen Fiktionen**, § 308 Nr. 5, ist von der Unwirksamkeit einer formularmäßigen Vereinbarung mit dem Inhalt dieser VOB/B-Bestimmung auszugehen (vgl OLG Hamm Urt. v. 9.12.1994,12 U 41/94, OLG-Report Hamm 1995, 74 = OLGR 1995, 74). Wenn nun der als Verbraucher anzusehende Auftraggeber bei dem Vertragsschluss durch einen Architekten vertreten wird und dieser Vertreter, wie in der Praxis häufig, ein Formular vorgibt, dass nun gerade die VOB/B einbeziehen soll, somit auch § 12 Nr. 5 VOB/B, ist die Problematik aus Sicht des Auftragnehmers zunächst einmal entschärft, da dann ja der Auftraggeber das Klauselwerk vorgegeben hat. Allerdings enthalten solche Formulare häufig nur den **bloßen Hinweis auf die VOB/B**; auf deren Abdruck im Vertragsformular selbst wird dagegen oftmals verzichtet. Bei einer mit der VOB/B nicht bereits aufgrund beruflicher oder erwiesener sonstiger Sachkunde vertrauten Vertragspartei (daran fehlt es im Sachverhalt des Musters: „Auftraggeber baut nur einmal im Leben“) reicht der bloße Hinweis auf die Geltung der VOB/B nicht aus für deren Einbeziehung (BGH Urt. v. 9.11.1989, VII ZR 16/89, BGHZ 109, 192 = NJW 1990, 715). Wenn aber wie im Muster ein Architekt bei dem Vertragsabschluss mitgewirkt hat, reicht der bloße Hinweis auf die VOB/B am Ende doch aus; anders wäre dies allerdings bei lediglich planender und/oder auch überwachender Tätigkeit für den privaten Bauherrn (OLG Saarbrücken Urt. vom 15.12.2005, 8 U 627/04-172, BauR 2006, 2060).

6 [5] Die **fiktive Abnahme tritt nicht ein**, wenn der Auftraggeber im relevanten Zeitraum die Abnahme ausdrücklich **verweigert** und so die Fiktion zerstört (hM; vgl *Werner/Pastor* Rn 1385 mwN).

7 **[6] Abnahmeprotokoll.** Wäre es hier im Zusammenhang mit den Mängelbehauptungen zu Aktivitäten der Vertragsparteien gerichtet auf eine förmliche Abnahme gekommen, so hätte der Beklagte als Auftraggeber gut daran getan, Folgendes zu bedenken: Die Unterzeichnung eines Abnahmeprotokolls **„unter Vorbehalt“** hindert nicht die Abnahme. Vielmehr stellt die Unterzeichnung eines Abnahmeprotokolls mit dem Zusatz „unter Vorbehalt“ einen rechtserhaltenden Mängelvorbehalt, § 640 Abs. 2, dar, wenn im Abnahmeprotokoll die Mängel aufgeführt sind. Die Unterzeichnung des Protokolls durch den Bauherrn mit dem Zusatz „unter Vorbehalt“ steht jedoch der förmlichen Abnahme der Werkleistungen des Bauunternehmers nicht entgegen und führt zur Fälligkeit des Werklohnanspruchs (OLG Hamm Urt. v. 14.3.2008, 21 U 34/07, IBR 2008, 321).

§ 641 Fälligkeit der Vergütung

(1) [1]Die Vergütung ist bei der Abnahme des Werkes zu entrichten. [2]Ist das Werk in Teilen abzunehmen und die Vergütung für die einzelnen Teile bestimmt, so ist die Vergütung für jeden Teil bei dessen Abnahme zu entrichten.
(2) [1]Die Vergütung des Unternehmers für ein Werk, dessen Herstellung der Besteller einem Dritten versprochen hat, wird spätestens fällig,

1. **soweit der Besteller von dem Dritten für das versprochene Werk wegen dessen Herstellung seine Vergütung oder Teile davon erhalten hat,**

2. soweit das Werk des Bestellers von dem Dritten abgenommen worden ist oder als abgenommen gilt oder
3. wenn der Unternehmer dem Besteller erfolglos eine angemessene Frist zur Auskunft über die in den Nummern 1 und 2 bezeichneten Umstände bestimmt hat.

[2]Hat der Besteller dem Dritten wegen möglicher Mängel des Werks Sicherheit geleistet, gilt Satz 1 nur, wenn der Unternehmer dem Besteller entsprechende Sicherheit leistet.

(3) Kann der Besteller die Beseitigung eines Mangels verlangen, so kann er nach der Fälligkeit die Zahlung eines angemessenen Teils der Vergütung verweigern; angemessen ist in der Regel das Doppelte der für die Beseitigung des Mangels erforderlichen Kosten.

(4) Eine in Geld festgesetzte Vergütung hat der Besteller von der Abnahme des Werkes an zu verzinsen, sofern nicht die Vergütung gestundet ist.

Schrifttum: *Ganten*, Wie sollte ein „Forderungssicherungsgesetz" im BGB aussehen? ZfBR 2006, 203-208

A. Außergerichtliches Aufforderungsschreiben, § 641 Abs. 2 Nr. 3 BGB

I. Muster: Außergerichtliches Aufforderungsschreiben zur Auskunftserteilung 1

469

▶ Abs.: Fa. Putz & Günstig GmbH

An Firma

Seriös & Zuverlässig Schlüsselfertigbau GmbH,[1]

... es ist uns bekannt, dass die von uns für Sie erbrachten Verputzarbeiten (Außenputz und Innenputz) für das Bauvorhaben Wohn- und Geschäftshaus ... (hinreichend bestimmte Bezeichnung) Ihrerseits ihrem Auftraggeber, einem uns nur als Firma Lothar Müller Nachfahren Vermögensverwaltung GmbH und Co. KG bekannten Unternehmen, gegenüber erbracht wurden. Da unsere Leistungen bereits vor jetzt mehr als 12 Wochen vollständig erbracht waren und seither abnahmefähig sind, wir jedoch auf unser mehrfach erklärtes Verlangen nach in dem mit Ihnen geschlossenen Bauvertrag vom ... vereinbarter förmlicher Abnahme von Ihnen nichts hörten, setzen wir Ihnen hiermit bis ... (zwei Wochen) Frist für folgende Erklärungen: Haben Sie von ihrem Auftraggeber für die von uns ausgeführten Verputzarbeiten Vergütung erhalten? Hat Ihr Auftraggeber diese Arbeiten abgenommen? Haben Sie Ihrem Auftraggeber gegenüber eine Sicherheit geleistet? Auf die Ihnen bereits seit dem ... somit seit mehr als zwei Monaten vorliegende prüffähige Schlussrechnung vom ... über unsere Leistungen verweisen wir hiermit.[2] ◀

II. Erläuterungen

[1] **Gesetzliches Leitbild.** § 641 Abs. 2 hat nicht etwa dazu geführt, dass sich in einer sogenannten **Leistungskette** das gesetzliche Leitbild im Bereich der Fälligkeit von Werklohnforderungen verändert hätte; Fälligkeit gemäß Abs. 1 dieser Norm tritt unabhängig von Zahlungen des in der Leistungskette „oberhalb" angesiedelten Bestellers an den Auftraggeber des Subunternehmers ein. Formularmäßig kann wirksam nichts Abweichendes vereinbart werden, § 307 Abs. 2 Nr. 1 (OLG Celle Urt. v. 29.7.2009, 14 U 67/09; NJW-RR 2009, 1529). Deshalb ist eine von einem Generalplaner gegenüber einem als Subunternehmer beauftragten Planer verwendete **Klausel unwirksam**, wonach „Auszahlung einer verdienten Vergütung ... nur dann erfolgen [könne], wenn der Generalplaner selbst das Geld für die zu vergütende Leistung erhalten hat." (OLG Celle Urt. v. 29.7.2009, 14 U 67/09; NJW-RR 2009, 1529). Das OLG hob die im Instanzenzug vorangegangene Entscheidung des Landgerichts auf, die sinngemäß auf folgendem verfehlten Verständnis des Abs. 2 beruhte: Schließlich entkoppele Abs. 2 die Fälligkeit von der Abnahme, somit sei auch die Vereinbarung einer Stundung der Vergütung über den Zeitpunkt 2

der Abnahme hinaus wirksam möglich (vgl hierzu IBR 2009, 1339 – nur online – mit Anm. *Schwenker*).

3 [2] **Ist Absatz 2 abschließend?** Der gesetzlichen Regelung nicht, zumindest nicht ausdrücklich zu entnehmen ist eine Antwort auf die Frage, ob die durch das sog. Forderungssicherungsgesetz vom 23.10.2008 (Bibl. I 2022) in das Gesetz eingefügte **Durchgriffsfälligkeit** des Abs. 2 abschließenden Charakter hat, also jegliche weitere Fälligkeitsvoraussetzungen hierdurch ersetzt werden. Namentlich ist dies fraglich für das Erfordernis einer erteilten, im Sinne von § 14 VOB/B prüffähigen Rechnung beim VOB/B-Bauvertrag und beendeter Rechnungsprüfung oder Ablauf der hierdurch ausgelösten Prüffrist von zwei Monaten (§ 16 Nr. 3 Abs. 1 VOB/B). In diese Richtung weist zwar das Wort „spätestens". Jedoch spricht nicht viel dafür, dass Abs. 2 sonstige Fälligkeitsvoraussetzungen nach dem vermutlich insoweit gar nicht wirklich gebildeten Willen des Gesetzgebers verdrängt. Zumindest wird der die Fälligkeit prüfende Rechtsanwalt, nach der haftungsrechtlichen Rspr gehalten, den „sichersten Weg" zu wählen, schwerlich zur gegenteiligen Auffassung gelangen können. Bei Einbeziehung der VOB/B in den Bauvertrag müssen somit nach hier vertretener Auffassung die dortigen Fälligkeitserfordernisse hinzutreten (zw.; vgl *Ganten*, ZfBR 2006, 203, 206). Im Muster wurde dies berücksichtigt und es wird als „Merkposten" auf die bei vereinbarter VOB/B erforderliche prüffähige Schlussrechnung hingewiesen.

B. Hinweise zum Vortrag zur Fälligkeit bei einer Werklohnklage

4 Eine Werklohnklage muss Vortrag zur Fälligkeit, § 641 BGB, und damit zur Abnahme, § 640 BGB, enthalten. Es kann an dieser Stelle auf vorangegangene Muster verwiesen werden:

5 Wegen des in einer solchen Werklohnklage zunächst, also vor dem Vortrag zur Fälligkeit, erforderlichen Vortrags zu den **vertraglichen Grundlagen** und zu **Art und Höhe der vereinbarten Vergütung** wird verwiesen auf die **Muster zu §§ 631, 632**. Ein Anspruch auf **Teilabnahme** besteht beim BGB-Werkvertrag nur bei ausdrücklicher Vereinbarung, § 641 Abs. 1 S. 2, während § 12 Nr. 2 VOB/B das einseitige Verlangen nach Teilabnahme „in sich abgeschlossene(r) Teile der Leistung" kennt.

6 Verwiesen wird wegen des sodann erforderlichen **Vortrags zur Fälligkeit** auf das **Muster zu § 640 (isolierte Abnahmeklage)**. Da, wie dort erläutert, eine Werklohnklage zwar keinerlei gesonderten Antrag auf Abnahme enthalten, jedoch in ihrer Begründung Vortrag wie im Falle einer isolierten Klage auf Abnahme enthalten muss, um zur Fälligkeit des Werklohns zu gelangen, ist das dortige Muster als Teil der Klagebegründung eine Werklohnklage, dort Abschnitt „Fälligkeit", zu verstehen. Eine Werklohnklage ohne Vortrag zur Fälligkeit und damit zur Abnahme ist keine schlüssige Werklohnklage; dies gilt auch für einen Bauvertrag, in den die VOB Teil B einbezogen wurde, wenngleich § 16 Nr. 3 Abs. 1 VOB/B die Abnahme nicht gesondert erwähnt. Das Muster zu § 640 BGB enthält eine Übersicht zu den Arten der Abnahme und inzident mehrere erläuterte, praxisrelevante Sachverhaltsvarianten im Bereich der Abnahme, nämlich: Einbeziehung der VOB Teil B einschließlich der dortigen Bestimmungen zur sogenannten fiktiven Abnahme in den Bauvertrag (auch gegenüber einem Verbraucher?) oder „nur" BGB-Bauvertrag?; fiktive Abnahme gem. VOB Teil B, dort § 12 Nr. 5, Abs. 1 oder Abs. 2; konkludente Abnahme beim BGB-Werkvertrag; wesentliche (!) Mängel als Abnahmehindernis, § 12 Nr. 3 VOB/B bzw § 640 Abs. 1 S. 2 BGB.

7 §§ 14, 16 Nr. 3 VOB/B und § 15 Abs. 1 HOAI 2009 (§ 8 Ab. 1 HOAI aF) enthalten Bestimmungen zum **Erfordernis einer Schlussrechnung** und zur (erst) hierdurch ausgelösten Fälligkeit; diese Erfordernisse treten zur Abnahme hinzu. Dagegen gibt es für eine Werklohnforderung auf der Grundlage „nur" eines BGB-Werkvertrags (also eines Werkvertrags, in den die VOB/B nicht einbezogen wurde) das Fälligkeitserfordernis „(Schluss-)Rechnung" nicht, es sei denn, dieses wird vertraglich ausdrücklich vereinbart. Eine Werklohnklage auf Basis eines BGB-Werkver-

trags kann also auch ohne Vortrag zu einer erteilten Schlussrechnung schlüssig sein; es genügt somit, (erst) in der Klage die Art und Höhe der Werklohnforderung schriftlich darzulegen. Allerdings kann ein zum Vorsteuerabzug berechtigter Auftraggeber, der somit umsatzsteuerpflichtiger umsatzsteuerrechtlicher Unternehmer sein muss, auch außerhalb von VOB/B und HOAI eine zum Vorsteuerabzug nach den Vorgaben der UStDV berechtigende, somit einen Umsatzsteuerausweis enthaltende Schlussrechnung verlangen, § 14 Abs. 2 Nr. 2 UStG (zur zivilrechtlichen Reichweite dieser steuerrechtlichen Verpflichtung des Auftragnehmers: OLG Dresden Beschl. v. 27.10.2008, 11 U 1002/08; IBR 2009, 11; hiernach kein Anspruch auf Neuausstellung der Schlussrechnung bei Verringerung der Rechnungssumme im Vergleichsweg und dadurch eintretender Verringerung der Bemessungsgrundlage, § 17 UStG). Wird einem solchen Auftraggeber diese Rechnung nicht erteilt, hindert dies zwar nicht die Fälligkeit, aber der Auftraggeber kann mit Erfolg ein Zurückbehaltungsrecht zumindest in Höhe der Umsatzsteuer ausüben (Palandt/*Heinrichs* § 271 Rn 7 mwN).

Bei dem Muster zu § 640 wird für den Fall förmlicher Abnahme (naturgemäß die „eindeutigste“, am unproblematischsten vorzutragende Art der Abnahme) die Bedeutung des Abnahmeprotokolls erläutert. 8

Ein berechtigtes Mängelbeseitigungsverlangen hindert in regelmäßig zweifacher Höhe („**Druckzuschlag**“) der für die Beseitigung des Mangels erforderlichen Kosten die Fälligkeit, wenn der Auftraggeber sich auf dieses Zurückbehaltungsrecht im Zusammenhang mit seiner Mängelrüge beruft, **§ 641 Abs. 3 BGB** (in dessen ab 1.1.2009 geltender Neufassung durch das Forderungssicherungsgesetz vom 23.10.2008, BGBl. I 2022; nach der zuvor gültigen Gesetzesfassung führte der „in der Regel“ angemessene Druckzuschlag zu einem Einbehalt in dreifacher Höhe). 9

§ 641 a (aufgehoben)

§ 642 Mitwirkung des Bestellers

(1) Ist bei der Herstellung des Werkes eine Handlung des Bestellers erforderlich, so kann der Unternehmer, wenn der Besteller durch das Unterlassen der Handlung in Verzug der Annahme kommt, eine angemessene Entschädigung verlangen.
(2) Die Höhe der Entschädigung bestimmt sich einerseits nach der Dauer des Verzugs und der Höhe der vereinbarten Vergütung, andererseits nach demjenigen, was der Unternehmer infolge des Verzugs an Aufwendungen erspart oder durch anderweitige Verwendung seiner Arbeitskraft erwerben kann.

§ 643 Kündigung bei unterlassener Mitwirkung

[1]Der Unternehmer ist im Falle des § 642 berechtigt, dem Besteller zur Nachholung der Handlung eine angemessene Frist mit der Erklärung zu bestimmen, dass er den Vertrag kündige, wenn die Handlung nicht bis zum Ablauf der Frist vorgenommen werde. [2]Der Vertrag gilt als aufgehoben, wenn nicht die Nachholung bis zum Ablauf der Frist erfolgt.

§ 644 Gefahrtragung

(1) [1]Der Unternehmer trägt die Gefahr bis zur Abnahme des Werkes. [2]Kommt der Besteller in Verzug der Annahme, so geht die Gefahr auf ihn über. [3]Für den zufälligen Untergang und eine zufällige Verschlechterung des von dem Besteller gelieferten Stoffes ist der Unternehmer nicht verantwortlich.
(2) Versendet der Unternehmer das Werk auf Verlangen des Bestellers nach einem anderen Ort als dem Erfüllungsort, so findet die für den Kauf geltende Vorschrift des § 447 entsprechende Anwendung.

§ 645 Verantwortlichkeit des Bestellers

(1) [1]Ist das Werk vor der Abnahme infolge eines Mangels des von dem Besteller gelieferten Stoffes oder infolge einer von dem Besteller für die Ausführung erteilten Anweisung untergegangen, verschlechtert oder unausführbar geworden, ohne dass ein Umstand mitgewirkt hat, den der Unternehmer zu vertreten hat, so kann der Unternehmer

einen der geleisteten Arbeit entsprechenden Teil der Vergütung und Ersatz der in der Vergütung nicht inbegriffenen Auslagen verlangen. [2]Das Gleiche gilt, wenn der Vertrag in Gemäßheit des § 643 aufgehoben wird.
(2) Eine weitergehende Haftung des Bestellers wegen Verschuldens bleibt unberührt.

§ 646 Vollendung statt Abnahme

Ist nach der Beschaffenheit des Werkes die Abnahme ausgeschlossen, so tritt in den Fällen des § 634 a Abs. 2 und der §§ 641, 644 und 645 an die Stelle der Abnahme die Vollendung des Werkes.

§ 647 Unternehmerpfandrecht

Der Unternehmer hat für seine Forderungen aus dem Vertrag ein Pfandrecht an den von ihm hergestellten oder ausgebesserten beweglichen Sachen des Bestellers, wenn sie bei der Herstellung oder zum Zwecke der Ausbesserung in seinen Besitz gelangt sind.

§ 648 Sicherungshypothek des Bauunternehmers

(1) [1]Der Unternehmer eines Bauwerks oder eines einzelnen Teiles eines Bauwerks kann für seine Forderungen aus dem Vertrag die Einräumung einer Sicherungshypothek an dem Baugrundstück des Bestellers verlangen. [2]Ist das Werk noch nicht vollendet, so kann er die Einräumung der Sicherungshypothek für einen der geleisteten Arbeit entsprechenden Teil der Vergütung und für die in der Vergütung nicht inbegriffenen Auslagen verlangen.
(2) [1]Der Inhaber einer Schiffswerft kann für seine Forderungen aus dem Bau oder der Ausbesserung eines Schiffes die Einräumung einer Schiffshypothek an dem Schiffsbauwerk oder dem Schiff des Bestellers verlangen; Absatz 1 Satz 2 gilt sinngemäß. [2]§ 647 findet keine Anwendung.

A. Antrag auf einstweilige Verfügung mit dem Inhalt einer Vormerkung

1 **I. Muster: Antrag auf einstweilige Verfügung mit dem Inhalt einer Vormerkung**

► An das Amtsgericht ... [1]

...

Antrag

auf Erlass einer

einstweiligen Verfügung,

§§ 648, 883, 888 BGB, §§ 935, 941 ZPO

In Sachen

...

(Rubrum)

wegen: Vormerkung[2] zur Sicherung einer Bauhandwerkersicherungshypothek

Streitwert: 30.000 EUR[3]

beantrage ich

im Wege der einstweiligen Verfügung wegen Dringlichkeit ohne mündliche Verhandlung zu erkennen:

Im Grundbuch von ▪▪▪ Gemarkung ▪▪▪, Flurstück-Nr. ▪▪▪, wird zu Lasten des dort vorgetragenen, im Alleineigentum[4] des Antragsgegners stehenden Grundstücks zu Gunsten der Antragstellerin eine Vormerkung zur Sicherung ihres Anspruchs auf Einräumung einer Sicherungshypothek[5] für die Forderung[6] aus Werkvertrag mit dem Antragsgegner aus der Schlussrechnung vom ▪▪▪ in Höhe von 90.000 EUR sowie wegen eines Kostenbetrages von ▪▪▪ EUR eingetragen.

Es wird ferner

beantragt,

das erkennende Gericht möge das Grundbuchamt zur Eintragung der Vormerkung gem. zu erlassender einstweilige Verfügung ersuchen.[7]

Begründung

1. Die Parteien schlossen am ▪▪▪ einen Bauvertrag über die Ausführung von Estricharbeiten an dem Bauvorhaben Wohn- und Geschäftshaus „Goethestraße 17" in München. In diesen Bauvertrag wurde die VOB/B einbezogen. Es ist in diesem Vertrag als Vergütungsabrede ein Pauschalpreis vereinbart in Höhe von 180.000 EUR.
   Glaubhaftmachung: Bauvertrag vom ▪▪▪ als Anlage ASt 1
   Alle von der Antragstellerin zu erbringenden Leistungen wurden vollständig und mangelfrei erbracht und am ▪▪▪ förmlich abgenommen.[8]
   Glaubhaftmachung: Abnahmeprotokoll vom ▪▪▪ als Anlage ASt 2
2. Die Antragstellerin erteilte dem Antragsgegner eine am ▪▪▪ übergebene Schlussrechnung mit dem Datum ▪▪▪. Aus dieser Schlussrechnung ergibt sich folgende noch zu bezahlende Werklohnforderung:
   (▪▪▪ Vortrag zum Inhalt der Schlussrechnung und zur sich aus dieser ergebenden Werklohnforderung in Höhe von hier nach Abzug von geleisteten Abschlagszahlungen noch 90.000 EUR.)[9]
   Glaubhaftmachung: Schlussrechnung vom ▪▪▪ als Anlage ASt 3
   Die Prüffrist von zwei Monaten, § 16 Nr. 1 VOB/B, ist mittlerweile verstrichen.
3. Entgegen den mittlerweile vorgebrachten Behauptungen des Antragsgegners, die bezeichnenderweise im vorgelegten Abnahmeprotokoll noch nicht enthalten waren, bestehen auch keinerlei Unebenheiten oder anderweitige Mängel des eingebauten Estrichs. Wir legen hierzu ein privates Sachverständigengutachten des öffentlich bestellten und vereidigten Sachverständigen für das Estrichlegerhandwerk Gustav Genau, München, vom ▪▪▪ vor. Aus diesem ergibt sich die Mängelfreiheit.[10]
   Glaubhaftmachung: Privates Sachverständigengutachten als Anlage ASt 4
4. Der Antragsgegner ist alleiniger Eigentümer des Grundstücks, auf dem das verfahrensgegenständliche Bauvorhaben errichtet wurde.
   Glaubhaftmachung: Grundbuchauszug als Anlage ASt 5
5. Das Gericht ist sachlich wie örtlich zuständig, § 942 Abs. 2 ZPO.

In Höhe der Restwerklohnforderung besteht ein Anspruch der Antragstellerin wie beantragt, § 648 Abs. 1 BGB. Er wird zu dessen Sicherung die Eintragung einer Vormerkung verlangt, §§ 883, 885 BGB. Eine Sicherheit nach § 648 a BGB hat die Antragstellerin nicht erlangt; auf § 648 a Abs. 4 BGB kommt es somit nicht an.

Der Antragsgegner hat auf ein vorgerichtliches Verlangen nach Eintragung einer Vormerkung wie hier beantragt nicht geantwortet.[11]

Glaubhaftmachung: Schreiben an den Antragsgegner vom ▪▪▪ als Anlage ASt 6

Dem Geschäftsführer der Antragstellerin ist bekannt, dass auch andere am Bauvorhaben beteiligte Gläubiger mit von diesem dem Grunde wie der Höhe nach nicht bestrittenen Forderungen gegen den Antragsgegner vorgehen, der offenbar erhebliche Liquiditätsprobleme hat.[12]

Glaubhaftmachung: Eidesstattliche Versicherung des Geschäftsführers der Antragstellerin als Anlage ASt 6

...

Rechtsanwalt ◄

II. Erläuterungen und Varianten

2 [1] **Sachlich und örtlich zuständig** ist das Gericht der Hauptsache (§§ 937 Abs. 1, 943 ZPO); aber auch dasjenige Amtsgericht (§ 942 Abs. 2 ZPO), ist zuständig, in dessen Bezirk das verfahrensgegenständliche Grundstück liegt.

3 [2] **Beratungspflichten: Grundbuchsystematik, „Bauinsolvenz".** Die Bauhandwerkersicherungshypothek ist aus mehreren Gründen ein nicht allzu taugliches Werkzeug für die Durchsetzung von Werklohnforderungen. Auf diese eingeschränkte Tauglichkeit wird ein sorgfältiger Anwalt vor kostenauslösenden Maßnahmen beratend hinweisen müssen; im Einzelnen geht es um folgende Probleme und Risiken, mit denen sich der Anwalt auseinandersetzen muss:

(a) Die **Systematik des Grundbuchs** führt zur relativen Unwirksamkeit (§ 883 Abs. 2), sofern zum Zeitpunkt der Eintragung einer solchen Vormerkung wegen des **Prioritätsgrundsatzes** zwangsläufig vorrangige Auflassungsvormerkungen im Grundbuch bereits eingetragen sind. Dieser Fall tritt nicht gerade selten ein, etwa dann, wenn die Leistungen für einen Bauträger erbracht werden und dessen Kunde, also der Erwerber des Bauträgerobjekts, mit einer Auflassungsvormerkung im Grundbuch eingetragen ist. Aber es kann gerade im Falle von Bauleistungen für einen Bauträger taktisch ein sich aus der Systematik der MaBV ergebender Vorteil erzielt werden: Die Kundenbeziehung des Bauträgers zum Erwerber kann gestört werden, weil die das Bauträgerobjekt belastende Eintragung der Vormerkung die weitere Fälligkeit des „Kaufpreises" (richtig: der Vergütung aus Bauträgervertrag, sich zusammensetzend aus Grundstückskaufpreis und Werklohn) hindert (§ 3 Abs. 1 Nr. 3 MaBV), § 1 Verordnung über Abschlagszahlungen bei Bauträgerverträgen und daran orientierte Fälligkeitsbestimmungen im konkreten Bauträgervertrag.

(b) Wie stets bei Vollstreckung in ein Grundstück wird die **Vormerkung** wie auch das Vollrecht, also die Hypothek, auf die sie gerichtet ist, **wirtschaftlich entwertet** durch vorrangige Grundpfandrechte, typischerweise eingetragen für finanzierende Banken.

(c) Gegen oben a) und b) mag man einwenden: Das Grundbuch könne ja immerhin vor Einleitung kostenauslösender Maßnahmen bei Glaubhaftmachung eines berechtigten Interesses gegenüber dem Grundbuchamt eingesehen werden. Aber: **Belastende, im Grundbuch vorrangige Zwischeneintragungen** im dann folgenden Zeitraum bis zum eigenen Antrag auf Eintragung (nämlich der Vormerkung) können schon nicht ausgeschlossen werden.

(d) Gewichtig sind auch Probleme anderer Art, nämliche solche aus dem **„Bauinsolvenzrecht"**:

(aa) Insolvenzrechtlich führt § 88 InsO (**„Rückschlagsperre"**) zur absoluten, dinglich wirkenden Unwirksamkeit der erlangten Vormerkung mit der Folge der Grundbuchunrichtigkeit (§ 894), sofern diese im letzten Monat vor dem Antrag auf Eröffnung des Insolvenzverfahrens im Grundbuch eingetragen wird (vgl LG Meiningen Beschl. v. 10.2.2000, 4 T 277/99; BauR 2000, 1382 (LS) = EWiR 2000, 831 (LS) = ZfIR 2000, 373 = ZIP 2000, 416; allgemeiner, auch zu den grundbuchtechnischen Rechtsfolgen einer infolge „Rückschlagsperre" unwirksam gewordenen Sicherung – keine Eigentümergrundschuld –: BGH Urt. v. 19.1.2006, IX ZR 232/04; BGHZ 166, 74 = NJW

2006, 1286). Zur Relevanz der Eintragung im Grundbuch als dem maßgeblichen Zeitpunkt: MüKo-InsO/*Breuer*, § 88 Rn 22 mwN.

(bb) Der Auftragnehmer ist im Drei-Monats-Zeitraum zurückgerechnet ab Antragstellung der Anfechtung durch den Insolvenzverwalter ausgesetzt, § 130 InsO, sofern dieser die damalige Kenntnis des Auftragnehmers von der Zahlungsunfähigkeit des Auftraggebers nachweisen kann; § 130 Abs. 2 InsO ist in subjektiver Hinsicht eine scharfe Waffe in der Hand des Insolvenzverwalters (zum Stand der fast durchweg Verwalter-freundlichen Rspr: MüKo-InsO/*Kirchhof*, § 130 Rn 37 ff mwN). Nur, wenn dem Verwalter dies nicht gelingt, ist der Auftragnehmer auf Dauer trotz eingetretener Insolvenz durch die Vormerkung gesichert (§ 106 InsO).

(cc) Aber ohnehin führt bereits die Ausübung von Druck, etwa die Androhung von gerichtlichen Schritten, zur Inkongruenz (§ 131 InsO, dortiger Abs. 1 Hs 1: „nicht in der Art"), und damit zur Anfechtbarkeit innerhalb des dortigen abgestuften zeitlichen Rahmens. Dies ergibt sich aus den Vorgaben der insolvenzrechtlichen Rspr und deren Neigung, über den ohnehin schon weitreichenden Wortlaut des § 131 Abs. 2 InsO hinaus aus objektiven Umständen den subjektiven Tatbestand abzuleiten. Erkennbar wird dies anhand des Umgangs der Rspr mit Zwangsvollstreckungsmaßnahmen des über einen Titel verfügenden Gläubigers im Dreimonatszeitraum des § 131 Abs. 1 InsO; hierzu ist lehrreich etwa die Entscheidung BGH Urt. v. 15.5.2003, IX ZR 194/02, NJW 2004, 1112 (LS) = ZIP 2003, 1304, deren Leitsatz lautet: „Die Leistung zur Abwendung der Zwangsvollstreckung ist eine inkongruente Deckung, wenn der Schuldner zur Zeit seiner Leistung damit rechnen muss, dass ohne sie der Gläubiger nach dem kurz bevorstehenden Ablauf einer letzten Zahlungsfrist mit der ohne weiteres zulässigen Zwangsvollstreckung beginnt" (vgl MüKo-InsO/*Kirchhof*, § 131 Rn 26 ff mwN).

(dd) Erst recht kritisch ist die Drohung mit einem Insolvenzantrag: Wird das erfolgreiche Verlangen nach einer Sicherheit gemäß § 648 begleitet von der Androhung eines Insolvenzantrags, muss der Auftragnehmer sogar im Zehnjahreszeitraum zurückgerechnet seit Insolvenzantragstellung mit einer Anfechtung rechnen (§ 133 InsO). In Fällen dieser Art bewirkt die Androhung des Insolvenzantrags eine inkongruente Deckung; sie wird als Beweisanzeichen für einen Gläubigerbenachteiligungsvorsatz des Schuldners (Auftraggebers) und eine Kenntnis des Gläubigers (Auftragnehmers) hiervon bewertet (BGH Urt. v. 18.12.2003, IX ZR 199/02, BGHZ 157, 242 = NJW 2004, 1385).

(ee) Im Ergebnis kann der Auftragnehmer angesichts dieser insolvenzrechtlichen Zusammenhänge nur dann einigermaßen gewiss sein, die im Dreimonatszeitraum (§§ 130, 131 InsO), erlangte Vormerkung (§ 648), auch im Falle eines Insolvenzverfahrens behalten zu dürfen, wenn er diese bereits vor jeglicher Zahlungsstockung verlangt und durchgesetzt hat. Ein Vorgehen nach § 648 „in letzter Sekunde" ist dagegen risikobehaftet.

[3] Der **Gegenstandswert** kann sachgerecht mit einem Drittel der zu besichernden Forderung 4
beziffert werden, § 3 ZPO; *Werner/Pastor* Rn 312 nennt eine Bandbreite von 1/10 bis zur vollen Forderungshöhe.

[4] **Eigentum am Baugrundstück.** Der Antragsgegner muss im rechtlichen Sinne Eigentümer 5
sein. Ausnahmen hiervon sind nur in engen Grenzen möglich; es kann in solchen Ausnahmefällen eine nach wirtschaftlichen Gesichtspunkten zu beurteilende Quasi-Eigentümerstellung ausreichen. Die Voraussetzungen einer solchen ausnahmsweise zu bejahenden **Durchgriffshaftung** liegen vor, wenn der Grundstückseigentümer zum Auftragszeitpunkt Alleingesellschafter der Bestellerin war und im wirtschaftlichen Ergebnis die Bauleistung durch späteren Grundstückskauf ohne Gegenleistung erhält (OLG Hamm Urt. v. 30.11.2006, 21 U 80/06; NZBau

2008, 118 = IBR 2008, 154 m.Anm. *Heisiep*; nachfolgend BGH Beschl. v. 26.7.2007, VII ZR 1/07 – Nichtzulassungsbeschwerde zurückgewiesen).

6 [5] Besondere **Konstellationen** im Bereich des zu belastenden Baugrundstücks:

(a) **Aufteilung in Wohnungseigentum.** Ist das Baugrundstück nach WEG aufgeteilt, ist das per Vormerkung zu sichernde Recht eine Gesamthypothek, § 1132 Abs. 1; Antragsfassung:

▶ ... wird zu Lasten folgender, im Eigentum des Antragsgegners stehender Einheiten des Sondereigentums zugunsten der Antragstellerin eine Vormerkung zur Sicherung ihres Anspruchs auf Einräumung einer Gesamtsicherungshypothek für die Forderung aus Werkvertrag mit dem Antragsgegner aus der Schlussrechnung vom ... in Höhe von 90.000 EUR sowie wegen eines Kostenbetrages von ... EUR eingetragen: Grundbuch von ..., Band ..., Blatt ..., 275/1000 Miteigentumsanteile, verbunden mit dem Sondereigentum an der Wohnung Nr. ... gemäß Aufteilungsplan; ....

... (weitere Grundbuchstellen bezogen auf weitere Einheiten des Sondereigentums.) ◀

(b) **Bauwerk auf mehreren Buchgrundstücken.** Die Rspr erlaubt bei Bauleistungen für ein Bauwerk, das auf mehr als nur einem Buchgrundstück steht, folgende Vorgehensweise und erhält dem Antragsteller in bestimmten Konstellationen als „Minus zur Gesamthypothek" eine Einzelhypothek (Leitsätze aus BGH Urt. v. 30.3.2000, VII ZR 296/99; BGHZ 144, 138 = NJW 2000, 1861):

„Erstreckt sich das Bauwerk über mehrere Grundstücke, so kann der Unternehmer an jedem dem Besteller gehörenden Baugrundstück für seine Forderung in voller Höhe die Einräumung einer Sicherungshypothek verlangen, bei mehreren Grundstücken in Form der Gesamthypothek (§ 1132 Abs. 1 BGB). Dabei kommt es auf die Höhe der dem Besteller für das Bauwerk erbrachten Leistung, nicht auf den dem einzelnen Grundstück zugeflossenen Wert an. (...) Ist das Bauwerk teils auf dem Grundstück des Bestellers, teils auf dem eines Dritten errichtet, so ist an dem Grundstück des Bestellers die Sicherungshypothek für die ganze Forderung einzuräumen. (...) Die Einzelhypothek ist ein Minus zur Gesamthypothek. Die Vormerkung auf Bewilligung einer Gesamthypothek behält deswegen als Vormerkung für eine Einzelhypothek ihre Wirksamkeit, wenn dem Berechtigten nur noch ein Anspruch auf eine Einzelhypothek zusteht."

7 [6] **Zu sichernde Forderungen.** Mittels Vormerkung sicherbare Forderungen:

(a) Anspruchsberechtigt ist der **Unternehmer eines Bauwerks** oder eines einzelnen Teils eines Bauwerks, § 648 Abs. 1 S. 1. Es bedarf einer werkvertraglichen Rechtsbeziehung zum Bauwerk. Somit können auch Planungsleistungen eines Architekten zur Sicherungshypothek führen. Der Architekt soll jedoch erst dann einen Anspruch auf Eintragung einer Bauhandwerkersicherungshypothek haben, wenn mit den Bauarbeiten aufgrund seiner Planung begonnen wurde, da § 648 voraussetze, dass die Planungsleistung im zumindest begonnenen Bauwerk bereits verkörpert sei (hM; vgl OLG Hamburg, Beschl. v. 18.3.2009, 14 W 24/09; NJW-RR 2010, 376 = IBR 2009, 654). Die Grenzen des Rechtsbegriffs „Unternehmer eines Bauwerks" sind streitig, da es darauf ankommt, ob die Leistung wertsteigernd auf dem Baugrundstück verbleibt; Grenzfälle sind etwa: Abbrucharbeiten (sicherungsfähig: OLG München, Beschl. v. 17.9.2004, 28 W 2286/04; BauR 2004, 1992; nicht sicherungsfähig: OLG Düsseldorf, Urt. v. 10.7.1995, 19 W 3/95; IBR 1995, 463); Gerüstbauer (zweifelnd OLG Hamburg, Urt. v. 20.8.1993, 11 U 82/92; BauR 1994, 123 = IBR 1994, 231); vgl Palandt/*Sprau* § 648 Rn 2.

(b) Auch die dem Antragsteller nach §§ 17 Nr. 4, 18 Nr. 4 RVG entstehenden **Kosten der Rechtsverfolgung** sind **eintragungsfähig** (vgl Palandt/*Sprau*, § 648 Rn 4), somit: 1,3-Verfahrensgebühr, VV Nr. 3100, für den Antrag auf einstweilige Verfügung; 0,3 Verfahrensgebühr, VV Nr. 3309, für den Vollzug der einstweiligen Verfügung; zzgl Auslagenpauschale, VV Nr. 7002, für das gerichtliche Verfahren und nochmals Auslagenpauschale, VV Nr. 7002, für die Tätigkeit im Vollzug der einstweiligen Verfügung (Zwangsvollstreckung);

zzgl Ablichtungen, VV 7000; zzgl Umsatzsteuer auf die Zwischensumme (bei fehlender Vorsteuerabzugsberechtigung des Antragstellers); zzgl Gerichtskosten und Kosten des vorgelegten Grundbuchauszugs.

[7] Die einstweilige Verfügung bedarf der **Vollziehung innerhalb der Monatsfrist**, da sie andernfalls auf Widerspruch hin aufgehoben wird (§ 929 Abs. 2 ZPO). Es müssen kumulativ die beiden Fristen des § 929 Abs. 2 ZPO und des § 929 Abs. 3 ZPO, jeweils iVm § 936 ZPO, gewahrt werden, kommt es bereits vor Zustellung zur Vollziehung im Grundbuch; der Antrag auf Grundbucheintragung ersetzt nämlich nicht die für das Wirksamwerden der einstweiligen Verfügung erforderliche Zustellung im Parteibetrieb (leicht missverständlich kommentiert bei Zöller/*Vollkommer*, ZPO, § 929 Rn 17; im Zusammenhang hiermit muss Zöller/*Vollkommer*, ZPO, § 929 Rn 24 gelesen werden). Der Rechtsanwalt ist gehalten, durch Nachfrage beim Grundbuchamt den Eintragungszeitpunkt in Erfahrung zu bringen, um das Ende der Frist des § 929 Abs. 3 ZPO ermitteln zu können. Sorgt – wie häufig – nicht bereits das hierum ersuchte Gericht für die Vollziehung im Grundbuch, muss der Antragsteller selbst in der wegen der Fristen des § 929 Abs. 2, 3 ZPO gebotenen Eile tätig werden mittels Eintragungsantrag an das Grundbuch. 8

[8] **Fälligkeit und Abnahme** sind nicht Voraussetzung für die Bauhandwerkersicherungshypothek, wie sich bereits aus § 648 Abs. 1 S. 2 ergibt. Ist die Leistung abgenommen und fällig, empfiehlt sich aber (wie im Muster) Vortrag hierzu, da dann die Höhe der Forderung mit wenig Begründungsaufwand dargelegt werden kann. Ein vereinbarter Sicherheitseinbehalt ist von der zu besichernden Forderung nicht in Abzug zu bringen (BGH Urt. v. 25.11.1999, VII ZR 95/99; BauR 2000, 919 = IBR 2000,66 = MDR 1999, 151 = NJW-RR 2000, 387 = NJW 2000, 1639 [LS]). 9

[9] Probleme bereiten **sekundäre Ansprüche aus** bereits **leistungsgestörten Bauverträgen.** Streitig ist in solchen Konstellationen, von welcher Rechtsnatur die Ansprüche des Auftragnehmers aus Werkvertrag sein müssen, um sicherbar zu sein. Ausgangspunkt ist, dass § 648 grundsätzlich tatsächlich erbrachte Bauleistungen erfordert. Problematisch sind daher u.a. folgende **Grenzfälle:** 10

(a) Kündigt der Bauherr den Bauvertrag nach § 649, soll der Unternehmer die Vergütung für die nicht erbrachten Leistungen nach § 648 Abs. 1 durch eine **Bauhandwerkersicherungshypothek** absichern können (str.; wie hier OLG Düsseldorf Beschl. v. 14.8.2003 – 5 W 17/03; BauR 2004, 549 (LS) = IBR 2004, 139 m.Anm. *Roos* = NJW-RR 2004, 18 = NZBau 2003, 615). Höchstrichterlich entschieden ist die Frage nicht, auch nicht in BGHZ 51, 190 = NJW 1969, 419, denn dort hat der BGH den Anspruch nicht auf § 648 gestützt, sondern die Sicherungshypothek aus dem Gesichtspunkt des Schadensersatzes zugesprochen (zutreffend *Roos*, IBR 2004, 139).

(b) Schadensersatzansprüche des Auftragnehmers gem. § 6 Nr. 6 VOB/B aus gestörtem Bauablauf – zB Stillstandskosten – sollen nicht durch eine Bauhandwerkersicherungshypothek gesichert werden können (str.; wie hier OLG Jena Urt. v. 22.4.1998, 2 U 1747/97; BauR 1999, 179 = NJW-RR 1999, 384 = IBR-online 1998, 522 m.Anm. *Horschitz*).

[10] **Entgegenstehende Mängelansprüche** sind von der Werklohnforderung in Höhe ihres einfachen Werts (also ohne sog. Druckzuschlag, § 641 Abs. 3) in Abzug zu bringen, da § 648 Sicherung nur in der Höhe gewähren will, in der die Bauleistung der hierfür vereinbarten Vergütung wertmäßig entspricht. Es hat je nach Stadium entweder der Antragsteller die Mängelfreiheit oder der Antragsgegner die Mängel und den damit verbundenen Mängelbeseitigungsaufwand oder die anderweitige, aus einem Mängelanspruch entstandene Abzugsposition (Minderung, Schadensersatz) glaubhaft zu machen. Zeitschranke für diesen Wechsel in der Darlegungslast ist die Abnahme; (vgl OLG Köln Urt. v. 19.11.1997, 27 U 56/97, BauR 1998, 794 = IBR 1998, 243 = OLGR 1998, 380). Im Muster wird ungeachtet bereits erfolgter Abnahme für 11

den Antragsteller zur Mängelfreiheit vorgetragen („sicherster Weg"). Bei einer Beschlussverfügung im Widerspruchsverfahren oder, bei einer Urteilsverfügung, spätestens zur mündlichen Verhandlung über den Verfügungsantrag hat der Antragsteller mit Vortrag des Antragsgegners zu angeblichen Mängeln zu rechnen; hierauf muss er vorbereitet sein. Auch dann, wenn der Auftraggeber trotz Verlangens hiernach die Sicherheit des § 648 a nicht erbracht hat und deshalb ein Leistungsverweigerungsrecht hinsichtlich der Mängelbeseitigung besteht, ist die Werklohnforderung um den Mängelbeseitigungsaufwand zu reduzieren (OLG Celle Urt. v. 7.8.2002, 7 U 60/02, BauR 2003, 133).

12 [11] **Kostenfolge bei sofortigem Anerkenntnis.** Will der Antragsteller den Überrumpelungseffekt einer Beschlussverfügung nutzen, also jede vorgerichtliche Aufforderung zur Gewährung der Sicherheit (also: Bewilligung der Vormerkung) vermeiden, um so vereitelnde Aktivitäten des Grundstückseigentümers zu vermeiden, und kommt es dann zu einem sofortigen Anerkenntnis des vom gerichtlichen Antrag überraschten Antragsgegners unter Verwahrung gegen die Kosten, stellt sich die Frage nach der Anwendung von § 93 ZPO. Die Antwort hierauf ist in der obergerichtlichen Rspr uneinheitlich, worauf der Rechtsanwalt beratend hinzuweisen hat, bevor er gemäß § 648 vorgeht (zum Meinungsstand: *Werner/Pastor* Rn 302 ff). Der Antragsteller könnte mit OLG Dresden Beschl. v. 28.2.2000, 9 U 3697/99, BauR 2000, 1378 wie folgt gegen eine Anwendung von § 93 ZPO argumentieren:

▶ Vorliegend hat die Verfügungsbeklagte den Zahlungsanspruch des Verfügungsklägers mit vorprozessualem Schreiben vom 12.10.1998 in voller Höhe bestritten und ihrerseits eine Überzahlung geltend gemacht. Auf Grund dieser eindeutigen Leistungsverweigerung durfte der Verfügungskläger erst einmal auch von der Gefährdung seines Eintragungsanspruches aus § 648 BGB ausgehen. Trotz dieser gegen die Verfügungsbeklagte sprechenden Umstände hat diese weder in ihrem auf den Kostenpunkt beschränkten Widerspruchsschriftsatz noch im Beschwerdeverfahren im einzelnen dargelegt und glaubhaft gemacht, dass sie gleichwohl vorprozessual willens gewesen wäre, den klägerischen Sicherungsanspruch auf eine entsprechende Aufforderung hin ohne weiteres zu erfüllen. ◀

13 [12] Ein **Verfügungsgrund** muss nicht dargelegt werden, § 885 Abs. 1 S. 2. Diese **gesetzliche Dringlichkeitsvermutung** des § 885 Abs. 1 S. 2 ist jedoch **widerlegbar**: Dem Auftragnehmer fehlt ein Sicherungsbedürfnis für den Erlass einer einstweiligen Verfügung auf Eintragung einer Bauhandwerkersicherungshypothek, wenn er die einstweilige Verfügung mehr als 1 1/2 Jahre nach Erstellung der Schlussrechnung beantragt (so OLG Hamm Urt. v. 4.11.2003, 21 U 44/03; BauR 2004, 380 (LS) = BauR 2004, 872 = NJW-RR 2004, 379; vgl auch: OLG Celle Urt. v. 27.2.2003, 14 U 116/02, IBR 2003, 1051; OLG Düsseldorf Urt. v. 10.12.1999, 22 U 170/99, IBR 2000, 232). Bei fortbestehendem Sicherungsbedürfnis ist Vortrag zur Dringlichkeit (nur) erforderlich, sofern – wie regelmäßig – Entscheidung ohne mündliche Verhandlung begehrt wird, da § 937 Abs. 2 ZPO gesteigerte Dringlichkeit erfordert.

B. Klage auf Bewilligung einer Bauhandwerkersicherungshypothek

14 **I. Muster: Klage auf Bewilligung einer Bauhandwerkersicherungshypothek**

▶ An das

Landgericht ...[1]

Klage

In Sachen

– Rubrum –

wegen: Eintragung einer Bauhandwerkersicherungshypothek[2], [3]

Gegenstandswert: 30.000 EUR

werde ich beantragen

zu erkennen:

Die Beklagte wird verurteilt, zu Gunsten des Klägers für die Forderung aus Werkvertrag mit der Beklagten aus der Schlussrechnung vom ▪▪▪ in Höhe von 90.000 EUR zuzüglich Zinsen hieraus in Höhe von 5 %-Punkten über dem Basiszinssatz seit ▪▪▪ sowie wegen eines Kostenbetrages von ▪▪▪ EUR die Eintragung einer Sicherungshypothek im Grundbuch von ▪▪▪, Gemarkung ▪▪▪, Flurstück-Nr. ▪▪▪, zu Lasten des dort vorgetragenen, im Alleineigentum der Beklagten stehenden Grundstücks zu bewilligen[4] unter rangwahrender[5] Ausnutzung der auf Grund der einstweiligen Verfügung des Amtsgerichts ▪▪▪ vom ▪▪▪, Az ▪▪▪, eingetragenen Vormerkung.

Die Beklagte trägt die Kosten des Rechtsstreits.

Begründung

Wie Muster oben I., somit Gliederung wie folgt:[6]

1. Bauvertragliche Leistung
2. Zu sichernde Werklohnforderung
3. Mangelfreiheit
4. Eigentümerstellung der Beklagten
5. Das angegangene Gericht ist örtlich zuständig, da sich das Bauvorhaben in seinem Bezirk befindet, § 29 ZPO. Sachlich ist das Landgericht zuständig, § 23 GVG.
6. Das Amtsgericht ▪▪▪ hat am ▪▪▪ eine einstweilige Verfügung erlassen, wonach zu Gunsten des Klägers eine Vormerkung zur Sicherung des hier eingeklagten Anspruchs einzutragen ist. Diese Vormerkung wurde eingetragen.
   Beweis:
   1. Beiziehung von Amtsgericht ▪▪▪ (Az);
   2. aktueller Grundbuchauszug als Anlage K▪▪▪

In Höhe der Restwerklohnforderung besteht ein Anspruch der Antragstellerin wie beantragt, § 648 Abs. 1 BGB. Er wird zu dessen Sicherung die Eintragung des Vollrechts verlangt, nach dem die diesbezügliche Vormerkung im Wege einstweiliger Verfügung bereits eingetragen wurde. Eine Sicherheit nach § 648 a BGB hat der Kläger nicht erlangt; auf § 648 a Abs. 4 BGB kommt es somit nicht an.

Die Beklagte hat auf ein vorgerichtliches Verlangen nach Eintragung einer Sicherungshypothek wie hier beantragt nicht geantwortet.

Beweis: Schreiben an die Beklagte vom ▪▪▪ als Anlage K▪▪▪ ◄

II. Erläuterungen

[1] Für die **Zuständigkeit** gelten keinerlei Besonderheiten; auch der dingliche Gerichtsstand des § 26 ZPO kommt in Betracht, der allgemeine Gerichtsstand, §§ 12, 13 ZPO, ohnehin. 15

[2] **Klage in der Hauptsache,** §§ 936, 926 Abs. 1 ZPO, ist die **Hypothekenklage,** nicht etwa die Zahlungsklage (vgl OLG Celle Beschl. v. 10.7.2003, 16 W 33/03, BauR 2004, 696 = NJW-RR 2003, 1529; *Werner/Pastor* Rn 292 mwN auch zur Gegenauffassung). Jedoch kann im Wege objektiver Klagehäufung neben der Hypothekenklage auch Zahlungsklage erhoben werden. Es erhöht sich dann der Gegenstandswert der Zahlungsklage um denjenigen der Hypothekenklage (str.; vgl *Werner/Pastor* Rn 313 mwN). 16

[3] **Beratungspflichten: Grundbuchsystematik, „Bauinsolvenzrecht".** Es ist zu verweisen auf die Erläuterungen in Rn 3; den Rechtsanwalt treffen umfängliche Beratungspflichten zur „Reichweite" der Bauhandwerkersicherungshypothek. 17

[4] **Antragsfassung.** Weil die bereits eingetragene **Vormerkung** nicht zu löschen, sondern grundbuchtechnisch **zu röten** ist, § 19 Abs. 1 GBV, lautet die richtige Antragsfassung nicht etwa „Zug 18

um Zug gegen Löschung der aufgrund einstweiliger Verfügung des Amtsgerichts ... vom ... am ... eingetragenen Vormerkung“ (KG, Beschl. v. 6.6.1986, 1 W 2898/86; BauR 1987, 358).

19 [5] Es empfiehlt sich im Antrag der Hinweis auf die rangwahrende Ausnutzung. Die Rangwahrung findet ihre Grenzen in der strikten Akzessorietät jeglicher Hypothek. Deshalb kann der Rang einer Vormerkung zur Sicherung des Anspruchs auf Einräumung einer Bauhandwerkersicherungshypothek für erbrachte Teilleistungen nicht für eine Hypothek zur Sicherung nachfolgender Leistungen genutzt werden (BGH, Urt. v. 26.7.2001; VII ZR 203/00; NJW 2001, 3701 = BauR 2001, 1783 = ZIP 2001, 1705). **Neue offene Forderungen** aus weiteren Abschlagsrechnungen oder der Schlussrechnung bedürfen der **Sicherung durch weitere Vormerkung(en)**.

20 [6] **Leistung, Forderung, Mangelfreiheit, Eigentümerstellung.** Vgl die Erläuterungen in Rn 5 ff.

§ 648 a Bauhandwerkersicherung

(1) [1]Der Unternehmer eines Bauwerks, einer Außenanlage oder eines Teils davon kann vom Besteller Sicherheit für die auch in Zusatzaufträgen vereinbarte und noch nicht gezahlte Vergütung einschließlich dazugehöriger Nebenforderungen, die mit 10 vom Hundert des zu sichernden Vergütungsanspruchs anzusetzen sind, verlangen. [2]Satz 1 gilt in demselben Umfang auch für Ansprüche, die an die Stelle der Vergütung treten. [3]Der Anspruch des Unternehmers auf Sicherheit wird nicht dadurch ausgeschlossen, dass der Besteller Erfüllung verlangen kann oder das Werk abgenommen hat. [4]Ansprüche, mit denen der Besteller gegen den Anspruch des Unternehmers auf Vergütung aufrechnen kann, bleiben bei der Berechnung der Vergütung unberücksichtigt, es sei denn, sie sind unstreitig oder rechtskräftig festgestellt. [5]Die Sicherheit ist auch dann als ausreichend anzusehen, wenn sich der Sicherungsgeber das Recht vorbehält, sein Versprechen im Falle einer wesentlichen Verschlechterung der Vermögensverhältnisse des Bestellers mit Wirkung für Vergütungsansprüche aus Bauleistungen zu widerrufen, die der Unternehmer bei Zugang der Widerrufserklärung noch nicht erbracht hat.
(2) [1]Die Sicherheit kann auch durch eine Garantie oder ein sonstiges Zahlungsversprechen eines im Geltungsbereich dieses Gesetzes zum Geschäftsbetrieb befugten Kreditinstituts oder Kreditversicherers geleistet werden. [2]Das Kreditinstitut oder der Kreditversicherer darf Zahlungen an den Unternehmer nur leisten, soweit der Besteller den Vergütungsanspruch des Unternehmers anerkennt oder durch vorläufig vollstreckbares Urteil zur Zahlung der Vergütung verurteilt worden ist und die Voraussetzungen vorliegen, unter denen die Zwangsvollstreckung begonnen werden darf.
(3) [1]Der Unternehmer hat dem Besteller die üblichen Kosten der Sicherheitsleistung bis zu einem Höchstsatz von 2 vom Hundert für das Jahr zu erstatten. [2]Dies gilt nicht, soweit eine Sicherheit wegen Einwendungen des Bestellers gegen den Vergütungsanspruch des Unternehmers aufrechterhalten werden muss und die Einwendungen sich als unbegründet erweisen.
(4) Soweit der Unternehmer für seinen Vergütungsanspruch eine Sicherheit nach den Absätzen 1 oder 2 erlangt hat, ist der Anspruch auf Einräumung einer Sicherungshypothek nach § 648 Abs. 1 ausgeschlossen.
(5) [1]Hat der Unternehmer dem Besteller erfolglos eine angemessene Frist zur Leistung der Sicherheit nach Absatz 1 bestimmt, so kann der Unternehmer die Leistung verweigern oder den Vertrag kündigen. [2]Kündigt er den Vertrag, ist der Unternehmer berechtigt, die vereinbarte Vergütung zu verlangen; er muss sich jedoch dasjenige anrechnen lassen, was er infolge der Aufhebung des Vertrages an Aufwendungen erspart oder durch anderweitige Verwendung seiner Arbeitskraft erwirbt oder böswillig zu erwerben unterlässt. [3]Es wird vermutet, dass danach dem Unternehmer 5 vom Hundert der auf den noch nicht erbrachten Teil der Werkleistung entfallenden vereinbarten Vergütung zustehen.
(6) [1]Die Vorschriften der Absätze 1 bis 5 finden keine Anwendung, wenn der Besteller

1. eine juristische Person des öffentlichen Rechts oder ein öffentlich-rechtliches Sondervermögen ist, über deren Vermögen ein Insolvenzverfahren unzulässig ist, oder
2. eine natürliche Person ist und die Bauarbeiten zur Herstellung oder Instandsetzung eines Einfamilienhauses mit oder ohne Einliegerwohnung ausführen lässt.

[2]Satz 1 Nr. 2 gilt nicht bei Betreuung des Bauvorhabens durch einen zur Verfügung über die Finanzierungsmittel des Bestellers ermächtigten Baubetreuer.
(7) Eine von den Vorschriften der Absätze 1 bis 5 abweichende Vereinbarung ist unwirksam.

Schrifttum: *Heier/Gerberding*, Fristsetzungserfordernis und Treuwidrigkeit eines Sicherungsverlangens nach § 648 a BGB, zugleich Anmerkung zu LG Frankfurt a. M., Urt. v. 28.5.2008 – 3-09 O 117/07, Langaufsatz vom 31.10.2008, ibr-online; *Joussen*, § 648 a BGB: Künftig doppelte Klage auf Zahlung und auf

Sicherheitsleistung!, Kurzaufsatz, ibr-online: IBR 2010, 3; Münchener Prozessformularbuch, Band 2, Privates Baurecht, 3. Aufl. 2009

A. Außergerichtliches Verlangen nach Sicherheit

I. Muster: Außergerichtliches Verlangen nach Sicherheit 1

▶ Absender: Firma Meier und Müller Bau GmbH und Co. KG

Einschreiben/Rückschein und per Bote

An Firma ABC Schlüsselfertigbau GmbH

...

Bauvorhaben Neubau eines Wohn- und Geschäftshauses, Schillerstraße 23, Stuttgart

Sehr geehrte Damen und Herren,

hiermit setzen wir Ihnen Frist für eine Sicherheit gemäß den Anforderungen des § 648 a Abs. 1 BGB für den uns zustehenden Werklohn. Vereinbart ist zwischen uns für die Rohbauarbeiten[1] eine pauschale Vergütung von 750.000 EUR. Hiervon sind 225.000 EUR im Wege von Abschlagszahlungen geleistet.[2] In Höhe des ausstehenden Werklohns[3] von 525.000 EUR[4] verlangen wir Sicherheit. Diese hat bis zum Ablauf des

... (Fristsetzung, 12 Werktage)[5]

bei uns einzugehen.

Nach ergebnislosem Ablauf dieser Frist sind wir zur Einstellung der Bauarbeiten berechtigt, wie sich aus § 648 a Abs. 5 BGB ergibt.[6]

Sie müssen damit rechnen, dass wir von diesem Leistungsverweigerungsrecht Gebrauch machen werden.[7]

Mit freundlichen Grüßen

...

Unterschrift ◀

II. Erläuterungen

[1] Zu sichernde Forderungen. Die begrifflichen Anforderungen an den „Unternehmer eines Bauwerks" sind den Erläuterungen zu § 648 Rn 7 zu entnehmen. Ein Besteller mit den Merkmalen wie in Abs. 6 aufgeführt kann nicht Adressat eines Sicherungsverlangens sein. 2

[2] „Bauinsolvenzrecht", taktische Überlegungen. 3

(a) **Bauinsolvenzrecht.** Wie bei einer Vormerkung gerichtet auf Sicherungshypothek (§ 648), kann auch die Gewährung einer Bürgschaft der **Anfechtung durch den Insolvenzverwalter** ausgesetzt sein. Die Rechtslage seit dem 1.1.2009 (Übergangsvorschrift ist Art. 229 § 12 EGBGB) gewährt zwar im Unterschied zur vorangegangenen Gesetzeslage, also § 648 a aF, einen gesetzlichen Anspruch auf Bürgschaft, so dass zunächst Kongruenz (§ 130 InsO), besteht. Aber es droht Anfechtbarkeit nach den Maßstäben der sog. **Vollstreckungsinkongruenz**: Kenntnis von der Krise des Auftraggebers und Druckausübung durch den Auftragnehmer, etwa die Drohung mit der Einstellung der weiteren Bauleistung kombiniert mit einem Verlangen nach Bürgschaft, führen zur Anfechtbarkeit; kritisch ist der Zeitraum von drei Monaten zurückgerechnet ab Insolvenzantragstellung (§§ 131, 132 InsO); bei Androhung eines Insolvenzantrags ist sogar der Anwendungsbereich von § 133 InsO eröffnet, dies bezogen auf die Gewährung einer Bürgschaft im Zeitraum von zehn Jahren zurückgerechnet ab Insolvenzantragstellung. (Näher: § 648 Rn 3)

(b) **Taktische Überlegungen.** Diese insolvenzrechtliche Problemlage führt zu folgenden taktischen Überlegungen: Das Verlangen nach einer Bürgschaft sollte zu **Vertragsbeginn** gestellt werden, wenn Anzeichen für eine Krise des Auftraggebers (noch) nicht vorhanden sind. Oftmals ist Bedenken des Auftragnehmers, dass dadurch die Atmosphäre zwischen den Vertragsparteien belastet und die weitere Vertragserfüllung erschwert werde; zukünftig seien Aufträge nicht mehr zu erhalten. Der Auftraggeber sollte durch den Auftragnehmer von folgender Vorgehensweise überzeugt werden: Die Bürgschaft wird der Höhe nach auf den Werklohn beschränkt, der auf die jeweils nächste Abschlagszahlung entfällt. In Verbindung mit einem sinnvollen Abschlagszahlungsplan kann damit der Auftragnehmer sein Vorleistungsrisiko in sinnvoller Weise beschränken, während der Auftraggeber nicht zu stark belastet wird durch die für die Stellung der Bürgschaft erforderliche Aufnahme eines Avalkredits. Die konsensfähige Devise für beide Vertragsparteien sollte somit lauten: **Bürgschaft ja, aber nur für einen Teil, nämlich zur Sicherstellung der Vorausleistungen des Unternehmers bis zur nächsten Abschlagszahlung.**

4 [3] **Sekundäre Ansprüche aus Bauvertrag.** Wie bei § 648 (vgl dort Erläuterungen in Rn 10) ist auch seit der ab dem 1.1.2009 in Kraft getretenen Neufassung des § 648 a Abs. 1 S. 2 (Übergangsvorschrift: Art. 229 § 12 EGBGB) streitig, inwieweit eine Bürgschaft nach § 648 a Sekundäransprüche zu sichern vermag; vgl Palandt/*Sprau* § 648 a Rn 15 und zum alten Recht OLG Frankfurt Urt. v. 19.3.2008, 21 U 45/07 (IBR 2008, 325) mit dortiger Übersicht zum Meinungsstand:

„Allerdings ist streitig, welche Ansprüche nach § 648 a BGB gesichert werden können, und zwar sowohl für Schadensersatzforderungen (nicht erfasst: Werner/Pastor, Bauprozess, 11. Aufl., Rn 330 m.w.N; Kniffka, BauR 2007, 246, 251; erfasst nur, wenn sie zur Kompensation der ausgefallenen Vergütung dienen: Volt in Bamberger/Roth, BGB Stand 1.9.2006, Rn 10; MüKo-BGB/Busche, 4. Aufl. 2005, § 648 a, Rn 20; Staudinger/Peters, BGB, 2003, § 648 a Rn 8; immer erfasst: Soergel/Teichmann BGB, 12 Aufl., 1997, § 648 a Rn 8) als auch für sogenannte vergütungsgleiche Ansprüche wie §§ 642, 649 BGB (erfasst: Werner/Pastor, Bauprozess, 11. Aufl., Rn 330 m.w.N; MüKo-BGB/Busche, 4. Aufl. 2005, § 648 a, Rn 20; Staudinger/Peters, BGB, 2003, § 648 a, Rn 8; Soergel/Teichmann BGB, 12 Aufl., 1997, § 648 a, Rn 8; nicht erfasst: wohl Kniffka, BauR 2007, 246, 251; OLG Düsseldorf BauR 2000, 919: nur solche Vergütungs- und vergütungsgleichen Ansprüche, die eine Vorleistung des Unternehmers voraussetzen).“

5 [4] **Mängelansprüche und Anspruch auf Sicherheitsleistung.** Mängelansprüche stehen dem Anspruch auf Bürgschaft nur insoweit entgegen, als solche Ansprüche bereits entstanden und damit den noch zu erlangenden restlichen Werklohn verringert haben und entweder unstreitig oder rechtskräftig festgestellt sind, § 648 a Abs. 1 S. 4 („**liquide Gegenansprüche**“). Der Vergleich mit der Gesetzeslage bis einschließlich 31.12.2008 zeigt auf, dass der Auftragnehmer jetzt erheblich besser steht:

(a) Es kann zu **keinem „Fristenwettlauf“** mehr kommen, es stellt sich folgende Frage bei Geltung von § 648 a nF gerade nicht: Was war zuerst da, der fruchtlose Ablauf der Frist für die

Beseitigung von Mängeln (mit der Folge der Entstehung von Mängelansprüchen) oder aber der Ablauf der Frist für die Stellung der Bürgschaft? Die Rspr hatte zu § 648 a in dessen bis 31.12.2008 geltender Fassung entschieden, dass nach ergebnislosem Ablauf einer Frist zur Gewährung einer Bürgschaft bei dem Auftragnehmer noch eröffneter Möglichkeit zur Mängelbeseitigung deren Kosten von der Werklohnforderung abzuziehen seien; andernfalls sei ein Abzug in Höhe des Minderwerts des Bauwerks vorzunehmen. Auf diese Weise kam es zur Abrechnung der Vergütungsansprüche (BGH Urt. v. 12.10.2006, VII ZR 307/04; BGHZ 169, 261= NJW 2007, 60 = BauR 2007, 113; ferner: BGH Urt. v. 22.1.2004, VII ZR 183/02; BGHZ 157, 335 = NJW 2004, 1525). Mit der Neufassung verhindert der Gesetzgeber ein Unterlaufen des jetzt, mit Neufassung des Gesetzes, dem Auftragnehmer zustehenden Anspruchs (hierzu oben Rn 3) auf Sicherheit, indem auftraggeberseitig Mängel behauptet werden oder gar Nichterfüllung eingewandt wird. Der Auftragnehmer ist nicht mehr gezwungen, sich anlässlich des Sicherungsverlangens mit Gegenansprüchen und deren Höhe auseinanderzusetzen.

(b) Auch der **„Wettlauf der Fristen" im Bereich von nach VOB/B entstehenden Mängelansprüchen** hat deshalb ein Ende. Nach der Rspr zu § 648 a aF soll ein Sicherungsverlangen des Auftragnehmers gemäß § 648 a ins Leere gehen, wenn zum Zeitpunkt des Sicherungsverlangens ein auf Mängel gestütztes Kündigungsrecht des Auftraggebers gemäß § 4 Nr. 7, § 8 Nr. 3 VOB/B bereits entstanden ist (BGH Urt. v. 10.11.2005, VII ZR 147/04; BauR 2006, 153 (LS) = BauR 2006, 375 = NJW-RR 2006, 240). Unter der Geltung neuen Rechts dürfte diese Rspr nicht aufrechtzuerhalten sein (aA ohne nähere, sich mit § 648 a Abs. 1 S. 4 auseinandersetzende Begründung: *Schotten* in: Prozessformularbuch, S. 368).

(c) Die Rechtslage bis 31.12.2008 hingegen ist für den Auftragnehmer wegen des nach fruchtlosem Fristablauf entstehenden Abrechnungsverhältnisses und ferner gerade dann problematisch, wenn er „aufs Ganze geht", nämlich eine **Nachfrist mit Kündigungsandrohung** setzt; durch deren fruchtlosen Ablauf gilt der Vertrag als aufgehoben, §§ 648 a Abs. 5 S. 1, 643 S. 1 aF. Die Nachfrist zur Herbeiführung der Wirkungen des § 643 S. 2 soll gleichzeitig mit der Frist zur Leistung der Sicherheit gemäß § 648 a Abs. 1 S. 1 gesetzt werden können (OLG Hamm Urt. v. 25.11.2008, 19 U 89/08, IBR 2009, 202). Eine solche Nachfristsetzung mit Kündigungsandrohung muss – ähnlich wie vor der Schuldrechtsreform § 326 aF – von **unmissverständlicher Deutlichkeit** sein. Der „rein vorsorgliche Verweis auf die gesetzlichen Folgen" bei nicht fristgerechter Stellung einer Sicherheit genügt nicht den Anforderungen an eine sog. Kündigungsandrohung im Sinne von § 643 S. 1, § 648 a Abs. 5 S. 1 aF; diese muss vielmehr unzweifelhaft erkennen lassen, dass bei Untätigbleiben des Bestellers die Aufhebung des Vertrags für die Zukunft ipso facto – gleichsam automatisch – eintritt, also nur noch vom Ablauf der Frist abhängt (OLG Bamberg Beschl. v. 29.7.2009, 8 U 98/09; ibr-online). Eine zunächst mit sieben Tagen gesetzte Frist und eine Nachfrist von weiteren sieben Tagen können hierbei völlig ausreichen (OLG Hamm Urt. v. 28.2.2008, 24 U 81/07, IBR 2010, 83; danach ist eine Nachfrist von sogar nur drei bis vier Werktagen üblich und ausreichend.) Der nach einer so herbeigeführten Vertragsaufhebung bei § 648 a dem Auftragnehmer zustehende Vergütungsanspruch soll ohne Abnahme fällig werden (OLG Hamm Urt. v. 28.2.2008, 24 U 81/07; ibr-online 2010, 83 m.Anm. *Joussen*; vgl zum Abnahmeerfordernis auch bei vorzeitig beendetem Bauvertrag BGH Urt. v. 11.5.2006 VII ZR 146/04, BGHZ 167, 345 = NJW 2006, 2475). Die Abrechnung aufgrund einer solchen, somit innerhalb relativ kurzer Fristen herbeiführbaren Vertragslage kann aber durchaus dazu führen, dass der Unternehmer überzahlt ist, weil die erforderlichen Mängelbeseitigungskosten die ausstehende Vergütung übersteigen. Da der Vertrag als aufgehoben gilt, hat der Unternehmer auch kein Nacherfüllungsrecht mehr; er hat ja die weitere Vertragserfüllung selbst aus der Hand gegeben. § 648 a aF hält für den Auftragnehmer also auch erhebliche, nicht immer leicht zu überschauende Risiken bereit.

6 [5] **Angemessene Frist.** Noch zu § 648 a aF meinen *Heier/Gerberding* mit Bezug auf allerdings krasse Umstände eines vom LG Frankfurt aM entschiedenen Einzelfalls, § 648 a könne treuwidrig eingesetzt werden von einem Unternehmer, „dem es gerade darauf ankommt, sich von einem mittlerweile unliebsam gewordenen Vertrag loszulösen", etwa, „wenn man sich verkalkuliert hat oder aber Preissteigerungen dazu geführt haben, dass die Vollendung des Bauvorhabens teurer wird als ursprünglich angenommen." Kurze Fristsetzungen seien nach den Maßstäben von Treu und Glauben auf Angemessenheit zu überprüfen. Eine zunächst mit sieben Tagen gesetzte Frist soll ausreichen (zu § 648 a aF OLG Hamm Urt. v. 28.2.2008, 24 U 81/07; IBR 2010, 83). Jedenfalls ist es nicht zu empfehlen, eine „gerade noch" angemessene Frist zu setzen, zumal ja nach neuem Recht das Erfordernis der Nachfristsetzung der §§ 648 a Abs. 5, 643 S. 1 aF entfallen ist; das Recht zur Kündigung, § 648 a Abs. 5 nF, entsteht schon mit ergebnislosem Ablauf der ersten gesetzten Frist.

7 [6] **Rechtsfolgen nach ergebnislosem Fristablauf.** § 648 a Abs. 5 gewährt dem Auftragnehmer mit Fristablauf das **Wahlrecht**, ob er die Sicherheit weiterhin verlangt (und hierbei die Arbeit einstellt) oder den Vertrag kündigt. Nicht notwendig ist nach dem Gesetzeswortlaut die Androhung einer dieser Vorgehensweisen. Im Falle der Kündigung steht dem Auftragnehmer ein dem § 649 S. 2 (Schadenersatz bei „freier Kündigung" des Bestellers) entsprechender Anspruch zu; auch hinsichtlich der Pauschale in Höhe von 5 vom Hundert sind § 648 a Abs. 5 S. 3 und § 649 S. 3 inhaltsgleich.

8 [7] **Stand der Leistungserbringung, Abnahme.** Ob und inwieweit die Unternehmerleistung erbracht und ob sie abgenommen wurde, ist für den Anspruch auf Bürgschaft ohne Bedeutung, § 648 a Abs. 1 S. 3. Der Meinungsstreit noch zum alten Recht ist damit hinfällig (vgl hierzu: BGH Urt. v. 22.1.2004, VII ZR 183/02; BGHZ 157, 335 = NJW 2004, 1525).

B. Klage auf Sicherheit verbunden mit Werklohnklage

9 **I. Muster: Klage auf Sicherheit verbunden mit Werklohnklage**

▶ **Klage**

In Sachen

▪▪▪ (Rubrum)

wegen: Bauhandwerkersicherung, § 648 a BGB, und Werklohn aus Bauvertrag

Gegenstandswert: 645.000 EUR[1]

werde ich

beantragen

zu erkennen:

I. Die Beklagte wird verurteilt, der Klägerin für Ansprüche auf Vergütung einschließlich Nebenforderungen aus dem Bauvertrag vom ▪▪▪ für Rohbauarbeiten an dem Bauvorhaben ▪▪▪ in Höhe von 525.000 EUR eine Sicherheit[2] zu leisten, dies nach Wahl der Beklagten durch[3]
   - Hinterlegung von Geld oder Wertpapieren,
   - Verpfändung von Forderungen, die in das Bundesschuldbuch oder in das Landesschuldbuch eines Landes eingetragen sind,
   - Verpfändung beweglicher Sachen,
   - Bestellung von Schiffshypotheken an Schiffen oder Schiffsbauwerken, die in einem deutschen Schiffsregister oder Schiffsbauregister eingetragen sind,
   - Bestellung von Hypotheken an inländischen Grundstücken,
   - Verpfändung von Forderungen, für die eine Hypothek an einem inländischen Grundstück besteht,

- Verpfändung von Grundschulden oder Rentenschulden an inländischen Grundstücken,
- durch eine Garantie oder ein sonstiges Zahlungsversprechen eines im Geltungsbereich dieses Gesetzes zum Geschäftsbetrieb befugten Kreditinstituts oder Kreditversicherers.

II. Die Beklagte wird verurteilt, an die Klägerin 120.000 EUR zu bezahlen nebst Zinsen hieraus in Höhe von 5 Prozentpunkten oberhalb des Basiszinssatzes der europäischen Zentralbank seit ■■■

III. Die Beklagte trägt die Kosten des Rechtsstreits.

Begründung

Die Parteien streiten um Ansprüche aus einem Bauvertrag für das im Antrag I. erwähnte Bauvorhaben. Die Klägerin, die mittels dieses Bauvertrags mit den Rohbauarbeiten für dieses Bauvorhaben beauftragt wurde, verlangt Bauhandwerkersicherung gemäß § 648 a BGB für die bis zur vollständigen Erfüllung und Abnahme ihr zustehende, noch nicht bezahlte Vergütung (Antrag I.), ferner Werklohn in Höhe einer derzeit bereits fälligen Abschlagszahlung (Antrag II.).

I. Bauhandwerkersicherung:

– ■■■ (Vortrag zur (1.) Vertragslage und zum insgesamt geschuldeten Werklohn, (2.) zum Zahlungsstand (insgesamt geschuldeter Werklohn abzüglich geleistete Abschlagszahlungen), zum vorgerichtlichen Verlangen nach Sicherheit,§ 648 a BGB)

4. Mit Schreiben vom ■■■ verweigerte die Beklagte die Sicherheitsleistung und begründete dies mit angeblichen Mängeln.
   Beweis: Schreiben vom ■■■ als Anlage K■■■
   Diese Mängelbehauptungen wurden vorgerichtlich bestritten und werden weiterhin bestritten.[4]
   Beweis: Schreiben vom ■■■ als Anlage K■■■
   Auf die Mängelbehauptungen der Beklagten kommt es jedoch infolge ausdrücklicher gesetzlicher Regelung ohnehin nicht an, § 648 a Abs. 1 S. 4 BGB.
5. Die Beklagte hat Sicherheit zu leisten in einer der Formen des § 232 Abs. 1 BGB oder in der in § 648 Absatz 2 BGB zugelassenen Form. Sie ist hierzu zu verurteilen; der Antrag I. berücksichtigt das Wahlrecht der Beklagten.

II. Werklohn:

Der Beklagte schuldet aus dem Bauvertrag bereits fällig gewordenen Werklohn wie Antrag II. zu entnehmen. Im Einzelnen:

1. Zunächst wird Bezug genommen auf oben I., dort 1.
2. Infolge erbrachter Leistung und hierfür vereinbarter weiterer Abschlagszahlung ist folgender Betrag zur Zahlung fällig:

■■■ [Vortrag zum Leistungsstand, zum durch ausdrückliche vertragliche Vereinbarung hierzu ausgelösten Anspruch auf weitere Abschlagszahlung, zur vorgerichtlichen Zahlungsaufforderung und zum Verzugsbeginn]

■■■

Rechtsanwalt ◄

II. Erläuterungen und Varianten

[1] Der **Gegenstandswert** für beide Anträge ist zu addieren; der Anspruch auf Sicherheit (in Höhe der zu besichernden Forderung; hierzu Zöller/*Herget*, ZPO, § 6 Rn 6) tritt neben die zusätzlich eingeklagte Werklohnforderung. 10

[2] Die **Klagbarkeit des Sicherheitsanspruchs:** 11

(a) § 648 a Abs. 1 in seiner Neufassung gewährt dem Unternehmer einen **einklagbaren Anspruch auf Bauhandwerkersicherheit**. Ein solcher Anspruch tritt **neben** den **Vergütungsanspruch**. Streitige Gegenansprüche bleiben unberücksichtigt (§ 648 a Abs. 1 S. 4). Der Unternehmer kann, muss aber nicht nach § 648 a Abs. 5 vorgehen und nach ergebnislosem Fristablauf die Leistung verweigern; er kann „aus § 648 a auch mehr machen" und mit oder ohne Verweigerung der (weiteren) Bauleistung, Abs. 5, die Sicherheitsleistung einklagen (missverständlich Hk-BGB/*Ebert* § 649 Rn 9). Begrifflichkeiten wie „die von ihm zu erbringenden Vorleistungen" enthält die heutige Gesetzesfassung nicht mehr. Es geht jetzt um Sicherung aller durch Bauvertrag entstandenen Vergütungsansprüche, wie sich mittelbar aus der Gesetzesbegründung ergibt (BT-Drucks. 16/511, 17). Ob der Unternehmer schon geleistet hat oder erst noch in Vorleistung gehen muss, um zu erfüllen, ist unerheblich; es wäre sinnwidrig, ausgerechnet dem Unternehmer, der bereits geleistet hat, den Anspruch auf Sicherheit nicht zu gewähren (wie hier: *Joussen*, Kurzaufsatz, ibr-online: IBR 2010, 3). Weil die Gerichte oftmals restriktiv von ihrem Ermessen gemäß § 301 Abs. 2 ZPO Gebrauch machen und ein Teilurteil verweigern, ist daran zu denken, neben der Vergütungsklage eine gesonderte Klage auf Sicherheitsleistung zu erheben.

(b) Diese Ausgestaltung des § 648 a in der ab 1.1.2009 geltenden Neufassung als **Anspruch auf Sicherheit** und damit einhergehende **unabdingbare** (Abs. 7) **Verpflichtung des Auftraggebers** zur Sicherheitsleistung legt nahe, dass es auf ausstehende Vorleistungen des Auftragnehmers in keiner Hinsicht mehr ankommt, somit auch nicht auf die eigenen Verlautbarungen des Auftragnehmers dazu, ob und inwieweit er sich noch in einer Vorleistungspflicht sehe. Anders wurde zum alten Recht zu folgender Konstellation entschieden: Der Unternehmer soll sich gegenüber der Aufforderung des Bestellers zur Mängelbeseitigung wegen einer ausstehenden Sicherheit gemäß § 648 a nicht auf ein Leistungsverweigerungsrecht berufen können, wenn er zur Beseitigung behaupteter Mängel nicht (mehr) bereit ist, nämlich dies – unvorsichtigerweise – artikuliert hat (BGH Urt. v. 27.9.2007, VII ZR 80/05; BauR 2007, 2052 = NZBau 2008, 55 = NJW-RR 2008, 31). Nach der Neufassung des § 648 a Abs. 1 S. 4 hingegen wird der Besteller die Sicherheit ohne „Wenn und Aber" solange leisten müssen, wie die eigenen (Mängel-)Ansprüche streitig sind. Hierzu auch die Materialien (BT-Drucks. 16/511, 17):

„Die Konsequenz, dass der Auftraggeber noch Sicherheit leisten muss, wenn der Auftragnehmer mangelhaft gearbeitet hat oder das Verlangen nach Sicherheit erstmals nach einer Mängelrüge geltend macht, ist bedacht worden, die Regelung wird jedoch im Hinblick auf die Vorleistungspflicht des Unternehmers für sachgerecht und angemessen erachtet."

12 [3] **Zwangsvollstreckung.** Leistet der Besteller die Sicherheit auch nach seiner Verurteilung hierzu nicht, kann der Unternehmer das dem Besteller zustehende Wahlrecht im Wege der Zwangsvollstreckung ausüben.

(a) Die **Sicherheitsleistung** ist eine **vertretbare Handlung**. Das Wahlrecht wird analog § 264 Abs. 1 Hs 1 ausgeübt durch den Antrag auf Ermächtigungsbeschluss (§ 891 ZPO), an das hierfür zuständige Prozessgericht des ersten Rechtszugs, § 887 Abs. 1 ZPO; vgl Palandt/*Heinrichs* § 232 Rn 1. Der vom Schuldner zu zahlende Betrag darf durch die Ermächtigung des Gläubigers nicht in dessen Vermögen gelangen; dieser hat nach dem Urteil, mit dem der Schuldner zur Sicherheitsleistung verurteilt wurde, Anspruch auf die Sicherheit, nicht (!) aber auf den Geldbetrag.

(b) Wesentlicher **Inhalt der Antragsschrift**, dem Prozessbevollmächtigten des Rechtsstreits zuzustellen, in dem das Urteil erging, § 172 ZPO (mit der Antragsschrift vorzulegen ist der erstrittene Titel):

▶ I. Der Gläubiger wird ermächtigt, die vom Schuldner vorzunehmende vertretbare Handlung, Sicherheit in Höhe von ■■■ EUR durch Stellung einer Bankbürgschaft gemäß den Anforderungen des § 648 a Abs. 2 BGB zu leisten, auf Kosten des Schuldners vornehmen zu lassen.

II. Der Schuldner wird verurteilt, auf die durch die Handlung gemäß I. entstehenden Kosten einen Vorschuss in Höhe des zu verbürgenden Betrags von ■■■ EUR und weitere ■■■ EUR als Vorschuss für die an die Bürgin zu zahlende Avalprovision zu bezahlen, beides auf das Avalkonto Nr. ■■■ bei der ■■■ -Bank. ◀

[4] **Entgegenstehende Mängelansprüche.** Vgl hierzu oben Rn 5. 13

§ 649 Kündigungsrecht des Bestellers

[1]Der Besteller kann bis zur Vollendung des Werkes jederzeit den Vertrag kündigen. [2]Kündigt der Besteller, so ist der Unternehmer berechtigt, die vereinbarte Vergütung zu verlangen; er muss sich jedoch dasjenige anrechnen lassen, was er infolge der Aufhebung des Vertrags an Aufwendungen erspart oder durch anderweitige Verwendung seiner Arbeitskraft erwirbt oder zu erwerben böswillig unterlässt. [3]Es wird vermutet, dass danach dem Unternehmer 5 vom Hundert der auf den noch nicht erbrachten Teil der Werkleistung entfallenden vereinbarten Vergütung zustehen.

A. Muster: Klage eines Unternehmers auf Vergütung abzüglich ersparter Aufwendungen 1

▶ Landgericht 474

Klage

In Sachen

■■■ (Vollrubrum)

wegen: Forderung (Vergütung abzüglich ersparter Aufwendungen gem. § 649 S. 2 BGB)

vorläufiger Gegenstandswert: 22.124,25 EUR

In vorbezeichneter Angelegenheit wird unter Einzahlung eines Gerichtskostenvorschusses in Höhe von ■■■ EUR Klage zu dem Landgericht ■■■ erhoben, vor welchem

beantragt wird:

I. Die Beklagte wird verurteilt, an den Kläger 22.114,24 EUR nebst Zinsen hieraus in Höhe von 8 %-Punkten über dem EZB-Basiszinssatz seit ■■■ zu bezahlen.

II. (Nebenanträge siehe Muster Rn 149 zu §§ 631, 632 – Klage aus Schlussrechnung)

Begründung

Die Parteien haben den hiermit als Anlage K 1 vorgelegten Vertrag über die Erbringung von Beton- und Baumeisterarbeiten durch den Kläger für das Bauvorhaben der Beklagten, einer Bauträgerin, „Errichtung eines Doppelhauses an der ■■■ Straße in ■■■" abgeschlossen.

Es handelt sich um einen Detail-Pauschalvertrag; der Leistungsumfang ist dem Angebotsleistungsverzeichnis vom ■■■ (Anlage K 2), auf welches der Vertrag Bezug nimmt, zu entnehmen.

Im Laufe der Vertragsverhandlungen wurde ausweislich des Verhandlungsprotokolls vom ■■■ (Anlage K3) anstelle der in dem Angebotsleistungsverzeichnis angebotenen Einheitspreise mit dem vorläufigen Endbetrag von ■■■ ein etwas abgerundeter Betrag von ■■■ als Pauschalpreis für die in dem Angebotsleistungsverzeichnis enthaltene Leistung vereinbart.

Nach Vertragsschluss verlangte der Kläger mit Schreiben vom ■■■ (Anlage K 4) die Stellung einer Unternehmersicherheit gem. § 648 a BGB in Höhe des Pauschalbetrages zuzüglich 10 %, § 648 a Abs. 1 S. 1 BGB.

Die Beklagte antwortete darauf, dass dann der Kläger gem. der Bestimmung in § ■■■ des Vertrages eine Erfüllungsbürgschaft in gleicher Höhe stellen müsse. Der Kläger wies demgegenüber zu Recht darauf hin, dass dies eine unzulässige Umgehung und Einschränkung des Rechtes des Unternehmers auf die Zahlungssicherheit gem. § 648 a BGB sei. Er habe einen Anspruch auf diese Sicherheit und sei nicht verpflichtet, zum Ausgleich dafür eine Erfüllungsbürgschaft in Höhe von 110 % des voraussichtlichen Werklohnes zu stellen, nachdem darüber hinaus eine Erfüllungssicherheit formularmäßig ohnehin höchstens bis zur Höhe von 5 % des Werklohnes vereinbart werden dürfte. Die Beklagte beharrte auf der angeblichen vertraglichen Vereinbarung und weigerte sich weiterhin, die Sicherheit zu stellen. Sie forderte den Kläger auf, umgehend mit den Bauarbeiten zu beginnen, spätestens jedoch bis …. Die vorstehend erwähnten Schreiben werden hiermit als Anlagen K 5 bis K 7 vorgelegt.

Nachdem der Kläger zu Recht mit den Bauarbeiten nicht begonnen hatte, § 648 a Abs. 5 S. 1 BGB, beauftragte die Beklagte einen anderen Unternehmer mit den Arbeiten, welche mit dem Vertrag Anlage K 1 dem Kläger übertragen waren. Dies wird die Beklagte nicht bestreiten können, da die Bauarbeiten in vollem Gange sind und ausweislich der Bautafel die Firma … die Rohbauarbeiten ausführt.

Beweis: Einnahme eines gerichtlichen Augenscheins; Sachverständigengutachten.

Die Beauftragung eines anderen Unternehmers ist als freie Kündigung des dem Kläger erteilten Auftrages gem. § 649 BGB anzusehen.[1] Darüber hinaus hat der Kläger gem. § 648 a Abs. 5 S. 1 ebenfalls das Recht, den Vertrag zu kündigen mit der Konsequenz des Satz 2 der zitierten Vorschrift, welche wiederum identisch ist mit der Rechtsfolge des § 649 BGB.

Zur Höhe des Anspruches:[2]

Wie sich schon aus dem Wortlaut des Gesetzes ergibt, geht es nicht um entgangenen Gewinn, sondern um die vereinbarte Vergütung einerseits und ersparte Aufwendungen andererseits.

Die vereinbarte Vergütung steht fest, dies ist der Pauschalpreis von … EUR.

Der Kläger hat sich durch die Nichtausführung des streitgegenständlichen Auftrages folgende Aufwendungen erspart:

Baumaterial: …

Baustelleneinrichtung für die vertraglich vorgesehene Bauzeit von … bis ….

Baustellenbezogene Zusatzlohnkosten für die vertraglich vorgesehene Bauzeit von … bis ….

Darüber hinaus hat sich der Kläger nichts erspart. Seine Arbeitnehmer muss er bezahlen, egal, ob er den hier gegenständlichen Auftrag ausführt oder nicht. Das gleiche gilt für die Kosten für Baumaschinen.[3]

Der Kläger hat weder Ersatzaufträge ausgeführt noch es unterlassen, solche anzunehmen. ◄

B. Erläuterungen

2 [1] **Vorliegen einer sog. freien Kündigung gem. § 649 S. 1 BGB.** Eine solche Kündigung braucht nicht ausdrücklich, sie kann auch konkludent erfolgen, Hk-BGB/*Ebert*, § 649 Rn 2. Eine solche Kündigung ist insbesondere dann gegeben, wenn für ein und dieselbe Leistung ein anderes Unternehmen beauftragt wird: Damit bringt der Auftraggeber zum Ausdruck, dass er die Ausführung der Leistung durch den zuerst beauftragten Unternehmer nicht mehr wünscht.

3 Oft wird von dem Auftraggeber eingewandt, dass eigentlich die Voraussetzungen für einen Rücktritt, einen Schadenersatz statt der restlichen Leistung oder eine außerordentliche Kündigung aus wichtigem Grund vorgelegen hätten. Dafür ist der Auftraggeber beweisbelastet. Hatte der Auftragnehmer, wie hier, ein **Leistungsverweigerungsrecht**, dann wird regelmäßig eine freie Kündigung vorliegen.

4 Wegen der aus der Kündigung gem. § 649 dem Auftragnehmer erwachsenden Ansprüche sollte sich jeder Auftraggeber jede Kündigung, ob ausdrücklich oder konkludent, gut überlegen und die Kündigungsvoraussetzungen gut dokumentiert haben.

[2] Werklohnanspruch des Unternehmers bei freier Kündigung. Bei einer freien Kündigung wird 5
der Unternehmer dafür bezahlt, dass er nichts gemacht hat. Er wird für eine nicht erbrachte Leistung bezahlt; dies ist die Kehrseite des Rechts des Auftraggebers, jederzeit ohne Gründe kündigen zu dürfen. Er darf deshalb nach dem Gesetz jederzeit ohne Gründe kündigen, weil dadurch dem **Auftragnehmer kein Schaden** entsteht.

Es kommt nach dem gesetzlichen Wortlaut nach Sinn und Zweck des Gesetzes nicht auf den 6
entgangenen Gewinn an. Vielmehr sind zwei Beträge einander gegenüberzustellen: einmal die regelmäßig ja bekannte **vertragliche Vergütung** und zum anderen diejenigen **Aufwendungen**, welche sich der Unternehmer dadurch **erspart** hat, dass er ausgerechnet diese Leistung nicht erbracht hat.

Bei Bauausführungsarbeiten erspart sich der Unternehmer in der Regel das **Material** (außer es 7
handelt sich um Material oder zB um vorgefertigte Teile, welche anderweitig nicht verwendet werden können), meist auch die Aufwendungen für die **Baustelleneinrichtung:** Baucontainer, Toiletten usw für die vertraglich vorgesehene Bauzeit und uU **Lohnbestandteile**, wenn wegen der Arbeit auf dieser Baustelle zusätzliche Lohnaufwendungen, zB so genannte Auslösen oder Ähnliches fällig geworden wären.

[3] Besonderheiten bei einem Pauschalvertrag. Besonderheiten bietet der Pauschalvertrag nicht 8
wegen der Berechnung der vereinbarten Vergütung abzüglich ersparter Aufwendungen; es gelten die gleichen Grundsätze wie auch beim Einheitspreisvertrag.

Besonderheiten gibt es dann, wenn ein Teil der Leistung schon erbracht wurde: Dann muss der 9
Auftragnehmer die erbrachte Teilleistung so abrechnen, dass sie ein Gericht, in der Regel durch einen Sachverständigen, auch nachprüfen kann. Dazu muss er aufschlüsseln,

- welche Leistungen er für den Preis zu erbringen hatte,
- wie sich der Pauschalpreis auf die einzelnen Leistungen verteilt und
- welche Leistungen er erbracht hat.

Sodann muss er den Preis für die erbrachte zu dem Preis für die nicht erbrachte Teilleistung in Verhältnis setzen (zu den Vorgaben der Rechtsprechung vgl OLG Brandenburg v. 22.6.2005 – 4 U 137/03, IBR 2005, 665; BGH v. 25.7.2002 – VII ZR 263/01, BauR 2002, 1695).

Für die sodann verbleibende Vergütung für die nicht erbrachten Leistungen gilt wieder die Ab- 10
rechnung abzüglich ersparter Aufwendungen, dh es ist der restliche Pauschalpreis zu Grunde zu legen und es sind dann die ersparten Aufwendungen abzuziehen.

§ 649 Kündigungsrecht des Bestellers

[1]Der Besteller kann bis zur Vollendung des Werkes jederzeit den Vertrag kündigen. [2]Kündigt der Besteller, so ist der Unternehmer berechtigt, die vereinbarte Vergütung zu verlangen; er muss sich jedoch dasjenige anrechnen lassen, was er infolge der Aufhebung des Vertrags an Aufwendungen erspart oder durch anderweitige Verwendung seiner Arbeitskraft erwirbt oder zu erwerben böswillig unterlässt. [3]Es wird vermutet, dass danach dem Unternehmer 5 vom Hundert der auf den noch nicht erbrachten Teil der Werkleistung entfallenden vereinbarten Vergütung zustehen.

§ 650 Kostenanschlag

(1) Ist dem Vertrag ein Kostenanschlag zugrunde gelegt worden, ohne dass der Unternehmer die Gewähr für die Richtigkeit des Anschlags übernommen hat, und ergibt sich, dass das Werk nicht ohne eine wesentliche Überschreitung des Anschlags ausführbar ist, so steht dem Unternehmer, wenn der Besteller den Vertrag aus diesem Grund kündigt, nur der im § 645 Abs. 1 bestimmte Anspruch zu.
(2) Ist eine solche Überschreitung des Anschlags zu erwarten, so hat der Unternehmer dem Besteller unverzüglich Anzeige zu machen.

§ 651 Anwendung des Kaufrechts[1]

[1]Auf einen Vertrag, der die Lieferung herzustellender oder zu erzeugender beweglicher Sachen zum Gegenstand hat, finden die Vorschriften über den Kauf Anwendung. [2]§ 442 Abs. 1 Satz 1 findet bei diesen Verträgen auch Anwendung, wenn der Mangel auf den vom Besteller gelieferten Stoff zurückzuführen ist. [3]Soweit es sich bei den herzustellenden oder zu erzeugenden beweglichen Sachen um nicht vertretbare Sachen handelt, sind auch die §§ 642, 643, 645, 649 und 650 mit der Maßgabe anzuwenden, dass an die Stelle der Abnahme der nach den §§ 446 und 447 maßgebliche Zeitpunkt tritt.

Untertitel 2 Reisevertrag

§ 651 a Vertragstypische Pflichten beim Reisevertrag

(1) [1]Durch den Reisevertrag wird der Reiseveranstalter verpflichtet, dem Reisenden eine Gesamtheit von Reiseleistungen (Reise) zu erbringen. [2]Der Reisende ist verpflichtet, dem Reiseveranstalter den vereinbarten Reisepreis zu zahlen.

(2) Die Erklärung, nur Verträge mit den Personen zu vermitteln, welche die einzelnen Reiseleistungen ausführen sollen (Leistungsträger), bleibt unberücksichtigt, wenn nach den sonstigen Umständen der Anschein begründet wird, dass der Erklärende vertraglich vorgesehene Reiseleistungen in eigener Verantwortung erbringt.

(3) [1]Der Reiseveranstalter hat dem Reisenden bei oder unverzüglich nach Vertragsschluss eine Urkunde über den Reisevertrag (Reisebestätigung) zur Verfügung zu stellen. [2]Die Reisebestätigung und ein Prospekt, den der Reiseveranstalter zur Verfügung stellt, müssen die in der Rechtsverordnung nach Artikel 238 des Einführungsgesetzes zum Bürgerlichen Gesetzbuche bestimmten Angaben enthalten.

(4) [1]Der Reiseveranstalter kann den Reisepreis nur erhöhen, wenn dies mit genauen Angaben zur Berechnung des neuen Preises im Vertrag vorgesehen ist und damit einer Erhöhung der Beförderungskosten, der Abgaben für bestimmte Leistungen, wie Hafen- oder Flughafengebühren, oder einer Änderung der für die betreffende Reise geltenden Wechselkurse Rechnung getragen wird. [2]Eine Preiserhöhung, die ab dem 20. Tage vor dem vereinbarten Abreisetermin verlangt wird, ist unwirksam. [3]§ 309 Nr. 1 bleibt unberührt.

(5) [1]Der Reiseveranstalter hat eine Änderung des Reisepreises nach Absatz 4, eine zulässige Änderung einer wesentlichen Reiseleistung oder eine zulässige Absage der Reise dem Reisenden unverzüglich nach Kenntnis von dem Änderungs- oder Absagegrund zu erklären. [2]Im Falle einer Erhöhung des Reisepreises um mehr als fünf vom Hundert oder einer erheblichen Änderung einer wesentlichen Reiseleistung kann der Reisende vom Vertrag zurücktreten. [3]Er kann stattdessen, ebenso wie bei einer Absage der Reise durch den Reiseveranstalter, die Teilnahme an einer mindestens gleichwertigen anderen Reise verlangen, wenn der Reiseveranstalter in der Lage ist, eine solche Reise ohne Mehrpreis für den Reisenden aus seinem Angebot anzubieten. [4]Der Reisende hat diese Rechte unverzüglich nach der Erklärung durch den Reiseveranstalter diesem gegenüber geltend zu machen.

1 **A. Muster: Reiseanmeldung**

▶ **Reiseanmeldung[1]**

Hiermit melde ich ... (Reisender)[2] bei Ihnen ... (Reiseveranstalter) auf Grundlage Ihres Reisekataloges ... (konkrete Bezeichnung) und Ihrer Allgemeinen Reisebedingungen nachstehende Reise ... (konkrete Bestandteile) an. Ich bitte um eine entsprechende Reisebestätigung.[3]

..., den ...

...

Unterschrift ◀

B. Erläuterungen

2 [1] Mit dem Reisevertrag als gegenseitigem Vertrag wird der Reiseveranstalter verpflichtet, eine **Gesamtheit von Reiseleistungen** (Reise) zu erbringen, während der Reisende zur Zahlung des

1 Diese Vorschrift dient der Umsetzung der Richtlinie 1999/44/EG des Europäischen Parlaments und des Rates vom 25. Mai 1999 zu bestimmten Aspekten des Verbrauchsgüterkaufs und der Garantien für Verbrauchsgüter (ABl. EG Nr. L 171 S. 12).

vereinbarten Reisepreises verpflichtet ist. Eine Gesamtheit von Reiseleistungen liegt vor, wenn mehrere gleichartige Einzelleistungen zu einem Leistungspaket geschnürt und in eigener Verantwortung werden.

[2] Bei **Familienreisen** wird das buchende Familienmitglied Vertragspartner des Reiseveranstalters. Er handelt nicht als Vertreter seiner Familie, die auch nicht Reisende iSd § 651 a Abs. 1 S. 2 wird (OLG Düsseldorf NJW-RR 1988, 636; NJW-RR 1990, 186; NJW-RR 1991, 1202; OLG Frankfurt aM, NJW 1986, 1986; RRa 2005, 23). Bei **Namensverschiedenheit der Reisenden**, also auch bei nichtehelichen Lebensgemeinschaften (LG Düsseldorf RRa 2004, 14; AG Hannover RRa 2002, 92; aA AG Köln RRa 2004, 20) kann der Reiseveranstalter grundsätzlich davon ausgehen, dass der Buchende in Vertretung der übrigen Mitreisenden auftritt und somit gesonderte Reiseverträge zustande kommen (OLG Düsseldorf RRa 1999, 206; LG Stuttgart NJW-RR 1993, 1018 = RRa 1993, 17; LG Hamburg RRa 1995, 187; RRa 1999, 147; LG Hannover NJW-RR 2002, 701 = RRa 2002, 122; LG Düsseldorf, RRa 2008, 39 bei Flugbuchung; AG Neuwied RRa 2004, 20), es sei denn, die Buchung erfolgt erkennbar in eigenem Namen (OLG Frankfurt aM RRa 2005, 23; LG Hamburg RRa 1999, 147; LG Düsseldorf MDR 2000, 567). Erfolgt die Buchung für eine Mehrheit von Personen, so wird in der Regel jeder einzelne Reisende Vertragspartner des Reiseveranstalters (BGH NJW 1990, 2750; OLG Düsseldorf NJW-RR 1987, 888; NJW-RR 1990, 186). 3

[3] Zum **Abschluss des Reisevertrags** ist eine Buchung nebst entsprechender Bestätigung erforderlich. Der Begriff der Buchung ist mit dem Begriff des Angebotes nicht vollkommen identisch, da in der Buchung eine Angebotserklärung durch den Urlauber liegt, an die er bereits mit Abgabe gebunden ist. Dem Reiseveranstalter bleibt vorbehalten, diese Angebotserklärung des Kunden anzunehmen, was regelmäßig in Form einer Reisebestätigung geschieht. In der Buchung ist mithin nicht der Vertragsschluss zu sehen, sondern lediglich die Angebotserklärung, während der Vertrag erst durch die Übersendung der Reisebestätigung zustande kommt. 4

Die Buchung ist wie der gesamte Reisevertrag **formfrei**. Sie kann daher mündlich, schriftlich, telefonisch oder per EDV erfolgen. 5

Der **Reisekatalog** des Reiseveranstalters stellt **kein Vertragsangebot** dar, sondern ist vielmehr „invitatio ad offerendum", die Aufforderung an den potentiellen Kunden, seinerseits ein Angebot zum Abschluss des Reisevertrags zu machen. 6

Die Buchung erfordert für das wirksame Zustandekommen eines Reisevertrags seitens des Reiseveranstalters die Erklärung, dass er das Angebot des Kunden annimmt. Schriftform ist nicht erforderlich, gleichwohl ist nach § 6 Abs. 1 BGB-InfoV die Aushändigung einer **schriftlichen Reisebestätigung** vorgeschrieben. 7

Weicht die Reisebestätigung von der Buchung ab, ist der Kunde an seine Buchung nicht mehr gebunden. In diesem Fall hat der Veranstalter rechtlich das Vertragsangebot des Kunden abgelehnt und seinerseits gem. **§ 150 Abs. 2** ein **neues, annahmebedürftiges Angebot** gemacht. Der Urlauber kann dieses neue Angebot annehmen. Schweigt er, gilt dies als Ablehnung. Allerdings kann eine konkludente, dh stillschweigende Annahme des Kunden darin gesehen werden, dass er die vorgesehenen Vorauszahlungen leistet oder er die Reise antritt (OLG Frankfurt/M. RRa 1996, 84). 8

Mit der **Vermittlerklausel** nach § 651 a Abs. 2 soll verhindert werden, dass sich der Anbieter gebündelter Reiseleistungen seiner Haftung gegenüber seinem Vertragspartner mittels der Erklärung entzieht, die Leistungen seien von ihm **lediglich vermittelt** worden. Eine derartige Erklärung ist nach § 651 m unwirksam, wenn sich aus den objektiven Umständen ergibt, dass die einzelnen Reiseleistungen in eigener Verantwortung erbracht werden (BGH NJW 1974, 37; NJW 1985, 906; NJW 2004, 681 = Ra 2004, 40). 9

Eine gegen § 651 a Abs. 2 BGB verstoßene Vermittlerklausel stellt als faktischer Haftungsausschluss einen Verstoß gegen § 309 Nr. 7 BGB und damit zugleich § 307 BGB dar bzw kann als überraschende Klausel im Sinne von § 305 BGB gewertet werden. 10

11 Beim Vorliegen einer **wirksamen Vermittlerklausel** schließt der Reiseveranstalter einen **Reisevermittlervertrag** (OLG Hamm, NJW-RR 1998, 1668).

§ 651 b Vertragsübertragung

(1) [1]Bis zum Reisebeginn kann der Reisende verlangen, dass statt seiner ein Dritter in die Rechte und Pflichten aus dem Reisevertrag eintritt. [2]Der Reiseveranstalter kann dem Eintritt des Dritten widersprechen, wenn dieser den besonderen Reiseerfordernissen nicht genügt oder seiner Teilnahme gesetzliche Vorschriften oder behördliche Anordnungen entgegenstehen.
(2) Tritt ein Dritter in den Vertrag ein, so haften er und der Reisende dem Reiseveranstalter als Gesamtschuldner für den Reisepreis und die durch den Eintritt des Dritten entstehenden Mehrkosten.

1 **A. Muster: Vertragsübertragung auf einen Dritten**

▶ **Verlangen auf Vertragsübertragung**[1]

Hiermit teile ich ▪▪▪ (Reisender) Ihnen ▪▪▪ (Reiseveranstalter) mit, dass Frau/Herr (Ersatzreisender)[2] ▪▪▪ in den Reisevertrag eintreten soll.

▪▪▪, den ▪▪▪

▪▪▪

Unterschrift ◀

B. Erläuterungen

2 [1] § 651 b Abs. 1 normiert die Berechtigung des Reisenden, den Eintritt eines Dritten in die Rechte und Pflichten aus dem Reisevertrag zu verlangen. Das **Eintrittsrecht** beinhaltet einen **Parteiwechsel**, da der Dritte in die gesamte Rechtsstellung des Reisenden eintritt. Nach § 651 b Abs. 2 sind der Reisende und der Dritte als Gesamtschuldner dem Reiseveranstalter zur Zahlung des Reisepreises und der Mehrkosten verpflichtet.

3 Das Ersetzungsverlangen ist eine **Willenserklärung** des Reisenden, welche formlos gegenüber dem Reiseveranstalter erklärt werden kann. Die Erklärung ist als Gestaltungsrecht bindend und nicht widerrufbar. Grundsätzlich kann der Reisende **bis Reisebeginn** das Eintrittsverlangen geltend machen. Allerdings muss dem Reiseveranstalter hinreichend Gelegenheit gegeben werden, um den Ersatzreisenden zu prüfen und von seinem Widerspruchsrecht nach § 651 b Abs. 1 S. 2 Gebrauch zu machen. Daher soll der Reisende gehalten sein, das Ersetzungsverlangen mindestens **ein bis drei Tage** vor Reisebeginn zu erklären (LG Baden-Baden RRa 1996, 13; AG Baden-Baden RRa 1994, 154).

4 Der Reiseveranstalter kann dem Wechsel der Person des Reisenden gem. Abs. 1 S. 2 unverzüglich **widersprechen**, sofern diese Person den **besonderen Reiseerfordernissen** nicht genügt oder seiner Teilnahme **gesetzliche Vorschriften** oder **behördliche Anordnungen** entgegenstehen. Die Widerspruchsgründe des Reiseveranstalters sind abschließend (BT-Drucks. 8/786, S. 18). Vertragliche Vereinbarungen mit den Leistungsträgern, welche die Ersetzungsbefugnis ausschließen oder beschränken, begründen kein Widerspruchsrecht.

5 Bei einem wirksamen Widerspruch gem. Abs. 1 S. 2 bleibt es bei den ursprünglichen Vertragsbeziehungen. Ist der Widerspruch unwirksam, stehen dem Reisenden auf Grundlage einer positiven Vertragsverletzung Schadensersatzansprüche zu.

6 [2] Tritt eine dritte Person wirksam als Reiseteilnehmer in den Reisevertrag ein, so stehen dieser zwar alle Rechte zu, sie hat aber auch alle Pflichten des Reisevertrags zu übernehmen. Da eine

Vertragsübernahme vorliegt, ist der buchende Reisende nicht mehr Vertragspartner des Reiseveranstalters.

Nach § 651 b **Abs. 2** bleibt der Buchende allerdings als **Gesamtschuldner** mit dem Dritten zur Zahlung des Reisepreises und der Mehrkosten dem Reiseveranstalter gegenüber verpflichtet. Ersatzfähig sind analog § 670 nur die erforderlichen und tatsächlich angefallenen Mehrkosten, wobei insbesondere die Umbuchungskosten, die Ausstellung einer neuen Reisebestätigung, die Benachrichtigung von Leistungsträgern, die eigenen Bürokosten, nicht aber ein Gewinn in Betracht kommt. Eine **Pauschalierung** der Mehrkosten sieht § 651 b Abs. 2 nicht vor. Gleichwohl ist eine Pauschalierung zulässig, wenn diese niedrig angesetzt ist, dh **zwischen 15 EUR und 25 EUR**, so dass im Hinblick auf §§ **308 Nr. 7, 309 Nr. 5 a** keine Bedenken aufkommen. 7

§ 651 c Abhilfe

(1) Der Reiseveranstalter ist verpflichtet, die Reise so zu erbringen, dass sie die zugesicherten Eigenschaften hat und nicht mit Fehlern behaftet ist, die den Wert oder die Tauglichkeit zu dem gewöhnlichen oder nach dem Vertrag vorausgesetzten Nutzen aufheben oder mindern.

(2) [1]Ist die Reise nicht von dieser Beschaffenheit, so kann der Reisende Abhilfe verlangen. [2]Der Reiseveranstalter kann die Abhilfe verweigern, wenn sie einen unverhältnismäßigen Aufwand erfordert.

(3) [1]Leistet der Reiseveranstalter nicht innerhalb einer vom Reisenden bestimmten angemessenen Frist Abhilfe, so kann der Reisende selbst Abhilfe schaffen und Ersatz der erforderlichen Aufwendungen verlangen. [2]Der Bestimmung einer Frist bedarf es nicht, wenn die Abhilfe von dem Reiseveranstalter verweigert wird oder wenn die sofortige Abhilfe durch ein besonderes Interesse des Reisenden geboten wird.

A. Muster: Abhilfeverlangen 1

▶ **Abhilfeverlangen[1]**

Hiermit beanspruche ich ▪▪▪ (Reisender) von Ihnen ▪▪▪ (Reiseveranstalter) nachstehende Beanstandungen ▪▪▪ (genaue Beschreibung der Reisemängel) unverzüglich zu beseitigen oder mir eine gleichwertige Ersatzunterkunft zur Verfügung zu stellen.[2] Sollte eine Abhilfe nicht bis zum ▪▪▪ erfolgen, werde ich mir selbst eine Ersatzunterkunft suchen und Sie auf Ersatz meiner Aufwendungen in Anspruch nehmen.[3]

▪▪▪, den ▪▪▪

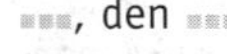

Unterschrift ◀

B. Erläuterungen

[1] Das **Abhilfeverlangen** ist als Erfüllungsanspruch anzusehen und von der **Mängelanzeige** abzugrenzen. Während das Abhilfeverlangen auf eine Mängelbeseitigung gerichtet ist, dient die Mängelanzeige lediglich der Erhaltung des Minderungsanspruchs. Die Mängelanzeige ist allerdings schlüssig in dem Abhilfeverlangen mitenthalten. Will der Reisende lediglich den Reisepreis mindern, bedarf es auch nur einer Mängelanzeige. 2

[2] Der Reiseveranstalter kann einem Reisemangel durch eine vertragsgemäße gleich- oder sogar höherwertigere Leistung **abhelfen** (LG Frankfurt/M. NJW 1985, 1474; KG NJW-RR 1993, 1209). Der Reisende wiederum hat gem. § 242 die Ersatzleistung anzunehmen, wenn der Reiseveranstalter den Reisemangel nicht bewusst wider Treu und Glauben herbeigeführt hat, die Ersatzleistung dem Reisenden persönlich zumutbar ist und die Abhilfe keine vertragswidrige Leistungsänderung darstellt (OLG Frankfurt/M. NJW-RR 1988, 632). 3

4 Der Reisende ist nicht verpflichtet, Abhilfemaßnahmen anzunehmen, die zwar eine Verbesserung der Beanstandung wären, aber hinter der versprochenen Leistung zurückbleiben (OLG Düsseldorf VuR 1987, 27; LG Frankfurt/M. NJW 1985, 1474; NJW-RR 1987, 368). Wird die Abhilfe an bestimmte **Bedingungen** geknüpft wie die **Zahlung eines Aufpreises** (AG Hannover RRa 1996, 222; AG Bad Homburg v.d.H. NJW-RR 1997, 29; AG Düsseldorf, RRa 1999, 59) oder das Unterschreiben einer **Verzichtserklärung** (OLG Düsseldorf NJW-RR 1992, 245; NJW-RR 1998, 922; LG Frankfurt/M. NJW 1984, 1762; NJW-RR 1986, 539; LG Kleve NJW-RR 1992, 1525; aA LG Hamburg RRa 1994, 32; AG Hamburg RRa 1994, 185; AG Königstein, RRa 1996, 162; AG) ist der Reisende nicht zur Annahme der Abhilfeleistung verpflichtet.

5 Wird die Abhilfe durch eine Abhilfeleistung erbracht, muss diese **mangelfrei** sein (LG Frankfurt/M. NJW-RR 1993, 436; AG Stuttgart-Bad Cannstatt RRa 1996, 56).

6 [3] Nach § 651 c **Abs. 3 S. 1** kann der Reisende selbst Abhilfe schaffen und Ersatz der erforderlichen Aufwendungen verlangen, wenn der Reiseveranstalter nicht innerhalb einer von dem Reisenden bestimmten angemessenen Frist Abhilfe leistet.

7 Die Frist muss angemessen sein. Zeigt der Reisende lediglich einen Mangel ohne Fristsetzung an, kann er nur eine Reisepreisminderung geltend machen und keinen Aufwendungsersatz verlangen, wenn er ohne Fristsetzung zur **Selbstabhilfe** greift (LG Freiburg NJW-RR 1994, 125; AG Hannover RRa 2003, 78).

8 Je schwerer der Reisemangel wiegt, desto kürzer ist die Abhilfefrist zu bemessen. Bei besonders schwerwiegenden Mängeln, die den Wert der Reise um mehr als 50 % herabsetzen, ist dem Reisenden für die Zuweisung eines anderen Hotels eine Frist von höchstens einem Tag zumutbar (LG Frankfurt/M. NJW 1985, 1473; NJW-RR 1991, 631). Steht das gebuchte Objekt nicht zur Verfügung, wird eine Abhilfefrist von drei Stunden als angemessen angesehen (OLG Frankfurt aM, RRa 1995, 224; AG Hannover, RRa 2003, 79).

9 Wird die Abhilfe vom Reiseveranstalter **verweigert** oder ist die sofortige Abhilfe durch ein **besonderes Interesse** des Reisenden geboten, bedarf es keiner Fristsetzung. Von einer Verweigerung der Abhilfe ist auszugehen, wenn die Reiseleitung die Mängel nicht anerkennt und die Leistungen als ordnungsgemäß bezeichnet, die Reiseleitung behauptet, eine Abhilfe sei nicht möglich, die Reiseleitung sich nicht oder nur ausreichend und unverbindlich äußert sowie bei unzumutbaren Abhilfemaßnahmen.

§ 651 d Minderung

(1) [1]Ist die Reise im Sinne des § 651 c Abs. 1 mangelhaft, so mindert sich für die Dauer des Mangels der Reisepreis nach Maßgabe des § 638 Abs. 3. [2]§ 638 Abs. 4 findet entsprechende Anwendung.
(2) Die Minderung tritt nicht ein, soweit es der Reisende schuldhaft unterlässt, den Mangel anzuzeigen.

A. Minderung des Reisepreises

I. Muster: Minderungsverlangen 1

478

▶ **Minderungsverlangen**[1]

Hiermit beanspruche ich ■■■ (Reisender) von Ihnen ■■■ (Reiseveranstalter) aufgrund nachstehender Beanstandungen ■■■ (genaue Beschreibung der Reisemängel) eine Reisepreisminderung in Höhe von 20 %.[2]

■■■, den ■■■

■■■

Unterschrift ◀

II. Erläuterungen

[1] § 651 d Abs. 1 gibt dem Reisenden einen Anspruch auf eine Reisepreisminderung, welcher kraft Gesetzes eintritt (BT-Drucks. 8/2343, S. 9). Bei der Berechnung der Reisepreisminderung ist grundsätzlich von dem **Gesamtreisepreis** der Reise auszugehen, da der Mangel zumeist auch die gesamte Reisequalität und damit die gesamte Reiseleistung beeinträchtigt (BGH NJW 2000, 1188 = RRa 2000, 85; OLG Düsseldorf NJW-RR 2003, 59; OLG Celle, NJW 2004, 2985 = RRa 2004, 160; OLG Frankfurt aM, RRa 2003, 256). 2

Grundsätzlich kann eine Reisepreisminderung nur für die **Dauer der mangelbehafteten Leistung** beansprucht werden. Werden von vornherein bestehende **Mängel** im Laufe des Urlaubs **beseitigt**, so kommt eine Minderung für die restliche Urlaubszeit nicht mehr in Betracht. Treten Mängel erst im Verlaufe der Reise auf, kann für die bis dahin mangelfrei erbrachte Reise keine Minderung verlangt werden (LG Hannover NJW-RR 1989, 633; LG Frankfurt/M. NJW-RR 1993, 1330 = RRa 1994, 94; LG Düsseldorf RRa 2000, 12 = NJW-RR 2001, 50; aA OLG Düsseldorf NJW-RR 1990, 187; NJW-RR 1990, 573; LG Frankfurt/M. NJW-RR 1990, 1396: Aufwendungsersatz nach § 651 f Abs. 1 für Ersatzreise). Tritt der Schadensfall allerdings bereits in den ersten Urlaubstagen ein, so kann die Urlaubszeit insgesamt reduziert sein und der Reisepreis auf „Null" gemindert werden (BGH NJW 2000, 1188 = RRa 2000, 85). 3

[2] Zur Berechnung der Anspruchshöhe bietet die **Frankfurter Tabelle** (NJW 1985, 113; Ergänzungen zu den Erläuterungen *Tempel*, NJW 1994, 1639) einen Anhaltspunkt. Diese enthält ein durchdachtes Verfahren zur Ermittlung des prozentualen Minderungsabschlags vom Gesamtreisepreis. Bei Reisen zu einem Sonderangebot ist die Frankfurter Tabelle nicht geeignet, da sie einer solchen Buchung unzureichend Rechnung trägt (LG Hamburg NJW-RR 1996, 117 = RRa 1996, 6). 4

Alternativ zur Frankfurter Tabelle sind zwischenzeitlich der **„Mainzer Minderungsspiegel"** (*Kaller*, Rn 223), die **„Kemptener Reisemängeltabelle"** (*Führich*, Anhang IV), die **ADAC Tabelle** zur Preisminderung bei Reisemängeln (www.adac.de/images/2006-ADAC-Tabelle-Reisepreisminderung_tcm8-90263.pdf) und die **Reisemängel A–Z** (*Niehuus*, Reisemängel A-Z) vorgestellt worden. 5

B. Anzeige des Reisemangels

6 **I. Muster: Mängelanzeige**

► **Mängelanzeige**[1]

Hiermit zeige ich ■■■ (Reisender) Ihnen ■■■ (Reiseveranstalter oder Reiseleitung)[2] nachstehende Beanstandungen ■■■ (genaue Beschreibung der Reisemängel) an. Den Empfang der Mängelanzeige und die erstmalige Meldung der Mängel bitte ich zu bestätigen.[3]

■■■, den ■■■

■■■

Unterschrift ◄

II. Erläuterungen

7 [1] Der Reisende muss zur Wahrung etwaiger Minderungsansprüche die Beanstandungen im Zielgebiet nach § 651 d **Abs. 2** rechtzeitig gegenüber dem Reiseveranstalter oder der Reiseleitung anzeigen. Auf die **Obliegenheit der Mängelanzeige** nach hat der Reiseveranstalter nach § 6 Abs. 2 Nr. 7 BGB-InfoV hinzuweisen.

8 Von einem **schuldlosen Unterlassen** der Mängelanzeige ist auszugehen, wenn die konkreten Umstände von dem Reisenden nicht zu vertreten waren, dh die **Reiseleitung fehlte oder nicht bzw nicht rechtzeitig erreichbar** war OLG Frankfurt/M. RRa 1998, 67 = NJW-RR 1999, 202).

9 Umstritten ist, ob eine Mängelanzeige entbehrlich sein soll, wenn die Mängel dem Reiseveranstalter vor Reisebeginn bereits bekannt sind (LG Frankfurt/M. NJW 1983, 233; AG Bad Homburg v.d.H., RRa 2003, 28), es sich um **offenkundige Mängel** handelt (AG Bad Homburg v.d.H., RRa 2001, 208) oder oder dem Reiseveranstalter aus gehäuften Meldungen anderer Reisender die **Mängel bereits bekannt** sind (AG Bad Homburg v.d.H. RRa 2003, 28; aA LG Düsseldorf RRa 2001, 51; LG Duisburg RRa 2003, 114).

10 [2] Adressat der Erklärungen ist der Reiseveranstalter oder die örtliche Reiseleitung. Der Reiseveranstalter hat sicherzustellen, dass der Reisende tatsächlich vor Ort die Möglichkeit einer Mängelanzeige und eines Abhilfeverlangens hat. Dazu ist dem Reisenden nach § 8 Abs. 1 Nr. 3 BGB-InfoV vor Reisebeginn der Name, die Anschrift und die Telefonnummer des örtlichen Reiseleiters oder anderer Empfangspersonen mitzuteilen (LG Frankfurt/M. NJW-RR 1991, 378). Am Ankunftstag muss der Reiseveranstalter dafür sorgen, dass der Reisende etwaige Beanstandungen sofort anzeigen und Abhilfe verlangen kann (LG Frankfurt/M. NJW-RR 1991, 378). Dem Reisenden muss darüber hinaus ein **deutschsprachiger Gesprächspartner** zur Verfügung stehen (LG Frankfurt/M. NJW-RR 1992, 760; LG Köln NJW-RR 1989, 565).

11 **Leistungsträger** wie der Hotelier sind grundsätzlich kein zuständiger Adressat für Mängelanzeigen (LG Duisburg RRa 2003, 114; AG Hamburg RRa 2001, 130; AG Düsseldorf, RRa 2004, 177).

12 Kein geeigneter Erklärungsempfänger ist das Reisebüro, bei dem die Reise gebucht worden ist (BGH NJW 1988, 488; LG Frankfurt/M. NJW-RR 1988, 634).

13 [3] Hat der Reiseleiter am Urlaubsort über die Beanstandungen des Reiseteilnehmers eine formularmäßige Niederschrift erstellt, kann diese als Beleg für eine rechtzeitige Beanstandung im Zielgebiet herangezogen werden. Einem **Kenntnisnahmevermerk** der örtlichen Reiseleitung kommt allerdings nicht die Wirkung eines deklaratorischen Anerkenntnisses mit der Folge zu, dass die behaupteten Reisemängel vom Reiseveranstalter nicht mehr bestritten werden könnten (LG Hannover NJW-RR 1988, 1454; LG Berlin NJW-RR 1989, 1213; aA LG Frankfurt/M. NJW 1988, 1219; NJW-RR 1989, 309; AG Bad Homburg v.d.H., RRa 1994, 76; AG Düsseldorf RRa 1997, 137; AG Neuwied, RRa 2003, 269).

§ 651 e Kündigung wegen Mangels

(1) [1]Wird die Reise infolge eines Mangels der in § 651 c bezeichneten Art erheblich beeinträchtigt, so kann der Reisende den Vertrag kündigen. [2]Dasselbe gilt, wenn ihm die Reise infolge eines solchen Mangels aus wichtigem, dem Reiseveranstalter erkennbaren Grund nicht zuzumuten ist.
(2) [1]Die Kündigung ist erst zulässig, wenn der Reiseveranstalter eine ihm vom Reisenden bestimmte angemessene Frist hat verstreichen lassen, ohne Abhilfe zu leisten. [2]Der Bestimmung einer Frist bedarf es nicht, wenn die Abhilfe unmöglich ist oder vom Reiseveranstalter verweigert wird oder wenn die sofortige Kündigung des Vertrags durch ein besonderes Interesse des Reisenden gerechtfertigt wird.
(3) [1]Wird der Vertrag gekündigt, so verliert der Reiseveranstalter den Anspruch auf den vereinbarten Reisepreis. [2]Er kann jedoch für die bereits erbrachten oder zur Beendigung der Reise noch zu erbringenden Reiseleistungen eine nach § 638 Abs. 3 zu bemessende Entschädigung verlangen. [3]Dies gilt nicht, soweit diese Leistungen infolge der Aufhebung des Vertrags für den Reisenden kein Interesse haben.
(4) [1]Der Reiseveranstalter ist verpflichtet, die infolge der Aufhebung des Vertrags notwendigen Maßnahmen zu treffen, insbesondere, falls der Vertrag die Rückbeförderung umfasste, den Reisenden zurückzubefördern. [2]Die Mehrkosten fallen dem Reiseveranstalter zur Last.

A. Muster: Kündigung 1

480

▶ **Kündigung**[1]

Hiermit kündige ich ■■■ (Reisender) Ihnen gegenüber ■■■ (Reiseveranstalter)[2] aufgrund nachstehender Beanstandungen ■■■ (genaue Beschreibung der Reisemängel)[3] den Reisevertrag und beanspruche die Rückreise.[4]

■■■, den ■■■

■■■

Unterschrift ◀

B. Erläuterungen

[1] § 651 e gewährt dem Reisenden ein **Kündigungsrecht.** Ist dieses berechtigt, erlangt der Reisende einen **Anspruch auf Rückzahlung des Reisepreises.** Für bereits erbrachte Leistungen des Reiseveranstalters ist eine Entschädigung abzuziehen, welche sich um die Minderung für die mangelhaft erbrachten Leistungen verringert. Die Entschädigung entfällt, soweit die Leistungen infolge der Aufhebung des Vertrags für den Reisenden kein Interesse haben. 2

Der Reiseveranstalter ist verpflichtet, die infolge der Aufhebung des Vertrags notwendigen Maßnahmen zu treffen und daher insbesondere den Reisenden gemäß § 651 e Abs. 4 S. 1 zurückzubefördern. 3

Nach Reiseantritt kann der Reisende den Reisevertrag kündigen, wenn die Reise entweder durch einen Mangel erheblich beeinträchtigt oder sie infolge eines solchen Mangels aus wichtigem, dem Reiseveranstalter erkennbaren Grund für den Reisenden unzumutbar ist. 4

Der Reisevertrag kann bereits **vor Reisebeginn** gekündigt werden, wenn ein erheblicher Mangel droht und der Reiseveranstalter diesem nicht abhelfen kann, etwa bei bereits bekannten erheblichen Reisemängeln, welchen nicht abgeholfen werden kann (BGHZ 97, 255; BGH NJW 1980, 2192; OLG Düsseldorf NJW-RR 1998, 51 = RRa 1997, 221; aA LG Frankfurt/M. NJW 1986, 1616; NJW-RR 1987, 178; NJW-RR 1987, 568). 5

[2] Die Kündigung erfolgt durch Erklärung gegenüber der **örtlichen Reiseleitung.** Ist diese nicht vorhanden, kann die Erklärung auch gegenüber der **Zentrale des Reiseveranstalters** abgegeben werden. Sie wird auch durch ein schlüssiges Verhalten wie etwa durch ein Rückflugverlangen hinreichend ausgedrückt (OLG Düsseldorf NJW-RR 1998, 53; AG Kleve RRa 1996, 179). 6

7 [3] Die Kündigung des Reisevertrags kann nicht auf jeden Mangel der Reise gestützt werden, sondern nur auf **erhebliche Beeinträchtigungen** der Reise. Die Erheblichkeit ist am Reisezweck und Reisecharakter, aber auch an der Dauer und dem Umfang der Mängel durch eine Gesamtwürdigung aller Umstände zu messen.

8 Die Rechtsprechung nimmt eine prozentuale Quotifizierung der Erheblichkeit vor, wobei teilweise die **Erheblichkeitsschwelle** angesetzt wird bei **50 %** (OLG Stuttgart RRa 1994, 28; OLG Nürnberg, RRa 2000, 91; OLG Frankfurt/M. NJW-RR 2003, 1139; OLG Düsseldorf NJW-RR 2003, 59, teilweise aber auch bereits bei **20 %** (LG Frankfurt/M. NJW-RR 1993, 61; RRa 1995, 67; RRa 1995, 89; 1997, 42; RRa 2005, 165).

9 Kann der Reiseveranstalter die **gebuchte Unterkunft** nicht zur Verfügung stellen, ist daher zu prüfen, ob es dem Reisenden zumutbar ist, das angebotene Ersatzobjekt in Anspruch zu nehmen, unabhängig davon, ob die Reise zu 50 % beeinträchtigt wäre (OLG Düsseldorf NJW-RR 1989, 1078).

10 Der Reisende kann das Kündigungsrecht nur ausüben, wenn er dem Reiseveranstalter nach § 651 e **Abs. 2 S. 1** eine angemessene **Frist** zur **Abhilfe** gesetzt hat und diese ergebnislos verstrichen ist. Eine **Fristsetzung** ist nach § 651 e **Abs. 2 S. 2 entbehrlich**, wenn sie keinen Erfolg verspricht oder dem Reisenden nicht zumutbar ist.

11 [4] Durch die Ausübung der Kündigung wandelt sich der Reisevertrag in ein **Rückabwicklungsverhältnis** um. Der Reiseveranstalter ist verpflichtet, die infolge der Aufhebung des Vertrags **notwendigen Maßnahmen** zu treffen, insbesondere den Reisenden gem. § 651 e **Abs. 4 S. 1** zurückzubefördern, sofern der Vertrag die Rückbeförderung umfasst.

§ 651 f Schadensersatz

(1) Der Reisende kann unbeschadet der Minderung oder der Kündigung Schadensersatz wegen Nichterfüllung verlangen, es sei denn, der Mangel der Reise beruht auf einem Umstand, den der Reiseveranstalter nicht zu vertreten hat.
(2) Wird die Reise vereitelt oder erheblich beeinträchtigt, so kann der Reisende auch wegen nutzlos aufgewendeter Urlaubszeit eine angemessene Entschädigung in Geld verlangen.

1 A. Muster: Schadensersatz

▶ **Schadensersatz**[1]

Hiermit beanspruche ich ... (Reisender) von Ihnen ... (Reiseveranstalter) aufgrund nachstehender Beanstandungen ... (genaue Beschreibung der Reisemängel)[2] eine Erstattung meiner Aufwendungen und eine Entschädigung wegen nutzlos aufgewendeter Urlaubszeit.[3]

..., den ...

...

Unterschrift ◀

B. Erläuterungen

2 [1] § Nach **§ 651 f Abs. 1** kann der Reisende unbeschadet der Minderung oder der Kündigung wegen eines Reisemangels vom Reiseveranstalter **Schadensersatz wegen Nichterfüllung** des Reisevertrags verlangen, wenn den Reiseveranstalter ein Verschulden an dem Reisemangel trifft.

Anspruchsvoraussetzung des Schadensersatzanspruches nach ist das Vorliegen eines **Reisemangels**, der – im Gegensatz zu Abs. 2, § 651 e Abs. 1 – nicht **„erheblich"** sein muss. 3

Der Schadensersatzanspruch des ist **verschuldensabhängig**. Der Reisemangel muss daher von dem Reiseveranstalter selbst oder einem seiner Erfüllungsgehilfen vorsätzlich oder fahrlässig herbeigeführt worden sein. Der Reiseveranstalter hat damit die im Verkehr erforderliche Sorgfalt eines ordentlichen Reisekaufmanns zu wahren. 4

[2] Nach **§ 651 f Abs. 2** erhält der Reisende einen Schadensersatzanspruch gegenüber dem Reiseveranstalter, mit dem er eine **Entschädigung für die nutzlos aufgewendete Urlaubszeit** einfordern kann, wenn die Reise mängelbedingt erheblich beeinträchtigt oder gar vereitelt wurde. 5

Tatbestandsvoraussetzung ist entweder die Vereitelung oder die erhebliche Beeinträchtigung der Reise. Für die Beurteilung einer **erheblichen Beeinträchtigung** ist die Bewertung erforderlich, ob der Urlaub unter Berücksichtigung seines Zwecks und aller Umstände des Einzelfalls als völlig oder teilweise vertan, nutzlos oder gänzlich verfehlt erscheint. **Vereitelt** ist eine Reise, wenn der Reisende sie nicht antreten kann oder die Reise gleich zu Anfang abgebrochen werden muss. 6

Um einheitliche Maßstäbe zugrunde zu legen und die Bemessungskriterien zu vereinfachen, hat sich die Rechtsprechung dahin entwickelt, dass für einen erheblichen Mangel die Reise zumindest zu **50 %** beeinträchtigt sein muss (OLG Frankfurt/M. NJW-RR 1995, 1462 = RRa 1995, 147; RRa 1998, 67; RRa 2003, 255; OLG Düsseldorf NJW-RR 1990, 187; RRa 1994, 205; OLG Stuttgart RRa 1994, 28; OLG Köln NJW-RR 2000, 1439). Nach Rechtsprechung des EuGH ist § 651 f Abs. 2 BGB unter Beachtung von Art. 5 der Pauschalreiserichtlinie 90/314/EWG dahin richtlinienkonform auszulegen, dass bereits deutlich unter der 50 % Grenze liegende Minderungen für die Bejahung einer Urlaubsbeeinträchtigung ausreichen (EuGH, NJW 2002, 1255 = RRa 2002, 117: Leitner Urteil). Auf dieser Grundlage ist daher auch eine Erheblichkeitsgrenze von **25 %** angesetzt worden (LG Duisburg, RRa 2006, 69; AG Duisburg, RRa 2006, 115; aA LG Frankfurt aM, RRa 2007, 69). 7

Ist die Reise **vereitelt**, bedarf es einer Bewertung der prozentualen Beeinträchtigung nicht mehr (BGH RRa 2005, 57; OLG Düsseldorf NJW-RR 1989, 1078; OLG Frankfurt/M. RRa 1995, 224). 8

[3] Die Höhe der Entschädigung bestimmt sich zunächst danach, dass sie alle nur denkbaren Umstände erfassen soll, die sich aus dem **Maß der Reisebeeinträchtigung**, der **Schwere des Verschuldens** und der **Höhe des Reisepreises** ergeben (BGH NJW 2005, 1047 = RRa 2005, 57; OLG Celle, RRa 2002, 260; OLG Frankfurt aM, RRa 2003, 255). Verbringt der Reisende infolge des Nichtantritts oder des vorzeitigen Abbruchs der Reise den Urlaub ganz oder teilweise zu Hause, sog. **„Balkonurlaub"**, war bislang ein Resterholungswert zugrunde zu legen. Nunmehr hat der BGH entschieden, dass **keine Vorteilsanrechnung** erfolgt, da die Berücksichtigung eines Resterholungswertes gegen den immateriellen Charakter der Entschädigung nach § 651 f Abs. 2 BGB verstößt (BGH NJW 2005, 1047 = RRa 2005, 57). Demnach beeinträchtigt auch eine Weiterarbeit den Entschädigungsanspruch nach § 651 Abs. 2 BGB nicht (BGH NJW 2005, 1047 = RRa 2005, 57; LG Duisburg, RRa 2006, 70). 9

§ 651 g Ausschlussfrist, Verjährung

(1) [1]Ansprüche nach den §§ 651 c bis 651 f hat der Reisende innerhalb eines Monats nach der vertraglich vorgesehenen Beendigung der Reise gegenüber dem Reiseveranstalter geltend zu machen. [2]§ 174 ist nicht anzuwenden. [3]Nach Ablauf der Frist kann der Reisende Ansprüche nur geltend machen, wenn er ohne Verschulden an der Einhaltung der Frist verhindert worden ist.

(2) [1]Ansprüche des Reisenden nach den §§ 651 c bis 651 f verjähren in zwei Jahren. [2]Die Verjährung beginnt mit dem Tage, an dem die Reise dem Vertrag nach enden sollte.

1 ## A. Muster: Ausschlussfrist

▶ **Ausschlussfrist[1]**

Hiermit beanspruche ich ▪▪▪ (Reisender) von Ihnen ▪▪▪ (Reiseveranstalter)[2] aufgrund nachstehender Beanstandungen ▪▪▪ (genaue Beschreibung der Reisemängel)[3] eine Reisepreisminderung und eine Entschädigung wegen nutzlos aufgewendeter Urlaubszeit.

▪▪▪, den ▪▪▪

▪▪▪

Unterschrift ◀

B. Erläuterungen

2 [1] Reisevertragliche Ansprüche sind nach § 651 g Abs. 1 spätestens **einen Monat nach der vertraglich vorgesehenen Beendigung der Reise** gegenüber dem Reiseveranstalter geltend zu machen. Entgegen dem Gesetzeswortlaut gilt die **Monatsfrist** des nicht nur für Ansprüche gemäß §§ 651 c bis 651 f, sondern für alle Ansprüche, die ihre Grundlage im Reisevertragsrecht haben, also auch für die Ansprüche aus § 651 e und § 651 j, nicht aber für Rückzahlungsansprüche nach § 651 i (AG Hamburg RRa 2000, 186; AG Kleve NJW-RR 2001, 1062).

3 Die Monatsfrist beginnt nach der **vertraglich vorgesehenen Beendigung der Reise** und wird nach § 187 Abs. 1 iVm § 188 Abs. 2 Alt. 1 berechnet. Da für die Fristberechnung ein Ereignis – die Beendigung der Reise – maßgebend ist, wird dieser Tag nicht mitgerechnet (LG Frankfurt/M. NJW 1986, 594; LG Hannover NJW-RR 1990, 572; LG Hamburg, NJW-RR 1997, 502 = RRa 1997, 60; RRa 1999, 141; AG Kleve, RRa 1996, 257; AG Hamburg, RRa 2001, 248; vgl BGH NJW 1988, 488). Die Frist beginnt daher am nächsten Tag um 0.00 Uhr und endet gemäß § 188 Abs. 2 Alt. 1 um 24.00 Uhr. Die Anmeldefrist endet dann grundsätzlich im nächsten Monat nach Reiseende an dem Tag mit derselben Zahl wie der Tag des Reiseendes.

4 Ein Beschwerdeschreiben aus dem Zielgebiet kann **vor Reiseende** eine Anspruchsanmeldung darstellen, sofern der Reisende eindeutig und vorbehaltlos zum Ausdruck bringt, Ansprüche gegenüber dem Reiseveranstalter geltend machen zu wollen (BGH NJW 1988, 488; OLG Frankfurt/M. NJW 1981, 2068). Allerdings hat diese gleichwohl **gegenüber dem Reiseveranstalter** und nicht etwa der Reiseleitung zu erfolgen (BGH NJW 1988, 488; OLG Frankfurt/M. RRa 1998, 219; LG Düsseldorf, RRa 2000, 195; RRa 2001, 201; AG Hamburg, RRa 1998, 41; AG Bad Homburg v.d.H., RRa 2003, 222).

5 Grundsätzlich ist ein **generelles Zahlungsverlangen** oder der Hinweis auf die **Verfolgung von Rechtsansprüchen** erforderlich (OLG Düsseldorf VuR 1991, 287; LG München I RRa 1994, 17; LG Kleve RRa 2000, 56; LG Frankfurt aM, RRa 2007, 27). Aus dem Anmeldeschreiben muss wenigstens in groben Zügen erkennbar sein, was vom Reiseveranstalter verlangt wird (LG Frankfurt/M. RRa 1993, 32; AG Duisburg RRa 2003, 266).

6 Gem. **§ 651 g Abs. 1 S. 2** kann der Reisende auch **nach Ablauf der Frist** seine Ansprüche geltend machen, wenn er **ohne Verschulden** an der Einhaltung der Frist gehindert worden ist. Der Reisende darf die Fristversäumnis nicht zu vertreten haben. Eine schuldlose Versäumung der Frist liegt zB vor bei schwerer Krankheit, Poststreik, Verlust des Schreibens nach Absendung oder einer Fehlinformation durch die Reiseleitung.

7 Eine Fristversäumnis bedeutet nicht, dass auf eine Anmeldung völlig verzichtet werden kann. Vielmehr ist gem. **§ 121** eine **unverzügliche Geltendmachung** nach Beendigung der Verhinderung erforderlich (BGH NJW 2004, 3178 = RRa 2004, 227 für Sozialversicherungsträger; LG

Frankfurt/M. NJW 1987, 132). Eine Nachmeldung **10 Tage** nach Wegfall des Entschuldigungsgrundes wird nicht mehr als unverzüglich beurteilt (BGH NJW 2004, 3178 = RRa 2004, 227). Eine Überlegungsfrist von 14 Tagen dürfe regelmäßig die absolute Obergrenze sein (LG Düsseldorf, RRa 2006 262).

Der Reiseveranstalter hat den Reisegast nach § 6 Abs. 2 Nr. 8 BGB-InfoV über die Frist des Abs. 1 zu informieren. Es ist ausreichend, wenn der Hinweis zur Anspruchsanmeldung in den allgemeinen Reisebedingungen geregelt ist (LG Düsseldorf, RRa 2000, 195). Ist die **Informationspflicht** nicht beachtet worden, hat dies eine Pflichtverletzung des Reiseveranstalters zur Folge, so dass die Fristversäumung entschuldigt wäre. 8

Bei der Monatsfrist handelt es sich um eine **von Amts wegen** zu berücksichtigende materiellrechtliche Ausschlussfrist (OLG Frankfurt aM, RRa 2003, 255). 9

Gewährleistungsansprüche des Reisenden unterliegen einer Verjährung von **2 Jahren.** Die Verjährungsfrist ist nach **§ 651 m S. 2 BGB** eingeschränkt dispositiv und kann auf **1 Jahr** abgekürzt werden Eine verjährungserleichternde Vereinbarung kann sowohl **individualvertraglich** als auch in **Allgemeinen Geschäftsbedingungen** erfolgen. Im letzteren Fall sind die Grenzen des § 309 Nr. 7 und 8 a BGB zu beachten. Auf die Verjährungsfrist hat der Reiseveranstalter nach § 6 Abs. 2 Nr. 8 BGB-InfoV hinzuweisen. 10

Eine Klausel in Allgemeinen Reisebedingungen, mit der die gesetzliche Verjährungsfrist für die Ansprüche des Reisenden wegen eines Mangels der Reise abgekürzt wird, ist wegen Verstoßes gegen die Klauselverbote des § 309 Nr. 7 Buchst. a und b BGB insgesamt unwirksam, wenn die in diesen Klauselverboten bezeichneten Schadensersatzansprüche nicht von der Abkürzung der Verjährungsfrist ausgenommen werden (BGH NJW 2009, 1486). 11

[2] Die Anspruchsanmeldung hat grundsätzlich **gegenüber dem Reiseveranstalter** zu erfolgen. Adressat ist nur die Stelle, welche iSd § 6 Abs. 2 Nr. 8 BGB-InfoV dem Reisenden in der Reisebestätigung oder in den Reisebedingungen ausdrücklich genannt wurde. Auch die Empfangszuständigkeit des vermittelnden Reisebüros wird damit ausgeschlossen. Benennt der Veranstalter nach § 6 Abs. 2 Nr. 8 BGB-InfoV nicht ausdrücklich namentlich die Stelle, an welche die Anspruchsanmeldung zu richten ist, kann auch das vermittelnde **Reisebüro** Adressat der Anspruchsanmeldung sein, wobei sodann entscheidend ist, ob das Reisebüro iSd § 91 Abs. 2 S. 2 HGB ständig mit der Vermittlung von Reisen betraut, also selbständiger Handelsvertreter des Reiseveranstalters ist (BGH NJW 1988, 488; OLG Celle RRa 2004, 256). 12

[3] Zu beachten ist, dass **in der Anspruchsanmeldung alle Beanstandungen vorzutragen** sind, da der Reisende wegen nicht bezeichneter Mängel mit Gewährleistungsansprüchen im Prozess ausgeschlossen ist 8OLG Düsseldorf RRa 1997, 222; OLG Frankfurt/M. RRa 1998, 219; RRa 2003, 116; RRa 2003, 255). Wird mit der Anspruchsanmeldung die Forderung so **konkret beziffert**, dass der Reiseveranstalter mit weiteren Ansprüchen nicht mehr rechnen musste, kann er sich auch auf Verwirkung berufen (AG Düsseldorf RRa 1995, 210; aA LG Frankfurt/M. NJW-RR 1987, 1078). Der Reisende ist zwar nicht gehalten, seine Ansprüche zu beziffern. Stellt er aber eine konkrete Forderung, so ist er daran **gebunden** (AG Düsseldorf RRa 1999, 175, aA AG Hamburg, RRa 1999, 173), da sich der Reiseveranstalter auf die Forderung einstellt und dabei abwägen kann, ob er an seine Leistungsträger herantritt, Rückstellungen vornimmt oder eine Versicherung hinzuzieht. Wird daher innerhalb der gesetzlichen Ausschlussfrist lediglich die Rückzahlung des Reisepreises geltend gemacht, sind Schadensersatzansprüche nach § 651 f Abs. 1 oder Abs. 2 ausgeschlossen (LG Frankfurt aM, RRa 2001, 76; RRa 2007, 29). Gleiches gilt, wenn mit der Anspruchsanmeldung nur materieller Schadensersatz verlangt wird, nach Ablauf der Monatsfrist dann allerdings zusätzlich immaterielle Schadenersatzansprüche erhoben werden (AG Düsseldorf, RRa 2003, 166). 13

§ 651 h Zulässige Haftungsbeschränkung

(1) Der Reiseveranstalter kann durch Vereinbarung mit dem Reisenden seine Haftung für Schäden, die nicht Körperschäden sind, auf den dreifachen Reisepreis beschränken,

1. soweit ein Schaden des Reisenden weder vorsätzlich noch grob fahrlässig herbeigeführt wird oder

2. soweit der Reiseveranstalter für einen dem Reisenden entstehenden Schaden allein wegen eines Verschuldens eines Leistungsträgers verantwortlich ist.

(2) Gelten für eine von einem Leistungsträger zu erbringende Reiseleistung internationale Übereinkommen oder auf solchen beruhende gesetzliche Vorschriften, nach denen ein Anspruch auf Schadensersatz nur unter bestimmten Voraussetzungen oder Beschränkungen entsteht oder geltend gemacht werden kann oder unter bestimmten Voraussetzungen ausgeschlossen ist, so kann sich auch der Reiseveranstalter gegenüber dem Reisenden hierauf berufen.

1 **A. Muster: Haftungsbeschränkung[1]**

▶ **Klausel[2]**

Die vertragliche Haftung des Veranstalters auf Schadenersatz für Schäden, die nicht Körperschäden sind, ist insgesamt auf die Höhe des dreifachen Reisepreises beschränkt, soweit ein Schaden des Reisenden weder vorsätzlich noch grob fahrlässig durch den Veranstalter herbeigeführt wird. Die Beschränkung der Haftung auf den dreifachen Reisepreis gilt auch, soweit der Veranstalter für einen dem Reisenden entstehenden Schaden, der kein Körperschaden ist, allein wegen eines Verschuldens eines Leistungsträgers verantwortlich ist. ◀

B. Erläuterungen

2 [1] § 651 h ermöglicht dem Reiseveranstalter, seine **Haftung zu beschränken.** Grundlage ist die Besonderheit des Touristikgeschäftes, in welchem insbesondere aufgrund verschiedener Leistungsträger erhöhte Risiken bestehen, welche ohne Haftungsbeschränkung kaum kalkulierbar wären (BT-Drucks. 8/786, S. 32). § 651 h bezieht sich nicht nur auf Ansprüche nach § 651 f, sondern auf sämtliche vertraglichen Schadensersatzansprüche. Ansprüche nach §§ 651 c bis 651 e fallen ebenso nicht unter § 651 h wie deliktische Ansprüche.

3 § 651 h **Abs. 2** normiert gesetzliche Haftungsbeschränkungen, welche zugunsten der Leistungsträger eingreifen.

4 Seit dem 28.6.2004 finden das „Übereinkommen zur Vereinheitlichung bestimmter Vorschriften über die Beförderung im internationalen Luftverkehr" (**Montrealer Übereinkommen** (BGBl. II 2004 S. 458; abgedruckt in TranspR 1999, 315), das **Gesetz zur Harmonisierung des Haftungsrechts im Luftverkehr** vom 6.4.2004 (BGBl. I S. 550) und die **VO (EG) Nr. 889/2002** Anwendung.

5 Das neue einheitliche und verbesserte Schadensersatzrecht gilt bei internationalen Luftbeförderungen zwischen den Vertragsstaaten des Montrealer Übereinkommens (u.a. alle alten EU-Mitgliedstaaten, USA, Kanada und Japan), bei Luftbeförderungen durch ein Luftfahrtunternehmen der Europäischen Union sowie bei allen Luftbeförderungen innerhalb Deutschlands, wenn es dabei zu Personen-, Gepäck- oder Güterschäden kommt. Unerheblich ist, ob die Luftbeförderung im Rahmen einer Pauschalreise erfolgt oder nicht.

6 [2] Nach § 651 h **Abs. 1** bedarf es einer Vereinbarung der Parteien, welche in aller Regel durch Allgemeine Reisebedingungen erfolgt. Nach § 309 Nr. 7 Buchst. a und b BGB kann allerdings in Allgemeinen Geschäftsbedingungen die Verschuldenshaftung für Schäden aus der Verletzung des Lebens, des Körpers oder der Gesundheit nicht, für sonstige Schäden nur für den Fall einfacher Fahrlässigkeit ausgeschlossen oder begrenzt werden (BGH NJW 2009, 1486).

§ 651 i Rücktritt vor Reisebeginn

(1) Vor Reisebeginn kann der Reisende jederzeit vom Vertrag zurücktreten.

(2) [1]Tritt der Reisende vom Vertrag zurück, so verliert der Reiseveranstalter den Anspruch auf den vereinbarten Reisepreis. [2]Er kann jedoch eine angemessene Entschädigung verlangen. [3]Die Höhe der Entschädigung bestimmt sich nach dem Reisepreis unter Abzug des Wertes der vom Reiseveranstalter ersparten Aufwendungen sowie dessen, was er durch anderweitige Verwendung der Reiseleistungen erwerben kann.

(3) Im Vertrag kann für jede Reiseart unter Berücksichtigung der gewöhnlich ersparten Aufwendungen und des durch anderweitige Verwendung der Reiseleistungen gewöhnlich möglichen Erwerbs ein Vomhundertsatz des Reisepreises als Entschädigung festgesetzt werden.

A. Muster: Rücktritt 1

▶ Rücktritt[1]

Hiermit storniere[2] ich ... (Reisender) Ihnen gegenüber ... (Reiseveranstalter) den Reisevertrag[3] und bitte um die Stornoabrechnung.[4] ◀ 484

B. Erläuterungen

[1] Vor Reisebeginn hat der Reisende die Möglichkeit, jederzeit vom Reisevertrag zurückzutreten. Für den Rücktritt bedarf es keines besonderen Grundes, so dass der Reisende auch nicht verpflichtet ist, seine Entscheidung gegenüber dem Reiseveranstalter zu begründen. 2

[2] Nach § 651 i **Abs. 1** kann der Reisende vor Reisebeginn jederzeit vom Vertrag zurücktreten. Die **Rücktrittserklärung** kann **formfrei** und ohne Angabe von Gründen erfolgen. Sie wird als empfangsbedürftige Willenserklärung gemäß § 130 allerdings erst dann wirksam, wenn sie dem Reiseveranstalter oder seinen empfangszuständigen Personen **zugegangen** ist. 3

[3] Durch den Rücktritt wird der Reisevertrag rückwirkend beseitigt. Nach § 651 i **Abs. 2 S. 1** verliert der Reiseveranstalter seinen Anspruch auf den vereinbarten Reisepreis; der Reisende kann die Reiseleistungen nicht mehr beanspruchen. 4

[4] § 651 i **Abs. 2 S. 2** normiert das Recht des Reiseveranstalters, eine angemessene Entschädigung zu verlangen. 5

Die Höhe der Entschädigung kann entweder **konkret berechnet** werden oder anhand eines vertraglich festgelegten **Pauschalbetrags**. Der Reiseveranstalter hat ein **Wahlrecht** zwischen beiden Berechnungsformen, welches er sich auch vertraglich in Reisebedingungen vorbehalten kann. Für die **konkrete Einzelabrechnung** ist von dem Reisepreis auszugehen und hiervon der Wert der ersparten Aufwendungen sowie dasjenige abzuziehen, was der Reiseveranstalter durch anderweitige Verwendung der Reiseleistung erwerben kann. 6

Gemäß § 651 i **Abs. 3** kann im Reisevertrag für jede Reiseart ein Vomhundertsatz des Reisepreises als Entschädigung festgesetzt werden, wobei die gewöhnlich ersparten Aufwendungen und der durch anderweitige Verwendung der Reiseleistungen gewöhnlich mögliche Erwerb zu berücksichtigen sind. Damit folgt die **pauschalierte Berechnung** gleichen Grundsätzen wie die konkrete Berechnung. Bei der Pauschalierung wird nur von Umständen des Einzelfalls, insoweit auch von den im Einzelfall ersparten Aufwendungen abgesehen und auf Durchschnittsansätze abgestellt. Der Reiseveranstalter ist somit gehalten, seine Stornoklauseln zu differenzieren (BGH NJW 1973, 318). Als Kriterien müssen zumindest die unterschiedlichen Reise- und Beförderungsarten, die Zeitdauer zwischen Rücktritt und Reisebeginn und die gewöhnlich ersparten Aufwendungen sowie der gewöhnlich mögliche Erwerb herangezogen werden. 7

8 Formularmäßige Stornoklauseln nach § 651 i Abs. 3 unterliegen der Kontrolle der §§ 307 bis 309 (BGH NJW 1985, 633; NJW 1988, 1374; NJW-RR 1990, 114; NJW 1992, 3158; 3163; OLG Hamburg NJW 1981, 2420; OLG Frankfurt/M. NJW 1982, 2198; OLG Stuttgart BB 1985, 1420; OLG Oldenburg NJW-RR 1987, 1004; OLG Nürnberg NJW 1999, 1253 = RRa 1999, 239; OLG Karlsruhe, NJW-RR 1998, 841). Der pauschale Entschädigungsanspruch ist daher an § 308 Nr. 5 und 7, § 309 Nr. 5 a und b und § 307 zu messen.

9 **§ 309 Nr. 5 b** sieht vor, dass bei einer Pauschalierung von Schadensersatzansprüchen **ausdrücklich der Nachweis** gestattet werden muss, dass ein **Schaden nicht oder wesentlich niedriger** als die Pauschale entstanden ist.

§ 651 j Kündigung wegen höherer Gewalt

(1) Wird die Reise infolge bei Vertragsabschluss nicht voraussehbarer höherer Gewalt erheblich erschwert, gefährdet oder beeinträchtigt, so können sowohl der Reiseveranstalter als auch der Reisende den Vertrag allein nach Maßgabe dieser Vorschrift kündigen.
(2) [1]Wird der Vertrag nach Absatz 1 gekündigt, so findet die Vorschrift des § 651 e Abs. 3 Satz 1 und 2, Abs. 4 Satz 1 Anwendung. [2]Die Mehrkosten für die Rückbeförderung sind von den Parteien je zur Hälfte zu tragen. [3]Im Übrigen fallen die Mehrkosten dem Reisenden zur Last.

1 A. Muster: Kündigung

▶ **Kündigung[1]**

Hiermit kündige[2] ich ▪▪▪ (Reisender) Ihnen gegenüber ▪▪▪ (Reiseveranstalter) aufgrund höherer Gewalt[3] (genaue Beschreibung der höheren Gewalt) den Reisevertrag[4] und beanspruche die Rückreise.[5]

▪▪▪, den ▪▪▪

▪▪▪

Unterschrift ◀

B. Erläuterungen

2 [1] Die Kündigung wegen höherer Gewalt nach § 651 j wird als gesetzlich geregelter Fall des Wegfalls der Geschäftsgrundlage angesehen (BGH NJW 1990, 572; OLG Köln NJW-RR 1992, 101).

4 [2] Die **Kündigungserklärung** ist formfrei und bedarf keiner Begründung. Somit muss sich der Reisende nicht auf die höhere Gewalt berufen. Auch eine Aufforderung, den Rückflug anzutreten, stellt eine konkludente Kündigungserklärung dar (LG Hamburg RRa 1997, 114).

3 [3] **Höhere Gewalt** ist ein von außen kommendes, keinen betrieblichen Zusammenhang aufweisendes, auch durch äußerste, vernünftigerweise zu erwartende Sorgfalt **nicht abwendbares Ereignis** (BGH NJW 1987, 1938). Nicht erfasst werden Umstände, die in die Risikosphäre des Reiseveranstalters oder des Reisenden fallen (BGH NJW 1987, 1938).

4 Reiseveranstalter oder Reisende können ein Ereignis nicht als höhere Gewalt einstufen, wenn es bei Vertragsabschluss vorhersehbar war. Für die Frage der **Vorhersehbarkeit** ist entscheidend, ob ein verantwortungsbewusster Reiseveranstalter bei entsprechenden zumutbaren Bemühungen über die Umstände am Zielort bei Vertragsschluss informiert sein konnte.

Die bloße Möglichkeit des Eintritts einer Gefahrenlage reicht nicht, sondern es muss die **konkrete Wahrscheinlichkeit** vorliegen (LG Frankfurt/M. NJW-RR 1991, 313; NJW-RR 1991, 691; aA OLG Düsseldorf NJW-RR 1990, 573). Es ist ausreichend, wenn mit dem Eintritt des schädigenden Ereignisses mit erheblicher Wahrscheinlichkeit zu rechnen ist; eine überwiegende Wahrscheinlichkeit ist nicht erforderlich (BGH RRa 2002, 258). 5

Die höhere Gewalt muss stets zu einer erheblichen Erschwerung, Gefährdung oder Beeinträchtigung der Reise führen. **Beeinträchtigt** ist die Reise insbesondere bei Schwierigkeiten, die vorgesehenen Reiseleistungen zu erbringen, aber auch bei Beeinträchtigungen des Umfeldes des Zielortes oder einer persönlichen Gefährdung des Reisegastes BGH NJW 1990, 572; OLG Düsseldorf NJW-RR 1990, 573; LG Frankfurt/M. NJW-RR 1991, 691). 6

[4] Unabhängig davon, wer die Kündigung erklärt hat, verliert der Reiseveranstalter gemäß § 651 j **Abs. 2 S. 1**, § 651 e Abs. 3 S. 1 den Anspruch auf den vereinbarten Reisepreis. Sofern der Reisende den Reisepreis gezahlt hat, ist dieser zurückzuzahlen. Der Reiseveranstalter hat jedoch nach § 651 e Abs. 3 S. 2 einen **Entschädigungsanspruch**, der sich auf die bereits erbrachten oder noch bis zur Beendigung der Reise zu erbringenden Leistungen bezieht. ist. 7

[5] Da § 651 j **Abs. 2 S. 1** auch auf § 651 e Abs. 4 S. 1 verweist, hat der Reiseveranstalter die infolge der Kündigung notwendigen Maßnahmen zu treffen, insbesondere den Reisenden zurückzubefördern, soweit der Vertrag die Rückbeförderung umfasst. Die Rückbeförderungspflicht entfällt jedoch, wenn die der Kündigung zugrunde liegende höhere Gewalt eine Rückbeförderung vorübergehend unmöglich macht. Nach § 651 j Abs. 2 S. 1 sind im Gegensatz zu § 651 e Abs. 4 S. 2 **Mehrkosten** für die Rückbeförderung von den Parteien **je zur Hälfte** zu tragen, während die sonstigen Mehrkosten dem Reisenden zur Last fallen. 8

§ 651 k Sicherstellung, Zahlung

(1) [1]Der Reiseveranstalter hat sicherzustellen, dass dem Reisenden erstattet werden

1. der gezahlte Reisepreis, soweit Reiseleistungen infolge Zahlungsunfähigkeit oder Eröffnung des Insolvenzverfahrens über das Vermögen des Reiseveranstalters ausfallen, und
2. notwendige Aufwendungen, die dem Reisenden infolge Zahlungsunfähigkeit oder Eröffnung des Insolvenzverfahrens über das Vermögen des Reiseveranstalters für die Rückreise entstehen.

[2]Die Verpflichtungen nach Satz 1 kann der Reiseveranstalter nur erfüllen

1. durch eine Versicherung bei einem im Geltungsbereich dieses Gesetzes zum Geschäftsbetrieb befugten Versicherungsunternehmen oder
2. durch ein Zahlungsversprechen eines im Geltungsbereich dieses Gesetzes zum Geschäftsbetrieb befugten Kreditinstituts.

(2) [1]Der Versicherer oder das Kreditinstitut (Kundengeldabsicherer) kann seine Haftung für die von ihm in einem Jahre insgesamt nach diesem Gesetz zu erstattenden Beträge auf 110 Millionen Euro begrenzen. [2]Übersteigen die in einem Jahr von einem Kundengeldabsicherer insgesamt nach diesem Gesetz zu erstattenden Beträge die in Satz 1 genannten Höchstbeträge, so verringern sich die einzelnen Erstattungsansprüche in dem Verhältnis, in dem ihr Gesamtbetrag zum Höchstbetrag steht.

(3) [1]Zur Erfüllung seiner Verpflichtung nach Absatz 1 hat der Reiseveranstalter dem Reisenden einen unmittelbaren Anspruch gegen den Kundengeldabsicherer zu verschaffen und durch Übergabe einer von diesem oder auf dessen Veranlassung ausgestellten Bestätigung (Sicherungsschein) nachzuweisen. [2]Der Kundengeldabsicherer kann sich gegenüber einem Reisenden, dem ein Sicherungsschein ausgehändigt worden ist, weder auf Einwendungen aus dem Kundengeldabsicherungsvertrag noch darauf berufen, dass der Sicherungsschein erst nach Beendigung des Kundengeldabsicherungsvertrags ausgestellt worden ist. [3]In den Fällen des Satzes 2 geht der Anspruch des Reisenden gegen den Reiseveranstalter auf den Kundengeldabsicherer über, soweit dieser den Reisenden befriedigt. [4]Ein Reisevermittler ist dem Reisenden gegenüber verpflichtet, den Sicherungsschein auf seine Gültigkeit hin zu überprüfen, wenn er ihn dem Reisenden aushändigt.

(4) [1]Reiseveranstalter und Reisevermittler dürfen Zahlungen des Reisenden auf den Reisepreis vor Beendigung der Reise nur fordern oder annehmen, wenn dem Reisenden ein Sicherungsschein übergeben wurde. [2]Ein Reisevermittler gilt als vom Reiseveranstalter zur Annahme von Zahlungen auf den Reisepreis ermächtigt, wenn er einen Sicherungsschein übergibt oder sonstige dem Reiseveranstalter zuzurechnende Umstände ergeben, dass er von

diesem damit betraut ist, Reiseverträge für ihn zu vermitteln. [3]Dies gilt nicht, wenn die Annahme von Zahlungen durch den Reisevermittler in hervorgehobener Form gegenüber dem Reisenden ausgeschlossen ist.

(5) [1]Hat im Zeitpunkt des Vertragsschlusses der Reiseveranstalter seine Hauptniederlassung in einem anderen Mitgliedstaat der Europäischen Gemeinschaften oder in einem anderen Vertragsstaat des Abkommens über den Europäischen Wirtschaftsraum, so genügt der Reiseveranstalter seiner Verpflichtung nach Absatz 1 auch dann, wenn er dem Reisenden Sicherheit in Übereinstimmung mit den Vorschriften des anderen Staates leistet und diese den Anforderungen nach Absatz 1 Satz 1 entspricht. [2]Absatz 4 gilt mit der Maßgabe, dass dem Reisenden die Sicherheitsleistung nachgewiesen werden muss.

(6) Die Absätze 1 bis 5 gelten nicht, wenn

1. der Reiseveranstalter nur gelegentlich und außerhalb seiner gewerblichen Tätigkeit Reisen veranstaltet,
2. die Reise nicht länger als 24 Stunden dauert, keine Übernachtung einschließt und der Reisepreis 75 Euro nicht übersteigt,
3. der Reiseveranstalter eine juristische Person des öffentlichen Rechts ist, über deren Vermögen ein Insolvenzverfahren unzulässig ist.

1 A. Muster: Sicherungsschein[1] (Anlage 1 zu § 9 BGB-InfoV)[2]

▶ ▪▪▪ (ggf einsetzen Ordnungszeichen des Kundengeldabsicherers und des Reiseveranstalters)

Sicherungsschein für Pauschalreisen

gemäß § 651 k des Bürgerlichen Gesetzbuchs

für ▪▪▪ (einsetzen: Namen des Reisenden, die Wörter „den umseitig bezeichneten Reisenden" oder die Nummer der Reisebestätigung)[1]

▪▪▪ (ggf einsetzen: Geltungsdauer des Sicherungsscheins)[2]

Der unten angegebene Kundengeldabsicherer stellt für ▪▪▪ (einsetzen: die Wörter „für den umseitig bezeichneten Reiseveranstalter" oder: Namen und Anschrift des Reiseveranstalters) gegenüber dem Reisenden sicher,[3] dass von ihm erstattet werden

1. der gezahlte Reisepreis, soweit Reiseleistungen infolge Zahlungsunfähigkeit oder Eröffnung des Insolvenzverfahrens über das Vermögen des Reiseveranstalters ausfallen, und
2. notwendige Aufwendungen, die dem Reisenden infolge Zahlungsunfähigkeit oder Eröffnung des Insolvenzverfahrens über das Vermögen des Reiseveranstalters für die Rückreise entstehen.

Die vorstehende Haftung des Kundengeldabsicherers ist begrenzt. Er haftet für alle durch ihn in einem Jahr insgesamt zu erstattenden Beträge nur bis zu einem Betrag von 110 Mio. EUR. Sollte diese Summe nicht für alle Reisenden ausreichen, so verringert sich der Erstattungsbetrag in dem Verhältnis, in dem ihr Gesamtbetrag zu dem Höchstbetrag steht. Die Erstattung fälliger Beträge erfolgt erst nach Ablauf des Jahres (Angabe des Zeitraums), in dem der Versicherungsfall eingetreten ist.[3]

Bei Rückfragen wenden Sie sich an: ▪▪▪ (mindestens einsetzen: Namen, Anschrift und Telefonnummer der anzusprechenden Stelle; falls diese nicht für die Schadensabwicklung zuständig ist, auch Namen, Anschrift und Telefonnummer der dafür zuständigen Stelle).

1 Die Angaben zu Namen der Reisenden können entfallen. In diesem Falle ist folgender Satz einzufügen: „Dieser Sicherungsschein gilt für den Buchenden und alle Reiseteilnehmer".

2 Falls der Sicherungsschein befristet ist, muss die Frist mindestens den Zeitraum vom Vertragsschluss bis zur Beendigung der Reise umfassen.

3 Dieser Absatz entfällt bei Kundengeldabsicherungen, bei denen die Haftungsbeschränkung nach § 651 k Abs. 2 BGB nicht vereinbart wird.

■■■ (einsetzen: Namen, ladungsfähige Anschrift des Kundengeldabsicherers)

■■■

Kundengeldabsicherer ◀

B. Erläuterungen

[1] § Mit § 651 k wird der Reiseveranstalter verpflichtet, im Fall seiner Zahlungsunfähigkeit oder Insolvenz die **Erstattung der von Reisenden gezahlten Beträge** und die **Rückreise** sicherzustellen. Steht nicht fest, ob der Reiseveranstalter zum Zeitpunkt der Rückreise bereits zahlungsunfähig war, bestehen noch keine Ansprüche gegenüber dem Sicherungsgeber (AG Köln RRa 1999, 119). **Gewährleistungsansprüche** werden von § 651 k nicht erfasst, auch wenn diese auf eine Insolvenz zurückzuführen sind. 2

[2] Die Anforderungen an einen **Sicherungsschein** nach Abs. 3 werden in **§ 9 BGB-InfoV** geregelt. Durch die **Erste Verordnung zur Änderung der BGB-Informationspflichten-Verordnung** vom 13.3.2002 (BGBl. I 2002 S. 1141, 1230) hat ein Reiseveranstalter mit Sitz in Deutschland für den Sicherungsschein ein bestimmtes **Muster** zu verwenden, welches in der Anlage 1 zu § 9 BGB-InfoV abgedruckt ist (BGBl. I 2002 S. 1230; BGBl. I 2002 S. 3003). 3

Nach § 651 k **Abs. 4 gilt** ein Reisevermittler als von dem Reiseveranstalter zur Annahme von Zahlungen als ermächtigt, wenn er mit der Vermittlung betraut und die Annahme von Zahlungen nicht ausdrücklich ausgeschlossen ist. Dabei handelt es sich um eine gesetzliche **Fiktion der Inkassovollmacht.** 4

Die gesetzliche Fiktion der Inkassovollmacht gilt nicht, wenn der Reiseveranstalter gemäß § 651 k **Abs. 4 S. 4** die Einnahme von Zahlungen entsprechend § 56 HGB **in hervorgehobener Form** gegenüber dem Reisebüro ausgeschlossen hat. Dazu ist eine Klausel in den Allgemeinen Reisebedingungen nicht ausreichend, sondern ein klarer Hinweis in der Reisebestätigung erforderlich (Begr. BT-Drucks. 14/5944, S. 13). 5

Nach§ 651 k **Abs. 6** werden Reiseveranstalter unter den dortigen Voraussetzungen von der Verpflichtung einer Absicherung des Insolvenzrisikos befreit. 6

[3] Nach § 651 k **Abs. 3 S. 1** hat der Reiseveranstalter dem Reisenden einen **unmittelbaren Anspruch** gegen den Kundengeldabsicherer zu verschaffen und durch Übergabe einer von diesem oder auf dessen Veranlassung ausgestellten **Bestätigung in Form eines Sicherungsscheins** nachzuweisen. 7

Nach § 651 k Abs. 3 S. 2 können **Einwendungen** des Kundengeldabsicherers wie eine Nichtzahlung der Prämie oder eine Obliegenheitsverletzung des Veranstalters dem Reisenden nicht entgegengehalten werden. Zudem wird der Verbraucherschutz für den Fall gestärkt, dass ein Kundengeldabsicherer einen bestehenden Insolvenzschutz, gleich aus welchen Gründen, kündigt, da sich dieser nicht darauf berufen kann, der Sicherungsschein sei nach Beendigung des Kundengeldabsicherungsvertrags ausgestellt worden. 8

§ 651 l Gastschulaufenthalte

(1) [1]Für einen Reisevertrag, der einen mindestens drei Monate andauernden und mit dem geregelten Besuch einer Schule verbundenen Aufenthalt des Gastschülers bei einer Gastfamilie in einem anderen Staat (Aufnahmeland) zum Gegenstand hat, gelten die nachfolgenden Vorschriften. [2]Für einen Reisevertrag, der einen kürzeren Gastschulaufenthalt (Satz 1) oder einen mit der geregelten Durchführung eines Praktikums verbundenen Aufenthalt bei einer Gastfamilie im Aufnahmeland zum Gegenstand hat, gelten sie nur, wenn dies vereinbart ist.

(2) Der Reiseveranstalter ist verpflichtet,

1. **für eine bei Mitwirkung des Gastschülers und nach den Verhältnissen des Aufnahmelands angemessene Unterbringung, Beaufsichtigung und Betreuung des Gastschülers in einer Gastfamilie zu sorgen und**
2. **die Voraussetzungen für einen geregelten Schulbesuch des Gastschülers im Aufnahmeland zu schaffen.**

(3) Tritt der Reisende vor Reisebeginn zurück, findet § 651 i Abs. 2 Satz 2 und 3 und Abs. 3 keine Anwendung, wenn der Reiseveranstalter ihn nicht spätestens zwei Wochen vor Antritt der Reise jedenfalls über

1. Namen und Anschrift der für den Gastschüler nach Ankunft bestimmten Gastfamilie und
2. Namen und Erreichbarkeit eines Ansprechpartners im Aufnahmeland, bei dem auch Abhilfe verlangt werden kann,

informiert und auf den Aufenthalt angemessen vorbereitet hat.

(4) [1]Der Reisende kann den Vertrag bis zur Beendigung der Reise jederzeit kündigen. [2]Kündigt der Reisende, so ist der Reiseveranstalter berechtigt, den vereinbarten Reisepreis abzüglich der ersparten Aufwendungen zu verlangen. [3]Er ist verpflichtet, die infolge der Kündigung notwendigen Maßnahmen zu treffen, insbesondere, falls der Vertrag die Rückbeförderung umfasste, den Gastschüler zurückzubefördern. [4]Die Mehrkosten fallen dem Reisenden zur Last. [5]Die vorstehenden Sätze gelten nicht, wenn der Reisende nach § 651 e oder § 651 j kündigen kann.

A. Rücktritt

1 **I. Muster: Rücktrittserklärung**

▶ Rücktritt

Hiermit erkläre ich ■■■ (Reisender) Ihnen gegenüber ■■■ (Reiseveranstalter) den Rücktritt vom Reisevertrag,[1] da mir der Name und die Anschrift der Gastfamilie nicht rechtzeitig mitgeteilt wurde.[2]

■■■, den ■■■

■■■

Unterschrift ◀

II. Erläuterungen

2 [1] § 651 l **Abs. 1 S. 1** stellt eine **Sonderregelung für einen Reisevertrag dar,** welcher einen **mindestens drei Monate** andauernden und **mit dem geregelten Besuch einer Schule** verbundenen Aufenthalt des Gastschülers **bei einer Gastfamilie in einem anderen Staat** zum Gegenstand hat. Der Anwendungsbereich erstreckt sich daher primär auf den klassischen Schüleraustausch. Auf die Minderjährigkeit kommt es nicht an. Vertragspartner sind der Anbieter des Gastschulaufenthaltes als Reiseveranstalter sowie die Eltern, welche den Vertrag in eigenem Namen abschließen, oder der an der Reise teilnehmende Schüler. Der an der Reise teilnehmende Schüler ist Gastschüler iSd § 651 l.

3 Mit § 651 l **Abs. 2** wird die Unterbringung des Schülers in einer Gastfamilie bestimmt. Der Reiseveranstalter hat eine angemessene Unterbringung, Beaufsichtigung und Betreuung zu gewährleisten und die Voraussetzungen für einen geregelten Schulbesuch zu schaffen. Entscheidend sind die durchschnittlichen Verhältnisse im Aufnahmeland. Für die Angemessenheit der Gastfamilie sind keine subjektiven Vorstellungen des Gastschülers maßgeblich. Ein bestimmter gesellschaftlicher Standard wird nicht geschuldet. Sicherzustellen ist allerdings, dass die Gastfamilie erzieherisch und zeitlich zur Aufsicht und Betreuung des Schülers in der Lage ist. Der Reiseveranstalter hat die Voraussetzungen für einen geregelten Schulbesuch zu schaffen, ist aber nicht für eine regelmäßige Unterrichtsteilnahme verantwortlich. Der Schulbesuch ist dabei altersgemäß, ausbildungsadäquat und den örtlichen Verhältnissen anzupassen (BT-Drucks. 14/5944, S. 14). Eine besondere Qualität des Unterrichts oder bestimmte Ausbildungsstätten sind nicht geschuldet.

[2] § 651 l **Abs. 3** sieht vor, dass der Reiseveranstalter dem Reisenden bzw seinem Vertreter **zwei Wochen vor Reiseantritt** die nötigen Informationen bezüglich des Namens und der Anschrift der Gastfamilie und der Erreichbarkeit eines Ansprechpartners gibt. Wird der Reisende nicht mit den nötigen Informationen versorgt, hat er ein **Rücktrittsrecht** nach § 651 i Abs. 1 **ohne eine Verpflichtung zu Stornogebühren** nach § 651 i Abs. 2 oder 3. 4

Da die Informationspflichten eine Obliegenheit, aber keine vertraglichen Nebenpflicht des Reisevertrags darstellen (BT-Drucks. 14/5944, S. 15), kann im Falle des Rücktritts kein zusätzlicher Schadensersatzanspruch hergeleitet werden (BT-Drucks. 14/5944, S. 15). 5

B. Kündigung

I. Muster: Kündigungserklärung 6

▶ **Kündigung**[1] 488

Hiermit kündige ich ■■■ (Reisender) Ihnen gegenüber ■■■ (Reiseveranstalter)[2] aus persönlichen Gründen den Reisevertrag und beanspruche die Rückreise.[3]

■■■, den ■■■

■■■

Unterschrift ◀

II. Erläuterungen

[1] Durch § 651 l **Abs. 4 S. 1** wird dem Reisenden ein jederzeitiges Kündigungsrecht für den Fall gewährt, dass der Gastschüler die Reise aus persönlichen Gründen nach Reisebeginn abbrechen möchte. Der Reiseveranstalter ist in diesem Fall nach § 651 l **Abs. 4 S. 2** berechtigt, den vereinbarten Reisepreis abzüglich der ersparten Aufwendungen zu verlangen. 7

[2] Die Kündigung ist von dem Reiseanmelder gegenüber dem Reiseveranstalter zu erklären. Eine Kündigung gegenüber einer örtlichen Agentur oder der Gastfamilie ist nicht ausreichend, sofern diese nicht zur Entgegennahme ermächtigt sind. 8

[3] Da sich der Gastschüler bei Ausspruch der Kündigung im Ausland aufhält, ist der Reiseveranstalter nach § 651 l **Abs. 4 S. 3** verpflichtet, die zur Abwicklung der Kündigung erforderlichen Maßnahmen zu treffen und, sofern vom Reisevertrag umfasst, den Gastschüler zurückzubefördern. Etwaige Mehrkosten sind vom Reisenden nach § 651 l **Abs. 4 S. 4** zu tragen. 9

§ 651 m Abweichende Vereinbarungen

[1]Von den Vorschriften der §§ 651 a bis 651 l kann vorbehaltlich des Satzes 2 nicht zum Nachteil des Reisenden abgewichen werden. [2]Die in § 651 g Abs. 2 bestimmte Verjährung kann erleichtert werden, vor Mitteilung eines Mangels an den Reiseveranstalter jedoch nicht, wenn die Vereinbarung zu einer Verjährungsfrist ab dem in § 651 g Abs. 2 Satz 2 bestimmten Verjährungsbeginn von weniger als einem Jahr führt.

A. Muster: Verjährung[1] 1

▶ **Klausel**

Ansprüche des Reisenden nach den §§ 651 c bis 651 f BGB aus der Verletzung des Lebens, des Körpers oder der Gesundheit, die auf einer vorsätzlichen oder fahrlässigen Pflichtverletzung des Veranstalters oder eines gesetzlichen Vertreters oder Erfüllungsgehilfen des Veranstalters beruhen, verjähren in zwei Jahren. Dies gilt auch für Ansprüche auf den Ersatz sonstiger Schäden, die auf einer vorsätzlichen oder grob fahrlässigen Pflichtverletzung des Veranstalters oder auf einer vorsätzlichen oder grob fahrlässigen Pflichtverletzung eines gesetzlichen Vertreters oder eines gesetzlichen Vertreters oder Erfüllungsgehilfen des Veranstalters beruhen. Alle übrigen Ansprüche nach den §§ 651 c bis 651 f BGB verjähren in einem Jahr.[2] ◄

B. Erläuterungen

2 [1] § § 651 m ist eine „halbzwingende" Norm zulasten des Reiseveranstalters und enthält ein **Umgehungsverbot**, nach welchem von den Vorschriften der §§ 651 a bis 651 l nicht zum Nachteil des Reisenden abgewichen werden kann. Dies gilt für sämtliche Vereinbarungen zwischen Reiseveranstalter und Reisendem durch Allgemeine Reisebedingungen und Individualvereinbarung.

3 **Verzichtserklärungen** des Reisenden, mit welchen gegen Zahlung einer Abfindungssumme oder einer Gratisleistung auf die Geltendmachung der Rechte nach §§ 651 a ff verzichtet wird, werden als unwirksam angesehen (OLG Düsseldorf NJW-RR 1992, 245; NJW-RR 1998, 922; LG Düsseldorf RRa 1994, 123; LG Kleve, NJW-RR 1992, 1525). Gleiches gilt für **Aufzahlungsvereinbarungen** infolge von Abhilfemaßnahmen (AG Bad Homburg v.d.H. NJW-RR 2003, 1140).

4 [2] Nach § 651 m S. 2 besteht die Möglichkeit, vor Mitteilung eines Mangels die Verjährungsfrist des § 651 g Abs. 2 von zwei Jahren auf **bis zu einem Jahr durch vertragliche Vereinbarung zu verkürzen.** Das Reiserecht wird mithin in einem eng eingegrenzten Bereich **dispositives Recht.** Eine verjährungserleichternde Vereinbarung kann sowohl individualvertraglich als auch in Allgemeinen Geschäftsbedingungen erfolgen. Im letzteren Fall sind die Grenzen des § 309 Nr. 7 und 8 a zu beachten. Eine Klausel in Allgemeinen Reisebedingungen, mit der die gesetzliche Verjährungsfrist für die Ansprüche des Reisenden wegen eines Mangels der Reise abgekürzt wird, ist wegen Verstoßes gegen die Klauselverbote des § 309 Nr. 7 Buchst. a und b insgesamt unwirksam, wenn die in diesen Klauselverboten bezeichneten Schadensersatzansprüche nicht von der Abkürzung der Verjährungsfrist ausgenommen werden (BGH NJW 2009, 1486).

Titel 10 Mäklervertrag

Untertitel 1 Allgemeine Vorschriften

§ 652 Entstehung des Lohnanspruchs

(1) [1]Wer für den Nachweis der Gelegenheit zum Abschluss eines Vertrags oder für die Vermittlung eines Vertrags einen Mäklerlohn verspricht, ist zur Entrichtung des Lohnes nur verpflichtet, wenn der Vertrag infolge des Nachweises oder infolge der Vermittelung des Mäklers zustande kommt. [2]Wird der Vertrag unter einer aufschiebenden Bedingung geschlossen, so kann der Mäklerlohn erst verlangt werden, wenn die Bedingung eintritt.
(2) [1]Aufwendungen sind dem Mäkler nur zu ersetzen, wenn es vereinbart ist. [2]Dies gilt auch dann, wenn ein Vertrag nicht zustande kommt.

A. Muster: Maklervertrag 1

▶ **Maklervertrag**[1] 490

zwischen

■■■ (Kunde)

■■■ (Adresse)

– nachfolgend Kunde genannt –

und

■■■ (Makler)

■■■ (Adresse)

– nachfolgend Makler genannt –[2]

§ 1 Auftrag[3]

1. Der Kunde sucht ■■■ (Auftragsobjekt). Die näheren Anforderungen sind dem beigefügten Erfassungsbogen zu entnehmen. Der Kunde beauftragt den Makler im Hinblick auf das Auftragsobjekt, die Gelegenheit zum Abschluss eines Vertrages nachzuweisen oder einen abschlusswilligen Vertragspartner zu vermitteln.[4]
2. Die Preisvorstellung für das Auftragsobjekt bewegt sich in dem Bereich von ■■■ EUR mit einer Variablen von ■■■ %.
   Übersteigt ein Objekt ■■■% der vereinbarten Preisvorstellung, so gilt es nur nach Genehmigung durch den Kunden als auftragsgemäß.

§ 2 Rechte und Pflichten des Maklers[5]

1. Der Makler darf weitere Vertriebspartner nur einschalten, wenn dadurch dem Käufer keinerlei weitere Kosten zur Last fallen oder andere belastende Verbindlichkeiten begründet werden.
2. Der Makler ist berechtigt, auch für den Verkäufer entgeltlich tätig zu werden, wenn er diese Tätigkeit auf den Nachweis beschränkt und den Kunden zuvor schriftlich über diesen Umstand in Kenntnis setzt. Jegliche Art von Doppeltätigkeit verpflichtet den Makler zu strenger Unparteilichkeit.
3. Der Makler verpflichtet sich, den Kunden über alle Umstände zu informieren, die für dessen Kaufentscheidung von Bedeutung sein können. Er wird den Kunden in regelmäßigen Abständen über den Stand seiner Bemühungen in Kenntnis setzen. Er ist zu eigenen Nachforschungen verpflichtet, sofern deren Bedeutung und Erforderlichkeit offensichtlich sind. In anderen Fällen bedarf es diesbezüglich einer separaten Vereinbarung.
4. Der Makler verpflichtet sich, diesen Maklervertrag mit der Sorgfalt eines ordentlichen Kaufmanns durchzuführen. Er haftet für Vorsatz und Fahrlässigkeit.
5. Der Makler verpflichtet sich im Hinblick der im Rahmen dieses Maklervertrages erlangten Kenntnisse über den Kunden Verschwiegenheit zu bewahren.

§ 3 Rechte und Pflichten des Kunden[6]

1. Dem Kunden verbleibt das Recht, mehrere Makler nebeneinander zu beauftragen. Zudem ist er berechtigt, sich ohne Einschaltung des Maklers um den Abschluss eines Kaufvertrages zu bemühen.
2. Der Kunde ist verpflichtet, den Makler unverzüglich über alle Umstände, die die Durchführung der Maklertätigkeit berühren, in Kenntnis zu setzen. Dies gilt insbesondere im Hinblick auf die Aufgabe oder Änderung der Kaufabsicht.
3. Weist der Makler ein Objekt nach, das dem Kunden bereits bekannt ist, ist der Kunde verpflichtet, den Nachweis des Maklers schriftlich zurückzuweisen. Unterlässt er dies und schließt mit dem Verkäufer über ein derartiges Objekt einen Kaufvertrag, bleibt die Provisionspflicht bestehen.

4. Dem Kunden obliegt die Pflicht, den Makler vom Zustandekommen eines Vertrages unverzüglich zu informieren und ihm auf erstes Auffordern eine vollständige Abschrift des Vertrages zu übermitteln.
5. Der Kunde ist verpflichtet, alle im Rahmen dieses Maklervertrages erlangten Informationen vertraulich zu behandeln und insbesondere nicht an Dritte weiter zu geben. Verstößt der Kunde gegen diese Verschwiegenheitspflicht, und schließt daraufhin der von ihm informierte Dritte einen Vertrag über das seitens des Maklers nachgewiesene Objekt, so schuldet der Kunde die Provision, als ob er diesen Vertrag selbst geschlossen hätte.

§ 4 Provision

1. Der Kunde verpflichtet sich, an den Makler eine Provision in Höhe von ▪▪▪ % (schließt die gesetzliche Umsatzsteuer mit ein) des Gesamtkaufpreises zu entrichten.
   Die Provision errechnet sich aus dem Kaufpreis zuzüglich etwaiger Leistungen des Kunden an den Verkäufer. Die nachträgliche Minderung des Kaufpreises berührt den Provisionsanspruch des Maklers nicht.
2. Der Provisionsanspruch ist fällig mit Abschluss des voll wirksamen Kaufvertrages mit dem von dem Makler nachgewiesenen oder vermittelten Vertragspartner. Dies gilt auch für den Fall, dass der Abschluss des Kaufvertrages erst nach Beendigung des Maklervertrages, aber auf Grund der Tätigkeit des Maklers zustande kommt.
3. Bei Vorlage entsprechender Belege sind auch die seitens des Maklers getätigten Aufwendungen vom Kunden zu erstatten.

§ 5 Laufzeit und Kündigung[7]

1. Der Maklervertrag kann von beiden Vertragsparteien mit einer Frist von einem Monat zum Monatsende ohne Angabe von Gründen gekündigt werden. Er endet nach ▪▪▪ vollen Kalendermonaten, ohne dass es einer Kündigung bedarf.
2. Das Recht zur außerordentlichen Kündigung aus wichtigem Grund wird hiervon nicht berührt.
3. Jede Kündigung bedarf zu ihrer Wirksamkeit der Schriftform.

§ 6 Datenschutz

Der Kunde willigt ein, dass der Makler Daten, die sich aus diesem Vertrag oder der Vertragsdurchführung ergeben, erhebt, verarbeitet und nutzt und diese im erforderlichen Umfang dem Verkäufer übermittelt.

§ 7 Schlussbestimmungen

1. Als Erfüllungsort für die beiderseitigen Verpflichtungen aus diesem Maklervertrag sowie als Gerichtsstand wird ▪▪▪ vereinbart.
2. Stillschweigende, mündliche oder schriftliche Nebenabreden wurden nicht getroffen. Änderungen und Ergänzungen des Vertrages bedürfen der Schriftform. Dies gilt auch für eine Aufhebung dieser Schriftformklausel.
3. Sollten eine oder mehrere Bestimmungen dieses Vertrages rechtsunwirksam sein oder werden, so soll dadurch die Gültigkeit der übrigen Bestimmungen nicht berührt werden.
   Die Parteien verpflichten sich bereits jetzt, anstelle der ungültigen oder undurchführbaren Bestimmung eine wirksame Bestimmung zu vereinbaren, die dem Sinn und Zweck der unwirksamen Regelung rechtlich und wirtschaftlich möglichst nahe kommt.

▪▪▪

Unterschriften der Parteien

Erfassungsbogen:

1. Angabe der gesuchten Bebauungsart
2. Grundstücksart
3. Gewünschte Besonderheiten
4. Gewünschte Objektgröße
5. Bebauungsfläche
6. Bebauungsalter
7. Gewünschte Ausstattung
8. Gewünschte Lage
9. Sonstiges ◄

B. Erläuterungen

[1] Der **Maklervertrag** bezieht sich auf einen Zivilmakler im Sinne der §§ 652 ff. Auf den Handelsmakler nach §§ 93 ff HGB finden diese Vorschriften nur subsidiäre Anwendung. Der Unterschied zwischen Zivilmaklern und Handelsmaklern liegt entscheidend in der Art des vermittelten Geschäfts. Beim Zivilmakler sind es bürgerlich-rechtliche Geschäfte, beim Handelsmakler sind es Handelsgeschäfte nach § 93 Abs. 1 HGB. 2

[2] **Parteien des Maklervertrages** können sowohl natürliche Personen als auch juristische Personen oder Personengesellschafter sein. 3

[3] Die Einhaltung einer bestimmten **Form** ist für den Mäklervertrag grundsätzlich nicht erforderlich. Jedoch kann sie sich aus besonderen Vorschriften ergeben (siehe hierzu Palandt/*Sprau*, § 652 Rn 6). 4

[4] In dem vorangestellten Formular eines Maklervertrages ist der Makler zu **Nachweis- und Vermittlungstätigkeiten** beauftragt. Die gesetzliche Regelung geht davon aus, dass der Makler entweder den Nachweis oder die Vermittlung schuldet. Gleichwohl ist dadurch nicht ausgeschlossen, sich sowohl für den Abschluss des Hauptvertrages durch Nachweis als auch für das Zustandekommen des Vertrages durch Vermittlung versprechen zu lassen. Lässt sich ein Makler die Provision für den Nachweis und die Vermittlung versprechen, so verdient er den vollen Maklerlohn schon durch eine der beiden Tätigkeiten (OLG Koblenz NJW-RR 1994, 824; OLG Frankfurt NJW-RR 2000, 58). 5

(a) **Nachweis.** Die nach § 652 dem Nachweismakler obliegende Leistung besteht in dem Nachweis der Gelegenheit zum Abschluss eines Vertrages. Damit gemeint ist die Mitteilung des Maklers an seinen Kunden, durch die dieser in die Lage versetzt wird, in konkrete Verhandlungen über den von ihm angestrebten Hauptvertrag einzutreten. Der Makler, der einem Auftraggeber ein Objekt benennt, welches nicht zur Vermietung ansteht, hat keinen Nachweis im Sinne des § 652 erbracht; er kann deshalb auch keine Provision verlangen, wenn sich der Eigentümer später zu einer Vermietung entschließt und der Auftraggeber diese Möglichkeit ausnutzt (BGH v. 28.9.1995 – III ZR 16/95 in NJW-RR 1996, 113). 6

(b) **Vermittlung** hingegen ist die bewusste, finale Herbeiführung der Abschlussbereitschaft des Vertragspartners des zukünftigen Hauptvertrages. Dazu ist stets erforderlich, dass die Maklertätigkeit sich auf den tatsächlich zustande gekommenen Hauptvertrag bezieht (BGH NJW-RR 1997, 884). Nach der Rechtsprechung des BGH setzt der Begriff der Vermittlung eine Einwirkung auf die Willensentschließung des anderen Teils voraus (BGH NJW 1990, 2744). 7

[5] **Pflichten des Maklers.** Entsprechend der Erfolgsbezogenheit der Maklerprovision ist im gesetzlichen Regelfall keine Tätigkeitspflicht des Maklers ausgestaltet. Zwischen dem Makler und dem Auftraggeber besteht aber ein besonderes Treueverhältnis, das ihn verpflichtet, im Rahmen des Zumutbaren das Interesse des Auftraggebers zu wahren (Palandt/*Sprau*, § 652 Rn 13). 8

9 Art und Umfang der sich aus einem Maklervertrag ergebenden Pflichten richten sich nach den Umständen des Einzelfalles (BGH NJW-RR 2007, 711). Grundsätzlich obliegt dem Makler jedoch gegenüber seinem Auftraggeber eine **Aufklärungspflicht.** Das bedeutet: Der Makler hat dem Auftraggeber alle ihm bekannten tatsächlichen und rechtlichen Umstände mitzuteilen, die sich auf den angestrebten Geschäftsabschluss beziehen und für die Willensentschließung des Auftraggebers von Bedeutung sein können (vgl BGH NJW 2000, 3642).

10 Eine Pflicht zur **Beratung** trifft den Makler nur in ganz engen Grenzen. Eine **Prüfungspflicht** über erhaltene Informationen besteht für den Makler in der Regel nicht. Etwas anderes gilt jedoch für den Fall, dass der Makler sich Aussagen des Auftraggebers zu eigen macht oder sich für deren Richtigkeit persönlich einsetzt (BGH BB 1956, 733). Grundsätzlich gilt jedoch, ganz gleich ob der Makler zu Aufklärung, Beratung oder Prüfung verpflichtet ist oder nicht: Die Erklärungen des Maklers müssen insgesamt so beschaffen sein, dass sie bei seinem Kunden keine unzutreffenden Vorstellungen vermitteln (vgl BGH NJW 2000, 3642).

11 **Pflichtverletzungen** des Maklers führen nach den allgemeinen schuldrechtlichen Regeln zu einem Schadensersatzanspruch aus § 280. Soweit der Provisionsanspruch in einem derartigen Falle nicht ohnehin gemäß § 654 verwirkt ist, kann der Auftraggeber den Schadensersatzanspruch diesem durch Aufrechnung oder Zurückbehaltung entgegenhalten (Palandt/*Sprau*, § 652 Rn 18)

12 Lediglich die Maklertätigkeit muss während der Laufzeit des Vertrages erbracht sein, der Erfolg hingegen muss nicht während der Dauer des Maklervertrages eintreten (BGH NJW 1966, 2008). Erforderlich hierfür ist, dass die seitens des Maklers entfaltete Nachweis- oder Vermittlungstätigkeit zumindest mitursächlich für den Abschluss des Hauptvertrages geworden ist. Grundsätzlich würde dem Makler die Beweislast hinsichtlich der Kausalität obliegen. Die Rechtsprechung nimmt jedoch bei einem engen zeitlichen Zusammenhang zwischen Maklerleistung und Erfolg eine **Beweislastumkehr** zu Gunsten des Maklers an (BGH NJW 1999, 1257). Bei einem Zeitraum ab einem Jahr verbleibt es jedoch bei der grundsätzlichen Beweislast des Maklers (hierzu BGH NZM 2006, 667).

13 Der Makler hat keinen Provisionsanspruch, wenn der vermittelte Vertrag mit einer Person zustande kommt, die mit ihm rechtlich oder „wirtschaftlich identisch" ist. Der Makler hat keinen Anspruch auf Provision, wenn er an einer juristischen Person, mit der der Vertrag zustande kommt, erheblich beteiligt ist oder eine sonstige wirtschaftliche Verflechtung mit dem Dritten besteht; sog. **echte Verflechtung.** Dies gilt gleichermaßen, wenn eine sog. **unechte Verflechtung** zB über eine Verbindung durch Dienst- oder Arbeitsanträge besteht, so dass es auf Seiten des Maklers zu einem institutionalisiertem Interessenkonflikt kommt oder kommen kann (sog. **„Verflechtungseinwand"**); siehe Fallgruppen bei Palandt/*Sprau*, § 652 Rn 29 ff.

14 Ebenso besteht kein Provisionsanspruch, wenn der Makler wegen persönlicher Beziehungen eher auf Seiten des Dritten steht (zB wenn Makler mit Drittem verheiratet oder verwandt ist). Hat der Auftraggeber trotz wirtschaftlicher Identität des Maklers und des Dritten die Provision jedoch bereits entrichtet, ist eine Rückforderung nach § 812 Abs. 1 S. 1 Alt. 1 ausgeschlossen.

15 [6] **Pflichten des Auftraggebers.** Die Zahlung der mit dem Makler vereinbarten Provision ist die Hauptpflicht des Auftraggebers. Eine Pflicht zu Zahlung der Provision besteht grundsätzlich nur, wenn die Maklertätigkeit erfolgreich war, also zum Abschluss des beabsichtigten Hauptvertrages geführt hat (BGH NJW 1967, 1365). Weiterhin treffen den Auftraggeber folgende Nebenpflichten: Sorgfalt, Wahrung der Vertraulichkeit, Aufklärung, aber nur soweit zumutbar (Palandt/*Sprau*, § 652 Rn 19).

16 [7] Die **Dauer des Maklervertrages** ist im Regelfall unbestimmt, sofern nichts anderes vereinbart ist. Auftraggeber und Makler können grundsätzlich jederzeit kündigen.

§ 653 Mäklerlohn

(1) Ein Mäklerlohn gilt als stillschweigend vereinbart, wenn die dem Mäkler übertragene Leistung den Umständen nach nur gegen eine Vergütung zu erwarten ist.
(2) Ist die Höhe der Vergütung nicht bestimmt, so ist bei dem Bestehen einer Taxe der taxmäßige Lohn, in Ermangelung einer Taxe der übliche Lohn als vereinbart anzusehen.

A. Muster: Aufforderungsschreiben zur Zahlung des Mäklerlohnes 1

▶ ▪▪▪ (Makler) 491

an

▪▪▪ (Auftraggeber)

per Einschreiben

Betreff: Maklervertrag vom ▪▪▪, Provisionsforderung

Sehr geehrter ▪▪▪ (Auftraggeber),

Mit dem oben genannten Vertrag vom ▪▪▪ beauftragten Sie unser Büro im Hinblick auf den Verkauf ihrer Eigentumswohnung ▪▪▪ in ▪▪▪

Bereits am ▪▪▪ konnten wir Ihnen den Herrn ▪▪▪ als Kaufinteressenten für das Objekt nachweisen. Auf Grund dieses Nachweises veräußerten Sie die Eigentumswohnung mit notariellem Kaufvertrag vom ▪▪▪ an den Herrn ▪▪▪

Mit Schreiben vom ▪▪▪ forderten wir Sie ordnungsgemäß zur Zahlung von ▪▪▪ EUR auf.

Mit Schreiben vom ▪▪▪ verweigerten Sie die Zahlung mit der Begründung, dass die Höhe der Vergütung in dem zwischen uns geschlossenen Vertrag nicht vereinbart worden sei.[1]

Wir können diesen Einwand nicht nachvollziehen und möchten Sie auf Folgendes hinweisen:

Gemäß § 653 BGB ist für den Fall der fehlenden Vereinbarung über die Höhe der Vergütung der übliche Lohn als vereinbart anzusehen. Dieser richtet sich nach Gegenstand und Art der Tätigkeit. Der übliche Lohn für eine vergleichbare Tätigkeit liegt bei ▪▪▪ % des Gesamtkaufpreises. Demgemäß ist unsere Lohnforderung in Höhe von ▪▪▪ EUR angemessen.[2]

Wir fordern Sie hiermit letztmalig zur Zahlung dieses Betrages auf.

Mit freundlichen Grüßen

▪▪▪

Makler ◀

B. Erläuterungen

[1] Normstruktur. Für den Fall des Fehlens einer Vergütungsvereinbarung fingiert § 653 Abs. 1 eine stillschweigende Übereinkunft, wenn die dem Makler übertragene Leistung den Umständen nach nur gegen eine Vergütung zu erwarten ist. Ist lediglich die Höhe der Vergütung nicht bestimmt, so ist nach § 653 Abs. 2 bei dem Bestehen einer Taxe der taxmäßige Lohn, in Ermangelung einer Taxe der übliche Lohn als vereinbart anzusehen. 2

(a) Fehlen einer Provisionsvereinbarung dem Grunde nach. Voraussetzung für die Vermutung einer stillschweigenden Einigung über die Entgeltlichkeit ist, dass der Makler eine „übertragene Leistung" erbracht hat. Zu der Übertragung einer Maklerleistung im Sinne von § 653 Abs. 1 gehört mehr als die bloße Einigung zwischen Verkaufsinteressent und Makler, dass der Makler bestimmte Kaufinteressenten nachweisen soll, mit denen er bereits einen Maklervertrag abgeschlossen hat. Die bloße Einigung über die Vornahme bestimmter Maklerleistungen ließe näm- 3 lich im Unklaren, ob der Makler „für" die eine oder die andere Seite tätig wird, ob also die eine Seite mit einer Unterstützung des Maklers rechnen darf oder ob sie gewärtigen muss, dass der Makler in Wahrheit auf der Gegenseite steht und dieser hilft (vgl BGH NJW 1981, 279).

4 Umstände, die ein Tätigwerden des Maklers nur gegen Vergütung nahe legen, sind zB bestehende Übung, Art, Umfang, Dauer der Tätigkeit, Berufs- und Erwerbsverhalten des Maklers, Beziehungen der Beteiligten zueinander (vgl Palandt/*Sprau*, § 653 Rn 2).

5 (b) **Fehlen einer Provisionsvereinbarung der Höhe nach.** Da es keine einheitlichen Taxen für die Höhe von Maklerlöhnen gibt, gehen die Gerichte von der verkehrs- und ortsüblichen Vergütung zur Zeit des Vertragsschlusses aus (vgl OLG Karlsruhe NZM 1999, 321; OLG Frankfurt NJW-RR 2000, 58; LG Stendal NZM 2001, 1089). Wenn § 653 Abs. 2 für die Bestimmung der Höhe des Maklerlohnanspruches in bestimmten Fällen auf die „übliche" Provision verweist, dann kann das nur in solchen Bereichen zu einer exakten Festlegung der Vergütungshöhe führen, wo sich feste Übungen entwickelt haben (BGHZ 94, 98). Ist dies jedoch nicht der Fall, wird eine ergänzende Vertragsauslegung erforderlich, die unter Berücksichtigung der Umstände des Einzelfalles zur Festlegung eines Prozentsatzes innerhalb der üblichen Vergütungsspanne führt (*Jäger* in jurisPk-BGB, § 653 Rn 5). Dabei hat der Tatrichter von einem mittleren Prozentsatz auszugehen und sodann die besonderen Umstände, wie zB den Wert und die Art des vermakelten Objekts sowie die Leistungen und die Aufwendungen des Maklers zu berücksichtigen und schließlich zu prüfen, in welchem Umfang Zu- und Abschläge zu dem Ausgangsbetrag erforderlich erscheinen (*Jäger* in jurisPk-BGB, § 653 Rn 5).

6 [2] **Beweislastverteilung.** Die Beweislast für das Vorliegen der tatsächlichen Voraussetzungen der gesetzlichen Vermutung obliegt dem Makler. Der Auftraggeber hingegen ist beweispflichtig für die dennoch vereinbarte Unentgeltlichkeit.

§ 654 Verwirkung des Lohnanspruchs

Der Anspruch auf den Mäklerlohn und den Ersatz von Aufwendungen ist ausgeschlossen, wenn der Mäkler dem Inhalt des Vertrags zuwider auch für den anderen Teil tätig gewesen ist.

1 **A. Muster: Provisionsklage des Maklers**

▶ An

das Amtsgericht/Landgericht ▪▪▪

Klage

des ▪▪▪ (Makler)

– Kläger –

Prozessbevollmächtigte: Rechtsanwälte ▪▪▪

gegen

den ▪▪▪ (Auftraggeber)

– Beklagter –

Prozessbevollmächtigte: Rechtsanwälte ▪▪▪

wegen: Maklerprovision

Streitwert: ▪▪▪ EUR

Namens und in Vollmacht des Klägers erheben wir Klage und werden im Termin zur mündlichen Verhandlung beantragen,

den Beklagten zu verurteilen, an den Kläger ■■■ EUR nebst Zinsen hieraus in Höhe von fünf Prozentpunkte über dem Basiszinssatz seit dem ■■■ zu zahlen.

Sofern das Gericht das schriftliche Vorverfahren anordnet, wird beantragt,

ein Versäumnisurteil gemäß § 331 Abs. 3 ZPO zu erlassen, sofern der Beklagte auf Aufforderung nach § 276 Abs. 1 ZPO nicht rechtzeitig anzeigt, dass er sich gegen die Klage verteidigen will.

Begründung

Am ■■■ erteilte der Beklagte der Klägerin einen Makler-Alleinauftrag mit der Maßgabe, ihm für sein Haus ■■■ in der ■■■ in ■■■ Kaufinteressenten nachzuweisen.

Gemäß § ■■■ des Maklervertrages verpflichtete sich der Beklagte für den Fall eines auf Grund der Tätigkeit des Klägers zustande gekommenen Vertragsabschlusses zu einer Zahlung in Höhe von ■■■ % des Gesamtkaufpreises einschließlich Umsatzsteuer.

Beweis: Maklervertrag vom ■■■

Bereits am ■■■ konnte der Kläger dem Beklagten den Zeugen ■■■ als Kaufinteressenten für das oben genannte Haus nachweisen. Auf Grund dieses Nachweises veräußerte der Beklagte das Objekt an den Zeugen ■■■ mit notariellem Kaufvertrag vom ■■■ zum Kaufpreis von ■■■ EUR.

Mit Datum vom ■■■ stellte der Kläger dem Beklagte eine Rechnung über den vereinbarten Betrag aus, also ■■■ % des Kaufpreises, mithin also ■■■EUR.[1]

Beweis:

1. Nachweisschreiben des Klägers an den Beklagten vom ■■■
2. Zeugnis des ■■■
3. Rechnung des Klägers an den Beklagten ■■■
4. Kopie des notarieller Kaufvertrages vom ■■■

Mit Schreiben vom ■■■ forderte der Kläger den Beklagten zur Zahlung des streitgegenständlichen Betrages auf.

Der Beklagte teilte daraufhin dem Kläger mit, er sei der Auffassung, der Kläger könne deshalb keine Provision von ihm verlangen, da er auch für den Zeugen ■■■ tätig geworden sei.

Beweis: Schreiben des Beklagten vom ■■■

Diese Ausführungen vermögen jedoch nicht zu überzeugen.

Zutreffend ist, dass der Kläger mit dem Zeugen ■■■ eine Provision vereinbart, gefordert und schließlich auch erhalten hat.

Durch § ■■■ des zwischen den Parteien abgeschlossenen Maklervertrages ist dem Kläger ausdrücklich das Recht erteilt, auch für den Vertragspartner des Auftraggebers tätig zu werden.

Da diesseits keinerlei Interessenkollisionen[2] ersichtlich sind, war die Vereinbarung einer Doppeltätigkeit auch zulässig.

Eine Zahlung erfolgte bis zum heutigen Tag nicht. Mithin war die Erhebung der Klage geboten.

■■■

Rechtsanwalt ◄

B. Erläuterungen

[1] **Voraussetzungen für** einen **Provisionsanspruch** des Maklers sind: 2

- Zustandekommen eines Maklervertrages im Sinne des § 652,
- Erbringung der Maklerleistung,
- rechtswirksames Zustandekommen des Vertrages mit einem Dritten,

– Kausalzusammenhang zwischen Maklerleistung und Vertrag,
– kein Ausschluss nach § 654.

3 [2] **Voraussetzung für eine Verwirkung/Doppeltätigkeit.**
(a) **Verwirkung** ist eine schwerwiegende Treuepflichtverletzung. Demgemäß erfasst § 654 die Fälle, in denen der Makler die Treuepflicht gegenüber seinem Auftraggeber vorsätzlich, wenn nicht arglistig, mindestens aber in einer dem Vorsatz nahe kommenden groben Leichtfertigkeit verletzt hat und deshalb den Maklerlohn nach allgemeinem Rechts- und Billigkeitsempfinden nicht verdient hat (vgl BGHZ 36, 323)

4 (b) Hauptfall der Verwirkung ist der in § 654 ausdrücklich normierte Fall der treuwidrigen **Doppeltätigkeit**. Eine Doppeltätigkeit ist als treuwidrig zu qualifizieren, wenn sie entweder als solche unzulässig ist oder der Makler die damit besonderen Pflichten, insbesondere die Pflicht zur Unparteilichkeit verletzt (Palandt/*Sprau*, § 654 Rn 4). Maßgeblich hierfür sind die konkreten Umstände, insbesondere die seitens des Maklers übernommenen Pflichten und konkret entfalteten Tätigkeiten. (BGH NJW 1964, 1467).

5 Fehlt eine Vereinbarung, so ist die Doppeltätigkeit dem Makler grundsätzlich erlaubt. In der Praxis ist vor allem die Konstellation verbreitet, dass für die eine Seite eine Vermittlungs- und für die andere Seite lediglich eine Nachweistätigkeit vereinbart wird. Nach der Rechtsprechung des BGH ist allerdings für den Immobilienbereich anerkannt, dass auch eine Vermittlungstätigkeit für beide Auftraggeber zulässig ist, sofern nur ein solcher Doppelauftrag von beiden Vertragspartnern gestattet wurde bzw für den jeweils anderen Auftraggeber eindeutig erkennbar oder absehbar war (BGH v. 26.3.1998 – III ZR 206/97, WM 1998, 1188; *Jäger* in jurisPk-BGB, § 652 Rn 11).

6 Es können aber auch **sonstige Pflichtverletzungen** zu einer Verwirkung des Lohnanspruches nach § 654 führen. Fallgruppen und Überblick über Rechtsprechung siehe Palandt/*Sprau*, § 654 Rn 6, 7.

§ 655 Herabsetzung des Mäklerlohns

[1]Ist für den Nachweis der Gelegenheit zum Abschluss eines Dienstvertrags oder für die Vermittlung eines solchen Vertrags ein unverhältnismäßig hoher Mäklerlohn vereinbart worden, so kann er auf Antrag des Schuldners durch Urteil auf den angemessenen Betrag herabgesetzt werden. [2]Nach der Entrichtung des Lohnes ist die Herabsetzung ausgeschlossen.

Untertitel 2 Vermittlung von Verbraucherdarlehensverträgen

§ 655 a Darlehensvermittlungsvertrag

(1) [1]Für einen Vertrag, nach dem es ein Unternehmer unternimmt, einem Verbraucher gegen ein vom Verbraucher oder einem Dritten zu leistendes Entgelt einen Verbraucherdarlehensvertrag oder eine entgeltliche Finanzierungshilfe zu vermitteln oder ihm die Gelegenheit zum Abschluss eines solchen Vertrags nachzuweisen, gelten vorbehaltlich des Satzes 2 die folgenden Vorschriften. [2]Dies gilt nicht in dem in § 491 Abs. 2 bestimmten Umfang.
(2) [1]Der Darlehensvermittler hat den Verbraucher über die sich aus Artikel 247 § 13 Absatz 2 des Einführungsgesetzes zum Bürgerlichen Gesetzbuche ergebenden Einzelheiten in der dort vorgesehenen Form zu unterrichten. [2]Der Darlehensvermittler ist gegenüber dem Verbraucher zusätzlich wie ein Darlehensgeber gemäß § 491 a verpflichtet. [3]Satz 2 gilt nicht für Warenlieferanten oder Dienstleistungserbringer, die in lediglich untergeordneter Funktion als Darlehensvermittler tätig werden, etwa indem sie als Nebenleistung den Abschluss eines verbundenen Verbraucherdarlehensvertrags vermitteln.

A. Muster: Darlehensvermittlungsvertrag 1

493

▶ **Darlehensvermittlungsvertrag**[1]

zwischen

▪▪▪ (Auftragnehmer)

– nachfolgend Auftragnehmer genannt –

und

▪▪▪ (Auftraggeber)

– nachfolgend Auftraggeber genannt –

1. Der Auftraggeber beauftragt den Auftragnehmer mit einer finanzwirtschaftlichen Beratung im Hinblick auf eine Finanzierungsvermittlung. Ziel dieser Vereinbarung ist die Beschaffung von Finanzmitteln in Höhe von ▪▪▪ EUR
für nachfolgend aufgeführte Objekte/Projekte ▪▪▪
sowie die Vermittlung potenzieller Kapitalgeber.
2. Der Auftraggeber erteilt dem Auftragnehmer einen uneingeschränkt wirksamen und bis zum ▪▪▪ geltenden alleinigen Auftrag zur Beschaffung der vorgenannten Finanzmittel. Sollte bis zum Ablauf dieser Frist keine Finanzierungszusage vorliegen, erlischt der Auftrag.
3. Der Auftraggeber bevollmächtigt den Auftragnehmer alle Maßnahmen zu treffen, die zur Finanzierungsbeschaffung notwendig und erforderlich sind.
4. Der Auftragnehmer ist verpflichtet, den ihm erteilten Auftrag mit der Sorgfalt eines ordentlichen Kaufmannes durchzuführen sowie alle ihm zugänglich gemachten Informationen streng vertraulich zu behandeln.
5. Dem Auftraggeber obliegt die Pflicht, alle zur Beantragung der Finanzierung notwendigen und erforderlichen Objekts-, Projekts- und Bonitätsunterlagen vollständig zur Verfügung zu stellen.
6. Für die erfolgreiche Vermittlung eines potenten Kapitalgebers, der die Finanzierung für das Objekt übernehmen will sowie den Abschluss eines rechtsverbindlichen Darlehens- oder Kreditvertrages, erhält der Auftragnehmer eine einmalige Darlehensvermittlungsprovision in Höhe von ▪▪▪ % des Darlehens, mithin also ▪▪▪ EUR zuzüglich der gesetzlichen Mehrwertsteuer.
Die Provision ist fällig bei Auszahlung der Darlehenssumme an den Auftraggeber.[2]
7. Als Erfüllungsort für die beiderseitigen Verpflichtungen aus diesem Vertrag sowie als Gerichtsstand wird ▪▪▪ vereinbart.

Stillschweigende, mündliche oder schriftliche Nebenabreden wurden nicht getroffen. Änderungen und Ergänzungen des Vertrages bedürfen der Schriftform. Dies gilt auch für eine Aufhebung dieser Schriftformklausel.[3]

Sollten eine oder mehrere Bestimmungen dieses Vertrages rechtsunwirksam sein oder werden, so soll dadurch die Gültigkeit der übrigen Bestimmungen nicht berührt werden.[4]

▪▪▪

Unterschrift ◀

B. Erläuterungen

[1] Wesen des Darlehensvermittlungsvertrages. § 655 a definiert einen Darlehensvermittlungsvertrag als einen Vertrag, nach dem es ein Unternehmer unternimmt, einen Verbraucher gegen Entgelt einen Verbraucherdarlehensvertrag zu vermitteln oder ihm die Gelegenheit zum Ab- 2 schluss eines Verbraucherdarlehensvertrages nachzuweisen (*Jäger* in jurisPk-BGB, § 655 a Rn 10). Die Vorschrift erklärt bei Vorliegen eines Darlehensvermittlungsvertrages die §§ 655 a–e für anwendbar, sofern der vermittelte oder nachgewiesene Verbraucherdarlehensvertrag nicht eines der in § 491 Abs. 2 aufgeführten Merkmale aufweist. Durch die Anwendung dieser Spezialregelungen gelangt der **Verbraucherschutzgedanke** in den Vordergrund.

3 Handelt es sich um die Vermittlung eines Darlehens zwischen einem Unternehmer und einem Verbraucher, so trägt der Vermittler grundsätzlich die **Beweislast** für die Tatsachen, welche zu einer Unanwendbarkeit der § 655 a ff führen. Das bedeutet: Im Zweifel gelangen die Vorschriften zur Anwendung (vgl Palandt/*Sprau*, § 655 a Rn 7).

4 **[2] Darlehensleistung als Folge der Vermittlung.** In Anlehnung an die Erfolgsbezogenheit des Maklerlohnes ist nach § 655 c S. 1 der Verbraucher zur Zahlung der Vergütung nur verpflichtet, wenn infolge der Vermittlung oder des Nachweises des Darlehensvermittlers das Darlehen an den Verbraucher geleistet wird und ein Widerruf des Verbrauchers nach § 355 nicht mehr möglich ist. Voraussetzung für die Entstehung des Vergütungsanspruches des Darlehensvermittlers ist neben der Ursächlichkeit der Vermittlertätigkeit für den Abschluss eines wirksamen Darlehensvertrages die wirtschaftliche Gleichwertigkeit des abgeschlossenen Darlehensvertrages mit demjenigen, der nach dem Darlehensvermittlungsvertrag vermittelt oder nachgewiesen werden sollte sowie die Auszahlung an den Verbraucher (vgl *Jäger* in jurisPk-BGB, § 655 c BGB Rn 2).

5 Soweit der Verbraucherdarlehensvertrag mit Wissen des Darlehensmittlers der vorzeitigen Ablösung eines anderen Darlehens dient (**Umschuldung**), entsteht der Vergütungsanspruch nach § 655 c S. 2 nur, wenn sich der effektive Jahreszins oder der anfängliche effektive Jahreszins nicht erhöht. Bei der Berechnung des effektiven oder des anfänglichen Jahreszinses für das abzulösende Darlehen bleiben etwaige Vermittlungskosten außer Betracht. Vertiefend zu **interner** und **externer Umschuldung** siehe *Jäger* in jurisPk-BGB, § 655 c BGB Rn 7 und 8).

6 § 655 d Abs. 1 normiert das **Verbot von Nebenentgelten**. Der Darlehensvermittler darf für Leistungen, die mit der Vermittlung des Verbraucherdarlehensvertrages oder dem Nachweis der Gelegenheit zum Abschluss eines Verbraucherdarlehensvertrages zusammenhängen, außer der Vergütung nach § 655 c S. 1 ein Entgelt nicht vereinbaren. Entgelte in diesem Sinne sind alle Gegenleistungen des Verbrauchers, die mit der Maklertätigkeit zusammenhängen, wobei die Bezeichnung gleichgültig ist (vgl Palandt/*Sprau*, § 655 c Rn 1). Hiervon unberührt ist die in § 655 c S. 2 geregelte **Auslagenerstattung**. Demnach kann vereinbart werden, dass dem Darlehensvermittler entstandene, erforderliche Auslagen zu erstatten sind.

7 **[3] Schriftform.** Nach § 655 b bedarf der Darlehensvermittlungsvertrag der Schriftform. Es gilt § 126, Textform im Sinne des § 126 b reicht nicht aus. In dem Vertrag ist vorbehaltlich sonstiger Informationspflichten insbesondere die Vergütung des Darlehensvermittlers in einem Prozentsatz des Darlehens anzugeben. Hat der Darlehensvermittler auch mit dem Unternehmer eine Vergütung vereinbart, so ist auch diese anzugeben. Gemäß § 655 b Abs. 2 ist der Darlehensvertrag nichtig, wenn er den vorgenannten Anforderungen nicht entspricht.

8 **[4] Abweichungen von §§ 655 a ff.** Nach § 655 e darf von den §§ 655 a–e nicht zum Nachteil des Verbrauchers abgewichen oder durch anderweitige Gestaltung umgangen werden. Die vorgenannten Vorschriften gelten gleichermaßen für Darlehensvermittlungsverträge zwischen einem Unternehmer und einem Existenzgründer im Sinne von § 507.

§ 655 b Schriftform bei einem Vertrag mit einem Verbraucher

(1) [1]Der Darlehensvermittlungsvertrag mit einem Verbraucher bedarf der schriftlichen Form. [2]Der Vertrag darf nicht mit dem Antrag auf Hingabe des Darlehens verbunden werden. [3]Der Darlehensvermittler hat dem Verbraucher den Vertragsinhalt in Textform mitzuteilen.

(2) Ein Darlehensvermittlungsvertrag mit einem Verbraucher, der den Anforderungen des Absatzes 1 Satz 1 und 2 nicht genügt oder vor dessen Abschluss die Pflichten aus Artikel 247 § 13 Abs. 2 des Einführungsgesetzes zum Bürgerlichen Gesetzbuche nicht erfüllt worden sind, ist nichtig.

§ 655 c Vergütung

[1]Der Verbraucher ist zur Zahlung der Vergütung nur verpflichtet, wenn infolge der Vermittlung oder des Nachweises des Darlehensvermittlers das Darlehen an den Verbraucher geleistet wird und ein Widerruf des Verbrauchers nach § 355 nicht mehr möglich ist. [2]Soweit der Verbraucherdarlehensvertrag mit Wissen des Darlehensvermittlers der vorzeitigen Ablösung eines anderen Darlehens (Umschuldung) dient, entsteht ein Anspruch auf die Vergütung nur, wenn sich der effektive Jahreszins nicht erhöht; bei der Berechnung des effektiven Jahreszinses für das abzulösende Darlehen bleiben etwaige Vermittlungskosten außer Betracht.

§ 655 d Nebenentgelte

[1]Der Darlehensvermittler darf für Leistungen, die mit der Vermittlung des Verbraucherdarlehensvertrags oder dem Nachweis der Gelegenheit zum Abschluss eines Verbraucherdarlehensvertrags zusammenhängen, außer der Vergütung nach § 655 c Satz 1 ein Entgelt nicht vereinbaren. [2]Jedoch kann vereinbart werden, dass dem Darlehensvermittler entstandene, erforderliche Auslagen zu erstatten sind. [3]Dieser Anspruch darf die Höhe oder die Höchstbeträge, die der Darlehensvermittler dem Verbraucher gemäß Artikel 247 § 13 Absatz 2 Satz 1 Nummer 4 des Einführungsgesetzes zum Bürgerlichen Gesetzbuche mitgeteilt hat, nicht übersteigen.

§ 655 e Abweichende Vereinbarungen, Anwendung auf Existenzgründer

(1) [1]Von den Vorschriften dieses Untertitels darf nicht zum Nachteil des Verbrauchers abgewichen werden. [2]Die Vorschriften dieses Untertitels finden auch Anwendung, wenn sie durch anderweitige Gestaltungen umgangen werden.
(2) Existenzgründer im Sinne des § 512 stehen Verbrauchern in diesem Untertitel gleich.

Untertitel 3 Ehevermittlung

§ 656 Heiratsvermittlung

(1) [1]Durch das Versprechen eines Lohnes für den Nachweis der Gelegenheit zur Eingehung einer Ehe oder für die Vermittlung des Zustandekommens einer Ehe wird eine Verbindlichkeit nicht begründet. [2]Das auf Grund des Versprechens Geleistete kann nicht deshalb zurückgefordert werden, weil eine Verbindlichkeit nicht bestanden hat.
(2) Diese Vorschriften gelten auch für eine Vereinbarung, durch die der andere Teil zum Zwecke der Erfüllung des Versprechens dem Mäkler gegenüber eine Verbindlichkeit eingeht, insbesondere für ein Schuldanerkenntnis.

Titel 11 Auslobung

§ 657 Bindendes Versprechen

Wer durch öffentliche Bekanntmachung eine Belohnung für die Vornahme einer Handlung, insbesondere für die Herbeiführung eines Erfolges, aussetzt, ist verpflichtet, die Belohnung demjenigen zu entrichten, welcher die Handlung vorgenommen hat, auch wenn dieser nicht mit Rücksicht auf die Auslobung gehandelt hat.

§ 658 Widerruf

(1) [1]Die Auslobung kann bis zur Vornahme der Handlung widerrufen werden. [2]Der Widerruf ist nur wirksam, wenn er in derselben Weise wie die Auslobung bekannt gemacht wird oder wenn er durch besondere Mitteilung erfolgt.
(2) Auf die Widerruflichkeit kann in der Auslobung verzichtet werden; ein Verzicht liegt im Zweifel in der Bestimmung einer Frist für die Vornahme der Handlung.

§ 659 Mehrfache Vornahme

(1) Ist die Handlung, für welche die Belohnung ausgesetzt ist, mehrmals vorgenommen worden, so gebührt die Belohnung demjenigen, welcher die Handlung zuerst vorgenommen hat.
(2) [1]Ist die Handlung von mehreren gleichzeitig vorgenommen worden, so gebührt jedem ein gleicher Teil der Belohnung. [2]Lässt sich die Belohnung wegen ihrer Beschaffenheit nicht teilen oder soll nach dem Inhalt der Auslobung nur einer die Belohnung erhalten, so entscheidet das Los.

§ 660 Mitwirkung mehrerer

(1) [1]Haben mehrere zu dem Erfolg mitgewirkt, für den die Belohnung ausgesetzt ist, so hat der Auslobende die Belohnung unter Berücksichtigung des Anteils eines jeden an dem Erfolg nach billigem Ermessen unter sie zu verteilen. [2]Die Verteilung ist nicht verbindlich, wenn sie offenbar unbillig ist; sie erfolgt in einem solchen Fall durch Urteil.
(2) Wird die Verteilung des Auslobenden von einem der Beteiligten nicht als verbindlich anerkannt, so ist der Auslobende berechtigt, die Erfüllung zu verweigern, bis die Beteiligten den Streit über ihre Berechtigung unter sich ausgetragen haben; jeder von ihnen kann verlangen, dass die Belohnung für alle hinterlegt wird.
(3) Die Vorschrift des § 659 Abs. 2 Satz 2 findet Anwendung.

§ 661 Preisausschreiben

(1) Eine Auslobung, die eine Preisbewerbung zum Gegenstand hat, ist nur gültig, wenn in der Bekanntmachung eine Frist für die Bewerbung bestimmt wird.
(2) [1]Die Entscheidung darüber, ob eine innerhalb der Frist erfolgte Bewerbung der Auslobung entspricht oder welche von mehreren Bewerbungen den Vorzug verdient, ist durch die in der Auslobung bezeichnete Person, in Ermangelung einer solchen durch den Auslobenden zu treffen. [2]Die Entscheidung ist für die Beteiligten verbindlich.
(3) Bei Bewerbungen von gleicher Würdigkeit findet auf die Zuerteilung des Preises die Vorschrift des § 659 Abs. 2 Anwendung.
(4) Die Übertragung des Eigentums an dem Werk kann der Auslobende nur verlangen, wenn er in der Auslobung bestimmt hat, dass die Übertragung erfolgen soll.

§ 661 a Gewinnzusagen

Ein Unternehmer, der Gewinnzusagen oder vergleichbare Mitteilungen an Verbraucher sendet und durch die Gestaltung dieser Zusendungen den Eindruck erweckt, dass der Verbraucher einen Preis gewonnen hat, hat dem Verbraucher diesen Preis zu leisten.

Titel 12 Auftrag, Geschäftsbesorgungsvertrag und Zahlungsdienste

Untertitel 1 Auftrag

§ 662 Vertragstypische Pflichten beim Auftrag

Durch die Annahme eines Auftrags verpflichtet sich der Beauftragte, ein ihm von dem Auftraggeber übertragenes Geschäft für diesen unentgeltlich zu besorgen.

A. Muster: Auftragsvertrag 1

▶ Zwischen

Herrn A, ■■■ (Anschrift) (– Auftraggeber –)

und

Herrn B, ■■■ (Anschrift) (– Beauftragter –)

wird folgender Auftragsvertrag geschlossen:

§ 1 Auftragsgegenstand

Der Beauftragte verpflichtet sich, die nachfolgend bezeichneten Geschäfte des Auftraggebers für diesen unentgeltlich zu besorgen:[1] ■■■ (Beschreibung des Geschäfts)

§ 2 Übertragung des Auftrags, Erfüllungsgehilfen[2]

1. Der Beauftragte ist berechtigt, die Ausführung des Auftrags teilweise oder vollständig an einen Dritten zur selbständigen eigenverantwortlichen Ausführung mit der Folge zu übertragen, dass zwischen dem Auftraggeber und dem Dritten unmittelbar ein Auftragsverhältnis zu Stande kommt (Substitution). Der Beauftragte ist nicht verpflichtet, den Dritten bei der Durchführung des Auftrags zu überwachen.
2. Im Fall einer Übertragung nach Absatz 1 haftet der Beauftragte nur für eigenes Verschulden bei der Übertragung, insbesondere bei der Auswahl und Einweisung des Dritten. Der Beauftragte ist für die Auftragsdurchführung durch den Dritten nicht verantwortlich.
3. Der Beauftragte ist daneben berechtigt, zur Durchführung des Auftrags Erfüllungsgehilfen einzusetzen. Für das Verschulden eines Gehilfen ist der Beauftragte nach § 278 BGB verantwortlich; die Haftungsbegrenzung gemäß § 7 findet Anwendung.
4. Der Anspruch des Auftraggebers auf Ausführung des Auftrags ist nicht übertragbar.

§ 3 Pflichten des Beauftragten

1. Der Beauftragte ist verpflichtet, dem Auftraggeber die Ablehnung eines Auftrags unverzüglich anzuzeigen, soweit er zur Besorgung bestimmter Geschäfte öffentlich bestellt ist oder sich öffentlich zur Übernahme bestimmter Geschäfte erboten hat. Das gleiche gilt, wenn sich der Beauftragte dem Auftraggeber gegenüber zur Besorgung bestimmter Geschäfte erboten hat.[3]
2. Bei der Ausführung des Auftrags hat der Beauftragte die Interessen des Auftraggebers mit der im Verkehr erforderlichen Sorgfalt zu wahren und den Auftrag dementsprechend auszuführen.[4]
3. Der Beauftragte ist verpflichtet den Weisungen des Auftraggebers Folge zu leisten; [Weisungen bedürfen zu Ihrer Wirksamkeit der Schriftform [Textform]].

   Der Beauftragte ist berechtigt, von einer Weisung abzuweichen, wenn er den Umständen nach annehmen darf, dass der Auftraggeber bei Kenntnis der Sachlage eine Abweichung von der Weisung billigen würde. Vor Abweichung hat der Beauftragte dem Auftraggeber Anzeige zu machen und dessen Entschließung abzuwarten, es sei denn mit dem Aufschub wird der Auftrag gefährdet.[5]
4. Der Beauftragte ist verpflichtet, dem Auftraggeber erforderliche Nachrichten über den Auftrag zu geben. Auf Verlangen des Auftraggebers hat der Beauftragte über den Stand des Geschäfts Auskunft zu erteilen und nach Ausführung des Auftrags Rechenschaft abzulegen.[6]
5. Der Beauftragte ist verpflichtet, alles, was er zur Ausführung des Auftrags erhält und was er aus der Geschäftsbesorgung erlangt, an den Auftraggeber herauszugeben. Verwendet der Beauftragte Geld für sich, das er an den Auftraggeber nach Satz 1 herauszugeben oder für ihn zu verwenden hat, so ist er verpflichtet, dieses von der Zeit der Verwendung an zu verzinsen.[7]

§ 4 Pflichten des Auftraggebers

1. Auf Verlangen des Beauftragten ist der Auftraggeber verpflichtet, für die zur Ausführung des Auftrags erforderlichen Aufwendungen Vorschuss zu leisten. Solange der Auftraggeber Vorschuss nicht leistet, kann der Beauftragte die Ausführung des Auftrags verweigern.[8]
2. Macht der Beauftragte zur Ausführung des Auftrags Aufwendungen, die er den Umständen nach für erforderlich halten darf, ist der Auftraggeber verpflichtet, dem Beauftragten diese zu ersetzen.[9]

§ 5 Vertragsdauer, Widerruf, Kündigung

1. Der Auftrag beginnt mit Unterzeichung und endet mit vollständiger Ausführung durch den Beauftragten.[10]
2. Der Auftrag kann vom Auftraggeber jederzeit mit Wirkung für die Zukunft widerrufen werden. Der Beauftragte kann den Auftrag jederzeit kündigen.[11]
3. Der Widerruf, die Kündigung bedürfen zu ihrer Wirksamkeit der Schriftform [Textform].[12]
4. Kündigt der Beauftragte, ohne dass der Auftraggeber für die Besorgung des Geschäfts anderweitige Fürsorge treffen kann (Kündigung zur Unzeit), ist er verpflichtet, dem Auftraggeber den daraus entstehenden Schaden zu ersetzen; dies gilt nicht, wenn ein wichtiger Grund für die unzeitige Kündigung vorliegt.[13]

§ 6 Geschäftsunfähigkeit, Todesfall

1. Der Auftrag erlischt durch den Tod oder den Eintritt der Geschäftsunfähigkeit des Auftraggebers. Soweit durch das Erlöschen des Auftrags das übertragene Geschäft gefährdet wird, hat der Beauftragte die Besorgung des übertragenen Geschäfts fortzusetzen bis der Erbe oder der gesetzliche Vertreter des Auftraggebers anderweitigeFürsorge treffen kann; der Auftrag gilt insoweit als fortbestehend.[14]
2. Der Auftrag erlischt durch den Tod des Beauftragten. Erlischt der Auftrag, so hat der Erbe des Beauftragten den Tod dem Auftraggeber unverzüglich anzuzeigen und, soweit durch das Erlöschen des Auftrags das übertragene Geschäft gefährdet wird, die Besorgung des übertragenen Geschäfts fortzusetzen bis der Auftraggeber anderweitige Fürsorge treffen kann; der Auftrag gilt insoweit als fortbestehend.[15]

§ 7 Haftung[16]

1. Die Vertragsparteien haften einander für Schäden, die von ihnen, ihren gesetzlichen Vertretern, Mitarbeitern oder Erfüllungsgehilfen vorsätzlich oder grob fahrlässig verursacht wurden. Im Fall der einfach oder leicht fahrlässigen Verletzung wesentlicher Vertragspflichten ist die Haftung der Höhe nach auf den bei Vertragsschluss typischerweise vorhersehbaren Schaden beschränkt. Eine wesentliche Vertragspflicht ist bei Verpflichtungen gegeben, deren Erfüllung die ordnungsgemäße Durchführung des Vertrages erst möglich macht oder auf deren Einhaltung der Vertragspartner vertraut hat oder vertrauen durfte. Die Haftung für einfache oder fahrlässige Verletzungen sonstiger Pflichten ist ausgeschlossen.
2. Zwingende gesetzliche Regelungen, wie die unbeschränkte Haftung für Personenschäden und die Haftung nach dem Produkthaftungsgesetz bleiben von den vorstehenden Bestimmungen unberührt.

§ 8 Sonstige Bestimmungen[17]

1. Dieser Vertrag gibt die Vereinbarungen zwischen den Vertragsparteien vollständig wieder; Nebenabreden sind nicht getroffen.
2. Sollte eine Bestimmung dieses Vertrages ganz oder teilweise unwirksam oder undurchführbar sein oder werden, so wird dadurch die Gültigkeit der übrigen Bestimmungen nicht berührt.

3. Der Vertrag unterliegt dem Recht der Bundesrepublik Deutschland.
4. Erfüllungsort ist ■■■. Bei Kaufleuten ist Gerichtsstand für alle Streitigkeiten aus und in Zusammenhang mit dem Auftragsverhältnis ■■■. Bei Nicht-Kaufleuten gelten die gesetzlichen Gerichtsstände. ◄

B. Erläuterungen und Varianten

[1] **Vertragsinhalt.** Durch den Auftrag verpflichtet sich der Beauftragte zur **unentgeltlichen Besorgung eines Geschäfts** des Auftraggebers. Da nur eine Partei Pflichten übernimmt, handelt es sich um einen sog. unvollkommenen zweiseitigen Vertrag. Der Begriff Geschäftsbesorgung meint jedes Tätigwerden im fremden Interesse und ist in einem weiten Sinne zu verstehen. Die Vornahme von Rechtsgeschäften, aber auch rechtsähnliche und tatsächliche Handlungen gleich welcher Art fallen hierunter. Bloßes Unterlassen, Gewährenlassen oder Dulden genügen nicht; ebenso bleiben rein mechanische Handlungen ausgenommen. 2

Die Geschäftsbesorgung hat unentgeltlich zu erfolgen, dh, der Beauftragte darf für seine Tätigkeit keine Gegenleistung als Vergütung erhalten. Unentgeltlich meint allerdings nicht kostenlos. Der Beauftragte hat Anspruch auf Aufwandsersatz nach § 670. Wegen seiner Unentgeltlichkeit ist eine **Abgrenzung zum Gefälligkeitsverhältnis** erforderlich. Die Abgrenzung erfolgt anhand des Rechtsbindungswillens des Beauftragten (Palandt/*Sprau*, Einf. v. § 662 Rn 4 f). 3

Für den Beauftragten begründet der Vertrag die **Hauptpflicht**, das ihm übertragene Geschäft im Interesse des Auftraggebers mit der im Verkehr erforderlichen Sorgfalt auszuführen. Neben dieser Hauptpflicht, den Pflichten aus den § 662 – 668 sowie vertraglich vereinbarten Pflichten können aufgrund des persönlichen Vertrauensverhältnisses (§ 241 Abs. 2) weitere Pflichten für den Beauftragten hinzutreten, in erster Linie Aufklärungs-, Belehrungs- und Hinweispflichten. 4

Der **Vertragsschluss** richtet sich nach den allgemeinen Regeln. Der Vertrag ist grundsätzlich formfrei. Eine Ausnahme gilt lediglich für den Auftrag zur Grundstücksbeschaffung oder –veräußerung, soweit er bereits zu einer rechtlichen oder tatsächlichen Bindung des Auftraggebers führt, sowie für den unwiderruflichen Auftrag zur späteren Nachlassverwaltung (vgl Hk-BGB/*Schulze*, § 662 Rn 5). Die rechtsgeschäftliche Vereinbarung einer bestimmten Form durch die Parteien ist iÜ zulässig, § 127. 5

Der Vertragsinhalt ergibt sich aus der jeweiligen Vereinbarung der Parteien. Angesichts der Vielgestaltigkeit möglicher Auftragsbeziehungen wird im Muster mit einem Platzhalter gearbeitet. 6

[2] **Übertragung des Auftrags.** Eine Übertragung der Auftragsausführung auf einen Dritten ist wegen des persönlichen Vertrauensverhältnisses der Parteien im Zweifel nicht gestattet, § 664 Abs. 1 S. 1. Entsprechendes gilt für den Anspruch des Auftragsgebers auf Auftragsausführung. Dieser kann im Zweifel ebenfalls nicht übertragen werden, § 664 Abs. 2. Von dem Übertragungsverbot können die Parteien durch vertragliche Vereinbarung abweichen. Eine Gestattung der Übertragung kann ausdrücklich im Vertrag geregelt sein, sich aber auch im Wege der Auslegung ergeben (zur Gestattung der Übertragung durch AGB Kümpel, WM 1996, 1896). Grundsätzlich gilt: Ohne ausdrückliche Erlaubnis oder entsprechende Anhaltspunkte für eine Gestattung ist die Übertragung ausgeschlossen. 7

Übertragung (Substitution) bedeutet, dass der Beauftragte die Geschäftsbesorgung vollständig oder teilweise einem Dritten zur Durchführung in eigener Verantwortung überlässt. Hat der Auftraggeber die Übertragung im Auftrag gestattet, tritt er in eine unmittelbare Vertragsbeziehung mit dem Dritten ein. Folge hiervon ist, dass für die Leistungserbringung allein der Dritte verantwortlich ist. Der Beauftragte haftet dem Auftraggeber ab dem Zeitpunkt der Substitution nur für eigenes Verschulden bei der Übertragung, dh hinsichtlich der Auswahl und der Einweisung des Dritten, nicht aber für das Verschulden des Substituten. 8

9 Von der Substitution ist der **Einsatz von Erfüllungsgehilfen** zu unterscheiden, der im Rahmen des Auftragsverhältnisses ebenfalls möglich ist. Beim Einsatz eines Gehilfen verbleibt die Verantwortung für die Auftragsausführung beim Beauftragten. Er muss sich das Verschulden des Gehilfen gemäß § 278 zurechnen lassen. Die Musterformulierung gibt insoweit die gesetzliche Grundregelung § 278 wieder. Abweichend hiervon kann der Einsatz von Erfüllungsgehilfen gänzlich ausgeschlossen oder von einer Zustimmung des Auftraggebers abhängig gemacht werden.

► 3. Der Beauftragte ist nicht berechtigt, Erfüllungsgehilfen zur Auftragsausführung einzusetzen. ◄

oder

► 3. Ein Einsatz von Erfüllungsgehilfen ist nur nach vorheriger Zustimmung des Auftraggebers möglich. Für das Verschulden eines Gehilfen ist der Beauftragte nach § 278 BGB verantwortlich; die Haftungsbegrenzung gemäß § 7 findet Anwendung. ◄

10 Die Übertragung des Anspruchs auf Auftragsausführung kann dem Auftraggeber abweichend zum Muster wie folgt gestattet werden:

► 4. Der Auftraggeber ist berechtigt, den Anspruch auf Ausführung des Auftrags jederzeit auf einen Dritten zu übertragen. ◄

11 [3] **Ablehnung des Auftrags.** Bei der Pflicht zur Ablehnungsanzeige handelt es sich um eine vorvertragliche Pflicht des Beauftragten, die zu Informationszwecken im Vertragsmuster aufgenommen wurde. Ist der Beauftragte zur Besorgung bestimmter Geschäfte öffentlich bestellt oder hat er sich öffentlich zur Übernahme bestimmter Geschäfte erboten, besteht gemäß § 663 die Pflicht, die Ablehnung des Auftrags unverzüglich anzuzeigen. Das gleiche gilt, wenn sich der Beauftragte gegenüber dem Auftraggeber zur Besorgung bestimmter Geschäfte erboten hat. Zu den Einzelheiten sowie zur Gestaltung einer Ablehnungsanzeige siehe § 663 Rn 1.

12 [4] **Interessenwahrnehmung.** Der Beauftragte ist verpflichtet, das zu besorgende Geschäft des Auftraggebers und dessen Interessen mit der im Verkehr erforderlichen Sorgfalt wahrzunehmen. Der Pflichtenkatalog der verkehrserforderlichen Sorgfalt ist einzelfallbezogen anhand des jeweiligen Vertragsinhalts und der beteiligten Rechtskreise zu ermitteln. Je nach Art der Geschäftsbesorgung kann der Beauftragte im Rahmen der verkehrserforderlichen Sorgfalt zu weiteren Tätigkeiten verpflichtet sein, insbesondere zur Aufklärung, Belehrung und ggf Warnung des Auftraggebers. Bei Treuhandverträgen können sich Pflichten zu Sicherungsmaßnahmen ergeben (Hk-BGB/*Schulze*, § 662 Rn 9).

13 [5] **Weisungsgebundenheit.** Während der Auftragsausführung ist der Beauftragte an die Weisungen des Auftraggebers gebunden. Weisung ist die einseitige, empfangsbedürftige Willenserklärung des Auftraggebers zur Konkretisierung von Pflichten bei der Auftragsausführung. Ihr Inhalt bestimmt sich nicht allein nach dem Wortlaut der Erklärung, sie ist ggf nach dem vermutlichen Willen des Auftraggebers und der Verkehrssitte auszulegen. Bei Unklarheiten hat der Beauftragte nachzufragen. Der Widerruf der Weisung ist nur möglich, solange die Weisung noch nicht ausgeführt ist, sie wirkt nur für die Zukunft (BGHZ 103, 145). Weisungen sind grundsätzlich formfrei und können auch noch nach Vertragsschluss erteilt werden. Über die Formanforderungen können die Parteien frei disponieren; aus Beweisgründen bietet sich Schriftform (§ 126) oder Textform (§ 126 b) an.

14 Ein **Abweichen von Weisungen** ist möglich, soweit der Auftraggeber ausdrücklich oder konkludent seine Erlaubnis hierzu erteilt hat oder die Voraussetzungen des § 665 vorliegen. Eine Abweichung von Weisungen ist dem Auftraggeber vom Beauftragten zuvor anzuzeigen. Zu § 665 sowie zur Gestaltung einer Abweichungsanzeige siehe § 665 Rn 1.

[6] Informationspflichten des Beauftragten. Der Beauftragte ist zur umfassenden Information des Auftraggebers über die Auftragsausführung verpflichtet. Das Gesetz sieht in § 666 drei unterschiedliche Informationspflichten vor. Eine generelle Benachrichtigungspflicht, eine Auskunftspflicht sowie eine Rechenschaftspflicht. Die beiden letzteren bestehen nur auf ausdrückliches Verlangen des Auftraggebers. Zur Gestaltung des Auskunfts- und Rechenschaftsverlangens siehe § 666 Rn 1. 15

Der Inhalt der zu erteilenden Informationen bestimmt sich nach den Umständen des Einzelfalls. Ziel der **Benachrichtigungspflicht** ist es, den Auftraggeber unaufgefordert soweit über den Stand des Auftrags zu unterrichten, dass er seine Rechte und Pflichten aus dem Auftragsverhältnis wahrnehmen und sachgerechte Entscheidungen treffen kann. Die **Auskunftspflicht** bezieht sich auf den Stand des Geschäfts als Ganzes; zur Auskunftspflicht siehe Hk-BGB/*Schulze*, §§ 259-261 Rn 1. Die **Rechenschaftspflicht** entsteht erst nach Ausführung oder mit Beendigung des Auftrags. Sie bezieht sich auf die Erteilung detaillierter Informationen über die Auftragsdurchführung durch Vorlage einer geordneten Aufstellung der Einnahmen und Ausgaben. Es handelt sich um Rechnungslegungspflicht, die über die bloße Auskunftspflicht hinausgeht. 16

Die genannten **Informationspflichten** sind grundsätzlich **dispositiv** und können von den Parteien abbedungen werden; allerdings darf die Freistellung nicht gegen Treu und Glauben (§ 242) verstoßen (Hk-BGB/*Schulze*, § 666 Rn 1). Von einem Ausschluss der Informationspflichten ist im Interesse des Auftraggebers grundsätzlich abzuraten. 17

[7] Herausgabe von Gegenständen, Verwendung von Geld. Der Herausgabeanspruch des Auftraggebers beruht auf der Fremdnützigkeit des Auftrags und ist in § 667 einzelgesetzlich geregelt. Der Anspruch ist grundsätzlich abbedingbar, übertragbar und vererblich. Sofern die Parteien nichts anderes vereinbart haben, hat die Herausgabe mit Erfüllung oder Beendigung des Auftrags zu erfolgen. Die Herausgabe kann allerdings auch früher verlangt werden, soweit die begründete Besorgnis besteht, dass die Herausgabe durch ein Verhalten des Beauftragten gefährdet wird. Zur Herausgabepflicht siehe § 667 Rn 2 ff. 18

Verzinsung. Verwendet der Beauftragte Geld, welches er dem Auftraggeber herauszugeben oder für ihn zu verwenden hat, für eigene Zwecke, hat er es gemäß § 668 von der Zeit der Verwendung an zu verzinsen. Die Zinshöhe richtet sich nach § 246, im Unternehmensverkehr nach § 352 HGB. 19

[8] Vorschusspflicht des Auftraggebers. Auf Verlangen des Beauftragten hat der Auftraggeber einen Vorschuss zu gewähren, der stets auf Geldzahlung gerichtet ist. Seine Höhe bemisst sich (im Unterschied zum Aufwandsersatz nach § 670) nach den objektiv zur Ausführung des Auftrags erforderlichen Aufwendungen. Die Vorschusspflicht ist abbedingbar. Sie besteht nicht, soweit der Aufwendungsersatz als solcher oder zumindest die Vorschusspflicht vertraglich ausgeschlossen wurde. Die Vorschusspflicht kann zudem durch die Natur des Auftrags ausgeschlossen sein, so zB beim Kreditauftrag (§ 778). 20

Nach überwiegender Meinung ist der **Anspruch auf Vorschusszahlung nicht einklagbar**. Der Beauftragte ist gleichwohl nicht verpflichtet, die erforderlichen Aufwendungen aus eigenen Mitteln zu verauslagen. Er kann die Auftragsausführung bis zur Zahlung des Vorschusses verweigern (Hk-BGB/*Schulze* § 669 Rn 2). Ein nicht verbrauchter Vorschuss ist vom Beauftragten gemäß § 667 herauszugeben. Anstelle der Musterregelung in § 4 Abs. 1 kann zum Ausschluss einer Vorschusspflicht wie folgt formuliert werden: 21

▶ 1. Eine Vorschusspflicht des Auftraggebers (§ 669 BGB) besteht nicht. ◀

[9] Ersatz von Aufwendungen. Der Beauftragte hat Anspruch auf Aufwendungsersatz gegen den Auftraggeber (§ 670). Der Anspruch beruht darauf, dass der Beauftragte für seine unentgeltliche fremdnützige Tätigkeit nicht mit Vermögensopfern belastet werden soll. Voraussetzung ist, dass der Auftrag wirksam erteilt wurde (BGH NJW 2001, 2968) und der Beauftragte 22 sich bei Vornahmen der die Aufwendung verursachenden Handlung im Rahmen des Auftrags hält. Der **Anspruch auf Aufwendungsersatz ist abbedingbar** (BAG NJW 2004, 2036). Zu den Einzelheiten des Aufwendungsersatzes sowie zur Gestaltung eines Anspruchsschreibens und einer Klage siehe § 670 Rn 1 und Rn 11.

23 [10] **Vertragsdauer.** Die Vertragsdauer kann von den Parteien grundsätzlich frei festgelegt werden. In der Regel endet das Auftragsverhältnis erst mit vollständiger vertragsgemäßer Ausführung des Auftrags. Bei einer dauerhaften wiederkehrenden Geschäftsbesorgung im Interesse des Auftraggebers kommt die Festlegung einer bestimmten Vertragsdauer in Betracht, wie auch die Festlegung einer unbestimmten Vertragsdauer mit einer entsprechenden Widerrufs- bzw Kündigungsmöglichkeit. Hier kann abweichend zum Muster wie folgt formuliert werden:

▶ 1. Der Auftrag beginnt mit Unterzeichnung und endet am ■■■, ohne dass es eines Widerrufs/einer Kündigung des Auftrags bedarf. ◀

oder

▶ 1. Der Auftragsvertrag beginnt mit Unterzeichnung und wird auf unbestimmte Zeit geschlossen; er kann von den Parteien gemäß der nachfolgenden Absätze widerrufen bzw gekündigt werden. ◀

24 [11] **Widerruf, Kündigung.** Der Auftragsvertrag kann von den Parteien gemäß § 671 durch einseitige empfangsbedürftige Willenserklärung beendet werden. Die Lösungserklärung des Auftraggebers wird als Widerruf, die Lösungserklärung des Beauftragten als Kündigung bezeichnet. Widerruf und Kündigung können unter eine Bedingung (§ 158) gestellt werden und jederzeit erklärt werden.

25 Der Verzicht auf das Widerrufsrecht ist grundsätzlich nicht möglich, es sei denn, der Auftrag ist auch im Interesse des Beauftragten erteilt und das Interesse des Beauftragten ist dem Interesse des Auftraggebers mindestens gleichwertig (BGH WM 71, 956). Das Kündigungsrecht des Beauftragten kann dagegen durch einzelvertragliche Regelung zeitlich eingeschränkt oder sogar vollständig ausgeschlossen werden. Hiervon ausgenommen bleibt das Recht des Beauftragten zur außerordentlichen Kündigung (§§ 314, 671 Abs. 3). Zu den Rechtsfolgen bei einer Kündigung zur Unzeit siehe Rn 28. Zur Gestaltung einer Widerrufs- bzw Kündigungserklärung siehe bei § 671 Rn 1 ff. Die einseitige Lösung vom Auftragsvertrag kommt nicht mehr in Betracht, wenn der Vertrag schon aus anderen Gründen beendet ist, insbesondere durch Zweckerreichung, Zeitablauf oder aufgrund der §§ 672, 673 (siehe Rn 29 ff).

26 Zur Einschränkung des Kündigungsrechts auf Seiten des Beauftragten kann wie folgt formuliert werden:

▶ Die Kündigung des Auftrags durch den Beklagten ist mit einer Frist von ■■■ [Zeitraum] zum Monatsende möglich; das Recht zur Kündigung aus wichtigem Grund bleibt hiervon unberührt. ◀

oder

▶ Die Kündigung des Auftrags durch den Beauftragten ist ausgeschlossen; das Recht zur Kündigung aus wichtigem Grund bleibt hiervon unberührt. ◀

27 [12] **Form Widerruf, Kündigung.** Widerruf und Kündigung des Auftrags sind formfrei möglich. Aus Beweisgründen empfiehlt sich die Vereinbarung von Schriftform (§ 126) oder Textform (§ 126 b).

28 [13] **Kündigung zur Unzeit.** Eine Kündigung zur Unzeit liegt vor, wenn der Auftraggeber aufgrund der Kündigung keine anderweitige Fürsorge zur Besorgung des Geschäfts treffen kann. Zwar ist die Kündigung in diesem Fall wirksam, der Beauftragte ist aber dem Auftraggeber zu Schadensersatz verpflichtet (§ 671 Abs. 2). Die Schadensersatzpflicht besteht nicht, soweit ein wichtiger Grund für die Kündigung vorliegt; wichtiger Grund versteht sich iS §§ 314, 626.

[14] **Tod, Geschäftsunfähigkeit des Auftraggebers.** Durch den Tod oder den Eintritt der Geschäftsunfähigkeit erlischt der Auftrag nicht, § 672. Von dieser Vermutungsregelung können die Parteien durch Vereinbarung abweichen, vgl Musterformulierung. Ebenso können **Aufträge auf den Todesfall** abgeschlossen werden, die erst nach dem Tode des Auftraggebers auszuführen sind; mit dem Tod des Auftraggebers geht das Widerrufsrechts nach § 671 Abs. 1 auf den Erben über (Hk-BGB/*Schulze*, § 672 Rn 3). 29

Haben die Parteien ein **Erlöschen des Auftrags für den Fall des Todes** vereinbart, besteht gemäß § 672 S. 2 zumindest eine **Notbesorgungspflicht** für den Beauftragten. Er hat im Fall von Gefahr in Verzug den Auftrag fortzusetzen bis der Erbe oder gesetzliche Vertreter des Auftraggebers selbst Fürsorge für die Auftragausführung treffen kann; die Vorschriften des Auftragsrechts finden trotz vertraglicher Beendigung des Auftragverhältnisses insoweit weiter Anwendung. Verletzt der Beauftragte die Notbesorgungspflicht ist er aus § 280 Abs. 1 zum Schadensersatz verpflichtet. 30

[15] **Tod des Beauftragten.** § 673 legt als **Vermutungsregel** fest, dass der Auftrag durch den Tod des Beauftragten im Zweifel erlischt. Grund hierfür liegt in dem besonderen Vertrauensverhältnis beim Auftrag. Durch Vereinbarung können die Parteien hiervon abweichen. Das Kündigungsrecht (§ 671 Abs. 2) geht in diesem Fall auf die Erben über. Im Regelfall ist von einem Erlöschen des Auftrags auszugehen. Den **Tod des Beauftragten** haben dessen Erben **unverzüglich anzuzeigen** (vgl Muster § 673 Rn 1). Es besteht zudem auch hier eine **Notbesorgungspflicht:** Die Erben des Beauftragten haben im Fall einer Gefährdung des Auftrags, diesen weiterzuführen bis der Auftraggeber anderweitig Fürsorge treffen kann. Hierfür besteht keine Notwendigkeit, wenn die Parteien ein Fortbestehen des Auftrags auch für den Todesfall vereinbart haben. Anders als § 672 enthält § 673 keine Regelung für den Fall der **Geschäftsunfähigkeit des Beauftragten.** Es gelten daher die allg. Regeln, dh der Auftrag als rechtsgeschäftliche Handlung wird nach §§ 275, 105 unmöglich (Hk-BGB/*Schulze* § 673 Rn 2). 31

[16] **Haftung.** Fehlt es an einer ausdrücklichen Haftungsregelung im Vertrag, haften Beauftragter und Auftraggeber nach den allgemeinen Regeln. Dies begründet für die Parteien regelmäßig eine weitreichende Haftung. Wie im Vertragsrecht üblich ist eine Beschränkung der Haftung sinnvoll. Die vorgeschlagene Musterregelung orientiert sich an der nach AGB-Recht gem. § 309 Nr. 7 zulässigen Haftungsbeschränkung (vgl bei § 309 Rn 28 ff). Eine darüber hinaus gehende Haftungsbeschränkung oder ein gänzlicher Haftungsausschluss ist lediglich außerhalb des Anwendungsbereichs des AGB-Rechts im Rahmen individualvertraglicher (nicht vorformulierter oder einseitig gestellter) Vertragsbedingungen möglich. Ein Ausschluss der Haftung für Vorsatz im Voraus kommt generell nicht in Betracht. Dies gilt jedoch nicht für die Haftung für vorsätzliches Handeln von gesetzlichen Vertretern und Erfüllungsgehilfen, § 278 S. 2 (Hk-BGB/*Schulze*, § 276 Rn 25 ff). 32

[17] **Sonstige Bestimmungen,** zB Schriftform, Salvatorische Klausel, Vertragsstatut, Erfüllungsort, Gerichtsstand. 33

§ 663 Anzeigepflicht bei Ablehnung

[1]Wer zur Besorgung gewisser Geschäfte öffentlich bestellt ist oder sich öffentlich erboten hat, ist, wenn er einen auf solche Geschäfte gerichteten Auftrag nicht annimmt, verpflichtet, die Ablehnung dem Auftraggeber unverzüglich anzuzeigen. [2]Das Gleiche gilt, wenn sich jemand dem Auftraggeber gegenüber zur Besorgung gewisser Geschäfte erboten hat.

A. Muster: Ablehnung des Auftrags 1

▶ An

Herrn ■■■ (Anschrift) (Auftraggeber) 495

Ablehnung des Auftrags[1]

Sehr geehrter Herr ■■■,

hiermit zeige ich an, den mir am ■■■ [Datum] unterbreiteten Auftrag nicht anzunehmen.

Mit freundlichen Grüßen

■■■

Unterschrift ◄

B. Erläuterungen

2 [1] **Ablehnungsanzeige.** Personen, die zur Besorgung gewisser Geschäfte öffentlich bestellt sind oder sich öffentlich zu deren Ausführung erboten haben, sind verpflichtet, die Ablehnung des Auftrags dem Auftraggeber unverzüglich anzuzeigen. Entsprechendes gilt nach Satz 2 für Beauftragte, die sich nur gegenüber dem Auftraggeber zur Besorgung bestimmter Geschäfte erboten haben.

3 **Öffentliche Bestellung** bedeutet Bestellung durch eine öffentliche Erklärung, die nicht notwendig durch eine öffentlich-rechtliche Stelle erfolgen muss, sondern auch von einer privaten Einrichtung abgegeben werden kann. **Öffentliches Sicherbieten** kann durch Zeitungsanzeigen, ein Schild am Haus, Einrichten eines öffentlich zugänglichen Geschäftslokals uÄ erfolgen. Das Sicherbieten ist lediglich Aufforderung zur Auftragserteilung (invitatio ad offerendum) und stellt noch kein Vertragsangebot dar. Entsprechendes gilt für das **individuelle Sichererbieten gegenüber dem Auftraggeber**.

4 **Rechtsfolge** des § 663 ist die Pflicht zur **unverzüglichen Anzeige der Ablehnung**. Unverzüglich versteht sich iS von § 121 und meint ohne schuldhaftes Zögern; die Länge der Frist bestimmt sich nach den Umständen des Einzelfalls (BGHZ 159, 359). Erfolgt die Ablehnung nicht unverzüglich, kann der Beauftragte nach §§ 280 Abs. 1, 663 zum Ersatz des Vertrauensschadens verpflichtet sein (BGH NJW 1984, 866). Die Nichtanzeige der Ablehnung führt aber nicht – anders als bei § 362 Abs. 1 S. 1 HGB – zur Fiktion einer Annahme des Auftrags (Hk-BGB/*Schulze* Rn 3).

5 Aus **Beweisgründen** sollte die Ablehnung **schriftlich** erfolgen, zumindest aber in Textform (§ 126 b). Der Zugang beim Auftraggeber richtet sich nach den allg. Bestimmungen (§ 130). Ist ein Zugangsnachweis erforderlich, bietet sich eine Übermittlung per Fax oder Einschreiben/Rückschein an.

§ 664 Unübertragbarkeit; Haftung für Gehilfen

(1) [1]Der Beauftragte darf im Zweifel die Ausführung des Auftrags nicht einem Dritten übertragen. [2]Ist die Übertragung gestattet, so hat er nur ein ihm bei der Übertragung zur Last fallendes Verschulden zu vertreten. [3]Für das Verschulden eines Gehilfen ist er nach § 278 verantwortlich.
(2) Der Anspruch auf Ausführung des Auftrags ist im Zweifel nicht übertragbar.

1 Zu § 664 siehe bei § 662, Rn 7.

§ 665 Abweichung von Weisungen

[1]Der Beauftragte ist berechtigt, von den Weisungen des Auftraggebers abzuweichen, wenn er den Umständen nach annehmen darf, dass der Auftraggeber bei Kenntnis der Sachlage die Abweichung billigen würde. [2]Der Beauftragte hat vor der Abweichung dem Auftraggeber Anzeige zu machen und dessen Entschließung abzuwarten, wenn nicht mit dem Aufschub Gefahr verbunden ist.

A. Muster: Abweichungsanzeige bei Weisungen 1

▶ An

Herrn ... (Anschrift) (Auftraggeber)

Abweichung von Weisungen[1]

Sehr geehrter Herr ...,

der dem Auftrag vom ... [Datum] zugrunde liegende Sachverhalt hat sich geändert:[2]

... (Beschreibung des veränderten Sachverhalts)

Aufgrund dieser Umstände werde ich den Auftrag in Zukunft wie folgt ausführen und insoweit von den bisherigen Weisungen abweichen:[3]

... (Beschreibung der veränderten Auftragsausführung)

Bitte teilen Sie mir bis zum ... [Datum] mit, ob Sie mit der veränderten Auftragsausführung einverstanden sind. Falls ich bis zu dem genannten Datum nichts von Ihnen hören sollte, werde ich den Auftrag wie bisher ausführen [alternativ: gehe ich davon aus, dass Sie mit der veränderten Auftragsausführung einverstanden sind].[4]

Mit freundlichen Grüßen

...

Unterschrift ◀

B. Erläuterungen

[1] **Abweichung von Weisungen.** Eine Abweichung von Weisungen des Auftraggebers ist nach § 665 zulässig, soweit der Beauftragte den Umständen nach davon ausgehen darf, dass der Auftraggeber bei Kenntnis der Sachlage die Abweichung billigen würde. Zum Begriff der Weisung und Weisungsgebundenheit siehe § 662 Rn 13 f. Bevor der Beauftragte von einer Weisung abweichen darf, hat er den Auftraggeber hiervon zu unterrichten und dessen Entscheidung abwarten. Lediglich im Fall einer **Gefährdung des zu besorgenden Geschäfts** (Gefahr in Verzug), ist der Beauftragte auch ohne vorherige Unterrichtung und Entschließung des Auftraggebers zur Abweichung berechtigt. Weicht der Beauftragte ohne vorherige Anzeige von Weisungen ab, um eine Gefährdung des zu besorgenden Geschäfts zu verhindern, ist er verpflichtet, den Auftraggeber zumindest nachträglich hiervon zu benachrichtigen (§ 666). Aus **Beweisgründen** sollte die Abweichung **schriftlich** angezeigt werden, zumindest aber in Textform (§ 126 b) erfolgen. Der Zugang beim Auftraggeber richtet sich nach den allg. Bestimmungen (§ 130). Ist ein Zugangsnachweis erforderlich, bietet sich eine Übermittlung per Fax oder Einschreiben/Rückschein an. 2

[2] **Veränderter Sachverhalt.** Um den Auftraggeber eine sachgerechte Entscheidung zu ermöglichen, sollte die veränderte Sachlage kurz skizziert werden. 3

[3] **Änderung Auftragsausführung.** Ebenso empfiehlt es sich, die aufgrund der neuen Sachlage erforderliche Änderung bei der Auftragsausführung zu erläutern. Dies beinhaltet auch die Darstellung, inwieweit von bisherigen Weisungen abgewichen werden soll. 4

[4] **Mitteilungsfrist.** Um Rechtssicherheit für den Beauftragten durch eine zeitnahe Entscheidung zu schaffen, sollte dem Auftraggeber eine Frist gesetzt werden. Die Fristsetzung kann zusätzlich mit einer **Erklärungsfiktion** gekoppelt werden: Das Schweigen oder die Nichtreaktion des Auftraggebers innerhalb der gesetzten Frist wird als Einverständnis zur Abweichung oder 5

als Einverständnis zur Ausführung des Auftrags wie bisher fingiert. Bei der Erklärungsfiktion sind – je nach Fallgestaltung, soweit AGB-Recht anwendbar sein sollte – die Vorgaben des § 308 Nr. 5 zu beachten; die gesetzte Frist muss angemessen sein und dem Auftraggeber ausreichend Zeit für die Entscheidungsfindung lassen (vgl bei § 308, Rn 24 ff; Hk-BGB/*Schulte-Nölke*, § 308 Rn 19).

§ 666 Auskunfts- und Rechenschaftspflicht

Der Beauftragte ist verpflichtet, dem Auftraggeber die erforderlichen Nachrichten zu geben, auf Verlangen über den Stand des Geschäfts Auskunft zu erteilen und nach der Ausführung des Auftrags Rechenschaft abzulegen.

1 **A. Muster: Auskunfts- und Rechenschaftsverlangen**

► An

Herrn ▪▪▪ (Anschrift) (Beauftragter)

Auskunft/Rechenschaft[1]

Sehr geehrter Herr ▪▪▪,

[Auskunft] in Bezug auf den Auftrag vom ▪▪▪ [Datum] bitte ich um Auskunft über den gegenwärtigen Stand der Auftragsausführung.[2]

[Rechenschaft] da der Auftrag vom ▪▪▪ [Datum] inzwischen beendet ist, darf ich Sie bitten, Rechenschaft über ihre Tätigkeit im Rahmen der Auftragsausführung abzulegen und insbesondere über Einnahmen und Ausgaben durch eine geordnete Aufstellung Auskunft zu erteilen.[3]

Mit freundlichen Grüßen

▪▪▪

Unterschrift ◄

B. Erläuterungen

2 [1] **Vorbemerkungen.** § 666 regelt Informationspflichten des Beauftragten gegenüber dem Auftraggeber. Das Gesetzt unterscheidet drei Arten von Informationspflichten: **Benachrichtigungs-**, **Auskunfts-** und **Rechenschaftspflicht.** Auskunft und Rechenschaft sind nur **auf Verlangen des Auftraggebers** zu erteilen. Bei **schuldhafter Verletzung** der Informationspflichten macht sich der Beauftragte ggf schadensersatzpflichtig. Die **Beweislast** hierfür trägt der Auftraggeber (BGH WM 1984, 1449). Aus Beweisgründen sollte das Auskunfts- und Rechenschaftsverlangen daher in Schriftform (§ 126) oder Textform (§ 126 b) gestellt werden. Zu den Informationspflichten siehe auch § 662 Rn 15 ff.

3 [2] **Auskunftsverlangen.** Das Auskunftsverlangen bezieht sich auf die Mitteilung des gegenwärtigen Stands des zu besorgenden Geschäfts, dh dem Stand der Auftragsausführung. Die Auskunft ist **Wissenserklärung** des Beauftragten. Sie ist grundsätzlich schriftlich zu erteilen (BGH NJW 2008, 917), kann in einfachen Fällen aber auch mündlich abgegeben werden. Sie muss von Auskunftspflichtigen selbst stammen; er kann jedoch Hilfspersonen hinzuziehen und die Übermittlung einem Boten übertragen. Die Auskunft hat die erforderlichen Informationen zu enthalten, die dem Auftraggeber ein **vollständiges Bild über die Auftragsausführung** vermitteln. Zur Auskunftserteilung siehe Hk-BGB/*Schulze* §§ 259– 261.

[3] **Rechenschaftsverlangen.** Das Rechenschaftsverlangen bezieht sich auf eine detaillierte Auskunft über die Auftragsdurchführung durch **Vorlage einer geordneten, übersichtlichen und in sich verständlichen Aufstellung der Einnahmen und Ausgaben** (BGH NJW 1982, 573; 1985, 2699). Sie geht damit über die Auskunftspflicht hinaus. Belege sind, soweit üblicherweise vorhanden, an den Auftraggeber herauszugeben. Daneben hat der Beauftragte über die Einzelheiten der Auftragsausführung in verkehrsüblicher Weise zu informieren und dem Auftraggeber die notwendige Übersicht über die Besorgung zu verschaffen, selbst dann, wenn eine Herausgabepflicht nach § 667 nicht besteht (BGHZ 109, 226). Nach erfolgter Rechnungslegung besteht eine Pflicht zur Auskunftserteilung grundsätzlich nicht mehr. Zur Rechenschaftspflicht siehe bei Hk-BGB/*Schulze* §§ 259– 261. 4

§ 667 Herausgabepflicht

Der Beauftragte ist verpflichtet, dem Auftraggeber alles, was er zur Ausführung des Auftrags erhält und was er aus der Geschäftsbesorgung erlangt, herauszugeben.

A. Vorprozessuale Aufforderung zur Herausgabe

I. Muster: Herausgabeaufforderung 1

▶ An

Herrn ■■■ (Anschrift) (Beauftragter) 498

Herausgabeaufforderung

Sehr geehrter Herr ■■■,

Bezug nehmend auf den Auftrag vom ■■■ [Datum] fordere ich Sie hiermit auf, alles, was Sie im Rahmen der Auftragsausführung erhalten und/oder im Rahmen der hiermit verbundnen Geschäftsbesorgung erlangt haben,[1] unverzüglich, spätestens aber bis zum

■■■ [Datum][2]

an mich herauszugeben. Dies umfasst insbesondere:

■■■ [Beschreibung der herauszugebenden Gegenstände, Rechte etc.][3]

Die Herausgabe hat gemäß Auftragsvertrag an ■■■ [Erfüllungsort] zu erfolgen,[4]

Bitte beachten Sie, dass ich den Herausgabeanspruch zum Gegenstand eines gerichtlichen Verfahrens machen werde, sollten Sie die genannte Frist fruchtlos verstreichen lassen.[5]

Mit freundlichen Grüßen

■■■

Unterschrift ◀

II. Erläuterungen

[1] **Inhalt der Herausgabeanspruches.** Der Beauftragte ist verpflichtet, alles was er zur Ausführung des Auftrags erhalten oder im Rahmen der Geschäftsbesorgung erlangt hat, an den Auf- 2

traggeber herauszugeben. **Zur Ausführung des Auftrags erhalten** ist alles, was zur Geschäftsbesorgung zur Verfügung gestellt wurde, sei es durch den Auftraggeber oder auf dessen Veranlassung durch einen Dritten. Hierzu zählen: Materialien, Urkunden oder Geld. **Aus der Geschäftsbesorgung erlangt** sind alle Sachen und Rechte, die der Beauftragte im Rahmen der Geschäftsbesorgung erhält. Hierzu zählen: Urkunden, Unterlagen, Belege sowie Früchte, Zinsen oder Nutzungen. Auch **Schmiergelder** und Sondervergütungen, die der Beauftragte ohne Billigung des Auftraggebers erhalten hat, sind aus der Geschäftsführung erlangt und daher herauszugeben (Hk-BGB/*Schulze*, § 667 Rn 2).

3 Der nähere **Inhalt des Anspruchs** richtet sich nach der Art des Herausgabeobjekts und der daran bestehenden Rechtslage. Sachenrechtlich ist der Beauftragte in Abhängigkeit der jeweiligen Eigentums- und Besitzverhältnisse zur Übertragung des Eigentums, Herausgabe der Sache oder Übertragung des Besitzes verpflichtet. Erlangte Forderungsrechte hat er an den Auftraggeber abzutreten. Haben die Parteien nichts anderes vereinbart, ist der **Herausgabeanspruch fällig** mit Erfüllung oder Beendigung des Auftrags. Die Herausgabe kann allerdings auch früher verlangt werden, wenn die begründete Besorgnis besteht, dass die Herausgabe durch ein Verhalten des Beauftragten gefährdet wird (Hk-BGB/*Schulze*, § 667 Rn 4). Der **Herausgabeanspruch erfasst nicht**, was der Beauftragte vereinbarungsgemäß verbraucht hat. Der Anspruch umfasst ferner dasjenige nicht, was bei ordnungsgemäßer Ausführung hätte erlangt werden können oder an Nutzungen hätte gezogen werden müssen; hier besteht allenfalls ein Schadensersatzanspruch des Auftraggebers gegen den Beauftragten (§ 280). Aus **Beweisgründen** (gerade mit Blick auf eine klageweisen Durchsetzung) sollte die Herausgabeaufforderung in **Schriftform** (§ 126) oder **Textform** (§ 126 b) erfolgen. Ist ein Zugangsnachweis erforderlich, bietet sich eine Übermittlung per Fax oder Einschreiben/Rückschein an.

4 [2] **Fristsetzung zur Herausgabe.** Dem Beauftragten ist eine Frist zur Herausgabe zu setzen. Die Fristsetzung ist zur klaren **Feststellung des Verzugseintritts** notwendig und dient zudem der Vorbereitung einer ggf klageweisen Durchsetzung des Herausgabeanspuchs. Sie geht ins Leere, wenn der Beauftragte dem Herausgabeverlangen ein **Zurückbehaltungsrecht** (§ 273) entgegenhält, zB wegen eines Aufwendungsersatzanspruches nach § 670; erforderlich ist allerdings, dass Treu und Glauben dem Zurückbehaltungsrecht aufgrund der Art des Auftragsverhältnisses nicht entgegensteht (Hk-BGB/*Schulze* § 667 Rn 5).

5 [3] **Konkretisierung des Herausgabeverlangens.** Der Gegenstand des Herausgabeverlangens ist möglichst genau zu bezeichnen, dies dient ebenfalls bereits der Vorbereitung einer klageweisen Durchsetzung.

6 [4] **Leistungs-/Erfüllungsort.** Ist ein Leistungs- oder Erfüllungsort im Auftragsvertrag vereinbart, ist dieser hier anzugeben. Ebenso kann der Kreis der empfangsberechtigten Personen (**Empfangsboten**) näher festgelegt werden. Ist ein Leistungsort nicht vereinbart, gilt § 269; beim Herausgabeanspruch handelt es sich um eine **Holschuld**, dh, die Versendungsgefahr trägt grundsätzlich der Auftraggeber.

7 [5] **Klageandrohung.** Um der Aufforderung Nachdruck zu verleihen, kann bereits eine Klageerhebung angekündigt werden. Ob eine solche Ankündigung sinnvoll ist, hängt vom Verhältnis der Parteien ab.

B. Klage auf Herausgabe

8 **I. Muster: Klage auf Herausgabe**

▶ An das

Amtsgericht/Landgericht ▪▪▪ [1]

Klage

des ■■■ (Auftraggeber)

– Kläger –

– Prozessbevollmächtigter: ■■■ –

gegen

den ■■■ (Beauftragter)

– Beklagter –

wegen: Herausgabe

Streitwert: ■■■ EUR[2]

Namens und in Vollmacht des Klägers erhebe ich Klage und werde beantragen:

1. Der Beklagte wird verurteilt, folgende Gegenstände an den Kläger herauszugeben:[3]
   ■■■ [genaue Bezeichnung des jeweils herauszugebenden Gegenstands]
2. ■■■ [weitere Nebenanträge][4]

Begründung[5]

1. Der Kläger hat mit dem Beklagten einen Auftragsvertrag geschlossen. In dessen Rahmen hat sich der Beklagte verpflichtet, unentgeltlich folgende Geschäfte für den Kläger auszuführen.
   ■■■ [Darstellung des jeweiligen Auftragsinhalts einschließlich Weisungen]
   Beweis: Auftragsvertrag vom ■■■
2. Zur Auftragsausführung hat der Kläger dem Beklagten folgende Gegenstände zur Verfügung gestellt.
   ■■■ [Darstellung der erhaltenen Gegenstände]
   Beweis: ■■■
   Im Rahmen der Geschäftsbesorgung hat der Beklagte zudem folgendes erlangt:
   ■■■ [Darstellung der aus der Geschäftsführung erlangten Gegenstände, Rechte etc.]
   Beweis: ■■■
3. Das Auftragsverhältnis hat am ■■■ aufgrund ■■■ [Widerruf, Kündigung, Auftragsbeendigung, Zeitablauf] geendet.
   Beweis: ■■■
   Der Beklagte ist daher gemäß § 667 BGB zur Herausgabe der vorgenannten Gegenstände und sonstiger Rechte an den Kläger verpflichtet.
   Mit Schreiben vom ■■■ hat der Kläger den Beklagten unter Fristsetzung zur Herausgabe der genannten Gegenstände aufgefordert.
   Beweis: ■■■

Der Beklagte hat eine Herausgabe abgelehnt. Es ist daher Klage geboten.

■■■

Rechtsanwalt ◄

II. Erläuterungen und Varianten

[1] **Zuständiges Gericht.** Das zuständige Gericht ist in der Klageschrift eindeutig zu bezeichnen 9
(§ 253 Abs. 2 Nr. 1, 130 Nr. 1 ZPO). Die **örtliche Zuständigkeit** folgt aus den §§ 12 ff ZPO. Hier sind vor allem der allgemeine Gerichtsstand des Wohnsitzes (§ 13 ZPO) sowie der besondere Gerichtsstand des Erfüllungsortes (§ 29 ZPO) relevant. Die **sachliche Zuständigkeit** des Amtsgerichts oder Landgerichts ist grundsätzlich streitwertabhängig zu ermitteln. Die Zuständigkeit des Landgerichts beginnt ab einem (Zuständigkeits-)Streitwert von mehr als 5.000,– EUR (§§ 1, 2 ZPO, §§ 23 Nr. 1, 71 GVG); dies gilt nicht, soweit eine streitwertunabhängige, ausschließliche Zuständigkeit des Amts- oder Landgerichts gegeben ist (zu weiteren Einzelhei-

ten GF-ZPO/*Pukall*, § 253 Rn 4 ff). Beim **Herausgabeanspruch** (**§ 667**) richtet sich die sachliche Zuständigkeit in aller Regel nach dem jeweiligen Streitwert, dh dem Wert der herauszugebenden Gegenstände, Rechte etc. Die örtliche Zuständigkeit hängt vom Wohnsitz des Beklagten oder dem jeweiligen Erfüllungsort ab, wobei der Kläger zwischen beiden Gerichtsständen gemäß § 35 ZPO frei wählen kann. Haben die Parteien einzelvertragliche eine wirksame **Gerichtsstandvereinbarung** getroffen, ist diese zu berücksichtigen (siehe bei § 662 Rn 33)

10 [2] **Streitwertangabe.** In der Klageschrift ist der (vorläufige) Wert des Streitgegenstandes anzugeben, wenn dieser – wie regelmäßig bei Herausgabeansprüchen – nicht in einer bestimmten Geldsumme besteht. Die Streitwertangabe dient zudem der Prüfung der sachlichen Zuständigkeit des Gerichts und der Berechnung des Gebührenvorschusses (§ 12 GKG).

11 [3] **Klageantrag.** Der **Klageantrag muss hinreichend bestimmt** sein (§ 253 Abs. 2 Nr. 2 ZPO) und das Klagebegehren des Klägers abschließend zusammenfassen. Die Bestimmtheit des Antrags ist für den Umfang der Prüfungs- und Entscheidungsbefugnis des Gerichts (Stichwort: Dispositionsmaxime), die Grenzen der materiellen Rechtskraft sowie die Durchsetzung des Urteils im Wege der Zwangsvollstreckung von entscheidender Bedeutung. Im Antrag müssen die **herauszugebenden Gegenstände** daher so genau beschrieben werden, damit der Gerichtsvollzieher als das mit der Herausgabe-Vollstreckung befasste Vollstreckungsorgan (§ 883 Abs. 1 ZPO) in der Lage ist, die Sache ohne Schwierigkeiten zu identifizieren (bei einem PKW zB Marke, Farbe, amtl. Kennzeichen, Fahrgestellnummer; bei einer Forderung zB genaue Bezeichnung der Forderungshöhe, Forderungsinhaber, Forderungsgegner, Forderungsgrund). Zu den prozessualen Anforderungen des Klageantrags siehe GF-ZPO/*Pukall*, § 253 Rn 95 ff.

12 [4] **Nebenanträge.** Zu den Nebenanträgen einer Klage (zB Entscheidung durch Einzelrichter, Anregung schriftliche Vorverfahren, Kostenantrag etc.) siehe GF-ZPO/*Pukall*, § 253 Rn 95 ff.

13 [5] **Klagebegründung.** In der Klagebegründung hat der Kläger den konkreten Lebenssachverhalt zu schildern, aus dem er die begehrte Rechtsfolge ableitet. Der Auftraggeber trägt dabei die **Darlegungs- und Beweislast** für den Abschluss des Auftragsvertrages sowie die Hingabe und den Wert der überlassenen Gegenstände bzw dafür, dass der Beauftragte etwas aus der Geschäftsführung erlangt hat (ggf mit Hilfe des Auskunftsanspruches nach § 666). Der Auftraggeber hat zudem den Inhalt des Auftrags und dem Beauftragten hierbei erteilten Weisungen darzulegen und ggf zu beweisen (BGH NJW-RR 04, 927).

§ 668 Verzinsung des verwendeten Geldes

Verwendet der Beauftragte Geld für sich, das er dem Auftraggeber herauszugeben oder für ihn zu verwenden hat, so ist er verpflichtet, es von der Zeit der Verwendung an zu verzinsen.

1 Zu § 668 siehe bei § 662, Rn 19.

§ 669 Vorschusspflicht

Für die zur Ausführung des Auftrags erforderlichen Aufwendungen hat der Auftraggeber dem Beauftragten auf Verlangen Vorschuss zu leisten.

1 A. Muster: Anforderungsschreiben Vorschusszahlung

500

▶ An

Herrn ▪▪▪ (Anschrift) (Auftraggeber)

Anforderung Vorschuss[1]

Sehr geehrter Herr ▪▪▪,

für die zur Auftragsausführung erforderlichen Aufwendungen bitte ich um Anweisung eines Vorschuss in Höhe von ■■■ [Betrag]. Der Vorschuss ist erforderlich, um

■■■ [Begründung der Erforderlichkeit].

Die Zahlung richten Sie bitte an folgende Kontoverbindung: ■■■ [Bankverbindung].

Mit der Auftragsausführung werde ich beginnen, sobald ich den Vorschuss erhalten habe.

Mit freundlichen Grüßen

■■■

Unterschrift ◀

B. Erläuterungen

[1] **Vorschussverlangen.** Die Pflicht zur Zahlung eines Vorschuss entsteht nur **auf Verlangen des Beauftragten,** soweit die Vorschusspflicht nicht einzelvertraglich ausgeschlossen wurde. Der Vorschuss ist auf Geldzahlung gerichtet: Er umfasst nur die **objektiv erforderlichen Aufwendungen** zur Auftragsausführung. Im Anforderungsschreiben sollte die Notwendigkeit des Vorschusses und der summenmäßige Betrag näher erläutert werden. Die Vorschusszahlung ist grundsätzlich **nicht einklagbar,** da der Beauftragte keinen Anspruch auf die Auftragsausführung hat. Allerdings kann der Beauftragte die Auftragsausführung verweigern, wenn der Auftraggeber den Vorschuss nicht leistet; hierauf sollte im Anforderungsschreiben ausdrücklich hingewiesen werden. Zu § 669 siehe auch § 662 Rn 20 f. 2

§ 670 Ersatz von Aufwendungen

Macht der Beauftragte zum Zwecke der Ausführung des Auftrags Aufwendungen, die er den Umständen nach für erforderlich halten darf, so ist der Auftraggeber zum Ersatz verpflichtet.

A. Anspruchsschreiben Aufwendungsersatz

I. Muster: Anspruchsschreiben 1

▶ An

Herrn ■■■ (Anschrift) (Auftraggeber)

Aufwendungsersatz

Sehr geehrter Herr ■■■,

im Rahmen der Auftragsausführung sind mir Aufwendungen[1] entstanden, die sich wie folgt zusammensetzen:

■■■ [Aufstellung der getätigten Aufwendungen nach Datum, Anlass, Betrag][2]

Die Aufwendungen waren zur Auftragsausführung erforderlich, um

■■■ [Begründung der Erforderlichkeit][3]

[Die Vorschusszahlung ist im Rahmen der Aufstellung bereits berücksichtigt.][4]

Als Auftraggeber sind Sie nach § 670 BGB zum Ersatz der zur Auftragsausführung erforderlichen Aufwendungen verpflichtet. Ich darf Sie daher bitten, den sich aus der Aufstellung ergebenden Betrag[5] [einschließlich der dort ausgewiesenen Zinsen] bis spätestens zum

■■■[6]

auf folgendes Konto: ■■■ [Bankverbindung] zur Zahlung zu veranlassen.

Bitte beachten Sie, dass ich den Anspruch auf Ersatz meiner Aufwendungen zum Gegenstand eines gerichtlichen Verfahrens machen werde, sollten Sie die genannte Frist fruchtlos verstreichen lassen.[7]

Mit freundlichen Grüßen

■■■

Unterschrift ◄

II. Erläuterungen

2 [1] **Aufwendungsersatz.** Der Beauftragte hat Anspruch auf Aufwendungsersatz (§ 670), sofern der Anspruch individualvertraglich nicht abbedungen wurde (zur Abbedingbarkeit vgl. BAG NJW 2004, 2036).. Voraussetzung des § 670 ist, dass der Auftrag wirksam erteilt wurde (BGH NJW 01, 2968) und sich der Beauftragte bei Vornahmen der die Aufwendung verursachenden Handlung im Rahmen des Auftrags (Weisungen) hält. **Aufwendungen** sind sämtliche Vermögensopfer, die der Beauftragte freiwillig oder auf Weisung des Auftraggebers zur Ausführung des Auftrags erbringt oder die sich als notwendige Folge der Ausführung ergeben (BGH 8, 222/29), zB Steuern oder Kosten eines Rechtsstreits. Aufwendungen können aber auch im Eingehen einer Verbindlichkeit, so in der Zahlung von Reparaturkosten oder der Ablösung eines Darlehens liegen (Hk-BGB/*Schulze*, § 670 Rn 3). **Kein Aufwendungsersatzanspruch** besteht für die eigene Arbeitsleistung des Beauftragten, da beim Auftrag Unentgeltlichkeit vereinbart ist; ebenso ist der entgangene Verdienst oder die Abnützung von Sachen des Beauftragten infolge der Auftragsausführung nicht erstattungsfähig (BAG MDR 1999, 236). Selbst wenn die Tätigkeit zum Beruf oder Gewerbe des Beauftragten gehört, schließt die vereinbarte Unentgeltlichkeit den Aufwendungsersatz grundsätzlich aus. Zu den Ausnahmen sowie zur Abgrenzung von Aufwendungen bei GoA sowie entgeltlichen Geschäftsbesorgungsverträgen siehe Hk-BGB/*Schulze*, § 670 Rn 4.

3 Aufwendungsersatz kann nur verlangt werden, soweit der Beauftragte die **Aufwendungen den Umständen nach für erforderlich halten durfte**. Maßgeblich ist ein objektiver Maßstab mit subjektiven Einschlag: Der Beauftragte hat nach seinem verständigen Ermessen aufgrund sorgfältiger Prüfung bei Berücksichtigung aller Umstände über die Notwendigkeit der Aufwendung zu entscheiden. Dabei hat er sich am Interesse des Auftraggebers und daran zu orientieren, ob und inwieweit die Aufwendungen angemessen sind und in einem vernünftigen Verhältnis zur Bedeutung des Geschäfts und zum angestrebten Erfolg stehen. **Nicht für erforderlich halten darf** der Beauftragte Aufwendungen, denen ein Verbot oder eine gegenteilige Weisung des Auftraggebers entgegenstehen. Aufwendungen, die der Rechtsordnung zuwiderlaufen (zB Bestechungsgelder, Schmiergelder) sind gleichfalls nicht erforderlich und können nicht erstattet werden, selbst bei einer entsprechenden Weisung des Auftraggebers.

4 Der Anspruch ist auf **Wertersatz in Geld** gerichtet. Besteht die Aufwendung in der Eingehung einer Verbindlichkeit, kann der Beauftragte **Schuldbefreiung gem. § 257** verlangen. Der Anspruch ist vom Erfolg der Tätigkeit des Beauftragten unabhängig und erfasst auch sog. **nutzlose Aufwendungen.**

5 Daneben kann der Beauftragte im Rahmen des Aufwendungsersatzes nach § 670 den Ersatz von sog. **risikotypischen Begleitschäden** verlangen. Diese **verschuldensunabhängige Zufallshaftung** erfasst Schäden, deren Eintrittswahrscheinlichkeit durch die Ausführung des jeweiligen

Auftrags typischerweise erhöht wird. Zu den Einzelheiten siehe Hk-BGB/*Schulze*, § 670 Rn 9. Entsteht dem Beauftragten aufgrund einer vom Auftraggeber zu vertretender Pflichtverletzung ein Schaden, kann er nach den allg. Regeln Schadensersatz (§ 280 Abs. 1) verlangen. Aus **Beweisgründen** (gerade mit Blick auf eine klageweisen Durchsetzung) sollte das Anspruchsschreiben in **Schriftform** (§ 126) oder **Textform** (§ 126 b) erfolgen. Ist ein Zugangsnachweis erforderlich, bietet sich eine Übermittlung per Fax oder Einschreiben/Rückschein an.

[2] **Aufstellung der Aufwendungen.** Im Anspruchschreiben sind die im Einzelnen angefallenen und zu erstattenden Aufwendungen unter Beifügung entsprechender Belege nachzuweisen. Dies ermöglicht dem Auftraggeber eine bessere Nachvollziehbarkeit, andererseits kommt der Beauftragte hiermit seiner Auskunfts- und Rechenschaftspflicht (§ 666) nach. Die Aufstellung kann als Grundlage für eine klageweisen Durchsetzung herangezogen werden. 6

[3] **Erforderlichkeit der Aufwendungen.** Aufwendungsersatz kann nur verlangt werden, soweit der Beauftragte Aufwendungen den Umständen nach für erforderlich halten durfte (s.o.). Im Anspruchschreiben sollte daher in Bezug auf die jeweilige Aufwendung die Erforderlichkeit für die Auftragsausführung näher erläutert werden bzw aus welchen Gründen der Beauftragte subjektiv von einer Erforderlichkeit ausgehen durfte. Die Ausführungen können als Grundlage für eine klageweisen Durchsetzung herangezogen werden. 7

[4] **Anrechnung Vorschusszahlung.** Eine vom Auftraggeber geleistete Vorschusszahlung (§ 669) ist im Rahmen des Aufwendungsersatzanspruches zu berücksichtigen. 8

[5] **Umfang der Erstattung.** Der Erstattungsanspruch umfasst die Hauptforderung sowie die Verzinsung der Aufwendungen nach § 256. Die Zinshöhe folgt aus § 246 und beträgt 4 % im Jahr, soweit nicht speziellere Vorschriften eingreifen oder die Parteien nicht eine abweichende Vereinbarung getroffen haben (Hk-BGB/*Schulze* § 256, 257 Rn 3). Befindet sich der Auftraggeber trotz Fristsetzung mit der Zahlung des Aufwandsersatzes (einschließlich Zinsen) in Verzug gelten ab Verzugseintritt die §§ 286, 288. 9

[6] **Fristsetzung zur Zahlung.** Dem Auftraggeber sollte eine Frist zur Zahlung gesetzt werden. Die Fristsetzung ist zur klaren **Feststellung des Verzugseintritts** notwendig und dient zudem der Vorbereitung einer ggf klageweisen Durchsetzung der Ansprüche des Beauftragten. Die Fristsetzung geht ins Leere, wenn der Auftraggeber dem Ersatzanspruch ein **Zurückbehaltungsrecht** (§ 273) entgegenhält, zB wegen eines Herausgabeanspruches nach § 667. 10

[7] **Klageandrohung.** Um dem Anspruchsschreiben Nachdruck zu verleihen, kann bereits die Klageerhebung angekündigt werden. Ob eine solche Ankündigung sinnvoll ist, hängt vom Verhältnis der Parteien ab. 11

B. Klage Aufwendungsersatz

I. Muster: Klage Aufwendungsersatz 12

▶ An das

Amtsgericht/Landgericht ... [1]

Klage

des ... (Beauftragten)

– Kläger –

– Prozessbevollmächtigter: ... –

gegen

den ... (Auftraggeber)

– Beklagter –

wegen: Aufwendungsersatz

Streitwert: ... EUR[2]

Namens und in Vollmacht des Klägers erhebe ich Klage und werde beantragen:

1. Der Beklagte wird verurteilt, an den Kläger ... EUR nebst Zinsen in Höhe von 5 Prozentpunkten über dem Basiszinssatz seit dem ... zu zahlen[3]
2. ... [weitere Nebenanträge][4]

Begründung[5]

1. Der Kläger hat mit dem Beklagten einen Auftragsvertrag geschlossen. In dessen Rahmen hat sich der Kläger verpflichtet, unentgeltlich folgende Geschäfte für den Beklagten auszuführen:
   ... [Darstellung des jeweiligen Auftragsinhalts einschließlich Weisungen]
   Beweis: Auftragsvertrag vom ...
2. Zur Auftragsausführung hat der Kläger folgende Aufwendungen getätigt:
   ... [Darstellung der Aufwendungen nach Zeit, Betrag, Grund]
   Beweis: ...
3. Die Aufwendungen waren zur Auftragsausführung erforderlich, um ...
   [Begründung der Erforderlichkeit der getätigten Aufwendungen]
4. Die vom Kläger in Ziffer 2 aufgeführten Aufwendungen sind von der Zeit der Aufwendung an zu verzinsen (§ 256 BGB). Der jeweilige Zinsbeginn folgt aus der Aufstellung unter Ziffer 2. Der Zinssatz beträgt 4 % pro Jahr (§ 246 BGB). Es ergibt sich ein Zinsanspruch in Höhe von ... EUR.
   Beweis: ... [Berechnung des Zinsanspruches]
5. Dem Kläger steht mithin ein Anspruch auf Aufwendungsersatz in Höhe von ... EUR (siehe Ziffer 2.) zuzüglich eines Zinsanspruchs in Höhe von ... EUR (siehe Ziffer 4.) gegen den Beklagten aus § 670 BGB zu. Der geltend gemachte Anspruch beläuft sich mithin auf insgesamt ... EUR.
6. Mit Schreiben vom ... hat der Kläger den Beklagten unter Fristsetzung zum ... zur Zahlung aufgefordert. Die Zahlung innerhalb der gesetzten Frist ist nicht erfolgt.
   Beweis: ...

Der Beklagte befindet sich daher seit dem ... mit der Zahlung in Verzug. Die Verzugszinsen folgen aus § 288 BGB.

...

Rechtsanwalt ◄

II. Erläuterungen

13 [1] **Zuständiges Gericht.** Siehe Ausführungen zu § 667 Rn 9.

14 [2] **Streitwertangabe.** Siehe Ausführungen zu § 667 Rn 10.

15 [3] **Klageantrag.** Der Klageantrag ist hier auf Zahlung zzgl Verzugszinsen gerichtet. Die Klageforderung besteht aus dem Aufwendungsersatzanspruch (§ 670) sowie aus einem Anspruch auf Verzinsung der Aufwendungen (§§ 256, 246). Der sich hieraus ergebende Gesamtanspruch des Klägers ist ab Verzugseintritt entsprechend der gesetzlichen Bestimmungen (§§ 286, 288) zu verzinsen, es sei denn, die Parteien haben eine abweichende Vereinbarung getroffen. Zu den prozessualen Anforderungen des Klageantrags siehe Ausführungen zu § 667 Rn 11 mwN

16 [4] **Nebenanträge.** Siehe Ausführungen zu § 667 Rn 12.

17 [5] **Begründung.** In der Klagebegründung hat der Beauftragte **darzulegen und zu beweisen**: den Abschluss eines Auftragsvertrages, die ihm entstandenen Aufwendungen sowie die Erforderlichkeit der Aufwendungen bzw die Gründe, weshalb er Aufwendungen für erforderlich halten durfte (zB Vorliegen einer entsprechenden Weisung des Auftraggebers). Soweit der Beauftragte zudem Zinsen nach § 256 geltend macht, ist der Zinsanspruch schlüssig darzulegen; für den

Zinsbeginn ist das Datum der getätigten Aufwendung maßgeblich; die Zinshöhe richtet sich nach § 246 und beträgt 4 % im Jahr, es sei denn die Parteien haben eine abweichende Vereinbarung getroffen (im Muster wird von § 246 als Regelfall ausgegangen). Schließlich sind die geltend gemachten Verzugszinsen und der Verzugseintritt zu begründen.

§ 671 Widerruf; Kündigung

(1) Der Auftrag kann von dem Auftraggeber jederzeit widerrufen, von dem Beauftragten jederzeit gekündigt werden.
(2) [1]Der Beauftragte darf nur in der Art kündigen, dass der Auftraggeber für die Besorgung des Geschäfts anderweit Fürsorge treffen kann, es sei denn, dass ein wichtiger Grund für die unzeitige Kündigung vorliegt. [2]Kündigt er ohne solchen Grund zur Unzeit, so hat er dem Auftraggeber den daraus entstehenden Schaden zu ersetzen.
(3) Liegt ein wichtiger Grund vor, so ist der Beauftragte zur Kündigung auch dann berechtigt, wenn er auf das Kündigungsrecht verzichtet hat.

A. Widerruf, Kündigung des Auftrags

I. Muster: Widerruf des Aufraggebers 1

▶ An 503

Herrn ■■■ (Anschrift) (Beauftragter)

Widerruf des Auftrags[1]

Sehr geehrter Herr ■■■,

hiermit widerrufe ich das Auftragsverhältnis vom ■■■ mit sofortiger Wirkung/zum ■■■.[2]

Mit freundlichen Grüßen

■■■

Unterschrift ◀

II. Muster: Kündigung des Beauftragten 2

▶ An 504

Herrn ■■■ (Anschrift) (Auftraggeber)

Kündigung des Auftrags

Sehr geehrter Herr ■■■,

hiermit kündige ich das Auftragsverhältnis vom ■■■ mit sofortiger Wirkung/zum ■■■.[3]

Mit freundlichen Grüßen

■■■

Unterschrift ◀

B. Erläuterungen

[1] **Vorbemerkungen.** Der § 671 ermöglicht den Parteien die **jederzeitige Lösung** vom Auftragsvertrag durch eine **einseitige empfangsbedürftige Willenserklärung**. Die Lösungserklärung des Auftraggebers wird als Widerruf, die Lösungserklärung des Beauftragten als Kündigung bezeichnet. Widerruf und Kündigung kommen nicht mehr in Betracht, wenn der Vertrag bereits 3

aus anderen Gründen beendet ist (zB Zweckerreichung). Zu Widerruf/Kündigung siehe § 662 Rn 24.

4 [2] **Widerruf des Auftrags.** Der Widerruf des Auftrags ist grundsätzlich formfrei möglich, es sei denn, die Parteien haben abweichende Formanforderungen vereinbart. Aus Beweisgründen empfiehlt es sich jedenfalls immer, den Widerruf in Schriftform (§ 126), zumindest aber Textform (§ 126 b) auszusprechen. In der Erklärung kann ein ausdrückliches Beendigungsdatum angegeben werden, zu dem der Widerruf wirksam werden soll und den Auftragsvertrag beendet. Der Zugang der Erklärung beim Beauftragten richtet sich nach den allg. Bestimmungen (§ 130). Rechtsfolge ist, dass der Auftragsvertrag erlischt. Spätestens dann ist der Beauftragte zur Rechenschaftslegung über den Auftrag sowie zur Herausgabe des zur Auftragsausführung Erhaltenen oder des aus der Geschäftsbesorgung Erlangtem verpflichtet. Die Widerrufserklärung kann mit der Aufforderung zur Rechenschaftslegung (§ 666) und der Herausgabeaufforderung (§ 667) verbunden werden.

5 [3] **Kündigung des Auftrags.** Die Ausführungen zur Widerrufserklärung gelten entsprechend für die Kündigung des Beauftragten. Abweichende Kündigungsbestimmungen, etwaige vereinbarte Kündigungsfristen, wie auch die Einschränkungen bei einer Kündigung zur Unzeit sind zu beachten (siehe bei § 662 Rn 28). Rechtsfolge der Kündigung ist das Erlöschen des Auftrags. Spätestens dann hat der Beauftragte Anspruch auf Aufwendungsersatz. Die Kündigungserklärung kann mit der Anspruchsstellung wegen Aufwandsersatz (siehe bei § 670) verbunden werden.

§ 672 Tod oder Geschäftsunfähigkeit des Auftraggebers

[1]Der Auftrag erlischt im Zweifel nicht durch den Tod oder den Eintritt der Geschäftsunfähigkeit des Auftraggebers. [2]Erlischt der Auftrag, so hat der Beauftragte, wenn mit dem Aufschub Gefahr verbunden ist, die Besorgung des übertragenen Geschäfts fortzusetzen, bis der Erbe oder der gesetzliche Vertreter des Auftraggebers anderweit Fürsorge treffen kann; der Auftrag gilt insoweit als fortbestehend.

1 Zu § 672 siehe bei § 662, Rn 29.

§ 673 Tod des Beauftragten

[1]Der Auftrag erlischt im Zweifel durch den Tod des Beauftragten. [2]Erlischt der Auftrag, so hat der Erbe des Beauftragten den Tod dem Auftraggeber unverzüglich anzuzeigen und, wenn mit dem Aufschub Gefahr verbunden ist, die Besorgung des übertragenen Geschäfts fortzusetzen, bis der Auftraggeber anderweit Fürsorge treffen kann; der Auftrag gilt insoweit als fortbestehend.

1 A. Muster: Anzeige Tod des Beauftragten

▶ An

Herrn ■■■ (Anschrift) (Auftraggeber)

Tod des Beauftragten[1]

Sehr geehrter Herr ■■■,

als Erbe des Herrn ■■■ (Beauftragter) zeige ich [unter Beifügung einer Kopie des Totenscheins] hiermit an, dass Herr ■■■ am ■■■ verstorben ist. Der zwischen Ihnen und Herrn ■■■ geschlossene Auftrag erlischt damit.

Mit freundlichen Grüßen

■■■

Unterschrift ◀

B. Erläuterungen

[1] **Anzeige Tod des Beauftragten.** Der Auftragsvertrag erlischt im Zweifel mit Tod des Beauftragten. Die Erben sind daher gem. § 673 verpflichtet, dem Auftraggeber den Tod des Beauftragten unverzüglich (ohne schuldhaftes Zögern iSd § 121) anzuzeigen, damit dieser sich hierauf einrichten kann. Der Zugang der Anzeige beim Auftraggeber richtet sich nach den allg. Bestimmungen (§ 130). Aus Beweisgründen sollte die Anzeige, in Schriftform (§ 126), zumindest aber Textform (§ 126 b) erfolgen. Ist ein Zugangsnachweis erforderlich, bietet sich eine Übermittlung per Fax oder Einschreiben/Rückschein an. Erfolgt die Anzeige nicht unverzüglich, machen sich die Erben ggf schadensersatzpflichtig. Daneben besteht eine Notbesorgungspflicht der Erben, sofern durch einen Aufschub mit der Geschäftsbesorgung der Auftrag gefährdet wird. Siehe bei § 662 Rn 30. 2

§ 674 Fiktion des Fortbestehens

Erlischt der Auftrag in anderer Weise als durch Widerruf, so gilt er zugunsten des Beauftragten gleichwohl als fortbestehend, bis der Beauftragte von dem Erlöschen Kenntnis erlangt oder das Erlöschen kennen muss.

Untertitel 2 Geschäftsbesorgungsvertrag

Vor §§ 675 ff

§ 675 Abs. 1 (Entgeltliche Geschäftsbesorgung) stellt die bürgerlich-rechtliche Kernnorm für Geschäftsbesorgungsverträge dar; sie ist nach der mit Wirkung vom 31.10.2009 geltenden neuen Gesetzessystematik nicht mehr Bestandteil des Auftragsrechts, sondern bildet die Grundvorschrift des neu geschaffenen gesonderten Untertitels 2 „Geschäftsbesorgungsvertrag" (Hk-BGB/*Schulte-Nölke/Schulze*, § 675 Rn 1 mwN). Geschäftsbesorgungsverträge haben mannigfache Erscheinungsformen, sowohl außerhalb der Bankgeschäfte (vgl Rn 1 ff) wie auch in Bankgeschäften (vgl Rn 17 ff sowie unten zu §§ 675 c bis 676 c, den neuen zivilen Bankrechtsnormen zu den Zahlungsdiensten, die in Umsetzung der Richtlinie 2007/64/EG vom 13.11.2007 über Zahlungsdienste im Binnenmarkt (Zahlungsd-RL) und durch das Gesetz zur Umsetzung der Verbraucherkreditrichtlinie, des zivilrechtlichen Teils der Zahlungsdiensterichtlinie sowie zur Neuordnung der Vorschriften über das Widerrufs- und Rückgaberecht (VerbrKr- und Zahlungsd-RL-UmsetzungsG) vom 29.7.2009 (BGBl. I 2009, 2355), in Kraft ab 31.10.2009, unter dem „Untertitel 3. Zahlungsdienste" in das BGB eingefügt wurden). 1

§ 675 Entgeltliche Geschäftsbesorgung

(1) Auf einen Dienstvertrag oder einen Werkvertrag, der eine Geschäftsbesorgung zum Gegenstand hat, finden, soweit in diesem Untertitel nichts Abweichendes bestimmt wird, die Vorschriften der §§ 663, 665 bis 670, 672 bis 674 und, wenn dem Verpflichteten das Recht zusteht, ohne Einhaltung einer Kündigungsfrist zu kündigen, auch die Vorschrift des § 671 Abs. 2 entsprechende Anwendung.
(2) Wer einem anderen einen Rat oder eine Empfehlung erteilt, ist, unbeschadet der sich aus einem Vertragsverhältnis, einer unerlaubten Handlung oder einer sonstigen gesetzlichen Bestimmung ergebenden Verantwortlichkeit, zum Ersatz des aus der Befolgung des Rates oder der Empfehlung entstehenden Schadens nicht verpflichtet

A. Geschäftsbesorgung (ohne Bankrecht)

I. Vertragsgestaltung

1 **1. Muster: Inkassovertrag nebst Inkassoabtretung**

▶ **Inkassovertrag nebst Inkassoabtretung[1][2][3]**

zwischen

▪▪▪-GmbH in D-▪▪▪, ▪▪▪ [Adresse]

(nachfolgend „ Zedentin")

und

Inkasso GmbH in D-▪▪▪, ▪▪▪ [Adresse]

(nachfolgend „Zessionarin")

1. Die Zedentin tritt hiermit die in der Anlage näher bezeichneten Forderungen[4] gegen die darin angegebenen Schuldner[5] zum ausschließlichen Zweck der Einziehung der Forderungen an die Zessionarin ab. Die Zessionarin nimmt die Abtretung an. Die erforderlichen Unterlagen hat die Zessionarin bei Abschluss dieses Vertrages von der Zedentin ausgehändigt erhalten.
2. Vereinbarungsgemäß wird die Zessionarin die abgetretenen Forderungen im eigenen Namen, erforderlichenfalls auch gerichtlich, bei den Schuldnern einziehen. Für den Fall, dass diese Bemühungen nach pflichtgemäßem Ermessen erfolglos bleiben oder keine Erfolgsaussichten bestehen, wird die Zessionarin dies der Zedentin – unter Offenlegung der Gründe – unverzüglich mitteilen. Die Zessionarin ist in diesem Fall zur Rückabtretung verpflichtet; die Zedentin nimmt die Rückabtretung an.

3. Vor der gerichtlichen Geltendmachung wird die Zessionarin die Zahlungsfähigkeit der jeweiligen Schuldner sorgfältig und mit den branchenüblichen Methoden ermitteln. Erscheint die Einbringlichkeit nicht hinreichend sicher, wird die Zessionarin vor der gerichtlichen Geltendmachung – ebenfalls unter Offenlegung der Gründe – die Zustimmung der Zedentin einholen. Unterbleibt die Einziehung, ist die Zessionarin zur Rückabtretung verpflichtet; die Zedentin nimmt die Rückabtretung an.
4. Die Zessionarin verpflichtet sich, zur Abwicklung dieses Vertrages ein gesondertes Bankkonto (Sonderkonto) einzurichten und dafür Sorge zu tragen, dass alle auf die abgetretenen Forderungen geleisteten Zahlungen auf diesem Konto eingehen. Die Zessionarin wird jeweils bis zum 10. Bankarbeitstag jedes Kalendermonats für den Vormonat gegenüber der Zedentin abrechnen und die gutgeschriebenen Beträge unter Anrechnung der in Ziff. 5 bestimmten Tätigkeitsgebühr nebst Erfolgsprovision an die Zedentin auf deren Bankkonto ■■■ überweisen.
5. Die Zessionarin erhält eine pauschale Tätigkeitsgebühr in Höhe von ■■■ % der jeweils abgetretenen Forderung. Im Falle des Forderungseinzugs in voller Höhe steht der Zessionarin eine zusätzliche Erfolgsprovision in Höhe von ■■■ % zu. Die Zessionarin ist berechtigt, die Tätigkeitsgebühr und die Erfolgsprovision jeweils ihrem in Ziff.4 bezeichneten Sonderkonto zu belasten.[6]
6. Soweit rechtlich zulässig, wird die Zessionarin die Tätigkeitsgebühr und die Erfolgsprovision den jeweiligen Schuldnern gegenüber als Verzugsschaden geltend machen[7]. Bereits jetzt tritt die Zedentin ihr etwa zustehende Schadenersatzansprüche gegen die Schuldner an die Zessionarin ab, die die Abtretung annimmt.
7. Die Zedentin trägt die Kosten von gerichtlichen Mahn- oder Klageverfahren, einschließlich der Vergütung und Auslagen der eingeschalteten Rechtsanwälte und der Gerichtskosten. Alle sonstigen Kosten der Einziehung trägt die Zessionarin.[8]

Ort, Datum ■■■

■■■

Unterschrift der Zedentin

■■■

Unterschrift der Zessionarin ◄

2. Erläuterungen

[1] Geschäftsbesorgung – Vertragsarten. Bezüglich der Geschäfte, die außerhalb der Bankgeschäfte den Regeln der entgeltlichen Geschäftsbesorgung unterfallen, bieten Hk-BGB/*Schulte-Nölke/Schulze* zu § 675, insbes. Rn 4 sowie jurisPraxisKommentar-BGB zu § 675 BGB (juris-PK-BGB Buch 2/*Hönn*) umfassende Übersichten. Aus dem weiten Feld der geschäftsbesorgungsvertraglichen Vielfalt seien beispielhaft genannt: Auskunfts-, Beratungs- und Vermittlungsverträge sowie Verträge der Verwaltung bzw Geschäftsabwicklung, Architektenverträge, Baubetreuungs-/Bauträgerverträge, Hausverwalterverträge, Anwaltsverträge und Schiedsrichter- bzw Schiedsgutachterverträge; hierzu zählen weiter Inkassoverträge (vgl. unten Muster Rn 1) und Treuhandverträge (vgl. unten Muster Rn 10) sowie die Kooperationsverträge des Handelsrechts (vgl weiterführend Hk-BGB/*Schulte-Nölke/Schulze*, § 675 Rn 1 ff; Palandt/*Sprau*, BGB, § 675 Rn 9 ff; Erman/*Ehmann*, BGB, § 675, insbes. Rn 7 mit Stichworten zu speziellen Geschäftsbesorgungsverhältnissen; Staudinger/*Martinek*, BGB, § 675 Rn B 1 – B 265 mit umfassender alphabetischer Systembildung zu den verkehrstypischen Geschäftsbesorgungsverträgen; Fingerhut/*Ritzinger*, Vertrags- und Formularbuch, § 11, S. 148 ff, § 17, S. 197 ff). 2

[2] Inkassotätigkeit/Einzugsermächtigung. Anders als bei der bloßen Einziehungsermächtigung erhält bei der Inkassoabtretung der Zessionar im Verhältnis zu Dritten die vollständige Gläubigerstellung; wirtschaftlicher Eigentümer bleibt der Zedent, für dessen Rechnung der Einzug 3 der Forderung erfolgt. Dadurch, dass die jeweils abgetretene Forderung wirtschaftlicher Bestandteil des Vermögens des Zedenten bleibt, ist er im Falle der Insolvenz bezüglich der abgetretenen Forderung aussonderungsberechtigt gem. § 47 InsO (Fingerhut/*Karg*, § 17, S. 200 f). Zur geschäftsmäßigen Forderungseinziehung ist zu beachten, dass die Inkassotätigkeit gemäß § 2 Abs. 2 Rechtsdienstleistungsgesetz (RDG) vom 12.12.2007 Rechtsdienstleistung ist, für die die Eignung und Registrierung des Rechtsdienstleisters erforderlich ist; ohne diese Voraussetzungen kann der Inkassovertrag nichtig sein (jurisPK-BGB Buch 2/*Hönn*, § 675 Rn 39 mwN; vgl auch jurisPK-BGB Band 2/*Knerr*, § 398 Rn 64). Zum Inkassogeschäft vgl weiterführend Hopt, Vertrags- und Formularbuch zum Handels-, Gesellschafts- und Bankrecht, Bankrecht, M. Inkassogeschäft, S. 1213 ff; zum Inkasso im Handelsvertreterrecht vgl. *Ahouzaridi* in: Heidel/Pauly/Amend, AnwaltFormulare, 19 Handelsvertreterrecht D. Inkasso, Rn 92 ff).

4 [3] **Vertragsgegenstand/Entgeltlichkeit.** Der sachliche Anwendungsbereich des § 675 setzt als Vertragsgegenstand eine Geschäftsbesorgung voraus, die im Rahmen eines Dienst- oder Werkvertrages entgeltlich erbracht wird (zur wirtschaftlich überragenden Bedeutung der entgeltlichen Geschäftsbesorgungsverträge und Systematik vgl umfassend Staudinger/*Martinek*, § 675, Rn A1 ff und B1 ff). Geschäftsbesorgung ist jede selbständige Tätigkeit wirtschaftlicher Art in fremdem Interesse (Hk-BGB/*Schulte-Nölke/Schulze*, § 675 Rn 4; Palandt/*Sprau*, § 675 Rn 2 ff). Die Vereinbarung über eine Inkassoabtretung ist ein Geschäftsbesorgungsvertrag dienstvertraglichen Charakters (OLG Frankfurt Urt. v. 1.4.2009 – 19 U 228/08; *Seitz* in: Inkasso-Handbuch, Rn 166; jurisPK-BGB Buch 2/*Hönn*, § 675 Rn 39 mwN).

5 [4] **Abtretungsbeschränkungen.** Bei der vertraglichen Bestimmung der abzutretenden Forderungen sind u.a. Abtretungsbeschränkungen zu beachten. Ferner ist zu prüfen, ob form- oder zustimmungsbedürftige Abtretungen vorliegen; dies kann insbesondere bei Bezügen zu ausländischen Rechtsordnungen der Fall sein.

6 [5] **Schuldnerbestimmungen.** Beschränkungen der Abtretbarkeit können sich ebenso aus der Schuldnereigenschaft, insbesondere bei Bezügen zu ausländischen Rechtsordnungen, ergeben.

7 [6] **Entgeltvereinbarungen.** Bezüglich der Entgeltvereinbarungen in Inkassoverträgen gibt es unterschiedlichste Varianten. Beispielsweise wurde eine Vergütungsabrede, wonach bei erfolgreichem Forderungseinzug der Auftraggeber/Zedent die Hauptforderung in voller Höhe ausgezahlt bekommt und der Auftragnehmer/Zessionar sämtliche angefallenen Verzugszinsen erhält (Erfolgsprovision), als AGB-konform beurteilt (OLG Frankfurt, Urt. v. 1.4.2009 – 19 U 228/08).

8 [7] **Inkassokosten.** Umstritten ist, inwieweit der Schuldner verpflichtet ist, Inkassokosten als Verzugsschaden zu ersetzen (verneinend OLG Frankfurt NJW-RR 1990, 729). Zum Meinungsstand vgl Beck'sches Formularbuch, Bürgerliches, Handels- und Wirtschaftsrecht/*Meyer-Sparenberg*, II 16, S. 127, mwN; *Seitz* in: Inkasso-Handbuch, Rn 665 ff).

9 [8] **Kostenregel.** Diese Kostenregel ist erforderlich. Da es sich um einen Geschäftsbesorgungsvertrag handelt, könnte die Zessionarin ansonsten Ersatz ihrer Aufwendungen gemäß §§ 675, 670 von der Zedentin verlangen.

II. Treuhandvertrag

10 1. Muster: Treuhandvertrag über des Halten eines GmbH-Anteils

▶ Nr. ▪▪▪ der Urkundenrolle für das Jahr ▪▪▪

Verhandelt[1] zu ▪▪▪ am ▪▪▪ in ▪▪▪

Vor ▪▪▪ dem unterzeichnenden Notar ▪▪▪ erschienen

a) Herr ▪▪▪, D-▪▪▪, ▪▪▪ [Adresse]
(nachfolgend „Treuhänder")

und

b) Herr ■■■, D-■■■, ■■■ [Adresse]
(nachfolgend „Treugeber")

Die Erschienenen erklärten folgenden

Treuhandvertrag[2]

§ 1

1) Der Treugeber beauftragt den Treuhänder, seinen Geschäftsanteil an der ■■■ GmbH mit Sitz in D-■■■, ■■■ [Adresse] (Amtsgericht ■■■, Handelsregister ■■■, HRB ■■■) in Höhe von ■■■ EUR treuhänderisch zu halten. Der Treuhänder nimmt den Auftrag an.
2) Der treuhänderisch zu haltende Geschäftsanteil wird dem Treuhänder in gesonderter notarieller Urkunde abgetreten.

§ 2

1) Sämtliche dem Treuhänder zufließenden Vorteile aus dem treuhänderisch gehaltenen Geschäftsanteil hat er an den Treugeber abzuführen.
2) Der Treuhänder ist verpflichtet, die Rechte aus dem treuhänderisch gehaltenen Geschäftsanteil nur nach Weisung des Treugebers auszuüben, soweit in diesem Vertrag nichts anderes bestimmt ist.[3]
3) Ist aus rechtlichen Gründen nur eine einheitliche Ausübung der Gesellschafterrechte aus dem eigenen Geschäftsanteil des Treuhänders und dem treuhänderisch gehaltenen möglich, so kann der Treuhänder die Rechte aus dem treuhänderisch gehaltenen Anteil nach seinem Ermessen ausüben.

§ 3

Der Treuhänder wird dem Treugeber über die Verhältnisse der Gesellschaft und des treuhänderisch gehaltenen Geschäftsanteils unterrichtet halten, soweit dies nicht einer ihm gesellschaftsrechtlich obliegenden Geheimhaltungspflicht widerspricht.

§ 4

1) Für die Übernahme und Führung der Treuhandschaft zahlt der Treugeber dem Treuhänder eine Vergütung in Höhe von ■■■ EUR.
2) Der Treugeber ist verpflichtet, den Treuhänder von allen Aufwendungen, Nachteilen, Verpflichtungen und Haftungen freizuhalten, die ihm durch die Innehabung des treuhänderisch gehaltenen Geschäftsanteils entstehen können.

§ 5

Das Treuhandverhältnis endet ohne weiteres am ■■■ . Es kann von jeder Vertragspartei ohne Einhaltung einer Kündigungsfrist vorher gekündigt werden. Die Kündigung bedarf der Schriftform.

§ 6[4]

1) Der Treuhänder tritt hiermit den treuhänderisch gehaltenen Geschäftsanteil an den Treugeber ab; die Abtretung wird wirksam, wenn eine Kündigung gemäß § 5 dem Treugeber oder dem Treuhänder zugeht, spätestens am ■■■, 24 Uhr, unbeschadet der Regelungen in Abs. 2. Der Treugeber nimmt die Abtretung an.
2) Die Abtretung gemäß Abs. 1 wird hinfällig, wenn vor Eintritt ihrer Wirksamkeit der Treuhänder den treuhänderisch gehaltenen Geschäftsanteil mit schriftlicher Zustimmung des Treugebers an ihn oder einen Dritten abtritt oder Treugeber und Treuhänder schriftlich auf das Wirksamwerden der Abtretung verzichten (auflösende Bedingungen).

3) Treuhänder und Treugeber sind unbeschadet der Wirksamkeit der Abtretungen gemäß Abs. 1 und Abs. 2 jeder auf Wunsch des anderen jederzeit verpflichtet, eine unbedingte und unbefristete Abtretung in gesonderter notarieller Urkunde zu erklären und entgegenzunehmen.

§ 7[5]

1) Der Treuhänder ist berechtigt, mit dem treuhänderisch gehaltenen Geschäftsanteil für einen Gesellschafterbeschluss zu stimmen, wonach die Satzung dahin geändert wird, dass Abtretungen an ehemalige Gesellschafter keiner Zustimmung anderer Gesellschafter bedürfen.
2) Der Treuhänder ist verpflichtet, auf Wunsch des Treugebers mit seinem eigenen und dem treuhänderisch gehaltenen Geschäftsanteil für Satzungsänderungen gemäß Abs. 1 und solche Satzungsänderungen zu stimmen, welche eine getrennte Ausübung der Rechte aus mehreren von einem Gesellschafter gehaltenen Geschäftsanteilen ermöglichen oder erleichtern.
3) Bis zur Durchführung der Satzungsänderung gemäß Abs. 2 verpflichtet sich der Treuhänder, den Treugeber rechtzeitig vor Rechtsgeschäften zu benachrichtigen, die bewirken, dass er mit den von ihm zu eigenem Recht und als Treuhänder gehaltenen Geschäftsanteilen solche Satzungsänderungen nicht mehr ohne weiteres beschließen kann.

§ 8

Sämtliche im Zusammenhang mit diesem Vertrag und seiner Durchführung entstehenden Kosten und Verkehrssteuern trägt der Treugeber.

§ 9

Sollte eine Bestimmung dieses Vertrages unwirksam sein oder werden, so soll die Wirksamkeit der übrigen Bestimmungen hiervon unberührt bleiben. Die betroffene Bestimmung ist vielmehr so auszulegen oder zu ersetzen, dass der mit ihr erstrebte wirtschaftliche Zweck nach Möglichkeit erreicht wird. Dasselbe gilt sinngemäß für die Ausfüllung von Vertragslücken. ◄

2. Erläuterungen

11 [1] **Beurkundungspflicht.** Die notarielle Beurkundung eines Treuhandvertrages an einem GmbH-Anteil (einer deutschen GmbH mit Sitz in Deutschland) ist beurkundungspflichtig (§ 15 Abs. 4 GmbHG), wenn sich Treugeber oder Treuhänder verpflichten, einen GmbH-Anteil abzutreten oder die Abtretung anzunehmen, und wenn ein GmbH-Anteil abgetreten wird (weiterführend vgl BGHZ 141, 208; *Jasper* in: Münchener Hb. des Gesellschaftsrechts, Bd. 3, § 24, insbes. Rn 85 mwN). Sowohl das Verpflichtungsgeschäft als auch die Abtretung als solche bedürfen dieser Form; allerdings wird eine Form-unwirksamkeit des Verpflichtungsgeschäfts durch die wirksame Abtretung geheilt. Durch den Gesellschaftsvertrag können weitere, auch Form-Voraussetzungen begründet sein (§ 15 Abs. 5 GmbHG; zB Zustimmung des Aufsichtsrats). Das Muster ist für Normal-GmbHs gedacht; es eignet sich nur bedingt für Geschäftsanteile an gebundenen Anteilen, zB in Familienunternehmen, kartellrechtlich verbundenen Unternehmen, etc. Notarielle Beurkundung mit entsprechender Beratung ist stets empfehlenswert, auch wenn für Ausnahmen teilweise die Auffassung vertreten wird, dass notarielle Beurkundung nicht erforderlich ist (zB wenn der GmbH-Anteil noch nicht besteht im Fall einer fremdnützigen Treuhand trotz vereinbarter Abtretungsverpflichtung: BGH ZIP 2006, 1295; Fingerhut/*Ritzinger*, § 11 Rn 4); vgl weiterführend *Jasper* in: Münchener Hb. des Gesellschaftsrechts, Bd. 3, § 24, insbes. Rn 85 mwN; Hopt, Vertrags- und Formularbuch zum Handels-, Gesellschafts- und Bankrecht/*Volhard*, II.F.1., S. 597 ff mwN).

12 [2] **Vertragstypus/Vertragsgestaltungen.** Bei Treuhandverträgen handelt es sich um Geschäftsbesorgungsverträge (§ 675, Hk-BGB/*Schulte-Nölke/Schulze*, § 675 Rn 4; jurisPK-BGB Buch 2/*Hönn*, Rn 60 mwN; zu weiteren Gestaltungsmöglichkeiten bei treuhänderisch gehaltenen GmbH-Beteiligungen vgl Heidel/Pauly/Amend/*Heidel*, AnwaltFormulare, 16 GmbH-Recht,

Rn 20 mwN; zu einem weiteren Muster eines Treuhandvertrages bezüglich eines Wertpapierdepots in der Form eines Vertrages zugunsten Dritter vgl *Graf von Westphalen* in Münchener Vertragshandbuch Band 2 Wirtschaftsrecht I, III.11, S. 374; zu aktuellen Fragen der Haftung des Treugebers für Gesellschaftsschulden bei fehlerhaftem Fondsbeitritt vgl *Armbrüster*, NJW 2009, 2167 mwN).

[3] **Rechtsstellungen.** Der Treuhänder ist Gesellschafter im Außenverhältnis (BGH WM 1976, 13
1247). Wirtschaftlicher Inhaber des GmbH-Geschäftsanteils ist der Treugeber, der wie ein Gesellschafter behandelt wird, soweit die Bestimmungen der Einlagenhaftungen und der Stimmverbote betroffen sind (Baumbach/Huck/*Fastrich*, GmbH-Gesetz, § 1 Rn 40 ff mwN).

[4] **Aufschiebend bedingte Abtretungen.** Derartige aufschiebend bedingte Abtretungen bieten 14
sich dann an, wenn im Verhältnis der Gesellschafter untereinander die Übernahme der Treuhandschaft nur temporär erfolgen soll und für den Fall der Beendigung der Treuhandschaft wie auch für den Fall der Kündigung der Treuhandschaft bereits im Vorfeld das Schicksal des Treuguts und die einzelnen Verfahrensweise bestimmt sein sollen.

[5] **Satzungsänderungen.** Mit den Bestimmungen unter § 7 werden dem Treuhänder besondere 15
Rechte hinsichtlich von Satzungsänderungen ohne Zustimmung der anderen Gesellschafter im Falle von Abtretungen an ehemalige Gesellschafter eingeräumt.

[6] **Salvatorische Klausel.** Mit der Salvatorischen Klausel wird gewährleistet, dass nichtige oder 16
fehlende Vereinbarungen nach Vertragsschluss noch ergänzt und ersetzt werden können durch Bestimmungen, die dem wirtschaftlichen Sinn und Zweck am nächsten kommen (weiterführend zur Salvatorischen Klausel, BGH NJW 1996, 773 und § 139: *Johlen/Oerder* in: Münchener Vertragshandbuch, Bd. 2, Wirtschaftsrecht I, 6. Aufl. 2009, VI.1, 23).

B. Geschäftsbesorgung (mit Bankrecht)

Literatur: Albrecht/Karahan/Lenenbach (Hrsg.), Fachanwaltshandbuch Bank- und Kapitalmarktrecht, 2010; Assies/Beule/Heise/Strube (Hrsg.), Handbuch das Fachanwalts Bank- und Kapitalmarktrecht, 2008; Assmann/Schneider (Hrsg.), WpHG, Kommentar, 5. Aufl. 2009; *Baumbach/Hefermehl/Casper*, Wechselgesetz, Scheckgesetz, Recht der kartengestützten Zahlungen, 23. Aufl. 2008; *Blissenbach*, Die Giroüberweisung als Anweisungsgeschäft, 2008; *Canaris*, Bankvertragsrecht, 2. Aufl. 1981; *Canaris*, Bankvertragsrecht, 3. Aufl. 1. Teil 1988; *Claussen*, Bank- und Börsenrecht, 3. Aufl. 2003; *Derleder/Knops/Bamberger*, Handbuch zum deutschen und europäischen Bankrecht, 3. Aufl. 2009; *Einsele*, Bank- und Kapitalmarktrecht, 2006; *Bunte*, AGB-Banken- und Sparkassen, Kommentar, 2007; Fischer/Klanten, Bankrecht – Grundlagen der rechtspraxis, 4. Aufl. 2010; *Fuchs*, Wertpapierhandelsgesetz (WpHG), Kommentar, 2009; *Krepold/Fischbeck*, Bankrecht, 2009; *Hellner/Steuer*, Bankrecht und Bankpraxis, Loseblattausgabe (Stand: Nr. 85 [04] 2010); *Kümpel*, Bank und Kapitalmarktrecht, 3. Aufl. 2004; *Langenbucher*, Die Risikozuordnung im bargeldlosen Zahlungsverkehr, 2001; *Langenbucher/Gößmann/Werner*, Zahlungsverkehr, 2004; *Meckel*, Das neue Zahlungsverkehrsrecht: Umsetzung der EU-Zahlungsdiensterichtlinie (Payment Services Directive – PSD) in das nationale deutsche Recht – Hintergründe, Praxisprobleme und Ausblicke, Teile 1 bis 4 in: jurisPR-BKR 11/2009, jurisPR-BKR 12/2009, jurisPR-BKR 1/2010 und jurisPR-BKR 2/2010, jeweils Anm. 1; *Meder*, Abstraktes Schuldversprechen oder angenommene Weisung, in: FS Huwiler (2007), 441; *Meder*, Die bargeldlose Zahlung, 1996; *Rotter/Placzek*, Beck'sches Mandatshandbuch, Bankrecht – Ansprüche, Verfahren, 2009; Schimansky/Bunte/Lwowski (Hrsg.), Bankrechts-Handbuch, 3. Aufl. 2007; Theewen (Hrsg.), Bank- und Kapitalmarktrecht, Handbuch für Fachanwaltschaft und Bankpraxis, 2010; *Toussaint*, Das Recht des Zahlungsverkehrs im Überblick, 2009.

I. Vermögensverwaltung

1. Muster: Vermögensverwaltungsvertrag (Finanzportfolioverwaltungsvertrag) [1] 17

▶ **Vermögensverwaltungsvertrag (Finanzportfolioverwaltungsvertrag)**

zwischen

■■■ X-Kunde, D-■■■, ■■■ [Adresse]

(Auftraggeber)[2]

und

▪▪▪ Y-Bank-AG, D-▪▪▪, ▪▪▪ [Adresse]

(Auftragnehmerin)[3]

Konto-/Depot-Nummern: ▪▪▪

1. Vertragsgegenstand[4][5]

Der Auftraggeber unterhält die o.g. Konten und Depots bei der Auftragnehmerin und erteilt dieser den Auftrag zur Vermögensverwaltung der nach diesem Vertrag für den Auftraggeber erworbenen Vermögenswerte. Die Auftragnehmerin ist berechtigt, die Vermögenswerte nach ihrem Ermessen im Rahmen der unter Nr. 2 dieses Vertrages. vereinbarten Anlagestrategie ohne vorherige Einholung einer Weisung zu verwalten.

Die Auftragnehmerin ist im Rahmen des Vermögensverwaltungsvertrages berechtigt, in jeder Weise über die Vermögenswerte zu verfügen, Käufe und Verkäufe von Vermögenswerten vorzunehmen, sowie alle weiteren Maßnahmen zu treffen, die der Auftragnehmerin bei der Verwaltung der Vermögenswerte zweckmäßig erscheinen. Hierzu gehört auch die Konvertierung und der Umtausch von Wertpapieren, die Ausübung sowie der An- und Verkauf von Bezugsrechten und die Zeichnung von Neuemissionen. Der An- und Verkauf von Finanzinstrumenten kann in organisierten Märkten (insbesondere Börsen) und multilateralen Handelssystemen erfolgen. Die Ausführungsgrundsätze des Auftragnehmers („Grundsätze für die Ausführung von Aufträgen in Finanzinstrumenten") sehen mit dem Abschluss von Festpreisgeschäften zwischen Auftraggeber und Auftragnehmerin sowie der außerbörslichen Ausführung von Kommissionsgeschäften aber auch die Ausführung von Wertpapiergeschäften außerhalb dieser Märkte und Handelssysteme vor. Der Auftraggeber erklärt sich hiermit für die in den Ausführungsgrundsätzen vorgesehenen Fälle ausdrücklich einverstanden. Der Vermögensverwaltungsvertrag bezieht sich auch auf künftige Vermögenswerte, die sich auf den oben genannten Konten/Depots befinden.

Der Auftragnehmerin ist es nicht gestattet, für die Vermögensverwaltung sowie die Wertpapierleihe Kredite aufzunehmen. Jedoch ist es der Auftragnehmerin gestattet, das Vermögensverwaltungskonto aufgrund unterschiedlicher Abwicklungsfristen von Transaktionen zu überziehen (sog. „Valutenüberschreitungen"). Der Vermögensverwaltungsvertrag umfasst keine Rechts- und Steuerberatung.

Die Auftragnehmerin ist berechtigt, auch telefonische Weisungen entgegenzunehmen. Solche Weisungen sind aber nur im Falle des Vorliegens von schriftlichen Bestätigungen der Telefonweisungen zwingend umzusetzen.

2. Anlagerichtlinien[4][5]

(1) Die Auftragnehmerin hat dem Auftraggeber die Prinzipien der Risikoausrichtung der Vermögensverwaltung nach den Wünschen des Auftraggebers erläutert. Der Auftraggeber hat folgende Anlageziele: Altersvorsorge und Finanzierung seines Lebensunterhalts. Gemäß der individuellen Risikobereitschaft des Auftraggebers und den Vorgaben in Nr. 2 Abs. 2 dieses Vertrages soll die Anlagestrategie nur risikoarme Anlagen berücksichtigen.

Zu den risikoarmen Anlagen zählen Rentenanlagen einwandfreier Bonität, dh verzinsliche Wertpapiere und Rentenpapiere in Euro mit einem Emissions- oder Emittentenrating von mindestens Investment-Grade. Die Anlage in andere risikoarme Anlagen (zB Rentenzertifikate, o.ä.) ist ausgeschlossen.

(2) Der Auftraggeber und die Auftragnehmerin vereinbaren folgendes Risikoprofil:

	Risikoprofil	Beschreibung
X	konservativ	Die Anlage erfolgt ausschließlich in risikoarmen Anlagen oder Liquidität. Schwellenwert für Verlustmeldungen gem. Nr. 4 Abs. 2: 5,0 %

□	risikobewusst	Die Anlage erfolgt zu 60 % des verwalteten Vermögens in risikoarmen Anlagen und zu 40 % in Risikoanlagen. Schwellenwert für Verlustmeldungen gem. Nr. 4 Abs. 2: 10 %
□	spekulativ	Die Anlage erfolgt ausschließlich in Risikoanlagen oder Liquidität. Schwellenwert für Verlustmeldungen gem. Nr. 4 Abs. 2: 15,0 %

3. Vollmacht[6]

Der Auftragnehmer erteilt der Auftragnehmerin die Vollmacht, ihn gegenüber Dritten bei der Verwaltung seines diesem Vertrag unterliegenden Vermögens zu vertreten. Die Auftragnehmerin ist von den Beschränkungen des § 181 BGB befreit, so dass die Auftragnehmerin berechtigt ist, im Namen des Auftraggebers mit sich im eigenen Namen Wertpapiergeschäfte abzuschießen. Die Auftragnehmerin ist berechtigt, Untervollmachten zu erteilen.

4. Berichterstattung[7]

(1) Die Auftragnehmerin wird den Auftraggeber jeweils zum 30. Juni und zum 31. Dezember eines jeden Jahres durch Vermögensaufstellungen über den Verlauf der Vermögensverwaltung schriftlich informieren.

(2) Zusätzlich zu dieser regelmäßigen Berichterstattung wird die Auftragnehmerin den Auftraggeber unverzüglich schriftlich informieren, wenn seit der letzten Berichterstattung Vermögensverluste eingetreten sind, durch die der in Nr. 2 Abs. 2 genannte Schwellenwert für Verlustmeldungen überschritten wird.

(3) Der Auftraggeber erhält von der Auftragnehmerin alle im Zusammenhang mit der Vermögensverwaltung anfallenden Wertpapierabrechnungen, Kontoauszüge und Informationen zum Ende eines jeden Halbjahres.

5. Einweisung in die Risiken der Vermögensanlage[8]

Die Auftragnehmerin hat den Auftraggeber mit den Grundsätzen der Vermögensverwaltung, den einzelnen Anlageformen und insbesondere mit den Risiken der Wertpapieranlage vertraut gemacht. Insbesondere wurde mit dem Auftraggeber der Fragebogen nach § 31 Abs. 4 undNr. 5 Wertpapierhandelsgesetz (WpHG) besprochen und ihm eine Kopie überlassen.

6. Vergütung[9]

Die Parteien vereinbaren eine Pauschalgebühr in Höhe von ▪▪▪ % p.a., mindestens ▪▪▪ EUR p.a., zuzüglich der jeweils geltenden gesetzlichen Umsatzsteuer. Abrechnungszeitraum für die Pauschalgebühr ist das Kalenderhalbjahr bzw. bei Beginn und Beendigung der anteilige Zeitraum in vollen Monaten. Die Abrechnung erfolgt per 30.6. und 31.12. eines jeden Jahres nachträglich; die halbjährliche Verwaltungsvergütung wird mit Zugang der jeweiligen Rechnung zur Zahlung fällig. Berechnungsgrundlage ist der Durchschnitt des verwalteten Vermögens per Ende der im Abrechnungszeitraum liegenden Monate. Im Falle der Vertragsbeendigung wird die anteilige Gebühr sofort fällig.

7. Haftung[10]

(1) Die Auftragnehmerin wird diesen Vermögensverwaltungsvertrag mit der Sorgfalt eines ordentlichen Kaufmanns ausführen. Ihre Haftung für alle Handlungen und Unterlassungen im Zusammenhang mit diesem Vertrag und der Vollmacht zur Vermögensverwaltung, insbesondere für die Vollständigkeit und Zweckmäßigkeit von Maßnahmen und Vorschlägen, beschränkt sich auf Vorsatz und grobe Fahrlässigkeit, es sei denn, es werden vertragswesentliche Pflichten verletzt.

(2) Eine darüber hinausgehende Haftung, insbesondere für den Eintritt des beabsichtigten wirtschaftlichen Erfolgs sowie die steuerlichen Folgen der Anlageentscheidungen, wird nicht übernommen.

8. Ableben des Auftraggebers

Dieser Vertrag und die Vollmacht enden nicht mit dem Ableben des Auftraggebers. Die Auftragnehmerin ist im Falle des Vorhandenseins mehrerer Erben oder Testamentsvollstrecker lediglich verpflichtet, die Korrespondenz mit einem gemeinsamen Bevollmächtigten der Erben oder der Testamentsvollstrecker zu führen. Der Widerruf eines Erben oder eines Testamentsvollstreckers bringt diesen Vertrag und die Vollmacht für sämtliche Erben zum Erlöschen. Die Auftragnehmerin ist berechtigt, einen Nachweis der Erbfolge oder ein Testamentsvollstreckerzeugnis vom Widerrufenden zu verlangen.

9. Vertragsbeendigung, Kündigung

(1) Die Vermögensverwaltung beginnt am Tag der Unterzeichnung des Vermögensverwaltungsvertrags.

(2) Der Auftraggeber hat jederzeit das Recht, den Vermögensverwaltungsvertrag durch schriftliche Kündigung mit sofortiger Wirkung zu beenden.

(3) Die Auftragnehmerin ist berechtigt, den Vermögensverwaltungsvertrag unter Einhaltung einer Frist von 6 Wochen jeweils zum Monatsende schriftlich zu kündigen.

10. Einbeziehung von AGB

Ergänzend gelten die Allgemeinen Geschäftsbedingungen der Auftragnehmerin. Zusätzlich gelten Sonderbedingungen, die Abweichungen oder Ergänzungen zu diesen Allgemeinen Geschäftsbedingungen enthalten; insbesondere handelt es sich hierbei um die Sonderbedingungen für Wertpapiergeschäfte und um die Sonderbedingungen für Termingeschäfte sowie die die Ausführung von Aufträgen näher bestimmenden Ausführungsgrundsätze. Die genannten Bedingungen werden dem Auftraggeber bei Vertragsabschluss ausgehändigt.

11. Stimmrechtswahrnehmung

Die Auftragnehmerin wird für den Auftraggeber keine Stimmrechte auf Hauptversammlungen, Gesellschafterversammlungen o.ä. wahrnehmen. Der Auftraggeber erhält von der Auftragnehmerin die Informationen weitergeleitet, die in den „Wertpapier-Mitteilungen" veröffentlicht werden und zur Wahrnehmung der Interessen des Auftraggebers erforderlich sind.

12. Sonstige Bestimmungen

Sollte eine Bestimmung dieser Vereinbarung ganz oder teilweise unwirksam oder undurchführbar sein oder werden, so soll die Wirksamkeit der übrigen Bestimmungen hiervon unberührt bleiben. Die betroffene Bestimmung ist vielmehr so auszulegen oder zu ersetzen, dass der mit ihr erstrebte wirtschaftliche Zweck nach Möglichkeit erreicht wird. Dasselbe gilt sinngemäß für die Ausfüllung von Vertragslücken.

Nebenabreden sind nicht getroffen. Änderungen dieses Vertrages bedürfen der Schriftform; dies gilt auch für das Schriftformerfordernis selbst.

Dieser Vertrag unterliegt deutschem Recht.

13. Geldwäschegesetz (GwG) [11]

Der Auftraggeber ist nach dem Geldwäschegesetz (GwG) verpflichtet, dem Auftragnehmer unverzüglich und unaufgefordert Änderungen, die sich im Laufe der Vertragsbeziehung bezüglich der nach diesem Gesetz festzustellenden Angaben zur Person oder dem wirtschaftlich Berechtigten ergeben, anzuzeigen (§ 4 Abs. 6 und § 6 Abs. 2 Nr. 1 GwG). Der Auftraggeber versichert gegenüber dem Auftragnehmer, für eigene Rechnung zu handeln.

Ort, Datum ■■■

■■■

Unterschriften ◄

2. Erläuterungen

[1] **Vertragsart/Rechtsgrundlagen.** Wie zu allen praktisch wichtigsten Arten von Bankgeschäf- 18
ten (vgl die Auflistung in § 1 Abs. 1 S. 2 Nr. 1-12 KWG) werden auch für die Vermögensverwaltung (Finanzportfolioverwaltung, vgl. § 1 Abs. 1 a S. 2 Nr. 3 KWG) Geschäftsbesorgungsverträge in Form von entgeltlichen Vermögensverwaltungsverträgen abgeschlossen; diese haben nach hM Dienstleistungscharakter, denn der Vermögensverwalter hat nicht für den Erfolg (Mehrung des Vermögens), sondern nur für die sachgerechte Durchführung des Vertrages einzustehen (§§ 675 Abs. 1, 611; BGH NJW 2002, 1868; Hk-BGB/*Schulte-Nölke/Schulze*, § 675 Rn 4; Palandt/*Sprau*, BGB, § 675 Rn 15 mwN; jurisPK-BGB/*Hönn*, § 675 Rn 12-19 mwN; weiterführend MüKo-HGB/*Ekkenga* Bd.5, Effektengeschäft, Rn 114 ff; *Grundmann* in: Ebenroth/Boujong/Joost/Strohn, HGB, Bd. 2, BankR VI Wertpapier- und Effektengeschäft, insbes. VI 241 ff; instruktiv zu problematischen Praxisfällen: *Rotter/Placzek*, Bankrecht – Ansprüche, Verfahren, Strategie, § 15 Vermögensverwaltung, Rn 1 ff, S. 181 ff mwN; *Clouth* in: Hopt, Vertrags- und Formularbuch zum Handels-, Gesellschafts- und Bankrecht, Bankrecht 7. Börse und Kapitalmarkt IV U.4; vgl. auch Assmann/Schneider, WpHG, § 31 Rn 56 mwN).

[2] **Auftraggeber.** Auftraggeber eines Vermögensverwaltungsvertrages ist der Anleger, der pro- 19
fessionellen Rat bei der Vermögensverwaltung sucht, um seine Anlageziele zu erreichen und sich selbst von der Bürde der Auswahl der richtigen Anlageinstrumente und Anlagestrategien zu befreien. Die sog. „Erbengeneration" hat die Zahl der Anleger steigen lassen, die die Verwaltung des Vermögens vollständig in fremde Hände gibt.

[3] **Auftragnehmer.** Auftragnehmer ist der Vermögensverwalter (Finanzportfolioverwalter). 20
Die Durchführung von Vermögensverwaltungen bieten klassischerweise Kreditinstitute und Finanzdienstleistungsinstitute an (vgl § 1 KWG; weiterführend vgl *Kienler* in: Schimansky/Bunte/Lwowski, Bankrechts-Handbuch Bd. III, § 111 Rn 1 f und bezüglich der aufsichtsrechtlichen Fragen aaO, Rn 6, jeweils mwN; zu den neuen Bestimmungen des ZAG vgl. *Brogl* in: jurisPR-BKR 7/2009, Anm. 4; zur Anlageverwaltung vgl. *Döser* in: jurisPR-BKR 8/2008, Anm. 4). Vermögensverwaltung wird im sog. Retailbanking (Mengengeschäft) und Private Banking angeboten. Dementsprechend variieren die Angebote der Vermögensverwalter und die Formen der Vermögensverwaltungen (zB Vollmachtverwaltung, Verwaltungstreuhand, Fonds-Verwaltung, individuelle oder standardisierte Vermögensverwaltung, etc. – vgl den Überblick bei *Kienler*, aaO, Rn 9 ff mwN; weiterführend: *Sprockhoff*, WM 2005, 1739, und *Möllers*, WM 2008, 93 ff; MüKo-HGB/*Ekkenga* Bd. 5, Effektengeschäft Rn 114 ff).

[4] **Vertragsgegenstand/Anlagerichtlinien.** Der Vermögensverwalter ist zur Verwaltung des 21
Vermögens des Kunden in dessen Interesse verpflichtet; er schuldet dem Anleger – nach Maßgabe der Bestimmungen des Vertrages – eine fortlaufende, ordnungsgemäße, fachgerechte und im Sinne der §§ 31 Abs. 1 Nr. 1 WpHG iVm 2 Abs. 3 Nr. 6 WpHG interessengerechte Vermögensverwaltung des anvertrauten Vermögens (jurisPK-BGB/*Hönn*, § 675 Rn 64 mwN; *Kienler* in: Schimansky/Bunte/Lwowski, Bankrechts-Handbuch Bd. III § 111 Rn 14, Rn 23 mwN). Charakteristisch für die Vermögensverwaltung ist das Handeln des Vermögensverwalters nach seinem Ermessen im Rahmen der vereinbarten Anlageziele und Anlagerichtlinien (Weisungen im Sinne von § 665; BGH Urt. v. 28.10.1997, ZIP 1997, 2149) anstelle des Kunden und ohne vorherige Einholung von dessen Weisungen (zur Abgrenzung zur Anlageberatung vgl *Krumscheid* in: Heidel/Pauly/Amend, Anwaltformulare, 24. Kapitalanlagerecht, S. 1502; *Clouth* in: Hopt, Vertrags- und Formularbuch zum Handels-, Gesellschafts- und Bankrecht, Bankrecht 7. Börse und Kapitalmarkt IV U.4 Anm. 2; zur Anlageberatung vgl auch *Rotter/Placzek*, Bankrecht – Ansprüche, Verfahren, Strategie, § 14 Anlageberatung, Rn 1 ff, S. 168 ff mwN). Im oben gewählten Muster sind unter Nr. 2 Abs. 1 den Vermögensverwalter in seinen Handlungen bindende Anlageziele und Anlagerichtlinien definiert. Das Muster enthält in Nr. 2 Abs. 2 verschiedene Risikoprofile (konservativ, risikobewusst, spekulativ), wovon angesichts der Anlageziele

„Alterversorgung und Finanzierung des Lebensunterhalts" im Muster das Risikoprofil „konservativ" vereinbart wurde (zur vorvertraglichen Haftung des Vermögensverwalters bei fehlerhafter Beratung bezüglich der Vermögensverwaltungsvariante und zu den Erfordernissen der anleger- und objektgerechten Beratung vgl weiterführend: *Rotter/Placzek*, Bankrecht – Ansprüche, Verfahren, Strategie, § 15 Vermögensverwaltung, Rn 13 ff, Rn 17, S. 184 mwN; vgl auch, insbesondere zu den zu den Änderungen und Anforderungen aufgrund WpHG, MiFID und WpDVerOV, *Krumscheid* in: Heidel/Pauly/Amend, Anwaltformulare, 24. Kapitalanlagerecht, S. 1491 mwN; s.a. *Grundmann* in: Ebenroth/Boujong/Joost/Strohn, HGB BankR VI Wertpapier- und Effektengeschäft, insbes. VI 239 ff). Abweichungen von vereinbarten Anlagerichtlinien kann der Auftraggeber nachträglich billigen (BGH NJW 2002, 2556; Palandt/*Sprau*, § 675 Rn 15 mwN).

22 [5] **Überwachungs- und Reaktionspflichten.** Dem Vermögensverwalter obliegt eine ständige Überwachungspflicht, die zu einer Handlungspflicht wird, wenn einzelne Depotwerte oder das Gesamtdepot aufgrund eingetretener Marktveränderungen nicht mehr den vereinbarten Anlagerichtlinien entsprechen oder auch durch eine Umschichtung des Depots die Erreichung der Anlageziele besser gewährleistet werden kann (vgl *Schäfer*, Handbuch des Kapitalanlagerechts, § 23 Rn 38). Anerkannt ist, dass der Vermögensverwalter eine unverzügliche Benachrichtigungspflicht gegenüber dem Anleger hat, sobald er eine kritische Situation erkennt (zB Bonitätsverschlechterungen des Emittenten; vgl allgemein zu Risikohinweispflichten bei der Anlageberatung BGH Urt. v. 7.10.2008 – XI ZR 89/07; *Nieding*, Der Fall ‚Lehman Brothers' in: jurisPR-BKR 2/2009 Anm. 4 mwN). Bei der Bestimmung der Grundlagen, wann ein Vermögensverwalter zum Handeln (zB Verkauf der Wertpapiere) verpflichtet ist, ist die vereinbarte Risikostruktur des verwalteten Vermögens zu berücksichtigen. Bei konservativer Anlage, wie im Muster, tritt bereits bei geringeren Verlusten die Reaktionspflicht ein als zB bei risikoreicheren Varianten. Der Vermögensverwalter muss sich mit den Fundamentaldaten der Staaten und Unternehmen, deren Wertpapiere sich im Depot befinden, auseinandersetzen sowie die Analystenmeinungen verfolgen. Die Anforderungen sind von der Rechtsprechung ständig ausgeweitet worden. So ist hinsichtlich der sich vom Vermögensverwalter (und auch vom Anlageberater) zu beschaffenden Entscheidungsgrundlagen inzwischen von der höchstrichterlichen Rechtsprechung anerkannt, dass die zeitnahe Durchsicht der Wirtschaftspresse verpflichtend ist (weiterführend *Buck-Heeb* in: jurisPR-BKR 1/2010, Anm. 1 zu BGH Urt. v. 5.11.2009 – III ZR 109/08).

23 [6] **Vollmacht.** Aufgrund der ihm eingeräumten Vollmacht kann der Vermögensverwalter über das Vermögen des Anlegers mit eigener Handlungsmöglichkeit verfügen, ohne zuvor Genehmigungen bzw Weisungen des Anlegers einzuholen. Der Anleger bleibt bei dieser Vertragsgestaltung Inhaber der verwalteten Vermögenswerte.

24 [7] **Berichterstattung.** Nr. 4 Abs. 1 des Musters trägt der Verpflichtung des Vermögensverwalters Rechnung, dem Vermögensinhaber in regelmäßigen Abständen erforderliche Nachrichten zu geben und Rechenschaft über seine Tätigkeit abzulegen (§§ 675, 666; § 259). Diese Verpflichtung stellt das notwendige Korrektiv zu dem weiten Ermessen dar, das dem Vermögensverwalter für sein Handeln eingeräumt wird. Zusätzlich zu dieser regelmäßigen Berichterstattung konkretisiert der Mustertext mit Nr. 4 Abs. 2 iVm Nr. 2 Abs. 2 auch konkrete Schwellenwerte für Verlustmeldungen und eliminiert auf diese Weise das in Vermögensverwaltungsverträgen häufig auftretende Problem der Definition der „Erheblichkeit" eingetretener Verluste zur Auslösung der Benachrichtigungspflicht (BGH WM 1994, 834, 835 f; *Schäfer*, WM 1995, 1009, 1011 ff; *Clouth* in: Hopt, Vertrags- und Formularbuch zum Handels-, Gesellschafts- und Bankrecht, Bankrecht 7. Börse und Kapitalmarkt, IV U.4 Anm. 4 mwN).

25 [8] **Einweisung in die Risiken der Vermögensanlage.** § 31 WpHG, insbes. dort Abs. 4 und 5 (bzw § 31 Abs. 2 WpHG in der bis 1.11.2007 geltenden Fassung), verpflichtet die Wertpapier-

dienstleistungsunternehmen, die Vermögensverwaltung bzw Finanzportfolioverwaltung (oder auch nur Anlageberatung) erbringen, von ihren Kunden Angaben über deren Erfahrungen und Kenntnisse in derartigen Geschäften, über die mit diesen Geschäften verfolgten Anlageziele und über die finanziellen Verhältnisse der Kunden zu erfragen (vgl insbes. § 6 WpDVerOV). Dies erfolgt regelmäßig anhand der Fragebogen, die die Finanzdienstleister zu diesem Zwecke erstellen (vgl das Beispiel eines „WpHG-Erhebungsbogens" in: Hopt, Vertrags- und Formularbuch zum Handels-, Gesellschafts- und Bankrecht, Bankrecht 7. Börse und Kapitalmarkt, Formular IV U.2, S. 1452 ff) (vgl zu den Anforderungen im Einzelnen *Koller* in: Assmann/Schneider, WpHG, § 31 WpHG, S. 1260 ff mit umfassender Kommentierung; vgl auch *Fuchs*, Wertpapierhandelsgesetz (WpHG), Kommentar, 2009, § 31, S. 1222 ff). *Grundmann* in: Ebenroth/Boujong/Joost/Strohn, HGB, Bd. 2, BankR VI zu § 31 WpHG, hält unter Rn VI 239 ff detaillierte Abgrenzungen zu den individuellen Informations(erhebungs-) und Abgabepflichten je nach Wertpapierdienst- und -nebendienstleistungen, u.a. für die Portfolioverwaltung, bereit.

[9] **Vergütung**. Die im Muster gewählte Vergütungsregelung stellt nur eine der in Vermögens- 26
verwaltungsverträgen üblichen Vergütungsvereinbarungen dar (sog. „All-in-Gebühr). Eine weitere klassische Gebührenvereinbarung besteht in der Erhebung einer erfolgsunabhängigen Vermögensverwaltungsgebühr in Höhe eines bestimmten Prozentsatzes des verwalteten Vermögens inklusive bzw exklusive weiterer Transaktionskosten für bestimmte Wertpapiertransaktionen, Depotgebühren und Kosten Dritter.

Bei Vermögensverwaltungsverträgen eng mit der Vergütungsvereinbarung verknüpft ist die – 27
derzeit besonders umstrittene – Frage, ob und inwieweit in Abweichung von der gesetzlichen Regelung des Geschäftsbesorgungsvertragsrechts (§§ 675, 667) der Auftragnehmer berechtigt ist, Vertriebs-, Platzierungs- oder Vertriebsfolgeprovisionen (allgemein Provisionen, Zuwendungen bzw Kick-backs) einzubehalten und nicht an den Auftraggeber auszukehren. Die Mehrzahl der derzeit geschlossenen Vermögensverwaltungsverträge sieht Vertragsvereinbarungen vor, wonach die Auftragnehmerin derartige Zuwendungen nicht an den Anleger auskehren muss, vorausgesetzt, dass die Auftragnehmerin die Zuwendungen nach den Bestimmungen des Wertpapierhandelsgesetzes (insbes. § 31 d WpHG; vgl weiterführend *Grundmann* in: Ebenroth/Boujong/Joost/Strohn, HGB, Bd. 2, BankR I-IX, Kommentar, BankR VI Rn 290 ff) annehmen darf. Der Mustervertrag enthält derartige Bestimmungen nicht. Mit der vereinbarten All-in-Gebühr ist die Vergütung der im Musterfall konservativ strukturierten Vermögensverwaltung abschließend geregelt. Die Rechtsfestigkeit von Provisions- bzw Kick-back-Klauseln zugunsten der Vermögensverwalter bzw Anlageberater wird sich insbesondere an der derzeit stark in Entwicklung begriffenen Rechtsprechung zu messen haben (vgl zu Kick-backs bei der Anlageberatung auch unten Rn 40 ff, Erläuterungen, insbes. Rn 43).

[10] **Haftung**. Haftungsträchtig ist die Verletzung der typischen Pflichten eines Vermögensver- 28
walters, insbesondere der Verstoß gegen Grundsätze ordnungsgemäßer Vermögensverwaltung (wozu die Risikominderung durch Diversifikation der Anlagen, das Verbot der Spekulation und die Pflicht zur produktiven Vermögensverwaltung ebenso gehören wie die Beachtung der Vorgaben des Auftraggebers, besondere Informationspflichten und sonstige Pflichten (vgl *Fuchs*, Wertpapierhandelsgesetz (WpHG), Kommentar, 2009, § 31 Rn 262 ff mwN). Pflichtverletzungen begründen Ansprüche des Anlegers auf Schadenersatz gemäß § 280 Abs. 1 iVm § 675 (zu Beispielsfällen und Gerichtsentscheidungen vgl *Krumscheid* in: Heidel/Pauly/Amend, Anwaltformulare, 24. Kapitalanlagerecht, C. Haftung des Vermögensverwalters, S. 1502 mwN; *Buck-Heeb* in: Albrecht/Karahan/Lenenbach, Fachanwaltshandbuch Bank- und Kapitalmarktrecht, S. 1675 ff mwN). Zu den Sorgfaltspflichten des professionellen Vermögensverwalters, insbesondere beim Einsatz von Derivaten vgl OLG Celle, Urt. v. 13.5.2009 – 3 U 137/09. Zur Haftung eines Vermögensverwalters wegen unzureichender Aufklärung beim Erwerb von besonders risikobehafteten Aktien (Marktengefaktor) an der NASDAQ-Computerbörse vgl BGH, Urt. v. 4.4.2002, WM 2002, 795. Der Vermögensverwalter haftet wegen Schlechterfüllung des

Verwaltungsvertrages auf Schadenersatz, wenn er schuldhaft gegen die Abrede, dass nach Rückzahlung der vom Kunden in Anspruch genommenen Kredite auf jeden Fall das von ihm in das Depot eingebrachte Kapital erhalten bleiben soll, verstößt (OLG Bremen, Urt. v. 26.5.2004, NJW-RR 2005, 128). Schadenersatzbegründend kann auch das sog. „Churning" sein, bei dem sich der Vermögensverwalter durch einen nicht durch das Interesse des Anlegers gerechtfertigten häufigen Umschlag des Anlagekontos zulasten der Gewinnchancen des Anlegers Provisionseinnahmen verschafft (BGH NJW-RR 2000, 51; vgl. weiterführend Assmann/ Schneider, WpHG § 22 Rn 56 und § 31 Rn 9). Der Anleger hat grundsätzlich für eine objektive Pflichtverletzung des Vermögensverwalters die Darlegungs- und Beweislast (BGH WM 2008, 112), wenngleich derzeit durch die Rechtsprechung Beweiserleichterungen entwickelt werden (vgl unten Rn 44 f); nach den Grundsätzen über die sekundäre Darlegungslast ist ein Vermögensverwalter nicht gehalten, interne Berichte offen zu legen (BGH Urt. v. 23.10.2007 – XI ZR 423/06. Vgl zu Fällen von Pflichtverletzungen des Vermögensverwalters bei der Anbahnung von Vermögensverwaltungsverträgen und bei der Vertragsdurchführung auch *Rotter/Placzek*, Bankrecht – Ansprüche, Verfahren, Strategie, § 15 Vermögensverwaltung, Rn 11 ff, Rn 33, S. 183 ff mwN).

29 [11] **Geldwäschegesetz (GwG).** Banken sind Verpflichtete des Geldwäschegesetzes (§ 2 Abs. 1 Nr. 1 GwG). Die Einfügung dieser Klausel im Vertragstext soll gewährleisten, dass sich der Vermögensverwalter in Erfüllung der Sorgfaltspflichten nach dem GwG zur Verhinderung von Geldwäsche stets die erforderlichen Informationen zum wirtschaftlich Berechtigten verschafft (zur Identifizierung nach GwG und AO vgl *Krepold/Fischbeck*, Bankrecht, 2009, S. 48 ff mwN).

II. Akkreditiv

30 1. Muster: Dokumenten-Akkreditiv-Auftrag

► **Dokumenten-Akkreditiv-Auftrag**[1]

Wir, A-GmbH, D-▪▪▪, ▪▪▪ [Adresse]

– Auftraggeber –

ersuchen[2] hiermit die Bank E (D-▪▪▪, ▪▪▪ [Adresse])

– eröffnende Bank –

um Eröffnung eines unwiderruflichen Dokumentenakkreditivs des aus Anlage I ersichtlichen Inhalts[3] zugunsten der B-GmbH, D-▪▪▪, ▪▪▪ [Adresse]

– Begünstigte –.

1. Die eröffnende Bank wird den Akkreditivauftrag mit der banküblichen Sorgfalt nach Maßgabe der Allgemeinen Geschäftsbedingungen und nach Maßgabe der Bedingungen für das Avalkreditgeschäft (Anlage II) für Rechnung des Auftraggebers ausführen.
2. Die Abwicklung des Akkreditivs unterliegt den Einheitlichen Richtlinien und Gebräuchen für Dokumenten-Akkreditve in der jeweils gültigen Form.
3. Der Auftraggeber wird der Bank unverzüglich[4] alle Aufwendungen und Auslagen ersetzen, die der Bank im Rahmen der Ausführung des Akkreditivauftrages entstehen, insbesondere die unter dem Akkreditiv zu zahlende Summe (Akkreditivbetrag), die für die Durchführung des Akkreditivauftrags vereinbarte Provision[5] und alle Spesen und Kosten.
4. Die Bank verpflichtet sich, dem Auftraggeber schriftlich mitzuteilen, sofern sie Dokumente aufnehmen will, die von den Akkreditivbedingungen abweichen.[6] Die Abweichungen gelten als genehmigt, wenn der Auftraggeber nicht innerhalb von drei Tagen widerspricht; mangels fristgerechten Widerspruchs ist die eröffnende Bank berechtigt, auf die Dokumente vorbehaltslos Zahlung zu leisten.

5. Der Auftraggeber wird keine gerichtlichen Maßnahmen einstweiligen Rechtsschutzes gegen die Auszahlung des Akkreditivbetrages gegen die eröffnende Bank einleiten.[7]
6. Dieser Vertrag unterliegt deutschem Recht. Gerichtsstand ist ▪▪▪.[8]

▪▪▪

Ort, Datum

▪▪▪

Unterschrift Auftraggeber

▪▪▪

Unterschrift eröffnende Bank ◄

2. Erläuterungen

[1] Wenngleich der Vertrag zwischen der Akkreditivbank und dem Auftraggeber nach hM keiner Form bedarf, ist die Ausgestaltung der Rechtsbeziehung in Form eines schriftlichen Vertrages zweckmäßig und erfolgt in der Praxis regelmäßig unter Verwendung entsprechender Formulare (vgl *Hakenberg* in: Ebenroth/Boujong/Joost/Strohn, HGB, Bd. 2, BankR I-IX, BankR II Rn 484 mwN; *Nielsen* in: Schimansky/Bunte/Lwowski, BankR-Hb. Band III, Rn 88 ff). Dessen Gegenstand ist im gewählten Muster der Auftrag eines Importeurs an seine Bank zur Eröffnung eines Dokumentenakkreditivs zugunsten seines Lieferanten, wobei es sich um ein Akkreditiv handelt, bei dem eine Zweitbank (bestätigende Bank) nicht involviert ist (vgl weiterführend: *Schütze* in: Münchener Vertragshandbuch, Bd. 2, Wirtschaftsrecht I, III. Bankrecht 18, S. 445 ff; *Schütze, Rolf A.*, Das Dokumentenakkreditiv im internationalen Handelsverkehr; Hopt, Vertrags- und Formularbuch zum Handels-, Gesellschafts- und Bankrecht, Bankrecht, K. Akkreditivgeschäft, S. 1135 ff). 31

[2] Der Akkreditivauftrag hat nach hM geschäftsbesorgungswerkvertraglichen Charakter (BGH, Urt. v. 23.6.1998, WM 1998, 1769, 1770; Staudinger/*Martinek*, § 675 Rn B 53 mwN; *Schütze*, Das Dokumentenakkreditiv im internationalen Handelsverkehr, Rn 87). In Form der Akkreditiveröffnung sowie der Prüfung und Honorierung der Dokumente schuldet die Akkreditivbank nicht nur eine Tätigkeit, sondern einen Erfolg, wobei mit dem Vertrag zusätzliche Aufklärungs- und Informationspflichten der Akkreditivbank verbunden sind (*Schütze* in: Münchener Vertragshandbuch Bd. 2, Wirtschaftsrecht I, 446). 32

[3] Die Akkreditivbedingungen sind wesentlicher Inhalt des Akkreditivauftrages. Entscheidend ist deren vollständige und genaue Definition, um Streitigkeiten zwischen Akkreditivbank und Auftraggeber zu vermeiden. Nach Eröffnung ist – bei Unwiderruflichkeit des Akkreditivs – eine Änderung nicht mehr möglich. Der vollständige Text des Akkreditivs sollte dem Akkreditivauftrag beigefügt und zu dessen Gegenstand gemacht werden (zu weiteren Formularen vgl *Hopt*, Vertrags- und Formularbuch zum Handels-, Gesellschafts- und Bankrecht, Bankrecht K. Akkreditivgeschäft, S. 1135 ff). 33

[4] Die Pflicht des Auftraggebers zur Erstattung des Akkreditivbetrages folgt aus §§ 675, 670, wobei, wenn kein Vorschuss gefordert wird, es sich empfiehlt, eine „unverzügliche" Erstattungspflicht zu vereinbaren (vgl auch *Schütze* in: Münchner Vertragshandbuch Bd. 2, Wirtschaftsrecht I, 446). 34

[5] Die Provisionspflicht folgt aus §§ 675, 631, wobei deren Höhe bereits im Akkreditivauftrag zu vereinbaren ist (*Canaris*, Bankvertragsrecht (Großkommentar HGB), Rn 968). 35

[6] Grundsätzlich darf die Akkreditivbank nur Dokumente aufnehmen, die den Akkreditivbedingungen entsprechen. Es gilt der Grundsatz der Dokumentenstrenge. Abweichungen bedürfen der Genehmigung des Auftraggebers (vgl näher *Schütze* in: Münchner Vertragshandbuch Bd. 2, Wirtschaftsrecht I, 446). 36

37 [7] Derartige Formulierungen zum Ausschluss der Klagbarkeit durch bestimmte Verfahrenswege (pactum de non petendo) sind empfehlenswert, wenngleich eine solche Vereinbarung nicht bei rechtsmissbräuchlicher Inanspruchnahme des Akkreditivs wirkt (vgl näher *Schütze* in: Münchner Vertragshandbuch Bd. 2, Wirtschaftsrecht I, 446, mwN).

38 [8] Eine Gerichtsstandsvereinbarung gemäß § 38 Abs. 1 ZPO ist in Akkreditivaufträgen üblich und in der Regel zulässig, da die Vertragsparteien regelmäßig Kaufleute sind.

III. Prozess

39 1. Muster: Außergerichtliches Anwaltsschreiben – Schadenersatz wegen fehlerhafter Anlageberatung[1]

▶ An

X-Bank AG

– Rechtsabteilung –

■■■ [Adresse]

■■■ [Datum]

Betr.: Schadenersatzforderung wegen fehlerhafter Anlageberatung bei Verkauf von Lehman-Zertifikaten (WKN ■■■) am ■■■;

Ihre ehemalige Kundin Frau A.S.

(Filiale ■■■, Rg.-Nr. WPE/ ■■■, Depot-Nr. ■■■, Geldkonto-Nr. ■■■)

Sehr geehrte Damen und Herren,

hiermit zeigen wir an, dass Ihre Kundin, Frau A.S., uns mit der Wahrnehmung ihrer rechtlichen Interessen beauftragt hat. Kopie der Vollmacht fügen wir bei (Anlage 1).

Wie aus dem nachstehend geschilderten Sachverhalt folgt, steht unserer Mandantin gegen Ihr Haus ein Anspruch auf Schadenersatz in Höhe von 10.000,00 EUR wegen fehlerhafter Anlageberatung im Zusammenhang mit dem Erwerb von Lehman-Zertifikaten zu.

Am ■■■ 2007 begab sich unsere Mandantin, eine damals 79 Jahre – heute 82 Jahre – alte Dame, auf Veranlassung Ihres Kundenberaters, Herrn K.B., in Ihre Filiale ■■■. Anlass war die Beratung über die Wiederanlage eines – der Altersversorgung dienenden – Anlagebetrages von 10.000,00 EUR, der zu diesem Zeitpunkt aus einer Geldmarktfonds-Anlage (WKN ■■■, vgl. Wertpapier-Abrechnung vom ■■■, Kopie Anlage 2) frei geworden war.

Wie Ihrem Kundenberater bekannt war, kennt sich unsere Mandantin mit Geldanlagen überhaupt nicht aus. Bis zum Tode ihres Mannes am ■■■ 2006 hatte sich allein er um die Geldanlagen beider Eheleute gekümmert. Erst nachdem ihr Mann verstorben war, begann unsere Mandantin, sich im Alter von 78 Jahren mit Geldanlagen vertraut zu machen und sammelte ihre ersten Erfahrungen. Sie wünschte nur konservative, „sichere Geldanlagen", schon weil die Gelder der Altersversorgung dienten.

In dem kurzen Beratungsgespräch, das Ihr Kundenberater mit unserer Mandantin am ■■■ 2007 geführt hatte, wurden ihr – als Ersatz der ausgelaufenen Geldmarktfonds – kurzerhand als „sichere und gute Anlage" die im Betreff genannten Lehman-Zertifikate empfohlen. Unsere Mandantin wusste und weiß nicht, was Zertifikate sind; hierüber wurde sie nicht, jedenfalls nicht in der für sie erforderlichen umfänglichen Art und Weise, aufgeklärt. Insbesondere über das Totalverlustrisiko bzw Emittentenrisiko, über die mit dem Zertifikateverkauf für die Bank verbundenen sog. Kick-backs bzw. Gewinnmargen und über die fehlende Einlagensicherung wurde unsere Mandantin nicht aufgeklärt. Allein aufgrund der Empfehlung des Kundenberaters Ihres Hauses, dem unsere Mandantin blind vertraute, und aufgrund mangelnder eigener Kenntnis und Erfahrung entschloss sich unsere Mandantin zum Kauf der Lehman-Zertifikate (vgl. Wertpapier-Abrechnung vom ■■■ 2007, Kopie Anlage 3). Bekanntlich sind die Zertifikate inzwischen aufgrund der spektakulären Lehman-Insolvenz im September 2008 wertlos.

Unserer Mandantin ist hierdurch folgender Schaden entstanden:

1.	Verlust des Anlagebetrages gemäß Anlage 3	10.000,00 EUR
2.	Zinsverlust durch entgangene Alternativanlage (5 % seit ■■■ 2007, berechnet bis ■■■)	■■■ EUR
Gesamtschaden (derzeit)		■■■ EUR

Diesen Schaden zu ersetzen ist Ihr Haus nach ständiger, insbesondere neuerer Rechtsprechung gemäß § 280 Abs. 1 BGB wegen Verletzung von Aufklärungspflichten aus Beratungsvertrag verpflichtet.

Die Anlageberatung war weder anleger- noch anlagegerecht.[2]

Einer 79-jährigen alten und mit Kapitalanlagen absolut unerfahrenen Dame, die nach dem persönlichen Risikoprofil als konservative Kundin einzustufen war, und die eine sichere, der Altersversorgung dienende Anlage nachgesucht hatte, hätten die riskanten Lehman-Zertifikate keinesfalls verkauft werden dürfen; das Produkt passte in keiner Weise zu unserer Mandantin.

Auch haben Sie – abgesehen davon, dass generell nicht richtig und vollständig über das Produkt und die Risiken der Zertifikate aufgeklärt wurde – jedenfalls gegen Ihre Verpflichtung verstoßen, zur Vermeidung von Interessenkonflikten unsere Mandantin im Rahmen der Beratung von sich aus auf die mit dem Zertifikateverkauf für Ihr Haus verbundenen Provisionen, Kick-backs bzw. Gewinnmargen hinzuweisen; ebenso wenig erfolgten die erforderlichen Aufklärungen über das mit der Zertifikate-Anlage verbundene Totalverlust- bzw. Emittentenrisiko sowie über die fehlende Einlagensicherung (vgl. BGH, Urt. v. 12.5.2009 – XI ZR 586/07 („Kick-back IV"), NJW 2009, 2298; OLG Frankfurt am Main, Urt. v. 17.2.2010 – 17 U 207/09).[3] Die Unterlassungen waren auch schuldhaft; dass Ihr Kundenberater weder fahrlässig noch vorsätzlich gehandelt hätte, müsste Ihr Haus beweisen (BGH aaO.). Wäre unsere Mandantin pflichtgemäß beraten und aufgeklärt worden, hätte sie insbesondere bei Kenntnis der Kick-backs, des Totalverlustrisikos und/oder der fehlenden Einlagensicherung die Lehman-Zertifikate niemals gekauft; es gilt nach neuester Rechtsprechung die Vermutung aufklärungsrichtigen Verhaltens (BGH aaO).[4] Auf einen vermeidbaren Rechtsirrtum kann sich der aufklärungspflichtige Anlageberater ebenfalls nicht berufen (jurisPR-BKR 2/2010, Anm. 2, Schnauder, mwN).[5]

Wir fordern Sie daher auf, den Gesamtschadensbetrag[6] in Höhe von ■■■ EUR sowie den nachstehend berechneten Kostenrechnungsbetrag für dieses Anwaltsschreiben in Höhe von ■■■ EUR, zusammen ■■■ EUR, bis spätestens ■■■ (eingehend) auf unser Rechtsanwalt-Anderkonto bei der ■■■ Bank AG, Konto-Nr. ■■■, BLZ ■■■, zu überweisen.

Die Zertifikate sind im jetzigen Depot unserer Mandantin Nr. ■■■ bei der ■■■ BANK AG eingebucht. Auch ist die Forderung unserer Mandantin zum Insolvenzverfahren Lehman angemeldet. Zug-um-Zug gegen Zahlung von Schadenersatz ist unsere Mandantin zur Übertragung der Zertifikate und Abtretung der Insolvenzforderung bereit.[7]

Für Rücksprachen, auch zwecks außergerichtlicher Einigung, stehen wir jederzeit zur Verfügung.

Mit freundlichen Grüßen

■■■

Rechtsanwalt ◄

2. Erläuterungen

[1] Schadenersatzanspruch, § 280 Abs. 1. Der Anlageberatungsvertrag ist Geschäftsbesorgungsvertrag gemäß § 675 Abs. 1 (BGH NJW-RR 2007 1362; Palandt/*Sprau*, BGB, § 675 Rn 48 mwN). Zum Begriff der Anlageberatung vgl. § 1 Abs. 1 a S. 2 Nr. 1 a KWG, § 2 Abs. 3 Nr. 9 WpHG; weiterführend *Buck-Heeb* in: Albrecht/Karahan/Lenenbach, Fachanwaltshandbuch Bank- und Kapitalmarktrecht, § 43 Anlageberatung, Rn 11). In Folge der aktuellen Fi- 40 nanzkrise und der spektakulären Lehman-Pleite im September 2008 erreichten Anwaltschaft und Gerichte eine Vielzahl von Fällen wegen fehlgeschlagener Vermögensanlagen, in deren Folge die bisherige Rechtsprechung rasant fortentwickelt und konkretisiert wurde. Vielen geschädigten Anlegern sind nunmehr unter bestimmten Umständen wegen Verletzung von Aufklärungspflichten aus Anlageberatungsvertrag Schadenersatzansprüche gem. § 280 Abs. 1 eröffnet (weiterführend vgl *Buck-Heeb*, BKR 2010, 1; *Nittel/Knöpfel*, BKR 2009, 411; *Podewils*, NJW 2009, 116; *Witte/Lahrs/Mehrbrey*, ZIP 2009, 744). Der Anlageberatungsvertrag, der jeden Anlageberater und -vermittler verpflichtet, den Kunden (Anleger) richtig, vollständig und über alle für die jeweilige Anlage wichtigen Umstände umfassend aufzuklären und zu beraten, kann formlos, auch durch stillschweigende Willenserklärungen, geschlossen werden (grundlegend BGHZ 123, 126 f = NJW 1993, 2433 „Bond-Urteil"; konstruktiv mit Beispielsfällen S. a. *Krumscheid* in: Heidel/Pauly/Amend, AnwaltFormulare, Kap. 24, S. 1494 ff mwN; vgl auch *Brinckmann*, BKR 2010, 45 ff).

41 [2] **Anleger- und objektgerechte Beratung.** In Rechtsprechung und Literatur hat sich die Formel durchgesetzt, dass der Anlageberatungsvertrag zur anleger- und objektgerechten Beratung verpflichtet. Die Anlageempfehlung muss zu den Anlagezielen, der finanziellen Risikotragfähigkeit und den Kenntnissen des Anlegers passen (insbes. entsprechend § 31 Abs. 4 WpHG). Auch müssen dem Anleger die erforderlichen Informationen vermittelt werden, um ihm die eigenständige Anlageentscheidung auf informierter Grundlage zu ermöglichen, wozu die Funktionsweise des Anlageprodukts, die Chancen und die Risiken gehören. Im gewählten Musterfall passten die Lehman-Zertifikate weder zu den Anlagezielen (Sicherheit, Alterversorgung), noch zu den Anlegerkenntnissen (Anlegerprofil).

42 Objektgerecht beraten wurde, wenn der Kunde über die allgemeinen Risiken (zB Entwicklung des Kapitalmarkts, Konjunkturlage) sowie über die speziellen Risiken, die sich aus den Besonderheiten der Anlageform bzw den besonderen Umständen des Anlageobjekts ergeben, aufgeklärt wurde (BGH NJW 2006, 2041). Während die Aufklärung hierüber richtig und vollständig zu sein hat, muss die Bewertung und Empfehlung einer Anlageform und eines Anlageobjekts unter Berücksichtigung der genannten Gegebenheiten ex ante betrachtet lediglich vertretbar sein; der Kunde trägt daher das Risiko, dass sich seine Anlageentscheidung im Nachhinein als falsch erweist (BGH aaO; umfassend vgl. *Buck-Heeb* in: Albrecht/Karahan/Lenenbach, Fachanwaltshandbuch Bank- und Kapitalmarktrecht, § 43 Anlageberatung, Rn 1 ff, S. 1686 ff).

43 [3] **Totalverlust- bzw Emittentenrisiko/Kick-back/Gewinnmargen/Einlagensicherung.** Kernpunkte der aktuellen Rechtsdiskussion sind Inhalt und Umfang der Aufklärungspflichten der Anlageberater, insbesondere über das Totalverlustrisiko, die Vertriebsvergütungen, Innenprovisionen, Gewinnmargen, Rückvergütungen bzw Kick-backs und über fehlende Einlagensicherung; eine Vielzahl von Urteilen sowohl der Instanzgerichte wie auch des BGH sind hierzu in letzter Zeit ergangen. In Rechtsprechung und Literatur wird inzwischen überwiegend die Auffassung vertreten, dass – zur Vermeidung von Interessenkonflikten (§ 31 Abs. 1 Nr. 2 WpHG) – Anlageberater im Rahmen der Beratung verpflichtet sind, von sich aus auf die mit dem Zertifikateverkauf verbundenen Provisionen bzw Kick-backs hinzuweisen. Ebenso gehört es zu den Pflichten des Anlageberaters, über das mit der Zertifikate-Anlage verbundene Totalverlust- bzw Emittentenrisiko sowie über die fehlende Einlagensicherung hinzuweisen (vgl BGH Urt. v. 19.12.2006 – XI ZR 56/05 („Kick-back II"), v. 19.2.2008 – XI ZR 170/07, v. 20.1.2009 – XI ZR 510/07 („Kick-back III"), v. 12.5.2009 – XI ZR 586/07 („Kick-back IV"), und v. 27.10.2009 – XI ZR 338/08 sowie BGH, Beschl. v. 29.6.2010 – XI ZR 308/09; LG Frankfurt Urt. v. 7.4.2009 – 2/19 O 211/08, v. 9.7.2009 – 2/19 O 255/08 und v. 10.7.2009, 2/21 O 45/09; LG Heidelberg Urt. v. 15.12.2009 – 2 O 141/09; OLG Frankfurt am Main Urt. v. 17.2.2010 – 17 U 207/09; LG Hamburg Urt. v. 10.7.2009 – 329 O 44/09 (WM 2009, 1511); LG Mönchengladbach Urt. v. 17.11.2009 – 3 O 112/09, BKR 1/2010, 40; LG Wuppertal Urt. v. 12.3.2009 – 3 O 243/08; LG Chemnitz Urt. v. 23.6.2009 – 7 O 359/09 (WM 2009, 1505)).

Zum aufklärungsbedürftigen Totalverlustrisiko bei Kapitalanlagen vgl. *Knops/Garaj* in: jurisPR-BKR 6/2009, Anm. 3. Zur Frage der Pflicht der beratenden Bank zur Offenlegung ihrer Gewinnmarge vgl. Hanseatisches Oberlandesgericht, Urt. v. 23.4.2010 – 13 U 117/09 und 13 U 118/09, derzeit anhängig beim BGH unter XI ZR 178/10 und 182/10; vgl. *Nieding* in: jurisPR-BKR 5/2010; *Schnauder* in: jurisPR-BKR 7/2010, Anm. 1. Zur schadensrechtlichen Rückabwicklung des Beitritts zu einem Medienfonds vgl. auch OLG München, Urt. v. 8.2.2010 – 17 U 3747/09 nebst Anm. *Schnauder* in: jurisPR-BKR 4/2010, Anm. 3. Zur Haftung des Anlageberaters wegen Nichtaufklärung über Zuwendungen, insbes. zu den Grundsatzentscheidungen des BGH vom 19.12.2006 – XI ZR 56/05 und vom 20.1.2009 – XI ZR 510/07 vgl insbes. *Buck-Heeb*, BKR 2010, 1, sowie *Nittel/Knöpfel*, BKR 2009, 411 ff). Die Aufklärungspflicht über Kick-backs ist inzwischen auch in § 31 d WpHG explizit statuiert (vgl weitergehend *Grundmann* in Ebenroth/Boujong/Joost/Strohn, HGB, Bd. 2, Kommentar, BankR VI WpHG, §§ 31c-31 e, Rn VI 290 mwN). Der BGH hat weiterhin festgestellt, dass die Informationspflichten der Banken nach § 23 a KWG (Einlagensicherung) anlegerschützende Funktion haben (BGH NJW 2009, 3429).

[4] **Vermutung aufklärungsrichtigen Verhaltens.** Steht eine Aufklärungspflichtverletzung fest, 44 streitet für den Kunden (Anleger) die Vermutung aufklärungsrichtigen Verhaltens, dh, dass der Anlageberater (Aufklärungspflichtige) beweisen muss, dass der Kunde die Anlage auch bei vollständiger und richtiger Aufklärung erworben hätte. Diese Vermutung gilt grundsätzlich für alle Aufklärungsfehler eines Anlageberaters, u.a. auch für die fehlende Aufklärung über Rückvergütungen (BGH Urt. v. 12.5.2009 – XI ZR 586/07; vgl hierzu *Buck-Heeb* in: jurisPR-BKR 7/2009, Anm. 1). Der seine Aufklärungspflicht verletzende Anlageberater muss sich nach den allgemeinen Grundsätzen entlasten, dh darlegen und beweisen, dass er weder fahrlässig noch vorsätzlich gehandelt hat (aaO).

[5] **Vermeidbarer Verbotsirrtum.** Auf einen vermeidbaren Verbotsirrtum kann sich der aufklä- 45 rungspflichtige Anlageberater nicht berufen (BGH, Beschluss v. 29.06.2010 – XI ZR 308/09; OLG Karlsruhe, NZG 2009, 1155; überzeugend *Schnauder* in: jurisPR-BKR 2/2010, Anm. 2, mwN; zur Diskussion vgl insbesondere *Buck-Heeb* in: jurisPR-BKR 3/2009, Anm. 1 mwN; *Casper*, ZIP 2009, 2409).

[6] **Schaden.** Der Kunde (Anleger), der aufgrund einer fehlerhaften Anlageempfehlung eine für 46 ihn nachteilige Kapitalanlage getätigt hat, ist bereits durch den Erwerb geschädigt, und zwar vom Zeitpunkt des Erwerbs (zB eines Wertpapiers) an (BGH NJW 2005, 1579, 1580). Der Zinsverlust durch entgangene Alternativanlage kann im Rahmen des entgangenen Gewinns gefordert werden (§§ 249, 252).

[7] **Zug-um-Zug-Leistung.** Schadenersatz ist nur Zug-um-Zug gegen Rückübertragung der 47 Zertifikate zu erlangen, einschließlich der Abtretung der Insolvenzforderung, da der Anleger ansonsten besser stünde als zuvor ohne fehlerhafte Beratung.

§ 675 a Informationspflichten

Wer zur Besorgung von Geschäften öffentlich bestellt ist oder sich dazu öffentlich erboten hat, stellt für regelmäßig anfallende standardisierte Geschäftsvorgänge (Standardgeschäfte) schriftlich, in geeigneten Fällen auch elektronisch, unentgeltlich Informationen über Entgelte und Auslagen der Geschäftsbesorgung zur Verfügung, soweit nicht eine Preisfestsetzung nach § 315 erfolgt oder die Entgelte und Auslagen gesetzlich verbindlich geregelt sind.

Diese Vorschrift entfaltet kaum Praxisrelevanz, da sie im Anwendungsbereich sehr einge- 1 schränkt ist. Im Anwendungsbereich liegen etwa standardisierte entgeltliche Geschäftsbesorgungen durch Banken, wie zB das Verwahrgeschäft, das Depotgeschäft und das Wechsel- und Scheckgeschäft. Die Informationen über Entgelte und Auslagen haben die öffentlich bestellten oder sich dazu öffentlich erbotenen Geschäftsbesorger den Interessenten nach Maßgabe des

§ 675 a zur Verfügung zu stellen, zB durch Preisaushang (gemäß Preisangabenverordnung, PAngV) oder Bereitstellung im Internet (vgl HK-BGB/*Schulte-Nölke/Schulze*, § 675 a Rn 1 ff; Palandt/*Sprau*, § 675 a, Rn 4). Durch die Umsetzung der Zahlungsdiensterichtlinie in deutsches Recht mit Wirkung vom 31.10.2009 wurden die Informationspflichten, denen in der Praxis größere Bedeutung zukommt, in § 675 d umgesetzt (vgl HK-BGB/*Schulte-Nölke/Schulze*, aaO, Rn 1 aE); vgl daher unten zu § 675 d.

§ 675 b Aufträge zur Übertragung von Wertpapieren in Systemen

Der Teilnehmer an Wertpapierlieferungs- und Abrechnungssystemen kann einen Auftrag, der die Übertragung von Wertpapieren oder Ansprüchen auf Herausgabe von Wertpapieren im Wege der Verbuchung oder auf sonstige Weise zum Gegenstand hat, von dem in den Regeln des Systems bestimmten Zeitpunkt an nicht mehr widerrufen.

1 **A. Muster: Übertragungsvertrag von Wertpapieren**

▶ **Übertragungsvertrag von Wertpapieren[1]**

zwischen x-Bank AG (Name des Kreditinstituts, D-■■■, ■■■ [Adresse])

und

y-Kunde (Name des Depotinhabers, D-■■■, ■■■ [Adresse])

1. Der Depotinhaber unterhält bei dem Kreditinstitut (Filialnummer ■■■, Kundennummer ■■■) ein Wertpapier-Depot mit folgender Depot-Nummer: ■■■
2. Der Depotinhaber beauftragt hiermit das Kreditinstitut, den Gesamtbestand des Depots[2] an das folgende Kreditinstitut zu übertragen:
   - Name und Anschrift des Kreditinstituts: ■■■
   - Depot-Nummer: ■■■ Bankleitzahl: ■■■
   - Kontoinhaber: ■■■
3. Der Übertrag erfolgt ohne Gläubigerwechsel.[3]
4. Der Depotinhaber beauftragt hiermit ferner den Übertrag folgender Verlusttöpfe:
   - Verlusttopf „Aktien"
   - Verlusttopf „Sonstige"[4]
5. Die Parteien vereinbaren, dass gleichzeitig das oben unter Ziff. 1 bezeichnete Wertpapier-Depot geschlossen wird.

■■■

Ort, Datum

■■■

Unterschrift Depotinhaber

■■■

Unterschriften Kreditinstitut ◀

B. Erläuterungen

2 **[1] Übertragungsvertrag.** Der Übertragungsvertrag von Wertpapieren ist ein Geschäftsbesorgungsvertrag, der die Weiterleitung von verwahrungsfähigen Wertpapieren (§ 793; § 1 Abs. 1 DepotG) oder Ansprüchen auf Herausgabe von Wertpapieren im Wege der Verbuchung oder

auf sonstige Weise zum Gegenstand hat. Durch die im heutigen Bankverkehr übliche Sammelverwahrung der Wertpapiere (§ 5 DepotG) bei einer Wertpapiersammelbank (derzeit Clearstream Banking AG) erfolgt die Übertragung idR durch Umbuchung (Depotgutschrift) (vgl Palandt/*Sprau*, § 675 b Rn 2 mwN). Das gewählte Muster zeigt die hierfür notwendigen Vertragsinhalte auf.

[2] **Gesamtbestand/einzelne Wertpapiere.** Alternativ zum Gesamtbestand können auch einzelne Wertpapiere übertragen werden. Die zu übertragenden Wertpapiere sind nach Wertpapier-Kenn-Nrn. (WKN) oder ISIN, Stück/Nennwert und Wertpapier-Bezeichnung genau zu benennen. 3

[3] **Übertragungsalternativen.** Neben dem Übertrag ohne Gläubigerwechsel kommen folgende Alternativen in Betracht: Übertrag zwischen Einzel- und/oder Gemeinschaftsdepots von Ehegatten, Übertrag mit Gläubigerwechsel: Schenkung, Übertrag mit Gläubigerwechsel: Erbschaft und Übertrag mit Gläubigerwechsel: sonstige Gründe – jeweils mit unterschiedlichen steuerlichen Folgen beim Übertragenden. 4

[4] **Verlusttöpfe.** Mit Einführung der Abgeltungssteuer (1.1.2009) werden bei Kreditinstituten sog. Verlusttöpfe gebildet, die im Rahmen eines Wertpapier-Übertragungsvertrages ganz oder teilweise mitübertragen werden können. 5

[5] **Widerruf/Beendigung.** Im Ergebnis entspricht § 675 b der Vorschrift des bisherigen § 676 S. 3 aF. Die Vorschrift bestimmt den spätestmöglichen Zeitpunkt der Widerrufsmöglichkeit bzw die Beendigungsmöglichkeit des Übertragungsvertrages von Wertpapieren im Rahmen von Wertpapierlieferungs- und Abrechnungssystemen (vgl KWG 1 XVI und Art. 2 Buchst.a Zahlungssicherungs-RL; vgl auch HK-BGB/*Schulte-Nölke/Schulze*, § 675 b Rn 1; Palandt/*Sprau*, § 675 b Rn 4). Die Vorschrift des § 675 b ist Art. 5 der Richtlinie 98/26/EG über die Wirksamkeit von Abrechnungen in Zahlungs- sowie Wertpapierliefer- und -abrechnungssystemen (Finalitätsrichtlinie) geschuldet, der verlangt, dass Zahlungs- und Wertpapieraufträge innerhalb von Zahlungs- sowie Wertpapierliefer- und -abrechnungssystemen ab dem in den Systemregeln definierten Zeitpunkt unwiderruflich sein müssen (BT-Drucks. 16/11643, S. 98). 6

Untertitel 3 Zahlungsdienste

Kapitel 1 Allgemeine Vorschriften

Vor §§ 675 c ff

§§ 675 c bis 676 c wurden durch das Gesetz zur Umsetzung der Verbraucherkreditrichtlinie, des zivilrechtlichen Teils der Zahlungsdiensterichtlinie sowie zur Neuordnung der Vorschriften über das Widerrufs- und Rückgaberecht vom 29.7.2009 (BGBl. I 2009, 2355) mit Wirkung vom 31.10.2009, in das BGB eingefügt. Die neuen Bestimmungen der §§ 675c-676 c ersetzen und ergänzen die §§ 676a-676 h aF. Die neuen Normierungen erfolgten in Umsetzung der Richtlinie 2007/64/EG vom 13.11.2007 über Zahlungsdienste im Binnenmarkt (Zahlungsd-RL) in deutsches Recht. Zweck der Zahlungsd-RL ist die Schaffung der Grundlage für einen EU-weiten Binnenmarkt für den Zahlungsverkehr. Dabei verfolgt der EU-Gesetzgeber das Ziel, grenzüberschreitende Zahlungen möglichst so effizient, sicher und kostengünstig zu gestalten wie nationale Zahlungen innerhalb eines EU-Mitgliedstaates; im Vordergrund steht zweifelsohne die bessere Kosteneffizienz durch Vollautomatisierung der Zahlungsvorgänge (*Grundmann*, WM 2009, 1109, 1111 - mit Zahlendetails). Unter den Titeln III und IV der Zahlungsd-RL ist deren zivilrechtlicher Teil geregelt, mit dem ein einheitlicher Euro-Zahlungsraum (Single Euro Payment Area – SEPA) geschaffen wird. Die nach dem Prinzip der Maximalharmonisierung umgesetzten §§ 675 c bis 676 c stellen sich trotz ihrer Enge und Detailliertheit insbesondere 1 im Hinblick auf die rechtstechnische Abwicklung der diversen Zahlungsdienste (insbesondere Überweisungen, Lastschriften, Debit- und Kreditkartenzahlungen, Bareinzahlungen, Barabhebungen sowie Online-Banking) nur als Rahmenregelwerk dar; in rechtsdogmatischer Hinsicht sind jedoch viele Fragen offen. Die neuen – EU-rechtlich verfassten – Regelungen sind „horizontal" gegliedert, dh nach Ablaufschritten der Zahlungsinstrumente – Einleitungsphase, Autorisierungsphase, Ausführungsphase (*Grundmann*, WM 2009, 1110), und umfassen vorvertragliche und vertragliche Informationspflichten, Bestimmungen über die Bereitstellung und Handhabung von Bezahlverfahren, Regelungen zu Entgelten, zur Autorisierung von Zahlungsvorgängen, zum Widerruf von Aufträgen und Autorisierungen, zu Ausführungsfristen, zu Wertstellungszeitpunkten, zu Leistungsstörungen, zu Erstattungsansprüchen und zur Haftung (weiterführend vgl Hk-BGB/*Schulte-Nölke-Schulze*, Vorbem §§ 675c-676 c; Palandt/*Sprau*, Einf. v. § 675 c und 675 c ff; Grundmann, WM 2009, 1109 und WM 2009, 1157; *Grundmann* in: Ebenroth u.a., HGB Band 2, BankR II, S. 1470 ff; *Meckel*, Das neue Zahlungsverkehrsrecht: Umsetzung der EU-Zahlungsdiensterichtlinie (Payment Services Directive – PSD) in das deutsche Recht – Hintergründe, Praxisprobleme und Ausblicke, in: jurisPR-BKR 11/2009, Anm. 1 (Teil 1),) jurisPR-BKR 12/2009, Anm. 1 (Teil 2), jurisPR-BKR 1/2010, Anm. 1 (Teil 3), jurisPR-BKR 2/2010, Anm. 1 (Teil 4); *Koch/Vogel* in: Albrecht/Karahan/Lenenbach, Fachanwaltshandbuch Bank- und Kapitalmarktrecht, 2010, § 20 Das neue Recht des Zahlungsverkehrs nach Umsetzung der Zahlungsdiensterichtlinie).

§ 675 c Zahlungsdienste und elektronisches Geld

(1) Auf einen Geschäftsbesorgungsvertrag, der die Erbringung von Zahlungsdiensten zum Gegenstand hat, sind die §§ 663, 665 bis 670 und 672 bis 674 entsprechend anzuwenden, soweit in diesem Untertitel nichts Abweichendes bestimmt ist.

(2) Die Vorschriften dieses Untertitels sind auch auf einen Vertrag über die Ausgabe und Nutzung von elektronischem Geld anzuwenden.

(3) Die Begriffsbestimmungen des Kreditwesengesetzes und des Zahlungsdiensteaufsichtsgesetzes sind anzuwenden.

1 A. Muster: Aufwendungsersatzanspruch gemäß §§ 675 c Abs. 1, 670 – außergerichtliches Anwaltsschreiben[1]

► An Herrn Z (Zahler, Zahlungskarteninhaber)

D-■■■, ■■■ [Adresse]

Betr.: Aufwendungsersatzanspruch Ihres Zahlungsdienstleisters ZDL,

Ihre Kreditkartennummer ■■■, Ihr Konto Nr. ■■■

Sehr geehrter Herr Z,

hiermit zeigen wir an, dass Ihr Zahlungsdienstleister ZDL, Musterstraße 2, D-■■■, ■■■ [Adresse], uns mit der Wahrnehmung seiner rechtlichen Interessen beauftragt hat.

Gemäß Monatsabrechnung vom ■■■ steht unserem Mandanten im Rahmen des mit Ihnen am ■■■ geschlossenen Kreditkartenvertrages gegen Sie gemäß §§ 675 c Abs. 1, 670 BGB ein Aufwendungsersatzanspruch in Höhe von insgesamt ■■■ EUR zu. Danach kann unser Mandant von Ihnen alle – in der Monatsabrechnung im einzelnen ausgewiesenen – Aufwendungen erstattet verlangen, die aufgrund

Kreditkartenvertrag (Zahlungsdiensterahmenvertrag gem. § 675 f BGB) an Akzeptanzunternehmen für Forderungen gezahlt wurden, die von Ihnen autorisiert worden sind. Vorliegend erfolgten Ihre Autorisierungen durch Vorlage der Kreditkarte in den Akzeptanzunternehmen und Unterschrift auf den Kreditkartenbelegen bzw. Leistungsbelegen (sog. Präsenzgeschäft).[2]

Da Sie der Einziehung des fälligen Rechnungsbetrages per Lastschriftverfahren widersprochen[3] und auf die Zahlungsaufforderung unseres Mandanten vom ■■■ nicht reagiert haben, werden Sie hiermit letztmals außergerichtlich aufgefordert, den Betrag von ■■■ EUR zuzüglich 5 % Zinsen p.a. über Basiszins seit ■■■, die Kosten der Lastschriftrückgabe in Höhe von ■■■ EUR sowie den nachstehend berechneten Kostenrechnungsbetrag für dieses Anwaltsschreiben in Höhe von ■■■ EUR, insgesamt ■■■ EUR, bis spätestens ■■■ (eingehend) auf unser Rechtsanwalt-Anderkonto bei der ■■■ Bank AG, Konto-Nr. ■■■, BLZ ■■■, zu überweisen.

Sollte keine fristgerechte und vollständige Zahlung erfolgen, werden wir unserem Mandanten empfehlen, ohne jede weitere Benachrichtigung gerichtliche Schritte einzuleiten.

Mit freundlichen Grüssen

■■■

Rechtsanwalt ◀

B. Erläuterungen

[1] **Neue Anspruchsgrundlage für Aufwendungsersatzanspruch.** Unter dem neuen, ab 1.11.2009 geltenden Zahlungsdiensteregime bilden nunmehr §§ 675 c Abs. 1, 670 die gesetzliche Anspruchsgrundlage für den Aufwendungsersatzanspruch, der einem Zahlungsdienstleister (zB Kartenemittent, Kreditinstitut) gegen seinen Zahlungsdienstnutzer (= Kunde, Zahler, Karteninhaber) zusteht, nach bisheriger Rechtslage waren §§ 675, 670 anwendbar (zur Rechtslage vor dem 1.11.2009 vgl Palandt/*Sprau*, BGB, 68. Aufl. 2009 (Voraufl.), § 676 h aF, Rn 3 ff, Rn 13 u.16 mwN; OLG Frankfurt am Main, Beschl. v. 15.7.2003, NJW-RR 2004, 206 f). § 675 c Abs. 1 verdeutlicht, dass Verträge über die Erbringung von Zahlungsdienstleistungen Geschäftsbesorgungsverträge sind. Als Einführungsvorschrift des neuen Untertitels stellt § 675 c klar, dass mangels anderweitiger vertraglicher Vereinbarungen oder besonderer gesetzlicher Bestimmungen die allgemeinen Vorschriften des Auftrags- und Geschäftsbesorgungsrechts anwendbar bleiben (Hk-BGB/*Schulte-Nölke/Schulze*, § 675 c Rn 1; *Rösler/Werner*, BKR 2009, 1, 7. Im gewählten Muster greift § 670, der die gesetzliche Pflicht des Auftraggebers (hier des Karteninhabers) zum Ersatz der vom Beauftragten (hier des Zahlungsdienstleisters) zur Ausführung von Aufträgen (der Autorisierungen) gemachten Aufwendungen statuiert. Der im gewählten Muster genannte Kreditkartenvertrag ist Zahlungsdiensterahmenvertrag gem. § 675 f (vgl weiterführend Palandt/*Sprau*, § 675 f Rn 41 ff). Bei entsprechender Ausgestaltung der Allgemeinen Geschäftsbedingungen kann der Aufwendungsersatzanspruch auch aus den entsprechenden vertraglichen Vereinbarungen folgen (zu einem Beispielsfall vgl Nr. 10 des Musters MasterCard-Kundenbedingungen, unten zu § 675 f Rn 1). 2

Generelle Vorschrift ist der neue § 675 c auch insoweit, als sie den Anwendungsbereich des Untertitels 3 auf das elektronische Geld ausweitet und mit Verweis auf das KWG und das ZAG Begriffsbestimmungen des neuen Untertitels festlegt (Hk-BGB/*Schulte-Nölke/Schulze*, § 675 c Rn 1). Zahlungsdienste sind im Wesentlichen die in § 1 Abs. 2 ZAG genannten Geschäfte, die alle privatrechtlichen Dienstleistungen eines Dritten (Zahlungsdienstleister, idR Kreditinstitute, E-Geld-Institute, Zahlungsinstitute, vgl § 1 Abs. 1 ZAG) betreffen, die die Ausführung einer Zahlung zwischen zwei Parteien, dem Zahler und dem Zahlungsempfänger, unterstützen, also dem Zahler ermöglichen, einen Geldbetrag aus seinem Vermögen in das des Zahlungsempfängers zu übertragen (Palandt/*Sprau*, § 675 c Rn 1 ff, Rn 3 mwN). Unter Zahlungsdiensten sind insbesondere alle Zahlungsverfahren des bargeldlosen Zahlungsverkehrs zu verstehen, wie 3

Überweisungen, Lastschriften sowie Debit- und Kreditkartenzahlungen (*Rösler/Werner*, BKR 2009, 1, 7).

4 § 675 c Abs. 1 verdeutlicht auch die Abkehr vom bisherigen Überweisungsrecht, das drei Typen von Verträgen in der Überweisungskette (Überweisungsvertrag-, Zahlungs- und Girovertrag) unterschied. Nach neuem Recht wird (wieder) auf jeder Stufe ein Rahmenvertrag geschäftsbesorgungsvertraglichen Charakters geschlossen. Giro- oder Rahmenvertrag – flankiert vom Bankkonto – ist wieder das Grundmodell (*Grundmann*, WM 2009, 1109, 1113).

5 [2] **Autorisierung.** Einer der neuen zentralen Begriffe des Zahlungsdiensterechts ist die Autorisierung (vgl zu den Begriffsbestimmungen Palandt/*Sprau*, § 675 c Rn 9, § 675 f Rn 14 ff und § 675j-m (Art. 54 Zahlungsd-RL). Ein Zahlungsvorgang soll gegenüber dem Zahler nur wirksam sein, wenn er diesem zugestimmt hat (§ 675 j Abs. 1). Zur rechtlichen Qualifizierung der Autorisierung enthält die Zahlungsd-RL und auch der neue Untertitel 3 keine Aussage, so dass auf die bisherige Dogmatik zurückgegriffen werden kann. Während nach hM die Qualifizierung als geschäftsbesorgungsvertragliche Weisung (§§ 675, 665; BGHZ 98, 24, 26 f (Überweisung); BGHZ 91, 221, 224 (Kreditkarte); *Hadding* in MüKo-HGB Bd.5, ZahlungsV G 31 f) erfolgt, hat die Qualifizierung als Anweisung iSd §§ 783 ff den überzeugenden Vorzug, dass das Zahlungsversprechen des Angewiesenen einwendungsunabhängig und die Kondiktion des Zahlungsversprechens ausgeschlossen ist, so dass ein der Barzahlung vergleichbares Maß an Sicherheit verschafft werden kann (vgl *Meder*, Abstraktes Schuldversprechen oder angenommene Anweisung? In: FS Huwiler 2007, S. 441 ff; *ders.* , ZBB 2000, 89, 95; *ders.* , AcP 198 [1998], 72, 74 ff, 100; *ders.* , Die bargeldlose Zahlung, 1996, S. 225 ff; *Schnauder*, NJW 2003, 849; *ders.* , JZ 2009, 1092, 1102; Staudinger/*Marburger* (2009), § 783 Rn 1 ff, Rn 33 ff, Rn. 37 ff, zur Kreditkarte Rn 46 ff mwN; dazu auch unten zu § 675 u Rn 6 und zu §§ 780 ff Rn 14 ff, §§ 783 ff Rn 2 ff, Rn 13, jeweils mwN). Unter dem neuen europaweiten Zahlungsdiensteregime und dem harmonisierten europäischen Rechtsrahmen könnte sich eine neue Gelegenheit bieten, der generellen Funktion aller bargeldlosen Zahlungsinstrumente, nämlich der Verschaffung einer ähnlich sicheren Rechtsstellung des empfangenden Zahlungsdienstnutzers wie bei Erhalt von Bargeld, Geltung zu verleihen und die hierfür geeigneten rechtsdogmatischen Prinzipien, insbes. § 784, für den gesamten bargeldlosen Zahlungsverkehr zu nutzen.

6 Je nach Bezahlverfahren kann die Autorisierung in unterschiedlicher Form erfolgen (für den Überblick vgl Hk-BGB/*Schulte-Nölke/Schulze*, § 675 j Rn 2 ff; Palandt/*Sprau*, § 675 f Rn 14 ff, § 675 j Rn 2 ff). Im Musterfall erfolgte die Autorisierung im Rahmen des sog. Kreditkarten-Präsenzgeschäfts (vgl näher *Casper* in: Baumbach/Hefermehl/Casper, WechselG, ScheckG, Recht der kartengestützten Zahlungen, Kartenzahlungen, Rn 87 ff mwN) durch Vorlage der Kreditkarte im jeweiligen Akzeptanzunternehmen und Unterschrift des Karteninhabers auf den Kreditkartenbelegen bzw Leistungsbelegen, die Zahlungsauthentifizierungsinstrumente (ZAI) gem. § 675 j Abs. 1 S. 4 sind (Palandt/*Sprau*, BGB, § 675 j Rn 6; zu Detail- und Streitfragen vgl jurisPR-BKR 11/2009, 12/2009, 1/2010 und 2/2010, jeweils Anm. 1, *Meckel*, Teile 1 bis 4).

7 [3] **Lastschriftwiderspruch.** Regelmäßig enthalten Zahlungsdiensterahmenverträge, hier Kreditkartenverträge, Klauseln, die den Zahlungsdienstleister zur Einziehung seiner – idR mit Erhalt der jeweiligen Abrechnung – fälligen Forderungen gegen den Zahler (hier den Karteninhaber) per Lastschriftverfahren berechtigen. Da Zahler idR jedoch binnen 8 Wochen Lastschriften widerrufen können (§ 675 x Abs. 4), wird hiervon – wie im Musterbeispiel – in der Praxis seitens der Zahler häufig Gebrauch gemacht, so dass der Zahlungsdienstleister seinen Aufwendungsersatzanspruch durch außergerichtliche oder gerichtliche Geltendmachung verfolgen muss. Kosten der Lastschriftrückgabe können vom Zahlungsdienstleister als Verzugsschaden geltend gemacht werden (§§ 286, 288) (vgl auch unten zu § 675 j und § 675 x).

§ 675 d Unterrichtung bei Zahlungsdiensten

(1) [1]Zahlungsdienstleister haben Zahlungsdienstnutzer bei der Erbringung von Zahlungsdiensten über die in Artikel 248 §§ 1 bis 16 des Einführungsgesetzes zum Bürgerlichen Gesetzbuche bestimmten Umstände in der dort vorgesehenen Form zu unterrichten. [2]Dies gilt nicht für die Erbringung von Zahlungsdiensten in der Währung eines Staates außerhalb des Europäischen Wirtschaftsraums oder die Erbringung von Zahlungsdiensten, bei denen der Zahlungsdienstleister des Zahlers oder des Zahlungsempfängers außerhalb des Europäischen Wirtschaftsraums belegen ist.

(2) Ist die ordnungsgemäße Unterrichtung streitig, so trifft die Beweislast den Zahlungsdienstleister.

(3) [1]Für die Unterrichtung darf der Zahlungsdienstleister mit dem Zahlungsdienstnutzer nur dann ein Entgelt vereinbaren, wenn die Information auf Verlangen des Zahlungsdienstnutzers erbracht wird und der Zahlungsdienstleister

1. **diese Information häufiger erbringt, als in Artikel 248 §§ 1 bis 16 des Einführungsgesetzes zum Bürgerlichen Gesetzbuche vorgesehen,**
2. **eine Information erbringt, die über die in Artikel 248 §§ 1 bis 16 des Einführungsgesetzes zum Bürgerlichen Gesetzbuche vorgeschriebenen hinausgeht, oder**
3. **diese Information mithilfe anderer als der im Zahlungsdiensterahmenvertrag vereinbarten Kommunikationsmittel erbringt.**

[2]Das Entgelt muss angemessen und an den tatsächlichen Kosten des Zahlungsdienstleisters ausgerichtet sein.

(4) Zahlungsempfänger und Dritte unterrichten über die in Artikel 248 §§ 17 und 18 des Einführungsgesetzes zum Bürgerlichen Gesetzbuche bestimmten Umstände.

A. Muster: Karteninhaberinformation[1] 1

▶ **Karteninhaberinformation[1]** 513

zur MasterCard der EURO Kartensysteme GmbH

Stand: August 2009/First Data Deutschland GmbH

Diese Informationen erhalten Sie zusammen mit unserem Kartenantrag zur Ausgabe einer MasterCard sowie während der Vertragslaufzeit sobald sich inhaltliche Änderungen ergeben. Zusammen mit dem Antragsformular, im Falle von Änderungen sowie auf Anforderung versenden wir unsere aktuell gültigen MasterCard-Kundenbedingungen [2] bzw MasterCard-Bedingungen für die Corporate Cards (nachfolgend „AGB"). Ergänzend hierzu möchten wir Sie nachstehend über unser Unternehmen und die wesentlichen Merkmale unserer MasterCard (gemäß den Bestimmungen des § 675 d BGB i.V.m. Art. 248 §§ 1–16 EGBGB sowie § 312 c BGB i.V.m. Art. 246 §§ 1 ff. EGBGB) informieren. Diese Information[1] gilt bis auf weiteres und steht nur in deutscher Sprache zur Verfügung.

A. Kreditkartenemittent[3]

EURO Kartensysteme GmbH	Telefon 069 – 97945-0
Solmsstraße 6	Telefax 069 – 97945-4888
60486 Frankfurt am Main	E-Mail: info@eurokartensysteme.de

Eingetragen im Handelsregister des Amtsgerichts Frankfurt am Main unter HRB 7550

Geschäftsführer: Hans-Werner Niklasch

Die EURO Kartensysteme ist ein Gemeinschaftsunternehmen der deutschen Kreditwirtschaft. Sie erbringt für Banken und Sparkassen Serviceleistungen für die führenden Kartenzahlungssysteme Mas-

1 Abgedruckt mit freundlicher Genehmigung der EURO Kartensysteme GmbH.

terCard, Maestro, girocard sowie die GeldKarte. Hierbei konzentriert sich die EURO Kartensysteme auf zentrale Aufgaben wie die MasterCard-Lizenzverwaltung sowie zugehörige Dienstleistungen, die Entwicklung von Sicherheitsstandards, Methoden der Missbrauchsbekämpfung, Marketing für die GeldKarte und die Weiterentwicklung von Zahlungssystemen. Als Principal Member von MasterCard International Inc. ist die EURO Kartensysteme darüber hinaus berechtigt, MasterCards zu emittieren. Aufgrund dieser Berechtigung gibt die EURO Kartensysteme MasterCards ausschließlich an Mitarbeiter bestimmter Unternehmen aus. Die für die EURO Kartensysteme zuständige Aufsichtsbehörde ist die Bundesanstalt für Finanzdienstleistungsaufsicht (BaFin), Graurheindorfer Straße 108, 53117 Bonn (Internet: http://www.bafin.de).

Für die Kreditkartenabrechnung und die Karteninhaberbetreuung wurde von der EURO Kartensysteme die First Data Deutschland GmbH, Konrad-Adenauer-Allee 1, 61118 Bad Vilbel, (FDD) beauftragt.[4]

B. MasterCards der EURO Kartensysteme[5]

Die wesentlichen Leistungsmerkmale unserer MasterCard und den damit verbundenen Dienstleistungen sowie die Kündigungsregeln und sonstigen Vertragsbestimmungen entnehmen Sie bitte den jeweils gültigen AGB. Im Folgenden möchten wir Sie ergänzend über die weiteren mit unserer MasterCard verbundenen Leistungen und Merkmale sowie den rechtlichen Maßgaben für Karteninhaber einschließlich unserer Preise informieren.

I. Wesentliche Merkmale der von der EURO Kartensysteme ausgegebenen MasterCards

1. MasterCard® SecureCode™
   Um das Bezahlen mit der MasterCard im Internet noch sicherer zu gestalten, hat sich die EURO Kartensysteme zur Teilnahme an MasterCard® SecureCode™ entschieden. MasterCard® SecureCode™ ist ein Verfahren, durch welches die Identität des Karteninhabers im Rahmen eines Online-Einkaufs überprüft wird. Sofern ein Online-Händler ebenfalls an MasterCard® SecureCode™ teilnimmt, können Inhaber unserer MasterCard, mit Ausnahme von Corporate Cards, den Kauf nur tätigen, wenn sie sich für MasterCard® SecureCode™ registriert haben und den richtigen, im Rahmen der Registrierung festgelegten, persönlichen SecureCode eingegeben haben. Die Teilnahme an MasterCard® SecureCode™ ist für unsere MasterCard-Inhaber kostenfrei. Näheres regeln die „Bedingungen für die Teilnahme an MasterCard® SecureCode™", über die Sie im Rahmen der Registrierung informiert werden. Gerne übersenden wir Ihnen die Bedingungen auf Anfrage auch postalisch. Jedem Karteninhaber ist es freigestellt, an MasterCard® SecureCode™ teilzunehmen. Es besteht insofern keine Verpflichtung hierzu. Wir möchten jedoch darauf hinweisen, dass ein Einkauf bzw. das Bezahlen im Internet mit der MasterCard der EURO Kartensysteme bei teilnehmenden Händlern nur noch für diejenigen Karteninhaber möglich ist, die auch an MasterCard® SecureCode™ teilnehmen.
2. Verfügungen
   Die von der EURO Kartensysteme ausgegebenen MasterCards können für Zahlungen und Bargeldauszahlungen genutzt werden. Sie können nicht mit einem Guthaben ausgestattet werden. Desgleichen sind Überweisungen zwischen der MasterCard und anderen Kreditkarten unzulässig.
3. Versicherungen
   Neben der Zahlungs- und Bargeldauszahlungsfunktion einer MasterCard sind mit dieser auch Versicherungsleistungen verbunden, und zwar bei der MasterCard Standard die Verkehrsmittelunfallversicherung sowie bei der MasterCard Gold alle im Folgenden aufgeführten Versicherungen:
   1. Verkehrsmittel-Unfall-Versicherung
      ▪▪▪ *(es folgen nähere Angaben zum Versicherungsschutz)*
   2. Auslandsreise-Krankenversicherung
      ▪▪▪ *(es folgen nähere Angaben zum Versicherungsschutz)*

3. Reise-Service-Versicherung
   ▪▪▪ *(es folgen nähere Angaben zum Versicherungsschutz)*
4. Auslands-Auto-Schutzbrief-Versicherung
   ▪▪▪ *(es folgen nähere Angaben zum Versicherungsschutz)*
5. Kraftfahrtzeug-Reise-Haftpflicht-Versicherung für Mietfahrzeuge
   ▪▪▪ *(es folgen nähere Angaben zum Versicherungsschutz)*
6. Reise-Rechtsschutz-Versicherung für Mietfahrzeuge
   ▪▪▪ *(es folgen nähere Angaben zum Versicherungsschutz)*
7. Reise-Haftpflicht-Versicherung
   ▪▪▪ *(es folgen nähere Angaben zum Versicherungsschutz)*

Nähere Informationen zu den Versicherungsleistungen sowie die Versicherungsbedingungen und -bestätigung werden zusammen mit der MasterCard Gold übersandt.

II. Informationen zum MasterCard-Kreditkartenvertrag

1. Abschluss des Kartenvertrages
   Mitarbeiter bestimmter Unternehmen sowie deren Familienangehörige bzw. mit diesen in häuslicher Gemeinschaft lebende Personen können bei der EURO Kartensysteme die Ausstellung einer MasterCard beantragen, sofern die Abrechnung vom Konto des Hauptkarteninhabers erfolgt. Die Kreditkartenverträge der EURO Kartensysteme stellen Fernabsatzverträge dar. Mit Übersendung des vollständig ausgefüllten und unterzeichneten Kartenantrages an die EURO Kartensysteme gibt der Antragsteller ein ihn bindendes Angebot auf Abschluss des MasterCard-Kreditkartenvertrages mit der EURO Kartensysteme ab. Der Kreditkartenvertrag kommt zustande, wenn dem Antragsteller die MasterCard zugeht. Hierdurch erklärt die EURO Kartensysteme ihre Annahme des Vertrages.
   Die Ausstellung der MasterCard erfolgt in Abhängigkeit von der Bonitätsauskunft des kontoführenden Kreditinstitutes des Antragstellers und einer Auskunft der SCHUFA. Die MasterCard wird nur nach vorheriger Legitimation des Karteninhabers an diesen ausgegeben. Die Identifizierung erfolgt entweder durch persönliches Erscheinen in den Geschäftsräumen der EURO Kartensysteme bzw bei dem Mitarbeiter der First Data Deutschland GmbH, welcher von der EURO Kartensysteme mit der Identifizierung von Karteninhabern beauftragt wurde.
   Maßgebliche Sprache für den Kreditkartenvertrag und die Kommunikation mit den Karteninhabern während der Laufzeit des Vertrages ist deutsch. Dem Kreditkartenvertrag liegt deutsches Recht zugrunde.
2. Preisverzeichnis für MasterCards
   Zur Zeit gelten die folgenden Entgelte für die Überlassung und Nutzung der MasterCard:
   - Entgelte für Bargeldauszahlungsservice
     - am Bankschalter EUR 5,- pro Auszahlung
     - am Geldautomaten EUR 2,50 pro Auszahlung
   - Entgelt für den Einsatz der MasterCard im Ausland 1,50 % des MasterCard Umsatzes (wird nicht bei Einsatz der Kreditkarte in EU-Staaten mit EUR als nationale Währung erhoben)

   Die EURO Kartensysteme behält sich Änderungen von Entgelten während der Laufzeit des MasterCard-Vertrages vor (siehe Nr. 12 AGB). Bei Einsatz der MasterCard im Ausland werden in Fremdwährung getätigte Umsätze in Euro umgerechnet. Die Umrechnungskurse unterliegen dabei den marktüblichen Schwankungen.
3. Verzeichnis über Bargeldlimite
   Die Transaktionsobergrenzen beim Bezug von Bargeld sind wie folgt:
   Bargeldauszahlung am
   ▪▪▪ MasterCard Standard
   ▪▪▪ MasterCard Gold

Geldautomat im Inland Höchstbetrag: 520,- EUR pro Tag u. Transaktion Höchstbetrag: 2.050,- EUR innerhalb von 7 Tagen		
Geldautomat im Ausland	Höchstbetrag: 1.000,- USD, innerhalb von 7 Tagen oder den Gegenwert in der jeweiligen Fremdwährung	Höchstbetrag: 5.000,- USD, innerhalb von 30 Tagen oder den Gegenwert in der jeweiligen Fremdwährung
Bankschalter im Inland	Höchstbetrag: 2.050,- EUR innerhalb von 7 Tagen	
Bankschalter im Ausland	Höchstbetrag: 1.000,- USD, innerhalb von 7 Tagen oder den Gegenwert der jeweiligen Fremdwährung	Höchstbetrag: 5.000,- USD, innerhalb von 30 Tagen oder den Gegenwert der jeweiligen Fremdwährung

Die bargeldauszahlende Stelle kann eigenständig Höchstbeträge, mindestens jedoch 200,- EUR pro Bargeldtransaktion, festlegen.

4. MasterCard Vertragsverhältnis
Neben den jeweils gültigen AGB gelten insbesondere die gesetzlichen Bestimmungen betreffend Zahlungsdienste. Über die sich hieraus ergebenden Rechte und Pflichten, sowohl die Karteninhaber als auch die EURO Kartensysteme als Kartenemittent betreffend, möchten wir Sie im Folgenden informieren.

a) **Gültigkeit**
Jede MasterCard ist aus Sicherheitsgründen nur zeitlich beschränkt gültig. Die Gültigkeitsdauer einer MasterCard ist unabhängig von der Laufzeit des zugrunde liegenden Kreditkartenvertrages. Daher wird jedem Karteninhaber rechtzeitig vor Gültigkeitsablauf seiner MasterCard automatisch eine neue MasterCard mit neuer Gültigkeit zugesandt.

b) **Sorgfaltspflichten**
Jedem Karteninhaber obliegen Sorgfaltspflichten im Umgang mit seiner MasterCard. Durch die Einhaltung ihrer Sorgfaltspflichten können Karteninhaber missbräuchliche Verfügungen mit ihrer MasterCard bzw den hierauf gespeicherten Daten und ihrer PIN verhindern. Zu den **Sorgfaltspflichten** eines Karteninhabers gehören:

1. Unterschrift: Der Karteninhaber hat seine MasterCard unverzüglich nach Erhalt auf dem Unterschriftsfeld zu unterzeichnen.
2. Sorgfältige Aufbewahrung der MasterCard: Die MasterCard ist mit besonderer Sorgfalt aufzubewahren, um zu verhindern, dass sie abhanden kommt und um sie vor missbräuchlicher Nutzung durch andere Personen zu schützen. Hierzu zählt u.a., dass die MasterCard nicht unbeaufsichtigt im Fahrzeug, im Hotelzimmer oder am Arbeitsplatz o.ä. zurückgelassen wird. Sicherer ist die Aufbewahrung im Hotelsafe oder das Beisichtragen der MasterCard. Der Karteninhaber sollte stets Kenntnis vom Aufbewahrungsort seiner MasterCard haben bzw. deren Vorhandensein regelmäßig überprüfen.
3. Geheimhaltung von PIN und SecureCode: Der Karteninhaber hat dafür Sorge zu tragen, dass andere Personen weder von seiner PIN noch von seinem SecureCode Kenntnis erlangen. Diese dürfen daher Dritten nicht mitgeteilt, nicht auf der MasterCard vermerkt oder in anderer Weise zusammen mit der MasterCard, auch nicht verschlüsselt, aufbewahrt werden. Bei der Eingabe der PIN oder des SecureCodes sollte der Karteninhaber sicher stellen, dass ihn niemand beobachtet. Denn jede Person, die im Besitz der MasterCard oder deren Daten ist und die PIN oder den SecureCode kennt, hat die Möglichkeit missbräuchliche Verfügungen zu tätigen (z.B. Geld an Geldautomaten abzuheben, im Internet einzukaufen).

4. Unterrichtungs- und Anzeigenpflichten des Karteninhabers: Stellt der Karteninhaber den Verlust, den Diebstahl, ein sonstiges Abhandenkommen seiner MasterCard, die missbräuchliche Verwendung oder eine sonstige nicht autorisierte Nutzungen seiner Karte, Kartendaten, PIN oder SecureCode fest, so ist der Sperr-Notruf unter Tel. (+49) 116 116, die FDD unter Tel. (+49) [0]69/7933-1910 oder eine Repräsentanz des MasterCard-Verbundes unverzüglich zu unterrichten, um die MasterCard sperren zu lassen (Sperranzeige). Hierbei ist auch jede Polizeidienststelle behilflich. Eine Sperranzeige muss ebenfalls erfolgen, sobald der Verdacht besteht, dass eine andere Person unberechtigt, und sei es nur vorübergehend, in den Besitz der MasterCard gelangt ist, eine missbräuchliche Verwendung oder eine sonstige nicht autorisierte Nutzung von Karte, Kartendaten, PIN oder SecureCode vorliegt. Bei missbräuchlicher Verwendung der MasterCard ist Anzeige bei der Polizei zu erstatten.

Der Karteninhaber hat die EURO Kartensysteme über die Änderung seines Namens, seiner Anschrift und seiner Bankverbindung, welche dem Bankeinzug von Abrechnungsbeträgen dient, unverzüglich zu informieren.

c) **Kartensperre**

In den Fällen, in denen die EURO Kartensysteme die MasterCard entsprechend Ziff. 19 AGB sperrt und deren Einzug veranlasst, wird sie den Karteninhaber unter Angabe der hierfür maßgeblichen Gründe möglichst vor, spätestens jedoch unverzüglich nach der Sperre über die Sperre unterrichten; der Karteninhaber kann diese Informationen auch bei der EURO Kartensysteme einholen. Die EURO Kartensysteme wird die gesperrte Karte durch eine neue Karte ersetzen und diese dem Karteninhaber baldmöglichst zusenden.

d) **Haftung**

Für Schäden, die durch missbräuchliche Verfügungen Dritter nach erfolgter Verlust- und Sperranzeige mit der MasterCard entstehen, sowie für Schäden, die durch Einsatz einer ge- oder verfälschten MasterCard entstehen, haftet die EURO Kartensysteme.

Schäden, die vor einer Verlust- bzw. Sperranzeige durch nicht autorisierte Kartenzahlungen entstehen, trägt der Karteninhaber bis zu 50,- EUR, im Übrigen die EURO Kartensysteme, wenn die MasterCard abhanden gekommen ist oder sonst missbräuchlich verwendet wurde (§ 675 v Absatz 1 BGB). Hat der Karteninhaber jedoch in diesen Fällen seine Sorgfaltspflichten grob fahrlässig oder vorsätzlich verletzt oder die Kartenzahlung in betrügerischer Absicht ermöglicht, trägt er den gesamten Schaden (§ 675 v Absatz 2 BGB). Grobe Fahrlässigkeit des Karteninhabers kann insbesondere dann vorliegen, wenn

- er die MasterCard nicht mit besonderer Sorgfalt aufbewahrt (z.B. unbeaufsichtigtes Zurücklassen der Karte im Kraftfahrzeug oder am Arbeitsplatz),
- er den Verlust, Diebstahl oder die missbräuchliche Verfügung der EURO Kartensysteme schuldhaft nicht unverzüglich mitgeteilt hat,
- die persönliche Geheimzahl oder der SecureCode auf der Karte vermerkt oder zusammen mit der Karte verwahrt war (z.B. im Originalbrief, in dem sie dem Karteninhaber mitgeteilt wurde),
- die persönliche Geheimzahl oder der SecureCode einer anderen Person mitgeteilt und der Missbrauch dadurch verursacht wurde.

Führt die EURO Kartensysteme eine Kartenzahlung aus, der der Karteninhaber nicht zugestimmt hat, so haftet die EURO Kartensysteme hierfür (§ 675 u BGB).

Die EURO Kartensysteme haftet ebenfalls für nicht erfolgte oder fehlerhafte Ausführung einer vom Karteninhaber veranlassten Kartenzahlung (§ 675 y BGB).

Die EURO Kartensysteme wird dem Karteninhaber solche belasteten Zahlungsbeträge erstatten, die auf einer autorisierten und vom oder über den Händler ausgelösten Kartenzahlung beruhen, wenn bei der Autorisierung der genaue Betrag nicht angegeben war und der Karteninhaber den belasteten Betrag aufgrund seines bisherigen Zahlungsverhaltens und den Umständen des Einzelfalls nicht hätte erwarten können (§ 675 x BGB).

e) **Kündigung des MasterCard Vertragsverhältnisses**
Das MasterCard Vertragsverhältnis kann vom Karteninhaber jederzeit mit einer Frist von einem Monat schriftlich gekündigt werden. Die EURO Kartensysteme kann das MasterCard Vertragsverhältnis jederzeit unter Einhaltung einer Frist von zwei Monaten kündigen.
Wird das Beschäftigungsverhältnis zwischen dem Karteninhaber und dem Unternehmen beendet, so wird die EURO Kartensysteme von ihrem Recht Gebrauch machen, das MasterCard Vertragsverhältnis mit einer zwei-monatigen Frist zu kündigen.
Wird der zwischen der EURO Kartensysteme und dem Unternehmen bestehende Kooperationsvertrag gekündigt, enden die Kreditkartenverträge zum Zeitpunkt der Beendigung des Kooperationsvertrages. Die EURO Kartensysteme wird die Karteninhaber rechtzeitig hierüber informieren und die Kündigung aussprechen.

f) **Außergerichtliche Streitschlichtung und Beschwerdemöglichkeit**[6]
Für jeden Karteninhaber besteht die Möglichkeit, im Falle von Verstößen der EURO Kartensysteme gegen die Vorschriften betreffend Zahlungsdienste (insb. §§ 675 c bis 676 c BGB, Art. 248 EGBGB) sich jederzeit schriftlich oder zur dortigen Niederschrift bei der Bundesanstalt für Finanzdienstleistungsaufsicht (BaFin), Graurheindorfer Straße 108, 53117 Bonn zu beschweren (außergerichtliche Beschwerdeverfahren gemäß § 28 ZAG). Darüber hinaus besteht die Möglichkeit des außergerichtlichen Rechtsbehelfsverfahrens vor einer Schlichtungsstelle nach § 14 UKlG.

g) **Änderung der AGB**[7]
Nimmt die EURO Kartensysteme Änderungen ihrer AGB oder ihrer Entgelte vor, so wird sie allen Karteninhabern die beabsichtigten Änderungen spätestens zwei Monate vor dem Zeitpunkt ihres Wirksamwerdens in Textform übermitteln. Die Zustimmung des Karteninhabers hierzu gilt als erteilt, wenn er seine Ablehnung nicht vor dem vorgeschlagenen Zeitpunkt des Wirksamwerdens der Änderungen der EURO Kartensysteme angezeigt hat. Auf diese Genehmigungswirkung wird die EURO Kartensysteme in ihrer Änderungsmitteilung gesondert hinweisen. Im Falle solcher Änderungsmitteilungen kann jeder Karteninhaber den Kreditkartenvertrag vor dem vorgeschlagenen Zeitpunkt des Wirksamwerdens der Änderungen auch fristlos und kostenfrei kündigen. Auf dieses Kündigungsrecht wird die EURO Kartensysteme in ihrer Mitteilung ebenfalls gesondert hinweisen.

Widerrufsbelehrung:[8]

Widerrufsrecht

Sie können Ihre Vertragserklärung innerhalb von zwei Wochen ohne Angabe von Gründen in Textform (z.B. Brief, Fax, E-Mail) oder – wenn Ihnen die MasterCard vor Fristablauf überlassen wird – durch Rücksendung der MasterCard widerrufen. Die Frist beginnt nach Erhalt dieser Belehrung in Textform, jedoch nicht vor Vertragsschluss und auch nicht vor Erfüllung unserer Informationspflichten gemäß § 312 c Abs. 2 BGB in Verbindung mit § 1 Abs. 1, 2 und 4 BGB-InfoV. Zur Wahrung der Widerrufsfrist genügt die rechtzeitige Absendung des Widerrufs oder der MasterCard. Der Widerruf ist zu richten an: EURO Kartensysteme GmbH, Solmsstraße 6, 60486 Frankfurt am Main, Fax: 069 – 97945-4575, E-Mail: info@eurokartensysteme.de.

Widerrufsfolgen

Im Falle eines wirksamen Widerrufs sind die beiderseits empfangenen Leistungen zurückzugewähren und ggf. gezogene Nutzungen (z.B. Zinsen) herauszugeben. Können Sie uns die empfangene Leistung ganz oder teilweise nicht oder nur in verschlechtertem Zustand zurückgewähren, müssen Sie uns insoweit ggf. Wertersatz leisten. Dies kann dazu führen, dass Sie die vertraglichen Zahlungsverpflichtungen für den Zeitraum bis zum Widerruf gleichwohl erfüllen müssen. Verpflichtungen zur

Erstattung von Zahlungen müssen innerhalb von 30 Tagen erfüllt werden. Die Frist beginnt für Sie mit der Absendung Ihrer Widerrufserklärung oder der MasterCard, für uns mit deren Empfang.

Ihre EURO Kartensysteme GmbH/Ende der Widerrufsbelehrung ◄

B. Erläuterungen

[1] **Karteninhaberinformation/umfangreiche neue Informationspflichten des Zahlungsdienstleisters.** Bei dem gewählten Muster einer „Karteninhaberinformation" handelt es sich um eine Unterrichtung bei Zahlungsdiensten gemäß § 675 d, zu deren Erbringung im Musterfall der Kreditkartenemittent im Vorfeld des Abschlusses und während des Kreditkartenvertrages mit Karteninhabern verpflichtet ist (individueller Anspruch des Karteninhabers, vgl Palandt/*Sprau*, § 675 d Rn 1). In § 675 d werden die bisherigen Anforderungen aus der BGB-InfoVO aufgenommen, jedoch gehen die neuen umfangreichen, ab 1.11.2009 geltenden gesetzlichen Bestimmungen (Art. 248 §§ 1–16 EGBGB sowie § 312 c iVm Art. 246 §§ 1 ff EGBGB) hinsichtlich ihres Detaillierungsgrades deutlich über die bisherigen Regelungen hinaus (*Rösler/Werner*, BKR 2009, 1, 7). In den neuen Bestimmungen sind nicht nur Regeln darüber enthalten, über was im Einzelnen zu informieren ist, sondern auch in welcher Form und zu welchen Zeitpunkten – zB ob als Schickschuld oder als Holschuld – dies zu erfolgen hat (vgl näher Hk-BGB/*Schulte-Nölke/Schulze*, § 675 d Rn 1 ff; *Meckel* in: jurisPR-BKR 12/2009, Anm. 1 unter V. 3.). Banken kommen ihren vorvertraglichen Informationspflichten über ein sog. Starterpaket nach, das der Kunde vor Vertragsabschluss erhält und das die AGB-Banken sowie sämtliche Bedingungen zum Zahlungsverkehr enthält (*Meckel* in: jurisPR-BKR 12/2009, Anm. 1, unter V.3.). Ob diese neue Informationsfülle in der Praxis tatsächlich dem mit der Zahlungsd-RL verfolgten Ziel der höheren Transparenz und Angebotsvergleichbarkeit zugunsten der Zahlungsdienstnutzer dient, ist zu bezweifeln. Pflichtverletzungen können zu Rechtsverlusten oder Ansprüchen aus § 823 Abs. 2, § 280 oder § 311 Abs. 2 auf Schadenersatz führen (Palandt/*Sprau*, § 675 d Rn 2; (*Meckel* in: jurisPR-BKR 12/2009, Anm. 1 unter V.3.4.). 2

[2] **MasterCard-Kundenbedingungen.** Die zur Muster-Kundeninformation gehörigen MasterCard-Kundenbedingungen sind abgedruckt und kommentiert unten unter § 675 f Rn 1 ff. 3

[3] **Kreditkartenemittent/Aufsichtsbehörden.** Diese Angaben haben in Erfüllung der vorvertraglichen Informationspflicht zum Kartenemittenten und zu der für ihn zuständigen Aufsichtsbehörde gem. Art. 248 § 4 Abs. 1 Ziff. 1 EGBGB zu erfolgen. In der Praxis dürften insbesondere die nunmehr eindeutigen Angaben zum Zahlungsdienstleister, dessen Vertretungsverhältnisse und dessen ladungsfähige Anschrift von Bedeutung sein, denn in der Vergangenheit scheiterten viele Zivilprozesse von Karteninhabern an der fehlenden Passivlegitimation des verklagten Anspruchsgegners; der „richtige" Adressat wurde innerhalb der durch Mehr-Parteien-Verhältnisse geprägten Kartenzahlungsverkehrsstrukturen (vgl zum Überblick *Hadding* in: MüKo-HGB, Bd. 5, ZahlungsV G 9; *Meder*, WM 2002, 1993) nicht immer ermittelt. 4

[4] **Processing-Unternehmen/Mehrgliedrigkeit der Zahlungssysteme.** In neuerer Entwicklung sind nicht nur durch die Lizenz- und Interchange-Vertragspartner im Kreditkartenverkehr – im Verhältnis zur herkömmlichen Dreigliedrigkeit der Rechtsverhältnisse (sog. Valutaverhältnis zwischen Karteninhaber und Händlerunternehmen, Vollzugsverhältnis zwischen Händlern und Kartenemittent und Deckungsverhältnis zwischen Karteninhaber und Kartenemittent) neue Parteien hinzugetreten (vgl zum Überblick MüKo-HGB/*Hadding* Bd. 5, ZahlungsV G 8 und G 9), sondern die Rechtsverhältnisse sind zusätzlich durch die Einschaltung von Processing-Unternehmen sowohl auf Issuing-Seite wie auch auf Acquiring-Seite (zur Abwicklung der sog. Acquiring- bzw Servicevertragsverhältnisse zwischen Händlern und Acquiring-Unternehmen; vgl auch unten zu §§ 780 f Rn 13 ff) erweitert worden. Mit der in der im Muster enthaltenen Klausel unter A, letzter Absatz, ist das vorliegend vom Kartenemittenten (Issuer) zur Kredit- 5

kartenabrechnung und Karteninhaberbetreuung eingeschaltete Processing-Unternehmen bezeichnet.

6 [5] **Wesentliche Leistungsmerkmale der MasterCard und sonstige Informationen.** Die Kundeninformation zu den wesentlichen Leistungsmerkmalen des zu erbringenden Zahlungsdienstes (hier: Kreditkartenzahlung), zu Sicherheitsstandards (hier: MasterCard SecureCode), Verfügungsmöglichkeiten, verbundenen Dienstleistungen (hier: Versicherungen), Vertragsschluss, Entgelten, Kündigungsregelungen des Kartenvertrages und zu sonstigen Kartenvertragsbestimmungen unter B des gewählten Musters erfolgt in Erfüllung der Unterrichtungspflichten gemäß § 248 § 4 Abs. 1 Ziff.2 ff EGBGB. Die Kundeninformation kann detailliertere Angaben als die jeweils gültigen AGB, auf die in der Karteninhaberinformation Bezug genommen wird, enthalten. Dies ist im gewählten Muster zB im Hinblick auf den Sicherheitsstandard MasterCard Secure Code (B. I. 1.) (vgl hierzu auch unten unter § 675 f Rn 15), die Sorgfaltspflichten des Karteninhabers (B. I. 4. b.) (vgl hierzu auch unten unter §§ 675 f Rn 22 und §§ 675v-w Rn 11 ff) und die Haftungsbestimmungen (B. I. 4. d.) (vgl hierzu auch unten unter § 675 f Rn 31und §§ 675v-w Rn 1 ff, Rn 11 ff) der Fall. Die Frage, ob die Kundeninformationen rechtlich auch als AGB qualifiziert werden können, ist zu verneinen, da die Informationspflichten vorvertraglicher Natur sind.

7 [6] **Außergerichtliche Streitschlichtung und Beschwerdemöglichkeit.** Mittels dieser Bestimmungen werden Karteninhaber über ihre Möglichkeiten informiert, bei Verstößen des Kartenemittenten gegen die neuen Vorschriften der §§ 675 c bis 676 c und Art. 248 EGBGB das außergerichtliche Beschwerdeverfahren gemäß § 28 ZAG oder das außergerichtliche Rechtsbehelfsverfahren vor einer Schlichtungsstelle gemäß § 14 UKlG anzustrengen. Damit genügt der Zahlungsdienstleister seinen Unterrichtungspflichten gemäß Art. 3 und Art. 4 des Gesetzes zur Umsetzung der Verbraucherkreditrichtlinie, des zivilrechtlichen Teils der Zahlungsdiensterichtlinie sowie zur Neuordnung der Vorschriften über das Widerrufs- und Rückgaberecht vom 29.7.2009 (BGBl. I 2009, 2355, 2382. 2383).

8 [7] **Änderung der AGB.** Mit dieser Klausel genügt der Kartenemittent seinen Informationspflichten gemäß Art. 248 § 9 EGBGB; zu Änderungen von Zahlungsdiensterahmenverträgen vgl im Übrigen unten zu § 675 g.

9 [8] **Widerrufsbelehrung.** Die Widerrufsbelehrung entspricht den Vorgaben der Anlage 1 zu Art. 246 § 2 Abs. 3 S. 1 EGBGB (BGBl. I 2009, 2389 f).

§ 675 e Abweichende Vereinbarungen

(1) Soweit nichts anderes bestimmt ist, darf von den Vorschriften dieses Untertitels nicht zum Nachteil des Zahlungsdienstnutzers abgewichen werden.

(2) [1]Für Zahlungsdienste im Sinne des § 675 d Abs. 1 Satz 2 sind § 675 q Abs. 1 und 3, § 675 s Abs. 1, § 675 t Abs. 2, § 675 x Abs. 1 und § 675 y Abs. 1 und 2 sowie § 675 z Satz 3 nicht anzuwenden; soweit solche Zahlungsdienste in der Währung eines Staates außerhalb des Europäischen Wirtschaftsraums erbracht werden, ist auch § 675 t Abs. 1 nicht anzuwenden. [2]Im Übrigen darf für Zahlungsdienste im Sinne des § 675 d Abs. 1 Satz 2 zum Nachteil des Zahlungsdienstnutzers von den Vorschriften dieses Untertitels abgewichen werden; soweit solche Zahlungsdienste jedoch in Euro oder in der Währung eines Mitgliedstaats der Europäischen Union oder eines anderen Vertragsstaats des Abkommens über den Europäischen Wirtschaftsraum erbracht werden, gilt dies nicht für § 675 t Abs. 1 Satz 1 und 2 sowie Abs. 3.

(3) Für Zahlungsvorgänge, die nicht in Euro erfolgen, können der Zahlungsdienstnutzer und sein Zahlungsdienstleister vereinbaren, dass § 675 t Abs. 1 Satz 3 und Abs. 2 ganz oder teilweise nicht anzuwenden ist.

(4) Handelt es sich bei dem Zahlungsdienstnutzer nicht um einen Verbraucher, so können die Parteien vereinbaren, dass § 675 d Abs. 1 Satz 1, Abs. 2 bis 4, § 675 f Abs. 4 Satz 2, die §§ 675 g, 675 h, 675 j Abs. 2 und § 675 p sowie die §§ 675 v bis 676 ganz oder teilweise nicht anzuwenden sind; sie können auch eine andere als die in § 676 b vorgesehene Frist vereinbaren.

A. Muster: Entgeltregelung für „Optimierte OUR-Zahlung“ 1

514

▶ **Vereinbarung**[1]

zwischen X-Bank AG (Kreditinstitut/Auftraggeber-Bank), ■■■

und

Y-Geschäftskunde (Geschäftskunde, Zahler), ■■■

(Konto-Nr. des Kontoinhabers/Zahlers ■■■)

1. Die Parteien vereinbaren, dass bei grenzüberschreitenden Überweisungen des Geschäftskunden/Zahlers zulasten seines o.g. Kontos der zahlende Kontoinhaber alle Entgelte trägt.
2. Die Höhe der jeweiligen Entgelte pro Überweisung entspricht der Fremdkostenpauschale in Höhe von 25 EUR (Fix-Preis).
3. Nachbelastungen zulasten des Kontoinhabers/Zahlers sind auch dann ausgeschlossen, wenn dem Kreditinstitut/der Auftraggeberbank von einer in der Überweisungskette nachfolgenden Bank höhere als die ursprünglich kalkulierten Entgelte berechnet werden sollten.[2]

■■■

Ort, Datum

■■■

Unterschrift Geschäftskunde

■■■

Unterschriften Kreditinstitut ◀

B. Erläuterungen

[1] Verbot vertraglicher Abweichungen zulasten des Nutzers/Abweichungen. Grundsätzlich sind nach neuem zwingenden Zahlungsverkehrsrecht vertragliche Vereinbarungen zwischen Zahlungsdienstleister und Zahlungsdienstnutzer unzulässig, die zum Nachteil des Nutzers von den Vorschriften des neuen Untertitels 3 abweichen (§ 675 e Abs. 1, Art. 86 Abs. 3 Zahlungsd-RL). Jedoch sind Abweichungen zugunsten des Nutzers möglich. Auch zulasten des Nutzers darf in den ausdrücklich gesetzlich zugelassenen Fällen abgewichen werden (vgl hierzu § 675 e Abs. 2, näher: *Meckel* in: jurisPR-BKR 12/2009, Anm. 1 III.3.2.; *ders.* , jurisPR-BKR 1/2010, Anm. 1 III.10.11.). Insbesondere dann, wenn der Nutzer kein Verbraucher ist, kann auch bei Inlandszahlungen und Zahlungen innerhalb des EU/EWR-Raumes in weitem Umfange abgewichen werden (*Rösler/Werner*, BKR 2009, 1, 7; *Franck-Massari*, WM 2009, 1117, 1119 mwN). 2

[2] Gebot der Entgeltteilung/Abweichungen. Grundsätzlich sieht das neue Zahlungsverkehrsrecht die Entgeltteilung vor, dh dass Zahler und Zahlungsempfänger die ihnen von ihren Banken in Rechnung gestellten Entgelte tragen (§ 675 q Abs. 3). 3

Die obige Mustervereinbarung enthält eine zulässige und dem Praxisbedarf insbesondere im grenzüberschreitenden Verkehr unter Nicht-Verbrauchern entsprechende abweichende Entgeltvereinbarung, wonach der Zahler alle Entgelte trägt (sog. OUR-Überweisung); das Entgelt ist dabei in dem Sinne „garantiert“, dass eine Nachbelastung auch dann ausgeschlossen ist, wenn der Auftraggeberbank von einer in der Überweisungskette nachfolgenden Bank ein höheres als das ursprünglich kalkulierte Entgelt berechnet werden sollte (vgl *Meckel* in: jurisPR-BKR, 1/2010, Anm. 1 unter III.11). Diese Option wird der Nutzer in den Fällen wählen, in 4 denen ihm dies zum Vorteil gereicht, etwa wenn er mit seinem Geschäftspartner im Grundverhältnis die Übernahme aller Kosten vereinbart hat.

Kapitel 2 Zahlungsdienstevertrag

§ 675 f Zahlungsdienstevertrag

(1) Durch einen Einzelzahlungsvertrag wird der Zahlungsdienstleister verpflichtet, für die Person, die einen Zahlungsdienst als Zahler, Zahlungsempfänger oder in beiden Eigenschaften in Anspruch nimmt (Zahlungsdienstnutzer), einen Zahlungsvorgang auszuführen.

(2) [1]Durch einen Zahlungsdiensterahmenvertrag wird der Zahlungsdienstleister verpflichtet, für den Zahlungsdienstnutzer einzelne und aufeinander folgende Zahlungsvorgänge auszuführen sowie gegebenenfalls für den Zahlungsdienstnutzer ein auf dessen Namen oder die Namen mehrerer Zahlungsdienstnutzer lautendes Zahlungskonto zu führen. [2]Ein Zahlungsdiensterahmenvertrag kann auch Bestandteil eines sonstigen Vertrags sein oder mit einem anderen Vertrag zusammenhängen.

(3) [1]Zahlungsvorgang ist jede Bereitstellung, Übermittlung oder Abhebung eines Geldbetrags, unabhängig von der zugrunde liegenden Rechtsbeziehung zwischen Zahler und Zahlungsempfänger. [2]Zahlungsauftrag ist jeder Auftrag, den ein Zahler seinem Zahlungsdienstleister zur Ausführung eines Zahlungsvorgangs entweder unmittelbar oder mittelbar über den Zahlungsempfänger erteilt.

(4) [1]Der Zahlungsdienstnutzer ist verpflichtet, dem Zahlungsdienstleister das für die Erbringung eines Zahlungsdienstes vereinbarte Entgelt zu entrichten. [2]Für die Erfüllung von Nebenpflichten nach diesem Untertitel hat der Zahlungsdienstleister nur dann einen Anspruch auf ein Entgelt, sofern dies zugelassen und zwischen dem Zahlungsdienstnutzer und dem Zahlungsdienstleister vereinbart worden ist; dieses Entgelt muss angemessen und an den tatsächlichen Kosten des Zahlungsdienstleisters ausgerichtet sein.

(5) In einem Zahlungsdiensterahmenvertrag zwischen dem Zahlungsempfänger und seinem Zahlungsdienstleister darf das Recht des Zahlungsempfängers, dem Zahler für die Nutzung eines bestimmten Zahlungsauthentifizierungsinstruments eine Ermäßigung anzubieten, nicht ausgeschlossen werden.

1 **A. Muster: Zahlungsdiensterahmenvertrag[1]**

▶ **MasterCard-KUNDENBEDINGUNGEN[2] (Stand per 31.10.2009)[2]**

1. Grundlage des Kreditkartenvertrages

Die EURO Kartensysteme gibt an Angehörige des im Kartenantrag bezeichneten Unternehmens (nachfolgend „Unternehmen“) und an mit diesen in häuslicher Gemeinschaft lebende Personen MasterCards (nachfolgend „Karte“) auf der Grundlage des zwischen der EURO Kartensysteme und dem Unternehmen geschlossenen Kooperationsvertrages aus.

2 Abgedruckt mit freundlicher Genehmigung der EURO Kartensysteme GmbH.

2. Verwendungsmöglichkeiten der Karte[3]

Mit der von der EURO Kartensysteme ausgegebenen Karte kann der Karteninhaber im Inland und auch im Ausland im Rahmen des MasterCard-Verbundes

- bei Akzeptanzunternehmen Waren und Dienstleistungen bargeldlos bezahlen und
- an Geldautomaten sowie an Kassen von Kreditinstituten – dort zusätzlich gegen Vorlage eines Ausweispapiers – Bargeld beziehen (Bargeldservice).

Der Bezug von Bargeld ist beschränkt auf bestimmte, in Abhängigkeit von der Bezugsquelle festgelegte, Höchstbeträge, welche im „Verzeichnis über Bargeldlimite" aufgeführt sind.

Die Akzeptanzunternehmen sowie die bargeldauszahlenden Stellen sind an den Akzeptanzsymbolen zu erkennen, die auf der Karte zu sehen sind. Soweit mit der Karte zusätzliche Leistungen (z.B. Versicherungen) verbunden sind, wird der Karteninhaber hierüber gesondert informiert.

3. Persönliche Geheimzahl (PIN) und SecureCode[4]

Für die Nutzung von Geldautomaten und von automatisierten Kassen kann dem Karteninhaber für seine Karte eine persönliche Geheimzahl (PIN) zur Verfügung gestellt werden. Sollte die PIN, wenn deren Eingabe erforderlich ist, dreimal hintereinander falsch eingegeben werden, so kann die Karte nicht mehr eingesetzt werden und wird ggfs. eingezogen. Der Karteninhaber sollte sich in diesem Fall an die beauftragte First Data Deutschland GmbH (FDD) unter Tel. 069/7933-2200 wenden.

Für die Verwendung der Karte im Internet ist bei teilnehmenden Händlern zur Überprüfung der Identität des Karteninhabers die Eingabe eines SecureCodes erforderlich. Dieser wird im Rahmen der Registrierung des Karteninhabers zum MasterCard SecureCode-Verfahren erstellt. Es gelten die „Bedingungen für die Teilnahme an MasterCard® SecureCode™".

4. Identifizierung des Karteninhabers

Die erstmalige Aushändigung der Karte an den Karteninhaber erfolgt nur nach vorheriger Identifizierung des Karteninhabers nach den Vorgaben des Geldwäschegesetzes.

5. Autorisierung von Kartenzahlungen[5]

Mit dem Einsatz der Karte (Nr. 2), erteilt der Karteninhaber seine Zustimmung (Autorisierung) zur Ausführung der Kartenzahlung, indem er entweder zusätzlich

- einen Belastungsbeleg, auf dem u.a. die Kartendaten aufgeführt sind, unterschreibt oder
- an Geldautomaten und bestimmten automatisierten Kassen die PIN eingibt.

Der Karteninhaber kann ausnahmsweise seine Karte bei Fernabsatzgeschäften ohne Unterzeichnung eines Belastungsbeleges einsetzen, indem er zur Bezahlung dem Akzeptanzunternehmen seine Karten-Nummer, das Verfalldatum der Karte und seinen Namen nennt sowie teilweise die Prüfziffer (Card Verification Code – CVC) angibt. Desgleichen kann der Karteninhaber die Karte bei bestimmten Akzeptanzunternehmen ohne Unterzeichnung eines Belastungsbeleges oder Eingabe der PIN bis zu einem bestimmten Betrag einsetzen.

Ab Übermittlung der Zustimmung an den Zahlungsempfänger kann der Karteninhaber die Kartenzahlung nicht mehr widerrufen.

6. Finanzielle Nutzungsgrenze[6]

Der Karteninhaber darf seine Karte nur innerhalb des Verfügungsrahmens und nur in der Weise verwenden, dass ein Ausgleich der Karten-Umsätze bei Fälligkeit gewährleistet ist. Auch wenn der Karteninhaber die finanzielle Nutzungsgrenze nicht einhält, ist die EURO Kartensysteme berechtigt, den Ersatz der Aufwendungen zu verlangen, die aus der Nutzung der Karte entstehen.

7. Ablehnung von Kartenzahlungen[7]

Die EURO Kartensysteme ist berechtigt, die Kartenzahlung abzulehnen, wenn

- der Karteninhaber sich nicht mit seiner PIN legitimiert hat,
- die geltenden Bargeldhöchstbeträge oder der geltende Verfügungsrahmen durch die Zahlung überschritten werden,
- sachliche Gründe gegen die Sicherheit der Karte bzw die Autorisierung der Kartenzahlung durch den Karteninhaber sprechen oder
- die Karte gesperrt ist.

Hierüber wird der Karteninhaber über das Terminal, an dem die Karte eingesetzt wird, unterrichtet.

8. Ausführungsfrist[8]

Der Zahlungsvorgang wird vom Zahlungsempfänger ausgelöst. Nach Zugang des Zahlungsauftrages bei der EURO Kartensysteme ist diese verpflichtet sicherzustellen, dass der Kartenzahlungsbetrag spätestens nach 3 Tagen bzw. bei Kartenzahlungen aus oder ins europäische Ausland, die nicht in Euro erfolgen nach 4 Tagen beim Zahlungsdienstleister des Zahlungsempfängers eingeht.

9. Sorgfalts- und Mitwirkungspflichten des Karteninhabers[9]

Der Karteninhaber hat seine Karte nach Erhalt unverzüglich auf dem Unterschriftsfeld zu unterschreiben und sie mit besonderer Sorgfalt aufzubewahren, um sie vor missbräuchlicher Nutzung zu schützen.

Der Karteninhaber hat auch dafür Sorge zu tragen, dass andere Personen weder von seiner PIN noch von seinem SecureCode Kenntnis erlangen. Sie dürfen insbesondere nicht auf der Karte vermerkt oder in anderer Weise zusammen mit dieser aufbewahrt werden. Denn jede Person, die im Besitz der Karte ist und die PIN oder den SecureCode kennt, hat die Möglichkeit missbräuchliche Verfügungen zu tätigen (z.B. Geld an Geldautomaten abzuheben).

Stellt der Karteninhaber den Verlust, die missbräuchliche Verwendung oder eine sonstige nicht autorisierte Nutzung seiner Karte oder Kartendaten fest, so ist der Sperr-Notruf unter Tel. (+49) 116116, die FDD unter Tel. 069/7933-1910 oder eine Repräsentanz des MasterCard-Verbundes unverzüglich zu unterrichten, um die Karte sperren zu lassen. Diese Sperranzeige muss ebenfalls erfolgen, wenn der Karteninhaber den Verdacht hat, dass eine andere Person unberechtigt in den Besitz seiner Karte, Kartendaten, PIN oder SecureCode gelangt ist, eine missbräuchliche Verwendung oder eine sonstige nicht autorisierte Nutzung von Karte und PIN vorliegt. Bei missbräuchlicher Verwendung der Karte ist Anzeige bei der Polizei zu erstatten.

Der Karteninhaber hat die EURO Kartensysteme über Änderung seines Namens, seiner Anschrift und seiner Bankverbindung, welche dem Bankeinzug von Abrechnungsbeträgen dient, unverzüglich zu informieren.

10. Zahlungsverpflichtung des Karteninhabers[10]

Die EURO Kartensysteme ist gegenüber Akzeptanzunternehmen und bargeldauszahlenden Stellen verpflichtet, die vom Karteninhaber getätigten Umsätze zu begleichen. Der Karteninhaber ist seinerseits verpflichtet, alle im Zusammenhang mit der Begleichung der Kartenumsätze entstehenden Aufwendungen der EURO Kartensysteme zu erstatten. Über die Aufwendungen wird der Karteninhaber einmal monatlich in einer Abrechnung informiert, in der die getätigten Umsätze sowie Entgelte einzeln aufgeführt sind. Mit Erhalt der Abrechnung wird der Abrechnungsbetrag fällig und dem vom Karteninhaber angegebenen Bankkonto belastet. Die von einem Zusatzkarteninhaber getätigten Kartenumsätze und Entgelte werden dem Bankkonto des Hauptkarteninhabers belastet.

Einwendungen und sonstige Beanstandungen des Karteninhabers aus seinem Vertragsverhältnis zu dem Akzeptanzunternehmen, bei dem die Karte eingesetzt wurde, sind unmittelbar gegenüber dem Akzeptanzunternehmen geltend zu machen; sie berühren die Zahlungsverpflichtung des Karteninhabers nach Abs. 1 S. 2 nicht.

11. Fremdwährungsumrechnung beim Auslandseinsatz[11]

Werden mit der Karte Forderungen begründet, die nicht auf Euro lauten, werden diese zu den Kursen abgerechnet, zu denen sie von MasterCard Worldwide in Euro umgerechnet worden sind und dem Konto in Euro belastet. Die jeweils maßgeblichen Kurse werden im Internet unter http://www.eurokartensysteme-wechselkurse.de veröffentlicht und gelten ohne vorherige Benachrichtigung der Karteninhaber.

12. Entgelte[12]

Die vom Karteninhaber an die EURO Kartensysteme zu zahlenden Entgelte ergeben sich aus dem „Preisverzeichnis für MasterCard", welches beim Unternehmen zur Einsicht bereitliegt oder auf Anfrage dem Karteninhaber durch die EURO Kartensysteme zugesandt werden kann. Änderungen der Entgelte werden dem Karteninhaber spätestens zwei Monate vor ihrem Wirksamwerden in Textform übersandt. Teilt der Karteninhaber der EURO Kartensysteme nicht vor Wirksamwerden der Änderungen schriftlich seine Ablehnung hierzu mit, so gilt dies als Zustimmung.

Der Karteninhaber hat gegenüber der EURO Kartensysteme keinen Anspruch auf Rückerstattung eines eventuellen Preisaufschlags, den ein Akzeptanzunternehmen oder eine bargeldauszahlende Stelle bei Einsatz der Karte zu erheben berechtigt ist.

13. Reklamationen und Beanstandungen[13]

Der Karteninhaber hat Rechnungszusammenstellungen sowie sonstige Abrechnungen und Anzeigen auf ihre Richtigkeit und Vollständigkeit zu überprüfen. Etwaige Einwendungen gegen die Betragshöhe eines autorisierten Zahlungsvorganges sind innerhalb von acht Wochen ab dem Zeitpunkt der beanstandeten Belastung zu erheben. Nichtautorisierte oder fehlerhaft ausgeführte Zahlungsvorgänge sind unverzüglich nach ihrer Feststellung spätestens jedoch bis 13 Monate nach ihrer Belastung anzuzeigen, andernfalls sind etwaige hieraus resultierende Ansprüche des Karteninhabers gegen die EURO Kartensysteme ausgeschlossen. Der Lauf der 13-monatigen Frist beginnt nur, wenn die EURO Kartensysteme den Karteninhaber über die aus der Kartenverfügung resultierende Belastungsbuchung in der Umsatzabrechnung, spätestens innerhalb eines Monats nach der Belastungsbuchung unterrichtet hat; andernfalls ist für den Fristbeginn der Tag der Unterrichtung maßgeblich. Die Unterlassung rechtzeitiger Einwendungen kann einen Schadensersatzanspruch der EURO Kartensysteme gegen den Karteninhaber begründen. Ergänzend wird auf Nr. 10 Abs. 2 verwiesen.

14. Haftung für Schäden aus missbräuchlichen Verfügungen[14]

Sobald eine Sperranzeige (Nr. 9) erfolgt ist, hat der Karteninhaber für weitere missbräuchliche Verfügungen, die mit der Karte nach diesem Zeitpunkt getätigt werden, nicht mehr einzustehen, es sei denn der Karteninhaber handelt in betrügerischer Absicht.

Für Schäden, die durch missbräuchliche Verfügungen vor Eingang der Sperranzeige entstehen, beschränkt sich die Haftung des Karteninhabers auf einen Höchstbetrag von 50,- EUR je Karte. Diese Haftungsbegrenzung gilt jedoch nicht, wenn der Karteninhaber seine Sorgfaltspflichten nach diesen Bedingungen oder nach Gesetz vorsätzlich oder grob fahrlässig verletzt oder in betrügerischer Absicht gehandelt hat, denn dann trägt der Karteninhaber den hierdurch entstandenen Schaden in vollem Umfang.

Die Haftung der EURO Kartensysteme für sonstige Schäden (wie etwa entgangener Gewinn, Verzugs- oder Folgeschäden) aufgrund mangelhafter Zahlungsvorgänge, wird auf einen Betrag von maximal 12.500,- EUR begrenzt.

15. Gesamtschuldnerische Haftung von Haupt- und Zusatzkarteninhaber[15]

Für die Verbindlichkeiten aus einer gemeinsam beantragten Karte haften Hauptkarteninhaber und Zusatzkarteninhaber als Gesamtschuldner, d.h. die EURO Kartensysteme kann von jedem Karteninhaber die Erfüllung sämtlicher Ansprüche fordern. Dies gilt auch für Aufwendungen, die nach erfolgter Kündigung aus der weiteren Nutzung einer Karte entstehen.

16. Eigentum und Gültigkeit[16]

Die Karte bleibt im Eigentum der EURO Kartensysteme. Sie ist nicht übertragbar. Die Karte ist nur für den auf der Karte angegebenen Zeitraum gültig. Endet die Berechtigung, die Karte zu nutzen, vorher (z.B. durch Kündigung des Kreditkartenvertrages), so hat der Karteninhaber die Karte unverzüglich an EURO Kartensysteme oder das Unternehmen zurückzugeben. EURO Kartensysteme behält sich das Recht vor, auch während der Laufzeit einer Karte diese gegen eine neue auszutauschen. Kosten entstehen dem Karteninhaber dadurch nicht.

17. Kündigung[17]

Der Kreditkartenvertrag gilt auf unbestimmte Zeit. Er kann vom Karteninhaber jederzeit mit einer Frist von einem Monat schriftlich gekündigt werden. Die EURO Kartensysteme kann den Kreditkartenvertrag jederzeit unter Einhaltung einer Frist von zwei Monaten kündigen.

Die EURO Kartensysteme kann den Kreditkartenvertrag fristlos kündigen, wenn ein wichtiger Grund vorliegt, durch den die Fortsetzung des Kreditkartenvertrages auch unter angemessener Berücksichtigung der berechtigten Belange des Karteninhabers für die EURO Kartensysteme unzumutbar ist. Ein solcher Grund liegt insbesondere vor, wenn der Karteninhaber seinen Verpflichtungen aus diesem Kreditkartenvertrag nicht zur Genüge nachkommt, unrichtige Angaben über seine Vermögenslage gemacht hat und die EURO Kartensysteme die Entscheidung über den Abschluss des Kreditkartenvertrages hierauf gestützt hat, oder wenn eine wesentliche Verschlechterung seiner Vermögenslage eintritt oder einzutreten droht und dadurch die Erfüllung der Verbindlichkeiten aus dem Kreditkartenvertrag gegenüber der EURO Kartensysteme gefährdet ist.

Das Vertragsverhältnis mit dem Zusatzkarteninhaber kann allein und nur mit Wirkung für den Zusatzkartenvertrag beendet werden. Die Beendigung des Hauptkartenvertrages hat immer auch die Beendigung des Zusatzkartenvertrages zur Folge. Der Inhaber einer Zusatzkarte wird über die Beendigung des Hauptkartenvertrages durch die EURO Kartensysteme informiert.

18. Folgen der Kündigung[18]

Mit Wirksamwerden der Kündigung darf die Karte nicht mehr benutzt werden. Sie ist unverzüglich und unaufgefordert an die EURO Kartensysteme oder das Unternehmen zurückzugeben.

19. Einziehung und Sperre der Karte[19]

Die EURO Kartensysteme darf die Karte für die weitere Nutzung sperren und den Einzug der Karte veranlassen, wenn

- sie berechtigt ist, den Kreditkartenvertrag aus wichtigem Grund zu kündigen,
- sachliche Gründe im Zusammenhang mit der Sicherheit der Karte dies rechtfertigen oder
- der Verdacht einer nicht autorisierten oder betrügerischen Verwendung der Karte besteht.

Die EURO Kartensysteme wird den Karteninhaber unter Angabe der hierfür maßgeblichen Gründe möglichst vor, spätestens jedoch unverzüglich nach der Sperre, über die Sperre unterrichten.

20. Änderungen der Kundenbedingungen[20]

Änderungen und Ergänzungen dieser Kundenbedingungen wird die EURO Kartensysteme spätestens zwei Monate vor ihrem Wirksamwerden durch schriftliche Benachrichtigung bekannt geben. Teilt der Karteninhaber der EURO Kartensysteme nicht vor Wirksamwerden der Änderungen bzw. Ergänzungen schriftlich seine Ablehnung hierzu mit, so gilt dies als Zustimmung.

21. Einschaltung Dritter[21]

Die EURO Kartensysteme ist berechtigt, sich im Rahmen des Kreditkartenvertrages zur Bewirkung der von ihr zu erbringenden Leistungen und zur Einforderung der vom Karteninhaber zu erbringenden Leistungen Dritter zu bedienen. ◀

B. Erläuterungen

[1] Neuer Vertragstypus „Zahlungsdienstevertrag". Der mWv 31.10.2009 durch § 675 f neu geschaffene Vertragstypus „Zahlungsdienstevertrag", der die Basis für alle relevanten Zahlungsinstrumente (u.a. Überweisungen, Lastschriften, Kartenzahlungen; die Begriffsbestimmungen des KWG und des ZAG sind anzuwenden, § 675 c Abs. 3) bildet, ist eine Sonderform des Geschäftsbesorgungsvertrages iSv § 675 c Abs. 1 (Palandt/*Sprau*, § 675 f, Rn 1; *Koch/Vogel* in: Albrecht/Karahan/Lenenbach, Fachanwaltshandbuch Bank- und Kapitalmarktrecht, 2010, § 20 Rn 43 ff mwN). Die Primärpflicht des Zahlungsdienstleisters besteht darin, einen Zahlungsvorgang für den Zahlungsdienstnutzer auszuführen (§ 675 f Abs. 1 und Abs. 2). Die Ausführungspflicht besteht sowohl bei einem (in der Praxis eher selten vorkommenden) Einzelzahlungsvertrag (§ 675 f Abs. 1) wie auch bei einem (in der Praxis die Regel abbildenden) Rahmenvertrag (§ 675 f Abs. 2) (RegE, BT-Drucks. 16/11643, S. 161). Im Grundsatz hat der Zahlungsdienstevertrag Dienstleistungscharakter; bei bestimmten Zahlungsvorgängen hat er Werkvertragscharakter (Palandt/*Sprau*, § 675 f Rn 1; *Rösler/Werner*, BKR 2009, 1, 7). Gegenüber den bisherigen gesetzlichen Bestimmungen des Überweisungsrechts ist der Regelungsgehalt der Bestimmungen zum Zahlungsdienstevertrag einerseits umfassender, auch da sie sich auf mehrere Arten von Zahlungsdienstleistungen, differenziert nach Einzelvertrag und Rahmenvertrag, beziehen (Hk-BGB/*Schulte-Nölke/Schulze*, § 675 f Anm. 1; *Rösler/Werner*, BKR 2009, 1, 7); andererseits ist das neue Regelwerk jedoch dogmatisch unklarer und bleiben Einzelaspekte ungeregelt. Neu ist die Bestimmung in § 675 f Abs. 2, dass der Zahlungsdienstleister bei einem Zahlungsdiensterahmenvertrag ggf ein Konto zu führen hat, wodurch Elemente des Girovertrages aufgenommen werden. In § 675 f Abs. 4 wird schließlich die Entgeltlichkeit der Zahlungsdienste bestimmt. 2

Zahlungsvorgang/Zahlungsauftrag/auftragsrechtliches Modell. Eine wesentliche Neuerung besteht in der gesetzlichen Definition des „Zahlungsvorgangs" und des „Zahlungsauftrags". Während mit Zahlungsvorgang der tatsächliche Geldfluss beschrieben ist, ist Zahlungsauftrag „jeder Auftrag, den ein Zahler seinem Zahlungsdienstleister zur Ausführung eines Zahlungsvorgangs entweder unmittelbar oder mittelbar über den Zahlungsempfänger erteilt" (§ 675 f Abs. 3 S. 2). Dies gilt sowohl für den Überweisungs-, Lastschrift- und Kartenzahlungsverkehr (zur Behandlung des Lastschrifteinzugs als Zahlungsdienst vgl *Meckel* in: jurisPR-BKR 12/2009, Anm. 1 unter V.2.). Für Überweisungen sollhierin die für die Praxis bedeutendste Rechtsänderung liegen, da nunmehr nach neuem Recht iS der hM wieder dem „auftragsrechtlichen Modell" gefolgt wird, wie dies vor dem Inkrafttreten der §§ 676 a ff aF (durch die der Überweisungsvertrag auf der Grundlage der Überweisungsrichtlinie eingeführt worden war) früher schon (vor dem 1.1.2002) deutschem Recht entsprach (*Grundmann*, WM 2009, 1109, 1113). Bedeutsam ist der Begriff der „Autorisierung" nach der Terminologie der neuen §§ 675 c bis 676 c: liegt ein Zahlungsauftrag vor, ist die Ausführung des Zahlungsvorgangs im Verhältnis vom Zahlungsdienstleister zum Zahler „autorisiert" (vgl weiterführend Hk-BGB/*Schulte-Nölke/Schulze*, § 675 f Anm. 5). Ein – vom Zahler ausgehender - Zahlungsauftrag liegt auch bei einer Kreditkartenzahlung vor, deren Abwicklung von dem als Mittler eingeschalteten Zahlungsempfänger (Akzeptanzunternehmen) angestoßen wird (aaO; zur Kartenzahlung vgl umfassend Palandt/*Sprau*, § 675 f Rn 41 ff) (vgl auch oben zu § 675 c, insbes Rn 5 f, und unten zu § 675 u und § 675v-w). 3

4 **Gesetzlicher Rahmen/AGB.** Durch § 675 f wird nunmehr für Zahlungsdiensterahmenverträge, wozu insbesondere auch die mit Kreditinstituten typischerweise abgeschlossenen Kreditkartenverträge zählen, ein gesetzlicher Rahmen vorgegeben, innerhalb dessen gewisse Gestaltungsfreiheit besteht wie bisher auch (vgl zum früheren Recht *Werner* in: Hopt, Vertrags- und Formularbuch zum Handels-, Gesellschafts- und Bankrecht, 933 ff mit umfassendem Bankformular- und Erläuterungsteil zu den einzelnen Bankgeschäften). Nach neuem Zahlungsdiensterecht sind vertragliche Abweichungen zum Nachteil von als Verbraucher einzustufenden Zahlern nicht möglich, es sei denn, sie sind gesetzlich zugelassen (vgl. oben zu § 675 e; weiterführend vgl *Meckel* in: jurisPR-BKR 12/2009, Anm. 1, Teil 2 unter III 3.2. mit Hinweis auf den „Richtungsstreit" zum Verhältnis zwischen 675 e Abs. 1 und 675 e Abs. 4).

5 Die Vertragsverhältnisse werden regelmäßig in Form von Allgemeinen Geschäftsbedingungen ausgestaltet. Zahlungsdiensterahmenverträge sind häufig auch Bestandteil sonstiger Bankverträge oder hängen mit einem anderen Vertrag zusammen (§ 675 f Abs. 2 S. 2). Auch vor dem 31.10.2009 geschlossene Kartenzahlungsverträge, Girokontoverträge oder ähnliche Rahmenvereinbarungen, die die Ausführung von Zahlungsvorgängen zum Gegenstand haben, sind Verträge gemäß § 675 f Abs. 2 (RegE, BT-Drucks. 16/11643, S. 162).

6 Für das Überweisungsrecht bildet in erster Linie der klassische Girovertrag als Rahmenvertrag wieder Ausgangspunkt und Grundlage (Art. 40 ff Zahlungsdienste-RL, § 675 f). Im neuen, mWv 31.10.2009 geltenden Recht wird nicht mehr zwischen drei Typen von Verträgen in der Überweisungskette unterschieden (wie bisher Überweisungs-, Zahlungs- und Girovertrag). Gemäß § 675 c Abs. 1 wird auf jeder Stufe ein Rahmenvertrag geschäftsbesorgungsvertraglichen Charakters geschlossen (*Grundmann*, WM 2009, 1109, 1113). Grundmodell für die Überweisung bildet im neuen Recht daher – wieder – der Giro- oder Rahmenvertrag, flankiert vom Bankkonto (*Grundmann*, WM 1109, 1113). Zu weiteren Einzelheiten der Überweisung nach neuem Recht (Bindung zum Bankkonto, Kündigung, Grundmodell einseitiger Weisung, Weisungserteilung und Auftragsstrenge, Wirksamkeitshindernisse, Fälschung und Rechtsschein und Gegenweisung (Widerruf) vgl näher *Grundmann*, WM 2009, 1109, 1113-1115 mwN). Zu Fragen der Anwendbarkeit des BGB aF und dem neuem Zahlungsdiensterecht vgl Palandt/*Sprau*, § 675 f Rn 2.

7 [2] **Muster: MasterCard-Kundenbedingungen.** Die als Muster eines Zahlungsdiensterahmenvertrages vorliegend gewählten „MasterCard-Kundenbedingungen" stellen auf das mWv 31.10.2009 geltende neue Zahlungsverkehrsrecht angepasste Bedingungen dar. In der Praxis haben Zahlungsdienstleister auch die Musterbedingungswerke, zB in der Version des Bundesverbandes deutscher Banken, wie sie vom Zentralen Kreditausschuss erarbeitet wurden, zur Grundlage ihrer neuen AGB für Zahlungsdiensterahmenverträge gemacht. U.a. aus Wettbewerbsgründen (zB weil Zahlungsdienstleister den in § 675 v Abs. 1 bestimmten maximalen Schadenersatzbetrag von 150 EUR zugunsten der Zahler noch unterbieten möchten) weichen einzelne Klauseln der neuen, ab 31.10.2009 geltenden AGB einzelner Zahlungsdienstleister von den jeweiligen Musterbedingungswerken ab.

8 [3] **Verwendungsmöglichkeiten.** Nr. 2 MasterCard-Kundenbedingungen definiert die Verwendungsmöglichkeiten der Kreditkarte (bargeldlose Zahlung bei Akzeptanzunternehmen, Bargeldbezug an Geldautomaten und Kassen von Kreditinstituten), wobei der Bargeldbezug in der Regel auf bestimmte Höchstbeträge, die im Einzelnen näher bestimmt sind, beschränkt ist (vgl weiterführend *Grundmann* in: Ebenroth/Boujong/Joost/Strohn, HGB, Bd. 2, BankR I-IX, BankR II Rn II 374 ff mwN; zum Musterfall einer sog. Sign-on-File-Kreditkartentransaktion vgl unten zu § 675 u).

9 [4] PIN/personalisierte Sicherheitsmerkmale/**Sicherheit der PIN-Systeme/Anscheinsbeweis.** Von großer praktischer Bedeutung im Zahlungskartenverkehr ist die Verwendung der persönlichen Geheimzahl (PIN), wozu Nr. 3 der MasterCard-Kundenbedingungen nähere Bestim-

mungen bereithält. Mit der PIN legitimiert sich der Zahlungsdienstnutzer (Karteninhaber) an Geldautomaten und an automatisierten Kassen; die PIN ist personalisiertes Sicherheitsmerkmal iSd § 675 j (Palandt/*Sprau*, § 675 j, Rn 7). Zu Fragen der Sicherheit der PIN-Systeme und den damit verbundenen Themen der Haftung und Beweislastverteilung bei Kartenschadensfällen werden seit vielen Jahren in Literatur und Rechtsprechung intensive Auseinandersetzungen geführt (vgl näher auch unten zu §§ 675v-w, insbes Rn 19–24 mwN).

Derzeit ist der Streit nach hM in Literatur und Rechtsprechung mit überzeugenden Begründungen zugunsten der Kartenemittenten und zugunsten der Sicherheit der Systeme entschieden. Für girocard-Karten (früher ec-Karten) gilt das Grundsatzurteil des Bundesgerichtshofs vom 5.10.2004 (XI ZR 210/03, BGHZ 160, 308), wonach bei girocard-Karten mit Triple-DES-Verschlüsselungen grundsätzlich der Beweis des ersten Anscheins dafür spricht, dass entweder der Karteninhaber die Geldabhebungen selbst vorgenommen hat, oder dass der Karteninhaber gegen seine Sorgfaltspflichten beim Umgang mit Karte und PIN verstoßen hat und ein Dritter nach der Entwendung oder dem sonstigen Abhandenkommen der Karte von der PIN nur wegen ihrer gemeinsamen Verwahrung mit der Karte bzw. wegen sonstiger Sorgfaltspflichtverstöße Kenntnis erlangen konnte. 10

Auch für Kreditkarten (MasterCards) ist eine entsprechende herrschende Meinung und feststehende PIN-Anscheinsbeweis-Rechtsprechung etabliert (OLG Frankfurt Urt. v. 30.3.2006, NJW-RR 2007, 198, v. 15.7.2003, NJW-RR 2004, 206, und v. 7.5.2002, WM 2002, 2101; Landgericht Magdeburg, Beschl. v. 29.10.2009 – 2 S 312/09). Zu keinem Zeitpunkt konnten in den vielfach geführten Prozessen von Sachverständigen, Wissenschaftlern oder Angreifern irgendwelche Systemunsicherheiten nachgewiesen oder gar nur substantiiert dargelegt werden, die dem Anscheinsbeweis die Grundlage zu entziehen geeignet wären. Zur Fortgeltung des Beweises des ersten Anscheins bei PIN-gestützten Zahlungstransaktionen auch unter dem neuen Zahlungsdiensterecht vgl näher unten zu §§ 675v-w, insbes Rn 19–24 mwN). 11

Insbesondere verbraucherschützerseits wird diese herrschende Rechtsprechung angegriffen. So führte bzw führt die Verbraucherzentrale Nordrhein-Westfalen seit mehr als 6 Jahren mehrere Sammelklageverfahren gegen fünf Finanzinstitute vor verschiedenen Instanzgerichten der Bundesrepublik und inzwischen auch vor dem BGH. Ziel der Prozesse ist es, die zugunsten von Kartenemittenten bestehende Anscheinsbeweis-Rechtsprechung und Beweislastverteilung in Kartenprozessen zu Fall zu bringen. In den Prozessen wird das gesamte Argumentationsspektrum zu angeblichen technischen Möglichkeiten von PIN-Entschlüsselungen und sämtliche kursierenden Presse- und Sachverständigenmeinungen aufgeboten (entsprechend *Strube* in: Assies/Beule/Heise/Strube, Handbuch des Fachanwalts Bank- und Kapitalmarktrecht, 2008, S. 231 ff mwN). Die Verbraucherschützer hatten zwar prozessrechtlich die Aktivlegitimation für derartige Sammelzahlungsklagen erstreiten können (BGH Urt. v. 14.11.2006, XI ZR 294/05, WM 2007, 67; EWiR § 398 BGB 1/2007, 135 (*Meder/Beesch*). 12

In der Sache waren die Verbraucherschützer jedoch nicht erfolgreich. So urteilte das OLG Frankfurt am Main am 30.1.2008 (WM 2008, 534; mit zustimmender Anmerkung *Meder/Flick*, WuB I D 5 b Debit-Karte 1.08), dass es nicht gelungen sei, dem Anscheinsbeweis die Grundlage zu entziehen. Hierzu genügten allgemeine Behauptungen zu angeblichen Systemunsicherheiten bzw an die Adresse von Kartenemitteten erhobene Aufforderungen, sich zum verwendeten Sicherheitssystem weiter zu erklären, nicht. Insbesondere genüge auch nicht der Verweis auf mehr theoretisch gebliebene Möglichkeiten der Kenntniserlangung der PIN durch Dritte oder gar Angriffe auf bzw Sicherheitsmängel von anderen Kartensystemen anderer Emittenten. Vielmehr sei es erforderlich, dass Karteninhaber – unter substantiiertem Vortrag entsprechender Anknüpfungstatsachen – Sicherheitslücken im System des betreffenden Kartenausgebers aufzeigten, wozu die Karteninhaber auch in der Lage seien (so auch OLG Brandenburg, Urt. v. 7.3.2007, 13 U 69/06). 13

14 Nach dieser Rechtsprechung sind allgemeine Behauptungen zum angeblich möglichen „Knacken“ der PIN in Prozessen nicht berücksichtigungsfähig und eher spekulativ; ohne konkrete Anknüpfungstatsachen laufen sie auf eine unzulässige Ausforschung hinaus (OLG Frankfurt Urt. v. 30.3.2006, NJW-RR 2007, 198, auch abrufbar unter www.dr-beesch.de/urteile). Diese Rechtslage zu diesem zentralen Praxisthema gilt auch unter dem neuen, mWv 31.10.2009 geltenden Zahlungsdiensterecht fort (vgl. weiterführend auch unten zu §§ 675v-w, insbes. Rn 19 ff mwN).

15 **MasterCard Secure Code.** Nr. 3 der MasterCard-Kundenbedingungen regelt die Nutzung des sog. Secure Codes für die Verwendung der Karte im Internet bei teilnehmenden Akzeptanzunternehmen (e-commerce); hierbei handelt es sich um ein sicheres Authentifizierungsverfahren, das zur Überprüfung der Identität des Karteninhabers bei Verwendung der Karte im Internethandel etabliert wurde. Die Nutzung des Verfahrens setzt u.a. die Registrierung des Karteninhabers zum MasterCard Secure Code-Verfahren voraus (vgl. auch oben zu § 675 d Rn 1 unter B. I 1 sowie Rn 6 mwN). Auf Seiten der Akzeptanzunternehmen (Händler) kann die Teilnahme am Verfahren zur weitgehenden Zahlungsabsicherung für Kartenumsätze führen, bei denen der Karteninhaber behauptet, die Bestellung nicht getätigt zu haben. VISA International hat mit „3-D Secure“ ein vergleichbares Authentifizierungsverfahren entwickelt. Die Einführung dieser zusätzlichen Authentifizierungsverfahren hat in der Praxis zu einer starken Reduzierung von Missbrauchsfällen in Internet-Bezahlverfahren geführt.

16 [5] **Autorisierung.** Nr. 5 der MasterCard-Kundenbedingungen regelt die Autorisierung von Kartenzahlungen, die durch den Karteninhaber entweder durch Unterschrift unter einem sog. Belastungsbeleg, durch Eingabe der PIN an Geldautomaten oder bestimmten automatisierten Kassen, durch Einsatz bei Fernabsatzgeschäften ohne Unterzeichnung eines Belastungsbelegs oder durch Einsatz der Karte zB im sog. Sign-on-File-Verfahren (vgl hierzu unten § 675 u) erfolgen kann. Die Autorisierung ist Grundvoraussetzung für die Entstehung des Aufwendungsersatzanspruches des Kartenemittenten gegen den Karteninhaber (§§ 675 c Abs. 1, 670, 675 u) (vgl auch oben zu § 675 c, insbes. Rn 5 f sowie unten zu § 675 u Rn 6, und § 675v-w, insbes. Rn 16 ff).

17 **Unwiderruflichkeit.** Wie bisher nach hM in der Rechtsprechung anerkannt (BGH Urt. v. 24.9.2002, NJW 2002, 3698; OLG Frankfurt Urt. v. 26.1.1994, WM 1994, 942), regelt nunmehr Nr. 5 Abs. 3 MasterCard-Kundenbedingungen in Übereinstimmung mit § 675 p, dass ab Übermittlung der Zustimmung an den Zahlungsempfänger (dh an den die Kreditkartenzahlung akzeptierenden Händler) der Karteninhaber die Kartenzahlung nicht mehr widerrufen kann (vgl auch Hk-BGB/*Schulte-Nölke/Schulze*, § 675 p Rn 3; vgl auch unten zu § 675 p sowie zu § 790 Rn 1 ff mwN).

18 [6] **Finanzielle Nutzungsgrenze.** Zahlungskartenverträge sind in der Regel mit finanziellen Nutzungsgrenzen ausgestattet (sog. Dispositionslimits bzw Verfügungsrahmen). Generell darf der Karteninhaber seine Karte nur in der Weise verwenden, dass ein Ausgleich der Kartenumsätze bei Fälligkeit gewährleistet ist (AG Frankfurt Urt. v. 19.1.1999 – 31 C 2104/98-78, bestätigt durch LG Frankfurt Urt. v. 15.9.1999 - 2/1 S 64/99). Mitarbeiter von Zahlungsdienstleistern (zB in sog. Call-Centern) sind regelmäßig nicht befugt, Zahlungskarten „mit praktisch unbegrenztem Limit“ auszustatten (AG Frankfurt Urt. v. 5.9.1997 – 32 C 1173/97-72). Eine erhebliche Überschreitung der finanziellen Nutzungsgrenze bzw eine Bonitätsverschlechterung des Karteninhabers und/oder eine Reduzierung des Bonitätsrahmens auf 0 EUR rechtfertigt die fristlose Kündigung des Zahlungskartenvertrages (AG Frankfurt Urt. v. 2.3.1998 – 29 C 2414/97-69).

19 [7] **Ablehnung von Kartenzahlungen.** Mit dieser Vertragsbestimmung will sich der Kartenemittent vorbehalten, in den im Einzelnen definierten Fällen Kartenzahlungen abzulehnen. Sachliche Gründe gegen die Sicherheit der Karte bzw die Autorisierung der Kartenzahlung durch

den Karteninhaber liegen beispielsweise vor, wenn die aus Sicherheitsgründen in State-of-the-Art-Technologie installierten Überwachungssysteme (idR neuronale Netzwerke) in den Kartensystemen bei einem Systemabgleich mit Karteneinsatzprofilen von Karteninhabern zu dem Ergebnis kommen, dass die jeweils angefragten Kartenumsätze ungewöhnlich sind. Zweck derartiger Systeme ist, einen Karteneinsatz durch unbefugte Dritte durch zusätzliche Sicherungsmaßnahmen zu verhindern. Werden solche Ungewöhnlichkeiten festgestellt, werden in der Praxis zB sog. Falcon-Calls gestartet, durch die bei den Akzeptanzunternehmen zB bei Vorlage einer Kreditkarte zusätzliche Maßnahmen der Identitätsprüfung des Kartenvorlegers initiiert werden. Derartige Sicherheitsmaßnahmen dienen allerdings anerkanntermaßen der Missbrauchsverhinderung allein im Eigeninteresse des Kartenemittenten und nicht dem Schutz des Karteninhabers, der hieraus keine Rechte herleiten kann (vgl OLG Frankfurt Urt. v. 30.3.2006, NJW-RR 2007, 198 f; AG Frankfurt Urt. v. 30.5.2007 – 29 C 2381/06-21; beide abrufbar unter www.dr-beesch.de/urteile); vgl auch unten unter § 675 o. Ohnehin treffen den Zahlungsdienstleister wegen des Massencharakters der Zahlungsverkehrsgeschäfte Warn- und Schutzpflichten generell nur in engsten Grenzen (Palandt/*Sprau*, § 675 f Rn 9; BGH Urt. v. 6.5.2008 – XI ZR 56/07, NJW 2008, 2245).

[8] **Ausführungsfrist/Akzeptanzunternehmen als Zahlungsempfänger.** Nr. 8 MasterCard-Kundenbedingungen stellt klar, dass der Zahlungsvorgang vom Zahlungsempfänger, dem Akzeptanzunternehmen, ausgelöst wird (sog. Pull-Transaktion; vgl. auch oben Rn 3). Grundlage des Zahlungsvorgangs ist eine Zahlungsverpflichtung des Karteninhabers gegenüber dem Akzeptanzunternehmen aus dem Grundgeschäft (Valutaverhältnis). Das Valutaverhältnis ist auch im neuen, ab 1.11.2009 geltenden Zahlungsverkehrsrecht fast völlig ungeregelt geblieben. In der Praxis von großer Bedeutung ist, dass auch nach neuem Recht das Akzeptanzunternehmen kein „Zahlungsdienstleister" ist (*Grundmann*, WM 2009, 1157, 1161); es ist damit weder Beteiligter in der Zahlungskette noch in der Haftungskette. Es verbleibt daher – wie nach bisherigem Recht - dabei, dass Akzeptanzunternehmen keine Erfüllungsgehilfen von Kartenemittenten sind, weshalb diese sich auch kein Mitverschulden an etwaigen Schadenseintritten gemäß § 254 anrechnen lassen müssen (OLG Frankfurt Urt. v. 30.3.2006, NJW-RR 2007, 198, abrufbar unter www.dr-beesch.de/urteile). 20

Im neuen Zahlungsverkehrsrecht werden Ausführungsfristen definiert, die hier von Nr. 8 MasterCard-Kundenbedingungen aufgenommen sind. Es war im Kreditkartenverkehr allerdings schon in der Vergangenheit die Regel, dass Zahlungsvorgänge noch am Tage der Einreichung von Belastungsbelegen bzw entsprechender Datensätze beim Zahlungsdienstleister, spätestens einen Tag danach, ausgeführt worden sind. 21

[9] **Sorgfalts- und Mitwirkungspflichten.** Den Karteninhaber treffen – nicht anders als etwa den Überweisenden/Zahler im Überweisungsrecht (vgl *Nobbe*, WM 2001, 1, 4; Langenbucher, Risikozuordnung aaO, S. 135) besondere Sorgfaltspflichten im Umgang mit seinen Zahlungsmedien. In Literatur und Rechtsprechung werden im Wesentlichen drei große Blöcke (Aufbewahrung, PIN-Geheimhaltung und unverzügliche Sperre) unterschieden. Zu den Sorgfalts- und Mitwirkungspflichten des Karteninhabers zählen insbesondere, die Karte nach Erhalt unverzüglich zu unterschreiben, die Karte mit besonderer Sorgfalt aufzubewahren, die PIN (und auch den Secure Code) geheim zu halten und die Karte unverzüglich sperren zu lassen, sobald der Karteninhaber den Verlust, die missbräuchliche Verwendung oder eine sonstige nicht autorisierte Nutzung seiner Karte oder Kartendaten feststellt (vgl. auch oben zu § 675 d Rn 1 unter B II 4 sowie Rn 6) Zu diesen Pflichten des Karteninhabers ist eine umfangreiche und sehr ausdifferenzierte Rechtsprechung ergangen. Im neuen Zahlungsverkehrsrecht sind den Karteninhaber treffende Pflichten erstmals teilweise gesetzlich kodifiziert worden (§ 675 l). Praxisrelevant ist, dass die bisherige Rechtsprechung in vollem Umfang unter der neuen, mWv 31.10.2009 geltenden Rechtslage anwendbar bleibt (vgl. auch unten zu § 675v-w). 22

23 Aus der umfangreichen Rechtsprechung zu Sorgfalts- und Mitwirkungspflichten von Kreditkarteninhabern (vgl ergänzend Palandt/*Sprau*, BGB, § 675 l, Rn 3 und § 675 v Rn 5; *Hellner/Steuer*, Bankrecht und Bankpraxis, Stand 04/2010, Bd.3 Rn 6/1498 ff; vgl zu Fallbeispielen auch www.dr-beesch.de/urteile) seien einige Beispielsfälle angeführt: So erfordert ein sorgfältiger Umgang mit der Zahlungskarte nicht nur, dass sich der Karteninhaber jederzeit im Klaren ist, wo sich die Karte gerade befindet, sondern begründet auch die Pflicht, das Vorhandensein der Karte von Zeit zu Zeit und bei konkreten Anlässen zu überprüfen (AG Frankfurt Urt. v. 30.5.2007 – 29 C 2381/06-21, abrufbar unter www.dr-beesch.de/urteile). Mit dem Zurücklassen der Kreditkarte in auf einem einsamen Waldweg abgestellten PKW verletzt der Karteninhaber schuldhaft die ihm aus dem Kreditkartenvertrag obliegende Pflicht zur besonders sorgfältigen Aufbewahrung (LG Karlsruhe Urt. v. 31.5.2006 – 1 S 62/05, abrufbar unter www.dr-beesch.de/urteile). Auch die Aufbewahrung einer Zahlungskarte in abgestellten Pkws, insbesondere Touristen-Pkws, ist grob fahrlässig (AG Münster, Urt. v. 16.7.2010 – 61 C 389/10; AG Offenbach Urt. v. 22.2.2008 – 39 C 425/07). Schließlich verletzt der Karteninhaber die verkehrsübliche Sorgfalt bei der Aufbewahrung der Kreditkarte in besonders grobem Maße, wenn er die Karte im Hotelzimmer im Rucksack zurücklässt, während er zum Abendessen geht (AG Offenbach Urt. v. 30.10.2007 – 36 C 77/07) (vgl auch unten zu §§ 675v-w zu einem Fall der Entwendung am Arbeitsplatz).

24 Zu den Pflichten des Karteninhabers, seine Karte sorgfältig zu verwahren und einen erkannten Verlust unverzüglich zu melden vgl auch OLG Düsseldorf Urt. v. 26.10.2007 – I-16 U 160/04, BKR 2008, 41). Die Erfüllung der kartenvertraglichen Pflicht zur unverzüglichen Sperre erfordert ein schnellstmögliches Handeln in der konkreten Situation im Rahmen des Möglichen und Zumutbaren (AG Frankfurt Urt. v. 8.8.2005 – 29 C 138/05-86, abrufbar unter www.dr-beesch.de/urteile).

25 Kenntnis und fahrlässige Nichtkenntnis des Verlusts der Karte nach Ablauf der Frist des Kennenmüssens sind gleichzusetzen (OLG Frankfurt Urt. v. 11.4.2001, NJW-RR 2001, 1341, abrufbar unter www.dr-beesch.de/urteile).

26 Ein Ausspähen der PIN stellt im Falle des Missbrauchseinsatzes von Zahlungskarte und PIN am Geldautomaten zwar eine theoretisch denkbare Möglichkeit dar, die geeignet ist, den Anscheinsbeweis dafür, dass anlässlich der Entwendung der Karte von der Geheimnummer nur wegen ihrer Verwahrung gemeinsam mit der Karte Kenntnis erlangt werden konnte, zu entkräften. Eine Entkräftung bleibt – selbst bei Missbrauchsumsätzen ca. eine Stunde nach dem letzten Eigen-Geldautomatenumsatz des Karteninhabers – jedoch dann außer Betracht, wenn der Karteninhaber angegeben hat, ihm sei „nichts aufgefallen“ und bei seiner Statur sei ein Ausspähen, zB durch „shoulder-surfing“, praktisch nicht möglich, und wenn es zu dem betreffenden Geldautomaten weder vorher noch nachher Reklamationen bezüglich Manipulationen, zB an Tastatur oder mittels Kamera, gab (LG München I Urt. v. 15.12.2005 – 34 S 6308/05, abrufbar unter www.dr-beesch.de/urteile).

27 [10] **Zahlungsverpflichtung des Karteninhabers.** Nr. 10 begründet die vertragliche Pflicht des Karteninhabers, dem Emittenten alle im Zusammenhang mit der Begleichung der Kartenumsätze entstandenen Aufwendungen zu erstatten (gesetzliche Grundlage: §§ 675 c Abs. 1, 670, vorausgesetzt in § 675 u). Voraussetzung der Erstattungspflicht ist, dass zuvor – direkt oder vermittelt – (vgl zu den heute in der Regel mehrgliedrigen Rechtsverhältnissen bei Ausgabe von Kreditkarten durch Lizenznehmer oder weitere Partner: *Hadding* in: MüKo-HGB, ZahlungsV G 9 f) seitens des Emittenten bzw des Kartenunternehmens gegenüber Akzeptanzunternehmen und bargeldauszahlenden Stellen die vom Karteninhaber getätigten Umsätze beglichen wurden. Die Zahlungsverpflichtung des Karteninhabers bleibt, wie weiterhin in Nr. 10 Abs. 3 bestimmt und von großer Praxisrelevanz, unberührt von sonstigen Einwendungen oder Beanstandungen der Karteninhabers aus dem Valutaverhältnis (Vertragsverhältnis zwischen Akzeptanzunternehmen und Karteninhaber). Der nach bisherigem Recht bestehende Ausschluss von Einwen-

dungen aus dem Valutaverhältnis zwischen Karteninhaber und Akzeptanzunternehmen (vgl BGH Urt. v. 24.9.2002, NJW 2002, 3698 ff) bleibt damit auch nach neuem, mWv 31.10.2009 geltenden Recht erhalten. Ohnehin sind Einwendungen aus dem Valutaverhältnis ausgeschlossen, da die Unwiderruflichkeit der Kartenzahlung vertraglich vereinbart ist (hier gemäß Nr. 5 Abs. 3) und der Widerruf ab Übermittlung der Zustimmung an den Zahlungsempfänger unwiderruflich ist (§ 675 p; vgl auch *Grundmann*, WM 2009, 1157, 1164, sowie unten zu § 790 mwN).

[11] Fremdwährungsumrechnung beim Auslandseinsatz. Nr. 11 enthält die zulässige vertragliche Bestimmung, dass Änderungen von Referenzwechselkursen ohne vorherige Benachrichtigung der Karteninhaber wirksam werden können. Der Verweis auf die entsprechende Internet-Seite in Nr. 11 für die jeweils maßgeblichen Kurse bei der Fremdwährungsumrechnung beim Auslandseinsatz entspricht den sonst üblichen Verweisen auf Preis- und Leistungsverzeichnisse. 28

[12] Entgelte. Im Hinblick auf die Entgelte wird in Nr. 12 auf das „Preisverzeichnis der MasterCard" verwiesen. Entsprechend den Erfordernissen des neuen Zahlungsverkehrsrechts enthält Nr. 12 ferner die Modalitäten, die bei Änderungen der Entgelte einzuhalten sind (Übersendung der Änderungen in Textform spätestens zwei Monate vor ihrem Wirksamwerden; Zustimmungsfiktion). 29

[13] Reklamationen und Beanstandungen. Mit Nr. 13 wird dem Karteninhaber die Pflicht zur Überprüfung der ihm zugesandten Abrechnungen auferlegt. Entsprechend dem neuen Zahlungsverkehrsrecht hat der Karteninhaber etwaige Einwendungen innerhalb von acht Wochen zu erheben. Gleichzeitig beinhaltet Nr. 13 die nach neuem Zahlungsverkehrsrecht geltende 13-Monatige Ausschlussfrist bei nicht autorisierten oder fehlerhaft ausgeführten Zahlungsvorgängen (vgl unten zu § 676 b). Auch nach den neuen gesetzlichen Bestimmungen ist nach Ablauf der 8-Wochen-Frist ein Anspruch des Karteninhabers auf Erstattung gemäß § 675 x Abs. 4 ausgeschlossen. 30

[14] Haftung für Schäden aus missbräuchlichen Verfügungen. Nach neuem Zahlungsverkehrsrecht sind im Wesentlichen nur noch zwei Haftungskategorien voneinander zu trennen: 31

1. fehlendes Verschulden und leichte Fahrlässigkeit einerseits (= Haftungspauschale in Höhe von bis zu 150 EUR gemäß § 675 v Abs. 1) und
2. grobe Fahrlässigkeit und Vorsatz andererseits (= Haftung in vollem Umfang, § 675 v Abs. 2).

In den vorliegenden Musterbedingungen wurde von der Möglichkeit Gebrauch gemacht, die Haftung des Karteninhabers bei fehlendem Verschulden und leichter Fahrlässigkeit auf einen Höchstbetrag von 50 EUR zu beschränken. Die volle Haftung für einen entstandenen Schaden greift jedoch, wenn der Karteninhaber seine vertraglichen oder gesetzlichen Sorgfaltspflichten vorsätzlich oder grob fahrlässig verletzt oder in betrügerischer Absicht gehandelt hat (vgl ausführlich unten zu §§ 675v-w). Ferner enthält Nr. 14 Abs. 3 die nach neuem Zahlungsverkehrsrecht zulässige Haftungsbeschränkung des Kartenemittenten auf maximal 12.500 EUR für sonstige Schäden aufgrund etwaiger mangelhafter Zahlungsvorgänge (§ 675 z).

[15] Gesamtschuldnerische Haftung von Haupt- und Zusatzkarteninhaber. Die in Nr. 15 vereinbarte gesamtschuldnerische Haftung von Haupt- und Zusatzkarteninhaber war bisher (vgl BGH Urt. v. 17.5.1984, BGHZ 91, S. 221, 223 f; OLG Oldenburg Urt. v. 19.7.2004, NJW 2004, 2907) und ist nach neuem Zahlungsverkehrsrecht wirksam. Besonders praxisrelevant ist die zusätzliche Vereinbarung, dass die gesamtschuldnerische Haftung auch für Aufwendungen gilt, die nach erfolgter Kündigung entstehen. 32

[16] Eigentum und Gültigkeit. Nr. 16 regelt im Besonderen die Unübertragbarkeit der Kreditkarte. Hieraus resultieren in der Praxis Streitigkeiten in den Fällen, in denen ein Karteninhaber dennoch die Karte an Dritte weitergegeben hat und aus diesem Zusammenhang Schäden entstanden sind. Die ebenfalls in Nr. 16 eingeräumte Berechtigung des Kartenemittenten, auch 33 während der Laufzeit von Karten diese gegen neue austauschen zu können, ist in der Regel Sicherheitsanforderungen die Kartensysteme betreffend geschuldet, wie zB Kartenaustauschaktionen in neuerer Zeit wegen des Verdachts unerlaubter Datenabgriffe im Ausland gezeigt haben.

34 [17] **Kündigung.** Die Neufassung der Klausel Nr. 17 berücksichtigt das geänderte Kündigungsrecht im neuen Zahlungsverkehrsrecht. In Nr. 17 Abs. 1 hat vorliegend der Kartenemittent von seinem Recht gemäß § 675 h Abs. 1 Gebrauch gemacht und mit dem Karteninhaber eine Kündigungsfrist von einem Monat vereinbart. Ebenfalls wurde von dem Recht des Kartenemittenten gemäß § 675 h Abs. 2 Gebrauch gemacht, wonach er unter Einhaltung einer Frist von zwei Monaten kündigen kann. Die einzelnen Sachverhalte, die den Kartenemittenten zur fristlosen Kündigung des Kreditkartenvertrages berechtigen, sind näher in Nr. 17 Abs. 2 spezifiziert.

35 [18] **Folgen der Kündigung.** Nr. 18 legt dem Karteninhaber ab dem Zeitpunkt des Wirksamwerdens der Kündigung die vertragliche Pflicht auf, die Karte nicht mehr zu benutzen sowie unverzüglich und unaufgefordert die Karte an den Kartenemittenten zurückzugeben. Die Klausel korrespondiert mit der Bestimmung in Nr. 16, wonach die Karte im Eigentum des Kartenemittenten bleibt.

36 [19] **Einziehung und Sperre der Karte.** Nr. 19 spezifiziert die Gründe, bei deren Vorliegen der Kartenemittent zur Kartensperre und zum Einzug der Karte berechtigt ist. In der Praxis sind dies zB diejenigen Fälle, in denen am Geldautomaten die Karte eingezogen worden ist, nachdem dreimal die PIN falsch eingegeben worden ist; dies dient der Missbrauchsverhinderung, denn falsche PIN-Eingaben erfolgen häufig durch unbefugte Dritte. Nr. 19 dient der Umsetzung der gesetzlichen Bestimmungen des § 675 k. Aus § 675 k Abs. 2 S. 2 folgt ferner die in Nr. 19 Abs. 2 vorgesehene Unterrichtungspflicht des Karteninhabers über die Sperre.

37 [20] **Änderungen der Kundenbedingungen.** Entsprechend dem neuen Zahlungsdiensteregime (§ 675 g) ist in Nr. 20 vereinbart, dass dem Karteninhaber Änderungen der Kundenbedingungen spätestens zwei Monate vor deren Wirksamwerden in der in Art. 248 §§ 2 und 3 EGBGB vorgesehenen Form anzubieten sind (vgl. auch unten zu § 675 g); gegenüber früherem Recht verlängert sich damit die Frist (früher sechs Wochen). Nr. 20 S. 2 enthält die für die Wirksamkeit einer Vertragsänderung gemäß § 676 g Abs. 2 erforderliche Vereinbarung einer Zustimmungsfiktion bzw Genehmigungsfiktion (zum Änderungsmechanismus vgl. auch *Koch/Vogel* in: Albrecht/Karahan/Lenenbach, Fachanwaltshandbuch Bank- und Kapitalmarktrecht, 2010, § 20, Rn 50 ff mwN).

38 [21] **Einschaltung Dritter.** Hintergrund dieser Vereinbarung ist, dass es dem Kartenemittenten vorbehalten bleiben soll, sich bei der Durchführung des Kreditkartenvertrages Dritter zu bedienen. Dies ist insbesondere deswegen erforderlich, weil Kartenemittenten vielfach Vertragsleistungen auf externe Dienstleister verlagern, wie zB auf sog. Processing-Unternehmen, die insbesondere technische Vorgänge wie die Erteilung von Genehmigungsnummern oder Abrechnungsdienstleistungen im Auftrag des Kartenemittenten übernehmen (vgl auch oben zu § 675 d, Erläuterungen Rn 5).

§ 675 g Änderung des Zahlungsdiensterahmenvertrags

(1) Eine Änderung des Zahlungsdiensterahmenvertrags auf Veranlassung des Zahlungsdienstleisters setzt voraus, dass dieser die beabsichtigte Änderung spätestens zwei Monate vor dem vorgeschlagenen Zeitpunkt ihres Wirksamwerdens dem Zahlungsdienstnutzer in der in Artikel 248 §§ 2 und 3 des Einführungsgesetzes zum Bürgerlichen Gesetzbuche vorgesehenen Form anbietet.

(2) [1]Der Zahlungsdienstleister und der Zahlungsdienstnutzer können vereinbaren, dass die Zustimmung des Zahlungsdienstnutzers zu einer Änderung nach Absatz 1 als erteilt gilt, wenn dieser dem Zahlungsdienstleister seine Ablehnung nicht vor dem vorgeschlagenen Zeitpunkt des Wirksamwerdens der Änderung angezeigt hat. [2]Im Fall einer solchen Vereinbarung ist der Zahlungsdienstnutzer auch berechtigt, den Zahlungsdiensterahmenvertrag vor

dem vorgeschlagenen Zeitpunkt des Wirksamwerdens der Änderung fristlos zu kündigen. [3]Der Zahlungsdienstleister ist verpflichtet, den Zahlungsdienstnutzer mit dem Angebot zur Vertragsänderung auf die Folgen seines Schweigens sowie auf das Recht zur kostenfreien und fristlosen Kündigung hinzuweisen.
(3) [1]Änderungen von Zinssätzen oder Wechselkursen werden unmittelbar und ohne vorherige Benachrichtigung wirksam, soweit dies im Zahlungsdiensterahmenvertrag vereinbart wurde und die Änderungen auf den dort vereinbarten Referenzzinssätzen oder Referenzwechselkursen beruhen. [2]Referenzzinssatz ist der Zinssatz, der bei der Zinsberechnung zugrunde gelegt wird und aus einer öffentlich zugänglichen und für beide Parteien eines Zahlungsdienstevertrags überprüfbaren Quelle stammt. [3]Referenzwechselkurs ist der Wechselkurs, der bei jedem Währungsumtausch zugrunde gelegt und vom Zahlungsdienstleister zugänglich gemacht wird oder aus einer öffentlich zugänglichen Quelle stammt.
(4) Der Zahlungsdienstnutzer darf durch Vereinbarungen zur Berechnung nach Absatz 3 nicht benachteiligt werden.

A. Muster: Mitteilung des Kreditinstituts über Änderungen der Allgemeinen Geschäftsbedingungen 1

516

▶ Absender: Kreditinstitut ...

Adressat: Kunde des Kreditinstituts

Betreff: Änderungen unserer Allgemeinen Geschäftsbedingungen

Sehr geehrter Kunde,

wir haben neue gesetzliche Anforderungen/neue Rechtsprechungsentwicklungen/Preisänderungen zum Anlass genommen, die Allgemeinen Geschäftsbedingungen für den Zahlungsverkehr anzupassen.[1]

Beigefügt erhalten Sie die neuen Allgemeinen Geschäftsbedingungen, die zum ... wirksam werden.[2]

Bitte lesen Sie die neuen Allgemeinen Geschäftsbedingungen sorgfältig durch.

Ihre Zustimmung zu den Änderungen in den Allgemeinen Geschäftsbedingungen gilt als erteilt, wenn Sie uns Ihre Ablehnung nicht vor dem Zeitpunkt des Wirksamwerdens der Änderungen angezeigt haben.[3]

Wir weisen Sie darauf hin, dass Sie die Geschäftsbeziehung vor dem vorgesehenen Zeitpunkt des Wirksamwerdens der Änderungen auch fristlos und kostenfrei kündigen können.[4]

Kreditinstitut ... ◀

B. Erläuterungen

[1] Neuer AGB-Änderungsmechanismus. Durch § 675 g sind die Mechanismen der Änderung von Zahlungsdiensterahmenverträgen während deren Laufzeit gesetzlich normiert worden (Hk-BGB/*Schulte-Nölke/Schulze*, § 675 g Rn 1 ff mwN). Dies führte auch mWv 31.10.2009 zu Änderungen der Allgemeinen Geschäftsbedingungen der Banken, die den neuen Änderungsmechanismus inkorporiert haben (vgl beispielsweise Nr. 1 Abs. 2 AGB-Banken, Neufassung zum 31.10.2009; Palandt/*Sprau*, § 675 Rn 2 ff; vgl. auch oben zu § 675 f Rn 37). 2

Erhebliche praktische Relevanz hat die neue Regelung des § 675 g Abs. 1, die einen gesetzlich normierten Änderungsmechanismus für die Änderung von Entgelten im Zusammenhang mit Zahlungsdiensteverträgen vorgibt. Entgeltvereinbarungen werden unter dem neuen Zahlungsdiensteregime als „Vertragsbedingungen" qualifiziert. Daher muss ein Kreditinstitut seine Kunden über jede Preisänderung, wie über sonstige Vertragsänderungen auch, nach dem Ände- 3 rungsmechanismus des § 675 g Abs. 1 aktiv unterrichten; eine Änderung des Preisaushangs bzw des Preis- und Leistungsverzeichnisses genügt nicht mehr (*Meckel* in: jurisPR-BKR 12/2009, Anm. 1; *ders.* in: jurisPR-BKR 01/2010, Anm. 1). Für Änderungen von Zinssätzen ist § 675 g Abs. 3 zu beachten (u.a. Legaldefinition für einen mit dem Zahlungsdienstnutzer zu vereinbarenden Referenzzinssatz (§ 675 g Abs. 3 S. 2). Damit bestehen neue Vorgaben für die Anpassung der immer wieder von der Rechtsprechung als unwirksam erachteten Zinsanpassungs- und Entgeltklauseln in AGB-Sparkassen bzw AGB-Banken (vgl Urt. des BGH v. 21.4.2009 – XI ZR 78/08 und XI ZR 55/08 zur Unwirksamkeit von Nr. 17 Abs. 2 S. 1 AGB-Sparkassen - Unwirksamkeit von Zinsanpassungs- und Entgeltklauseln nebst Anm. *Wittig/Hertel* in: jurisPR-BKR 8/2009, Anm. 1; Hk-BGB/*Schulte-Nölke/Schulze*, § 675 g Anm. 4).

4 [2] **Fristen.** Änderungen der Vertragsbedingungen sind nach dem neuen Zahlungsdiensterecht spätestens zwei Monate vor dem Zeitpunkt ihres Wirksamwerdens (angestrebter Änderungstermin) dem Kunden/Zahlungsdienstnutzer anzubieten. Dies erfolgt durch Mitteilung in Textform (§ 675 g Abs. 1 iVm Art. 248 §§ 2 und 3 EGBGB; vgl auch Nr. 1 Abs. 2 AGB-Banken, Neufassung zum 31.10.2009). ZB für das Online-Banking kann im Rahmen der Geschäftsbeziehung zwischen Bank und Kunde auch ein elektronischer Kommunikationsweg vereinbart werden. Ab dem 31.10.2009 ist damit die Anbietungsfrist verlängert, die nach bisherigem Recht 6 Wochen betrug.

5 [3] **Wirksamwerden der AGB-Änderungen/Schweigen.** Stimmt der Nutzer den Änderungen zu, werden sie zu diesem Zeitpunkt wirksam. Ist bereits bei Abschluss des Zahlungsdiensterahmenvertrages (§ 675 f Abs. 2) zwischen den Parteien vereinbart, dass auch Schweigen des Zahlungsdienstenutzers als Zustimmung gewertet werden kann, wenn er seine Ablehnung des Änderungsvorschlags nicht rechtzeitig mitteilt, genügt auch Schweigen, um die Wirksamkeit der Änderungen herbeizuführen (vgl weiterführend Hk-BGB/*Schulte-Nölke/Schulze*, § 675 g Anm. 2 f). Damit wird in § 675 g eine EU-einheitliche Regelung Gesetz, die der bisherigen deutschen Rechtslage entspricht: Eine Zustimmung zur oder Ablehnung der Änderung der kontobezogenen AGB kann durch Schweigen als Zustimmung bei entsprechender vorheriger Vereinbarung und Aufklärung über die Rechtsfolgen erfolgen (§ 675 Abs. 2 S. 1; Nr. 1 Abs. 2 AGB-Banken, Neufassung zum 31.10.2009; Nr. 20 MasterCard-Kundenbedingungen, Neufassung zum 31.10.2009, abgedruckt oben zu § 675 f Rn 1); *Grundmann*, WM 2009, 1109, 1114).

6 Maßgeblich für eine Mitteilung der Änderungsvorschläge oder des Anbietens geänderter AGB ist, dass dem Nutzer das Vertragsänderungsangebot zivilrechtlich wirksam zugeht. Ein Zugang ist auch dann anzunehmen, wenn das Angebot per Kontoauszugsdrucker bzw Selbstbedienungsterminal oder Online-Banking zum Abruf zur Verfügung gestellt wird und der Zahlungsdienstenutzer das Angebot tatsächlich abruft. Der Zugang kann vom Anbieter jedoch nur nachgewiesen werden, wenn der Abruf von ihm protokolliert wurde.

7 [4] **Hinweispflicht auf Kündigungsmöglichkeit.** Diese Hinweispflicht auf die Kündigungsmöglichkeit folgt aus § 675 g Abs. 2 S. 3.

§ 675 h Ordentliche Kündigung eines Zahlungsdiensterahmenvertrags

(1) [1]Der Zahlungsdienstnutzer kann den Zahlungsdiensterahmenvertrag, auch wenn dieser für einen bestimmten Zeitraum geschlossen ist, jederzeit ohne Einhaltung einer Kündigungsfrist kündigen, sofern nicht eine Kündigungsfrist vereinbart wurde. [2]Die Vereinbarung einer Kündigungsfrist von mehr als einem Monat ist unwirksam.
(2) [1]Der Zahlungsdienstleister kann den Zahlungsdiensterahmenvertrag nur kündigen, wenn der Vertrag auf unbestimmte Zeit geschlossen wurde und das Kündigungsrecht vereinbart wurde. [2]Die Kündigungsfrist darf zwei Monate nicht unterschreiten. [3]Die Kündigung ist in der in Artikel 248 §§ 2 und 3 des Einführungsgesetzes zum Bürgerlichen Gesetzbuche vorgesehenen Form zu erklären.
(3) [1]Im Fall der Kündigung sind regelmäßig erhobene Entgelte nur anteilig bis zum Zeitpunkt der Beendigung des Vertrags zu entrichten. [2]Im Voraus gezahlte Entgelte, die auf die Zeit nach Beendigung des Vertrags fallen, sind anteilig zu erstatten.

A. Muster: Vereinbarung der ordentlichen Kündigung durch Zahlungsdienstleister (Nr. 19 (1) AGB-Banken, Neufassung zum 31.10.2009)[1] 1

517

▶ **Auszug aus den AGB-Banken (Neufassung zum 31.10.2009)**

...

19. Kündigungsrechte der Bank

(1) Kündigung unter Einhaltung einer Kündigungsfrist

Die Bank kann die gesamte Geschäftsverbindung oder einzelne Geschäftsbeziehungen, für die weder eine Laufzeit noch eine abweichende Kündigungsregelung vereinbart ist, jederzeit unter Einhaltung einer angemessenen Kündigungsfrist kündigen (zum Beispiel den Scheckvertrag, der zur Nutzung von Scheckformularen berechtigt). Bei der Bemessung der Kündigungsfrist wird die Bank auf die berechtigten Belange des Kunden Rücksicht nehmen. Für die Kündigung eines Zahlungsdiensterahmenvertrages (z.B. laufendes Konto oder Kartenvertrag) und eines Depots beträgt die Kündigungsfrist mindestens zwei Monate.[2]

... ◀

B. Erläuterungen

[1] Voraussetzungen der ordentlichen Kündigung. § 675 h bildet im neuen Zahlungsverkehrsrecht die Grundregeln für die ordentliche Kündigung des neu eingeführten Zahlungsdiensterahmenvertrages ab, wie er insbesondere für Überweisungen, Lastschriften und kartengestützte Transaktionen geschlossen wird. Während nach neuem Recht der Kunde stets ordentlich kündigen kann (bei einer vereinbarten Höchstkündigungsfrist von einem Monat), ist gemäß § 675 h Abs. 2 S. 1 Voraussetzung für eine ordentlichen Kündigung seitens des Kreditinstituts, dass der Vertrag auf unbestimmte Zeit geschlossen ist, dass das Kündigungsrecht (auch nur in AGB) vereinbart wurde, und dass die Kündigungsfrist für den Zahlungsdienstleister mindestens zwei Monate beträgt (Hk-BGB/*Schulte-Nölke/Schulze*, § 675 h Rn 6; Palandt/*Sprau*, § 675 h Rn 3). Diesen Voraussetzungen entspricht Nr. 19 Abs. 1 AGB-Banken, Neufassung zum 31.10.2009). Ein Zahlungsdiensterahmenvertrag ohne entsprechende Vereinbarung kann vom Zahlungsdienstleister grundsätzlich nicht ordentlich gekündigt werden (Hk-BGB/*Schulte-Nölke/Schulze*, § 675 h Rn 3). Unberührt bleibt die Kündigung aus wichtigem Grund (vgl hierzu weiterführend Palandt/*Sprau*, § 675 h Rn 1 mwN; vgl auch Nr. 19 Abs. 3 AGB Banken, Neufassung zum 31.10.2009). 2

[2] Kündigungsrecht auch ohne Vereinbarung. Jedoch wird auch ohne entsprechende Vereinbarung (vgl oben Rn 1) nach zutreffender Ansicht kein Eintritt einer ewigen Bindung des Kreditinstituts an den Zahlungsdiensterahmenvertrag angenommen (vgl zu Beispielsfällen zutreffend Hk-BGB/*Schulte-Nölke/Schulze*, § 675 h Rn 3 mit Hinweis auf den Rechtsgedanken aus § 314 Abs. 1; *Grundmann*, WM 2009, 1114). Zu den Einzelfällen, in denen eine Kündigung ausgeschlossen sein kann (zB bei Kontrahierungspflicht, vgl Palandt/*Sprau*, § 675 h Rn 3 mwN). 3

[3] Klagemuster. Zur Formulierung von Anträgen für Klagen auf Feststellung des Bestehens oder Nichtbestehens von Vertragsverhältnissen nach Kündigungen vgl Vorwerk, Das Prozessformularbuch, Kap. 15 Rn 197 ff). 4

§ 675 i Ausnahmen für Kleinbetragsinstrumente und elektronisches Geld

(1) [1]Ein Zahlungsdienstevertrag kann die Überlassung eines Kleinbetragsinstruments an den Zahlungsdienstnutzer vorsehen. [2]Ein Kleinbetragsinstrument ist ein Mittel,

1. mit dem nur einzelne Zahlungsvorgänge bis höchstens 30 Euro ausgelöst werden können,
2. das eine Ausgabenobergrenze von 150 Euro hat oder
3. das Geldbeträge speichert, die zu keiner Zeit 150 Euro übersteigen.

[3]In den Fällen der Nummern 2 und 3 erhöht sich die Betragsgrenze auf 200 Euro, wenn das Kleinbetragsinstrument nur für inländische Zahlungsvorgänge genutzt werden kann.

(2) Im Fall des Absatzes 1 können die Parteien vereinbaren, dass

1. der Zahlungsdienstleister Änderungen der Vertragsbedingungen nicht in der in § 675 g Abs. 1 vorgesehenen Form anbieten muss,
2. § 675 l Satz 2, § 675 m Abs. 1 Satz 1 Nr. 3, 4, Satz 2 und § 675 v Abs. 3 nicht anzuwenden sind, wenn das Kleinbetragsinstrument nicht gesperrt oder eine weitere Nutzung nicht verhindert werden kann,
3. die §§ 675 u, 675 v Abs. 1 und 2, die §§ 675 w und 676 nicht anzuwenden sind, wenn die Nutzung des Kleinbetragsinstruments keinem Zahlungsdienstnutzer zugeordnet werden kann oder der Zahlungsdienstleister aus anderen Gründen, die in dem Kleinbetragsinstrument selbst angelegt sind, nicht nachweisen kann, dass ein Zahlungsvorgang autorisiert war,
4. der Zahlungsdienstleister abweichend von § 675 o Abs. 1 nicht verpflichtet ist, den Zahlungsdienstnutzer von einer Ablehnung des Zahlungsauftrags zu unterrichten, wenn die Nichtausführung aus dem Zusammenhang hervorgeht,
5. der Zahler abweichend von § 675 p den Zahlungsauftrag nach dessen Übermittlung oder nachdem er dem Zahlungsempfänger seine Zustimmung zum Zahlungsauftrag erteilt hat, nicht widerrufen kann, oder
6. andere als die in § 675 s bestimmten Ausführungsfristen gelten.

(3) [1]Die §§ 675 u und 675 v sind für elektronisches Geld nicht anzuwenden, wenn der Zahlungsdienstleister des Zahlers nicht die Möglichkeit hat, das Zahlungskonto oder das Kleinbetragsinstrument zu sperren. [2]Satz 1 gilt nur für Zahlungskonten oder Kleinbetragsinstrumente mit einem Wert von höchstens 200 Euro.

1 **A. Muster: Auszug aus den Bedingungen für die Debitkarten, Neufassung zum 31.10. 2009 – betreffend: GeldKarte[1]**

▶ ...

III. Besondere Bedingungen für einzelne Nutzungsarten

1. Geldautomaten-Service und Einsatz an automatisierten Kassen von Handels- und Dienstleistungsunternehmen

...

2. GeldKarte

2.1. Servicebeschreibung
Die mit einem Chip ausgestattete Karte kann auch als GeldKarte eingesetzt werden. Der Karteninhaber kann an GeldKarte-Terminals des Handels- und Dienstleistungsbereiches bargeldlos bezahlen.[2]

2.2. Aufladen und Entladen der GeldKarte
Der Karteninhaber kann seine GeldKarte an den mit dem GeldKarte-Logo gekennzeichneten Ladeterminals innerhalb des ihm von seiner Bank eingeräumten Verfügungsrahmens (Abschnitt III Nr. 1.1.) zulasten des auf der Karte angegebenen Kontos bis zu einem Betrag von maximal 200 Euro aufladen.[3] Vor dem Aufladevorgang muss er seine persönliche Geheimzahl (PIN) eingeben. Der Karteninhaber kann seine GeldKarte auch gegen Bargeld sowie im Zusammenwirken mit einer anderen Karte zulasten des Kontos, über das die Umsätze mit dieser Karte

abgerechnet werden, aufladen. Aufgeladene Beträge, über die der Karteninhaber nicht mehr mittels GeldKarte verfügen möchte, können nur bei der kartenausgebenden Bank entladen werden. Die Entladung von Teilbeträgen ist nicht möglich.
Bei einer Funktionsunfähigkeit der GeldKarte erstattet die kartenausgebende Bank dem Karteninhaber den nicht verbrauchten Betrag.
Benutzt der Karteninhaber seine Karte, um seine GeldKarte oder die GeldKarte eines anderen aufzuladen, so ist die persönliche Geheimzahl (PIN) am Ladeterminal einzugeben. Die Auflademöglichkeit besteht nicht mehr, wenn die PIN dreimal hintereinander falsch eingegeben wurde. Der Karteninhaber sollte sich in diesem Fall mit seiner Bank, möglichst der kontoführenden Stelle, in Verbindung setzen.[4].

2.3. Sofortige Kontobelastung des Ladebetrages
Benutzt der Karteninhaber seine Karte, um seine GeldKarte oder die GeldKarte eines anderen aufzuladen, so wird der Ladebetrag dem Konto, das auf der Karte angegeben ist, belastet.

2.4. Zahlungsvorgang mittels GeldKarte
Beim Bezahlen mit der GeldKarte ist die PIN nicht einzugeben. Bei jedem Bezahlvorgang vermindert sich der in der GeldKarte gespeicherte Betrag um den verfügten Betrag. ◄

B. Erläuterungen

[1] Kleinbetragsinstrumente und elektronisches Geld. Das neue Zahlungsdiensterecht hält eine Reihe von Sonderbestimmungen für Kleinbetragsinstrumente und elektronisches Geld bereit, die gemäß § 675 i Abs. 3 – wegen ihrer ausgeprägten Bargeldersatzfunktion – insbesondere dem jeweiligen Inhaber dieser E-Geld-Produkte genauso wie beim Einsatz von Bargeld das Verlust- und Missbrauchsrisiko auferlegen. Zu diesen Instrumenten zählt insbesondere die GeldKarte. Das Risiko für den Zahlungsdienstnutzer wird bei diesen Instrumenten dadurch begrenzt, dass gem. § 675 i Abs. 1 diverse Limits definiert sind, die den Einsatz der Instrumente beschränken (Höchstgrenze einzelner Zahlungsvorgänge von 30 EUR, Ausgabeobergrenze von 150 EUR, Speicherobergrenze von 150 EUR, Betragsgrenze von 200 EUR für inländische Zahlungsvorgänge) (vgl Palandt/*Sprau*, § 675 i Rn 2 ff mwN). 2

[2] Kontogebundene GeldKarten. Die Kreditwirtschaft bietet kontogebundene und kontoungebundene GeldKarten an (Hk-BGB/*Schulte-Nölke/Schulze*, § 675 i Rn 1). Die AGB des Musters betreffen kontogebundene GeldKarten, deren Service, Aufladung und Entladung sowie Nutzung als besondere Nutzungsart der Debitkarte (vgl hierzu auch unten zu §§ 675v-w) in den Bedingungen für die Debitkarten (vorliegend in der Neufassung zum 31.10.2009) geregelt ist. GeldKarte ist dabei der GeldKarten-Chip, mit dem die Debitkarte zusätzlich ausgestattet ist. Die ausgeprägte Bargeldersatzfunktion der GeldKarte und das mit ihr verbundene und dem Verwender genauso wie beim Einsatz von Bargeld auferlegte Verlust- und Missbrauchsrisiko dürfte bei kontogebundenen GeldKarten und faktischer Verbindung des GeldKarten-Chips mit der Debitkarte zu rechtlichen und von der Rechtsprechung zu lösenden Problemen führen, denn die Debitkarte unterliegt nicht den Ausnahmen des § 675 i zB in Bezug auf Haftungsfragen im Verlustfalle, etc. 3

[3] Kontoungebundene GeldKarten. Soweit die Kreditwirtschaft kontoungebundene GeldKarten anbietet, sind diese bereits mit einem bestimmten Betrag aufgeladen und werden mit diesem an den Zahlungsdienstnutzer „verkauft". In diesen Fällen kommt zwischen dem Kartenemittenten und dem Zahlungsdienstnutzer bezüglich des Zahlungsauthenfizierungsinstruments (= GeldKarte) keine vertragliche Beziehung zustande, so dass es auch keine Allgemeinen Geschäftsbedingungen gibt. Dem Emittenten bleibt der tatsächliche Zahlungsdienstnutzer unbekannt. Die Ausnahmeregeln des § 675 i greifen problemlos ein, so dass zB im Verlustfalle der GeldKarte der Zahlungsdienstnutzer so gestellt ist wie im Fall des Verlusts von Bargeld. 4

5 [4] **Mögliche Rechtsänderungen.** Geplant sind derzeit Änderungen des ZAG, durch die mit einer neuen Verbotsnorm im Hinblick auf die Verpflichtungen des E-Geld-Emittenten bei der Ausgabe und dem Rücktausch von E-Geld Bestimmungen der Zweiten E-Geld-Richtlinie (2009/110/EG) in deutsches Recht umgesetzt werden soll. Dies könnte entsprechende Änderungen auch der Allgemeinen Geschäftsbedingungen zur GeldKarte, insbesondere auch zur Frage der Entladung von Teilbeträgen, nach sich ziehen.

Kapitel 3 Erbringung und Nutzung von Zahlungsdiensten

Unterkapitel 1 Autorisierung von Zahlungsvorgängen; Zahlungsauthentifizierungsinstrumente

§ 675 j Zustimmung und Widerruf der Zustimmung

(1) [1]Ein Zahlungsvorgang ist gegenüber dem Zahler nur wirksam, wenn er diesem zugestimmt hat (Autorisierung). [2]Die Zustimmung kann entweder als Einwilligung oder, sofern zwischen dem Zahler und seinem Zahlungsdienstleister zuvor vereinbart, als Genehmigung erteilt werden. [3]Art und Weise der Zustimmung sind zwischen dem Zahler und seinem Zahlungsdienstleister zu vereinbaren. [4]Insbesondere kann vereinbart werden, dass die Zustimmung mittels eines bestimmten Zahlungsauthentifizierungsinstruments erteilt werden kann.

[2] [1]Die Zustimmung kann vom Zahler durch Erklärung gegenüber dem Zahlungsdienstleister so lange widerrufen werden, wie der Zahlungsauftrag widerruflich ist (§ 675 p). [2]Auch die Zustimmung zur Ausführung mehrerer Zahlungsvorgänge kann mit der Folge widerrufen werden, dass jeder nachfolgende Zahlungsvorgang nicht mehr autorisiert ist.

A. SEPA-Lastschriftmandat

1 **I. Muster: SEPA-Lastschriftmandat[1]**

▶ ■■■ GmbH, ■■■ [Adresse] (Bezeichnung des Zahlungsempfängers)
Gläubiger-Identifikationsnummer DE99 ZZZ05678901234
Mandatsreferenz 987 543 CB2

SEPA-Lastschriftmandat

Ich ermächtige die Muster GmbH, wiederkehrende Zahlungen von meinem Konto Nr. ■■■ mittels SEPA-Basislastschrift einzuziehen. Zugleich weise ich mein Kreditinstitut an, die von der Muster GmbH auf mein Konto gezogenen Lastschriften einzulösen.[2]

Hinweis: Ich kann innerhalb von acht Wochen, beginnend mit dem Belastungsdatum, die Erstattung des belasteten Betrages verlangen. Es gelten dabei die mit meinem Kreditinstitut vereinbarten Bedingungen für Zahlungen mittels Lastschrift im SEPA-Basislastschriftverfahren.[3]

Vorname und Name (Kontoinhaber) (Bezeichnung des Zahlers) ■■■

Straße und Hausnummer ■■■

Postleitzahl und Ort ...
Kreditinstitut (Name und BIC) ...
IBAN ...

...

Datum, Ort und Unterschrift ◄

II. Erläuterungen

[1] Lastschriftverfahren/SEPA-Lastschriftmandat. Lastschriftverfahren können als „umgekehrte“ Überweisungen bezeichnet werden, weil nicht der Schuldner (Zahler) die Zahlung einleitet, sondern der Gläubiger (Zahlungsempfänger) (sog. Pull-Transaktion). Grundlage ist, dass der Zahler dem Zahlungsempfänger gestattet, bestimmte Zahlungen zulasten seines Kontos einzuziehen. Wenn nun der Gläubiger bei seiner Bank (1. Inkassostelle) eine Lastschrift einreicht, schreibt diese ihm den Betrag mit dem Vermerk „Eingang vorbehalten“ auf seinem Konto gut. Anschließend leitet sie die Lastschrift an die Schuldnerbank (Zahlstelle) zur Einlösung weiter. Nach Einreichung der Lastschrift bei der 1. Inkassostelle (Bank des Zahlungsempfängers) und Gutschrift (Eingang vorbehalten) auf dem Empfängerkonto ist der Zahlungsvorgang eigentlich abgeschlossen. Der Schuldner kann jedoch durch Widerspruch die Zahlung auch nach Einlösung noch rückgängig machen; der Widerspruch noch nach vollständiger Abwicklung des Zahlungsvorgangs ist charakteristisch (nur) für die Lastschrift (*Grundmann*, WM 2009, 1157, 1158 mwN). 2

Das Widerspruchsrecht ist vor allem ein Instrument zur Abwehr unberechtigter Lastschriften. Eine unberechtigte Lastschrift liegt vor, wenn der Zahlungspflichtige „entweder überhaupt keine (wirksame) Ermächtigung erteilt oder den Gläubiger zwar generell ermächtigt hat, aber den im Einzelfall zum Einzug gegebenen Lastschriftbetrag nicht schuldet“ (BGHZ 74, 300, 305 = BGH NJW 1979, 1652). Zur Annahme einer sittenwidrigen Schädigung iS des § 826 bei Missbrauch des Lastschriftverfahrens zur risikolosen Kreditgewährung an den Lastschriftgläubiger unter Abwälzung des Kreditrisikos auf die Gläubigerbank vgl die Präzedenzentscheidung des BGH mit Urt. v. 21.4.2009 – VI ZR 304/07, NJW-RR 2009, 1207, nebst Rezension *Meder*, LMK 2009, 290934). 3

Aktuell werden vier Lastschriftverfahren (Einzugsermächtigungsverfahren, Abbuchungsauftragsverfahren, SEPA-Basislastschriftverfahren und SEPA-Firmenlastschriftverfahren) zur Verfügung gestellt, für die jeweils Besonderheiten zu beachten sind, und für die von den Zahlungsdiensteanbietern zum 31.10.2009 neu verfasste Allgemeine Geschäftsbedingungen und jeweilige Sonderbedingungen gelten (*Meckel* Anm. , Das neue zivile Zahlungsverkehrsrecht: Umsetzung der EU-Zahlungsdiensterichtlinie (PSD) in das nationale deutsche Recht – Hintergründe, Praxisprobleme und Ausblicke, in: jurisPR-BKR 12/2009, Anm. 1 (Teil 2); ders. in: jurisPR 1/2010, Anm. 1 (Teil 3); *Grundmann*, WM 2009, 1157, 1158 ff mwN; grundlegend zum Lastschriftverkehr vgl *Hadding/Häuser* in MüKo-HGB, ZahlungsV C. Lastschriftverkehr, S. 740 ff; *Grundmann* in: Ebenroth/Boujong/Joost/Strohn HGB, Bd. 2, BankR II, ZahlungsV, Lastschrift, S. 1508 ff; *Meder*, JZ 2005, 1089). 4

Beim gewählten Muster handelt es sich um ein SEPA-Lastschriftmandat (Standardfall einer wiederkehrenden Lastschrift), auf das nach den Intentionen der EU-Kommission wie auch der Kreditwirtschaft auf längere Sicht das in Deutschland stark verbreitete Einzugsermächtigungslastschriftverfahren umgestellt werden soll (*Laitenberger*, NJW 2010, 192 mwN; weiterführend zu Lastschriftverfahren und zur SEPA-Lastschrift: Hk-BGB/*Schulte-Nölke/Schulze*, § 675 j, Rn 2 und Rn 4; Palandt/*Sprau*, § 675 f, Rn 70 mwN; *Jungmann*, ZBB 2008, 416; *Rösler/Werner*, BKR, 2009, 8; *Grundmann* in: Ebenroth/Boujong/Joost/Strohn HGB, Bd. 2, BankR II, ZahlungsV, Lastschrift, Rn II 128 a, S. 1518). Für die SEPA-Basislastschrift sind am 31.10.2009 5 gesonderte neue AGB von den Banken („Bedingungen für Zahlungen mittels Lastschrift im SEPA-Basislastschriftverfahren") eingeführt worden (vgl zum SEPA-Basislastschriftmandat Nr. 2.2 der genannten Bedingungen). Weiterhin steht für die SEPA-Basislastschrift seit 2.11.2009 das SEPA-Regelwerk (SEPA Core Direct Debit Scheme Rulebook) des European Payments Council bereit. Es regelt zwar ausschließlich das Interbankenverhältnis, jedoch gestattet es (anders als die bisherigen nationalen Zahlungsverkehrsabkommen) – mittelbar – in erheblichem Maße auch die Vertragsbeziehungen zwischen Bank und Kunde (vgl jurisPR-BKR 11/2009, Anm. 1, *Meckel*).

6 [2] **Autorisierung/Anweisung im weiteren Sinne im SEPA-Lastschriftverfahren.** § 675 j stellt die zentrale Norm des neuen Zahlungsdienstrechts dar, die die Autorisierung (Zustimmung) für Zahlungsdienste, insbesondere Überweisung, Lastschrift und Kartenzahlung, und damit die Wirksamkeit von Zahlungsvorgängen regelt (Hk-BGB/*Schulte-Nölke/Schulze*, § 675 j, Rn 2; Palandt/*Sprau*, § 675 j, Rn 2; vgl auch oben zu § 675 c und 675 f sowie unten zu §§ 783 ff).

7 Die Autorisierung kann in mehreren Arten erfolgen, zB durch Einwilligung, durch Erteilung eines Zahlungsauftrags (so zB bei der Überweisung, bei Lastschriften im Abbuchungsauftragsverfahren oder SEPA-Verfahren) (Palandt/*Sprau*, § 675 j, Rn 4; § 675 f, Rn 38 und Rn 40). Dabei kann die Einwilligung ohne genaue Angabe des Zahlungsbetrags erteilt werden (vgl § 675 x Abs. 1). Die Autorisierung kann auch nachträglich durch Genehmigung erteilt werden; die Wirksamkeit einer nachträglichen Genehmigung erfordert jedoch die vorherige Vereinbarung zwischen Zahlungsdienstleister und Zahler (Hk-BGB/*Schulte-Nölke/Schulze*, § 675 j, Rn 2). Da für das in Deutschland weit verbreitete Einzugsermächtigungslastschriftverfahren charakteristisch ist, dass der Lastschriftschuldner der Belastungsbuchung in der Regel nicht ausdrücklich, sondern im Wege einer Genehmigungsfiktion in den AGB der Banken und Sparkassen durch Schweigen auf den Rechnungsabschluss zustimmt, wurde in den EU-Ratsverhandlungen zur Zahlungsd-RL erreicht, dass das generelle Erfordernis einer ausdrücklichen Zustimmung entfallen ist, während die Möglichkeit einer Nachautorisierung erhalten blieb. Art. 54 Abs. 1 der Zahlungsd-RL, umgesetzt durch § 675 j Abs. 1 S. 1 und S. 2, ermöglicht nun, dass an der bisherigen Form der Autorisierung im Einzugsermächtigungslastschriftverfahren weiter festgehalten werden kann (*Laitenberger*, NJW 2010, 192, 193 mwN; vgl auch juris-PR-BKR 12/2009, Anm. 1, *Meckel*).

8 Beim SEPA-Lastschriftverfahren, das seit dem 2.11.2009 auf dem Markt angeboten wird, ermächtigt der Schuldner (Zahler) den Gläubiger (Zahlungsempfänger) zur Einziehung der Forderung im Valutaverhältnis und weist gleichzeitig seine Bank an, diese Lastschriften einzulösen; es handelt sich daher um eine Anweisung im weiteren Sinne (grundlegend *Einsele*, AcP 2009, 719, 758; zur Anweisung vgl auch unten zu §§ 783 ff); anders – aber unzutreffend – als „Doppelweisung" bezeichnet in BT-Drucks. 16/11643, S. 186). Da nach der von *Einsele* überzeugend vorgenommenen rechtlichen Einordnung die Einzugsermächtigung im Einzugsermächtigungsverfahren eine Ermächtigung im Rechtssinn darstellt, entspricht sie auch aus Sicht der Zahler im Wesentlichen den Voraussetzungen der SEPA-Lastschrift; somit steht auch einer relativ unkomplizierten Umstellung des bisherigen Einzugsermächtigungsverfahrens auf die SEPA-Lastschrift – ohne (ausdrückliche) Zustimmung der Schuldner/Bankkunden – nichts im Wege (*Einsele*, AcP 2009, 719, 758/759). Nach aA handelt es sich dem SEPA-Lastschriftverfahren um die Konstruktion einer Doppelweisung (der Zahler erteilt eine sowohl an den Zahlungsempfänger als auch an den Zahlungsdienstleister des Zahlers gerichtete Weisung, §§ 675 f Abs. 3 S. 2, 675 j Abs. 1 S. 1) mit der Folge, dass bereits erteilte Einzugsermächtigungen (bei denen nach der sog. Genehmigungstheorie im Einzugsermächtigungsverfahren der Zahlungsauftrag des Zahlers an seine Zahlstelle fehlt) nicht für die SEPA-Basislastschrift verwendet werden können (*Laitenberger*, NJW 2010, 192, 195); diese Ansicht hat zur Folge, dass Lastschriftgläubiger, die auf die SEPA-Basislastschrift umsteigen wollen, ein neues Mandat von ihren Lastschriftschuldnern einholen müssen. Weiterführend vgl Stellungnahme des Zentralen Kreditausschus-

ses (ZKA) vom 10.2.2009 zu den Vorschriften zur Umsetzung des zivilrechtlichen Teils der Zahlungsd-RL sowie *Meckel* in: jurisPR-BKR 2/2010 Anm. 1 (Teil 4) unter 18.4.

[3] **Erstattung binnen 8 Wochen.** Mit dieser Klausel erfolgt im Muster der Hinweis, dass der Schuldner (Zahler) im Deckungsverhältnis – an Stelle der Widerspruchsmöglichkeit des Lastschriftschuldners gegen die Belastungsbuchung – bei der SEPA-Basislastschrift binnen 8 Wochen ab Kontobelastungsdatum einen vertraglichen Erstattungsanspruch gegen seinen Zahlungsdienstleister (Schuldnerbank, Zahlstelle) hat, der an keinerlei Voraussetzungen geknüpft ist („No-questions-asked Refund"). Dieser Anspruch ist durch § 675 x Abs. 2 in deutsches Recht umgesetzt worden (Art. 62 Abs. 1 u. Abs. 4 Zahlungsd-RL) (vgl auch unten zu § 675 x und zu § 676 c). 9

[4] **Widerrufsrechte.** Für SEPA-Lastschriftmandate für wiederkehrende Zahlungen, in denen eine einzelne Zustimmung die Ausführung mehrerer Zahlungsvorgänge erfasst, greift auch das Widerrufsrecht des § 675 j Abs. 2 S. 2 ein. Der Widerruf gilt dann für alle ihm zeitlich nachfolgenden Zahlungen (Hk-BGB/*Schulte-Nölke/Schulze*, § 675 j Rn 5; zum Widerruf im Überweisungsrecht vgl OLG Düsseldorf, ZIP 2003, 1140). 10

B. Muster: Lastschriftwiderspruch durch Insolvenzverwalter

I. Muster: Lastschriftwiderspruch durch Insolvenzverwalter[1] 11

520

▶ Absender: Insolvenzverwalter

Adressat: Kreditinstitut der Insolvenzschuldnerin

Betreff: Lastschriftwiderspruch

Girokonten Nrn. …, …, … und … der Insolvenzschuldnerin …

Sehr geehrte Damen und Herren,

durch Beschluss des Amtsgerichts … vom … wurde ich zum vorläufigen Insolvenzverwalter über das Vermögen der o.g. Insolvenzschuldnerin bestellt.

Hiermit fordere ich Sie auf, mit sofortiger Wirkung die o.g. Girokonten Nrn. …, …, … und … der Insolvenzschuldnerin für Lastschriften zu sperren.

Ferner widerspreche ich jeder weiteren Ausführung von Daueraufträgen, Abbuchungsaufträgen und Einzugsermächtigungen.

Allen noch nicht genehmigten Lastschriften verweigere ich die Zustimmung, hilfsweise widerspreche ich ihnen. Der Widerspruch gilt ausdrücklich auch für alle im Rahmen jedweden Lastschriftverfahrens zugelassenen Einzüge und für alle Lastschriftbuchungen.

Gleichzeitig bitte ich um Zusendung einer Aufstellung aller erfolgten Lastschrifteinzüge seit dem …[2]

Ich bitte um Gutschrift aller nicht genehmigten bzw. widersprochenen Belastungsbuchungen im Lastschriftverfahren und Auszahlung der sich hieraus ergebenden Haben-Salden.

Für die Zusendung der Aufstellung und Gutschrift habe ich mir eine Frist bis … notiert.

…

Insolvenzverwalter ◀

II. Erläuterungen

[1] **Sonderproblem Lastschriftwiderspruch durch Insolvenzverwalter.** Während der Widerruf der Autorisierung bei der Überweisung und auch bei Kartenzahlungen durch das neue Zahlungsdiensterecht an praktischer Brisanz verloren hat (§ 675 p), bleibt der Widerspruch bei Lastschriften von erheblicher praktischer Bedeutung. 12

13 Der Widerspruch noch nach vollständiger Abwicklung des Zahlungsvorgangs ist charakteristisch (nur) für die Lastschrift, insbesondere beim Lastschriftwiderspruch durch den (schwachen) Insolvenzverwalter. Hierzu wird auf den Konflikt zwischen dem IX. Senat des BGH (Insolvenzrechtssenat) (insbes. Urt. v. 4.11.2004, BGHZ 161, 49, 53ff = NJW 2005, 675) und dem XI. Senat des BGH (Bankensenat) (insbes. Urt. v. 10.6.2008, NJW 2008, 3348; ZIP 2007, 2273) verwiesen. Während nach der langjährigen Rechtsprechung des IX. Senats der vorläufige Insolvenzverwalter mit Zustimmungsvorbehalt grundsätzlich als berechtigt angesehen wurde, Belastungen, die der Insolvenzschuldner noch nicht genehmigt hatte, zu widersprechen und ihm sogar weitergehende Rechte zum Widerspruch als dem Insolvenzschuldner eingeräumt wurden, vertrat der XI. Senat die Auffassung, dass der vorläufige Insolvenzverwalter nicht mehr oder keine anderen Rechte habe als der Schuldner selbst. Der XI. Senat hatte dabei ausgesprochen, dass § 826 als spezielle Ausprägung des die gesamte Zivilrechtsordnung beherrschenden Grundsatzes von Treu und Glauben auch für den Insolvenzverwalter gelte. Dieser dürfe daher keine Handlungen vornehmen, durch die der Schuldner eine vorsätzliche sittenwidrige Schädigung begehen würde. Daher sei der Insolvenzverwalter an die Verpflichtung des Schuldners gebunden, sittenwidrige Lastschriftwidersprüche zu unterlassen; das Einzugsermächtigungsverfahren dürfe nicht zu einem Instrument der Mehrung der Masse umfunktioniert werden (vgl weiterführend *Bartsch* in: jurisPR-BKR 3/2010, Anm. 5 zu OLG Celle, Urt. v. 21.10.2009 – 3 U 78/09, mwN; *Lange* in: jurisPR-BKR 4/2009, Anm. 3 zu OLG München Urt. v. 13.1.2009 – 5 U 2379/08; *Jungmann*, ZBB 2008, 409 mwN; *Berger*, NJW 2009, 473; *van Gelder* in: Schimansky/Bunte/Lwowski, BankR-Hdb, §§ 56 ff). Zwischenzeitlich haben die beiden Zivilsenate des BGH mit den Entscheidungen vom 20.7.2010 (XI ZR 236/07 und IX ZR 37/09) die bislang bestehenden Differenzen in ihrer Rechtsprechung ohne Anrufung des Großen Senats für Zivilsachen beigelegt. Nach Meinung des XI. Senats des BGH steht es der Kreditwirtschaft unter der Geltung des neuen Zahlungsdiensterechts der §§ 675 c ff, durch das das Lastschriftverfahren erstmals gesetzlich geregelt wird, nunmehr frei, durch eine dem SEPA-Lastschriftverfahren nachgebildete Ausgestaltung ihrer AGB künftig die Insolvenzfestigkeit aller mittels Einzugsermächtigungslastschrift bewirkten Zahlungen herbeizuführen. Bis dies geschehen ist, kommt unter bestimmten Umständen eine konkludente Genehmigung der Lastschrift durch den Schuldner in Betracht.

14 [2] **Fristen.** Lastschriften im Einzugsermächtigungsverfahren kann grundsätzlich ohne zeitliche Begrenzung und ohne dass der Schuldner (in dessen Rolle der Insolvenzverwalter eintritt) verpflichtet wäre, seine Haltung zu begründen, widersprochen werden. Hieran ändert die (frühere) 6-Wochen-Frist, nach neuem Zahlungsdiensterecht 8-Wochen-Frist (vgl *Grundmann*, WM 2009, 1157) des Abkommens über den Lastschriftverkehr, welches nur die Rechtsverhältnisse zwischen den Bankinstituten regelt, nichts (instruktiv *Meder* in: jurisPR-BKR 6/2008, Anm. 2 zu BGH, Urt. v. 29.5.2008 – III ZR 330/07, mwN; *Bartsch* in: jurisPR-BKR 3/2010, Anm. 5 zu OLG Celle, Urt. v. 21.10.2009 – 3 U 78/09, mwN). Durch Widerspruch können Rückbuchungen für eine relativ große Zeitspanne erreicht werden(*Bartsch* in: jurisPR-BKR 3/2010, Anm. 5 zu OLG Celle, Urt. v. 21.10.2009 – 3 U 78/09, mwN; vgl. auch unten zu § 676 c Rn 5).

15 [3] **Abgrenzung zum Abbuchungsauftragslastschriftverfahren und zur SEPA-Lastschrift.** Gläubigern kann großer Ärger erspart sein, wenn Abbuchungen vereinbart sind; dies ist im Abbuchungsauftragslastschriftverfahren wie auch beim SEPA-Lastschriftmandat der Fall. Bei diesen Verfahren kommt es, anders als beim Einzugsermächtigungslastschriftverfahren, auf die „Genehmigungstheorie", die ohnehin auf dem Prüfstand steht (*Meder*, JZ 2005, 1089; *Burghardt*, WM 2006, 1892), nicht an.

§ 675 k Nutzungsbegrenzung

(1) In Fällen, in denen die Zustimmung mittels eines Zahlungsauthentifizierungsinstruments erteilt wird, können der Zahler und der Zahlungsdienstleister Betragsobergrenzen für die Nutzung dieses Zahlungsauthentifizierungsinstruments vereinbaren.

(2) [1]Zahler und Zahlungsdienstleister können vereinbaren, dass der Zahlungsdienstleister das Recht hat, ein Zahlungsauthentifizierungsinstrument zu sperren, wenn

1. sachliche Gründe im Zusammenhang mit der Sicherheit des Zahlungsauthentifizierungsinstruments dies rechtfertigen,
2. der Verdacht einer nicht autorisierten oder einer betrügerischen Verwendung des Zahlungsauthentifizierungsinstruments besteht oder
3. bei einem Zahlungsauthentifizierungsinstrument mit Kreditgewährung ein wesentlich erhöhtes Risiko besteht, dass der Zahler seiner Zahlungspflicht nicht nachkommen kann.

[2]In diesem Fall ist der Zahlungsdienstleister verpflichtet, den Zahler über die Sperrung des Zahlungsauthentifizierungsinstruments möglichst vor, spätestens jedoch unverzüglich nach der Sperrung zu unterrichten. [3]In der Unterrichtung sind die Gründe für die Sperrung anzugeben. [4]Die Angabe von Gründen darf unterbleiben, soweit der Zahlungsdienstleister hierdurch gegen gesetzliche Verpflichtungen verstoßen würde. [5]Der Zahlungsdienstleister ist verpflichtet, das Zahlungsauthentifizierungsinstrument zu entsperren oder dieses durch ein neues Zahlungsauthentifizierungsinstrument zu ersetzen, wenn die Gründe für die Sperrung nicht mehr gegeben sind. [6]Der Zahlungsdienstnutzer ist über eine Entsperrung unverzüglich zu unterrichten.

§ 675 l Pflichten des Zahlers in Bezug auf Zahlungsauthentifizierungsinstrumente

[1]Der Zahler ist verpflichtet, unmittelbar nach Erhalt eines Zahlungsauthentifizierungsinstruments alle zumutbaren Vorkehrungen zu treffen, um die personalisierten Sicherheitsmerkmale vor unbefugtem Zugriff zu schützen. [2]Er hat dem Zahlungsdienstleister oder einer von diesem benannten Stelle den Verlust, den Diebstahl, die missbräuchliche Verwendung oder die sonstige nicht autorisierte Nutzung eines Zahlungsauthentifizierungsinstruments unverzüglich anzuzeigen, nachdem er hiervon Kenntnis erlangt hat.

§ 675 m Pflichten des Zahlungsdienstleisters in Bezug auf Zahlungsauthentifizierungsinstrumente; Risiko der Versendung

(1) [1]Der Zahlungsdienstleister, der ein Zahlungsauthentifizierungsinstrument ausgibt, ist verpflichtet,

1. unbeschadet der Pflichten des Zahlungsdienstnutzers gemäß § 675 l sicherzustellen, dass die personalisierten Sicherheitsmerkmale des Zahlungsauthentifizierungsinstruments nur der zur Nutzung berechtigten Person zugänglich sind,
2. die unaufgeforderte Zusendung von Zahlungsauthentifizierungsinstrumenten an den Zahlungsdienstnutzer zu unterlassen, es sei denn, ein bereits an den Zahlungsdienstnutzer ausgegebenes Zahlungsauthentifizierungsinstrument muss ersetzt werden,
3. sicherzustellen, dass der Zahlungsdienstnutzer durch geeignete Mittel jederzeit die Möglichkeit hat, eine Anzeige gemäß § 675 l Satz 2 vorzunehmen oder die Aufhebung der Sperrung gemäß § 675 k Abs. 2 Satz 5 zu verlangen, und
4. jede Nutzung des Zahlungsauthentifizierungsinstruments zu verhindern, sobald eine Anzeige gemäß § 675 l Satz 2 erfolgt ist.

[2]Hat der Zahlungsdienstnutzer den Verlust, den Diebstahl, die missbräuchliche Verwendung oder die sonstige nicht autorisierte Nutzung eines Zahlungsauthentifizierungsinstruments angezeigt, stellt sein Zahlungsdienstleister ihm auf Anfrage bis mindestens 18 Monate nach dieser Anzeige die Mittel zur Verfügung, mit denen der Zahlungsdienstnutzer beweisen kann, dass eine Anzeige erfolgt ist.

[2] Die Gefahr der Versendung eines Zahlungsauthentifizierungsinstruments und der Versendung personalisierter Sicherheitsmerkmale des Zahlungsauthentifizierungsinstruments an den Zahler trägt der Zahlungsdienstleister.

1 **A. Muster: Vertragliche Regelung der Sorgfalts- und Mitwirkungspflichten des Karteninhabers**

▶ **Auszug aus den „Bedingungen für die Debitkarten", Neufassung zum 31.10.2009**

...

6. Sorgfalts- und Mitwirkungspflichten des Karteninhabers

6.1. Unterschrift

...

6.2. Sorgfältige Aufbewahrung der Karte

...

6.3. Geheimhaltung der persönlichen Geheimzahl (PIN)

...

6.4. Unterrichtungs- und Anzeigepflichten

(1) Stellt der Karteninhaber den Verlust oder Diebstahl seiner Karte, die missbräuchliche Verwendung oder eine sonstige nicht autorisierte Nutzung von Karte und PIN fest, ist die Bank, und zwar möglichst die kontoführende Stelle, unverzüglich zu benachrichtigen (Sperranzeige).[1] Die Sperranzeige kann der Karteninhaber auch jederzeit gegenüber dem Zentralen Sperrannahmedienst[2] abgeben. In diesem Fall ist eine Kartensperre nur möglich, wenn der Name der Bank – möglichst mit Bankleitzahl – und die Kontonummer angegeben werden. Der Zentrale Sperrannahmedienst sperrt alle für das betreffende Konto ausgegebenen Karten für die weitere Nutzung an Geldautomaten und automatisierten Kassen. Von einer solchen Sperre bleiben Verfügungen über ein auf der Geldkarte gespeichertes Guthaben sowie Zusatzanwendungen ... unberührt. Zur Beschränkung der Sperre auf die abhanden gekommene Karte muss sich der Karteninhaber mit seiner Bank, möglichst mit der kontoführenden Stelle, in Verbindung setzen. Die Kontaktdaten, unter denen eine Sperranzeige abgegeben werden kann, werden dem Karteninhaber gesondert mitgeteilt. Der Karteninhaber hat jeden Diebstahl oder Missbrauch unverzüglich bei der Polizei anzuzeigen.

(2) Hat der Karteninhaber den Verdacht, dass eine andere Person unberechtigt in den Besitz seiner Karte gelangt ist, eine missbräuchliche Verwendung oder eine sonstige nicht autorisierte Nutzung von Karte oder PIN vorliegt, muss er ebenfalls unverzüglich eine Sperranzeige abgeben.

(3) Eine Sperrung einer unternehmensspezifischen Zusatzanwendung kommt nur gegenüber dem Unternehmen in Betracht, das die Zusatzanwendung in den Chip der Karte eingespeichert hat, und ist nur dann möglich, wenn das Unternehmen die Möglichkeit zur Sperrung seiner Zusatzanwendung vorsieht. Die Sperrung einer bankgenerierten Zusatzanwendung kommt nur gegenüber der Bank in Betracht und richtet sich nach dem mit der Bank abgeschlossenen Vertrag.

(4) Der Kontoinhaber hat die Bank unverzüglich nach Feststellung einer nicht autorisierten oder fehlerhaft ausgeführten Kartenverfügung zu unterrichten.

... ◀

B. Erläuterungen

2 [1] **Sicherungsanforderungen der §§ 675k-m.** §§ 675k-m regeln gesetzlich diverse Sicherungsanforderungen für den Einsatz von Zahlungsauthentifizierungsinstrumenten und personalisierten Sicherheitsmerkmalen. Die Vorschriften übernehmen im Wesentlichen die bisherige, auf vertraglicher Vereinbarung beruhende Rechtslage (Palandt/*Sprau*, § 675 l Rn 1). Zu den Sicherungsmechanismen gehören insbesondere die Vereinbarung von Obergrenzen für die Nutzung bestimmter Zahlungsauthentifizierungsinstrumente (zB durch Tagesbegrenzung für Überweisungen im Online-Banking), die Pflichten des Zahlers zum Schutz seiner Zahlungsauthentifi-

zierungsinstrumente und personalisierter Sicherheitsmerkmale vor unbefugtem Zugriff (zB hat der Zahler dem Missbrauch ihm auf seinen Wunsch für Transaktionen zugeordneter Kodierungen wie PIN und TAN vorzubeugen, vgl *Kind/Werner*, CR 2006, 353), die Unterrichtungs- und Anzeigepflicht bei Verlust von Zahlungsauthentifizierungsinstrumenten oder bei Gefahr missbräuchlicher Verwendungen (Sperranzeige) (Hk-BGB/*Schulte-Nölke/Schulze*, § 675 m Rn 2), die Ermöglichung der Sperranzeige durch die in § 675 m normierte Verpflichtung des Zahlungsdienstleisters, einen rund um die Uhr – auch an Nichtgeschäftstagen – erreichbaren Sperrdienst zu unterhalten und die dem Zahlungsdienstleister auferlegte Pflicht, nach der Sperre jede Nutzung der gesamten Zahlungsauthentifizierungsinstrumente, nicht nur der persönlichen Sicherheitsmerkmale, zu verhindern (Palandt/*Sprau*, § 675 m Rn 2).

[2] **PIN-Geheimhaltung seitens des Zahlungsdienstleisters.** § 675 m Abs. 1 Ziff. 1 verpflichtet insbesondere den Zahlungsdienstleister seinerseits sicherzustellen, dass zB die PIN als personalisiertes Sicherheitsmerkmal der Zahlungskarte (= Zahlungsauthentifizierungsinstrument) nur dem Karteninhaber (= Zahler) zugänglich ist. Dies entspricht des bisherigen Rechtslage und der praktischen Handhabung, denn sowohl die PIN-Generierung wie die Herstellung der PIN-Briefe, die sodann an Karteninhaber versandt werden, erfolgen unter höchsten Sicherheitsvorkehrungen in sog. Black-Box-Systemen automatisiert ohne jede händische Einflussmöglichkeit; der Zahlungsdienstleister kennt die dem Zahler zugeteilte PIN grundsätzlich nicht. Auch werden grundsätzlich die PIN-Briefe an die Karteninhaber getrennt von den Zahlungskarten versendet. Die Geheimhaltungspflicht des Zahlungsdienstleisters nach § 675 m Abs. 1 Ziff. 1 korrespondiert mit der in § 675 l dem Zahler auferlegten PIN-Geheimhaltungspflicht. 3

[3] **Keine unaufgeforderte Zusendung.** Wie nach bisheriger Rechtslage auch, erfolgt eine PIN-Zusendung an einen Zahler/Karteninhaber nicht unaufgefordert, sondern stets nach vorheriger Beantragung der PIN zu einer bestimmten Karte durch den Zahler; diese Beantragung erfolgt zumeist anlässlich des Abschlusses des Kartenvertrages mit dem entsprechenden Zahlungsdienstleister. (Nur) die sog. Folgekarten, dh die Karten, die dem Zahler rechtzeitig vor Gültigkeitsablauf der aktuell eingesetzten Karte zugesandt werden, werden unaufgefordert zugesandt. 4

In der Praxis kann die Zusendung von Zahlungskarten und PINs bzw die unaufgeforderte Zusendung von Folgekarten Rechtsstreitigkeiten nach sich ziehen, wenn der Zahler dem Zahlungsdienstleister nicht meldet, dass er die beantragte Zahlungskarte oder angekündigte Sicherheitsmerkmale bzw die Folgekarte nicht erhalten hat. Die Gerichte nehmen an, dass dem Zahler Nachforschungs- und Mitteilungspflichten obliegen, deren Verletzung Schadenersatzansprüche nach sich ziehen können, wenn von ihm beantragte Zahlungskarten oder angekündigte Sicherheitsmerkmale nicht zeitnah zugehen (KG NJW 2006, 381). Gleiches gilt, wenn der Zahler, der die alte Karte ständig benutzt, sich über Monate hinweg nicht um den Verbleib der Folgekarte kümmert (AG Bad Vilbel Urt. v. 2.3.2001 – 3 C 523/00-310, n.v.). 5

[4] **Muster Unterrichtungs- und Anzeigepflicht bei Debitkarten.** Als Muster wurde eine Vertragsklausel der Bedingungen für die Debitkarten der Deutsche Bank AG, Neufassung zum 31.10.2009, gewählt, durch die die Unterrichtungs- und Anzeigepflicht des Kunden u.a. im Fall von Verlust oder Diebstahl der Karte, missbräuchlicher Verwendung oder sonstiger nicht autorisierter Nutzung von Karte und PIN und bei Verdacht missbräuchlicher Verwendung vereinbart wurde. 6

[5] **Unverzüglichkeit.** Praxisrelevant ist immer wieder die Bestimmung der Unverzüglichkeit der Sperre. Nach hM heißt „unverzüglich" im Sinne von Allgemeinen Geschäftsbedingungen zum Zahlungskartenverkehr „sofort", dh der Karteninhaber muss so schnell, wie es ihm nach den gegebenen Umständen möglich ist, für die Kartensperre sorgen. Nach zutreffender Ansicht sind die für eine Sperrung einer Zahlungskarte angenommenen zeitlichen Grenzen – wegen der extrem hohen Missbrauchsgefahr – äußerst knapp bemessen. Teilweise wird dem Karteninhaber – je nach den gegebenen Umständen – die sofortige Sperre abverlangt, wenn ein Telefon in 7

greifbarer Nähe ist. Auch wurde in der Rechtsprechung dem Karteninhaber für die Sperre eine Stunde nach Entdeckung des Verlusts eingeräumt, teilweise „höchstens eineinhalb Stunden" (Palandt/*Sprau*, § 675 l, Rn 8; OLG Frankfurt Urt. v. 15.7.2003, NJW-RR 2004, 206 – auch abrufbar unter www.dr-beesch.de/urteile; AG Besigheim Urt. v. 22.8.2005, 7 C 385/05, n.v.). Versäumt der Karteninhaber die unverzügliche Verlustmeldung, so haftet er uneingeschränkt (Palandt/*Sprau*, § 675 l, Rn 5; *Hellner/Steuer*, Bankrecht und Bankpraxis, Stand 04/2010, Bd. 3 Rn 6/1962 nwN). In der instanzgerichtlichen Rechtsprechung hat sich auch der Grundsatz manifestiert, dass der Karteninhaber bei einem ihm möglich erscheinenden Verlust oder Verdacht auf Verlust bzw bei Missbrauchsverdacht „erst sperren, und dann suchen bzw aufklären muss".

8 [6] **Zentraler Sperrannahmedienst.** Die neue Norm des § 675 m Abs. 1 Ziff. 3 begründet eine gesetzliche Pflicht des Zahlungsdienstleisters zur Sicherstellung der Sperrmöglichkeit. Im Zahlungskartenverkehr sind hiermit insbesondere die Sperrdienste betroffen, die Zahlungsdienstleister unterhalten, um Zahlern die unverzügliche Sperre ihrer Zahlungskarten zu ermöglichen, zu der Zahler nunmehr auch gesetzlich (vgl § 675 l) verpflichtet sind. Die Verletzung der Pflicht des Zahlungsdienstleisters zur Sicherstellung der Sperrmöglichkeit führt zum Wegfall der Ersatzpflicht des Zahlers gemäß § 675 v Abs. 1 u. 2 iVm § 675 v Abs. 3 (BT-Drucks. 16/11643, S. 114); es erscheint allerdings zweifelhaft, ob diese Sanktion auch dann eingreift, wenn der Verstoß des Zahlungsdienstleisters nicht kausal für den Schadenseintritt war. Bei dem im Muster genannten Zentralen Sperrannahmedienst handelt es sich um einen zentralen Sperrannahmedienst für Debitkarten (zB girocard-Karten (ehemals ec-Karten), Maestro-Karten, Bankcards, Sparcards), der täglich rund um die Uhr erreichbar ist. Auf der Homepage von kartensicherheit.de ist zB ein sog. SOS-Infopass herunterzuladen, der alle wichtigen Rufnummern enthält, die der Zahler im Ernstfall zur Sperrung von Bank- und Kreditkarten bereit halten sollte. Bei den am Sperr-Notruf 116 116 teilnehmenden Kartenherausgebern kann auch unter dieser Notrufnummer gesperrt werden.

Unterkapitel 2 Ausführung von Zahlungsvorgängen

§ 675 n Zugang von Zahlungsaufträgen

(1) [1]Ein Zahlungsauftrag wird wirksam, wenn er dem Zahlungsdienstleister des Zahlers zugeht. [2]Fällt der Zeitpunkt des Zugangs nicht auf einen Geschäftstag des Zahlungsdienstleisters des Zahlers, gilt der Zahlungsauftrag als am darauf folgenden Geschäftstag zugegangen. [3]Der Zahlungsdienstleister kann festlegen, dass Zahlungsaufträge, die nach einem bestimmten Zeitpunkt nahe am Ende eines Geschäftstags zugehen, für die Zwecke des § 675 s Abs. 1 als am darauf folgenden Geschäftstag zugegangen gelten. [4]Geschäftstag ist jeder Tag, an dem der an der Ausführung eines Zahlungsvorgangs beteiligte Zahlungsdienstleister den für die Ausführung von Zahlungsvorgängen erforderlichen Geschäftsbetrieb unterhält.
(2) [1]Vereinbaren der Zahlungsdienstnutzer, der einen Zahlungsvorgang auslöst oder über den ein Zahlungsvorgang ausgelöst wird, und sein Zahlungsdienstleister, dass die Ausführung des Zahlungsauftrags an einem bestimmten Tag oder am Ende eines bestimmten Zeitraums oder an dem Tag, an dem der Zahler dem Zahlungsdienstleister den zur Ausführung erforderlichen Geldbetrag zur Verfügung gestellt hat, beginnen soll, so gilt der vereinbarte Termin für die Zwecke des § 675 s Abs. 1 als Zeitpunkt des Zugangs. [2]Fällt der vereinbarte Termin nicht auf einen Geschäftstag des Zahlungsdienstleisters des Zahlers, so gilt für die Zwecke des § 675 s Abs. 1 der darauf folgende Geschäftstag als Zeitpunkt des Zugangs.

§ 675 o Ablehnung von Zahlungsaufträgen

(1) [1]Lehnt der Zahlungsdienstleister die Ausführung eines Zahlungsauftrags ab, ist er verpflichtet, den Zahlungsdienstnutzer hierüber unverzüglich, auf jeden Fall aber innerhalb der Fristen gemäß § 675 s Abs. 1 zu unterrichten. [2]In der Unterrichtung sind, soweit möglich, die Gründe für die Ablehnung sowie die Möglichkeiten anzugeben, wie Fehler, die zur Ablehnung geführt haben, berichtigt werden können. [3]Die Angabe von Gründen darf unterbleiben, soweit sie gegen sonstige Rechtsvorschriften verstoßen würde. [4]Der Zahlungsdienstleister darf mit dem Zahlungsdienstnutzer im Zahlungsdiensterahmenvertrag für die Unterrichtung über eine berechtigte Ablehnung ein Entgelt vereinbaren.

(2) Der Zahlungsdienstleister des Zahlers ist nicht berechtigt, die Ausführung eines autorisierten Zahlungsauftrags abzulehnen, wenn die im Zahlungsdiensterahmenvertrag festgelegten Ausführungsbedingungen erfüllt sind und die Ausführung nicht gegen sonstige Rechtsvorschriften verstößt.
(3) Für die Zwecke der §§ 675 s, 675 y und 675 z gilt ein Zahlungsauftrag, dessen Ausführung berechtigterweise abgelehnt wurde, als nicht zugegangen.

A. Muster: Vereinbarung über Ablehnung von Zahlungsaufträgen/ Entgeltvereinbarung"[1] 1

▶ Auszug aus den „Bedingungen für den Überweisungsverkehr" (Neufassung zum 31.10.2009) 522

1.7 Ablehnung der Ausführung

(1) Sind die Ausführungsbedingungen (siehe Nummer 1.6 Absatz 1) nicht erfüllt, kann die Bank die Ausführung des Überweisungsauftrags ablehnen. Hierüber wird die Bank den Kunden unverzüglich, auf jeden Fall aber innerhalb der in Nummer 2.2.1 beziehungsweise 3.2 vereinbarten Frist, unterrichten. Dies kann auch auf dem für Kontoinformationen vereinbarten Weg geschehen. Dabei wird die Bank, soweit möglich, die Gründe der Ablehnung sowie die Möglichkeiten angeben, wie Fehler, die zur Ablehnung geführt haben, berichtigt werden können.[2]

(2) Ist eine vom Kunden angegebene Kundenkennung für die Bank erkennbar keinem Zahlungsempfänger, keinem Zahlungskonto oder keinem Zahlungsdienstleister des Zahlungsempfängers zuzuordnen, wird die Bank dem Kunden hierüber unverzüglich eine Information zur Verfügung stellen und ihm gegebenenfalls den Überweisungsbetrag wieder herausgeben.

(3) Für die Unterrichtung über eine berechtigte Ablehnung berechnet die Bank das im Preis- und Leistungsverzeichnis ausgewiesene Entgelt.[3]

... ◀

B. Erläuterungen

2 **[1] Ausführung von Zahlungsaufträgen/Ablehnung durch den Zahlungsdienstleister.** §§ 675 n und 675 o stehen am Anfang des Unterkapitels 2, welches die Ausführung von Zahlungsaufträgen regelt, insbesondere wann ein Zahlungsauftrag wirksam wird und die Parteien bindet. In § 675 o Abs. 2 wird die Ausführungspflicht des Zahlungsdienstleisters aufgrund einseitiger Weisung des Zahlungsdienstnutzers kodifiziert (wie bisher in § 676 a aF); wenn die Weisung die im Zahlungsdiensterahmen- oder Girovertrag festgelegten Bedingungen (Form, Deckung, etc.) erfüllt, kann der Zahlungsdienstnutzer von gesicherter Ausführung ausgehen (BR-Drucks. 848/08, 164, 176 f). Die Voraussetzungen für eine Ausführungspflicht (etwa die Form der Weisung, die Verwendung eines bestimmten Auftragsformulars) können auch in Zukunft vereinbart werden. Zwingend ist lediglich, dass eine Autorisierung (durch Weisung) des Kunden vorliegt. § 675 o regelt die Ablehnung von Zahlungsaufträgen, die in obigem Muster in vertragliche Vereinbarungen umgesetzt werden (vgl weiterführend Hk-BGB/*Schulte-Nölke*/*Schulze*, §§ 675n-o, jeweils Rn 1 ff mwN; Palandt/*Sprau*, § 675 o Rn 2 ff mwN). De facto haben Zahlungsdienstleister durch die Gestaltung der AGB die Möglichkeit, Ablehnungsgründe selbst zu schaffen; eine Marge einzupreisen, kann den Zahlungsdienstleistern dabei nicht verwehrt sein.

3 **[2] Unterrichtung über Ablehnung.** Nr. 1.7 Abs. 2 der Bedingungen für den Überweisungsverkehr des Musters setzt die Pflicht der unverzüglichen Unterrichtung des Zahlungsdienstnutzers

bei Ablehnung des Zahlungsauftrags gem. § 675 o in Vertragsvereinbarungen um. Die Frist des § 675 s Abs. 1 ist zu beachten. Gemäß § 675 o Abs. 1 S. 3 darf jedoch die Angabe von Gründen der Ablehnung unterbleiben, soweit sie gegen sonstige Rechtsvorschriften verstoßen würde (zB bei fehlender Freigabeerklärung der Staatsanwaltschaft gemäß § 12 GeldwäscheG) (Palandt/*Sprau*, § 675 o Rn 2 mwN).

4 [3] **Entgeltvereinbarung.** In Nr. 1.7 Abs. 3 der Bedingungen für den Überweisungsverkehr des Musters wurde von der nunmehr nach neuem Zahlungsdiensterecht möglichen Entgeltvereinbarung für die – berechtigte – Benachrichtigung des Zahlungsdienstnutzers über die Ablehnung von Zahlungsaufträgen Gebrauch gemacht. Die Entgelte müssen sich allerdings an den mit der Ablehnung verbundenen und angemessenen Verwaltungskosten orientieren (§ 675 f Abs. 4 S. 2, der Art. 52 Abs. 1 S. 2 Zahlungsd-RL umsetzt) (Hk-BGB/*Schulte-Nölke*/*Schulze*, § 675 o Rn 4; *Grundmann*, WM 2009, 1159). Damit ist die bisherige BGH-Rechtsprechung, die solche Entgeltvereinbarungen gem. § 307 Abs. 2 Nr. 1 als unwirksam ansah (BGHZ 146, 377), unter dem neuem Zahlungsdiensterecht obsolet.

§ 675 p Unwiderruflichkeit eines Zahlungsauftrags

(1) Der Zahlungsdienstnutzer kann einen Zahlungsauftrag vorbehaltlich der Absätze 2 bis 4 nach dessen Zugang beim Zahlungsdienstleister des Zahlers nicht mehr widerrufen.
(2) [1]Wurde der Zahlungsvorgang vom Zahlungsempfänger oder über diesen ausgelöst, so kann der Zahler den Zahlungsauftrag nicht mehr widerrufen, nachdem er den Zahlungsauftrag oder seine Zustimmung zur Ausführung des Zahlungsvorgangs an den Zahlungsempfänger übermittelt hat. [2]Im Fall einer Lastschrift kann der Zahler den Zahlungsauftrag jedoch unbeschadet seiner Rechte gemäß § 675 x bis zum Ende des Geschäftstags vor dem vereinbarten Fälligkeitstag widerrufen.
(3) Ist zwischen dem Zahlungsdienstnutzer und seinem Zahlungsdienstleister ein bestimmter Termin für die Ausführung eines Zahlungsauftrags (§ 675 n Abs. 2) vereinbart worden, kann der Zahlungsdienstnutzer den Zahlungsauftrag bis zum Ende des Geschäftstags vor dem vereinbarten Tag widerrufen.
(4) [1]Nach den in den Absätzen 1 bis 3 genannten Zeitpunkten kann der Zahlungsauftrag nur widerrufen werden, wenn der Zahlungsdienstnutzer und sein Zahlungsdienstleister dies vereinbart haben. [2]In den Fällen des Absatzes 2 ist zudem die Zustimmung des Zahlungsempfängers zum Widerruf erforderlich. [3]Der Zahlungsdienstleister darf mit dem Zahlungsdienstnutzer im Zahlungsdiensterahmenvertrag für die Bearbeitung eines solchen Widerrufs ein Entgelt vereinbaren.
[5] Der Teilnehmer an Zahlungsverkehrssystemen kann einen Auftrag zugunsten eines anderen Teilnehmers von dem in den Regeln des Systems bestimmten Zeitpunkt an nicht mehr widerrufen.

1 A. Muster: Widerruf eines Termin-Überweisungsauftrags

▶ Abs.: ▪▪▪ [Zahlungsdienstnutzer]

▪▪▪

An

Y-Bank (Zahlungsdienstleisterin des Zahlers)

Datum: 1.4.2010

z.H. Kontoführung zu Girokonto-Nr. ▪▪▪

Betr.: Widerruf[1] meines Termin-Überweisungsauftrags vom 15.3.2010

Girovertrag vom ▪▪▪, Girokonto-Nr. ▪▪▪, BLZ ▪▪▪

Sehr geehrte Damen und Herren,

gemäß Termin-Überweisungsauftrag vom 15.3.2010 habe ich Ihnen den Zahlungsauftrag erteilt, am gewünschten Ausführungstag, dem 15.4.2010, zulasten meines o.g. Girokontos den Betrag von

1.000 EUR zugunsten des Zahlungsempfängers ZE auf dessen Girokonto Nr. ■■■ bei dessen Zahlungsdienstleister ■■■, BLZ ■■■, zu überweisen.[2]

Diesen Zahlungsauftrag widerrufe ich hiermit.

Bitte senden Sie mir mit dem nächsten Kontoauszug eine Bestätigung über den Widerruf zu.

Mit freundlichen Grüssen

■■■

Zahlungsdienstnutzer ◄

B. Erläuterungen

[1] **Widerrufsrechte.** Unter Berücksichtigung der Besonderheiten der verschiedenen Bezahlverfahren regelt § 675 p nunmehr gesetzlich, bis zu welchen Zeitpunkten der Zahler seinen Zahlungsauftrag bzw seine Zustimmung widerrufen kann (vgl im Einzelnen u.a. für Überweisungen, Lastschriften und Kartenzahlungen Hk-BGB/*Schulte-Nölke/Schulze*, § 675 p Rn 1 ff; Palandt/*Sprau*, § 675 p Rn 1 ff; zu Kartenzahlungen vgl auch oben zu § 675 f Erläuterungen Rn 17; zu Überweisungen vgl auch unten zu § 675 r und zu §§ 675s-t; vgl ferner unten zu § 790, jeweils mwN). 2

Für Überweisungen tritt gemäß § 675 p Abs. 1 nach neuem Zahlungsdiensterecht bei nicht terminierten Überweisungen die Unwiderruflichkeit grundsätzlich bereits mit Zugang des Zahlungsauftrags beim Zahlungsdienstleister des Zahlers ein (vgl entsprechend Nr. 1.5. der Bedingungen für den Überweisungsverkehr, Neufassung zum 31.10.2009). Dies ist gegenüber der alten Rechtslage (§ 676 a Abs. 4 S. 1 aF) eine deutliche zeitliche Vorverlegung, denn nach der alten Norm war der Überweisungsauftrag nicht mehr „kündbar", sobald dem Empfängerinstitut der Überweisungsbetrag zur Gutschrift zur Verfügung gestellt wurde (BGHZ 170, 121; *Meckel* in: jurisPR-BKR 1/2010, Anm. 1 (Teil 3) unter 14.; vgl auch *Krepold/Fischbeck*, Bankrecht, 2009, S. 62 f). 3

[2] **Widerruf terminierter Überweisungen.** Für terminierte Überweisungsaufträge (und auch Daueraufträge) gilt hingegen das gesetzliche Widerrufsrecht des § 675 p Abs. 3, wonach bei Vereinbarung eines bestimmten Termins für die Ausführung von Zahlungsaufträgen (§ 675 n Abs. 2) der Widerruf bis zum Ende des Geschäftstages vor dem vereinbarten Termin möglich ist (Hk-BGB/*Schulte-Nölke/Schulze*, § 675 p Rn 4; *Grundmann*, WM 2009, 1115). 4

§ 675 q Entgelte bei Zahlungsvorgängen

(1) Der Zahlungsdienstleister des Zahlers sowie sämtliche an dem Zahlungsvorgang beteiligte zwischengeschaltete Stellen sind verpflichtet, den Betrag, der Gegenstand des Zahlungsvorgangs ist (Zahlungsbetrag), ungekürzt an den Zahlungsdienstleister des Zahlungsempfängers zu übermitteln.

(2) [1]Der Zahlungsdienstleister des Zahlungsempfängers darf ihm zustehende Entgelte vor Erteilung der Gutschrift nur dann von dem übermittelten Betrag abziehen, wenn dies mit dem Zahlungsempfänger vereinbart wurde. [2]In diesem Fall sind der vollständige Betrag des Zahlungsvorgangs und die Entgelte in den Informationen gemäß Artikel 248 §§ 8 und 15 des Einführungsgesetzes zum Bürgerlichen Gesetzbuche für den Zahlungsempfänger getrennt auszuweisen.

(3) Bei einem Zahlungsvorgang, der mit keiner Währungsumrechnung verbunden ist, tragen Zahlungsempfänger und Zahler jeweils die von ihrem Zahlungsdienstleister erhobenen Entgelte.

1 **A. Muster: Auszug aus den „Bedingungen für den Überweisungsverkehr", Neufassung zum 31.10.2009 – ‚Entgelte'**

▶ **Auszug aus den „Bedingungen für den Überweisungsverkehr" (Neufassung zum 31.10.2009) – ‚Entgelte'[1]**

...

1.10 Entgelte

1.10.1. Entgelte für Verbraucher als Kunden für Überweisungen innerhalb Deutschlands und in anderen Staaten des Europäischen Wirtschaftsraums (EWR) in Euro oder in einer anderen EWR-Währung Die Entgelte im Überweisungsverkehr ergeben sich aus dem Preis- und Leistungsverzeichnis.

Änderungen der Entgelte werden dem Kunden spätestens zwei Monate vor dem Zeitpunkt ihres Wirksamwerdens in Textform angeboten. Hat der Kunde mit der Bank im Rahmen der Geschäftsbeziehung einen elektronischen Kommunikationsweg vereinbart, können die Änderungen auch auf diesem Wege angeboten werden. Die Zustimmung des Kunden gilt als erteilt, wenn er seine Ablehnung nicht vor dem vorgeschlagenen Zeitpunkt des Wirksamwerdens der Änderungen angezeigt hat. Auf diese Genehmigungswirkung wird ihn die Bank in ihrem Angebot besonders hinweisen.[2]

Werden dem Kunden Änderungen der Entgelte angeboten, kann er die Geschäftsbeziehung vor dem vorgeschlagenen Zeitpunkt des Wirksamwerdens der Änderungen auch fristlos und kostenfrei kündigen. Auf dieses Kündigungsrecht wird ihn die Bank in ihrem Angebot besonders hinweisen.

1.10.2. Entgelte für sonstige Sachverhalte

 ◀

B. Erläuterungen

2 **[1] Entgeltvereinbarungen.** Wie bereits aus § 675 f Abs. 4 folgt, kann für die Ausführung eines Zahlungsauftrags zwischen dem Zahlungsdienstnutzer und seinem Zahlungsdienstleister ein Entgelt vereinbart werden (Hk-BGB/*Schulte-Nölke/Schulze*, § 675 q Rn 1). Die Vereinbarung erfolgt idR für den im Muster gewählten Überweisungsverkehr durch Vereinbarung der Bedingungen für den Überweisungsverkehr sowie der AGB-Banken (insbes. Nr. 12 AGB-Banken). Für den Bereich der Nebenpflichten wurde im neuen Zahlungsdiensterecht die Möglichkeit der Zahlungsdienstleister zur Belastung der Kunden mit Entgelten erheblich eingeschränkt (vgl weiterführend *Meckel* in jurisPR-BKR, 1/2010, Anm. 1 (Teil 3) unter 16.).

3 **[2] Entgeltänderungen.** Änderungen der Entgelte sind nach neuem Zahlungsdiensterecht Änderungen der „Vertragsbedingungen", so das jeder Zahlungsdienstleister seine Zahlungsdienstnutzer über jede Preisänderung, wie über sonstige Vertragsänderungen auch, nach dem Änderungsmechanismus des § 675 g Abs. 1, der auch in obiger Muster-Klausel abgebildet ist, aktiv anbieten muss (vgl hierzu auch oben zu § 675 g, insbes. Erläuterungen Rn 2 ff).

4 **3] Gebot der Entgeltteilung/Entgeltabzugsverbot.** § 675 q regelt gesetzlich die Aufteilung von Entgelten: Der Zahlende und der Zahlungsempfänger haben die jeweils von ihrem Zahlungsdienstleister erhobenen Entgelte zu tragen (vgl auch oben zu § 675 e). Es bleibt jedoch bei dem Grundsatz, dass Entgelte vom Zahlungsbetrag nicht in Abzug gebracht werden dürfen. Der Zahlungsdienstleister des Zahlenden hat diesem vor Ausführung einer Zahlung alle Entgelte mitzuteilen. Nur der Zahlungsdienstleister des Zahlungsempfängers darf mit diesem ein gesondertes Entgelt für die Entgegennahme von Zahlungen und die Abzugsmöglichkeit verein-

baren (*Rösler/Werner*, BKR 2009, 1, 8). Dies kommt in § 675 q Abs. 2 zum Ausdruck, der bestimmt, dass der Zahlungsbetrag weder vom Zahlungsdienstleister des Zahlers noch den zwischengeschalteten Stellen reduziert werden darf (aaO).

§ 675 r Ausführung eines Zahlungsvorgangs anhand von Kundenkennungen

(1) [1]Die beteiligten Zahlungsdienstleister sind berechtigt, einen Zahlungsvorgang ausschließlich anhand der von dem Zahlungsdienstnutzer angegebenen Kundenkennung auszuführen. [2]Wird ein Zahlungsauftrag in Übereinstimmung mit dieser Kundenkennung ausgeführt, so gilt er im Hinblick auf den durch die Kundenkennung bezeichneten Zahlungsempfänger als ordnungsgemäß ausgeführt.

(2) Eine Kundenkennung ist eine Abfolge aus Buchstaben, Zahlen oder Symbolen, die dem Zahlungsdienstnutzer vom Zahlungsdienstleister mitgeteilt wird und die der Zahlungsdienstnutzer angeben muss, damit der andere am Zahlungsvorgang beteiligte Zahlungsdienstnutzer oder dessen Zahlungskonto zweifelsfrei ermittelt werden kann.

[3] Ist eine vom Zahler angegebene Kundenkennung für den Zahlungsdienstleister des Zahlers erkennbar keinem Zahlungsempfänger oder keinem Zahlungskonto zuzuordnen, ist dieser verpflichtet, den Zahler unverzüglich hierüber zu unterrichten und ihm gegebenenfalls den Zahlungsbetrag wieder herauszugeben.

A. Muster: Bereicherungsklage des Zahlungsdienstnutzers gegen den (falschen) Zahlungsempfänger (§ 812 Abs. 1 S. 1 Alt. 2)[1] 1

525

► An das

Landgericht ■■■

Klage

der ■■■ X-GmbH [Zahlungsdienstnutzerin][2]

– Klägerin –

Prozessbevollmächtigte: ■■■

gegen

■■■ [– falschen – Zahlungsempfänger][3]

– Beklagten –

wegen ungerechtfertigter Bereicherung

Streitwert: 10.000 EUR

Namens und in Vollmacht der Klägerin erheben wir Klage und beantragen,

1. den Beklagten zu verurteilen, an den Kläger 10.000 EUR nebst 5 % Zinsen über dem Basiszinssatz seit ■■■ zu zahlen.
2. für den Fall, dass der Beklagte nicht binnen der ihm gesetzten Einlassungsfrist seine Verteidigungsbereitschaft anzeigt, gemäß §§ 276 Abs. 1, 331 Abs. 3 ZPO Versäumnisurteil zu erlassen, und, soweit der Beklagte innerhalb der ihm gesetzten Einlassungsfrist mitteilt, dass er den Anspruch ganz oder teilweise anerkenne, gemäß §§ 276 Abs. 1 iVm 307 Abs. 2 ZPO Anerkenntnisurteil zu erlassen,
3. auf vollstreckbaren Titeln zugunsten der Klägerin die Vollstreckungsklausel anzubringen.

Begründung

I. Zum Sachverhalt

1. Der Beklagte erhielt von der Klägerin am ■■■ 10.000,00 EUR auf sein Girokonto bei seiner Zahlungsdienstleisterin, Konto-Nr. ■■■, BLZ ■■■ gezahlt.
   Die Zahlung erfolgte durch Gutschrift auf dem genannten Girokonto des Beklagten bei seiner Zahlungsdienstleisterin; der Zahlung lag eine fehlgeleitete Überweisung der Klägerin vom ■■■ an einen Dritten, die ■■■ Bau-GmbH, zugrunde.
   Beweis:
   1. Vorlage der Zahlungsliste der Klägerin zum DTA-Verfahren (Datenträgeraustausch)[1][2] vom ■■■, Kopie Anlage K 1,
   2. Vorlage des Kontoauszugs der Klägerin vom ■■■ betreffend die Ausführung der DTA-Datei vom ■■■, Kopie Anlage K 2
2. Empfänger und Verwendungszweck der Überweisung lautete auf „■■■ Bau-GmbH/Rechnung vom ■■■ Teil 2/11.11.08".
   Beweis: wie zuvor zu 1
3. Die Überweisung auf das Girokonto des Beklagten durch die Klägerin erfolgte irrtümlich. Mit dem Überweisungsauftrag wollte die Klägerin eine Schuld gegenüber der ■■■ Bau-GmbH aus einer Rechnung vom ■■■ in Höhe von 10.000 EUR tilgen.
   Beweis: Vorlage der Rechnung der ■■■ Bau-GmbH vom ■■■, Kopie Anlage K 3
   Die ■■■ Bau-GmbH verfügt über eine Kontonummer, die mit der Nummer des Girokontos des Beklagten, auf dem die streitbefangene Gutschrift erfolgte, identisch ist.
   Nicht identisch ist jedoch die Bankleitzahl der Zahlungsdienstleisterin des Beklagten mit der Bankleitzahl des Zahlungsdienstleisters der ■■■ Bau-GmbH. Durch ein Versehen eines Mitarbeiters der Klägerin bei Erstellung der Zahlungsliste für die Überweisungen im DTA-Verfahren wurde eine Ziffer der Bankleitzahl falsch eingegeben. Statt der richtigen Bankleitzahl ■■■ des Zahlungsdienstleisters der ■■■ Bau-GmbH erfolgte die Angabe der – falschen – Bankleitzahl ■■■ des Zahlungsdienstleisters des Beklagten in dem Überweisungsauftrag.[4]
   Beweis: Vorlage der Zahlungsliste der Klägerin zum DTA-Verfahren vom ■■■, Kopie Anlage K 1
   Durch den Eingabefehler bezüglich der Bankleitzahl gelangte der Betrag in Höhe von 10.000,00 EUR auf das Konto des Beklagten zur Gutschrift.
   Das von der Klägerin für Überweisungen verwendete Übertragungssystem erfolgt durch Datenfernübertragung im Datenträgeraustausch-Format (DTA-Format).
   Beweis: Vorlage der DTA-Datei vom ■■■, Kopie Anlage K 4
4. Auf eine Anfrage der Zahlungsdienstleisterin der Klägerin bei der Zahlungsdienstleisterin des Beklagten ist ihr der Beklagte als tatsächlicher Empfänger des streitgegenständlichen Betrages und Inhaber des entsprechenden Kontos mitgeteilt worden.[5]
5. Der Beklagte bestätigte vorgerichtlich, den Betrag von 10.000 EUR gutgeschrieben erhalten zu haben.
   Beweis: Kopie des Schreibens des Beklagten vom ■■■, Kopie Anlage K 5
   Der Beklagte hat in dem als Anlage K 5 vorgelegten vorgerichtlichen Schreiben weiterhin erklärt, er berufe sich auf Entreicherung, denn der gutgeschriebene Betrag sei zwischenzeitlich verbraucht. Im Übrigen stehe die Durchführung seines Privatinsolvenz-Verfahrens unmittelbar bevor.
   Beweis: wie zuvor
6. Mit Anwaltsschreiben vom ■■■ wurde der Beklagte unter Fristsetzung bis zum ■■■ zur Rückzahlung des Betrages aufgefordert.
   Beweis: Vorlage des Anwaltsschreibens vom ■■■, Kopie Anlage K 6
   Da eine Rückzahlung nicht erfolgte, ist Klage geboten.

II. Zum Rechtlichen

Der Klaganspruch der Klägerin auf Rückzahlung des überwiesenen und bei dem Beklagten gutgeschriebenen Betrages folgt aus §§ 812 Abs. 1 S. 1 Alt. 2, 818 Abs. 1, 2 BGB.

1. Der Beklagte erlangte die Gutschrift in Höhe von 10.000 EUR auf seinem Konto am ■■■ in sonstiger Weise ohne Rechtsgrund (§ 812 Abs. 1 S. 1 Alt. 1 BGB). Der Beklagte ist zur Herausgabe des Erlangten bzw. zu Wertersatz verpflichtet (§ 818 Abs. 1, 2 BGB).
   Die Gutschrift zugunsten des Beklagten erfolgte nicht durch Leistung der Klägerin, mithin durch bewusste und zweckgerichtete Mehrung fremden Vermögens, sondern „in sonstiger Weise" (Nichtleistungskondiktion).
   Die ungerechtfertigte Vermögensmehrung des Beklagten geht zurück auf die fehlgeleitete DTA-Überweisung der Klägerin vom ■■■
   Die als Anlagen ■■■ vorgelegten Dokumente zur DTA-Überweisung belegen, dass die Überweisung der Klägerin tatsächlich für einen anderen Empfänger bestimmt war, der zwar dieselbe Kontonummer wie der Beklagte hatte, dessen Bankleitzahl jedoch nicht mit der des Zahlungsdienstleisters des Beklagten übereinstimmte. Aus den Anlagen ergibt sich ferner die Abbuchung eines entsprechenden Betrages in Höhe von 10.000 EUR zulasten der Klägerin. Dass der Beklagte einen entsprechenden Betrag empfangen hat, wurde von ihm nicht bestritten.
   Das Fehlgehen der Überweisung ist dadurch begründet, dass der Klägerin ein Irrtum bei der Eingabe der Ziffern der Bankleitzahl unterlaufen ist. Bei Verwendung des beleglosen DTA-Verfahrens[4] werden die Empfängerdaten nur auf Plausibilität geprüft. Ferner erfolgt beim DTA-Verfahren kein Abgleich von Kontonummer und Empfängernamen oder sonstige Abgleiche. Durch die DTA-Bedingungen sind solche Abgleiche ausgeschlossen. Wesen des beleglosen Datenaustauschs ist es gerade, das Belegaufkommen im Überweisungsverkehr möglichst klein zu halten und zu diesem Zweck auf Abgleiche zu verzichten (Abschnitt II Nr. 4 der DTA-Bedingungen; Gößmann in: Schimansky/Bunte/Lwowski, Bankrechtshandbuch Bd. I, 3. Aufl. 2007, § 52 Rn 5).
   Es handelt sich um eine fehlgeleitete Überweisung. In diesem Fall steht der Klägerin die Direktkondiktion gegen den tatsächlichen – falschen – Empfänger des Zahlungsbetrages, hier gegen den Beklagten, zu (Palandt/Sprau, BGB, 69. Aufl. 2010, § 675 r Rn 4, § 812 Rn 107).
2. Der vorgerichtlich erhobene Einwand des Beklagten, er sei entreichert, greift nicht durch. Das bloße Verbrauchen eines erlangten Vermögensvorteils führt nicht zu einer Entreicherung nach § 818 Abs. 3 BGB, welche mit einem Ausschluss des Herausgabeanspruchs verbunden wäre. Eine allenfalls denkbare Entreicherung wegen eingetretener Überschuldung (wenn das Aktivvermögen den Bereicherungsanspruch nicht deckt), ist vorgerichtlich nicht schlüssig vorgetragen.
3. Schließlich ist der Beklagte auch Bereicherungsschuldner. Die Klägerin beauftragte die Überweisung im DTA-Verfahren unter Angabe der Kontonummer und Bankleitzahl, wobei die Bankleitzahl von der Klägerin irrtümlich falsch angegeben wurde. Eine auf elektronischer Datenübertragung im beleglosen Verfahren durch eine fehlerhafte Eingabe der Bankleitzahl veranlasste Fehlüberweisung stellt eine kondizierbare Leistung des Überweisenden an den tatsächlichen Empfänger dar (Urteil des Oberlandesgerichts Dresden vom 19.3.2007 - 8 U 311/07, WM 2007, 1023).
4. Der Zinsanspruch folgt aus §§ 280 Abs. 1, 286 BGB. Die Klägerin mahnte die Rückzahlung unter Fristsetzung an, sodass sich der Beklagte seit dem ■■■ in Verzug befindet. Die Höhe der Verzugszinsen folgt aus § 288 Abs. 1 BGB.
5. Das angerufene Gericht ist örtlich und sachlich zuständig. Die örtliche Zuständigkeit folgt aus §§ 12, 13 ZPO. Der Beklagte hat seinen Wohnsitz im Zuständigkeitsbereich des angerufenen Ge-

richts. Die sachliche Zuständigkeit des Landgerichts ergibt sich aus dem Streitwert (§§ 71, 23 GVG).

Der Klage ist ohne weiteres stattzugeben.

■■■

Rechtsanwältin ◄

B. Erläuterungen

2 [1] **Kondiktion.** Wie im bis 31.10.2009 geltenden Überweisungsrecht (§§ 676a-g aF; vgl hierzu näher unten zu §§ 675s-t), werden auch unter dem mWv 31.10.2009 geltenden neuen Zahlungsdiensteregime in der Praxis besonders relevante Bereiche, wie zB das Kondiktionsverhältnis zwischen Zahler und Zahlungsempfänger bei fehlgeleiteten Überweisungen, nicht geregelt (*Grundmann* in: Ebenroth/Boujong/Joost/Strohn, HGB, Bd. 2, BankR II, Rn 92 a, Rn 102, jeweils mwN), so dass die diesbezüglich bereits in Rechtsprechung und Literatur herausgebildeten Grundsätze vorerst unverändert fortgelten.

3 Für Sachverhaltskonstellationen der früheren Fallgruppe im Überweisungsrecht, in der der Überweisende/Zahler im beleggebundenen Überweisungsverfahren zwar den richtigen Empfänger angegeben hatte, aber eine nicht dazu passende, jedoch existierende Kontonummer bzw Bankleitzahl, hat die Zahlungsd-RL und deren Umsetzung in das deutsche Recht jedoch die Risikoverteilung verschoben. Während nach bisherigem Überweisungsrecht bei beleghaften Überweisungen die Empfängerbank zur Buchung nach dem Empfängernamen (nach Durchführung des Kontonummer-Namens-Abgleichs) verpflichtet war und für Fehlleitungen haftete (Hk-BGB/*Schulte-Nölke/Schulze*, § 675 r Rn 2), hat die fehlerhafte Angabe einer Kundenkennung nach neuem Zahlungsverkehrsrecht generell für den Überweisenden/Zahler gravierende Folgen (vgl unten Rn 4).

4 Um das Automatisierungspotenzial im Zahlungsverkehr auszuschöpfen, gilt mithin entsprechend dem obigen Muster künftig allgemein, was bisher nur bei Überweisungen im beleglosen Zahlungsverkehr (sog. DTA-Verfahren bzw DFÜ-Verfahren bei Überweisungen per Online-Banking) galt (*Grundmann* in: Ebenroth/Boujong/Joost/Strohn, HGB, Bd. 2, BankR II, Rn 6 ff): Dem Überweisenden/Zahler wird das volle Risiko jeglichen bei Erteilung des Zahlungsauftrags unterlaufenden Vertippens, Verschreibens, etc. aufgebürdet – jedenfalls dann, wenn der Auftrag ausführbar ist. Institutsseits wird nicht mehr gehaftet, wenn die fehlerhaft angegebene Kundenkennung (Kontonummer und/oder Bankleitzahl bzw IBAN und/oder BIC) zu einem Ziel (= irgendeinem Kunden) führt (§ 675 y Abs. 3); der Abgleich zwischen Kontonummer bzw Kundenkennung und Empfängernamen darf künftig unterbleiben (vgl näher unten [4], Rn 8).

5 Allgemein trifft nun den Überweisenden/Zahler das Einbringlichkeitsrisiko beim falschen Empfänger, wenn er im Fall der pflichtgemäß (falsch) zugeordneten Überweisung zB die falsche Kundenkennung angegeben hat und der Zahlungsvorgang ausführbar ist. Der Überweisende ist auf den (unsicheren) Bereicherungsanspruch (Kondiktion gem. § 812 Abs. 1 S. 1 Alt. 2) gegen den tatsächlichen – falschen – Empfänger angewiesen (Palandt/*Sprau*, § 675 r Rn 4 mwN; BGH Urt. v. 5.12.2006 – XI ZR 21/06, NJW 2007, 914).

6 [2] **Zahlungsdienstnutzer.** Im Musterfall handelt es sich um eine unternehmerische Zahlungsdienstnutzerin, die umfangreiche Buchungsvorgänge zu bewältigen hat. Daher nimmt sie am beleglosen Zahlungsverkehr im DTA-Verfahren (Datenträgeraustausch-Verfahren) teil. Der Zahlungsdienstleister des Zahlungsdienstnutzers nimmt hierbei dessen Zahlungsaufträge nicht auf papierhaften (beleghaften) Überweisungsträgern, sondern auf Datenträgern entgegen, die der Zahlungsdienstnutzer selbst erstellt hat (Abschnitt I Nr. 2 der DTA-Bedingungen). Wie künftig das SEPA-Überweisungsregime (vgl auch unten [4]) generell, diente das DTA-Verfahren

bereits in der Vergangenheit der automatisierten, schnellen und kostengünstigen Abwicklung von Buchungsvorgängen – unter Zurückdrängung etwaiger Kontroll- und Prüfungspflichten der Zahlungsdienstleister.

[3] **Falscher Zahlungsempfänger.** Zahlungsempfänger im Musterfall ist derjenige, auf dessen Girokonto die Gutschrift ankommt, die auf der fehlgeleiteten Überweisung beruht, für den der Geldbetrag nicht bestimmt war. 7

[4] **Ausführung von Überweisungen anhand von Kundenkennungen.** Ausgehend von der Obliegenheit des Zahlers, die erforderlichen Angaben für die Überweisung dem angewiesenen Zahlungsdienstleister mitzuteilen, hat der Zahler die Pflicht, diese Angaben richtig zu machen (*Schimansky* in: Schimansky/Bunte/Lwowski, BankR-Hb., § 49 Rn 12). Die Überweisung ist sodann nach dem Prinzip der – durch das neue Zahlungsdiensterecht nur modifizierten – formalen Auftragsstrenge (vgl weiterführend *Meckel* in: jurisPR-BKR 1/2010, Anm. 1 (Teil 3) unter 12. mwN) genau nach diesen Angaben auszuführen. Die Empfängerbank handelt bei einer Buchung ausschließlich anhand dieser Angaben weisungsgemäß (ausführlich *Schimansky* in: Schimansky/Bunte/Lwowski, BankR-Hb., § 49 Rn 88). 8

§ 675 r legt fest, dass nach neuem Zahlungsverkehrsrecht die an einem Zahlungsvorgang beteiligten Zahlungsdienstleister die Ausführung von Zahlungsvorgängen allein anhand von sog. „Kundenkennungen" auszuführen berechtigt sind (vgl entsprechend Nr. 1.2. der Bedingungen für den Überweisungsverkehr, Neufassung zum 31.10.2009). Dies ist eine der wichtigsten inhaltlichen Änderungen des neuen Zahlungsdiensterechts ab 1.11.2009, die insbesondere im Überweisungsrecht in Bezug auf die Risikoverteilungen in den Vertragsbeziehungen der an der Überweisung Beteiligten praktische Bedeutung erlangt (Hk-BGB/*Schulte-Nölke/Schulze*, § 675 r Rn 1 f; Palandt/*Sprau*, § 675 r, Rn 2 ff; *Grundmann*, WM 2009, 1109, 1114 mwN). Kundenkennungen gemäß § 675 r sind die bisher im Überweisungsverkehr üblichen Kontonummern und Bankleitzahlen sowie die unter den neuen Regelungen der Single European Payment Area (SEPA) entsprechend verwendeten IBAN (International Bank Account Numbers) und BIC (Bank Identifier Codes) (*Meckel* in jurisPR-BKR 1/2010, Anm. 1 (Teil 3) unter 12.). Damit entfällt künftig der – bei beleghaften Überweisungen früher pflichtgemäße - Kontonummer-Namens-Abgleich, so dass Kreditinstitute nach neuem Zahlungsdiensterecht Gutschriften allein aufgrund der Kundenkennung vorzunehmen berechtigt sind (Hk-BGB/*Schulte-Nölke/Schulze*, § 675 r Rn 2; *Meckel* in juris-PR-BKR, 1/2010, Anm. 1 (Teil 3) unter 12.; *Rösler/Werner*, BKR 2009, 1, 8 mwN; BR-Drucks. 848/08, S. 180; BT-Drucks. 16/11643, S. 110; generell zur Risikoverteilung nach bisheriger Rechtslage und nach mWv 31.10.2009 geltendem Zahlungsdiensterecht vgl auch *Scheibengruber/Breidenstein*, WM 2009, 1393, 1394 f mwN). Die Gefahr von fehlgehenden Überweisungen wird daher in Zukunft entscheidend davon abhängen, wie anfällig zB die deutsche 22-stellige IBAN gegenüber falschen Eingaben beim Ausfüllen von Überweisungsformularen ist. Zur Vermeidung von Fehlleitungen hat die Kreditwirtschaft jedoch umfassende Sicherungsmaßnahmen ergriffen; so enthält die IBAN zB zur Kohärenzprüfung eine zweistellige Prüfziffer, die sicherstellt, dass Tippfehler als solche erkannt und die Existenz der betreffenden IBAN überprüft wird; Fälle des sog. qualifizierten Verschreibens können dennoch zur Gutschrift des Zahlungsbetrages beim falschen Empfänger führen (*Meckel* in: jurisPR-BKR 1/2010, Anm. 1 (Teil 3) unter 12.; *Scheibengruber/Breidenstein*, WM 2009, 1393, 1398; *Rauhut*, ZBB 2009, 32, 42 ff). 9

Zur Auslegung überweisungsrechtlicher Weisungen vgl insbesondere BGH Urt. v. 14.1.2003, NJW 2003, 1389. Zu einem Fall der fehlgehenden Überweisung beim Online-Banking vgl *Flick* in: jurisPR-BKR 7/2008, Anm. 6 zu AG München Urt. v. 10.6.2007 – 222 C 5471/07). 10

Zur Fallgruppe der Fälschung von Überweisungsaufträgen, bei der nach altem wie nach neuem Zahlungsdiensterecht das Fälschungsrisiko bei der Überweisung durch Beleg grundsätzlich von der Bank zu tragen ist, vgl grundlegend BGH WM 1994, 2073; *Meder* in: FS Bucher, 2009; 11

Bartsch in: jurisPR-BKR 4/2010, Anm. 1 zu OLG Koblenz Urt. v. 26.11.2009 – 2 U 116/09; vgl auch *Scheibengruber/Breidenstein*, WM 2009, 1393, 1394). Zu beachten bleibt, dass dies nur gilt, wenn der Zahler nicht durch seine eigene Unachtsamkeit die Fälschung ermöglicht oder dazu beitragen hat (zB durch unsorgfältige Aufbewahrung der Überweisungsvordrucke – BGHZ 108, 386, 392, oder bei Blanko-Unterschrift – BGH WM 1992, 1392, 1393); Schadensteilung gemäß § 254 ist möglich. Zum Bereicherungsanspruch der Bank gegen den gutgläubigen Zahlungsempfänger bei irrtümlicher Zuvielüberweisung vgl. BGH Urt. v. 29.4.2008, NJW 2008, 2331.

12 [5] **Auskunftspflicht über tatsächlichen Empfänger.** Im gewählten Musterfall hat die Zahlungsdienstleisterin des Beklagten auf Anfrage der Zahlungsdienstleisterin der Klägerin Auskunft über die Person des tatsächlichen Empfängers des Überweisungsbetrages erteilt, so dass es der Klägerin möglich war, ihren bereicherungsrechtlichen Anspruch gegen den Beklagten geltend zu machen. Es ist jedoch umstritten, ob die Empfängerbank zur Auskunft über den Empfänger verpflichtet ist (zum Diskussionsstand vgl *Meckel* in jurisPR-BKR 1/2010, Anm. 1 (Teil 3) unter 12.). Eine Auskunftspflicht aus § 241 Abs. 2 herzuleiten, ist mangels Schuldverhältnisses fraglich (bejahend jedoch Palandt/*Sprau*, § 675 r Rn 4). Eine entsprechende Auskunftsverpflichtung gibt es im das Interbankenverhältnis regelnden Überweisungsabkommen derzeit nicht, wenngleich die Bankenverbände eine solche Verankerung planen (*Meckel*, aaO; kritisch *Rauhut*, ZBB 2009, 32, 43).

13 [6] **Ausschluss des Erstattungsanspruchs des § 675 y Abs. 1.** Gemäß § 675 y Abs. 3 ist der Erstattungsanspruch des Zahlers gegen seinen Zahlungsdienstleister im Fall der Ausführung des Zahlungsauftrags in Übereinstimmung mit der vom Zahlungsdienstnutzer angegebenen fehlerhaften Kundenkennung ausgeschlossen. Der Zahler kann jedoch gemäß § 675 y Abs. 3 S. 2 verlangen, dass sich sein Zahlungsdienstleister im Rahmen seiner Möglichkeiten darum bemüht, den Zahlungsbetrag wiederzuerlangen (vgl auch Hk-BGB/*Schulte-Nölke/Schulze*, § 675 y Rn 2; Palandt/*Sprau*, § 675 y Rn 9).

§ 675 s Ausführungsfrist für Zahlungsvorgänge

(1) [1]Der Zahlungsdienstleister des Zahlers ist verpflichtet sicherzustellen, dass der Zahlungsbetrag spätestens am Ende des auf den Zugangszeitpunkt des Zahlungsauftrags folgenden Geschäftstags beim Zahlungsdienstleister des Zahlungsempfängers eingeht; bis zum 1. Januar 2012 können ein Zahler und sein Zahlungsdienstleister eine Frist von bis zu drei Geschäftstagen vereinbaren. [2]Für Zahlungsvorgänge innerhalb des Europäischen Wirtschaftsraums, die nicht in Euro erfolgen, können ein Zahler und sein Zahlungsdienstleister eine Frist von maximal vier Geschäftstagen vereinbaren. [3]Für in Papierform ausgelöste Zahlungsvorgänge können die Fristen nach Satz 1 um einen weiteren Geschäftstag verlängert werden.

(2) [1]Bei einem vom oder über den Zahlungsempfänger ausgelösten Zahlungsvorgang ist der Zahlungsdienstleister des Zahlungsempfängers verpflichtet, den Zahlungsauftrag dem Zahlungsdienstleister des Zahlers innerhalb der zwischen dem Zahlungsempfänger und seinem Zahlungsdienstleister vereinbarten Fristen zu übermitteln. [2]Im Fall einer Lastschrift ist der Zahlungsauftrag so rechtzeitig zu übermitteln, dass die Verrechnung an dem vom Zahlungsempfänger mitgeteilten Fälligkeitstag ermöglicht wird.

§ 675 t Wertstellungsdatum und Verfügbarkeit von Geldbeträgen

(1) [1]Der Zahlungsdienstleister des Zahlungsempfängers ist verpflichtet, dem Zahlungsempfänger den Zahlungsbetrag unverzüglich verfügbar zu machen, nachdem er auf dem Konto des Zahlungsdienstleisters eingegangen ist. [2]Sofern der Zahlungsbetrag auf einem Zahlungskonto des Zahlungsempfängers gutgeschrieben werden soll, ist die Gutschrift, auch wenn sie nachträglich erfolgt, so vorzunehmen, dass der Zeitpunkt, den der Zahlungsdienstleister für die Berechnung der Zinsen bei Gutschrift oder Belastung eines Betrags auf einem Zahlungskonto zugrunde legt (Wertstellungsdatum), spätestens der Geschäftstag ist, an dem der Zahlungsbetrag auf dem Konto des Zahlungsdienstleisters des Zahlungsempfängers eingegangen ist. [3]Satz 1 gilt auch dann, wenn der Zahlungsempfänger kein Zahlungskonto unterhält.

(2) [1]Zahlt ein Verbraucher Bargeld auf ein Zahlungskonto bei einem Zahlungsdienstleister in der Währung des betreffenden Zahlungskontos ein, so stellt dieser Zahlungsdienstleister sicher, dass der Betrag dem Zahlungsemp-

fänger unverzüglich nach dem Zeitpunkt der Entgegennahme verfügbar gemacht und wertgestellt wird. [2]Ist der Zahlungsdienstnutzer kein Verbraucher, so muss dem Zahlungsempfänger der Geldbetrag spätestens an dem auf die Entgegennahme folgenden Geschäftstag verfügbar gemacht und wertgestellt werden.
[3] Eine Belastung auf dem Zahlungskonto des Zahlers ist so vorzunehmen, dass das Wertstellungsdatum frühestens der Zeitpunkt ist, an dem dieses Zahlungskonto mit dem Zahlungsbetrag belastet wird.

A. Muster: Anspruch auf Zurverfügungstellung eines Zahlungseingangs aufgrund Überweisung (§ 675 t Abs. 1) – außergerichtliches Anwaltsschreiben 1

526

▶ An

Empfänger-Bank-AG

Betr.: Ihr Kunde, Herr ■■■ (Zahlungsempfänger),

Girovertrag vom 16.11.2009,

Girokonto-Nr. ■■■,

Anspruch auf Zurverfügungstellung des Zahlungseingangs vom 17.12.2009

in Höhe von 25.000,00 EUR (§ 675 t Abs. 1 BGB)[1], [2]

Sehr geehrte Damen und Herren,

hiermit zeige ich an, dass Ihr Kunde, Herr ■■■ (Zahlungsempfänger), mich mit der Wahrnehmung seiner rechtlichen Interessen beauftragt hat. Kopie der Vollmacht füge ich bei (Anlage 1).

Aufgrund des nachstehend geschilderten Sachverhalts steht meinem Mandanten gegen Ihre Bank ■■■ (Empfängerbank) ein Anspruch auf Zurverfügungstellung des Zahlungseingangs vom 17.12.2009 in Höhe von 25.000,00 EUR mit Wertstellung zum 17.12.2009 zu.

Mein Mandant ist seit dem 16.11.2009 Kunde Ihrer Bank und unterhält dort das im Betreff genannte Girokonto. Gemäß Zahlungsavis vom 10.12.2009 seiner Kundin, der Y-AG, mit der er in ständiger Geschäftsbeziehung steht, erwartete mein Mandant zum 18.12.2009 den Eingang einer Zahlung dieser Kundin in Höhe von 25.000,00 EUR auf seinem o.g. Girokonto. Ein Eingang ist jedoch nicht feststellbar.

Wie die Recherchen meines Mandanten bei der seiner Kundin, der Y-AG, ergeben haben, wurde der Zahlungsbetrag gemäß beleghaftem Überweisungsvordruck vom 14.12.2009 von der Y-AG bei deren Zahlungsdienstleisterin, der Zahler-Bank AG, zur Zahlung auf das o.g. Girokonto meines Mandanten angewiesen. Wie weitere Recherchen der Zahler-Bank-AG ergaben, ging der Überweisungsbetrag – nach Durchlauf des mehrgliedrigen Überweisungsverkehrs – am 17.12.2009 auf dem Empfängerkonto Ihrer Bank ■■■ (Eingangskonto) ein. Eine Verfügbarmachung auf dem o.g. Girokonto meines Mandanten erfolgte jedoch nicht; angeblich ging der Zahlungsbetrag nach Eingang bei Ihnen verloren.

Ich habe Sie daher aufzufordern, unverzüglich, spätestens bis ■■■, den Zahlungsbetrag auf dem o.g. Girokonto meines Mandanten verfügbar zu machen, und zwar mit Wertstellung zum 17.12.2009 (§ 675 t Abs. 1 BGB). Dieser Anspruch besteht verschuldensunabhängig; für den Verlust des Zahlungsbetrages nach Eingang bei der Empfängerbank hat mein Mandant nicht einzustehen.[2]

Die Geltendmachung von darüber hinaus gehenden Schäden, insbesondere weil der Betrag ab 17.12. 2009 faktisch nicht zur Verfügung stand (§§ 675 y, 675 z BGB), bleibt ausdrücklich vorbehalten.[3]

Sollten Sie dieser Aufforderung nicht nachkommen, wird ohne jede weitere Nachricht die gerichtliche Geltendmachung erfolgen.

Mit freundlichen Grüssen

...

Rechtsanwalt ◀

B. Erläuterungen

2 [1] **Anspruch auf Gutschrift/Anspruch aus Gutschrift.** Gegenüber dem bis 31.10.2009 geltenden Überweisungsrecht der §§ 676a-g aF (vgl umfassend MüKo-HGB/*Häuser*, Bd. 5, ZahlungsV, B. Überweisungsverkehr, S. 528 ff, Rn B1 ff; *Grundmann* in: Ebenroth/Boujong/Joost/Strohn, HGB, Bd. 2, BankR II Zahlungsverkehr 2.Überweisung, S. 1470 ff, Rn II 1 ff; *Meder* in: Derleder u.a., Hb. zum deutschen und europäischen BankR, § 38 Gutschrift; *Rauhut*, ZBB 2009, 32 ff, jeweils mwN) gilt nach neuem Zahlungsdiensterecht mWv 31.10.2009 ein vergleichbares, jedoch nicht identisches Regime (*Grundmann* in: Ebenroth/Boujong/Joost/Strohn HGB, Bd.2, BankR II Zahlungsverkehr 2. Überweisung, S. 1470 ff, Rn II 84 a; *Rauhut*, ZBB 2009, 32 ff).

3 Das bisherige Überweisungsrecht unterschied den Anspruch *auf* Gutschrift und den Anspruch *aus* Gutschrift. Im Rahmen der Vorschriften über den Girovertrag wurde die Bank des Zahlungsempfängers (Empfängerbank) als verpflichtet angesehen, für den Empfänger (Begünstigten) eingehende Zahlungen auf dessen Konto gutzuschreiben (§§ 676f-g aF). Nach der Systematik des Gesetzes aF bildete der Girovertrag das letzte Glied einer Reihe von drei, zum Teil differenziert ausgestalteten Vertragstypen. Vorgeschaltet war der Zahlungsvertrag (§§ 676d-e aF) und der Überweisungsvertrag (§§ 676a-c aF), den der Überweisende (Auftraggeber) mit seinem Kreditinstitut (Erstbank) abgeschlossen hat. In der rechtswissenschaftlichen Diskussion sind diese Konstruktionen umstritten gewesen. Tatsächlich ließen sich die einzelnen Vertragstypen nicht klar gegeneinander abgrenzen; sie überlagerten sich und waren letztlich viel enger verbunden als es nach der Systematik des Gesetzes erscheinen mochte.

4 Der geschäftsbesorgungsvertraglichen Natur des Girovertrags entsprang nach altem Recht auch der in §§ 676g-f aF normierte Anspruch des Überweisungsempfängers *auf* Erteilung der Gutschrift (BGHZ 93, 315, 322). Als Auskehrungsanspruch zielte der Gutschriftsanspruch auf Herausgabe dessen, was der Beauftragte durch die Geschäftsbesorgung erlangt hatte (§§ 667, 675); die Herausgabe erfolgte allerdings in der girovertraglich vereinbarten Form, nämlich durch Gutschrift und nicht durch Auszahlung (§§ 676 f S. 1, 676 g Abs. 1 S. 1 aF). Erst mit Gutschrift steht der dem Empfänger geschuldete Betrag sicher zur Verfügung; die Gutschrift ist das für die Zahlung entscheidende Kriterium (EuGH Urt. v. 3.4.2008 – C 306/06, NJW 2008, 1935; hierzu vgl auch jurisPR-BKR 1/2008 Anm. 1, *Lange*). Der Anspruch *auf* Gutschrift entstand regelmäßig in dem Zeitpunkt, in welchem der Überweisungsbetrag bei der Empfängerbank auf deren Eingangskonto gutgeschrieben wurde.

5 Dagegen entstand der Anspruch *aus* Gutschrift regelmäßig erst, wenn die Empfängerbank den Überweisungsbetrag auf dem Empfängerkonto gebucht und einen entsprechenden Rechtsbindungswillen oder „autorisierte Abrufpräsenz" hergestellt hatte (grundlegend *Meder*, WM 1999, 2137; *Möschel*, AcP 186 [1986], 187, 204; *Schimansky* in: Schimansky/Bunte/Lwowski, BankR-Hb, § 47 Rn 54 a).

6 Nach hM wird die Gutschrift als abstraktes Schuldversprechen oder Schuldanerkenntnis gemäß §§ 780, 781 qualifiziert (BGHZ 103, 143, 146). Insbesondere vor dem Hintergrund der Harmonisierung des europäischen Zahlungsverkehrs sprechen gewichtige Argumente für die Erfassung der Giroüberweisung – wie auch anderer bargeldloser Zahlungssysteme – über das Anweisungsrecht, da der Begünstigte nur dann bereit ist, anstelle von Bargeld eine Gutschrift zu akzeptieren, wenn er eine der Barzahlung vergleichbare Sicherheit erlangt (vgl *Meder*, Abstraktes Schuldversprechen oder angenommene Anweisung? Zur Rechtsgrundlage für den An-

spruch des Begünstigten bei Zahlungen im Mehrparteienverhältnis, in: FS Huwiler (2007), S. 441; *Blissenbach*, Die Giroüberweisung als Anweisungsgeschäft, 2008, S. 97 ff; vgl auch oben zu § 675 c, Erläuterungen, insbes. Rn 5, und unten zu §§ 780, 781 und §§ 783 ff).

[2] Neuer Anspruch auf Zurverfügungstellung des Zahlungseingangs, § 675 t. Während § 675 s Bestimmungen zur Pflicht des Zahlungsdienstleisters des Zahlers und zwischengeschalteter Stellen zur zügigen Ausführung von Zahlungsaufträgen mit maximalen Ausführungsfristen für Zahlungsvorgänge bereithält (vgl Hk-BGB/*Schulte-Nölke/Schulze*, § 675 s Rn 1 ff), regelt § 675 t die Verpflichtung des Empfängerinstituts, „dem Zahlungsempfänger den Zahlungsbetrag unverzüglich verfügbar zu machen" (Hk-BGB/*Schulte-Nölke/Schulze*, § 675 t Rn 1 f). 7

Im neuen Zahlungsdiensterecht bildet der Rahmenvertrag für die Überweisung, der klassische Girovertrag, wieder Ausgangspunkt und Grundlage (§ 675 f). Es wird nicht mehr zwischen Überweisungs-, Zahlungs- und Girovertrag (s.o. Rn 2) unterschieden; vielmehr handelt es sich (wieder) schlicht auf jeder Stufe um einen Rahmenvertrag geschäftsbesorgungsvertraglichen Zuschnitts (§ 675 c Abs. 1) (*Grundmann*, WM 2009, 1109, 1113). Insbesondere wird der Überweisungsauftrag nicht mehr als Vertrag, sondern (wieder wie vor 2002) als einseitiges Weisungsrecht (Autorisierung) verstanden (*Grundmann*, WM 2009, 1109, 1114). 8

Nach neuem Recht werden vor allem die Ausführungsfristen für die Standardüberweisung präzisiert und verkürzt. Bis 1.1.2012 gilt (ab Auftragszugang) eine Frist von drei Tagen bis zur Gutschrift beim Empfängerinstitut; ab 1.1.2012 ist die Frist auf einen Tag verkürzt. Das Empfängerinstitut ist verpflichtet, dem Empfänger den Betrag „unverzüglich" verfügbar zu machen, dh am gleichen Tag; jedenfalls hat die Wertstellung am gleichen Tag zu erfolgen (Pflicht zur taggleichen Wertstellung) (§ 675 t Abs. 1 und Abs. 3, vgl Hk-BGB/*Schulte-Nölke/Schulze*, § 675 t Rn 2; *Grundmann*, WM 1109, 1115 mwN). 9

Die neue Vorschrift des § 676 t legt den Zeitpunkt fest, zu dem die Empfängerbank dem Zahlungsempfänger einen Zahlungseingang verfügbar machen muss. Wie nach bisherigem Überweisungsrecht ist für die Wertstellung der Mittelzufluss bei der Empfängerbank maßgeblich (*Meckel* in: jurisPR-BKR, 1/2010, Anm. 1 unter 15 mwN). Ab diesem Zeitpunkt wird die Gutschrift zinswirksam. Für den Beginn der Verzinsung ist nur die Wertstellung, nicht die Gutschrift auf dem Empfängerkonto maßgeblich (entsprechend § 675 g Abs. 1 S. 4 aF; Hk-BGB/*Schulte-Nölke/Schulze*, § 675 t Rn 1 ff; *Grundmann*, WM 2009, 1113). 10

„Verfügbarmachen" wird dahin ausgelegt, dass die Empfängerbank den Betrag für Verfügungen über das Konto des Zahlungsempfängers – zB durch Abhebung, Überweisung, etc. – zur Verfügung stellen muss (Palandt/*Sprau*, § 675 t, Rn 4; jurisPR-BKR 1/2010, Anm. 1 (Teil 3), *Meckel*). Der Anspruch soll dem früheren „Anspruch *aus* der Gutschrift" entsprechen (BT-Drucks. 16/11643, S. 112). Von der Zahlungsd-RL nicht erfasst ist die Frage, wie der neue Anspruch rechtsdogmatisch einzuordnen ist. Nach Hk-BGB/*Schulte-Nölke/Schulze*, § 675 t Rn 4, kann die bisherige Einordnung der Gutschrift nach hM als abstraktes Schuldversprechen beibehalten werden; insoweit stehen neue Aufgaben für Lehre und Rechtsprechung an (vgl oben Rn 5; vgl auch oben zu § 675 c, Erläuterungen, Rn 4). Da, ohne dass dies der Gesetzgeber zum Ausdruck gebracht hat, die Kontokorrentgebundenheit zu beachten ist, ist der neue Anspruch auf Zurverfügungstellung der Sache nach dem bisherigen „Anspruch auf den Tagessaldo" vergleichbar (jurisPR-BKR 1/2010, Anm. 1 (Teil 3), *Meckel*). Der Abstand zwischen dem bisherigen Anspruch *auf* Gutschrift und dem Anspruch *aus* Gutschrift hat sich nach dem neuen Zahlungsdiensterecht weiter verkleinert, denn jetzt endet das Kündigungsrecht bzw Widerrufsrecht des Zahlers den Zahlungsauftrag betreffend nicht erst mit dem Zeitpunkt, in dem der Überweisungsbetrag der Empfängerbank zur Gutschrift auf dem Konto des Begünstigten zur Verfügung gestellt wird (so das bisherige Überweisungsrecht gemäß § 676 a Abs. 4 S. 1 aF), sondern bereits nach Zugang des Zahlungsauftrags beim Zahlungsdienstleister des Zahlers (§ 675 p 11

Abs. 1; vgl auch *Grundmann*, WM 2009, 1109, 1115, sowie oben zu § 675 p). Hierdurch ist die Position des Zahlungsempfängers nach neuem Zahlungsdiensterecht nochmals verstärkt worden.

12 Zusammenfassend: Die Empfängerbank schuldet nach dem neuen Zahlungsdiensteregime – verschuldensunabhängig – gemäß § 675 t iVm § 675 q:

1. Gutschrift des eingegangenen Betrages, und zwar betragsgenau oder aber, wenn ein Entgelt und eine Abzugsmöglichkeit zulässig vereinbart wurden, Information über den eingegangenen Betrag und das Entgelt sowie Gutschrift des Betrages unter Abzug des Entgelts,
2. Gutschrift des Zahlungseingangs, wenn dieser nach Eingang beim Empfängerinstitut verloren gegangen sein sollte, und
3. Wertstellung taggenau, weswegen dann auch Verzugszinsen nicht mehr von Bedeutung (und verschuldensunabhängig auch nicht geschuldet) sind.

Diese Ansprüche sind grundsätzlich abschließend (*Grundmann* in: Ebenroth/Boujong/Joost/Strohn, HGB, Bd. 2, BankR II Zahlungsverkehr 2. Überweisung, S. 1470 ff, Rn II 84 a).

13 Demgemäß ist im Musterfall der Anspruch aus § 675 t zugunsten des Zahlungsempfängers mit Wertstellung 17.12.2009 gegeben, da der Zahlungsbetrag am 17.12.2009 bei der Empfängerbank eingegangen war; für den Verlust des Zahlungseingangs bei der Empfängerbank hat diese verschuldensunabhängig einzustehen.

14 [3] **Ergänzende verschuldensabhängige Haftung.** Ergänzende verschuldensabhängige Ansprüche auf Ersatz von Verzögerungsschäden sind möglich (§§ 675 y, 675 z; vgl *Grundmann*, WM 2009, 1109, 1115; vgl auch unten zu §§ 675 y, 675 z).

Unterkapitel 3 Haftung

§ 675 u Haftung des Zahlungsdienstleisters für nicht autorisierte Zahlungsvorgänge

[1]Im Fall eines nicht autorisierten Zahlungsvorgangs hat der Zahlungsdienstleister des Zahlers gegen diesen keinen Anspruch auf Erstattung seiner Aufwendungen. [2]Er ist verpflichtet, dem Zahler den Zahlungsbetrag unverzüglich zu erstatten und, sofern der Betrag einem Zahlungskonto belastet worden ist, dieses Zahlungskonto wieder auf den Stand zu bringen, auf dem es sich ohne die Belastung durch den nicht autorisierten Zahlungsvorgang befunden hätte.

1 A. Muster: Klage des Zahlungsdienstnutzers gegen seinen Zahlungsdienstleister auf Erstattung des Zahlungsbetrages bei fehlender Autorisierung (§ 675 u S. 2)[1]

► Amtsgericht ...

Klage

des ... (Zahlungsdienstnutzers/Zahlers)[2]

– Klägers –

Prozessbevollmächtigte: ...

gegen

■■■ (Zahlungsdienstleister des Zahlers)[3]

– Beklagte –

wegen: Forderung

Streitwert: 1.500,00 EUR

Namens und in Vollmacht des Klägers erheben wir Klage und beantragen,

1. die Beklagte zu verurteilen, das Zahlungskonto des Klägers Konto-Nr. ■■■ wieder auf den Stand per ■■■ (Datum) zu bringen, auf dem es sich ohne die Belastung durch den nicht autorisierten Zahlungsvorgang in Höhe von 1.500,00 EUR vom ■■■ zugunsten des Akzeptanzunternehmens ■■■ befunden hätte (valutamäßige Rückbuchung).[4]
2. für den Fall, dass die Beklagtenseite nicht binnen zwei Wochen nach Zustellung ihre Verteidigungsbereitschaft anzeigt, gemäß §§ 276 Abs. 1, 331 Abs. 3 ZPO Versäumnisurteil zu erlassen, und, soweit die Beklagtenseite innerhalb von zwei Wochen nach Zustellung mitteilt, dass sie den Anspruch ganz oder teilweise anerkenne, gemäß §§ 276 Abs. 1 iVm 307 Abs. 2 ZPO Anerkenntnisurteil zu erlassen,
3. auf vollstreckbaren Titeln zugunsten der Klägerin die Vollstreckungsklausel anzubringen.

Begründung

I. Zum Sachverhalt

1. Die Beklagte ist Hausbank des Klägers, der mit ihr am ■■■ sowohl einen Girovertrag zum Konto-Nr. ■■■ (Zahlungskonto) wie auch einen Kreditkartenvertrag nebst Besonderen VISA Card Bedingungen abgeschlossen hat. Im Rahmen des Kreditkartenvertrages händigte die Beklagte am ■■■ die von ihr emittierte VISA Card Nr. ■■■ dem Kläger aus, der die Karte für die bargeldlose Bezahlung von Waren und Dienstleistungen nutzen konnte.
   Beweis: Vorlage des Girovertrages nebst Allgemeiner Geschäftsbedingungen und des Kreditkartenvertrages nebst Besonderer VISA Card Bedingungen vom ■■■, Kopie Anlage K 1
2. Der Kläger hat im Zeitraum vom ■■■ bis ■■■ im Hotel ■■■ in ■■■, einem Akzeptanzunternehmen im VISA-Kreditkartensystem, logiert. Über die vom Kläger in Anspruch genommenen Hotelleistungen erstellte das Hotel ■■■ am ■■■ eine Rechnung (Rechnungs-Nummer ■■■) über 1.500 EUR, die der Kläger bei Abreise am ■■■ bar bezahlte.
   Beweis:
   1. Vorlage der Hotelrechnung vom ■■■, Kopie Anlage K 2,
   2. Zeugnis N.N.,

   Obwohl die Hotelleistungen vom Kläger bei dessen Abreise bar bezahlt worden waren, stellte die Beklagte dem Kläger im Rahmen der monatlich erfolgenden Kreditkartenabrechnung vom ■■■ einen Kreditkarten-Umsatz in Höhe von 1.500,00 EUR in Rechnung, den er im o.g. Hotel im o.g. Zeitraum getätigt haben soll. Der Umsatzbetrag wurde – entsprechend den Vereinbarungen im Kreditkartenvertrag – dem bei der Beklagten geführten Zahlungskonto des Klägers Nr. ■■■ belastet, wodurch eine Doppelzahlung des Klägers ausgelöst wurde.
   Beweis:
   1. Vorlage der Kreditkartenabrechnung vom ■■■, Kopie Anlage K 3,
   2. Vorlage des Kontoauszugs vom ■■■ zum Zahlungskonto des Klägers Nr. ■■■, Kopie Anlage K 4
3. Der Kläger hat den Kreditkarten-Zahlungsvorgang nicht autorisiert. Er hat beim Einchecken im Hotel ■■■ weder seine Karte vorgelegt noch seine Kartendaten bekannt gegeben.[5]
   Der Kläger kann sich die durch den streitbefangenen Kreditkarten-Zahlungsvorgang verursachte Doppelzahlung nur so erklären, dass im Hotel ■■■ aus einem früheren Aufenthalt des Klägers noch dessen Kreditkartendaten bekannt waren, und ein ungetreuer Mitarbeiter des Hotels ■■■ nach Abreise des Klägers unter missbräuchlicher Nutzung dieser Daten nochmals einen Kreditkarten-Belastungsbeleg über 1.500,00 EUR im sog. Sign-on-File-Verfahren[6] ausgestellt hat. Zur Nut-

zung eines solchen Verfahrens wäre der Kläger berechtigt gewesen, da Nr. ▪▪▪ Besondere VISA Card Bedingungen bestimmt, dass die Autorisierung von Kartenzahlungen nicht nur durch Unterschrift auf einem Belastungsbeleg bzw durch Eingabe der PIN an Geldautomaten und bestimmten automatisierten Kassen erfolgen kann, sondern ausnahmsweise auch ohne Unterzeichnung eines Belastungsbelegs unter Nutzung des sog. Sign-on-File-Verfahrens.

4. Die vom Kläger geführte vorgerichtliche Korrespondenz mit der Beklagten blieb im Ergebnis erfolglos. Die Beklagte lehnte die Erstattung des nicht autorisierten Kreditkarten-Zahlungsvorgangs ab.

II. Zur Rechtslage

1. Der Kläger (Zahlungsdienstnutzer, Zahler) hat gegen die Beklagte (seinen Zahlungsdienstleister) gemäß § 675 u S. 2 BGB Anspruch darauf, sein Zahlungskonto Nr. ▪▪▪ wieder auf den Stand per ▪▪▪ (Datum) zu bringen, auf dem es sich ohne die Belastung durch den nicht autorisierten Zahlungsvorgang befunden hätte.[1][4][5]
   Die Beklagte hätte ihrerseits gegen den Kläger – wegen der im Rahmen des Kreditkartenvertrages zwischen den Parteien (Zahlungsdiensterahmenvertrag gemäß § 675 f Abs. 2 BGB) aufgrund der durch Zahlung der Beklagten an das Akzeptanzunternehmen ▪▪▪ in Höhe von 1.500,00 EUR ▪▪▪ entstandenen Aufwendungen – nur dann einen Aufwendungsersatzanspruch (§§ 675 c Abs. 1, 670 BGB) und damit die Berechtigung zur Belastung des Zahlungskontos des Klägers gehabt, wenn die Beklagte im Rahmen eines vom Kläger autorisierten Zahlungsvorgangs eine Leistung erbracht hätte (§ 675 u S. 1; Palandt/Sprau, BGB, 69. Aufl. 2010, § 675 f Rn 10).
   Solch ein vom Kläger autorisierter Zahlungsvorgang liegt hier jedoch nicht vor.[5]
   Der Kläger hat die streitige Kreditkartentransaktion nicht autorisiert (§ 675 j BGB). Er hat weder eine Unterschrift unter einem Belastungsbeleg geleistet noch in sonstiger Weise, insbesondere nicht im sog. Sign-on-File-Verfahren[6], eine Autorisierung erteilt. Gegenüber dem Zahler, hier dem Kläger, ist ein Zahlungsvorgang jedoch nur wirksam, wenn dessen Autorisierung vorliegt (Hk-BGB/Schulte-Nölke/Schulze, BGB, 69. Aufl. 2009, § 675 j Rn 2).
   Zwar können auch Aufwendungen der Beklagten zur Erstattungspflicht des Klägers führen, die im sog. Sign-on-File-Verfahren[6] begründet worden sind (Nr. ▪▪▪ Besondere VisaCard-Bedingungen). Bei Nutzung dieses Verfahrens ist eine Unterschrift des Karteninhabers auf dem Belastungsbeleg nicht erforderlich; der Beleg wird vom Akzeptanzunternehmen bzw deren Mitarbeiter selbst erstellt, wenn der Karteninhaber mit dem Akzeptanzunternehmen das sog. Sign-on-File-Verfahren vereinbart und zur Bezahlung seine Kreditkarten-Nummer und das Verfallsdatum der Kreditkarte mitgeteilt hat, oder eine sonstige Weisung des Karteninhabers an das Akzeptanzunternehmen vorliegt, aus der die Autorisierung des Akzeptanzunternehmens zum Zahlungseinzug mittels Kreditkarte folgt (Palandt/Sprau, BGB, 69. Aufl. 2010, § 675 x Rn 2; Amtsgericht Recklinghausen, Urteil vom 22.9.2005 – 55 C 316/04; Etzkorn in WM 1991, 1901 ff, 1903 f; Hellner/Steuer, Bankrecht und Bankpraxis, Stand 4/2010, Bd. 3 Rn 6/1930).
   Das Sign-on-File-Verfahren hat der Kläger jedoch vorliegend nicht genutzt, sondern, wie oben dargelegt und unter Beweis gestellt, die Hotelrechnung bar bezahlt.
2. Für von ungetreuen Hotelmitarbeitern oder auf sonstige Weise ohne Autorisierung des Klägers veranlasste Zahlungsvorgänge bzw. gefälschte Belastungsbelege hat der Kläger nicht einzustehen (grundlegend BGH, Urteil vom 17.10.2000 – XI ZR 42/00, NJW 2001, 286 f).[7]
3. Wurde, wie vorliegend, durch Belastung des Zahlungskontos unberechtigterweise ein Erstattungsanspruch des Zahlungsdienstleisters gegen den Zahler bereits geltend gemacht, greift der Anspruch des Klägers gemäß § 675 u S. 2 BGB durch und ist die Belastungsbuchung mit einer dem Wertstellungszeitpunkt der Belastung entsprechenden Valutierung, d.h. vorliegend per ▪▪▪ (Datum), zu stornieren (valutamäßige Rückbuchung) (Palandt/Sprau, BGB, 69. Aufl. 2010, § 675 u Rn 4).[4]

4. Die 13-monatige Ausschlussfrist des § 676 b Abs. 2 BGB läuft erst am ▪▪▪ (Datum) ab, so dass der vorliegend geltend gemachte Erstattungsanspruch nicht abgeschnitten ist.[8]
5. Der Zinsanspruch folgt aus §§ 286, 288, 247 BGB. Verzug ist spätestens seit Rechtshängigkeit eingetreten.

▪▪▪

Rechtsanwalt ◀

B. Erläuterungen

[1] **Neue Anspruchsgrundlage für Erstattungsanspruch, § 675 u S. 2.** Unter dem neuen, mWv 31.10.2009 geltenden Zahlungsdiensterecht bildet nunmehr § 675 u S. 2 die gesetzliche Anspruchsgrundlage für den Erstattungsanspruch, der einem Zahlungsdienstnutzer (= Kunde, Zahler) gegen seinen Zahlungsdienstleister (zB Kreditinstitut) bei Fehlen der Weisung des Zahlungsdienstnutzers (= Autorisierung) bzw. bei Wirksamkeitshindernissen (zB Geschäftsunfähigkeit, Fälschung, Rechtsschein etc) zusteht (Hk-BGB/*Schulte-Nölke*/*Schulze*, § 675 u Rn 2), und zwar im Überweisungs-, Lastschrift- wie auch Kartenzahlungs-Recht. Dies entspricht der bisherigen Rechtslage (§ 676 h aF) vgl BT-Drucks. 16/11643 zu § 676 u, S. 113), bei der allerdings mangels gesetzlicher Sondernorm auf der Grundlage der allgemeinen Ansprüche aus ungerechtfertigter Bereicherung vorzugehen war (BGHZ 108, 380, 383; BGH WM 2005, 1564; *Grundmann*, WM 2009, 1109, 1114 mwN; *Langenbucher*, Die Risikozuordnung im bargeldlosen Zahlungsverkehr, 2001, 135). Die neue Regelung des § 675 u S. 2, durch die der Inhaber einer Zahlungskarte im Missbrauchsfall vor einer Inanspruchnahme durch den Kartenemittenten geschützt werden soll (ebenso wie in Fällen gefälschter Anweisung oder Giroüberweisung) ist abschließend (§ 675 z S. 1; Hk-BGB/*Schulte-Nölke*/*Schulze*, § 675 u Rn 2). Der Anspruch aus § 675 u S. 2 richtet sich bei fehlender Autorisierung gegen den Zahlungsdienstleister des Zahlers (Deckungsverhältnis) (Palandt/*Sprau*, § 675 u Rn 1). 2

[2] **Zahlungsdienstnutzer.** Im gewählten Muster (Fall einer nichtautorisierten Kreditkartentransaktion im sog. Sign-on-file-Verfahren) ist Zahlungsdienstnutzer (zur Definition vgl Palandt/*Sprau*, § 675 f Rn 3) der Karteninhaber, der gleichzeitig Inhaber des als Zahlungskonto für den Kreditkartenvertrag dienenden Girokontos ist. 3

[3] **Zahlungsdienstleister.** Zahlungsdienstleister ist in der Regel ein Kreditinstitut, wobei nach neuem Aufsichtsrecht (Zahlungsdiensteaufsichtsgesetz – ZAG) auch sonstige Zahlungsdienstleister bzw. Zahlungsinstitute das Zahlungskartengeschäft betreiben können (juris-PR-BKR 7/2009, Anm. 4, *Brogl*). Der Anspruch aus § 675 u S. 2 richtet sich bei fehlender Autorisierung gegen den Zahlungsdienstleister des Zahlers (Deckungsverhältnis) (Palandt/*Sprau*, § 675 u Rn 1 mwN). 4

[4] **Valutagemäße Rückbuchung/Zahlungsanspruch.** Der Antrag auf valutagemäße Rückbuchung kann bei kontobezogenen Zahlungen gestellt werden, wenn der Aufwendungsersatz vom Zahler an den Zahlungsdienstleister bereits durch Belastungsbuchung geleistet wurde. Dann ist der Zahler so zu stellen, als ob diese Buchung nicht erfolgt wäre (vgl näher Palandt/*Sprau*, § 675 u Rn 4 mwN). Alternativ kommt der Zahlungsanspruch des § 675 u S. 2 in Betracht. Der Bankkunde kann statt Rückbuchung sogleich Auszahlung des rückzubuchenden Betrages verlangen (grundlegend BGH Urt. v. 17.12.1992, NJW 1993, 735, 737; OLG Frankfurt Urt. v. 30.1.2008, WM 2008, 534). 5

[5] **Autorisierung/Erstattungsanspruch.** Ohne wirksam autorisierte Zahlung (zur rechtlichen Qualifizierung der Autorisierung bzw. Weisung vgl oben zu § 675 c Rn 5) hat der Zahlungsdienstleister keinen Erstattungsanspruch gegen den Zahler gemäß § 675 u S. 2. An einer solchen Autorisierung fehlt es, wenn der Karteninhaber keinen Belastungsbeleg unterschrieben hat und auch nicht in anderer Weise (wie zB im sog. Sign-on-file-Verfahren, s.u. Rn 7) eine Weisung an 6

den Kartenemittenten erteilt hat (Hellner/Steuer, Bankrecht und Bankpraxis, Stand 4/2010, Bd. 3 Rn 6/1930) (vgl auch oben zu § 675 c Rn 5).

7 [6] **Sign-on-File-Verfahren.** Im Kreditkartenverfahren kann der Karteninhaber seine Autorisierung auch dadurch erteilen, dass er (zB zur Beschleunigung von Geschäftsvorfällen) mit dem Akzeptanzunternehmen das sog. Sign-on-File-Verfahren vereinbart und zur Bezahlung lediglich seine Kreditkartennummer und deren Verfallsdatum angibt. Von diesem Verfahren wird häufig zur Bezahlung von Hotelzimmern beim sog. Quick-Check-Out Gebrauch gemacht (AG Recklinghausen Urt. v. 22.9.2005 – 55 C 316/04, abrufbar unter www.dr-beesch.de/urteile).

8 [7] **Haftung bei Missbrauch durch Mitarbeiter des Akzeptanzunternehmens.** Anerkanntermaßen hat der Karteninhaber, hier der Kläger, nicht zu haften für Gefahren, die von unseriösen Akzeptanzunternehmen oder deren ungetreuen Angestellten ausgehen (BGHZ 91, 221; *Hadding* in: MüKo-HGB, ZahlungsV G 44 mwN; Hellner/Steuer, Bankrecht und Bankpraxis, Stand 4/2010, Bd. 3, Rn 6/1954 mwN).

9 [8] **Ausschlussfrist.** Für den Erstattungsanspruch aus § 675 u gilt die 13-monatige Ausschlussfrist des § 676 b Abs. 2, die alle Ansprüche des Zahlers abschneidet, auch die Kondiktion eines möglichen Anerkenntnisses durch Schweigen auf den Kontoabschluss (Grundmann, WM 2009, 1116; vgl. auch unten zu § 676 b). Zur Abgrenzung zu vom Zahler vorautorisierten bzw. von oder über den Zahlungsempfänger angestoßenen Zahlungsvorgängen vgl unten zu § 675 x.

§ 675 v Haftung des Zahlers bei missbräuchlicher Nutzung eines Zahlungsauthentifizierungsinstruments

(1) [1]Beruhen nicht autorisierte Zahlungsvorgänge auf der Nutzung eines verlorengegangenen, gestohlenen oder sonst abhanden gekommenen Zahlungsauthentifizierungsinstruments, so kann der Zahlungsdienstleister des Zahlers von diesem den Ersatz des hierdurch entstandenen Schadens bis zu einem Betrag von 150 Euro verlangen. [2]Dies gilt auch, wenn der Schaden infolge einer sonstigen missbräuchlichen Verwendung eines Zahlungsauthentifizierungsinstruments entstanden ist und der Zahler die personalisierten Sicherheitsmerkmale nicht sicher aufbewahrt hat.

(2) Der Zahler ist seinem Zahlungsdienstleister zum Ersatz des gesamten Schadens verpflichtet, der infolge eines nicht autorisierten Zahlungsvorgangs entstanden ist, wenn er ihn in betrügerischer Absicht ermöglicht hat oder durch vorsätzliche oder grob fahrlässige Verletzung

1. einer oder mehrerer Pflichten gemäß § 675 l oder
2. einer oder mehrerer vereinbarter Bedingungen für die Ausgabe und Nutzung des Zahlungsauthentifizierungsinstruments

herbeigeführt hat.

[3] [1]Abweichend von den Absätzen 1 und 2 ist der Zahler nicht zum Ersatz von Schäden verpflichtet, die aus der Nutzung eines nach der Anzeige gemäß § 675 l Satz 2 verwendeten Zahlungsauthentifizierungsinstruments entstanden sind. [2]Der Zahler ist auch nicht zum Ersatz von Schäden im Sinne des Absatzes 1 verpflichtet, wenn der Zahlungsdienstleister seiner Pflicht gemäß § 675 m Abs. 1 Nr. 3 nicht nachgekommen ist. [3]Die Sätze 1 und 2 sind nicht anzuwenden, wenn der Zahler in betrügerischer Absicht gehandelt hat.

§ 675 w Nachweis der Authentifizierung

[1]Ist die Autorisierung eines ausgeführten Zahlungsvorgangs streitig, hat der Zahlungsdienstleister nachzuweisen, dass eine Authentifizierung erfolgt ist und der Zahlungsvorgang ordnungsgemäß aufgezeichnet, verbucht sowie nicht durch eine Störung beeinträchtigt wurde. [2]Eine Authentifizierung ist erfolgt, wenn der Zahlungsdienstleister die Nutzung eines bestimmten Zahlungsauthentifizierungsinstruments, einschließlich seiner personalisierten Sicherheitsmerkmale, mit Hilfe eines Verfahrens überprüft hat. [3]Wurde der Zahlungsvorgang mittels eines Zahlungsauthentifizierungsinstruments ausgelöst, reicht die Aufzeichnung der Nutzung des Zahlungsauthentifizierungsinstruments einschließlich der Authentifizierung durch den Zahlungsdienstleister allein nicht notwendigerweise aus, um nachzuweisen, dass der Zahler

1. den Zahlungsvorgang autorisiert,
2. in betrügerischer Absicht gehandelt,
3. eine oder mehrere Pflichten gemäß § 675 l verletzt oder

4. vorsätzlich oder grob fahrlässig gegen eine oder mehrere Bedingungen für die Ausgabe und Nutzung des Zahlungsauthentifizierungsinstruments verstoßen

hat.

A. Muster: Klage gegen den Zahlungsdienstnutzer auf Schadenersatz aus girocard-Karten-Missbrauchstransaktionen wegen grobfahrlässiger Sorgfaltspflichtverletzungen (§§ 675 v Abs. 2, 675 l, 675 w)[1] 1

▶ Landgericht ▪▪▪ 528

Klage

der ▪▪▪ (Zahlungsdienstleisterin)[2]

– Klägers –

Prozessbevollmächtigte: ▪▪▪

gegen

▪▪▪ (Zahlungsdienstnutzer)[3]

– Beklagten –

wegen: Schadenersatz

Streitwert: 5.500,00 EUR

Namens und in Vollmacht der Klägerin erheben wir Klage und beantragen,

1. den Beklagten zu verurteilen, an die Klägerin 5.500,00 EUR nebst 5 % Zinsen p.a. über dem Basiszinssatz hieraus seit dem ▪▪▪ zu zahlen,
2. für den Fall, dass die Beklagtenseite nicht binnen zwei Wochen nach Zustellung ihre Verteidigungsbereitschaft anzeigt, gemäß §§ 276 Abs. 1, 331 Abs. 3 ZPO Versäumnisurteil zu erlassen, und, soweit die Beklagtenseite innerhalb von zwei Wochen nach Zustellung mitteilt, dass sie den Anspruch ganz oder teilweise anerkenne, gemäß §§ 276 Abs. 1 iVm 307 Abs. 2 ZPO Anerkenntnisurteil zu erlassen,
3. auf vollstreckbaren Titeln zugunsten der Klägerin die Vollstreckungsklausel anzubringen.

Begründung

I. Zum Sachverhalt

1. Die Klägerin ist als Kreditinstitut Zahlungsdienstleisterin gemäß § 1 Abs. 1 Nr. 1 ZAG und bietet u.a. als Emittentin der X-girocard-Karte Zahlungsdienste im Rahmen des Zahlungskartengeschäfts (§ 1 Abs. 2 ZAG) an.[4]
2. Der Beklagte ist Bankkunde der Klägerin und hat mit ihr am ▪▪▪ einen Girovertrag nebst Allgemeinen Geschäftsbedingungen geschlossen, ergänzt durch den Bankkartenvertrag nebst Allgemeine Bedingungen für die girocard-Karte. Am ▪▪▪ wurde das Zahlungskonto Nr. ▪▪▪ des Beklagten eröffnet, zu dem ihm am ▪▪▪ eine von der Klägerin emittierte girocard-Karte zugesandt wurde. Drei Tage später erhielt der Beklagte mit gesonderter Post auch die zur girocard-Karte gehörende

persönliche Geheimzahl (PIN). Hierdurch wurde der Beklagte u.a. berechtigt, Bargeld an Geldautomaten im Rahmen des Deutschen Geldautomatensystems abzuheben, die mit dem girocard-Logo gekennzeichnet sind.[5]

Beweis:

1. Vorlage der Girovertrages nebst Allgemeine Geschäftsbedingungen (Stand 31.10.2009), Kopie Anlage K 1
2. Vorlage der Bedingungen für die girocard-Karte (Stand 31.10.2009), Kopie Anlage K 2

In den Bedingungen für die girocard-Karte ist u.a. bestimmt, dass der Karteninhaber Verfügungen mit seiner Karte nur im Rahmen des Guthabens des Zahlungskontos oder eines vorher für das Konto eingeräumten Kredits vornehmen darf (Ziff. ■■■).[6]

Ferner ist unter Ziff. ■■■ vereinbart, dass der Karteninhaber die Karte mit besonderer Sorgfalt aufzubewahren hat, um zu verhindern, dass sie abhanden kommt oder missbräuchlich verwendet wird. Schließlich ist in Ziff. ■■■ bestimmt, dass der Karteninhaber dafür Sorge zu tragen hat, dass keine andere Person Kenntnis von der persönlichen Geheimzahl (PIN) erlangt.[7]

3. In der Zeit vom ■■■ bis ■■■ wurden unter Verwendung der girocard-Karte des Beklagten unter erster richtiger Eingabe von dessen PIN folgende 11 Kartentransaktionen à 500,00 EUR an folgenden Geldautomaten getätigt:

Datum	Uhrzeit	Geldautomatenaufstellende Institute / Standorte der Geldautomaten (Stadt, Straße, Hausnummer)	Betrag EUR ■■■
■■■	■■■	■■■	■■■

(*es folgt die vollständige Aufzählung der Transaktionen mindestens mit den in der Tabelle angegebenen Kriterien*)[8]

Beweis: Vorlage der Geldautomatenprotokolle, Kopie Anlage K 3[9]

4. Im Rahmen des Deutschen Geldautomaten-Systems wurden die Transaktionen von den geldautomatenaufstellenden Instituten bei der Klägerin eingereicht und von ihr den Instituten vergütet.

Dadurch sind der Klägerin Aufwendungen in Höhe der Klageforderung entstanden. Diese erhielt die Klägerin vom Beklagten bisher nicht erstattet.

5. Sämtliche aus der obigen Tabelle ersichtlichen und hier streitgegenständlichen girocard-Karten-Transaktionen sind vor der von dem Beklagten erst am ■■■ um ■■■ Uhr veranlassten Kartensperranzeige erfolgt.[10]

Beweis: Vorlage der Kartensperranzeige vom ■■■, Kopie Anlage K 4

6. Für alle Geldautomatenabhebungen sind Authentifizierungen in Form der Nutzung der girocard-Karte einschließlich der Eingabe und Überprüfung der PIN erfolgt; alle Zahlungsvorgänge sind ordnungsgemäß aufgezeichnet und verbucht worden

Beweis:

1. Vorlage der Geldautomatenprotokolle, Kopie Anlage K 3
2. Vorlage des Zahlungskontoauszuges vom ■■■, Kopie Anlage K 5

Auch erfolgten alle Abhebungen im Rahmen der dem Beklagten eingeräumten finanziellen Nutzungsgrenze.

7. Vorgerichtlich hat der Beklagte im Rahmen eines umfangreichen Schriftwechsels seine Zahlungspflicht zurückgewiesen. Er gab an, die streitgegenständlichen Transaktionen nicht getätigt zu haben. Ihm sei die girocard-Karte am ■■■ zwischen 12 Uhr und 13 Uhr an seinem Arbeitsplatz im Bürogebäude ■■■ aus seinem Büro- bzw. Dienstraum gestohlen worden. Dort habe er seinen Geldbeutel, in dem sich u.a. die girocard-Karte befand, zurückgelassen, während er sich in die Kantine zum Mittagessen begeben hatte. Der Büroraum sei unverschlossen gewesen. Auch sein Geldbeutel mit der girocard-Karte sei nicht weggeschlossen gewesen. Zu dem Büroraum hätten Dritte (Ar-

beitskollegen, Reinigungspersonal, technisches Personal, Handwerker oder Kunden) Zugang gehabt. Dennoch vertrat der Beklagte die Auffassung, nicht grob fahrlässig mit seiner girocard-Karte umgegangen zu sein, denn er habe darauf vertrauen dürfen, dass sich alle Kollegen, Mitarbeiter, Personal oder sonstige Dritte immer gesetzeskonform verhalten würden. Zu seiner PIN gab er an, sie nirgendwo notiert und nicht mit sich geführt zu haben, sondern sofort nach Erhalt vernichtet zu haben.[7]

II. Zur Rechtslage

Der Schadenersatzanspruch der Klägerin gegen den Beklagten in Höhe der Klageforderung ist gemäß §§ 675 v Abs. 2 BGB, 675 l, 675 w BGB begründet. Danach ist der Beklagte (Zahler) der Klägerin (Zahlungsdienstleisterin) zum Ersatz des gesamten durch die streitgegenständlichen Zahlungskarten-Transaktionen entstandenen Schadens verpflichtet, den der Beklagte durch grob fahrlässige Verletzung seiner gesetzlichen (§ 675 l BGB) und vertraglichen (Ziff. ■■■ Bedingungen für die girocard-Karte, Anlage K 2) Pflichten zur besonders sorgfältigen Aufbewahrung der girocard-Karte und zur Geheimhaltung der PIN herbeigeführt hat.[1][7]

1. Bei streitigen Autorisierungen, wie vorliegend, hat der Zahlungsdienstleister des Zahlers, hier die Klägerin, zum Nachweis der Autorisierung der ausgeführten Zahlungsvorgänge, hier der Geldautomatenabhebungen, darzulegen und gegebenenfalls zu beweisen, dass jeweils eine Authentifizierung stattgefunden hat und der Zahlungsvorgang technisch einwandfrei abgelaufen ist. § 675 w Satz 2 BGB definiert den Begriff der Authentifizierung wie von Art. 4 Nr. 19 der Zahlungsdiensterichtlinie vorgegeben. Authentifizierung ist bei Zahlungsauthentifizierungsinstrumenten die formalisierte Überprüfung, ob die für die Ausführung des Zahlungsvorgangs vereinbarten Besitz- und Wissenskomponenten (zB girocard-Karte und PIN) vorgelegen haben (Gesetzentwurf BT-Drucks. 16/11643 vom 21.1.2009, Begründung zu § 675 w, S. 187 Abs. 2).
   Die Klägerin hat durch Vorlage der Geldautomatenprotokolle gemäß § 675 w Satz 1 und Satz 2 BGB nachgewiesen, dass vorliegend die Authentifizierungen erfolgt sind, und dass die Zahlungsvorgänge in Form der Geldautomatenabhebungen ordnungsgemäß aufgezeichnet, verbucht und nicht durch Störungen beeinträchtigt wurden (Lohmann/Koch, WM 2008, 57 ff, 62, 63).[9]
2. Soweit § 675 w Satz 3 BGB eine neue Generalklausel enthält, wonach der Nachweis von technisch ordnungsgemäßen Kartenverwendungen und PIN-Eingaben „allein" nach § 675 w Satz 1 und 2 „nicht notwendigerweise" genügt, um anzunehmen, dass der Zahler grob fahrlässig gehandelt hat, greifen – nach richtlinienkonformer Auslegung der Generalklausel – ergänzend die von der deutschen Rechtsprechung für die Beweislastverteilung entwickelten Anscheinsbeweis-Grundsätze und sonstigen Beweislastregeln ein (Palandt/Sprau, BGB, 69. Aufl. 2010, § 675 v Rn 3, Rn 7 und § 675 w Rn 4).[11]
   Dem Zahlungsdienstleister, hier der Klägerin, kommt daher auch nach neuem Zahlungsdiensterecht der bei Kartenzahlungen in Rechtsprechung und Literatur allgemein anerkannte Beweis des ersten Anscheins zugute. Danach spricht in Fällen wie dem vorliegenden, das heißt Lebenssachverhalten mit Diebstahl bzw Abhandenkommen der Karte mit anschließendem zeitnahen Karteneinsatz mit PIN, grundsätzlich der Beweis des ersten Anscheins dafür, dass entweder der Karteninhaber als rechtmäßiger Karteninhaber die Geldabhebungen selbst vorgenommen hat,[12] oder dass der Karteninhaber grob fahrlässig gegen seine Sorgfaltspflichten im Umgang mit Karte und PIN verstoßen hat und ein unbefugter Dritter nach der Entwendung oder dem sonstigen Abhandenkommen der Karte von der PIN nur wegen ihrer Verwahrung gemeinsam mit der Karte Kenntnis erlangen konnte (Palandt/Sprau, aaO., § 675 w Rn 4; Grundsatzurteil des BGH v. 5.10.2004 – XI ZR 210/03, NJW 2004, 3623; OLG Frankfurt Urt. v. 30.1.2008, WM 2008, 534).[11]
3. Nichts anderes ergibt sich bei Zugrundelegung der vorgerichtlichen Einlassungen des Beklagten, wonach feststeht, dass er jedenfalls die ihm obliegende Pflicht grob fahrlässig verletzt hat, seine Zahlungskarte mit besonderer Sorgfalt aufzubewahren.[7] Zu Recht werden von der Rechtspre-

chung an diese im Zahlungsverkehr zur Missbrauchsverhinderung eminent wichtige Pflicht besonders hohe Sorgfaltsanforderungen gestellt.

Für die Fallgruppe der Entwendung von Zahlungskarten am Arbeitsplatz ist zutreffend anerkannt, dass ein Karteninhaber grob fahrlässig handelt, wenn er, wie vorliegend, seinen Geldbeutel nebst Karte am Arbeitsplatz in einem Büroraum unbeaufsichtigt und ungeschützt zurücklässt, zu dem Dritte sich ohne weiteres Zugang verschaffen können bzw. der einer Vielzahl von Personen offen steht, denn dann besteht kein verlässlicher Schutz und ist ein unbefugter Zugriff auf die Zahlungskarte nach gängigem Erfahrungswissen nicht ausgeschlossen (Hellner/Steuer, Bankrecht und Bankpraxis, Stand 4/2010, Bd. 3 Rn 6/1959 ff; OLG Düsseldorf, Urt. v. 26.10.2007, I-16 U 160/04, BKR 2008, 41; LG Frankfurt am Main v. 14.7.2004 - 2/01 S 248/03, abrufbar unter www.dr-beesch.de/urteile). Der Beklagte durfte insbesondere nicht darauf vertrauen, dass sich alle Kollegen, Mitarbeiter, Personal oder sonstige Dritte stets und immer gesetzeskonform verhalten würden (LG Frankfurt am Main Beschl. v. 22.2.2008, 2-11 S 77/07, n.v.). Dem Risiko des unbefugten Zugriffs muss ein Karteninhaber mit zumutbarem Aufwand dadurch begegnen, dass er die Karte wegschließt oder schlicht am Körper getragen mitnimmt (LG Frankfurt am Main, Urt. v. 15.10.2003 - 2/01 S 50/03, abrufbar unter www.dr-beesch.de/urteile).[7]

4. Der Beklagte ist daher zum Ersatz des durch die streitbefangenen Geldautomatentransaktionen entstandenen Schadens der Klägerin in Höhe von 5.500,00 EUR verpflichtet. Der Zahlungsanspruch der Klägerin ist auch nicht der Höhe nach begrenzt, da der Beklagte den Schaden durch grob fahrlässige Pflichtverletzung herbeigeführt hat und ihm ein ausreichender Verfügungsrahmen zur girocard-Karte entsprechend seines Girokontoguthabens eingeräumt war (Hk-BGB/Schulte-Nölke/Schulze, 6. Aufl. 2009, § 675 v, w, Rn 4; Palandt/Sprau, BGB, 69. Aufl. 2010, § 675 u Rn 5).[6]
5. Der Zinsanspruch folgt aus §§ 247, 286, 288 BGB.
   Verzug trat gemäß § 286 BGB am ▪▪▪ ein, nachdem der Beklagte mit Schreiben der Klägerin vom ▪▪▪ zur Zahlung des Klagebetrages aufgefordert worden war. Die Höhe der Verzugszinsen folgt aus § 288 Abs. 1 BGB.

Der Klage ist ohne weiteres stattzugeben.

Der Gerichtskostenvorschuss in Höhe von ▪▪▪ EUR wird auf Anforderung des Gerichts eingezahlt.

▪▪▪

Rechtsanwalt ◀

B. Erläuterungen

2 **[1] Neuer spezialgesetzlicher Schadenersatzanspruch,** § 675 v **Abs. 2.** Wie nach bisherigem Richterrecht (unter Anwendung der Generalnorm des § 280 Abs. 1) ist der Zahlungsdienstnutzer dem Zahlungsdienstleister auch nach neuem EG-rechtlich verfassten Zahlungsdiensterecht gemäß §§ 675 v Abs. 2, 675 l, 675 w zum Ersatz des gesamten Schadens verpflichtet, der infolge eines nicht autorisierten Zahlungsvorgangs entstanden ist, wenn

- der Zahler den Schaden in betrügerischer Absicht ermöglicht hat oder
- der Zahler den Schaden durch vorsätzliche oder grob fahrlässige Verletzung einer oder mehrerer der ihm im Rahmen des Kartenemissionsvertrages obliegenden und nunmehr auch gesetzlich in § 675 l und § 675 m verankerten Sorgfaltspflichten im Umgang mit Karte (Zahlungsauthentifizierungsinstrument, § 675 c Abs. 3) und/oder PIN (personalisiertes Sicherheitsmerkmal iSd § 675 m) herbeigeführt hat, oder
- der Zahler den Schaden durch vorsätzliche oder grob fahrlässige Verletzung einer oder mehrerer vereinbarter Bedingungen für die Ausgabe und Nutzung der Karte herbeigeführt hat.

3 Diesen neuen Gesetzesnormen unterfallen die Missbrauchsfälle, die im Zahlungskartenrecht – aber ebenso im Überweisungs- und Lastschriftverfahrensrecht – auftreten können, wenn nicht

der rechtmäßige Zahlungsdienstnutzer (rechtmäßiger Karteninhaber) einen Zahlungsvorgang autorisiert hat, sondern u.a. nach dessen grob sorgfaltswidrigem Umgang mit dem Zahlungsauthentifizierungsinstrument (Karte) und/oder dem personalisierten Sicherheitsmerkmal (PIN) ein unbefugter Dritter von den Zahlungsmedien Gebrauch machen konnte und dadurch einen Schaden verursacht hat.

Neu ist, dass der – in der bisherigen Rechtspraxis häufig streitige – Schadenersatzanspruch des 4
Zahlungsdienstleisters gegen den Zahler für grobe Fahrlässigkeit im Umgang mit Karte und/ oder PIN nunmehr explizit gesetzlich geregelt ist (§ 675 v Abs. 2).

Die von der bisherigen Rechtsprechung im Zahlungskartenrecht herausgebildeten Grundsätze 5
des Beweisrechts, insbesondere zum Beweis der ersten Anscheins, gelten auch unter dem neuen Zahlungsdiensteregime und seinen Umsetzungsnormen der §§ 675 v und w fort (ausführlich zu diesem wichtigen Praxisthema vgl unten Rn 19 ff, vgl auch oben zu § 675 f Rn 9 ff.

[2] **Zahlungsdienstleister.** Zahlungsdienstleister ist hier ein Kreditinstitut, das gleichzeitig Ver- 6
tragspartner des Girovertrages und des girocard-Kartenvertrages ist (zur Begriffsbestimmung vgl Palandt/*Sprau*, § 675 c Rn 9). Nach neuem, mWv 31.10.2009 geltenden Aufsichtsrecht (Zahlungsdiensteaufsichtsgesetz – ZAG, BGBl. I 2009, 1506) können auch sonstige Zahlungsdienstleister bzw. Zahlungsinstitute das Zahlungskartengeschäft betreiben (jurisPR-BKR 7/2009, Anm. 4, *Brogl*). Die Ausführung von Zahlungsvorgängen mittels einer Zahlungskarte oder eines ähnlichen Zahlungsinstruments ist Zahlungsdienst gemäß § 1 Abs. 2 ZAG und dort in § 1 Abs. 2 Nr. 2 c als Zahlungskartengeschäft definiert.

[3] **Zahlungsdienstnutzer.** Im obigen Muster ist Zahlungsdienstnutzer der girocard-Karteninhaber, der gleichzeitig Inhaber des als Zahlungskontos/Girokontos ist (zur Begriffsbestimmung vgl. Palandt/*Sprau*, § 675 c Rn 9). 7

[4] **girocard-Karte/ec-Karte.** Girocard ist der übergeordnete Rahmen für die beiden Debitkar- 8
ten-Zahlungssysteme der deutschen Kreditwirtschaft, electronic-cash im Handel (Point of Sale, POS) und das Deutsche Geldautomaten-System (früher „ec-Karte"). Es handelt sich um strikte PIN-basierte Systeme, bei denen Transaktionen sofort nach dem Einreichen der Transaktion durch den Händler (Acquiringunternehmen) bei seinem Kreditinstitut bzw. nach der Bargeldverfügung am Geldautomaten dem aktuellen Konto des Karteninhabers belastet werden. Girocard basiert jeweils auf einer Vereinbarung zwischen den kreditwirtschaftlichen Spitzenverbänden im Namen ihrer Mitglieder und allen weiteren Teilnehmern der Systeme, die sich zur Einhaltung der Systemvorschriften verpflichtet haben (Geldautomaten-Vereinbarungen bzw. electronic-cash-Vereinbarungen) (vgl weiterführend *Häuser/Haertlein* in MüKo-HGB, ZahlungsV E 1 ff mwN). Beide Debitkarten-Zahlungssysteme sind Zahlungssysteme im Sinne von § 675 c, § 1 Abs. 6 ZAG (Palandt/*Sprau*, § 675 c Rn 11).

[5] **Nutzungsmöglichkeiten.** Zum 31.10.2009 wurden – neben den Allgemeinen Geschäftsbe- 9
dingungen zu Bankverträgen – auch die Bedingungen für die Debitkarten bzw girocard-Karten von den Kreditinstituten neu gefasst. Darin finden sich regelmäßig Bestimmungen, wonach der Karteninhaber die Debitkarte bzw girocard-Karte, soweit diese entsprechend ausgestattet ist, in Verbindung mit seiner persönlichen Geheimzahl (PIN) in deutschen Debitkarten-Systemen ua zum Abheben von Bargeld am Geldautomaten im Rahmen des deutschen Geldautomatensystems, die mit dem electronic-cash- oder girocard-Logo gekennzeichnet sind, einsetzen kann.

[6] **Finanzielle Nutzungsgrenze.** Vereinbarte Nutzungsgrenzen sind im Rahmen der Haftung 10
des § 675 v Abs. 2 zu beachten, denn durch sie kann die Höhe des zu ersetzenden Schadens begrenzt sein (Palandt/*Sprau*, § 675 v, Rn 5). Bei girocard-Karten bzw Debitkarten folgt die Grenze in der Regel aus dem Guthaben des Zahlungskontos oder eines vorher für das Konto eingeräumten Kredits.

[7] **Sorgfaltspflichten/Fallgruppe Entwendung am Arbeitsplatz.** MWv 31.10.2009 werden ins- 11
besondere die Sorgfaltspflichten, die einen Karteninhaber im Umgang mit Karte und PIN (Zah-

lungsauthentifizierungsinstrumente und personalisierte Sicherheitsmerkmale) treffen, gesetzlich in § 675 l und vertraglich in den Vertragsbedingungen für die Debitkarten bzw girocard-Karten geregelt (vgl hierzu bereits oben § 675 f, insbes. Rn 22 ff mwN). In den AGB, die die Finanzinstitute in der Regel gesondert für Zahlungskartendienstleistungen mit ihren Kunden vereinbaren, werden die Sorgfalts- und Mitwirkungspflichten von Karteninhabern näher spezifiziert. Ergänzend ist die umfangreiche, zu den Einzelpflichten ergangene Rechtsprechung heranzuziehen (vgl oben zu § 675 f Rn 22 ff; Hellner/Steuer, Bankrecht und Bankpraxis, Stand 4/2010, Bd. 3 Rn 6/1498 ff; vgl zu weiteren Fallbeispielen auch www.dr-beesch.de/urteile).

12 Vorliegend wurde ein Sachverhalt aus der Fallgruppe der Entwendung der Zahlungskarte am Arbeitsplatz gewählt, zu der umfangreiche Rechtsprechung vorliegt. Das Verhalten eines Karteninhabers, der, wie vorliegend, seine Kreditkarte am Arbeitsplatz in einem Büro- bzw Dienstraum unbeaufsichtigt und ungeschützt zurücklässt, zu dem Dritte ohne weiteres Zugang haben und so die erleichterte Zugriffsmöglichkeit auf die Kreditkarte verschafft wird, ist nach herrschender und zutreffender Meinung grob fahrlässig (Hellner/Steuer, Bankrecht und Bankpraxis, Stand 4/2010, Bd. 3 Rn 6/1959 ff; OLG Düsseldorf Urt. v. 26.10.2007 — 16 U 160/04, BKR 2008, 41; OLG Frankfurt am Main Urt. v. 19.11.1996 — 17 U 69/96; LG Frankfurt am Main Beschl. v. 22.2.2008 — 2-11 S 77/07, n.v. Urt. ; LG Frankfurt am Main, Urt. v. 14.7.2004 (2-01 S 248/03), abrufbar unter www.dr-beesch.de/urteile; AG Frankfurt am Main Urt. v. 21.12.2006 — 30 C 1511/06-32, n.v.; AG Offenbach am Main Urt. v. 30.10.2007 — 36 C 77/07, n.v.; AG Berlin-Schöneberg Urt. v. 7.3.2006 — 4 C 61/05, n.v.; LG Krefeld Urt. v. 5.11.2004 — 1 S 57/04, n.v.).

13 Nach dieser Rechtsprechung ist es „absolut grob fahrlässig“, wenn der Karteninhaber den Geldbeutel und die Zahlungskarte am Arbeitsplatz liegen lässt; gerade bei Geldbeuteln und Zahlungskarten handelt es sich um begehrte Diebstahlsobjekte. Grobe Fahrlässigkeit wurde insbesondere bejaht, wenn die Möglichkeit besteht, dass sonstige Personen (seien es Arbeitskollegen, Reinigungspersonal, technisches Personal, Handwerker oder Kunden) sich Zugang zum Aufbewahrungsort der Karte verschaffen können und/oder zB der Arbeitsraum einer Vielzahl von Personen offen steht (AG Frankfurt am Main Urt. v. 21.12.2006 – 30 C 1511/06-32, n.v.; AG Dieburg Urt. v. 28.3.2007 – 21 C 161/06, n.v.; LG Frankfurt am Main Beschl. v. 22.2.2008 – 2-11 S 77/07, n.v.; LG Bonn Urt. v. 16.6.1999, WM 1999, 1921 f). Denn dann besteht kein verlässlicher Schutz und ist ein unbefugter Zugriff auf die Karte nach gängigem Erfahrungswissen nicht ausgeschlossen. Dem Risiko des unbefugten Zugriffs muss ein Karteninhaber mit zumutbarem Aufwand dadurch begegnen, dass er die Kreditkarte einschließt oder schlicht am Körper getragen mitnimmt (LG Frankfurt am Main Urt. v. 15.10.2003 – 2-01 S 50/03, abrufbar unter www.dr-beesch.de/urteile).

14 [8] **Substantiierungslast.** Zur Schlüssigkeit der Klage gehört, darzulegen, welche Geldautomatentransaktionen Gegenstand der Klageforderung sind. Es ist mindestens mit den in der Tabelle angegebenen Kriterien (Datum, Uhrzeit, Geldautomaten aufstellendes Institut/Standort der Geldautomaten, Betrag) darzulegen, wie sich der Klagebetrag zusammensetzt. Die Beifügung von Abrechnungen genügt nicht; Anlagen können lediglich zur Erläuterung des schriftsätzlichen Vortrages dienen, diesen aber nie ersetzen. Gerichte sind nicht gehalten, sich das Fehlende aus Anlagen herauszusuchen (LG Darmstadt Urt. v. 6.11.2009 – 6 S 168/09, n.v.).

15 Dass kein Fehlversuch bei der Eingabe der PIN stattfand, kann durch Vorlage der Geldautomatenprotokolle dargelegt und bewiesen werden, denn Fehlversuche werden dort protokolliert. Der in der Rechtsprechung anerkannte Anscheinsbeweis (vgl unten [11]) wird von den Gerichten insbesondere dann angenommen, wenn die Geldautomatenabhebungen unter erster richtiger Eingabe der dem Karteninhaber zugeteilten PIN erfolgten (BGH Urt. v. 5.10.2004 - XI ZR 210/03, NJW 2004, 3623).

16 [9] **Nachweis der Authentifizierung/Geldautomatenprotokolle.** Auch unter dem mWv 31.10.2009 geltenden neuen Zahlungsdiensterecht kann der Nachweis für die Autorisie-

rung von kartengestützten Zahlungen an Geldautomaten durch Vorlage ordnungsgemäßer Geldautomatenprotokolle erfolgen (*Lohmann/Koch*, WM 2008, 57 ff, 62, 63).

Schon bisher urteilten die Gerichte zutreffend, dass eine nicht widerlegte Vermutung dafür spricht, dass der Zahler Zahlungsvorgänge selbst oder durch von ihm autorisierte Dritte vorgenommen hat, oder dass unbefugte Dritte die Zahlungsmedien durch unsorgfältigen Umgang des Zahlers mit diesen erlangt haben, wenn sich aus der Transaktionsdokumentation ergibt, dass die Transaktionen jeweils unter korrekter Verwendung der Zahlungsmedien erfolgt sind. Zur Sicherheit der PIN-Systeme vgl oben zu § 675 f Rn 9 ff. 17

[10] **Kartensperranzeige.** Diese Sachverhaltsangabe ist wichtig für das anzuwendende Haftungsregime, da der Schadenersatzanspruch nach §§ 675 v Abs. 2, 675 l, 675 w nur für Transaktionen greift, die vor der Kartensperranzeige erfolgten (§ 675 v Abs. 3 S. 1). Nach der Sperranzeige übernimmt der Zahlungsdienstleister die entstandenen Schäden (§ 675 v Abs. 3), es sei denn, der Zahler hat in betrügerischer Absicht gehandelt. 18

[11] **Streitige Autorisierungen/Anscheinsbeweis.** Von hoher Praxisrelevanz sind die neuen Regelungen des § 675 w, die ergänzend eingreifen, wenn die Autorisierung von Zahlungsvorgängen, hier Geldautomatenabhebungen, streitig ist. 19

§ 675 w stellt bestimmte Anforderungen an die Darlegungs- und Beweislast von Zahlungsdienstleistern, wenn zwischen einem Zahlungsdienstleister und seinem Nutzer die Autorisierung eines Zahlungsvorgangs streitig ist, entsprechend dem früheren Recht bei „streitigen Weisungen". Der Zahlungsdienstleister, im Muster die Klägerin, hat demnach gemäß § 675 w S. 1 und S. 2 zunächst nachzuweisen, dass Authentifizierungen erfolgt sind und die Zahlungsvorgänge ordnungsgemäß aufgezeichnet, verbucht sowie nicht durch eine Störung beeinträchtigt wurden (BT-Drucks. 16/11643, S. 114). Dies kann durch Geldautomatenprotokolle erfolgen (*Lohmann/Koch*, WM 2008, 57 ff, 62, 63). 20

Ergänzend enthält § 675 w Satz 3 eine Generalklausel, wonach bei Zahlungsvorgängen, die durch ein Zahlungsauthentifizierungsinstrument ausgelöst wurden, allein der Nachweis von technisch ordnungsgemäßer Kartenverwendung und PIN-Eingabe nach § 675 w S. 1 und 2 nicht in jedem Fall ausreicht, um entweder die Autorisierung des Zahlungsvorgangs, eine Sorgfaltspflichtverletzung oder ein betrügerisches Handeln des Zahlungsdienstnutzers anzunehmen. 21

Nach hM greifen – nach Zahlungsd-RL-konformer Auslegung dieser Generalklausel – ergänzend die von der nationalen Rechtsprechung für die Beweislastverteilung entwickelten Anscheinsbeweisgrundsätze und sonstigen Beweisregeln ein; auch künftig kann daher auf die bisherige hierzu ergangene deutsche Anscheinsbeweis-Rechtsprechung zurückgegriffen werden (Palandt/*Sprau*, § 675 v Rn 7 und § 675 w, Rn 4; *Grundmann* in: Ebenroth/Boujong/Joost/Strohn HGB Bd. 2, BankR II 315 a mwN; *Meckel* in: jurisPR-BKR 2/2010, Anm. 1 (Teil 4) unter V 20.2.3.; *Grundmann*, WM 2009, 1157, 1163; *Rösler/Werner*, BKR 2009, 1, 9; *Lohmann/Koch*, WM 2008, 57, 62, 63; *Krepold/Fischbeck*, Bankrecht, 2009, S. 100 f; *Willershausen* in: jurisPR-BKR 4/2010, Anm. 6; *Koch/Vogel* in: Albrecht/Karahan/Lenenbach, Fachanwaltshandbuch Bank- und Kapitalmarktrecht, § 20 Rn 81). 22

Diese Interpretation, wie sie von der hM vorgenommen wird, ist zutreffend. Die Gesetzesformulierung in § 675 w Abs. 1 S. 3, wonach die korrekte Aufzeichnung der Nutzung des Zahlungsauthentifizierungsinstruments einschließlich der Authentifizierung durch den Zahlungsdienstleister „allein nicht notwendiger ... ausreicht", um nachzuweisen, dass der Zahler den Zahlungsvorgang autorisiert hat bzw grob fahrlässig Sorgfaltspflichten gemäß § 675 l verletzt hat, setzt nahezu wortgleich die Generalklausel, wie sie von Art. 59 Abs. 2 Zahlungsd-RL vorformuliert ist (dort heißt es: „ ... reicht ... für sich gesehen nicht notwendigerweise aus ..."), in deutsches Recht um. Wie aus dem 33. Erwägungsgrund der Zahlungsd-RL folgt, intendierte der europäische Gesetzgeber mit der Einführung der Generalklausel „allein nicht notwendigerweise" nur, dass „zur Feststellung einer möglichen Fahrlässigkeit des Zahlungsdienstnut- 23 zers ... alle Umstände des Einzelfalls berücksichtigt werden sollten". Der Zahlungsdienstnutzer soll im Einzelfall lediglich die Möglichkeit haben, mit substantiiertem und glaubwürdigem Vortrag zum Geschehensablauf darzulegen, dass ein Diebstahl oder eine missbräuchliche Verwendung des Zahlungsauthentifizierungsinstruments vorgelegen hat und ggf wie der Dieb oder missbräuchliche Verwender Zugang zu den personalisierten Sicherheitsmerkmalen bekommen haben kann. Der europäische Gesetzgeber hat aber die Beweislastfragen bewusst den nationalen Gerichten überantwortet. So heißt es demgemäß in BT-Drucks. 16/11643, S. 114 zu § 675 w, dass die Würdigung, ob die Voraussetzungen für einen Anscheinsbeweis vorliegen und ob ggf der Vortrag des Zahlungsdienstnutzers den Anschein einer Autorisierung oder einer Sorgfaltspflichtverletzung erschüttert, nach einzelstaatlichem Recht zu beurteilen ist und allein den Gerichten obliegt (§ 286 ZPO). Damit lässt das neue Zahlungsdiensterecht die bestehenden nationalen Beweislastverteilungsgrundsätze unberührt (BT-Drucks. 16/11643, S. 114), so dass insbesondere auch die bisherige deutsche Anscheinsbeweis-Rechtsprechung fortgilt (s.o. Rn 22). Letztlich spiegelt Art. 59 Zahlungsd-RL, der in § 675 w in nationales deutsches Recht umgesetzt wurde, in Grundzügen die bisherige Praxis der Gerichte im Fall von Kartenmissbräuchen mittels Eingabe einer PIN wieder, so dass das neue Zahlungsdiensterecht keine grundlegenden Änderungen mit sich bringt (BT-Drucks. 16/11643, S. 114, 115).

24 Diese Interpretation der Zahlungsd-RL knüpft nicht nur an die Rechtsprechung des EuGH zur AGB-Richtlinie an, in der die Auslegung von Generalklauseln den nationalen Gerichten überantwortet wurde (EuGH Rs C-237/02 Slg 2004 I-3403 – Freiburger Kommunalbauten). Diese Interpretation ist auch im Hinblick auf das hohe Sicherheitsniveau der PIN-Systeme und der aktuellen Kartengeneration sowie deswegen angemessen und gerechtfertigt, weil die Nutzung von Karte und PIN (wie auch die Nutzung anderer Zahlungsinstrumente insbesondere im Online-Banking) in der Regel ausschließlich im Verantwortungsbereich des Karteninhabers (Zahlers) stattfindet und den Zahlungsdienstleistern der Nachweis sorgfaltswidrigen Verhaltens des Zahlers regelmäßig unmöglich wäre. Denn die Entwendung von Zahlungsauthentifizierungsinstrumenten und deren Umstände sind Schadensursachen, die aus dem Gefahrenkreis der Zahler hervorgehen; es handelt sich naturgemäß nur um von ihnen beweisfähige Tatsachen. Zu berücksichtigen ist der von der Rechtsprechung entwickelte Grundsatz, dass die Beweislastverteilung sich auch an den Verantwortungsbereichen von Schuldner und Gläubiger zu orientieren hat (Palandt/*Grüneberg*, § 280, Rn 37). Hieraus ergibt sich eine – die grundsätzlich geltende und normierte Beweislastverteilung modifizierende – Beweiserleichterung. Diese findet u.a. Anwendung im Zusammenhang mit dem hier zu beurteilenden Schadenersatzanspruch des Kartenemittenten gegen den Karteninhaber, wenn die Schadensursache ausschließlich im Gefahrenbereich des Karteninhabers liegt (Palandt/*Sprau*, § 675 v, Rn 7; Kurzkommentar *Meder/Beesch*, LG Bonn Urt. v. 23.8.2005, EWiR, § 280 BGB 4/06, 488 mwN; *Meckel* in: jurisPR-BKR 2/2010, Anm. 1 (Teil 4) unter V 20.2.3.; *Willershausen* in: jurisPR-BKR 12/2009, Anm. 4, zu AG München Urt. v. 16.2.2009 – 242 C 28708/08). Bei Verzicht auf den Anscheinsbeweis bzw die von der Rechtsprechung zu Recht entwickelten Beweiserleichterungen wäre eine Durchsetzung von Schadenersatzansprüchen der Zahlungsdienstleister erheblich erschwert, wenn nicht gar regelmäßig unmöglich (*Lohmann/Koch*, WM 2008, 57, 63).

25 [12] **Bestreiten mit Nichtwissen.** Stets zu prüfen ist, ob primär der Aufwendungsersatzanspruch des Kartenemittenten gegen den Karteninhaber (§§ 675 c Abs. 1, 670) geltend gemacht werden kann (vgl oben zu § 675 c).

26 Dies kommt insbesondere dann in Betracht, wenn zweifelhaft ist, ob überhaupt ein Missbrauchsfall vorliegt. In diesen – in der Praxis nachweislich nicht seltenen – speziellen Fallgestaltungen (zB ein Karteninhaber behauptet fälschlicherweise einen Missbrauchsfall, während er selbst bzw Familienmitglieder oder Freunde mit der Zahlungskarte auf Einkaufstour gegangen sind) hat sich in der instanzgerichtlichen Rechtsprechung folgender Grundsatz herausgebildet: Bevor der Aufwendungsersatzanspruch des Zahlungsdienstleisters gegen den Zahler

verneint werden kann, muss feststehen, dass die fraglichen Transaktionen missbräuchlich erfolgt sind. Daher ist vom Karteninhaber zu verlangen, dass er nachweist, dass überhaupt eine missbräuchliche Nutzung seiner Zahlungsinstrumente vorliegt. So genügt zB die bloße Behauptung des Karteninhabers, seine Karte sei entwendet worden, nicht; auch eine Bescheinigung der Polizei über die Erstattung einer Anzeige beweist nicht den behaupteten Diebstahl (AG Frankfurt am Main Urt. v. 16.4.2004 – 31 C 50/04-83, abrufbar unter www.dr-beesch.de/urteile).

Da sich die Umstände eines Diebstahls bzw. sonstigen Abhandenkommens stets dem Verant- 27
wortungsbereich des Kartenemittenten entziehen und ausschließlich im Verantwortungsbereich des Karteninhabers liegen (zu Beweislastregeln vgl oben, vgl auch Palandt/*Grüneberg*, § 280 Rn 37; Palandt/*Sprau*, § 675 w Rn 4), kommt das Bestreiten von Behauptungen von Zahlern zu in ihrem Verantwortungsbereich liegenden Tatsachen mit Nichtwissen in Betracht.

§ 675 x Erstattungsanspruch bei einem vom oder über den Zahlungsempfänger ausgelösten autorisierten Zahlungsvorgang

(1) [1]Der Zahler hat gegen seinen Zahlungsdienstleister einen Anspruch auf Erstattung eines belasteten Zahlungsbetrags, der auf einem autorisierten, vom oder über den Zahlungsempfänger ausgelösten Zahlungsvorgang beruht, wenn

1. bei der Autorisierung der genaue Betrag nicht angegeben wurde und

2. der Zahlungsbetrag den Betrag übersteigt, den der Zahler entsprechend seinem bisherigen Ausgabeverhalten, den Bedingungen des Zahlungsdiensterahmenvertrags und den jeweiligen Umständen des Einzelfalls hätte erwarten können; mit einem etwaigen Währungsumtausch zusammenhängende Gründe bleiben außer Betracht, wenn der zwischen den Parteien vereinbarte Referenzwechselkurs zugrunde gelegt wurde.

[2]Der Zahler ist auf Verlangen seines Zahlungsdienstleisters verpflichtet, die Sachumstände darzulegen, aus denen er sein Erstattungsverlangen herleitet.

(2) Im Fall von Lastschriften können der Zahler und sein Zahlungsdienstleister vereinbaren, dass der Zahler auch dann einen Anspruch auf Erstattung gegen seinen Zahlungsdienstleister hat, wenn die Voraussetzungen für eine Erstattung nach Absatz 1 nicht erfüllt sind.

(3) Der Zahler kann mit seinem Zahlungsdienstleister vereinbaren, dass er keinen Anspruch auf Erstattung hat, wenn er seine Zustimmung zur Durchführung des Zahlungsvorgangs unmittelbar seinem Zahlungsdienstleister erteilt hat und er, sofern vereinbart, über den anstehenden Zahlungsvorgang mindestens vier Wochen vor dem Fälligkeitstermin vom Zahlungsdienstleister oder vom Zahlungsempfänger unterrichtet wurde.

(4) Ein Anspruch des Zahlers auf Erstattung ist ausgeschlossen, wenn er ihn nicht innerhalb von acht Wochen ab dem Zeitpunkt der Belastung des betreffenden Zahlungsbetrags gegenüber seinem Zahlungsdienstleister geltend macht.

(5) [1]Der Zahlungsdienstleister ist verpflichtet, innerhalb von zehn Geschäftstagen nach Zugang eines Erstattungsverlangens entweder den vollständigen Betrag des Zahlungsvorgangs zu erstatten oder dem Zahler die Gründe für die Ablehnung der Erstattung mitzuteilen. [2]Im Fall der Ablehnung hat der Zahlungsdienstleister auf die Beschwerdemöglichkeit gemäß § 28 des Zahlungsdiensteaufsichtsgesetzes und auf die Möglichkeit, eine Schlichtungsstelle gemäß § 14 des Unterlassungsklagengesetzes anzurufen, hinzuweisen. [3]Das Recht des Zahlungsdienstleisters, eine innerhalb der Frist nach Absatz 4 geltend gemachte Erstattung abzulehnen, erstreckt sich nicht auf den Fall nach Absatz 2.

[6] Absatz 1 ist nicht anzuwenden auf Lastschriften, sobald diese durch eine Genehmigung des Zahlers unmittelbar gegenüber seinem Zahlungsdienstleister autorisiert worden sind.

1 **A. Muster: Vertragliche Regelung des achtwöchigen Erstattungsanspruchs gem. § 675 x Abs. 2**

▶ **Auszug aus den „Bedingungen für Zahlungen mittels Lastschrift im SEPA-Basislastschrift-verfahren"[1], Neufassung zum 31.10.2009**

2.5 Erstattungsanspruch des Kunden bei einer autorisierten Zahlung[2]

(1) Der Kunde kann bei einer autorisierten Zahlung aufgrund einer SEPA-Basislastschrift[1] binnen einer Frist von acht Wochen ab dem Zeitpunkt der Belastungsbuchung auf seinem Konto von der Bank ohne Angabe von Gründen die Erstattung des belasteten Lastschriftbetrages verlangen.[2] Etwaige Zahlungsansprüche des Zahlungsempfängers gegen den Kunden bleiben hiervon unberührt.

(2) Der Erstattungsanspruch nach Absatz 1 ist ausgeschlossen, sobald der jeweilige Betrag der Lastschriftbelastungsbuchung durch eine Genehmigung des Kunden unmittelbar gegenüber der Bank autorisiert worden ist.[3]

(3) Erstattungsansprüche des Kunden bei einer nicht erfolgten oder fehlerhaft ausgeführten autorisierten Zahlung richten sich nach Nummer 2.6.2.[4]

■■■ ◀

B. Erläuterungen

2 [1] **SEPA-Basislastschrift.** Die Bedingungen für Zahlungen mittels Lastschrift im SEPA-Basislastschriftverfahren wurden zeitgleich zum 31.10.2009 mit Inkrafttreten der deutschen Umsetzung der Zahlungsd-RL gemäß Gesetz zur Umsetzung der Verbraucherkreditrichtlinie, des zivilrechtlichen Teils des Zahlungsd-RL sowie zur Neuordnung der Vorschriften über das Widerrufs- und Rückgaberecht vom 29.7.2009 (BGBl. I 2009, 2355) neu gefasst. Zur SEPA-Basislastschrift vgl bereits oben zu § 675 j.

3 [2] **Neuer achtwöchiger Erstattungsanspruch gemäß § 675 x.** Das neue Zahlungsdiensterecht sieht bei vorautorisierten Zahlungen und Zahlungen, die vom oder über den Zahlungsempfänger ausgelöst wurden, in bestimmten Fällen vor, dass der Zahler binnen acht Wochen Erstattung von seinem Zahlungsdienstleister verlangen kann; jedoch führt dieser Anspruch nicht zu einer Stornierung mit rückwirkender Valutierung (BT-Drucks. 16/11643, S. 115). Gemäß § 675 x Abs. 1 ist der Erstattungsanspruch gegeben, wenn bei der Autorisierung der genaue Betrag nicht angegeben wurde und der Zahlungsbetrag den Betrag übersteigt, den der Zahler entsprechend seinem bisherigen Ausgabeverhalten, den Bedingungen des Zahlungsdiensterahmenvertrages und den jeweiligen Umständen des Einzelfalls hätte erwarten können. Damit ist die Vorschrift anwendbar auf das SEPA-Lastschriftverfahren (s.u. Rn 4), aber auch auf Kreditkartenzahlungen; bei letzteren kommt insbesondere die Angabe der Kreditkartendaten beim Einchecken im Hotel zur Abbuchung des bei Beendigung des Aufenthalts geschuldeten Betrages in Betracht (vgl Palandt/*Sprau*, § 675 x, Rn 2; vgl zur Abgrenzung auch oben zu § 675 u zu einem Fall, in dem das sog. Sign-on-File-Verfahren vom Händlerunternehmen bzw. dessen Angestellten missbraucht wurde und keine Autorisierung des Zahlers vorlag).

4 Gemäß § 675 x Abs. 2 kann vertraglich auch auf die Voraussetzungen des § 675 Abs. 1 verzichtet und der Zahlungsbetrag „ohne Angaben von Gründen" erstattet verlangt werden (weitergehendes Erstattungsrecht, vgl Hk-BGB/*Schulte-Nölke/Schulze*, § 675 x Rn 4). Ein dem § 675 Abs. 2 entsprechender Verzicht ist in obiger Musterklausel (Nr. 2.5. Abs. 1 Bedingungen für Zahlungen mittels Lastschrift im SEPA-Basislastschriftverfahren) zwischen Zahler und seinem Zahlungsdienstleister für Zahlungen mittels Lastschrift im SEPA-Basislastschriftverfahren vereinbart (sog. „No-questions-asked Refund"; vgl bereits oben zu § 675 j). Der Anspruch

hängt somit von keinen besonderen Voraussetzungen ab; insbesondere ist eine Begründung (im Sinne von § 675 x Abs. 1 S. 2) nicht erforderlich. Dadurch lässt sich im Ergebnis weitgehend (nicht in Bezug auf die Wertstellung, vgl oben Rn 3) eine dem Einzugsermächtigungsverfahren entsprechende Gestaltung erreichen (Palandt/*Sprau*, § 675 x Rn 8 mit Verweis auf aaO, § 675 f Rn 39; vgl auch oben zu § 675 j Rn 9).

Die Ausübung des Erstattungsrechts löst eine Kette von Rückbelastungen aus (Hk-BGB/*Schulte-Nölke/Schulze*, § 675 x Rn 4): der Zahlungsdienstleister des Zahlers erstattet diesem den Zahlungsbetrag; sodann nimmt der Zahlungsdienstleister des Zahlers über die SEPA-Rulebooks Basislastschrift das Empfängerinstitut auf Rückvergütung in Anspruch und letzteres holt sich schließlich den Zahlungsbetrag vom Zahlungsempfänger aufgrund des regelmäßig vereinbarten Rückbelastungsrechts. 5

Der Anspruch ist auf acht Wochen nach dem Zeitpunkt der Belastungsbuchung befristet (§ 675 x Abs. 4; zur Fristberechnung vgl näher Palandt/*Sprau*, § 675 x Rn 6). 6

Zum Streit darüber, ob der Erstattungsanspruch des § 675 x auch für Lastschriften im Einzugsermachtigungsverfahren gilt und auch die Einzugsermächtigungslastschrift eine vorautorisierte Zahlung ist, vgl weiterführend *Meckel* in: jurisPR-BKR 2/2010, Anm. 1 (Teil 4) unter 18.4.; vgl auch oben zu § 675 j Rn 8) 7

[3] **Ausschluss durch Genehmigung.** Bei nachträglicher Genehmigung des Zahlungsvorgangs durch den Zahler gegenüber seinem Zahlungsdienstleister greift § 675 x Abs. 1 nicht ein (vgl weitergehend Palandt/*Sprau*, § 675 x Rn 3). 8

§ 675 y Haftung der Zahlungsdienstleister bei nicht erfolgter oder fehlerhafter Ausführung eines Zahlungsauftrags; Nachforschungspflicht

(1) [1]Wird ein Zahlungsvorgang vom Zahler ausgelöst, kann dieser von seinem Zahlungsdienstleister im Fall einer nicht erfolgten oder fehlerhaften Ausführung des Zahlungsauftrags die unverzügliche und ungekürzte Erstattung des Zahlungsbetrags verlangen. [2]Wurde der Betrag einem Zahlungskonto des Zahlers belastet, ist dieses Zahlungskonto wieder auf den Stand zu bringen, auf dem es sich ohne den fehlerhaft ausgeführten Zahlungsvorgang befunden hätte. [3]Soweit vom Zahlungsbetrag entgegen § 675 q Abs. 1 Entgelte abgezogen wurden, hat der Zahlungsdienstleister des Zahlers den abgezogenen Betrag dem Zahlungsempfänger unverzüglich zu übermitteln. [4]Weist der Zahlungsdienstleister des Zahlers nach, dass der Zahlungsbetrag rechtzeitig und ungekürzt beim Zahlungsdienstleister des Zahlungsempfängers eingegangen ist, entfällt die Haftung nach diesem Absatz.

(2) [1]Wird ein Zahlungsvorgang vom oder über den Zahlungsempfänger ausgelöst, kann dieser im Fall einer nicht erfolgten oder fehlerhaften Ausführung des Zahlungsauftrags verlangen, dass sein Zahlungsdienstleister diesen Zahlungsauftrag unverzüglich, gegebenenfalls erneut, an den Zahlungsdienstleister des Zahlers übermittelt. [2]Weist der Zahlungsdienstleister des Zahlungsempfängers nach, dass er die ihm bei der Ausführung des Zahlungsvorgangs obliegenden Pflichten erfüllt hat, hat der Zahlungsdienstleister des Zahlers dem Zahler gegebenenfalls unverzüglich den ungekürzten Zahlungsbetrag entsprechend Absatz 1 Satz 1 und 2 zu erstatten. [3]Soweit vom Zahlungsbetrag entgegen § 675 q Abs. 1 und 2 Entgelte abgezogen wurden, hat der Zahlungsdienstleister des Zahlungsempfängers den abgezogenen Betrag dem Zahlungsempfänger unverzüglich verfügbar zu machen.

(3) [1]Ansprüche des Zahlungsdienstnutzers gegen seinen Zahlungsdienstleister nach Absatz 1 Satz 1 und 2 sowie Absatz 2 Satz 2 bestehen nicht, soweit der Zahlungsauftrag in Übereinstimmung mit der vom Zahlungsdienstnutzer angegebenen fehlerhaften Kundenkennung ausgeführt wurde. [2]In diesem Fall kann der Zahler von seinem Zahlungsdienstleister jedoch verlangen, dass dieser sich im Rahmen seiner Möglichkeiten darum bemüht, den Zahlungsbetrag wiederzuerlangen. [3]Der Zahlungsdienstleister darf mit dem Zahlungsdienstnutzer im Zahlungsdiensterahmenvertrag für diese Wiederbeschaffung ein Entgelt vereinbaren.

(4) Ein Zahlungsdienstnutzer kann von seinem Zahlungsdienstleister über die Ansprüche nach den Absätzen 1 und 2 hinaus die Erstattung der Entgelte und Zinsen verlangen, die der Zahlungsdienstleister ihm im Zusammenhang mit der nicht erfolgten oder fehlerhaften Ausführung des Zahlungsvorgangs in Rechnung gestellt oder mit denen er dessen Zahlungskonto belastet hat.

[5] Wurde ein Zahlungsauftrag nicht oder fehlerhaft ausgeführt, hat der Zahlungsdienstleister desjenigen Zahlungsdienstnutzers, der einen Zahlungsvorgang ausgelöst hat oder über den ein Zahlungsvorgang ausgelöst wurde, auf Verlangen seines Zahlungsdienstnutzers den Zahlungsvorgang nachzuvollziehen und seinen Zahlungsdienstnutzer über das Ergebnis zu unterrichten.

1 **A. Muster: Vertraglicher Ausschluss des Erstattungsanspruchs gem. § 675 y Abs. 1 bei verspäteter Zahlung**

▶ **Auszug aus den „Bedingungen für den Überweisungsverkehr",[1] Neufassung zum 31.10.2009**

■■■

2.3 Erstattungs- und Schadenersatzansprüche des Kunden[2]

2.3.1 Erstattung bei einer nicht autorisierten Überweisung

■■■

2.3.2 Erstattung bei nicht erfolgter oder fehlerhafter Ausführung einer autorisierten Überweisung

■■■

(3) Liegt die fehlerhafte Ausführung darin, dass die Überweisung beim Zahlungsdienstleister des Zahlungsempfängers erst nach Ablauf der Ausführungsfrist gemäß Nummer 2.2.1 eingegangen ist (Verspätung), sind die Ansprüche nach den Absätzen 1 und 2 (2) ausgeschlossen.[3] Ist dem Kunden durch die Verspätung ein Schaden entstanden, haftet die Bank nach Nummer 2.3.3, bei Kunden, die keine Verbraucher sind, nach Nummer 2.3.4.[4]

(4) Wurde eine Überweisung nicht oder fehlerhaft ausgeführt, wird die Bank auf Verlangen des Kunden den Zahlungsvorgang nachvollziehen und den Kunden über das Ergebnis unterrichten.[5]

■■■ ◀

B. Erläuterungen

2 **[1] Bedingungen für den Überweisungsverkehr.** Die Bedingungen für den Überweisungsverkehr wurden zeitgleich zum 31.10.2009 mit Inkrafttreten der deutschen Umsetzung der Zahlungsd-RL gemäß Gesetz zur Umsetzung der Verbraucherkreditrichtlinie, des zivilrechtlichen Teils des Zahlungsd-RL sowie zur Neuordnung der Vorschriften über das Widerrufs- und Rückgaberecht vom 29.7.2009 (BGBl. I 2009, 2355) neu gefasst.

3 **[2] Neues Haftungsregime des 675 y bei nicht erfolgter oder fehlerhafter Ausführung.** § 675 y regelt u.a. die Haftung im Überweisungsrecht, insbesondere die Ansprüche des Zahlungsdienstnutzers gegen seinen Zahlungsdienstleister bei mangelhafter Ausführung eines Zahlungsauftrags, und zwar sowohl im Deckungsverhältnis zwischen Zahler (im Muster Überweisender) und seinem Zahlungsdienstleister (Zahlerinstitut) als auch im Inkassoverhältnis zwischen Zahlungsdienstleister (Empfängerbank) und seinem Zahlungsdienstnutzer (Empfänger). Das Zahlerinstitut schuldet dem Zahler den Eingang des Überweisungsbetrages beim Empfängerinstitut (Erfolgshaftung; § 675 y Abs. 1 S. 1 und 4). Tritt der Erfolg nicht ein, schuldet das Zahlerinstitut unverzügliche Erstattung an den Zahler (§ 675 y Abs. 1 S. 1). Den gesetzlichen Vorgaben entsprechen im Wesentlichen die unter Rn 2 genannten Bedingungen für den Überweisungsverkehr, insbes. Nummer 2.3. (vgl weiterführend Palandt/*Sprau*, § 675 y Rn 1 ff mwN; vgl auch unten zu § 675 z).

4 Die Frage des Mitverschuldens des Kunden (Zahlers) ist im neuen Zahlungsdiensterecht nicht normiert. § 675 v Abs. 2 ist allein auf Verschulden des Kunden bei Verwendung von Zahlungsauthentifizierungsinstrumenten zugeschnitten. Im Übrigen gelten ergänzend für das Zahlungs-

diensterecht die allgemeinen ungeschriebenen Grundsätze (zB in Fällen von zu schneller Neuvergabe von Kontonummern (BGHZ 87, 376, 379) fortgelten (vgl näher *Grundmann*, WM 2009, 1009, 1115 mwN).

Für den Fall, dass das Zahlerinstitut die Valuta nicht vollständig weitergibt, ist in § 675 y Abs. 1 S. 3 neu geregelt, dass der Fehlbetrag zwingend an den Empfänger nachzuzahlen ist. Es besteht kein Wahrecht des Zahlers. 6

[3] **Verspätung.** Einen Unterfall des fehlerhaft ausgeführten Zahlungsauftrags stellt die verspätete Zahlung dar (vgl dazu die obige Musterklausel). Obwohl nach dem Wortlaut des § 675 y Abs. 1 der Zahler von seinem Zahlungsdienstleister bei verspäteter Zahlung Rückerstattung des gesamten Zahlungsbetrages verlangen könnte, ist die Anwendung des § 675 y Abs. 1 für diesen Fall abzulehnen, da der gewünschte Übermittlungserfolg – wenn auch mit Verspätung – eingetreten ist (BT-Drucks. 16/11643, S. 116; *Meckel* in: jurisPR-BKR 2/2010, Anm. 1 (Teil 4) unter 18.3.1.). Der Ausschluss des Erstattungsrechts ist mit Ziff. 2.3.2 (3) gemäß obiger Musterklausel vertraglich wirksam vereinbart. 7

[4] **Verspätungsschaden.** Für Verspätungsschäden kommt ein verschuldensabhängiger Schadenersatzanspruch nach § 280 Abs. 1 oder die Anwendung des § 675 z in Betracht (*Meckel* in: jurisPR-BKR 2/2010, Anm. 1 (Teil 4) unter 18.3.2.; vgl auch unten zu § 675 z). 8

[5] **Nachforschungspflicht.** Mit der Musterklausel 2.3.2 (4) wird § 675 y Abs. 5 entsprochen. Danach besteht eine besonders geregelte Pflicht der Kreditinstitute zur Auskunft. Anspruchsvoraussetzung ist ein mangelhaft ausgeführter Zahlungsauftrag. Anspruchsgegner des Zahlungsdienstnutzers ist entweder das Zahlerinstitut (wenn das Deckungsverhältnis betroffen ist) oder das Empfängerinstitut (wenn das Inkassoverhältnis tangiert ist). Geschuldet sind das Nachvollziehen des Zahlungsvorgangs, Nachforschungen bei zwischengeschalteten Stellen in der Überweisungskette und die Unterrichtung des Zahlungsdienstnutzers über das Ergebnis (Palandt/*Sprau*, § 675 y Rn 10 mwN). 9

§ 675 z Sonstige Ansprüche bei nicht erfolgter oder fehlerhafter Ausführung eines Zahlungsauftrags oder bei einem nicht autorisierten Zahlungsvorgang

[1]Die §§ 675 u und 675 y sind hinsichtlich der dort geregelten Ansprüche eines Zahlungsdienstnutzers abschließend. [2]Die Haftung eines Zahlungsdienstleisters gegenüber seinem Zahlungsdienstnutzer für einen wegen nicht erfolgter oder fehlerhafter Ausführung eines Zahlungsauftrags entstandenen Schaden, der nicht bereits von § 675 y erfasst ist, kann auf 12 500 Euro begrenzt werden; dies gilt nicht für Vorsatz und grobe Fahrlässigkeit, den Zinsschaden und für Gefahren, die der Zahlungsdienstleister besonders übernommen hat. [3]Zahlungsdienstleister haben hierbei ein Verschulden, das einer zwischengeschalteten Stelle zur Last fällt, wie eigenes Verschulden zu vertreten, es sei denn, dass die wesentliche Ursache bei einer zwischengeschalteten Stelle liegt, die der Zahlungsdienstnutzer vorgegeben hat. [4]In den Fällen von Satz 3 zweiter Halbsatz haftet die von dem Zahlungsdienstnutzer vorgegebene zwischengeschaltete Stelle anstelle des Zahlungsdienstleisters des Zahlungsdienstnutzers. [5]§ 675 y Abs. 3 Satz 1 ist auf die Haftung eines Zahlungsdienstleisters nach den Sätzen 2 bis 4 entsprechend anzuwenden.

A. Muster: Vertragliche Begrenzung von Schadenersatzansprüchen auf 12.500,00 EUR gem. § 675 z 1

▶ **Auszug aus den „Bedingungen für den Überweisungsverkehr",[1] Neufassung zum 31.10.2009**

■■■

2.3 Erstattungs- und Schadenersatzansprüche des Kunden[2]

2.3.1 Erstattung bei einer nicht autorisierten Überweisung

...

2.3.2 Erstattung bei nicht erfolgter oder fehlerhafter Ausführung einer autorisierten Überweisung

...

2.3.3 Schadenersatz.[2]

(1) Bei nicht erfolgter oder fehlerhafter Ausführung einer autorisierten Überweisung oder bei einer nicht autorisierten Überweisung kann der Kunde von der Bank einen Schaden, der nicht bereits von den Nummern 2.3.1. und 2.3.2 erfasst ist, ersetzt verlangen. Dies gilt nicht, wenn die Bank die Pflichtverletzung nicht zu vertreten hat. Die Bank hat hierbei ein Verschulden, das einer zwischengeschalteten Stelle zur Last fällt, wie eigenes Verschulden zu vertreten, es sei denn, dass die wesentliche Ursache bei einer zwischengeschalteten Stelle liegt, die der Kunde vorgegeben hat. Hat der Kunde durch ein schuldhaftes Verhalten zu der Entstehung des Schadens beigetragen, bestimmt sich nach den Grundsätzen des Mitverschuldens, in welchem Umfang Bank und Kunde den Schaden zu tragen haben.

(2) Die Haftung nach Absatz 1 ist auf 12.500 Euro begrenzt. Diese betragsmäßige Haftungsgrenze gilt nicht

- für nicht autorisierte Überweisungen
- bei Vorsatz und grober Fahrlässigkeit der Bank
- für Gefahren, die die Bank besonders übernommen hat, und
- für den Zinsschaden, wenn der Kunde Verbraucher ist.

2.3.4 Schadenersatzansprüche von Kunden, die keine Verbraucher sind, bei einer nicht erfolgten autorisierten Überweisung, fehlerhaft ausgeführten autorisierten Überweisung oder nicht autorisierten Überweisung

... ◄

B. Erläuterungen

2 [1] **Bedingungen für den Überweisungsverkehr.** Die Bedingungen für den Überweisungsverkehr wurden zeitgleich zum 31.10.2009 mit Inkrafttreten der deutschen Umsetzung der Zahlungsdiensterichtlinie gemäß Gesetz zur Umsetzung der Verbraucherkreditrichtlinie, des zivilrechtlichen Teils des Zahlungsd-RL sowie zur Neuordnung der Vorschriften über das Widerrufs- und Rückgaberecht vom 29.7.2009 (BGBl. I 2009, 2355) neu gefasst.

3 [2] **Schadenersatzansprüche.** § 675 z regelt Schäden, die nicht von §§ 675 u oder 675 y (und entsprechender vertraglicher Vereinbarungen, s.o. Ziff. 2.3.3. des Musters) erfasst sind, wie zB Folgeschäden aus verspäteter Zahlung (vgl oben zu § 675 y). Hier kommen insbesondere Verzugsschäden und entgangener Gewinn in Betracht (Hk-BGB/*Schulte-Nölke/Schulze*, § 675 z Rn 1). Derartige Schäden sind zu ersetzen; sie sind jedoch begrenzbar auf 12.500 EUR. Entsprechende Haftungsbeschränkungen werden gemäß obigem Muster, Ziff. 2.3.3., in zulässiger Weise vereinbart (Palandt/*Sprau*, § 675 z Rn 4). Die Begrenzung ist nicht zulässig für Falle ab grober Fahrlässigkeit oder bei Zinsschäden. Verschulden von zwischengeschalteten Instituten ist gemäß § 675 z S. 3 zuzurechnen; sie sind als Erfüllungsgehilfen (§ 278) des Zahlungsdienstleisters anzusehen (Palandt/*Sprau*, § 675 z Rn 5). Schadenersatzansprüche bestehen jedoch nicht verschuldensunabhängig; sie setzen Verschulden voraus (vgl auch oben zu § 675 y).

§ 676 Nachweis der Ausführung von Zahlungsvorgängen

Ist zwischen dem Zahlungsdienstnutzer und seinem Zahlungsdienstleister streitig, ob der Zahlungsvorgang ordnungsgemäß ausgeführt wurde, muss der Zahlungsdienstleister nachweisen, dass der Zahlungsvorgang ordnungsgemäß aufgezeichnet und verbucht sowie nicht durch eine Störung beeinträchtigt wurde.

Beweislastregelung. Entsprechend der Regelung des § 675 w zu §§ 675u-v (vgl oben insbes. zu 1 § 675 v-w, insbes. die Erläuterungen Rn 16 ff) vervollständigt § 676 die Haftungsregelungen des § 675 y um eine Beweislastregel im Hinblick auf die „nicht ordnungsgemäße Ausführung von Zahlungsvorgängen" (BT-Drucks. 16/11643, S. 118). Ist streitig, ob ein Zahlungsvorgang korrekt ausgeführt wurde, hat nach der Bestimmung des § 676 der Zahlungsdienstleister zumindest die ordnungsgemäße Aufzeichnung und Verbuchung sowie eine störungsfreie Abwicklung nachzuweisen (Hk-BGB/*Schulte-Nölke*/*Schulze*, § 676 Rn 1). Gefordert ist mithin der Nachweis einer Durchführung des Zahlungsvorgangs in einer Art und Weise, die den vertraglichen Vereinbarungen entspricht und keinerlei Auffälligkeit gegenüber normalen Zahlungsvorgängen der entsprechenden Art erkennen lässt (Palandt/*Sprau*, § 676 Rn 1, Rn 2 mwN). Der Zahlungsdienstleister kann den erforderlichen Nachweis auch mit allen prozessual zugelassenen Beweismitteln führen (vgl zutreffend auch *Meckel* in: jurisPR-BKR 2/2010 Anm. 1 (Teil 4) unter 20.3).

§ 676 a Ausgleichsanspruch

Liegt die Ursache für die Haftung eines Zahlungsdienstleisters gemäß den §§ 675 y und 675 z im Verantwortungsbereich eines anderen Zahlungsdienstleisters oder einer zwischengeschalteten Stelle, so kann er vom anderen Zahlungsdienstleister oder der zwischengeschalteten Stelle den Ersatz des Schadens verlangen, der ihm aus der Erfüllung der Ansprüche eines Zahlungsdienstnutzers gemäß den §§ 675 y und 675 z entsteht.

Regressregelung. § 676 a ersetzt § 676 e aF, der bisher nur für Überweisungen galt. Durch 1 § 676 a wird im neuen, mWv 31.10.2009 geltenden Zahlungsdiensterecht generell die Haftung für zwischengeschaltete Institute und im Interbankenverhältnis der Regress vereinfacht. Es gilt das Prinzip, dass der Zahlungsdienstleister gegenüber seinem Zahlungsdienstnutzer für Leistungsstörungen haftet, und zwar unabhängig davon, ob sie der Zahlungsdienstleister selbst verursacht hat; dies gilt im Rahmen von § 675 y verschuldensunabhängig und im Rahmen von § 675 z verschuldensabhängig. Gemäß § 676 a kann der Zahlungsdienstleister sodann Regress bei dem Zahlungsdienstleister oder der zwischengeschalteten Stelle nehmen, die den Schaden verursacht hat, und zwar unabhängig davon, ob direkte Vertragsverhältnisse bestehen (weiterführend vgl BT-Drucks. 16/11643, S. 118/119; Palandt/*Sprau*, § 676 a Rn 1 und Rn 2 mwN, insbesondere zum Interbankenverhältnis).

§ 676 b Anzeige nicht autorisierter oder fehlerhaft ausgeführter Zahlungsvorgänge

(1) Der Zahlungsdienstnutzer hat seinen Zahlungsdienstleister unverzüglich nach Feststellung eines nicht autorisierten oder fehlerhaft ausgeführten Zahlungsvorgangs zu unterrichten.
(2) [1]Ansprüche und Einwendungen des Zahlungsdienstnutzers gegen den Zahlungsdienstleister nach diesem Unterkapitel sind ausgeschlossen, wenn dieser seinen Zahlungsdienstleister nicht spätestens 13 Monate nach dem Tag der Belastung mit einem nicht autorisierten oder fehlerhaft ausgeführten Zahlungsvorgang hiervon unterrichtet hat. [2]Der Lauf der Frist beginnt nur, wenn der Zahlungsdienstleister den Zahlungsdienstnutzer über die den Zahlungsvorgang betreffenden Angaben gemäß Artikel 248 §§ 7, 10 oder § 14 des Einführungsgesetzes zum Bürgerlichen Gesetzbuche unterrichtet hat; anderenfalls ist für den Fristbeginn der Tag der Unterrichtung maßgeblich.
(3) Für andere als die in § 675 z Satz 1 genannten Ansprüche des Zahlungsdienstnutzers gegen seinen Zahlungsdienstleister wegen eines nicht autorisierten oder fehlerhaft ausgeführten Zahlungsvorgangs gilt Absatz 2 mit der Maßgabe, dass der Zahlungsdienstnutzer diese Ansprüche auch nach Ablauf der Frist geltend machen kann, wenn er ohne Verschulden an der Einhaltung der Frist verhindert war.

§ 676 c Haftungsausschluss

Ansprüche nach diesem Kapitel sind ausgeschlossen, wenn die einen Anspruch begründenden Umstände

1. auf einem ungewöhnlichen und unvorhersehbaren Ereignis beruhen, auf das diejenige Partei, die sich auf dieses Ereignis beruft, keinen Einfluss hat, und dessen Folgen trotz Anwendung der gebotenen Sorgfalt nicht hätten vermieden werden können, oder
2. vom Zahlungsdienstleister auf Grund einer gesetzlichen Verpflichtung herbeigeführt wurden.

1 **A. Muster: Vertragliche Regelung der 13-monatigen Ausschlussfrist gem. § 675 b sowie des Haftungsausschlusses nach § 676 c**

▶ **Auszug aus den „Bedingungen für Zahlungen mittels Lastschrift im Einzugsermächtigungsverfahren",[1] Neufassung zum 31.10.2009**

...

2.5 Erstattungs- und Schadenersatzansprüche des Kunden[2]

2.5.1 Erstattung bei Widerspruch gegen Lastschriftbelastungsbuchung

2.5.2 Erstattung bei einer nicht erfolgten oder fehlerhaften Ausführung einer autorisierten Zahlung

2.5.3 Schadenersatz

2.5.4 Schadenersatzansprüche von Kunden, die keine Verbraucher sind, bei einer nicht erfolgten autorisierten Zahlung, fehlerhaft ausgeführten autorisierten Zahlung oder nicht autorisierten Zahlung

2.5.5 Haftungs- und Einwendungsausschluss.[3][4]

(1) ...

(2) Ansprüche des Kunden nach Nummern 2.5.1 bis 2.5.4 und Einwendungen des Kunden gegen die Bank aufgrund nicht oder fehlerhaft ausgeführter Zahlungen oder aufgrund nicht autorisierter Zahlungen sind ausgeschlossen, wenn der Kunde die Bank nicht spätestens 13 Monate nach dem Tag der Belastung mit einer nicht autorisierten oder fehlerhaft ausgeführten Zahlung hiervon unterrichtet hat. Der Lauf der Frist beginnt nur, wenn die Bank den Kunden über die Belastungsbuchung der Zahlung entsprechend dem für Kontoinformationen vereinbarten Weg spätestens innerhalb einer Monats nach der Belastungsbuchung unterrichtet hat; anderenfalls ist für den Fristbeginn der Tag der Unterrichtung maßgeblich. Schadenersatzansprüche nach Nummer 2.5.3 kann der Kunde auch nach Ablauf der Frist in Satz 1 geltend machen, wenn er ohne Verschulden an der Einhaltung dieser Frist verhindert war.[3]

(3) Ansprüche des Kunden sind ausgeschlossen, wenn die einen Anspruch begründenden Umstände

– auf einem ungewöhnlichen und unvorhergesehenen Ereignis beruhen, auf das die Bank keinen Einfluss hat und dessen Folgen trotz Anwendung der gebotenen Sorgfalt nicht hätten vermieden werden können, oder
– von der Bank aufgrund einer gesetzlichen Verpflichtung herbeigeführt wurden.[4]

... ◀

B. Erläuterungen

2 **[1] Bedingungen für den für Zahlungen mittels Lastschrift im Einzugsermächtigungsverfahren.** Die Bedingungen für Zahlungen mittels Lastschrift im Einzugsermächtigungsverfahren wurden

zeitgleich zum 31.10.2009 mit Inkrafttreten der deutschen Umsetzung der Zahlungsd-RL gemäß Gesetz zur Umsetzung der Verbraucherkreditrichtlinie, des zivilrechtlichen Teils des Zahlungsd-RL sowie zur Neuordnung der Vorschriften über das Widerrufs- und Rückgaberecht vom 29.7.2009 (BGBl. I 2009, 2355) neu gefasst.

[2] **Erstattungs- und Schadenersatzansprüche.** Entsprechend der Vorgaben der §§ 675u-z des neuen Untertitels 3 (Haftung) (vgl bereits oben zu §§ 675u-z) wurden auch neue vertragliche Regelungen der Erstattungs- und Schadenersatzansprüche in die Bedingungen für Zahlungen mittels Lastschrift im Einzugsermächtigungsverfahren aufgenommen. 3

[3] **13-Monats-Ausschlussfrist.** Die oben angeführten Erstattungs- und Schadenersatzansprüche wie auch Einwendungen des Zahlungsdienstnutzers wegen nicht autorisierter oder fehlerhaft ausgeführter Zahlungsvorgänge sind von der neuen, einschneidenden Regelung des Zahlungsdiensterechts in § 676 b Abs. 2 betroffen, wonach auch begründete Ansprüche und Einwendungen ausgeschlossen sind, wenn der Zahlungsdienstnutzer diese Vorgänge nicht innerhalb von 13 Monaten ab Belastung angezeigt hat (Ausschlussfrist, vgl bereits oben zu § 675 u; vgl auch BT-Drucks. 16/11643 S. 119; Hk-BGB/*Schulte-Nölke/Schulze*, § 676 b Rn 1 ff; Palandt/*Sprau*, § 676 b Rn 1 ff, Rn 4). Eine dementsprechende vertragliche Finalitätsregelung ist in obigem Muster für das Einzugsermächtigungslastschriftverfahren geregelt. 4

Für das Einzugsermächtigungslastschriftverfahren hat die 13-Monats-Ausschlussfrist keine praktische Relevanz mehr, wenn die Genehmigungswirkung eingetreten ist; dies ist idR wesentlich früher der Fall als nach bisherigem Recht (vgl oben zu § 675 j; vgl auch *Meckel* in: jurisPR-BKR 2/2010, Anm. 1 (Teil 4) unter 21.4.2). Von Bedeutung ist die Ausschlussfrist jedoch bei formell unberechtigten Lastschrifteinzügen, denen keine bzw keine ordnungsgemäße (insbesondere formgerechte) Einzugsermächtigung gemäß dem Lastschriftabkommen zugrunde lag (*Meckel* aaO). Mangels Genehmigungsfiktion konnte bisher der Zahlungsdienstnutzer in solchen Fällen grundsätzlich zeitlich unbefristet den Belastungsbuchungen widersprechen. Dies ist unter neuem Zahlungsdiensterecht nicht mehr möglich, da die Belastungsbuchungen mit Ablauf der 13-Monats-Ausschlussfrist als wie vom Zahlungsdienstnutzer genehmigt behandelt werden (*Laitenberger*, NJW 2010, 194). 5

Der Beginn der Frist ist – zumindest für Verbraucher – nicht an die Belastung, sondern an die Unterrichtung des Zahlungsdienstnutzers gem. Art. 248 § 7 Nr. 2 und § 14 Nr. 2 EGBGB gekoppelt, wenn der Zahlungsdienstleister den Zahlungsdienstnutzer nicht fristgerecht informiert hat (BT-Drucks. 16/11643 S. 119; vgl weiterführend Hk-BGB/*Schulte-Nölke/Schulze*, § 676 b Rn 1 ff; Palandt/*Sprau*, § 676 b Rn 3, Rn 6 mwN; zum Fristbeginn vgl weiterführend *Meckel* in: jurisPR-BKR, 2/2010, Anm. 1 (Teil 4) unter 21.3). 6

Gemäß § 676 b Abs. 3 findet auch eine Erstreckung der Ausschlusswirkung auf etwaige anderweitige Ansprüche (zB Folgeschäden, vgl oben zu § 675 z) statt, es sei denn, der Zahlungsdienstnutzer war an der fristgerechten Geltendmachung seiner Ansprüche gehindert. 7

[4] **Höhere Gewalt.** Ansprüche nach Kapitel 3 sind ferner gemäß § 676 c (und entsprechender vertraglicher Vereinbarungen, wie im obigen Muster) ausgeschlossen, wenn die sie begründenden Umstände auf höherer Gewalt beruhen oder vom Zahlungsdienstleister herbeigeführt wurden, weil er hierzu aufgrund gesetzlicher Vorgaben verpflichtet war (BT-Drucks. 16/11643 S. 119). Weil das Verständnis von „höherer Gewalt" in den einzelnen Mitgliedstaaten der EU sehr unterschiedlich ist, wurde der Begriff weder in die Zahlungsd-RL noch in den Wortlaut des § 676 c aufgenommen. Zum Begriff des „unvermeidbaren Ereignisses" wird auf den bisherigen zu § 676 b aF geführten Streit verwiesen. „Gesetzliche Vorgaben" greifen zB bei Zahlungen von einem gepfändeten Konto an den Pfändungsgläubiger ein. 8

§§ 676 d bis 676 h (aufgehoben)

Titel 13 Geschäftsführung ohne Auftrag

§ 677 Pflichten des Geschäftsführers

Wer ein Geschäft für einen anderen besorgt, ohne von ihm beauftragt oder ihm gegenüber sonst dazu berechtigt zu sein, hat das Geschäft so zu führen, wie das Interesse des Geschäftsherrn mit Rücksicht auf dessen wirklichen oder mutmaßlichen Willen es erfordert.

§ 678 Geschäftsführung gegen den Willen des Geschäftsherrn

Steht die Übernahme der Geschäftsführung mit dem wirklichen oder dem mutmaßlichen Willen des Geschäftsherrn in Widerspruch und musste der Geschäftsführer dies erkennen, so ist er dem Geschäftsherrn zum Ersatz des aus der Geschäftsführung entstehenden Schadens auch dann verpflichtet, wenn ihm ein sonstiges Verschulden nicht zur Last fällt.

A. Anspruchsschreiben Schadensersatz nach § 678

1 I. Muster: Anspruchsschreiben – Schadensersatz wegen unberechtigter Geschäftsführung

▶ An

Herrn ▪▪▪ (Anschrift) (Geschäftsführer)

Schadensersatz wegen unberechtigter Geschäftsführung

Sehr geehrter Herr ▪▪▪,

mir ist bekannt geworden, dass Sie folgende Geschäfte für mich besorgt haben, ohne von mir hierzu beauftragt oder sonst dazu berechtigt zu sein:[1]

▪▪▪ [Darstellung der ausgeführten Geschäfte]

Die Übernahmen der Geschäftsführung entsprach nicht meinem Willen. Dies musste Ihnen aufgrund folgender Umstände erkennbar gewesen sein:[2]

▪▪▪ [Darlegung der Umstände, aus denen sich der entgegenstehende Wille ergibt]

Durch die Übernahme der Geschäftsführung ist mir ein Schaden in Höhe von insgesamt ▪▪▪ [Betrag] entstanden. Dieser setzt sich wie folgt zusammen:

▪▪▪ [Aufstellung der Schadenspositionen nach Datum, Anlass, Betrag][3]

Gemäß § 678 BGB sind Sie zum Ersatz der genannten Schäden aufgrund der unberechtigten Übernahme der Geschäftsführung verpflichtet. Ich darf Sie bitten, die sich aus der Aufstellung ergebende Schadenssumme bis spätestens zum

▪▪▪[4]

auf folgendes Konto: ▪▪▪ [Bankverbindung] zur Zahlung zu veranlassen.

Bitte beachten Sie, dass ich meine Ansprüche zum Gegenstand eines gerichtlichen Verfahrens machen werde, sollten Sie die genannte Frist fruchtlos verstreichen lassen.[5]

Mit freundlichen Grüßen

■■■

Unterschrift ◄

II. Erläuterungen

[1] **Geschäftsführung ohne Auftrag.** Geschäftsführung ohne Auftrag (GoA) liegt vor, wenn jemand (der Geschäftsführer) ein Geschäft für einen anderen besorgt (den Geschäftsherrn), ohne von ihm beauftragt oder ihm gegenüber sonst dazu berechtigt zu sein, § 677. Zweck der GoA besteht darin, einen schuldrechtlichen Ausgleich zwischen den Beteiligten zu schaffen, wobei auf der einen Seite das fremdnützige Handeln des berechtigten Geschäftsführers honoriert, auf der anderen Seite der Geschäftsherr vor einer unerwünschten Einmischung eines unberechtigten Geschäftsführers geschützt werden soll. **Abzugrenzen** sind die **echte GoA** von der **Eigengeschäftsführung,** innerhalb der GoA, sind die berechtigte und die unberechtigte GoA zu unterscheiden. Die Abgrenzung zwischen GoA und Eigengeschäftsführung erfolgt auf subjektiver Ebene nach dem Willen des Geschäftsführers: Übernimmt er die Geschäftsführung mit dem Willen, das Geschäft für einen anderen zu führen (Fremdgeschäftsführungswille) liegt eine GoA vor. Fehlt der Fremdgeschäftsführungswille liegt eine Eigengeschäftsführung (§ 687) vor. Die Abgrenzung zwischen berechtigter und unberechtigter GoA erfolgt danach, ob die Übernahme der Geschäftsführung dem wirklichen oder mutmaßlichen Willen des Geschäftsherrn entspricht – dann berechtigte GoA – oder widerspricht – dann unberechtigte GoA (vgl Hk-BGB/*Schulze*, Vor §§ 677-687). 2

Geschäftsbesorgung ist wie beim Auftragvertrag zu verstehen: Sie umfasst jede Tätigkeit rechtsgeschäftlicher oder tatsächlicher Art, gleich ob es sich um ein einmaliges Tätigwerden oder lang andauernde Tätigkeiten handelt. Der Geschäftsführer kann Mitarbeiter und Dritte einsetzen, er muss nicht persönlich tätig werden (vgl § 662 Rn 2). 3

Geschäft eines anderen. Es muss sich um ein für den Geschäftsführer fremdes Geschäft handeln. Ein solches liegt vor, wenn die zu besorgende Angelegenheit zumindest auch dem Interessenbereich eines anderen angehört und von diesem zu besorgen wäre. Ist ein Geschäft **nach seinem äußeren Inhalt** eindeutig einem fremden Interessenbereich zuzuordnen (zB Warnung vor Gefahren, Instandsetzung fremder Sachen etc.) liegt ein **objektiv fremdes Geschäft** vor. Hat ein Geschäft nach seinem äußeren Erscheinungsbild keinen objektiven Bezug zu einem fremden Bereich, liegt gleichwohl ein fremdes Geschäft vor, soweit der Geschäftsführer den Willen hat, das Geschäft nicht für sich selbst, sondern für den Geschäftsherrn zu besorgen (**subjektiv fremdes Geschäft**). Das Vorliegen eines fremden Geschäfts ist nicht deshalb ausgeschlossen, weil der Geschäftsführer mit der Geschäftsführung auch eigene Interessen verfolgt, sog. **auch fremdes Geschäft.** 4

Fremdgeschäftsführungswille. Der Geschäftsführer muss das Bewusstsein und den Willen haben, das Geschäft eines anderen für diesen zu besorgen. Bei objektiv fremden Geschäften wird der Fremdgeschäftsführungswille regelmäßig vermutet. Bei subjektiv fremden Geschäften muss der Fremdgeschäftsführungswille nach Außen erkennbar geworden sein. 5

- Behandelt der Geschäftsführer ein fremdes Geschäft irrtümlich als eigenes (sog. **irrtümliche Eigengeschäftsführung**), finden die Vorschriften der §§ 677 bis 686 keine Anwendung, § 687 Abs. 1. Denn es fehlt insoweit am erforderlichen Fremdgeschäftsführungswillen. Unerheblich ist, ob der Irrtum verschuldet war. Die Haftung des Geschäftsführers richtet sich in diesem Fall ausschließlich nach den Vorschriften außerhalb des Rechts der GoA (ins § 823 ff, 812 ff; uU §§ 946 ff, 985 ff). Für die Haftung des Geschäftsherrn kommen §§ 812 ff, 994 ff in Betracht. Im Fall der irrtümlichen Eigengeschäftsführung besteht kein Anspruch nach § 678.

– Behandelt der Geschäftsführer ein fremdes Geschäft als eigenes, obwohl er weiß, dass er hierzu nicht berechtigt ist (sog. **angemaßte Eigengeschäftsführung**), kann der Geschäftsherr gemäß § 687 Abs. 2 die Ansprüche aus §§ 677, 678, 681 sowie 682 geltend machen. Macht er sie geltend, so ist der Geschäftsherr dem Geschäftsführer nach § 684 S. 1 verpflichtet (siehe hierzu bei § 684). Voraussetzung der angemaßten Eigengeschäftsführung ist, dass ein objektiv fremdes Geschäft unberechtigt geführt wird. Auf subjektiver Ebene muss der Geschäftsführer positiv Kenntnis davon haben, dass es sich um ein fremdes Geschäft handelt, welches er unter Hinwegsetzung über den Willen des Geschäftsherrn als eigenes führt. Nicht ausreichend ist die bloß fahrlässige Unkenntnis der Fremdheit. Im Fall der angemaßten Eigengeschäftsführung kann ein Anspruch nach § 678 bestehen. Zur unechten Geschäftsführung siehe bei Hk-BGB/*Schulze*, Vor §§ 677-687 Rn 7 ff; § 687 Rn 1 ff.

6 **Ohne Auftrag oder sonstige Berechtigung.** Der Geschäftsführer muss ohne Auftrag oder sonstige Berechtigung das Geschäft besorgt haben. Die GoA ist daher ausgeschlossen, wenn die Geschäftsführung Gegenstand eines vertraglichen oder gesetzlichen Rechtsverhältnisses ist (zB Auftrag, Geschäftsbesorgung uÄ). Die Überschreitung vertraglich eingeräumter Befugnisse begründet dabei im Verhältnis zum Vertragspartner grds. keine GoA, sondern ist Vertragverletzung mit der Rechtsfolge Schadensersatz (str). Zu weiteren Fallgestaltungen eines fehlenden Auftrags oder einer fehlenden Berechtigung siehe Hk-BGB/*Schulze*, § 677 Rn 8 ff. Liegt eine GoA vor, ist der Geschäftsführer gemäß § 677 verpflichtet, die Geschäfte so zu führen, wie das **objektive Interesse** des **Geschäftsherrn** mit Rücksicht auf dessen **wirklichen** oder **mutmaßlichen Willen** es erfordert. Bei schuldhafter Verletzung der Pflichten aus § 677 steht dem Geschäftsherrn ein Schadensersatzanspruch aus § 280 Abs. 1 zu. Ein solcher Schadensersatzanspruch ist ausgeschlossen, wenn der Geschäftsherr die Art der Ausführung genehmigt hat. Die Haftungsmilderungen der §§ 680, 682 sind zu berücksichtigen.

7 [2] **Geschäftsführung gegen den Willen des Geschäftsherrn.** Entspricht die Übernahme der Geschäftsführung nicht dem wirklichen oder mutmaßlichen Willen des Geschäftsherrn, haftet der Geschäftsführer verschärft gemäß § 678. Zweck der verschärften Haftung besteht darin, den Geschäftsherrn vor unberechtigten Einmischungen in seine Geschäftskreise zu schützen. § 678 sanktioniert allein die unberechtigte Übernahme, geht es um Schlechtleistung bei Ausführung der Geschäftsbesorgung ist § 677 einschlägig. § 678 setzt voraus, dass die Übernahme dem wirklichen, dh dem äußerlich erkennbaren, hilfsweise dem mutmaßlichen Willen des Geschäftsherrn widerspricht. Anders als bei § 677 kommt es auf das Interesse des Geschäftsherrn nicht an. In subjektiver Hinsicht erfordert § 678 ein sog. **Übernahmeverschulden;** der Geschäftsführer muss den entgegenstehenden Willen des Geschäftsherrn erkannt oder fahrlässig nicht erkannt haben (§ 276). Aufschluss über den erkennbaren Willen des Geschäftsherrn kann auch dessen objektives Interesse geben.

8 **Unbeachtlichkeit des entgegenstehenden Willens.** Ist der entgegenstehende Willen des Geschäftsherrn gemäß § 679 unbeachtlich, kommt eine Haftung des Geschäftsführers nach § 678 nicht in Betracht. Die unberechtigte Übernahme der Geschäftsführung wird zur berechtigten. Gleichzeitig liegt die Geschäftsbesorgung im Fall des § 679 regelmäßig im objektiven Interesse des Geschäftsherrn iS § 677 und führt zu einem Aufwendungsersatzanspruch des Geschäftsführers nach § 683 S. 2. **Voraussetzung der Unbeachtlichkeit** ist, dass ohne das Eingreifen des Geschäftsführers eine Pflicht des Geschäftsherrn, deren Erfüllung im öffentlichen Interesse liegt, oder eine gesetzliche Unterhaltspflicht des Geschäftsherrn nicht rechtzeitig erfüllt werden würde. **Im öffentlichen Interesse** bedeutet, dass zur Vermeidung einer Gefährdung oder Beeinträchtigung dringender, konkreter öffentlicher Interessen die Erfüllung der in Frage stehenden Verpflichtung gerade durch den Geschäftsführer geboten ist und nicht durch die dazu nach allgemeinen Grundsätzen berufenen Personen oder Stellen (BSG NJW-RR 2001, 1282/84). **Pflichten im öffentlichen Interesse** sind zB Verkehrssicherungspflichten, Beseitigung von Zustandsstörungen bei konkreter Gefahrenlage, Versorgung und Transport von Verletzten etc. **Gesetzliche**

Unterhaltspflichten beruhen auf ehe- oder familienrechtlichen Vorschriften; sie verlieren durch vertragliche Anerkennung oder Ausgestaltung ihren Gesetzescharakter nicht. **Nicht rechtzeitig erfüllt** ist die Pflicht nach Eintritt der Fälligkeit; Verzug ist nicht Voraussetzung.

Haftungsmilderungen, §§ 680, 682. Dient die Geschäftsführung der **Abwehr einer dem Geschäftsherrn drohenden dringenden Gefahr,** hat der Geschäftsführer nur Vorsatz und grobe 9
Fahrlässigkeit zu vertreten, § 680. Drohende dringende Gefahr bedeutet eine aktuelle, unmittelbar drohende Gefahr für die Person oder das Vermögen des Geschäftsherrn oder eines nahen Angehörigen. **Im Fall der Gefahrenabwehr kann ein entgegenstehender Willen des Geschäftsherrn regelmäßig nicht angenommen werden,** zumindest wird die Übernahme der Geschäftsführung dem mutmaßlichen Willen des Geschäftsherrn entsprechen. Ist der **Geschäftsführer geschäftsunfähig oder in der Geschäftsfähigkeit beschränkt,** haftet er dem Geschäftsherrn nur nach den Vorschriften über den Schadensersatz nach unerlaubter Handlung und über die Herausgabe einer ungerechtfertigten Bereicherung, § 682. Die Vorschrift dient dem Schutz des geschäftsunfähigen oder beschränkt geschäftsfähigen Geschäftsführers. Im Anwendungsbereich des § 682 können Ansprüche des Geschäftsherrn gegenüber dem Geschäftsführer nicht auf §§ 677, 678 oder 681 S. 2 gestützt werden. Strittig ist jedoch, ob § 682 nur bei einer Geschäftsbesorgung tatsächlicher Art und solchen rechtsgeschäftlicher Art, bei denen der gesetzliche Vertreter nicht zugestimmt hat, Anwendung findet; bei Zustimmung des gesetzlichen Vertreters sollen abweichend zu § 682 die §§ 677, 678, 681 S. 2 weiterhin anwendbar sein (Hk-BGB/*Schulze*, § 682).

[3] **Schadensersatz, Schadenshöhe und Kausalität.** Für die Dauer der unberechtigten Übernah- 10
men haftet der Geschäftsführer gemäß § 678 für alle Schäden, die adäquat kausal durch die ungewollte Übernahme der Geschäftsbesorgung verursacht worden sind. Der Geschäftsherr ist so zu stellen, wie er ohne das Tätigwerden des Geschäftsführers stünde. Dies gilt selbst bei interessengerechter, aber willenswidriger Übernahme, vorausgesetzt, ein Verschulden des Geschäftsführers (siehe Rn 7) ist zu bejahen. Auf ein Verschulden bei der Ausführung kommt es nicht an; die Haftung beruht allein auf einem Übernahmeverschulden und umfasst daher selbst Zufallsschäden bei der Ausführung. Die Darlegungs- und Beweislast trägt der Geschäftsherr: Er hat seinen Schadensersatzanspruch sowohl dem Grund als auch der Höhe nach einschließlich der Kausalität darzulegen und zu beweisen.

[4] **Fristsetzung zur Zahlung.** Es sollte eine Frist zur Zahlung gesetzt werden. Die Fristsetzung 11
ist zur klaren **Feststellung des Verzugseintritts** notwendig und dient zudem der Vorbereitung einer ggf klageweisen Durchsetzung der Ansprüche . Die Fristsetzung geht allerdings ins Leere, wenn der Geschäftsführer dem Ersatzanspruch ein **Zurückbehaltungsrecht** (§ 273) entgegenhält.

[5] **Klageandrohung.** Um dem Anspruchsschreiben besonderen Nachdruck zu verleihen, kann 12
bereits die Klageerhebung angekündigt werden.

B. Klage auf Schadensersatz

I. Muster: Klage auf Schadensersatz 13

▶ An das 534

Amtsgericht/Landgericht[1]

Klage

des ▪▪▪ (Geschäftsherr)

– Kläger –

– Prozessbevollmächtigter: Rechtsanwalt ▪▪▪ –

gegen

den ▪▪▪ (Geschäftsführer)
– Beklagter –

wegen: Schadensersatz

Streitwert: ▪▪▪ EUR [2]

Namens und in Vollmacht des Klägers erhebe ich Klage und werde beantragen:

1. Der Beklagte wird verurteilt, an den Kläger ▪▪▪ EUR nebst Zinsen in Höhe von 5%-Prozentpunkten über dem Basiszinssatz seit dem ▪▪▪ zu zahlen[3]
2. ▪▪▪ [weitere Nebenanträge][4]

Begründung[5]

1. Der Beklagte hat folgende Geschäfte des Klägers besorgt, ohne hierzu vom Kläger beauftragt worden zu sein:
   ▪▪▪ [Darstellung/Konkretisierung der ausgeführten Geschäfte und der fehlenden Beauftragung nach Datum und Anlass]
   Beweis: ▪▪▪
2. Die Übernahmen der Geschäftsführung durch den Beklagten entsprach nicht dem Willen des Klägers. Dies hätte der Beklagte aufgrund folgender Umstände erkennen können:
   ▪▪▪ [Darlegung der Umstände, aus denen sich der entgegenstehende Wille ergibt sowie der Erkenntnismöglichkeit des Beklagten]
   Beweis: ▪▪▪
3. Aufgrund der unberechtigten Übernahme der Geschäftsführung durch den Beklagten ist dem Kläger ein Schaden in Höhe von insgesamt EUR ▪▪▪ [Betrag] entstanden. Dieser setzt sich wie folgt zusammen:
   ▪▪▪ [Aufstellung der Schadenspositionen nach Datum, Anlass, Betrag]
   Beweis: ▪▪▪
   Die genannten Schäden beruhen adäquat kausal auf der Übernahme der Geschäftsführung durch den Beklagten. Hätte der Beklagte entgegen dem Willen des Klägers nicht dessen Geschäfte geführt, wäre es zu einem Schadenseintritt nicht gekommen.
   Der Kläger ist daher so zu stellen, wie er ohne die Übernahme der Geschäfte durch den Beklagten gestanden hätte. Ihm steht mithin ein Anspruch auf Schadensersatz in Höhe von ▪▪▪ EUR gegen den Beklagten aus § 678 BGB zu.
4. Mit Schreiben vom ▪▪▪ hat der Kläger den Beklagten unter Fristsetzung zum ▪▪▪ zur Zahlung aufgefordert. Zahlung innerhalb der gesetzten Frist ist nicht erfolgt.
   Beweis: ▪▪▪
   Der Beklagte befindet sich daher seit dem ▪▪▪ mit der Zahlung in Verzug. Die Verzugszinsen folgen aus § 288 BGB.

▪▪▪

Rechtsanwalt ◄

II. Erläuterungen

14 [1] **Zuständiges Gericht.** Siehe Ausführungen bei § 667 Rn 9.

15 [2] **Streitwertangabe.** Siehe Ausführungen bei § 667 Rn 10.

16 [3] **Klageantrag.** Der Klageantrag ist vorliegend auf Zahlung einer Schadenssumme zzgl Verzugszinsen gerichtet. Zu den prozessualen Anforderungen des Klageantrags siehe Ausführungen bei § 667 Rn 11 mwN.

17 [4] **Nebenanträge.** Siehe Ausführungen zu § 667 Rn 12.

[5] **Begründung.** In der Klagebegründung hat der Kläger (Geschäftsherr) **darzulegen und zu beweisen:** Die Geschäftsbesorgung durch den Beklagten (Geschäftsführer); das Fehlen einer Beauftragung oder sonstiger Berechtigung zur Geschäftsbesorgung; dass die Übernahme der Geschäftsführung nicht seinem Willen entsprach; dass der Beklagte den entgegenstehenden Willen erkannte oder hätte erkennen müssen; sowie die aufgrund der Übernahme der Geschäftsführung adäquat kausal entstandenen Schäden. Schließlich sind die geltend gemachten Verzugszinsen und der Verzugseintritt zu begründen. 18

§ 679 Unbeachtlichkeit des entgegenstehenden Willens des Geschäftsherrn

Ein der Geschäftsführung entgegenstehender Wille des Geschäftsherrn kommt nicht in Betracht, wenn ohne die Geschäftsführung eine Pflicht des Geschäftsherrn, deren Erfüllung im öffentlichen Interesse liegt, oder eine gesetzliche Unterhaltspflicht des Geschäftsherrn nicht rechtzeitig erfüllt werden würde.

§ 680 Geschäftsführung zur Gefahrenabwehr

Bezweckt die Geschäftsführung die Abwendung einer dem Geschäftsherrn drohenden dringenden Gefahr, so hat der Geschäftsführer nur Vorsatz und grobe Fahrlässigkeit zu vertreten.

§ 681 Nebenpflichten des Geschäftsführers

[1]Der Geschäftsführer hat die Übernahme der Geschäftsführung, sobald es tunlich ist, dem Geschäftsherrn anzuzeigen und, wenn nicht mit dem Aufschub Gefahr verbunden ist, dessen Entschließung abzuwarten. [2]Im Übrigen finden auf die Verpflichtungen des Geschäftsführers die für einen Beauftragten geltenden Vorschriften der §§ 666 bis 668 entsprechende Anwendung.

A. Muster: Anzeige Übernahme der Geschäftsführung 1

▶ An

Herrn ■■■ (Anschrift) (Geschäftsherr)

Übernahme der Geschäftsführung[1]

Sehr geehrter Herr ■■■,

hiermit zeige ich an, dass ich folgende Geschäfte für Sie übernommen habe, ohne hierzu von Ihnen beauftragt oder sonst dazu berechtigt zu sein:

■■■ [Darstellung/Konkretisierung der ausgeführten Geschäfte und der fehlenden Beauftragung nach Datum und Anlass]

Mit freundlichen Grüßen

■■■

Unterschrift ◀

B. Erläuterungen

[1] **Anzeige Übernahme der Geschäftsführung.** Nach § 681 S. 1 hat der Geschäftsführer die Übernahme der Geschäftsführung, sobald es tunlich ist, dem Geschäftsherrn anzuzeigen und, soweit nicht mit dem Aufschub Gefahr verbunden ist, dessen Entschließung abzuwarten. Der § 681 S. 1 normiert damit eine § 665 entsprechende Anzeige und Wartepflicht des Geschäftsführers; insoweit wird auf die Ausführungen zu § 665 verwiesen. 2

§ 681 S. 2 legt weitere Nebenpflichten des Geschäftsführers fest, indem er die entsprechende Anwendung der aus dem Auftragsvertrag bekannten Informations-, Herausgabe- und Verzinsungspflichten gemäß §§ 666–668 für die GoA anordnet; es wird auf die Ausführungen und Muster zu den §§ 666, 667 und 668 (siehe Erläuterungen zu § 662 Rn 15 ff) verwiesen. 3

4 Der § 681 normiert damit Obliegenheitspflichten des Geschäftsführers, die dieser im Rahmen der Übernahme der Geschäftsführung zusätzlich zu den Pflichten aus § 677 berücksichtigen muss. Bei einem schuldhaften Verstoß gegen diese Nebenpflichten macht er sich aus § 280 Abs. 1 schadensersatzpflichtig; die Haftungsmilderungen nach §§ 680, 682 sind zu berücksichtigen.

§ 682 Fehlende Geschäftsfähigkeit des Geschäftsführers

Ist der Geschäftsführer geschäftsunfähig oder in der Geschäftsfähigkeit beschränkt, so ist er nur nach den Vorschriften über den Schadensersatz wegen unerlaubter Handlungen und über die Herausgabe einer ungerechtfertigten Bereicherung verantwortlich.

§ 683 Ersatz von Aufwendungen

[1]Entspricht die Übernahme der Geschäftsführung dem Interesse und dem wirklichen oder dem mutmaßlichen Willen des Geschäftsherrn, so kann der Geschäftsführer wie ein Beauftragter Ersatz seiner Aufwendungen verlangen. [2]In den Fällen des § 679 steht dieser Anspruch dem Geschäftsführer zu, auch wenn die Übernahme der Geschäftsführung mit dem Willen des Geschäftsherrn in Widerspruch steht.

A. Anspruchsschreiben Aufwendungsersatz

1 **I. Muster: Anspruchsschreiben Aufwendungsersatz für Geschäftsbesorgung**

▶ An

Herrn ■■■ (Anschrift) (Geschäftsherr)

Aufwendungsersatz[1]

Sehr geehrter Herr ■■■,

ich habe am ■■■ [Datum] folgende Geschäfte für Sie besorgt, ohne von Ihnen hierzu beauftragt worden zu sein:[2]

■■■ [Darstellung der ausgeführten Geschäfte]

Die Übernahme der Geschäftsführung entsprach Ihrem Interesse und Ihrem [mutmaßlichen] Willen, da

■■■ [Begründung, zB: da hierdurch eine unmittelbar drohende Brandgefahr/Einsturzgefahr für Ihr Haus abgewendet werden konnte)

Im Rahmen der Geschäftsbesorgung sind Aufwendungen[4] entstanden, die sich wie folgt zusammensetzen:

■■■ [Aufstellung der getätigten Aufwendungen nach Datum, Anlass, Betrag]

Die Aufwendungen waren erforderlich, um

■■■ [Begründung der Erforderlichkeit][5]

Als Geschäftsherr sind Sie nach § 683 S. 1 BGB zum Ersatz der zur Geschäftsbesorgung erforderlichen Aufwendungen verpflichtet. Ich darf Sie daher bitten, den sich aus der Aufstellung ergebenden Betrag[6] [einschließlich der dort ausgewiesenen Zinsen] bis spätestens zum

▪▪▪[7]

auf folgendes Konto: ▪▪▪ [Bankverbindung] zur Zahlung zu veranlassen.

Bitte beachten Sie, dass ich den Anspruch auf Ersatz meiner Aufwendungen zum Gegenstand eines gerichtlichen Verfahrens machen werde, sollten Sie die genannte Frist fruchtlos verstreichen lassen.[8]

Mit freundlichen Grüßen

▪▪▪

Unterschrift ◀

II. Erläuterungen

[1] **Aufwendungsersatz.** Soweit die Übernahme der Geschäftsführung dem Interesse und dem wirklichen oder mutmaßlichen Willen des Geschäftsherrn entspricht, hat der Geschäftsführer gemäß § 683 S. 1 Anspruch auf Ersatz seiner Aufwendungen. Voraussetzung des Anspruchs ist: 2

1. Das Vorliegen einer GoA und
2. die Übernahme der Geschäftsführung entspricht dem Interesse und dem wirklichen oder mutmaßlichen Willen des Geschäftsherrn.

Rechtsfolge des § 683 S. 1 ist ein Anspruch auf Aufwendungsersatz entsprechend § 670. Der Anspruch erstreckt sich auf alle freiwilligen Vermögensopfer, die der Geschäftsführer den Umständen nach für erforderlich halten durfte (zur Erforderlichkeit siehe § 670 Rn 1). Der Anspruch ist auf **Wertersatz in Geld** gerichtet. Er ist vom Erfolg der Tätigkeit des Geschäftsführers unabhängig und erfasst daher auch sog. **nutzlose Aufwendungen**. Besteht die Aufwendung in der Eingehung einer Verbindlichkeit, kann der Geschäftsführer **Schuldbefreiung gem.** § 257 verlangen. Grundsätzlich ist die vom Geschäftsführer aufgewendete Zeit und Arbeitskraft nicht ersatzfähig. Anders als beim Auftragsvertrag ist für Leistungen des Geschäftsführers, die zu seinem Beruf oder Gewerbe gehören, allerdings die übliche Vergütung zu zahlen (BGH NJW 1993, 3196). Denn im Unterschied zum Auftragsvertrag ist bei der GoA gerade keine Unentgeltlichkeit vereinbart. Daneben hat der Geschäftsführer Anspruch auf Ersatz der risikotypischen Schäden (vgl § 670 Rn 4). 3

Aus **Beweisgründen** (gerade mit Blick auf eine klageweisen Durchsetzung) sollte das Anspruchsschreiben in Schriftform (§ 126) oder Textform (§ 126 b) erfolgen. Ist ein Zugangsnachweis erforderlich, bietet sich eine Übermittlung per Fax oder Einschreiben/Rückschein an. 4

[2] **Vorliegen einer berechtigten GoA.** Im Anspruchschreiben ist zunächst das Vorliegen einer berechtigten GoA darzulegen. Dies setzt neben den allg. Voraussetzungen der GoA (siehe Rn 2 ff) voraus, dass die Übernahme dem Interesse und dem wirklichen oder mutmaßlichen Willen des Geschäftsherrn entspricht. Liegt eine unberechtigte GoA vor, dh entspricht die Übernahme der Geschäftsführung nicht dem Interesse und dem wirklichen oder mutmaßlichen Willen, gilt § 684 S. 1. 5

- Das **Interesse des Geschäftsherrn** besteht, wenn ihm die Geschäftsführung in der konkreten Sachlage objektiv nützlich ist. Dabei kommt es nicht auf die subjektive Betrachtung des Geschäftsherrn an. Vielmehr ist die Nützlichkeit vom Standpunkt eines objektiven Betrachters aus unter Berücksichtigung der Art der Geschäftsbesorgung, der Person des Geschäftsherrn und des Geschäftsführers zu beurteilen. Ein Vermögensinteresse ist nicht erforderlich. Entspricht die Geschäftsführung dem wirklichen Willen des Geschäftsherrn, ist sein Interesse zu unterstellen. Hat der Geschäftsherr die Geschäftsführung genehmigt, kommt es auf das Interesse nicht mehr an, § 684 S. 2. Zu weiteren Einzelheiten siehe Hk-BGB/*Schulze*, § 683 Rn 3.
- Der **Wille des Geschäftsherrn** muss darauf gerichtet sein, dass gerade der Geschäftsführer die Besorgung für ihn übernimmt; er darf nicht lediglich die zu erlangenden Vorteile wollen.

Vorrang kommt dabei dem **wirklichen Willen** des Geschäftsherrn zu, sofern dieser durch eine ausdrückliche oder konkludente Äußerung erkennbar geworden ist. Nicht erforderlich ist jedoch, dass der Geschäftsherr seinen Willen ggü dem Geschäftsführer geäußert oder der Geschäftsführer pos Kenntnis von dem Willen hat. Der geäußerte Wille ist selbst dann maßgeblich, wenn er unvernünftig oder interessewidrig ist (beachte aber § 679, siehe Rn 8). Um dem Geschäftsherrn eine entsprechende Einflussnahme zu ermöglichen, hat der Geschäftsführer die Übernahme der Geschäftsführung alsbald anzuzeigen und dessen Entschließung abzuwarten, es sei denn mit dem Aufschub ist Gefahr verbunden, siehe § 681 Rn 2. Der **mutmaßliche Wille** ist dagegen heranzuziehen, wenn der wirkliche Wille nicht ermittelt werden kann. Mutmaßlich gewollt ist die Übernahme der Geschäftsführung, wenn ihr der Geschäftsherr bei objektiver Beurteilung der Sachlage zugestimmt hätte. Dies ist der Fall, wenn ihm die Geschäftsbesorgung objektiv nützlich ist; das Interesse des Geschäftsherrn an der Übernahme der Geschäftsführung indiziert den mutmaßlichen Willen.

6 [4] **Aufstellung der Aufwendungen.** Darüber hinaus sind die angefallenen und zu erstattenden Aufwendungen unter Beifügung entsprechender Belege im Anspruchsschreiben nachzuweisen. Dies ermöglicht dem Geschäftsherr eine bessere Nachvollziehbarkeit, andererseits kommt der Geschäftsführer hiermit seiner Auskunfts- und Rechenschaftspflicht gemäß § 681 S. 2 iVm § 666 nach. Die Aufstellung kann als Grundlage für eine klageweisen Durchsetzung herangezogen werden.

7 [5] **Erforderlichkeit der Aufwendungen.** Wie beim Auftrag kann Aufwendungsersatz nur verlangt werden, soweit der Geschäftsführer Aufwendungen den Umständen nach für erforderlich halten durfte (siehe Rn 3). Im Anspruchsschreiben sollte daher in Bezug auf die jeweilige Aufwendung die Erforderlichkeit näher erläutert werden bzw aus welchen Gründen der Geschäftsführer subjektiv von einer Erforderlichkeit ausgehen durfte. Die Ausführungen können ebenfalls als Grundlage für eine klageweisen Durchsetzung herangezogen werden.

8 [6] **Umfang der Erstattung.** Der Erstattungsanspruch umfasst die Hauptforderung sowie die Verzinsung der Aufwendungen nach § 256. Die Zinshöhe folgt aus § 246 und beträgt 4 % im Jahr, soweit nicht speziellere Vorschriften eingreifen oder die Parteien nicht eine abweichende Vereinbarung getroffen haben (Hk-BGB/*Schulze* § 256, 257 Rn 3). Befindet sich der Auftraggeber trotz Fristsetzung mit der Zahlung des Aufwandsersatzes (einschließlich Zinsen) in Verzug gelten ab Verzugseintritt die §§ 286, 288.

9 [7] **Fristsetzung zur Zahlung.** Dem Geschäftsherrn sollte eine Frist zur Zahlung gesetzt werden. Die Fristsetzung ist zur klaren **Feststellung des Verzugseintritts** notwendig und dient zudem der Vorbereitung einer ggf klageweisen Durchsetzung der Ansprüche des Geschäftsführers.

10 [8] **Klageandrohung.** Um dem Anspruchsschreiben Nachdruck zu verleihen, kann die Klageerhebung angekündigt werden. Ob eine solche Ankündigung sinnvoll ist, hängt vom Verhältnis der Parteien ab.

B. Klage Aufwendungsersatz

11 **I. Muster: Klage Aufwendungsersatz**

▶ An das

Amtsgericht/Landgericht ▪▪▪[1]

Klage

des ▪▪▪ (Beauftragten)

– Kläger –

– Prozessbevollmächtigter: ▪▪▪ –

gegen

den ... (Auftraggeber)
– Beklagter –

wegen: Aufwendungsersatz

Streitwert: ... EUR[2]

Namens und in Vollmacht des Klägers erhebe ich Klage und werde beantragen:

1. Der Beklagte wird verurteilt, an den Kläger ... EUR nebst Zinsen in Höhe von 5%-Prozentpunkten über dem Basiszinssatz seit dem ... zu zahlen[3]
2. ... [weitere Nebenanträge][4]

Begründung[5]

1. Der Kläger hat folgende Geschäfte des Beklagten besorgt, ohne hierzu vom Beklagten beauftragt worden zu sein:
   ... [Darstellung/Konkretisierung der ausgeführten Geschäfte und der fehlenden Beauftragung nach Datum und Anlass]
   Beweis: ...
2. Die Übernahme der Geschäftsführung durch den Kläger entsprach dem Interesse und dem [mutmaßlichen] Willen des Beklagten.
   ... [Begründung, zB: da hierdurch eine unmittelbar drohende Brandgefahr/Einsturzgefahr für Ihr Haus abgewendet werden konnte)
   Beweis: ...
3. Im Rahmen der Geschäftsbesorgung sind dem Kläger folgende Aufwendungen entstanden:
   ... [Darstellung der Aufwendungen nach Zeit, Betrag, Grund]
   Beweis: ...
4. Die Aufwendungen waren zur Geschäftsbesorgung erforderlich, um ...
   ... [Begründung der Erforderlichkeit der getätigten Aufwendungen]
5. Die vom Kläger in Ziffer 2 aufgeführten Aufwendungen sind von der Zeit der Aufwendung an zu verzinsen (§ 256 BGB). Der jeweilige Zinsbeginn folgt aus der Aufstellung unter Ziffer 2. Der Zinssatz beträgt 4 % pro Jahr (§ 246 BGB). Es ergibt sich ein Zinsanspruch in Höhe von ... EUR. [Berechnung des Zinsanspruches]
6. Dem Kläger steht mithin ein Anspruch auf Aufwendungsersatz in Höhe von ... EUR (siehe Ziffer 2.) zuzüglich eines Zinsanspruchs in Höhe von ... EUR (siehe Ziffer 4.) gegen den Beklagten aus § 683 S. 1 BGB zu. Der geltend gemachte Anspruch beläuft sich auf insgesamt ... EUR.
7. Mit Schreiben vom ... hat der Kläger den Beklagten unter Fristsetzung zum ... [Datum] zur Zahlung aufgefordert. Zahlung innerhalb der gesetzten Frist ist nicht erfolgt.
   Beweis: ...
   Der Beklagte befindet sich daher seit dem ... mit der Zahlung in Verzug. Die Verzugszinsen folgen aus § 288 BGB.

...

Rechtsanwalt ◄

II. Erläuterungen

[1] Zuständiges Gericht. Siehe Ausführungen bei § 667 Rn 9. 12

[2] Streitwertangabe. Siehe Ausführungen bei § 667 Rn 10. 13

[3] Klageantrag. Der Klageantrag ist hier auf Zahlung zzgl Verzugszinsen gerichtet. Die Kla- 14
geforderung besteht aus dem Aufwendungsersatzanspruch (§§ 683 S. 1, 670) sowie aus einem Anspruch auf Verzinsung der Aufwendungen (§§ 256, 246). Der sich hieraus ergebende Gesamtanspruch des Klägers ist ab Verzugseintritt entsprechend der gesetzlichen Bestimmungen

(§§ 286, 288) zu verzinsen. Zu den prozessualen Anforderungen des Klageantrags siehe Ausführungen zu § 667 Rn 11 mwN.

15 [4] **Nebenanträge.** Siehe Ausführungen zu § 667 Rn 12.

16 [5] **Begründung.** In der Klagebegründung hat der Geschäftsführer die in den Rn 2 bis 6 genannten Voraussetzungen des Anspruchs auf Aufwendungsersatz **darzulegen und zu beweisen.**

§ 684 Herausgabe der Bereicherung

[1]Liegen die Voraussetzungen des § 683 nicht vor, so ist der Geschäftsherr verpflichtet, dem Geschäftsführer alles, was er durch die Geschäftsführung erlangt, nach den Vorschriften über die Herausgabe einer ungerechtfertigten Bereicherung herauszugeben. [2]Genehmigt der Geschäftsherr die Geschäftsführung, so steht dem Geschäftsführer der in § 683 bestimmte Anspruch zu.

A. Vorprozessuale Aufforderung zur Herausgabe

1 I. Muster: Herausgabeaufforderung bezüglich im Rahmen der Geschäftsführung erlangter Gegenstände

▶ An

Herrn ■■■ (Anschrift) (Geschäftsherr)

Herausgabeaufforderung

Sehr geehrter Herr ■■■,

ich habe am ■■■ folgende Geschäfte für Sie besorgt, ohne von Ihnen hierzu beauftragt worden zu sein:

■■■ [Darstellung der ausgeführten Geschäfte]

Hierüber habe ich Sie am ■■■ in Kenntnis gesetzt. Sie haben daraufhin mitgeteilt, dass die Übernahme der Geschäftsführung [weder Ihrem Interesse noch Ihrem Willen] entspricht[1].

Aufgrund meiner Geschäftsbesorgung haben Sie folgende Gegenstände, Rechte etc. erlangt:

■■■ [Beschreibung der Gegenstände, Rechte etc.][2]

Ich fordere Sie hiermit auf, alles, was Sie im Rahmen der Geschäftsführung erlangt haben, unverzüglich, spätestens aber bis zum

■■■[3]

an mich herauszugeben.

Bitte beachten Sie, dass ich den Herausgabeanspruch zum Gegenstand eines gerichtlichen Verfahrens machen werde, sollten Sie die genannte Frist fruchtlos verstreichen lassen.[4]

Mit freundlichen Grüßen

■■■

Unterschrift ◀

II. Erläuterungen

[1] **Herausgabe der Bereicherung.** Liegt eine unberechtigte GoA (siehe § 678 Rn 1) vor, ist der Geschäftsherr gemäß § 684 verpflichtet, dem Geschäftsführer alles, was er durch die Geschäftsführung erlangt hat, nach den Vorschriften über die Herausgabe einer ungerechtfertigten Bereicherung herauszugeben. Anders als im Fall der berechtigten GoA soll bei der unberechtigten GoA der Geschäftsführer wegen des unzulässigen Eingriffs in die Angelegenheiten des Geschäftsherrn nicht privilegiert werden. Für die Beziehung der Beteiligten sind daher die Bestimmungen über die ungerechtfertigten Bereicherung (§§ 812 ff) und über die unerlaubte Handlungen (§§ 823 ff) maßgeblich: 2

- Was der Geschäftsherr **durch die GoA erlangt** hat, kann der Geschäftsführer nur insoweit herausverlangen, als dadurch das Vermögen des Geschäftsherrn noch gemehrt ist, § 818 Abs. 3. Herausverlangt werden können werterhaltende Aufwendungen, die für den Geschäftsherrn später unausweichlich ebenfalls angefallen wären (OLG Düsseldorf NJW-RR 1996, 913). Erfolglose Aufwendungen sind hingegen nicht zu ersetzen, da sie nicht zu einer Vermögensvermehrung beim Geschäftsherrn führen.
- Bei § 684 S. 1 handelt es sich um eine **Rechtsfolgenverweisung** in die Bereicherungsvorschriften, die Anspruchsvoraussetzungen sind abschließend in § 684 S. 1 normiert. Der Anspruch ist abbedingbar (BGH NJW 1959, 2163); er entfällt im Fall des § 685 (Schenkungsabsicht).

Ausnahme: Genehmigt der Geschäftsherr die (unberechtigte) Geschäftsführung, so steht dem Geschäftsführer der in § 683 bestimmte Anspruch zu. Die Genehmigung ist gegenüber dem Geschäftsführer zu erklären, ausdrücklich oder konkludent, zB durch das Verlangen nach Herausgabe gem. § 681 S. 2. Für die Genehmigung gelten die §§ 182, 184 sinngemäß (BGH DB 1989, 875). Wirkung: Die Genehmigung macht im Innenverhältnis die Übernahme der GoA gegen das Interesse und/oder dem Willen des Geschäftsherrn diesem rückwirkend zu berechtigten, ohne dass dadurch ein Auftragsvertrag (§ 662) entsteht. Für beide Seiten handelt es sich um eine Rechtsfolgenverweisung auf §§ 683, 677. Mit Genehmigung entfällt auch der Anspruch nach § 678. 3

[2] **Konkretisierung des Herausgabeverlangens.** Der Gegenstand des Herausgabeverlangens ist in der Herausgabeaufforderung möglichst genau zu bezeichnen. Dies dient der Vorbereitung einer klageweisen Durchsetzung. Wird die „Herausgabe" werterhaltender Aufwendungen verlangt, sind diese, wie bei § 683, im Anspruchschreiben zu erläutern. 4

[3] **Fristsetzung zur Herausgabe.** Dem Beauftragten ist eine Frist zur Herausgabe zu setzen. Die Fristsetzung ist zur klaren **Feststellung des Verzugseintritts** notwendig und dient zudem der Vorbereitung einer ggf klageweisen Durchsetzung des Herausgabeanspuchs. 5

[4] **Klageandrohung.** Um der Aufforderung Nachdruck zu verleihen, kann bereits eine Klageerhebung angekündigt werden. Ob eine solche Ankündigung sinnvoll ist, hängt vom Verhältnis der Parteien ab. 6

B. Klage auf Herausgabe

I. Muster: Klage auf Herausgabe 7

▶ An das

Amtsgericht/Landgericht ...[1] 539

Klage

des B (Geschäftsführer)

– Kläger –

– Prozessbevollmächtigter: ... –

gegen
den A (Geschäftsherr)
– Beklagter –

wegen: Herausgabe
Streitwert: ■■■ EUR[2]
Namens und in Vollmacht des Klägers erhebe ich Klage und werde beantragen:

1. Der Beklagte wird verurteilt, folgende Gegenstände an den Kläger herauszugeben:[3]
   ■■■ [genaue Bezeichnung des jeweils herauszugebenden Gegenstands]
2. ■■■ [weitere Nebenanträge][4]

Begründung[5]

1. Der Kläger hat folgende Geschäfte des Beklagten besorgt, ohne hierzu vom Beklagten beauftragt worden zu sein:
   ■■■ [Darstellung/Konkretisierung der ausgeführten Geschäfte und der fehlenden Beauftragung nach Datum und Anlass]
   Beweis: ■■■
2. Die Übernahme der Geschäftsführung durch den Kläger entsprach nicht dem Interesse und/oder dem [mutmaßlichen] Willen des Beklagten.
   ■■■ [Begründung]
   Beweis: ■■■
3. Aufgrund der genannten Geschäftsbesorgung hat der Beklagte folgende Gegenstände, Rechte erlangt:
   ■■■ [Beschreibung der Gegenstände, Rechte etc.]
   Beweis: ■■■
4. Der Beklagte ist daher gemäß § 684 S. 1 BGB zur Herausgabe der vorgenannten Gegenstände und sonstiger Rechte an den Kläger nach den Vorschriften über die Herausgabe einer ungerechtfertigten Bereicherung verpflichtet.
   Mit Schreiben vom ■■■ hat der Kläger den Beklagten unter Fristsetzung zur Herausgabe der genannten Gegenstände aufgefordert.
   Beweis: ■■■

Der Beklagte hat eine Herausgabe abgelehnt. Es ist daher Klage geboten.

■■■

Rechtsanwalt ◄

II. Erläuterungen

8 [1] **Zuständiges Gericht.** Siehe Ausführungen bei § 667 Rn 9.

9 [2] **Streitwertangabe.** Siehe Ausführungen bei § 667 Rn 10.

10 [3] **Klageantrag.** Im Antrag müssen die **herauszugebenden Gegenstände** so genau beschrieben werden, damit der Gerichtsvollzieher als das mit der Herausgabe-Vollstreckung befasste Vollstreckungsorgan (§ 883 Abs. 1 ZPO) in der Lage ist, die Sache ohne Schwierigkeiten zu identifizieren (bei einem PKW zB Marke, Farbe, amtl. Kennzeichen, Fahrgestellnummer; bei einer Forderung zB genaue Bezeichnung der Forderungshöhe, Forderungsinhaber, Forderungsgegner, Forderungsgrund). Wird der **Ersatz werterhaltender Aufwendungen** im Rahmen des § 684 S. 1 geltend gemacht, handelt es sich um einen Zahlungsantrag (siehe hierzu Rn 2). Zu den prozessualen Anforderungen des Klageantrags im Übrigen siehe Ausführungen zu § 667 Rn 11 mwN.

11 [4] **Nebenanträge.** Siehe Ausführungen zu § 667 Rn 12.

[5] **Begründung.** In der Klagebegründung hat der Geschäftsführer die in den Rn 1 bis 3 genannten Voraussetzungen des Herausgabeanspruchs **darzulegen und zu beweisen.** 12

§ 685 Schenkungsabsicht

(1) Dem Geschäftsführer steht ein Anspruch nicht zu, wenn er nicht die Absicht hatte, von dem Geschäftsherrn Ersatz zu verlangen.
[2] Gewähren Eltern oder Voreltern ihren Abkömmlingen oder diese jenen Unterhalt, so ist im Zweifel anzunehmen, dass die Absicht fehlt, von dem Empfänger Ersatz zu verlangen.

§ 686 Irrtum über die Person des Geschäftsherrn

Ist der Geschäftsführer über die Person des Geschäftsherrn im Irrtum, so wird der wirkliche Geschäftsherr aus der Geschäftsführung berechtigt und verpflichtet.

§ 687 Unechte Geschäftsführung

(1) Die Vorschriften der §§ 677 bis 686 finden keine Anwendung, wenn jemand ein fremdes Geschäft in der Meinung besorgt, dass es sein eigenes sei.
[2] [1]Behandelt jemand ein fremdes Geschäft als sein eigenes, obwohl er weiß, dass er nicht dazu berechtigt ist, so kann der Geschäftsherr die sich aus den §§ 677, 678, 681, 682 ergebenden Ansprüche geltend machen. [2]Macht er sie geltend, so ist er dem Geschäftsführer nach § 684 Satz 1 verpflichtet.

Titel 14 Verwahrung

§ 688 Vertragstypische Pflichten bei der Verwahrung

Durch den Verwahrungsvertrag wird der Verwahrer verpflichtet, eine ihm von dem Hinterleger übergebene bewegliche Sache aufzubewahren.

§ 689 Vergütung

Eine Vergütung für die Aufbewahrung gilt als stillschweigend vereinbart, wenn die Aufbewahrung den Umständen nach nur gegen eine Vergütung zu erwarten ist.

§ 690 Haftung bei unentgeltlicher Verwahrung

Wird die Aufbewahrung unentgeltlich übernommen, so hat der Verwahrer nur für diejenige Sorgfalt einzustehen, welche er in eigenen Angelegenheiten anzuwenden pflegt.

§ 691 Hinterlegung bei Dritten

[1]Der Verwahrer ist im Zweifel nicht berechtigt, die hinterlegte Sache bei einem Dritten zu hinterlegen. [2]Ist die Hinterlegung bei einem Dritten gestattet, so hat der Verwahrer nur ein ihm bei dieser Hinterlegung zur Last fallendes Verschulden zu vertreten. [3]Für das Verschulden eines Gehilfen ist er nach § 278 verantwortlich.

§ 692 Änderung der Aufbewahrung

[1]Der Verwahrer ist berechtigt, die vereinbarte Art der Aufbewahrung zu ändern, wenn er den Umständen nach annehmen darf, dass der Hinterleger bei Kenntnis der Sachlage die Änderung billigen würde. [2]Der Verwahrer hat vor der Änderung dem Hinterleger Anzeige zu machen und dessen Entschließung abzuwarten, wenn nicht mit dem Aufschub Gefahr verbunden ist.

§ 693 Ersatz von Aufwendungen

Macht der Verwahrer zum Zwecke der Aufbewahrung Aufwendungen, die er den Umständen nach für erforderlich halten darf, so ist der Hinterleger zum Ersatz verpflichtet.

§ 694 Schadensersatzpflicht des Hinterlegers

Der Hinterleger hat den durch die Beschaffenheit der hinterlegten Sache dem Verwahrer entstehenden Schaden zu ersetzen, es sei denn, dass er die Gefahr drohende Beschaffenheit der Sache bei der Hinterlegung weder kennt noch kennen muss oder dass er sie dem Verwahrer angezeigt oder dieser sie ohne Anzeige gekannt hat.

§ 695 Rückforderungsrecht des Hinterlegers

[1]Der Hinterleger kann die hinterlegte Sache jederzeit zurückfordern, auch wenn für die Aufbewahrung eine Zeit bestimmt ist. [2]Die Verjährung des Anspruchs auf Rückgabe der Sache beginnt mit der Rückforderung.

§ 696 Rücknahmeanspruch des Verwahrers

[1]Der Verwahrer kann, wenn eine Zeit für die Aufbewahrung nicht bestimmt ist, jederzeit die Rücknahme der hinterlegten Sache verlangen. [2]Ist eine Zeit bestimmt, so kann er die vorzeitige Rücknahme nur verlangen, wenn ein wichtiger Grund vorliegt. [3]Die Verjährung des Anspruchs beginnt mit dem Verlangen auf Rücknahme.

§ 697 Rückgabeort

Die Rückgabe der hinterlegten Sache hat an dem Ort zu erfolgen, an welchem die Sache aufzubewahren war; der Verwahrer ist nicht verpflichtet, die Sache dem Hinterleger zu bringen.

§ 698 Verzinsung des verwendeten Geldes

Verwendet der Verwahrer hinterlegtes Geld für sich, so ist er verpflichtet, es von der Zeit der Verwendung an zu verzinsen.

§ 699 Fälligkeit der Vergütung

(1) [1]Der Hinterleger hat die vereinbarte Vergütung bei der Beendigung der Aufbewahrung zu entrichten. [2]Ist die Vergütung nach Zeitabschnitten bemessen, so ist sie nach dem Ablauf der einzelnen Zeitabschnitte zu entrichten.
(2) Endigt die Aufbewahrung vor dem Ablauf der für sie bestimmten Zeit, so kann der Verwahrer einen seinen bisherigen Leistungen entsprechenden Teil der Vergütung verlangen, sofern nicht aus der Vereinbarung über die Vergütung sich ein anderes ergibt.

A. Verwahrungsvertrag

1 ### I. Muster: Verwahrungsvertrag

▶ **Verwahrungsvertrag**

Zwischen

Herrn ▪▪▪ (Anschrift) (– Hinterleger –)

und

Herrn ▪▪▪ (Anschrift) (– Verwahrer –)

wird folgender Verwahrungsvertrag geschlossen:

§ 1 Gegenstand der Verwahrung

1. Der Verwahrer verpflichtet sich, die nachfolgend bezeichneten Gegenstände des Hinterlegers aufzubewahren:[1]
   ▪▪▪ (Beschreibung der Gegenstände)
2. Die Verwahrung hat auf folgende Art und Weise zu erfolgen:
   ▪▪▪ (Beschreibung der Art und des Ortes der Aufbewahrung sowie Obhutspflichten)

§ 2 Vertragslaufzeit, Kündigung[2]

1. Der Verwahrungsvertrag wird auf unbestimmte Zeit geschlossen.
2. Der Vertrag kann mit einer Frist von [zwei] Monate[n] zum Monatsende gekündigt werden.
3. Kündigungen bedürfen zu ihrer Wirksamkeit der [Text-/Schriftform].

§ 3 Vergütung[3]

1. Der Verwahrer erhält für seine Leistungen nach § 1 dieses Vertrages eine Vergütung in Höhe von ▪▪▪ EUR pro Monat.
2. Die Vergütung ist zum Ende des jeweiligen Abrechnungszeitraums zur Zahlung fällig. Abrechnungszeitraum ist jeweils [zum Ende eines Kalendermonats].
3. Bei vorzeitiger Beendigung der Verwahrung kann der Verwahrer eine zeitanteilige Vergütung (pro rata temporis) verlangen.

§ 4 Pflichten des Verwahrers

1. Der Verwahrer hat die Interessen des Hinterlegers mit der im Verkehr erforderlichen Sorgfalt zu wahren und die Verwahrung dementsprechend auszuführen.[4]
2. Der Verwahrer ist verpflichtet, die vereinbarte Art der Aufbewahrung einzuhalten. Er ist berechtigt, von der vereinbarten Art der Aufbewahrung abzuweichen, wenn er den Umständen nach annehmen darf, dass der Hinterleger bei Kenntnis der Sachlage eine Abweichung billigen würde. Vor Abweichung hat der Verwahrer dem Hinterleger Anzeige zu machen und dessen Entschließung abzuwarten, es sei denn mit dem Aufschub ist Gefahr verbunden.[5]
3. Verwendet der Verwahrer hinterlegtes Geld für sich, so ist er verpflichtet, es von der Zeit der Verwendung an zu verzinsen.[6]

§ 5 Hinterlegung bei Dritten, Erfüllungsgehilfen[7]

1. Dem Verwahrer ist es gestattet, die Sachen bei einem Dritten zu hinterlegen. Der Verwahrer ist nicht verpflichtet, den Dritten bei der Durchführung der Verwahrung zu überwachen.
2. Im Fall einer Hinterlegung gemäß Absatz 1 hat der Verwahrer nur ein ihm bei der Hinterlegung zu Last fallendes Verschulden zu vertreten, insbesondere hinsichtlich der Auswahl und Einweisung des Dritten.
3. Der Verwahrer ist berechtigt, zur Durchführung der Verwahrung Erfüllungsgehilfen einzusetzen. Für das Verschulden eines Gehilfen ist der Verwahrer nach § 278 BGB verantwortlich; die Haftungsbegrenzung gemäß § 8 findet Anwendung.

§ 6 Rückgabe der verwahrten Gegenstände

1. Der Hinterleger kann die hinterlegte Sache jederzeit zurückfordern, auch wenn für die Aufbewahrung eine Zeit bestimmt ist.[8]
2. Ist eine Zeit für die Verwahrung nicht bestimmt, kann der Verwahrer jederzeit die Rücknahme der hinterlegten Gegenstände vom Hinterleger verlangen. Ist eine Zeit bestimmt, so kann der Verwahrer die Rücknahme nur verlangen, wenn ein wichtiger Grund vorliegt.[9]

3. Die Rückgabe der hinterlegten Gegenstände hat an dem Ort zu erfolgen, an welchem der Gegenstand aufzubewahren war; der Verwahrer ist nicht verpflichtet, die Sache dem Hinterleger zu bringen.[10]

§ 7 Aufwendungsersatz

Macht der Verwahrer zum Zwecke der Aufbewahrung Aufwendungen, die er den Umständen nach für erforderlich halten darf, ist der Hinterleger verpflichtet, dem Verwahrer diese zu ersetzen. Ein Aufwendungsersatzanspruch besteht nur insoweit, als die geltend gemachten Aufwendungen noch nicht mit der nach § 3 dieses Vertrages zu zahlenden Vergütung abgegolten sind.[11]

§ 8 Haftung[12]

1. Die Vertragsparteien haften einander für Schäden, die von ihnen, ihren gesetzlichen Vertretern, Mitarbeitern oder Erfüllungsgehilfen vorsätzlich oder grob fahrlässig verursacht wurden. Im Fall der einfach oder leicht fahrlässigen Verletzung wesentlicher Vertragspflichten ist die Haftung der Höhe nach auf den bei Vertragsschluss typischerweise vorhersehbaren Schaden beschränkt. Eine wesentliche Vertragspflicht ist bei Verpflichtungen gegeben, deren Erfüllung die ordnungsgemäße Durchführung des Vertrages erst möglich macht oder auf deren Einhaltung der Vertragspartner vertraut hat oder vertrauen durfte. Die Haftung für einfache oder fahrlässige Verletzungen sonstiger Pflichten ist ausgeschlossen.
2. Zwingende gesetzliche Regelungen, wie die unbeschränkte Haftung für Personenschäden und die Haftung nach dem Produkthaftungsgesetz bleiben von den vorstehenden Bestimmungen unberührt.

§ 9 Sonstige Bestimmungen[13]

1. Dieser Vertrag gibt die Vereinbarungen zwischen den Vertragsparteien vollständig wieder; Nebenabreden sind nicht getroffen.
2. Sollte eine Bestimmung dieses Vertrages ganz oder teilweise unwirksam oder undurchführbar sein oder werden, so wird dadurch die Gültigkeit der übrigen Bestimmungen nicht berührt.
3. Der Vertrag unterliegt dem Recht der Bundesrepublik Deutschland.
4. Erfüllungsort ist ▪▪▪; dies gilt nicht für den Rückgabeort gemäß § 6 Abs. 3 dieses Vertrages.[13] Bei Kaufleuten ist Gerichtsstand für alle Streitigkeiten aus und in Zusammenhang mit dem Verwahrungsvertrag ▪▪▪. Bei Nicht-Kaufleuten gelten die gesetzlichen Gerichtsstände. ◄

II. Erläuterungen und Varianten

2 [1] **Gegenstand der Verwahrung.** Hauptpflicht beim Verwahrungsvertrag ist die Aufbewahrung der Sache, also Bereitstellen von Raum und Übernahme der Obhut. Er ist Konsensualvertrag und kommt mit der Einigung der Parteien über den Vertragsinhalt zustande. Die Übergabe der Sache setzt den Vertrag in Vollzug und begründet ein Dauerschuldverhältnis. Die Verwahrung kann entgeltlich oder unentgeltlich sein; bei der unentgeltlichen Verwahrung handelt es sich um einen *unvollkommenen* zweiseitigen Vertrag, da in der Regel nur den Verwahrer Pflichten treffen, den Hinterleger aber nicht. Der **Vertragsschluss** richtet sich nach den allgemeinen Regeln. Der Vertrag ist grundsätzlich formfrei, die rechtsgeschäftliche Vereinbarung einer bestimmten Form ist zulässig, § 127.

3 **Abgrenzung.** Nur bewegliche Sachen (auch Tiere) können verwahrt werden. Bei Übernahme der Obhut eines Grundstücks oder Rechts kann ein Dienst- oder Auftragsverhältnis vorliegen. Die Bereitstellung von Raum ohne Obhutsübernahme kann Miete oder Leihe sein, eine Bewachung ohne Obhutsübernahme ein Dienstvertrag. Die unentgeltliche Verwahrung muss vom Gefälligkeitsverhältnis abgegrenzt werden. Die Abgrenzung erfolgt anhand des Rechtsbindungswillens des Verwahrers (Palandt/*Sprau*, Einf. v. § 662 Rn 4 f). Besondere Arten der Verwahrung bestehen für die Verwahrung der Eisenbahn, die Pfandverwahrung, das Lagergeschäft

nach §§ 467 ff HGB und die Sequestration, auf die an dieser Stelle nicht weiter eingegangen werden soll.

Für den Verwahrer begründet der Vertrag die **Hauptpflicht**, den bei ihm hinterlegten Gegenstand aufzubewahren, und zwar in seiner Gesamtheit (das heißt auch hinsichtlich eines etwaigen Inhalts der Sache). Übernahme der Obhut bedeutet auch, dass die Sache im Rahmen des Zumutbaren vor Schaden geschützt sowie be- und überwacht wird. Ein Gebrauchsrecht hat der Verwahrer nicht, es sei denn, dies ist als Nebenpflicht zur Erhaltung der Sache notwendig (zB Bewegung bei Tieren). Weitere Nebenpflicht ist die Rückgabe der Sache. Die **Sache kann jederzeit zurückgefordert werden**, und zwar auch dann, wenn für die Verwahrung eine bestimmte Dauer vereinbart ist, im Einzelnen Rn 15. Die Art der Aufbewahrung kann der Verwahrer selbst bestimmen, er ist – anders als der Beauftragte, vgl § 665 – nicht an Weisungen gebunden. Ist dagegen im Rahmen der Vertragsfreiheit eine besondere Art der Aufbewahrung vereinbart, so ist diese bindend; von ihr kann nur unter bestimmten Umständen abgewichen werden, siehe hierzu Rn 12 und Rn 23. 4

Der konkrete **Vertragsinhalt** ergibt sich aus der jeweiligen Vereinbarung der Parteien. Angesichts der Vielgestaltigkeit der Verwahrung werden im Muster Platzhalter verwendet. 5

[2] **Vertragslaufzeit.** Die Verwahrung ist Dauerschuldverhältnis. Die jeweilige Vertragsdauer und die Kündigungsmöglichkeiten können von den Parteien frei festgelegt werden. Das Auftragsverhältnis endet nicht schon mit Ablauf einer Vertragslaufzeit, sondern erst mit endgültiger Rückgabe der Sache (str.). Wegen der daneben bestehenden Möglichkeit einer vorzeitigen Rückforderung durch den Hinterleger bzw des vorzeitigen Rücknahmeanspruchs des Verwahrers siehe Rn 15 ff. Wegen des Ortes der Rückgabe siehe Rn 18. Im Muster wurde zunächst von einer unbestimmten Vertragslaufzeit mit einer Kündigungsmöglichkeit von zwei Monaten zum Monatsende ausgegangen. Alternativ kann eine bestimmte Vertragslaufzeit vereinbart werden, mit oder ohne automatischer Vertragsverlängerung, oder eine unbestimmte Vertragslaufzeit mit Kündigungsmöglichkeit in Kombination mit einer Mindestvertragslaufzeit. Es kann wie folgt formuliert werden: 6

▶ 1. Der Verwahrungsvertrag wird [für die Dauer von ▪▪▪ Wochen/Monaten; bis zum [Datum] geschlossen. Der Vertrag beginnt mit Übergabe der zu verwahrenden Gegenstände zu laufen.

2. Der Vertrag kann jederzeit mit einer Frist von zwei Monaten zum Monatsende gekündigt werden. Wird der Vertrag zum Ende der Vertragslaufzeit nicht fristgemäß gekündigt, verlängert er sich jeweils um weitere [▪▪▪ Wochen/Monate]. ◀

oder

▶ 1. Der Verwahrungsvertrag wird auf unbestimmte Zeit geschlossen. Der Vertrag beginnt mit Übergabe der zu verwahrenden Gegenstände zu laufen. Die Mindestvertragslaufzeit beträgt 12 Monate.

2. Der Vertrag kann erstmals zum Ende der Mindestvertragslaufzeit gekündigt werden. Die Kündigungsfrist beträgt zwei Monate zum Monatsende. ◀

[3] **Vergütung.** Die Verwahrung kann entgeltlich oder unentgeltlich erfolgen. Ist eine Vergütung nicht vorgesehen, gilt § 689. Danach gilt eine Vergütung stillschweigend als vereinbart, wenn die Aufbewahrung den Umständen nach nur gegen Entgelt zu erwarten ist. Dies betrifft im Wesentlichen Fälle, in denen die Aufbewahrung besonders aufwendig oder der Wert der hinterlegten Sache besonders hoch ist. In diesen Fällen entspricht die Vergütung der Taxe oder der Üblichkeit gemäß §§ 612 Abs. 2, 632 Abs. 2 (betreibt der Verwahrer ein Handelsgewerbe ergibt sich die Vergütung aus §§ 354 HGB, 467 Abs. 2 HGB „Lagergeld", für die Sequestration siehe §§ 440 ff FamFG). 7

Fälligkeit der Vergütung. Die Fälligkeit der Vergütung richtet sich nach § 699. Sie ist grundsätzlich erst bei Beendigung der Aufbewahrung zu entrichten. Etwas anderes gilt nach Abs. 1 8

S. 2 lediglich dann, wenn die Vergütung nach Zeitabschnitten (wöchentlich, monatlich, jährlich) bemessen ist. Dann ist sie nach Ablauf der einzelnen Zeitabschnitte – also rückwirkend – zu entrichten. Endigt die Aufbewahrung vor Ablauf der für sie bestimmten Zeit, so kann der Verwahrer zumindest einen seinen bisherigen Leistungen entsprechenden Teil der Vergütung (pro rata temporis) verlangen, sofern aus der Vereinbarung über die Vergütung sich nicht ein anderes ergibt; die Vertragsparteien können insoweit eine von § 699 abweichende Regelung treffen.

9 Im Muster wurde zunächst eine zeitabschnittsweise zu entrichtende Vergütung vorgesehen, die rückwirkend zum Ende des jeweiligen Zeitabschnitts zur Zahlung fällig ist. Denkbar ist auch die Vereinbarung einer pauschalen Vergütung für die gesamte Dauer der Verwahrung, wobei dies regelmäßig nur bei einer fest fixierten Vertragsdauer Sinn macht; Vertragslaufzeit und Vergütung sollten insoweit aufeinander abgestimmt werden. Hinsichtlich einer pauschalen Vergütung kann wie folgt formuliert werden:

▶ 1. Der Verwahrer erhält für seine Leistungen nach § 1 dieses Vertrages eine pauschale Vergütung in Höhe von ▪▪▪ EUR für die gesamte Dauer der Verwahrung.

2. Die Vergütung ist im Voraus vom Hinterleger zu zahlen.

3. Auch bei vorzeitiger Beendigung der Verwahrung hat der Verwahrer Anspruch auf die vollständige Vergütung gemäß Abs. 1. ◀

10 [4] **Durchführung der Verwahrung, Sorgfaltsmaßstab.** Handelt es sich um eine **entgeltliche Verwahrung**, hat der Verwahrer die Sache im Interesse des Hinterlegers mit der im Verkehr erforderlichen Sorgfalt auszuführen; es gilt § 276. Der Pflichtenkatalog der verkehrserforderlichen Sorgfalt ist einzelfallbezogen anhand des jeweiligen Vertragsinhalts und der beteiligten Rechtskreise zu ermitteln. Je nach Art der Verwahrung kann der Verwahrer im Rahmen der verkehrserforderlichen Sorgfalt zu weiteren Tätigkeiten verpflichtet sein, insbesondere zur Aufklärung, Belehrung und ggf Warnung des Hinterlegers.

11 Bei der **unentgeltlichen Verwahrung** hat der Verwahrer nur für diejenige Sorgfalt einzustehen, welche er in eigenen Angelegenheiten anwendet, § 690. Der § 690 modifiziert somit den im Rahmen des Verschuldens heranzuziehenden Fahrlässigkeitsmaßstab bei der unentgeltlichen Verwahrung auf die eigenübliche Sorgfalt; es gilt insoweit § 277 (siehe Hk-BGB/*Schulze* § 277 Rn 1 ff). Allgemein gilt für die Haftung, dass sie innerhalb der Grenzen des AGB-Rechts (gem. § 309 Nr. 7) zulässig beschränkt werden kann (vgl nachfolgend Rn 20 und § 309 Rn 28 ff.)

12 [5] **Vereinbarte Art der Aufbewahrung und Abweichung.** Anders als beim Auftrag ist der Verwahrer nicht an einseitige Weisungen des Hinterlegers gebunden. Im Vertrag können die Parteien aber eine bestimmte Art der Aufbewahrung vereinbaren. Ein **Abweichen von der vereinbarten Verwahrung** ist möglich, wenn der Verwahrer den Umständen nach annehmen darf, dass der Hinterleger bei Kenntnis der Sachlage die Änderung billigen würde. Eine Änderung der Aufbewahrung ist dem Hinterleger vom Verwahrer zuvor anzuzeigen und dessen Entschließung abzuwarten. Dies gilt nicht bei Gefahr in Verzug. Da die Hinterlegung bei Dritten nach § 691 ebenfalls eine Aufbewahrungsänderung darstellt, ist sie selbst im Fall einer Gestattung gemäß § 692 anzuzeigen. Wegen eines Musters für eine Abweichungsanzeige siehe Rn 22 unter Verweis auf § 665.

13 [6] **Verzinsung von Geld.** Grundsätzlich ist dem Verwahrer weder der Gebrauch noch der Verbrauch der verwahrten Sache gestattet. Verwendet der Verwahrer hinterlegtes Geld gleichwohl, ist er gemäß § 698 verpflichtet, dieses von der Zeit der Verwendung an zu verzinsen. Ist nichts Abweichendes vereinbart, richtet sich der Zinssatz nach § 246 und beträgt 4 % für das Jahr; im Fall des Handelsgeschäfts gilt § 352 HGB, der Zinssatz beträgt dann 5 % für das Jahr. Daneben können sich Ansprüche aus § 280, GoA oder Bereichungsrecht (§§ 812 ff) ergeben. Die im Muster vorgeschlagene Regelung kommt nur im Fall der Verwahrung von Geld zum Tragen; auf eine abweichende Festlegung des Zinssatzes bzw eines Ausschlusses der Verzinsung

im Fall der Verwendung von verwahrtem Geld wurde angesichts der geringen praktischen Bedeutung verzichtet.

[7] **Hinterlegung bei Dritten, Erfüllungsgehilfen.** Dem Verwahrer ist es im Zweifel nicht gestattet, die hinterlegte Sache bei einem Dritten zu hinterlegen, § 691. Ist die Hinterlegung bei einem Dritten individualvertraglich erlaubt, hat der Verwahrer nur das ihm bei der Hinterlegung zu Last fallende Verschulden zu vertreten. Für Gehilfen ist er gemäß § 278 verantwortlich. Der § 691 stellt somit eine zu § 664 Abs. 1 (Auftragsvertrag) vergleichbare Regelung dar. Auf die Ausführungen zu § 662 Rn 7 wird verwiesen. 14

[8] **Rückforderungsrecht des Hinterlegers.** Der Hinterleger kann die hinterlegte Sache jederzeit zurückfordern. Dies gilt selbst dann, wenn für die Aufbewahrung eine bestimmte Zeit vorgesehen ist, § 695. Das jederzeitige Rückforderungsrecht entspricht dem Wesen der Verwahrung als fremdnützige Tätigkeit ohne Gebrauchsrecht des Verwahrers. Es kann von den Parteien individualvertraglich abbedungen werden, in diesem Fall soll dann aber kein Verwahrungsvertrag mehr iSd §§ 688 ff vorliegen (str., Hk-BGB/*Schulze*, § 695 Rn 1). 15

Die Rückforderung der Sache beinhaltet die Kündigung des Verwahrungsvertrages und gleichzeitig die Geltendmachung des Rückgabeanspruches. Sie führt zur Umwandlung des Verwahrungsvertrages in ein Abwicklungsschuldverhältnis; dh, das Schuldverhältnis endet nicht bereits mit der Ausübung des Rückforderungsrechts, sondern mit der Rückgabe der Sache (str.). Der Rückgabeanspruch umfasst Früchte und Nutzungen (§§ 99, 100) und setzt sich als Aussonderungsrecht gegen eine Insolvenz durch (§ 47 InsO). Bei einem Rückgabeverlangen zur Unzeit gilt eine angemessene Rückgabefrist, § 242. Ist dem Verwahrer die Herausgabe unmöglich oder das Verwahrgut beschädigt, haftet er nach den allgemeinen Vorschriften (zB §§ 280 Abs. 1, 3, 283); individualvertragliche Haftungsbeschränkungen sind zu beachten. Dem Rückgabeanspruch kann der Verwahrer Gegenrechte aus §§ 273, 689, 693 entgegenhalten (siehe Hk-BGB/*Schulze*, § 695 Rn 2). 16

[9] **Rücknahmeanspruch des Verwahrers.** Ist eine Zeit für die Aufbewahrung nicht bestimmt, kann der Verwahrer jederzeit die Rücknahme der hinterlegten Sache vom Hinterleger verlangen, § 696 S. 1. Ist eine Zeit bestimmt, so kann er die vorzeitige Rücknahme nur verlangen, wenn ein wichtiger Grund vorliegt, § 696 S. 2. Während S. 1 von den Parteien abbedungen werden kann, ist S. 2 zwingendund kann individualvertraglich nicht eingeschränkt werden. Das Rücknahmeverlangen stellt gleichzeitig eine Kündigung des Verwahrungsvertrages dar. Das jederzeitige Rücknahmeverlangen des S. 1 darf nicht zur Unzeit erfolgen und ist mit einer angemessenen Frist zu verbinden, § 242. Ist der Vertrag auf bestimmte Zeit eingegangen, darf die Rücknahme nur aus wichtigem Grund verlangt werden, zB Erkrankung des zu verwahrenden Tieres oder Verlust des Lagerraums infolge Brand oder Hochwasser. Nimmt der Hinterleger die Sache nicht zurück, kommt er in Annahmeverzug (§§ 293 ff); es bestehen dann ggf Schadensersatzansprüche aus §§ 280 Abs. 1, 2, 286. Für das handelsrechtliche Lagergeschäft sieht § 473 Abs. 2 HGB eine Sonderregelung vor. 17

[10] **Rückgabeort.** Nach § 697 hat die Rückgabe der hinterlegten Sache an dem Ort zu erfolgen, an welchem die Sache aufzubewahren war. Der Verwahrer ist nicht verpflichtet, dem Hinterleger die Sache zu bringen. Der § 697 gestaltet die Rücknahmepflicht somit zur Holschuld für den Hinterleger aus; Transportkosten und Gefahrtragung gehen zu seinen Lasten. Auch die Rückgabe von verwahrtem Geld richtet sich nach § 697; § 270 findet insoweit keine Anwendung. Von § 697 kann durch Vertrag abgewichen werden, zB durch Festlegung eines einheitlichen Erfüllungsortes für sämtliche Ansprüche aus dem Verwahrungsverhältnis im Rahmen der sonstigen Vertragsbedingungen. Im Muster wurde zunächst von der gesetzlichen Grundkonstruktion des § 697 auch im Rahmen der Festlegung des Erfüllungsortes (siehe § 9 Abs. 4 des Musters) ausgegangen. Wird der Rückgabeort im Vertrag nicht gesondert geregelt, sondern 18

lediglich ein allgemeiner Erfüllungsort festgelegt, geht dieser als abweichende Regelung § 697 vor.

19 **[11] Aufwendungsersatz.** Der Verwahrer hat Anspruch auf Aufwendungsersatz gegen den Hinterleger (§ 693). Der Ersatzanspruch bezieht sich wie bei § 670 auf Aufwendungen, die er für erforderlich halten darf. Aufwendungen, die bereits durch die Vergütung für die Verwahrung abgegolten werden, sind hiervon ausgenommen, dasselbe gilt für Aufwendungen, welche der Verwahrer dem Vertrag nach ohnehin zu erbringen verpflichtet ist, wie etwa die Raumgewährung oder die Obhut (Hk-BGB/*Schulze*, § 693 Rn 1). Mit Blick auf Aufwendungsersatzansprüche neben einer vereinbarten Vergütung sind bei der Vertragsformulierung, die Aufwendungen, die bereits mit der zu zahlenden Vergütung abgegolten sind, möglichst genau zu definieren. Der Anspruch auf Aufwendungsersatz kann aber auch in Gänze ausgeschlossen werden (vgl BAG NJW 2004, 2036). Zu den Einzelheiten des Aufwendungsersatzes sowie zur Gestaltung eines Anspruchsschreibens und einer Klage siehe bei Rn 24 sowie § 670 Rn 1 und Rn 11.

20 **[12] Haftungsregelung.** Fehlt es an einer ausdrücklichen Haftungsregelung im Vertrag, haften Verwahrer und Hinterleger nach den allgemeinen Regeln. Dies begründet eine weitreichende Haftung für die Parteien. Eine Beschränkung der Haftung ist sinnvoll. Die vorgeschlagene Musterregelung orientiert sich an der nach AGB-Recht gem. § 309 Nr. 7 zulässigen Haftungsbeschränkung (vgl bei § 309 Rn 28 ff.). Eine darüber hinaus gehende Haftungsbeschränkung oder ein gänzlicher Haftungsausschluss ist lediglich außerhalb des Anwendungsbereichs des AGB-Rechts im Rahmen individualvertraglicher (nicht vorformulierter oder einseitig gestellter) Vertragsbedingungen möglich. Ein Ausschluss der Haftung für Vorsatz im Voraus kommt generell nicht in Betracht. Dies gilt jedoch nicht für die Haftung für vorsätzliches Handeln von gesetzlichen Vertretern und Erfüllungsgehilfen (Hk-BGB/*Schulze*, § 276 Rn 25 ff).

21 **[13] Sonstige Bestimmungen.** zB Schriftform, Salvatorische Klausel, Vertragsstatut, Erfüllungsort, Gerichtsstand. Zur Thematik allgemeiner Erfüllungsort im Verhältnis zum Rückgabeort siehe Rn 18.

B. Abweichungsanzeige

22 I. Muster: Abweichungsanzeige

▶ An

Herrn ▪▪▪ (Anschrift) – Hinterleger –

Änderung der Aufbewahrung[1]

Sehr geehrter Herr ▪▪▪,

die dem Verwahrungsvertrag vom ▪▪▪ zugrunde liegende Sachlage hat sich geändert:

▪▪▪ [Beschreibung der geänderten Sachlage]

Aufgrund dieser Umstände werde ich den mir anvertrauten Gegenstand, ▪▪▪ [weitere Konkretisierung], in Zukunft wie folgt aufbewahren:

▪▪▪ [Beschreibung der veränderten Art der Aufbewahrung]

Bitte teilen Sie mir bis zum ▪▪▪ mit, ob Sie mit der geänderten Art der Verwahrung einverstanden sind. Falls ich bis zu dem genannten Datum nichts von Ihnen hören sollte, werde ich den Auftrag wie bisher ausführen [alternativ: gehe ich davon aus, dass Sie mit der veränderten Durchführung der Verwahrung einverstanden sind].

Mit freundlichen Grüßen

▪▪▪

Unterschrift ◀

II. Erläuterungen

[1] Änderung der Aufbewahrung. Ähnlich der Abweichung von Weisungen beim Auftragsvertrag (§ 665) ist der Verwahrer berechtigt, die Art der Aufbewahrung zu ändern. Voraussetzung ist, dass er den Umständen nach annehmen darf, dass der Hinterleger bei Kenntnis der Sachlage die Änderung billigen würde. Vor Änderung der Aufbewahrung hat er dem Hinterleger Anzeige zu machen und dessen Entschließung abzuwarten, sofern mit dem Aufschub keine Gefahr für die verwahrten Gegenstände verbunden ist. Hinsichtlich der Gestaltung der Abweichungsanzeige wird auf die Erläuterungen zu § 665 verwiesen. Bei einer unberechtigten Änderung der Aufbewahrung kann sich der Verwahrer schadensersatzpflichtig machen. Eine Pflicht zur Änderung der Verwahrung kann im Einzelfall direkt aus dem Verwahrungsvertrag gemäß §§ 157, 242 ergeben (vgl Hk-BGB/*Schulze*, § 695 Rn 1). 23

C. Ersatz von Aufwendungen

Zum **Muster eines Anspruchsschreibens und einer Klage auf Aufwendungsersatz** wird auf die Muster zu § 670 verwiesen. Die Terminologie ist entsprechend anzupassen, dh, anstatt der Anspruchsgrundlage § 670 – § 685, anstatt Auftrag – Verwahrung, Auftragsvertrag – Verwahrungsvertrag, Auftragsausführung – Durchführung der Verwahrung, Auftraggeber – Hinterleger, Beauftragter – Verwahrer. 24

Ersatz von Aufwendungen. Zum Umfang des Aufwendungsersatzes vgl bei § 670. Nicht zu ersetzen sind allerdings Aufwendungen, welche der Verwahrer dem Inhalt des Verwahrungsvertrages nach zu übernehmen hat, wie zB die Raumgewährung und der Einsatz der Arbeitskraft. Welche Aufwendungen im Einzelnen durch die Vergütung bereits abgedeckt sein sollen, ist im Wege der Vertragsauslegung zu ermitteln. Ersatzfähig sind nur Aufwendungen, die aus der Warte des Verwahrers nach den erkennbaren objektiven Umständen erforderlich waren (vgl im Einzelnen Hk-BGB/*Schulze*, § 670). 25

D. Schadensersatz bei Hinterlegung gefährlicher Sachen

Zum allg. Muster einer Schadensersatzklage siehe § 281. 26

Schadensersatzpflicht bei Hinterlegung gefährlicher Sachen. § 694 stellt einen gesetzlich geregelten Fall der pVV (§§ 280 Abs. 1, 241 Abs. 2) dar. Die Ersatzpflicht entsteht, wenn gefährliche Sachen (Chemikalien, explosive oder radioaktive Stoffe, aggressive Tiere) hinterlegt werden und diese einen Schaden beim Verwahrer verursachen. Der Verwahrer hat hier nur nachzuweisen, dass der Schaden durch die Beschaffenheit der Sache verursacht worden ist. Der Hinterleger muss sich sodann exkulpieren, indem er nachweist, dass er die gefahrdrohende Beschaffenheit der Sache bei der Hinterlegung weder kannte, noch kennen musste oder dass er sie dem Verwahrer angezeigt oder dieser sie ohne Anzeige gekannt hat. § 694 statuiert damit im Ergebnis eine **Hinweispflicht des Hinterlegers** bezüglich ihm bekannter oder fahrlässig nicht bekannter gefährlicher Eigenschaften der hinterlegten Sache. Hat der Hinterleger den Verwahrer auf die Gefährlichkeit hingewiesen oder hat der Verwahrer anderweitige Kenntnis von der Gefährlichkeit (zB durch Warnhinweise auf der Sache), ist die Ersatzpflicht nach § 694 ausgeschlossen. 27

§ 700 Unregelmäßiger Verwahrungsvertrag

(1) [1]Werden vertretbare Sachen in der Art hinterlegt, dass das Eigentum auf den Verwahrer übergehen und dieser verpflichtet sein soll, Sachen von gleicher Art, Güte und Menge zurückzugewähren, so finden bei Geld die Vorschriften über den Darlehensvertrag, bei anderen Sachen die Vorschriften über den Sachdarlehensvertrag Anwendung. [2]Gestattet der Hinterleger dem Verwahrer, hinterlegte vertretbare Sachen zu verbrauchen, so finden bei Geld die Vorschriften über den Darlehensvertrag, bei anderen Sachen die Vorschriften über den Sachdarlehensvertrag

von dem Zeitpunkt an Anwendung, in welchem der Verwahrer sich die Sachen aneignet. [3]In beiden Fällen bestimmen sich jedoch Zeit und Ort der Rückgabe im Zweifel nach den Vorschriften über den Verwahrungsvertrag.
[2] Bei der Hinterlegung von Wertpapieren ist eine Vereinbarung der im Absatz 1 bezeichneten Art nur gültig, wenn sie ausdrücklich getroffen wird.

1 Hinsichtlich des unregelmäßigen Verwahrungsvertrages, der sich im Wesentlichen nach den Vorschriften über den Darlehensvertrag sowie den Vorschriften über den Sachdarlehensvertrag richtet, wird auf die Ausführungen zu §§ 488 ff (Darlehensvertrag) und §§ 607 ff (Sachdarlehensvertrag) verwiesen.

Titel 15 Einbringung von Sachen bei Gastwirten

§ 701 Haftung des Gastwirts

(1) Ein Gastwirt, der gewerbsmäßig Fremde zur Beherbergung aufnimmt, hat den Schaden zu ersetzen, der durch den Verlust, die Zerstörung oder die Beschädigung von Sachen entsteht, die ein im Betrieb dieses Gewerbes aufgenommener Gast eingebracht hat.
(2) [1]Als eingebracht gelten
1. Sachen, welche in der Zeit, in der der Gast zur Beherbergung aufgenommen ist, in die Gastwirtschaft oder an einen von dem Gastwirt oder dessen Leuten angewiesenen oder von dem Gastwirt allgemein hierzu bestimmten Ort außerhalb der Gastwirtschaft gebracht oder sonst außerhalb der Gastwirtschaft von dem Gastwirt oder dessen Leuten in Obhut genommen sind,
2. Sachen, welche innerhalb einer angemessenen Frist vor oder nach der Zeit, in der der Gast zur Beherbergung aufgenommen war, von dem Gastwirt oder seinen Leuten in Obhut genommen sind.

[2]Im Falle einer Anweisung oder einer Übernahme der Obhut durch Leute des Gastwirts gilt dies jedoch nur, wenn sie dazu bestellt oder nach den Umständen als dazu bestellt anzusehen waren.
(3) Die Ersatzpflicht tritt nicht ein, wenn der Verlust, die Zerstörung oder die Beschädigung von dem Gast, einem Begleiter des Gastes oder einer Person, die der Gast bei sich aufgenommen hat, oder durch die Beschaffenheit der Sachen oder durch höhere Gewalt verursacht wird.
(4) Die Ersatzpflicht erstreckt sich nicht auf Fahrzeuge, auf Sachen, die in einem Fahrzeug belassen worden sind, und auf lebende Tiere.

§ 702 Beschränkung der Haftung; Wertsachen

(1) Der Gastwirt haftet auf Grund des § 701 nur bis zu einem Betrag, der dem Hundertfachen des Beherbergungspreises für einen Tag entspricht, jedoch mindestens bis zu dem Betrag von 600 Euro und höchstens bis zu dem Betrag von 3 500 Euro; für Geld, Wertpapiere und Kostbarkeiten tritt an die Stelle von 3 500 Euro der Betrag von 800 Euro.
(2) Die Haftung des Gastwirts ist unbeschränkt,
1. wenn der Verlust, die Zerstörung oder die Beschädigung von ihm oder seinen Leuten verschuldet ist,
2. wenn es sich um eingebrachte Sachen handelt, die er zur Aufbewahrung übernommen oder deren Übernahme zur Aufbewahrung er entgegen der Vorschrift des Absatzes 3 abgelehnt hat.

(3) [1]Der Gastwirt ist verpflichtet, Geld, Wertpapiere, Kostbarkeiten und andere Wertsachen zur Aufbewahrung zu übernehmen, es sei denn, dass sie im Hinblick auf die Größe oder den Rang der Gastwirtschaft von übermäßigem Wert oder Umfang oder dass sie gefährlich sind. [2]Er kann verlangen, dass sie in einem verschlossenen oder versiegelten Behältnis übergeben werden.

§ 702 a Erlass der Haftung

(1) [1]Die Haftung des Gastwirts kann im Voraus nur erlassen werden, soweit sie den nach § 702 Abs. 1 maßgeblichen Höchstbetrag übersteigt. [2]Auch insoweit kann sie nicht erlassen werden für den Fall, dass der Verlust, die Zerstörung oder die Beschädigung von dem Gastwirt oder von Leuten des Gastwirts vorsätzlich oder grob fahrlässig verursacht wird oder dass es sich um Sachen handelt, deren Übernahme zur Aufbewahrung der Gastwirt entgegen der Vorschrift des § 702 Abs. 3 abgelehnt hat.
(2) Der Erlass ist nur wirksam, wenn die Erklärung des Gastes schriftlich erteilt ist und wenn sie keine anderen Bestimmungen enthält.

§ 703 Erlöschen des Schadensersatzanspruchs

[1]Der dem Gast auf Grund der §§ 701, 702 zustehende Anspruch erlischt, wenn nicht der Gast unverzüglich, nachdem er von dem Verlust, der Zerstörung oder der Beschädigung Kenntnis erlangt hat, dem Gastwirt Anzeige macht. [2]Dies gilt nicht, wenn die Sachen von dem Gastwirt zur Aufbewahrung übernommen waren oder wenn der Verlust, die Zerstörung oder die Beschädigung von ihm oder seinen Leuten verschuldet ist.

§ 704 Pfandrecht des Gastwirts

[1]Der Gastwirt hat für seine Forderungen für Wohnung und andere dem Gast zur Befriedigung seiner Bedürfnisse gewährte Leistungen, mit Einschluss der Auslagen, ein Pfandrecht an den eingebrachten Sachen des Gastes. [2]Die für das Pfandrecht des Vermieters geltenden Vorschriften des § 562 Abs. 1 Satz 2 und der §§ 562 a bis 562 d finden entsprechende Anwendung.

Titel 16 Gesellschaft

§ 705 Inhalt des Gesellschaftsvertrags

Durch den Gesellschaftsvertrag verpflichten sich die Gesellschafter gegenseitig, die Erreichung eines gemeinsamen Zweckes in der durch den Vertrag bestimmten Weise zu fördern, insbesondere die vereinbarten Beiträge zu leisten.

A. Muster: Gesellschaftsvertrag einer GbR 1

▶ Gesellschaftsvertrag 542

zwischen

1. A ▪▪▪
2. B ▪▪▪
3. C ▪▪▪

A, B und C[1] errichten[2] hiermit eine GbR und schließen folgenden Gesellschaftsvertrag:[3]

§ 1 Gesellschaftszweck

(1) Zweck der Gesellschaft ist der gemeinsame Betrieb eines Fitnessstudios.[4]

(2) Die Gesellschaft kann alle Geschäfte und Rechtshandlungen vornehmen, die der Erreichung und Förderung des Gesellschaftszwecks dienen.

§ 2 Name, Sitz

(1) Der Name der Gesellschaft lautet ABC GbR.[5]

(2) Die Gesellschaft hat ihren Sitz in ■■■[6]

§ 3 Gesellschafter/Beiträge

(1) Gesellschafter der GbR sind
- A mit einer Beteiligung von 40 %
- B mit einer Beteiligung von 40 %
- C mit einer Beteiligung von 20 %[7]

(2) A und B leisten eine Bareinlage in Höhe von je EUR 40.000,00, C eine Bareinlage in Höhe von EUR 20.000,00.[8]

§ 4 Geschäftsführung und Vertretung

(1) Die Geschäftsführung[9] wird zwischen den Gesellschaftern in verschiedene Ressorts wie folgt aufgeteilt:[10]
- Gesellschafter A ist zuständig für die kaufmännische Leitung und Verwaltung.
- Gesellschafter B ist zuständig für die technische Geschäftsführung einschließlich Geräteausstattung.
- Gesellschafter C ist zuständig für den Bereich Marketing.
- Jeder Gesellschafter ist für sein Ressort jeweils allein verantwortlich und geschäftsführungsbefugt. IÜ steht die Geschäftsführungsbefugnis den Gesellschaftern A, B und C gemeinschaftlich zu.[11]

(2) Zur Vertretung sind alle Gesellschafter allein berechtigt.[12]

§ 5 Gesellschafterversammlung – Gesellschafterbeschlüsse

(1) Die Gesellschafter entscheiden durch Gesellschafterbeschluss[13] über die Angelegenheiten der Gesellschaft.[14]

(2) Gesellschafterbeschlüsse werden grundsätzlich in der Gesellschafterversammlung[15] gefasst. Die Einberufung zur Gesellschafterversammlung erfolgt schriftlich unter Angabe der Tagesordnung mit einer Ladungsfrist von mindestens zwei Wochen.[16] Gesellschafterbeschlüsse können aber auch außerhalb einer Gesellschafterversammlung schriftlich erfolgen, wenn alle Gesellschafter zustimmen.[17]

(3) Gesellschafterbeschlüsse bedürfen, soweit durch das Gesetz oder den Gesellschaftsvertrag nichts anderes bestimmt ist, einer Mehrheit von 60 % der Stimmen aller jeweils stimmberechtigten Gesellschafter.[18] Jedes Prozent der Beteiligung nach § 3 Abs. 1 dieses Vertrages gewährt eine Stimme.[19]

(4) Der Zustimmung aller Gesellschafter bedürfen Gesellschafterbeschlüsse nach Maßgabe dieses Vertrages sowie Gesellschafterbeschlüsse folgenden Inhalts: Änderung des Gesellschaftsvertrages; Auflösung der Gesellschaft; Erwerb, Veräußerung, Belastung von Grundstücken oder grundstücksgleichen Rechten; Änderungen im Gesellschafterbestand.

§ 6 Geschäftsjahr – Rechnungsabschluss

(1) Geschäftsjahr ist das Kalenderjahr.[20]

(2) Die Gesellschaft führt unter Anwendung der steuerlichen Vorschriften Bücher und erstellt nach Schluss eines jeden Geschäftsjahres einen Rechnungsabschluss, der von allen Gesellschaftern festgestellt wird und für die Rechtsverhältnisse der Gesellschafter untereinander maßgebend ist.[21]

§ 7 Gewinn- und Verlustverteilung

Vom Reingewinn erhalten entsprechend ihrem Gesellschaftsanteil Gesellschafter A 40 %, Gesellschafter B 40 % und Gesellschafter C 20 %. Die Anteile an einem etwaigen Verlust entsprechen ihrem Anteil am Reingewinn.[22]

§ 8 Verfügungen über Gesellschaftsanteil

Verfügungen eines Gesellschafters über seinen Anteil oder Teilen hiervon, insb. Veräußerung, Belastung mit einem Nießbrauch oder Pfandrecht, sind nur mit vorheriger Zustimmung aller übrigen Gesellschafter wirksam. Nicht der Zustimmung bedürfen derartige Verfügungen der Gesellschafter zugunsten eines Mitgesellschafters oder eines eigenen Abkömmlings.[23]

§ 9 Dauer der Gesellschaft

Die Gesellschaft beginnt am ▪▪▪ und ist auf unbestimmte Zeit abgeschlossen.[24]

§ 10 Kündigung der Gesellschaft

(1) Jeder Gesellschafter kann die Gesellschaft unter Einhaltung einer Frist von 6 Monaten zum Ende eines Geschäftsjahres kündigen.

(2) Das Recht zur fristlosen Kündigung bleibt unberührt.

(3) Die Kündigung ist schriftlich gegenüber allen Gesellschaftern zu erklären.[25]

§ 11 Ausschluss eines Gesellschafters

(1) Jeder Gesellschafter kann durch einstimmigen Beschluss der übrigen Gesellschafter aus der Gesellschaft ausgeschlossen[26] werden, wenn in seiner Person ein wichtiger Grund[27] gegeben ist.

(2) Der Ausschluss wird mit schriftlicher Mitteilung des Beschlusses an den ausgeschlossenen Gesellschafter wirksam.

§ 12 Tod eines Gesellschafters

Der Anteil an der Gesellschaft ist nicht vererblich mit der Folge, dass Erben/Vermächtnisnehmer eines verstorbenen Gesellschafters nicht Gesellschafter der GbR werden. Durch den Tod des Gesellschafters wird die Gesellschaft nicht aufgelöst; es gilt § 13 des Vertrages.[28]

§ 13 Ausscheiden eines Gesellschafters – Fortsetzung der Gesellschaft

(1) Kündigt ein Gesellschafter, stirbt er, wird über sein Vermögen das Insolvenzverfahren eröffnet oder wird er nach § 11 des Vertrages aus der Gesellschaft ausgeschlossen, so scheidet er aus der Gesellschaft aus.

(2) Scheidet ein Gesellschafter aus der Gesellschaft aus, so wird die Gesellschaft nicht aufgelöst, sondern von den verbleibenden Gesellschaftern fortgesetzt,[29] sofern sie nicht die Liquidation beschließen. Verbleibt nur ein Gesellschafter, so ist er zur Übernahme des Gesellschaftsvermögens mit allen Aktiva und Passiva ohne Liquidation berechtigt.[30]

§ 14 Abfindung

(1) Scheidet ein Gesellschafter aus der Gesellschaft aus, erhält er als Abfindung den Wert seiner Beteiligung am Gesellschaftsvermögen.[31]

(2) Die Höhe der Abfindung ist von den Gesellschaftern unter Einbeziehung des Steuerberaters der Gesellschaft einvernehmlich zu bestimmen. Wird über die Höhe der Abfindung zwischen der Gesellschaft und dem Gesellschafter keine Einigung erzielt, so entscheidet ein von der örtlich zuständigen Industrie- und Handelskammer zu benennender Sachverständiger als Schiedsgutachter gemäß § 317 BGB für beide Seiten verbindlich. Die Kosten des Schiedsgutachtens tragen der ausscheidende Gesellschafter und die Gesellschaft je zur Hälfte.

(3) Das Abfindungsguthaben ist in drei gleichen Raten auszubezahlen und ab dem Ausscheidensstichtag mit 3 % p.a. zu verzinsen. Die erste Rate ist drei Monate nach dem Ausscheidenstermin fällig, die weiteren Raten jeweils sechs Monate später. Die Gesellschaft ist berechtigt, das Guthaben ganz oder teilweise früher zu bezahlen.

§ 15 Salvatorische Klausel – Schriftform

(1) Sollte eine Bestimmung des Vertrages unwirksam oder undurchführbar sein oder werden, bleibt die Rechtswirksamkeit der übrigen Bestimmungen hiervon unberührt. Anstelle der unwirksamen oder undurchführbaren Bestimmung gilt eine wirksame bzw durchführbare Bestimmung als vereinbart, die dem von den Gesellschaftern Gewollten wirtschaftlich am nächsten kommt. Gleiches gilt bei einer Vertragslücke.

(2) Änderungen, Ergänzungen oder die Aufhebung dieses Vertrages bedürfen der Schriftform. Gleiches gilt für sonstige Erklärungen der Gesellschafter, die zur Begründung, Wahrung oder Ausübung ihrer Rechte erforderlich sind. Diese Formvorschrift kann nur schriftlich außer Kraft gesetzt werden.

§ 16 Kosten

Die Kosten dieses Vertrages sowie seiner Durchführung trägt die Gesellschaft.[32] ◄

B. Erläuterungen und Varianten

2 [1] **Gesellschafter der GbR.** Die GbR erfordert den Zusammenschluss von mindestens zwei Personen; diese können natürliche oder juristische Personen, eine Personengesellschaft, eine Außen-GbR, nicht aber eine Erbengemeinschaft, eheliche Gütergemeinschaft oder Bruchteilsgemeinschaft sein. Näheres s. NK-BGB/*Heidel/Pade* § 705 Rn 108 ff.

3 [2] **Abschluss des Gesellschaftsvertrages.** Der Gesellschaftsvertrag kann – anders als bei Kapitalgesellschaften – formfrei, also auch mündlich oder konkludent, abgeschlossen werden. Eine notarielle Beurkundung ist jedoch notwendig, wenn

1. der Zweck der Gesellschaft auf ein formbedürftiges Rechtsgeschäft gerichtet ist, zB der konkrete Erwerb und/oder die konkrete Veräußerung bestimmter Immobilien (§ 311 b Abs. 1) oder bestimmter Geschäftsanteile einer GmbH (§ 15 Abs. 3, 4 GmbHG) oder
2. im Gesellschaftsvertrag formbedürftige Verpflichtungen übernommen werden, zB die Einbringung eines Grundstücks (§ 311 b Abs. 1), des gesamten Vermögens eines Gesellschafters (§ 311 b Abs. 3) oder eines GmbH-Anteils (§ 15 Abs. 3, 4 GmbHG), sowie
3. die Verpflichtung zur Schenkung eines Anteils (§ 518 Abs. 1),

vgl Hk-BGB/*Saenger* § 705 Rn 8, MüKo-BGB/*Ulmer* § 705 Rn 32 ff.

4 [3] **Inhalt des Gesellschaftsvertrages.** Die GbR entsteht mit Abschluss und Wirksamwerden des Gesellschaftsvertrages. Weiterer Erfordernisse, zB einer Registereintragung, bedarf es nicht. Eine GbR kann auch im Rahmen eines Umwandlungsvorganges entstehen (vgl hierzu NK-BGB/*Heidel/Pade* § 705 Rn 103–105).

5 Die gesetzlichen Regelungen der §§ 705 ff sind dispositiv und können daher zwischen den Gesellschaftern weitgehend frei ausgestaltet werden, vgl Palandt/*Sprau* § 705 Rn 2; NK-BGB/*Heidel/Pade* § 705 Rn 144. Die GbR ist damit eine sehr flexible und gängige Rechtsform, zumal die Voraussetzungen für die Gründung und der damit verbundene Aufwand gering sind. In der Praxis findet man die GbR u.a. im unternehmerischen Bereich (zB Kleingewerbebetriebe – hierzu nachfolgend Rn 7, Freiberuflergesellschaften, Arbeitsgemeinschaften und Konsortien), im Vermögensbereich (zB Vermögensverwaltung, Grundstücksgesellschaften) oder in sonstigen Bereichen (zB Gelegenheitsgesellschaften, Innengesellschaften). Einzelheiten hierzu NK-BGB/*Heidel/Pade* § 705 Rn 35 ff; MüKo-BGB/*Ulmer* vor § 705 Rn 34 ff.

[4] **Gesellschaftszweck.** Inhalt des Gesellschaftsvertrages kann jeder erlaubte, dauerhafte oder vorübergehende Zweck sein, gleich ob wirtschaftlicher, ideeller oder religiöser Natur. Es genügt auch die Verfolgung eines fremdnützigen Zwecks (vgl Hk-BGB/*Saenger* § 705 Rn 9; NK-BGB/*Heidel/Pade* § 705 Rn 145). 6

Der Zweck einer wirtschaftlich tätigen GbR kann allerdings nicht auf den Betrieb eines Handelsgewerbes (§ 1 Abs. 2 HGB) gerichtet sein, da kraft Gesetzes eine OHG besteht, § 105 Abs. 2 HGB; der Anwendungsbereich der GbR beschränkt sich hier vor allem auf Kleingewerbetreibende und kleinere Handwerksbetriebe; vergrößert sich der Betrieb im Laufe der Zeit, kann auch nachträglich automatisch kraft Gesetzes eine OHG entstehen (vgl MüKo-BGB/*Ulmer* § 705 Rn 3 f, 22). 7

Schranken können sich iÜ lediglich außerhalb des Gesellschaftsrechts aus § 134 oder aus gesetzlichen Vorgaben (zB Genehmigungserfordernisse oder berufsrechtliche Vorschriften) sowie aus § 138 ergeben (vgl Hk-BGB/*Saenger* § 705 Rn 9). 8

[5] **Name.** Die GbR kann keine Firma im Sinne der §§ 17 ff HGB führen, da hierzu nur Kaufleute berechtigt sind. Die Außen-GbR kann allerdings aufgrund ihrer zwischenzeitlich anerkannten Rechtsfähigkeit unter einem Namen (§ 12) oder einer Geschäftsbezeichnung (§§ 5, 15 MarkenG) im Rechtsverkehr auftreten, was mangels Registereintragung zur Individualisierung auch zu empfehlen ist. Einzelheiten zum Gesellschaftsnamen MüKo-BGB/*Ulmer* § 705 Rn 270 ff. 9

Der Name der Gesellschaft besteht grundsätzlich aus dem Namen aller oder – insb. bei größeren Gesellschaften – einzelner Gesellschafter oder eines Gesellschafters. Möglich sind Sach- oder Fantasiezusätze zum Geschäftsbetrieb. 10

Erforderlich ist aufgrund der Rechtsklarheit stets ein Hinweis auf die Rechtsform wie „Gesellschaft bürgerlichen Rechts", „BGB-Gesellschaft" oder eine entsprechend klare Abkürzung, zB „GbR". Vorliegend kämen bspw auch folgende Namen in Betracht: AB GbR, A GbR, ABC Fitnessstudio GbR, ABC Superbody GbR. 11

Bei der Wahl des Namens sind jedoch die Rechte Dritter, vor allem aus § 12, §§ 5, 15 MarkenG, sowie das Irreführungsverbot zu beachten; letzteres verbietet insb. Zusätze wie „und Partner", „GbR mbH" und „& Co.", vgl Palandt/*Sprau* § 705 Rn 22. 12

[6] **Sitz.** Die Angabe eines Geschäftssitzes ist zwar nicht zwingend und auch rechtlich, insb. gewerbe- oder steuerrechtlich nicht konstitutiv, aber im Interesse des Rechtsverkehrs zweckmäßig. Anzugeben ist der Ort der Geschäftsleitung bzw Hauptverwaltung. 13

[7] **Beteiligung.** Von der Beteiligung der Gesellschafter an der Gesellschaft leiten sich – nach Maßgabe der gesellschaftsvertraglichen oder gesetzlichen Regelung – der Anteil an einem etwaigen Gesellschaftsvermögen (näher hierzu § 718), die Gewinn- und Verlustbeteiligung (näher hierzu § 721) und die Stimmrechte ab. 14

[8] **Beiträge.** Nach der gesetzlichen Regelung sind die Gesellschafter gegenüber der GbR nicht zur Erbringung von finanziellen Beiträgen verpflichtet; § 706 statuiert insoweit keine Beitragspflicht. Auch kennt das GbR-Recht keine Verpflichtung der Gesellschafter zur Kapitalaufbringung oder zu einer (Mindest-)Kapitalausstattung. Hierzu bedarf es daher entsprechender Vereinbarungen im Gesellschaftsvertrag, zumal regelmäßig die Leistung von Beiträgen zur Erreichung und Förderung des Gesellschaftszweckes unverzichtbar ist. Einzelheiten zu Regelungen betreffend Beiträgen/Einlagen s. §§ 706 f und Gesellschaftsvermögen s. § 718. 15

[9] **Geschäftsführung.** In der konkreten Ausgestaltung der Geschäftsführung sind die Gesellschafter weitestgehend frei; die diesbezüglichen Regelungen in §§ 709–713 sind dispositiv; allerdings muss der Grundsatz der Selbstorganschaft beachtet werden. 16

[10] **Ressortaufteilung.** Das Muster wählt eine – gesetzlich nicht vorgesehene – Ressortaufteilung, dh die Geschäftsführungsbefugnisse der Gesellschafter werden in gegenständlicher Hin- 17

sicht auf bestimmte Aufgaben und Verantwortungsbereiche beschränkt, vgl hierzu NK-BGB/*Heidel/Pade* § 709 Rn 13 und § 710 Rn 2.

18 [11] **Alternative Gestaltungen.** Möglich sind auch folgende gesellschaftsvertragliche Regelungen:

- einstimmige Gesamtgeschäftsführung aller Gesellschafter, § 709 Abs. 1 (gesetzlicher Regeltyp);
- mehrheitliche Gesamtgeschäftsführung, § 709 Abs. 2;
- Einzelgeschäftsführung eines einzigen Gesellschafters, § 710 S. 1 Alt. 1;
- Gesamtgeschäftsführung einzelner Gesellschafter, § 710 S. 1 Alt. 2;
- Einzelgeschäftsführungsbefugnis aller Gesellschafter, § 711 S. 1 Alt. 1;
- Einzelgeschäftsführungsbefugnis einzelner Gesellschafter, § 711 S. 1 Alt. 2 sowie
- Kombinationen

Zu den entsprechenden Formulierungen s. Muster zu §§ 709–711 sowie vertiefend NK-BGB/*Heidel/Pade* § 709 Rn 13 ff.

19 [12] **Vertretungsmacht.** Das Muster sieht – abweichend von der gesetzlichen Vermutungsregel des § 714 (Gesamtvertretungsmacht) – Einzelvertretungsmacht vor. Geschäftsführungsbefugnis und Vertretungsmacht können – wie hier – unterschiedlich ausgestaltet sein, aber auch – dies überwiegt in der Praxis – gleichlaufen, zu den Einzelheiten s. § 714.

20 [13] **Gesellschafterbeschlüsse.** Die Willensbildung der Gesellschafter in der GbR erfolgt durch Gesellschafterbeschlüsse; spezielle Formvorschriften über das Zustandekommen von Beschlüssen enthalten die §§ 705 ff nicht; es gelten daher die allg. Regelungen der §§ 104 ff, insb. über Willenserklärungen, NK-BGB/*Heidel/Pade* § 709 Rn 29.

21 [14] **Angelegenheiten der Gesellschaft.** Das Gesetz enthält nur wenige Vorgaben, wonach die Gesellschafter Entscheidungen durch Gesellschafterbeschluss zu treffen haben, so in §§ 712 Abs. 1, 715 iVm 712 Abs. 1, 728 Abs. 1 S. 2 sowie nach hM bei § 737 S. 2. Darüber hinaus haben die Gesellschafter auch über die Angelegenheiten zu entscheiden, die nicht Geschäftsführungsmaßnahmen nach § 709 sind. Hierzu gehören namentlich Beschlussgegenstände, die Grundlagengeschäfte oder die Binnenorganisation der Gesellschaft zum Inhalt haben, vgl NK-BGB/*Heidel/Pade* § 709 Rn 31 – 34.

22 [15] **Gesellschafterversammlung.** Im Recht der GbR ist die Gesellschafterversammlung als eigenes Gesellschaftsorgan nicht verankert. Der Entscheidungsprozess in der Gesellschaft verlangt daher nicht die Abhaltung von Gesellschafterversammlungen. Der Gesellschaftsvertrag kann aber – wie im Muster – vorsehen, dass die Gesellschaft grundsätzlich in Gesellschafterversammlungen zu entscheiden hat.

23 [16] **Formalia.** Zweckmäßigerweise sollten im Bedarfsfalle, da das Gesetz hierzu schweigt, aus Gründen der Rechtsklarheit Regelungen zur Einberufung (Form, Frist, Zuständigkeit), Ablauf (Versammlungsleitung, Protokoll, Versammlungsort), Beschlussfassung (Beschlussfähigkeit, Bevollmächtigung, Folgen bei Beschlussunfähigkeit) aufgenommen werden. Hier ist eine Orientierung und Anlehnung an die GmbH-Regeln sinnvoll und empfehlenswert. Von der Darstellung weiterer Einzelheiten an dieser Stelle wird insoweit abgesehen.

24 [17] **Vereinfachungen** dieser Art sind ratsam, da sie die Flexibilität erhöhen und unnötigen Formalismus vermeiden helfen.

25 [18] **Beschlussfassung.** Im Recht der GbR gilt der Grundsatz der Einstimmigkeit, vgl § 709. Hiervon kann der Gesellschaftsvertrag für die Abstimmung unter den Gesellschaftern abweichen und zB die einfache oder eine bestimmte qualifizierte Mehrheit vorsehen.

26 [19] **Abstimmung.** Nach dem gesetzlichen Leitbild wird in der GbR nach Köpfen abgestimmt, vgl § 709 Abs. 2, dh jeder Gesellschafter hat unabhängig von der Höhe seiner Beteiligung eine Stimme. Der Gesellschaftsvertrag kann eine andere Regelung vorsehen; im Muster wurde – wie

in der Praxis regelmäßig der Fall – eine Abstimmung nach der Höhe der Gesellschaftsanteile gewählt. Denkbar sind auch andere Modelle wie die Gewährung von Vetorechten oder Mehrfachstimmrechten (vgl NK-BGB/*Heidel/Pade* § 709 Rn 37 f) – Formulierungsvorschlag:

▶ Jeder Gesellschafter hat eine Stimme; die Stimme des Gesellschafters A zählt bei der Abstimmung jedoch doppelt. ◀

[20] **Geschäftsjahr.** Bei der GbR entspricht das Geschäftsjahr dem Kalenderjahr, vgl § 4 a Abs. 1 Nr. 3 EStG. Das Gründungsjahr ist ein Rumpfgeschäftsjahr. 27

[21] **Buchführung und Rechnungsabschluss.** Einzelheiten s. Muster zu § 721. 28

[22] **Gewinn- und Verlustverteilung.** Die Ergebnisverteilung erfolgt im Muster abweichend von § 722 Abs. 1 nicht nach Köpfen, sondern nach der Höhe der Beteiligung. Einzelheiten s. Muster zu § 722. 29

[23] **Verfügungen über den Gesellschaftsanteil.** Erläuterungen und Varianten s. Muster zu § 719. 30

[24] **Dauer.** Nach der gesetzlichen Regelung kann eine Gesellschaft auf unbestimmte Zeit (§ 723 Abs. 1 S. 1), auf bestimmte Zeit (§ 723 Abs. 1 S. 2) oder auf Lebenszeit (§ 724) eingegangen werden. Die Bestimmung der Dauer der Gesellschaft im Gesellschaftsvertrag ist schon deshalb empfehlenswert, da davon die Kündigungsmöglichkeiten abhängen. Zu den möglichen Regelungen s. Muster zu §§ 723, 724. 31

[25] **Kündigung.** Die Kündigung stellt den wichtigsten der gesetzlichen Auflösungsgründe dar. Sie entfaltet als Gestaltungsrecht erst Wirksamkeit, wenn sie allen Mitgesellschaftern zugegangen ist, Hk-BGB/*Saenger* § 723 Rn 2. Die Arten der Kündigung sind in §§ 723–725 geregelt. Zu den näheren Einzelheiten s. dort. 32

[26] **Ausschluss.** Ein Ausschluss eines Gesellschafters aus der Gesellschaft ist gem. § 737 Abs. 1 S. 1 nur zulässig, wenn 33

- der Gesellschaftsvertrag eine sog. Fortsetzungsklausel enthält (§ 13 des Musters) und
- ein wichtiger Grund in der Person des ausscheidenden Gesellschafters gegeben ist, hierzu näher Rn 35 und § 737 Rn 7.

Das Ausschlussrecht steht den übrigen Gesellschaftern gemeinschaftlich zu, § 737 S. 2. Dies bedeutet zweierlei: Der auszuschließende Gesellschafter hat kein Stimmrecht; die übrigen Gesellschafter haben den Ausschluss einstimmig zu beschließen, s. hierzu Muster zu § 737. Im Gesellschaftsvertrag kann hiervon abweichend vereinbart werden, dass eine (qualifizierte) Mehrheitsentscheidung genügt oder einem bestimmten Mitgesellschafter ein einseitiges Recht zur Hinauskündigung eingeräumt wird, vgl MüKo-BGB/*Ulmer/Schäfer* § 737 Rn 13. Allerdings ist bei solchen Regelungen Zurückhaltung geboten, da der Ausschluss eines Gesellschafters die Grundlagen der Gesellschaft betrifft. 34

[27] **Hinauskündigungsrecht.** Das Gesetz verlangt für den Ausschluss eines Gesellschafters das Vorliegen eines wichtigen Grundes in der Person des auszuschließenden Gesellschafters. Da die Regelung dispositiv ist, genügt anerkanntermaßen für den Ausschluss auch ein (sonstiger) sachlicher Grund, vgl MüKo-BGB/*Ulmer/Schäfer* § 737 Rn 16. 35

Eine Regelung im Gesellschaftsvertrag hingegen, die den Ausschluss in das freie Ermessen der anderen Gesellschafter stellt, ist nach hM grundsätzlich nichtig, vgl Hk-BGB/*Saenger* § 737 Rn 5. Eingehend zu dieser Streitfrage mwN MüKo-BGB/*Ulmer/Schäfer* § 737 Rn 17 ff. 36

[28] **Tod eines Gesellschafters.** Nach der gesetzlichen Regelung wird die Gesellschaft durch den Tod eines Gesellschafters aufgelöst, § 727 Abs. 1. Da dies in den seltensten Fällen gewollt ist, muss der Gesellschaftsvertrag, um diese Folge zu vermeiden, eine sog. Fortsetzungsklausel (wie im Muster in § 13) enthalten, § 736 Abs. 1. Diese führt dazu, dass die Gesellschaft unter den verbleibenden Gesellschaftern ohne die Erben des verstorbenen Gesellschafters fortgeführt 37

wird; die Erben erhalten dann einen Abfindungsanspruch gegen die Gesellschaft gemäß § 738 Abs. 1. Statt einer Fortsetzungsklausel können im Gesellschaftsvertrag auch diverse Nachfolgeregelungen vereinbart werden (s. hierzu Muster zu § 727).

38 [29] **Ausscheiden eines Gesellschafters.** Um die Auflösung der Gesellschaft als gesetzliche Folge des Ausscheidens eines Gesellschafters (§§ 723, 728 f) zu vermeiden, müssen die Gesellschafter zwingend den Fortbestand der Gesellschaft vereinbaren. Eine solche Fortsetzungsklausel ist gesellschaftsvertraglicher Standard.

39 Die Fortsetzungsklausel bewirkt, dass der Gesellschafter mit Eintritt des Ausscheidensgrundes automatisch, dh ohne dass es eines Gesellschafterbeschlusses oder einer weiteren Erklärung bedarf, aus der Gesellschaft ausscheidet und diese ohne ihn unter iÜ fortbestehender Identität mit den verbleibenden Gesellschaftern fortgeführt wird (Hk-BGB/*Saenger* § 736 Rn 3). Diesen wächst der Gesellschaftsanteil des ausscheidenden Gesellschafters an, § 738 Abs. 1 S. 1.

40 [30] **Übernahmeklausel.** Die GbR setzt begrifflich mindestens zwei Gesellschafter voraus; das Ausscheiden eines Gesellschafters aus einer zweigliedrigen Gesellschaft hat daher zwingend zur Folge, dass die Gesellschaft trotz Fortsetzungsklausel endet. Hier bedarf es einer Übernahmeklausel, wonach der einzige verbleibende Gesellschafter den Anteil des Ausscheidenden erhält. Die Übernahme vollzieht sich nicht durch Einzelübertragung der Vermögensgegenstände, sondern durch Gesamtrechtsnachfolge unter Umwandlung des Gesamthandseigentums in Alleineigentum des Übernehmers (Hk-BGB/*Saenger* § 736 Rn 5, MüKo-BGB/*Ulmer/Schäfer* § 730 Rn 1).

41 [31] **Abfindung.** Dem ausscheidenden Gesellschafter steht nach § 738 ein Abfindungsanspruch zu, Einzelheiten s. Muster zu §§ 738–740.

42 [32] **Sonstige Regelungen im unternehmerischen Bereich.** Im Unterschied zu kapitalistisch ausgestalteten Gesellschaften ist es bei Gesellschaften im unternehmerischen, insbesondere freiberuflichen Bereich, bei denen die Gesellschafter ihre Arbeitskraft in die Gesellschaft einbringen, regelmäßig zu empfehlen, weitere Gesellschafterrechte und -pflichten im Gesellschaftsvertrag zu statuieren; namentlich sind an Regelungen zu Konkurrenztätigkeit, Krankheit, Urlaub u.a. zu denken. Gesetzliche Vorgaben finden sich hierzu in den §§ 705 ff nicht; ein Wettbewerbsverbot kann sich allerdings aus der Treuepflicht der Gesellschafter ergeben, näher hierzu MüKo-BGB/*Ulmer* § 705 Rn 235 ff.

43 Gestaltungsvorschläge:

▶ **Wettbewerbsverbot**

Den Gesellschaftern ist es nicht gestattet, mit der Gesellschaft unmittelbar oder mittelbar unter eigenem oder fremden Namen im Geschäftszweig der Gesellschaft tätig zu werden oder sich an einem Unternehmen des gleichen Geschäftszweigs unmittelbar oder mittelbar zu beteiligen. ◀

▶ **Urlaub**

Jeder Gesellschafter hat Anspruch auf Urlaub von 30 Arbeitstagen pro Jahr. Der Urlaub ist rechtzeitig mit den anderen Gesellschaftern abzustimmen. Während des Urlaubs vertreten sich die Gesellschafter wechselseitig. ◀

▶ **Krankheit**

(1) Erkrankt ein Gesellschafter oder wird er berufsunfähig, behält er seine bisherige Gewinnbeteiligung für die Dauer von sechs Monaten. Danach reduziert sich sein Gewinnanteil für die Dauer von weiteren sechs Monaten auf 50 % seines bisherigen Anteils. Danach erlischt die Gewinnbeteiligung für die Dauer der Erkrankung oder Berufsunfähigkeit vollständig.

(2) Der Gesellschafter kann durch Beschluss der anderen Gesellschafter aus der Gesellschaft ausgeschlossen werden, wenn er wegen vollständiger oder teilweiser Berufsunfähigkeit oder wegen Krankheit seine Tätigkeit in der Gesellschaft länger als ein Jahr nicht ausgeübt hat. ◀

§ 706 Beiträge der Gesellschafter

(1) Die Gesellschafter haben in Ermangelung einer anderen Vereinbarung gleiche Beiträge zu leisten.
(2) [1]Sind vertretbare oder verbrauchbare Sachen beizutragen, so ist im Zweifel anzunehmen, dass sie gemeinschaftliches Eigentum der Gesellschafter werden sollen. [2]Das Gleiche gilt von nicht vertretbaren und nicht verbrauchbaren Sachen, wenn sie nach einer Schätzung beizutragen sind, die nicht bloß für die Gewinnverteilung bestimmt ist.
(3) Der Beitrag eines Gesellschafters kann auch in der Leistung von Diensten bestehen.

A. Vertragsgestaltung

I. Einlagen

1. Muster: Bareinlage, § 706 Abs. 1 1

▶ Die Gesellschafter A und B leisten eine Bareinlage in Höhe von je EUR 10.000,00. Die Einlagen sind sofort fällig und auf das Konto der GbR ... zu bezahlen.[1] ◀

2. Muster: Sacheinlage, § 706 Abs. 2 2

▶ Der Gesellschafter C bringt als Sacheinlage unter Ausschluss jeglicher Gewährleistung die in der dem Gesellschaftsvertrag beigefügten Anlage 1 aufgelisteten Gegenstände in die Gesellschaft ein.[2] Anlage 1 ist Vertragsbestandteil. Die Gesellschafter bemessen den Wert der eingebrachten Gegenstände auf insgesamt 10.000,00 EUR.[3] ◀

3. Muster: Dienstleistungen, § 706 Abs. 3 3

▶ Die Gesellschafter A, B und C sind verpflichtet, der Gesellschaft ihre volle Arbeitskraft zur Verfügung zu stellen.[4] Nebentätigkeiten bedürfen der Zustimmung aller Gesellschafter. ◀

II. Erläuterungen und Varianten

[1] **Beiträge.** Als Beitragsleistungen kommen alle Arten von Leistungen in Betracht, zB Geld, Sachen, Rechte, immaterielle Wirtschaftsgüter. Die Art der Beitragspflicht richtet sich nach dem Gesellschaftsvertrag. Näher zu den einzelnen Arten NK-BGB/*Heidel/Pade* § 706 Rn 3; Palandt/*Sprau* § 706 Rn 4. 4

[2] **Sachbeiträge.** Sachen (auch Sachgesamtheiten) können auf drei Arten eingebracht werden: Einbringung zu Eigentum (so die Vermutungsregel des § 706 Abs. 2 S. 1), dem Werte nach oder zur bloßen Nutzung. Näher hierzu MüKo-BGB/*Ulmer/Schäfer* § 706 Rn 9, 11 ff. 5

[3] **Bewertung.** Die Gesellschafter sind in der Bewertung der Beiträge bis zur Grenze der Sittenwidrigkeit frei, Hk-BGB/*Saenger* § 706 Rn 2. 6

[4] **Dienstleistungen.** Die Tätigkeit für die GbR ist vor allem bei Freiberuflersozietäten ein elementarer Beitrag. Leistet der Gesellschafter Dienste als Beitrag, entsteht daneben kein Dienstverhältnis im Sinne von §§ 611 ff. Nach der gesetzlichen Konzeption erhalten die Gesellschafter auch kein Entgelt für ihre Tätigkeit, sondern haben lediglich Anspruch auf Aufwendungsersatz gemäß §§ 713, 670. Die Parteien können jedoch eine – gewinnunabhängige – Tätigkeitsvergütung im Gesellschaftsvertrag vereinbaren. Einzelheiten und rechtliche Einordnung sind umstritten (vgl MüKo-BGB/*Ulmer/Schäfer* § 709 Rn 26, 32 mwN). 7

8 Eine Vergütungsregelung kann lauten wie folgt:

▶ Jeder Gesellschafter erhält für seine Tätigkeit unabhängig von der Erzielung eines Gewinns eine feste monatliche Vergütung in Höhe von EUR ..., zahlbar zum Ende des Monats. Im Verhältnis der Gesellschaft zueinander ist die Vergütung als Aufwand der Gesellschaft zu behandeln. ◀

B. Prozess

9 I. Muster: Klage gegen einen Gesellschafter auf Erbringung seiner Einlage

▶ An das

Amtsgericht/Landgericht ...

Klage

der ABC GbR, vertreten durch die Gesellschafter ...

– Klägerin –[1]

gegen

...

– Beklagter –

wegen Forderung

Namens und in Vollmacht der Klägerin erhebe ich Klage mit folgendem

Antrag:

Der Beklagte wird verurteilt, an die Klägerin EUR ... nebst Zinsen in Höhe von 5 Prozentpunkten über dem Basiszinssatz hieraus seit ... zu zahlen.[2]

Begründung

...

Rechtsanwalt ◀

II. Erläuterungen

10 [1] **Aktivlegitimation.** Leistet ein Gesellschafter seinen gesellschaftsvertraglich vereinbarten Beitrag nicht, kann er von der Gesellschaft, gesetzlich vertreten durch die übrigen Gesellschafter, gerichtlich eingefordert werden. Mit Anerkennung der Parteifähigkeit der GbR ist es nicht mehr notwendig, dass die übrigen Gesellschafter als Kläger Leistung an die Gesellschaft verlangen. Möglich ist aber auch, dass ein einzelner Gesellschafter im Rahmen der sog. actio pro socio Klage auf Leistung an die Gesellschaft erhebt; zu den Einzelheiten und Besonderheiten s. Muster zu § 708.

11 [2] **Sozialanspruch.** Der Anspruch auf Beitragsleistung steht als Sozialanspruch der Gesellschaft zu. Der im Klageantrag bestimmt zu formulierende Inhalt der Beitragspflicht ergibt sich aus dem Gesellschaftsvertrag (vgl Hk-BGB/*Saenger* § 706 Rn 2).

§ 707 Erhöhung des vereinbarten Beitrags

Zur Erhöhung des vereinbarten Beitrags oder zur Ergänzung der durch Verlust verminderten Einlage ist ein Gesellschafter nicht verpflichtet.

I. Muster: Beitragserhöhung durch Gesellschafterbeschluss 1

▶ **Protokoll der Gesellschafterversammlung der ABC GbR** 547

am ■■■ in ■■■

Anwesend: ■■■

Feststellungen:[1]

■■■

Tagesordnungspunkte:

TOP 1 Erhöhung der Beiträge

Das Geschäftsjahr endete mit einem außerplanmäßigen Verlust der Gesellschaft in Höhe von ■■■ EUR

Beschluss:[2]

Wir, die Gesellschafter A, B und C beschließen einstimmig:[3]

Die Gesellschafter A, B und C zahlen zum Ausgleich des Verlustes der Gesellschaft im Geschäftsjahr ■■■ einen Betrag in Höhe von jeweils ■■■ EUR bis spätestens ■■■ auf das Konto der Gesellschaft ■■■ ◀

II. Erläuterungen und Varianten

[1] **Formalia.** Hier sind entsprechend etwaiger gesellschaftsvertraglicher Vorgaben Feststellungen zu Ladung, Versammlungsleitung, Protokollführung, Beschlussfähigkeit zu machen. 2

[2] **Voraussetzungen.** Während der Dauer der Gesellschaft (anders bei Ausscheiden eines Gesellschafters, § 739, oder Liquidation, § 735) sind die Gesellschafter von Gesetzes wegen nicht zur Erhöhung ihrer gesellschaftsvertraglich festgelegten Beiträge verpflichtet – Mehrbelastungsverbot. Eine Beitragserhöhung kann allerdings begründet werden durch 3

- einen Gesellschafterbeschluss (Muster) oder
- eine entsprechende Regelung bereits im Gesellschaftsvertrag oder
- Änderung des ursprünglichen Gesellschaftsvertrages, die dann der Zustimmung sämtlicher Gesellschafter bedarf.

Statuiert bereits der Gesellschaftsvertrag eine Verpflichtung zur Beitragserhöhung, bedarf es insoweit einer eindeutigen Regelung, die auch die Höhe bestimmt oder zumindest objektiv bestimmbar festlegt (vgl näher NK-BGB/*Heidel/Pade* § 707 Rn 4). 4

[3] **Mehrheitserfordernisse.** Unzweifelhaft zulässig sind einstimmig beschlossene Beitragserhöhungen. Problematisch ist, ob solche auch mittels Mehrheitsbeschluss durchsetzbar sind. Grundvoraussetzung ist, dass der Gesellschaftsvertrag dies ausdrücklich zulässt, wobei iÜ der Bestimmtheitsgrundsatz und die Kernbereichslehre zu beachten sind (vgl hierzu Hk-BGB/*Saenger* § 707 Rn 2, NK-BGB/*Heidel/Pade* § 707 Rn 5). 5

Formulierungsvorschlag: 6

▶ Die Gesellschafter können mit einer Mehrheit von 75 % der Stimmen die Erhöhung der Beiträge aller Gesellschafter um max. ■■■ EUR je Gesellschafter beschließen, sofern das Interesse der Gesellschaft dies erfordert. ◀

§ 708 Haftung der Gesellschafter

Ein Gesellschafter hat bei der Erfüllung der ihm obliegenden Verpflichtungen nur für diejenige Sorgfalt einzustehen, welche er in eigenen Angelegenheiten anzuwenden pflegt.

1 A. Muster: Schadensersatzklage der Gesellschaft(er) gegen einen Gesellschafter

▶ An das
Amtsgericht/Landgericht ▪▪▪

Klage

des ▪▪▪

– Kläger –[1]

gegen

▪▪▪

– Beklagter –

wegen Schadensersatz[2]

Streitwert vorläufig: ▪▪▪ EUR

Namens und in Vollmacht des Klägers erhebe ich Klage zum örtlich und sachlich zuständigen Amtsgericht/Landgericht ▪▪▪ mit folgendem

Antrag:

Der Beklagte wird verurteilt, an die ABC GbR[3] ▪▪▪ EUR nebst Zinsen hieraus in Höhe von 5 Prozentpunkten über dem Basiszinssatz seit ▪▪▪ zu zahlen.

Begründung[4]

1. Die Parteien sind Gesellschafter der ABC GbR und gem. § ▪▪▪ des Gesellschaftsvertrages gemeinschaftlich zur Führung der Geschäfte befugt.
   Beweis: Gesellschaftsvertrag, als Anlage K 1
   Die Gesellschaft erwarb am ▪▪▪ eine Maschine zu einem Kaufpreis in Höhe von ▪▪▪ EUR.
   Beweis: Kaufvertrag vom ▪▪▪, als Anlage K 2
   Bereits ca. zwei Monate nach dem Erwerb teilte der Beklagte mit, er wolle die Maschine baldmöglichst wieder veräußern und habe diesbezüglich bereits Vertragsverhandlungen mit einem Interessenten aufgenommen. Der Kläger widersprach dem Ansinnen mit Schreiben vom ▪▪▪, zumal die Gesellschaft auf die Maschine dringend angewiesen und ein Verkauf nur mit erheblichem Verlust möglich war.
   Beweis: Schreiben des Klägers vom ▪▪▪, als Anlage K 3
   Der Beklagte setzte sich jedoch darüber hinweg und verkaufte die Maschine weit unter Wert mit Kaufvertrag vom ▪▪▪
   Beweis: Kaufvertrag vom ▪▪▪, als Anlage K 4
   Durch das eigenmächtige Handeln des Beklagten ist der Gesellschaft folgender Schaden entstanden: ▪▪▪
2. Die übrigen Gesellschafter der ABC GbR waren bislang ohne nähere Begründung nicht bereit, an der Durchsetzung des Schadensersatzanspruchs gegen den Beklagten mitzuwirken.[5]
3. Der Kläger ist gegenüber der Gesellschaft zum Schadensersatz verpflichtet, da er seine gesellschaftsvertragliche Geschäftsführungsbefugnis überschritten hat. Er war nicht berechtigt, das

Geschäft auszuführen, nachdem der Kläger widersprochen hatte, § 711 S. 2 BGB. Der Beklagte hat die Pflichtverletzung auch zu vertreten, da er sich der Überschreitung seiner Geschäftsführungskompetenz nach dem Widerspruch des Klägers bewusst war; er kann sich daher infolge seines eigenmächtigen vorsätzlichen Handelns auch nicht auf das Haftungsprivileg der §§ 708, 277 BGB berufen.[6] Durch sein Verhalten ist der Gesellschaft der näher bezifferte Schaden entstanden.

4. Verzugszinsen ■■■

■■■

Rechtsanwalt ◄

B. Erläuterungen

[1] **Actio pro socio.** Verletzt ein Gesellschafter im Innenverhältnis seine Pflichten gegenüber der Gesellschaft, so kann der daraus resultierende Schaden von der Gesellschaft, diese vertreten durch die übrigen Gesellschafter, eingefordert werden (s. auch § 706 Rn 10). Daneben steht jedem Gesellschafter, unabhängig von seiner Geschäftsführungs- und Vertretungsbefugnis, das Recht zu, ohne Mitwirkung der anderen Gesellschafter die Ansprüche der Gesellschaft im eigenen Namen geltend zu machen, sog. actio pro socio. Dieses Einzelklagerecht beschränkt sich aber nur auf Sozialansprüche, dh auf Verpflichtungen der Gesellschafter gegenüber der Gesellschaft, die ihren Ursprung im Gesellschaftsverhältnis haben; das sind vor allem: Beitragspflicht (§§ 706, 707); Pflicht zur Geschäftsführung oder – wie im Muster – Schadensersatzpflicht wegen Verletzung von Gesellschafter- und/oder Geschäftsführerbefugnissen. Nicht umfasst von der actio pro socio ist hingegen die Geltendmachung einer Forderung der Gesellschaft gegenüber einem Gesellschafter auf einem vom Gesellschaftsverhältnis unabhängigen Schuldverhältnis sowie die Forderung der Gesellschaft im Außenverhältnis gegenüber Dritten, vgl Hk-BGB/*Saenger* § 705 Rn 14. Näheres zur actio pro socio und deren Voraussetzungen unten Rn 4 ff. 2

[2] **Gesellschafterhaftung.** Eine Haftung des Gesellschafters auf Schadensersatz kommt insb. in folgenden Fällen in Betracht: 3

- Verstoß gegen gesellschaftsvertragliche Verpflichtungen oder gegen die gesellschaftsrechtliche Treuepflicht, etwa durch Verwendung von Gesellschaftsvermögen für eigene Zwecke, unberechtigte Geldentnahmen, Vornahme von Geschäften zu Lasten der Gesellschaft unter Missachtung eines Wettbewerbsverbots sowie
- Zuwiderhandlungen als Geschäftsführer der Gesellschaft, wobei hier zwei Untergruppen denkbar sind:
  - Pflichtverletzungen im Rahmen der Geschäftsführungsbefugnis oder
  - Überschreitung von Geschäftsführungsbefugnissen, zB durch Missachtung von Mitwirkungs- und Zustimmungserfordernissen der Mitgesellschafter oder Übergehen eines Widerspruchs gegen eine Geschäftsführungsmaßnahme.

[3] **Antrag.** Bei der actio pro socio (s. Rn 1) kann der einzelne Gesellschafter nicht Leistung an sich, sondern nur an die Gesellschaft verlangen. Nach heute ganz hM liegt ein Fall der Prozessstandschaft vor (NK-BGB/*Heidel/Pade* Anhang zu § 705 Rn 35, MüKo-BGB/*Ulmer* § 705 Rn 205 ff). Zu den materiellen Voraussetzungen s. Rn 8 f. 4

Daraus ergeben sich folgende prozessuale Konsequenzen: Macht die Gesellschaft den selben Anspruch parallel in einem eigenen Klageverfahren geltend, steht insoweit nicht die anderweitige Rechtshängigkeit entgegen; es entfällt aber das Rechtsschutzbedürfnis; der allein klagende Kläger hat daher den Rechtsstreit für erledigt zu erklären, andernfalls wird dessen Klage unzulässig (vgl MüKo-BGB/*Ulmer* § 705 Rn 14). 5

Zu beachten ist, dass der Gesellschafter nicht über die der GbR zustehende Klageforderung verfügen darf, zB durch Erlass, Verzicht, Vergleich usw. Das Verfügungsrecht steht allein der Gesellschaft zu (NK-BGB/*Heidel/Pade* Anhang zu § 705 Rn 36). 6

7 [4] Die **Darlegungs- und Beweislast** für die Pflichtverletzung, Kausalität, Verschulden (hierzu näher Rn 8) und Schaden trägt nach allgemeinen Grundsätzen der Kläger (NK-BGB/*Heidel/Pade* § 708 Rn 17).

8 [5] **Klagevortrag.** Die dogmatischen Grundlagen und Voraussetzungen der actio pro socio sind im Einzelnen umstritten. Nach heute hM ist die actio pro socio subsidiär und gibt ein Klagerecht eines einzelnen Gesellschafters erst, wenn die Gesellschaft bzw die zuständigen Gesellschafter-geschäftsführer ihrer Pflicht, gegen den Gesellschafter vorzugehen, trotz Aufforderung nicht nachkommen. Fehlt es an dieser Voraussetzung, wäre nach dieser Ansicht die Klage bereits unzulässig (vgl MüKo-BGB/*Ulmer* § 705 Rn 210). Der Kläger hat daher vorsorglich hierzu vorzutragen und Beweis anzubieten (vgl näher NK-BGB/*Heidel/Pade* Anhang zu § 705 Rn 34 ff; MüKo-BGB/*Ulmer* § 705 Rn 211 f).

9 Zusammenfassend ist daher zur Vortragsdichte bei einer actio pro socio Folgendes zu beachten:
- Gesellschafterstellung des Klägers;
- Sozialanspruch der Gesellschaft gegen einzelnen Gesellschafter;
- Geltendmachung des Anspruchs im Interesse der Gesellschaft;
- keine Durchsetzung des Anspruchs seitens der Gesellschaft bzw der zuständigen Gesellschafter (streitig).

10 [6] **Haftungsmaßstab.** Für den Kläger genügt es zunächst, unabhängig von dem Haftungsmaßstab des § 708 ein Verschulden gem. § 276 darzulegen; den in Anspruch genommenen Beklagten trifft die Darlegungs- und Beweislast für die Haftungsprivilegierung des – dispositiven – § 708, der die Haftung auf die Sorgfalt in eigenen Angelegenheiten beschränkt, § 277 (vgl Hk-BGB/*Saenger* § 708 Rn 8).

§ 709 Gemeinschaftliche Geschäftsführung

(1) Die Führung der Geschäfte der Gesellschaft steht den Gesellschaftern gemeinschaftlich zu; für jedes Geschäft ist die Zustimmung aller Gesellschafter erforderlich.
[2] Hat nach dem Gesellschaftsvertrag die Mehrheit der Stimmen zu entscheiden, so ist die Mehrheit im Zweifel nach der Zahl der Gesellschafter zu berechnen.

A. Gemeinschaftliche Geschäftsführung, § 709 Abs. 1

1 I. Muster: Einstimmige Gesamtgeschäftsführung

▶ Die Führung der Geschäfte[1] steht den Gesellschaftern gemeinschaftlich zu,[2] sofern sie im Einzelfall nicht eine abweichende Regelung treffen. ◀

II. Erläuterungen

2 [1] Die **Geschäftsführung** betrifft in Abgrenzung zur Vertretung das Innenverhältnis der Gesellschafter zueinander und umfasst jede für die GbR entfaltete Tätigkeit tatsächlicher oder rechtsgeschäftlicher Art, die dem Gesellschaftszweck dient. Nicht gedeckt von der Geschäftsführung und hiervon dogmatisch zu trennen sind sog. Grundlagengeschäfte, die die Gesellschaft als solche betreffen, wie Änderungen des Gesellschaftsvertrages, Beitragserhöhungen, Umwandlung, Auflösung der Gesellschaft.

[2] **Einstimmigkeit.** Das Gesetz geht in § 709 Abs. 1 von der einstimmigen Gesamtgeschäftsführung aus. Wirkt nur ein Gesellschafter nicht mit, hat die Geschäftsführungsmaßnahme zu unterbleiben. Aufgrund der damit einhergehenden Schwerfälligkeit und des Risikos, dass ein Gesellschafter die Geschäftstätigkeit der Gesellschaft blockieren kann, ist die einstimmige Gesamtgeschäftsführung allenfalls bei kleineren Gesellschaften mit überschaubaren Geschäftsführungsaufgaben sachgerecht. Regelmäßig wird in der Praxis § 709 durch flexiblere gesellschaftsvertragliche Regelungen abbedungen (hierzu Muster zu §§ 710, 711). 3

B. Mehrheitsentscheid, § 709 Abs. 2

I. Muster: Mehrheitliche Gesamtgeschäftsführung 4

▶ Die Führung der Geschäfte steht den Gesellschaftern gemeinschaftlich zu; sie entscheiden mit einer Mehrheit von 2/3 der vorhandenen Stimmen.[1] ◀

II. Erläuterungen

[1] **Mehrheit.** Die Schwerfälligkeit der Gesamtgeschäftsführung kann, sofern sie als solche beibehalten werden soll, dadurch abgemildert werden, dass die Gesellschafter mit Mehrheit entscheiden, § 709 Abs. 2. Nach der dortigen Vermutungsregelung bestimmt sich die Mehrheit nach der Zahl der Gesellschafter; abweichend hiervon kann im Gesellschaftsvertrag das Stimmrecht an die Höhe der Beteiligung am Gesellschaftsvermögen gekoppelt werden (vgl Hk-BGB/*Saenger* § 709 Rn 2). 5

§ 710 Übertragung der Geschäftsführung

[1]Ist in dem Gesellschaftsvertrag die Führung der Geschäfte einem Gesellschafter oder mehreren Gesellschaftern übertragen, so sind die übrigen Gesellschafter von der Geschäftsführung ausgeschlossen. [2]Ist die Geschäftsführung mehreren Gesellschaftern übertragen, so findet die Vorschrift des § 709 entsprechende Anwendung.

A. Übertragung der Geschäftsführung auf einen Gesellschafter, § 710 S. 1 Alt. 1

I. Muster: Einzelgeschäftsführung eines Gesellschafters 1

▶ Zur Geschäftsführung ist allein der Gesellschafter A befugt.[1] Die anderen Gesellschafter sind von der Geschäftsführung ausgeschlossen.[2] ◀

II. Erläuterungen

[1] **Selbstorganschaft.** Die Geschäftsführungsbefugnis kann auf einen einzelnen Gesellschafter übertragen werden; nicht möglich ist aber, da mit dem Grundsatz der Selbstorganschaft nicht vereinbar, alle Gesellschafter von der Geschäftsführung auszuschließen und diese auf einen Dritten zu übertragen. Ein Dritter kann aber neben einem geschäftsführungsbefugten Gesellschafter mit rechtsgeschäftlicher Vollmacht gem. §§ 164 ff ausgestattet werden. 2

[2] **Folgen.** Mit der Übertragung der Geschäftsführung auf einen einzelnen Gesellschafter sind die übrigen Gesellschafter kraft Gesetzes von der Geschäftsführung ausgeschlossen; ihnen blei- 3

ben lediglich die Gesellschafterrechte, insb. das Kontrollrecht aus § 716. Ein Widerspruchsrecht gem. § 711 steht ihnen hingegen nicht zu, da diese Vorschrift gerade Geschäftsführungsbefugnis voraussetzt (s. dort sowie NK-BGB/*Heidel/Pade* § 710 Rn 3).

B. Übertragung der Geschäftsführung auf mehrere Gesellschafter, § 710 S. 1 Alt. 2

4 **I. Muster: Gesamtgeschäftsführung mehrerer Gesellschafter**

▶ Zur Geschäftsführung sind die Gesellschafter A und B gemeinschaftlich befugt. Gesellschafter C ist von der Geschäftsführung ausgeschlossen. [1] ◀

II. Erläuterungen und Varianten

5 [1] **Gestaltungsmöglichkeiten.** Die Geschäftsführungsbefugnis kann auch auf mehrere Gesellschafter unter Ausschluss der übrigen übertragen werden. Die Geschäftsführung der einzelnen Gesellschafter kann hier wiederum unterschiedlich ausgestaltet werden:

6 Einstimmigkeitsprinzip (Muster), dh die Entscheidungen sind von allen geschäftsführungsbefugten Gesellschaftern gemeinschaftlich (einstimmig) zu treffen. Dies wird nach § 710 S. 2 iVm § 709 Abs. 1 gesetzlich vermutet, sofern keine andere Vereinbarung getroffen ist.

7 Mehrheitsprinzip, dh die Gesamtgeschäftsführer entscheiden mit Mehrheit, § 710 S. 2 iVm § 709 Abs. 2. Zu den Möglichkeiten der Ausgestaltung der Mehrheitserfordernisse s. § 709 Rn 5. Gestaltungsvorschlag:

▶ Die Führung der Geschäfte steht den Gesellschaftern A, B und C gemeinschaftlich zu, wobei sie mit einer Mehrheit von 2/3 der Stimmen entscheiden. Gesellschafter D ist von der Geschäftsführung ausgeschlossen. ◀

8 Einzelgeschäftsführungsbefugnis dergestalt, dass mehreren als Geschäftsführer bestimmte Gesellschafter jeweils Recht zur Einzelgeschäftsführungsbefugnis eingeräumt wird, s. Muster zu § 711 S. 1 Alt. 2.

9 Kombination. Die Gestaltungsfreiheit lässt auch Kombinationen der vorgenannten Formen der Geschäftsführung zu; Gestaltungsvorschlag:

▶ Zur Geschäftsführung sind Gesellschafter A und B je einzeln, der Gesellschafter C nur gemeinschaftlich mit Gesellschafter A oder B befugt. Gesellschafter D ist von der Geschäftsführung ausgeschlossen. ◀

§ 711 Widerspruchsrecht

[1]Steht nach dem Gesellschaftsvertrag die Führung der Geschäfte allen oder mehreren Gesellschaftern in der Art zu, dass jeder allein zu handeln berechtigt ist, so kann jeder der Vornahme eines Geschäfts durch den anderen widersprechen. [2]Im Falle des Widerspruchs muss das Geschäft unterbleiben.

A. Vertragsgestaltung

I. § 711 S. 1 Alt. 1

1. Muster: Einzelgeschäftsführungsbefugnis aller Gesellschafter 1

553

▶ 1. Zur Geschäftsführung ist jeder Gesellschafter allein[1] berechtigt.
2. Die Geschäftsführungsbefugnis umfasst alle Geschäftsführungsmaßnahmen. Zu folgenden Maßnahmen bedarf es jedoch der vorherigen Zustimmung aller Gesellschafter:[2]
   - Erwerb, Veräußerung, Belastung von Grundstücken oder grundstücksbezogenen Rechten,
   - Abschluss von Miet- und Pachtverträgen
   - Aufnahme von Krediten sowie Übernahme von Bürgschaften
   - Abschluss von Rechtsgeschäften, die einen Betrag von ■■■ EUR übersteigen

 ◀

2. Erläuterungen und Varianten

[1] **Reichweite.** Der Gesellschaftsvertrag kann allen Gesellschaftern das Recht zur Einzelgeschäftsführung einräumen, wie dies § 711 S. 1 Alternative 1 voraussetzt. In diesem Fall sieht das Gesetz als Sicherung vor, dass die anderen (geschäftsführungsbefugten) Gesellschafter der Durchführung des Geschäfts widersprechen können (vgl Hk-BGB/*Saenger* § 711 Rn 1). 2

[2] **Begrenzung.** Als weitere Sicherung zur Begrenzung des aus der Einzelgeschäftsführung resultierenden Risikos kann im Gesellschaftsvertrag vereinbart werden, dass Geschäfte von bestimmter Tragweite für die Gesellschaft von vornherein der Zustimmung sämtlicher (oder auch der Mehrheit der) Gesellschafter bedürfen. Möglich ist, wie im Muster, die Aufzählung konkreter zustimmungspflichtiger Tatbestände oder eine Generalklausel wie folgt: 3

▶ Für Maßnahmen, die über den laufenden Geschäftsbetrieb hinausgehen, ist die Zustimmung aller Gesellschafter erforderlich. ◀

II. § 711 S. 1 Alt. 2

1. Muster: Einzelgeschäftsführungsbefugnis mehrerer 4

▶ Zur Geschäftsführung sind die Gesellschafter A und B jeweils allein berechtigt. Gesellschafter C ist von der Geschäftsführung ausgeschlossen.[1] ◀

2. Erläuterungen

[1] **Regelungsmöglichkeiten.** Möglich ist aber auch eine gesellschaftsvertragliche Regelung, wonach die Geschäftsführung nicht allen, sondern nur mehreren zustehen soll, wobei jeder von diesen einzelnen zur Geschäftsführung befugt ist, § 711 S. 1 Alternative 2. 5

B. Prozess

I. Muster: Antrag auf Erlass einer einstweiligen Verfügung wegen Widerspruchs 6

555

▶ An das
Landgericht ■■■

Antrag auf Erlass einer einstweiligen Verfügung[1]

des ■■■
– Antragsteller –[2]

gegen

■■■

– Antragsgegner –

wegen Durchsetzung eines Widerspruchsrechts

vorläufiger Streitwert: ■■■ EUR

Namens und in Vollmacht des Antragstellers beantragen wir – wegen Dringlichkeit ohne mündliche Verhandlung und durch den Vorsitzenden allein – den Erlass einer einstweiligen Verfügung mit folgendem Inhalt:[3]

Dem Antragsgegner wird es bei Meidung eines für jeden Fall der Zuwiderhandlung festzusetzenden Ordnungsgeldes bis zu 250.000,00 EUR, ersatzweise Ordnungshaft, oder Ordnungshaft bis zu sechs Monaten verboten,[4] als Geschäftsführer der ABC GbR den Gegenstand ■■■[5] zu verkaufen.

Begründung[6]

Der Antragsteller verlangt vom Antragsgegner die Unterlassung einer bestimmten Geschäftsführungsmaßnahme.

1. Die Parteien sind Gesellschafter der ABC GbR. Beiden ist im Gesellschaftsvertrag Einzelgeschäftsführungs- und Einzelvertretungsbefugnis eingeräumt.
   Glaubhaftmachung: Gesellschaftsvertrag der ABC GbR, als Anlage A 1

   Zum Gesellschaftsvermögen der ABC GbR gehört der im Antrag näher bezeichnete Gegenstand ■■■, den die Gesellschaft am ■■■ von ■■■ erworben hat.
   Glaubhaftmachung: Kaufvertrag vom ■■■, als Anlage A 2
   eidesstattliche Versicherung des Antragstellers, als Anlage A 3

   Der Antragsgegner möchte im Rahmen seiner Geschäftsführungs- und Vertretungsbefugnis den Gegenstand ■■■ an ■■■ verkaufen; er hat zu diesem Zweck bereits Vertragsverhandlungen aufgenommen.
   Glaubhaftmachung: eidesstattliche Versicherung des Antragstellers, Anlage A 3

   Der Antragsteller hat dem beabsichtigten Verkauf am ■■■ gegenüber dem Antragsgegner schriftlich widersprochen, da der Gegenstand derzeit von der Gesellschaft dringend benötigt wird und ein Verkauf nur mit erheblichem Verlust möglich ist.
   Glaubhaftmachung: Schreiben des Antragstellers vom ■■■, als Anlage A 4
   eidesstattliche Versicherung des Antragstellers, Anlage A 3

   Der Antragsgegner hält jedoch an seiner Verkaufsabsicht fest.[7]
2. Der Antragsteller hat einen im Rahmen des einstweiligen Rechtsschutzes durchsetzbaren Anspruch gegen den Antragsgegner, dass der beabsichtigte Verkauf unterbleibt.
   a) Verfügungsanspruch
   Dem Antragsteller, der ebenfalls geschäftsführungsbefugt ist, steht ein Widerspruchsrecht gegen den geplanten Verkauf zu, § 711 S. 2 BGB. Das Widerspruchsrecht ist im Gesellschaftsvertrag nicht ausgeschlossen.[8]
   Glaubhaftmachung: Gesellschaftsvertrag, Anlage A 1
   Der Widerspruch des Antragstellers ist dem Antragsgegner zugegangen; der Widerspruch ist auch im Interesse der Gesellschaft gerechtfertigt und begründet, da ■■■
   b) Verfügungsgrund
   Eine Klärung ist dringend geboten, da der Antragsgegner nach wie vor verkaufen möchte. Durch den Verkauf würde der Antragsgegner vollendete Tatsachen zu Lasten der Gesellschaft

schaffen, da der Widerspruch grundsätzlich nur im Innenverhältnis wirkt und ein Verkauf im Außenverhältnis zu dem Käufer wirksam wäre.[9]

■■■

Rechtsanwalt ◄

II. Erläuterungen

[1] **Rechtsschutz.** In Betracht kommt auch eine Durchsetzung des Widerspruchsrechts mittels Klage; der Widerspruch nach § 711 S. 2 muss jedoch vor Durchführung der Maßnahme erklärt und auch durchgesetzt werden, da er danach ins Leere geht (es bleiben dann nur Schadensersatzansprüche, vgl Muster zu § 708). Regelmäßig wird daher ein Vorgehen im Rahmen des einstweiligen Rechtsschutzes geboten sein. 7

[2] **Aktivlegitimation.** Als Antragsteller (bzw in einem Hauptsacheverfahren als Kläger) ist nur ein selbst geschäftsführungsbefugter Gesellschafter aktivlegitimiert (Hk-BGB/*Saenger* § 711 Rn 1). 8

[3] **Prozessuales.** Zu den prozessualen Einzelheiten im Rahmen des vorläufigen Rechtsschutzes s. GF-ZPO/*Haidl*, § 935 Rn 1 ff und § 940 Rn 1 ff. 9

[4] **Ordnungsmittelandrohung.** Bei der Durchsetzung des Widerspruchsrechts handelt es sich der Sache nach um eine Unterlassung einer Maßnahme, daher ist bereits im Antrag eine Ordnungsmittelandrohung gem. § 890 ZPO geboten (vgl GF-ZPO/*Haidl*, § 940 Rn 24). 10

[5] **Bestimmtheit.** Der Widerspruch ist nur beachtlich, wenn er sich auf eine konkret beabsichtigte Maßnahme bezieht; der Gegenstand des Widerspruchs muss daher genau bezeichnet werden (vgl NK-BGB/*Heidel/Pade* § 711 Rn 4). 11

[6] Im Rahmen der **Begründung** sind darzulegen und glaubhaft zu machen: 12
- Verfügungsanspruch (materielle Voraussetzungen des Widerspruchs nach § 711, hierzu Rn 13) und
- Verfügungsgrund (Dringlichkeit)

[7] Zum **Verfügungsanspruch** ist Folgendes vorzutragen und glaubhaft zu machen: 13
- Geschäftsführungsbefugnis des Antragstellers;
- rechtzeitiger Widerspruch, dh die Geschäftsführungsmaßnahme ist noch nicht ausgeführt;
- der Widerspruch darf nicht offensichtlich willkürlich oder sachfremd sein.

[8] Das **Widerspruchsrecht** ist dispositiv und kann im Gesellschaftsvertrag ausgeschlossen oder eingeschränkt sein, MüKo-BGB/*Ulmer/Schäfer* § 711 Rn 4. 14

[9] **Rechtsfolgen.** Der (wirksame) Widerspruch beseitigt in Bezug auf die geplante Maßnahme im Innenverhältnis die Geschäftsführungsbefugnis, beschränkt aber nach hM grds. nicht die Vertretungsmacht im Außenverhältnis (vgl NK-BGB/*Heidel/Pade* § 711 Rn 8, MüKo-BGB/*Ulmer/Schäfer* § 711 Rn 14 f). 15

§ 712 Entziehung und Kündigung der Geschäftsführung

(1) Die einem Gesellschafter durch den Gesellschaftsvertrag übertragene Befugnis zur Geschäftsführung kann ihm durch einstimmigen Beschluss oder, falls nach dem Gesellschaftsvertrag die Mehrheit der Stimmen entscheidet, durch Mehrheitsbeschluss der übrigen Gesellschafter entzogen werden, wenn ein wichtiger Grund vorliegt; ein solcher Grund ist insbesondere grobe Pflichtverletzung oder Unfähigkeit zur ordnungsmäßigen Geschäftsführung.
(2) Der Gesellschafter kann auch seinerseits die Geschäftsführung kündigen, wenn ein wichtiger Grund vorliegt; die für den Auftrag geltende Vorschrift des § 671 Abs. 2, 3 findet entsprechende Anwendung.

A. Vertragsgestaltung

I. § 712 Abs. 1

1 **1. Muster: Gesellschafterbeschluss**

556 ▶ **Protokoll der Gesellschafterversammlung der ABC GbR**

am ▪▪▪ in ▪▪▪

Anwesend: ▪▪▪

Feststellungen:[1]

▪▪▪

Tagesordnungspunkte:

TOP 1 Entziehung der Geschäftsführungs- und Vertretungsbefugnis des Gesellschafters C[2]

Die Gesellschafter A und B berichten von folgenden gravierenden Pflichtverletzungen des geschäftsführenden Gesellschafters C: ▪▪▪[3]

Gesellschafter C bestreitet die Verletzung seiner Pflichten als Geschäftsführer, ohne weitere Erklärungen in der Sache abzugeben.

Nach Beendigung der Aussprache stimmen die Gesellschafter über den Tagesordnungspunkt ab; Gesellschafter C nimmt an der Abstimmung nicht teil.[4]

Beschluss[5]

Wir, die Gesellschafter A und B beschließen hiermit:

Dem Gesellschafter C wird aus wichtigem Grund die Befugnis entzogen, die Geschäfte der ABC GbR zu führen[6] und die ABC GbR zu vertreten.[7] ◀

II. Erläuterungen

2 [1] **Formalia.** Hier sind alle Formalien, die insb. der Gesellschaftsvertrag vorsieht, festzuhalten wie Leitung der Versammlung, Protokollführung, form- und fristgerechte Einladung zur Gesellschafterversammlung, Beschlussfähigkeit usw.

3 [2] **Gesellschafterbeschluss.** Nach § 712 Abs. 1 erfolgt bei der GbR die Entziehung der Geschäftsführungsbefugnis und über § 715 die Entziehung der Vertretungsmacht eines Gesellschafters durch einstimmigen Gesellschafterbeschluss oder, falls nach dem Gesellschaftsvertrag die Mehrheit der Stimmen genügt, durch Mehrheitsbeschluss – im Unterschied zu Handelsgesellschaften: Hier bedarf die Entziehung der Geschäftsführungsbefugnis eines Gesellschafters der Durchsetzung im Klageweg, § 117 HGB.

[3] **Wichtiger Grund.** Die Entziehung der Geschäftsführungsbefugnis und Vertretungsmacht ist nur bei Vorliegen eines wichtigen Grundes zulässig; ein solcher liegt neben den gesetzlich genannten Gründen (grobe Pflichtverletzung oder Unfähigkeit zur ordnungsgemäßen Geschäftsführung) allgemein formuliert vor, wenn das Verhältnis der übrigen Gesellschafter zu dem Betroffenen nachhaltig gestört und es den Gesellschaftern deshalb nicht zumutbar ist, dass der geschäftsführende Gesellschafter weiterhin auf die alle Gesellschafter betreffenden Belange der Gesellschaft Einfluss nehmen kann (ständige Rspr, vgl zuletzt BGH NJW-RR 2008, 704 mwN). In diesem Zusammenhang bedarf es der Abwägung der Gesamtumstände und auch der Beachtung des Verhältnismäßigkeitsgrundsatzes. Näheres NK-BGB/*Heidel/Pade* § 712 Rn 7 f; MüKo-BGB/*Ulmer/Schäfer* § 712 Rn 9 – 11. 4

[4] **Stimmverbot.** Der betroffene Gesellschafter darf – so bereits der Wortlaut des § 712 Abs. 1 („übrige Gesellschafter") wegen der Interessenkollision an der Beschlussfassung nicht mitwirken. In der zweigliedrigen GbR genügt daher die einseitige Erklärung des Mitgesellschafters gegenüber dem betroffenen Gesellschafter, Hk-BGB/*Saenger* § 712 Rn 1. 5

[5] Der **Entziehungsbeschluss** wird wirksam mit seiner Bekanntgabe an den betroffenen Gesellschafter. 6

Der Beschluss unterliegt der gerichtlichen Überprüfung, vgl hierzu Muster unten Rn 15. 7

[6] Die **Rechtsfolgen** der Entziehung der Geschäftsführungsbefugnis sind streitig, vgl hierzu weitergehend NK-BGB/*Heidel/Pade* § 712 Rn 12. 8

[7] **Reichweite.** Mit der Geschäftsführungsbefugnis wird zugleich auch die organschaftliche Vertretungsmacht entzogen, wovon im Fall des § 715 Alternative 2 aufgrund gesetzlicher Anordnung und iÜ im Zweifel auszugehen ist. Möglich ist aber eine unterschiedliche Handhabung durch Gesellschaftsvertrag oder Gesellschafterbeschluss; hier bedarf es jedoch einer eindeutigen Regelung, da ansonsten im Zweifel gilt, dass der Entziehungsbeschluss sowohl die Geschäftsführung als auch (konkludent) die Vertretungsmacht betrifft (vgl NK-BGB/*Heidel/Pade* § 715 Rn 3). 9

III. § 712 Abs. 2

1. Muster: Kündigung des Gesellschafters 10

▶ An die Gesellschafter der ABC GbR[1] … 557

Kündigung der Geschäftsführungsbefugnis

Sehr geehrte …,

hiermit kündige ich aus wichtigem Grund[2] meine Geschäftsführung für die ABC GbR zum ….[3]

Zu diesem Schritt sehe ich mich gezwungen, da …[4]

…

Unterschrift ◀

2. Erläuterungen

[1] **Zugang.** Bei der Kündigung handelt es sich um eine empfangsbedürftige Willenserklärung, die nach hM jedem Gesellschafter zugehen muss, sofern nichts anderes vereinbart ist (vgl Palandt/*Sprau* § 712 Rn 3 und § 723 Rn 1). 11

[2] **Voraussetzungen.** Eine Kündigung der Geschäftsführung durch einen Gesellschafter ist nur bei Vorliegen eines wichtigen Grundes möglich, § 712 Abs. 2. Die Vorschrift ist dispositiv; die Grenze bildet jedoch § 671 Abs. 3, § 712 Abs. 2 Hs 2. 12

[3] Eine **Kündigungsfrist** ist von dem kündigenden Geschäftsführer nicht einzuhalten, allerdings ist der Gesellschaft die Möglichkeit und die Zeit zu geben, sich auf die Kündigung einzustellen; 13

andernfalls ist der Geschäftsführer bei Kündigung zur Unzeit zum Schadensersatz verpflichtet, § 712 Abs. 2 Hs 2 iVm § 671 Abs. 2.

14 [4] **Begründung.** Der wichtige Grund ist in der Kündigung schon aufgrund der gesellschaftsrechtlichen Treuepflicht anzugeben. Im Streitfall trifft den kündigenden Geschäftsführer die Darlegungs- und Beweislast für das Vorliegen eines wichtigen Grundes.

B. Prozess

15 I. Muster: Klage des Gesellschafters gegen die Entziehung seiner Geschäftsführungs- und Vertretungsbefugnis

▶ An das Landgericht ▪▪▪

Klage

des ▪▪▪

- Kläger -

gegen

1. ▪▪▪

– Beklagter zu 1) –

2. ▪▪▪

– Beklagter zu 2) –[1]

wegen Entziehung der Geschäftsführungs- und Vertretungsbefugnis

Streitwert: EUR ▪▪▪[2]

Namens und in Vollmacht des Klägers erhebe ich hiermit Klage mit folgendem

Antrag:

Es wird festgestellt, dass der Gesellschafterbeschluss der ABC GbR vom ▪▪▪, mit dem dem Kläger die Geschäftsführungs- und Vertretungsbefugnis entzogen wurde, unwirksam ist.[3]

Begründung[4]

▪▪▪

Rechtsanwalt ◀

II. Erläuterungen

16 [1] **Passivlegitimation.** Die Klage, mit der der betroffene Gesellschafter die Überprüfung des Gesellschafterbeschlusses betreffend die Entziehung der Geschäftsführungs-/Vertretungsbefugnis begehrt, ist nach hM gegen die übrigen Gesellschafter, die sich auf die Wirksamkeit des Beschlusses berufen, zu richten (NK-BGB/*Heidel/Pade* § 712 Rn 13).

17 [2] Beim **Streitwert** wird gem. § 3 ZPO vom Jahresbetrag der vereinbarten Vergütung auszugehen sein.

18 [3] Richtige **Klageart** ist die Feststellungsklage, gerichtet auf die Nichtigkeit (bei schwerwiegenden Mängeln) bzw auf die Unwirksamkeit des Gesellschafterbeschlusses, NK-BGB/*Heidel/Pade* § 712 Rn 13.

19 [4] **Darlegungs- und Beweislast.** Der Gesellschafter, der sich auf die Nichtigkeit/Unwirksamkeit des Beschlusses beruft, hat im Einzelnen darzulegen, woraus sich die Nichtigkeit/Unwirksamkeit ergibt. Die Darlegungs- und Beweislast für das Vorliegen des wichtigen Grundes und für das Zustandekommen des Beschlusses trägt allerdings derjenige, der sich auf die Wirksamkeit der Entziehung beruft (MüKo-BGB/*Ulmer/Schäfer* § 712 Rn 18; NK-BGB/*Heidel/Pade* § 712 Rn 13).

§ 713 Rechte und Pflichten der geschäftsführenden Gesellschafter

Die Rechte und Verpflichtungen der geschäftsführenden Gesellschafter bestimmen sich nach den für den Auftrag geltenden Vorschriften der §§ 664 bis 670, soweit sich nicht aus dem Gesellschaftsverhältnis ein anderes ergibt.

§ 714 Vertretungsmacht

Soweit einem Gesellschafter nach dem Gesellschaftsvertrag die Befugnis zur Geschäftsführung zusteht, ist er im Zweifel auch ermächtigt, die anderen Gesellschafter Dritten gegenüber zu vertreten.

A. Muster: Einstimmige Gesamtvertretung 1

▶ Die Vertretung der Gesellschaft[1] steht den Gesellschaftern gemeinschaftlich zu.[2] ◀

B. Erläuterungen und Varianten

[1] Gesetzliche Regelung. Wie bei der Geschäftsführung im Innenverhältnis gem. § 709 Abs. 1 gilt bei der Vertretung der Grundsatz der Gesamtvertretungsbefugnis, sofern nichts anderes vereinbart ist. Da Gesamtgeschäftsführungsbefugnis und Gesamtvertretungsbefugnis schwerfällig sind, werden sie regelmäßig zugunsten flexiblerer Gestaltungen abbedungen. Haben die Gesellschafter eine andere Form der Geschäftsführung vereinbart, so gilt diese aufgrund der im Zweifel nach § 714 geltenden Verknüpfung auch für die Vertretung. Die Geschäftsführungsbefugnis kann aber im Gesellschaftsvertrag anders ausgestaltet werden wie die Vertretungsbefugnis, etwa wenn ein Gesellschafter nur intern für die Gesellschaft tätig sein oder sein Widerspruchsrecht nach § 711 sichern möchte. IÜ ist ein Gleichlauf von Geschäftsführungs- und Vertretungsbefugnis aus Gründen der einfacheren Handhabung zu empfehlen. 2

[2] Gestaltungsmöglichkeiten. Varianten. Bei der Ausgestaltung der Vertretungsmacht bestehen die Möglichkeiten wie bei der Geschäftsführungsbefugnis: 3

Mehrheitliche Gesamtvertretung – Gestaltungsvorschlag: 4

▶ Die Vertretung der Gesellschaft steht den Gesellschaftern gemeinschaftlich zu; sie entscheiden mit einer Mehrheit von 2/3 der vorhandenen Stimmen. ◀

Vgl hierzu Muster zu § 709 Abs. 2.

Einzelvertretungsmacht eines Gesellschafters – Gestaltungsvorschlag: 5

▶ Zur Vertretung der Gesellschaft ist allein der Gesellschafter A befugt. Die anderen Gesellschafter sind von der Vertretung ausgeschlossen. ◀

Vgl hierzu Muster zu § 710 S. 1 Alt. 1.

Gesamtvertretung mehrerer Gesellschafter – Gestaltungsvorschlag: 6

▶ Zur Vertretung der Gesellschaft sind die Gesellschafter A und B gemeinsam berechtigt. Gesellschafter C ist von der Vertretung ausgeschlossen. ◀

Vgl hierzu Muster zu § 710 S. 1 Alt. 2.

Einzelvertretungsbefugnis aller Gesellschafter – Gestaltungsvorschlag: 7

▶ Zur Vertretung der Gesellschaft ist jeder Gesellschafter allein berechtigt. ◀

Vgl hierzu Muster zu § 711 S. 1 Alt. 1.

8 Einzelvertretungsbefugnis mehrerer – Gestaltungsvorschlag:

▶ Zur Vertretung der Gesellschaft sind die Gesellschafter A und B jeweils alleine berechtigt. Gesellschafter C ist von der Vertretung ausgeschlossen. ◀

Vgl hierzu Muster zu § 711 S. 1 Alt. 2.

9 Kombinationen:

▶ Zur Vertretung der Gesellschaft sind die Gesellschafter A und B je einzeln, der Gesellschafter C nur gemeinsam mit Gesellschafter A oder B berechtigt. Gesellschafter D ist von der Vertretung ausgeschlossen. ◀

Vgl hierzu § 710 Rn 9.

§ 715 Entziehung der Vertretungsmacht

Ist im Gesellschaftsvertrag ein Gesellschafter ermächtigt, die anderen Gesellschafter Dritten gegenüber zu vertreten, so kann die Vertretungsmacht nur nach Maßgabe des § 712 Abs. 1 und, wenn sie in Verbindung mit der Befugnis zur Geschäftsführung erteilt worden ist, nur mit dieser entzogen werden.

1 S. hierzu Muster § 712 Rn 1 und 15.

§ 716 Kontrollrecht der Gesellschafter

(1) Ein Gesellschafter kann, auch wenn er von der Geschäftsführung ausgeschlossen ist, sich von den Angelegenheiten der Gesellschaft persönlich unterrichten, die Geschäftsbücher und die Papiere der Gesellschaft einsehen und sich aus ihnen eine Übersicht über den Stand des Gesellschaftsvermögens anfertigen.
(2) Eine dieses Recht ausschließende oder beschränkende Vereinbarung steht der Geltendmachung des Rechts nicht entgegen, wenn Grund zu der Annahme unredlicher Geschäftsführung besteht.

1 **A. Muster: Klage auf Durchsetzung des Gesellschafterkontrollrechts**

▶ An das

Landgericht ■■■

Klage[1]

des ■■■

– Kläger –[2]

gegen

ABC GbR, vertreten durch die geschäftsführenden Gesellschafter ■■■

– Beklagte –[3]

wegen Einsicht[4]

Streitwert vorläufig: EUR ■■■[5]

Namens und im Auftrag des Klägers erhebe ich Klage zum örtlich und sachlich zuständigen Landgericht mit folgendem

Antrag:

Die Beklagte wird verurteilt, dem Kläger unter Hinzuziehung eines Wirtschaftsprüfers (oder: Steuerberaters/Rechtsanwalts)[6] die Einsichtnahme in die Geschäftsbücher und Papiere der Beklagten zu gestatten und das Betreten der Geschäftsräume der Beklagten in ... durch den Kläger zu diesem Zweck zu dulden.[7]

Begründung[8]

...

Rechtsanwalt ◄

B. Erläuterungen

[1] **Rechtsschutz.** Der Anspruch kann in dringenden Fällen auch im Wege der einstweiligen Verfügung durchgesetzt werden (vgl GF-ZPO/*Haidl*, § 940 Rn 1 ff, 10). 2

[2] **Aktivlegitimation.** Das – nicht übertragbare – Kontrollrecht nach § 716 steht jedem Gesellschafter zu – und zwar bis zu seinem Ausscheiden; danach bleibt ihm nur ein Anspruch nach § 810 (Hk-BGB/*Saenger* § 716 Rn 2; NK-BGB/*Heidel/Pade* § 716 Rn 4 f). 3

[3] **Passivlegitimation.** Der Anspruch richtet sich grds. gegen die Gesellschaft, kann aber auch unmittelbar gegen den zuständigen geschäftsführenden Gesellschafter durchgesetzt werden (zur hM mwN MüKo-BGB/*Ulmer/Schäfer* § 716 Rn 1; NK-BGB/*Heidel/Pade* § 716 Rn 7). 4

[4] Das **Einsichtsrecht** nach § 716 begründet einen Anspruch des einzelnen Gesellschafters auf Informationsbeschaffung und grundsätzlich keinen Anspruch auf aktive Auskunftserteilung durch die Gesellschaft (vgl Hk-BGB/*Saenger* § 716 Rn 1). Dieses Recht ist insb. auch streng von dem Auskunftsrecht, das der Gesellschaft ihrerseits gegenüber den geschäftsführenden Gesellschaftern nach §§ 713, 666 zusteht, zu trennen (vgl Palandt/*Sprau* § 716 Rn 1). 5

[5] Der **Streitwert** ist gem. § 3 ZPO zu schätzen; maßgebend ist das Interesse des Klägers an der Durchsetzung seines Einsichtsrechts. 6

[6] **Hinzuziehung Dritter.** Der Kläger kann nach hM einen Sachverständigen, Berater oder auch Bevollmächtigten hinzuziehen, sofern dieser zur beruflichen Verschwiegenheit verpflichtet ist (näher Palandt/*Sprau* § 716 Rn 1, NK-BGB/*Heidel/Pade* § 716 Rn 10). 7

[7] **Klageantrag.** Als Informationsbeschaffungsanspruch (vgl Rn 5) ist der Antrag auf Gestattung zu richten; geschuldet wird nicht die Vornahme einer Handlung (Auskunftserteilung), sondern ein passives Verhalten (Palandt/*Sprau* § 716 Rn 1). 8

[8] **Klagebegründung.** Der Kläger muss lediglich seine Gesellschafterstellung dartun und ggf beweisen; das Einsichtsrecht selbst bedarf nicht einer besonderen Begründung oder eines besonderen Interesses. Negative Voraussetzungen sind: keine rechtsmissbräuchliche Ausübung des Rechts und kein ausnahmsweise überwiegendes Interesse der Gesellschaft an Zurückhaltung der Informationen (hierzu näher NK-BGB/*Heidel/Pade* § 716 Rn 3). 9

§ 717 Nichtübertragbarkeit der Gesellschafterrechte

[1]Die Ansprüche, die den Gesellschaftern aus dem Gesellschaftsverhältnis gegeneinander zustehen, sind nicht übertragbar. [2]Ausgenommen sind die einem Gesellschafter aus seiner Geschäftsführung zustehenden Ansprüche, soweit deren Befriedigung vor der Auseinandersetzung verlangt werden kann, sowie die Ansprüche auf einen Gewinnanteil oder auf dasjenige, was dem Gesellschafter bei der Auseinandersetzung zukommt.

§ 718 Gesellschaftsvermögen

(1) Die Beiträge der Gesellschafter und die durch die Geschäftsführung für die Gesellschaft erworbenen Gegenstände werden gemeinschaftliches Vermögen der Gesellschafter (Gesellschaftsvermögen).

(2) Zu dem Gesellschaftsvermögen gehört auch, was auf Grund eines zu dem Gesellschaftsvermögen gehörenden Rechts oder als Ersatz für die Zerstörung, Beschädigung oder Entziehung eines zu dem Gesellschaftsvermögen gehörenden Gegenstands erworben wird.

§ 719 Gesamthänderische Bindung

(1) Ein Gesellschafter kann nicht über seinen Anteil an dem Gesellschaftsvermögen und an den einzelnen dazu gehörenden Gegenständen verfügen; er ist nicht berechtigt, Teilung zu verlangen.
(2) Gegen eine Forderung, die zum Gesellschaftsvermögen gehört, kann der Schuldner nicht eine ihm gegen einen einzelnen Gesellschafter zustehende Forderung aufrechnen.

1 **A. Muster: Gesellschaftsvertragliche Regelung einer Verfügung über einen Gesellschaftsanteil**

▶ 1. Jeder Gesellschafter ist berechtigt, über seinen Gesellschaftsanteil oder Teile hiervon frei und uneingeschränkt zu verfügen.[1]

2. Im Falle der entgeltlichen Veräußerung steht den verbleibenden Gesellschaftern ein Vorkaufsrecht im Verhältnis ihrer Beteiligung an der Gesellschaft zu. Macht ein Mitgesellschafter von seinem Vorkaufsrecht keinen Gebrauch, so steht dem bzw den anderen Gesellschaftern das Vorkaufsrecht allein zu.[2]

3. Der Geschäftsanteil ist nur mit allen Rechten und Pflichten[3] übertragbar[4] oder verpfändbar. Ausgenommen hiervon ist die gesonderte Abtretung oder Verpfändung von Ansprüchen auf den Gewinnanteil oder das Auseinandersetzungsguthaben im Falle des Ausscheidens.[5] ◀

B. Erläuterungen und Varianten

2 [1] **Gestaltungsmöglichkeiten.** Das Gesetz regelt in §§ 705 ff Verfügungen eines Gesellschafters über seinen Gesellschaftsanteil nicht. Dies bedeutet, dass derartige Verfügungen nur möglich sind, soweit sie im Gesellschaftsvertrag vereinbart (oder nachträglich im konkreten Einzelfall durch einstimmigen Gesellschafterbeschluss zugelassen) sind. Denkbar sind dabei folgende Regelungsmöglichkeiten:

3 – Zulassung der Verfügung durch Zustimmung der Gesellschafter – Einstimmigkeits- oder Mehrheitsentscheidung.
Gerade bei personalistisch geprägten Gesellschaften kann es geboten sein, Gesellschafter vor dem Eindringen dritter Personen zu schützen. Dies kann dadurch erreicht werden, dass die Verfügung von der vorherigen Zustimmung aller Gesellschafter (so das Muster zu § 705 in § 8 S. 1) oder einer bestimmten Gesellschaftermehrheit abhängig gemacht wird. Möglich wäre zugunsten der verbleibenden Gesellschafter zusätzlich die Statuierung eines Vorkaufsrechts, s. nachfolgend Rn 5.

4 – Zulassung der Verfügung an bestimmten Personenkreis.
Will man in einer personalistisch geprägten GbR den Interessen des ausscheidungswilligen Gesellschafters (zB an einer Nachfolge aus Altersgründen) Rechnung tragen, ist an eine Regelung zu denken, wonach der Anteil ohne Zustimmung der Mitgesellschafter (nur) an einen bestimmten Personenkreis, der genau definiert ist, übertragen werden kann; möglich ist auch eine Kombination von Rn 3 und Rn 4, so das Muster in § 8 zu § 705.

5 – Freie Verfügbarkeit – ggf in Kombination mit Vorkaufsrecht der übrigen Gesellschafter.
Bei kapitalistisch geprägten Gesellschaften oder Publikumsgesellschaften mit einer Vielzahl von Gesellschaftern erscheint regelmäßig die freie Übertragbarkeit des Anteils sachgerecht

(so in Ziffer 1 des Musters). Zugunsten der verbleibenden Gesellschafter kann hier im Bedarfsfall die Einräumung eines Vorkaufsrechts sinnvoll und geboten sein (so Ziffer 2 des Musters).

[2] **Vorkaufsrecht – Ankaufsrecht.** Das Vorkaufsrecht verpflichtet den veräußerungswilligen Gesellschafter, seinen Geschäftsanteil den Mitgesellschaftern zu denselben Bedingungen wie dem potentiellen Käufer zum Erwerb anzubieten. Zum Vorkaufsrecht im Einzelnen §§ 463 ff. 6

Anstelle eines Vorkaufsrechts kann auch ein Ankaufsrecht vereinbart werden, wonach der veräußerungswillige Gesellschafter den Anteil zunächst den Gesellschaftern zum Kauf anzubieten hat. Das Ankaufsrecht ermöglicht also im Unterschied zum Vorkaufsrecht den Erwerb unabhängig von einem Vorkaufsfall – Gestaltungsvorschlag: 7

▶ Beabsichtigt ein Gesellschafter, über seinen Anteil an der Gesellschaft zu verfügen, so hat er ihn zunächst den verbleibenden Gesellschaftern zur Übernahme anzubieten. Wollen mehrere Gesellschafter von diesem Angebot Gebrauch machen, so übernehmen sie den Anteil des veräußernden Gesellschafters im Verhältnis ihrer Beteiligung am Gesellschaftsvermögen. Der veräußerungswillige Gesellschafter hat das Angebot durch eingeschriebenen Brief an alle Gesellschafter zu richten. Die Gesellschafter haben sich innerhalb einer Frist von 4 Kalenderwochen nach Zugang des Angebots durch eingeschriebenen Brief dem veräußerungswilligen Gesellschafter gegenüber zu erklären. ◀

Weiter können noch die Preisfindungsmodalitäten näher geregelt werden.

[3] **Abspaltungsverbot.** Diese Regelung stellt klar, dass der Gesellschaftsanteil und die Gesellschafterstellung untrennbar miteinander verbunden sind; vgl § 717 S. 1, der die Übertragung einzelner die Mitgliedschaft betreffender Rechte ausschließt (Abspaltungsverbot), vgl Hk-BGB/*Saenger* § 717 Rn 2. 8

[4] Die **Übertragung** richtet sich nach §§ 413, 398; die vermögensrechtliche Abwicklung findet nur zwischen Veräußerer und Erwerber statt; der Gesellschafter tritt in die Rechtsstellung des ausscheidenden Gesellschafters ein; §§ 738 f finden keine Anwendung (Palandt/*Sprau* § 719 Rn 7). 9

[5] Diese Ausnahme beruht auf § 717 S. 2, wonach **einzelne Vermögensrechte** als selbständige Rechte abtretbar, verpfändbar und belastbar sind (vgl Hk-BGB/*Saenger* § 717 Rn 3). 10

§ 720 Schutz des gutgläubigen Schuldners

Die Zugehörigkeit einer nach § 718 Abs. 1 erworbenen Forderung zum Gesellschaftsvermögen hat der Schuldner erst dann gegen sich gelten zu lassen, wenn er von der Zugehörigkeit Kenntnis erlangt; die Vorschriften der §§ 406 bis 408 finden entsprechende Anwendung.

§ 721 Gewinn- und Verlustverteilung

(1) Ein Gesellschafter kann den Rechnungsabschluss und die Verteilung des Gewinns und Verlusts erst nach der Auflösung der Gesellschaft verlangen.
(2) Ist die Gesellschaft von längerer Dauer, so hat der Rechnungsabschluss und die Gewinnverteilung im Zweifel am Schluss jedes Geschäftsjahrs zu erfolgen.

1 **A. Muster: Gesellschaftsvertragliche Regelung der Rechnungslegung**

▶ (1) Die Gesellschaft hat unter Beachtung der steuerrechtlichen Vorschriften Bücher zu führen.[1]

(2) Die geschäftsführenden Gesellschafter haben spätestens 3 Monate nach Ablauf des Geschäftsjahres einen Jahresabschluss aufzustellen[2] und den Gesellschaftern vorzulegen.

(3) Der Jahresabschluss ist von den Gesellschaftern durch einstimmigen Beschluss festzustellen.[3] Kommt ein einstimmiger Beschluss nicht zustande oder beauftragt die Gesellschaft von vornherein einen Steuerberater/Wirtschaftsprüfer mit der Erstellung des Jahresabschlusses, stellt dieser den Abschluss für die Gesellschaft verbindlich fest.[4] ◀

B. Erläuterungen

2 [1] **Buchführung.** Für die GbR besteht keine zivilrechtliche Pflicht zur Führung von Büchern; § 238 HGB gilt nicht, da die GbR kein Handelsgewerbe betreibt. Allerdings kann sich aus steuerrechtlichen Vorschriften eine Buchführungspflicht ergeben, vgl §§ 141 ff AO. Darüber hinaus erfordert namentlich bei Gesellschaften mit gewerblicher oder vermögensverwaltender Tätigkeit die Rechenschaftspflicht der geschäftsführenden Gesellschafter (§ 716) faktisch die Führung von Büchern (vgl MüKo-BGB/*Ulmer/Schäfer* § 713 Rn 11).

3 [2] **Rechnungsabschluss.** § 721 Abs. 2 verlangt bei dauerhaften Gesellschaften lediglich einen Rechnungsabschluss, der der Gewinnermittlung dient. Die Pflicht zur Aufstellung eines Jahresabschlusses mit Bilanz und Gewinn- und Verlust-Rechnung nach § 242 HGB gilt nicht für die GbR. Allerdings sind auch hier die steuerrechtlichen Pflichten gemäß § 141 ff AO zu beachten. Der Gesellschaftsvertrag sollte aus Gründen der Rechtsklarheit jedenfalls bei umsatzstarken Gesellschaften eine Pflicht zur Aufstellung eines Jahresabschlusses statuieren (vgl MüKo-BGB/*Ulmer/Schäfer* § 721 Rn 6; NK-BGB/*Heidel/Pade* § 721 Rn 6).

4 [3] Die **Feststellung des Jahresabschlusses** ist Grundlage für die Gewinnverteilung und Voraussetzung für die Entstehung des Gewinnanspruchs des einzelnen Gesellschafters. Einzelheiten und Rechtsnatur sind streitig, vgl MüKo-BGB/*Ulmer/Schäfer* § 721 Rn 8 mwN. Da es sich um ein Grundlagengeschäft handelt, sieht das Muster Einstimmigkeit vor. Ein Mehrheitsbeschluss ist zulässig bei entsprechend eindeutiger Regelung (näher hierzu MüKo-BGB/*Ulmer/Schäfer* § 721 Rn 9).

5 [4] **Schiedsgutachten.** Können die Gesellschafter keine Einstimmigkeit erzielen oder verfügen sie nicht über die notwendigen kaufmännischen Kenntnisse, sollte die verbindliche Feststellung des Jahresabschlusses auf Dritte mit entsprechender Fachkompetenz übertragen werden; es gelten dann §§ 317 ff.

§ 722 Anteile am Gewinn und Verlust

(1) Sind die Anteile der Gesellschafter am Gewinn und Verlust nicht bestimmt, so hat jeder Gesellschafter ohne Rücksicht auf die Art und die Größe seines Beitrags einen gleichen Anteil am Gewinn und Verlust.
(2) Ist nur der Anteil am Gewinn oder am Verlust bestimmt, so gilt die Bestimmung im Zweifel für Gewinn und Verlust.

A. Muster: Gesellschaftsvertragliche Regelung der Ergebnisverteilung 1

▶ (1) Am Gewinn und Verlust nehmen die Gesellschafter im Verhältnis ihrer Beteiligung an der Gesellschaft teil,[1] also A und B zu je 40 % und C zu 20 %.

(2) Entnahmen sind während des laufenden Geschäftsjahres für die Gesellschafter A und B in Höhe von je 2.000,00 EUR monatlich, für Gesellschafter C in Höhe von 1.000,00 EUR monatlich zulässig; sie sind mit dem späteren Gewinnanteil des Gesellschafters zu verrechnen.[2] Höhere monatliche Entnahmen bedürfen eines einstimmigen Gesellschafterbeschlusses.

(3) Nach Feststellung des Jahresabschlusses können die Gesellschafter ihren Gewinnanteil gem. Abs. 1 entnehmen. Die Gesellschafter können jedoch durch einstimmigen Beschluss anstelle der vollständigen Gewinnentnahme für jedes Geschäftsjahr Abweichungen hiervon, insb. die Bildung von Rücklagen beschließen.[3] ◀

B. Erläuterungen

[1] **Ergebnisverteilung.** Nach der gesetzlichen Konzeption erfolgt bei der GbR die Verteilung von Gewinn und Verlust nach Köpfen, § 722 Abs. 1. Die Vorschrift ist dispositiv (Hk-BGB/*Saenger* § 722 Rn 1). In der Praxis sieht der Gesellschaftsvertrag abweichend hiervon meist die Beteiligung am Ergebnis nach Gesellschaftsanteilen (wie im Muster) oder Kapitalanteilen vor. 2

[2] **Entnahmerecht.** Die dispositive Regelung des § 721 sieht vor, dass der Gewinn und Verlust bei Gelegenheitsgesellschaften (Abs. 1) erst nach Auflösung und bei Dauergesellschaften (Abs. 2) erst nach Feststellung des Jahresergebnisses auf einmal verteilt wird. Einen vorzeitigen Auszahlungsanspruch kennt das GbR-Recht nicht. Ist derartiges gewünscht, etwa weil die Gesellschafter mit den Einnahmen der Gesellschaft ihren laufenden privaten Lebensunterhalt zu bestreiten haben, bedarf es einer ausdrücklichen und klaren Regelung eines Entnahmerechts. Das Entnahmerecht kann gewinnabhängig als Vorabgewinn oder gewinnunabhängig (so regelmäßig bei Tätigkeitsvergütungen) ausgestaltet sein (vgl § 706 Rn 7 f). 3

[3] **Gewinnentnahmebeschränkungen** sieht das Gesetz nicht vor, können aber von den Gesellschaftern beschlossen werden (Hk-BGB/*Saenger* § 721 Rn 1, MüKo-BGB/*Ulmer/Schäfer* § 721 Rn 16). 4

§ 723 Kündigung durch Gesellschafter

(1) [1]Ist die Gesellschaft nicht für eine bestimmte Zeit eingegangen, so kann jeder Gesellschafter sie jederzeit kündigen. [2]Ist eine Zeitdauer bestimmt, so ist die Kündigung vor dem Ablauf der Zeit zulässig, wenn ein wichtiger Grund vorliegt. [3]Ein wichtiger Grund liegt insbesondere vor,

1. **wenn ein anderer Gesellschafter eine ihm nach dem Gesellschaftsvertrag obliegende wesentliche Verpflichtung vorsätzlich oder aus grober Fahrlässigkeit verletzt hat oder wenn die Erfüllung einer solchen Verpflichtung unmöglich wird,**
2. **wenn der Gesellschafter das 18. Lebensjahr vollendet hat.**

[4]Der volljährig Gewordene kann die Kündigung nach Nummer 2 nur binnen drei Monaten von dem Zeitpunkt an erklären, in welchem er von seiner Gesellschafterstellung Kenntnis hatte oder haben musste. [5]Das Kündigungsrecht besteht nicht, wenn der Gesellschafter bezüglich des Gegenstands der Gesellschaft zum selbständigen Betrieb eines Erwerbsgeschäfts gemäß § 112 ermächtigt war oder der Zweck der Gesellschaft allein der Befriedigung seiner persönlichen Bedürfnisse diente. [6]Unter den gleichen Voraussetzungen ist, wenn eine Kündigungsfrist bestimmt ist, die Kündigung ohne Einhaltung der Frist zulässig.

(2) [1]Die Kündigung darf nicht zur Unzeit geschehen, es sei denn, dass ein wichtiger Grund für die unzeitige Kündigung vorliegt. [2]Kündigt ein Gesellschafter ohne solchen Grund zur Unzeit, so hat er den übrigen Gesellschaftern den daraus entstehenden Schaden zu ersetzen.

(3) Eine Vereinbarung, durch welche das Kündigungsrecht ausgeschlossen oder diesen Vorschriften zuwider beschränkt wird, ist nichtig.

§ 724 Kündigung bei Gesellschaft auf Lebenszeit oder fortgesetzter Gesellschaft

[1]Ist eine Gesellschaft für die Lebenszeit eines Gesellschafters eingegangen, so kann sie in gleicher Weise gekündigt werden wie eine für unbestimmte Zeit eingegangene Gesellschaft. [2]Dasselbe gilt, wenn eine Gesellschaft nach dem Ablauf der bestimmten Zeit stillschweigend fortgesetzt wird.

A. Gesellschaftsdauer und Kündigung

I. Kündigung einer Gesellschaft mit unbestimmter Dauer, § 731 Abs. 1 S. 1

1 S. hierzu § 10 des Musters zu § 705.

II. Kündigung einer Gesellschaft mit bestimmter Dauer, § 731 Abs. 1 S. 2

2 **1. Muster: Kündigung einer Gesellschaft mit bestimmter Dauer, § 731 Abs. 1 S. 2**

▶ Die Gesellschaft beginnt am ... und wird zum ... aufgelöst.[1] ◀

2. Erläuterungen und Varianten

3 [1] Zu beachten ist, dass – gemessen am Gesellschaftszweck – eine überlange **Gesellschaftsdauer**, während der eine ordentliche Kündigung ausgeschlossen ist, eine unzulässige Kündigungsbeschränkung (§ 723 Abs. 3) darstellen kann.

4 Die Dauer muss nicht zeitlich bestimmt sein; das Ende kann auch von einem bestimmten Ereignis abhängen – Beispiel:

▶ Die Gesellschaft beginnt am ... und wird mit dem Verkauf der letzten Eigentumswohnung in der Immobilie ... aufgelöst. ◀

III. Kündigung einer Gesellschaft mit bestimmter Mindestdauer

5 **1. Muster: Kündigung einer Gesellschaft mit bestimmter Mindestdauer**

▶ Die Gesellschaft ist bis zum ... fest errichtet.[1] Ab dem ... kann jeder Gesellschafter die Gesellschaft mit einer Frist von 12 Monaten zum Ende eines Geschäftsjahres kündigen.[2] Das Recht zur außerordentlichen Kündigung bei Vorliegen eines wichtigen Grundes bleibt unberührt. Ein wichtiger Grund liegt insb. vor ... ◀

2. Erläuterungen und Varianten

6 [1] Die Vereinbarung einer bestimmten **Mindestdauer** kann vor allem bei Gesellschaften ratsam sein, die zur Erreichung des Gesellschaftszwecks einer bestimmten Anlaufphase bedürfen.

7 [2] Alternativ denkbar ist auch folgende Regelung mit automatischer **Verlängerung:**

▶ Ab dem ... verlängert sich die Gesellschaft um weitere ... Jahre, wenn sie nicht spätestens 12 Monate vor Beendigung gekündigt wird. ◀

B. Kündigungsmodalitäten und Kündigungsfolgen

I. Muster: Kündigungsmodalitäten und Kündigungsfolgen 8

▶ 1. Die Kündigung[1] hat mittels eingeschriebenen Briefes an alle Gesellschafter[2] zu erfolgen.
2. Der Kündigende scheidet aus der Gesellschaft aus; sie wird von den verbleibenden Gesellschaftern fortgesetzt.[3]

3. Den anderen Gesellschaftern steht das Recht zur Anschlusskündigung zu, die innerhalb von 4 Wochen nach Zugang der Kündigungserklärung des Gesellschafters zu erfolgen hat.[4] Die Anschlusskündigung sämtlicher verbleibender Gesellschafter hat die Auflösung der Gesellschaft zur Folge. ◀

II. Erläuterungen

[1] Die gesetzlichen Vorschriften zu den **Kündigungsmodalitäten** und Rechtsfolgen sind für die 9
Praxis unzureichend. Gesellschaftsverträge sehen daher regelmäßig nähere Regelungen zu Frist, Form und Kündigungsgründen sowie zur Fortsetzung der Gesellschaft, Möglichkeit einer Anschlusskündigung und Abfindung vor.

[2] **Zugang.** Die Wirksamkeit der Kündigung setzt grds. voraus, dass sie allen Mitgesellschaftern 10
zugeht. Bei größeren Gesellschaften mit vielen Gesellschaftern sollte man jedoch die Kündigung gegenüber den geschäftsführenden Gesellschaftern genügen lassen, was im Gesellschaftsvertrag vereinbart werden kann (vgl MüKo-BGB/*Ulmer/Schäfer* § 723 Rn 11).

[3] **Fortsetzungsklausel.** Ohne diese – elementar wichtige – Regelung würde die Gesellschaft 11
von Gesetzes wegen aufgelöst (vgl § 736 Abs. 1 S. 1) was in den seltensten Fällen gewollt sein kann.

[4] Das Recht der **Anschlusskündigung** kann insb. bei personalistisch geprägten Gesellschaften 12
zweckmäßig sein, wenn die Gesellschafter in der Gesellschaft weitgehend aufeinander angewiesen sind.

§ 725 Kündigung durch Pfändungspfandgläubiger

(1) Hat ein Gläubiger eines Gesellschafters die Pfändung des Anteils des Gesellschafters an dem Gesellschaftsvermögen erwirkt, so kann er die Gesellschaft ohne Einhaltung einer Kündigungsfrist kündigen, sofern der Schuldtitel nicht bloß vorläufig vollstreckbar ist.
(2) Solange die Gesellschaft besteht, kann der Gläubiger die sich aus dem Gesellschaftsverhältnis ergebenden Rechte des Gesellschafters, mit Ausnahme des Anspruchs auf einen Gewinnanteil, nicht geltend machen.

A. Vollstreckung in den Gesellschaftsanteil, § 725 Abs. 1

1 **I. Muster: Pfändung des Gesellschaftsanteils, § 725 Abs. 1**

▶ ...[1]

Wegen der vorstehend näher bezeichneten Ansprüche wird der angebliche Geschäftsanteil[2] des Schuldners am Gesellschaftsvermögen der aus den Gesellschaftern ... bestehenden ABC GbR gepfändet.[3]

Mit Zustellung des Beschlusses erwirbt der Gläubiger das Recht, die Gesellschaft ohne Einhaltung einer Frist zu kündigen[4] und die Ansprüche des Schuldners auf Durchführung der Auseinandersetzung und Auszahlung des Auseinandersetzungsguthabens geltend zu machen. ◀

II. Erläuterungen und Varianten

2 [1] Zum **Rubrum** und sonstigen Inhalt eines Pfändungs- und Überweisungsbeschlusses s. GF-ZPO/*Brögelmann*, § 829 Rn 11 ff.

3 [2] Der Gläubiger eines Gesellschafters kann nicht in das Gesellschaftsvermögen als solches vollstrecken. Da dem einzelnen Gesellschafter keine dingliche Berechtigung am Gesellschaftsvermögen und an einzelnen zum Gesellschaftsvermögen gehörenden Gegenständen zusteht (§ 719), kann **Gegenstand der Pfändung** nur das Mitgliedschaftsrecht des Gesellschafters als solches sein (allgM, vgl Hk-BGB/*Saenger* § 725 Rn 1, NK-BGB/*Heidel/Pade* § 725 Rn 3). Die Pfändung und Überweisung bewirkt nicht den Eintritt des Gläubigers in die mitgliedschaftliche Gesellschafterstellung; sie erfasst nur die Vermögensrechte des Gesellschafters (vgl Rn 8), nicht die Verwaltungsrechte wie Stimmrecht, Geschäftsführungsrecht, Auskunftsrecht oä (Hk-BGB/*Saenger* § 725 Rn 1; Palandt/*Sprau*, BGB, § 725 Rn 2).

4 [3] Seitdem die Außen-GbR als parteifähig anerkannt ist, kann sie – vertreten durch die geschäftsführenden Gesellschafter – **Drittschuldner** und Zustellungsempfänger der Zwangsvollstreckungsmaßnahme sein, so die heute ganz hM, vgl nur MüKo-BGB/*Ulmer/Schäfer* § 725 Rn 12. Dennoch sind vorsorglich alle Gesellschafter mit anzugeben. Im Zweifelsfalle empfiehlt es sich, auch die Zustellung an alle Gesellschafter zu bewirken (NK-BGB/*Heidel/Pade* § 725 Rn 3).

5 [4] Mit der Pfändung erwirbt der Gläubiger das Recht, die Gesellschaft zu kündigen. Voraussetzung ist insoweit ein rechtskräftiger Schuldtitel, § 725 Abs. 1 S. 2. Mit der **Kündigung** ergreift das Pfandrecht ohne weiteres alles, was der Gesellschafter bei der Auseinandersetzung erhält. Der Gläubiger darf die Auseinandersetzung anstelle des Gesellschafters betreiben, BL/*Hartmann*, § 859 ZPO Rn 5.

B. Vollstreckung in einzelne Vermögensrechte, § 725 Abs. 2

6 **I. Muster: Pfändung von Einzelansprüchen, § 725 Abs. 2**

▶ ...[1]

Wegen der vorstehend näher bezeichneten Ansprüche werden die angeblichen Ansprüche[2] des Schuldners als Gesellschafter der aus den Gesellschaftern ... bestehenden ABC GbR gepfändet.

- sein Anspruch auf fortlaufende Zuteilung und Auszahlung seines Anteils am Gewinn,
- seine Ansprüche auf Vergütung, Auslagenersatz oder sonstige Entschädigung für seine Tätigkeit in der Gesellschaft,
- seine Ansprüche auf Durchführung der Auseinandersetzung, auf das Auseinandersetzungsguthaben und auf Herausgabe der ihm bei der Auseinandersetzung zustehenden Sachen und Rechte[3]

... ◀

II. Erläuterungen

[1] Zum **Rubrum** s. oben Rn 2. 7

[2] Die übertragbaren – vermögensrechtlichen – **Einzelansprüche** können selbständig gepfändet werden; § 725 Abs. 2 nennt nur den Gewinnanspruch. Zweckmäßigerweise werden sie mit dem Gesellschaftsanteil als solchem gepfändet, dann ist der Text beider Muster zusammenzufassen. 8

[3] Bis zum **Ausscheiden des Schuldners** aus der Gesellschaft kann nur auf die Rechte auf Gewinn und Vergütung zugegriffen werden. Der Vollstreckungsgläubiger kann aber das Ausscheiden über eine Kündigung der Gesellschaft erreichen, s. Rn 5. 9

§ 726 Auflösung wegen Erreichens oder Unmöglichwerdens des Zweckes

Die Gesellschaft endigt, wenn der vereinbarte Zweck erreicht oder dessen Erreichung unmöglich geworden ist.

I. Muster: Gesellschafterbeschluss über die Auflösung der GbR 1

[1]

Die Gesellschafter stellen übereinstimmend fest, dass sie aufgrund der konjunkturellen Situation und aufgrund der sich verschärfenden Konkurrenzsituation die Gesellschaft nicht fortsetzen wollen. 569

Beschluss:

Wir, die Gesellschafter A, B und C beschließen daher einstimmig:

Die Gesellschaft wird mit Wirkung zum ▪▪▪ aufgelöst.[2] Auf den Schluss des Jahres ist nach Maßgabe des Gesellschaftsvertrages eine Auseinandersetzungsbilanz zu erstellen.[3] ◀

II. Erläuterungen

[1] Zu den **Formalia** s. § 712 Rn 2. 2

[2] Die gesetzlichen Gründe für die **Auflösung** der GbR in §§ 723–728 sind weitgehend disponibel. Die Gesellschafter können daher im Gesellschaftsvertrag auch weitere Auflösungsgründe statuieren oder später – dann einstimmig – die Auflösung beschließen. Zu beachten ist jedoch, dass die Gesellschaft gem. § 726 mit Erreichen des Gesellschaftszwecks – zwingend – aufgelöst wird; eine abweichende Regelung ist hier nicht möglich (Hk-BGB/*Saenger* § 726 Rn 1). 3

[3] Die Gesellschafter können im Gesellschaftsvertrag oder nachträglich durch Gesellschafterbeschluss auch die **Modalitäten der Auflösung** bestimmen; ohne entsprechende Vereinbarung gelten die dispositiven Vorschriften der §§ 730–735. 4

§ 727 Auflösung durch Tod eines Gesellschafters

(1) Die Gesellschaft wird durch den Tod eines der Gesellschafter aufgelöst, sofern nicht aus dem Gesellschaftsvertrag sich ein anderes ergibt.

(2) [1]Im Falle der Auflösung hat der Erbe des verstorbenen Gesellschafters den übrigen Gesellschaftern den Tod unverzüglich anzuzeigen und, wenn mit dem Aufschub Gefahr verbunden ist, die seinem Erblasser durch den Gesellschaftsvertrag übertragenen Geschäfte fortzuführen, bis die übrigen Gesellschafter in Gemeinschaft mit ihm anderweit Fürsorge treffen können. [2]Die übrigen Gesellschafter sind in gleicher Weise zur einstweiligen Fortführung der ihnen übertragenen Geschäfte verpflichtet. [3]Die Gesellschaft gilt insoweit als fortbestehend.

A. Einfache Nachfolgeklausel

1 I. Muster: Einfache Nachfolgeklausel

▶ Stirbt ein Gesellschafter,[1] wird die Gesellschaft mit seinen Erben oder demjenigen fortgesetzt, der den Anteil aufgrund eines Vermächtnisses erwirbt.[2]

Eine Erbengemeinschaft ist verpflichtet, unverzüglich eine Person zu benennen, die zukünftig die Rechte der Erben innerhalb der Gesellschaft ausübt. Solange eine solche Person nicht benannt ist, ruhen die Gesellschafterrechte mit Ausnahme der Beteiligung der Erbengemeinschaft am Ergebnis der Gesellschaft.[3] ◀

II. Erläuterungen

2 [1] Das Gesetz ordnet bei **Tod eines Gesellschafters** die Auflösung der Gesellschaft an, § 727 Abs. 1. Da dies den Interessen der Gesellschaft meist nicht gerecht wird, bieten sich abweichend hiervon folgende Gestaltungsmöglichkeiten an:

- Fortsetzungsklausel, dh Fortsetzung der Gesellschaft mit den verbleibenden Gesellschaftern unter Ausschluss der Erben, s. § 12 des Musters zu § 705
- Nachfolgeklausel, dh Übergang der Gesellschafterstellung auf einen oder mehrere Rechtsnachfolger, wobei zwischen einfacher, qualifizierter und rechtsgeschäftlicher Nachfolgeklausel zu unterscheiden ist, s. nachfolgend Rn 3–7
- Eintrittsklausel, dh einem Dritten – nicht notwendig Erben – wird ein schuldrechtlicher Anspruch eingeräumt, die Aufnahme in die Gesellschaft von den verbleibenden Gesellschaftern zu verlangen, s. Rn 8 und 9

3 [2] Die hier gewählte sog. **einfache Nachfolgeklausel** sieht ohne weitere Einschränkung die freie Vererblichkeit des Gesellschaftsanteils vor. Die Nachfolger bestimmen sich mithin allein nach der letztwillig angeordneten Erbfolge und unterliegen somit der freien Disposition des Erblassers. Einzelheiten hierzu MüKo-BGB/*Ulmer/Schäfer* § 727 Rn 30 ff.

4 [3] Die **Erbenregelung** ist zum einen mit Blick auf § 709 Abs. 2 (jeder Erbe wird Gesellschafter) und zum anderen deshalb geboten, um die Handlungsfähigkeit der GbR nicht durch eine Vielzahl von Gesellschaftererben zu gefährden.

B. Qualifizierte Nachfolgeklausel

5 I. Muster: Qualifizierte Nachfolgeklausel

▶ Beim Tod des Gesellschafters X wird die Gesellschaft nicht aufgelöst, sondern mit seinem Erben Y fortgesetzt. Den übrigen Erben des verstorbenen Gesellschafters X stehen keine Abfindungsansprüche zu.[1] ◀

II. Erläuterungen

6 [1] Eine **qualifizierte Nachfolgeklausel** statuiert im Unterschied zu einfachen Nachfolgeklauseln im Gesellschaftsvertrag beschränkende Anforderungen an Anzahl, Person oder Qualifikation

der Nachfolger. So können u.a. Schwierigkeiten vermieden werden, die durch den Eintritt von mehreren Erben in die Gesellschaft entstehen, Hk-BGB/*Saenger* § 727 Rn 4. Zu entsprechenden Gestaltungen und weiteren Einzelheiten s. *Teichmann* in Dombek/Kroiß, Formularbibliothek Vertragsgestaltung, Band Gesellschaftsrecht II Teil 1 § 2 Rn 212 ff, 261; MüKo-BGB/*Ulmer/Schäfer* § 727 Rn 29, 41 ff.

Zur Problematik rechtsgeschäftlicher Nachfolgeklauseln s. MüKo-BGB/*Ulmer/Schäfer* § 727 Rn 49 ff. 7

C. Eintrittsklausel

I. Muster: Eintrittsklausel 8

572

▶ Durch den Tod eines Gesellschafters wird die Gesellschaft nicht aufgelöst, sondern von den verbleibenden Gesellschaftern fortgesetzt. Demjenigen, der vom verstorbenen Gesellschafter durch letztwillige Verfügung als sein Nachfolger bestimmt wurde, steht das Recht zu, seinen Eintritt in die Gesellschaft zu erklären. Die Eintrittserklärung des Nachfolgers hat gegenüber den übrigen Gesellschaftern innerhalb einer Frist von zwei Monaten nach dem Todesfall zu erfolgen. Macht der Eintrittsberechtigte keinen Gebrauch, wird er abgefunden und die Gesellschaft ohne ihn fortgesetzt.[1] ◀

II. Erläuterungen

[1] Die Nachfolge vollzieht sich bei der **Eintrittsklausel** nicht automatisch wie bei einer Nachfolgeklausel, sondern durch rechtsgeschäftlichen Aufnahmevertrag zwischen Gesellschaft und dem Eintrittsberechtigten, der nicht notwendig Erbe sein muss. Der Gesellschaftsvertrag ist insoweit Vertrag zugunsten Dritter auf den Todesfall gemäß §§ 328, 331. Der Berechtigte hat ein Wahlrecht, ob er in die Gesellschaft eintritt oder abgefunden werden möchte, Hk-BGB/*Saenger* § 727 Rn 5. Weitere Einzelheiten in MüKo-BGB/*Ulmer/Schäfer* § 727 Rn 53 ff und *Teichmann* in Dombek/Kroiß, Formularbibliothek Vertragsgestaltung, Band Gesellschaftsrecht II Teil 1 § 2 Rn 218 ff und 262 mit weiteren Formularen. 9

§ 728 Auflösung durch Insolvenz der Gesellschaft oder eines Gesellschafters

(1) [1]Die Gesellschaft wird durch die Eröffnung des Insolvenzverfahrens über das Vermögen der Gesellschaft aufgelöst. [2]Wird das Verfahren auf Antrag des Schuldners eingestellt oder nach der Bestätigung eines Insolvenzplans, der den Fortbestand der Gesellschaft vorsieht, aufgehoben, so können die Gesellschafter die Fortsetzung der Gesellschaft beschließen.

(2) [1]Die Gesellschaft wird durch die Eröffnung des Insolvenzverfahrens über das Vermögen eines Gesellschafters aufgelöst. [2]Die Vorschrift des § 727 Abs. 2 Satz 2, 3 findet Anwendung.

§ 729 Fortdauer der Geschäftsführungsbefugnis

[1]Wird die Gesellschaft aufgelöst, so gilt die Befugnis eines Gesellschafters zur Geschäftsführung zu seinen Gunsten gleichwohl als fortbestehend, bis er von der Auflösung Kenntnis erlangt oder die Auflösung kennen muss. [2]Das Gleiche gilt bei Fortbestand der Gesellschaft für die Befugnis zur Geschäftsführung eines aus der Gesellschaft ausscheidenden Gesellschafters oder für ihren Verlust in sonstiger Weise.

§ 730 Auseinandersetzung; Geschäftsführung

(1) Nach der Auflösung der Gesellschaft findet in Ansehung des Gesellschaftsvermögens die Auseinandersetzung unter den Gesellschaftern statt, sofern nicht über das Vermögen der Gesellschaft das Insolvenzverfahren eröffnet ist.

(2) [1]Für die Beendigung der schwebenden Geschäfte, für die dazu erforderliche Eingehung neuer Geschäfte sowie für die Erhaltung und Verwaltung des Gesellschaftsvermögens gilt die Gesellschaft als fortbestehend, soweit der Zweck der Auseinandersetzung es erfordert. [2]Die einem Gesellschafter nach dem Gesellschaftsvertrag zustehende

Befugnis zur Geschäftsführung erlischt jedoch, wenn nicht aus dem Vertrag sich ein anderes ergibt, mit der Auflösung der Gesellschaft; die Geschäftsführung steht von der Auflösung an allen Gesellschaftern gemeinschaftlich zu.

§ 731 Verfahren bei Auseinandersetzung

[1]Die Auseinandersetzung erfolgt in Ermangelung einer anderen Vereinbarung in Gemäßheit der §§ 732 bis 735. [2]Im Übrigen gelten für die Teilung die Vorschriften über die Gemeinschaft.

§ 732 Rückgabe von Gegenständen

[1]Gegenstände, die ein Gesellschafter der Gesellschaft zur Benutzung überlassen hat, sind ihm zurückzugeben. [2]Für einen durch Zufall in Abgang gekommenen oder verschlechterten Gegenstand kann er nicht Ersatz verlangen.

§ 733 Berichtigung der Gesellschaftsschulden; Erstattung der Einlagen

(1) [1]Aus dem Gesellschaftsvermögen sind zunächst die gemeinschaftlichen Schulden mit Einschluss derjenigen zu berichtigen, welche den Gläubigern gegenüber unter den Gesellschaftern geteilt sind oder für welche einem Gesellschafter die übrigen Gesellschafter als Schuldner haften. [2]Ist eine Schuld noch nicht fällig oder ist sie streitig, so ist das zur Berichtigung Erforderliche zurückzubehalten.
(2) [1]Aus dem nach der Berichtigung der Schulden übrig bleibenden Gesellschaftsvermögen sind die Einlagen zurückzuerstatten. [2]Für Einlagen, die nicht in Geld bestanden haben, ist der Wert zu ersetzen, den sie zur Zeit der Einbringung gehabt haben. [3]Für Einlagen, die in der Leistung von Diensten oder in der Überlassung der Benutzung eines Gegenstands bestanden haben, kann nicht Ersatz verlangt werden.
(3) Zur Berichtigung der Schulden und zur Rückerstattung der Einlagen ist das Gesellschaftsvermögen, soweit erforderlich, in Geld umzusetzen.

§ 734 Verteilung des Überschusses

Verbleibt nach der Berichtigung der gemeinschaftlichen Schulden und der Rückerstattung der Einlagen ein Überschuss, so gebührt er den Gesellschaftern nach dem Verhältnis ihrer Anteile am Gewinn.

§ 735 Nachschusspflicht bei Verlust

[1]Reicht das Gesellschaftsvermögen zur Berichtigung der gemeinschaftlichen Schulden und zur Rückerstattung der Einlagen nicht aus, so haben die Gesellschafter für den Fehlbetrag nach dem Verhältnis aufzukommen, nach welchem sie den Verlust zu tragen haben. [2]Kann von einem Gesellschafter der auf ihn entfallende Beitrag nicht erlangt werden, so haben die übrigen Gesellschafter den Ausfall nach dem gleichen Verhältnis zu tragen.

1 **I. Muster: Klage auf Mitwirkung bei der Auseinandersetzung**

▶ ■■■

Namens und im Auftrag des Klägers erhebe ich Klage mit folgenden

Anträgen:

1. Es wird festgestellt, dass die AB GbR zum ■■■ aufgelöst wurde.[1]
2. Der Beklagte wird verurteilt,[2] an den Kläger den ihm aus der Schlussabrechnung zustehenden Überschussanteil in Höhe von EUR ■■■ zu bezahlen.[3][4]

Begründung

■■■

Rechtsanwalt ◀

II. Erläuterungen und Varianten

[1] Der Eintritt eines gesetzlichen oder von den Gesellschaftern vereinbarten Auflösungsgrundes führt nicht zur sofortigen Beendigung der Gesellschaft, sondern bewirkt die Umwandlung der Gesellschaft in eine Abwicklungsgesellschaft, deren Zweck die Auseinandersetzung unter Wahrung ihrer Identität unter den Gesellschaftern ist. Folge der **Auflösung** der Gesellschaft ist mithin die Auseinandersetzung der Gesellschaft, die in §§ 730–735 näher geregelt ist (Hk-BGB/*Saenger* § 730 Rn 1 f). 2

Das Gesetz regelt die Auflösungsgründe in §§ 723–725 nur rudimentär und insb. nicht abschließend, es kann daher unter den Gesellschaftern Streit entstehen, ob ein Auflösungsgrund, der zur Auflösung der Gesellschaft führt, gegeben ist oder, zu welchem Zeitpunkt – bspw bei zeitlich auseinanderfallenden Kündigungserklärungen – die Gesellschaft aufgelöst wurde. In diesem Fall kann es geboten sein, vorab einen entsprechenden Feststellungsantrag zu stellen (vgl MüKo-BGB/*Ulmer*/*Schäfer* § 730 Rn 60). 3

[2] **Mitwirkungspflicht der Gesellschafter.** Jeder Gesellschafter ist berechtigt, an der Auseinandersetzung mitzuwirken. Dem trägt § 730 Abs. 2 S. 2 Rechnung, wonach die Geschäftsführung von der Auflösung an allen Gesellschaftern gemeinschaftlich zusteht. Umgekehrt sind die Gesellschafter aber auch zur gegenseitigen Mitwirkung bzw zur Vornahme der erforderlichen Handlungen im Rahmen der Liquidation verpflichtet (Hk-BGB/*Saenger* § 730 Rn 3). Weigert sich ein Gesellschafter, kann er auf Mitwirkung bzw Vornahme bestimmter Auseinandersetzungshandlungen verklagt werden. 4

[3] Bei der Antragsformulierung ist in besonderem Maße auf das Bestimmtheitsgebot des § 253 Abs. 2 Nr. 2 ZPO und die Möglichkeit der späteren Vollstreckung des Titels zu achten. Im **Klageantrag** ist daher konkret zu bezeichnen, an welchen Auseinandersetzungsakten der Gesellschafter konkret mitzuwirken hat oder welche Auseinandersetzungshandlung er vorzunehmen hat. Ein Antrag, den Beklagten zu verurteilen, an der Durchführung der Auseinandersetzung und Erstellung der Schlussabrechnung mitzuwirken, wäre zu allgemein gefasst und daher unzulässig (so BGH NJW 1981, 749). Möglich ist aber ein Antrag auf Feststellung, dass der Beklagte verpflichtet ist, an der Auseinandersetzung mitzuwirken. Der BGH aaO lässt bei einem in unzulässiger Weise auf ein Leistungsurteil gerichteten Antrag eine Umdeutung in einen entsprechenden Feststellungsantrag zu. 5

Gegen den widerstrebenden Gesellschafter ist somit zweckmäßigerweise Auseinandersetzungsklage zu erheben mit dem Ziel, seine konkreten Verpflichtungen, die Gegenstand der Zwangsvollstreckung sein können, titulieren zu lassen, OLG Hamm BB 1983, 1304. Nach der (dispositiven, vgl § 731) gesetzlichen Regelung kommen hier in Betracht: 6

- Abwicklung laufender Geschäfte, § 730 Abs. 2
- Rückgabe von Gegenständen, § 732
- Versilberung des Gesellschaftsvermögens, § 733 Abs. 3
- Berichtigung der Gesellschaftsschulden aus dem Gesellschaftsvermögen, § 733 Abs. 1
- Rückerstattung der Einlagen, § 733 Abs. 2
- Verteilung des Überschusses nach Schlussabrechnung, § 734
- Nachschusspflicht, sofern Schulden verbleiben, § 735

Im Muster beruht der Antrag auf § 734 BGB – Verteilung des Überschusses nach Schlussabrechnung. Die Schlussabrechnung stellt den Endpunkt der Auseinandersetzung dar; sie ist die Grundlage für die Verteilung des verbleibenden Vermögens bzw für die Forderung von Nachschüssen.

Ist dem Gesellschafter aufgrund der Weigerung der/des anderen Gesellschafter(s) nicht möglich, die Schlussabrechnung selbst zu erstellen, um einen Zahlungsanspruch aus dem Endsaldo herzuleiten, ist Klage auf eine konkret zu bezeichnende Mitwirkungshandlung bei der Schlussab- 7 rechnung oder auf Feststellung der Verpflichtung zur Mitwirkung an der Auseinandersetzung (vgl Rn 4) zu erheben.

8 [4] Zu beachten ist, dass die Gesellschafter im Auseinandersetzungsstadium zwischen Auflösung und Vollbeendigung der Gesellschaft gehindert sind, Zahlungsansprüche, die aus dem Gesellschaftsverhältnis herrühren, isoliert gegeneinander gerichtlich durchzusetzen, sog. **Durchsetzungssperre.** Derartige Ansprüche sind nur noch als unselbständige Rechnungspositionen in die Schlussabrechnung aufzunehmen, deren Saldo ergibt, wer von wem noch etwas zu fordern hat (ständige Rspr, vgl nur BGH NJW 2008, 2987 [2991], MüKo-BGB/*Ulmer/Schäfer* § 730 Rn 49 ff). Eine Leistungsklage wäre unbegründet; die Rspr lässt aber in diesem Zusammenhang Feststellungsklage zu, um die Abwicklung zu fördern; ein diesbezüglicher Antrag könnte formuliert werden wie folgt (vgl hierzu BGH NJW 1984, 1455 [1456], NJW 1992, 2757 [2758]):

▶ Es wird festgestellt, dass die Schuld des Beklagten gegenüber der Gesellschaft in Höhe von EUR ■■■ als unselbständige Rechnungsposition in die zu erstellende Schlussabrechnung einzustellen ist. ◀

Eine Ausnahme vom Grundsatz der Durchsetzungssperre – also Leistungsklage gegen einen Gesellschafter vor Beendigung der Auseinandersetzung lässt die Rspr zu, wenn bereits mit Sicherheit feststeht, dass ein Gesellschafter jedenfalls einen bestimmten Betrag beanspruchen kann (BGH NJW 1992, 2757 [2758]); zu weiteren Annahmen s. MüKo-BGB/*Ulmer/Schäfer* § 730 Rn 54 ff.

§ 736 Ausscheiden eines Gesellschafters, Nachhaftung

(1) Ist im Gesellschaftsvertrag bestimmt, dass, wenn ein Gesellschafter kündigt oder stirbt oder wenn das Insolvenzverfahren über sein Vermögen eröffnet wird, die Gesellschaft unter den übrigen Gesellschaftern fortbestehen soll, so scheidet bei dem Eintritt eines solchen Ereignisses der Gesellschafter, in dessen Person es eintritt, aus der Gesellschaft aus.
(2) Die für Personenhandelsgesellschaften geltenden Regelungen über die Begrenzung der Nachhaftung gelten sinngemäß.

I. Gesellschaftsvertragliche Fortsetzungsklausel

1 S. hierzu § 13 des Musters zu § 705.

II. Gesellschafterbeschluss

2 **1. Muster: Fortsetzungsbeschluss**

▶ **Protokoll über die außerordentliche Gesellschafterversammlung der ABC GbR**

am ■■■ in ■■■

Die Gesellschafter der ABC GbR halten hiermit unter Verzicht auf alle gesellschaftsvertraglichen Formen und Fristen der Ankündigung und Einberufung sofort eine außerordentliche Gesellschafterversammlung ab.

Über das Vermögen des Gesellschafters C wurde heute die vorläufige Insolvenzverwaltung angeordnet. Es ist damit zu rechnen, dass das Insolvenzverfahren über sein Vermögen kurzfristig eröffnet wird. Damit würde die Gesellschaft aufgelöst.[1]

Beschluss:

Wir, die Gesellschafter A, B und C beschließen hiermit einstimmig[2] Folgendes:

Die Gesellschaft wird im Fall der Eröffnung des Insolvenzverfahrens über das Vermögen des Gesellschafters C fortgesetzt und besteht dann unter den Gesellschaftern A und B fort. Gesellschafter C scheidet mit Eröffnung des Insolvenzverfahrens aus der Gesellschaft aus. ◄

2. Erläuterungen

[1] **Auflösung der Gesellschaft.** Fehlt eine gesellschaftsvertragliche Fortsetzungsklausel (vgl Rn 1) würde die Gesellschaft kraft Gesetzes gem. § 728 Abs. 2 mit Eröffnung des Insolvenzverfahrens aufgelöst. Dies kann nachträglich, jedoch noch vor Eintritt des Auflösungsgrundes durch entsprechenden Fortsetzungsbeschluss der Gesellschafter verhindert werden. 3

Selbst nach Auflösung der Gesellschaft kann noch ein solcher Gesellschafterbeschluss gefasst werden, allerdings muss dann der Insolvenzverwalter zustimmen (NK-BGB/*Heidel/Pade* § 736 Rn 2). Die Liquidationsgesellschaft wird durch den Beschluss wieder in eine werbende Gesellschaft umgewandelt (Palandt/*Sprau* vor § 723 Rn 2). 4

[2] Der **Fortsetzungsbeschluss** muss grundsätzlich einstimmig einschließlich des ausscheidenden Gesellschafters gefasst werden (Hk-BGB/*Saenger* § 736 Rn 1, Palandt/*Sprau* § 736 Rn 2). 5

§ 737 Ausschluss eines Gesellschafters

[1]Ist im Gesellschaftsvertrag bestimmt, dass, wenn ein Gesellschafter kündigt, die Gesellschaft unter den übrigen Gesellschaftern fortbestehen soll, so kann ein Gesellschafter, in dessen Person ein die übrigen Gesellschafter nach § 723 Abs. 1 Satz 2 zur Kündigung berechtigender Umstand eintritt, aus der Gesellschaft ausgeschlossen werden. [2]Das Ausschließungsrecht steht den übrigen Gesellschaftern gemeinschaftlich zu. [3]Die Ausschließung erfolgt durch Erklärung gegenüber dem auszuschließenden Gesellschafter.

A. Vertragsgestaltung

I. Gesellschaftsvertragliche Ausschlussregelung

S. hierzu § 11 des Musters zu § 705. 1

II. Gesellschafterbeschluss

1. Muster: Ausschluss eines Gesellschafters 2

► Protokoll über die außerordentliche Gesellschafterversammlung der ABC GbR

am ▪▪▪ in ▪▪▪

▪▪▪[1]

Die Gesellschafter der ABC GbR halten hiermit eine außerordentliche Gesellschafterversammlung ab.

Die Gesellschafter A und B berichten von folgenden gravierenden Vorkommnissen bei Gesellschafter C:[2]

■■■

Gesellschafter C äußert sich hierzu wie folgt: ■■■[3]

Beschluss[4]

Wir, die Gesellschafter A und B, beschließen hiermit einstimmig, dass Gesellschafter C aus wichtigem Grund[5] mit sofortiger Wirkung aus der Gesellschaft ausgeschlossen wird.

Gesellschafter C nimmt nicht an der Abstimmung teil.[6] ◄

2. Erläuterungen

3 [1] Hier sind alle **Formalia**, die insb. der Gesellschaftsvertrag vorsieht, festzuhalten, wie Versammlungsleitung, Protokollführung, Beschlussfähigkeit, form- und fristgerechte Einladung zur Gesellschafterversammlung usw.

4 [2] **Ausschlussgründe.** Da der Ausschluss der gerichtlichen Überprüfung unterliegt, erscheint es zweckmäßig, die Gründe für den Ausschluss hier kurz festzuhalten.

5 [3] Streitig ist, ob dem auszuschließenden Gesellschafter vor der Beschlussfassung **rechtliches Gehör** zu gewähren ist (so Palandt/*Sprau* § 737 Rn 3; aA MüKo-BGB/*Ulmer/Schäfer* § 737 Rn 15).

6 [4] Die Gesellschafter einer GbR können einen Mitgesellschafter gem. § 737 bei Vorliegen eines wichtigen Grundes (s. Rn 7) durch **Gesellschafterbeschluss** ausschließen. Unabdingbare Voraussetzung ist jedoch – dies ist bei der Vertragsgestaltung zu beachten – dass der Gesellschaftsvertrag eine sog. Fortsetzungsklausel enthält (oder dass die Gesellschafter nachträglich einen Fortsetzungsbeschluss fassen, was bei bereits bestehenden Gesellschafterstreitigkeiten an der notwendigen Mehrheit scheitern dürfte), hierzu näher § 13 des Musters zu § 705 und § 736 Rn 2.

7 [5] **Wichtiger Grund.** Der Ausschluss eines Gesellschafters setzt einen wichtigen Grund voraus. An das Vorliegen eines derartigen wichtigen Grundes sind strenge Anforderungen zu stellen, da der Ausschluss das äußerste Mittel ist, um Probleme zwischen Gesellschaftern zu lösen. Im Ergebnis muss die Fortsetzung der Gesellschaft mit dem betreffenden Gesellschafter unzumutbar sein (Hk-BGB/*Saenger* § 737 Rn 1). Näher zum Begriff des wichtigen Grundes und zur Kasuistik MüKo-BGB/*Ulmer/Schäfer* § 737 Rn 8 ff und § 723 Rn 28 ff.

8 [6] Der betreffende Gesellschafter hat kein **Stimmrecht**, was sich bereits aus § 737 S. 2 ergibt („übrige Gesellschafter").

9 Der Ausschluss wird mit Zugang der Erklärung wirksam, § 737 S. 3. Der Gesellschafter scheidet dann unmittelbar aus der Gesellschaft aus (Hk-BGB/*Saenger* § 737 Rn 4).

B. Prozess

10 I. Muster: Klage des Gesellschafters gegen seinen Ausschluss

► An das

Landgericht ■■■

Klage

des ■■■

- Kläger -

gegen

1. ■■■

- Beklagter zu 1) -

2. ■■■

- Beklagter zu 2) -[1]

wegen Feststellung der Ungültigkeit eines Gesellschafterbeschlusses

Streitwert vorläufig: ■■■ EUR[2]

Namens und in Vollmacht des Klägers erhebe ich Klage mit folgendem

Antrag:

Es wird festgestellt[3], dass der Gesellschafterbeschluss der ABC GbR vom ■■■, mit dem der Kläger aus der Gesellschaft ausgeschlossen wurde, nichtig, hilfsweise unwirksam[4] ist und der Kläger weiterhin Gesellschafter der ABC GbR ist.

Begründung[5]

■■■

Rechtsanwalt ◄

II. Erläuterungen

[1] **Passivlegitimation.** Die Klage, mit der der betroffene Gesellschafter Überprüfung des Ausschließungsbeschlusses begehrt, ist gegen die übrigen Gesellschafter zu richten (MüKo-BGB/*Ulmer/Schäfer* § 737 Rn 12). 11

[2] Der **Streitwert** richtet sich nach § 3 ZPO; maßgeblich ist das Interesse des Klägers, wobei in der Regel auf den Wert seines Anteils abzustellen ist (T/P/*Hüßtege* § 3 Rn 23). 12

[3] Richtige **Klageart** gegen den Beschluss ist die Feststellungsklage gerichtet auf den Fortbestand der Gesellschafterstellung (MüKo-BGB/*Ulmer/Schäfer* § 737 Rn 12). 13

[4] **Klageantrag.** Die Unterscheidung zwischen Nichtigkeit und Unwirksamkeit von Gesellschafterbeschlüssen entspr. den aktienrechtlichen Regeln ist im Recht der GbR nicht veranlasst. 14

[5] **Begründung.** Der Kläger, der den Fortbestand der Gesellschafterstellung beansprucht, hat im Einzelnen darzulegen und zu beweisen, woraus sich die Ungültigkeit des Gesellschafterbeschlusses ergibt. In Betracht kommen formale (Verstoß gegen gesellschaftsvertragliche Formvorschriften) oder sachliche Gründe (vor allem Fehlen eines wichtigen Grundes für den Ausschluss). 15

§ 738 Auseinandersetzung beim Ausscheiden

(1) [1]Scheidet ein Gesellschafter aus der Gesellschaft aus, so wächst sein Anteil am Gesellschaftsvermögen den übrigen Gesellschaftern zu. [2]Diese sind verpflichtet, dem Ausscheidenden die Gegenstände, die er der Gesellschaft zur Benutzung überlassen hat, nach Maßgabe des § 732 zurückzugeben, ihn von den gemeinschaftlichen Schulden zu befreien und ihm dasjenige zu zahlen, was er bei der Auseinandersetzung erhalten würde, wenn die Gesellschaft zur Zeit seines Ausscheidens aufgelöst worden wäre. [3]Sind gemeinschaftliche Schulden noch nicht fällig, so können die übrigen Gesellschafter dem Ausscheidenden, statt ihn zu befreien, Sicherheit leisten.

(2) Der Wert des Gesellschaftsvermögens ist, soweit erforderlich, im Wege der Schätzung zu ermitteln.

§ 739 Haftung für Fehlbetrag

Reicht der Wert des Gesellschaftsvermögens zur Deckung der gemeinschaftlichen Schulden und der Einlagen nicht aus, so hat der Ausscheidende den übrigen Gesellschaftern für den Fehlbetrag nach dem Verhältnis seines Anteils am Verlust aufzukommen.

§ 740 Beteiligung am Ergebnis schwebender Geschäfte

(1) [1]Der Ausgeschiedene nimmt an dem Gewinn und dem Verlust teil, welcher sich aus den zur Zeit seines Ausscheidens schwebenden Geschäften ergibt. [2]Die übrigen Gesellschafter sind berechtigt, diese Geschäfte so zu beendigen, wie es ihnen am vorteilhaftesten erscheint.

(2) Der Ausgeschiedene kann am Schluss jedes Geschäftsjahrs Rechenschaft über die inzwischen beendigten Geschäfte, Auszahlung des ihm gebührenden Betrags und Auskunft über den Stand der noch schwebenden Geschäfte verlangen.

A. Vertragsgestaltung

1 **I. Muster: Gesellschaftsvertragliche Abfindungsregelung**

► (1) Scheidet ein Gesellschafter aus der Gesellschaft aus, erhält er eine seiner Beteiligung an der Gesellschaft entsprechende Abfindung,[1] die durch eine Abfindungsbilanz auf den Stichtag seines Ausscheidens zu ermitteln ist.[2] Dabei sind Vermögen und Schulden der Gesellschaft mit ihrem Verkehrswert einzusetzen. Ein Firmenwert bleibt außer Betracht.[3]

(2) An schwebenden Geschäften ist der Ausscheidende nicht beteiligt.[4]

(3) Scheidet ein Gesellschafter aus der Gesellschaft aus, weil er aus wichtigem Grund ausgeschlossen wurde, erhält er als Abfindung zwei Drittel des Wertes seiner Beteiligung nach Maßgabe des Abs. 1; iÜ steht dem ausscheidenden Gesellschafter als Abfindung der volle Wert seiner Beteiligung zu.[5]

(4) Können sich die verbleibenden und der ausscheidende Gesellschafter nicht über den Wert der Beteiligung einigen, so entscheidet ein von der zuständigen Industrie- und Handelskammer zu bestimmender Sachverständiger verbindlich.[6] Die Kosten tragen die Gesellschaft und der ausscheidende Gesellschafter je zur Hälfte.

(5) Das Auseinandersetzungsguthaben ist in fünf gleichen Halbjahresraten zu zahlen, die jeweils am Ende eines Kalenderhalbjahres, erstmals am dem Ausscheiden folgenden Halbjahresende zu leisten sind. Das Auseinandersetzungsguthaben ist bis zur Bezahlung mit dem Basiszinssatz zu verzinsen.[7]

(6) Eine Erklärung der Gläubiger über die Befreiung von den Gesellschaftsschulden oder Sicherheitsleistung kann der ausscheidende Gesellschafter nicht verlangen. Intern ist er jedoch von den verbleibenden Gesellschaftern von jeder Haftung freizustellen.[8]

(7) Der ausscheidende Gesellschafter ist berechtigt, in die Bücher und die Papiere der Gesellschaft zum Zwecke der Berechnung seines Ausscheidensguthabens entweder selbst oder durch Bevollmächtigte, die zur beruflichen Verschwiegenheit verpflichtet sind, Einsicht zu nehmen. ◄

II. Erläuterungen und Varianten

2 [1] Der ausscheidende Gesellschafter verliert seine **Gesellschafterrechte**; ihm stehen ausschließlich die in § 738 festgelegten Rechte zu, sofern der Gesellschaftsvertrag keine abweichenden Bestimmungen enthält (Hk-BGB/*Saenger* § 737 Rn 4).

Anspruchsberechtigter ist der ausscheidende Gesellschafter. Anspruchsverpflichtete ist die Gesellschaft; ob daneben die verbleibenden Gesellschafter verpflichtet sind, ist umstritten (vgl MüKo-BGB/*Ulmer/Schäfer* § 738 Rn 17). 3

[2] Die **Höhe des Abfindungsanspruchs** wird in der Praxis regelmäßig durch eine auf den Ausscheidensstichtag zu erstellende Abfindungsbilanz ermittelt (vgl Hk-BGB/*Saenger* § 738 Rn 4; NK-BGB/*Heidel/Pade* § 738 Rn 10 ff). 4

Da das Abfindungsguthaben dem anteiligen Wert der Gesellschaft entspricht, ist deren Wert festzustellen; gem. § 738 Abs. 2 geschieht dies im Wege der Schätzung. Für die Bewertung des Wertes des Gesellschaftsanteils stehen verschiedene Bewertungsmethoden zur Verfügung. Die neuere Rspr stellt grds. auf den Ertragswert ab; der früher überwiegend angewandten Substanzwertmethode kommt lediglich noch untergeordnete Funktion zu (vgl näher MüKo-BGB/*Ulmer/Schäfer* § 738 Rn 32 ff; NK-BGB/*Heidel/Pade* § 738 Rn 14–16). 5

[3] Nach der Rspr ist für die **Feststellung des Wertes des Gesellschaftsanteils** der wirkliche Wert des lebenden Unternehmens einschließlich aller stillen Reserven und eines etwaigen Goodwill maßgebend (vgl Hk-BGB/*Saenger* § 738 Rn 5 und Palandt/*Sprau* § 738 Rn 5 mwN). Gesellschaftsvertraglich können jedoch abweichende Gestaltungen, insb. Abfindungsbeschränkungen vorgenommen werden; so kann bspw vereinbart werden, dass der Goodwill oder stille Reserven bei der Wertermittlung außer Ansatz bleiben. Grenzen der Zulässigkeit von Abfindungsbeschränkungen, insb. auch von sog. Buchwertklauseln bilden § 138 und § 723 Abs. 3, wonach eine Kündigung nicht unzulässig erschwert werden darf (Einzelheiten s. MüKo-BGB/*Ulmer/Schäfer* § 738 Rn 39 ff, *Teichmann* in Dombek/Kroiß, Formularbibliothek Vertragsgestaltung, Band Gesellschaftsrecht II Teil 1 § 2 Rn 224 ff und 263 mit weiteren Gestaltungsbeispielen). An die Stelle der unwirksamen Abfindungsregelung treten die allgemein entwickelten Grundsätze (BGH NJW 2008, 2987 [2990]). 6

[4] **Schwebende Geschäfte.** Durch die hier gewählte Regelung wird § 740, der dispositiv ist, abbedungen. Dies kann sich empfehlen, um Rechenschaftspflichten über einen längeren Zeitraum und Konfliktpotential unter den Beteiligten zu vermeiden. 7

[5] Eine sachgerechte Differenzierung der Abfindungshöhe nach dem **Anlass des Ausscheidens** ist innerhalb bestimmter Grenzen zulässig und regelmäßig ratsam. 8

[6] Die Vereinbarung einer **Schiedsgutachterklausel** im Zusammenhang mit der im Regelfall schwierigen Abfindungsermittlung ist empfehlenswert. 9

[7] Mangels anderweitiger Vereinbarung entsteht der Abfindungsanspruch in voller Höhe mit dem Ausscheiden und wird nach hM zu diesem Zeitpunkt (und nicht erst mit Feststellung der Abfindungsbilanz) auch fällig (vgl Palandt/*Sprau* § 738 Rn 6). Da die volle Forderung für die Gesellschaft jedoch existenzgefährdend sein kann, sollte in der Gestaltungspraxis zugunsten der Gesellschaft die Möglichkeit einer Ratenzahlung vorgesehen werden. Der **Auszahlungszeitraum** muss jedoch überschaubar sein (bis maximal fünf Jahre) und darf den Ausscheidenden nicht unangemessen benachteiligen; andernfalls sind derartige Klauseln unwirksam (vgl MüKo-BGB/*Ulmer/Schäfer* § 738 Rn 38). 10

Als Kompensation sollte der gestundete Anspruch angemessen verzinst werden. Wird eine Verzinsung nicht vereinbart, sind Zinsen nur unter dem Gesichtspunkt des Verzuges, also erst nach einer entsprechenden Mahnung zu zahlen (MüKo-BGB/*Ulmer/Schäfer* § 738 Rn 22). 11

[8] Der **Schuldbefreiungsanspruch** gem. § 738 Abs. 1 S. 2 Hs 1 richtet sich gegen die Gesellschaft und kann Gesellschaftsgläubigern nicht entgegengesetzt werden (vgl MüKo-BGB/*Ulmer/Schäfer* § 738 Rn 77). Der Anspruch kann, anders als im Muster, auch im Innenverhältnis abbedungen werden. 12

B. Prozess

13 **I. Muster: Stufenklage auf Ermittlung und Zahlung des Abfindungsguthabens**

▶ An das Landgericht ▪▪▪

Stufenklage[1]

des ▪▪▪

– Kläger –

gegen

ABC GbR, vertreten durch die Gesellschafter ▪▪▪

– Beklagte –[2]

wegen Abfindung

Streitwert vorläufig geschätzt: ▪▪▪ EUR[3]

Namens und in Vollmacht des Klägers erhebe ich Stufenklage mit folgenden

Anträgen:

Die Beklagte wird verurteilt,

a) für die ABC GbR die Abfindungsbilanz zum Stichtag ▪▪▪ aufzustellen,[4]

b) an den Kläger eine Abfindung in einer nach Erstellung der Abfindungsbilanz noch zu bestimmenden Höhe nebst Zinsen in Höhe von ▪▪▪ EUR zu zahlen.[5]

Begründung

▪▪▪

Rechtsanwalt ◀

II. Erläuterungen

14 [1] Der ausgeschiedene Gesellschafter hat Anspruch auf Aufstellung der Abfindungsbilanz, wenn die übrigen Gesellschafter ihrer Rechnungslegungspflicht nicht nachkommen. Die Klage auf Bilanzerstellung kann im Wege der **Stufenklage** gem. § 254 ZPO mit dem Anspruch auf Zahlung des Abfindungsguthabens verbunden werden (Hk-BGB/*Saenger* § 738 Rn 7, NK-BGB/*Heidel/Pade* § 738 Rn 17).

15 [2] **Passivlegitimation.** Die Klage ist gegen die Gesellschaft zu richten (Hk-BGB/*Saenger* § 738 Rn 7).

16 [3] Der **Streitwert** ist nach § 3 ZPO zu schätzen und orientiert sich am Interesse des Klägers, also am Wert seiner Beteiligung. Für die Auskunftsstufe ist ein Bruchteil von 1/10 bis 2/5 des Wertes des Leistungsanspruches anzusetzen (vgl T/P/*Hüßtege* § 3 Rn 127).

17 [4] Da die **Abfindungsbilanz** üblicherweise durch einen Sachverständigen erstellt werden kann, liegt eine vertretbare Handlung vor. Ein entspr. Urteil kann nach § 887 ZPO vollstreckt werden. Kann ein Dritter die Bilanz nicht erstellen, muss nach § 888 ZPO vorgegangen werden (NK-BGB/*Heidel/Pade* § 738 Rn 17; MüKo-BGB/*Ulmer/Schäfer* § 738 Rn 30).

18 [5] **Abfindungsanspruch.** Zur Entstehung, Fälligkeit und Verzinsung des Anspruchs s. oben Rn 10 f.

Titel 17 Gemeinschaft

§ 741 Gemeinschaft nach Bruchteilen

Steht ein Recht mehreren gemeinschaftlich zu, so finden, sofern sich nicht aus dem Gesetz ein anderes ergibt, die Vorschriften der §§ 742 bis 758 Anwendung (Gemeinschaft nach Bruchteilen).

I. Muster: Vereinbarung einer Bruchteilsgemeinschaft 1

579

► **Vereinbarung**[1]

zwischen

A ■■■

und

B ■■■[2]

Vorbemerkung:

Wir sind Miteigentümer zu je 1/2 an dem Grundstück ■■■ in ■■■, Flur-Nr. ■■■, eingetragen im Grundbuch ■■■. Auf dem Grundstück befindet sich eine Garage mit zwei Stellplätzen. Hierzu treffen wir folgende Vereinbarung:[3]

1. A und sein Rechtsnachfolger hat das Recht der alleinigen und ausschließlichen Nutzung der gem. anliegenden Lageplan als Stellplatz 1 bezeichneten Fläche.
   B und sein Rechtsnachfolger hat das Recht der alleinigen und ausschließlichen Nutzung der gem. anliegenden Lageplan als Stellplatz 2 bezeichneten Fläche.
   A und B haben ferner das Recht zur Mitbenutzung der übrigen zum gemeinschaftlichen Gebrauch bestimmten Flächen.[4]
2. A und B haben die für die Unterhaltung der ihnen zu ihrer ausschließlichen Nutzung zugewiesenen Teile der Garage notwendigen Kosten allein zu tragen. Alle übrigen Kosten und Lasten, insb. für die Garagenzufahrt, das Dach und die Umfassungswände tragen A und B nach dem Verhältnis ihrer Anteile.[5]
3. A und B verwalten die ihnen in Ziffer 1 zur alleinigen Nutzung zugewiesenen Flächen selbst; jeder ist berechtigt, diese an Dritte zu vermieten, sofern dadurch nicht der Gebrauch der gemeinschaftlichen Flächen beeinträchtigt wird. Die Verwaltung der gemeinschaftlichen Flächen obliegt A und umfasst die zur Erhaltung und Instandhaltung des Gemeinschaftseigentums erforderlichen Maßnahmen. Der Verwalter ist befugt, im Rahmen der Verwaltung mit Wirkung für und gegen die Teilhaber bis zu einem Betrag von 800,00 EUR Rechtsgeschäfte zu tätigen und Verträge abzuschließen; hierzu zählt insb. auch der Abschluss einer Versicherung gegen Sturm, Brand und Wasserschäden. Verpflichtungsgeschäfte über EUR 500,00 bedürfen eines Mehrheitsbeschlusses der Teilhaber; gleiches gilt für bauliche Veränderungen, die über die ordnungsgemäße Instandhaltung hinausgehen.[6]
4. Das Recht, die Aufhebung dieser Gemeinschaft zu verlangen, wird für 10 Jahre von heute an ausgeschlossen. Das Recht zur Kündigung aus wichtigem Grund bleibt hiervon unberührt.[7] ◄

II. Erläuterungen

[1] Die Bedeutung der Bruchteilsgemeinschaft nach §§ 741 ff liegt allein in der gemeinsamen Berechtigung mehrerer Personen an einem bestimmten Recht. Im Unterschied zur GbR dient 2

sie keinem gemeinschaftlichen Zweck der Teilhaber. §§ 741 ff regeln lediglich die Beziehung zwischen mehreren Berechtigten. Diese Regeln gelten unabhängig vom jeweiligen Entstehungsgrund; dieser kann auf Gesetz, Rechtsgeschäft oder Realakt (zB §§ 947 Abs. 1, 948) beruhen (vgl Hk-BGB/*Saenger* § 741 Rn 1, 5; Palandt/*Sprau* § 741 Rn 1 f).

3 **Gegenstand der Gemeinschaft** können Rechte aller Art sein, die einer Mehrheit von Teilhabern zugänglich sind, zB Forderungen auf unteilbare Leistung, beschränkt dingliche Rechte, Eigentum, Patente, Anteile an Kapitalgesellschaften. Weitere Einzelheiten NK-BGB/*Radlmayr* § 741 Rn 8.

4 [2] **Parteifähigkeit.** Die Gemeinschaft ist kein Rechtssubjekt und daher auch nicht parteifähig (hM, vgl NK-BGB/*Radlmayr* § 741 Rn 5).

5 [3] **Bruchteilseigentum** ist eine Unterart der Bruchteilsgemeinschaft gem. §§ 741 ff. Hier gelten zunächst die §§ 1008–1011 und daneben §§ 741 ff. Durch Miteigentümervereinbarungen können für Immobilien ähnliche Regelungen getroffen werden wie durch Begründung von Wohnungseigentum. Dies kann im Einzelfall zu empfehlen sein bei internen Vereinbarungen unter Verwandten und Ehegatten sowie bei kleinen Immobilien mit wenigen Einheiten.

6 [4] **Nutzungsregelungen.** Zur Gebrauchsbefugnis und Nutzung gemeinschaftlicher Gegenstände sowie den bestehenden Regelungsmöglichkeiten der Teilhaber vgl §§ 743 und 745.

7 [5] Zur **Kosten- und Lastentragung** vgl § 748.

8 [6] Zur **Verwaltung** und den diesbezüglichen Regelungsmöglichkeiten vgl §§ 744, 745.

9 [7] Die jederzeit mögliche **Aufhebung der Gemeinschaft** (§ 749 Abs. 1) kann durch Vereinbarung eingeschränkt oder ausgeschlossen werden. Der Ausschluss wirkt allerdings nicht, sofern ein wichtiger Grund vorliegt, § 749 Abs. 2.

§ 742 Gleiche Anteile

Im Zweifel ist anzunehmen, dass den Teilhabern gleiche Anteile zustehen.

§ 743 Früchteanteil; Gebrauchsbefugnis

(1) Jedem Teilhaber gebührt ein seinem Anteil entsprechender Bruchteil der Früchte.
(2) Jeder Teilhaber ist zum Gebrauch des gemeinschaftlichen Gegenstands insoweit befugt, als nicht der Mitgebrauch der übrigen Teilhaber beeinträchtigt wird.

1 **I. Muster: Klage gegen einen Teilhaber auf Unterlassung von Beeinträchtigungen des Gebrauchsrechts, § 743 Abs. 2**

▶ ■■■

Klage

■■■

Namens und in Vollmacht des Klägers erhebe ich Klage[1] mit folgendem

Antrag:

Dem Beklagten wird es bei Meidung eines vom Gericht für jeden Fall der Zuwiderhandlung festzusetzenden Ordnungsgeldes bis zu 250.000,00 EUR, ersatzweise Ordnungshaft, oder Ordnungshaft bis zu sechs Monaten untersagt[2], die Garagenräume auf dem Anwesen ▪▪▪ in ▪▪▪ zu vermieten oder sonst den unmittelbaren Besitz an den vorgenannten Räumen Dritten zu überlassen.[3]

Begründung[4]

▪▪▪

Rechtsanwalt ◀

II. Erläuterungen

[1] § 743 Abs. 2 gibt dem Teilhaber einen **Anspruch auf Gebrauch** des gemeinschaftlichen Gegenstandes; er korreliert mit einer entsprechenden Duldungspflicht der anderen Teilhaber, NK-BGB/*Radlmayr* § 743 Rn 8. 2

Die Vorschrift regelt dabei nur das Maß des Gebrauchs, nicht die Art der Benutzung, die durch Vereinbarung, Beschluss oder gerichtliche Entscheidung nach § 745 festgelegt wird. Insoweit können abweichende Vereinbarungen bzw Beschlüsse getroffen werden, die Vorrang haben, zB: Ausschluss aller Teilhaber vom Mitgebrauch; unentgeltliche Einräumung des Alleingebrauchs an einen Teilhaber; Alleingebrauch eines Teilhabers als Mieter, gegenständlich geteilte Gebrauchsrechte hinsichtlich einer Grundstücksfläche (vgl MüKo-BGB/*Schmidt* § 743 Rn 14, NK-BGB/*Radlmayr* § 743 Rn 10). 3

[2] Gegen Beeinträchtigungen des Gebrauchsrechts durch andere Teilhaber steht dem betroffenen Teilhaber im Innenverhältnis ein **Unterlassungsanspruch** unmittelbar aus § 743 Abs. 2 zu (NK-BGB/*Radlmayr* § 743 Rn 11; MüKo-BGB/*Schmidt* § 743 Rn 13). Im vorliegenden Fall ist eine solche Beeinträchtigung des Gebrauchsrechts gegeben, wenn bei Vereinbarung der gemeinsamen Benutzung der Garage durch die Teilhaber einer von ihnen die Garagenräume insgesamt Dritten zur Benutzung überlassen möchte. Anders wäre es aber, wenn die Teilhaber eine Aufteilung des Gemeinschaftsgegenstandes beschlossen hätten und jedem Teilhaber ein Garagenabteil zugewiesen wäre; dieses könnte vom jeweiligen Teilhaber an Dritte überlassen werden, ohne dass damit eine Beeinträchtigung der anderen Teilhaber verbunden wäre. Allgemein kann also ein Teilhaber/Miteigentümer Dritte nur nach Maßgabe und im Umfang seines eigenen Benutzungsrechts am Gebrauch der Sache teilhaben lassen (MüKo-BGB/*Schmidt* § 743 Rn 10 aE). 4

[3] Möglich sind unter Teilhabern auch **Bereicherungs- und Schadensersatzansprüche** (näher hierzu MüKo-BGB/*Schmidt* § 743 Rn 10 ff, NK-BGB/*Radlmayr* § 743 Rn 11). 5

[4] **Begründung.** Der klagende Teilhaber hat das Vorliegen einer Gemeinschaft, sein Gebrauchsrecht am gemeinschaftlichen Gegenstand sowie die Störung des Gebrauchsrechts darzulegen und zu beweisen. 6

§ 744 Gemeinschaftliche Verwaltung

(1) Die Verwaltung des gemeinschaftlichen Gegenstands steht den Teilhabern gemeinschaftlich zu.

(2) Jeder Teilhaber ist berechtigt, die zur Erhaltung des Gegenstands notwendigen Maßregeln ohne Zustimmung der anderen Teilhaber zu treffen; er kann verlangen, dass diese ihre Einwilligung zu einer solchen Maßregel im Voraus erteilen.

1 **I. Muster: Klage auf Zustimmung zu einer notwendigen Erhaltungsmaßnahme, § 744 Abs. 2 Hs 2**

▶ ▪▪▪

Klage

▪▪▪

Namens und in Vollmacht des Klägers erhebe ich Klage mit folgendem

Antrag:

Der Beklagte wird verurteilt,[1] in die Reparatur der schadhaften Wasserleitung[2] in der Küche der Wohnung ▪▪▪ in ▪▪▪ einzuwilligen[3] und einen anteiligen Vorschuss in Höhe von ▪▪▪ EUR zu bezahlen.[4]

Begründung

▪▪▪

Rechtsanwalt ◀

II. Erläuterungen und Varianten

2 [1] Nach wohl hM ist der Anspruch auf Einwilligung nach § 744 Abs. 2 Hs 2 mit der Leistungsklage durchzusetzen; die Einwilligung gilt mit dem obsiegenden Urteil als ersetzt (§ 894 ZPO), so NK-BGB/*Radlmayr* § 744 Rn 5. Nach aA ist die Feststellungsklage die richtige **Klageart**, MüKo-BGB/*Schmidt* §§ 744, 745 Rn 49, der allerdings eine Umdeutung eines Leistungstitels für geboten und möglich hält. Ähnlich Palandt/*Sprau* § 744 Rn 3, der beide Klagearten als zulässig ansieht.

3 Formulierungsvorschlag für einen Feststellungsantrag:

▶ Es wird festgestellt, dass der Kläger zur Reparatur der schadhaften Wasserleitung in der Küche der Wohnung ▪▪▪ in ▪▪▪ berechtigt ist. ◀

4 [2] § 744 Abs. 2 setzt eine notwendige **Erhaltungsmaßnahme** voraus.

5 Eine Erhaltungsmaßnahme ist gegeben, wenn sie der Erhaltung des gemeinschaftlichen Gegenstandes in der Substanz oder in der Nutzungsmöglichkeit, bei einem Recht auch der Geltendmachung dient; die Maßnahme kann Tathandlung, Rechtsgeschäft, ausnahmsweise eine Verfügung sein (MüKo-BGB/*Schmidt* § 744 Rn 42).

6 Notwendig ist eine Maßnahme, wenn sie vom Standpunkt eines vernünftigen Berechtigten zur Erhaltung des Gegenstandes notwendig erscheint. Eine bloße Nützlichkeit genügt nicht, OLG Rostock NJW-RR 2003, 797; NK-BGB/*Radlmayr* § 744 Rn 5. Bei der Beurteilung ist ein wirtschaftlicher Maßstab anzulegen, der auch die finanzielle Zumutbarkeit für die Teilhaber berücksichtigt (Hk-BGB/*Saenger* § 744 Rn 4).

7 [3] Der Teilhaber bedarf für eine notwendige Erhaltungsmaßnahme nach § 744 Abs. 2 Hs 1 keiner Zustimmung, dh Abs. 2 verleiht ihm im Innenverhältnis ein individuelles Recht, auch ohne Zustimmung der anderen Teilhaber zu handeln; er hat allerdings auch einen klagbaren Anspruch auf vorherige **Einwilligung** (Hk-BGB/*Saenger* § 744 Rn 5, NK-BGB/*Radlmayr* § 744 Rn 7). Zu den streitigen Einzelfragen im Außenverhältnis vgl weitergehend MüKo-BGB/*Schmidt* §§ 744, 745 Rn 45 ff.

[4] Für die entstehenden Kosten einer notwendigen Erhaltungsmaßnahme kann der Teilhaber einen **Vorschuss** auf den Aufwendungsersatz nach § 748 verlangen (MüKo-BGB/*Schmidt* §§ 744, 745 Rn 44; Palandt/*Sprau* § 744 Rn 3). 8

§ 745 Verwaltung und Benutzung durch Beschluss

(1) [1]Durch Stimmenmehrheit kann eine der Beschaffenheit des gemeinschaftlichen Gegenstands entsprechende ordnungsmäßige Verwaltung und Benutzung beschlossen werden. [2]Die Stimmenmehrheit ist nach der Größe der Anteile zu berechnen.
(2) Jeder Teilhaber kann, sofern nicht die Verwaltung und Benutzung durch Vereinbarung oder durch Mehrheitsbeschluss geregelt ist, eine dem Interesse aller Teilhaber nach billigem Ermessen entsprechende Verwaltung und Benutzung verlangen.
(3) [1]Eine wesentliche Veränderung des Gegenstands kann nicht beschlossen oder verlangt werden. [2]Das Recht des einzelnen Teilhabers auf einen seinem Anteil entsprechenden Bruchteil der Nutzungen kann nicht ohne seine Zustimmung beeinträchtigt werden.

A. § 745 Abs. 1

I. Rechtsgestaltung

1. Muster: Mehrheitsbeschluss über eine Verwaltungsmaßnahme 1

▶ ...

582

Versammlung[1] am ... in ...

Anwesend: ...

Feststellungen:

A, B, C und D sind zu je 1/4 Bruchteilsberechtigte an dem Anwesen ... in ...

An dem Objekt soll das Dach erneuert werden; die dadurch entstehenden Kosten belaufen sich gemäß Voranschlag der Firma XY vom ... voraussichtlich auf ... EUR. Die Kosten sollen auf die Teilhaber entsprechend ihrer Anteile umgelegt werden.[2] Die Teilhaber nehmen hierzu wie folgt Stellung: ...[3]

Nach Aussprache stimmen die Teilhaber ab.

Beschluss:

A, B und C stimmen für die Umlegung der voraussichtlichen Kosten. D stimmt dagegen.

Mit der Stimmenmehrheit von A, B und C ist beschlossen, dass das Dach an dem Objekt ... erneuert wird und die hierdurch entstehenden Kosten zu je 1/4 auf A, B, C und D umgelegt werden.[4] ◀

2. Erläuterungen

2 [1] Voraussetzungen für einen Mehrheitsbeschluss nach § 745 Abs. 1 sind ein ordnungsgemäßes Verfahren und ein zulässiger Entscheidungsgegenstand (zu letzterem s. Rn 3). Die §§ 741 ff enthalten keine Form- und Verfahrensvorschriften für die Beschlussfassung. Die Festlegung der **Verfahrensregeln** ist daher den Teilhabern überlassen (Hk-BGB/*Saenger* § 745 Rn 2; NK-BGB/*Radlmayr* § 745 Rn 3).

3 [2] **Gegenstand der Mehrheitsentscheidung** nach § 745 Abs. 1 kann nur die ordnungsgemäße Verwaltung und Benutzung sein. Zum Begriff und zu Beispielen s. Hk-BGB/*Saenger* § 745 Rn 3, MüKo-BGB/*Schmidt* §§ 744, 745 Rn 3 ff.

4 Da die Teilhaber im Interesse der Handlungsfähigkeit der Gemeinschaft durch einfachen Mehrheitsbeschluss über Verwaltung und Benutzung des gemeinschaftlichen Gegenstandes mit weitreichenden Folgen bestimmen können, setzt vor allem § 745 Abs. 3 Grenzen, wonach zum einen eine wesentliche Veränderung des Gegenstandes (S. 1) und zum anderen der Nutzungsanteil des einzelnen Teilhabers (S. 2) mehrheitsfest ist. Einzelheiten hierzu MüKo-BGB/*Schmidt* §§ 744, 745 Rn 22 ff.

5 [3] Jeder Teilhaber hat neben dem **Anspruch auf Teilnahme** an der Abstimmung auch einen Anspruch auf rechtliches Gehör, Hk-BGB/*Saenger* § 745 Rn 2, MüKo-BGB/*Schmidt* §§ 744, 745 Rn 19.

6 [4] **Fehlerhafte Beschlüsse** können nichtig bzw unwirksam sein, zur gerichtlichen Überprüfung s. Rn 7 ff.

II. Prozess

7 **1. Muster: Klage auf Feststellung der Nichtigkeit eines Beschlusses**

▶ ...

Klage

des

...[1]

gegen

1. ...
2. ...
3. ...[2]

Namens und in Vollmacht des Klägers erhebe ich Klage mit folgendem

Antrag:

Es wird festgestellt,[3] dass der Beschluss der Beklagten als Teilhaber der Bruchteilsgemeinschaft ... vom ..., wonach das Dach an dem Objekt ... in ... erneuert werden soll und die hierdurch entstehenden Kosten umgelegt werden sollen, nichtig ist.[4]

Begründung[5]

...

Rechtsanwalt ◀

2. Erläuterungen

8 [1] **Aktivlegitimation.** Jeder Teilhaber kann sich jederzeit auf die Unwirksamkeit/Nichtigkeit eines Mehrheitsbeschlusses nach § 745 Abs. 1 berufen (MüKo-BGB/*Schmidt* §§ 744, 745 Rn 33).

[2] **Passivlegitimation.** Die Klage kann sich gegen einen oder mehrere bzw alle übrigen Teilhaber richten; mehrere Teilhaber sind notwendige Streitgenossen nach § 62 ZPO (MüKo-BGB/*Schmidt* §§ 744, 745 Rn 33). 9

[3] **Klageart.** Beschlüsse der Bruchteilsgemeinschaft sind nicht anfechtbar; eine Anfechtungsklage entsprechend den aktienrechtlichen Bestimmungen ist nicht möglich. Anerkannt ist jedoch bei fehlerhaften Beschlüssen eine Klage nach § 256 ZPO auf Feststellung der Nichtigkeit bzw Unwirksamkeit eines Mehrheitsbeschlusses, vgl BayObLG NJW-RR 1995, 588 (589), MüKo-BGB/*Schmidt* §§ 744, 745 Rn 33. 10

[4] Ein Beschluss kann wegen Verfahrensverstößen oder Inhaltsverstößen angreifbar sein. **Verfahrensverstöße** führen grundsätzlich nur dann zur Nichtigkeit/Unwirksamkeit, wenn sie für das Beschlussergebnis relevant sind. **Inhaltsverstöße** sind vor allem Verstöße gegen § 745 Abs. 3 (vgl MüKo-BGB/*Schmidt* §§ 744, 745 Rn 33). 11

[5] Die **Beweislast** ist wie folgt verteilt: Die Voraussetzungen des § 745 Abs. 1 hat derjenige zu beweisen, der sich auf die Wirksamkeit des Beschlusses beruft. Umstände, die die Unwirksamkeit des Beschlusses begründen, hat der zu beweisen, der sich auf die Unwirksamkeit beruft (NK-BGB/*Radlmayr* § 745 Rn 14; MüKo-BGB/*Schmidt* §§ 744, 745 Rn 33). 12

B. § 745 Abs. 2

I. Muster: Klage auf Zustimmung zu einer bestimmten Verwaltungsmaßnahme 13

▶ ■■■ 584

Klage

der

1. ■■■
2. ■■■

gegen

■■■[1]

Namens und in Vollmacht der Kläger erhebe ich Klage mit folgendem

Antrag:

Der Beklagte wird verurteilt,[2]

1. folgender Benutzungsregelung für die aus ■■■ bestehenden Bruchteilsgemeinschaft zuzustimmen: ■■■[3] und
2. gegenüber ■■■ folgende Willenserklärung abzugeben: ■■■[4]

Begründung[5]

■■■

Rechtsanwalt ◀

II. Erläuterungen

[1] **Passivlegitimation.** Die Klage ist zweckmäßigerweise gegen alle Teilhaber zu richten, die sich der begehrten Regelung widersetzen; mehrere sind notwendige Streitgenossen (Palandt/*Sprau* § 745 Rn 5, NK-BGB/*Radlmayr* § 745 Rn 15). 14

[2] **Klageart.** Bei einer Klage nach § 745 Abs. 2 handelt es sich nicht um eine Gestaltungsklage; der Anspruch ist vielmehr mit einer auf Einwilligung gerichteten Leistungsklage geltend zu ma- 15

chen (ständige Rspr, vgl BGHZ 34, 367 [371], Hk-BGB/*Saenger* § 745 Rn 6; Palandt/*Sprau* § 745 Rn 5).

16 [3] Der **Antrag** muss, um dem Bestimmtheitserfordernis des § 253 Abs. 2 ZPO zu genügen, grds. eine konkrete Art der Verwaltung und Benutzung benennen. Das Gericht ist hieran gebunden, kann sich aber ggf des § 139 ZPO bedienen (MüKo-BGB/*Schmidt* §§ 744, 745 Rn 39).

17 Die Vollstreckung eines auf § 745 Abs. 2 basierenden Urteils erfolgt, sofern es nicht unmittelbar auf Zahlung gerichtet ist, nach § 894 ZPO (NK-BGB/*Radlmayr* § 745 Rn 15, MüKo-BGB/*Schmidt* §§ 744, 745 Rn 40).

18 [4] Soweit für die Umsetzung von internen Benutzungsregelungen die **Abgabe einer Willenserklärung** im Außenverhältnis erforderlich ist, sollte dies im Klageantrag mit aufgenommen werden.

19 [5] **Begründung.** Der Kläger trägt die Darlegungs- und Beweislast für die Voraussetzungen des § 745 Abs. 2. Begehrt er eine Regelung, die dem § 745 Abs. 2 nicht entspricht, ist die Klage abzuweisen. Für eine in das Ermessen des Gerichts gestellte Regelung bietet diese Vorschrift keinen Raum (vgl bereits oben Rn 17 sowie NK-BGB/*Radlmayr* § 745 Rn 15, MüKo-BGB/*Schmidt* §§ 744, 745 Rn 39).

§ 746 Wirkung gegen Sondernachfolger

Haben die Teilhaber die Verwaltung und Benutzung des gemeinschaftlichen Gegenstands geregelt, so wirkt die getroffene Bestimmung auch für und gegen die Sondernachfolger.

§ 747 Verfügung über Anteil und gemeinschaftliche Gegenstände

[1]Jeder Teilhaber kann über seinen Anteil verfügen. [2]Über den gemeinschaftlichen Gegenstand im Ganzen können die Teilhaber nur gemeinschaftlich verfügen.

§ 748 Lasten- und Kostentragung

Jeder Teilhaber ist den anderen Teilhabern gegenüber verpflichtet, die Lasten des gemeinschaftlichen Gegenstands sowie die Kosten der Erhaltung, der Verwaltung und einer gemeinschaftlichen Benutzung nach dem Verhältnis seines Anteils zu tragen.

1 **A. Muster: Klage auf Befreiung von einer Verbindlichkeit**

► ■■■

Klage

■■■

Namens und in Vollmacht des Klägers erhebe ich Klage mit folgendem

Antrag:

Der Beklagte wird verurteilt,[1] den Kläger von der Zahlung des Versicherungsbeitrages aus der mit der ■■■ am ■■■ geschlossenen Brandversicherung, Vers.-Nr. ■■■, in Höhe von 50 % zu befreien.[2]

Begründung[3]

■■■

Rechtsanwalt ◄

B. Erläuterungen

[1] **Klageantrag.** § 749 gibt einen klagbaren Anspruch auf Beteiligung an den Lasten und Kosten der Erhaltung, Verwaltung und gemeinschaftlichen Benutzung. Zu dem Begriff der Lasten und Kosten s. Hk-BGB/*Saenger* § 749 Rn 1. 2

Jeder Teilhaber ist grds. verpflichtet, die anfallenden Beträge vorab zur Verfügung zu stellen. Tritt ein Teilhaber in Vorleistung und erbringt er im Außenverhältnis die ganze Leistung, kann er im Wege des Regresses direkt auf anteilige Erstattung klagen (NK-BGB/*Radlmayr* § 748 Rn 4). 3

[2] **Anspruch auf Schuldbefreiung.** Hat ein Teilhaber im Außenverhältnis eine Verbindlichkeit übernommen, die seinen Anteil übersteigt, richtet sich sein Anspruch aus § 748 gegen die anderen Teilhaber auf anteilige Schuldbefreiung (§ 257) (Hk-BGB/*Saenger* § 749 Rn 2). 4

Der Freistellungsanspruch ist nur bestimmt (§ 253 ZPO), wenn die Schuld nach Grund und Höhe eindeutig bezeichnet ist. 5

[3] **Begründung.** Zu weiteren Einzelheiten zu den Rechtsfolgen aus § 748 und zu dem Inhalt des Anspruchs MüKo-BGB/*Schmidt* § 748 Rn 11 ff. 6

§ 749 Aufhebungsanspruch

(1) Jeder Teilhaber kann jederzeit die Aufhebung der Gemeinschaft verlangen.
(2) [1]Wird das Recht, die Aufhebung zu verlangen, durch Vereinbarung für immer oder auf Zeit ausgeschlossen, so kann die Aufhebung gleichwohl verlangt werden, wenn ein wichtiger Grund vorliegt. [2]Unter der gleichen Voraussetzung kann, wenn eine Kündigungsfrist bestimmt wird, die Aufhebung ohne Einhaltung der Frist verlangt werden.
[3] Eine Vereinbarung, durch welche das Recht, die Aufhebung zu verlangen, diesen Vorschriften zuwider ausgeschlossen oder beschränkt wird, ist nichtig.

§ 750 Ausschluss der Aufhebung im Todesfall

Haben die Teilhaber das Recht, die Aufhebung der Gemeinschaft zu verlangen, auf Zeit ausgeschlossen, so tritt die Vereinbarung im Zweifel mit dem Tode eines Teilhabers außer Kraft.

§ 751 Ausschluss der Aufhebung und Sondernachfolger

[1]Haben die Teilhaber das Recht, die Aufhebung der Gemeinschaft zu verlangen, für immer oder auf Zeit ausgeschlossen oder eine Kündigungsfrist bestimmt, so wirkt die Vereinbarung auch für und gegen die Sondernachfolger. [2]Hat ein Gläubiger die Pfändung des Anteils eines Teilhabers erwirkt, so kann er ohne Rücksicht auf die Vereinbarung die Aufhebung der Gemeinschaft verlangen, sofern der Schuldtitel nicht bloß vorläufig vollstreckbar ist.

§ 752 Teilung in Natur

[1]Die Aufhebung der Gemeinschaft erfolgt durch Teilung in Natur, wenn der gemeinschaftliche Gegenstand oder, falls mehrere Gegenstände gemeinschaftlich sind, diese sich ohne Verminderung des Wertes in gleichartige, den Anteilen der Teilhaber entsprechende Teile zerlegen lassen. [2]Die Verteilung gleicher Teile unter die Teilhaber geschieht durch das Los.

§ 753 Teilung durch Verkauf

(1) [1]Ist die Teilung in Natur ausgeschlossen, so erfolgt die Aufhebung der Gemeinschaft durch Verkauf des gemeinschaftlichen Gegenstands nach den Vorschriften über den Pfandverkauf, bei Grundstücken durch Zwangsversteigerung und durch Teilung des Erlöses. [2]Ist die Veräußerung an einen Dritten unstatthaft, so ist der Gegenstand unter den Teilhabern zu versteigern.
[2] Hat der Versuch, den Gegenstand zu verkaufen, keinen Erfolg, so kann jeder Teilhaber die Wiederholung verlangen; er hat jedoch die Kosten zu tragen, wenn der wiederholte Versuch misslingt.

A. Aufhebung der Gemeinschaft – Teilung in Natur, §§ 749, 752

1 **I. Muster: Klage auf Mitwirkung an der Teilung in Natur**

Klage

▪▪▪

Namens und in Vollmacht des Klägers erhebe ich Klage mit folgendem

Antrag:[1]

Der Beklagte wird verurteilt,[2] in die Aufhebung der aus ▪▪▪ bestehenden Bruchteilsgemeinschaft betreffend das Grundstück ▪▪▪ in ▪▪▪ einzuwilligen und im Wege der Teilung in Natur der Übertragung der Teilfläche ▪▪▪ an vorbezeichneten Grundstück an den Kläger zuzustimmen.[3]

Begründung[4]

▪▪▪

Rechtsanwalt ◀

II. Erläuterungen

2 **[1] Klageanspruch.** Zur Systematik: §§ 749–751 regeln die Voraussetzungen der Aufhebung, §§ 752–754 die Art und Weise, wie die Teilung des gemeinschaftlichen Gegenstandes zu vollziehen ist: Teilung in Natur (§ 752, s. Rn 1) oder Teilung durch Verkauf (§ 753, s. Rn 8).

3 § 749 Abs. 1 gibt jedem Teilhaber einen – unverjährbaren (§ 758) – Anspruch auf jederzeitige Aufhebung der Gemeinschaft. Beschränkungen des Aufhebungsanspruchs können sich aus Gesetz, Vereinbarung der Teilhaber (vgl §§ 749 Abs. 2, 750 f) oder Treu und Glauben ergeben (Hk-BGB/*Saenger* § 749 Rn 3 f; weitere Einzelheiten NK-BGB/*Radlmayr* § 749 Rn 4 f).

4 **[2] Klageart.** Nach heute hM kann die Aufhebung nicht isoliert, sondern nur iVm einer bestimmten Art der Aufhebung geltend gemacht werden. Diese richtet sich nach der getroffenen Vereinbarung oder, wenn eine solche fehlt, nach §§ 752–754, vgl Rn 3. Prozessuale Konsequenz ist, dass der Aufhebungsanspruch nicht als Gestaltungsklage, sondern im Wege der Leistungsklage durchzusetzen ist (Hk-BGB/*Saenger* § 749 Rn 5, Palandt/*Sprau* § 749 Rn 2).

5 **[3] Klageantrag.** Der Leistungsantrag muss dabei die konkreten Handlungen und Erklärungen der anderen Teilhaber genau bezeichnen, die zur Durchsetzung der Aufhebung erforderlich sind, andernfalls ist die Klage mangels Bestimmtheit unzulässig.

6 Bei § 752 geht der Anspruch gegenüber den anderen Teilhabern daher – wie im Muster – auf Mitwirkung an der Teilung gerichtet auf Übertragung eines der Quote entsprechenden Gegenstandes bzw Teils des Gegenstandes, Hk-BGB/*Saenger* § 752 Rn 3; MüKo-BGB/*Schmidt* § 749 Rn 49, NK-BGB/*Radlmayr* § 749 Rn 10.

7 **[4] Begründung.** Derjenige, der die Aufhebung nach §§ 749, 752 begehrt, muss darlegen und beweisen, dass zum Einen die Voraussetzungen für die Aufhebung vorliegen und zum Anderen eine Teilung des gemeinschaftlichen Gegenstandes in Natur möglich ist. Letzteres ist der Fall,

wenn der Gegenstand ohne Wertverlust derart geteilt werden kann, dass die einzelnen Teile den Anteilen des Teilhabers entsprechen, vor allem Geld und andere vertretbare Sachen (vgl Hk-BGB/*Saenger* § 752 Rn 2; Palandt/*Sprau* § 752 Rn 2 f).

B. Aufhebung der Gemeinschaft – Teilung durch Verkauf, §§ 749, 753

I. Muster: Klage auf Duldung der Teilung durch Verkauf 8

587

▶ ...

Klage

...

Namens und in Vollmacht des Klägers erhebe ich Klage mit folgendem

Antrag:[1]

Der Beklagte wird verurteilt,[2] den Verkauf des ... zu dulden[3] und der Auszahlung des erzielten Erlöses nach Abzug der Kosten in Höhe von 50 % an den Kläger zuzustimmen.[4]

Begründung

...

Rechtsanwalt ◀

II. Erläuterungen und Varianten

[1] **Klageanspruch** s. Rn 2. 9

[2] **Klageart** s. Rn 3. 10

[3] Bei § 753 geht der **Klageantrag** – anders als bei § 752 (vgl oben Rn 6) auf Duldung des Verkaufs und Mitwirkung bei der Erlösverteilung, MüKo-BGB/*Schmidt* §§ 753 Rn 2, 749 Rn 41; NK-BGB/*Radlmayr* § 749 Rn 10. Der Klageantrag muss die zu duldende Verwaltungsmaßnahme genau bezeichnen, § 253 Abs. 2 ZPO. 11

Zu beachten ist in diesem Zusammenhang folgendes: Ein Titel auf Duldung des Verkaufs ist nur gesetzliche Voraussetzung bei dem Verkauf nach den Regeln der Pfandverwertung gem. § 1233 Abs. 2. IÜ ist ein Titel im Innenverhältnis nicht Voraussetzung für den Verkauf, insb. nicht bei der Verwertung eines Grundstücks. Hier kann direkt, dh ohne Duldungstitel, die Zwangsversteigerung gem. §§ 180 ff ZVG betrieben werden. Der an das Amtsgericht – Vollstreckungsgericht – zu richtende Antrag lautet: 12

▶ **Antrag:**

Die Zwangsvollstreckung des Grundstückes ..., Flurstück Nr. ..., eingetragen im Grundbuch von ..., Band ..., Blatt ..., wird gem. § 180 ZVG angeordnet. ◀

[4] Neben dem Antrag auf Duldung des Verkaufs kann zusätzlich auf Mitwirkung bei der Erlösverteilung unter Angabe der Quote geklagt werden; insoweit liegt eine **Klagehäufung** vor (MüKo-BGB/*Schmidt* § 749 Rn 41). 13

§ 754 Verkauf gemeinschaftlicher Forderungen

[1]Der Verkauf einer gemeinschaftlichen Forderung ist nur zulässig, wenn sie noch nicht eingezogen werden kann. [2]Ist die Einziehung möglich, so kann jeder Teilhaber gemeinschaftliche Einziehung verlangen.

§ 755 Berichtigung einer Gesamtschuld

(1) Haften die Teilhaber als Gesamtschuldner für eine Verbindlichkeit, die sie in Gemäßheit des § 748 nach dem Verhältnis ihrer Anteile zu erfüllen haben oder die sie zum Zwecke der Erfüllung einer solchen Verbindlichkeit eingegangen sind, so kann jeder Teilhaber bei der Aufhebung der Gemeinschaft verlangen, dass die Schuld aus dem gemeinschaftlichen Gegenstand berichtigt wird.
(2) Der Anspruch kann auch gegen die Sondernachfolger geltend gemacht werden.
(3) Soweit zur Berichtigung der Schuld der Verkauf des gemeinschaftlichen Gegenstands erforderlich ist, hat der Verkauf nach § 753 zu erfolgen.

§ 756 Berichtigung einer Teilhaberschuld

[1]Hat ein Teilhaber gegen einen anderen Teilhaber eine Forderung, die sich auf die Gemeinschaft gründet, so kann er bei der Aufhebung der Gemeinschaft die Berichtigung seiner Forderung aus dem auf den Schuldner entfallenden Teil des gemeinschaftlichen Gegenstands verlangen. [2]Die Vorschrift des § 755 Abs. 2, 3 findet Anwendung.

§ 757 Gewährleistung bei Zuteilung an einen Teilhaber

Wird bei der Aufhebung der Gemeinschaft ein gemeinschaftlicher Gegenstand einem der Teilhaber zugeteilt, so hat wegen eines Mangels im Recht oder wegen eines Mangels der Sache jeder der übrigen Teilhaber zu seinem Anteil in gleicher Weise wie ein Verkäufer Gewähr zu leisten.

§ 758 Unverjährbarkeit des Aufhebungsanspruchs

Der Anspruch auf Aufhebung der Gemeinschaft unterliegt nicht der Verjährung.

Titel 18 Leibrente

§ 759 Dauer und Betrag der Rente

(1) Wer zur Gewährung einer Leibrente verpflichtet ist, hat die Rente im Zweifel für die Lebensdauer des Gläubigers zu entrichten.
(2) Der für die Rente bestimmte Betrag ist im Zweifel der Jahresbetrag der Rente.

§ 760 Vorauszahlung

(1) Die Leibrente ist im Voraus zu entrichten.
(2) Eine Geldrente ist für drei Monate vorauszuzahlen; bei einer anderen Rente bestimmt sich der Zeitabschnitt, für den sie im Voraus zu entrichten ist, nach der Beschaffenheit und dem Zwecke der Rente.
(3) Hat der Gläubiger den Beginn des Zeitabschnitts erlebt, für den die Rente im Voraus zu entrichten ist, so gebührt ihm der volle auf den Zeitabschnitt entfallende Betrag.

§ 761 Form des Leibrentenversprechens

[1]Zur Gültigkeit eines Vertrags, durch den eine Leibrente versprochen wird, ist, soweit nicht eine andere Form vorgeschrieben ist, schriftliche Erteilung des Versprechens erforderlich. [2]Die Erteilung des Leibrentenversprechens in elektronischer Form ist ausgeschlossen, soweit das Versprechen der Gewährung familienrechtlichen Unterhalts dient.

Titel 19 Unvollkommene Verbindlichkeiten

§ 762 Spiel, Wette

(1) [1]Durch Spiel oder durch Wette wird eine Verbindlichkeit nicht begründet. [2]Das auf Grund des Spieles oder der Wette Geleistete kann nicht deshalb zurückgefordert werden, weil eine Verbindlichkeit nicht bestanden hat.
(2) Diese Vorschriften gelten auch für eine Vereinbarung, durch die der verlierende Teil zum Zwecke der Erfüllung einer Spiel- oder einer Wettschuld dem gewinnenden Teil gegenüber eine Verbindlichkeit eingeht, insbesondere für ein Schuldanerkenntnis.

§ 763 Lotterie- und Ausspielvertrag

[1]Ein Lotterievertrag oder ein Ausspielvertrag ist verbindlich, wenn die Lotterie oder die Ausspielung staatlich genehmigt ist. [2]Anderenfalls findet die Vorschrift des § 762 Anwendung.

§ 764 (aufgehoben)

Titel 20 Bürgschaft

§ 765 Vertragstypische Pflichten bei der Bürgschaft

(1) Durch den Bürgschaftsvertrag verpflichtet sich der Bürge gegenüber dem Gläubiger eines Dritten, für die Erfüllung der Verbindlichkeit des Dritten einzustehen.
(2) Die Bürgschaft kann auch für eine künftige oder eine bedingte Verbindlichkeit übernommen werden.

§ 766 Schriftform der Bürgschaftserklärung

[1]Zur Gültigkeit des Bürgschaftsvertrags ist schriftliche Erteilung der Bürgschaftserklärung erforderlich. [2]Die Erteilung der Bürgschaftserklärung in elektronischer Form ist ausgeschlossen. [3]Soweit der Bürge die Hauptverbindlichkeit erfüllt, wird der Mangel der Form geheilt.

§ 767 Umfang der Bürgschaftsschuld

(1) [1]Für die Verpflichtung des Bürgen ist der jeweilige Bestand der Hauptverbindlichkeit maßgebend. [2]Dies gilt insbesondere auch, wenn die Hauptverbindlichkeit durch Verschulden oder Verzug des Hauptschuldners geändert wird. [3]Durch ein Rechtsgeschäft, das der Hauptschuldner nach der Übernahme der Bürgschaft vornimmt, wird die Verpflichtung des Bürgen nicht erweitert.
(2) Der Bürge haftet für die dem Gläubiger von dem Hauptschuldner zu ersetzenden Kosten der Kündigung und der Rechtsverfolgung.

Schrifttum: Derleder/Knops/Bamberger (Hrsg.), Handbuch zum deutschen und europäischen Bankrecht, 2. Aufl. 2009; *Dohm*, Bankgarantien im internationalen Handel, 1985; Hellner/Steuer (Hrsg.), Bankrecht und Bankpraxis, Loseblattausgabe (Stand Lief. Nr. 85, Mai 2010), Bd. 4; *Lwowski*, Das Recht der Kreditsicherung, 8. Aufl. 2000; *Reinicke/Tiedtke*, Bürgschaftsrecht, 3. Aufl. 2008; Schimansky/Bunte/Lwowski (Hrsg.), Bankrechts-Handbuch, 3. Aufl. 2007; *Weber*, Kreditsicherungsrecht, 8. Aufl. 2006; WuB Entscheidungssammlung zum Wirtschafts- und Bankrecht, Loseblattsammlung, Band 4, I Bankrecht und Kreditsicherungsrecht, F. Kreditsicherung, 1. Bürgschaft, Garantie und sonstige Mithaftung.

A. Vertragsgestaltung

I. Selbstschuldnerische Höchstbetragsbürgschaft

1 **1. Muster: Selbstschuldnerische Höchstbetragsbürgschaft**

▶ **Selbstschuldnerische Höchstbetragsbürgschaft[1]**
zur Sicherung bestimmter Forderungen des Gläubigers

§ 1 Verbürgung

Herr ■■■ (nachfolgend „Bürge" genannt)[2] übernimmt hiermit gegenüber ■■■ (nachfolgend „Gläubiger" genannt)[3] die selbstschuldnerische Bürgschaft[1] bis zum Höchstbetrag von ■■■ EUR (in Worten ■■■ Euro)[4] für alle bestehenden und künftigen, auch bedingten oder befristeten Ansprüche, die dem Gläubiger gegen ■■■ (nachfolgend „Hauptschuldner" genannt)[5] aus nachstehend bezeichneten Forderungen ■■■ (nachfolgend „Hauptschuld" genannt)[6] einschließlich Zinsen und Kosten[7] zustehen.

§ 2 Fortbestand der Bürgschaft[8]

Die Bürgschaft bleibt unverändert bis zur endgültigen Rückführung aller gesicherten Ansprüche des Gläubigers bestehen. Bei Forderungen aus laufender Rechnung (Kontokorrent) erlischt die Verbürgung nicht durch eine vorübergehende Rückführung der Hauptschuld. Die Bürgschaft besteht auch bei einem etwaigen Wechsel des Inhabers oder bei Änderung der Firma das Hauptschuldners fort.

§ 3 Inanspruchnahme aus der selbstschuldnerischen Bürgschaft; Verzicht auf Einreden[9]

1. Der Gläubiger kann bei Fälligkeit der Hauptschuld und bei deren Nichterfüllung durch den Hauptschuldner vom Bürgen Zahlung verlangen, der dann aufgrund seiner Haftung als Selbstschuldner nach Aufforderung durch den Gläubiger Zahlung zu leisten hat.

2. Der Gläubiger ist nicht verpflichtet, zunächst gegen den Hauptschuldner gerichtlich vorzugehen oder dem Gläubiger gestellte Sicherheiten zu verwerten (Verzicht auf die Einrede der Vorausklage, § 771 BGB). Die Zahlungsverpflichtung des Bürgen besteht auch dann, wenn der Hauptschuldner das Geschäft, das seiner Verbindlichkeit zugrunde liegt, anfechten kann (Verzicht auf die Einrede der Anfechtbarkeit nach § 770 Abs. 1 BGB). Soweit die Forderung des Hauptschuldners gegen den Gläubiger nicht unbestritten, entscheidungsreif oder rechtskräftig festgestellt ist, kann sich der Bürge auch nicht darauf berufen, dass der Gläubiger seine Ansprüche durch Aufrechnung gegen eine fällige Forderung des Hauptschuldners befriedigen kann (Verzicht auf die Einrede der Aufrechenbarkeit, § 770 Abs. 2 BGB).

3. Der Bürge kann keine Rechte aus der Art oder dem Zeitpunkt der Verwertung oder der Aufgabe anderer Sicherheiten herleiten. Der Gläubiger ist nicht verpflichtet, sich zunächst an andere Sicherheiten zu halten, bevor er den Bürgen in Anspruch nimmt.

§ 4 Haftung mehrerer Bürgen[10]

Mehrere Bürgen, die sich in dieser Urkunde verpflichten, haften als Gesamtschuldner. Sofern mehrere Bürgen gegenüber dem Gläubiger Bürgschaften für dieselbe Hauptschuld in gesonderten Bürgschaftsurkunden übernommen haben, haftet jeder Einzelne – im Verhältnis zum Gläubiger unter Ausschluss eines Gesamtschuldverhältnisses – ungeachtet etwaiger Zahlungen eines anderen Bürgen auf den vollen Betrag der von ihm übernommenen Bürgschaft, und zwar solange, bis alle von ihm verbürgten Ansprüche des Gläubigers vollständig erfüllt sind.

§ 5 Übergang von Sicherheiten[11]

1. Der Bürge hat vor vollständiger Erfüllung der Bürgschaftsschuld keinen Anspruch auf Übertragung von Sicherheiten, die dem Gläubiger zur Sicherung der verbürgten Ansprüche bestellt worden sind.

2. Gehen Sicherheiten kraft Gesetzes auf den Bürgen über (zB §§ 774, 401 BGB), bleibt es bei der gesetzlichen Regelung. Sofern die Ansprüche des Gläubigers den in § 1 genannten Höchstbetrag übersteigen und die kraft Gesetzes auf den Bürgen übergehenden Sicherheiten auch zur Sicherung des nicht verbürgten Teils der Ansprüche dienen, steht hierfür dem Gläubiger gegenüber dem Bürgen ein vorrangiges Befriedigungsrecht zu.

§ 6 Anrechnung von Zahlungseingängen[12]

Der Gläubiger ist berechtigt, den Erlös aus der Verwertung von Sicherheiten und Zahlungen des Hauptschuldners oder anderer Verpflichteter zunächst auf den die Bürgschaftssumme übersteigenden Teil seiner Forderung anzurechnen.

§ 7 Kündigung der Bürgschaft durch den Bürgen[13]

1. Der Bürge kann die Bürgschaft nach Ablauf von 6 Monaten ab dem Zeitpunkt ihrer Übernahme schriftlich kündigen. Die Kündigung wird mit einer Frist von einem Monat nach Eingang bei dem Gläubiger wirksam.

2. Das Recht des Bürgen auf Kündigung der Bürgschaft aus wichtigem Grund bleibt unberührt.

3. Auch nach Kündigung besteht die Haftung des Bürgen fort, beschränkt sich jedoch auf den Bestand der verbürgten Ansprüche zum Zeitpunkt der Kündigungswirkung.

4. Mit Wirksamwerden der Kündigung wird der Bürge auf sein Verlangen darüber hinaus von der Bürgenhaftung frei, wenn

- der Hauptschuldner dem Gläubiger eine gleichwertige Sicherheit bestellt hat oder
- der Bürge dem Gläubiger anstelle der Bürgschaft eine andere gleichwertige Sicherheit bestellt hat.

§ 8 Verlängerung der Verjährungsfrist[14]

Der Bürge und der Gläubiger vereinbaren eine Verlängerung der Verjährungsfrist auf 5 Jahre für die Einrede der Verjährung der Bürgschaftsschuld und die Einrede der Verjährung der Hauptschuld, soweit diese durch den Bürgen geltend gemacht werden kann (§ 768 Abs. 1 BGB).

§ 9 Einholung von Auskünften und Beschaffung von Unterlagen[15]

Auf Verlangen des Gläubigers hat der Bürge jederzeit seine wirtschaftlichen Verhältnisse offenzulegen. Insbesondere ist der Gläubiger berechtigt, von dem Bürgen die Vorlage von Nachweisen zu seinen Einkommens- und Vermögensverhältnissen (einschließlich Verbindlichkeiten) zu verlangen, die öffentlichen Register sowie das Grundbuch und die Grundakten einzusehen und Abschriften zu beantragen sowie Auskünfte bei Kreditinstituten, Versicherungen, Behörden oder sonstigen Stellen einzuholen, die er für erforderlich hält, um die Vermögensverhältnisse des Bürgen zu beurteilen.

§ 10 Anwendbares Recht

Die Bürgschaftsverhältnisse unterliegen deutschem Recht.

Ort ■■■, Datum ■■■

■■■

Unterschrift des Gläubigers

■■■

Unterschrift des Bürgen ◄

2. Erläuterungen

2 [1] **Bürgschaft/Schriftform/Akzessorietät/Selbstschuldnerische Bürgschaft.** Die Bürgschaft zählt zu den in der Praxis wichtigsten Personalsicherheiten unter den Sicherungsrechten, insbesondere im Bereich der Kreditsicherheiten (vgl zum Überblick *Knops* in: Derleder u.a., Handbuch zum deutschen und europäischen Bankrecht, § 25 Bürgschaft, Rn 1; *Erdmann* in: Heidel/Pauly/Amend, AnwaltFormulare, Kap.7 B, Rn 174 ff). §§ 765-767 regeln die vertragstypischen Pflichten bei der Bürgschaft, die Schriftform der Bürgschaftserklärung und den Umfang der Bürgschaftsschuld. Die Bürgschaft ist ein Schuldvertrag, in dem sich der Bürge gegenüber dem Gläubiger eines Dritten (Hauptschuldner) verpflichtet, für eine Verbindlichkeit dieses Dritten einzustehen (§ 765 Abs. 1). Gemäß § 766 S. 1 ist die schriftliche Erteilung der Bürgschaftserklärung erforderlich (Schutzvorschrift für den geschäftlich ungewandten Bürgen); elektronische Form gemäß § 126 a ist ausgeschlossen (§§ 766 S. 2, 126 Abs. 3). Auch eine Bürgschaftserklärung durch Telefax genügt nicht der Schriftform des § 766 S. 1 (BGHZ 121, 223). Bei Nichtbeachtung der Form ist die Bürgschaftserklärung nichtig (§ 125 S. 1), kann jedoch nach § 766 S. 3 geheilt werden. Formlos gültig ist die Bürgschaftserklärung, wenn sie für den Bürgen Handelsgeschäft ist (§ 350 HGB; §§ 343 ff HGB). Die Bürgschaft kann durch einseitig verpflichtende Erklärung des Bürgen begründet werden oder – wie im Muster – durch gegenseitigen Vertrag zwischen Bürgen und Gläubiger. Die Bürgschaft begründet eine eigene Verpflichtung des Bürgen. Die Bürgschaft ist keine Nebenschuld, sondern eine Mitschuld (vgl weiterführend Hk-BGB/*Staudinger*, § 765 Rn 1 ff mwN; § 766 Rn 1 ff und § 767 Rn 1 ff; Palandt/*Sprau*, Einf. v. § 765 sowie §§ 765 ff, jeweils Rn 1 ff mwN; *Graf von Westphalen* in: Münchener Vertragshandbuch Band 2 Wirtschaftsrecht I, I. Kreditsicherungen, I.4 Höchstbetragsbürgschaft, Anm. 1 ff, S. 29 ff; Staudinger/*Horn*, Vorbem zu §§ 765 ff, Rn 1 ff sowie §§ 765 ff, jeweils Rn 1 ff; NK-BGB/*Beckmann*, Vor §§ 765 ff, Rn ff und § 765 Rn 1 ff, jeweils mwN).

3 Für die Verpflichtung des Bürgen ist der jeweilige Bestand der Hauptforderung (Entstehung, Fortbestand und Umfang) maßgeblich; es gilt der Grundsatz der Akzessorietät (§ 767 Abs. 1), dh die Bürgschaft steht stets in Abhängigkeit zur Verpflichtung des Hauptschuldners gegenüber dem Gläubiger (BGHZ 6, 395). Bei Fortfall der Hauptschuld erlischt die Bürgschaft aufgrund der Akzessorietät (§ 767 Abs. 1 S. 1). Die Bürgenhaftung erlischt insbesondere mit Erfüllung der Hauptschuld (§§ 765 Abs. 1, 767 Abs. 1 S. 1). Zur Nichtigkeit des Bürgschaftsvertrages (nach Anfechtung, §§ 119 ff; Insolvenzanfechtung) und zu verbraucherrechtlichen Besonderheiten (insbes. zur str. Frage der Widerruflichkeit nach Umsetzung der HausTW-RL und VerbrKR-RL, §§ 312, 312 a, 355) vgl Hk-BGB/*Staudinger*, § 765 Rn 13 ff mwN; *Knops* in: Derleder u.a., aaO, § 25 Rn 62 ff mwN; s.a. BGH NJW 2007, 2106).

4 Die Sonderform der selbstschuldnerischen Bürgschaft beruht auf gesetzlicher Regelung (§ 773 Abs. 1 Nr. 1); ebenso wie die Mitbürgschaft (§ 769) und die Bürgschaft auf Zeit (§ 777). Daneben hat sich vermittels verkehrsüblicher Gestaltungen, Kautelarpraxis und ausgeprägter Vereinheitlichung der Formulare, insbesondere in der Kreditwirtschaft, eine Vielzahl weiterer Sonderformen der Bürgschaft herausgebildet, wie z.B. die Ausfallbürgschaft, die Teilbürgschaft, die Höchstbetragsbürgschaft (die, wie im Muster, in der Praxis häufig in Kombination mit der selbstschuldnerischen Bürgschaft vorkommt), die Nachbürgschaft, die Rückbürgschaft, die Prozessbürgschaft (vgl. hierzu auch unten Rn 27 ff), die Bürgschaft auf erstes Anfordern (vgl. hierzu auch unten Rn 32 ff) (vgl. Hk-BGB/*Staudinger*, § 765 Rn 18 ff mwN; *Reinicke/Tiedtke*, Bürgschaftsrecht, Rn 145 ff mwN; Staudinger/*Horn*, Vorbem zu §§ 765 ff, Rn. 22 ff mwN; *Schmitz/Wassermann/Nobbe* in: Schimansky/Bunte/Lwowski, Bankrechts-Handbuch, Band II § 91 Bürgschaft; unter VI und unter Anhang zu § 91 sowie Hellner/Steuer, Bankrecht und Bankpraxis, Loseblattausgabe, Stand 4/2010, Bd.4, Rn 4/1000 ff zu Bürgschaftsformularen des Kreditgewerbes).

5 Die selbstschuldnerische Bürgschaft weicht von dem gesetzlichen Leitbild des § 771, wonach der Bürge grundsätzlich die Einrede der Vorausklage erheben kann, ab. Die selbstschuldnerische

Bürgschaft ist dadurch gekennzeichnet, dass der Bürge auf die Einrede der Vorausklage (§ 771) verzichtet (§ 773 Abs. 1 Nr. 1), d.h. der Bürge ist bei Fälligkeit der Hauptschuld verpflichtet, bis zum Höchstbetrag der Bürgschaft Zahlung zu leisten, ohne dass der Gläubiger zuvor gegen den Hauptschuldner vorgehen muss. Hierdurch wird nicht die der Bürgschaft innewohnende Akzessorietät aufgehoben, wohl aber die Subsidiarität der Bürgschaft (Hk-BGB/*Staudinger*, § 771 Rn. 1; § 773 Rn. 2 mwN; Palandt/*Sprau*, § 773 Rn 2; BGH NJW 1979, 1500; BGH VersR 2008, 366). Die Bürgschaft wird als eines der gefährlichsten Geschäfte im Rechtsverkehr überhaupt eingestuft (*Knops* in: Derleder u.a., aaO, § 25 Bürgschaft, Rn 5 mwN). Das Risiko des Bürgen wird bei einer selbstschuldnerischen Bürgschaft gegenüber der gewöhnlichen Bürgschaft nochmals erhöht; der Verzicht auf die Vorausklage unterliegt deshalb dem Schriftformerfordernis (ausführlich zur selbstschuldnerischen Bürgschaft vgl. Staudinger/*Horn*, § 773 Rn 2 ff mwN).

[2] Bürge/Sittenwidrigkeit ruinöser Bürgschaften. Der Bürge kann eine Bürgschaft entgeltlich oder unentgeltlich übernehmen. Im Falle der Unentgeltlichkeit liegt der Bürgschaftsübernahme idR ein Auftrag gem. §§ 662 ff zugrunde, zB wenn der Hauptschuldner ein naher Angehöriger des Bürgen ist. Entscheidende Beschlüsse des BVerfG (v. 19.10.1993, WM 1993, 2199 und v. 2.5.1996, ZIP 1996, 956) haben zu einer grundlegenden Änderung der Rechtsprechung des BGH geführt, der sich seit nunmehr über 18 Jahren in einer nahezu zahllosen Entscheidungskette mit der Herausarbeitung der Grundlagen zur Beurteilung der Sittenwidrigkeit ruinöser Bürgschaften und Mithaftung naher Angehöriger beschäftigt (vgl jüngst BGH, Urt. v. 16.6.2009 – XI ZR 539/07). Fünf Merkmale wurden vom BGH herausgearbeitet: 6

1. Es muss ein krasses Missverhältnis zwischen der Schuld des Bürgen und seiner finanziellen Leistungsfähigkeit bestehen.
2. Der Bürge darf nicht primär aus eigenem Interesse, sondern muss
3. auf Grund seiner emotionalen Bindung an den Hauptschuldner gehandelt haben.
4. Auf Seiten des Gläubigers ist zu vermuten, dass er von diesen Umständen Kenntnis und die emotionale Bindung des Bürgen an den Hauptschuldner in verwerflicher Weise ausgenutzt hat.
5. Eine Widerlegung der Vermutung ist nur unter äußerst eng begrenzten Voraussetzungen möglich.

Zur Entwicklung, nach neuestem Stand und kritisch insbes. zu BGH, Urt. v. 16.6.2009 – XI ZR 539/07 vgl grundlegend *Meder* in: jurisPR-BKR 4/2010, Anm. 2, mwN; ders., Interzession und Privatautonomie. Abschied vom Kriterium „struktureller Unterlegenheit" bei Angehörigenbürgschaften?, in: FS Wolf (im Erscheinen). Vgl auch *Reinicke/Tiedtke*, Bürgschaftsrecht, Rn 172 ff mwN; Hk-BGB/*Staudinger*, § 765 Rn 6 ff mwN; *Knops* in: Derleder u.a., aaO, § 25 Rn 35 ff mwN; *Graf von Westphalen* in: Münchener Vertragshandbuch Band 2 Wirtschaftsrecht I, I. Kreditsicherungen, I. 4, Anm. 7).

Die Vermögenslosigkeit des Bürgen kann zur Nichtigkeit der Bürgschaft führen (BVerfG NJW 1994, 36). Aus einer unwirksamen Bürgschaft ist der „Bürge" nicht zur Zahlung verpflichtet; er kann sich mit Erfolg auf die Unwirksamkeit der Bürgschaft berufen (BGH NJW 2006, 389). 7

Zur Frage der Erstreckung einer Bürgschaft für Werklohnforderungen auf Ansprüche aus nachträglichen, vom Auftraggeber veranlassten Auftragserweiterungen trotz Geltung der VOB/B vgl BGH, Urt. v. 15.12.2009 – XI ZR 107/08 (NJW 2010, 1668) sowie hierzu die Anm. *Kessen* in: jurisPR-BKR 4/2010, Anm. 1 mwN. 8

[3] Gläubiger. Der Übernahme der Bürgschaft geht zumeist eine zwischen dem Gläubiger und dem Hauptschuldner getroffene Sicherheitenbeschaffungsabrede voraus, in der im einzelnen vereinbart wird, wann und welchen Voraussetzungen der Gläubiger den Bürgen in Anspruch nehmen kann (vgl näher *Reinicke/Tiedtke*, Bürgschaftsrecht, Rn 32 ff mwN). 9

10 [4] **Höchstbetrag.** Mit der Definition eines Euro-Höchstbetrages wird das Risiko des Bürgen hinsichtlich einer möglichen Inanspruchnahme aus der Bürgschaft bis zum Höchstbetrag begrenzt (Höchstbetragsbürgschaft) (vgl weiterführend *Knops* in: Derleder u.a., aaO, § 25 Rn 94 ff mwN; BGH WM 1984, 198; zur Höchstbetragsbürgschaft vgl insbes. *Graf von Westphalen* in: Münchener Vertragshandbuch Band 2 Wirtschaftsrecht I, I. Kreditsicherungen, I.4).

11 [5] **Hauptschuldner.** Es ist nicht erforderlich, dass der Hauptschuldner bei Abschluss des Bürgschaftsvertrages Kenntnis von der Bürgschaft hat (BGH WM 1975, 348). Der Hauptschuldner kann gemäß § 774 von dem Bürgen in Anspruch genommen werden, wenn der Bürge den Gläubiger befriedigt hat (BGHZ 92, 374; *Wagenknecht* in: Hellner/Steuer, Bankrecht und Bankpraxis, Loseblattsammlung Stand 04/2010, Rn. 4/1090 ff).

12 [6] **Hauptschuld/Sicherungszweck.** Die Hauptschuld (Ansprüche des Gläubigers gegen den Hauptschuldner) ist genau zu bezeichnen (Hauptschuld muss klar und deutlich erkennbar sein), da der Umfang der Bürgschaft maßgeblich anhand ihres Wortlautes zu bestimmen ist (*Knops* in: Derleder u.a., aaO, § 25 Rn 6 ff mwN). Durch die Angabe des konkreten Schuldverhältnisses wird der Sicherungszweck vereinbart. Weiterführend zum engen und zum weiten Sicherungszweck *Wittig* in: Vertrags- und Formularbuch zum Handels-, Gesellschafts- und Bankrecht aaO, Bankrecht 4.Kapitel: Kreditgeschäft und Kreditsicherung, S. 1107 mwN; *Graf von Westphalen* in: Münchener Vertragshandbuch Band 2 Wirtschaftsrecht I, I. Kreditsicherungen, I.4, Anm. 11). Verbleibende Unklarheiten gehen zu Lasten des Gläubigers (BGH-Report 2003, 1075; BGH WM 1999, 895, 897; BGH ZIP 1996, 702).

13 In der Praxis, insbesondere der Kreditinstitute, hat sich die Bürgschaft mit konkret bestimmtem Sicherungszweck, das heißt bezogen auf eine bestimmte Hauptschuld, durchgesetzt. Eine formularmäßige Bürgschaft mit weitem Sicherungszweck, dh für alle bestehenden und künftigen Forderungen aus der Geschäftsverbindung, ist jedenfalls insoweit wirksam wie die Inanspruchnahme wegen einer Forderung erfolgt, die Anlass der Bürgschaftsübernahme war (BGHZ 143, 95, 97; OLG Köln WM 2003, 280, 281; BGH NJW 1996, 1470, 1472; BGH NJW 1998, 2815; kritisch hierzu *Knops* in: Derleder u.a., aaO, § 25 Rn 22 ff mwN).

14 [7] **Nebenansprüche.** Gemäß §§ 305 c, 307 kann eine formularmäßige Regelung, dass der Bürge über dem Höchstbetrag für Nebenansprüche des Gläubigers (zB Zinsen und Kosten) haftet, unwirksam sein (BGH NJW 2002, 3167; vgl auch *Nobbe*, BKR 2002, 747).

15 [8] **Fortbestand der Bürgschaft.** Die Bürgschaft bleibt solange bestehen, bis alle durch sie gesicherten Ansprüche des Gläubigers endgültig erfüllt sind (BGH WM 1988, 1301). Ein Erlöschen der Bürgschaft stellt sich insbesondere nicht durch eine nur vorübergehende Rückführung der Hauptforderung ein (BGH WM 1980, 773).

16 [9] **Inanspruchnahme aus der Bürgschaft/Verzicht auf Einreden.** Vom Gesetzgeber ist grundsätzlich die Subsidiarität der Bürgenhaftung vorgesehen (§ 771); der Bürge kann grundsätzlich die Zahlung an den Gläubiger verweigern, solange dieser nicht eine Zwangsvollstreckung gegen den Hauptschuldner erfolglos versucht hat (sog. Einrede der Vorausklage). Ferner sieht der Gesetzgeber grundsätzlich einen weiteren Bürgenschutz durch ihm zustehende Einreden, insbesondere der Einreden der Anfechtbarkeit und Aufrechenbarkeit (§ 770 Abs. 2) vor (Hk-BGB/*Staudinger*, §§ 770, 771 mwN).

17 In Ausnahme hierzu trifft jedoch die im Muster verwendete Klausel über die Inanspruchnahme aus der Bürgschaft und den Verzicht auf Einreden die Kernaussage über das Wesen der selbstschuldnerischen Bürgschaft, nämlich dass der Bürge – ohne vorheriges gerichtliches Vorgehen des Gläubigers gegen den Hauptschuldner (Verzicht auf die Einrede der Vorausklage) – bei Fälligkeit der Hauptschuld zur Zahlung bis zur Höhe des Bürgschaftsbetrages verpflichtet ist (vgl oben Rn 2 ff). Auch der in Klausel zum Ausdruck kommende Verzicht des Bürgen auf die Einreden der Anfechtbarkeit und Aufrechenbarkeit (§ 770) sind im Grundsatz zulässig und entsprechen insbesondere auch der üblichen Bankpraxis (Palandt/*Sprau*, § 770 Rn 1 a und

Rn 3 mwN; BGH WM 1991, 1294; vgl weiterführend *Graf von Westphalen* in Münchener Vertragshandbuch Bd. 2 Wirtschaftsrecht I, I.4 Rn 17 mwN; vgl auch unten zu §§ 770 f).

Sofern die Gegenforderungen des Hauptschuldners gegenüber dem Gläubiger unbestritten oder rechtskräftig festgestellt sind, ist ein formularmäßiger Verzicht des Bürgen auf die Einrede aus § 770 Abs. 2 gemäß § 307 unwirksam (BGH NJW 2003, 1521). 18

[10] **Haftung mehrerer Bürgen.** Abweichende Vereinbarungen von den Grundsätzen des § 769 sind zulässig (Hk-BGB/*Staudinger*, § 769 Rn 2; BGH NJW 2000, 1034). Vgl weiterführend unten zu § 769. 19

[11] **Übergang von Sicherheiten.** Die Verschiebung des nach § 774 für den Übergang von Sicherheiten vorgesehenen Zeitpunkts bis zur vollständigen Erfüllung der Bürgschaftsschuld ist zulässig (Palandt/*Sprau*, § 774 Rn 7, BGHZ 92, 374; BGH WM 1986, 95). Bei Zahlung erwirbt der Bürge die akzessorischen Sicherheiten kraft Gesetzes (§§ 774, 412, 401). Zu einer detaillierteren Klausel zum Übergang von Sicherheiten vgl *Wittig* in: Vertrags- und Formularbuch zum Handels-, Gesellschafts- und Bankrecht, aaO, Bankrecht 4. Kapitel: Kreditgeschäft und Kreditsicherung, S. 1105, 1108). 20

[12] **Anrechnung von Zahlungseingängen.** Im Rahmen der Vertragsfreiheit ist eine solche Anrechnungsklausel zulässig (Rechtsgedanke des § 366 Abs. 2; BGH WM 1990, 260, 261); Zu detaillierteren Anrechnungsklauseln, insbes. der Kreditwirtschaft, vgl *Schmitz/Wassermann/Nobbe* in: Schimansky/Bunte/Lwowski, Bankrechts-Handbuch, Band II § 91 Bürgschaft, Rn 78 ff und Anh. zu § 91. 21

[13] **Kündigung der Bürgschaft durch Bürgen.** Sofern zwischen Bürgen und Gläubiger kein Kündungsrecht vereinbart wird, ist bei zeitlich unbefristeten Bürgschaften die Kündigung nach Ablauf eines gewissen Zeitraums mit angemessener Frist möglich (BGH NJW-RR 1993, 944). Mit der Kündigung kann die Haftung des Bürgen beschränkt, jedoch nicht beendet werden (ausführlich zur Kündigung des Bürgen gegenüber dem Gläubiger *Lwowski*, Recht der Kreditsicherung, Rn 407; *Schmitz/Wassermann/Nobbe* in: Schimansky/Bunte/Lwowski, Bankrechts-Handbuch, Band II § 91 Bürgschaft, Rn 112 und Anh. zu § 91). Zu Ansprüchen des Bürgen auf Befreiung vgl näher unten zu § 775). 22

[14] **Verjährungsfragen.** Nach Inkrafttreten des neuen Verjährungsrechts am 1.1.2002 unterfallen Bürgschaftsforderungen der Regelverjährung des § 195 von drei Jahren ab Kenntnis des Anspruchs (§§ 195, 199 Abs. 1). Für die Verjährung von vor dem 1.1.2002 entstandenen Bürgschaftsforderungen gilt die Überleitungsvorschrift des Art. 229 § 6 EGBGB. Gegenüber dem alten Recht, wonach eine 30-jährige Verjährungsfrist bestand, ist damit eine erhebliche Verkürzung der Verjährungsfrist eingetreten. Eine – auch formularmäßige – Verlängerung der Verjährung ist jedoch zulässig (Palandt/*Heinrichs*, § 202, Rn 12). Die Fälligkeit der Forderung aus einer selbstschuldnerischen Bürgschaft tritt nach neuerer BGH-Rechtsprechung mit Fälligkeit der Hauptschuld ein, sofern keine abweichende Parteivereinbarung vorliegt (BGH WM 2008, 729, 732; *Lindner* in: Derleder u.a., aaO, § 26 Rn 78 mwN).). Der Bürge kann sich grundsätzlich auf die Verjährung der Hauptforderung berufen; zur Einrede der Verjährung der Hauptforderung durch den Bürgen (§ 768 Abs. 1) bei Verhandlungen iSv § 203 über die Hauptforderung zwischen Gläubiger und Hauptschuldner vgl OLG München, Urt. v. 20.12.2007 – 19 U 3675/07 nebst Anm. *Schmölz* in: jurisPR-BKR 1/2008, Anm. 4. Ein formularmäßiger Verzicht des Bürgen auf die Einrede der Verjährung des Hauptschuldners ist gemäß § 307 unwirksam (Palandt/*Heinrichs*, § 307 Rn 94). Der Bürge kann sich auch dann mit Erfolg auf die Verjährung der Hauptschuld berufen, wenn der Hauptschuldner nach Bürgschaftsübernahme wegen Vermögenslosigkeit und/oder Löschung im Handelsregister als Rechtsperson untergegangen ist und aus diesem Grund die gegen ihn gerichteten Forderungen weggefallen sind (BGH, Urt. v. 28.1.2003, BGHZ 153, 337; BGH WM 1998, 2540 zur Vollstreckungsabwehrklage des Bürgen bei Verjährung der Hauptforderung). 23

24 Diese Klausel erleichtert dem Gläubiger das **Vertragsmonitoring** und gibt ihm Möglichkeiten an die Hand, die Bürgenbonität zu überprüfen.

25 [16] **Prozessrechtliche Hinweise.** In prozessrechtlicher Hinsicht ist darauf zu achten, dass wegen der dem Bürgen eigenständig zustehenden Einrede der Verjährung der Hauptschuld (§ 768 Abs. 1) auch die Verjährung der Hauptschuld durch gerichtliche Geltendmachung gehemmt wird (OLG München, Urt. v. 20.12.2007 – 19 U 3675/07 nebst Anm. *Schmölz* in: jurisPR-BKR, 1/2008 Anm. 4). Insbesondere ein notarielles Anerkenntnis des Hauptschuldners reicht dazu regelmäßig nicht, § 768 Abs. 2 (OLG Düsseldorf, MDR 1975, 1019). Zu prozessualen Fragen (Rechtsweg, getrennte Prozesse, Urkundenprozess vgl *Schmitz/Wassermann/Nobbe* in: Schimansky/Bunte/Lwowski, Bankrechts-Handbuch, Band II § 91 Bürgschaft, Rn 170 ff mwN. Zu Fragen des Internationales Privatrechts, insbesondere dem Bürgschaftsstatut, das idR nicht akzessorisch dem auf die Hauptschuld anwendbaren Recht folgt, vgl Hk-BGB/*Staudinger*, § 765 Rn 27 mwN. Zur Frage der Anerkennung und Vollstreckung eines EG-ausländischen Bürgschaftsurteils vgl BGHZ 140, 395. Zu prozessualen Fragen und Mustern des Bürgschaftsrechts vgl. auch *Strauß* in: FormularBibliothek Zivilprozess, Bd. Schuldrecht, Teil 5: Bürgschaft, S. 263 ff.

26 [17] Zum Muster einer einfachen Bankbürgschaft nebst Erläuterungen vgl *Graf von Westphalen* in Münchener Vertrags-Handbuch, Band 2, Wirtschaftsrecht I, 6.Aufl., I. 5.

II. Prozessbürgschaft

27 **1. Muster: Prozessbürgschaft**

▶ ■■■ [Briefkopf des bürgenden Kreditinstituts]

Prozessbürgschaft Nr ■■■[1]

In dem Rechtsstreit

■■■ – Kläger –

Prozessbevollmächtigte: RAe ■■■

gegen

■■■ – Beklagte –

Prozessbevollmächtigte: RAe ■■■

hat das Amtsgericht ■■■ – Abteilung ■■■ – durch den Richter am Amtsgericht ■■■ durch Versäumnisurteil vom ■■■ die Beklagte verurteilt, an den Kläger ■■■ EUR nebst Zinsen in Höhe von 5% über dem jeweiligen Basiszinssatz p.a. seit dem ■■■ zu zahlen. Die Kosten des Rechtsstreits hat die Beklagte zu tragen. Das Urteil ist vorläufig vollstreckbar.

Durch Beschluss des Amtsgerichts ■■■ vom ■■■ wurde die Zwangsvollstreckung aus dem Versäumnisurteil des Amtsgerichts ■■■ vom ■■■ gegen Sicherheitsleistung der Beklagten (Schuldnerin) in Höhe von ■■■ EUR einstweilen eingestellt.

Dies vorausgeschickt, übernehmen wir hiermit im Auftrag der Beklagten dem Kläger gegenüber die unwiderrufliche, unbedingte und unbefristete selbstschuldnerische Bürgschaft unter Verzicht auf die Einreden der Vorausklage (§ 771 BGB) und der Anfechtbarkeit und der Aufrechenbarkeit (§ 770 BGB) bis zum Betrage von

■■■ EUR (in Worten: ■■■ Euro)

– einschließlich sämtlicher Nebenforderungen –

zur Sicherung für dessen Ansprüche gegen die Beklagte aus dem vorgenannten Versäumnisurteil sowie aus einem durch einen etwaigen Aufschub der Zwangsvollstreckung etwa entstehenden Schaden mit der Maßgabe, dass wir aus dieser Bürgschaft nur auf Zahlung von Geld in Anspruch genommen werden können.[2], [3]

Die Bürgschaft erlischt gemäß § 158 Abs. 2 BGB, wenn uns am Ort unseres Sitzes die Bürgschaftsurkunde vom Sicherungsberechtigten oder mit dessen Zustimmung von einem Dritten zum Zeichen der Entlastung zurückgegeben wird oder die Rechtskraft einer einschlägigen Erlöschensanordnung des zuständigen Gerichts eintritt.[4]

Ort ..., den ... (Datum)

... ...

Unterschriften des bürgenden Kreditinstituts ◀

2. Erläuterungen

[1] **Prozessbürgschaft.** Eine in der Praxis besonders relevante Erscheinungsform der Bürgschaft ist die Prozessbürgschaft. Häufig ist die Vollstreckung eines Urteils nur gegen Sicherheitsleistung bzw Abwendung der Vollstreckung eines Urteils gegen Sicherheitsleistung möglich (§§ 710, 713 ZPO, 239). Die Sicherheitsleistung erfolgt idR durch Übernahme der Bürgschaft eines Kreditinstituts (§ 108 ZPO). Die Prozessbürgschaft soll den Gläubiger so stellen, wie er stünde, wenn der Schuldner die Zwangsvollstreckung durch Hinterlegung eines Geldbetrages abgewendet hätte (*Reinicke/Tiedtke*, Bürgschaftsrecht aaO, Rn 159 ff; BGHZ 69, 270, 273). Gegenstand und Umfang der Prozessbürgschaft sind nach dem Zweck der Sicherheitsleistung unter Berücksichtigung der Umstände des Einzelfalls auszulegen (BGH NJW 1975, 1119, 1120). Weiterführend s.a. BGH WM 2007, 27; MüKo-BGB/*Habersack*, § 765 Rn 118 ff; NK-BGB/*Beckmann*, Vor §§ 765 ff, Rn 52 mwN). Nach der Rechtsprechung des BGH ist bei einer Prozessbürgschaft der Akzessorietätsgrundsatz auch dann gewahrt, wenn sie für den Titelgläubiger bestellt wurde, obwohl er die materielle Forderung bereits vor Abschluss des Bürgschaftsvertrages abgetreten hat (BGH, Urt. v. 3.5.2005, WM 2005, 1171). 28

[2] **Sicherungszweck.** Bei einer Prozessbürgschaft zur Abwendung der Zwangsvollstreckung besteht der Sicherungszweck nicht in der Sicherung der materiellen Forderung, sondern in der durch den Titel geschaffenen Vollstreckungsbefugnisse des Titelgläubigers (*Reinicke/Tiedtke*, Bürgschaftsrecht aaO, Rn 163). 29

[3] **Beginn oder Einstellung der Zwangsvollstreckung.** Für Beginn oder Einstellung der Zwangsvollstreckung ist der urkundliche Nachweis der Bürgschaftserteilung (§§ 751 Abs. 2, 775 Nr. 3 ZPO) und der Nachweis erforderlich, dass die Bürgschaftserklärung dem Sicherungsberechtigten zugegangen ist (BGH NJW 1967, 823). 30

[4] **Erlöschen.** Mit dem Erlöschen des gesicherten Anspruchs erlischt auch die Prozessbürgschaft. Aufgrund der im Muster enthaltenen Klausel, die insbesondere in Bürgschaftserklärungen von Kreditinstituten üblich ist, erlischt die Bürgschaft auch mit Rückgabe der Bürgschaftsurkunde. Dabei genügt nicht die Zustellung einer beglaubigten Abschrift; vielmehr ist die Übergabe der Urschrift der Bürgschaftsurkunde an den Sicherungsberechtigten erforderlich (*Schmitz/Wassermann/Nobbe* in: Schimansky/Bunte/Lwowski, Bankrechts-Handbuch, Band II § 91 Bürgschaft, Rn 146 f mwN; MüKo-BGB/*Habersack*, § 76 Rn 114). 31

B. Prozess

I. Muster: Klage auf Zahlung aus Bürgschaft auf erstes Anfordern (Gewährleistungsbürgschaft)[1] 32

▶ Landgericht ...

Klage

des ... (Bürgschaftsgläubigers/Begünstigten[2]

– Klägers –

Prozessbevollmächtigte: ▪▪▪

gegen

▪▪▪ -Bank AG (Bürgschaftsgeberin)[3]

– Beklagte –

wegen: Forderung aus Bürgschaft auf erstes Anfordern[1]

Streitwert: ▪▪▪ EUR

Namens und in Vollmacht des Klägers erheben wir Klage und beantragen,

1. die Beklagte zu verurteilen, an den Kläger ▪▪▪ EUR nebst Zinsen in Höhe von 5 % über dem jeweiligen Basiszinssatz p.a. seit dem ▪▪▪ zu zahlen.
2. für den Fall, dass die Beklagte nicht binnen der ihr gesetzten Einlassungsfrist ihre Verteidigungsbereitschaft anzeigt, gemäß §§ 276 Abs. 1, 331 Abs. 3 ZPO Versäumnisurteil zu erlassen, und, soweit die Beklagte innerhalb der ihr gesetzten Einlassungsfrist mitteilt, dass sie den Anspruch ganz oder teilweise anerkenne, gemäß §§ 276 Abs. 1 iVm 307 Abs. 2 ZPO Anerkenntnisurteil zu erlassen,
3. auf vollstreckbaren Titeln zugunsten der Klägerin die Vollstreckungsklausel anzubringen.

Begründung

I.

Der Kläger nimmt die Beklagte auf Zahlung aus einer Bürgschaft auf erstes Anfordern in Anspruch, die die Beklagte, ein inländisches Kreditinstitut, dem Kläger zur Sicherung von bauvertraglichen Mängelansprüchen gestellt hatte.

1. Der Kläger hatte mit der Firma ▪▪▪ (nachfolgend: Hauptschuldnerin) am ▪▪▪ einen Vertrag geschlossen, wonach sich letztere u.a. zur schlüsselfertigen Errichtung des Wohn- und Geschäftshauses in ▪▪▪, ▪▪▪ -Straße, verpflichtet hatte. Zur Sicherung der Mängelansprüche des Klägers gegen die Hauptschuldnerin aus diesem Vertrag hatte sich diese verpflichtet, dem Kläger seitens der Beklagten eine selbstschuldnerische Bürgschaft auf erstes Anfordern zur Verfügung zu stellen. Dies geschah durch die streitgegenständliche Bürgschaftsurkunde Nr. ▪▪▪ vom ▪▪▪, worin sich die Beklagte verpflichtete, auf erste Anforderung des Klägers Zahlung jeden angeforderten Betrag bis zum Höchstbetrag von ▪▪▪ EUR zu leisten. Dabei verzichtete die Bürgin vereinbarungsgemäß auch auf die Einreden der Anfechtung, der Aufrechnung und der Vorausklage gemäß §§ 770, 771 BGB.[4]
   Beweis: Vorlage der Bürgschaftsurkunde Nr ▪▪▪. vom ▪▪▪, Kopie Anlage ▪▪▪
2. Die am ▪▪▪ in Vermögensverfall geratene Hauptschuldnerin hinterließ per ▪▪▪ fällige und nicht mehr erfüllte Verpflichtungen aus Mängelansprüchen des Klägers das o.g. Bauvorhaben betreffend im Wert von ▪▪▪ EUR. Die nach Abnahme gemäß Abnahmeprotokoll vom ▪▪▪ und Korrespondenz vom ▪▪▪ bestehenden Mängelansprüche in Höhe der Klageforderung sind im Schreiben des baubetreuenden Architekten ▪▪▪ vom ▪▪▪ bestätigt und dokumentiert.[5]
   Beweis unter Verwahrung gegen die Beweislast:
   a. Vorlage des Abnahmeprotokolls vom ▪▪▪, Kopie Anlage ▪▪▪,
   b. Vorlage des Schreibens des Architekten ▪▪▪ vom ▪▪▪, Kopie Anlage ▪▪▪
3. Die im Bürgschaftstext fixierte Zahlungsanforderung in Form der Zuleitung der Inanspruchnahme durch die Hausbank des Gläubigers wurde ordnungsgemäß am ▪▪▪ durchgeführt.[6]
   Beweis: Vorlage der Zahlungsanforderung vom ▪▪▪, Kopie Anlage ▪▪▪

Die Beklagte reagierte hierauf nicht und leistete auch trotz anwaltlichen Mahnschreibens vom ▪▪▪ bis heute keine Zahlung, so dass Klage geboten ist.

II.

1. Der Anspruch des Klägers in Höhe von ■■■ EUR ist gemäß § 765 Abs. 1 BGB iVm der Bürgschaft auf erstes Anfordern vom ■■■ begründet. In der Bürgschaftsurkunde hat sich die Beklagte verpflichtet, auf erste Anforderung des Klägers Zahlung jeden angeforderten Betrages bis zum Höchstbetrag von ■■■ EUR zu leisten. Die angeforderte Zahlung in Höhe der Klageforderung liegt unter diesem Höchstbetrag.[1]
2. Die sofortige Zahlungspflicht der Beklagten wurde durch die ordnungsgemäße und formgerechte Inanspruchnahme der Bürgschaft gemäß Zahlungsaufforderung vom ■■■ ausgelöst. Dem Rechtsinstitut der Bürgschaft auf erstes Anfordern entsprechend muss der Bürge, hier die Beklagte, auf die bloße Anforderung des Bürgschaftsgläubigers, hier des Klägers, sofort zahlen. Der Bürge verzichtet einstweilig auf jedwede Einwendungen aus dem Hauptschuldverhältnis. Mit der Verpflichtung zur sofortigen Zahlung nach Zahlungsaufforderung wird dem Zweck der Bürgschaft auf erstes Anfordern entsprechend die alsbaldige Liquiditätsversorgung zugunsten des Bürgschaftsgläubigers sichergestellt.[6]
3. Die Verwertungsbefugnis ist, wie oben unter I 2 ausgeführt, eingetreten.[6]
4. Unerheblich für den vorliegenden Erstprozess ist, ob der materiellrechtliche Bürgschaftsfall eingetreten ist. Mit der Bürgschaft auf erstes Anfordern sind dem Bürgen, hier der Beklagten, zunächst sämtliche Einwendungen aus dem Grundgeschäft abgeschnitten. Die Beklagte kann sich selbst dann der mit dieser Klage verfolgten vorläufigen Inanspruchnahme nicht entziehen, wenn der Sicherungsfall nicht eingetreten oder der Anspruch des Klägers gegen den Hauptschuldner nicht bestehen würde. Im vorliegenden Bürgschaftsprozess obliegt dem Kläger keine Darlegungspflicht hinsichtlich der Schlüssigkeit der verbürgten Hauptforderung (BGH WM 1996, 2228; BGH NJW 1994, 380; OLG Köln, WM 1998, 707; BGH Urt. v. 28.10.1993 - IX ZR 141/93, WM 1994, 106; *Schmitz/Wassermann/Nobbe* in: Schminansky/Bunte/Lwowski, Bankrechts-Handbuch, Band II, 3.Aufl. 2007, § 91 Rn 223).[5][7]
5. Die Zahlungspflicht der Beklagten entfällt auch nicht schon durch Vermögensverfall oder Insolvenz des Hauptschuldners (BGHZ 151, 236; *Lindner* in: Derleder u.a., Handbuch zum deutschen und europäischen Bankrecht, 2.Aufl. 2009, § 26 Bürgschaft auf erstes Anfordern und Baubürgschaft, Rn 17).[5]
6. Der Zinsanspruch in Höhe von 5 % über dem jeweiligen Basiszins p.a. seit dem ■■■ folgt aus §§ 286, 288 BGB, nachdem die Beklagte nach Zugang der Zahlungsaufforderung vom ■■■ spätestens zum ■■■ in Verzug geraten ist.
7. Die örtliche Zuständigkeit des Landgerichts ■■■ folgt daraus, dass die Beklagte unter ihrer Firma in ■■■ eine im Handelsregister eingetragene Zweigniederlassung unterhält, von der aus sie ebenfalls Bankgeschäfte betreibt (§ 21 ZPO). Eine von diesem besonderen Gerichtsstand abweichende Bestimmung eines Gerichtsstands in ■■■ im Text der Bürgschaftsurkunde ist unwirksam, da beide Parteien ihren allgemeinen Gerichtsstand im Inland haben (und hatten) und weil der Kläger als Nicht-Kaufmann im Sinne von § 38 Abs. 1 ZPO nicht prorogationsbefugt ist.[8]

■■■

Rechtsanwältin/Rechtsanwalt ◄

II. Erläuterungen

[1] Bürgschaft auf erstes Anfordern. Die – seit BGH Urt. v. 2.5.1979, BGHZ 74, 244 – anerkannte – Bürgschaft auf erstes Anfordern ist eine zunächst in der Praxis der Kreditinstitute für das Auslandsgeschäft entwickelte Sonderform der Bürgschaft (vgl oben zu §§ 765 ff, Rn 4 ff), die bereits garantieähnlich ist (zur Garantie auf erstes Anfordern vgl unten Teil 2: Garantiegeschäft). Nach wohl hM ist die Bürgschaft auf erstes Anfordern eine atypische Bürgschaft (BGHZ 74, 244, 246; Staudinger/*Horn*, Vorbem. §§ 765 ff Rn 24 ff); nach aA wird eine größere Nähe 33 zur Garantie gesehen (*Canaris*, ZIP 1998, 493, 499; *Schnauder*, JZ 2000, 2073, 2078). Heute wird die Bürgschaft auf erstes Anfordern vorwiegend im Bankverkehr, im internationalen Handelsverkehr, aber auch – wie im Muster – zB zur Absicherung von Bauvorhaben verwendet (*Reinicke/Tiedtke*, Bürgschaftsrecht aaO, Rn 485; *Lindner* in: Derleder u.a., aaO, § 26 Rn 1 ff mwN; *Schmitz/Wassermann/Nobbe* in: Schimansky/Bunte/Lwowski, Bankrechts-Handbuch, Band II § 91 Bürgschaft, Rn 127 ff mwN). Kennzeichnend für die Bürgschaft auf erstes Anfordern ist, dass der Bürge – in der Regel, wie im Muster, ein Kreditinstitut – grundsätzlich auf bloße Anforderung des Bürgschaftsgläubigers hin zunächst erst einmal zahlen muss. Um die Zahlung durch den Bürgen auszulösen, genügt die bloße „erste Anforderung", die allerdings streng formal den vereinbarten Voraussetzungen der Inanspruchnahme in der Bürgschaftsurkunde bzw der Verpflichtungserklärung des Bürgen entsprechen muss. Mit der Bürgschaft auf erstes Anfordern werden dem Gläubiger sofort liquide Mittel verschafft; der Bürge ist dem Risiko ausgesetzt, unabhängig vom Bestand der gesicherten Hauptforderung zunächst zahlen zu müssen. Der das Bürgschaftsrecht prägende Grundsatz der Akzessorietät ist bei der Bürgschaft auf erstes Anfordern nicht aufgehoben, aber erheblich eingeschränkt. Einwendungen gegen die verbürgte Hauptschuld können vom Bürgen nicht schon im Erstprozess, sondern erst in einem nachfolgenden Rückforderungsprozess geltend gemacht werden. Es gilt der Grundsatz „erst zahlen, dann prozessieren".

34 [2] **Bürgschaftsgläubiger/Begünstigter.** Die Bürgschaft auf erstes Anfordern wird idR im Auftrag des Schuldners übernommen, der sonst ein – früher übliches – Bardepot oder eine sonstige liquide Sicherheit stellen müsste (vgl auch unten Rn 36). Im Zusammenhang mit (Bau-)Gewährleistungsbürgschaften ist im besonderen zu beachten, dass – aufgrund der Akzessorietät der Bürgschaft – der Bürgschaftsgläubiger noch Inhaber der gesicherten Forderung sein muss, wenn die Bürgschaft begründet wird (sog. „Abtretungsfalle", vgl BGH WM 2003, 969, 971; *May*, BauR 2007, 187; *Lindner* in: Derleder u.a., aaO, § 26 Rn 30 ff, Rn 59 mwN).

35 [3] **Bürgschaftsgeberin.** Bürgin ist in aller Regel ein Kreditinstitut. Lange blieb die Bürgschaft auf erstes Anfordern einem sog. krediterfahrenen Personenkreis vorbehalten. Seit BGH Urt. v. 23.1.1997 – IX ZR 297/95 (ZIP 1997, 582) kann zB auch eine im internationalen Wirtschaftsverkehr tätige Kapitalgesellschaft in einem Individualvertrag wirksam eine Bürgschaft auf erstes Anfordern übernehmen. Eine Auslegung einer Bürgschaft auf erstes Anfordern in eine einfache Bürgschaft ist möglich (BGH NJW 1992, 1446). Wegen der gefährlichen unbedingten vorläufigen Zahlungspflicht, die mit der Bürgschaft auf erstes Anfordern verbunden ist, wird zu Recht angenommen, dass die formularmäßige Übernahme einer Bürgschaft auf erstes Anfordern eines Nichtkaufmanns einer AGB-rechtlichen Inhaltskontrolle nicht standhält (BGH WM 1990, 1410), anders als uU in Indivialverträgen (BGH NJW 1998, 2220). Sofern der Bürge nicht selbst Verwender des Bürgschaftsformulars ist, wird angenommen, dass die Bürgschaft auf erstes Anfordern grundsätzlich überraschend und unangemessen ist (BGH NJW 2002, 3627). Aufgrund bestehender AGB-rechtlicher Unsicherheiten ist zu empfehlen, eine Bürgschaft auf erstes Anfordern grundsätzlich individualvertraglich zu vereinbaren. Ist für den Gläubiger erkennbar, dass der die Bürgschaft Erklärende mit dem Institut der Bürgschaft auf erstes Anfordern nicht hinreichend vertraut ist, ist der Gläubiger zur umfassenden Belehrung über deren Rechtsfolgen verpflichtet; erfolgt keine entsprechende Belehrung, wird in der Rechtsprechung nur eine Haftung aus einer gewöhnlichen Bürgschaft angenommen (BGH WM 1998, 1062).

36 [4] **Gewährleistungsbürgschaft/Sicherungszweck.** Bürgschaften auf erstes Anfordern im Bauwesen sichern idR Ansprüche des Bestellers aus Bauverträgen, Werklieferungs- oder Werkverträgen ab. Die gesicherte Hauptforderung muss hinreichend bestimmt bezeichnet sein, andernfalls die Bürgschaft insgesamt unwirksam ist. Die Gewährleistungsbürgschaft dient der Abwendung der Einbehaltung eines Teils des Werklohns durch den Besteller als Sicherheit für die ordnungsgemäße und vollständige Erbringung der Werkleistung und/oder spätere Mängelan-

sprüche (*Lindner* in: Derleder u.a., aaO, § 26 Rn 30 ff, Rn 56 ff mwN; Staudinger/*Horn*, § 765 Rn 63 mwN; *Schmitz/Wassermann/Nobbe* in: Schimansky/Bunte/Lwowski, Bankrechts-Handbuch, Band II § 91 Bürgschaft, Rn 132). Grundsätzlich sichert sie nur Mängelansprüche nach der Abnahme (*Lindner* in: Derleder u.a., aaO, § 26 Rn 57). Vorsicht ist geboten bei vorformulierten Sicherungsabreden, an die nach der neueren Rechtsprechung erhöhte Anforderungen gestellt werden (BGHZ 136, 27; weiterführend vgl *Lindner* in: Derleder u.a., aaO, § 26 Rn 63 mwN). Ähnlich erhöhte Anforderungen an formularmäßige Sicherungsabreden sind seit BGH Urt. v. 4.7.2002 (BauR 2004, 1143, 1145) bei Vertragserfüllungsbürgschaften zu beachten.

[5] **Verwertungsbefugnis.** Voraussetzung für die Verwertungsbefugnis ist zumindest das Entstehen und die Fälligkeit einer vom Sicherungszweck umfassten Forderung (BGHZ 148, 151, 154). Der gesicherte Anspruch muss bereits in einen ebenfalls fälligen Geldanspruch übergegangen sein, da Bürgschaften auf erstes Anfordern idR – wie auch im Musterfall – auf eine Geldforderung gerichtet sind. Die Bürgschaftsurkunden enthalten regelmäßig die Klausel: „Aus dieser Bürgschaftserklärung können wir (das bürgende Kreditinstitut) nur auf Zahlung von Geld in Anspruch genommen werden.“ 37

[6] **Zahlungsanforderung/Missbrauchseinwand.** Die Anforderungen an die Geltendmachung der Bürgschaft auf erstes Anfordern sind streng formalisiert (*Schmitz/Wassermann/Nobbe* in: Schimansky/Bunte/Lwowski, Bankrechts-Handbuch, Band II § 91 Bürgschaft, Rn 129; zu den sog. Effektivklauseln vgl WM 1999, 308). In Bezug auf die Zahlungsanforderung („erstes Anfordern“) ist stets zu prüfen, ob sie den in der Bürgschaftsurkunde bzw in der Verpflichtungserklärung des Bürgen vereinbarten Voraussetzungen der Inanspruchnahme genauestens entspricht. Die formalen Anforderungen können sehr weit gehen, bis hin zur wörtlichen Übereinstimmung der Anforderungserklärung mit dem Bürgschaftstext (BGH Urt. v. 23.1.1997 – IX ZR 297/95, ZIP 1997, 582). Die Berechtigung, sofortige Zahlung verlangen zu können, findet nur im Falle des Missbrauchs ihre Schranke (zum Einwand des Rechtsmissbrauchs vgl weiterführend *Lindner* in: Derleder u.a., aaO, § 26 Rn 14 ff mwN). Offensichtlicher Rechtsmissbrauch durch Inanspruchnahme aus Bürgschaft auf erstes Anfordern liegt nur bei liquider Beweisbarkeit des Sachverhalts vor (BGH, Urt. v. 5.3.2002, BKR 2008, 365). Für (Bau-)Gewährleistungsbürgschaften auf erstes Anfordern wird angenommen, dass der Bürge nur dann wirksam in Anspruch genommen werden kann, wenn die gerügten Mängel hinreichend individualisiert werden (OLG München, Urt. v. 21.10.1994, WM 1994, 2108). 38

[7] **Vermögenslosigkeit/Insolvenz des Hauptschuldners.** Die Zahlungsverpflichtung auf erstes Anfordern entfällt nicht schon deswegen, weil der Hauptschuldner in Vermögensverfall geraten oder insolvent geworden ist. Erst wenn die Insolvenz eröffnet wurde, der Insolvenzverwalter Masseunzulänglichkeit angezeigt hat oder das Insolvenzverfahren mangels Masse nicht eröffnet wurde, entfällt die Zahlungsverpflichtung auf erstes Anfordern; jedoch können dann die Rechte aus einer gewöhnlichen Bürgschaft geltend gemacht werden (BGHZ 151, 236). 39

[8] **Darlegungslast/Prozessuales.** Der Gläubiger muss – im Erstprozess – weder das Entstehen noch die Fälligkeit der Hauptschuld darlegen oder gar beweisen (BGH Urt. v. 28.10.1993 – IX ZR 141/93, WM 1994, 106). Bei Vorliegen der erforderlichen Voraussetzungen empfiehlt sich auch die Führung des Erstprozesses als Urkundenprozess (BGHZ 148, 283). Im Muster wurde der Gerichtsstand des § 21 ZPO (Besonderer Gerichtsstand der Niederlassung) gewählt, der an den Orten der Niederlassungen von Kreditinstituten angesteuert werden kann. 40

[9] **Verjährungsfragen.** Nach Inkrafttreten des neuen Verjährungsrechts am 1.1.2002 unterfallen Bürgschaften auf erstes Anfordern der Regelverjährung des § 195 von drei Jahren ab Kenntnis des Anspruchs (§§ 195, 199 Abs. 1), vgl ergänzend oben zu §§ 765 ff Rn 25. Zum Beginn der Verjährungsfrist bei Forderungen aus Bürgschaft auf erstes Anfordern gilt nach neuerer BGH-Rechtsprechung, dass die Fälligkeit der Bürgschaftsforderung schon mit Fälligkeit der verbürgten Forderung eintritt, mithin mit der Fälligkeit eines auf Geld gerichteten Mängelhaf- 41

tungsanspruchs, ohne dass es einer Zahlungsaufforderung des Gläubigers gegenüber dem Bürgen bedarf (vgl BGH, Urt. v. 8.7.2008 – XI ZR 230/07 nebst Anm. *Schmölz* in: jurisPR-BKR 2/2009, Anm. 1; BGH, Urt. v. 29.1.2008 – XI ZR 160/07; *Schmitz/Wassermann/Nobbe* in: Schimansky/Bunte/Lwowski, Bankrechts-Handbuch, Band II § 91 Bürgschaft, Rn 224; *Lindner* in: Derleder u.a., aaO, § 26 Rn 78 mwN).

42 [10] **Prozessrechtliche Hinweise.** Zu einigen prozessrechtlichen Fragen vgl oben zu §§ 765 ff Rn 25 mwN.

§ 768 Einreden des Bürgen

(1) [1]Der Bürge kann die dem Hauptschuldner zustehenden Einreden geltend machen. [2]Stirbt der Hauptschuldner, so kann sich der Bürge nicht darauf berufen, dass der Erbe für die Verbindlichkeit nur beschränkt haftet.
(2) Der Bürge verliert eine Einrede nicht dadurch, dass der Hauptschuldner auf sie verzichtet.

1 A. Muster: Klageerwiderungsbaustein[1] zu Einreden, die dem Hauptschuldner zustehen[2]

► Der Kläger nimmt die beklagte Bank aus Bürgschaftsforderung aufgrund der selbstschuldnerischen Höchstbetragsbürgschaft Nr. ... vom ... in Anspruch.

Gegen diese Klageforderung erhebt die Beklagte den Einrede der Verjährung. Diese ist dadurch begründet, dass Verjährung der Hauptforderung am ... eingetreten ist. Gemäß § 768 Abs. 1 S. 1 BGB kann der Bürge die dem Hauptschuldner zustehenden Einreden, hier die Einrede der Verjährung der Hauptforderung, geltend machen.

...

Rechtsanwältin/Rechtsanwalt ◄

B. Erläuterungen

2 [1] **Klageerwiderung.** Zu Inhalt und Aufbau der Klageerwiderung vgl allgemein und grundlegend GF-ZPO/*Siebert*, § 277 ZPO Rn 3 ff mwN; *Bartmann* in: Vorwerk, Das Prozess-Formular-Buch, Kap. 20 Klageerwiderung).

3 [2] **Verjährungseinwand.** Den Verjährungseinwand hat der Beklagte bereits in der Klageerwiderung zu erheben (GF-ZPO/*Siebert*, § 277 ZPO Rn 3 ff).

4 [3] **Folgen der Akzessorietät.** Aus der Abhängigkeit der Bürgenschuld von der Hauptverbindlichkeit folgt, dass der Bürge gegenüber dem Gläubiger grundsätzlich alle Einreden geltend machen kann, die dem Hauptschuldner zustehen (§ 768 Abs. 1 S. 1). Beispielsweise kann der Bürge, wie im obigen Muster, die Einrede der Verjährung der Hauptschuld erheben (BGHZ 139, 214, 138; OLG München, Urt. v. 20.12.2007 – 19 U 3675/07 nebst Anm. *Schmölz* in: jurisPR-BKR 1/2008, Anm. 4 mwN). Der Bürge kann die Einrede der Verjährung der Hauptforderung sogar noch nach einer rechtskräftigen Verurteilung im Bürgenprozess erheben (BGH, Urt. v. 5.11.1998 – IX ZR 48/98).

5 Des weiteren kann der Bürge die Einrede des nicht erfüllten Vertrages geltend machen (§§ 320 ff), die Einrede des Zurückbehaltungsrechts (§§ 273, 274 BGB, §§ 369 ff HGB), die Einrede der Stundung (§ 205) oder die Einrede der ungerechtfertigten Bereicherung (§ 821). Darüber hinaus kann sich der Bürge auf rechtshindernde oder rechtsvernichtende Einwendun-

gen berufen (zB der unzulässigen Rechtsausübung, § 242) (weiterführend vgl Hk-BGB/*Staudinger*, § 768, Rn 1 ff mwN).

[4] **Verzicht des Hauptschuldners.** Auch im Falle eines Verzichts des Hauptschuldners auf die Einrede der Verjährung kann der Bürge die Einrede der Verjährung geltend machen; der Verzicht entfaltet keine Wirkung für das Bürgschaftsverhältnis (BGH WM 2007, 2230). 6

[5] **Unwirksamkeit.** Generelle formularmäßige Verzichtserklärungen auf Einreden nach § 768 zu Lasten des Bürgen können gemäß § 307 Abs. 1 S. 2, Abs. 2 unwirksam sein (BGH NJW 2001, 1858; Hk-BGB/*Staudinger*, § 768 Rn 1). In Individualverträgen sind Abweichungen grundsätzlich möglich, jedoch sind ggf dadurch mögliche Veränderungen des Vertragstypus zu prüfen. 7

§ 769 Mitbürgschaft

Verbürgen sich mehrere für dieselbe Verbindlichkeit, so haften sie als Gesamtschuldner, auch wenn sie die Bürgschaft nicht gemeinschaftlich übernehmen.

A. Muster: Detailliertere Klausel in Bürgschaftsvertrag zur Haftung mehrerer Bürgen 1

▶ **Haftung mehrerer Bürgen[1]**

1. Haben sich mehrere Bürgen in gesonderten Bürgschaftsurkunden für dieselben Verbindlichkeiten des Hauptschuldners verbürgt, haftet jeder einzelne Bürge – im Verhältnis zum Gläubiger unter Ausschluss eines Gesamtschuldverhältnisses – ungeachtet etwaiger Zahlungen eines anderen Bürgen auf den vollen Betrag der von ihm übernommenen Bürgschaft, und zwar so lange, bis die von ihm verbürgten Ansprüche des Gläubigers vollständig erfüllt sind.
2. Haben sich mehrere Bürgen in dieser Urkunde verbürgt, haften sie gegenüber dem Gläubiger als Gesamtschuldner. Dies bedeutet, dass der Gläubiger den in dieser Urkunde vereinbarten Höchstbetrag von jedem einzelnen Bürgen ganz oder teilweise fordern kann, insgesamt jedoch nicht mehr als diesen Betrag.
3. Der Bürge wird von seiner Bürgschaftsverpflichtung nicht frei, wenn der Gläubiger andere Bürgen aus der Haftung entlässt.
4. Ausgleichsansprüche des in Anspruch genommenen Bürgen gegen die anderen Bürgen werden durch die vorstehenden Regelungen nicht berührt. ◀

(Formulierungen entsprechend dem Formular des Bankverlages)

B. Erläuterungen

[1] **Haftung mehrerer Bürgen.** Alternativ zu einer einfacheren Klausel, wie sie oben im Muster zu §§ 765 ff, Rn 1) gewählt ist, kann in Bürgschaftsverträgen diese detailliertere Klausel (vgl oben Rn 1) zur Haftung mehrerer Bürgen verwendet werden. 2

[2] **Mitbürgschaft.** § 769 begründet eine gesetzliche gesamtschuldnerische Haftung (gleichstufige Verbürgung Mehrerer für dieselbe Verbindlichkeit - BGH WM 1986, 961). Voraussetzung für die Mitbürgschaft ist, dass sich die einzelnen Bürgen für eine identische Hauptschuld verbürgen, und dass sie diese Bürgschaft für die gesamten Verbindlichkeiten begründen, nicht nur für verschiedene Teile der Hauptforderung (Hk-BGB/*Staudinger*, § 769 Rn 1; Staudinger/*Horn*, § 769 Rn 2; *Graf von Westphalen* in: Münchener Vertragshandbuch Bd. 2 Wirtschaftsrecht I, I.4 Rn 18 mwN; für mehrere Höchstbetragsbürgschaften als gesamtschuldnerische Mit- 3

bürgschaften vgl *Schmitz/Wassermann/Nobbe* in: Schimansky/Bunte/Lwowski, Bankrechts-Handbuch, § 91 Rn 253). Die Mitbürgschaft kann in einem einheitlichen Vertrag (§ 427) oder durch voneinander unabhängige Verträge (auch ohne Kenntnis voneinander) begründet werden. Die Nichtigkeit einer Bürgschaftsübernahme hat iZw nicht nach § 139 Gesamtnichtigkeit zur Folge (RGZ 138, 272; Hk-BGB/*Staudinger*, § 769 Rn 1 mwN).

4 Von § 769 abweichende Vereinbarungen sind zulässig im Verhältnis zwischen den Mitbürgen (BGH NJW 2000, 1034; BGH WM 1989, 609) und im Verhältnis zwischen Mitbürgen und Gläubiger. Durch den Ausschluss der gesamtschuldnerischen Haftung werden die Ausgleichsansprüche der Bürgen untereinander jedoch nicht berührt (BGH WM 1992, 1212). Im Falle der Verbürgung mehrerer Bürgen in einer Urkunde verbleibt es bei der gesamtschuldnerischen Haftung (BGH WM 1986, 961). Der Innenausgleich zwischen den Mitbürgen bestimmt sich grundsätzlich nach dem Verhältnis der einzelnen Höchstbeträge (BGH WM 1998, 235; *Wittig* in: Vertrags- und Formularbuch zum Handels-, Gesellschafts- und Bankrecht, aaO, Bankrecht 4. Kapitel: Kreditgeschäft und Kreditsicherung, S. 1108).

5 Zum Innenausgleich zwischen Mitbürgen und Grundschuldbestellern vgl BGH, Urt. v. 9.12.2008 – XI ZR 588/07 nebst Anm. *Schmölz* in: jurisPR-BKR 3/2010, Anm. 4.

§ 770 Einreden der Anfechtbarkeit und der Aufrechenbarkeit

(1) Der Bürge kann die Befriedigung des Gläubigers verweigern, solange dem Hauptschuldner das Recht zusteht, das seiner Verbindlichkeit zugrunde liegende Rechtsgeschäft anzufechten.
(2) Die gleiche Befugnis hat der Bürge, solange sich der Gläubiger durch Aufrechnung gegen eine fällige Forderung des Hauptschuldners befriedigen kann.

§ 771 Einrede der Vorausklage

[1]Der Bürge kann die Befriedigung des Gläubigers verweigern, solange nicht der Gläubiger eine Zwangsvollstreckung gegen den Hauptschuldner ohne Erfolg versucht hat (Einrede der Vorausklage). [2]Erhebt der Bürge die Einrede der Vorausklage, ist die Verjährung des Anspruchs des Gläubigers gegen den Bürgen gehemmt, bis der Gläubiger eine Zwangsvollstreckung gegen den Hauptschuldner ohne Erfolg versucht hat.

1 A. Muster: Verzichtsklausel auf die Einreden der §§ 770, 771

▶ Vgl oben zu §§ 765 ff das Muster unter Rn 1.

Der Gläubiger ist nicht verpflichtet, zunächst gegen den Hauptschuldner gerichtlich vorzugehen oder dem Gläubiger gestellte Sicherheiten zu verwerten (Verzicht auf die Einrede der Vorausklage, § 771 BGB). Die Zahlungsverpflichtung des Bürgen besteht auch dann, wenn der Hauptschuldner das Geschäft, das seiner Verbindlichkeit zugrunde liegt, anfechten kann (Verzicht auf die Einrede der Anfechtbarkeit nach § 770 Abs. 1 BGB). Soweit die Forderung des Hauptschuldners gegen den Gläubiger nicht unbestritten, entscheidungsreif oder rechtskräftig festgestellt ist, kann sich der Bürge auch nicht darauf berufen, dass der Gläubiger seine Ansprüche durch Aufrechnung gegen eine fällige Forderung des Hauptschuldners befriedigen kann (Verzicht auf die Einrede der Aufrechenbarkeit, § 770 Abs. 2 BGB). ◀

B. Erläuterungen

2 [1] **Subsidiarität der Bürgenhaftung.** Zwar gilt grundsätzlich, dass der Gläubiger den Bürgen erst dann in Anspruch nehmen kann, wenn er – ohne Erfolg – versucht hat, die Zwangsvollstreckung gegen den Hauptschuldner zu betreiben (Grundsatz der Subsidiarität der Bürgenhaftung, § 771 S. 1). Haftungsmäßig steht der Bürge daher vom Grundsatz her hinter dem Hauptschuldner, nicht etwa neben ihm. Jedoch kann der Bürge im Bürgschaftsvertrag auf die Einrede der Vorausklage verzichten (vgl oben zu §§ 765 ff Rn 1 - Muster der Selbstschuldneri-

schen Höchstbetragsbürgschaft, Klausel § 2 Abs. 2). Diesen Verzicht sehen Bürgschaftsformulare in der Praxis regelmäßig vor (zB die Bürgschaftsformularverträge der Banken und Sparkassen bzw die AGB der Gläubiger). Der Verzicht auf die Einrede der Vorausklage beseitigt jedoch nur die Subsidiarität; er begründet keine gesamtschuldnerische Haftung zwischen dem Bürgen und dem Hauptschuldner. Im Falle der selbstschuldnerischen Bürgschaft (vgl oben Muster zu §§ 765 ff Rn 1) erhält der Gläubiger über den Verzicht auf die Einrede der Vorausklage die Möglichkeit, unmittelbar entweder den Hauptschuldner oder den Bürgen, oder beide gleichzeitig in Anspruch zu nehmen.

Mit der gewählten Musterklausel kann der Bürge auf die darin näher bestimmten Einreden verzichten (vgl hierzu bereits oben zu §§ 765 ff, insbes. Rn 5 und Rn 16 ff mwN). 3

§ 772 Vollstreckungs- und Verwertungspflicht des Gläubigers

(1) Besteht die Bürgschaft für eine Geldforderung, so muss die Zwangsvollstreckung in die beweglichen Sachen des Hauptschuldners an seinem Wohnsitz und, wenn der Hauptschuldner an einem anderen Orte eine gewerbliche Niederlassung hat, auch an diesem Orte, in Ermangelung eines Wohnsitzes und einer gewerblichen Niederlassung an seinem Aufenthaltsort versucht werden.

(2) [1]Steht dem Gläubiger ein Pfandrecht oder ein Zurückbehaltungsrecht an einer beweglichen Sache des Hauptschuldners zu, so muss er auch aus dieser Sache Befriedigung suchen. [2]Steht dem Gläubiger ein solches Recht an der Sache auch für eine andere Forderung zu, so gilt dies nur, wenn beide Forderungen durch den Wert der Sache gedeckt werden.

Vorgaben für Vollstreckungsversuch nach § 771. § 772 Abs. 1 enthält Vorgaben, die für einen Vollstreckungsversuch nach § 771 zu beachten sind. Danach ist nur ein Vollstreckungsversuch in die beweglichen Sachen des Schuldners durch den Gläubiger nachzuweisen. § 772 Abs. 2 legt für die Bürgschaft wegen Geldforderungen den Vorrang der Sachhaftung fest (weiterführend vgl Hk-BGB/*Staudinger*, § 772, Rn 1 ff; 1

§ 773 Ausschluss der Einrede der Vorausklage

(1) Die Einrede der Vorausklage ist ausgeschlossen:

1. **wenn der Bürge auf die Einrede verzichtet, insbesondere wenn er sich als Selbstschuldner verbürgt hat,**
2. **wenn die Rechtsverfolgung gegen den Hauptschuldner infolge einer nach der Übernahme der Bürgschaft eingetretenen Änderung des Wohnsitzes, der gewerblichen Niederlassung oder des Aufenthaltsorts des Hauptschuldners wesentlich erschwert ist,**
3. **wenn über das Vermögen des Hauptschuldners das Insolvenzverfahren eröffnet ist,**
4. **wenn anzunehmen ist, dass die Zwangsvollstreckung in das Vermögen des Hauptschuldners nicht zur Befriedigung des Gläubigers führen wird.**

(2) In den Fällen der Nummern 3, 4 ist die Einrede insoweit zulässig, als sich der Gläubiger aus einer beweglichen Sache des Hauptschuldners befriedigen kann, an der er ein Pfandrecht oder ein Zurückbehaltungsrecht hat; die Vorschrift des § 772 Abs. 2 Satz 2 findet Anwendung.

A. Muster: Regelung des Ausschlusses der Einrede der Vorausklage im Bürgschaftsvertrag[1] 1

▶ 2. Der Gläubiger ist nicht verpflichtet, zunächst gegen den Hauptschuldner gerichtlich vorzugehen oder dem Gläubiger gestellte Sicherheiten zu verwerten (Verzicht auf die Einrede der Vorausklage, § 771 BGB) ...[2] ◀ 594

B. Erläuterungen

2 **[1] Ausschluss der Einrede der Vorausklage gem. § 773 Abs. 1 Nr. 1.** Ein Ausschlussfall des § 773 liegt vor, wenn der Bürge, wie in der Musterklausel, im Bürgschaftsvertrag auf die Einrede der Vorausklage gemäß § 771 verzichtet. Dies ist insbesondere bei der Verbürgung als Selbstschuldner der Fall (vgl oben zu §§ 765 ff, Muster einer Selbstschuldnerischen Höchstbetragsbürgschaft, Rn 1), dort unter § 3 Abs. 2 sowie Erläuterungen unter Rn 16 ff). Der Verzicht kann auch in AGB erklärt werden (BGHZ 95, 350, 361). Die Akzessorietät der Bürgenhaftung ist nicht aufgehoben, sondern nur die Subsidiarität, so dass der Bürge die Einreden des § 768 erheben kann. Der Bürge verzichtet auch nicht auf die Unterbrechung der Verjährung der Hauptschuld durch die Klage des Gläubigers (BGH VersR 2008, 366).

3 **[2] Sonstige Ausschlussfälle, § 773 Abs. 1 Nr. 2-4.** Zu den sonstigen Ausschlussfällen der erschwerten Geltendmachung, der Insolvenz oder der aussichtslosen Vollstreckung vgl Palandt/*Sprau*, § 773 Rn 2 mwN).

§ 774 Gesetzlicher Forderungsübergang

(1) [1]Soweit der Bürge den Gläubiger befriedigt, geht die Forderung des Gläubigers gegen den Hauptschuldner auf ihn über. [2]Der Übergang kann nicht zum Nachteil des Gläubigers geltend gemacht werden. [3]Einwendungen des Hauptschuldners aus einem zwischen ihm und dem Bürgen bestehenden Rechtsverhältnis bleiben unberührt.
(2) Mitbürgen haften einander nur nach § 426.

1 **A. Muster: Regelung des Hinausschiebens des gesetzlichen Forderungsübergangs im Bürgschaftsvertrag**

▶ **§ ... Zahlung auf die Bürgschaft und Forderungsübergang**

Zahlungen des Bürgen dienen als Sicherheitsleistung für die Bürgschaftsschuld, bis das Kreditinstitut wegen aller von der Bürgschaft erfassten Ansprüche gegen den Hauptschuldner befriedigt ist. Erst dann gehen die Ansprüche der Bank gegen den Hauptschuldner auf den Bürgen über. Die Bank ist jedoch berechtigt, sich jederzeit aus den vom Bürgen gezahlten Beträgen zu befriedigen.[1], [2] ◀

B. Erläuterungen

2 **[1] Cessio legis.** Die Vorschrift des § 774 sieht einen gesetzlichen Forderungsübergang vor, der mit der Befriedigung des Gläubigers durch den Bürgen eintritt. Dabei erlischt die Hauptschuld nicht; vielmehr erfüllt der Bürge seine eigene Verpflichtung aus dem Bürgschaftsvertrag. Die bisherige Forderung des Gläubigers gegen den Hauptschuldner geht – mit akzessorischen Sicherheiten – auf den Bürgen über. Der Bürge kann gegenüber dem Hauptschuldner vorgehen. Aus dem Innenverhältnis zum Hauptschuldner kann der Bürge auch Ausgleich für seine Leistung an den Gläubiger verlangen. Zur Norm des § 774 hat sich eine umfangreiche Rechtsprechung und Literatur entwickelt zu den in der Praxis vielfältigen Fallkonstellationen beim gesetzlichen Forderungsübergang, zu den Ansprüchen des Bürgen gegen den Hauptschuldner aus dem Innenverhältnis, zu Rückgriffsansprüchen des Mit-, Nach- oder Rückbürgen, zu diversen Konstellationen bei Vorliegen einer Gesamtschuld oder bei Zusammentreffen einer Bürgschaft mit anderen Sicherheiten (vgl weiterführend Hk-BGB/*Staudinger*, § 774 Rn 1 ff; *Reinicke/Tiedtke*, Bürgschaftsrecht aaO, Rn 359 ff; *Knops* in: Derleder u.a., aaO, § 25 Rn 88 ff mwN; vgl auch oben zu § 769). Der gesetzliche Forderungsübergang nach § 774 ist durch Individu-

alvereinbarung abdingbar, wobei die Schriftform des § 766 zu beachten ist (BGH NJW 2001, 2330; Hk-BGB/*Staudinger*, § 774 Rn 2 mit weiteren AGB-rechtlichen Hinweisen).

[2] **Aufschiebung.** In der Musterklausel wurde der Forderungsübergang gemäß § 774 auf den 3
Bürgen nicht ausgeschlossen, sondern nur bis zur vollständigen Befriedigung des Gläubigers aufgeschoben, damit dieser nicht durch konkurrierende Rückgriffsansprüche des Bürgen beeinträchtigt werden kann. Von der Rechtsprechung wird die Erweiterung des Gläubigervorrechts über § 774 Abs. 1 S. 2 hinaus durch das berechtigte Interesse des Kreditinstituts gerechtfertigt, bis zur Tilgung der Verbindlichkeit des Hauptschuldners einen Zugriff der Bürgen auf andere Sicherungsrechte zu verhindern (BGH NJW 2001, 2330).

§ 775 Anspruch des Bürgen auf Befreiung

(1) Hat sich der Bürge im Auftrag des Hauptschuldners verbürgt oder stehen ihm nach den Vorschriften über die Geschäftsführung ohne Auftrag wegen der Übernahme der Bürgschaft die Rechte eines Beauftragten gegen den Hauptschuldner zu, so kann er von diesem Befreiung von der Bürgschaft verlangen:

1. wenn sich die Vermögensverhältnisse des Hauptschuldners wesentlich verschlechtert haben,

2. wenn die Rechtsverfolgung gegen den Hauptschuldner infolge einer nach der Übernahme der Bürgschaft eingetretenen Änderung des Wohnsitzes, der gewerblichen Niederlassung oder des Aufenthaltsorts des Hauptschuldners wesentlich erschwert ist,

3. wenn der Hauptschuldner mit der Erfüllung seiner Verbindlichkeit im Verzug ist,

4. wenn der Gläubiger gegen den Bürgen ein vollstreckbares Urteil auf Erfüllung erwirkt hat.

(2) Ist die Hauptverbindlichkeit noch nicht fällig, so kann der Hauptschuldner dem Bürgen, statt ihn zu befreien, Sicherheit leisten.

A. Muster: Klage des Bürgen auf Befreiung von der Bürgschaft (§ 775 BGB)[1] 1

▶ Landgericht ■■■ 596

Klage

des ■■■ (Bürgen)

– Klägers –

Prozessbevollmächtigte: ■■■

gegen

den ■■■ (Hauptschuldner)

– Beklagten –

wegen: Befreiung von einer Verbindlichkeit

vorläufiger Streitwert: 100.000,00 EUR

Namens und in Vollmacht des Klägers erheben wir Klage und beantragen,

1. den Beklagten zu verurteilen, den Kläger von der selbstschuldnerischen Bürgschaft gemäß Bürgschaftsurkunde Nr. ■■■ vom ■■■ gegenüber der ■■■-Bank AG wegen 100.000,00 EUR zuzüglich Zinsen, Provisionen und Kosten der Bürgschaft freizustellen[2] oder nach Wahl des Beklagten Sicherheit in Höhe von 100.000,00 EUR zuzüglich Zinsen, Provisionen und Kosten der Bürgschaft ■■■ bei der ■■■-Bank AG zu leisten.[1], [3], [4], [5]
2. für den Fall, dass der Beklagte nicht binnen der ihm gesetzten Einlassungsfrist seine Verteidigungsbereitschaft anzeigt, gemäß §§ 276 Abs. 1, 331 Abs. 3 ZPO Versäumnisurteil zu erlassen,

und, soweit der Beklagte innerhalb der ihm gesetzten Einlassungsfrist mitteilt, dass er den Anspruch ganz oder teilweise anerkenne, gemäß §§ 276 Abs. 1 iVm 307 Abs. 2 ZPO Anerkenntnisurteil zu erlassen,

3. auf vollstreckbaren Titeln zugunsten des Klägers die Vollstreckungsklausel anzubringen.

Begründung

Der Kläger macht gegen den Beklagten einen Anspruch auf Befreiung aus der Bürgschaft gemäß Bürgschaftsurkunde Nr. ■■■ vom ■■■ gegenüber der ■■■ –Bank AG geltend.[1]

1. Die Parteien pflegen lebenspartnerschaftliche Beziehungen, aufgrund derer sich der Kläger zur vorübergehenden wirtschaftlichen Unterstützung des Beklagten am ■■■ bereit erklärt hatte, für ein Gesellschafterdarlehen des Beklagten gegenüber der ■■■–Bank AG in Höhe von 100.000,00 EUR zuzüglich Zinsen, Provisionen und Kosten der Bürgschaft selbstschuldnerisch zu bürgen.
   Beweis: Vorlage der Bürgschaftsurkunde Nr. ■■■ vom ■■■, Kopie Anlage ■■■
2. Am ■■■ hat eine Gläubigerin des Beklagten gegen diesen wegen einer Forderung in Höhe von ■■■ EUR gemäß Pfändungs- und Überweisungsbeschluss des Amtsgerichts ■■■ vom ■■■ die Zwangsvollstreckung betrieben und die Bankkonten des Beklagten blockiert. Da die Zwangsvollstreckung gegen den Beklagten insgesamt erfolglos blieb, hat die Gläubigerin zwischenzeitlich Antrag auf Abgabe der Eidesstattlichen Versicherung bei dem Amtsgericht ■■■ gestellt.
   Beweis:
   1. Zeugnis von Frau ■■■ (Gläubigerin),
   2. Vorlage der Auskunft aus dem Schuldnerregister des Amtsgerichts ■■■ vom ■■■
3. Da sich somit die Vermögensverhältnisse des Beklagten nach Übernahme der Bürgschaftsverpflichtung wesentlich verschlechtert haben und hierdurch der Rückgriffsanspruch des Klägers gegen den Beklagten gefährdet ist, ist der Anspruch gemäß § 775 Abs. 1 Nr. 1 BGB begründet.[6]

■■■

Rechtsanwältin ◄

B. Erläuterungen und Varianten

2 [1] **Befreiungsanspruch.** § 775 gewährt dem Bürgen unter den in Abs. 1 enumerativ aufgeführten Voraussetzungen (Gefährdungstatbeständen) einen Anspruch auf Befreiung von der Bürgschaftsverpflichtung gegen den Hauptschuldner. Der Befreiungsanspruch setzt weiter voraus, dass der Bürge nach der Befriedigung des Gläubigers einen Ersatz- bzw Rückgriffsanspruch gegen den Hauptschuldner hätte, etwa aus Auftragsverhältnis oder GoA; fehlt es hieran, greift § 775 nicht ein (weiterführend vgl Hk-BGB/*Staudinger*, § 775 Rn 1 mwN; zu Beweislastfragen vgl BGH NJW 2000, 1643; *Reinicke/Tiedtke*, Bürgschaftsrecht, Rn 435). Insbesondere bei Verschlechterung der Vermögensverhältnisse des Hauptschuldners besteht nach Befriedigung des Gläubigers für den Bürgen die Gefahr, seinen Rückgriff gegen den Hauptschuldner nicht durchsetzen zu können, weil dieser dann zahlungsunfähig ist. § 775 gibt dem Bürgen die Möglichkeit, sich dadurch zu schützen, dass er (bereits vor Befriedigung des Gläubigers) Befreiung von der Bürgschaftsschuld verlangt (weiterführend vgl *Reinicke/Tiedtke*, Bürgschaftsrecht, Rn 434 mwN; vgl. auch *Strauß* in: Formularbibliothek Zivilprozess, Schuldrecht, Teil 5: Bürgschaft – mit instruktiven Mustern).

3 [2] **Zustimmung des Bürgschaftsgläubigers.** In einigen Bürgschaftsurkunden findet sich die Klausel:

► Ein Anspruch auf Befreiung von der Bürgschaft (§ 775 BGB) darf nur mit vorheriger schriftlicher Zustimmung des Gläubigers gegen den Hauptschuldner geltend gemacht werden. ◄

Um einen solchen Zusatz kann insbesondere das Muster oben zu §§ 765 ff (Selbstschuldnerische Höchstbetragsbürgschaft, Rn 1) in § 2 (Fortbestand der Bürgschaft) ergänzt werden.

[3] Bewirkung der Befreiung/Umwandlung in Zahlungsanspruch. Der Hauptschuldner kann – wahlweise – die Befreiung durch Erfüllung der Hauptschuld oder dadurch bewirken, dass er beim Gläubiger die Entlassung des Bürgen aus der Haftung durchsetzt (BGH WM 2000, 911). Der Befreiungsanspruch verwandelt sich selbst dann nicht in einen Zahlungsanspruch, der gegenüber dem Gläubiger aufgerechnet werden könnte, wenn die Zahlungsunfähigkeit des Hauptschuldners und die Inanspruchnahme des Bürgen feststeht (BGHZ 140, 272). 4

[4] Sicherheitsleistung. Sofern eine Hauptverbindlichkeit noch nicht fällig ist, ist statt der Befreiung nach § 777 Abs. 2 auch eine Sicherheitsleistung des Hauptschuldners möglich. 5

[5] Prozessuale Hinweise. Der Befreiungsanspruch ist nach hM gemäß § 887 ZPO zu vollstrecken. Zu weiteren prozessualen Einzelheiten und Anträgen vgl *Reinicke/Tiedtke*, Bürgschaftsrecht, Rn 450 f mwN; zu einem weiteren Klagemuster vgl *Zahn* in: Beck'sches Formularbuch, Besonders Schuldrecht II. F. 2). 6

[6] Gefährdung des Rückgriffsanspruchs. Im Falle des § 775 Abs. 1 Nr. 1 dürfen sich die Vermögensverhältnisse erst nach Bürgschaftsübernahme verschlechtert haben; sind die Vermögensverhältnisse bereits von Anfang an zerrüttet, scheidet ein Befreiungsanspruch aus. Auch muss durch die Verschlechterung der Vermögensverhältnisse der Rückgriffsanspruch des Bürgen gegen den Hauptschuldner gefährdet sein (weiter hierzu, wie auch zu den einzelnen Fällen des § 775 Abs. 1 Nr. 2 bis Nr. 4 vgl *Reinicke/Tiedtke*, Bürgschaftsrecht, Rn 444 ff mwN). 7

§ 776 Aufgabe einer Sicherheit

[1]Gibt der Gläubiger ein mit der Forderung verbundenes Vorzugsrecht, eine für sie bestehende Hypothek oder Schiffshypothek, ein für sie bestehendes Pfandrecht oder das Recht gegen einen Mitbürgen auf, so wird der Bürge insoweit frei, als er aus dem aufgegebenen Recht nach § 774 hätte Ersatz erlangen können. [2]Dies gilt auch dann, wenn das aufgegebene Recht erst nach der Übernahme der Bürgschaft entstanden ist.

A. Muster: Regelung eine Verzichts der Einwendung aus § 776 im Bürgschaftsvertrag[1] 1

▶ **§ ... Aufgabe von Sicherheiten** 597

Der Bürge wird von seiner Bürgschaftsverpflichtung nicht frei, wenn der Gläubiger andere Bürgen aus der Haftung entlässt oder sonstige Sicherheiten freigibt.[2] ◀

B. Erläuterungen

[1] Freigabe von Sicherheiten. Der Bürge kann auf Einwendungen aus § 776 verzichten (Palandt/*Sprau*, § 776 Rn 3 mwN), allerdings nur durch einzelvertragliche Regelung. Ein genereller formularmäßiger Verzicht des Bürgen auf die Rechte des § 776 ist gemäß § 307 unwirksam (BGH NJW 2000, 1566, 1567). Weiterführend vgl *Graf von Westphalen* in: Münchener Vertrags-Handbuch Band 2 Wirtschaftsrecht I, I.4. Rn 15 mwN). 2

[2] Stundung/Freigabe. Zu detaillierteren Klauseln zu Stundung und Freigabe, insbes. der Kreditwirtschaft, vgl *Schmitz/Wassermann/Nobbe* in: Schimansky/Bunte/Lwowski, Bankrechts-Handbuch, Band II § 91 Bürgschaft, Rn 86 ff und Anh. zu § 91; *Wittig* in: Vertrags- und For- 3 mularbuch zum Handels-, Gesellschafts- und Bankrecht, aaO, Bankrecht 4. Kapitel: Kreditgeschäft und Kreditsicherung, S. 1106, 1108).

§ 777 Bürgschaft auf Zeit

(1) [1]Hat sich der Bürge für eine bestehende Verbindlichkeit auf bestimmte Zeit verbürgt, so wird er nach dem Ablauf der bestimmten Zeit frei, wenn nicht der Gläubiger die Einziehung der Forderung unverzüglich nach Maßgabe des § 772 betreibt, das Verfahren ohne wesentliche Verzögerung fortsetzt und unverzüglich nach der Beendigung des Verfahrens dem Bürgen anzeigt, dass er ihn in Anspruch nehme. [2]Steht dem Bürgen die Einrede der Vorausklage nicht zu, so wird er nach dem Ablauf der bestimmten Zeit frei, wenn nicht der Gläubiger ihm unverzüglich diese Anzeige macht.

(2) Erfolgt die Anzeige rechtzeitig, so beschränkt sich die Haftung des Bürgen im Falle des Absatzes 1 Satz 1 auf den Umfang, den die Hauptverbindlichkeit zur Zeit der Beendigung des Verfahrens hat, im Falle des Absatzes 1 Satz 2 auf den Umfang, den die Hauptverbindlichkeit bei dem Ablauf der bestimmten Zeit hat.

1 ### A. Muster: Einfache Bürgschaft auf Zeit

▶ **Bürgschaftserklärung/Bürgschaft auf Zeit[1]**

Herrn Rechtsanwalt ▪▪▪ (vollständiger Name und Anschrift des Gläubigers) steht aufgrund des Rechtsanwaltsvertrages vom ▪▪▪ (genaue Bezeichnung der Hauptschuld) gegen Frau ▪▪▪ (vollständiger Name und Anschrift der Hauptschuldnerin) eine Rechtsanwaltsvergütung in Höhe von ▪▪▪ EUR (in Worten: ▪▪▪ Euro) gemäß Kostenrechnung Nr. ▪▪▪ vom ▪▪▪ (Hauptschuld) zu.

Für diese Forderung übernehme ich hiermit die Bürgschaft.

Die Bürgschaft erlischt am ▪▪▪ (Datum), falls ich als Bürge nicht bis zu diesem Zeitpunkt in Anspruch genommen worden bin.

▪▪▪ (Ort), ▪▪▪ (Datum)

▪▪▪

Unterschrift des Bürgen ◀

B. Erläuterungen

2 **[1] Zeitbürgschaft.** In § 777 ist die Bürgschaft auf Zeit gesetzlich geregelt. In Zeitbürgschaftsformularen findet sich regelmäßig eine der im Muster vergleichbare Vertragsbestimmung für die Fälle, in denen der Bürge nur bis zum Ablauf der Frist für die Verbindlichkeit des Hauptschuldners einstehen will. Bürgschaftserklärungen können (in allerdings anderer Formulierung) auch den Sinn haben, dass der Bürge für alle Verbindlichkeiten des Hauptschuldners einstehen will, die bis zum Ablauf der Frist entstehen; sofern sie entstanden sind, haftet der Bürge dann zeitlich unbegrenzt (vgl weiterführend *Reinicke/Tiedtke*, Bürgschaftsrecht, Rn 153 ff mwN; *Knops* in: Derleder u.a., Handbuch zum deutschen und europäischen Bankrecht, § 25 Rn 96 ff mwN). Der Vorzug der Zeitbürgschaft besteht darin, dass eine klare zeitliche Beschränkung der Bürgenhaftung erreicht werden kann. Bei Bestehen der Einrede der Vorausklage (die auch hier vereinbart werden kann, vgl hierzu oben zu §§ 765 ff, Muster 1 § 3 Abs. 2, Rn 1und Rn 16 ff) hat der Gläubiger, um die Bürgenhaftung aufrechtzuerhalten, nach Maßgabe des § 772 unverzüglich die Vollstreckung seiner Forderung zu betreiben. Besteht die Einrede der Vorausklage nicht (wie im Muster), hat der Gläubiger gem. § 777 Abs. 1 S. 2 unverzüglich dem Bürgen gegenüber Anzeige über die Forderung zu machen. Für beide Varianten beschränkt sodann § 777 Abs. 2 die Bürgenhaftung entweder in Höhe der Hauptverbindlichkeit zum Zeitpunkt der Beendigung der Maßnahmen nach § 772 oder zum Zeitpunkt des Zeitablaufs.

[2] Bürgschaft. Zu den sonstigen Grundlagen der Bürgschaft und des Bürgschaftsrechts vgl oben zu §§ 765 ff, Muster unter Rn 1Erläuterungen unter Rn 2 ff. 3

§ 778 Kreditauftrag

Wer einen anderen beauftragt, im eigenen Namen und auf eigene Rechnung einem Dritten ein Darlehen oder eine Finanzierungshilfe zu gewähren, haftet dem Beauftragten für die aus dem Darlehen oder der Finanzierungshilfe entstehende Verbindlichkeit des Dritten als Bürge.

A. Kreditauftrag

I. Muster: Kreditauftrag 1

▶ **Kreditauftrag**[1] 599

Adressat:

▪▪▪ Y-Bank AG, D-▪▪▪, [Adresse] (Kreditbeauftragter)[2]

1. Hiermit erteilen wir, ▪▪▪ (Kreditauftraggeber)[3] Ihnen den Auftrag, der Firma ▪▪▪ (Kreditnehmer/ Dritter)[4]
bis auf weiteres einen Kredit in Höhe von ▪▪▪ EUR (in Worten: ▪▪▪ Euro)
unter unserer selbstschuldnerischen Haftung zur Verfügung zu stellen, gegebenenfalls zu prolongieren.[5]
2. Unsere Haftung ist auf den oben unter 1. genannten Kreditbetrag zuzüglich Zinsen, Provisionen und Kosten beschränkt, auch soweit diese durch Saldofeststellung im Kontokorrent zur Kapitalschuld geworden sind und dadurch der unter 1. genannte Höchstbetrag überschritten wird.[5]
3. Der Nachweis der Höhe des von dem Kreditnehmer in Anspruch genommenen Kredites erfolgt durch Vorlage des das Konto des Kreditnehmers betreffenden Kontoauszuges. Wir verzichten Ihnen gegenüber auf die fortlaufende Unterrichtung über die jeweilige Höhe des Kredites, über die wir uns vielmehr durch Einsichtnahme in die Unterlagen des Kreditnehmers informieren werden.[6]
4. Unsere Haftung wird nicht dadurch berührt, dass Sie Sicherheiten freigeben oder Bürgen aus der Haftung entlassen.
5. Für das durch diesen Kreditauftrag begründete Rechtsverhältnis gilt deutsches Recht.
6. Sollte eine Bestimmung dieser Vereinbarung ganz oder teilweise unwirksam oder undurchführbar sein oder werden, so soll die Wirksamkeit der übrigen Bestimmungen hiervon unberührt bleiben. Die betroffene Bestimmung ist vielmehr so auszulegen oder zu ersetzen, dass der mit ihr erstrebte wirtschaftliche Zweck nach Möglichkeit erreicht wird.

▪▪▪

Ort, Datum

▪▪▪

Unterschrift des Kreditauftraggebers ◀

II. Erläuterungen

2 [1] **Kreditauftrag.** Der Kreditauftrag ist ein Auftragsvertrag (§ 662) (vgl weiterführend Hk-BGB/*Staudinger*, § 778 Rn 1 ff mwN; Palandt/*Sprau*, § 778 Rn 1 ff mwN). Durch ihn wird der Kreditbeauftragte rechtsgeschäftlich zur Kreditgewährung – im eigenen Namen und für eigene Rechnung – an einen Dritten (Kreditnehmer) verpflichtet. In der Praxis wird der Kreditauftrag häufig so ausgestaltet, dass die Haftung des Kreditauftraggebers der Bürgenhaftung entspricht; daher wird der Kreditauftrag nach Möglichkeit um in den Bürgschaftsformularen enthaltene Klauseln ergänzt. Der Kreditauftrag ist formlos gültig. Schriftform ist aus Beweisgründen jedoch in der Praxis die Regel. Zur Abgrenzung des Kreditauftrags von anderen Rechtsinstituten, wie zB dem Schuldbeitritt, der Bürgschaft, der Garantie oder der Patronatserklärung vgl Reinicke/Tiedtke, Bürgschaftsrecht, Rn 36 ff, Rn 54, S. 13 ff, S. 18 mwN). Weiterführend zum Kreditauftrag vgl Hellner/Steuer, Bankrecht und Bankpraxis, Loseblattausgabe, Stand 4/2010, Bd. 4 Rn 4/1154 ff.

3 [2] **Kreditbeauftragter/Annahme.** Kreditbeauftragter ist regelmäßig ein Kreditinstitut, das – gemäß den Bestimmungen des Kreditauftrags – einem Dritten (Kreditnehmer) ein Darlehen oder eine Finanzierungshilfe gewährt. Die Annahme des Kreditauftrags erfolgt entweder schriftlich gegenüber dem Kreditauftraggeber oder konkludent durch Einräumung des Kredits an den Dritten (Kreditnehmer).

4 [3] **Kreditauftraggeber.** Der Kreditauftraggeber hat idR ein eigenes Interesse an der Gewährung des Kredits an den Dritten (Kreditnehmer) (BGH DB 1956, 890; NJW 1967, 2360). Die Verwertung des Kreditauftrags durch das Kreditinstitut erfolgt durch Inanspruchnahme des Kreditauftraggebers, nachdem der Kredit fällig gestellt wurde und Zahlung durch den Kreditnehmer nach Fristsetzung nicht erfolgte.

5 [4] **Kreditnehmer/Dritter/Kreditgewährung.** Der Dritte ist Vertragspartner des mit dem Kreditbeauftragten abzuschließenden Darlehensvertrages (§ 488 Abs. 1) bzw Finanzierungshilfevertrages (§ 499). Zum Kreditgeschäft und zu Darlehensvertragsmustern einschließlich Checklisten vgl *Erdmann* in: Heidel/Pauly/Amend, AnwaltFormulare, 7. Bankrecht Rn 1 ff; vgl auch *Wittig* in: Vertrags- und Formularbuch zum Handels-, Gesellschafts- und Bankrecht, 4. Kapitel: Kreditgeschäft und Kreditsicherung, S. 1051 ff).

6 [5] **Rechtswirkungen/Umfang der Haftung.** Bis zur Kreditgewährung ist Auftragsrecht anwendbar, dh der Kreditauftraggeber kann den Auftrag widerrufen (§ 671 Abs. 1) und der Kreditbeauftragte kann kündigen (§ 671 Abs. 2, § 490 analog). Nach der Kreditgewährung haftet der Kreditauftraggeber dem Kreditbeauftragten für die Verbindlichkeiten des Dritten gemäß den Bestimmungen des Kreditauftrags; ergänzend gelten die Bürgschaftsregeln. Sofern nicht (wie im gewählten Muster) ausdrücklich vereinbart, haftet der Kreditauftraggeber nicht für Zinsen, Provisionen und Kosten, die durch Verbuchung im Kontokorrent Kapitalschuld geworden sind, wenn dadurch die Kreditsumme überschritten wird.

7 [6] **Verzicht auf Unterrichtung.** Ratsam ist die Aufnahme einer Klausel über den Verzicht des Kreditauftraggebers auf Unterrichtung durch den Kreditbeauftragten, da die aus dem Auftragsrecht folgenden Sorgfalts- und Auskunftspflichten auch nach der Kreditgewährung fortbestehen.

B. Garantie

8 **I. Muster: Zahlungsgarantie auf erstes Anfordern**

▶ **Zahlungsgarantie auf erstes Anfordern**[1]

– Briefkopf der ■■■-Bank AG (Garantin, deutsches Kreditinstitut mit Sitz in Frankfurt am Main) –

Adressat: ■■■ (Garantiebegünstigter)

Zahlungsgarantie Nr. ■■■

Gemäß dem am ■■■ abgeschlossenen Importeur-Vertrag zwischen Ihnen („Garantiebegünstigter") und der Firma ■■■ AG, ■■■ (Österreich), haben Sie der Firma ■■■ AG (nachfolgend „Käufer" genannt) die im Importeur-Vertrag näher bezeichneten Mercedes-Erzeugnisse geliefert.

Dies vorausgeschickt, verpflichten wir, die ■■■-Bank AG, ■■■ Straße, ■■■ Frankfurt am Main, uns hiermit unwiderruflich und unbedingt, an Sie auf Ihre erste schriftliche Anforderung hin jeden Betrag bis zum Höchstbetrag von

■■■ EUR (in Worten: ■■■ Euro)

zu zahlen, sofern Sie uns gleichzeitig schriftlich bestätigen, dass der Käufer seinen vertraglich vereinbarten Zahlungsverpflichtungen nicht nachgekommen ist. Kopien der unbezahlten Rechnungen und die Originale der entsprechenden Versanddokumente sind dieser Anforderung beizufügen.[2]

Die Zahlungsgarantie vermindert sich sukzessive bis zum Erlöschen um die von uns oder von dem Käufer geleisteten Zahlungen. Diese Garantie ist nur mit unserer Zustimmung übertragbar an Dritte.

Aus Identifikationsgründen ist uns Ihre Inanspruchnahme unter dieser Garantie durch Ihre Hausbank zuzuleiten, mit deren Bestätigung, dass die betreffenden Unterschriften Ihres Unternehmens rechtsgültig verpflichten.

Die Garantie gilt von ihrem Ausstellungsdatum an und erlischt, wenn das Original dieser Garantieurkunde zurückgegeben wird, spätestens jedoch, wenn uns nicht bis zum 31.12. ■■■ eine Zahlungsaufforderung zugegangen ist. Nach Ablauf des Zeitpunkts der letztmöglichen Inanspruchnahme aus dieser Garantie ist uns diese unaufgefordert zurückzugeben.

Erfüllungsort und Gerichtsstand für alle Ansprüche aus dieser Garantie ist Frankfurt am Main. Es gilt deutsches Recht.

Frankfurt am Main, den ■■■

■■■

Unterschriften der Garantin ◄

II. Erläuterungen

9 **[1] Zahlungsgarantie.** Die Garantie ist ein gesetzlich nicht geregelter Vertrag; in der Praxis ist das Rechtsinstitut aber anerkannt. Im Garantievertrag verpflichtet sich ein Dritter, der Garant, für einen bestimmten Erfolg einzustehen und/oder den Schaden zu übernehmen, der sich aus einem bestimmten unternehmerischen Handeln ergeben kann (einseitig verpflichtender Vertrag; im vorliegend gewählten Muster steht der Garant dafür ein, dass der Käufer die ins Ausland gelieferten Mercedes-Erzeugnisse bezahlt). Garantien sind insbesondere im kaufmännischen internationalen Verkehr üblich. Im Gegensatz zur – akzessorischen – Bürgschaft ist die Garantieverpflichtung eine abstrakte Schuld. Sie wird nach dem entsprechenden Rechtsbindungswillen der Parteien unabhängig von Entstehung und Fortbestand der Hauptforderung als eigene Verbindlichkeit begründet. Die Haftung des Garanten ist streng nichtakzessorisch ausgestaltet. Einreden, wie sie dem Bürgen gegenüber dem Gläubiger zustehen, kann der Garant dem Gläubiger nicht entgegenhalten (weiterführend zur – in der Praxis häufig erhebliche Schwierigkeiten bereitenden – Abgrenzung zwischen Garantie und Bürgschaft vgl Hk-BGB/*Staudinger*, § 765 Rn 25; vgl BGH WM 1982, 632; grundlegend BGH, Urt.v. 8.3.1967 – VIII ZR 285/64, NJW 1967, 1020; vgl auch ausführlich *Kulke* in: Derleder u.a., aaO, § 31, Rn 36 ff mwN und Rn 60 mwN; *Wagenknecht* in: Bankrecht und Bankpraxis, Loseblattsammlung, Band 2 4. Kreditsicherung, Rn 4/1291 ff. Der Garantievertrag ist formfrei, jedoch ist die Schriftform aus Beweisgründen als erforderlich anzusehen. Die Garantie begründet im Rahmen der sonstigen Kreditsicherheiten die strengste Form der Haftung (weiterführend vgl Staudinger/*Horn*, vor §§ 765 ff Rn 194 ff, Rn 231 ff).

10 **[2] Formeller Garantiefall/Effektivklausel.** Bei der Garantie auf erstes Anfordern muss der Garant unabhängig vom Eintritt des materiellen Garantiefalls bereits dann zahlen, wenn die formalen Voraussetzungen für die Inanspruchnahme – wie in der Garantieurkunde bestimmt – erfüllt sind, also gegen Abgabe der geforderten Anforderungen, Bestätigungen und/oder gegen Vorlage von bestimmten Dokumenten. Die unbedingte Zahlungsgarantie ist dann dadurch eingeschränkt, dass der Garant nur zu leisten verpflichtet ist, wenn die in der Zahlungsgarantie bestimmten Bedingungen vorliegen (hier die schriftliche Bestätigung, dass der Käufer seinen vertraglich vereinbarten Zahlungsverpflichtungen nicht nachgekommen ist, und die Vorlage bestimmter Dokumente, insbesondere der Transportdokumente). Die mit einer solchen „Effektivklausel" geforderten dokumentären Nachweise (zB internationale Fracht-, Ausfuhr- und Zollpapiere) sind für die Erweiterung der Zahlungsklausel und zur Verhinderung rechtsmissbräuchlicher Inanspruchnahme anerkanntermaßen besonders geeignet. Die Dokumente dienen dem Nachweis des Garantiefalls, weil hier auf objektive Feststellung Dritter abgestellt werden kann. Um Auslegungsschwierigkeiten zu vermeiden, sollte die Effektivklausel genau bestimmen, in welcher Form die Dokumente der Garantin vorzulegen sind (insbesondere zB ob in Kopie oder im Original).

11 **[3] Rechtsmissbräuchliche Inanspruchnahme von Bankgarantien.** Der Garant ist berechtigt, die Zahlung zu verweigern, wenn die Garantie rechtsmissbräuchlich in Anspruch genommen wird. Dies ist heute im Grundsatz anerkannt, jedoch sind Einzelheiten in Rechtsprechung und Literatur nach wie vor streitig (vgl für den Überblick *Graf von Westphalen* in: Münchener Vertrags-Handbuch, Band 2, Wirtschaftsrecht I, III. 19 Rn 7 mwN). Genannt seien hier einige Fallgruppen: Missbrauch der formalen Rechtsstellung (vgl hierzu etwa OLG Hamburg, ZIP 1982, 1429); Zweckentfremdung (vgl Mülbert, Missbrauch von Bankgarantien und einstweiliger Rechtsschutz, 1985, S. 68 ff); Sittenwidrigkeit des Grundgeschäfts. Der Rechtsmissbrauch muss liquide beweisbar sein.

12 **[4] Weitere Garantie-Muster.** Zu einem weiteren Muster einer Garantie vgl *Karg* in: Fingerhut, Vertrags- und Formularbuch, § 12 Rn 7 ff. Ein Grundmuster einer Garantie und Muster für besondere Garantieformen (Bietungsgarantie, Anzahlungsgarantie, Erfüllungsgarantie und Gewährleistungsgarantie), jeweils mit umfassenden Literatur- und Rechtsprechungsnachweisen und Erläuterungen, findet sich bei *Graf von Westphalen* in: Münchener Vertrags-Handbuch, Band 2, Wirtschaftsrecht I, III. 19.-24.).

Titel 21 Vergleich

§ 779 Begriff des Vergleichs, Irrtum über die Vergleichsgrundlage

(1) Ein Vertrag, durch den der Streit oder die Ungewissheit der Parteien über ein Rechtsverhältnis im Wege gegenseitigen Nachgebens beseitigt wird (Vergleich), ist unwirksam, wenn der nach dem Inhalt des Vertrags als feststehend zugrunde gelegte Sachverhalt der Wirklichkeit nicht entspricht und der Streit oder die Ungewissheit bei Kenntnis der Sachlage nicht entstanden sein würde.
(2) Der Ungewissheit über ein Rechtsverhältnis steht es gleich, wenn die Verwirklichung eines Anspruchs unsicher ist.

A. Muster: Teilzahlungsvergleich 1

▶ **Teilzahlungsvergleich**[1] 601

zwischen

■■■ (nachfolgend: „Gläubiger")[2]

vertreten durch:

■■■ Rechtsanwälte, ■■■

(Rechtsanwalt-Anderkonto: ■■■-Bank, Konto-Nr. ■■■ , BLZ ■■■)[2]

und

■■■ (nachfolgend „Schuldner")[3]

1. Der Schuldner erkennt an, dem Gläubiger aus dem Urteil des Landgerichts ■■■ vom ■■■ (Az ■■■) den Betrag von ■■■ EUR/restlich ■■■ EUR (in Worten: ■■■ EUR) nebst ■■■ % Zinsen p.a. über dem Basiszins seit dem ■■■ sowie noch nicht gerichtlich festgesetzte Kosten in Höhe von ■■■ EUR – gemäß Forderungsaufstellung, Anlage 1 – zu schulden.[4]
2. Die sich aus Ziff.1 ergebende Gesamtforderung ist getilgt, wenn der Schuldner den Vergleichsbetrag in Höhe von ■■■ EUR sowie die unten in Ziff. 7 übernommenen Kosten für diesen Teilzahlungsvergleich wie folgt in folgenden Raten zahlt:
   Erstmalig am ■■■ den Betrag von ■■■ EUR,
   am ■■■ weitere ■■■ EUR,
   am ■■■ weitere ■■■ EUR,
   ■■■
   und den Rest in gleichen monatlichen/wöchentlichen Raten von ■■■ EUR,
   zahlbar am ■■■. Tag eines jeden Monats/einer jeden Woche.[5]
3. Die Zahlungen sind an die Gläubigervertreter auf deren o.g. Rechtsanwalt-Anderkonto/an den Gläubiger unmittelbar zu leisten.[2]
4. (1) Die jeweilige Restforderung ist zur sofortigen Zahlung fällig, wenn der Schuldner mit mindestens zwei vollen aufeinanderfolgenden Raten oder mit mindestens zwei Teilbeträgen von aufeinanderfolgende Raten im Rückstand ist, spätestens nach Ablauf von 3 Monaten seit dem ersten Rückstand, sofern dem Schuldner nicht ausdrücklich eine weitere Stundung gewährt wird.[6]
   - *alternativ*:

   (1) Die sich aus Ziff. 1 ergebende Gesamtforderung wird (abzüglich etwa geleisteter Zahlungen) in voller Höhe zur sofortigen Zahlung fällig, wenn der Schuldner mit mindestens zwei aufeinanderfolgenden Raten (vgl Ziff. 2) in Verzug gerät. Die gleiche Rechtsfolge tritt ein, wenn der Schuldner statt mit einem jeweiligen vollen Ratenbetrag nur mit einem jeweiligen Teilratenbetrag in Verzug gerät.[6]

   (2) Die Beweislast für die rechtzeitige Zahlung der Raten trägt der Schuldner.
5. Der Schuldner erklärt, dass er bei gleichbleibenden wirtschaftlichen Verhältnissen zur Zahlung der gemäß Ziff. 2 vereinbarten Beträge in der Lage ist und seinen hier übernommenen Verpflichtungen pünktlich nachkommen wird. Er beabsichtigt deshalb auch nicht, gerichtlichen Vollstreckungsschutz in Anspruch zu nehmen.
6. Der Gläubiger verpflichtet sich, falls der Schuldner die Raten pünktlich zahlt, keine Vollstreckungen einzuleiten. Etwa ausgebrachte Vollstreckungen bleiben jedoch bestehen und ruhen, solange die Vereinbarungen eingehalten werden.
7. Der Schuldner übernimmt – außer den bereits entstandenen und aus der Forderungsaufstellung (Anlage 1) ersichtlichen Kosten – die Kosten dieses Teilzahlungsvergleiches gemäß anliegender Kostenrechnung (Anlage 2). Ferner übernimmt der Schuldner alle bisher entstandenen und künftig entstehenden Kosten aus den vom Gläubiger eingeleiteten Zwangsvollstreckungsmaßnahmen.[7]

8. Alle Zahlungen werden zunächst auf die Kosten dieses Teilzahlungsvergleiches, alsdann auf die bisher entstandenen Kosten, auf die Zinsen und schließlich auf die Hauptforderung verrechnet.[4]

Ort ▪▪▪, den ▪▪▪

▪▪▪

Unterschrift des Gläubigers, i. V. RA ▪▪▪

▪▪▪

Unterschrift des Schuldners

Anlagen:

1. Forderungsberechnung
2. Kostenrechnung ◄

B. Erläuterungen

2 [1] **Definition des Vergleichs/Erscheinungsformen von Vergleichen.** § 779 definiert den Vergleich und legt gleichzeitig eventuelle Unwirksamkeitsgründe fest. Durch einen Vergleich wird ein streitiges oder ungewisses Rechtsverhältnis zwischen den Vertragsparteien geregelt oder klargestellt. Wesentlich ist ein gegenseitiges Nachgeben, auch wenn dies nur geringfügig ist. Bei nur einseitigem Nachgeben liegt kein Vergleich vor (Hk-BGB/*Staudinger*, § 779, Rn 1 mwN; Palandt/*Sprau*, § 779 Rn 1 ff mwN). Die Praxis kennt viele Sonderformen des Vergleichs, zu denen insbesondere der Prozessvergleich zählt (zum Prozessvergleich vgl weiterführend GF-ZPO/*Gierl*, § 794 ZPO – mit diversen Formulierungsmustern und instruktiven Erläuterungen; Hk-ZPO/*Kindl*, § 794 ZPO Rn 2 ff mwN). Teilzahlungs- oder Ratenvergleiche (vgl obiges Muster) werden zB geschlossen, wenn ein erstinstanzliches Urteil vorliegt und die Berufungsinstanz vermieden werden soll. Sie sind auch noch möglich, wenn zB bereits ein rechtskräftiges Urteil vorliegt und über die Durchsetzung des Urteils Streit oder Ungewissheit herrscht; der Vergleich kann dann aber nicht das Urteil beseitigen, sondern gibt nur eine über die Vollstreckungsgegenklage geltend zu machende Einrede (Palandt/*Sprau*, § 779 Rn 7 mwN).

3 [2] **Gläubiger/Gläubigervertreter/Rechtsanwalt-Anderkonto**. Partei des Vergleichs ist zum einen der einen streitigen oder ungewissen Anspruch innehabende Gläubiger, der in der Praxis bei Vergleichsschluss regelmäßig anwaltlich vertreten wird. Nicht nur für Vergleichsschluss, sondern auch für dessen Abwicklung über ein Rechtsanwalt-Anderkonto empfiehlt sich die anwaltliche Überwachung, insbesondere auch im Hinblick auf die Rechtsfolgen unpünktlicher Zahlungen des Schuldners und die Einleitung erforderlich werdender Vollstreckungsmaßnahmen.

4 [3] **Schuldner**. Teilzahlungsvergleiche werden in der Praxis bei unsicheren Vermögensverhältnissen des Schuldners geschlossen, angesichts derer über die ganze oder teilweise Befriedigung der Gläubigeransprüche Ungewissheit besteht. Mit derartigen Vergleichen kann häufig eine geregelte Schuldrückführung erreicht werden.

5 [4] **Schriftliches Anerkenntnis.** Gemäß Ziff. 1 des Musters empfiehlt sich die Aufnahme einer Anerkenntnisklausel, durch die der Umfang der Gesamtschuld zum Zeitpunkt des Vergleichsschlusses definiert wird, insbesondere wenn bereits Teilzahlungen geleistet sind bzw. Teile der Gesamtschuld noch nicht feststehen, etwa bei Ausstehen des Kostenfestsetzungsbeschlusses. Mit einer Forderungsaufstellung, die dem Vergleich als Anlage beizuschließen ist, sollte die Gesamtschuld definiert und aufgeschlüsselt werden, insbesondere auch zum Zwecke der Durchführung der Verrechnungsvereinbarungen bezüglich der Zahlungseingänge (vgl. etwa Ziff. 8 des Musters. In der Erteilung eines schriftlichen Anerkenntnisses des Schuldners und dem Verzicht des Gläubigers auf die Erwirkung eines (weiteren) Titels kann beispielsweise auch ein

gegenseitiges Zugeständnis liegen (BGHZ 39, 60). Zum Schuldanerkenntnis vgl. auch unten zu §§ 780 f.

[5] **Vergleich/gegenseitiges Nachgeben.** Für ein gegenseitiges Nachgeben im Teilzahlungsvergleich kann auf Seiten des Gläubigers auch die Stundung bzw. die Einräumung von Teilzahlungen oder die Herabsetzung des Zinssatzes genügen (Palandt/*Sprau* BGB, § 779 Rn 9 f mwN). Um die Gegenseitigkeit eines Vergleichs auf Gläubigerseite jedenfalls zu gewährleisten und/oder der Vergleichsdurchführung angesichts der Schuldnerverhältnisse realistische Chancen einzuräumen, werden in Teilzahlungsvergleichen idR jedoch auch Zugeständnisse in Form von Nachlässen auf die Forderungen des Gläubigers gemacht. 6

[6] **Fälligstellung der jeweiligen Restforderung/sog. „Monaco"-Klausel.** Ziff. 4 des Musters enthält eine Regelung der Rechtsfolgen bei Nichteinhaltung der im Vergleich vereinbarten Teilzahlungsverpflichtungen. In Ziff. 4 Abs. 1 ist die Fälligstellung der jeweiligen Restforderung bei Zahlungsverzug mit mindestens zwei vollen (bzw. teilweisen) Teilzahlungen vorgesehen. Der Druck auf den Schuldner zur pünktlichen Leistung der Teilzahlungen kann noch dadurch erhöht werden, in dem die im Muster enthaltene Klausel der Ziff. 4 Abs. 1 – *alternativ* vereinbart wird, wonach bei Zahlungsverzug die gemäß Ziff. 1 anerkannte Gesamtforderung in voller Höhe zur sofortigen Zahlung fällig wird (sog. „Monaco“-Klausel). 7

[7] **Kostenübernahme.** Ziff. 7 enthält eine Kostenübernahmeklausel zu Lasten des Schuldners. Die Kostenübernahme bzw. Kostenverteilung kann jedoch auch in anderer Weise vorgenommen werden. Bei Kostenberechnung ist – wie bei Vergleichen stets – zu beachten, dass Streitwert nicht derjenige Gegenstandswert ist, *auf* den sich die Parteien vergleichen, sondern *über* den sie den Vergleich schließen. 8

[8] Zu weiteren Mustern eines außergerichtlichen Vergleichs, eines Prozessvergleichs und eines Anwaltsvergleichs gemäß §§ 796 a ff ZPO vgl *Karg* in: Fingerhut, Vertrags- und Formularbuch, § 13 Rn 1 ff mwN; *Büchel* in: Beck’sches Prozessformularbuch, I M, S. 303 ff). 9

Titel 22 Schuldversprechen, Schuldanerkenntnis

§ 780 Schuldversprechen

[1]Zur Gültigkeit eines Vertrags, durch den eine Leistung in der Weise versprochen wird, dass das Versprechen die Verpflichtung selbständig begründen soll (Schuldversprechen), ist, soweit nicht eine andere Form vorgeschrieben ist, schriftliche Erteilung des Versprechens erforderlich. [2]Die Erteilung des Versprechens in elektronischer Form ist ausgeschlossen.

§ 781 Schuldanerkenntnis

[1]Zur Gültigkeit eines Vertrags, durch den das Bestehen eines Schuldverhältnisses anerkannt wird (Schuldanerkenntnis), ist schriftliche Erteilung der Anerkennungserklärung erforderlich. [2]Die Erteilung der Anerkennungserklärung in elektronischer Form ist ausgeschlossen. [3]Ist für die Begründung des Schuldverhältnisses, dessen Bestehen anerkannt wird, eine andere Form vorgeschrieben, so bedarf der Anerkennungsvertrag dieser Form.

A. Vertragsgestaltung

I. Abstraktes Schuldversprechen

1 **1. Muster: Abstraktes Schuldversprechen[1]**

▶ Im Auftrag von ■■■ (Adresse) (Begünstigte des Dokumentenakkreditivs Nr. ■■■ der ■■■ A-Bank AG, Ort ■■■), verpflichten wir, die ■■■ B-Bank AG, Niederlassung ■■■ in ■■■, uns hiermit unwiderruflich, zu Ihren Gunsten (der ■■■ S-Bank AG, Ort ■■■) den vollen Rechnungsbetrag, der unter dem Dokumentenakkreditiv Nr. ■■■ der ■■■ A-Bank AG vorgelegt wird, bis zu einem Gesamtbetrag von ■■■ EUR zu zahlen, vorausgesetzt, dass die Dokumente von der benannten Bank aufgenommen worden sind.[2]

Wir verpflichten uns, Sie unverzüglich über die Aufnahme von Dokumenten zu informieren und Ihnen den genauen Zahlungstermin mitzuteilen, an dem sich die Mittel in unserem Auftrag auf Ihrem Konto Nr. bei ■■■ Bank AG in ■■■ befinden werden.

Ort ■■■, Datum ■■■

■■■

Unterschriften der ■■■ B-Bank AG ◀

2. Erläuterungen

2 [1] **Schuldversprechen/Schuldanerkenntnis.** Das Schuldversprechen gemäß § 780 ist ein einseitig verpflichtender, abstrakter Vertrag, durch den der Schuldner dem Gläubiger – losgelöst vom Schuldgrund – eine Leistung verspricht („Ich verpflichte mich zu zahlen"). Zu dem in § 781 geregelten Schuldanerkenntnis unterscheidet sich das Schuldversprechen gemäß § 780 nur in der Form der Erklärung („Ich erkenne an zu schulden"). Inhaltlich unterliegen Schuldversprechen und Schuldanerkenntnis denselben Rechtsregeln und gehen in der Praxis ineinander über (Hk-BGB/*Staudinger*, §§ 780, 781, Rn 1 ff; *Bork* in: jurisPK-BGB, § 780, Rn 1 ff; weiterführend Staudinger/*Marburger*, § 780 Rn 1 ff, Rn 4 mwN).

3 **[2] Rechtsnatur des Schuldversprechens/erleichterte Rechtsverfolgung.** Das Schuldversprechen hat konstitutive, also schuldbegründende Wirkung. Durch den abstrakten Schuldvertrag wird ein neuer selbständiger Anspruch begründet. Einreden aus einem eventuell zugrunde liegenden Kausalverhältnis sind abgeschnitten. Wichtigste Voraussetzung und zugleich zentraler Inhalt des abstrakten Schuldvertrages ist der Abstraktionswille der Parteien, dh die Loslösung der Schuld von ihrem eigentlichen Entstehungsgrund. Entscheidend ist auch, dass der Schuldner selbst sich zur Erbringung der versprochenen Leistung verpflichtet. Zweck des abstrakten Schuldvertrages ist, dem Gläubiger eine größere Sicherheit zu bieten; neben dem durch das Schuldversprechen begründeten abstrakten Anspruch steht dem Gläubiger sein Anspruch gegen den Schuldner aus dem Grundverhältnis zur Verfügung. Durch das Schuldversprechen wird dem Gläubiger die Rechtsverfolgung und Durchsetzung seines Anspruchs erleichtert. Die Begründung einer Klage aus dem abstrakten Schuldversprechen beschränkt sich nur auf dieses;

hinsichtlich des Grundverhältnisses sind keine Angaben zu machen. Daher ist eine Titelerlangung einfach und schnell, bei Vorlage der Schuldurkunde auch im Wege des Urkundenprozesses (§§ 592-605 a ZPO, § 708 Nr. 4 ZPO), erreichbar (Staudinger/*Marburger*, Vorbem §§ 780 ff, Rn 10).

Zwei-Personen-Verhältnis/bereicherungsrechtliche Rückabwicklung. Besonderes Merkmal des abstrakten Schuldversprechens ist, dass eine Kausalbeziehung zwischen Gläubiger und Schuldner im Versprechen nicht hervortritt, aber doch vorhanden ist. Das abstrakte Schuldversprechen ist zugeschnitten auf Rechtsbeziehungen in Zwei-Personen-Verhältnissen. Kraft des *causa*-Prinzips ist in solchen Verhältnissen eine endgültige Abtrennung der Frage nach dem Rechtsgrund nicht zulässig. Das *causa*-Prinzip findet in § 812 Abs. 2 seinen Ausdruck, wonach das abstrakte Versprechen wieder an die Kausalbeziehungen zwischen Gläubiger und Schuldner angeknüpft werden kann. Daher ist auf dem Umweg über das Bereicherungsrecht eine Rückabwicklung nicht ausgeschlossen. Als ein Gegenstand der *Leistung* ist das Schuldversprechen gemäß § 812 Abs. 2 ebenso kondizierbar wie sonstige Erfüllungsleistungen (vgl grundlegend *Meder*, Abstraktes Schuldversprechen oder angenommene Anweisung? Zur Rechtsgrundlage für den Anspruch des Begünstigten bei Zahlungen im Mehrparteienverhältnis, in: FS Huwiler, 2007, S. 459, 466 mwN; MüKo-BGB/*Hüffer*, § 812 Rn 370; *Heermann*, Geld und Geldgeschäfte, 2003, § 12, S. 236). Vgl. hingegen zu den für die Anweisung (§§ 783 ff) typischen Drei- und Mehr-Personen-Verhältnissen, insbesondere im Zahlungsverkehr bei bargeldlosen Zahlungen, unten zu §§ 783 ff. 4

Praktische Bedeutung hat das abstrakte Schuldversprechen insbesondere im bürgerlichen Recht (zB bei der Übernahme der persönlichen Haftung durch Schuldanerkenntnis, ggf mit Vollstreckungsunterwerfung, im Zusammenhang mit der Kreditsicherung durch Grundpfandrechte; vgl. *Felling* in: Albrecht/Karahan/Lenenbach (Hrsg.), Fachanwaltshandbuch Bank- und Kapitalmarktrecht, 2010, § 29 Rn 94 – mit Hinweis auf die Regeln des Widerrufsrechts bei Haustürgeschäften und mwN), im Wertpapierrecht (zB beim Solawechsel) und im Bankrecht. Als abstraktes Schuldversprechen wird nach hM zB die Gutschrift des Überweisungsbetrages auf dem Empfängerkonto nach BGB aF qualifiziert (vgl weiter oben zu §§ 675 s und 675 t, Rn 1 ff, insbes Rn 6 mwN); vgl weiterführend *Bork* in: jurisPK-BGB, § 780, Rn 4; Staudinger/*Marburger*, § 780 Rn 1 ff mwN; zu alternativen Einordnungen vgl. auch unten zu §§ 783 ff). Praktische Bedeutung erlangt das abstrakte Schuldversprechen auch im Rahmen neuerer Finanzprodukte des Islamic Finance (vgl. *Schwenk*, Islamic Finance – Eine Alternative im Wirtschaftsabschwung, in: jurisPR-BKR 5/2009, Anm. 4). 5

[3] **Selbständige, abstrakte Zahlungsversprechen** sind in der Praxis **im internationalen Handelsverkehr/Interbankenverkehr** üblich (vgl obiges Muster). Derartige eindeutige und umfassende Zahlungsversprechen werden insbesondere von Bank zu Bank abgegeben. Die Zahlungsversprechen können auch an Bedingungen geknüpft werden, wie beispielsweise im Muster an die der Bedingung der Dokumentenaufnahme durch eine bestimmte Bank. Dann hat entsprechend der Bankusancen nur eine dokumentäre Evidenz vorzuliegen, um die Zahlungsverpflichtung aus dem Schuldversprechen auszulösen. Da unter Banken idR beide Parteien Kaufleute sind, sind derartige Schuldversprechen auch nicht formbedürftig (§ 350 HGB). Zu unterscheiden ist das abstrakte Zahlungsversprechen (das im Zwei-Parteien-Verhältnis abgegeben wird) vom Akkreditiv (das per definitionem bereits drei Parteien voraussetzt) und vom Garantievertrag (zu Abgrenzungsfragen vgl Staudinger/*Marburger*, Vorbem. §§ 780 ff, Rn 17 mwN). 6

[4] Zu weiteren Mustern von Schuldversprechen und Schuldanerkenntnissen vgl *Karg* in: Fingerhut, Vertrags- und Formularbuch, § 15 mwN. 7

II. Notarielles Schuldanerkenntnis

8 **1. Muster: Notarielles Schuldanerkenntnis**

► **Notarielles Schuldanerkenntnis**[1]

Nummer ■■■ der Urkundenrolle für das Jahr ■■■

Verhandelt

zu Frankfurt am Main, am ■■■

Vor mir, dem unterzeichnenden Notar im Bezirk des Oberlandesgerichts Frankfurt am Main

■■■

mit dem Amtssitz in Frankfurt am Main,

erschien heute am Amtssitz:

Herr ■■■,

wohnhaft ■■■,

ausgewiesen durch ■■■

– nachstehend Schuldner –

Der Erschienene erklärte:

I.

Die ■■■ Finanz GmbH, Ort ■■■, Straße ■■■, (Gläubigerin) hat mir gemäß Darlehensvertrag vom ■■■, Vertrags-Nr. ■■■, ein Darlehen von ursprünglich 50.000,-- EUR gewährt. Hierauf habe ich 10.000,-- EUR außerplanmäßig zurückgezahlt.

Zur Absicherung der Restforderung gebe ich das nachstehende Schuldanerkenntnis ab.

II.

Ich erkenne an, der Gläubigerin 40.000,-- EUR (Schuldbetrag) zu schulden (abstraktes Schuldanerkenntnis).[1]

Der Schuldbetrag ist zu zahlen in monatlichen Raten von ■■■ EUR, fällig am 15. eines jeden Monats, erstmals am ■■■.

Der Schuldbetrag abzüglich bereits geleisteter Zahlungen wird sofort fällig, wenn ich mit der Ratenzahlung in Höhe von insgesamt mindestens ■■■ EUR ganz oder teilweise in Verzug bin. Der Beweis der pünktlichen Zahlung obliegt mir.

Ich unterwerfe mich hiermit bezüglich des Schuldbetrages der sofortigen Zwangsvollstreckung.[2]

Der Notar ist beauftragt, der Gläubigerin sofort eine vollstreckbare Ausfertigung dieser Urkunde zu erteilen.[3]

III.

Der zwischen der Gläubigerin und mir bestehende Darlehensvertrag mit den sich aus ihm ergebenden Rechten, Pflichten und Beschränkungen – Rechtsgrundlage des oben abgegebenen Schuldanerkenntnisses – bleibt unberührt.

IV.

Die Kosten der Errichtung und der Ausfertigung dieser Urkunde werden von mir übernommen.

Vorstehendes Protokoll wurde dem Erschienenen vorgelesen, von ihm genehmigt und eigenhändig, wie folgt, unterschrieben:

■■■

Unterschrift des Schuldners

■■■

Unterschrift des Notars ◄

2. Erläuterungen

[1] **Schuldversprechen/Schuldanerkenntnis.** Vgl hierzu oben Rn 2. 9

Rechtsnatur/erleichterte Rechtsverfolgung. Vgl hierzu oben Rn 3. 10

[2] **Unterwerfungserklärung.** Die Erklärung über die Unterwerfung unter die sofortige Zwangsvollstreckung kann sich auf das gesamte Vermögen des Schuldners erstrecken, sie kann aber auch auf bestimmte Vollstreckungsmaßnahmen sowie gegenständlich und zeitlich beschränkt werden (vgl weiterführend GF-ZPO/*Gierl*, § 794 ZPO Rn 67 ff mwN). Die Vollstreckungsunterwerfung bedarf der notariellen Beurkundung. 11

[3] **Notarielles Schuldanerkenntnis als Vollstreckungstitel.** Das im Muster wiedergegebene notarielle Schuldanerkenntnis ist Vollstreckungstitel gemäß § 794 Abs. 1 Nr. 5 ZPO. Zur Vollstreckbarerklärung und zur Erteilung der Vollstreckungsklausel vgl §§ 796 c, 797 ZPO. 12

B. Prozess

I. Muster: Klage eines Acquiringunternehmens gegen ein Akzeptanzunternehmen auf Rückzahlung von aufgrund abstraktem Schuldversprechen[1] erfolgter Vergütungen auf missbräuchliche Kreditkarten-Transaktionen[2] 13

▶ Landgericht ...

Klage

der A-AG

– Klägerin/Acquiringunternehmen[3] –

(Prozessbevollmächtigte: ...)

gegen

Händler-GmbH

– Beklagte/Akzeptanzunternehmen[4] –

(Prozessbevollmächtigte: ...)

wegen: Rückforderung

Streitwert: 8.000,00 EUR

Namens und in Vollmacht der Klägerin erheben wir Klage und werden beantragen,

1. die Beklagte zu verurteilen, an die Klägerin 8.000,00 EUR nebst Zinsen in Höhe von 8 % Zinsen über dem Basiszinssatz p.a. aus ... EUR seit dem ... zu zahlen,
2. für den Fall, dass die Beklagtenseite nicht binnen zwei Wochen nach Zustellung ihre Verteidigungsbereitschaft anzeigt, gemäß §§ 276 Abs. 1, 331 Abs. 3 ZPO Versäumnisurteil zu erlassen, und, soweit die Beklagtenseite innerhalb von zwei Wochen nach Zustellung mitteilt, dass sie den Anspruch ganz oder teilweise anerkenne, gemäß §§ 276 Abs. 1 iVm 307 Abs. 2 ZPO Anerkenntnisurteil zu erlassen,
3. auf vollstreckbaren Titeln zugunsten der Klägerin die Vollstreckungsklausel anzubringen.

Begründung

I. Zum Sachverhalt

1. Die Klägerin ist Kreditinstitut und gleichzeitig innerhalb der internationalen VISA- und MasterCard-Kreditkartensysteme sog. Acquiringunternehmen. In letzterer Eigenschaft schließt die Klägerin sog. Kreditkarten-Serviceverträge für die VISA-Kreditkartenakzeptanz und die MasterCard-Akzeptanz mit Akzeptanzunternehmen ab.[3]
2. Die Beklagte betreibt einen Versandhandel für Geschenkartikel sowie Silber- und Schmuckwaren. Sie war vom ... bis ... Akzeptanzunternehmen und zur Abwicklung der bargeldlosen Bezahlung

ihrer Handelsumsätze durch den mit der Klägerin abgeschlossenen Kreditkarten-Servicevertrag vom ... nebst Besondere Bedingungen MasterCard-/VISA-Akzeptanz unter der Händler-Nr. ... den internationalen VISA- und MasterCard-Kreditkartensystemen angeschlossen.[4]
Beweis: Vorlage des Kreditkarten-Servicevertrages vom ... nebst Besondere Bedingungen MasterCard-/VISA-Akzeptanz, Kopie Anlage K 1
Ausweislich des Wortlauts des Servicevertrages iVm Nr. ... Besondere Bedingungen MasterCard-/ VISA-Akzeptanz war Vertragsgegenstand die Kreditkartenabwicklung im sog. Mailorder-, Telephone-Order- und Internetverfahren (MO/TO/Internet-Order-Geschäft). Diese Formen der Kreditkartenzahlungsabwicklung unterscheiden sich grundlegend von der Kreditkartenzahlungsabwicklung am Verkaufsort „Point of Sale" (sog. Präsenz-Kreditkartengeschäft bzw. Kartenvorlagegeschäft, bei dem das Akzeptanzunternehmen die Kreditkarten nur dann als Zahlungsmittel akzeptieren darf, wenn der Karteninhaber persönlich im Geschäft des Akzeptanzunternehmens anwesend ist, seine Kreditkarte physisch vorlegt, einen sog. Belastungsbeleg unterschreibt und eine Kontrollmöglichkeit der Karteninhaberidentität durch Unterschriftenabgleich durch das Akzeptanzunternehmen bzw. dessen Mitarbeitern besteht). Die Besonderheit von MO/TO/Internet-Order-Geschäften als Distanz- bzw. Fernabsatzgeschäften besteht hingegen darin, dass es genügt, dass der Karteninhaber seine Bestellung und die für die Erstellung des Belastungsbelegs erforderlichen Informationen, insbesondere seine Kreditkartennummer und das Verfallsdatum, per Mail, Telefon oder Internet an das Akzeptanzunternehmen übermittelt. Wegen des Wegfalls der das Präsenzgeschäft kennzeichnenden Systemsicherheitsmechanismen sind Distanz- bzw. Fernabsatzgeschäfte mit höheren Risiken verbunden, insbesondere dem Vorleistungsrisiko und dem Risiko missbräuchlicher Bestellungen.[1]
Gemäß Nr. ... Besondere Bedingungen MasterCard/VISA-Akzeptanz war der Akzeptanzvertrag beschränkt auf Versandhandelsgeschäfte mit „Geschenkartikeln innerhalb von Deutschland".[1]
Für die Verarbeitung von Kreditkartenumsätzen war die Beklagte gemäß den Vereinbarungen im Servicevertrag (vgl. Anlage K 1) verpflichtet, eine Servicegebühr in Höhe von ... % des jeweiligen Transaktionsbetrages zuzüglich jeweils gültiger Umsatzsteuer an die Klägerin zu zahlen.
Im Einzelnen wird auf den Wortlaut des als Anlage K 1 beigefügten Servicevertrages verwiesen.
Der Servicevertrag endete durch fristlose Kündigung vom ..., da die Beklagte im Rahmen der von der Klägerin eingeschalteten Missbrauchspräventionssysteme bereits mehrfach wegen missbräuchlicher Kreditkarteneinsätze mit duplizierten Karten auffällig geworden war.
Beweis: Vorlage des Kündigungsschreibens vom ..., Kopie Anlage K 2

3. Nach den Bestimmungen des Servicevertrages war die Klägerin zur Zahlung auf zur Vergütung eingereichte Kreditkarten-Transaktionen gemäß Nr. ... Besondere Bedingungen MasterCard/VISA-Akzeptanz nach näherer Maßgabe von Nr. ... Besondere Bedingungen MasterCard/VISA-Akzeptanz und vorbehaltlich der in Nr. ... Besondere Bedingungen MasterCard/VISA-Akzeptanz vereinbarten Rückbelastungsrechte nur verpflichtet, wenn bei der Kreditkartenumsatzabwicklung alle Bestimmungen und Bedingungen des Servicevertrages beachtet wurden, wozu u.a. insbesondere gehörte,
   - dass die jeweiligen Kreditkartentransaktionen nur solche Versandhandelsumsätze betreffen, die innerhalb der verbindlichen Festlegung des vom Akzeptanzvertrag erfassten Geschäftsbetriebes das Akzeptanzunternehmens und des damit verbundenen branchen- und länderabhängigen finanziellen Risikos liegen (vgl Nrn. ... Besondere Bedingungen MasterCard/VISA-Akzeptanz),
   - dass über jede Kreditkartentransaktion ein vertrags- und ordnungsgemäßer Belastungsbeleg ausgestellt wird (vgl Nrn. ... Besondere Bedingungen MasterCard/VISA-Akzeptanz).[1]

   Für den Fall, dass das Akzeptanzunternehmen diese Bestimmungen und Bedingungen des Servicevertrages nicht beachtet, ist die Klägerin berechtigt, Rückerstattung der gezahlten Beträge zu verlangen (Rückbelastungsrechte, vgl Nrn. … Besondere Bedingungen MasterCard/VISA-Akzeptanz).[2]

Auf den Wortlaut des Servicevertrages und der einbezogenen Besondere Bedingungen MasterCard/VISA-Akzeptanz (Anlage K 1) wird ergänzend Bezug genommen.

4. Unter dem zwischen den Parteien geschlossenen Servicevertrag wurden in der Zeit vom … bis … folgende VISA/MasterCard-Kreditkartentransaktionen getätigt und jeweils Belastungsbelege ausgestellt:

   … Auflistung …[5]

   Beweis:

   1. Vorlage der Liste der streitigen Kreditkartentransaktionen, Kopie Anlage K 3,
   2. Vorlage der Belastungsbelege, Kopien Anlage K 4.

   Wie die Klägerin im Rahmen der Reklamationsbearbeitungen feststellte, sind sämtliche Belastungsbelege nicht vertrags- und ordnungsgemäß. Die Belastungsbelege weisen kein Verfallsdatum auf. Außerdem liegen die Kreditkartenumsätze außerhalb des vom Akzeptanzvertrag erfassten Geschäftsbetriebes das Akzeptanzunternehmens. Im übrigen weist keiner der Belastungsbelege die Gesamt-Brutto-Rechnungspreise der verkauften Waren aus.

5. Wie es den üblichen Arbeitsvorgängen der Klägerin bei der Kreditkartenumsatzabwicklung entspricht, wurden, nachdem die oben im Einzelnen aufgeführten Kreditkartenumsätze zur Vergütung bei der Klägerin eingereicht worden waren, der Beklagten gegenüber die Kartenumsätze gemäß den Vertragsbestimmungen abgerechnet und durch Überweisung auf deren Bankkonto bei der … -Bank vergütet. Die Zahlung erfolgte gemäß Nr. … Besondere Bedingungen MasterCard/VISA-Akzeptanz vorbehaltlich der in Nr. … Besondere Bedingungen MasterCard/VISA-Akzeptanz genannten Rückbelastungsrechte und auch vorbehaltlich des Eintritts der im Vertrag bestimmten Bedingungen.[6]

6. Der Versuch, die rechtmäßigen Karteninhaber mit den Umsatzbeträgen der streitgegenständlichen Kreditkarten-Transaktionenen zu belasten, scheiterten. Die jeweiligen Kartenemittenten verweigerten die Zahlung und belasteten die Kreditkartenumsätze an die Klägerin zurück (sog. Rückbelastung/Chargeback). Die Rückbelastungen erfolgten, da die Karteninhaber ihre Kreditkarten nicht für die streitgegenständlichen Kreditkartenumsätze eingesetzt und keinerlei Waren bzw. Dienstleistungen von dem beklagen Akzeptanzunternehmen erhalten hatten.[7]

   Beweis: Vorlage der eidesstattlichen Erklärungen (Affidavits) der Karteninhaber … vom … nebst Rückbelastungsdokumentation, Kopien Anlage K 5

   Auch nach Durchführung der Reklamationsbearbeitung blieben Rückbelastungen gemäß den Internationalen Regularien des VISA-Kreditkartensystems und des MasterCard-Kreditkartensystems wegen Missbrauch begründet (Chargeback Codes: … , …). In derartigen Fällen ist die Klägerin berechtigt, Rückerstattung der an das Akzeptanzunternehmen gezahlten Beträge von diesem zu verlangen (vgl Nrn. … Besondere Bedingungen MasterCard/VISA-Akzeptanz).[8]

7. Die Klägerin hat vorgerichtlich erfolglos versucht, die gezahlten Vergütungen von der Beklagten zurückzuerhalten. Die Beklagte leistete weder innerhalb der mit Schreiben der Klägerin vom … gesetzten Zahlungsfrist bis … noch aufgrund des an den Prozessbevollmächtigten der Beklagten am … gesandten Anwaltsmahnschreibens.

Daher ist Klage geboten.

II. Zur Rechtslage

Der eingeklagte Rückzahlungsanspruch in Höhe der Klageforderung ist gemäß §§ 812 Abs. 1 S. 1 Alt. 1, 818 Abs. 1, 2 BGB i.V.m. §§ 780, 158 Abs. 2 BGB begründet.[1][2]

1. Die Beklagte erlangte die Vergütungen aus den streitgegenständlichen Kreditkartentransaktionen in Höhe der Klageforderung durch Leistung der Klägerin ohne Rechtsgrund (§ 812 Abs. 1

S. 1 Alt. 1 BGB), so dass die Beklagte zur Herausgabe des Erlangten bzw. zu Wertersatz verpflichtet ist (§ 818 Abs. 1, 2 BGB).

a) Seit dem Paradigma-Wechsel von der Forderungskaufkonstruktion zum abstrakten Schuldversprechen im Urteil des Bundesgerichtshofs vom 16.4.2002 (NJW 2002, 2234) wird die im Rahmen eines Akzeptanzvertrages zwischen einem Acquiringunternehmen (hier der Klägerin) und einem Akzeptanzunternehmen (hier der Beklagten) abgegebene Zahlungszusage des Acquiringunternehmens gegenüber dem Akzeptanzunternehmen nach herrschender Meinung rechtlich als abstraktes Schuldversprechen (§ 780 BGB) unter Bedingungen (§ 158 Abs. 1 BGB) qualifiziert (Hadding in: Münchener Kommentar, HGB Bd 5, 2. Aufl. 2009, ZahlungsV, Rn G 20 ff m.w.N.). Anerkanntermaßen entsteht jedoch auch nach dieser Auffassung kein Anspruch des Akzeptanzunternehmens gegen das Acquiringunternehmen auf Vergütung aus Kreditkartentransaktionen, wenn die im Akzeptanzvertrag bestimmten – und/oder auch sonstige - Bedingungen (§ 158 Abs. 1 BGB) nicht eingetreten sind; das Acquiringunternehmen ist dann zur Rückforderung bereits gezahlter Beträge berechtigt.

b) Unabhängig von der weiterhin offenen Entwicklung der Rechtsprechung in Mailorder-, Telephone-Order bzw. Internet-Order-Kreditkartenfällen, insbesondere der des BGH, den streitigen dogmatischen Fragen der rechtlichen Qualifizierung der Zahlungszusage im Akzeptanzvertrag und den breitgefächert vertretenen Einzelansichten ist derzeit nach herrschender Auffassung in Rechtsprechung und Literatur jedenfalls davon auszugehen, dass ein Anspruch des Akzeptanzunternehmens gegen das Acquiringunternehmen auf Vergütung aus abstraktem Schuldversprechen gemäß § 780 nur dann entsteht, wenn die „formellen Anforderungen" an die Erstellung der jeweiligen Belastungsbelege (aufschiebende Bedingungen gemäß § 158 Abs. 1) eingetreten sind (Grundsatz der Formstrenge) (vgl. BGH, Urt.v. 16.4.2002, NJW 2002, 2234; BGH, Urt. v. 16.3.2004, ZIP 2004, 1041 nebst Anm. Meder, ZIP 2004, 1044; BGH, Urt. v. 16.3.2004, BKR 2004, 242, ebenfalls nebst Anm. Meder; Hadding in: Münchener Kommentar, HGB Bd. 5, 2. Aufl. 2009, ZahlungsV, RnG 30 a). In seiner neuen Rechtsprechung misst der Bundesgerichtshof jedem einzelnen Bestandteil der Belastungsbelege – „ähnlich wie beim Akkreditiv" eminente Bedeutung bei: Die formellen Anforderungen sind „strikt einzuhalten" (vgl. BGH, Urt.v. 16.3.2004, ZIP 2004, 1041 mit Verweis auf BGHZ 152, 75, 82). Fehlt z.B. der Eintrag des Verfalldatums der Kreditkarte, liegt Nichtordnungsgemäßheit des Belastungsbelegs vor und kommt der Zahlungsanspruch des Akzeptanzunternehmens nicht zur Entstehung (BGH, Urt.v. 16.3.2004, ZIP 2004, 1044). Der Bundesgerichtshof hat – in Korrektur seines Urteils vom 16.4.2002 – weitere, auch außerhalb des Akquisitionsvertrages liegende „Bedingungen" zugelassen, wie z.B. die Umsatztätigung des Akzeptanzunternehmens innerhalb der verbindlichen Festlegung des vom Akzeptanzvertrag erfassten Geschäftsbetriebes und des damit verbundenen branchen- und länderabhängigen finanziellen Risikos (BGH, Urt.v. 12.7.2005, ZIP 2005, 1406).

c) Im vorliegenden Fall ist die Bedingung gem. Nrn. ■■■ Besondere Bedingungen MasterCard/VISA-Akzeptanzvertrages nicht eingetreten, dass die jeweiligen Kreditkartentransaktionen solche Versandhandelsumsätze betreffen, die innerhalb der verbindlichen Festlegung des vom Akzeptanzvertrag erfassten Geschäftsbetriebes der Beklagten und des damit verbundenen branchen- und länderabhängigen finanziellen Risikos liegen. Der Akzeptanzvertrag war auf Versandhandelsgeschäfte mit „Geschenkartikeln innerhalb von Deutschland" beschränkt. Die Beklagte hatte jedoch Versandhandel mit wertvollem Schmuck nach Indonesien betrieben und zu dessen Zahlungsabwicklung die streitgegenständlichen Belastungsbelege ausgestellt. Nach höchstrichterlicher Rechtsprechung (BGH, Urt. v. 12.7.2005, ZIP 2005, 1406) war schon mangels dieser Bedingung keine Zahlungspflicht der Klägerin entstanden.

d) Da im vorliegenden Fall weiterhin allen Belastungsbelegen der Eintrag des Verfalldatums der Kreditkarte fehlt, sind auch die Belastungsbelege nicht vertrags- und ordnungsgemäß, so dass die Bedingung gem. Nrn. ■■■ Besondere Bedingungen MasterCard/VISA-Akzeptanz) nicht eintrat und der Zahlungsanspruch der Beklagten auch deswegen nicht zur Entstehung gelangte (BGH, Urt.v. 16.3.2004, ZIP 2004, 1044). Es kommt nicht einmal mehr darauf an, dass die Belastungsbelege auch deswegen nicht vertrags- und ordnungsgemäß sind, weil sie nicht auf den Gesamt-Brutto-Rechnungspreis der verkauften Waren lauten (weitere Bedingung gem. Nr. ■■■ Besondere Bedingungen MasterCard/VISA-Akzeptanz.

e) Für das Vorliegen vertrags- und ordnungsgemäßer Belastungsbelege ist nach allgemeiner Auffassung die Beklagte vollumfänglich darlegungs- und beweispflichtig (Landgericht Frankfurt am Main, Urt.v. 26.1.2005 – 3/15 O 152/03, abrufbar unter www.dr-beesch.de/urteile).

2. Der Zinsanspruch ist gemäß Nr. ■■■ Besondere Bedingungen MasterCard/VISA-Akzeptanz i.V.m. §§ 286, 288 Abs. 2 BGB begründet. Die Beklagte ist gemäß Nr ■■■. Besondere Bedingungen MasterCard/VISA-Akzeptanz zur sofortigen Zahlung von rückbelastenden Beträgen verpflichtet. Die Rückbelastungen wurden der Beklagten gemäß Schreiben der Klägerin vom ■■■ angekündigt. Fälligkeit und Verzug bestehen daher spätestens seit ■■■ (*30 Tage nach Zugang der Rückbelastungsankündigung*). Die Höhe der Zinsen von 8 Prozentpunkten über dem Basiszinssatz folgt aus § 288 Abs. 2 BGB.

Der Klage ist ohne weiteres stattzugeben.

■■■

Rechtsanwalt ◄

II. Erläuterungen

[1] Kreditkartengeschäft/Qualifikation der Zahlungszusage des Acquiringunternehmens gemäß §§ 780, 158 Abs. 1. Während der im Kreditkartengeschäft zwischen Zahler (= Kreditkarteninhaber) und Zahlungsdienstleister (= Emittent) (sog. Deckungsverhältnis) abgeschlossene Kreditkartenvertrag allgemein als Geschäftsbesorgungsvertrag bzw nach neuem Zahlungsdiensterecht (vgl oben zu §§ 675c-676 c) als Zahlungsdienstevertrag eingeordnet wird (vgl hierzu oben zu §§ 675 c, 675 d, 675 f, 675 u und 675 v, w; vgl auch unten zu §§ 783 ff), ist die Qualifikation der Zahlungszusage im Vertragsverhältnis zwischen Acquiringunternehmen (auch Händlerbank, Acquirer, Akquisiteur genannt) und Akzeptanzunternehmen (auch Händler, Händlerunternehmen, Vertragsunternehmen genannt) (sog. Vollzugsverhältnis) nach wie vor in Literatur und Rechtsprechung umstritten. Hk-BGB/*Staudinger* benennt dieses Rechtsverhältnis „als praxisrelevantes Beispiel für ein abstraktes Schuldversprechen" (Hk-BGB/*Staudinger*, § 780 Rn 2 mwN). Zum Meinungsstand vgl ausführlich Staudinger/*Marburger*, BGB Bearb. 2009, § 783 Rn 46 ff; *Schwintowski/Schäfer*, Bankrecht, § 13 Rn 31; *Grundmann* in: Ebenroth/Boujong/Joost/Strohn, HGB, Bd. 2, BankR II, Rn 392 ff, 410; *Hadding* in: Münchener Kommentar HGB Bd.5, ZahlungsV G 21 ff, jeweils mwN; Hellner/Steuer, Bankrecht und Bankpraxis, Loseblattsammlung, Stand 4/2010, Bd.3 Rn 6/1877 ff, jeweils mwN; vgl auch näher unten Rn 19 ff. 14

Im Kreditkartengeschäft erbringt das Akzeptanzunternehmen beim sog. **Präsenzgeschäft** an den Zahler (= Karteninhaber) Leistungen, ohne von ihm sofortige bare Zahlung zu erhalten. Anstelle der Barzahlung unterzeichnet der Karteninhaber unter Vorlage seiner Kreditkarte einen vom Akzeptanzunternehmer ausgestellten sog. Belastungsbeleg und veranlasst durch dessen (papierhafte oder elektronische) Einreichung beim Acquiringunternehmen (das nur in der klassischen Drei-Parteien-Konstellation des Kreditkartengeschäfts gleichzeitig Kartenemittent ist; zu den heute vorherrschenden mehrgliedrigen Kartensystemen vgl oben zu § 675 d Rn 5, unten Rn 16 und unten zu §§ 783 ff) die Begleichung der im Verhältnis zum Akzeptanzunternehmen begründeten Geldschuld. Das Kreditkarten-Präsenzgeschäft ist geprägt von den wesentlichen Sicherungselementen der Unterschrift des Karteninhabers auf dem Belastungsbeleg und der vom Akzeptanzunternehmen durchzuführenden Identitätsprüfung durch Unterschriftenvergleich 15 anhand der vorgelegten Karte sowie der Pflicht zur Kartenakzeptanz durch das Akzeptanzunternehmen.

16 Das – aus den USA stammende – Kreditkartengeschäft hat seit dessen starker Verbreitung in Europa ab den 1980er Jahren insbesondere im Hinblick auf die Umstellung von den den ursprünglichen Drei-Parteien-Verhältnissen auf sog. **Mehr-Parteien-Verhältnisse** (s.o. Rn 15) gravierende Änderungen erfahren. Nunmehr ist zwischen den für die Akquisition (sog. Acquiring-Geschäft) und Emission (sog. Issuing-Geschäft) verantwortlichen juristischen Personen zu unterscheiden. In den meisten Kreditkartensystemen (insbesondere im VISA-Kreditkartensystem und im MasterCard-Kreditkartensystem) stehen die Emittenten (Issuer) nur noch mit den Karteninhabern in Vertragsbeziehung; die Acquiringunternehmen, die das sog. Händlergeschäft betreiben, stehen nur noch in vertraglicher Beziehung zu den Akzeptanzunternehmen. Durch den sog. Akzeptanzvertrag (Servicevertrag, Acquiringvertrag) schließt das Acquiringunternehmen das Akzeptanzunternehmen an das bzw. die internationalen Kreditkartensysteme (je nach Vertragsgestaltung) an, sorgt für die Einholung der Genehmigungsnummer (Autorisierung durch den Issuer), die Abwicklung der Kartentransaktionen auf Acquiringseite und nimmt die Vergütungen eingereichter Kartentransaktionen an die Akzeptanzunternehmen vor. Die Genehmigungsanfrage an den Issuer (bzw dessen Processing-Unternehmen) – anlässlich derer nur die Kreditkartennummer, die Gültigkeitsdauer der Karte und die Einhaltung des dem Karteninhaber eingeräumten Bonitätsrahmens überprüft wird (vgl auch unten Rn 33) – sowie die Abrechnung von Kartentransaktionen erfolgen unter Einbindung der weltweiten Autorisierungs- und Clearingnetze der jeweiligen Kreditkartenorganisationen, die die Netze unterhalten, Lizenzen für Acquirer und Issuer vergeben und weltweit gültige Verfahrensbestimmungen (sog. Internationale Regularien) vorgeben. Im Rahmen der Vereinheitlichungen durch die Zahlungsd-RL sind seit Ende 2009 auch das Rahmenwerk des Europäischen Zahlungsverkehrsrates (EPC – European Payment Council) für den Kartenzahlungsverkehr im Einheitlichen Europäischen Zahlungsverkehrsraum (SEPA – Single European Payment Area) und die SEPA Rulebooks für den Kartenzahlungsverkehr zu beachten.

17 Weitere einschneidende Änderungen erfolgten im Kreditkartengeschäft insbesondere auch durch die Einführung der – insbesondere im Versandhandel genutzten – **Mail-Order-, Telephone-Order- und Internet-Order-Verfahren (MO/TO/Internet-Order-Geschäft, sog. Distanzgeschäfte**), bei denen weder eine Vorlage der Kreditkarte im Akzeptanzunternehmen noch eine Unterzeichnung des Belastungsbeleges durch den Karteninhaber erfolgt. Vielmehr genügt es, dass der Besteller einer Leistung zur Bezahlung lediglich seine Kartendaten, zB via Telefon, E-Mail, Telefax oder Internet, an das Akzeptanzunternehmen übermittelt.

18 Literatur und Rechtsprechung der beiden vergangenen Jahrzehnte haben diese rasanten Entwicklungen der Kreditkartenbranche „nachverarbeitet", wobei leider nicht selten rechtlich relevante Details etwa der Funktionsweise der diversen Kreditkartensysteme und der einzelnen Kreditkartenverfahren verkannt wurden. Gleiches gilt für etwaige angebliche Möglichkeiten einzelner – an den international mehrgliedrig aufgestellten Systemen – Beteiligter, auf bestimmte Verfahrensabläufe überhaupt Einfluss nehmen zu können (vgl u.a. unten Rn 32 f). Die jeweils vertretenen Rechtsansichten wurden offenbar eher vom intendierten Ergebnis der Verteilung des Missbrauchsrisikos bei Kreditkartenzahlungen geleitet.

19 So gehört insbesondere die Verteilung des Missbrauchsrisikos bei Kreditkartenzahlungen im Mailorder- bzw Distanzgeschäft zu den am meisten umstrittenen Fragen des Zivilrechts. Während sowohl nach alter Rechtsprechung des VIII. Senats des BGH sowie herrschender Meinung in der instanzgerichtlichen Rechtsprechung und Literatur die Zahlungszusage im Rechtsverhältnis zwischen Akquisitions- und Akzeptanzunternehmen (in Anerkennung der vorherrschenden kautelarjuristischen Gestaltungsform) als Forderungskauf qualifiziert wurde und die Abwälzung des Risikos der unbefugten Nutzung von Kreditkarten im Rahmen der Akzeptanzverträge auf die Akzeptanzunternehmen als zulässig erachtet wurde (BGH, Urt. v. 2.5.1990 –

VIII 139/89, WM 1990, 1059), vollzog der XI. Senat des BGH mit seiner Leitentscheidung v. 16.4.2002 (– XI ZR 375/00, BGHZ 150, 286) einen – in Literatur und instanzgerichtlicher Rechtsprechung zu Recht heftig angegriffenen – Paradigma-Wechsel (vgl etwa *Langenbucher*, BKR 2002, 119; *Meder*, WM 2002, 1993; ders., NJW 2002, 2215; *Werner*, BB 2002, 1382; *Schnauder*, NJW 2003, 849; *Barnert*, WM 2003, 1156; *Bitter*, ZIP 2002, 2119; MüKo-BGB/*Hüffer*, § 783 Rn 78; OLG Naumburg, Urt. v. 20.8.2002, ZIP 2002, 1795; *Freitag*, ZBB 2002, 323, 330). Der XI. Senat des BGH legte – gegen den Wortlaut des betreffenden Acquiring-Vertrages – die Forderungskaufvereinbarung als abstraktes Schuldversprechen (§ 780) unter aufschiebenden Bedingungen (§ 158 Abs. 1) aus (seither hM, vgl MüKo-HGB/*Hadding*, ZahlungsV G 20 ff; Baumbach/Hefermehl/Casper, WechselG ScheckG Recht der kartengestützten Zahlungen 2008, 4. Teil III Universalkreditkarten, Rn 112 ff, jeweils mwN; vgl. zur alternativen Einordnung unter Anweisungsrecht unten zu §§ 783 ff). Auch wurde die – bis dahin in Akzeptanzverträgen allgemein übliche – generelle Rückforderungsklausel bei Missbrauch im MO/TO/Internet-Order-Geschäft, durch die generell dem Akzeptanzunternehmen – verschuldensunabhängig – das volle Missbrauchsrisiko auferlegt wurde, als AGB-rechtlich unwirksam erklärt. Hintergrund der Entscheidung war, dass Zahlungen im Distanzgeschäft mit höheren Risiken verbunden sind als Präsenzgeschäfte. Die neue Rechtsprechung des BGH zielt darauf ab, die Verantwortungskreise zwischen Akquisitionsunternehmen und Akzeptanzunternehmen unter Verschuldensgesichtspunkten zu definieren und gegeneinander abzugrenzen, um so zu einer gerechten Risikoverteilung zu kommen. Im Ergebnis leidet die in der neuen BGH-Rechtsprechung vorgenommene Aufteilung des Missbrauchsrisikos zwischen Acquiring- und Akzeptanzunternehmen daran, dass auf Seiten des Acquiringunternehmens eine Zurechnung unter Verschuldensgesichtspunkten nicht zu rechtfertigen ist (vgl auch unten Rn 32 f). Das Akzeptanzunternehmen muss selbst die geeigneten Sicherungsvorkehrungen treffen, die es vor Missbrauchseinsätzen von Kreditkarten im Distanzgeschäft schützt.

Die Argumente, die der XI. Senat des BGH im Einzelnen im Urteil vom 16.4.2002 zur Begründung seiner neuen Rechtsprechung im Distanzgeschäft herangezogen hat, überzeugen nicht. 20
Abgesehen davon, dass schon nicht in der erforderlichen Weise zwischen „Auslegung" und „dogmatischer Konstruktion" unterschieden wurde (*Meder*, WM 2002, 1993; *Stoffels*, Gesetzlich nicht geregelte Schuldverträge, 2001, 203, 207) und im internationalen Vergleich mit dem Paradigma-Wechsel ein „deutscher Sonderweg" beschritten wurde (vgl auch OHG Österreich, Urt. v. 13.6.2005, ZIP 2005, 1729), hat der BGH die (ursprünglich nur für das klassische sog. Kartenvorlagegeschäft entwickelte) „Bargeldanalogie" als für die Zweckbestimmung des Mailorder- bzw Internetorder-Kreditkartengeschäfts unzulässigen Maßstab herangezogen und damit eine verdeckte AGB-rechtliche Inhaltskontrolle ausgeübt. Hingegen ist die dogmatische Konstruktion als Forderungskauf (mit der Folge der Veritätshaftung des Akzeptanzunternehmens nach §§ 326 Abs. 1 S. 1, 275 Abs. 1, 326 Abs. 4 iVm 346 Abs. 1; früher nach § 437 Abs. 1 aF bzw der Schadenersatzverpflichtung nach §§ 275 Abs. 1, 280 Abs. 1, 283, 284, 311 a) jedenfalls dann anzuerkennen, wenn die Vertragsparteien diese bewusst gewollt und gewählt haben und dies im Vertrag eindeutig und klar zum Ausdruck gekommen ist (*Langenbucher*, Die Risikozuordnung im bargeldlosen Zahlungsverkehr, 2001, 248; *Meder*, WM 2002, 1993, 1994 f, 1997; *Stoffels*, Gesetzlich nicht geregelte Schuldverträge, 2001, 203 ff, 207 f; Hellner/Steuer, Bankrecht und Bankpraxis, Loseblattsammlung, Stand 4/2010, Bd.3, Rn 1892, jeweils mwN). Das von den Parteien (Acquiring- und Akzeptanzunternehmen) Erklärte darf nicht an der vom BGH angenommenen Funktion des Verfahrens als Bargeldsurrogat gemessen werden, da im E-Commerce keine der Barzahlung vergleichbare Sicherheit geboten werden kann; Zug-um-Zug-Leistungen sind von vorneherein ausgeschlossen. Auch treten – anders als beim Kreditkarten-Präsenzgeschäft und Nahabsatzgeschäften – bei Mailorder-Kreditkartentransaktionen (Distanz- bzw Fernabsatzgeschäften) bereits im Rahmen der Grundgeschäfte typischerweise diejenigen Risiken (Vorleistungsrisiko und das Risiko missbräuchlicher Bestel-

lungen) auf und sind zwischen den Vertragspartnern des Grundgeschäfts zu regeln (Grundgeschäftsimmanenz), die der BGH unrichtigerweise dem Bezahlakt zuordnen will (Kreditkartenverfahrensimmanenz). Anders als der BGH meint, kann ein Akzeptanzunternehmen bei Transaktionen im Fernabsatz auch von vornherein keine der Barzahlung entsprechende Sicherheit erwarten und erwartet sie auch nicht (vgl weiterführend *Meder*, WM 2002, 1993, 1995, 1997 f – der zutreffend von einer unzulässigen Kategorienvermengung durch den Bundesgerichtshof spricht, wenn der Barkauf zur rechtlichen Einordnung von Versendungskaufgeschäften herangezogen wird; vgl auch *Schnauder*, NJW 2003, 849). Wegen der mit Distanzgeschäften typischerweise einhergehenden und bekannten Risiken haben sich im gewerblichen Bereich, gerade im Versandhandel, seit Jahrzehnten einschlägige und immer wieder modernisierte Sicherungs- und Vorsichtsmaßnahmen etabliert, anhand derer die im Versandhandel typischen Risiken (Vorleistungsrisiko, Belieferung betrügerischer Besteller) vermieden, jedenfalls beherrscht werden können, so dass auch die weitere Annahme des BGH, die Akzeptanzunternehmen seien „wegen der räumlichen Distanz" zu einer „Prüfung der Vertrauenswürdigkeit ihrer Vertragspartner" und zur Beherrschung der gesteigerten Risiken nicht in der Lage, als allgemeiner Erfahrungssatz nicht haltbar ist. Dies gilt umsomehr, als den Akzeptanzunternehmen nun auch noch höhere Sicherheitsstandards zur Verfügung stehen, wie zB Verified by VISA oder MasterCard Secure Code (vgl auch oben zu § 675 d). Außerdem ist im Fernabsatzbereich die Kreditkartenakzeptanz für jedes Akzeptanzunternehmen nicht obligatorisch, sondern fakultativ, so dass es die freie unternehmerische Entscheidung des Akzeptanzunternehmens bleibt, ob es zur Wahrnehmung von Absatzchancen das Vorleistungsrisiko übernimmt. Entscheidet es sich hierfür, kann es die mit der Entscheidung verbundenen Risiken nicht auf Dritte abwälzen (*Meder*, ZIP 2002, 2112, 2115). Eine Übertragung der typischen Versandhandelsrisiken auf das Acquiringunternehmen, wie sie durch das Urteil des BGH v. 16.4.2002 erfolgt, hat zur Konsequenz, dass Akzeptanzunternehmen die Möglichkeit eröffnet wird, praktisch jede sich bietende Absatzchance auf Kosten der Acquiringunternehmen auszunutzen und die in ihrer Branche und im Versandhandel üblichen und typischen Sorgfalts- und Überprüfungsmaßnahmen ungestraft zu missachten. In seiner Kommentierung des Urteils des BGH v. 16.4.2002 sprach *Bitter* (ZIP 2002, 1219; ders. in WuB I D 5 a – 2.02) zu Recht von der „Schönen neuen Einkaufswelt des BGH".

21 In der Folge der Leitentscheidung des BGH v. 16.4.2002 wurden die AGB der meisten MO/TO/Internet-Order-Akzeptanzverträge in Anpassung an die neue BGH-Rechtsprechung umgestaltet (MüKo-HGB/*Hadding*, ZahlungsV G 30 a). Viele Acquiringunternehmen nahmen von den Forderungskaufformulierungen Abstand, einige behielten sie bei (zB American Express). Insbesondere wurden in die Formulierungen der neuen Akzeptanzverträge und deren AGB umfassende „Bedingungen" des Zahlungsversprechens des Acquiringunternehmens aufgenommen, die sowohl die Entstehung der Zahlungspflicht des Acquiringunternehmens wie auch die diversen Rückbelastungsrechte (Chargeback-Gründe) für bestimmte Fälle definieren. In der Praxis wird bei der Formulierung von Akzeptanzverträgen bzw der AGB häufig die genaue Definition, welche Bestandteile ein Belastungsbeleg in den jeweiligen Verfahren zu enthalten hat, ebenso vernachlässigt wie die exakte Bestimmung der das Akzeptanzunternehmen treffenden Sorgfaltspflichten. Angesichts der Bedeutung, die den „Bedingungen" nach der neuen BGH-Rechtsprechung (BGH v. 16.3.2004 – XI ZR 169/03, WM 2004, 1130, 1132; BGH v. 12.7.2005 – XI ZR 412/04, ZIP 2005, 1406) für die Frage der Entstehung des abstrakten Schuldversprechens zukommt, sollte größte Sorgfalt auf die Ausformulierung der Vertragswerke verwendet werden. Dies gilt umso mehr, als der BGH auch außerhalb der Belastungsbelege liegende „Bedingungen" zugelassen hat (zB das Vorliegen einer Bestellung im Mailorder- bzw Internet-Order-Verfahren oder die Lieferung innerhalb der verbindlichen Festlegung des vom Akzeptanzvertrag erfassten Geschäftsbetriebs). Die Überprüfung der neuen Akquisitionsverträge nebst AGB durch die Gerichte steht, soweit ersichtlich, im Wesentlichen noch aus. Nach

in der Literatur vertretenen Auffassungen sollen diejenigen neuen Gestaltungen von Akquisitionsverträgen rechtlich unbedenklich sein, die eine angemessene Verteilung des Missbrauchsrisikos vorsehen (MüKo-HGB/*Hadding*, ZahlungsV G 30 a).

Bemerkenswert ist, dass nach dem Urteil des BGH v. 16.4.2002 einige weitere höchstrichterliche Urteile ergangen sind, durch die die Wirkungen des Urteils vom 16.4.2002 wieder zugunsten der Acquiringunternehmen eingeschränkt wurden. In dem Bestreben, dem Missbrauch doch nicht „Tür und Tor zu öffnen", hat der BGH in den Folgeentscheidungen insbesondere sehr stark mit den „Bedingungen" elaboriert (vgl BGH, Urt. v. 12.7.2005 – XI ZR 412/04, ZIP 2005, 1406; BGH, Urt. v. 16.3.2004 – XI ZR 169/03, NJW-RR 2004, 1122, auch abrufbar unter www.dr-beesch.de/urteile; BGH Urt. v. 16.3.2004 – XI ZR 13/03, ZIP 2004, 1044 nebst Anm. *Meder*; BGH, Urt. v. 13.1.2004 – XI ZR 479/02, BGHZ 157, 256). Zum Teil hat er die „Bedingungen" erweitert und auch wieder eingeschränkt, zum Teil hat er sie der AGB-rechtlichen Inhaltskontrolle unterworfen oder auch nicht, und zum Teil hat er schon anerkannte „Bedingungen" wieder verworfen. So hat der BGH noch im Urt. v. 16.3.2003 (XI ZR 169/03, NJW-RR 2004, 1122) entschieden, dass das Fehlen des Bestandteils „signature on file" auf dem Mailorder-Belastungsbeleg als „Bedingung" die Zahlungspflicht des Acquiringunternehmens entfallen lässt, während er im Urteil vom 12.7.2005 die Auffassung vertritt, dass dessen Fehlen nicht immer schadet (BGH, Urt.v. 12.7.2005 – XI ZR 412/04, ZIP 2005, 1406). Auch, so der BGH, müsse „eine Bestellung schon vorliegen" oder dürfe sich ein Akzeptanzunternehmen nicht auf ein Distanzgeschäft einlassen, wenn gegen die Person des Bestellers erhebliche Verdachtsmomente bestehen. Mit seinem Urteil vom 12.7.2005 hat der BGH eine weitere „Bedingung" außerhalb des Schemas der formalen Belastungsbelege zugelassen, nämlich die Umsatztätigung des Akzeptanzunternehmens innerhalb der verbindlichen Festlegung des vom Akzeptanzvertrag erfassten Geschäftsbetriebes und des damit verbundenen branchen- und länderabhängigen finanziellen Risikos (vgl BGH, Urt. v. 12.7.2005 – XI ZR 412/04, ZIP 2005, 1406). In dem Fall vom 12.7.2005 hatte das Akzeptanzunternehmen wertvollen Schmuck nach Indonesien geliefert, obwohl in der Selbstauskunft (die eine Ergänzung des Akzeptanzvertrages war) angegeben worden war, dass „Geschenkartikel", und dies nur „in Deutschland" vertrieben würden. Wenngleich die Bemühungen des BGH grundsätzlich zu begrüßen sind, die Auswirkungen des Urteils vom 16.4.2002 in den Folgeentscheidungen zum Teil wieder zu korrigieren, lässt gerade der letztgenannte Beispielsfall doch offenbar werden, wie auslegungsfähig und dadurch fragwürdig Missbrauchsverteilungen anhand von Bedingungsdefinitionen letztlich sind (denn Schmuck kann beispielsweise auch Geschenkartikel sein). 22

[2] **Rückforderungsanspruch bei Nichteintritt von Bedingungen.** Unabhängig von der weiter offenen Entwicklung der Rechtsprechung in Mailorder-, Telephone-Order bzw Internet-Order-Kreditkartenfällen, insbesondere der des BGH, den streitigen dogmatischen Fragen und den diversen in Rechtsprechung und Literatur vertretenen Einzelansichten ist derzeit nach herrschender Auffassung jedenfalls davon auszugehen, dass ein Anspruch des Akzeptanzunternehmens gegen das Acquiringunternehmen auf Vergütung nur dann entsteht, wenn die formellen Anforderungen des Akquisitionsvertrages strikt eingehalten und auch sonstige „Bedingungen" eingetreten sind (vgl Muster, II 1 b). 23

Im Muster ist daher eine Klage eines Acquiringunternehmens gegen ein Akzeptanzunternehmen gewählt, die auf der derzeit hM der Qualifikation der Zahlungsverpflichtung des Acquiringsunternehmens als abstraktes Schuldversprechen unter Bedingungen (§§ 780, 158 Abs. 1) aufgebaut ist (zur abweichenden Auffassung der Autorin vgl. insbes. oben Rn 20 ff und unten zu §§ 783 ff), und in der auf den – von der derzeitigen BGH-Rechtsprechung anerkannten – Nichteintritt bestimmter „Bedingungen" abgestellt wird. Andere Konstellationen sind ebenso praxisrelevant, wie zB Fälle des sog. Beleg- oder Umsatz-Splitting (OLG Naumburg ZIP 2002, 1795, 1801) oder Fälle, denen „der Missbrauch auf der Stirn geschrieben steht", insbesondere wenn sich ein Missbrauchsverdacht aufdrängt (Landgericht Frankfurt am Main, Urt. 24

v. 20.1.2004, ZIP 2004, 610), oder wenn im Distanzgeschäft Kreditkarten vorschnell und leichtfertig zur Bezahlung akzeptiert werden (vgl auch Hk-BGB/*Staudinger*, § 780 Rn 2 aE mit Hinweis auf BGH NJW 2002, 3698; vgl auch BGH WM 2004, 426, 429).

25 Als **Rechtsgrundlage** für den Rückforderungsanspruch bei Nichteintritt der Bedingungen in Betracht kommen daher das Bereicherungsrecht (vgl Muster) oder auch etwaige im jeweiligen Akquisitionsvertrag wirksam vereinbarte Rückforderungsklauseln.

26 [3] **Acquiringunternehmen.** Im vorliegenden Muster ist die Klägerin gleichzeitig Kreditinstitut und Acquiringunternehmen. Diese Konstellation ist seit einigen Jahren üblich, nachdem die großen Kreditkartenorganisationen (MasterCard und VISA) auf Lizenzsysteme übergegangen sind und Kreditinstitute auch sog. Acquiringlizenzen erwerben können (für das sog. Issuing-Geschäft (Emissionsgeschäft) werden gesonderte Lizenzen erteilt) (*Grundmann* in: Ebenroth/Boujong/Joost/Strohn, HGB, Bd. 2, BankR II, Rn 443 ff). Mehrheitlich sind derzeit die Kartenemittenten nicht im sog. Händlergeschäft (Acquiring-Geschäft) tätig. Acquiring-Gesellschaften, (zB B&S Card Services GmbH, ConCardis GmbH, etc.) betreiben das Acquiring-Geschäft ausschließlich (zur neueren Entwicklung und zur Mehrgliedrigkeit der Rechtsverhältnisse vgl auch *Hadding* in: Münchener Kommentar, HGB, Bd. 5, ZahlungsVG 9 mwN).

27 [4] **Akzeptanzunternehmen.** Akzeptanzunternehmen steht synonym für Händler, Händlerunternehmen oder auch Vertragsunternehmen. Hierbei handelt es sich um das Unternehmen, das im Rahmen seines Geschäftsbetriebes Dienstleistungen bzw Waren anbietet, und dessen Kunden – aufgrund des Anschlusses an die internationalen Kreditkartensysteme mittels des Akzeptanzvertrages – bargeldlos durch Einsatz der jeweiligen Kreditkarte bezahlen können.

28 [5] **Auflistung der Transaktionen.** Hier sollte eine Auflistung der Kreditkartentransaktionen nach Kartennummer, Datum/Uhrzeit und Betrag (als Mindestangaben) erstellt werden. Die Gerichte sind nicht verpflichtet, sich die für einen Rechtsstreit relevanten Angaben zu den streitbefangenen Kreditkartentransaktionen selbst aus etwa mit der Klageschrift übergebenen Anlagenkonvoluten zusammenzustellen (LG Darmstadt v. 6.11.2009 – 6 S 168/09, n.v.).

29 [6] **Vorbehalt der Rückbelastung.** Zweckmäßig ist es, die Vergütungszahlung an das Vertragsunternehmen bereits im Akzeptanzvertrag unter den Vorbehalt der Rückforderung zu stellen. IdR erfolgen in den Kreditkartensystemen nämlich die Vergütungen der Acquirer an die Akzeptanzunternehmen kurzfristig nach Umsatztätigung und Transaktions-Einreichung. Die Missbräuchlichkeit von Kreditkartentransaktionen wird hingegen erst später im Rahmen der Rückbelastungsvorgänge festgestellt und geltend gemacht wird, nachdem die Transaktionsbeträge bei den rechtmäßigen Karteninhabern nicht belastet werden konnten.

30 [7] **Rückbelastung/Chargeback.** Missbräuchliche Kreditkartentransaktionen können – nach altem wie nach neuem Zahlungsverkehrsrecht – in der Regel den rechtmäßigen Karteninhabern nicht belastet werden (vgl oben zu §§ 675c-676 c, insbes. zu § 675 u; zu den anders gelagerten Fällen bei grob fahrlässigem Karteninhaberverhalten vgl. oben zu §§ 675v-w). Im Kreditkartenverkehr geben Karteninhaber in solchen Fällen eidesstattliche Versicherungen bzw Affidavits ab, in denen ihre Reklamationsgründe ausgewiesen sind (zB die Karteninhaber haben die Kreditkarte nicht für die streitbefangenen Kreditkartentransaktionen eingesetzt; die Karteninhaber haben keinerlei Waren bzw Dienstleistungen von den betreffenden Vertragsunternehmen erhalten; die Unterschrift auf den Belastungsbelegen ist gefälscht, etc.). In diesen Fällen belasten die jeweiligen Kartenemittenten die Transaktionsbeträge zurück (sog. Rückbelastung, Chargeback).

31 [8] **Internationale Regularien.** Alle Kreditkartensysteme verfügen über umfassende sog. Internationale Regularien. Sie enthalten äußerst detaillierte Beschreibungen der Verfahrensabläufe, wie auch genaue Regelungen für die Abwicklung von Rückbelastungen (sog. Chargebacks). Sie halten eine Vielzahl von sog. Rückbelastungsgründen (Chargeback-Reasons) bereit (vgl auch die neuen SEPA-Rulebooks für Kartenzahlungen; s.a. oben Rn 16).

[9] Schadenersatzansprüche des Akzeptanzunternehmens wegen Verletzung von Kontrollpflichten des Acquiring-Unternehmens. Ansprüchen des Acquiringunternehmens gegen das Akzeptanzunternehmen können uU Gegenansprüche des Akzeptanzunternehmens gegengegengehalten werden (dolo-agit-Einrede, § 242) bzw diese können gemindert werden (§ 254 Abs. 1), wenn das Acquiringunternehmen den Schaden (mit-)verursacht hat. Die noch im Urteil des BGH v. 13.1.2004 (BGHZ 157, 256, 267 ff) vertretene Auffassung, dass den Acquirer im Distanzgeschäft eine Kontrollpflicht bezüglich der Identität von Besteller- und Karteninhabernamen auch schon vor Erteilung der Genehmigungsnummer treffe, hat der BGH zwischenzeitlich wieder aufgegeben (BGH, Urt. v. 16.3.2004, BKR 2004, 242). Schadenersatzansprüche des Akzeptanzunternehmens gegen das Acquiringunternehmen können nach Auffassung des BGH jedoch begründet sein, wenn das Acquiringunternehmen die ihm obliegende Pflicht verletzt, vor Zahlung an das Akzeptanzunternehmen die Identität von Besteller- und Karteninhabernamen zu kontrollieren (BGH, Urt.v. 13.1.2004, BGHZ 157, 256, 267 ff). 32

Die Auferlegung einer Kontrollpflicht zu Lasten der Acquiringunternehmen des Inhalts, vor Zahlung an das Akzeptanzunternehmen die Identität von Besteller- und Karteninhabernamen zu kontrollieren, ist jedoch abzulehnen. Die Judikatur des BGH steht unter der unrealistischen Prämisse, dass der Acquirer „eine einfache Möglichkeit" habe, den Missbrauch von Kreditkarten dadurch aufzudecken, dass er Besteller- und Karteninhaber-Namen vergleicht. Eine solche Möglichkeit besteht jedoch nicht. Verfehlt meint *Jungmann* (WM 2005, 1351), die technischen Voraussetzungen für den vom BGH geforderten Abgleich der Namens-Identität von Besteller und Karteninhaber seien „im Rahmen des weltweiten Autorisierungs- und Clearingnetzes" schon längst erfüllt. Das Verfahren, das er hierbei zur Begründung seiner Auffassung heranzieht, den sog. „Adress Verification Service" (AVS), leistet den Abgleich von Namen und Adresse des Bestellers und des Karteninhabers jedoch nicht. Im Rahmen des AVS kann nur überprüft werden, ob es eine vom Besteller angegebene Adresse überhaupt gibt; es erfolgt jedoch kein Abgleich von Name und Adresse des Bestellers mit dem Namen und der Adresse des Karteninhabers und keine Identitätsprüfung des Bestellers mit dem Karteninhaber. Schließlich würde ein derartiger Schadenersatzanspruch Verschulden des Acquiringunternehmens voraussetzen; ein solches Verschulden fehlt jedoch regelmäßig, da der Acqurirer verfahrensbedingt überhaupt nicht in der Lage ist, eine derartige Kontrollpflicht zu erfüllen (*Meder*, BKR 2004, 242, 245; *ders.*, JZ 2004, 503, 505; ZIP 2004, 1044, 1045; weiterführend zu den Gründen, warum der AVS bislang in Deutschland noch nicht angeboten wurde vgl *Meder*, Rechtsprobleme bei Zahlungen im Internet – Kreditkarte, Paypal, CyberCash & Co, in: Hoffmann/Leible/Sonitza, Vertrag und Haftung im E-Commerce, 2006, 99 ff). Jedenfalls ist ein Gegenspruch des Akzeptanzunternehmens bzw. eine Einwendung gegen den Rückzahlungsanspruch des Acquirers zu verneinen, wenn der Schaden nicht vermieden worden wäre, selbst wenn der Acquirer vor Auszahlung an das Akzeptanzunternehmen die Identität des Karteninhabers mit dem Besteller geprüft hätte (OLG Frankfurt am Main, Urt. v. 2.12.2004 – 1 U 53/04, abrufbar unter www.dr-beesch.de/urteile). 33

[10] Muster von Akquisitionsverträgen. Ein Muster von Vertragsbedingungen für die MasterCard-Kreditkartenakzeptanz im Präsenzgeschäft sowie ein Auszug aus den Vertragsbedingungen für die MasterCard-Kreditkartenakzeptanz im Ferngeschäft (sog. Distanzgeschäft bzw MOTO/Internet-Geschäft) ist abgedruckt in: Ebenroth/Boujong/Joost/Strohn, HGB, Bd. 2, BankR II, Rn 450 und Rn 451). 34

§ 782 Formfreiheit bei Vergleich

Wird ein Schuldversprechen oder ein Schuldanerkenntnis auf Grund einer Abrechnung oder im Wege des Vergleichs erteilt, so ist die Beobachtung der in den §§ 780, 781 vorgeschriebenen schriftlichen Form nicht erforderlich.

1 **Formfreiheit.** § 782 sieht – in Ausnahme zu §§ 780, 781 – die Formfreiheit unter bestimmten Voraussetzungen vor, namentlich für die Fälle, dass der Schuldner die Schuld aufgrund einer Abrechnung oder eines Vergleichs anerkennt (Hk-BGB/*Schulze*, § 782 Rn 1).

Titel 23 Anweisung

§ 783 Rechte aus der Anweisung

Händigt jemand eine Urkunde, in der er einen anderen anweist, Geld, Wertpapiere oder andere vertretbare Sachen an einen Dritten zu leisten, dem Dritten aus, so ist dieser ermächtigt, die Leistung bei dem Angewiesenen im eigenen Namen zu erheben; der Angewiesene ist ermächtigt, für Rechnung des Anweisenden an den Anweisungsempfänger zu leisten.

§ 784 Annahme der Anweisung

(1) Nimmt der Angewiesene die Anweisung an, so ist er dem Anweisungsempfänger gegenüber zur Leistung verpflichtet; er kann ihm nur solche Einwendungen entgegensetzen, welche die Gültigkeit der Annahme betreffen oder sich aus dem Inhalt der Anweisung oder dem Inhalt der Annahme ergeben oder dem Angewiesenen unmittelbar gegen den Anweisungsempfänger zustehen.
(2) 1Die Annahme erfolgt durch einen schriftlichen Vermerk auf der Anweisung. 2Ist der Vermerk auf die Anweisung vor der Aushändigung an den Anweisungsempfänger gesetzt worden, so wird die Annahme diesem gegenüber erst mit der Aushändigung wirksam.

§ 785 Aushändigung der Anweisung

Der Angewiesene ist nur gegen Aushändigung der Anweisung zur Leistung verpflichtet.

1 **A. Muster: Kreditkartenzahlung als erweiterte Anweisung[1]**

► **Kreditkarten-Belastungsbeleg[2]**

Hotel Schloss ■■■

D-■■■ [Adresse][3]

Bezahlung American Express[3]

Betrag: ■■■ EUR

Datum ■■■ Uhrzeit ■■■

Terminal-ID Nr ■■■.

TA-Nr. ■■■ Beleg-Nr ■■■.

Karten-Nr. ■■■.

gültig bis (MM/JJ) ■■■

VU-Nr. ■■■

Abwicklungscode ■■■

Autorisierungsantwortcode ■■■

Autorisierungsnummer ■■■

AID ...[4]

...

Unterschrift des Karteninhabers[5] ◄

B. Erläuterungen

[1] **Anweisungsrecht/Grundmodell für bargeldlose Zahlungen.** Die Anweisung (lat. *delegatio*) ist zugeschnitten auf die Abwicklung von bargeldlosen Zahlungen in **Drei- oder Mehr-Personen-Verhältnissen** und damit auch prädestiniert für Problemlösungen in den Rechtsverhältnissen des modernen Zahlungsverkehrs (Giroüberweisung, Lastschriftverfahren, Zahlungskartenverfahren, Dokumentenakkreditiv). Die Anweisung, an der mindestens drei Personen beteiligt sind – der Anweisende (= Aussteller, Delegant, Assignant), der Angewiesene (= Delegat, Assignat) und der Anweisungsempfänger (Delegatar, Assignatar) –, ermöglicht, dass durch einen Akt zwei Leistungen erbracht werden, die zur gleichzeitigen Tilgung von Verbindlichkeiten führen (Simultanleistung). Damit können Aufwand und auch mehrere Barzahlungen erspart werden, die jede Schuld einzeln tilgen. Die Leistung des Angewiesenen an den Anweisungsempfänger (sog. Vollzugsverhältnis) wird sowohl dem sog. Valutaverhältnis (= Rechtsbeziehung zwischen Anweisendem und Anweisungsempfänger, die Aufschluss über den Grund der Zuwendung gibt) als auch dem sog. Deckungsverhältnis (= Rechtsverhältnis zwischen Anweisendem und Angewiesenem, in dem für den Gegenwert der Leistung des Angewiesenen an den Anweisungsempfänger gesorgt wird) zugerechnet. Die Anweisung enthält eine **Doppelermächtigung**: Der Anweisungsempfänger wird ermächtigt, die Leistung zu fordern, und dem Angewiesenen wird gestattet, an den Empfänger zu leisten (Hk-BGB/*Schulze*, § 783 Rn 1; Palandt/*Sprau*, § 783 Rn 3; weiterführend Staudinger/*Marburger*, § 783 Rn 1; vgl *ders.* aaO mit umfangreichen Nachweisen zum Schrifttum nebst systematischen und alphabetischen Übersichten zu den vielfältigen Erscheinungsformen der Anweisung). 2

Die praktische Bedeutung der in den §§ 783 ff geregelten BGB-Anweisung ist gering, da ihr ein **enger Anweisungsbegriff** zugrunde liegt und die gesetzlich vorgesehenen Formvoraussetzungen häufig nicht erfüllt sind. § 783 regelt Begriff und Wirkung der Anweisung; die Anweisungserklärung muss in einer Urkunde verkörpert sein, die an den Anweisungsempfänger auszuhändigen ist. § 784 bestimmt die Leistungsverpflichtung des Angewiesenen gegenüber dem Anweisungsempfänger, sobald der Angewiesene die Anweisung – durch schriftlichen Vermerk auf der Urkunde – „angenommen" hat. § 785 sieht die Leistungsverpflichtung des Angewiesenen nur Zug um Zug gegen Aushändigung der Anweisung vor, wodurch die Anweisung echtes Wertpapier ist. 3

Praktische Bedeutung kommt den **Sonderformen** der Anweisung zu, wie dem gezogenen Wechsel (Wechselgesetz), dem Scheck (Scheckgesetz) oder der kaufmännischen Anweisung, die allerdings spezialgesetzlich geregelt sind (WechselG, ScheckG, §§ 363 ff HGB); für sie kommt eine ergänzende Heranziehung der Normen der §§ 783 ff – etwa bei spezialgesetzlichen Formnichtigkeiten und Umdeutungen – in Betracht. Zu Mustern des Wechsel-, Scheck- und Urkundenprozesses vgl *Schrader* in: Vorwerk, Das Prozess-Formular-Buch, Kap. 38 mwN; vgl weiterführend Hellner/Steuer, Bankrecht und Bankpraxis, Loseblattausgabe, Stand 4/2010, Bd.3 Rn 6/520 ff (Wechselverkehr) und Rn 6/700 (Scheckverkehr); Baumbach/Hefermehl/Casper, WG, SchG und Recht der kartengestützten Zahlungen, Kommentar; *Hakenberg* in: Ebenroth/Boujong/Joost/Strohn, HGB Bd. 2, § 363 Rn 1 ff, BankR II Wechselrecht/Scheckrecht, Rn II 161 ff mwN. 4

Eine große praktische Bedeutung könnte die Anweisung für die heute vielförmigen Instrumente des **bargeldlosen Zahlungsverkehrs** gewinnen, denn grundsätzlich sind zB Überweisung, Lastschrift und Zahlungskartenverfahren aufgrund ihrer Strukturähnlichkeiten auf das Grundmodell der Anweisung zurückzuführen. Dies gilt auch nach dem Inkrafttreten des neuen Zah- 5 lungsdiensterechts des BGB mWv 31.10.2009 auf der Grundlage der Zahlungsd-RL, denn das neue Recht hält keine rechtsdogmatischen Einordnungen, sondern nur ein – unvollständiges – rechtstechnisches Rahmenregelwerk bereit (vgl oben Vor §§ 675 c ff, zu §§ 675c-676 c sowie zu §§ 780 f).

6 Es besteht Einigkeit darüber, dass in den §§ 783 ff von den Gesetzesverfassern nur der Unterfall der schriftlichen und indirekten, mittelbaren Anweisung geregelt worden ist. Die **allgemeine Anweisung**, deren Grundmodell die römische *delegatio* bildet und die viele weitere Gestaltungsmöglichkeiten kennt, blieb gesetzlich ungeregelt und der freien Parteivereinbarung überlassen. Die BGB-Regeln sind auf die weiteren Formen von Anweisungen übertragbar. Das BGB erkennt auch extravagante Anweisungsformen (**weiter Anweisungsbegriff**) an (Hk-BGB/*Schulze*, § 783 Rn 1), für die bestimmte – in den §§ 783 ff geregelte – Formerfordernisse auch entfallen dürfen. Insbesondere können auch mündliche Anweisungen wirksam sein oder kann vom „schriftlichen Vermerk“ auf der Anweisung (§ 784 Abs. 2) abgesehen werden (zB wenn dem Zweck der Norm des § 784 Abs. 2, der Anweisung eine gewisse Zirkulationsfähigkeit zu verleihen und geschäftsunkundigen Volkskreisen Schutz zu gewähren, nicht genüge zu tun ist – etwa bei einem Kreditinstitut als Angewiesenem) (*Meder*, AcP 198 (1998), 72 ff, 77 ff, 89).

7 In § 784 wird die **Annahme der Anweisung** geregelt und damit der Zeitpunkt bestimmt, wann der Anweisungsempfänger eine der Barzahlung entsprechende Sicherheit erlangt. Mit der Annahme der Anweisung durch den Angewiesenen wird eine **abstrakte Verpflichtung** gegenüber dem Empfänger auf Tilgung der Verbindlichkeit aus dem Valutaverhältnis begründet. Der Empfänger kann auf die Zahlung vertrauen; ein Widerruf ist ab diesem Zeitpunkt durch § 790 ausgeschlossen (vgl auch unten zu § 790). Die Annahme kann bei der BGB-Anweisung durch schriftlichen Vermerk auf der Anweisung erfolgen; bei Rechtsgeschäften, die dem erweiterten Anweisungsbegriff unterstellt werden können, ist die Einhaltung der Form des § 784 Abs. 2 nicht zwingend.

8 Im Fall der angenommenen Anweisung fehlt es an einer Kausalbeziehung zwischen Schuldner (Angewiesenem) und Gläubiger (Anweisungsempfänger). Die abstrakte – zweckneutrale – Verpflichtung des Angewiesenen ist unabhängig von den Kausalverhältnissen, die lediglich zwischen Anweisendem und Angewiesenem (= Deckungsverhältnis) sowie Anweisendem und Anweisungsempfänger (= Valutaverhältnis) bestehen. Diese Unabhängigkeit kommt in § 784 Abs. 1 dadurch zum Ausdruck, dass der Angewiesene gegenüber dem Anweisungsempfänger Einwendungen aus den beiden Kausalverhältnissen nicht erheben kann (**Einwendungsausschluss**). Der Grund für diese Regelung besteht in der zahlungsverkehrstechnischen Funktion der Anweisung; sie soll die glatte Abwicklung der Zahlungen befördern. Dem Empfänger kann somit eine der Barzahlung entsprechende Sicherheit gewährt werden (*Meder*, AcP 198 (1998), 72 ff, 92; *ders.* in: FS Huwiler 2007, 441 ff, 467).

9 Der entscheidende – aus der Anweisungsstruktur unmittelbar folgende – Vorzug der Anweisungskonstruktion für bargeldlose Zahlungen besteht darin, dass die **Kondiktion** (§§ 812 Abs. 1 und 2, 821) des – abstrakten, zweckneutralen und einwendungsunabhängigen – Zahlungsversprechens des Angewiesenen **ausgeschlossen** ist (vgl *Meder* in: FS Huwiler 2007, 441 ff; Staudinger/*Marburger*, § 783 Rn 1 ff, Rn 33 ff, Rn 37 ff, zur Kreditkarte Rn 46 ff mwN; vgl auch oben zu § 675 c, insbes Rn 5 mwN).

10 Rechtsprechung und Lehre haben bisher nicht die Chance genutzt, den bargeldlosen Zahlungsverkehr in Weiterentwicklung der römischen *delegatio* als allgemeinen Anweisungsfall einzuordnen (*Schnauder*, JZ 2009, 1092, 1102) und die erweiterte Anweisung für die Erfassung gemeinsamer Strukturelemente bargeldloser Zahlungen fruchtbar zu machen. Wie bereits oben ausgeführt (vgl auch Vor §§ 675 c ff Rn 1 und zu § 675 c Rn 5), könnte sich unter dem neuen Zahlungsdiensteregime und dem harmonisierten europäischen Rechtsrahmen hierzu eine neue Gelegenheit bieten.

Derzeit behandelt die hM solche Zahlungsvorgänge nach auftrags- und geschäftsbesorgungsvertraglichen Grundsätzen (Weisungsmodell) (vgl oben zu § 675 c, insbes. Rn 5 mwN; BGHZ 91, 221, 224; MüKo-HGB/*Hadding*, Anh. I, Recht des Zahlungsverkehrs, Rn G 31 f). Auf dieser Basis ist – unter Inkaufnahme von Systemverlusten – eine Art von Sonderdogmatik entwickelt worden, die u.a. dazu geführt hat, dass bei Zahlungssystemen wie Überweisung, Zahlungskartenverfahren oder Dokumentenakkreditiv die abstrakte Verpflichtung des Angewiesenen gegenüber dem Anweisungsempfänger nicht auf die angenommene Anweisung (entspr. § 784), sondern auf ein abstraktes Schuldversprechen gemäß § 780 gestützt wird (vgl oben zu §§ 780 f; BGHZ 157, 256, 261 ff; *Martinek/Oechsler* in: Schimansky/Bunte/Lwowski, Bankrechts-Handbuch, § 67 Rn 66 mwN). Um die hieran anknüpfenden, aber nicht gewünschten Kondiktionsfolgen der §§ 812, 821 zu vermeiden, muss die hM jedoch dem Delegationsversprechen „gesteigerte Abstraktionswirkungen" zusprechen (vgl *Schnauder*, JZ 2009, 1092, 1100 mwN). 11

Nach richtiger Auffassung ist jedoch die abstrakte Verpflichtung des Angewiesenen gegenüber dem Anweisungsempfänger als erweiterte Anweisung zu qualifizieren (*Meder* in: FS Huwiler 2007, 441 ff, 442, 455, 461; *ders.*, AcP 198 (1998), 72 ff; *Schnauder*, JZ 2009, 1092; so für die SEPA-Lastschrift auch *Einsele*, AcP 2009, 719, 758, vgl bereits oben zu § 675 j Rn 8 mwN; so für die Überweisung auch *Meder* in: FS Bucher 2009, S. 529 ff, und *Blissenbach*, Überweisung als Anweisungsgeschäft: Konsequenzen für den Bereicherungsausgleich in Fälschungsfällen, 2008), und nicht als abstraktes Schuldversprechen. Denn zum einen kann es schon systembedingt verschiedene Abstraktionsstufen nicht geben: rechtsgrundunabhängiger als rechtsgrundunabhängig kann eine Zuwendung nicht sein. Zum anderen bestehen zwischen Anweisung und abstraktem Schuldversprechen nicht nur etwa graduelle Abstraktionsunterschiede, sondern kategorische und strukturelle Differenzen, da allein über § 794 die Einwendungen des Verpflichteten abgeschnitten werden können und die Kondiktion des – abstrakten, zweckneutralen und einwendungsunabhängigen – Zahlungsversprechens des Angewiesenen ausgeschlossen ist (*Meder* in: FS Huwiler 2007, 455, 456 ff, 466 mwN). Nur so kann dem Begünstigten (Anweisungsempfänger) ein Maß an Sicherheit gewährt werden kann, dessen es bedarf, wenn er sich dazu entscheidet, anstelle einer Barzahlung eine bargeldlose Zahlung zu akzeptieren. Hingegen ist das Schuldversprechen des § 780 (das ohnehin nur auf Zwei-Personen-Verhältnisse, nicht auf Drei- und Mehr-Personenverhältnisse zugeschnitten ist, vgl oben zu §§ 780 f) als ein Gegenstand der Leistung kondizierbar wie sonstige Erfüllungsleistungen, so dass es dem Begünstigten (Anweisungsempfänger) nicht die Sicherheit zu gewähren vermag, deren er bedarf, um anstelle einer Barzahlung eine bargeldlose Zahlung akzeptieren zu können (*Meder* aaO, 466). 12

[2] Kreditkartenzahlung als erweitertes Anweisungsgeschäft. Vorliegend ist als Muster eine Kreditkartenzahlungsanweisung in Form eines Kreditkarten-Belastungsbelegs im Präsenzgeschäft des American Express-Kreditkartenverfahrens gewählt. Die Kreditkartenzahlung entspricht den Merkmalen des erweiterten Anweisungsgeschäfts (*Meder* in: FS Huwiler 2007, 441, 459 ff; ders., AcP 198 (1998), 72ff, 90 ff; *Bülow*, WM 2000, 58, 59; *Schnauder*, NJW 2003, 849 f; *Krügel*, E-Commerce – Das Risiko des Versendungskaufs, 2005, 61 ff mwN; vgl auch OGH, Urt.v. 13.6.2005, ZIP 2005, 1729, 1731 nebst Anm. *Meder* in EWiR § 879 ABGB 1/05, 749; *Hadding* in: *Wiegand*, Banken und Bankrecht im Wandel, Bern 2004, 113, 120 f; für echte Anweisung und unmittelbare Anwendung der §§ 783 ff: Staudinger/*Marburger*, § 783 Rn 47; OLG Frankfurt WM 1994, 942; OLG Karlsruhe NJW-RR 1991, 237, 238). Der Karteninhaber (Anweisender) händigt nach Unterzeichnung des Belastungsbelegs dem Akzeptanzunternehmen (Anweisungsempfänger) eine Urkunde aus, die die gemäß § 783 vorausgesetzte Doppelermächtigung aufweist. Ermächtigt wird zum einen das Karteninstitut (Angewiesener/Acquiringunternehmen; in mehrgliedrigen Systemen – vgl oben 675 d, insbes. Rn 5 – bedarf es der Reduktion auf dieses), für Rechnung des Karteninhabers und im eigenen Namen an das Akzeptanzunternehmen zu leisten. Zum anderen wird das Akzeptanzunternehmen (Anweisungsempfänger) er- 13 mächtigt, die Leistung beim Karteninstitut im eigenen Namen zu erheben. Auch ist die durch das Karteninstitut im Verhältnis zum Akzeptanzunternehmen begründete Verpflichtung eine abstrakte Verbindlichkeit. Die Annahme erfolgt über die Rechtsfigur einer stillschweigenden Vertragsannahme mit Verwahrungsvorbehalt. Durch die Annahme der Anweisung erhält das Akzeptanzunternehmen (Anweisungsempfänger) einen rechtlich durchsetzbaren Anspruch auf Leistung gegen das angewiesene Karteninstitut. Die abstrakte Verpflichtung entsteht über § 784 Abs. 1 in dem Zeitpunkt, in dem das Akzeptanzunternehmen den Belastungsbeleg ordnungsgemäß ausgestellt hat. Die in § 784 Abs. 2 enthaltene und dem Wechselrecht entlehnte Förmlichkeit (schriftlicher Vermerk des Angewiesenen auf der Anweisung) ist verzichtbar und hindert die Anwendung des § 784 Abs. 1 im Kreditkartenrecht nicht, da Belastungsbelege keine zur Zirkulation bestimmten Urkunden sind und Kreditkarteninstitute auch nicht zu jenen Kreisen der Bevölkerung gehören, denen § 784 Abs. 2 Schutz gewähren soll (*Meder*, AcP 198 (1998), 72, 96; *ders.* in: FS Huwiler, 2007, 441, 461 ff).

14 Ihrer wirtschaftlichen Zweckbestimmung kann die Kreditkartenzahlung dadurch genügen, dass die unverzügliche Annahme der Zahlungsanweisung bedingt, dass die Anweisung von Anfang an **unwiderruflich** ist (bisher gemäß § 790 analog, nach neuem Zahlungsdiensterecht gemäß § 675 p Abs. 2 S. 1; vgl oben zu § 675 f Rn 17 und zu § 675 p). Vgl auch oben zu §§ 675u-w zur Rechtslage bei Missbrauch und Fälschung.

15 [3] **Akzeptanzunternehmen/Karteninstitut (Zahlungsdienstleister).** Im vorliegenden Muster ist das Hotel Schloss ... Akzeptanzunternehmen und Anweisungsempfänger; American Express Inc. ist die Angewiesene.

16 [4] **Sonstige Bestandteile des Belastungsbelegs.** Der Belastungsbeleg enthält viele weitere Bestandteile, die die – beim Kreditkartenpräsenzgeschäft in der Unterschrift des Karteninhabers liegende - Anweisung des Karteninhabers konkretisieren und denen jeweils spezifische Bedeutungen bei Abwicklung und evtl Rückabwicklung des Zahlungsvorgangs zukommen, wie zB den Zahlungsbetrag, Datum, Uhrzeit, Terminal-ID-Nummer, Transaktionsnummer, Belegnummer, Kartennummer und Gültigkeitsdatum der Karte, Nummer des Akzeptanzunternehmens, Abwicklungscode, Autorisierungsantwortcode, Autorisierungsnummer. Die Erfordernisse an die Vertrags- und Ordnungsgemäßheit eines Belastungsbelegs sind im einzelnen insbesondere in den Akquisitionsverträgen nebst AGB geregelt; zur Bedeutung von Bestandteilen und Bedingungen vgl auch oben zu §§ 780 f Rn 13 ff.

17 [5] **Unterschrift des Karteninhabers.** In der Unterschrift des Karteninhabers liegt im Kreditkartenpräsenzgeschäft dessen Anweisung mit der Doppelermächtigung an das Akzeptanzunternehmen, die Leistung beim Karteninstitut zu fordern, verbunden mit der Gestattung gegenüber dem Karteninstitut, an das Akzeptanzunternehmen zu leisten (vgl bereits oben zu §§ 675 c, 675 d, 675 f, 675 p sowie zu §§ 780 f). Zur Doppelnatur von Weisung und Anweisung bei der Kreditkartenzahlung vgl Staudinger/*Marburger*, § 783 Rn 47; *Meder*, ZBB 2000, 89, 95).

18 [6] **Andere Formen bargeldloser Zahlungen als erweiterte Anweisungen.** Der Tatbestand der Anweisung lässt sich als Anknüpfungspunkt für die Bewältigung von „Anweisungsfällen" auch für die anderen Institute der modernen Zahlungssysteme wiedergewinnen, insbesondere für Überweisung, Lastschrift, sonstige Kartenzahlungsverfahren und Dokumentenakkreditiv (vgl oben, insbes. Rn 10 ff mwN). Die Anweisung erlaubt eine Systembildung, auf deren Basis einheitliche und folgerichtige Lösungen für Problemfälle entwickelt werden können, wie zB beim Missbrauchseinsatz von Kreditkarten im E-Commerce oder bei Fälschung von Giroüberweisungen. Das Fehlen etwaiger formeller Voraussetzungen der BGB-Anweisung in engem Sinne, das in der bisherigen Literatur häufig als Argument für die Ablehnung der Heranziehung der Anweisung zur Lösung bestimmter sachlicher Probleme vorgebracht wird, ist für die extravaganten Formen der Anweisung bzw erweiterten Anweisungen nicht relevant.

§ 786 (weggefallen)

§ 787 Anweisung auf Schuld

(1) Im Falle einer Anweisung auf Schuld wird der Angewiesene durch die Leistung in deren Höhe von der Schuld befreit.
(2) Zur Annahme der Anweisung oder zur Leistung an den Anweisungsempfänger ist der Angewiesene dem Anweisenden gegenüber nicht schon deshalb verpflichtet, weil er Schuldner des Anweisenden ist.

A. Muster: Anweisung auf Schuld 1

606

▶ **Anweisung auf Schuld**[1]

Herrn/Frau

■■■

D-■■■, [Adresse]

Hiermit weise ich Sie an, am ■■■ zu Lasten meines bei Ihnen geführten Guthabens den Betrag von ■■■ EUR an Herrn/Frau ■■■, D-■■■, [Adresse] ■■■, zu zahlen.

Ort ■■■, Datum ■■■

■■■

(Anweisender/Anweisende)

Vorstehende Weisung angenommen:

Ort ■■■, Datum ■■■

■■■

(Anweisungsempfänger) ◀

B. Erläuterungen

[1] **Anweisung auf Schuld.** § 787 regelt – für das Deckungsverhältnis ausschnittweise – Tilgungswirkungen für den Fall, dass der Angewiesene Schuldner des Anweisenden ist (Anweisung auf Schuld). Der Angewiesene kann sich durch Leistung an den Anweisungsempfänger von dieser Schuld befreien (BGH NZG 2009, 102; Hk-BGB/*Schulze*, § 787 Rn 1; weiterführend vgl Palandt/*Sprau*, § 787 Rn 1 ff mwN; Staudinger/*Marburger*, § 787 Rn 1 ff, insbes. Rn 2 zum Erfordernis der Tilgungsbestimmung). Auch vor Aushändigung der Anweisung an den Anweisungsempfänger kann der Anweisende sie dem Angewiesenen zur Annahme präsentieren. In diesem Fall wird die Annahme dem Anweisungsempfänger gegenüber erst wirksam, wenn die Anweisung ihm zugeht (vgl mit weiteren Beispielen *Kroh* in: Fingerhut, Vertrags- und Formularbuch, § 45 Anweisung, Scheck und Wechsel). 2

§ 788 Valutaverhältnis

Erteilt der Anweisende die Anweisung zu dem Zwecke, um seinerseits eine Leistung an den Anweisungsempfänger zu bewirken, so wird die Leistung, auch wenn der Angewiesene die Anweisung annimmt, erst mit der Leistung des Angewiesenen an den Anweisungsempfänger bewirkt.

Anweisung ist keine Zahlung. § 788 bringt – für das Valutaverhältnis – den Grundsatz „Anweisung ist keine Zahlung" zum Ausdruck. Vielmehr setzt die anweisungsgemäße Zuwendung die tatsächliche Leistungsbewirkung voraus (zB Erfüllung) (vgl weiterführend Staudinger/*Marburger*, § 788 Rn 1 ff). 1

§ 789 Anzeigepflicht des Anweisungsempfängers

[1]Verweigert der Angewiesene vor dem Eintritt der Leistungszeit die Annahme der Anweisung oder verweigert er die Leistung, so hat der Anweisungsempfänger dem Anweisenden unverzüglich Anzeige zu machen. [2]Das Gleiche gilt, wenn der Anweisungsempfänger die Anweisung nicht geltend machen kann oder will.

1 **Benachrichtigungspflichten des Anweisungsempfängers.** Zum Schutz des Anweisenden sieht § 789 eine Anzeigepflicht des Anweisungsempfängers für den Fall vor, dass der Angewiesene vor Fälligkeit die Annahme der Anweisung oder die Leistung verweigert. Eine schuldhafte Verletzung der Anzeigepflicht kann Schadenersatzansprüche des Anweisenden gegenüber dem Anweisungsempfänger nach sich ziehen (vgl weiterführend Staudinger/*Marburger*, § 789 Rn 1 ff).

§ 790 Widerruf der Anweisung

[1]Der Anweisende kann die Anweisung dem Angewiesenen gegenüber widerrufen, solange nicht der Angewiesene sie dem Anweisungsempfänger gegenüber angenommen oder die Leistung bewirkt hat. [2]Dies gilt auch dann, wenn der Anweisende durch den Widerruf einer ihm gegen den Anweisungsempfänger obliegenden Verpflichtung zuwiderhandelt.

1 **Erlöschen der Anweisung durch Widerruf.** Gemäß § 790 ist die Anweisung frei widerruflich, allerdings nur solange der Angewiesene die Anweisung nicht angenommen hat (§ 784). Mit der Annahmeerklärung ist das Widerrufsrecht ausgeschlossen; ebenso ausgeschlossen ist der Widerruf, sobald der Angewiesene die Leistung bewirkt hat (§ 790 S. 1). Der Widerruf ist einseitige, empfangsbedürftige Willenserklärung, die gegenüber dem Angewiesenen abzugeben ist; die Abgabe gegenüber dem Anweisungsempfänger ist ohne Wirkung. Ein wirksamer Widerruf bewirkt das Erlöschen der Anweisung (vgl weiterführend Palandt/*Sprau*, § 790, Rn 1 ff; Staudinger/*Marburger*, § 790 Rn 1 ff mwN).

2 **Bedeutung des Widerrufs für den bargeldlosen Zahlungsverkehr.** Schon vor dem Inkrafttreten des Zahlungsdienstegesetzes vom 27.7.2009 (BGBl. I 2009, 2355 ff; s.o. zu §§ 675c-676 c) war die Festlegung der jeweiligen Zeitpunkte der Widerrufsmöglichkeiten von Zahlern beim Einsatz der verschiedenen Instrumente des bargeldlosen Zahlungsverkehrs umstritten (vgl Staudinger/*Marburger*, §§ 783 ff Rn 1 ff, Rn 48 und § 790 Rn 1 ff mwN).

3 Für die Kreditkartenzahlung hatte sich die überwiegende Auffassung durchgesetzt, dass die in der Kreditkartenzahlung liegende Anweisung nach § 790 S. 1 von Anfang an unwiderruflich ist (vgl bereits oben zu § 675 f Rn 17, zu § 675 p sowie zu §§ 783-785, jeweils mwN; vgl auch AG Frankfurt am Main, WM 1998, 2145; vgl. auch OLG Frankfurt am Main, WM 1994, 942; Meder, NJW 1993, 3245; ders., ZBB 2000, 89, 96; Staudinger/*Marburger*, § 783 Rn 48 mvwN – auch zur Gegenmeinung). Unmittelbar nach Annahme im Sinne des § 784 muss der anweisende Karteninhaber die gegenüber dem Akzeptanzunternehmen begründete Verbindlichkeit gegen sich gelten lassen, da diese selbständigen Charakter trägt. Dieses selbständige Verhältnis kann nicht mehr durch Widerruf alterirt werden. Die Parteien haben in diesem Zeitpunkt irreversibel disponiert (s.o. zu §§ 783-785; vgl grundlegend *Meder*, Bargeldlose Zahlung, 1996, 240 f; *ders.* AcP 198 (1998), 72ff, 101 f).

4 **Neuregelungen des Widerrufsrechts durch das ZahlungsdiensteG.** Nach Inkrafttreten des Zahlungsdienstegesetzes vom 27.7.2009 (BGBl. I 2009, 2355 ff; s.o. zu §§ 675c-676 c) mWv 31.10.2009 hat sich der Praxisbereich, in dem die analoge Anwendung des § 790 S. 1 in Betracht kam, erheblich verkleinert. Das neue Gesetz hält nunmehr für Überweisung, Lastschrift und Kartenzahlungen Spezialregelungen für den Widerruf bereit (§§ 675 j Abs. 2, § 675 n, § 675 p, § 675 s; vgl hierzu jeweils die Kommentierungen oben zu §§ 675c-676 c). Insgesamt sind die für den Widerruf relevanten Zeitpunkte erheblich vorverlagert worden; im Grundsatz tritt Unwiderruflichkeit mit Zugang des Zahlungsauftrags beim Zahlungsdienstleister (§ 675 n) ein. Für Kreditkartenzahlungen sieht § 675 n Abs. 2 S. 1 für den Zeitpunkt der

Unwiderruflichkeit die Übermittlung des Zahlungsauftrags an den Zahlungsempfänger vor. Dies bestätigt im Ergebnis die schon früh für die Kreditkartenzahlung von den Anhängern des Anweisungsmodells vertretene Unwiderruflichkeit ab ordnungsgemäßer Ausstellung des Belastungsbelegs. Damit ist nunmehr auch gesetzlich praktisch die Unwiderruflichkeit von durch Karteneinsätze autorisierten Zahlungsvorgängen eingetreten.

§ 791 Tod oder Geschäftsunfähigkeit eines Beteiligten

Die Anweisung erlischt nicht durch den Tod oder den Eintritt der Geschäftsunfähigkeit eines der Beteiligten.

§ 792 Übertragung der Anweisung

(1) [1]Der Anweisungsempfänger kann die Anweisung durch Vertrag mit einem Dritten auf diesen übertragen, auch wenn sie noch nicht angenommen worden ist. [2]Die Übertragungserklärung bedarf der schriftlichen Form. [3]Zur Übertragung ist die Aushändigung der Anweisung an den Dritten erforderlich.
(2) [1]Der Anweisende kann die Übertragung ausschließen. [2]Die Ausschließung ist dem Angewiesenen gegenüber nur wirksam, wenn sie aus der Anweisung zu entnehmen ist oder wenn sie von dem Anweisenden dem Angewiesenen mitgeteilt wird, bevor dieser die Anweisung annimmt oder die Leistung bewirkt.
(3) [1]Nimmt der Angewiesene die Anweisung dem Erwerber gegenüber an, so kann er aus einem zwischen ihm und dem Anweisungsempfänger bestehenden Rechtsverhältnis Einwendungen nicht herleiten. [2]Im Übrigen finden auf die Übertragung der Anweisung die für die Abtretung einer Forderung geltenden Vorschriften entsprechende Anwendung.

Titel 24 Schuldverschreibung auf den Inhaber

§ 793 Rechte aus der Schuldverschreibung auf den Inhaber

(1) [1]Hat jemand eine Urkunde ausgestellt, in der er dem Inhaber der Urkunde eine Leistung verspricht (Schuldverschreibung auf den Inhaber), so kann der Inhaber von ihm die Leistung nach Maßgabe des Versprechens verlangen, es sei denn, dass er zur Verfügung über die Urkunde nicht berechtigt ist. [2]Der Aussteller wird jedoch auch durch die Leistung an einen nicht zur Verfügung berechtigten Inhaber befreit.
(2) [1]Die Gültigkeit der Unterzeichnung kann durch eine in die Urkunde aufgenommene Bestimmung von der Beobachtung einer besonderen Form abhängig gemacht werden. [2]Zur Unterzeichnung genügt eine im Wege der mechanischen Vervielfältigung hergestellte Namensunterschrift.

§ 794 Haftung des Ausstellers

(1) Der Aussteller wird aus einer Schuldverschreibung auf den Inhaber auch dann verpflichtet, wenn sie ihm gestohlen worden oder verloren gegangen oder wenn sie sonst ohne seinen Willen in den Verkehr gelangt ist.
(2) Auf die Wirksamkeit einer Schuldverschreibung auf den Inhaber ist es ohne Einfluss, wenn die Urkunde ausgegeben wird, nachdem der Aussteller gestorben oder geschäftsunfähig geworden ist.

§ 795 (weggefallen)

§ 796 Einwendungen des Ausstellers

Der Aussteller kann dem Inhaber der Schuldverschreibung nur solche Einwendungen entgegensetzen, welche die Gültigkeit der Ausstellung betreffen oder sich aus der Urkunde ergeben oder dem Aussteller unmittelbar gegen den Inhaber zustehen.

§ 797 Leistungspflicht nur gegen Aushändigung

[1]Der Aussteller ist nur gegen Aushändigung der Schuldverschreibung zur Leistung verpflichtet. [2]Mit der Aushändigung erwirbt er das Eigentum an der Urkunde, auch wenn der Inhaber zur Verfügung über sie nicht berechtigt ist.

A. Vertragsgestaltung

1 **I. Muster: Anleihebedingungen[1] einer festverzinslichen Anleihe[1]**

▶ Inhaberschuldverschreibungen Serie [▪▪▪] der ▪▪▪ [Name der Emittentin]

WKN [▪▪▪]/DE [▪▪▪]

Anleihebedingungen[2]

§ 1 Form und Nennbetrag

(1) Die ▪▪▪ [Name der Emittentin], ▪▪▪ [Sitz der Emittentin], Bundesrepublik Deutschland (nachfolgend die „Emittentin" genannt), begibt festverzinsliche Inhaber-Teilschuldverschreibungen – Emission Serie [▪▪▪] – ISIN: [▪▪▪] im Gesamtnennbetrag von
EUR [10.000.000,00] (in Worten Euro [zehn Millionen])
(nachfolgend die „Anleihe" oder die „Teilschuldverschreibungen" genannt). Die Anleihe ist eingeteilt in untereinander gleichberechtigte, auf den Inhaber lautende Teilschuldverschreibungen im Nennbetrag von je EUR [100,00].

(2) Die Teilschuldverschreibungen sind in einer Global-Inhaber-Schuldverschreibung ohne Zinsscheine verbrieft, die bei der Clearstream Banking AG, Frankfurt am Main, hinterlegt ist; die Clearstream Banking AG, Frankfurt am Main, oder ihr Rechtsnachfolger werden nachstehend als „Verwahrer" bezeichnet. Das Recht der Inhaber von Teilschuldverschreibungen (nachstehend die „Anleihegläubiger" genannt) auf Lieferung von Einzelurkunden ist während der gesamten Laufzeit ausgeschlossen. Den Anleihegläubigern stehen Miteigentumsanteile an der Global-Inhaber-Schuldverschreibung zu, die in Übereinstimmung mit den Bestimmungen und Regeln des Verwahrers übertragen werden können. Die Global-Inhaber-Schuldverschreibung trägt die eigenhändigen Unterschriften von zwei zeichnungsberechtigten Vertretern der Emittentin sowie eine Kontrollunterschrift.

§ 2 Garantie

Gemäß dem Garantievertrag vom ▪▪▪ zwischen der ▪▪▪ [Name der Garantin] (nachfolgend die „Garantin" genannt) und der Emittentin hat die Garantin die unbedingte und unwiderrufliche Garantie für die ordnungsgemäße Zahlung des Kapitals und der Zinsen übernommen. Die Garantie stellt einen Vertrag zugunsten der Anleihegläubiger als begünstigte Dritte gem. § 328 Abs. 1 BGB dar, der jedem Anleihegläubiger das Recht einräumt, Erfüllung der Garantin unmittelbar von der Garantin zu ver-

1 Abgedruckt mit freundlicher Genehmigung von Norton Rose LLP.

langen. Daher wird die Garantin auf erstes Anfordern alle erforderlichen Zahlungen leisten. Kopien des Garantievertrags sind bei der Emittentin in ▪▪▪ [Ort] erhältlich.

§ 3 Zinsen

(1) Die Teilschuldverschreibungen werden ab dem ▪▪▪ („Valutierungstag") (einschließlich) mit [2,150] % jährlich verzinst. Die Zinsperioden laufen vom ▪▪▪ bis zum ▪▪▪ und vom ▪▪▪ bis zum ▪▪▪ (jeweils einschließlich). Die Zinsen werden jährlich nachträglich am ▪▪▪ zur Zahlung fällig („Zinstermin"), erstmals am ▪▪▪ (erster verkürzter Kupon).

(2) Falls Zinsen für einen Zeitraum von weniger als einem Jahr zu berechnen sind, findet die Zinsberechnungsmethode auf Basis des Zinstagequotienten [actual/actual][3] Anwendung.

(3) Der Zinslauf der Teilschuldverschreibungen endet mit dem Ablauf des Tages, der dem Tag vorausgeht, an dem sie zur Rückzahlung fällig werden. Dies gilt auch dann, wenn die Leistung nach § 193 BGB später als am kalendermäßig bestimmten Endfälligkeitstag bewirkt wird. Falls die Emittentin die Teilschuldverschreibungen bei Endfälligkeit oder, wenn der Endfälligkeitstag kein Bankgeschäftstag ist, am darauf folgenden Bankgeschäftstag nicht oder nicht vollständig einlöst, wird die Emittentin auf den ausstehenden Nennbetrag der Teilschuldverschreibung ab dem Endfälligkeitstermin Verzugszinsen in Höhe des gesetzlich festgelegten Zinssatzes bis zum Ablauf des Tages, der dem Tag der tatsächlichen Rückzahlung vorangeht, entrichten. „Bankgeschäftstag" ist jeder Tag, von Montag bis Freitag, an dem Geschäftsbanken in ▪▪▪ [Ort] geöffnet haben.

§ 4 Rückzahlung/Rückkauf

(1) Die Teilschuldverschreibungen werden am ▪▪▪ [Datum] („Endfälligkeitstag") von der Emittentin zum Nennbetrag zurückgezahlt, sofern sie nicht vorher ganz oder teilweise getilgt worden sind. Der Rückzahlungsbetrag in Bezug auf jede Teilschuldverschreibung („Rückzahlungsbetrag") entspricht dem Nennbetrag der Teilschuldverschreibung.

(2) Die Emittentin ist berechtigt, jederzeit Teilschuldverschreibungen am Markt oder auf sonstige Weise zu erwerben und wieder zu verkaufen.

§ 5 Kündigung

(1) Kündigungsgründe. Jeder Gläubiger ist berechtigt, seine Schuldverschreibungen zu kündigen und deren sofortige Rückzahlung zu ihrem vorzeitigen Rückzahlungsbetrag (wie in § 4 beschrieben), zuzüglich etwaiger bis zum Tage der Rückzahlung aufgelaufener Zinsen zu verlangen, falls:

(a) die Emittentin Kapital oder Zinsen nicht innerhalb von 30 Tagen nach dem betreffenden Fälligkeitstag zahlt; oder

(b) die Emittentin die ordnungsgemäße Erfüllung irgendeiner anderen Verpflichtung aus den Schuldverschreibungen unterlässt und diese Unterlassung nicht geheilt werden kann oder, falls sie geheilt werden kann, länger als 45 Tage fortdauert, nachdem die Emissionsstelle hierüber eine Benachrichtigung von einem Gläubiger erhalten hat; oder

(c) die Emittentin ihre Zahlungsunfähigkeit bekannt gibt, oder ihre Zahlungen einstellt, und dies 60 Tage fortdauert; oder

(d) ein Insolvenzverfahren gegen die Emittentin von einer Aufsichts- oder sonstigen Behörde, deren Zuständigkeit die Emittentin unterliegt, eingeleitet oder eröffnet wird, welches nicht binnen 60 Tagen nach seiner Einleitung endgültig oder einstweilen eingestellt worden ist, oder die Emittentin die Eröffnung eines solchen Verfahrens beantragt oder eine allgemeine Schuldenregelung zugunsten ihrer Gläubiger anbietet oder trifft; oder

(e) die Emittentin aufgelöst oder liquidiert wird, es sei denn, dass die Auflösung oder Liquidation im Zusammenhang mit einer Verschmelzung oder einem sonstigen Zusammenschluss mit einem anderen Rechtsgebilde erfolgt, sofern dieses andere Rechtsgebilde alle Verbindlichkeiten der Emittenten aus den Schuldverschreibungen übernimmt; oder

(f) die Emittentin stellt ihre Geschäftsfähigkeit ganz oder weit überwiegend ein, veräußert oder gibt ihr gesamtes oder nahezu gesamtes Vermögen anderweitig ab und es wird dadurch wahrscheinlich, dass die Emittentin ihre Zahlungsverpflichtungen gegenüber den Gläubigern nicht mehr erfüllen kann.

Das Kündigungsrecht erlischt, falls der Kündigungsgrund vor Ausübung des Rechts geheilt wurde.

(2) Benachrichtigung. Eine Benachrichtigung, einschließlich einer Kündigung der Schuldverschreibungen gemäß vorstehendem Absatz 1 ist schriftlich in deutscher oder englischer Sprache gegenüber der Emittentin zu erklären und persönlich oder per Einschreiben an deren bezeichneten Geschäftsstellen zu übermitteln. Der Benachrichtigung ist ein Nachweis beizufügen, aus dem sich ergibt, dass der betreffende Gläubiger zum Zeitpunkt der Abgabe der Benachrichtigung Inhaber der betreffenden Schuldverschreibung ist. Der Nachweis kann durch eine Bescheinigung der Depotbank oder auf andere geeignete Weise erbracht werden.

§ 6 Zahlungen

(1) Die Emittentin verpflichtet sich unwiderruflich, Zahlungen von Kapital und/oder Zinsen auf die Teilschuldverschreibung bei Fälligkeit in Euro zu leisten.

(2) Sämtliche gemäß diesen Anleihebedingungen zahlbaren Beträge sind von der Emittentin in ihrer Funktion als Hauptzahlstelle[4] an den Verwahrer oder dessen Order zwecks Gutschrift auf die Konten der jeweiligen Depotbanken zur Weiterleitung an die Anleihegläubiger zu zahlen. Die Emittentin in ihrer Funktion als Hauptzahlstelle wird durch Zahlung an den Verwahrer oder dessen Order von ihrer Zahlungspflicht gegenüber den Anleihegläubigern befreit.

§ 7 Steuern

Sämtliche auf die Teilschuldverschreibungen zahlbaren Kapital- und/oder Zinsbeträge sind ohne Einbehalt oder Abzug von oder aufgrund von gegenwärtigen oder zukünftigen Steuern oder sonstigen Abgaben gleich welcher Art zu leisten, die von oder in der Bundesrepublik Deutschland oder für deren Rechnung oder von oder für Rechnung einer politischen Untergliederung oder Steuerbehörde der oder in der Bundesrepublik Deutschland durch Einbehalt oder Abzug an der Quelle auferlegt oder erhoben werden, es sei denn, dieser Einbehalt oder Abzug ist gesetzlich vorgeschrieben.

§ 8 Vorlegungsfrist/Verjährung

Die Vorlegungsfrist gemäß § 801 Absatz 1 Satz 1 BGB für fällige Teilschuldverschreibungen wird auf drei[5] Jahre abgekürzt.

§ 9 Status

Die Teilschuldverschreibungen begründen nicht besicherte und nicht nachrangige Verbindlichkeiten der Emittentin, die untereinander und mit allen anderen nicht besicherten und nicht nachrangigen Verbindlichkeiten der Emittentin gleichrangig sind, mit Ausnahme von Verbindlichkeiten, die nach geltenden Rechtsvorschriften vorrangig sind.

§ 10 Bekanntmachungen

(1) Bekanntmachung. Alle die Schuldverschreibungen betreffenden Mitteilungen sind, soweit gesetzlich erforderlich, [im elektronischen Bundesanzeiger,] [im Internet unter www.[Webseite der jeweiligen Börse oder der Emittentin] [sowie] [in einer führenden Tageszeitung mit allgemeiner Verbreitung in Deutschland] in deutscher Sprache zu veröffentlichen. Jede derartige Mitteilung gilt mit dem Tag der Veröffentlichung (oder bei mehreren Veröffentlichungen mit dem Tag der ersten solchen Veröffentlichung) als wirksam erfolgt.

(2) Mitteilung an das Clearing System. Die Emittentin ist berechtigt, eine Veröffentlichung nach Absatz 1 durch eine Mitteilung an das Clearing System zur Weiterleitung an die Gläubiger zu ersetzen, vorausgesetzt, dass die Regeln der Börse, an der die Schuldverschreibungen notiert

sind, diese Form der Mitteilung zulassen. Jede derartige Mitteilung gilt am fünften Tag nach dem Tag der Mitteilung an das Clearing System als den Gläubigern mitgeteilt.

§ 11 Änderung der Anleihebedingungen[6]

(1) Die Anleihegläubiger können entsprechend den Bestimmungen des Gesetzes über Schuldverschreibungen aus Gesamtemission (*Schuldverschreibungsgesetz* - SchVG) durch einen Beschluss mit der in Absatz 2 bestimmten Mehrheit über einen im SchVG zugelassenen Gegenstand eine Änderung der Anleihebedingungen mit der Emittentin vereinbaren. Die Mehrheitsbeschlüsse der Anleihegläubiger sind für alle Gläubiger gleichermaßen verbindlich. Ein Mehrheitsbeschluss der Anleihegläubiger, der nicht gleiche Bedingungen für alle Gläubiger vorsieht, ist unwirksam, es sei denn, die benachteiligten Anleihegläubiger stimmen ihrer Benachteiligung zu.

(2) Die Gläubiger entscheiden mit einer Mehrheit von 75 %[7] der an der Abstimmung teilnehmenden Stimmrechte. Beschlüsse, durch welche der wesentliche Inhalt der Anleihebedingungen nicht geändert wird und die keinen Gegenstand der § 5 Abs. 3 Nr. 1 bis Nr. 8 des SchVG betreffen, bedürfen zu ihrer Wirksamkeit einer einfachen Mehrheit der teilnehmenden Stimmrechte.

(3) Alle Abstimmungen werden ausschließlich im Wege der Abstimmung ohne Versammlung durchgeführt. Eine Gläubigerversammlung und eine Übernahme der Kosten für eine solche Versammlung durch eine Emittentin findet ausschließlich im Falle des § 18 Abs. 4 S. 2 SchVG statt.[8]

(4) Die Abstimmung wird von einem von der Emittentin beauftragten Notar oder, falls der gemeinsame Vertreter zur Abstimmung aufgefordert hat, vom gemeinsamen Vertreter geleitet.

(5) An Abstimmungen der Gläubiger nimmt jeder Gläubiger nach Maßgabe des Nennwerts oder des rechnerischen Anteils seiner Berechtigung an den ausstehenden Schuldverschreibungen teil.

(6) Die Gläubiger können durch Mehrheitsbeschluss zur Wahrnehmung ihrer Rechte einen gemeinsamen Vertreter für alle Gläubiger bestellen. Der gemeinsame Vertreter hat die Aufgaben und Befugnisse, welche ihm durch Gesetz oder von den Gläubigern durch Mehrheitsbeschluss eingeräumt wurden. Er hat die Weisungen der Gläubiger zu befolgen. Soweit er zur Geltendmachung von Rechten der Gläubiger ermächtigt ist, sind die einzelnen Gläubiger zur selbständigen Geltendmachung dieser Rechte nicht befugt, es sei denn, der Mehrheitsbeschluss sieht dies ausdrücklich vor. Über seine Tätigkeit hat der gemeinsame Vertreter den Gläubigern zu berichten. Für die Abberufung und die sonstigen Rechte und Pflichten des gemeinsamen Vertreters gelten die Vorschriften des SchVG.[9]

§ 12 Begebung weiterer Schuldverschreibungen

Die Emittentin behält sich vor, von Zeit zu Zeit ohne Zustimmung der Anleihegläubiger weitere Schuldverschreibungen mit gleicher Ausstattung in der Weise zu begeben, dass sie mit den Teilschuldverschreibungen zusammengefasst werden, eine einheitliche Anleihe mit ihnen bilden und ihren Gesamtnennbetrag erhöhen. Der Begriff „Teilschuldverschreibungen“ umfasst im Fall einer solchen Erhöhung auch solche zusätzlich begebenen Schuldverschreibungen.

§ 13 Anwendbares Recht/Erfüllungsort/Gerichtsstand/Gerichtliche Geltendmachung

(1) Form und Inhalt der Teilschuldverschreibungen sowie alle Rechte und Pflichten der Emittentin (auch in ihrer Funktion als Hauptzahlstelle) und der Anleihegläubiger bestimmen sich in jeder Hinsicht nach dem Recht der Bundesrepublik Deutschland.

(2) Erfüllungsort ist Frankfurt am Main.

(3) Ausschließlicher Gerichtsstand für sämtliche Klagen und sonstige Verfahren („Rechtsstreitigkeiten“) im Zusammenhang mit den Teilschuldverschreibungen ist ... [Ort].

§ 14 Salvatorische Klausel

Sollte eine der Bestimmungen dieser Anleihebedingungen ganz oder teilweise rechtsunwirksam oder undurchführbar sein oder werden, so bleiben die übrigen Bestimmungen hiervon unberührt. Eine durch die Unwirksamkeit oder Undurchführbarkeit einer Bestimmung dieser Anleihebedingungen etwa entstehende Lücke ist im Wege der ergänzenden Vertragsauslegung unter Berücksichtigung der Interessen der Beteiligten sinngemäß auszufüllen.

■■■ [Ort], ■■■ den [Datum]

■■■

[Name der Emittentin] ◄

II. Erläuterungen und Varianten

2 [1] **Inhaberschuldverschreibungen,** § 793. § 793 BGB ist die Grundnorm für Inhaberschuldverschreibungen. Dies sind Urkunden, in denen der Aussteller (Emittent) zu einer in ihnen bestimmten Leistung an den verfügungsberechtigten Inhaber der Urkunde verpflichtet wird. Inhaberschuldverschreibungen stellen die in der Praxis wichtigste Wertpapierform im Bereich der festverzinslichen Wertpapiere dar, die nach der Art der Bestimmung des Berechtigten in Namens-, Order- oder Inhaberpapiere unterschieden werden. Inhaberschuldverschreibungen verbriefen Forderungsrechte (im Gegensatz zB zu Inhaberaktien, die körperschaftliche Mitgliedsrechte zum Gegenstand haben). Der Anwendungsbereich der Norm ist extrem groß, da ihr ein breites Spektrum von Geschäften im Wirtschaftsverkehr, insbesondere im Bank- und Kapitalmarktbereich, unterfällt, wie zB Anleihen, Industrie- bzw Unternehmensobligationen, Asset Backed Securities, Bundesschatzbriefe, Genussscheine, Goldzertifikate, Inhaber-Investmentzertifikate, Pfandbriefe, Wandelschuldverschreibungen, Zertifikate, Dividendenscheine (Kupons) und Zinsscheine (zur Übersicht vgl Hk-BGB/*Schulze*, § 793 Rn 1 ff; Palandt/*Sprau*, Einf v § 793, Rn 1 ff; Staudinger/*Marburger*, Vorbem zu §§ 793-808, Rn 45 ff mit alphabetischen Einzelbeispielen zum Anwendungsbereich der §§ 793 ff; zu den (insbesondere auch neueren) Finanzprodukten im Kapitalmarktrecht vgl umfassend *Lenenbach* in: Albrecht/Karahan/Lenenbach, Fachanwaltshandbuch Bank- und Kapitalmarktrecht, § 36, Rn 1 ff, insbes. Rn 53 ff zur Anleihe als Schuldverschreibung; zu Finanztermingeschäften und Derivaten, insbes. dort gebräuchlichen Rahmenverträgen, vgl *König* in: Ebenroth/Boujong/Joost/Strohn, HGB Bd.2, BankR VIII, Rn VIII 1 ff mwN; vgl auch NK-BGB/*Siller*, §§ 793-797, jeweils Rn 1 ff und jeweils mwN und mit vielen nützlichen praktischen Hinweisen – auch zur Prozessführung).

3 Bei der Begebung von Schuldverschreibungen sind **diverse regulatorische Rahmenbedingungen, privatrechtliche Grundlagen und Formanforderungen** einzuhalten (zB § 126 BGB; diverse bank-, börsen-, wertpapier- und prospektrechtliche Vorschriften, wie etwa das Bundesschuldenwesengesetz (BSchuWG), das Pfandbriefgesetz (PfandBG), das Investmentgesetz (InvG), das Wertpapierprospektgesetz (WpPG), das Schuldverschreibungsgesetz (SchVG), etc.) (vgl für den Überblick *Lenenbach* in: Albrecht/Karahan/Lenenbach, Fachanwaltshandbuch Bank- und Kapitalmarktrecht, § 36, Rn 60 ff; Staudinger/*Marburger,* Vorbem zu §§ 793-808, Rn 20 ff, insbes. Rn 25 ff mwN; vgl auch Hellner/Steuer, Bankrecht und Bankpraxis, Loseblattsammlung Stand 4/2010, Bd. 5 Emissionsgeschäft, Rn 10/1 ff). Seit 26.3.2009 ist das Gesetz zur Fortentwicklung des Pfandbriefrechts in Kraft (BGBl. I 2009, 607; vgl hierzu *Döser* in: jurisPR-BKR 8/2008, Anm. 4). Am 5.8.2009 ist ferner das neue Schuldverschreibungsgesetz (BGBl. I 2009, 2512) in Kraft getreten, das das Schuldverschreibungsgesetz von 1899, das in der Praxis kaum mehr Bedeutung hatte und seit langem als reformbedürftig angesehen wurde, ablöste. Damit wurde das Schuldverschreibungsrecht grundlegend modernisiert und an zeitgemäße kapitalmarktrechtliche Standards, insbesondere an im Anleihegeschäft übliche internationale Standards, angepasst. Das Schuldverschreibungsgesetz von 1899 blieb bei der Anleiherestrukturierung im deutschen Rechtsraum hinter den Bedürfnissen der Praxis zurück. Mit dem Reformgesetz werden frühere Sanierungsmöglichkeiten eingeführt, die Restrukturierungsmöglichkeiten von Anleihen erweitert, international übliche Klauseln für das Schuldverschreibungsrecht zugelassen und verbesserte elektronische Informations- und Mitwirkungsmöglichkeiten zu-

gunsten der Gläubiger eingeführt. Erstmals wird auch der Begriff der Anleihebedingungen gesetzlich definiert. Auch wird die **AGB-rechtliche Inhaltskontrolle** von Anleihebedingungen nicht ausgeschlossen, so dass bis auf weiteres davon auszugehen ist, dass – auch international gebräuchliche und als Marktstandards anerkannte – Klauseln von Anleihebedingungen weiterhin Gegenstand AGB-rechtlicher Überprüfungen durch die Gerichte sein können (OLG Frankfurt am Main, BKR 2002, 403, 407; OLGR Frankfurt 2007, 537; *Schwenk*, Der Referentenentwurf zum neuen Schuldverschreibungsgesetz – Anleiherestrukturierung de lege ferenda in: jurisPR-BKR 1/2009, Anm. 4. Zur Wirksamkeit eines Änderungsvorbehalts in Allgemeinen Emissionsbedingungen von Schuldverschreibungen/Call-Optionsscheinen auf Gold vgl BGH, Urt. v. 30.6.2009 – XI ZR 364/08 nebst Anm. *Schwenk* in: jurisPR-BKR 10/2009 Anm. 2. Zum Anspruch nach § 793 bei Aktien-Optionsscheinen bei Änderung des Bezugsobjektes vgl OLG Frankfurt am Main, Urt. v. 5.6.2008 – 16 U 205/07).

Zu diversen Mustertexten für praxisrelevante Emissionsgeschäfte vgl Hellner/Steuer, Bankrecht und Bankpraxis, Loseblattsammlung Stand 4/2010, Bd. 5 Emissionsgeschäft, Rn 10/240 ff. 4

Die praktische Bedeutung der verbrieften Inhaberschuldverschreibungen ist immer noch groß, jedoch schreitet die Dematerialisierung des Wertpapierwesens bzw die Zurückdrängung des Verkörperungselements immer weiter voran; dementsprechend ist auch ein **weiter Wertpapierbegriff** vorherrschend geworden. Eine Reihe wichtiger Papiere sind keine Vorlegungspapiere mehr, wie etwa sammelverwahrte Effekten (vgl §§ 5 ff DepotG), insbesondere in Sammelurkunden (Globalurkunden) verbriefte Effekten (§ 9 a DepotG). Bei solchen Effekten genügt es, wenn der Berechtigte das Papier in einer Weise (mittelbar) besitzt, bei der sichergestellt ist, dass eine Benützung durch andere praktisch ausgeschlossen ist. Zur heutigen Praxis der Erteilung von Depotgutschriften vgl Staudinger/*Marburger*, Vorbem. zu § 793-808, Rn 50. Zur Entwicklung zum stückelosen Effektenverkehr, insbesondere der Sammelverwahrung und des Effektengiroverkehrs, vgl Staudinger/*Marburger*, aaO, Rn 32 ff. Bezüglich der im Effektenverkehr zunehmend vorkommenden unverbrieften Schuldbuchforderungen (sog. Wertrechte) wird von der Innehabung des Papiers und vom Vorlegungserfordernis ganz abgesehen; maßgebliche Begriffsmerkmale sind die skripturale Haftung und der wertpapierrechtliche Einwendungsausschluss (Staudinger/*Marburger*, Vorbem. zu §§ 793-808, Rn 4, Rn 32 ff mwN; NK-BGB/*Siller*, § 793 Rn 4 mwN). 5

[2] **Anleihebedingungen.** Für das obige Muster wurden **Anleihebedingungen** einer festverzinslichen Anleihe gewählt, die die wesentlichsten Elemente der Ausgestaltung eines Anleiheschuldverhältnisses nach den aktuellen Dokumentationspraktiken abbilden. Weiterführend vgl insbesondere *Lenenbach* in: Albrecht/Karahan/Lenenbach, Fachanwaltshandbuch Bank- und Kapitalmarktrecht, § 36, Rn 53 ff – nebst vorangestelltem weiteren Muster). 6

[3] **Zinsberechnung.** Zum Zinssatz und dessen Bestimmungskriterien, wie zB bonitätsmäßige Einstufung des Schuldners, fester bzw variabler Zinssatz sowie Nullkupon-Anleihen, vgl *Lenenbach* in: Albrecht/Karahan/Lenenbach, Fachanwaltshandbuch Bank- und Kapitalmarktrecht, § 36, Rn 62 a ff. Gegebenenfalls ist in § 3 Abs. 2 des obigen Musters eine andere Zinsberechnungsmethode zu wählen und anzugeben. 7

[4] **Emissions- oder Zahlstelle.** Beauftragt die Emittentin Dritte zB als Emissions- oder Zahlstelle, so sind die Anleihebedingungen entsprechend anzupassen und zB durch folgende Musterklausel zu ergänzen: 8

▶ **§ [...] Beauftragte Stellen**

(1) Ernennung; bezeichnete Geschäftsstellen. Die anfänglichen beauftragten Stellen und deren bezeichnete Geschäftsstellen lauten wie folgt:

Emissionsstelle: [...]

Zahlstelle: [...]

Jede beauftragte Stelle behält sich das Recht vor, jederzeit ihre bezeichnete Geschäftsstelle durch andere bezeichnete Geschäftsstellen in derselben Stadt zu ersetzen.

(2) *Abberufung oder Bestellung.* Die Emittentin behält sich das Recht vor, jederzeit die Bestellung jeder beauftragten Stelle zu beenden oder zusätzlich oder andere beauftragte Stellen zu bestellen. Eine Beendigung der Bestellung, Abberufung, Bestellung oder ein sonstiger Wechsel wird nur wirksam (außer im Insolvenzfall, wo eine solche Änderung sofort wirksam wird), sofern die Gläubiger hierüber gemäß § [...] vorab unter Einhaltung einer Frist von mindestens 30 und höchstens 45 Tagen informiert wurden.

(3) *Unterhalt einer Emissionsstelle und Zahlstelle.* Die Emittentin wird zu jedem Zeitpunkt eine Emissionsstelle unterhalten und zusätzlich zu der Emissionsstelle, solange die Schuldverschreibungen am geregelten Markt einer Börse notiert sind, eine Zahlstelle (die die Emissionsstelle sein kann) mit bezeichneter Geschäftsstelle an einem von der betreffenden Börse oder der jeweiligen Aufsichtsbehörde hierfür vorgeschriebenen Ort unterhalten.

(4) *Beauftragte der Emittentin.* Jede beauftragte Stelle handelt ausschließlich als Beauftragte der Emittentin und übernimmt keinerlei Verpflichtungen gegenüber den Gläubigern und es wird kein Auftrags- und Treuhandverhältnis zwischen einer beauftragten Stelle und dem Gläubigern begründet. ◄

9 [5] **Abkürzung der Verjährungsfrist.** Zu beachten ist, dass die Abkürzung der Verjährungsfrist auf weniger als ein Jahr unter AGB-rechtlichen Gesichtspunkten problematisch ist.

10 [6] **Änderung der Anleihebedingungen/Anwendbarkeit des SchVG.** Die Bestimmungen der §§ 1–4 SchVG (Anwendungsbereich, Skripturprinzip und Ausnahmen, Transparenzgebot und Prinzip der kollektiven Bindung) gelten automatisch und sind zwingend. Dies gilt jedoch nicht bezüglich der Bestimmungen zu Gläubigerversammlungen und Mehrheitsbeschlüssen in den §§ 5 ff SchVG; sie finden gemäß § 5 Abs. 1 S. 1 SchVG nur Anwendung, wenn und insoweit die Anleihebedingungen die Möglichkeit von Mehrheitsbeschlüssen vorsehen. § 11 des Musters ist insoweit optional. Wird von dieser Möglichkeit Gebrauch gemacht, kann gemäß § 5 Abs. 1 S. 2 SchVG von den §§ 5–21 SchVG zu Lasten der Gläubiger nur insoweit abgewichen werden, als das SchVG dies ausdrücklich vorsieht. Ist dies allerdings nicht der Fall, gelten die §§ 5 ff SchVG nicht. Anders als bei vor dem Inkrafttreten des SchVG ausgegebenen Schuldverschreibungen gibt es keine dem § 24 Absatz 2 SchVG entsprechende Möglichkeit, durch Mehrheitsbeschluss mit Zustimmung der Emittenten später die Möglichkeit von Mehrheitsbeschlüssen zu eröffnen. Hierzu ist nach § 4 S. 1 SchVG vielmehr ein gleich lautender Vertrag mit allen Gläubigern erforderlich. Das bedeutet, dass eine nachträgliche Einführung der Änderungsmöglichkeit durch Mehrheitsentscheidung für Schuldverschreibungen, die nach dem Inkrafttreten des SchVG begeben wurden, praktisch kaum möglich ist (insgesamt zum SchVG vgl *Schwenk*, Der Referentenentwurf zum neuen Schuldverschreibungsgesetz – Anleiherestrukturierung de lege ferenda in: jurisPR-BKR 1/2009, Anm. 4).

11 [7] **Quorum.** Bei wichtigen Änderungen muss das Quorum gemäß § 5 Abs. 4 S. 2 SchVG mindestens 75 % betragen.

12 [8] **Alternative Möglichkeiten von Gläubigerbeschlüssen.** Das SchVG sieht alternativ vor, dass Gläubigerbeschlüsse durch Abstimmung ohne Versammlung gefasst werden können (§ 5 Abs. 6 S. 1 SchVG). Die Anleihebedingungen können ausschließlich eine der beiden Möglichkeiten vorsehen (§ 5 Abs. 6 S. 2 SchVG). §§ 9 bis 17 SchVG sehen umfassende Regelungen für die Gläubigerversammlung vor.

13 [9] **Gläubigervertreter.** Zu dem in der Musterklausel geregelten Komplex vgl weiter § 7 SchVG.

B. Prozess

I. Muster: Klage eines Inhabers einer Schuldverschreibung gegen den Emittenten (§§ 793, 797 BGB)[1] 14

▶ Landgericht ■■■

Klage

des■■■, D-■■■ [Adresse]

– Klägers/Inhabers der Schuldverschreibung[2] –

Prozessbevollmächtigte: ■■■

gegen

die Republik Argentinien, vertreten durch die Präsidentin Cristina Fernández de Kirchner, Rua 9 de Julio (Casa Rosa), Buenos Aires, Argentinien, diese in Deutschland vertreten durch den Botschafter der Republik Argentinien, S. E. Herrn ■■■, Kleiststraße 23-26, 10787 Berlin

– Beklagte/Ausstellerin der Schuldverschreibung[3] –

wegen Forderung

Streitwert: ■■■ EUR

Namens und in Vollmacht des Klägers erheben wir Klage und beantragen,

1. die Beklagte zu verurteilen, an den Kläger 5.112,92 EUR nebst Zinsen in Höhe von ■■■ EUR und weitere Zinsen in Höhe von 5 Prozentpunkten über dem Basiszinssatz p.a. aus 5.112,92 EUR seit dem ■■■ gegen Aushändigung der 10,5%-DM-Inhaberschuldverschreibung der Republik Argentinien, WKN ■■■, Laufzeit ■■■/■■■ im Nennwert von 10.000,00 DM nebst den dazugehörigen Zinsscheinen für die Jahre■■■ bis■■■ zu zahlen.[4]
2. für den Fall, dass die Beklagte nicht binnen der ihr gesetzten Einlassungsfrist ihre Verteidigungsbereitschaft anzeigt, gemäß §§ 276 Abs. 1, 331 Abs. 3 ZPO Versäumnisurteil zu erlassen, und, soweit die Beklagte innerhalb der ihr gesetzten Einlassungsfrist mitteilt, dass sie den Anspruch ganz oder teilweise anerkenne, gemäß §§ 276 Abs. 1 iVm 307 Abs. 2 ZPO Anerkenntnisurteil zu erlassen,
3. auf vollstreckbaren Titeln zugunsten der Klägerin die Vollstreckungsklausel anzubringen.

Begründung

I. Zum Sachverhalt

1. Die Beklagte begab am ■■■ 1999 10,5%-DM-Inhaberschuldverschreibungen mit der WKN ■■■, Laufzeit von ■■■ bis ■■■. In den diesen Anleihen zugrunde liegenden Anleihebedingungen verpflichtete sich die Beklagte, an den Inhaber der Schuldverschreibung am ■■■ eines jeden Jahres die Zinsen und am ■■■ den Nennbetrag zu zahlen. Des weiteren verzichtete die Beklagte auf den Einwand der Immunität. Die Schuldverschreibung unterliegt deutschem Recht. Gerichtsstand ist Frankfurt am Main.[5]
   Beweis: Vorlage der Anleihebedingungen, Kopie Anlage K 1
   Wegen der weiteren Einzelheiten wird auf die Anleihebedingungen gemäß Anlage K 1 Bezug genommen, die ausdrücklich vollinhaltlich zum Gegenstand des Klagevortrags gemacht werden.[5]
2. Der Kläger ist Inhaber der Inhaberschuldverschreibung der Beklagten (WKN ■■■) – Nummer ■■■ – mit einem Nennbetrag von 10.000,00 DM, fällig am ■■■.[6]
   Beweis: Vorlage des Originals der Inhaberschuldverschreibung, Kopie Anlage K 2[6]
   Ferner ist der Kläger Inhaber zweier Inhaber-Jahreszinsscheine für die Jahre ■■■ und ■■■ in Höhe von ■■■ DM, fällig am ■■■ und am ■■■.
   Beweis: Vorlage der Originale der Zinskupons, Kopien Anlage K 3[6]

3. Die in der Urkunde und den Anleihebedingungen für die streitgegenständlichen Anleihe- und Zinsforderungen bestimmten Fälligkeitszeitpunkte sind bereits überschritten. Die Beklagte hat jedoch bis heute unstreitig keine Zahlungen erbracht.
4. Die vorgerichtliche Korrespondenz blieb erfolglos. Die Beklagte berief sich auf Staatsnotstand und verweigerte jede Zahlung an den Kläger. Im Jahr 2002 hatte die Beklagte aufgrund einer seit mehreren Jahren anhaltenden schweren Rezession gemäß Gesetz Nr. 25.561 den nationalen Notstand „auf sozialem, wirtschaftlichem, administrativem, finanziellem und währungspolitischen Gebiet" ausgerufen und die Zahlungen auf mehr als 100 Milliarden Dollar Staatsschulden eingestellt. Unter Bezugnahme auf die Verordnung Nr. 256/2002 vom 6.2.2002 und das Notstandsgesetz setzte die Beklagte durch Resolution 73/2002 ihren Schuldendienst für sämtliche in Schuldverschreibungen verbrieften Auslandsverbindlichkeiten aus. Seither sind mehrere Umschuldungsverhandlungen in die Wege geleitet worden. Schließlich trugt die Beklagte vor, noch immer außer Stande zu sein, die nicht umgeschuldeten Anleihen der Privatgläubiger zu erfüllen, ohne erneut in eine wirtschaftliche Krisensituation zu geraten.[7]

Daher ist Klage geboten.

II. Zum Rechtlichen

1. Zulässigkeit

   Die Klage ist zulässig.[8]

   a) Eine etwaige Unklagbarkeit der Forderungen gem. Art. VIII Abschnitt 2 (b) S. 1 des Übereinkommens über den Internationalen Währungsfonds (BGBl. 1978 II S. 34 ff – „IWF-Übereinkommen") steht der Klage nicht entgegen. Bei der streitgegenständlichen Anleiheforderung wie auch bei den in den Anleihebedingungen versprochenen Zinsen handelt es sich nicht um – den Beschränkungen des IWF-Übereinkommens unterworfene – Devisenkontraktgeschäfte. Der betreffende Abschnitt des IWF-Übereinkommens ist auf Verträge des internationalen Kapitalverkehrs nicht anwendbar (BGH WM 1994, 54; OLG Frankfurt am Main, Urt. v. 27.6.2006 – 8 U 110/03, LG Frankfurt am Main, Urt. v. 14.3.2003, WM 2003, 783, 785). Auch ist das von der Beklagten vorgerichtlich herangezogene Zahlungsmoratorium nicht konform mit dem IWF-Übereinkommen (OLG Frankfurt am Main, Urt. v. 27.6.2006 – 8 U 110/03; Pfeiffer, ZvglRWiss 2003, 141, 182).
   b) Auch wenn es sich bei der Beklagten um einen Staat handelt, ist die Klage zulässig. Die Beklagte hat in den Anleihebedingungen auf die Wahrung des völkerrechtlichen Grundsatzes der Immunität ausdrücklich verzichtet. Außerdem handelt es sich bei der Begebung von Anleihen nicht um ein hoheitliches Handeln, so dass sich die Beklagte schon deshalb nicht auf ihre Immunität berufen kann.
2. Begründetheit
   a) Der Klageanspruch des Klägers in Höhe von 5.112,92 EUR nebst den Zinsen in Höhe von ... ist gemäß § 793 BGB iVm §§ ... der Anleihebedingungen, die den Vertrag deutschem Recht unterwerfen, begründet. Die Beklagte schuldet dem Kläger, der Inhaber der streitgegenständlichen Inhaberschuldverschreibung nebst Zinskupons ist, Auszahlung des seit dem ... endfälligen Nennbetrages von 5.112,92 EUR und der seit dem ... und seit dem ... fälligen Zinsen für die Jahre ... und ... in Höhe von ... EUR aus der streitgegenständlichen Inhaberschuldverschreibung.[1], [5], [6]
   b) Der Beklagten ist es ebenso verwehrt, sich auf einen völkerrechtlich beachtlichen Notstand zu berufen. Das Bundesverfassungsgericht hat mit Beschluss vom 8.5.2007 (2 BVM 1/03, NJW 2007, 2610) festgestellt, dass eine allgemeine Regel des Völkerrechts, die einen Staat gegenüber Privatpersonen berechtigt, die Erfüllung fälliger privatrechtlicher Zahlungsansprüche unter Berufung auf den wegen Zahlungsunfähigkeit erklärten Staatsnotstand zeitweise zu verweigern, gegenwärtig nicht feststellbar ist. Ohnehin sind auch die tatsächlichen Vor-

aussetzungen für den Rechtfertigungsgrund des Staatsnotstands nicht mehr gegeben, nachdem das Land Argentinien ein umfangreiches internationales Umschuldungsverfahren durchgeführt und sich seine Wirtschafts- und Finanzlage erheblich verbessert hat. Die Beklagte kann daher die Rückzahlung von Staatsanleihen gegenüber Privatgläubigern nicht, jedenfalls nicht mehr, unter Berufung auf Staatsnotstand verweigern (Palandt/*Sprau*, 69. Aufl. 2010, § 796 Rn 4; OLG Frankfurt am Main, Urt. v. 13.6.2006, WM 2007, 929; OLG Frankfurt am Main, Urt. v. 24.7.2007, OLGR Frankfurt 2008, 783).[7]

3. Der Zinsanspruch auf den Nennbetrag von 5.112,92 EUR in Höhe von 5 % über dem Basiszinssatz p.a. ist seit dem ■■■ begründet (§§ 286, 288 BGB).

■■■

Rechtsanwalt ◄

II. Erläuterungen

[1] Inhaberschuldverschreibungen, § 793. Zum Recht der Schuldverschreibungen, insbesondere der Anleihen, vgl einleitend die Ausführungen oben Rn 1 (Muster von Anleihebedingungen einer festverzinslichen Anleihe) sowie Rn 2 (Erläuterungen). 15

Für den obigen Musterfall wurde eine Klage des Inhabers von Argentinischen Staatsanleihen gewählt, der sich seine Ansprüche aus im Jahr 1999 begebenen Inhaberschuldverschreibungen gegen den Argentinischen Staat titulieren ließ. Diese Inhaberschuldverschreibungen waren noch in Einzelurkunden verbrieft (vgl hierzu bereits oben, insbes Rn 2, 3 und 5). 16

[2] Kläger/sachlich Berechtigter. Der Inhaber der Urkunde, in der der Aussteller (Emittent) eine Leistung verspricht (Schuldverschreibung auf den Inhaber), kann von dem Aussteller die Leistung nach Maßgabe des Versprechens verlangen, es sei denn, dass er zur Verfügung über die Urkunde nicht berechtigt ist (§ 793 Abs. 1). Sachlich Berechtigter ist der Eigentümer der Urkunde, der aufgrund seines Eigentums am Papier zugleich Gläubiger der verbrieften Forderung ist (Hk-BGB/*Schulze*, § 793 Rn 4 f mwN). Zur Beweisführung vgl unten Rn 23. 17

[3] Beklagte/Leistungspflicht aus der Inhaberschuldverschreibung. Anspruchsgegner ist der Aussteller (Emittent) der Inhaberschuldverschreibung, der sich gegenüber dem berechtigten Inhaber der Urkunde zu der darin bestimmten Leistung verpflichtet hat. Das **Entstehen der Verpflichtung** des Ausstellers aus der Inhaberschuldverschreibung setzt die Errichtung der Urkunde und einen Begebungsvertrag voraus (hM: modifizierte Vertragstheorie, Hk-BGB/*Schulze*, § 793 Rn 3). Die Leistungspflicht des Ausstellers der Urkunde gegenüber dem Anspruchsteller (hier Kläger) setzt dessen sachliche Berechtigung voraus (Hk-BGB/*Schulze*, § 793 Rn 4 f). 18

[4] Antrag/Tenorierung/Leistungspflicht nur gegen Aushändigung der Papiere, § 797. Nach dem Urteil des Bundesgerichtshofs vom 8.7.2008 (VII ZB 64/07, NJW 2008, 3144) hat die Verurteilung des Ausstellers der Inhaberschuldverschreibung gegen Aushändigung der Inhaberschuldverschreibung und ggf der Zinsscheine zu erfolgen. § 797 stellt nur eine besondere Ausgestaltung des Rechts auf Quittung und keinen Zug-um-Zug zu erfüllenden Gegenanspruch dar (BGH aaO, mwN; Hk-BGB/*Schulze*, § 797 Rn 1). Die Tenorierung ist vollstreckungsrelevant. Die Vollstreckung wegen einer Forderung, die den Schuldner nur gegen Aushändigung einer Inhaberschuldverschreibung zur Leistung verpflichtet, fällt grundsätzlich nicht unter §§ 756, 765 ZPO. Deshalb sollte beantragt werden, dass der Schuldner gegen Aushändigung zur Leistung verpflichtet ist. Ist – aufgrund entsprechenden Antrags – irrtümlich der Schuldner zu einer Leistung Zug-um-Zug gegen Herausgabe von Inhaberschuldverschreibungen verurteilt worden, so erfolgt die Vollstreckung in Anwendung von §§ 756, 765 ZPO (vgl weiterführend zu den Differenzierungen BGH aaO, mwN; kritisch Staudinger/*Marburger*, § 797 Rn 3 mwN). 19

Inhaberschuldverschreibungen sind grundsätzlich **Vorlegungspapiere** (Präsentationspapiere, BGH NJW 2008, 3144) und unterliegen dann der Aushändigungspflicht nach § 797 Abs. 1. 20

Von diesem Grundsatz sind aber Ausnahmen zu machen, wenn die Effekten in einer Sammelurkunde iSv § 9 a DepotG verbrieft sind (vgl oben Rn 3 und 5); weiterführend vgl Staudinger/*Marburger*, Vorbem zu §§ 793-808 Rn 4 mwN).

21 § 797 gewährt dem Emittenten einer Inhaberschuldverschreibung ein **Zurückbehaltungsrecht** nach §§ 273, 274. Er ist grundsätzlich nur gegen Aushändigung der Urkunde zur Leistung verpflichtet (MüKo-BGB/*Hüffer*, § 797 Rn 2). Die Einrede nach § 797 ist Verteidigungsmittel gemäß § 531 Abs. 2 ZPO und daher schon erstinstanzlich geltend zu machen (OLG Frankfurt am Main, Urt. v. 24.7.2007 – 8 U 248/06, OLGR Frankfurt 2008, 783).

22 [5] **Inhaberschuldverschreibung/Anleihebedingungen.** Vgl hierzu bereits oben Rn 1 ff. Beispielhaft dient für das vorliegende Klagemuster eine argentinische Staatsanleihe nebst entsprechenden Anleihebedingungen, die noch auf DM lautete und zu 10,5 % p.a. zu verzinsen war. In den Anleihebedingungen war auf den Einwand der Immunität verzichtet worden. Die Anleihe unterlag deutschem Recht. Als Gerichtsstand war Frankfurt am Main vereinbart worden. Anspruchsgrundlage für die Auszahlung des endfälligen Nennbetrages und der fälligen Zinsen ist § 793 iVm den entsprechenden Bestimmungen der Anleihebedingungen.

23 [6] **Beweisführung.** Im Prozess hat der klagende Inhaber einer Schuldverschreibung seine sachliche Berechtigung darzulegen und zu beweisen. Aufgrund des Besitzes der Urkunde wird zugunsten des Inhabers der Urkunde vermutet, dass er der materiell Berechtigte ist (**Legitimationswirkung**). Die Beweisführung erfolgt durch Vorlage der Originalurkunden über die Anleihe- und Zinsforderungen.

24 Im stückelosen Effektenverkehr ist der Beweis durch Vorlage von Depotübersichten oder von Bankbestätigungen der Depotbanken und Globalurkundenkopien möglich (OLG Frankfurt am Main, Urt. v. 24.7.2007 – 8 U 248/06, OLGR Frankfurt 2008, 783; weiterführend vgl Staudinger/*Marburger*, Vorbem zu §§ 793-808 Rn 4, Rn 50, jeweils mwN).

25 Für den Fall, dass der Aussteller die Leistung verweigern will, trifft ihn die volle Beweislast hinsichtlich der fehlenden Berechtigung des Vorlegers der Urkunde. Die Legitimationswirkung der Schuldverschreibung hat zur Folge, dass der Aussteller an jeden Inhaber der Urkunde mit befreiender Wirkung leisten kann (**Liberationswirkung,** § 793 Abs. 1 S. 2; vgl Palandt/*Sprau*, § 793 Rn 121 mwN).

26 [7] **Einwendungen des Ausstellers.** Im Interesse der Verkehrsfähigkeit sind Einwendungen des Ausstellers gegen die Schuldverschreibung nur beschränkt zulässig. Hierzu zählen 1. Einwendungen gegen die Gültigkeit der Ausstellung, 2. Einwendungen aus der Urkunde, 3. Einwendungen unmittelbar gegen den Inhaber und 4. Einwendungen gegen den Bestand der verbrieften Forderung (vgl Palandt/*Sprau*, § 796 Rn 2 ff). Für Schuldverschreibungen ausländischer Staaten, wie im Muster für argentinische Staatsanleihen, ist streitig, ob das Völkerrecht den Einwand des sog. Staatsnotstands enthält, und ob dies von ausländischen Staaten im Zivilprozess gegenüber den Anleihegläubigern entgegengehalten werden kann. Zutreffend wird dies inzwischen überwiegend verneint (BVerfG NJW 2007, 2610; OLG Frankfurt am Main, Urt. v. 13.6.2006, WM 2007, 929; Palandt/*Sprau*, § 796 Rn 4).

27 [8] **Zulässigkeit/Staatenimmunität.** Zur Zulässigkeit einer Klage gegen einen ausländischen Staat vgl die Ausführungen im Muster und die dort genannten weiterführenden Fundstellen.

§ 798 Ersatzurkunde

[1]Ist eine Schuldverschreibung auf den Inhaber infolge einer Beschädigung oder einer Verunstaltung zum Umlauf nicht mehr geeignet, so kann der Inhaber, sofern ihr wesentlicher Inhalt und ihre Unterscheidungsmerkmale noch mit Sicherheit erkennbar sind, von dem Aussteller die Erteilung einer neuen Schuldverschreibung auf den Inhaber gegen Aushändigung der beschädigten oder verunstalteten verlangen. [2]Die Kosten hat er zu tragen und vorzuschießen.

Um die Verkehrsfähigkeit beschädigter oder verunstalteter Inhaberschuldverschreibungen wiederherzustellen, stellt § 798 eine Anspruchsgrundlage für den Inhaber von Schuldverschreibungen gegen den Aussteller auf Erteilung einer neuen Urkunde – gegen Rückgabe der alten Urkunde – bereit. Ein solcher Austausch kommt jedoch nur in Betracht, wenn der wesentliche Inhalt der Urkunde und ihre Unterscheidungsmerkmale (zB Serie und Nummer) noch sicher zu erkennen sind; andernfalls ist der Weg über eine Kraftloserklärung (vgl im Folgenden zu §§ 799-800) zu gehen (vgl weiterführend Palandt/*Sprau*, § 798 Rn 1 ff). 1

Aufgrund des erfolgten Übergangs auf den stückelosen Effektengiroverkehr (vgl oben zu §§ 793-797) hat die praktische Bedeutung der Norm abgenommen. 2

§ 799 Kraftloserklärung

(1) [1]Eine abhanden gekommene oder vernichtete Schuldverschreibung auf den Inhaber kann, wenn nicht in der Urkunde das Gegenteil bestimmt ist, im Wege des Aufgebotsverfahrens für kraftlos erklärt werden. [2]Ausgenommen sind Zins-, Renten- und Gewinnanteilscheine sowie die auf Sicht zahlbaren unverzinslichen Schuldverschreibungen.
(2) [1]Der Aussteller ist verpflichtet, dem bisherigen Inhaber auf Verlangen die zur Erwirkung des Aufgebots oder der Zahlungssperre erforderliche Auskunft zu erteilen und die erforderlichen Zeugnisse auszustellen. [2]Die Kosten der Zeugnisse hat der bisherige Inhaber zu tragen und vorzuschießen.

§ 800 Wirkung der Kraftloserklärung

[1]Ist eine Schuldverschreibung auf den Inhaber für kraftlos erklärt, so kann derjenige, welcher den Ausschließungsbeschluss erwirkt hat, von dem Aussteller, unbeschadet der Befugnis, den Anspruch aus der Urkunde geltend zu machen, die Erteilung einer neuen Schuldverschreibung auf den Inhaber anstelle der für kraftlos erklärten verlangen. [2]Die Kosten hat er zu tragen und vorzuschießen.

A. Muster: Urkunden-Aufgebotsantrag[1], [2] 1

► Amtsgericht ■■■[3] 609

Urkunden-Aufgebotsantrag

wegen abhanden gekommener Wertpapiere

der ■■■-Bank AG (– Antragstellerin –),

vertreten durch die Vorstandsmitglieder ■■■ und ■■■,

■■■ [Ort, Straße][4]

Verfahrensbevollmächtigte: RAe ■■■

Namens und gemäß anliegender Vollmacht der Antragstellerin beantragen wir hiermit

bezüglich der in Verlust geratenen Wertpapiere:

50.000,00 EUR ■■■-Inhaber-Teilschuldverschreibungen der ■■■ (Bezeichnung der Ausstellerin bzw. Emittentin), WKN: ■■■ , 5/10.000er Nr. ■■■ , Nr. ■■■ , Nr. ■■■ , Nr. ■■■ und Nr. ■■■

1. das Aufgebot zum Zwecke der Kraftloserklärung,
2. die Bestimmung eines Anmeldezeitpunkts und
3. den Erlass eines Ausschließungsbeschlusses.[5]

Begründung: [6]

I.

1. Die örtliche Zuständigkeit des angerufenen Gerichts folgt aus § 466 Abs. 1 Satz 2 FamFG.[3]
   In § ▪▪▪ der Anleihebedingungen der ▪▪▪-Inhaber-Teilschuldverschreibungen ist Frankfurt am Main als Erfüllungsort vereinbart. Gemäß § ▪▪▪ der Anleihebedingungen unterliegen alle Fragen im Zusammenhang mit den Teilschuldverschreibungen deutschem Recht.
   Gemäß § ▪▪▪ der Anleihebedingungen ist Hauptzahlstelle die ▪▪▪-Y–Bank AG, D-▪▪▪ [Adresse]
   Zur Glaubhaftmachung überreichen wir:
   - Kopie der Anleihebedingungen, Anlage 1,
   - Kopie einer ▪▪▪-Inhaber-Teilschuldverschreibung, Anlage 2 (bei dieser Kopie handelt es sich um die Kopie eines Musters, nicht um die Kopie einer der verloren gegangenen Wertpapierurkunden).
2. Die Antragstellerin war Inhaberin der im Antrag bezeichneten fünf Teilschuldverschreibungen und hat diese am ▪▪▪ per Einwurf-Einschreiben an die ▪▪▪-Y-Bank AG, der Hauptzahlstelle gemäß §§ ▪▪▪ der Anleihebedingungen, versandt. Die Titel sind jedoch bei der Empfängerin nicht angekommen, was der Antragstellerin auf ihren Postnachforschungsantrag hin bestätigt wurde. Nachforschungen bei anderen Banken, an die die Antragstellerin am gleichen Tage (▪▪▪) Wertpapiere versandt hatte, führten ebenfalls zu keinem Ergebnis. Damit sind die Teilschuldverschreibungen als verloren anzusehen.
   Zur Glaubhaftmachung überreichen wir:
   - Eidesstattliche Versicherung des Herrn ▪▪▪, Mitglied des Vorstands der Antragstellerin, vom ▪▪▪, Anlage 3,
   - Eidesstattliche Versicherung der Frau ▪▪▪, Mitglied des Vorstands der ▪▪▪-Y-Bank AG vom ▪▪▪, Anlage 4.[6]
3. Die Titel wurden in die von der Fachzeitschrift „Wertpapier-Mitteilungen" veröffentlichte ▪▪▪ Ergänzung der „Sammelliste mit Opposition belegter Wertpapiere" vom ▪▪▪ aufgenommen. In der beigefügten Kopie von Seite ▪▪▪ dieser Sammelliste (Anlage 5) sind die Titel gekennzeichnet.[7]

II.

1. Die Teilschuldverschreibungen sind wegen Beendigung der ▪▪▪-jährigen Laufzeit der Anleihe seit dem ▪▪▪ zur Rückzahlung fällig (vgl. § ▪▪▪ der Anleihebedingungen).
2. Die im Antrag bezeichneten Titel sind bis heute weder vorgelegt noch eingelöst worden.
3. Da die Teilschuldverschreibungen seit dem ▪▪▪ zur Rückzahlung fällig sind, kann das Aufgebot unmittelbar nach Ablauf des Anmeldezeitpunkts ergehen und Ausschließungsbeschluss erlassen werden.

Die Antragstellerin kann Rückzahlung aus den Teilschuldverschreibungen von der Ausstellerin der Urkunden nur gegen Vorlage des Ausschließungsbeschlusses erlangen.

Sollte für den Erlass des Ausschließungsbeschlusses noch die Vorlage eines Zeugnisses (§§ 471 ff, 481 FamFG) erforderlich sein, bitten wir um Hinweis nach § 139 ZPO, auch bezüglich des Zeugnisinhalts[8].

▪▪▪

Rechtsanwältin/Rechtsanwalt ◄

B. Erläuterungen

2 [1] **Kraftloserklärung.** Der Berechtigte einer Schuldverschreibung ist darauf angewiesen, die Urkunde präsentieren zu können (Präsentationspflicht, § 797). Daher gewährt ihm § 799 die Möglichkeit, eine unkenntlich gewordene, abhanden gekommene oder vernichtete Urkunde

über das Aufgebotsverfahren für kraftlos erklären zu lassen. Nach Kraftloserklärung kann der Berechtigte die Ausstellung einer Ersatzurkunde (§ 800) verlangen.

[2] **Aufgebotsverfahren.** Das Aufgebotsverfahren ist mit Wirkung ab dem 1.9.2009 durch das FGG-Reformgesetz (BGBl. I 2008, 2586) in §§ 433 ff FamFG geregelt (Buch 9 der ZPO – §§ 946 bis 1024 ZPO aF – ist seither aufgehoben); bei Einleitung des Aufgebotsverfahrens bis 31.8.2009 gelten die früher anwendbaren §§ 1003 ff ZPO aF (Palandt/*Sprau*, § 799 Rn 4). Die Möglichkeit der Zahlungssperre bei oder vor Einleitung des Aufgebotsverfahrens ist in § 802 iVm § 480 FamFG (zuvor § 802 iVm §§ 1019 f ZPO aF) geregelt (vgl hierzu unten zu § 802). 3

[3] **Zuständigkeit.** Die Zuständigkeit ergibt sich aus § 466 Abs. 1: Amtsgericht am Erfüllungsort (§ 29 ZPO) der verbrieften Forderung. In Betracht kommt auch der allgemeine Gerichtsstand des Ausstellers (§§ 12 ff ZPO). 4

[4] **Antragsberechtigung.** Das Urkunden-Aufgebotsverfahren ist in §§ 466 ff FamFG geregelt. Antragsberechtigt bei einem Inhaberpapier ist – wie im Muster – der bisherige Inhaber der Urkunde (§ 467 Abs. 1 FamFG). 5

[5] **Anträge/Aufgebot/Ausschließungsbeschluss.** Vgl die Anträge im Muster sowie §§ 469 ff FamFG. Im Ausschließungsbeschluss werden die betreffenden Urkunden für kraftlos erklärt (§ 478 Abs. 1 FamFG). Er ist durch Veröffentlichung im elektronischen Bundesanzeiger bekannt zu machen; § 470 FamFG gilt entsprechend (§ 478 Abs. 2 FamFG). Gemäß § 479 FamFG hat der Ausschließungsbeschluss die Wirkung, dass der Antragsteller gegenüber dem durch die betreffende(n) Urkunde(n) Verpflichteten die Rechte aus der Urkunde geltend machen kann. Für das Muster des Tenors eines Ausschließungsbeschlusses im Urkunden-Aufgebotsverfahren vgl GF-ZPO/*Jäckel*, § 439 FamFG, Rn 27ff. 6

Die Aufgebotsfrist soll 6 Monate nicht überschreiten (§ 458 Abs. 2 FamFG; zur Mindestfrist vgl § 437 FamFG). Der Anmeldezeitpunkt (§ 434 Abs. 2 Nr. 2 FamFG) ist an die Stelle des Aufgebotstermins nach der ZPO aF getreten. 7

[6] **Antragsbegründung.** Detaillierte Bestimmungen zur Antragsbegründung hält § 468 FamFG bereit. Es ist u.a. eine Abschrift der Urkunde beizubringen oder deren wesentlicher Inhalt anzugeben. Im Musterfall ist dies durch Beibringung eines Musters einer der abhanden gekommenen Urkunden erfolgt. Erforderlich ist auch die Darlegung und Glaubhaftmachung des Abhandenkommens oder der Vernichtung der betreffenden Urkunde(n) durch geeignete eidesstattliche Versicherungen; sie sollten nicht nur angeboten (§ 468 Nr. 3 FamFG), sondern mit dem Antrag vorgelegt werden. Im Muster ist ein Fall des Postwegverlusts zugrunde gelegt (vgl zu weiteren Beispielen GF-ZPO/*Jäckel*, § 434 FamFG, Rn 38 mwN). 8

[7] **Oppositionsliste.** In der Bankpraxis werden verloren gegangene Wertpapiere (oder andere Lieferbarkeitshindernisse) in der sog. Oppositionsliste in den Wertpapiermitteilungen veröffentlicht (vgl auch Nr. 17 Sonderbedingungen für Wertpapiergeschäfte). Durch dieses Verfahren kann der gute Glaube zwar nicht ausgeschlossen werden, jedoch wird aufgrund dessen hoher Breitenwirkung zu Lasten der Kreditinstitute angenommen, dass grobe Fahrlässigkeit iSd § 932 Abs. 2 vorliegt, wenn trotz Aufnahme in die Oppositionsliste geliefert wird (NK-BGB/*Siller*, § 799 Rn 6 mwN). 9

[8] **Zeugnis, §§ 471 ff, 481.** In bestimmten Fällen kann ein Zeugnis bestimmten Inhalts beizubringen sein (vgl hierzu §§ 471 ff, 481 FamFG). 10

[9] **Weitere praktische Hinweise.** Zu weiteren praxisinstruktiven Mustern für Verfahren in Aufgebotssachen vgl GF-ZPO/*Jäckel*, § 433 ff FamFG. 11

Urkunden-Aufgebotsverfahren werden in der Praxis häufig auch zu abhanden gekommenen oder vernichteten Wechseln oder Schecks (Art. 90 WG; Art. 59 Abs. 1 ScheckG), zu kaufmännischen Orderpapieren (§ 365 Abs. 2 HGB), Aktien (§ 72 AktG) oder für qualifizierte Legiti- 12 mationspapiere (zB Sparbücher, § 808 Abs. 2 S. 2) durchgeführt; weiterführend vgl GF-ZPO/*Jäckel*, § 434 f. FamFG, Rn 37; *Hakenberg* in Ebenroth u.a., HGB, Bd. 2, BankR II Rn II 269 mwN).

§ 801 Erlöschen; Verjährung

(1) [1]Der Anspruch aus einer Schuldverschreibung auf den Inhaber erlischt mit dem Ablauf von 30 Jahren nach dem Eintritt der für die Leistung bestimmten Zeit, wenn nicht die Urkunde vor dem Ablauf der 30 Jahre dem Aussteller zur Einlösung vorgelegt wird. [2]Erfolgt die Vorlegung, so verjährt der Anspruch in zwei Jahren von dem Ende der Vorlegungsfrist an. [3]Der Vorlegung steht die gerichtliche Geltendmachung des Anspruchs aus der Urkunde gleich.
(2) [1]Bei Zins-, Renten- und Gewinnanteilscheinen beträgt die Vorlegungsfrist vier Jahre. [2]Die Frist beginnt mit dem Schluss des Jahres, in welchem die für die Leistung bestimmte Zeit eintritt.
(3) Die Dauer und der Beginn der Vorlegungsfrist können von dem Aussteller in der Urkunde anders bestimmt werden.

§ 802 Zahlungssperre

[1]Der Beginn und der Lauf der Vorlegungsfrist sowie der Verjährung werden durch die Zahlungssperre zugunsten des Antragstellers gehemmt. [2]Die Hemmung beginnt mit der Stellung des Antrags auf Zahlungssperre; sie endigt mit der Erledigung des Aufgebotsverfahrens und, falls die Zahlungssperre vor der Einleitung des Verfahrens verfügt worden ist, auch dann, wenn seit der Beseitigung des der Einleitung entgegenstehenden Hindernisses sechs Monate verstrichen sind und nicht vorher die Einleitung beantragt worden ist. [3]Auf diese Frist finden die Vorschriften der §§ 206, 210, 211 entsprechende Anwendung.

1 Wegen der Gefahr, dass ein Dritter die – abhanden gekommene – Urkunde gutgläubig erwirbt und der Aussteller an ihn schuldbefreiend leistet (§ 793 Abs. 1 S. 2), kann Schutz vor Rechtsverlust vor oder bei Einleitung des Aufgebotsverfahrens (vgl oben zu §§ 799, 800) – bis zu dessen Abschluss – durch die Verhängung einer Zahlungssperre erreicht werden (Hk-BGB/*Schulze*, § 799 Rn 1; umfassend vgl Staudinger/*Marburger*, § 799 Rn 1 ff). Zu beachten sind die Normen des § 802 iVm §§ 480, 482 FamFG (zuvor § 802 iVm §§ 1019 f ZPO aF) (vgl Palandt/*Sprau*, § 808 Rn 1; *Bumiller/Harders*, FamFG, § 480 Rn 4). Durch die Zahlungssperre wird die Vorlegungsfrist des § 801 (Erlöschen, Verjährung) gehemmt (Palandt/*Sprau*, § 801 Rn 1 mwN; s.a. BGH WM 2005, 2371).

§ 803 Zinsscheine

(1) Werden für eine Schuldverschreibung auf den Inhaber Zinsscheine ausgegeben, so bleiben die Scheine, sofern sie nicht eine gegenteilige Bestimmung enthalten, in Kraft, auch wenn die Hauptforderung erlischt oder die Verpflichtung zur Verzinsung aufgehoben oder geändert wird.
(2) Werden solche Zinsscheine bei der Einlösung der Hauptschuldverschreibung nicht zurückgegeben, so ist der Aussteller berechtigt, den Betrag zurückzubehalten, den er nach Absatz 1 für die Scheine zu zahlen verpflichtet ist.

§ 804 Verlust von Zins- oder ähnlichen Scheinen

(1) [1]Ist ein Zins-, Renten- oder Gewinnanteilschein abhanden gekommen oder vernichtet und hat der bisherige Inhaber den Verlust dem Aussteller vor dem Ablauf der Vorlegungsfrist angezeigt, so kann der bisherige Inhaber nach dem Ablauf der Frist die Leistung von dem Aussteller verlangen. [2]Der Anspruch ist ausgeschlossen, wenn der abhanden gekommene Schein dem Aussteller zur Einlösung vorgelegt oder der Anspruch aus dem Schein gerichtlich geltend gemacht worden ist, es sei denn, dass die Vorlegung oder die gerichtliche Geltendmachung nach dem Ablauf der Frist erfolgt ist. [3]Der Anspruch verjährt in vier Jahren.
(2) In dem Zins-, Renten- oder Gewinnanteilschein kann der im Absatz 1 bestimmte Anspruch ausgeschlossen werden.

§ 805 Neue Zins- und Rentenscheine

[1]Neue Zins- oder Rentenscheine für eine Schuldverschreibung auf den Inhaber dürfen an den Inhaber der zum Empfang der Scheine ermächtigenden Urkunde (Erneuerungsschein) nicht ausgegeben werden, wenn der Inhaber der Schuldverschreibung der Ausgabe widersprochen hat. [2]Die Scheine sind in diesem Falle dem Inhaber der Schuldverschreibung auszuhändigen, wenn er die Schuldverschreibung vorlegt.

§§ 803-805 enthalten Einzelregelungen zu Nebenpapieren der Schuldverschreibung. Die in § 803 geregelten **Zinsscheine** (**Kupons**) treten neben die Haupturkunde und stellen vom Fortbestand der Haupturkunde unabhängige **selbständige Inhaberpapiere** dar, die verkehrsfähig sind und unabhängig vom Hauptpapier übertragen werden können; ihr Inhaber kann deshalb die Zinsforderung gegen Aushändigung des Scheins ohne Vorlegung der Haupturkunde geltend machen (§ 803, BGH, Urt. v. 25.11.2008 – XI ZR 413/07, WM 2009, 259). Zinsscheine können nicht gemäß §§ 799, 800 (s.o. zu §§ 799, 800) für kraftlos erklärt werden; es gilt die Sonderregel des § 804, wonach der Gläubiger grundsätzlich seine Rechte ohne Vorlegung der betreffenden Urkunde(n) durch Verlustanzeige wahren kann (Hk-BGB/*Schulze*, §§ 803-805 Rn 1; Palandt/*Sprau*, § 803 Rn 1 ff; § 804 Rn 1 ff). § 805 hält Sonderregeln für **Erneuerungsscheine** (**Talons**) bereit (vgl weiterführend Palandt/*Sprau*, § 805 Rn 1 f). 1

§ 806 Umschreibung auf den Namen

[1]Die Umschreibung einer auf den Inhaber lautenden Schuldverschreibung auf den Namen eines bestimmten Berechtigten kann nur durch den Aussteller erfolgen. [2]Der Aussteller ist zur Umschreibung nicht verpflichtet.

§ 807 Inhaberkarten und -marken

Werden Karten, Marken oder ähnliche Urkunden, in denen ein Gläubiger nicht bezeichnet ist, von dem Aussteller unter Umständen ausgegeben, aus welchen sich ergibt, dass er dem Inhaber zu einer Leistung verpflichtet sein will, so finden die Vorschriften des § 793 Abs. 1 und der §§ 794, 796, 797 entsprechende Anwendung.

§ 808 Namenspapiere mit Inhaberklausel

(1) [1]Wird eine Urkunde, in welcher der Gläubiger benannt ist, mit der Bestimmung ausgegeben, dass die in der Urkunde versprochene Leistung an jeden Inhaber bewirkt werden kann, so wird der Schuldner durch die Leistung an den Inhaber der Urkunde befreit. [2]Der Inhaber ist nicht berechtigt, die Leistung zu verlangen.
(2) [1]Der Schuldner ist nur gegen Aushändigung der Urkunde zur Leistung verpflichtet. [2]Ist die Urkunde abhanden gekommen oder vernichtet, so kann sie, wenn nicht ein anderes bestimmt ist, im Wege des Aufgebotsverfahrens für kraftlos erklärt werden. [3]Die im § 802 für die Verjährung gegebenen Vorschriften finden Anwendung.

Die Besonderheit der Namenspapiere mit Inhaberklausel (qualifizierte Legitimationspapiere oder hinkende Inhaberpapiere) besteht darin, dass der Aussteller mit schuldbefreiender Wirkung an den Inhaber leisten kann, sofern er dessen Nichtberechtigung nicht kennt bzw grob fahrlässig nicht kennt. Der Aussteller ist aber nicht zur Leistung verpflichtet; der Inhaber besitzt kein Forderungsrecht (vgl weiterführend Hk-BGB/*Schulze*, § 808 Rn 1 f; Palandt/*Sprau*, § 808 Rn 1 ff, jeweils mwN). 1

Das in der Praxis bedeutendste Namenspapier mit Inhaberklausel ist das **Sparbuch**, dessen Gläubiger sich aus dem Sparvertrag ergibt, der bei Kontoeröffnung geschlossen wird (zu weiteren Einzel- und Besonderheiten vgl Hk-BGB/*Schulze*, § 808 Rn 1 f; Palandt/*Sprau*, § 808 Rn 1 ff, jeweils mwN). Die Legitimationswirkung setzt die Vorlage des (ganzen) Sparbuchs voraus (Hamm WM 1985, 1290; ausführlich vgl Staudinger/*Marburger*, § 808 Rn 42 ff mwN). Das Sparbuch ist eine Beweisurkunde (OLG Köln, Urt. v. 9.7.2003, WuB I C 2. Sparkonto 1.04 mit Anm. *Langbein*); ihm kommt im Rechtsverkehr hoher Beweiswert zu, und zwar unabhängig von internen Buchungsunterlagen des Kreditinstituts. Den Beweiswert zu erschüttern, ist nur unter besonderen Umständen möglich (*Bartsch* in: jurisPR-BKR 1/2010 Anm. 6). Die Beweislast für die Rückzahlung trägt das Kreditinstitut (OLG Celle, Urt. v. 18.6.2008 – 3 U 39/08 nebst 2

Anm. *Bartsch* in: jurisPR-BKR 1/2010 Anm. 6; LG Frankfurt BKR 2004, 39; BGH NJW 2002, 2707; Palandt/*Sprau*, § 808 Rn 6; umfassend vgl Staudinger/*Marburger*, § 808 Rn 42 ff, zur Beweislast insbes. 53 ff). Das Beweislastproblem ist praxisrelevant in den Fällen „vergessener" oder „umsatzloser" Sparbücher, die Jahrzehnte nach der letzten Einzahlung oder Abhebung – häufig durch Erben, die das Sparbuch im Nachlass auffinden – beim Kreditinstitut zur Rückzahlung von Guthaben nebst Zinsen vorgelegt werden. Obwohl im allgemeinen nicht ohne Vorlage des Sparbuchs ausgezahlt wird, kommt es immer wieder vor, dass Kreditinstitute zuvor Auszahlungen ohne Vorlage des Sparbuchs und Vornahme entsprechender Eintragungen in das Sparbuch vorgenommen haben (zB weil sich das Sparbuch zur Sicherheit für ein Bauspardarlehen bei der Bausparkasse befand). Bestreitet dann der das Sparbuch Vorlegende die Auszahlungen und verweist auf die Eintragung im Sparbuch, gelingt der Nachweis der Bank für die stattgehabte(n) Auszahlung(en) nur selten. Bankinterne Unterlagen sowie der bloße Zeitablauf seit Ausgabe des Sparbuchs seit der letzten Eintragung darin rechtfertigen für sich genommen keine Beweislastumkehr zugunsten der Bank (OLG Celle, Urt. v. 18.6.2008 – 3 U 39/08 nebst Anm. *Bartsch* in: jurisPR-BKR 1/2010 Anm. 6 mwN; *Gößmann* in: Bankrecht und Bankpraxis, Loseblattsammlung, Stand 04/2010, Band 1 Rn 2/195; vgl weiterführend *Pamp*, Erbrecht, 34; *Bartsch* in: Ott-Eulberg/Schebasta/Bartsch, Erbrecht und Banken, 246).

Titel 25 Vorlegung von Sachen

§ 809 Besichtigung einer Sache

Wer gegen den Besitzer einer Sache einen Anspruch in Ansehung der Sache hat oder sich Gewissheit verschaffen will, ob ihm ein solcher Anspruch zusteht, kann, wenn die Besichtigung der Sache aus diesem Grunde für ihn von Interesse ist, verlangen, dass der Besitzer ihm die Sache zur Besichtigung vorlegt oder die Besichtigung gestattet.

§ 810 Einsicht in Urkunden

Wer ein rechtliches Interesse daran hat, eine in fremdem Besitz befindliche Urkunde einzusehen, kann von dem Besitzer die Gestattung der Einsicht verlangen, wenn die Urkunde in seinem Interesse errichtet oder in der Urkunde ein zwischen ihm und einem anderen bestehendes Rechtsverhältnis beurkundet ist oder wenn die Urkunde Verhandlungen über ein Rechtsgeschäft enthält, die zwischen ihm und einem anderen oder zwischen einem von beiden und einem gemeinschaftlichen Vermittler gepflogen worden sind.

§ 811 Vorlegungsort, Gefahr und Kosten

(1) [1]Die Vorlegung hat in den Fällen der §§ 809, 810 an dem Orte zu erfolgen, an welchem sich die vorzulegende Sache befindet. [2]Jeder Teil kann die Vorlegung an einem anderen Orte verlangen, wenn ein wichtiger Grund vorliegt.
(2) [1]Die Gefahr und die Kosten hat derjenige zu tragen, welcher die Vorlegung verlangt. [2]Der Besitzer kann die Vorlegung verweigern, bis ihm der andere Teil die Kosten vorschießt und wegen der Gefahr Sicherheit leistet.

1 **A. Muster: Klage auf Gewährung von Einsicht in eine Urkunde (§ 810)[1]**

▶ Landgericht München[2]

Klage

des ■■■, D-■■■ [Adresse]

– Klägers, ehem. Vorstandsmitglied der .. -B-Bank AG –

Prozessbevollmächtigte: ■■■

gegen

die ■■■-D&O-Versicherungs-AG, vertreten durch die Vorstandsmitglieder ■■■ und ■■■, D-■■■ [Adresse]
– Beklagte, D&O-Versicherer der ■■■-B-Bank AG –

wegen Gewährung von Einsicht in eine Urkunde

vorläufiger Streitwert: 100.000,00 EUR

Namens und in Vollmacht des Klägers erheben wir Klage und beantragen,

1. die Beklagte zu verurteilen, dem Kläger Einsicht in den – im Zeitraum zwischen dem ■■■ und dem ■■■ – von der Beklagten mit der ■■■-B-Bank AG, D-■■■ [Adresse], zugunsten des Klägers abgeschlossenen D&O-Versicherungsvertrages nebst den Allgemeinen und Besonderen Versicherungsvertragsbedingungen zu gewähren.[3]
2. für den Fall, dass die Beklagte nicht binnen der ihr gesetzten Einlassungsfrist ihre Verteidigungsbereitschaft anzeigt, gemäß §§ 276 Abs. 1, 331 Abs. 3 ZPO Versäumnisurteil zu erlassen, und, soweit die Beklagte innerhalb der ihr gesetzten Einlassungsfrist mitteilt, dass sie den Anspruch anerkenne, gemäß §§ 276 Abs. 1 iVm 307 Abs. 2 ZPO Anerkenntnisurteil zu erlassen,
3. auf vollstreckbaren Titeln zugunsten des Klägers die Vollstreckungsklausel anzubringen.

Begründung:[3]

I.

Der Kläger ist ehemaliges Vorstandsmitglied der ■■■-B-Bank AG. Als solches war er gemäß Anstellungsvertrag vom ■■■ der ■■■-B-Bank AG in der Zeit vom ■■■ bis ■■■ verbunden. Während des Anstellungsverhältnisses war zugunsten des Klägers u.a. zur Abdeckung von Regressansprüchen Dritter ein D&O-Versicherungsvertrag (Directors-and-Officers-Versicherung) zwischen der ■■■-B-Bank AG und der Beklagten geschlossen worden. Die Parteien gingen im offenen Streit am ■■■ auseinander; das Anstellungsverhältnis endete am ■■■.

Nach Beendigung des Anstellungsverhältnisses wurde der Kläger persönlich durch Schreiben der ■■■ XY-AG, D-■■■ [Adresse], mit deren Regressansprüchen in Höhe von mindestens 100.000,00 EUR konfrontiert, die aus der Zeit seines Anstellungsverhältnisses mit der ■■■-B-Bank AG datieren und wahrscheinlich den für derartige Sachverhalte von ihr mit der Beklagten zugunsten des Klägers abgeschlossenen D&O-Versicherungsvertrag betreffen.

Der Kläger war und ist selbst nicht im Besitz des D&O-Versicherungsvertrages, da der Vertrag seinerzeit zwischen der früheren Arbeitgeberin des Klägers und der Beklagten abgeschlossen wurde und nur diese beiden Vertragsparteien über Vertragsausfertigungen verfügen. Der Kläger selbst erhielt, obwohl der Vertrag zu seinen Gunsten abgeschlossen wurde, keine Abschrift/Kopie des Vertrages, weder anlässlich des Vertragsabschlusses noch zu einem späteren Zeitpunkt während seines Anstellungsverhältnisses.

Der Kläger hat vorgerichtlich die Beklagte mit Schreiben vom ■■■ aufgefordert, ihm eine vollständige Abschrift/Kopie des D&O-Versicherungsvertrages nebst der Allgemeinen und Besonderen Versicherungsbedingungen auszuhändigen. Die Beklagte lehnte dies jedoch mit Schreiben vom ■■■ ab.

Daher ist Klage geboten.

II.

1. Die örtliche Zuständigkeit des angerufenen Gerichts folgt aus § 17 ZPO, da die Beklagte ihren Sitz in München hat. Auch die sachliche Zuständigkeit des Landgerichts München I ist gegeben, da der Kläger ein Interesse an der Offenlegung mindestens in Höhe des angegebenen vorläufigen Streitwerts von 100.000,00 EUR hat.[2]

2. Der Anspruch des Klägers auf Gewährung von Einsicht in den D&O-Versicherungsvertrag nebst den Allgemeinen und Besonderen Versicherungsbedingungen ist gemäß § 810 BGB begründet.[3]

Der Vertrag ist eine Urkunde gemäß § 810 BGB, die sich im Besitz der Beklagten befindet, und die auch den Interessen des Klägers – als damaligem Vorstandsmitglied der ▪▪▪-B-Bank AG – dienend errichtet wurde. Dies ist bei D&O-Versicherungen, die eine Aktiengesellschaft zugunsten ihrer Vorstandsmitglieder abschließt, typischerweise und auch vorliegend der Fall. Die mit Schreiben der ▪▪▪ XY-AG vom ▪▪▪ (vgl oben I) geltend gemachten Regressansprüche betreffen wahrscheinlich Sachverhalte, für die der D&O-Versicherungsvertrag abgeschlossen wurde, und in den der Kläger mit der vorliegenden Klage Einsicht begehrt.

Das rechtliche Interesse des Klägers an der Gewährung von Einsicht in den D&O-Versicherungsvertrag ist dadurch begründet, dass er Kenntnis vom Inhalt des Vertrages für die Erhaltung, Förderung und Verteidigung seiner rechtlich geschützten Sphäre benötigt (BGH NJW 1981, 1733; Staudinger/Marburger, BGB (Bearbeitung 2009), § 810 Rn 10 mwN), vorliegend insbesondere für seine Verteidigung gegen die von der XY-AG geltend gemachten Regressansprüche.

▪▪▪

Rechtsanwältin/Rechtsanwalt ◄

B. Erläuterungen

2 [1] **Materiellrechtliche Ansprüche auf Sachbesichtigung und Urkundeneinsicht.** §§ 809 ff gewähren materiellrechtliche Ansprüche auf Vorlegung und Besichtigung einer Sache sowie auf Einsichtnahme in eine Urkunde, insbesondere Akten, zur Klärung, Förderung, Erhaltung oder Verteidigung einer Rechtsposition (BGH NJW 1981, 1733). Die Ansprüche sind unabhängig vom Bestehen sonstiger Rechtsverhältnisse zwischen den streitenden Parteien und können in bestimmten Sachlagen unabhängig von Hauptansprüchen im Wege einer selbständigen Klage gegen den Besitzer gerichtlich durchgesetzt werden (Hk-BGB/*Schulze*, § 809 und § 810, jeweils Rn 1 ff mwN; Palandt/*Sprau*, §§ 809 ff, jeweils Rn 1 mwN; Staudinger/*Marburger*, Vorbem zu §§ 809-811 mit umfangreichen Nachweisen zum Schrifttum und mit alphabetischer Übersicht zu praxisrelevanten Anwendungsfällen, zB Einsicht in öffentliche Register und Akten, Computerprogramme/Quellcodes, Geschäftsunterlagen, Vertragsunterlagen des Versicherers, Vertragsunterlagen des Kreditinstituts – BGH NJW-RR 1992, 1072, Krankenunterlagen, etc.). Zu materiell-rechtlichen Ansprüchen auf Besichtigung von Sachen und Einsicht in Urkunden, insbesondere in Vergabeakten, im Vergaberecht vgl *Prieß/Gabriel*, NJW 2008, 331.

3 Für das obige Muster wurde eine Klage auf Gewährung von Einsicht in eine Urkunde (§ 810) gewählt. Zu einem weiteren Muster nebst Erläuterungen vgl *Zahn* in: Beck'sches Prozessformularbuch, II F 3; II F 1 mwN).

4 [2] **Zuständigkeit.** Die örtliche Zuständigkeit folgt aus §§ 12-19 ZPO, hier aus § 17 ZPO, da die Beklagte im gewählten Muster ihren Sitz in München hat. Die sachliche Zuständigkeit richtet sich nach dem Streitwert, der nach § 3 ZPO zu schätzen ist und sich nach dem Interesse des Klägers an der Offenlegung richtet.

5 [3] **Antrag und Begründung.** Der Antrag auf Gewährung von Einsicht in den betreffenden Versicherungsvertrag und die Begründung sind im vorliegenden Muster dem Interesse des Klägers geschuldet, den genauen Inhalt des D&O-Versicherungsvertrages in Erfahrung zu bringen, der zu Zeiten seines Anstellungsverhältnisses zu seinen Gunsten geschlossen wurde, um evtl Deckung für die gegen ihn persönlich geltend gemachten Regressansprüche Dritter zu erreichen. Für das für den Anspruch aus § 810 erforderliche „rechtliche Interesse" an der Urkundenvorlegung sind „genügend konkrete Angaben" zu machen. Am rechtlichen Interesse fehlt es, wenn erst Unterlagen für die Rechtsverfolgung gegen den Besitzer der Urkunde beschafft werden sollen (BGHZ 93, 191, 109, 260: unzulässige Ausforschung; Palandt/*Sprau*, § 810 Rn 2; ausführlich zu den Anspruchsvoraussetzungen vgl Staudinger/*Marburger*, § 810 Rn 1 ff mwN).

Zwangsvollstreckung. Nach hM erfolgt die Zwangsvollstreckung aus Urteilen, die auf Vorlegung von Sachen und Urkunden lauten, in entsprechender Anwendung des § 883 ZPO (weiterführend vgl Staudinger/*Marburger*, Vorbem zu §§ 809-811, Rn 10 mwN). 6

Urkundenvorlage in bereits anhängigen Prozessverfahren. Die Verpflichtung zur Vorlage beweiserheblicher Urkunden während (bereits) anhängiger Prozessverfahren ist in §§ 422 f, 429 ZPO – unter Anknüpfung an die bürgerlich-rechtlichen Vorlegungsgründe des § 810 – geregelt. Soweit sich die Urkunde in Händen des Prozessgegners befindet, ist gemäß §§ 422, 427 ZPO zu verfahren und die klageweise Durchsetzung des materiell-rechtlichen Anspruchs aus § 810 ausgeschlossen. Wenn sich die Urkunde im Besitz eines Dritten (§ 429 ZPO) befindet und dieser nicht freiwillig vorlegt, ist besondere Klage (s.o.) erforderlich. Zur Vorlageanordnung durch das Gericht vgl § 142 ZPO (*Wöstmann* in: Hk-ZPO, § 142 Rn 1 ff; Staudinger/*Marburger*, Vorbem zu §§ 808-811 Rn 8 ff). 7

Zu weiteren Mustern zum Beweis durch Urkunden innerhalb und außerhalb von Prozessverfahren vgl *Fullenkamp* in: Vorwerk, Das Prozess-Formular-Buch, Kap.25 Rn 114–140 mwN; umfassende und vielfältige Praxis*muster* bieten GF-ZPO/*Quarch*/*Titz*, §§ 415–444. 8

Titel 26 Ungerechtfertigte Bereicherung

§ 812 Herausgabeanspruch

(1) [1]Wer durch die Leistung eines anderen oder in sonstiger Weise auf dessen Kosten etwas ohne rechtlichen Grund erlangt, ist ihm zur Herausgabe verpflichtet. [2]Diese Verpflichtung besteht auch dann, wenn der rechtliche Grund später wegfällt oder der mit einer Leistung nach dem Inhalt des Rechtsgeschäfts bezweckte Erfolg nicht eintritt.
(2) Als Leistung gilt auch die durch Vertrag erfolgte Anerkennung des Bestehens oder des Nichtbestehens eines Schuldverhältnisses.

A. Muster: Klage auf Freigabe eines hinterlegten Betrags 1

▶ An das 611
Landgericht ■■■[1]

Klage

des ■■■

– Kläger –

– Prozessbevollmächtigter: RA ■■■–

gegen

den ■■■

– Beklagter –

wegen: Freigabe eines hinterlegten Betrags

Streitwert (vorläufig): ■■■ EUR

Namens und in Vollmacht des Klägers erhebe ich Klage und kündige für die mündliche Verhandlung folgende Anträge an:

I. Der Beklagte wird verurteilt, der Freigabe des beim AG ■■■ unter dem Aktenzeichen ■■■ hinterlegten Betrags von 10.000,00 EUR an den Kläger zuzustimmen.[2]

II. Der Beklagte wird weiter verurteilt an den Kläger Zinsen in Höhe von 5,0 Prozentpunkten über dem Basiszinssatz seit dem ■■■/seit Rechtshängigkeit aus 10.000,00 EUR zu zahlen.[3]

III. ■■■ ggf weitere Prozessanträge[4]

Begründung

Der Kläger gewährte dem Beklagten unter dem ■■■ ein Darlehen iHv ■■■ EUR. Neben verschiedenen anderen Abreden war vereinbart, dass der Beklagte dem Kläger zur Sicherung des Rückzahlungsanspruchs einen Anspruch des Beklagten gegen Herrn X aus einem Kaufvertrag sicherungshalber abtritt. Der Kläger hat diese Abtretung, die eine Forderung von 10.000,00 EUR betraf, angenommen.[5]

Beweis: Darlehensvertrag vom ■■■ in Kopie.

Entsprechend der Vereinbarung legte der Kläger die Abtretung zunächst nicht offen. Nachdem der Beklagte aber mit der Rückzahlung des Darlehens in Verzug geraten war, der Kläger dieses nach entsprechender Ankündigung gekündigt hatte[6] und der Beklagte keine weiteren Zahlungen mehr leistete, zeigte der Kläger Herrn X die Abtretung an und forderte ihn auf, Zahlung an ihn zu leisten.

Beweis: Schreiben des Klägers an Herrn X vom ■■■ in Kopie.

Zu diesem Zeitpunkt belief sich die noch offene Forderung des Klägers gegen den Beklagten auf ■■■ EUR, überstieg also den Anspruch gegen Herrn X, so dass dieser aufgrund der Abtretung verpflichtet war, den gesamten geschuldeten Betrag an den Kläger zu zahlen.

Unmittelbar nach der Kündigung hatte sich aber bereits der Beklagte an Herrn X gewandt und diesen aufgefordert, nicht an den Kläger zu leisten. Der Beklagte begründete dies damit, dass die Abtretung unwirksam sei. Er, der Beklagte, habe sie wirksam wegen eines Irrtums angefochten.

Beweis: Schreiben des Beklagten an Herrn X vom ■■■ in Kopie.

Obwohl dies nicht zutreffend war, da eine wirksame Anfechtung nicht erfolgt war, sah sich Herr X veranlasst, den streitgegenständlichen Betrag bei dem AG ■■■ zu ■■■ zugunsten des Klägers und des Beklagten zu hinterlegen.[7]

Beweis: Bescheinigung der Hinterlegungsstelle des AG ■■■ vom ■■■ in Kopie.

Mit Schreiben vom ■■■ forderte der Kläger den Beklagten auf, bis zum ■■■ die Freigabe des hinterlegten Geldes zu erklären,[8]

Beweis: Schreiben des Klägers an den Beklagten vom ■■■ in Kopie ■■■

was dieser ablehnte.

Der Beklagte ist nach § 812 Abs. 1 S. 1 Alt. 2 BGB verpflichtet, der Freigabe des hinterlegten Geldes an den Kläger zuzustimmen. Ihm steht kein Recht an dem Geld zu, da die Anfechtung der Abtretung jedenfalls daran scheitert, dass sie nicht unverzüglich erklärt wurde (§ 121 Abs. 1 S. 1 BGB). Von seinem – vermeintlichen – Irrtum erfuhr der Beklagte unmittelbar nach Abschluss des Darlehensvertrags, die Anfechtung erfolgte aber erst nach Kündigung des Darlehens, mithin nicht unverzüglich.[9]

Die Zinspflicht ergibt sich aus ■■■ ◄

B. Erläuterungen und Varianten

2 [1] **Zuständigkeit des Gerichts.** Die Zuständigkeit in sachlicher/örtlicher Hinsicht folgt den allgemeinen Regelungen. Der **Streitwert** richtet sich nach dem Betrag, der freigegeben werden soll.

3 [2] **Anspruchsinhalt.** Der Anspruch auf Freigabe von hinterlegtem Geld ergibt sich aus § 812 (vgl BGH NJW-RR 1994, 847) und ist auf Abgabe der entsprechenden Willenserklärung (vgl § 13 Abs. 1 S. 1 Nr. 2 HintO) gegenüber der Hinterlegungsstelle gerichtet. Die Vollstreckung erfolgt nach § 894 ZPO, mithin gilt die Erklärung mit Rechtskraft des Urteils als abgegeben.

4 [3] **Zinsen.** Zu den verschiedenen Möglichkeiten, Zinsen geltend zu machen, vgl Muster bei § 288. Obwohl es sich bei dem Freigabeantrag nicht um einen Zahlungsantrag handelt, können

nach BGH NJW 2006, 2398, Verzugszinsen in entsprechender Anwendung des § 288 geltend gemacht werden. IÜ sind Zinsen nach § 818 nur herauszugeben, sofern sie tatsächlich erlangt wurden (vgl Hk-BGB/*Schulze*, § 818 Rn 3), wobei hier eine Vermutung für einen entsprechenden Erwerb sprechen kann (BGH NJW 1998, 2529: bei Banken ist eine Anlage zu vermuten).

[4] **Nebenanträge.** Zu den prozessualen Nebenanträgen (zB § 331 Abs. 3 S. 1 ZPO: Erlass eines Versäumnisurteils im schriftlichen Verfahren) bzw für die Zwangsvollstreckung relevanten Anträgen vgl *Pukall*, in: Formularbuch ZPO, § 253 ZPO Rn 92 ff. 5

[5] **Abtretung.** Vgl § 398 S. 1. 6

[6] Vgl § 448 Abs. 3 S. 1 zur **Fälligkeit des Rückzahlungsanspruchs.** 7

[7] Vgl § 378 zur **Erfüllungswirkung der Hinterlegung.** 8

[8] **Verzug mit Freigabe.** Durch die Aufforderung zur Freigabe gerät der Beklagte in Verzug, was die Zinspflicht auslöst (vgl Rn 4). 9

[9] Die **Darlegungs- und Beweislast** für das Nichtvorliegen eines rechtlichen Grundes trägt bei Kondiktionsansprüchen der Kläger, wobei den Beklagten im Sinne einer sekundären Darlegungslast die Pflicht trifft, substantiiert vorzutragen, welcher Rechtsgrund aus seiner Sicht besteht (vgl zuletzt ua BGH NJW-RR 2009, 1142). 10

§ 813 Erfüllung trotz Einrede

(1) [1]Das zum Zwecke der Erfüllung einer Verbindlichkeit Geleistete kann auch dann zurückgefordert werden, wenn dem Anspruch eine Einrede entgegenstand, durch welche die Geltendmachung des Anspruchs dauernd ausgeschlossen wurde. [2]Die Vorschrift des § 214 Abs. 2 bleibt unberührt.
(2) Wird eine betagte Verbindlichkeit vorzeitig erfüllt, so ist die Rückforderung ausgeschlossen; die Erstattung von Zwischenzinsen kann nicht verlangt werden.

§ 814 Kenntnis der Nichtschuld

Das zum Zwecke der Erfüllung einer Verbindlichkeit Geleistete kann nicht zurückgefordert werden, wenn der Leistende gewusst hat, dass er zur Leistung nicht verpflichtet war, oder wenn die Leistung einer sittlichen Pflicht oder einer auf den Anstand zu nehmenden Rücksicht entsprach.

§ 815 Nichteintritt des Erfolgs

Die Rückforderung wegen Nichteintritts des mit einer Leistung bezweckten Erfolgs ist ausgeschlossen, wenn der Eintritt des Erfolgs von Anfang an unmöglich war und der Leistende dies gewusst hat oder wenn der Leistende den Eintritt des Erfolgs wider Treu und Glauben verhindert hat.

§ 816 Verfügung eines Nichtberechtigten

(1) [1]Trifft ein Nichtberechtigter über einen Gegenstand eine Verfügung, die dem Berechtigten gegenüber wirksam ist, so ist er dem Berechtigten zur Herausgabe des durch die Verfügung Erlangten verpflichtet. [2]Erfolgt die Verfügung unentgeltlich, so trifft die gleiche Verpflichtung denjenigen, welcher auf Grund der Verfügung unmittelbar einen rechtlichen Vorteil erlangt.
(2) Wird an einen Nichtberechtigten eine Leistung bewirkt, die dem Berechtigten gegenüber wirksam ist, so ist der Nichtberechtigte dem Berechtigten zur Herausgabe des Geleisteten verpflichtet.

§ 817 Verstoß gegen Gesetz oder gute Sitten

[1]War der Zweck einer Leistung in der Art bestimmt, dass der Empfänger durch die Annahme gegen ein gesetzliches Verbot oder gegen die guten Sitten verstoßen hat, so ist der Empfänger zur Herausgabe verpflichtet. [2]Die Rückforderung ist ausgeschlossen, wenn dem Leistenden gleichfalls ein solcher Verstoß zur Last fällt, es sei denn, dass die Leistung in der Eingehung einer Verbindlichkeit bestand; das zur Erfüllung einer solchen Verbindlichkeit Geleistete kann nicht zurückgefordert werden.

§ 818 Umfang des Bereicherungsanspruchs

(1) Die Verpflichtung zur Herausgabe erstreckt sich auf die gezogenen Nutzungen sowie auf dasjenige, was der Empfänger auf Grund eines erlangten Rechts oder als Ersatz für die Zerstörung, Beschädigung oder Entziehung des erlangten Gegenstands erwirbt.
(2) Ist die Herausgabe wegen der Beschaffenheit des Erlangten nicht möglich oder ist der Empfänger aus einem anderen Grunde zur Herausgabe außerstande, so hat er den Wert zu ersetzen.
(3) Die Verpflichtung zur Herausgabe oder zum Ersatz des Wertes ist ausgeschlossen, soweit der Empfänger nicht mehr bereichert ist.
(4) Von dem Eintritt der Rechtshängigkeit an haftet der Empfänger nach den allgemeinen Vorschriften.

§ 819 Verschärfte Haftung bei Kenntnis und bei Gesetzes- oder Sittenverstoß

(1) Kennt der Empfänger den Mangel des rechtlichen Grundes bei dem Empfang oder erfährt er ihn später, so ist er von dem Empfang oder der Erlangung der Kenntnis an zur Herausgabe verpflichtet, wie wenn der Anspruch auf Herausgabe zu dieser Zeit rechtshängig geworden wäre.
(2) Verstößt der Empfänger durch die Annahme der Leistung gegen ein gesetzliches Verbot oder gegen die guten Sitten, so ist er von dem Empfang der Leistung an in der gleichen Weise verpflichtet.

§ 820 Verschärfte Haftung bei ungewissem Erfolgseintritt

(1) [1]War mit der Leistung ein Erfolg bezweckt, dessen Eintritt nach dem Inhalt des Rechtsgeschäfts als ungewiss angesehen wurde, so ist der Empfänger, falls der Erfolg nicht eintritt, zur Herausgabe so verpflichtet, wie wenn der Anspruch auf Herausgabe zur Zeit des Empfangs rechtshängig geworden wäre. [2]Das Gleiche gilt, wenn die Leistung aus einem Rechtsgrund, dessen Wegfall nach dem Inhalt des Rechtsgeschäfts als möglich angesehen wurde, erfolgt ist und der Rechtsgrund wegfällt.
(2) Zinsen hat der Empfänger erst von dem Zeitpunkt an zu entrichten, in welchem er erfährt, dass der Erfolg nicht eingetreten oder dass der Rechtsgrund weggefallen ist; zur Herausgabe von Nutzungen ist er insoweit nicht verpflichtet, als er zu dieser Zeit nicht mehr bereichert ist.

§ 821 Einrede der Bereicherung

Wer ohne rechtlichen Grund eine Verbindlichkeit eingeht, kann die Erfüllung auch dann verweigern, wenn der Anspruch auf Befreiung von der Verbindlichkeit verjährt ist.

§ 822 Herausgabepflicht Dritter

Wendet der Empfänger das Erlangte unentgeltlich einem Dritten zu, so ist, soweit infolgedessen die Verpflichtung des Empfängers zur Herausgabe der Bereicherung ausgeschlossen ist, der Dritte zur Herausgabe verpflichtet, wie wenn er die Zuwendung von dem Gläubiger ohne rechtlichen Grund erhalten hätte.

Titel 27 Unerlaubte Handlungen

§ 823 Schadensersatzpflicht

(1) Wer vorsätzlich oder fahrlässig das Leben, den Körper, die Gesundheit, die Freiheit, das Eigentum oder ein sonstiges Recht eines anderen widerrechtlich verletzt, ist dem anderen zum Ersatz des daraus entstehenden Schadens verpflichtet.
(2) [1]Die gleiche Verpflichtung trifft denjenigen, welcher gegen ein den Schutz eines anderen bezweckendes Gesetz verstößt. [2]Ist nach dem Inhalt des Gesetzes ein Verstoß gegen dieses auch ohne Verschulden möglich, so tritt die Ersatzpflicht nur im Falle des Verschuldens ein.

A. Delikt, § 823 Abs. 1

I. Muster: Schadenersatzklage aus Delikt 1

612

▶ An das

Amtsgericht/Landgericht ...[1]

Klage

des ...

– Kläger –

– Prozessbevollmächtigter: RA ...–

gegen

den ...

– Beklagter –

wegen: Schadensersatz aus Delikt[2]

Streitwert (vorläufig): ... EUR

Namens und in Vollmacht des Klägers erhebe ich Klage und kündige für die mündliche Verhandlung folgende Anträge an:

I. Der Beklagte wird verurteilt, an den Kläger ... EUR nebst Zinsen hieraus in Höhe von 5,0 Prozentpunkten über dem Basiszinssatz seit dem .../seit Rechtshängigkeit[3] zu zahlen.

II. Der Beklagte wird verurteilt, dem Kläger ein angemessenes Schmerzensgeld,[4] das mindestens ... EUR betragen sollte, nebst Zinsen hieraus in Höhe von 5,0 Prozentpunkten über dem Basiszinssatz seit dem .../seit Rechtshängigkeit zu zahlen.

III. Es wird festgestellt, dass der Beklagte verpflichtet ist, dem Kläger alle zukünftig entstehenden Schäden aus dem Ereignis vom ... in ..., ...-Straße zu ersetzen, soweit diese nicht gesetzlich auf Träger der Sozialversicherung oder andere Dritte übergehen[5]

IV. ... [ggf weitere Prozessanträge][6]

Begründung

Am ... benutzte der Kläger als Fußgänger den – stadtauswärts betrachtet – rechten Gehweg der ...-Straße in .... An der ...-Straße befinden sich, durch den Gehweg von der eigentlichen Fahrbahn getrennt, verschiedene Gebäude, darunter das Haus Nr. .... Der Beklagte beabsichtigte, mit seinem

Fahrrad[7] aus der Hofeinfahrt dieses Anwesens nach links auf die ...-Straße einzubiegen. Als der Beklagte aus der Einfahrt herausfuhr, befand sich der Kläger in Höhe der Einfahrt. Infolge Unachtsamkeit des Beklagten – er telefonierte gerade mit seinem Mobiltelefon – kam es zur Kollision zwischen den Parteien, wobei der Beklagte mit dem Fahrrad in die rechte Seite des Klägers fuhr, so dass dieser zu Fall kam.

Beweis: Zeugnis des ...; Beiziehung der Ermittlungsakte der Staatsanwaltschaft ..., Az: ...[8]

Bei dem Unfall wurde der Kläger nicht unerheblich verletzt. Neben verschiedenen Prellungen brach sich der Kläger beim Sturz auf den Boden den linken Arm, so dass ein stationärer Aufenthalt im ...-Krankenhaus vom ... bis zum ... erforderlich war. Außerdem musste der Kläger bis zum ... einen Gipsverband am Arm tragen.

Beweis: Befundbericht des ...-Krankenhauses; Zeugnis der behandelnden Ärzte Dr. med. ... sowie Dr. med. ..., die der Kläger insofern von ihrer ärztlichen Schweigepflicht entbindet;[9] vorsorglich: Sachverständigengutachten.

Der Kläger war aufgrund der unfallbedingten Verletzungen im Zeitraum vom ... bis zum ... arbeitsunfähig erkrankt.[10]

Beweis: Ablichtung der Krankmeldungen; Zeugnis des Dr. med. ..., bereits benannt.

Da der Kläger nur für ... Monate Lohnfortzahlung erhielt, setzte ab dem ... die Krankengeldzahlung seiner Krankenkasse, der ..., ein.

Nach den Angaben der behandelnden Ärzte ist der Bruch nicht komplikationslos verheilt, vielmehr wird sich der Kläger, sobald die unmittelbaren Unfallfolgen ausgeheilt sind, einer erneuten Operation, verbunden mit einer stationären Behandlung, unterziehen müssen.[11]

Im Anschluss an diese werden umfangreiche Maßnahmen der medizinischen Rehabilitation erforderlich werden.

Beweis: Abschlussbericht des ...-Krankenhauses; Zeugnis der behandelnden Ärzte Dr. med. ... sowie Dr. med. ...; vorsorglich: Sachverständigengutachten.

Bei dem Sturz wurde das im Eigentum des Klägers stehende Notebook der Marke ..., das der Kläger im Jahre ... zu einem Preis von ... erwarb,

Beweis: Kopie der Rechnung der ... vom ...

irreparabel zerstört.[12]

Dem Kläger sind durch den Unfall folgende Schäden entstanden:

1) Aufgrund der Notwendigkeit der medizinischen Behandlung sind dem Kläger folgende, nicht von der Krankenkasse erstattete Kosten entstanden: ...[13]
   Beweis: Kopie der Rechnung der ... vom ...[14]
2) Der Kläger hatte einen Verdienstausfall[15] in Höhe von ..., der sich aus der Differenz zwischen dem regulären Gehalt des Klägers für die Zeit vom ... bis zum ... und der Zahlung der ...-Krankenkasse ergibt.
   Beweis: Bescheinigung des Arbeitgebers des Klägers vom ... sowie Bescheinigung der ...-Krankenkasse über den Bezug von Krankengeld.
3) Die Kosten eines dem zerstörten Notebooks gleichwertigen Computers[16] betragen ... EUR.
   Beweis: Sachverständigengutachten.

Der Beklagte haftet für die Verletzungen bzw Schäden des Klägers nach § 823 Abs. 1 BGB, da er, ohne auf den Verkehr zu achten, mithin fahrlässig, auf den Gehweg einfuhr.[17]

Die Zinspflicht ergibt sich aus...[18]

Neben dem Ersatz der oben dargestellten materiellen Schäden hat der Beklagte dem Kläger auch ein angemessenes Schmerzensgeld zu zahlen. Bei dessen Bemessung sind aus Sicht des Klägers der Umfang der Verletzungen, die Dauer der Behandlung und das Maß der Pflichtwidrigkeit des Beklagten zu berücksichtigen.[19] In Anlehnung an vergleichbare Fälle[20] sieht der Kläger einen Betrag von ... EUR als Untergrenze des Angemessenen an.

Da aufgrund der noch nicht abgeschlossenen Heilung und der Wahrscheinlichkeit einer Operation mit weiteren Kosten bzw einem Verdienstausfall zu rechnen ist, ist der Feststellungsantrag geboten.[21]

Auf eine vorgerichtliche Zahlungsaufforderung hat die hinter dem Beklagten stehende Haftpflichtversicherung[22] eine Zahlung abgelehnt.

Den Kostenvorschuss wird der Kläger nach Festsetzung des Streitwerts unverzüglich zur Anweisung bringen.[23]

...

Rechtsanwalt ◄

II. Erläuterungen und Varianten

[1] Die sachliche **Zuständigkeit** folgt entsprechend dem Streitwert aus §§ 23, 71 GVG; zur ausschließlichen streitwertunabhängigen Zuständigkeit des LG für bestimmte Klagen vgl § 71 Abs. 2 GVG. Auch bei einem – zulässigen – unbezifferten Schmerzensgeldantrag sollte zur Streitwertbestimmung eine Mindestsumme angegeben werden, damit bei einem teilweisen Unterliegen § 92 Abs. 2 Nr. 2 ZPO Anwendung findet. Sonderregelung zur örtlichen Zuständigkeit: § 32 ZPO, wobei sowohl am Handlungs-, als auch am Erfolgsort die – nicht ausschließliche – Zuständigkeit begründet wird (Hk-ZPO/*Bendtsen* § 32 ZPO Rn 15). Neben der deliktischen Haftung nach §§ 823 ff erfasst der deliktische Gerichtsstand auch andere Ansprüche aus rechtswidrigen Eingriffen in geschützte Rechtspositionen, wobei es auf Verschulden nicht ankommt, zB aus § 7 StVG (beachte § 20 StVG), HaftpflG, UWG (weitere Beispiele bei Hk-ZPO/*Bendtsen* § 32 ZPO Rn 5 ff). Der Gerichtsstand ist für alle Klagearten (Leistungsklage, positive oder negative Feststellungsklage, zur Unterlassungsklage vgl Muster zu § 1004) eröffnet. 2

Zur **internationalen Zuständigkeit** vgl Art. 40 Abs. 1 EGBGB und Hk-BGB/*Staudinger* vor §§ 823–853 Rn 16. 3

[2] **Streitgegenstand.** Eine – nach § 130 Nr. 1 ZPO nicht zwingende – kurze Angabe des Streitgegenstands empfiehlt sich im Hinblick auf eine möglicherweise in der Geschäftsverteilung des Gerichts vorgesehene Bildung von Spezialkammern (vgl § 348 Abs. 1 S. 2 Nr. 2 ZPO). 4

[3] **Zinsen.** Zu den verschiedenen Möglichkeiten, Zinsen geltend zu machen, vgl Muster bei § 288. 5

[4] Zu einem **unbezifferten Schmerzensgeldantrag** vgl Muster bei GF-ZPO/*Siebert*, § 287 ZPO. 6

[5] Nach § 116 SGB X gehen **Ansprüche kraft Gesetzes auf Sozialleistungsträger** in dem Moment des Entstehens über, der Geschädigte ist also insofern nicht mehr aktiv legitimiert (zu Details vgl Palandt/*Heinrichs*, Vorb. vor § 249 Rn 148 ff). Zum Übergang bei anderen Versicherungen vgl § 86 VVG. Bei Verletzungen von Beamten bzw gleichgestellten Personen vgl § 76 BBG bzw die Beamtengesetze der Länder. 7

[6] **Nebenanträge.** Zu den prozessualen Nebenanträgen (zB § 331 Abs. 3 S. 1 ZPO: Erlass eines Versäumnisurteils im schriftlichen Verfahren) bzw für die Zwangsvollstreckung relevanten Anträgen vgl GF-ZPO/*Pukall*, § 253 ZPO Rn 92 ff. 8

[7] Da die **Anwendbarkeit** der verschuldensunabhängigen Haftung nach § **7 StVG** hier mangels Vorliegen eines Kraftfahrzeugs ausscheidet (vgl § 7 iVm § 1 Abs. 2 StVG), verbleibt es bei der allgemeinen deliktischen Haftung. 9

[8] Zur **Beiziehung von Akten** anderer Behörden nach § 273 Abs. 2 Nr. 2 ZPO vgl GF-ZPO/*Siebert*, § 273 ZPO Rn 7. 10

[9] Zur Notwendigkeit, behandelnde Ärzte von der **Schweigepflicht** zu entbinden, vgl § 384 Nr. 6 ZPO iVm § 385 Abs. 2 ZPO. 11

[10] Sofern nur eine eingeschränkte **Arbeitsunfähigkeit** bestand, ist dies hier näher darzulegen. 12

13 [11] Die Frage, inwieweit mit **Folgeoperationen** zu rechnen ist, ist für die Bemessung des Schmerzensgeldes von Bedeutung (vgl dazu Rn 19).

14 [12] **Darstellung des Sachschadens.** Vgl § 251 Abs. 1 und Muster zu §§ 249–251

15 [13] Da der Geschädigte idR (vgl Rn 5) für **Kosten der ärztlichen Behandlung** nicht aktivlegitimiert ist, können hier nur die Aufwendungen in Ansatz gebracht werden, die nicht von Leistungen der Krankenversicherung erfasst werden (Übersicht bei *Plagemann*, in: Geigel, Haftpflichtprozess, Kapitel 30 Rn 23 ff). Dazu gehören ua auch Zuzahlungen für notwendige Behandlungen (zB Krankengymnastik) oder Hilfsmittel und auch die sog. Praxisgebühr. Auch kann der Ersatz von (notwendigen) Fahrtkosten zu Behandlungen/Therapien begehrt werden. Bei stationärer Behandlung besteht ein Anspruch auf Ersatz der Besuchskosten für nahe Angehörige (vgl Palandt/*Grüneberg*, § 249 Rn 9).

16 [14] Sofern der Geschädigte die Kosten bereits bezahlt hat, steht ihm ein unmittelbarer Zahlungsanspruch zu. Andernfalls kann er **Freistellung** begehren, wobei die Forderung, von der freizustellen ist, genau nach Art und Höhe zu bezeichnen ist (vgl dazu Muster zu § 257):

▶ Forderung des Dr. med. ■■■ aus der ärztlichen Behandlung am ■■■, in Rechnung gestellt unter dem ■■■, in Höhe von ■■■ ◀

17 [15] Die Berechnung des – nicht von der Lohnfortzahlung nach dem EFZG erfassten – **Verdienstausfalls** kann auf die modifizierte Bruttolohnmethode zurückgegriffen werden (BGH, 6. Zivilsenat, NJW 1995, 389). Bei der Geltendmachung eines entsprechenden Schadens ist die Legalzession nach § 6 EFZG zu beachten.

18 [16] Ersatzfähig ist bei Zerstörung einer Sache nur der **Wiederbeschaffungsaufwand**, also die Differenz zwischen Wiederbeschaffungswert und Restwert (vgl Palandt/*Heinrichs*, § 251 Rn 10, § 249 Rn 21).

19 [17] Dem Geschädigten obliegt die **Darlegungs- und Beweislast** für alle Voraussetzungen eines Anspruchs aus § 823, wozu auch das Verschulden gehört (Hk-BGB/*Staudinger* § 823 Rn 86). § 280 Abs. 1 S. 2 gilt nicht. Beweiserleichterungen bestehen dabei uU aufgrund eines Anscheinsbeweises (vgl MüKo-BGB/*Wagner*, § 823 Rn 325). Bzgl eines etwaigen Mitverschuldens trifft den Schädiger die Beweislast. Dies gilt auch für die Verschuldensfähigkeit, bei der sich dieser entlasten muss, vgl Muster zu §§ 827, 828. Die Rechtswidrigkeit wird nach noch hM durch die Verletzung einer Sorgfaltspflicht indiziert, Notwehr oÄ muss der Schädiger darlegen und beweisen.

20 [18] Zu **Zinsen** vgl Erläuterung Rn 5.

21 [19] Bei der Bemessung des (vererblichen und übertragbaren) **Schmerzensgeldanspruchs** sind ua Art und Umfang der Verletzung, die Dauer und Art (stationär/ambulant) der Behandlung sowie die Wahrscheinlichkeit einer vollständigen Heilung zu berücksichtigen (vgl Hk-BGB/*Schulze*, § 253 Rn 20). Sofern der Geschädigte einen **Mitverursachungs-/Mitverschuldensanteil** gesetzt hat, ist dies nicht in Form eines quotalen Abzugs, sondern als einer der Bemessungsfaktoren zu berücksichtigen (vgl BGH NZV 1991, 305). Zur Berücksichtigung einer grundlosen Regulierungsverweigerung OLG Naumburg NJW-RR 2008, 693. In Ausnahmefällen kann statt/neben des Schmerzensgeldbetrags eine **Rente** hinzukommen, wenn nur so die Beeinträchtigungen ausgeglichen werden können oder eine Entwicklung der Schäden nicht abzusehen ist (vgl Palandt/*Grüneberg*, § 253 Rn 21):

▶ Der Beklagte wird verurteilt, an den Kläger ab dem ■■■ eine monatliche Schmerzensgeldrente in Höhe von ■■■ EUR, jeweils zahlbar zum dritten Werktag eines jeden Monats, zu zahlen. ◀

22 [20] In der Praxis ist es üblich, vergleichbare Fälle aus den veröffentlichten **Schmerzensgeldtabellen** (zB von *Slizyk* oder *Hacks/Ring/Böhm*) zu zitieren bzw sich an den dort genannten Beträgen zu orientieren.

[21] Das **Feststellungsinteresse** ergibt sich aus dem einerseits noch nicht feststehenden Umfang eines weiteren Schadens und andererseits aus der Gefahr einer Verjährung, wobei hier §§ 204 Abs. 1 Nr. 1, Abs. 2, 209 zu beachten ist (nur noch Hemmung der Verjährung durch Klageerhebung). 23

[22] Die **Haftpflichtversicherung** kann bei allgemeinen deliktischen Ansprüchen idR nicht unmittelbar in Anspruch genommen werden, da die Voraussetzungen des § 115 VVG (gesetzlich begründete Versicherungspflicht, zB nach dem PflVersG) nicht gegeben sind. Dies gilt jedoch nicht, wenn über das Vermögen des Versicherungsnehmers/Schädigers das Insolvenzverfahren eröffnet wurde (§ 115 Abs. 1 S. 1 Nr. 2 VVG) oder sein Aufenthalt unbekannt ist (§ 115 Abs. 1 S. 1 Nr. 3 VVG). Die Möglichkeit, eine Direktklage durch Abtretung des Freistellungsanspruchs des Versicherungsnehmers zu eröffnen (zu Einschränkungen durch AGB vgl § 108 Abs. 2 VVG), dürfte in der Praxis selten relevant sein. 24

[23] Bei der Bemessung des **Streitwerts** ist der geltend gemachte Zahlungsanspruch sowie der Wert des Feststellungsanspruchs zu addieren (§ 5 ZPO), wobei Letztgenannter nach § 3 ZPO geschätzt werden kann. Ausgangspunkt ist der erwartete weitere Schaden abzüglich eines Abschlags von idR 20 % (vgl Hk-ZPO/*Saenger* § 256 ZPO Rn 35). 25

B. Verkehrssicherungspflichtverletzung

I. Muster: Klage aus Verkehrssicherungspflichtverletzung 26

▶ An das

Amtsgericht/Landgericht ...[1]

Klage

des ...

– Kläger –

– Prozessbevollmächtigter: RA ...–

gegen

den ...

– Beklagter –

wegen: Verkehrssicherungspflichtverletzung[2]

Streitwert (vorläufig): ... EUR

Namens und in Vollmacht des Klägers erhebe ich Klage und kündige für die mündliche Verhandlung folgende Anträge an:

I. Der Beklagte wird verurteilt, an den Kläger ... EUR nebst Zinsen hieraus in Höhe von 5,0 Prozentpunkten über dem Basiszinssatz seit dem .../seit Rechtshängigkeit[3] zu zahlen.

II. Der Beklagte wird verurteilt, dem Kläger ein angemessenes Schmerzensgeld,[4] das mindestens ... EUR betragen sollte, nebst Zinsen hieraus in Höhe von 5,0 Prozentpunkten über dem Basiszinssatz seit dem .../seit Rechtshängigkeit zu zahlen.

III. Es wird festgestellt, dass der Beklagte verpflichtet ist, dem Kläger alle zukünftig entstehenden materiellen Schäden aus dem Ereignis vom ... in ..., ...-Straße zu ersetzen, soweit diese nicht gesetzlich auf Träger der Sozialversicherung oder andere Dritte übergehen[5]

IV. ... [ggf weitere Prozessanträge]

Begründung

Der Beklagte ist Eigentümer des Anwesens ...-Straße in ... Nr. .... In der Gemeinde ... wird die Streupflicht durch eine entsprechende Satzung auf die Anlieger bzw Grundstückseigentümer übertragen.[6] Am … benutzte der Kläger um … Uhr als Fußgänger den Gehweg vor dem Grundstück. Der Gehweg ist hier ca. 1,5 Meter breit, der Untergrund besteht aus Betonplatten. An dem streitgegenständlichen Tag hat es seit … Uhr geschneit.[7]

Beweis: Zeugnis des …; Auskunft des Deutschen Wetterdienstes.[8]

Vor dem Anwesen, mithin auf dem Gehweg, war weder geräumt, noch war Split oder Salz gestreut,[9] der Gehweg mithin schneeglatt. Für den Kläger war erkennbar, dass der Schnee liegen geblieben war, was er jedoch nicht wusste, war, dass unter der Schneeschicht sich eine mehrere Meter lange und ca. 1 m breite Eisschicht befand. Diese war durch den Schnee verdeckt, der Kläger musste mit dieser auch nicht rechnen. Als der Kläger – aufgrund der Witterungsverhältnisse – langsam auf dem Gehweg ging und auf die Eisschicht geriet, kam er sofort ins Straucheln und stürzte.

Beweis: Zeugnis des …; Beiziehung der Ermittlungsakte der Amtsanwaltschaft …, Az: …[10]

Bei dem Unfall wurde der Kläger nicht unerheblich verletzt. (…)[11]

Der Beklagte haftet für die Verletzungen bzw Schäden des Klägers nach § 823 Abs. 1 BGB, da er seine Verkehrssicherungspflichten verletzte.

Aufgrund der ihn treffenden Räum- und Streupflicht ergab sich für den Beklagten die Pflicht, den Gehweg vor seinem Anwesen von Schnee und vor allem von Eis freizuhalten. Dieser Pflicht ist er nicht nachgekommen, weshalb es zu dem Sturz und den daraus folgenden Verletzungen des Klägers bzw Beschädigungen seines Eigentums kam.

(…)[12]

…

Rechtsanwalt ◄

II. Erläuterungen

27 [1] **Zuständigkeit.** Vgl Erläuterungen Rn 2 f.

28 [2] **Streitgegenstand.** Vgl Erläuterungen Rn 4.

29 [3] **Zinsen.** Vgl Erläuterung Rn 5.

30 [4] **Unbezifferter Schmerzensgeldantrag.** Vgl Erläuterungen Rn 6.

31 [5] **Anspruchsübergang auf Sozialleistungsträger.** Vgl Erläuterungen Rn 7.

32 [6] IdR wird die **Räum-/Streupflicht** durch die Träger der Straßenbaulast (Kommunen) entsprechend der jeweiligen landesrechtlichen Regelung (vgl zB § 10 Abs. 5 S. 1 HessStraßenG) durch Satzung auf die Eigentümer der Grundstücke übertragen (zur Notwendigkeit der klaren Festlegung des Umfangs der Übertragung vgl OLG Hamm NZV 2001, 381, 382). In diesem Fall haftet der Eigentümer selbst unmittelbar (zur Haftung der Kommune für eine Nichtüberwachung der Einhaltung der Pflichten vgl BGH NJW 1992, 2476; vgl auch BGH NJW 2002, 818), wobei er die Möglichkeit hat, diese Pflichten dem Mieter des Grundstücks aufzuerlegen, der dann deliktsrechtlich verantwortlich ist. Auch dann trifft ihn aber die Pflicht, die Wahrnehmung der Pflicht zu kontrollieren (Hk-BGB/*Staudinger* § 823 Rn 69).

33 [7] **Umfang der Räum-/Streupflicht.** Die Räum-/Streupflicht beginnt zeitlich, sobald der allgemeine Verkehr tatsächlich gefährdet wird, und endet idR dann, wenn dieser aufhört. Während dieser Zeitspanne ist bei weiter bestehenden bzw neu auftretenden Gefahren erneut der Winterdienst vorzunehmen (BGH NJW 1985, 482, 483). Im räumlichen Zusammenhang mit Örtlichkeiten, die von Publikum frequentiert werden, sind diese Pflichten während der Öffnungs-/Besuchszeiten wahrzunehmen (zB bei **Gaststätten**, BGH NJW 1985, 482).

34 [8] Die **Beweislast** für die die Streupflicht begründenden tatsächlichen Umstände sowie die Verletzung derselben trifft den Geschädigten. Gelingt ihm dieser Nachweis, spricht ein Anscheinsbeweis dafür, dass ein Unfall hätte vermieden werden können, wären die Sorgfaltsanforderungen beachtet worden (vgl BGH, Beschl. v. 26.2.2009, III ZR 225/08).

[9] Der **Umfang der Pflichten** wird von der Gefährdung und der Pflicht, diese möglichst zu vermindern, bestimmt, so dass uU nicht nur zu räumen ist, sondern auch Auftaumittel einzusetzen sind (BGH NJW 1994, 1006, 1008, dort auch zu einer etwaigen Haftung wegen der Verwendung von entsprechenden Mitteln). Diese Verpflichtung findet ihre Grenze in den tatsächlichen Umständen, so dass sie nicht besteht, wenn ihre Erfüllung zB aufgrund dauernden Regens auf gefrorenen Untergrund sinnlos ist (MüKo-BGB/*Wagner*, § 823 Rn 455). Die Räum-/Streupflicht beschränkt sich bei einem Gehweg auf den Streifen, den zwei Fußgänger zum gefahrlosen – wenn auch vorsichtigen – Passieren benötigen (OLG Nürnberg NJW-RR 2002, 23: ca. 1 m breit; bei wenig benutztem Zuweg zu einem Grundstück eher weniger, vgl OLG Frankfurt am Main NJW-RR 2002, 23, 24). 35

[10] Zur **Beiziehung von Akten** vgl Erläuterung Rn 10. 36

[11] Zur notwendigen **Darlegung des Schadens** vgl Erläuterungen Rn 4, 21 f. 37

[12] Zum **ersatzfähigen Schaden** vgl Erläuterungen Rn 4, 21 f. 38

C. Verletzung eines Schutzgesetzes, § 823 Abs. 2

I. Muster: Klage aus Verletzung eines Schutzgesetzes 39

▶ An das 614

Amtsgericht/Landgericht ...[1]

Klage

des ...

– Kläger –

– Prozessbevollmächtigter: RA ...–

gegen

den ...

– Beklagter –

wegen: deliktischer Haftung[2]

Streitwert (vorläufig): ... EUR

Namens und in Vollmacht des Klägers erhebe ich Klage und kündige für die mündliche Verhandlung folgende Anträge an:

I. Der Beklagte wird verurteilt, an den Kläger ... EUR nebst Zinsen hieraus in Höhe von 5,0 Prozentpunkten über dem Basiszinssatz seit dem .../seit Rechtshängigkeit[3] zu zahlen.

II. ... ggf weitere Prozessanträge[4]

Begründung

Der Kläger macht gegen den Beklagten einen Anspruch wegen Beihilfe zur Vollstreckungsvereitelung[5] durch Herrn A geltend.

Dem Kläger steht gegen Herrn A eine durch Vollstreckungsbescheid des AG Hünfeld vom ... rechtskräftig titulierte Forderung in Höhe von ... EUR zu.

Beweis: Ablichtung des Vollstreckungsbescheids vom ... in Kopie.

Unter dem ... beauftragte der Kläger den zuständigen Gerichtsvollzieher des AG ... mit der Durchführung der Mobiliarzwangsvollstreckung.[6] Dieser kündigte Herrn A die Durchführung der Vollstreckung am ... an. Bei dem daraufhin am ... durchgeführten Vollstreckungsversuch wurden jedoch keine pfändbaren bzw verwertbaren Gegenstände gefunden.

Beweis: Vollstreckungsprotokoll[7] vom ... in Kopie; Zeugnis des Gerichtsvollziehers ...

Grund hierfür war, dass Herr A am ■■■, mithin kurz vor dem Besuch des Gerichtsvollziehers, seinen einzigen verwertbaren Vermögenswert, einen PC der Marke ■■■, dem Beklagten übergab, damit dieser ihn in seiner Wohnung vor dem Vollstreckungszugriff verbergen sollte.[8] Die entsprechende Verabredung trafen Herr A und der Beklagte am ■■■ im Beisein des Zeugen ■■■, der auch wahrnehmen konnte, dass Herr A dem Beklagten mitteilte, dass es sich bei dem PC um seinen einzigen wertvollen Vermögensgegenstand handelte und dass er verhindern wollte, dass der PC gepfändet wird.

Beweis: Zeugnis[9] des ■■■

Hätte sich der PC in den Räumen des Schuldners Herrn A befunden, hätte ihn der Gerichtsvollzieher gepfändet. Der PC, den der Beklagte später dem Schuldner zurückgab, der ihn daraufhin anderweitig veräußerte, hätte im Rahmen der Verwertung einen Erlös von ■■■ EUR, mithin der Klageforderung, erzielt.[10]

Der Beklagte haftet insofern aus § 823 Abs. 2 BGB iVm §§ 288, 27 StGB, da er dem Schuldner vorsätzlich Beihilfe bei der durch diesen begangenen Vollstreckungsvereitelung leistete.

■■■

Rechtsanwalt ◄

II. Erläuterungen

40 [1] **Zuständigkeit.** Vgl Erläuterungen Rn 2 f.

41 [2] **Streitgegenstand.** Vgl Erläuterungen Rn 4.

42 [3] **Zinsen.** Vgl Erläuterung Rn 5.

43 [4] **Nebenanträge.** Vgl Erläuterungen Rn 8.

44 [5] **Schutzgesetz.** Das Vorliegen eines Schutzgesetzes iSv § 823 Abs. 2 setzt voraus, dass die Rechtsnorm (vgl Art. 2 EGBGB) auch dem Individualschutz dient, der Geschädigte vom sachlichen und persönlichen Schutzbereich der Norm erfasst ist und sich im Schadenseintritt gerade das Risiko verwirklicht hat, das durch die Norm vermieden werden soll (zur Definition Hk-BGB/*Staudinger* § 823 Rn 146 ff). Der Norm des § 288 StGB kommt diese Funktion zu (BGH NJW 1991, 2420; NJW-RR 1991, 467). Zu weiteren Beispielen vgl die Aufzählungen bei Hk-BGB/*Staudinger* § 823 Rn 156 und Palandt/*Sprau*, § 823 Rn 61 ff. Verdrängt wird diese Haftung allerdings durch den anfechtungsrechtlichen Rückgewähranspruch, soweit er sich direkt gegen den Anspruchsgegner richtet (BGH NJW 1995, 2846).

45 [6] Das **Drohen der Zwangsvollstreckung** iSv § 288 StGB setzt nicht das Vorliegen eines Titels voraus; ausreichend ist, dass der Gläubiger deutlich macht, dass er die zwangsweise Durchsetzung seines Anspruchs beabsichtigt (BGH NJW-RR 1991, 467).

46 [7] **Beweismittel.** Vgl § 110 Nr. 2 GVGA.

47 [8] IRv § 840 bzw § 27 StGB ist auch die **Beihilfe zur Vollstreckungsvereitelung** deliktsrechtlich relevant. Voraussetzung ist – wie stets bei § 823 Abs. 2 – das Verschulden, wobei sich die Schuldform (Vorsatz/Fahrlässigkeit) aus dem Schutzgesetz selbst ergibt. Die Definition des **Vorsatzes** folgt insofern dem StGB, während bei fahrlässiger Begehensweise die zivilrechtlichen Maßstäbe anzulegen sind (Hk-BGB/*Staudinger* § 823 Rn 153). Fehlt im Schutzgesetz die Angabe der erforderlichen Schuldform, gilt § 276. Das Vorliegen der Verschuldensfähigkeit ist nach §§ 827 f, nicht nach §§ 19 ff StGB zu beurteilen.

48 [9] Die Verteilung der **Beweislast** bei § 823 Abs. 2 entspricht der bei § 823 Abs. 1, wobei sich aus der objektiven Verletzung des Schutzgesetzes idR der Schluss auf ein Verschulden ergibt (BGH NJW 1992, 1039, 1042, auch zu Ausnahmen).

49 [10] Ein **Schaden** liegt hier in dem entgangenen Verwertungserlös. Hat die beiseite geschaffte Sache keinen Wert bzw ist sie nicht pfändbar (vgl § 811 ZPO), scheidet ein Anspruch aus.

§ 824 Kreditgefährdung

(1) Wer der Wahrheit zuwider eine Tatsache behauptet oder verbreitet, die geeignet ist, den Kredit eines anderen zu gefährden oder sonstige Nachteile für dessen Erwerb oder Fortkommen herbeizuführen, hat dem anderen den daraus entstehenden Schaden auch dann zu ersetzen, wenn er die Unwahrheit zwar nicht kennt, aber kennen muss.
(2) Durch eine Mitteilung, deren Unwahrheit dem Mitteilenden unbekannt ist, wird dieser nicht zum Schadensersatz verpflichtet, wenn er oder der Empfänger der Mitteilung an ihr ein berechtigtes Interesse hat.

A. Muster: Klage wegen Kreditgefährdung 1

► An das
Amtsgericht/Landgericht ■■■[1]

Klage

des ■■■

– Kläger –

– Prozessbevollmächtigter: RA ■■■–

gegen

den ■■■

– Beklagter –

wegen: deliktischer Haftung[2]

Streitwert (vorläufig): ■■■ EUR

Namens und in Vollmacht des Klägers erhebe ich Klage und kündige für die mündliche Verhandlung folgende Anträge an:

I. Der Beklagte wird verurteilt, an den Kläger ■■■ EUR nebst Zinsen hieraus in Höhe von 5,0 Prozentpunkten über dem Basiszinssatz seit dem ■■■/seit Rechtshängigkeit[3] zu zahlen.

II. ■■■ [ggf weitere Prozessanträge] [4]

Begründung

Der Kläger ist Inhaber eines Handwerksbetriebs[5] auf dem Gebiet des ■■■. Im Jahr ■■■ benötigte er zur Anschaffung von Maschinen, mit denen er seinen Betrieb modernisieren wollte, ein Darlehen iHv 50.000,00 EUR. Zu diesem Zweck wandte er sich an die ■■■-Bank in ■■■,[6] seine Hausbank, die auch grds. bereit war, das beantragte Darlehen zu gewähren. Der Kläger hatte der Bank seine Bilanzen bzw betriebswirtschaftlichen Auswertungen übergeben und ihr angeboten, Ansprüche gegen Dritte zur Sicherung des Darlehens abzutreten. Der Beklagte, der ein ehemaliger Kunde des Klägers war, ist ebenfalls Kunde der ■■■-Bank. Aus vom Kläger nicht zu vertretenden Gründen war der Beklagte nicht mit der Arbeit des Klägers zufrieden. Aus Gründen, die dem Kläger unbekannt sind, erlangte der Beklagte Kenntnis von dem Kreditantrag des Klägers bei der ■■■-Bank. Gegenüber dem Kundenbetreuer des Klägers, der in dieser Funktion auch für den Beklagten tätig war, äußerte der Beklagte daraufhin, die wirtschaftliche Lage des Betriebs des Klägers sei schlecht, er stünde kurz vor der Insolvenz.[7] Als Grund hierfür gab der Beklagte an, dass verschiedene Kunden mit der Arbeit des Klägers unzufrieden seien und es aus diesem Grund schon verschiedene Rechtsstreitigkeiten gebe, in denen der Kläger jeweils verloren habe. Aus den entsprechenden Urteilen drohe unmittelbar die

Vollstreckung gegen den Kläger in einem beträchtlichen, die finanziellen Leistungsfähigkeiten des Klägers übersteigenden Maße.

Beweis: Zeugnis des Mitarbeiters ■■■ der ■■■-Bank,[8] zu laden über diese Adresse: ■■■

Diese Angaben sind unwahr, die wirtschaftliche Lage des Klägers ist gut, gegen ihn sind keine Forderungen tituliert, Rechtsstreitigkeiten aus Kundenbeziehungen sind nicht anhängig, das Unternehmen des Klägers ist wirtschaftlich gesund.[9]

Beweis: Sachverständigengutachten.

Aufgrund dieser Äußerungen lehnte die ■■■-Bank die Gewährung eines Darlehens zunächst ab. Erst nachdem der Kläger eine gesonderte Stellungnahme eines von der ■■■-Bank vorgeschlagenen Wirtschaftsprüfers vorgelegt hatte, entschloss sich die ■■■-Bank zur Gewährung des Darlehens.

Für seine Tätigkeit berechnete der Wirtschaftsprüfer ■■■ einen Betrag von ■■■, den der Kläger auch bezahlte.

Beweis: Rechnung des Wirtschaftsprüfers ■■■ vom ■■■ in Kopie; Überweisungsbeleg vom ■■■ in Kopie; Zeugnis des Wirtschaftsprüfers ■■■, den der Kläger von seiner Verschwiegenheitspflicht befreit.

Für diese Kosten haftet der Beklagte aus § 824 BGB, da er wissentlich[10] falsche Tatsachen behauptete, die die Kreditwürdigkeit des Klägers in erheblichem Maße beeinträchtigten. Dem Beklagten war bekannt, dass die Angaben unwahr waren bzw ihm war dies jedenfalls grob fahrlässig unbekannt. Der Schaden des Klägers besteht in den Kosten der zusätzlichen wirtschaftlichen Überprüfung.[11]

■■■

Rechtsanwalt ◄

B. Erläuterungen

2 [1] **Zuständigkeit.** Vgl Muster zu § 823 Rn 2.

3 [2] **Streitgegenstand.** Vgl Muster zu § 823 Rn 4.

4 [3] **Zinsen.** Vgl Muster zu § 823 Rn 5.

5 [4] **Nebenanträge.** Vgl Muster zu § 823 Rn 8.

6 [5] **Anspruchsinhaber** aus § 824 ist der jeweils von der Äußerung Betroffene, unabhängig davon, in welcher Rechtsform dieser tätig wird (vgl MüKo-BGB/*Wagner*, § 824 Rn 65). Ähnlichen Schutz gewähren § 823 Abs. 2 iVm §§ 185 ff StGB, § 826 sowie die Vorschriften des Wettbewerbsrechts (näher zu den Konkurrenzen Hk-BGB/*Staudinger* § 824 Rn 2).

7 [6] Zum **Erfolgsort** vgl oben Rn 2.

8 [7] Die deliktsrechtliche Haftung setzt die **Behauptung einer Tatsache** voraus, mithin eines konkreten Vorgangs/Zustands in Vergangenheit oder Gegenwart (BGH NJW 2006, 830, 836; Hk-BGB/*Staudinger* § 824 Rn 3). Nicht ausreichend sind reine Werturteile; zur Handhabung bei Mischtatbeständen, dh Kombinationen von Tatsachenbehauptung und Meinungsäußerung, bei denen auf den Schwerpunkt der Äußerung abzustellen ist, vgl Palandt/*Sprau*, § 823 Rn 4. Die Tatsache muss geeignet sein, unmittelbar den Kredit einer Person zu gefährden bzw sonstige wirtschaftliche Nachteile hervorzurufen. Sie muss weiterhin falsch sein, also nicht dem wahren Sachverhalt entsprechen. Handelt es sich um eine wahre Tatsache, kommen uU Ansprüche aus § 823 (allgemeines Persönlichkeitsrecht) oder § 826 in Betracht.

9 [8] Zur Geheimhaltungspflicht („Bankgeheimnis") und § 383 Abs. 1 Nr. 6 ZPO vgl *Huber*, in: Musielak § 383 ZPO Rn 6.

10 [9] **Beweislast.** Der Geschädigte muss das Behaupten einer Tatsache sowie deren Unwahrheit beweisen, während es dem Schädiger obliegt, ein Recht zur Veröffentlichung der Tatsache darzutun bzw ein berechtigtes Interesse iSv Abs. 2 (Hk-BGB/*Staudinger* § 823 Rn 16).

[10] Die Haftung setzt **Verschulden** voraus, wobei dieses alle Tatbestandsmerkmale der Norm erfassen muss. 11

[11] Neben dem Anspruch auf Schadensersatz, der u.a. alle Kosten erfasst, die der Geschädigte zur Beseitigung der Kreditgefährdung für erforderlich halten durfte (Palandt/*Sprau*, § 824 Rn 11), kommt ein **Anspruch auf Unterlassen** der Behauptung in Betracht. 12

§ 825 Bestimmung zu sexuellen Handlungen

Wer einen anderen durch Hinterlist, Drohung oder Missbrauch eines Abhängigkeitsverhältnisses zur Vornahme oder Duldung sexueller Handlungen bestimmt, ist ihm zum Ersatz des daraus entstehenden Schadens verpflichtet.

§ 826 Sittenwidrige vorsätzliche Schädigung

Wer in einer gegen die guten Sitten verstoßenden Weise einem anderen vorsätzlich Schaden zufügt, ist dem anderen zum Ersatz des Schadens verpflichtet.

A. Muster: Klage wegen sittenwidriger vorsätzlicher Schädigung 1

▶ An das 616

Amtsgericht/Landgericht ■■■[1]

Klage

des ■■■

– Kläger –

– Prozessbevollmächtigter: RA ■■■ –

gegen

den ■■■

– Beklagter –

wegen: deliktischer Haftung[2]

Streitwert (vorläufig): ■■■ EUR[3]

Namens und in Vollmacht des Klägers erhebe ich Klage und kündige für die mündliche Verhandlung folgende Anträge an:

I. Der Beklagte wird verurteilt, die Vollstreckung aus dem Vollstreckungsbescheid des Amtsgerichts ■■■ vom ■■■, Az: ■■■, zu unterlassen.[4]

II. Der Beklagte wird weiter verurteilt, die ihm erteilte vollstreckbare Ausfertigung des Vollstreckungsbescheids des Amtsgerichts ■■■ vom ■■■, Az: ■■■, an den Kläger herauszugeben.[5]

III. ■■■ [ggf weitere Prozessanträge][6]

Begründung

Im Jahre ■■■ gewährte der Beklagte den Eltern des Klägers ein Darlehen über ■■■ DM zu einem Zinssatz von ■■■ %, wobei das Darlehen in monatlichen Raten von ■■■ DM abbezahlt werden sollte. Der Beklagte bestand dabei darauf, dass der Kläger, der zur damaligen Zeit als Reinigungskraft tätig war und ein monatliches Netto-Einkommen von ■■■ DM hatte, für dieses Darlehen eine Bürgschaft übernehmen sollte. Dem Beklagten, der eine Ausbildung als Bankkaufmann abgeschlossen hatte, war bewusst, dass das monatlich verbleibende Netto-Einkommen des Klägers nicht ausreichen werde, auch nur die laufenden Darlehensraten zu tragen.[7] Trotz der vom Beklagten erkannten Sittenwidrigkeit der Bürgschaftsverpflichtung hielt der Beklagte an dieser fest. Er äußerte dazu, dass ihm bekannt sei, dass der Kläger die Raten des Darlehens nicht zahlen könne, er aber aus Sicherheitsgründen auf die Bürgschaft bestehe. Dem Beklagten war auch bekannt, dass mit einer Änderung der wirtschaftlichen Verhältnisse des Klägers in absehbarer Zeit nicht zu rechnen war.[8] Aus Verbundenheit mit seinen Eltern gab der Kläger die Bürgschaftserklärung dann ab.

Beweis: Zeugnis der Eltern des Klägers, zu laden über diesen.

Als die Eltern des Klägers mit der Ratenzahlung in Verzug gerieten, kündigte der Beklagte das Darlehen und stellte es auch dem Kläger gegenüber fällig. Da der Kläger nicht zu Zahlungen in der Lage war, betrieb der Beklagte das gerichtliche Mahnverfahren und erwirkte einen Vollstreckungsbescheid gegen den Kläger. Nach Zustellung desselben an den Kläger fragte dieser, der vorher noch nie mit solchen Angelegenheiten in Kontakt gekommen war, bei dem Beklagten nach, was es damit auf sich habe. Der Beklagte beruhigte den Kläger damit, es handele sich nur um eine Formsache, er müsse nichts unternehmen.[9]

Beweis: Zeugnis der Eltern des Klägers, zu laden über diese.

Im Vertrauen darauf unterließ der Kläger einen Einspruch, der Vollstreckungsbescheid des Amtsgerichts ■■■ wurde rechtskräftig.

Der Beklagte hat den Kläger in sittenwidriger Weise geschädigt (§ 826 BGB), nämlich durch Erwirken eines materiell unrichtigen Titels, wobei er sich dabei zur Verschleierung des Nichtbestehens einer Forderung des Mahnverfahrens bedient hat. Dies erfolgt, da dem Beklagten klar war, dass er bei einer Schlüssigkeitsprüfung im Rahmen eines regulären gerichtlichen Verfahrens seinen behaupteten Anspruch nicht hätte titulieren lassen können.

■■■

Rechtsanwalt ◄

B. Erläuterungen

2 [1] **Zuständigkeit.** Vgl Muster zu § 823 Rn 2.

3 [2] **Streitgegenstand.** Vgl Muster zu § 823 Rn 4.

4 [3] **Zinsen.** Vgl Muster zu § 823 Rn 5.

5 [4] IRv § 826 kann der Schadensersatzanspruch auch darauf gerichtet sein, die weitere Vollstreckung aus einem Titel zu unterlassen. Die **Vollstreckbarkeit des Titels** insgesamt wird – anders als bei § 767 ZPO – nicht betroffen.

6 [5] Mit der **Rückgabe des Titels** wird die weitere Vollstreckung aus der Urkunde verhindert, was ebenfalls aus § 826 begehrt werden kann.

7 [6] **Nebenanträge.** Vgl Muster zu § 823 Rn 8.

8 [7] Die Anwendung des § 826 setzt voraus, dass sich die **Ausnutzung eines materiell unrichtigen Titels** als vorsätzliche sittenwidrige Schädigung darstellt, was aufgrund des besonderen Schutzes der Rechtskraft erfordert, dass der Gläubiger Kenntnis von der Rechtswidrigkeit des Titels hat und **weitere Umstände** gegeben sind, die die Vollstreckung aus dem Titel als sittenwidrig erscheinen lassen. Dies ist zB dann der Fall, wenn sich der Gläubiger gerade des Verfahrens nach §§ 688 ff ZPO bedient, obwohl er weiß, dass sein Anspruch, wäre er einer gerichtlichen Schlüssigkeitsprüfung unterworfen, nicht tituliert werden würde (vgl BGH NJW 2002, 2940, 2943; NJW 1987, 3256). Zur Unrichtigkeit des Titels im Hinblick auf die Sittenwidrigkeit der Bürgschaft vgl BGH NJW 2005, 973, 975: Vermutung des Ausnutzens der engen familiären Bindung durch den Gläubiger bei krasser wirtschaftlicher Überforderung des Bürgen, die dann

gegeben ist, wenn dieser voraussichtlich noch nicht einmal die Zinslast aus seinem Einkommen tragen kann.

[8] Die die **Sittenwidrigkeit begründenden Umstände** müssen dem Gläubiger bekannt sein, was der Schuldner – wie alle anderen Tatbestandsmerkmale der Norm – zu beweisen hat. Hinsichtlich des Vorsatzes als innere Tatsache kann und wird sich der Geschädigte auf die Darlegung entsprechender Indizien beschränken müssen (vgl MüKo-BGB/*Wagner*, § 824 Rn 47). Ausreichend ist es, dass die Kenntnis von der Unrichtigkeit des Titels, die Voraussetzung für die Anwendbarkeit des § 826 ist, dem Gläubiger erst durch den Schadensersatzprozess vermittelt wird (BGH NJW 1987, 3256, 3257). 9

[9] **Besondere zusätzliche Umstände**, die die Sittenwidrigkeit begründen können, liegen zB auch dann vor, wenn der Gläubiger den Schuldner veranlasst, von Rechtsbehelfen/-mitteln Abstand zu nehmen (BGH NJW 1987, 3256, 3258). 10

§ 827 Ausschluss und Minderung der Verantwortlichkeit

[1]Wer im Zustand der Bewusstlosigkeit oder in einem die freie Willensbestimmung ausschließenden Zustand krankhafter Störung der Geistestätigkeit einem anderen Schaden zufügt, ist für den Schaden nicht verantwortlich. [2]Hat er sich durch geistige Getränke oder ähnliche Mittel in einen vorübergehenden Zustand dieser Art versetzt, so ist er für einen Schaden, den er in diesem Zustand widerrechtlich verursacht, in gleicher Weise verantwortlich, wie wenn ihm Fahrlässigkeit zur Last fiele; die Verantwortlichkeit tritt nicht ein, wenn er ohne Verschulden in den Zustand geraten ist.

A. Ausschluss der deliktischen Verantwortlichkeit, § 827 S. 1

I. Anwaltliche Sicht

1. Darlegung des Ausschlusses der deliktischen Verantwortlichkeit

1 **a) Muster: Darlegung des Ausschlusses der deliktischen Verantwortlichkeit**

▶ ■■■ Die Verantwortlichkeit meines Mandanten für die beim Kläger entstandenen Schäden scheidet deshalb aus, weil sich mein Mandant im Zeitpunkt der Schadensverursachung in einem die deliktische Verantwortlichkeit ausschließenden Zustand befand. Nach § 827 S. 1 BGB ist derjenige nicht deliktsfähig, der einem anderen einen Schaden im Zustand der Bewusstlosigkeit oder in einem die freie Willensbestimmung ausschließenden Zustand krankhafter Störung der Geistestätigkeit zufügt. Diese Voraussetzungen können auch durch einen unfallbedingten Schockzustand oder äußerste Erregung erfüllt werden (BGH VersR 1977, 430 [431]; BeckOK-BGB/Spindler § 827 Rn 2).[1] So lag der Fall hier: Mein Mandant ist als Fahrradfahrer an dem Unfall am ■■■ auf der ■■■-Straße in ■■■ beteiligt gewesen und in diesem Rahmen erheblich verletzt worden. ■■■ Er erlitt einen Schock, war erkennbar örtlich, zeitlich sowie situativ desorientiert und nicht einmal mehr in der Lage, Fragen nach seinen Personalien oder seinem gesundheitlichen Zustand zu beantworten. In dieser Situation kam der als Rettungssanitäter tätige Kläger hinzu und wurde im Rahmen der Erstversorgung meines Mandanten tätig. Hierbei wehrte mein Mandant in Verkennung der Lage den Kläger ab, wodurch dieser hinfiel und sich erheblich am Arm verletzte. ■■■

Beweis:

1) Einvernahme des Unfallzeugen ■■■
2) Behandlungsunterlagen des ■■■-Krankenhauses
3) Einholung eines medizinischen Sachverständigengutachtens[2]

■■■ ◀

b) Erläuterungen

2 [1] **Grundlagen.** Voraussetzung der Haftung aus unerlaubter Handlung ist das **Verschulden** des Täters, welches seinerseits die **Delikts- bzw Verschuldensfähigkeit** nach §§ 827 f und das Vorliegen von Vorsatz oder Fahrlässigkeit als besondere **Schuldform** erfordert (Hk-BGB/*Staudinger* § 827 Rn 1).

3 **Anwendungsbereich.** Die gesetzlichen Regelungen zur Delikts- bzw Verschuldensfähigkeit (§§ 827 f) finden über das BGB hinaus auf alle verschuldensabhängigen Deliktstatbestände und über die Verweisung in § 276 Abs. 1 S. 2 auch auf die Verschuldenshaftung in Sonderverbindungen **Anwendung** (Hk-BGB/*Staudinger* § 827 Rn 2; zur Anwendbarkeit im Bereich der Gefährdungshaftung und des Haftpflichtversicherungsrechtes Hk-BGB/*Staudinger* § 827 Rn 2 sowie MüKo-BGB/*Wagner* § 827 Rn 14, § 833 Rn 33 f).

4 **Voraussetzungen des Ausschlusses der Verantwortlichkeit.** Gemäß § 827 S. 1 ist derjenige nicht deliktsfähig, der einem anderen einen Schaden im Zustand der Bewusstlosigkeit oder in einem die freie Willensbestimmung ausschließenden Zustand krankhafter Störung der Geistestätigkeit zufügt (vgl dazu im Einzelnen die Darstellung bei MüKo-BGB/*Wagner* § 827 Rn 6 ff mwN). Bei vollkommener Bewusstlosigkeit kann es freilich bereits an einer Handlung iS eines beherrschbaren Verhaltens fehlen und die Haftung schon daran scheitern (BGHZ 23, 90 [98]; Hk-BGB/*Staudinger* § 827 Rn 4). Zu den Fällen verschuldeter Delikts- bzw Verschuldenunsfähigkeit vgl Rn 12 ff.

[2] **Darlegungs- und Beweislast.** Während der Schädiger für seine fehlende Delikts- bzw Ver- 5
schuldensfähigkeit darlegungs- und beweispflichtig ist (BGH VersR 1977, 430 [431]; Hk-BGB/*Staudinger* § 827 Rn 6; zu den Anforderungen an die Darlegung der die Verschuldensunfähigkeit begründenden Umstände BGH VersR 1965, 656 [656 f], OLG Frankfurt/Main VersR 2000, 883 [883 f] sowie MüKo-BGB/*Wagner* § 827 Rn 14), obliegt dem Verletzten der Nachweis für das Vorliegen einer nicht nur reflexartigen, sondern willensgesteuerten und beherrschbaren Handlung (BGH NJW 1963, 953 [954]; BeckOK-BGB/*Spindler* § 827 Rn 9 mwN). Ist allerdings str., ob der Schädiger im Zeitpunkt der schadensstiftenden Handlung bewusstlos war oder nicht, so muss nicht der Verletzte die Handlung, sondern der Schädiger die Bewusstlosigkeit beweisen (BGH NJW 1987, 121 [121 f]; BeckOK-BGB/*Spindler* § 827 Rn 9).

2. Bestreiten des Ausschlusses der deliktischen Verantwortlichkeit

a) Muster: Bestreiten des Ausschlusses der deliktischen Verantwortlichkeit 6

▶ ... Die Haftung des Beklagten scheitert entgegen dessen Auffassung auch nicht an der fehlenden Delikts- bzw Verschuldensfähigkeit des Beklagten. Zwar ist nach § 827 S. 1 BGB derjenige nicht deliktsfähig, der einem anderen einen Schaden im Zustand der Bewusstlosigkeit oder in einem die freie Willensbestimmung ausschließenden Zustand krankhafter Störung der Geistestätigkeit zufügt. Diese Voraussetzungen können auch durch einen unfallbedingten Schockzustand oder äußerste Erregung erfüllt werden (BGH VersR 1977, 430 [431]; BeckOK-BGB/Spindler § 827 Rn 2). Die Delikts- bzw Verschuldensfähigkeit ist allerdings nicht schon dann ausgeschlossen, wenn eine ruhige und vernünftige Überlegung nur in gewissem Maße erschwert ist (BGH VersR 1977, 430 [431]). Vielmehr kann ein die deliktische Verantwortlichkeit ausschließender Zustand erst dann angenommen werden, wenn sich der Schädiger im Zeitpunkt der deliktischen Handlung in einem graduell der Bewusstlosigkeit vergleichbaren Zustand befunden hat (Staudinger/Oechsler § 827 Rn 16; in diesem Sinne auch BeckOK-BGB/Spindler § 827 Rn 2 f). Für das Vorliegen solcher Umstände ist der Schädiger darlegungs- und beweisbelastet (BGH VersR 1977, 430 [431]; Hk-BGB/Staudinger § 827 Rn 6). Dem Beklagten wird dieser Nachweis vorliegend nicht gelingen. ...[1] ◀

b) Erläuterungen

[1] **Voraussetzungen des Ausschlusses der Verantwortlichkeit sowie Darlegungs- und Beweis-** 7
last. Vgl Rn 4 f.

II. Gerichtliche Sicht

1. Ausschluss der deliktischen Verantwortlichkeit

a) Muster: Ausschluss der deliktischen Verantwortlichkeit 8

▶ ... Die deliktische Verantwortlichkeit des Beklagten für die beim Kläger entstandenen Schäden 619
scheidet aber aus, weil sich der Beklagte im Zeitpunkt der Schadensverursachung in einem seine deliktische Verantwortlichkeit ausschließenden Zustand befand. Nach § 827 S. 1 BGB ist derjenige nicht deliktsfähig, der einem anderen einen Schaden im Zustand der Bewusstlosigkeit oder in einem die freie Willensbestimmung ausschließenden Zustand krankhafter Störung der Geistestätigkeit zufügt. Diese Voraussetzungen können auch durch einen unfallbedingten Schockzustand oder äußerste Erregung erfüllt werden (BGH VersR 1977, 430 [431]; BeckOK-BGB/Spindler § 827 Rn 2). So lag der Fall hier: ...[1] ◀

b) Erläuterungen

[1] **Allgemeines.** Zum **Anwendungsbereich** der §§ 827 f, zu den **Voraussetzungen** der Annahme 9
einer Delikts- bzw Verschuldensunfähigkeit sowie zur **Darlegungs- und Beweislast** vgl Rn 2 ff.

2. Nichterweislichkeit des Ausschlusses der deliktischen Verantwortlichkeit

10 **a) Muster: Nichterweislichkeit des Ausschlusses der deliktischen Verantwortlichkeit**

▶ ■■■ Die Haftung des Beklagten scheitert auch nicht an dessen fehlender Delikts- bzw Verschuldensfähigkeit. Zwar ist nach § 827 S. 1 BGB derjenige nicht deliktsfähig, der einem anderen einen Schaden im Zustand der Bewusstlosigkeit oder in einem die freie Willensbestimmung ausschließenden Zustand krankhafter Störung der Geistestätigkeit zufügt. Diese Voraussetzungen können auch durch einen unfallbedingten Schockzustand oder äußerste Erregung erfüllt werden (BGH VersR 1977, 430 [431]; BeckOK-BGB/Spindler § 827 Rn 2). Die Delikts- bzw Verschuldensfähigkeit ist aber nicht schon dann ausgeschlossen, wenn eine ruhige und vernünftige Überlegung nur in gewissem Maße erschwert ist (BGH VersR 1977, 430 [431]). Vielmehr kann ein die deliktische Verantwortlichkeit ausschließender Zustand erst dann angenommen werden, wenn sich der Schädiger im Zeitpunkt der deliktischen Handlung in einem graduell der Bewusstlosigkeit vergleichbaren Zustand befunden hat (Staudinger/Oechsler § 827 Rn 16; in diesem Sinne auch BeckOK-BGB/Spindler § 827 Rn 2 f). Für das Vorliegen solcher Umstände ist der Schädiger darlegungs- und beweisbelastet (BGH VersR 1977, 430 [431]; Hk-BGB/Staudinger § 827 Rn 6). Dem Beklagten ist dieser Nachweis vorliegend nicht gelungen. ■■■[1] ◀

b) Erläuterungen

11 [1] **Allgemeines.** Zum **Anwendungsbereich** der §§ 827 f, zu den **Voraussetzungen** der Annahme einer Delikts- bzw Verschuldensunfähigkeit sowie zur **Darlegungs- und Beweislast** vgl Rn 2 ff.

B. Rauschbedingte Delikts- bzw Verschuldensunfähigkeit, § 827 S. 2

I. Anwaltliche Sicht

1. Darlegung der rauschbedingten Delikts- bzw Verschuldensunfähigkeit

12 **a) Muster: Darlegung der rauschbedingten Delikts- bzw Verschuldensunfähigkeit**

▶ ■■■ Die Haftung des Beklagten scheitert auch nicht an seiner fehlenden Delikts- bzw Verschuldensfähigkeit. § 827 S. 1 BGB schließt die Verantwortlichkeit des Täters zwar für Handlungen aus, die dieser im Zustand der Unzurechnungsfähigkeit begangen hat. Eine Ausnahme davon besteht nach § 827 S. 2 Hs 1 BGB aber für den Fall, dass sich der Täter selbst durch geistige Getränke oder ähnliche Mittel in einen vorübergehenden Zustand dieser Art versetzt hat. So liegt der Fall vorliegend. Der Beklagte hat am Abend des ■■■ zusammen mit einigen Arbeitskollegen ab etwa ■■■ Uhr seinen ■■■ Geburtstag in der Diskothek ■■■ gefeiert. Hierbei sprach auch der Beklagte in erheblichem Maße dem Alkohol zu. ■■■

Beweis:

Einvernahme der ■■■[1] ◀

b) Erläuterungen

13 [1] **Allgemeines.** Zu den Grundlagen sowie zum Anwendungsbereich von § 827 vgl zunächst Rn 2 f.

14 **Verantwortlichkeit bei rauschbedingter Deliktsunfähigkeit.** Nach § 827 S. 2 ist derjenige, der sich durch Einnahme geistiger Getränke oder ähnlicher Mittel vorübergehend in einen deliktsunfähigen Zustand versetzt und in diesem Zustand Dritten widerrechtlich Schaden zufügt, grds. für diesen Schaden gleich einem fahrlässig Handelnden verantwortlich (vgl BeckOK-BGB/*Spindler* § 827 Rn 5 sowie Hk-BGB/*Staudinger* § 827 Rn 5 jeweils mwN auch zur Behandlung von Fallgestaltungen, in denen Haftungstatbestände an grobe Fahrlässigkeit oder gar Vorsatz anknüpfen; zur Frage der Feststellung der rauschbedingten Deliktsunfähigkeit vgl BeckOK-BGB/*Spindler* § 827 Rn 6). Diese Verantwortlichkeit tritt nur ausnahmsweise dann nicht ein, wenn der Schädiger schuldlos in den deliktsunfähigen Zustand geraten ist (§ 827 S. 2 Hs 2).

Das danach für die Frage der deliktischen Verantwortlichkeit entscheidende Verschulden hinsichtlich der Herbeiführung der rauschbedingten Unzurechnungsfähigkeit (BeckOK-BGB/*Spindler* § 827 Rn 5; Hk-BGB/*Staudinger* § 827 Rn 5) kann nur dann verneint werden, wenn der Schädiger die Wirkung des geistigen Getränks bzw des ähnlichen Mittels nicht kannte und auch nicht erkennen konnte (BGH NJW 1968, 1132 [1133]; BeckOK-BGB/*Spindler* § 827 Rn 5). Unzureichend ist es dagegen, dass sich der Schädiger darauf beruft, zuvor unter Alkoholeinfluss noch nie rechtswidrige Taten begangen zu haben (BGH NJW 1968, 1132 [1133]; BeckOK-BGB/*Spindler* § 827 Rn 5 mwN auch zur Behandlung des Zusammenwirkens von Alkohol und Medikamenten oder Erkrankungen).

Darlegungs- und Beweislast. Während der Verletzte zum Nachweis einer vom Kläger verursachten rauschbedingten Delikts- bzw Verschuldensunfähigkeit verpflichtet ist (LG Freiburg NJW-RR 2001, 1008 [1008 f]; BeckOK-BGB/*Spindler* § 827 Rn 9; Hk-BGB/*Staudinger* § 827 Rn 6), trifft den Schädiger sodann die Darlegungs- und Beweislast für sein fehlendes Verschulden hinsichtlich der Herbeiführung der rauschbedingten Unzurechnungsfähigkeit (BGH NJW 1968, 1132 [1133]; LG Freiburg NJW-RR 2001, 1008 [1008 f]; BeckOK-BGB/*Spindler* § 827 Rn 9; Hk-BGB/*Staudinger* § 827 Rn 6). 15

2. Darlegung des fehlenden Verschuldens bezüglich der rauschbedingten Delikts- bzw Verschuldensunfähigkeit

a) Muster: Darlegung des fehlenden Verschuldens bezüglich der rauschbedingten Delikts- bzw Verschuldensunfähigkeit 16

▶ ... Meine Mandantin ist für den beim Kläger entstandenen Schaden nicht verantwortlich. Zwar ist nach § 827 S. 2 BGB derjenige, der sich durch Einnahme geistiger Getränke oder ähnlicher Mittel vorübergehend in einen deliktsunfähigen Zustand versetzt und in diesem Zustand Dritten widerrechtlich Schaden zufügt, für diesen Schaden grds. gleich einem fahrlässig Handelnden verantwortlich. Diese Verantwortlichkeit tritt aber ausnahmsweise dann nicht ein, wenn der Schädiger schuldlos in den deliktsunfähigen Zustand geraten ist (§ 827 S. 2 Hs 2 BGB). Am Verschulden hinsichtlich der Herbeiführung der rauschbedingten Unzurechnungsfähigkeit fehlt es dabei immer dann, wenn der Schädiger die Wirkung des geistigen Getränks bzw des ähnlichen Mittels nicht kannte und auch nicht erkennen konnte (BGH NJW 1968, 1132 [1133]; BeckOK-BGB/Spindler § 827 Rn 5). So war es vorliegend: Meine Mandantin war vor dem streitgegenständlichen Unfall ... bis ... Uhr in der Diskothek ... und hat dort nur alkoholfreie Getränke zu sich genommen. Wie es auf der Rückfahrt mit ihrem Pkw nach ... zu dem streitgegenständlichen Unfall gekommen ist, ist ihr nicht erinnerlich. Aufgrund polizeilicher Anordnung ist meiner Mandantin aber eine halbe Stunde nach dem streitgegenständlichen Unfall Blut entnommen worden. Im Blut meiner Mandantin sind im Rahmen der gerichtsmedizinischen Untersuchung keinerlei Hinweise auf Alkohol, dagegen Rückstände von 4-Hydroxybutansäure (sogenanntes Liquid Extasy) gefunden worden. 622

Beweis: Gerichtsmedizinisches Gutachten ...

Wie diese Rückstände in ihr Blut kommen, ist meiner Mandantin unerklärlich. Ein anderer Besucher der Diskothek ... muss meiner Mandantin unbemerkt 4-Hydroxybutansäure (sogenanntes Liquid Extasy) in eines ihrer Getränke gemischt haben. Die Voraussetzungen des § 827 S. 2 Hs 2 BGB sind damit erfüllt. ...[1] ◀

b) Erläuterungen

[1] Allgemeines und Verantwortlichkeit bei rauschbedingter Deliktsunfähigkeit. Zu den Grundlagen sowie zum Anwendungsbereich von § 827 vgl zunächst Rn 2 f. Zu den Voraussetzungen und Grenzen der Verantwortlichkeit bei rauschbedingter Deliktsunfähigkeit vgl zunächst Rn 14. Zwar ist die Verantwortlichkeit des Schädigers nach § 827 S. 2 Hs 2 ausgeschlossen, wenn selbigen kein Verschulden hinsichtlich der Herbeiführung der rauschbedingten Unzurechnungsfähigkeit trifft. Der Schädiger wird heute aber regelmäßig mit dem Vortrag, um die 17 berauschende Wirkung bewusst zu sich genommener „klassischer" Rauschmittel nicht gewusst zu haben, nicht mehr gehört werden. Der Nachweis des fehlenden Verschuldens hinsichtlich der Herbeiführung der rauschbedingten Unzurechnungsfähigkeit wird daher nur noch in bestimmten Ausnahmefällen gelingen.

18 **Darlegungs- und Beweislast.** Zur Darlegungs- und Beweislast vgl Rn 15.

II. Gerichtliche Sicht

1. Annahme einer schuldhaft rauschbedingten Delikts- bzw Verschuldensunfähigkeit

19 **a) Muster: Annahme einer schuldhaft rauschbedingten Delikts- bzw Verschuldensunfähigkeit**

▶ ... Die Haftung des Beklagten scheitert auch nicht an seiner fehlenden Delikts- bzw Verschuldensfähigkeit. § 827 S. 1 BGB schließt die Verantwortlichkeit des Täters zwar für Handlungen aus, die dieser im Zustand der Unzurechnungsfähigkeit begangen hat. Eine Ausnahme davon besteht nach § 827 S. 2 Hs 1 BGB aber für den Fall, dass sich der Täter selbst durch geistige Getränke oder ähnliche Mittel in einen vorübergehenden Zustand dieser Art versetzt hat. So liegt der Fall auch vorliegend. Nach der durchgeführten Beweisaufnahme steht zur Überzeugung des Gerichts fest, dass der Beklagte am Abend des ... zusammen mit einigen Arbeitskollegen ab etwa ... Uhr seinen ... Geburtstag in der Diskothek ... gefeiert hat. Hierbei sprach der Beklagte auch in erheblichem Maße dem Alkohol zu und versetzte sich damit schuldhaft in einen delikts- bzw verschuldensunfähigen Zustand. ...[1] ◀

b) Erläuterungen

20 [1] **Allgemeines.** Zu den Grundlagen sowie zum Anwendungsbereich von § 827 vgl zunächst Rn 2 f.

21 **Verantwortlichkeit bei rauschbedingter Deliktsunfähigkeit sowie Darlegungs- und Beweislast.** Zur Verantwortlichkeit bei rauschbedingter Deliktsunfähigkeit sowie zur diesbezüglichen Darlegungs- und Beweislast vgl Rn 14 f.

2. Annahme einer unverschuldeten rauschbedingten Delikts- bzw Verschuldensunfähigkeit

22 **a) Muster: Annahme einer unverschuldeten rauschbedingten Delikts- bzw Verschuldensunfähigkeit**

▶ ... Die Beklagte ist für den beim Kläger entstandenen Schaden nicht verantwortlich. Zwar ist nach § 827 S. 2 BGB derjenige, der sich durch Einnahme geistiger Getränke oder ähnlicher Mittel vorübergehend in einen deliktsunfähigen Zustand versetzt und in diesem Zustand Dritten widerrechtlich Schaden zufügt, für diesen Schaden grds. gleich einem fahrlässig Handelnden verantwortlich. Diese Verantwortlichkeit tritt aber ausnahmsweise dann nicht ein, wenn der Schädiger schuldlos in den deliktsunfähigen Zustand geraten ist (§ 827 S. 2 Hs 2 BGB). Am Verschulden hinsichtlich der Herbeiführung der rauschbedingten Unzurechnungsfähigkeit fehlt es dabei immer dann, wenn der Schädiger die Wirkung des geistigen Getränks bzw des ähnlichen Mittels nicht kannte und auch nicht erkennen konnte (BGH NJW 1968, 1132 [1133]; BeckOK-BGB/Spindler § 827 Rn 5). So liegt der Fall zur Überzeugung des Gerichts auch vorliegend. ...[1] ◀

b) Erläuterungen

23 [1] **Allgemeines, Verantwortlichkeit bei rauschbedingter Deliktsunfähigkeit sowie Darlegungs- und Beweislast.** Zu den Grundlagen sowie zum Anwendungsbereich von § 827 vgl zunächst Rn 2 f. Zu den Voraussetzungen und Grenzen der Verantwortlichkeit bei rauschbedingter Deliktsunfähigkeit sowie zur diesbezüglichen Darlegungs- und Beweislast vgl Rn 14 f.

§ 828 Minderjährige

(1) Wer nicht das siebente Lebensjahr vollendet hat, ist für einen Schaden, den er einem anderen zufügt, nicht verantwortlich.

(2) [1]Wer das siebente, aber nicht das zehnte Lebensjahr vollendet hat, ist für den Schaden, den er bei einem Unfall mit einem Kraftfahrzeug, einer Schienenbahn oder einer Schwebebahn einem anderen zufügt, nicht verantwortlich. [2]Dies gilt nicht, wenn er die Verletzung vorsätzlich herbeigeführt hat.

[3] Wer das 18. Lebensjahr noch nicht vollendet hat, ist, sofern seine Verantwortlichkeit nicht nach Absatz 1 oder 2 ausgeschlossen ist, für den Schaden, den er einem anderen zufügt, nicht verantwortlich, wenn er bei der Begehung der schädigenden Handlung nicht die zur Erkenntnis der Verantwortlichkeit erforderliche Einsicht hat.

Schrifttum: *Jaklin/Middendorf*, VersR 2004, 1104 ff., Haftungsprivileg nach § 828 Abs. 2 BGB auch im ruhenden Verkehr?; *Kilian*, ZGS 2003, 168, Die deliktische Verantwortlichkeit Minderjähriger nach § 828 BGB nF.; *Pardey*, DAR 2004, 499 ff., Reichweite des Haftungsprivilegs von Kindern im Straßenverkehr;

A. Haftung für Schäden vor Vollendung des siebten Lebensjahres, § 828 Abs. 1

1 **Kinder vor Vollendung des siebten Lebensjahres.** Nach § 828 Abs. 1 sind Kinder vor Vollendung des siebten Lebensjahres delikts- bzw verschuldensunfähig (vgl zu den Begrifflichkeiten und deren dogmatischer Einordnung § 827 Rn 2 f mwN). Für sie kann allein eine Haftung nach § 829, für die Aufsichtspersonen eine solche nach § 832 in Frage kommen (BeckOK-BGB/*Spindler* § 828 Rn 5; vgl auch § 829 Rn 2 ff sowie § 832 Rn 2 ff.

B. Haftung für Schäden im ruhenden Verkehr vor Vollendung des zehnten Lebensjahres, § 828 Abs. 2

I. Anwaltliche Sicht

1. Muster: Klageschrift wegen der Haftung für Schäden im ruhenden Verkehr vor Vollendung des zehnten Lebensjahres 2

▶ Rechtsanwalt ■■■

Amtsgericht ■■■

625

Klage

In Sachen

des Herrn ■■■

- Klägers -

Prozessbevollmächtigter: Rechtsanwalt ■■■

gegen

das Kind ■■■, gesetzlich vertreten durch die Eltern ■■■

- Beklagten -

wegen: Schadensersatz

Streitwert: ■■■ EUR

erhebe ich namens und in Vollmacht des Klägers Klage und werde beantragen,

den Beklagte zu verurteilen, ■■■ EUR nebst Zinsen in Höhe von 5 Prozentpunkten über dem Basiszinssatz ab Rechtshängigkeit an den Kläger zu zahlen.

Begründung

Der Kläger begehrt Schadensersatz aus einem Unfall im ruhenden Verkehr am ■■■ gegen ■■■ Uhr in der ■■■-Straße in ■■■, an dem der Beklagte beteiligt war. An diesem Tag veranstalteten der damals neun Jahre alte Beklagte, sein Zwillingsbruder und ein Klassenkamerad des Beklagten auf der Fahrbahn der ■■■-Straße in ■■■ ein Wettrennen mit ihren Kickboards. Obwohl der Beklagte im Umgang mit Kickboards geübt war, stürzte er aus Unachtsamkeit. Infolgedessen prallte sein Kickboard gegen den ordnungsgemäß am rechten Straßenrand geparkten Pkw des Klägers, wodurch am klägerischen Fahrzeug der streitgegenständliche Sachschaden entstand. Im Einzelnen beziffert sich der Schaden am Fahrzeug wie folgt: ■■■

Für diesen Schaden ist der Beklagte einstandspflichtig. ■■■ Gleichwohl haben die Eltern des Beklagten als dessen gesetzliche Vertreter die Begleichung des Schadens wegen des Alters des Beklagten unter Berufung auf § 828 Abs. 2 BGB abgelehnt. Die beklagtenseitige Annahme einer Delikts- bzw Verschuldensunfähigkeit nach § 828 Abs. 2 BGB ist vorliegend aber unzutreffend (vgl dazu grundlegend BGH NJW 2005, 354 ff; BGH NJW-RR 2005, 327 ff; Hk-BGB/Staudinger § 828 Rn 2). Nach dieser Vorschrift ist für den Schaden, den er bei einem Unfall mit einem Kraftfahrzeug einem anderen zufügt, nicht verantwortlich, wer das siebente, aber nicht das zehnte Lebensjahr vollendet hat.

Der hier zu beurteilende Sachverhalt könnte zwar nach dem Wortlaut des neugefassten § 828 Abs. 2 S. 1 BGB ohne Weiteres unter das Haftungsprivileg für Minderjährige fallen. Aus seinem Wortlaut geht nicht hervor, dass das Haftungsprivileg davon abhängen soll, ob sich das an dem Unfall beteiligte Kraftfahrzeug im fließenden oder, wie der hier geschädigte Pkw, im ruhenden Verkehr befindet.

Auch aus der systematischen Stellung der Vorschrift ergibt sich nicht, dass der Gesetzgeber einen bestimmten Betriebszustand des Kraftfahrzeugs zu Grunde legen wollte, zumal er bewusst nicht das Straßenverkehrsgesetz, sondern das allgemeine Deliktsrecht als Standort für die Regelung des § 828 Abs. 2 BGB gewählt hat (vgl BT-Drucks. 14/7752, S. 26).

Allein diese Auslegungsmethoden führten daher nicht zu dem Ergebnis, dass § 828 Abs. 2 BGB auf Fälle des fließenden Verkehrs von Kraftfahrzeugen begrenzt ist. Andererseits ist dem Wortlaut der Vorschrift auch nicht zweifelsfrei zu entnehmen, dass sie sich ohne Ausnahme auf sämtliche Unfälle beziehen soll, an denen ein Kraftfahrzeug beteiligt ist, wie schon die seit ihrem Inkrafttreten dazu veröffentlichten kontroversen Meinungen im Schrifttum zeigen (vgl für eine weite Auslegung: Cahn, Einführung in das neue SchadensR, 2003, Rn 232 ff; Elsner, DAR 2004, 130 [132]; Jaklin/Middendorf, VersR 2004, 1104; MüKo-BGB/Wagner § 828 Rn 6; Pardey, DAR 2004, 499 [501 ff]; für eine einschränkende Auslegung: Ady, ZGS 2002, 237 [238]; Erman/Schiemann § 828 Rn 2 a; Heß/Buller,

ZfS 2003, 218 [220]; Huber, Das neue SchadensersatzR, § 3, Rn 48 ff; Kilian, ZGS 2003, 168 [170]; Lemcke, ZfS 2002, 318 [324]; Ternig, Verkehrsdienst 2004, 155 [157]). Im Hinblick darauf würde bei einer einschränkenden Auslegung von § 828 Abs. 2 BGB oder bei einer in Bezug auf parkende Fahrzeuge befürworteten teleologischen Reduktion der Vorschrift (vgl dazu LG Koblenz NJW 2004, 858; AG Sinsheim NJW 2004, 453) jedenfalls keine einschränkende Anwendung vorliegen, die einem nach Wortlaut und Regelungszweck eindeutigen Gesetz einen entgegengesetzten Sinn verliehe oder den normativen Gehalt der auszulegenden Norm grundlegend neu bestimmte und deshalb nicht zulässig wäre (vgl zu dieser verfassungsrechtlichen Grenze der Gesetzesanwendung BVerfG NJW 1997, 2230 [2230 f]).

Da Wortlaut und Systemzusammenhang von § 828 Abs. 2 BGB nicht zu eindeutigen Ergebnissen führen, ist der in der Vorschrift zum Ausdruck kommende objektivierte Wille des Gesetzgebers mit Hilfe der weiteren Auslegungskriterien zu ermitteln, wobei im vorliegenden Fall insbesondere die Gesetzesmaterialien von Bedeutung sind. Aus ihnen ergibt sich mit der erforderlichen Deutlichkeit, dass das Haftungsprivileg des § 828 Abs. 2 S. 1 BGB nach dem Sinn und Zweck der Vorschrift nur eingreift, wenn sich bei der gegebenen Fallkonstellation eine typische Überforderungssituation des Kindes durch die spezifischen Gefahren des motorisierten Verkehrs realisiert hat. Mit der Einführung der Ausnahmevorschrift in § 828 Abs. 2 BGB wollte der Gesetzgeber nämlich dem Umstand Rechnung tragen, dass Kinder regelmäßig frühestens ab Vollendung des zehnten Lebensjahres im Stande sind, die besonderen Gefahren des motorisierten Straßenverkehrs zu erkennen, insbesondere Entfernungen und Geschwindigkeiten richtig einzuschätzen, und sich den Gefahren entsprechend zu verhalten (vgl BT-Drucks. 14/7752, S. 16, 26). Allerdings wollte er die Deliktsfähigkeit nicht generell (vgl dazu Wille/Bettge, VersR 1971, 878 [882]; Kuhlen, JZ 1990, 273 [276]; Scheffen, 29. Deutscher Verkehrsgerichtstag 1991, Referat Nr. II/3, S. 97) und nicht bei sämtlichen Verkehrsunfällen (vgl Empfehlungen des Deutschen Verkehrsgerichtstags 1991, S. 9; Antrag von Abgeordneten und der Fraktion Bündnis 90/Die Grünen v. 18.7.1996, BT-Drucks. 13/5302, S. 1ff; Antrag von Abgeordneten und der SPD-Fraktion v. 11.12.1996, BT-Drucks. 13/6535, S. 1, 5 ff) erst mit Vollendung des zehnten Lebensjahres beginnen lassen. Er wollte die Heraufsetzung der Deliktsfähigkeit vielmehr auf im motorisierten Straßen- oder Bahnverkehr plötzlich eintretende Schadensereignisse begrenzen, bei denen die altersbedingten Defizite eines Kindes, wie zum Beispiel Entfernungen und Geschwindigkeiten nicht richtig einschätzen zu können, regelmäßig zum Tragen kommen (vgl BT-Drucks. 14/7752, S. 26). Für eine solche Begrenzung sprach, dass sich Kinder im motorisierten Verkehr durch die Schnelligkeit, die Komplexität und die Unübersichtlichkeit der Abläufe in einer besonderen Überforderungssituation befinden. Gerade in diesem Umfeld wirken sich die Entwicklungsdefizite von Kindern besonders gravierend aus. Demgegenüber weisen der nicht motorisierte Straßenverkehr und das allgemeine Umfeld von Kindern gewöhnlich keine vergleichbare Gefahrenlage auf (Bollweg/Hellmann, Das neue Schadensersatzrecht § 828 BGB Rn 11; BT-Drucks. 14/7752, S. 16 f, 26 f). Diese Erwägungen zeigen, dass Kinder nach dem Willen des Gesetzgebers auch in dem hier maßgeblichen Alter von sieben bis neun Jahren für einen Schaden haften sollen, wenn sich bei dem Schadensereignis nicht ein typischer Fall der Überforderung des Kindes durch die spezifischen Gefahren des motorisierten Verkehrs verwirklicht hat und das Kind deshalb von der Haftung freigestellt werden soll (BGH NJW 2005, 354 [355]).

Dem Wortlaut des § 828 Abs. 2 S. 1 BGB ist nicht zu entnehmen, dass der Gesetzgeber bei diesem Haftungsprivileg zwischen dem fließenden und dem ruhenden Verkehr unterscheiden wollte, wenn es auch im fließenden Verkehr häufiger als im ruhenden Verkehr eingreifen mag. Das schließt jedoch nicht aus, dass sich in besonders gelagerten Fällen – zu denen der vorliegende Streitfall aber nicht gehört – auch im ruhenden Verkehr eine spezifische Gefahr des motorisierten Verkehrs verwirklichen kann (vgl etwa BGH NJW 1959, 627; BGH NJW-RR 1995, 215). Der Gesetzgeber wollte vielmehr lediglich den Fällen einer typischen Überforderung der betroffenen Kinder durch die spezifischen Gefahren des motorisierten Verkehrs Rechnung tragen. Zwar wird in der Gesetzesbegründung ausgeführt, der neue § 828 Abs. 2 BGB lehne sich an die Terminologie der Haftungsnormen des Straßenverkehrsgesetzes an (vgl BT-Drucks. 14/7752, S. 26). Die danach folgende Erläuterung, im motorisierten Straßenverkehr sei das deliktsfähige Alter heraufzusetzen, weil bei dort plötzlich eintretenden Schadensereignissen in der Regel die altersbedingten Defizite eines Kindes beim Einschätzen von Geschwindigkeiten und Entfernungen zum Tragen kämen (vgl BT-Drucks. 14/7752, S. 26 f), zeigt aber deutlich, dass für den Gesetzgeber bei diesem Aspekt nicht das bloße Vorhandensein eines Motors im Fahrzeug ausschlaggebend war, sondern vielmehr der Umstand, dass die Motorkraft zu Geschwindigkeiten führt, die zusammen mit der Entfernung eines Kraftfahrzeugs von einem Kind vor Vollendung des zehnten Lebensjahres nur sehr schwer einzuschätzen sind (vgl Bollweg/Hellmann, Das neue Schadensersatzrecht § 828 BGB Rn 11). Aus den vorstehenden Ausführungen ergibt sich, dass der Gesetzgeber nur dann, wenn sich bei einem Schadensfall eine typische Überforderungssituation des Kindes durch die spezifischen Gefahren des motorisierten Verkehrs verwirklicht hat, eine Ausnahme von der Deliktsfähigkeit bei Kindern vor Vollendung des zehnten Lebensjahres schaffen wollte. Andere Schwierigkeiten für ein Kind, sich im Straßenverkehr verkehrsgerecht zu verhalten, sollten diese Ausnahme nicht rechtfertigen. Insoweit ging der Gesetzgeber davon aus, dass Kinder in dem hier maßgeblichen Alter mit solchen Situationen nicht generell überfordert sind und die Deliktsfähigkeit daher grds. anzunehmen ist. Das wird auch deutlich bei der Begründung, weshalb das Haftungsprivileg in Fällen vorsätzlicher Schädigung nicht gilt. Hierzu heißt es, dass in diesen Fällen die Überforderungssituation als schadensursächlich auszuschließen sei und sich jedenfalls nicht ausgewirkt habe (vgl BT-Drucks. 14/7752, S. 16, 27; Hentschel, NZV 2002, 433 [442]). Allerdings kam es dem Gesetzgeber darauf an, die Rechtsstellung von Kindern im Straßenverkehr umfassend zu verbessern. Sie sollte insbesondere nicht davon abhängen, ob das betroffene Kind im Einzelfall „Täter" oder „Opfer" eines Unfalls ist, denn welche dieser beiden Möglichkeiten sich verwirklicht, hängt oft vom Zufall ab (vgl Medicus, Deutscher Verkehrsgerichtstag 2000, Referat Nr. III/4, S. 121; BeckOK-BGB/Spindler § 828 Rn 4). Die Haftungsprivilegierung Minderjähriger erfasst deshalb nicht nur die Schäden, die Kinder einem anderen zufügen. Da § 828 BGB auch für die Frage des Mitverschuldens nach § 254 BGB maßgeblich ist (vgl BGHZ 34, 355 [366]), hat die Haftungsfreistellung Minderjähriger auch zur Folge, dass Kinder dieses Alters sich ihren eigenen Ansprüchen, gleichviel ob sie aus allgemeinem Deliktsrecht oder aus den Gefährdungshaftungstatbeständen des Straßenverkehrsgesetzes oder des Haftpflichtgesetzes hergeleitet werden, ein Mitverschulden bei der Schadensverursachung nicht entgegenhalten lassen müssen (vgl BT-Drucks. 14/7752, S. 16; Bollweg/Hellmann, Das neue Schadensersatzrecht § 828 Rn 5; Heß/Buller, ZfS 2003, 218 [219]). § 828 Abs. 2 BGB gilt deshalb unabhängig davon, ob das an einem Unfall mit einem Kraftfahrzeug beteiligte Kind Schädiger oder Geschädigter ist.

Nach alledem kann zugunsten des Beklagten im vorliegenden Fall die Haftungsprivilegierung des § 828 Abs. 2 BGB nicht greifen, weil das Schadensereignis nicht auf einer typischen Überforderungssituation des beklagten Kindes durch die spezifischen Gefahren des motorisierten Verkehrs beruht. ...[1]

Auch die Regelung des § 828 Abs. 3 BGB steht einer haftungsrechtlichen Verantwortung des Beklagten nicht entgegen. ...[2]

Der Beklagte muss sich zudem den Vorwurf fahrlässigen Verhaltens entgegenhalten lassen. ...
In Ermangelung eines Anknüpfungspunktes für eine Mithaftung des Klägers erstreckt sich die Haftung des Beklagten auf den gesamten Schaden des Klägers.

..., den ...

...

Rechtsanwalt ◄

2. Erläuterungen

3 **[1] Haftung für Schäden im Verkehr vor Vollendung des zehnten Lebensjahres.** Nach § 828 Abs. 2 haftet derjenige, der das siebte, aber noch nicht das zehnte Lebensjahr vollendet hat, für

unvorsätzlich herbeigeführte (§ 828 Abs. 2 S. 2) Schäden bei einem Unfall im Straßen- oder Bahnverkehr grds. nicht. Diese Privilegierung findet im Einzelfall aber dann keine Anwendung, wenn sich im Schadensereignis nicht die dem motorisierten Verkehr spezifisch anhaftende Gefahr der Überforderung von Kindern realisiert hat (vgl BGH NJW 2005, 354 [355]; BGH NJW-RR 2005, 327 [328]; Hk-BGB/*Staudinger* § 828 Rn 2 mwN zum Streitstand).

[2] Fehlen der Einsichtsfähigkeit. Vgl Rn 8. 4

II. Gerichtliche Sicht

1. Muster: Verurteilung zur Haftung für Schäden im ruhenden Verkehr vor Vollendung des zehnten Lebensjahres 5

▶ ■■■ Zugunsten des Beklagten greift vorliegend auch nicht die privilegierende Regelung des § 828 Abs. 2 BGB ein. Danach ist für den Schaden, den er bei einem Unfall mit einem Kraftfahrzeug einem anderen zufügt, nicht verantwortlich, wer das siebente, aber nicht das zehnte Lebensjahr vollendet hat.

Der vorliegend zu beurteilende Sachverhalt könnte zwar nach dem Wortlaut des neugefassten § 828 Abs. 2 S. 1 BGB ohne Weiteres unter das Haftungsprivileg für Minderjährige fallen. Aus seinem Wortlaut geht nicht hervor, dass das Haftungsprivileg davon abhängen soll, ob sich das an dem Unfall beteiligte Kraftfahrzeug im fließenden oder, wie der hier geschädigte Pkw, im ruhenden Verkehr befindet (BGH NJW 2005, 354; BGH NJW-RR 2005, 327).

Auch aus der systematischen Stellung der Vorschrift ergibt sich nicht, dass der Gesetzgeber einen bestimmten Betriebszustand des Kraftfahrzeugs zu Grunde legen wollte, zumal er bewusst nicht das Straßenverkehrsgesetz, sondern das allgemeine Deliktsrecht als Standort für die Regelung des § 828 Abs. 2 BGB gewählt hat (vgl BT-Drucks. 14/7752, S. 26; auf diesen Umstand weist auch BGH NJW 2005, 354 hin).

Allein diese Auslegungsmethoden führten daher nicht zu dem Ergebnis, dass § 828 Abs. 2 BGB auf Fälle des fließenden Verkehrs von Kraftfahrzeugen begrenzt ist (BGH NJW 2005, 354). Andererseits ist dem Wortlaut der Vorschrift auch nicht zweifelsfrei zu entnehmen, dass sie sich ohne Ausnahme auf sämtliche Unfälle beziehen soll, an denen ein Kraftfahrzeug beteiligt ist, wie schon die seit ihrem Inkrafttreten dazu veröffentlichten kontroversen Meinungen im Schrifttum zeigen (zu diesem Argument BGH NJW 2005, 354; für eine weite Auslegung: Cahn, Einführung in das neue SchadensR, 2003, Rn 232 ff; Elsner, DAR 2004, 130 [132]; Jaklin/Middendorf, VersR 2004, 1104; MüKo-BGB/Wagner § 828 Rn 6; Pardey, DAR 2004, 499 [501 ff]; für eine einschränkende Auslegung: Ady, ZGS 2002, 237 [238]; Erman/Schiemann § 828 Rn 2 a; Heß/Buller, ZfS 2003, 218 [220]; Huber, Das neue SchadensersatzR, § 3, Rn 48 ff; Kilian, ZGS 2003, 168 [170]; Lemcke, ZfS 2002, 318 [324]; Ternig, Verkehrsdienst 2004, 155 [157]). Im Hinblick darauf würde bei einer einschränkenden Auslegung von § 828 Abs. 2 BGB oder bei einer teleologischen Reduktion der Vorschrift in Bezug auf parkende Fahrzeuge (vgl dazu LG Koblenz NJW 2004, 858; AG Sinsheim NJW 2004, 453) jedenfalls keine einschränkende Gesetzesanwendung vorliegen, die einem nach Wortlaut und Regelungszweck eindeutigen Gesetz einen entgegengesetzten Sinn verliehe oder den normativen Gehalt der auszulegenden Norm grundlegend neu bestimmte und deshalb nicht zulässig wäre (BGH NJW 2005, 354; vgl zu dieser verfassungsrechtlichen Grenze der Gesetzesanwendung BVerfG NJW 1997, 2230 (2230 f)).

Da Wortlaut und Systemzusammenhang von § 828 Abs. 2 BGB nicht zu eindeutigen Ergebnissen führen, ist der in der Vorschrift zum Ausdruck kommende objektivierte Wille des Gesetzgebers mit Hilfe der weiteren Auslegungskriterien zu ermitteln, wobei im vorliegenden Fall insbesondere die Gesetzesmaterialien von Bedeutung sind. Aus ihnen ergibt sich, dass das Haftungsprivileg des § 828 Abs. 2 S. 1 BGB nach dem Sinn und Zweck der Vorschrift nur eingreift, wenn sich bei der gegebenen Fallkonstellation eine typische Überforderungssituation des Kindes durch die spezifischen Gefahren des motorisierten Verkehrs realisiert hat (BGH NJW 2005, 354). Mit der Einführung der Ausnahmevorschrift in § 828 Abs. 2 BGB wollte der Gesetzgeber nämlich dem Umstand Rechnung tragen, dass Kinder regelmäßig frühestens ab Vollendung des zehnten Lebensjahres im Stande sind, die besonderen Gefahren des motorisierten Straßenverkehrs zu erkennen, insbesondere Entfernungen und Geschwindigkeiten richtig einzuschätzen, und sich den Gefahren entsprechend zu verhalten (vgl BT-Drucks. 14/7752, S. 16, 26). Allerdings wollte er die Deliktsfähigkeit nicht generell (vgl dazu Wille/Bettge, VersR 1971, 878 [882]; Kuhlen, JZ 1990, 273 [276]; Scheffen, 29. Deutscher Verkehrsgerichtstag 1991, Referat Nr. II/3, S. 97) und nicht bei sämtlichen Verkehrsunfällen (vgl Empfehlungen des Deutschen Verkehrsgerichtstags 1991, S. 9; Antrag von Abgeordneten und der Fraktion Bündnis 90/Die Grünen v. 18.7.1996, BT-Drucks. 13/5302, S. 1 ff; Antrag von Abgeordneten und der SPD-Fraktion v. 11.12.1996, BT-Drucks. 13/6535, S. 1, 5 ff) erst mit Vollendung des zehnten Lebensjahres beginnen lassen. Der Gesetzgeber wollte die Heraufsetzung der Deliktsfähigkeit vielmehr auf im motorisierten Straßen- oder Bahnverkehr plötzlich eintretende Schadensereignisse begrenzen, bei denen die altersbedingten Defizite eines Kindes, wie zum Beispiel Entfernungen und Geschwindigkeiten nicht richtig einschätzen zu können, regelmäßig zum Tragen kommen (vgl BT-Drucks. 14/7752, S. 26). Für eine solche Begrenzung sprach, dass sich Kinder im motorisierten Verkehr durch die Schnelligkeit, die Komplexität und die Unübersichtlichkeit der Abläufe in einer besonderen Überforderungssituation befinden. Gerade in diesem Umfeld wirken sich die Entwicklungsdefizite von Kindern besonders gravierend aus. Demgegenüber weisen der nicht motorisierte Straßenverkehr und das allgemeine Umfeld von Kindern gewöhnlich keine vergleichbare Gefahrenlage auf (Bollweg/Hellmann, Das neue Schadensersatzrecht § 828 BGB Rn 11; BT-Drucks. 14/7752, S. 16 f, 26 f). Diese Erwägungen zeigen, dass Kinder nach dem Willen des Gesetzgebers auch in dem hier maßgeblichen Alter von sieben bis neun Jahren für einen Schaden haften sollen, wenn sich bei dem Schadensereignis nicht ein typischer Fall der Überforderung des Kindes durch die spezifischen Gefahren des motorisierten Verkehrs verwirklicht hat und das Kind deshalb von der Haftung freigestellt werden soll (BGH NJW 2005, 354 [355]).

Dem Wortlaut des § 828 Abs. 2 S. 1 BGB ist nicht zu entnehmen, dass der Gesetzgeber bei diesem Haftungsprivileg zwischen dem fließenden und dem ruhenden Verkehr unterscheiden wollte, wenn es auch im fließenden Verkehr häufiger als im ruhenden Verkehr eingreifen mag. Das schließt jedoch nicht aus, dass sich in besonders gelagerten Fällen – zu denen der vorliegende Streitfall aber nicht gehört – auch im ruhenden Verkehr eine spezifische Gefahr des motorisierten Verkehrs verwirklichen kann (vgl etwa BGH NJW 1959, 627; BGH NJW-RR 1995, 215). Der Gesetzgeber wollte vielmehr lediglich den Fällen einer typischen Überforderung der betroffenen Kinder durch die spezifischen Gefahren des motorisierten Verkehrs Rechnung tragen. Zwar wird in der Gesetzesbegründung ausgeführt, der neue § 828 Abs. 2 BGB lehne sich an die Terminologie der Haftungsnormen des Straßenverkehrsgesetzes an (vgl BT-Drucks. 14/7752, S. 26). Die danach folgende Erläuterung, im motorisierten Straßenverkehr sei das deliktsfähige Alter heraufzusetzen, weil bei dort plötzlich eintretenden Schadensereignissen in der Regel die altersbedingten Defizite eines Kindes beim Einschätzen von Geschwindigkeiten und Entfernungen zum Tragen kämen (vgl BT-Drucks. 14/7752, S. 26 f), zeigt aber deutlich, dass für den Gesetzgeber bei diesem Aspekt nicht das bloße Vorhandensein eines Motors im Fahrzeug ausschlaggebend war, sondern vielmehr der Umstand, dass die Motorkraft zu Geschwindigkeiten führt, die zusammen mit der Entfernung eines Kraftfahrzeugs von einem Kind vor Vollendung des zehnten Lebensjahres nur sehr schwer einzuschätzen sind (vgl Bollweg/Hellmann, Das neue Schadensersatzrecht § 828 BGB Rn 11). Aus den vorstehenden Ausführungen ergibt sich, dass der Gesetzgeber nur dann, wenn sich bei einem Schadensfall eine typische Überforderungssituation des Kindes durch die spezifischen Gefahren des motorisierten Verkehrs verwirklicht hat, eine Ausnahme von der Deliktsfähigkeit bei Kindern vor Vollendung des zehnten Lebensjahres schaffen wollte. Andere Schwierigkeiten für ein Kind, sich im Straßenverkehr verkehrsgerecht zu verhalten, sollten diese Ausnahme nicht rechtfertigen (BGH NJW 2005, 354 [355]). Insoweit ging der Gesetzgeber davon aus, dass Kinder in dem hier maßgeblichen Alter mit solchen Situationen nicht generell überfordert sind und die Deliktsfähigkeit daher grds. anzunehmen ist. Das wird auch deutlich bei der

Begründung, weshalb das Haftungsprivileg in Fällen vorsätzlicher Schädigung nicht gilt. Hierzu heißt es, dass in diesen Fällen die Überforderungssituation als schadensursächlich auszuschließen sei und sich jedenfalls nicht ausgewirkt habe (vgl BT-Drucks. 14/7752, S. 16, 27; Hentschel, NZV 2002, 433 [442]). Allerdings kam es dem Gesetzgeber darauf an, die Rechtsstellung von Kindern im Straßenverkehr umfassend zu verbessern. Sie sollte insbesondere nicht davon abhängen, ob das betroffene Kind im Einzelfall „Täter" oder „Opfer" eines Unfalls ist, denn welche dieser beiden Möglichkeiten sich verwirklicht, hängt oft vom Zufall ab (vgl Medicus, Deutscher Verkehrsgerichtstag 2000, Referat Nr. III/4, S. 121; BeckOK-BGB/Spindler § 828 Rn 4). Die Haftungsprivilegierung Minderjähriger erfasst deshalb nicht nur die Schäden, die Kinder einem anderen zufügen. Da § 828 BGB auch für die Frage des Mitverschuldens nach § 254 BGB maßgeblich ist (vgl BGHZ 34, 355 [366]), hat die Haftungsfreistellung Minderjähriger auch zur Folge, dass Kinder dieses Alters sich ihren eigenen Ansprüchen, gleichviel ob sie aus allgemeinem Deliktsrecht oder aus den Gefährdungshaftungstatbeständen des Straßenverkehrsgesetzes oder des Haftpflichtgesetzes hergeleitet werden, ein Mitverschulden bei der Schadensverursachung nicht entgegenhalten lassen müssen (vgl BT-Drucks. 14/7752, S. 16; Bollweg/Hellmann, Das neue Schadensersatzrecht § 828 Rn 5; Heß/Buller, ZfS 2003, 218 [219]). § 828 Abs. 2 BGB gilt deshalb unabhängig davon, ob das an einem Unfall mit einem Kraftfahrzeug beteiligte Kind Schädiger oder Geschädigter ist.

Nach alledem kann zugunsten des Beklagten im vorliegenden Fall die Haftungsprivilegierung des § 828 Abs. 2 BGB nicht greifen, weil das Schadensereignis nicht auf einer typischen Überforderungssituation des beklagten Kindes durch die spezifischen Gefahren des motorisierten Verkehrs beruht. ■■■[1] ◀

2. Erläuterungen

[1] **Haftung für Schäden im Verkehr vor Vollendung des zehnten Lebensjahres.** Vgl Rn 3. 6

C. Fehlen der Einsichtsfähigkeit, § 828 Abs. 3

I. Anwaltliche Sicht

1. Darlegung des Fehlens der Einsichtsfähigkeit

a) Muster: Darlegung des Fehlens der Einsichtsfähigkeit 7

627

▶ ■■■ Der haftungsrechtlichen Verantwortlichkeit meines Mandanten für den entstandenen Schaden steht zumindest die Regelung des § 828 Abs. 3 BGB entgegen. Nach dieser Vorschrift haftet derjenige Minderjährige für den von ihm verursachten Schaden nicht, der die zur Erkenntnis seiner Verantwortlichkeit erforderliche Einsicht (Einsichtsfähigkeit) nicht besitzt. Nach allgemeiner Auffassung besitzt derjenige die erforderliche Einsichtsfähigkeit iSv § 828 Abs. 3 BGB, der nach seiner individuellen Verstandesentwicklung dazu fähig ist, das Gefährliche seines Tuns zu erkennen und sich der Verantwortung für die Folgen seines Tuns bewusst zu sein (BGH NJW 2005, 354 [355]). Diese Voraussetzungen sind in der Person meines Mandanten nicht erfüllt. ■■■[1] ◀

b) Erläuterungen

[1] **Fehlen der Einsichtsfähigkeit, Darlegungs- und Beweislast.** Nach § 828 Abs. 3 haftet derjenige Minderjährige für den von ihm verursachten Schaden nicht, der die zur Erkenntnis seiner Verantwortlichkeit erforderliche Einsicht (**Einsichtsfähigkeit**) nicht besitzt. Die Einsichtsfähigkeit besitzt derjenige, der nach seiner individuellen Verstandesentwicklung dazu fähig ist, zumindest allgemein (BGH NJW 1984, 1958; OLG Köln NJW-RR 1993, 1498 [1499]; Hk-BGB/*Staudinger* § 828 Rn 6) das Gefährliche seines Tuns zu erkennen und sich der Verantwortung für die Folgen seines Tuns bewusst zu sein (BGH NJW 2005, 354 [355]). Auf die individuelle Fähigkeit, sich dieser Einsicht gemäß zu verhalten (**Steuerungsfähigkeit**), kommt es dagegen für die Frage der Delikts- bzw Verschuldensfähigkeit nicht an (BGH NJW 1984, 1958; BGH NJW- 8

RR 1997, 1110 [1111]; Hk-BGB/*Staudinger* § 828 Rn 6). Die **Darlegungs- und Beweislast** für das Fehlen der Einsichtsfähigkeit trägt dabei der in Anspruch genommene Minderjährige, wobei ab einem Alter von sieben Jahren das Vorliegen der Einsichtsfähigkeit vom Gesetz widerlegbar vermutet wird (BGH NJW-RR 1997, 1110 [1111]; BGH NJW 2005, 354 [355]). Gelingt dem minderjährigen Schädiger der Nachweis seiner fehlenden Einsichtsfähigkeit nicht, so ist von seiner Delikts- bzw Verschuldensfähigkeit auszugehen (Hk-BGB/*Staudinger* § 828 Rn 8).

2. Bestreiten des Fehlens der Einsichtsfähigkeit

9 **a) Muster: Bestreiten der Einsichtsfähigkeit**

▶ ... Auch § 828 Abs. 3 BGB steht einer haftungsrechtlichen Verantwortung des Beklagten nicht entgegen. Nach dieser Vorschrift haftet derjenige Minderjährige für den von ihm verursachten Schaden nicht, der die zur Erkenntnis seiner Verantwortlichkeit erforderliche Einsicht (Einsichtsfähigkeit) nicht besitzt. Nach allgemeiner Auffassung besitzt derjenige die erforderliche Einsichtsfähigkeit iSv § 828 Abs. 3 BGB, der nach seiner individuellen Verstandesentwicklung dazu fähig ist, das Gefährliche seines Tuns zu erkennen und sich der Verantwortung für die Folgen seines Tuns bewusst zu sein (BGH NJW 2005, 354 [355]). Auf die individuelle Fähigkeit, sich dieser Einsicht gemäß zu verhalten (Steuerungsfähigkeit), kommt es insoweit nicht an (BGH VersR 1984, 641 [642]; BGH NJW-RR 1997, 1110 [1111]). Die Darlegungs- und Beweislast für das Fehlen der Einsichtsfähigkeit trägt dabei der in Anspruch genommene Minderjährige. Ab einem Alter von sieben Jahren wird zudem das Vorliegen der Einsichtsfähigkeit vom Gesetz widerlegbar vermutet (BGH NJW-RR 1997, 1110 [1111]; BGH NJW 2005, 354 [355]). Der Nachweis seiner mangelnden Einsichtsfähigkeit ist dem Beklagten nicht gelungen. ... Soweit der Beklagte vorgetragen hat, er habe ..., betrifft dies nicht die Frage der Einsichtsfähigkeit, sondern die hiervon zu trennende Frage der Fahrlässigkeit. ...[1] ◀

b) Erläuterungen

10 **[1] Fehlen der Einsichtsfähigkeit, Darlegungs- und Beweislast.** Zum Fehlen der Einsichtsfähigkeit nach § 828 Abs. 3 sowie zur insoweit geltenden Darlegungs- und Beweislast vgl Rn 8.

II. Gerichtliche Sicht

11 **1. Muster: Nichterweislichkeit des Fehlens der Einsichtsfähigkeit**

▶ ... Auch die Regelung des § 828 Abs. 3 BGB steht einer haftungsrechtlichen Verantwortung des beklagten Kindes nicht entgegen. Nach dieser Vorschrift haftet derjenige Minderjährige für den von ihm verursachten Schaden nicht, der die zur Erkenntnis seiner Verantwortlichkeit erforderliche Einsicht nicht besitzt. Nach allgemeiner Auffassung besitzt derjenige die zur Erkenntnis seiner Verantwortlichkeit erforderliche Einsicht iSv § 828 Abs. 3 BGB, der nach seiner individuellen Verstandesentwicklung dazu fähig ist, das Gefährliche seines Tuns zu erkennen und sich der Verantwortung für die Folgen seines Tuns bewusst zu sein (BGH NJW 2005, 354 [355]). Auf die individuelle Fähigkeit, sich dieser Einsicht gemäß zu verhalten, kommt es insoweit nicht an (BGH VersR 1984, 641 [642]; BGH NJW-RR 1997, 1110 [1111]). Die Darlegungs- und Beweislast für das Fehlen der Einsichtsfähigkeit trägt dabei der in Anspruch genommene Minderjährige. Ab einem Alter von sieben Jahren wird zudem das Vorliegen der Einsichtsfähigkeit vom Gesetz widerlegbar vermutet (BGH NJW-RR 1997, 1110 [1111]; BGH NJW 2005, 354 [355]). Der Nachweis der mangelnden Einsichtsfähigkeit ist dem Beklagten nicht gelungen. ...[1] ◀

2. Erläuterungen

12 **[1] Fehlen der Einsichtsfähigkeit, Darlegungs- und Beweislast.** Zum Fehlen der Einsichtsfähigkeit sowie zur diesbezüglichen Darlegungs- und Beweislast vgl Rn 8.

§ 829 Ersatzpflicht aus Billigkeitsgründen

Wer in einem der in den §§ 823 bis 826 bezeichneten Fälle für einen von ihm verursachten Schaden auf Grund der §§ 827, 828 nicht verantwortlich ist, hat gleichwohl, sofern der Ersatz des Schadens nicht von einem aufsichtspflichtigen Dritten erlangt werden kann, den Schaden insoweit zu ersetzen, als die Billigkeit nach den Umständen, insbesondere nach den Verhältnissen der Beteiligten, eine Schadloshaltung erfordert und ihm nicht die Mittel entzogen werden, deren er zum angemessenen Unterhalt sowie zur Erfüllung seiner gesetzlichen Unterhaltspflichten bedarf.

A. Anwaltliche Sicht

I. Muster: Klage wegen Ersatzpflicht aus Billigkeitsgründen 1

▶ Rechtsanwalt ■■■ 630

Landgericht ■■■

Klage

In Sachen

des Kindes ■■■, gesetzlich vertreten durch die Eltern ■■■

– Klägers –

Prozessbevollmächtigter: Rechtsanwalt ■■■

gegen

das Kind ■■■, gesetzlich vertreten durch die Eltern ■■■

– Beklagten –

wegen: Schmerzensgeld

Streitwert: ■■■ EUR

erhebe ich namens und in Vollmacht des Klägers Klage und werde beantragen,

Der Beklagte wird verurteilt, ■■■ EUR nebst Zinsen in Höhe von 5 Prozentpunkten über dem Basiszinssatz ab Rechtshängigkeit an die Klägerin zu zahlen.

■■■

Begründung

Der Kläger begehrt von dem wirtschaftlich sehr gut situierten Beklagten Schmerzensgeld wegen seines am ■■■ unfallbedingt verlorenen Augenlichtes. Am ■■■ spielten der damals 7 Jahre alte Kläger und der 6-jährige Beklagte zusammen mit mehreren anderen Jungen im Hinterhof des Hauses ■■■ Dabei bildeten die Jungen 2 Gruppen. Während die eine Gruppe, zu welcher auch der Beklagte gehörte, ihre „Festung", einen kleinen Holzschuppen im Hof, zu verteidigen hatte, sollte die andere Gruppe, bei der sich der Kläger befand, die „Festung" erstürmen. Als Waffen trugen alle Beteiligten entweder „Schwerter" aus Resten von Tischlerlatten oder „Messer", die aus abgebrochenen Zweigen oder anderen Holzresten bestanden. Ein Mitspieler, der durch eine dieser Waffen getroffen wurde, galt als „tot" und musste ausscheiden. Im Verlaufe des Spiels warf der Beklagte mit seinem „Holzmesser" nach dem Kläger. Die Waffe traf das linke Auge des Klägers, dessen Sehkraft bald darauf um vier Fünftel herabgesetzt war und inzwischen völlig verlorengegangen ist.

Wegen dieses verlorenen Augenlichtes ist der Beklagte zur Zahlung eines angemessenen Schmerzensgeldes verpflichtet. Zwar ist der Beklagte mit Rücksicht auf sein damaliges Alter nach § 828 Abs. 1 BGB nicht delikts- bzw verschuldensfähig. Seine deliktische Haftung ergibt sich aber aus Billigkeitsaspekten (§ 829 BGB). Nach § 829 BGB soll derjenige, der in einem der in den §§ 823 bis 826 BGB bezeichneten Fälle auf Grund der §§ 827, 828 BGB für den von ihm verursachten Schaden nicht verantwortlich ist, für den Schaden nach Maßgabe der in § 829 BGB näher geregelten Billigkeitshaftung dennoch aufzukommen haben, wenn der Ersatz des Schadens nicht von einem aufsichtspflichtigen Dritten erlangt werden kann (BGH NJW 1963, 1609 [1609 f]). Die Billigkeitshaftung setzt also einen Sachverhalt voraus, bei dem der Täter an sich wegen einer unerlaubten Handlung schadensersatzpflichtig wäre, wenn es bei ihm nicht auf Grund der §§ 827, 828 BGB an der Schadensverantwortlichkeit fehlte. Stünde jemand an seiner Stelle, der als gesunder erwachsener Mensch für sein Tun voll verantwortlich ist, so müsste daher sowohl der objektive als auch der subjektive Tatbestand einer jener unerlaubten Handlungen verwirklicht sein (BGH NJW 1963, 1609 [1610]). Entscheidend für die Haftung aus Billigkeitsgesichtspunkten ist aber, dass Billigkeitserwägungen eine Haftung des Delikts- bzw Verschuldensunfähigen nicht nur erlauben, sondern nach den Umständen, insbesondere nach den Verhältnissen der Beteiligten, geradezu erfordern (BGH NJW 1979, 2096 [2097]; BGH NJW 1995, 452; LG Heilbronn NJW 2004, 2391; Hk-BGB/Staudinger § 829 Rn 4). Diese Voraussetzungen sind vorliegend erfüllt. ▪▪▪[1] ◄

II. Erläuterungen

2 [1] **Anwendungsbereich.** Die in § 829 abweichend vom Verschuldensprinzip statuierte Billigkeitshaftung (Hk-BGB/*Staudinger* § 829 Rn 1 mwN zum Streitstand bzgl der Einordnung) findet ihrem Wortlaut gemäß an sich nur in den **Fällen fehlender Delikts- bzw Verschuldensfähigkeit** (§§ 827-828) Anwendung. Darüber wird § 829 aber auch auf diejenigen Fallkonstellationen angewandt, in denen bereits die **Handlungsfähigkeit** fehlt (BGHZ 23, 90 [98]; Hk-BGB/*Staudinger* § 829 Rn 5 mN zur Gegenauffassung; kritisch bzgl der Grenzziehung auch BeckOK-BGB/*Spindler* § 829 Rn 3) oder in denen zwar die notwendige Einsichtsfähigkeit vorhanden ist, die für das Verschulden notwendige **Steuerungsfähigkeit** aber nicht gegeben ist (BGHZ 39, 281 [286 f]; Hk-BGB/*Staudinger* § 829 Rn 5).

3 **Voraussetzungen der Billigkeitshaftung.** Eine Haftung nach § 829 setzt voraus, dass der delikts- bzw verschuldensunfähige Schädiger einen der **Deliktstatbestände der §§ 823-826 rechtswidrig verwirklicht** hat (Hk-BGB/*Staudinger* § 829 Rn 4). Zudem darf aus rechtlichen oder tatsächlichen Gründen kein Ersatz des entstandenen Schadens von einem Aufsichtspflichtigen zu erlangen sein (**Subsidiarität der Billigkeitshaftung**, vgl Hk-BGB/*Staudinger* § 829 Rn 6 sowie BeckOK-BGB/*Spindler* § 829 Rn 5). Die Billigkeitshaftung greift aber nur dann ein, wenn Billigkeitserwägungen eine Haftung des Delikts- bzw Verschuldensunfähigen nicht nur erlauben, sondern nach den Umständen, insbesondere nach den Verhältnissen der Beteiligten, geradezu erfordern (**Ersatz aus Billigkeitsgründen erforderlich**; vgl BGH NJW 1979, 2096 [2097]; BGH NJW 1995, 452; LG Heilbronn NJW 2004, 2391; BeckOK-BGB/*Spindler* § 829 Rn 6 ff; Hk-BGB/*Staudinger* § 829 Rn 7; zur Bedeutung von Haftpflichtversicherungen für das „ob" der Haftung vgl BGH NJW 1995, 452 [453 f: KFZ- Haftpflichtversicherung] sowie LG Heilbronn NJW 2004, 2391 [freiwillige Familienhaftpflichtversicherung]).

4 **Darlegungs- und Beweislast.** Im Prozess muss der Geschädigte die tatbestandliche und rechtswidrige **unerlaubte Handlung**, das **Fehlen** eines tatsächlich **durchsetzbaren Anspruchs gegen den Aufsichtspflichtigen** sowie die **Billigkeit** einer Haftung des verschuldensunfähigen Schädigers darlegen und beweisen (BeckOK-BGB/*Spindler* § 829 Rn 13; Hk-BGB/*Staudinger* § 829 Rn 13 mit Hinweis auf die sekundäre Darlegungslast des Schädigers bzgl seiner eigenen Einkommens- und Vermögensverhältnisse; ebenso MüKo-BGB/*Wagner* § 829 Rn 25). Sodann obliegt es dem Schädiger, nachzuweisen, dass ihm durch die Ersatzpflicht die Mittel für einen

angemessenen Lebensunterhalt oder zur Erfüllung der gesetzlichen Unterhaltsverpflichtungen entzogen würden (**Eingriff in Schonvermögen**; vgl BeckOK-BGB/*Spindler* § 829 Rn 13; Hk-BGB/*Staudinger* § 829 Rn 13).

Prozessuales. Zur Frage der **gerichtlichen Hinweispflicht** bei Herausstellen der Delikts- bzw Verschuldensunfähigkeit erst im Laufe des Prozesses vgl BGH VersR 1965, 385 [386]; BeckOK-BGB/*Spindler* § 829 Rn 13; MüKo-BGB/*Wagner* § 829 Rn 25. Vgl auch BGH NJW 1979, 2096 [2097], Hk-BGB/*Staudinger* § 829 Rn 13 sowie MüKo-BGB/*Wagner* § 829 Rn 26 zur Möglichkeit einer verjährungsunterbrechenden **Feststellungsklage** im Hinblick auf eine mögliche Änderung der Vermögensverhältnisse des Schädigers. Zur Möglichkeit einer **Abänderungsklage** nach § 323 ZPO vgl BeckOK-BGB/*Spindler* § 829 Rn 12 sowie MüKo-BGB/*Wagner* § 829 Rn 26. 5

B. Gerichtliche Sicht

I. Muster: Verurteilung wegen Ersatzpflicht aus Billigkeitsgründen 6

▶ ▪▪▪ Der Beklagte ist dem Kläger gegenüber zur Zahlung eines angemessenen Schmerzensgeldes verpflichtet. Zwar ist der Beklagte mit Rücksicht auf sein geringes Alter von ▪▪▪ Jahren zum Zeitpunkt der schädigenden Handlung nach § 828 Abs. 1 BGB nicht delikts- bzw verschuldensfähig. Seine deliktische Haftung ergibt sich aber aus Billigkeitsaspekten (§ 829 BGB). Nach § 829 BGB soll derjenige, der in einem der in den §§ 823 bis 826 BGB bezeichneten Fälle auf Grund der §§ 827, 828 BGB für den von ihm verursachten Schaden nicht verantwortlich ist, für den Schaden nach Maßgabe der in § 829 BGB näher geregelten Billigkeitshaftung dennoch aufzukommen haben, wenn der Ersatz des Schadens nicht von einem aufsichtspflichtigen Dritten erlangt werden kann (BGH NJW 1963, 1609 [1609 f]). Die Billigkeitshaftung setzt also einen Sachverhalt voraus, bei dem der Täter an sich wegen einer unerlaubten Handlung schadensersatzpflichtig wäre, wenn es bei ihm nicht auf Grund der §§ 827, 828 BGB an der Schadensverantwortlichkeit fehlte. Stände jemand an seiner Stelle, der als gesunder erwachsener Mensch für sein Tun voll verantwortlich ist, so müsste daher sowohl der objektive als auch der subjektive Tatbestand einer jener unerlaubten Handlungen verwirklicht sein (BGH NJW 1963, 1609 [1610]). Entscheidend für die Haftung aus Billigkeitsgesichtspunkten ist aber, dass Billigkeitserwägungen eine Haftung des Delikts- bzw Verschuldensunfähigen nicht nur erlauben, sondern nach den Umständen, insbesondere nach den Verhältnissen der Beteiligten, geradezu erfordern (BGH NJW 1979, 2096 [2097]; BGH NJW 1995, 452; LG Heilbronn NJW 2004, 2391; Hk-BGB/Staudinger § 829 Rn 4). Diese Voraussetzungen sind vorliegend erfüllt. ▪▪▪[1] ◀ 631

II. Erläuterungen

[1] Anwendungsbereich, Voraussetzungen der Billigkeitshaftung sowie Darlegungs- und Beweislast. Zum Anwendungsbereich von § 829, zu den Voraussetzungen der Billigkeitshaftung sowie zur diesbezüglichen Darlegungs- und Beweislast vgl Rn 2 ff. 7

Gerichtliche Hinweispflicht. Zur gerichtlichen Hinweispflicht im Zusammenhang mit § 829 vgl Rn 5. 8

§ 830 Mittäter und Beteiligte

(1) [1]Haben mehrere durch eine gemeinschaftlich begangene unerlaubte Handlung einen Schaden verursacht, so ist jeder für den Schaden verantwortlich. [2]Das Gleiche gilt, wenn sich nicht ermitteln lässt, wer von mehreren Beteiligten den Schaden durch seine Handlung verursacht hat.
[2] Anstifter und Gehilfen stehen Mittätern gleich.

§ 831 Haftung für den Verrichtungsgehilfen

(1) [1]Wer einen anderen zu einer Verrichtung bestellt, ist zum Ersatz des Schadens verpflichtet, den der andere in Ausführung der Verrichtung einem Dritten widerrechtlich zufügt. [2]Die Ersatzpflicht tritt nicht ein, wenn der Ge-

schäftsherr bei der Auswahl der bestellten Person und, sofern er Vorrichtungen oder Gerätschaften zu beschaffen oder die Ausführung der Verrichtung zu leiten hat, bei der Beschaffung oder der Leitung die im Verkehr erforderliche Sorgfalt beobachtet oder wenn der Schaden auch bei Anwendung dieser Sorgfalt entstanden sein würde. [2] Die gleiche Verantwortlichkeit trifft denjenigen, welcher für den Geschäftsherrn die Besorgung eines der im Absatz 1 Satz 2 bezeichneten Geschäfte durch Vertrag übernimmt.

1 A. Muster: Klage gegen Verrichtungsgehilfen und Geschäftsherrn

▶ Rechtsanwalt ■■■[1]

Landgericht ■■■

In Sachen

des Herrn ■■■

– Klägers –

Prozessbevollmächtigter: Rechtsanwalt ■■■

gegen

1. Herrn ■■■

   – Beklagten zu 1 –

2. ■■■

   – Beklagte zu 2 –[2]

wegen: Schadensersatz

Streitwert: ■■■ EUR

erhebe ich namens und in Vollmacht des Klägers Klage und werde beantragen,

die Beklagten gesamtschuldnerisch dazu zu verurteilen, an den Kläger ■■■ EUR nebst Zinsen in Höhe von 5 Prozentpunkten über dem Basiszinssatz seit dem ■■■. zu zahlen.[3]

Begründung

Die Beklagte zu 2 war mit der Neuherstellung der Stromleitung in der ■■■-Straße in ■■■ beauftragt. Zu diesem Zweck ließ sie unter anderem einen 0,75 m tiefen Graben durch ihre eigenen Mitarbeiter, unter anderem den Baggerfahrer ■■■, den Beklagten zu 1, ausheben. Trotz des Umstandes, dass die Gasleitung zur Versorgung der ■■■-Straße den für die Stromleitung auszuhebenden Graben entgegen der am Einsatzort vorliegenden Zeichnung nicht in 0,5 m Tiefe kreuzte, setzte der Beklagte zu 1 in Unkenntnis der genauen Lage der Gasleitung die Baggerarbeiten fort, in deren Verlauf die in 0,7 m Tiefe liegende Gasleitung dann beschädigt wurde. Das dadurch austretende Gas strömte in die Kellerräume des im Eigentum des Klägers stehenden Hauses ■■■-Straße Nr. ■■■ und führte 15 Minuten später zur Explosion, durch die das Anwesen schwer beschädigt wurde. ■■■

Der Beklagte zu 1 haftet für den eingetretenen Schaden nach § 823 Abs. 1 BGB. ■■■

Die Einstandspflicht der Beklagten zu 2 ergibt sich aus § 831 Abs. 1 BGB, weil der Beklagte zu 1 in Ausführung der ihm aufgetragenen Verrichtung – des Aushubs des Grabens – den beim Kläger entstandenen Schaden verursacht hat. ■■■. Den Entlastungsbeweis nach § 831 Abs. 1 S. 2 BGB kann die Beklagte nicht führen. ■■■[2]

■■■, den ■■■

■■■

Rechtsanwalt ◀

B. Erläuterungen

[1] **Grundlagen.** § 831 stellt im Gegensatz zu § 278 keine Zurechnungsvorschrift für fremdes Verschulden, sondern eine **selbständige Anspruchsgrundlage** für **eigenes vermutetes Verschulden** des Geschäftsherrn bei der Auswahl von Verrichtungsgehilfen, der Beschaffung von sächlichen Betriebsmitteln oder bei Leitungsaufgaben dar (Hk-BGB/*Staudinger* § 831 Rn 1). Von der gesetzlichen Vermutung werden sowohl das Verschulden des Geschäftsherrn als auch die haftungsbegründende Kausalität zwischen dessen sorgfaltswidrigem Verhalten und dem Schaden erfasst (Hk-BGB/*Staudinger* § 831 Rn 1). § 831 stellt im Hinblick auf die Verletzung bestimmter Verkehrssicherungspflichten (sorgfältige Auswahl und Kontrolle von Gehilfen sowie Beschaffung von Betriebsmitteln) eine § 823 Abs. 1 verdrängende **Spezialregelung** dar, in deren Anwendungsbereich nur Ansprüche wegen der Verletzung allgemeiner Organisationspflichten auch auf § 823 Abs. 1 gestützt werden können (BGHZ 11, 151 [155 f]; Hk-BGB/*Staudinger* § 831 Rn 2). 2

[2] **Haftungsvoraussetzungen.** Der Geschäftsherr haftet nach § 831 Abs. 1 S. 1 für diejenigen Schäden, die der Verrichtungsgehilfe in Ausführung der Verrichtung einem Dritten widerrechtlich zufügt. Dabei ist **Verrichtungsgehilfe** derjenige, der mit Wissen und Wollen des Geschäftsherrn in dessen Interesse weisungsgebunden tätig wird (Hk-BGB/*Staudinger* § 831 Rn 7 mit Hinweisen zum notwendigen Umfang der Weisungsgebundenheit). Die Geschäftsherrenhaftung setzt zudem voraus, dass der Verrichtungsgehilfe einen Dritten widerrechtlich geschädigt (**unerlaubte Handlung des Verrichtungsgehilfen**), also selbst einen der Tatbestände der §§ 823 ff rechtswidrig erfüllt hat (Hk-BGB/*Staudinger* § 831 Rn 8 mwN insbesondere auch zur Frage der Auswirkungen verkehrsgerechten Verhaltens des Verrichtungsgehilfen). Darüber hinaus muss der Verrichtungsgehilfe auch **in Ausführung der Verrichtung** und nicht nur bei Gelegenheit der Verrichtung gehandelt haben. Dies setzt einen inneren Zusammenhang zwischen der dem Verrichtungsgehilfen übertragenen Verrichtung und der schadensträchtigen Handlung voraus (BGHZ 11, 151 [153]; BGH NJW 1971, 31 [32]; Hk-BGB/*Staudinger* § 831 Rn 9 mwN zur Abgrenzung in Ausführung/bei Gelegenheit). 3

Exkulpationsmöglichkeiten. Dem Geschäftsherrn steht es aber frei, sich der Ersatzpflicht durch Führung des Entlastungsbeweises zu entledigen, § 831 Abs. 1 S. 2. Dazu kann er 4

- entweder den Nachweis der ordnungsgemäßen Auswahl, Instruktion, Anleitung und Überwachung des Verrichtungsgehilfen führen (**fehlendes Verschulden**),
- oder nachweisen, dass der Schaden auch bei Einhaltung der an sich gebotenen Sorgfalt eingetreten wäre (**fehlende Ursächlichkeit**).
- Zum Vorgenannten sowie zum dezentralisierten Entlastungsbeweis vgl Hk-BGB/*Staudinger* § 831 Rn 10 ff sowie BeckOK-BGB/*Spindler* § 831 Rn 26 ff jeweils mwN

Darlegungs- und Beweislast. Hinsichtlich der Voraussetzungen des § 831 Abs. 1 S. 1 ist der Geschädigte darlegungs- und beweisbelastet, wohingegen es dem Geschäftsherrn obliegt, den Entlastungsbeweis zu erbringen (Hk-BGB/*Staudinger* § 831 Rn 16). 5

[3] **Gesamtschuldnerschaft.** Geschäftsherr und rechtswidrig sowie schuldhaft handelnder Verrichtungsgehilfe haften nach § 840 Abs. 1 gesamtschuldnerisch (Hk-BGB/*Staudinger* § 831 Rn 6). 6

§ 832 Haftung des Aufsichtspflichtigen

(1) [1]Wer kraft Gesetzes zur Führung der Aufsicht über eine Person verpflichtet ist, die wegen Minderjährigkeit oder wegen ihres geistigen oder körperlichen Zustands der Beaufsichtigung bedarf, ist zum Ersatz des Schadens verpflichtet, den diese Person einem Dritten widerrechtlich zufügt. [2]Die Ersatzpflicht tritt nicht ein, wenn er seiner Aufsichtspflicht genügt oder wenn der Schaden auch bei gehöriger Aufsichtsführung entstanden sein würde.
(2) Die gleiche Verantwortlichkeit trifft denjenigen, welcher die Führung der Aufsicht durch Vertrag übernimmt.

A. Anwaltliche Sicht

I. Inanspruchnahme des Aufsichtspflichtigen

1 **1. Muster: Klage gegen den Aufsichtspflichtigen**

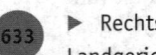

▶ Rechtsanwalt ■■■

Landgericht ■■■

Klage

In Sachen

der ■■■-Versicherungs-AG, ■■■

– Klägerin –

Prozessbevollmächtigter: Rechtsanwalt ■■■

gegen

1. Frau ■■■, ■■■
   – Beklagte zu 1 –
2. Herrn ■■■, ■■■
   – Beklagten zu 2 –[1]

wegen: Schadensersatz[2]

Streitwert: ■■■ EUR

erhebe ich namens und in Vollmacht des Klägers Klage und werde beantragen,

die Beklagten gesamtschuldnerisch[1] zu verurteilen, ■■■ EUR nebst Zinsen in Höhe von 5 Prozentpunkten über dem Basiszinssatz ab Rechtshängigkeit an die Klägerin zu zahlen.[3]

■■■

Begründung

Die Klägerin begehrt von den Beklagten Schadensersatz aus übergegangenem Recht (§ 86 VVG).

Bei der Klägerin ist das im Eigentum des ■■■ (= Versicherungsnehmer) stehende Wohngebäude ■■■-Straße in ■■■ gegen Brandschäden versichert, welches in den Morgenstunden des ■■■ durch einen von der gemeinsamen Wohnung der Beklagten im ■■■ Obergeschoss des Hauses ausgehenden Brand teilweise zerstört wurde. Die Beklagten bewohnen die von ihnen angemietete Wohnung gemeinsam mit ihrem dreijährigen Sohn. Zu dem schadensstiftenden Brand kam es wie folgt: Die Beklagten sind starke Raucher, weshalb üblicherweise in Küche und Wohnzimmer der Beklagten frei zugänglich Zigarettenpackungen, Tabak, Zigarettenblättchen und Streichhölzer liegen. In den Morgenstunden des ■■■ lagen die Beklagten noch im Bett, während ihr Sohn bereits in der Wohnung unbeaufsichtigt spielte. ■■■

Beweis:

1. Einholung eines Sachverständigengutachtens
2. ■■■[4]

Inzwischen hat die Klägerin ihrem Versicherungsnehmer den durch den Brand entstandenen Sachschaden in Höhe von ■■■ EUR ersetzt.

Die Beklagten sind gemäß § 832 Abs. 1 BGB gesamtschuldnerisch zum Ersatz des entstandenen Schadens verpflichtet. Der dreijährige Sohn der Beklagten hat durch sein Handeln eine zumindest tatbestandliche und rechtswidrige unerlaubte Handlung,[5] nämlich eine Brandstiftung begangen. Überdies haben die Beklagten[6] die ihnen obliegende Aufsichtspflicht[7] über ihren Sohn[8] iSd § 832 Abs. 1 BGB verletzt. Inhalt und Umfang der im Einzelfall gebotenen Aufsicht über Minderjährige bestimmen sich nach dem Alter, der Eigenart und dem Charakter des Kindes, wobei sich die Grenze der erforderlichen und zumutbaren Maßnahmen danach richtet, was verständige Eltern nach vernünftigen Anforderungen in der konkreten Situation tun müssen, um Schädigungen Dritter durch ihr Kind zu verhindern (BGH NJW 1980, 1044 [1945]; BGH NJW 1993, 1003). Dabei stellt die Rechtsprechung sowohl bzgl der Belehrung über die Gefahren von Feuer als auch hinsichtlich der Überwachung eines möglichen Umgangs von Kindern mit Zündmitteln strenge Anforderungen an die Aufsicht über Minderjährige (vgl nur BGH, NJW 1993, 1003; BGH, NJW 1996, 1404). Mit zunehmendem Alter eines – normal begabten und entwickelten – Kindes wachsen dessen intellektuelle und psychische Fähigkeiten, seine Möglichkeit zu rationaler Einsicht in die Gefahren offenen Feuers ebenso wie zur Beachtung solcher Einsichten auch im Rahmen des Spiels; andererseits mag – je nach Veranlagung des Kindes – allerdings auch seine Risikobereitschaft zunehmen. Im Rahmen dieses Wachstums- und Reifeprozesses müssen die Eltern Art, Umfang und Maß ihrer Aufsicht wesentlich daran ausrichten, welche Veranlagung und welches Verhalten das Kind in der jeweiligen Altersstufe an den Tag legt und in welchem Umfang die bisherige Erziehung Erfolge gezeitigt hat (BGH NJW 1980, 1044 [1045]; BGH NJW 1993, 1003 [1003 f]).[7] Demnach hätte es den Beklagten im vorliegenden Fall im Rahmen ihrer Aufsichtspflicht oblegen, ■■■ Diesen Anforderungen sind sie nicht gerecht geworden. ■■■

■■■, den ■■■

■■■

Rechtsanwalt ◄

2. Erläuterungen und Varianten

[1] **Gesamtschuldnerschaft.** Mehrere Aufsichtspflichtige haften gesamtschuldnerisch (§§ 832 Abs. 1, 840 Abs. 1, vgl OLG Koblenz NJW 2004, 3047). Bei schuldhaftem Verhalten des Aufsichtsbedürftigen haftet dieser mit dem Aufsichtspflichtigen gesamtschuldnerisch (Hk-BGB/*Staudinger* § 832 Rn 5). 2

[2] **Grundlagen, Anwendungsbereich.** § 832 begründet (als **selbständige Anspruchsgrundlage**) eine Haftung für **vermutetes eigenes Verschulden** bei Wahrnehmung von gesetzlichen (Abs. 1) oder vertraglich übernommenen (Abs. 2) Aufsichtspflichten (Hk-BGB/*Staudinger* § 832 Rn 1; ebenso BeckOK-BGB/*Spindler* § 832 Rn 2 mwN zur Nichterfassung anderer Aufsichtsverhältnisse). Nach dieser Vorschrift haften Aufsichtspflichtige für denjenigen Schaden, den ein Aufsichtsbedürftiger widerrechtlich Dritten zufügt (zur allein **drittbezogenen Schutzrichtung** von § 832 sowie zur Haftung des Aufsichtspflichtigen für Schäden des Aufsichtsbedürftigen vgl BGH NJW 1979, 973; BGH NJW 1996, 53; Hk-BGB/*Staudinger* § 832 Rn 5 mwN). § 832 stellt für die Verletzung bestimmter Verkehrssicherungspflichten (Erfüllung gesetzlicher bzw ver- 3

traglich übernommener Aufsichtspflichten) eine § 823 Abs. 1 verdrängende **Spezialregelung** dar (Hk-BGB/*Staudinger* § 832 Rn 3: „lex specialis"; vgl aber auch BGH NJW 1976, 1145 [1145 f]).

4 Aufsichtsverhältnisse, die **öffentlich-rechtlich** ausgestaltet sind (zB in staatlichen Schulen), unterfallen nicht § 832, sondern werden allein von § 839 iVm Art. 34 GG erfasst (vgl BeckOK-BGB/*Spindler* § 832 Rn 3 sowie Hk-BGB/*Staudinger* § 832 Rn 4 jeweils mwN zur str. Frage der Anwendbarkeit von § 832 Abs. 1 S. 2 auf öffentlich-rechtliche Aufsichtsverhältnisse).

5 [3] **Prozessuales.** Zur Möglichkeit einer Feststellungsklage vgl OLG München FamRZ 1997, 740 ff.

6 [4] **Darlegungs- und Beweislast.** Dem **Geschädigten** obliegt die Darlegungs- und Beweislast für das Vorliegen einer **tatbestandlichen und rechtswidrigen unerlaubten Handlung** des Aufsichtsbedürftigen sowie für das Bestehen der **Aufsichtspflicht** einschließlich der für deren Umfang maßgeblichen Umstände (BGH VersR 1955, 421 [422]; OLG Celle VersR 1979, 476; BeckOK-BGB/*Spindler* § 832 Rn 37). Sodann hat der **Aufsichtspflichtige** im Rahmen seines **Entlastungsbeweises** konkret und umfassend darzulegen und zu beweisen, welche Maßnahmen er zur Erfüllung der Aufsichtspflicht unternommen hat (**keine Aufsichtspflichtverletzung:** BGH NJW-RR 1987, 13 [14]; BGH NJW 1990, 2553 [2554]; BeckOK-BGB/*Spindler* § 832 Rn 38; zu den konkreten Anforderungen an die Darlegung vgl BGH NJW 1984, 2574 [2576]; BGH NJW 1990, 2553 [2554]; BeckOK-BGB/*Spindler* § 832 Rn 38) bzw dass der entstandene Schaden auch bei gehöriger Aufsichtsführung entstanden wäre (**keine Kausalität:** BGH NJW 1985, 677 [679]; BeckOK-BGB/*Spindler* § 832 Rn 38 mit Hinweis darauf, dass der Nachweis der bloßen Möglichkeit, dass Schaden auch bei gehöriger Aufsichtsführung entstanden wäre, insoweit unzureichend ist; ebenso OLG Düsseldorf VersR 1992, 321 [322]).

7 [5] **Tatbestandliche, rechtswidrige unerlaubte Handlung des Aufsichtsbedürftigen.** Voraussetzung der Haftung nach § 832 ist zunächst, dass der Aufsichtsbedürftige (vgl Rn 11) eine zumindest tatbestandliche und rechtswidrige unerlaubte Handlung begeht. Ist im Rahmen des jeweiligen Deliktstatbestandes ausnahmsweise die Erfüllung eines subjektiven Elements erforderlich (bspw § 826), dann muss auch dieses erfüllt sein (Hk-BGB/*Staudinger* § 832 Rn 9).

8 [6] **Aufsichtspflichtige.** Aufsichtspflichtig ist derjenige, der kraft Gesetzes oder aufgrund vertraglicher Übernahme zur Aufsicht über einen Aufsichtsbedürftigen berufen ist.

- Bei **Minderjährigen** obliegt die **gesetzliche Aufsichtspflicht** den Inhabern der Personensorge, also insbesondere den **Eltern** (§§ 1626 ff, 1671 f, 1754 Abs. 3, 1764 Abs. 4; vgl dazu im Einzelnen BeckOK-BGB/*Spindler* § 832 Rn 7 ff sowie Hk-BGB/*Staudinger* § 832 Rn 7 jeweils mwN), aber auch dem **Vormund** (§§ 1793, 1797, 1800) oder **Pfleger** (§§ 1909, 1915, 1793 ff). Für **Volljährige** kann sich eine gesetzliche Aufsichtspflicht des **Betreuers** (§§ 1896 ff) ergeben, wenn die gesamte Personensorge oder speziell die Beaufsichtigung des Betreuten zum gerichtlich bestimmten Aufgabenkreis des Betreuers gehören (LG Bielefeld NJW 1998, 2682 [2682 f]; BeckOK-BGB/*Spindler* § 832 Rn 7; Hk-BGB/*Staudinger* § 832 Rn 7; MüKo-BGB/*Wagner* § 832 Rn 15).
- Haftungsauslösend wirkt im Rahmen von § 832 aber auch die ausdrückliche oder stillschweigende **vertragliche Übernahme der Aufsichtspflicht** über eine aufsichtsbedürftige Person (§ 832 Abs. 2: zu den diesbezüglichen Anforderungen vgl BeckOK-BGB/*Spindler* § 832 Rn 12 ff, Hk-BGB/*Staudinger* § 832 Rn 8 sowie MüKo-BGB/*Wagner* § 832 Rn 18 ff mwN zum Streitstand). Zu den Auswirkungen einer vertraglichen Aufsichtsübertragung auf die originäre gesetzliche Aufsichtspflicht des Übertragenden vgl BGH NJW 1968, 1672 [1673]; OLG Hamm VersR 2001, 386; Hk-BGB/*Staudinger* § 832 Rn 8; BeckOK-BGB/*Spindler* § 832 Rn 17 f.

9 [7] **Aufsichtspflicht.** Inhalt und Umfang der im Einzelfall gebotenen **Aufsicht über Minderjährige** bestimmen sich nach dem Alter, der Eigenart und dem Charakter des Kindes, wobei sich

die Grenze der erforderlichen und zumutbaren Maßnahmen danach richtet, was verständige Eltern nach vernünftigen Anforderungen in der konkreten Situation tun müssen, um Schädigungen Dritter durch ihr Kind zu verhindern (BGH NJW 1980, 1044 [1945]; BGH NJW 1993, 1003; Hk-BGB/*Staudinger* § 832 Rn 11; zur diesbezüglichen **Darlegungs- und Beweislast** vgl Rn 6). In die Überlegungen zur Reichweite der Aufsichtspflicht mit einzubeziehen sind das drohende Gefahrenpotential, das bisherige Verhalten des Aufsichtsbedürftigen sowie die bisherigen Erfolge der elterlichen Erziehung (BGH NJW 1980, 1044 [1045]; BGH NJW 1993, 1003 [1003 f]); BGH NJW 1996, 1404 [1404 f]; BeckOK-BGB/*Spindler* § 832 Rn 15). Ergibt sich aus dem bisherigen auffälligen Verhalten eines Minderjährigen eine erhöhte Aufsichtspflicht, dann kann wie folgt weiter argumentiert werden:

▶ Dabei entspricht es der Rechtsprechung des Bundesgerichtshofes, dass Eltern Minderjähriger, die zu üblen Streichen oder Straftaten neigen, eine erhöhte Aufsichtspflicht trifft (BGH NJW 1980, 1044 [1045]; BGH NJW 1996, 1404). Auch bei älteren Kindern muss die Aufsicht daher umso intensiver sein, je geringer der bisherige Erziehungserfolg ist (OLG Celle NJW 1966, 302; BGH NJW 1980, 1044 [1045]). Ist der zu Beaufsichtigende gar bereits straffällig geworden, so muss sich die Aufsichtspflicht insbesondere darauf erstrecken, was er in seiner Freizeit tut und mit welchen Freunden und Kreisen er verkehrt (BGH NJW 1980, 1044 [1045]). ■■■ ◀

Zu den im Einzelfall an die Aufsichtspflicht zu stellenden Anforderungen vgl die umfassende Darstellung bei BeckOK-BGB/*Spindler* § 832 Rn 19 ff

Bei **Volljährigen** bestimmen sich Inhalt und Umfang der Aufsichtspflicht unter Berücksichtigung der spezifischen körperlichen oder geistigen Beeinträchtigung (BGH NJW 1985, 677 [678]) nach der Wahrscheinlichkeit und Intensität der drohenden Schädigung. Bei der Bestimmung der notwendigen Aufsichtsmaßnahmen zu berücksichtigen sind insbesondere vorhandene Neigungen zu Aggressionen und Anhaltspunkte für die Gefährdung Dritter (vgl OLG Hamm NJW-RR 1994, 863 [864]; OLG Koblenz NJW-RR 1997, 345 [345 f]; NK-BGB/*Katzenmeier* § 832 Rn 17). Andererseits kann es zur Ermöglichung eines würdevollen Lebens des Betroffenen geboten sein, eine möglichst weitgehend eigenverantwortliche Lebensgestaltung und Integration desselben anzustreben und zu diesem Zweck nach Treffen entsprechender therapeutischer Vorkehrungen auch gewisse hinzunehmende Risiken einzugehen (vgl dazu OLG Koblenz NJW-RR 1997, 345; BeckOK-BGB/*Spindler* § 832 Rn 32; zu den faktischen Grenzen einer Überwachung vgl OLG Hamm NJW-RR 1994, 863 [864]). 10

[8] **Aufsichtsbedürftige.** Unabhängig von ihrer tatsächlichen Reife bedürfen **Minderjährige** generell einer Aufsicht (BGH NJW 1976, 1145 [1146]; Hk-BGB/*Staudinger* § 832 Rn 6). Bei **Volljährigen** dagegen ist anhand der Einzelfallumstände zu bestimmen, inwieweit der Betroffene aufgrund seines geistigen oder körperlichen Zustandes der Beaufsichtigung bedarf (Hk-BGB/*Staudinger* § 832 Rn 6). 11

II. Klageerwiderung

1. Muster: Klageerwiderung 12

▶ ■■■ Inhalt und Umfang der im Einzelfall gebotenen Aufsicht über Minderjährige bestimmen sich nach dem Alter, der Eigenart und dem Charakter des Kindes, wobei sich die Grenze der erforderlichen und zumutbaren Maßnahmen danach richtet, was verständige Eltern nach vernünftigen Anforderungen in der konkreten Situation tun müssen, um Schädigungen Dritter durch ihr Kind zu verhindern (BGH NJW 1980, 1044 [1945]; BGH NJW 1993, 1003). ■■■ Danach oblag es den Beklagten vorliegend, das Kind ■■■

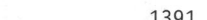

Diesen Anforderungen sind die Beklagten auch gerecht geworden ■■■. Insoweit hat der Kläger zutreffend darauf hingewiesen, dass es im Rahmen des ihnen obliegenden Entlastungsbeweises Sache der beklagten Aufsichtspflichtigen ist, konkret und umfassend darzulegen und zu beweisen, welche

Maßnahmen sie zur Erfüllung der Aufsichtspflicht unternommen haben. Nicht unberücksichtigt bleiben darf in diesem Zusammenhang aber, dass Darlegung und Beweis der innerfamiliär und über einen längeren Zeitraum stattfindenden Erziehungsmaßnahmen regelmäßig mit erheblichen Schwierigkeiten für die Aufsichtspflichtigen verbunden sind (vgl dazu BGH NJW 1984, 2574 [2576]; BGH NJW 1990, 2553 [2554]). Diesem Umstand hat das Gericht im Prozess Rechnung zu tragen. Daher kann es insbesondere gerechtfertigt sein, an die Durchführung einer Parteivernehmung der Eltern keine zu strengen Anforderungen zu stellen und sie schon dann zuzulassen, wenn einiger Beweis dafür erbracht ist, dass die Eltern im Allgemeinen ihrer Aufsichtspflicht nachgekommen sind (BGH NJW 1984, 2574 [2576]; BGH NJW 1990, 2553 [2554]).

Die Beklagten haben das Kind im Allgemeinen dazu angehalten, ...

Beweis: Vernehmung des Zeugen ...

Zu Beginn der Adventszeit ... und damit wenige Tage vor dem streitgegenständlichen Brand haben die beklagten Aufsichtspflichtigen ihren Sohn ... nochmals auf die Gefährlichkeit des Umgangs mit Feuer hingewiesen und ...

Beweis: Parteivernehmung ...[1] ◄

2. Erläuterungen

13 **[1] Grundlagen, Anwendungsbereich.** Vgl Rn 3 ff.

14 **Voraussetzungen.** Zu den Voraussetzungen der Haftung des Aufsichtspflichtigen vgl Rn 7 ff.

15 **Darlegungs- und Beweislast.** Zur Darlegungs- und Beweislast, insbesondere zur Darlegungstiefe und zur Möglichkeit einer Parteivernehmung vgl Rn 6 sowie BGH NJW 1984, 2574 [2576] und BGH NJW 1990, 2553 [2554].

B. Gerichtliche Sicht

I. Verurteilung des Aufsichtspflichtigen

16 **1. Muster: Verurteilung des Aufsichtspflichtigen**

► ... Die Beklagten sind gemäß § 832 Abs. 1 BGB[1] gesamtschuldnerisch zum Ersatz des entstandenen Schadens verpflichtet. Der dreijährige Sohn der Beklagten hat durch sein Handeln eine tatbestandliche und rechtswidrige unerlaubte Handlung,[2] nämlich eine Brandstiftung begangen. Zudem haben die Beklagten[3] die ihnen obliegende Aufsichtspflicht über ihren Sohn[4] iSd § 832 Abs. 1 BGB verletzt. Inhalt und Umfang der im Einzelfall gebotenen Aufsicht über Minderjährige bestimmen sich nach dem Alter, der Eigenart und dem Charakter des Kindes, wobei sich die Grenze der erforderlichen und zumutbaren Maßnahmen danach richtet, was verständige Eltern nach vernünftigen Anforderungen in der konkreten Situation tun müssen, um Schädigungen Dritter durch ihr Kind zu verhindern (BGH NJW 1980, 1044 [1945]; BGH NJW 1993, 1003). Dabei sind sowohl bzgl der Belehrung über die Gefahren von Feuer als auch hinsichtlich der Überwachung eines möglichen Umgangs von Kindern mit Zündmitteln strenge Anforderungen an die Aufsicht über Minderjährige zu stellen (vgl nur BGH NJW 1993, 1003; BGH NJW 1996, 1404). Mit zunehmendem Alter eines – normal begabten und entwickelten – Kindes wachsen dessen intellektuelle und psychische Fähigkeiten, seine Möglichkeit zu rationaler Einsicht in die Gefahren offenen Feuers ebenso wie zur Beachtung solcher Einsichten auch im Rahmen des Spiels; andererseits mag – je nach Veranlagung des Kindes – allerdings auch seine Risikobereitschaft zunehmen. Im Rahmen dieses Wachstums- und Reifeprozesses müssen die Eltern Art, Umfang und Maß ihrer Aufsicht wesentlich daran ausrichten, welche Veranlagung und welches Verhalten das Kind in der jeweiligen Altersstufe an den Tag legt und in welchem Umfang die bisherige Erziehung Erfolge gezeitigt hat (BGH NJW 1980, 1044 [1045]; BGH NJW 1993, 1003 [1003 f]).[5] Demnach hätte es den Beklagten im vorliegenden Fall im Rahmen ihrer Aufsichtspflicht oblegen, ...[5] Diesen Anforderungen sind sie nicht gerecht geworden. ... ◄

2. Erläuterungen

[1] **Grundlagen, Anwendungsbereich.** Vgl Rn 2 ff. 17

[2] **Tatbestandliche, rechtswidrige unerlaubte Handlung des Aufsichtsbedürftigen.** Zur tatbestandlichen, rechtswidrigen unerlaubten Handlung des Aufsichtsbedürftigen vgl Rn 7. 18

[3] **Aufsichtspflichtige.** Zum Kreis der Aufsichtspflichtigen vgl Rn 8. 19

[4] **Aufsichtsbedürftige.** Zur Aufsichtsbedürftigkeit von Minderjährigen und Volljährigen vgl Rn 11. 20

[5] **Aufsichtspflicht.** Zu Inhalt und Umfang der im Einzelfall gebotenen **Aufsicht** vgl Rn 9 f. 21

Darlegungs- und Beweislast. Zur Verteilung der Darlegungs- und Beweislast vgl Rn 6. 22

Gesamtschuldnerschaft. Zur gesamtschuldnerischen Haftung mehrerer Aufsichtspflichtiger bzw von schuldhaft handelndem Aufsichtsbedürftigen und Aufsichtspflichtigem vgl Rn 2. 23

Prozessuales. Zur Möglichkeit einer Feststellungsklage vgl OLG München FamRZ 1997, 740 ff. 24

II. Abweisung der Klage gegen den Aufsichtspflichtigen

1. Muster: Abweisung der Klage gegen den Aufsichtspflichtigen 25

▶ ▪▪▪ Die Beklagte hat die ihr obliegende Aufsichtspflicht über ihren Sohn iSd § 832 Abs. 1 BGB nicht verletzt. Inhalt und Umfang der im Einzelfall gebotenen Aufsicht über Minderjährige bestimmen sich nach dem Alter, der Eigenart und dem Charakter des Kindes, wobei sich die Grenze der erforderlichen und zumutbaren Maßnahmen danach richtet, was verständige Eltern nach vernünftigen Anforderungen in der konkreten Situation tun müssen, um Schädigungen Dritter durch ihr Kind zu verhindern (BGH NJW 1980, 1044 [1945]; BGH NJW 1993, 1003). Dabei sind sowohl bzgl der Belehrung über die Gefahren von Feuer als auch hinsichtlich der Überwachung eines möglichen Umgangs von Kindern mit Zündmitteln strenge Anforderungen an die Aufsicht über Minderjährige zu stellen (vgl nur BGH NJW 1993, 1003; BGH NJW 1996, 1404). Mit zunehmendem Alter eines – normal begabten und entwickelten – Kindes wachsen dessen intellektuelle und psychische Fähigkeiten, seine Möglichkeit zu rationaler Einsicht in die Gefahren offenen Feuers ebenso wie zur Beachtung solcher Einsichten auch im Rahmen des Spiels; andererseits mag – je nach Veranlagung des Kindes – allerdings auch seine Risikobereitschaft zunehmen. Im Rahmen dieses Wachstums- und Reifeprozesses müssen die Eltern Art, Umfang und Maß ihrer Aufsicht wesentlich daran ausrichten, welche Veranlagung und welches Verhalten das Kind in der jeweiligen Altersstufe an den Tag legt und in welchem Umfang die bisherige Erziehung Erfolge gezeitigt hat (BGH NJW 1980, 1044 [1045]; BGH NJW 1993, 1003 [1003 f]). Bei einer normalen Entwicklung ihres Kindes ergibt sich für die Eltern daher die Pflicht, die weiter gebotene Belehrung und Ermahnung hinsichtlich der Risiken im Umfang mit Feuer nunmehr in stärkerem Maße auf einer die intellektuelle Einsichtsfähigkeit des Kindes ansprechenden Ebene fortzuführen. Zum andern dürfen zwar auch Eltern älterer Kinder, die bisher keine Neigung zum „Zündeln" gezeigt haben, diese nicht durch unvorsichtiges Verhalten in Versuchung führen, Zündmittel zu Spielzwecken einzusetzen. Es kann aber von den Eltern nicht mehr im selben Umfang wie bei kleineren Kindern verlangt werden, ihre dem Grundschulalter entwachsenen Kinder in jedem Fall von Streichhölzern, Feuerzeug oder dergleichen fernzuhalten. Je älter ein Kind wird und je weiter es in seiner Entwicklung fortschreitet, desto weniger kann selbst bei voller Berücksichtigung des Schutzinteresses Dritter den Eltern eine aufsichtsführende Begleitung auf Schritt und Tritt zugemutet werden. Insoweit muss auch für den Anwendungsbereich des § 832 BGB die alleinige haftungsrechtliche Verantwortlichkeit des Kindes, die in gleicher Weise versicherbar ist wie das Haftungsrisiko der Eltern, gegenüber einer Mitverantwortung seiner Sorgeberechtigten stärker in den Vordergrund treten. Gemessen daran stellt es keine Aufsichtspflichtverletzung der Mutter dar, dass ▪▪▪[1] ◀

2. Erläuterungen

[1] **Grundlagen, Anwendungsbereich.** Vgl Rn 2 ff.

26 **Voraussetzungen.** Zur tatbestandlichen, rechtswidrigen unerlaubten Handlung des Aufsichtsbedürftigen, zum Kreis der Aufsichtspflichtigen- und bedürftigen sowie zu Inhalt und Umfang der im Einzelfall gebotenen Aufsicht vgl zunächst Rn 7 ff. Zu den Grenzen der Aufsichtspflicht vgl BGH NJW 1993, 1003 [1003 f], BeckOK-BGB/*Spindler* § 832 Rn 20 ff sowie Hk-BGB/*Staudinger* § 832 Rn 11 jeweils mwN

27 **Darlegungs- und Beweislast.** Zur Verteilung der Darlegungs- und Beweislast vgl Rn 9.

§ 833 Haftung des Tierhalters

[1]Wird durch ein Tier ein Mensch getötet oder der Körper oder die Gesundheit eines Menschen verletzt oder eine Sache beschädigt, so ist derjenige, welcher das Tier hält, verpflichtet, dem Verletzten den daraus entstehenden Schaden zu ersetzen. [2]Die Ersatzpflicht tritt nicht ein, wenn der Schaden durch ein Haustier verursacht wird, das dem Beruf, der Erwerbstätigkeit oder dem Unterhalt des Tierhalters zu dienen bestimmt ist, und entweder der Tierhalter bei der Beaufsichtigung des Tieres die im Verkehr erforderliche Sorgfalt beobachtet oder der Schaden auch bei Anwendung dieser Sorgfalt entstanden sein würde.

A. Anwaltliche Sicht

I. Luxustier, § 833 S. 1

1. Ansprüche gegen den Halter eines Luxustiers

1 **a) Muster: Klage gegen den Halter eines Luxustiers**

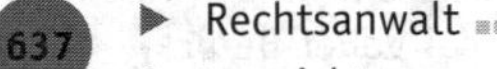

▶ Rechtsanwalt ■■■

Amtsgericht ■■■

Klage

In Sachen

des Herrn ■■■, ■■■

– Klägers –

Prozessbevollmächtigter: Rechtsanwalt ▪▪▪

gegen

Herrn ▪▪▪, ▪▪▪

– Beklagten –

wegen: Schadensersatz[1]

Streitwert: ▪▪▪ EUR

erhebe ich namens und in Vollmacht des Klägers Klage und werde beantragen,

den Beklagten zu verurteilen, ▪▪▪ EUR nebst Zinsen in Höhe von 5 Prozentpunkten über dem Basiszinssatz ab Rechtshängigkeit an den Kläger zu zahlen.

Begründung

Der Kläger begehrt Ersatz des ihm aufgrund eines Zusammenstoßes seines Pkws mit dem Pferd des Beklagten am Pkw entstandenen Sachschadens.

Der Beklagte ist Eigentümer des Pferdes ▪▪▪, welches er zu gelegentlichen Ausritten in der Gegend um ▪▪▪ hält. Untergebracht ist das Pferd in dem vom Beklagten angemieteten Stallgebäude des ehemaligen ▪▪▪-Hofes, der sich etwa ▪▪▪ m von der Bundesstraße ▪▪▪ in der Gemarkung ▪▪▪ befindet. ▪▪▪ Am ▪▪▪ befuhr der Kläger mit seinem Pkw in den frühen Morgenstunden ▪▪▪ gegen ▪▪▪ Uhr die außerorts durch die Gemarkung ▪▪▪ führende Bundesstraße ▪▪▪. Als der Kläger in etwa auf Höhe der ▪▪▪ war, kam es zu einem Zusammenstoß mit dem Pferd ▪▪▪ des Beklagten. Durch die Wucht des Zusammenstoßes wurde der Pkw des Klägers nach ▪▪▪ geschleudert und kam erst ▪▪▪ zum Stehen. Am Pkw entstand ein Schaden in Höhe von ▪▪▪ EUR.

Beweis: ▪▪▪[2]

Der Beklagte ist gemäß § 833 S. 1 BGB zum Ersatz dieses Sachschadens[3] am Pkw des Klägers[4] verpflichtet.

Der Beklagte ist Halter des Pferdes ▪▪▪. Halter und damit Anspruchsgegner eines Anspruchs aus Tierhalterhaftung ist derjenige, der „Unternehmer" des mit der Tierhaltung verbundenen Gefahrenbereichs ist, also derjenige, der die Bestimmungsmacht über das Tier hat und es aus eigenem Interesse auf eigene Kosten nicht nur vorübergehend nutzt (BGH NJW-RR 1988, 655 [656]; Hk-BGB/Staudinger § 833 Rn 6) ▪▪▪[5]

Der unfallbedingte Sachschaden am Pkw wurde auch „durch ein Tier" iSd § 833 BGB verursacht. „Tiere" in diesem Sinne sind alle tierischen Lebewesen im naturwissenschaftlichen Sinne unabhängig davon, ob sie zahm, wild oder gezähmt sind (Hk-BGB/Staudinger § 833 Rn 3) ▪▪▪. „Durch" ein Tier verursacht ist eine Rechtsgutsverletzung dabei nur dann, wenn sich in dieser Verletzung die spezifische Tiergefahr realisiert hat, welche sich ihrerseits in einem der tierischen Natur entsprechenden unberechenbaren und selbständigen Verhalten äußert (BGH NJW 1976, 2130 [2130 f]).[6] Diese Voraussetzungen sind vorliegend erfüllt: ▪▪▪

Der Beklagte haftet für den entstandenen Schaden auch allein. ▪▪▪[7]

▪▪▪, den ▪▪▪

▪▪▪

Rechtsanwalt ◄

b) Erläuterungen

[1] **Grundlagen.** § 833 enthält zwei verschiedene Tatbestände der Tierhalterhaftung. Für die Halter von **Luxustieren** statuiert § 833 S. 1 eine reine **Gefährdungshaftung,** für die es auch nicht auf die **Verschuldensfähigkeit** des Tierhalters (§ 827 f) ankommt (Hk-BGB/*Staudinger* § 833 Rn 1). § 833 S. 2 dagegen enthält für die Halter von **Nutztieren** eine **Haftung für vermutetes Aufsichtsverschulden** (vgl dazu Rn 11), welche die **Verschuldensfähigkeit** des Tierhalters er- 2

fordert (Hk-BGB/*Staudinger* § 833 Rn 1 mit Hinweis auf die ggf in Betracht kommende Haftung nach § 829).

3 [2] **Darlegungs- und Beweislast.** Der **Geschädigte** muss zunächst einmal die **Haltereigenschaft** des Anspruchsgegners sowie das Vorhandensein der **Rechtsgutsverletzung** darlegen und beweisen. Überdies obliegt ihm der Nachweis dafür, dass der Schaden auf einer **spezifischen Tiergefahr** beruht (str., in diesem Sinne BGH NJW 1982, 763 [764]; OLG Köln VersR 2004, 1014 [1015]; BeckOK-BGB/*Spindler* § 833 Rn 40 mwN; Hk-BGB/*Staudinger* § 833 Rn 14; aA MüKo-BGB/*Wagner* § 833 Rn 63 mwN). Dem **Tierhalter** obliegt sodann grds. der Nachweis eines **Mitverschuldens** bzw einer **anzurechnenden Betriebsgefahr** des Geschädigten (vgl Hk-BGB/*Staudinger* § 833 Rn 14 sowie MüKo-BGB/*Wagner* § 833 Rn 63 jeweils mwN; vgl aber auch BGH, NJW 1993, 2611 [2612] zur Beweislast bei Geschädigten, die zugleich Tieraufseher iSv § 834 sind).

4 [3] **Rechtsgutsverletzung.** Voraussetzung einer Haftung des Tierhalters ist zunächst das Vorliegen einer Rechtsgutsverletzung (§ 833 S. 1: Tötung, Körper- oder Gesundheitsverletzung beim Menschen, Sachbeschädigung).

5 [4] **Anspruchsteller.** Inhaber des Ersatzanspruchs gemäß § 833 ist der Inhaber des verletzten Rechtsgutes.

6 [5] **Anspruchsgegner.** Der Anspruch aus Tierhalterhaftung nach § 833 richtet sich gegen den **Tierhalter.** Das ist derjenige, der „Unternehmer" des mit der Tierhaltung verbundenen Gefahrenbereichs ist, also derjenige, der die Bestimmungsmacht über das Tier hat und es aus eigenem Interesse auf eigene Kosten nicht nur vorübergehend nutzt (BGH NJW-RR 1988, 655 [656]; vgl im Einzelnen zur Tierhaltereigenschaft Hk-BGB/*Staudinger* § 833 Rn 6 sowie MüKo-BGB/*Wagner* § 833 Rn 23 ff jeweils mwN).

7 [6] **Rechtsgutsverletzung durch ein Tier.** Die Tierhalterhaftung nach § 833 setzt eine **Rechtsgutsverletzung „durch ein Tier"** voraus. Dabei sind **„Tiere"** in diesem Sinne zunächst einmal alle tierischen Lebewesen im naturwissenschaftlichen Sinne unabhängig davon, ob sie zahm, wild oder gezähmt sind (BeckOK-BGB/*Spindler* § 833 Rn 4; Hk-BGB/*Staudinger* § 833 Rn 3; zu den Auswirkungen einer Rechtsgutsverletzung durch ein **Nutztier** vgl Rn 11 ff). **„Durch"** ein Tier verursacht ist eine Rechtsgutsverletzung dabei nur dann, wenn sich in der **kausal** auf tierisches Verhalten zurückzuführenden Verletzung die **spezifische Tiergefahr** realisiert hat, die sich ihrerseits in einem der tierischen Natur entsprechenden **unberechenbaren** und **selbständigen Verhalten** äußert (BGH NJW 1976, 2130 [2130 f]; BGH NJW-RR 1990, 789 [791]; BeckOK-BGB/*Spindler* § 833 Rn 5 ff; Hk-BGB/*Staudinger* § 833 Rn 4 f). Ist das verletzende Verhalten des Tieres dagegen allein auf die **menschliche Leitung** des Tieres zurückzuführen, dann soll in Ermangelung einer realisierten Tiergefahr die Haftung nach § 833 ausscheiden (BGH NJW 1952, 1329; BGH NJW-RR 1990, 789 [791]; OLG Stuttgart NJW-RR 1994, 93 [94]; ablehnend BeckOK-BGB/*Spindler* § 833 Rn 10 sowie Hk-BGB/*Staudinger* § 833 Rn 4 jeweils mwN).

8 [7] **Umfang der Ersatzpflicht, Gesamtschuld und Mitverschulden.** Der Tierhalter schuldet gemäß § 833 Ersatz des gesamten, durch die Verletzung infolge der Tiergefahr entstandenen **materiellen und immateriellen Schadens** (Hk-BGB/*Staudinger* § 833 Rn 13). **Mehrere Tierhalter** haften nach § 840 Abs. 1 als **Gesamtschuldner.** Tierhalter und **Tieraufseher** (§ 834) haften ggf gesamtschuldnerisch (OLG Hamm NJW-RR 1995, 598 [599]; Hk-BGB/*Staudinger* § 833 Rn 13; MüKo-BGB/*Wagner* § 834 Rn 7). Zur Berücksichtigung des **Mitverschuldens** des Geschädigten vgl Hk-BGB/*Staudinger* § 833 Rn 13 sowie MüKo-BGB/*Wagner* § 833 Rn 59 ff jeweils mwN.

2. Klageerwiderung

a) Muster: Klageerwiderung des Halters eines Luxustiers 9

▶ Der Kläger hat die Voraussetzungen eines Anspruchs aus Tierhalterhaftung nicht ausreichend dargelegt und unter Beweis gestellt.

Dies betrifft zunächst die Haltereigenschaft des Beklagten. Halter und damit Anspruchsgegner eines Anspruchs aus Tierhalterhaftung ist nur derjenige, der „Unternehmer" des mit der Tierhaltung verbundenen Gefahrenbereichs ist, also derjenige, der die Bestimmungsmacht über das Tier hat und es aus eigenem Interesse auf eigene Kosten nicht nur vorübergehend nutzt (BGH NJW-RR 1988, 655 [656]; Hk-BGB/Staudinger § 833 Rn 6). Diese Voraussetzungen sind vorliegend nicht erfüllt.

Nicht ausreichend dargelegt und unter Beweis gestellt hat der Kläger aber auch, dass der entstandene Schaden auf einer spezifischen Tiergefahr beruht. Der Anspruch aus § 833 BGB setzt insbesondere voraus, dass der streitgegenständliche Schaden „durch ein Tier" verursacht worden ist, dass also die Rechtsgutsverletzung durch ein der tierischen Natur entsprechendes, willkürliches Verhalten des Tieres verursacht worden ist, in dem sich die in der Unberechenbarkeit des Verhaltens eines Tieres hervorgerufene Gefährdung von Leben, Gesundheit und Eigentum Dritter ausgewirkt hat (BGH NJW 1976, 2130 [2130 f]. Die diesbezügliche Darlegungs- und Beweislast obliegt dabei dem klagenden Verletzten (BGH NJW 1982, 763 [764]; OLG Düsseldorf VersR 1981, 82 [83]; OLG Köln VersR 2004, 1014 [1015]; BeckOK-BGB/Spindler § 833 Rn 40; Hk-BGB/Staudinger § 833 Rn 14). Diesen Anforderungen genügen der bisherige Vortrag des Klägers sowie seine Beweisantritte nicht. [1] ◀

b) Erläuterungen

[1] Grundlagen, Voraussetzungen sowie Darlegungs- und Beweislast. Zu den Grundlagen, den Anspruchsvoraussetzungen sowie zur teilweise umstrittenen Darlegungs- und Beweislast vgl zunächst Rn 2 ff. Zu Fallgestaltungen, in denen der Nachweis der Verwirklichung der Tiergefahr nicht erbracht wurde, vgl OLG Düsseldorf VersR 1981, 82 [83] sowie OLG Koblenz NJW-RR 1998, 1482 [1483]. 10

II. Anspruch gegen den Halter eines Nutztiers, § 833 S. 2

1. Muster: Klage gegen den Halter eines Nutztiers

Allgemeines. Auch die Haftung des **Halters eines Nutztiers** nach § 833 S. 2 (vgl dazu Hk-BGB/*Staudinger* § 833 Rn 9 f sowie BeckOK-BGB/*Spindler* § 833 Rn 25 ff) setzt wie § 833 S. 1 eine durch das Nutztier verursachte Rechtsgutsverletzung voraus (Hk-BGB/*Staudinger* § 833 Rn 8; zur Relevanz der Verschuldensfähigkeit vgl Rn 2; zum Entlastungsbeweis vgl Rn 14). Für die Klageschrift bei Klage gegen den Halter eines Nutztiers kann daher grds. auf Rn 1 verwiesen werden. Ggf können vorsorglich auch die vom Beklagten zu beweisende Nutztiereigenschaft sowie die Voraussetzungen des Entlastungsbeweises (vgl dazu Rn 14) bestritten werden. 11

2. Klageerwiderung

a) Muster: Klageerwiderung des Halters eines Nutztiers mit Entlastungsbeweis 12

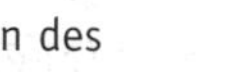

▶ Der Kläger hat die Voraussetzungen eines Anspruchs aus Tierhalterhaftung nicht ausreichend dargelegt und unter Beweis gestellt.

Dies betrifft zunächst die Haltereigenschaft des Beklagten. [1]

Die Haftung des Beklagten ist aber auch gemäß § 833 S. 2 BGB ausgeschlossen. Zu Gunsten des Beklagten als Halter eines Nutztieres greift der dort vorgesehene Entlastungsbeweis ein. Die Ersatzpflicht des Tierhalters tritt nach § 833 S. 2 BGB dann nicht ein, wenn der Schaden durch ein Haustier verursacht wird, dass dem Beruf, der Erwerbstätigkeit oder dem Unterhalt des Tierhalters zu dienen bestimmt ist (Nutztier), und entweder der Tierhalter bei der Beaufsichtigung des Tieres die im Verkehr erforderliche Sorgfalt beobachtet oder der Schaden auch bei Anwendung dieser Sorgfalt eingetreten wäre. Diese Voraussetzungen sind vorliegend erfüllt. Das schadensträchtige Tier …. Zudem hat der Beklagte bei der Beaufsichtigung des Tieres auch die im Verkehr erforderliche Sorgfalt eingehalten. Art und Umfang der im Einzelfall erforderlichen Beaufsichtigung richten sich nach dem Ausmaß der Gefahr, die aufgrund der Gattung und der Eigenschaften des Tieres sowie der Art seiner Verwendung von diesem ausgeht (BGH NJW 1986, 2501 [2502]; BGH NJW-RR 2005, 1183). Die danach an die Beaufsichtigung des Pferdes … zu stellenden Anforderungen hat der Beklagte erfüllt. …[2] ◄

b) Erläuterungen

13 [1] **Grundlagen, Voraussetzungen sowie Darlegungs- und Beweislast.** Zu den Grundlagen, den Anspruchsvoraussetzungen sowie zur teilweise umstrittenen Darlegungs- und Beweislast vgl zunächst Rn 2 ff, 14. Insoweit kann auf die Klageerwiderung bei Rn 9 zurückgegriffen werden.

14 [2] **Möglichkeit des Entlastungsbeweises bei Nutztieren.** Die Ersatzpflicht des Tierhalters greift nach § 833 S. 2 dann nicht ein, wenn der Schaden durch ein Haustier verursacht wird, dass dem Beruf, der Erwerbstätigkeit oder dem Unterhalt des Tierhalters zu dienen bestimmt ist (**Nutztier**, vgl Hk-BGB/*Staudinger* § 833 Rn 9 f), **und** *entweder* der Tierhalter bei der Beaufsichtigung des Tieres die im Verkehr erforderliche Sorgfalt beobachtet (**kein Verschulden**, vgl BGH NJW 1986, 2501 [2502]; BGH NJW-RR 2005, 1183; BeckOK-BGB/*Spindler* § 833 Rn 30 ff) *oder* der Schaden auch bei Anwendung dieser Sorgfalt eingetreten wäre (**keine Kausalität**, vgl MüKo-BGB/*Wagner* § 833 Rn 64). Darlegung und Beweis dieser Umstände (=**Entlastungsbeweis**) obliegen dabei dem beklagten Tierhalter (Hk-BGB/*Staudinger* § 833 Rn 12, 15).

B. Gerichtliche Sicht

15 **I. Muster: Verurteilung des Tierhalters**

► …[1] Gemäß § 833 S. 1 BGB ist der Beklagte zum Ersatz des Sachschadens[2] am Pkw des Klägers[3] verpflichtet.

Der Beklagte ist Halter des Pferdes …. Halter und damit Anspruchsgegner eines Anspruchs aus Tierhalterhaftung ist derjenige, der „Unternehmer" des mit der Tierhaltung verbundenen Gefahrenbereichs ist, also derjenige, der die Bestimmungsmacht über das Tier hat und es aus eigenem Interesse auf eigene Kosten nicht nur vorübergehend nutzt (BGH NJW-RR 1988, 655 [656]; Hk-BGB/Staudinger § 833 Rn 6). …[4]

Der unfallbedingte Sachschaden am Pkw wurde auch „durch ein Tier" iSd § 833 BGB verursacht. „Tiere" in diesem Sinne sind alle tierischen Lebewesen im naturwissenschaftlichen Sinne unabhängig davon, ob sie zahm, wild oder gezähmt sind (Hk-BGB/Staudinger § 833 Rn 3). … „Durch" ein Tier verursacht ist eine Rechtsgutsverletzung dabei nur dann, wenn sich in dieser Verletzung die spezifische Tiergefahr realisiert hat, welche sich ihrerseits in einem der tierischen Natur entsprechenden unberechenbaren und selbständigen Verhalten äußert (BGH NJW 1976, 2130 [2130 f].[5] Diese Voraussetzungen sind vorliegend erfüllt: …

Der Beklagte haftet für den entstandenen Schaden auch allein. …[6] ◄

II. Erläuterungen

16 [1] **Grundlagen.** Zu den Grundlagen der Tierhalterhaftung nach § 833 vgl Rn 2.

17 [2] **Rechtsgutsverletzung.** Zur Rechtsgutsverletzung vgl Rn 4.

18 [3] **Anspruchsteller.** Inhaber des Ersatzanspruchs gemäß § 833 ist der Inhaber des verletzten Rechtsgutes.

19 [4] **Anspruchsgegner.** Zum Begriff des Tierhalters vgl Rn 6.

[5] Rechtsgutsverletzung durch ein Tier. Zur Notwendigkeit der Realisierung der spezifischen Tiergefahr sowie zu den insoweit zu stellenden Anforderungen vgl Rn 7. 20

[6] Umfang der Ersatzpflicht, Gesamtschuld und Mitverschulden. Vgl Rn 8. 21

Darlegungs- und Beweislast. Zur Darlegungs- und Beweislast vgl Rn 3, 14. 22

§ 834 Haftung des Tieraufsehers

[1]Wer für denjenigen, welcher ein Tier hält, die Führung der Aufsicht über das Tier durch Vertrag übernimmt, ist für den Schaden verantwortlich, den das Tier einem Dritten in der im § 833 bezeichneten Weise zufügt. [2]Die Verantwortlichkeit tritt nicht ein, wenn er bei der Führung der Aufsicht die im Verkehr erforderliche Sorgfalt beobachtet oder wenn der Schaden auch bei Anwendung dieser Sorgfalt entstanden sein würde.

§ 835 (weggefallen)

§ 836 Haftung des Grundstücksbesitzers

(1) [1]Wird durch den Einsturz eines Gebäudes oder eines anderen mit einem Grundstück verbundenen Werkes oder durch die Ablösung von Teilen des Gebäudes oder des Werkes ein Mensch getötet, der Körper oder die Gesundheit eines Menschen verletzt oder eine Sache beschädigt, so ist der Besitzer des Grundstücks, sofern der Einsturz oder die Ablösung die Folge fehlerhafter Errichtung oder mangelhafter Unterhaltung ist, verpflichtet, dem Verletzten den daraus entstehenden Schaden zu ersetzen. [2]Die Ersatzpflicht tritt nicht ein, wenn der Besitzer zum Zwecke der Abwendung der Gefahr die im Verkehr erforderliche Sorgfalt beobachtet hat.
(2) Ein früherer Besitzer des Grundstücks ist für den Schaden verantwortlich, wenn der Einsturz oder die Ablösung innerhalb eines Jahres nach der Beendigung seines Besitzes eintritt, es sei denn, dass er während seines Besitzes die im Verkehr erforderliche Sorgfalt beobachtet hat oder ein späterer Besitzer durch Beobachtung dieser Sorgfalt die Gefahr hätte abwenden können.
[3] Besitzer im Sinne dieser Vorschriften ist der Eigenbesitzer.

Schrifttum: *Horst,* Ausgewählte Fragen zum Schadensersatz wegen des Grundstückszustands, MDR 1998, 570 ff; *Hugger/Stallwanger,* Dachlawinen – Verkehrssicherungspflicht und Haftung, DAR 2005, 665 ff; *Petershagen,* Die Gebäudehaftung, 2000.

A. Anwaltliche Sicht

I. Anspruch gegen den Grundstücksbesitzer

1. Muster: Klage auf Schadenersatz gegen den Grundstücksbesitzer 1

641

▶ Rechtsanwalt ■■■

Amtsgericht ■■■

Klage

In Sachen

des Herrn ■■■, ■■■

– Klägers –

Prozessbevollmächtigter: Rechtsanwalt ■■■

gegen

Herrn ■■■, ■■■

– Beklagten –

wegen: Schadensersatz[1]

Streitwert: ■■■ EUR

erhebe ich namens und in Vollmacht des Klägers Klage und werde beantragen,

den Beklagten zu verurteilen, ■■■ EUR nebst Zinsen in Höhe von 5 Prozentpunkten über dem Basiszinssatz ab Rechtshängigkeit an den Kläger zu zahlen.

Begründung

Der Kläger begehrt Ersatz des durch die Beschädigung seines Fahrzeugs entstandenen Sachschadens. Am ■■■ hat der Kläger den in seinem Eigentum stehenden Pkw ■■■ ordnungsgemäß am rechten Fahrbahnrand der ■■■-Straße in ■■■ abgestellt.[2] Er parkte direkt vor dem im Eigentum des Beklagten stehenden und von ihm bewohnten Grundstücks ■■■-Straße Nr. ■■■.[3]

In der Nacht vom ■■■ auf den ■■■ herrschte Sturm, wobei der Wind in der Spitze nur eine in ■■■ nicht völlig unübliche Stärke von maximal ■■■ erreichte.

Beweis: Auskunft des deutschen Wetterdienstes für den ■■■[4]

Sturmbedingt lösten sich vom Dach des Gebäudes des Beklagten zwei Dachziegel.[5] Während ein Ziegel direkt neben dem klägerischen Pkw zerschellte, traf der andere Ziegel den Pkw selbst[6] und verursachte einen Schaden in Höhe von ■■■ EUR. ■■■

Beweis: ■■■

Die Haftung des Beklagten für diesen Schaden ergibt sich aus § 836 BGB. Nach dieser Vorschrift haftet der Eigenbesitzer eines Grundstücks für den Schaden, der durch den Einsturz eines Gebäudes oder eines anderen mit dem Grundstück verbundenen Werkes oder durch die Ablösung von Teilen von selbigen entsteht, sofern der Einsturz bzw die Ablösung Folge der fehlerhaften Errichtung oder Unterhaltung ist. Diese Voraussetzungen sind vorliegend gegeben. Die schadensursächlichen Dachziegel sind Teile eines Gebäudes iSv § 836 Abs. 1 BGB. Dafür, dass die Ablösung dieser Ziegel Folge der mangelhaften Bauwerksunterhaltung war, spricht bereits der Beweis des ersten Anscheins. Ein Gebäude muss mit seinen sämtlichen Einrichtungen der Witterung standhalten, weshalb nach der Lebenserfahrung die Loslösung von Gebäudeteilen infolge von Witterungseinwirkung grds. beweist, dass das Gebäude entweder fehlerhaft errichtet oder doch mangelhaft unterhalten war. Das gilt nur dann nicht, wenn ein außergewöhnliches Naturereignis vorliegt, dem auch ein fehlerfrei errichtetes oder mit der erforderlichen Sorgfalt unterhaltenes Werk nicht standzuhalten vermag (BGH NJW 1972, 724 [725]; BGH NJW 1993, 1782 [1783]). Angesichts der nicht völlig außergewöhnlichen Wetterverhältnisse am ■■■ spricht allein die Ablösung der Ziegel daher für die mangelhafte Bauwerksunterhaltung. ■■■

■■■, den ■■■

■■■

Rechtsanwalt ◄

2. Erläuterungen und Varianten

2 [1] **Grundlagen, Anwendungsbereich.** § 836 statuiert keine Gefährdungshaftung für den Grundstücks- bzw Gebäudezustand, sondern stellt eine **Sonderreglung für schuldhafte Verkehrssicherungspflichtverletzungen** dar (BGH NJW 1971, 607 [609]; Hk-BGB/*Staudinger* § 836 Rn 1; Jauernig/*Teichmann* § 836 Rn 1). Die Vorschrift enthält eine **uneingeschränkte Verschuldensvermutung** sowie eine auf den Ursachenzusammenhang zwischen schuldhafter

Pflichtverletzung und Einsturz bzw Ablösen von Gebäude- bzw Werkteilen **beschränkte Kausalitätsvermutung.** Von der Vermutung des § 836 nicht umfasst ist dagegen der Ursachenzusammenhang zwischen Einsturz und Ablösen von Gebäude- bzw Werkteilen und entstandenem Schaden (BGH NJW-RR 1988, 853 [854], BGH NJW 1993, 1782 [1783]; Hk-BGB/*Staudinger* § 836 Rn 1; BeckOK-BGB/*Spindler* § 836 Rn 1).

Dabei erfasst § 836 **privatrechtlich** errichtete und unterhaltene Gebäude bzw Werke. Bei Verletzung **öffentlich-rechtlicher grundstücksbezogener Verkehrssicherungspflichten** verdrängt § 839 die Regelung des § 836, die dort geregelte Verschuldensvermutung findet aber auch im Rahmen der Amtshaftung entsprechende Anwendung (BGH NJW-RR 1990, 1500 [1501]; OLG Köln NJW-RR 1991, 33 [33 f]; BeckOK-BGB/*Spindler* § 836 Rn 4). 3

[2] **Anspruchsberechtigter.** Anspruchsberechtigt ist grds. der Inhaber des betroffenen Rechtsgutes (BeckOK-BGB/*Spindler* § 836 Rn 17; Hk-BGB/*Staudinger* § 836 Rn 11). Nicht in den Schutzbereich des § 836 fallen dagegen Personen wie Abbruchunternehmer oder deren Verrichtungsgehilfen, die durch ihre Arbeiten zum Einsturz bzw zur Ablösung von Bauwerksteilen beitragen (BGH NJW 1979, 309 [309 f]; BeckOK-BGB/*Spindler* § 836 Rn 17; Hk-BGB/*Staudinger* § 836 Rn 11). 4

[3] **Ersatzpflichtiger.** § 836 begründet eine Ersatzpflicht des gegenwärtigen (§ 836 Abs. 1, 3) und früheren (§ 836 Abs. 2, 3) (unmittelbaren oder mittelbaren) **Eigenbesitzers.** Mehrere Eigenbesitzer haften als Gesamtschuldner (vgl zum Ganzen BeckOK-BGB/*Spindler* § 836 Rn 18 f sowie Hk-BGB/*Staudinger* § 836 Rn 12 jeweils mwN). Zur Haftung des Gebäudebesitzers bzw des Gebäudeunterhaltungspflichtigen vgl § 837 f sowie Hk-BGB/*Staudinger* § 837 Rn 1 ff, § 838. 5

[4] **Fehlerhafte Errichtung/mangelhafter Unterhalt, Kausalität.** Der Einsturz eines Gebäudes oder eines anderen mit dem Grundstück verbundenen Werkes oder die Ablösung von Teilen des Gebäudes oder des Werkes muss auf der fehlerhaften Errichtung oder dem mangelhaften Erhalt beruhen (**Kausalzusammenhang zwischen fehlerhafter Errichtung/mangelhaftem Unterhalt und Ablösung/Einsturz**). 6

[5] **Einsturz /Ablösung von Teilen.** Voraussetzung einer Haftung nach § 836 ist der Einsturz eines Gebäudes oder eines anderen mit dem Grundstück verbundenen Werkes oder die Ablösung von Teilen des Gebäudes oder des Werkes. Zum Verständnis der Begrifflichkeiten vgl im Einzelnen BeckOK-BGB/*Spindler* § 836 Rn 5 ff sowie Hk-BGB/*Staudinger* § 836 Rn 4 ff. 7

[6] **Rechtsgutsverletzung, Kausalität.** Durch den Einsturz oder die Ablösung von Teilen muss es zur Tötung eines Menschen, zur Körper- bzw Gesundheitsverletzung oder zu einer Sachbeschädigung gekommen sein (**Kausalzusammenhang zwischen Einsturz/Ablösung und Rechtsgutsverletzung**). Für diesen haftungsauslösenden Ursachenzusammenhang genügt eine (ggf auch nur mittelbare) **adäquat-kausale Verursachung** der Rechtsgutsverletzung, soweit selbige nur durch die **typischen Gefahren** eines Einsturzes bzw einer Teilablösung verursacht wurde (BGH NJW 1961, 1670 [1671]). Zu den str. Einzelheiten des Ursachenzusammenhangs vgl BeckOK-BGB/*Spindler* § 836 Rn 14 ff, Hk-BGB/*Staudinger* § 836 Rn 9 sowie MüKo-BGB/*Wagner* § 836 Rn 17 f jeweils mwN. Zur Nichterstreckung der Vermutungswirkung auf diesen Ursachenzusammenhang sowie zur daraus folgenden diesbezüglichen Darlegungs- und Beweislast vgl Rn 2, 11. 8

Ein Bauwerk ist dabei dann **fehlerhaft errichtet oder mangelhaft unterhalten,** wenn es nicht denjenigen sicherheitsbezogenen Anforderungen entspricht, die nach den Regeln der Baukunst unter Berücksichtigung der voraussehbaren menschlichen und klimatischen Einflüsse an seine Widerstandsfähigkeit und Festigkeit zu stellen sind (BeckOK-BGB/*Spindler* § 836 Rn 11, Hk-BGB/*Staudinger* § 836 Rn 10). Da Gebäude mit ihren sämtlichen Einrichtungen der Witterung standhalten müssen, beweist die Loslösung einzelner Gebäudeteile vom Gebäude infolge Witterungseinwirkung grds. eine fehlerhafte Errichtung oder mangelhafte Unterhaltung des Bau- 9 werkes (**Beweis des ersten Anscheins**). Das gilt nur dann nicht, wenn ein außergewöhnliches Naturereignis vorliegt, dem auch ein fehlerfrei errichtetes oder mit der erforderlichen Sorgfalt unterhaltenes Werk nicht standzuhalten vermag (BGH NJW 1972, 724 [725]; BGH NJW 1993, 1782 [1783]; MüKo-BGB/*Wagner* § 836 Rn 14 f; zu den Anforderungen an die Darlegung eines solchen außergewöhnlichen Naturereignisses vgl OLG Frankfurt/Main NJW-RR 1992, 164). Im Übrigen ist die fehlerhafte Errichtung oder der fehlerhafte Erhalt vorzutragen:

▶ Bereits einige Wochen vor dem hier maßgeblichen schädigenden Ereignis mussten auf dem Dach des Beklagten infolge eines leichten Sommergewitters einige Dachziegel entfernt bzw ausgetauscht werden.

Beweis: Zeugnis des ...

Dies hat der Beklagte aber nicht zum Anlass genommen, die Haltbarkeit des Jahrzehnte alten Daches im Ganzen überprüfen zu lassen. ... ◀

10 Auf der fehlerhaften Errichtung oder dem mangelhaften Unterhalt muss der Einsturz bzw die Ablösung von Teilen beruhen (**Kausalität**). Zur Erstreckung der gesetzlichen Vermutungswirkung auf diesen Ursachenzusammenhang sowie zur daraus folgenden diesbezüglichen Darlegungs- und Beweislast vgl Rn 2, 11.

11 **Darlegungs- und Beweislast.** Die Darlegungs- und Beweislast für die **Passivlegitimation** des Anspruchsgegners (gegenwärtigen oder früheren Eigenbesitz), die **fehlerhafte Errichtung bzw den mangelhaften Unterhalt** des Bauwerks, für den **Einsturz bzw die Ablösung** von Bauwerksteilen, für die **Rechtsgutsverletzung** sowie für den **Ursachenzusammenhang** zwischen Einsturz bzw Ablösung und Rechtsgutsverletzung obliegt zunächst dem **Geschädigten** (BGH NJW 1999, 2593 [2594]; OLG Rostock NJW-RR 2004, 825 [826]; BeckOK-BGB/*Spindler* § 836 Rn 20, Hk-BGB/*Staudinger* § 836 Rn 16 mwN; zum Anscheinsbeweis bzgl der fehlerhaften Errichtung bzw des mangelhaften Unterhalts vgl Rn 9). Sodann ist es nach § 836 Abs. 1 S. 2 am **Eigenbesitzer**, im Rahmen seines Entlastungsbeweises den Nachweis dafür zu erbringen, dass er alle geeigneten und aus technischer Sicht gebotenen **zumutbaren Maßnahmen ergriffen** hat, um die Gefahr eines Einsturzes oder einer Ablösung von Bauwerksteilen rechtzeitig zu erkennen und ihr zu begegnen (BGH NJW 1993, 1782 [1783 mit Hinweisen zu den Anforderungen an die Darlegungstiefe]; BGH NJW 1999, 2593 [2594]; BeckOK-BGB/*Spindler* § 836 Rn 21; Hk-BGB/*Staudinger* § 836 Rn 13), bzw dass der **Schaden auch bei Einhaltung der erforderlichen Sorgfalt entstanden** wäre (BGH LM Nr. 4 zu § 836 BGB; BeckOK-BGB/*Spindler* § 836 Rn 21; Hk-BGB/*Staudinger* § 836 Rn 13).

II. Klageerwiderung

12 1. Muster: Klageerwiderung des Grundstücksbesitzers bei Klage auf Schadenersatz

▶ ... Eine Haftung des Beklagten für den Schaden des Klägers ergibt sich insbesondere nicht aus § 836 BGB. Nach dieser Vorschrift haftet der Eigenbesitzer eines Grundstücks für den Schaden, der durch den Einsturz eines Gebäudes oder eines anderen mit dem Grundstück verbundenen Werkes oder durch die Ablösung von Teilen von selbigen entsteht, sofern der Einsturz bzw die Ablösung Folge der fehlerhaften Errichtung oder Unterhaltung ist. Diese Voraussetzungen sind vorliegend aber nicht gegeben. Der Kläger hat nicht dargetan, inwieweit die Ablösung der Dachziegel Folge der mangelhaften Dachunterhaltung durch den Beklagten gewesen sein soll. Zu seinen Gunsten greift auch nicht der vom Kläger in Bezug genommene Anscheinsbeweis ein, wonach die Loslösung einzelner Gebäudeteile vom Gebäude infolge Witterungseinwirkung grds. eine fehlerhafte Errichtung oder mangelhafte Unterhaltung des Bauwerkes beweist. Das gilt nämlich dann nicht, wenn ein außergewöhnliches Naturereignis vorliegt, dem auch ein fehlerfrei errichtetes oder mit der erforderlichen Sorgfalt unterhaltenes Werk nicht standzuhalten vermag (BGH NJW 1972, 724 [725]; BGH NJW 1993, 1782 [1783]; MüKo-BGB/Wagner § 836 Rn 14 f). Derart außergewöhnliche Witterungsverhältnisses herrschten am … und haben zu dem verfahrensgegenständlichen Schaden des Klägers geführt. …[1] ◀

2. Erläuterungen

[1] Grundlagen, Anspruchsvoraussetzungen sowie Darlegungs- und Beweislast. Vgl zunächst 13
Rn 2 ff. Zur Behandlung von Fällen außergewöhnlicher Witterungsverhältnisse vgl OLG Zweibrücken NJW-RR 2002, 749 sowie LG Karlsruhe NJW-RR 2002, 1541.

B. Gerichtliche Sicht

I. Muster: Verurteilung des Grundstücksbesitzers auf Zahlung von Schadenersatz 14

▶ … Die Haftung des Beklagten für den beim Kläger entstandenen Schaden ergibt sich aus § 836 643
BGB. Nach dieser Vorschrift haftet der Eigenbesitzer eines Grundstücks für den Schaden, der durch den Einsturz eines Gebäudes oder eines anderen mit dem Grundstück verbundenen Werkes oder durch die Ablösung von Teilen von selbigen entsteht, sofern der Einsturz bzw die Ablösung Folge der fehlerhaften Errichtung oder Unterhaltung ist. Diese Voraussetzungen sind vorliegend gegeben. Die schadensursächlichen Dachziegel vom Hause des Beklagten sind Teile eines Gebäudes iSv § 836 Abs. 1 BGB. Dafür, dass die Ablösung dieser Ziegel Folge der mangelhaften Bauwerksunterhaltung war, spricht bereits der Beweis des ersten Anscheins. Ein Gebäude muss mit seinen sämtlichen Einrichtungen der Witterung standhalten, weshalb nach der Lebenserfahrung die Loslösung von Gebäudeteilen infolge von Witterungseinwirkung grds. beweist, dass das Gebäude entweder fehlerhaft errichtet oder doch mangelhaft unterhalten war. Das gilt nur dann nicht, wenn ein außergewöhnliches Naturereignis vorliegt, dem auch ein fehlerfrei errichtetes oder mit der erforderlichen Sorgfalt unterhaltenes Werk nicht standzuhalten vermag (BGH NJW 1972, 724 [725]; BGH NJW 1993, 1782 [1783]). Nach dem Bericht des deutschen Wetterdienstes herrschte am … im Bereich von … zwar Sturm mit Windböen bis … Beaufort. Derartige Wetterverhältnisse sind aber nach Auskunft des Wetterdienstes keine für die Region … völlig außergewöhnlichen Wetterverhältnisse, weshalb bereits die Ablösung der Ziegel für eine mangelhafte Bauwerksunterhaltung spricht. … Der Beklagte hat zudem den ihm obliegenden Entlastungsbeweis nicht erbracht. …[1] ◀

II. Erläuterungen

[1] Grundlagen, Anspruchsvoraussetzungen sowie Darlegungs- und Beweislast. Zu den Grund- 15
lagen, Anspruchsvoraussetzungen sowie zur Darlegungs- und Beweislast vgl Rn 2 ff.

§ 837 Haftung des Gebäudebesitzers

Besitzt jemand auf einem fremden Grundstück in Ausübung eines Rechts ein Gebäude oder ein anderes Werk, so trifft ihn anstelle des Besitzers des Grundstücks die im § 836 bestimmte Verantwortlichkeit.

§ 838 Haftung des Gebäudeunterhaltungspflichtigen

Wer die Unterhaltung eines Gebäudes oder eines mit einem Grundstück verbundenen Werkes für den Besitzer übernimmt oder das Gebäude oder das Werk vermöge eines ihm zustehenden Nutzungsrechts zu unterhalten hat, ist für den durch den Einsturz oder die Ablösung von Teilen verursachten Schaden in gleicher Weise verantwortlich wie der Besitzer.

§ 839 Haftung bei Amtspflichtverletzung

(1) [1]Verletzt ein Beamter vorsätzlich oder fahrlässig die ihm einem Dritten gegenüber obliegende Amtspflicht, so hat er dem Dritten den daraus entstehenden Schaden zu ersetzen. [2]Fällt dem Beamten nur Fahrlässigkeit zur Last, so kann er nur dann in Anspruch genommen werden, wenn der Verletzte nicht auf andere Weise Ersatz zu erlangen vermag.

(2) [1]Verletzt ein Beamter bei dem Urteil in einer Rechtssache seine Amtspflicht, so ist er für den daraus entstehenden Schaden nur dann verantwortlich, wenn die Pflichtverletzung in einer Straftat besteht. [2]Auf eine pflichtwidrige Verweigerung oder Verzögerung der Ausübung des Amts findet diese Vorschrift keine Anwendung.
[3] Die Ersatzpflicht tritt nicht ein, wenn der Verletzte vorsätzlich oder fahrlässig unterlassen hat, den Schaden durch Gebrauch eines Rechtsmittels abzuwenden.

Art. 34 GG Haftung bei Amtspflichtverletzung

[1]Verletzt jemand in Ausübung eines ihm anvertrauten öffentlichen Amtes die ihm einem Dritten gegenüber obliegende Amtspflicht, so trifft die Verantwortlichkeit grundsätzlich den Staat oder die Körperschaft, in deren Dienst er steht. [2]Bei Vorsatz oder grober Fahrlässigkeit bleibt der Rückgriff vorbehalten. [3]Für den Anspruch auf Schadensersatz und für den Rückgriff darf der ordentliche Rechtsweg nicht ausgeschlossen werden.

Schrifttum: *Detterbeck/Windthorst/Sproll,* Staatshaftungsrecht, 2000; *Ossenbühl,* Staatshaftungsrecht, 5. Auflage 1998.

A. Anwaltliche Sicht

1 I. Muster: Amtshaftungsklage

▶ Rechtsanwalt ■■■[1]

Landgericht ■■■[2]

In Sachen

des Herrn ■■■, ■■■

– Klägers –

Prozessbevollmächtigter: Rechtsanwalt ■■■

gegen

■■■, ■■■

– Beklagte –[3]

wegen: Schadensersatz

Streitwert: ■■■ EUR

erhebe ich namens und in Vollmacht des Klägers Klage und werde beantragen,

die Beklagte zu verurteilen, ■■■ EUR nebst Zinsen in Höhe von 5 Prozentpunkten über dem Basiszinssatz ab Rechtshängigkeit an den Kläger zu zahlen.

Begründung

Der Kläger begehrt den Ersatz des ihm infolge eines Verkehrsunfalls mit einem nicht ordnungsgemäß versicherten Pkw entstandenen Schadens.

Am ■■■ gegen ■■■ Uhr befuhr der Kläger mit seinem Pkw mit dem amtlichen Kennzeichen ■■■ die ■■■-Straße in ■■■ in Richtung ■■■. An der Kreuzung ■■■- Straße und ■■■- Straße fuhr der Kläger in den Kreuzungsbereich ein, als die für ihn geltende Ampel grünes Licht zeigte. Gleichwohl kam es zwischen dem klägerischen Fahrzeug und dem von ■■■ gesteuerten Pkw ■■■ mit dem amtlichen Kennzeichen ■■■ zu einem Zusammenstoß, weil der Unfallgegner das für ihn geltende rote Lichtzeichen missachtete.

Wie sich bei der Unfallaufnahme durch die Polizei ergab, war das vom Unfallgegner Herrn ■■■ gesteuerte Fahrzeug wegen Nichtzahlung der Prämien und daraufhin erfolgter Kündigung des Versicherungsvertrages nicht mehr haftpflichtversichert, was – wie sich später herausstellte – der frühere Haftpflichtversicherer ■■■ auch schon am ■■■ der Zulassungsstelle in ■■■ mitgeteilt hatte. Gleichwohl hat es die Zulassungsstelle trotz Nichtanzeige einer neuen Haftpflichtversicherung unterlassen, das Fahrzeug des Unfallgegners stillzulegen, den Fahrzeugschein einzuziehen und das amtliche Kennzeichen zu entstempeln. ■■■ Aufgrund der Vermögenslosigkeit des Unfallgegners sind gegen ihn gerichtete Zwangsvollstreckungsversuche erfolglos geblieben.

Beweis: ■■■[4]

Für die Folgen des Unfalls am ■■■ haftet die Beklagte im Rahmen der Mindestversicherungssumme gemäß der Anlage zu § 4 Abs. 2 PflVG aus § 839 BGB iVm Art. 34 GG.

Voraussetzung einer solchen Haftung des Staates bzw der Anstellungskörperschaft ist, dass ein Amtsträger in Ausübung eines öffentlichen Amtes eine drittbezogene Amtspflicht verletzt und hierdurch dem Dritten ein Schaden entsteht. Diese Voraussetzungen sind vorliegend erfüllt.

Anknüpfungspunkt des Staatshaftungsanspruches ist nach Art. 34 S. 1 GG, dass jemand in Ausübung eines ihm anvertrauten öffentlichen Amtes handelt. Handelnde Person kann danach unabhängig von der Art und Dauer seines Anstellungsverhältnisses bei staatlichen Stellen jeder sein, der eine öffentlich-rechtliche Funktion ausübt (Hk-BGB/Staudinger § 839 BGB Rn 6). Ein solcher Beamter im haftungsrechtlichen Sinne hat vorliegend auch gehandelt. ■■■[5]

Dieses Tätigwerden geschah auch in Ausübung eines öffentlichen Amtes. Allein das Tätigwerden eines Beamten im haftungsrechtlichen Sinne begründet noch keine Haftung der Anstellungskörperschaft. Voraussetzung dafür ist weiter, dass der Handelnde eine als öffentlich-rechtlich zu qualifizierende Tätigkeit zum Zeitpunkt der vorgeblichen Amtspflichtverletzung wahrgenommen hat (BGH NJW 2002, 3172 [3173]; Hk-BGB/Staudinger § 839 BGB Rn 6). ■■■[6]

Weitere Voraussetzung eines Staatshaftungsanspruches ist es, dass der Handelnde in Ausübung seines öffentlichen Amtes durch aktives Tun oder Unterlassen eine zumindest auch Dritten gegenüber bestehende Amtspflicht verletzt hat (Hk-BGB/Staudinger § 839 Rn 10 ff). Insoweit waren die Bediensteten der Beklagten vorliegend dazu verpflichtet, aufgrund der Mitteilung des Haftpflichtversicherers das Fahrzeug des Unfallgegners stillzulegen und ■■■[7]

Überdies setzt die Haftung aus § 839 BGB iVm Art. 34 GG voraus, dass der Beamte im haftungsrechtliche Sinne die Amtspflicht vorsätzlich oder fahrlässig verletzt hat (BeckOK-BGB/Reinert § 839 Rn 77). Fahrlässig handelt ein Amtsträger dabei dann, wenn er bei Beachtung der für seinen Pflichtenkreis erforderlichen Sorgfalt hätte erkennen können und müssen, dass er seiner Amtspflicht zuwider handelt (BGH VersR 1961, 507 [509]; MüKo-BGB/Papier § 839 Rn 288). Gemessen an diesem Maßstab stellt das Handeln der Bediensteten der Beklagten ein fahrlässiges Handeln dar. ■■■[8]

Durch die Amtspflichtverletzung muss dem Geschädigten Dritten auch ein ersatzfähiger Schaden entstanden sein. Insoweit ist darauf abzustellen, welchen Verlauf die Dinge bei pflichtgemäßem Verhalten des Amtsträgers genommen hätten und wie sich die Vermögenslage dann darstellen würde (BGH NJW 1988, 1143 [1144]; BeckOK-BGB/Reinert § 839 Rn 76). ■■■[9]

Der Kläger vermag auch nicht anderweitig Ersatz zu erlangen[10] und die Haftung der Beklagten ist auch nicht aus anderem Grund ausgeschlossen oder eingeschränkt. ■■■[11]

Die Beklagte ist daher im Rahmen der Mindestversicherungssumme gemäß der Anlage zu § 4 Abs. 2 PflVG zum Ersatz des entstandenen Schadens verpflichtet.

■■■, den ■■■

■■■

Rechtsanwalt ◄

II. Erläuterungen

2 [1] **Grundlagen.** § 839 enthält zunächst einmal Regelungen für die Eigenhaftung von Beamten im staatsrechtlichen Sinne. Verletzt aber eine in Ausübung eines öffentlichen Amtes handelnde Person (**Beamter im haftungsrechtlichen Sinne**) eine drittbezogene Amtspflicht, dann trifft gemäß Art. 34 GG die Ersatzpflicht im Außenverhältnis allein den Staat oder die betreffende Körperschaft (zum Verhältnis von § 839 und Art. 34 GG sowie zu den nicht vollständig übereinstimmenden Anwendungsbereichen vgl Hk-BGB/*Staudinger* § 839 Rn 1 f sowie BeckOK-BGB/*Reinert* § 839 Rn 1 jeweils mwN).

3 [2] **Rechtsweg.** Für Staatshaftungsklagen gegen den Staat bzw gegen öffentlich-rechtliche Körperschaften sind die ordentlichen Gerichte, namentlich die Landgerichte zuständig (BeckOK-BGB/*Reinert* § 839 Rn 106). Zur streitwertabhängigen Möglichkeit, auf § 7 StVG gestützte Ansprüche wegen Verkehrsunfällen auch beim Amtsgericht geltend zu machen, vgl Musielak/*Wittschier* § 71 GVG Rn 8 sowie Zöller/*Lückemann* § 71 GVG Rn 5.

4 [3] **Anspruchsgegner.** Nach Art. 34 GG trifft die Verantwortlichkeit den Staat bzw diejenige Körperschaft, in deren Diensten der Handelnde steht. Danach haftet im Regelfall die **Anstellungskörperschaft** des Amtsträgers, also diejenige Körperschaft, die dem Amtsträger die Möglichkeit zur Amtsausübung eröffnet hat (BGH NJW 1984, 228). Versagt ausnahmsweise diese Anknüpfung an die Anstellung, weil etwa kein Dienstherr oder mehrere Dienstherren vorhanden sind, dann ist darauf abzustellen, wer dem Amtsträger die fehlerhaft ausgeführte Aufgabe **anvertraut** hat (BGH NJW 1984, 228; BeckOK-BGB/*Reinert* § 839 Rn 104; Hk-BGB/*Staudinger* § 839 Rn 26).

5 [4] **Darlegungs- und Beweislast.** Der **Geschädigte** muss das Vorliegen aller Anspruchsvoraussetzungen sowie das Fehlen einer anderweitigen Ersatzmöglichkeit darlegen und ggf beweisen (vgl BeckOK-BGB/*Reinert* § 839 Rn 108 sowie Hk-BGB/*Staudinger* § 839 Rn 45 jeweils mit Hinweisen auf Beweiserleichterungen). Sodann obliegt der in Anspruch genommenen Körperschaft der Nachweis einer schuldhaften Versäumung möglicher Rechtsmittel (Hk-BGB/*Staudinger* § 839 Rn 45).

6 [5] **Beamter im haftungsrechtlichen Sinn.** Anknüpfungspunkt des Staatshaftungsanspruches ist nach Art. 34 S. 1 GG, dass jemand in Ausübung des ihm anvertrauten öffentlichen Amtes handelt. Handelnde Person kann dabei unabhängig von der Art und Dauer seines Anstellungsverhältnisses bei staatlichen Stellen jeder sein, der eine öffentlich-rechtliche Funktion ausübt (= **Beamter im haftungsrechtlichen Sinn**, Hk-BGB/*Staudinger* § 839 Rn 6).

7 [6] **Handeln in Ausübung eines öffentlichen Amtes.** Allein das Tätigwerden eines Beamten im haftungsrechtlichen Sinne begründet aber noch keine Haftung der Anstellungskörperschaft. Voraussetzung dafür ist weiter, dass der Handelnde eine als öffentlich-rechtlich zu qualifizierende Tätigkeit zum Zeitpunkt der vorgeblichen Amtspflichtverletzung wahrgenommen hat und daher zu dieser Zeit **in Ausübung seines öffentlichen Amtes** handelte (BGH NJW 2002, 3172 [3173]; Hk-BGB/*Staudinger* § 839 Rn 6).

8 [7] **Amtspflichtverletzung.** Weitere Voraussetzung eines Staatshaftungsanspruches ist es, dass der Handelnde in Ausübung seines öffentlichen Amtes durch aktives Tun oder Unterlassen eine zumindest auch **Dritten gegenüber bestehende Amtspflicht verletzt** hat (Hk-BGB/*Staudinger* § 839 Rn 10 ff).

9 [8] **Verschulden.** Überdies setzt die Haftung aus § 839 iVm Art. 34 GG voraus, dass der Beamte im haftungsrechtliche Sinne die Amtspflicht vorsätzlich oder fahrlässig verletzt hat (BeckOK-

BGB/*Reinert* § 839 Rn 77 ff mwN). Fahrlässig handelt ein Amtsträger dabei dann, wenn er bei Beachtung der für seinen Pflichtenkreis erforderlichen Sorgfalt hätte erkennen können und müssen, dass er seiner Amtspflicht zuwider handelt (BGH VersR 1961, 507 [509]; MüKo-BGB/*Papier* § 839 Rn 288). Auf die individuelle Einsicht und die Fähigkeiten des Beamten kommt es insoweit nicht an.

[9] **Schaden, Kausalität.** Durch die Amtspflichtverletzung muss dem Geschädigten Dritten auch ein ersatzfähiger Schaden entstanden sein (**Kausalität**). Insoweit ist darauf abzustellen, welchen Verlauf die Dinge bei pflichtgemäßem Verhalten des Amtsträgers genommen hätten und wie sich die Vermögenslage dann darstellen würde (BGH NJW 1988, 1143 [1144]; BeckOK-BGB/*Reinert* § 839 Rn 76). Zu **Inhalt und Umfang des Schadensersatzanspruchs** sowie zum Ausschluss der Naturalrestitution vgl BeckOK-BGB/*Reinert* § 839 Rn 103 sowie MüKo-BGB/*Papier* § 839 Rn 295 f. 10

[10] **Subsidiaritätsklausel.** Zur **Subsidiaritätsklausel** des § 839 Abs. 1 S. 2 vgl im Einzelnen die Darstellung bei BeckOK-BGB/*Reinert* § 839 Rn 81 ff sowie bei Hk-BGB/*Staudinger* § 839 Rn 29 ff jeweils mwN. 11

[11] **Spruchrichterprivileg.** Vgl zum Spruchrichterprivileg BeckOK-BGB/*Reinert* § 839 Rn 88 ff sowie Hk-BGB/*Staudinger* § 839 Rn 36 ff jeweils mwN. 12

Rechtsmittelversäumung, § 839 Abs. 3. Zum Haftungsausschluss wegen schuldhafter Rechtsmittelversäumung vgl im Einzelnen die Darstellung bei BeckOK-BGB/*Reinert* § 839 Rn 91 ff sowie bei Hk-BGB/*Staudinger* § 839 Rn 40 ff jeweils mwN. 13

Weitere Haftungsausschlüsse und Verjährung. Zu weiteren sondergesetzlichen Haftungsausschlüssen und zur Verjährung vgl im Einzelnen die Darstellung bei BeckOK-BGB/*Reinert* § 839 Rn 96 ff sowie bei Hk-BGB/*Staudinger* § 839 Rn 44 jeweils mwN. 14

B. Gerichtliche Sicht

I. Muster: Verurteilung bei Amtshaftung 15

▶ ■■■ Für die Folgen des Unfalls am ■■■ haftet die Beklagte im Rahmen der Mindestversicherungssumme gemäß der Anlage zu § 4 Abs. 2 PflVG aus § 839 BGB iVm Art. 34 GG. 645

Voraussetzung einer solchen Haftung des Staates bzw der Anstellungskörperschaft ist, dass ein Amtsträger in Ausübung eines öffentlichen Amtes eine drittbezogene Amtspflicht verletzt und hierdurch dem Dritten ein Schaden entsteht. Diese Voraussetzungen sind vorliegend erfüllt.

Anknüpfungspunkt des Staatshaftungsanspruches ist nach Art. 34 S. 1 GG, dass jemand in Ausübung eines ihm anvertrauten öffentlichen Amtes handelt. Handelnde Person kann danach unabhängig von der Art und Dauer seines Anstellungsverhältnisses bei staatlichen Stellen jeder sein, der eine öffentlich-rechtliche Funktion ausübt (Hk-BGB/Staudinger § 839 Rn 6). Ein solcher Beamter im haftungsrechtlichen Sinne hat vorliegend auch gehandelt. ■■■

Dieses Tätigwerden geschah auch in Ausübung eines öffentlichen Amtes. Allein das Tätigwerden eines Beamten im haftungsrechtlichen Sinne begründet noch keine Haftung der Anstellungskörperschaft. Voraussetzung dafür ist weiter, dass der Handelnde eine als öffentlich-rechtlich zu qualifizierende Tätigkeit zum Zeitpunkt der vorgeblichen Amtspflichtverletzung wahrgenommen hat (BGH NJW 2002, 3172 [3173]; Hk-BGB/Staudinger § 839 Rn 6). ■■■

Weitere Voraussetzung eines Staatshaftungsanspruches ist es, dass der Handelnde in Ausübung seines öffentlichen Amtes durch aktives Tun oder Unterlassen eine zumindest auch Dritten gegenüber bestehende Amtspflicht verletzt hat (Hk-BGB/Staudinger § 839 Rn 10 ff). Insoweit waren die Bediensteten der Beklagten vorliegend dazu verpflichtet, aufgrund der Mitteilung des Haftpflichtversicherers das Fahrzeug des Unfallgegners stillzulegen und ■■■

Überdies setzt die Haftung aus § 839 BGB iVm Art. 34 GG voraus, dass der Beamte im haftungsrechtliche Sinne die Amtspflicht vorsätzlich oder fahrlässig verletzt hat (BeckOK-BGB/Reinert § 839

Rn 77). Fahrlässig handelt ein Amtsträger dabei dann, wenn er bei Beachtung der für seinen Pflichtenkreis erforderlichen Sorgfalt hätte erkennen können und müssen, dass er seiner Amtspflicht zuwider handelt (BGH VersR 1961, 507 [509]; MüKo-BGB/Papier § 839 Rn 288). Gemessen an diesem Maßstab stellt das Handeln der Bediensteten der Beklagten ein fahrlässiges Handeln dar. ■■■

Durch die Amtspflichtverletzung muss dem Geschädigten Dritten auch ein ersatzfähiger Schaden entstanden sein. Insoweit ist darauf abzustellen, welchen Verlauf die Dinge bei pflichtgemäßem Verhalten des Amtsträgers genommen hätten und wie sich die Vermögenslage dann darstellen würde (BGH NJW 1988, 1143 [1144]; BeckOK-BGB/Reinert § 839 Rn 76). ■■■

Der Kläger vermag auch nicht anderweitig Ersatz zu erlangen und die Haftung der Beklagten ist auch nicht aus anderem Grund ausgeschlossen. ■■■

Die Beklagte ist daher im Rahmen der Mindestversicherungssumme gemäß der Anlage zu § 4 Abs. 2 PflVG zum Ersatz des entstandenen Schadens verpflichtet. ■■■[1] ◄

II. Erläuterungen

16 **[1] Grundlagen, Anspruchsvoraussetzungen, Haftungsausschlüsse sowie Darlegungs- und Beweislast.** Zu den Grundlagen, Anspruchsvoraussetzungen, Haftungsausschlüssen sowie zur Darlegungs- und Beweislast vgl Rn 2 ff.

§ 839 a Haftung des gerichtlichen Sachverständigen

(1) Erstattet ein vom Gericht ernannter Sachverständiger vorsätzlich oder grob fahrlässig ein unrichtiges Gutachten, so ist er zum Ersatz des Schadens verpflichtet, der einem Verfahrensbeteiligten durch eine gerichtliche Entscheidung entsteht, die auf diesem Gutachten beruht.
(2) § 839 Abs. 3 ist entsprechend anzuwenden.

Schrifttum: *Kilian*, VersR 2003, 683 ff., Die Haftung des gerichtlichen Sachverständigen nach § 839 a BGB; *Schöpflin*, zfs 2004, 241 ff., Probleme der Haftung des gerichtlichen Sachverständigen nach § 839 a BGB

A. Anwaltliche Sicht

1 I. Muster: Klage auf Schadenersatz gegen gerichtlichen Sachverständigen

► Rechtsanwalt ■■■[1]

Amtsgericht ■■■

In Sachen

des Herrn ■■■, ■■■[2]

– Klägers –

Prozessbevollmächtigter: Rechtsanwalt ■■■

gegen

■■■, ■■■

– Beklagten –[3]

wegen: Schadensersatz

Streitwert: ■■■ EUR

erhebe ich namens und in Vollmacht des Klägers Klage und werde beantragen,

den Beklagten zu verurteilen, ■■■ EUR nebst Zinsen in Höhe von 5 Prozentpunkten über dem Basiszinssatz ab Rechtshängigkeit an den Kläger zu zahlen.

Begründung

Der Kläger begehrt Ersatz des ihm aufgrund unzutreffender Begutachtung eines Zwangsversteigerungsobjektes entstandenen Schadens.

In dem Zwangsversteigerungsverfahren ■■■ betreffend ein mit einem Mehrfamilienhaus bebautes Grundstück beauftragte das Amtsgericht ■■■ den Beklagten, einen öffentlich bestellten und vereidigten Sachverständigen für die Wertermittlung von bebauten und unbebauten Grundstücken, mit der Verkehrswertfeststellung. Der Sachverständige gelangte in seinem Gutachten vom ■■■ zu einem Verkehrswert von ■■■ EUR. In dieser Höhe wurde der Wert vom Gericht festgesetzt. Im Versteigerungstermin vom ■■■ blieb der Kläger der Meistbietende. Ihm wurde das Grundstück für den zu zahlenden Betrag von ■■■ EUR zugeschlagen.

Erst nachträglich stellte sich heraus, dass auf dem Grundstück statt 10 nur 6 Pkw-Stellplätze vorhanden sind und das auf der vollen Länge der rückwärtigen Grundstücksgrenze das Nachbargebäude etwa 1 m auf dem versteigerten Grundstück steht. Der Beklagte, der vor Gutachtenerstellung witterungsbedingt das Außengelände des Grundstücks nicht besichtigt hat, hat weder die fehlenden Pkw-Stellplätze noch die vorhandene Überbauung in seinem Gutachten berücksichtigt, sondern sein Gutachten nach der insoweit vorteilhafteren Aktenlage erstellt. Bei Offenlegung der tatsächlichen Gegebenheiten hätte der Kläger das Grundstück zu einem um etwa ■■■ EUR geringeren Betrag ersteigern können.

Der Beklagte ist dem Kläger zum Ersatz des entstandenen Schadens verpflichtet, § 839 a BGB.

Zur Geltendmachung eines Anspruchs aus § 839 a BGB berechtigt sind die Beteiligten desjenigen Verfahrens, in dem der Sachverständige vom Gericht ernannt worden ist und sein Gutachten erstattet hat.[2] Erstattet daher ein Gutachter vor Zwangsversteigerung eines Grundstücks ein Wertgutachten, dann ist der im Zwangsversteigerungsverfahren Meistbietende auch Verfahrensbeteiligter iSv § 839 a BGB (BGH NJW 2006, 1733 [1733 f]). Danach ist der Kläger als Meistbietender im Zwangsversteigerungsverfahren ■■■ zur Geltendmachung eines Anspruchs aus § 839 a BGB berechtigt.

Gegner eines solchen Anspruchs aus § 839 a BGB ist dagegen derjenige, der als Sachverständiger durch ein Gericht für ein konkretes Verfahren bestellt worden ist, um Erfahrungssätze oder Kenntnisse zu vermitteln, Tatsachen festzustellen bzw aus Tatsachenstoff Schlussfolgerungen zu ziehen (MüKo-BGB/Wagner § 839 a Rn 6).[3] ■■■

Sachliche Voraussetzung eines Anspruchs gemäß § 839 a BGB ist zunächst einmal die Erstattung eines unrichtigen Gutachtens. Maßgeblich für die Frage der Richtigkeit der sachverständigen Äußerung ist dabei, ob das Gutachten objektiv falsch ist (Kilian, VersR 2003, 863 [685]), was insbesondere dann der Fall sein kann, wenn der Sachverständige von unzutreffenden Tatsachen ausgeht oder seinem Gutachten nicht allgemein anerkannte Erfahrungssätze zugrunde legt (vgl dazu näher Kilian, VersR 2003, 863 [685]; MüKo-BGB/Wagner § 839 a Rn 17; Schöpflin, ZfS 2004, 241 [243]).[4] Gemessen daran gestaltet sich die Sachlage vorliegend wie folgt: ■■■

Des Weiteren muss der beklagte Sachverständige vorsätzlich oder grob fahrlässig das unrichtige Gutachten erstattet haben, § 839 a Abs. 1 BGB. Grobe Fahrlässigkeit wird man dabei dann annehmen können, wenn der Sachverständige eine in objektiver wie in subjektiver Hinsicht besonders schwerwiegende Pflichtverletzung bei Erstattung des Gutachtens begeht (MüKo-BGB/Wagner § 839 a Rn 18).[5] ▪▪▪

Eine Haftung nach § 839 a BGB setzt zudem voraus, dass aufgrund[6] des unrichtigen Sachverständigengutachtens eine gerichtliche Entscheidung[7] ergeht. Diese Anspruchsvoraussetzung erfüllt im Falle der Zwangsversteigerung eines Grundstücks der gerichtliche Zuschlagsbeschluss, mit dem der Ersteher nicht nur das Eigentum erwirbt (§ 90 ZVG), sondern im Gegenzug auch mit der Zahlungsverpflichtung belastet wird (BGH NJW 2006, 1733 [1734]).

Der Anspruch aus § 839 a BGB ist auch nicht ausgeschlossen.[8] ▪▪▪

Nach § 839 a Abs. 1 BGB ist der Beklagte zum Ersatz des gesamten durch das unrichtige Gutachten und die darauf beruhende gerichtliche Entscheidung adäquat verursachten und in den Schutzbereich der verletzten Sachverständigenpflicht fallenden Schadens verpflichtet (BGH NJW 2006, 1733 [1734]; Palandt/Sprau § 839 a Rn 6).[9] Dazu zählt vorliegend insbesondere ▪▪▪

▪▪▪, den ▪▪▪

▪▪▪

Rechtsanwalt ◄

II. Erläuterungen

2 [1] **Grundlagen.** § 839 a stellt eine abschließende Regelung der Haftung des gerichtlichen Sachverständigen dar (BT-Drucks. 14/7752, 28; Hk-BGB/*Staudinger* § 839 a Rn 1), der zugleich anspruchsbegründende wie auch haftungsbegrenzende Wirkung zukommt (BeckOK-BGB/*Reinert* § 839 a Rn 5). Dabei gilt die Vorschrift über das zivil- und strafprozessuale Erkenntnisverfahren hinaus im Rahmen sämtlicher Gerichtsverfahren einschließlich des Kostenfestsetzungsverfahrens, des selbständigen Beweisverfahrens sowie der Verfahren der freiwilligen Gerichtsbarkeit (MüKo-BGB/*Wagner* § 839 a Rn 7 mwN zu Einzelfragen).

3 [2] **Aktivlegitimation.** Anspruchsberechtigt sind allein die Beteiligten desjenigen Verfahrens, in dem der Sachverständige vom Gericht ernannt worden ist und sein Gutachten erstattet hat (**Verfahrensbeteiligte,** § 839 a Abs. 1). Im Zivilverfahren sind dies die Parteien, Nebenintervenienten und Streitverkündeten, im Strafverfahren der Angeklagte, der Privat- und der Nebenkläger sowie im Verwaltungsprozess die in § 63 VwGO genannten Personen (MüKo-BGB/*Wagner* § 839 a Rn 29). Zu weiteren Fallgestaltungen vgl MüKo-BGB/*Wagner* § 839 a Rn 29 f sowie NK-BGB/*Huber* § 839 a Rn 18 f jeweils mwN

4 [3] **Passivlegitimation.** Gegner des Anspruchs aus § 839 a ist derjenige, der als Sachverständiger durch ein Gericht für ein konkretes Verfahren (förmlich durch Beschluss oder durch bloße Verfügung, vgl MüKo-BGB/*Wagner* § 839 a Rn 6) bestellt worden ist, um Erfahrungssätze oder Kenntnisse zu vermitteln, Tatsachen festzustellen bzw aus Tatsachenstoff Schlussfolgerungen zu ziehen (MüKo-BGB/*Wagner* § 839 a Rn 6).

5 [4] **Erstattung eines unrichtigen Gutachtens.** Sachlicher Anknüpfungspunkt der Haftung nach § 839 a ist die Erstattung eines unrichtigen Gutachtens. Für die **Unrichtigkeit** des Gutachtens kommt es darauf an, ob das Gutachten objektiv falsch ist (*Kilian*, VersR 2003, 863 [685]), was insbesondere dann der Fall sein kann, wenn der Sachverständige von unzutreffenden Tatsachen ausgeht oder seinem Gutachten nicht allgemein anerkannte Erfahrungssätze zugrunde legt (vgl dazu näher *Kilian*, VersR 2003, 863 [685]; MüKo-BGB/*Wagner* § 839 a Rn 17; *Schöpflin*, ZfS 2004, 241 [243]). Für die **Erstattung** des Gutachtens im Verfahren irrelevant ist, ob das Gutachten schriftlich oder mündlich erbracht wird. Keine Erstattung eines Gutachtens in einem Verfahren ist dagegen die Verwertung eines in einem anderen Verfahren eingeholten Gutachtens (*Kilian*, VersR 2003, 863 [685]; Palandt/*Sprau* § 839 a Rn 3).

[5] **Vorsatz bzw grobe Fahrlässigkeit.** Der Sachverständige muss das Gutachten vorsätzlich oder grob fahrlässig unrichtig erstattet haben. Zu den Anforderungen im Einzelnen vgl MüKo-BGB/*Wagner* § 839 a Rn 18 sowie NK-BGB/*Huber* § 839 a Rn 31 ff. 6

[6] **Ursächlichkeit des unrichtigen Gutachtens für gerichtliche Entscheidung.** Das unrichtige Gutachten muss zudem ursächlich für die gerichtliche Entscheidung sein, was dann nicht der Fall ist, wenn die Entscheidung auch ohne das Gutachten in gleicher Weise getroffen worden wäre (MüKo-BGB/*Wagner* § 839 a Rn 21 f). 7

[7] **Gerichtliche Entscheidung.** Eine Haftung nach § 839 a kommt dabei nur in Betracht, wenn eine gerichtliche Entscheidung ergeht. Daher werden Fälle, in denen die Parteien in Ansehung des unrichtigen Gutachtens das Verfahren anderweitig etwa durch Prozessvergleich beenden, nicht von § 839 a erfasst (vgl *Kilian*, VersR 2003, 863 [686], Hk-BGB/*Staudinger* § 839 a Rn 4 sowie MüKo-BGB/*Wagner* § 839 a Rn 19 f mwN zu den str. Einzelfragen). 8

[8] **Rechtsmittelversäumung, §§ 839 a Abs. 2, 839 Abs. 3.** Zum Haftungsausschluss wegen schuldhafter Rechtsmittelversäumung vgl im Einzelnen die Darstellung bei MüKo-BGB/*Wagner* § 839 a Rn 31 ff. 9

[9] **Rechtsfolgen.** Nach § 839 a Abs. 1 ist der Sachverständige zum Ersatz desjenigen Schadens verpflichtet, der einem Verfahrensbeteiligten durch die auf dem unrichtigen Gutachten beruhende gerichtliche Entscheidung entsteht. Zum ersatzfähigen Schaden gehört danach jeder durch das unrichtige Gutachten und die darauf beruhende gerichtliche Entscheidung adäquat verursachte und in den Schutzbereich der verletzten Sachverständigenpflicht fallende Schaden (BGH NJW 2006, 1733 [1734]; Palandt/*Sprau* § 839 a Rn 6). Vgl dazu im Einzelnen MüKo-BGB/*Wagner* § 839 a Rn 24 ff mwN. 10

Darlegungs- und Beweislast. Die Anspruchsvoraussetzungen darlegen und ggf auch beweisen muss der geschädigte **Verfahrensbeteiligte.** Dem **Sachverständigen** dagegen obliegt der Beweis eines etwaigen Haftungsausschlusses nach § 839 a Abs. 2 (MüKo-BGB/*Wagner* § 839 a Rn 35 mit Hinweisen auf die von der Rechtsprechung entwickelte Beweiserleichterung für den Geschädigten). 11

Streitverkündung. Mit Rücksicht auf die verfahrensrechtliche Stellung des gerichtlichen Sachverständigen ist eine Streitverkündung ihm gegenüber zur Vorbereitung einer Haftungsklage unzulässig (BGH NJW 2006, 3214 [3214 f]; MüKo-BGB/*Wagner* § 839 a Rn 36 mwN). 12

B. Gerichtliche Sicht

I. Muster: Verurteilung des gerichtlichen Sachverständigen auf Schadenersatz 13

▶ ■■■ Der Beklagte ist zum Ersatz des dem Kläger entstandenen Schadens verpflichtet, § 839 a BGB. 647

Zur Geltendmachung eines Anspruchs aus § 839 a BGB berechtigt sind die Beteiligten desjenigen Verfahrens, in dem der Sachverständige vom Gericht ernannt worden ist und sein Gutachten erstattet hat. Im Zivilverfahren sind dies die Parteien, Nebenintervenienten und Streitverkündeten, im Strafverfahren der Angeklagte, der Privat- und der Nebenkläger sowie im Verwaltungsprozess die in § 63 VwGO genannten Personen (MüKo-BGB/Wagner § 839 a Rn 29). Danach ■■■

Gegner eines solchen Anspruchs aus § 839 a BGB ist derjenige, der als Sachverständiger durch ein Gericht für ein konkretes Verfahren bestellt worden ist, um Erfahrungssätze oder Kenntnisse zu vermitteln, Tatsachen festzustellen bzw aus Tatsachenstoff Schlussfolgerungen zu ziehen (MüKo-BGB/Wagner § 839 a Rn 6). Irrelevant ist insoweit, ob die Bestellung des Sachverständigen förmlich durch Beschluss oder nur durch bloße Verfügung erfolgt ist (MüKo-BGB/Wagner § 839 a Rn 6). ■■■

Sachliche Voraussetzung eines Anspruchs gemäß § 839 a BGB ist zunächst einmal die Erstattung eines unrichtigen Gutachtens. Maßgeblich für die Frage der Richtigkeit der sachverständigen Äußerung ist dabei, ob das Gutachten objektiv falsch ist (Kilian, VersR 2003, 863 [685]), was insbesondere dann der Fall sein kann, wenn der Sachverständige von unzutreffenden Tatsachen ausgeht oder seinem Gutachten nicht allgemein anerkannte Erfahrungssätze zugrunde legt (vgl dazu näher Kilian, VersR 2003, 863 [685]; MüKo-BGB/Wagner § 839 a Rn 17; Schöpflin, ZfS 2004, 241 [243]). Gemessen daran gestaltet sich die Sachlage vorliegend wie folgt: ...

Des Weiteren muss der beklagte Sachverständige vorsätzlich oder grob fahrlässig das unrichtige Gutachten erstattet haben, § 839 a Abs. 1 BGB. Grobe Fahrlässigkeit wird man dabei dann annehmen müssen, wenn der Sachverständige eine in objektiver wie in subjektiver Hinsicht besonders schwerwiegende Pflichtverletzung bei Erstattung des Gutachtens begeht (MüKo-BGB/Wagner § 839 a Rn 18). ...

Eine Haftung nach § 839 a BGB setzt zudem voraus, dass aufgrund des unrichtigen Sachverständigengutachtens eine gerichtliche Entscheidung ergeht. An diesem Ursachenzusammenhang zwischen Unrichtigkeit des Gutachtens und gerichtlicher Entscheidung fehlt es dann, wenn die Entscheidung auch ohne das Gutachten in gleicher Weise getroffen worden wäre (MüKo-BGB/Wagner § 839 a Rn 21 f). ...

Der klägerische Anspruch aus § 839 a BGB ist auch nicht ausgeschlossen. ...

Gemäß § 839 a Abs. 1 BGB ist der Beklagte zum Ersatz des gesamten durch das unrichtige Gutachten und die darauf beruhende gerichtliche Entscheidung adäquat verursachten und in den Schutzbereich der verletzten Sachverständigenpflicht fallenden Schadens verpflichtet (BGH NJW 2006, 1733 [1734]; Palandt/Sprau § 839 a Rn 6).[1] Dazu zählt vorliegend insbesondere ... ◀

II. Erläuterungen

14 **[1] Grundlagen, Voraussetzungen, Rechtsfolgen, Prozessuales.** Zu den Grundlagen, Anspruchsvoraussetzungen und Rechtsfolgen sowie zu prozessualen Fragen vgl Rn 2 ff.

§ 840 Haftung mehrerer

(1) Sind für den aus einer unerlaubten Handlung entstehenden Schaden mehrere nebeneinander verantwortlich, so haften sie als Gesamtschuldner.

(2) Ist neben demjenigen, welcher nach den §§ 831, 832 zum Ersatz des von einem anderen verursachten Schadens verpflichtet ist, auch der andere für den Schaden verantwortlich, so ist in ihrem Verhältnis zueinander der andere allein, im Falle des § 829 der Aufsichtspflichtige allein verpflichtet.

[3] Ist neben demjenigen, welcher nach den §§ 833 bis 838 zum Ersatz des Schadens verpflichtet ist, ein Dritter für den Schaden verantwortlich, so ist in ihrem Verhältnis zueinander der Dritte allein verpflichtet.

§ 841 Ausgleichung bei Beamtenhaftung

Ist ein Beamter, der vermöge seiner Amtspflicht einen anderen zur Geschäftsführung für einen Dritten zu bestellen oder eine solche Geschäftsführung zu beaufsichtigen oder durch Genehmigung von Rechtsgeschäften bei ihr mitzuwirken hat, wegen Verletzung dieser Pflichten neben dem anderen für den von diesem verursachten Schaden verantwortlich, so ist in ihrem Verhältnis zueinander der andere allein verpflichtet.

§ 842 Umfang der Ersatzpflicht bei Verletzung einer Person

Die Verpflichtung zum Schadensersatz wegen einer gegen die Person gerichteten unerlaubten Handlung erstreckt sich auf die Nachteile, welche die Handlung für den Erwerb oder das Fortkommen des Verletzten herbeiführt.

§ 843 Geldrente oder Kapitalabfindung

(1) Wird infolge einer Verletzung des Körpers oder der Gesundheit die Erwerbsfähigkeit des Verletzten aufgehoben oder gemindert oder tritt eine Vermehrung seiner Bedürfnisse ein, so ist dem Verletzten durch Entrichtung einer Geldrente Schadensersatz zu leisten.

(2) [1]Auf die Rente findet die Vorschrift des § 760 Anwendung. [2]Ob, in welcher Art und für welchen Betrag der Ersatzpflichtige Sicherheit zu leisten hat, bestimmt sich nach den Umständen.

(3) Statt der Rente kann der Verletzte eine Abfindung in Kapital verlangen, wenn ein wichtiger Grund vorliegt.

(4) Der Anspruch wird nicht dadurch ausgeschlossen, dass ein anderer dem Verletzten Unterhalt zu gewähren hat.

§ 844 Ersatzansprüche Dritter bei Tötung

(1) Im Falle der Tötung hat der Ersatzpflichtige die Kosten der Beerdigung demjenigen zu ersetzen, welchem die Verpflichtung obliegt, diese Kosten zu tragen.
(2) [1]Stand der Getötete zur Zeit der Verletzung zu einem Dritten in einem Verhältnis, vermöge dessen er diesem gegenüber kraft Gesetzes unterhaltspflichtig war oder unterhaltspflichtig werden konnte, und ist dem Dritten infolge der Tötung das Recht auf den Unterhalt entzogen, so hat der Ersatzpflichtige dem Dritten durch Entrichtung einer Geldrente insoweit Schadensersatz zu leisten, als der Getötete während der mutmaßlichen Dauer seines Lebens zur Gewährung des Unterhalts verpflichtet gewesen sein würde; die Vorschrift des § 843 Abs. 2 bis 4 findet entsprechende Anwendung. [2]Die Ersatzpflicht tritt auch dann ein, wenn der Dritte zur Zeit der Verletzung gezeugt, aber noch nicht geboren war.

§ 845 Ersatzansprüche wegen entgangener Dienste

[1]Im Falle der Tötung, der Verletzung des Körpers oder der Gesundheit sowie im Falle der Freiheitsentziehung hat der Ersatzpflichtige, wenn der Verletzte kraft Gesetzes einem Dritten zur Leistung von Diensten in dessen Hauswesen oder Gewerbe verpflichtet war, dem Dritten für die entgehenden Dienste durch Entrichtung einer Geldrente Ersatz zu leisten. [2]Die Vorschrift des § 843 Abs. 2 bis 4 findet entsprechende Anwendung.

§ 846 Mitverschulden des Verletzten

Hat in den Fällen der §§ 844, 845 bei der Entstehung des Schadens, den der Dritte erleidet, ein Verschulden des Verletzten mitgewirkt, so findet auf den Anspruch des Dritten die Vorschrift des § 254 Anwendung.

§ 847 (aufgehoben)

§ 848 Haftung für Zufall bei Entziehung einer Sache

Wer zur Rückgabe einer Sache verpflichtet ist, die er einem anderen durch eine unerlaubte Handlung entzogen hat, ist auch für den zufälligen Untergang, eine aus einem anderen Grunde eintretende zufällige Unmöglichkeit der Herausgabe oder eine zufällige Verschlechterung der Sache verantwortlich, es sei denn, dass der Untergang, die anderweitige Unmöglichkeit der Herausgabe oder die Verschlechterung auch ohne die Entziehung eingetreten sein würde.

§ 849 Verzinsung der Ersatzsumme

Ist wegen der Entziehung einer Sache der Wert oder wegen der Beschädigung einer Sache die Wertminderung zu ersetzen, so kann der Verletzte Zinsen des zu ersetzenden Betrags von dem Zeitpunkt an verlangen, welcher der Bestimmung des Wertes zugrunde gelegt wird.

§ 850 Ersatz von Verwendungen

Macht der zur Herausgabe einer entzogenen Sache Verpflichtete Verwendungen auf die Sache, so stehen ihm dem Verletzten gegenüber die Rechte zu, die der Besitzer dem Eigentümer gegenüber wegen Verwendungen hat.

§ 851 Ersatzleistung an Nichtberechtigten

Leistet der wegen der Entziehung oder Beschädigung einer beweglichen Sache zum Schadensersatz Verpflichtete den Ersatz an denjenigen, in dessen Besitz sich die Sache zur Zeit der Entziehung oder der Beschädigung befunden hat, so wird er durch die Leistung auch dann befreit, wenn ein Dritter Eigentümer der Sache war oder ein sonstiges Recht an der Sache hatte, es sei denn, dass ihm das Recht des Dritten bekannt oder infolge grober Fahrlässigkeit unbekannt ist.

§ 852 Herausgabeanspruch nach Eintritt der Verjährung

[1]Hat der Ersatzpflichtige durch eine unerlaubte Handlung auf Kosten des Verletzten etwas erlangt, so ist er auch nach Eintritt der Verjährung des Anspruchs auf Ersatz des aus einer unerlaubten Handlung entstandenen Schadens zur Herausgabe nach den Vorschriften über die Herausgabe einer ungerechtfertigten Bereicherung verpflichtet. [2]Dieser Anspruch verjährt in zehn Jahren von seiner Entstehung an, ohne Rücksicht auf die Entstehung in 30 Jahren von der Begehung der Verletzungshandlung oder dem sonstigen, den Schaden auslösenden Ereignis an.

§ 853 Arglisteinrede

Erlangt jemand durch eine von ihm begangene unerlaubte Handlung eine Forderung gegen den Verletzten, so kann der Verletzte die Erfüllung auch dann verweigern, wenn der Anspruch auf Aufhebung der Forderung verjährt ist.

Buch 3 Sachenrecht

Abschnitt 1 Besitz

§ 854 Erwerb des Besitzes

(1) Der Besitz einer Sache wird durch die Erlangung der tatsächlichen Gewalt über die Sache erworben.
(2) Die Einigung des bisherigen Besitzers und des Erwerbers genügt zum Erwerb, wenn der Erwerber in der Lage ist, die Gewalt über die Sache auszuüben.

A. Besitzübergang nach Kaufpreiszahlung

I. Muster: Regelung über den Besitzerwerb nach Kaufpreiszahlung durch Erlangung tatsächlicher Gewalt mit Zwangsvollstreckungsunterwerfung 1

▶ Beurkundung im Rahmen eines Grundstückskaufvertrags

Der Verkäufer verpflichtet sich,[1] dem Käufer den Besitz nach vollständiger Kaufpreiszahlung[2] zu verschaffen. Wegen seiner Verpflichtung zur Besitzübergabe unterwirft sich der Verkäufer gegenüber dem Käufer der sofortigen Zwangsvollstreckung aus dieser Urkunde[3] und ist mit der jederzeitigen Erteilung einer vollstreckbaren Ausfertigung an den Käufer ohne Nachweis der die Fälligkeit des Anspruches begründenden Tatsachen einverstanden.

Mit Besitzübergabe gehen Nutzungen, Lasten und Gefahr sowie alle mit dem Kaufgegenstand verbundenen öffentlich-rechtlichen Verpflichtungen ferner alle Rechte und Pflichten aus bestehenden Versicherungsverträgen und die Verkehrssicherungspflicht auf den Käufer über.[4] ◀

II. Erläuterungen

[1] Übergabe der Sache. Zum Besitzerwerb iSd Abs. 1 ist die Erlangung der tatsächlichen Gewalt über die Sache erforderlich. Für den Besitzübergang genügt daher nicht eine bloße Vereinbarung der Beteiligten, die Sache muss vielmehr dem Käufer räumlich so zugängig gemacht werden, dass dieser auf sie beliebig einwirken und über sie verfügen kann. Die geläufigen Vereinbarungen „der Besitz geht über" sind daher als schuldrechtliche Verpflichtung zur Übergabe der Sache auszulegen. Da die Besitzbegründung ein Realakt und kein Rechtsgeschäft ist, finden auf sie die §§ 104 ff keine Anwendung. 2

[2] Zeitpunkt. Um die Abrechnung der Nebenkosten zu erleichtern, ist es – insbesondere bei Eigentumswohnungen – zweckmäßig als Termin des Besitzübergangs den „auf die Kaufpreiszahlung folgenden Monatsersten" zu vereinbaren. 3

[3] Die **Zwangsvollstreckungsunterwerfung** ist nach § 794 Abs. 1 Nr. 5 ZPO auch bei selbstgenutztem Wohnraum zulässig und bedarf der notariellen Beurkundung. Da Kaufpreisanspruch 4

und Herausgabepflicht hinsichtlich der Durchsetzbarkeit recht unterschiedlich sind, gebietet weder das AGB-Recht noch die Vertragsgestaltungspflicht des Notars die Aufnahme der Zwangsvollstreckungsklausel in jeden Kaufvertrag, der eine Zwangsvollstreckungsunterwerfung des Käufers hinsichtlich des Kaufpreises vorsieht (Würzburger Notarhandbuch/*Hertel* Teil 2 Rn 313).

5 [4] **Rechtsfolgen.** Während der Übergang von Nutzungen, Lasten und Gefahr bereits vom Gesetz an die Besitzübergabe geknüpft wird (§ 446), gehen nach dem Gesetz die öffentlich-rechtlichen Verpflichtungen, die Wohngebäudeversicherung (§ 69 VVG) und die Verkehrssicherungspflicht erst mit Eigentumsumschreibung auf den Käufer über. Die Klausel enthält daher eine vertragliche Vereinbarung, dass der Käufer die sich aus diesen Rechtsverhältnissen ergebenden Rechte und Pflichten bereits nach Besitzübergang zu tragen hat.

B. Besitzübergang unabhängig von der Kaufpreiszahlung

6 **I. Muster: Regelung über den Besitzerwerb unabhängig von der Kaufpreiszahlung durch Erlangung tatsächlicher Gewalt mit Zwangsvollstreckungsunterwerfung**

649

▶ Der Verkäufer ist verpflichtet, dem Käufer am ▪▪▪ den Besitz zu verschaffen.

Der Notar hat den Verkäufer darüber belehrt, dass er mit der vorstehenden Regelung über den Besitzübergang eine ungesicherte Vorausleistung erbringt, da zum Zeitpunkt der Besitzübergabe nicht sichergestellt ist, dass der Käufer die ihm nach diesem Vertrag obliegenden Zahlungen leistet.[1] Zur Begrenzung der damit verbundenen Risiken hat der Notar Sicherungen vorgeschlagen, wie die Besitzübergabe Zug um Zug gegen vollständige Kaufpreiszahlung oder Zahlung des Kaufpreises vor Besitzübergang auf Notaranderkonto[2]. Die Beteiligten wünschten solche Sicherungen wegen der damit verbundenen Verzögerung des Besitzübergangs und der zusätzlichen Kosten nicht.

Wegen seiner Verpflichtung zur Besitzübergabe unterwirft sich der Verkäufer der sofortigen Zwangsvollstreckung aus dieser Urkunde und ist mit der jederzeitigen Erteilung – nicht jedoch vor dem ▪▪▪ – einer vollstreckbaren Ausfertigung an den Käufer einverstanden.

Mit Besitzübergabe gehen Nutzungen, Lasten und Gefahr sowie alle mit dem Kaufgegenstand verbundenen öffentlich-rechtlichen Verpflichtungen ferner alle Rechte und Pflichten aus bestehenden Versicherungsverträgen und die Verkehrssicherungspflicht auf den Käufer über. ◀

II. Erläuterungen und Varianten

7 [1] **Risiken des vorzeitigen Besitzübergangs.** Der Besitz ist in der Hand des Verkäufers ein wesentliches Sicherungsmittel, um den Käufer zur geschuldeten Kaufpreiszahlung zu veranlassen. Verzichtet der Verkäufer auf dieses Sicherungsmittel, trifft den Notar die **doppelte Belehrungspflicht** aus § 17 BeurkG (BGH DNotZ 2008, 925, 926 m.Anm. *Krebs* = RNotZ 2008, 363, 364 m.Anm. *Heinze*). Er muss den Verkäufer auf die Folgen hinweisen, die sich im Falle der Leistungsunfähigkeit des Käufers aus der ungesicherten Vorausleistung für ihn ergeben können, und Wege aufzeigen, wie diese Risiken vermieden werden können.

8 [2] **Sicherungsmittel für den Verkäufer.** Ist eine Nutzungsentschädigung als Gegenleistung für den vorzeitigen Besitzübergang vereinbart, sollte der Verkäufer durch die **Vereinbarung eines Rücktrittsrechts** für den Fall des Ausbleibens der Nutzungsentschädigung geschützt werden. An die Ausübung des Rücktrittsrechts kann eine Räumungsverpflichtung des Käufers geknüpft werden, die durch eine Zwangsvollstreckungsunterwerfung abgesichert wird:

▶ Für jeden angefangenen Kalendermonat vom Besitzübergang bis zum Eingang des Kaufpreises beim Verkäufer schuldet der Käufer eine Nutzungsentschädigung von ▪▪▪ EUR. Diese Nutzungsentschädigung ist bis zum 5. Werktag jedes Monats im Voraus auf das vorgenannte Konto des Verkäufers zu überweisen. Kommt der Käufer mit zwei Monatsraten in Verzug, ist der Verkäufer berechtigt, nach

Setzung einer Nachfrist von 10 Tagen durch Erklärung gegenüber dem Käufer von diesem Vertrag zurückzutreten. Der Käufer verpflichtet sich, 10 Tage nach Zugang der Rücktrittserklärung den Kaufgegenstand zu räumen und dem Verkäufer zu übergeben. Wegen dieser Verpflichtung zur Räumung und Übergabe unterwirft sich der Käufer gegenüber dem Verkäufer der sofortigen Zwangsvollstreckung aus dieser Urkunde und ist mit der jederzeitigen Erteilung einer vollstreckbaren Ausfertigung an den Käufer einverstanden. ◄

Weitere Sicherungsmittel für den Verkäufer sind die Anzahlung eines Teils des Kaufpreises, eine Finanzierungsbestätigung der Bank des Käufers oder eine Sicherheit an einem anderen Objekt des Käufers.

C. Vereinbarung über den Besitzübergang

I. Muster: Vereinbarung über den Besitzerwerb durch Einigung 9

► Käufer und Verkäufer sind darüber einig,[1] dass der Besitz auf den Käufer mit vollständiger Kaufpreiszahlung übergeht.[2] 

Mit Besitzübergabe gehen Nutzungen, Lasten und Gefahr sowie alle mit dem Kaufgegenstand verbundenen öffentlich-rechtlichen Verpflichtungen ferner alle Rechte und Pflichten aus bestehenden Versicherungsverträgen und die Verkehrssicherungspflicht auf den Käufer über. ◄

II. Erläuterungen

[1] **Besitzübergang durch bloße Einigung.** Beim Besitzerwerb nach Abs. 2 genügt die Einigung zwischen Veräußerer und Erwerber über den Besitzübergang, wenn im Einigungszeitpunkt der Erwerber die tatsächliche Sachgewalt ausüben kann. Daher kann auf diesem Weg nur **sog. offener Besitz** erworben werden, dh der Besitzausübung durch den Erwerber dürfen keine faktischen Hindernisse entgegenstehen. Diese Sachherrschaft braucht im Einigungszeitpunkt nicht aktualisiert zu werden. Der Veräußerer muss aber seinen Besitz vollständig aufgeben (NK-BGB/*Hoeren*, § 854 Rn 7). 10

Unter Besitzer ist hier nur der unmittelbare Besitzer zu verstehen, der mittelbare Besitzer (§ 868) überträgt den Besitz nach § 870. 11

[2] **Anwendbare Rechtsvorschriften.** Im Gegensatz zum Erwerb nach Abs. 1 ist die Einigung ein Rechtsgeschäft und die §§ 104 bis 185 sind anwendbar (NK-BGB/*Hoeren*, § 854 Rn 11). 12

§ 855 Besitzdiener

Übt jemand die tatsächliche Gewalt über eine Sache für einen anderen in dessen Haushalt oder Erwerbsgeschäft oder in einem ähnlichen Verhältnis aus, vermöge dessen er den sich auf die Sache beziehenden Weisungen des anderen Folge zu leisten hat, so ist nur der andere Besitzer.

§ 856 Beendigung des Besitzes

(1) Der Besitz wird dadurch beendigt, dass der Besitzer die tatsächliche Gewalt über die Sache aufgibt oder in anderer Weise verliert.
(2) Durch eine ihrer Natur nach vorübergehende Verhinderung in der Ausübung der Gewalt wird der Besitz nicht beendigt.

§ 857 Vererblichkeit

Der Besitz geht auf den Erben über.

§ 858 Verbotene Eigenmacht

(1) Wer dem Besitzer ohne dessen Willen den Besitz entzieht oder ihn im Besitz stört, handelt, sofern nicht das Gesetz die Entziehung oder die Störung gestattet, widerrechtlich (verbotene Eigenmacht).
(2) [1]Der durch verbotene Eigenmacht erlangte Besitz ist fehlerhaft. [2]Die Fehlerhaftigkeit muss der Nachfolger im Besitz gegen sich gelten lassen, wenn er Erbe des Besitzers ist oder die Fehlerhaftigkeit des Besitzes seines Vorgängers bei dem Erwerb kennt.

§ 859 Selbsthilfe des Besitzers

(1) Der Besitzer darf sich verbotener Eigenmacht mit Gewalt erwehren.
(2) Wird eine bewegliche Sache dem Besitzer mittels verbotener Eigenmacht weggenommen, so darf er sie dem auf frischer Tat betroffenen oder verfolgten Täter mit Gewalt wieder abnehmen.
(3) Wird dem Besitzer eines Grundstücks der Besitz durch verbotene Eigenmacht entzogen, so darf er sofort nach der Entziehung sich des Besitzes durch Entsetzung des Täters wieder bemächtigen.
(4) Die gleichen Rechte stehen dem Besitzer gegen denjenigen zu, welcher nach § 858 Abs. 2 die Fehlerhaftigkeit des Besitzes gegen sich gelten lassen muss.

§ 860 Selbsthilfe des Besitzdieners

Zur Ausübung der dem Besitzer nach § 859 zustehenden Rechte ist auch derjenige befugt, welcher die tatsächliche Gewalt nach § 855 für den Besitzer ausübt.

§ 861 Anspruch wegen Besitzentziehung

(1) Wird der Besitz durch verbotene Eigenmacht dem Besitzer entzogen, so kann dieser die Wiedereinräumung des Besitzes von demjenigen verlangen, welcher ihm gegenüber fehlerhaft besitzt.
(2) Der Anspruch ist ausgeschlossen, wenn der entzogene Besitz dem gegenwärtigen Besitzer oder dessen Rechtsvorgänger gegenüber fehlerhaft war und in dem letzten Jahre vor der Entziehung erlangt worden ist.

A. Einstweilige Verfügung auf Wiedereinräumung des Besitzes

1 I. Muster: Antrag auf einstweilige Verfügung auf Wiedereinräumung des Besitzes

▶ An das

Amtsgericht ■■■[1]

Antrag auf Erlass einer einstweiligen Verfügung

des ■■■ (Antragsteller[2])

Prozessbevollmächtigter:

gegen ■■■ (Antragsgegner[3])

wegen: Wiedereinräumung des Besitzes

Vorläufiger Streitwert: EUR ■■■[4]

Namens und mit Vollmacht des Antragstellers beantrage ich, im Wege der einstweiligen Verfügung – wegen Dringlichkeit ohne mündliche Verhandlung – für Recht zu erkennen:

Der Antragsgegner ist verpflichtet, den Grundstücksbereich an der ■■■ -Straße zwischen dem Lauf des ■■■-baches und dem Haus Nr. ■■■, der durch den gegenwärtig bestehenden Zaun gegenüber dem Hausgrundstück Nr. ■■■ abgegrenzt ist, an den Antragsteller herauszugeben.[5]

Begründung

Der Antragsteller macht einen Anspruch auf Herausgabe des Besitzes gemäß § 861 BGB gegenüber dem besitzenden Antragsgegner geltend.

I. Verfügungsanspruch

Der Antragsgegner ist Eigentümer des im Grundbuch von ■■■ – Amtsgericht ■■■ – Blatt ■■■ verzeichneten Grundstücks Flur ■■■ Flurstück ■■■. Er streitet seit Jahren mit dem Eigentümer des im Grundbuch von ■■■ – Amtsgericht ■■■ – verzeichneten Grundstücks Flur ■■■ Flurstück ■■■, dessen Grundstück der Antragssteller gepachtet hat, über den genauen Verlauf der Grundstücksgrenze. Bisher nutzte der Antragsteller den gesamten Grundstücksbereich von dem Haus Nr. ■■■ an der ■■■-Straße bis zum Lauf des ■■■-baches. Am ■■■[6] hat der Antragsteller einen Teil des Grundstücks zwischen dem Bachlauf und dem Haus ohne Einverständnis des Antragstellers durch einen Zaun abgetrennt, so dass der Antragssteller diesen Bereich nicht mehr nutzen kann, und nutzt diesen Grundstücksbereich für eigene Zwecke.

Glaubhaftmachung:[7] eidesstattliche Versicherung des Zeugen ■■■ – Anlage 1 –

Dem Antragsteller steht damit ein Anspruch auf Wiedereinräumung des Besitzes gegen den Antragsgegner als gegenwärtigem Besitzer des Grundstücks nach § 861 BGB zu.

II. Verfügungsgrund[8]

Der Antragsgegner hat sich durch verbotene Eigenmacht in den Besitz der Sachen gebracht. Für diesen Fall ist in der Rechtsprechung anerkannt, dass es keiner weiteren Darlegung eines Verfügungsgrundes bedarf, da sich dieser aus § 861 BGB selbst ergibt.

Der Erlass einer einstweiligen Verfügung, die aufgrund der Dringlichkeit ohne mündliche Verhandlung erfolgen sollte, ist somit geboten.

■■■

Rechtsanwalt ◄

II. Erläuterungen

[1] **Zuständigkeit.** Für den Erlass der einstweiligen Verfügung ist das **Prozessgericht der Hauptsache** zuständig (§§ 937 Abs. 1, 943 Abs. 1 ZPO), also das Gericht 1. oder 2. Instanz. Ist die Hauptsache noch nicht anhängig, richtet sich die sachliche Zuständigkeit nach dem Streitwert. Für Besitzklagen bei unbeweglichen Sachen ist zu beachten, dass nach § 24 Abs. 1 ZPO ausschließlich das Gericht örtlich zuständig ist, in dessen Bezirk die Sache belegen ist. Neben dem Prozessgericht ist nach § 942 Abs. 2 ZPO immer das Amtsgericht zuständig, in dessen Bezirk das Grundstück belegen ist. 2

[2] **Antragsteller.** Den Antrag kann der bisherige unmittelbare Besitzer, aber auch der mittelbare Besitzer nach § 869 S. 1 stellen. Auch dem Teilbesitzer stehen Besitzschutzansprüche hinsichtlich seines Besitzteils nach § 865 und dem Mitbesitzer nach § 866 zu. 3

[3] **Antragsgegner.** Die Besitzschutzansprüche richten sich **gegen den fehlerhaft Besitzenden,** selbst wenn er der Eigentümer sein sollte. Maßgeblich ist zunächst der Zeitpunkt der Einreichung des Antrags. Dadurch wird die betreffende Sache streitbefangen, dh die Weggabe der Sache nach Klageerhebung hat grundsätzlich auf den Prozess keinen Einfluss (§ 265 Abs. 2 ZPO), allerdings verliert der Antragsgegner bei unfreiwilligem Besitzverlust und Besitzaufgabe die Passivlegitimation. 4

[4] Der **Streitwert** ist vom Verkehrswert der betroffenen Sache abhängig (vgl § 6 ZPO). 5

6 [5] **Antragsziel.** Eigentlich soll der einstweilige Rechtschutz nur der vorläufigen Regelung eines Rechtsverhältnisses dienen, § 940 ZPO, jedoch kann im Rahmen des Besitzschutzes durch eine **Leistungsverfügung** die Herausgabe von Gegenständen verlangt werden, so dass bereits erschöpfend über den auch im Hauptsacheverfahren der Besitzschutzklage zu stellenden Antrag entschieden wird (Zöller/*Vollkommer*, § 940 Rn 8 Stichwort Herausgabe mwN).

7 [6] **Erlöschen des Anspruch.** Nach § 864 Abs. 1 erlischt der Anspruch aus Herausgabe nach § 861 mit dem Ablauf eines Jahres nach Verübung der verbotenen Eigenmacht.

8 [7] **Begründung des Antrags.** Der Anspruchsteller muss glaubhaft machen, dass er Besitzer der herauszugebenden Sache zum Zeitpunkt der Besitzentziehung war, dass der Antragsgegner ihm den Besitz durch **verbotene Eigenmacht** entzogen hat und dass die Sache sich im Besitz des Antragsgegners befindet. Der Anspruchsteller braucht nicht zu behaupten oder nachzuweisen, dass ihm ein Recht zum Besitz zusteht (BGHZ 79, 232, 236).

9 [8] **Verfügungsgrund.** Die einstweilige Verfügung kann idR ohne besonderen Verfügungsgrund (OLG Koblenz OLGR 2007, 553) oder ohne dessen Glaubhaftmachung (OLG Köln MDR 2000, 152) erlassen werden.

B. Herausgabeklage

10 I. Muster: Klage auf Herausgabe wegen Besitzentziehung

▶ An das

Amtsgericht ...[1]

Klage

des ...

– Kläger –[2]

Prozessbevollmächtigter: ...

gegen

den ...

– Beklagter –[3]

wegen: Herausgabe einer Sache[4]

Vorläufiger Streitwert: EUR ...

Namens und mit Vollmacht des Klägers erheben wir Klage und werden beantragen:

I. Der Beklagte wird verurteilt, den Fahrradständer (ca. 1 m breit und 1 m hoch) mit der Werbeaufschrift ... an den Kläger herauszugeben.[5]

II. Die Herausgabe kann nur innerhalb einer vom Gericht zu bestimmenden angemessenen Frist erfolgen.[6]

Begründung

Der Kläger und der Beklagter betreiben nebeneinander zwei Einzelhandelsgeschäfte. Der Kläger ist Eigentümer des im Klageantrag beschriebenen Fahrradständers, den er im öffentlichen Verkehrsraum vor seinem Ladenlokal aufstellte. Hierüber gab es in der Vergangenheit häufig Streit zwischen den Beteiligten, da der Beklagte die Ansicht vertrat, der Fahrradständer verstelle die Sicht auf seine Auslage. Nachdem es wieder einmal zum Streit zwischen den Beteiligten gekommen war, erklärte der Beklagte, er werde nun zur „Selbsthilfe" schreiten, entfernte den Fahrradständer und schloss ihn im Lagerraum seines Geschäfts ein.[7]

Beweis: Zeugnis des Herrn ..., zu laden beim Kläger.

Dem Kläger steht deshalb gegen den Beklagten ein Anspruch auf Wiedereinräumung des Besitzes nach § 861 BGB und ein Herausgabeanspruch nach § 985 BGB zu.

■■■

Rechtsanwalt ◄

II. Erläuterungen

[1] **Zuständigkeit.** Welches Gericht örtlich zuständig ist, richtet sich nach §§ 12–19 a ZPO. Wenn neben dem Anspruch aus § 861 auch eine Anspruch aus unerlaubter Haftung geltend gemacht wird, ist auch das Gericht zuständig, in dessen Bezirk die Handlung begangen wurde (§ 32 ZPO). Vom Streitwert (§ 6 ZPO) ist abhängig, welches Gericht sachlich zuständig ist. 11

[2] **Kläger.** Siehe Rn 3. 12

[3] **Beklagter.** Siehe Rn 4. 13

[4] **Anspruchsgrundlagen.** Der Herausgabeanspruch kann sich nicht nur aus § 861 Abs. 1, sondern auch aus §§ 823 Abs. 1, Abs. 2, 249, § 985 iVm § 1006 und aus § 1007 ergeben. Prozessual bilden diese konkurrierenden Ansprüche einen einheitlichen Streitgegenstand (str., wie hier Erman/*A. Lorenz*, § 861 Rn 6 mwN). 14

[5] **Nachteile der reinen Besitzschutzklage.** Die Besitzschutzklage hat den Nachteil, dass sie zu keiner endgültigen Klärung des Rechts zum Besitz führt. Trotz § 863 kann eine sog. **petitorische Widerklage** erhoben werden (HK-BGB/*Schulte-Nölke*, §§ 861–864 Rn 4). 15

[6] **Fristbestimmung im Urteil.** Nach Rechtskraft eines Herausgabetitels hat der Kläger die Wahl, ob er versucht, seinen Anspruch nach § 883 ZPO durchzusetzen, oder ob er unter den Voraussetzungen des § 281 Schadensersatz verlangt. Nach § 255 Abs. 1 ZPO kann der Kläger verlangen, dass die nach § 281 erforderliche Frist bereits im Urteil bestimmt wird. Da die Dauer der Frist im Ermessen des Gerichts liegt, braucht der Kläger im Klageantrag keine bestimmte Frist anzugeben. Die Frist beginnt mit der Rechtskraft des Urteils. 16

[7] **Behauptungs- und Beweislast.** Der Kläger muss seinen früheren Besitz, die Entziehung des Besitzes ohne seinen Willen durch den Beklagten oder dessen Vorgänger sowie den Besitz des Beklagten bei Eintritt der Rechthängigkeit behaupten und ggf beweisen. 17

§ 862 Anspruch wegen Besitzstörung

(1) [1]Wird der Besitzer durch verbotene Eigenmacht im Besitz gestört, so kann er von dem Störer die Beseitigung der Störung verlangen. [2]Sind weitere Störungen zu besorgen, so kann der Besitzer auf Unterlassung klagen.
(2) Der Anspruch ist ausgeschlossen, wenn der Besitzer dem Störer oder dessen Rechtsvorgänger gegenüber fehlerhaft besitzt und der Besitz in dem letzten Jahre vor der Störung erlangt worden ist.

A. Muster: Klage auf Unterlassung einer Besitzstörung 1

► An das

Amtsgericht ■■■[1] 653

Klage

des ■■■

– Kläger –[2]

Prozessbevollmächtigter: ■■■

gegen

den ■■■

– Beklagter –[3]

wegen: Beseitigung einer Besitzstörung

Vorläufiger Streitwert: EUR ■■■.

Namens und mit Vollmacht des Klägers erheben wir Klage und werden beantragen:

1. Der Beklagte wird verurteilt, es künftig zu unterlassen, in der Zeit zwischen 13.00 und 15.00 Uhr auf seinem Grundstück in ■■■, Flur ■■■ Flurstück ■■■, Rasen zu mähen.[4]
2. Für jeden Fall der Zuwiderhandlung wird dem Beklagten angedroht, dass
   a) ein Ordnungsgeld bis zu EUR 250.000,00 gegen ihn festgesetzt werden kann und dass dieses Ordnungsgeld für den Fall, dass es nicht beigetrieben werden kann, Ordnungshaft nach sich ziehen kann, oder
   b) Ordnungshaft bis zu 6 Monaten gegen ihn festgesetzt werden kann.[5]

Begründung

Der Beklagte ist Eigentümer des Grundstücks in ■■■ Flur ■■■ Flurstück ■■■ . Das Grundstück ist bebaut mit einem Einfamilienreihenhaus. Der Kläger ist Mieter des Nachbarhauses. Der Beklagte hat die Angewohnheit, wöchentlich einmal in der Zeit von März bis Oktober den Rasen in seinem Garten genau in der Mittagszeit zwischen 13.00 und 15.00 Uhr zu mähen. Der Kläger hat ihn bereits mehrmals gebeten, den Rasen außerhalb der Mittagszeit zu mähen, da ihn die dadurch verursachten Geräusche bei seiner Mittagsruhe stören. Darauf erklärte der Beklagte, er werde auch weiter zu dieser Zeit mähen, da sein Rasenmäher so geringe Geräusche verursache, dass er es sich nicht vorstellen könne, dass sie den Kläger störten. Davon abgesehen, habe ihm der Kläger als Mieter ohnehin nichts zu sagen, dies könne nur der Eigentümer des Hauses und dieser habe sich, während er in dem Haus gewohnt hätte, nie beschwert.[6]

Beweis: Zeugnis der Frau ■■■, ■■■.

Frau ■■■ lebt mit dem Kläger in dem gemieteten Haus zusammen und war am ■■■ anwesend, als sich der Beklagte in der eben geschilderten Weise gegenüber dem Kläger äußerte.

Daher ist zu befürchten, dass der Beklagte auch künftig den Rasen während der Mittagszeit mähen und dadurch den Besitz des Klägers stören wird.[7]

■■■

Rechtsanwalt ◄

B. Erläuterungen

2 [1] **Zuständigkeit.** Nach § 24 Abs. 1 ZPO ist für Besitzklagen bei unbeweglichen Sachen ausschließlich das Gericht örtlich zuständig, in dessen Bezirk die Sache belegen ist. Für sonstige Besitzklagen s. § 861 Rn 1 ff. Die sachliche Zuständigkeit richtet sich nach dem Streitwert, der gemäß § 3 ZPO nach dem Interesse der Klägers an der Beseitigung/Unterlassung der Besitzstörung zu schätzen ist (Zöller/*Herget*, § 3 Rn 16 Stichwort Unterlassung).

3 [2] **Kläger.** Aktivlegitimiert sind der unmittelbare (Eigen- oder Fremd-)Besitzer und (iVm § 869) der mittelbare Besitzer, nicht jedoch ein Besitzdiener. Der Anspruch wegen Besitzstörung ist nicht ohne Übertragung des Besitzes abtretbar und erlischt mit Besitzübertragung (BGH NJW 2008, 580, 581).

[3] **Beklagter.** Richtiger Beklagter ist derjenige, dem die verbotene Eigenmacht gem. §§ 858–860 zuzurechnen ist und dessen Wille für die Beeinträchtigung und ihre Fortdauer maßgebend ist. 4

[4] Der **Klageantrag** ist auf Beseitigung, dh Abstellen für die Zukunft, oder Unterlassung der Besitzstörung zu richten, die so konkret bezeichnet werden muss, dass die für die Zwangsvollstreckung notwendige Bestimmtheit gesichert ist (Palandt/*Bassenge*, § 862 Rn 12). Zur Möglichkeit einer einstweiligen Verfügung s. § 861 Rn 1 ff. 5

[5] **Ordnungsmittel.** § 890 ZPO – der Antrag braucht ein bestimmtes Ordnungsmittel und dessen Höhe nicht zu bezeichnen. 6

[6] Der Kläger trägt die **Behauptungs- und Beweislast** für seinen Besitz, die Störung bzw die drohende Beeinträchtigung. 7

[7] **Wiederholungsgefahr.** Voraussetzung des Unterlassungsanspruchs ist die konkrete Gefahr der Wiederholung der Besitzstörung. Nach vorausgehender Beeinträchtigung ist vielfach Wiederholungsgefahr zu vermuten. 8

§ 863 Einwendungen des Entziehers oder Störers

Gegenüber den in den §§ 861, 862 bestimmten Ansprüchen kann ein Recht zum Besitz oder zur Vornahme der störenden Handlung nur zur Begründung der Behauptung geltend gemacht werden, dass die Entziehung oder die Störung des Besitzes nicht verbotene Eigenmacht sei.

§ 864 Erlöschen der Besitzansprüche

(1) Ein nach den §§ 861, 862 begründeter Anspruch erlischt mit dem Ablauf eines Jahres nach der Verübung der verbotenen Eigenmacht, wenn nicht vorher der Anspruch im Wege der Klage geltend gemacht wird.
(2) Das Erlöschen tritt auch dann ein, wenn nach der Verübung der verbotenen Eigenmacht durch rechtskräftiges Urteil festgestellt wird, dass dem Täter ein Recht an der Sache zusteht, vermöge dessen er die Herstellung eines seiner Handlungsweise entsprechenden Besitzstands verlangen kann.

§ 865 Teilbesitz

Die Vorschriften der §§ 858 bis 864 gelten auch zugunsten desjenigen, welcher nur einen Teil einer Sache, insbesondere abgesonderte Wohnräume oder andere Räume, besitzt.

§ 866 Mitbesitz

Besitzen mehrere eine Sache gemeinschaftlich, so findet in ihrem Verhältnis zueinander ein Besitzschutz insoweit nicht statt, als es sich um die Grenzen des den einzelnen zustehenden Gebrauchs handelt.

§ 867 Verfolgungsrecht des Besitzers

[1]Ist eine Sache aus der Gewalt des Besitzers auf ein im Besitz eines anderen befindliches Grundstück gelangt, so hat ihm der Besitzer des Grundstücks die Aufsuchung und die Wegschaffung zu gestatten, sofern nicht die Sache inzwischen in Besitz genommen worden ist. [2]Der Besitzer des Grundstücks kann Ersatz des durch die Aufsuchung und die Wegschaffung entstehenden Schadens verlangen. [3]Er kann, wenn die Entstehung eines Schadens zu besorgen ist, die Gestattung verweigern, bis ihm Sicherheit geleistet wird; die Verweigerung ist unzulässig, wenn mit dem Aufschub Gefahr verbunden ist.

§ 868 Mittelbarer Besitz

Besitzt jemand eine Sache als Nießbraucher, Pfandgläubiger, Pächter, Mieter, Verwahrer oder in einem ähnlichen Verhältnis, vermöge dessen er einem anderen gegenüber auf Zeit zum Besitz berechtigt oder verpflichtet ist, so ist auch der andere Besitzer (mittelbarer Besitz).

A. Begründung des Besitzmittlungsverhältnisses

1 ### I. Muster: Begründung eines Besitzmittlungsverhältnisses

▶ Zur Sicherung der Ansprüche des Sicherungsnehmers überträgt der Sicherungsgeber ihm das Eigentum[1] an den in der Anlage näher bezeichneten Maschinen (Sicherungsgut).[2] Die Übergabe des Sicherungsgutes wird dadurch ersetzt, dass der Sicherungsgeber es für den Sicherungsnehmer in Zukunft sorgfältig unentgeltlich verwahrt.[3] Soweit Dritte unmittelbar Besitz am Sicherungsgut erlangen, tritt der Sicherungsgeber seine bestehenden und künftigen Herausgabeansprüche an den Sicherungsnehmer ab. Der Sicherungsgeber ist weiter befugt das Sicherungsgut zu nutzen. ◀

II. Erläuterungen

2 **[1] Voraussetzung des Eigentumsübergangs.** Nach § 930 kann Eigentum an einer Sache auch ohne Übergabe erworben werden, wenn der Veräußerer im Besitz der Sache ist und der Erwerber mittelbaren Besitz an ihr erlangt.

3 **[2] Bestimmtheitsgrundsatz.** Aufgrund des sachenrechtlichen Bestimmtheitsgrundsatzes ist mittelbarer Besitz nur an existierenden und individuell bestimmten Sachen möglich.

4 **[3] Besitzmittlungsverhältnis.** Zur Begründung von mittelbarem Besitz müssen die Beteiligten ein sog. Besitzmittlungsverhältnis vereinbaren, aufgrund dessen der mittelbare Besitzer (Erwerber) zur Überlassung der Sache verpflichtet ist und gegen den unmittelbaren Besitzer (Veräußerer) einen irgendwie gearteten Herausgabeanspruch hat. Ein solches Besitzmittlungsverhältnis kann nicht nur aufgrund der in § 868 genannten Vertragstypen begründet werden. Vielmehr genügt jede Vereinbarung zwischen den Beteiligten, die Rechte und Pflichten zum Besitz begründet. Heute ist allgemein anerkannt, dass die Rechtsbeziehungen zwischen Sicherungsgeber und Sicherungsnehmer bei der **Sicherungsübereignung** ein wirksames Besitzmittlungsverhältnis begründen (BGH NJW-RR 2005, 280, 281). Weiter muss der Besitzmittler den Willen haben, nicht für sich selber, sondern für den mittelbaren Besitzer zu besitzen. Dieser Wille muss nach außen erkennbar sein.

B. Beendigung des mittelbaren Besitzes

5 ### I. Muster: Beendigung des mittelbaren Besitzes im Rahmen eines Kaufvertrages

▶ **Beurkundung im Rahmen eines Kaufvertrages**

Der Käufer hat den Kaufgegenstand gepachtet. Die aus dem Pachtvertrag resultierenden Rechte und Pflichten bestehen bis zu dem Zeitpunkt, zu dem der Käufer als Eigentümer im Grundbuch eingetragen wird[1], nach Maßgabe der nachfolgenden Abreden fort:

Der vom Käufer geschuldete jährliche Pachtzins verringert sich in dem Verhältnis der bis zum Eingang des Kaufpreises beim Verkäufer verstrichenen Zeit des Pachtjahres zum Gesamtpachtjahr.

Ansprüche des Verkäufers gegen den Käufer auf Zahlung anteiliger und/oder rückständiger Pachtzinsen aus dem bezeichneten Pachtvertrag bleiben hiervon unberührt.

Der Besitz am Kaufgegenstand sowie Nutzungen, Lasten und Abgaben, insbesondere die Pflicht, die Grundsteuer und Gebühren zu den Wasser- und Bodenverbänden zu tragen, die Gefahr und die Verkehrssicherungspflicht gehen, soweit sie nicht bereits mit dem Pachtvertrag auf den Käufer übergegangen sind, mit vollständiger Kaufpreiszahlung auf den Käufer über. Regelmäßig wiederkehrende Lasten sind zwischen den Parteien entsprechend der Dauer ihrer jeweiligen Verpflichtung diese zu tragen auszugleichen.

Sofern der Käufer jedoch die auf dem Kaufgegenstand ruhenden Lasten und/oder die Verkehrssicherungspflicht bereits aufgrund des Pachtvertrages vor Besitzübergang zu tragen hatte, verbleibt es hierbei. Dem Käufer stehen insoweit insbesondere keine Ansprüche auf Aufwendungsersatz gegen den Verkäufer zu. ◀

II. Erläuterungen

[1] **Beendigung des Besitzmittlungsverhältnisses.** Der mittelbare Besitz endet, wenn das Rechtsverhältnis im Sinne des § 868 erlischt und der darauf beruhende Herausgabeanspruch des mittelbaren Besitzers sich erledigt (RGRK/*Kregel*, § 868 Rn 20). Hier endet das Besitzmittlungsverhältnis spätestens in dem Zeitpunkt der Eintragung des Käufers im Grundbuch, da in diesem Zeitpunkt der Herausgabeanspruch des Verkäufers endgültig erlischt. 6

§ 869 Ansprüche des mittelbaren Besitzers

[1]Wird gegen den Besitzer verbotene Eigenmacht verübt, so stehen die in den §§ 861, 862 bestimmten Ansprüche auch dem mittelbaren Besitzer zu. [2]Im Falle der Entziehung des Besitzes ist der mittelbare Besitzer berechtigt, die Wiedereinräumung des Besitzes an den bisherigen Besitzer zu verlangen; kann oder will dieser den Besitz nicht wieder übernehmen, so kann der mittelbare Besitzer verlangen, dass ihm selbst der Besitz eingeräumt wird. [3]Unter der gleichen Voraussetzung kann er im Falle des § 867 verlangen, dass ihm die Aufsuchung und Wegschaffung der Sache gestattet wird.

§ 870 Übertragung des mittelbaren Besitzes

Der mittelbare Besitz kann dadurch auf einen anderen übertragen werden, dass diesem der Anspruch auf Herausgabe der Sache abgetreten wird.

A. Muster: Übertragung des mittelbaren Besitzes 1

▶ **Beurkundung im Rahmen eines Kaufvertrages über eine Eigentumswohnung**

Die verkaufte Eigentumswohnung ist vermietet. Der Verkäufer tritt hiermit dem Käufer seinen Herausgabeanspruch[1] aus dem Mietverhältnis ab, allerdings aufschiebend bedingt auf den Monatsersten, der der vollständigen Kaufpreiszahlung folgt, so dass in diesem Zeitpunkt der Käufer mittelbarer Besitzer des Kaufgegenstandes wird. Der Verkäufer bevollmächtigt den Käufer, dem Mieter die Abtretung anzuzeigen.[2]

Mit dem Übergang des mittelbaren Besitzes gehen – vorbehaltlich der Regelungen des Mietvertrages – Nutzungen, Lasten und Gefahr sowie alle mit dem Kaufgegenstand verbundenen öffentlich-rechtlichen Verpflichtungen ferner alle Rechte und Pflichten aus bestehenden Versicherungsverträgen und die Verkehrssicherungspflicht auf den Käufer über. ◀

B. Erläuterungen

[1] **Abtretung des Herausgabeanspruchs.** § 870 bestimmt den einzigen Weg, durch den der mittelbare Besitz übertragen werden kann. Der bisherige mittelbare Besitzer muss dem Erwerber 2

den Herausgabeanspruch, der ihm gegen den Besitzmittler aufgrund nach § 868 zusteht, abtreten. Für die Abtretung des Herausgabeanspruchs und ihre Rechtwirkungen gelten die allgemeinen Grundsätze der §§ 398 ff. Sie bedarf keiner besonderen Form.

3 [2] **Beteiligung des mittelbaren Besitzers.** Der mittelbare Besitzer braucht bei der Besitzübertragung nicht mitzuwirken. Jedoch ist zu berücksichtigen, dass das Bestehen eines Besitzmittlungsverhältnisses von dem nach außen getragenen Willen des Besitzmittlers abhängt (NK-BGB/*Hoeren*, § 870 Rn 4).

§ 871 Mehrstufiger mittelbarer Besitz

Steht der mittelbare Besitzer zu einem Dritten in einem Verhältnis der in § 868 bezeichneten Art, so ist auch der Dritte mittelbarer Besitzer.

§ 872 Eigenbesitz

Wer eine Sache als ihm gehörend besitzt, ist Eigenbesitzer.

Abschnitt 2 Allgemeine Vorschriften über Rechte an Grundstücken

§ 873 Erwerb durch Einigung und Eintragung

(1) Zur Übertragung des Eigentums an einem Grundstück, zur Belastung eines Grundstücks mit einem Recht sowie zur Übertragung oder Belastung eines solchen Rechts ist die Einigung des Berechtigten und des anderen Teils über den Eintritt der Rechtsänderung und die Eintragung der Rechtsänderung in das Grundbuch erforderlich, soweit nicht das Gesetz ein anderes vorschreibt.
(2) Vor der Eintragung sind die Beteiligten an die Einigung nur gebunden, wenn die Erklärungen notariell beurkundet oder vor dem Grundbuchamt abgegeben oder bei diesem eingereicht sind oder wenn der Berechtigte dem anderen Teil eine den Vorschriften der Grundbuchordnung entsprechende Eintragungsbewilligung ausgehändigt hat.

1 **A. Muster: Antrag auf Eintragung eines Nießbrauchs in das Grundbuch**

▶ An das Amtsgericht ▪▪▪

– Grundbuchamt –[1]

Der Eigentümer[2] des im Grundbuch von ▪▪▪ Blatt ▪▪▪ eingetragenen Grundstücks Flur ▪▪▪ Flurstück ▪▪▪ bewilligt[3] und beantragt[4] zugunsten der Berechtigten.[5] Herrn ▪▪▪ und Frau ▪▪▪, als Gesamtberechtigten nach § 428 BGB[6] die Eintragung eines lebtäglichen Nießbrauchs.[7] Der Jahreswert des bewilligten Rechts wird mit ▪▪▪ EUR angegeben.[8]

▪▪▪

Notarielle beglaubigte Unterschrift des Eigentümers. ◀

B. Erläuterungen

2 [1] **Anwendungsbereich.** § 873 ist anwendbar auf die Übertragung des Eigentums an einem Grundstück, die Neubegründung und Übertragung von Rechten an Grundstücken und grundstückgleichen Rechten und für die Belastung eines Rechts an einem Grundstück oder grund-

stücksgleichen Recht. Ein Rechtsübergang nach § 873 setzt eine **rechtsgeschäftliche Einigung der Beteiligten** und die **Eintragung der Rechtsänderung im Grundbuch** voraus. Das Eintragungsprinzip wird durchbrochen bei der Übertragung von Briefgrundpfandrechten und Sicherungshypotheken für Inhaber- und Orderpapiere sowie bei Belastung solcher Rechte mit einem Nießbrauch oder Pfandrecht. Die Einigung ist grundsätzlich formfrei und sogar durch schlüssige Handlung möglich. Lediglich die Einigung über den Eigentumsübergang bedarf der besonderen Form der Auslassung nach § 925.

[2] **Verfügender.** Die Einigung kann auf der Passivseite nur vom Berechtigten erklärt werden, als von demjenigen, der Inhaber des Rechts ist, das übertragen oder belastet werden soll. 3

[3] **Eintragung im Grundbuch.** Damit die beabsichtigte Rechtsänderung eintritt, muss die Einigung in das Grundbuch eingetragen werden. Das Eintragungsverfahren ist in der Grundbuchordnung (GBO) iVm der Grundbuchverfügung (GBV) geregelt. Verfahrensrechtlich ist für die Eintragung die **Bewilligung des Betroffenen** (§ 19 GBO) und der Eintragungsantrag nach § 13 GBO erforderlich. Nur in den Fällen des § 20 GBO muss die Einigung dem Grundbuchamt nachgewiesen werden. Obwohl Einigung und Bewilligung in derselben Erklärung enthalten sein können, sind es zwei unterschiedliche Rechtsakte, die getrennt zu beurteilen sind. Adressat der Bewilligung ist das Grundbuchamt. Die Bewilligung muss der Form des § 29 GBO genügen. 4

[4] Den **Eintragungsantrag** können bei der Bestellung eines Rechts der Eigentümer und der Berechtigte stellen, bei der Eigentumsumschreibung Veräußerer und Erwerber sowie bei einer Abtretung Zedent und Zessionar, hier aber nicht der Eigentümer. Der Eintragungsantrag bedarf grundsätzlich keiner besonderen Form. Nur wenn er eine zu der Eintragung erforderliche Erklärung ersetzen soll, ist nach § 30 GBO die Form des § 29 GBO erforderlich. 5

[5] **Erwerber.** Grundsätzlich können nur natürliche (§ 1) und juristische Personen Liegenschaftsrechte erwerben. Eine Ausnahme lässt die hM jedoch bei der Eintragung von Hypotheken für noch nicht erzeugte Kinder zu. 6

Ein **eingetragener Kaufmann** kann nur unter seinem bürgerlichen Namen und nicht unter seiner Firma Grundstücksrechte erwerben. **OHG** und **KG** können seit jeher unter ihrer Firma im Grundbuch eingetragen werden (§ 15 Abs. 1 lit. b GBV). 7

Bei der **Gesellschaft bürgerlichen Rechts** war lange Zeit umstritten, unter welcher Bezeichnung sie Rechte im Grundbuch erwerben kann. Der Bundesgerichtshof (BGHZ 179, 102, 112 Rn 20 ff) hat nun festgestellt, dass die Gesellschaft bürgerlichen Rechts grundsätzlich unter der Bezeichnung einzutragen ist, die von ihren Gesellschaftern für das Auftreten der Gesellschaft im Rechtsverkehr vereinbart ist. Nach § 47 Abs. 2 S. 1 GBO müssen allerdings auch deren Gesellschafter im Grundbuch eingetragen werden. Gleiches muss nach § 54 für den nicht rechtsfähigen Verein gelten. 8

Nach § 15 Abs. 1 lit. a) GBV ist bei natürlichen Personen der Name (Vorname und Familienname) sowie der Beruf und der Wohnort in das Grundbuch einzutragen. Statt des Berufs und des Wohnortes kann auch das Geburtsdatum angegeben werden. Bei juristischen Personen, Handels- und Partnerschaftsgesellschaften sind der Name oder die Firma und der Sitz anzugeben. 9

[6] **Gemeinschaftsverhältnis.** Erwerben mehrere Personen ein Recht, müssen sich alle Erwerber mit dem Berechtigten darüber einigen, in welchem Gemeinschaftsverhältnis das Recht erworben wird. Das Gemeinschaftsverhältnis muss im Grundbuch eingetragen werden (§ 47 GBO). Welche Form der gemeinschaftlichen Berechtigung, die das bürgerliche Recht kennt – Bruchteilsgemeinschaft (§§ 741 ff iVm §§ 1008 ff); Gesamthandsberechtigung (Gütergemeinschaft §§ 1416 ff, § 7 LPartG; §§ 2032 ff Erbengemeinschaft); Gesamtsberechtigung nach § 428; Gemeinschaftszuständigkeit nach § 432 (str.); „anwachsende Mitgläubigerschaft" nach §§ 461, 472 bzw 472 iVm § 1098 (BGH MittBayNot 1998, 28, 29; kritisch *Demharter*, MittbayNot 10

1998, 16); Berechtigung nach § 2151 –, im Einzelfall zulässig ist, hängt von der Art des betroffenen Rechts ab (*Wegmann*, in: Bauer/v.Oefele, GBO, § 47 Rn 57 ff).

11 [7] **Inhalt der Einigung.** Die Einigung und auch die Bewilligung müssen Art und Umfang des Rechts, das entstehen soll, sowie dessen Inhalt festlegen. Wird der Inhalt eines Rechts – wie hier der typische Nießbrauch – bereits vom Gesetz hinreichend beschrieben, genügt seine allgemeine Bezeichnung. Kann dem Gesetz dagegen nicht der genaue Inhalt des Rechts entnommen werden, ist es erforderlich, dass die Beteiligten diesen Inhalt präzisieren.

12 [8] **Kosten.** Grundlage der Wertbestimmung eines Nießbrauchs ist der jährliche Nutzungswert, der ggf nach § 24 Abs. 5 KostO auf der Grundlage des Verkehrswerts des betroffenen Grundstücks zu bestimmen ist.

13 (a) **Notarkosten.** Fertigt der Notar den Entwurf, erhält er für die Beglaubigung eine 5/10 Gebühr nach § 38 Abs. 2 Nr. 5 a KostO. Beglaubigt er nur die Unterschrift, erhält er eine 1/4-Gebühr gem. § 45 Abs. 1 KostO, die auf höchstens 130 EUR begrenzt ist.

(b) **Gerichtskosten.** Das Gericht erhebt für die Eintragung eines Nießbrauchs oder einer anderen Belastung eine volle Gebühr nach § 62 Abs. 1 KostO, soweit nicht Abs. 2 eingreift.

§ 874 Bezugnahme auf die Eintragungsbewilligung

Bei der Eintragung eines Rechts, mit dem ein Grundstück belastet wird, kann zur näheren Bezeichnung des Inhalts des Rechts auf die Eintragungsbewilligung Bezug genommen werden, soweit nicht das Gesetz ein anderes vorschreibt.

§ 875 Aufhebung eines Rechts

(1) [1]Zur Aufhebung eines Rechts an einem Grundstück ist, soweit nicht das Gesetz ein anderes vorschreibt, die Erklärung des Berechtigten, dass er das Recht aufgebe, und die Löschung des Rechts im Grundbuch erforderlich. [2]Die Erklärung ist dem Grundbuchamt oder demjenigen gegenüber abzugeben, zu dessen Gunsten sie erfolgt.
(2) Vor der Löschung ist der Berechtigte an seine Erklärung nur gebunden, wenn er sie dem Grundbuchamt gegenüber abgegeben oder demjenigen, zu dessen Gunsten sie erfolgt, eine den Vorschriften der Grundbuchordnung entsprechende Löschungsbewilligung ausgehändigt hat.

A. Löschungsbewilligung und -antrag für ein Recht in Abt. II

1 I. Muster: Löschungsbewilligung und -antrag für ein Recht in Abt. II

▶ An das Amtsgericht ■■■
– Grundbuchamt –

Im Grundbuch von ■■■ Blatt ■■■ ist in Abt. II unter lfd. Nr. ■■■ ein Wohnungsrecht[1] für den Berechtigten ■■■ eingetragen. Der Berechtigte ■■■ bewilligt[2] und beantragt[3] die Löschung dieses Rechts im Grundbuch.[4]

■■■

Notarielle beglaubigte Unterschrift des Berechtigten.[5] ◄

II. Erläuterungen

[1] **Anwendungsbereich.** § 875 regelt nur die **rechtsgeschäftliche Aufhebung** von Rechten an einem Grundstück und grundstücksgleichen Rechten, nicht dagegen die Aufhebung von Rechten an sonstigen Grundstücksrechten. Auf die Aufhebung einer Vormerkung oder den Verzicht auf die Rechtsposition aus einem Widerspruch ist § 875 entsprechend anwendbar. Die Aufgabe des Eigentums an einem Grundstück ist in § 928 Abs. 1 geregelt. 2

[2] **Voraussetzungen der Aufhebung.** Materiellrechtlich sind für die Aufhebung eines Rechts an einem Grundstück die **Aufgabeerklärung des Rechtsinhabers**, die keiner besonderen Form bedarf, und die **Löschung des Rechts im Grundbuch** erforderlich. Soll ein unmittelbar oder mittelbar belastetes Recht aufgehoben werden, ist materiellrechtlich weiter die **Zustimmung der Drittberechtigten** erforderlich (s. § 876 Rn 5, 10). 3

Formellrechtlich ist zur Löschung eines Rechts die **Löschungsbewilligung des Berechtigen** in öffentlicher oder öffentlich beglaubigter Urkunde (§§ 19, 29, 30 GBO) erforderlich, die in der Regel zugleich die materiellrechtliche Aufgabeerklärung enthält. Die Zustimmung des Eigentümers ist grundsätzlich nicht erforderlich (s. Rn 8).

[3] **Löschungsantrag.** Nach § 13 Abs. 1 GBO wird das Recht nur auf Antrag gelöscht. Antragsberechtigt sind sowohl der Berechtigte als auch der Eigentümer. Der Berechtigte wird allerdings häufig den Löschungsantrag nicht stellen wollen, da er mit dem Antrag Kostenschuldner für die Löschung im Grundbuch wird. Gleich- oder nachrangig Berechtigte sind nicht Antragsberechte, da sie durch die Aufhebung des Rechts nur mittelbar begünstigt werden (Staudinger/*Gursky*, § 875 Rn 52). 4

[4] **Anzeigepflicht gegenüber dem Finanzamt.** Nach § 34 Abs. 1 ErbStG/§ 8 Abs. 2 ErbStDV hat der Notar alle Beurkundungen dem Finanzamt anzuzeigen, die für die Festsetzung der Erbschaftsteuer (Schenkungsteuer) von Bedeutung sein können. Wird in einer notariellen Urkunde ein Recht ohne erkennbare Gegenleistung aufgehoben, ist der Notar deshalb verpflichtet, dem Finanzamt das Rechtsgeschäft anzuzeigen. Da im Gegensatz zu § 18 Abs. 1 GrEStG die Unterschriftsbeglaubigung nicht ausdrücklich in § 34 ErbStG erwähnt wird, ist umstritten, ob sich die Anzeigepflicht auch auf Unterschriftsbeglaubigungen bezieht, wenn der Notar die zur Beglaubigung vorgesehene Urkunde entworfen hat. Unter Hinweis, dass mit dem Ausschluss der Unterschriftsbeglaubigungen ein ganzer Bereich von der Anzeigepflicht ausgenommen werde und die Beglaubigung verfahrensrechtlich als sonstige Beurkundung zu qualifizieren sei, wird die Ansicht vertreten, die Anzeigepflicht bestehe auch, wenn der Notar die zur Beglaubigung vorgesehene Urkunde entworfen habe (*Küperkoch*, RNotZ 2002, 297, 304). Hiergegen spricht, dass der Gesetzgeber bei der Aufnahme des § 34 ErbStG in das Gesetz den älteren § 18 GrEStG kannte und deshalb **bewusst die Beglaubigung ausklammerte.** Außerdem ist es methodisch unzulässig, Ausnahmevorschriften wie den § 34 ErbStG erweiternd auszulegen. 5

[5] **Kosten.** 6

(a) **Notarkosten.** Gebührentatbestände s. § 873 Rn 13. Der Geschäftswert bestimmt sich nach dem Wert des Rechts (hier § 24 KostO).

(b) **Gerichtskosten.** Das Gericht erhebt gem. § 68 KostO für die Löschung die Hälfte der für die Eintragung bestimmte Gebühr, in den Fällen des § 62 KostO (wie hier bei der Löschung eines Wohnungsrechts) eine 5/10-Gebühr, in den Fällen des § 66 KostO uU eine 1/4-Gebühr. Der Geschäftswert entspricht dem der Eintragung des Rechts.

B. Löschungsbewilligung für ein Recht in Abt. III und Löschungsantrag des Eigentümers

7 I. Muster: Löschungsbewilligung für ein Recht in Abt. III und Löschungsantrag des Eigentümers

► An das Amtsgericht ▪▪▪

– Grundbuchamt –

Im Grundbuch von ▪▪▪ Blatt ▪▪▪ ist in Abt. III unter lfd. Nr. ▪▪▪ eine Briefgrundschuld in Höhe von ▪▪▪ für den Gläubiger ▪▪▪ eingetragen. Der Gläubiger ▪▪▪ bewilligt[1] unter Vorlage des Grundschuldbriefes.[2] dieses Recht samt allen Nebeneinträgen und etwaigen Löschungsvormerkungen zu löschen. Der Eigentümer beantragt zustimmend die Löschung des Rechts.[3] Die Kosten trägt der Eigentümer.

▪▪▪

Notarielle beglaubigte Unterschrift des Berechtigten und des Eigentümers.[4] ◄

II. Erläuterungen

8 [1] **Löschungsvoraussetzungen bei Grundpfandrechten.** Bei Grundpfandrechten unterscheidet man den Verzicht und die Aufhebung. Der Verzicht (§ 1168) ist ohne Zustimmung des Eigentümers möglich und führt dazu, dass das Grundpfandrecht zur Eigentümergrundschuld wird. Für die Aufhebung, die zum Erlöschen des Rechts führt, ist nach § 875 materiell-rechtlich die **Aufgabeerklärung des Gläubigers** und die **Löschung des Rechts im Grundbuch** erforderlich, zusätzlich bedarf es nach § 1183 der **Zustimmung des Eigentümers.** Für die Pfandfreigabe einzelner Objekte aus einer Gesamtbelastung bedarf es einer Löschungszustimmung des Eigentümers allerdings nicht (NK-BGB/*Th. Krause*, § 1183 Rn 4). Die Zustimmungserklärung ist formlos gültig. Sie ist von der nach §§ 19, 27 S. 1 GBO zusätzlich verfahrensrechtlich erforderlichen Eigentümerzustimmung zu unterscheiden, auch wenn beide Erklärungen regelmäßig in einer Erklärung zusammengefasst sind. Die Eigentümerzustimmung nach §§ 19, 27 S. 1 GBO muss Form des § 29 GBO genügen.

9 [2] **Briefvorlage.** Nach §§ 41 und 42 GBO muss bei Briefrechten zur Löschung der Brief vorgelegt werden.

10 [3] **Entbehrlichkeit der Eigentümerzustimmung.** Einer ausdrücklichen Zustimmungserklärung des Eigentümers bedarf es nicht, da im Löschungsantrag seine Zustimmung zu sehen ist (BayObLG Rpfleger 1973, 404; OLG Frankfurt Rpfleger 1980, 63, 64).

11 [4] **Kosten.** Siehe Rn 6.

§ 876 Aufhebung eines belasteten Rechts

[1]Ist ein Recht an einem Grundstück mit dem Recht eines Dritten belastet, so ist zur Aufhebung des belasteten Rechts die Zustimmung des Dritten erforderlich. [2]Steht das aufzuhebende Recht dem jeweiligen Eigentümer eines anderen Grundstücks zu, so ist, wenn dieses Grundstück mit dem Recht eines Dritten belastet ist, die Zustimmung des Dritten erforderlich, es sei denn, dass dessen Recht durch die Aufhebung nicht berührt wird. [3]Die Zustimmung ist dem Grundbuchamt oder demjenigen gegenüber zu erklären, zu dessen Gunsten sie erfolgt; sie ist unwiderruflich.

A. Aufhebung eines mit einer Vormerkung belasteten Rechts

I. Muster: Aufhebung eines mit einer Vormerkung belasteten Rechts 1

▶ An das Amtsgericht ▪▪▪ 660

– Grundbuchamt –

Im Grundbuch von ▪▪▪ Blatt ▪▪▪ ist in Abt. III unter lfd. Nr. ▪▪▪ eine Buchgrundschuld in Höhe von ▪▪▪ für den Gläubiger ▪▪▪ eingetragen. Diese Grundschuld ist mit einer Vormerkung zugunsten des Vormerkungsberechtigten ▪▪▪ belastet, die den Anspruch des Vormerkungsberechtigten auf Übertragung der Grundschuld schützt.[1], [2] Der Gläubiger ▪▪▪ bewilligt[3] die Löschung dieses Recht. Der Vormerkungsberechtigte stimmt der Löschung zu[4] und der Eigentümer beantragt die Löschung des Rechts.[5] Die Kosten trägt der Eigentümer.

▪▪▪

Notarielle beglaubigte Unterschrift des Gläubigers, des Vormerkungsberechtigten und des Eigentümers.[6] ◀

II. Erläuterungen

[1] Der unmittelbare **Anwendungsbereich** des § 876 S. 1 ist sehr eingeschränkt. Für die Aufhebung von nießbrauchs- bzw pfandrechtsbelasteten Rechten finden sich Sonderregelungen in §§ 1071 Abs. 1 und 1276 Abs. 1, so dass für § 876 S. 1 unmittelbar nur die Fälle einer Belastung von grundstücksgleichen Rechten verbleiben (Staudinger/*Gursky*, § 876 Rn 10). Analog ist § 876 u.a. anwendbar auf die Aufhebung eines mit einer Vormerkung oder einem Widerspruch belasteten Rechts (zum weiteren Anwendungsbereich NK-BGB/*U. Krause*, § 876 Rn 4 ff). 2

[2] Ausnahme Löschungsvormerkung. Sichert die Vormerkung nur die Löschung des Rechts, ist die Zustimmung des Vormerkungsberechtigten nicht erforderlich, da seine Rechtsposition durch die Löschung nicht beeinträchtigt wird. 3

[3] Erklärung des Rechtsinhabers. Siehe § 875 Rn 3. 4

[4] Zustimmung des Drittberechtigten. Da das Gesetz dem Vormerkungsberechtigten nach Löschung der Grundschuld keinen Anspruch auf Neubestellung dieses Rechts einräumt, ist analog § 876 die Zustimmung des Vormerkungsberechtigten erforderlich. Die Zustimmungserklärung des Drittberechtigten ist eine einseitige abstrakte empfangsbedürftige Willenserklärung, die materiellrechtlich keiner besonderen Form bedarf. Wie bei der Aufgabeerklärung ist zwischen der materiellrechtlichen Zustimmungserklärung und der verfahrensrechtlichen Bewilligung zu differenzieren, die im Grundbuchverfahren nach §§ 27, 29 GBO in öffentlicher oder öffentlich beglaubigter Urkunde vorgelegt werden muss, auch wenn in der Regel die Zustimmungserklärung die Bewilligung enthält und umgekehrt. 5

[5] Löschungsantrag. Siehe § 875 Rn 4. 6

[6] Kosten. Vgl § 875 Rn 6. 7

B. Aufhebung eines mittelbar belasteten Rechts

8 **I. Muster: Aufhebung eines mittelbar belasteten Rechts**

▶ An das Amtsgericht ...

– Grundbuchamt –

Im Grundbuch von ... Blatt ... ist in Abt. II unter lfd. Nr. ... eine Grunddienstbarkeit (Wegerecht) zugunsten des jeweiligen Eigentümers des im Grundbuch von ... Blatt ... verzeichneten Grundstücks Flur ... Flurstück ... verzeichnet. Diese Grunddienstbarkeit ist auch im Bestandsverzeichnis des herrschenden Grundstücks vermerkt.[1] Das herrschende Grundstück ist mit einer Buchgrundschuld in Höhe von EUR ... zugunsten des Gläubigers ... belastet (Abt. III Nr. ...).

Der Eigentümer des herrschenden Grundstücks bewilligt[2] hiermit die Löschung der Grunddienstbarkeit. Der Gläubiger des Rechts Abt. III Nr. ... stimmt der Löschung zu.[3] Der Eigentümer des dienenden Grundstücks beantragt die Löschung des Rechts.

...

Notarielle beglaubigte Unterschrift des Eigentümers des herrschenden Grundstücks und des Gläubigers.[4] ◀

II. Erläuterungen

9 [1] **Anwendungsbereich.** Nach § 21 GBO ist verfahrensrechtlich die Zustimmung des Drittberechtigten nur erforderlich, wenn das aufzuhebende Recht auf dem Grundbuchblatt des herrschenden Grundstücks vermerkt ist. Diese Regelung dient nur der Erleichterung des Grundbuchverkehrs und macht die Zustimmung des Dritten materiellrechtlich nicht überflüssig.

10 [2] **Erklärungen des Inhabers des aufzuhebenden Rechts.** Siehe § 875 Rn 3.

11 [3] **Zustimmung des Drittberechtigten.** Besteht zugunsten des jeweiligen Eigentümers eines Grundstücks oder grundstücksgleichen Rechts ein subjektiv dingliches Recht iSv § 96, ist zur Aufhebung dieses Rechts grundsätzlich die Zustimmung der Inhaber aller Rechte erforderlich, die auf dem herrschenden Grundstück lasten und in den Anwendungsbereich des § 876 fallen. Ist ein solches Recht wiederum selbst belastet, ist auch die Zustimmung des Inhabers dieses Rechts erforderlich. Die Zustimmung des Drittberechtigten ist nicht erforderlich, wenn sein Recht durch die Aufhebung nicht berührt wird (NK-BGB/*U. Krause*, § 876 Rn 14). Da subjektiv-dingliche Rechte, wie das hier betroffene Wegerecht, als Bestandteil für das Grundpfandrecht haften, wird das Grundpfandrecht durch ihre Aufhebung berührt. Zur Zustimmungserklärung im Einzelnen s. Rn 5.

12 [4] **Kosten.** Vgl § 875 Rn 6.

§ 877 Rechtsänderungen

Die Vorschriften der §§ 873, 874, 876 finden auch auf Änderungen des Inhalts eines Rechts an einem Grundstück Anwendung.

A. Muster: Veränderung des Ausübungsbereichs eines Wohnungsrechts 1

662

▶ An das Amtsgericht ...

– Grundbuchamt –

Im Grundbuch von ... Blatt ... ist in Abt. II unter lfd. Nr. ... ein Wohnungsrecht für den Berechtigten ... eingetragen. Der Ausübungsbereich dieses Wohnungsrechts erstreckt sich bisher auf die Wohnung im 1. Obergeschoss links im auf dem belasteten Grundstück aufstehenden Haus. Der Eigentümer des Grundstücks und der Wohnungsberechtigte vereinbaren im Wege der Inhaltsänderung,[1] dass der Ausübungsbereich nicht mehr die Wohnung im 1. Obergeschoß links umfasst, sondern die Wohnung im Erdgeschoss links, die im anliegenden Lageplan rot umrandet ist. Im Übrigen bleibt das Wohnungsrecht unverändert.

Diese Änderung steht unter der aufschiebenden Bedingung, dass alle Berechtigte von Rechten, die im Zeitpunkt der Eintragung der Änderung im Grundbuch in Abt. II und III eingetragen sind, der Änderung zustimmen.[2]

Der Eigentümer und der Berechtigte bewilligen und beantragen die Eintragung der Änderung des Wohnungsrechts in das Grundbuch.[3]

...

Notarielle beglaubigte Unterschrift des Eigentümers und des Berechtigten.[4] ◀

B. Erläuterungen

[1] **Begriff und Voraussetzungen.** Unter **Inhaltsänderung** ist jede rechtsgeschäftliche Abwandlung der rechtlichen Befugnisse, die ein Recht an einem Grundstück oder grundstücksgleiche Recht seinem Inhaber gewährt, zu verstehen, die sich unter Aufrechterhaltung der Identität des Rechts weder als Begründung oder Belastung eines Rechts (§ 873) noch als Aufhebung eines Rechts (§ 875) darstellt (zur Abgrenzung im Einzelnen ausführlich Staudinger/*Gursky*, § 877 Rn 8 ff). Voraussetzung für eine Inhaltsänderung ist materiellrechtlich die **formlose Einigung** zwischen dem Grundstückseigentümer und dem Inhaber des betroffenen Rechts und die **Eintragung im Grundbuch**. Ist das Recht, dessen Inhalt geändert werden soll, mit einem Recht eines Dritten belastet, bedarf die Änderung grundsätzlich nach § 876 S. 1 seiner Zustimmung. Nur wenn mit der Änderung für ihn keinerlei rechtlicher Nachteil verbunden ist, ist sie nicht erforderlich. Soll ein subjektiv-dingliches Recht geändert werden, ist nach § 876 S. 2 die Zustimmung der Inhaber von Rechten an dem herrschenden Grundstück erforderlich, wenn diese Rechte durch die Inhaltsänderung rechtlich berührt werden. 2

[2] **Zustimmung der Inhaber gleich- und nachrangiger Rechte.** Im Rahmen der Sondervorschriften für Grundpfandrechte (§§ 1119 Abs. 2, 1186, 1198, 1203) legt das Gesetz ausdrücklich fest, dass die Zustimmung der Inhaber gleich- und nachrangiger Rechte zu den dort vorgesehenen Inhaltsänderungen nicht erforderlich ist. Daraus ergibt sich im Umkehrschluss, dass die Zustimmung der Inhaber dieser Rechte erforderlich ist, wenn sich durch die Inhaltsänderung ihre vom Rang bestimmte Rechtsstellung verschlechtert. Fehlt diese Zustimmung, beeinflusst dies in der Regel nur das Rangverhältnis. Verfahrensrechtlich wird die Zustimmung gleich- oder nachrangiger berechtigter daher nur in den Ausnahmefällen benötigt, in denen ihr Fehlen zur Unwirksamkeit der Rechtsänderung führen würde (Staudinger/*Gursky*, § 877 Rn 78, 75 ff). Bei der Änderung des Ausübungsbereichs eines Wohnungsrechts liegt es ausgesprochen nahe, dass durch sie die gleich- und nachrangigen Berechtigten beeinträchtigt werden, da die Lage der Räume unmittelbaren Einfluss auf die Verwertbarkeit des belasteten Grundstücks hat. Der Wohnungsberechtigte läuft daher Gefahr, dass das geänderte Wohnrecht nur Rang nach diesen Rechten hat. Dieses Risiko kann dadurch vermieden werden, dass die Änderung des Wohnungsrechts ausdrücklich unter den Vorbehalt der Erteilung der Zustimmung der gleich- und 3

nachrangigen Berechtigten gestellt wird. Der Eintritt dieser Bedingung ist dem Grundbuchamt nachzuweisen, weshalb die Zustimmungserklärungen der Form des § 29 GBO genügen müssen.

4 [3] **Erklärungen gegenüber dem Grundbuchamt.** Verfahrensrechtlich ist für die Eintragung der Inhaltsänderung nach § 19 GBO die **Eintragungsbewilligung** derjenigen erforderlich, deren Rechte möglicherweise durch die Inhaltsänderung betroffen, dh rechtlich beeinträchtigt werden. Kann nicht zweifelsfrei festgestellt werden, dass die Änderung einen Rechtsinhaber nicht beeinträchtigt, müssen sowohl der Eigentümer als auch der Inhaber des abgeänderten Rechts sowie die Drittberechtigten (§ 876) die Bewilligung abgeben. Die Bewilligung bedarf der Form des § 29 GBO. Den Eintragungsantrag nach § 13 GBO können der Eigentümer, der Berechtigte des geänderten Rechts und diejenigen stellen, die ein dingliches Recht an dem Recht haben.

5 [4] **Kosten.**

(a) **Notarkosten.** Siehe § 873 Rn 13.

(b) **Gerichtskosten.** Das Gericht erhebt für die Eintragung von Veränderungen die Hälfte einer vollen Gebühr nach § 64 Abs. 1 KostO.

§ 878 Nachträgliche Verfügungsbeschränkungen

Eine von dem Berechtigten in Gemäßheit der §§ 873, 875, 877 abgegebene Erklärung wird nicht dadurch unwirksam, dass der Berechtigte in der Verfügung beschränkt wird, nachdem die Erklärung für ihn bindend geworden und der Antrag auf Eintragung bei dem Grundbuchamt gestellt worden ist.

§ 879 Rangverhältnis mehrerer Rechte

(1) [1]Das Rangverhältnis unter mehreren Rechten, mit denen ein Grundstück belastet ist, bestimmt sich, wenn die Rechte in derselben Abteilung des Grundbuchs eingetragen sind, nach der Reihenfolge der Eintragungen. [2]Sind die Rechte in verschiedenen Abteilungen eingetragen, so hat das unter Angabe eines früheren Tages eingetragene Recht den Vorrang; Rechte, die unter Angabe desselben Tages eingetragen sind, haben gleichen Rang.
(2) Die Eintragung ist für das Rangverhältnis auch dann maßgebend, wenn die nach § 873 zum Erwerb des Rechts erforderliche Einigung erst nach der Eintragung zustande gekommen ist.
(3) Eine abweichende Bestimmung des Rangverhältnisses bedarf der Eintragung in das Grundbuch.

A. Rangvereinbarung

1 I. Muster: Rangvereinbarung

▶ **Beurkundung im Rahmen eines Übertragungsvertrags**

Der Erwerber bewilligt und beantragt:[1], [2]

a) die Eintragung des vorstehend vereinbarten Wohnungsrechts zugunsten des Veräußerers,

b) im Range nach dem Wohnungsrecht die Eintragung einer Rückauflassungsvormerkung zugunsten des Veräußerers zur Absicherung seiner bedingten Rückübertragungsansprüche,

c) im Range nach den unter a) und b) genannten Rechten, aber im gleichen Rang untereinander die Eintragung je einer Sicherungshypothek in Höhe von ... nebst ... % Jahreszinsen seit dem heutigen Tag für Herrn ... und Frau ... zur Sicherung derer vorstehend vereinbarten Ansprüche auf Auszahlung von Gleichstellungsgeldern. ◀

II. Erläuterungen

[1] **Abgrenzung.** Abs. 3 gibt den Beteiligten das Recht, den Rang mehrerer neu einzutragender Rechte durch eine **Rangvereinbarung** festzulegen, soweit nicht der Rang eines Rechts ausnahmsweise zwingend ist (zB § 10 Abs. 1 ErbbauG). Dieses Recht kann auch nach Einreichung des Eintragungsantrags bis zur vollzogenen Eintragung ausgeübt werden. Von den Voraussetzungen und den Rechtswirkungen her unterscheidet sich die Rangvereinbarung nach Abs. 3 erheblich von einer **Rangbestimmung** nach § 45 Abs. 3 GBO oder einer rein **schuldrechtlichen Vereinbarung über die Einräumung eines bestimmten Rangs.** Rangvereinbarungen sind dingliche Verträge und haben daher materiellrechtliche Wirkung, weshalb das Grundbuch unrichtig wird, wenn gegen eine Rangvereinbarung verstoßen wird. Da Rangvereinbarungen gegenüber dem Grundbuchamt nur in der Form des § 29 GBO geändert werden können, dürfte der Wille der Beteiligten im Regelfall dahin gehen, nur schuldrechtliche Vereinbarungen über den Rang zu treffen. Deshalb hat die Angabe der Rangstelle bei formularmäßigen Grundschuldbestellungen regelmäßig nur schuldrechtliche Bedeutung. Legen die Beteiligten dagegen im gegenseitigen Einverständnis die Rangfolge der Rechte fest, wird idR eine dingliche Einigung nach § 873 vorliegen (NK-BGB/*U. Krause*, § 879 Rn 24 mwN). 2

[2] **Voraussetzungen.** Materiellrechtlich setzt die dingliche Rangvereinbarung eine Einigung der Beteiligten voraus. Soweit der Eigentümer die betroffenen Rechte allein bestellen kann (zB Eigentümerrechte) genügt eine einseitige Rangerklärung. Formellrechtlich genügt für die Eintragung die Bewilligung desjenigen, der durch die Eintragung der Rechte betroffen wird. Diese Bewilligung muss der Form des § 29 GBO entsprechen. Ist der Antrag auf Eintragung eines der Rechte schon (auch) von einem Dritten gestellt worden und hat dieser dadurch bereits eine gesicherte Rechtsposition erworben (zB Gläubiger), muss diese der nachgeschobenen Rangbestimmung in der Form des § 29 GBO zustimmen (NK-BGB/*U. Krause*, § 879 Rn 26 f mwN). 3

B. Eintragungsantrag des Notars mit Rangbestimmung nach § 45 Abs. 3 GBO

I. Muster: Eintragungsantrag des Notars mit Rangbestimmung nach § 45 Abs. 3 GBO 4

▶ An das Amtsgericht ▪▪▪

– Grundbuchamt –

Grundbuch von ▪▪▪

Sehr geehrte Damen und Herren,

in der vorstehenden Grundbuchsache überreiche ich

a) Grundschuldurkunde vom ▪▪▪ – meine UR-Nr. 124/2010 –,
b) Grundschuldurkunde vom ▪▪▪ – meine UR-Nr. 145/2010 –,

und beantrage, auch im Namen der Gläubiger,

a) die Eintragung der Grundschuld UR-Nr. 124/2010 samt Vollstreckungsunterwerfung,
b) im Range danach die Eintragung der Grundschuld UR-Nr. 145/2010 samt Vollstreckungsunterwerfung.

Die Rangbestimmung[1] treffe ich aufgrund der mir in den Grundschuldurkunden ausdrücklich eingeräumten Befugnis, die Eintragungsanträge zu ergänzen.[2]

Die Kosten trägt der Eigentümer.

Mit freundlichen Grüßen

▪▪▪

Notar ◀

II. Erläuterungen

5 **[1] Rechtsgrundlage und Wirkung.** Rechtsgrundlage einer **Rangbestimmung im Eintragungsantrag** ist nicht § 879 Abs. 3, sondern § 45 Abs. 3 GBO. Während es sich bei der Rangbestimmung nach § 879 Abs. 3 um eine dingliche Einigung der Beteiligten iSd § 873 Abs. 1 handelt, die Rangbestimmung somit materiell-rechtlichen Charakter hat, hat die Bestimmung nach § 45 Abs. 3 GBO lediglich **verfahrensrechtliche Bedeutung.** Das Grundbuchamt darf die betreffenden Eintragungen nicht nach § 45 Abs. 1 oder Abs. 2 vornehmen, sondern nur gemäß der Bestimmung im Antrag (*Knothe* in: Bauer/v.Oefele, GBO, § 45 Rn 39). Ein Verstoß gegen diese Bestimmung macht das Grundbuch allerdings nicht unrichtig.

6 **[2] Voraussetzungen.** Der Notar darf das Rangverhältnis nach § 45 Abs. 3 GBO nicht aufgrund der Vollmachtsvermutung in § 15 GBO bestimmen, da eine solche Erklärung den Inhalt der Bewilligung ergänzt. Im Rahmen des § 15 GBO darf der Notar die Eintragungsreihenfolge nur dadurch beeinflussen, dass die Anträge zu unterschiedlichen Zeiten präsentiert (OLG Frankfurt, Rpfleger 1991, 362; *Güthe/Triebel*, GBO, § 15 Rn 15; *Wilke* in: Bauer/v.Oefele, GBO, § 15 Rn 22) werden. In der Praxis hat es sich deshalb eingebürgert, Anträge, die hintereinander erledigt werden sollen, mit römischen Zahlen zu bezeichnen. Die Grundbuchämter beachten diese Praxis dadurch, dass auf dem Antrag II eine spätere Eingangszeit als auf dem Antrag I vermerkt wird. Das Grundbuchamt ist allerdings rechtlich nicht gehalten, die römischen Zahlen zu beachten, wenn die Anträge gleichzeitig gestellt werden. Um die sich hieraus ergebende rechtliche Unsicherheit auszuschalten, sollte der Notar sich bereits in den Bewilligungsurkunden von den Beteiligten bevollmächtigen lassen, die Anträge zu ergänzen, um erforderlichenfalls im Eintragungsantrag aufgrund Vollmacht das Rangverhältnis nach § 45 GBO bestimmen zu können.

§ 880 Rangänderung

(1) Das Rangverhältnis kann nachträglich geändert werden.

(2) [1]Zu der Rangänderung ist die Einigung des zurücktretenden und des vortretenden Berechtigten und die Eintragung der Änderung in das Grundbuch erforderlich; die Vorschriften des § 873 Abs. 2 und des § 878 finden Anwendung. [2]Soll eine Hypothek, eine Grundschuld oder eine Rentenschuld zurücktreten, so ist außerdem die Zustimmung des Eigentümers erforderlich. [3]Die Zustimmung ist dem Grundbuchamt oder einem der Beteiligten gegenüber zu erklären; sie ist unwiderruflich.

(3) Ist das zurücktretende Recht mit dem Recht eines Dritten belastet, so findet die Vorschrift des § 876 entsprechende Anwendung.

(4) Der dem vortretenden Recht eingeräumte Rang geht nicht dadurch verloren, dass das zurücktretende Recht durch Rechtsgeschäft aufgehoben wird.

(5) Rechte, die den Rang zwischen dem zurücktretenden und dem vortretenden Recht haben, werden durch die Rangänderung nicht berührt.

A. Rangrücktritt zugunsten einer neu einzutragenden Grundschuld

1 **I. Muster: Rangrücktritt zugunsten einer neu einzutragenden Grundschuld**

▶ Im Grundbuch von ▪▪▪ – Amtsgericht ▪▪▪ – Blatt ▪▪▪ ist in Abt. III unter lfd. Nr. ▪▪▪ eine Briefgrundschuld über ▪▪▪ EUR für die ▪▪▪-Bank eingetragen. Mit Urkunde vom ▪▪▪ – UR-Nr. ▪▪▪ des Notars

■■■ in ■■■ – ist die Eintragung einer weiteren Grundschuld über ■■■ EUR bewilligt worden. Die ■■■-Bank räumt hiermit dieser Grundschuld nebst allen Zinsen und Nebenleistungen[1] den Vorrang vor ihrem Recht Abt. III Nr. ■■■ ein und bewilligt die Eintragung dieser Rangänderung in das Grundbuch.[2] Sie überreicht den Grundschuldbrief für die Grundschuld III ■■■[3] mit der Bitte um Rückgabe nach Vollzug. Kosten übernimmt sie nicht.

Der Grundstückseigentümer stimmt der Rangänderung zu[4] und beantragt,[5] die neu bestellte Grundschuld im Range vor dem Recht Abt. III Nr. ■■■ in das Grundbuch einzutragen.

■■■

Notariell beglaubigte Unterschrift des Eigentümers und des zurücktretenden Gläubigers.[6] ◀

II. Erläuterungen

[1] **Wirkungen.** Eine **Rangänderung** des Hauptrechts erstreckt sich auch auf seine Nebenrechte, 2
weshalb eine Einigung über den Rang eines Grundpfandrechts auch die Zinsen erfasst. Der Rang der Nebenrechte kann allerdings auch selbständig geändert werden.

[2] **Erklärungen der Inhaber der beteiligten Rechte.** Materiellrechtlich setzt die Rangänderung 3
eine **Einigung** iSd § 873 zwischen den Berechtigten des zurücktretenden und des vortretenden Rechts voraus, für die keine besondere Form vorgeschrieben ist. Die Rangänderung wird mit **Eintragung im Grundbuch** wirksam. Voraussetzung für die Eintragung im Grundbuch ist formellrechtlich die **Eintragungsbewilligung des zurücktretenden Berechtigten** in der Form des § 29 GBO sowie ein Eintragungsantrag nach § 13 Abs. 1 GBO, der nach § 30 GBO keiner besonderen Form bedarf.

[3] **Briefvorlage.** Nach §§ 41, 42 GBO soll das Grundbuchamt die Rangänderung nur eintragen, 4
wenn der Brief vorgelegt wird.

[4] **Zustimmung des Eigentümers.** Um die Interessen des Eigentümers am zukünftigen Erwerb 5
von Eigentümerrechten zu schützen, macht Abs. 2 S. 2 die Rangänderung im Falle des Rangrücktritts eines Grundpfandrechts von der Zustimmung des Eigentümers abhängig. Materiellrechtlich bedarf sie keiner besonderen Form. Für das Grundbuchverfahren ist allerdings eine Bewilligung nach § 19 GBO in der Form des § 29 GBO erforderlich, die idR auch die Zustimmung enthält.

[5] **Antragsberechtigt** ist der Inhaber des zurücktretenden Rechts als Betroffener und der Inha- 6
ber des vortretenden Rechts als unmittelbar Begünstigter. Ist an der Rangänderung ein Recht in Abt. III beteiligt, ist auch der Eigentümer im Hinblick auf seine künftigen Eigentümerrechte antragsberechtigt. Sind an der Rangänderung nur Rechte in Abt. II beteiligt, ist der Eigentümer nicht antragsberechtigt.

[6] **Kosten.** 7

(a) **Notarkosten.** Gebührentatbestände s. § 873 Rn 13. Bei der Wertermittlung ist nach § 23 Abs. 3 S. 1 KostO bei der Einräumung des Vorrangs der Wert des vortretenden Rechts, höchstens jedoch der Wert des zurücktretenden Rechts maßgebend.

(b) **Gerichtskosten.** Bei Gericht fällt eine 5/10 Gebühr nach § 64 Abs. 1 S. 1, Abs. 5 KostO an. Für die Wertermittlung gilt ebenfalls § 23 Abs. 1 S. 1 KostO. Die Eintragung der Rangänderung auf dem Grundschuldbrief ist ein gebührenfreies Nebengeschäft in Sinne des § 72 KostO.

B. Rangrücktritt zugunsten einer bereits eingetragenen Grundschuld

I. Muster: Rangrücktritt zugunsten einer bereits eingetragenen Grundschuld 8

▶ Im Grundbuch von ■■■ – Amtsgericht ■■■ – Blatt ■■■ ist in Abt. II unter lfd. Nr. ■■■ ein Wohnungsrecht für ■■■ eingetragen. Im Rang nach diesem Wohnungsrecht ist eine Grundschuld ohne Brief über ■■■ EUR nebst ■■■ % Jahreszinsen seit dem ■■■ und einer einmaligen Nebenleistung in Höhe von ■■■

% aus dem Grundschuldbetrag für die ▪▪▪-Bank eingetragen. Der Berechtigte des Wohnungsrechts Abt. II Nr. ▪▪▪ räumt dieser Grundschuld nebst allen Zinsen und Nebenleistungen den Vorrang vor seinem Recht ein und bewilligt und beantragt die Eintragung dieser Rangänderung in das Grundbuch.[1]

Der Notar hat den Wohnungsberechtigten eindringlich auf die Risiken hingewiesen, die sich aus der nachrangigen Absicherung seines Rechts gegenüber der vortretenden Grundschuld ergeben, insbesondere dass das Grundpfandrecht nach der Rückzahlung des derzeit abgesicherten Kredits nach freiem Belieben des Grundstückseigentümers zur Absicherung neuer Kredite verwendet werden kann. Dem Wohnungsberechtigten ist bekannt, dass sein Wohnungsrecht erlischt, wenn der Zuschlag in der Zwangsversteigerung auf Grund eines Rechts hin erteilt wird, dass gegenüber seinem Wohnungsrecht vor- oder gleichrangig ist, er dann aus seiner Wohnung ausziehen muss und allenfalls einen Wertersatzanspruch in Geld hat, wenn und soweit die vorrangigen Gläubiger aus ihren Rechten (einschließlich der Grundschuldzinsen und Nebenleistungen) nicht ohnehin den Versteigerungserlös für sich beanspruchen können. Der Notar hat deshalb Sicherungsvorkehrungen wie die Erklärung des Rangrücktritts unter Bedingungen,[2] die Eintragung von Löschungsvormerkungen und besondere Regelungen hinsichtlich der Rückgewähransprüche und Einschränkung der Zweckbestimmungserklärung vorgeschlagen, die aber vom Wohnungsberechtigten ausdrücklich nicht gewünscht werden.

▪▪▪

Notariell beglaubigte Unterschrift des Berechtigten.[3] ◄

II. Erläuterungen

9 [1] **Antragsberechtigung und Formerfordernisse.** Siehe Rn 2 ff. Die Zustimmung des Eigentümers ist nicht erforderlich, da das Grundpfandrecht den Vorrang erhält.

10 [2] **Bedingter oder befristeter Rangrücktritt.** Die Einigung kann mit einer Bedingung oder Befristung verbunden werden. Wird ein Rangrücktritt zugunsten eines Baugeldgrundpfandrechts erklärt, können die Beteiligten den Rangrücktritt davon abhängig machen, dass der auf Grund des vortretenden Rechts gewährte Kredit tatsächlich für den geplanten Bau verwendet wird(NK-BGB/*U. Krause*, § 880 Rn 17 mwN).

11 [3] **Kosten.** Siehe Rn 7.

§ 881 Rangvorbehalt

(1) Der Eigentümer kann sich bei der Belastung des Grundstücks mit einem Recht die Befugnis vorbehalten, ein anderes, dem Umfang nach bestimmtes Recht mit dem Rang vor jenem Recht eintragen zu lassen.

(2) Der Vorbehalt bedarf der Eintragung in das Grundbuch; die Eintragung muss bei dem Recht erfolgen, das zurücktreten soll.

(3) Wird das Grundstück veräußert, so geht die vorbehaltene Befugnis auf den Erwerber über.

(4) Ist das Grundstück vor der Eintragung des Rechts, dem der Vorrang beigelegt ist, mit einem Recht ohne einen entsprechenden Vorbehalt belastet worden, so hat der Vorrang insoweit keine Wirkung, als das mit dem Vorbehalt eingetragene Recht infolge der inzwischen eingetretenen Belastung eine über den Vorbehalt hinausgehende Beeinträchtigung erleiden würde.

Schrifttum: *Vierling/Mehler/Gotthold,* Die kostenlose Alternative zum Wirksamkeitsvermerk: Der bedingte Rangvorbehalt, MittBayNot 2005, 376

A. Rangvorbehalt in Zusammenhang mit einer Grundstücksbelastung

I. Muster: Rangvorbehalt in Zusammenhang mit einer Grundstücksbelastung 1

▶ Beurkundung zB im Rahmen einer Grundstücksübertragung

Der Erwerber als künftiger Grundstückseigentümer[1] behält sich das Recht vor, im Rang vor dem hier bestellten Wohnungsrecht und der Rückauflassungsvormerkung[2] Grundpfandrechte[3] mit einer Kapitalforderung von insgesamt bis zu ■■■ EUR mit einmaligen Nebenleistungen bis zu 10 % aus dem Kapitalbetrag und mit Zinsen und anderen laufenden Nebenleistungen von ■■■ an[4] bis zu 20 % jährlich aus dem Kapitalbetrag eintragen zu lassen mit der Maßgabe, dass der Rangvorbehalt mehrmals ausgenutzt werden darf[5]. Der Rangvorbehalt kann nur zugunsten von Kreditinstituten ausgenutzt werden, die im Inland zum Geschäftsbetrieb zugelassen sind. Der Rangvorbehalt steht weiter unter der Bedingung, dass in der Bestellungsurkunde folgende Vereinbarung mit dem Grundpfandrechtsgläubiger wiedergegeben werden muss: Der Grundpfandrechtsgläubiger darf das Grundpfandrecht nur insoweit als Sicherheit verwerten oder behalten, als es der Absicherung von Krediten dient, die zur Finanzierung von Instandhaltungs- und Erneuerungsmaßnahmen auf dem belasteten Grundbesitz valutiert wurden. Diese Zweckbestimmung kann nur mit Zustimmung des Berechtigten des Wohnungsrechts geändert werden.[6]

Der Erwerber bewilligt und beantragt den Rangvorbehalt bei dem hier bestellten Wohnungsrecht und der Rückauflassungsvormerkung zu vermerken.[7], [8]

Der Notar hat den Wohnungsberechtigten auf die Risiken eindringlich und nachhaltig hingewiesen, die sich für ihn daraus ergeben, dass der Erwerber aufgrund des Rangvorbehalts den Grundbesitz bis zur Höhe des vorbehaltenen Grundpfandrechts einschließlich Zinsen und Nebenleistungen zur Kreditaufnahme verwenden kann. ■■■ [Weitere Belehrung s. § 880 Rn 8] ◀

II. Erläuterungen

[1] **Berechtigter.** Der Rangvorbehalt kann nur zugunsten des Eigentümers eingetragen werden. Mit dem Rangvorbehalt behält sich der Eigentümer ein Stück seines Eigentums zurück, das ansonsten auf den Inhaber des durch den Rangvorbehalt belasteten Rechts übergehen würde. 2

[2] **Gegenstand des Rangvorbehalts.** Ein Rangvorbehalt kann bei allen durch Rechtsgeschäft bestellten Grundstücksrechten vereinbart werden, soweit das Recht nicht zwingend die erste Rangstelle haben muss (§ 10 ErbbauG). 3

4 [3] **Bestimmbarkeit des Rangvorbehalts.** Das Recht, dessen ranggerechte Eintragung der Rangvorbehalt absichern soll, muss nach seiner Art und seinem Umfang bestimmt sein. Bei Grundpfandrechten muss hierzu der Höchstbetrag des Kapitals, der Zinsen und der Nebenleistungen eindeutig angegeben werden. Nicht erforderlich ist die Angabe der Person des Berechtigten oder die Angabe eines bestimmten Grundpfandrechtstyps.

5 [4] Der **Anfangszeitpunkt** (zB Eintragung des Rangvorbehalts, bestimmtes Datum, Bestellung des vorbehaltenden Rechts, Eintragung des vorbehaltenden Rechts) **für Zinsen und wiederkehrende Nebenleistungen** muss zwingend angegeben werden (BGHZ 129, 1).

6 [5] Obwohl die **Berechtigung, den Rangvorbehalt mehrmals auszunutzen,** zu seinem Inhalt gehört (str.; *Schöner/Stöber*, Grundbuchrecht, Rn 2156), besteht die Möglichkeit, dies in der Eintragungsbewilligung ausdrücklich klarzustellen.

7 [6] **Einschränkungen des Rangvorbehalts.** Die Beteiligten können den Rangvorbehalt weitgehend einschränken. Sie können festlegen, dass das Recht nur für einen bestimmten Berechtigten oder einen näher bestimmten Kreis von Berechtigten bestellt werden kann. Sie können ihn auf Rechte beschränken, die vor einem bestimmten Notar oder durch einen bestimmten Bevollmächtigten bestellt werden, oder ihn mit Bedingungen oder Befristungen versehen. Bei der Formulierung dieser Einschränkungen sollte darauf geachtet werden, dass der Eintritt der Bedingung dem Grundbuchamt später in der Form des § 29 GBO nachgewiesen werden kann (LG Düsseldorf Rpfleger 1985, 100; *Schultz*, RNotZ 2001, 541, 567).

8 [7] **Voraussetzungen für die Entstehung des Rangvorbehalts.** Materiellrechtlich setzt der Rangvorbehalt eine **Einigung** zwischen dem Eigentümer und dem Inhaber des mit dem Rangvorbehalt belasteten Rechts nach § 873 voraus. Weitere Voraussetzung für die materielle Wirksamkeit des Rangvorbehalts ist seine **Eintragung im Grundbuch bei dem Recht, das zurücktreten soll.** Formellrechtliche Voraussetzung für die Eintragung im Grundbuch ist die Eintragungsbewilligung des Berechtigten (§§ 19, 29, 30 GBO). Wird ein Recht neu bestellt, ist dies allein der Eigentümer, da das belastete Recht nur mit dem beschränkten Inhalt entsteht. Ob ein Rangvorbehalt auch im Brief zu vermerken ist, ist noch nicht endgültig geklärt (vgl *Mißling* Rpfleger 1980, 332 mwN).

9 [8] **Kosten.**
(a) **Notarkosten.** Da ein bei Bestellung eines Rechts mitbeurkundeter Rangvorbehalt zum Inhalt des neu bestellten Rechts gehört, ist er nicht gesondert zu bewerten.
(b) **Gerichtskosten.** Bei gleichzeitiger Eintragung des belasteten Rechts ist die Eintragung des Rangvorbehalts ein gebührenfreies Nebengeschäft gemäß § 62 Abs. 3 KostO.

B. Nachträglicher Rangvorbehalt

10 I. Muster: Nachträglicher Rangvorbehalt

▶ Im Grundbuch von ▪▪▪ – Amtsgericht ▪▪▪ – Blatt ▪▪▪ ist in Abt. II unter lfd. Nr. ▪▪▪ ein Wohnungsrecht für Herrn ▪▪▪ eingetragen. Der Wohnungsberechtigte räumt hiermit dem Eigentümer das Recht ein, im Vorrang vor dem Wohnungsrecht Grundpfandrechte bis zu einem Betrag von ▪▪▪ EUR nebst bis zu 20 % jährlichen Zinsen seit ▪▪▪ und einer einmaligen Nebenleistung ist zu 10 % des Nennbetrages des Grundpfandrechts einzutragen mit der Maßgabe, dass der Rangvorbehalt nur einmal,[1] wenn auch stufenweise ausgenutzt werden darf,[2] und bewilligt diesen Rangvorbehalt bei dem Wohnungsrecht in das Grundbuch einzutragen.[3]

Der Eigentümer beantragt, den Rangvorbehalt bei dem Wohnungsrecht zu vermerken. Die Kosten trägt der Eigentümer.[4]

▪▪▪ [Belehrungen oder Sicherungen s. § 880 Rn 8]

▪▪▪

Notariell beglaubigte Unterschrift des Berechtigten. ◀

II. Erläuterungen

[1] **Ausnutzung des Rangvorbehalts.** Die Wirkungen des Rangvorbehalts können durch Vereinbarung dahin eingeschränkt werden, dass der Rangvorbehalt nur einmal ausgenutzt werden kann. 11

[2] Unabhängig von dieser Klarstellung kann der **Rangvorbehalt** immer **teilweise** und **in Stufen ausgeübt** werden, auch wenn die wiederholte Ausweisung des Rangvorbehalts ausgeschlossen ist (BayObLG MittBayNot 1979, 113). 12

[3] **Voraussetzung für die Entstehung.** Wenn ein Rangvorbehalt einem bereits eingetragenen Recht beigefügt werden soll, ist materiell-rechtlich eine Einigung zwischen dem Inhaber des Rechts und dem Eigentümer erforderlich. Grundbuchrechtlich genügt allerdings, dass nur der Inhaber des Rechts die Eintragungsbewilligung abgibt, da nur seine Rechtsposition eingeschränkt wird. Die Bewilligung des Eigentümers ist dagegen überflüssig, da der Eigentümer später die Eintragung des vorbehaltenen Rechts auf Grund des Rangvorbehalts bewilligen muss. Weitere Voraussetzung für die materielle Wirksamkeit des Rangvorbehalts ist seine **Eintragung im Grundbuch bei dem Recht, das zurücktreten soll.** 13

[4] **Kosten. Notarkosten:** Zu den Gebührenstatbeständen s. § 873 Rn 13. Der Wert ist nach § 30 Abs. 1 KostO nach freiem Ermessen zu bestimmen, wobei § 23 Abs. 3 KostO analog anzuwenden ist und ein Wert von ca. 20 bis 30 % des Vorbehalts angemessen erscheint (Streifzug durch die Kostenordnung Rn 1686 f). **Gerichtskosten:** Für die nachträgliche Eintragung eines Rangvorbehalts wird eine 1/2 Gebühr nach § 64 Abs. 1 KostO erhoben. Der Wert bestimmt sich nach § 30 Abs. 1 iVm § 64 Abs. 5 KostO. 14

C. Rangvorbehalt für Finanzierungsgrundpfandrechte

I. Muster: Rangvorbehalt für Finanzierungsgrundpfandrechte bei einer Auflassungsvormerkung 15

▶ Beurkundung im Rahmen eines Grundstückskaufvertrages 669

Der Eigentümer des Vertragsgegenstandes behält sich das Recht vor, im Range vor der zu Gunsten des Käufers zur Eintragung bewilligten Auflassungsvormerkung Grundpfandrechte für beliebige Gläubiger bis zu einem Kapitalbetrag in Höhe des Kaufpreises mit einmaligen Nebenleistungen bis zu 10 % aus dem Kapitalbetrag und bis zu 20 % Jahreszinsen aus dem Kapitalbetrag ab dem Tage der Bestellung des entsprechenden Grundpfandrechtes in das Grundbuch eintragen zu lassen.[1], [2]

Der vorstehende Rangvorbehalt wird jedoch in der Weise beschränkt, dass er nur für solche Grundpfandrechte ausgenutzt werden darf, die unter Mitwirkung des Käufers bestellt werden.[3]

Der Rangvorbehalt kann durch mehrere Rechte und mehrmals ausgenutzt werden.

Die Eintragung dieses bedingten Rangvorbehaltes im Grundbuch bei der Auflassungsvormerkung des Erwerbers wird hiermit bewilligt und beantragt. ◀

II. Erläuterungen

[1] **Rangvorbehalt als Alternative zum Rangrücktritt/Wirksamkeitsvermerk.** Zur Finanzierung des Kaufpreises bevollmächtigt heute idR der Verkäufer den Käufer den Kaufgegenstand bereits vor Eigentumsumschreibung mit Grundpfandrechten zu belasten. Wird zugunsten des Käufers eine Vormerkung eingetragen, bevor die Grundpfandrechte zur **Finanzierung des Kaufpreises** eingetragen sind, wird der Käufer mit zusätzlichen Eintragungskosten belastet, wenn später die Vormerkung hinter das Grundpfandrecht im Rang zurücktritt oder ein Wirksamkeitsvermerk zugunsten des Grundpfandrechts eingetragen wird (str.; BayObLG MittBayNot 1998, 274; MittBayNot 2001, 414 f; *Vierling/Mehler/Gotthold*, MittBayNot 2005, 375, 376). Diese Kosten können dadurch vermieden werden, dass bereits bei der Eintragung der Vormerkung ein 16

Rangvorbehalt für die kaufpreisfinanzierende Bank eingetragen wird, da die Eintragung eines Rangvorbehalts nach § 62 Abs. 2 S. 1 KostO ebenso gebührenfrei ist wie seine Ausnutzung nach §§ 62 Abs. 3 S. 1, 35 KostO.

17 [2] **Zweckmäßige Ausgestaltung des Rangvorbehalts.** Da im Zeitpunkt des Abschlusses des Kaufvertrages meist weder die Höhe der notwendigen Finanzierung noch die sonstigen Finanzierungskonditionen feststehen, sollten großzügige Höchstbeträge der Höchstbeträge für die Grundpfandrechte, die Zinsen und Nebenleistungen angegeben werden.

18 [3] **Beschränkung des Rangvorbehalts.** Solange der Verkäufer als Eigentümer im Grundbuch eingetragen ist, besteht die Gefahr, dass er als Eigentümer den Rangvorbehalt für eigene Zwecke nutzt. Diese Missbrauchsgefahr wird hier dadurch ausgeschaltet, dass der Vorbehalt nur unter Mitwirkung des Erwerbers ausgeübt werden kann (*Vierling/Mehler/Gotthold*, MittBayNot 2005, 375, 377).

D. Ausübung eines Rangvorbehalts

19 **I. Muster: Ausübung eines Rangvorbehalts im Rahmen einer Grundschuldbestellung**

670 ▶ **Beurkundung oder Beglaubigung im Rahmen einer Grundschuldbestellung**

Der Eigentümer bewilligt und beantragt[1], die oben bestellte Grundschuld[2] unter Ausnutzung des dort vorbehaltenen Vorrangs[3] vor der Grundschuld[4] in Abt. III lfd. Nr. ■■■ einzutragen.[5] ◀

II. Erläuterungen

20 [1] **Voraussetzung für die Ausübung.** Der Rangvorbehalt wird dadurch ausgeübt, dass sich der Eigentümer mit dem Inhaber des vortretenden Rechts darüber einigt, dass dieses Recht den Rang vor dem mit dem Rangvorbehalt belasteten Recht erhalten soll. Voraussetzung für die Eintragung im Grundbuch ist die Bewilligung des Eigentümers in der Form des § 29 GBO und ein Eintragungsantrag, den der Eigentümer, der Inhaber des vortretenden Rechts und der Inhaber des zurücktretenden Rechts stellen kann. Für die Form des Eintragungsantrags gilt § 30 GBO. Die **Ausübung des Rangvorbehalts** bedarf nicht der Zustimmung des Gläubigers des mit dem Rangvorbehalt belasteten Rechts oder der Zustimmung der Gläubiger von Zwischenrechten.

21 [2] **Bereits bestellte Grundschuld.** Bei dem vortretenden Recht muss es sich nicht um ein neu bestelltes Recht handeln, der Vorbehalt kann auch zugunsten eines bereits eingetragenen Rechts ausgeübt werden.

22 [3] **Im Grundbuch muss eingetragen** werden, dass der Vorrang in Ausübung des Rangvorbehalts erworben wurde, da ein bloßer Vorrangsvermerk den Anschein erzeugen würde, dass eine Rangänderung iSv § 880 vorgenommen wurde.

23 [4] **Keine Briefvorlage.** Da die Ausnutzung des Rangvorbehalts nicht auf dem Brief eines zurücktretenden Briefrechts vermerkt werden muss (BayObLG MittBayNot 1979, 113), kann die Vorlage des Briefs nicht verlangt werden (*Schöner/Stöber*, Grundbuchrecht, Rn 2153).

24 [5] **Kosten.**

(a) **Notarkosten.** Wird die Erklärung über die Ausnutzung eines Rangvorbehalts zusammen mit der Bestellung des neuen Rechts abgegeben, ist sie ein gebührenfreies Nebengeschäft gemäß § 35 KostO (*Vierling/Mehler/Gotthold*, MittBayNot 2005, 375, 377).

(b) **Gerichtskosten.** Bei gleichzeitiger Eintragung des vorrückenden Rechts ist die Eintragung des Rangvorbehalts ein gebührenfreies Nebengeschäft gemäß § 62 Abs. 3 KostO.

III. Muster: Ausübung eines Rangvorbehalts im Rahmen der Kaufpreisfinanzierung 25

▶ **Beurkundung oder Beglaubigung im Rahmen einer Grundschuldbestellung**

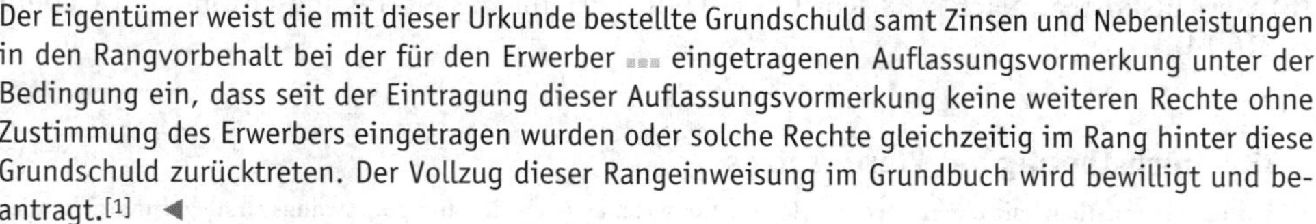

Der Eigentümer weist die mit dieser Urkunde bestellte Grundschuld samt Zinsen und Nebenleistungen in den Rangvorbehalt bei der für den Erwerber ... eingetragenen Auflassungsvormerkung unter der Bedingung ein, dass seit der Eintragung dieser Auflassungsvormerkung keine weiteren Rechte ohne Zustimmung des Erwerbers eingetragen wurden oder solche Rechte gleichzeitig im Rang hinter diese Grundschuld zurücktreten. Der Vollzug dieser Rangeinweisung im Grundbuch wird bewilligt und beantragt.[1] ◀

IV. Erläuterungen

[1] Einweisung in den Rangvorbehalt. Um Schwierigkeiten zu vermeiden, die bei der Verteilung des Versteigerungserlöses entstehen können, wenn nach der Eintragung der Vormerkung, aber vor Ausnutzung des Rangvorbehalts Zwischenrechte eingetragen wurden, kann die Einweisung in den Rangvorbehalt bedingt erklärt werden. Dies hat auch den positiven Nebeneffekt, dass der Käufer von den Zwischeneintragungen erfährt und seien Löschungsanspruch nach §§ 883 Abs. 2, 888 Abs. 2 durchsetzen kann (vgl *Vierling/Mehler/Gotthold*, MittBayNot 2005, 375, 378). 26

E. Aufhebung eines Rangvorbehalts

I. Muster: Aufhebung eines Rangvorbehalts 27

▶ Im Grundbuch von ... – Amtsgericht ... – Blatt ... ist bei der in Abt. III unter lfd. Nr. ... eingetragenen Grundschuld ein Rangvorbehalt für die Eintragung weiterer Grundpfandrechte eingetragen. Als Eigentümer[1] des mit der Grundschuld belasteten Grundstücks bewillige und beantrage ich[2] die Löschung des Vorbehalts.

...

Notariell beglaubigte Unterschrift des Eigentümers.[3] ◀

II. Erläuterungen

[1] Materiellrechtliche Voraussetzungen. Durch die **Aufhebung eines noch nicht ausgeübten Rangvorbehalts** verliert nicht nur der Eigentümer den Teil des Eigentums, den er sich vorbehalten hat, im gleichen Umfang wächst das mit dem Vorbehalt belastete Recht. Materiellrechtlich ist die Aufhebung eines solchen Vorbehalts daher eine Änderung des Inhalts des belasteten Rechts, so dass § 877 zur Anwendung kommt. Materiellrechtlich müssen sich daher der Eigentümer und der Inhaber des mit dem Vorbehalt belasteten Rechts über die Aufhebung einigen; eine einseitige Aufgabeerklärung des Eigentümers genügt nicht. Die Aufhebung muss weiter im Grundbuch eingetragen werden. **Wurde der Vorbehalt bereits ausgeübt**, hat die Aufhebung dagegen keinen Einfluss auf das mit dem Vorbehalt belastete Recht. Materiellrechtlich genügt daher nach § 875 die einseitige Aufgabeerklärung des Eigentümers. 28

[2] Formellrechtliche Voraussetzungen für die Löschung im Grundbuch. Formellrechtlich genügt für die Löschung des Vorbehalts die Löschungsbewilligung des Eigentümers in der Form des § 29 GBO und der Löschungsantrag des Inhabers des belasteten Rechts oder des Eigentümers. Bei einem Briefgrundpfandrecht ist zur Löschung die Vorlage des Briefs beim Grundbuchamt erforderlich. 29

[3] Kosten. 30

(a) **Notarkosten.** Gebührentatbestände s. § 873 Rn 13. Für die Wertermittlung ist § 23 Abs. 3 KostO sinngemäß anzuwenden. Gegenüberzustellen ist der Betrag des Rangvorbehaltes und der

Wert des Rechts, bei dem der Rangvorbehalt vermerkt ist. 20–30 % des geringeren Werts sind er Geschäftswert (Streifzug durch die Kostenordnung, Rn 1686).

(b) **Gerichtskosten.** Nach § 68 KostO die Hälfte der für die Eintragung bestimmten Gebühr (s. Rn 14).

§ 882 Höchstbetrag des Wertersatzes

[1]Wird ein Grundstück mit einem Recht belastet, für welches nach den für die Zwangsversteigerung geltenden Vorschriften dem Berechtigten im Falle des Erlöschens durch den Zuschlag der Wert aus dem Erlös zu ersetzen ist, so kann der Höchstbetrag des Ersatzes bestimmt werden. [2]Die Bestimmung bedarf der Eintragung in das Grundbuch.

1 **A. Muster: Bestimmung des Höchstbetrages bei Eintragung eines Rechts**

► Der Eigentümer des im Grundbuch von ▪▪▪ – Amtsgericht ▪▪▪ – Blatt ▪▪▪ eingetragenen Grundstücks Flur ▪▪▪ Flurstück ▪▪▪ bestellt folgendes Recht:[1] ▪▪▪

Für den Fall, dass bei einer Zwangsversteigerung des Grundstücks dieses Recht durch Zuschlag erlischt, wird der Höchstbetrag für das Erlöschen des Rechts auf ▪▪▪ EUR bestimmt.[2]

Der Eigentümer bewilligt und beantragt, das vorgenannte Recht nebst der über den Höchstbetrag des Ersatzes getroffenen Bestimmung in das Grundbuch einzutragen.[3]

▪▪▪

Notariell beglaubigte Unterschrift des Eigentümers.[4], [5] ◄

B. Erläuterungen

2 **[1] Betroffene Rechte.** Die Eintragung eines Höchstbetrages ist nur möglich bei
- Dienstbarkeiten,
- Nießbrauchsrechten,
- Reallasten,
- Dauerwohnrechten nach §§ 31 ff WEG,
- Vorkaufsrechten für mehrere Verkaufsfälle,
- Vormerkungen für die Bestellung der vorgenannten Rechte,
- Auflassungsvormerkungen,
- Erbbauzinsen, bei denen eine Vereinbarung nach § 9 Abs. 3 S. 1 Nr. ErbbauG nicht getroffen wurde, sowie bei
- alten Erbbaurechten nach §§ 1012 ff.

3 **[2] Wirkung der Eintragung.** Der eingetragene Betrag ist lediglich ein Höchstbetrag. Der Ersatz wird nach den §§ 121, 92 Abs. 2 ZVG berechnet. Nur wenn der danach errechnete Betrag den eingetragenen Höchstbetrag übersteigt, ist der Höchstbetrag maßgebend, anderenfalls der errechnete Betrag.

4 **[3] Materiellrechtliche Voraussetzungen.** Materiellrechtlich ist nach §§ 873, 877 für die Wirksamkeit der Bestimmung des Höchstbetrag die **Einigung** zwischen dem Eigentümer und den Inhaber des Rechts sowie die **Eintragung im Grundbuch** erforderlich.

[4] Voraussetzungen für die Eintragung im Grundbuch. Wird der Höchstbetrag bereits bei der Bestellung des Rechts festgelegt, genügt formellrechtlich die Bewilligung des Eigentümers. Bei der nachträglichen Eintragung des Höchstbetrags genügt nach § 877 die Bewilligung des Rechtsinhabers. 5

[5] **Kosten.** 6

(a) **Notarkosten.** Wird der Höchstbetrag unmittelbar bei der Eintragung des Rechts bewilligt und eingetragen, fällt keine besondere Gebühr an. Wird er dagegen später bewilligt, sind die in § 873 Rn 13 angeführte Gebührentatbestände einschlägig. Der Wert entspricht dem einzutragenden Höchstbetrag.

(b) **Gerichtskosten.** Bei der gleichzeitigen Eintragung mit dem Recht liegt ein gebührenfreies Nebengeschäft nach § 62 abs. 3 S. 1 KostO vor, ansonsten erhebt das Gericht ein Viertel einer vollen Gebühr nach § 67 Abs. 1 KostO aus dem einzutragenden Höchstbetrag.

§ 883 Voraussetzungen und Wirkung der Vormerkung

(1) [1]Zur Sicherung des Anspruchs auf Einräumung oder Aufhebung eines Rechts an einem Grundstück oder an einem das Grundstück belastenden Recht oder auf Änderung des Inhalts oder des Ranges eines solchen Rechts kann eine Vormerkung in das Grundbuch eingetragen werden. [2]Die Eintragung einer Vormerkung ist auch zur Sicherung eines künftigen oder eines bedingten Anspruchs zulässig.

(2) [1]Eine Verfügung, die nach der Eintragung der Vormerkung über das Grundstück oder das Recht getroffen wird, ist insoweit unwirksam, als sie den Anspruch vereiteln oder beeinträchtigen würde. [2]Dies gilt auch, wenn die Verfügung im Wege der Zwangsvollstreckung oder der Arrestvollziehung oder durch den Insolvenzverwalter erfolgt.

(3) Der Rang des Rechts, auf dessen Einräumung der Anspruch gerichtet ist, bestimmt sich nach der Eintragung der Vormerkung.

§ 884 Wirkung gegenüber Erben

Soweit der Anspruch durch die Vormerkung gesichert ist, kann sich der Erbe des Verpflichteten nicht auf die Beschränkung seiner Haftung berufen.

§ 885 Voraussetzung für die Eintragung der Vormerkung

(1) [1]Die Eintragung einer Vormerkung erfolgt auf Grund einer einstweiligen Verfügung oder auf Grund der Bewilligung desjenigen, dessen Grundstück oder dessen Recht von der Vormerkung betroffen wird. [2]Zur Erlassung der einstweiligen Verfügung ist nicht erforderlich, dass eine Gefährdung des zu sichernden Anspruchs glaubhaft gemacht wird.

(2) Bei der Eintragung kann zur näheren Bezeichnung des zu sichernden Anspruchs auf die einstweilige Verfügung oder die Eintragungsbewilligung Bezug genommen werden.

Schrifttum: *Vierling,* Die Ablösung und das Freigabeversprechen „unsicherer" Gläubiger, MittBayNot 2009, 78; *Wörner,* Die Sicherung der Lastenfreistellung bei der Veräußerung von Teilflächen durch Freigabevormerkung, MittBayNot 2001, 450.

A. Bewilligung einer Vormerkung

I. Muster: Bewilligung einer Vormerkung 1

▶ Mit Kaufvertrag vom ... – UR-Nr. ... des Notars ... in ... – hat der Verkäufer den Käufern, Herrn ... und Frau ..., aus den im Grundbuch von ... – Amtsgericht ... – Blatt ... verzeichneten Grundstücken

1. Flur ..., Flurstück ..., Gebäude- und Freifläche, groß ... m² und
2. Flur ..., Flurstück ..., Gebäude- und Freifläche, groß ... m²,

eine Teilfläche von insgesamt ca. ... m² zu je 1/2 Anteil verkauft,[1] wovon eine Teilfläche von ca. ... m² aus dem Grundstück zu 1. und eine Teilfläche von ca. ... m² aus dem Grundstück zu 2. stammt.

Der Verkäufer bewilligt und beantragt als Eigentümer[2] die Eintragung einer Vormerkung zugunsten der Käufer[3] zu je 1/2 Anteil[4] zur Sicherung deren Anspruch auf Eigentumsumschreibung hinsichtlich einer Teilfläche[5] von ca. ... m² aus dem Grundstück zu 1. und von ca. ... m² aus dem Grundstück zu 2.

...

Notariell beglaubigte Unterschrift des Eigentümers.[6] ◀

II. Erläuterungen

[1] Absicherung schuldrechtlicher Ansprüche auf dingliche Rechtsänderung. Durch die Vormerkung können nur schuldrechtliche Ansprüche auf Übertragung des Eigentums und auf Einräumung, Übertragung, Aufhebung, Inhalts- oder Rangänderung eines Rechts an einem Grundstück oder an einem Grundstücksrecht abgesichert werden (Abs. 1 S. 1). Nach hM muss der Vertrag über den zu sichernden Anspruch dem Grundbuchamt nicht vorgelegt werden. Verfügungen über Grundstücke und Grundstücksrechte bedürfen häufig (öffentlich-rechtlicher) Genehmigungen. Ob diese Vorschriften bereits der Eintragung einer Vormerkung entgegenstehen, muss durch die Auslegung der betreffenden Norm ermittelt werden. §§ 51 Abs. 1 Nr. 1, 144 BauGB, § 2 GrdstVG und § 2 GVO stehen der Eintragung der Vormerkung nicht entgegen. Die Eintragung der Vormerkung bedarf auch nicht der Zustimmung Dritter nach § 12 WEG, § 5 ErbbauG, §§ 876, 877, 880 Abs. 3 oder §§ 1183, 888 Abs. 2 S. 2. Bedarf dagegen die Veräußerung des Genehmigung des Familien- oder Betreuungsgerichts (§§ 1821 f, 1643, 1908 i), kann die Vormerkung erst nach Erteilung der Genehmigung eingetragen werden (NK-BGB/*U. Krause*, § 883 Rn 33). 2

[2] Materiellrechtliche Entstehungsvoraussetzungen. Weitere Voraussetzung für die Entstehung einer Vormerkung ist die gegenüber dem Grundbuchamt oder gegenüber dem Berechtigten der Vormerkung erklärte **materiellrechtliche Bewilligung des Inhabers des Rechts, das durch den schuldrechtlichen Anspruch betroffen wird,** und die **Eintragung im Grundbuch.** Eine Einigung 3 iSv § 873 ist zur Entstehung der Vormerkung nicht erforderlich. Die Vormerkung kann sogar ohne Mitwirkung des Gläubigers eingetragen werden. Die Bewilligung als materiellrechtliche Willenserklärung ist von der nach § 19 GBO verfahrensrechtlich erforderlichen Eintragungsbewilligung zu unterscheiden, obwohl beide in der Regel in einer Erklärung enthalten sind. Die materiellrechtliche Erklärung ist formlos gültig, während die nach § 19 GBO erforderliche Eintragungsbewilligung der Form des § 29 GBO bedarf. Die Eintragungsbewilligung muss alle Angaben enthalten, die in den Eintragungsvermerk aufgenommen werden müssen. Die Bewilligung muss den Vormerkungsberechtigten, den Schuldner und den Leistungsgegenstand bezeichnen und zum Ausdruck bringen, dass ein bestimmter Anspruch gesichert werden soll. Nur wenn Verwechselungen möglich sind, muss in ihr auch der Schuldgrund angegeben werden (NK-BGB/*U. Krause*, § 883 Rn 111 mwN).

4 [3] **Person des Berechtigten.** Berechtigter der Vormerkung ist der **Gläubiger des abgesicherten Anspruchs**, wobei er noch nicht bereits bestimmt, sondern lediglich nach sachlichen Kriterien bestimmbar sein muss. An der **Bestimmbarkeit** fehlt es, wenn erst eine weitere Person den Anspruchsinhaber bestimmen soll oder der Anspruch dem Längstlebenden einer Personenmehrheit zustehen soll. In diesen Fällen kann allerdings der Anspruch des Versprechensempfängers auf Leistung an den Dritten (§ 335) durch eine Vormerkung abgesichert werden. Eine Vormerkung kann allerdings für den jeweiligen Eigentümer eines anderen Grundstücks (BGHZ 22, 220, 225 = NJW 1957, 98, 99; RGZ 128, 246, 250) oder für den jeweiligen Inhaber eines im Handelsregister eingetragenen Unternehmens eingetragen werden (KG DNotZ 1937, 330; OLG Hamm MDR 1953, 43).

5 [4] **Mehrere Berechtigte.** Soll eine Vormerkung zugunsten mehrerer Personen eingetragen werden, muss nach der neueren Rechtsprechung gemäß § 47 GBO ein **Gemeinschaftsverhältnis** angegeben werden (BGHZ 136, 327 = NJW 1997, 3235 = DNotZ 1998, 292; BayObLG DNotZ 1987, 213, 215). Das Gemeinschaftsverhältnis bezieht sich dabei allerdings auf die Beteiligung am abgesicherten Anspruch selbst und nicht auf die Berechtigung am dinglichen Recht nach der Erfüllung des Anspruchs (BGH MittBayNot 1998, 28, 29; OLG Hamm DNotZ 2006, 293, 294 f). Soll der Anspruch aus einem Ankaufsrecht oder einem schuldrechtlichen Vorkaufsrecht abgesichert werden, das mehreren zusteht, ist gemäß § 47 GBO in das Grundbuch einzutragen, dass § 472 auf das Recht Anwendung findet (BGH MittBayNot 1998, 28, 29). Bei verheirateten Ausländern ist die Vormerkung grundsätzlich ohne weitere Prüfung des für ihn möglicherweise geltenden Güterstandes einzutragen (BayObLG DNotZ 1986, 487 489; *Amann*, Rpfleger 1986, 117).

6 [5] **Besonderheiten beim Teilflächenkauf.** Für die Eintragung der Vormerkung zur Sicherung des Anspruchs auf Übereignung einer Teilfläche bedarf es nicht der Abschreibung des Teils nach § 7 Abs. 1 GBO. Die Vormerkung kann auf dem gesamten Grundstück eingetragen werden, lastet dann aber nur auf der betroffenen Teilfläche. Dabei muss die Teilfläche so beschrieben sein, wie dies für die Gültigkeit eines schuldrechtlichen Vertrages erforderlich ist. Wenn aus mehreren Grundstücken Teilflächen veräußert werden, muss daher die aus jedem Grundstück stammende Einzelfläche bezeichnet werden, die Bezeichnung lediglich der Gesamtfläche genügt nicht (*Schöner/Stöber*, Grundbuchrecht, Rn 864, 1503).

7 [6] **Kosten. Notarkosten:** Wird die Bewilligung in dem Vertrag abgegeben, durch den der abzusichernde Anspruch begründet wird, ist keine besondere Gebühr zu erheben (§ 44 Abs. 1 KostO). Im Übrigen greifen die in § 873 Rn 13 aufgeführten Gebührentatbestände ein. Maßgeblich ist der Wert des abgesicherten Anspruchs, idR also der Kaufpreis. **Gerichtskosten:** Für die Eintragung der Vormerkung wird die Hälfte der für die endgültige Eintragung zu erhebenden Gebühr erhoben. Wenn die vormerkungsberechtigte Person Ehegatte oder Abkömmling des Eigentümers ist, wird nur eine 1/4 Gebühr erhoben (§ 66 Abs. 1 iVm § 60 Abs. 2 KostO).

B. Absicherung von Rückforderungsansprüchen gegen einen Erwerber

I. Muster: Absicherung von Rückforderungsansprüchen bei zwei Veräußerern 8

675

▶ **Beurkundung im Rahmen eines Übertragungsvertrags**

Die Veräußerer, Herr ▪▪▪ und Frau ▪▪▪ sind berechtigt, gegenüber dem Erwerber die Rückübertragung des Vertragsgegenstandes an sich zu gleichen Teilen zu verlangen, jedes mal wenn

a) der Vertragsgegenstand ohne ihre schriftliche Zustimmung veräußert, belastet oder wesentlich umgestaltet wird oder
b) Zwangseintragungen im Grundbuch erfolgen oder
c) ein Eigentümer des Grundstücks verstirbt, bevor der Letzte der Veräußerer verstorben ist, oder
d) über das Vermögen eines Eigentümers des Grundbesitzes das Insolvenzverfahren eröffnet oder mangels Masse abgelehnt wird oder
e) ein Eigentümer des Grundbesitzes oder dessen Ehegatte Scheidungsklage erhebt und Zugewinnausgleichsansprüche aus dem Vertragsgegenstand geltend gemacht werden.

Das Rückübertragungsverlangen kann nur durch schriftliche Erklärung gegenüber dem Erwerber ausgeübt werden. Solange beide Veräußerer leben, kann es von ihnen nur gemeinsam ausgeübt werden. Wird der Rückübertragungsanspruch nicht innerhalb von sechs Monaten ab Kenntnis des Veräußerers von Anspruchsgrund und Anspruchsgegner durch Zugang eines schriftlichen Rückübertragungsverlangens beim Erwerber geltend gemacht, erlischt er für den betreffenden Fall. Der Anspruchsgrund muss bei Zugang des Rückübertragungsverlangens noch bestehen.

Der Erstversterbende der Veräußerer tritt dem Überlebenden bereits jetzt seinen bedingten Anspruch auf Rückübertragung des 1/2 Miteigentumsanteils an dem Vertragsgegenstand aufschiebend bedingt durch seinen Tod ab. Nach dem Tod des Erstversterbenden kann der Überlebende somit die Rückübertragung an sich allein gemäß den vorstehenden Bestimmungen verlangen. Im Übrigen ist der Rückübertragungsanspruch weder vererblich noch übertragbar; sofern der Rückübertragungsanspruch jedoch wirksam ausgeübt wurde, gehen die entstandenen Ansprüche auf die Rechtsnachfolger der Rückübertragungsberechtigten über.

Zur Sicherstellung dieser Rückübertragungsverpflichtung[1] bewilligt und beantragt der Erwerber die Eintragung einer Auflassungsvormerkung zugunsten der Veräußerer zu je 1/2 Anteil im Grundbuch.[2]

Die Veräußerer bevollmächtigen bereits jetzt den Erwerber nach dem Tode beider unter Vorlage der Sterbeurkunden die Löschung der Auflassungsvormerkung zu beantragen sowie alles zu tun, was zur Löschung der Auflassungsvormerkung im Grundbuch erforderlich ist. Der Bevollmächtigte ist von den Beschränkungen des § 181 BGB befreit. Die Vollmacht soll durch den Tod der Vollmachtgeber nicht erlöschen.[3], [4] ◀

II. Erläuterungen und Varianten

[1] **Absicherung nur eines Anspruchs durch eine Vormerkung.** Nach § 883 Abs. 1 S. 2 können auch **bedingte** und **künftige Ansprüche** durch eine Vormerkung abgesichert werden. Eine Vormerkung kann nur einen Anspruch, nicht aber mehrere Ansprüche zugleich absichern, wobei der Anspruch allerdings auch auf mehrere gleichartige, wiederholte oder verschiedenartige Rechtsänderungen gerichtet sein kann. Ein einzelner materiellrechtlicher Anspruch ist gegeben, wenn ihm ein einheitlicher Lebenssachverhalt zugrunde liegt und nur einheitlich über ihn verfügt werden kann. Da bei der Rückübertragung des Grundbesitzes letztlich nur der Auslöser der Rückübertragungspflicht unterschiedlich ist und sowohl die Beteiligten als auch der Anspruchsinhalt identisch sind, handelt es sich nur um einen Rückübertragungsanspruch, der durch eine Vormerkung gesichert werden kann. 9

[2] **Schutz durch eine Vormerkung bei Suksessiv- und Alternativberechtigungen.** Der Grundsatz, dass die Vormerkung nur einen Anspruch sichern kann, führt zu Schwierigkeiten, wenn 10

ein Anspruch nacheinander mehreren Personen zustehen soll. Ob in einem solchen Fall der Sukzessiv- und/oder Alternativberechtigung ein oder mehrere Ansprüche vorliegen, hängt von der juristischen Konstruktion ab. Hier wird vereinbart, dass der bedingte Rückübertragungsanspruch zunächst den Ehegatten zu je 1/2 Anteil zustehen soll und dass der erstversterbende Ehegatte seinen Anspruch aufschiebend bedingt durch seinen Tod an den überlebenden Ehegatten abtritt, so dass nur ein Anspruch vorliegt, der durch eine Vormerkung abgesichert werden kann. Möglich ist es auch, dass zugunsten beider Elternteile eine Vormerkung als Gesamtberechtigten nach § 428 eingetragen wird, da sie hinsichtlich des Rückübertragungsanspruchs eine Befriedigungs- und Tilgungsgemeinschaft bilden. Bei der Vereinbarung von **Gesamtgläubigerschaft** (§ 428) bereiten allerdings Störungen im Verhältnis der Gesamtberechtigten, etwa die Scheidung, Schwierigkeiten. In diesem Fall besteht die Gefahr, dass einer der Berechtigten einen Erlassvertrag mit dem Schuldner abschließt, so dass auch der Anspruch des anderen Berechtigten untergeht, oder der eine Berechtigte die gesamte Leistung entgegen nimmt und dem anderen Berechtigten danach nur ein Ausgleichsanspruch im Innenverhältnis nach § 430 zusteht. Um diese Schwierigkeiten zu vermeiden, kann zB folgende Vereinbarung getroffen werden:

▶ Die beiden Veräußerer behalten sich als Gesamtgläubiger nach § 428 BGB das Recht vor, die Rückübereignung des Vertragsobjekts zu verlangen, wenn ...

Im Falle der Ausübung des Rückübertragungsanspruchs ist das Vertragsobjekt an beide Veräußerer als Miteigentümer je zur Hälfte zu übereignen; nach dem Tod eines Veräußerers steht das Rückübereignungsrecht dem Überlebenden als alleinigem Berechtigten zu. Keiner der Veräußerer ist jedoch befugt, zu Lasten des anderen über den Übereignungsanspruch zu verfügen.

Der Anspruch auf Rückübereignung ist höchstpersönlich und erlischt beim Tod des Längerlebenden, wenn er bis dahin bei Eintritt eines Rückerwerbsfalls nicht geltend gemacht wurde.

Zur Sicherung des bedingten Anspruchs auf Rückübertragung wird eine entsprechende Auflassungsvormerkung für die Veräußerer als Gesamtberechtigte nach § 428 BGB bestellt. ◀

Vgl *Mayer*, Der Übertragungsvertrag, Rn 259. Umstritten ist, ob mit einer Vormerkung auch ein Anspruch abgesichert werden kann, der zunächst einer Person und später einer anderen Person allein zustehen soll (so Kersten/Bühling-*Ruhwinkel*, Formularbuch, § 61 Rn 7; aA *Schöner/Stöber*, Rn 261 b ff). Schon aus Gründen der Vorsicht sollte in diesem Fall bei der Gestaltung der Rechtsverhältnisse den Berechtigen jeweils ein eigener Anspruch eingeräumt werden, der durch eine Vormerkung gesichert wird, oder der Anspruch des ersten Berechtigten sollte – bedingt – an den zweiten Berechtigten abgetreten werden.

11 **[3] Erleichterungen für die Löschung der Vormerkung.** Bei der Löschung der Vormerkung treten Schwierigkeiten auf, da der abgesicherte Rückübertragungsanspruch zwar auf die Lebenszeit der Berechtigten begrenzt ist, aber dann vererblich ist, wenn er zu Lebzeiten des Berechtigten geltend gemacht wurde. Trotz Ablauf der zeitlichen Beschränkung ist damit nicht erkennbar, ob der Anspruch erloschen ist. Die Vormerkung kann daher ohne besondere Regelung nur durch Bewilligung der Erben der Berechtigten gelöscht werden. Die Eintragung einer Löschungserleichterung nach § 23 Abs. 2 GBO ist nicht möglich, da die Rechtsprechung (BGHZ 130, 385 = NJW 1996, 59) in dem verbleibenden Anspruch keinen Rückstand des dinglichen Rechts sieht. Deshalb besteht nur die Möglichkeit, entweder dem Vormerkungsschuldner eine bedingte oder befristete Vollmacht zur Löschung der Vormerkung zu erteilen oder den Bestand der Vormerkung selbst unter eine Bedingung oder Befristung zu stellen. Diese Mittel haben allerdings den Nachteil, dass der Schutz der Vormerkung unabhängig davon erlöschen kann, ob noch zu sichernde Ansprüche bestehen. Dieses Risiko kann dadurch herabgesetzt werden, dass die Vormerkung erst nach einer gewissen First nach dem Tod der Berechtigten erlischt, etwa durch folgende Formulierung:

▶ Die Vormerkung erlischt sechs Monate nach dem Tod der Veräußerer, selbst wenn gesicherte Ansprüche fortbestehen sollten. ◀

[4] Kosten. 12
(a) **Notarkosten.** Im Rahmen eines Übertragungsvertrages löst die Rückübertragungsverpflichtung als Teil der Gegenleistung keine zusätzlichen Kosten aus.
(b) **Gerichtskosten.** Für die Eintragung der Vormerkung wird 5/10 Gebühr aus dem Wert des übertragenen Grundbesitzes erhoben (§ 66 Abs. 1 S. 1 KostO).

C. Absicherung von Rückforderungsansprüchen gegen mehrere Erwerber

I. Muster: Absicherung von Rückforderungsansprüchen gegen mehrere Erwerber auf Rückübertragung des gesamten Grundbesitzes 13

▶ Beurkundung im Rahmen eines Übertragungsvertrages 676

Die Veräußerer, Herr ■■■ und Frau ■■■, sind berechtigt, die Rückübertragung des ganzen heute überlassenen Vertragsgegenstandes an sich zu gleichen Teilen zu verlangen, jedes mal wenn eine der folgenden Voraussetzungen in der Person auch nur eines einzelnen Erwerbers eintritt.[1]
■■■ [Rückübertragungsgründe wie oben Rn 8]
Das Rückübertragungsverlangen kann auch bezüglich einzelner Miteigentumsanteile, Flurstücke oder Teilflächen geltend gemacht werden.[2] ■■■ [weitere Regelungen wie oben Rn 8] ◀

II. Erläuterungen

[1] Regelungsbedarf bei mehreren Erwerbern. Die Frage, ob sich bei Eintritt eines Rückübertragungsgrundes in der Person nur eines Erwerbers der Rückübertragungsanspruch lediglich auf dessen Miteigentumsanteil erstreckt oder er den gesamten überlassenen Grundbesitz erfasst und sich damit auf alle Erwerber auswirkt, lässt sich durch Auslegung des Übertragungsvertrages idR nur schwer beantworten. Sie sollte daher unbedingt vertraglich geregelt werden. 14

[2] Beschränkung der Rückforderung auf Teile des Grundbesitzes. Die Regelung, dass der ganze Grundbesitz zurück zu übertragen ist, auch wenn nur in der Person eines Eigentümers ein Rückübertragungsgrund entsteht, hat sowohl für den Veräußerer wie für die Erwerber Nachteile. Bei der Rückübertragung erhalten die Erwerber häufig für ihre Gegenleistungen und die Aufwendungen, die sie auf den Grundbesitz gemacht haben, nur eine unzureichende Vergütung. Für den Veräußerer kann die Rückübertragung des gesamten Grundbesitzes vor allem negative schenkungsteuerliche Auswirkungen haben. Die Rückübertragung selbst löst zwar keine Schenkungsteuer aus, eine erneute Übertragung oder Vererbung des Grundbesitzes kann jedoch unter die Regelungen eines ungünstigeren Steuerrechts fallen. Aus diesem Grund sollte klargestellt werden, dass der Veräußerer sein Rückübertragungsverlangen auf einen Teil des übertragenen Grundbesitzes beschränken kann. 15

D. Absicherung von Rückforderungsansprüchen hinsichtlich des Miteigentumsanteils eines Erwerbers

I. Muster: Absicherung von Rückforderungsansprüchen hinsichtlich des Miteigentumsanteils eines Erwerbers 16

▶ Beurkundung im Rahmen eines Überlassungsvertrags

Die Veräußerer, Herr ■■■ und Frau ■■■, sind berechtigt, von jedem Erwerber die Rückübertragung des ihm heute überlassenen Miteigentumsanteils an sich zu gleichen Teilen zu verlangen, jedes mal wenn eine der folgenden Voraussetzungen eintritt

a) der Miteigentumsanteil ohne ihre schriftliche Zustimmung veräußert, belastet oder wesentlich umgestaltet wird oder
b) Zwangseintragungen im Grundbuch erfolgen oder
c) ein Eigentümer des Miteigentumsanteils verstirbt, bevor der Letzte der Veräußerer verstorben ist oder
d) über das Vermögen eines Eigentümers des Miteigentumsanteils das Insolvenzverfahren eröffnet oder mangels Masse abgelehnt wird oder
e) ein Eigentümer des Miteigentumsanteils oder dessen Ehegatte Scheidungsklage erhebt und Zugewinnausgleichsansprüche aus dem Miteigentumsanteil geltend gemacht werden.[1]

Das Rückübertragungsverlangen kann ■■■ [weitere Regelungen wie oben Rn 8]

Zur Sicherstellung dieser Rückübertragungsverpflichtung bewilligt und beantragen die Erwerber die Eintragung je einer Auflassungsvormerkung an jedem überlassenen Miteigentumsanteil zugunsten der Veräußerer zu je 1/2 Anteil im Grundbuch. ■■■ [weitere Regelungen wie oben Rn 8] ◄

II. Erläuterungen

17 [1] Eine **Vormerkung** vermittelt nur dann Schutz, wenn sie an dem Grundbesitz eingetragen wird, auf den sie sich bezieht, und wenn der Schuldner des abgesicherten Anspruchs auch Inhaber des betroffenen Grundbesitzes ist (Staudinger/*Gursky*, § 883 Rn 55 mwN). Umstritten ist, ob aus diesem Grund an jedem erworbenen Miteigentumsanteil eine Vormerkung für den Veräußerer eingetragen werden muss. Für das Vorliegen mehrere Ansprüche spricht, dass Schuldner des Rückübertragungsanspruchs nicht die Gesamtheit der Erwerber ist, sondern jeder Erwerber eines Miteigentumsanteils, und dass mehrere Anspruchsgegenstände, die Miteigentumsanteile, betroffen sind. Für das Vorliegen nur eines Anspruchs spricht dagegen, dass die verschiedenen Teilansprüche aus einem einheitlichen Lebenssachverhalt und aus einem Vertrag erwachsen und dass sich die unterschiedlichen Teilrechte, die Miteigentumsanteile, in der Hand des Gläubigers wieder zu einem einheitlichen Recht vereinigen können (NK-BGB/*U. Krause*, § 883 Rn 48). Diese Streitfrage kann aber dahin stehen, wenn man bereits aus Gründen der kautelarjuristischen Vorsicht **für jeden Anspruch eine Vormerkung** einträgt.

E. Absicherung eines Verfügungsunterlassungsanspruchs

18 I. Muster: Absicherung eines Verfügungsunterlassungsanspruchs durch eine Vormerkung

► **Beurkundung im Rahmen eines Erbvertrags**

I. Verfügungen von Todes wegen

1. Die Erschienene zu 1. – nachfolgend Erblasserin – beruft die Erschienene zu 2. zu ihrer Alleinerbin.
   Sollte die Erschienene zu 2. vor ihr versterben oder aus anderen Gründen nicht Erbin werden, beruft die Erblasserin deren Abkömmlinge zu Ersatzerben nach den Vorschriften der gesetzlichen Erbfolge 1. Ordnung.
   Die vorstehende Erbeinsetzung ist zwischen den Erschienenen zu 1. und 2. vertragsmäßig bindend. Die Erschienene zu 2. nimmt die Erklärungen der Erblasserin hiermit an.
2. ■■■

II. Verfügungsunterlassungsansprüche und bedingte Überlassungsansprüche

Die Erschienene zu 1. ist Eigentümerin des im Grundbuch von ■■■ – Amtsgericht ■■■ – Blatt ■■■ eingetragenen Grundstücks

Flur ■■■, Flurstück ■■■, Gebäude- und Freifläche ■■■, groß ■■■ m².

Die Erschienene zu 2. hat das auf dem Grundbesitz aufstehende Zweifamilienhaus renoviert und neben ihrer Arbeitszeit ungefähr ■■■ EUR investiert. Der vorstehende Erbvertrag soll deshalb sicherstellen, dass die Erschienene zu 2. nach dem Tode der Erschienenen zu 1. den Grundbesitz erhält und an ihre Geschwister lediglich Ausgleichsbeträge entsprechend dem Wert des Grundbesitzes vor der Renovierung zu zahlen hat.

Zur Absicherung der Erschienenen zu 2. verpflichtet sich die Erschienene zu 1. hiermit schuldrechtlich gegenüber der Erschienenen zu 2. über den vorgenannten Grundbesitz ohne deren Zustimmung nicht zu verfügen und ihn auch nicht zu belasten.

Für den Fall, dass sie gegen diese Verpflichtung verstoßen sollte, verpflichtet sich die Erschienene zu 1., den Grundbesitz unter Vorbehalt eines lebenslänglichen und unentgeltlichen Nießbrauchs sofort auf die Erschienene zu 2. auf deren Kosten unentgeltlich zu übertragen. Der Nießbrauch ist an bereiter Rangstelle im Grundbuch einzutragen, wobei zu vermerken ist, dass zur Löschung der Nachweis des Todes des Berechtigten genügt.

Der bedingte Anspruch auf Übertragung des Grundbesitzes ist grundsätzlich nicht übertragbar und vererblich. Verstirbt die Erschienene zu 2. vor der Erblasserin, steht der Anspruch ihren Abkömmlingen anteilig nach den Regeln der Erbfolge 1. Ordnung zu, allerdings zu Bruchteilen, die den Erbquoten entsprechen. Ist jedoch die Bedingung, die den Anspruch auslöst, eingetreten, so ist der Anspruch übertragbar und vererblich.

Zur Sicherung des bedingten Übertragungsanspruchs der Erschienenen zu 2.[1] bewilligt und beantragt die Erschienene zu 1. die Eintragung einer Vormerkung zu Gunsten der Erschienenen zu 2. zu Lasten des vorbezeichneten Grundbesitzes im Grundbuch an rangbereiter Stelle. Sollte die Erschienene zu 2. vor der Erblasserin versterben, verpflichtet sich die Erblasserin, eine entsprechende Vormerkung zu Gunsten der Abkömmlinge der Erschienenen zu 2. zu bewilligen.[2]

■■■ [Urkundenende Erbvertrag] ◄

II. Erläuterungen

19 **[1] Indirekter Vormerkungsschutz für Erben und Vermächtnisnehmer.** Erb- und Vermächtnisansprüche können vor dem Erbfall nicht durch eine Vormerkung abgesichert werden. Selbst wenn der Erblasser durch einen Erbvertrag gebunden ist, hat der zukünftige Erbe oder Vermächtnisnehmer keinen Anspruch, sondern lediglich eine faktische Aussicht, Erbe oder Vermächtnisnehmer zu werden, da dies voraussetzt, dass er den Erblasser überlebt und der Erblasser nicht anderweitig unter Lebenden verfügt. Möglich ist es aber, den zukünftige Erben oder Vermächtnisnehmer durch Abschluss eines **Verfügungsunterlassungsvertrags verbunden mit** einem **bedingten Übertragungsvertrag** abzusichern. Der bedingte Anspruch auf Übertragung des Grundstücks kann, obwohl indirekt ein erbrechtlicher Anspruch abgesichert wird, durch Eintragung einer Vormerkung geschützt werden (BayObLG DNotZ 1979, 27, 29 ff; BayObLG DNotZ 1989, 370; OLG Düsseldorf RNotZ 2003, 192, 193).

20 **[2] Absicherung von Ersatzerben.** Da es ausreicht, wenn der Vormerkungsberechtigte bestimmbar ist, könnte zwar eine Vormerkung auch zugunsten der Abkömmlinge eingetragen werden, selbst wenn diesen noch nicht vorhanden sind. Die Löschung einer solchen Vormerkung kann aber bei Erfüllung des Anspruchs oder dessen Erlöschen aufgrund eines Verzichts zu erheblichen Schwierigkeiten führen, weshalb die Eintragung einer Vormerkung zugunsten der Abkömmlinge unzweckmäßig ist. Für den Fall dass der Anspruch der Abkömmlinge entsteht, wird ihnen deshalb im Wege des Vertrages zugunsten Dritter ein eigener Anspruch auf Eintragung einer Vormerkung eingeräumt.

F. Identität von Rechtsinhaber und Verpflichtetem

21 **I. Muster: Sicherung des Anspruchs auf Eigentumsübertragung aus einem zwischen Dritten abgeschlossenen Grundstücksveräußerungsvertrag**

▶ **Urkundeneingang**

Herr ■■■,

handelnd

a) im eigenen Namen,

b) als Vertreter ohne Vertretungsmacht – Genehmigung vorbehaltend – für ■■■, den Käufer,

c) als Vertreter ohne Vertretungsmacht – Genehmigung vorbehaltend – für ■■■ und ■■■, die Verkäufer,

den Notar ausgewiesen durch Vorlage des Personalausweises.

Der Erschienenen erklärte Folgendes zur Beurkundung:

1. Als Eigentümer des im Grundbuch von ■■■ – Amtsgericht – ■■■ Blatt ■■■ als Flur ■■■ Flurstück ■■■, Gebäude- und Freifläche, groß ■■■ m², verzeichneten Grundstücks ist Herr ■■■ eingetragen. Herr ■■■ ist verstorben und wurde aufgrund Erbscheins vom ■■■ – Amtsgericht ■■■ Az ■■■ – beerbt von den Verkäufern und dem Erschienenen. Der Erschienene beantragt, das Grundbuch entsprechend der Erbfolge zu berichtigen.[1]
2. Mit Kaufvertrag vom ■■■ – UR-Nr. ■■■ für ■■■ des Notars ■■■ in ■■■ – haben die Verkäufer den vorgenannten Grundbesitz an den Käufer verkauft, wobei sie davon ausgegangen sind, dass sie als gesetzliche Erben Herrn ■■■ beerbt hätten. Im Rahmen des Erbscheinsverfahrens wurde das eigenhändige Testament vom ■■■ aufgefunden, nach dem die Verkäufer und der Erschienene Erben nach Herrn ■■■ zu gleichen Teilen sind. Voraussetzung für die Kaufpreiszahlung aus dem Kaufvertrag ist u.a. die Eintragung einer Vormerkung zur Sicherung des Eigentumsverschaffungsanspruchs des Käufers aus dem Kaufvertrag.
3. Der Erschienene verpflichtet sich, in Erfüllung der Eigentumsverschaffungsverpflichtung der Verkäufer aus dem vorgenannten Kaufvertrag neben den Verkäufern dem Käufer den vorgenannten Grundbesitz zu übereignen[2]. Die übrigen Verpflichtungen aus dem Kaufvertrag treffen dagegen weiter allein die Verkäufer. Der Erschienene übernimmt ausdrücklich keine weiteren Verpflichtungen als die Eigentumsverschaffungspflicht gegenüber dem Käufer.
   Der Erschienene bewilligt und beantragt die Eintragung einer Vormerkung zur Sicherung des Anspruchs des Käufers gegen ihn und die Verkäufer auf Übertragung des Eigentums an dem vorstehend genannten Grundbesitz.
   Der Erschienene genehmigt weiter nach § 185 die Verfügung, die die Verkäufer über sein Eigentum vorgenommen haben, indem sie den vorgenannten Grundbesitz an den Käufer aufgelassen haben.
4. Durch diese Vereinbarung bleiben die Ansprüche des Erschienenen, die er aus der Verfügung der Verkäufer über den vorgenannten Grundbesitz gegen die Verkäufer hat, unberührt. Der Erschienene und die Verkäufer werden diese Ansprüche im Rahmen der Erbauseinandersetzung berücksichtigen.

Die Kosten dieser Urkunde und ihrer Durchführung tragen die Verkäufer zu gleichen Teilen.

Alle Genehmigungen zu diesem Vertrag sollen mit ihrem Eingang in den Amtsräumen des amtierenden Notars für und gegen alle Beteiligten wirksam werden.

(Urkundenende) ◀

II. Erläuterungen

22 [1] **Voreintragung des Berechtigten.** Nach § 39 GBO kann die Vormerkung nur eingetragen werden, wenn der Schuldner als Inhaber des Rechts im Grundbuch eingetragen ist, das mit der

Vormerkung belastet werden soll. Eine Ausnahme vom Voreintragungsgrundsatz ergibt sich aus § 40 GBO. Da eine Vormerkung regelmäßig zur Absicherung des Erwerbers vor der Übertragung des Eigentums im Grundbuch eingetragen wird, muss § 40 GBO auch auf die Eintragung von Vormerkungen zur Sicherung der Übertragung eines Rechts angewandt werden. Trotzdem ist auch bei Vorliegen eines Erbscheins die Berichtigung des Grundbuchs zu empfehlen. Der Erbschein vermittelt nur einen beschränkten Gutglaubensschutz. Zum einen muss bei § 2366 der gute Glaube an die Erbenstellung des Verkäufers noch zum Zeitpunkt der Eintragung der Vormerkung vorhanden sein und dieser gute Glaube erlischt bereits mit der Kraftloserklärung des Erbscheins. Außerdem schützt der gute Glaube des Käufers an den Erbschein nicht vor früheren Erbteilsübertragungen, -pfändungen oder -verpfändungen (*Krauß*, Immobilienkaufverträge in der Praxis, Rn 415).

[2] Identitätsgebot. Eine Vormerkung kann nur Ansprüche absichern, bei denen der Schuldner 23
der Inhaber des Rechts ist, das von der vorgesehenen Eintragung betroffen ist (Identitätsgebot). Eine Absicherung fremder Ansprüche durch eine Vormerkung ist nicht möglich. Der Eigentumsverschaffungsanspruch des Käufers kann nicht aufgrund einer Bewilligung des Grundstückseigentümers, der nicht am Verkauf beteiligt war, abgesichert werden, solange dieser sich nicht selbst verpflichtet, dem Käufer das Eigentum zu verschaffen. Es genügt nicht, dass der Eigentümer die Verfügungen durch die Verkäufer nach § 185 Abs. 2 genehmigt (NK-BGB/*U. Krause*, § 883 Rn 48 mwN).

G. Abänderung des durch eine Vormerkung abgesicherten Anspruchs

I. Muster: Abänderung des durch eine Vormerkung abgesicherten Anspruchs 24

▶ Urkundeneingang 680

Mit Kaufvertrag vom ■■■ hat sich der Verkäufer verpflichtet, an den Käufer sein im Grundbuch von ■■■ – Amtsgericht ■■■ – verzeichnetes Grundstück Flur ■■■ Flurstück ■■■ in Wohnungseigentum aufzuteilen und ihm die in näher bezeichnete Wohnung im Erdgeschoss zu verkaufen. Zur Sicherung des Anspruchs des Käufers auf Aufteilung des Grundbesitzes und Übereignung der Wohnung wurde eine Vormerkung bewilligt und beantragt, die zwischenzeitlich in Abt. II unter lfd. Nr. ■■■ eingetragen ist. Im Range nach dieser Vormerkung wurde eine Zwangssicherungshypothek zugunsten von ■■■ eingetragen.

Im Rahmen der Detailplanung haben die Beteiligten die ursprüngliche Planung dahin geändert, dass im Erdgeschoß des Hauses nicht – wie ursprünglich vorgesehen – eine Eigentumswohnung entstehen soll, sondern zwei Eigentumswohnungen, die allerdings als Maisonettewohnungen ausgeführt werden sollen, so dass ihnen jeweils Räume im 1. Obergeschoß zugeordnet werden. Die Beteiligten ändern daher den vorgenannten Kaufvertrag[1] dahin, dass der Aufteilung in Wohnungseigentum nun die der heutigen Urkunde beigefügten Pläne zugrunde zu legen sind und dem Käufer nur die in diesen Plänen mit Nr. ■■■ bezeichnete Wohnung im Erdgeschoss und 1. Obergeschoss samt dem Sondernutzungsrecht an der im anliegenden Grünflächenplan mit ■■■ bezeichneten Gartenfläche verkauft wird. Diese Abänderung des Kaufvertrages steht allerdings unter der aufschiebenden Bedingung, dass die nachstehend bewilligte Änderung der Vormerkung im Grundbuch eingetragen wird und alle Berechtigten von Rechten, die im Zeitpunkt der Änderung im Grundbuch eingetragen sind, der Änderung zustimmen.[2]

Käufer und Verkäufer bewilligen die Änderung des Inhalts der Vormerkung entsprechend der vorstehenden Vereinbarung und beantragen die Eintragung dieser Änderung in das Grundbuch.

(Urkundenende) ◀

II. Erläuterungen

[1] Notwendigkeit der Anpassung der Vormerkung. Verändern die Parteien den quantitativen 25
Umfang des Anspruchs, ist eine Abänderung der eingetragenen Vormerkung nicht erforderlich.

Schränken die Beteiligten den vorgemerkten Anspruch lediglich ein, reduziert sich wegen der Akzessorietät der Vormerkung der Vormerkungsschutz automatisch, ohne dass die Einschränkung im Grundbuch vermerkt werden muss. Wird der Umfang des Anspruchs erweitert, muss für den erweiterten Teil eine neue Vormerkung bestellt werden. Probleme treten dagegen auf, wenn der Inhalt des Anspruchs in sonstiger Weise verändert wird (Verminderung der Gegenleistung, Veränderung der Lage der zu veräußernden Fläche, Verlängerung der Annahmefrist eines Angebots – sehr str., für die Notwendigkeit, die Vormerkung bei der Verlängerung der Annahmefrist abzuändern OLG Frankfurt DNotZ 1994, 247, 248 f m.Anm. *Promberger*; OLG Köln OLGZ 76, 335). Die neuere Rechtssprechung vertritt hierzu die Ansicht, eine Änderung der Vormerkung im Grundbuch sei nicht erforderlich, solange Schuldner, Gläubiger, das Anspruchsziel und der damit vom Anspruch betroffene Grundbesitz unverändert bleiben (BGHZ 143, 175, 182 f = NJW 2000, 805; BGH MittBayNot 2008, 212, 213 mit abl. Anm. *Demharter*). Trotz dieser Rechtsprechung, die noch nicht gesichert erscheint, sollte die Kautelarpraxis, die immer den sichersten Weg zu gehen hat, im Zweifel die Vormerkung ändern. Im Beispielsfall wird das Anspruchsziel, die verkaufte Wohnung, erheblich verändert, so dass auch nach Rechtsprechung eine Änderung der Vormerkung erforderlich ist.

26 **[2] Voraussetzungen der Abänderung der Vormerkung und ihre Wirksamkeit gegenüber Dritten.** Auf die Abänderung einer Vormerkung ist § 877 nicht anwendbar (NK-BGB/*U. Krause*, § 877 Rn 4 mwN), vielmehr ist § 885 anwendbar. Für die Änderung der Vormerkung genügen daher die Bewilligung des Inhabers des Rechts, das durch die Vormerkung betroffen wird, und die Eintragung im Grundbuch. Grundbuchtechnisch müssen die Berechtigen gleich- und nachrangiger Belastungen nicht zustimmen (*Assmann*, Die Vormerkung, S. 328 f). Dies bedeutet allerdings nicht, dass die geänderte Vormerkung auch gegenüber diesen Rechten wirksam ist. Hinsichtlich des Teils des Anspruchs, der über den ursprünglichen Anspruch hinausgeht, entfaltet die Vormerkung erst nach ihrer Eintragung und dem Entstehen dieses Anspruchsteils Wirkung. Damit besteht für den Vormerkungsberechtigten die Gefahr, dass durch die Abänderung des schuldrechtlichen Anspruchs einerseits der Schutz der Vormerkung schrumpft, soweit der Anspruch eingeschränkt wird, andererseits aber der Schutz nicht entsprechend wächst. Diese Gefahr kann nur durch zwei Bedingungen gebannt werden. Damit zunächst der bisherige Schutz der Vormerkung erhalten bleibt und der Vormerkungsberechtigte seine Position gegenüber den gleich- und nachrangigen Berechtigten nicht schwächt, darf der Anspruchsinhalt nur unter der aufschiebenden Bedingung der Eintragung der Änderung der Vormerkung verändert werden (Staudinger/*Gursky*, § 883 Rn 332). Weiter muss die Änderung von der Zustimmung der gleich- und nachrangigen Berechtigten abhängig gemacht werden (vgl § 877 Rn 3; NK-BGB/*U. Krause*, § 883 Rn 111), damit die geänderte Vormerkung in vollem Umfang gegenüber diesen wirksam ist. Da der Eintritt dieser Bedingung dem Grundbuchamt nachzuweisen ist, müssen die Zustimmungserklärungen in der Form des § 29 GBO vorgelegt werden.

H. Aufhebungsvormerkung

27 I. Muster: Aufhebungsvormerkung

▶ Als Eigentümer des im Grundbuch von ▪▪▪ – Amtsgericht ▪▪▪ – Blatt ▪▪▪ verzeichneten Grundstücks Flur ▪▪▪ Flurstück ▪▪▪ ist der Verkäufer eingetragen. In Abt. III ist unter lfd. Nr. ▪▪▪ eine Sicherungshypothek in Höhe von ▪▪▪ EUR zugunsten des Gläubigers ▪▪▪ eingetragen. Der vorgenannte Grundbesitz wurde mit Urkunde des Notars ▪▪▪ in ▪▪▪ vom ▪▪▪ – UR-Nr. ▪▪▪ – an den Käufer verkauft. Der Gläubiger des vorgenannten Rechts Abt. III verpflichtet sich hiermit unwiderruflich gegenüber dem Käufer unter Verzicht auf den Zugang der Annahme (§ 151 BGB), sein Recht samt Nebenleistungen löschen zu lassen. Diese Verpflichtung steht unter der Bedingung der Zahlung eines Betrages[1] von mindestens EUR ▪▪▪ auf sein Konto ▪▪▪.[2] Die Bedingung gilt als erfüllt, wenn die Löschungsbewilligung für sein Recht beim Grundbuchamt eingereicht wird. Bis zur Fälligkeit des Kaufpreises verzichtet der Gläubiger auf sein Recht, die Zwangsversteigerung durchzuführen.[3]

Zur Sicherung des Anspruchs auf Löschung der Sicherungshypothek bewilligt und beantragt der Gläubiger die Eintragung einer Vormerkung bei seinem Recht zugunsten des Käufers.[4]

Die Löschungsbewilligung zu diesem Recht wird in einer gesonderten Erklärung erteilt.[5]

▪▪▪

Notariell beglaubigte Unterschrift des Gläubigers.[6], [7] ◀

II. Erläuterungen und Varianten

[1] **Sicherungserfordernis.** Erteilt ein Privatgläubiger oder ein ausländisches Kreditinstitut im Rahmen der Abwicklung eines Kaufvertrages eine Löschungsbewilligung, besteht anders als bei Kreditinstituten, die im Inland zum Kreditgeschäft berechtigt sind, die nicht zu vernachlässigende Gefahr, dass die spätere Löschung des Rechts daran scheitert, dass der Gläubiger zwischenzeitlich die Verfügungsbefugnis über das Recht verloren hat. Diese Gefahr kann dadurch vermieden werden, dass der Gläubiger ein **Löschungs- bzw Freigabeversprechen** gegenüber dem Käufer abgibt, das durch eine Vormerkung nach § 883 – nicht § 1179 – am betroffenen Grundpfandrecht zugunsten des Käufers abgesichert wird, und die Fälligkeit des Kaufpreises von der Eintragung dieser Vormerkung abhängig gemacht wird (*Vierling*, MittBayNot 2009, 78 f). 28

[2] **Vertragliche Verpflichtung zur Löschung.** Da die Löschungsverpflichtung durch Vertrag zwischen dem abzulösenden Gläubiger und dem Käufer begründet wird, sollte die Erklärung nach Unterzeichnung durch den Gläubiger dem Käufer in Abschrift zur (konkludenten) Annahme übersandt werden. 29

[3] **Schutz vor Zwangsversteigerung.** Ohne diesen Zusatz schützt die Aufhebungsvormerkung nicht vor einer Verwertung des Grundpfandrechts durch den Gläubiger (*Wörner*, MittBayNot 2001, 450, 451 Fn 21). 30

[4] **Eintragung im Grundbuch.** Die Vormerkung ist im Grundbuch bei dem betroffenen Recht einzutragen. Bezieht sie sich auf ein Briefrecht, ist sie auf dem Brief zu vermerken. Der Brief muss daher vorgelegt werden (§§ 41, 62 GBO). Wird die Vormerkung nicht auf dem Brief vermerkt, ist die Eintragung nicht wirksam (RGZ 73, 52). 31

[5] **Schicksal der Löschungsbewilligung im Sicherungsfall.** Die Löschungsbewilligung ist im Ernstfall der Abtretung oder Eröffnung des Insolvenzverfahrens (§ 117 Abs. 1 InsO) wertlos. Denselben Nachteil hat auch eine Vollmacht auf den Notar, die Löschung des Grundpfandrechts durch Eigenurkunde zu bewilligen. Diese Vollmacht kann folgendermaßen formuliert werden: 32

▶ Der Berechtigte erteilt hiermit dem Notar ▪▪▪ in ▪▪▪ unwiderruflich Vollmacht, die Löschung der Sicherungshypothek zu bewilligen, wenn die vorstehende Bedingung eingetreten ist. ◀

[6] **Form der Eintragungsbewilligung.** Siehe Rn 3. 33

[7] **Kosten.** 34

(a) **Notarkosten.** Siehe Rn 7. Für die Bewilligung der Löschung mittels Eigenurkunde erhält der Notar eine Nebentätigkeitsgebühr nach § 147 Abs. 2 KostO aus einem Teilwert in Höhe von ca. 10–30 % des Ablösebetrags (*Vierling*, MittBayNot 2009, 78, 79).

(b) **Gerichtskosten.** Für die Eintragung der Aufhebungsvormerkung wird eine Viertelgebühr nach §§ 66 Abs. 1 S. 2, 68 KostO erhoben. Die Löschung im Rahmen der Löschung des Grundpfandrechts ist kostenfrei.

I. Verpfändung der Auflassungsansprüche

35 **I. Muster: Verpfändung der Auflassungsansprüche**

▶ Beurkundung/Beglaubigung im Rahmen einer Grundschuldbestellung

Der Käufer hat das Pfandobjekt mit Kaufvertrag vom ▪▪▪ – UR-Nr. ▪▪▪ des beurkundenden Notars – von ▪▪▪ – nachfolgend auch „Verkäufer" genannt – erworben. Zur Sicherung des Anspruchs auf Eigentumsumschreibung ist/wird im Grundbuch eine Auflassungsvormerkung eingetragen. Zur Überbrückung der Zeit bis zur Eintragung der vorstehend bewilligten Grundschuld verpfändet der Käufer der Gläubigerin alle seine Ansprüche aus dem vorgenannten Kaufvertrag, insbesondere auch den Anspruch auf Verschaffung des Eigentums, und zwar zur Sicherung des in dieser Urkunde abgegebenen abstrakten Schuldversprechens.[1] Das Pfandrecht ist auflösend bedingt. Wenn

a) sämtliche Voraussetzungen für die Löschung der Auflassungsvormerkung für den Käufer und die Eigentumsumschreibung auf den Käufer dem Grundbuchamt vorliegen, und
b) weiter sämtliche Voraussetzungen vorliegen, damit die hier bestellte Grundschuld zu Lasten des Pfandobjektes im Grundbuch eingetragen werden kann, so dass ihr lediglich die in dieser Urkunde unter dem Punkt „Rangstelle" bestimmten Rechte im Rang vorgehen, oder
c) die Grundschuld bereits im Grundbuch eingetragen ist und ihr nur die Auflassungsvormerkung für den Käufer und die in dieser Urkunde unter dem Punkt „Rangstelle" bestimmten Rechte im Rang vorgehen,

so endet die vorstehende Verpfändung in dem Zeitpunkt, der dem Vollzug der Löschung der Auflassungsvormerkung für den Käufer und der Eigentumsumschreibung auf den Käufer mit Unterschrift (§ 44 Abs. 1 S. 2 Hs 2 GBO) oder mit Aufnahme in den Datenspeicher (§ 129 Abs. 1 S. 1 GBO) unmittelbar vorhergeht.[2]

Der Käufer bewilligt und beantragt, beim Verpfändungsvermerk im Grundbuch einzutragen, dass zur Löschung der Nachweis des Eintritts der auflösenden Bedingung genügt.[3]

Nur für den Fall, dass nicht alle auflösenden Bedingungen eintreten, bewilligt und beantragt der Käufer, zugleich mit der Eintragung des Eigentumsübergangs die dann kraft Gesetzes entstehende Sicherungshypothek in das Grundbuch einzutragen.

Der Käufer bevollmächtigt die Gläubigerin und den Notar, die zur Entstehung des Pfandrechts erforderliche Anzeige an den Drittschuldner, den Verkäufer, vorzunehmen.

Der Käufer bewilligt und beantragt, das Pfandrecht bei der für ihn an der genannten Grundbuchstelle zur Eintragung kommenden/eingetragenen Auflassungsvormerkung zu vermerken. Infolge der beim Pfandrecht vereinbarten auflösenden Bedingung beantragt der Käufer, im Falle deren Eintritts die Auflassungsvormerkung trotz des Verpfändungsvermerks nach Maßgabe der bereits gestellten Anträge zugleich mit Eintragung des Eigentumsübergangs zu löschen.[4] ◀

II. Erläuterungen

36 [1] **Voraussetzungen der Verpfändung.** Ein durch eine Vormerkung gesicherter Anspruch, der übertragbar ist, kann wie ein ungesicherter Anspruch verpfändet werden. Für die Verpfändung eines vormerkungsgesicherten Anspruchs ist der Abschluss eines **Verpfändungsvertrages** zwischen dem Vormerkungsberechtigten und dem Pfandgläubiger erforderlich (§ 1274). Dieser Vertrag kommt dadurch zustande, dass der Gläubiger die einseitige Verpfändungserklärung des Käufers durch Entgegennahme einer Ausfertigung der Urkunde stillschweigend annimmt (§ 151). Außerdem muss die Verpfändung dem Vormerkungsschuldner als Drittschuldner nach §§ 1274, 1280 angezeigt werden. Die Eintragung der Verpfändung im Grundbuch ist für deren Wirksamkeit nicht erforderlich.

37 [2] **Beendigung der Verpfändung vor Eigentumsumschreibung.** Unter Hinweis auf §§ 1281, 1282 oder § 19 GBO wird teilweise die Ansicht vertreten, die Übereignung ohne Mitwirkung

des Pfandgläubigers sei pfandrechtswidrig und deshalb unwirksam, das Grundbuchamt dürfe daher das Eigentum ohne Zustimmung des Pfandgläubigers nicht auf den Vormerkungsberechtigten umschreiben (BayObLG DNotZ 1987, 625, 627; aA NK-BGB/*U. Krause*, § 883 Rn 110 ff mwN). Die Schwierigkeiten, die sich aus dieser Rechtsansicht für die Eigentumsumschreibung ergeben können, werden vermieden, wenn die Verpfändung bereits vor der Eigentumsumschreibung endet.

[3] Löschungserleichterung für den Verpfändungsvermerk. Die Vormerkung kann nach Maß- 38
gabe der §§ 22 ff GBO nur dann ohne Bewilligung des Gläubigers gelöscht werden, wenn die Unrichtigkeit des Grundbuchs nachgewiesen ist. Hierzu genügt es allerdings nicht, dass die Verpfändung auflösend bedingt ist, da bei einem Pfandrecht Rückstände von Leistungen nicht ausgeschlossen werden können (BayObLG DNotZ 1985, 630, 632; *Schöner/Stöber*, Grundbuchrecht, Rn 1575). Bei der Verpfändung des Übereignungsanspruchs sollte daher zusätzlich beim Verpfändungsvermerk ein **Löschungserleichterungsvermerk nach § 24 GBO** eingetragen werden, wonach zur Löschung des Verpfändungsvermerks der Nachweis des Erlöschens des Pfandrechts genügt.

[4] Kosten. 39

(a) Notarkosten. Wird lediglich die einseitige Verpfändungserklärung des Käufers beurkundet fällt eine 10/10 Gebühr nach § 36 Abs. 1 KostO an, wobei sich der Geschäftswert nach § 23 Abs. 1 KostO bestimmt. Die Verpfändung ist gegenstandsgleich mit der gleichzeitig bestellten Grundschuld, deren Geschäftswert sich nach § 23 Abs. 2 KostO bestimmt, so dass nach § 44 Abs. 1 KostO nur eine 10/10-Gebühr aus dem höheren Wert zu erheben ist. Für die Anzeige der Verpfändung nach § 1280 fällt weiter eine 5/10-Gebühr nach § 147 Abs. 2 KostO aus einem nach § 30 Abs. 1 KostO zu bestimmenden Teilwert (etwa 10 bis 20 %) des nach § 23 Abs. 1 KostO zu bestimmenden Wertes der Verpfändung an.

(b) Gerichtskosten. Für die Eintragung im Grundbuch wird nach § 67 KostO ein Viertel einer vollen Gebühr erhoben. § 64 KostO ist nicht anwendbar, da die Vormerkung kein Recht an einem Grundstück ist.

J. Abtretung des Eigentumsverschaffungsanspruchs

I. Muster: Abtretung des Eigentumsverschaffungsanspruchs 40

▶ **Beurkundung im Rahmen eines Grundstückskaufvertrags**

Der Verkäufer verkauft dem Käufer aus dem im Grundbuch von ▪▪▪ – Amtsgericht ▪▪▪ – verzeichneten Grundstück Flur ▪▪▪ Flurstück ▪▪▪ eine noch zu vermessende Teilfläche von ca. 500 m², die im anliegenden Lageplan mit den Buchstaben A-B-C-D zu A gekennzeichnet ist. Diese Teilfläche hat er selbst mit Urkunde vom ▪▪▪ – UR-Nr. ▪▪▪ des Notars ▪▪▪ – erworben. Der Notar hat die Beteiligten darauf hingewiesen, dass der heutige Vertrag nur dann vollzogen werden kann, wenn der Verkäufer aufgrund des vorgenannten Kaufvertrages als Eigentümer im Grundbuch eingetragen wird, was insbesondere die Zahlung des Kaufpreises voraussetzt. Da die katasteramtliche Vermessung des Grundbesitzes aller Voraussicht nach erhebliche Zeit in Anspruch nehmen wird, tritt der Verkäufer zur Sicherung der sich aus dem heutigen Kaufvertrag ergebenden Eigentumsverschaffungspflicht[1] seinen aus der genannten Vorurkunde resultierenden Anspruch auf Verschaffung des Eigentums an dem vorbezeichneten Grundbesitz an den dies annehmenden Käufer ab,[2] allerdings aufschiebend bedingt durch die Eintragung des Verkäufers als Vormerkungsberechtigten.[3] Gem. § 401 BGB geht die diesbezügliche Eigentumsvormerkung auf den Käufer über. Etwaige Anwartschaftsrechte sind nicht übertragen.

Die Abtretung endet in dem Zeitpunkt, der der Eigentumsumschreibung auf den Verkäufer unter gleichzeitiger Eintragung der nachfolgend bewilligten Vormerkung für den Käufer mit Unterschrift (§ 44 Abs. 1 S. 2 Hs 2 GBO) oder mit Aufnahme in den Datenspeicher (§ 129 Abs. 1 S. 1 GBO) unmittelbar vorhergeht.[4]

Der Verkäufer bewilligt und der heutige Käufer beantragt im Wege der Grundbuchberichtigung die Auflassungsvormerkung für den Verkäufer dahingehend abzuändern,[5] dass künftig der Käufer auflösend bedingter Berechtigter aus der genannten Auflassungsvormerkung ist.

Die Beteiligten stellen klar, dass die Abtretung des Erwerbsanspruches nur sicherungshalber erfolgt; Kaufgegenstand ist nicht der Erwerbsanspruch der Vorurkunde, sondern die Teilfläche des Grundstücks.[6] ◄

II. Erläuterungen

41 [1] **Einsatzmöglichkeiten für die Abtretung des Eigentumsverschaffungsanspruchs.** Als Gestaltungsmittel wird die Abtretung des Anspruchs auf Eigentumsverschaffung vor allem im Rahmen der Abwicklung von sog. **Ketten- oder A-B-C-Kaufverträgen** eingesetzt, bei Kaufverträgen also, bei denen der Verkäufer den Kaufgegenstand erst kurz vor oder sogar in unmittelbarem zeitlichen Zusammenhang mit dem Weiterverkauf erwirbt (Gesamtmuster eines solchen Kettenkaufvertrages bei *Krauß*, Immobilienkaufverträge, Rn 2232). Der Käufer des ersten Vertrages, der beim zweiten Vertrag als Verkäufer auftritt, möchte dabei möglichst eine Zwischenfinanzierung vermeiden. Dieses Ziel will er dadurch erreichen, dass der Käufer des zweiten Vertrages bereits Zahlungen leistet, bevor sein Verkäufer selbst als Eigentümer im Grundbuch eingetragen ist. Da in unter diesen Umständen eine Absicherung des Käufers durch eine originäre Vormerkung nicht möglich ist (**Identitätsgebot**), sollen ihm nur die Eigentumsverschaffungsansprüche des Verkäufers abgetreten werden und diese Abtretung bei der Vormerkung des Verkäufers vermerkt werden. Zur Beschleunigung der Abwicklung beider Verträge und zur Einsparung von Eintragungskosten ist es häufig weiter Wunsch des Verkäufers, dass der Grundbesitz unmittelbar – dh unter Verzicht auf die Zwischeneintragung – auf seinen Käufer umgeschrieben wird.

42 In vielen Fällen lässt sich der Verkäufer von diesem Ansinnen bereits durch den einfachen Hinweis darauf, dass sein Käufer dadurch von den Vertragsbedingungen des Ursprungsvertrages Kenntnis erlangt, abbringen. Da der Verkäufer bei dieser Fallkonstellation in der Regel einen erheblichen Zwischengewinn erzielt, ist er weder daran interessiert, dass der Ursprungsverkäufer von dem Weiterverkauf noch der Endkäufer von den Vertragsbedingungen des Ankaufsvertrages erfährt.

43 Auch ansonsten sind die Vorteile, die die Abtretung der Eigentumsverschaffungsansprüche dem Verkäufer bietet, nur gering. Da bei der hintereinander geschalteten Abwicklung der Kaufverträge der Antrag auf Eintragung der Vormerkung direkt mit der Eintragung des Verkäufers beantragt werden kann, ist der zeitliche Vorteil, den die Abtretung der Eigentumsverschaffungsansprüche bietet nur gering. Zahlt der Verkäufer den Kaufpreis bei Fälligkeit sofort und entrichtet er auch die Grunderwerbsteuer schnell, verzögert sich die Kaufpreiszahlung bei den hintereinander geschalteten Verträgen höchstens um die Zeit, die die Eigentumsumschreibung auf den Verkäufer beim Grundbuchamt in Anspruch nimmt. Auch die Gebührenersparnis ist gegenüber der Zwischeneintragung nur gering, es entfallen lediglich die Eintragungsgebühr für den Zwischenerwerb (nach § 60 Abs. 1 KostO eine volle Gebühr) sowie die Löschungskosten für die Vormerkung aus dem Erstkauf (nach § 68 Abs. 1 KostO 1/4 Gebühr).

44 Für den Käufer dagegen hat die Abtretung des vormerkungsgesicherten Eigentumsverschaffungsanspruchs gegenüber dem originären Erwerb der Vormerkung schwerwiegende Nachteile, die mit Mitteln der Rechtsgestaltung nicht vermieden werden können. Sein Rechtserwerb hängt von der Rechtswirksamkeit dieser Abtretung ab. Hat der Verkäufer den Anspruch bereits anderweitig abgetreten oder ist er verpfändet oder gepfändet worden, kann der Käufer den Anspruch nicht bzw nicht lastenfrei erwerben. Der Bestand des Anspruchs hängt außerdem vom Schicksal des Vertrages des Eigentümers mit dem Verkäufer ab. Dieser Vertrag kann aus vom Käufer nicht erkennbaren Gründen nichtig sein. Der Eigentumsverschaffungsanspruch kann

weiter erlöschen, wenn der Eigentümer – etwa wegen Zahlungsverzugs – vom Vertrag zurück tritt. Auch § 892 schützt den Käufer nicht, da der Verkäufer nicht als Eigentümer in Grundbuch ausgewiesen ist.

Die Vormerkung schützt den Endkäufer nur vor der Insolvenz oder vertragswidrigen Verfügungen des Ursprungseigentümers. Dagegen ist er nur in begrenztem Umfang vor der Insolvenz und vertragswidrigen Verfügungen seines Verkäufers geschützt. Wird über das Vermögen seines Verkäufers das Insolvenzverfahren eröffnet, liegen die Tatbestandsvoraussetzungen des § 106 Abs. 1 InsO von vornherein nicht vor, da die Vormerkung nicht an einem Grundstück des Insolvenzschuldners eingetragen ist. Solange hinsichtlich des Vertrages mit dem ursprünglichen Eigentümer das Wahlrecht nach § 103 InsO besteht, läuft der Käufer damit Gefahr, dass der Insolvenzverwalter dieses Recht ausübt und sich der vormerkungsgesicherte Anspruch in eine Insolvenzforderung verwandelt (*Reul/Heckschen/Wienberg*, Insolvenz in der Kautelarpraxis, S. 61; aA *Amann* NotBZ 2005, 1, 7) 45

Ist das Wahlrecht dagegen erloschen, was allerdings voraussetzt, dass der Vertrag vor Insolvenzeröffnung vollständig erfüllt wurde, also der Kaufpreis gezahlt, der Kaufgegenstand abgenommen und die Grunderwerbsteuer bezahlt wurde, ist die Abtretung der Ansprüche an den Käufer insolvenzfest, ihm steht in diesem Fall ein Absonderungsrecht zu (*Krauß*, Immobilienkaufverträge, Rn 513; NK-BGB/*U. Krause*, § 883 Rn 70 mwN). Zu beachten ist aber auch in diesem Fall das Recht des Insolvenzverwalters zur Verwertung der sicherungshalber abgetretenen Forderung (§ 166 Abs. 2 InsO). Nach § 171 Abs. 1 InsO kann der Insolvenzverwalter für die Kosten der Wertfeststellung pauschal 4 % des Verwertungserlöses verlangen und unter den Voraussetzungen des § 171 Abs. 1 InsO weitere 5 % (*Hertel* in Münchener Vertragshandbuch Band 5 Form. I. 26 Anm. 10 [4] d). 46

Hinzu kommt, dass die Abtretung des Eigentumsverschaffungsanspruchs zu erheblichen Abwicklungsproblemen führen kann. Ist die Auflassung noch nicht erklärt, kann der Ursprungseigentümer, wenn die Abtretung wirksam ist und ihm angezeigt wurde, die Auflassung nur noch an den Endkäufer erklären. Auf den Erstkäufer kann nicht mehr aufgelassen werden, da dieser nicht der Anspruchsinhaber ist. Wurden die Kaufverträge bei unterschiedlichen Notaren beurkundet, kann die Auflassung auf den Endkäufer weder aufgrund des zweiten Kaufvertrages, an dem der Ursprungseigentümer nicht beteiligt ist, noch allein aufgrund der Vollmachten im Ursprungskaufvertrag beurkundet werden, an dem der Endkäufer nicht beteiligt war. Selbst wenn diese Vollmacht durch den zweiten Vertrag entsprechend erweitert wurde, darf der den Erstvertrag beurkundende Notar den Gebrauch von Vollmachten durch seine Angestellten nicht zulassen, zum einen, weil es sich nicht mehr um reine Vollzugstätigkeit hinsichtlich der Ursprungsurkunde handelt, zum anderen, weil der Gebrauch der Vollmacht für den Endkäufer mit den Unwirksamkeitsrisiken des zweiten Kaufvertrages belastet ist. Die Auflassung an den Endkäufer kann daher nur direkt durch den Ursprungseigentümer erklärt werden. Zweifelhaft ist, ob diese Schwierigkeiten dadurch beseitigt werden kann, dass der Endkäufer seinem Verkäufer eine Einziehungsermächtigung erteilt (*Hertel* in Münchener Vertragshandbuch Band 5 Form. I. 26 Anm. 5), da auch nur sie wirksam ist, wenn der zweite Vertrag wirksam ist. 47

Weitere Schwierigkeiten können sich daraus ergeben, dass der Endkäufer, solange sein Verkäufer nicht Eigentümer ist, auch nicht in der Lage ist seine Gläubiger durch Eintragung von Finanzierungsgrundpfandrechten abzusichern. Schließlich kann, wenn die Abtretung im Grundbuch vermerkt ist und der erste Vertrag durch Eintragung des Verkäufers als neuen Eigentümer im Grundbuch vollzogen wird, die Vormerkung aus dem ersten Vertrag nur mit Zustimmung des Endkäufers gelöscht werden. 48

Wegen dieser rechtlichen und tatsächlichen Schwierigkeiten sollte auf die Abtretung der Eigentumsverschaffungsansprüche beim Vollzug von Kettenkaufverträgen verzichtet werden (DNotI-Report 1998, 213, 218; *Krauß*, Immobilienkaufverträge, Rn 519, 522). Ein sinnvolles Mittel der Rechtsgestaltung ist sie allenfalls als **zwischenzeitliches Sicherungsmittel für den** 49

Endkäufer, wenn sich der Vollzug des ersten Kaufvertrages voraussichtlich über eine längere Zeit hinziehen wird.

50 **[2] Voraussetzungen für die Abtretung des Eigentumsverschaffungsanspruchs.** Ob die Vormerkung übertragen werden kann, richtet sich danach, ob der abgesicherte Anspruch übertragbar ist. Wird ein übertragbarer Anspruch abgetreten, geht die Vormerkung entsprechend § 401 automatisch auf den Zessionar über. Einer besonderen Form bedürfen die Abtretung und die Belastung des Anspruchs nicht, insbesondere sind §§ 311 b, 925 nicht analog auf die Übertragung des Eigentumsverschaffungsanspruchs anwendbar. Die Abtretung braucht dem Schuldner nicht angezeigt zu werden.

51 **[3] Abtretung als Hindernis für die Eintragung der Ursprungsvormerkung.** Schwierigkeiten können entstehen, wenn die Vormerkung aus dem ersten Kaufvertrag noch nicht eingetragen ist und der Eigentumsverschaffungsanspruch bereits abgetreten ist. Da der Vormerkungsberechtigte nicht mehr Gläubiger des Anspruchs ist, besteht dann kein Anspruch mehr, der durch die Vormerkung gesichert werden könnte. Dieses Problem kann dadurch umgangen werden, dass der abgesicherte Anspruch aufschiebend bedingt durch die Eintragung des Vormerkungsberechtigten abgetreten wird (Staudinger/*Gursky*, § 885 Rn 63).

52 **[4] Beendigung der Abtretung vor Eigentumsumschreibung.** Durch die auflösende Bedingung ist sichergestellt, dass der Eigentümer seine Leistung an den Inhaber des Eigentumsverschaffungsanspruchs erbringen kann (s. Rn 37).

53 **[5] Grundbuchberichtigung.** Durch die Abtretung wird das Grundbuch unrichtig. Zur Berichtigung des Grundbuchs ist daher entweder ein Unrichtigkeitsnachweis gemäß § 22 GBO oder eine Berichtigungsbewilligung gemäß § 19 GBO erforderlich.

54 **[6] Kosten.**

(a) **Notarkosten.** Die Sicherungsabtretung ist gegenstandsgleich mit dem Kauf, löst daher gemäß § 44 Abs. 1 KostO keine zusätzliche Gebühr aus.

(b) **Gerichtskosten.** Für die Abtretung der Vormerkung wird ein Viertel der vollen Gebühr nach § 67 KostO erhoben.

K. Einstweilige Verfügung auf Eintragung einer Vormerkung

55 I. Muster: Einstweilige Verfügung auf Eintragung einer Vormerkung zur Sicherung einer Vermächtnisforderung

▶ An das
Amtsgericht ▪▪▪[1]

Antrag auf Erlass einer einstweiligen Verfügung

der Eheleute ▪▪▪ (Antragsteller[2])

gegen

Frau ▪▪▪ (Antragsgegnerin[3])

wegen: Vormerkung zur Sicherung der Einräumung eines lebenslänglichen Wohnungsrechts

Vorläufiger Streitwert: EUR ▪▪▪.

Namens und mit Vollmacht des Antragstellers beantrage ich, im Wege der einstweiligen Verfügung – wegen Dringlichkeit ohne mündliche Verhandlung – für Recht zu erkennen:

Im Grundbuch von ▪▪▪ – Amtsgericht ▪▪▪ – Blatt ▪▪▪ wird zu Lasten des Grundstücks Flur ▪▪▪ Flurstück ▪▪▪ und zugunsten der Antragsteller als Gesamtberechtigten gem. § 428 BGB eine Vormerkung zur Sicherung des Anspruchs der Antragsteller auf Einräumung eines lebenslänglichen Wohnungsrechts an der Wohnung im Erdgeschoss eingetragen.[4]

Es wird beantragt,
den Antrag auf Eintragung der Vormerkung durch das Gericht beim zuständigen Grundbuchamt einzureichen.[5]

Begründung

Am ... verstarb der Sohn der Antragsteller, der mit der Antragsgegnerin verheiratet war. In dem eigenhändigen Testament vom ... hat er die Antragsgegnerin als Alleinerbin eingesetzt. Er war u.a. Eigentümer des im Grundbuch von ... – Amtsgericht – ... Blatt ... verzeichneten Hausgrundstücks Flur ... Flurstück .... Den Antragsstellern hat er mit dem vorgenannten Testament an diesem Hausgrundstück ein lebenslängliches Wohnungsrecht an allen Räumen der Wohnung im Erdgeschoss vermacht, dass im Grundbuch abgesichert werden soll.[6]

Glaubhaftmachung:[7] Vorlage einer begl. Abschrift des Testaments vom ... samt Eröffnungsprotokoll – Anlage 1 –

Seit Auffinden des Testaments hat die Antragsgegnerin sich geweigert, dieses Vermächtnis zu erfüllen. Stattdessen bietet sie über einen Makler das Grundstück zum Verkauf an, weshalb die Gefahr besteht, dass die Erfüllung des Vermächtnisses auf Dauer verhindert wird.

Glaubhaftmachung:[8] Vorlage der Zeitungsanzeige vom ... – Anlage 2 –. ◄

II. Erläuterungen

[1] **Zuständigkeit.** Für den Erlass der einstweiligen Verfügung ist einmal das Prozessgericht der Hauptsache zuständig (§§ 937 Abs. 1, 943 Abs. 1 ZPO), also das Gericht 1. oder 2. Instanz, bei dem die Klage auf Herbeiführung der abzusichernden Rechtsänderung oder die Klage auf Bewilligung der Vormerkung anhängig ist oder anhängig gemacht werden kann. Daneben ist nach § 942 Abs. 2 ZPO das Amtsgericht zuständig, in dessen Bezirk das Grundstück belegen ist. 56

[2] **Antragsteller.** Den Erlass der einstweiligen Verfügung können neben dem Gläubiger auch die Personen beantragen, denen ein Nießbrauch, ein Pfandrecht oder Pfändungspfandrecht an der zu sichernden Forderung zusteht, da sie nach § 1174 bzw §§ 1281, 1284 zur Einziehung der Forderung berechtigt sind. 57

[3] **Antragsgegner** ist der Schuldner des zu sichernden Anspruchs, soweit er noch Inhaber des durch die Vormerkung betroffenen Rechts ist. 58

[4] **Antragsinhalt.** Damit die einstweilige Verfügung Grundlage für die Eintragung einer Vormerkung sein kann, muss sie ausdrücklich die Eintragung einer Vormerkung anordnen und alle für die Eintragungsformel der Vormerkung erforderlichen Angaben enthalten. In ihr muss daher zumindest der zu sichernde Anspruch, das betroffene Grundstück oder Grundstücksrecht sowie der Berechtigte angegeben werden. 59

[5] **Ersuchen um Eintragung im Grundbuch.** Zum Vollzug der einstweiligen Verfügung im Grundbuch ist regelmäßig ein Eintragungsantrag nach § 13 GBO erforderlich, allerdings kann auch das Gericht, das die einstweilige Verfügung erlässt, nach § 941 ZPO das Grundbuchamt unmittelbar um Eintragung ersuchen. 60

[6] **Absicherung eines „schuldrechtlichen Anspruchs“.** Der Anwendungsbereich des § 883 ist nicht auf Ansprüche aus dem zweiten Buch des BGB beschränkt. Die Einschränkung, die Vormerkung könne nur „schuldrechtliche Ansprüche“ absichern, bezieht sich nur auf die Rechtsnatur der Ansprüche und dient der Abgrenzung zu dinglichen Ansprüchen. Daher kann auch der **Anspruch aus einem angefallenen Vermächtnis** durch eine Vormerkung abgesichert werden (BGHZ 12, 115, 117 = NJW 1954, 633, 634; BGHZ 148, 187 = NJW 2001, 2883). 61

[7] **Verfügungsanspruch.** Der Gläubiger muss glaubhaft machen (§ 294 ZPO), dass ihm ein Anspruch gegen den Antragsgegner zusteht, der durch eine Vormerkung gesichert werden kann. Allerdings können nicht alle Ansprüche, die durch eine Vormerkung gesichert werden können, 62

im Wege der einstweiligen Verfügung abgesichert werden. Bei bedingten und künftigen Ansprüchen sind §§ 936, 916 Abs. 2 ZPO zu beachten (Palandt/*Bassenge*, § 885 Rn 5).

63 [8] **Verfügungsgrund.** Nach Abs. 1 S. 2 ist nicht erforderlich, dass der Gläubiger eine **besondere Gefährdung des Anspruchs** glaubhaft macht. Jedoch ist lediglich die Glaubhaftmachung, nicht aber das Vorliegen eines Verfügungsgrunds entbehrlich. Für die Gefährdung des Anspruchs spricht deshalb lediglich eine widerlegbare Vermutung. Solange die Vermutung nicht widerlegt ist, bedarf die einstweilige Verfügung keines besonderen „Verfügungsgrundes".

L. Eintragung einer Vormerkung aufgrund einer einstweiligen Verfügung

64 I. Muster: Antrag auf Eintragung einer Vormerkung aufgrund einer einstweiligen Verfügung

▶ An das Amtsgericht ■■■

– Grundbuchamt –

Zum Grundbuch von ■■■ Blatt ■■■ überreiche ich eine Ausfertigung der einstweiligen Verfügung[1] des Landgerichts ■■■ vom ■■■ und beantrage:[2]

die in dieser Verfügung angeordnete Vormerkung in das Grundbuch einzutragen.[3]

■■■, den

■■■

Unterschrift ◀

II. Erläuterungen

65 [1] **Eintragungsantrag und Vollziehungsfrist.** Soweit das Gericht, das die einstweilige Verfügung erlässt, das Grundbuchamt nicht nach § 941 ZPO unmittelbar um Eintragung ersucht, ist zum **Vollzug der einstweiligen Verfügung** ein Eintragungsantrag des Gläubigers nach § 13 GBO erforderlich. Der Antrag bedarf keiner Beglaubigung. Die einstweilige Verfügung kann **nur innerhalb eines Monats** nach ihrer Verkündung oder Zustellung an den Antragsteller vollzogen werden (§§ 929 Abs. 2, 936). Zur Wahrung dieser Frist genügt der Eingang des Eintragungsantrags oder des Eintragungsersuchens beim Grundbuchamt (§§ 932 Abs. 3, 936 ZPO). Da die Vollziehung bereits vor der Zustellung zulässig ist, braucht gegenüber dem Grundbuchamt der Nachweis, dass die Verfügung an die Gegenpartei zugestellt wurde, gegenüber dem Grundbuchamt nicht geführt zu werden(aA Staudinger/*Gursky*, § 899 Rn 57). Weiter ist zu beachten, dass die einstweilige Verfügung dem Antragsgegner spätestens innerhalb von einer Woche nach Vollziehung oder vor Ablauf der Vollziehungsfrist zugestellt werden muss (§§ 929 Abs. 3 S. 2, 936 ZPO). Diese Frist wird nach nun verbreiteter Meinung erst mit Eintragung der Vormerkung in Gang gesetzt (*Schöner/Stöber*, Grundbuchrecht, Rn 1548; aA RGZ 67, 159, 165).

66 [2] **Form.** Nach § 30 GBO bedarf der Eintragungsantrag keiner Form. Dies gilt auch für die Vollmacht, wenn der Antrag aufgrund einer Vollmacht gestellt wird.

67 [3] **Kosten.** Bei Gericht wird eine Gebühr in Höhe der Hälfte der für die endgültige Eintragung entstehenden Gebühr erhoben (§ 66 Abs. 1 KostO) unabhängig davon, ob der Berechtigte oder das Gericht die Eintragung veranlasst.

M. Eintragung einer Vormerkung aufgrund eines vorläufig vollstreckbaren Urteils

68 I. Muster: Antrag auf Eintragung einer Vormerkung aufgrund eines vorläufig vollstreckbaren Urteils auf Abgabe einer Willenserklärung

▶ An das Amtsgericht ■■■

– Grundbuchamt –

Mit Urteil des Landgerichts ... vom ... – Az ... – wurde der Eigentümer des im Grundbuch von ... Blatt ... verzeichneten Grundstücks Flur ... Flurstück ... verurteilt, dieses Grundstück an mich zu übereignen. Das Urteil ist gegen Sicherheitsleistung von EUR ... vorläufig vollstreckbar.[1] Eine Ausfertigung des Urteils[2] und die Hinterlegungsquittung über die beim Amtsgericht ..., Hinterlegungsstelle, erfolgte Hinterlegung der Sicherheit von EUR ...[3] füge ich bei und beantrage gemäß § 895 ZPO die Eintragung einer Vormerkung zu meinen Gunsten zur Sicherung meines Anspruchs auf Übereignung des Grundstücks.

...

Unterschrift[4], [5] ◄

II. Erläuterungen

[1] **Eintragung aufgrund eines vorläufig vollstreckbaren Urteils.** Die Bewilligung für die Eintragung einer Vormerkung kann nach § 895 S. 1 ZPO durch ein vorläufig vollstreckbares Urteil ersetzt werden, das den Schuldner zur Abgabe einer Willenserklärung verurteilt, auf Grund deren eine Rechtsänderung im Grundbuch erfolgen soll. Diese Willenserklärung muss auf eine endgültige Rechtsänderung gerichtet sein, nicht etwa nur auf die Bewilligung einer Vormerkung. 69

[2] **Keine Vollstreckungsklausel.** Da die Eintragung der Vormerkung aufgrund von § 895 S. 1 ZPO kein Akt der Zwangsvollstreckung ist, genügt für die Eintragung neben dem Eintragungsantrag des Gläubigers die Vorlage einer Ausfertigung des Urteils. Vollstreckungsklausel und Zustellung sind nicht erforderlich (BGH WM 1969, 1324). 70

[3] **Sicherheitsleistung.** Soweit das Urteil nur gegen Sicherheitsleistung vollstreckbar ist, muss die Sicherheitsleistung nachgewiesen werden (§ 751 Abs. 2 ZPO). 71

[4] **Form.** Der Eintragungsantrag bedarf gem. §§ 13 und 30 GBO keiner Form. 72

[5] **Kosten.** Siehe Rn 67. 73

N. Wirksamkeitsvermerk

I. Muster: Bewilligung eines Wirksamkeitsvermerks 74

687

► Als Berechtigter der im Grundbuch von ... – Amtsgericht ... – Blatt ... eingetragenen Auflassungsvormerkung stimme ich der vorstehend bewilligten am ... zu UR-Nr. ... des Notar ... in ... bestellten Grundschuld ausdrücklich zu, so dass sie gegenüber der Vormerkung wirksam ist.[1] Ich bewillige,[2] bei der Grundschuld und der Vormerkung einzutragen, dass die Grundschuld gegenüber der Vormerkung wirksam ist.

...

Notariell beglaubigte Unterschrift des Vormerkungsberechtigten.[3] ◄

II. Erläuterungen

[1] **Zulässigkeit.** Die Frage, ob die Vormerkung selbst einen Rang hat, ist heftig umstritten, da die Vormerkung kein dingliches Rechts ist (NK-BGB/*U. Krause*, § 883 Rn 66 ff mwN). Unabhängig von dieser Streitfrage, ist allerdings anerkannt, dass eine Verfügung gegenüber dem Vormerkungsberechtigten nach § 883 Abs. 2 S. 1 nicht unwirksam ist, wenn er die Verfügung des Schuldners analog § 185 Abs. 2 S. 1 Alt. 1 genehmigt hat. Die Genehmigung bedarf analog § 182 Abs. 2 keiner besonderen Form. Sie kann gegenüber dem Schuldner und dem Dritterwerber erklärt und im Grundbuch durch Eintragung eines „**Wirksamkeitsvermerks**" dokumentiert werden. 75

76 [2] **Voraussetzung für die Eintragung** eines Wirksamkeitsvermerks ist eine Berichtigungsbewilligung des Vormerkungsberechtigten in der Form des § 29 GBO. Der Wirksamkeitsvermerk wird sowohl bei der Vormerkung als auch bei dem Eintragungsvermerk über das Verfügungsgeschäft eingetragen (*Gursky*, DNotZ 1998, 273, 278 mwN).

77 [3] **Kosten.**

(a) **Notarkosten.** Bei gesonderter Beurkundung 5/10 Gebühr nach § 38 Abs. 2 Nr. 5 lit. a KostO aus dem Nominalbetrag des Grundpfandrechts, falls der Wert des zu übertragenden Grundstücks nicht geringer ist. Keine Kosten bei Beurkundung im Rahmen der Bestellung des Grundpfandrechts.

(b) **Gerichtskosten.** 5/10 Gebühr nach § 64 Abs. S. 1 KostO. Ob bei gleichzeitiger Eintragung mit der Grundschuld ein gebührenfreies Nebengeschäft vorliegt, ist umstritten (dafür LG Saarbrücken BWNotZ 1997, 44; dagegen BayObLG MittBayNot 1998, 274, das nach § 67 KostO das Anfallen einer Viertelgebühr nach § 67 KostO annimmt; MittBayNot 2001, 414 f; *Vierling/Mehler/Gotthold*, MittBayNot 2005, 375, 376).

O. Löschung der Vormerkung

78 I. Muster: Löschungsbewilligung für eine Auflassungsvormerkung

▶ An das Amtsgericht ...

– Grundbuchamt –

Im Grundbuch von ... Blatt ... ist in Abt. II unter lfd. Nr. ... eine Vormerkung zu meinen Gunsten eingetragen. Ich bewillige[1] und beantrage die Löschung der Vormerkung im Grundbuch.

...

Notariell beglaubigte Unterschrift des Vormerkungsberechtigten.[2], [3] ◀

II. Erläuterungen

79 [1] **Voraussetzungen für die Löschung der Vormerkung.** Soweit der abgesicherte Anspruch noch besteht, erlischt die Vormerkung nur durch eine einseitige **Aufgabeerklärung** des Vormerkungsberechtigten und **Löschung im Grundbuch** analog § 875. Die Aufgabeerklärung ist eine einseitige materiellrechtliche Willenserklärung. Sie selbst bedarf keiner besonderen Form und ist von der in Grundbuchverfahren erforderlichen formell-rechtlichen Löschungsbewilligung nach § 19 GBO zu unterscheiden. In der Regel enthält jedoch die Löschungsbewilligung auch die Aufgabeerklärung. Wenn der durch die Vormerkung geschützte Anspruch verpfändet ist und die Verpfändung im Grundbuch eingetragen ist, bedarf die Aufhebung auch der Zustimmung des Pfandgläubigers. Wenn der abgesicherte Anspruch bereits erloschen ist, ist die Löschungsbewilligung eine Berichtigungsbewilligung.

80 [2] **Form.** Die Löschungsbewilligung bedarf der Form des § 29 GBO.

81 [3] **Kosten.**

(a) **Notarkosten.** Gebührentatbestände s. § 873 Rn 13. Der Wert bestimmt sich nach dem Wert des Anspruchs, der durch die Vormerkung gesichert war, unabhängig davon, ob die Vormerkung im Zeitbuch der Löschung noch einen Wert hat.

(b) **Gerichtskosten.** Für die Löschung wird nach § 68 KostO die Hälfte der für die Eintragung vorgesehenen Gebühr erhoben (§ 66 KostO).

82 III. Muster: Löschung einer Vormerkung nach Eigentumsumschreibung

▶ **Beurkundung im Rahmen eines Grundstückskaufvertrages**

Der Käufer bewilligt und beantragt,

die zu seinen Gunsten eingetragene Vormerkung nach Eigentumsumschreibung wieder zu löschen, unter der Voraussetzung,[1] dass ohne seine Zustimmung keine Zwischeneintragungen[2] vorgenommen wurden. ◄

IV. Erläuterungen

[1] **Zulässigkeit von Bedingungen.** Die Löschung der Vormerkung kann unter Bedingungen erklärt werden, soweit das Grundbuch den Eintritt der Bedingungen im Grundbuchverfahren selbst prüfen kann (OLG Hamm Rpfleger 1992, 474). 83

[2] **Verhinderung der Löschung bei Zwischeneintragungen.** Bei Eigentumsumschreibung im Rahmen eines Kaufvertrages muss sichergestellt werden, dass die Vormerkung bestehen bleibt, wenn nach ihrer Eintragung Rechte eingetragen wurden, denen der Käufer nicht zugestimmt hat. Gefährlich ist es daher, die Löschung lediglich von der Eigentumsumschreibung abhängig zu machen, da zweifelhaft ist, ob diese Erklärung einschränkend dahin ausgelegt werden kann, sie enthalte im Zweifel keine materiellrechtliche Aufgabeerklärung, wenn vormerkungswidrige Zwischenrechte vorhanden sind. Die Löschung der Vormerkung sollte auch nicht von der „vertragsgemäßen Eigentumsumschreibung" abhängig gemacht werden, da der Grundbuchbeamte nicht feststellen kann, ob diese Voraussetzung vorliegt (BGH DNotZ 1991, 759, 758). Zweckmäßig ist es allein, die Löschung der Vormerkung vom Vollzug der Auflassung sowie davon abhängig zu machen, dass keine Zwischeneintragungen bestehen bleiben, denen der Käufer nicht zugestimmt hat. 84

[3] **Kosten.** Siehe Rn 81 zu den Gerichtskosten. 85

P. Löschungsvollmacht

I. Muster: Löschungsvollmacht für den Fall des Scheiterns des Vertrages 86

► **Beurkundung im Rahmen eines Grundstückskaufvertrages**

Nach Belehrung durch den Notar über die Schwierigkeiten, die auftreten könne, wenn bei einem Scheitern des Vertrages der Käufer die Löschung der Vormerkung nicht bewilligt, vereinbaren die Beteiligten:[1]

Der Käufer bevollmächtigt den Notar unwiderruflich durch Eigenurkunde, die Löschung der zu seinen Gunsten einzutragenden Vormerkung zu bewilligen und zu beantragen, wenn folgende Voraussetzungen erfüllt sind:

a) Der Notar hat die Bestätigung über die Fälligkeit des Kaufpreises an den Käufer zu der im Urkundeneingang aufgeführten Anschrift bzw zuletzt mitgeteilten Anschrift versandt; weitere Nachforschungspflichten treffen ihn bei Unzustellbarkeit nicht.
b) Der Verkäufer hat dem Notar schriftlich mitgeteilt, dass er wegen nicht rechtzeitiger Zahlung des Kaufpreises von dem Kaufvertrag zurückgetreten sei bzw die Erfüllung des Vertrags abgelehnt hat.
c) Der Käufer hat dem Notar auf per Einwurfeinschreiben übersandte Anforderung hin nicht innerhalb von sechs Wochen nachgewiesen, dass der Kaufpreis gezahlt ist oder dass ein gerichtliches Verfahren zur Feststellung der Unwirksamkeit des Rücktritts des Verkäufers anhängig ist[2].

Weist der Käufer nach, dass ein Teil des Kaufpreises gezahlt ist, darf die Vormerkung nur Zug um Zug gegen Erstattung des bereits gezahlten Betrags gelöscht werden.[3]

Die Abtretung des Anspruchs auf Übereignung ist ausgeschlossen.[4] ◄

II. Erläuterungen

[1] **Keine Hinweispflicht des Notars.** Ohne besonderen Anlass ist eine allgemeine Belehrung, dass die Löschung der Vormerkung Schwierigkeiten bereiten kann, dass sie notfalls eingeklagt 87

werden muss und dass bis zur Löschung die anderweitige Verwertung des Grundstücks wirtschaftlich erschwert oder unmöglich ist, nicht erforderlich (BGH NJW 1993, 2744; *Schöner/Stöber*, Grundbuchrecht, Rn 1552 mwN). Aus diesem Grund ist es im Regelfall auch nicht erforderlich, eine **Vollmacht zur Löschung der Vormerkung** in den Vertrag aufzunehmen. Für den Notar bringt eine solche Vollmacht die große Gefahr mit sich, in einen Streit der Parteien hineingezogen zu werden, bei dem er aufgrund der ihm zur Verfügung stehenden Mittel nicht beurteilen kann, welche Partei im Recht ist.

88 [2] **AGB-Recht.** Gegen eine generelle Verwendung der Löschungsvollmacht spricht auch, dass eine vorformulierte Löschungsvollmacht in Verbraucher- und Formularverträgen gegen § 308 Nr. 3, Nr. 5 und Nr. 6 (Möglichkeit des Verwenders/Unternehmers, sich von einer Leistungspflicht zu lösen, Fiktion der Abgabe einer Erklärung und deren Zugangs), verstoßen kann (*Krauß*, Immobilienkaufverträge, Rn 532). Weiter muss § 309 Nr. 2 beachtet werden, wonach Bestimmungen unwirksam sind, durch die Leistungsverweigerungs- und Zurückbehaltungsrechte eingeschränkt werden. Als Alternative zur Erhebung der Klage kann auch eine Regelung vorgesehen werden, dass der Notar die Löschung der Vormerkung nicht veranlassen darf, wenn der Käufer unter Beweisantritt schlüssig vor trägt, dass ihm eine Einrede gegen den Kaufpreisanspruch zu steht (*Krauß*, Immobilienkaufverträge, Rn 531, 534). Diese Regelung hat allerdings den entscheidenden Nachteil, dass der Notar durch sie in den Streit der Parteien gezogen wird.

89 [3] **Zurückbehaltungsrecht an einer gegenstandslosen Vormerkung.** Die Vormerkung sichert zwar keine Sekundäransprüche, wie etwa die bereicherungsrechtliche Forderung auf Rückgewähr eines angezahlten Kaufpreisteils. Erlischt der Erfüllungsanspruch des Vormerkungsberechtigten und tritt ein Sekundäranspruch an seine Stelle, erlischt die Schutzwirkung der Vormerkung. Allerdings steht dem Vormerkungsberechtigten hinsichtlich der gegenstandslos gewordenen Vormerkung ein Zurückbehaltungsrecht zu (BGHZ 150, 138 = NJW 2002, 2313, 2315; BGH MDR 2003, 1258 = ZfIR 2003, 728).

90 [4] **Abtretungsausschluss.** Wenn der Eigentumsverschaffungsanspruch frei abtretbar ist, kann die Vormerkung aufgrund der Vollmacht nicht zur Löschung gebracht werden, wenn der Anspruch abgetreten wurde und die Vormerkung entsprechend berichtigt wurde. Damit die Vollmacht ihre Aufgabe erfüllen kann, muss daher zwingend ein Abtretungsausschluss vereinbart werden.

91 [5] **Kosten.** Die Vollmacht ist als Sicherungsvereinbarung mit dem Kaufvertrag gegenstandsgleich, löst also keine zusätzliche Gebühr aus. Für die Bewilligung der Löschung mittels Eigenurkunde erhält der Notar eine Nebentätigkeitsgebühr nach § 147 Abs. 2 KostO (*Fembacher/Klinger*, MittBayNot 2005, 107).

§ 886 Beseitigungsanspruch

Steht demjenigen, dessen Grundstück oder dessen Recht von der Vormerkung betroffen wird, eine Einrede zu, durch welche die Geltendmachung des durch die Vormerkung gesicherten Anspruchs dauernd ausgeschlossen wird, so kann er von dem Gläubiger die Beseitigung der Vormerkung verlangen.

§ 887 Aufgebot des Vormerkungsgläubigers

[1]Ist der Gläubiger, dessen Anspruch durch die Vormerkung gesichert ist, unbekannt, so kann er im Wege des Aufgebotsverfahrens mit seinem Recht ausgeschlossen werden, wenn die im § 1170 für die Ausschließung eines Hypothekengläubigers bestimmten Voraussetzungen vorliegen. [2]Mit der Rechtskraft des Ausschließungsbeschlusses erlischt die Wirkung der Vormerkung.

A. Muster: Antrag des Eigentümers auf Durchführung eines Aufgebotsverfahrens 1

691

▶ **Urkundeneingang**

I. Grundbuch und Sachstand

Im Grundbuch von ■■■ – Amtsgericht ■■■ – Blatt ■■■ ist in Abt. II unter lfd. Nr. ■■■ eine Auflassungsvormerkung für zugunsten von ■■■ – nachfolgend Vormerkungsgläubiger genannt – eingetragen.[1], [2] Der Vormerkungsgläubiger,[3] dessen letzter bekannter Wohnort ■■■ war, ist nach Auskunft des Einwohnermeldeamts in das Ausland verzogen. Eine Nachricht über seinen neuen Aufenthaltsort liegt nicht vor. Wohin er verzogen ist, konnte trotz Nachforschungen nicht ermittelt werden. Damit ist weder sein Wohnort bekannt, noch ob er überhaupt noch lebt und wer gegebenenfalls seine Erben sind. Ausweislich des Grundbuchs sind über zehn Jahre seit der letzten Eintragung verstrichen, die sich auf die Vormerkung bezieht. Innerhalb dieser Zeit habe ich den vorgemerkten Anspruch auch nicht in einer nach § 212 Abs. 1 Nr. 1 BGB zum Neubeginn der Verjährung führenden Weise anerkannt.

II. Antrag

Als Eigentümer des belasteten Grundbesitzes[4] beantrage ich daher gem. § 887 BGB, den Berechtigten der im Grundbuch von ■■■ Blatt ■■■ eingetragenen Vormerkung im Wege des Aufgebotsverfahrens gemäß §§ 887, 1170 BGB, §§ 447 ff FamFG auszuschließen. Die Durchführung des erforderlichen Aufgebotsverfahrens wird zu diesem Zweck beantragt.[5]

III. Antragsbegründung

Zur Glaubhaftmachung der materiell-rechtlichen Aufgebotsvoraussetzungen[6] nehme ich Bezug auf das Grundbuch von ■■■ Blatt ■■■.[7] Weiter überreiche ich die Auskunft des Einwohnermeldeamtes.

Nach Belehrung durch den Notar über die Bedeutung einer eidesstattlichen Versicherung und die Strafbarkeit einer vorsätzlichen oder fahrlässig falsch abgegebenen eidesstattlichen Versicherung, versichere ich hiermit an Eides Statt, dass mir nichts bekannt ist, was der Richtigkeit meiner vorstehenden Angaben entgegen steht.

IV. Verfahrensvollmacht

Ich bevollmächtige den amtierenden Notar, seinen Vertreter im Amt oder Amtsnachfolger, alle weitern in diesem Aufgebotsverfahren erforderlichen Rechtshandlungen vorzunehmen, Zustellungen mit Wirkung für mich entgegenzunehmen und aller erforderlichen Erklärungen abzugeben und Anträge zu stellen.[8], [9]

V. Schlussbestimmungen

■■■ [Urkundenende] ◀

B. Erläuterungen

[1] Form des Antrags. Nach § 23 Abs. 2 S. 4, § 25 Abs. 1 FamFG bedarf der Antrag der Schriftform und soll vom Antragsteller unterzeichnet werden. Er kann gemäß § 25 Abs. 1 und 2 FamFG auch zur Niederschrift eines jeden Amtsgerichts gestellt werden. Außerdem kann der nach Maßgabe des § 14 Abs. 2 FamG iVm § 130 ZPO auch als elektronisches Dokument eingereicht werden. Im vorliegenden Muster ergibt sich die Beurkundungspflicht aus § 38 BeurkG, da mit dem Antrag zugleich die eidesstattliche Versicherung beurkundet wird. 2

3 [2] **Zuständigkeit.** Sachlich zuständig für die Durchführung des Aufgebotsverfahrens ist das Amtsgericht als Gericht der freiwilligen Gerichtsbarkeit, § 23 a Abs. 1 Nr. 2, Abs. 2 Nr. 7 GVG. Nach §§ 453, 447 Abs. 2 FamFG ist für das Aufgebotsverfahren das Amtsgericht zuständig, in dessen Bezirk das belastete Grundstück liegt. Wenn der Grundbesitz in den Bezirken mehrerer Amtsgerichte liegt, ist nach § 2 Abs. 1 FamFG das Gericht zuständig, das zuerst mit der Sache befasst ist.

4 [3] **Ungewissheit über den Vormerkungsgläubiger.** Der Vormerkungsgläubiger oder sein Erbe muss unbekannt sein, dh er muss trotz nachweisbarer Bemühungen der Person nach unbekannt sein oder sein Gläubigerrecht nicht nachweisen können (NK-BGB/*U. Krause*, § 887 Rn 3).

5 [4] **Antragsberechtigung.** Nach §§ 453, 448 Abs. 1 FamFG ist der Eigentümer des belasteten Grundstücks antragsberechtigt, wenn sein Grundstück von der Vormerkung betroffen ist. Gleiches gilt für den Berechtigten eines mit einer Vormerkung belasteten Rechts. Weiter ist nach § 453 Abs. 2 FamFG auch antragsberechtigt, wer auf Grund eines gleich- oder nachrangigen Rechts Befriedigung aus dem von der Vormerkung betroffenen Grundstück oder Grundstücksrecht verlangen kann, wenn er für seinen Anspruch einen vollstreckbaren Schuldtitel erlangt hat.

6 [5] **Einleitung des Verfahrens.** Das Aufgebotsverfahren wird nach § 434 Abs. 1 FamFG nur auf Antrag eingeleitet. Nach den Vorschriften des FamFG ist neben dem verfahrenseinleitenden Antrag kein weiterer Antrag auf Erlasses eines Ausschließungsbeschlusses erforderlich (*Heinemann*, NotBZ 2009, 300, 301).

7 [6] **Glaubhaftmachung.** Der Antragsteller muss glaubhaft machen, dass der Vormerkungsgläubiger unbekannt ist und er den vorgemerkten Anspruch innerhalb der 10-Jahres-Frist nicht anerkannt hat (§§ 453 Abs. 1, 449, 450 Abs. 1 FamFG).

8 [7] **Nachweis des Ablaufs der 10-Jahres-Frist.** Zum Nachweis, dass seit der letzten sich auf die Vormerkung beziehenden Eintragung in das Grundbuch zehn Jahre verstrichen sind, muss eine beglaubigte Grundbuchabschrift vorgelegt werden (so *Schöner/Stöber*, Grundbuchrecht, Rn 1023 für das Aufgebotsverfahren nach § 927), soweit nicht das zuständige Amtsgericht gleichzeitig Grundbuchamt ist.

9 [8] **Vertretung durch den Notar.** Nach § 10 Abs. 2 Nr. 3 FamFG kann der Notar den Antragsteller im Rahmen des Verfahrens als Bevollmächtigter vertreten.

10 [9] **Kosten.**

(a) **Gerichtskosten.** Nach § 128 d KostO wird für das Aufgebotsverfahren das Doppelte der vollen Gebühr erhoben. Der Geschäftswert ist nach § 30 Abs. 1 und 2 KostO nach freiem Ermessen des Gerichts zu bestimmen, wobei darauf abzustellen ist, welche Belastung für den Antragsteller von der Vormerkung ausgeht. Kostenschuldner ist gemäß § 2 Nr. 1 KostO grundsätzlich der Antragsteller.

(b) **Notarkosten.** Für die Beurkundung des Verfahrensantrags fällt eine einfache Gebühr nach § 36 Abs. 1 KostO an. Die eidesstattliche Versicherung ist nicht gesondert nach § 49 Abs. 1 KostO in Ansatz zu bringen, da sie eine unselbständiger Bestandteil des Antragsverfahrens ist (*Heinemann*, NotBZ 2009, 300, 313).

§ 888 Anspruch des Vormerkungsberechtigten auf Zustimmung

(1) Soweit der Erwerb eines eingetragenen Rechts oder eines Rechts an einem solchen Recht gegenüber demjenigen, zu dessen Gunsten die Vormerkung besteht, unwirksam ist, kann dieser von dem Erwerber die Zustimmung zu der Eintragung oder der Löschung verlangen, die zur Verwirklichung des durch die Vormerkung gesicherten Anspruchs erforderlich ist.
(2) Das Gleiche gilt, wenn der Anspruch durch ein Veräußerungsverbot gesichert ist.

A. Anforderung einer Löschungsbewilligung

I. Muster: Anforderung einer Löschungsbewilligung 1

692

▶ Sehr geehrter Herr ▪▪▪,

Ihr Vater ist im Grundbuch von ▪▪▪ – Amtsgericht ▪▪▪ – Blatt ▪▪▪ als Berechtigter einer Zwangssicherungshypothek über EUR ▪▪▪ eingetragen. Im Rang vor dieser Hypothek ist eine Auflassungsvormerkung für mich eingetragen, die meinen Anspruch auf Eigentumsumschreibung aus dem Kaufvertrag vom ▪▪▪ – UR-Nr. ▪▪▪ des Notars ▪▪▪ – absichert.[1] Aufgrund dieses Kaufvertrags wurde ich zwischenzeitlich als Eigentümer des Grundbesitzes im Grundbuch eingetragen.[2] Da nach Auskunft des Nachlassgerichts ihr verwitweter Vater keine Verfügung von Todes wegen hinterlassen hat, sind Sie als einziges Kind nach gesetzlicher Erbfolge Alleinerbe nach Ihrem Vater. Nach § 883 Abs. 1 BGB ist die Zwangssicherungshypothek gegenüber mir als vorrangigem Vormerkungsberechtigtem relativ unwirksam. Sie sind deshalb gemäß § 888 Abs. 1 BGB verpflichtet, die Zwangssicherungshypothek auf Ihre Kosten[3] zur Löschung zu bringen.[4] Ich bitte deshalb darum, die anliegende Löschungsbewilligung vor einem Notar Ihrer Wahl zu unterzeichnen und an mich mit einer Ausfertigung des Erbscheins nach Ihrem Vater[5] zu übersenden.

▪▪▪

Mit freundlichen Grüßen ◀

II. Erläuterungen

[1] Anspruch auf Beseitigung der vormerkungswidrigen Verfügung. Die Eintragung einer Vormerkung verhindert grundsätzlich (zu den Ausnahmen s. NK-BGB/*U. Krause*, § 888 Rn 63 f) weder Verfügungen über den betroffenen Gegenstand noch die Zwangsvollstreckung in ihn. Der Vormerkungsberechtigte kann lediglich nach § 888 die Beseitigung der vormerkungswidrigen Verfügung verlangen. Diesen Anspruch muss er notfalls auf dem ordentlichen Rechtsweg durchsetzen. 2

[2] Fälligkeit des Anspruchs. Grundsätzlich ist der Zustimmungsanspruch erst fällig, wenn der durch die Vormerkung gesicherte Anspruch fällig ist. Verhindert die vormerkungswidrige Verfügung nicht den Rechtserwerb durch den Vormerkungsberechtigten, sondern schränkt seine Rechte nur ein, wird der Anspruch aus § 888 erst fällig, wenn der Vormerkungsberechtigte als Rechtsinhaber im Grundbuch eingetragen wird. Erst in diesem Zeitpunkt steht fest, ob der Vormerkungsberechtigte das Recht überhaupt erwirbt oder ob die vormerkungswidrige Verfügung seine Rechtsstellung beeinträchtigt (NK-BGB/*U. Krause*, § 888 Rn 5). 3

[3] Kosten. Der vormerkungswidrig Eingetragene muss nach dem allgemeinen Prinzip, dass der Schuldner die zur Erfüllung seiner Pflichten erforderlichen Aufwendungen zu tragen hat, alle 4

Kosten zur Beseitigung der vormerkungswidrigen Eintragung tragen. § 897 ist auf den Anspruch aus § 888 Abs. 1 nicht anwendbar (NK-BGB/*U. Krause*, § 888 Rn 16).

5 [4] **Verantwortlichkeit der Erben des vormerkungswidrig Eingetragenen.** Ist der vormerkungswidrig Eingetragene verstorben, sind seine Erben verpflichtet, die Zustimmung zur Eintragung des Vermerkungsberechtigten zu erteilen.

6 [5] **Nebenpflichten.** Aus § 888 Abs. 1 ergibt sich für die Erben die Nebenpflicht, für ihre Voreintragung zu sorgen, soweit dies für die Beseitigung der vormerkungswidrigen Eintragung erforderlich ist (NK-BGB/*U. Krause*, § 888 Rn 8). Da für die Löschung der Zwangssicherungshypothek nach § 40 Abs. 1 GBO die Voreintragung der Erben nicht erforderlich ist, genügt hier die Vorlage des Erbnachweises.

B. Klage des Vormerkungsberechtigten

7 I. Muster: Klage des Vormerkungsberechtigten auf Zustimmung zur Eintragung als Eigentümer

▶ An das
Landgericht ■■■[1]

Klage

des ■■■
– Kläger –
Prozessbevollmächtigter: ■■■
gegen
den ■■■
– Beklagter –

wegen: Zustimmung zur Eintragung als Eigentümer

Vorläufiger Streitwert: EUR 50.000,00.

Namens und mit Vollmacht des Klägers erhebe ich Klage und werde beantragen:

Der Beklagte wird verurteilt, seine Zustimmung zur Eintragung[2] des Klägers als Eigentümer des im Grundbuch von ■■■ – Amtsgericht ■■■ – Blatt ■■■ als Flur ■■■ Flurstück ■■■ verzeichneten Grundstücks zu erteilen.

Begründung

Zugunsten des Klägers ist auf dem vorgenannten Grundstück seit dem 1. September ■■■. eine Auflassungsvormerkung eingetragen, die den Eigentumsverschaffungsanspruch des Kläger aus dem Kaufvertrag vom 15. August ■■■ mit dem früheren Grundstückseigentümer absichert. Seit dem 1. Dezember ■■■ ist der Beklagte aufgrund der im Übertragungsvertrag vom 15. Oktober ■■■ vom bisherigen Grundstückseigentümer erklärten Auflassung als Eigentümer im Grundbuch eingetragen.[3]

Die Verfügung des bisherigen Eigentümers ist gegenüber dem Kläger gemäß § 883 Abs. 2 BGB unwirksam. Der Anspruch des Klägers auf Eigentumsumschreibung ist fällig.[4] Der Kläger hat den nach dem Kaufvertrag mit dem bisherigen Eigentümer zu zahlenden Kaufpreis vereinbarungsgemäß gezahlt, so dass der Notar die im Kaufvertrag erklärte Auflassung dem Grundbuchamt zum Vollzug vorlegen kann.

Beweis: Zeugnis des Notars ■■■

Nach § 888 Abs. 1 BGB hat der Kläger gegen den Beklagten einen Anspruch auf Zustimmung zur Eigentumsumschreibung auf sich, da diese Zustimmung für seine Eintragung im Grundbuch erforderlich ist. Mit Schreiben vom ■■■ hat der Kläger den Beklagten aufgefordert, die Zustimmung zu erteilen. Da die Zustimmung bis zum heutigen Tage nicht erteilt wurde, ist Klage geboten.[5] ◀

II. Erläuterungen

[1] **Zuständigkeit.** Wegen des dinglichen Charakters des Zustimmungsanspruchs ist die Klage aus § 888 Abs. 1 ausschließlich am dinglichen Gerichtsstand nach § 24 ZPO zu erheben. Die sachliche Zuständigkeit ergibt sich aus dem Streitwert. 8

[2] **Anspruch auf Zustimmung zur Eintragung des vorgemerkten Rechts.** Wurde im Grundbuch eine vormerkungswidrige Verfügung eingetragen, so ist diese Verfügung nach § 883 Abs. 2 gegenüber dem Vormerkungsberechtigten relativ unwirksam, weshalb der Schuldner materiellrechtlich weiter zur Erfüllung des Anspruchs in der Lage ist. Da nach § 39 Abs. 1 GBO eine Eintragung allerdings nur vorgenommen werden kann, wenn die Person, deren Recht betroffen ist, im Grundbuch (noch) als Berechtigter eingetragen ist, gibt Abs. 1 dem Vormerkungsberechtigten einen **Hilfsanspruch** gegen den vormerkungswidrig Eingetragenen, mit dem die Zustimmung zur Eintragung des geschützten Rechts bzw zur Löschung vormerkungswidriger Rechte erzwungen werden kann. Diese Zustimmung hat keine materiellrechtliche, sondern nur verfahrensrechtliche Bedeutung. 9

[3] **Anspruchsgegner.** Da die Voreintragung nach § 39 GBO für den grundbuchtechnischen Vollzug entscheidend ist, richtet sich der Anspruch aus Abs. 1 gegen denjenigen, der als Inhaber des Rechts eingetragen ist, das den Anspruch des Vormerkungsberechtigten beeinträchtigt, unabhängig davon, ob er tatsächlich Inhaber des Rechts ist (NK-BGB/*U. Krause*, § 888 Rn 8). 10

[4] **Fälligkeit.** Siehe Rn 3. 11

[5] **Verzögerungsschaden.** Nach Ansicht des BGH kann der Vormerkungsberechtigte keinen Anspruch auf Schadensersatz wegen Verzögerung der Leistung verlangen, wenn der vormerkungswidrig Eingetragene mit der Erteilung der Zustimmung in Verzug gerät (BGHZ 49, 263 = NJW 1968, 788; aA NK-BGB/*U. Krause*, § 888 Rn 28 mwN). 12

C. Genehmigung der Auflassungserklärung

I. Muster: Genehmigung der Auflassungserklärung durch den Insolvenzverwalter 13

▶ Mit Urkunde vom ■■■ – UR-Nr. ■■■ des Notars ■■■ in ■■■ – hat ■■■ – nachfolgend der Gemeinschuldner –, das im Grundbuch von ■■■ – Amtsgericht ■■■ – Blatt ■■■ verzeichnete Grundstück Flur ■■■ Flurstück ■■■ an den Käufer verkauft. Zur Absicherung des Eigentumsverschaffungsanspruchs des Käufers ist im Grundbuch eine Vormerkung eingetragen. Als Insolvenzverwalter über das Vermögen des Gemeinschuldners stimme ich dem Vollzug der im vorgenannten Vertrag erklärten Auflassung im Grundbuch zu.[1] Mit dieser Genehmigung ist ein Eintritt in den Vertrag selbst oder eine Haftungsübernahme für erbrachte oder zu erbringende Leistungen oder die Bereitschaft zur Übernahme von Kosten nicht verbunden. Ich bewillige und beantrage die Löschung des Insolvenzvermerks sowie etwaiger insolvenzbedingter Verfügungsbeschränkungen Zug um Zug mit dem Vollzug der Auflassung (§ 32 Abs. 3 S. 2 InsO ggf iVm § 23 Abs. 3 InsO). Weitere Anträge stelle ich nicht. Kosten trage ich nicht.[2]

■■■

Notariell beglaubigte Unterschrift des Insolvenzverwalters.[3] ◀

II. Erläuterungen

[1] **Schutzwirkung der Vormerkung in der Insolvenz.** In der Insolvenz führt die Vormerkung dazu, dass der Schuldner die Befriedigung seines Anspruchs aus der Insolvenzmasse verlangen kann (§ 106 InsO). Der Insolvenzverwalter ist verpflichtet, entweder die Auflassung zu erklären oder eine bereits erklärte Auflassung auf Kosten der Masse zu genehmigen. Das Veräußerungsgeschäft im Übrigen wird durch die Genehmigung nicht berührt. Sichert die Vormerkung nur den Anspruch auf Bestellung eines Grundpfandrechts, gewährt sie in der Insolvenz nur abgesonderte Befriedigung (§ 49 InsO). 14

15 [2] **Kosten.** Zwar treffen die eigentlichen Auflassungskosten nach § 448 Abs. 2 idR den Käufer, die Kosten der Nachgenehmigung trägt aber die Masse, da Erfüllungsort der Auflassungserklärung das Grundbuchamt ist und der Insolvenzverwalter daher die Kosten für die Erklärung an einem anderen Ort zu tragen hat (*Krauß*, Immobilienkaufverträge in der Praxis, Rn 1686, Fn 3380; aA *Kessler*, RNotZ 2004,176, 194 hälftige Teilung).

16 [3] **Form.** Nach § 29 GBO bedarf die Genehmigungserklärung der öffentlichen Beglaubigung.

§ 889 Ausschluss der Konsolidation bei dinglichen Rechten

Ein Recht an einem fremden Grundstück erlischt nicht dadurch, dass der Eigentümer des Grundstücks das Recht oder der Berechtigte das Eigentum an dem Grundstück erwirbt.

§ 890 Vereinigung von Grundstücken; Zuschreibung

(1) Mehrere Grundstücke können dadurch zu einem Grundstück vereinigt werden, dass der Eigentümer sie als ein Grundstück in das Grundbuch eintragen lässt.
(2) Ein Grundstück kann dadurch zum Bestandteil eines anderen Grundstücks gemacht werden, dass der Eigentümer es diesem im Grundbuch zuschreiben lässt.

A. Vereinigung mehrerer Grundstücke

1 I. Muster: Antrag des Eigentümers auf Vereinigung mehrerer Grundstücke

▶ In den Grundbüchern von ▪▪▪ – Amtsgericht ▪▪▪ – Blatt ▪▪▪ und Blatt ▪▪▪ sind die Grundstücke Flur ▪▪▪ Flurstück ▪▪▪ und ▪▪▪ eingetragen. Als Eigentümer der Grundstücke beantrage ich, diese Grundstücke im Wege der Vereinigung als ein Grundstück in das Grundbuch einzutragen.[1], [2], [3] Die beigefügte beglaubigte Flurkarte weist aus, dass die zu vereinigenden Grundstücke unmittelbar aneinandergrenzen.[4]

▪▪▪

Notariell beglaubigte Unterschrift des Eigentümers.[5], [6] ◀

II. Erläuterungen

2 [1] **Rechtsfolgen der Vereinigung.** Durch die Vereinigung entsteht ein neues einheitliches Grundstück. Die bisherigen Grundstücke verlieren ihre Selbständigkeit und werden (**nichtwe-**

sentliche) **Bestandteile** des neuen Grundstücks. Im Grundbuch werden sie unter einer Nummer im Bestandsverzeichnis gebucht, wenn sie nicht gleichzeitig katastermäßig verschmolzen werden. Anders als bei der Zuschreibung nach § 890 Abs. 2 werden bestehende **Belastungen** an den Grundstücken durch die Vereinigung nicht berührt. Sie lasten weiter auf den bisherigen realen Flächen. Aus dem Antrag muss daher eindeutig hervorgehen, ob eine Vereinigung oder eine Zuschreibung vorgenommen werden soll (KGJ 30, 195).

[2] **Identische Eigentumsverhältnisse.** Da nach dem Gesetz nur „der Eigentümer" die Grundstücke verbinden kann, ist eine Vereinigung von Amts wegen nicht zulässig. Bei den zu vereinigenden Grundstücken müssen spätestens im Zeitpunkt der Vereinigung die Eigentumsverhältnisse an allen beteiligten Grundstücken übereinstimmen. Sollen Grundstücke verschiedener Eigentümer verbunden werden, müssen zunächst an allen Grundstücken die gleichen Beteiligungsverhältnisse hergestellt werden. 3

[3] **Vereinigungserklärung und Eintragung im Grundbuch.** Materiellrechtliche Voraussetzung für die Vereinigung von Grundstücken ist zum einen eine entsprechende **rechtsgeschäftliche Willenserklärung aller Grundstückseigentümer** gegenüber dem Grundbuchamt und die Eintragung im Grundbuch. Da die Vereinigungserklärung Verfügungscharakter hat, muss der Grundstückseigentümer zumindest beim Zugang der Erklärung beim Grundbuchamt verfügungsbefugt sein. Während die Verbindungserklärung nicht formbedürftig ist, bedarf der Eintragungsantrag der Form der §§ 29, 30 GBO. 4

[4] **Hindernisse.** Nach § 5 Abs. 2 GBO sollen nur Grundstücke verschmolzen werden, wenn sie im Bezirk desselben Grundbuchamtes und derselben für die Führung des Liegenschaftskatasters zuständigen Stelle liegen und außerdem räumlich aneinander grenzen. Von dieser Regel soll nur abgewichen werden, wenn für die Verschmelzung ein erhebliches Bedürfnis besteht, insbesondere wegen der Zusammengehörigkeit baulicher Anlagen und Nebenanlagen. **Unterschiedliche Grundstücksbelastungen** stehen einer Vereinigung materiellrechtlich nicht entgegen. Verfahrensrechtlich sollen Grundstücke nach § 5 Abs. 1 S. 1 GBO jedoch nur dann verbunden werden, wenn keine Verwirrung zu befürchten ist. **Verwirrung** ist insbesondere dann zu befürchten, wenn die unterschiedlichen Belastungen dazu führen, dass das Grundbuch unübersichtlich wird, oder wenn der Grundbuchinhalt erst nach genauerer Untersuchung festgestellt werden kann. 5

[5] **Befugnisse der Vermessungsbehörde.** Der Vereinigungsantrag kann nach dem Reichsgesetz vom 15.11.1937 (RGBl. I 1937, 1257), das teilweise als Landesrecht weiterhin gilt (§ 61 Abs. 1 Nr. 1 BeurkG) oder durch inhaltsgleiche landesrechtliche Regelungen (siehe Fn 5) ersetzt werden, auch von der Vermessungsbehörde (gebührenfrei) öffentlich beglaubigt oder beurkundet werden. 6

[6] **Kosten.** 7

(a) **Notarkosten.** Zu den Gebührentatbeständen s. § 873 Rn 13. Der Geschäftswert ist aus dem zusammengerechneten Verkehrswert der zu vereinigenden Grundstücke (§ 19 Abs. 2 S. 1 KostO) zu ermitteln, wobei bei geringen Werten 25 % und bei großen Werten etwa 10 % des Verkehrswertes anzusetzen sind.

(b) **Gerichtskosten.** Das Grundbuchamt erhebt aus demselben Wert (§ 67 Abs. 3 KostO) ein 5/20 der vollen Gebühr nach § 67 S. 2 Nr. 4 KostO. Bescheinigt das Vermessungs-/Katasteramt die örtliche und wirtschaftliche Einheit des Grundstücks, ist die Eintragung gebührenfrei (§ 69 Abs. 1 Nr. 4 KostO).

B. Zuschreibung eines Grundstückes

I. Muster: Antrag des Eigentümers auf Zuschreibung eines Grundstückes 8

▶ Ich bin Eigentümer des im Grundbuch von ▪▪▪ – Amtsgericht ▪▪▪ – Blatt ▪▪▪ verzeichneten Grundstücks Flur ▪▪▪ Flurstück ▪▪▪.[1], [2] Dieses Grundstück ist in Abt. III lfd. Nr. 1 mit einer Grundschuld 

in Höhe von 100.000 EUR zugunsten der B-Bank belastet.[3] Ich bewillige und beantrage[4] diesem Grundstück das im Grundbuch von ▪▪▪ Blatt ▪▪▪ verzeichnete Grundstück Flur ▪▪▪ Flurstück ▪▪▪, das mir gleichfalls gehört, als Bestandteil zuzuschreiben. Die beigefügte beglaubigte Flurkarte weist aus, dass die betroffenen Grundstücke unmittelbar aneinander grenzen.[5]

▪▪▪

Notariell beglaubigte Unterschrift des Eigentümers.[6] ◀

II. Erläuterungen

9 [1] **Rechtsfolgen der Zuschreibung.** Durch die Zuschreibung wird das zugeschriebene Grundstück Bestandteil des Hauptgrundstücks. Die Rechtswirkungen der Zuschreibung unterscheiden sich von der Vereinigung praktisch nur dadurch, dass sich die auf dem Hauptgrundstück lastenden Grundpfandrechte – nicht aber andere dingliche Rechte nach §§ 1131, 1192, 1199 – auf das zugeschriebene Grundstück erstrecken. Durch diese **Pfanderstreckung** entsteht kein Gesamtgrundpfandrecht, sondern ein **Einzelgrundpfandrecht** an dem vergrößerten Grundstück. Den Grundpfandrechten, die vom Hauptgrundstück auf das zugeschriebene Grundstück erstreckt werden, gehen die bereits auf dem zugeschriebenen Grundstück eingetragenen Grundpfandrechte vor.

10 [2] **Eigentumsverhältnisse.** Hinsichtlich der Eigentumsverhältnisse gilt dasselbe wie bei der Vereinigung (Rn 3). Hauptgrundstück kann nur ein Grundstück sein. Eine Zuschreibung zu mehreren Grundstücken ist ebenso unzulässig wie die Zuschreibung zu einem bloßen Grundstücksteil. Zulässig ist die Zuschreibung von mehreren Grundstücken zu einem anderen.

11 [3] **Keine Zustimmung Dritter.** Die Zuschreibung ist ohne Zustimmung des Gläubigers möglich, weshalb der Gläubiger auch die Möglichkeit behält, weiter nur in das ursprünglich belastete Hauptgrundstück zu vollstrecken.

12 [4] **Zuschreibungserklärung und Eintragung im Grundbuch.** Die materiellrechtlichen Voraussetzungen der Zuschreibung entsprechen denen der Vereinigung (Rn 4). Der Eintragungsantrag bedarf ebenfalls der Form des §§ 29, 30 GBO, kann aber – anders als der Vereinigungsantrag (Rn 6) – nicht von der Vermessungsbehörde beglaubigt oder beurkundet werden.

13 [5] **Hindernisse.** Nach § 6 GBO unterliegt die Zuschreibung eines Grundstücks denselben Beschränkungen wie die Vereinigung hinsichtlich der Besorgnis der Verwirrung und der Lage der Grundstücke (Rn 5).

14 [6] **Kosten.** Hinsichtlich der Kosten kommen bei der Zuschreibung dieselben Vorschriften zur Anwendung wie bei der Vereinigung (Rn 7), wobei allerdings nur der Wert der zuzuschreibenden Grundstücke zugrunde zu legen ist. Die Bestandteilszuschreibung bietet Kostenvorteile, wenn die Grundpfandrechte des Hauptgrundstücks ausgedehnt werden sollen, weil beim Grundbuchamt lediglich Gebühren für die Zuschreibung im Bestandsverzeichnis anfallen, dagegen keine Gebühren für die Eintragung der Mithaftung der Grundpfandrechte.

C. Teilung

15 **I. Muster: Antrag des Eigentümers auf Teilung eines Grundstücks**

▶ **Beurkundung im Rahmen der Auflassungserklärung**

▪▪▪ Mit Urkunde vom ▪▪▪ – UR-Nr. ▪▪▪ des Notars ▪▪▪ in ▪▪▪ – hat der Verkäufer an den Käufer eine Teilfläche von ca. ▪▪▪. m² aus dem im Grundbuch von ▪▪▪ – Amtsgericht ▪▪▪ – Blatt ▪▪▪ verzeichneten Grundstück

Gemarkung ▪▪▪ Flur ▪▪▪, Flurstück y, groß ▪▪▪ m²,

verkauft. Zwischenzeitlich wurde das Grundstück vermessen und aufgrund des Veränderungsnachweises Nr. ▪▪▪ für die Gemarkung ▪▪▪ in die Teilstücke

Gemarkung ... Flur ..., Flurstück y/1, groß ... m²,

Gemarkung ... Flur ..., Flurstück y/2, groß ... m²,

fortgeschrieben. Die Beteiligten identifizieren nunmehr das Flur y/1 als Gegenstand des vorgenannten Kaufvertrages und erklären die Auflassung wie folgt:

Die Beteiligten sind sich darüber einig, dass das Eigentum an der Parzelle y/1 auf den Käufer übergeht.[1]

Aus dem Unschädlichkeitszeugnis vom ... ergibt sich, dass sich der Ausübungsbereich der am Ursprungsgrundstück eingetragenen Grunddienstbarkeit II/1 ausschließlich auf das Grundstück y/2 beschränkt.[2]

Die Beteiligten bewilligen und beantragen,

a) die Aufteilung in der Weise im Grundbuch zu vollziehen, dass jedes Flurstück ein eigenes Grundstück bildet,[3]
b) die Löschung der Grunddienstbarkeit II/1 an dem Grundstück y/1,[4]
c) die Eintragung des Käufers als neuen Eigentümer des Grundstücks y/1.

Die mit der Errichtung und der Durchführung dieser Urkunde verbundenen Kosten trägt der Käufer.[5], [6] ◄

II. Erläuterungen

16 [1] **Zulässigkeit der Teilung.** Die Teilung eines Grundstücks ist im BGB nicht ausdrücklich geregelt. Ihre Zulässigkeit ergibt sich aus § 903. Die Zustimmung der dinglich Berechtigten ist nicht erforderlich. Weiter setzt die Teilung nicht voraus, dass ein Flurstück veräußert oder einzeln belastet werden soll.

17 [2] **Unschädlichkeitszeugnis.** Nach § 875 Abs. 1 ist für die Aufhebung von Rechten an Grundstücken die Bewilligung der Berechtigten erforderlich. In Fällen von Grundstücksteilungen kann nach Artikel 120 Abs. 1 EGBGB diese materiellrechtliche Bewilligung der Berechtigten durch ein Unschädlichkeitszeugnis ersetzt werden, sofern in dem zuständigen Bundesland eine entsprechende gesetzliche Vorschrift besteht.

18 [3] **Materiellrechtliche Voraussetzungen und Genehmigungserfordernisse.** Materiellrechtlich ist für die Teilung eine rechtsgeschäftliche Erklärung des Eigentümers gegenüber dem Grundbuchamt erforderlich und die Eintragung im Grundbuch. Verfahrensrechtlich bedarf es grundsätzlich eines Antrags des Eigentümers in der Form des § 29 GBO. Bei der Veräußerung einer Teilfläche braucht der Teilungsantrag allerdings nicht ausdrücklich gestellt zu werden. Er ist in dem Antrag auf Umschreibung des Eigentums an der Teilfläche enthalten.

19 Die generelle **Genehmigungspflicht für Grundstücksteilungen** nach dem BauGB und nach den meisten Bauordnungen (zB § 8 ThürBO; dagegen fortbestehende Genehmigungspflicht bei bebauten Grundstücken nach § 8 Abs. 1 BauNW) ist entfallen, gleichwohl dürfen durch die Teilung keine bauplanungs- oder bauordnungswidrigen Zustände entstehen. Zu beachten ist außerdem, dass Teilungen nach § 51 Abs. 1 Nr. 1 BauGB (Umlegungsverfahren), § 144 Abs. 2 Nr. 5 BauGB (förmlich festgelegtes Sanierungsgebiet), § 169 Abs. 1 Nr. 3 BauGB (städtebaulicher Entwicklungsbereich) und weiteren Spezialgesetzen der Genehmigung bedürfen (*Schöner/Stöber*, Grundstücksrecht, Rn 3919 ff).

20 [4] **Auswirkungen auf Dienstbarkeiten.** Bei Grunddienstbarkeiten und beschränkten persönlichen Dienstbarkeiten werden die Teilgrundstücke, die außerhalb des Ausübungsbereichs liegen, nach §§ 1026, 1090 Abs. 2 frei.

21 [5] **Kostentragung.** Fehlt eine vertragliche Regelung, muss nach § 448 der Verkäufer die Kosten der Vermessung tragen. Werden die Vermessungskosten vom Käufer übernommen, sind sie zur Ermittlung der Grunderwerbsteuer zum Kaufpreis hinzuzurechnen (BFH DB 1975, 1300).

22 [6] **Kosten.**

(a) **Notarkosten.** Wird der Teilungsantrag in einer gesonderten Urkunde erklärt, richtet sich die Gebühr nach den in § 873 Rn 13 aufgeführten Gebührentatbeständen. Der Wert ist nach § 30 Abs. 1 KostO zu bestimmen, wobei ein Teilwert von 10-20 % des Verkehrswerts des Grundstücks angemessen ist.

(b) **Gerichtskosten.** Für die Eintragung einer ohne Eigentumsumschreibung vorgenommene Teilung ist nach § 67 Abs. 1 Nr. 4 KostO ein Viertel einer vollen Gebühr aus dem vorgenannten Wert zu erheben.

D. Freiwilliges Umlegungsverfahren

23 **I. Muster: Freiwilliges Umlegungsverfahren**

▶ **Urkundeneingang**

I. Vorbemerkungen

1. Die Erschienenen sind Eigentümer verschiedener Grundstücke im Bereich des neu ausgewiesenen Wohnbaugebietes „■■■" in ■■■.

2. Herr ■■■ ist Eigentümer des im Grundbuch von ■■■ – Amtsgericht ■■■ – Blatt ■■■ eingetragenen Grundstückes

Flur ■■■, Flurstück ■■■, groß ■■■ m².

Das Grundstück ist wie folgt belastet:

Abt. II: ■■■

Abt. III: ■■■

Frau ■■■ ist Eigentümer der im Grundbuch von ■■■ – Amtsgericht ■■■ – Blatt ■■■ eingetragenen Grundstücke

Flur ■■■, Flurstück ■■■, groß ■■■ m².

Flur ■■■, Flurstück ■■■, groß ■■■ m².

Flur ■■■, Flurstück ■■■, groß ■■■ m².

Die Grundstücke sind wie folgt belastet:

Abt. II: ■■■

Abt. III: ■■■

Der Notar hat die Grundbücher am ■■■ eingesehen.

4. Zur Neustrukturierung der Grundstücke zum Zwecke der Bebauung unter Vermeidung eines förmlichen Umlegungsverfahrens nach dem Baugesetzbuch schließen sich die Vertragsparteien zu einer Gesellschaft bürgerlichen Rechtes zusammen.[1]

Die Vermessung und Neuaufteilung des Wohnbaugebietes in einzelne Bauparzellen und öffentliche Gemeinschaftsflächen ist bisher nicht erfolgt.

Der Notar hat darauf hingewiesen, dass Voraussetzung für die Verschmelzung der Grundstücke ist, dass sämtliche davon betroffenen Grundstücke unbelastet oder einheitlich belastet sind.

II. Einbringung der Grundstücke

Die Beteiligten bringen die vorgenannten Grundstücke in eine neu gegründete Gesellschaft bürgerlichen Rechts „ Wohngebiet ■■■ GBR" ein, deren Gesellschaft Herr ■■■ und Frau ■■■ sind.[2] Die Gesellschaft bürgerlichen Rechts wird damit Eigentümerin der eingebrachten Grundstücke. Die Übertragung wird angenommen. Für alle Grundstücke gilt der gleiche Quadratmeterpreis (Einbringungswert) von EUR ■■■. An der neu gegründeten Gesellschaft sind die Beteiligten entsprechend dem Größenverhältnis des von ihnen eingebrachten Grundbesitzes (Herr ■■■ zu ■■■ Anteil; Frau ■■■ zu ■■■ Anteil) beteiligt.

Die Beteiligten erklären hierzu folgende

Auflassung

Wir sind uns darüber einig, dass das Eigentum an den vorgenannten Grundstücken auf die Gesellschaft bürgerlichen Rechts „ Wohngebiet … GBR" übergeht, deren Gesellschaft Herr … und Frau … sind, und bewilligen und beantragen den Vollzug des Eigentumswechsels im Grundbuch.

Auf die Absicherung des Anspruches auf Eigentumsverschaffung durch Eintragung einer Vormerkung wurde allseits verzichtet.

III. Vereinigung

Die „ Wohngebiet … GBR" vereinigt die vorstehend aufgelassenen Grundstücke zu einem einheitlichen Grundstück.[3] Der Vollzug der Vereinigung im Grundbuch wird hiermit beantragt.

IV. Teilung der Grundstücke

Die „ Wohngebiet … GBR" teilt nunmehr das neu entstandene Grundstück in Einzelparzellen entsprechend dem anliegenden Lageplan.

V. Zuteilung der neuen Grundstücke

1. Von den durch die Teilung neu entstandenen Teilflächen überträgt die BGB-Gesellschaft sodann folgende Teilflächen auf Herrn …

Teilfläche w groß … m²,

Teilfläche x groß … m²,

Teilfläche y groß … m²,

Teilfläche z groß … m².[4]

Die verbleibenden Teilflächen überträgt die Gesellschaft bürgerlichen Rechts auf Frau ….

2. Die Auflassung der Teilflächen soll sofort nach ihrer Vermessung und katasteramtlichen Fortschreibung erfolgen – ggf. Auflassungsvollmacht für Notariatsangestellte einfügen –. Auch hier verzichten die Vertragsparteien auf die Absicherung ihrer Eigentumsverschaffungsansprüche.

3. Die sich aus dem Zuteilungsplan ergebenden flächenmäßigen Mehr- und Minderzuteilungen werden zwischen den Vertragsparteien finanziell ausgeglichen.

Frau … beabsichtigt, mit der Stadt … über die Erschließung der vorgenannten Grundstücke einen Erschließungsvertrag entsprechend dem anliegenden Muster abzuschließen und die Grundstücke entsprechend dem Inhalt des von der Stadt … aufzustellenden Bebauungsplanes zu erschließen. Zur Absicherung der mit dem Erschließungsvertrag übernommenen Erschließungsverpflichtung wird sie gemäß § … des Erschließungsvertrages der Stadt eine Bürgschaft in Höhe von mindestens EUR … stellen. Frau … verpflichtet sich hiermit auch gegenüber Herrn …, die Grundstücke entsprechend dem noch aufzustellenden Bebauungsplan und dem Erschließungsvertrag zu erschließen und alle Kosten der Erschließung zu tragen.

Zwischen Herrn … und Frau … besteht Einigkeit, dass unter Beachtung der Wertvorteile, die durch die von Frau … vorzunehmende Erschließung entstehen werden, dem Wert der Fläche von … m², die Herr … in die freiwillige Umlegung einbringt, einer Zuteilungsfläche von … m² entspricht. Da Herr … somit eine Mehrzuteilung von … m² erhält, schuldet Herr … Frau … einen Betrag von vorläufig EUR … (i. W. Euro …).

Der Ausgleichsbetrag ist fällig und zahlbar innerhalb von 4 Wochen, nachdem Frau … Herrn … nachgewiesen hat, dass sie der Stadt … die im Erschließungsvertrag vereinbarte Bürgschaft gestellt hat. Der Notar hat Herr … darauf hingewiesen, dass sie aufgrund dieser Vereinbarung hinsichtlich der Erfüllung der Erschließungspflicht keine eigene Sicherheit hat, sondern darauf angewiesen ist, dass die Stadt ihre Rechte durchsetzt. Der Notar wird angewiesen, die Auseinandersetzung der Gesellschaft bürgerlichen Rechts erst dann beim Grundbuchamt zu beantragen, wenn ihm Frau … den

Empfang des Ausgleichsbetrags bestätigt oder Herr ▪▪▪ die Zahlung des Betrages nachgewiesen hat. Ergibt sich bei der Flächenzuteilung nach der Vermessung ein Mehr- oder Mindermaß hinsichtlich der Herrn ▪▪▪ zugeteilten Fläche, ist diese Differenz zwischen den Beteiligten auf der Basis von ▪▪▪ EUR/m² unmittelbar auszugleichen.

VI. Belehrungen

Die Beteiligten wurden auf die Bestimmungen des § 311 b BGB hingewiesen, ebenso auf Zeitpunkt und Voraussetzung des Eigentumsübergangs, insbesondere auf die Notwendigkeit des Vorliegens der grunderwerbsteuerlichen Unbedenklichkeitsbescheinigung.

VII. Übergang von Besitz, Nutzen, Lasten und Gefahr

▪▪▪

VIII. Kosten und Steuern

▪▪▪

IX. Vollzug, Sonstiges

▪▪▪

X. Eventuell Finanzierungsvollmacht

▪▪▪

▪▪▪ (Urkundenende) ◄

II. Erläuterungen

24 [1] **Ziele der freiwilligen Umlegung.** Eine Alternative zum öffentlich-rechtlichen Umlegungsverfahren ist die „Freiwillige Umlegung". Durch eine Kombination von Vereinigungs- und Teilungsvorgängen soll die katasteramtliche Fortschreibung der bisherigen Grundstücke in neue Parzellen erleichtert und gleichzeitig durch die Anwendung der §§ 5 bis 7 GrEStG eine möglichst geringe Belastung mit Grunderwerbsteuer erreicht werden.

25 [2] **Einbringung in eine Gesellschaft bürgerlichen Rechts.** Bei der Freiwilligen Umlegung bringen die beteiligten Grundstückseigentümer ihre Grundstücke zunächst in eine Gesellschaft bürgerlichen Rechts ein. Nach § 5 GrEStG ist für die Einbringung der Grundstücke Grunderwerbsteuer in Höhe des Anteils nicht zu erheben, zu dem der einzelne Grundstückseigentümer am Vermögen der Umlegungsgemeinschaft beteiligt ist.

26 [3] **Bildung eines Grundstücks und Aufteilung auf die beteiligten Grundstückseigentümer.** Anschließend werden die Grundstücke vereinigt und in die neuen Parzellen aufgeteilt, die den beteiligten Grundstückeigentümern wieder als Alleineigentum zugeteilt werden. Dieser Zuteilungsvorgang bleibt nach § 7 Abs. 2 GrEStG grunderwerbsteuerfrei, soweit der Wert des erworbenen Teilgrundstücks dem Anteil entspricht, zu dem der Erwerber am Vermögen der Gesellschaft beteiligt ist.

27 § 7 Abs. 2 GrEStG ist allerdings nur anwendbar, wenn **ein Grundstück** flächenmäßig geteilt wird. Grundsätzlich gilt der Grundstücksbegriff des BGB. Sollen mehrere bisher selbständige Grundstücke geteilt werden, können sie zunächst nach § 890 iVm §§ 5, 6 GBO durch Vereinigung oder Zuschreibung zu einem Grundstück verbunden werden. Hierzu muss die Vereinigung oder Zuschreibung vor der Entstehung der Grunderwerbsteuer für die Zuweisung der neuen Einzelgrundstücke vereinbart werden (*Pahlke/Franz*, GrEStG § 2 Rn 134). Daneben besteht allerdings auch die Möglichkeit, dass mehrere Grundstücke iSd bürgerlichen Rechts ohne Vereinigung oder Zuschreibung grunderwerbsteuerlich als ein Grundstück behandelt werden, wenn sie nämlich eine **wirtschaftliche Einheit** bilden (*Pahlke/Franz*, GrEStG § 7 Rn 5). Der Begriff der wirtschaftlichen Einheit ist ein Typusbegriff und setzt voraus, dass die Grundstücke nach

örtlicher Gewohnheit, tatsächlicher Übung, Zweckbestimmung und wirtschaftlicher Zusammengehörigkeit eine Einheit bilden. Besondere Bedeutung kommt dem räumlichen Zusammenhang zu (*Pahlke/Franz*, GrEStG § 2 Rn 138). Können nicht alle Grundstücke im Umlegungsgebiet zivilrechtlich vereinigt werden, weil etwa eine Straße durch das Gebiet verläuft (vgl Rn 5), ist § 7 Abs. 2 GrEStG trotzdem anwendbar, wenn die Grundstücke in räumlichem Zusammenhang stehen. Die Straße hebt diesen Zusammenhang nicht auf.

[4] **Rückerwerb.** Sofern ein Eigentümer Grundstücke erwirbt, die teilweise aus den von ihm eingebrachten Grundstücken gebildet worden sind, ist unter den Voraussetzungen des § 16 Abs. 2 Nr. 1 GrEStG (Rückerwerb binnen 2 Jahren) weder für die Übertragung dieser Teilflächen noch für den Rückerwerb Grunderwerbsteuer zu erheben (*Pahlke/Franz*, GrEStG § 7 Rn 21). 28

§ 891 Gesetzliche Vermutung

(1) Ist im Grundbuch für jemand ein Recht eingetragen, so wird vermutet, dass ihm das Recht zustehe.
(2) Ist im Grundbuch ein eingetragenes Recht gelöscht, so wird vermutet, dass das Recht nicht bestehe.

§ 892 Öffentlicher Glaube des Grundbuchs

(1) [1]Zugunsten desjenigen, welcher ein Recht an einem Grundstück oder ein Recht an einem solchen Recht durch Rechtsgeschäft erwirbt, gilt der Inhalt des Grundbuchs als richtig, es sei denn, dass ein Widerspruch gegen die Richtigkeit eingetragen oder die Unrichtigkeit dem Erwerber bekannt ist. [2]Ist der Berechtigte in der Verfügung über ein im Grundbuch eingetragenes Recht zugunsten einer bestimmten Person beschränkt, so ist die Beschränkung dem Erwerber gegenüber nur wirksam, wenn sie aus dem Grundbuch ersichtlich oder dem Erwerber bekannt ist.
(2) Ist zu dem Erwerb des Rechts die Eintragung erforderlich, so ist für die Kenntnis des Erwerbers die Zeit der Stellung des Antrags auf Eintragung oder, wenn die nach § 873 erforderliche Einigung erst später zustande kommt, die Zeit der Einigung maßgebend.

§ 893 Rechtsgeschäft mit dem Eingetragenen

Die Vorschrift des § 892 findet entsprechende Anwendung, wenn an denjenigen, für welchen ein Recht im Grundbuch eingetragen ist, auf Grund dieses Rechts eine Leistung bewirkt oder wenn zwischen ihm und einem anderen in Ansehung dieses Rechts ein nicht unter die Vorschrift des § 892 fallendes Rechtsgeschäft vorgenommen wird, das eine Verfügung über das Recht enthält.

§ 894 Berichtigung des Grundbuchs

Steht der Inhalt des Grundbuchs in Ansehung eines Rechts an dem Grundstück, eines Rechts an einem solchen Recht oder einer Verfügungsbeschränkung der in § 892 Abs. 1 bezeichneten Art mit der wirklichen Rechtslage nicht im Einklang, so kann derjenige, dessen Recht nicht oder nicht richtig eingetragen oder durch die Eintragung einer nicht bestehenden Belastung oder Beschränkung beeinträchtigt ist, die Zustimmung zu der Berichtigung des Grundbuchs von demjenigen verlangen, dessen Recht durch die Berichtigung betroffen wird.

A. Grundbuchberichtigung

1 **I. Muster: Antrag auf Berichtigung des Grundbuchs**

▶ An das Amtsgericht ...

Im Grundbuch von ... Blatt ... ist in Abt. II unter lfd. Nr. ... eine Vormerkung zur Sicherung des Anspruchs auf Eigentumsumschreibung zu meinen Gunsten eingetragen. Der durch diese Vormerkung gesicherte Anspruch ist erloschen.[1] Ich bewillige[2] und beantrage[3] daher die Löschung der Vormerkung im Grundbuch.

Notariell beglaubigte Unterschriften des Vormerkungsberechtigten.[4], [5] ◀

II. Erläuterungen und Varianten

2 [1] **Aufgabe und Anwendungsbereich des Grundbuchberichtigungsanspruchs.** Einer Eintragung im Grundbuch kommt keine formelle Rechtskraft in dem Sinne zu, dass das Eingetragene als zu Recht bestehend gilt. Das Grundbuch kann daher infolge unrichtiger Eintragungen oder aufgrund von Vorgängen außerhalb des Grundbuchs unrichtig werden. Die Interessen eines Rechtsinhabers, dessen Rechtsposition im Grundbuch unrichtig wiedergegeben wird, können durch gutgläubigen Erwerb eines Dritten nach §§ 892 f oder in den Fällen der §§ 900 und 901 beeinträchtigt werden. Das Gesetz gibt dem Betroffenen deshalb die Möglichkeit, die Berichtigung des Grundbuchs aufgrund einer Bewilligung des Betroffenen und ggf im Wege der Klage auf Grund von § 894 zu erreichen. Die Berichtigungsbewilligung ist eine Unterart der Bewilligung nach § 19 GBO. Soweit nicht der besondere Zweck der Berichtigungsbewilligung Abweichungen gebietet, sind auf sie die für die Eintragungsbewilligung geltenden Vorschriften anzuwenden (*Kohler* in: Bauer/v.Oefele, GBO, § 22 Rn 8).

3 Der Berichtigungsanspruch umfasst nicht alle Fälle der Unrichtigkeit des Grundbuchs, insbesondere nicht die Fälle, in denen es an einem Berichtigungsgegner fehlt, zB wenn der Berechtigte verstorben ist und der Erbe an seine Stelle im Grundbuch treten will, weiter nicht die Fälle der Unrichtigkeit tatsächlicher Angaben und die Fälle außerhalb des Grundbuchs eingetretener Verfügungsbeschränkungen (zB Insolvenz).

4 [2] **Verpflichteter des Berichtigungsanspruchs.** Voraussetzung für die Wirksamkeit der Bewilligung ist, dass sie der grundbuchrechtlich Berechtigte abgibt. Ist im Grundbuch eine falsche Person als Rechtsinhaber oder ein nicht existierendes Recht eingetragen, muss der Buchberechtigte die Berichtigungsbewilligung abgeben. Nicht erforderlich ist es, dass neben dem Buchberechtigten der materiell Betroffene an der Berichtigung des Grundbuchs mitwirkt (str., s. *Kohler* in: Bauer/v.Oefele, GBO, § 22 Rn 16).

5 Nach § 894 ist der Verpflichtete grundsätzlich nur verpflichtet, eine **formellrechtliche Berichtigungsbewilligung in der Form des § 29 GBO** abzugeben, durch die das Grundbuch und die materielle Rechtslage in Einklang gebracht werden können. Nur in Ausnahmefällen kann der Berechtigte darüber hinaus die Abgabe einer materiell wirkenden Erklärung verlangen (NK-BGB/*U. Krause*, § 894 Rn 41 mwN).

6 In der Berichtigungsbewilligung muss der materielle Rechtsgrund der Berichtigung angegeben werden, also die Unrichtigkeit des Grundbuchs und deren Ursache. Der Rechtsgrund braucht allerdings nicht angegeben werden, wenn lediglich ein Recht gelöscht wird (*Kohler* in: Bauer/v.Oefele, GBO, § 22 Rn 12 ff).

7 Die Unrichtigkeit des Grundbuchs muss dem Grundbuchamt nicht gesondert nachgewiesen werden. Soll das Grundbuch durch Eintragung eines Eigentümers oder Erbbauberechtigten berichtigt werden, ist zusätzlich nach § 22 Abs. 2 GBO dessen Zustimmung in der Form des § 29 GBO erforderlich, soweit die Berichtigung nicht auf Gläubigerantrag (§ 14 GBO) oder auf Grund eines Unrichtigkeitsnachweises vorgenommen werden soll.

[3] **Antragsberechtigung.** Den Eintragungsantrag nach § 13 Abs. 1 GBO kann sowohl derjenige, der ein Recht auf Berichtigung des Grundbuchs hat, wie auch derjenige stellen, der zur Berichtigung verpflichtet ist. 8

[4] **Form und Kostentragung.** Derjenige, der zur Berichtigung verpflichtet ist, muss die Berichtigungsbewilligung nach § 19 GBO in der Form des § 29 GBO abgeben. Soweit sich aus dem Rechtsverhältnis der Beteiligten untereinander nicht anderes ergibt, trägt die Kosten der Berichtigung derjenige, dem der Grundbuchberichtigungsanspruch zusteht. 9

[5] **Kosten.** 10

(a) **Notarkosten.** Gebührentatbestände s. § 873 Rn 13. Maßgeblich ist der Wert der Wert des Anspruchs, der durch die Vormerkung gesichert war. In der Regel kommt der volle Wert des Grundstücks in Betracht (§ 20 Abs. 1 KostO; zu Ausnahmefällen s. Streifzug durch die Kostenordnung Rn 1539 ff).

(b) **Gerichtskosten.** Für die Löschung wird nach § 68 KostO die Hälfte der für die Eintragung vorgesehenen Gebühr erhoben (§ 66 KostO).

B. Klage auf Grundbuchberichtigung

I. Muster: Klage auf Grundbuchberichtigung 12

▶ An das 700

Landgericht …[1]

Klage

des …

– Kläger –

Prozessbevollmächtigter: …

gegen

den …

– Beklagter –

wegen: Grundbuchberichtigung[2]

Streitwert: EUR 20.000,00.

Namens und mit Vollmacht des Klägers erhebe ich Klage und werde beantragen:

Der Beklagte wird verurteilt, zur Berichtigung des Grundbuchs von … – Amtsgericht … – Blatt … Flur … Flurstück … die Eintragung einer Sicherungshypothek in Höhe von 20.000 EUR zugunsten des Klägers zur Absicherung seines Darlehensrückzahlungsanspruchs aus dem Darlehensvertrag vom … zu bewilligen.[3]

Begründung

Der Beklagte kaufte mit notariellem Vertrag vom … den im Grundbuch von … – Amtsgericht … – Blatt … verzeichneten Grundbesitz Flur … Flurstück … an. Aufgrund eines privatschriftlichen Darlehensvertrags vom … gewährte der Kläger dem Beklagten am … ein Darlehen in Höhe von 20.000 EUR. Zur Absicherung des Darlehens verpfändete der Beklagte in dem Darlehensvertrag seinen schuldrechtlichen Eigentumsverschaffungsanspruch gegen den Verkäufer.[4] Die Verpfändung wurde dem Verkäufer am … gemäß § 1280 BGB angezeigt. Trotzdem wurde am … der verkaufte Grundbesitz auf den Beklagten umgeschrieben.[5] Dadurch ist gemäß § 1287 S. 2 BGB außerhalb des Grundbuchs eine Sicherungshypothek zugunsten des Klägers in Höhe von 20.000 EUR entstanden. Das Grundbuch gibt daher die materielle Rechtslage nicht richtig wieder, so dass ein Berichtigungsanspruch nach § 894 BGB besteht. Der Kläger hat den Beklagten mit Schreiben vom … aufgefordert, die Eintragung dieser Sicherungshypothek zu bewilligen, und gleichzeitig einen Vorschuss für die Kosten der Bewilligung und der Grundbucheintragung angeboten.[6] Mit Schreiben vom ■■■ hat der Beklagte die Eintragung der Sicherungshypothek abgelehnt, so dass Klage geboten ist. ◄

II. Erläuterungen

13 [1] **Zuständigkeit.** Die sachliche Zuständigkeit von Amts- oder Landgericht richtet sich nach dem Streitwert, der sich hier nach dem Nennwert der zu berichtigenden Belastungen richtet (§ 6 ZPO), so dass nach §§ 71 iVm 23 Abs. 1 GVG das Landgericht zuständig ist. Örtlich ist nach § 24 Abs. 1 ZPO ausschließlich das Gericht zuständig, in dessen Bezirk das Grundstück gelegen ist.

14 [2] **Rechtsschutzbedürfnis.** Soweit sich die Unrichtigkeit bereits aus dem Grundbuch ergibt oder der Unrichtigkeitsnachweis zweifelsfrei durch öffentliche Urkunde geführt werden kann, muss das **Berichtigungsverfahren nach § 22 GBO** durchgeführt werden. Für eine Klage aus § 894 fehlt insoweit das Rechtsschutzbedürfnis (NK-BGB/*U. Krause*, § 894 Rn 60 mwN). Im vorliegenden Fall kann die Verpfändung des Eigentumsverschaffungsanspruchs nicht in der Form des § 29 GBO nachgewiesen werden.

15 [3] **Urteil als Grundlage für die Grundbuchberichtigung.** Die Zwangsvollstreckung erfolgt nach § 894 ZPO. Durch das rechtskräftige Urteil wird die Abgabe der Berichtigungsbewilligung fingiert. Zur Berichtigung des Grundbuchs ist die Vorlage des vollständigen Urteils erforderlich, da nur die Urteilsgründe schlüssig die Unrichtigkeit des Grundbuchs darlegen (*Kohler* in: Bauer/v.Oefele, GBO, § 22 Rn 9).

16 [4] **Voraussetzungen der Verpfändung.** Der schuldrechtliche Eigentumsverschaffungsanspruch kann gemäß §§ 1273, 1205 durch formlosen Vertrag an den Pfandrechtsgläubiger verpfändet werden. Die Verpfändung muss lediglich nach § 1280 dem Verkäufer angezeigt werden. Eine Eintragung im Grundbuch ist nicht erforderlich. Ist der Käufer durch eine Vormerkung gesichert, kann bereits die Verpfändung im Wege der Grundbuchberichtigung im Grundbuch vermerkt werden (§ 885 Rn 35 ff; *Kohler* in: Bauer/v.Oefele, GBO, § 22 Rn 71).

17 [5] **Eigentumserwerb trotz Verpfändung.** Teilweise wird unter Hinweis auf §§ 1281, 1282 die Ansicht vertreten, die Übereignung sei ohne Mitwirkung des Pfandgläubigers pfandrechtswidrig und deshalb unwirksam (BayObLG DNotZ 1987, 625, 627). Wegen des Abstraktionsprinzips ist die Übereignung dennoch wirksam, jedoch wird der Schuldner nicht von seiner Leistungspflicht frei, da er nicht an Gläubiger und Pfandgläubiger gemeinsam leistet. Der verpfändete Anspruch besteht daher weiter und der Pfandgläubiger kann die Eintragung der ihm zustehenden Sicherungshypothek verlangen (NK-BGB/*U. Krause*, § 883 Rn 110 mwN).

18 [6] **Zurückbehaltungsrecht des Verpflichteten.** Nach § 897 hat die Kosten der Berichtigung des Grundbuchs und der dazu erforderlichen Erklärungen derjenige zu tragen, welcher die Berichtigung verlangt, sofern sich nicht auch dem zwischen ihm und dem Verpflichteten bestehenden Rechtsverhältnis etwas anderes ergibt. Der Verpflichtete kann die Mitwirkung so lange verweigern, bis er den Vorschuss erhalten hat oder sichergestellt ist, dass ihn keine Kosten treffen (NK-BGB/*U. Krause*, § 897 Rn 4 mwN).

§ 895 Voreintragung des Verpflichteten

Kann die Berichtigung des Grundbuchs erst erfolgen, nachdem das Recht des nach § 894 Verpflichteten eingetragen worden ist, so hat dieser auf Verlangen sein Recht eintragen zu lassen.

A. Muster: Klage auf Voreintragung des Verpflichteten 1

▶ An das

Landgericht …[1]

Klage

des …

– Kläger –

Prozessbevollmächtigter: …

gegen

die …

– Beklagte –

wegen: Grundbuchberichtigung

Streitwert: EUR …

Namens und mit Vollmacht des Klägers erhebe ich Klage und werde beantragen:

Die Beklagte wird verurteilt, zum Grundbuch von … – Amtsgericht … – Blatt … seine Eintragung als Eigentümer zu beantragen.

Begründung

Als Eigentümer des im Grundbuch von … Blatt … eingetragenen Grundbesitzes ist Herr … eingetragen. Herr … ist verstorben. Er hat als einzige Verfügung von Todes wegen das eigenhändige Testament vom … hinterlassen, das beim Nachlassgericht … unter Az … IV … vorliegt. Darin hat er Vor- und Nacherbschaft angeordnet. Vorerbin ist seine Ehefrau, die Beklagte. Nacherbe nach dem Tode der Vorerbin ist der Kläger. Die Vorerbin hat die Erbschaft angenommen. Ein Rechtsstreit über das Erbrecht ist nicht anhängig.[2]

Der Kläger hat die Beklagten mit Schreiben vom … aufgefordert, ihre Eintragung als Vorerbin zu beantragen[3] und gleichzeitig einen Vorschuss für die Kosten des Erbscheinsverfahrens und die Grundbucheintragung angeboten.[4], [5] Mit Schreiben vom … hat die Beklagte dies abgelehnt, so dass Klage geboten ist. ◀

B. Erläuterungen

[1] **Zuständigkeit.** Für den Anspruch aus § 895 gilt derselbe Gerichtstand wie für den Grundbuchberichtigungsanspruch (§ 894 Rn 14). 2

[2] **Anspruchsvoraussetzungen.** Voraussetzung des § 895 ist zunächst, dass dem Gläubiger ein **Grundbuchberichtigungsanspruch nach § 894** zusteht. Da das Nacherbenrecht ein Recht ist, das wie ein dingliches Recht, dh absolut, wirkt, ist das Grundbuch bei Nacherbschaft ohne die Eintragung eines Nacherbenvermerks unrichtig. Der Nacherbe hat also nach § 894 einen Anspruch auf Berichtigung (RGZ 61, 228, 232; KGJ 1921, 140, 143 f). Weitere Voraussetzung ist, dass das Grundbuch nicht nur die Rechtsposition des Gläubigers, sondern auch die Rechtsposition des Schuldners unrichtig wiedergibt, also eine **doppelte Unrichtigkeit** des Grundbuchs vorliegt, und die Berichtigung des Grundbuchs erst nach Eintragung des Schuldners möglich ist. Hier kann das Grundbuch erst berichtigt werden, wenn der Vorerbe eingetragen ist. Hierzu 3

muss dieser seine Eintragung beantragen und die erforderlichen Urkunden zum Nachweis der Erbfolge (Erbschein) beschaffen und dem Grundbuchamt vorlegen.

4 [3] **Rechtsschutzbedürfnis.** Das Erbscheinsverfahren kann der Kläger nicht selbst betreiben, da er bis zum Tode des Vorerben nicht antragsberechtigt ist (Palandt/*Edenhofer*, § 2353 Rn 5). Auch wenn der Erbnachweis vorliegt, kann der Nacherbe die Grundbuchberichtigung nicht selbst betreiben, da er nach § 13 GBO nicht antragsberechtigt ist (LG Berlin Rpfleger 1974, 234 mit abl. Anm. *Meyer-Stolte*, der sich für ein eigenes Antragsrecht des Nacherben ausspricht).

5 [4] **Kostentragung.** Nach § 897 hat die Kosten der Berichtigung des Grundbuchs und der dazu erforderlichen Erklärungen grundsätzlich derjenige zu verlangen, der die Berichtigung verlangt. Zwischen dem Nacherben und dem Vorerben besteht aufgrund der letztwilligen Verfügung kein Rechtsverhältnis, das die Kostenpflicht anders regelt. Der Nacherbe muss daher die Kosten tragen, wenn er die Eintragung des Vorerben und des Nacherbenvermerks verlangt.

6 [5] **Vollstreckung.** Soweit der Gläubiger aufgrund von § 895 ein Urteil erlangt, das die Verpflichtung des Schuldners zur Stellung eines bestimmten Eintragungsantrags ausspricht, gilt der Eintragungsantrag nach § 894 ZPO mit Rechtskraft des Urteils als gestellt. Sind weitere Eintragungsunterlagen – wie hier der Erbschein – zu beschaffen, muss die Zwangsvollstreckung gegen den Schuldner nach § 888 ZPO betrieben werden.

§ 896 Vorlegung des Briefes

Ist zur Berichtigung des Grundbuchs die Vorlegung eines Hypotheken-, Grundschuld- oder Rentenschuldbriefs erforderlich, so kann derjenige, zu dessen Gunsten die Berichtigung erfolgen soll, von dem Besitzer des Briefes verlangen, dass der Brief dem Grundbuchamt vorgelegt wird.

1 **A. Muster: Klage auf Vorlegung eines Hypothekenbriefes**

▶ An das

Landgericht ▪▪▪[1]

Klage

des ▪▪▪

– Kläger –

Prozessbevollmächtigter: ▪▪▪

gegen

den ▪▪▪

– Beklagter –[2]

wegen: Vorlegung eines Hypothekenbriefes

Streitwert: EUR ▪▪▪

Namens und mit Vollmacht des Klägers erhebe ich Klage und werde beantragen:

Der Beklagte wird verurteilt, den Hypothekenbrief ▪▪▪ dem Grundbuchamt ▪▪▪ zum Grundbuch von ▪▪▪ – Amtsgericht ▪▪▪ – Blatt ▪▪▪ vorzulegen.[3]

Begründung[4]

Für Herrn ▪▪▪ ist im Grundbuch von ▪▪▪ – Amtsgericht ▪▪▪ – Blatt ▪▪▪ in Abt. III unter lfd. Nr. ▪▪▪ eine Briefhypothek eingetragen. Herr ▪▪▪ ist verstorben und wurde aufgrund des privatschriftlichen Testaments vom ▪▪▪ vom Kläger beerbt. Bevor jedoch dieses Testament aufgefunden wurde, beantragte Frau ▪▪▪, die aufgrund des älteren notariellen Testaments vom ▪▪▪ – UR-Nr. ▪▪▪/▪▪▪ des Notars ▪▪▪ in ▪▪▪ Erbin geworden wäre, unter Vorlage einer begl. Abschrift des Eröffnungsprotokolls und des Hypothekenbriefes die Berichtigung dieser Eintragung. Dementsprechend wurde das Grundbuch und der Brief berichtigt. Nach der Berichtigung verpfändete sie die Hypothek an den Beklagten und übergab ihm den Brief. Nachdem das jüngere Testament aufgefunden worden war, bewilligte sie die Berichtung des Grundbuchs dahin, dass der Kläger Berechtigter der Hypothek ist. Der Kläger hat den Beklagten mit Schreiben vom ▪▪▪ aufgefordert, den Brief zum Zwecke der Grundbuchberichtigung dem Grundbuchamt vorzulegen und gleichzeitig einen Vorschuss für die dem Beklagte dadurch entstehenden Kosten angeboten.[5] Mit Schreiben vom ▪▪▪ hat die Beklagte dies abgelehnt, so dass Klage geboten ist. ◄

B. Erläuterungen

[1] **Zuständigkeit.** Die Klage auf Vorlage des Briefs ist am allgemeinen Gerichtsstand des Beklagten zu erheben. Ist allerdings bereits eine Berichtigungsklage anhängig, ist sie mit dieser zu verbinden (MüKo-BGB/*Kohler*, § 896 Rn 5). 2

[2] **Anspruchsgegner** ist derjenige, der im Zeitpunkt der Klageerhebung im Besitz des Briefes ist. 3

[3] **Anspruchsziel.** Der Anspruch ist auf Vorlage des Briefs beim Grundbuchamt gerichtet. Die Aushändigung des Briefs an sich kann der Gläubiger nicht verlangen. 4

[4] **Anspruchsvoraussetzungen.** Der Anspruch nach § 896 setzt voraus, dass der Gläubiger einen Grundbuchberichtigungsanspruch nach § 894 hat. Ein schuldrechtlicher Berichtigungsanspruch genügt nicht. Weiter muss die Vorlage zur Berichtigung des Grundbuchs erforderlich sein. Kein Anspruch besteht daher, wenn die Briefvorlage ausnahmsweise nicht erforderlich ist (zB § 41 Abs. 2 GBO). 5

[5] **Zurückbehaltungsrecht.** Entstehen dem Vorlageverpflichteten durch die Vorlage Kosten, kann er den Brief so lange zurückhalten, bis der Gläubiger einen Kostenvorschuss gezahlt hat. 6

§ 897 Kosten der Berichtigung

Die Kosten der Berichtigung des Grundbuchs und der dazu erforderlichen Erklärungen hat derjenige zu tragen, welcher die Berichtigung verlangt, sofern nicht aus einem zwischen ihm und dem Verpflichteten bestehenden Rechtsverhältnis sich ein anderes ergibt.

§ 898 Unverjährbarkeit der Berichtigungsansprüche

Die in den §§ 894 bis 896 bestimmten Ansprüche unterliegen nicht der Verjährung.

§ 899 Eintragung eines Widerspruchs

(1) In den Fällen des § 894 kann ein Widerspruch gegen die Richtigkeit des Grundbuchs eingetragen werden.
(2) [1]Die Eintragung erfolgt auf Grund einer einstweiligen Verfügung oder auf Grund einer Bewilligung desjenigen, dessen Recht durch die Berichtigung des Grundbuchs betroffen wird. [2]Zur Erlassung der einstweiligen Verfügung ist nicht erforderlich, dass eine Gefährdung des Rechts des Widersprechenden glaubhaft gemacht wird.

A. Bewilligung eines Widerspruchs

1 **I. Muster: Bewilligung eines Widerspruchs zur Sicherung des Käufers in einem Erbteilskaufvertrag**

▶ **Beurkundung im Rahmen eines Erbteilskaufvertrags[1]**

1. Der Erblasser ist am ▪▪▪ in ▪▪▪ verstorben und wurde aufgrund des Erbscheins des Amtsgerichts ▪▪▪ vom ▪▪▪ – Az ▪▪▪ – beerbt von dem Verkäufer sowie von Herrn ▪▪▪ und Frau ▪▪▪ zu je 1/3 Anteil. Zur Erbschaft gehört nur noch das im Grundbuch von ▪▪▪ – Amtsgericht ▪▪▪ – Blatt ▪▪▪ verzeichnete Grundstück Flur ▪▪▪, Flurstück ▪▪▪, groß ▪▪▪ qm.

   Der Verkäufer verkauft seinen Erbanteil an dem Nachlass des Erblassers an den Käufer.
2. Der Käufer verpflichtet sich, als Kaufpreis für den Erbteil einen Betrag in Höhe von EUR ▪▪▪ – in Worten: Euro ▪▪▪ – an den Verkäufer zu zahlen. Der Kaufpreis ist 14 Tage nach Eingang der schriftlichen Mitteilung des Notars beim Käufer fällig, dass der nachfolgend bewilligte Widerspruch gemäß § 899 BGB im Grundbuch eingetragen wurde und zwischenzeitlich keine weiteren Eintragungen in das Grundbuch erfolgt sind.[2]
3. Der Verkäufer überträgt hiermit den veräußerten Erbteil mit sofortiger dinglicher Wirkung an den Käufer, allerdings unter der auflösenden Bedingung, dass der Verkäufer wegen Nichtzahlung des Kaufpreises von diesem Vertrag zurücktritt.[3] Diese Bedingung erlischt mit der Einreichung einer vollständigen beglaubigten Abschrift dieser Urkunde durch den beurkundenden Notar beim Grundbuchamt zum Vollzug der Grundbuchberichtigung.

   Durch die Erbteilsübertragung ist das Grundbuch unrichtig geworden.[5] Der Käufer beantragt hiermit die Berichtigung des Grundbuches zufolge der vorbezeichneten Erbteilsübertragung.

Um den Verkäufer bis zum Wegfall der auflösenden Bedingung durch den nach § 161 Abs. 3 BGB durch gutgläubigen Erwerb möglichen Verlust seiner Rechtsposition zu schützen, werden der beurkundende Notar, sein Vertreter im Amt oder Amtsnachfolger unwiderruflich angewiesen, Ausfertigungen und begl. Abschriften dieser Urkunde nur auszugsweise ohne die Abtretungserklärung und den Grundbuchberichtigungsantrag zu erteilen, solange bis der Verkäufer bestätigt hat, dass der vereinbarte Kaufpreis gezahlt wurde, oder bis der Käufer die Zahlung entsprechend nachweist.

4. Der Veräußerer bewilligt[5] und der Erwerber beantragt[6] hiermit die Eintragung eines entsprechenden Widerspruches gemäß § 899 BGB gegen die Richtigkeit des Grundbuches.

Der Erwerber bewilligt und beantragt bereits heute die Löschung des Widerspruches Zug um Zug mit Vollzug der vorbeantragten Grundbuchberichtigung.[7], [8] ◄

II. Erläuterungen

[1] Beurkundungsbedürftigkeit des Erbteilskaufvertrages. Beim Erbteilskauf bedarf sowohl das Verpflichtungsgeschäft gemäß § 2371 als auch das Verfügungsgeschäft, die dingliche Übertragung des Erbanteils, gemäß § 2033 der notariellen Beurkundung. 2

[2] Widerspruch als Sicherung des Käufers. Da der Erbteilskaufvertrag sich lediglich auf die Übertragung eines Erbteils bezieht, steht das im Grundstücksrecht gebräuchliche Sicherungsmittel der Vormerkung nicht zur Verfügung, die lediglich Ansprüche auf Einräumung oder Aufhebung eines Rechts an einem Grundstück sichern kann. Bei Kaufverträgen über Erbanteile ist der Widerspruch daher ein wesentliches Instrument zur Absicherung des Käufers. Zwar könnte der Käufer auch dadurch geschützt werden, dass die bedingte Abtretung des Erbanteils im Grundbuch unter gleichzeitiger Eintragung einer Verfügungsbeschränkung gemäß § 161 Abs. 2 vermerkt wird. Die Grundbuchberichtigung kann jedoch erst nach Vorliegen der Unbedenklichkeitsbescheinigung beantragt werden, während der Widerspruch sofort beantragt werden kann. Der Käufer wäre daher länger der Gefahr vertragswidriger Verfügungen des Verkäufers ausgesetzt und der Verkäufer erhielte den Kaufpreis später. 3

[3] Auflösend bedingte Abtretung als Sicherung des Verkäufers. Bei unbedingter Abtretung des Erbteils bestünde die Gefahr, dass der Erwerber in Insolvenz fällt oder der Erbteil gepfändet wird, bevor die Gegenleistung erbracht ist. Eine aufschiebend bedingte Abtretung würde dagegen den Käufer der Gefahr aussetzen, dass die Erbengemeinschaft in der alten Zusammensetzung wirksam das Nachlassgrundstück an Dritte veräußert (§ 892). Da das Grundbuch vorübergehend noch richtig wäre, könnte der Käufer nicht durch die Eintragung eines Widerspruchs gesichert werden. 4

[4] Zulässigkeit der Eintragung eines Widerspruchs. Die Eintragung eines Widerspruchs ist nur zulässig, wenn der Widersprechende geltend macht, dass ihm gegen den im Grundbuch eingetragenen Rechtsinhaber ein **Grundbuchberichtigungsanspruch nach § 894** im Zeitpunkt der Eintragung des Widerspruchs zusteht. Weitere Voraussetzung ist, dass durch die Unrichtigkeit des Grundbuchs ein Rechtsverlust des Widersprechenden möglich ist. 5

[5] Bewilligung des Betroffenen. Eine Möglichkeit, einen Widerspruch im Grundbuch zu vermerken, ist die Eintragung aufgrund einer Bewilligung des Betroffenen. **Betroffen** ist derjenige, der nach § 894 zur Bewilligung der Grundbuchberichtigung verpflichtet ist (§ 894 Rn 4 f). Die Bewilligung ist eine einseitige empfangsbedürftige materiellrechtliche Erklärung, durch die der Betroffene der Eintragung des Widerspruchs zustimmt. Sie muss gegenüber dem Widersprechenden oder dem Grundbuchamt abgegeben werden. Verfahrensrechtlich ist eine Eintragungsbewilligung des Betroffenen in der Form des § 29 GBO erforderlich, auch wenn beide Erklärungen in der Regel in einem Erklärungsakt enthalten sind. 6

[6] Antragsberechtigung. Nach § 13 Abs. 1 S. 2 GBO sind der durch den Widerspruch Betroffene und der Gläubiger des Grundbuchberichtigungsanspruchs antragsberechtigt. Wurde der 7

Grundbuchberichtigungsanspruch gepfändet (§ 857 Abs. 3 ZPO), ist auch der Pfändungsgläubiger antragsberechtigt. Nach § 30 GBO bedarf der Eintragungsantrag grundsätzlich keiner Form.

8 [7] **Erlöschen des Widerspruchs.** Der Widerspruch erlischt automatisch, wenn der Grundbuchberichtigungsanspruch, der durch den Widerspruch gesichert wird – gleich aus welchem Grund – entfällt. Da der Grundbuchberichtigungsanspruch mit seiner Erfüllung erlischt, handelt es sich somit um eine reine Berichtigungsbewilligung.

9 [8] **Kosten.**

(a) **Notarkosten.** Bei der Beurkundung des Widerspruchs im Rahmen des Erbteilskaufvertrages fallen keine zusätzlichen Kosten an.

(b) **Gerichtskosten.** Für die Eintragung des Widerspruchs wird die Hälfte einer vollen Gebühr aus dem Wert des betroffenen Grundbesitzes (§§ 66, 60, 61 KostO) erhoben, ebenso für die Löschung (§ 68 KostO).

B. Eintragung aufgrund vorläufig vollstreckbaren Urteils

10 I. Muster: Antrag auf Eintragung eines Widerspruchs aufgrund eines vorläufig vollstreckbaren Urteils auf Abgabe einer Willenserklärung

704

► An das Amtsgericht ▪▪▪

– Grundbuchamt –

Mit Urteil des Landgerichts ▪▪▪ vom ▪▪▪ – Az ▪▪▪ – wurde der Beklage, der als Eigentümer des im Grundbuch von ▪▪▪ Blatt ▪▪▪ verzeichneten Grundstücks Flur ▪▪▪ Flurstück ▪▪▪ eingetragen ist, verurteilt, der Berichtigung des Grundbuchs durch Eintragung des Klägers als Eigentümer zuzustimmen. Das Urteil ist gegen Sicherheitsleistung von EUR ▪▪▪ vorläufig vollstreckbar.[1]

Eine Ausfertigung des Urteils[2] und die Hinterlegungsquittung über die beim Amtsgericht ▪▪▪, Hinterlegungsstelle, erfolgte Hinterlegung der Sicherheit von EUR ▪▪▪[3] sowie eine Prozessvollmacht füge ich bei.

Ich beantrage gemäß § 895 ZPO die Eintragung eines Widerspruchs für den Kläger gegen die Richtigkeit der Eintragung des Beklagten als Eigentümer des Grundstücks.

▪▪▪

Rechtsanwalt[4] ◄

II. Erläuterungen

11 [1] **Eintragungsgrundlage.** Zur Eintragung eines Widerspruchs ist keine Bewilligung des Berechtigten erforderlich, wenn er durch ein vorläufig vollstreckbares Urteil dazu verurteilt worden ist, die Zustimmung zur Berichtigung des Grundbuchs zu erteilen (§ 894). § 895 S. 1 ZPO fingiert in diesem Fall die Zustimmung.

12 [2] **Vorzulegende Urkunden.** Da die Eintragung des Widerspruchs aufgrund von § 895 S. 1 ZPO kein Akt der Zwangsvollstreckung ist, genügt für die Eintragung neben dem Eintragungsantrag die Vorlage einer Ausfertigung des Urteils. Vollstreckungsklausel und Zustellung sind nicht erforderlich.

13 [3] **Sicherheitsleistung.** Soweit das Urteil nur gegen Sicherheitsleistung vollstreckbar ist, muss die Sicherheitsleistung nachgewiesen werden (§ 751 Abs. 2 ZPO).

14 [4] **Form.** Nach § 30 GBO bedarf der Eintragungsantrag keiner Form. Dies gilt auch für die Prozessvollmacht.

15 [5] **Kosten.** Zu den Gerichtskosten s. Rn 9.

C. Eintragung aufgrund einstweiliger Verfügung

I. Muster: Antrag auf Erlass einer einstweiligen Verfügung auf Eintragung eines Widerspruchs 16

▶ An das 705

Amtsgericht …[1]

Antrag auf Erlass einer einstweiligen Verfügung

des …

– Antragsteller –[2]

gesetzlich vertreten durch seinen Betreuer Herrn …

Prozessbevollmächtigter: …

gegen

den …

– Antragsgegner –[3]

wegen: Eintragung eines Widerspruchs gegen die Richtigkeit des Grundbuchs

Vorläufiger Streitwert: EUR …[4]

Namens und mit Vollmacht des Antragstellers beantrage ich, im Wege der einstweiligen Verfügung – wegen Dringlichkeit ohne mündliche Verhandlung – für Recht zu erkennen:

Im Grundbuch von … Blatt … wird hinsichtlich des Grundstücks Flur … Flurstück … zugunsten des Antragstellers ein Widerspruch gegen das Eigentum des Antragsgegners eingetragen.[5]

Es wird beantragt, den Antrag auf Eintragung des Widerspruchs durch das Gericht beim zuständigen Grundbuchamt einzureichen.[6]

Begründung

Mit Urkunde vom … verkaufte der Antragsteller, damals gesetzlich vertreten durch Herrn … als Betreuer, das vorgenannte Grundstück an den Antragsgegner. Der Vertrag wurde vorbehaltlich der Genehmigung durch das Betreuungsgericht geschlossen. Der beurkundende Notar wurde bevollmächtigt, die Genehmigungserklärung des Betreuungsgerichts für den Betreuer entgegenzunehmen und sie dem Käufer mitzuteilen. Die Genehmigung des Betreuungsgerichts wurde am … erteilt und dem Notar übersandt. Dieser machte von der ihm erteilten Vollmacht Gebrauch, nahm also die Genehmigung für den damaligen Betreuer Herrn … entgegen und teilte sie namens des Betreuers dem Käufer mit. In der Folge wurde der Kaufvertrag im Grundbuch vollzogen und der Antragsgegner als Eigentümer eingetragen. Diese Übereignung ist nach §§ 1821 Abs. 1 Nr. 1, 1915 BGB unwirksam, da der damalige Betreuer des Antragstellers bereits vor Ausübung der Vollmacht durch den Notar gestorben war und damit sein Amt als Betreuer und damit auch die Vollmacht erloschen war.

Beweis: Vorlage der Sterbeurkunde des Herrn …

Erst nach Eintragung des Antragsgegners im Grundbuch wurde für den Antragsteller ein neuer Betreuer bestellt, der die Genehmigung des Betreuungsgerichts nie dem Antragsgegner mitgeteilt hat. Der Antragsteller ist daher weiter Eigentümer des Grundstücks.[7] Der vorstehende Sachverhalt ist glaubhaft gemacht durch eidesstattliche Versicherung des derzeitigen Betreuers des Antragstellers … vom … .

Die Eintragung des Antragsgegners im Grundbuch steht mit der materiellen Rechtslage in Widerspruch, so dass ein Berichtigungsanspruch nach § 894 BGB besteht. Diesen Anspruch hat der Antragsteller mit der Klage geltend gemacht. Zur Sicherstellung ist daneben die vorliegende einstweilige Verfügung, gerichtet auf Widerspruch, erforderlich.[8] ◀

II. Erläuterungen

17 [1] **Zuständigkeit.** Zur sachlichen und örtlichen Zuständigkeit für den Erlass einer einstweiligen Verfügung s. § 885 Rn 56.

18 [2] **Antragsteller.** Den Erlass der einstweiligen Verfügung kann der Inhaber des Grundbuchberichtigungsanspruchs und derjenige, der den Berichtigungsanspruch hat pfänden lassen, beantragen. Hat ein Ehegatte eine Verfügung ohne die erforderliche Zustimmung nach § 1365 vorgenommen, kann auch der andere Ehepartner die Eintragung eines Widerspruchs beantragen (Staudinger/*Gursky*, § 899 Rn 47).

19 [3] **Antragsgegner** ist der Passivberechtigte des zugrunde liegenden Berichtigungsanspruchs. Eine einstweilige Verfügung zum Schutze des Eigentümers bei nichtiger Auflassung kann allerdings bereits ergehen, bevor der Erwerber als Eigentümer im Grundbuch eingetragen wird (Staudinger/*Gursky*, § 899 Rn 47). Werden durch die Unrichtigkeit mehrere Rechte betroffen, muss sich der Antrag gegen sämtliche Inhaber dieser Rechte richten (Staudinger/*Gursky*, § 899 Rn 48).

20 [4] Der **Streitwert** ist nach § 3 ZPO vom Gericht nach freiem Ermessen, in aller Regel aber niedriger als der Wert des zu sichernden Rechts festzusetzen. § 6 ZPO ist nicht einschlägig (Staudinger/*Gursky*, § 899 Rn 52).

21 [5] **Antragsinhalt.** Auch aufgrund einer einstweiligen Verfügung kann ein Widerspruch nur dann eingetragen werden, wenn sie alle Angaben enthält, die für die Eintragungsformel des Widerspruchs erforderlich sind.

22 [6] Zum **Vollzug der einstweiligen Verfügung** im Grundbuch ist regelmäßig ein Eintragungsantrag nach § 13 GBO erforderlich, allerdings kann auch das Gericht, das die einstweilige Verfügung erlässt, nach § 941 ZPO das Grundbuchamt unmittelbar um Eintragung ersuchen. Zu den Vorschriften, die beim Vollzug der einstweiligen Verfügung beachtet werden müssen s. § 885 Rn 65.

23 [7] **Verfügungsanspruch.** Der Antragsteller muss dem Gericht glaubhaft machen (§ 294 ZPO), dass ihm ein **Grundbuchberichtigungsanspruch gegen** den **Antragsgegner** zusteht, der durch einen Widerspruch gesichert werden kann. Es genügt nicht, wenn lediglich Zweifel an der Richtigkeit der fraglichen Eintragung beim Gericht hervorgerufen werden (Staudinger/*Gursky*, § 899 Rn 45). Ist der Antragsteller nicht in der Lage, den Anspruch glaubhaft zu machen, kann das Gericht nach §§ 936, 921 Abs. 1 S. 1 ZPO die Eintragung des Widerspruchs gegen eine entsprechende Sicherheitsleistung verfügen.

24 [8] **Verfügungsgrund.** Wegen der abstrakten Möglichkeit des Rechtsverlustes durch gutgläubigen Erwerb bedarf es nach § 899 Abs. 2 S. 2 keiner besonderen Gefährdung des zu sichernden Anspruchs.

25 III. Muster: Antrag auf Eintragung eines Widerspruchs aufgrund einer einstweiligen Verfügung

706

▶ An das Amtsgericht ...

– Grundbuchamt –

Zum Grundbuch von ... Blatt ... überreiche ich eine Ausfertigung der einstweiligen Verfügung des Landgerichts ... vom ... und beantrage:[1]

den in dieser Verfügung angeordneten Widerspruch in das Grundbuch einzutragen.

..., den

...

Unterschrift[2], [3] ◀

IV. Erläuterungen

[1] **Eintragungsantrag und Vollziehungsfrist.** Bei der Eintragung eines Widerspruchs aufgrund einer einstweiligen Verfügung sind im Wesentlichen dieselben Vorschriften wie bei der Eintragung einer Vormerkung zu beachten (s. § 885 Rn 65). § 41 Abs. 1 S. 2 GBO macht bei der Eintragung eines Widerspruchs aufgrund einstweiliger Verfügung für die Vorlage des Briefes bei Briefgrundpfandrechten allerdings eine weitgehende Ausnahme. 26

[2] **Form.** Siehe Rn 14.

[3] **Kosten.** Bei Gericht wird eine Gebühr in Höhe der Hälfte der für die endgültige Eintragung entstehenden Gebühr erhoben (§ 66 Abs. 1 KostO) unabhängig davon, ob der Berechtigte oder das Gericht die Eintragung veranlasst. 27

D. Der Rechtshängigkeitsvermerk

I. Muster: Antrag auf Eintragung eines Rechtshängigkeitsvermerks 28

▶ An das Amtsgericht ▪▪▪ 707

– Grundbuchamt –

Hinsichtlich des im Grundbuch von ▪▪▪ Blatt ▪▪▪ eingetragenen Grundstücks Flur ▪▪▪ Flurstück ▪▪▪ beantrage ich folgenden Rechtshängigkeitsvermerk[1] einzutragen:

Wegen des eingetragenen Eigentums ist durch Klageerhebung des ▪▪▪ ein Rechtsstreit rechtshängig.[2]

Zum Nachweis der Rechtshängigkeit verweise ich auf die Prozessakten und überreiche eine Rechtshängigkeitsbescheinigung des Einzelrichters.[3]

▪▪▪, den

▪▪▪

Unterschrift[4], [5] ◀

II. Erläuterungen

[1] **Zulässigkeit des Rechtshängigkeitsvermerks.** Ist eine Klage über ein Recht an einem Grundstück rechtshängig, wirkt zwar ein späteres Urteil für und gegen alle Personen, die nach Rechtshängigkeit Rechtsnachfolger einer Partei geworden sind (§ 325 Abs. 1 ZPO). Da allerdings trotzdem die Gefahr eines gutgläubigen Erwerbs besteht, ist allgemein anerkannt, dass im Grundbuch ein Rechtshängigkeitsvermerk eingetragen werden kann. Umstritten ist, ob ein solcher Vermerk wegen § 325 Abs. 3 S. 1 ZPO auch hinsichtlich Ansprüchen aus einer eingetragenen Reallast, Hypothek, Grundschuld oder Rentenschuld eingetragen werden kann (dagegen *Schöner/Stöber*, Grundbuchrecht, Rn 1652; aA *Güthe/Triebel*, GBO Vorbem 81 vor § 13). 29

[2] **Rechtsstreit über eine dingliches Recht.** Voraussetzung für die Eintragung eines Rechtshängigkeitsvermerks ist eine Klage über das Bestehen oder Nichtbestehen eines dinglichen Rechts oder über den Umfang der Berechtigung an einem Grundstück. Es genügt nicht, wenn lediglich ein schuldrechtlicher Anspruch geltend gemacht wird. 30

[3] **Eintragungsvoraussetzungen.** Der Rechtshängigkeitsvermerk kann aufgrund einer Bewilligung des Beklagten oder aufgrund einer einstweiligen Verfügung im Grundbuch eingetragen werden. Heftig umstritten ist, ob ein Rechtshängigkeitsvermerk auch nach § 22 GBO eingetragen werden kann, wenn die Rechtshängigkeit in der Form des § 29 GBO nachgewiesen wird. Die Rechtsprechung (OLG München MittBayNot 2000, 40, 41; OLG Schleswig-Holstein DNotZ 1995, 83, 85) hält diese Eintragung für zulässig und hält auch die im Antrag genannten Beweismittel für die Eintragung für ausreichend (aA MüKo-BGB/*Kohler*, § 899 Rn 31 mwN; NK-BGB/*U. Krause*, § 899 Rn 45). 31

32 [4] **Form.** Siehe Rn 14.

33 [5] **Kosten.** Das Grundbuchamt erhebt für die Eintragung des Rechthängigkeitsvermerks nach § 67 Abs. 2 KostO die Hälfte der Gebühr, die für die Grundbuchberichtigung zu erheben sein würde.

§ 899 a Maßgaben für die Gesellschaft bürgerlichen Rechts

[1]Ist eine Gesellschaft bürgerlichen Rechts im Grundbuch eingetragen, so wird in Ansehung des eingetragenen Rechts auch vermutet, dass diejenigen Personen Gesellschafter sind, die nach § 47 Absatz 2 Satz 1 der Grundbuchordnung im Grundbuch eingetragen sind, und dass darüber hinaus keine weiteren Gesellschafter vorhanden sind. [2]Die §§ 892 bis 899 gelten bezüglich der Eintragung der Gesellschafter entsprechend.

1 **A. Muster: Antrag auf Berichtigung des Grundbuchs**

▶ An das Amtsgericht ...[1]

Als Eigentümer des im Grundbuch von ... – Amtsgericht ... – Blatt ... als Flur ..., Flurstück ..., groß ... m², verzeichneten Grundstücks ist die Gesellschaft bürgerlichen Rechts „...-Straße ...“ eingetragen. Als deren Gesellschafter sind Herr ... und Frau ... verzeichnet.[2] Mit Kaufvertrag vom ... hat Herr ... – nachfolgend Veräußerer genannt – seine Beteiligung an der Gesellschaft an Herrn ... – nachfolgend Erwerber genannt – verkauft und ihm seinen Gesellschaftsanteil abgetreten. Die Mitgesellschafterin, Frau ..., hat der Veräußerung des GbR-Anteils an Herrn ... zugestimmt.

Die Beteiligten bewilligen und beantragen, das vorstehend bezeichnete Grundbuch zu berichtigen und den Erwerber anstelle des Veräußerers als neue Gesellschafter der Gesellschaft bürgerlichen Rechts zu vermerken.

Der Notar hat die Beteiligten darüber belehrt, dass zum Vollzug dieses Grundbuchberichtigungsantrags die steuerliche Unbedenklichkeitsbescheinigung hinsichtlich der Grunderwerbsteuer vorliegen muss.[3]

Durch die Abtretung des GbR-Anteils ist das Grundbuch unrichtig geworden. Um den Erwerber vor den zwischenzeitlichen Verlust seiner Eigentumsstellung durch eine Veräußerung des Grundbesitzes durch die Gesellschafter an einen gutgläubigen Dritten zu schützen, bewilligen und beantragen die Beteiligten die Eintragung eines Widerspruchs gegen die Richtigkeit des Grundbuchs hinsichtlich der Gesellschafterstellung des Veräußerers und die Löschung dieses Widerspruchs mit Berichtigung des Grundbuchs entsprechend diesem Antrag.[4]

Notariell beglaubigte Unterschriften von Erwerber, Veräußerer und Mitgesellschafter.[5] ◀

B. Erläuterungen und Varianten

2 [1] **Grundbuchberichtigungsanspruch bei Veränderungen im Gesellschafterbestand.** Erkennt man die Rechtsfähigkeit der Gesellschaft bürgerlichen Rechts an (BGHZ 146, 341 = NJW 2001, 1056 = DNotZ 2001, 234), wird durch einen Gesellschafterwechsel bei einer Gesellschaft bürgerlichen Rechts das Grundbuch nicht unrichtig, denn Eigentümer des Grundstücks ist die Gesellschaft bürgerlichen Rechts, die auch weiterhin Eigentümer bleibt, und nicht der einzelne Gesellschafter (NK-BGB/*U. Krause*, § 892 Rn 23 mwN). Mit der Einfügung des § 899 a S. 2 hat

der Gesetzgeber auf die Änderung der Rechtsprechung reagiert und räumt bei einer Abtretung eines Anteils an einer im Grundbuch eingetragenen Gesellschaft bürgerlichen Rechts dem Zessionar gegen den Zedenten den **Grundbuchberichtigungsanspruch gemäß § 894** ein. Die Auflassung des Grundbesitzes ist nicht erforderlich. Dies gilt auch, wenn infolge des Ausscheidens der übrigen nur ein Gesellschafter übrig bleibt (BGHZ 32, 307). In diesem Fall kann der Berichtigungsantrag wie folgt formuliert werden:

▶ Die Parteien sind sich darüber einig, dass der Veräußerer mit Wirkung zum … aus der Gesellschaft ausgeschieden ist. Mit dem Ausscheiden des Veräußerers ist das Vermögen der Gesellschaft mit allen Aktiven und Passiven auf den Erwerber als letztem verbleibendem Gesellschafter übergegangen. Die Beteiligten beantragen, das Grundbuch entsprechend zu berichtigen und den Erwerber als neuen Alleineigentümer in das Grundbuch einzutragen. ◀

Verstirbt ein Gesellschafter einer Gesellschaft bürgerlichen Rechts, hängt es von den Regelungen des Gesellschaftsvertrages ab, ob die Gesellschaft aufgelöst oder von den verbliebenen Gesellschaftern – mit oder ohne Einbeziehung von Erben des Verstorbenen – fortgesetzt wird. In einem solchen Fall kann der Grundbuchberichtigungsantrag etwa so formuliert werden:

▶ Herr … ist verstorben und wurde aufgrund notariellen Testaments vom … – UR-Nr. … des Notars … – beerbt von seiner Tochter Frau …. Der Gesellschaftsvertrag sieht für diesen Fall die Fortsetzung der Gesellschaft mit den Erben des verstorbenen Gesellschafters vor. Zum Nachweis legen wir – mit der Bitte um Rückgabe – das Original des privatschriftlichen Gesellschaftsvertrages vor. Wir bestätigen, dass der Gesellschaftsvertrag in dieser Fassung bis zum Tode von Herrn … unverändert bestand. Die Unterzeichnenden, Frau … und Frau … beantragen, das Grundbuch zu berichtigen und Frau … anstelle von Herrn … als neuen Gesellschafter der Gesellschaft zu vermerken. ◀

Zum Nachweis des Vorhandenseins und des Inhalts einer Nachfolgeklausel ist die Vorlage des Gesellschaftsvertrages erforderlich, allerdings nicht in grundbuchmäßiger Form (BayObLG Rpfleger 1992; PfälzOLG Rpfleger 1996, 192 m.Anm. *Gerken*; aA SchlHOLG Rpfleger 1992, 149, das die Berichtigungsbewilligung aller Gesellschafter für ausreichend hält).

[2] Bezeichnung der Gesellschaft bürgerlichen Rechts im Grundbuch. Die Gesellschaft bürger- 3
lichen Rechts muss unter eigenem Namen im Grundbuch eingetragen werden (§ 873 Rn 8). Die neuere Rechtsprechung, die die Rechtsfähigkeit der Gesellschaft bürgerlichen Rechts anerkennt (BGHZ 146, 341 = NJW 2001, 1056 = DNotZ 2001, 234), hat auch zu Schwierigkeiten beim Nachweis gegenüber dem Grundbuchamt geführt, wer Gesellschafter einer Gesellschaft bürgerlichen Rechts ist. Solange die Gesellschafter selbst als gesamthänderische Rechtsinhaber angesehen wurden, war § 891 direkt auf die Eintragung des Gesellschafters im Grundbuch anwendbar. Ist aber die Gesellschaft bürgerlichen Rechts selbst der Rechtsträger, ist diese Vorschrift auf die Gesellschafter nicht mehr direkt anwendbar, was zu erheblichen Schwierigkeiten führen muss, da es kein öffentliches Register gibt, das Auskunft über den Bestand der Gesellschafter einer Gesellschaft bürgerlichen Rechts gibt. Um diese Schwierigkeiten zu beheben, hat der Gesetzgeber in § 47 Abs. 2 S. 1 GBO festgelegt, dass bei einer Gesellschaft bürgerlichen Rechts stets die Gesellschafter im Grundbuch einzutragen sind und in § 899 a S. 1 die Vermutung in das Gesetz eingefügt, dass diejenigen Personen Gesellschafter sind, die im Grundbuch eingetragen sind und das keine weiteren Gesellschafter vorhanden sind. Die Kombination beider Aspekte führt auch zu der Vermutung, dass die Gesellschaft ordnungsgemäß vertreten ist, wenn alle Personen in ihrem Namen handeln, die im Grundbuch eingetragen sind. Diese Vermutung gilt gegenüber jedermann und somit auch gegenüber dem Grundbuchamt, so dass weitere Nachweise zur Existenz, ordnungsgemäßen Vertretung und Identität der Gesellschaft regelmäßig entbehrlich sind (BT-Drucks. 16, 13437, S. 30 f).

[3] Grunderwerbsteuer. Für den Grundbuchvollzug ist die steuerliche Unbedenklichkeitsbe- 4
scheinigung erforderlich (OLG Frankfurt DNotI-Report 2005, 14)

5 [4] **Widerspruch als Sicherungsmittel für neuen Gesellschafter.** Wenn im Grundbuch der Gesellschafterbestand unrichtig eingetragen ist, eröffnet § 899 a S. 2 iVm § 899 die Möglichkeiten, einen Widerspruch im Grundbuch einzutragen, um den im Grundbuch nicht aufgeführten Inhaber des Gesellschaftsanteils davor zu schützen, dass er seine Beteiligung an dem Grundstück durch gutgläubigen Erwerb eines Dritten verliert.

6 [5] **Berichtigungsbewilligung durch alle Gesellschafter.** Für die Grundbuchberichtigung müssen alle (auch die ausscheidenden) Gesellschafter mitwirken. Anders als in Fällen des § 22 GBO ist nach §§ 19, 29 GBO die öffentliche Beglaubigung erforderlich.

7 [6] **Kosten.**
(a) **Notarkosten.** Gebührentatbestände s. § 873 Rn 13. Maßgeblich ist der Wert des betroffenen Grundstücksanteils nach § 19 Abs. 2 KostO, ggf. nach § 19 Abs. 4 KostO.
(b) **Gerichtskosten.** Für die Eintragung des Gesellschafterwechsels wird nach §§ 60, 61 KostO eine volle Gebühr aus dem Wert des betroffenen Grundstücksanteils fällig.

§ 900 Buchersitzung

(1) [1]Wer als Eigentümer eines Grundstücks im Grundbuch eingetragen ist, ohne dass er das Eigentum erlangt hat, erwirbt das Eigentum, wenn die Eintragung 30 Jahre bestanden und er während dieser Zeit das Grundstück im Eigenbesitz gehabt hat. [2]Die dreißigjährige Frist wird in derselben Weise berechnet wie die Frist für die Ersitzung einer beweglichen Sache. [3]Der Lauf der Frist ist gehemmt, solange ein Widerspruch gegen die Richtigkeit der Eintragung im Grundbuch eingetragen ist.
(2) [1]Diese Vorschriften finden entsprechende Anwendung, wenn für jemand ein ihm nicht zustehendes anderes Recht im Grundbuch eingetragen ist, das zum Besitz des Grundstücks berechtigt oder dessen Ausübung nach den für den Besitz geltenden Vorschriften geschützt ist. [2]Für den Rang des Rechts ist die Eintragung maßgebend.

§ 901 Erlöschen nicht eingetragener Rechte

[1]Ist ein Recht an einem fremden Grundstück im Grundbuch mit Unrecht gelöscht, so erlischt es, wenn der Anspruch des Berechtigten gegen den Eigentümer verjährt ist. [2]Das Gleiche gilt, wenn ein kraft Gesetzes entstandenes Recht an einem fremden Grundstück nicht in das Grundbuch eingetragen worden ist.

§ 902 Unverjährbarkeit eingetragener Rechte

(1) [1]Die Ansprüche aus eingetragenen Rechten unterliegen nicht der Verjährung. [2]Dies gilt nicht für Ansprüche, die auf Rückstände wiederkehrender Leistungen oder auf Schadensersatz gerichtet sind.
(2) Ein Recht, wegen dessen ein Widerspruch gegen die Richtigkeit des Grundbuchs eingetragen ist, steht einem eingetragenen Recht gleich.

Abschnitt 3 Eigentum

Titel 1 Inhalt des Eigentums

§ 903 Befugnisse des Eigentümers

[1]Der Eigentümer einer Sache kann, soweit nicht das Gesetz oder Rechte Dritter entgegenstehen, mit der Sache nach Belieben verfahren und andere von jeder Einwirkung ausschließen. [2]Der Eigentümer eines Tieres hat bei der Ausübung seiner Befugnisse die besonderen Vorschriften zum Schutz der Tiere zu beachten.

1 § 903 enthält ein umfassendes Herrschaftsrecht des Eigentümers hinsichtlich der in seinem Eigentum stehenden Sachen. Inhalt und Schranken werden durch das Gesetz bestimmt. Für das Bürgerliche Gesetzbuch ist insoweit vor allem das Nachbarrecht (§§ 905 bis 924) von Bedeutung (s. die Muster zu diesen Vorschriften).

2 § 903 gibt dem Eigentümer das Recht, mit seinen Sachen nach Belieben zu verfahren. Hierzu gehört insbesondere das Recht, über die Sachen zu verfügen. Insoweit wird auf die Muster zu §§ 873, 925, 929 und die Muster zu den beschränkt dinglichen Rechten verwiesen.

§ 903 gibt dem Eigentümer schließlich auch das Recht, andere von Einwirkungen auf die in seinem Eigentum stehenden Sachen auszuschließen. Dieses Recht wird durch Ansprüche auf Herausgabe (§ 985) und auf Unterlassung sonstiger Beeinträchtigungen (§ 1004) ausgestaltet. Insoweit wird auf die Muster zu diesen Vorschriften verwiesen. 3

§ 904 Notstand

[1]Der Eigentümer einer Sache ist nicht berechtigt, die Einwirkung eines anderen auf die Sache zu verbieten, wenn die Einwirkung zur Abwendung einer gegenwärtigen Gefahr notwendig und der drohende Schaden gegenüber dem aus der Einwirkung dem Eigentümer entstehenden Schaden unverhältnismäßig groß ist. [2]Der Eigentümer kann Ersatz des ihm entstehenden Schadens verlangen.

A. Duldungsanspruch

I. Muster: Antrag auf Erlass einer einstweiligen Verfügung zum Schutz eines Gebäudes 1

▶ An das

Amtsgericht/Landgericht ■■■[1]

Antrag auf Erlass einer einstweiligen Verfügung

In dem Verfahren

■■■

– Antragstellerin –

Prozessbevollmächtigter: ■■■

gegen

■■■

– Antragsgegner –

zeige ich die Vertretung der Antragstellerin an. Namens und in Vollmacht der Antragstellerin beantrage ich wegen besonderer Dringlichkeit ohne mündliche Verhandlung nachfolgende einstweilige Verfügung zu erlassen:

Der Antragsgegner hat zu dulden, dass

1. die Antragsstellerin bzw von ihr beauftragte Unternehmen und deren Beschäftigte das Grundstück des Antragsgegners betreten, um die auf dem Grundstück der Antragstellerin an der Grundstücksgrenze verlaufende Mauer provisorisch abzustützen,
2. auf dem Grundstück des Antragsgegners entsprechend dem dieser einstweiligen Verfügung beiliegenden Plan des Dipl. Ing. ■■■ eine provisorische Holzabstützung der Mauer errichtet wird.
3. ■■■ [Prozessanträge][2]

Gründe

I.

Die Antragsstellerin ist Eigentümerin des Grundstücks ■■■, vorgetragen im Grundbuch des AG ■■■ von ■■■, Band ■■■,[3] Blatt ■■■

Beweis: Grundbuchauszug, vorgelegt als Anlage K 1

Der Antragsgegner ist Eigentümer des benachbarten unbebauten Grundstücks ■■■, vorgetragen im Grundbuch des AG ■■■, von ■■■, Band ■■■, Blatt ■■■

Beweis: Grundbuchauszug, vorgelegt als Anlage K 2

Die Antragsstellerin errichtet auf ihrem Grundstück ein Wohn- und Geschäftshaus. Von der Baubehörde wurde ihr zur Auflage gemacht, die an der Grundstücksgrenze zum Antragsgegner hin verlaufende historische Mauer aus Gründen des Denkmalschutzes in das neue Gebäude zu integrieren.

Beweis: Baugenehmigung nebst Lageplan und Tektur, vorgelegt als Anlage K 3

Die Antragstellerin hat mit den Bauarbeiten begonnen. Zwischenzeitlich ist die Baugrube ausgehoben. Es hat sich gezeigt, dass – entgegen der ursprünglichen Annahmen bei Erstellung der Statik – die historische Mauer nicht ausreichend gegründet ist und deshalb nun einzustürzen droht.

Beweis: Gutachterliche Stellungnahme des Statikers Dipl. Ing. ■■■, vorgelegt als Anlage K 4

Eine dauerhafte Erhaltung der Mauer ist nur möglich, wenn diese mittels Hochdruckinjektion mit Zementschlämme (HDI) unterfangen wird. Die Parteien führen vor dem LG ■■■ einen Rechtsstreit in der Hauptsache über die Frage, ob der Antragsgegner die hiermit in großer Tiefe eintretende Verdichtung des Untergrundes hinzunehmen hat.

Beweis: Verfahrensakte des LG ■■■, Az ■■■

Da die Mauer akut einsturzgefährdet ist, und deshalb von ihr Gefahren für Leib und Leben Dritter, aber auch für fremdes Eigentum ausgehen, ist eine provisorische Abstützung erforderlich.

Beweis: Gutachterliche Stellungnahme des Statikers Dipl. Ing. ■■■, bereits vorgelegt als Anlage K 4

Hierfür muss eine Abstützung mit einer Holzkonstruktion sowohl vom Grundstück der Antragstellerin als auch vom Grundstück des Antragsgegners aus erfolgen.

Beweis: wie vor; dem Gutachten beiliegende Konstruktionszeichnung

Der Antragsgegner verweigert ein Betreten seines Grundstücks sowie die Errichtung der provisorischen Abstützung mit der Begründung, er sei an der eingetretenen Situation unschuldig.[4]

Beweis: Schreiben des Antragsgegners vom ■■■, vorgelegt als Anlage K 5[5]

II.

Der Antrag auf Erlass einer einstweiligen Verfügung ist zulässig und begründet.

Das angegangene Gericht ist gem. §§ 937, 943 ZPO zuständig.

Die Antragsstellerin hat den Sachverhalt durch die diesem Antrag als Anlage K 6 beiliegende eidesstattliche Versicherung glaubhaft gemacht.

Es besteht ein Verfügungsanspruch.

Der Antragsgegner hat gem. § 904 S. 1 BGB das Betreten und die Errichtung der vorläufigen Abstützung zu dulden.[6]

§ 904 S. 1 BGB gewährt einen klagbaren Duldungsanspruch. Der Anwendungsbereich von § 904 S. 1 BGB beschränkt sich nicht auf Gefahren, die so dringend sind, dass gerichtlicher Rechtsschutz nicht abgewartet werden kann (OLG Hamm, NJW 1972, 1374).

Der Antragsgegner ist passivlegitimiert. Die Antragsstellerin beabsichtigt auf das Grundstück des Antragsgegners einzuwirken, indem sie dieses betreten und dort die Stützkonstruktion errichten will.

Es besteht eine gegenwärtige Gefahr, die von der einsturzgefährdeten Mauer auf dem Grundstück der Antragstellerin ausgeht. Die Gefahr ist gegenwärtig, da jederzeit mit deren Einsturz als schadensstiftendem Ereignis gerechnet werden muss.

Betreten des Grundstücks des Antragsgegners und Errichtung der Holzkonstruktion sind, wie Herr Dipl. Ing. ■■■ in seiner Stellungnahme ausführt, notwendig, um die Mauer provisorisch abzustützen. Andere, vergleichsweise effektive Maßnahmen durch die der Einsturz der Mauer vermieden werden kann, bestehen nicht.

Der drohende Schaden für Leib und Leben Dritter ist unverhältnismäßig groß gegenüber dem Nachteil, den der Antragsgegner hinzunehmen hat, wenn sein unbebautes Grundstück in der Nähe der Grundstücksgrenze betreten und dort vorübergehend die Holzkonstruktion errichtet wird.

Weiterhin besteht ein Verfügungsgrund (§ 940 ZPO). Die Regelung des Betretungsrechts und der Abstützung der Mauer ist zur Abwendung wesentlicher Nachteile für die Antragsstellerin aber auch für Dritte erforderlich. Da es nur um eine provisorische Maßnahme geht, liegt in ihr auch keine Vorwegnahme der Hauptsache.

■■■

Rechtsanwalt ◄

II. Erläuterungen

[1] **Zuständigkeit.** In besonders dringlichen Fällen kann der Erlass der einstweiligen Verfügung auch beim Amtsgericht der belegenen Sache anhängig gemacht werden (§ 942 ZPO). 2

[2] Hinsichtlich der **Prozessanträge** wird auf das Muster zu I.R.10, Beck'sches Prozessformularbuch *Reinelt/Strahl*, S. 404 verwiesen. 3

[3] Die **Beschreibung des Grundstücks** entspricht der traditionellen Form, in der das Grundbuch noch in Loseblattbänden geführt wurde. Nach Umstellung auf das elektronische Grundbuch reicht in der Regel die Bezeichnung des Grundbuchblattes (vgl § 3 GBO). 4

[4] **Verschuldensgesichtspunkte** spielen für § 904 S. 1 keine Rolle. Gleichwohl empfiehlt es sich aus prozesstaktischen Gründen, darzulegen, dass der Kläger die Notstandssituation nicht zu vertreten hat, wenn dies nach dem Lebenssachverhalt möglich ist. 5

[5] Die **Darlegungs- und Beweislast** liegt bei demjenigen, der sich auf den Rechtfertigungsgrund des § 904 S. 1 beruft. Er hat also darzulegen, dass 6

- eine zumindest bedingt vorsätzliche Einwirkung auf fremdes Eigentum vorliegt bzw erforderlich ist (str. vgl Hk-BGB/*Schulte-Nölke* § 904 Rn 2),
- eine gegenwärtige Gefahr für bedeutsame Rechtsgüter vorliegt,
- die Einwirkung notwendig ist und
- der drohende Schaden bei Unterlassen der Einwirkung den aus dem Eingriff resultierenden Schaden deutlich überwiegt („unverhältnismäßig groß ist").

[6] **Klagbarkeit.** Es ist umstr., ob § 904 S. 1 einen klagbaren **Duldungsanspruch** gibt. Da es auch länger dauernde Gefahrenzustände gibt, die jederzeit zu einem beträchtlichen Schaden führen können, besteht ein Bedürfnis dafür, auch einen klagbaren Duldungsanspruch anzunehmen und den zur Gefahrenabwehr Tätigen nicht allein auf das Selbsthilferecht gem. § 229 zu verweisen (OLG Hamm, aaO; MüKo-BGB/*Säcker* § 904 Rn 14). 7

B. Schadensersatz

I. Muster: Klage auf Schadensersatz des duldungspflichtigen Eigentümers für Schäden aufgrund zu duldender Einwirkungen 8

► An das

710

Amtsgericht/Landgericht ■■■

Klage

In dem Rechtsstreit

■■■

– Kläger –

Prozessbevollmächtigter: ■■■

gegen

■■■

– Beklagter –

Prozessbevollmächtigter ■■■

zeige ich die Vertretung des Klägers an. Namens und in Vollmacht des Klägers erhebe ich Klage und werde beantragen:

1. Der Beklagte wird verurteilt, ■■■ EUR nebst Zinsen in Höhe von 5 %-Punkten über dem jeweiligen Basiszinssatz ab Rechtshängigkeit zu bezahlen.
2. Der Beklagte trägt die Kosten des Rechtsstreits
3. Das Urteil ist ggf gegen Sicherheitsleistung vorläufig vollstreckbar.

Es wird beantragt, ein schriftliches Vorverfahren durchzuführen. Für den Fall der Fristversäumung oder des Anerkenntnisses wird beantragt, durch Versäumnis- oder Anerkenntnisurteil zu entscheiden.

Es wird beantragt von der Durchführung einer Güteverhandlung in einem eigenen Gütetermin abzusehen, da aufgrund der vorgerichtlichen Korrespondenz davon auszugehen ist, dass der Beklagte sich einer gütlichen Einigung verschließen wird.

Gründe

I.

Der Kläger ist Eigentümer des Grundstücks ■■■, vorgetragen im Grundbuch des AG ■■■ von ■■■, Band ■■■ Blatt ■■■

Beweis: Grundbuchauszug, vorgelegt als Anlage K 1

Der Beklagte ist Bauunternehmer. Er errichtet auf dem benachbarten Grundstück ein Wohn- und Geschäftshaus.

An der Grundstücksgrenze zum Kläger verläuft auf dem Baugrundstück eine historische Mauer.

Beweis: Augenschein

Durch die Baubehörde wurde dem Bauherrn zur Auflage gemacht, die historische Mauer in den Neubau zu integrieren.

Beweis: Baugenehmigung nebst Tektur, vorgelegt als Anlage K 2

Als der Beklagte die Baugrube ausgehoben hatte, stellte sich heraus, dass die Standsicherheit der Mauer nicht mehr gewährleistet war.

Beweis: Schreiben des Statikers des Beklagten, Herrn Dipl. Ing. ■■■, vorgelegt als Anlage K 3

Um die Mauer provisorisch abzustützen, war es erforderlich, auch von dem Grundstück des Klägers aus eine Holzkonstruktion zu errichten.

Beweis:

1. Herr Dipl. Ing. ■■■ als sachverständiger Zeuge
2. Sachverständigengutachten

Der Kläger stimmte deshalb dieser Maßnahme zu.

Im Zuge der Bauarbeiten wurde der Apfelbaum auf dem Grundstück des Klägers beschädigt. Insbesondere sind durch eine Beschädigung der Wurzeln zwei tragende Äste abgestorben.

Beweis: Sachverständigengutachten

Die Wertminderung des Baumes beträgt: ■■■ EUR

Beweis: Gehölzwertgutachten

Weiterhin wurde auch der Rasen beschädigt. Die Löcher, in denen die Punktfundamente für die Holzkonstruktion eingebracht waren, wurden zwar verfüllt, jedoch wurde ein neuer Rasen nicht fachgerecht nachgesät.

Beweis: Sachverständigengutachten

Die Kosten für die Wiederherstellung des Rasens betragen: ■■■ EUR[3]

II.

Dem Kläger steht ein Anspruch auf Schadensersatz gem. §§ 823 Abs. 1, 831 Abs. 1, 904 S. 2 BGB gegen den Beklagten zu.

Es kann hierbei dahingestellt bleiben, ob die Beschädigungen an der Bepflanzung des Grundstücks des Klägers bei Einhaltung der ordnungsgemäßen Sorgfalt vermeidbar gewesen wären.

Ist dies der Fall, haftet der Beklagte gem. §§ 823 Abs. 1, 831 Abs. 1 BGB für die Schäden; denn in diesem Fall haben seine Beschäftigten das Eigentum des Klägers widerrechtlich und schuldhaft beschädigt. Im Übrigen würde dem Beklagten ein Überwachungsverschulden zur Last liegen.

Aber auch wenn die Beeinträchtigungen unvermeidbar gewesen sein sollten, steht dem Kläger ein Anspruch aus § 904 S. 2 BGB zu.

Von der einsturzgefährdeten Mauer ging eine gegenwärtige Gefahr für Leib und Leben sowie das Eigentum Dritter aus.

Die Errichtung der Holzkonstruktion auf dem Grundstück des Klägers war erforderlich, um diese Gefahr abzuwenden.

Der Beklagte ist passivlegitimiert.[1] Er hat die Abstützungsarbeiten veranlasst und das ausführende Bauunternehmen mit der Abstützung beauftragt.

Unerheblich ist, dass der Kläger der Errichtung der Abstützung zugestimmt hat; denn hierzu war er gem. § 904 S. 1 BGB verpflichtet.

Der Beklagte ist zur Zahlung gem. §§ 249 S. 2 (Rasen) bzw § 251 Abs. 1 BGB (Baum) verpflichtet.[2], [3]

■■■

Rechtsanwalt ◄

II. Erläuterungen

[1] **Passivlegitimation.** § 904 S. 2 enthält keine ausdrückliche Regelung, ob der Einwirkende oder der durch die Einwirkung Begünstigte zum Schadensersatz verpflichtet ist. Nach hM ist **der Einwirkende** passivlegitimiert (Hk-BGB/*Schulte-Nölke* § 904 Rn 4). Das Muster schließt sich dieser durchgehend auch von der Rspr so vertretenen Ansicht an. Dieser kann ggf, wenn die Voraussetzungen der §§ 677 ff oder des § 812 vorliegen, bei dem Begünstigten Rückgriff nehmen. Gerade in Fällen wie dem Vorliegenden scheint es zutreffend, dass der Einwirkende passivlegitimiert ist; denn von der Mauer geht eine Gefahr für einen nicht überschaubaren Personenkreis (bspw. die Bauarbeiter) aus. Es ist Sache des Bauunternehmers mit dem Bauherrn Absprachen über den Ersatz im Innenverhältnis zu treffen. 9

[2] Hinsichtlich der **Darlegungs- und Beweislast** hat der Kläger die Voraussetzungen des § 904 S. 1 sowie den Schaden darzulegen. Ist unklar, ob der Schaden durch den zu duldenden Eingriff oder aber dadurch entstanden ist, dass dieser nicht mit der gebotenen Sorgfalt vorgenommen wurde, kann sich der Kläger entweder auf die Voraussetzungen des § 904 S. 1 oder auf §§ 823, 831 stützen; denn ein Schaden, der über die notwendigerweise mit dem zu duldenden Eingriff hinausgehenden Beeinträchtigungen hinausgeht, ist widerrechtlich und unter Zugrundelegung des auch im Deliktsrecht geltenden objektiven Fahrlässigkeitsbegriffes auch schuldhaft zugefügt. Im vorliegenden Fall könnte sich der Beklagte daher allenfalls gem. § 831 darauf berufen, dass ihn weder ein Auswahl- noch ein Überwachungsverschulden trifft. Hierfür trägt er die Darlegungs- und Beweislast. 10

[3] **Schadensteilung.** Der Beklagte könnte sich im Fall des § 904 darauf berufen, dass auch der Kläger durch pflichtwidrige Veränderungen der bestehenden Verhältnisse zu einer Beeinträchtigung der Standsicherheit der Mauer beigetragen hat. In diesem Fall wäre der Schaden gem. § 254 zwischen den Parteien zu teilen (Hk-BGB/*Schulte-Nölke* § 904 Rn 8). 11

§ 905 Begrenzung des Eigentums

[1]Das Recht des Eigentümers eines Grundstücks erstreckt sich auf den Raum über der Oberfläche und auf den Erdkörper unter der Oberfläche. [2]Der Eigentümer kann jedoch Einwirkungen nicht verbieten, die in solcher Höhe oder Tiefe vorgenommen werden, dass er an der Ausschließung kein Interesse hat.

A. Einwirkungen in der Tiefe

1 **I. Muster: Duldungsanspruch bezüglich Einwirkungen in der Tiefe**

▶ An das Amtsgericht/Landgericht ▪▪▪[1]

In dem Rechtsstreit

▪▪▪

– Kläger –

▪▪▪ Prozessbevollmächtigter

gegen

▪▪▪

– Beklagter –

▪▪▪ Prozessbevollmächtigter

zeige ich die Vertretung des Klägers an. Namens und in Vollmacht des Klägers erhebe ich Klage und werde beantragen:

I. Der Beklagte wird verurteilt, Zug um Zug gegen Zahlung einer angemessenen, durch das Gericht festzusetzenden Entschädigung zu dulden, dass der Kläger auf seinem Grundstück eine der der Baugenehmigung der X-Stadt vom ▪▪▪, Az ▪▪▪, dieser Klage beigefügt als Anlage 1 entsprechende Baugrube aushebt und die Baugrube durch eine auf dem Grundstück des Beklagten rückverankerte Bohrpfahlwand sichert.

II. ▪▪▪ [Prozessanträge][2]

Gründe

I.

Der Kläger ist Eigentümer des Grundstücks ▪▪▪, vorgetragen im Grundbuch des AG ▪▪▪ von ▪▪▪, Band ▪▪▪ Blatt ▪▪▪[3]

Beweis: Grundbuchauszug

Der Beklagte ist Eigentümer des Nachbargrundstücks ▪▪▪, vorgetragen im Grundbuch des AG ▪▪▪ von ▪▪▪, Band ▪▪▪, Blatt ▪▪▪

Das Grundstück des Klägers steigt in Gestalt eines Hanges steil zum benachbarten Grundstück des Klägers an.

Beweis: Augenschein

Der Kläger beabsichtigt, sein Grundstück mit einem Wohn- und Geschäftshaus sowie einer Tiefgarage zu bebauen.

Beweis: Baugenehmigung mit Tektur, vorgelegt als Anlage K 1

Der Kläger hat zur Absicherung der Baugrube eine Statik in Auftrag gegeben. Demnach ist die Baugrube an der Grundstücksgrenze mit einer Bohrpfahlwand gegen das Abrutschen des Hanges zu sichern.

Beweis: Statik des Dipl. Ing. ■■■, vorgelegt als Anlage K 2

Es sind fünf Betonanker und die zugehörigen Stahlseile entlang der Grundstücksgrenze in einer Tiefe von 5 m an der Grundstücksgrenze bis 16 m unterhalb der Bodenplatte des Hauses des Beklagten erforderlich.

Beweis: wie vor

Eine andere vergleichbar effektive Methode der Baugrubensicherung existiert nicht.

Beweis: Sachverständigengutachten

Zwar verbleiben die Anker auch nach Fertigstellung des Gebäudes des Klägers in dem Untergrund des Grundstückes des Beklagten. Hierdurch wird jedoch keine Beeinträchtigung der Nutzung des Grundstücks des Beklagten eintreten.

Die Anker verlieren mit Fertigstellung des Gebäudes jegliche Funktion.

Beweis: Sachverständigengutachten

Sie rosten im Lauf der Zeit durch.

Beweis: Sachverständigengutachten

Aufgrund der Tiefe der Anker ist ausgeschlossen, dass diese baulichen Veränderungen auf dem Grundstück des Beklagten entgegenstehen.

Beweis: Sachverständigengutachten

Aber selbst wenn der Beklagte seinen Keller soweit vertiefen sollte, dass er bis zu den Ankern gelangt, könnten diese – dann funktionslos geworden –mit geringem Aufwand entfernt werden.

Beweis: Sachverständigengutachten

Der Mehraufwand in diesem Fall, aber auch die Tatsache, dass der Kläger aus der Inanspruchnahme des Grundstücks des Beklagten finanziellen Vorteil ziehen kann, möge durch das Gericht bei der Bemessung der Entschädigung berücksichtigt werden, wobei sich der Kläger einen Entschädigungsbetrag in der Größenordnung von 10.000,00 EUR vorstellt (2000,00 EUR je Anker).

II.

Dem Kläger steht ein Anspruch auf Duldung gem. § 905 S. 2 BGB zu.[4], [5]

Das Anbringen der im Untergrund des Grundstücks des Beklagten rückverankerten Bohrpfahlwand stellt zwar einen Eingriff in das Eigentum des Beklagten dar. Gleichwohl ist dieser zur Duldung verpflichtet, weil er kein Interesse an der Ausschließung dieser Einwirkung hat.

Bereits die Vertiefung des Grundstücks des Klägers hat der Beklagte zu dulden; denn von der Vertiefung wird kein Nachteil für das Grundstück des Beklagten ausgehen, weil der Kläger durch die rückverankerte Bohrpfahlwand für eine anderweitige ausreichende Befestigung des Bodens des Grundstücks des Beklagten sorgt.

Beweis unter Verwahrung gegen die Beweislast: Sachverständigengutachten

Der Beklagte hat aber auch das Einbringen der Anker und Stahlseile zu dulden; denn diese werden in einer Tiefe eingebracht, bei der es ausgeschlossen erscheint, dass die bauliche Nutzung des Grundstücks des Beklagten beeinträchtigt werden könnte. Selbst wenn dieser sich entschließen sollte, den Keller seines Hauses um ein weiteres Geschoss zu vertiefen, stünden die auf seinem Grundstück verbleibenden Anker der Maßnahme nicht im Wege. Doch auch wenn er eine Maßnahme planen sollte, durch die er die Anker erreichen würde, könnten die dann funktionslos gewordenen Anker mit einem relativ geringen Aufwand entfernt werden, sofern sie nicht ohnehin bereits durchgerostet sein sollten.

Analog § 906 Abs. 2 S. 2 BGB ist der Kläger bereit, dem Beklagten eine angemessene Entschädigung für die Inanspruchnahme seines Eigentums zu bezahlen, deren Höhe gem. § 287 ZPO durch das Gericht geschätzt werden möge.[6]

...

Rechtsanwalt ◄

II. Erläuterungen

2 [1] **Prozessuales.** Die sachliche Zuständigkeit richtet sich nach dem Interesse des Klägers an der Duldung der Einwirkung (§ 3 ZPO). Im vorliegenden Fall ist also auf das Interesse des Klägers an einer entsprechenden baulichen Nutzung seines Grundstücks abzustellen. Die örtliche Zuständigkeit richtet sich nach § 24 ZPO.

3 [2] Hinsichtlich der **Prozessanträge** s. Rn 3 zu § 904.

4 [3] Hinsichtlich der **Grundstücksbezeichnung** s. Rn 4 zu § 904.

5 [4] **Duldung von Einwirkungen im Untergrund.** Grundsätzlich ist die Rechtsprechung mit der Verpflichtung zur Duldung von Einwirkungen im Untergrund sehr zurückhaltend (vgl die Rspr in BeckOK-BGB/*Fritzsche* § 985 Rn 9; OLG Düsseldorf NJW-RR 1991, 403 für 3 m tiefliegende Abwasserleitung). Das OLG Stuttgart hat in einem dem Muster vergleichbaren Fall allerdings eine Duldungspflicht des Nachbarn aus § 905 S. 2 abgeleitet und zum Vorteilsausgleich eine Entschädigung zugesprochen (OLG Stuttgart, NJW 1994, 739).

6 [5] **Darlegungs- und Beweislast.** Derjenige, der sich auf eine Duldungspflicht hinsichtlich der von ihm veranlassten Einwirkung aus § 905 S. 2 beruft, ist für das Vorliegen der Tatsachen dieses Ausnahmetatbestandes darlegungs- und beweisbelastet. Da die Duldungspflicht von vielen Umständen in ihrer Gesamtheit abhängt, empfiehlt es sich, zu den Gesamtumständen der Maßnahme (Art und Intensität der Einwirkung, Dauer, Kosten, Alternativen, öffentlich rechtliche Zulässigkeit) umfassend vorzutragen. Generell gilt, dass bei ihrer Art nach nur vorübergehend belastenden Störungen eine Duldungspflicht gem. § 905 S. 2 eher angenommen werden kann, da dann überschaubar ist, ob in dem jeweiligen Zeitraum beachtenswerte Interessen des Eigentümers der Einwirkung entgegenstehen.

7 [6] Für **Einwirkungen im Luftraum oberhalb des Grundstücks** gelten entsprechende Grundsätze. Gerade im Zusammenhang mit der Durchführung von Baumaßnahmen wird es hier immer wieder erforderlich, dass der Luftraum durch Baumaterial oder Maschinenteile in Anspruch genommen wird. Soweit eine Gefährdung des Eigentümers ausgeschlossen ist, hat er dies zu dulden. Eine Erwiderung auf eine einstweilige Verfügung durch die dem Bauunternehmer die Inanspruchnahme des Luftraums über dem Nachbargrundstück durch das Überschwenken des Kranauslegers gem. §§ 858, 862, 1004 untersagt werden soll, könnte zB so aussehen:

B. Duldungsanspruch bezüglich Einwirkungen in der Höhe

8 **I. Muster: Duldungsanspruch bezüglich Einwirkungen in der Höhe**

► An das Amtsgericht/Landgericht ...[1]

In dem Verfügungsverfahren

...

– Antragsteller und Verfügungskläger –

... Prozessbevollmächtiger

gegen

...

– Antragsgegner und Verfügungsbeklagter –

zeige ich die Vertretung des Verfügungsbeklagten an.

Namens und in Vollmacht des Verfügungsbeklagten beantrage[2] ich:

I. Der Antrag auf Erlass einer einstweiligen Verfügung wird zurückgewiesen.

II. Der Verfügungskläger trägt die Kosten des Rechtsstreits.

Gründe[3]

Der Antrag auf Erlass einer einstweiligen Verfügung ist unbegründet. Dem Verfügungskläger steht gegen den Verfügungsbeklagten kein Anspruch darauf zu, dass dieser es unterlässt, dass er das Grundstück des Verfügungsklägers mit dem Kranausleger überschwenkt.

Zwar liegt in dem Überschwenken des Grundstücks des Verfügungsklägers mit dem Kranausleger eine Einwirkung gem. § 905 S. 1. Jedoch hat der Verfügungskläger diese Einwirkung gem. § 905 S. 2 zu dulden; denn er hat kein beachtenswertes Interesse an der Ausschließung dieser Einwirkung.

Die Einwirkung durch das Überschwenken des Kranauslegers ist lediglich vorübergehender Natur während der Rohbauzeit.

Die hiermit verbundenen Gefahren gehen nicht über die Gefahren hinaus, die mit der Durchführung des Bauvorhabens ohnehin verbunden sind. Da lediglich der Ausleger des Kranes über das Grundstück des Verfügungsklägers schwenkt, ist das Risiko, dass Lasten auf das Grundstück des Verfügungsklägers fallen, nicht gegeben.

Der Ausleger schwenkt auch in einer Höhe über das Grundstück des Verfügungsklägers, dass eine Beeinträchtigung dieses Grundstücks ausgeschlossen ist. Das Grundstück des Verfügungsklägers ist mit einem dreistöckigen Wohn- und Geschäftshaus bebaut. Der Ausleger des Krans befindet sich in einer Höhe von 65 m. Er schwenkt damit in einer Höhe von mindestens 45 m über das Gebäude des Verfügungsklägers hinweg.

Die Grundstücke der Parteien befinden sich in zentraler, eng bebauter Innenstadtlage. Hier ist es zur Durchführung von größeren Bauvorhaben meist unvermeidbar, dass Nachbargrundstücke vergleichbar und geringfügig in Anspruch genommen werden.

■■■

Rechtsanwalt ◄

II. Erläuterungen

[1] **Prozessuales.** Die Zuständigkeit richtet sich nach den Grundsätzen gem. Rn 2. 9

[2] Es können **weitere Anträge** aufgenommen werden, insbesondere nicht ohne mündliche Verhandlung zu entscheiden. 10

[3] **Darlegungs- und Beweislast.** Der Fall ist der Entscheidung OLG Düsseldorf, NZM 2007, 582 nachgebildet. Auch hier trägt derjenige, der ein fremdes Grundstück in Anspruch nimmt, die Darlegungs- und Beweislast, dass der Eigentümer kein (vernünftiges) Interesse an der Ausschließung haben kann. Es macht deshalb insbesondere einen Unterschied, in welcher Situation die Inanspruchnahme des Grundstücks erfolgt, insbesondere ob, wie im ländlichen Raum, ausreichend Platz zur Verfügung steht, den Drehkran so aufzustellen, dass eine Inanspruchnahme weiterer Grundstücke unterbleibt. Weiterhin ist von Bedeutung, ob sich ein verständiger Benutzer des Grundstücks durch das Überschwenken mit dem Kran gefährdet oder belästigt sehen kann. Dies wäre zB anzunehmen, wenn über das Nachbargrundstück mittels Kran auch Material transportiert würde (OLG Düsseldorf, aaO). 11

§ 906 Zuführung unwägbarer Stoffe

(1) [1]Der Eigentümer eines Grundstücks kann die Zuführung von Gasen, Dämpfen, Gerüchen, Rauch, Ruß, Wärme, Geräusch, Erschütterungen und ähnliche von einem anderen Grundstück ausgehende Einwirkungen insoweit nicht

verbieten, als die Einwirkung die Benutzung seines Grundstücks nicht oder nur unwesentlich beeinträchtigt. [2]Eine unwesentliche Beeinträchtigung liegt in der Regel vor, wenn die in Gesetzen oder Rechtsverordnungen festgelegten Grenz- oder Richtwerte von den nach diesen Vorschriften ermittelten und bewerteten Einwirkungen nicht überschritten werden. [3]Gleiches gilt für Werte in allgemeinen Verwaltungsvorschriften, die nach § 48 des Bundes-Immissionsschutzgesetzes erlassen worden sind und den Stand der Technik wiedergeben.
(2) [1]Das Gleiche gilt insoweit, als eine wesentliche Beeinträchtigung durch eine ortsübliche Benutzung des anderen Grundstücks herbeigeführt wird und nicht durch Maßnahmen verhindert werden kann, die Benutzern dieser Art wirtschaftlich zumutbar sind. [2]Hat der Eigentümer hiernach eine Einwirkung zu dulden, so kann er von dem Benutzer des anderen Grundstücks einen angemessenen Ausgleich in Geld verlangen, wenn die Einwirkung eine ortsübliche Benutzung seines Grundstücks oder dessen Ertrag über das zumutbare Maß hinaus beeinträchtigt.
(3) Die Zuführung durch eine besondere Leitung ist unzulässig.

A. Unterlassung

1 **I. Muster: Klage auf Unterlassung**

▶ An das

Amtsgericht/Landgericht ■■■[1]

Klage

In dem Rechtsstreit

■■■

– Kläger –

gegen

■■■

– Beklagter –

zeige ich die Vertretung des Klägers an. Namens und in Vollmacht des Klägers erhebe ich Klage und werde beantragen:

■■■

I. Der Beklagte wird verurteilt, es zu unterlassen, dass in dessen Anwesen ■■■-straße ■■■ ■■■-stadt, in einer Weise Posaune geübt und in sonstiger Weise musiziert wird, durch die die Nutzung des Anwesens des Klägers, ■■■-straße ■■■ in ■■■-stadt wesentlich beeinträchtigt wird, insbesondere:
1. dass länger als längstens 2 Stunden werktags und eine Stunde sonn- und feiertags geübt und musiziert wird;
2. dass während der Nachtzeit von 22:00 Uhr bis 8:00 Uhr geübt und musiziert wird;
3. dass während der Mittagszeit von 12:00 Uhr bis 15:00 Uhr geübt und musiziert wird.[2]

II. Dem Beklagten wird für jeden Fall der Zuwiderhandlung die Festsetzung eines Ordnungsgeldes bis zur Höhe von 250.000,00 EUR oder einer Ordnungshaft bis zur Dauer von 6 Monaten angedroht

III. ■■■ (Prozessanträge)

vorläufiger Streitwert: ■■■

Gründe

I.

Der Kläger ist Eigentümer des Anwesens ■■■-straße in ■■■-stadt, vorgetragen im Grundbuch des AG ■■■ von ■■■ Band ■■■ Blatt ■■■

Beweis: Grundbuchauszug, vorgelegt als Anlage K 1

Der Beklagte ist Eigentümer des benachbarten Grundstücks ■■■ straße ■■■ in ■■■stadt, vorgetragen im Grundbuch des AG ■■■ von ■■■ Band ■■■ Blatt ■■■[3]

Beweis: Grundbuchauszug, vorgelegt als Anlage K 2

Die Grundstücke sind jeweils mit einer Doppelhaushälfte bebaut. Diese werden durch eine auf der gemeinsamen Grenze stehende Kommunmauer getrennt.

Beweis: Augenschein

Sachverständigengutachten

Der Sohn des Beklagten übt und spielt Posaune. Dies tut er teils alleine, teils auch mit anderen Musikern zu allen Tageszeiten, bis in den späten Abend.

Beweis: Vernehmung des Zeugen NN

Die Doppelhaushälften der Parteien sind nur durch eine Kommunmauer verbunden. Dies führt dazu, dass die musikalischen Aktivitäten des Sohnes des Beklagten mit einer erheblichen Lärmbelästigung auf Seiten des Klägers verbunden sind.[4], [5], [6]

Der Kläger hat den Beklagten mit Schreiben vom ■■■ aufgefordert, dafür zu sorgen, dass in seinem Grundstück nur noch innerhalb des im Klageantrag genannten Zeitkorridors geübt wird. Dem ist der Beklagte unter Berufung auf die Freiheit der Kunstausübung und seines Eigentums entgegengetreten. Auch das Verfahren vor der Gütestelle ist fehlgeschlagen, da der Beklagte zu keinerlei Einlenken bereit war.[7]

Beweis: Bescheinigung der Gütestelle, vorgelegt als Anlage K 3

II.

Die Klage ist zulässig und begründet. Der Klageantrag ist hinreichend bestimmt. Eine wesentliche Beeinträchtigung durch das Musizieren kann nicht nur dadurch eintreten, dass die im Klageantrag genannten zeitlichen Grenzen überschritten werden. Vielmehr kann auch schon unterhalb dieser Grenzwerte eine erhebliche Einwirkung vorliegen, wenn die Geräuschimmissionen aufgrund ihrer Art (Lautstärke oder Eigenheiten des Übens, wie fehlende Melodie, stete Wiederholung, abrupter Abbruch) sich besonders störend auswirken. Kann die Grenze der Wesentlichkeit nicht abschließend mit Worten beschrieben werden, kann sich der Kläger darauf beschränken, zu beantragen, dass dem Beklagten aufgegeben wird, Beeinträchtigungen zu unterlassen, die nicht nur unwesentlich sind. Es ist dann im Vollstreckungsverfahren zu überprüfen, ob der Beklagte gegen diese Verpflichtung verstoßen hat.

Dem Kläger steht ein Anspruch auf Unterlassung gem. § 1004 Abs. 1 S. 2 zu.

Der Kläger ist Eigentümer des Grundstücks, dessen Nutzung zu Wohnzwecken durch die intensive Art des Musizierens auf dem Grundstück des Beklagten beeinträchtigt wird.

Indem die Folgen des Musizierens auf dem Grundstück des Beklagten nahezu im gesamten Haus des Klägers hörbar sind, liegt eine Beeinträchtigung der Nutzung des Eigentums des Klägers vor.

Für diese Beeinträchtigung ist auch das Verhalten des Beklagten ursächlich, da er das Musizieren auf seinem Grundstück keinerlei Reglement unterwirft.

Da er sich strikt weigert, das Musizieren auf seinem Grundstück zu regeln, ist sowohl zu besorgen, dass die im Klageantrag genannten zeitlichen Grenzen, die für sich schon die Grenzen beschreiben, ab wann die Immissionen durch Musik nicht mehr unwesentlich bzw ortsüblich sind, als auch die bei Ausübung des Musizierens billigerweise einzuhaltenden Grenzen, bei deren Verletzung der Art nach keine geringfügige Beeinträchtigung mehr vorliegt, verletzt werden.

■■■

Rechtsanwalt ◄

II. Erläuterungen und Varianten

2 [1] **Prozessuales.** Die sachliche Zuständigkeit richtet sich nach § 3 ZPO: wirtschaftliches Interesse des Klägers daran, dass die Immissionen künftig unterbleiben; dieses kann zB geschätzt werden durch den einjährigen Betrag einer fiktiven Mietminderung (vgl § 41 GKG). Die örtliche Zuständigkeit richtet sich nach § 24 ZPO.

3 [2] **Klageanträge.** Gem. § 253 ZPO hat der Kläger einen bestimmten Klageantrag zu stellen. Bei der Unterlassungsklage ist daher **genau anzugeben, welche Immissionen** (Beeinträchtigungen) unterlassen werden sollen und **auf welchem Grundstück** diese Beeinträchtigungen zu unterlassen sind. Klagt der Eigentümer auf Unterlassung, ist es bisweilen schwierig, bereits im Klageantrag zum Ausdruck zu bringen, ab wann eine Einwirkung nicht mehr nur unwesentlich ist. Die Rechtsprechung hat hier dem Kläger eine Erleichterung gewährt, indem sie zulässt, dass dieser darauf anträgt, dass dem Störer aufgegeben wird, Beeinträchtigungen zu unterlassen, die nicht nur unwesentlich sind. Es ist dann im Vollstreckungsverfahren zu klären, ob die Einwirkung die Wesentlichkeitsschwelle übersteigt. Dies bietet sich vor allem in Fällen an, in denen keine technisch messbaren Grenzwerte existieren. Im Einzelnen sind ohne Anspruch auf Vollständigkeit folgende Fälle zu erwähnen:

4 (a) **Gase, Dämpfe, Gerüche.**

Gase. Soweit Abgase aus industriellen Anlagen betroffen sind, richtet sich die Frage der Wesentlichkeit nach den **Vorschriften der TA Luft.** Sind deren Grenzwerte eingehalten, liegt in der Regel eine unwesentliche Beeinträchtigung vor (§ 906 Abs. 1 S. 3). Solche Vorschriften bestehen nicht für landwirtschaftliche Immissionen im Zusammenhang mit dem Ausbringen von Gülle sowie für privat verursachte Immissionen, zB im Zusammenhang mit der Benutzung von Kraftfahrzeugen. Eine Beeinträchtigung mit **NH3- Einwirkungen** (Ammoniak) ist dann wesentlich, wenn diese zu Schäden an Pflanzen auf dem benachbarten Grundstück oder der Gesundheit der Bewohner führt (OLG Düsseldorf, NJW 1995, 1482). Der Kläger könnte beantragen:

► I. Der Beklagte wird verurteilt, es zu unterlassen, das Grundstück des Klägers wesentlich dadurch zu beeinträchtigen, dass er auf seiner Ackerparzelle ■■■ Gülle ausbringt, insbesondere wird ihm aufgegeben, die Gülle nicht bei ■■■ (vom Sachverständigen empfohlene klimatische Bedingungen) auszubringen sowie die Gülle sofort, nachdem sie ausgebracht ist, unterzugrubbern.

II. ■■■ (Ordnungsmittel) ◄

In den Gründen wäre dann auszuführen, **welche gesundheitlichen und materiellen Schäden** aufgrund einer zu hohen von der Gülle ausgehenden Ammoniakkonzentration zu erwarten sind. Es ist Sache des Beklagten darzulegen, unter welchen Bedingungen mit entsprechenden Schäden nicht zu rechnen ist, bzw dass die Düngung mit Gülle ortsüblich ist und entsprechende Immissionen mit zumutbaren Maßnahmen nicht vermeidbar sind (§ 906 Abs. 2; s.u. Rn 23 und 24).

Dämpfe. Hier gilt entsprechendes wie für Gase.

Gerüche. Anforderungen an Anlagen, von denen eine Geruchsbelästigung ausgeht, werden durch die **TA Luft** sowie **privatrechtliche Richtlinien** (zB Geruchsimmissionsrichtlinie vom 12.1.1993; VDI-Richtlinie 3471-Emissionsminderung Tierhaltung/Schweine) normiert. Werden die Anforderungen dieser Richtlinien eingehalten, spricht dies dafür, dass die Immissionen, die von entsprechenden Anlagen ausgehen, unwesentlich sind. Da Geruchsimmissionen nur schwer messbar sind, hat es der BGH jedoch auch für diese Fälle für ausreichend erachtet, wenn der Kläger einen an den Gesetzeswortlaut angelehnten Klageantrag stellt (BGH NJW 1999, 356). Der Kläger könnte daher beantragen:

▶ I. Der Beklagte wird verurteilt, es zu unterlassen, das Grundstück des Klägers durch von seinem Schweinemastbetrieb ausgehende Gerüche wesentlich zu beeinträchtigen.

II. ... (Ordnungsmittel) ◀

Insbesondere, wenn kleinere Grundstücke aufeinandertreffen, und es dem Störer problemlos möglich wäre, die Immissionsquelle zu verlegen, hat die Rechtsprechung allerdings (abweichend von dem Grundsatz, dass es Sache des Störers ist, zu entscheiden, wie er die Störung künftig unterbinden will) auch eine Klage für begründet befunden, die unmittelbar auf Beseitigung der Störungsquelle gerichtet war (Komposthaufen an der Grundstücksgrenze, vgl LG München I, NJW-RR 1988, 205; LG Hildesheim, RdL 1991, 36). Der Kläger könnte hier beantragen:

▶ I. Der Beklagte wird verurteilt, den an der Grenze der Grundstücke ... und ... belegenen Komposthaufen zu entfernen.

II. ... (Prozessanträge) ◀

Die **Vollstreckung** dieses Urteils erfolgt gem. § 887 ZPO.

(b) **Rauch, Ruß.** Für bauliche und gewerbliche Anlagen sowie Anlagen der Daseinsvorsorge sind die Anforderungen in der **TA Luft** sowie der **Kleinfeuerungsanlagenverordnung** normiert. Werden deren Vorgaben eingehalten, liegt in der Regel nur eine unwesentliche Beeinträchtigung vor. Hinsichtlich offener Feuer in Gartenanlagen (Verbrennen von Abfällen, Grill) gilt, dass diese nur zulässig sind, wenn hierdurch keine wesentlichen Beeinträchtigungen für die Nachbarn ausgelöst werden (Rauch und Gerüche dringen konzentriert in Wohn- und Schlafräume der Nachbarn, übermäßige Rauchentwicklung). Der Kläger könnte hier beantragen: 5

▶ I. Der Beklagte wird verurteilt, es zu unterlassen, das Eigentum des Klägers durch Rauch und Gerüche, die mit dem Grillen verbunden sind, wesentlich zu beeinträchtigen, insbesondere wird ihm untersagt, öfter als 3 mal pro Woche im Freien zu grillen sowie den Grill in Windrichtung auf das Schlafzimmer des Klägers zu betreiben.

II. ... (Ordnungsmittel) ◀

Hinsichtlich des **Verbrennens von Gartenabfällen** kann ebenfalls mit dem Ziel geklagt werden, dass dieses nur an einer beschränkten Zahl von Tagen im Jahr zulässig ist (ein oder maximal 2 mal), ggf eine Abstimmung der Nachbarn zu erfolgen hat und dass dieses nur unter günstigen Witterungsverhältnissen (kein Regen, weitgehend windstill) erfolgen darf.

(c) **Erschütterungen.** In der Praxis spielen Erschütterungen aufgrund von Bauarbeiten die größte Rolle. Hier werden Grenzwerte durch **DIN 4150** normiert. Erschütterungen sind aber auch dann wesentlich, wenn sie die Grenzwerte der DIN 4150 nicht erreichen, jedoch zu Schäden an baulichen Anlagen auf einem der Nachbargrundstücke führen. Der Kläger könnte daher beantragen (vgl BGH NJW 1999, 1029): 6

▶ I. Der Beklagte wird verurteilt, Sprengungen/Rammarbeiten auf dem Grundstück ▪▪▪ zu unterlassen, die nach Art und/oder Ausmaß geeignet sind, Gefahren und erhebliche Nachteile für das Grundstück ▪▪▪ (Kläger), herbeizuführen, insbesondere zur Bildung von Rissen im Mauerwerk des auf diesem Grundstück errichteten, etwa 450 Jahre alten Hauses führen können.
II. ▪▪▪ (Ordnungsmittel) ◀

7 (d) **Lärm.** Hinsichtlich der Einwirkungen durch Lärm gibt es eine Fülle von Verwaltungsvorschriften, Verordnungen und technischen Empfehlungen. Die wichtigsten sind die **TA Lärm** sowie die **VDI-Richtlinie 2058**. Werden die in diesen Vorschriften empfohlenen Grenzwerte überschritten, ist das ein gewichtiges Indiz dafür, dass die Lärmeinwirkung nicht nur unwesentlich ist. Liegen keine besonderen Umstände vor, dass auch eine Geräuschimmissionsbelastung, die diese Grenzwerte nicht übersteigt, wesentlich ist, sollte auf Unterlassung von Immissionen, die diese Grenzwerte übersteigen geklagt werden. Eine **wesentliche Beeinträchtigung** kann aber auch vorliegen, wenn die Einwirkungen die empfohlenen Grenzwerte nicht überschreiten, jedoch aufgrund der örtlichen Gegebenheiten, ihrer Art nach (Frequenz, impulsartige Geräusche) oder aus anderen Gründen als belastend empfunden werden. Maßgebend ist insoweit das Empfinden eines normalen Durchschnittsmenschen (OLG Karlsruhe, NJW-RR 1989, 1179). Die Rechtsprechung lässt zwar auch hinsichtlich der Immissionen durch Geräusche einen am Wortlaut des Gesetzes orientierten Klageantrag (gerichtet auf Unterlassen von Immissionen, die nicht nur unwesentlich sind) zu (BGH, NJW 1999, 356). Im Interesse einer **leichten und effektiven Vollstreckung** sollte allerdings in diesen Fällen der Klageantrag die Voraussetzungen benennen, die erfüllt sein müssen, damit eine an sich unwesentliche Beeinträchtigung die **Wesentlichkeitsschwelle** überspringt. Dies kann dadurch geschehen, dass geregelt wird, dass bestimmte Immissionen eine **Gesamtdauer pro Tag nicht übersteigen** dürfen. Weiterhin können auch bestimmte Zeiten als Ruhezeiten festgelegt werden, in denen entsprechende Immissionen überhaupt unzulässig sind. Geht es um **Immissionen durch Hundegebell** könnte zB der Klageantrag lauten (vgl OLG Hamm, NJW-RR 1990, 335):

▶ I. Der Beklagte wird verurteilt, es zu unterlassen, die Nutzung des Grundstücks ▪▪▪ des Klägers durch Hundegebell, das von seinem Grundstück ▪▪▪ ausgeht, zu beeinträchtigen, soweit das Hundegebell nachfolgende zeitliche Grenzen verletzt:
1. ununterbrochene Dauer bis max. 10 min,
2. Gesamtdauer täglich bis max. 30 min,
3. zulässige Zeitspanne für o.g. Geräuschimmissionen: 8–13 Uhr und 15–19 Uhr
II. ▪▪▪ (Ordnungsmittel) ◀

Entsprechend könnte hinsichtlich der **Immissionen durch Hausmusik** wie folgend beantragt werden (vgl OLG Karlsruhe NJW-RR 1989, 1179; klare, objektiv nachvollziehbare Feststellungen sind auch nach BVerfG, NJW 2010, 754 erforderlich):

▶ I. Der Beklagte wird verurteilt, es zu unterlassen, außerhalb der nachfolgend genannten zeitlichen Grenzen durch Geräuschimmissionen, die durch Hausmusik auf seinem Grundstück ▪▪▪ verursacht werden, die Nutzung des Grundstücks des Klägers ▪▪▪ zu beeinträchtigen:
1. generell in der Zeit von 22:00 bis 8:00 Uhr und 13:00 bis 15:00 Uhr,
2. darüberhinaus sind Geräuschimmissionen aufgrund des Spielens eines Saxophons und einer Klarinette nur zulässig werktags bis zur Gesamtdauer von 2 Stunden und sonn- und feiertags bis zur Gesamtdauer von 1 Stunde.
II. ▪▪▪(Ordnungsmittel) ◀

Hat der Kläger – zulässigerweise – auf Unterlassung von wesentlichen Lärmimmissionen geklagt, kann der Beklagte eine Konkretisierung und uU auch mangels Wiederholungsgefahr Abweisung der Klage erreichen, indem er im Wege der Widerklage Klage auf Duldung bestimmter Immissionen (zB zu bestimmten Tageszeiten und in begrenztem Umfang) erhebt und gleichzeitig (wenn die tatsächlichen Voraussetzungen vorliegen) vorträgt und beweist, dass er auch in der Vergangenheit keine Immissionen verursacht hat, die diese Schwelle überschritten haben (vgl hierzu BGH NJW 1990, 2465).

(e) **Befall mit Nadeln, Blättern, Zweigen, Zapfen, Blüten und Ähnliches mehr.** 8

Bei von Bäumen verursachten Immissionen ist es eine Frage des Einzelfalls, ob diese die Schwelle der Wesentlichkeit überschreiten. Dies wird insbesondere dann angenommen, wenn diese Immissionen zu **Schäden am Eigentum des Nachbarn** führen, zB dadurch dass die Dachrinne und sonstige Wasserabläufe verstopfen (BGH NJW 2004, 1037). Es stellt insoweit auch ein gewichtiges Indiz dar, wenn der Bewuchs die landesrechtlich hierfür vorgesehenen Abstandsflächen nicht einhält (BGH, aaO). In diesen Fällen kommt grundsätzlich nur ein Anspruch auf Kürzung oder Entfernung der emittierenden Pflanzen in Betracht. Der Kläger könnte daher unmittelbar auf **Vornahme der Handlung** klagen wie folgt:

▶ I. Der Beklagte wird verurteilt, den Lindenbaum zu entfernen, der sich etwa 4,5 m von der Südwestecke des Grundstücks des Klägers in nordöstlicher Richtung und etwa 30 cm von der gemeinsamen Grenze der Grundstücke des Klägers, ... (Grundstücksbezeichnung durch Hausnr. und Grundbuchstelle) und des Beklagten (Grundstücksbezeichnung durch Hausnummer und Grundbuchstelle) auf dem Grundstück des Beklagten befindet.

II. ... (Prozessanträge) ◀

Der Androhung von Ordnungsmitteln bedarf es nicht, da der Anspruch auf Beseitigung des Baumes gem. § 897 ZPO zu vollstrecken ist.

(f) **Bienen.** In Wohngebieten ist von der Rechtsprechung ein Anspruch auf Beseitigung von Bienenstöcken gebilligt worden, die in unmittelbarer Grenznähe errichtet wurden (LG Amberg, NJW-RR 1988, 1359; OLG Bamberg, NJW-RR 1992, 406). 9

(g) **Elektromagnetische Wellen (insbesondere Immissionen aufgrund von Mobilfunkanlagen).** 10
Hier kann mit Erfolg nur darauf geklagt werden, dass der Betreiber der Mobilfunkanlage es zu unterlassen hat, die Mobilfunkanlage so zu betreiben, dass die Grenzwerte der 26. BImSchV überschritten werden. Die Einhaltung dieser Grenzwerte hat Indizwirkung dafür, dass lediglich eine unwesentliche Beeinträchtigung auf dem Grundstück des von den Immissionen Betroffenen vorliegt (BGH NJW 2004, 1317). Die Indizwirkung erschütternde Umstände, dass gleichwohl eine wesentliche Beeinträchtigung vorliegt, hat der von den Immissionen Betroffene vorzutragen. Ein Bedürfnis für einen unbestimmten Klageantrag auf Unterlassung wesentlicher Beeinträchtigungen besteht daher nur dann, wenn der Kläger Indizien vortragen kann, die dafür sprechen, dass im Einzelfall trotz Einhaltung der Grenzwerte der 26. BImSchV gleichwohl wesentliche Beeinträchtigungen von den elektromagnetischen Wellen ausgehen könnten (zB aufgrund einer besonderen Nutzung des Grundstücks des Betroffenen).

(h) **Videoüberwachung.** Im Fall der Videoüberwachung durch den Nachbarn ist danach zu differenzieren, ob sich diese ausschließlich auf das eigene Grundstück des Nachbarn beschränkt, (auch) den öffentlichen Bereich (zB öffentlichen Gehweg) umfasst oder aber auf das Grundstück des Klägers gerichtet ist. Während die Überwachung des eigenen Grundstücks grundsätzlich zulässig ist, ist eine gezielte Überwachung öffentlicher Wege, die auf eine Kontrolle der Passanten abzielt, grundsätzlich unzulässig. Erst recht gilt dies für die Überwachung des Nachbargrundstücks(vgl BGH NJW 1995, 1955; s. auch *Horst*, Videoüberwachungskameras im Nachbarrecht, NJW 2009, 1787). Der Kläger könnte beantragen: 11

▶ I. Der Beklagte wird verurteilt, es zu unterlassen, das Grundstück des Klägers einschließlich des Zugangs zu diesem durch den Einsatz technischer Mittel zu überwachen, sowie Bilder des Klägers und von ihm ermächtigten Personen sowie Besuchern auf dem Grundstück des Klägers sowie auf dem öffentlichen Zugang zum Grundstück des Klägers aufzuzeichnen.

II. ... (Ordnungsmittel) ◀

12 [3] Hinsichtlich der **Bezeichnung von Grundstücken** s. § 904 Rn 4.

13 [4] **Handlungs- und Zustandsstörer.** § 906 enthält eine **Duldungspflicht** iS des § 1004 Abs. 2 sowie einen Anspruch auf Duldung der in § 906 genannten Immissionen. Demgegenüber enthält die Vorschrift keine Abwehransprüche. Hinsichtlich des Unterlassungs-/Beseitigungsanspruchs aus § 1004 Abs. 1 ist jeder **aktivlegitimiert**, der Inhaber eines absoluten, durch § 1004 geschützten Rechts ist (vgl Hk-BGB/*Schulte-Nölke* § 1004 Rn 1). Er hat also die Tatsachen vorzutragen, aufgrund deren vermutet wird, dass ihm ein entsprechendes Recht zusteht, bzw auf die er diesen Rechtserwerb stützt.

14 **Passivlegitimiert** ist, wer durch sein Verhalten die Störung unmittelbar herbeigeführt hat (**Handlungsstörer**) oder einen Zustand geschaffen hat, der ursächlich für die Störung ist (**Zustandsstörer**) (vgl Hk-BGB/*Schulte-Nölke* § 1004 Rn 5). Dementsprechend hat der Kläger ein für die Störung ursächliches Tun oder Unterlassen vorzutragen bzw dass der Beklagte durch ein Tun/Unterlassen einen Zustand herbeigeführt hat, der für die Störung ursächlich ist.

15 Klagt umgekehrt der Emittent auf Duldung, ist sowohl der duldungspflichtige Eigentümer als auch der dinglich oder schuldrechtlich zum Besitz bzw zur Nutzung des belasteten Grundstücks Berechtigte passivlegitimiert (Hk-BGB/*Staudinger* § 906 Rn 14). Hinsichtlich des zuletzt genannten Personenkreises hat der Kläger die Tatsachen darzulegen, auf die sich das abgeleitete Recht zum Besitz bzw zur Nutzung stützt.

16 [5] **Darlegungs- und Beweislast.** Klagt der Eigentümer bzw beschränkt Berechtigte auf Unterlassung bzw Beseitigung, ist dieser darlegungs- und beweisbelastet hinsichtlich der Tatsachen, auf die er seine Rechtsposition stützt, das Vorliegen einer **Beeinträchtigung** (Störung), dass diese Beeinträchtigung auf einer Einwirkung beruht, also auf menschliches Verhalten zurückzuführen ist und die Tatsachen, die die Verantwortlichkeit des Beklagten für die Störung begründen (unmittelbar störendes Tun/Unterlassen, bzw pflichtwidriges Hervorrufen bzw Aufrechterhalten eines Zustandes, der zu einer Störung führt).

17 Der Beklagte ist darlegungs- und beweisbelastet, dass die **Störung unwesentlich** ist oder aber auf einer **ortsüblichen Benutzung** des von ihm genutzten Grundstücks beruht und nicht durch Maßnahmen abgewendet werden kann, die Benutzern dieser Art wirtschaftlich zumutbar sind (BGH NJW 2004, 1317 für Unwesentlichkeit; für Ortsüblichkeit und fehlende Möglichkeit der Abwendung von erheblichen Beeinträchtigungen BGH NJW 1990, 2465).

(a) **Natürliche Vorgänge.** Hinsichtlich der Immissionen aufgrund natürlicher Vorgänge ist folgendes zu beachten:

- Führt menschliches Tun zu Immissionen, liegt offenkundig eine Einwirkung vor, für die der Handelnde als Störer verantwortlich ist. Liegt demgegenüber eine Einwirkung durch Naturkräfte vor, hat der Kläger darzulegen, dass diese auf menschliches Tun oder Unterlassen zurückzuführen sind. Er hat daher darzulegen, dass der Nachbar durch eine Veränderung des emittierenden Grundstücks die **Grundlage für entsprechende Emissionen gelegt** hat [zB Anlage eines Teiches, in dem sich quakende Frösche angesiedelt haben (BGH NJW 1993, 925), eine Anpflanzung von Gehölzen, deren Wurzeln zu Schäden auf dem Nachbargrundstück führen (BGH NJW 1986, 2640 für in die Kanalisation eingedrungene Wurzeln durch hoheitlicher Planung entsprechende Pflanzung einer Kastanienallee), bzw deren Abfall von Laub, Ästen, Nadeln und Zapfen zu wesentlichen Beeinträchtigungen führt (BGH NJW 2004, 1037)] oder aber das Grundstück in einer Weise bewirtschaftet, die zu entsprechenden Emissionen führt.
- Er hat in diesen Fällen weiter darzulegen, dass die **Veränderung** des Grundstücks bzw die Bewirtschaftung des Grundstücks den **Grundsätzen ordnungsgemäßer Bewirtschaftung widerspricht** (BGH NJW 2004, 1037); denn die bloße Eigentümerstellung begründet nicht die Verantwortlichkeit als Störer. Die Einwirkung muss zumindest mittelbar auf den Willen des Eigentümers zurückgehen. Weiterhin müssen im Fall des Unterlassens die Voraussetzungen

einer **Garantenstellung** dargelegt werden (BGH NJW 1995, 2633 „Wollläuse"; BGH NJW 1991, 2770 „Abfluss von Niederschlagswasser auf das tiefer liegende Grundstück" und BGH NJW 1984, 2207 „Abfluss von mit Pflanzenschutzmitteln kontaminiertem Niederschlagswasser"; hier wurde an die Kontaminierung des Wassers als Voraussetzung der Einwirkung angeknüpft).

- Schließlich hat der Kläger die **Kausalität** des Verstoßes gegen die Grundsätze ordnungsgemäßer Bewirtschaftung für die Immissionen auf seinem Grundstück darzulegen und zu beweisen.

(b) **Ähnliche Einwirkungen.** Klagt der Eigentümer oder beschränkt Berechtigte auf Unterlassung von ähnlichen Einwirkungen, die im Beispielskatalog des § 906 Abs. 1 nicht im einzelnen genannt sind, hat er darzulegen, dass auch bei diesen Einwirkungen die Charakteristika der in den Beispielsfällen genannten Einwirkungen erfüllt sind: 18

- die Einwirkungen sind hinsichtlich der Ausbreitung weithin unkontrollierbar und unbeherrschbar,
- sie schwanken in ihrer Intensität.

Keine ähnlichen Einwirkungen sind grundsätzlich **negative Immissionen**. Hierunter versteht man Änderungen des störenden Grundstücks, die dazu führen, dass dem beeinträchtigten Grundstück Licht, Luft, Wasser, Funkwellen, Aussicht oä entzogen werden. Diese Veränderungen sind nicht gem. § 1004 abwehrfähig, bei unzumutbaren Beeinträchtigungen kann sich allerdings ein Abwehranspruch aus dem nachbarrechtlichen Gemeinschaftsverhältnis ergeben (BGH NJW 1992, 2569 [2570]). 19

Weiterhin sind auch keine ähnlichen Einwirkungen **ideelle Einwirkungen** (BGH NJW 1985, 2823 „Bordell"). Hierbei handelt es sich um Einwirkungen, die das moralische oder ästhetische Empfinden des Nachbarn verletzen können. Diese Einwirkungen sind nur abwehrbar, wenn sie gegen das Gebot der gegenseitigen Rücksichtnahme aus dem nachbarrechtlichen Gemeinschaftsverhältnis verstoßen, oder wenn sie sonstige absolut geschützte Rechte der Nachbarn verletzen (Gesundheit, allgemeines Persönlichkeitsrecht). 20

(c) **Wesentlichkeit von Immissionen.** Hinsichtlich der Wesentlichkeit von Immissionen ist auf folgende Gesichtspunkte hinzuweisen: Die **Darlegungs- und Beweislast**, dass eine Immission unwesentlich ist, trägt der **Störer** (BGH NJW 2004, 1037; BGH NJW 2004, 1317). Er hat daher umfassend dazu vorzutragen, dass die Immissionen einem verständigen Durchschnittsmenschen unter Würdigung anderer öffentlicher und privater Belange zuzumuten sind (BGH NJW 2001, 3119). Hierbei sind die Auswirkungen auf das Grundstück in seiner konkreten Beschaffenheit zu bewerten. Es hat außer Betracht zu bleiben, ob es dem Eigentümer des beeinträchtigten Grundstücks möglich wäre, sich gegen die Immissionen (ggf auch mit relativ einfachen Mitteln zu) zu schützen (BGH NJW 1997, 2234 „Tennisplätze"). Wendet sich der Kläger gegen den Abfall von Nadeln, Zweigen und Zapfen von auf dem Grundstück des Beklagten stehenden Bäumen, könnte dieser zB **erwidern** wie folgt: 21

▶ Die Immissionen sind nicht wesentlich. Ein verständiger Durchschnittsmensch an der Stelle des Klägers würde diese hinnehmen. Bereits als der Kläger das Grundstück erworben hat- das zum damaligen Zeitpunkt noch nicht bebaut war- war das Gebiet in dem Viertel ... durch einen zT über 100 Jahre alten Baumbestand in den großen, zu den Villen gehörenden Gärten geprägt. Sämtliche Eigentümer haben den Abwurf dieser Bäume regelmäßig im Frühjahr und Herbst entfernt.

Beweis:

- Zeuge NN
- Lichtbildmappe mit historischen Aufnahmen, vorgelegt als Anlage B 1

Von den Bäumen auf dem Grundstück des Beklagten gehen auch keine unzumutbaren Immissionen aus. Es handelt sich um zwei Zedern mit einer Höhe von bis zu 30 m. Diese stehen etwa 15 m von der Grundstücksgrenze zum Grundstück des Klägers entfernt. Die Zweige dieser Zedern ragen nicht über die Grundstücksgrenze. Zu von diesen Bäumen ausgehenden Immissionen auf das Grundstück des Klägers kann es daher nur kommen, wenn der Wind Nadeln, Zapfen und Zweige auf das Grundstück des Klägers trägt. Da sich das Grundstück des Klägers vom Grundstück des Beklagten aus gesehen in südöstlicher Richtung befindet, ist dies nur an wenigen Tagen im Jahr der Fall.

Beweis:
- meteorologisches Sachverständigengutachten
- Augenschein

Die Zedern führen auch zu keiner Beeinträchtigung des Eigentums des Klägers, die physisch feststellbar wäre. Es ist nicht so, dass es vordringlich von den Zedern abfallende Nadeln und Zapfen wären, die zu einer Verstopfung der Dachrinne des Klägers und zu Eintrag in dessen im Garten aufgestellten Swimmingpool führen würden. Vielmehr befindet sich auf dem Grundstück des Klägers in westlicher Richtung vom Wohnhaus aus gesehen eine ca. 30 m hohe Lärche.

Beweis: Augenschein

Um Verstopfungen seiner Dachrinne zu verhindern, ist der Kläger ohnehin gehalten, in den Herbstmonaten seine Dachrinne vom Eintrag der Nadeln dieses Baumes zu säubern. Vereinzelte Zapfen und Nadeln der Zeder, die hierbei mit zu entfernen sind, spielen demgegenüber nur eine untergeordnete Rolle.

Beweis: Sachverständigengutachten

Tatsächlich dürfte der tragende Grund für die Klage sein, dass die Ehefrau des Klägers sich in den Sommermonaten dadurch gestört fühlt, dass auf den Rasen des Klägers von der Zeder eine gewisse beschattende Wirkung ausgeht. Dies ist jedoch von einem verständigen Durchschnittsmenschen, der ein Grundstück in entsprechender Lage erwirbt, hinzunehmen.

Lediglich ergänzend ist darauf hinzuweisen, dass auch Gesichtspunkte der Ästhetik und des Naturschutzes dafür sprechen, dass die Zeder zu erhalten ist. Sie prägt das Bild des Villenviertels seit vielen Jahren durch ihre markante Krone. Darüber hinaus ist die Zeder auch Lebensraum vieler Vögel und Kleinstlebewesen.

Beweis: Sachverständigengutachten

■■■ ◄

22 Gibt es für die im Streit stehenden Immissionen **Grenzwerte**, die in Gesetzen, Rechtsverordnungen oder allgemeinen Verwaltungsvorschriften, die nach § 48 BImSchG erlassen wurden, niedergelegt sind, ist die Darlegungs- und Beweislast für den Störer erleichtert. Er hat darzulegen und zu beweisen, dass die von seinem Grundstück ausgehenden Immissionen die in diesen Vorschriften niedergelegten Grenzwerte nicht überschreiten; denn die Einhaltung der Grenzwerte hat **Indizwirkung** dafür, dafür, dass die Beeinträchtigung unwesentlich ist (BGH NJW 2004, 1317). Es ist dann Sache des Klägers, Umstände darzulegen und zu beweisen, die die Indizwirkung erschüttern (BGH, aaO). Gelingt ihm dies, ist es Sache des Störers, darzulegen und zu beweisen, dass die Beeinträchtigung gleichwohl unwesentlich ist. Im Fall von **Lärmimmissionen** reicht es daher zunächst aus, wenn der Störer darlegt und nachweist, dass die für das Grundstück des Klägers maßgeblichen Grenzwerte zum Zeitpunkt des Schlusses der mündlichen Verhandlung durch die Geräuschimmissionen nicht überschritten werden (zB 60 dB (A) in einem Mischgebiet). Es ist dann Sache des Klägers Umstände darzulegen, dass die Geräusche gleichwohl eine wesentliche Beeinträchtigung darstellen (zB aufgrund ihrer Eigenart wie dies bei impulshaften Geräuschen der Fall ist, ihrer Dauer, der Zeiten, in denen diese verursacht werden, Assoziationen und Gefühle, die durch diese hervorgerufen werden und Ähnliches mehr, vgl zB BGH NJW 2001, 319 „Hammerschmiede"). Gelingt ihm dies, so hat der Beklagte darzulegen und zu beweisen, dass die Geräusche trotzdem nur eine unwesentliche Beeinträchtigung darstellen (zB weil sie ein verständiger Durchschnittsmensch innerhalb der kurzen Zeiten, in

denen sie auftreten, problemlos tolerieren könnte, wie dies zB bei der Ausübung von Hausmusik oder vereinzelten Freizeitveranstaltungen der Fall sein kann).

(d) **Ortsübliche Nutzung.** Sind die Immissionen wesentlich, sind sie gleichwohl zu dulden, wenn sie durch eine ortsübliche Nutzung des störenden Grundstücks herbeigeführt werden und nicht durch Maßnahmen verhindert werden können, die entsprechenden Nutzern des störenden Grundstücks wirtschaftlich zumutbar sind(§ 906 Abs. 2 S. 1). Die Darlegungs- und Beweislast für das Vorliegen der tatsächlichen Voraussetzungen dieser Bestimmung trägt der Störer (BGH NJW 1990, 2465). 23

So könnte zB ein Landwirt gegen eine Klage, durch die ihm untersagt werden soll, Gülle auszubringen, **erwidern:**

▶ ... Die Klage ist unbegründet. Der Kläger hat es gem. § 906 Abs. 2 S. 1 BGB zu dulden, dass der Kläger dreimal im Jahr, und zwar im Frühjahr zu Beginn der Wachstumsperiode, im Sommer nach dem ersten Schnitt von Silage und im Herbst kurz vor Beendigung der Vegetationsperiode Gülle auf seine Wiesen ausbringt.

Es liegt insoweit eine ortsübliche Nutzung seines Grundstücks vor. Die Grundstücke in der Gemeinde ... sind dadurch geprägt, dass sie im Außenbereich bis an die Grenzen der Wohnbebauung landwirtschaftlich genutzt sind. Hierbei überwiegt im Bereich der Gemeinde ... Milchviehhaltung mit entsprechender Grünlandwirtschaft.

Beweis:

- Bescheinigung des Amtes für ländliche Entwicklung, vorgelegt als Anlage B 1
- Augenschein

Zu einer ordnungsgemäßen Bewirtschaftung dieser Flächen gehört es, dass diese zumindest dreimal pro Jahr nach dem Schnitt von Gras mit in der Landwirtschaft anfallender Gülle gedüngt werden.

Beweis:

- Auskunft des Amtes für ländliche Entwicklung, bereits vorgelegt als Anlage B 1
- Sachverständigengutachten

Dementsprechend werden auch durch die weiteren landwirtschaftlichen Betriebe, die Flächen in der Gemeinde ... bewirtschaften, diese mindestens dreimal pro Jahr mit Gülle gedüngt.

Beweis:

- Zeuge NN
- Auskunft des Amtes für ländliche Entwicklung, vorgelegt als Anlage B 1

Eine Begrenzung der Immissionen durch wirtschaftlich zumutbare Maßnahmen besteht nicht. Der Beklagte bringt die Gülle ohnehin nur aus, wenn aufgrund der Wetterlage alsbald mit Niederschlägen zu rechnen ist, damit die Immissionen durch Verdunstung gering gehalten werden, und die Gülle alsbald in den Boden gelangt und dort von der Vegetation aufgenommen wird.

Beweis: Zeuge NN

Ein alsbaldiges Unterackern ist mit der Nutzung der Flächen als Grünland nicht vereinbar.

Beweis: Sachverständigengutachten

Der Verzicht auf Düngung mit Gülle wäre zum einen unwirtschaftlich, da dann die Gülle als Abfall entsorgt werden müsste und im Gegenzug synthetische Dungstoffe ausgebracht werden müssten, um einen angemessenen Ertrag zu sichern, zum anderen aber auch aus ökologischen Gründen und Gesichtspunkten des Grundwasserschutzes nicht zu verantworten.

Beweis: Sachverständigengutachten

... ◀

[6] **Bestimmung des prägenden Gebietes.** Das Muster geht von dem Regelfall aus, dass hinsichtlich der Grundstücke, deren Nutzung als ortsüblich und prägend im Raum steht, auf das 24

Gemeindegebiet abzustellen ist. Dies muss aber nicht so sein. Vielmehr kann auch auf ein größeres Gebiet abzustellen sein (zB bei Großanlagen wie Flughäfen, deren Emissionen mehrere Gemeinden betreffen (vgl BGH NJW 1977, 1917), es kann aber auch im Einzelfall so sein, dass die Nutzung nur eines Grundstücks als für die Umgebung prägend anzusehen ist (Festplatz, stark emittierender Gewerbebetrieb, BGH NJW 1990, 2465). Eine Begrenzung auf einzelne Teile einer Gemeinde kommt insbesondere in Betracht, wenn diese durch einheitliche Nutzung ein einheitliches Gepräge aufweisen (zB reine Wohngebiete iS der BauNVO, gewachsene Villenviertel, reine Gewerbegebiete). Darlegungs- und beweisbelastet für eine abweichende Grenzziehung hinsichtlich der Grundstücke, die in die Beurteilung, welche Nutzung ortsüblich ist, einzubeziehen sind, ist derjenige, der sich hierauf beruft.

– Maßgeblich für die Frage der **Ortsüblichkeit** ist nicht eine einzelne Nutzung ihrer Art nach (zB landwirtschaftliche Nutzung, gärtnerische Nutzung). Vielmehr ist die **konkrete, Immissionen verursachende Nutzung** zu beschreiben (im Beispielsfall: landwirtschaftliche Nutzung als Grünland mit regelmäßiger Düngung durch Gülle, vgl BGH NJW 1992, 1389).
  Insoweit ist allerdings nicht die Art der Nutzung entscheidend. Lediglich die Immissionen müssen nach **Art und Ausmaß** ortsüblich sein.
  So ist es zB nicht erheblich, ob Lärmimmissionen auf dem Betrieb einer Schule, eines Kindergartens eines Sportgeländes oder eines Gewerbebetriebes beruhen, solange sie nur nach Art und Umfang gleichartig sind. Bei Lärmimmissionen ist grundsätzlich zusätzlich der Aufwand, der durch Schallschutzmaßnahmen entstehen würde, in der Klageerwiderung darzustellen.
– Eine Erleichterung hinsichtlich der Darlegungs- und Beweislast besteht für den Störer, wenn das Gebiet einem **öffentlich rechtlich definierten Gebietstyp** entspricht; denn dann spricht ein Indiz dafür, dass Grundstücke, die in diesem Gebiet belegen sind, auch entsprechenden Emissionen ausgesetzt sind (BGH NJW 1983, 751). Es ist dann Sache des Klägers darzulegen, dass auch wenn die für dieses Gebiet geltenden Grenzwerte eingehalten sind, gleichwohl keine ortsübliche Nutzung vorliegt, bspw aufgrund der Art der vom störenden Grundstück ausgehenden Lärmimmissionen (impulsartige Geräusche eines Tennisplatzes, BGH NJW 1983, 751). Ist der Indizienbeweis auf diese Weise erschüttert, ist es sodann Sache des Beklagten, nachzuweisen, dass die Beeinträchtigung gleichwohl ortsüblich ist, bspw, weil es weitere Emittenten vergleichbarer impulsartiger Geräusche zu entsprechenden Zeiten gibt.

25 [7] **Gütestelle.** Die Erhebung der Klage ist bei Streitigkeiten über Rechte aus § 906 erst zulässig, wenn zuvor eine Gütestelle mit dem Ziel der außergerichtlichen Einigung angerufen worden ist (§ 15 a Abs. 1 Nr. 2 EGZPO).

B. Ausgleichsanspruch

26 I. Muster: Ausgleichsanspruch gem. § 906 Abs. 2 S. 2; (vgl OLG Karlsruhe NJW 1983, 2886)

714

▶ An das

Amtsgericht/Landgericht ...[1]

Klage

In dem Rechtsstreit

...

– Kläger –

... Prozessbevollmächtigter

gegen

...

– Beklagter –

zeige ich die Vertretung des Klägers an. Namens und in Vollmacht des Klägers erhebe ich Klage und werde beantragen:

I. Der Beklagte wird verurteilt, an den Kläger jährlich jeweils im Voraus 150,00 EUR zu zahlen

II. ■■■(Prozessanträge)

Gründe

I.

Der Kläger ist Eigentümer des Grundstücks ■■■ vorgetragen im Grundbuch des AG ■■■ von ■■■ Band ■■■ Blatt ■■■[2]; 3

Beweis: Grundbuchauszug, vorgelegt als Anlage K 1

Der Beklagte ist Eigentümer des Grundstücks ■■■ vorgetragen im Grundbuch des AG ■■■ von Band ■■■ Blatt ■■■

Beweis: Grundbuchauszug, vorgelegt als Anlage K 2

Beide Grundstücke grenzen aneinander an.

Das Gebiet in dem sich die Grundstücke befinden, ist durch eine lockere Wohnbebauung gekennzeichnet. Die Grundstücke sind mit Obstbäumen, aber auch diversen wilden Baumarten bepflanzt.

Beweis unter Verwahrung gegen die Beweislast: Augenschein

Entlang der Grundstücksgrenze stehen auf dem Grundstück des Beklagten 5 Birken sowie eine Kiefer. Laub, Blütenstaub, Zweige, Nadeln und Zapfen, die von diesen Bäumen abfallen, gelangen auf den Rasen, den Vorplatz vor der Garage, aber auch auf das Dach und in die Dachrinne der Garage sowie die Dachrinne des Klägers.

Beweis:
- Augenschein
- Sachverständigengutachten

Um den Rasen zu schonen, den Vorplatz der Garage verkehrssicher zu erhalten, aber auch um die Dachabläufe des Hausdaches und des Garagendaches vor Verstopfung zu schützen, muss di Kläger mindestens zwei Mal im Jahr die entsprechenden Flächen von dem Abwurf der Bäume des Beklagten reinigen.

Beweis:
- Zeuge NN
- Sachverständigengutachten

Insgesamt hat der Kläger Reinigungsarbeiten in einem Umfang von 40 Stunden jährlich zu erledigen.

Beweis:
- Zeuge NN
- Sachverständigengutachten

Würden die Bäume auf dem Grundstück nicht derart stark Laub, Nadeln, Zweige, Zapfen und Blütenstaub auf das Grundstück des Klägers werfen, könnte dieser mit einem Aufwand von ca. 10 Stunden jährlich, der auch die Beseitigung unwesentlicher Immissionen aufgrund des Baumbestandes auf dem Grundstück des Beklagten umfasst, sein Grundstück in einem ordnungsgemäßen Zustand erhalten.

Beweis:
- Sachverständigengutachten
- Zeuge NN

Der Betrag von 150,00 EUR für 30 Stunden Gartenarbeit ist eher im untersten Bereich der üblichen Vergütung für solche Arbeiten angesetzt.[4]

Beweis: Sachverständigengutachten

Der Kläger hat den Beklagten mit Schreiben vom ■■■ aufgefordert, sich an den Reinigungskosten angemessen zu beteiligen.

Beweis: Schreiben vom ■■■ vorgelegt als Anlage K 3

Dem ist der Beklagte mit dem Argument entgegengetreten, der Abwurf der in Grenznähe stehenden Bäume sei ein natürlicher Vorgang, aber keine Einwirkung gem. § 906 BGB.

Da er an dieser Ansicht festgehalten hat, ist auch das Schlichtungsverfahren gescheitert.

Beweis: Bescheinigung der Gütestelle über das Scheitern eines Einigungsversuches, vorgelegt als Anlage K 4

II.

Dem Kläger steht ein Entschädigungsanspruch gem. § 906 Abs. 2 S. 2 BGB in Höhe der das zumutbare Maß übersteigenden Vermögenseinbuße zu.

Der Kläger ist Eigentümer des Grundstücks ■■■

Die Nutzung dieses Grundstücks wird durch Immissionen aufgrund des Baumbestandes, den der Beklagte auf dem benachbarten Grundstück ■■■ unterhält, beeinträchtigt.

Die Immissionen durch den Baumbestand stellen Einwirkungen gem. § 906 Abs. 1 BGB dar. Die Bäume entlang der Grenze wurden durch den Rechtsvorgänger des Beklagten gepflanzt und sie werden durch den Beklagten unterhalten. Der Beklagte hat es in der Hand, die Bäume zu nutzen und ggf auch zu beseitigen. Schließlich verstößt es auch gegen das Gebot der nachbarschaftlichen Rücksichtnahme, derart viele und stark emittierende Bäume entlang der Grundstücksgrenze zu unterhalten (vgl zu den Voraussetzungen, unter denen der Abwurf von Bäumen als Einwirkung anzusehen ist, zuletzt zusammenfassend BGH NJW 2004, 1037).

Die Einwirkungen sind wesentlich. Würde der Kläger den Abwurf der grenznahen Bäume des Beklagten nicht ständig und regelmäßig beseitigen, würde der Rasen vermoosen und würde es zur Verstopfung der Dachabläufe an Garage und Haus kommen. IÜ trägt der Beklagte die Darlegungs- und Beweislast, sollte er meinen, die Einwirkungen übersteigen die Wesentlichkeitsschwelle nicht.

Die Einwirkungen sind allerdings zu dulden, da sie ortsüblich sind. Die meisten Grundstücke im Stadtviertel ■■■ wo auch die Grundstücke der Parteien liegen, sind mehr oder weniger mit alten Bäumen bewachsen. IÜ trägt der Beklagte die Darlegungs- und Beweislast, sollte er meinen, die Bäume auf seinem Grundstück seien nicht ortsüblich.

Die ortsübliche Nutzung des Grundstücks des Klägers wird durch die von den Bäumen des Beklagten ausgehenden Immissionen beeinträchtigt. Wie die meisten Grundstücke in der Umgebung, ist auch das Grundstück des Klägers mit einem Wohnhaus und einer Garage bebaut. Der Kläger ist gehalten, das Grundstück in weitaus stärkerem Umfang von dem Abwurf der Bäume des Beklagten zu reinigen, als dies ohne diese der Fall wäre. Es fällt praktisch die vierfache Arbeit an. Da ein Reinigungsaufwand von jährlich bis zu 10 Stunden zumutbar erscheint, hat der Beklagte den darüber hinausgehenden Aufwand von 30 Stunden zu entschädigen.[5]

■■■

Rechtsanwalt ◄

II. Erläuterungen und Varianten

27 [1] **Prozessuales.** Da es sich um einen grundstücksbezogenen Anspruch handelt (vgl hierzu BGH NJW 1985, 47) richtet sich die sachliche Zuständigkeit nach § 3 ZPO, 21 Abs. 1 GVG, die örtliche Zuständigkeit nach § 24 ZPO

28 [2] Zur **Bezeichnung des Grundstücks** s. § 904 Rn 4.

29 [3] Der Entschädigungsanspruch gem. § 906 Abs. 2 S. 2 kann nach den meisten landesrechtlichen Vorschriften zu § 15 a Abs. 1 Nr. 2 EGZPO erst nach vorausgegangenem Schlichtungsverfahren geltend gemacht werden.

30 [4] Der Kläger ist **darlegungs- und beweisbelastet** hinsichtlich der Tatsachen, auf die er die Aktivlegitimation stützt (Eigentum bzw Recht zum Besitz hinsichtlich des beeinträchtigten

Grundstücks; Ansprüche wegen Beschädigung sonstiger Rechtsgüter aus Anlass der Benutzung eines Grundstücks reichen insoweit nicht aus, vgl BGH NJW 1985, 47 „Kupolofen") und aus denen sich die Passivlegitimation des Beklagten ergibt (in der Regel die störende Bewirtschaftung eines Grundstücks). Weiterhin ist er darlegungs- und beweisbelastet hinsichtlich folgender Punkte (s. hierzu BGH NJW 1985, 47; BeckOK-BGB/*Fritzsche* § 906 Rn 96, 97):

1. Emissionen durch die Benutzung des störenden Grundstücks,
2. Beeinträchtigung des klägerischen Grundstücks,
3. Kausalität der Emissionen,
4. Ortsüblichkeit der Benutzung des klägerischen Grundstücks,
5. Ertrag der Nutzung des klägerischen Grundstücks,
6. Beeinträchtigung der ortsüblichen Nutzung bzw des Ertrages des klägerischen Grundstücks über das zumutbare Maß hinaus,
7. Höhe des über das zumutbare Maß hinausgehenden Schadens. Hier ist Schadensschätzung gem. § 287 ZPO möglich.

Der **Beklagte** ist hinsichtlich folgender Punkte **darlegungs- und beweisbelastet:**

1. Wesentlichkeit der Beeinträchtigung des klägerischen Grundstücks,
2. Ortsüblichkeit der Nutzung des störenden Grundstücks.

[5] **Unterlassung und Entschädigung (Eventualklagehäufung).** Im Hinblick auf die Beweislastverteilung wird es sich in vielen Fällen empfehlen, hauptsächlich auf Unterlassung der Störung und nur hilfsweise für den Fall, dass die Störung gem. § 906 Abs. 2 S. 1 zu dulden ist, auf Entschädigung zu klagen. Gerade der Musterfall zeigt, dass es auch im Hinblick auf die neue Rechtsprechung hinsichtlich der Frage, ob eine natürliche Einwirkung eine Einwirkung gem. § 906 darstellt, durchaus zweifelhaft sein kann, ob ein Ersatzanspruch besteht; denn dieser kann nur subsidiär für den Fall geltend gemacht werden, dass eine Störung zu dulden ist (Palandt/*Bassenge* § 906 Rn 25). Der Kläger könnte daher im vorliegenden Fall beantragen: 31

▶ I. Der Beklagte wird verurteilt, die fünf Birken sowie die Kiefer, die entlang der Grenze zwischen dem Grundstück des Klägers ▪▪▪ und des Beklagten ▪▪▪ auf dem Grundstück des Beklagten stehen, zu entfernen.
Hilfsweise für den Fall, dass das Gericht zu dem Ergebnis kommen sollte, dass der Kläger die Immissionen durch die in Ziff. 1 genannten Bäume zu dulden hat:
Der Beklagte wird verurteilt, an den Kläger jährlich jeweils im Voraus, jedoch erstmals zum 2.1. ▪▪▪, 150,00 EUR zu zahlen.

II. ▪▪▪ (Prozessanträge) ◀

C. Nachbarrechtlicher Ausgleichsanspruch

I. Muster: Nachbarrechtlicher Ausgleichsanspruch analog § 906 Abs. 2 S. 2 (nach BGH NJW 1999, 2896) 32

▶ An das

Amtsgericht/Landgericht ▪▪▪[1]

Klage[2]

In dem Rechtsstreit

▪▪▪ Kläger

▪▪▪ Prozessbevollmächtigter

gegen

▪▪▪ Beklagter

715

zeige ich die Vertretung des Klägers an. Namens und in Vollmacht des Klägers erhebe ich Klage und werde beantragen:

- Der Beklagte wird verurteilt, an den Kläger 18.500,00 EUR nebst Zinsen iHv 5 %-Punkten ab Rechtshängigkeit zu bezahlen.
- ■■■ (Prozessanträge)

Gründe

I.

Der Kläger ist Eigentümer des Grundstücks ■■■ vorgetragen im Grundbuch des AG ■■■ von ■■■ Band ■■■ Blatt ■■■

Beweis: Grundbuchauszug, vorgelegt als Anlage K 1

Der Beklagte ist Eigentümer des Grundstücks ■■■ vorgetragen im Grundbuch des AG ■■■ von ■■■ Band ■■■ Blatt ■■■

Beweis: Grundbuchauszug, vorgelegt als Anlage K 2

Das Grundstück des Klägers ist mit einem 450 Jahre alten Fachwerkhaus bebaut, das denkmalgeschützt ist. Dieses Haus ist mit einem Reetdach gedeckt.

Beweis: Augenschein

Am ■■■ kam es auf dem benachbarten Grundstück des Beklagten zu einem Brand. Infolgedessen brannte das Einfamilienhaus des Beklagten auf diesem Grundstück bis auf die Grundmauern nieder.

Beweis: Ermittlungsakte der StA ■■■ Az. ■■■ deren Beiziehung beantragt wird.

Brandursache war ein Defekt in der elektrischen Leitung, die den E-Herd des Beklagten mit Strom versorgen sollte.

Beweis: wie vor

Durch den Brand auf dem Grundstück des Beklagten kam es zu einem erheblichen Funkenflug. Die Funken gelangten zum Teil auch auf das Reetdach des Hauses des Klägers und haben dort erhebliche Schäden angerichtet.

Beweis:

- Bildanlage, vorgelegt als Anlage K 3
- Sachverständigengutachten
- Stellungnahme des Dachdeckermeisters M, vorgelegt als Anlage K 4
- Vernehmung des M als Zeuge

Um das Dach instand zu setzen, ist ein Aufwand von 18.500,00 EUR erforderlich.

Beweis:

- Kostenvoranschlag des Dachdeckermeisters M
- Sachverständigengutachten[3]

II.

Dem Kläger steht ein Anspruch auf Entschädigung analog § 906 Abs. 2 S. 2 BGB[4], [5] zu, auch wenn den Beklagten an dem Brandereignis vom ■■■ kein Verschulden treffen sollte.

Der Kläger ist als Eigentümer des beeinträchtigten Grundstücks aktivlegitimiert.

Der Beklagte ist als Nutzer des störenden Grundstücks passivlegitimiert.

Bei dem von seinem Grundstück aufgrund des Brandereignisses ausgehenden Funkenflug handelt es sich um eine Einwirkung gem. § 906 Abs. 1 BGB. Dieser ist den in § 906 Abs. 1 BGB genannten Einwirkungen ähnlich. Es handelt sich um Emissionen, die hinsichtlich ihrer Ausbreitung schwer kontrollierbar sind und benachbarte Grundstücke in ganz unterschiedlichem Umfang beeinträchtigen können.

Es liegt eine Einwirkung gem. § 906 Abs. 1 BGB vor. Maßgeblich ist, ob es Sachgründe dafür gibt, dem Eigentümer oder Nutzer des Grundstücks, von dem die Beeinträchtigungen ausgehen, die Verantwortung hierfür aufzuerlegen (BGH NJW 1999, 2896). Dies ist vorliegend der Fall, da sowohl die Installation der Elektroleitungen als auch die Brandbekämpfung allein in dessen Verantwortungsbereich fallen. Hierdurch unterscheidet sich der vorliegende Fall von durch niemand zu verantwortenden Ereignissen, die zu einem Brandschaden führen, wie etwa einem Blitzschlag.

Die Einwirkung war auch weder ortsüblich noch unwesentlich, da sie zu einem physischen Schaden des Eigentums des Klägers geführt hat (vgl zu diesem Kriterium BGH NJW 2004, 1037). Dem Kläger stand daher grundsätzlich ein Anspruch auf Unterlassung des Funkenfluges zu.

Der Kläger war aber aus tatsächlichen Gründen gehindert, diesen Unterlassungsanspruch geltend zu machen. Aufgrund der Kürze des Brandgeschehens konnte er nicht um Rechtsschutz nachsuchen.

Der Beklagte schuldet Ersatz des durch den Funkenflug verursachten Schadens in voller Höhe. Anders als in Fällen des Rückganges von Gewinnen oder der Beeinträchtigung der Nutzung durch entschädigungspflichtige Beeinträchtigungen gem. § 906 Abs. 2 S. 2 BGB beschränkt sich der Anspruch auf Ersatz wegen Substanzschäden nicht auf einen über der Zumutbarkeitsgrenze liegenden Betrag (BGH NJW 1999, 2897).[6]

Der Anspruch auf die geltend gemachten Zinsen folgt aus § 291 BGB.

■■■

Rechtsanwalt ◄

II. Erläuterungen

[1] Die **Zuständigkeit** folgt §§ 3 ZPO, 21 Abs. 1 GVG, 24 ZPO. 33

[2] **Gütestelle.** Für die Geltendmachung des nachbarrechtlichen Ausgleichsanspruchs analog § 906 Abs. 2 S. 2 bedarf es nicht der Durchführung des Verfahrens vor der Gütestelle (§ 15 a Abs. 1 Nr. 2 EGZPO; BeckOK-BGB/*Fritzsche* § 906 Rn 101). 34

[3] Der **Kläger** trägt die **Darlegungs- und Beweislast** für die anspruchsbegründenden Tatsachen: 35

1. Eigentum/berechtigter Besitz des Klägers. Hinsichtlich des Eigentums genügt der Vortrag der die Eigentumsvermutung begründenden Tatsachen (Eintragung im Grundbuch/Besitz).
2. Passivlegitimiert ist der Nutzer des störenden Grundstücks. Der Kläger hat daher vorzutragen, ob er dies selbst als Eigentümer nutzt oder aber seine Nutzungsberechtigung vom Eigentümer ableitet.
3. **Abwehrfähige Einwirkung**: die Rechtsprechung hat den Anspruch analog § 906 Abs. 2 S 2 umfassend auf alle Schäden ausgedehnt, die durch Beeinträchtigungen eines Grundstücks eingetreten sind, die zwar an sich abwehrfähig wären, jedoch durch den beeinträchtigten Eigentümer/Besitzer aus rechtlichen oder tatsächlichen Gründen nicht abgewehrt werden konnten, ohne Rücksicht darauf, ob es sich um Einwirkungen im Sinn von § 906 Abs. 1 handelt:
   a) Funkenflug (BGH NJW 1999, 2896),
   b) Wasser (BGH NJW 2003, 2377 (Rohrbruch),
   c) Laub, Nadeln, Zweige, Zapfen (BGH NJW 2004, 1037),
   d) Wurzeln (BGH NJW 1997, 2234),
   e) Unkrautvernichtungsmittel (BGH NJW 1984, 2207),
   f) umgestürzter Baum (BGH NJW 2004, 3701),
   g) Schäden durch Vertiefung (BGH NJW 2001, 1865 Einsturz einer Halle durch Grundbruch aufgrund Vertiefung des Nachbargrundstücks),
   h) in diesem Zusammenhang sind auch Schäden zu sehen, die sich daraus ergeben, dass die Ernte konventionell erzeugter Pflanzen mit dem Erbgut gentechnisch veränderter

Pflanzen kontaminiert wurde, so dass die Ernte als genverändert zu bezeichnen ist (s. § 36 a GenTG).

4. Der Kläger hat weiter darzulegen, dass die Beeinträchtigung in den **Verantwortungsbereich des Störers** fällt. Daran fehlt es bei Beeinträchtigungen, die auf rein natürlicher Ursache beruhen (BGH NJW 1995, 2633 „Wollläuse"; BGH, NJW-RR 2001, 1208 „Mehltau"). Hinsichtlich der weiteren Einzelheiten wird auf Rn 17 (natürliche Immissionen) verwiesen.
5. Der Kläger hat weiter darzulegen, dass er aus **besonderen Gründen** gehindert war, den Abwehranspruch geltend zu machen. Dies können tatsächliche Gründe sein, etwa weil der Schaden so plötzlich eingetreten ist, dass er nicht rechtzeitig abgewehrt werden konnte oder weil die Einwirkung nicht rechtzeitig erkennbar war (zB in den Fällen BGH NJW 1984, 2207 und NJW 197, 2234 sowie OLG Düsseldorf, NJW-RR 1995, 1482). Es können aber auch rechtliche Gründe sein (vgl BGH NJW 2004, 1037 und BGH NJW 1993, 925 „Froschlärm").
6. Streitig ist, ob der Kläger auch darzulegen hat, dass die an sich abwehrfähigen Immissionen auf eine **Nutzung des störenden Grundstücks** zurückzuführen sind (vgl hierzu Hk-BGB/*Staudinger* § 906 Rn 24). Die Rechtsprechung hat insoweit jede irgendwie geartete Verantwortlichkeit ausreichen lassen.
7. Der Kläger hat weiter die **Kausalität** der Einwirkung für den Schaden darzulegen und zu beweisen.
8. Schließlich hat er auch den Umfang der durch die Beeinträchtigung entstandenen Schäden darzulegen. Hierbei ist die Darlegungs- und Beweislast unterschiedlich verteilt, je nach Art des Schadens. Begehrt der Kläger Ersatz für Substanzschäden, hat er die **Wiederherstellungskosten** darzulegen und zu beweisen (BGH NJW 1999, 2896). Macht er Schäden wegen entgangenen Gewinns geltend, ist der während und durch die Beeinträchtigung tatsächlich eingetretene Ertragsverlust bzw der ausgebliebene Gewinn maßgeblich. Anders als im Schadensersatzprozess ist eine hypothetische Vermögensentwicklung demgegenüber durch den Kläger nicht darzulegen (BGH NJW 2001, 1865); denn insoweit liegt kein entschädigungsfähiger Schaden vor.

36 [4] **Sondervorschriften.** Bei Klageerhebung ist darauf zu achten, dass der Anspruch. § 906 Abs. 2 S. 2 analog durch abschließende Sondervorschriften ausgeschlossen ist, da dann keine Regelungslücke besteht. Eine solche Vorschrift enthält § 22 WHG, nicht aber § 2 HaftpflG (BGH NJW 2003, 2377).

37 [5] **Ausschluss des Unterlassungsanspruchs gem. § 14 BImSchG.** Stützt der Kläger seinen Ausgleichsanspruch auf Einwirkungen, die von einem emittierenden Betrieb herrühren, der gem. § 4 BImSchG genehmigt wurde, ist die vorrangige Bestimmung des § 14 BImSchG zu beachten. Diese schließt privatrechtliche Ansprüche auf Unterlassung gegen emittierende Betriebe aus, wenn diese **unanfechtbar** gem. § 4 BImSchG **genehmigt** sind. Hinsichtlich eines Entschädigungsanspruchs hat der Kläger vorzutragen, dass er Eigentümer bzw berechtigter Besitzer des gestörten Grundstücks ist, dass der Beklagte auf dem störenden Grundstück einen entsprechenden Betrieb unterhält, dass von diesem Betrieb störende Einwirkungen ausgehen, dass dieser Betrieb gem. § 4 BImSchG genehmigt wurde, und dass die Genehmigung für ihn unanfechtbar ist, sowie welche Tatsachen für die Bemessung der Entschädigung zu berücksichtigen sind. Der Beklagte hat darzulegen, dass die Einwirkungen unwesentlich sind oder aber durch Schutzmaßnahmen, die nach dem Stand der Technik möglich und wirtschaftlich vertretbar sind, nicht verhindert werden können.

38 [6] **Duldungspflicht von Immissionen aufgrund von Unternehmungen im öffentlichen Interesse.** Eine weitere Duldungspflicht, die Entschädigungsansprüche gem. § 906 Abs. 2 S. 2 analog auslösen kann, besteht, wenn Leistungen der Daseinsvorsorge oder im öffentlichen Interesse durch privatrechtlich organisierte Institutionen erbracht werden. In diesem Fall ist der Träger der

entsprechenden Einrichtung gehalten, dazu vorzutragen, dass die störenden Einwirkungen der Erfüllung von Aufgaben dienen, die im Allgemeininteresse liegen, die öffentliche Aufgabe gesetzlich normiert ist, und die Einwirkungen geeignet, erforderlich und verhältnismäßig im engeren Sinn sind, um diese Aufgabe zu erfüllen (vgl zuletzt BGH NJW 2000, 2901 „Drogenhilfezentrum“). Liegen diese Voraussetzungen vor, ist es Sache des beeinträchtigten Eigentümers, die Voraussetzungen darzulegen, nach denen die Enteignungsentschädigung zu bemessen ist. Bei gewerblich genutzten Grundstücken ist dies regelmäßig der Ertragsverlust, begrenzt durch den Verkehrswert des Grundstücks (BGH, aaO).

D. Dienstbarkeit

I. Muster: Dienstbarkeit zur Vermeidung von Nutzungskonflikten[1] 39

▶ I. Sachverhalt

A ist im Grundbuch des AG ▪▪▪ von ▪▪▪ als Eigentümer nachfolgend benannter Grundstücke eingetragen:

▪▪▪

Die Grundstücke sind in Abteilung II und III unbelastet.

B beabsichtigt von A eine Teilfläche des Grundstücks ▪▪▪ (im Folgenden „dienendes Grundstück“ genannt) zu erwerben und mit einem Einfamilienhaus zu bebauen. Die Parteien haben deshalb am ▪▪▪ einen bereits gesondert beurkundeten Kaufvertrag (UR-Nr. ▪▪▪ des Notars ▪▪▪) geschlossen. B hat sich in diesem Vertrag unter Ziff. ▪▪▪ verpflichtet, als künftiger Eigentümer des dienenden Grundstücks zugunsten des jeweiligen Eigentümers der Grundstücke ▪▪▪ (Restgrundstücke des A, im folgenden „herrschende Grundstücke“ genannt) eine Dienstbarkeit an dem dienenden Grundstück zu bestellen, durch die der jeweilige Eigentümer dieses Grundstücks verpflichtet ist, Immissionen zu dulden, die aus dem Betrieb der Land- und Forstwirtschaft auf den herrschenden Grundstücken entstehen. Der Kaufvertrag ist dieser Urkunde als Anlage 1 beigefügt.

II.

Der Eigentümer des neu zu bildenden dienenden Grundstücks bestellt dem jeweiligen Eigentümer der herrschenden Grundstücke eine Grunddienstbarkeit nachfolgenden Inhalts:

Der jeweilige Eigentümer des neu zu bildenden dienenden Grundstücks ist verpflichtet, Geruchs- und Geräuschimmissionen zu dulden, die durch die land- und forstwirtschaftliche Nutzung der herrschenden Grundstücke verursacht werden, insbesondere Geräusche, die durch den Betrieb land- und forstwirtschaftlicher Maschinen verursacht werden, Geräusche, die durch das Weiden von Vieh oder den Viehtrieb verursacht werden und Geruchsbelästigungen, die durch die Düngung dieser Grundstücke mit Gülle und anderen zweckmäßigen Düngemitteln, die Gewinnung von Silage sowie die Haltung und Veredelung von Vieh hervorgerufen werden. Die Verursachung dieser Immissionen soll keinen zeitlichen Beschränkungen unterworfen sein. Dem Berechtigten steht es frei, nach seiner Einschätzung die Art der Tierhaltung zu ändern, insbesondere auch zusätzliche Tierhaltung wie die Mast von Ochsen oder Schweinen oder intensive Geflügelhaltung zu betreiben.

III.

Die Parteien bewilligen und beantragen die Eintragung dieser Grunddienstbarkeit an nächst offener Rangstelle im Grundbuch. Die Grunddienstbarkeit hat den Vorrang vor etwaigen Belastungen des neu zu bildenden Grundstücks in Abteilung II und III zu erhalten.[2] Der Eigentümer der herrschenden Grundstücke beantragt die Eintragung eines Aktivvermerks auf den Blättern der herrschenden Grundstücke.[3]

IV.

B trägt die Kosten dieser Urkunde und des Vollzuges sowie die Kosten der Eintragung.

■■■

Notariell beglaubigte Unterschriften der Eigentümer des dienenden und der herrschenden Grundstücke. ◀

II. Erläuterungen

40 **[1] Dienstbarkeit zur Vermeidung von Konflikten bei Grundstücksveräußerung oder -teilung.** Vor allem bei der Veräußerung bisher landwirtschaftlich genutzter Flächen empfiehlt es sich für den Veräußerer, durch eine Dienstbarkeit zu sichern, dass er die bisherige Nutzung der baulich nicht zu nutzenden Restflächen ungehindert und entschädigungslos fortsetzen kann. Die Bestellung einer Dienstbarkeit mit obigem Wortlaut empfiehlt sich, da für die Frage, ob eine Beeinträchtigung wesentlich ist, das Datum der letzten mündlichen Verhandlung maßgeblich ist. Insoweit gilt also nicht der Prioritätsgrundsatz. Durch die Bewilligung einer Dienstbarkeit kann Konflikten zwischen Veräußerer, der die Landwirtschaft auf den ihm verbleibenden Grundstücken weiter betreibt, und Erwerber vorgebeugt werden. Entsprechendes gilt, wenn ein emittierender Gewerbebetrieb Grundstücke zu Wohnzwecken veräußert.

41 **[2] Rang der Dienstbarkeit.** Es sollte darauf geachtet werden, dass die Dienstbarkeit Rang vor Grundpfandrechten erhält, damit sie auch im Fall der Zwangsvollstreckung durchgesetzt werden kann.

42 **[3] Nutzungsänderungen.** Es könnten auch Regelungen aufgenommen werden, die die **Aufhebung der Dienstbarkeit** betreffen, vor allem wenn weitere bisher landwirtschaftlich genutzte Flächen veräußert werden sollen und hierdurch eine andere Nutzung erfahren werden.

§ 907 Gefahr drohende Anlagen

(1) [1]Der Eigentümer eines Grundstücks kann verlangen, dass auf den Nachbargrundstücken nicht Anlagen hergestellt oder gehalten werden, von denen mit Sicherheit vorauszusehen ist, dass ihr Bestand oder ihre Benutzung eine unzulässige Einwirkung auf sein Grundstück zur Folge hat. [2]Genügt eine Anlage den landesgesetzlichen Vorschriften, die einen bestimmten Abstand von der Grenze oder sonstige Schutzmaßregeln vorschreiben, so kann die Beseitigung der Anlage erst verlangt werden, wenn die unzulässige Einwirkung tatsächlich hervortritt.
(2) Bäume und Sträucher gehören nicht zu den Anlagen im Sinne dieser Vorschriften.

1 A. Muster: Klage auf Beseitigung einer gefahrdrohenden Anlage

717 ▶ An das Amtsgericht/Landgericht ■■■[1]

Klage

In dem Rechtsstreit

■■■

– Kläger –

■■■ Prozessbevollmächtigter

gegen

■■■

– Beklagter –

zeige ich die Vertretung des Klägers an. Namens und in Vollmacht des Klägers erhebe ich Klage und werde beantragen:

Der Beklagte wird verurteilt, die auf seinem Grundstück in der Nähe der Grundstücksgrenze errichtete Garage zu entfernen.

... (Prozessanträge)

vorläufiger Streitwert:[2] ...

Gründe

I.

Der Kläger ist Eigentümer des Grundstücks ... vorgetragen im Grundbuch des AG ... von ... Band ... Blatt ...[3]

Beweis: Grundbuchauszug, vorgelegt als Anlage K 1

Der Beklagte ist Eigentümer des ... (Himmelsrichtung) angrenzenden Grundstücks ... vorgetragen im Grundbuch des AG ... von ... Band ... Blatt ...

Beweis: Grundbuchauszug, vorgelegt als Anlage K 2

Das Grundstück des Klägers ist zugunsten des jeweiligen Eigentümers des Grundstücks des Beklagten mit einem Geh- und Fahrtrecht belastet. Dieses ist in der Form ausgestaltet worden, dass ein 2,50 m breiter Streifen direkt an der Grundstücksgrenze auf einer Länge von 25 m benutzt werden kann, um das Grundstück des Beklagten zu erreichen.

Beweis: Grundakten für das Grundstück des Beklagten, vorgetragen im Grundbuch des AG ... von ... Band ... Blatt ... dort insbesondere die Urkunde des Notars ... vom ... UR-Nr. ... nebst Planskizze

Der Beklagte hat auf seinem Grundstück direkt an der Grundstücksgrenze zum klägerischen Grundstück eine Garage errichtet.

Beweis: Augenschein

Eine Wendeplatte hat er nicht vorgesehen.

Beweis: Augenschein

Darüber hinaus ist die Krümmung des Weges, um zur Garage zu gelangen, so eng ausgeführt, dass bereits der Fahrer eines der unteren Mittelklasse zugehörigen PKW ´s einen Teil des Grundstücks des Klägers in Anspruch nehmen muss, um auszuschwenken und so die Garage zu erreichen.

Beweis:

- Augenschein
- Sachverständigengutachten

Da der vom Geh- und Fahrtrecht umfasste Weg relativ schmal ist, wird es nur wenigen geübten Fahrern gelingen, entweder rückwärtsfahrend die Garage zu erreichen oder zu verlassen, ohne auf das Grundstück des Klägers auszuweichen.

Beweis:

- Augenschein
- Sachverständigengutachten

Der Beklagte gehört nicht zu diesem Personenkreis.[4], [5], [6]

Beweis: Vernehmung des Zeugen NN, der seit Benutzung der Garage wiederholt beobachtet hat, wie der Beklagte seinen PKW auf dem Grundstück des Klägers wenden musste.

II.

Dem Kläger steht gem. § 907 Abs. 1 BGB ein Anspruch auf Beseitigung der Garage zu. Der Kläger ist als Eigentümer des beeinträchtigten Grundstücks aktivlegitimiert.[7], [8]

Der Beklagte ist passivlegitimiert.

Die von ihm errichtete Garage ist eine Anlage. Bei ihr handelt es sich um ein künstlich geschaffenes Werk von gewisser Beständigkeit und Dauer (BGH, WM 1965, 1009). Mit der Nutzung der Garage sind unzulässige Einwirkungen auf das Grundstück des Klägers hervorgetreten. Gem. §§ 1004 Abs. 2, 1018 BGB hat der Kläger lediglich zu dulden, dass der Beklagte bzw von ihm ermächtigte Personen sein Grundstück auf einem maximal 2, 50 m breiten Streifen befahren, um das Grundstück des Beklagten zu erreichen. Tatsächlich müssen sie auf dem Grundstück des Klägers auch wenden, bzw beim Rangieren einen Teil seines Grundstücks in Anspruch nehmen, um das Grundstück des Beklagten mittels Pkw zu erreichen oder wieder zu verlassen.

Zwar hat die Garage selbst gem. Art. 6 Abs. 9 BayBO keine Abstandsfläche zum Grundstück des Klägers einzuhalten. Jedoch ist es durch die Nutzung der Garage bereits zu Beeinträchtigungen des Eigentums des Klägers gekommen.

■■■

Rechtsanwalt ◄

B. Erläuterungen

2 [1] **Prozessuales.** Der Streitwert richtet sich nach dem Interesse des Klägers (Zöller/*Herget* § 3 Rn 16 „Beseitigung")

3 [2] **Streitwert.** Bei einer nicht auf die Zahlung einer Geldsumme gerichteten Klage soll der vorläufige Streitwert angegeben werden (§ 61 GKG).

4 [3] Zur **Bezeichnung von Grundstücken** s. § 904 Rn 4.

5 [4] **Anspruch auf Beseitigung.** Das Muster zeigt den Vorteil des § 907 gegenüber § 1004 Abs. 1 S. 2. Zwar kann auch nach dieser Vorschrift (ebenso wie bei sicher eintretenden Beeinträchtigungen gem. § 907 Abs. 1 S. 1) bereits bei erstmalig drohender Beeinträchtigung geklagt werden. Der Anspruch aus § 1004 Abs. 1 beschränkt sich jedoch darauf, dass dem Beklagten untersagt wird, das Grundstück des Klägers in weiterem Umfang zu befahren als dies aufgrund des Geh- und Fahrtrechts zulässig ist. Die Beseitigung der Garage kann aufgrund dieser Vorschrift nicht gefordert werden. § 907 gibt demgegenüber einen **Anspruch in Form vorbeugender Abwehr** unmittelbar gegen den Bestand der Anlage, von der bzw von deren Nutzung Beeinträchtigungen ausgehen bzw ausgehen können (vgl Grziwotz/Lüke/*Saller* III Rn 157).

6 [5] **Vorausgegangenes Schlichtungsverfahren.** Ein Schlichtungsverfahren ist vor einer auf § 907 gestützten Klage nicht zu durchlaufen (§ 15 a Abs. 1 Nr. 2 EGZPO).

7 [6] **Darlegungs- und Beweislast.** Macht der Kläger einen Unterlassungs- oder Beseitigungsanspruch gem. § 907 Abs. 1 S. 1 geltend, hat er darzulegen und zu beweisen, dass er Eigentümer eines Grundstücks ist, der Beklagte Eigentümer oder Nutzer des Nachbargrundstücks ist, auf dem Nachbargrundstück des Beklagten eine Anlage errichtet oder gehalten wird, von deren Bestand oder Nutzung Einwirkungen auf sein Grundstück ausgehen oder höchstwahrscheinlich ausgehen werden, die unzulässig, also nicht gem. §§ 1004 Abs. 2, 906 zu dulden sind (Staudinger/*Roth* § 907 Rn 45, hM, zT ablehnend *Roth*, aaO). Hierbei ist darauf zu achten, dass nicht jede nachteilige Veränderung der Situation des beeinträchtigten Grundstücks abwehrfähig ist, sondern nur positive Einwirkungen, die stofflich unmittelbar auf das Grundstück des Klägers wirken (Grziwotz/Lüke/Saller/*Saller*, 3. Teil Rn 162). Liegen noch keine konkreten Beeinträchtigungen vor, kann sich der Beklagte damit verteidigen, die herzustellende Anlage halte die landesgesetzlich geforderten Grenzabstände ein oder indem er (hinsichtlich aller Einwirkungen) die Voraussetzungen sonstiger Duldungstatbestände (zB § 14 BImSchG) darlegt (vgl Staudinger/*Roth* § 907 Rn 46).

8 [7] **Auseinanderfallen von Eigentümer und Nutzer der störenden Anlage.** Sind Nutzer und Eigentümer der störenden Anlage unterschiedliche Personen, sollte gegen beide ein Titel erwirkt

werden, damit sich der Eigentümer bzw Nutzer nicht darauf berufen kann, ihm sei die Erfüllung des Beseitigungs- bzw Unterlassungsanspruchs unmöglich. In diesem Fall ist der Eigentümer auf Beseitigung, den Nutzer auf Unterlassung der Nutzung und Duldung der Beseitigung zu verklagen.

[8] **Aktivlegitimiert** ist nicht nur der Eigentümer, sondern auch jeder sonst an dem beeinträchtigten Grundstück dinglich Berechtigte, wie Nießbraucher, Dienstbarkeitsberechtigte u.a.m. 9

§ 908 Drohender Gebäudeeinsturz

Droht einem Grundstück die Gefahr, dass es durch den Einsturz eines Gebäudes oder eines anderen Werkes, das mit einem Nachbargrundstück verbunden ist, oder durch die Ablösung von Teilen des Gebäudes oder des Werkes beschädigt wird, so kann der Eigentümer von demjenigen, welcher nach dem § 836 Abs. 1 oder den §§ 837, 838 für den eintretenden Schaden verantwortlich sein würde, verlangen, dass er die zur Abwendung der Gefahr erforderliche Vorkehrung trifft.

A. Muster: Antrag auf Erlass einer einstweiligen Verfügung bei drohendem Einsturz eines Gerüstes 1

► An das Amtsgericht/Landgericht ...[1]

718

In dem Verfahren

...

– Antragssteller –

... Prozessbevollmächtigter

gegen

...

– Antragsgegner –

wegen: Erlass einer einstweiligen Verfügung

zeige ich die Vertretung des Antragsstellers an. Namens und in Vollmacht des Antragsstellers beantrage ich wegen besonderer Dringlichkeit ohne mündliche Verhandlung den Erlass folgender einstweiliger Verfügung:

I. Der Antragsgegner hat durch geeignete Maßnahmen dafür zu sorgen, dass das Grundstück des Klägers ... vorgetragen im Grundbuch des AG ... von ... Band ... Blatt ...[2] nicht durch Teile, die von dem Gerüst, das auf dem Grundstück ... errichtet ist, oder durch den Einsturz dieses Gerüstes beschädigt wird.

II. ... (Prozessanträge)[3], [4]

vorläufiger Streitwert: ...

Gründe

I.

Der Antragsteller ist Eigentümer des Grundstücks ... vorgetragen im Grundbuch des AG ... von ... Band ... Blatt ...

Beweis: Grundbuchauszug, vorgelegt als Anlage K 1

Der Antragsgegner hat auf dem benachbarten Grundstück ... ein Gerüst errichtet.

Beweis: eidesstattliche Versicherung des Antragsstellers, vorgelegt als Anlage K 2

Dieses Gerüst befindet sich etwa ■■■ Meter von der Grundstücksgrenze entfernt und ist ca. ■■■ Meter hoch. Ca. ■■■ Meter von dem Gerüst entfernt befindet sich das Einfamilienhaus des Antragsstellers.

Beweis: eidesstattliche Versicherung des Antragsstellers, vorgelegt als Anlage K 2

Das Gerüst ist unter Missachtung der DIN 4420 Teil I errichtet worden.

Beweis: Stellungnahme des Bauingenieurs, Dipl. Ing. ■■■, vorgelegt als Anlage K 3

Bereits in der Vergangenheit hat sich gezeigt, dass das Gerüst auch bei nur mäßigem Wind zu schwanken beginnt.

Beweis: eidesstattliche Versicherung des Antragsstellers, vorgelegt als Anlage K 2

Der Deutsche Wetterdienst hat für die nächsten Tage stürmisches und niederschlagsreiches Wetter angekündigt.

Beweis: beiliegende Auskunft des DWD, vorgelegt als Anlage K 4

Es ist daher zu besorgen, dass das Gerüst einstürzen könnte, oder dass sich zumindest Teile von ihm lösen. Da sich das Wohnhaus des Antragsstellers nur wenige Meter von dem Gerüst entfernt befindet, ist zu besorgen, dass dieses hierdurch Schaden nehmen könnte. Daher ist ein sofortiges Einschreiten erforderlich.

II.

Der Antrag auf Erlass einer einstweiligen Verfügung ist zulässig. Insbesondere liegen die Voraussetzungen für eine Entscheidung ohne mündliche Verhandlung vor (§ 937 Abs. 2 ZPO). Da die Maßnahmen zur Sicherung des Eigentums des Antragsstellers erforderlich sind, kann auch ausnahmsweise eine Leistungsverfügung ergehen.

Der Antrag ist auch begründet.

Der Verfügungsanspruch ergibt sich aus § 908 BGB.

Der Antragssteller ist als Eigentümer des gefährdeten benachbarten Grundstücks aktivlegitimiert.[5]

Der Antragsgegner ist passivlegitimiert. Er wäre gem. § 837 BGB schadensersatzverpflichtet, da er als Gerüstbauer Besitzer des schadhaften Gerüstes ist.

Das Gerüst ist ein Werk, das mit dem Nachbargrundstück verbunden ist. Insoweit reicht es aus, wenn ein Gegenstand, sei es auch nur zu einem vorübergehenden Zweck, mit dem Erdboden des Nachbargrundstücks verbunden wurde (Palandt/Bassenge § 908 Rn 1).

Von dem Gerüst geht eine Gefährdung des Grundstücks des Antragsstellers aus. Es besteht die Gefahr, dass das Gerüst einstürzt und zumindest teilweise auf das Einfamilienhaus des Antragsstellers stürzt, oder dass sich Teile von dem Gerüst lösen, und das Einfamilienhaus des Antragsstellers beschädigen. Dies ergibt sich aus der gutachterlichen Stellungnahme des Herrn Dipl. Ing. ■■■

Weiterhin besteht auch ein Verfügungsgrund. Es steht zu befürchten, dass sich die Witterungsverhältnisse in einer Weise verschlechtern, die dazu führt, dass die Standsicherheit des Gerüstes vollends nicht mehr gewährleistet ist.[6]

■■■

Rechtsanwalt ◄

B. Erläuterungen

2 [1] **Zuständigkeit.** Grundsätzlich ist das Gericht der Hauptsache zuständig (§ 937 ZPO). Der Streitwert richtet sich hierbei nach dem Interesse des Klägers an der Vermeidung des Einsturzes des Gebäudes des Nachbarn, wertmäßig also nach den hierdurch drohenden Schäden (§ 3 ZPO). Die örtliche Zuständigkeit folgt aus § 24 ZPO. In eiligen Fällen kann der Antrag auch bei dem Amtsgericht, in dessen Bezirk das Grundstück liegt, anhängig gemacht werden (§ 942 ZPO).

[2] Hinsichtlich der **Bezeichnung von Grundstücken** s. § 904 Rn 4. 3

[3] **Nebenansprüche.** Hier können Anträge hinsichtlich der Kosten, aber auch der Gestellung einer Sicherheitsleistung gestellt werden. Demgegenüber kann die Ermächtigung zur Ersatzvornahme (§ 887 ZPO) nicht gleichzeitig mit Erlass der einstweiligen Verfügung geregelt werden. 4

[4] **Klageantrag.** Anders als § 907 gibt § 908 **keinen konkreten Beseitigungsanspruch**, sondern nur einen Anspruch auf Vornahme der Maßnahmen, die erforderlich sind, um die Gefährdung durch den Einsturz eines Gebäudes bzw eines anderen mit dem Boden verbundenen Werkes oder die daraus entstehenden Gefahren, dass sich Teile von dem Gebäude bzw Werk lösen, abzuwenden. Dies kann die Beseitigung, aber auch eine (ggf provisorische) Abstützung sein. Erst im Vollstreckungsverfahren kann der Gläubiger die Maßnahme konkretisieren (§ 887 ZPO). Daher kann auch im Verfahren wegen des Erlasses einer einstweiligen Verfügung nicht auf eine konkrete Maßnahme angetragen werden. 5

[5] **Aktivlegitimation.** Auch hinsichtlich des Anspruchs aus § 908 ist **jeder dinglich Berechtigte** aktiv legitimiert. 6

[6] **Darlegungs- und Beweislast.** Der Kläger trägt die Beweislast für die Tatsachen sämtlicher Merkmale des § 908. Er hat also darzulegen und zu beweisen, dass er Eigentümer oder sonst dinglich Berechtigter hinsichtlich des gefährdeten Grundstücks ist, dass sich auf dem Nachbargrundstück ein Gebäude oder ein mit dem Nachbargrundstück verbundenes Werk befindet, dass die Gefahr besteht, dass diese Einrichtungen einstürzen oder dass sich von ihnen Teile lösen, dass hierdurch das Grundstück, an dem er berechtigt ist, gefährdet wird, und dass der Beklagte als Besitzer des Grundstücks bzw Gebäudes oder Werkes bzw als Gebäudeunterhaltspflichtiger passivlegitimiert ist (§§ 836, 837). Da der Anspruch verschuldensunabhängig ist, kann sich der Besitzer nicht durch fehlendes Verschulden exkulpieren (Grziwotz/Lüke/Saller/*Saller* Rn III 204). 7

§ 909 Vertiefung

Ein Grundstück darf nicht in der Weise vertieft werden, dass der Boden des Nachbargrundstücks die erforderliche Stütze verliert, es sei denn, dass für eine genügende anderweitige Befestigung gesorgt ist.

A. Muster: Klage auf Unterlassung einer Vertiefung 1

▶ An das

Amtsgericht/Landgericht ■■■[1] 719

Klage

In dem Rechtsstreit

■■■

– Kläger –

■■■ Prozessbevollmächtigter

gegen

■■■

– Beklagter –

wegen: Unterlassung

zeige ich die Vertretung des Klägers an. Namens und in Vollmacht des Klägers erhebe ich Klage und werde beantragen:

I. Der Beklagte wird verurteilt, es zu unterlassen, das Grundstück ▪▪▪, vorgetragen im Grundbuch des AG ▪▪▪ von ▪▪▪, Band ▪▪▪, Blatt ▪▪▪ so zu vertiefen, dass dem auf dem Grundstück ▪▪▪, vorgetragen im Grundbuch des AG ▪▪▪ von ▪▪▪, Band ▪▪▪, Blatt ▪▪▪, entlang der gemeinsamen Grundstücksgrenze verlaufenden befestigten Weg die notwendige Stütze entzogen wird, so dass dieser insbesondere nicht mehr mit Fahrzeugen bis zu einem Gesamtgewicht von 3,5 t befahren werden kann, es sei denn, er sorgt anderweitig für eine ausreichende Befestigung.

II. ▪▪▪ (Prozessanträge)[2], [3]

Vorläufiger Streitwert: ▪▪▪ EUR

Gründe

I.

Der Kläger ist Eigentümer des Grundstücks ▪▪▪

Beweis: Grundbuchauszug, vorgelegt als Anlage K 1

Der Beklagte ist Eigentümer des benachbarten Grundstücks ▪▪▪

Beweis: Grundbuchauszug, vorgelegt als Anlage K 2

Auf dem Grundstück des Klägers verläuft entlang der gemeinsamen Grundstücksgrenze ausgehend von der ▪▪▪-straße ein mit Platten befestigter Weg zur Garage des Klägers.

Beweis: Augenschein

Der Beklagte beabsichtigt auf seinem Grundstück umfangreiche Planierungs- und Abschachtungsarbeiten bis in den Bereich der gemeinsamen Grundstücksgrenze durchzuführen.

Beweis: Baugenehmigung der Stadt ▪▪▪ nebst genehmigter Pläne, vorgelegt als Anlage K 3

Vernehmung des Zeugen ▪▪▪

Der Kläger hat sich an den Beklagten mit der Frage gewandt, wie während der Bauarbeiten die entstehende Baugrube gesichert werden solle.

Beweis: Schreiben vom ▪▪▪, vorgelegt als Anlage K 4

Der Beklagte äußerte sich dahingehend, dies gehe den Kläger nichts an.

Beweis: Vernehmung des Zeugen NN

Aufgrund der Nähe der entstehenden Baugrube zur Grundstücksgrenze und der Tiefe dieser Baugrube ist damit zu rechnen, dass ohne entsprechende Schutzmaßnahmen das Grundstück des Klägers den notwendigen Halt verlieren und zumindest Teile des Weges abrutschen könnten. Diese Gefahr besteht insbesondere dann, wenn der Kläger oder andere Personen den Weg mit Kraftfahrzeugen befahren.

Beweis: Sachverständigengutachten[4]

II.

Dem Kläger steht gegen den Beklagten ein Anspruch auf Unterlassung der Ausschachtungsarbeiten gem. § 909 BGB zu.

Der Kläger ist Eigentümer des Grundstücks ▪▪▪

Der Beklagte ist passivlegitimiert. Er ist Eigentümer des Grundstücks ▪▪▪, welches vertieft werden soll.

Es steht zu besorgen, dass durch die Vertiefung das Grundstück des Klägers die notwendige Stütze verliert. Ausweislich der vorgelegten Pläne sollen die Ausschachtungsarbeiten mit einem annähernd 90 Grad betragenden Böschungswinkel bei einer Tiefe bis zu 2 m ausgeführt werden.

▪▪▪

Rechtsanwalt ◄

B. Erläuterungen und Varianten

[1] Zum **Streitwert** s. § 907 Rn 2, 3. 2

[2] Hinsichtlich der **Prozessanträge** s. § 904 Rn 8. 3

[3] **Klageantrag.** § 909 enthält einen **vorbeugenden Unterlassungsanspruch** sowie einen Beseitigungsanspruch. Weiter ist die Vorschrift auch Schutzgesetz iS von § 823 Abs. 2. Insoweit wird auf die Ausführungen zu § 823 Rn 35 verwiesen. Macht der Kläger den Unterlassungs- oder Beseitigungsanspruch geltend, ist zu berücksichtigen, dass § 909 keinen Anspruch auf die Vornahme bzw das Unterlassen bestimmter Handlungen gibt, sondern lediglich Maßnahmen verbietet, durch die das benachbarte Grundstück die erforderliche Stütze verliert. 4

Bezogen auf den Klageantrag bedeutet dies, dass in diesem das Maß der zu erhaltenden bzw bei der Beseitigungsklage das Maß der ursprünglich vor Abschachtung vorhandenen Festigkeit des Bodens des beeinträchtigten Grundstücks anzugeben ist (BGH NJW 1978, 1584). Dieses Maß kann entweder durch einen rechnerischen Wert der Druckfeste des Bodens in einer bestimmten Höhe angegeben werden oder durch Beschreibung der bisherigen (meist baulichen) Belastbarkeit (BGH, NJW 2009, 2528). Macht der Kläger im Beispielsfall nicht Unterlassung, sondern **Beseitigung** geltend, könnte er beantragen: 5

▶ Der Beklagte wird verurteilt, die Vertiefung seines Grundstückes ■■■ insoweit zu beseitigen, dass das Grundstück des Klägers wieder ausreichend befestigt ist, so dass der entlang der gemeinsamen Grundstücksgrenze verlaufende, mit Platten befestigte Weg wieder begangen und mit Kraftfahrzeugen bis zu einem Gesamtgewicht von 3,5 t befahren werden kann, es sei denn, er sorgt anderweitig für eine genügende Befestigung des Grundstücks des Klägers. ◀

Bei **Hanggrundstücken** wird häufig die **Standsicherheit** von Gebäuden im Raum stehen, wenn die Vertiefung des unten liegenden Grundstücks unter die Unterkante des Fundaments des auf dem oberhalb gelegenen Grundstück befindlichen Gebäudes reicht. Es könnte dann beantragt werden: 6

▶ Der Beklagte wird verurteilt, es zu unterlassen, sein Grundstück so zu vertiefen, dass das auf dem Grundstück des Klägers befindliche ■■■ (Gebäude) seine Standfestigkeit verliert, es sei denn, er sorgt für eine genügende anderweitige Befestigung. ◀

Hat der Beklagte das **Grundstück** bereits **vertieft**, könnte beantragt werden: 7

▶ Der Beklagte wird verurteilt, die Vertiefung seines Grundstücks zu beseitigen, so dass die Standsicherheit des auf dem Grundstück des Klägers befindlichen ■■■ (Gebäudes) wieder hergestellt ist, es sei denn, er sorgt anderweit für eine ausreichende Befestigung. ◀

Geht es um die **abstrakte Nutzbarkeit des Grundstücks** des Klägers, könnte beantragt werden: 8

▶ Der Beklagte wird verurteilt, die Vertiefung seines Grundstücks insoweit zu beseitigen, dass das Grundstück des Klägers die notwendige Stütze erhält, um es innerhalb des Baufensters gem. dem Bebauungsplan der Stadt ■■■ für das Gebiet ■■■ in der Fassung vom ■■■ mit einem Zweifamilienhaus zu bebauen, sofern er nicht für eine genügende anderweitige Befestigung sorgt. ◀

Der Unterlassungsantrag könnte entsprechend Rn 7, 8 angepasst werden.

Häufig wirken sich Tiefbaumaßnahmen auf die **Grundwasserverhältnisse** aus. Dies begründet Ansprüche aus § 909, wenn sich die Einwirkungen nicht auf die Grundwasserverhältnisse beschränken (dann richtet sich die Zulässigkeit ausschließlich nach dem öffentlichen Wasserrecht, also WHG und Landeswassergesetz), sondern zu einer Beeinträchtigung der Standfestigkeit des Bodens führen; denn § 909 schützt die Standfestigkeit des Bodens in horizontaler **und** vertikaler Richtung (BGH NJW 1978, 1051; BGH, WM 1979, 1216). Sind demnach Veränderungen der Grundwasserverhältnisse zu besorgen, durch die die Standfestigkeit des Bodens gefährdet wird, 9 wird in der Regel zu verlangen sein, dass die maßgeblichen Verhältnisse aufrechterhalten werden, da andere Mittel zur Erhaltung der Standfestigkeit des Bodens nicht zur Verfügung stehen. Es könnte zB beantragt werden:

▶ Der Beklagte wird verurteilt, es zu unterlassen, sein Grundstück … so zu vertiefen, dass der durchschnittliche Wasserstand des Grundwassers, gemessen an der NO-Ecke des auf dem Grundstück … des Klägers befindlichen Hauses … über NN nicht unterschreitet, sofern er nicht anderweitig für eine genügende Befestigung des Grundstücks des Klägers sorgt. ◀

In den Gründen könnte dann ausgeführt werden, dass andernfalls die Holzpfahlgründung des Gebäudes zu verfaulen droht (vgl BGH, WM 1979, 1216).

10 [4] **Darlegungs- und Beweislast.** Klagt der Eigentümer oder dinglich Berechtigte des gestörten Grundstücks auf **Unterlassung**, hat er darzulegen und zu beweisen, dass er Eigentümer oder sonst dinglich Berechtigter des betreffenden Grundstücks ist, dass der Beklagte Eigentümer oder sonst Verfügungsberechtigter hinsichtlich des zu vertiefenden Grundstücks ist, bzw dass er als Handlungsstörer das Grundstück vertieft bzw vertiefen wird, dass eine Vertiefung des benachbarten Grundstücks durchgeführt werden soll, sowie dass zu besorgen ist, dass diese Vertiefung zu einem Stützverlust des beeinträchtigten Grundstücks führen wird. Es empfiehlt sich daher, da nicht jede Vertiefung ausgeschlossen ist, den bzw die für die Vertiefung Verantwortlichen hinsichtlich der Bauausführung zu befragen und vor allem zu klären, welche Absicherungsarbeiten erfolgen sollen (DIN-gerechte Spundwand oä).

11 Klagt er auf **Beseitigung**, hat er darzulegen und zu beweisen, dass er Eigentümer oder sonst dinglich Berechtigter des beeinträchtigten Grundstücks ist, dass das benachbarte Grundstück vertieft worden ist, dass der Beklagte als Eigentümer oder sonst Verfügungsberechtigter für die Vertiefung dieses Grundstücks verantwortlich ist und dass die Vertiefung zu einer Beeinträchtigung der Standfestigkeit des klägerischen Grundstücks geführt hat. Abweichend vom Unterlassungsanspruch kann der Beseitigungsanspruch nur gegen Personen erhoben werden, die hinsichtlich des vertieften Grundstücks verfügungsbefugt sind, also bspw nicht gegen den bauausführenden Architekten oder Unternehmer (BGH, NJW-RR 2008, 969).

§ 910 Überhang

(1) [1]Der Eigentümer eines Grundstücks kann Wurzeln eines Baumes oder eines Strauches, die von einem Nachbargrundstück eingedrungen sind, abschneiden und behalten. [2]Das Gleiche gilt von herüberragenden Zweigen, wenn der Eigentümer dem Besitzer des Nachbargrundstücks eine angemessene Frist zur Beseitigung bestimmt hat und die Beseitigung nicht innerhalb der Frist erfolgt.
(2) Dem Eigentümer steht dieses Recht nicht zu, wenn die Wurzeln oder die Zweige die Benutzung des Grundstücks nicht beeinträchtigen.

1 A. Muster: Klage des Nachbarn auf Duldung des Rückschnitts von Überwuchs

▶ An das

Amtsgericht/Landgericht …[1], [2]

Klage

In dem Rechtsstreit

■■■

– Kläger –

■■■ Prozessbevollmächtigter

gegen

■■■

– Beklagter –

wegen: Beseitigung

zeige ich die Vertretung des Klägers an. Namens und in Vollmacht des Klägers erhebe ich Klage und werde beantragen:

I. Der Beklagte wird verurteilt, zu dulden, dass der Kläger die Zweige von dem auf dem Grundstück des Beklagten, ■■■, stehenden Kirschbaum, die auf sein Grundstück, ■■■, gewachsen sind, bis zur Grundstücksgrenze zurückschneidet.

II. ■■■ (Prozessanträge)[3]

vorläufiger Streitwert: ■■■ EUR

Gründe

I.

Der Kläger ist Eigentümer des Grundstücks ■■■, vorgetragen im Grundbuch des AG ■■■, von ■■■, Band ■■■, Blatt ■■■[4]

Beweis: Grundbuchauszug, vorgelegt als Anlage K 1

Der Beklagte ist Eigentümer des Grundstücks ■■■, vorgetragen im Grundbuch des AG ■■■ von ■■■, Band ■■■, Blatt ■■■

Beweis: Grundbuchauszug, vorgelegt als Anlage K 2

Der zum Anwesen des Klägers führende Gartenweg verläuft in einer Entfernung von etwa 1 m zur gemeinsamen Grundstücksgrenze. Direkt zur Grundstücksgrenze hin befindet sich eine Staudenrabatte.

Beweis: Augenschein

In etwa 2,5 m Entfernung zur gemeinsamen Grundstücksgrenze befindet sich auf dem Grundstück des Beklagten ein Kirschbaumhochstamm.

Beweis: Augenschein

Die Zweige dieses Kirschbaums sind im Lauf der Zeit über die Grundstücksgrenze hinausgewachsen und überwuchern nun in einer Höhe von mindestens 1,80 m die Staudenrabatte und den Gartenweg.

Beweis:

- Augenschein
- Gutachten des amtlich bestellten und öffentlich vereidigten Sachverständigen für Vermessungswesen, Herrn Dipl. Ing ■■■, vorgelegt als Anlage K 3

Der Kläger hat den Beklagten mit Schreiben vom ■■■ aufgefordert, die Zweige des Kirschbaums bis zur Grundstücksgrenze zurückzuschneiden.

Beweis: Schreiben vom ■■■ vorgelegt als Anlage K 4

Der Beklagte hat dies mit der Begründung verweigert, durch den Rückschnitt könne der Baum Schaden nehmen. IÜ werde hierdurch die Krone des Baumes verunstaltet.

Beweis: Schreiben vom ■■■, vorgelegt als Anlage K 5

Der Kläger hat sich deswegen an eine anerkannte Gütestelle mit dem Ziel einer gütlichen Einigung gewandt. Dieser Versuch ist aber gescheitert.

Beweis: Bescheinigung des Notars ■■■ vom ■■■, vorgelegt als Anlage K 6

II.

Dem Kläger steht ein Anspruch auf Duldung des Rückschnittes der Zweige gem. § 910 Abs. 1 BGB gegen den Beklagten zu.[5]

Der Kläger ist Eigentümer des im Klageantrag genannten Grundstücks.

Sein Eigentum wird durch die Zweige des auf dem Grundstück des Beklagten stehenden Kirschbaums beeinträchtigt.

Der Kläger hat dem Beklagten eine Frist zur Beseitigung der Zweige gesetzt, die dieser nicht eingehalten hat.

Selbst wenn der Baum hierdurch Schaden erleiden sollte, ist der Kläger berechtigt, die Zweige zurückzuschneiden; denn entfernt der Eigentümer den Überhang, liegt eine rechtmäßige Einwirkung auf das Eigentum des Nachbarn an dem entsprechenden Baum vor, die nicht zum Schadensersatz verpflichtet (Palandt/Bassenge § 910 Rn 1).[6]

...

Rechtsanwalt ◄

B. Erläuterungen

2 [1] **Prozessuales.** Der Streitwert richtet sich nach dem Interesse des Klägers an der Duldung der Beseitigung der Zweige, mithin nach dem Wert der Beeinträchtigung seines Eigentums. Örtlich zuständig ist das Gericht in dessen Bezirk sich das Grundstück befindet (§ 24 ZPO).

3 [2] **Güteverfahren.** Vor Klageerhebung ist das obligatorische Schlichtungsverfahren durchzuführen (§ 15 a Abs. 1 Nr. 2 EGZPO).

4 [3] Hinsichtlich der **Prozessanträge** s. § 904 Rn 8 mit der Maßgabe, dass eine Güteverhandlung nicht durchzuführen ist, weil das Güteverfahren vor der Gütestelle gescheitert ist.

5 [4] Hinsichtlich der **Grundstücksbezeichnung** s. § 904 Rn 4.

6 [5] **Ersatzvornahme.** § 910 gibt dem gestörten Eigentümer ein Selbsthilferecht, aber keinen Anspruch auf Beseitigung bzw Unterlassung. Dieser Anspruch folgt aus § 1004. §§ 1004 und 910 sind also nebeneinander anwendbar. Dementsprechend sind insbesondere Ansprüche aus §§ 677 ff, 812 Abs. 1 S. 1 F. 2 nicht ausgeschlossen, wenn der beeinträchtigte Nachbar zunächst auf seine Kosten Äste und Wurzeln beseitigt, und dann die Kosten beim Nachbarn des störenden Grundstücks liquidieren will (s. BGH NJW 1986, 2640; BGH NJW 1991, 2826 sowie § 1004 Rn 7).

7 [6] **Darlegungs- und Beweislast.** Macht der Eigentümer des beeinträchtigten Grundstücks den **Anspruch auf Duldung des Selbsthilferechts** gerichtlich geltend, hat er folgendes darzulegen und zu beweisen:

1. sein Eigentum bzw die sonstige dingliche Berechtigung an dem gestörten Grundstück; dass er Berechtigter aus einer Dienstbarkeit ist, reicht insoweit nicht aus (vgl Palandt/*Bassenge* § 910 Rn 1).
2. Beeinträchtigung des Eigentums an dem Grundstück durch herüber gewachsene Wurzeln oder Zweige.
3. Eigentum des Beklagten an dem Baum/Strauch, dessen Zweige/Wurzeln die „Grenze überschritten haben", also Eigentum an dem Grundstück, auf dem diese Pflanze steht.
4. bei Zweigen zusätzlich: Beseitigungsverlangen mit Fristsetzung.

Der Beklagte kann sich dagegen damit verteidigen, dass er aus öffentlich-rechtlichen Gründen an der Entfernung der Zweige gehindert ist (vgl zB OLG Hamm NJW 2008, 453) oder dass das Eigentum des Klägers durch die hinüber gewachsenen Wurzeln bzw Zweige nicht beeinträchtigt wird (LG Saarbrücken, NJW-RR 1986, 1341; AG Frankfurt NJW-RR 1990, 146).

§ 911 Überfall

[1]Früchte, die von einem Baume oder einem Strauche auf ein Nachbargrundstück hinüberfallen, gelten als Früchte dieses Grundstücks. [2]Diese Vorschrift findet keine Anwendung, wenn das Nachbargrundstück dem öffentlichen Gebrauch dient.

Die Bestimmung regelt das Recht des Nachbarn, sich das Fallobst anzueignen, das von einem Baum, der dem jeweiligen Eigentümer des Nachbargrundstücks gehört, auf sein Grundstück fällt. Hiervon unberührt bleibt das Recht, gem. § 1004 Abs. 1 Beseitigung des Obstes zu verlangen sowie Unterlassung. Der Kläger könnte also im Fall der Klage auf Duldung des Rückschnitts der Zweige gem. § 910 Rn 1 sich die herabfallenden Kirschen aneignen, er könnte aber auch den Beklagten auf Beseitigung der Kirschen und vorbeugende Maßnahmen, die verhindern, dass weitere Kirschen auf sein Grundstück fallen, in Anspruch nehmen. 1

§ 912 Überbau; Duldungspflicht

(1) Hat der Eigentümer eines Grundstücks bei der Errichtung eines Gebäudes über die Grenze gebaut, ohne dass ihm Vorsatz oder grobe Fahrlässigkeit zur Last fällt, so hat der Nachbar den Überbau zu dulden, es sei denn, dass er vor oder sofort nach der Grenzüberschreitung Widerspruch erhoben hat.
(2) [1]Der Nachbar ist durch eine Geldrente zu entschädigen. [2]Für die Höhe der Rente ist die Zeit der Grenzüberschreitung maßgebend.

§ 913 Zahlung der Überbaurente

(1) Die Rente für den Überbau ist dem jeweiligen Eigentümer des Nachbargrundstücks von dem jeweiligen Eigentümer des anderen Grundstücks zu entrichten.
(2) Die Rente ist jährlich im Voraus zu entrichten.

A. Entschuldigter Überbau

I. Muster: Klage auf Duldung eines entschuldigten Überbaus 1

▶ An das Amtsgericht/Landgericht ■■■[1]

Klage

In dem Rechtsstreit

■■■

– Kläger –

■■■ Prozessbevollmächtigter

gegen

■■■

– Beklagter –

wegen: Duldung eines Überbaus

zeige ich die Vertretung des Klägers an. Namens und in Vollmacht des Klägers erhebe ich Klage und werde beantragen:

1. Der Beklagte wird verurteilt, die Fertigstellung der Grenzgarage in dem in der als Anlage 1 beigefügten Lageskizze als schraffiert gekennzeichneten Bereich, gem. der als Anlage 2 beigefügten Tektur zu dulden.
2. Der Beklagte wird verurteilt, die Nutzung der Grenzgarage in dem in Ziffer 1 genannten Bereich auf seinem Grundstück zu dulden.[2], [3], [4]
3. ■■■ (Prozessanträge)[5]

vorläufiger Streitwert: ■■■

Gründe

I.

Der Kläger ist Eigentümer des Grundstücks ■■■ vorgetragen im Grundbuch des AG ■■■ von ■■■ Band ■■■ Blatt ■■■

Beweis: Grundbuchauszug, vorgelegt als Anlage K 1

Der Beklagte ist Eigentümer des in nördlicher Richtung angrenzenden Grundstücks ■■■ vorgetragen im Grundbuch des AG ■■■ von ■■■ Band ■■■ Blatt ■■■.

Beweis: Grundbuchauszug, vorgelegt als Anlage K 2

Der Kläger hat die Baufirma B ■■■ damit beauftragt, entsprechend der als Anlage 3 beigefügten Tektur und entsprechend den Vorgaben des gültigen Bebauungsplans der Gemeinde ■■■ in einer Grundstückstiefe von 5 m an der nördlichen Grundstücksgrenze eine Grenzgarage zu errichten.

Beweis: Vernehmung des Zeugen NN

B hat nach Anzeige des Baubeginns mit den Bauarbeiten begonnen. Zu diesem Zweck hat B unter Zuhilfenahme der durch das Vermessungsamt eingebrachten Grenzsteine und eines geeichten Lasermessgerätes ein Schnurgerüst errichtet.

Beweis: Zeuge NN

B hat sodann die Baugrube ausgehoben und das Fundament sowie die Sohle der Garage eingebracht.

Beweis: wie vor

Mit Schreiben vom ■■■ hat der Beklagte die sofortige Einstellung der Bauarbeiten gefordert.

Beweis: Schreiben vom ■■■ vorgelegt als Anlage K 4

Zur Begründung wies er darauf hin, dass er den Vermessungsingenieur, Herrn Dipl. Ing. ■■■ damit beauftragt habe, den Verlauf der Grenze zu überprüfen und insbesondere zu untersuchen, ob die Garage nicht zum Teil auf dem Grundstück des Beklagten errichtet werde. Dieser habe daraufhin das Grundstück des Beklagten neu vermessen und festgestellt, dass die Grenzgarage des Klägers in einer Tiefe von 12 bis 15 cm auf dem Grundstück des Beklagten liegen werde.

Beweis: wie vor

Dies rechtfertigt aber nicht das Verlangen des Beklagten, die Bauarbeiten einzustellen oder gar das Fundament und die Sohle der Garage teilweise zu entfernen.[6]

II.

Der Kläger ist der Ansicht, dass der Garagenneubau ausschließlich auf seinem Grund erfolgt. Insoweit ist er gemäß § 903 BGB berechtigt, die Garage auch fertig zu stellen.

Aber selbst wenn sich im Lauf des Rechtsstreits erweisen sollte, dass sich die Garage zu einem geringen Teil auf dem Grundstück des Beklagten befinden sollte, ist dieser verpflichtet, gem. § 912 Abs. 1 BGB die Fertigstellung und Nutzung der Garage zu dulden.

Der Kläger ist aktivlegitimiert. Er ist Eigentümer des Stammgrundstücks, da von seinem Grundstück aus die Garage genutzt werden soll.

Wenn sich die Behauptung des Beklagten bestätigen sollte, wäre die Garage auch über die Grenze gebaut.

Der Überbau wäre auch rechtswidrig, da er ohne Zustimmung des Beklagten erfolgt ist.

Der Beklagte hat dem Überbau jedoch nicht rechtzeitig widersprochen. Vielmehr liegt bei Hochbauten ein zu duldender Überbau, der in den geplanten Maßen fertig gestellt werden kann, bereits dann vor, wenn die Fundamentierungsarbeiten abgeschlossen wurden, mag der Bau auch iÜ noch nicht über das Bodenniveau hinaus fertig gestellt sein (Grziwotz/Lüke/Saller/*Grziwotz* II Rn 241).

Den Kläger trifft an dem Überbau, wenn er denn vorliegen sollte, auch weder Vorsatz noch grobe Fahrlässigkeit. Er hat das Schnurgerüst durch einen anerkannten Fachbetrieb errichten lassen. Dieser hat hierbei die anerkannten handwerklichen Regeln beachtet. IÜ ist darauf hinzuweisen, dass für ein etwaiges Verschulden des Bauunternehmens der Kläger weder gem. § 278 BGB noch gem. § 831 BGB einzustehen hätte (BGH NJW 1977, 375).[7]

§ 912 Abs. 1 BGB gibt dem Überbauenden nicht nur einen Anspruch auf Duldung des Überbaus in seinem Bestand, sondern auch auf Duldung der Nutzung desselben (Grziwotz/Lüke/Saller/*Grziwotz* Rn II 271).[8], [9]

...

Rechtsanwalt ◄

II. Erläuterungen und Varianten

[1] Der **Zuständigkeitsstreitwert** richtet sich nach dem Interesse des Klägers an der Duldung durch den Nachbarn(§ 3 ZPO). Entsprechend ist bei der Beseitigungsklage des Nachbarn (§ 1004) dessen Interesse an der Beseitigung ohne Rücksicht auf die tatsächlichen Beseitigungskosten maßgeblich (Grziwotz/Lüke/Saller/*Grziwotz* Rn II 267). 2

[2] **Klageantrag.** Bei der Abfassung des Klageantrags ist darauf zu achten, dass derjenige Teil des Gebäudes, der gem. § 912 Abs. 1 zu dulden ist, bzw dessen Beseitigung verlangt wird, möglichst **genau bezeichnet** wird. Dies kann durch Bezugnahme auf eine Lageskizze erfolgen (Vorwerk/*Kremer* Rn 89.212). Sofern das angerufene Gericht dies für unzulässig halten sollte, ist die Lage des betroffenen Gebäudeteils mit Worten genau zu beschreiben. 3

[3] **Klageantrag vor Fertigstellung des zu duldenden Überbaus.** Sofern das Gebäude noch nicht fertig gestellt ist, ist weiter zu beachten, dass der überbauende Nachbar nur berechtigt ist, das Gebäude in der ursprünglich zum Zeitpunkt des Überbaus geplanten Form fertig zu stellen, nicht aber dieses zu erweitern oder zu verändern. Es ist daher im Klageantrag auch der Zustand zu beschreiben, der durch Fertigstellung des Überbaus erreicht werden soll. 4

Der Klageantrag müsste dann lauten:

► I. Der Beklagte wird verurteilt, zu dulden, dass der Kläger das Grundstück des Beklagten, gemessen von dem die Nordostecke des Grundstücks des Beklagten abmarkenden Grenzstein in einem Abstand von 5 m bis 12 m, damit auf einer Breite von 7 m, und einer Tiefe, die bei 5 m Abstand zum Grenzstein an der Nordostecke mit 8 cm beginnt und bis 12 m Abstand langsam auf 15 cm Tiefe ansteigt, in Anspruch nimmt, um die Grenzgarage, Firstrichtung parallel zur Grundstücksgrenze, Dachneigung 32 Grad, Traufhöhe 3 m, fertig zu stellen.

II. ... (wie Rn 1) ◄

5 [4] **Zurückbehaltungsrecht.** Zwar gewährt § 912 Abs. 2 dem Duldungspflichtigen einen Anspruch auf Zahlung einer jährlich zahlbaren Geldrente. Da es sich bei der Duldungspflicht gem. § 912 Abs. 1 um einen unbedingten gesetzlichen Anspruch handelt, ist diese aber nicht abhängig davon, dass der begünstigte Eigentümer die Geldrente auch bezahlt. Es besteht daher hinsichtlich der Duldungspflicht kein Zurückbehaltungsrecht (Grziwotz/Lüke/Saller/*Grziwotz* Rn II 269). Der Antrag ist daher nicht auf eine Zug um Zug Verurteilung zu richten.

6 [5] Hinsichtlich der **Prozessanträge** s. § 904 Rn 8.

7 [6] **Darlegungs- und Beweislast.** Derjenige, der sich auf den Duldungsanspruch beruft (unabhängig davon, ob er den Anspruch auf Duldung einklagt oder sich gegen das Beseitigungsverlangen des beeinträchtigten Nachbarn aus § 1004 Abs. 1 mit dem Argument verteidigt, dieser habe den Überbau gem. §§ 1004 Abs. 2, 912 Abs. 1 zu dulden) ist darlegungs- und beweisbelastet hinsichtlich seines Eigentums an dem herrschenden Grundstück (zur Vermeidung der Rechtsähnlichkeit mit der Dienstbarkeit auch Stammgrundstück genannt), dass er bzw sein Rechtsvorgänger als Geschäftsherr des Überbaus anzusehen ist und dass ihn weder Vorsatz noch grobe Fahrlässigkeit hinsichtlich des Überbaus treffen.

8 Sofern er sich darauf beruft, der Überbau sei nicht rechtswidrig, ist er auch für die Zustimmung des Nachbarn bzw seines Rechtsvorgängers darlegungs- und beweisbelastet. Der Eigentümer des beeinträchtigten Grundstücks ist darlegungs- und beweisbelastet, dass der Nachbar über die Grenze gebaut hat und dass er dem Überbau sofort widersprochen hat (vgl zu den Grundsätzen der Darlegungs- und Beweislast auch BeckOK-BGB/*Fritzsche* § 912 Rn 31–33).

9 [7] **Verantwortlichkeit für Hilfspersonal.** Hat der Eigentümer des Stammgrundstücks die Bauleitung nicht selbst ausgeübt, sondern auf einen Architekten übertragen, hat er darzulegen und zu beweisen, dass diesem hinsichtlich des Überbaus weder Vorsatz noch grobe Fahrlässigkeit zur Last liegt; denn der Architekt gilt insoweit als Repräsentant des Bauherrn (BGH NJW 1977, 375). Die Musterklage wäre daher dahingehend zu ergänzen:

► Der Kläger hat den Architekten ... mit der Planung und Bauüberwachung beauftragt und sich vor Beginn der Bauarbeiten davon überzeugt, dass die Lage der geplanten Garage dem Grenzverlauf entspricht, indem er bei der Errichtung des Schnurgerüstes zugegen war/selbst die Lage nachgemessen hat. ◄

10 [8] **Abstandsfläche.** Die Bestimmung des § 912 Abs. 1 gilt analog, wenn der Eigentümer zwar nicht über die Grenze, aber unter Verletzung der Abstandsflächenvorschriften baut (OLG Karlsruhe, NJW-RR 1993, 665). In diesem Fall ist der Vortrag um die Tatsachen die für die Berechnung der einzuhaltenden Abstandsflächen maßgeblich sind, zu erweitern (das betrifft v.a. die Klage auf Zahlung einer Überbaurente bzw auf Beseitigung gem. § 1004 Abs. 1). Der Eigentümer des Stammgrundstücks hat darzulegen und zu beweisen, dass ihm hinsichtlich der Verletzung der Abstandsflächen weder Vorsatz noch grobe Fahrlässigkeit zur Last liegt. Insoweit kommen auch Rechtsirrtümer in Betracht.

11 [9] **Nutzungsberechtigte.** Aktiv legitimiert hinsichtlich des Duldungsanspruchs ist der Eigentümer des Stammgrundstücks. Diesem steht der Erbbauberechtigte gleich (str.; vgl Staudinger/*Roth* § 912 Rn 11). Entscheidend ist, dass hinsichtlich des Überbaus der Eigentümer als Geschäftsherr auftritt. Ist der Überbau durch einen Dritten in Ausübung eines beschränkten obligatorischen oder dinglichen Nutzungsrechts ausgeführt worden, treten die Rechtsfolgen des § 912 Abs. 1 ein, wenn der Eigentümer den Überbau genehmigt (§§ 182, 184; Staudinger/*Roth*, aaO). Da die Genehmigung rückwirkende Kraft hat, sollte der Eigentümer dies nur tun, wenn er mit dem Nutzungsberechtigten vorher eine Vereinbarung getroffen hat, wer im Innenverhältnis für die rückständige Überbaurente aufkommt. Im Prozess hat der Eigentümer den Vortrag dahingehend zu ergänzen, dass er den Überbau genehmigt hat. ME liegt auch in der Klageerhebung eine konkludente Genehmigung, da diese nicht nur dem Besitzer gegenüber sondern

auch dem Eigentümer des belasteten Grundstücks gegenüber erklärt werden kann (vgl § 182 Abs. 1).

B. Überbaurente

I. Muster: Klage auf Zahlung einer Überbaurente 12

▶ An das

Amtsgericht/Landgericht[1] ■■■

Klage

In dem Rechtsstreit

■■■

– Kläger –

■■■ Prozessbevollmächtigter

gegen

■■■

– Beklagter –

wegen: Zahlung einer Überbaurente

zeige ich die Vertretung des Klägers an. Namens und in Vollmacht des Klägers erhebe ich Klage und werde beantragen:

I. Der Beklagte wird verurteilt, jeweils jährlich im Voraus bis zum 3. Werktag eines Jahres, beginnend mit dem 4.1. ■■■ an den Kläger eine Überbaurente iHv 1.391,12 EUR zu bezahlen.

II. Der Beklagte wird verurteilt, die Eintragung der Höhe der Überbaurente in Abteilung II des Grundbuchs des AG ■■■ von ■■■ Band ■■■ Blatt ■■■[2] zu bewilligen.

III. ■■■ (Prozessanträge)[3], [4]

vorläufiger Streitwert:

Gründe

I.

Der Kläger ist Eigentümer des Grundstücks ■■■ vorgetragen im Grundbuch des AG ■■■ von ■■■ Band ■■■ Blatt ■■■

Beweis: Grundbuchauszug, vorgelegt als Anlage K 1

Der Beklagte ist Eigentümer des Grundstücks ■■■ vorgetragen im Grundbuch des AG ■■■ von ■■■ Band ■■■ Blatt ■■■

Beweis: Grundbuchauszug, vorgelegt als Anlage K 2

Beide Grundstücke sind benachbart.

Beweis: Auszug aus der amtlichen Flurkarte, vorgelegt als Anlage K 3

Bis zum ■■■ gehörten zum Grundstück des Beklagten sowohl die Parzelle, die nach wie vor im Eigentum des Beklagten steht als auch die Parzelle, die nunmehr im Eigentum des Klägers steht. Diese ist als selbständiges Grundstück erst durch Aufteilung des Beklagten am ■■■ entstanden.

Beweis: Grundbuchauszug, bereits vorgelegt als Anlage K 1 und K 2

Während das Grundstück noch nicht geteilt war, hat der Beklagte das Grundstück ■■■ mit einem Hotel bebaut. Dieses Gebäude nimmt auch 1000 qm des Grundstücks des Klägers ein.

Beweis:
- Augenschein;
- Auszug aus der amtlichen Flurkarte, vorgelegt als Anlage K 3;
- Sachverständigengutachten

Am ▪▪▪ wurde das nunmehr aufgeteilte Grundstück ▪▪▪ an den Kläger aufgelassen.

Beweis: Grundbuchauszug, vorgelegt als Anlage K 1

Der Verkehrswert der überbauten Fläche ist mit 30.000,00 EUR anzusetzen.

Beweis: Sachverständigengutachten

Es ist davon auszugehen, dass das Hotelgebäude eine Nutzungsdauer von mindestens noch 80 Jahren haben wird.

Beweis: Sachverständigengutachten

Hieraus errechnet sich bei einem Zinssatz von 4,5 % die jährlich zu zahlende Rente nach folgender Formel:[5]

Z: Rente
PV: Kapital (Verkehrswert der Grundstücksfläche, die durch den Überbau in Anspruch genommen ist)
r: Zinssatz
N: Nutzungsdauer
Z = PV :{1/r-1[1:r(1+r)N]}

Werden die entsprechenden Beträge eingesetzt, ergibt sich eine Rente iHv 1.391,12 EUR.

Der Kläger hat den Beklagten aufgefordert, eine Überbaurente in dieser Höhe zu bezahlen, sowie eine Vereinbarung zu schließen, durch die die Höhe der Überbaurente entsprechend festgelegt wird, die in das Grundbuch eingetragen wird.

Beweis: Schreiben vom ▪▪▪ vorgelegt als Anlage K 4

Hiervon wollte der Beklagte jedoch nichts wissen.[6]

II.

1.

Dem Kläger steht ein Anspruch auf Zahlung der Rente iHv jährlich 1.391,12 EUR gem. § 912 Abs. 2 BGB zu.

Der Kläger ist Eigentümer des Grundstücks ▪▪▪

Dieses Grundstück ist auf einer Fläche von 1000 qm mit einem Hotelgebäude überbaut.

Der Beklagte ist Eigentümer des Grundstücks ▪▪▪ Dieses Grundstück ist als Stammgrundstück anzusehen. Von diesem Grundstück aus wird das Hotel betrieben.

Durch die Teilung des früheren Grundstücks des Beklagten und Veräußerung an den Kläger ist ein „nachträglicher Eigengrenzüberbau" entstanden. Der Erwerber hat den Überbau zu dulden. Er ist jedoch berechtigt, die gem. § 912 Abs. 2 BGB geschuldete Überbaurente zu fordern (Grziwotz/Lüke/Saller/*Grziwotz* Rn II 328, 329).

Die Höhe der Überbaurente richtet sich nach dem Verkehrswert zum Zeitpunkt des Überbaus (BGH NJW 1972, 201). Der Rentenbetrag ist zu ermitteln, indem der Verkehrswert der überbauten Fläche und die voraussichtliche Nutzungsdauer des übergebauten Gebäudeteils festgestellt werden. Der Verkehrswert ist entsprechend abzuzinsen (Grziwotz/Lüke/Saller/*Grziwotz* Rn II 288). Diesen Anforderungen wird die Barwertformel gerecht.Die Überbaurente ist jeweils jährlich im Voraus an den Eigentümer des belasteten Grundstücks zu zahlen (§ 913).

2.

Dem Kläger steht ein Anspruch auf Bewilligung der Eintragung der Höhe der Überbaurente im Grundbuch gem. §§ 894, 912 Abs. 2, 914 Abs. 2 BGB zu. Zwar ist nicht das Bestehen des Rentenstammrechts eintragungsfähig (§ 914 Abs. 2 BGB). Wohl ist aber eine Einigung über die Höhe der Überbaurente eintragungsfähig (§ 914 Abs. 2 BGB). Kommt es zu keiner Vereinbarung der Parteien, sondern wird die Höhe der Überbaurente durch Urteil festgestellt, ist die Eintragung ebenfalls erforderlich, da andernfalls ein Erwerber nicht an die Feststellung der Höhe der Rente gebunden wäre (§ 325 ZPO).

Die Voraussetzungen des § 894 BGB liegen vor.

Die Höhe der Überbaurente ist im Grundbuch nicht eingetragen.

Die Höhe der Überbaurente wird durch Urteil in diesem Verfahren festgestellt. Sie wirkt wie eine dingliche Last ähnlich einer Reallast des Stammgrundstücks. Damit die Feststellung der Höhe der Rente entsprechend verdinglicht wird, ist diese im Grundbuch einzutragen. § 914 Abs. 2 BGB ist insoweit ergänzend auszulegen.

Der Kläger ist aktivlegitimiert, da er als Eigentümer des überbauten Grundstücks hinsichtlich der Rente berechtigt ist.[7], [8]

Der Beklagte ist passivlegitimiert, da die Rente ähnlich einer Reallast als Beschränkung seines Grundeigentums in das Grundbuch einzutragen ist.

Dementsprechend wird allgemein vertreten, dass auch eine gerichtliche Festsetzung der Höhe der Überbaurente nur durch Eintragung in das Grundbuch dinglich wirksam wird (MüKo-BGB/Säcker § 914 Rn 2).[9], [10], [11], [12]

...

Rechtsanwalt ◄

II. Erläuterungen und Varianten

[1] Der **Streitwert** richtet sich nach § 9 ZPO. Es ist mithin die 3,5 fache Jahresrente maßgeblich. Die örtliche **Zuständigkeit** richtet sich nach § 24 ZPO. 13

[2] Hinsichtlich der **Bezeichnung von Grundstücken** s. § 904 Rn 4. 14

[3] Hinsichtlich der **Prozessanträge** s. § 904 Rn 8. 15

[4] Gem. § 258 ZPO kann auch auf **künftige Leistung** geklagt werden. 16

[5] Ausgangspunkt für die **Bemessung der Überbaurente** ist der Verkehrswert der überbauten Fläche zum Zeitpunkt des Überbaus (BGH NJW 1972, 201). Die Überbaurente kann hieraus ermittelt werden, indem der Verkehrswert mit einem angemessenen Zinssatz multipliziert wird. Diese Berechnung hat zB das OLG Karlsruhe gebilligt (OLG Karlsruhe, Urt. v. 22.12.1993, 6 U 107/93, Justiz 1994, 480). Diese Berechnungsmethode ist vor allem dann ausreichend genau, wenn der Verkehrswert der überbauten Fläche nicht allzu hoch ist. Sie lässt aber unberücksichtigt, dass der Überbauende den Verkehrswert nur vorübergehend für seinen Überbau vereinnahmt. Es ist daher genauer, wenn berechnet wird, welche Rente erzielbar wäre, wenn ein Kapital in Höhe des Verkehrswertes einmalig zum Zeitpunkt des Überbaus mit einem angemessenen Zinssatz zur Auszahlung einer Rente angelegt würde. Die sich ergebende Rente kann anhand der im Muster angegebenen **Barwertformel** berechnet werden. 17

[6] Der **Kläger** ist **darlegungs- und beweisbelastet** hinsichtlich der Tatsachen, auf die er sein Grundstückseigentum stützt, hinsichtlich des Eigentums des Beklagten an dem Nachbargrundstück, dass ein Überbau vom Nachbargrundstück auf sein Grundstück vorliegt, in welchem Umfang dies der Fall ist, wann der Überbau errichtet wurde, dass der Eigentümer des Nachbargrundstücks insoweit als Bauherr aufgetreten ist, sowie hinsichtlich des Verkehrswertes der überbauten Fläche zum Zeitpunkt des Überbaus und der Dauer der voraussichtlichen Inanspruchnahme der Fläche durch den Überbau. Er ist nicht darlegungs- und beweisbelastet hinsichtlich eines etwaigen Widerspruchs gegen den Überbau; denn anstelle der Beseitigung eines rechtswidrigen gegen seinen Widerspruch errichteten Überbaus kann er sich auch (zunächst) darauf beschränken, lediglich die Überbaurente zu fordern. Weiterhin ist er auch nicht darle- 18

gungs- und beweisbelastet, dass den Eigentümer des Stammgrundstücks weder Vorsatz noch grobe Fahrlässigkeit hinsichtlich des Überbaus treffen; denn auch insoweit kann er über die Rente hinausgehend Beseitigung verlangen, wenn der Überbauende dies einwenden sollte. Schließlich ist auch unerheblich, ob der Verpflichtete dem Überbau zugestimmt hat, so dass dieser nicht rechtswidrig ist; denn für einen rechtmäßigen Überbau kann der Verpflichtete erst recht die Überbaurente verlangen (Grziwotz/Lüke/Saller/*Grziwotz* Rn II 316).

19 [7] **Rentenberechtigt** sind neben dem Eigentümer des überbauten Grundstücks auch die in § 916 genannten dinglich Berechtigten. Wollen sie ihre Rente einklagen, müssen sie zusätzlich darlegen und beweisen, dass sie an dem Grundstück ein Erbbaurecht oder eine Dienstbarkeit erworben haben. Entsprechendes gilt für Dauerwohn- und nutzungsberechtigte (§ 31 WEG). Weiterhin haben sie darzulegen, inwieweit die Ausübung ihres Rechts durch den Überbau beeinträchtigt ist. Auf dieser Basis ist dann der Wert der Beeinträchtigung bzw die Rente zu ermitteln. Dies kann dazu führen, dass der Rentenverpflichtete jeweils eine Teilrente an den Eigentümer und den bzw die beschränkt dinglich Berechtigten zu entrichten hat.

20 [8] Auf Zahlung bzw Festsetzung der Rente können auch **Grundpfandgläubiger** klagen; denn die Rente ist Bestandteil des Grundstücks (§ 96) und wird daher von der Hypothek bzw Grundschuld erfasst (§§ 1126, 1192 Abs. 1). Sie hätten also ergänzend vorzutragen, dass sie ein entsprechendes Grundpfandrecht erworben haben.

21 [9] **Rentenverpflichtete.** Wird das dienende Grundstück veräußert, geht die Verpflichtung zur Zahlung der Überbaurente auf den Erwerber über. Insoweit ist gutgläubiger Erwerb ausgeschlossen (Palandt/*Bassenge* § 913 Rn 1). Der Gläubiger der Rente hat also nur darzulegen, dass das Eigentum an dem Grundstück von demjenigen, der als Eigentümer überbaut hat, auf den Dritten übergegangen ist. Allerdings ist zu beachten, dass der Erwerber für Rückstände mit dem Grundstück nur dinglich haftet, während er für die Rentenansprüche, die auflaufen, während er Eigentümer ist, auch persönlich haftet (§§ 914 Abs. 3, 1107, 1113). Sind bspw Rückstände hinsichtlich der Überbaurente iHv 2.000,00 EUR und laufende Rentenansprüche iHv 1.000,00 EUR zur Zahlung offen, und soll der Voreigentümer nicht in Anspruch genommen werden, könnte der Berechtigte beantragen:

► I. Der Beklagte wird verurteilt, wegen einer Forderung iHv ■■■ (Rente einschließlich Rückstand zzgl Zinsen und Kosten) die Zwangsvollstreckung in das Grundstück ■■■, vorgetragen im Grundbuch des AG ■■■ von ■■■, Band ■■■, Blatt ■■■ zu dulden.

II. Der Beklagte wird verurteilt, an den Kläger 1.000,- EUR zzgl Zinsen iHv 5%-Punkten über dem jeweiligen Basiszinssatz hieraus ab Rechtshängigkeit zu bezahlen.

III. ■■■ (Prozessanträge) ◄

22 [10] **Teilung des Grundstücks.** Wird das dienende Grundstück geteilt, auch bei Bildung von Wohnungseigentum, haften die Erwerber gesamtschuldnerisch, und zwar für Ansprüche, die nach Teilung und Veräußerung entstanden sind, auch persönlich, iÜ dinglich (§ 1108). Hinsichtlich der Antragstellung wird auf Rn 21 verwiesen.

23 [11] **Veräußerung des Grundstücks.** Veräußert der Eigentümer des überbauten Grundstücks, ist hinsichtlich der Darlegungs- und Beweislast zu differenzieren:

- fordert der Erwerber nur die Zahlung der Rente, die nach Eigentumsübergang fällig wird, hat er lediglich den Eigentumswechsel (zweckmäßigerweise anhand des Grundbuchs) nachzuweisen; denn das Rentenstammrecht geht gem. § 96 mit dem Eigentum am Grundstück über (Palandt/*Bassenge* § 913 Rn 2).
- macht er demgegenüber auch Rentenansprüche geltend, die vor Eigentumsübergang fällig wurden, hat er darzulegen, dass diese an ihn abgetreten wurden (§ 398), da hinsichtlich der bereits fälligen Zahlungsansprüche der frühere Eigentümer Gläubiger bleibt (Palandt/*Bassenge* aaO).

[12] **Grunddienstbarkeit.** Vereinbarungen sind vor allem möglich hinsichtlich der Zulässigkeit 24
des Überbaus, der Höhe der Überbaurente und des Verzichts auf eine Überbaurente. Vereinbarungen können sowohl schuldrechtlich als auch dinglich geschlossen werden. Schuldrechtliche Vereinbarungen wirken grundsätzlich nur in dem Verhältnis der Parteien, die die Vereinbarung geschlossen haben. Eine Besonderheit gilt für die Gestattung des Überbaus. Auch wenn der Rechtsnachfolger des Eigentümers des überbauten Grundstücks, der den Überbau gestattet hat, mit dem Überbau nicht mehr einverstanden ist, wird er in der Regel zur Duldung des Überbaus verpflichtet sein, da dieser bei Gestattung schuldlos erfolgt (§ 912 Abs. 1). Allerdings ist er nicht an einen Verzicht auf die Geltendmachung der Überbaurente gebunden (OLG Koblenz, NJW-RR 1999, 1394).

Um diese Unsicherheiten zu vermeiden könnte folgende **notariell beglaubigte Vereinbarung** ge- 25
schlossen werden:

▶ I. Grundbuch und Sachstand
Im Grundbuch des AG … von …, Band …, Blatt … ist A als Alleineigentümer des Grundstücks … eingetragen. Das Grundstück ist in Abteilung III belastet wie folgt: … [Grundschuld zugunsten der B-Bank]. IÜ ist es unbelastet.
– dienendes Grundstück –
Weiterhin ist im Grundbuch des AG … von …, Band …, Blatt … B als Alleineigentümer des Grundstücks … eingetragen. Dieses Grundstück ist unbelastet.
– herrschendes Grundstück –
Das Grundstück des A grenzt nördlich an das Grundstück des B an.
B hat auf diesem Grundstück eine Grenzgarage errichtet. Die Einmessung hat ergeben, dass diese Garage auf einer Breite von 7 m und einer Tiefe von östlich beginnend 8 cm und westlich endend 15 cm über die Grenze hinaus auf dem Grundstück des A errichtet ist. Die betroffene Fläche ist auf der dieser Urkunde beigefügten Planskizze schraffiert gekennzeichnet. Beide Teile sind sich darüber einig, dass ein entschuldigter Überbau vorliegt.

II. Der Eigentümer des dienenden Grundstücks duldet den Überbau. Er duldet die Nutzung des Überbaus durch den jeweiligen Eigentümer des herrschenden Grundstücks, bzw die von diesem hierzu ermächtigten Personen. Die Garage darf nur genutzt werden, um Fahrzeuge oder Gartengeräte unterzustellen. Insbesondere die Nutzung als Werkstatt ist unzulässig.
Der Eigentümer des herrschenden Grundstücks ist verpflichtet, den Überbau ordnungsgemäß zu unterhalten und in verkehrssicherem Zustand zu erhalten. Er ist berechtigt, soweit dies zur Erhaltung des Überbaus erforderlich ist, das dienende Grundstück zu betreten. Er ist verpflichtet, nach Durchführung der Instandsetzungs- und Erhaltungsarbeiten das dienende Grundstück wieder in den vorherigen Zustand zu versetzen.
Die Dienstbarkeit ist auflösend bedingt. Sie entfällt, wenn die überbaute Garage beseitigt wird oder verfällt, so dass sie nicht mehr genutzt werden kann. Sie ist befristet auf einen Zeitraum von 80 Jahren, wenn nicht vorher die vorstehend beschriebenen auflösenden Bedingungen eintreten.

III. Auf die Zahlung einer Überbaurente wird, auch mit Wirkung für die Rechtsnachfolger des Eigentümers des dienenden Grundstücks verzichtet. B zahlt zum Ausgleich für die Inanspruchnahme des Grundstücks des A einmalig 1.500,00 EUR an diesen. Dieser Betrag ist zur Zahlung fällig bis …, jedoch nicht bevor die öffentlich beglaubigte Zustimmung der … (B-Bank) sowie der Rangrücktritt der … (B-Bank) gem. Ziff. IV vorliegt. A wird diese Erklärungen vorlegen bis … B unterwirft sich wegen dieser Zahlungsverpflichtung der sofortigen Zwangsvollstreckung in sein gesamtes Vermögen.

IV. Den Parteien ist bekannt, dass die vorrangige Eintragung der Dienstbarkeit und die Eintragung des Verzichts auf die Überbaurente der Zustimmung der … (B-Bank) bedürfen. A wird diese Zustimmung in notariell beglaubigter Form bis … dem Notar … vorlegen. B trägt die

Kosten der Errichtung dieser Urkunden. Ist ▪▪▪ (B-Bank) nicht bereit, diese Erklärungen bis ▪▪▪ abzugeben, werden die Parteien diese Vereinbarung anpassen. A übernimmt nicht die Gewähr dafür, dass ▪▪▪ (B-Bank) die erforderlichen Erklärungen abgibt.

V. Die Parteien sind sich darüber einig, dass das Recht des Eigentümers des dienenden Grundstücks, gem. § 915 BGB vom jeweiligen Eigentümer des herrschenden Grundstücks Wertersatz gegen Übertragung des überbauten Grundstücksteils zu verlangen, abbedungen ist.

VI. B beantragt und A bewilligt die Eintragung der Dienstbarkeit an nächst offener bzw der ▪▪▪ (Grundschuld der B-Bank)vorgehenden Rangstelle zulasten des Grundstücks des A. Die vertragsschließenden Parteien bewilligen und B beantragt weiter die Eintragung des Verzichts auf die Zahlung einer Überbaurente an seinem rentenbelasteten Grundstück.

VII. Die Kosten dieser Urkunde und ihres Vollzuges trägt B.

▪▪▪

Notar

▪▪▪

Unterschriften der vertragsschließenden Parteien ◀

26 Soll eine **Überbaurente bezahlt** werden, könnten die Parteien Ziff. III, IV und VI der in Rn 25 dargestellten Variante der Urkunde fassen wie folgt:

▶ III. Die Parteien sind sich darüber einig, dass der jeweilige Eigentümer des herrschenden Grundstücks eine Überbaurente iHv jährlich 250,00 EUR, zahlbar jeweils bis zum 20.1. eines Jahres, erstmals jedoch zum ▪▪▪, zu zahlen hat.
Die Überbaurente erhöht oder vermindert sich entsprechend der Entwicklung des vom statistischen Bundesamt festgestellten Verbraucherpreisindexes für die Gesamtlebenshaltung (Basis: 2000 = 100), jedoch erst dann, wenn sich der Verbraucherpreisindex seit der letzten Anpassung um mindestens 10 % seit der letzten Erhöhung oder Verminderung verändert hat. Die geänderte Überbaurente ist dann ab dem nächsten Fälligkeitstermin zu zahlen.
A wird die öffentlich beglaubigte Zustimmung der ▪▪▪ (B-Bank) bis zum ▪▪▪ zur Vereinbarung und Eintragung der Überbaurente sowie zum Rangrücktritt hinsichtlich der Dienstbarkeit vorlegen.
B unterwirft sich wegen der vorstehend übernommenen Zahlungsverpflichtung der Zwangsvollstreckung in sein gesamtes Vermögen.
▪▪▪

IV. Den Parteien ist bekannt, dass die vorrangige Eintragung der Dienstbarkeit und die Eintragung der Vereinbarung über die Höhe der Überbaurente der Zustimmung der ▪▪▪ (B-Bank) bedürfen. A wird diese Zustimmung in notariell beglaubigter Form bis ▪▪▪ dem Notar ▪▪▪ vorlegen. B trägt die Kosten der Errichtung dieser Urkunden. Ist ▪▪▪ (B-Bank) nicht bereit, diese Erklärungen bis ▪▪▪ abzugeben, werden die Parteien diese Vereinbarung anpassen. A übernimmt nicht die Gewähr dafür, dass ▪▪▪ (B-Bank) die erforderlichen Erklärungen abgibt.

VI. Die Parteien beantragen und bewilligen die Eintragung der Dienstbarkeit an nächst offener, jedoch den Belastungen in Abteilung III vorgehender Rangstelle im Grundbuch ▪▪▪ (Grundstück des A).

Weiterhin beantragen und bewilligen sie die Eintragung der Überbaurente an nächst offener Rangstelle zulasten des Grundstücks ▪▪▪ (Grundstück des B). ◀

Die Variante geht davon aus, dass die Vereinbarung die Laufzeiten gem. § 3 PrKlG überschreitet.

27 Vgl zur Gestaltung von Vereinbarungen auch die Muster in Grziwotz/Lüke/Saller/*Grziwotz* S. 451 ff, auch zur Frage der Eintragung eines Aktivvermerks am rentenberechtigten Grundstück.

Es ist str., ob auch im Fall der Festsetzung der Überbaurente durch Urteil eine **Eintragung im Grundbuch** erfolgen kann. Es sollte daher versucht werden, wenigstens hinsichtlich der Eintragung eine vergleichsweise Regelung herbeizuführen. Ein **Vergleich** könnte folgenden Wortlaut haben: 28

▶ I. Sachstand
Der Kläger ... ist Eigentümer des Grundstücks ... (im Folgenden rentenberechtigtes Grundstück genannt).
Der Beklagte ist Eigentümer des Grundstücks ... (im Folgenden rentenverpflichtetes Grundstück genannt).
Der Beklagte hat an der Grundstücksgrenze eine Doppelhaushälfte errichtet, die auf einer Tiefe von ... m auf das Grundstück des Klägers hinüberragt. Die Parteien führen deswegen vor dem AG/LG ... einen Rechtsstreit, um die Überbaurente festzusetzen.

II. Die Parteien sind sich darüber einig, dass die Überbaurente in der gerichtlich festzusetzenden Höhe bestehen soll. Sie soll entsprechend in das Grundbuch eingetragen werden. Der Beklagte bewilligt daher die Eintragung der Überbaurente in der durch rechtskräftiges Urteil des AG/LG in dem Rechtsstreit ...Kläger gegen ... Beklagter, Az ... festgesetzten Höhe zu Lasten des rentenverpflichteten Grundstücks. Die Parteien beantragen die Eintragung der Überbaurente, zu Lasten des rentenverpflichteten Grundstücks sowie die Eintragung eines Vermerks zugunsten des rentenberechtigten Grundstücks.

III. Die Kosten des Vollzugs und der Eintragung trägt der Beklagte, iÜ werden die Kosten des Vergleichs gegeneinander aufgehoben. ◀

C. Rechtwidriger Überbau

I. Muster: Klage auf Beseitigung eines rechtwidrigen Überbaus 29

▶ An das Amtsgericht/Landgericht ...[1]

723

Klage

In dem Rechtsstreit

...

– Kläger –

... Prozessbevollmächtigter

gegen

...

– Beklagter –

wegen: Beseitigung eines Überbaus

zeige ich die Vertretung des Klägers an. Namens und in Vollmacht des Klägers erhebe ich Klage und werde beantragen:

I. Der Beklagte wird verurteilt, den auf dem Grundstück des Klägers ..., vorgetragen im Grundbuch des AG ... von ... Band ... Blatt ...[2] errichteten Überbau, bestehend aus Fundament und Bodenplatte, gemessen von dem das Grundstück des Klägers an der Nordostecke abmarkenden Grenzstein aus in 5 bis 12 m Abstand an der gemeinsamen, vom Grundstück des Klägers aus gesehen nördlichen Grenze, mithin in einer Breite von 7 m, und in einer Tiefe von bei 5 m Abstand beginnend ca 8 cm und bis 12 m Abstand langsam ansteigend bis auf ca 15 cm zu beseitigen.[3]

II. Der Beklagte wird verurteilt, es zu unterlassen, die Grenzgarage fertig zu stellen, soweit hierdurch das Grundstück des Klägers wie in Ziff. 1 beschrieben, überbaut wird.

III. ... (Prozessanträge)[4]

Weiterhin beantrage ich hilfsweise für den Fall, dass das Gericht zu dem Ergebnis gelangt, dass der Überbau gem. § 912 Abs. 1 BGB durch den Kläger zu dulden sei:[5]

I. Der Beklagte wird verurteilt, an den Kläger jeweils jährlich im Voraus zum 1.2., jedoch erstmals zum ▪▪▪ eine Überbaurente iHv 250,00 EUR zu bezahlen.

vorläufiger Streitwert: ▪▪▪

Gründe

I.

Der Kläger ist Eigentümer des Grundstücks ▪▪▪ vorgetragen im Grundbuch des AG ▪▪▪ von ▪▪▪ Band ▪▪▪ Blatt ▪▪▪

Beweis: Grundbuchauszug, vorgelegt als Anlage K 1

Der Beklagte ist Eigentümer des nördlich angrenzenden Grundstücks ▪▪▪ vorgetragen im Grundbuch des AG ▪▪▪ von ▪▪▪ Band ▪▪▪ Blatt ▪▪▪

Beweis: Grundbuchauszug, vorgelegt als Anlage K 2

Der Beklagte errichtet auf diesem Grundstück eine Grenzgarage. Zwischenzeitlich sind die Fundamente und die Bodenplatte errichtet.

Beweis: Augenschein

Die weiteren Bauarbeiten wurden vorläufig im Hinblick auf diesen Rechtsstreit einvernehmlich eingestellt.

Bei Errichtung der Garage hat der Beklagte über die gemeinsame Grundstücksgrenze gebaut. In 5 m Entfernung zur Nordostecke des Grundstücks hat der Beklagte in einer Tiefe von 8 cm und langsam ansteigend bis zu einer Tiefe von 15 cm in einem Abstand von 12 m zur Nordostecke des Grundstücks des Klägers, mithin auf einer Breite von 7 m das Grundstück des Klägers in Anspruch genommen.

Beweis: Sachverständigengutachten

Bereits bei Errichtung des Schnurgerüstes hat der Kläger der Lage der Garage mündlich im Beisein des Beklagten widersprochen

Beweis: Zeuge NN

Der Beklagte hat die Arbeiten gleichwohl fortgesetzt mit dem Argument, er vertraue darauf, dass der von ihm beauftrage Unternehmer das Schnurgerüst ordnungsgemäß erstellt habe.

Zwischenzeitlich hat der Kläger den Vermessungsingenieur, Dipl. Ing. ▪▪▪ beauftragt, nachzumessen. Dieser hat dann den im Klageantrag zu Ziff. 1 näher beschriebenen Überbau festgestellt.

Beweis: Gutachterliche Stellungnahme des Dipl. Ing. ▪▪▪ vom ▪▪▪, vorgelegt als Anlage K 3

Dem ist der Beklagte entgegengetreten mit der Begründung, es solle die gerichtliche Klärung der Angelegenheit abgewartet werden.[6]

II.

Dem Kläger steht ein Anspruch auf Beseitigung der bereits errichteten Bauteile der Grenzgarage zu, soweit diese auf seinem Grundstück liegen (§ 1004 Abs. 1 S. 1 BGB). Weiterhin steht ihm ein Anspruch auf Unterlassung des Weiterbaus zu, soweit dieser auf seinem Grundstück erfolgen soll (§ 1004 Abs. 1 S. 2 BGB).

Der Kläger ist Eigentümer des Grundstücks ▪▪▪

Der Beklagte ist passivlegitimiert. Er ist Handlungsstörer, da die Errichtung der Garage in seinem Namen und für seine Rechnung erfolgt.

Soweit die Garage auf dem Grundstück des Klägers errichtet wird, wird dessen Eigentum beeinträchtigt; denn insoweit kann er die Grundstücksfläche nicht mehr nach seinem Gutdünken nutzen.

Der Kläger ist nicht zu Duldung des Überbaus verpflichtet (§ 1004 Abs. 2 BGB). Eine Duldungspflicht ergibt sich insbesondere nicht aus § 912 Abs. 1 BGB. Insoweit kann dahingestellt bleiben, ob es dem

Beklagten gelingen wird, die Voraussetzungen dieser Vorschrift darzulegen; denn ein entschuldigter Überbau liegt schon deshalb nicht vor, weil der Kläger dem Überbau sofort nach Errichtung des Schnurgerüstes und vor Beginn der Fundamentierungsarbeiten widersprochen hat. Eine Form ist für die Erhebung des Widerspruchs nicht vorgeschrieben (Hk-BGB/Staudinger § 912 Rn 11). Der Widerspruch ist dem Beklagten zugegangen (§ 130 Abs. 1 BGB), da er bei Erhebung des Widerspruchs zugegen war.

Der Unterlassungsanspruch ergibt sich aus § 1004 Abs. 1 S. 2 BGB. Da der Beklagte vorbehaltlich gerichtlicher Klärung beabsichtigt, die Garage fertigzustellen, wie sie nun liegt, sind weitere Beeinträchtigungen des Eigentums des Klägers zu besorgen.

Die hilfsweise erhobene Klage ist zulässig. Insbesondere liegt eine innerprozessuale Bedingung vor. Die Voraussetzungen der objektiven Klagehäufung (§ 260 ZPO) sind ebenfalls erfüllt.

Sollte das Gericht zu dem Ergebnis kommen, dass zwar ein Überbau vorliegt, dieser jedoch gem. § 912 Abs. 1 BGB durch den Kläger zu dulden sei, steht diesem ein Anspruch auf Zahlung einer Überbaurente gem. § 912 Abs. 2 BGB zu. Ist die überbaute Fläche verhältnismäßig gering, kann die Überbaurente pauschal geschätzt werden (OLG Koblenz NJW-RR 1999, 1394).

■■■

Rechtsanwalt ◄

II. Erläuterungen

[1] Der **Streitwert** richtet sich nach dem Interesse des Klägers an der Beseitigung des Überbaus und der Unterlassung der Fertigstellung (§ 3 ZPO). Der hilfsweise erhobene Anspruch auf Verurteilung zur Zahlung einer Geldrente erhöht den Streitwert nicht, da hierdurch nur der Eingriff in das Interesse an der Unterlassung des Überbaus kompensiert werden soll (vgl Musielak/*Heinrich* § 5 Rn 11). Die örtliche **Zuständigkeit** richtet sich nach § 24 ZPO. 30

[2] Hinsichtlich der **Grundstücksbezeichnung** s. § 904 Rn 4. 31

[3] **Klageantrag.** Bei Antragstellung ist darauf zu achten, dass die Gebäudeteile, deren Beseitigung verlangt wird, genau bezeichnet werden. Insbesondere besteht kein Anspruch auf Beseitigung des gesamten Gebäudes sondern nur hinsichtlich der Gebäudeteile, die über die Grenze gebaut werden. Der Klageantrag stellt den Versuch dar, die zu beseitigenden Teile sprachlich genau zu bezeichnen. Häufig wird die Bezeichnung durch eine der Klage (und später dem Urteil) beizufügende Skizze einfacher und klarer sein. 32

[4] Hinsichtlich der **Prozessanträge** s. § 904 Rn 8, wobei hier darzulegen ist, dass eine Güteverhandlung nicht aussichtsreich erscheint, weil sich die Parteien letztlich darauf verständigt haben, dass gerichtlich geklärt werden soll, wie der Grenzverlauf ist. 33

[5] Es empfiehlt sich, im Wege der **Eventualklagehäufung** auf Zahlung einer Überbaurente zu klagen. Sollte das Gericht zu dem Ergebnis kommen, dass der Kläger hinsichtlich der Frage, ob er rechtzeitig Widerspruch erhoben hat, beweisfällig geblieben ist, oder dass der Überbau ausnahmsweise trotzdem analog § 912 Abs. 1 zu dulden sei (zB weil das Beseitigungsverlangen missbräuchlich sei, vgl BGH NJW 1974, 1552), kann in demselben Verfahren die Höhe der Überbaurente festgesetzt werden. Andernfalls müsste der Kläger einen neuen Prozess anstrengen, in dem dann auch wieder über die Frage zu befinden wäre, ob die Voraussetzungen des § 912 Abs. 1 überhaupt vorliegen, da bei Klageabweisung nur rechtskräftig festgestellt würde, dass dem Kläger kein Anspruch auf Beseitigung und Unterlassung zusteht. Dieses Vorgehen ist auch bei einer Klage auf Beseitigung eines durch den Nachbarn unter Verletzung der Grenze angebrachten Wärmedämmverbundsystems zu empfehlen, da hier durchaus zweifelhaft sein kann, ob das Gericht eine Beseitigungsverpflichtung aussprechen wird (vgl hierzu OLG Köln NJW-RR 2003, 376; OLG Karlsruhe NJW 2010, 620; *Horst*, NJW 2010, 122). 34

35 [6] Der Kläger trägt die **Darlegungs- und Beweislast**, dass er Eigentümer des Grundstücks ist, dieses Eigentum dadurch beeinträchtigt wird, dass ein Grenzüberbau errichtet wurde und dass der Beklagte insoweit als Störer verantwortlich ist, weil er Bauherr dieses Überbaus ist. Der Beklagte trägt grundsätzlich die Darlegungs- und Beweislast hinsichtlich der Tatsachen, auf die er die Duldungspflicht stützt (§ 1004 Abs. 2). Allerdings trägt der Kläger die Darlegungs- und Beweislast dafür, dass er rechtzeitig Widerspruch erhoben hat (§ 912 Abs. 1; „ es sei denn"). Ist absehbar, dass die Parteien im Kern um diese Frage streiten werden, sollte aus Gründen der Prozessökonomie gleich bei Klageerhebung der entsprechende Vortrag erfolgen.

§ 914 Rang, Eintragung und Erlöschen der Rente

(1) [1]Das Recht auf die Rente geht allen Rechten an dem belasteten Grundstück, auch den älteren, vor. [2]Es erlischt mit der Beseitigung des Überbaus.
(2) [1]Das Recht wird nicht in das Grundbuch eingetragen. [2]Zum Verzicht auf das Recht sowie zur Feststellung der Höhe der Rente durch Vertrag ist die Eintragung erforderlich.
(3) Im Übrigen finden die Vorschriften Anwendung, die für eine zugunsten des jeweiligen Eigentümers eines Grundstücks bestehende Reallast gelten.

1 Eintragungsfähig ist weder der Duldungsanspruch zugunsten des Eigentümers noch das Rentenstammrecht zugunsten des Eigentümers des dienenden Grundstücks. Soll der Überbau dinglich geregelt und abgesichert werden, ist daher eine **beschränkte Grund- oder persönliche Dienstbarkeit** zu bestellen. Hierbei ist darauf zu achten, dass sich der Regelungsgehalt nicht in der Regelung der Verpflichtung zur Duldung des Überbaus und der Zahlung der Rente erschöpft. Hinsichtlich der Einzelheiten wird auf § 912 Rn 25, 26 verwiesen.

§ 915 Abkauf

(1) [1]Der Rentenberechtigte kann jederzeit verlangen, dass der Rentenpflichtige ihm gegen Übertragung des Eigentums an dem überbauten Teil des Grundstücks den Wert ersetzt, den dieser Teil zur Zeit der Grenzüberschreitung gehabt hat. [2]Macht er von dieser Befugnis Gebrauch, so bestimmen sich die Rechte und Verpflichtungen beider Teile nach den Vorschriften über den Kauf.
(2) Für die Zeit bis zur Übertragung des Eigentums ist die Rente fortzuentrichten.

1 A. Muster: Klage auf Übernahme der überbauten Grundstücksfläche durch den Nachbarn, der den Überbau zu vertreten hat

▶ An das Amtsgericht/Landgericht ...

Widerklage

In dem Rechtsstreit

...

– Kläger und Widerbeklagter –

... Prozessbevollmächtigter

gegen

...

– Beklagter und Widerkläger –

wegen: Duldung eines Überbaus

erhebe ich namens und in Vollmacht des Widerklägers Widerklage und werde beantragen:

I. Der Widerbeklagte wird verurteilt, Zug um Zug gegen lastenfreie Übereignung einer noch zu vermessenden Teilfläche aus dem Grundstück des Beklagten ... vorgetragen im Grundbuch des AG ... von ... Band ... Blatt ... beginnend in 5 m Abstand zu der nordöstlichen Ecke des Grundstücks des Beklagten, auf einer Breite von 7 m entlang der gemeinsamen Grundstücksgrenze zwischen dem Grundstück des Beklagten und dem Grundstück des Kläger ... vorgetragen im Grundbuch des AG ... von ... Band ... Blatt ... und einer Tiefe, beginnend bei 5 m Abstand zur Nordostecke des Grundstücks des Beklagten von 8 cm und ansteigend bis zu einer Tiefe von 15 cm bei 12 m Abstand, an den Widerkläger 500,- EUR zu bezahlen.

II. Es wird festgestellt, dass der Widerbeklagte hinsichtlich der Annahme der Auflassung der Teilfläche gem. Ziff. 1 der Widerklage in Annahmeverzug ist.[1]

vorläufiger Streitwert: 500,00 EUR ...[2]

Gründe

1. Der Sachverständige ... hat festgestellt, dass sich die Garage des Klägers wie im Widerklageantrag beschrieben, auf dem Grundstück des Beklagten befindet. Das Gericht hat allerdings zu erkennen gegeben, dass es den Widerspruch des Beklagten für verspätet hält und deshalb davon ausgeht, dass dieser zur Duldung des Grenzüberbaus verpflichtet ist.
   Der Beklagte hat deshalb mit Schreiben vom ... dem Kläger Zug um Zug gegen Zahlung von 500,00 EUR die überbaute Fläche zur Übernahme angeboten.
   Beweis: Schreiben des Beklagten vom ..., nebst Rückschein, vorgelegt als Anlage B 1
   Der Betrag von 500,00 EUR entspricht dem Verkehrswert der überbauten Fläche.
   Beweis: Sachverständigengutachten
   Der Kläger hat jedoch erklärt, dass er in Anbetracht der Größe der überbauten Fläche die Übernahme für unwirtschaftlich halte und deshalb hieran nicht interessiert sei.[3]
2. Dem Beklagten steht ein Anspruch auf Zahlung von 500,00 EUR Zug um Zug gegen Auflassung der überbauten Fläche zu (§§ 912 Abs. 1, 915 Abs. 1 S. 2, 433 Abs. 2, 320 BGB). Er hat den Überbau gem. § 912 Abs. 1 BGB zu dulden. Er hat das Übernahmeverlangen wirksam an den Kläger gestellt. Hierbei handelt es sich um ein Gestaltungsrecht, das formfrei und einseitig durch den Verpflichteten ausgeübt werden kann, und mit Zugang (§ 130 BGB) wirksam wird. Diesen Anforderungen genügt das Übernahmeverlangen.

Der Antrag auf Feststellung des Annahmeverzugs ist zulässig. Der Beklagte hat ein Feststellungsinteresse (§ 256 Abs. 1 ZPO). Ohne die Feststellung kann er seinen Zahlungsanspruch nicht vollstrecken, solange der Kläger nicht an der Auflassung mitwirkt (§ 756 Abs. 1 ZPO).

Der Feststellungsantrag ist auch begründet. Der Kläger ist in Annahmeverzug gekommen, indem er nicht bereit war, Zug um Zug gegen Zahlung des Kaufpreises an der Auflassung mitzuwirken.

Die Voraussetzungen des Annahmeverzuges liegen vor (§§ 293, 297, 298 BGB).

Auch wenn die abzutrennende Teilfläche noch nicht vermessen ist, kann die Auflassung erfolgen; denn es reicht aus, wenn die zu übereignende Fläche konkretisiert werden kann (Palandt/Bassenge § 925 Rn 13). Der Beklagte ist damit in der Lage, die Teilfläche lastenfrei an den Kläger aufzulassen. Eines tatsächlichen Angebotes bedarf es nicht, da der Kläger zu erkennen gegeben hat, dass er die überbaute Fläche nicht übernehmen wolle. Dass die vom Kläger gem. § 448 Abs. 2 BGB ebenfalls zu tragenden Vertragskosten voraussichtlich den Wert der zu übernehmenden Fläche übersteigen werden, entlastet ihn nicht.[4], [5]

...

Rechtsanwalt ◄

B. Erläuterungen

2 [1] **Widerklage.** Für den Fall, dass sich im Muster zu § 912 Abs. 1 Rn 1 ergeben sollte, dass ein Überbau vorliegt, dieser allerdings durch den Beklagte zu dulden ist, könnte dieser Widerklage erheben mit obigen Anträgen. Hinsichtlich der Bezeichnung von Grundstücken s. § 904 Rn 4.

3 [2] Der **Streitwert** richtet sich nach dem Verkehrswert der zu übernehmenden Grundstücksfläche (§§ 3, 6 ZPO)

4 [3] Die **Darlegungs- und Beweislast** des Duldungspflichtigen richtet sich nach den Grundsätzen gem. § 912 Rn 7, 8. Verlangt er Übernahme der überbauten Grundstücksfläche hat er weiterhin die wirksame Ausübung des Übernahmeverlangens und den Verkehrswert des überbauten Grundstücksteils zum Zeitpunkt, zu dem der Überbau erfolgt ist, darzulegen und zu beweisen.

5 [4] **Hilfswiderklage auf Übernahme.** Es empfiehlt sich, im Wege der Hilfswiderklage der Duldungsklage den Übernahmeanspruch gem. § 915 entgegenzusetzen (oder auf Zahlung der Überbaurente zu klagen). In diesem Fall kann der Duldungsverpflichtete allerdings den Überbauer nicht in Annahmeverzug setzen, solange unklar ist, ob überhaupt eine Duldungspflicht besteht; denn die Auflassung kann nicht unter einer Bedingung und zwar auch nicht einer innerprozessualen Bedingung erfolgen (§ 925 Abs. 2).

6 [5] **Übernahme bei Verzicht auf Überbaurente.** Zu beachten ist, dass der Eigentümer des belasteten Grundstücks, wenn er auf die Zahlung einer Überbaurente verzichtet hat, die Übernahme nur verlangen kann, wenn er sich dieses Recht vorbehalten hat. Es wird dementsprechend auf das Muster § 912 Rn 25 verwiesen.

§ 916 Beeinträchtigung von Erbbaurecht oder Dienstbarkeit

Wird durch den Überbau ein Erbbaurecht oder eine Dienstbarkeit an dem Nachbargrundstück beeinträchtigt, so finden zugunsten des Berechtigten die Vorschriften der §§ 912 bis 914 entsprechende Anwendung.

1 Wird ein Erbbaurecht oder eine Dienstbarkeit durch einen Überbau beeinträchtigt, richten sich die Rechte des beschränkt Berechtigten grundsätzlich nach den Regeln, die für den Eigentümer des überbauten Grundstücks gelten. Er hat lediglich zusätzlich sein **beschränktes Recht**, in der Regel durch Grundbuchauszug und hinsichtlich der Beeinträchtigung ggf Auszug aus den Grundakten **nachzuweisen.** Es wird daher auf die Kommentierung zu § 912, hier insbesondere Rn 29 ff (Klage auf Beseitigung) verwiesen. Zu beachten ist, dass die beschränkt Berechtigten Übernahme gem. § 915 nicht verlangen können, da diese Bestimmung in § 916 nicht erwähnt wird.

§ 917 Notweg

(1) [1]Fehlt einem Grundstück die zur ordnungsmäßigen Benutzung notwendige Verbindung mit einem öffentlichen Wege, so kann der Eigentümer von den Nachbarn verlangen, dass sie bis zur Hebung des Mangels die Benutzung ihrer Grundstücke zur Herstellung der erforderlichen Verbindung dulden. [2]Die Richtung des Notwegs und der Umfang des Benutzungsrechts werden erforderlichenfalls durch Urteil bestimmt.
(2) [1]Die Nachbarn, über deren Grundstücke der Notweg führt, sind durch eine Geldrente zu entschädigen. [2]Die Vorschriften des § 912 Abs. 2 Satz 2 und der §§ 913, 914, 916 finden entsprechende Anwendung.

A. Muster: Klage auf Duldung des Notweges 1

▶ An das Amtsgericht/Landgericht ■■■[1] 725

Klage

In dem Rechtsstreit

■■■

– Kläger –

■■■ Prozessbevollmächtigter

gegen

■■■

– Beklagter –

wegen: Duldung eines Notweges

zeige ich die Vertretung des Klägers an. Namens und in Vollmacht des Klägers erhebe ich Klage und werde beantragen:

I. Der Beklagte wird verurteilt, zu dulden, dass der Kläger das Grundstück ■■■ vorgetragen im Grundbuch des AG ■■■ von ■■■ Band ■■■ Blatt ■■■ nutzt, um einen Zugang und eine Zufahrt zu der ■■■-Straße von seinem Grundstück ■■■ vorgetragen im Grundbuch des AG ■■■ von ■■■ Band ■■■ Blatt ■■■[2] zu erhalten.

2. ■■■ [Prozessanträge][3], [4], [5], [6], [7]

vorläufiger Streitwert: ■■■ EUR

Gründe

I.

Der Kläger ist Eigentümer des Grundstücks ■■■ vorgetragen im Grundbuch des AG ■■■ von ■■■ Band ■■■ Blatt ■■■

Beweis: Grundbuchauszug, vorgelegt als Anlage K 1

Der Beklagte ist Eigentümer des Grundstücks ■■■ vorgetragen im Grundbuch des AG ■■■ von ■■■ Band ■■■ Blatt ■■■.

Beweis: Grundbuchauszug, vorgelegt als Anlage K 2

Das Grundstück des Beklagten liegt in voller Breite an der öffentlich gewidmeten X-Straße.

Beweis:

- Augenschein
- Auszug aus der amtlichen Flurkarte, vorgelegt als Anlage K 3

Das Grundstück des Klägers liegt von der Straße aus gesehen hinter dem Grundstück des Beklagten.

Beweis: wie vor

Es ist mit einem Einfamilienhaus bebaut.

Das Grundstück des Klägers verfügt über keinen eigenen Zugang zur X-Straße oder zu einem sonstigen öffentlich gewidmeten Weg.

Beweis: wie vor

Es ist von Privatgrundstücken umgeben.

Beweis:

- wie vor
- amtliche Auskunft des Liegenschaftsamtes der Stadt ■■■, vorgelegt als Anlage K 4

Es gibt auch keinen Privatweg, an dem der Kläger dinglich oder schuldrechtlich berechtigt wäre, über den er die öffentliche Straße erreichen kann.

Beweis: Vernehmung der Zeugen NN (Eigentümer der benachbarten Grundstücke mit Ausnahme des Grundstücks des Beklagten)

Die Benutzung des Grundstücks des Beklagten als Zugang und Zufahrt ist erforderlich. Insbesondere benötigt der Kläger auch eine Zufahrt, um sein Grundstück mittels Kraftfahrzeuges erreichen zu können; denn es ist sicherzustellen, dass Handwerker und Versorgungsfahrzeuge im Bedarfsfall bis zum Anwesen des Klägers fahren können. Die Entfernung zur X-Straße beträgt, auch wenn der kürzeste Abstand gemessen wird, immerhin 50 m. Aber auch der Kläger selbst und von ihm ermächtigte Personen müssen das Anwesen des Klägers mit Kraftfahrzeugen erreichen können, da die X-Straße keine adäquaten Parkmöglichkeiten bietet.

Beweis:

- Augenschein
- Auskunft des Liegenschaftsamtes der Stadt ...

Der Kläger hat in der Vergangenheit den über das Grundstück des Beklagten an der östlichen Grenze verlaufenden Weg benützt, um auf sein Grundstück zu gelangen. Von diesem Weg aus wird auch die Garage des Beklagten angefahren.

Beweis: Zeuge NN

Der Kläger kann auch nicht ein anderes benachbartes Grundstück benutzen, um auf eine öffentliche Straße, insbesondere die X-Straße zu gelangen. Dies wäre mit ungleich größeren Belastungen verbunden. Während der Kläger auf einem bereits vorhandenen Weg über das Grundstück des Beklagten die öffentliche Straße erreichen kann, müsste dieser auf den Grundstücken der anderen Nachbarn erst angelegt werden.

Weiterhin muss der Kläger das Grundstück des Beklagten nur auf einer Länge von 50 m in Anspruch nehmen, während die Zuwegung auf den anderen benachbarten Grundstücken nicht unter 75 m zu bewerkstelligen ist.

Der Kläger hat per Einschreiben/Rückschein zuletzt mit Schreiben vom ... den Beklagten aufgefordert, die Nutzung des auf seinem Grundstück befindlichen Weges wie zuvor zu dulden.

Beweis: Schreiben vom ... nebst Rückschein ... vorgelegt als Anlage K 5

Der Beklagte hat erwidert, er sei hierzu nicht bereit, da dies zu einer Wertbeeinträchtigung seines Grundstücks führe. Was seine – zwischenzeitlich verstorbenen – Eltern vereinbart hätten, interessiere ihn nicht.[8]

II.

Dem Kläger steht ein Anspruch auf Duldung der Benutzung des Grundstücks des Beklagten durch einen Notweg gem. § 917 Abs. 1 BGB zu.

Der Kläger ist Eigentümer des Grundstücks ...

Dem Grundstück des Klägers fehlt die notwendige Verbindung mit einem öffentlichen Weg. Das Grundstück des Klägers ist ausschließlich von privaten Grundstücksflächen umgeben. Es gibt keinen Privatweg über eines dieser Grundstücke, an dem der Kläger dinglich oder auch obligatorisch berechtigt wäre. Um das Haus bewohnen zu können, ist der Kläger auf eine entsprechende Zuwegung angewiesen.

Der Beklagte ist passivlegitimiert. Sein Eigentum wird durch den Notweg am geringsten belastet. Bereits in der Vergangenheit hat der Kläger den bereits vorhandenen Weg genutzt, um sein Grundstück zu erreichen. Auf den anderen Grundstücken, die ausnahmslos bereits angelegt sind, müsste ein entsprechender Weg erst hergestellt werden.

Weiterhin benützt der Beklagte den bereits vorhandenen Weg auch teilweise selbst, um sein Grundstück mittels Pkw zu erreichen. Bei den anderen Grundstücken wäre dies in dieser Form nicht möglich bzw nicht sinnvoll.

Schließlich wird durch die Ausübung des Notwegs das Grundstück des Beklagten im Vergleich zu den Grundstücken der anderen Nachbarn auch flächenmäßig am geringsten in Anspruch genommen.

Dem Kläger steht ein Anspruch darauf zu, dass der Beklagte es duldet, dass der Kläger den vorhandenen Weg sowohl zu Fuß als auch mit Fahrzeugen nutzt. Es ist umstritten, ob das Recht auf einen Notweg zugunsten eines zu Wohnzwecken genutzten Grundstücks auch das Recht umfasst, das dienende Grundstück mit Kraftfahrzeugen zu befahren (vgl Palandt/Bassenge § 917 Rn 6). Es ist jedoch anerkannt, dass dieses Recht jedenfalls dann besteht, wenn auf der nächstgelegenen Straße kein angemessener oder ausreichender Raum zum Parken zur Verfügung steht (aaO). Dies ist vorliegend der Fall.

Der Kläger ist nicht gehalten, die Lage und Größe des Weges sowie die Art der zu duldenden Nutzung in den Klageantrag aufzunehmen. Es erscheint jedoch sachgerecht, dem Beklagten aufzugeben, die Nutzung des an der Ostgrenze des Grundstücks des Beklagten von der X-Straße zum Grundstück des Klägers verlaufenden Weges zur Ausübung des Notwegrechts in der Form zu dulden, dass dieser Weg begangen und mittels Fahrzeugen einschließlich Kraftfahrzeugen bis zu einem Gesamtgewicht von 3,5 t befahren wird.

Schließlich hat der Kläger den Beklagten auch aufgefordert, Zugang und Zufahrt durch den Kläger über das Grundstück des Beklagten wie in der Vergangenheit zu dulden.[9], [10]

...

Rechtsanwalt ◄

B. Erläuterungen und Varianten

[1] **Zuständigkeit.** Die sachliche Zuständigkeit richtet sich nach dem Interesse des Klägers an der Duldung des Notwegs (§ 7 ZPO; Staudinger/*Roth* § 917 Rn 44). Maßgeblich sind Art, Umfang und Dauer der voraussichtlichen Duldungspflicht. Die örtliche Zuständigkeit richtet sich nach der Lage des „gefangenen" Grundstücks (§ 24 ZPO). 2

[2] Hinsichtlich der **Grundstücksbezeichnung** s. § 904 Rn 4. 3

[3] Hinsichtlich der **Prozessanträge** s. § 904 Rn 8. 4

[4] Eines obligatorischen **Schlichtungsverfahrens** bedarf es **nicht** (§ 15 a Abs. 1 Nr. 2 EGZPO). 5

[5] **Klageantrag.** Bei der Duldungsklage reicht es aus, dass der Eigentümer des „gefangenen" Grundstücks auf Duldung des Zugangs und der Zufahrt zur öffentlichen Straße klagt. Er braucht weder die Richtung des Notwegs noch die Lage und Größe des Notwegs im Klageantrag anzugeben noch auch die Art der Nutzung des Notwegs (Gehen, Befahren mit Kraftfahrzeugen) (Grziwotz/Lüke/Saller/*Saller* Rn IV 70). Dies kann vielmehr **durch Urteil konkretisiert** werden (§ 917 Abs. 1 S. 2). Es empfiehlt sich daher insoweit einen unbestimmten Antrag zu stellen um ggf eine Teilabweisung zu vermeiden. Gleichwohl sollten in den Gründen der Klage die Gesichtspunkte aufgelistet werden, die für die erstrebte Art der Benutzung sowie die angestrebte Lage und Breite des Notwegs maßgeblich sind, um eine interessengerechte Konkretisierung durch Urteil zu erreichen. Weiterhin dürften diese Angaben auch erforderlich sein, um festzustellen, ob die Rechtsmittelbeschwer erfüllt ist. 6

[6] **Zurückbehaltungsrecht.** Der Duldungspflichtige kann wegen des Anspruchs auf Zahlung der Notwegrente ein Zurückbehaltungsrecht gem. § 273 ausüben (Grziwotz/Lüke/Saller/*Saller* Rn IV 66). Erhebt er diese Einrede (hilfsweise) im Prozess, führt dies zu einer Verurteilung Zug um Zug. Erhebt der Beklagte erstmals im Lauf des Prozesses die Einrede des Zurückbehaltungsrechts, kann der Kläger eine Teilabweisung seiner Klage vermeiden, indem er den Anspruch auf Duldung des Notwegs nur mehr Zug um Zug gegen Zahlung einer Rente, deren Höhe er in das Ermessen des Gerichtes stellt, geltend macht, und iÜ den Rechtsstreit für erledigt erklärt. Hat der Beklagte bereits vorprozessual die Einrede erhoben, sollte der Kläger von Anfang an nur auf eine Zug um Zug Verurteilung antragen. 7

8 [7] **Streitverkündung.** Kommen mehrere Grundstücksnachbarn als Verpflichtete in Betracht, sollte diesen der Streit verkündet werden. Kann die Zuwegung zur öffentlichen Straße über mehrere, unterschiedlichen Eigentümern gehörende Grundstücke errichtet werden, ist (nur) derjenige passivlegitimiert, der durch den Notweg am wenigsten beeinträchtigt wird. Ein klageabweisendes Urteil entfaltet nur Rechtskraft im Verhältnis der Parteien (und wenn die Voraussetzungen der §§ 265, 325 ZPO vorliegen deren Rechtsnachfolger). Um sich widersprechende Entscheidungen zu vermeiden, sollte daher den übrigen Nachbarn der Streit verkündet werden (§ 72 ZPO). Es liegt zwischen den Nachbarn ein Fall der alternativen Schuldnerschaft vor, der zur Streitverkündung berechtigt.

9 [8] **Darlegungs- und Beweislast.** Der Eigentümer, der sich auf das Notwegerecht beruft, hat dessen tatsächliche Voraussetzungen darzulegen und zu beweisen:

1. Eigentum am „gefangenen" Grundstück,
2. Fehlen einer Verbindung zu einem öffentlichen Weg, die zur ordnungsgemäßen Benutzung des gefangenen Grundstücks erforderlich ist,
3. Notwendigkeit der Duldung von Zugang und Zufahrt nach Art und Umfang sowie in zeitlicher Hinsicht,
4. Eigentum des Beklagten am „dienenden" Grundstück; die Tatsachen, die dafür sprechen, dass dieses im Verhältnis zu anderen, ebenfalls an das Grundstück des Klägers angrenzenden Grundstücken mit einer Verbindung zu einer öffentlichen Straße am wenigsten durch den Notweg beeinträchtigt wird,
5. Duldungsverlangen des Duldungsberechtigten.

10 [9] **Besitzschutzklage.** Die Klage auf Duldung des Notwegs kann auch als Widerklage erhoben werden, wenn der Duldungspflichtige den Duldungsberechtigten gem. § 862 in Anspruch nimmt (§ 863). Bei gleichzeitiger Entscheidungsreife würde dann die possessorische Klage als unbegründet abgewiesen (Grziwotz/Lüke/Saller/*Saller* Rn IV 82).

11 [10] **Hilfswiderklage auf Notwegrente.** Der Beklagte könnte der Klage hilfsweise mit einer Widerklage auf Zahlung der Notwegrente entgegentreten.

Er könnte **beantragen:**

▶ Sollte das Gericht zu dem Ergebnis kommen, dass der Beklagte gem. § 917 Abs. 1 BGB einen Notweg zugunsten des Eigentümers des klägerischen Grundstücks zu dulden hat, erhebe ich namens und in Vollmacht des Beklagten die Einrede des Zurückbehaltungsrechts (§ 273 Abs. 1 BGB). Der Beklagte ist daher in diesem Fall nur zur Duldung des Notwegs Zug um Zug einer jährlich jeweils im Voraus zahlbaren Notwegrente, fällig jeweils zum 1.2. eines jeden Jahres, jedoch erstmals zum ... iHv ... EUR zu verurteilen.

Weiterhin erhebe ich namens und in Vollmacht des Beklagten für diesen Fall hilfsweise Widerklage und werde beantragen:

I. Der Kläger wird verurteilt, an den Beklagten jeweils jährlich im Voraus bis zum 1.2. eines jeden Jahres, jedoch erstmals zum 1.2. ... eine Notwegrente iHv 250,00 EUR zu bezahlen.

II. Der Kläger wird verurteilt, die Eintragung der Höhe der Notwegrente an erster Rangstelle im Grundbuch des AG ... von ... Band ... Blatt ... zu bewilligen.

Begründung

Sollte das Gericht zu dem Ergebnis kommen, dass dem Kläger in dem in der Klage geschilderten Umfang ein Recht auf Duldung eines Notwegs zusteht, hat der Beklagte Anspruch auf Zahlung einer Notwegrente (§ 917 Abs. 2 BGB).

Maßgeblich für die Höhe der Notwegrente ist die Minderung des Verkehrswertes des Grundstücks des Beklagten, die dieses unter Berücksichtigung der individuellen Gegebenheiten durch den Notweg insgesamt erfährt (BGH NJW 1991, 564). Unter Berücksichtigung der Tatsache, dass durch den Notweg eine Fläche von ca. 100 qm in Anspruch genommen wird, die Fläche für eine bauliche Nutzung nicht zur Verfügung steht, der Weg teilweise auch durch den Beklagten selbst genutzt wird, und der Kläger auf seinem Grundstück lediglich ein Einfamilienhaus unterhält erscheint ein Betrag von 250,00 EUR, der gem. § 287 ZPO geschätzt werden kann, angemessen.

Dem Beklagten steht ein Anspruch auf Bewilligung der Eintragung der Notwegrente analog §§ 917 Abs. 2, 914 Abs. 2, 894 BGB zu.

Zwar ist nicht das Bestehen des Rentenstammrechts eintragungsfähig (§ 914 Abs. 2 BGB). Wohl ist aber eine Einigung über die Höhe der Notwegrente eintragungsfähig (§ 914 Abs. 2 BGB). Kommt es zu keiner Vereinbarung der Parteien, sondern wird die Höhe der Notwegrente durch Urteil festgestellt, ist die Eintragung ebenfalls erforderlich, da andernfalls ein Erwerber nicht an die Feststellung der Höhe der Rente gebunden wäre (§ 325 ZPO).

Die Voraussetzungen des § 894 BGB liegen vor.

Die Höhe der Notwegrente ist im Grundbuch nicht eingetragen.

Die Höhe der Notwegrente wird durch Urteil in diesem Verfahren festgestellt. Sie wirkt wie eine dingliche Last ähnlich einer Reallast des Stammgrundstücks. Damit die Feststellung der Höhe der Rente entsprechend verdinglicht wird, ist diese im Grundbuch einzutragen. § 914 Abs. 2 BGB ist insoweit ergänzend auszulegen.

Der Kläger ist aktivlegitimiert, da er als Eigentümer des überbauten Grundstücks hinsichtlich der Rente berechtigt ist.

Der Beklagte ist passivlegitimiert, da die Rente ähnlich einer Reallast als Beschränkung seines Grundeigentums in das Grundbuch einzutragen ist.

Dementsprechend wird allgemein vertreten, dass auch eine gerichtliche Festsetzung der Höhe der Überbaurente nur durch Eintragung in das Grundbuch dinglich wirksam wird (MüKo-BGB/*Säcker* § 914 Rn 2). ◄

Es ist umstritten, ob eine gerichtlich festgesetzte Notwegrente im Grundbuch eingetragen werden kann, da § 914 Abs. 2 nur den Fall regelt, dass die Höhe der Notwegrente durch Vertrag festgesetzt wird. Wenn möglich sollte daher die **Eintragung** der Notwegrente **durch Vergleich** vereinbart werden (s. bei § 913 Rn 28 den Formulierungsvorschlag). 12

Der **Streitwert** für die Klage auf Zahlung der Notwegrente richtet sich nach § 9 ZPO. 13

Eine Berechnung der Notwegrente unter Zuhilfenahme der **Barwertformel** (s. § 913 Rn 12) kommt nicht in Betracht, da anders als beim Überbau die Notwegrente nur Nachteile in der Nutzbarkeit des dienenden Grundstücks ausgleichen soll, jedoch nicht als Bodenrente zu zahlen ist (BGH NJW 1991, 564). 14

Klagt der Eigentümer des „dienenden Grundstücks" auf Zahlung der Notwegrente, hat er darzulegen und zu beweisen, dass er zur Duldung des Notwegs verpflichtet ist (s. zu den Voraussetzungen § 917 Rn 9) sowie nach welchen Faktoren sich die Bemessung der Rente richtet. 15

Im Fall der Veräußerung des „gefangenen" Grundstücks gelten die Ausführungen gem. § 913 Rn 7, 8 entsprechend. 16

Die Parteien können einvernehmlich die **Duldung des Notwegs durch** eine **Dienstbarkeit** regeln. Es ist darauf zu achten, dass sich die Vereinbarung nicht in der Wiedergabe der gesetzlichen Regelung des Notweges erschöpfen darf, sondern zumindest klarstellende Funktion haben muss. Es könnte folgende **Vereinbarung** getroffen werden: 17

► I. Sachverhalt

A ist Eigentümer des Grundstücks ... vorgetragen im Grundbuch des AG ... von ... Band ... Blatt ... im Folgenden „herrschendes Grundstück genannt".

B ist Eigentümer des Grundstücks ... vorgetragen im Grundbuch des AG ... von ... Band ... Blatt ... im Folgenden „dienendes Grundstück genannt".

Der Grundbesitz ist unbelastet.

II. Dienstbarkeit
B räumt dem jeweiligen Eigentümer des herrschenden Grundstücks ein Geh- und Fahrtrecht ein wie folgt: Der Eigentümer des herrschenden Grundstücks ist berechtigt, das dienende Grundstück über den an der östlichen Grenze des dienenden Grundstücks verlaufenden, ca. 2,50 m breiten Schotterweg zu begehen und zu befahren. Das Recht kann ausgeübt werden, um für das herrschende Grundstück einen Zugang bzw eine Zufahrt zur X-Straße zu erhalten. Die Nutzung des Weges durch den Eigentümer des dienenden Grundstücks ist nicht ausgeschlossen.
Der Eigentümer des herrschenden Grundstücks ist verpflichtet, den Weg auf seine Kosten herzustellen und in einem der Benutzung entsprechenden Zustand zu unterhalten. Er übernimmt die Verkehrssicherungspflicht für den Weg. Ihm obliegt es daher insbesondere, in den Wintermonaten den Weg zu räumen und zu streuen, sowie bei Dunkelheit auf seine Kosten zu beleuchten.

III. Der jeweilige Eigentümer des herrschenden Grundstücks ist verpflichtet, an den Eigentümer des dienenden Grundstücks eine Entschädigung iHv jährlich 250,00 EUR zu bezahlen. Die Entschädigung ist zahlbar jeweils jährlich zum 1.2. im Voraus, erstmals am 1.2. ...
Die Entschädigung erhöht oder vermindert sich entsprechend der Entwicklung des vom statistischen Bundesamt festgestellten Verbraucherindex für die Gesamtlebenshaltung (Basis 2000 = 100), jedoch erst dann, wenn sich der Verbraucherpreisindex seit der letzten Anpassung um mindestens 10 % erhöht oder vermindert hat.
Der Eigentümer des herrschenden Grundstücks unterwirft sich wegen der vorstehend übernommenen Zahlungsverpflichtung der sofortigen Zwangsvollstreckung in sein gesamtes Vermögen.

IV. Die Parteien bewilligen und beantragen die Eintragung der Dienstbarkeit gem. Ziff. II in das Grundbuch betreffend das dienende Grundstück.
Weiterhin beantragen und bewilligen sie die Eintragung der Reallast gem. Ziff. III im Grundbuch betreffend das herrschende Grundstück.
Auf die Eintragung eines Aktivvermerks wird verzichtet.

V. A trägt die Kosten der Beurkundung sowie der Eintragung und des sonstigen Vollzugs der Urkunde.

...

Unterschriften Notar, Parteien ◄

17 Bei der Abfassung der **Preisanpassungsklausel** ist zu berücksichtigen, dass diese nur wirksam vereinbart werden kann, wenn der Vertrag eine Laufzeit von mindestens 10 Jahren erreichen wird (§ 3 PKlG).

§ 918 Ausschluss des Notwegrechts

(1) Die Verpflichtung zur Duldung des Notwegs tritt nicht ein, wenn die bisherige Verbindung des Grundstücks mit dem öffentlichen Wege durch eine willkürliche Handlung des Eigentümers aufgehoben wird.
(2) [1]Wird infolge der Veräußerung eines Teils des Grundstücks der veräußerte oder der zurückbehaltene Teil von der Verbindung mit dem öffentlichen Wege abgeschnitten, so hat der Eigentümer desjenigen Teils, über welchen die Verbindung bisher stattgefunden hat, den Notweg zu dulden. [2]Der Veräußerung eines Teils steht die Veräußerung eines von mehreren demselben Eigentümer gehörenden Grundstücken gleich.

A. Muster: Klageerwiderung, mit der Gründe geltend gemacht werden, die zum Ausschluss des Notwegrechts führen 1

▶ An das 726

Amtsgericht/Landgericht ■■■

In dem Rechtsstreit

■■■

– Kläger –

■■■ Prozessbevollmächtigter

gegen

■■■

– Beklagter –

■■■ Prozessbevollmächtigter

zeige ich die Vertretung des Beklagten an. Namens und in Vollmacht des Beklagten werde ich beantragen:

Die Klage wird abgewiesen.

Gründe

■■■ (Klagevorbringen in tatsächlicher Hinsicht). Dem Kläger steht kein Anspruch auf Duldung eines Notweges zu. Er hat die bisherige Verbindung mit der X-Straße willkürlich aufgehoben (§ 918 Abs. 1 BGB).

Es trifft zu, dass das Grundstück des Klägers selbst über keinen unmittelbaren Zugang zu einer öffentlichen Straße verfügt.

Ursprünglich hatte der Kläger die X-Straße über einen schmalen, über das Grundstück des D führenden Fußweg, der durch eine Dienstbarkeit abgesichert ist, erreicht.

Beweis: Zeuge D

Auf dessen Grundstück hatte er auch eine Garage gemietet, so dass es nicht erforderlich war, dass dieser mit Kraftfahrzeugen auf sein eigenes Grundstück fuhr.

Beweis: wie vor

Nunmehr hat der Kläger allerdings sein Haus erweitert. Er hat hierbei so an die Grenze gebaut, dass der Weg über das Grundstück des D nicht mehr genutzt werden kann.

Beweis: Augenschein

Der Kläger durfte sich nicht darauf verlassen, dass der Eigentümer des Grundstücks des Beklagten die Nutzung seines Grundstücks dauerhaft dulden werde.[1], [2]

■■■

Rechtsanwalt ◀

B. Erläuterungen

[1] Der an sich Duldungsverpflichtete trägt die **Darlegungs- und Beweislast** für Umstände iS von § 918 Abs. 1. Insoweit kommen vor allem bauliche Veränderungen in Betracht. Ausnahmsweise führen diese jedoch dann nicht zu einem Ausschluss der Duldungspflicht, wenn sie in der schützenswerten Erwartung vorgenommen werden, dass ein Zugang zu einem öffentlichen Weg auch ohne rechtlich geschützte Position (v.a. eine dingliche Sicherung) dauerhaft möglich sein wird (BGH NJW 2006, 3426). 2

[2] **Abtrennung eines Grundstücks.** Hatte das Grundstück des Klägers im Fall § 917 Rn 1 ursprünglich eine Verbindung zu einer öffentlichen Straße, ist diese jedoch durch Abtrennung und 3

Veräußerung des abgetrennten Grundstücksteils verloren gegangen, ist der Eigentümer des abgetrennten Teils passivlegitimiert. Entsprechendes gilt für den Eigentümer des Grundstücks, das durch Abtrennung verbindungslos wird (§ 918 Abs. 2). Insoweit ist unerheblich, ob das nunmehr in Anspruch genommene Grundstück durch die Inanspruchnahme weniger belastet würde, und ob es bereits früher auf einer ggf auch schuldrechtlich wirksamen Grundlage benutzt wurde (Palandt/*Bassenge* § 918 Rn 2).

§ 919 Grenzabmarkung

(1) Der Eigentümer eines Grundstücks kann von dem Eigentümer eines Nachbargrundstücks verlangen, dass dieser zur Errichtung fester Grenzzeichen und, wenn ein Grenzzeichen verrückt oder unkenntlich geworden ist, zur Wiederherstellung mitwirkt.
(2) Die Art der Abmarkung und das Verfahren bestimmen sich nach den Landesgesetzen; enthalten diese keine Vorschriften, so entscheidet die Ortsüblichkeit.
(3) Die Kosten der Abmarkung sind von den Beteiligten zu gleichen Teilen zu tragen, sofern nicht aus einem zwischen ihnen bestehenden Rechtsverhältnis sich ein anderes ergibt.

A. Mitwirkung an einer Abmarkung

1 I. Muster: Klage auf Mitwirkung an der Abmarkung

▶ An das Amtsgericht/Landgericht ▪▪▪[1]

Klage

In dem Rechtsstreit

▪▪▪

– Kläger –

▪▪▪ Prozessbevollmächtigter

gegen

▪▪▪

– Beklagter –

wegen: Mitwirkung an der Abmahnung

zeige ich die Vertretung des Klägers an. Namens und in Vollmacht des Klägers erhebe ich Klage und werde beantragen:

1. Der Beklagte wird verurteilt, an der Abmarkung der gemeinsamen Grenze zwischen den Grundstücken ▪▪▪ vorgetragen im Grundbuch des AG ▪▪▪ von ▪▪▪ Band ▪▪▪ Blatt ▪▪▪ und im Grundbuch des AG ▪▪▪ von ▪▪▪ Band ▪▪▪ Blatt ▪▪▪[2] durch Grenzsteine mitzuwirken und dieser zuzustimmen.
2. ▪▪▪ (Prozessanträge)[3], [4], [5]

vorläufiger Streitwert:

Gründe

I.

Der Kläger ist Eigentümer des Grundstücks ... vorgetragen im Grundbuch des AG ... von ... Band ... Blatt ...

Beweis: Grundbuchauszug, vorgelegt als Anlage K 1

Der Beklagte ist Eigentümer des in südlicher Richtung angrenzenden Grundstücks ... vorgetragen im Grundbuch des AG ... von ... Band ... Blatt ...

Beweis: Grundbuchauszug, vorgelegt als Anlage K 2

Ausweislich der amtlichen Flurkarte sollten die Grundstücke der Parteien durch einen an der Südostecke und einen an der Südwestecke des Grundstücks des Klägers befindlichen Grenzstein abgemarkt sein.

Beweis: Auszug aus der Flurkarte, vorgelegt als Anlage K 3

Im östlichen Bereich der Grundstücke wurden Leitungen verlegt. Seitdem ist der östliche Grenzstein nicht mehr auffindbar.

Beweis: Augenschein

Westlich werden die Grundstücke der Parteien durch die X-Straße begrenzt.

Beweis: Flurkarte, vorgelegt als Anlage K 3.

Die Parteien sind sich darüber einig, dass die Grenze in einem Winkel von 80 Grad zum Bordstein der X-Straße, gesehen vom Grundstück des Klägers aus, Richtung Osten in einer Länge von 84, 25 m verläuft.

Beweis: Schreiben des Beklagten vom ... in dem dieser dem vom Kläger geschilderten Grenzverlauf zugestimmt hat, vorgelegt als Anlage K5

Der Kläger hat den Beklagten mit dem als Anlage K4 vorgelegten Schreiben aufgefordert, an der Abmarkung mitzuwirken. Dem ist der Beklagte mit Schreiben vom ... gem. Anlage K5 mit der Begründung entgegengetreten, dass aus seiner Sicht eine Abmarkung nicht erforderlich sei, da sich die Parteien über den Verlauf der Grenze ohnehin einig seien.[6]

II.

Der Anspruch des Klägers ergibt sich aus § 919 Abs. 1 BGB. Der Kläger ist aktiv, der Beklagte passiv legitimiert. Beide sind Eigentümer unmittelbar benachbarter Grundstücke. Durch die Bauarbeiten ist der an der Südostecke befindliche Grenzstein – ein festes Grenzzeichen – unkenntlich geworden.

Der Verlauf der Grenze steht zwischen den Parteien nicht in Streit.

Schließlich besteht für die Klage auch ein Rechtsschutzbedürfnis. Zwar kann das Abmarkungsprotokoll auch in Abwesenheit des Beklagten errichtet werden. Die Zustimmung führt jedoch dazu, dass auch der Kläger ein Recht darauf hat, dass zum Zweck der Abmarkung das Grundstück des Beklagten in Anspruch genommen wird, sowie dass der Kläger von dem Beklagten die Hälfte der Abmarkungskosten erstattet verlangen kann, ohne dass dieser einwenden kann, die Abmarkung sei gegen seinen Willen erfolgt (§ 919 Abs. 3 BGB).[7], [8], [9]

...

Rechtsanwalt ◄

II. Erläuterungen und Varianten

[1] Die örtliche **Zuständigkeit** richtet sich nach § 24 ZPO, die sachliche nach § 23 Abs. 1, 71 Abs. 1 GVG. Maßgeblich für den **Zuständigkeitsstreitwert** ist das Interesse des Klägers an der Durchführung der Abmarkung (§ 3 ZPO) 2

3 [2] Zur **Bezeichnung von Grundstücken** s. § 904 Rn 4.

4 [3] Hinsichtlich der **Prozessanträge** s. § 904 Rn 8.

5 [4] **Klageantrag.** Da die meisten Landesrechte den Beteiligten des Abmarkungsverfahens zumindest Hilfstätigkeiten wie die Beschaffung von Grenzsteinen oder die Freilegung des Grenzbereichs auferlegen, sollte die Klage auch auf Mitwirkung und nicht nur auf Zustimmung gerichtet werden(Grziwotz/Lüke/Saller/*Grziwotz* Rn II.18; aA Staudinger/*Roth* § 919 Rn 10). Der Klageantrag ist nur hinreichend bestimmt, wenn die abzumarkende Grenze, bzw der abzumarkende Abschnitt dieser Grenze genau bezeichnet wird.

6 [5] Der Vorschaltung eines **Gütestellenverfahrens** bedarf es nicht (§ 15 a Abs. 1 Nr. 2 EGZPO).

7 [6] Der Kläger ist **darlegungs- und beweisbelastet** für das Eigentum der Parteien an den jeweils benachbarten Grundstücken, den unstreitigen Verlauf der Grenze und das Fehlen eines festen Grenzzeichens bzw die Tatsache, dass dieses verrückt worden ist.

8 [7] **Feststellungs- und Grenzscheidungsklage.** Steht das Eigentum des Klägers an der abzumarkenden Fläche im Streit, kann der Kläger zusätzlich auf Feststellung seines Eigentums klagen (§ 260 ZPO). Steht der genaue Verlauf der Grenze der abzumarkenden Fläche im Streit, kann diese Klage im Wege der Eventualklagenhäufung mit einer Grenzscheidungsklage verbunden werden. Die Klageanträge lauten dann:

▶ I. Es wird festgestellt, dass der Kläger Eigentümer des Grundstücks ... ist.

II. Es wird festgestellt, dass die Fläche, gemessen von dem an der Südgrenze des Grundstücks des Klägers verlaufenden Zaun in einer Tiefe von 20 cm in südlicher Richtung Teil des Grundstücks des Klägers ist.

III. Hilfsweise für den Fall, dass nach Auffassung des Gerichtes nicht feststehen sollte, dass die Grenze zwischen den Grundstücken der Parteien 20 cm südlich des Zaunes verläuft: Die südliche Grenze des Grundstücks des Klägers ... wird durch das Gericht festgestellt.

IV. Der Beklagte wird verurteilt, an der Abmarkung der gemeinsamen Grenze zwischen den Grundstücken des Klägers ... und des Beklagten ,..., die durch das Gericht gem. Ziff. 2 bzw gem. Ziff. 3 des Urteils festgestellt wird, mitzuwirken. ◀

9 [8] Die **Klage auf Feststellung des Eigentums** kann **auch nachträglich** erhoben werden, wenn sich im Verlauf des Abmarkungsprozesses herausstellen sollte, dass sich die Parteien in Wirklichkeit über den Verlauf der Grenze nicht einig sind (§§ 260, 263 ZPO; nachträgliche Klagehäufung). Die **Klageänderung** wird idR sachdienlich sein. Zur Grenzscheidungsklage s. § 920. Diese kann auch nachträglich gem. §§ 260, 263 ZPO erhoben werden, wenn sich im Verlauf des Abmarkungsprozesses ergeben sollte, dass die Grenze zwischen den Parteien nicht unstreitig ist und nicht festgestellt werden kann. Ist unklar, ob die Grenze festgestellt werden kann, sollte sie im Wege der nachträglichen Eventualklagehäufung erhoben werden.

10 [9] **Streitgenossenschaft.** Von mehreren Miteigentümern ist jeder einzeln prozessführungsbefugt (Palandt/*Bassenge* § 919 Rn 1), auf Beklagtenseite bilden sie eine notwendige Streitgenossenschaft (Palandt/*Bassenge* aaO).

B. Abmarkungskosten

11 I. Muster: Klage auf Zahlung von Abmarkungskosten

▶ An das

Amtsgericht/Landgericht ...

Klage

In dem Rechtsstreit

▪▪▪

– Kläger –

▪▪▪ Prozessbevollmächtigter

gegen

▪▪▪

– Beklagter –

wegen: Schadensersatz

zeige ich die Vertretung des Klägers an. Namens und in Vollmacht des Klägers erhebe ich Klage und werde beantragen:

I. Der Beklagte wird verurteilt, an den Kläger ▪▪▪ EUR nebst Zinsen iHv 5 %-Punkten über dem jeweiligen Basiszinssatz hieraus seit ▪▪▪ zu bezahlen.

II. ▪▪▪ (Prozessanträge)[1]

Gründe

I.

Der Kläger ist Eigentümer des Grundstücks ▪▪▪ vorgetragen im Grundbuch des AG ▪▪▪ von ▪▪▪ Band ▪▪▪ Blatt ▪▪▪

Beweis: Grundbuchauszug, vorgelegt als Anlage K 1

Der Beklagte ist Eigentümer des angrenzenden Grundstücks ▪▪▪ vorgetragen im Grundbuch des AG ▪▪▪ von ▪▪▪ Band ▪▪▪ Blatt ▪▪▪

Beweis: Grundbuchauszug, vorgelegt als Anlage K 2

Bei den Grundstücken der Parteien handelt es sich um landwirtschaftlich genutzte Grundstücke. Im Lauf der Zeit hat der Beklagte immer näher an die Grundstücksgrenze herangepflügt. Schließlich hat er die beiden, die Grenze zwischen den Grundstücken der Parteien bezeichnenden Grenzsteine ausgepflügt und „seinen Acker" auf das Grundstück des Klägers „erweitert". Er wurde deshalb durch Strafbefehl des AG ▪▪▪ vom ▪▪▪ Az ▪▪▪ zu einer Geldstrafe von ▪▪▪ verurteilt.

Beweis: Strafakte der StA ▪▪▪ Az ▪▪▪ deren Beiziehung beantragt wird

Die Parteien ließen die Abmarkung ihrer Grundstücke wieder herstellen. Hierfür wurden dem Kläger ▪▪▪ EUR in Rechnung gestellt.

Beweis: Bescheid des Vermessungsamtes ▪▪▪ vom ▪▪▪ Az ▪▪▪ vorgelegt als Anlage K 3

Der Kläger hat den Beklagten mit Schreiben vom ▪▪▪ aufgefordert, diesen Betrag zu erstatten und ihm hierfür Frist gesetzt bis ▪▪▪

Beweis: Schreiben vom ▪▪▪ vorgelegt als Anlage K 4

Der Beklagte hat hierauf nicht reagiert.

II.

Dem Kläger steht gegen den Beklagten ein Anspruch auf Zahlung von ▪▪▪ EUR gem. §§ 823 Abs. 2 BGB, 274 Abs. 1 Nr. 3 StGB, 919 Abs. 3 BGB zu.

Der Beklagte hat vorsätzlich gegen die Bestimmung des § 274 Abs. 1 Nr. 3 StGB verstoßen, indem er die Grenzsteine zwischen den Grundstücken der Parteien ausgepflügt hat. § 274 Abs. 1 Nr. 3 StGB ist ein Schutzgesetz zugunsten des jeweiligen Grundstückseigentümers, dessen Grundstück durch die Grenzsteine abgemarkt wird.

Gem. § 919 Abs. 3 BGB geht die Verpflichtung des Beklagten, dem Kläger vollen Schadensersatz zu leisten dem Grundsatz der hälftigen Kostenteilung vor.

Gem. § 249 Abs. 1 S. 2 BGB hat der Beklagte dem Kläger den Geldbetrag zu erstatten, der zur Wiederherstellung der Abmarkung erforderlich ist.

Der Anspruch auf die geltend gemachten Zinsen folgt §§ 280 Abs. 2, 286, 288 BGB.[2]

■■■

Rechtsanwalt ◄

II. Erläuterungen

12 [1] Hinsichtlich der **Prozessanträge** s. § 904 Rn 8.

13 [2] **Darlegungs- und Beweislast.** Gem. § 919 Abs. 3 sind die **Kosten der Abmarkung** hälftig zu teilen zwischen den beteiligten Grundstückseigentümern, da jeder von der Abmarkung denselben Vorteil hat. Derjenige, der eine hiervon abweichende Kostenbeteiligung erstrebt, ist für das Vorliegen der dafür erforderlichen Tatsachen darlegungs- und beweisbelastet. Insoweit kommen Schadensersatzansprüche oder auch vertragliche Vereinbarungen, die formlos möglich sind, in Betracht (vgl Grziwotz/Lüke/Saller/*Grziwotz* Rn II 21). Neben § 274 Abs. 1 Nr. 3 StGB kommt als Schutzgesetz auch die in den Abmarkungsgesetzen normierte Verpflichtung, Abmarkungen zu schützen in Betracht (vgl zB Art. 9 BayAbmarkungsG; AG Lebach NJW-RR 1999, 1179).

§ 920 Grenzverwirrung

(1) [1]Lässt sich im Falle einer Grenzverwirrung die richtige Grenze nicht ermitteln, so ist für die Abgrenzung der Besitzstand maßgebend. [2]Kann der Besitzstand nicht festgestellt werden, so ist jedem der Grundstücke ein gleich großes Stück der streitigen Fläche zuzuteilen.

(2) Soweit eine diesen Vorschriften entsprechende Bestimmung der Grenze zu einem Ergebnis führt, das mit den ermittelten Umständen, insbesondere mit der feststehenden Größe der Grundstücke, nicht übereinstimmt, ist die Grenze so zu ziehen, wie es unter Berücksichtigung dieser Umstände der Billigkeit entspricht.

A. Grenzscheidungsklage

1 **I. Muster: Grenzscheidungsklage**

► An das

Amtsgericht/Landgericht ■■■[1], [2]

Klage

In dem Rechtsstreit

■■■

– Kläger –

■■■ Prozessbevollmächtigter

gegen

■■■

– Beklagter –[3]

wegen: Grenzfeststellung

zeige ich die Vertretung des Klägers an. Namens und in Vollmacht des Klägers erhebe ich Klage und werde beantragen:

I. Der Verlauf der Grenze zwischen dem Grundstück des Klägers, vorgetragen im Grundbuch des AG ■■■ von ■■■, Band ■■■, Blatt ■■■ und dem westlich angrenzenden Grundstück des Beklagten, vorgetragen im Grundbuch des AG ■■■ von ■■■, Band ■■■, Blatt ■■■wird gerichtlich festgestellt.[4]

II. Der Beklagte wird verurteilt, zu dulden, dass der Kläger die Fläche betritt und nutzt, die nach Feststellung der Grenze durch das Gericht zu dem Grundstück des Klägers gehört.

III. Der Kläger wird verurteilt, an der Abmarkung der durch das Gericht festgestellten Grenze mitzuwirken und der Abmarkung zuzustimmen.[5]

IV. ■■■ (Prozessanträge)[6], [7]

vorläufiger Streitwert: ■■■

Gründe

I.

Der Kläger ist Eigentümer des Grundstücks ■■■, vorgetragen im Grundbuch des AG ■■■ von ■■■, Band ■■■, Blatt ■■■

Beweis: Grundbuchauszug, vorgelegt als Anlage K 1

Der Beklagte ist Eigentümer des Grundstücks, vorgetragen im Grundbuch des AG ■■■ von ■■■, Band ■■■, Blatt ■■■

Beweis: Grundbuchauszug, vorgelegt als Anlage K 2

Bei beiden Grundstücken handelt es sich um Ackerflächen.

Die Grundstücksflächen sind nicht abgemarkt.

Die Parteien sind sich uneinig darüber, inwieweit der Beklagte, indem er immer wieder exzessiv bis an den Rand des Ackers gepflügt hat, langsam sein Grundstück „vergrößert" hat. Der Kläger hat deswegen den Vermessungsingenieur Dipl. Ing ■■■ damit beauftragt, die genaue Grenze zwischen den Grundstücken der Parteien festzustellen. Dieser hat versucht, die Grenze anhand der vorliegenden Flurkarten und der aus dem Grundbuch ersichtlichen Größenangaben zu bestimmen. Eine genaue Bestimmung der Grenze war ihm jedoch nicht möglich, da durch die Bearbeitung des Geländes mit schweren Maschinen die Bodenoberfläche so verändert ist, dass sie mit dem vorhandenen Kartenmaterial nicht mehr in Einklang gebracht werden kann.

Beweis: Stellungnahme des Dipl. Ing ■■■ vom ■■■, vorgelegt als Anlage K 3

Die Parteien sind sich darüber einig, dass das Grundstück des Klägers aus Sicht des Grundstücks des Beklagten bei der kleinen Bodenwelle südlich der beiden Grundstücke, gemessen vom östlichen Beginn des Ackers des Beklagten in 156 m Entfernung beginnt, wobei die Grenze genau nördlich verläuft.

Bereits in 148 m Entfernung vom Ostrand des Ackers des Beklagten befindet sich nördlich der Grundstücke der Parteien allerdings ein Findling. Dem Kläger ist aus Erzählungen seiner Eltern bekannt, dass sich diese mit den Vorfahren des Beklagten immer darüber einig waren, dass dieser die Grenze zwischen den Feldern der Parteien markieren sollte.

Beweis: Zeuge NN

Der Vermessungsingenieur ■■■ hat bestätigt, dass irgendwo in dem Bereich zwischen dem Findling und 4 m westlich von dem Findling die Grenze in genau südlicher Richtung verläuft.

Beweis: Bestätigung des Vermessungsingenieurs Dipl.Ing ■■■, vorgelegt als Anlage K3

Durch das Gericht wird die Grenze in diesem Bereich festzulegen sein.[8]

II.

Dem Kläger steht ein Anspruch auf Feststellung der Grenze gem. § 920 Abs. 1 BGB zu.

Die Parteien sind als Eigentümer der unmittelbar benachbarten Grundstücke aktiv- und passivlegitimiert.

Es liegt eine Grenzverwirrung vor. Auch ein Vermessungsingenieur kann anhand der vorliegenden Unterlagen die genaue Lage der Grenze nicht mehr feststellen.

Das Gericht wird hierbei nicht allein auf die Besitzverhältnisse abstellen können. Wird die Grenze anhand der Flächen, wie sie derzeit von den Parteien beackert werden, gezogen, entsteht ein Grundstück, das mit den Flächenangaben des Grundbuches nicht übereinstimmt, sondern- bezogen auf den Kläger- dahinter deutlich zurückbleibt (§ 920 Abs. 2 BGB). Das Gericht wird die Grenze unter Berücksichtigung der Beweisaufnahme daher nach Billigkeit in der Nähe des Findlings zu ziehen haben.

Der Anspruch auf Duldung des Zutritts der durch das Gericht als dem Grundstück des Klägers zugehörig erkannten Fläche folgt aus § 1004 Abs. 1 S. 1 BGB. Der Beklagte hat es vorgerichtlich strikt abgelehnt, dem Kläger etwas von der durch ihn bewirtschafteten Fläche abzutreten.

Der Anspruch auf Mitwirkung an der und Zustimmung zur Abmarkung folgt aus § 919 Abs. 1 BGB.

■■■

Rechtsanwalt ◄

II. Erläuterungen

2 [1] Die örtliche **Zuständigkeit** folgt aus § 24 ZPO, die sachliche Zuständigkeit richtet sich nach dem Streitwert (§§ 23 I, 71 I GVG).

3 [2] Für den **Streitwert** ist das Interesse des Klägers an der Grenzfeststellung maßgeblich (§ 3 ZPO). Es richtet sich nach dem Verkehrswert der Grundstücksfläche, hinsichtlich deren unklar ist, zu welchem Grundstück sie gehört.

4 [3] **Aktiv- bzw passivlegitimiert** ist nur der Eigentümer bzw Erbbauberechtigte der betroffenen benachbarten Grundstücke. Steht das Grundstück des Klägers in Miteigentum, kann jeder Miteigentümer die Grenzscheidungsklage erheben (§ 1011), steht das Grundstück des Beklagten in Miteigentum, sind die Miteigentümer notwendige Streitgenossen mit der Folge, dass die Klage gegen alle zu erheben ist (§ 62 ZPO).

5 [4] **Klageantrag.** Der Kläger braucht den (von ihm gewünschten) Grenzverlauf in dem Klageantrag nicht genau zu bezeichnen. Dieser ist vielmehr durch das Gericht konstitutiv durch **Gestaltungsurteil** festzusetzen. Es ist auch davon abzuraten, den Grenzverlauf in der Klage bereits im Antrag genau anzugeben; denn nach dem Grundsatz „ne ultra petita" darf das Gericht in diesem Fall über den Klageantrag auch dann nicht hinausgehen, wenn es an sich aufgrund der Maßstäbe des § 920 zu einer dem Kläger günstigeren Grenzziehung käme. Es empfiehlt sich daher die für die Grenzziehung aus Sicht des Klägers wesentlichen Gesichtspunkte nur in die Klagebegründung aufzunehmen. Hier sollte allerdings auch entsprechender Vortrag erfolgen. Insbesondere ist für die Frage, ob der Wert des Beschwerdegegenstandes 600,00 EUR übersteigt, von Bedeutung, inwieweit das Gestaltungsurteil von dem von dem Kläger angenommenen Grenzverlauf abweicht und deshalb der Verkehrswert der sich durch den richterlichen Gestaltungsakt ergebenden Teilfläche hinter dem Verkehrswert zurückbleibt, der sich ergäbe, wenn das Gericht den Vorstellungen des Klägers gefolgt wäre. Hinsichtlich der Grundstücksbezeichnung s. § 904 Rn 4.

6 [5] **Verbindung mit Klage auf Duldung der Benutzung.** Die Grenzscheidungsklage kann mit der Klage auf Duldung der Benutzung der durch das Gericht dem Kläger zugewiesenen Fläche oder auf Herausgabe derselben verbunden werden (§ 260 ZPO). Dies ist insbesondere dann zu empfehlen, wenn nicht gewährleistet ist, dass sich der Beklagte an die Grenzfeststellung durch das

Gericht halten wird, da aus dem Gestaltungsurteil, durch das die Grenze festgestellt wird, die Vollstreckung nicht betrieben werden kann.

[6] **Rechtsschutzbedürfnis.** Die Möglichkeiten, nach öffentlichem Recht die Grenze festzulegen 7
(vgl hierzu Grziwotz/Lüke/Saller/*Grziwotz* Rn II 39) lassen das Rechtsschutzbedürfnis für die Grenzscheidungsklage nicht entfallen.

[7] Hinsichtlich weiterer **Prozessanträge** s. § 904 Rn 8. 8

[8] **Darlegungs- und beweisbelastet** hinsichtlich der Voraussetzungen des § 920 ist der Kläger. 9
Er hat darzulegen, dass die Parteien Eigentümer benachbarter Grundstücke sind, dass der Grenzverlauf zwischen den Grundstücken nicht aufklärbar ist, und welche Gesichtspunkte für die Grenzziehung durch das Gericht maßgeblich sind (Besitzverhältnisse, Größe des Grundstücks, sonstige Billigkeitsgesichtspunkte, zB Aspekte die die Bewirtschaftung des Grundstücks betreffen, die Qualität des Bodens, die Nutzung und Ähnliches mehr). Eine Teilung nach Gesichtspunkten der Billigkeit kommt insbesondere dann in Betracht, wenn ein Teil eine hinsichtlich der Eigentumsverhältnisse ungeklärte Fläche fehlerhaft besitzt (BGH NJW-RR 2008, 610).

B. Grenzfeststellungsvertrag

I. Muster: Grenzfeststellungsvertrag 10

▶ I. Sachverhalt[1], [2] 730

A ist Eigentümer des Grundstücks …, vorgetragen im Grundbuch des AG … von …, Band … Blatt … Dieses Grundstück ist in Abteilung III belastet mit einer Grundschuld zugunsten der B-Bank über 100.000,00 EUR nebst Zinsen iHv 14,5 % p.a.

B ist Eigentümer des Grundstücks …, vorgetragen im Grundbuch des AG … von …, Band …, Blatt …

Dieses Grundstück ist in Abteilung III belastet mit einer Grundschuld zugunsten der Bausparkasse S. über 50.000,00 EUR nebst Zinsen iHv 18 % p.a.[3]

Das Grundstück des B grenzt östlich an das Grundstück des A in voller Länge an.

Zwischen den Parteien war der Grenzverlauf umstritten. Die Grenze ist nicht abgemarkt. Die in der amtlichen Flurkarte vermerkten Grenzen sowie die aus den Grundakten zu entnehmende Beschreibung der Grundstücke stimmt mit den tatsächlichen Verhältnissen vor Ort nicht (mehr) überein.

Die Parteien haben deshalb das Vermessungsamt … beauftragt, die Grenze in einer Weise zu rekonstruieren, die dem ursprünglichen Grenzverlauf möglichst nahe kommt und das Vermessungsergebnis vorläufig durch Bolzen zu sichern. Diesem Auftrag hat das Vermessungsamt am … entsprochen. Das Ergebnis ist in dem Protokoll, das dieser Urkunde als Anlage beiliegt, das den vertragsschließenden Parteien bekannt ist, und hinsichtlich dessen diese auf Verlesung verzichtet haben, bekannt.

II. Die Parteien sind sich darüber einig, dass – soweit die nunmehr durch das Vermessungsamt rekonstruierte Grenze von der ursprünglichen Grenze abweichen sollte mit konstitutiver Wirkung – die Grenze zwischen ihren beiden Grundstücken entsprechend den im Vermessungsprotokoll festgehaltenen und in der Natur durch Bolzen gekennzeichneten Grenzpunkten geradlinig verläuft.

III. Die Parteien verzichten auf jegliche Ansprüche auf Nutzungs- und Schadensersatz, seien sie bekannt oder unbekannt, gleich aus welchem Rechtsgrund, soweit durch die Grenzfeststellung eine Teilfläche dem Grundstück der einen oder anderen Partei hinzugefügt wird und nehmen den Verzicht wechselseitig an.

IV. Den Parteien ist bekannt, dass die Wirksamkeit dieses Vertrages von der Zustimmung der B-Bank oder der Bausparkasse S abhängen könnte. Sie werden daher je auf ihre Kosten eine den grundbuchrechtlichen Erfordernissen entsprechende Zustimmung dem beurkundenden Notar vorlegen bis ...

alternativ: Die Parteien beauftragen den beurkundenden Notar, die Zustimmung zu diesem Vertrag in einer den grundbuchrechtlichen Erfordernissen entsprechenden Form von der B-Bank bzw der Bausparkasse S einzuholen.

V. Die Parteien beantragen und bewilligen die Eintragung der Rechtsänderung aufgrund dieses Vertrages im Grundbuch. Sie beauftragen den beurkundenden Notar mit dem Vollzug der Urkunde und bevollmächtigen ihn, die erforderlichen Anträge zu stellen und die erforderlichen Erklärungen abzugeben.

VI. Die Parteien werden die Abmarkung entsprechend diesem Vertrag beantragen und verpflichten sich, an der Abmarkung mitzuwirken und die erforderlichen Zustimmungen zu erteilen. Die Abmarkung soll mittels Grenzsteinen erfolgen.

VII. Die Parteien tragen die Kosten der Errichtung dieser Urkunde und des Vollzuges, sowie die Kosten der Abmarkung je zur Hälfte.[4] [5]

...

Unterschriften (Notar und vertragschließende Parteien) ◄

II. Erläuterungen und Varianten

11 [1] **Deklaratorische/konstitutive Wirkung.** Der Grenzscheidungsvertrag kann mit dem Ziel geschlossen werden, eine Vermutung zu generieren, dass der abgemarkte, der Vereinbarung entsprechende Grenzverlauf der tatsächlichen Grenze entspricht. In diesem Fall bewirkt der Vertrag nur eine Beweislastumkehr, kann aber formfrei geschlossen werden und bedarf nicht des grundbuchrechtlichen Vollzugs. Er kann aber auch mit konstitutiver Wirkung geschlossen werden. Er hat dann die gleiche Wirkung wie ein im Grenzscheidungsverfahren ergangenes Urteil. Wenn für die Festsetzung der Grenze erheblicher Aufwand anfällt (was in der Regel schon aufgrund der Vermessung, die der Abmarkung vorausgeht der Fall ist), sollte ein Vertrag mit konstitutiver Wirkung geschlossen werden.

12 In diesem Fall ist darauf zu achten, dass der Vertrag gem. § 311 b notarieller Beurkundung bedarf. Weiterhin bedarf er des Vollzugs im Grundbuch, wenn er – möglicherweise – zu einem Flächenerwerb resp. Flächenveräußerung führt (Grziwotz/Lüke/Saller/*Grziwotz* Rn II 49, 52).

13 Der Vertrag kann auch durch gerichtlich protokollierten Vergleich geschlossen werden, wenn im Vergleichsweg eine Unsicherheit über den Grenzverlauf behoben werden soll (§ 127 a). In das Protokoll können auch die zum grundbuchrechtlichen Vollzug notwendigen Erklärungen aufgenommen werden.

14 [2] **Flächentausch.** Mit dem Abschluss eines konstitutiven Grenzfeststellungsvertrags kann gleichzeitig ein (geringfügiger) Flächentausch zur Arrondierung der betroffenen Grundstücke vereinbart werden. Ist der Tausch ungleich, kann auch ein sog. „Aufgeld" vereinbart werden. Hinsichtlich der Einzelheiten wird auf das Muster Grziwotz/Lüke/Saller/*Grziwotz* Rn VI.2 verwiesen.

15 [3] Die **Belastungen**, die auf den jeweiligen Grundstücken ruhen, werden durch den Grenzfeststellungsvertrag nicht berührt. Soweit dieser konstitutive Wirkung haben soll, ist allerdings die Zustimmung der beschränkt Berechtigten erforderlich, damit bei einer Veränderung zum Nachteil des jeweiligen Grundstücks die entsprechende Fläche ohne die auf diesem Grundstück ruhenden Lasten dem jeweils anderen Grundstück hinzugefügt werden kann.

16 [4] **Abmarkung.** Mit dem Vertrag zur Feststellung der Grenze sollte zugleich auch die Verpflichtung geregelt werden, die vertraglich vereinbarte Grenze abzumarken, um künftigen Auseinandersetzungen vorzubeugen.

[5] **Unschädlichkeitszeugnis.** Meist werden von der Rechtsänderung nur kleinere Flächen betroffen sein. In diesen Fällen kann anstelle der Bewilligung eines beschränkt Berechtigten auch ein Unschädlichkeitszeugnis (s. die landesrechtlichen Vorschriften zu Art. 120 EGBGB, zB Bayerisches Unschädlichkeitszeugnisgesetz v. 7.8.2003) beim zuständigen Amtsgericht beantragt werden, um die Eintragung zu erreichen. 17

§ 921 Gemeinschaftliche Benutzung von Grenzanlagen

Werden zwei Grundstücke durch einen Zwischenraum, Rain, Winkel, einen Graben, eine Mauer, Hecke, Planke oder eine andere Einrichtung, die zum Vorteile beider Grundstücke dient, voneinander geschieden, so wird vermutet, dass die Eigentümer der Grundstücke zur Benutzung der Einrichtung gemeinschaftlich berechtigt seien, sofern nicht äußere Merkmale darauf hinweisen, dass die Einrichtung einem der Nachbarn allein gehört.

§ 922 Art der Benutzung und Unterhaltung

[1]Sind die Nachbarn zur Benutzung einer der im § 921 bezeichneten Einrichtungen gemeinschaftlich berechtigt, so kann jeder sie zu dem Zwecke, der sich aus ihrer Beschaffenheit ergibt, insoweit benutzen, als nicht die Mitbenutzung des anderen beeinträchtigt wird. [2]Die Unterhaltungskosten sind von den Nachbarn zu gleichen Teilen zu tragen. [3]Solange einer der Nachbarn an dem Fortbestand der Einrichtung ein Interesse hat, darf sie nicht ohne seine Zustimmung beseitigt oder geändert werden. [4]Im Übrigen bestimmt sich das Rechtsverhältnis zwischen den Nachbarn nach den Vorschriften über die Gemeinschaft.

A. Mitbenutzung einer Grenzanlage

I. Muster: Klage auf Duldung der Mitbenutzung einer Grenzanlage 1

▶ An das

Amtsgericht/Landgericht ■■■ [1], [2]

Klage

In dem Rechtsstreit

■■■

– Kläger –

■■■ Prozessbevollmächtigter

gegen

■■■

– Beklagter –

wegen: Duldung

zeige ich die Vertretung des Klägers an. Namens und in Vollmacht des Klägers erhebe ich Klage und werde beantragen:

I. Der Beklagte wird verurteilt, zu dulden, dass der Kläger den an der südlichen Grenze des klägerischen Grundstücks ■■■, vorgetragen im Grundbuch des AG ■■■ von ■■■, Band ■■■, Blatt ■■■[3] bzw an der nördlichen Grenze des Grundstücks des Beklagten ■■■, vorgetragen im Grundbuch des AG ■■■ von ■■■, Band ■■■, Blatt ■■■ von der ■■■straße her entlanglaufenden Weg benutzt, um zu Fuß oder mit Fahrzeugen einschließlich Kraftfahrzeugen bis zu einem Gesamtgewicht von 3,5 t sein Grundstück und dort insbesondere die Grenzgarage zu erreichen.

II. ■■■ (Prozessanträge)[4]

Gründe

I.

Der Kläger ist Eigentümer des Grundstücks ■■■, vorgetragen im Grundbuch des AG ■■■ von ■■■, Band ■■■, Blatt ■■■

Beweis: Grundbuchauszug, vorgelegt als Anlage K 1

Der Beklagte ist Eigentümer des südlich angrenzenden Grundstücks ■■■, vorgetragen im Grundbuch des AG ■■■ von ■■■, Band ■■■, Blatt ■■■

Beweis: Grundbuchauszug, vorgelegt als Anlage K 2

Zwischen den Grundstücken verläuft seit alters her ein von der ■■■-straße abzweigender Weg, über den jeweils die Garagen der Parteien erreichbar sind. Dieser Weg wird von der gemeinsamen Grundstücksgrenze durchschnitten.

Beweis: unter Verwahrung gegen die Beweislast: Sachverständigengutachten

Der Beklagte hat mit Schreiben vom ■■■ den Kläger aufgefordert, künftig den Weg nicht mehr zu benutzen. Zur Begründung führt er aus, dass der Weg ausschließlich auf seinem Grundstück verlaufe. Außerdem sei er nicht daran gebunden, wenn seine Rechtsvorgänger und die Rechtsvorgänger des Klägers einen entsprechenden Weg errichtet hätten bzw der Benutzung dieses Weges zugestimmt hätten.[5]

II.

Dem Kläger steht gegen den Beklagten ein Anspruch auf Duldung der Benutzung des Weges gem. §§ 1004 Abs. 1, 921, 922 BGB zu.

Die Parteien sind als Eigentümer benachbarter Grundstücke aktiv- bzw passivlegitimiert. Das Recht zur Mitbenutzung von Grenzanlagen folgt aus dem Grundeigentum und ist daher gegen Beeinträchtigungen gem. § 1004 Abs. 1 BGB geschützt. (BGH NJW 2003, 1731). Da der Beklagte zu erkennen gegeben hat, dass er die künftige Benutzung des Weges durch den Kläger nicht mehr dulden will, besteht auch ein vorbeugender Unterlassungsanspruch.

Der Weg im Bereich der gemeinsamen Grundstücksgrenze stellt eine Grenzeinrichtung gem. § 921 BGB dar. Insoweit reicht es aus, wenn die Einrichtung dem Vorteil beider Grundstücke dient. Grenzscheidungsfunktion muss sie darüber hinaus nicht haben (BGH NJW 2003, 1731).

Der Weg wird von der gemeinsamen Grenze durchschnitten. Über seinen Wortlaut hinaus wird gem. § 921 BGB vermutet, dass, wenn eine Einrichtung äußerlich dem Vorteil beider Grundstücke dient, diese beiden Grundstücken vorteilhafte Einrichtung auch tatsächlich von der gemeinsamen Grenze durchschnitten wird (Staudinger/Roth, § 921 Rn 2).

Der Weg wurde im Einvernehmen der Rechtsvorgänger der Parteien errichtet. Dies ergibt sich bereits daraus, dass diese konkludent der Errichtung und Benutzung des Weges zugestimmt haben, indem sie über Jahre hinweg die Benutzung des Weges durch den jeweiligen Nachbarn geduldet haben. Es wäre Sache des Beklagten, die Vermutung zu widerlegen, dass der Weg zumindest mit konkludenter Zustimmung des Rechtsvorgängers des Beklagten errichtet und benutzt wurde; denn wurde eine Grenzanlage über längere Zeit einvernehmlich von den Nachbarn benutzt, ist es Sache des Nachbarn, der die weitere Benutzung nicht dulden will oder gar Beseitigung verlangt, darzulegen und zu beweisen, dass die Anlage gegen den Widerspruch des Rechtsvorgängers errichtet wurde (Grziwotz/Lüke/Saller/*Grziwotz* Rn II.63).

Schließlich wirkt die einmal gegebene Zustimmung auch gegen Sonder- und Gesamtrechtsnachfolger (Grziwotz/Lüke/Saller/*Grziwotz* Rn II. 62).[6], [7], [8], [9]

■■■

Rechtsanwalt ◄

II. Erläuterungen und Varianten

[1] Die sachliche **Zuständigkeit** richtet sich nach § 3 ZPO, also dem Interesse des Klägers an der Duldung der Benutzung des Weges, die örtliche Zuständigkeit nach § 24 ZPO. 2

[2] Die Durchführung eines **Schlichtungsverfahrens** vor der Gütestelle ist gem. § 15 a Abs. 1 Nr. 2 EGZPO nicht erforderlich. 3

[3] Hinsichtlich der **Grundstücksbezeichnung** s. § 904 Rn 4. 4

[4] Hinsichtlich der **Prozessanträge** s. § 904 Rn 8. 5

[5] **Darlegungs- und Beweislast.** Derjenige, der Rechte hinsichtlich der Grenzanlage geltend macht, ist darlegungs- und beweisbelastet hinsichtlich der Voraussetzungen, die die von ihm in Anspruch genommene Anlage oder Fläche zu einer Grenzanlage machen. Hierfür reicht es aus, dass die in Anspruch genommene Einrichtung dem Vorteil beider Grundstücke zu dienen bestimmt ist. Grenzscheidungsfunktion muss ihr nicht zukommen (BGH NJW 2003, 1731). Auch ist unerheblich, ob sie natürlich oder künstlich entstanden ist. 6

Weiterhin ist erforderlich, dass die Einrichtung von der gemeinsamen Grenze durchschnitten wird. Die Klage auf Duldung der Benutzung (bzw Unterlassung der Beseitigung) kann mit der Klage auf Feststellung, dass die Einrichtung auf den Grundstücken beider Parteien belegen ist, verbunden werden (ggf auch als Eigentumsfeststellungsklage). Hilfsweise kann im Wege der Eventualklagehäufung auch auf Feststellung der Grenze gem. § 920 angetragen werden. Die Grenzfeststellung orientiert sich u.a. an den Besitzverhältnissen. 7

Dem Kläger kommt insoweit eine **doppelte Vermutung** zugute, wenn sich die Einrichtung äußerlich als für beide Grundstücke vorteilhaft erweist: 8

- es wird vermutet, dass beide Nachbarn zur Benutzung der Anlage gemeinschaftlich berechtigt sind;
- es wird vermutet, dass die beiden Grundstücken vorteilhafte Einrichtung von der gemeinsamen Grenze durchschnitten wird (Staudinger/*Roth* § 921 Rn 2).

Er hat darzulegen, dass die Einrichtung vorteilhaft für beide Grundstücke ist, bspw, indem sie ermöglicht, die Grundstücke besser zu erreichen, den Zutritt von Licht und Luft gewährt, dem

Wasserabfluss dient, die Bestellung von Feldern ermöglicht, Grenzscheidungsfunktion hat, den unberechtigten Zutritt Dritter erschwert oder ähnliches mehr.

9 Schließlich hat er darzulegen, dass der Nachbar oder sein Rechtsvorgänger der Errichtung der Grenzanlage zugestimmt hat. Insoweit spricht zu seinen Gunsten eine Vermutung, wenn die äußerlich vorteilhafte Anlage schon geraume Zeit einverständlich genutzt wurde; denn konkludente Duldung reicht aus (Grziwotz/Lüke/Saller/*Grziwotz* Rn II.62.63).

10 [6] **Eigentums- und Besitzschutz.** Störungen hinsichtlich der Berechtigung an der Grenzanlage können mit den Ansprüchen aus § 1004 Abs. 1 und bei vollständigem Besitzentzug mit der possessorischen Klage aus § 861 abgewehrt werden (Grziwotz/Lüke/Saller/*Grziwotz* Rn II 93). Hat bspw der Nachbar einen **Pflock auf dem gemeinsam genutzten Weg** eingeschlagen, kann der Beeinträchtigte beantragen (vgl LG Zweibrücken MDR 1996, 46):

▶ I. Der Beklagte wird verurteilt, den Metallpfosten, den dieser im Bereich der Garagenzufahrt zwischen den Grundstücken … und … errichtet hat, zu entfernen.

II. Hilfsweise: Der Beklagte wird verurteilt, dem Kläger wieder zu ermöglichen, die Garagenzufahrt zwischen den Grundstücken … und … mit Pkw ungehindert zu befahren. ◀

Der Hilfsantrag dürfte sich empfehlen, wenn die Beeinträchtigung nicht notwendig nur durch Entfernung des Pfostens abgewehrt werden kann. Bspw könnte dem Kläger auch der zum Niederlegen des Pfostens erforderliche Schlüssel ausgehändigt werden. Hat der Nachbar die Grenzeinrichtung eigenmächtig entfernt, kann sowohl gem. § 1004 als auch gem. § 823 **Wiederherstellung der Einrichtung in ihrem früheren Zustand** verlangt werden(Hk-BGB/*Staudinger* § 922 Rn 1). In einem solchen Fall hat der Kläger über die unter Rn 6–9 genannten Tatsachen hinaus auch vorzutragen, dass der Nachbar die Grenzeinrichtung entfernt hat. Es könnte bspw beantragt werden (vgl BGH NJW 2000, 512):

▶ I. Der Beklagte wird verurteilt, im Bereich der südlichen Grenze des Grundstücks des Klägers …, vorgetragen im Grundbuch des AG … von …, Band …, Blatt … und der nördlichen Grenze des Grundstücks des Beklagten …, vorgetragen im Grundbuch des AG … von …, Band …, Blatt … auf einer Länge von 6 m, beginnend an der Südostecke des Grundstücks des Klägers eine doppelreihige Hainbuchenhecke mit einer Pflanzhöhe von 90 cm anstelle der abgeholzten Hainbuchenhecke nachzupflanzen.

II. … (Prozessanträge) ◀

Bei der Wiederherstellung von Hecken kommt auch in Betracht, dass nur eine Neuanpflanzung mit Jungpflanzen und iÜ Schadensersatz in Geld geltend gemacht wird (BGH, aaO).

11 [7] Hinsichtlich der **Verwaltung und Kostentragung** gelten die Vorschriften der §§ 922, 744, 745. Dementsprechend kann der Eigentümer eines Grundstücks, das durch eine Gartenmauer als Grenzeinrichtung gem. § 921 begrenzt wird, diese, wenn sie einsturzgefährdet ist, ohne Zustimmung des Nachbarn instand setzen und gem. § 922 auf Erstattung der hälftigen Kosten klagen. Geht es demgegenüber um die noch nicht unabweisbar nötige, aber nach den Grundsätzen ordnungsgemäßer Verwaltung anstehenden Sanierung der Mauer, muss er auf Zustimmung zur Sanierung und nach Fälligkeit Zahlung der hälftigen Kosten klagen. Die Anträge könnten lauten:

▶ I. Der Beklagte wird verurteilt, der Sanierung der zwischen den Grundstücken der Parteien … befindlichen Mauer gem. dem Kostenvoranschlag der Firma … vom … zuzustimmen.

II. Der Beklagte wird verurteilt, zuzustimmen, dass der Auftrag für die Sanierung der Mauer gem. Ziff.1 der Firma … gem. Kostenvoranschlag (Leistungsverzeichnis) dieser Firma vom … für die Parteien gemeinschaftlich erteilt wird.

III. Der Beklagte wird verurteilt, der Einrichtung eines Baukontos bei der B-Bank zur Abwicklung des Zahlungsverkehrs betreffend das Bauvorhaben gem. Ziff. 1 zuzustimmen. ◀

In den Gründen wären sodann die Voraussetzungen gem. Rn 6–9 sowie die Sanierungsbedürftigkeit der Grenzanlage und die Wirtschaftlichkeit der beabsichtigten Sanierung darzulegen. Aufgrund der Verurteilung zu Ziff. 1 ist der Beklagte verpflichtet, an der Durchführung der Sanierung mitzuwirken. Es kann daher insbesondere entsprechend dem Baufortschritt darauf angetragen werden, dass der Beklagte dem Baukonto entsprechende Mittel zuführt, die erforderlich sind, um Abschlagszahlungen und fällige sonstige Rechnungen zu begleichen. Ggf sollten sich die Parteien auch Einzelvollmacht erteilen, nach Freigabe der entsprechenden Rechnungen die Bank anzuweisen, die fälligen Forderungen aus dem Baukonto zu begleichen.

[8] Die Parteien können die **Erhaltung und Benutzung** der Grenzanlage durch Vereinbarung regeln. In Betracht kommen bei einem Weg Regelungen hinsichtlich der Räum- und Streupflicht, der Unterhaltung sowie des Maßes der Benutzung (gewerblich/privat, Gewicht der Fahrzeuge). 12

Bei einer **Hecke** können vor allem Regelungen getroffen werden, auf welche Höhe und Breite die Hecke zu schneiden ist und wer für das Schneiden verantwortlich ist (zB jährlich alternierend der eine oder andere Nachbar). Besteht die Hecke aus Nutzpflanzen ist auch das Fruchtziehungsrecht zu regeln. All diese Vereinbarungen wirken nur inter partes, sofern keine Dienstbarkeit bestellt wird (Grziwotz/Lüke/Saller/*Grziwotz* Rn II.92). 13

[9] Eigentumsverhältnisse. Auch wenn eine Grenzeinrichtung gem. § 921 vorliegt, bedeutet dies nicht notwendig, dass diese im Miteigentum der Nachbarn steht. Hinsichtlich der Eigentumsverhältnisse an der Grenzeinrichtung enthält § 921 keine Regelung, so dass die allgemeinen Vorschriften anzuwenden sind. Demnach richtet sich das Eigentum an der Einrichtung nach dem Eigentum an dem Grundstück, auf dem sie sich befindet, was zur vertikalen Teilung führt (vgl Palandt/*Bassenge* § 921 Rn 4). 14

B. Anbau an eine Grenzwand

I. Muster: Klage des Nachbarn auf Duldung des Anbaus an eine Grenzwand 15

▶ An das

Amtsgericht/Landgericht ▪▪▪[1] 732

Klage

In dem Rechtsstreit

▪▪▪

– Kläger –

▪▪▪ Prozessbevollmächtigter

gegen

▪▪▪

– Beklagter –

wegen: Duldung[2]

zeige ich die Vertretung des Klägers an. Namens und in Vollmacht des Klägers erhebe ich Klage und werde beantragen:

I. Der Beklagte wird verurteilt, Zug um Zug gegen Zahlung einer Entschädigung iHv 10.000,00 EUR zu dulden, dass der Kläger an die auf der Grenze zwischen den Grundstücken ▪▪▪ des Beklagten, vorgetragen im Grundbuch des AG ▪▪▪ von ▪▪▪, Band ▪▪▪, Blatt ▪▪▪ und des Klägers ▪▪▪, vorgetragen im Grundbuch des AG ▪▪▪ von ▪▪▪, Band ▪▪▪, Blatt ▪▪▪ errichtete Nachbarwand ein Reihenhaus entsprechend der als Anlage K 1 beigefügten Tektur anbaut.[3]

II. Es wird festgestellt, dass sich der Beklagte mit der Annahme von 10.000,00 EUR in Annahmeverzug befindet.[4]

III. Dem Beklagten wird für jeden Fall der Zuwiderhandlung ein Ordnungsgeld bis zur Höhe von 250.000,00 EUR oder Ordnungshaft bis zur Dauer von 6 Monaten angedroht.[5]

IV. ■■■ (Prozessanträge)[6]

vorläufiger Streitwert: ■■■

Gründe

I.

Die Parteien sind Nachbarn. Der Kläger ist Eigentümer des Grundstücks ■■■, der Beklagte Eigentümer des benachbarten Grundstücks ■■■

Beweis: Grundbuchauszüge für die Grundstücke des Klägers und des Beklagten, vorgelegt als Anlage K 2 und K 3

Auf dem Grundstück des Beklagten befindet sich ein Wohnhaus. Die Giebelwand dieses Wohnhauses steht auf der gemeinsamen Grundstücksgrenze und ragt ca. 10 cm auf das Grundstück des Klägers.

Beweis: Augenschein

Einholung eines Sachverständigengutachtens

Der Kläger beabsichtigt in geschlossener Bauweise angrenzend ein Reihenhaus mit gleicher Höhe, Breite und Dachneigung zu errichten, wie das Haus des Beklagten.

Beweis: genehmigter Bauplan, vorgelegt als Anlage K 4

Er hat deshalb den Beklagten um Zustimmung zum Anbau an die auf der Grenze stehende Giebelwand ersucht.

Beweis: Schreiben vom ■■■, vorgelegt als Anlage K 5

Dem ist der Beklagte unter Verweis auf sein Eigentum entgegengetreten.

Beweis: Schreiben des Beklagten vom ■■■, vorgelegt als Anlage K 6

Die Giebelwand hat einen Verkehrswert (Wiederherstellungswert) von 20.000,00 EUR.

Beweis: unter Verwahrung gegen die Beweislast: Sachverständigengutachten

Der Kläger hat deshalb dem Beklagten Zug um Zug gegen die Erklärung der Duldung des Anbaus die Zahlung von 10.000,00 EUR angeboten.

Beweis: Schreiben vom ■■■, vorgelegt als Anlage K 5

Hierauf ist der Beklagte jedoch nicht eingegangen.[7]

II.

Dem Kläger steht gegen den Beklagten ein Anspruch auf Duldung des Anbaus an die Nachbarwand gem. §§ 922, 921 BGB analog, 242 BGB iVm den Grundsätzen des nachbarrechtlichen Gemeinschaftsverhältnisses zu.

Die Parteien sind Eigentümer benachbarter Grundstücke.

Auch wenn man zugunsten des Beklagten davon ausgeht, dass, soweit die Giebelmauer seines Reihenhauses über die Grenze auf dem Grundstück des Klägers errichtet ist, die Voraussetzungen eines entschuldigten Überbaus vorliegen, steht dem Kläger gem. §§ 921, 922 BGB analog iVm § 242 BGB und den Grundsätzen des nachbarrechtlichen Gemeinschaftsverhältnisses ein Anspruch auf Duldung des Anbaus zu. Der Überbau durch die Nachbarwand ist in einem solchen Fall nämlich auf die Entwicklung zu einer gemeinschaftlichen Grenzeinrichtung hin angelegt (Staudinger/Roth § 921 Rn 30). Die Bauausführung durch den Kläger wird zu keiner Beeinträchtigung der Wand führen.

Lediglich hilfsweise ist auszuführen, dass der Beklagte ohnehin verpflichtet ist, den Anbau zu dulden, wenn hinsichtlich der Giebelwand ein nicht entschuldigter Überbau vorliegen sollte; denn in diesem Fall befindet sich die Mauer, soweit sie auf dem Grundstück des Klägers errichtet ist, in dessen Eigentum (§ 94 Abs. 1 BGB).

Der Antrag auf Feststellung, dass sich der Beklagte hinsichtlich der Annahme der Zahlung von 10.000,00 EUR in Annahmeverzug befindet, ist zulässig und begründet.

Der Kläger hat ein berechtigtes Interesse an dieser Feststellung (§ 256 Abs. 1 ZPO); denn andernfalls kann er die Vollstreckung aus dem Urteil nur unter erschwerten Bedingungen betreiben (§ 756 Abs. 1 ZPO).

Dem Beklagten steht ein Anspruch auf Zahlung einer Entschädigung für den hälftigen Verkehrswert der Giebelwand zu, sobald der Kläger an diese anbaut (§§ 951, 812 Abs. 1 S. 1 Alt. 2, 818 Abs. 2 BGB); denn die Mauer steht derzeit im Alleineigentum des Beklagten (§ 94 Abs. 2 BGB). Durch den Anbau wird sie auch wesentlicher Bestandteil des Gebäudes des Beklagten und steht daher dann im Miteigentum beider Parteien (§ 94 Abs. 2 BGB; Palandt/Bassenge § 921 Rn 9). Wegen dieses Anspruchs steht dem Beklagten ein Zurückbehaltungsrecht gem. § 273 Abs. 1 BGB zu.[8]

Der Beklagte befindet sich in Annahmeverzug, da er zu erkennen gegeben hat, dass er den Anbau nicht dulden werde (§ 298 BGB).

Die Androhung von Ordnungsgeld bzw -haft stützt sich auf § 890 ZPO.

...

Rechtsanwalt ◄

II. Erläuterungen

[1] Die sachliche **Zuständigkeit** richtet sich nach dem Interesse des Klägers an der Duldung des Anbaus. Es kann beziffert werden durch den Vorteil, den der Kläger dadurch hat, dass er keine neue Mauer errichten muss (ersparte Baukosten zzgl Flächengewinn abzgl. Entschädigung des Nachbarn). Die örtliche Zuständigkeit richtet sich nach § 24 ZPO. 16

[2] Ein **Anspruch auf Duldung** des Anbaus kann sich ergeben aus den landesrechtlichen Vorschriften über die Nachbarwand (vgl hierzu Grziwotz/Lüke/Saller/*Grziwotz* Rn II. 114). Gibt es danach keinen Anspruch, kann sich ein Anspruch auf Duldung aus Vertrag der Nachbarn ergeben. Die Zustimmung wirkt insoweit regelmäßig auch zugunsten des Einzelrechtsnachfolgers des Berechtigten (BGH NJW 2004, 1237 [1238]). Kein Anspruch ergibt sich demgegenüber unmittelbar aus §§ 921, 922 BGB, da die Mauer die Eigenschaft als Grenzeinrichtung erst mit Errichtung des Anbaus erhält. Allerdings ergibt sich aus den Regeln über das nachbarrechtliche Gemeinschaftsverhältnis ein Anspruch auf Duldung des Anbaus nach Treu und Glauben, wenn diese Nutzung der Eigenschaft der Mauer, die dann Grenzeinrichtung ist, entspricht (Staudinger/*Roth* § 921 Rn 30). 17

[3] **Zurückbehaltungsrecht.** Es empfiehlt sich, den Anspruch auf Duldung des Anbaus nur Zug um Zug gegen Zahlung einer Entschädigung geltend zu machen. Handelt es sich um einen entschuldigten Überbau, steht die Mauer, auch soweit sie auf dem Grundstück des Nachbarn errichtet ist, im Eigentum des Eigentümers des Stammgrundstücks (§ 94 Abs. 2). Sobald der Anbau im Rohbau fertiggestellt ist, erlangt der Anbauende Miteigentum (§ 94 Abs. 2; hM, vgl Palandt/*Bassenge* § 921 Rn 9). Hiermit entsteht zugunsten des Eigentümers des Stammgrundstücks ein Anspruch auf Entschädigung gem. §§ 951, 812 Abs. 1 S. 1 Alt. 2, 818 Abs. 2). Beruft er sich deswegen auf das Zurückbehaltungsrecht gem. § 273 führt dies zu einer teilweisen Abweisung der Klage. Hinsichtlich der Grundstücksbezeichnung s. § 904 Rn 4. 18

[4] Hinsichtlich des **Feststellungsantrags** s. § 756 ZPO 19

[5] Die **Androhung von Ordnungsmitteln** stützt sich auf § 890 ZPO. 20

[6] Hinsichtlich der allgemeinen **Prozessanträge** s. § 904 Rn 8. 21

[7] Der Kläger ist **darlegungs- und beweisbelastet** hinsichtlich seines Eigentums und des Eigentums des Beklagten am Nachbargrundstück. Weiterhin hat er darzulegen und zu beweisen, dass sich die Nachbarwand auf der Grenze befindet, von dieser also durchschnitten wird. Schließlich 22

hat er darzulegen und zu beweisen, worauf er den Anspruch auf Duldung des Anbaus stützt, also die landesnachbarrechtlichen Voraussetzungen, eine Vereinbarung der Nachbarn (bzw ihrer Rechtsvorgänger und dass er in dieses Rechtsverhältnis eingetreten ist) oder dass der Anbau nach Treu und Glauben zu dulden ist.

23 [8] **Grenzwand.** Von der Nachbarwand ist die Grenzwand zu unterscheiden. Diese befindet sich vollständig, wenn auch an der Grenze, auf dem Grundstück auf dem sie errichtet wurde. Soweit Landesrecht hierfür besondere Vorschriften vorsieht, wird auf die Ausführungen in Grziwotz/Lüke/Saller/*Grziwotz* Rn II. 166 ff verwiesen. IÜ gelten die allgemeinen Vorschriften, dh auch bei einem Anbau durch den Nachbarn bleibt der Eigentümer der Grenzwand Alleineigentümer (§ 94 Abs. 1), der Anbau ist nur mit Zustimmung zulässig, errichtet der Nachbar ohne Zustimmung einen Anbau, kann der Eigentümer Beseitigung (§ 1004) und Schadensersatz (§ 823) verlangen, und er ist grundsätzlich auch im Fall eines länger geduldeten Anbaus nicht gehindert, die Grenzwand zu beseitigen.

C. Eigentumsverlust durch Anbau an eine Grenzwand

24 **I. Muster: Klage auf Entschädigung für Eigentumsverlust durch Anbau an eine Grenzwand**

▶ An das

Amtsgericht/Landgericht ■■■

Klage

In dem Rechtsstreit

■■■

– Kläger –

■■■ Prozessbevollmächtigter

gegen

■■■

– Beklagter –

wegen: Entschädigung

zeige ich die Vertretung des Klägers an. Namens und in Vollmacht des Klägers erhebe ich Klage und werde beantragen:

I. Der Beklagte wird verurteilt, an den Kläger 5.000,00 EUR zzgl Zinsen iHv 5 %-Punkten über dem jeweiligen gesetzlichen Basiszinssatz ab Rechtshängigkeit zu bezahlen.

II. ■■■ (Prozessanträge)[1]

Gründe

I.

Die Parteien sind Nachbarn. Der Kläger ist Eigentümer des Grundstücks ■■■, vorgetragen im Grundbuch des AG ■■■ von ■■■, Band ■■■, Blatt ■■■[2]

Beweis: Grundbuchauszug, vorgelegt als Anlage K 1

Der Beklagte ist Eigentümer des Grundstücks ■■■, vorgetragen im Grundbuch des AG ■■■ von ■■■, Band ■■■, Blatt ■■■

Beweis: Grundbuchauszug, vorgelegt als Anlage K 2

Der Kläger hat im Jahre ■■■ auf seinem Grundstück entsprechend den Vorgaben des Bebauungsplans in geschlossener Bauweise ein Reihenhaus errichtet. Das Schnurgerüst wurde errichtet, nachdem durch den Vermessungsingenieur Dipl. Ing ■■■ die maßgeblichen Punkte ermittelt worden waren.

Beweis: Zeuge NN

Gleichwohl wurde die zum Grundstück des Beklagten hin zu errichtende Giebelmauer nicht gänzlich auf dem Grundstück des Klägers errichtet. Sie befindet sich vielmehr fast mittig auf der Grundstücksgrenze.

Beweis:

- Protokoll der Einmessung des Gebäudes des Klägers durch das staatliche Vermessungsamt vom ■■■
- Sachverständigengutachten

Der Beklagte hat der Errichtung des Gebäudes des Klägers nicht widersprochen.

Nach Fertigstellung des Reihenhauses des Klägers hat der Beklagte seinerseits auf seinem Grundstück ein Reihenhaus errichtet. Er hat hierbei mit Zustimmung des Klägers an die auf der Grenze stehende Giebelwand unmittelbar angebaut.

Beweis:

- Augenschein
- Sachverständigengutachten

Die Giebelwand des Klägers hat unter Berücksichtigung ihres Alters einen Verkehrswert iHv 20.000,00 EUR.

Beweis: Sachverständigengutachten

Der Beklagte hat auf einer Fläche von 50 % an die Giebelwand angebaut.

Er ist mithin verpflichtet, dem Kläger 25 % des Verkehrswertes der Giebelwand zu erstatten.[3]

II.

Dem Kläger steht gegen den Beklagten ein Anspruch auf Zahlung von 5.000,00 EUR gem. §§ 951, 812 Abs. 1 S. 1 Alt. 2, 818 Abs. 2 BGB zu.

Die Giebelwand stand ursprünglich im alleinigen Eigentum des Klägers (§ 94 Abs. 2 BGB). Es liegt ein entschuldigter Überbau gem. § 912 Abs. 1 BGB vor. Dem Kläger liegt hinsichtlich des Überbaus weder Vorsatz noch grobe Fahrlässigkeit zur Last. In einem solchen Fall gehört auch der Überbau gem. § 94 Abs. 2 BGB zum Eigentum an dem Gebäude, das sich auf dem Stammgrundstück befindet (§ 94 Abs. 1 BGB).

Durch den Anbau hat der Kläger gem. § 946 BGB das Alleineigentum insoweit verloren, als zu 1/2 Miteigentum zu je 1/2 mit dem Beklagten entstanden ist. Durch den Anbau wird die übergebaute Nachbarwand auch wesentlicher Bestandteil des Anbaus (§ 94 Abs. 2 BGB). Die Miteigentumsquote richtet sich danach, in welchem Umfang die Nachbarwand durch den Anbau in Anspruch genommen wird (Grziwotz/Lüke/Saller/*Grziwotz* Rn II 134). Der Entschädigungsanspruch richtet sich der Höhe nach nach der Quote, zu der der Nachbar Miteigentum erwirbt (Grziwotz/Lüke/Saller/*Grziwotz* Rn II. 128). Dementsprechend ist der Beklagte verpflichtet, dem Kläger 25 % des Verkehrswertes der Mauer zu erstatten.[4]

Der Anspruch auf die beantragten Zinsen folgt aus § 291 BGB.

■■■

Rechtsanwalt ◄

II. Erläuterungen

[1] Hinsichtlich der **Prozessanträge** s.o. § 904 Rn 8. 25

[2] Hinsichtlich der **Grundstücksbezeichnung** s. § 904 Rn 4. 26

[3] Hinsichtlich der **Darlegungs- und Beweislast** ist auf Rn 17, 18 zu verweisen. Allerdings hat 27 der Kläger auch die **Voraussetzungen des entschuldigten Überbaus** darzulegen. In gleicher Weise hat er darzulegen, wenn der Nachbar den Überbau gestattet hat, dass hierdurch der Anspruch auf Entschädigung wegen des Rechtsverlustes nicht ausgeschlossen sein sollte. Sofern das je-

weilige Landesrecht einen Erstattungsanspruch vorsieht, sind die Voraussetzungen dieser Anspruchsgrundlage darzulegen. Der Anspruch wird fällig mit Fertigstellung des Rohbaus (Grziwotz/Lüke/Saller/*Grziwotz* Rn II. 129). Auch insoweit ist der Kläger darlegungs- und beweisbelastet.

28 [4] **Miteigentum.** Sofern das Grundstück, auf dem der Anbau errichtet wurde, im Miteigentum steht, haftet jeder Miteigentümer entsprechend seiner Miteigentumsquote (Grziwotz/Lüke/Saller/*Grziwotz* aaO). Der Kläger hat in diesem Fall also auch hinsichtlich der einzelnen Miteigentumsquoten darzulegen.

D. Sanierung einer Grenzwand

29 I. Muster: Klage des Nachbarn auf Duldung der Sanierung einer Grenzwand (nach BGH NJW 2008, 2032)

▶ An das
Amtsgericht/Landgericht ■■■[1]

Klage

In dem Rechtsstreit

■■■

– Kläger –

■■■ Prozessbevollmächtigter

gegen

■■■

– Beklagter –

wegen: Duldung einer Erhaltungsmaßnahme

zeige ich die Vertretung des Klägers an. Namens und in Vollmacht des Klägers erhebe ich Klage und werde beantragen:

I. Der Beklagte wird verurteilt, zu dulden, dass der Kläger die Giebelwand zwischen den Grundstücken des Klägers ■■■, vorgetragen im Grundbuch des AG ■■■ von ■■■, Band ■■■, Blatt ■■■ und des Beklagten ■■■, vorgetragen im Grundbuch des AG ■■■ von ■■■, Band ■■■, Blatt ■■■, soweit diese über das Dach des Einfamilienhauses des Beklagten hinausragt, saniert wie folgt:
   1. Aufbringen einer 16 cm starken Wärmedämmung aus Polystrol
   2. Abdeckung mittels Schieferplatten[2]

II. Dem Beklagten wird für jeden Fall der Zuwiderhandlung ein Ordnungsgeld bis zur Höhe von 250.000,00 EUR oder Ordnungshaft bis zur Dauer von 6 Monaten angedroht

III. ■■■ (Prozessanträge)[3]

Gründe

I.

Die Parteien sind Eigentümer der benachbarten, im Klageantrag zu 1) genannten Grundstücke.

Beweis: Grundbuchauszug betr. das Grundstück des Klägers, vorgelegt als Anlage K 1

Grundbuchauszug betr. das Grundstück des Beklagten, vorgelegt als Anlage K 2

Das Grundstück des Beklagten befindet sich hangabwärts vom Grundstück des Klägers aus gesehen. Die Grundstücke sind seit alters her in geschlossener Bauweise mit zwei über hundert Jahre alten Fachwerkhäusern bebaut.

Auf der Grenze zwischen den Grundstücken der Parteien befindet sich die gemeinsam genutzte Giebelwand. Diese ragt entsprechend dem Verlauf des Geländes 50 cm über das Dach des Hauses des Beklagten hinaus.

Beweis: Augenschein

Es ist erforderlich, die Giebelwand, soweit sie im Freien liegt, zu sanieren. Nach den derzeit geltenden Regeln der Baukunst ist die Giebelwand, soweit sie beheizte Innenräume umschließt mit einer Wärmedämmung zu versehen. Entsprechend dem Erscheinungsbild der historischen Bausubstanz ist diese Wärmedämmung mit einer Schieferplattenverkleidung gegen Wind und Wetter zu schützen.

Beweis: Sachverständigengutachten

Der Kläger hat entsprechend diesen Vorgaben einen Kostenvoranschlag der Firma W eingeholt.

Beweis: Kostenvoranschlag nebst Leistungsverzeichnis, vorgelegt als Anlage K 3

Der Kläger hat den Beklagten aufgefordert, seine Zustimmung zur Durchführung der Sanierungsarbeiten zu erteilen.

Beweis: Schreiben vom ■■■, vorgelegt als Anlage K 4

Der Beklagte hat sich jedoch bisher nur ablehnend und ausweichend geäußert.[4]

II.

Dem Kläger steht ein Anspruch auf Duldung der Instandsetzungsarbeiten an der gemeinsamen Giebelwand gem. §§ 922 S. 4, 745 Abs. 2 BGB zu.

Die Giebelwand ist eine Grenzanlage.

Sie wird von der gemeinsamen Grundstücksgrenze durchschnitten.

Da sie jeder Partei den Anbau eines Gebäudes ermöglicht, dient sie auch dem Vorteil beider Grundstücke.

Die Sanierung der Giebelwand stellt eine billigem Ermessen entsprechende Maßnahme der Verwaltung dar. Sie führt dazu, dass die Außenwand eine den heutigen Anforderungen entsprechende Wärmedämmung erhält. Die Schieferverkleidung führt zu einem zweckmäßigen und dem historischen Erscheinungsbild entsprechenden Witterungsschutz der Wand.

Die Anbringung des Wärmeschutzes beeinträchtigt den Beklagten nicht unbillig. Sollte er sein Gebäude (was aus denkmalschutzrechtlichen Gesichtspunkten allerdings derzeit als ausgeschlossen erscheint) bis zur Traufhöhe der Giebelwand erhöhen, ist diese auf Kosten des Klägers wieder zu entfernen.

■■■

Rechtsanwalt ◀

II. Erläuterungen

[1] **Zuständigkeit.** Für diese Klage richtet sich die sachliche Zuständigkeit nach § 3 ZPO (wirtschaftliches Interesse des Klägers an einer ordnungsgemäßen Verwaltung, also v.a. an der Vermeidung von witterungsbedingten Schäden an der gemeinsamen Mauer und der Einsparung von Heizkosten), die örtliche Zuständigkeit nach § 24 ZPO. 30

[2] **Kostentragung.** Die Klage kann damit verbunden werden, dass der Beklagte auch zu den von ihm gem. § 922 S. 2 zu tragenden Kosten herangezogen wird. Im vorliegenden Fall wurde davon abgesehen, da die Maßnahme ganz überwiegend dem Kläger zugutekommt, so dass dieser auch die hierfür anfallenden Kosten alleine tragen sollte (vgl BGH NJW 2008, 2032). 31

[3] Hinsichtlich der allgemeinen **Prozessanträge** s. § 904 Rn 8. Die Androhung der Ordnungsmittel beruht auf § 890 ZPO. 32

[4] Der Kläger ist **darlegungs- und beweisbelastet** hinsichtlich seines Eigentums, des Eigentums des Beklagten am Nachbargrundstück, der Voraussetzungen, die die Giebelwand zur Grenz- 33

einrichtung machen (dh, dass diese von der gemeinsamen Grenze durchschnitten wird und dem Vorteil beider Grundstücke dient; auf die Eigentumsverhältnisse kommt es demgegenüber nicht an sowie hinsichtlich der Tatsachen, die dafür sprechen, dass die zu duldende Maßnahme eine Maßnahme ordnungsgemäßer Verwaltung darstellt).

E. Dienstbarkeit

34 **I. Muster: Regelung der Rechtsverhältnisse an der Nachbarwand durch Dienstbarkeit**

▶ I. Sachverhalt

A ist Eigentümer des Grundstücks ■■■ (im Folgenden Flurnr. 1 genannt), vorgetragen im Grundbuch des AG ■■■ von ■■■, Band ■■■, Blatt ■■■

B ist Eigentümer des Grundstücks ■■■ (im Folgenden Flurnr. 2 genannt), vorgetragen im Grundbuch des AG ■■■ von ■■■, Band ■■■, Blatt ■■■

Die Grundstücke sind in Abteilung II und III des Grundbuchs unbelastet.

Auf dem Grundstück des A ist ein Einfamilienhaus errichtet. Die östliche Giebelwand wird von der gemeinsamen Grenze zwischen den Grundstücken des A, Flurnr. 1 und des B, Flurnr. 2 durchschnitten. B beabsichtigt, auf seinem Grundstück in Doppelhausbauweise ebenfalls ein Einfamilienhaus zu errichten.

II. Anbaurecht

Dem jeweiligen Eigentümer des Grundstücks Flurnr. 2 wird gestattet, ein Einfamilienhaus an die Giebelwand, die auf der gemeinsamen Grenze der Grundstücke Flurnr. 1 und Flurnr. 2 steht, anzubauen. Dieses hat den Umriss der Giebelwand einzuhalten, dh die Wand- und Dachflächen schließen sich direkt an die Wand- und Dachflächen des bereits vorhandenen Hauses auf Flurnr. 1 an.

Der jeweilige Eigentümer von Flurnr. 2 ist berechtigt, die Giebelwand zu unterfangen, soweit dies aus statischen Gründen erforderlich sein sollte.

Jeder Eigentümer ist verpflichtet, den Schallschutz auf der ihm zugewandten Seite der Giebelwand so auszuführen, dass, in an der Giebelwand belegenen Räumen des Hauses auf dem Grundstück Flurnr. 1, durch Schallimmissionen, die aus dem auf dem Grundstück Flurnr. 2 zu errichtenden Anwesen herrühren, ein Spitzenwert von ■■■ dB(A) und ein Wert von ■■■ dB(A) zur Tagzeit und von ■■■ dB(A) zur Nachtzeit im Mittel nicht überschritten wird.[4]

Im Fall der Zerstörung oder des Abbruchs eines der Häuser, ist jeder Eigentümer berechtigt, die Giebelwand zum Anbau eines Ersatzbaus, der nach Art und Größe dem bisherigen Bau entspricht, zu nutzen. Wird kein Ersatzbau errichtet, ist der jeweilige Eigentümer verpflichtet, die Außenseite der Grenzwand gegen Witterungseinflüsse durch Anbringen eines Außenputzes und eines Anstrichs zu sichern. Für einen ausreichenden Wärmeschutz hat jedoch der Eigentümer des verbliebenen Hauses auf seine Kosten zu sorgen.

III. Verwaltung, Kosten

Die gemeinsame Giebelmauer stellt eine Grenzeinrichtung dar. Die jeweiligen Eigentümer tragen die Kosten der Unterhaltung der Giebelmauer zu je ½. Die Verwaltung der Giebelmauer richtet sich nach den Vorschriften über die Gemeinschaft. Für den baulichen Zustand der Mauer in den jeweiligen Räumen der angebauten Häuser ist jedoch jeder Eigentümer selbst auf seine Kosten verantwortlich. Hiervon sind insbesondere die Installation von Versorgungsleitungen (Strom, Wasser), Innenputz und Innenanstrich umfasst. Schäden an der gemeinsamen Mauer die aus diesen Einrichtungen resultieren, sind durch den jeweiligen Eigentümer auf seine Kosten zu beheben.

IV. Grundbuch

Die Eintragung der vorstehend bestellten Grunddienstbarkeiten an nächst offener Rangstelle wird bewilligt und beantragt. Von der Eintragung eines Aktivvermerks wird abgesehen.

V. Gegenleistung
Für das Recht, an die Grenzwand anzubauen, leistet B eine einmalige Entschädigung iHv 15.000,00 EUR. Er unterwirft sich wegen der Zahlung dieses Betrages der sofortigen Zwangsvollstreckung in sein gesamtes Vermögen.

VI. Kosten
B trägt die Kosten der Errichtung dieser Urkunde und des Vollzugs.

VII. Verjährung
Die Ansprüche auf Einräumung der Dienstbarkeit und die Ansprüche aus dem Rechtsverhältnis zwischen den Dienstbarkeitberechtigten und -verpflichteten verjähren in 30 Jahren, soweit sie nicht der Verjährung entzogen sind.

■■■

Unterschriften (Notar und vertragsschließende Parteien) ◄

II. Erläuterungen

[1] **Form der Regelung.** Soweit sich der Anbauende wegen der Leistung einer Entschädigung der sofortigen Zwangsvollstreckung unterwirft, bedarf die Erklärung notarieller Beurkundung, ansonsten reicht öffentliche Beglaubigung (§ 29 GBO) aus. 35

[2] **Rangverhältnis.** Soweit in Abteilung II und III Belastungen eingetragen sind, ist das Rangverhältnis zu klären. Es sollte sichergestellt sein, dass die Dienstbarkeit zumindest den in Abteilung III eingetragenen Rechten vorgeht, da sie ansonsten im Fall der Zwangsversteigerung nicht bestehen bleiben würde. 36

[3] **Wechselseitige Verpflichtungen.** Da die Nachbarwand mit der Fertigstellung des Anbaus gemeinsames Eigentum wird, sollten die Verpflichtungen aus der Dienstbarkeit, die nach Fertigstellung des Anbaus entstehen, wechselseitig aufgenommen werden. 37

[4] Es können **weitere Beschränkungen** vorgesehen werden, zB dass das anzubauende Haus nur zu Wohnzwecken, nicht aber gewerblich oder freiberuflich genutzt werden darf, hinsichtlich Tierhaltung und Ähnliches mehr. 38

§ 923 Grenzbaum

(1) Steht auf der Grenze ein Baum, so gebühren die Früchte und, wenn der Baum gefällt wird, auch der Baum den Nachbarn zu gleichen Teilen.
(2) [1]Jeder der Nachbarn kann die Beseitigung des Baumes verlangen. [2]Die Kosten der Beseitigung fallen den Nachbarn zu gleichen Teilen zur Last. [3]Der Nachbar, der die Beseitigung verlangt, hat jedoch die Kosten allein zu tragen, wenn der andere auf sein Recht an dem Baume verzichtet; er erwirbt in diesem Falle mit der Trennung das Alleineigentum. [4]Der Anspruch auf die Beseitigung ist ausgeschlossen, wenn der Baum als Grenzzeichen dient und den Umständen nach nicht durch ein anderes zweckmäßiges Grenzzeichen ersetzt werden kann.
(3) Diese Vorschriften gelten auch für einen auf der Grenze stehenden Strauch.

1 A. Muster: Klage des Nachbarn auf Zustimmung zur Beseitigung eines Grenzbaums

 ▶ An das

Amtsgericht/Landgericht ■■■[1]

Klage

In dem Rechtsstreit

■■■

– Kläger –

■■■ Prozessbevollmächtigter

gegen

■■■

– Beklagter –

wegen: Beseitigung eines Grenzbaums

zeige ich die Vertretung des Klägers an. Namens und in Vollmacht des Klägers erhebe ich Klage und werde beantragen:

I. Der Beklagte wird verurteilt, der Beseitigung der Blutbuche, die ca. 2,5 m von der Südostecke des Grundstücks des Klägers entfernt auf der gemeinsamen Grundstücksgrenze zwischen dem Grundstück des Klägers, ■■■ vorgetragen im Grundbuch des AG ■■■ von ■■■ Band ■■■ Blatt ■■■und dem Grundstück des Beklagten ■■■ vorgetragen im Grundbuch des AG ■■■ von ■■■ Band ■■■ Blatt[2] ■■■ steht, zuzustimmen.[3]

II. ■■■Prozessanträge[4], [5], [6], [7]

Gründe

I.

Der Kläger ist Eigentümer des Grundstücks ■■■

Beweis: Grundbuchauszug, vorgelegt als Anlage K 1

Der Beklagte ist Eigentümer des Grundstücks ■■■

Beweis: Grundbuchauszug, vorgelegt als Anlage K 2

Auf der gemeinsamen Grundstücksgrenze steht etwa 2,5 m von der Südostecke des Grundstücks des Klägers entfernt eine Blutbuche.

Beweis:

- Augenschein
- Sachverständigengutachten

Diese ist etwa 80 Jahre alt und hat eine Höhe von 25 m erreicht.

Beweis: Augenschein

Der Baum stört, da von ihm Laub und Zweige auf das Grundstück des Klägers fallen und das Grundstück beschattet wird.

Der Kläger hat mit Schreiben vom ■■■ den Beklagten aufgefordert, die Zustimmung zur Beseitigung des Baumes zu erteilen. Dem hat sich der Beklagte widersetzt. Auch das daraufhin durchgeführte Schlichtungsverfahren vor der Gütestelle erbrachte keine Einigung.

Beweis: Bescheinigung der Gütestelle, vorgelegt als Anlage K3[8]

II.

Dem Kläger steht ein Anspruch auf Zustimmung zur Beseitigung des Baumes zu (§ 923 Abs. 2 S. 1 BGB).

Die Parteien sind Eigentümer benachbarter Grundstücke.

Die Blutbuche steht auf der Grundstücksgrenze.

Ein besonderes Beseitigungsinteresse hat der Kläger gem. § 923 Abs. 2 S. 1 BGB nicht darzulegen, unbeschadet der Tatsache, dass ihn der Baum in der Nutzung seines Grundstückes stört.[9], [10]

■■■

Rechtsanwalt ◄

B. Erläuterungen und Varianten

[1] Die sachliche **Zuständigkeit** folgt aus § 3 ZPO (Interesse an der Beseitigung, nicht Kosten der Beseitigung maßgeblich), die örtliche Zuständigkeit ergibt sich aus § 24 ZPO. 2

[2] Hinsichtlich der **Grundstücksbezeichnung** s. § 904 Rn 4. 3

[3] Es ist auf einen **genauen Klageantrag** zu achten. Der zu beseitigende Baum sollte daher durch seinen botanischen Namen (zumindest in deutscher Sprache) sowie durch seine Lage genau identifiziert werden. 4

[4] **Kosten der Beseitigung.** Es empfiehlt sich nicht, in den Klageantrag bereits die Verpflichtung des zustimmungsunwilligen Nachbarn aufzunehmen, sich hälftig an den Kosten der Beseitigung des Baumes zu beteiligen (§ 923 Abs. 2 S. 2); denn dieser kann die Kostenfolge abwenden, wenn er auf sein Recht an dem gefällten Baum verzichtet (§ 923 Abs. 2 S. 3). Dies wird er in der Regel tun, da die Kosten eines professionellen Baumfällunternehmens, das in bebauter Lage in der Regel einzuschalten ist, den Wert des Holzes, soweit es dem Nachbarn zusteht (in der Regel zu 1/2) meist übersteigen werden. Die Klage wäre daher insoweit meist kostenpflichtig abzuweisen. Umgekehrt kann der Anspruch auf Beteiligung an den Kosten auch noch gerichtlich geltend gemacht werden, wenn der Baum bereits gefällt ist. 5

[5] **Verbindung mit Klage auf Mitwirkung an der Abmarkung.** Dient der Baum als Grenzzeichen, kann die Klage mit der Klage auf Mitwirkung an der Abmarkung verbunden werden (§ 260 ZPO; zur Klage auf Mitwirkung/Zustimmung an der bzw zur Abmarkung s. § 919 Rn 1 ff). Der Anspruch auf Zustimmung zur Beseitigung des Baumes ist nicht ausgeschlossen, wenn dieser zwar als Grenzzeichen dient, durch ein anderes Grenzzeichen jedoch ersetzt werden kann (§ 923 Abs. 2 S. 4). Um Unsicherheiten hinsichtlich des Grenzverlaufs zu vermeiden, sollte bei Entfernung des Baumes in diesem Fall alsbald die Grenze neu abgemarkt werden. 6

[6] Hinsichtlich der **Prozessanträge** vgl § 904 Rn 8 mit der Modifikation, dass ein Gütetermin nicht durchzuführen ist, da das Verfahren vor der Gütestelle gescheitert ist. 7

[7] Die Klage ist nur zulässig, wenn zuvor ein **Schlichtungsverfahren** durchgeführt wurde (§ 15 a Abs. 1 Nr. 2 EGZPO iVm den entsprechenden landesrechtlichen Vorschriften). 8

[8] Der Kläger trägt die **Darlegungs- und Beweislast** hinsichtlich des Eigentums der Parteien an den benachbarten Grundstücken. Weiterhin hat er darzulegen, dass sich der betreffende Baum auf der Grenze befindet, also da, wo er aus dem Boden heraustritt durch die gemeinsame Grundstücksgrenze durchschnitten wird. Der Beklagte kann sich damit verteidigen, dass der Baum als Grenzzeichen dient. Er hat darzulegen, dass das Grundstück nicht anderweit abgemarkt ist. Gelingt ihm dieser Nachweis, hat der Kläger darzulegen, dass der Baum durch ein anderes zweckmäßiges Grenzzeichen ersetzt werden kann (vgl zur Darlegungs- und Beweislast insoweit Staudinger/*Roth* § 923 Rn 8). Dies wird in der Regel möglich sein, sofern sich die Grundstücke nicht in einem Gebiet befinden, dass starken Veränderungen der Erdoberfläche unterworfen ist (wie zB in einem Überschwemmungsgebiet), so dass nur ein Baum ein verlässliches Grenzzeichen bildet. 9

Der Nachbar kann sich weiter damit verteidigen, dass aus öffentlich-rechtlichen Gründen eine Beseitigung ausgeschlossen ist (Baumschutzsatzung). Hier hat er weiter darzulegen, dass auch eine Befreiung nicht in Betracht kommt (Grziwotz/Lüke/Saller/*Grziwotz* Rn II.200). Weiterhin 10 kann sich eine Duldungspflicht hinsichtlich von Obstbäumen und Bäumen in Waldgrundstücken aus Landesnachbarrecht ergeben (Art. 122, 183 EGBGB).

11 Von Bedeutung ist aber vor allem, dass sich der Nachbar auf § 922 S. 3 berufen kann, wenn der Baum auch Grenzeinrichtung ist; denn diese Bestimmung geht § 923 Abs. 1 vor (LG Frankfurt/M NJW RR 1992, 88; Palandt/*Bassenge* § 923 Rn 1; Grziwotz/Lüke/Saller/*Grziwotz* Rn II.201). Der Beklagte (Nachbar) hat daher darzulegen, dass es sich bei dem Baum um eine Grenzeinrichtung handelt und dass er weiterhin ein Interesse an dem Fortbestand des Baumes hat (vgl zur Darlegungs- und Beweislast § 921 Rn 6–9).

12 [9] **Klageerwiderung gegen Klage auf Zustimmung zur Beseitigung.** Die Klageerwiderung in dem Fall gem. Rn 1 könnte daher aussehen wie folgt:

▶ An das Amtsgericht/Landgericht ■■■

Az.: ■■■

In dem Rechtsstreit

■■■

– Kläger –

■■■ Prozessbevollmächtigter

gegen

■■■

– Beklagter –

■■■ Prozessbevollmächtigter

zeige ich die Vertretung des Beklagten an. Namens und in Vollmacht des Beklagten beantrage ich:

I. Die Klage wird abgewiesen.

II. Der Kläger trägt die Kosten des Rechtsstreits

Gründe

Dem Kläger steht kein Anspruch auf Zustimmung zur Beseitigung des Baumes zu.

Vielmehr darf der Baum nicht ohne Zustimmung des Beklagten beseitigt werden (§ 922 S. 3 BGB). Der Beklagte erteilt diese Zustimmung nicht.

Der Baum ist eine Grenzanlage (§ 921 BGB). Insoweit trifft es zu, dass er an der Stelle, an der der Stamm aus dem Boden tritt, von der gemeinsamen Grenze zwischen den Grundstücken der Parteien durchschnitten wird.

Der Baum ist für beide Grundstücke vorteilhaft. Er erlaubt, dass die Parteien die jahreszeitlich bedingten Veränderungen der Natur erleben können. Sowohl die Veränderungen des Baumes selbst (Ansatz von Laub im Frühjahr, Abwurf des Laubes im Herbst) als auch die mittelbar mit dem Baum zusammenhängenden Lebensvorgänge sind in diesem Zusammenhang zu erwähnen. Der Baum ist Nistgelegenheit für zahlreiche Singvögel.

Beweis:

- Sachverständigengutachten
- Augenschein

Er bietet vielen anderen Tieren Nahrung und Unterschlupf. Vor allem Eichhörnchen holen sich im Herbst die Bucheckern. Der Igel sucht in der Nähe des Stammes im Laub im Herbst Unterschlupf. Dieser vertilgt auch auf dem Grundstück des Klägers zahlreiche Schädlinge.

Beweis:

- Sachverständigengutachten
- Zeuge NN

Viele Insekten, die wiederum anderen Tieren als Nahrungsquelle dienen, leben am und von dem Baum.

Beweis: wie vor

Darüber hinaus schützt der Baum die nach Südosten hängenden Grundstücke der Parteien durch seine Beschattung vor übermäßiger Sonneneinstrahlung.

Beweis: Sachverständigengutachten

Hierdurch wird nicht nur der Aufenthalt in den jeweiligen Gärten der Parteien angenehmer, sondern auch der Rasen des Klägers wird vor einem Ausbrennen geschützt.

Beweis: Sachverständigengutachten

Demgegenüber treten die mit dem Befall durch Laub und Zweige verbundenen Unannehmlichkeiten zurück, zumal der Kläger ohnehin aufgrund der anderen auf seinem Grundstück wachsenden Bäume im Herbst diese Gartenpflegearbeiten zu verrichten hat.

Hilfsweise erklärt der Beklagte bereits jetzt, dass er für den Fall, dass das Gericht zu dem Ergebnis kommen sollte, dass die Zustimmung zur Entfernung des Baumes zu erteilen ist, auf seine Rechte an dem Baum, wenn dieser gefällt ist, verzichtet.

■■■

Rechtsanwalt ◄

[10] **Berücksichtigungsfähige Vorteile des Grenzbaums.** Bei der Klageerwiderung ist darauf zu achten, dass die Vorteile, die von dem Baum herrühren, **individuell** und **grundstücksbezogen** vorzutragen sind. Allgemeine ökologische Erwägungen reichen insoweit nicht aus (Staudinger/*Roth* § 923 Rn 7). 13

§ 924 Unverjährbarkeit nachbarrechtlicher Ansprüche

Die Ansprüche, die sich aus den §§ 907 bis 909, 915, dem § 917 Abs. 1, dem § 918 Abs. 2, den §§ 919, 920 und dem § 923 Abs. 2 ergeben, unterliegen nicht der Verjährung.

§ 924 stellt den Grundsatz der Unverjährbarkeit der nachbarrechtlichen Ansprüche auf. Dies beruht darauf, dass diese Ansprüche entweder ständig neu entstehen oder aber aus übergeordneten öffentlichen Gründen nicht der Verjährung unterliegen sollen (§§ 919, 920). Die Frage der Verjährung stellt sich prozessual für den Beklagten, der in der Klageerwiderung eine entsprechende Einrede erheben will. Über den Wortlaut des § 924 hinaus unterliegt auch der Anspruch auf Kostenerstattung gem. § 919 Abs. 3 (Palandt/*Bassenge* § 924 Rn 1) und § 923 Abs. 2 S. 2 (Grziwotz/Lüke/Saller/*Grziwotz* Rn II.207; str.) der Verjährung. 1

Titel 2 Erwerb und Verlust des Eigentums an Grundstücken

§ 925 Auflassung

(1) [1]Die zur Übertragung des Eigentums an einem Grundstück nach § 873 erforderliche Einigung des Veräußerers und des Erwerbers (Auflassung) muss bei gleichzeitiger Anwesenheit beider Teile vor einer zuständigen Stelle erklärt werden. [2]Zur Entgegennahme der Auflassung ist, unbeschadet der Zuständigkeit weiterer Stellen, jeder Notar zuständig. [3]Eine Auflassung kann auch in einem gerichtlichen Vergleich oder in einem rechtskräftig bestätigten Insolvenzplan erklärt werden.
(2) Eine Auflassung, die unter einer Bedingung oder einer Zeitbestimmung erfolgt, ist unwirksam.

Schrifttum: *Amann*, Vormerkungsschutz für den Zweitkäufer vor Eigentumserwerb des Erstkäufers?, in FS Schippel, 1996, S. 83 ff; *Dümig*, Die Beurkundung als materielles Formerfordernis der Auflassung?, ZfIR 2003, 583; *Geißel*, Der Teilflächenverkauf, MittRhNotK 1997, 333 ff; *Kössinger*, Bewilligt wird Vollzug dessen, worüber Einigung besteht – Zum Verhältnis von verfahrensrechtlicher Bewilligung und materiellrechtlicher Einigung, in FS Wolfsteiner, 2008, S. 73 ff; *Pajunk*, Die Beurkundung als materielles Formerfordernis der Auflassung, Diss. 2002; *Schneider*, Kettenauflassung und Anwartschaft, MDR 1994, 1057; *Schreiber*, Der Eigentumserwerb an Grundstücken – Die Auflassung, Jura 2000, 603

A. Auflassung für grundbuchrechtlich gebuchtes Grundstück bzw Wohnungseigentum

I. Auflassung

1 **1. Muster: Bewilligung und Beantragung der Auflassung**

▶ **Notarieller Eingang**[1]

■■■ und ■■■ sind über den Eigentumsübergang hinsichtlich des im Grundbuch von ■■■ Blatt ■■■ eingetragenen Grundstücks FlSt. ■■■ /Wohnungseigentums, nämlich ■■■ Miteigentumsanteil an dem Grundstück FlSt. ■■■ verbunden mit dem Sondereigentum an der im Aufteilungsplan mit Nr. ■■■ bezeichneten Wohnung[2] auf ■■■ zum Alleineigentum[3] einig.

Der im Grundbuch eingetragene Eigentümer bewilligt und ■■■ als Erwerber beantragt die Eintragung der vorstehenden Auflassung im Grundbuch.[4], [5] ◀

2. Erläuterungen

2 [1] Die **Auflassung** muss bei **gleichzeitiger Anwesenheit** vor einem deutschen Notar (hM, KG DNotZ 1987, 44) erklärt werden; eine öffentlich beglaubigte Urkunde genügt nicht (OLG

München NJW-RR 2009, 738). Vertretung, auch unter Befreiung von den Beschränkungen des § 181, ist zulässig. Die Vollmacht bedarf materiellrechtlich keiner Form; dem Grundbuchamt muss sie in öffentlich beurkundeter oder beglaubigter Form nachgewiesen werden (§ 29 GBO). Auch eine Genehmigung vollmachtlosen Handelns ist möglich (BGH NJW 1998, 1482). Die Auflassung kann bei einem Kauf zur Sicherung des Verkäufers in einer späteren Nachtragsurkunde erklärt werden, wenn der Kaufpreis bezahlt wurde. Eine isolierte Auflassung ist auch zur Vermächtniserfüllung erforderlich und wenn ein schuldrechtlicher Grundstückskauf im Ausland beurkundet wurde. Die Erklärung der Auflassung darf nur entgegengenommen werden, wenn die nach § 311 b Abs. 1 erforderliche Urkunde über den schuldrechtlichen Vertrag vorgelegt oder gleichzeitig errichtet wird (§ 925 a). Nach § 20 GBO ist die Einigung dem Grundbuchamt nachzuweisen (materielles Konsensprinzip). Umstritten ist, ob sich Fehler der notariellen Beurkundung auf die Wirksamkeit der Auflassung auswirken (verneinend die noch hM, vgl OLG Rostock DNotZ 2007, 220 zur vergessenen Unterschrift).

[2] Ausreichend ist auch die **Bezeichnung** des Grundbuchblatts (§ 28 S. 1 GBO; vgl Meikel/ 3
Böhringer, § 28 Rn 59).

[3] Bei mehreren Erwerbern ist das **Berechtigungsverhältnis** anzugeben (§ 47 Abs. 1 GBO; vgl 4
Reymann, NJW 2008, 1773 ff), wobei es sich um Miteigentum zu unterschiedlichen Bruchteilen oder Gesamthandseigentum bei Ehegatten, die im Güterstand der Gütergemeinschaft oder in einem vergleichbaren ausländischen Güterstand leben, bei Erbengemeinschaften und nicht rechtsfähigen Vereinen handeln kann (zur falschen Angabe bei Ehegatten s. BGH NJW 1982, 1097). Ausländischen Ehegatten ist der mitunter empfohlene Erwerb zum Miteigentum je zur Hälfte nur möglich, wenn dies das ausländische Recht zulässt (OLG München, NJW-RR 2009, 806). Nach der Anerkennung der Rechtsfähigkeit der BGB-Gesellschaft (BGHZ 146, 341 = NJW 2001, 1056 u. BGH, NJW 2004, 3632) war diese selbst als Eigentümer im Grundbuch einzutragen und nicht mehr die Gesellschafter zur gesamten Hand (vgl zur entsprechenden Rechtslage bei OHG und KG §§ 124, 161 Abs. 2 HGB); nach § 47 Abs. 2 GBO müssen diese jedoch wieder in das Grundbuch eingetragen werden (s. nur *Lautner,* DNotZ 2009, 650 ff.

[4] **Zwischeneintragung.** Falls bisher zur Sicherung des Erwerbers eine Vormerkung (**Auflas-** 5
sungsvormerkung bzw Eigentumsverschaffungsvormerkung) im Grundbuch eingetragen war, muss gleichzeitig deren Löschung bewilligt und beantragt werden, wenn die Auflassung „im Rang“ der Vormerkung eingetragen wird. Sind zwischenzeitlich Eintragungen erfolgt, so muss die Vormerkung bestehen bleiben, damit der Erwerber seinen Löschungsanspruch (§§ 883, 888) durchsetzen kann.

[5] **Notarkosten bei gesonderter Beurkundung der Auflassung.** Der Geschäftswert (§§ 39 6
Abs. 1 S. 1, 19 Abs. 2 KostO) entspricht dem Verkehrswert des aufgelassenen Grundstücks. Bei Teilflächen und späteren Änderungen ist § 42 KostO zu beachten. Es fällt eine 5/10-Gebühr an (§ 38 Abs. 2 Nr. 6 a KostO), wenn das zugrundeliegende Rechtsgeschäft beurkundet ist. Eine urkundsmäßige Niederlegung durch einen Notar (str. bei ausländischem Notar, vgl Korintenberg/*Schwarz*, KostO, § 38 Rn 50 a) oder eine andere zuständige Urkundsperson genügt. Ausreichend deshalb Vermächtnis in öffentlichem Testament, nicht in eigenhändigem (vgl *Tiedtke,* Notarkosten im Grundstücksrecht, Rn 673). Die Ermäßigung ist auch bei Erfüllung eines gerichtlichen Vergleichs anwendbar (BayObLG MittBayNot 2004, 144). Liegt keine urkundsmäßige Niederlegung des Anspruchs vor, fällt eine 20/10-Gebühr an (§ 36 Abs. 2 KostO). Ist die Auflassung in einem Vertrag (zB Kaufvertrag) enthalten, fällt für sie keine zusätzliche Gebühr an (§ 44 Abs. 1 S. 1 KostO). Umstr. ist, ob **Trennung** von schuldrechtlichem Vertrag und Auflassung zur Sicherung des Verkäufers eine unrichtige Sachbehandlung darstellt; da es sich um den sichersten Weg handelt, ist dies nicht der Fall (ebenso *Tiedtke,* Notarkosten im Grundstücksrecht, Rn 685 ff).

Für die Eintragung im **Grundbuch** fällt eine 10/10-Gebühr an (§ 60 Abs. 1 KostO); eine Ermä- 7
ßigung auf die Hälfte gilt bei Ehegatten, Lebenspartnern und Abkömmlingen (§ 60 Abs. 2

KostO). Der Geschäftswert bestimmt sich wie beim Notar. In Bayern und Bremen wird zusätzlich eine Katasterfortführungsgebühr erhoben (BayKatFortGebG u. BremKatFortGebG; vgl Korintenberg/*Lappe*, KostO, § 60 Rn 75 ff).

8 Die Auflassung löst keine **Grunderwerbsteuer** aus; anders ist dies, wenn ihr kein schuldrechtliches Grundgeschäft vorausgeht (§ 1 Abs. 1 Nr. 2 GrEStG; vgl Boruttau/*Fischer*, GrEStG, § 1 Rn 411 ff).

II. Auflassung und Vollzug nach Entrichtung der Gegenleistung

9 **1. Muster: Erklärung der Auflassung und Vollzug erst nach Entrichtung der Gegenleistung**

▶ Auflassung wie oben. Die Auflassung enthält keine Bewilligung und keinen Eintragungsantrag.[1]

Die Beteiligten bevollmächtigen den amtierenden Notar,[2] seinen Amtsnachfolger und amtlich bestellten Vertreter, in ihrem Namen die Bewilligung zu erklären und den Antrag auf Eigentumsumschreibung zu stellen; sie verzichten auf ihr eigenes Antragsrecht. Diese werden angewiesen, die Bewilligung erst zu erklären, sofern der derzeitige Eigentümer die Entrichtung der Gegenleistung (zB Kaufpreiszahlung) schriftlich bestätigt oder der Erwerber diese anderweitig zB durch Bankausführungsbestätigung nachgewiesen hat.[3], [4] ◀

2. Erläuterungen

10 [1] **Bewilligungslösung.** Nach überwiegender Ansicht enthält die Auflassung, ohne dass dies gesondert erklärt werden müsste, die nach § 19 GBO vorliegende Bewilligung bzw ist eine solche zusätzlich nicht erforderlich (s. nur OLG Stuttgart NJW-RR 2008, 828 u. *Kössinger* in FS Wolfsteiner, S. 73 ff). Jedoch ist es auch nach dieser Ansicht zulässig, ausdrücklich zu erklären, dass die Auflassung die Bewilligung nicht umfasst, so dass diese gesondert erklärt werden muss. Dies kann als Gestaltung zur Sicherung des Verkäufers vor einem Eigentumsverlust verwendet werden. Eine bedingt erklärte Auflassung ist wegen § 925 Abs. 2 nicht möglich.

11 [2] Zur Zulässigkeit der **Bewilligung durch den Notar** s. LG Karlsruhe MittBayNot 2008, 382.

12 [3] **Weitere Umschreibungsvoraussetzungen.** Eventuell Zinszahlung bei Verzug und Zahlung der Grunderwerbsteuer, für die der Verkäufer kraft Gesetzes haftet (§ 13 Nr. 1 GrEStG; vgl Boruttau/*Viskorf*, GrEStG, § 13 Rn 12 ff), als weitere Umschreibungsvoraussetzungen. Wenn der Käufer nicht zusätzlich zum Kaufpreis die vom Verkäufer geschuldete **Maklerprovision** übernimmt, sondern nur zur Sicherung des den Kaufvertrag beim Notar anmeldenden Maklers dieser die Eigentumsumschreibung zusätzlich von der Entrichtung der Maklerprovision durch den Erwerber abhängig macht, liegt eine Amtspflichtverletzung des Notars vor (vgl Rundschr. Nr. 16/2009 d. BNotK v. 15.4.2003 u. *Althammer,* Die Maklerklausel im notariellen Grundstückskaufvertrag, S. 52).

13 [4] Wegen der Mitbeurkundung der Auflassung fällt für sie keine zusätzliche **Gebühr** an (§ 144 Abs. 1 S. 1 KostO). Die Überwachungstätigkeit löst eine 5/10-Gebühr nach § 147 Abs. 2 KostO aus einem Teilwert des Kaufpreises aus.
Grundbuchkosten: vgl Erläuterungen Rn 6.

III. Erteilung beglaubigter Abschriften und Ausfertigungen nach Entrichtung der Gegenleistung

14 **1. Muster: Anweisung zur Erteilung beglaubigter Abschriften und Ausfertigungen nach bestätigter Gegenleistung**

▶ [Auflassung wie oben]

Der Notar wird angewiesen, beglaubigte Abschriften und Ausfertigungen dieser Urkunde mit der vorstehenden Auflassung erst zu erteilen, wenn ihm der Veräußerer die Entrichtung der vollständigen

Gegenleistung schriftlich (nicht per Telefax oder Email) bestätigt oder der Erwerber dies anderweitig (zB durch Bankausführungsbestätigung) zur Überzeugung des Notars nachgewiesen hat.

Der Veräußerer ist verpflichtet, die vorstehende Bestätigung unverzüglich nach vollständigem Erhalt der Gegenleistung abzugeben.[1] Bis zum vorbezeichneten Zeitpunkt dürfen beglaubigte Abschriften und Ausfertigungen dieser Urkunde nur auszugsweise, dh ohne die Auflassung, erteilt werden.[2], [3] ◀

2. Erläuterungen

[1] Als zusätzliche oder alternative Sicherheit kann die „**Kopierlösung**" vorgesehen werden. Der Erwerber erhält in diesem Fall keine Abschrift, die die Auflassung enthält, mit der er die Eigentumsumschreibung auf sich beantragen könnte. 15

[2] **Genehmigungen.** Die Erteilung auszugsweiser Abschriften kann mitunter zu Problemen führen, wenn eine familien-, betreuungs- bzw nachlassgerichtliche Genehmigung des Vertrags einschließlich Auflassung erforderlich ist. In diesem Fall kann entweder das Gericht von der Vollzugssperre ausgenommen werden oder diesem insoweit lediglich eine einfache Abschrift erteilt werden. 16

[3] Hinsichtlich der **Kosten** s. Erläuterungen Rn 13. 17

B. Grundbuchmäßig noch nicht gebildetes Grundstück

I. Auflassung und anschließende Identitätserklärung

1. Muster: Erklärung der Auflassung vor Vermessung 18

▶ **Notarieller Eingang** 740

Die Beteiligten sind darüber einig, dass das Eigentum hinsichtlich der im beigefügten Lageplan grün eingezeichneten und mit den Buchstaben A, B, C und D bezeichneten Teilfläche aus dem Grundstück FlSt. ... der Gemarkung ... auf ... zum Alleineigentum übergeht.[1] Auf den beigefügten amtlichen Lageplan wird verwiesen; er wurde den Beteiligten zur Durchsicht vorgelegt und von diesen genehmigt. Die Beteiligten bewilligen und beantragen die Eintragung des Eigentumsübergangs im Grundbuch.

Die Beteiligten wurden auf die Notwendigkeit des Vorliegens eines amtlichen Messungsergebnisses, welches das Grundstück in grundbuchmäßiger Form bezeichnet, für die Eigentumsumschreibung hingewiesen. Sie bevollmächtigen zur Abgabe der insofern noch erforderlichen Identitätserklärung[2] gegenüber dem Grundbuchamt sowie zur ggf erforderlichen Wiederholung des Antrags den amtierenden Notar. Sie verpflichten sich, erforderlichenfalls die Auflassung in notarieller Form nach Vorliegen des amtlichen Messungsergebnisses nochmals zu erklären.[3] ◀

2. Erläuterungen und Varianten

[1] **Bestimmbarkeit.** Die Auflassungserklärung muss erkennen lassen, dass Eigentum übertragen wird. Hierzu muss das betroffene Grundstücks bestimmbar sein (s. nur BGH NZM 2008, 331 u. *Bengel/Simmerding*, Grundbuch, Grundstück, Grenze, § 20 GBO Rn 6). Hierzu kann zB auf einen beigefügten Lageplan Bezug genommen werden (*Geißel*, MittRhNotK 1997, 333, 335). Möglich ist aber auch eine verbale Beschreibung unter Bezugnahme auf dauerhafte Merkmale in der Natur (BGH NJW 1998, 898). Zur Falschbezeichnung s. BGH NJW 2002, 1038. 19

[2] **Identitätserklärung.** Zur Eigentumsumschreibung ist grundbuchmäßige Bestimmtheit erforderlich. Diese setzt voraus, dass das Grundstück in das Kataster oder ein an seine Stelle tretendes Verzeichnis übernommen wurde (zur Bedeutung s. auch BGH NJW-RR 2006, 662). Die spätere katastermäßige Bezeichnung, die nach Vorliegen des Fortführungsnachweises abgegeben werden kann, ist nicht Teil der Auflassung. Sie hat nur grundbuchverfahrensrechtliche 20

Bedeutung; sie bildet das Verbindungsglied zwischen der materiellrechtlichen Auflassung und dem Fortführungsnachweis, indem sie das betroffene Grundstück verfahrensmäßig (§ 28 S. 1 GBO) bezeichnet (*Schöner/Stöber*, Grundbuchrecht, Rn 880).

21 Die Identitätserklärung in Form einer **notariellen Eigenurkunde** hat folgenden Wortlaut:

▶ Aufgrund der mir in meiner Urkunde vom ▪▪▪, URNr. ▪▪▪, Abschnitt ▪▪▪ erteilten Vollmacht stelle ich fest, dass sich das dort (Abschnitt ▪▪▪) aufgelassene Grundstück gem. Fortführungsnachweis des Vermessungsamtes ▪▪▪ Nr. ▪▪▪ für die Gemarkung ▪▪▪ nunmehr beschreibt als FlSt. ▪▪▪ zu ▪▪▪ qm. Die Eintragung der Auflassung im Grundbuch hinsichtlich dieses Grundstücks wird bewilligt und beantragt.

▪▪▪

(Ort, Datum)

▪▪▪

Unterschrift und Siegel des Notars ◀

22 [3] **Kosten.** Der Geschäftswert der Identitätserklärung ist vom Notar gem. § 30 Abs. 1 KostO zu bestimmen. Angemessen sind 10–20 % des Wertes des Grundstücks (OLG Hamm MittBayNot 1980, 126). Zu erheben ist eine 5/10-Gebühr (§§ 42, 38 Abs. 2 Nr. 6 a KostO, OLG Hamm FGPrax 2007, 243) bzw bei einer notariellen Eigenurkunde nach § 147 Abs. 2 KostO (vgl *Notarkasse,* Streifzug durch die KostO, Rn 1314).

II. Muster: Erklärung der Auflassung erst nach Vorliegen des amtlichen Messungsergebnisses

23 **1. Muster: Auflassung nach Vermessung**

▶ **Notarieller Eingang**

Zur Urkunde des amtierenden Notars ▪▪▪ URNr. ▪▪▪ vom ▪▪▪, hat ▪▪▪ an ▪▪▪ die dort näher bezeichnete Grundstücksteilfläche veräußert. Das Ergebnis der amtlichen Vermessung liegt nunmehr vor und ist enthalten im Auszug aus dem Fortführungsnachweis des Vermessungsamtes ▪▪▪ Nr. ▪▪▪ für die Gemarkung ▪▪▪. Danach beschreibt sich die vertragsgegenständliche Fläche wie folgt: FlSt. ▪▪▪ zu ▪▪▪ qm, Gemarkung ▪▪▪. Die Vertragsteile erkennen das Messungsergebnis als richtig und ihrem Willen entsprechend an.[1] Sie sind über den Eigentumsübergang hinsichtlich der vorbezeichneten Fläche von ▪▪▪ auf ▪▪▪ zum Alleineigentum einig. Sie bewilligen und beantragen die Eintragung der Rechtsänderung im Grundbuch.[2], [3] ◀

2. Erläuterungen

24 [1] Die **Messungsanerkennung** hat nur schuldrechtlichen Charakter. Durch sie wird der Leistungsgegenstand einvernehmlich von den Parteien anerkannt. Die Einigung bezieht sich auf die Flächenangabe und die Grenzziehung in der Karte (zu Abweichungen s. *Bengel/Simmerding*, Grundbuch, Grundstück, Grenze, § 22 Anh. Rn 26 ff).

25 [2] Zur **Auflassung** vgl Rn 2 ff.

26 [3] **Kosten.** Decken sich Verpflichtungsgeschäft und Auflassung, ist eine 5/10-Gebühr aus dem Wert des Grundstücks (idR Kaufpreis) zu erheben (vgl Rn 6). Bei Flächenabweichungen, die zu einer Kaufpreisänderung führen (Mehr- oder Minderfläche), entspricht der **Geschäftswert** der Auflassung dem nunmehrigen Wert des Grundstücks (= geänderter Kaufpreis, § 20 Abs. 1 KostO); der Geschäftswert der Änderung entspricht der Kaufpreiserhöhung oder -herabsetzung (§ 39 Abs. 1 S. 2 KostO). Es ist für die Auflassung eine 5/10-Gebühr (§ 38 Abs. 2 Nr. 6 a KostO) und für die Änderung eine 10/10-Gebühr zu erheben (§ 42 KostO). Es ist sodann zu vergleichen, ob eine 10/10-Gebühr aus den zusammengesetzten Werten günstiger ist (§ 44 Abs. 2 a KostO). Bei einem Zusatzkauf fällt für diesen eine 20/10-Gebühr (§ 36 KostO) an, wobei auch insoweit

wiederum der Vergleich nach § 44 Abs. 2 a KostO durchzuführen ist. Zu den Grundbuchkosten vgl die Erläuterungen Rn 6.

C. Auflassungsklage und Erklärung der Auflassung nach Vorliegen des rechtskräftigen Urteils

I. Klage auf Auflassung

1. Muster: Klage auf Auflassung 27

► An das Amtsgericht/Landgericht ■■■[1] 742

Klage

der Ehegatten ■■■ (Kläger zu 1) und ■■■ (Klägerin zu 2)

Prozessbevollmächtigter: Rechtsanwalt ■■■

gegen

■■■ GmbH, vertreten durch ihren Geschäftsführer ■■■ (Beklagte) wegen

Auflassung

Streitwert: ■■■ EUR

Namens und in Vollmacht der Kläger erhebe ich Klage und werde beantragen,

1. die Beklagte zu verurteilen, das Grundstück FlSt. ■■■ (Flur ■■■) der Gemarkung ■■■, derzeit vorgetragen im Grundbuch des Amtsgerichts ■■■ für ■■■, Blatt ■■■ an die Kläger als Miteigentümer je zur Hälfte[2] aufzulassen und die Eintragung des Eigentumsübergangs auf die Kläger zu bewilligen.[3]

Begründung

Die Parteien schlossen am ■■■ zur Urkunde des Notars ■■■, URNr. ■■■ einen Bauträgervertrag über die Errichtung eines Einfamilienhauses auf dem Grundstück FlSt. ■■■ der Gemarkung ■■■. Das Bauvorhaben ruht seit einem halben Jahr. Der vertraglich vereinbarte Fertigstellungstermin ist bereits seit einem halben Jahr überschritten. Die Kläger haben der Beklagten eine Nachfrist zur vereinbarten Fertigstellung gesetzt, die erfolglos verstrichen ist. In der notariellen Urkunde ist geregelt, dass den Klägern ein Anspruch auf Erklärung der Auflassung zusteht, wenn sie beim Steckenbleiben des Objekts die bis dahin fälligen Abschlagszahlungen entrichtet haben.[4] Dies ist erfolgt.

Beweis: Beglaubigte Abschrift des notariellen Vertrags vom ■■■ und bankbestätigte Ausführungsbestätigungen der Überweisungen der ■■■ Bank auf das Konto der Beklagten bei der ■■■ Bank im Original.

Der Anspruch auf Erklärung der Auflassung der Kläger ergibt sich aus der notariellen Urkunde in Verbindung mit §§ 433 Abs. 1, 633 Abs. 1, 873, 925 BGB, §§ 19, 20, 29 GBO.[5], [6] ◄

2. Erläuterungen

[1] **Zuständigkeit.** Die **örtliche** Zuständigkeit bestimmt sich nach den §§ 12 bis 19 ZPO. Der ausschließliche Gerichtsstand der Belegenheit der Sache (§ 24 ZPO) ist nicht anwendbar (s. nur Hk-ZPO/*Kayser*, § 24 Rn 3). Die **sachliche** Zuständigkeit bestimmt sich nach dem Streitwert (§ 6 ZPO). Auch wenn hierfür nicht der Kaufpreis, sondern der Verkehrswert (nicht Einheitswert) maßgeblich ist (BGH NJW-RR 2001, 518), wird der Kaufpreis in der Praxis häufig dem Verkehrswert entsprechen. 28

[2] Bei Verurteilung zur Auflassung an **Miteigentümer** kann die Auflassungserklärung nur einheitlich, nicht stückweise erfolgen (OLG München DNotZ 2009, 223). 29

[3] Zur Erforderlichkeit der **Bewilligung** zusätzlich zur sachlich-rechtlichen Erklärung bei Teilflächen s. OLG Stuttgart NJW-RR 2008, 828. 30

31 [4] Sofern noch Raten offen sind oder eine Aufrechnung offener Zahlungen mit Mängeln erklärt wurde, muss die noch zu erbringende Gegenleistung hinreichend bestimmt sein und der Antrag auf **Zug-um-Zug-Leistung** lauten.

32 [5] **Falschbezeichnung.** Haben die Parteien bei Erklärung der Auflassung irrtümlich den Vertragsgegenstand falsch bezeichnet, muss die **Klage** nicht auf Erklärung der Auflassung, sondern **auf Erteilung einer Identitätserklärung** (vgl Rn 20) in Form des § 29 GBO gerichtet werden, mit der die Falschbezeichnung richtig gestellt wird (BGH DNotZ 2001, 846).

33 [6] Der **Streitwert** bestimmt sich nach § 67 ZPO und entspricht dem Verkehrswert des Grundstücks. Es fällt eine 3,0-**Gebühr** an (Nr. 1210 Anlage 2 zu § 34 GKG). Für den Rechtsanwalt fällt eine Verfahrensgebühr in Höhe von 1,3 (Nr. 3100 VVRVG) sowie eine Terminsgebühr von 1,2 (Nr. 3104 VVRVG, §§ 2, 13 RVG) an.

II. Rechtskraftzeugnis

34 1. Muster: Antrag auf Erteilung eines Rechtskraftzeugnisses

▶ An das Amtsgericht/Landgericht ■■■[1]

In der Zwangsvollstreckungssache ■■■ gegen ■■■ GmbH, vertreten durch ihren Geschäftsführer ■■■, lege ich namens und im Auftrag der Kläger die mit Zustellungsvermerk versehene Ausfertigung des am ■■■ verkündeten Urteils mit der Bitte vor, das Urteil mit dem erforderlichen Rechtskraftvermerk zu versehen und an mich zurückzuleiten.[2], [3]

■■■

Unterschrift ◀

2. Erläuterungen

35 [1] **Zuständigkeit.** Zuständig ist das Gericht des ersten Rechtszugs (§ 706 Abs. 1 ZPO). Ist der Rechtsstreit in einem höheren Rechtszug anhängig, ist die Geschäftsstelle dieses Gerichts zuständig. Die funktionelle Zuständigkeit liegt beim Urkundsbeamten der Geschäftsstelle, der das Vorliegen der formellen Rechtskraft prüft.

36 [2] **Ausfertigung.** Wurde der Beklagte „uneingeschränkt" zur Auflassung verurteilt, so genügt zur Erklärung der Auflassung die Vorlage des Urteils. Die Erklärung des Eigentümers gilt gem. § 894 Abs. 1 S. 1 ZPO mit Rechtskraft des Urteils als abgegeben. Wurde der Beklagte dagegen zu einer **Zug-um-Zug-Leistung** verurteilt, muss eine vollstreckbare Ausfertigung des Urteils zur Erklärung der Auflassung vorgelegt werden (§§ 726, 730 ZPO). Die Erbringung der Leistung des Klägers ist im Klauselerteilungsverfahren zu prüfen, nicht durch das Grundbuchamt (BayObLG DNotZ 1985, 47). Die vollstreckbare Ausfertigung darf erst erteilt werden, wenn die Gegenleistung erbracht ist oder der Schuldner sich in Annahmeverzug befindet.

37 [3] **Kosten.** Der Antrag auf Erteilung eines Rechtskraftzeugnisses löst weder beim Gericht noch beim beauftragten Rechtsanwalt zusätzliche Kosten aus (§ 19 Abs. 1 S. 2 Nr. 9 RVG; vgl Hk-ZPO/*Pukall*, § 894 Rn 9).

III. Auflassung aufgrund Urteils

38 1. Muster: Erklärung der Auflassung aufgrund Urteils

▶ **Notarieller Eingang**[1]

Im Grundbuch des Amtsgerichts ■■■ von ■■■ Blatt ■■■ ist die ■■■ GmbH als Eigentümerin des Grundstücks FlSt. ■■■ (Flur ■■■)/des dort vorgetragenen Wohnungseigentums[2] eingetragen. Durch rechtskräftiges Urteil des ■■■gerichts vom ■■■ AZ:. ■■■, das rechtskräftig ist und von dem eine Ausfertigung dieser Urkunde beigefügt ist,[3] wurde diese verurteilt, diesbzgl die Auflassung an uns, die Erschienenen, ▪▪▪ und ▪▪▪, zum Miteigentum zu gleichen Anteilen zu erklären und den Antrag im Grundbuch zu bewilligen. Wir sind mit der ▪▪▪ GmbH, deren Erklärung als abgegeben gilt (§ 894 ZPO), über den Eigentumsübergang des vorbezeichneten Grundstücks/Wohnungseigentums im vorgenannten Berechtigungsverhältnis einig. Wir beantragen, uns als Eigentümer im vorgenannten Anteilsverhältnis im Grundbuch einzutragen.[4] ◀

2. Erläuterungen

[1] **Urteil.** Siehe die Erläuterungen Rn 35 ff. 39

[2] Zur **Bezeichnung** eines Wohnungseigentums s. Rn 3. 40

[3] Beim Zug-um-Zug-Urteil muss eine mit Rechtskraftbescheinigung versehene **Ausfertigung** 41 beigefügt werden (vgl Rn 31). Fingiert wird durch das Urteil die Anwesenheit des verurteilten Verkäufers oder Käufers (BayObLG RNotZ 2005, 362).

[4] Zu den **Gebühren** vgl Rn 6, wobei beim Notar eine 10/10-Gebühr anfällt, da der Auflassung 42 ein staatlicher Hoheitsakt und kein Rechtsgeschäft zugrunde liegt (BayObLG NJOZ 2003, 804). Für die Erklärung eines Vertragsteils fällt nur eine 10/10- und keine 20/10-Gebühr an.

D. Aufhebung einer erklärten Auflassung

I. Muster: Aufhebung der erklärten Auflassung 43

▶ Wir, ▪▪▪ und ▪▪▪, haben zur Urkunde des Notars ▪▪▪ vom ▪▪▪, URNr. ▪▪▪, die Auflassung bzgl des Grundstücks FlSt. ▪▪▪ der Gemarkung ▪▪▪ erklärt.[1] Wir heben diese Auflassung einvernehmlich mit sofortiger Wirkung auf.[2], [3] ◀

II. Erläuterungen

[1] Eine formgerecht erklärte Auflassung ist für die Beteiligten bindend (§ 873 Abs. 2). Sie kann 44 jedoch grundsätzlich durch **formlosen Vertrag** aufgehoben werden. Wurde bereits ein Kaufpreisteil entrichtet, sollte durch eine bedingte Aufhebung des Kaufvertrages die Rückzahlung gesichert werden.

[2] **Anwartschaftsrecht.** Eine **Ausnahme von** der **Formfreiheit** der Aufhebung der Auflassung 45 gilt dann, wenn die Auflassung bereits im Grundbuch vollzogen ist. Dann erfordert die Rückübertragung eine Rückauflassung. Gleiches gilt, wenn bereits ein dem Eigentum entsprechendes Anwartschaftsrecht vorliegt. Dies ist der Fall, wenn die Auflassung erklärt wurde und der Antrag auf Eigentumsumschreibung vom Erwerber beim Grundbuchamt gestellt wurde oder zu seinen Gunsten eine Auflassungsvormerkung im Grundbuch eingetragen ist (BGHZ 89, 41 = NJW 1984, 973 u. BGHZ 106, 108 = NJW 1989, 1093; vgl *Medicus*, DNotZ 1990, 275 ff). Fraglich ist, ob in einem ersten Schritt das Anwartschaftsrecht durch Rücknahme des Eintragungsantrags oder Löschung der Auflassungsvormerkung beseitigt und dann die Auflassung formfrei aufgehoben werden kann (vgl BGH NJW 1993, 3323; *Lehmann*, DNotZ 1987, 142, 148).

[3] **Kosten.** Ist eine notarielle Aufhebung erforderlich oder wird sie gewünscht, fällt eine 20/10- 46 **Gebühr** (§ 36 Abs. 2 KostO) an. § 38 Abs. 2 Nr. 3 KostO ist nicht anwendbar, da die Erklärung der Auflassung eine Teilerfüllung darstellt. Es handelt sich auch um keine Änderung gem. § 42 KostO (OLG München MittBayNot 2006, 357). **Grunderwerbsteuerlich** ist § 16 GrEStG zu beachten.

§ 925 a Urkunde über Grundgeschäft

Die Erklärung einer Auflassung soll nur entgegengenommen werden, wenn die nach § 311 b Abs. 1 Satz 1 erforderliche Urkunde über den Vertrag vorgelegt oder gleichzeitig errichtet wird.

§ 926 Zubehör des Grundstücks

(1) [1]Sind der Veräußerer und der Erwerber darüber einig, dass sich die Veräußerung auf das Zubehör des Grundstücks erstrecken soll, so erlangt der Erwerber mit dem Eigentum an dem Grundstück auch das Eigentum an den zur Zeit des Erwerbs vorhandenen Zubehörstücken, soweit sie dem Veräußerer gehören. [2]Im Zweifel ist anzunehmen, dass sich die Veräußerung auf das Zubehör erstrecken soll.
(2) Erlangt der Erwerber auf Grund der Veräußerung den Besitz von Zubehörstücken, die dem Veräußerer nicht gehören oder mit Rechten Dritter belastet sind, so finden die Vorschriften der §§ 932 bis 936 Anwendung; für den guten Glauben des Erwerbers ist die Zeit der Erlangung des Besitzes maßgebend.

§ 927 Aufgebotsverfahren

(1) [1]Der Eigentümer eines Grundstücks kann, wenn das Grundstück seit 30 Jahren im Eigenbesitz eines anderen ist, im Wege des Aufgebotsverfahrens mit seinem Recht ausgeschlossen werden. [2]Die Besitzzeit wird in gleicher Weise berechnet wie die Frist für die Ersitzung einer beweglichen Sache. [3]Ist der Eigentümer im Grundbuch eingetragen, so ist das Aufgebotsverfahren nur zulässig, wenn er gestorben oder verschollen ist und eine Eintragung in das Grundbuch, die der Zustimmung des Eigentümers bedurfte, seit 30 Jahren nicht erfolgt ist.
(2) Derjenige, welcher den Ausschließungsbeschluss erwirkt hat, erlangt das Eigentum dadurch, dass er sich als Eigentümer in das Grundbuch eintragen lässt.
(3) Ist vor dem Erlass des Ausschließungsbeschlusses ein Dritter als Eigentümer oder wegen des Eigentums eines Dritten ein Widerspruch gegen die Richtigkeit des Grundbuchs eingetragen worden, so wirkt der Ausschließungsbeschluss nicht gegen den Dritten.

A. Aufgebotsverfahren

1 **I. Muster: Aufgebotsverfahren**

▶ An das Amtsgericht
- Freiwillige Gerichtsbarkeit -
■■■

Antrag

des ■■■ (Antragsteller)

Bevollmächtigter: ■■■[1]

Aufgebot des Grundstückseigentümers nach § 927 BGB

Namens und in Vollmacht des Antragstellers beantrage ich die Durchführung des Aufgebotsverfahrens nach §§ 927 BGB, 442 FamFG zum Zwecke des Ausschlusses von ■■■, der als Eigentümer des im Grundbuch des Amtsgerichts ■■■ für ■■■ Blatt ■■■ vorgetragenen Grundstücks (Flur ■■■) FlSt. ■■■ eingetragen ist.

Ich beantrage, den Ausschließungsbeschluss hinsichtlich des Eigentums des im Grundbuch eingetragenen ■■■ bzgl des vorgenannten Grundstücks zu erlassen.[2]

Begründung

Der Antragsteller bewirtschaftet seit ca. 40 Jahren das vorbezeichnete Grundstück FlSt. ... der Gemarkung ... im Rahmen seines landwirtschaftlichen Betriebs. Der Antragsteller ging stets davon aus, dass er Eigentümer dieses Grundstücks wäre, da ihm sein verstorbener Vater erzählt hat, er hätte das Grundstück vom eingetragenen Eigentümer erworben.

Anlässlich einer Straßengrundabtretung hat sich jedoch ergeben, dass im Grundbuch noch der Eigentümer eingetragen ist. Dieser ist verstorben; eine Sterbeurkunde ist beigefügt. Er hatte keine Kinder und war nicht verheiratet. Seine Eltern sind ebenfalls bereits verstorben. Er hatte nur einen Bruder, der ebenfalls ohne Hinterlassung von Abkömmlingen bereits verstorben ist. Seine Eltern waren Einzelkinder. Zur Glaubhaftmachung lege ich jeweils beglaubigte Ablichtungen der Geburts- und Sterbeurkunden der vorgenannten Personen vor sowie eine Bescheinigung der Belegenheitsgemeinde, wonach die Grundsteuer stets vom Antragsteller bzw vorher von seinem Vater entrichtet wurde.

Ferner überreiche ich zur weiteren Glaubhaftmachung eine Ablichtung des Eintrags aus dem Tagebuch seines Vaters vom ..., der lautet: „Zehn Reichsmark für Grundstück FlSt. ... bezahlt und erhalten." Dieser Eintrag ist vom Vater des Antragstellers und mit einer zusätzlichen unleserlichen Unterschrift unterzeichnet.[3] Ich nehme ferner Bezug auf die Gutachten.

Falls erforderlich, erbietet sich der Antragsteller, die vorstehenden Behauptungen an Eides statt zu versichern.[4], [5]

...

Unterschrift ◄

II. Erläuterungen

[1] Eine **Vertretung** durch einen **Anwalt** ist nicht erforderlich (§ 10 Abs. 1 FamFG). 2

[2] **Zuständigkeit**. Örtlich zuständig ist nach § 442 Abs. 2 FamFG das Amtsgericht (§§ 23 Nr. 1 h, 23 a Abs. 2 Nr. 7 GVG), in dessen Bezirk das Grundstück belegen ist. Es handelt sich um eine ausschließliche Zuständigkeit. Liegt das Grundstück in Bezirken verschiedener Gerichte, ist § 36 Abs. 1 Nr. 4 ZPO entsprechend anwendbar (vgl Schulte-Bunert/Weinreich/*Tschichoflos*, FamFG, § 442 FamFG Rn 4; aA *Bumiller/Harders*, FamFG, §§ 442 Rn 4, 447 Rn 5: Zuständigkeit des vom Antragsteller angerufenen Gerichts). **Antragsberechtigt** ist derjenige, der das Grundstück seit 30 Jahren im Eigenbesitz hat (§ 443 FamFG, § 927 Abs. 1). Ist der Eigentümer im Grundbuch eingetragen, ist ferner Voraussetzung, dass er gestorben oder verschollen ist und eine Eintragung im Grundbuch, die der Zustimmung des Eigentümers bedurfte, seit 30 Jahren nicht erfolgt ist (§ 927 Abs. 1 S. 3). 3

[3] **Aufgebot.** Das Gericht prüft, ob das Aufgebotsverfahren zulässig ist. Sodann erlässt es das Aufgebot, in das es die Bezeichnung des Antragstellers, die Aufforderung an den bisherigen Eigentümer, die Ansprüche und Rechte bis zu einem bestimmten Zeitpunkt bei dem Gericht anzumelden (Anmeldezeitpunkt) und die Bezeichnung der Rechtsnachteile, die eintreten, wenn die Anmeldung unterbleibt, aufnimmt (§ 434 Abs. 2, 445 FamFG). Dies wird durch Aushang an der Gerichtstafel und durch einmalige Veröffentlichung in dem elektronischen Bundesanzeiger öffentlich bekannt gemacht (vgl § 435 FamFG, auch zu abweichenden Bekanntmachungsmöglichkeiten). Die Aufgebotsfrist beträgt mindestens sechs Wochen (§ 437 FamFG). Die Entscheidung ergeht durch zu begründenden Beschluss des Rechtspflegers, der dem Antragsteller förmlich zugestellt wird. 4

[4] Das Gesetz erfordert vom Antragsteller eine **Glaubhaftmachung** der zur Begründung seines Antrags erforderlichen Tatsachen (§§ 444, 31 FamFG). Das Gericht kann vor Erlass des Ausschließungsbeschlusses die Versicherung der Wahrheit der Behauptungen des Antragstellers an Eides statt anordnen (§ 439 Abs. 1 FamFG). Häufig werden die Besitzzeit und der Eigenbesitz 5

nur durch Versicherung an Eides statt glaubhaft zu machen sein; aber auch der Nachweis durch Zeugen ist denkbar.

6 [5] Die **Gerichtskosten** regelt nunmehr § 128 d KostO; es wird das Doppelte der vollen Gebühr erhoben. Die Rechtsanwaltsgebühren richten sich nach Nr. 3324 VV RVG. Entwirft der Notar den Antrag fällt eine 5/10-Gebühr nach § 147 Abs. 2 KostO an. Beurkundet er mit dem Antrag eine eidesstattliche Versicherung ist eine 10/10-Gebühr zu erheben (§ 49 Abs. 1 KostO; eine Gebühr nach § 147 Abs. 2 KostO fällt daneben nicht an. Der Geschäftswert beträgt 20–30 % des Grundstückswerts (§ 30 Abs. 1 KostO).

B. Antrag auf Eintragung als Eigentümer

7 I. Muster: Antrag auf Eintragung als Eigentümer

▶ An das Amtsgericht ▪▪▪
- Grundbuchamt -

Antrag

des ▪▪▪ (Antragsteller)
Verfahrensbevollmächtigter: ▪▪▪[1]

Grundbucheintragung[2]

Ich, ▪▪▪, beantrage meine Eintragung als Alleineigentümer des im Grundbuch des Amtsgerichts ▪▪▪ von ▪▪▪ Blatt vorgetragenen Grundstücks (Flur ▪▪▪) FlSt. ▪▪▪ der Gemarkung ▪▪▪ Eine Ausfertigung des Ausschlussbeschlusses des Amtsgerichts ▪▪▪ vom ▪▪▪ AZ: ▪▪▪ füge ich bei.

▪▪▪

Notarielle Unterschriftsbeglaubigung[3], [4] ◀

II. Erläuterungen

8 [1] Eine **Vertretung** durch einen Anwalt oder Notar ist nicht erforderlich (§ 10 Abs. 1 FamFG).

9 [2] **Aneignung.** Der Antragsteller kann sich nach Erlass des Ausschließungsbeschlusses das herrenlos gewordene Grundstück aneignen. Durch die Grundbucheintragung wird er Eigentümer (§ 927 Abs. 2). Die Aneignung ist nicht grunderwerbsteuerpflichtig (*Hofmann*, GrEStG, § 1 Rn 4).

10 [3] **Eintragungsantrag.** Die Aneignungserklärung ist eine an das Grundbuchamt gerichtete empfangsbedürftige Willenserklärung. Umstr. ist, ob der Eintragungsantrag der Form des § 29 GBO bedarf (verneinend OLG Jena ZfIR 2003, 63; aA *Demharter*, GBO, Anh. zu § 44 Rn 6 u. NK-BGB/*Grziwotz*, § 927 Rn 13).

11 [4] Zu den **Grundbuchgebühren** vgl § 925 Rn 6.

§ 928 Aufgabe des Eigentums, Aneignung des Fiskus

(1) Das Eigentum an einem Grundstück kann dadurch aufgegeben werden, dass der Eigentümer den Verzicht dem Grundbuchamt gegenüber erklärt und der Verzicht in das Grundbuch eingetragen wird.
(2) [1]Das Recht zur Aneignung des aufgegebenen Grundstücks steht dem Fiskus des Landes zu, in dem das Grundstück liegt. [2]Der Fiskus erwirbt das Eigentum dadurch, dass er sich als Eigentümer in das Grundbuch eintragen lässt.

Schrifttum: *Zimmer*, Eigentumsaufgabe und Aneignung nach § 928 BGB

A. Muster: Verzichtserklärung gegenüber dem Grundbuchamt 1

748

▶ An das Amtsgericht ■■■

- Grundbuchamt -

Als Alleineigentümer[1] des im Grundbuch des Amtsgerichts ■■■ von ■■■ Blatt ■■■ vorgetragenen Grundstücks (Flur■■■) FlSt. ■■■

verzichte ich auf das Eigentum an diesem Grundstück (§ 928 Abs. 1 BGB)[2] und

beantrage,

diesen Verzicht im vorbezeichneten Grundbuch einzutragen.[3]

■■■

Unterschrift mit notariellem Beglaubigungsvermerk[4], [5] ◀

B. Erläuterungen

[1] **Miteigentum.** Der Grundstückseigentümer kann auf sein Eigentum an einem Grundstück verzichten. **Nicht** möglich ist der Verzicht eines **Miteigentümers** und der Verzicht auf **Wohnungs- und Teileigentum** (BGH NJW 1991, 2488; NJW 2007, 2254; NJW 2007, 2547; aA *Roth*, ZInsO 2007, 747 ff). Ein dennoch in das Grundbuch eingetragener Verzicht macht dieses insoweit unrichtig (KG NJW 1989, 42). Zulässig ist dagegen eine Eigentumsaufgabe durch sämtliche Miteigentümer oder Wohnungs- und Teileigentümer eines Grundstücks. 2

[2] Öffentlich-rechtlich können **Genehmigungserfordernisse** bestehen, zB im Umlegungsgebiet (§ 51 Abs. 1 S. 1 Nr. 1 BauGB), im Sanierungsgebiet (§ 144 Abs. 2 Nr. 1 BauGB, vgl OLG Jena OLG-NL 2006, 279) und im städtebaulichen Entwicklungsbereich (§§ 144 Abs. 2 Nr. 1, 169 Abs. 1 Nr. 3 BauGB). 3

[3] **Rechtsfolge** des im Grundbuch eingetragenen Verzichts ist der Verlust des Eigentums. Gleichzeitig entsteht das Recht des Landesfiskus, in dessen Land das Grundstück liegt, sich das Grundstück anzueignen. Dies erfolgt dadurch, dass er sich ins Grundbuch eintragen lässt (§ 928 Abs. 2). Der Landesfiskus kann dieses Recht abtreten. Hierzu ist eine Übertragung entsprechend § 925 erforderlich; eine Grundbucheintragung ist nicht nötig (BGH NJW 1990, 251). Entsprechend dem Antrag wird dann der neue Eigentümer unmittelbar, also ohne Zwischeneintragung des Landesfiskus, in das Grundbuch eingetragen. Der Landesfiskus kann auf sein Aneignungsrecht auch verzichten; dies muss nicht in das Grundbuch eingetragen werden (AG Unna Rpfleger 1991, 16); umstr. ist, ob eine Eintragung zulässig ist (Palandt/*Bassenge*, § 928 Rn 8). In diesem Fall ist jeder Dritte berechtigt, sich das herrenlose Grundstück anzueignen. Eigenbesitz und ein Aufgebotsverfahren entsprechend § 927 sind nicht erforderlich (BGH NJW 1990, 251). Die Aneignung des herrenlosen Grundstücks durch den Landesfiskus, die Abtretung des Aneignungsrechts und die Aneignung nach Verzicht des Fiskus auf sein Aneignungsrecht sind mangels Rechtsträgerwechsels nicht grunderwerbsteuerpflichtig (BFH BStBl. II 1981, 488 u. *Hofmann*, GrEStG, § 1 Rn 4). 4

[4] Die **Verzichtserklärung** ist gegenüber dem Grundbuchamt abzugeben. Sie bedarf materiellrechtlich **keiner Form.** Da sie in das Grundbuch einzutragen ist, ist grundbuchrechtlich eine Beurkundung oder ein Nachweis durch öffentlich beglaubigte Urkunde (§ 29 GBO) erforderlich. Berechtigt zur Abgabe der Erklärung ist der im Grundbuch eingetragene Eigentümer. Eine Verzichtserklärung kann eventuell gem. § 138 Abs. 1 sittenwidrig und damit nichtig sein, wenn 5

das Eigentum an einem Grundstück aufgegeben wird, hinsichtlich dessen ordnungsrechtlich eine Zustands- oder sogar Verhaltenshaftung vorliegt (vgl BVerwG NVwZ 1997, 577 u. BVerwG NJW 2003, 2255). Eine Heilung durch die Grundbucheintragung tritt dann nicht ein. Ob ein Aneignungsberechtigter gutgläubig lastenfreies Eigentum erwerben kann, ist zivilrechtlich umstritten (vgl Staudinger/*Gursky*, § 892 Rn 96); ordnungsrechtlich dürften ohnehin vom zivilrechtlichen Gutglaubensschutz abweichende Kriterien gelten. § 4 Abs. 3 BBodSchG enthält für einen Eigentumserwerb nach dem 1.3.1999 eine „ewige" Zustandshaftung des bösgläubigen Grundstückserwerbers. Zivilrechtlich befreit die Eigentumsaufgabe nicht von der Haftung als Zustandsstörer (BGH NJW 2005, 1366 u. BGH NJW 2007, 2182).

6 [5] **Kosten.** Für die Verzichtserklärung fällt eine 10/10-Gebühr an (§ 36 Abs. 1 KostO). Der Geschäftswert bestimmt sich nach dem Verkehrswert des aufgegebenen Grundstücks (§ 19 Abs. 2 KostO). Die Eintragung des Verzichts löst beim Grundbuchamt eine 1/4-Gebühr (§ 67 Abs. 2 S. 2 Nr. 1 KostO) aus dem Grundstückswert als Beziehungswert (10–20 % des Wertes des Grundstücks, §§ 67 Abs. 3, 19 KostO; vgl BayObLG DNotZ 1971, 601) aus. Die spätere Eintragung des Aneignungsberechtigten erfordert eine **Gebühr** nach § 60 KostO.

Titel 3 Erwerb und Verlust des Eigentums an beweglichen Sachen

Untertitel 1 Übertragung

§ 929 Einigung und Übergabe

[1]Zur Übertragung des Eigentums an einer beweglichen Sache ist erforderlich, dass der Eigentümer die Sache dem Erwerber übergibt und beide darüber einig sind, dass das Eigentum übergehen soll. [2]Ist der Erwerber im Besitz der Sache, so genügt die Einigung über den Übergang des Eigentums.

1 A. Muster: Klageantrag auf Übereignung gem. § 929 S. 1

▶ Namens und in Vollmacht des Klägers erheben wir hiermit Klage und werden in der mündlichen Verhandlung beantragen:

1. Der Beklagte wird dazu verurteilt, zu erklären, dass er sich mit dem Kläger darüber einig ist, dass das Eigentum an ...[1] auf den Kläger übergeht.[2]
2. Der Beklagte wird dazu verurteilt, dem Kläger ... herauszugeben.[3]
3. Der Beklagte trägt die Kosten des Rechtsstreits.
4. Das Urteil ist – notfalls gegen Sicherheitsleistung – vorläufig vollstreckbar. ◀

B. Erläuterungen und Varianten

2 [1] **Gegenstand der Übereignung, Bestimmtheitsgrundsatz.** §§ 929 ff regeln die Übereignung beweglicher Sachen (Hk-BGB/*Schulte-Nölke* § 929 Rn 1). Dazu gehören vertretbare sowie unvertretbare Sachen (Hk-ZPO/*Pukall* § 883 Rn 3; Thomas/Putzo/*Hüßtege* § 883 Rn 2). Ausreichend ist, wenn die Sache erst durch Wegnahme bzw Demontage wieder beweglich wird (Zöller/*Stöber* § 883 Rn 2; Hk-ZPO/*Pukall* § 883 Rn 3). Gegenstand der Klage kann auch eine auf einen Vorrat begrenzte Gattungsschuld sein (Hk-ZPO/*Pukall* § 883 Rn 3). Die Übereignung von Grundstücken richtet sich nach §§ 925, 873 (NK-BGB/*Meller-Hannich/Schilken* § 929 Rn 5).

Die zu übereignende Sache ist genau und eindeutig zu bezeichnen (NK-BGB/*Meller-Hannich/Schilken* § 929 Rn 66; Zöller/*Stöber* § 883 Rn 3). Es muss dem Gerichtsvollzieher allein aufgrund des Urteilstenors erkennbar sein, welche Sache Gegenstand der Übereignung ist (Hk-ZPO/*Pukall* § 883 Rn 2). Möglich ist auch die Herausgabe einer Sachgesamtheit, wenn diese ausreichend bestimmt bezeichnet ist, wie zB eine Bibliothek oder eine Ladeneinrichtung (dazu vgl unten § 930 Rn 28; Zöller/*Stöber* § 883 Rn 3).

[2] Klageantrag auf Abgabe der Einigungserklärung. Eine Übereignung nach § 929 S. 1 setzt die Einigung über den Eigentumsübergang und die Übergabe der Sache voraus (Hk-BGB/*Schulte-Nölke* § 929 Rn 2). Der Klageantrag Ziffer 1 ist daher auf die Einigung der Parteien über den Eigentumsübergang gerichtet. Die Vollstreckung der Einigungserklärungen richtet sich nach § 894 ZPO (Thomas/Putzo/*Hüßtege* § 894 Rn 5 a). Das Urteil ersetzt die Willenserklärungen in der jeweils erforderlichen Form (Zöller/*Stöber* § 894 Rn 5; NK-BGB/*Meller-Hannich/Schilken* § 931 Rn 15). Eine weitere Vollstreckung erfolgt nicht. Der Inhalt der Erklärungen ist im Klageantrag genau zu bestimmen (Hk-ZPO/*Pukall* § 894 Rn 6). 3

[3] Klageantrag auf Herausgabe. Eine Übereignung nach § 929 S. 1 erfordert neben der Einigung auch die Übergabe der Sache. Der Klageantrag Ziffer 2 lautet daher auf Herausgabe der Sache an den Kläger und wird nach §§ 883 f ZPO vollstreckt (BFB/*Büchel* S. 117; NK-BGB/*Meller-Hannich/Schilken* § 929 Rn 66). 4

§ 929 a Einigung bei nicht eingetragenem Seeschiff

(1) Zur Übertragung des Eigentums an einem Seeschiff, das nicht im Schiffsregister eingetragen ist, oder an einem Anteil an einem solchen Schiff ist die Übergabe nicht erforderlich, wenn der Eigentümer und der Erwerber darüber einig sind, dass das Eigentum sofort übergehen soll.
(2) Jeder Teil kann verlangen, dass ihm auf seine Kosten eine öffentlich beglaubigte Urkunde über die Veräußerung erteilt wird.

§ 930 Besitzkonstitut

Ist der Eigentümer im Besitz der Sache, so kann die Übergabe dadurch ersetzt werden, dass zwischen ihm und dem Erwerber ein Rechtsverhältnis vereinbart wird, vermöge dessen der Erwerber den mittelbaren Besitz erlangt.

A. Vertragsgestaltung

I. Sicherungsübereignung beweglicher Sachen

1 **1. Muster: Sicherungsübereignung einer beweglichen Sache**

▶ **Sicherungsabrede**[1]

zwischen

■■■, nachfolgend Sicherungsgeber genannt

und

■■■, nachfolgend Sicherungsnehmer genannt[2]

§ 1 Gegenstand der Sicherungsübereignung

Zur Sicherung überträgt der Sicherungsgeber dem Sicherungsnehmer ■■■ (nachfolgend Sicherungsgut genannt).[3]

§ 2 Übereignung und Übergabesurrogat

Der Sicherungsgeber übereignet dem Sicherungsnehmer hiermit das in § 1 bezeichnete Sicherungsgut.[3] Die Übergabe wird dadurch ersetzt, dass der Sicherungsgeber das Sicherungsgut für den Sicherungsnehmer unentgeltlich verwahrt.[4]

§ 3 Sicherungszweck

Die Übereignung des Sicherungsguts dient der Sicherung der dem Sicherungsnehmer gegen den Sicherungsgeber zustehenden Forderungen aus dem nachfolgend bezeichneten Vertrag: ■■■[5]

§ 4 Behandlung und Versicherung des Sicherungsguts[6]

Der Sicherungsgeber ist dazu verpflichtet, das Sicherungsgut pfleglich zu behandeln und auf eigene Kosten gegen Feuer, Wasser und Diebstahl in ausreichender Höhe zu versichern. Der Sicherungsgeber tritt dem Sicherungsnehmer schon jetzt alle aus dem Versicherungsverhältnis entstehenden gegenwärtigen und zukünftigen Ansprüche ab. Der Sicherungsgeber setzt die Versicherung von der Eigentümerstellung des Sicherungsnehmers in Kenntnis und wird für den Sicherungsnehmer bei der Versicherung einen Sicherungsschein beantragen. Der Sicherungsgeber ist dazu verpflichtet, dem Sicherungsnehmer die ausreichende Versicherung nachzuweisen. Ist die Versicherung nicht ausreichend, ist der Sicherungsnehmer dazu berechtigt, das Sicherungsgut auf Kosten des Sicherungsgebers in ausreichender Höhe zu versichern. Entsteht am Sicherungsgut ein Schaden oder ein Verlust, ist der Sicherungsgeber dazu verpflichtet, den Sicherungsnehmer davon unverzüglich in Kenntnis zu setzen.

§ 5 Pfändung durch Dritte[6]

Wird das Sicherungsgut durch Dritte gepfändet, ist der Sicherungsgeber dazu verpflichtet, auf das Eigentum des Sicherungsnehmers hinzuweisen und den Sicherungsnehmer unverzüglich schriftlich von der Pfändung in Kenntnis zu setzen.

§ 6 Gesetzliche Pfandrechte Dritter

Besteht an dem Sicherungsgut ein gesetzliches Pfandrechte Dritter, wie zB des Vermieters[7], ist der Sicherungsnehmer dazu befugt, dieses durch Zahlung auf Kosten des Sicherungsgebers zum Erlöschen zu bringen. Der Sicherungsgeber ist dazu verpflichtet, auf Aufforderung dem Sicherungsnehmer die ordnungsgemäße Zahlung der Miete, Pacht oder des Lagergeldes nachzuweisen.

§ 7 Verwertung

Der Sicherungsnehmer ist dazu berechtigt, das Sicherungsgut zu verwerten, wenn der Sicherungsgeber mit den in § 3 dieser Vereinbarung bezeichneten fälligen Forderungen in Verzug gerät. Die Verwertung ist dem Sicherungsgeber mit einer Frist von ■■■ Tagen/Wochen durch den Sicherungsnehmer schriftlich anzudrohen. Erfüllt der Sicherungsgeber innerhalb dieser Frist seine Zahlungsverpflichtung nicht, ist er dazu verpflichtet, dem Sicherungsnehmer das Sicherungsgut auf Verlangen herauszugeben. Die Verwertung erfolgt unter Berücksichtigung der berechtigten Belange des Sicherungsgebers durch freihändigen Verkauf durch den Sicherungsnehmer. Der Sicherungsnehmer ist dazu verpflichtet, den Erlös der Verwertung nach Abzug der Umsatzsteuer zur Abdeckung der in § 3 bezeichneten Ansprüche zu verwenden. Ein danach verbleibender Überschuss, der nicht Dritten zusteht, ist dem Sicherungsgeber vom Sicherungsnehmer unverzüglich auszuzahlen.[8]

§ 8 Rückübertragung

Hat der Sicherungsgeber die nach § 3 zu sichernden Forderungen vollständig erfüllt, ist der Sicherungsnehmer dazu verpflichtet, das Sicherungsgut an den Sicherungsgeber zurück zu übertragen.[9]

§ 9 Salvatorische Klausel

Die Unwirksamkeit einer einzelnen oder mehrerer Bestimmungen dieser Vereinbarung lässt die Wirksamkeit der übrigen Vereinbarung unberührt. Sollte eine Klausel dieser Vereinbarung nichtig sein oder werden, so tritt an ihre Stelle eine Regelung, die dem von den Parteien Gewollten am nächsten kommt. Dies gilt entsprechend für etwaige Lücken.

■■■, den ■■■ ◄

2. Erläuterungen und Varianten

[1] **Sicherungsübereignung.** Das Rechtsinstitut der Sicherungsübereignung ist gesetzlich nicht ausdrücklich geregelt und dient der Sicherung der Forderung des Sicherungsnehmers gegen den Sicherungsgeber oder gegen einen Dritten (Hk-BGB/*Schulte-Nölke* § 930 Rn 8; Palandt/*Bassenge* § 930 Rn 13). Die Sicherungsübereignung kann grds. in jeder Form der Übereignung auftreten, erfolgt in der Praxis – wie auch im dargestellten Muster – jedoch aus wirtschaftlichen Erwägungen regelmäßig nach §§ 929, 930. Die Übergabe wird bei der Übereignung nach §§ 929, 930 durch die Vereinbarung eines Besitzmittlungsverhältnisses ersetzt, durch das der Erwerber den mittelbaren Besitz erlangt, der unmittelbare Besitz an der Sache jedoch beim Veräußerer bzw Sicherungsgeber verbleibt. Der Sicherungsgeber kann den Sicherungsgegenstand dann weiter wirtschaftlich nutzen und die zur Tilgung der Forderung nötigen Mittel erwirtschaften (NK-BGB/*Meller-Hannich/Schilken* § 930 Rn 26; Staudinger/*Wiegand* Anh. zu §§ 929 ff Rn 62). Haben die Parteien keine anderweitige Vereinbarung getroffen, liegt das Nutzungsrecht am Gegenstand der Sicherungsübereignung regelmäßig beim Sicherungsgeber, um diesem die Fortführung seines Betriebes zu ermöglichen (BGH NJW 2007, 216, 217). Im Unterschied zum Pfandrecht an beweglichen Sachen erfordert die Sicherungsübereignung in Form der §§ 929, 930 keine Übergabe der Sache an den Sicherungsnehmer. Die Sicherungsübereignung hat daher die Funktion eines besitzlosen Pfandrechts und ist in der Praxis das typische Sicherungsmittel der Geldkreditgeber, die regelmäßig kein Interesse daran haben, das Sicherungsgut unmittelbar zu besitzen (Hk-BGB/*Schulte-Nölke* § 930 Rn 8; NK-BGB/*Meller-Hannich/Schilken* § 930 Rn 26, 41). 2

(a) **Sicherungsabrede.** Die Sicherungsabrede, auch Sicherungsvertrag genannt, ist ein schuldrechtlicher Vertrag, der das Innenverhältnis zwischen Sicherungsnehmer und Sicherungsgeber regelt und von der dinglichen Sicherungsübereignung zu unterscheiden ist (Hk-BGB/*Schulte-Nölke* § 930 Rn 10, 11). Die Sicherungsabrede begründet auch ohne ausdrückliche Vereinbarung ein Treuhandverhältnis. Dies gilt unabhängig davon, ob es sich um eine formularmäßige 3 oder eine Individualvereinbarung handelt (BGH NJW 1998, 671, 672; Bamberger/Roth/*Kindl* § 930 Rn 13). Die Sicherungsabrede ist der Rechtsgrund der dinglichen Sicherungsübereignung (NK-BGB/*Meller-Hannich/Schilken* § 930 Rn 37; Palandt/*Bassenge* § 930 Rn 15). Die dingliche Sicherungsübereignung ist in ihrer Wirksamkeit grds. unabhängig von der Wirksamkeit der Sicherungsabrede (NK-BGB/*Meller-Hannich/Schilken* § 930 Rn 28; Staudinger/*Wiegand* Anh. zu §§ 929 ff Rn 64, 66). Ist die Sicherungsabrede jedoch unwirksam, hat der Sicherungsgeber einen Rückübereignungsanspruch gem. §§ 812 ff (Hk-BGB/*Schulte-Nölke* § 930 Rn 11; Palandt/*Bassenge* § 930 Rn 15). Etwas anderes gilt jedoch für den Regelfall der Sicherungsübereignung nach §§ 929, 930. Ist die Sicherungsabrede unwirksam, fehlt es an einem Herausgabeanspruch und damit an einem für § 930 erforderlichen Besitzkonstitut (dazu vgl § 930 Rn 8). Es liegt dann keine wirksame Übereignung nach § 930 vor (NK-BGB/*Meller-Hannich/Schilken* § 930 Rn 28; Hk-BGB/*Schulte-Nölke* § 930 Rn 11). Die Sicherungsabrede ist zu der oder den zu sichernden Forderungen nicht akzessorisch (Staudinger/*Wiegand* Anh. zu §§ 939 ff Rn 64).

4 (b) **Form.** Die Sicherungsabrede ist grds. formfrei möglich, soweit keine Sonderregelungen wie zB § 311 b Abs. 1 und 3 greifen (BGH NJW 1994, 2885; NJW 1991, 353; NK-BGB/*Meller-Hannich/Schilken* § 930 Rn 37; Palandt/*Bassenge* § 930 Rn 15). Aus Beweisgründen wird Schriftform empfohlen. Steht die Sicherungsabrede im Zusammenhang mit einem Grundstückskaufvertrag und sollen die Vereinbarungen nach dem Willen der Parteien derart voneinander abhängen, dass sie miteinander stehen und fallen, ist der Sicherungsvertrag gem. § 313 S. 1 notariell zu beurkunden (BGH NJW 1994, 2885).

5 (c) **Formularmäßige Vereinbarung.** Die formularmäßige Vereinbarung einer Sicherungsübereignung ist grds. zulässig, unterliegt jedoch der Inhaltskontrolle nach § 307 und ist darauf zu prüfen, ob die Klausel iS des § 305 c Abs. 1 überraschend ist (NK-BGB/*Meller-Hannich/Schilken* § 930 Rn 71; v. Westphalen/*v. Westphalen* Kap. 32 Rn 2).

6 [2] **Parteien.** In der Praxis ist der Sicherungsgeber auch üblicherweise der Schuldner der zu sichernden Forderung. Die vorliegende Sicherungsabrede orientiert sich an diesem Fall. Möglich ist jedoch auch, dass der Sicherungsgeber eine Sicherheit für einen Dritten, den Schuldner der Forderung, zur Verfügung stellt (NK-BGB/*Meller-Hannich/Schilken* § 930 Rn 42; Bamberger/Roth/*Kindl* § 930 Rn 12). In diesem Fall kann sich der Sicherungsgeber gegen den Sicherungsnehmer auf die Einwendungen berufen, die dem Schuldner gegen den Sicherungsnehmer bzw Gläubiger zustehen (NK-BGB/*Meller-Hannich/Schilken* § 930 Rn 42).

7 [3] **Gegenstand der Sicherungsübereignung.** In der Sicherungsabrede ist der Sicherungsgegenstand zu beschreiben (NK-BGB/*Meller-Hannich/Schilken* § 930 Rn 37). Gegenstand einer Sicherungsübereignung können bewegliche Sachen und Anwartschaftsrechte an Sachen sein (Hk-BGB/*Schulte-Nölke* § 930 Rn 9; NK-BGB/*Meller-Hannich/Schilken* § 930 Rn 3). Die Sicherungsübereignung eines Anwartschaftsrechts tritt in der Praxis häufig dann auf, wenn der Sicherungsgeber den Sicherungsgegenstand unter Eigentumsvorbehalt erworben hat, also noch nicht Eigentümer der Sache ist, sondern diesbezüglich ein Anwartschaftsrecht innehat (NK-BGB/*Meller-Hannich/Schilken* § 930 Rn 49). Die Sicherungsübereignung unpfändbarer Sachen ist möglich und zulässig (Hk-BGB/*Schulte-Nölke* § 930 Rn 9; Palandt/*Bassenge* § 930 Rn 22). Auch Grundstücke und grundstücksgleiche Rechte wie zB Wohnungseigentum können zur Sicherung übereignet werden. Die Übereignung richtet sich dann nicht nach §§ 929, 930, sondern nach §§ 873, 925 (NK-BGB/*Meller-Hannich/Schilken* § 930 Rn 50). Die Sicherungsübereignung von Grundstücken ist jedoch aufgrund der Möglichkeit, eine Sicherungsgrundschuld zu bestellen, in der Praxis unüblich (Bamberger/Roth/*Kindl* § 930 Rn 16). In der Praxis werden häufig **Sachgesamtheiten**, wie Warenlager, Maschinenparks oder Geschäftseinrichtungen, zur Sicherung übereignet (vgl dazu Muster § 930 Rn 24, 28, 29; NK-BGB/*Meller-Hannich/Schilken* § 930 Rn 46, 54).

(a) **Übereignung.** Der Sicherungsgeber ist dazu verpflichtet, dem Sicherungsnehmer das Sicherungsgut zu übereigenen. Die Übereignung setzt nach allgemeinen Regeln die Einigung und Übergabe voraus, wobei bei der Sicherungsübereignung die Übergabe regelmäßig gem. § 930 durch Vereinbarung eines Besitzmittlungsverhältnisses ersetzt wird (vgl § 930 Rn 8; Hk-BGB/*Schulte-Nölke* § 930 Rn 15; Palandt/*Bassenge* § 930 Rn 20). In der Sicherungsabrede ist zu bestimmen, wie der Sicherungsgegenstand zu übereigenen ist (NK-BGB/*Meller-Hannich/Schilken* § 930 Rn 37). Die Einigung ist grds. formfrei möglich (BGH NJW 1991, 353; Hk-BGB/*Schulte-Nölke* § 930 Rn 15). 8

(b) **Bestimmtheitsgrundsatz.** Die für den Eigentumsübergang erforderliche Einigung muss sich grds. auf bestimmte Sachen beziehen. Bloße Bestimmbarkeit anhand äußerer Kriterien und Umstände genügt nicht. Bei der Einigung muss die zu übereignende Sache so bestimmt und individualisierbar sein, dass im Zeitpunkt des Eigentumsübergangs ohne Heranziehung weiterer Umstände erkennbar ist, welche Sachen übereignet werden (BGH NJW 1994, 193, 194; NJW 2000, 2898; Hk-BGB/*Schulte-Nölke* § 929 Rn 5, § 930 Rn 16; NK-BGB/*Meller-Hannich/Schilken* § 930 Rn 55). Der Sicherungsgegenstand ist in der Sicherungsabrede daher so zu bezeichnen, dass es im Zeitpunkt des Eigentumsübergangs für jeden, oW ersichtlich ist, welche individuell bestimmten Sachen übereignet worden sind (Hoffmann-Becking/Rawert/*Meyer-Sparenberg* S. 146; NK-BGB/*Meller-Hannich/Schilken* § 930 Rn 55, 56). Dies ist bei der Sicherungsübereignung einer bestimmten Sache in der Regel unproblematisch möglich. Auch eine **antizipierte Sicherungsübereignung** künftig hinzukommender Sachen ist möglich, wenn diese so beschrieben sind, dass eine eindeutige Identifizierung möglich ist (Hk-BGB/*Schulte-Nölke* § 930 Rn 17; NK-BGB/*Meller-Hannich/Schilken* § 930 Rn 14). Zur Sicherungsübereignung von Sachgesamtheiten vgl § 930 Rn 28, 29. 9

(c) **Bedingte Einigung.** Entfällt der Sicherungszweck, fällt der Sicherungsgegenstand mit Entfallen des Sicherungszwecks grds. nicht automatisch an den Sicherungsgeber zurück. Dem Sicherungsgeber steht lediglich ein schuldrechtlicher Rückübertragungsanspruch gegen den Sicherungsnehmer zu (vgl § 930 Rn 3). Die Parteien haben jedoch die Möglichkeit, die dingliche Einigung aufschiebend oder auflösend bedingt vom Bestehen der gesicherten Forderung abhängig zu machen (BGH NJW 2005, 280, 281; Palandt/*Bassenge* § 930 Rn 21; NK-BGB/*Meller-Hannich/Schilken* § 930 Rn 29, 30). So können die Parteien die Übereignung von der aufschiebenden Bedingung (§ 158 Abs. 1) des Entstehens der Forderung abhängig machen (NK-BGB/*Meller-Hannich/Schilken* § 930 Rn 30). Haben die Parteien die Übereignung von der aufschiebenden Bedingung des Entstehens der Forderung abhängig gemacht und entsteht die Forderung nicht, scheitert die Sicherungsübereignung (Hk-BGB/*Schulte-Nölke* § 930 Rn 17). Die Sicherungsübereignung kann auch unter der auflösenden Bedingung (§ 158 Abs. 2) der Erledigung des Sicherungszwecks bzw der Erfüllung der Forderung stehen (NK-BGB/*Meller-Hannich/Schilken* § 930 Rn 31; Hk-BGB/*Schulte-Nölke* § 930 Rn 17). Mit Bedingungseintritt wird der Sicherungsgeber dann automatisch Eigentümer des Sicherungsgegenstands (Hk-BGB/*Schulte-Nölke* § 930 Rn 12, 17). Steht die Sicherungsübereignung unter der auflösenden Bedingung der Erledigung des Sicherungszwecks, wird für den Sicherungsgeber ein Anwartschaftsrecht begründet (NK-BGB/*Meller-Hannich/Schilken* § 930 Rn 29; Hk-BGB/*Schulte-Nölke* § 930 Rn 17). Es handelt sich daher um eine für den Sicherungsgeber günstige Regelung. Eine allgemeine Auslegungsregel, nach der die Sicherungsübereignung grds. durch die Erledigung des Sicherungszwecks auflösend oder durch das Entstehen der gesicherten Forderung aufschiebend bedingt ist, besteht nicht (BGH NJW-RR 2005, 280, 281; NJW 1991, 353, 354; NK-BGB/*Meller-Hannich/Schilken* § 930 Rn 31). In der Praxis der Kreditsicherung wird in der Regel in der Sicherungsabrede ein Rückübereignungsanspruch des Sicherungsgebers vereinbart (NK-BGB/*Meller-Hannich/Schilken* § 930 Rn 29). 10

[4] **Übergabesurrogat.** § 930 setzt ein konkretes Besitzmittlungsverhältnis iS des § 868 voraus (Hk-BGB/*Schulte-Nölke* § 930 Rn 5). Es muss sich demnach um ein Rechtsverhältnis handeln, 11

vermöge dessen der veräußernde Besitzer dem Erwerber gegenüber auf Zeit zum Besitz berechtigt oder verpflichtet ist (NK-BGB/*Meller-Hannich/Schilken* § 930 Rn 8). Bei der Sicherungsübereignung besteht ein ausreichend konkretes Besitzmittlungsverhältnis, wenn sich aus der Sicherungsabrede ergibt, dass der Sicherungsgeber solange im Besitz des Sicherungsgegenstandes bleiben darf, bis der Sicherungsnehmer den Gegenstand zur Befriedigung seiner Forderung herausverlangt. Dies ist bei einer Vereinbarung, nach der das Sicherungsgut zur Sicherung einer bestimmten Forderung übereignet wird, regelmäßig der Fall, da die Rechtsbeziehungen der Sicherungsübereignung durch die Rechtsprechung so weit ausgestaltet sind, dass sie vertraglich nicht näher geregelt werden müssen (BGH NJW 2005, 280, 281; Hk-BGB/*Schulte-Nölke* § 930 Rn 18; Palandt/*Bassenge* § 930 Rn 9). Eine zusätzliche Verwahrungs- oder Leihvereinbarung ist daher nicht zwingend erforderlich, in der Praxis – wie im dargestellten Muster – aber durchaus üblich (Palandt/*Bassenge* § 930 Rn 9; Staudinger/*Wiegand* Anh. zu §§ 929 ff Rn 86, 88). Soll ein Leihvertrag vereinbart werden, ist wie folgt zu formulieren:

▶ Die Übergabe wird dadurch ersetzt, dass der Sicherungsnehmer dem Sicherungsgeber das Sicherungsgut leihweise zur Verfügung stellt. ◀

Eine Ausführungshandlung ist nicht erforderlich (NK-BGB/*Meller-Hannich/Schilken* § 930 Rn 53).

12 [5] **Sicherungszweck.** In der Sicherungsabrede sind die zu sichernde Forderung bzw die zu sichernden Forderungen genau zu bezeichnen (NK-BGB/*Meller-Hannich/Schilken* § 930 Rn 37). Ist der Sicherungsgeber auch der Schuldner, ist wie im dargestellten Muster zu formulieren. Sichert der Sicherungsgeber dagegen die Ansprüche des Sicherungsnehmers gegen einen Dritten (vgl § 930 Rn 6), kann wie folgt formuliert werden:

▶ Die Übereignung des Sicherungsguts dient der Sicherung der dem Sicherungsnehmer gegen ... zustehenden Forderungen aus dem nachfolgend bezeichneten Vertrag: ... ◀

13 (a) **Forderung.** Als gesicherte Forderung kommt grundsätzliche jede Forderung in Betracht. Im Regelfall werden Forderungen aus Kreditverträgen durch Sicherungsübereignung gesichert (NK-BGB/*Meller-Hannich/Schilken* § 930 Rn 35). Es können einzelne oder auch mehrere Forderungen gesichert werden. In Betracht kommt auch die Sicherung künftiger oder bedingter Forderungen, soweit diese im Zeitpunkt ihrer Entstehung eindeutig bestimmbar sind (NK-BGB/*Meller-Hannich/Schilken* § 930 Rn 35; Palandt/*Bassenge* § 930 Rn 19).

14 (b) **Keine Akzessorietät.** Die Sicherungsübereignung ist ein nicht akzessorisches Sicherungsrecht und als solches grds. unabhängig von der zu sichernden Forderung (BGH NJW 1991, 353, 354; Bamberger/Roth/*Kindl* § 930 Rn 14). Die gesicherte Forderung ist nicht Rechtsgrund der Sicherungsübereignung. Nichtentstehen oder Erlöschen der Forderung lässt die dingliche Wirksamkeit der Sicherungsübereignung daher grds. unberührt (Palandt/*Bassenge* § 930 Rn 19; Hk-BGB/*Schulte-Nölke* § 930 Rn 14). Wurde das Sicherungsgut bereits übereignet und entsteht die Forderung nicht, hat der Sicherungsgeber einen schuldrechtlichen Anspruch auf Rückübereignung aufgrund der Sicherungsabrede (Hk-BGB/*Schulte-Nölke* § 930 Rn 14; Bamberger/Roth/*Kindl* § 930 Rn 22). Die Parteien können die Sicherungsübereignung durch aufschiebende Bedingung vom Entstehen der Forderung oder auch durch auflösende Bedingung vom Erlöschen der Forderung abhängig machen (vgl § 930 Rn 10; Hk-BGB/*Schulte-Nölke* § 930 Rn 14; Bamberger/Roth/*Kindl* § 930 Rn 14). Tritt der Sicherungsnehmer die gesicherte Forderung ab, geht das Sicherungseigentum nicht gem. § 401 auf den Zessionar über (NK-BGB/*Meller-Hannich/Schilken* § 930 Rn 36; Palandt/*Bassenge* § 930 Rn 13). In der Regel hat der Zessionar einen schuldrechtlichen Anspruch gegen den Zedenten auf Übertragung des Sicherungseigentums (BGH NJW-RR 1991, 305; Bamberger/Roth/*Kindl* § 930 Rn 23; NK-BGB/*Meller-Hannich/Schilken* § 930 Rn 36).

(c) **Anfängliche Übersicherung.** Eine anfängliche Übersicherung liegt vor, wenn schon bei Vertragsschluss feststeht, dass im noch ungewissen Verwertungsfall ein auffälliges **Missverhältnis** zwischen dem realisierbaren Wert der Sicherheit und der gesicherten Forderung(en) besteht (BGH NJW 1998, 2047; NK-BGB/*Meller-Hannich/Schilken* § 930 Rn 67). Eine anfängliche Übersicherung besteht aufgrund der Bewertungsschwierigkeiten erst dann, wenn der Sicherungswert die gesicherte Forderung um 30% übersteigt. Liegt eine anfängliche Übersicherung vor, ist die Sicherungsabrede gem. § 138 Abs. 1 BGB nichtig (Palandt/*Bassenge* § 930 Rn 24; Wurm/Wagner/Zartmann/*Schmidt* Kap. 26 Rn 63). Liegt in der Sicherungsabrede auch zugleich das Besitzkonstitut, so ist auch die Sicherungsübereignung unwirksam (NK-BGB/*Meller-Hannich/Schilken* § 930 Rn 67; Hk-BGB/*Schulte-Nölke* § 930 Rn 31). 15

(d) **Nachträgliche Übersicherung.** Eine nachträgliche Übersicherung kann durch teilweises Erlöschen der Forderungen oder auch durch eine Erhöhung des Wertes des Sicherungsguts, zB bei Sachgesamtheiten mit wechselndem Bestand, eintreten (vgl § 930 Rn 29; Palandt/*Bassenge* § 930 Rn 25; NK-BGB/*Meller-Hannich/Schilken* § 930 Rn 70). Von einer nachträglichen Übersicherung ist regelmäßig auszugehen, wenn der realisierbare Wert des Sicherungsguts den Wert der gesicherten Forderung um 10 % übersteigt (zur Ermittlung des realisierbaren Wertes vgl § 930 Rn 46; BGH NJW 1998, 671, 674; Hk-BGB/*Schulte-Nölke* § 930 Rn 32; Palandt/*Bassenge* § 930 Rn 25). Aus dem durch den Sicherungsvertrag begründeten Treuhandverhältnis folgt die Verpflichtung des Sicherungsnehmers, die Sicherheit zurückzugewähren, wenn sie nicht mehr benötigt wird; ggf auch schon vor Beendigung des Vertrages. Der Sicherungsgeber hat daher im Fall einer nicht nur vorübergehenden nachträglichen Übersicherung einen ermessensunabhängigen Freigabeanspruch (BGH NJW 1998, 671, 672). Dieser Anspruch besteht auch dann, wenn die Sicherungsabrede keine Freigabeklausel enthält. Eine ausdrückliche Freigabeklausel ist daher keine Wirksamkeitsvoraussetzung der Sicherungsabrede (BGH NJW 1998, 671, 673; Hk-BGB/*Schulte-Nölke* § 930 Rn 32; NK-BGB/*Meller-Hannich/Schilken* § 930 Rn 70). Auf eine ausdrückliche Freigaberegelung wurde an dieser Stelle daher verzichtet (zur Freigabeklausel bei der Sicherungsübereignung eines Warenlagers mit wechselndem Bestand vgl § 930 Rn 45). 16

(e) **Knebelung.** Die Sicherungsübereignung ist wegen Knebelung gem. § 138 Abs. 1 sittenwidrig, wenn die wirtschaftliche Bewegungsfreiheit des Sicherungsgebers so stark beeinträchtigt wird, dass er über seine Mittel nicht mehr frei verfügen kann und ihm die Sicherung und Befriedigung anderer Gläubiger nicht mehr möglich ist (BGH NJW-RR 1988, 1012; NK-BGB/*Meller-Hannich/Schilken* § 930 Rn 66). 17

[6] **Pflichten des Sicherungsgebers.** Der Sicherungsgeber wird üblicherweise dazu verpflichtet, das Sicherungsgut pfleglich zu behandeln, zu versichern und den Sicherungsnehmer von einer Pfändung des Sicherungsguts durch Dritte in Kenntnis zu setzen. Es ist eine Vorausabtretung der auf dem Sicherungsverhältnis beruhenden Ansprüche an den Sicherungsnehmer zu empfehlen (Wurm/Wagner/Zartmann/*Schmidt* Kap. 26 Rn 77). 18

[7] **Verhältnis zum Vermieterpfandrecht.** Mit Einbringung einer Sache, die dem Mieter gehört, entsteht an dieser Sache das Vermieterpfandrecht (Palandt/*Weidenkaff* § 562 Rn 5). Wird nach Einbringen der Sache diese zur Sicherheit übereignet, bleibt das an der Sache bestehende Vermieterpfandrecht davon unberührt und geht der Sicherungsübereignung vor (Palandt/*Weidenkaff* § 562 Rn 10). Für diesen Fall ist daher eine Regelung zu empfehlen, nach der der Sicherungsnehmer dazu befugt ist, dieses Pfandrecht durch Zahlung zum Erlöschen zu bringen (Hoffmann-Becking/Rawert/*Meyer-Sparenberg* S. 142). Wurde die Sache bereits zur Sicherheit übereignet, bevor sie in die Mieträume eingebracht wurde, entsteht an dieser Sache kein Vermieterpfandrecht (Palandt/*Weidenkaff* § 562 Rn 10; Hk-BGB/*Ebert* § 562 Rn 5). 19

[8] **Verwertung des Sicherungsguts.** Art und Umfang der Verwertung des Sicherungsguts durch den Sicherungsnehmer richten sich in erster Linie nach dem Sicherungsvertrag, der üblicher- 20

weise solche Regelungen enthält (BGH NJW 2007, 216; Hk-BGB/*Schulte-Nölke* § 930 Rn 24; NK-BGB/*Meller-Hannich/Schilken* § 930 Rn 38, 77). Den Parteien ist anzuraten, die Verwertung zu regeln, da auf die Regeln über das Pfandrecht insofern nur vereinzelt bei vertraglichen Lücken zurückgegriffen werden kann (Hk-BGB/*Schulte-Nölke* § 930 Rn 24; Palandt/*Bassenge* § 930 Rn 29). Bei der Verwertung hat der Sicherungsnehmer die berechtigten Belange des Sicherungsgebers in angemessener und zumutbarer Weise zu berücksichtigen. Der Sicherungsnehmer hat daher zu prüfen, welche Verwertungsmöglichkeit in Betracht kommt (BGH NJW 1997, 1063, 1064). Grds. gilt, dass die Verwertung in der für den Sicherungsgeber günstigsten Weise und Befriedigung des Sicherungsnehmers nur in notwendigem Umfang zu erfolgen hat. Verletzt der Sicherungsnehmer diese Pflicht, ist dieser dem Sicherungsgeber gem. § 280 zum Schadensersatz verpflichtet (BGH NJW 2000, 352, 354; NJW 2000, 3273, 3274; Palandt/*Bassenge* § 930 Rn 29; Hk-BGB/*Schulte-Nölke* § 930 Rn 24). Die Verwertung des Sicherungsguts kann durch freihändigen Verkauf, durch Pfandverkauf nach § 1233, öffentliche Versteigerung oder durch Zwangsvollstreckung aufgrund eines Zahlungstitels erfolgen (Hk-BGB/*Schulte-Nölke* § 930 Rn 25; Palandt/*Bassenge* § 930 Rn 31). In der Praxis wird häufig der freihändige Verkauf vereinbart. Hat das Sicherungsgut einen Marktpreis, lässt sich so in der Regel das bestmöglichste Ergebnis erzielen (NK-BGB/*Meller-Hannich/Schilken* § 930 Rn 78). Verbleibt nach der Verwertung ein Mehrbetrag, ist dieser vom Sicherungsnehmer auch ohne entsprechende vertragliche Vereinbarung an den Sicherungsgeber abzuführen (NK-BGB/*Meller-Hannich/Schilken* § 930 Rn 79). Die Verwertung des Sicherungsguts setzt voraus, dass der Schuldner mit einer fälligen Zahlung in Verzug ist, dieser Zahlungsrückstand nicht nur geringfügig ist und der Sicherungsnehmer dem Sicherungsgeber die Verwertung innerhalb angemessener Frist, mindestens eine Woche, angedroht hat. Eine Klausel, die diese Anforderungen nicht erfüllt, ist gem. § 307 unwirksam (BGH NJW 1992, 2626, 2627; ZIP 2005, 1021, 1022; Wolf/Lindacher/Pfeiffer/*Schmidt* Anh. S. 186, 187; v. Westphalen/*v. Westphalen* Kap. 32 Rn 28, 29).

21 (a) **Selbsteintrittsklausel.** Die Parteien können vereinbaren, dass der Sicherungsnehmer im Sicherungsfall die Sache zum Verkehrswert selbst übernimmt und behält. Die berechtigten Interessen des Sicherungsgebers sind dabei angemessen zu berücksichtigen (NK-BGB/*Meller-Hannich/Schilken* § 930 Rn 78; v. Westphalen/*v. Westphalen* Kap. 32 Rn 34).

22 (b) **Verfallklausel.** Die Zulässigkeit einer vertraglichen Verfallklausel, nach der das Sicherungsgut im Fall des Sicherungsfalls endgültig beim Sicherungsnehmer verbleibt, ist umstritten. Die bislang herrschende Meinung und Rechtsprechung bejaht die Zulässigkeit einer solchen Klausel (BGH NJW 1980, 227; Palandt/*Bassenge* § 930 Rn 33; vgl dazu auch v. Westphalen/*v. Westphalen* Kap. 32 Rn 33). In der Lehre wird die Zulässigkeit einer solchen Klausel jedoch zunehmend abgelehnt (Hk-BGB/*Schulte-Nölke* § 930 Rn 25; NK-BGB/*Meller-Hannich/Schilken* § 930 Rn 78).

23 **[9] Rückübertragung des Sicherungsguts.** Üblicherweise wird vereinbart, dass der Sicherungsnehmer bei Wegfall des Sicherungszwecks dazu verpflichtet ist, das Sicherungsgut an den Sicherungsgeber zurück zu übertragen (Bamberger/Roth/*Kindl* § 930 Rn 25).

II. Sicherungsübereignung eines Warenlagers

24 **1. Muster: Sicherungsübereignung eines Warenlagers mit wechselndem Bestand**

▶ **Sicherungsabrede**[1]

zwischen

▪▪▪, nachfolgend Sicherungsgeber genannt

und

▪▪▪, nachfolgend Sicherungsnehmer genannt[2]

§ 1 Gegenstand der Sicherungsübereignung

Zur Sicherung überträgt der Sicherungsgeber dem Sicherungsnehmer sämtliche Waren, die sich in dem Warenlager … gegenwärtig befinden oder künftig dorthin verbracht werden (nachfolgend Sicherungsgut genannt).[3]

§ 2 Übereignung und Übergabesurrogat

Soweit der Sicherungsgeber Eigentum oder Miteigentum an dem Sicherungsgut hat oder dieses künftig erwirbt, übereignet dieser dem Sicherungsnehmer das Eigentum oder Miteigentum.[3] Erwirbt der Sicherungsgeber das Anwartschaftsrecht an unter Eigentumsvorbehalt gelieferten Waren, so überträgt der Sicherungsgeber dem Sicherungsnehmer hiermit das Anwartschaftsrecht.[4] Die Übergabe wird dadurch ersetzt, dass der Sicherungsgeber das Sicherungsgut für den Sicherungsnehmer unentgeltlich verwahrt. Befindet sich das Sicherungsgut im unmittelbaren Besitz Dritter, tritt der Sicherungsgeber hiermit dem Sicherungsnehmer die Herausgabeansprüche gegen den Dritten ab.[5]

§ 3 Sicherungszweck

Die Übereignung des Sicherungsguts dient der Sicherung der dem Sicherungsnehmer gegen den Sicherungsgeber zustehenden gegenwärtigen und zukünftigen Forderungen aus dem zwischen dem Sicherungsgeber und Sicherungsnehmer am … vereinbarten …-Vertrag.[6]

§ 4 Bestandsliste

Mit Abschluss dieser Vereinbarung übergibt der Sicherungsgeber dem Sicherungsnehmer eine Bestandsliste des Warenlagers als Anhang. Der Sicherungsgeber ist dazu verpflichtet, dem Sicherungsnehmer vierteljährlich, beginnend am …, eine Bestandsliste zu übergeben. In dieser Bestandsliste ist Art und Menge der Ware anzugeben und etwaige Vorbehaltsrechte der Lieferanten des Sicherungsgebers auszuweisen. Die Bestandslisten haben keinen Einfluss auf die Übereignung nach § 2 dieser Vereinbarung.[7]

§ 5 Behandlung, Lagerung und Kennzeichnung des Sicherungsguts

Der Sicherungsgeber ist dazu verpflichtet, das Sicherungsgut pfleglich zu behandeln und ordnungsgemäß zu lagern. Auf Verlangen des Sicherungsnehmers ist der Sicherungsgeber dazu verpflichtet, das Sicherungsgut als Eigentum des Sicherungsnehmers zu kennzeichnen und von anderen Waren des Sicherungsgebers abzusondern. Entsteht am Sicherungsgut ein Schaden oder ein Verlust, ist der Sicherungsgeber dazu verpflichtet, den Sicherungsnehmer davon unverzüglich in Kenntnis zu setzen.

§ 6 Überprüfung des Sicherungsguts

Auf Verlangen des Sicherungsnehmers ist der Sicherungsgeber dazu verpflichtet, dem Sicherungsnehmer eine Überprüfung des Sicherungsguts zu ermöglichen, jede dafür erforderliche Auskunft zu erteilen und Einsicht in die erforderlichen Unterlagen zu gewähren. Befindet sich das Sicherungsgut im Besitz Dritter, hat der Sicherungsgeber dafür Sorge zu tragen, dass der Sicherungsnehmer Zugang zum Sicherungsgut erhält.[8]

§ 7 Versicherung

Der Sicherungsgeber ist dazu verpflichtet, das Sicherungsgut auf eigene Kosten gegen Feuer, Wasser und Diebstahl in ausreichender Höhe zu versichern. Der Sicherungsgeber tritt dem Sicherungsnehmer schon jetzt alle aus dem Versicherungsverhältnis entstehenden gegenwärtigen und zukünftigen Ansprüche ab. Der Sicherungsgeber setzt die Versicherung von der Eigentümerstellung des Sicherungsnehmers in Kenntnis und wird für den Sicherungsnehmer bei der Versicherung einen Sicherungsschein beantragen. Der Sicherungsgeber ist dazu verpflichtet, dem Sicherungsnehmer die ausreichende Versicherung nachzuweisen. Ist die Versicherung nicht ausreichend, ist der Sicherungsnehmer dazu berechtigt, das Sicherungsgut auf Kosten des Sicherungsgebers in ausreichender Höhe zu versichern.[9]

§ 8 Eigentumsvorbehalte

Der Sicherungsgeber ist verpflichtet, die Kaufpreisforderung bezüglich ihm unter Eigentumsvorbehalt gelieferter Waren zu erfüllen. Der Sicherungsnehmer ist dazu berechtigt, die Kaufpreisforderung des Lieferanten gegen den Sicherungsgeber auf dessen Kosten zu erfüllen.[10]

§ 9 Pfändung durch Dritte

Wird das Sicherungsgut durch Dritte gepfändet, ist der Sicherungsgeber dazu verpflichtet, auf das Eigentum des Sicherungsnehmers hinzuweisen und den Sicherungsnehmer unverzüglich schriftlich von der Pfändung in Kenntnis zu setzen.

§ 10 Gesetzliche Pfandrechte Dritter

Bestehet an dem Sicherungsgut ein gesetzliches Pfandrecht Dritter, wie zB des Vermieters, Verpächters oder des Lagerhalter, ist der Sicherungsnehmer dazu befugt, dieses durch Zahlung auf Kosten des Sicherungsgebers zum Erlöschen zu bringen. Der Sicherungsgeber ist dazu verpflichtet, auf Aufforderung dem Sicherungsnehmer die ordnungsgemäße Zahlung der Miete, Pacht oder des Lagergeldes nachzuweisen.[11]

§ 11 Weiterveräußerung

Der Sicherungsgeber ist dazu berechtigt, das Sicherungsgut im ordnungsgemäßen Geschäftsverkehr weiterzuveräußern. Veräußert der Sicherungsgeber das Sicherungsgut außerhalb des ordnungsgemäßen Geschäftsverkehrs, ist der Sicherungsnehmer dazu befugt, die Ermächtigung zur Weiterveräußerung zu widerrufen.

Für den Fall der Weiterveräußerung tritt der Sicherungsgeber dem Sicherungsnehmer zur Sicherung der in § 3 genannten Forderungen schon jetzt die hieraus entstehenden Ansprüche gegen den Erwerber ab.[12] Dies gilt nicht für Forderungen, die der Sicherungsgeber im Rahmen eines verlängerten Eigentumsvorbehalts für den Fall der Weiterveräußerung an den Vorbehaltslieferanten abtritt. Erfüllt der Sicherungsgeber die Forderung des Vorbehaltslieferanten, gehen die Ansprüche des Sicherungsgebers gegen den Erwerber auf den Sicherungsnehmer über. Hat der Sicherungsgeber gegen die Lieferanten einen Rückübertragungsanspruch der Forderungen gegen den Erwerber, tritt der Sicherungsgeber schon jetzt diese Forderungen an den Sicherungsnehmer ab.[13]

§ 12 Verarbeitung, Bearbeitung

Der Sicherungsgeber ist dazu berechtigt, das Sicherungsgut im ordnungsgemäßen Geschäftsverkehr zu be- und zu verarbeiten. Verarbeitet der Sicherungsgeber das Sicherungsgut, erfolgt die Verarbeitung im Namen und für Rechnung des Sicherungsnehmers als Hersteller. Der Sicherungsnehmer erwirbt an der neuen Sache unmittelbar Eigentum.[14]

Wird die neue Sache auch aus Sachen hergestellt, die im Zeitpunkt der Verarbeitung Eigentum der Vorbehaltslieferanten des Sicherungsgebers sind und an denen der Sicherungsnehmer gem. § 2 Satz 2 dieser Vereinbarung ein Anwartschaftsrecht erworben hat, so erwirbt der Sicherungsnehmer an der neuen Sache einen Miteigentumsanteil, der dem Wert des verarbeiteten Sicherungsguts entspricht, an dem der Sicherungsnehmer nach § 2 Satz 1 dieser Vereinbarung Eigentum erworben hat. Wird die neue Sache nur aus Sachen hergestellt, die im Zeitpunkt der Verarbeitung Eigentum der Vorbehaltslieferanten des Sicherungsgebers sind und an denen der Sicherungsnehmer gem. § 2 Satz 2 dieser Vereinbarung ein Anwartschaftsrecht erworben hat, so erwirbt der Sicherungsnehmer an der neu hergestellten Sache kein Eigentum.[15]

Erwirbt der Sicherungsgeber an dem Eigentum oder Miteigentum, das die Vorbehaltslieferanten aufgrund der Verarbeitung der von ihnen gelieferten Vorbehaltsware erwerben, ein Anwartschaftsrecht, so überträgt er dem Sicherungsnehmer hiermit dieses Anwartschaftsrecht.[16]

Wird das Sicherungsgut mit anderen Sachen des Sicherungsgebers verbunden oder vermischt und ist die Sache des Sicherungsgebers als Hauptsache anzusehen, übereignet der Sicherungsgeber dem

Sicherungsnehmer einen Miteigentumsanteil an der Hauptsache der dem Wert des Sicherungsguts entspricht. Die Übergabe wird dadurch ersetzt, dass der Sicherungsgeber die Sache für den Sicherungsnehmer verwahrt.[17]

Veräußert der Sicherungsgeber die neue oder durch Verbindung oder Vermischung entstandene Sache, tritt der Sicherungsgeber dem Sicherungsnehmer schon jetzt zur Sicherung der in § 3 genannten Forderungen die ihm gegen den Erwerber dieser Sache zustehenden Forderung an den Sicherungsnehmer ab. Für den Fall, dass der Sicherungsnehmer an dieser Sache einen Miteigentumsanteil erworben hat, tritt der Sicherungsgeber dem Sicherungsnehmer die Forderung anteilig entsprechend dem Wert des Sicherungsguts ab.

§ 13 Rückübertragung

Hat der Sicherungsgeber die nach § 3 gesicherten Forderungen vollständig erfüllt, ist der Sicherungsnehmer dazu verpflichtet, die ihm aufgrund dieser Vereinbarung übertragenen Sicherheiten an den Sicherungsgeber zurück zu übertragen.[18]

Vor vollständiger Befriedigung der gesicherten Forderungen ist der Sicherungsnehmer auf Verlangen des Sicherungsgebers dazu verpflichtet, Sicherheiten aus diesem Vertrag nach seiner Wahl freizugeben, wenn der nach § 14 zu ermittelnde realisierbare Wert sämtlicher Sicherheiten 110 % des Gesamtbetrags der gesicherten Forderungen nicht nur vorübergehend überschreitet. Bei der Auswahl der freizugebenden Sicherheiten berücksichtigt der Sicherungsnehmer die berechtigten Interessen des Sicherungsgebers.[19]

§ 14 Bewertung des Sicherungsguts

Der realisierbare Wert des Sicherungsguts wird in erster Linie nach dem Marktpreis im Zeitpunkt des Sicherungsfalls ermittelt. Lässt sich der Marktpreis nicht ermitteln, ist auf den Einkaufspreis abzustellen, zu dem der Sicherungsgeber das Sicherungsgut erworben hat. Hat der Sicherungsgeber das Sicherungsgut selbst hergestellt, be- oder verarbeitet, ist auf den Herstellungspreis abzustellen. Von dem so ermittelten Wert wird zunächst der Wert vorrangiger Sicherungsgüter (Eigentumsvorbehalte, Pfandrechte, Sicherungsübereignung) in Höhe des gesicherten Anspruchs abgezogen. Von diesem Wert wird ein Abschlag von einem Drittel vorgenommen.[20]

§ 15 Verwertung

Der Sicherungsnehmer ist dazu berechtigt, das Sicherungsgut zu verwerten, wenn der Sicherungsgeber mit den in § 3 bezeichneten fälligen Forderungen in Verzug gerät. Die Verwertung ist dem Sicherungsgeber mit einer Frist von ■■■ Tagen/Wochen durch den Sicherungsnehmer schriftlich anzudrohen. Kommt der Sicherungsgeber innerhalb dieser Frist seiner Zahlungsverpflichtung nicht nach, ist er dazu verpflichtet, dem Sicherungsnehmer auf Verlangen das Sicherungsgut herauszugeben.

Die Verwertung erfolgt unter Berücksichtigung der berechtigten Belange des Sicherungsgebers durch freihändigen Verkauf durch den Sicherungsnehmer im eigenen Namen oder im Namen des Sicherungsgebers. Der Sicherungsgeber ist auf Verlangen des Sicherungsnehmers dazu verpflichtet, das Sicherungsgut zu verwerten oder bei der Verwertung mitzuwirken. Der Sicherungsgeber ist dazu verpflichtet, das bei der Verwertung Erlangte, unverzüglich an den Sicherungsnehmer herauszugeben.

Der Sicherungsnehmer ist dazu verpflichtet, den Erlös der Verwertung nach Abzug der Umsatzsteuer zur Abdeckung der in § 3 bezeichneten Ansprüche zu verwenden. Ein danach verbleibender Überschuss, der nicht Dritten zusteht, ist dem Sicherungsgeber vom Sicherungsnehmer unverzüglich auszuzahlen.[21]

§ 16 Salvatorische Klausel

Die Unwirksamkeit einer einzelnen oder mehrerer Bestimmungen dieser Vereinbarung lässt die Wirksamkeit der übrigen Vereinbarung unberührt. Sollte eine Klausel dieser Vereinbarung nichtig sein oder werden, so tritt an ihre Stelle eine Regelung, die dem von den Parteien Gewollten am nächsten kommt. Dies gilt entsprechend für etwaige Lücken.

■■■, den ■■■ ◄

2. Erläuterungen und Varianten

25 [1] **Einleitung.** Zur Sicherungsübereignung und Sicherungsabrede vgl § 930 Rn 2, 3. Das Muster stellt eine erweiterte und verlängerte Sicherungsübereignung dar. Eine **erweiterte Sicherungsübereignung** liegt vor, wenn sie der Sicherung mehrerer gegenwärtiger oder auch künftiger Forderungen dient (Staudinger/*Wiegand* Anh. zu §§ 929 ff Rn 72). Um die wirtschaftlichen Mittel zur Rückzahlung der Forderungen zu erwirtschaften, wird dem Sicherungsnehmer häufig die Befugnis eingeräumt, das Sicherungsgut weiterzuveräußern und zu verarbeiten. Zur Sicherung des Gläubigers treten dann an die Stelle des Sicherungseigentums an dem ursprünglichen Sicherungsgut die durch die Veräußerung und Verarbeitung entstehenden Surrogate (**verlängerte Sicherungsübereignung**). Das dargestellte Muster berücksichtigt, dass sich in revolvierenden Warenlagern häufig auch Waren befinden, die dem Sicherungsgeber unter Eigentumsvorbehalt geliefert werden.

26 [2] **Parteien.** Vgl § 930 Rn 6.

27 [3] **Gegenstand der Sicherungsübereignung und Übereignung.** Vgl § 930 Rn 7, 8.

28 (a) **Sicherungsübereignung von Sachgesamtheiten.** In der Praxis werden zur Sicherheit häufig Sachgesamtheiten übereignet, wie bspw Warenlager, Maschinenparks oder Büroeinrichtungen (NK-BGB/*Meller-Hannich/Schilken* § 930 Rn 54). Die Einigung über den Eigentumsübergang muss sich auf bestimmte Sachen beziehen (vgl § 930 Rn 9). Das Problem der Bestimmtheit stellt sich v.a. bei der Sicherungsübereignung von Sachgesamtheiten. Eine Sachgesamtheit, die sich in ihrem Bestand nicht verändert und vollumfänglich übereignet werden soll, kann durch eine Sammelbezeichnung bezeichnet werden, wenn es aufgrund einfacher, äußerer Abgrenzungskriterien für jeden, der die Abrede kennt, oW ersichtlich ist, welche individuell bestimmten Sache übereignet worden sind (BGH NJW 2000, 2898; Palandt/*Bassenge* § 930 Rn 3; NK-BGB/*Meller-Hannich/Schilken* § 930 Rn 58). Bloße Bestimmbarkeit anhand außerhalb des Vertrages liegender Umstände, wie zB Warenbücher oä, ist nicht ausreichend (Bamberger/Roth/*Kindl* § 930 Rn 18, 20). Dem Bestimmtheitsgrundsatz ist genügt, wenn ein gesamtes Warenlager, alle in einem Raum befindliche Sachen, alle besonders gekennzeichneten oder gelagerten Sachen oder alle Sachen einer bestimmten Warengattung übereignet werden (**sog. All-Formel**, BGH NJW 1994, 133, 134; Hk-BGB/*Schulte-Nölke* § 930 Rn 16; Palandt/*Bassenge* § 930 Rn 4). Bei der Sicherungsübereignung eines Wagenlagers reicht bspw die Bezeichnung des Lagerortes (Hoffmann-Becking/Rawert/*Meyer-Sparenberg* S. 146). Nicht ausreichend sind Wert- oder Mengenangaben (BGH NJW 1994, 133, 134; Palandt/*Bassenge* § 930 Rn 5). Auch die Bezeichnung anhand rechtlicher Merkmale ist nicht ausreichend bestimmt (NK-BGB/*Meller-Hannich/Schilken* § 930 Rn 61). Es ist unschädlich, wenn sich in der Sachgesamtheit Sachen befinden, die im Eigentum Dritter stehen (**sog. gemischter Bestand**). Da an diesen Sachen gem. § 933 kein gutgläubiger Erwerb möglich ist, erwirbt der Sicherungsnehmer kein Eigentum (NK-BGB/*Meller-Hannich/Schilken* § 930 Rn 59; Palandt/*Bassenge* § 930 Rn 3). Befinden sich in der Sachgesamtheit Sachen, die der Sicherungsgeber unter Eigentumsvorbehalt erworben hat, erwirbt der Sicherungsnehmer an diesem Sachen das **Anwartschaftsrecht** (NK-BGB/*Meller-Hannich/Schilken* § 930 Rn 59, 63). Befinden sich die zur Sicherungsübereignung bestimmten Sachen zusammen mit anderen Sachen in einem Warenlager, sind die zur Sicherungsübereignung bestimmten Sachen anhand äußerlich erkennbarer Merkmale so zu bestimmen, dass Dritte diese ohne Weiteres erkennen können (Hk-BGB/*Schulte-Nölke* § 930 Rn 16; NK-BGB/*Meller-Hannich/Schilken* § 930 Rn 60). Möglich ist eine Markierung der übereigneten Sachen oder

auch der nicht übereigneten Sachen durch Schilder, Aufschriften oä (BGH NJW 1992, 1161, 1162, NJW 2000, 2898, 2899; NK-BGB/*Meller-Hannich/Schilken* § 930 Rn 60).

(b) Sicherungsübereignung eines Warenlagers mit wechselndem Bestand. Häufig werden Warenlager mit wechselndem Bestand zur Sicherung eines Kredits übereignet. Dabei nehmen die Parteien die Veränderungen im Warenlager bewusst in Kauf, die im Rahmen des Geschäftsbetriebs des Sicherungsgebers erfolgen und erforderlich sind, um die zur Tilgung des Kredits erforderlichen Mittel zu erwirtschaften. Bei der Sicherungsübereignung eines Warenlagers mit wechselndem Bestand wird in der Praxis häufig vereinbart, dass der Sicherungsgeber die Waren veräußern darf und an ihre Stelle die vom Sicherungsgeber erworbenen Ersatzstücke treten (NK-BGB/*Meller-Hannich/Schilken* § 930 Rn 45). Hinsichtlich der hinzutretenden Waren handelt es sich um eine **antizipierte Sicherungsübereignung**; eine besondere Ausführungshandlung ist nicht erforderlich (NK-BGB/*Meller-Hannich/Schilken* § 930 Rn 46, 62). Im Zeitpunkt der Übereignung muss das Warenlager nach den oben (vgl § 930 Rn 28) dargelegten Kriterien hinreichend bestimmt bezeichnet werden (NK-BGB/*Meller-Hannich/Schilken* § 930 Rn 62). Kommen später weitere Sachen hinzu, wirkt sich dies auf die erforderliche Bestimmtheit nicht aus. Dies gilt auch dann, wenn dadurch Unklarheit über die Eigentumsverhältnisse an den Sachen im Warenlager entsteht (Hk-BGB/*Schulte-Nölke* § 930 Rn 16; Bamberger/Roth/*Kindl* § 930 Rn 18). Das Warenlager ist durch die genaue Anschrift und Lage, zB durch Angabe der Halle oder des Stockwerks, zu kennzeichnen. Es kann sich auch anbieten, der Sicherungsabrede einen Lageplan beizufügen, auf dem das Warenlager gekennzeichnet ist (Wurm/Wagner/Zartmann/*Schmidt* Kap. 26 Rn 77). 29

[4] Übertragung des Anwartschaftsrechts an Vorbehaltsware. Werden dem Sicherungsgeber Waren unter Eigentumsvorbehalt geliefert und ist der Sicherungsgeber als Vorbehaltskäufer zur Veräußerung der Vorbehaltsware im ordnungsgemäßen Geschäftsverkehr ermächtigt (vgl § 449 Rn 22), ist die Übereignung zur Sicherung von dieser Ermächtigung nicht erfasst. Ein gutgläubiger Eigentumserwerb der Vorbehaltsware durch den Sicherungsnehmer ist daher ausgeschlossen (Staudinger/*Wiegand* Anh. zu §§ 929 ff Rn 285). Erwirbt der Sicherungsgeber von einem Dritten Waren unter Eigentumsvorbehalt, so erwirbt er ein Anwartschaftsrecht (vgl § 930 Rn 28). Soll, wie in der Praxis üblich, dieses Anwartschaftsrecht dem Sicherungsnehmer übertragen werden, ist wie im Muster zu formulieren (Staudinger/*Wiegand* Anh. zu §§ 929 Rn 74; Wurm/Wagner/Zartmann/*Schmidt* Kap. 26 Rn 77). 30

[5] Übergabesurrogat. Vgl § 930 Rn 11. 31

[6] Sicherungszweck. Vgl oben § 930 Rn 12. Die Sicherung zukünftiger und bedingter Forderungen ist möglich, soweit diese im Zeitpunkt ihrer Entstehung eindeutig bestimmbar sind (NK-BGB/*Meller-Hannich/Schilken* § 930 Rn 35; Palandt/*Bassenge* § 930 Rn 19). Die Sicherung zukünftiger Forderungen erfolgt in der Praxis häufig zur Sicherung einer längeren Kreditbeziehung zwischen Schuldner und Bank (Staudinger/*Wiegand* Anh. zu §§ 929 ff Rn 72). Das Vertrags- oder Geschäftsverhältnis ist genau zu bezeichnen. Zur **Übersicherung** vgl § 930 Rn 15, 16. 32

[7] Bestandslisten. Durch die Bestandslisten wird dem Sicherungsnehmer ein Überblick über die Höhe seiner Sicherheit ermöglicht (Wurm/Wagner/Zartmann/*Schmidt* Kap. 26 Rn 77). Die Erstellung von Bestandslisten hat keinen Einfluss auf die Übereignung. Sind in der Bestandsliste Waren, die sich im Warenlager befinden, nicht aufgeführt, sind diese daher dennoch von der Übereignung erfasst. Welche Angaben die Bestandslisten enthalten sollen und in welcher Form sie zu gliedern sind, richtet sich nach der Art des Warenlagers und kann von den Parteien in der Vereinbarung oder auch als Anlage zur Vereinbarung genauer definiert werden. 33

[8] Überprüfung des Sicherungsguts. Vgl auch Wurm/Wagner/Zartmann/*Schmidt* Kap. 26 Rn 77. 34

[9] Versicherung des Sicherungsguts. Vgl auch Wurm/Wagner/Zartmann/*Schmidt* Kap. 26 Rn 77. 35

36 [10] **Pflicht des Sicherungsgebers zur Kaufpreiszahlung.** Werden auch Anwartschaftsrechte an Sachen zur Sicherheit übertragen, die der Sicherungsgeber unter Eigentumsvorbehalt erwirbt (vgl oben § 930 Rn 28), empfiehlt es sich, die Pflicht des Sicherungsgebers zur Zahlung der Kaufpreisforderungen festzuschreiben (Staudinger/*Wiegand* Anh. zu §§ 929 ff Rn 74). In der Regel vereinbaren die Parteien auch das Recht des Sicherungsnehmers, die Kaufpreisforderung des Sicherungsgebers zu erfüllen (Hofmann-Becking/Rawert/*Meyer-Sparenberg* S. 141).

37 [11] **Gesetzliche Pfandrechte Dritter.** Vgl § 930 Rn 19.

38 [12] **Vorausabtretungsklausel.** Wird dem Sicherungsgeber gestattet, das Sicherungsgut im ordnungsgemäßen Geschäftsverkehr weiterzuveräußern wird regelmäßig vereinbart, dass der Sicherungsgeber die ihm aus der Veräußerung des Sicherungsguts an Dritte entstehenden Forderung an den Sicherungsnehmer im Voraus abtritt (Palandt/*Bassenge* § 930 Rn 17; NK-BGB/*Meller-Hannich/Schilken* § 930 Rn 43, 72). Eine Vorausabtretung von Forderungen setzt voraus, dass die Forderungen spätestens im Zeitpunkt ihrer Entstehung ihrem Gegenstand und ihrem Umfang nach bestimmbar sind (BGH NJW 2000, 276, 277). Die Vorausabtretung von Forderungen, die sich aus der Weiterveräußerung ergeben, ist in diesem Sinne ausreichend bestimmt (Wolf/Lindacher/Pfeiffer/*Dammann* Anh. Rn E 57).

39 [13] **Kollision mit verlängertem Eigentumsvorbehalt.** Liefern die Lieferanten des Sicherungsgebers branchenüblich unter verlängertem Eigentumsvorbehalt, wird der Sicherungsgeber bzw Vorbehaltskäufer regelmäßig dazu ermächtigt, die Waren im ordnungsgemäßen Geschäftsverkehr weiterzuveräußern. Zur Sicherung des Lieferanten tritt der Vorbehaltskäufer für den Fall der Weiterveräußerung die ihm gegen den Erwerber zustehenden Rechte gegen den Lieferanten ab (vgl § 449 Rn 23). Treffen eine Vorausabtretungsklausel in der Sicherungsabrede und eine Vorausabtretungsklausel eines verlängerten Eigentumsvorbehalts aufeinander, ist grds. nach dem **Prioritätsprinzip** die zeitlich erste Abtretung wirksam. Die Rechtsprechung zur Globalzession, nach der die Globalzession wegen Verleitung zum Vertragsbruch nichtig ist, wenn sie sich auch auf Forderungen erstreckt, die vom verlängerten Eigentumsvorbehalt erfasst werden (vgl § 449 Rn 26), ist auf die Sicherungsübereignung nicht übertragbar (Staudinger/*Wiegand* Anh. §§ 929 Rn 290). Die im Muster verwendete Klausel nimmt die Vorausabtretungen aufgrund eines verlängerten Eigentumsvorbehalts im Verhältnis zu Lieferanten des Sicherungsgebers grds. von der Vorausabtretung im Verhältnis zum Sicherungsnehmer aus. Dies ermöglicht es dem Sicherungsgeber im Verhältnis zu Lieferanten auch nach Vereinbarung der Sicherungsabrede einen verlängerten Eigentumsvorbehalt mit einer Ermächtigung zur Weiterveräußerung und Vorausabtretungsklausel zu vereinbaren. Es handelt sich daher um eine dem Sicherungsgeber günstige Klausel, die zu empfehlen ist, wenn Lieferungen an den Sicherungsgeber branchenüblich unter verlängertem Eigentumsvorbehalt erfolgen. Dadurch wird es dem Sicherungsgeber ermöglicht, in üblicher Weise zu wirtschaften und die Mittel zu erlangen, die erforderlich sind, um die gesicherten Forderungen zu erfüllen.

40 [14] **Verarbeitungsklausel.** Verarbeitet der Sicherungsgeber das Sicherungsgut zu einer neuen Sache iS des § 950, erwirbt dieser an der neuen Sache Eigentum und der Sicherungsnehmer verliert sein Eigentum an dem Sicherungsgut. Durch die Verarbeitungsklausel wird der Sicherungsnehmer als Hersteller Eigentümer der neuen Sache, die dann zur Sicherung der Forderung dient. Wird die Forderung getilgt, bezieht sich der Rückübertragungsanspruch auf diese neue Sache (NK-BGB/*Meller-Hannich/Schilken* § 930 Rn 43). Haben die Parteien eine auflösend bedingte Sicherungsübereignung vereinbart (vgl § 930 Rn 10), verliert der Sicherungsgeber dann das Anwartschaftsrecht auf das Sicherungsgut (NK-BGB/*Meller-Hannich/Schilken* § 930 Rn 43). Durch folgende Klausel kann das Anwartschaftsrecht neu begründet werden:

▶ Erwirbt der Sicherungsnehmer das Eigentum an der neuen Sache, übereignet der Sicherungsnehmer dem Sicherungsgeber schon jetzt das Eigentum an dieser Sache unter der aufschiebenden Bedingung der vollständigen Erfüllung der unter § 3 bezeichneten Forderungen durch den Sicherungsgeber. ◄

[15] **Kollision mit verlängertem Eigentumsvorbehalt.** Haben die Parteien eines Kaufvertrags einen verlängerten Eigentumsvorbehalt mit einer Verarbeitungsklausel vereinbart, und erfolgt die Herstellung der neuen Sache aus Sachen mehrerer Lieferanten, ist den Sicherungsinteressen dieser Lieferanten dadurch Rechnung zu tragen, dass der Vorbehaltsverkäufer an der neuen Sache lediglich einen Miteigentumsanteil erwirbt. Ansonsten ist eine unangemessene Benachteiligung des Vorbehaltskäufers gem. § 307 anzunehmen, da dieser in seinem Geschäftsverkehr mit den anderen Lieferanten beeinträchtigt wird (vgl § 449 Rn 28; Wolf/Lindacher/Pfeiffer/*Damann* Anh. Rn E 63). Für diesen Fall ist daher bei der Vereinbarung eines verlängerten Eigentumsvorbehalts eine Klausel zu empfehlen, nach der der Verkäufer durch die Verarbeitung einen Miteigentumsanteil erwirbt (vgl § 449 Rn 16, 28). Nichts anderes kann gelten, wenn das Sicherungsgut einer Sicherungsübereignung mit Sachen anderer Lieferanten zu einer neuen Sache verarbeitet wird. 41

[16] **Übertragung des Anwartschaftsrechts.** Erwirbt der Vorbehaltsverkäufer aufgrund einer Verarbeitungsklausel das Eigentum oder Miteigentum an der neuen Sache, so verliert der Vorbehaltskäufer dadurch sein Anwartschaftsrecht. Um eine unangemessene Benachteiligung des Vorbehaltskäufers zu verhindern, ist durch eine **antizipierte aufschiebend bedingte Übereignung** der neuen Sache oder des Miteigentumsanteils an der neuen Sache dem Vorbehaltskäufer gem. § 929 S. 2 ein neues Anwartschaftsrecht einzuräumen (vgl § 449 Rn 16, 30). Durch die Klausel des § 12 Abs. 2 des dargestellten Musters wird zwar den Sicherungsinteressen der Vorbehaltslieferanten Rechnung getragen, jedoch verliert der Sicherungsnehmer, der vor der Verarbeitung ein Anwartschaftsrecht an den unter Eigentumsvorbehalt gelieferten Sachen gem. § 2 S. 2 der Vereinbarung erworben hatte, eine ihm günstige Rechtsposition. Um sowohl der in der Praxis üblichen und auch rechtlich gebotenen Ausgestaltung des verlängerten Eigentumsvorbehalts als auch den Sicherungsinteressen des Sicherungsnehmers der Sicherungsübereignung Rechnung zu tragen, kann sich daher eine Regelung empfehlen, nach der der Sicherungsgeber (Vorbehaltskäufer) das Anwartschaftsrecht am Eigentum oder Miteigentum an der neuen Sache schon jetzt auf den Sicherungsnehmer überträgt. 42

[17] **Verbindung, Vermischung.** Wird das Sicherungsgut mit anderen Sachen des Sicherungsgebers verbunden oder vermischt (§§ 947, 948) und ist eine der Sachen des Käufers iS des § 947 Abs. 2 als Hauptsache anzusehen, werden die mit dieser Sache verbundenen Sachen, also auch das Sicherungsgut, wesentliche Bestandteile der Hauptsache. Der Eigentümer der Hauptsache erwirbt gem. § 947 Abs. 2 das Alleineigentum an der Hauptsache und den wesentlichen Bestandteilen. Das bisher bestehende Eigentum an den anderen Sachen erlischt (Hk-BGB/*Schulte-Nölke* § 947 Rn 3). Dies hat zur Folge, dass der Sicherungsnehmer sein Eigentum an dem Sicherungsgut verliert. Zur Sicherung des Sicherungsnehmers ist für diesen Fall daher eine Regelung zu empfehlen, nach der der Sicherungsnehmer einen **Miteigentumsanteil an der Hauptsache** der dem Wert der verbundenen bzw vermischten Sache des Sicherungsnehmers entspricht, erwirbt. 43

[18] **Rückübertragung.** Vgl § 930 Rn 23; Diese Klausel erfasst sowohl das ursprünglich übereignete Sicherungseigentum sowie die durch Veräußerung und Verarbeitung entstehenden Surrogate. 44

[19] **Freigabeklausel.** Zur nachträglichen Übersicherung vgl § 930 Rn 16. Bei der Sicherungsübereignung eines Warenlagers mit wechselndem Bestand besteht die Gefahr der nachträglichen Übersicherung, wenn sich der Wert des Warenlagers erhöht (Hk-BGB/*Schulte-Nölke* § 930 Rn 32; NK-BGB/*Meller-Hannich/Schilken* § 930 Rn 70). Bei formularmäßigen Sicherungsverträgen, in denen keine Deckungsgrenze festgelegt wurde, beträgt die **Deckungsgrenze** hinsichtlich des realisierbaren Werts der Sicherungsgegenstände **110 % der gesicherten Forderung.** Dies 45

trägt dem Zweck der Sicherungsabrede, den Gläubiger abzusichern, Rechnung (BGH NJW 1988, 671, 675; zur Ermittlung des realisierbaren Wertes bei der Sicherungsübereignung eines Warenlagers mit wechselndem Bestand vgl § 930 Rn 46). Die Parteien müssen im Sicherungsvertrag im Fall revolvierender Sicherheiten die Deckungsgrenze, dh die Grenzen zur Feststellung der Übersicherung, nicht zahlenmäßig festlegen. Eine zahlenmäßig bestimmte Deckungsgrenze ist keine Wirksamkeitsvoraussetzung für die Sicherungsübereignung von Warenlagern mit wechselndem Bestand (BGH NJW 1998, 671, 673). Da der Sicherungsgeber im Fall der nachträglichen Übersicherung (vgl § 930 Rn 16) bei revolvierenden Sicherheiten einen ermessensunabhängigen Freigabeanspruch hat, ist eine ausdrückliche vertragliche Regelung des Freigabeanspruchs keine Wirksamkeitsvoraussetzung der Sicherungsübereignung eines Warenlagers mit wechselndem Bestand. Auf eine Freigaberegelung kann daher verzichtet werden (BGH NJW 1998, 671, 672, 673). Eine formularmäßige Sicherungsabrede, die die Freigabe in das Ermessen des Gläubigers stellt, ist unwirksam. Wurde eine solche unwirksame Klausel vereinbart, führt dies jedoch nicht zur Gesamtnichtigkeit der Sicherungsvereinbarung. Es gilt dann eine Deckungsgrenze von 110 % (BGH NJW 1998, 671, 673).

46 [20] **Bewertung des Sicherungsguts.** Für die Frage, ob die Deckungsgrenze von 110 % des realisierbaren Wertes des Sicherungsguts überschritten ist, bedarf es einer Bewertung des Sicherungsguts. Für die Bewertung des Sicherungsguts ist zunächst auf den **Marktpreis im Zeitpunkt des Eintritts des Sicherungsfalls**, also Insolvenz des Schuldners bzw Sicherungsgebers, abzustellen. Haben die Waren keinen Marktpreis, ist auf den **Einkaufspreis** abzustellen, zu dem der Sicherungsgeber das Sicherungsgut gekauft hat. Verarbeitet der Sicherungsgeber das Sicherungsgut, ist der **Herstellungspreis** maßgeblich. Haben Dritte an dem Sicherungsgut ein vorrangiges Befriedigungsrecht, ist dieses Sicherungsgut nicht zu berücksichtigen. Im Zeitpunkt der Vereinbarung der Sicherungsabrede lassen sich viele Faktoren für den Zeitpunkt des Sicherungsfalls nicht abschätzen. So sind der genaue Umfang des Warenlagers sowie die künftige Preisentwicklung ungewiss. Zudem ist nicht abschätzbar, wie sich die Insolvenz des Sicherungsgebers auf den realisierbaren Wert des Warenlagers auswirkt. Um den Sicherungsinteressen des Sicherungsnehmers Rechnung zu tragen, ist von dem nach den dargelegten Grundsätzen ermitteltem Wert des Sicherungsguts ein **Abschlag von einem Drittel** vorzunehmen (BGH NJW 1998, 671, 676). Auf diese Weise ist der realisierbare Wert des Sicherungsguts zu ermitteln. Aufgrund des Bewertungsabschlags von einem Drittel besteht ein Freigabeanspruch regelmäßig demnach erst dann, wenn der Markt- bzw Einkaufspreis der sicherungsübereigneten Waren, soweit andere Sicherheiten nicht zum Abzug kommen, 150 % der gesicherten Forderungen ausmacht (BGH NJW 1998, 671, 677).

47 [21] **Verwertung des Sicherungsguts.** Vgl § 930 Rn 20.

B. Prozess

48 I. Muster: Klageantrag auf Übereignung gem. §§ 929, 930

▶ Namens und in Vollmacht des Klägers erheben wir hiermit Klage und werden in der mündlichen Verhandlung beantragen:

1. Der Beklagte wird dazu verurteilt, zu erklären, dass er sich mit dem Kläger darüber einig ist, dass das Eigentum an ■■■ auf den Kläger übergeht.[1]

2. Der Beklagte wird dazu verurteilt, zu erklären, dass er sich mit dem Kläger darüber einig ist, dass er ■■■[2] für den Kläger unentgeltlich verwahrt.

3. Der Beklagte trägt die Kosten des Rechtsstreits.

4. Der Urteil ist – notfalls gegen Sicherheitsleistung – vorläufig vollstreckbar. ◀

II. Erläuterungen

[1] **Klageantrag.** Die Übereignung einer Sache nach §§ 929, 930 setzt die Einigung über den Eigentumsübergang iS des § 929 S. 1 sowie die Begründung eines Besitzmittlungsverhältnisses voraus. Der Klageantrag Ziffer 1 ist daher auf die Einigung über den Eigentumsübergang und der Klageantrag Ziffer 2 auf die Einigung über die Begründung eines konkreten Besitzmittlungsverhältnisses iS des § 868 gerichtet. Unter einem konkreten Besitzmittlungsverhältnis ist ein Rechtsverhältnis zu verstehen, vermöge dessen der veräußernde Besitzer dem Erwerber gegenüber auf Zeit zum Besitz berechtigt oder verpflichtet ist (vgl § 930 Rn 11; NK-BGB/*Meller-Hannich/Schilken* § 930 Rn 8). Darunter ist beispielsweise ein Verwahrungs- oder auch ein Leihvertrag zu verstehen (vgl § 930 Rn 11; Palandt/*Bassenge* § 868 Rn 11). Die Vollstreckung der Einigungserklärungen richtet sich nach § 894 ZPO (Thomas/Putzo/*Hüßtege* § 894 Rn 5 a). Das Urteil ersetzt die Willenserklärungen in der jeweils erforderlichen Form (Zöller/*Stöber* § 894 Rn 5; NK-BGB/*Meller-Hannich/Schilken* § 931 Rn 15). Eine weitere Vollstreckung erfolgt nicht. Der Inhalt der Erklärungen ist im Klageantrag genau zu bestimmen (Hk-ZPO/*Pukall* § 894 Rn 4). 49

[2] **Gegenstand der Übereignung.** Vgl § 929 Rn 2. 50

§ 931 Abtretung des Herausgabeanspruchs

Ist ein Dritter im Besitz der Sache, so kann die Übergabe dadurch ersetzt werden, dass der Eigentümer dem Erwerber den Anspruch auf Herausgabe der Sache abtritt.

A. Muster: Klageantrag auf Übereignung gem. §§ 929, 931 1

▶ Namens und in Vollmacht des Klägers erheben wir hiermit Klage und werden in der mündlichen Verhandlung beantragen: 753

1. Der Beklagte wird dazu verurteilt, zu erklären, dass er sich mit dem Kläger darüber einig ist, dass das Eigentum an ... auf den Kläger übergeht.[1]

2. Der Beklagte wird dazu verurteilt, zu erklären, dass er sich mit dem Kläger darüber einig ist, dass der Anspruch des Beklagten gegen ... auf Herausgabe des ...[2] an den Kläger abtritt.

3. Der Beklagte trägt die Kosten des Rechtsstreits.

4. Der Urteil ist notfalls gegen Sicherheitsleistung vorläufig vollstreckbar. ◀

B. Erläuterungen

[1] **Klageantrag.** Die Übereignung einer Sache nach §§ 929, 931 setzt die Einigung über den Eigentumsübergang iS des § 929 S. 1 und die Abtretung eines Anspruchs auf Herausgabe der Sache voraus (Hk-BGB/*Schulte-Nölke* § 931 Rn 2). Der Klageantrag Ziffer 1 ist daher auf die Einigung über den Eigentumsübergang und der Klageantrag Ziffer 2 auf die Einigung über die Abtretung des Herausgabeanspruchs gerichtet. Die Vollstreckung der Einigungserklärungen richtet sich nach § 894 ZPO (Thomas/Putzo/*Hüßtege* § 894 Rn 5 a). Das Urteil ersetzt die Willenserklärungen in der jeweils erforderlichen Form (Zöller/*Stöber* § 894 Rn 5; NK-BGB/*Meller-Hannich/Schilken* § 931 Rn 15). Eine weitere Vollstreckung erfolgt nicht. Der Inhalt der Erklärungen ist im Klageantrag genau zu bestimmen (Hk-ZPO/*Pukall* § 894 Rn 4). 2

[2] **Gegenstand der Übereignung.** Vgl § 929 Rn 2. 3

§ 932 Gutgläubiger Erwerb vom Nichtberechtigten

(1) [1]Durch eine nach § 929 erfolgte Veräußerung wird der Erwerber auch dann Eigentümer, wenn die Sache nicht dem Veräußerer gehört, es sei denn, dass er zu der Zeit, zu der er nach diesen Vorschriften das Eigentum erwerben würde, nicht in gutem Glauben ist. [2]In dem Falle des § 929 Satz 2 gilt dies jedoch nur dann, wenn der Erwerber den Besitz von dem Veräußerer erlangt hatte.
(2) Der Erwerber ist nicht in gutem Glauben, wenn ihm bekannt oder infolge grober Fahrlässigkeit unbekannt ist, dass die Sache nicht dem Veräußerer gehört.

1 A. Muster: Herausgabeklage des Eigentümers gegen den bösgläubigen Erwerber

▶ An das
Amtsgericht/Landgericht ■■■[1]

Klage

■■■ – Kläger –

Prozessbevollmächtigte: ■■■

gegen

■■■ – Beklagter –

wegen Herausgabe

Vorläufiger Streitwert: ■■■

Namens und im Auftrag des Klägers erheben wir hiermit Klage und werden in der mündlichen Verhandlung beantragen:

1. Der Beklagte wird verurteilt, an den Kläger den Pkw der Marke ■■■ mit der Fahrzeugidentifizierungsnummer. ■■■ herauszugeben.[2]
2. Der Beklagte trägt die Kosten des Rechtsstreits.
3. Das Urteil ist notfalls gegen Sicherheitsleistung vorläufig vollstreckbar.

Begründung[3] ◀

Mit der Klage macht der Kläger einen Anspruch auf Herausgabe des Pkws ... mit der Fahrzeugidentifizierungsnummer ... nach § 985BGB gegen den Beklagten als Besitzer geltend.

▶ Der Kläger hat den Pkw ■■■ mit der Fahrzeugidentifizierungsnummer ■■■ mit Kaufvertrag vom ■■■ zu einem Kaufpreis in Höhe von EUR ■■■ von dem Hersteller, der B-GmbH, ■■■ erworben.

Beweis: 1. Kaufvertrag vom ■■■ in Kopie als Anlage K1

Vereinbarungsgemäß hat die B-GmbH dem Kläger am ■■■ den Pkw ■■■ und den auf den Kläger ausgestellten Kraftfahrzeugbrief sowie den auf den Kläger ausgestellten Kraftfahrzeugschein übergeben.[4]

Beweis:

1. Kraftfahrzeugbrief in Kopie als Anlage K2
2. Kraftfahrzeugschein in Kopie als Anlage K3
3. Mitarbeiter der B-GmbH ■■■ (ladungsfähige Anschrift) als Zeuge

Aufgrund des Leasingvertrages vom ■■■ hat der Kläger als Leasinggeber der A-GmbH als Leasingnehmer den Pkw mit der Fahrzeugidentifizierungsnummer ■■■ überlassen.

Beweis: Leasingvertrag vom ■■■ in Kopie als Anlage K4

Ausweislich § ■■■ des Leasingvertrages vom ■■■ ist der Kläger als Leasinggeber Eigentümer des Pkws ■■■ mit der Fahrzeugidentifizierungsnummer ■■■ und die A-GmbH als Leasingnehmer Halter des Pkws.

Beweis: Leasingvertrag vom ■■■ b.v. als Anlage K4

Am ■■■ hat Herr ■■■, Mitarbeiter der A-GmbH, den Pkw mit der Fahrzeugidentifizierungsnummer ■■■ zu einem Kaufpreis in Höhe von EUR ■■■ in der Rubrik Gebrauchtwagenmarkt der ■■■-Zeitung angeboten.

Beweis:

1. Zeitungsanzeige vom ■■■ in Kopie Anlage K5
2. Auftragsbestätigung der ■■■-zeitung vom ■■■ an Herrn ■■■ in Kopie als Anlage K6

Der Kaufpreis in Höhe von EUR ■■■ ist für das Kraftfahrzeug ■■■ ungewöhnlich günstig.

Beweis: Sachverständigengutachten

Im Gebrauchtwagenmarkt der ■■■-Zeitung waren noch acht weitere Verkaufsanzeigen von vergleichbaren Kraftfahrzeugen desselben Herstellers direkt neben der von Herrn ■■■ geschalteten Anzeige zu einem deutlich höheren Kaufpreis abgedruckt.

Beweis: Zeitungsanzeige vom ■■■ b.v. als Anlage K5

Aufgrund dieser Anzeige hat sich der Beklagte mit Herrn ■■■ am ■■■, einem Sonntag, telefonisch in Verbindung gesetzt und am selben Tag eine Probefahrt mit dem streitgegenständlichen Pkw unternommen.

Beweis: Mitarbeiter der A-GmbH ■■■ (ladungsfähige Anschrift) als Zeuge

Herr ■■■ legte dem Beklagten einen auf die A-GmbH ausgestellten gefälschten Kraftfahrzeugbrief und einen auf die A-GmbH ausgestellten gefälschten Kraftfahrzeugschein vor und versicherte dem Beklagten, dass er als Miteigentümer der A-GmbH dazu bevollmächtigt sei, den Pkw ■■■ für die A-GmbH zu verkaufen.

Beweis: Mitarbeiter der A-GmbH ■■■ b.b. als Zeuge

Da der Beklagte nicht ausreichend Bargeld bei sich hatte, wollte er die Abwicklung des Kaufvertrags um einige Tage verschieben. Herr ■■■ drängte den Beklagten jedoch dazu, den Kaufvertrag noch am selben Tag abzuschließen und abzuwickeln, da es noch weitere Interessenten für das Kraftfahrzeug gab. Herr ■■■ hat auf Barzahlung bestanden.

Beweis: Mitarbeiter der A-GmbH ■■■ b.b. als Zeuge

Daraufhin haben der Beklagte und Herr ■■■ ein Vertragsformular des ADAC für den privaten Verkauf von Kraftfahrzeugen ausgefüllt, in der als Verkäufer die A-GmbH angegeben wurde. Als Kaufpreis wurden EUR ■■■ vereinbart.

Beweis: Kaufvertrag vom ■■■ in Kopie als Anlage K7

Herr ■■■ hat sich mit dem Beklagten am selben Tag um ca. 21.00 Uhr auf dem Rastplatz ■■■ an der Bundesstraße ■■■ getroffen und dem Beklagten gegen Barzahlung des Kaufpreises in Höhe von EUR ■■■ die gefälschten Fahrzeugpapiere, die Schlüssel sowie den genannten Pkw übergeben.

Beweis: Mitarbeiter der A-GmbH ■■■ b.b. als Zeuge

Seit dem ■■■ befindet sich der genannte Pkw im Besitz des Beklagten.[5]

Beweis: Herr ■■■ (Hausmeister des Beklagten, ladungsfähige Anschrift) als Zeuge

Mit Schreiben vom ■■■ hat der Kläger den Beklagten erfolglos zur Herausgabe des Kfz ■■■ aufgefordert.

Beweis: Schreiben vom ■■■ in Kopie als Anlage K8

Mit Übergabe des Pkws ■■■, des Kraftfahrzeugbriefes sowie des Kraftfahrzeugscheins durch die B-GmbH am ■■■ an den Kläger, hat der Kläger Eigentum an dem Pkw ■■■ mit der Fahrzeugidentifizierungsnummer ■■■ erworben.

Mangels Gutgläubigkeit hat der Beklagte von Herrn ■■■ kein Eigentum gem. §§ 929, 932 BGB an dem streitgegenständlichen Pkw erworben. Der Kläger ist daher weiterhin Eigentümer dieses Pkws.[6]

Der gutgläubige Erwerb einer beweglichen Sache vom Nichtberechtigten gem. §§ 929, 932 BGB setzt voraus, dass dem Erwerber nicht bekannt oder infolge grober Fahrlässigkeit unbekannt ist, dass die Sache nicht dem Veräußerer gehört (OLG Schleswig NJW 2007, 3007). Der Erwerber handelt dabei grob fahrlässig, wenn er die im Verkehr erforderliche Sorgfalt in ungewöhnlich hohem Maße verletzt und dasjenige unbeachtet lässt, was sich im gegebenen Fall hätte aufdrängen müssen (BGH NJW 2005, 1365, 1366).

Aufgrund der ungewöhnlichem Umstände, namentlich das Drängen des Herrn ■■■ auf einen sofortigen Vertragsschluss, die Verwendung eines Vertragsformulars für den privaten Verkauf, obwohl die A-GmbH im Kfz-Brief eingetragen war, die Barzahlung, der besonders günstige Kaufpreis, die Abwicklung des Geschäfts an einem Sonntag und auf einem Rastplatz erzeugen in ihrer Gesamtschau eine besondere Verdachtssituation. Der Beklagte war daher dazu verpflichtet, weitere Nachforschungen über die Berechtigung des Herrn ■■■ als Verkäufer anzustrengen. Da der Beklagte dieser Verpflichtung nicht nachgekommen ist, hat er grob fahrlässig gehandelt und daher kein Eigentum an dem Kraftfahrzeug ■■■ erworben.[7]

Der Anspruch des Klägers gegen den Beklagten auf Herausgabe des streitgegenständlichen Pkws ergibt sich aus § 985 BGB. Da der Beklagte der Aufforderung des Klägers zur Herausgabe des Pkws ■■■ nicht nachgekommen ist, ist Klage geboten.

■■■, den ■■■ ◄

B. Erläuterungen

2 **[1] Zuständigkeit.**

(a) Sachliche Zuständigkeit. Für Streitwerte bis EUR 5.000,00 ist gem. § 23 Abs. 1 GVG das Amtsgericht; für Streitwerte über EUR 5.000,00 gem. § 71 Abs. 1 GVG das Landgericht zuständig. Der Streitwert richtet sich gem. § 6 ZPO nach dem objektiven Verkehrswert der Sache (BFB/*Koebele/U. Locher* S. 681; Thomas/Putzo/*Hüßtege* § 6 Rn 2, 3).

3 **(b) Örtliche Zuständigkeit.** Die Klage auf Herausgabe einer beweglichen Sache ist im allgemeinen Gerichtsstand nach §§ 12 ff ZPO zu erheben (BFB/*Koebele/U. Locher* S. 681; *Müller/Schöppe-Fredenburg* S. 513).

4 **[2] Klageantrag auf Herausgabe.** Der Antrag ist auf Herausgabe der Sache zu richten (NK-BGB/*Meller-Hannich/Schilken* § 932 Rn 43). Die Vollstreckung erfolgt nach § 883 ZPO. Die Sache ist so genau zu bezeichnen, dass der Gerichtsvollzieher sie zweifelsfrei identifizieren kann (Hk-ZPO/*Pukall* § 883 Rn 2).

5 **[3] Begründung.** Nach OLG Schleswig vom 1.9.2006, 14 U 201/05, NJW 2007, 3007.

6 **[4] Eigentumserwerb durch den Kläger.** Verlangt der Kläger vom Beklagten aufgrund § 985 die Herausgabe seines Eigentums, hat der Kläger darzulegen und zu beweisen, dass er Eigentümer und der Beklagte Besitzer der Sache ist (NK-BGB/*Meller-Hannich/Schilken* § 985 Rn 56). Dies setzt voraus, dass der Kläger darlegt und beweist, dass er ursprünglich Eigentum an der Sache erworben hat. Dazu muss der Kläger einen gültigen Erwerbsgrund angeben (NK-BGB/*Meller-Hannich/Schilken* § 985 Rn 57; Hk-BGB/*Schulte-Nölke* § 985 Rn 8). Dies erfolgt regelmäßig durch Darlegung des schuldrechtlichen Verpflichtungsgeschäfts und des Eigentumserwerbs. War der Kläger auch Besitzer der Sache, greift die Vermutung des § 1006 Abs. 1 bis 3 zugunsten des früheren Besitzers, dass dieser mit Begründung des Eigenbesitzes auch unbedingtes Eigentum erworben und es während der Dauer seines Besitzes behalten hat (BGH NJW 2005, 280, 281; Palandt/*Bassenge* § 1006 Rn 4; NK-BGB/*Meller-Hannich/Schilken* § 985 Rn 57). Verliert der frühere Besitzer den Besitz, gilt die Rechtsfortdauervermutung, nach der der frühere Besitzer sein Eigentum behalten hat. Diese Vermutung gilt so lange, bis sie durch § 1006 Abs. 1 S. 1 entkräftet wird (Hk-BGB/*Schulte-Nölke* § 1006 Rn 5; Palandt/*Bassenge* § 1006 Rn 4). Die Vermutung des § 1006 Abs. 1 S. 1 kann gem. § 1006 Abs. 1 S. 2 wiederum dadurch entkräftet wer-

den, dass nachgewiesen wird, dass die Sache abhanden gekommen ist (NK-BGB/*Meller-Hannich/Schilken* § 985 Rn 57).

[5] **Besitz des Beklagten.** Bei einer Herausgabeklage nach § 985 hat der Kläger darzulegen und zu beweisen, dass sich der Beklagte im Besitz der streitbefangenen Sache befindet. 7

[6] **Fortbestand des Eigentums.** Bei der Herausgabeklage nach § 985 muss der Kläger den Fortbestand seines Eigentums darlegen und beweisen (Hk-BGB/*Schulte-Nölke* § 985 Rn 8). 8

[7] **Gutgläubiger Erwerb vom Nichtberechtigten.** Der gutgläubige Erwerb vom Nichtberechtigten gem. §§ 929, 932 setzt eine wirksame Einigung iS des § 929 S. 1, die Übergabe der Sache oder ein Übergabesurrogat, einen Rechtsscheintatbestand des Besitzes nach §§ 932–934 sowie die Gutgläubigkeit des Erwerbers nach § 932 Abs. 2 voraus (Hk-BGB/*Schulte-Nölke* § 932 Rn 3; Palandt/*Bassenge* § 932 Rn 2, 3). Der gutgläubige Erwerb abhanden gekommener Sachen ist gem. § 935 ausgeschlossen. Der gutgläubige Erwerber erwirbt Eigentum an der Sache und handelt bei der Weiterveräußerung an einen Dritten als Berechtigter (Hk-BGB/*Schulte-Nölke* § 932 Rn 2; NK-BGB/*Meller-Hannich/Schilken* § 932 Rn 34). Der Dritte erwirbt dann Eigentum gem. §§ 929 ff vom Berechtigten. Der Nichtberechtigte, der die Sache vom gutgläubigen Erwerber zurückerwirbt, erwirbt dann nach hM Eigentum vom Berechtigten, ist jedoch dem früheren Eigentümer schuldrechtlich aus Vertrag, nach §§ 812 ff oder nach §§ 823 ff zur Übereignung verpflichtet (BGH NJW-RR 2003, 170, 171; Hk-BGB/*Schulte-Nölke* § 932 Rn 2; Palandt/*Bassenge* § 932 Rn 17). Die teilweise vertretene Ansicht, nach der das Eigentum beim Rückerwerb des Nichtberechtigten automatisch an den früheren Eigentümer zurückfällt, ist abzulehnen (Hk-BGB/*Schulte-Nölke* § 923 Rn 2). Der frühere Eigentümer hat dann den Nichtberechtigten auf Übereignung zu verklagen. 9

(a) **Gegenstand des guten Glaubens.** Der gute Glaube muss sich auf das Eigentum des Veräußerers oder auf das Eigentum desjenigen beziehen, der im Fall der Veräußerung durch einen Dritten der Veräußerung zugestimmt hat (Hk-BGB/*Schulte-Nölke* § 932 Rn 11; Palandt/*Bassenge* § 932 Rn 8). Grds. nicht geschützt wird der gute Glaube an die Geschäftsfähigkeit oder Vertretungs- und Verfügungsmacht (Hk-BGB/*Schulte-Nölke* § 932 Rn 11). Der gute Glaube muss im Zeitpunkt der Vollendung des Eigentumserwerbs vorliegen. Im Fall der Übereignung nach § 929 S. 1 ist dies der Zeitpunkt der Übergabe, bei der Übereignung nach § 929 S. 2 der Zeitpunkt der Einigung (Hk-BGB/*Schulte-Nölke* § 932 Rn 13). 10

(b) **Bösgläubigkeit nach § 932 Abs. 2.** Gem. § 932 Abs. 2 ist der Erwerber nicht gutgläubig, wenn er Kenntnis davon hat oder ihm groß fahrlässig unbekannt ist, dass der Veräußerer nicht Eigentümer der Sache ist. Der Erwerber ist grob fahrlässig, wenn er die im Verkehr erforderliche Sorgfalt den gesamten Umständen nach in ungewöhnlich hohem Maß verletzt und das unbeachtet gelassen hat, was im gegeben Fall jedem hätte einleuchten müssen (BGH NJW 2005, 1365, 1366; Palandt/*Bassenge* § 932 Rn 10). Grds. ist der Erwerber nicht zu Nachforschungen verpflichtet (OLG Schleswig NJW 2007, 3007; BGH NJW 1975, 735). Begründen jedoch die konkreten Umstände des Einzelfalls einen konkreten Verdacht, besteht eine **Nachforschungspflicht** des Erwerbers (Hk-BGB/*Schulte-Nölke* § 932 Rn 12; Palandt/*Bassenge* § 932 Rn 10). Verletzt der Erwerber die Nachforschungspflicht, handelt er grob fahrlässig. Dabei ist unerheblich, ob die erforderlichen Nachforschungen dazu geführt hätten, dass der Erwerber den wahren Sachverhalt aufgedeckt hätte (BGH NJW 1994, 2022, 2024; Bamberger/Roth/*Kindl* § 932 Rn 20). 11

(c) **Gebrauchtwagenkauf.** Beim Gebrauchtwagenkauf ist der Erwerber verpflichtet, sich den Kfz-Brief vorlegen zu lassen, um zu prüfen, ob der Verkäufer verfügungsbefugt ist (BGH NJW 2006, 3488, 3489; NJW 2005, 1365, 1366; Hk-BGB/*Schulte-Nölke* § 932 Rn 12). Der Käufer eines Gebrauchtwagens ist zu weiteren Nachforschungen verpflichtet, wenn der Verkäufer den Kfz-Brief nicht vorlegen kann, der im Kfz-Brief eingetragene Halter nicht mit dem Verkäufer identisch ist oder weitere Umstände der Veräußerung wie zB die Veräußerungssituation oder 12 ein offenkundig günstiger Preis, zweifelhaft sind (BGH NJW 1994, 2022, 2023; BGH NJW 1991, 1415, 1416; OLG Schleswig NJW 2007, 3007).

13 (d) **Beweislast.** Die Gutgläubigkeit des Erwerbers wird grds. vermutet. Derjenige, der sich im Prozess auf die Bösgläubigkeit des Erwerbers beruft, trägt daher die Darlegungs- und Beweislast dafür, dass der Erwerber nicht in gutem Glauben gehandelt hat (BGHZ 50, 54; Hk-BGB/*Schulte-Nölke* § 932 Rn 1, 10; Palandt/*Bassenge* § 923 Rn 15).

§ 932 a Gutgläubiger Erwerb nicht eingetragener Seeschiffe

Gehört ein nach § 929 a veräußertes Schiff nicht dem Veräußerer, so wird der Erwerber Eigentümer, wenn ihm das Schiff vom Veräußerer übergeben wird, es sei denn, dass er zu dieser Zeit nicht in gutem Glauben ist; ist ein Anteil an einem Schiff Gegenstand der Veräußerung, so tritt an die Stelle der Übergabe die Einräumung des Mitbesitzes an dem Schiff.

§ 933 Gutgläubiger Erwerb bei Besitzkonstitut

Gehört eine nach § 930 veräußerte Sache nicht dem Veräußerer, so wird der Erwerber Eigentümer, wenn ihm die Sache von dem Veräußerer übergeben wird, es sei denn, dass er zu dieser Zeit nicht in gutem Glauben ist.

§ 934 Gutgläubiger Erwerb bei Abtretung des Herausgabeanspruchs

Gehört eine nach § 931 veräußerte Sache nicht dem Veräußerer, so wird der Erwerber, wenn der Veräußerer mittelbarer Besitzer der Sache ist, mit der Abtretung des Anspruchs, anderenfalls dann Eigentümer, wenn er den Besitz der Sache von dem Dritten erlangt, es sei denn, dass er zur Zeit der Abtretung oder des Besitzerwerbs nicht in gutem Glauben ist.

§ 935 Kein gutgläubiger Erwerb von abhanden gekommenen Sachen

(1) [1]Der Erwerb des Eigentums auf Grund der §§ 932 bis 934 tritt nicht ein, wenn die Sache dem Eigentümer gestohlen worden, verlorengegangen oder sonst abhanden gekommen war. [2]Das Gleiche gilt, falls der Eigentümer nur mittelbarer Besitzer war, dann, wenn die Sache dem Besitzer abhanden gekommen war.
(2) Diese Vorschriften finden keine Anwendung auf Geld oder Inhaberpapiere sowie auf Sachen, die im Wege öffentlicher Versteigerung oder in einer Versteigerung nach § 979 Absatz 1 a veräußert werden.

§ 936 Erlöschen von Rechten Dritter

(1) [1]Ist eine veräußerte Sache mit dem Recht eines Dritten belastet, so erlischt das Recht mit dem Erwerb des Eigentums. [2]In dem Falle des § 929 Satz 2 gilt dies jedoch nur dann, wenn der Erwerber den Besitz von dem Veräußerer erlangt hatte. [3]Erfolgt die Veräußerung nach § 929 a oder § 930 oder war die nach § 931 veräußerte Sache nicht im mittelbaren Besitz des Veräußerers, so erlischt das Recht des Dritten erst dann, wenn der Erwerber auf Grund der Veräußerung den Besitz der Sache erlangt.
(2) Das Recht des Dritten erlischt nicht, wenn der Erwerber zu der nach Absatz 1 maßgebenden Zeit in Ansehung des Rechts nicht in gutem Glauben ist.
(3) Steht im Falle des § 931 das Recht dem dritten Besitzer zu, so erlischt es auch dem gutgläubigen Erwerber gegenüber nicht.

Untertitel 2 Ersitzung

§ 937 Voraussetzungen, Ausschluss bei Kenntnis

(1) Wer eine bewegliche Sache zehn Jahre im Eigenbesitz hat, erwirbt das Eigentum (Ersitzung).
(2) Die Ersitzung ist ausgeschlossen, wenn der Erwerber bei dem Erwerb des Eigenbesitzes nicht in gutem Glauben ist oder wenn er später erfährt, dass ihm das Eigentum nicht zusteht.

§ 938 Vermutung des Eigenbesitzes

Hat jemand eine Sache am Anfang und am Ende eines Zeitraums im Eigenbesitz gehabt, so wird vermutet, dass sein Eigenbesitz auch in der Zwischenzeit bestanden habe.

§ 939 Hemmung der Ersitzung

(1) [1]Die Ersitzung ist gehemmt, wenn der Herausgabeanspruch gegen den Eigenbesitzer oder im Falle eines mittelbaren Eigenbesitzes gegen den Besitzer, der sein Recht zum Besitz von dem Eigenbesitzer ableitet, in einer nach den §§ 203 und 204 zur Hemmung der Verjährung geeigneten Weise geltend gemacht wird. [2]Die Hemmung tritt jedoch nur zugunsten desjenigen ein, welcher sie herbeiführt.
(2) Die Ersitzung ist ferner gehemmt, solange die Verjährung des Herausgabeanspruchs nach den §§ 205 bis 207 oder ihr Ablauf nach den §§ 210 und 211 gehemmt ist.

§ 940 Unterbrechung durch Besitzverlust

(1) Die Ersitzung wird durch den Verlust des Eigenbesitzes unterbrochen.
(2) Die Unterbrechung gilt als nicht erfolgt, wenn der Eigenbesitzer den Eigenbesitz ohne seinen Willen verloren und ihn binnen Jahresfrist oder mittels einer innerhalb dieser Frist erhobenen Klage wiedererlangt hat.

§ 941 Unterbrechung durch Vollstreckungshandlung

[1]Die Ersitzung wird durch Vornahme oder Beantragung einer gerichtlichen oder behördlichen Vollstreckungshandlung unterbrochen. [2]§ 212 Abs. 2 und 3 gilt entsprechend.

§ 942 Wirkung der Unterbrechung

Wird die Ersitzung unterbrochen, so kommt die bis zur Unterbrechung verstrichene Zeit nicht in Betracht; eine neue Ersitzung kann erst nach der Beendigung der Unterbrechung beginnen.

§ 943 Ersitzung bei Rechtsnachfolge

Gelangt die Sache durch Rechtsnachfolge in den Eigenbesitz eines Dritten, so kommt die während des Besitzes des Rechtsvorgängers verstrichene Ersitzungszeit dem Dritten zugute.

§ 944 Erbschaftsbesitzer

Die Ersitzungszeit, die zugunsten eines Erbschaftsbesitzers verstrichen ist, kommt dem Erben zustatten.

§ 945 Erlöschen von Rechten Dritter

[1]Mit dem Erwerb des Eigentums durch Ersitzung erlöschen die an der Sache vor dem Erwerb des Eigenbesitzes begründeten Rechte Dritter, es sei denn, dass der Eigenbesitzer bei dem Erwerb des Eigenbesitzes in Ansehung dieser Rechte nicht in gutem Glauben ist oder ihr Bestehen später erfährt. [2]Die Ersitzungsfrist muss auch in Ansehung des Rechts des Dritten verstrichen sein; die Vorschriften der §§ 939 bis 944 finden entsprechende Anwendung.

Untertitel 3 Verbindung, Vermischung, Verarbeitung

§ 946 Verbindung mit einem Grundstück

Wird eine bewegliche Sache mit einem Grundstück dergestalt verbunden, dass sie wesentlicher Bestandteil des Grundstücks wird, so erstreckt sich das Eigentum an dem Grundstück auf diese Sache.

A. Muster: Klage auf Entschädigung für Rechtsverlust durch Verbindung[1] 1

► An das

Amtsgericht/Landgericht ...[2]

Klage

In dem Rechtsstreit

■■■

– Kläger –

■■■ Prozessbevollmächtigter

gegen

■■■

– Beklagter –

wegen: Entschädigung

zeige ich die Vertretung des Klägers an. Namens und in Vollmacht des Klägers erhebe ich Klage und werde beantragen:

I. Der Beklagte wird verurteilt, an den Kläger 15.000,00 EUR zuzüglich Zinsen iHv 5 %-Punkten über dem jeweiligen Basiszinssatz ab Rechtshängigkeit zu bezahlen.

II. ■■■ (Prozessanträge)[3]

Gründe

I.

Der Kläger betreibt ein Unternehmen des Großhandels für Heizungs- und Sanitäreinrichtungen.

Er beschäftigte in der Zeit von ■■■ bis ■■■ den Angestellten A. Dieser verkaufte unter anderem am ■■■ eigenmächtig und auf eigene Rechnung das nachfolgend genannte Installationsmaterial an den HLS-Betrieb H:

■■■

Beweis:

- Lieferschein vom ■■■ vorgelegt als Anlage K 1
- Ermittlungsakte der StA ■■■, Az ■■■, deren Beiziehung beantragt wird

A war hierzu nicht berechtigt. Er hatte lediglich die Berechtigung, Material des Klägers im Namen und für Rechnung des Klägers an Dritte zu verkaufen und unter Eigentumsvorbehalt auszuliefern.

Der Beklagte ist Eigentümer des Grundstücks ■■■ vorgetragen im Grundbuch des AG ■■■ von ■■■ Band ■■■ Blatt ■■■.[4]

Beweis: Grundbuchauszug, vorgelegt als Anlage K 2

Auf diesem Grundstück errichtet der Beklagte ein Einfamilienhaus.

H baute im Auftrag des Beklagten das gelieferte Material in den EFH-Neubau des Beklagten ein.

Beweis: Vernehmung des Zeugen NN

Das dem H gelieferte und auf der Baustelle des Beklagten eingebaute Material hat einen Verkaufswert von 15.000,00 EUR.

Beweis: Sachverständigengutachten

II.

Dem Kläger steht ein Anspruch gem. §§ 946, 951 Abs. 1, 812 Abs. 1 S. 1 Alt. 2 BGB auf Zahlung von 15.000,00 EUR zu.[5], [6]

Der Beklagte hat das Eigentum an dem Installationsmaterial in sonstiger Weise, nämlich durch Verbindung gem. §§ 94, 946 BGB vom Kläger erlangt.

Der Kläger war Eigentümer des an H gelieferten Materials (§ 1006 Abs. 1 BGB).

Er hat das Eigentum nicht durch Übereignung an H gem. §§ 929 S. 1, 932 BGB verloren; denn das Installationsmaterial ist ihm abhanden gekommen (§ 935 Abs. 1 BGB). A ist als Angestellter Besitzdiener (§ 855 BGB). Für die Frage des Abhandenkommens ist der Wille des Geschäftsherrn und nicht der des Besitzdieners maßgeblich (Hk-BGB/*Schulte-Nölke* § 935 Rn 4).

Aus demselben Grund hat auch H das Eigentum nicht an den Beklagten übertragen.

Der Beklagte hat das Eigentum jedoch durch Verbindung gem. §§ 94 Abs. 1, Abs. 2, 946 BGB erworben. Das Installationsmaterial stellt bewegliche Sachen dar. Es gehört zu den zur Herstellung des Gebäudes eingefügten Sachen (Hk-BGB/*Dörner* § 94 Rn 4). Das Einfamilienhaus ist wesentlicher Bestandteil des Grundstücks des Beklagten.

Der Beklagte hat das Eigentum an dem Installationsmaterial ohne Rechtsgrund erlangt. Zwischen ihm und dem Kläger besteht keine Rechtsbeziehung, aufgrund deren das Eigentum an dem Installationsmaterial dem Beklagten zuzuweisen wäre.

Der Beklagte hat das Eigentum auch auf Kosten des Klägers erlangt. Der Eigentumserwerb des Beklagten beruht unmittelbar auf dem Eingriff in das Eigentum des Klägers. Dieser hat unmittelbar durch die Verbindung das Eigentum an dem Installationsmaterial verloren.

Die Eingriffskondiktion wird nicht durch eine vorrangige Leistungsbeziehung ausgeschlossen. Zwar geht die Rechtsprechung grundsätzlich davon aus, dass der ungerechtfertigte Eigentumserwerb vorrangig über die Leistungsbeziehung zwischen Baustofflieferant und Handwerker und Handwerker und Erwerber (Bauherr) abzuwickeln sei (BGH NJW 1971, 1750; BGH NJW-RR 1991, 343). Diese Grundsätze sind vorliegend aber nicht anwendbar, da das Material durch den Baustofflieferanten (Kläger) gerade nicht geleistet wurde, sondern diesem aufgrund der Unterschlagung durch A abhanden gekommen war. Auch die Rechtsprechung geht davon aus, dass die Wertung des § 935 BGB auch im Rahmen des Bereicherungsausgleichs zu berücksichtigen ist.

Der Beklagte schuldet Wertersatz (§ 818 Abs. 2 BGB). Der Wertersatz ist in Höhe des durch die Verbindung eintretenden Wertzuwachses der Sache zu leisten. Dieser beträgt mindestens den Verkaufspreis des eingefügten Materials, da es sich bei dem Einfamilienhaus des Beklagten um einen Neubau handelt.

Beweis: Sachverständigengutachten

Der Anspruch ist nicht gem. § 993 Abs. 1 S. 2 BGB ausgeschlossen; denn § 993 Abs. 1 S. 2 BGB gilt nicht für die Ansprüche aufgrund der Eingriffskondiktion (Hk-BGB/*Schulte-Nölke* Vor §§ 987–1003 Rn 9; BGH NJW 1971, 612).

Der Anspruch auf die geltend gemachten Zinsen ergibt sich aus § 291 BGB.

■■■

Rechtsanwalt ◄

B. Erläuterungen

[1] **§ 946 als Voraussetzung der Eingriffskondiktion.** Abgesehen von seltenen Fällen der Feststellungsklage (s. zB BGH NJW 2006, 990) haben die Vorschriften der §§ 946 bis 950 vor allem Bedeutung als Voraussetzungen eines Anspruchs aus ungerechtfertigter Bereicherung wegen Eingriffskondiktion (§ 812 Abs. 1 S. 1 Alt. 2) gem. § 951 Abs. 1. § 951 ist insoweit Rechtsgrundverweisung, es müssen also alle Tatbestandsmerkmale des § 812 Abs. 1 S. 1 Alt. 2 geprüft und dargelegt werden. 2

[2] Die **Zuständigkeit** folgt den allgemeinen Regeln der § 21 Abs. 1 GVG, §§ 3, 12 ff ZPO. 3

[3] Hinsichtlich der **Prozessanträge** s. § 904 Rn 8. 4

[4] Hinsichtlich der **Bezeichnung von Grundstücken** s. § 904 Rn 4. 5

[5] Der **Anwendungsbereich** des § 946 ist relativ begrenzt. Er wird insbesondere durch die vorrangig anzuwendende Leistungskondiktion verdrängt. Weiterhin bestehen keine Ansprüche gem. §§ 946, 951 Abs. 1, 812 Abs. 1 S. 1 Alt. 2, wenn die Verbindung als Verwendung auf die 6

Hauptsache anzusehen ist (§ 993 Abs. 1 S. 2; Hk-BGB/*Schulte-Nölke* § 951 Rn 6). § 946 spielt daher vor allem in Fällen eine Rolle, in denen ein gesetzlicher Erwerb abhanden gekommener Sachen stattfindet.

7 [6] Der **Kläger** ist **darlegungs- und beweisbelastet**, dass er ursprünglich Eigentümer der eingebauten Sachen war, dass diese wesentliche Bestandteile des Grundstücks eines Dritten durch Verbindung gem. §§ 946, 94 geworden sind (hinsichtlich Ausstattung und Einrichtungen zusätzlich, dass diese dem Gebäude besonders angepasst wurden, BGH NJW 1984, 2277), und dass der Beklagte das Eigentum ohne Rechtsgrund und auf Kosten des Klägers erworben hat, also keine vorrangige Leistungsbeziehung besteht. Beruft sich der Beklagte darauf, das Eigentum nicht erworben zu haben, weil die beweglichen Sachen des Klägers nur mit einem **Scheinbestandteil** (§ 95) verbunden worden seien, ist er hierfür darlegungs- und beweisbelastet (Palandt/*Bassenge* § 946 Rn 1).

§ 947 Verbindung mit beweglichen Sachen

(1) Werden bewegliche Sachen miteinander dergestalt verbunden, dass sie wesentliche Bestandteile einer einheitlichen Sache werden, so werden die bisherigen Eigentümer Miteigentümer dieser Sache; die Anteile bestimmen sich nach dem Verhältnis des Wertes, den die Sachen zur Zeit der Verbindung haben.
(2) Ist eine der Sachen als die Hauptsache anzusehen, so erwirbt ihr Eigentümer das Alleineigentum.

§ 948 Vermischung

(1) Werden bewegliche Sachen miteinander untrennbar vermischt oder vermengt, so findet die Vorschriftet des § 947 entsprechende Anwendung.
(2) Der Untrennbarkeit steht es gleich, wenn die Trennung der vermischten oder vermengten Sachen mit unverhältnismäßigen Kosten verbunden sein würde.

1 A. Muster: Vereinbarung über die Führung einer gemeinsamen Kasse

▶ **Vertrag**

1. Sachverhalt

M betreibt in den Räumen ■■■ eine Metzgereifiliale. I ist nebenberuflich als Imker tätig. Die Parteien beabsichtigen, die Erzeugnisse des I auch in der Metzgereifiliale zu vermarkten.

2. Vertriebsvereinbarung

M verkauft Imkereierzeugnisse im Namen und für Rechnung des I.

Es werden folgende Verkaufspreise vereinbart:

1. Glas Blütenhonig zu 500 g: ■■■
2. Glas Blütenhonig zu 250 g: ■■■
3. Glas Waldhonig zu 500 g: ■■■
4. Glas Waldhonig zu 250 g: ■■■
5. Spezielle Tracht: nach Vereinbarung
6. Bienenwachskerze klein: ■■■
7. Bienenwachskerze groß: ■■■

Die Verkaufsprovision des M beträgt 5 % des erzielten Nettoerlöses aus Produkten des I.

M ist berechtigt die Tageseinnahme aus dem Verkauf eigener Produkte und die Tageseinnahme aus dem Verkauf von Produkten des I in seiner Registrierkasse einheitlich zu vereinnahmen.

M hat täglich bei Geschäftsschluss hinsichtlich der aus Verkäufen für I erzielten und hinsichtlich der eigenen Einnahmen Saldo zu ziehen. Er hat auf Verlangen des I, zumindest aber wöchentlich hierüber Rechnung zu legen. Die auf M entfallende Provision wird monatlich abgerechnet und durch I an M zur Auszahlung gebracht. Eine Verrechnung des Provisionsanspruchs mit dem auf I entfallenden Kassenbestand ist unzulässig.

3. Rechtsverhältnisse am Kassenbestand

Gemäß § 948 BGB erwirbt I an dem gesamten Kassenbestand des M einen Miteigentumsanteil, der dem Verhältnis der auf den Verkauf von Erzeugnissen des I entfallenden Einnahmen zur gesamten Tageseinnahme entspricht. M verpflichtet sich, nach Geschäftsschluss die Tageseinnahme des I der Kasse zu entnehmen und bei der ▪▪▪-bank mittels Geldbombe zur Einzahlung auf das Konto des I, Konto-Nr. ▪▪▪ bei der ▪▪▪-bank zur Einzahlung zu bringen. I ist berechtigt, sich jederzeit den auf ihn entfallenden Teil des Kassenbestandes auszahlen zu lassen.

Im Fall des Zugriffs Dritter auf die Kasse, insbesondere im Wege der Pfändung, verpflichtet sich M, den Dritten auf den Miteigentumsanteil des I am Kassenbestand hinzuweisen. Weiterhin wird M in diesem Fall I unverzüglich von solchen Maßnahmen in Kenntnis setzen.[1], [2]

▪▪▪

Unterschriften ◄

B. Erläuterungen

[1] **Anwendungsbereich.** Die Bestimmung des § 947 hat in der forensischen Praxis keine große Bedeutung, da dem Eigentumserwerb gem. § 947 die Erwerbstatbestände der §§ 950, 929 ff vorgehen. Weiterhin tritt durch die Massenfertigung oft kein Eigentumserwerb gem. § 947 ein, da die verbundenen Sachen wieder getrennt und anderweitig verwendet werden können (vgl für den Einbau eines Motors in ein Kfz zuletzt BGH NJW 1995, 2633). 2

[2] Der Tatbestand des § 948 spielt vor allem bei der **Sammelverwahrung von Wertpapieren** eine Rolle. Hier sind allerdings vorrangig die Regeln der §§ 5, 6 DepotG zu beachten. Entsprechendes gilt für den Fall der Sammelverwahrung von Sachen, hinsichtlich derer § 419 HGB eine Sonderregelung enthält. In Betracht kommt die Anwendung von § 948 bei der Vermischung von Geld. Hier ist es sinnvoll eine entsprechende Vereinbarung zu treffen, die auch das (nur bei Geld bestehende) Teilungsrecht der Beteiligten regelt. Bei der Vereinnahmung größerer Beträge sollten separate Kassen geführt werden. 3

§ 949 Erlöschen von Rechten Dritter

[1]Erlischt nach den §§ 946 bis 948 das Eigentum an einer Sache, so erlöschen auch die sonstigen an der Sache bestehenden Rechte. [2]Erwirbt der Eigentümer der belasteten Sache Miteigentum, so bestehen die Rechte an dem Anteil fort, der an die Stelle der Sache tritt. [3]Wird der Eigentümer der belasteten Sache Alleineigentümer, so erstrecken sich die Rechte auf die hinzutretende Sache.

§ 949 regelt, dass der gesetzliche Eigentumserwerb gem. §§ 946 bis 948 lastenfrei erfolgt. Dies bedeutet, da von dem Eigentumserwerb gem. §§ 946 bis 948 vor allem bewegliche Sachen betroffen sind, dass in erster Linie Pfandrechte gem. § 949 erlöschen, sofern sie sich nicht an dem durch Verbindung bzw Vermischung entstehenden Miteigentumsanteilen fortsetzen. Dies ist insbesondere bei der Sammelverwahrung von Wertpapieren der Fall. Die Vorschrift hat daher kaum praktische Bedeutung, so dass von der Abfassung eines Musters abgesehen wurde. 1

§ 950 Verarbeitung

(1) [1]Wer durch Verarbeitung oder Umbildung eines oder mehrerer Stoffe eine neue bewegliche Sache herstellt, erwirbt das Eigentum an der neuen Sache, sofern nicht der Wert der Verarbeitung oder der Umbildung erheblich geringer ist als der Wert des Stoffes. [2]Als Verarbeitung gilt auch das Schreiben, Zeichnen, Malen, Drucken, Gravieren oder eine ähnliche Bearbeitung der Oberfläche.
(2) Mit dem Erwerb des Eigentums an der neuen Sache erlöschen die an dem Stoffe bestehenden Rechte.

1 ### A. Muster: Klage auf Zahlung einer Entschädigung für Verarbeitung[1]

▶ An das
Amtsgericht ■■■

Klage

In dem Rechtsstreit

■■■

– Kläger –

■■■ Prozessbevollmächtigter

gegen

■■■

– Beklagter –

wegen: Entschädigung

zeige ich die Vertretung des Klägers an. Namens und in Vollmacht des Klägers erhebe ich Klage und werde beantragen:

I. Der Beklagte wird verurteilt, an den Kläger 950,00 EUR zuzüglich Zinsen iHv 5 %-Punkten hieraus seit Rechtshängigkeit der Klage zu bezahlen.

II. ■■■ (Prozessanträge)[2]

Gründe

I.

Der Kläger ist u.a. Eigentümer des Grundstücks ■■■. Auf diesem Grundstück hatte er am ■■■ einen alten, nicht mehr ertragreichen Kirschbaum gefällt.

Beweis: Zeuge NN

Diesen Kirschbaum lagerte der Kläger zunächst auf dem Grundstück, um ihn am nächsten Tag abtransportieren zu lassen. Noch in der Nacht wurde der Kirschbaum von D entwendet. Dieser verkaufte ihn, nachdem er ihn entastet und entrindet hatte, an den Beklagten.

Beweis: Ermittlungsakte der StA ■■■, Az ■■■, deren Beiziehung beantragt wird.

Der Beklagte ist Schreiner. Er hat das Holz des Kirschbaums in einen von ihm gefertigten Schreibsekretär als Furnier eingebaut.

Der Baumstamm, den D an den Beklagten veräußert hat, hatte einen Verkehrswert von 950,00 EUR.

Beweis: Sachverständigengutachten

Der Kläger hat den Beklagten aufgefordert, 950,00 EUR an ihn zu zahlen.

Beweis: Schreiben vom ■■■ vorgelegt als Anlage K 1

Dem ist der Beklagte mit der Begründung entgegengetreten, dass er bereits an D 1.000,00 EUR und damit zu viel für das Holz gezahlt habe.[3]

II.

Dem Kläger steht, auch für den Fall, dass der Beklagte bei Erwerb des Holzes gutgläubig gewesen sein sollte, ein Anspruch auf Wertersatz gem. §§ 951 Abs. 1, 950 Abs. 1, 812 Abs. 1 S. 1 Alt. 1 BGB zu.

Der Beklagte hat in sonstiger Weise das Eigentum an dem Holz des Kirschbaumes erlangt.

Zum Zeitpunkt der Verarbeitung war der Kläger Eigentümer des Holzes (§§ 953, 94, 93 BGB). Er hat das Eigentum an dem Holz nicht gem. §§ 929 S. 1, 932 BGB verloren, da ihm der Baum aufgrund des Diebstahls abhanden gekommen war (§ 935 BGB).

Der Beklagte hat das Eigentum an dem Holz gem. § 950 Abs. 1 BGB erworben.

Indem er den Kirschbaum zu Furnier zersägt und das Furnier auf den Sekretär aufgeklebt hat, hat er das Holz verarbeitet. Dies geschah auch in der Absicht, eine neue Sache, nämlich ein Möbelstück, aus dem Stammholz herzustellen.

Der Sekretär ist gegenüber dem Stamm als neue bewegliche Sache anzusehen.

Da der Wert der Verarbeitung durch den Beklagten den Wert des Holzes bei weitem übersteigt, ist der Ausschlusstatbestand des § 950 Abs. 1 S. 1 Hs 2 BGB nicht erfüllt.

Beweis: unter Verwahrung gegen die Beweislast: Sachverständigengutachten

Der Beklagte schuldet mithin Wertersatz für das verarbeitete Holz (§ 818 Abs. 2 BGB).

Rein vorsorglich ist darauf hinzuweisen, dass der Beklagte dem Kläger nicht entgegenhalten kann, in Höhe der Zahlung des Kaufpreises für den Stamm entreichert zu sein (§ 818 Abs. 3 BGB). Insoweit ist der Beklagte vielmehr gehalten, sich an den Verkäufer des Stammes zu wenden; denn insoweit ist die Leistung in dem Verhältnis rückabzuwickeln, in dem sie erbracht wurde (vgl BGH NJW 1971, 612).[4], [5]

Der Anspruch auf die geltend gemachten Zinsen folgt aus § 291 BGB.

...

Rechtsanwalt ◄

B. Erläuterungen und Varianten

[1] Das Muster ist der Entscheidung BGH NJW 1971, 612 **„Jungbullenfall"** nachgebildet. 2

[2] Hinsichtlich der **Prozessanträge** s. § 904 Rn 8. 3

[3] **Darlegungs- und Beweislast.** Wer sich auf Eigentumserwerb – ggf auch als Vorfrage für einen Anspruch aus §§ 951 Abs. 1, 812 Abs. 1 S. 1 Alt. 1 – beruft, hat die tatsächlichen Voraussetzungen der Vorschrift des § 950 darzulegen und zu beweisen. **Hersteller** ist demnach, wer auf seine Rechnung das Ausgangsmaterial gem. § 950 zu einer neuen beweglichen Sache verarbeitet. Beim echten Werkvertrag ist daher der Besteller als Hersteller anzusehen (Palandt/*Bassenge* § 950 Rn 7, 8). Weiterhin hat er darzulegen, dass in objektiver Hinsicht sein Eigentum als Ausgangsstoff (Vorprodukt) ggf neben weiteren Ausgangsstoffen genutzt wurde, um eine neue bewegliche Sache herzustellen. In subjektiver Hinsicht hat er vorzutragen, dass dies auch mit dem Willen geschah, eine neue bewegliche Sache herzustellen (und nicht etwa nur, um den Ursprung dieses Materials zu verdecken). Schließlich hat er darzulegen und zu beweisen, dass sein Eigentum tatsächlich zu einer neuen beweglichen Sache verarbeitet wurde. Die Sache muss eine **neue Identität** erhalten haben. Die Vornahme bloßer, ggf auch erheblicher Reparaturarbeiten reicht nicht aus. Indizien für eine neue Identität sind ein neuer Name, eine grundlegend neue Funktion oder eine neue Form, die eine neue Identität impliziert (vgl zum Ganzen Hk-BGB/*Schulte-Nölke* § 950 Rn 3, 4). 4

5 Behauptet der Hersteller, dass er gleichwohl kein Eigentum an der Sache gem. § 950 Abs. 1 erworben habe, weil der Wert der Verarbeitung erheblich geringer sei als der Wert des Ausgangsstoffes, trägt er hierfür die Darlegungs- und Beweislast (Palandt/*Bassenge* § 950 Rn 1).

6 [4] **Verhältnis zu § 993.** Ansprüche gem. §§ 950, 951 Abs. 1, 812 Abs. 1 S. 1 Alt. 2 werden durch § 993 nicht verdrängt (BGH NJW 1971, 612).

7 [5] **Herstellerklausel.** Die Rechtsfolgen des § 950 sind grundsätzlich **nicht disponibel** (BGH NJW 2006, 990). Die Rechtsprechung hat allerdings zum Schutz von Lieferanten, die Rohstoffe oder Vorprodukte unter Eigentumsvorbehalt liefern, sog. Herstellerklauseln gebilligt. Hierdurch kann ggf auch geregelt werden, dass mit Verarbeitung der Lieferant an dem neu hergestellten Produkt einen bestimmten Miteigentumsanteil erwirbt (BGHZ 46, 117; Hk-BGB/*Schulte-Nölke* § 950 Rn 8). Dies kommt insbesondere in Betracht, wenn Produkte aus mehreren Vorprodukten und Rohstoffen, die unter Eigentumsvorbehalt geliefert werden, hergestellt werden sollen. Grundsätzlich sollte die **Klausel** so gefasst werden, dass der Lieferant nur in Höhe einer **dem Wert der von ihm gelieferten Rohstoffe entsprechenden Quote Miteigentum** an der hergestellten Sache erwirbt, um das Risiko zu vermeiden, dass die Klausel wegen Übersicherung unwirksam ist. Sie könnte gefasst werden wie folgt:

▶ **§ 1**

L liefert an H ▪▪▪ (Ware, zB Kunststoffgranulat oä). Die Ware bleibt bis zur vollständigen Bezahlung aller Forderungen des L aus der Geschäftsverbindung Eigentum des L.

L ist berechtigt, die Ware im ordnungsgemäßen Geschäftsgang zu veräußern oder zu verarbeiten, so lange der Verwertungsfall noch nicht eingetreten ist.

Durch die Verarbeitung wird das Eigentum des L an der unter Eigentumsvorbehalt gelieferten Ware nicht aufgehoben. Vielmehr erfolgt die Verarbeitung für L mit der Maßgabe, dass dieser das volle Eigentum an Waren erhält, die mit Ausnahme von geringfügigen Zusatzstoffen und Hilfsmaterialien ausschließlich aus von ihm gelieferten Rohstoffen hergestellt werden.

Sofern die Herstellung nur teilweise unter Verwendung von Materialien erfolgt, die von L unter Eigentumsvorbehalt geliefert wurden, erwirbt L mit Herstellung Miteigentum an den Endprodukten gem. nachfolgender Aufstellung:

▪▪▪ [hier ist für die jeweiligen Endprodukte ein Prozentsatz anzugeben, der in etwa dem Wert des gelieferten Materials im Verhältnis zum Gesamtwert der verarbeiteten Materialien entspricht, vgl BGHZ 46, 117]

H wird die Ware, an der L Allein- oder Miteigentum hat, entsprechend kennzeichnen.

H erklärt, dass er mit keinem anderen Lieferanten Verträge geschlossen hat, die Herstellerklauseln enthalten, die mit vorstehender Regelung nicht vereinbar sind. Er verpflichtet sich, dass er auch künftig keine Verträge mit Lieferanten schließen wird, die Herstellerklauseln enthalten, die vorstehender Regelung widersprechen, es sei denn L hätte zuvor die Zustimmung hierzu schriftlich erteilt.

§ 2

Für den Fall, dass L nicht bereits gem. § 1 Alleineigentum oder Miteigentum an Waren erworben hat, überträgt H zur Sicherheit das nach vorstehenden Grundsätzen ermittelte Allein- oder Miteigentum auf L. Er wird die Ware entsprechend kennzeichnen.

▪▪▪ ◀

8 Es ist darauf zu achten, dass mangels Bestimmtheit § 2 der Lieferbedingungen noch nicht zum Eigentumserwerb des L führt. Insoweit ist die Sicherungsübereignung noch gem. §§ 929, 930 zu vollziehen. Die Klausel entfaltet iÜ nur ihre Wirksamkeit, wenn sie mit den sonst zur Eigentumssicherung üblichen Bestimmungen verbunden wird, also vor allem mit einer **Sicherungszession**, einer **Freigabeklausel**, sowie der **Verpflichtung** des L, den Sicherungsnehmer un-

verzüglich **vom Zugriff Dritter in Kenntnis zu setzen.** Insoweit wird auf das Muster zu § 449 Rn 27–29 und zu § 398 Rn 25 Bezug genommen.

Ungeklärt ist nach wie vor, wie in Fällen zu verfahren ist, in denen der Hersteller mehreren, sich widersprechenden Herstellerklauseln zugestimmt hat (siehe hierzu Staudinger/*Wiegand* § 950 Rn 51–52). 9

§ 951 Entschädigung für Rechtsverlust

(1) [1]Wer infolge der Vorschriften der §§ 946 bis 950 einen Rechtsverlust erleidet, kann von demjenigen, zu dessen Gunsten die Rechtsänderung eintritt, Vergütung in Geld nach den Vorschriften über die Herausgabe einer ungerechtfertigten Bereicherung fordern. [2]Die Wiederherstellung des früheren Zustands kann nicht verlangt werden.
(2) [1]Die Vorschriften über die Verpflichtung zum Schadensersatz wegen unerlaubter Handlungen sowie die Vorschriften über den Ersatz von Verwendungen und über das Recht zur Wegnahme einer Einrichtung bleiben unberührt. [2]In den Fällen der §§ 946, 947 ist die Wegnahme nach den für das Wegnahmerecht des Besitzers gegenüber dem Eigentümer geltenden Vorschriften auch dann zulässig, wenn die Verbindung nicht von dem Besitzer der Hauptsache bewirkt worden ist.

§ 951 Abs. 1 enthält für die Fälle des gesetzlichen Eigentumserwerbs gem. §§ 946 bis 950 eine Rechtsgrundverweisung auf § 812 Abs. 1 S. 1 Alt. 1. Insoweit wird auf die Muster zu § 946 Rn 1 ff und § 950 Rn 1 ff verwiesen. 1

§ 951 Abs. 2 enthält die Regelung, dass grundsätzlich die allgemeinen Vorschriften über den Schadensersatz (§ 823 ff, 997 ff), den Verwendungsersatz (§§ 536 a, 539, 601 Abs. 2, 683, 693, 1049, 1261 unberührt bleiben. Insoweit wird auf die Muster zu diesen Vorschriften verwiesen. Hinsichtlich der Konkurrenz zu §§ 994 bis 996 wird auf das Muster zu § 997 Rn 9–17 verwiesen. 2

§ 951 Abs. 2 S. 2 erweitert das Wegnahmerecht des Besitzers gem. § 997 auf Personen, die im Fall der §§ 946, 947 durch Verbindung einen Rechtsverlust erlitten haben, ohne zum Zeitpunkt der Verbindung Besitzer gewesen zu sein. Statt Ausgleich gem. §§ 951, 812 zu fordern, können diese auch den Wegnahmeanspruch geltend machen. Praktische Bedeutung hat der Anspruch, soweit ersichtlich, nicht. 3

§ 952 Eigentum an Schuldurkunden

(1) [1]Das Eigentum an dem über eine Forderung ausgestellten Schuldschein steht dem Gläubiger zu. [2]Das Recht eines Dritten an der Forderung erstreckt sich auf den Schuldschein.
(2) Das Gleiche gilt für Urkunden über andere Rechte, kraft deren eine Leistung gefordert werden kann, insbesondere für Hypotheken-, Grundschuld- und Rentenschuldbriefe.

A. Muster: Klage auf Herausgabe eines Sparbuches 1

▶ An das

Amtsgericht/Landgericht ■■■[1]

Klage

In dem Rechtsstreit

■■■

– Kläger –

758

■■■ Prozessbevollmächtigter

gegen

■■■

– Beklagter –

wegen: Herausgabe

zeige ich die Vertretung des Klägers an. Namens und in Vollmacht des Klägers erhebe ich Klage und werde beantragen:

I. Der Beklagte wird verurteilt, dem Kläger das Sparbuch für das Sparkonto Nr. ■■■ bei der ■■■-bank herauszugeben

II. ■■■ (Prozessanträge)[2]

Vorläufiger Streitwert: ■■■ EUR

Gründe

I.

Der Beklagte war am ■■■ Inhaber einer durch das im Klageantrag genannte Sparbuch bezeichneten Einlage bei der B-Bank iHv 10.000,00 EUR. Diese Forderung hat der Beklagte an den Kläger mit Vertrag vom ■■■ erfüllungshalber zur Begleichung einer Werklohnforderung abgetreten.

Beweis: Abtretungserklärung des Beklagten vom ■■■ vorgelegt als Anlage K 1

Das Sparbuch hat der Beklagte dem Kläger damals nicht ausgehändigt.

Beweis: Vermerk in der Abtretungserklärung, vorgelegt als Anlage K 1

Da nunmehr absehbar ist, dass der Beklagte die Forderung des Klägers nicht selbst begleichen kann, will der Kläger die Forderung des Beklagten gegenüber der B-Bank aus dem Sparkonto Nr. ■■■ einziehen. Hierfür benötigt er das Sparbuch.[3]

II.

Dem Kläger steht gegen den Beklagten ein Anspruch aus § 985 BGB auf Herausgabe des Sparbuchs zu.

Der Kläger ist Eigentümer des Sparbuchs. Das Eigentum hat er gem. §§ 398, 952 BGB mit Abtretung des Sparguthabens erworben.

Die Abtretung ist wirksam.

Die Parteien haben sich über den Übergang der Forderung geeinigt (§ 398 BGB).

Ein Abtretungsverbot besteht nicht.

Der Beklagte ist im Besitz des Sparbuches.[4]

Ein Besitzrecht steht ihm nicht zu.

■■■

Rechtsanwalt ◄

B. Erläuterungen

2 [1] Die sachliche und örtliche **Zuständigkeit** folgen allgemeinen Regeln. Hinsichtlich der sachlichen Zuständigkeit ist darauf zu achten, dass der Streitwert nicht dem Nominalwert oder dem noch valutierten Betrag der Forderung entspricht, die dem Papier zugrunde liegt. Insoweit ist vielmehr das wirtschaftliche Interesse am Besitz des Papiers maßgeblich, dass sich vor allem nach dem Risiko missbräuchlicher Verwendung bzw dem Interesse an der durch den Besitz erleichterten Realisierung der Forderung ergibt.

3 [2] Hinsichtlich der **Prozessanträge** s. § 904 Rn 8.

4 [3] **Darlegungs- und Beweislast.** Das Eigentum an **Schuldurkunden** wird nach den Grundsätzen übertragen, die für die Übertragung der Forderung gelten. Dementsprechend hat der Kläger die

Voraussetzungen der Abtretung sowie dass für die Forderung eine Urkunde ausgestellt wurde, darzulegen und zu beweisen.

[4] Erweiternd wird die Bestimmung auch auf **Fahrzeugbriefe** angewandt. Hier hat derjenige, der Rechte hinsichtlich des Briefes geltend macht, also darzulegen, dass er an dem Fahrzeug ein entsprechendes Recht (in der Regel also das Eigentum) erworben hat. 5

Untertitel 4 Erwerb von Erzeugnissen und sonstigen Bestandteilen einer Sache

§ 953 Eigentum an getrennten Erzeugnissen und Bestandteilen

Erzeugnisse und sonstige Bestandteile einer Sache gehören auch nach der Trennung dem Eigentümer der Sache, soweit sich nicht aus den §§ 954 bis 957 ein anderes ergibt.

§ 954 Erwerb durch dinglich Berechtigten

Wer vermöge eines Rechts an einer fremden Sache befugt ist, sich Erzeugnisse oder sonstige Bestandteile der Sache anzueignen, erwirbt das Eigentum an ihnen, unbeschadet der Vorschriften der §§ 955 bis 957, mit der Trennung.

§ 955 Erwerb durch gutgläubigen Eigenbesitzer

(1) [1]Wer eine Sache im Eigenbesitz hat, erwirbt das Eigentum an den Erzeugnissen und sonstigen zu den Früchten der Sache gehörenden Bestandteilen, unbeschadet der Vorschriften der §§ 956, 957, mit der Trennung. [2]Der Erwerb ist ausgeschlossen, wenn der Eigenbesitzer nicht zum Eigenbesitz oder ein anderer vermöge eines Rechts an der Sache zum Fruchtbezug berechtigt ist und der Eigenbesitzer bei dem Erwerb des Eigenbesitzes nicht in gutem Glauben ist oder vor der Trennung den Rechtsmangel erfährt.
(2) Dem Eigenbesitzer steht derjenige gleich, welcher die Sache zum Zwecke der Ausübung eines Nutzungsrechts an ihr besitzt.
(3) Auf den Eigenbesitz und den ihm gleichgestellten Besitz findet die Vorschrift des § 940 Abs. 2 entsprechende Anwendung.

§ 956 Erwerb durch persönlich Berechtigten

(1) [1]Gestattet der Eigentümer einem anderen, sich Erzeugnisse oder sonstige Bestandteile der Sache anzueignen, so erwirbt dieser das Eigentum an ihnen, wenn der Besitz der Sache ihm überlassen ist, mit der Trennung, anderenfalls mit der Besitzergreifung. [2]Ist der Eigentümer zu der Gestattung verpflichtet, so kann er sie nicht widerrufen, solange sich der andere in dem ihm überlassenen Besitz der Sache befindet.
(2) Das Gleiche gilt, wenn die Gestattung nicht von dem Eigentümer, sondern von einem anderen ausgeht, dem Erzeugnisse oder sonstige Bestandteile einer Sache nach der Trennung gehören.

§ 957 Gestattung durch den Nichtberechtigten

Die Vorschrift des § 956 findet auch dann Anwendung, wenn derjenige, welcher die Aneignung einem anderen gestattet, hierzu nicht berechtigt ist, es sei denn, dass der andere, falls ihm der Besitz der Sache überlassen wird, bei der Überlassung, anderenfalls bei der Ergreifung des Besitzes der Erzeugnisse oder der sonstigen Bestandteile nicht in gutem Glauben ist oder vor der Trennung den Rechtsmangel erfährt.

Untertitel 5 Aneignung

§ 958 Eigentumserwerb an beweglichen herrenlosen Sachen

(1) Wer eine herrenlose bewegliche Sache in Eigenbesitz nimmt, erwirbt das Eigentum an der Sache.
(2) Das Eigentum wird nicht erworben, wenn die Aneignung gesetzlich verboten ist oder wenn durch die Besitzergreifung das Aneignungsrecht eines anderen verletzt wird.

§ 959 Aufgabe des Eigentums

Eine bewegliche Sache wird herrenlos, wenn der Eigentümer in der Absicht, auf das Eigentum zu verzichten, den Besitz der Sache aufgibt.

§ 960 Wilde Tiere

(1) [1]Wilde Tiere sind herrenlos, solange sie sich in der Freiheit befinden. [2]Wilde Tiere in Tiergärten und Fische in Teichen oder anderen geschlossenen Privatgewässern sind nicht herrenlos.
(2) Erlangt ein gefangenes wildes Tier die Freiheit wieder, so wird es herrenlos, wenn nicht der Eigentümer das Tier unverzüglich verfolgt oder wenn er die Verfolgung aufgibt.
(3) Ein gezähmtes Tier wird herrenlos, wenn es die Gewohnheit ablegt, an den ihm bestimmten Ort zurückzukehren.

§ 961 Eigentumsverlust bei Bienenschwärmen

Zieht ein Bienenschwarm aus, so wird er herrenlos, wenn nicht der Eigentümer ihn unverzüglich verfolgt oder wenn der Eigentümer die Verfolgung aufgibt.

§ 962 Verfolgungsrecht des Eigentümers

[1]Der Eigentümer des Bienenschwarms darf bei der Verfolgung fremde Grundstücke betreten. [2]Ist der Schwarm in eine fremde nicht besetzte Bienenwohnung eingezogen, so darf der Eigentümer des Schwarmes zum Zwecke des Einfangens die Wohnung öffnen und die Waben herausnehmen oder herausbrechen. [3]Er hat den entstehenden Schaden zu ersetzen.

§ 963 Vereinigung von Bienenschwärmen

Vereinigen sich ausgezogene Bienenschwärme mehrerer Eigentümer, so werden die Eigentümer, welche ihre Schwärme verfolgt haben, Miteigentümer des eingefangenen Gesamtschwarms; die Anteile bestimmen sich nach der Zahl der verfolgten Schwärme.

§ 964 Vermischung von Bienenschwärmen

[1]Ist ein Bienenschwarm in eine fremde besetzte Bienenwohnung eingezogen, so erstrecken sich das Eigentum und die sonstigen Rechte an den Bienen, mit denen die Wohnung besetzt war, auf den eingezogenen Schwarm. [2]Das Eigentum und die sonstigen Rechte an dem eingezogenen Schwarme erlöschen.

Untertitel 6 Fund

§ 965 Anzeigepflicht des Finders

(1) Wer eine verlorene Sache findet und an sich nimmt, hat dem Verlierer oder dem Eigentümer oder einem sonstigen Empfangsberechtigten unverzüglich Anzeige zu machen.
(2) [1]Kennt der Finder die Empfangsberechtigten nicht oder ist ihm ihr Aufenthalt unbekannt, so hat er den Fund und die Umstände, welche für die Ermittlung der Empfangsberechtigten erheblich sein können, unverzüglich der zuständigen Behörde anzuzeigen. [2]Ist die Sache nicht mehr als zehn Euro wert, so bedarf es der Anzeige nicht.

§ 966 Verwahrungspflicht

(1) Der Finder ist zur Verwahrung der Sache verpflichtet.
(2) [1]Ist der Verderb der Sache zu besorgen oder ist die Aufbewahrung mit unverhältnismäßigen Kosten verbunden, so hat der Finder die Sache öffentlich versteigern zu lassen. [2]Vor der Versteigerung ist der zuständigen Behörde Anzeige zu machen. [3]Der Erlös tritt an die Stelle der Sache.

§ 967 Ablieferungspflicht

Der Finder ist berechtigt und auf Anordnung der zuständigen Behörde verpflichtet, die Sache oder den Versteigerungserlös an die zuständige Behörde abzuliefern.

§ 968 Umfang der Haftung

Der Finder hat nur Vorsatz und grobe Fahrlässigkeit zu vertreten.

§ 969 Herausgabe an den Verlierer

Der Finder wird durch die Herausgabe der Sache an den Verlierer auch den sonstigen Empfangsberechtigten gegenüber befreit.

§ 970 Ersatz von Aufwendungen

Macht der Finder zum Zwecke der Verwahrung oder Erhaltung der Sache oder zum Zwecke der Ermittlung eines Empfangsberechtigten Aufwendungen, die er den Umständen nach für erforderlich halten darf, so kann er von dem Empfangsberechtigten Ersatz verlangen.

§ 971 Finderlohn

(1) [1]Der Finder kann von dem Empfangsberechtigten einen Finderlohn verlangen. [2]Der Finderlohn beträgt von dem Werte der Sache bis zu 500 Euro fünf vom Hundert, von dem Mehrwert drei vom Hundert, bei Tieren drei vom Hundert. [3]Hat die Sache nur für den Empfangsberechtigten einen Wert, so ist der Finderlohn nach billigem Ermessen zu bestimmen.
(2) Der Anspruch ist ausgeschlossen, wenn der Finder die Anzeigepflicht verletzt oder den Fund auf Nachfrage verheimlicht.

§ 972 Zurückbehaltungsrecht des Finders

Auf die in den §§ 970, 971 bestimmten Ansprüche finden die für die Ansprüche des Besitzers gegen den Eigentümer wegen Verwendungen geltenden Vorschriften der §§ 1000 bis 1002 entsprechende Anwendung.

§ 973 Eigentumserwerb des Finders

(1) [1]Mit dem Ablauf von sechs Monaten nach der Anzeige des Fundes bei der zuständigen Behörde erwirbt der Finder das Eigentum an der Sache, es sei denn, dass vorher ein Empfangsberechtigter dem Finder bekannt geworden ist oder sein Recht bei der zuständigen Behörde angemeldet hat. [2]Mit dem Erwerb des Eigentums erlöschen die sonstigen Rechte an der Sache.
(2) [1]Ist die Sache nicht mehr als zehn Euro wert, so beginnt die sechsmonatige Frist mit dem Fund. [2]Der Finder erwirbt das Eigentum nicht, wenn er den Fund auf Nachfrage verheimlicht. [3]Die Anmeldung eines Rechts bei der zuständigen Behörde steht dem Erwerb des Eigentums nicht entgegen.

§ 974 Eigentumserwerb nach Verschweigung

[1]Sind vor dem Ablauf der sechsmonatigen Frist Empfangsberechtigte dem Finder bekannt geworden oder haben sie bei einer Sache, die mehr als zehn Euro wert ist, ihre Rechte bei der zuständigen Behörde rechtzeitig angemeldet, so kann der Finder die Empfangsberechtigten nach der Vorschrift des § 1003 zur Erklärung über die ihm nach den §§ 970 bis 972 zustehenden Ansprüche auffordern. [2]Mit dem Ablauf der für die Erklärung bestimmten Frist erwirbt der Finder das Eigentum und erlöschen die sonstigen Rechte an der Sache, wenn nicht die Empfangsberechtigten sich rechtzeitig zu der Befriedigung der Ansprüche bereit erklären.

§ 975 Rechte des Finders nach Ablieferung

[1]Durch die Ablieferung der Sache oder des Versteigerungserlöses an die zuständige Behörde werden die Rechte des Finders nicht berührt. [2]Lässt die zuständige Behörde die Sache versteigern, so tritt der Erlös an die Stelle der Sache. [3]Die zuständige Behörde darf die Sache oder den Erlös nur mit Zustimmung des Finders einem Empfangsberechtigten herausgeben.

§ 976 Eigentumserwerb der Gemeinde

(1) Verzichtet der Finder der zuständigen Behörde gegenüber auf das Recht zum Erwerb des Eigentums an der Sache, so geht sein Recht auf die Gemeinde des Fundorts über.
(2) Hat der Finder nach der Ablieferung der Sache oder des Versteigerungserlöses an die zuständige Behörde auf Grund der Vorschriften der §§ 973, 974 das Eigentum erworben, so geht es auf die Gemeinde des Fundorts über, wenn nicht der Finder vor dem Ablauf einer ihm von der zuständigen Behörde bestimmten Frist die Herausgabe verlangt.

§ 977 Bereicherungsanspruch

[1]Wer infolge der Vorschriften der §§ 973, 974, 976 einen Rechtsverlust erleidet, kann in den Fällen der §§ 973, 974 von dem Finder, in den Fällen des § 976 von der Gemeinde des Fundorts die Herausgabe des durch die Rechtsänderung Erlangten nach den Vorschriften über die Herausgabe einer ungerechtfertigten Bereicherung fordern. [2]Der Anspruch erlischt mit dem Ablauf von drei Jahren nach dem Übergang des Eigentums auf den Finder oder die Gemeinde, wenn nicht die gerichtliche Geltendmachung vorher erfolgt.

§ 978 Fund in öffentlicher Behörde oder Verkehrsanstalt

(1) [1]Wer eine Sache in den Geschäftsräumen oder den Beförderungsmitteln einer öffentlichen Behörde oder einer dem öffentlichen Verkehr dienenden Verkehrsanstalt findet und an sich nimmt, hat die Sache unverzüglich an die Behörde oder die Verkehrsanstalt oder an einen ihrer Angestellten abzuliefern. [2]Die Vorschriften der §§ 965 bis 967 und 969 bis 977 finden keine Anwendung.
(2) [1]Ist die Sache nicht weniger als 50 Euro wert, so kann der Finder von dem Empfangsberechtigten einen Finderlohn verlangen. [2]Der Finderlohn besteht in der Hälfte des Betrags, der sich bei Anwendung des § 971 Abs. 1 Satz 2, 3 ergeben würde. [3]Der Anspruch ist ausgeschlossen, wenn der Finder Bediensteter der Behörde oder der Verkehrsanstalt ist oder der Finder die Ablieferungspflicht verletzt. [4]Die für die Ansprüche des Besitzers gegen den Eigentümer wegen Verwendungen geltende Vorschrift des § 1001 findet auf den Finderlohnanspruch entsprechende Anwendung. [5]Besteht ein Anspruch auf Finderlohn, so hat die Behörde oder die Verkehrsanstalt dem Finder die Herausgabe der Sache an einen Empfangsberechtigten anzuzeigen.
(3) [1]Fällt der Versteigerungserlös oder gefundenes Geld an den nach § 981 Abs. 1 Berechtigten, so besteht ein Anspruch auf Finderlohn nach Absatz 2 Satz 1 bis 3 gegen diesen. [2]Der Anspruch erlischt mit dem Ablauf von drei Jahren nach seiner Entstehung gegen den in Satz 1 bezeichneten Berechtigten.

§ 979 Verwertung; Verordnungsermächtigung

(1) [1]Die Behörde oder die Verkehrsanstalt kann die an sie abgelieferte Sache öffentlich versteigern lassen. [2]Die öffentlichen Behörden und die Verkehrsanstalten des *Reichs*, der *Bundesstaaten* und der Gemeinden können die Versteigerung durch einen ihrer Beamten vornehmen lassen.
(1 a) Die Versteigerung kann nach Maßgabe der nachfolgenden Vorschriften auch als allgemein zugängliche Versteigerung im Internet erfolgen.
(1 b) [1]Die Bundesregierung wird ermächtigt, durch Rechtsverordnung ohne Zustimmung des Bundesrates für ihren Bereich Versteigerungsplattformen zur Versteigerung von Fundsachen zu bestimmen; sie kann diese Ermächtigung durch Rechtsverordnung auf die fachlich zuständigen obersten Bundesbehörden übertragen. [2]Die Landesregierungen werden ermächtigt, durch Rechtsverordnung für ihren Bereich entsprechende Regelungen zu treffen; sie können die Ermächtigung auf die fachlich zuständigen obersten Landesbehörden übertragen. [3]Die Länder können Versteigerungsplattformen bestimmen, die sie länderübergreifend nutzen. [4]Sie können eine Übertragung von Abwicklungsaufgaben auf die zuständige Stelle eines anderen Landes vereinbaren.
(2) Der Erlös tritt an die Stelle der Sache.

§ 980 Öffentliche Bekanntmachung des Fundes

(1) Die Versteigerung ist erst zulässig, nachdem die Empfangsberechtigten in einer öffentlichen Bekanntmachung des Fundes zur Anmeldung ihrer Rechte unter Bestimmung einer Frist aufgefordert worden sind und die Frist verstrichen ist; sie ist unzulässig, wenn eine Anmeldung rechtzeitig erfolgt ist.
(2) Die Bekanntmachung ist nicht erforderlich, wenn der Verderb der Sache zu besorgen oder die Aufbewahrung mit unverhältnismäßigen Kosten verbunden ist.

§ 981 Empfang des Versteigerungserlöses

(1) Sind seit dem Ablauf der in der öffentlichen Bekanntmachung bestimmten Frist drei Jahre verstrichen, so fällt der Versteigerungserlös, wenn nicht ein Empfangsberechtigter sein Recht angemeldet hat, bei *Reichs*behörden und *Reichs*anstalten an den *Reichs*fiskus, bei Landesbehörden und Landesanstalten an den Fiskus des *Bundesstaats*, bei Gemeindebehörden und Gemeindeanstalten an die Gemeinde, bei Verkehrsanstalten, die von einer Privatperson betrieben werden, an diese.
(2) [1]Ist die Versteigerung ohne die öffentliche Bekanntmachung erfolgt, so beginnt die dreijährige Frist erst, nachdem die Empfangsberechtigten in einer öffentlichen Bekanntmachung des Fundes zur Anmeldung ihrer Rechte aufgefordert worden sind. [2]Das Gleiche gilt, wenn gefundenes Geld abgeliefert worden ist.
(3) Die Kosten werden von dem herauszugebenden Betrag abgezogen.

§ 982 Ausführungsvorschriften

Die in den §§ 980, 981 vorgeschriebene Bekanntmachung erfolgt bei *Reichs*behörden und *Reichs*anstalten nach den von dem *Bundesrat,* in den übrigen Fällen nach den von der Zentralbehörde des *Bundesstaats* erlassenen Vorschriften.

§ 983 Unanbringbare Sachen bei Behörden

Ist eine öffentliche Behörde im Besitz einer Sache, zu deren Herausgabe sie verpflichtet ist, ohne dass die Verpflichtung auf Vertrag beruht, so finden, wenn der Behörde der Empfangsberechtigte oder dessen Aufenthalt unbekannt ist, die Vorschriften der §§ 979 bis 982 entsprechende Anwendung.

§ 984 Schatzfund

Wird eine Sache, die so lange verborgen gelegen hat, dass der Eigentümer nicht mehr zu ermitteln ist (Schatz), entdeckt und infolge der Entdeckung in Besitz genommen, so wird das Eigentum zur Hälfte von dem Entdecker, zur Hälfte von dem Eigentümer der Sache erworben, in welcher der Schatz verborgen war.

Titel 4 Ansprüche aus dem Eigentum

§ 985 Herausgabeanspruch

Der Eigentümer kann von dem Besitzer die Herausgabe der Sache verlangen.

A. Herausgabe einer unbeweglichen Sache

I. Muster: Klage auf Herausgabe einer unbeweglichen Sache 1

759

▶ An das Amtsgericht/Landgericht ■■■[1]

Klage

In dem Rechtsstreit

■■■ Kläger

Prozessbevollmächtigter: ■■■

gegen

■■■ Beklagte

Prozessbevollmächtigter: ■■■

wegen: Herausgabe

vorläufiger Streitwert: ■■■ EUR[2]

zeige ich die Vertretung des Klägers an. Namens und in Vollmacht des Klägers erhebe ich Klage und werde beantragen:

I. Die Beklagte wird verurteilt, die Wohnung, bestehend aus zwei Zimmern, Küche, Bad und zugehörigem Kellerabteil, belegen im 1. Obergeschoss links des Anwesens ■■■, vorgetragen im Grundbuch des AG ▪▪▪ von ▪▪▪, Band ▪▪▪, Blatt ▪▪▪ nebst den zugehörigen zwei Wohnungsschlüsseln an den Kläger herauszugeben.[3], [4], [5]

II. ▪▪▪ (Prozessanträge)[6]

Begründung

1.

Der Kläger ist im Grundbuch des AG ▪▪▪ von ▪▪▪ Bd. ▪▪▪ Bl. ▪▪▪ als Eigentümer des im Antrag genannten Grundstücks eingetragen.

Beweis: Grundbuchauszug, vorgelegt als Anlage K 1

Dieses Grundstück ist mit einem Mehrfamilienhaus bebaut. Die Beklagte bewohnt die im Klageantrag genannte Wohnung dieses Mehrfamilienhauses.

Beweis: Vernehmung von NN als Zeuge; Auskunft des Einwohnermeldeamtes, vorgelegt als Anl. K 2

Die Beklagte ist allerdings nicht zur Nutzung dieser Wohnung berechtigt.

2.

Dem Kläger steht gegen die Beklagte ein Anspruch auf Herausgabe der Wohnung gem. § 985 BGB zu.

Der Kl. ist Eigentümer der Wohnung. Sein Eigentum an dem Grundstück, auf dem sich die Wohnung befindet wird vermutet (§ 891 Abs. 1 BGB). Das Gebäude, in dem sich die Wohnung befindet, ist wesentlicher Bestandteil des Grundstücks (§ 94 Abs. 1 BGB). Die Beklagte ist im Besitz der Wohnung.[7], [8], [9]

▪▪▪

Rechtsanwalt ◀

II. Erläuterungen und Varianten

2 [1] **Zuständigkeit.** Für die ausschließlich auf § 985 gestützte Klage gelten die ausschließlichen Gerichtsstände der §§ 23 Nr. 2 a GVG, 29 a ZPO nicht.

3 [2] Der **Streitwert** der Klage richtet sich nach dem Verkehrswert der herauszugebenden Sache, vorliegend also nach dem Verkehrswert der Wohnung (§ 6 ZPO).

4 [3] Ist der **Beklagte mittelbarer Besitzer**, kann statt auf Herausgabe auch auf Abtretung des Anspruchs auf Herausgabe gegen den unmittelbaren Besitzer geklagt werden. Der Unterschied liegt in der Vollstreckung. Hat der Kläger einen Titel auf Abtretung des Herausgabeanspruchs erwirkt, richtet sich die Vollstreckung nach § 894 ZPO, andernfalls muss sich der Kläger den Herausgabeanspruch nach § 886 ZPO überweisen lassen (vgl Palandt/*Bassenge* § 985 Rn 11). Will der Eigentümer auf Abtretung des Herausgabeanspruchs des mittelbaren Besitzers gegen den unmittelbaren Besitzer klagen, lautet der Klageantrag wie folgt:

▶ Die Beklagte wird verurteilt, zu erklären, dass sie ihren gegen ▪▪▪, bestehenden Anspruch auf Herausgabe der Wohnung, ▪▪▪ (Bezeichnung wie im Muster Rn 1) an den Kläger abtritt. ◀

5 [4] **Kein Anspruch auf Räumung.** § 985 gibt lediglich einen Anspruch auf Herausgabe der Sache in dem Zustand, in dem sie sich befindet. Der Kläger kann daher nicht auch Räumung der Wohnung gemäß § 985 verlangen. Ein solcher Anspruch kann aber ggf auf § 1004 Abs. 1 gestützt werden.

6 [5] Hinsichtlich der **Bezeichnung von Grundstücken** s. § 904 Rn 4.

7 [6] Hinsichtlich etwaiger **Prozessanträge** s. § 904 Rn 8.

8 [7] Der **Kläger** ist **darlegungs- und beweisbelastet** hinsichtlich der Tatsachen, aus denen sich seine Eigentümerstellung ergibt. Er hat daher wahlweise die Tatsachen vorzutragen, auf die er die Vermutung seines Eigentums stützen kann oder die Tatsachen, auf die er den Erwerb des

Eigentums stützt. Für den Eigentümer eines Grundstücks spricht die Vermutung des § 891 Abs. 1. Deshalb wird vorgeschlagen zum Beweis des Eigentums einen Grundbuchauszug vorzulegen. Das Muster ist für Fälle konzipiert, in denen sich ein Herausgabeanspruch lediglich aus § 985 ergibt. Folgt man der – zutreffenden – Auffassung, dass § 985 mit vertraglichen Ansprüchen in Anspruchskonkurrenz stehen kann (vgl hierzu Hk-BGB/*Schulte-Nölke* § 985 Rn 4), ist der Vortrag entsprechend zu ergänzen.

[8] **Vermutung der Fortdauer des Besitzes.** Der Kläger ist weiter darlegungs- und beweisbelastet dass der Beklagte den Besitz an der streitgegenständlichen Sache erlangt hat und dieser Besitz noch andauert. Hinsichtlich der Darlegungs- und Beweislast ist zwischen der Zeit vor und nach Rechtshängigkeit zu unterscheiden. Für beide Zeiträume gilt, dass zunächst der Kläger darzulegen und zu beweisen hat, dass der Beklagte den Besitz an der streitgegenständlichen Sache erlangt hat. Der Kläger hat weiter darzulegen, dass der Beklagte den Besitz nicht wieder verloren hat. Insoweit kommt ihm allerdings eine **tatsächliche Vermutung** zugute, dass der einmal begründete Besitz auch fortdauert (OLG Düsseldorf OLGR 1993, 154).Weiterhin trifft den Beklagten eine gesteigerte Substanziierungslast. Es reicht nicht aus, dass er den Besitz bestreitet. Hat der Kläger schlüssig dargelegt und ggf auch bewiesen, dass er den Besitz erworben hat, hat der Beklagte vielmehr substanziiert darzulegen, wie er den Besitz wieder verloren hat. In diesem Fall hat der Kläger diesen Vortrag zu widerlegen, mit der Folge, dass die Kontinuitätsvermutung wieder für ihn spricht (Hk-BGB/-*Schulte-Nölke* § 985 Rn 8). 9

Ist der Zeitraum nach Rechtshängigkeit der Klage betroffen, ist das Vorbringen des Beklagten, er sei nicht (mehr) im Besitz der Sache nur in wenigen Fällen beachtlich. Es dürfte sich empfehlen, danach zu differenzieren, ob der Beklagte die Sache nicht herausgeben kann, weil er diese weitergegeben hat, oder ob ihm dies aus sonstigen rechtlichen oder tatsächlichen Gründen nicht möglich ist (insbesondere deshalb weil die Sache untergegangen ist). 10

Ist dem Beklagten die Herausgabe nicht möglich, weil er die Sache nach Rechtshängigkeit weitergegeben hat, ist weder eine Änderung des Antrags noch des Vortrags erforderlich (sog. **„Irrelevanztheorie"**, vgl Staudinger/*Gursky* § 985 Rn 51). Wenn das Urteil gegen den neuen Besitzer wirkt (§ 325 ZPO), bedarf es lediglich einer Umschreibung der Vollstreckungsklausel (§ 727 ZPO). Entsprechendes gilt, wenn der Beklagte nach Rechtshängigkeit ein Besitzmittlungsverhältnis begründet (Staudinger/*Gursky* § 985 aaO). 11

Behauptet der Beklagte dagegen lediglich, dass ihm die Herausgabe aus sonstigen Gründen nicht möglich sei, oder gibt er gar keine Gründe an, spricht für den Eigentümer zunächst eine **tatsächliche Vermutung**, dass der vor kurzem erlangte Besitz noch besteht. Das bloße Bestreiten durch den Beklagten ist insoweit unerheblich. Trägt der Beklagte konkrete Tatsachen vor, wie es zu dem Besitzverlust gekommen ist, genügt der Kläger seiner Darlegungs- und Beweislast, wenn er diese widerlegt (Hk-BGB/*Schulte-Nölke* § 985 Rn 8).Unerheblich ist insoweit das Vorbringen des Beklagten auch, wenn es – seine Richtigkeit unterstellt – lediglich zu einem Schadensersatzanspruch gem. §§ 989, 990 oder §§ 255 ZPO, 281 führen würde (str. vgl BGH WM 1982, 749, der generell nur darauf abstellt, ob der Beklagte bei Rechtshängigkeit im Besitz der Sache war). 12

[9] Hat der Beklagte **Verwendungen auf die herauszugebende Sache** getätigt, für die er vom Eigentümer Ersatz verlangen kann (§§ 994, 996) sollte dieser zur Vermeidung von Kostennachteilen Herausgabe lediglich Zug um Zug gegen Erstattung der Verwendungen verlangen (§ 1000). Insoweit kommt auch in Betracht die zu erstattenden Verwendungen mit den vom Besitzer zu ersetzenden Nutzungen vorab zu verrechnen, so dass lediglich hinsichtlich des überschießenden Betrages ein Anspruch des Besitzers auf Verwendungsersatz besteht (vgl MüKo-BGB/*Medicus* § 1000 Rn 3). 13

B. Herausgabe einer beweglichen Sache

14 **I. Muster: Klage auf Herausgabe einer beweglichen Sache**

▶ An das Amtsgericht/Landgericht ■■■

Klage

In dem Rechtsstreit

■■■ Kläger

Prozessbevollmächtigter ■■■

gegen

■■■ Beklagte

Prozessbevollmächtigter ■■■

wegen: Herausgabe

vorläufiger Streitwert

zeige ich die Vertretung des Klägers an. Namens und in Vollmacht des Klägers erhebe ich Klage und werde beantragen:

I. Der Beklagte wird verurteilt, an den Kläger den Pkws VW Golf TDI, Baujahr ■■■, Fahrgestellnr. ■■■ nebst den zugehörigen zwei Kfz-Schlüsseln sowie dem zugehörigen Fahrzeugschein, Serviceheft und Benutzerhandbuch an den Kläger herauszugeben.

II. ...(Prozessanträge)[1], [2], [3], [4], [5]

Begründung

1. Die Klägerin war am 2.10.2006 Eigentümerin des im Klageantrag genannten Pkw. Sie hatte diesen in ihrem Verkaufslager. Weiterhin war sie im Besitz der zugehörigen Schlüssel und Papiere.[6]

Beweis:

- Fahrzeugbrief, vorgelegt als Anl. K 1
- Zeuge NN

Am 2.10.2006 verkaufte sie diesen Pkw an Z unter Eigentumsvorbehalt zum Preis von 10.000,00 EUR.

Beweis:

- Kaufvertrag, vorgelegt als Anl. K 2
- Zeuge NN

Den Kfz-Brief behielt der Kläger ein, iÜ wurde das Fahrzeug nebst den zugehörigen Papieren und Schlüsseln an Z übergeben.

Beweis:

- Kfz-Brief, vorgelegt als Anl. K1
- Zeuge NN

Z verkaufte am 3.1.2007 den Pkw zum Preis von 11.600,- EUR an den Beklagten. Er übergab den Pkw nebst Schlüsseln und Papieren an den Beklagten, der ihn seitdem in Besitz hat.

Beweis

- Kaufvertrag, vorgelegt als Anl. K3
- Zeuge NN

Der Kläger mahnte Z mehrfach den Kaufpreis zu bezahlen, zuletzt mit Schreiben vom 19.12.2006.

Beweis: Schreiben vom 19.12.2006, vorgelegt als Anl. K 4

Da Z den Kaufpreis gleichwohl nicht bezahlt hat, ist die Klägerin mit Schreiben vom 7.1.2007, dem Beklagten zugestellt durch den Gerichtsvollzieher am 9.1.2007 vom Kaufvertrag zurückgetreten.

Beweis: Schreiben vom 7.1.2007 mit Zustellbescheinigung des Gerichtsvollziehers ■■■ vom 9.1.2007, vorgelegt als Anlage K 5

2. Dem Kläger steht gegen den Beklagten ein Anspruch auf Herausgabe des streitgegenständlichen Pkw gemäß § 985 BGB zu.

Der Kläger ist Eigentümer des Pkws.

Gemäß § 1006 Abs. 2 BGB wird vermutet, dass der Kläger am 2.10.2006 Eigentümer des Pkws war.

Für den Beklagten spricht nicht die Vermutung gemäß § 1006 Abs. 1 BGB; denn diese Vermutung kann der Kläger widerlegen.[7]

Der Beklagte hat das Eigentum an dem Pkw nicht gemäß § 929 S. 1 BGB von Z erworben; denn Z war am 3.1.2007 nicht Eigentümer des Pkws.

Z hat das Eigentum nicht gemäß § 929 S. 1 BGB am 2.10.2006 von dem Kläger erworben. Der Kläger und Z haben sich nicht über den Eigentumsübergang geeinigt. Sie haben ausweislich des als Anlage K 2 vorgelegten Kaufvertrages einen Eigentumsvorbehalt vereinbart. IÜ folgt der Eigentumsvorbehalt auch aus der Tatsache, dass der Kläger den Kfz-Brief bis zur vollständigen Kaufpreiszahlung einbehalten hat (vgl hierzu BGH NJW 2006, 3488).

Der Beklagte hat das Eigentum auch nicht gutgläubig gemäß §§ 929 S. 1, 932 Abs. 1, 2 BGB erworben. Der Beklagte war bei Erwerb des Pkw nicht gutgläubig. Zumindest infolge grober Fahrlässigkeit war ihm unbekannt, dass der Pkw nicht Z gehörte, weil er sich den Kfz-Brief nicht vorlegen ließ.

Der Eigentumserwerb ist auch nicht nachträglich wirksam geworden (§ 158 Abs. 1 BGB). Die Bedingung für den Eigentumserwerb ist nicht eingetreten, weil Z den Kaufpreis an den Kläger nicht bezahlt hat.

Beweis: Zeuge NN unter Verwahrung gegen die Beweislast

Der Beklagte ist nicht zum Besitz berechtigt (§ 986 BGB). Der Kaufvertrag mit Z gibt dem Beklagten ein Recht zum Besitz nur gegenüber Z.

Da der Kläger gemäß §§ 323 Abs. 1, 348, 349 BGB wirksam vom Kaufvertrag zurückgetreten ist, kann er Herausgabe unmittelbar an sich verlangen; denn der Eigentümer kann Herausgabe an sich verlangen, wenn der unmittelbare Besitzer Eigenbesitz erlangt hat und das Besitzrecht des Vorbesitzers erloschen ist (BGH NJW 2007, 2913).[8]

■■■

Rechtsanwalt ◄

II. Erläuterungen

[1] Hinsichtlich der **Zuständigkeit** des Gerichts, der Berechnung des Streitwertes und der Antragstellung bei Besitzmittelungsverhältnissen wird auf die Erläuterungen zu Rn 1–4 Bezug genommen. 15

[2] **Klageantrag.** Es ist darauf zu achten, dass der herauszugebende Gegenstand so genau bezeichnet wird, dass er im Fall einer Zwangsvollstreckung identifiziert werden kann. Welche Anforderungen an die Individualisierung des Klagegegenstandes zu stellen sind, richtet sich nach den Umständen des Einzelfalls, wobei insbesondere das schützenswerte Interesse des Beklagten, sich gegen die Klage erschöpfend verteidigen zu können, das Interesse an Rechtsklarheit und Rechtssicherheit hinsichtlich der Wirkungen der Entscheidung und das Interesse des Klägers an effektivem Rechtsschutz in die Abwägung einzustellen sind (BGH NJW 2003, 668). 16

Hinsichtlich einzelner Gegenstände dürfte es sich empfehlen, folgende Merkmale anzugeben: 17

- **Pkw**: Marke, Modell, Baujahr und Fahrgestellnummer;
- **sonstige Maschinen**: Hersteller, Modell, ggf. Maschinennummer, Farbe, besondere Merkmale;
- **Tiere**: Art, Rasse, Farbe, Name, Alter.

Zur Verdeutlichung können auch andere Hilfsmittel verwendet werden, wie Fotos, auf die in der Klage genau zu verweisen ist, und die jeder Abschrift beizufügen sind, bei schwer verrückbaren Gegenständen die Lage oä.

18 Bei **Sachgesamtheiten** ist darauf zu achten, dass jeder Gegenstand einzeln zu bezeichnen ist („quot res tot vindicationes"). Dies ist insbesondere von Bedeutung, wenn ein Warenlager zur Sicherheit übereignet wurde. Die einzelnen Gegenstände können in der Klage oder in einer in Bezug zu nehmenden Liste aufgeführt werden. Ist der Eigentümer nicht in der Lage, die einzelnen Gegenstände zu benennen, kann er Auskunft gemäß § 242 fordern oder (wohl vorrangig) auf die Hilfsansprüche der §§ 809 bis 811 zugreifen.

19 [3] Es ist zweifelhaft, ob die Herausgabeklage mit einer **Fristsetzung gem. § 255 ZPO** und für den Fall des fruchtlosen Fristablaufs mit einer **Klage auf Schadensersatz gem. § 281** kombiniert werden kann (befürwortend Hk-BGB/*Schulte-Nölke* § 985 Rn 6, 8; ablehnend Staudinger/*Gursky* § 985 Rn 81–85). Unabhängig davon, dass die Eigenart des Anspruchs aus § 985 als Teilaspekt der Verwirklichung des Herrschaftsrechts des Eigentümers gegen den jeweiligen Besitzer dagegen spricht, dem Kläger die Möglichkeit zu geben, den Anspruch in einen Schadensersatzanspruch umzuwandeln (so Staudinger/*Gursky* aaO mit überzeugender Begründung), wird der Kläger in der Regel auch aus tatsächlichen Gründen in der Regel nicht gut beraten sein, den Herausgabeanspruch mit Fristsetzung und Schadensersatzklage zu kombinieren. Wenn die Frist gemäß § 255 ZPO fruchtlos abgelaufen ist, kann der Kläger nur noch das Interesse gem. § 281 aus dem Urteil vollstrecken. Da er aber unabhängig hiervon Eigentümer der Sache bleibt, steht ihm auch der Herausgabeanspruch aus § 985 weiter zu, wenn die Sache zB bei einem Dritten wieder auftauchen sollte. Der Kläger kann daher das Interesse grundsätzlich nur Zug um Zug gegen Übereignung der Sache an den Beklagten (§ 255 analog) fordern (vgl hierzu Palandt/*Bassenge* § 985 Rn 14). Es kann jedoch bei Klageerhebung nicht davon ausgegangen werden, dass der Kläger in der Lage sein wird, dem Beklagten die streitgegenständliche Sache durch den Gerichtsvollzieher in einer den Annahmeverzug begründenden Art und Weise anzubieten (§ 756 Abs. 1 ZPO), wenn er gar nicht im Besitz dieser Sache ist (§§ 929 bis 931). Er läuft durch die Kombination mit dem Schadensersatzanspruch mithin Gefahr im Ergebnis beide Ansprüche zu verlieren.

20 [4] **Zurückbehaltungsrecht.** Hat der Beklagte Verwendungen auf die Streitsache vorgenommen, die der Eigentümer gem. §§ 994, 996 zu erstatten hat, steht diesem ein Zurückbehaltungsrecht zu (§ 1000 S. 1). Dies ist bei Antragstellung zur Vermeidung von Kostennachteilen zu berücksichtigen. Die Ansprüche auf Verwendungsersatz können vorher mit Ansprüchen auf Nutzungsersatz saldiert werden (MüKo-BGB/*Medicus* § 1000 Rn 3).

21 [5] Hinsichtlich der **Prozessanträge** s. § 904 Rn 8.

22 [6] **Darlegungs- und Beweislast.** Der Kläger kann sich zum Beweis seines Eigentums entweder auf die Vermutung des § 1006 Abs. 2 berufen oder aber darlegen, wie er das Eigentum erworben hat. Der Tatbestand des § 1006 Abs. 1 wird dagegen kaum für den Kläger sprechen, da dieser in den Fällen des § 985 kaum je Besitzer der Sache sein wird.

23 [7] **Verhältnis zu § 1006.** Es ist auszuführen, dass der unmittelbare Eigenbesitzer nicht Eigentümer der Sache ist. § 1006 Abs. 1 enthält die dreifache Vermutung, dass der Besitzer mit Besitzerwerb Eigenbesitz erworben hat, hiermit auch Eigentum an der Sache erworben hat und dass dies noch andauert (Palandt/*Bassenge* § 1006 Rn 4; ähnlich Hk-BGB/*Schulte-Nölke* § 1006 Rn 5). Diese Vermutung gilt auch gegenüber dem früheren Besitzer, also dem Kläger (Palandt/*Bassenge* aaO Rn 1).

24 [8] Hinsichtlich der **Darlegungs- und Beweislast** des Klägers hinsichtlich des Besitzes des Beklagten sowie hinsichtlich nachträglicher Veräußerung durch den Kläger bzw Übertragung des Besitzes durch den Beklagten gelten die Ausführungen zu Rn 9–12 entsprechend.

§ 986 Einwendungen des Besitzers

(1) [1]Der Besitzer kann die Herausgabe der Sache verweigern, wenn er oder der mittelbare Besitzer, von dem er sein Recht zum Besitz ableitet, dem Eigentümer gegenüber zum Besitz berechtigt ist. [2]Ist der mittelbare Besitzer dem Eigentümer gegenüber zur Überlassung des Besitzes an den Besitzer nicht befugt, so kann der Eigentümer von dem Besitzer die Herausgabe der Sache an den mittelbaren Besitzer oder, wenn dieser den Besitz nicht wieder übernehmen kann oder will, an sich selbst verlangen.
(2) Der Besitzer einer Sache, die nach § 931 durch Abtretung des Anspruchs auf Herausgabe veräußert worden ist, kann dem neuen Eigentümer die Einwendungen entgegensetzen, welche ihm gegen den abgetretenen Anspruch zustehen.

A. Eigenes, vom Eigentümer abgeleitetes Recht zum Besitz

I. Muster: Klageerwiderung, gestützt auf ein eigenes, vom Eigentümer abgeleitetes Recht zum Besitz 1

761

▶ An das

Amtsgericht/Landgericht ...

Az.: ...

Klageerwiderung

In dem Rechtsstreit

... Kläger

... Prozessbevollmächtigter

gegen

... Beklagter

... Prozessbevollmächtigter

zeige ich die Vertretung des Beklagten an.

Ich werde beantragen:

I. Die Klage wird abgewiesen

II. ... (ggf Prozessanträge)[1]

Begründung

Es trifft zu, dass der Beklagte von dem Kläger den streitgegenständlichen Pkw unter Eigentumsvorbehalt erworben hat. Weiterhin trifft zu, dass der Beklagte den Kaufpreis noch nicht vollständig bezahlt hat. Gleichwohl ist die Klage unbegründet; denn dem Beklagten steht ein Recht zum Besitz zu (§ 986 Abs. 1 S. 1 Alt. 1 BGB). Das Recht zum Besitz ergibt sich aus § 433 Abs. 1 BGB. Auch wenn die Sache unter Eigentumsvorbehalt veräußert wird, besteht es bis zum Rücktritt des Verkäufers vom Vertrag (§ 449 Abs. 2 BGB).

Darüber hinaus hat der Beklagte aber auch eine Anzahlung iHv 5.000,- EUR geleistet.

Beweis: Bankbestätigung, vorgelegt als Anl. B 1

Selbst wenn der Kläger den Rücktritt vom Vertrag erklären sollte, steht dem Beklagten ein Zurückbehaltungsrecht gem. §§ 348, 320 BGB zu, bis ihm die Anzahlung erstattet wird. Dieses Zurückbehaltungsrecht macht der Beklagte ausdrücklich geltend. Auch dieses Zurückbehaltungsrecht gibt dem Beklagten ein Recht zum Besitz.[2], [3]

▪▪▪

Rechtsanwalt ◀

II. Erläuterungen

2 [1] **Prozessanträge.** Hat das Gericht das schriftliche Vorverfahren gem. § 276 ZPO angeordnet und der Beklagte die Verteidigungsbereitschaft noch nicht angezeigt, sollte dies mit der Klageerwiderung verbunden werden. Sofern der Prozessbevollmächtigte bereits im Zusammenhang mit der Erklärung der Verteidigungsbereitschaft die Vertretung des Beklagten angezeigt hat, ist der entsprechende Passus im Formular zu streichen. Hinsichtlich der weiteren Prozessanträge können insbesondere Anträge zur Entscheidung durch die Kammer statt durch den Einzelrichter oder umgekehrt gestellt werden (§§ 348, 348 a ZPO). Weiterhin werden in vielen Fällen Anträge zum Vollstreckungsschutz gestellt. Diese haben nur Aussicht auf Erfolg, wenn einzelfallbezogen die Voraussetzungen der §§ 707, 712 ZPO dargelegt werden.

3 [2] **Besitzrecht: Eigentumsvorbehalt.** Das Muster enthält die Klageerwiderung, die Z einer Herausgabeklage gem. Muster zu § 985 Rn 14 ff entgegensetzen könnte, wenn der Kläger noch nicht wegen Zahlungsverzuges vom Kaufvertrag zurückgetreten ist. Der Besitzer kann sich grundsätzlich mit jeder besitzrechtlichen Position (gleich ob obligatorisch oder dinglich) verteidigen, die dem Eigentümer entgegengehalten werden kann (Hk-BGB/*Schulte-Nölke* § 986 Rn 3).

4 [3] Auch ein **Zurückbehaltungsrecht** gibt ein Recht zum Besitz (Hk-BGB/*Schulte-Nölke* § 986 Rn 4 mwN); es muss allerdings ausdrücklich geltend gemacht werden und führt nur zu einer Zug-um-Zug-Verurteilung (BGH NJW 2002, 1050). Kann sich der Besitzer nur auf ein Zurückbehaltungsrecht stützen ist dies bei der Antragstellung zur Vermeidung von Kostennachteilen in der Form zu berücksichtigen, dass der Klageanspruch mit der Maßgabe anerkannt wird, dass der Beklagte verurteilt wird, die Sache „Zug um Zug gegen …" herauszugeben (§ 93 a ZPO).

B. Abgeleitetes Recht zum Besitz

5 **I. Muster: Klageerwiderung, gestützt auf ein abgeleitetes Recht zum Besitz**

▶ An das

Amtsgericht/Landgericht ▪▪▪

Az.: ▪▪▪

Klageerwiderung

In dem Rechtsstreit

▪▪▪ Kläger

▪▪▪ Prozessbevollmächtigter

gegen

▪▪▪ Beklagter

▪▪▪ Prozessbevollmächtigter

zeige ich die Vertretung des Beklagten an.

Ich werde beantragen:

1. Die Klage wird abgewiesen
2. ■■■ (ggf Prozessanträge)[1]

Begründung

Es wird mit Nichtwissen bestritten, dass der Kläger den streitgegenständlichen Pkw an Z unter Eigentumsvorbehalt verkauft und dieser den Kaufpreis noch nicht vollständig bezahlt hat. Aber auch, wenn sich dies bestätigen sollte, ist die Klage unbegründet; denn dem Beklagten steht ein Recht zum Besitz zu (§ 986 Abs. 1 S. 1 Alt. 2 BGB).

Z ist gegenüber dem Kläger zum Besitz berechtigt. Das Recht zum Besitz ergibt sich aus dem zwischen dem Kläger und Z geschlossenen Kaufvertrag (§ 433 Abs. 1 BGB). Auch wenn die Kaufsache unter Eigentumsvorbehalt veräußert wird, besteht es bis der Verkäufer vom Vertrag zurücktritt (§ 449 Abs. 2 BGB).

Darüber hinaus hat Z aber auch eine Anzahlung iHv 5.000,- EUR geleistet.

Beweis: Bankbestätigung, vorgelegt als Anlage B 1

Selbst wenn der Kläger den Rücktritt vom Vertrag erklären sollte, steht Z ein Zurückbehaltungsrecht gem. §§ 348, 320 BGB zu, bis ihm die Anzahlung erstattet wird. Dieses Zurückbehaltungsrecht macht der Beklagte für Z ausdrücklich geltend.[2] Auch dieses Zurückbehaltungsrecht gibt dem Z ein Recht zum Besitz.

Der Beklagte ist gegenüber Z zum Besitz des Pkws berechtigt; denn er hat diesen von Z, wie der Kläger zutreffend ausführt, käuflich erworben.[3]

■■■

Rechtsanwalt ◄

II. Erläuterungen

[1] Hinsichtlich der **Antragstellung** wird auf Rn 2 verwiesen. 6

[2] **Darlegungs- und Beweislast.** Stützt sich der Beklagte auf ein **abgeleitetes Besitzrecht,** hat er zweierlei darzulegen und zu beweisen: die Tatsachen, die ein Besitzrecht des „Zwischenmannes" gegenüber dem Eigentümer begründen und die Tatsachen, die ein Besitzrecht des Beklagten gegenüber dem „Zwischenmann begründen". Wie insoweit ein Zurückbehaltungsrecht des „Zwischenmannes" zu bewerten ist, wird, soweit ersichtlich in Literatur und Rechtsprechung nicht erörtert. Für vorliegendes Muster wird davon ausgegangen, dass von der Verpflichtung des Zwischenmannes dem Beklagten den Besitz zu verschaffen, die Verpflichtung umfasst ist, den Beklagten zu ermächtigen, ein Zurückbehaltungsrecht für ihn auszuüben oder aber dieses selbst zu tun. 7

Kann sich der Beklagte nur auf ein solches Zurückbehaltungsrecht berufen, sollte er zur Vermeidung von Kostennachteilen anerkennen mit der Maßgabe, dass er nur Zug um Zug gegen Erbringung der geschuldeten Leistung an den „Zwischenmann" zur Herausgabe verpflichtet ist. Zumindest in diesem Fall sollte der Kläger diese Leistung dem Zwischenmann in einer Annahmeverzug begründenden Weise anbieten und entsprechende Feststellungsklage erheben (§ 756 ZPO). 8

[3] **Besitzrechtsableitung.** § 986 Abs. 1 S. 1 Alt. 2 gilt über seinen Wortlaut hinaus nicht nur für Besitzmittlungsverhältnisse sondern für alle Fälle, in denen die Besitzlage der materiellen Rechtslage entspricht (Hk-BGB/*Schulte-Nölke* § 986 Rn 5). Es gilt folgende **Formel:** 9

Der Besitzer kann die Herausgabe der Sache verweigern, wenn er einem Dritten gegenüber zum Besitz berechtigt oder verpflichtet ist und der Dritte seinerseits dem Eigentümer gegenüber ebenfalls zum Besitze berechtigt ist und darüber hinaus auch zur Überlassung des Besitzes an den Besitzer befugt war (M. Wolff zit. nach Staudinger/Gursky § 986 Rn 37).

C. Herausgabeklage des Rechtsnachfolgers des ursprünglichen Eigentümers

10 **I. Muster: Klageerwiderung gegen die Herausgabeklage des Rechtsnachfolgers des ursprünglichen Eigentümers**

▶ An das

Amtsgericht/Landgericht ■■■

Az.: ■■■

Klageerwiderung

In dem Rechtsstreit

■■■ Kläger

■■■ Prozessbevollmächtigter

gegen

■■■ Beklagter

■■■ Prozessbevollmächtigter

zeige ich die Vertretung des Beklagten an.

Ich werde beantragen:

1. Die Klage wird abgewiesen
2. ■■■ (ggf Prozessanträge)[1]

Begründung

Es trifft zu, dass der Beklagte mit der Firma L einen Leasingvertrag geschlossen hat, durch den der Beklagte den streitgegenständlichen Pkw von L geleast hat.

Es wird jedoch mit Nichtwissen bestritten, dass L das Eigentum an dem geleasten Pkw zur Sicherheit an die B-Bank übertragen hat. Weiterhin wird mit Nichtwissen bestritten, dass die B-Bank den Pkw durch Abtretung des Herausgabeanspruchs aus dem Sicherungsvertrag an die Klägerin gem. § 931 BGB übertragen hat.

Aber auch wenn sich dies bestätigen sollte, ist die Klage unbegründet. Der Beklagte ist der Klägerin gegenüber nämlich zum Besitz berechtigt (§ 986 Abs. 2 BGB), und dies aus zwei Gründen[2]: zum einen hat die Klägerin bisher nicht dargelegt, dass L seinen Verpflichtungen gegenüber der B-Bank nicht nachgekommen wäre. Ebenso wenig ist dargelegt, dass die weiteren Voraussetzungen für die Verwertung des Sicherungsgutes gemäß dem zwischen L und der B-Bank abgeschlossenen Sicherungsvertrages erfüllt sind.

Der Beklagte ist aber auch deshalb nicht zur Herausgabe des streitgegenständlichen Pkws verpflichtet, weil er nicht verpflichtet ist bzw wäre, den Pkw an L herauszugeben(§ 546 Abs. 1 BGB). Der Beklagte hat mit L einen Leasingvertrag über den streitgegenständlichen Pkw geschlossen.

Beweis: Leasingvertrag vom ■■■, vorgelegt als Anl. B 1

Dieser Leasingvertrag mit L besteht unverändert fort

Hätte L das Eigentum an dem streitgegenständlichen Pkw gem. § 931 BGB an die B-Bank übertragen, könnte der Beklagte einem Herausgabeverlangen dieser Bank gem. §§ 404, 986 Abs. 2 BGB entgegentreten. Hieran darf sich nichts ändern, wenn die B-Bank das Eigentum gem. §§ 929, 930 BGB erlangt hat. Weiterhin darf sich die Rechtsstellung des Besitzers nicht dadurch verschlechtern, dass der Rechtsnachfolger seinerseits das Eigentum gem. §§ 930, 931 BGB weiter überträgt (vgl zum Eigentumserwerb gem. § 930 BGB Hk-BGB/*Schulte-Nölke* § 986 Rn 6; zu den Einwendungen des Besitzers aus § 986 Abs. 2 BGB gegenüber dem Zweiterwerber Staudinger/Gursky § 986 Rn 55).[3]

■■■

Rechtsanwalt ◀

II. Erläuterungen

[1] Hinsichtlich der weiteren **Prozessanträge** s. Rn 2. 11

[2] **Besitzrechtskette Erstreckung von Einwendungen.** Im Fall der Übertragung des Eigentums kann der Besitzer dem Herausgabeverlangen des Rechtsnachfolgers auf zwei Ebenen begegnen: 12

- Er kann zum einen darlegen, dass eine Besitzrechtskette über den Veräußerer zum Erwerber besteht. Es ist dann Sache des Klägers darzulegen, dass diese unterbrochen worden sei, bspw durch Eintritt des Sicherungsfalls (str., vgl Staudinger/*Gursky* § 986 Rn 6; es wird auch vertreten, dass der Besitzer für den Fortbestand der Besitzrechtskette darlegungs- und beweisbelastet ist).
- Er kann sich aber auch auf sein Besitzrecht durch die Einwendungserstreckung berufen. Diese Position bleibt ihm, wenn die Besitzrechtskette abreißen sollte (vgl hierzu Staudinger/*Gursky* § 986 Rn 55).

[3] **Analoge Anwendung bei Eigentumsübertragung durch Besitzkonstitut.** In Konstellationen wie der vorliegenden kommt es zu einer Anwendung von § 986 Abs. 2 im Wege der doppelten Analogie. Zum einen wird die Vorschrift über ihren Wortlaut hinaus auch auf Fälle angewandt, in denen der Eigentümer nicht nach § 931 sondern nach § 930 das Eigentum überträgt. Dies wird von der hM gebilligt (Hk-BGB/*Schulte-Nölke* § 986 Rn 6; BGH NJW 1990, 1914). Dies ist sachgerecht, um Manipulationen zum Nachteil des Besitzers vorzubeugen. 13

Gem. § 931 kann der Besitzer dem Erwerber nur Einwendungen entgegenhalten, die ihm gegen den abgetretenen Anspruch zustehen. Der Zweiterwerber erwirbt aber durch Einigung und Abtretung des Herausgabeanspruchs des Ersterwerbers gegen den Besitzer. § 986 Abs. 2 wird nun analog in der Form angewandt, dass dem Besitzer ermöglicht wird, Einwendungen geltend zu machen, die er zwar nicht einem Herausgabeanspruch des ursprünglichen Eigentümers entgegenhalten könnte, die ihm aber gegen den mittelbaren Besitzer zustehen (vgl hierzu Staudinger/*Gursky* § 986 Rn 55). 14

§ 987 Nutzungen nach Rechtshängigkeit

(1) Der Besitzer hat dem Eigentümer die Nutzungen herauszugeben, die er nach dem Eintritt der Rechtshängigkeit zieht.

(2) Zieht der Besitzer nach dem Eintritt der Rechtshängigkeit Nutzungen nicht, die er nach den Regeln einer ordnungsmäßigen Wirtschaft ziehen könnte, so ist er dem Eigentümer zum Ersatz verpflichtet, soweit ihm ein Verschulden zur Last fällt.

A. Herausgabeklage gegen den gutgläubigen Eigenbesitzer

1 **I. Muster: Herausgabeklage gegen den gutgläubigen Eigenbesitzer**

▶ ■■■

Sofern die Klage gemäß Ziff. 1 begründet ist:[1]

Der Beklagte wird verurteilt, an den Kläger ■■■ EUR für jede angefangene Woche ab Rechtshängigkeit der Klage bis zur Herausgabe des streitgegenständlichen Pkw zu bezahlen.[2], [3]

(Begründung)

■■■[4] Der Beklagte nutzt den streitgegenständlichen Pkw zu privaten Zwecken.

Beweis: Zeuge NN

Der ortsübliche Mietzins für einen Pkw, der dem streitgegenständlichen Pkw entspricht, beträgt ■■■ EUR pro Woche. Hierin ist eine Fahrleistung von ■■■ km enthalten.

Beweis:
- Sachverständigengutachten
- Schwackeliste

Sofern der Beklagte den Pkw in weiterem Umfang nutzt, beträgt die ortsübliche Miete ■■■ EUR je Mehrkilometer.

Beweis: wie vor

Da noch nicht absehbar ist, ob und in welchem Umfang dies der Fall ist, ist dieser Teil der Nutzungen von der vorliegenden Klage nicht umfasst, die insoweit als Teilklage erhoben wird.

■■■[5], [6]

Die Klage auf künftige Leistung ist gem. § 259 ZPO zulässig. Da der Beklagte bestreitet, zur Herausgabe des Pkw verpflichtet zu sein, ist zu besorgen, dass er auch die Nutzungsentschädigung gemäß § 987 Abs. 1 BGB nicht bezahlen wird.

Die Voraussetzungen gemäß § 987 Abs. 1 BGB liegen vor.

Zwischen den Parteien besteht eine Vindikationslage. Der Beklagte ist verpflichtet, dem Kläger den streitgegenständlichen Pkw gem. § 985 BGB herauszugeben.

Mit Zustellung der Klage wird der Herausgabeanspruch rechtshängig (§ 261 ZPO).

Der Beklagte ist verpflichtet, ab diesem Zeitpunkt die Nutzungen herauszugeben, die er noch zieht. Hierzu gehören die Gebrauchsvorteile (§ 100 BGB).

Die Gebrauchsvorteile sind nach ihrem objektiven Wert zu bemessen. Dieser entspricht in der Regel bei der Nutzung eines Gegenstandes der ortsüblichen Miete.[7], [8], [9], [10]

■■■

Rechtsanwalt ◀

II. Erläuterungen

2 [1] **Klageantrag.** Das Muster knüpft an das Muster in Rn 14 ff zu § 985 an. Wird der Besitzer einer Sache auf Herausgabe gemäß § 985 in Anspruch genommen, empfiehlt es sich, im Wege der Eventualklagehäufung gemäß § 260 ZPO zugleich auf Erstattung von Nutzungen die ab Rechtshängigkeit gezogen wurden, zu klagen. Durch die Eventualklagehäufung wird das Kostenrisiko vermindert (§ 45 Abs. 1 S. 2 GKG).

3 [2] Der Eigentümer kann **auf künftige Leistung klagen** (§ 259 ZPO; vgl Staudinger/*Gursky* § 987 Rn 45). Dies setzt voraus, dass die künftigen Nutzungen bereits bei Klageerhebung zumindest in Grundzügen beziffert werden können. Dem trägt das Muster dadurch Rechnung, dass Ersatz für künftige Nutzungen nur insoweit eingeklagt wird, als dieser allein durch Zeitablauf berechnet werden kann.

[3] **Saldotheorie.** Sofern der Besitzer Ansprüche auf Verwendungsersatz gegen den Eigentümer hat (s. hierzu §§ 994 bis 999) sind die Ansprüche des Eigentümers auf Erstattung von Nutzungen und die Ansprüche des Besitzers auf Ersatz von Verwendungen vorab zu **saldieren** (BGH NJW 1995, 2627). Lediglich der Saldo kann sodann vom Eigentümer (bzw Besitzer) klageweise gefordert werden. 4

[4] **Sachvortrag zur Klage.** Hier folgen die Ausführungen in tatsächlicher Hinsicht gem. § 985 Rn 14. 5

[5] Hier gehen die **Rechtsausführungen** gem. Muster in Rn 14 zu § 985 voraus. 6

[6] **Darlegungs- und Beweislast.** Voraussetzungen des Anspruchs auf Herausgabe von Nutzungen sind Vindikationslage, Rechtshängigkeit und Ziehung von Nutzungen durch den Besitzer (Hk-BGB/*Schulte-Nölke* § 987 Rn 2). „Rechtshängigkeit" meint eine erfolgreiche, auf § 985 gestützte Klage (Hk-BGB/*Schulte-Nölke* § 987 Rn 2). Dem trägt das Muster dadurch Rechnung, dass es die Herausgabeklage voraussetzt und der Antrag auf Erstattung von Nutzungen als uneigentliche Eventualklagehäufung ausgestattet wurde. 7

[7] **Bewertung.** Es ist str., ob Gebrauchsvorteile mit dem objektiven Mietwert (so die hM) oder mit dem gebrauchsbedingten Wertverlust anzusetzen sind (vgl die Nachweise bei Staudinger/*Gurssky* § 987 Rn 17). Das Muster folgt der hM, die auch von der Rechtsprechung geteilt wird (Hk-BGB /*Dörner* § 100 Rn 1; BGH NJW 2006, 1583). 8

[8] **Früchte.** Zu den Nutzungen gehört auch die Ziehung von Früchten (§§ 100, 99). Früchte unterfallen § 987 allerdings nur dann, wenn sie in das Eigentum des Besitzers gefallen sind. Andernfalls sind sie vom Eigentümer gemäß § 985 klageweise geltend zu machen (Hk-BGB/*Schulte-Nölke* § 987 Rn 3). Der Fremdbesitzer, der aufgrund eines obligatorischen Rechtes besitzt, wird in der Regel nicht das Eigentum an Früchten erlangen (vgl §§ 956, 957), aber auch der Eigenbesitzer wird ab Rechtshängigkeit in der Regel nicht mehr das Eigentum an Früchten erlangen können, da er in vielen Fällen durch die Herausgabeklage vom Rechtsmangel erfahren wird (§ 955 Abs. 1 S. 2 aE). Bei Unklarheiten dürfte es sich empfehlen, weil der Eigentümer für die Voraussetzungen des § 955 Abs. 1 S. 2 darlegungs- und beweisbelastet ist, vorrangig aus § 987 Abs. 1 auf Übereignung und Herausgabe der Früchte zu klagen, hilfsweise auf Herausgabe gemäß § 985. 9

[9] **Anspruchskonkurrenz.** Im Fall des § 987 Abs. 1 stellt sich die Frage des Konkurrenzverhältnisses zu anderen Regelungen der Nutzungsherausgabe durch den Fremdbesitzer praktisch nicht; denn ab Rechtshängigkeit haftet dieser auf Herausgabe aller Nutzungen (vgl Staudinger/*Gursky* vor § 987 Rn 22). 10

[10] **Ersatz nicht gezogener Nutzungen.** Darlegungen zur tatsächlichen Nutzung der Sache durch den Besitzer sind ab Rechtshängigkeit grundsätzlich nicht erforderlich, da dieser auch für schuldhaft nicht gezogene Nutzungen ab diesem Zeitpunkt haftet (BGH NJW-RR 2005, 1542). Es ist vielmehr Sache des Besitzers, darzulegen, dass er Nutzungen tatsächlich nicht gezogen hat, ohne dass ihn diesbezüglich ein Verschulden trifft. Insoweit wird man es auch als schuldlos anzusehen haben, wenn ein Besitzer für vorübergehende Zeit einen Privat-Pkw nicht nutzt, um sich nicht dem Risiko auszusetzen, Nutzungen in Form ortsüblicher Mietwagenkosten, die den Wertverzehr durch Gebrauch gerichtsbekannt bei weitem übersteigen, bei Prozessverlust erstatten zu müssen. 11

B. Ersatz von Nutzungen

I. Muster: Klage auf Ersatz von Nutzungen, die der Besitzer nach Rechtshängigkeit nach den Grundsätzen einer ordnungsmäßigen Wirtschaft hätte ziehen können 12

▶ An das

Amtsgericht/Landgericht ...[1]

765

Klage

In dem Rechtsstreit

… Kläger

… Prozessbevollmächtigter

gegen

… Beklagter

wegen: Herausgabe und Nutzungsersatz

zeige ich die Vertretung des Klägers an.

Namens und in Vollmacht des Klägers erhebe ich Klage und werde beantragen:

I. Der Beklagte wird verurteilt, an den Kläger die als Bäckereiverkaufsstand genutzte Ladeneinheit … belegen in … nebst der zugehörigen Schlüssel herauszugeben.

II. Für den Fall, dass die Klage gem. Ziffer 1, in der Sache Erfolg hat:
Der Beklagte wird verurteilt, an den Kläger bis zur Herausgabe der Ladenräume gem. Ziff. 1 der Klage für jeden angefangenen Monat ab Rechtshängigkeit der Klage 450,- EUR zu bezahlen.

III. … (Prozessanträge)[2]

vorläufiger Streitwert: … EUR

Gründe

I.

Der Kläger ist Eigentümer des Grundstücks … -straße … in …, vorgetragen im Grundbuch des AG … von …, Bl. …

Beweis: Grundbuchauszug …, vorgelegt als Anlage K 1

Dieses Grundstück ist bebaut mit einem Wohn- und Geschäftshaus, in dessen Erdgeschoss sich ein Supermarkt befindet. In diesem Supermarkt ist eine selbständig abschließbare Ladeneinheit integriert, die nach dem Vermarktungskonzept als Bäckereiverkaufsstelle zu nutzen ist.

Beweis:

- Grundriss, vorgelegt als Anlage K 2
- Augenschein

Der Kläger hat mit Z einen befristeten Mietvertrag über die als Supermarkt zu nutzende Gewerbeeinheit geschlossen.

Beweis: Mietvertrag, vorgelegt als Anlage K 3

Das Mietverhältnis ist dementsprechend befristet bis: …

Z steht eine einmalige Verlängerungsoption zu für weitere … Jahre ab Ablauf des Mietverhältnisses. Weiterhin ist Z die Untervermietung der zum Supermarkt gehörenden selbständigen Ladeneinheiten gestattet.

Beweis: Mietvertrag, §§ … bereits vorgelegt als Anlage K 3

Z hat von seinem Recht zur Untervermietung Gebrauch gemacht und die als Bäckereiverkaufsstelle gedachte Ladeneinheit an den Beklagten vermietet.

Beweis: Mietvertrag zwischen Z und dem Beklagten vom …, vorgelegt als Anlage K 4

Der monatliche Mietzins beträgt demnach … EUR.

Beweis: § … Mietvertrag, bereits vorgelegt als Anlage K 4

Z hat die Verlängerungsoption nicht ausgeübt, so dass das mit Z bestehende Mietverhältnis am … erloschen ist.[3]

Beweis: Unter Verwahrung gegen die Beweislast: Zeuge Z

Der Beklagte hat zwar das Ladenlokal geräumt, er verweigert jedoch im Hinblick auf von ihm getätigte Investitionen die Herausgabe der Schlüssel.

II.

1. Dem Kläger steht gegen den Beklagten ein Anspruch auf Herausgabe der streitgegenständlichen Ladeneinheit gemäß § 985 zu. Der Kläger ist Eigentümer des Grundstücks ... Dies wird gem. § 891 BGB vermutet. Das hierauf errichtete Wohn- und Geschäftshaus, zu dem auch die streitgegenständliche Ladeneinheit gehört, ist wesentlicher Bestandteil dieses Grundstücks (§ 94 BGB).

Der Beklagte ist Besitzer der als Bäckereiverkaufsstand zu nutzenden Ladeneinheit (§ 856 Abs. 1 BGB). Solange er die zugehörigen Schlüssel nicht herausgibt, hat er die tatsächliche Gewalt über diese Ladeneinheit nicht aufgegeben.

Da das Mietverhältnis zwischen dem Kläger und Z durch Zeitablauf erloschen ist (§§ 542 Abs. 1, 578 BGB), steht dem Beklagten kein Recht zum Besitz zu.

2. Dem Kläger steht ein Anspruch auf Zahlung der ortsüblichen Miete für die als Bäckereiverkaufsstand zu nutzende Ladeneinheit zu (§§ 987 Abs. 1, 2 BGB). Diese beträgt 450,- EUR pro Monat.

Beweis: Sachverständigengutachten

Zwischen den Parteien besteht eine Vindikationslage (s. Ziff. II 1 der Gründe).

Mit Zustellung der Klage auf Herausgabe wird diese rechtshängig (§ 261 Abs. 1 ZPO).

Der Beklagte ist verpflichtet, bis zur Herausgabe des Ladens die ortsübliche Miete an den Kläger zu zahlen (§ 987 Abs. 2 BGB). Zwar nutzt der Beklagte die Ladeneinheit derzeit nicht. Er hat jedoch auch Nutzungsersatz in Höhe der ortsüblichen Miete zu zahlen, wenn er die Sache nicht nutzt, obwohl eine Nutzung objektiv möglich wäre (BGH NJW 2002, 1050)[3]. Dies ist auch dann hinsichtlich des „Backshops" der Fall, wenn der Betrieb des Supermarktes iÜ eingestellt ist.[5], [6]

...

Rechtsanwalt ◄

II. Erläuterungen

[1] Der **Zuständigkeitsstreitwert** richtet sich hinsichtlich der Herausgabeklage nach § 6 ZPO, hinsichtlich der Klage auf Nutzungsentschädigung nach § 9 ZPO. 13

[2] Zur **Antragstellung** vgl die Erläuterungen zu § 985 Rn 6, 7. 14

[3] **Darlegungs- und Beweislast.** Zur besseren Verständlichkeit werden in dem Muster die Mietverhältnisse dargestellt. Dies ist für eine schlüssige Klage jedoch nicht erforderlich, da der Kläger lediglich gehalten ist, die Tatsachen vorzutragen, aus denen sich sein Eigentum und der Besitz des Beklagten ergeben. 15

[4] **Ersatz für nicht gezogene Nutzungen.** Der BGH qualifiziert in der zitierten Entscheidung auch die bloße Möglichkeit der Nutzung als Gebrauchsvorteil. Richtiger dürfte es sein, den Anspruch auf Nutzungsersatz, wenn Nutzungen nicht gezogen wurden, **obwohl dies möglich gewesen wäre**, auf § 987 Abs. 2 zu stützen. Das Muster ist dementsprechend hinsichtlich der dogmatischen Einordnung des Anspruchs etwas vage gehalten. 16

[5] **Vermutetes Verschulden.** Vortrag zum Verschulden für nicht gezogene Nutzungen trotz objektiv bestehender Möglichkeit ist nicht erforderlich, da insoweit das Verschulden des Besitzers vermutet wird (BGH NJW-RR 2005, 1542). 17

[6] **Tatsächliche Fruchtziehung.** Da der Besitzer ab Rechtshängigkeit sowohl für tatsächlich gezogene Nutzungen haftet als auch auf Ersatz für Nutzungen, die er nicht gezogen hat, obwohl ihm dies möglich gewesen wäre, ist die auf **Ersatz des objektiven Ertragswertes** gerichtete Klage des Eigentümers unabhängig davon schlüssig, wie der Besitzer die Sache tatsächlich genutzt hat (BGH aaO). Insoweit ist also Vortrag nicht erforderlich. 18

§ 988 Nutzungen des unentgeltlichen Besitzers

Hat ein Besitzer, der die Sache als ihm gehörig oder zum Zwecke der Ausübung eines ihm in Wirklichkeit nicht zustehenden Nutzungsrechts an der Sache besitzt, den Besitz unentgeltlich erlangt, so ist er dem Eigentümer gegenüber zur Herausgabe der Nutzungen, die er vor dem Eintritt der Rechtshängigkeit zieht, nach den Vorschriften über die Herausgabe einer ungerechtfertigten Bereicherung verpflichtet.

1 **A. Muster: Klage auf Herausgabe von Nutzungen gegen den rechtsgrundlosen Besitzer**

▶ An das

Amtsgericht/Landgericht ▪▪▪

▪▪▪

I. Der Beklagte wird verurteilt, an den Kläger 5.000,- EUR zzgl 500,- EUR je angefangenen Monat ab Rechtshängigkeit bis zur Herausgabe der streitgegenständlichen Eigentumswohnung zu bezahlen.

II. ▪▪▪ (Prozessanträge)[1]

Gründe

I.

Der Kläger hat durch notariell beurkundeten Kaufvertrag vom ▪▪▪ UR-Nr. ▪▪▪ des Notars ▪▪▪ an den Beklagten die streitgegenständliche Eigentumswohnung zum Preis von 150.000,- EUR verkauft.

Beweis: notarieller Kaufvertrag vom ▪▪▪, vorgelegt als Anlage K 1

Noch am gleichen Tag wurden dem Beklagten die Wohnungsschlüssel ausgehändigt.

Beweis: Übergabeprotokoll vom ▪▪▪ vorgelegt als Anlage K 2

Zugunsten des Beklagten wurde im Wohnungsgrundbuch des AG ▪▪▪ von ▪▪▪ Band ▪▪▪ Bl. ▪▪▪ eine Auflassungsvormerkung eingetragen. IÜ ist aber nach wie vor der Kläger als Eigentümer dieser Wohnung im Wohnungsgrundbuch vermerkt.

Beweis: Grundbuchauszug, ▪▪▪, vorgelegt als Anlage K 3

Tatsächlich haben allerdings Z, der als Vertreter für den Kläger die Kaufvertragsverhandlungen geführt hat und der Beklagte mündlich einen Preis von 160.000,- EUR vereinbart.

Beweis: Vernehmung von Z als Zeuge

Der Beklagte hat die Eigentumswohnung für monatlich 500,- EUR kalt seit ▪▪▪ vermietet.

Beweis: Mietvertrag, vorgelegt als Anlage K 4

Er verweigert die Herausgabe der Wohnung unter Verweis auf den notariellen Kaufvertrag.

II.

1. ▪▪▪

2. Die Klage ist zulässig. Der Kläger kann gemäß § 259 ZPO auf künftige Leistung klagen, da zu besorgen ist, dass der Beklagte, der den notariellen Kaufvertrag für wirksam hält, auch in Zukunft die Nutzungen nicht an den Kläger herausgeben wird.

Sie ist auch begründet. Dem Kläger steht gem. §§ 988, 818 Abs. 1 BGB ein Anspruch auf Herausgabe der vom Beklagten vereinnahmten Miete zu.

Zwischen den Parteien besteht seit Übergabe der Wohnung eine Vindikationslage.

Der Kläger ist Eigentümer der Wohnung (§ 891 Abs. 1 BGB). Der Beklagte ist Besitzer der Wohnung (§ 858 Abs. 1 BGB). Der Beklagte ist nicht zum Besitz der Wohnung berechtigt, da der zwischen den Parteien geschlossene Kaufvertrag unwirksam ist (§§ 125, 311 b BGB).

Der beurkundete Vertrag ist gem. § 117 BGB nichtig, da die vertragsschließenden Parteien einen Vertrag mit dem beurkundeten Inhalt nicht abschließen wollten. Es ist aber auch kein Vertrag mit dem Inhalt des übereinstimmenden Willens der vertragsschließenden Teile zustande gekommen, da dieser nicht beurkundet wurde (§§ 311 b 125 BGB).

Der Beklagte, der die Wohnung als ihm gehörig besitzt, ist Eigenbesitzer.

Der Beklagte hat den Besitz zwar nicht unentgeltlich erlangt. Dem unentgeltlichen Besitzerwerb steht jedoch der Besitzerwerb ohne Rechtsgrund gleich (Hk-BGB/Schulte-Nölke § 988 Rn 4; BGH NJW 1995, 454).

Soweit der Kläger Nutzungsersatz für die Zeit ab Rechtshängigkeit fordert, ergibt sich der Anspruch aus § 987 Abs. 1 BGB). ▪▪▪[2], [3], [4] ◀

B. Erläuterungen

[1] **Klagehäufung.** Das Muster geht davon aus, dass die Klage auf Nutzungsersatz verbunden wird mit der Klage auf Herausgabe der Wohnung gem. § 985. Hinsichtlich der Herausgabeklage und des Rubrums ist das Muster daher entsprechend § 985 Rn 1 zu ergänzen. 2

[2] **Rechtsgrundloser Besitz.** Das Muster folgt der Rechtsprechung, dass § 988 auch auf den Besitzer anzuwenden ist, der den Besitz rechtsgrundlos erlangt hat. Die Bestimmung hat dementsprechend auch für solche Fälle ihren hauptsächlichen praktischen Anwendungsbereich. In diesem Zusammenhang ist zu berücksichtigen, dass auch auf den Anspruch aus § 988 die Saldotheorie angewandt wird. Bei der Rückabwicklung fehlgeschlagener Grundstückskaufverträge ist der Anspruch aus § 988 daher zunächst einmal nur ein Rechnungsposten (BGH NJW 1995, 454). 3

[3] **Darlegungs- und Beweislast.** Voraussetzungen des Anspruchs aus § 988 sind Vindikationslage, Eigenbesitz oder Fremdbesitz aufgrund eines vermeintlichen dinglichen oder obligatorischen Besitzrechts, unentgeltlicher oder rechtsgrundloser Besitzerwerb, wobei der Beklagte für ein von ihm behauptetes Besitzrecht darlegungs- und beweisbelastet ist. IÜ gehen die §§ 987 und 990 § 988 vor (vgl zu den Voraussetzungen des § 988 zusammenfassend auch Hk-BGB/*Schulte-Nölke* § 988 Rn 2). 4

[4] Soweit der Kläger **Nutzungsersatz ab Rechtshängigkeit** fordert, wird auf § 987 Rn 1, 7 verwiesen. 5

§ 989 Schadensersatz nach Rechtshängigkeit

Der Besitzer ist von dem Eintritt der Rechtshängigkeit an dem Eigentümer für den Schaden verantwortlich, der dadurch entsteht, dass infolge seines Verschuldens die Sache verschlechtert wird, untergeht oder aus einem anderen Grunde von ihm nicht herausgegeben werden kann.

1 ## A. Muster: Klage auf Schadensersatz

▶ An das

Amtsgericht/Landgericht ■■■[1]

Klage

In dem Rechtsstreit

■■■ Kläger

■■■ Prozessbevollmächtigter

gegen

■■■ Beklagter

wegen: Schadensersatz

zeige ich die Vertretung des Klägers an. Namens und in Vollmacht des Klägers erhebe ich Klage und werde beantragen:

I. Der Beklagte wird verurteilt, an den Kläger 8.500,- EUR nebst Zinsen iHv 5 %-Punkten über dem jeweiligen Basiszinssatz ab Rechtshängigkeit der Klage zu bezahlen.

II. ■■■ (Prozessanträge)[2], [3], [4]

vorläufiger Streitwert: ■■■ EUR[5]

Gründe

I.

Z war am ■■■ Eigentümer des Pkws ■■■. Er war zu dieser Zeit auch Besitzer des Pkws.

Beweis: Zeuge NN

Z schloss sodann mit dem Beklagten einen Leasingvertrag über diesen Pkw.

Beweis: Leasingvertrag, vorgelegt als Anlage K 1

Dieser Leasingvertrag hatte eine Laufzeit bis: ■■■

Beweis: Leasingvertrag, bereits vorgelegt als Anlage K 1, § ■■■[6]

Z übergab sodann dem Beklagten den Pkw.

Am ■■■ veräußerte Z den Pkw an den Kläger, indem er ihm den Kfz-Brief übersandte.

Beweis: Schreiben des Z vom ■■■, vorgelegt als Anlage K 2

Unter Berufung auf angeblich mit Z getroffene Absprachen verweigerte der Beklagte nach Ablauf des Leasingvertrages die Herausgabe des Pkw an den Kläger. Dieser erhob sodann Herausgabeklage gegen den Beklagten unter Berufung auf sein Eigentum, die dem Beklagten am ■■■ zugestellt wurde.

Beweis: Beiziehung der Akten des ■■■ Az ■■■

Nach Klageerhebung stellte sich heraus, dass das Fahrzeug in der Reparaturwerkstatt des U zur Instandsetzung eines Unfallschadens untergestellt war. Der Unfall hatte sich nach Zustellung der Herausgabeklage am ■■■ ereignet.

Beweis:

- Neuigkeitsmeldung der PI ■■■, vorgelegt als Anlage K 3
- Zeuge U

Die Kosten für die Instandsetzung betrugen 8.500,- EUR.

Beweis: Reparaturrechnung des U vom ■■■, vorgelegt als Anlage K 4

Diese Kosten sind ortsüblich und angemessen.

Beweis: Sachverständigengutachten

Der Kläger löste den Pkw durch Zahlung dieser Rechnung bei U aus und hat ihn seitdem in Besitz.

Beweis: Zeuge U

Mit der vorliegenden Klage macht der Kläger seinen Anspruch auf Erstattung der Reparaturkosten geltend.[7]

II.

Dem Kläger steht gegen den Beklagten ein Anspruch auf Zahlung von 8.500,- EUR gem. §§ 989, 249 Abs. 2 S. 1 BGB zu.

Zum Zeitpunkt der Beschädigung des Pkw durch den Unfall bestand eine Vindikationslage.

Der Kläger war Eigentümer des Pkws. Er hat das Eigentum an dem Pkw von Z gem. §§ 929 S. 1, 931 BGB erworben. In der Übersendung des Kfz-Briefes liegt die Abtretung des Herausgabeanspruchs (OLG Saarbrücken NJW-RR 1998, 1068).

Der Beklagte war Besitzer (§ 858 Abs. 1 BGB).

Ihm stand kein Recht zum Besitz zu (§ 986 BGB). Der Leasingvertrag war abgelaufen. Auch sonst haben Z und der Beklagte keine Absprachen getroffen, die der Beklagte dem Kläger entgegenhalten könnte (§ 986 Abs. 2 BGB).

Zum Zeitpunkt des Unfalls war die Klage auf Herausgabe des Pkws bereits rechtshängig (§§ 261, 253 Abs. 1 ZPO). Zu diesem Zeitpunkt war sie auch zulässig und begründet.

Durch den Verkehrsunfall wurde der Pkw des Klägers beschädigt. Dies geschah auch schuldhaft. Zwar sind die Einzelheiten des Unfallhergangs für den Kläger nicht mehr aufklärbar. Jedoch trägt der nicht rechtmäßige Besitzer die Darlegungs- und Beweislast dafür, dass weder er noch ein Bewahrungsgehilfe die Beschädigung der Sache herbeigeführt hat (Staudinger/*Gursky* § 989 Rn 38). IÜ kommt es auch nicht darauf an, ob der Beklagte den Unfall schuldhaft herbeigeführt hat; denn jeder Gebrauch der Sache nach Rechtshängigkeit, der nicht der Erhaltung der Sache dient oder im Rahmen dessen liegt, wie auch ein Sequester die Sache zur Fruchtziehung verwenden würde, erfolgt schuldhaft (OLG Saarbrücken aaO. mit der Maßgabe, dass nur ein Gebrauch, der der Erhaltung der Sache dient, nicht schuldhaft sei; Staudinger/*Gursky* § 989 Rn 1).

Der Umfang des geltend gemachten Schadensersatzes folgt aus § 249 Abs. 2 S. 1 BGB).[8]

Zinsen: Der Anspruch auf die geltend gemachten Zinsen ergibt sich aus § 291 BGB.

■■■

Rechtsanwalt ◄

B. Erläuterungen

[1] Der **Zuständigkeitsstreitwert** richtet sich nach allgemeinen Grundsätzen. Werden die Klage auf Herausgabe und Schadensersatz verbunden, sind die Streitwerte zu addieren (§ 5 ZPO). 2

[2] **Klageantrag.** Die Herausgabeklage und die Klage auf Schadensersatz können auch verbunden werden (§ 260 ZPO). Selbst wenn der Kläger den Besitz an der beschädigten Sache zwischenzeitlich erlangt haben sollte, liegt eine Erfüllung des Herausgabeanspruchs aus § 985 nur vor, wenn der Besitzer dem Eigentümer die Sache zum Zweck der Erfüllung herausgegeben hat oder aber mit der Herausgabe der Sache durch einen Dritten zu diesem Zweck einverstanden ist (Palandt/*Grüneberg* § 362 Rn 2). 3

[3] Hinsichtlich **Prozessanträge** siehe Muster zu § 904 Rn 8. 4

[4] **Klagehäufung.** Wird die Klage auf Herausgabe mit der Klage auf Schadensersatz verbunden, richten sich die Anforderungen an den Klageantrag auf Herausgabe nach § 985 Rn 14–17. 5

[5] Angaben zum **vorläufigen Streitwert** sind nur erforderlich, wenn neben Schadensersatz auch auf Herausgabe geklagt wird. 6

[6] **Beweislast hinsichtlich des Besitzrechts.** Der Abschluss und Inhalt des Leasingvertrages wurde in das Muster aufgenommen, da andernfalls der Eigentumserwerb gem. §§ 929 S. 1, 931 7

nicht darstellbar gewesen wäre. Grundsätzlich obliegt es aber dem Beklagten, die Tatsachen darzulegen und zu beweisen, auf die er sein Besitzrecht stützt.

8 [7] **Darlegungs- und Beweislast.** Das Muster orientiert sich an der allgemeinen Beweislastverteilung im Rahmen des § 989, nach der der Kläger die Tatsachen darzulegen und zu beweisen hat, aus denen sich sein Eigentum, der Besitz des Beklagten und die Verschlechterung bzw der Untergang der Sache, bzw anderweitige Unmöglichkeit der Herausgabe der Sache nach Eintritt der Vindikationslage und Zustellung der erfolgreichen Herausgabeklage ergeben, der Beklagte die Tatsachen, auf die er ein Besitzrecht stützt, sowie aus denen sich ergibt, dass er die zum Schadensersatz verpflichtenden Umstände nicht herbeigeführt hat bzw dass ihn insoweit zumindest kein Verschulden trifft (vgl Staudinger/*Gursky* § 989 Rn 38).

9 [8] Bei der **Schadensberechnung** ist darauf zu achten, dass die Geltendmachung eines Anspruchs auf Schadensersatz wegen Abnützung der Sache ausgeschlossen ist, wenn der Kläger einen Anspruch auf Nutzungsersatz geltend macht, da die mit der Nutzung notwendig verbundene Wertminderung durch diesen Anspruch mit kompensiert wird (BGH NJW-RR 1993, 626). Klagt also der Eigentümer auf fiktive Miete wegen des Gebrauchs eines Pkw, kann er nicht zusätzlich Schadensersatz wegen der Wertminderung des Pkw durch den Gebrauch durch den Besitzer fordern.

§ 990 Haftung des Besitzers bei Kenntnis

(1) [1]War der Besitzer bei dem Erwerb des Besitzes nicht in gutem Glauben, so haftet er dem Eigentümer von der Zeit des Erwerbs an nach den §§ 987, 989. [2]Erfährt der Besitzer später, dass er zum Besitz nicht berechtigt ist, so haftet er in gleicher Weise von der Erlangung der Kenntnis an.
(2) Eine weitergehende Haftung des Besitzers wegen Verzugs bleibt unberührt.

A. Schadensersatzanspruch gegen den bösgläubigen Eigenbesitzer

1 **I. Muster: Klage auf Schadensersatz gegen den bösgläubigen Eigenbesitzer**

▶ An das

Amtsgericht/Landgericht ▪▪▪

Klage

In dem Rechtsstreit

▪▪▪ Kläger

▪▪▪ Prozessbevollmächtigter

gegen

■■■ Beklagter

wegen: Schadensersatzes

zeige ich die Vertretung des Klägers an. Namens und in Vollmacht des Klägers erhebe ich Klage und werde beantragen:

I. Der Beklagte wird verurteilt, an den Kläger 15.000,- EUR nebst Zinsen iHv 5 %-Punkten über dem jeweiligen Basiszinssatz ab Rechtshängigkeit Zug um Zug gegen Übereignung des Rings 535 ct Gold, mit einem großen geschliffenen zwölfeckigen Saphir in der Mitte, umgeben von 36 geschliffenen Rubinen, eingravierter Name ■■■, Größe ■■■ abgebildet in der beiliegenden Expertise des ■■■ vom ■■■ zu bezahlen.

II. Es wird festgestellt, dass der Beklagte mit der Annahme des Angebotes des Klägers auf Übereignung des Rings in Annahmeverzug ist.[1]

III. ■■■ (Prozessanträge)[2]

Gründe

I.

Der Kläger ist Juwelier. Am ■■■ wurde durch bisher namentlich nicht bekannte Personen ein Einbruch in dessen Geschäft verübt. Hierbei wurde neben diversen anderen Schmuckstücken auch der streitgegenständliche Ring entwendet.

Beweis: Ermittlungsakte der StA ■■■ Az ■■■

Der Beklagte erwarb am ■■■ aufgrund eines Angebotes, das bei eBay eingerückt war, den Ring zum Preis von 5.000,- EUR.

Beweis:

- Zeuge NN
- Ausdruck der eBay Korrespondenz, abgedruckt in der Ermittlungsakte der StA ■■■ Az ■■■ Bl. ■■■ deren Beiziehung beantragt wird

Der Ring wurde dem Beklagten am ■■■ von H übergeben.

Beweis:

- Ermittlungsakte der StA ■■■ Az ■■■ Bl. ■■■;
- Zeuge H

Der Beklagte ließ sich vor dem Erwerb des Ringes, der deutlich unter Wert erfolgte, wie auch der Beklagte wusste, weder die Expertise noch sonstige Papiere vorlegen, die den Veräußerer als Eigentümer hätten legitimieren können.

Der Beklagte hat den Ring an eine unbekannte Person weiterveräußert.

Beweis: Schreiben des Beklagten vom ■■■ als Anlage K 1

Der Kläger hat dem Beklagten mit Schreiben vom ■■■ Zug um Zug gegen die Zahlung von 15.000,- EUR die Übereignung und Abtretung seines Schadensersatzanspruchs sowie sonstiger Herausgabeansprüche gegen den jeweiligen Besitzer des Rings angeboten.

Beweis: Schreiben vom ■■■, vorgelegt als Anlage K 2

II.

Dem Kläger steht gegen den Beklagten ein Anspruch auf Schadensersatz gem. §§ 990 Abs. 1, 989 BGB zu.

Der Kläger war bei Weiterveräußerung des Rings durch den Beklagten Eigentümer des Ringes. Der Beklagte hat das Eigentum weder von H noch von der Person, die das Angebot bei eBay eingerückt hat gem. §§ 929 S. 1, 932 Abs. 1 BGB erworben; denn der Ring war dem Kläger abhanden gekommen (§ 935 Abs. 1 BGB).

Der Beklagte war bei Weiterveräußerung des Ringes Besitzer des Ringes (§ 854 Abs. 1 BGB).

Er hatte zu diesem Zeitpunkt kein Recht zum Besitz dieses Ringes.

Insbesondere der über eBay geschlossene Kaufvertrag ist nur geeignet ein Besitzrecht gegenüber dem Verkäufer, nicht aber gegenüber dem Kläger als Eigentümer des Ringes zu begründen.

Der Beklagte war bei Erwerb des Besitzes nicht in gutem Glauben (§ 990 Abs. 1, 932 Abs. 2 BGB); denn er wusste zumindest grob fahrlässig nicht, dass er nicht zum Besitz des Ringes gegenüber dem Kläger berechtigt war. Er hat bei Erwerb des Ringes wesentliche Gesichtspunkte außer Acht gelassen, die bei jedem vernünftigen Menschen erhebliche Zweifel hinsichtlich der Veräußerungsbefugnis des Verkäufers begründet hätten. In einem solchen Fall liegt Bösgläubigkeit vor (BGH NJW 2005, 1365). Insoweit ist zu berücksichtigen, dass der Beklagte den Ring zu einem Preis iHv 1/3 des Verkehrswertes erworben hat. Dass der Verkauf unter Wert erfolgte, war für jedermann offensichtlich. Es handelt sich um ein sehr hochwertiges Schmuckstück. Der Beklagte ließ sich keinerlei Unterlagen vorlegen, die geeignet gewesen wären, den Veräußerer als Eigentümer zu legitimieren. Schließlich erfolgte die Veräußerung unter Ausnutzung der Anonymität des Internethandels.[3], [4], [5], [6], [7]

Der Beklagte kann den Ring schuldhaft nicht herausgeben; denn er hat ihn veräußert, obwohl er bereits bei Besitzerwerb bösgläubig war und daher mit seiner Vindikationshaftung rechnen musste. Die Exkulpation obliegt dem Beklagten.

Der Umfang des Schadensersatzes ergibt sich aus § 251 Abs. 1 BGB. Der Beklagte ist verpflichtet, dem Kläger den Verkehrswert des Ringes zu erstatten. Dieser beträgt 15.000,- EUR.

Beweis: Sachverständigengutachten

Gemäß § 255 BGB ist der Kläger gehalten, Zug um Zug gegen die Zahlung von Schadensersatz dem Beklagten das Eigentum an dem Ring zu übertragen. Entsprechend hat er ihm ein den §§ 929 S. 1, 931 BGB genügendes Angebot unterbreitet.

Der Beklagte ist mit der Annahme dieses Angebotes in Annahmeverzug, da er trotz der eindeutigen Sach- und Rechtslage nicht bereit war, Zug um Zug gegen die Übereignung des Ringes Schadensersatz an den Kläger zu leisten (§§ 298, 295, 273 BGB).

Hinsichtlich der Zinsen beruht der Anspruch auf § 291 BGB.

■■■

Rechtsanwalt ◄

II. Erläuterungen

2 [1] **Klageantrag.** Der Feststellungsantrag empfiehlt sich, um die Vollstreckung zu erleichtern (§ 756 Abs. 1 ZPO).

3 [2] Hinsichtlich der **Prozessanträge** s. § 904 Rn 8.

4 [3] Die **Bösgläubigkeit** iS des § 990 bezieht sich auf den Mangel im Recht zum Besitz. Gegen die abweichenden Meinungen (s. dazu Staudinger/*Gursky* § 990 Rn 10) spricht der eindeutige Wortlaut des § 990 Abs. 1 S. 2. Es wird deshalb als entbehrlich angesehen, diesen Meinungsstreit im Muster zu vertiefen.

5 [4] **Minderjährige.** Das Muster geht davon aus, dass der Erwerber bei Besitzerwerb volljährig ist. Bei minderjährigen Besitzern ist str., ob auf den guten Glauben des Minderjährigen oder des gesetzlichen Vertreters bei Besitzerwerb abzustellen ist (Hk-BGB/*Schulte-Nölke* § 990 Rn 5).

6 [5] **Voraussetzungen der Bösgläubigkeit.** Die Frage der Bösgläubigkeit ist immer eine Frage des Einzelfalls. Bei Erwerb von Eigenbesitz an der Fahrnis kann weitgehend auf die Judikatur zu § 932 zurückgegriffen werden. Entsprechend nennt das Muster einige Umstände, die geeignet sind, erhebliche Zweifel an der Verfügungsbefugnis des Veräußerers zu begründen. Vereinzelt wird vertreten, dass beim Erwerb von Immobiliarbesitz nur positive Kenntnis die Haftung gem.

§ 990 auslöse (Nachweise bei Staudinger/*Gursky* § 990 Rn 10). Da diese Auffassung soweit ersichtlich in der Rechtsprechung nicht geteilt wird, hat sie bei der Ausgestaltung des Musters keine Berücksichtigung gefunden. IÜ wird es in der Regel dem Erwerber von Eigenbesitz zuzumuten sein, vor Besitzerwerb sich anhand eines aktuellen Grundbuchauszuges über die aktuelle Rechtslage zu informieren.

[6] Das Muster stellt auf die Bösgläubigkeit des tatsächlichen Besitzerwerbers ab. Sind bei Erwerb des Besitzes **Besitzdiener bzw Vertreter** eingeschaltet, schadet (auch) deren Bösgläubigkeit, selbst wenn der eigentliche Besitzer gutgläubig ist (Hk-BGB/*Schulte-Nölke* § 990 Rn 4). 7

[7] Die **Darlegungs- und Beweislast** für die Bösgläubigkeit trägt der Eigentümer. In der Klage sind von diesem also die Tatsachen darzulegen und unter Beweis zu stellen, die für die Bösgläubigkeit des Besitzers bzw Besitzdieners bei Besitzerwerb sprechen. 8

B. Klageerwiderung des Fremdbesitzers

I. Muster: Klageerwiderung des Fremdbesitzers 9

▶ Amtsgericht/Landgericht …

Az.: …

In dem Rechtsstreit

… Kläger

… Prozessbevollmächtigter

gegen

… Beklagter

… Prozessbevollmächtigter

zeige ich die Vertretung des Beklagten an. Namens und in Vollmacht des Beklagten werde ich beantragen:

I. Die Klage wird abgewiesen.

II. … (Prozessanträge)[1], [2]

Gründe

Dem Kläger steht kein Anspruch auf Schadensersatz wegen Beschädigung des Pkws … zu.

Ein solcher Anspruch ergibt sich insbesondere nicht aus §§ 989, 990 BGB.

Es trifft zwar zu, dass der Beklagte den Pkw … am … von Z geleast hat.

Es wird jedoch mit Nichtwissen bestritten, dass der Kläger am … den Pkw … von Z erworben hat; mag er auch im Besitz des Briefes sein. Weiterhin wird mit Nichtwissen bestritten, dass am … die Tatsachen vorlagen, auf die der Kläger sein Recht stützt, die Sicherheit von Z zum Zweck der Verwertung einzufordern.

Aber selbst wenn der Kläger am … Eigentümer des Pkws gewesen sein sollte und zu diesem Zeitpunkt die Voraussetzungen der Verwertung des Sicherungseigentums gegeben gewesen sein sollten, liegen die Voraussetzungen eines Schadensersatzanspruchs gem. §§ 989, 990 BGB nicht vor. Es trifft zwar zu, dass der Kläger wenige Tage nach dem … mit dem streitgegenständlichen Pkw in einen von ihm nicht verschuldeten Unfall verwickelt war, bei dem dieser zerstört wurde. Jedoch war der Beklagte bei Besitzerwerb nicht bösgläubig. Der Beklagte hielt Z, der ja im Besitz des Fahrzeugs nebst Schein und Schlüsseln war, und der einen Kfz-Handel betreibt, für befugt, den Pkw zu verleasen. Anders als beim Erwerb des Eigentums besteht beim Erwerb eines nur obligatorischen Nutzungsrechts keine Obliegenheit des Erwerbers, sich von der Berechtigung des Veräußerers durch Vorlage des Kfz-Briefes zu vergewissern. Es entspricht vielmehr der Lebenserfahrung, dass der Leasinggeber häufig nicht im Besitz des Briefes ist, weil er diesen als Sicherheit zu hinterlegen hat für Kredite, die er zur Finanzierung des Leasinggutes aufgenommen hat.[3], [4]

Der Beklagte ist aber auch nicht unter dem Gesichtspunkt des Fremdbesitzerexzesses zum Schadensersatz verpflichtet; denn er hat den Unfall nicht schuldhaft herbeigeführt. Der Unfall beruht vielmehr darauf, dass B den Vorrang des Beklagten an der Einmündung … nicht beachtet hat. … (wird ausgeführt)

Schließlich steht dem Kläger auch kein Anspruch aus § 823 BGB gegen den Beklagten zu. Diese Bestimmungen werden durch die Regeln über das Eigentümer-Besitzerverhältnis verdrängt (§ 993 Abs. 1 S. 2 BGB).

…

Rechtsanwalt ◄

II. Erläuterungen

10 [1] Hinsichtlich **Rubrum und Anträgen** s. § 986 Rn 2.

11 [2] **Anwendungsbereich.** Das Muster ist für einen Fall entwickelt, in dem der Kläger seinen Anspruch darauf stützt, dass ihm ein Pkw zur Sicherheit übereignet wurde, der Sicherungsfall eingetreten ist, durch den Sicherungsgeber der Besitz an dem Pkw jedoch gleichwohl an einen Dritten (Beklagten) übertragen wurde und der Pkw dann durch einen Unfall beschädigt wurde.

12 [3] **Bösgläubigkeit des Fremdbesitzers.** Den Fremdbesitzer treffen geringere Anforderungen, sich von der Befugnis des Veräußerers, ihm den Besitz zu übertragen, zu vergewissern als den Erwerber von Eigentum. So kann auch ein nur obligatorisch zum Besitz Berechtigter den Besitz weiter übertragen, zB der Mieter an den Untermieter. Entsprechendes gilt für Besitzer, die ihr Eigentum zur Sicherheit auf einen Dritten übertragen haben (vgl Staudinger/*Gursky* § 990 Rn 13).

13 Auch wer aufgrund eines unwirksamen Vertrages im Vorgriff auf dessen erwartete Heilung mit folgendem Eigentumserwerb Besitz übertragen erhält, ist nicht bösgläubig (nach zutr. Ansicht fehlt es in diesem Fall schon an einer Vindikationslage, vgl Staudinger/*Gursky* § 990 Rn 14).

14 [4] **Nutzungen.** Entsprechend den o.g. Ausführungen könnte der Kläger den Beklagten auch nicht auf Herausgabe der Nutzungen in Anspruch nehmen (§ 993 Abs. 1 S. 2).

C. Schadensersatzanspruch gegen den unredlichen Besitzer

15 I. Muster: Klage auf Schadensersatz gegen den unredlichen Besitzer, der mit der Herausgabe in Verzug gekommen ist

► An das
Amtsgericht/Landgericht …

Klage

In dem Rechtsstreit
… Kläger
… Prozessbevollmächtigter
gegen
… Beklagter

wegen: Schadensersatzes

zeige ich die Vertretung des Klägers an. Namens und in Vollmacht des Klägers erhebe ich Klage und werde beantragen:

I. Der Beklagte wird verurteilt, an den Kläger 15.000,- EUR nebst Zinsen iHv 5%-Punkten über dem jeweiligen Basiszinssatz ab Rechtshängigkeit zu bezahlen.

II. … (Prozessanträge)[1]

Gründe

I.

Der Kläger ist Eigentümer des Pkws ▪▪▪. Er hat am ▪▪▪ diesen von V käuflich erworben.

Beweis: Kaufvertrag nebst Übergabebestätigung, vorgelegt als Anlage K 1.

Weiterhin ist er nach wie vor im Besitz des Fahrzeugbriefes.

Beweis: Fahrzeugbrief, vorgelegt als Anl. K 2

Nach einem Einbruch auf sein Firmengelände wurde dem Kläger dieser Pkw am ▪▪▪ gestohlen. Der Pkw wurde mit einer „neuen" Fahrgestellnummer versehen. Weiterhin wurden für ihn gefälschte Papiere ausgegeben. In diesem Zustand wurde der Pkw an den Beklagten veräußert.

Beweis: Kaufvertrag mit dem Beklagten, vorgelegt als Anlage K 3

Die Ermittlungen der Polizei haben es ermöglicht, den gestohlenen Pkw wieder zu finden. Gleichzeitig konnte nachvollzogen werden, dass das Fahrzeug mit einer gefälschten Fahrgestellnr. und gefälschten Papieren wieder in den Handel gebracht wurde. X hat aufgrund der erdrückenden Beweislage insoweit ein umfassendes Geständnis abgelegt.

Beweis: Ermittlungsakte der StA ▪▪▪

Der Kläger hat dem Beklagten einen Auszug aus der Ermittlungsakte vorgelegt und dementsprechend Herausgabe des Pkw gefordert. Der Beklagte ist dem entgegengetreten mit der Begründung, er halte die polizeilichen Ermittlungen nicht für überzeugend.

Kurz danach ist der Pkw durch einen Unfall total zerstört worden, dessen nähere Umstände für den Kläger nicht aufklärbar sind. Der Schaden beträgt unter Berücksichtigung des Restwertes 15.000,- EUR.

Beweis: Sachverständigengutachten

II.

Dem Kläger steht gegen den Beklagten ein Anspruch auf Schadensersatz gem. §§ 990 Abs. 2, 287 S. 2, 251 BGB zu.

Zum Zeitpunkt des Unfalls bestand eine Vindikationslage.

Der Kläger war Eigentümer des Pkw (§ 1006 Abs. 1 S. 2 BGB). Da dem Kläger der Pkw gestohlen worden war, spricht die Vermutung des § 1006 Abs. 1 nicht für den Beklagten.

Der Beklagte war Besitzer.

Er war dem Kläger gegenüber nicht zum Besitz berechtigt.

Er war zum Unfallzeitpunkt bösgläubig. Aufgrund des Schreibens des Klägers mit dem Auszug aus der Ermittlungsakte hatte er Kenntnis von den Tatsachen, aus denen sich ergibt, dass der vom Beklagten erworbene Pkw dem Kläger gestohlen worden war. Es mag zwar sein, dass der Beklagte gleichwohl der Ansicht war, Eigentümer des Pkw geworden zu sein. Er kann sich jedoch nicht darauf zurückziehen, die polizeilichen Ermittlungen hätten ihn nicht überzeugt. Auch wer sich der Erkenntnis seines Mangels im Recht böswillig verschließt, hat Kenntnis vom Rechtsmangel (OLG Saarbrücken NJW-RR 1998, 1068).

Zum Unfallzeitpunkt war der bösgläubige Beklagte mit der Herausgabe des Pkws in Verzug (§ 286 BGB). Er verweigerte die Herausgabe trotz Möglichkeit und Fälligkeit. In Anbetracht der eindeutigen Verweigerung der Leistung war eine Mahnung entbehrlich (§ 286 Abs. 2 Nr. 3 BGB).[2], [3]

Es kann letztlich auf sich beruhen, ob der Beklagte den Unfall schuldhaft herbeigeführt hat; denn er hat auch für die Zerstörung des Pkw einzustehen, wenn diese durch Zufall eingetreten sein sollte (§ 287 S. 2 BGB).

▪▪▪

Rechtsanwalt ◄

II. Erläuterungen

16 [1] Hinsichtlich der weiteren **Prozessanträge** s. § 904 Rn 8.

17 [2] **Unredlichkeit bei Verzug.** § 990 Abs. 2 setzt voraus, dass der Besitzer bei Eintritt des Verzuges unredlich war. Dies ist der Fall, wenn er bei Besitzerwerb bösgläubig war oder später positive Kenntnis von der fehlenden Berechtigung zum Besitz erlangt hat. (Staudinger/*Gursky* § 990 Rn 100). Dementsprechend ist darauf zu achten, spätestens mit der Aufforderung, die Sache herauszugeben, alle Tatsachen zu nennen und zu belegen, die den Rechtsmangel im Besitz ergeben.

18 [3] § 990 Abs. 2 gilt für den **Anspruch auf Nutzungsersatz** entsprechend. Auch insoweit haftet der Besitzer für Zufall nur, wenn er hinsichtlich seines Besitzrechtes bösgläubig ist und gleichzeitig oder später hinsichtlich der Herausgabe der Früchte in Verzug gesetzt wurde.

§ 991 Haftung des Besitzmittlers

(1) Leitet der Besitzer das Recht zum Besitz von einem mittelbaren Besitzer ab, so findet die Vorschrift des § 990 in Ansehung der Nutzungen nur Anwendung, wenn die Voraussetzungen des § 990 auch bei dem mittelbaren Besitzer vorliegen oder diesem gegenüber die Rechtshängigkeit eingetreten ist.
(2) War der Besitzer bei dem Erwerb des Besitzes in gutem Glauben, so hat er gleichwohl von dem Erwerb an den im § 989 bezeichneten Schaden dem Eigentümer gegenüber insoweit zu vertreten, als er dem mittelbaren Besitzer verantwortlich ist.

A. Besitzmittelungsverhältnis

1 I. Muster: Klageerwiderung des unmittelbaren Besitzers bei Bestehen eines Besitzmittelungsverhältnisses

▶ An das
Amtsgericht/Landgericht ■■■
Az.:

In dem Rechtsstreit

■■■ Klägerin

■■■ Prozessbevollmächtigter

gegen

■■■ Beklagter

■■■ Prozessbevollmächtigter

zeige ich die Vertretung des Beklagten an. Namens und in Vollmacht des Beklagten werde ich beantragen:

I. Die Klage wird abgewiesen

II. ■■■ (Prozessanträge)[1]

Gründe

I.[2]

Es trifft zwar zu, dass der Erblasser E den Flügel, ... (genaue Bezeichnung) zum Zeitpunkt seines Ablebens in Besitz gehabt hatte.

Auch trifft es zu, dass der Beklagte den Flügel von ... bis ... in Besitz gehabt hat.

Ebenfalls mag es zutreffen, dass E durch Testament vom ... die Klägerin als Alleinerben eingesetzt hat.

Zutreffend ist schließlich auch, dass, das einzige Kind von E, zunächst als mutmaßlicher gesetzlicher Alleinerbe von E den Flügel in Besitz genommen hat.

Auch soll nicht bestritten werden, dass E dem Beklagten unmittelbar vor seinem Tod einen Brief geschrieben hat, in dem er dem Beklagten mitgeteilt hat, dass er aufgrund eines Zerwürfnisses mit K diesen durch privatschriftliches Testament enterbt und seine Freundin – die jetzige Klägerin- als Alleinerbe eingesetzt hat.

Gleichwohl schuldet der Beklagte der Klägerin für die Monate von ... bis ... keine Nutzungsentschädigung gem. §§ 987 Abs. 1, 990 Abs. 1 BGB. Unabhängig von der Frage, ob der Beklagte bei Übernahme des Flügels aufgrund des Briefes des E bösgläubig war, steht seiner Haftung § 991 Abs. 1 BGB entgegen.

K hat den Flügel an den Musikhändler M, der von all diesen Vorgängen keine Kenntnis hatte, vermietet. Dieser hat den Flügel sodann an den Beklagten untervermietet. Erst am ... hat die Klägerin M von der wahren Rechtslage in Kenntnis gesetzt. Daraufhin hat M den Beklagten aufgefordert, den Flügel an die Klägerin herauszugeben. Diesem Ersuchen hat der Beklagte entsprochen.

II.

Selbst wenn dem Grunde nach ein Anspruch der Klägerin gegen den Beklagten auf Nutzungsersatz gem. §§ 987 Abs. 1, 990 Abs. 1 BGB bestehen sollte, ist die Klage unbegründet. Der Anspruch der Klägerin ist jedenfalls gem. § 991 Abs. 1 BGB ausgeschlossen.

Der Beklagte leitet sein Recht zum Besitz von M ab, mit dem er einen Mietvertrag geschlossen hat (§ 868 BGB).

Die Voraussetzungen des § 990 Abs. 1 BGB lagen bei M erst vor, nachdem die Klägerin M von der Sach- und Rechtslage hinsichtlich des Flügels in Kenntnis gesetzt hatte.

Zwar bestand seit der Überlassung des Flügels durch K an M eine Vindikationslage (§ 985 BGB). Der Herausgabe der vereinnahmten Miete als Nutzungen steht jedoch § 993 Abs. 1 S. 2 BGB entgegen, da M bis zum Zugang des Schreibens der Klägerin, in dem er über die Sach- und Rechtslage aufgeklärt wurde, gutgläubig war.

Dementsprechend besteht auch kein Anspruch der Klägerin gegen den Beklagten auf Herausgabe der Gebrauchsvorteile bis zu diesem Zeitpunkt.[3], [4]

...

Rechtsanwalt ◄

II. Erläuterungen

[1] Hinsichtlich des **Rubrums und der Anträge** s. § 986 Rn 2. 2

[2] **Anwendungsbereich.** Zum Sachverhalt s. Muster 2 (§ 991 Rn 6) mit der Maßgabe, dass der Beklagte bei Besitzererwerb aufgrund des Schreibens des E bösgläubig gewesen sein dürfte 3

[3] **Darlegungs- und Beweislast.** § 991 enthält eine Einwendung des unmittelbaren Fremdbesitzers, wenn an sich die Voraussetzungen der Haftung gem. §§ 989, 990 vorliegen würden. Die Darlegungs- und Beweislast trägt daher der (bösgläubige) Fremdbesitzer. 4

5 [4] **Ausschluss.** Bei Anwendung des Musters ist zu berücksichtigen, dass ein Teil der Lehre § 991 Abs. 1 nicht anwendet, wenn aus Rechtsgründen kein Rückgriffsanspruch des unmittelbaren Besitzers gegen den mittelbaren Besitzer bestehen kann (vgl die Nachw. bei Staudinger/*Gursky* § 991 Rn 3). Da diese Auffassung von der Rechtsprechung nicht geteilt wird, ist sie in das Muster nicht eingearbeitet. Entsprechendes gilt für die Auffassung, § 991 Abs. 1 müsse auch angewandt werden, wenn der unmittelbare Fremdbesitzer verklagt sei (Staudinger/*Gursky* § 991 Rn 3).

B. Fremdbesitzerexzess

6 I. Muster: Klage auf Schadensersatz gegen den gutgläubigen unmittelbaren Besitzer bei Fremdbesitzerexzess

► An das

Amtsgericht/Landgericht ■■■

Klage

In dem Rechtsstreit

■■■ Kläger

■■■ Prozessbevollmächtigter

gegen

■■■ Beklagter

wegen: Schadensersatz

zeige ich die Vertretung des Klägers an. Namens und in Vollmacht des Klägers erhebe ich Klage und werde beantragen:

I. Der Beklagte wird verurteilt, an die Klägerin 3.000,- EUR nebst Zinsen hieraus iHv 5 % Punkten über dem jeweiligen Basiszinssatz ab Rechtshängigkeit zu bezahlen.

II. ■■■ (Prozessanträge)[1]

Gründe

Die Klägerin ist Alleinerbin des am ■■■ verstorbenen E aufgrund privatschriftlichen Testamentes vom ■■■

Beweis: Erbschein des AG ■■■ vom ■■■ Az ■■■ vorgelegt als Anl. K 1

E war zum Zeitpunkt seines Ablebens im Besitz des Konzertflügels, Marke ■■■, Farbe ■■■, Tasten Elfenbein.

Beweis: Zeuge NN

Da das Testament zunächst nicht aufgefunden wurde, hielt sich K, das einzige Kind des E zunächst für den Alleinerben. Er nahm den Flügel in Besitz und vermietete ihn an den Musikalienhändler M mit der Befugnis, diesen weiterzuvermieten.

Beweis:

- Zeuge M
- Mietvertrag, vorgelegt als Anl. K 2

Dieser vermietete sodann seit ■■■ den Flügel an den Beklagten.

Beweis:

- Zeuge M
- Mietvertrag mit dem Bekl. vorgelegt als Anl. K 3

Nachdem das Testament aufgefunden worden war, erwirkte die Klägerin bei dem AG ■■■ den o.g. Erbschein. Sie forderte sodann den Beklagten auf, den Flügel herauszugeben. Dem kam der Beklagte nach.

Bei Übergabe musste die Klägerin allerdings feststellen, dass augenscheinlich durch die Einwirkung eines stumpfen schweren Gegenstandes das Gehäuse des Flügels beschädigt war.

Beweis:

- Sachverständigengutachten
- Zeuge NN

Als der Beklagte den Flügel von M übernahm, war dieser noch unbeschädigt.

Beweis: Übergabeprotokoll, vorgelegt als Anl. K 4

Die Reparaturkosten betragen voraussichtlich 3.000,- EUR.

Beweis: Sachverständigengutachten.

II.

Der Klägerin steht ein Anspruch auf Schadensersatz gem. §§ 991 Abs. 2, 989 BGB gegen den Beklagten zu.

Die Klägerin ist Eigentümerin des Flügels.

Der Beklagte war von ■■■ bis ■■■ unmittelbarer Fremdbesitzer des Flügels (§ 868 BGB). Er schloss mit M am ■■■ einen Mietvertrag über den Flügel ab.

Auch wenn der Beklagte bei Abschluss des Mietvertrags mit M gutgläubig gewesen sein sollte, haftet er der Klägerin auf Schadensersatz; denn er wäre auch dem M für die Beschädigung des Flügels zum Schadensersatz verpflichtet (§ 280 Abs. 1 S. 1 BGB). Bei einer Beschädigung der Mietsache, die sich in der Obhut des Mieters befindet, ist der Mieter darlegungs- und beweisbelastet, dass der Schaden nicht auf einen Umstand zurückzuführen ist, den er zu vertreten hat.

Die Höhe des Schadensersatzanspruchs ergibt sich aus § 249 Abs. 2 S. 1 BGB).

Der Anspruch auf Zahlung der Prozesszinsen folgt aus § 291 BGB.[2], [3], [4]

■■■

Rechtsanwalt ◄

II. Erläuterungen

7 [1] Hinsichtlich der **Prozessanträge** s. § 994 Rn 8.

8 [2] Der Beklagte kann sich nicht gegen seine Inanspruchnahme mit dem Argument **verteidigen**, es habe **keine Vindikationslage** vorgelegen; denn gem. § 991 Abs. 2 haftet auch der berechtigte Besitzer auf Schadensersatz (Palandt/*Bassenge* § 991 Rn 3).

9 [3] **Modifikationen.** Da es für die Haftung des gutgläubigen unmittelbaren Besitzers auf sein Rechtsverhältnis zum Besitzmittler ankommt, kann sich der unmittelbare Besitzer damit verteidigen, dass er mit dem Besitzmittler eine(n) Haftungssausschluss oder -beschränkung vereinbart habe. Umgekehrt ist für die Zufallshaftung gem. § 287 S. 2 Verzug des unmittelbaren Besitzers gegenüber dem Besitzmittler mit der Herausgabe nicht ausreichend. Insoweit bedarf es des Verzuges des unmittelbaren Besitzers mit der Erfüllung des Herausgabeanspruchs des Eigentümers aus § 985 nach Unredlichkeit (vgl HK-BGB/*Schulte-Nölke* § 991 Rn 3).

10 [4] **Darlegungs- und Beweislast.** Der Kläger hat die Voraussetzungen darzulegen, aus denen sich ein wirksames Besitzmittlungsverhältnis ergibt (Staudinger/*Gursky* § 991 Rn 16).

§ 992 Haftung des deliktischen Besitzers

Hat sich der Besitzer durch verbotene Eigenmacht oder durch eine Straftat den Besitz verschafft, so haftet er dem Eigentümer nach den Vorschriften über den Schadensersatz wegen unerlaubter Handlungen.

1 **A. Muster: Klage auf Schadensersatz gegen den deliktischen, nicht berechtigten Besitzer**

▶ An das

Amtsgericht/Landgericht ▪▪▪

Klage

In dem Rechtsstreit

▪▪▪ Kläger

▪▪▪ Prozessbevollmächtigter

gegen

▪▪▪ Beklagter

wegen: Schadensersatz

zeige ich die Vertretung des Klägers an. Namens und in Vollmacht des Klägers erhebe ich Klage und werde beantragen:

1. Der Beklagte wird verurteilt, an den Kläger 12.000,- EUR zuzüglich Zinsen iHv 5 %-Punkten seit Rechtshängigkeit zu bezahlen.
2. ▪▪▪ (Prozessanträge)[1]

Gründe

I.

Der Kläger ist Eigentümer des Pkws ▪▪▪. Er hat diesen Pkw käuflich von dem Autohaus ▪▪▪ erworben.

Beweis: Kaufvertrag vom ▪▪▪, vorgelegt als Anlage K 1

Der Kläger lebte von ▪▪▪ bis ▪▪▪ mit der Beklagten in eheähnlicher Lebensgemeinschaft zusammen.

Beweis: Zeuge NN

Bei ihrem Auszug aus der gemeinsamen Wohnung nahm die Beklagte den Pkw des Klägers an sich.

Beweis: Zeuge NN

Zu diesem Zeitpunkt hatte der Pkw eine Laufleistung von ca. ▪▪▪ km

Beweis: Reparaturrechnung vom ▪▪▪, vorgelegt als Anlage K 2

In den zwei auf den Auszug folgenden Monaten hat die Beklagte mit dem Pkw des Klägers 15.000 km zurückgelegt.

Beweis: Gutachten des SV ▪▪▪, vorgelegt als Anlage K 3

Hätte die Klägerin diese Strecke mit einem gleichwertigen Mietwagen zurückgelegt, hätte sie hierfür eine Miete von 2.000,- EUR bezahlen müssen.

Beweis: Sachverständigengutachten

Auf der letzten Fahrt mit dem Pkw des Klägers erlitt die Beklagte einen Unfall, dessen Verlauf für den Kläger nicht aufklärbar ist. Bei diesem Unfall wurde der Pkw des Klägers vollständig zerstört.

Beweis: Ermittlungsakte der StA ▪▪▪, Az ▪▪▪

Der Schaden (Wiederbeschaffungswert abzüglich Restwert) beträgt 10.000,- EUR.

Beweis: Sachverständigengutachten[2]

II.

Dem Kläger steht gem. §§ 992, 823 Abs. 1, 848 BGB, 988 BGB analog ein Anspruch auf Zahlung von 12.000,- EUR gegen die Beklagte zu.

Der Kläger ist Eigentümer des Pkws ... Er hat diesen am ... gem. § 929 S. 1 BGB vom Autohaus ... erworben.

Zwar ist die Beklagte seit der Trennung der Parteien im Besitz des Pkws .... Für sie spricht jedoch gleichwohl nicht die Vermutung des § 1006 Abs. 1 BGB, da dem Kläger der Pkw abhanden gekommen ist (§ 1006 Abs. 1 S. 2 BGB); denn die Beklagte hat den Pkw bei ihrem Auszug dem Kläger weggenommen.

Die Beklagte ist seit ihrem Auszug im Besitz des Pkws (§ 854 Abs. 1 BGB).

Sie hat den Besitz durch schuldhafte verbotene Eigenmacht erlangt (§§ 858, 866 BGB). Indem sie den Pkw, den vor der Trennung beide Parteien gemeinsam genutzt hatten, ohne Zustimmung des Klägers an sich genommen hat, hat sie diesem gegenüber verbotene Eigenmacht verübt; denn sie hat dem Kläger ohne seine Zustimmung den Mitbesitz entzogen.

Sie handelte auch schuldhaft (§ 276 Abs. 1, 2 BGB); denn sie konnte nicht davon ausgehen, dass ihr der Kläger seinen Pkw zur alleinigen Benutzung überlassen würde.

Indem die Klägerin den Pkw an sich genommen hat, hat sie eine unerlaubte Handlung begangen (§ 823 Abs. 1 BGB). Der Kläger ist der Eigentümer des Pkws. Das Eigentum an dem Pkw hat sie dadurch verletzt, dass sie diesen an sich genommen hat; hierdurch hat sie den Kläger von der Sachherrschaft über den Pkw ausgeschlossen.

Die Beklagte hat auch rechtswidrig gehandelt. Der Kläger war nur für die Dauer des Zusammenlebens damit einverstanden, dass die Beklagte den Pkw mitbenutzt, aber keinesfalls damit, dass sie diesen nach der Trennung an sich nimmt.

Die Beklagte handelte schuldhaft (§ 276 Abs. 1, 2 BGB). Die Beklagte hätte ohne weiteres durch eine Rückfrage beim Kläger klären können, ob dieser ihr den Pkw nach der Trennung zur alleinigen Benutzung überlassen wollte. Hierzu hätte auch Veranlassung bestanden. Dass sie dies nicht tat, zeigt, dass sie davon ausging, der Kläger werde ihr die alleinige Benutzung des Pkws nicht gestatten.

Die Beklagte war daher gem. §§ 823 Abs. 1, 249 Abs. 1 BGB zur Rückgabe des Pkws verpflichtet.

Sie ist dementsprechend auch selbst für den Fall, dass sie den Unfall, bei dem der Pkw total zerstört wurde, nicht schuldhaft herbeigeführt haben sollte, verpflichtet, dem Kläger den Verkehrswert zu ersetzen (§ 848 BGB; „fur semper in mora“).

Die Beklagte ist weiter verpflichtet, dem Kläger auch Nutzungsersatz iHv 2.000,- EUR zu leisten (§ 988 BGB analog). Zwar hätte der Kläger seinen Pkw selbst nicht in dem Übermaß genutzt, wie dies die Beklagte getan hat. Die Haftung für die weitergehende Fruchtziehung ergibt sich jedoch aus § 988 BGB analog, da der deliktische Besitzer nicht besser stehen soll als ein rechtsgrundloser Besitzer (Hk-BGB/*Schulte-Nölke* § 992 Rn 5).[3], [4]

...

Rechtsanwalt ◄

B. Erläuterungen

[1] Hinsichtlich der **Prozessanträge** s. § 904 Rn 8. 2

[2] Der Kläger trägt die **Darlegungs- und Beweislast** für das Bestehen der Vindikationslage, 3
wobei der Besitzer darlegungs- und beweisbelastet ist hinsichtlich der Tatsachen, aus denen sich ein von ihm angenommenes Besitzrecht ergibt. Der Kläger ist weiterhin darlegungs- und be-

weisbelastet hinsichtlich der Höhe eines etwaigen Schadens und des Umfangs der vom Besitzer gezogenen Nutzungen. Soweit es ihm nicht möglich ist, entsprechend dem Muster Tatsachen vorzutragen, hat er einen **Auskunftsanspruch** (§ 259 Abs. 1 analog). Da das Verschulden hinsichtlich der verbotenen Eigenmacht anspruchsbegründendes Merkmal ist, trägt der Eigentümer auch insoweit die Darlegungs- und Beweislast (vgl Hk-BGB/*Schulte-Nölke* § 992 Rn 2; Staudinger/*Gursky* § 992 Rn 28). § 992 stellt eine Rechtsgrundverweisung dar (Hk-BGB/*Schulte-Nölke* § 992 Rn 5). Der Kläger hat daher nicht nur die Voraussetzungen des § 992 sondern auch die des § 823 darzulegen und zu beweisen. Dementsprechend ist der Vortrag in dem Muster zweistufig aufgebaut.

4 [3] Hinsichtlich des **Nutzungsersatzes** schuldet der Besitzer Ersatz für die Nutzungen, die der Eigentümer gezogen hätte, infolge der Besitzentziehung jedoch nicht ziehen konnte (§§ 823, 251). Zieht der Besitzer in weitergehendem Umfang Nutzungen, als dies der Eigentümer getan hätte, schuldet er Ersatz analog § 988 (Hk-BGB/*Schulte-Nölke* § 992 Rn 5). Dieser Fall wurde dem Muster zugrunde gelegt. Es wirkt sich nicht auf das Ergebnis aus, ob in diesem Fall der Anspruch einheitlich auf § 988 analog gestützt wird, oder ob er gesplittet auf § 251 und hinsichtlich der „Übermaßfrüchte" auf § 988 gestützt wird.

5 [4] **Darlegungs- und Beweislast bei Straftat.** Stützt der Kläger den Anspruch aus §§ 992, 823 auf eine gegen sein Vermögen gerichtete Straftat (Nötigung, Diebstahl, Raub, räuberische Erpressung) hat er alle Voraussetzungen des subjektiven Tatbestandes darzulegen und ggf zu beweisen. Dieses Vorgehen ist daher nur zu empfehlen, wenn bereits ein strafgerichtliches Erkenntnis (Urteil, Strafbefehl) vorliegt oder die Voraussetzungen des § 992 Alt. 1 (schuldhafte verbotene Eigenmacht) nicht erfüllt sind.

§ 993 Haftung des redlichen Besitzers

(1) Liegen die in den §§ 987 bis 992 bezeichneten Voraussetzungen nicht vor, so hat der Besitzer die gezogenen Früchte, soweit sie nach den Regeln einer ordnungsmäßigen Wirtschaft nicht als Ertrag der Sache anzusehen sind, nach den Vorschriften über die Herausgabe einer ungerechtfertigten Bereicherung herauszugeben; im Übrigen ist er weder zur Herausgabe von Nutzungen noch zum Schadensersatz verpflichtet.
(2) Für die Zeit, für welche dem Besitzer die Nutzungen verbleiben, findet auf ihn die Vorschrift des § 101 Anwendung.

1 **A. Muster: Klage auf Herausgabe des Zeitanteils von Nutzungen**

▶ An das

Amtsgericht/Landgericht ■■■

Klage

In dem Rechtsstreit

■■■ Kläger

■■■ Prozessbevollmächtigter

gegen

■■■ Beklagter

zeige ich die Vertretung des Klägers an. Namens und in Vollmacht des Klägers erhebe ich Klage und werde beantragen:

I. Der Beklagte wird verurteilt, an den Kläger 50,- EUR zuzüglich Zinsen iHv 5 %-Punkten über dem jeweiligen Basiszinssatz ab Rechtshängigkeit zu bezahlen.

II. ▪▪▪ (Prozessanträge)[1]

Gründe

Der Kläger ist Eigentümer des Grundstücks ▪▪▪ in ▪▪▪, vorgetragen im Grundbuch des AG ▪▪▪ von ▪▪▪, Blatt ▪▪▪

Beweis: Grundbuchauszug ▪▪▪, vorgelegt als Anlage K 1

Dieses Grundstück ist mit einem Wohn- und Geschäftshaus bebaut, zu dem auch ein Parkplatz gehört. Auf diesem Parkplatz befindet sich eine Plakatwand.

Beweis: Augenschein

Der Kläger hat das Gebäude nebst dem zugehörigen Parkplatz an Z vermietet.

Beweis: Mietvertrag, vorgelegt als Anlage K 2

Dieser hat die Werbetafel an den Beklagten weitervermietet, welcher eine Werbeagentur betreibt. Dieser vermietet „seine" Werbetafeln an Firmen, die dort für die jeweilige Dauer einer Werbekampagne durch den Beklagten Werbung platzieren lassen. Der Preis hierfür setzt sich zusammen aus einer festen Gebühr für die Gestaltung und Herstellung der Werbeträger, die für den hiesigen Rechtsstreit nicht von Belang ist und einer monatlich zu zahlenden Miete für die jeweiligen Werbeflächen, die im vorliegenden Fall 100,- EUR pro Monat beträgt.

Beweis: Zeuge NN (Kunde des Beklagten)

Da Z mit der Zahlung der Miete für drei Monate in Rückstand gekommen war, kündigte der Kläger das mit Z bestehende Mietverhältnis fristlos. Das Schreiben ist Z am 2.1.2008 zugegangen.

Beweis: Kündigung mit Rückschein, vorgelegt als Anlage K 3

Da der Kläger von dem zwischen Z und dem Beklagten bestehenden Vertrag damals noch keine Kenntnis hatte, setzte er den Beklagten erst am 15.2.2008 von der Beendigung des Mietverhältnisses in Kenntnis.

Beweis: Schreiben vom ▪▪▪, vorgelegt als Anlage K 4

Dieser hat daraufhin dem Kläger mitgeteilt, dass er an der auf dem Parkplatz befindlichen Werbetafel künftig keine Werbung mehr anbringen werde und iÜ den Besitz an dieser Werbetafel aufgebe. Die Miete für Februar hatte der Beklagte bereits am 1.2.2008 vereinnahmt.

Beweis: Zeuge NN

II.

Dem Kläger steht ein Anspruch auf Zahlung von 50,- EUR gem. §§ 993 Abs. 2, 101 Abs. 1 BGB zu.

Der Kläger war im Februar Eigentümer der auf seinem Parkplatz gelegenen Werbefläche.

Der Beklagte war bis 15.2.2008 unmittelbarer Besitzer dieser Werbefläche.

Das Besitzrecht des Beklagten war durch fristlose Kündigung des mit Z bestehenden Mietvertrages erloschen. Dieser endete am 2.1.2008 (§ 542 Abs. 1 BGB). Die Kündigungserklärung ist Z am 2.1.2008 zugegangen (§ 130 BGB). Der Kündigungsgrund ergibt sich aus §§ 543 Abs. 2 Nr. 3 a, 578 Abs. 2 BGB.

Der Beklagte war bis 15.2.2008 gutgläubig; denn bis zu diesem Zeitpunkt hatte er keine Kenntnis von der Beendigung des Mietvertrages mit Z.

Die Kunden des Beklagten zahlen regelmäßig wiederkehrend Miete für die Platzierung von Werbung auf Plakatwänden des Beklagten.

Gem. § 993 Abs. 1 S. 2. BGB verbleiben dem Beklagten für die Dauer des Besitzes die Rechtsfrüchte, wobei die Februarmiete gem. § 993 Abs. 2, 101 Nr. 2 BGB hälftig zwischen den Parteien zu teilen ist.[2]

...

Rechtsanwalt ◄

B. Erläuterungen

2 [1] Hinsichtlich weiterer **Prozessanträge** s. § 904 Rn 8.

3 [2] **Inhalt der Haftungsbegrenzung.** § 993 begrenzt die Haftung des redlichen Besitzers auf die Herausgabe von Übermaßfrüchten und die Herausgabe von Nutzungen, die zeitanteilig auch auf einen Zeitraum entfallen, für den die Privilegierung des § 993 nicht gilt (§§ 101 Abs. 2, 993 Abs. 2). Für einen dieser seltenen Fälle wurde das sich iÜ selbst erklärende Muster gefertigt. Die Lehre vom Fremdbesitzerexzess wurde für den gutgläubigen Besitzer geschaffen. Insoweit hat sie ihre Grundlage in § 991. Auf das Muster § 991 Rn 6 wird verwiesen. Diese Lehre wird konsequent auch auf den bösgläubigen, unrechtmäßigen Fremdbesitzer erstreckt (Hk-BGB/*Schulte-Nölke* § 993 Rn 2).

§ 994 Notwendige Verwendungen

(1) [1]Der Besitzer kann für die auf die Sache gemachten notwendigen Verwendungen von dem Eigentümer Ersatz verlangen. [2]Die gewöhnlichen Erhaltungskosten sind ihm jedoch für die Zeit, für welche ihm die Nutzungen verbleiben, nicht zu ersetzen.

(2) Macht der Besitzer nach dem Eintritt der Rechtshängigkeit oder nach dem Beginn der im § 990 bestimmten Haftung notwendige Verwendungen, so bestimmt sich die Ersatzpflicht des Eigentümers nach den Vorschriften über die Geschäftsführung ohne Auftrag.

A. Erstattung notwendiger Verwendungen

I. Muster: Klage des redlichen Eigenbesitzers auf Erstattung notwendiger Verwendungen 1

▶ An das 775

Amtsgericht/Landgericht ▪▪▪

Klage

In dem Rechtsstreit

▪▪▪ Kläger

▪▪▪ Prozessbevollmächtigter

gegen

▪▪▪ Beklagter

wegen: Ersatz von Verwendungen

zeige ich die Vertretung des Klägers an. Namens und in Vollmacht des Klägers erhebe ich Klage und werde beantragen:

I. Der Beklagte wird verurteilt, an den Kläger 2.000,- EUR zzgl Zinsen iHv 5 %-Punkten über dem jeweiligen Basiszinssatz ab Rechtshängigkeit an den Kläger zu bezahlen.

II. ▪▪▪ (Prozessanträge)[1]

Gründe

I.[2], [3], [4]

Der Beklagte ist Eigentümer des Pkws ▪▪▪ Er hat diesen Pkw am ▪▪▪ von ▪▪▪ käuflich erworben.

Beweis: Kaufvertrag vom ▪▪▪, vorgelegt als Anlage K 1

Fahrzeug und Brief wurden ihm übergeben.

Beweis:

- Fahrzeugbrief vorgelegt als Anlage K 2
- Zeuge NN

Am ▪▪▪ wurde durch unbekannte Täter in die Geschäftsräume des Beklagten eingebrochen. Hierbei wurde der o.g. Pkw entwendet.

Beweis: Ermittlungsakte der Staatsanwaltschaft ▪▪▪, Az ▪▪▪, Bl ▪▪▪

Am ▪▪▪ erwarb der Kläger das Fahrzeug von H, das zwischenzeitlich mit „neuen Papieren" und einer „neuen" Fahrgestellnummer versehen worden war. Zwei Monate später identifizierte die Polizei dieses Fahrzeug als das gestohlene Fahrzeug.

Beweis: Ermittlungsakte der StA ▪▪▪, Az ▪▪▪, wie vor

Der Kläger gab daraufhin am ▪▪▪ das Fahrzeug an den Beklagten heraus.

Beweis: Übernahmebestätigung des Beklagten vom ▪▪▪, vorgelegt als Anlage K 3

Mit der vorliegenden Klage macht der Kläger Ansprüche auf Verwendungsersatz geltend.

1. Er musste am ▪▪▪ aufgrund eines Motorschadens einen Ersatzmotor einbauen. Hierfür entstanden Kosten iHv 2.000,- EUR.
   Beweis: Reparaturrechnung vom ▪▪▪, vorgelegt als Anl. K 4
2. ▪▪▪ (ggf weitere Reparaturen)

Der Beklagte hat die Reparatur gebilligt.

Beweis: Übernahmebestätigung, vorgelegt als Anlage K 3[5], [6]

II.

Dem Kläger steht ein Anspruch auf Erstattung der Verwendungen iHv 2.000,- EUR zu.

Zum Zeitpunkt des Einbaus des Ersatzmotors bestand eine Vindikationslage (§ 985 BGB). Der Beklagte war Eigentümer des Pkws. Er hat diesen gem. § 929 S. 1 BGB von ■■■ erworben. Der Kläger war Besitzer (§ 854 Abs. 1 BGB). Da dem Beklagten der Pkw gestohlen worden war, war der Kläger dem Beklagten gegenüber nicht zum Besitz berechtigt.

Indem der Kläger einen Ersatzmotor in den Pkw einbauen ließ, hat er eine notwendige Verwendung auf den Pkw gemacht; denn notwendige Verwendungen sind Aufwendungen, die zur Erhaltung oder ordnungsgemäßen Bewirtschaftung einer Sache erforderlich sind, die also der Besitzer dem Eigentümer, der sie sonst hätte machen müssen, erspart hat und die nicht nur Sonderzwecken des Besitzers dienen (Hk-BGB/*Schulte-Nölke* § 994 Rn 3). Der Kläger hatte bis zum Herausgabeverlangen des Beklagten keine Kenntnis, dass das Fahrzeug etwa gestohlen sein könnte.

Der Beklagte hat den Einbau des Ersatzmotors genehmigt (§ 1001 S. 1 BGB).

Der Anspruch auf Erstattung der Verwendungen ist nicht durch Rückgabe des Pkws erloschen, da der Beklagte die Reparatur genehmigt hat (§ 1002 Abs. 1 Alt. 2 BGB).

Der Anspruch auf die geltend gemachten Zinsen ergibt sich aus § 291 BGB.

■■■

Rechtsanwalt ◄

II. Erläuterungen und Varianten

2 [1] Hinsichtlich der **Prozessanträge** s. § 904 Rn 8.

3 [2] **Anspruchskonkurrenz.** Die §§ 994 ff bilden eine abschließende Regelung. Soweit ihr Anwendungsbereich geht, kommen andere Anspruchsgrundlagen, wie insbesondere §§ 951, 812 nicht in Betracht (BGH NJW 1996, 52). Dies gilt auch für Aufwendungen des Besitzers, die keine Verwendungen darstellen (Hk-BGB/*Schulte-Nölke* § 994 Rn 6). In der Klagebegründung ist auf diese Voraussetzungen daher auch nicht einzugehen.

4 [3] **Saldotheorie.** Solange die Voraussetzungen der §§ 989, 990 nicht gegeben sind, stehen die Nutzungen dem Besitzer zu (§ 993 Abs. 1 S. 2). Sie sind daher auch bei einer Klage auf Verwendungsersatz grundsätzlich nicht zu berücksichtigen. Der Besitzer schuldet für diese Zeit nur Nutzungsersatz, wenn die Voraussetzungen des § 988 gegeben sind. Ist dies der Fall, sind Ansprüche auf Nutzungsersatz und Verwendungsersatz zu saldieren, bevor Klage erhoben wird, da ein Anspruch nur hinsichtlich des Saldos besteht („Saldotheorie", vgl BGH NJW 1995, 2627; BGH NJW 1995, 454).

5 [4] Für die Zeit, für die dem Besitzer die Nutzungen verbleiben, hat er die **gewöhnlichen Erhaltungskosten** selbst zu tragen (§ 994 Abs. 1 S. 2). Der Begriff der gewöhnlichen Erhaltungskosten wird durch die Rechtsprechung relativ weit ausgelegt. Hierunter fallen nicht nur Kosten der regelmäßigen Wartung und Kosten für die Reparatur von Verschleißteilen, sondern auch Kosten für Reparaturen, die im Rahmen der bestimmungsgemäßen Nutzung der Sache anfallen, wie zB die Reparatur von Unfallschäden eines durch den Besitzer benutzten Kraftfahrzeugs (BGH NJW 1966, 446). Praktische Bedeutung hat § 994 Abs. 1 daher vor allem in Fällen des rechtsgrundlosen Besitzerwerbs.

6 [5] Der **Besitzer**, der Verwendungen getätigt hat, ist **darlegungs- und beweisbelastet** für das Vorliegen der Tatsachen, die eine Vindikationslage bei Vornahme der Verwendung begründen sowie Art, Umfang und Notwendigkeit der Verwendungen. Der Eigentümer ist darlegungs- und beweisbelastet, dass bei Vornahme der Verwendungen die Voraussetzungen von § 990 Abs. 2 vorlagen (Rechtshängigkeit der Vindikationsklage bzw Bösgläubigkeit) oder aber gewöhnliche Erhaltungskosten vorliegen, die zu einer Zeit angefallen sind, für die dem Besitzer die Nutzungen verbleiben (Staudinger/*Gursky* § 994 Rn 31).

7 [6] Der Anspruch auf Verwendungsersatz kann nur geltend gemacht werden, wenn auch die **Voraussetzungen des § 1001** vorliegen. Der Eigentümer muss also die Sache wieder erlangt

haben oder aber die Verwendungen genehmigt haben. Die Annahme einer vom Besitzer unter Vorbehalt der Ansprüche auf Verwendungsersatz zurückgegebenen Sache gilt als Genehmigung (§ 1001 S. 3). Darlegungs- und beweisbelastet für diese Tatsachen ist der Besitzer (Palandt/*Bassenge* § 1001 Rn 2, 3). Soll der Verwendungsersatzanspruch gerichtlich geltend gemacht werden, ist schließlich die kurze Ausschlussfrist von einem Monat zu beachten (s. Muster zu § 1002)

[7] Notwendige Verwendungen nach Rechtshängigkeit der Herausgabeklage: 8

▶ ■■■ (wie Muster Rn 1)

I. Der Beklagte wird verurteilt, an den Kläger 1.550,- EUR zzgl Zinsen iHv 5 %-Punkten über dem jeweiligen Basiszinssatz ab Rechtshängigkeit an den Kläger zu bezahlen.

II. ■■■

Gründe

I.

Der Kläger ist Eigentümer des Pkws ■■■ Er hat diesen Pkw am ■■■ von ■■■ käuflich erworben.

Beweis: Kaufvertrag vom ■■■, vorgelegt als Anlage K 1

Fahrzeug und Brief wurden ihm übergeben.

Beweis:

- Fahrzeugbrief vorgelegt als Anlage K 2
- Zeuge NN

Am ■■■ wurde durch unbekannte Täter in die Geschäftsräume des Beklagten eingebrochen. Hierbei wurde der o.g. Pkw entwendet.

Beweis: Ermittlungsakte der Staatsanwaltschaft ■■■, Az ■■■, Bl ■■■

Am ■■■ erwarb der Kläger das Fahrzeug von H, das zwischenzeitlich mit „neuen Papieren" und einer „neuen" Fahrgestellnummer versehen worden war. Zwei Monate später identifizierte die Polizei dieses Fahrzeug als das gestohlene Fahrzeug.

Beweis: Ermittlungsakte der StA ■■■, Az ■■■, wie vor

Der Beklagte verlangte sodann den Pkw vom Kläger heraus.

Beweis: Schreiben vom ■■■, vorgelegt als Anlage K 3

Der Kläger hielt jedoch die Ermittlungen der Staatsanwaltschaft nicht für ausreichend. Er hat daher vorbehaltlich weiterer Ermittlungen die Herausgabe des Pkws verweigert.

Der Beklagte erhob daraufhin Klage auf Herausgabe des Pkw, die dem Kläger am ■■■ zugestellt wurde.

Beweis: Beiziehung der Akte ■■■, AG ■■■

Nachdem dort die Beweisaufnahme durchgeführt war, war der Kläger überzeugt, dass er in der Tat einen Pkw erworben hatte, der dem Beklagten gestohlen worden und mit gefälschten Papieren versehen worden war.

Der Kläger gab daraufhin am ■■■ unter Vorbehalt hinsichtlich seiner Ansprüche auf Verwendungsersatz das Fahrzeug an den Beklagten heraus.

Beweis: Übernahmebestätigung des Beklagten vom ■■■, vorgelegt als Anlage K 3

Mit der vorliegenden Klage macht der Kläger Ansprüche auf Verwendungsersatz geltend:

1. Er musste am ■■■ aufgrund eines Motorschadens einen Ersatzmotor einbauen. Hierfür entstanden Kosten iHv 2.000,- EUR.
   Beweis: Reparaturrechnung vom ■■■, vorgelegt als Anl. K 4
2. Am ■■■ hatte der Pkw eine Laufleistung von 75.000 km erreicht. Der Kläger ließ die damit fällige Inspektion durchführen. Hierfür musste er 250,- EUR aufwenden.
   Beweis: Rechnung des ■■■ vom ■■■, vorgelegt als Anlage K 5

3. Bei der Inspektion stellte sich heraus, dass die Zylinderkopfdichtung des Pkws defekt war. Um einen Motorschaden zu vermeiden, ließ der Kläger diese instand setzen. Hierfür hatte er Kosten iHv 300,- EUR aufzuwenden.
   Beweis: Reparaturrechnung vom ■■■, vorgelegt als Anlage K 6
4. Der Kläger hat mit dem Pkw seit Rechtshängigkeit der Herausgabeklage bis zur Rückgabe 1.000 km zurückgelegt. Die am Wohnort des Klägers hierfür übliche Miete beträgt 1.000,- EUR
   Beweis: unter Verwahrung gegen die Beweislast Sachverständigengutachten

II.

Dem Kläger steht ein Anspruch auf Erstattung der Verwendungen iHv 2550,- EUR gem. § 994 Abs. 2 BGB zu.

Zum Zeitpunkt der Inspektion, des Austauschs der Zylinderkopfdichtung und des Einbaus des Ersatzmotors bestand eine Vindikationslage (§ 985 BGB). Der Beklagte war Eigentümer des Pkws. Er hat diesen gem. § 929 S. 1 BGB von ■■■ erworben. Der Kläger war Besitzer (§ 854 Abs. 1 BGB). Da dem Beklagten der Pkw gestohlen worden war, war der Kläger dem Beklagten gegenüber nicht zum Besitz berechtigt.

1. Indem der Kläger einen Ersatzmotor in den Pkw einbauen ließ, hat er eine notwendige Verwendung auf den Pkw gemacht; denn notwendige Verwendungen sind Aufwendungen, die zur Erhaltung oder ordnungsgemäßen Bewirtschaftung einer Sache erforderlich sind, die also der Besitzer dem Eigentümer, der sie sonst hätte machen müssen, erspart hat und die nicht nur Sonderzwecken des Besitzers dienen (Hk-BGB/*Schulte-Nölke* § 994 Rn 3).

Der Kläger hat den Ersatzmotor nach Zustellung der Klage auf Herausgabe des Pkw einbauen lassen, also nach Rechtshängigkeit dieser Klage (§§ 261 Abs. 1, 253 Abs. 1 ZPO).

Da der Pkw im Eigentum des Beklagten stand, stellt der Einbau des Ersatzmotors ein objektiv fremdes Geschäft für den Kläger dar.

Die Reparatur durch Austausch des Motors entspricht dem Interesse und dem mutmaßlichen Willen des Beklagten (§ 683 S. 1 BGB).

Nur durch den Austausch des Motors konnte die Betriebsbereitschaft des Fahrzeugs wieder hergestellt werden.

Beweis: Sachverständigengutachten

Der Beklagte hat den Pkw in Kenntnis dessen, dass entsprechende Arbeiten durchgeführt wurden, vom Kläger entgegengenommen.

Aber auch dann, wenn die Reparatur weder dem wirklichen noch dem mutmaßlichen Willen des Beklagten entsprechen sollte, ist dieser zur Zahlung des Verwendungsersatzes verpflichtet. (§ 684 S. 2 BGB); denn er hat die Reparatur genehmigt, indem er den Pkw trotz des Vorbehaltes des Klägers entgegengenommen hat (§§ 684 S. 2, 1001 S. 3 BGB). Die Kosten sind ortsüblich, erforderlich und angemessen.

Beweis: Sachverständigengutachten

2. Indem der Kläger die Inspektion durchführen ließ und die Zylinderkopfdichtung erneuern ließ, hat er ebenfalls notwendige Verwendungen auf die Sache gemacht; denn bei Reparatur- und Wartungsarbeiten handelt es sich um Aufwendungen, die zur Erhaltung oder ordnungsgemäßen Bewirtschaftung einer Sache erforderlich sind, die also der Besitzer dem Eigentümer, der sie sonst hätte machen müssen, erspart hat und die nicht nur Sonderzwecken des Besitzers dienen (Hk-BGB/*Schulte-Nölke* § 994 Rn 3).

Der Anspruch ist nicht gem. § 994 Abs. 1 S. 2 BGB ausgeschlossen. Diese Bestimmung ist zwar auch auf Ansprüche aus § 994 Abs. 2 BGB anwendbar (Hk-BGB/*Schulte-Nölke* § 994 Rn 9). Auch handelt es sich bei den Wartungs- und Reparaturkosten um gewöhnliche Erhaltungskosten. Jedoch verbleiben dem Kläger nicht die Nutzungen für die Zeit, in der er diese Aufwendungen getätigt hat; denn ab

Rechtshängigkeit der Herausgabeklage hat er diese an den Beklagten herauszugeben (§ 987 Abs. 1 BGB).

Da der Pkw zur Zeit der Durchführung von Wartung und Reparatur im Eigentum des Beklagten stand, handelt es sich um ein für den Kläger objektiv fremdes Geschäft.

Wartung und Reparatur entsprechen dem Interesse und mutmaßlichen Willen des Beklagten, da sie erforderlich sind, um die Betriebsbereitschaft des Pkws zu gewährleisten und diesen vor Schaden zu bewahren (§ 683 S. 1 BGB).

Beweis: Sachverständigengutachten

IÜ hat der Beklagte auch diese Aufwendungen durch Entgegennahme des unter Vorbehalt angebotenen Pkw genehmigt (§§ 684 S. 2, 1001 S. 3 BGB).

Die Kosten sind ortsüblich, erforderlich und angemessen.

Beweis: Sachverständigengutachten

Die Ansprüche auf Verwendungsersatz betragen 2.550,- EUR. Dem Beklagten steht gem. § 987 Abs. 1 BGB ein Anspruch auf Herausgabe der durch den Beklagten nach Zustellung der Klage gezogenen Nutzungen zu. Diese sind mit.1000,- EUR zu bewerten. Mit der Klage wird der sich zugunsten des Klägers ergebende Saldo iHv 1.550,- EUR geltend gemacht.

Der Anspruch auf die geltend gemachten Zinsen folgt aus § 291 BGB.

■■■

Rechtsanwalt ◄

Die Variante geht davon aus, dass der Kläger sowohl die Inspektion als auch die Reparatur durch Erneuerung der Zylinderkopfdichtung und Austauschmotor nach Rechtshängigkeit durchgeführt hat. Sofern der Kläger notwendige Erhaltungsmaßnahmen vor Rechtshängigkeit durchgeführt hat, die gewöhnliche Erhaltungskosten darstellen, steht ihm gem. § 994 Abs. 1 S. 2 kein Anspruch auf Verwendungsersatz zu, und dies auch dann, wenn die Aufwendungen die Nutzungen wertmäßig übersteigen oder der Besitzer gar keine Nutzungen gezogen hat (Palandt/*Bassenge* Rn 7). § 994 Abs. 2 enthält eine partielle Rechtsgrundverweisung auf das Recht der GoA (Staudinger/*Gursky* § 994 Rn 23). Vortrag hinsichtlich des Fremdgeschäftsführungswillens (der iÜ bei Bösgläubigkeit des Besitzers in der Form der groben Fahrlässigkeit auch fehlt) ist daher nicht erforderlich. 9

B. Nachträglich nicht berechtigter Fremdbesitzer

I. Muster: Klageerwiderung des auf Herausgabe in Anspruch genommenen, nachträglich nicht berechtigten Fremdbesitzers 10

776

► An das

Amtsgericht/Landgericht ■■■

Az.: ■■■

Klageerwiderung

In dem Rechtsstreit

■■■ Kläger

■■■ Prozessbevollmächtigter

gegen

■■■ Beklagte zu 1)

■■■ Beklagter zu 2)

■■■ Prozessbevollmächtigter

zeige ich die Vertretung der Beklagten zu 1) und 2) an. Namens und in Vollmacht der Beklagten werde ich beantragen:

I. Der Klageanspruch wird mit der Maßgabe anerkannt, dass die Beklagten verurteilt werden, Zug um Zug gegen Zahlung von 9.000,- EUR die streitgegenständliche Wohnung zu räumen. IÜ wird die Klage abgewiesen.

II. ▪▪▪ (Prozessanträge)[1]

Gründe

I.

Die Beklagten sind der leibliche Sohn des Klägers und dessen Freundin. Diesen hatte der Kläger das Kellergeschoss seines Hauses ▪▪▪-straße in ▪▪▪ zu Wohnzwecken überlassen.

Beweis: Zeuge NN

Im Vorgriff darauf, dass der Beklagte zu 1) das Haus einmal erben sollte, richteten sie die im Keller befindliche Wohnung entsprechend heutigen Standards her. Hierzu gehörte auch die Erneuerung der Elektroinstallation, die den VDE Standards nicht mehr entsprach. Hierfür mussten die Kläger 9.000,- EUR aufwenden.

Beweis:

- Sachverständigengutachten
- Rechnung vom ▪▪▪, vorgelegt als Anlage K 1

Am ▪▪▪ kam es zu einem Zerwürfnis zwischen den Beklagten einerseits und dem Kläger andererseits. Der Kläger forderte die Kläger auf, innerhalb von ▪▪▪ Wochen sein Haus zu verlassen. Die Beklagten sind zwar grundsätzlich bereit, dieser Aufforderung nachzukommen. Sie bestehen jedoch darauf, dass der Kläger ihnen für die Aufwendungen für die Installation spätestens bei ihrem Auszug Ersatz leistet.

II.

1. ▪▪▪[2]

2. Die Klage ist aber auch nicht in weitergehendem Umfang erfolgreich, soweit sie auf § 985 BGB gestützt wird.

Zwar liegen die Voraussetzungen des § 985 BGB vor. Die Bestimmung ist neben vertraglichen Herausgabeansprüchen anwendbar (Hk-BGB/*Schulte-Nölke* § 985 BGB Rn 4). Der Kläger ist Eigentümer des Hauses, in dem sich die streitgegenständliche Wohnung befindet. Die Beklagten haben die Wohnung im Kellergeschoss nach wie vor im Besitz. Ihnen steht jedoch ein Recht zum Besitz zu (§ 986 BGB); denn ihnen steht gem. § 1000 S. 1 BGB ein Zurückbehaltungsrecht zu.

Den Beklagten steht ein Anspruch auf Zahlung von 9.000,- EUR gem. § 994 Abs. 1 BGB zu. Die Bestimmung ist auch auf den Fremdbesitzer anwendbar (vgl BGH NJW 1979, 716).

Zwar bestand bei Erneuerung der Installation keine Vindikationslage. Die Beklagten waren aufgrund der Absprachen mit dem Kläger berechtigt, die Wohnung zu renovieren und zu bewohnen (§ 986 BGB). Ein Anspruch aus § 994 Abs. 1 S. 1 BGB kann jedoch auch dann bestehen, wenn der Besitzer zum Zeitpunkt der Vornahme der Verwendung zum Besitz berechtigt war und die Vindikationslage erst später eingetreten ist (BGH NJW 1979, 716; Palandt/*Bassenge* vor § 994 Rn 8). Verwendungsersatzansprüche aus § 994 BGB kommen in diesen Fällen dann in Betracht, wenn das schuldrechtliche Rechtsverhältnis, aus dem sich das Recht zum Besitz ergibt, Ansprüche auf Verwendungsersatz nicht abschließend regelt (BGH, aaO).[3]

Diese Voraussetzungen sind vorliegend erfüllt. Die Parteien haben keine Absprachen dahingehend getroffen, ob und in welcher Höhe Instandsetzungskosten für die Renovierung der Wohnung zu erstatten sein sollen, wenn sich die Erwartung der Beklagten, dass der Beklagte zu 1) das Haus erben würde, zerschlagen sollte. Der Verwendungsersatz ist auch nicht abschließend durch § 601 BGB geregelt. Zwischen den Parteien besteht kein reines Leihverhältnis. Die Beklagten sollten die Wohnung nicht nur nutzen, sondern erst herrichten. Nach der Vorschrift des § 601 BGB könnten die Beklagten nur nach den Regeln der Geschäftsführung ohne Auftrag Ersatz für die Kosten der Installation verlangen (§ 601 Abs. 2 BGB). Sie würden dadurch gegenüber einem unberechtigten Besitzer benachteiligt, der gem. § 994 Abs. 1 BGB ohne diese Einschränkungen Ersatz für die Kosten der VDE-gerechten Installation verlangen könnte.

Die Aufwendungen für die Erneuerung der Elektroinstallation sind notwendige Verwendungen. Es handelt sich um Aufwendungen, die zur ordnungsgemäßen Benutzung der Wohnung objektiv erforderlich waren, die also der Besitzer dem Eigentümer, der sie sonst hätte machen müssen erspart hat und die nicht nur Sonderzwecken des Besitzers dienen (Hk-BGB/*Schulte-Nölke* § 994 Rn 3); denn auch der Kläger hätte die Installation erneuern müssen, sofern er den Keller nicht von der elektrischen Versorgung abgeklemmt hätte (was er auch nicht getan hat).

Durch Kündigung des Leihverhältnisses durch den Kläger ist eine Vindikationslage eingetreten.

Der Kläger hat die Beklagten auch noch nicht wegen der ihnen zu ersetzenden Verwendungen befriedigt.[4], [5], [6]

■■■

Rechtsanwalt ◄

II. Erläuterungen

[1] **Antragstellung.** Hier empfiehlt sich aus Kostengründen ein Teilanerkenntnis (§ 93 ZPO). IÜ wird hinsichtlich der Antragstellung verwiesen auf § 986 Rn 2. 11

[2] **Verhältnis zur § 604.** Im vorliegenden Fall kann die Klage auf Herausgabe auch auf § 604 gestützt werden. Ihr könnte dann ein Zurückbehaltungsrecht gem. § 273 wegen der zu ersetzenden Verwendungen entgegengesetzt werden. Insoweit wird auf die Muster zu § 273 Rn 4 und verwiesen. 12

[3] **Anspruchskonkurrenz.** Der BGH hat zwar wiederholt ausgesprochen, dass auch dann Ansprüche des Besitzers gem. § 994 Abs. 1 in Betracht kommen, wenn der Besitzer zum Zeitpunkt der Vornahme der Verwendungen obligatorisch berechtigt war. Dies setzt voraus, dass der **Verwendungsersatz** durch das obligatorische Rechtsverhältnis **nicht abschließend geregelt** ist (BGH NJW 1979, 716). In den veröffentlichten Fällen hat es an dieser Voraussetzung allerdings regelmäßig gefehlt. Es wird daher abzuwarten sein, ob die Rechtsprechung für einen Fall, der dem Muster entspricht, in dem es um den Ersatz notwendiger Verwendungen geht und der Verwendungsersatz rechtsgeschäftlich nicht ausgeschlossen ist, zur Anwendung des § 994 Abs. 1 S. 1 käme. 13

[4] **Verhältnis zu Ansprüchen aus Bereicherungsrecht.** Da der Besitzer in dem dem Muster unterlegten Fall zum Zeitpunkt der Vornahme der Verwendungen berechtigt war, sind Ansprüche gem. §§ 951, 812 Abs. 1 S. 1 Alt. 2 nicht ausgeschlossen (BGH NJW 1996, 52). Allerdings bleiben Verwendungsersatzansprüche gem. §§ 951, 812 regelmäßig hinter den Ansprüchen aus § 994 zurück. 14

[5] Das **Zurückbehaltungsrecht** aus § 1000 ist **ausgeschlossen**, wenn auch nach dem schuldrechtlichen Besitzverhältnis bei Vornahme der Verwendung kein Zurückbehaltungsrecht besteht. § 570 gilt allerdings nicht für das Leihverhältnis. Dementsprechend können hier die Beklagten dem Herausgabeanspruch ein Zurückbehaltungsrecht entgegensetzen. 15

[6] **Grundlegende Veränderungen – Variante.** Die Beklagten erneuern nicht die Elektroinstallation, sondern errichten auf dem Grundstück des Klägers einen Anbau, den sie zu Wohnzwecken nutzen wollen. Hier besteht kein Zurückbehaltungsrecht gem. § 1000. Die Errichtung des Anbaus ist keine Verwendung gem. §§ 994, 995; denn grundlegende Veränderungen der Sache sind **nicht als Verwendungen** anzusehen (BGH BGHZ 41, 157). Allerdings kommen Ansprüche gem. § 812 Abs. 1 S. 2 Alt. 2 in Betracht, die ein Zurückbehaltungsrecht gem. § 273 geben 16

könnten; denn die Anwendung dieser Vorschriften wird nicht ausgeschlossen wenn der Fremdbesitzer bei Vornahme der Verwendungen zum Besitz berechtigt war (BGH NJW 1996, 52).

C. Anfänglich nicht berechtigter Fremdbesitzer

17 **I. Muster: Klage des anfänglich nicht berechtigten Fremdbesitzers auf Ersatz notwendiger Verwendungen**

▶ An das

Amtsgericht/Landgericht ▪▪▪

Klage

In dem Rechtsstreit

▪▪▪ Kläger

▪▪▪ Prozessbevollmächtigter

gegen

▪▪▪ Beklagter

▪▪▪ Prozessbevollmächtigter

wegen: Verwendungsersatz

zeige ich die Vertretung des Klägers an. Namens und in Vollmacht des Klägers erhebe ich Klage und werde beantragen:

I. Der Beklagte wird verurteilt, an den Kläger 1.500,- EUR zuzüglich Zinsen iHv 5 %-Punkten über dem jeweiligen Basiszinssatz ab Rechtshängigkeit der Klage zu bezahlen.

II. ▪▪▪ (Prozessanträge)[1], [2], [3]

Gründe

I.

Der Kläger ist der leibliche Sohn von V. V überließ ihm den Pkw ▪▪▪, den bis zu diesem Zeitpunkt V gefahren hatte, für die Dauer des Studiums. Da der Kläger als Student nur geringe Einnahmen erzielte, wollte V für den Unterhalt des Pkw aufkommen.[4]

Beweis: Zeuge NN

V hatte den Pkw am ▪▪▪ von H erworben.

Beweis: Kaufvertrag vom ▪▪▪, vorgelegt als Anlage K1

Am ▪▪▪ fuhr der Kläger mit dem Pkw in die Waschanlage. Aufgrund eines Fremdkörpers, der sich in einer der Bürsten verfangen hatte, kam es zu einem Lackschaden, der bis zum Blech reichte.

Beweis:

- Zeuge NN
- Foto
- Schadensbericht, vorgelegt als Anlage K 2

Um weitere Schäden durch Rostbildung zu vermeiden, ließ der Kläger den Pkw nachlackieren. Dies war mit Kosten von 1.500,- EUR verbunden.

Kurze Zeit später trat der Beklagte an V heran. Es hatte sich herausgestellt, dass der Pkw bei einem Einbruch auf das Firmengelände des Beklagten entwendet worden war. Weiterhin war er mit einer gefälschten Fahrgestellnummer und gefälschten Papieren versehen worden. Sodann war er zum Verkauf angeboten worden.

Beweis:

- Schreiben des Klägers vom ▪▪▪, vorgelegt als Anlage K 3
- Ermittlungsakte de StA ▪▪▪, Az ▪▪▪

Im Hinblick auf das eindeutige Ermittlungsergebnis gab der Kläger den Pkw an den Beklagten heraus.

II.

Dem Kläger steht gegen den Beklagten ein Anspruch auf Zahlung von 1.500,- EUR gem. § 994 Abs. 1 S. 1 BGB zu.

Die Bestimmung ist auch auf den Fremdbesitzer anwendbar (BGH NJW 1979, 716).

Bei Vornahme der Reparatur bestand eine Vindikationslage.

Der Beklagte war Eigentümer des Pkws. Er hat das Eigentum an dem Pkw nicht gem. §§ 929 S. 1, 932 BGB an V verloren, da ihm der Pkw gestohlen worden war (§ 935 BGB). Der Kläger war Besitzer des Pkws. Ihm stand kein Recht zum Besitz gegenüber dem Beklagten zu. Zwar ist das Rechtsverhältnis zwischen V und dem Kläger als Leihvertrag zu klassifizieren (§ 598 BGB). Dieser gibt dem Kläger jedoch nur im Verhältnis zu V nicht aber im Verhältnis zum Beklagten ein Recht zum Besitz.

Die Reparatur des Lackschadens ist eine notwendige Verwendung; denn sie war zur Erhaltung des Pkws objektiv erforderlich. Der Kläger hat sie also dem Beklagten als Eigentümer erspart, der sie sonst hätte durchführen müssen und sie diente nicht nur Sonderzwecken des Klägers (vgl zur Definition der notwendigen Verwendungen: Hk-BGB/*Schulte-Nölke* § 994 Rn 3).

Der Ersatzanspruch ist nicht aufgrund des Leihverhältnisses ausgeschlossen. Zwar besteht kein Anspruch auf Verwendungsersatz gegen den Eigentümer, wenn der Fremdbesitzer einen solchen auch nicht gegen denjenigen hätte, von dem er sein Besitzrecht aufgrund vertraglicher Vereinbarung ableitet (BGH NJW 1979, 716). Gem. § 601 Abs. 1 BGB hat der Entleiher die gewöhnlichen Kosten der Erhaltung der geliehenen Sache selbst zu tragen. Hierzu gehören auch im Zusammenhang mit dem vertragsgemäßen Gebrauch anfallende Reparaturen (Palandt/*Weidenkaff* § 601 Rn 1; Palandt/*Bassenge* § 994 Rn 7). Diese Bestimmung ist jedoch abdingbar. Hiervon haben der Kläger und V Gebrauch gemacht, indem sie vereinbart haben, dass V für die Dauer des Studiums für die Kosten der Unterhaltung des Pkws aufkommen sollte.

Der Anspruch ist nicht gem. § 994 Abs. 1 S. 2 BGB ausgeschlossen. Zwar gehört die Reparatur des Lackschadens zu den gewöhnlichen Erhaltungskosten gem. § 994 Abs. 1 S. 2 BGB. Allerdings hat der Kläger dem Beklagten die Nutzungen für die Zeit, seitdem er den Pkw geliehen hat, herauszugeben, da er den Pkw unentgeltlich nutzt (§ 988 BGB).

Der Anspruch auf die geltend gemachten Zinsen folgt aus § 291 BGB.[5], [6]

...

Rechtsanwalt ◄

II. Erläuterungen und Varianten

[1] Bei Klageerhebung ist die **Ausschlussfrist gem. § 1002 Abs. 1** zu beachten. Weiterhin kann sich der Beklagte durch **Rückgabe des Pkw** von der Verpflichtung, Verwendungsersatz zu leisten, befreien (§ 1001 S. 2). 18

[2] **Saldotheorie.** Grundsätzlich sind der Anspruch auf Verwendungsersatz und Ansprüche auf Herausgabe von Nutzungen zu saldieren. Sofern der Kläger noch nicht Nutzungsersatz an den Beklagten bezahlt hat, hat er diesen also vorab zu bewerten und in Abzug zu bringen. 19

[3] **Notwendige Erhaltungskosten.** Hätten sich V und der Kläger nicht darauf verständigt, dass V für den Unterhalt des Pkw aufkommt, könnte der Kläger von dem Beklagten Ersatz für die notwendigen Erhaltungskosten nicht verlangen, da er diese auch im Verhältnis zu V (also bei Bestehen des obligatorischen Nutzungsrechts) zu tragen gehabt hätte (§ 601 Abs. 1; vgl BGH NJW 1979, 716). 20

[4] **Grundlegende Veränderung – Variante.** Dem Kläger ist die Motorisierung des Fahrzeugs zu gering. Er lässt daher den Motor auf eine deutlich höhere Leistung aufrüsten und legt das Fahr- 21

zeug tiefer. Für diese Maßnahmen könnte der Kläger unter keinem rechtlichen Gesichtspunkt Ersatz vom Beklagten verlangen. Ein Anspruch aus §§ 994 Abs. 1, 995 besteht nicht, da Aufwendungen, die zu einer grundlegenden Veränderung der Sache führen, nicht als Verwendungen im Sinne der §§ 994, 995 anzusehen sind (BGH BGHZ 41, 157). Ein Anspruch aus §§ 951, 812 scheitert daran, dass die §§ 994, 995 eine abschließende Regelung bilden, wenn die Aufwendungen zu einer Zeit getätigt wurden, in der eine Vindikationslage bestand (BGH NJW 1996, 52).

22 **[5] Variante – der Kläger führt die Reparatur nach Rechtshängigkeit aus:**

▶ ▪▪▪ (wie Muster Rn 17)

Der Beklagte wird verurteilt, an den Kläger 1.500,- EUR zuzüglich Zinsen iHv 5 %-Punkten über dem jeweiligen Basiszinssatz zu bezahlen.

▪▪▪ (wie Muster Rn 17)

Gründe

I.

Der Kläger ist der leibliche Sohn von V. V überließ ihm den Pkw ▪▪▪, den bis zu diesem Zeitpunkt V gefahren hatte, für die Dauer des Studiums. Da der Kläger als Student nur geringe Einnahmen erzielte, wollte V für den Unterhalt des Pkws aufkommen.

Beweis: Zeuge NN

V hatte den Pkw am ▪▪▪ von H erworben.

Beweis: Kaufvertrag vom ▪▪▪, vorgelegt als Anlage K 1

Am ▪▪▪ fuhr der Kläger mit dem Pkw in die Waschanlage. Aufgrund eines Fremdkörpers, der sich in einer der Bürsten verfangen hatte, kam es zu einem Lackschaden, der bis zum Blech reichte.

Beweis:

- Zeuge NN
- Foto
- Schadensbericht, vorgelegt als Anlage K 2

Kurze Zeit später trat der Beklagte an V heran. Es hatten sich Anhaltspunkte dafür ergeben, dass der Pkw bei einem Einbruch auf das Firmengelände des Klägers entwendet, mit einer gefälschten Fahrgestellnummer und gefälschten Papieren versehen und sodann zum Verkauf angeboten worden war.

Beweis:

- Schreiben des Klägers vom ▪▪▪, vorgelegt als Anlage K 3
- Ermittlungsakte de StA ▪▪▪, Az ▪▪▪

Der Kläger wollte jedoch zunächst den weiteren Fortgang des Ermittlungsverfahrens abwarten. Der Beklagte erhob daraufhin gegen den Kläger Klage auf Herausgabe des Pkws.

Beweis: Beiziehung der Akte ▪▪▪

Um weitere Schäden durch Rostbildung zu vermeiden, ließ der Kläger den Pkw nachlackieren. Dies war mit Kosten von 1.500,- EUR verbunden. Diese Kosten sind ortsüblich und angemessen

Beweis:

- Reparaturrechnung, vorgelegt als Anlage K 4
- Sachverständigengutachten

Im Hinblick darauf, dass H im Ermittlungsverfahren sodann ein vollumfängliches Geständnis ablegte, gab der Kläger den Pkw an den Beklagten heraus.

II.

Dem Kläger steht gegen den Beklagten ein Anspruch auf Zahlung von 1.500,- EUR gem. § 994 Abs. 2 BGB zu.

Die Bestimmung ist auch auf den Fremdbesitzer anwendbar (BGH NJW 1979, 716).

Bei Vornahme der Reparatur bestand eine Vindikationslage.

Der Beklagte war Eigentümer des Pkws. Er hat das Eigentum an dem Pkw nicht gem. §§ 929 S. 1, 932 BGB an V verloren, da ihm der Pkw gestohlen worden war (§ 935 BGB). Der Kläger war Besitzer des Pkws. Ihm stand kein Recht zum Besitz gegenüber dem Beklagten zu. Zwar ist das Rechtsverhältnis zwischen V und dem Kläger als Leihvertrag zu klassifizieren (§ 598 BGB). Dieser gibt dem Kläger jedoch nur im Verhältnis zu V nicht aber im Verhältnis zum Beklagten ein Recht zum Besitz.

Die Reparatur des Lackschadens ist eine notwendige Verwendung; denn sie war zur Erhaltung des Pkw objektiv erforderlich. Der Kläger hat sie also dem Beklagten als Eigentümer erspart, der sie sonst hätte durchführen müssen und sie diente nicht nur Sonderzwecken des Klägers (vgl zur Definition der notwendigen Verwendungen: Hk-BGB/*Schulte-Nölke* § 994 Rn 3).

Der Ersatzanspruch ist nicht aufgrund des Leihverhältnisses ausgeschlossen. Zwar besteht kein Anspruch auf Verwendungsersatz gegen den Eigentümer, wenn der Fremdbesitzer einen solchen auch nicht gegen denjenigen hätte, von dem er sein Besitzrecht aufgrund vertraglicher Vereinbarung ableitet (BGH NJW 1979, 716). Gem. § 601 Abs. 1 BGB hat der Entleiher die gewöhnlichen Kosten der Erhaltung der geliehenen Sache selbst zu tragen. Hierzu gehören auch im Zusammenhang mit dem vertragsgemäßen Gebrauch anfallende Reparaturen (Palandt/*Weidenkaff* § 601 Rn 1; Palandt/*Bassenge* § 994 Rn 7). Diese Bestimmung ist jedoch abdingbar. Hiervon haben der Kläger und V Gebrauch gemacht, indem sie vereinbart haben, dass V für die Dauer des Studiums für die Kosten der Unterhaltung des Pkws aufkommen sollte.

Der Anspruch ist nicht gem. § 994 Abs. 1 S. 2 BGB ausgeschlossen. Zwar ist diese Bestimmung auch auf Ansprüche gem. § 994 Abs. 2 anwendbar (Palandt/*Bassenge* § 994 Rn 8). Auch gehört die Reparatur des Lackschadens zu den gewöhnlichen Erhaltungskosten gem. § 994 Abs. 1 S. 2 BGB. Allerdings hat der Kläger dem Beklagten die Nutzungen für die Zeit seit Zustellung der Herausgabeklage zu erstatten (§ 987 Abs. 1 BGB). Der Kläger hat den Pkw nach Rechtshängigkeit der Herausgabeklage reparieren lassen. Diese wurde ihm am ■■■ zugestellt (§§ 253 Abs. 1, 261 Abs. 1 ZPO).

Die Reparatur des Pkw des Beklagten war ein für den Kläger objektiv fremdes Geschäft.

Sie entspricht dem Interesse und dem mutmaßlichen Willen des Beklagten. Ohne die Reparatur hätte dieser mit „weiterfressenden" Rostschäden rechnen müssen.

Die Kosten für die Reparatur sind ortsüblich und angemessen.

Der Anspruch auf die geltend gemachten Zinsen folgt aus § 291 BGB.

■■■

Rechtsanwalt ◄

Es ist darauf zu achten, dass auch Ansprüche auf Verwendungsersatz und Herausgabe von Nutzungen vorab zu saldieren sind. Vor allem bei Leasingverträgen wird häufig kein Anspruch auf Verwendungsersatz gegeben sein, da nach den AGB, die bei diesen Verträgen verwendet werden, zur Erhaltung und zum Betrieb der Leasingsache erforderliche Aufwendungen üblicherweise der Leasingnehmer zu tragen hat. 23

D. Zurückbehaltungsrecht wegen Anspruchs auf Verwendungsersatz

I. Muster: Zurückbehaltungsrecht wegen Anspruchs auf Verwendungsersatz nach Reparatur einer schuldnerfremden Sache 24

► An das

Amtsgericht/Landgericht ■■■ 778

Az.: ■■■

Klageerwiderung

In dem Rechtsstreit

■■■ Kläger

■■■ Prozessbevollmächtigter

gegen

■■■ Beklagter

■■■ Prozessbevollmächtigter

zeige ich die Vertretung des Beklagten an. Namens und in Vollmacht des Beklagten werde ich beantragen:

I. Der Klageanspruch wird mit der Maßgabe anerkannt, dass der Beklagte verurteilt wird, den Lkw ■■■ Zug um Zug gegen Zahlung von ■■■ an die Klägerin herauszugeben. IÜ wird die Klage abgewiesen.

II. Die Klägerin trägt die Kosten des Rechtsstreites.[1], [2]

Gründe

I.

Es wird mit Nichtwissen bestritten, dass B den streitgegenständlichen Lkw an die Klägerin am ■■■ sicherungsübereignet hat.

Aber selbst wenn sich dies bestätigen sollte, steht dem Beklagten ein Recht zum Besitz zu (§ 986 Abs. 1 BGB). Er kann dem Herausgabeverlangen der Klägerin ein Zurückbehaltungsrecht gem. § 1000 BGB entgegensetzen. Dieses gibt ein Recht zum Besitz, das allerdings nicht zur Klageabweisung, sondern nur zur Zug um Zug Verurteilung führt (BGH NJW 2002, 1050).

B beauftragte den Beklagten am ■■■, die Bremsanlage an dem streitgegenständlichen Lkw instand zu setzen.

Beweis:

- Reparaturauftrag vom ■■■, vorgelegt als Anlage B 1
- Zeuge NN

Diesen Auftrag hat der Beklagte ausgeführt.

Beweis:

- Zeuge NN
- Sachverständigengutachten

Hierfür sind Kosten iHv ■■■ EUR angefallen.

Beweis: Reparaturrechnung, vorgelegt als Anlage B 2

Diese Kosten sind ortsüblich und angemessen.

Beweis: Sachverständigengutachten

II.

Dem Beklagten steht zumindest ein Zurückbehaltungsrecht gem. § 1000 S. 1 BGB zu.

In Höhe der Reparaturrechnung steht ihm ein Anspruch auf Verwendungsersatz gem. § 994 Abs. 1 S. 1 BGB gegen die Beklagte zu.

Dadurch, dass die Klägerin ihr Sicherungseigentum geltend gemacht hat, ist eine Vindikationslage eingetreten. Die Klägerin ist – die Richtigkeit ihres Vortrages unterstellt – Eigentümerin des Lkw (§§ 929 S. 1, 930 BGB). Der Beklagte ist Besitzer (§ 854 Abs. 1 BGB). Nach Ausübung des Sicherungseigentums kann er kein Besitzrecht von B mehr ableiten.

Zwar bestand bei Durchführung der Reparaturarbeiten keine Vindikationslage.[3] Nach den der Sicherungsübereignung zugrundeliegenden Vertragsbedingungen war B vielmehr verpflichtet, das Sicherungseigentum zu erhalten, pfleglich zu behandeln und ggf auch auf seine Kosten zu reparieren.

Beweis: Allgemeine Bedingungen der Klägerin für Sicherungsübereignungen, die Bestandteil des Kreditvertrages zwischen B und der Klägerin sind, vorgelegt als Anlage B 3.

Jedoch soll der berechtigte Besitzer nicht schlechter stehen als der nichtberechtigte. Daher gewährt die Rechtsprechung auch dem Werkunternehmer, der eine nicht dem Besteller gehörende Sache repariert, einen Verwendungsersatzanspruch, sofern nur später eine Vindikationslage eintritt (BGH NJW 1961, 501).

§ 994 Abs. 1 BGB ist damit auch auf den Fremdbesitzer anwendbar.

Der Beklagte hat auf den Lkw auch notwendige Verwendungen gemacht, indem er diesen repariert hat. Notwendige Verwendungen sind solche, die zur Erhaltung oder ordnungsgemäßen Bewirtschaftung einer Sache objektiv erforderlich sind, die also der Besitzer dem Eigentümer, der sie sonst hätte machen müssen, erspart hat und die nicht nur den Sonderzwecken des Besitzers dienen (Hk-BGB/*Schulte-Nölke* § 994 Rn 3).

Es ist insoweit unerheblich, dass der Beklagte die Reparatur aufgrund eines mit B abgeschlossenen Werkvertrages durchgeführt hat. Dies wirkt sich nur auf das Innenverhältnis zwischen dem Beklagten und B aus, ändert aber nichts daran, dass die Reparaturarbeiten als notwendige Verwendungen auf die reparierte Sache anzusehen sind (BGH NJW 1961, 501).

Ansprüche des Beklagten auf Verwendungsersatz sind nicht gem. § 994 Abs. 1 S. 2 BGB ausgeschlossen. Dem Beklagten stehen die Nutzungen auch für die Zeit während der Reparatur nicht zu. Aufgrund des Werkvertrages mit B war er lediglich berechtigt, den Lkw zu reparieren, nicht aber, diesen zu benutzen.[4]

■■■

Rechtsanwalt ◄

II. Erläuterungen

[1] **Prozessanträge.** Hier empfiehlt sich aus Kostengründen ein sofortiges Teilanerkenntnis, wenn der Beklagte dem Herausgabeanspruch nur ein Zurückbehaltungsrecht wegen seiner Ansprüche auf Verwendungsersatz entgegensetzen kann (§ 93 ZPO). Hinsichtlich der Prozessanträge s. iÜ § 986 Rn 2. Da es dem Werkunternehmer lediglich um die Bezahlung seiner Reparaturrechnung gehen wird, empfiehlt es sich zur Verringerung des Kostenrisikos den Vortrag hinsichtlich der Sicherungsübereignung hinzunehmen, zumal der Sicherungsübernehmer (in der Regel eine finanzierende Bank) gegenüber dem Besteller ein geringeres Insolvenzrisiko zeigen wird. 25

[2] Hinsichtlich der **Realisierung des Werklohns** gegen den Sicherungsnehmer s. die Ausführungen zu §§ 1001 Rn 2–6, 1003 Rn 2–4. 26

[3] **Werkunternehmerpfandrecht.** Bei Verwendung des Musters ist darauf zu achten, dass ein Verwendungsersatzanspruch des Werkunternehmers nur in Betracht kommt bei Reparatur einer **bestellerfremden**, also bereits zur Sicherheit übereigneten bzw noch unter Eigentumsvorbehalt stehenden Sache. Ist der Besteller dem gegenüber bei Abschluss des Werkvertrags bereits Eigentümer, erwirbt der Unternehmer ein Werkunternehmerpfandrecht (§ 647). 27

Nach der Rechtsprechung kommt demgegenüber auch ein **gutgläubiger Erwerb** eines Unternehmerpfandrechts nicht in Betracht (BGH NJW 1983, 2140). Ob die Voraussetzungen für den gutgläubigen Erwerb eines rechtsgeschäftlichen Pfandrechts gegeben sind, wird eine Frage des Einzelfalls darstellen (s. BGH, aaO). Bei Verwendung des Musters ist daher vorsichtshalber davon auszugehen, dass der Werkunternehmer möglicherweise nur über § 994 Abs. 1 geschützt sein könnte, also insbesondere die kurze Ausschlussfrist des § 1002 zu beachten. 28

[4] Der **Unternehmer** ist **darlegungs- und beweisbelastet,** dass er auf eine dem Besteller nicht gehörende Sache notwendige Verwendungen gemacht hat. Der Eigentümer ist darlegungs- und beweisbelastet, dass der Unternehmer bei Vornahme der Verwendungen bösgläubig iS des 29

§ 990 oder verklagt war. Erbringt er diesen Nachweis, ist der Unternehmer darlegungs- und beweisbelastet, dass er gleichwohl **nach den Regeln der GoA** Ersatz verlangen kann. Liegt ein Fall des § 994 Abs. 2 vor, ist das Muster daher entsprechend zu ergänzen.

§ 995 Lasten

[1]Zu den notwendigen Verwendungen im Sinne des § 994 gehören auch die Aufwendungen, die der Besitzer zur Bestreitung von Lasten der Sache macht. [2]Für die Zeit, für welche dem Besitzer die Nutzungen verbleiben, sind ihm nur die Aufwendungen für solche außerordentliche Lasten zu ersetzen, die als auf den Stammwert der Sache gelegt anzusehen sind.

1 **A. Muster: Klage des Besitzers auf Erstattung von ihm verauslagter Lasten**

▶ An das
Amtsgericht/Landgericht ▪▪▪

Klage

In dem Rechtsstreit

▪▪▪ Kläger

▪▪▪ Prozessbevollmächtigter

gegen

▪▪▪ Beklagter

wegen: Ersatz von Lasten

zeige ich die Vertretung des Klägers an. Namens und in Vollmacht des Klägers erhebe ich Klage und werde beantragen:

I. Der Beklagte wird verurteilt, an den Kläger 12.000,- EUR zzgl Zinsen iHv 5 %-Punkten über dem jeweiligen Basiszinssatz ab Rechtshängigkeit zu bezahlen.

II. ▪▪▪ (Prozessanträge)[1]

Gründe

I.

Der Kläger ist der leibliche Sohn des Beklagten. Dieser überließ dem Sohn im Wege vorweggenommener Erbfolge aufgrund notarieller Urkunde vom ▪▪▪ sein Hausgrundstück in ▪▪▪ Straße, ▪▪▪, vorgetragen im Grundbuch des AG ▪▪▪ von ▪▪▪, Blatt ▪▪▪ .[2]

Beweis:

- notarielle Urkunde des Notars ▪▪▪ vom ▪▪▪, UR-Nr. ▪▪▪;
- Grundbuchauszug

Der Beklagte behielt sich das Recht vor, in den Räumen ▪▪▪ zu wohnen, iÜ gingen Nutzungen und Lasten mit dem Tag der Beurkundung auf den Kläger über.

Beweis: notarielle Urkunde, bereits vorgelegt als Anl. K 1, Ziff. ▪▪▪

Der Kläger zog daraufhin in das Anwesen ein.

Noch vor Eintragung der Eigentumsumschreibung wurde durch die Stadt ▪▪▪ der Erschließungsbeitrag für die Erneuerung der ▪▪▪-Straße festgesetzt. Dieser beträgt für das Grundstück des Beklagten 12.000,- EUR.

Beweis: Erschließungsbeitragsbescheid, vorgelegt als Anlage K 2

Diesen Betrag hat der Kläger im Hinblick auf die vorweggenommene Erbfolge bezahlt.

Beweis:
- Überweisungsträger, vorgelegt als Anlage K 3
- Kontoauszug, vorgelegt als Anlage K 4

Kurz darauf erhielt die Freundin ■■■ des Beklagten von dem notariellen Vertrag vom ■■■ Kenntnis. Sie war hierüber äußerst ungehalten. Um dem Beklagten den Lebensabend nicht zu erschweren stimmte der Kläger noch vor seiner Eintragung als Eigentümer der Aufhebung des notariellen Vertrags vom ■■■ zu.

Beweis: notarieller Aufhebungsvertrag vom ■■■, vorgelegt als Anlage K 5

Er räumte daraufhin mit seiner Familie das Hausgrundstück und gab dieses an den Beklagten heraus.

Beweis: Zeuge NN

Mit der Klage macht er seinen Anspruch auf Erstattung des Erschließungsbeitrages geltend.

II.

Dem Kläger steht ein Anspruch auf Erstattung des Erschließungsbeitrages gem. §§ 995, 994 Abs. 1 BGB zu.

Zwischen den Parteien besteht eine Vindikationslage. Der Beklagte ist Eigentümer des Grundstücks ■■■ (§ 891 Abs. 1 BGB). Der Kläger war zu dem Zeitpunkt der Zahlung des Erschießungsbeitrages Besitzer (§ 854 Abs. 1 BGB). Es reicht aus, dass das Besitzrecht nachträglich durch Abschluss des Aufhebungsvertrages entfallen ist. Weder in dem notariellen Vertrag vom ■■■ noch in der Aufhebungsvereinbarung vom ■■■ haben die Parteien eine Regelung getroffen, wer die während der Besitzzeit anfallenden außerordentlichen Aufwendungen tragen sollte.

Die Zahlung des Erschließungsbeitrages ist eine auf dem Grundstück des Beklagten ruhende Last; denn mit dem Eigentum an dem Grundstück ist der Zwang verbunden, die hierfür anfallenden Erschließungsbeiträge zu bezahlen (vgl hierzu HK-BGB/*Schulte-Nölke* § 995 Rn 1).

Der Anspruch ist nicht gem. § 995 S. 2 BGB ausgeschlossen. Zwar stehen dem Kläger aufgrund der notariellen Vereinbarung vom ■■■ die Nutzungen bis zur Aufhebung des Vertrages zu. Allerdings ist der Erschließungsbeitrag als auf den Stammwert des Grundstücks angelegt anzusehen; denn es handelt sich hierbei um eine einmalige Leistung, die typischerweise nicht aus den Erträgen aus dem Grundstück bestritten wird (Palandt/*Bassenge* § 995 Rn 2; BGH BGHZ 114, 16).[3]

Der Kläger hat das Grundstück zurückgegeben (§ 1001 S. 1 BGB).

Die Frist des § 1002 BGB ist gewahrt.[4], [5]

Der Anspruch auf die Zinsen folgt aus § 291 BGB.

■■■

Rechtsanwalt ◀

B. Erläuterungen und Varianten

[1] Hinsichtlich der **Prozessanträge** s. § 904 Rn 8. 2

[2] Hinsichtlich der **Grundstücksbezeichnung** s. § 904 Rn 4; vorliegend wurde eine Bezeichnung gewählt, die nach Einführung des elektronischen Grundbuchs ausreichend ist. 3

[3] Die Vorschrift enthält eine klarstellende Regelung zu § 994 Abs. 1. Ein Anspruch auf **Erstattung verauslagter Lasten** kommt daher grundsätzlich nur ab Rechtshängigkeit bzw Bösgläubigkeit und bei rechtsgrundlosem bzw unentgeltlichem Besitzerwerb in Betracht, es sei denn, es liegt ein Fall von Lasten vor, die auf den Stammwert der Sache geleistet wurden. Das Muster berücksichtigt dementsprechend bspw nicht die laufenden Grundsteuern, weil nach den 4

vertraglichen Vereinbarungen dem Kläger die Nutzungen bis zur Aufhebung des Vertrages zustehen.

5 [4] **Ausschlussfrist.** Es ist darauf zu achten, dass Ansprüche auf Verwendungsersatz nur innerhalb von sechs Monaten ab Rückgabe des Grundstücks geltend gemacht werden können (§ 1002 Abs. 1).

6 [5] **Lasten eines Pkw.** Die folgende Variante erweitert den Sachverhalt gem. § 994 Rn 22.

▶ ▪▪▪ Rubrum/Anträge wie § 994 Rn 22

Der Beklagte wird verurteilt, an den Kläger weitere 140,- EUR nebst Zinsen iHv 5 %-Punkten ab Rechtshängigkeit zu bezahlen. ▪▪▪

Gründe

I.

▪▪▪ wie § 994 Rn 22

4. Der Kläger hatte in der Zeit von ▪▪▪ (Zustellung der Klage auf Herausgabe des Pkws) bis ▪▪▪ (Datum der Herausgabe des Pkws) anteilig Kosten für Haftpflicht- und Teilkaskoversicherung iHv 100,- EUR zu tragen.

Beweis: Rechnung der ▪▪▪-Versicherung vom ▪▪▪, vorgelegt als Anlage K ▪▪▪
Weiterhin hatte er für diese Zeit Kfz-Steuern iHv ▪▪▪ EUR zu bezahlen.
Beweis: Steuerbescheid vom ▪▪▪, vorgelegt als Anlage ▪▪▪

II.

▪▪▪ (wie § 994 Rn 22)

Der Anspruch auf Zahlung von anteiliger Steuer und Versicherung folgt aus §§ 995, 994 Abs. 2 BGB. Es handelt sich um Lasten des Pkws, da mit dessen Betrieb die Verpflichtung, die entsprechenden Kosten zu tragen verbunden ist (vgl hierzu Hk-BGB/*Schulte-Nölke* § 995 Rn 1). Es ist zwar str., ob auch solche Abgaben unter § 995 BGB fallen, die nicht kraft dinglicher Rechtstellung, sondern durch den Betrieb der Sache anfallen (vgl Staudinger/*Gursky* § 995 Rn 4). Es sprechen jedoch die überzeugenderen Gründe dafür, auch diese notwendig mit dem Besitz der Sache verbundenen Aufwendungen nach den gleichen Regeln auszugleichen, nach denen auch iÜ die Nutzungen und Verwendungen ausgeglichen werden.

Die Zahlung der Steuer und Versicherungsprämie ist für den Kläger, der die Nutzungen herauszugeben hat, ein objektiv fremdes Geschäft (§§ 994 Abs. 2, 683 S. 1 BGB). Es ist Sache des Eigentümers den Pkw zu nutzen und die hierfür erforderlichen Kosten aufzubringen.

Da § 994 Abs. 2 BGB eine eingeschränkte Rechtsgrundverweisung enthält (Staudinger/*Gursky* § 994 Rn 23) ist ein Fremdgeschäftsführungswille entbehrlich.

Der Beklagte hat die Zahlung von Steuer und Versicherung durch Entgegennahme des Pkw genehmigt (§§ 684 S. 2, 1001 S. 3 BGB).

Der Höhe nach schuldet der Beklagte Erstattung dieses Aufwandes pro rata temporis, soweit er auf die Zeit ab Rechtshängigkeit der Herausgabeklage entfällt. Dieser Aufwand berechnet sich wie folgt: ▪▪▪ ◀

7 Die Aufteilung des Aufwandes für Steuern und Versicherung richtet sich nach § 103 (Palandt/*Bassenge* § 995 Rn 2). Hinsichtlich der Einzelheiten wird auf Staudinger/*Gursky* § 995 Rn 8 verwiesen. Für die **Steuer** gilt bspw folgende **Berechnungsformel:**

x = Zahl der Tage, für die der Besitzer Nutzungsersatz zu leisten hat * Jahressteuer ./. 365 Tage

Genehmigt der Eigentümer die Lastentragung durch den Besitzer nicht, richtet sich die Erstattung nach § 683. Macht er Erstattung von Nutzungen geltend schuldet er zumindest als ersparten Aufwand die Erstattung vom Besitzer getragener notwendiger Lasten (§§ 683, 684 S. 1).

§ 996 Nützliche Verwendungen

Für andere als notwendige Verwendungen kann der Besitzer Ersatz nur insoweit verlangen, als sie vor dem Eintritt der Rechtshängigkeit und vor dem Beginn der in § 990 bestimmten Haftung gemacht werden und der Wert der Sache durch sie noch zu der Zeit erhöht ist, zu welcher der Eigentümer die Sache wiedererlangt.

A. Erstattung nützlicher Verwendungen

I. Muster: Klage des redlichen Eigenbesitzers auf Erstattung nützlicher Verwendungen 1

▶ An das 780

Amtsgericht/Landgericht ■■■

Klage

In dem Rechtsstreit

■■■ Kläger

■■■ Prozessbevollmächtigter

gegen

■■■ Beklagter

wegen: Ersatz von Verwendungen

zeige ich die Vertretung des Klägers an. Namens und in Vollmacht des Klägers erhebe ich Klage und werde beantragen:

I. Der Beklagte wird verurteilt, an den Kläger 2.000,- EUR zzgl Zinsen iHv 5%-Punkten über dem jeweiligen Basiszinssatz ab Rechtshängigkeit an den Kläger zu bezahlen.

II. ▪▪▪ (Prozessanträge)[1], [2], [3]

Gründe

I.

Der Kläger ist Eigentümer des Pkws ▪▪▪. Er hat diesen Pkw am ▪▪▪ von ▪▪▪ käuflich erworben.

Beweis: Kaufvertrag vom ▪▪▪, vorgelegt als Anlage K 1

Fahrzeug und Brief wurden ihm übergeben.

Beweis:

Fahrzeugbrief vorgelegt als Anlage K 2

Zeuge NN

Am ▪▪▪ wurde durch unbekannte Täter in die Geschäftsräume des Beklagten eingebrochen. Hierbei wurde der o.g. Pkw entwendet.

Beweis: Ermittlungsakte der Staatsanwaltschaft ▪▪▪, Az ▪▪▪, Bl ▪▪▪

Am ▪▪▪ erwarb der Kläger das Fahrzeug von H, das zwischenzeitlich mit „neuen Papieren“ und einer „neuen“ Fahrgestellnummer versehen worden war. Zwei Monate später identifizierte die Polizei dieses Fahrzeug als das gestohlene Fahrzeug.

Beweis: Ermittlungsakte der StA ▪▪▪, Az ▪▪▪, wie vor

Der Kläger gab daraufhin am ▪▪▪ das Fahrzeug an den Beklagten heraus.

Beweis: Übernahmebestätigung des Beklagten vom ▪▪▪, vorgelegt als Anlage K 3

Mit der vorliegenden Klage macht der Kläger Ansprüche auf Verwendungsersatz geltend.

Aufgrund der stark gestiegenen Treibstoffkosten entschloss sich der Kläger, das Fahrzeug auf Erdgas umzurüsten. Dies gab er am ▪▪▪ bei U in Auftrag.

Beweis:

- Reparaturauftrag vom ▪▪▪, vorgelegt als Anlage K 4
- Zeuge NN

U führte die Arbeiten aus.

Beweis:

- Sachverständigengutachten
- Zeuge NN

Er stellte hierfür dem Kläger 2.000,- EUR in Rechnung.

Beweis: Reparaturrechnung vom ▪▪▪, vorgelegt als Anlage K 5

Die Kosten sind ortsüblich und angemessen.

Beweis: Sachverständigengutachten.

Der Kläger hat die Rechnung zwischenzeitlich ausgeglichen.

Beweis:

- Überweisungsbeleg, vorgelegt als Anlage K 6
- Kontoauszug, vorgelegt als Anlage K 7
- Zeuge NN, dem aufgegeben werden möge, Auszüge des ▪▪▪ (Gutschriftkontos) für die Zeit von ▪▪▪ bis ▪▪▪ im Termin vorzulegen.

Durch die Arbeiten ist der Wert des Pkws um mindestens 2.000,- EUR gesteigert worden.

Beweis: Sachverständigengutachten.

Der Beklagte hat die Reparatur gebilligt.

Beweis: Übernahmebestätigung, vorgelegt als Anlage K 3[4]

II.

Dem Kläger steht ein Anspruch auf Erstattung der Verwendungen iHv 2.000,- EUR gem. § 996 BGB zu.

Zum Zeitpunkt der Umrüstung des Pkw auf Erdgasbetrieb bestand eine Vindikationslage (§ 985 BGB). Der Beklagte war Eigentümer des Pkws. Er hat diesen gem. § 929 S. 1 BGB von ▪▪▪ erworben. Der Kläger war Besitzer (§ 854 Abs. 1 BGB). Da dem Beklagten der Pkw gestohlen worden war, war der Kläger dem Beklagten gegenüber nicht zum Besitz berechtigt.

Indem der Kläger den Pkw auf Erdgasbetrieb umrüsten ließ, hat er eine nützliche Verwendung auf den Pkw gemacht; denn nützliche Verwendungen sind Aufwendungen, die den Wert der Sache erhöhen oder ihre Gebrauchstauglichkeit steigern (Hk-BGB/*Schulte-Nölke* § 994 Rn 4).[5]

Der Kläger war zum Zeitpunkt der Umrüstung nicht bösgläubig; denn er hatte bis zum Herausgabeverlangen des Beklagten keine Kenntnis davon, dass das Fahrzeug etwa gestohlen sein könnte.

Der Verkehrswert des Pkws war zum Zeitpunkt der Rückgabe aufgrund der wertsteigernden Arbeiten um mindestens 2.000,- EUR erhöht.[6]

Der Beklagte hat die Umrüstung des Pkw auf Erdgasbetrieb genehmigt (§ 1001 S. 1 BGB).

Der Anspruch auf Erstattung der Verwendungen ist nicht durch Rückgabe des Pkw erloschen, da der Beklagte die Reparatur genehmigt hat (§ 1002 Abs. 1 Alt. 2 BGB).[7], [8]

Der Anspruch auf die geltend gemachten Zinsen folgt aus § 291 BGB.

▪▪▪

Rechtsanwalt ◄

II. Erläuterungen

[1] Hinsichtlich der **Prozessanträge** s. § 904 Rn 8. 2

[2] **Verhältnis zu § 994.** Die folgenden Erläuterungen entsprechen der Reihenfolge der Muster und Varianten gem. § 994 3

[3] Hinsichtlich des **Anwendungsbereichs** s. § 994 Rn 2. 4

[4] Das Muster geht davon aus, dass der **Besitzer darlegungs- und beweisbelastet** ist, dass zur Zeit der Vornahme der Verwendung eine Vindikationslage bestand, für den Umfang der Verwendungen, dafür dass sie nützlich sind und dafür, dass die Sache bei Herausgabe entsprechend in ihrem Wert erhöht ist. Der Eigentümer ist darlegungs- und beweisbelastet dafür, dass der Besitzer bei Vornahme der Verwendung bösgläubig (Bösgläubigkeit bei Besitzerwerb bzw nachträgliche Kenntnis) oder verklagt war (vgl Palandt/*Bassenge* § 996 Rn 3). Es ist str., ob, wenn der Eigentümer nachgewiesen hat, dass der Besitzer bösgläubig oder verklagt war, es Sache des Eigentümers oder Besitzers ist, darzulegen und zu beweisen, dass die Verwendungen vor diesem Zeitpunkt getätigt worden waren (vgl zum Sach- und Streitstand Palandt/*Bassenge* aaO); da es Sache des Eigentümers ist, die Voraussetzungen darzulegen, dass ausnahmsweise wegen Bösgläubigkeit/Rechtshängigkeit ein Anspruch gem. § 996 nicht gegeben ist, sprechen die besseren Gründe dafür, die Darlegungs- und Beweislast insoweit dem Eigentümer aufzubürden. Gleichwohl geht das Muster aus Gründen der Vorsicht davon aus, dass der Besitzer dazu vortragen und Beweis anbieten sollte, dass er die nützlichen Verwendungen vor Eintritt der Bösgläubigkeit bzw der Rechtshängigkeit getätigt hat. 5

[5] Hinsichtlich der Nützlichkeit der Verwendungen ist str., ob ein **objektiver oder** ein **subjektiver** (auf den Eigentümer bezogener) **Maßstab** anzusetzen ist (Hk-BGB/*Schulte-Nölke* § 996 Rn 4). In dem verwendeten Muster stellt sich diese Frage nicht, so dass sie nicht problematisiert 6

wurde. Sollte einmal objektiver und subjektiver Maßstab auseinanderfallen, wäre die Frage zu erörtern.

7 [6] **Begrenzung.** Der Anspruch aus § 996 ist der Höhe nach **doppelt** begrenzt: durch die Höhe der Wertsteigerung der Sache bei Herausgabe, jedoch maximal durch den tatsächlichen Aufwand, der durch die Durchführung der nützlichen Verwendungen angefallen ist (BGH NJW 2006, 1729). Vor Verwendung des Musters ist eine entsprechende Korrekturrechnung durchzuführen.

8 [7] **Ersatz für nützliche Verwendungen nach Rechtshängigkeit/Bösgläubigkeit.** Vgl § 994 Rn 8. Hinsichtlich nützlicher Verwendungen kennt das Eigentümer-Besitzerverhältnis keinen Verwendungsersatzanspruch, wenn diese erst nach Eintritt der Bösgläubigkeit iS des § 990 bzw Rechtshängigkeit durchgeführt wurden (s. § 996; Hk-BGB/*Schulte-Nölke* § 996 Rn 1). Es ist daher nicht möglich das Muster gem. § 994 Rn 8 auf den Fall der Durchführung nützlicher Verwendungen anzupassen. Unberührt hiervon bleibt das Wegnahmerecht gem. § 997 (s. hierzu § 997 Rn 10).

9 [8] **Nützliche Verwendungen durch den nachträglich nicht berechtigten Fremdbesitzer.** Vgl § 994 Rn 10. Hier kommt ein Anspruch auf Verwendungsersatz nur in Betracht, soweit das obligatorische Nutzungsrecht, aus dem der Besitzer sein Besitzrecht ableitet keine abschließende Regelung enthält(BGH NJW 1979, 716). Würden im Fall § 994 Rn 10 (§ 994 Muster II) die Beklagten daher zB auch das Bad mit einem Aufwand von 15.000,- EUR modernisieren und hierdurch eine Wertsteigerung von 9.000,- EUR realisieren, käme bei vorzeitigem Auszug nur ein Ersatzanspruch wegen der Mietmehreinnahmen aufgrund der Modernisierung in Betracht.

10 Ein Anspruch aus §§ 601 Abs. 2, 683 würde daran scheitern, dass die Beklagten bei der Modernisierung des Bades nicht beabsichtigt haben, hierfür vom Kläger Ersatz zu fordern (§ 685 Abs. 1). Ein Anspruch aus § 996 wird durch die abschließende Regelung über den Ersatz nützlicher Verwendungen durch den Leihvertrag verdrängt (§§ 601 Abs. 2, 683; vgl BGH NJW 1979, 716).

11 Ein Anspruch aus § 812 Abs. 1 S. 2 Alt. 1 könnte bestehen. Die Anwendung der Bestimmung ist nicht ausgeschlossen; denn die Beklagten waren bei Durchführung der Modernisierungsmaßnahmen zum Besitz berechtigt, es bestand also keine Vindikationslage (BGH NJW 1996, 52). Der Anspruch setzt voraus, dass die Beklagten die Modernisierung in der Erwartung getätigt haben, länger von dieser Maßnahme profitieren zu können als bis zu ihrem (vorzeitigen) Auszug (vgl hierzu BGH NJW 1985, 313 aE). Wenn dies der Fall ist, können sie die auf der Modernisierung beruhenden Mietmehreinnahmen kondizieren.

B. Anspruch eines anfänglich nicht berechtigten Fremdbesitzers auf Erstattung nützlicher Verwendungen

12 I. Muster: Klage des anfänglich nicht berechtigten Fremdbesitzers auf Erstattung nützlicher Verwendungen

▶ ...[1]

I. Der Beklagte wird verurteilt, an den Kläger 1.500,- EUR zuzüglich Zinsen iHv 5%-Punkten über dem jeweiligen Basiszinssatz z bezahlen.

II. Der Beklagte wird verurteilt, an den Kläger weitere 2.000,- EUR zu bezahlen.

III. ...[2]

I.[3]

Der Kläger ist der leibliche Sohn von V. V überließ ihm den Pkw ..., den bis zu diesem Zeitpunkt V gefahren hatte, für die Dauer des Studiums. Da der Kläger als Student nur geringe Einnahmen erzielte, wollte V für den Unterhalt des Pkw aufkommen.

Beweis: Zeuge NN

V hatte den Pkw am ... von H erworben.

Beweis: Kaufvertrag vom ..., vorgelegt als Anlage K 1

1. Am ... fuhr der Kläger mit dem Pkw in die Waschanlage. Aufgrund eines Fremdkörpers, der sich in einer der Bürsten verfangen hatte, kam es zu einem Lackschaden, der bis zum Blech reichte.
   Beweis:
   - Zeuge NN
   - Foto
   - Schadensbericht, vorgelegt als Anlage K 2

   Um weitere Schäden durch Rostbildung zu vermeiden, ließ der Kläger den Pkw nachlackieren. Dies war mit Kosten von 1.500,- EUR verbunden.
2. Am ... gab der Kläger die Umrüstung des Fahrzeugs für den Betrieb mit Erdgas in Auftrag.
   Beweis:
   - Reparaturauftrag vom ..., vorgelegt als Anlage K 3
   - Zeuge NN

   Der Kläger hatte mit V vereinbart, dass dieser ihm die Kosten der Umrüstung erstatten wollte.
   Beweis: Zeuge V
   U führte die Reparatur aus.
   Beweis:
   - Zeuge U
   - Sachverständigengutachten

   Er stellte hierfür dem Kläger 2.000,- EUR in Rechnung.
   Beweis: Rechnung vom ..., vorgelegt als Anlage K 4
   Die Kosten sind ortsüblich und angemessen.
   Beweis: Sachverständigengutachten
   Der Verkehrswert des Pkws hat sich in entsprechender Weise erhöht. Die Werterhöhung ist in dieser Höhe auch noch bei Herausgabe des Pkws vorhanden gewesen.
   Beweis: Sachverständigengutachten
   Kurze Zeit später trat der Beklagte an V heran. Es hatte sich herausgestellt, dass der Pkw bei einem Einbruch auf das Firmengelände des Klägers entwendet worden war. Weiterhin war er mit einer gefälschten Fahrgestellnummer und gefälschten Papieren versehen worden. Sodann war er zum Verkauf angeboten worden.
   Beweis:
   - Schreiben des Klägers vom ..., vorgelegt als Anlage K 3
   - Ermittlungsakte de StA ..., Az ...

   Im Hinblick auf das eindeutige Ermittlungsergebnis gab der Kläger den Pkw an den Beklagten heraus.

II.

1. Dem Kläger steht gegen den Beklagten ein Anspruch auf Zahlung von 1.500,- EUR gem. § 994 Abs. 1 S. 1 BGB zu.
   Die Bestimmung ist auch auf den Fremdbesitzer anwendbar (BGH NJW 1979, 716).
   Bei Vornahme der Reparatur bestand eine Vindikationslage.
   Der Beklagte war Eigentümer des Pkws. Er hat das Eigentum an dem Pkw nicht gem. §§ 929 S. 1, 932 BGB an V verloren, da ihm der Pkw gestohlen worden war (§ 935 BGB). Der Kläger war Besitzer des Pkw. Ihm stand kein Recht zum Besitz gegenüber dem Beklagten zu. Zwar ist das Rechtsverhältnis zwischen V und dem Kläger als Leihvertrag zu klassifizieren (§ 598 BGB). Dieser gibt dem Kläger jedoch nur im Verhältnis zu V nicht aber im Verhältnis zum Beklagten ein Recht zum Besitz.

Die Reparatur des Lackschadens ist eine notwendige Verwendung; denn sie war zur Erhaltung des Pkw objektiv erforderlich. Der Kläger hat sie also dem Beklagten als Eigentümer erspart, der sie sonst hätte durchführen müssen und sie diente nicht nur Sonderzwecken des Klägers (vgl zur Definition der notwendigen Verwendungen: Hk-BGB/*Schulte-Nölke* § 994 Rn 3).

Der Ersatzanspruch ist nicht aufgrund des Leihverhältnisses ausgeschlossen. Zwar besteht kein Anspruch auf Verwendungsersatz gegen den Eigentümer, wenn der Fremdbesitzer einen solchen auch nicht gegen denjenigen hätte, von dem er sein Besitzrecht aufgrund vertraglicher Vereinbarung ableitet (BGH NJW 1979, 716). Gem. § 601 Abs. 1 BGB hat der Entleiher die gewöhnlichen Kosten der Erhaltung der geliehenen Sache selbst zu tragen. Hierzu gehören auch im Zusammenhang mit dem vertragsgemäßen Gebrauch anfallende Reparaturen (Palandt/*Weidenkaff* § 601 Rn 1; Palandt/*Bassenge* § 994 Rn 7). Diese Bestimmung ist jedoch abdingbar. Hiervon haben der Kläger und V Gebrauch gemacht, indem sie vereinbart haben, dass V für die Dauer des Studiums für die Kosten der Unterhaltung des Pkw aufkommen sollte.

Der Anspruch ist nicht gem. § 994 Abs. 1 S. 2 BGB ausgeschlossen. Zwar gehört die Reparatur des Lackschadens zu den gewöhnlichen Erhaltungskosten gem. § 994 Abs. 1 S. 2 BGB. Allerdings hat der Kläger dem Beklagten die Nutzungen für die Zeit, seitdem er den Pkw geliehen hat, herauszugeben, da er den Pkw unentgeltlich nutzt (§ 988 BGB).

2. Dem Kläger steht gem. § 996 BGB ein weiterer Anspruch auf Zahlung von 2.000,- EUR zu. Bei Durchführung der Umrüstung des Pkw bestand aus den unter Ziff. II. 1. genannten Gründen eine Vindikationslage.

   Die Umrüstung des Pkw auf Erdgasbetrieb stellt eine nützliche Verwendung dar; denn nützliche Verwendungen sind Aufwendungen, die den Wert der Sache erhöhen oder ihre Gebrauchstauglichkeit steigern (Hk-BGB/*Schulte-Nölke* § 994 Rn 4).

   Der Kläger war zum Zeitpunkt der Umrüstung nicht bösgläubig; denn er hatte bis zum Herausgabeverlangen des Beklagten keine Kenntnis davon, dass das Fahrzeug etwa gestohlen sein könnte.

   Der Verkehrswert des Pkw war zum Zeitpunkt der Rückgabe aufgrund der wertsteigernden Arbeiten um mindestens 2.000,- EUR erhöht.

   Der Anspruch wird nicht durch den Leihvertrag zwischen V und dem Kläger ausgeschlossen; denn V und der Kläger hatten vereinbart, dass der Kläger im Verhältnis zu V diese Kosten nicht zu tragen haben sollte.

Die Voraussetzungen des § 1001 S. 1 Alt. 1 BGB sind hinsichtlich beider Ansprüche erfüllt.[4]

Der Anspruch auf die geltend gemachten Zinsen folgt aus § 291 BGB.

■■■

Rechtsanwalt[5] ◄

II. Erläuterungen

13 [1] **Rubrum und Antrag.** Das Muster stellt eine Erweiterung des Musters zu § 994 Rn 17 dar. Das Rubrum und der Antrag zu I entsprechen diesem Muster.

14 [2] Hinsichtlich der **Prozessanträge** wird auf § 904 Rn 8 verwiesen.

15 [3] Diese Variante integriert den **Anspruch des anfänglich nicht berechtigten Fremdbesitzers wegen nützlicher Verwendungen.** Hinsichtlich des Vortrags ist darauf zu achten, dass der Fremdbesitzer gegen den Eigentümer grundsätzlich nur einen Anspruch auf Verwendungsersatz hat, wenn dieser durch das obligatorische Nutzungsverhältnis nicht ausgeschlossen ist (s. Rn 9). Er kann in diesem Fall wahlweise die Erstattung der Verwendungen vom Verleiher aufgrund der schuldrechtlichen Absprache (die dieser dann gem. § 996 vom Eigentümer ersetzt verlangen kann) oder vom Eigentümer direkt gem. § 996 fordern.

16 [4] Bei der vorliegenden Fallgestaltung ist die **Ausschlussfrist des § 1002** zu beachten.

[5] Da § 996 erfordert, dass die nützlichen Verwendungen vor Rechtshängigkeit bzw Eintritt der Voraussetzungen des § 990 vorgenommen werden, ist im Fall § 994 Rn 22 **kein Anspruch auf Ersatz nützlicher Verwendungen nach Rechtshängigkeit/Bösgläubigkeit** denkbar. 17

C. Zurückbehaltungsrecht wegen Anspruchs auf Verwendungsersatz

I. Muster: Zurückbehaltungsrecht wegen Anspruchs auf Verwendungsersatz nach Reparatur einer schuldnerfremden Sache, die zu einer Verbesserung der Sache führt 18

▶ An das 782
Amtsgericht/Landgericht ...
Az.: ...

Klageerwiderung

In dem Rechtsstreit
... Kläger
... Prozessbevollmächtigter
gegen
... Beklagter
... Prozessbevollmächtigter
zeige ich die Vertretung des Beklagten an. Namens und in Vollmacht des Beklagten werde ich beantragen:

I. Der Klageanspruch wird mit der Maßgabe anerkannt, dass der Beklagte verurteilt wird, den Lkw ... Zug um Zug gegen Zahlung von ... an die Klägerin herauszugeben. IÜ wird die Klage abgewiesen.
II. Die Klägerin trägt die Kosten des Rechtsstreites.[1]

Gründe

I.

Es wird mit Nichtwissen bestritten, dass B den streitgegenständlichen Lkw an die Klägerin am ... sicherungsübereignet hat.

Aber selbst wenn sich dies bestätigen sollte, steht dem Beklagten ein Recht zum Besitz zu (§ 986 Abs. 1 BGB). Er kann dem Herausgabeverlangen der Klägerin ein Zurückbehaltungsrecht gem. § 1000 BGB entgegensetzen. Dieses gibt ein Recht zum Besitz, das allerdings nicht zur Klageabweisung, sondern nur zur Zug um Zug Verurteilung führt (BGH NJW 2002, 1050).

B beauftragte den Beklagten am ... einen Fahrzeugaufbau für Lebensmitteltransporte an dem Lkw anzubauen.

Beweis:
- Auftrag vom ..., vorgelegt als Anlage B 1
- Zeuge NN

Diesen Auftrag hat der Beklagte ausgeführt.

Beweis:
- Zeuge NN
- Sachverständigengutachten

Hierfür sind Kosten iHv ... EUR angefallen.

Beweis: Rechnung, vorgelegt als Anlage B 2

Diese Kosten sind ortsüblich und angemessen.

Beweis: Sachverständigengutachten

Der Wert des Lkw ist mindestens iHv ▪▪▪ EUR erhöht.

Beweis: Sachverständigengutachten

II.

Dem Beklagten steht zumindest ein Zurückbehaltungsrecht gem. § 1000 S. 1 BGB zu.

In Höhe der Rechnung steht ihm ein Anspruch auf Verwendungsersatz gem. § 996 Abs. 1 S. 1 BGB gegen die Beklagte zu.

Dadurch, dass die Klägerin ihr Sicherungseigentum geltend gemacht hat, ist eine Vindikationslage eingetreten. Die Klägerin ist – die Richtigkeit ihres Vortrages unterstellt – Eigentümerin des Lkw (§§ 929 S. 1, 930 BGB). Der Beklagte ist Besitzer (§ 854 Abs. 1 BGB). Nach Ausübung des Sicherungseigentums kann er kein Besitzrecht von B mehr ableiten.

Zwar bestand bei Durchführung der Aufbauarbeiten keine Vindikationslage. Nach den der Sicherungsübereignung zugrundeliegenden Vertragsbedingungen war B vielmehr berechtigt, das Sicherungseigentum auf ihre Kosten den betrieblichen Erfordernissen anzupassen.

Beweis: Allgemeine Bedingungen der Klägerin für Sicherungsübereignungen, die Bestandteil des Kreditvertrages zwischen B und der Klägerin sind, vorgelegt als Anlage B 3.

Jedoch soll der berechtigte Besitzer nicht schlechter stehen als der nichtberechtigte. Daher gewährt die Rechtsprechung auch dem Werkunternehmer, der eine nicht dem Besteller gehörende Sache repariert, einen Verwendungsersatzanspruch, sofern nur später eine Vindikationslage eintritt (BGH NJW 1961, 501).

§ 996 BGB ist damit auch auf den Fremdbesitzer anwendbar.[2]

Der Beklagte hat auf den Lkw auch nützliche Verwendungen gemacht, indem er diesen mit einem Aufbau versehen hat. Nützliche Verwendungen sind solche Maßnahmen, die den Wert der Sache steigern oder ihre Gebrauchstauglichkeit erhöhen (Hk-BGB/*Schulte-Nölke* § 994 Rn 4). Es ist insoweit unerheblich, dass der Beklagte den Aufbau aufgrund eines mit B abgeschlossenen Werkvertrages errichtet hat. Dies wirkt sich nur auf das Innenverhältnis zwischen dem Beklagten und B aus, ändert aber nichts daran, dass die Arbeiten als nützliche Verwendungen auf die Sache anzusehen sind (BGH NJW 1961, 501).

Der Beklagte hat den Aufbau errichtet, bevor er von der Klägerin auf Herausgabe in Anspruch genommen worden war. IÜ lagen auch die Voraussetzungen des § 990 BGB nicht vor, da B berechtigt war, den Lkw den betrieblichen Erfordernissen anzupassen.

▪▪▪

Rechtsanwalt[3] ◄

II. Erläuterungen

19 **[1] Verwendungsersatzansprüche des Werkunternehmers.** Der Werkunternehmer, der Arbeiten an bestellerfremden Sachen ausführt, kann Ersatz sowohl für notwendige als auch für nützliche Verwendungen geltend machen (BGH NJW 1961, 499). Das Muster zu § 994 Rn 24 wäre daher zu modifizieren wie dargestellt, wenn der Beklagte bspw nicht die Bremsanlage instandgesetzt hätte, sondern einen von B gewünschten speziellen Aufbau auf dem Lkw installiert hätte.

20 **[2] Bösgläubigkeit.** Dass der Beklagte nicht bösgläubig war, folgt schon daraus, dass B befugt war, den Beklagten damit zu beauftragen, den Lkw ihren betrieblichen Erfordernissen anzupassen (§§ 996, 990).

21 **[3] Keine Schlechterstellung des berechtigten gegenüber dem nicht berechtigten Fremdbesitzer.** IÜ gelten die Anmerkungen gem. § 994 Rn 24 ff sinngemäß.

§ 997 Wegnahmerecht

(1) [1]Hat der Besitzer mit der Sache eine andere Sache als wesentlichen Bestandteil verbunden, so kann er sie abtrennen und sich aneignen. [2]Die Vorschrift des § 258 findet Anwendung.
(2) Das Recht zur Abtrennung ist ausgeschlossen, wenn der Besitzer nach § 994 Abs. 1 Satz 2 für die Verwendung Ersatz nicht verlangen kann oder die Abtrennung für ihn keinen Nutzen hat oder ihm mindestens der Wert ersetzt wird, den der Bestandteil nach der Abtrennung für ihn haben würde.

A. Muster: Klage des redlichen Eigenbesitzers auf Duldung der Wegnahme 1

783

▶ An das
Amtsgericht/Landgericht ▪▪▪[1]

Klage

In dem Rechtsstreit

▪▪▪ Kläger

▪▪▪ Prozessbevollmächtigter

gegen

▪▪▪ Beklagter

wegen: Duldung der Wegnahme

zeige ich die Vertretung des Klägers an. Namens und in Vollmacht des Klägers erhebe ich Klage und werde beantragen:

I. Der Beklagte wird verurteilt, Zug um Zug gegen Gestellung einer Sicherheit iHv 15.000,- EUR zu dulden, dass der Kläger von dem Lkw ▪▪▪ den Aufbau zum Transport von Lebensmitteln, bestehend aus ▪▪▪ entfernt.

II. Der Beklagte wird verurteilt, Zug um Zug gegen Gestellung der Sicherheit gem. Ziff. 1 die Wegnahme des Lkws ▪▪▪ zum Zweck des Abbaus des Aufbaus gem. Ziff. 1 der Klage zu dulden.

III. Es wird festgestellt, dass sich der Beklagte mit der Annahme der Sicherheitsleistung iHv ▪▪▪ EUR in Annahmeverzug befindet.[2]

IV. ▪▪▪[3]

vorläufiger Streitwert: ▪▪▪ EUR

Gründe

I.

Der Beklagte ist Eigentümer des Lkws ▪▪▪. Er hat diesen Lkw am ▪▪▪ von ▪▪▪ käuflich erworben.

Beweis:

- Kaufvertrag vom ▪▪▪, vorgelegt als Anlage K 1
- Fahrzeug und Brief wurden ihm übergeben.

Beweis:

- Fahrzeugbrief vorgelegt als Anlage K 2
- Zeuge NN

Am ■■■ wurde durch unbekannte Täter in die Geschäftsräume des Beklagten eingebrochen. Hierbei wurde der o.g. Lkw entwendet.

Beweis: Ermittlungsakte der Staatsanwaltschaft ■■■, Az ■■■, Bl ■■■

Am ■■■ erwarb der Kläger das Fahrzeug von H, das zwischenzeitlich mit „neuen Papieren" und einer „neuen" Fahrgestellnummer versehen worden war. Zwei Monate später identifizierte die Polizei dieses Fahrzeug als das gestohlene Fahrzeug.

Beweis: Ermittlungsakte der StA ■■■, Az ■■■, wie vor

Der Kläger gab daraufhin am ■■■ das Fahrzeug an den Beklagten heraus.

Beweis: Übernahmebestätigung des Beklagten vom ■■■, vorgelegt als Anlage K 3

Der Kläger hatte den Lkw am ■■■ mit einem speziell für den Transport von Lebensmitteln geeigneten Aufbau versehen.

Beweis:

- Rechnung vom ■■■, vorgelegt als Anl. K 4
- Sachverständigengutachten
- Zeuge NN

Er forderte mit Schreiben vom ■■■ den Beklagten auf, den Abtransport des Lkws zu dulden, um den vom Kläger aufgebrachten Aufbau zu entfernen. Gleichzeitig bot der dem Beklagten wegen möglicher Schäden am Lkw durch den Abbau des Aufbaus eine Sicherheitsleistung iHv 15.000,- EUR an.

Beweis: Schreiben des Klägers vom ■■■, vorgelegt als Anlage K 5

Die Sicherheitsleistung ist ausreichend.

Beweis: Sachverständigengutachten

Gleichwohl verweigerte der Beklagte unter Hinweis auf sein Eigentum die Herausgabe des Lkw.

II.

1. Dem Kläger steht ein Anspruch auf Duldung der Entfernung des Aufbaus zu (§ 997 Abs. 1 BGB).[4]

Zum Zeitpunkt des Einbaus des Aufbaus bestand eine Vindikationslage (§ 985 BGB). Der Beklagte war Eigentümer des Lkw. Er hat diesen gem. § 929 S. 1 BGB von ■■■ erworben. Der Kläger war Besitzer (§ 854 Abs. 1 BGB). Der Kaufvertrag mit H berechtigte den Kläger nicht zum Besitz gegenüber dem Beklagten.

Indem der Kläger den Lkw mit einem Aufbau versehen hat, hat er diesen mit einem wesentlichen Bestandteil verbunden (§§ 947 Abs. 2, 93 BGB). Maßgeblich für die Frage, ob ein wesentlicher Bestandteil vorliegt, ist, ob nach der Trennung der eine oder andere Bestandteil noch in der bisherigen Art nutzbar ist (Palandt/*Ellenberger* § 93 Rn 3). Dies ist hinsichtlich des Aufbaus, der speziell für den Lkw, den der Kläger in Besitz gehabt hatte, angefertigt worden war, und der im Zuge des Abbaus teilweise in Einzelteile zerlegt werden muss, nicht der Fall.

Beweis: Sachverständigengutachten.

Der Aufbau ist gem. §§ 947 Abs. 2, 93 BGB in das Eigentum des Beklagten übergegangen, da der Lkw als Hauptsache anzusehen ist (§ 947 Abs. 2 BGB).

Der Anspruch auf Erstattung der Verwendungen ist nicht durch Rückgabe des Lkw erloschen, da der Beklagte den Aufbau genehmigt hat (§ 1002 Abs. 1 Alt. 2 BGB).[5]

2. Soweit dies zum Abbau erforderlich ist, ist der Besitzer zum Besitz der Sache des Eigentümers berechtigt (§ 997 Abs. 1 BGB). Da der Beklagte die Herausgabe des Lkw verweigert hat, hat der Kläger auch ein Titulierungsinteresse hinsichtlich dieses Hilfsanspruchs.

3. Das Feststellungsinteresse für den Antrag zu 3) folgt aus §§ 256 Abs. 1, 756 Abs. 1 ZPO. Der Eigentümer kann die Duldung der Wegnahme von der Gestellung einer Sicherheit gem. §§ 997 Abs. 1 S. 2, 258 S. 2, 273 BGB abhängig machen.

Um dem Kläger gleichwohl die Zwangsvollstreckung zu ermöglichen, ist der Annahmeverzug mit der Annahme der Sicherheit festzustellen (§ 295 BGB).[6], [7], [8], [9], [10], [11]

■■■

Rechtsanwalt ◄

B. Erläuterungen

[1] Die sachliche **Zuständigkeit** richtet sich nach dem Streitwert (§§ 23 Nr. 1, 71 Abs. 1 GVG). Dieser richtet sich nach dem wirtschaftlichen Interesse des Klägers an der Duldung der Wegnahme (§ 3 ZPO). 2

[2] **Rechtsschutzbedürfnis.** Hinsichtlich des Feststellungsantrages s. § 756 ZPO. 3

[3] Hinsichtlich der **Prozessanträge** s. § 904 Rn 4. 4

[4] Dem Besitzer steht grundsätzlich ein **Wahlrecht** zu, ob er **Verwendungsersatz oder Wegnahme** fordert. Erst mit tatsächlicher Ausübung des Wegnahmerechts aus § 997 erlischt der Anspruch auf Verwendungsersatz (Palandt/*Bassenge* § 997 Rn 1). 5

[5] **Darlegungs- und Beweislast.** Entschließt sich der Besitzer, den Anspruch auf Duldung der Wegnahme geltend zu machen, hat er darzulegen, dass bei Verbindung ein Eigentümer-Besitzerverhältnis bestand (bzw beim Fremdbesitzer ein solches jedenfalls nachträglich entstanden ist) sowie dass er eine Sache mit dem Eigentum des Beklagten in der Weise verbunden hat, dass sie wesentlicher Bestandteil dieser Sache geworden ist (§§ 93, 94, 946, 947; Palandt/*Bassenge* § 997 Rn 2; Hk-BGB/*Schulte-Nölke* § 997 Rn 2). 6

Bleibt er hinsichtlich der zuletzt genannten Anforderungen beweisfällig, kommt in Betracht, dass die Klage geändert wird auf Herausgabe des (nach wie vor im Eigentum des früheren Besitzers stehenden) Scheinbestandteils (§ 985). 7

Kommt der Besitzer der Darlegungs- und Beweislast nach, ist es Sache des Eigentümers darzulegen und ggf zu beweisen, dass gleichwohl kein Anspruch auf Duldung der Wegnahme besteht, weil entweder einer der drei Ausschlusstatbestände des § 997 Abs. 2 erfüllt ist oder aber ein Ausschlusstatbestand gem. § 1002 vorliegt (letzteres str., vgl die Nachweise bei Palandt/*Bassenge* § 997 Rn 5). 8

[6] **Notwendige Verwendungen des redlichen Eigenbesitzers, die nicht wesentlicher Bestandteil der der Vindikation unterliegenden Sache werden.** Vgl Muster in § 994 Rn 1. Hier besteht kein wahlweise geltend zu machender Anspruch auf Duldung der Wegnahme des Austauschmotors; denn der Austauschmotor wird durch den Einbau in den Pkw des Eigentümers nicht wesentlicher Bestandteil dieses Pkw (Hk-BGB/*Dörner* § 93 Rn 7); denn sowohl die Karosserie als auch der Austauschmotor werden in ihrer bestimmungsgemäßen Verwendbarkeit durch die Trennung nicht beeinträchtigt. 9

[7] **Gewöhnliche Erhaltungsmaßnahmen des Eigenbesitzers in der Zeit, für die ihm die Nutzungen verbleiben.** Vgl Erläuterungen in § 994 Rn 9. Es spielt keine Rolle für das Wegnahmerecht, ob der Besitzer wahlweise auch einen Anspruch auf Verwendungsersatz hätte (Hk-BGB/*Schulte-Nölke* § 994 Rn 5, 6). Dem Besitzer steht ein Wegnahmerecht daher auch zu, wenn er nach Rechtshängigkeit nützliche Verwendungen vornimmt oder die Sache grundlegend umgestaltet. 10

Würde daher der Besitzer in dem vorliegenden Muster das Auto tiefer legen, auf Erdgasbetrieb umrüsten, stärker motorisieren oder mit einem speziellen Aufbau versehen, könnte er Duldung der Wegnahme dieser Einrichtungen verlangen. Hinsichtlich des Austauschmotors steht dem 11 nicht entgegen, dass dieser erst nach Rechtshängigkeit eingebaut wurde, sondern dass dieser nicht notwendiger Bestandteil des Pkw wird.

12 **[8] Verwendungen des nachträglich nicht berechtigten Fremdbesitzers.** Vgl Erläuterungen in § 994 Rn 10. Auch hinsichtlich der Elektroinstallation besteht ein Wegnahmerecht gem. § 997. Die neue Elektroinstallation wird wesentlicher Bestandteil des Gebäudes durch Einbau (§§ 94 Abs. 1, 2, 946). Dem Wegnahmeanspruch steht nicht entgegen, dass der ursprüngliche Zustand nicht mehr wieder hergestellt werden darf (Hk-BGB/*Schulze* § 258 Rn 3). Ob ein auszugleichender Schaden entstanden ist, ist Tatfrage (bei einer nicht mehr vorschriftsgemäßen Installation wohl zu verneinen). Die Bestimmung des § 997 ist auch auf den erst nachträglich nicht berechtigten Fremdbesitzer anwendbar, sofern das Wegnahmerecht nicht durch eine abschließende Regelung des zugrundeliegenden schuldrechtlichen Besitzrechts ausgeschlossen ist. Dies ist im Musterfall nicht der Fall, da § 601 Abs. 2 S. 2 ein Wegnahmerecht des Entleihers ausdrücklich vorsieht.

13 **[9] Grundlegende Umgestaltung der Sache durch den nachträglich nicht berechtigten Fremdbesitzer.** Vgl Erläuterungen in § 994 Rn 16. Hier steht mangels Verwendung den Beklagten zwar kein Anspruch auf Verwendungsersatz zu, wohl aber ein Anspruch auf Duldung der Beseitigung des Anbaus; denn die Verbindung einer Sache (nicht notwendig des Besitzers) mit einer Sache des Eigentümers als wesentlicher Bestandteil muss nicht notwendig auch Verwendung iS der §§ 994, 996 sein (Hk-BGB/*Schulte-Nölke* § 994 Rn 5, 6). Nach einer **wesentlichen Umgestaltung** steht dem Besitzer daher zwar ein Anspruch auf Duldung der **Wegnahme, nicht** aber auf Zahlung von **Verwendungsersatz** zu.

14 **[10] Notwendige Verwendungen durch den anfänglich nicht berechtigten (rechtsgrundlosen) Fremdbesitzer, wenn die Abtrennung für den Besitzer wertlos ist.** Vgl Erläuterungen in § 994 Rn 17. Hier steht einem Anspruch auf Duldung der Wegnahme § 997 Abs. 2 Alt. 2 entgegen. Die Entfernung des erneuerten Lacks hat für den Besitzer keinen Nutzen.

15 **[11] Verwendungen durch den Werkunternehmer.** Vgl Erläuterungen in § 994 Rn 24. Im Verhältnis zum Eigentümer kann der Unternehmer wahlweise auf Verwendungsersatz oder Duldung der Wegnahme klagen. Es spielt für das Recht zur Wegnahme auch keine Rolle, ob die Werkleistung vor oder nach Rechtshängigkeit erfolgt ist, und ob sie eine Verwendung darstellt und wenn ja, ob sie notwendig oder (nur) nützlich war. Bei der Frage, ob der Unternehmer den Eigentümer auf Verwendungsersatz oder auf Duldung der Wegnahme in Anspruch nimmt, ist neben wirtschaftlichen Gesichtspunkten allerdings auch zu berücksichtigen, dass die Wegnahme der Werkleistung sich im Verhältnis zum Besteller als Fall der Nichtleistung darstellen kann, die entsprechende Sekundäransprüche auslösen kann.

§ 998 Bestellungskosten bei landwirtschaftlichem Grundstück

Ist ein landwirtschaftliches Grundstück herauszugeben, so hat der Eigentümer die Kosten, die der Besitzer auf die noch nicht getrennten, jedoch nach den Regeln einer ordnungsmäßigen Wirtschaft vor dem Ende des Wirtschaftsjahrs zu trennenden Früchte verwendet hat, insoweit zu ersetzen, als sie einer ordnungsmäßigen Wirtschaft entsprechen und den Wert dieser Früchte nicht übersteigen.

A. Muster: Klage des Besitzers gegen den Eigentümer auf Ersatz der Kosten der Bestellung landwirtschaftlich zu nutzender Grundstücke 1

784

▶ An das

Amtsgericht/Landgericht ...[1]

Klage

In dem Rechtsstreit

... Kläger

... Prozessbevollmächtigter

gegen

... Beklagter zu 1)

... Beklagte zu 2)

wegen: Erstattung von Bestellungskosten eines landwirtschaftlich genutzten Grundstücks

zeige ich die Vertretung des Klägers an. Namens und in Vollmacht des Klägers erhebe ich Klage und werde beantragen:

I. Die Beklagten werden verurteilt, gesamtschuldnerisch 2.400,- EUR zzgl Zinsen iHv 5%-Punkten über dem jeweiligen Basiszinssatz ab Rechtshängigkeit an den Kläger zu bezahlen.

II. ... (Prozessanträge)[2]

Gründe

I.

Der Beklagte zu 1) schloss am ... mit dem Kläger einen Landpachtvertrag über diverse, im Anhang zum Pachtvertrag vom ... genannte, als Ackerland zu nutzende Grundstücke. Hierzu gehört auch der Acker, vorgetragen im Grundbuch des AG ... von ... Band ... Blatt ...[3]

Beweis: Pachtvertrag vom ... vorgelegt als Anlage K 1

Der Pachtvertrag ist jedoch nie wirksam geworden. Die Beklagten zu1) und 2) sind in Gütergemeinschaft verheiratet.

Beweis: Auszug aus dem Güterrechtsregister, vorgelegt als Anlage K 2

Zum Gesamtgut der Beklagten gehören auch die im Anhang zum Pachtvertrag genannten Grundstücke, also auch der o.g. Acker.

Beweis: Grundbuchauszug aus dem Grundbuch des AG ... von ..., Band ..., Blatt ...

Der Beklagte zu 1) hatte dem Kläger bei Abschluss des Pachtvertrages in Aussicht gestellt, dass die Beklagte zu 2) diesen gem. §§ 1450, 1453, 1366 BGB genehmigen werde. Letztlich hat diese jedoch durch Schreiben vom ... die Genehmigung verweigert.

Beweis: Schreiben vom ..., vorgelegt als Anlage K 3

Der Kläger hat daraufhin die Pachtgrundstücke an die Beklagten zurückgegeben.

Beweis: Zeuge NN

Da im Vorgriff auf die zu erwartende Genehmigung das o.g. Ackergrundstück bereits am ... an den Kläger übergeben worden war, hat dieser es in Erwartung der Genehmigung auch bestellt.

Er hat Saatkartoffeln im Wert von 1.500,- EUR gekauft und auf dem Acker ausgebracht.

Beweis: Zeuge NN

Weiterhin hat er Dünge- und Spritzmittel im Wert von 500,- EUR erworben und auf dem Acker ausgebracht.

Beweis: Zeuge NN, wie vor

Schließlich hat er einen Lohnunternehmer mit der Erstbestellung beauftragt. Er hatte an diesen als Maschinenmiete 200,- EUR sowie als Arbeitslohn 150,- EUR zu entrichten.

Beweis:

- Rechnung des Maschinenrings ■■■ vom ■■■, vorgelegt als Anlage K 4
- Zeuge NN

Der Wert der auf dem o.g. Acker zu erwartenden Kartoffelernte liegt bei mindestens 4.000,- EUR.

Beweis: Sachverständigengutachten

Der Kläger hat den Beklagten das Grundstück unter Vorbehalt hinsichtlich der Bestellungskosten zurückgegeben.

Beweis:

- Schreiben des Klägers vom ■■■ vorgelegt als Anlage K 5
- Zeuge NN

Die Beklagten haben dem Vorbehalt nicht widersprochen.[4]

II.

Dem Kläger steht gegen die Beklagten als Gesamtschuldner ein Anspruch auf Zahlung von 2.400,- EUR gem. § 998 BGB zu.

Der Acker stellt ein landwirtschaftliches Grundstück gem. § 585 Abs. 1 S. 2 BGB dar.

Es besteht eine Vindikationslage. Die Beklagten sind Eigentümer des Ackers in Gütergemeinschaft (§ 891 Abs. 1 BGB). Der Kläger war bis zur Herausgabe des Ackers Besitzer desselben (§ 854 Abs. 1 BGB). Er war nicht zum Besitz berechtigt (§ 986 Abs. 1 BGB), da der mit dem Beklagten zu 1) geschlossene Pachtvertrag mangels Genehmigung durch die Beklagte zu 2) nicht wirksam geworden ist (§§ 1450, 1453, 1366 BGB).

Der Kläger wandte die unter I im Einzelnen aufgeführten Kosten auf, um die noch in der Erde befindlichen, jedoch noch vor Ablauf des Wirtschaftsjahrs abzuerntenden Kartoffeln anzubauen.

Der Aufwand entspricht einer ordnungsgemäßen, auf die Erzielung von Erträgen bedachten Landwirtschaft und übersteigt den Wert der zu erwartenden Ernte nicht.

Die Beklagten haben den Aufwand genehmigt (§ 1001 S. 3 BGB).

Zinsen: Der Anspruch ergibt sich aus § 291 BGB.[5]

■■■

Rechtsanwalt ◄

B. Erläuterungen

2 [1] Die sachliche **Zuständigkeit** richtet sich nach den allgemeinen Vorschriften. § 1 LwVG erfasst nur Verfahren aufgrund von Landpachtverträgen. Ein solcher ist aber in dem Musterfall gerade nicht abgeschlossen worden.

3 [2] Hinsichtlich der **Prozessanträge** s. § 904 Rn 8.

4 [3] Hinsichtlich der **Grundstücksbezeichnung** s. § 904 Rn 4.

5 [4] **Darlegungs- und Beweislast.** Der Besitzer hat darzulegen, dass eine Vindikationslage besteht. Weiterhin hat er die im Einzelnen in § 998 genannten Voraussetzungen darzulegen und unter Beweis zu stellen (Besitz an einem landwirtschaftlichen Grundstück gem. § 585 Abs. 1 S. 2, Bestellungskosten, Angemessenheit der Kosten, Wert der voraussichtlichen Ernte, noch nicht durchgeführte, aber vor Ablauf des Wirtschaftsjahrs zu erwartende Ernte). Weiterhin hat er auch die Voraussetzungen des § 1001 (Fälligkeitsvoraussetzungen) darzulegen. Demgegenüber spielt es keine Rolle, ob er bei Bestellung des landwirtschaftlichen Grundstücks bösgläubig iS

des § 990 oder verklagt war; denn § 998 soll einen Anreiz geben, landwirtschaftliche Grundstücke zu bebauen um entsprechende Erträge zu erzielen (Staudinger/*Gursky* § 998 Rn 6).

6 [5] **Ausschlussfrist.** Der Eigentümer kann sich verteidigen, indem er darlegt, dass der Anspruch gem. § 1002 erloschen ist.

§ 999 Ersatz von Verwendungen des Rechtsvorgängers

(1) Der Besitzer kann für die Verwendungen eines Vorbesitzers, dessen Rechtsnachfolger er geworden ist, in demselben Umfang Ersatz verlangen, in welchem ihn der Vorbesitzer fordern könnte, wenn er die Sache herauszugeben hätte.

(2) Die Verpflichtung des Eigentümers zum Ersatz von Verwendungen erstreckt sich auch auf die Verwendungen, die gemacht worden sind, bevor er das Eigentum erworben hat.

A. Ersatz von Verwendungen des Rechtsvorgängers

I. Muster: Klage des Besitzers auf Ersatz von Verwendungen, die sein Rechtsvorgänger auf die Sache gemacht hat 1

▶ An das

Amtsgericht/Landgericht ▪▪▪

Klage

In dem Rechtsstreit

▪▪▪ Kläger

▪▪▪ Prozessbevollmächtigter

gegen

▪▪▪ Beklagter

wegen: Verwendungsersatz

zeige ich die Vertretung des Klägers an. Namens und in Vollmacht des Klägers erhebe ich Klage und werde beantragen:

I. Der Beklagte wird verurteilt, an den Kläger 2.000,- EUR zzgl Zinsen iHv 5 %-Punkten über dem jeweiligen Basiszinssatz ab Rechtshängigkeit an den Kläger zu bezahlen.

II. ▪▪▪ (Prozessanträge)[1]

Gründe

I.

Der Beklagte ist Eigentümer des Pkw ▪▪▪. Er hat diesen Pkw am ▪▪▪ von ▪▪▪ käuflich erworben.

Beweis: Kaufvertrag vom ▪▪▪, vorgelegt als Anlage K 1

Fahrzeug und Brief wurden ihm übergeben.

Beweis:
- Fahrzeugbrief vorgelegt als Anlage K 2
- Zeuge NN

Am ■■■ wurde durch unbekannte Täter in die Geschäftsräume des Beklagten eingebrochen. Hierbei wurde der o.g. Pkw entwendet.

Beweis: Ermittlungsakte der Staatsanwaltschaft ■■■, Az ■■■, Bl ■■■

Am ■■■ erwarb der Vorbesitzer V des Klägers das Fahrzeug von H, das zwischenzeitlich mit „neuen Papieren" und einer „neuen" Fahrgestellnummer versehen worden war. Er veräußerte es sodann an den Kläger. Zwei Monate später identifizierte die Polizei dieses Fahrzeug als das gestohlene Fahrzeug.

Beweis: Ermittlungsakte der StA ■■■, Az ■■■, wie vor

Der Kläger gab daraufhin am ■■■ das Fahrzeug an den Beklagten heraus.

Beweis: Übernahmebestätigung des Beklagten vom ■■■, vorgelegt als Anlage K 3

Mit der vorliegenden Klage macht der Kläger Ansprüche auf Verwendungsersatz geltend.

1. V musste am ■■■ aufgrund eines Motorschadens einen Ersatzmotor einbauen. Hierfür entstanden Kosten iHv 2.000,- EUR.
   Beweis: Reparaturrechnung vom ■■■, vorgelegt als Anl. K 4
2. ■■■

Der Beklagte hat die Reparatur gebilligt.

Beweis: Übernahmebestätigung, vorgelegt als Anlage K 3

II.

Dem Kläger steht ein Anspruch auf Erstattung der Verwendungen iHv 2.000,- EUR gem. §§ 999 Abs. 1, 994 Abs. 1 S. 1 BGB zu.

Zum Zeitpunkt des Einbaus des Ersatzmotors bestand eine Vindikationslage (§ 985 BGB). Der Beklagte war Eigentümer des Pkws. Er hat diesen gem. § 929 S. 1 BGB von ■■■ erworben. V war Besitzer (§ 854 Abs. 1 BGB). Da dem Beklagten der Pkw gestohlen worden war, war V dem Beklagten gegenüber nicht zum Besitz berechtigt.

Indem V einen Ersatzmotor in den Pkw einbauen ließ, hat er eine notwendige Verwendung auf den Pkw gemacht; denn notwendige Verwendungen sind Aufwendungen, die zur Erhaltung oder ordnungsgemäßen Bewirtschaftung einer Sache erforderlich sind, die also der Besitzer dem Eigentümer, der sie sonst hätte machen müssen, erspart hat und die nicht nur Sonderzwecken des Besitzers dienen (Hk-BGB/*Schulte-Nölke* § 994 Rn 3). V hatte bis zum Herausgabeverlangen des Beklagten keine Kenntnis, dass das Fahrzeug etwa gestohlen sein könnte.

Der Beklagte hat den Einbau des Ersatzmotors genehmigt (§ 1001 S. 1 BGB).

Der Anspruch auf Erstattung der Verwendungen ist nicht durch Rückgabe des Pkw erloschen, da der Beklagte die Reparatur genehmigt hat (§ 1002 Abs. 1 Alt. 2 BGB).

V ist Vorbesitzer des Klägers, da er den Pkw an den Kläger veräußert hat. Dieser könnte, wenn er den Pkw herauszugeben hätte, in gleichem Umfang Verwendungsersatz vom Beklagten fordern (§ 999 Abs. 1 BGB).[2], [3], [4], [5], [6]

■■■

Rechtsanwalt ◄

II. Erläuterungen

2 [1] Hinsichtlich der **Prozessanträge** s. § 904 Rn 8.

3 [2] **Genehmigung.** Das Muster geht davon aus, dass der Beklagte gegenüber dem Kläger den Einbau des Ersatzmotors genehmigt hat. Sollte dies bereits gegenüber dem Vorbesitzer erfolgt

sein, ist zu beachten, dass der Anspruch auf Verwendungsersatz nur übergeht, wenn er durch den Vorbesitzer an den „Nachfolger" abgetreten wird (Palandt/*Bassenge* § 999 Rn 3). Die Darlegungs- und Beweislast trägt hierfür der „Nachfolger".

[3] Abweichende Vereinbarungen. Der Anspruchsübergang ist dispositiv (Palandt/*Bassenge* § 999 Rn 3). Es empfiehlt sich bei zweifelhafter Rechtslage im Kaufvertrag die Gewährleistung wegen Rechtsmängeln dahingehend zu modifizieren, dass dem Käufer nur ein Rücktrittsrecht, aber kein Anspruch auf Schadensersatz eingeräumt wird. Weiterhin empfiehlt es sich, in diesen Fällen auch den Anspruchsübergang gem. § 999 Abs. 1 auszuschließen. Hierdurch wird erreicht, dass sich mit dem Eigentümer nur der auseinandersetzen muss, wer tatsächlich auch Verwendungen auf die Sache getätigt hat. Es ist dann der Pkw an den Vorbesitzer bzw den Eigentümer direkt herauszugeben. IÜ findet eine Abrechnung nur zwischen den Personen statt, die tatsächlich Verwendungen auf den Pkw getätigt haben bzw diesen genutzt haben, und dem Eigentümer. 4

[4] Rechtsnachfolge. Tätigt der Vorbesitzer nach Rechtshängigkeit Verwendungen und veräußert er sodann den Pkw, sollte er auf die anhängige Herausgabeklage hinweisen (§ 265 ZPO). Es sollte vereinbart werden, dass im Fall eines ungünstigen Ausgangs des Rechtsstreits für den Vorbesitzer der „Nachfolger" den Pkw an den Eigentümer herausgibt. Weiterhin sollte auch in diesem Fall davon abgesehen werden, dass Verwendungsersatzansprüche auf den „Nachfolger" gem. § 999 Abs. 1 übergehen. Hierdurch wird erreicht, dass das Rechtsverhältnis zwischen Vorbesitzer und Eigentümer nicht durch die Veräußerung des Pkw geändert wird. Der Kaufvertrag zwischen Vorbesitzer und Erwerber enthält kein wirtschaftlich anerkennenswertes Interesse des Erwerbers, die Verwendungen beim Eigentümer zu liquidieren, die er gar nicht getragen hat. Er handelt auf eigenes Risiko, wenn er unter diesen Umständen eine Sache erwirbt, was durch ein Rücktrittsrecht angemessen geregelt werden kann. 5

[5] Übergang des Wegnahme- und des Zurückbehaltungsrechts. Über den Wortlaut des § 999 Abs. 1 hinaus gehen auch das Zurückbehaltungsrecht gem. § 1000 S. 1 und das Wegnahmerecht gem. § 997 auf den Besitznachfolger über (MüKo-BGB/*Medicus* § 999 Rn 6, 9). Führt also der nachträglich nicht berechtigte Fremdbesitzer Verwendungen durch (Muster zu § 994 Rn 10 ff und 16) und tritt dann Gesamtrechtsnachfolge hinsichtlich des Besitzers ein, kann der Gesamtrechtsnachfolger (zB Erbe) die in den Mustern zu §§ 994, 997 genannten Rechte ausüben (Anspruch auf Verwendungsersatz, Wegnahme der Einrichtung). Eine Einzelrechtsnachfolge ist bei Fremdbesitz kaum denkbar, da die bloße Besitzüberlassung (zB durch Untermiete) keine Besitzrechtsnachfolge darstellt(Staudinger/*Gursky* § 999 Rn 1), und die Übertragung des Besitzes mit dem Besitzmittelungswillen nicht vereinbar ist. 6

[6] Darlegungs- und Beweislast. Die Tatsachen der Besitzrechtsnachfolge sind vom Besitzer darzulegen, wenn er hierauf gestützt Ersatz für Verwendungen fordert, die nicht er selbst, sondern sein Rechtsvorgänger vorgenommen hat. Umgekehrt hat sie der Eigentümer vorzutragen, wenn er geltend macht, nicht der Vorbesitzer, der die Verwendungen getätigt hat, sondern sein Rechtsnachfolger sei aktivlegitimiert. 7

B. Verwendungsersatzanspruch des Besitzers gegen den ursprünglichen Eigentümer und dessen Rechtsnachfolger

I. Muster: Klage des Besitzers wegen Verwendungsersatz gegen den ursprünglichen Eigentümer und dessen Rechtsnachfolger 8

▶ An das

Amtsgericht/Landgericht ■■■ 786

Klage

In dem Rechtsstreit

■■■ Kläger

■■■ Prozessbevollmächtigter

gegen

■■■ Beklagter zu 1)

■■■ Beklagter zu 2)

wegen: Verwendungsersatz

zeige ich die Vertretung des Klägers an. Namens und in Vollmacht des Klägers erhebe ich Klage und werde beantragen

I. Die Beklagten werden verurteilt, gesamtschuldnerisch haftend an den Kläger 2.000,- EUR zzgl Zinsen iHv 5 %-Punkten über dem jeweiligen Basiszinssatz ab Rechtshängigkeit an den Kläger zu bezahlen.

II. ■■■ (Prozessanträge)[1]

Gründe

I.

Der Beklagte zu 2) ist Eigentümer des Pkws ■■■. Voreigentümer V, der Beklagte zu 1) hat diesen Pkw am ■■■ von ■■■ käuflich erworben.

Beweis: Kaufvertrag vom ■■■, vorgelegt als Anlage K 1

Fahrzeug und Brief wurden ihm übergeben.

Beweis:

- Fahrzeugbrief vorgelegt als Anlage K 2
- Zeuge NN

Am ■■■ wurde durch unbekannte Täter in die Geschäftsräume des V eingebrochen. Hierbei wurde der o.g. Pkw entwendet.

Beweis: Ermittlungsakte der Staatsanwaltschaft ■■■, Az ■■■, Bl ■■■

Am ■■■ erwarb der Kläger das Fahrzeug von H, das zwischenzeitlich mit „neuen Papieren" und einer „neuen" Fahrgestellnummer versehen worden war. Zwei Monate später identifizierte die Polizei dieses Fahrzeug als das gestohlene Fahrzeug.

Beweis: Ermittlungsakte der StA ■■■, Az ■■■, wie vor

V übereignete sodann den Pkw an den Beklagten zu 2) und wies den Kläger an, an diesen den Pkw herauszugeben.

Der Kläger gab daraufhin am ■■■ das Fahrzeug an den Beklagten zu 2) heraus.

Beweis: Übernahmebestätigung des Beklagten vom ■■■, vorgelegt als Anlage K 3

Mit der vorliegenden Klage macht der Kläger Ansprüche auf Verwendungsersatz geltend.

1. Er musste am ■■■ aufgrund eines Motorschadens einen Ersatzmotor einbauen. Hierfür entstanden Kosten iHv 2.000,- EUR.
   Beweis: Reparaturrechnung vom ■■■, vorgelegt als Anl. K 4
2. ■■■

V hat die Reparatur gebilligt.

Beweis: Zeuge V

II.

Dem Kläger steht ein Anspruch auf Erstattung der Verwendungen iHv 2.000,- EUR gem. §§ 994 Abs. 1, 999 Abs. 2 BGB zu.

Zum Zeitpunkt des Einbaus des Ersatzmotors bestand eine Vindikationslage (§ 985 BGB). Der Beklagte war Eigentümer des Pkws. Er hat diesen gem. § 929 S. 1 BGB von ■■■ erworben. Der Kläger war Besitzer

(§ 854 Abs. 1 BGB). Da dem Beklagten der Pkw gestohlen worden war, war der Kläger dem Beklagten gegenüber nicht zum Besitz berechtigt.

Indem der Kläger einen Ersatzmotor in den Pkw einbauen ließ, hat er eine notwendige Verwendung auf den Pkw gemacht; denn notwendige Verwendungen sind Aufwendungen, die zur Erhaltung oder ordnungsgemäßen Bewirtschaftung einer Sache erforderlich sind, die also der Besitzer dem Eigentümer, der sie sonst hätte machen müssen, erspart hat und die nicht nur Sonderzwecken des Besitzers dienen (Hk-BGB/*Schulte-Nölke* § 994 Rn 3). Der Kläger hatte bis zum Herausgabeverlangen des Beklagten keine Kenntnis, dass das Fahrzeug etwa gestohlen sein könnte.

Der Beklagte zu 1) hat den Einbau des Ersatzmotors genehmigt (§ 1001 S. 1 BGB).

Der Anspruch auf Erstattung der Verwendungen ist nicht durch Rückgabe des Pkw erloschen, da der Beklagte zu 1) die Reparatur genehmigt hat (§ 1002 Abs. 1 Alt. 2 BGB).

Die Haftung des Beklagten zu 2) ergibt sich aus § 999 Abs. 2 BGB. Dieser hat auch für Verwendungen Ersatz zu leisten, die angefallen sind, bevor er das Eigentum erworben hat.

Genehmigt der Voreigentümer die Verwendungen, haften dieser und der Erwerber gesamtschuldnerisch (Staudinger/*Gursky* § 999 Rn 14).[2]

...

Rechtsanwalt ◄

II. Erläuterungen

[1] Hinsichtlich der **Prozessanträge** s. § 904 Rn 8. 9

[2] Es ist auf die **zeitliche Abfolge** zu achten. Ein Anspruch gegen den Erwerber ist insbesondere 10 dann nicht gegeben, wenn der Besitzer die Sache an den Voreigentümer herausgibt, dieser die Verwendungen genehmigt und dann die Sache veräußert (Staudinger/*Gursky* § 999 Rn 15). Ein Anspruch gegen den Voreigentümer ist nicht gegeben, wenn dieser weder die Sache zurückerhält noch genehmigt, bevor der Erwerber die Sache zurückerhält oder genehmigt (Staudinger/*Gursky* § 999 Rn 14). Schließlich ist in Fällen von Verwendungen durch den Fremdbesitzer zu beachten, dass ein Anspruch gegen den Voreigentümer nur entstehen kann, wenn während dessen Eigentümerstellung auch bereits die Vindikationslage eintritt (Staudinger/*Gursky* § 999 Rn 12). Dies ist zu berücksichtigen, wenn in den Fällen § 994 Rn 17 ff (Reparatur eines Pkw durch den, nicht berechtigten Fremdbesitzer) und § 994 Rn 24 ff (Reparatur durch den Werkunternehmer für den nichtberechtigten Besitzer) der Eigentümer das Eigentum auf einen Dritten übertragen sollte.

§ 1000 Zurückbehaltungsrecht des Besitzers

[1]Der Besitzer kann die Herausgabe der Sache verweigern, bis er wegen der ihm zu ersetzenden Verwendungen befriedigt wird. [2]Das Zurückbehaltungsrecht steht ihm nicht zu, wenn er die Sache durch eine vorsätzlich begangene unerlaubte Handlung erlangt hat.

A. Ansprüche auf Verwendungsersatz

Muster siehe zu §§ 994 Rn 1; 10; 17; 24, 996 Rn 1; 12; 18. 1

B. Erläuterungen

Die **Darlegungs- und Beweislast** für die Voraussetzungen eines Anspruchs auf Verwendungs- 2 ersatz trägt grundsätzlich der Besitzer, der einen solchen Anspruch gegen den Eigentümer geltend macht. Hinsichtlich der Einzelheiten wird auf die Kommentierung zu §§ 994, 996 verwiesen.

3 Das **Zurückbehaltungsrecht** aus § 1000 stellt eine **echte Einrede** dar, die vom Besitzer ausdrücklich zu erheben ist (Staudinger/*Gursky* § 1000 Rn 3). Sie ist neben § 273 erforderlich, da der Anspruch des Besitzers auf Verwendungsersatz vor Rückgabe der Sache nicht fällig ist, wenn der Eigentümer die Verwendungen nicht vorher genehmigt (§ 1001 S. 1; vgl Hk-BGB/*Schulte-Nölke* § 1000 Rn 1). Das Zurückbehaltungsrecht kann nicht nur dem Anspruch aus § 985, sondern auch anderen Ansprüchen entgegengesetzt werden (zB schuldrechtliche Rückgabeansprüche aus §§ 546, 604). Beim Fremdbesitzer ist aber zu berücksichtigen, dass abschließende schuldrechtliche Regelungen vorgehen und das Zurückbehaltungsrecht ausschließen können (zB § 570).

4 Das Zurückbehaltungsrecht ist weiter ausgeschlossen, wenn der Besitzer den Besitz durch eine **vorsätzlich begangene unerlaubte Handlung** erlangt hat (§ 1000 S. 2). Die unerlaubte Handlung muss nicht notwendigerweise gegen den Eigentümer gerichtet gewesen sein, sondern kann sich zB auch gegen den Dieb der Sache richten. Darlegungs- – und beweisbelastet für das Vorliegen dieses Ausschlussgrundes ist der Eigentümer (Palandt/*Bassenge* § 1000 Rn 3).

§ 1001 Klage auf Verwendungsersatz

[1]Der Besitzer kann den Anspruch auf den Ersatz der Verwendungen nur geltend machen, wenn der Eigentümer die Sache wiedererlangt oder die Verwendungen genehmigt. [2]Bis zur Genehmigung der Verwendungen kann sich der Eigentümer von dem Anspruch dadurch befreien, dass er die wiedererlangte Sache zurückgibt. [3]Die Genehmigung gilt als erteilt, wenn der Eigentümer die ihm von dem Besitzer unter Vorbehalt des Anspruchs angebotene Sache annimmt.

A. Rückgabe der Sache an den Eigentümer; Genehmigung der Verwendungen durch den Eigentümer

1 Der Anspruch auf Verwendungsersatz wird fällig, wenn der Eigentümer die Sache wieder erlangt, die Verwendungen genehmigt oder eine unter Vorbehalt der Ansprüche auf Verwendungsersatz angebotene Sache annimmt. Dementsprechend sind drei Muster zu unterscheiden:

- **Muster** für Fälligkeit, nachdem der Eigentümer die Sache wieder erlangt hat: s. **Muster** zu § 994 Rn 17, 22, § 995 Rn 6 und § 996 Rn 12.
- Fälligkeit nach Genehmigung: s. **Muster** zu § 994 Rn 1.
- Genehmigung durch Annahme einer unter Vorbehalt der Geltendmachung von Ansprüchen auf Verwendungsersatz angebotenen Sache: s. **Muster** zu § 994 Rn 8; 996 Rn 1.

B. Erläuterungen und Varianten

2 **Fälligkeit nach Genehmigung.** Die Muster gehen davon aus, dass die Genehmigung erst nachträglich bei Übergabe der Sache durch den Eigentümer erteilt wird. Sie kann jedoch schon vorab als Einwilligung noch vor Durchführung der Verwendung erklärt werden. Deren Erteilung richtet sich nach §§ 183, 184 (BGH NJW 2002, 2875).

3 **Darlegungs- und Beweislast.** Hinsichtlich der Genehmigung durch Annahme einer unter Vorbehalt des Verwendungsersatzes angebotenen Sache hat der Besitzer, der Verwendungsersatz geltend machen will, darzulegen und zu beweisen, dass er dem Eigentümer die Übergabe der Sache unter dem Vorbehalt der Geltendmachung von Verwendungsersatz angeboten hat und der Eigentümer diese (trotzdem) angenommen hat. Da ein Widerspruch des Eigentümers unbeachtlich ist, ist Vortrag hinsichtlich der Stellungnahme des Eigentümers zu diesem Vorbehalt nicht erforderlich. Sofern der Eigentümer die Verwendungen noch nicht liquide beweisbar genehmigt hat, empfiehlt es sich, bei der Übergabe eine **Empfangsbestätigung** etwa der folgenden Art zu verwenden:

▶ Adresse Besitzer ■■■

Datum ■■■

Eigentümer ■■■

Übergabebescheinigung

Frau/Herr ■■■ (Besitzer) hatte ■■■ (Sache) von ■■■ bis ■■■ (Datum der Übergabe) in Besitz.

Die Parteien sind sich darüber einig, dass ■■■ (Eigentümer) Eigentümer dieser Sache ist.

Die Sache befindet sich in einem alters- und gebrauchstypischen Zustand mit Ausnahme folgender Mängel: ■■■

Der Besitzer erklärt hinsichtlich dieser Mängel: ■■■

Während der Besitzzeit hat der Besitzer folgende Verwendungen auf die Sache getätigt:

■■■

Er hat hierfür folgende Beträge aufgewandt: ■■■

Er behält sich deswegen sämtliche Ansprüche auf Verwendungsersatz vor.

Der Eigentümer erklärt, dass er die Sache in o.g. Zustand in Kenntnis des Vorbehaltes des Besitzers hinsichtlich seiner Verwendungsersatzansprüche annimmt. Er bestätigt, die Sache dementsprechend am ■■■ von ■■■ erhalten zu haben.

■■■

(Eigentümer)

■■■

(Besitzer) ◀

Wird der Anspruch durch Rückgabe der Sache fällig ohne dass der Eigentümer die Verwendungen genehmigt hätte, ist aus Sicht des Besitzers die **Ausschlussfrist** des § 1002 Abs. 1 zu beachten. 4

Besitzmittelungsverhältnis. Der Anspruch auf Verwendungsersatz wird grundsätzlich nur fällig, wenn der Eigentümer wieder in den Besitz der Sache kommt. Hatte dieser vor Eintritt der Vindikationslage nur mittelbaren Besitz, ist grundsätzlich ebenfalls erforderlich, dass er selbst den Besitz an der Sache erlangt, es sei denn, der Besitzmittler kann die Entscheidungen gem. § 1001 (Genehmigung der Verwendungen bzw Ausübung des Reurechtes gem. § 1001 S. 2) treffen (Palandt/*Bassenge* § 1001 Rn 2). Demgegenüber reicht es aus, wenn in Fällen des Eigentumsvorbehaltes bzw der Sicherungsübereignung der Sicherungsgeber den unmittelbaren Besitz an der Sache wieder erlangt (vgl Palandt/*Bassenge* aaO). Daher kann insbesondere der Werkunternehmer die Sache auch an den Sicherungsgeber herausgeben. 5

Rückgabe. Will der Eigentümer Verwendungsersatz nicht leisten (etwa weil dieser den Wert der Sache für den Eigentümer übersteigt) kann er den Anspruch des Besitzers auf Verwendungsersatz dadurch zum Erlöschen bringen, dass er die Sache an den Besitzer zurückgibt, sofern er die Verwendungen noch nicht genehmigt hat (§ 1001 S. 2). Dementsprechend trägt der Eigentümer die Darlegungs- und Beweislast dass er die Sache an den Besitzer zurückgegeben hat. Der Besitzer trägt die Darlegungs- und Beweislast, dass der Anspruch auf Verwendungsersatz gleichwohl nicht untergegangen ist, weil der Eigentümer die Verwendungen bereits genehmigt hat (Palandt/*Bassenge* § 1001 Rn 2). Im Fall der Herausgabe des Pkw durch den nichtberechtigten Nutzer des Pkw, der Reparaturarbeiten durchgeführt hat (vgl § 994 Rn 17) könnte daher die **Klageerwiderung** aussehen wie folgt: 6

▶ ■■■

I. Die Klage wird abgewiesen.

II. Es wird festgestellt, dass der Kläger mit der Annahme des Pkw ■■■ in Annahmeverzug ist.

■■■

Gründe

1. Es kann dahingestellt bleiben, ob der Kläger einen Anspruch auf Verwendungsersatz iHv 1.500,- EUR erworben hat; denn dieser Anspruch ist jedenfalls gem. § 1001 S. 2 BGB erloschen.

Es trifft zu, dass der Kläger dem Beklagten am ■■■ den Pkw herausgegeben hat.

Am ■■■ trat der Kläger an den Beklagten heran mit dem Anliegen, dass der Beklagte an diesen Verwendungsersatz leisten sollte. Nachdem ihm die Klage zugestellt worden war, hat der Kläger dem Beklagten die Herausgabe des Pkws angeboten.
Beweis: Schreiben des Beklagten vom ■■■, vorgelegt als Anlage B 1

Dem ist der Kläger jedoch entgegengetreten mit der Begründung, dass er für den Pkw keine Verwendung habe und daher auf Zahlung beharre.

2. Der Anspruch ist gem. § 1001 S. 2 BGB erloschen.

Dem Beklagten standen auch nach Klageerhebung die Rechte aus § 1001 S. 2 BGB noch zu, da er zwar den Pkw zurückerhalten hat, jedoch die Verwendungen des Klägers nicht genehmigt hat.

Durch das Schreiben des Beklagten vom ■■■ ist der Kläger hinsichtlich der Rücknahme des Pkw in Annahmeverzug gekommen (§ 295 BGB). In Anbetracht der Weigerung des Klägers bedarf es keines tatsächlichen Angebotes.

Zwar hat der Beklagte dem Kläger den Pkw nicht zurückgegeben. Verwendungsersatzansprüche erlöschen nach hM jedoch auch, wenn der Besitzer hinsichtlich der Rücknahme der Sache, auf die er Verwendungen getätigt hat, in Annahmeverzug kommt (Staudinger/*Gursky* § 1001 Rn 20).

■■■

Rechtsanwalt ◄

7 **Erledigung nach Rückgabe der Sache durch den Eigentümer.** Der Kläger kann in diesem Fall den Prozessverlust vermeiden, indem er den Rechtsstreit für erledigt erklärt. IÜ ist er gut beraten, wenn der Eigentümer ihm die Sache anbietet, diese anzunehmen, Befriedigung aus der Sache gem. § 1003 zu suchen und iÜ ggf seine Verwendungsersatzansprüche gegen den Eigentümer weiter zu verfolgen (falls dieser die Verwendungen genehmigt hat).

8 **Verschlechterung.** Der Eigentümer könnte versucht sein, sich seiner Verpflichtung zum Verwendungsersatz durch Rückgabe der Sache zu entledigen, wenn diese bei ihm verschlechtert wurde. Dies kann einen Schadensersatzanspruch des Besitzers auslösen. Sofern die Sache durch Dritte beschädigt wurde, kann der Besitzer darauf bestehen, dass gleichzeitig mit der Rückgabe auch Schadensersatzansprüche gegen Dritte an ihn abgetreten werden, ohne dass dieser hierdurch in Annahmeverzug kommt (Palandt/*Bassenge* § 1001 Rn 17).

9 **Verwertung.** Will der Besitzer das Risiko vermeiden, dass der Eigentümer bei bloßer Herausgabe der Sache sein Reurecht gem. § 1001 S. 2 ausübt, kann er ihn vor Herausgabe der Sache zur Genehmigung der Verwendungen unter Angabe des als Ersatz verlangten Betrages auffordern, und ihm hierfür eine Frist setzen. Lässt der Eigentümer diese nutzlos verstreichen, kann der Besitzer die Sache gem. § 1003 verwerten (s. Muster zu § 1003 Rn 1).

§ 1002 Erlöschen des Verwendungsanspruchs

(1) Gibt der Besitzer die Sache dem Eigentümer heraus, so erlischt der Anspruch auf den Ersatz der Verwendungen mit dem Ablauf eines Monats, bei einem Grundstück mit dem Ablauf von sechs Monaten nach der Herausgabe, wenn nicht vorher die gerichtliche Geltendmachung erfolgt oder der Eigentümer die Verwendungen genehmigt.
(2) Auf diese Fristen finden die für die Verjährung geltenden Vorschriften der §§ 206, 210, 211 entsprechende Anwendung.

A. Muster: Klageerwiderung des Eigentümers, der auf Verwendungsersatz in Anspruch genommen wird 1

▶ An das
Amtsgericht/Landgericht ■■■
Az.: ■■■

Klageerwiderung

In dem Rechtsstreit
■■■ Kläger
■■■ Prozessbevollmächtigter
gegen
■■■ Beklagter
■■■ Prozessbevollmächtigter

zeige ich die Vertretung des Beklagten an. Namens und in Vollmacht des Beklagten werde ich beantragen:

I. Die Klage wird abgewiesen
II. ■■■ (Prozessanträge)[1], [2]

Gründe

Es kann dahingestellt bleiben, ob der Kläger einen Anspruch auf Verwendungsersatz erworben hat. Auch wenn dies der Fall sein sollte, wäre dieser Anspruch jedenfalls gem. § 1002 Abs. 1 BGB am ■■■ erloschen.

Der Kläger war Besitzer der Sache.

Es trifft zu, dass er diese am ■■■ an den Beklagten herausgegeben hat.

Demgegenüber ist es unzutreffend, dass der Kläger dem Beklagten die Sache unter Vorbehalt wegen der angeblich von ihm getätigten Verwendungen angeboten hat.

Beweis: Unter Verwahrung gegen die Beweislast Zeuge NN

Die Ausschlussfrist beträgt gem. § 1002 Abs. 1 BGB 1 Monat.

Gem. § 187 Abs. 1 BGB begann diese am ■■■ und endete mithin gem. § 188 Abs. 2 BGB am ■■■[3], [4], [5]

■■■
Rechtsanwalt ◀

B. Erläuterungen

[1] Hinsichtlich der eventuell zu stellenden **Prozessanträge** s. § 986 Rn 2. 2

[2] **Anwendungsbereich.** Das Muster ist sowohl auf Klagen auf Zahlung von Verwendungsersatz als auch auf Klagen auf Duldung der Wegnahme gem. § 997 anwendbar; denn nach hM erlischt auch der Anspruch auf Duldung der Wegnahme gem. § 997 innerhalb der Frist des § 1002 (Staudinger/*Gursky* § 1002 Rn 8; § 997 Rn 18). 3

[3] Der **Eigentümer** ist **darlegungs- und beweisbelastet,** dass der Besitzer zu einem bestimmten Zeitpunkt ihm die Sache, derentwegen der Besitzer Verwendungsersatzansprüche geltend 4

macht, herausgegeben hat. Dem steht es gleich, wenn er an einen Besitzmittler, der die Entscheidungen gem. § 1001 treffen kann bzw an den Sicherungsgeber die Sache herausgegeben hat (Staudinger/*Gursky* § 1002 Rn 2). In diesem Fall hat der Eigentümer darzulegen und zu beweisen, dass die entsprechenden Voraussetzungen in der Person des Empfängers der Sache gegeben sind. Demgegenüber ist der Besitzer darlegungs- und beweisbelastet, dass die Ausschlussfrist nicht läuft, weil der Eigentümer die Verwendungen genehmigt hat (bzw dies gem. § 1001 S. 3 fingiert wird) oder aber wegen gerichtlicher Geltendmachung gehemmt ist.

5 [4] **Darlegungs- und Beweislast des Besitzers.** Das Muster legt einen Fall zugrunde, in dem der Besitzer sich im Rahmen der Klage darauf berufen hat, dass der Verwendungsersatzanspruch fällig sei, weil er dem Eigentümer die Sache unter Vorbehalt hinsichtlich der Verwendungen angeboten habe (mit der Folge der Genehmigungsfiktion gem. § 1001 S. 3). Da hierfür der Besitzer die Darlegungs- und Beweislast trägt, ist durch den Eigentümer nur vorsorglich unter Verwahrung gegen die Beweislast Beweis anzubieten, dass dies nicht so sei. Behauptet der Besitzer demgegenüber lediglich, der Eigentümer sei wieder im Besitz der Sache (§ 1001 S. 1 Alt. 1), braucht der Eigentümer, der sich auf den Ablauf der Ausschlussfrist beruft, hinsichtlich der etwaigen Genehmigung nichts vorzutragen.

6 [5] **Berechnung der Ausschlussfrist.** Die Ausschlussfrist ist eine **Ereignisfrist.** Sie endet also nach einem Monat bzw 6 Monaten mit dem Tag, an dem die Rückgabe der Sache stattgefunden hat. Gibt also der Besitzer bspw am 1.2.2001 an den Eigentümer einen Pkw heraus, endet die Frist des § 1002 Abs. 1 am 1.3.2001, handelte es sich um ein Grundstück am 1.8.2001.

§ 1003 Befriedigungsrecht des Besitzers

(1) [1]Der Besitzer kann den Eigentümer unter Angabe des als Ersatz verlangten Betrags auffordern, sich innerhalb einer von ihm bestimmten angemessenen Frist darüber zu erklären, ob er die Verwendungen genehmige. [2]Nach dem Ablauf der Frist ist der Besitzer berechtigt, Befriedigung aus der Sache nach den Vorschriften über den Pfandverkauf, bei einem Grundstück nach den Vorschriften über die Zwangsvollstreckung in das unbewegliche Vermögen zu suchen, wenn nicht die Genehmigung rechtzeitig erfolgt.

(2) Bestreitet der Eigentümer den Anspruch vor dem Ablauf der Frist, so kann sich der Besitzer aus der Sache erst dann befriedigen, wenn er nach rechtskräftiger Feststellung des Betrags der Verwendungen den Eigentümer unter Bestimmung einer angemessenen Frist zur Erklärung aufgefordert hat und die Frist verstrichen ist; das Recht auf Befriedigung aus der Sache ist ausgeschlossen, wenn die Genehmigung rechtzeitig erfolgt.

1 A. Muster: Schreiben des Besitzers an den Eigentümer mit der Aufforderung, Verwendungen zu genehmigen

788

▶ Absender ■■■ (Besitzer)

Datum ■■■

Empfänger ■■■ (Eigentümer)

Betreff:

– Herausgabe des ■■■ (Lkw, Marke, aKz, Fahrgestellnummer)
– Genehmigung von Reparaturarbeiten gem. anliegender Rechnung vom ■■■

per Einschreiben/Rückschein

Sehr geehrte Damen und Herren,

unter Berufung auf das Ihnen von B übertragene Sicherungseigentum an dem o.g. Lkw verlangen Sie diesen von uns heraus.

An dem Lkw wurden von uns die in der anliegenden Rechnung im Einzelnen genannten Arbeiten ausgeführt. Bei Auftragserteilung war der Lkw – die Ausführungen in Ihrem Schreiben vom ■■■ als zutreffend unterstellt – bereits an Sie sicherungsübereignet.

Die in der Rechnung genannten Arbeiten stellen notwendige Verwendungen dar.

Die Kosten sind ortsüblich und angemessen. Dementsprechend sind die Kosten iHv ■■■ EUR von Ihnen gem. § 994 Abs. 1 S. 1 BGB an uns zu erstatten.

Wir haben Sie aufzufordern, bis ■■■ [2 Wochen ab Zugang] die Verwendungen gem. Reparaturrechnung vom ■■■ zu genehmigen.

Gleichzeitig bieten wir Ihnen die Herausgabe des Lkws ■■■ Zug um Zug gegen Zahlung von ■■■ an.

Für den Fall, dass Sie nicht bereit sein sollten, die Verwendungen zu erstatten, setzen wir Sie hinsichtlich der Rückgabe des Lkw in Annahmeverzug.[1]

Weiterhin weisen wir darauf hin, dass wir den Lkw nach den Vorschriften über den Pfandverkauf zur Befriedigung unseres Anspruchs auf Ersatz der von uns getragenen Verwendungen verwerten werden, wenn Sie die Verwendungen nicht innerhalb der o.g. Frist genehmigen sollten.[2]

Mit freundlichen Grüßen[3], [4]

■■■

Unterschrift

Anlage: Reparaturrechnung vom ■■■ ◀

B. Erläuterungen und Varianten

[1] Annahmeverzug. Es ist sinnvoll, gleichzeitig mit der Aufforderung zur Genehmigung den Eigentümer hinsichtlich der Rückgabe der Sache in Annahmeverzug zu setzen. Der Besitzer kann so die Wirkungen der §§ 300 bis 302 erreichen, vor allem also sein Risiko mindern. 2

[2] Verwertung. Unterlässt der Eigentümer die Genehmigung oder verweigert er sie, kann der Besitzer bewegliche Sachen nach den Vorschriften über den Pfandverkauf verwerten (§§ 1234–1243), hinsichtlich unbeweglicher Sachen kann er den Eigentümer auf Duldung der Zwangsvollstreckung verklagen und dann das Grundeigentum zum Zweck der Befriedigung wegen seines Anspruchs auf Verwendungsersatz verwerten. 3

[3] Bestimmtheit. Bei Verwendung des Musters ist darauf zu achten, dass die Verwendungen, wegen derer Ersatz gefordert wird und der Betrag in dessen Höhe Ersatz gefordert wird, genau bezeichnet werden. 4

[4] Geltendmachung des Befriedigungsrechts. Bestreitet der Eigentümer den Verwendungsersatzanspruch, dessen Verwendungen genehmigt werden sollen, nach Grund und/oder Höhe, hat der Besitzer Klage auf Feststellung, dass ihm gegen den Eigentümer ein Anspruch auf Verwendungsersatz in bestimmter Höhe zusteht, zu erheben. Das Feststellungsinteresse gem. § 256 ZPO folgt daraus, dass § 1003 Abs. 2 ausdrücklich die Feststellung des Betrages fordert und bis die Voraussetzungen des § 1001 vorliegen mangels Fälligkeit nicht Leistungsklage erhoben werden kann. Die Feststellungsklage kann gem. § 255, 259 ZPO mit der Klage auf Duldung der Zwangsvollstreckung verbunden werden, was v.a. bei Verwendungen auf Grundstücke zweckmäßig ist. 5

Der **Besitzer** könnte also **beantragen:**

▶ I. Es wird festgestellt, dass der Kläger für die Reparatur des Daches des Hauses auf dem Grundstück ■■■-Straße in ■■■ vorgetragen im Grundbuch des AG ■■■ von ■■■, Blatt ■■■ ■■■ EUR aufwenden musste.

II. Dem Beklagten wird zur Genehmigung dieser Verwendung eine Frist von zwei Wochen ab Rechtskraft des Urteils gesetzt.

III. Der Beklagte wird verurteilt, nach fruchtlosem Ablauf der Frist gem. Ziff. 2 die Zwangsvollstreckung in das Grundstück ■■■-Straße in ■■■ vorgetragen im Grundbuch des AG ■■■ von ■■■ Blatt ■■■ zur Befriedigung des Klägers wegen des Anspruchs auf Erstattung der Verwendungen gem. Ziff. 1 zu dulden.

■■■ ◄

§ 1004 Beseitigungs- und Unterlassungsanspruch

(1) [1]Wird das Eigentum in anderer Weise als durch Entziehung oder Vorenthaltung des Besitzes beeinträchtigt, so kann der Eigentümer von dem Störer die Beseitigung der Beeinträchtigung verlangen. [2]Sind weitere Beeinträchtigungen zu besorgen, so kann der Eigentümer auf Unterlassung klagen.
(2) Der Anspruch ist ausgeschlossen, wenn der Eigentümer zur Duldung verpflichtet ist.

A. Beseitigungsanspruch

1 **I. Muster: Klage auf Beseitigung**

► An das

Amtsgericht/Landgericht ■■■[1]

Klage

In dem Rechtsstreit

■■■ Kläger

■■■ Prozessbevollmächtigter

gegen

■■■ Bekl.

wegen: Beseitigung

zeige ich die Vertretung des Klägers an. Namens und in Vollmacht des Klägers erhebe ich Klage und werde beantragen:

I. Der Beklagte wird verurteilt, die Wurzeln zu entfernen, die von dem auf seinem Grundstück stehenden Kirschbaum auf das Grundstück des Klägers im Bereich des an der Grundstücksgrenze entlanglaufenden Weges herübergewachsen sind.

II. Der Beklagte wird verurteilt, nach Entfernung der Wurzeln den an der Grundstücksgrenze entlang verlaufenden Weg wieder herzustellen, so dass der Betonplattenbelag wieder fachgerecht und plan verlegt ist.[2], [3]

III. Der Beklagte trägt die Kosten des Rechtsstreits

IV. Das Urteil ist vorläufig vollstreckbar.[4]

vorläufiger Streitwert: ... EUR

Gründe

I.

Die Parteien sind Nachbarn.

Der Kläger ist Eigentümer des Grundstücks ... in ..., vorgetragen im Grundbuch des AG ... von ... Band ... Blatt ...[5]

Beweis: Auszug aus dem Grundbuch, vorgelegt als Anlage K 1

Der Beklagte ist Eigentümer des Grundstücks ..., vorgetragen im Grundbuch des AG ... von ... Band ... Blatt ...

Beweis: Auszug aus dem Grundbuch, vorgelegt als Anlage K 2

Auf dem Grundstück des Beklagten befindet sich in etwa 5 m Entfernung von der Grundstücksgrenze ein Kirschbaum, den der Beklagte dort vor ca. 30 Jahren gepflanzt hat.

Beweis:

- Augenschein
- Zeuge NN

Entlang der Grundstücksgrenze verläuft auf dem Grundstück des Klägers ein mit Betonplatten befestigter Weg.

Beweis: Augenschein

Von dem Kirschbaum auf dem Grundstück des Beklagten sind Wurzeln auf das Grundstück des Klägers hinübergewachsen. Dies hat im Lauf der Zeit dazu geführt, dass sich die Betonplatten des Weges auf dem Grundstück des Klägers gehoben haben und der Weg nicht mehr verkehrssicher begangen werden kann.

Beweis: Sachverständigengutachten

Die Wurzeln können nur entfernt werden, indem die Platten des Weges aufgenommen und die darunter befindlichen Wurzeln ausgegraben und abgeschnitten werden. Anschließend sind die Platten wieder zu verlegen.

Beweis: Sachverständigengutachten

II.

Dem Kläger steht gegen den Beklagten ein Anspruch auf Beseitigung der Wurzeln zu (§ 1004 Abs. 1 S. 1 BGB).

Die Bestimmung ist neben § 910 Abs. 1 BGB anwendbar, da sie hinsichtlich der Rechtsfolgen über diese Vorschrift hinausgeht (BGH NJW 2004, 603).

Unerheblich ist auch, ob auf Landesrecht beruhende Beseitigungsansprüche wegen Zeitablaufs nicht mehr geltend gemacht werden können (KG NJW 2008, 3148).

Der Kläger ist Eigentümer des unter Ziff. I genannten Grundstücks. Zum Eigentum gehört auch der an der Grundstücksgrenze verlaufende Plattenweg (§§ 93, 94 BGB).

Das Eigentum wird durch die über die Grundstücksgrenze vom Grundstück des Beklagten her eingedrungenen Wurzeln beeinträchtigt; denn Wurzeln, die zu einem auf einem anderen Grundstück stehenden Baum gehören, stellen eine Beeinträchtigung des jeweiligen Grundstücks dar, auf das sie gewachsen sind.

Der Beklagte ist Störer. Zwar ist das Hinüberwachsen von Baumwurzeln als solches auf ein Naturereignis zurückzuführen. Störer ist aber auch, wer es durch pflichtwidriges Unterlassen ermöglicht, dass eine Störung fremden Eigentums durch Naturkräfte eintritt. Er nutzt dann sein Grundstück nicht im Rahmen ordnungsgemäßer Bewirtschaftung (BGH NJW 2004, 603). Diese Voraussetzungen sind vorliegend erfüllt, da der Grundstückseigentümer dafür Sorge zu tragen hat, dass Baumwurzeln nicht über die Grundstücksgrenze hinauswachsen (§ 910 Abs. 1 BGB).

Der Beklagte ist aber auch deshalb Störer, weil er seinerzeit den Baum gepflanzt hat.

Der Kläger ist zur Duldung der Wurzeln nicht verpflichtet (§ 1004 Abs. 2 BGB). Es besteht zwar kein Anspruch auf die Beseitigung von Wurzeln, durch die die Nutzung des eigenen Grundstücks nicht beeinträchtigt wird (§ 910 Abs. 2 BGB; BGH NJW 2004, 603). Durch das Eindringen der Wurzeln des auf dem Grundstück des Beklagten befindlichen Kirschbaums ist jedoch eine wesentliche Beeinträchtigung eingetreten, weil sie dazu geführt hat, dass sich Platten des Gehwegs des Klägers gehoben haben und dieser daher nicht mehr verkehrssicher nutzbar ist.

Der Beklagte ist auch verpflichtet, den Weg nach Entfernung der Wurzeln wieder instand zusetzen; denn der Beseitigungsanspruch aus § 1004 Abs. 1 BGB erfasst auch solche Beeinträchtigungen, die notwendigerweise mit der Beseitigung der Störung eintreten (BGH NJW 2004, 630).[6], [7]

...

Rechtsanwalt ◄

II. Erläuterungen

2 [1] Die sachliche **Zuständigkeit** richtet sich nach §§ 23 Abs. 1, 71 Abs. 1 GVG. Für den Streitwert sind nicht primär die Kosten der Beseitigung, sondern die Minderung des Verkehrswertes des beeinträchtigten Grundstücks maßgeblich (vgl Musielak/*Heinrich* § 3 ZPO „Beseitigung"). Auf die Beseitigungskosten wird daher insbesondere dann abzustellen sein, wenn diese die Verkehrswertminderung zumindest erreichen. Hinsichtlich der örtlichen Zuständigkeit ist bei Klagen, die die Beeinträchtigung von Grundeigentum betreffen, die Vorschrift des § 24 Abs. 1 ZPO zu berücksichtigen (ausschließliche Zuständigkeit des Gerichts der belegenen Sache).

3 [2] Bei der **Antragstellung** ist zu beachten, dass es grundsätzlich im **Ermessen** des **Störers** liegt, **wie er eine Störung beseitigen** will (Palandt/*Bassenge* § 1004 Rn 51). Es ist daher die zu beseitigende Störung/Beeinträchtigung so genau zu beschreiben, dass im Rahmen der Zwangsvollstreckung der zu erreichende Zustand aus dem Urteil festgestellt werden kann. Nur wenn der Erfolg nur durch eine Maßnahme erreicht werden kann oder andere Maßnahmen jedenfalls nicht ernsthaft in Betracht kommen, kann direkt auf Vornahme dieser Maßnahme geklagt werden. Da im vorliegenden Beispielsfall der Erfolg ohnehin sehr konkret gekennzeichnet ist, hat der Kläger keinen Vorteil davon, wenn er nun auch bestimmte Arbeiten tenorieren lassen wollte. Anders kann es aber aussehen, wenn zur Beseitigung wesentlicher Immissionen nur die Einstellung des Betriebes auf dem Nachbargrundstück in Betracht kommt.

4 [3] **Sekundärschäden.** Um Auslegungsstreitigkeiten zu vermeiden, empfiehlt es sich, neben der Beseitigung der eigentlichen Störung (Beseitigung der Wurzeln) auch die Beseitigung der hiermit verbundenen weiteren Störungen (Aufgraben des Weges) in den Klageantrag mit aufzunehmen, mag dieser Anspruch auch an sich von dem Beseitigungsverlangen hinsichtlich der Wurzeln erfasst sein.

5 [4] Hinsichtlich der **Prozessanträge** s. § 904 Rn 8.

6 [5] Hinsichtlich der **Grundstücksbezeichnung** s. § 904 Rn 4.

7 [6] **Selbständiges Beweisverfahren.** Das Muster geht davon aus, dass bereits oberflächlich erkennbar ist, dass das Grundstück des Klägers (nur) durch die vom Baum des Beklagten herrührenden Wurzeln beeinträchtigt ist. Ist dies nicht der Fall oder stellt sich zB erst im Rahmen der Instandsetzung des Weges heraus, dass sich die Platten aufgrund eingedrungener Wurzeln

gehoben haben, empfiehlt es sich, die Beweise durch ein selbständiges Beweisverfahren zu sichern. Nach Beweissicherung können dann die Arbeiten fortgesetzt werden, und die Kosten ggf gem. § 812 liquidiert werden (vgl hierzu BGH NJW 2004, 603;).

[7] Der **Kläger** trägt die **Darlegungs- und Beweislast** hinsichtlich seines Eigentums, der Beeinträchtigung, der Störereigenschaft des Beklagten und des Wegfalls einer etwaigen rechtsgeschäftlichen Duldungspflicht (Palandt/*Bassenge* § 1004 Rn 52). Streitig ist, ob der Beklagte die Darlegungs- und Beweislast hinsichtlich der Voraussetzungen der Duldungspflicht trägt. Während die wohl hM davon ausgeht, dass der Beklagte die Voraussetzungen des § 1004 Abs. 2 darzulegen und zu beweisen hat (vgl nur Palandt/*Bassenge* aaO), wird auch vertreten, dass die Rechtswidrigkeit der Beeinträchtigung Anspruchsvoraussetzung des § 1004 sei (vgl hierzu Hk-BGB/*Schulte-Nölke* § 1004 Rn 6) mit der Folge dass der Kläger die Darlegungs- und Beweislast auch dafür trägt, dass die Einwirkung nicht unwesentlich oder ortsüblich ist (so zB Beck´sches Prozeßformularbuch/*Koeble/Locher* Muster II G 10 Anm. 8.9). Das Muster folgt aus Gründen der prozessualen Vorsicht dieser Ansicht. 8

B. Unterlassung

I. Muster: Klage auf Unterlassung 9

► An das 790

Amtsgericht/Landgericht ■■■[1]

Klage

In dem Rechtsstreit

■■■ Kläger

■■■ Prozessbevollmächtigter

gegen

■■■ Beklagter

wegen: Unterlassung

zeige ich die Vertretung des Klägers an. Namens und in Vollmacht des Klägers erhebe ich Klage und werde beantragen:

I. Die Beklagte wird verurteilt, es zu unterlassen, die Vereinzeleranlage auf ihrem Betriebsgelände in ■■■ zu betreiben, wenn hierdurch auf dem Grundstück des Klägers die Mittelungslärmpegel in der Zeit werktags von 6:00 Uhr bis 22:00 Uhr von 60dB(A) und in den übrigen Zeiten von 45 dB(A) überschritten werden.

II. Der Beklagten wird angedroht, dass für jeden Fall der Zuwiderhandlung gegen die Unterlassungspflicht gem. Ziff. 1 der Klage ein Ordnungsgeld bis zur Höhe von 250.000,- EUR oder Ordnungshaft bis zur Dauer von 6 Monaten festgesetzt wird.

III. ■■■ (Kosten, vorläufige Vollstreckbarkeit)[2], [3], [4], [5], [6]

vorläufiger Streitwert: ■■■

Gründe

I.

Der Kläger ist Eigentümer des Grundstücks ■■■(Adresse), vorgetragen im Grundbuch des AG ■■■ von ■■■, Band ■■■, Blatt ■■■[7]

Beweis: Grundbuchauszug, vorgelegt als Anlage K 1

Die Beklagte ist Eigentümerin des Grundstücks ■■■ (Adresse), vorgetragen im Grundbuch des AG ■■■ von ■■■, Band ■■■, Blatt ■■■

Beweis: Grundbuchauszug, vorgelegt als Anlage K 2

Sie betreibt dort einen holzverarbeitenden Betrieb, zu dem auch die Vereinzelungsanlage gehört.

Beweis: Augenschein

Beide Grundstücke befinden sich in geschlossener Ortslage. Das Gebiet ist durch Wohnbebauung, landwirtschaftliche Betriebe und gewerbliche Nutzung geprägt. Außer dem Betrieb der Beklagten befinden sich in der Nähe des klägerischen Grundstücks insbesondere mehrere weitere Wohnhäuser, aber auch zwei Bauernhöfe, ein Verbrauchermarkt sowie eine Reparaturwerkstätte für Autos und Landmaschinen.

Beweis: Augenschein

Die Beklagte betreibt die Vereinzelungsanlage im Freien. Sie hält sich auch nicht an eine Betriebszeit von 6:00 bis 22:00 Uhr. Durch den Betrieb der Vereinzelungsanlage werden auf dem Grundstück des Klägers Geräuschimmissionen hervorgerufen, die den Mittelungspegel von 60dB(A), gemessen nach der Richtlinie VDI 2058 als Außenpegel am Haus des Klägers, deutlich überschreiten.

Beweis: Sachverständigengutachten

Der Kläger hat die Beklagte mit Schreiben vom ■■■ aufgefordert, die Anlage so umzurüsten, dass der Grenzwert von 60 dB(A) tagsüber bzw 45 dB(A) nachts nicht überschritten wird.

Beweis: Schreiben vom ■■■, vorgelegt als Anlage K 3

Dem ist die Beklagte mit dem Argument entgegengetreten, dass dann die Wirtschaftlichkeit ihres Betriebes nicht mehr gewährleistet sei.

Beweis: Schreiben der Beklagten vom ■■■, vorgelegt als Anlage K 4

Der Kläger hat deshalb mit Schreiben vom ■■■ die Gütestelle ■■■ um Vermittlung gebeten. Das Schlichtungsverfahren vor der Gütestelle ist jedoch erfolglos geblieben.

Beweis: Bescheinigung der Gütestelle vom ■■■, vorgelegt als Anlage K 5

II.

Dem Kläger steht gegen die Beklagte ein Anspruch auf Reduzierung der Geräuschimmissionen auf seinem Grundstück wie beantragt zu (§ 1004 Abs. 1 S. 2 BGB).

Der Kläger ist Eigentümer des Grundstücks ■■■.

Das Eigentum wird durch Geräuschimmissionen, die durch den Betrieb der Vereinzelungsanlage entstehen und den Grenzwert von 60 dB(A) tagsüber bzw 45 dB(A) nachts auf dem Grundstück des Klägers übersteigen, beeinträchtigt.

Der Kläger braucht diese Immissionen nicht zu dulden; denn diese Beeinträchtigungen sind wesentlich (§ 906 Abs. 1 S. 3 BGB). Gem. Nr. 6.1 TA Lärm beträgt der Immissionsrichtwert für den Beurteilungspegel außerhalb von Gebäuden in Kern-, Dorf- und Mischgebieten tagsüber 60 dB(A) und nachts 45 dB(A).

Eine Duldungspflicht folgt auch nicht aus § 906 Abs. 2 S. 1 BGB, da die Reduzierung der Geräuschsimmissionen auf die in der TA Lärm genannten Grenzwerte mit wirtschaftlich zumutbaren Mitteln erreichbar ist.

Beweis: unter Verwahrung gegen die Beweislast: Sachverständigengutachten

Dem Kläger steht ein Unterlassungsanspruch zu, da weitere die Grenzwerte der TA Lärm übersteigende Lärmimmissionen zu erwarten sind. Wurde in der Vergangenheit das Eigentum beeinträchtigt, spricht eine tatsächliche Vermutung dafür, dass es auch in der Zukunft zu entsprechenden Beeinträchtigungen kommen wird. IÜ hat die Beklagte auch zu erkennen gegeben, dass sie aus wirtschaftlichen Gründen nicht bereit ist, Maßnahmen zu ergreifen, die zu einer Verminderung der Lärmimmissionen führen.

Die Beklagte ist als Betreiberin des Holzverarbeitungsbetriebs auch Handlungsstörerin. Als Eigentümerin dieses Betriebes ist sie auch Zustandsstörerin.[8], [9]

Die Androhung von Ordnungsmitteln beruht auf § 890 ZPO.

■■■

Rechtsanwalt ◀

II. Erläuterungen und Varianten

[1] Der **Zuständigkeits- und Gebührenstreitwert** richtet sich nach dem Interesse des Eigentümers an künftiger Unterlassung von entsprechenden Störungen. Er besteht daher in der Regel in Höhe der Wertminderung des Eigentums, wenn es auch künftig zu entsprechenden Beeinträchtigungen kommt. 10

[2] Hinsichtlich der übrigen **Prozessanträge** s. § 904 Rn 8 mit der Maßgabe, dass eine Güteverhandlung nicht durchgeführt werden sollte, weil das Schlichtungsverfahren erfolglos verlaufen ist. 11

[3] **Klageantrag.** Es ist dem Eigentümer grundsätzlich freigestellt, ob er auf Unterlassung von Immissionen, die aus dem Betrieb des Gewerbes insgesamt herrühren, klagt, oder ob er den Inhaber darauf in Anspruch nimmt, durch die Inbetriebnahme bestimmter Maschinen die jeweils geltenden Grenzwerte nicht zu verletzen (OLG Stuttgart NJW RR 1986, 1339). Dies kommt auch in Betracht, wenn von einer bestimmten Maschine Immissionen ausgehen, die zwar nicht die Grenzwerte der TA Lärm verletzen, jedoch aus sonstigen Gründen als wesentlich anzusehen sind, zB aufgrund ihrer hohen Frequenz. Gem. § 906 Abs. 1 S. 3 sind Immissionen, die die Grenzwerte allgemeiner Verwaltungsvorschriften, die gem. § 48 BImSchG erlassen wurden, nicht verletzen, „in der Regel" unwesentlich. An die Beurteilung, die in diesen technischen Vorschriften enthalten sind, sind die Zivilgerichte jedoch nicht gebunden (BGH NJW 2001, 3113; OLG Stuttgart NJW-RR 1986, 1339). Aus der Art der Geräusche, ihres Auftretens oder sonstigen besonderen Umständen kann sich daher ergeben, dass ausnahmsweise auch solche Immissionen wesentlich sind. 12

[4] **Kein Anspruch auf die Vornahme bestimmter Maßnahmen.** Bei der Antragstellung ist weiter zu berücksichtigen, dass dem Kläger grundsätzlich kein Anspruch auf die Vornahme bestimmter Maßnahmen gegen den Beklagten zur Unterbindung wesentlicher Immissionen zusteht. Es ist Sache des Klägers, die zu unterlassenden Beeinträchtigungen so genau zu beschreiben, dass das Urteil der Zwangsvollstreckung zugänglich ist. Sache des Beklagten ist es, zu entscheiden, wie er dieses Ziel erreichen will (Schutzmaßnahmen, Einschränkung des Betriebes oder Ähnliches mehr). Nur wenn die Unterbindung künftiger Beeinträchtigungen ernsthaft nur durch eine Maßnahme erreicht werden kann, kann der Kläger auf Vornahme dieser Maßnahme klagen (BGH NJW 1977, 146 für den Fall eines nicht genehmigten Schweinemastbetriebes: Einstellung des Betriebes wegen Geruchsimmissionen, bis die notwendigen Schutzeinrichtungen nachgerüstet sind). 13

[5] **Bestimmtheit des Klageantrags.** Soweit die zu unterlassenden Störungen bzw Beeinträchtigungen nicht näher quantifizierbar sind (bspw weil hierfür kein geeignetes Messverfahren zur Verfügung steht), kann sich der Kläger darauf beschränken, zu beantragen, dass der Beklagte verurteilt wird, Beeinträchtigungen zu unterlassen, die nicht nur unwesentlich sind. Wird er zB durch das Krähen eines Gockelhahns beeinträchtigt, kann er beantragen: 14

▶ Der Beklagte wird verurteilt, diejenigen Maßnahmen zu ergreifen, die erforderlich sind, um eine wesentliche Beeinträchtigung des Grundstücks des Klägers durch das Krähen des Hahnes auf dem Grundstück des Beklagten auszuschließen ◀

(LG München NJW-RR 1989, 1178).

15 Geht es um Geruchsimmissionen, kann er beantragen:

▶ Der Beklagte wird verurteilt, es zu unterlassen, das Grundstück des Klägers durch von seinem Schweinemastbetrieb ausgehende Gerüche wesentlich zu beeinträchtigen ◀

(BGH NJW 1999, 356). IÜ wird auf die Ausführungen zu § 906 Rn 4–11 verwiesen.

16 [6] Es ist zweckmäßig, die Klage mit der **Androhung von Ordnungsmitteln** zu verbinden, da der Kläger hierdurch ein eigenes auf die Androhung dieser Ordnungsmittel gerichtetes Verfahren vermeiden kann. Die Verbindung ist zulässig (§ 890 Abs. 2 ZPO).

17 [7] Hinsichtlich der **Grundstücksbezeichnung** s. § 904 Rn 4.

18 [8] Hinsichtlich der **Darlegungs- und Beweislast** ist auf die Ausführungen zu Rn 8 zu verweisen. Statt einer noch bestehenden Beeinträchtigung hat der Kläger bei § 1004 Abs. 1 S. 2 (Unterlassungsanspruch) darzulegen und zu beweisen, dass weitere Beeinträchtigungen drohen. Es besteht allerdings eine tatsächliche Vermutung dafür, dass es zu künftigen Beeinträchtigungen kommt, wenn es auch in der Vergangenheit schon entsprechende rechtswidrige Beeinträchtigungen gegeben hat (Hk-BGB/*Schulte-Nölke* § 1004 Rn 10). Der Kläger hat also in der Regel nur darzulegen und zu beweisen, zu welchen Beeinträchtigungen es in der Vergangenheit gekommen ist. Über seinen Wortlaut hinaus gibt § 1004 Abs. 1 S. 2 aber auch Schutz gegen erstmalig zu besorgende Beeinträchtigungen („vorbeugender Unterlassungsanspruch", Hk-BGB/*Schulte-Nölke* § 1004 Rn 10). Macht der Kläger diesen geltend, hat er Umstände darzulegen und zu beweisen, die darauf schließen lassen, dass es zu Beeinträchtigungen kommen wird, für die der Beklagte als Störer verantwortlich zu machen ist.

19 [9] **Zu duldende Immissionen.** Zur Abwehr von Immissionen im Sinne von § 906 s. auch § 906 Rn 4–11.

C. Unterlassung ehrverletzender Äußerungen

20 I. Muster: Klage auf Unterlassung ehrverletzender Äußerungen

▶ An das
Amtsgericht/Landgericht ■■■[1]

Klage

In dem Rechtsstreit

■■■ Kläger

■■■ Prozessbevollmächtigter

gegen

■■■ Beklagte

wegen: Unterlassung

zeige ich die Vertretung des Klägers an. Namens und in Vollmacht des Klägers erhebe ich Klage und werde beantragen:

I. Die Beklagte wird verurteilt, es zu unterlassen, wörtlich oder sinngemäß zu äußern:
   - der Kläger belästige sie zur Tag- und Nachtzeit mit Telefonanrufen
   - der Kläger gebrauche hierbei obszöne Ausdrücke[2]

II. Der Beklagten wird angedroht, dass für jeden Fall der Zuwiderhandlung ein Ordnungsgeld bis zur Höhe von 250.000,- EUR oder Ordnungshaft bis zur Dauer von 6 Monaten festgesetzt wird.[3]

III. ■■■ (Prozessanträge)[4]

vorläufiger Streitwert: ■■■ EUR

Gründe

I.

Die Beklagte äußerte gegenüber ihrer Wohnungsnachbarin, der nachfolgend benannten Zeugin ■■■ am ■■■:

1. Der Kläger belästige sie zur Tag- und Nachtzeit mit Telefonanrufen.
2. Der Kläger gebrauche hierbei obszöne Ausdrücke.

Beweis: Zeugin NN (Wohnungsnachbarin)

Die gleichen Äußerungen wiederholte sie am ■■■ gegenüber ihrer Freundin, der nachfolgend benannten Zeugin ■■■

Beweis: Zeugin NN (Freundin)

Tatsächlich hat der Kläger die Beklagte weder angerufen noch gegenüber der Beklagten obszöne Ausdrücke gebraucht.

Die Beklagte wurde vorgerichtlich aufgefordert, eine strafbewehrte Unterlassungserklärung abzugeben, dass sie die im Klageantrag genannten Äußerungen nicht wiederholen werde.

Beweis: Schreiben des Klägers vom ■■■, vorgelegt als Anlage K 1

Die Beklagte hat auf dieses Schreiben nicht reagiert.

Auch das Schlichtungsverfahren ist fehlgeschlagen.

Beweis: Bescheinigung der Gütestelle vom ■■■, vorgelegt als Anlage K 2[5], [6]

II.

Dem Kläger steht gegen die Beklagte ein Anspruch auf Unterlassung der im Klageantrag genannten Äußerungen zu (§§ 823 Abs. 1, 1004 Abs. 1 S. 2 BGB).

Die im Klageantrag genannten Äußerungen sind ehrverletzend und daher geeignet, den Kläger in seinem allgemeinen Persönlichkeitsrecht zu verletzen.

Die Beklagte ist Handlungsstörer, da sie diese Äußerungen in die Welt gesetzt hat.

Der Anspruch ist nicht ausgeschlossen; denn weder die Nachbarin noch die Freundin zählen zu dem engsten von Vertraulichkeit geprägten Personenkreis, innerhalb dessen entsprechende Äußerungen zulässig sind, weil nicht damit gerechnet werden muss, dass dies nach außen getragen wird (vgl für einen ähnlichen Fall OLG Koblenz NJW-RR 1989, 1195).

Es ist zu besorgen, dass sich die Beklagte weiter wie in den Klageanträgen beschrieben über den Kläger äußern wird. Es spricht eine tatsächliche Vermutung dafür, dass rechtswidrige Beeinträchtigungen wiederholt werden, wenn es in der Vergangenheit zu solchen Beeinträchtigungen gekommen ist (Hk-BGB/*Schulte-Nölke* § 1004 Rn 10). IÜ hat die Beklagte weder die Unterlassungserklärung abgegeben, noch war das Schlichtungsverfahren erfolgreich.

Der Antrag auf die Androhung von Ordnungsmitteln stützt sich auf § 890 Abs. 2 ZPO. Demnach kann die Androhung von Ordnungsmitteln bereits in dem das Unterlassungsgebot aussprechenden Urteil erfolgen.

■■■

Rechtsanwalt ◄

II. Erläuterungen

[1] Die sachliche **Zuständigkeit** richtet sich danach, ob die ehrverletzenden Äußerungen derart gravierend sind, dass hierdurch die Wertgrenze von 5.000,- EUR überschritten wird (§§ 23 Abs. 1, 71 Abs. 1 GVG). 21

[2] Bei der **Antragstellung** ist darauf zu achten, dass die Äußerungen, die der Beklagte unterlassen soll, möglichst **konkret** genannt werden. Eine Klage, die darauf gerichtet wäre, dem Be- 22

klagten zu untersagen, den Kläger zu beleidigen oder ehrverletzende Tatsachenbehauptungen über ihn zu verbreiten, wäre mangels Bestimmtheit unzulässig.

23 [3] Es empfiehlt sich, bereits mit der Klage auch die **Androhung der Festsetzung von Ordnungsmitteln** für den Fall der Zuwiderhandlung zu beantragen. Dies ist zulässig (§ 890 Abs. 2 ZPO). Unterlässt der Kläger dies, wäre zunächst ein selbständiges Verfahren durchzuführen, in dem der Beklagten die Ordnungsmittel angedroht werden, bevor sie festgesetzt werden können.

24 [4] Hinsichtlich weiterer möglicher **Prozessanträge** s. § 904 Rn 8 mit der Maßgabe, dass ein Gütetermin nicht durchzuführen ist, weil das Güteverfahren gescheitert ist.

25 [5] **Schlichtungsverfahren.** Auch bei Klagen auf Unterlassung ehrverletzender Äußerungen kann die Zulässigkeit der Klage davon abhängen, dass zunächst ein Schlichtungsverfahren durchgeführt wird (§ 15 a Abs. 1 Nr. 3 EGZPO). Dies ist bspw gem. Art. 1 Nr. 3 BaySchlG der Fall.

26 [6] Der Kläger trägt die **Darlegungs- und Beweislast**, dass der Beklagte ehrenrührige Tatsachen oder Werturteile geäußert hat, durch die sein allgemeines Persönlichkeitsrecht verletzt wurde. Weiterhin trägt er die Darlegungs- und Beweislast, dass insoweit Wiederholungsgefahr besteht. Insoweit kommt ihm allerdings die tatsächliche Vermutung zugute, dass Verstöße in der Vergangenheit indizieren, dass auch in der Zukunft mit entsprechenden Verstößen zu rechnen ist. Der Beklagte trägt die Darlegungs- und Beweislast, dass die von ihm behaupteten ehrenrührigen Tatsachen wahr sind.

§ 1005 Verfolgungsrecht

Befindet sich eine Sache auf einem Grundstück, das ein anderer als der Eigentümer der Sache besitzt, so steht diesem gegen den Besitzer des Grundstücks der im § 867 bestimmte Anspruch zu.

1 Von der Gestaltung eines Musters wurde abgesehen, da die Vorschrift keine praktische Bedeutung hat (Hk-BGB/*Schulte-Nölke* § 1005 Rn 1).

§ 1006 Eigentumsvermutung für Besitzer

(1) [1]Zugunsten des Besitzers einer beweglichen Sache wird vermutet, dass er Eigentümer der Sache sei. [2]Dies gilt jedoch nicht einem früheren Besitzer gegenüber, dem die Sache gestohlen worden, verloren gegangen oder sonst abhanden gekommen ist, es sei denn, dass es sich um Geld oder Inhaberpapiere handelt.
(2) Zugunsten eines früheren Besitzers wird vermutet, dass er während der Dauer seines Besitzes Eigentümer der Sache gewesen sei.
(3) Im Falle eines mittelbaren Besitzes gilt die Vermutung für den mittelbaren Besitzer.

1 **A. Muster: Klage des Eigentümers, der sich auf die Vermutung des § 1006 Abs. 2 beruft, auf Auskehr des Erlöses gegen den Besitzer einer gestohlenen Sache**

▶ An das

Amtsgericht/Landgericht ▪▪▪

Klage

In dem Rechtsstreit

▪▪▪ Kläger

■■■ Prozessbevollmächtigter

gegen

■■■ Beklagter

wegen: Herausgabe

zeige ich die Vertretung des Klägers an. Namens und in Vollmacht des Klägers erhebe ich Klage und werde beantragen:

I. Der Beklagte wird verurteilt, an den Kläger 10.500,- EUR nebst Zinsen iHv 5 %-Punkten über dem jeweiligen Basiszinssatz hieraus seit Rechtshängigkeit zu bezahlen.

II. ■■■ (Prozessanträge)[1]

Gründe

I.

Der Kläger war am ■■■ im Besitz des Pkws ■■■.

Beweis: ZV NN

An diesem Tag brach D in das Betriebsgelände des Klägers ein und entwendete diesen Pkw.

Beweis: Beiziehung der Strafakte ■■■ des AG ■■■, Az ■■■, dort insbesondere das inzwischen rechtskräftige Urteil gegen D, S ■■■ der EA

Vernehmung von D als Zeuge

D veräußerte den Pkw sodann an den Beklagten. Dieser verkaufte und veräußerte den Pkw, nachdem er den Kfz-Brief gefälscht hatte, zum Preis von 10.500,- EUR an K.

Beweis: wie vor

K hat zwischenzeitlich den Kaufpreis an den Beklagten bezahlt, der Beklagte den Pkw an K übergeben.

Beweis: Vernehmung des Zeugen K

Der Kläger hat mit Schreiben vom ■■■ die Veräußerung genehmigt und den Beklagten aufgefordert, den Kaufpreis an den Kläger auszukehren.

Beweis: Schreiben des Klägers vom ■■■, vorgelegt als Anlage K 1

Dem ist der Beklagte jedoch nicht nachgekommen.

II.

Dem Kläger steht gegen den Beklagten gem. § 816 Abs. 1 S. 1 BGB ein Anspruch auf Zahlung von 10.500,- EUR zu.

Der Beklagte war bei Veräußerung des Pkws Nichtberechtigter. Er war nicht Eigentümer des Pkws. Zu seinen Gunsten spricht im Verhältnis zum Kläger insbesondere nicht die Vermutung des § 1006 Abs. 1 S. 1 BGB; denn dem Kläger ist der Pkw gestohlen worden (§ 1006 Abs. 1 S. 2 BGB). Der Beklagte hat auch nicht gem. §§ 929 S. 1, 932 Abs. 1 BGB das Eigentum an dem Pkw von D erworben; denn der gutgläubige Erwerb ist ausgeschlossen, weil der Pkw dem Kläger gestohlen worden war (§ 935 Abs. 1 BGB).

Der Kläger ist Berechtigter, denn er ist Eigentümer des Pkws. Er hatte diesen zum Zeitpunkt des Diebstahls durch D in Besitz (§ 854 Abs. 1 BGB). Zugunsten des früheren Besitzers wird vermutet, dass er mit Erwerb des Besitzes Eigenbesitz an dem Pkw begründet hat, das Eigentum erworben hat und dies während der Besitzzeit behalten hat (Palandt/*Bassenge* § 1006 Rn 2; § 1006 Abs. 1, Abs. 2 BGB). Diese Vermutung gilt als Rechtsfortdauervermutung auch über den Zeitpunkt der Besitzbeendigung hinaus fort, bis sie widerlegt wird (BGH NJW 2005, 359). Sie wirkt weiterhin auch gegenüber dem gegenwärtigen Besitzer, wenn dieser sich nicht auf die zu seinen Gunsten sprechende Vermutung gem. § 1006 Abs. 1 S. 1 BGB berufen kann, weil die Sache dem früheren Besitzer gestohlen oder sonst abhanden gekommen war (Palandt/*Bassenge* § 1006 Rn 5).

Der Beklagte hat über den Pkw eine Verfügung getroffen, indem er diesen an D veräußert hat.

Die Verfügung ist gem. §§ 185 Abs. 2, 929 S. 1 BGB wirksam. Der Beklagte und K waren sich über den Eigentumsübergang einig. Der Beklagte hat K den Pkw übergeben. Zwar war der Beklagte nicht Eigentümer des Pkws; jedoch hat der Kläger als Berechtigter die Verfügung über den Pkw mit Schreiben vom ▪▪▪ genehmigt.

Aufgrund der Verfügung über den Pkw hat der Beklagte von K den Kaufpreis iHv 10.500,- EUR erlangt.[2], [3], [4], [5]

Der Anspruch auf die geltend gemachten Zinsen folgt aus § 291 BGB.

▪▪▪

Unterschrift ◀

B. Erläuterungen und Varianten

2 [1] Hinsichtlich der **Prozessanträge** s. § 904 Rn 8.

3 [2] Die Vorschrift gibt keinen eigenen Anspruch, enthält aber eine wichtige Erleichterung der **Darlegungs- und Beweislast.** Sie gilt für alle Ansprüche, die Eigentum voraussetzen (insbesondere § 1004) und für schuldrechtliche Ansprüche, die auf Eigentum gestützt sind (zB § 816 Abs. 1). Der Kläger hat daher lediglich darzulegen und zu beweisen, dass er zum maßgeblichen Zeitpunkt Besitzer der beweglichen Sache war. Daneben ist auch die Behauptung des Eigentums nicht erforderlich (Palandt/*Bassenge* § 1006 Rn 1). Andernfalls würde er auch vor fast unüberwindliche Schwierigkeiten gestellt. Im Fall des abgeleiteten Erwerbs bspw hätte er darzulegen, dass er sich mit dem Veräußerer geeinigt und dieser ihm die Sache übergeben hat (§ 929 S. 1). Weiterhin hätte er die Tatsachen darzulegen, dass der Veräußerer Eigentümer der Sache war, also diesem die Sache gem. § 929 S. 1 übereignet worden war bzw die Voraussetzungen des gesetzlichen Erwerbs gem. §§ 946, 947, 950, 954 bis 957 vorlagen usw.

4 Entsprechende Erleichterungen gelten für den früheren Besitzer, wenn die für den gegenwärtigen Besitzer aus § 1006 Abs. 1 S. 1 sprechende Vermutung gem. § 1006 Abs. 1 S. 2 entkräftet ist. Dementsprechend begnügt sich das Muster damit, lediglich den Besitz des Klägers zum Zeitpunkt des Diebstahls darzulegen und unter Beweis zu stellen, sowie die Tatsache des Diebstahls.

5 [3] Über den Wortlaut des § 1006 Abs. 1 S. 1, Abs. 2 hinaus spricht für den Besitzer auch eine **Rechtsfortdauervermutung**. Dementsprechend wirkt – wie im Klagemuster ausgeführt – die von dem Besitzerwerb ausgehende Eigentumsvermutung zu Gunsten des früheren Besitzers auch über die Beendigung des Besitzes hinaus so lange fort, bis sie widerlegt wird (BGH NJW 2005, 359).

6 [4] **Entkräftung der Vermutung.** Der Beklagte kann sich gegen die Vermutung dadurch verteidigen, dass er beweist, dass

1. ihm die Sache vor Besitzerwerb des Klägers abhanden gekommen war (§ 1006 Abs. 1 S. 2);
2. der Kläger bei Besitzerwerb nur Fremdbesitz begründet hat;
3. der Kläger zwar Eigenbesitz begründet, aber das Eigentum nicht erworben hat;
4. der Kläger das Eigentum wieder verloren hat.

Es ist dann Sache des Klägers seinen Eigentumserwerb zu beweisen, wobei ihm uU die für seinen Vorbesitzer sprechende Vermutung des § 1006 Abs. 1 S. 1, Abs. 2 zu Hilfe kommt.

7 So könnte die **Verteidigung des Beklagten** im ersten Fall von Rn 6 aussehen:

▶ Es trifft zu, dass sich der Pkw am ▪▪▪ (Tag des Diebstahls) auf dem Betriebsgelände der Klägerin befand. Gleichwohl kann sich die Klägerin nicht auf die Vermutung des § 1006 Abs. 1 S. 1 BGB berufen; denn der Beklagten war der Pkw bereits zu einem früheren Zeitpunkt abhanden gekommen (§ 1006 Abs. 1 S. 2 BGB). Bis zum ▪▪▪ hatte die Beklagte mit ihrem Lebensgefährten L zusammengelebt, wobei sich die Beklagte immer im alleinigen Besitz der zu dem Pkw ■■■ gehörenden Schlüssel befand.

Beweis: Vernehmung von L als Zeugin

Im Rahmen eines Streites nahm L die Schlüssel sodann an sich, und stellte den Pkw auf dem Gelände der Klägerin ab, wo er dann entwendet wurde.

Beweis: Vernehmung von L als Zeugin

■■■ ◀

Im Fall 2 könnte die Verteidigung des Beklagten aussehen wie folgt: 8

▶ Es trifft zu, dass sich der Pkw ■■■ am ■■■ (Tag des Diebstahls) auf dem Betriebsgelände des Klägers befand. Gleichwohl kann sich der Kläger nicht auf die Vermutung des § 1006 Abs. 1 S. 1 BGB berufen; denn er hatte den Pkw nicht in Eigenbesitz. Der Kläger hatte den Pkw von V unter Eigentumsvorbehalt erworben.

Beweis: Vernehmung von V als Zeuge

Kaufvertrag mit V, dessen Vorlage dem Kläger aufgegeben werden möge

Er war damit Fremdbesitzer; denn ein Käufer unter Eigentumsvorbehalt ist als Fremdbesitzer anzusehen (Palandt/*Bassenge* § 872 Rn 1).

■■■

Es ist dann Sache des Klägers, ggf darzulegen und zu beweisen, dass er vor Besitzverlust den Kaufpreis bezahlt und hierdurch Eigentum erworben hat (§ 158 Abs. 1 BGB). ◀

Im Fall 3 könnte die Verteidigung aussehen wie folgt: 9

▶ Der Kläger hat kein Eigentum an dem Pkw ■■■ erworben. Insbesondere hat er das Eigentum nicht gem. § 929 S. 1 BGB am ■■■ von V erworben. Diese Übereignung ist gem. § 1369 Abs. 1 BGB unwirksam.

V war zum Zeitpunkt des Ankaufs des Pkws durch den Kläger mit F verheiratet.

Beweis: Vernehmung von F als Zeugin

Der Pkw gehörte zu den Haushaltsgegenständen; denn er wurde von der ganzen Familie zum Einkaufen, für Ausflüge und für sonstige gemeinsame Unternehmungen genutzt, mag ihn V auch dazu benutzt haben, um in die Arbeit zu fahren.

Beweis: wie vor

F hat die Übereignung nicht genehmigt.
Beweis: unter Verwahrung gegen die Beweislast wie vor

■■■ ◀

Im Fall 4 könnte die Verteidigung aussehen wie folgt: 10

▶ Es trifft durchaus zu, dass der Kläger das Eigentum an dem Pkw von V gem. § 929 S. 1 BGB erworben hat. Gleichwohl war er zum Zeitpunkt des Diebstahls nicht Eigentümer des Pkw. Um den Kaufpreis für den Pkw zu finanzieren, hat der Kläger diesen am ■■■ an die B-Bank sicherungsübereignet.

Beweis: Zeuge NN (Mitarbeiter der Bank)

Sicherheitsabrede zum Kreditvertrag des Klägers mit der B-Bank, deren Vorlage dem Kläger aufgegeben werden möge.

Die B-Bank hat den Pkw noch nicht an den Kläger freigegeben, da der Kredit noch nicht zurückbezahlt ist.

Beweis: unter Verwahrung gegen die Beweislast: Zeuge NN (Mitarbeiter der B-Bank) ◀

11 [5] Bei **Urkunden iSd** § 952, zu denen auch der Kfz-Brief gehört, knüpft die Vermutung des § 1006 Abs. 1 an den Besitz der Sache an, nicht an den Besitz der Urkunde Palandt/*Bassenge* § 1006 Rn 2; BGH NJW 2004, 217). Das Muster stellt deshalb auf den Besitz des Pkw und nicht auf den Besitz des Fahrzeugbriefs ab.

§ 1007 Ansprüche des früheren Besitzers, Ausschluss bei Kenntnis

(1) Wer eine bewegliche Sache im Besitz gehabt hat, kann von dem Besitzer die Herausgabe der Sache verlangen, wenn dieser bei dem Erwerb des Besitzes nicht in gutem Glauben war.
(2) [1]Ist die Sache dem früheren Besitzer gestohlen worden, verloren gegangen oder sonst abhanden gekommen, so kann er die Herausgabe auch von einem gutgläubigen Besitzer verlangen, es sei denn, dass dieser Eigentümer der Sache ist oder die Sache ihm vor der Besitzzeit des früheren Besitzers abhanden gekommen war. [2]Auf Geld und Inhaberpapiere findet diese Vorschrift keine Anwendung.
(3) [1]Der Anspruch ist ausgeschlossen, wenn der frühere Besitzer bei dem Erwerb des Besitzes nicht in gutem Glauben war oder wenn er den Besitz aufgegeben hat. [2]Im Übrigen finden die Vorschriften der §§ 986 bis 1003 entsprechende Anwendung.

1 **A. Muster: Klage des früheren Besitzers gegen den gegenwärtigen, bösgläubigen Besitzer**

▶ An das
Amtsgericht/Landgericht …[1]

Klage

In dem Rechtsstreit

… Kläger

… Prozessbevollmächtigter

gegen

… Beklagter

wegen: Herausgabe

zeige ich die Vertretung des Klägers an. Namens und in Vollmacht des Klägers erhebe ich Klage und werde beantragen:

I. Der Beklagte wird verurteilt, an den Kläger den Pkw … herauszugeben.
II. Dem Beklagten wird zur Erfüllung der Verpflichtung aus Ziff. 1 eine Frist gesetzt bis: …
III. Der Beklagte wird verurteilt, sofern er der Verpflichtung gem. Ziff. 1 nicht innerhalb der Frist gem. Ziff. 2 nachkommt, an den Kläger 12.500,- EUR zu bezahlen
IV. Der Beklagte wird verurteilt, dem Kläger bis zur Erfüllung der Verpflichtung gem. Ziff.1, jedoch längstens bis zur Erfüllung der Verpflichtung gem. Ziff. 3 monatlich jeweils zum Ende eines Monats … EUR zu bezahlen.
V. Prozessanträge[2], [3], [4], [5]

Vorläufiger Streitwert: … EUR

Gründe

I.

Der Kläger hat am … den Pkw … von … (Leasingesellschaft) geleast.

Beweis: Leasingvertrag, vorgelegt als Anlage K 1

Der Kläger hat diesen Pkw sodann seiner Lebensgefährtin L geliehen.

Beweis: Vernehmung von L als Zeuge

Diese hat, nachdem sich der Kläger und L getrennt hatten, den Pkw ihrem neuen Freund F überlassen, der ihn in der Folgezeit an den Beklagten verkauft hat.

Beweis:

- Vernehmung der Zeugen L und F
- Beiziehung der Ermittlungsakte der StA ..., Az ...

Hierbei hat F dem Beklagten versichert, der Kfz-Brief sei nicht mehr auffindbar, mit dem Pkw sei aber alles „ in Ordnung"

Beweis:

- Vernehmung von F als Zeuge
- Beiziehung der Ermittlungsakte der StA ..., Az ...

Der Beklagte hat dann im Hinblick auf den günstigen Preis von nur 3.500,- EUR nicht mehr weiter nachgeforscht, sondern das Geschäft mit F vollzogen.

Beweis: wie vor

Der Beklagte hat den Pkw nach wie vor in Besitz.

Beweis: NN als Zeuge

Nach den Leasingbedingungen trägt der Kläger als Leasingnehmer die Gefahr des Verlustes und der Beschädigung des Leasinggutes.

Beweis: Leasingvertrag, bereits. vorgelegt als Anlage K1, hier Ziff ...

Mit Ablauf des Leasingvertrages am ... hat der Kläger den Pkw an den Leasinggeber herauszugeben oder eine Abstandszahlung iHv ... EUR zu erbringen.

Beweis: Leasingvertrag, wie vor, hier Ziff ...

Bis zum Ablauf des Leasingvertrages am ... hat der Kläger eine monatliche Leasingrate iHv ... zu leisten.

Beweis: Leasingvertrag, wie vor, hier Ziff ...

Der Wert der Nutzungen, die dem Kläger entgehen, solange der Beklagte ihm das Fahrzeug vorenthält, liegt noch über diesem Betrag.

Beweis: Sachverständigengutachten

II.

Dem Kläger steht ein Anspruch auf Herausgabe des Pkw gem. § 1007 Abs. 1 BGB zu.

Der streitgegenständliche Pkw ist eine bewegliche Sache.

Diese hat der Kläger auch in Besitz gehabt. Nachdem er den Pkw an L verliehen hatte, war er mittelbarer Besitzer (§ 868 BGB). Durch § 1007 BGB wird jede Form des Besitzes geschützt (Palandt/*Bassenge* § 1007 Rn 2).

Er kann Herausgabe unmittelbar an sich verlangen, da mit Beendigung der Beziehung zu L auch das Leihverhältnis konkludent aufgehoben ist (§ 869 S. 2 BGB).

Der Beklagte ist Besitzer des Pkws (§ 854 Abs. 1 BGB).

Er war bei Erwerb des Besitzes nicht in gutem Glauben (§ 932 Abs. 2 BGB). Er hat sich den Fahrzeugbrief nicht von F vorlegen lassen. Er durfte auch nicht der Aussage des F, dass der Fahrzeugbrief verlorengegangen sei, Glauben schenken. Vielmehr wäre er gehalten gewesen, weitere Nachforschungen bei etwaigen Vorbesitzern anzustellen. Dies hat er jedoch im Hinblick auf den niedrigen Preis des Fahrzeuges unterlassen, was ebenfalls zeigt, dass der Beklagte zumindest grob fahrlässig hinsichtlich der Berechtigung des F, ihm den Besitz an dem Pkw zu übertragen, gehandelt hat.

Der Antrag auf Fristsetzung stützt sich auf § 255 ZPO.

Die Klage auf Zahlung von Schadensersatz für den Fall, dass der Beklagte seiner Herausgabepflicht nicht nachkommt, ist zulässig. Insbesondere liegen die Voraussetzungen des § 259 ZPO vor. Dass der Beklagte seine Herausgabepflicht bestreitet, rechtfertigt die Besorgnis, dass er auch der Verpflichtung aus dem Urteil nicht nachkommen wird.

Die Voraussetzungen des § 260 ZPO liegen sowohl hinsichtlich des Antrags, dem Beklagten eine Frist zur Erfüllung seiner Herausgabepflicht zu setzen, als auch hinsichtlich des Antrags, den Beklagten zur Zahlung von Schadensersatz zu verurteilen, vor.

Dem Kläger steht für den Fall, dass der Beklagte seiner Verpflichtung aus Ziff. 1 der Klage nicht fristgerecht nachkommt, ein Anspruch auf Zahlung von ■■■ EUR zu (§ 281 Abs. 1 BGB).

Die Bestimmung ist auf § 1007 Abs. 1 BGB anwendbar.

Das Verschulden des Beklagten wird vermutet.

Der Beklagte hat dem Kläger als Besitzer den Haftungsschaden zu ersetzen. Dieser beträgt ■■■ EUR, da der Kläger dem Leasinggeber diesen Betrag zu bezahlen hat, wenn er ihm bei Beendigung des Leasingvertrages das Leasingfahrzeug nicht zurückgibt.

Weiterhin hat er dem Kläger den Nutzungsschaden zu ersetzen. Dieser beträgt monatlich mindestens ■■■ EUR. Der Kläger müsste für die Anmietung eines vergleichbaren Fahrzeugs diesen Betrag aufwenden. IÜ schuldet der Beklagte diesen Betrag auch gem. § 284 BGB, da er der Höhe der nutzlos aufgewendeten monatlichen Leasingrate entspricht.[6], [7]

■■■

Rechtsanwalt ◄

B. Erläuterungen und Varianten

2 [1] Die sachliche **Zuständigkeit** richtet sich nach dem Wert der Sache, die der Besitzer herausverlangt (§ 6 ZPO).

3 [2] Es besteht **Anspruchskonkurrenz** mit §§ 823, 861, 985. Soweit die Voraussetzungen auch dieser Vorschriften gegeben sind, empfiehlt es sich, auch diese vorzutragen (vgl die Muster zu diesen Vorschriften). Daneben besteht an sich auch Anspruchskonkurrenz mit vertraglichen Ansprüchen. In der Praxis wird neben diesen § 1007 allerdings nicht angewandt (vgl zur Anspruchskonkurrenz MüKo-BGB/*Medicus* § 1007 Rn 14). Auch im vorliegenden Fall dürfte neben § 1007 Abs. 1 auch ein Anspruch gem. § 823 Abs. 1 wegen Besitzverletzung gegeben sein.

4 [3] **Darlegungs- und Beweislast.** § 1007 Abs. 1 enthält neben § 1007 Abs. 2 einen selbständigen Herausgabeanspruch. Der Anspruchssteller ist darlegungs- und beweisbelastet für seinen früheren Besitz, den jetzigen Besitz des Anspruchsgegners und dessen Bösgläubigkeit bei Besitzerwerb (Hk-BGB/*Schulte-Nölke* § 1007 Rn 2).

5 [4] **Klageantrag.** Im Fall des § 1007 empfiehlt es sich von der Möglichkeit, den Herausgabeanspruch mit Fristsetzung im Urteil und Schadensersatzanspruch gemeinsam im Wege der **Klagehäufung** geltend zu machen, Gebrauch zu machen. Insbesondere besteht nicht das Risiko, im Fall des Schadensersatzes die nicht vorhandene Sache übereignen zu müssen (vgl § 985 Rn 19).

6 [5] Hinsichtlich der **Prozessanträge** s. § 904 Rn 8.

7 [6] **Verhältnis §§ 284 und 281.** Es ist umstritten, ob die Ansprüche aus § 284 und aus § 281 kombiniert werden können (vgl Palandt/*Grüneberg* § 284 Rn 4). Das Muster schlägt daher vor, den Anspruch auf Ersatz der nutzlosen Aufwendungen alternativ auf § 284 und auf § 281 (hier als Nutzungsausfallschaden) zu stützen.

8 [7] **Abhanden gekommene Sachen – Variante.** Der Pkw ist dem Kläger abhanden gekommen. In diesem Fall braucht er die Tatsachen, aus denen sich die Bösgläubigkeit des Besitzers bei

Besitzerwerb ergibt, nicht darzulegen und zu beweisen. Wurde im Ausgangsfall bspw der Pkw der F gestohlen, treten an die Stelle der Ausführungen zur Bösgläubigkeit (Ziff I, 3. Absatz und Ziff. II, 5. Absatz der Gründe) Ausführungen zum Abhandenkommen:

▶ An das

Amtsgericht/Landgericht ■■■

Klage

In dem Rechtsstreit

■■■ Kläger

■■■ Prozessbevollmächtigter

gegen

■■■Beklagter

wegen: Herausgabe

vorläufiger Streitwert:

zeige ich die Vertretung des Klägers an. Namens und in Vollmacht des Klägers erhebe ich Klage und werde beantragen:

I. Der Beklagte wird verurteilt, an den Kläger den Pkw ■■■ herauszugeben.

II. Dem Beklagten wird zur Erfüllung der Verpflichtung aus Ziff. 1 eine Frist gesetzt bis: ■■■

III. Der Beklagte wird verurteilt, sofern er der Verpflichtung gem. Ziff. 1 nicht innerhalb der Frist gem. Ziff. 2 nachkommt, an den Kläger 12.500,- EUR zu bezahlen

IV. Der Beklagte wird verurteilt, dem Kläger bis zur Erfüllung der Verpflichtung gem. Ziff. 1, jedoch längstens bis zur Erfüllung der Verpflichtung gem. Ziff. 3 Schadensersatz iHv ■■■ EUR monatlich, fällig jeweils zum Ende eines Monats, zu bezahlen.

V. ■■■ (Prozessanträge)

Gründe

I.

■■■ (wie Rn 1)

Dieser wurde der Pkw am ■■■ von unbekannten Tätern in einer Tiefgarage in ■■■ entwendet.

Beweis:

- Vernehmung von L als Zeugin
- Ermittlungsakte der StA ■■■, Az ■■■

■■■ (wie Rn 1)

II.

■■■ (wie Rn 1)

Dem Kläger ist der Pkw abhanden gekommen (§ 935 BGB). Zwar war der Kläger zum Zeitpunkt des Diebstahls nur mittelbarer Besitzer (§ 868 BGB). Ein Abhandenkommen in Bezug auf den mittelbaren Besitzer liegt jedoch auch vor, wenn die Sache dem unmittelbaren Besitzer gestohlen wird (§ 935 S. 2 BGB).

■■■ (wie Rn 1)

Rechtsanwalt ◀

Titel 5 Miteigentum

§ 1008 Miteigentum nach Bruchteilen

Steht das Eigentum an einer Sache mehreren nach Bruchteilen zu, so gelten die Vorschriften der §§ 1009 bis 1011.

§ 1009 Belastung zugunsten eines Miteigentümers

(1) Die gemeinschaftliche Sache kann auch zugunsten eines Miteigentümers belastet werden.
(2) Die Belastung eines gemeinschaftlichen Grundstücks zugunsten des jeweiligen Eigentümers eines anderen Grundstücks sowie die Belastung eines anderen Grundstücks zugunsten der jeweiligen Eigentümer des gemeinschaftlichen Grundstücks wird nicht dadurch ausgeschlossen, dass das andere Grundstück einem Miteigentümer des gemeinschaftlichen Grundstücks gehört.

§ 1010 Sondernachfolger eines Miteigentümers

(1) Haben die Miteigentümer eines Grundstücks die Verwaltung und Benutzung geregelt oder das Recht, die Aufhebung der Gemeinschaft zu verlangen, für immer oder auf Zeit ausgeschlossen oder eine Kündigungsfrist bestimmt, so wirkt die getroffene Bestimmung gegen den Sondernachfolger eines Miteigentümers nur, wenn sie als Belastung des Anteils im Grundbuch eingetragen ist.
(2) Die in den §§ 755, 756 bestimmten Ansprüche können gegen den Sondernachfolger eines Miteigentümers nur geltend gemacht werden, wenn sie im Grundbuch eingetragen sind.

§ 1011 Ansprüche aus dem Miteigentum

Jeder Miteigentümer kann die Ansprüche aus dem Eigentum Dritten gegenüber in Ansehung der ganzen Sache geltend machen, den Anspruch auf Herausgabe jedoch nur in Gemäßheit des § 432.

A. Verwaltungsregelung bei Miteigentum

1 I. Muster: Verwaltungsregelung bei Miteigentum im Falle der Beendigung der Verwaltung

▶ Solange Herr ... Miteigentümer des Grundbesitzes[1] ... ist und für ihn keine Betreuung angeordnet oder über sein Vermögen das Insolvenzverfahren eröffnet ist, steht ihm die Verwaltung des Grundbesitzes allein zu.[2] Endet seine Verwaltung, so ist einer der Miteigentümer zur Verwaltung berufen, der in gerader Linie mit Herrn ... verwandt ist. Sind mehrere Abkömmlinge vorhanden, so haben alle Miteigentümer durch Mehrheitsbeschluss einem von ihnen die Verwaltung zu übertragen. Minderjährige sind weder zur Verwaltung noch zur Beschlussfassung berechtigt.

Der jeweilige Verwalter ist befugt, das gemeinsame Grundstück auch wesentlich zu verändern. Er entscheidet nach seinem Ermessen über die Verwendung von Überschüssen. Im Zweifel gilt Auftragsrecht.

Der jeweilige Verwalter ist ermächtigt, unter Befreiung von § 181 BGB alle Miteigentümer im Rahmen seiner Verwaltungsbefugnisse zu vertreten.

Alle Miteigentümer bewilligen und beantragen, die vorstehende Verwaltungsregelung als Belastung eines jeden Anteils zugunsten der jeweiligen Inhaber der anderen Anteile in das Grundbuch einzutragen.

■■■ (Es folgt die notarielle Beglaubigung).[3] ◀

II. Erläuterungen

[1] **Bruchteilseigentum.** Die Vorschriften regeln das Eigentum mehrerer nach Bruchteilen im Hinblick auf Grundstücke, nicht jedoch das gesamthänderische Eigentum, etwa im Rahmen der Erbengemeinschaft nach §§ 2032 ff (vgl hierzu die Ausführungen zu § 2032). Eine besondere Form des Miteigentums ist im WEG geregelt (dazu Jennißen/*Zimmer*, WEG § 1 Rn 2 ff). Auch das Eigentum der GbR an Grundstücken richtet sich nicht nach den §§ 1008 ff, weil die GbR selbst Eigentümer des Grundstücks ist und nicht etwa die Gesellschafter Miteigentümer (vgl BGH MDR 2009, 294 – dazu *Zimmer*, NZM 2009, 187, *ders.*, MDR 2009, 237). Die Vorschriften ergänzen lediglich die Vorschriften über die Gemeinschaft (§§ 741–758). 2

[2] **Regelung über die Verwaltung.** Während der Bruchteilseigentümer über seinen Anteil am Eigentum (idR) frei verfügen kann, hat der gesamthänderische Miteigentümer diese Befugnis nicht (zB § 2033 Abs. 2). Das Miteigentum nach Bruchteilen bildet auch sonst ein selbständiges dingliches Recht, mit der Folge dass, solange nichts abweichendes bestimmt ist, die für das Eigentum an der Sache geltenden Vorschriften anwendbar sind und zwar nicht nur dort, wo dies ausdrücklich angeordnet ist (zB § 1114), sondern auch sonst (BGHZ 36, 369; Erman/*Aderhold*, Vor § 1008 Rn 1). Insbesondere ist eine **Vereinbarung** der Miteigentümer, untereinander nicht über den Anteil am Miteigentum zu verfügen, nicht mit Wirkung ggü. Dritten möglich (§ 137). Dagegen können andere Vereinbarungen auch mit Wirkung für und gegen den Rechtsnachfolger getroffen werden (§ 746), bei Grundbesitz ist hierfür jedoch eine Eintragung im Grundbuch erforderlich. Dazu zählen insbesondere Regelungen zu Verwaltungs- und Benutzungsregelungen sowie die Vereinbarungen über das Verbot der Aufhebung der Gemeinschaft. 3

[3] Zur **Wirksamkeit der Benutzungsregelungen** gegenüber Dritten bedarf es neben der (dinglichen) Einigung der Eintragung in das Grundbuch (§ 873); für die Bewilligung bedarf es der Form des § 29 GBO. 4

B. Benutzungsregelung

I. Muster: Benutzungsregelung für gemeinsames Grundstück 5

▶ Die Benutzung des gemeinsamen Grundstücks[1] wird für die Lebenszeit von A wie folgt geregelt: 795

a) A ist unter Ausschluss anderer Miteigentümer befugt, die im Erdgeschoß des Hauses gelegene Wohnung, die beiden Kellerräume, die nach Westen liegen, und den Hausgarten allein zu benutzen.

b) B ist unter Ausschluss anderer Miteigentümer befugt, die Wohnung im 1. Stockwerk des Hauses und die Räume im Dachgeschoß allein zu benutzen, sobald sie der jetzige Mieter geräumt hat. Bis dahin steht die Miete allein A zu. ◀

II. Erläuterungen

[1] **Benutzungsregelung.** Die Benutzungsregelung kann die unterschiedlichsten Bereiche treffen, nicht selten werden durch derartige Regelungen Befugnisse zur ausschließlichen oder Mitbenutzung bestimmter Räume getroffen (zum Wohnungsrecht, vgl die Ausführungen zu § 1093). Auch Miteigentümervereinbarungen etwa über die **Parkplatznutzung** finden sich in der Praxis häufig und sind im Grundsatz in § 744 ff geregelt (vgl hierzu die Ausführungen unter § 744 6

Rn 2 ff). Soweit eine Benutzungsregelung nicht besteht, ist jeder Miteigentümer zur Benutzung der gesamten Sache berechtigt, solange nicht der andere Miteigentümer in seinem Recht zum Gebrauch beeinträchtigt wird (§ 743 Abs. 2).

C. Aufhebung der Gemeinschaft

7 **I. Muster: Einschränkung des Anspruchs auf Aufhebung der Gemeinschaft**

▶ Als Miteigentümer des im Grundbuch von ... (es folgt der nähere Beschreibung) eingetragenen Grundstücks, vereinbaren wir:

Die Aufhebung der Gemeinschaft[1] ist auf 12 Jahre, von heute an gerechnet, ausgeschlossen. Die Aufhebung der Gemeinschaft durch Zwangsversteigerung kann nach Ablauf der 12 Jahre nur verlangt und durchgeführt werden, wenn das Meistgebot mindestens 80 Prozent des festgesetzten Grundstückswerts erreicht. Unberührt bleibt das Recht zur Kündigung aus wichtigem Grund

Wir bewilligen und beantragen, diese Vereinbarungen in Abteilung II des Grundbuches als Belastung eines jeden Miteigentumsanteils zugunsten des jeweiligen Inhabers des anderen Miteigentumsanteils einzutragen[2] ◀

II. Erläuterungen

8 [1] **Aufhebung der Gemeinschaft.** Soweit eine Vereinbarung nicht vorliegt, kann jeder Miteigentümer die Aufhebung der Gemeinschaft verlangen (§ 749 Abs. 1). Dieses Recht kann auch mit Wirkung für und gegen **Sonderrechtsnachfolger** ausgeschlossen werden (§ 751), allerdings bedarf die Vereinbarung über den Ausschluss bei Grundstücksmiteigentum der Eintragung in das Grundbuch, um gegen den Sonderrechtsnachfolger zu wirken. Die Wirkung dieser Vereinbarung ist jedoch begrenzt, da die Wirkung nicht gegenüber dem Gläubiger gilt (§ 751 S. 2). Auch kann bei Vorliegen eines wichtigen Grundes durch den Miteigentümer die Aufhebung verlangt werden (§ 749 Abs. 1 S. 2). Die **Auseinandersetzung** erfolgt bei Grundstücken abweichend von §§ 752, 753 durch Teilungsversteigerung (§ 180 ZVG). Hier ist nach Ansicht des BGH (NJW 2007, 3124) die Zustimmung des Ehegatten nach § 1365 erforderlich (aA *Zimmer/Pieper*, NJW 2007, 3104 – zum Aufhebungsanspruch bei der Erbengemeinschaft zuletzt BGH, Urt. v. 14.5.2009 – V ZB 176/08).

9 [2] **Form, Wirkungen.** Wegen der Form, vgl § 745 Rn 2. Bei der Teilungsversteigerung eines Grundstücks, an dem Bruchteilseigentum besteht, sind die Eigentumsanteile durch Gesamtausgebot auszubieten und zwar auch dann, wenn ein Beteiligter ein Einzelausgebot verlangt (vgl BGH, Urt. v. 7.5.2009, V ZB 12/09).

D. Verbot der Aufhebung der Gemeinschaft

I. Muster: Verbot der Aufhebung der Gemeinschaft

▶ 1. Die Miteigentümer des im Grundbuch des Amtsgerichts ... von ... Blatt ... eingetragenen Grundstücks ... Flur ... Flurstück ... schließen das Recht, die Aufhebung der Gemeinschaft zu verlangen, für immer aus, es sei denn aus wichtigem Grund.[1]
2. Die Miteigentümer regeln die Benutzung des Grundstücks wie folgt: ...
3. Jeder Miteigentümer bewilligt und beantragt, in das Grundbuch als Belastung seines Anteils zugunsten der jeweiligen Miteigentümer den Ausschluss des Rechts, die Aufhebung der Gemeinschaft zu verlangen, und die Benutzungsregelung einzutragen. ◀

II. Erläuterungen

10 [1] Ein **vertraglicher Ausschluss** der Miteigentümer des Rechts, die jederzeitige Aufhebung der Gemeinschaft zu verlangen, ist grundsätzlich möglich und somit eintragungsfähig. Ebenfalls

möglich ist der Ausschluss des Rechts für bestimmte Zeit (BayObLG DNotZ 1999, 1011). Wird eine Vereinbarung getroffen, nach der das Recht ausgeschlossen wird, die Aufhebung der Gemeinschaft aus wichtigem Grund zu verlangen, so ist diese nicht eintragungsfähig. Wird dem entgegen eine solche Vereinbarung eingetragen, bleibt das **Kündigungsrecht** des Miteigentümers aus wichtigem Grund bestehen (bei zeitlichem Ausschluss ebenfalls, das an den Tod eines Teilhabers geknüpfte Aufhebungsrecht, aA *Hoffmann*, JuS 1971, 23). Abreden über Lasten- und Kostentragung der gemeinschaftlichen Sache sind jedoch zulässig und eintragungsfähig, (OLG Hamm DNotZ 1973, 546; LG Köln MittRhNoK 1984, 104; aA BayObLG DNotZ 1993, 391); Zulässig sind auch Abreden über Art und Weise der Durchführung der Aufhebung, wie Teilungsabreden (OLG Frankfurt Rpfleger 1976, 397). Zur Problematik von Verwaltung oder Benutzung von Gemeinschaftsflächen oder Wohnungen vgl *Tschorn*, RNotZ 2006, 205 ff.

§§ 1012 bis 1017 (weggefallen)

Abschnitt 4 Dienstbarkeiten

Titel 1 Grunddienstbarkeiten

§ 1018 Gesetzlicher Inhalt der Grunddienstbarkeit

Ein Grundstück kann zugunsten des jeweiligen Eigentümers eines anderen Grundstücks in der Weise belastet werden, dass dieser das Grundstück in einzelnen Beziehungen benutzen darf oder dass auf dem Grundstück gewisse Handlungen nicht vorgenommen werden dürfen oder dass die Ausübung eines Rechts ausgeschlossen ist, das sich aus dem Eigentum an dem belasteten Grundstück dem anderen Grundstück gegenüber ergibt (Grunddienstbarkeit).

A. Muster: Geh- und Fahrtrecht 1

▶ **I. Grundbuchstand**

1. Dienendes Grundstück

■■■

2. Herrschendes Grundstück

■■■

II. Dienstbarkeitsbestellung

Der Eigentümer bestellt hiermit am dienenden Grundstück[1] eine Grunddienstbarkeit zugunsten des jeweiligen Eigentümers des herrschenden Grundstücks[2] – bei mehreren im angegebenen Anteilsverhältnis[3] – mit folgendem Inhalt:[4]

Der jeweilige Eigentümer des herrschenden Grundstücks ist befugt, die im beigefügten Lageplan ■■■ eingezeichnete Fläche des dienenden Grundstücks im Rahmen der Zweckbestimmung des herrschenden Grundstücks als Zufahrt/Zuweg zu begehen und mit Fahrzeugen aller Art zu befahren.[5] Auf den beigefügten Lageplan wird verwiesen. Er wurde zur Durchsicht vorgelegt und genehmigt. Der jeweilige Eigentümer des dienenden Grundstücks ist zur Mitbenutzung berechtigt. Zum Unterhalt der von diesem Geh- und Fahrtrecht betroffenen Fläche sind der jeweilige Eigentümer des herrschenden und des dienenden Grundstücks je zur Hälfte verpflichtet.[6] Beide trifft die Verkehrssicherungspflicht gleichermaßen. Zur Unterhaltung, Instandsetzung und Erneuerung ist auch das Betreten der übrigen Fläche des Grundstücks zu gestatten.

Die Ausübung der Dienstbarkeit wird nicht befristet.

Die Beteiligten sind sich über die Entstehung der vorgenannten Grunddienstbarkeit einig.[7]

III. Grundbucherklärungen

Die Eintragung dieser in Nr. II. genannten Grunddienstbarkeit in das Grundbuch wird bewilligt und beantragt.[7] Die Dienstbarkeit erhält Rang nach folgenden Rechten:
Abteilung II: ...
Abteilung III: erste Rangstelle.

Die Eintragung an nächstoffener Rangstelle ist vorläufig zulässig. Allen Rangverschaffungs- und Rangverbesserungserklärungen wird mit dem Antrag auf grundbuchamtlichen Vollzug zugestimmt. Der Notar wird beauftragt und bevollmächtigt, den Vollzug dieser Erklärung zu betreiben, insbesondere die Beteiligten im Grundbuchverfahren uneingeschränkt zu vertreten und alle Zustimmungs- und Rangänderungserklärungen einzuholen und für die Beteiligten entgegenzunehmen.

IV. Schlussbestimmungen, Sonstiges

... (Kosten, Abschriften)

Die Dienstbarkeitsbestellung erfolgt ohne Entgelt. ◄

B. Erläuterungen und Varianten

2 [1] **Belastungsgegenstand.** Belastet werden können Grundstücke, reale Grundstücksteile, grundstücksgleiche Rechte und Sondereigentum, nicht jedoch bloße Miteigentumsanteile. Auch mehrere Grundstücke können mit einer einzigen Dienstbarkeit als Gesamtrecht belastet werden.

3 [2] **Berechtigter.** Der jeweilige Eigentümer eines anderen herrschenden Grundstücks, Sondereigentums oder eines grundstücksgleichen Rechts kann Berechtigter einer Grunddienstbarkeit sein. Kein tauglicher Berechtigter ist dagegen der lediglich schuldrechtlich Berechtigte sowie der Inhaber eines Miteigentumsanteils. Berechtigter kann auch analog § 1196 Abs. 2 der Eigentümer des dienenden Grundstücks sein (vgl BGH NJW 1988, 2362).

4 [3] **Mehrere Berechtigte.** Eine Grunddienstbarkeit kann auch zugunsten der jeweiligen Eigentümer mehrerer Grundstücke bestellt werden (vgl zuletzt BGH NJW 2005, 894), wenn sich für die Benutzung sämtlicher berechtigter Grundstücke ein Vorteil ergibt (§ 1019). **Vorteil** einer solchen Gestaltung ist eine Kostenersparnis im Vergleich zu mehreren Einzeldienstbarkeiten; zudem bleibt das Grundbuch übersichtlich. Ferner lässt sich auf diese Weise die Unterhaltslast sowie die Ausübung einheitlich regeln (vgl *Amann* in Beck'sches Notarhandbuch, AVll Rn 17). Wegen § 47 GBO ist hier das Berechtigungsverhältnis festzulegen und anzugeben (BayObIG MittBayNot 2002, 288, 289 m.Anm. *J. Mayer*). In der Praxis vorherrschend ist (noch) die Vereinbarung einer Gesamtgläubigerschaft nach § 428. Ob diese allzu großen Sinn ergibt, ist heftig umstritten (verneinend: *J. Mayer* aaO, bejahend: *Schöner/Stöber* Rn 1125), gleichwohl ist sie weit verbreitet. Kritiker der Gesamtgläubigerschaft empfehlen stattdessen eine modifizierte Gesamtberechtigung analog der §§ 428, 432 (vgl statt vieler MüKo-BGB/*Falckenberg* § 1018 Rn 23), bei der jeder Berechtigte die ihm alleine zustehende Leistung alleine geltend machen kann, die jedoch bei Erfüllung gegenüber einem nicht schuldbefreiend gegenüber den anderen Berechtigten wirkt. Nach anderer Ansicht sei eine Berechtigung analog § 1025 S. 1 zu empfehlen (vgl *Amann* aaO). Dem wird jedoch entgegengehalten, dass sich aus dieser Vorschrift kein Rechtsverhältnis herleiten lässt. Unterbleibt jegliche Angabe eines Berechtigungsverhältnisses ist mittels Auslegung zu ermitteln, ob Einzelrechte (so LG Düsseldorf MittRhNotK 1978, 19)

oder ein Recht für mehrere Berechtigte (in diesem Fall Gesamtgläubigerschaft bejahend: LG Traunstein Rpfleger 1987, 242) gewünscht wurden.

[4] **Vorteilhaftigkeit.** Die Grunddienstbarkeitsbestellung ist gemäß § 1019 nur zulässig, wenn 5
sie **für die Benutzung des herrschenden Grundstücks** von Vorteil ist. Auch aus einer beabsichtigten Nutzung kann sich der Vorteil ergeben. Der vorübergehende Wegfall des Vorteils ist unschädlich, nicht dagegen der dauerhafte Vorteilswegfall. Der Vorteil für das herrschende Grundstück entfällt auch bei einer umfassenden Übertragung der Ausübung der Grunddienstbarkeitsbefugnisse durch den Dienstbarkeitsberechtigten an einen Dritten (OLG Hamm notar 2008, 76). Vorteile für die Benutzung des herrschenden Grundstücks (§ 1019) sind mit **drei Inhalten** möglich:

- dem **Recht zur Nutzung** des dienenden Grundstücks in einzelnen Beziehungen,
- dem **Recht zur Untersagung** der Vornahme gewisser Handlungen auf dem belasteten Grundstück oder
- dem **Ausschluss der Ausübung von Abwehrrechten**, die sich aus dem belasteten Eigentum ergeben.

[5] **Dienstbarkeitsinhalt.** Im oa Muster liegt eine **Benutzungsdienstbarkeit** vor. Die Befugnis zur 6
Benutzung (fortgesetzter oder wiederholter Gebrauch) des Grundstücks in einzelnen Beziehungen bedeutet, dass der Eigentümer etwas – hier das Gehen und Fahren – dulden muss, was er aufgrund seines Eigentums verbieten könnte (*Schöner/Stöber* Rn 1129). Lediglich die Grundstücksnutzung in einzelnen Beziehungen wird durch die Dienstbarkeit gestattet. Eine umfassende Berechtigung zu jedweder Nutzung kann daher nicht Dienstbarkeitsinhalt sein, wohl aber nach richtiger Ansicht ein auf die gesamte Grundstücksfläche erstrecktes Nutzungsrecht (*Schöner/Stöber* Rn 1130). Ein solches Nutzungsrecht begründet in der Regel kein ausschließliches Nutzungsrecht des Berechtigten, so dass der Eigentümer zu einer Mitnutzung, die die Dienstbarkeit nicht beeinträchtigt, berechtigt bleibt. Zu dieser Gruppe der Benutzungsdienstbarkeiten sind das im oa Muster dargestellte Geh- und Fahrtrecht sowie die nachstehend samt Formulierungsvorschlag aufgeführten Nutzungen zu zählen, wobei zum Teil eine Unterlassungskomponente mit hinzukommt:

▶ **Bodenschatzausbeutung**

Der jeweilige Eigentümer des herrschenden Grundstücks ist berechtigt, auf die Dauer von … ab dem heutigen Tag aus dem dienenden Grundstück alle Bodenschätze in beliebiger Größenordnung zu entnehmen. ◀

▶ **Ver- und Entsorgungsleitungsrecht**

Dem Berechtigten ist gestattet, entlang der in dem beigefügten Lageplan … eingezeichneten Trasse, Ver- und Entsorgungsleitungen aller Art (insbesondere für Wasser, Abwasser, Strom, Telekommunikation etc.) samt Nebenanlagen wie Revisionsschacht o.ä. zu verlegen, dort dauernd zu belassen, zu erneuern sowie allein und ausschließlich zu benutzen. Dem Berechtigten ist gestattet, das dienende Grundstück zum Zwecke der Errichtung, Instandhaltung und gegebenenfalls Erneuerung dieser Anlagen zu betreten bzw. von Dritten betreten zu lassen und gegen Wiederherstellung des vorherigen Zustands aufzugraben. Der jeweilige Eigentümer des dienenden Grundstücks hat die betreffenden Einrichtungen jederzeit zu dulden, alle Maßnahmen zu unterlassen, die den Bestand und die Benutzung der Einrichtungen beeinträchtigen oder stören sowie die Anlagen zugänglich zu halten. ◀

▶ **Kraftfahrzeugabstellplatzrecht**

Der jeweilige Eigentümer des herrschenden Grundstücks ist berechtigt, die im beigefügten Lageplan eingezeichneten Kraftfahrzeug-Abstellplätze unter Ausschluss des jeweiligen Eigentümers des dienenden Grundstücks zum Abstellen von Kraftfahrzeugen zu benutzen sowie die Zu- und Abfahrt und die Zu- und Abwege zu diesen Stellplätzen entsprechend mitzubenutzen. ◀

7 In seiner zweiten Variante begründet § 1018 ein **Handlungsverbot**. Inhalt kann hiernach nur ein Verbot einer ansonsten nach § 903 erlaubten tatsächlichen Handlung sein. Der Bestimmtheitsgrundsatz erfordert eine exakte Regelung; zudem darf der Eigentümer nicht von jeder Nutzung des Grundstücks ausgeschlossen sein. Denkbar sind zB folgende Handlungsverbote:

▶ **Gewerbeverbot**

Das dienende Grundstück darf nur zum Wohnen benutzt werden. Die Ausübung jedweden Gewerbes oder eines Berufes, der mit Publikumsverkehr, Grobemissionen, oder der Zuführung unwägbarer Stoffen verbunden ist, ist untersagt. ◀

▶ **Bezugsbindung**

Auf dem dienenden Grundstück dürfen weder Anlagen, die der Erzeugung von Wärme zur Raumheizung und Brauchwarmwasser dienen, errichtet bzw. betrieben werden, noch darf Wärmeenergie zu diesen Zwecken von außerhalb des Grundstücks bezogen werden. ◀

8 Eine Grunddienstbarkeit kann den Eigentümer des belasteten Grundstücks dagegen **nicht zu einem positiven Tun verpflichten** (BGH NJW-RR 2003, 733). Dies gilt auch dann, wenn das Handeln als Unterlassungspflicht formuliert wird. Zulässiger Inhalt einer Grunddienstbarkeit kann aber die **Nebenpflicht** zur Erhaltung des belasteten Grundstücks in einem der Grunddienstbarkeit entsprechenden Zustand sein. Besonders problematisch ist, ob **Wettbewerbsbeschränkungen** mittels einer Grunddienstbarkeit gesichert werden können. Das Handlungsverbot muss hier eine Verschiedenheit in der Benutzungsart zur Folge haben. Die zulässige Nutzung muss in ihrem Phänotyp von der untersagten Nutzung eindeutig unterscheidbar sein. Zur Vermeidung dieser Problematik wird in der Regel der Dienstbarkeitsinhalt überschießend, nämlich als umfassendes Verbot ausgestaltet und parallel durch eine rein schuldrechtliche Regelung korrigiert. In der Praxis werden hier jedoch **beschränkte persönliche Dienstbarkeiten** bevorzugt (vgl § 1090 Rn 6). Das Handlungsverbot kann generell auch durch eine **positive Beschreibung** der dem Eigentümer verbleibenden **Nutzung** umschrieben werden:

▶ **Baubeschränkung**

Das dienende Grundstück darf nur mit einem Wohngebäude in … Bauweise und einer Grundflächenzahl von … sowie einer Geschossflächenzahl von … bebaut werden. ◀

Ein **gesetzliches Handlungsverbot** kann nicht Dienstbarkeitsinhalt sein.

9 Die dritte Variante des § 1018 ermöglicht es, die Ausübung von Eigentümerrechten einzuschränken. Möglich ist der **Ausschluss von Einwirkungsrechten:**

▶ **Immissionsschutz**

Auf dem dienenden Grundstück dürfen keine Immissionen erzeugt werden, die an der Grenze zum herrschenden Grundstück zu irgendeinem Zeitpunkt … Dezibel übersteigen. ◀

Ferner können **Abwehrrechte** (zB Immissionsduldung) oder **Ersatzansprüche** (zB Überbaurente) des Eigentümers eingeschränkt werden:

▶ **Immissionsduldung**

Der Eigentümer des dienenden Grundstücks hat sämtliche Einwirkungen durch … (zB durch Baumwurf aus dem auf dem herrschenden Grundstück stehenden Forst) zu dulden und verzichtet insoweit auf etwaige Entschädigungsansprüche, die zum Inhalt des Eigentums gehören. ◀

Beschränkungen der Art der Ausübung können ratsam sein (zB Fahrrecht für Personen- aber nicht für Lastkraftwagen). Beschränkt sich ein Wegerecht auf das **Fahren**, so ist das **Abstellen** von Fahrzeugen nicht umfasst (BGH WM 1977, 146). Das Recht, den Weg anzulegen, ist nicht selbstverständlich und sollte im Bedarfsfall ausdrücklich geregelt werden (vgl DNotI-Report 2004, 167).

[6] **Unterhaltspflicht.** Vgl hierzu Erläuterungen zu § 1021 Rn 2 ff. 10

[7] **Entstehung.** Die Dienstbarkeit wird gemäß § 873 Abs. 1 durch **formlose Einigung** und **Eintragung im Grundbuch** begründet. Zur Eintragung bedarf es der Bewilligung des Eigentümers gemäß § 19 GBO. Nur diese bedarf der öffentlich beglaubigten Form des § 29 GBO. In der Praxis wird daher regelmäßig – auch aus Kostengründen – nur die Unterschrift des Eigentümers unter der Dienstbarkeitsbewilligung beglaubigt. In diesem Fall ist ggf eine Belehrung über das Einigungserfordernis geboten (BGH DNotZ 1995, 494, 495; Formulierungsvorschlag bei *Lange-Parpart*, RNotZ 2008, 377, 378). Falls jedoch die Dienstbarkeit in Zusammenhang mit einem beurkundungspflichtigen Rechtsgeschäft bestellt werden soll, ist es empfehlenswert die dingliche Einigung mit zu beurkunden. Aber auch unabhängig von einem etwaigen Beurkundungsvorgang ist eine Mitwirkung des Dienstbarkeitsberechtigten grundsätzlich zu empfehlen. Auf diese Weise ist die zur materiellrechtlichen Entstehung erforderliche Einigung der Vertragsteile leichter zu belegen. Zudem kann der Berechtigte als Kostenschuldner erfasst werden sowie an etwaigen schuldrechtlichen Abreden mitwirken. 11

Vor der unreflektierten Aufnahme eines Aktivvermerks (§ 9 GBO) in jeder Grunddienstbarkeitsbestellung ist abzuraten. Der Vermerk bewirkt nämlich, dass zur Löschung und zur Eintragung einer Inhalts- oder Rangänderung auch die Bewilligung derer erforderlich ist, die nach den §§ 876 S. 2, 877, 880 Abs. 3 zustimmen müssen (§ 21 GBO). Falls ein solcher Herrschvermerk gleichwohl gewünscht wird, ist wie folgt zu formulieren: 12

▶ **Aktivvermerk**

Die Eintragung eines Aktivvermerks am jeweiligen herrschenden Grundstück wird beantragt. ◀

§ 1019 Vorteil des herrschenden Grundstücks

[1]Eine Grunddienstbarkeit kann nur in einer Belastung bestehen, die für die Benutzung des Grundstücks des Berechtigten Vorteil bietet. [2]Über das sich hieraus ergebende Maß hinaus kann der Inhalt der Dienstbarkeit nicht erstreckt werden.

§ 1020 Schonende Ausübung

[1]Bei der Ausübung einer Grunddienstbarkeit hat der Berechtigte das Interesse des Eigentümers des belasteten Grundstücks tunlichst zu schonen. [2]Hält er zur Ausübung der Dienstbarkeit auf dem belasteten Grundstück eine Anlage, so hat er sie in ordnungsmäßigem Zustand zu erhalten, soweit das Interesse des Eigentümers es erfordert.

A. Muster: Benutzungsregelung 1

▶ Der jeweilige Eigentümer des herrschenden Grundstücks ist berechtigt, die auf dem dienenden Grundstück befindlichen Kfz-Stellplätze mitzubenutzen. Ihm ist auch gestattet, dieses Recht Dritten zu überlassen. Dem Berechtigten müssen immer 2 Kfz-Stellplätze zustehen. Mehr als 4 Kfz-Stellplätze dürfen auch bei Verfügbarkeit weiterer Stellplätze nicht genutzt werden. Im Übrigen sind der Eigentümer des dienenden und des herrschenden Grundstücks jeweils berechtigt, die Festlegung einer Nutzungsregelung unter Wahrung der beiderseitigen Interessen zu verlangen.[1] ◀

B. Erläuterungen

[1] **Regelungsklarheit.** Gerade aufgrund der Langlebigkeit von Dienstbarkeiten und der Unbestimmtheit von § 1020 sind **klare Benutzungsregelungen** angezeigt. Die obergerichtliche Rechtsprechung lehnt im Verhältnis Eigentümer – Dienstbarkeitsberechtigter eine analoge Anwendung von § 1024 ab, sie verweist stattdessen wenig überzeugend auf § 745 Abs. 2 analog (BGH 2

NJW 2008, 3703). Die im oa Muster verwendete Regelung, die freilich für Spezialfälle heranzuziehen ist, hat im Vergleich dazu den Vorteil, automatisch auch Sonderrechtsnachfolger zu binden.

§ 1021 Vereinbarte Unterhaltungspflicht

(1) [1]Gehört zur Ausübung einer Grunddienstbarkeit eine Anlage auf dem belasteten Grundstück, so kann bestimmt werden, dass der Eigentümer dieses Grundstücks die Anlage zu unterhalten hat, soweit das Interesse des Berechtigten es erfordert. [2]Steht dem Eigentümer das Recht zur Mitbenutzung der Anlage zu, so kann bestimmt werden, dass der Berechtigte die Anlage zu unterhalten hat, soweit es für das Benutzungsrecht des Eigentümers erforderlich ist.
(2) Auf eine solche Unterhaltungspflicht finden die Vorschriften über die Reallasten entsprechende Anwendung.

1 A. Muster: Unterhaltungsvereinbarung

▶ Die ordnungsgemäße Unterhaltung, die Instandsetzung des Weges und die Verkehrssicherungspflicht übernimmt der jeweilige Eigentümer des herrschenden Grundstücks auf eigene Kosten.[1] ◀

B. Erläuterungen

2 [1] **Verpflichtung zur Unterhaltung.** Der BGH hat bestätigt, dass die Durchführung von Unterhaltsmaßnahmen, die Tragung der Verkehrssicherungspflicht und die Kostentragungspflicht zum Dienstbarkeitsinhalt gemacht werden können (BGH DNotI-Report 2006, 75). Diese Unterhaltungs- und Kostentragungspflichten können dem Eigentümer des herrschenden und/oder des dienenden Grundstücks allein oder quotal auferlegt werden. Es empfiehlt sich, diese Verpflichtung zur Unterhaltung ausdrücklich zu regeln.

3 Dies gilt v.a. dann, wenn Anlagen gemeinsam genutzt werden oder mehrere Grundstücke berechtigt sind. Grundsätzlich ist in Ermangelung einer vertraglichen Regelung der Berechtigte auch dann nach § 1020 S. 2 anteilig zur Unterhaltung und Instandsetzung einer der Ausübung der Dienstbarkeit dienenden Anlage verpflichtet, wenn der Eigentümer die Anlage mitbenutzen darf. In analoger Anwendung der §§ 748, 742 ist im Zweifel eine hälftige Quote anzunehmen. § 1021 gibt – so der BGH aaO – die Möglichkeit wie im Muster Rn 1, abweichende Regelungen zum Inhalt der Dienstbarkeit zu vereinbaren und damit zu verdinglichen. Diese Vereinbarungen haben regelmäßig reallastgleichen Charakter (§ 1021 Abs. 2). Stets muss es sich aber um Nebenpflichten handeln. Die selbständige Unterhaltsverpflichtung kann nur in Form einer selbständigen Reallast (§§ 1105 ff) verdinglicht werden.

§ 1022 Anlagen auf baulichen Anlagen

[1]Besteht die Grunddienstbarkeit in dem Recht, auf einer baulichen Anlage des belasteten Grundstücks eine bauliche Anlage zu halten, so hat, wenn nicht ein anderes bestimmt ist, der Eigentümer des belasteten Grundstücks seine Anlage zu unterhalten, soweit das Interesse des Berechtigten es erfordert. [2]Die Vorschrift des § 1021 Abs. 2 gilt auch für diese Unterhaltungspflicht.

§ 1023 Verlegung der Ausübung

(1) [1]Beschränkt sich die jeweilige Ausübung einer Grunddienstbarkeit auf einen Teil des belasteten Grundstücks, so kann der Eigentümer die Verlegung der Ausübung auf eine andere, für den Berechtigten ebenso geeignete Stelle verlangen, wenn die Ausübung an der bisherigen Stelle für ihn besonders beschwerlich ist; die Kosten der Verlegung hat er zu tragen und vorzuschießen. [2]Dies gilt auch dann, wenn der Teil des Grundstücks, auf den sich die Ausübung beschränkt, durch Rechtsgeschäft bestimmt ist.
(2) Das Recht auf die Verlegung kann nicht durch Rechtsgeschäft ausgeschlossen oder beschränkt werden.

A. Muster: Rechtsgeschäftliche Festlegung des Ausübungsbereichs 1

▶ Der Ausübungsbereich ist im als Anlage beigefügten amtlichen Lageplan ■■■ schraffiert eingezeichnet. Auf den beigefügten Lageplan wird verwiesen. Dieser wurde zur Durchsicht vorgelegt und genehmigt.[1] ◀

B. Erläuterungen und Varianten

[1] Anders als die Belastung eines realen Grundstücksteils hat die **Beschränkung der Ausübung der Dienstbarkeit** auf einen **bestimmten Teil des Grundstücks** erhebliche Praxisrelevanz. Sie kann durch **Vereinbarung** oder durch **tatsächliche Ausübung** erfolgen. Regelmäßig wird sich eine Vereinbarung des Ausübungsbereichs empfehlen (auch im Hinblick auf eine etwaige Teilung der jeweiligen Grundstücke, §§ 1025, 1026). Dies geschieht am besten mittels Einzeichnung in einen (amtlichen) Lageplan. Auf diesen ist ausdrücklich in der Bewilligung zu verweisen. Statt einer Einzeichnung kann auch ein verbaler Hinweis, etwa „wie bisher" genügen (vgl BGH NJW 1982, 1039). Um den Eigentümer des dienenden Grundstücks weniger zu belasten, kann dessen **Verlegungsanspruch** bereits in der Dienstbarkeit an erleichterte Voraussetzungen geknüpft werden: 2

▶ **Verlegungsanspruch**

Der jeweilige Eigentümer des dienenden Grundstücks kann die Verlegung des Ausübungsbereichs auf den im Lageplan ■■■ schraffiert eingezeichneten Bereich verlangen, und zwar unabhängig davon, ob die Ausübung des Wegerechts im bisherigen Ausübungsbereich für ihn besonders beschwerlich ist. Die Kosten der Verlegung einschließlich der gleichwertigen Herstellung des neuen Ausübungsbereichs, hat der jeweilige Eigentümer des dienenden Grundstücks zu tragen und vorzuschießen. Auf den beigefügten Lageplan wird verwiesen. Dieser wurde zur Durchsicht vorgelegt und genehmigt. ◀

Der Ausübungsbereich kann aber auch der tatsächlichen Ausübung überlassen werden, etwa, wenn bei der Bestellung der Verlauf zB einer Leitung noch nicht feststeht (vgl *Schöner/Stöber* Rn 1119). 3

§ 1024 Zusammentreffen mehrerer Nutzungsrechte

Trifft eine Grunddienstbarkeit mit einer anderen Grunddienstbarkeit oder einem sonstigen Nutzungsrecht an dem Grundstück dergestalt zusammen, dass die Rechte nebeneinander nicht oder nicht vollständig ausgeübt werden können, und haben die Rechte gleichen Rang, so kann jeder Berechtigte eine den Interessen aller Berechtigten nach billigem Ermessen entsprechende Regelung der Ausübung verlangen.

A. Muster: Benutzungsregelung 1

▶ Die jeweiligen Dienstbarkeitsberechtigten sind berechtigt, die auf dem dienenden Grundstück befindlichen Kfz-Stellplätze zu nutzen. Ihnen ist auch gestattet, dieses Recht Dritten zu überlassen. Dem jeweiligen Eigentümer eines herrschenden Grundstücks muss immer ein Kfz-Stellplatz zustehen. Mehr als zwei Kfz-Stellplätze dürfen auch bei Verfügbarkeit weiterer Stellplätze von diesem nicht genutzt werden. Im Übrigen sind die jeweiligen Eigentümer der herrschenden Grundstücke jeweils berechtigt, die Festlegung einer konkreten Nutzungsregelung unter Wahrung der beiderseitigen Interessen zu verlangen.[1] ◀

B. Erläuterungen

[1] Bei mehreren Grunddienstbarkeitsberechtigten (zB mehreren benachbarten Grundstückseigentümern) dient es – insbesondere vor dem Hintergrund der Langlebigkeit von Grunddienst- 2

barkeiten – der **rechtlichen Klarheit**, die Benutzung ausdrücklich zu regeln. Gleiches gilt auch für die Unterhaltspflicht (vgl § 1020 Rn 2 und § 1021 Rn 2 f).

§ 1025 Teilung des herrschenden Grundstücks

[1]Wird das Grundstück des Berechtigten geteilt, so besteht die Grunddienstbarkeit für die einzelnen Teile fort; die Ausübung ist jedoch im Zweifel nur in der Weise zulässig, dass sie für den Eigentümer des belasteten Grundstücks nicht beschwerlicher wird. [2]Gereicht die Dienstbarkeit nur einem der Teile zum Vorteil, so erlischt sie für die übrigen Teile.

§ 1026 Teilung des dienenden Grundstücks

Wird das belastete Grundstück geteilt, so werden, wenn die Ausübung der Grunddienstbarkeit auf einen bestimmten Teil des belasteten Grundstücks beschränkt ist, die Teile, welche außerhalb des Bereichs der Ausübung liegen, von der Dienstbarkeit frei.

1 A. Muster: Freigabe

▶ Es wird die pfandfreie Abschreibung des folgenden Rechtes im Grundbuch bewilligt und beantragt:

■■■

Eigentümer:

■■■

Lastenfreí abzuschreibender Grundbesitz:[1]

Teilfläche von ca. ■■■ qm aus Flst.Nr. ■■■ der Gemarkung ■■■, welche der Grundstückseigentümer mit Urkunde des Notars vom ■■■ URNr. ■■■ veräußert hat.

Der Berechtigte bestätigt hiermit, dass seine vorgenannte Dienstbarkeit nicht an der vorbezeichneten Teilfläche ausgeübt wird; diese Teilfläche wird ohne Rücksicht auf das amtliche Messungsergebnis mit der Fläche, welche die amtliche Vermessung ergibt, freigegeben. An der Restfläche bleibt die Dienstbarkeit unverändert bestehen. Der beglaubigende Notar wird zusätzlich ermächtigt, die genaue Bezeichnung der freigegebenen Fläche nach Vorliegen des amtlichen Messungsergebnisses nach § 28 GBO vorzunehmen. ◀

B. Erläuterungen und Varianten

2 [1] **Lastenfreie Abschreibung.** Die Teilung des mit einer Grunddienstbarkeit belasteten Grundstücks lässt die Dienstbarkeit in ihrem Inhalt unberührt (vgl Hk-BGB/*Eckert* § 1025–1026 Rn 3). Grundsätzlich bleibt jedes entstehende Teilgrundstück mit der Dienstbarkeit belastet. Gemäß § 1026 werden jedoch **kraft Gesetzes** die außerhalb des Ausübungsbereichs der Dienstbarkeit liegenden Grundstücksteile von der Dienstbarkeit frei. Die lastenfreie Abschreibung stellt daher der Sache nach eine Grundbuchberichtigung gemäß § 894 dar. Notwendig zur Berichtigung des Grundbuches ist eine **Berichtigungsbewilligung des Berechtigten** (vulgo "Freigabe") in öffentlich beglaubigter Form gemäß §§ 19, 29 GBO oder ein **Unrichtigkeitsnachweis** gemäß § 22 GBO (siehe Variante in Rn 3).

3 Auch hier muss die Form des § 29 GBO eingehalten werden.

▶ **Lastenfreie Abschreibung gemäß § 1026 BGB**

Die Beteiligten beantragen, die eingetragene Grunddienstbarkeit gemäß § 1026 BGB an der verkauften Teilfläche/nicht verkauften Restfläche zu löschen. Hierzu wird Bezug genommen auf das amtliche Messungsergebnis und die Bewilligungsurkunde, aus der sich der Ausübungsbereich der Dienstbarkeit ergibt. ◀

Die lastenfreie Abschreibung kann sowohl im Muster als auch in der Variante in Rn 3 nur auf **Antrag** erfolgen (*Schöner/Stöber* Rn 1189). Wird kein Antrag gestellt, besteht die Dienstbarkeit an sämtlichen Grundstücksteilen fort. Eine Ausnahme soll hierfür gelten, wenn **zweifelsfrei feststeht**, dass der Ausübungsbereich der Dienstbarkeit nicht betroffen ist. (LG Köln MittRhNotK 1994, 289) 4

§ 1027 Beeinträchtigung der Grunddienstbarkeit

Wird eine Grunddienstbarkeit beeinträchtigt, so stehen dem Berechtigten die in § 1004 bestimmten Rechte zu.

§ 1028 Verjährung

(1) [1]Ist auf dem belasteten Grundstück eine Anlage, durch welche die Grunddienstbarkeit beeinträchtigt wird, errichtet worden, so unterliegt der Anspruch des Berechtigten auf Beseitigung der Beeinträchtigung der Verjährung, auch wenn die Dienstbarkeit im Grundbuch eingetragen ist. [2]Mit der Verjährung des Anspruchs erlischt die Dienstbarkeit, soweit der Bestand der Anlage mit ihr in Widerspruch steht.
(2) Die Vorschrift des § 892 findet keine Anwendung.

§ 1029 Besitzschutz des Rechtsbesitzers

Wird der Besitzer eines Grundstücks in der Ausübung einer für den Eigentümer im Grundbuch eingetragenen Grunddienstbarkeit gestört, so finden die für den Besitzschutz geltenden Vorschriften entsprechende Anwendung, soweit die Dienstbarkeit innerhalb eines Jahres vor der Störung, sei es auch nur einmal, ausgeübt worden ist.

Titel 2 Nießbrauch

Untertitel 1 Nießbrauch an Sachen

§ 1030 Gesetzlicher Inhalt des Nießbrauchs an Sachen

(1) Eine Sache kann in der Weise belastet werden, dass derjenige, zu dessen Gunsten die Belastung erfolgt, berechtigt ist, die Nutzungen der Sache zu ziehen (Nießbrauch).
(2) Der Nießbrauch kann durch den Ausschluss einzelner Nutzungen beschränkt werden.

Schrifttum: *Pöppel*, Der Grundstücksnießbrauch in der notariellen Praxis, MittBayNot 2007, S. 85 ff; *Schippers*, Aktuelle Fragen des Grundstücksnießbrauchs in der notariellen Praxis, MittRhNotK 1996, S. 197 ff

A. Muster: Grundstücksnießbrauch 1

▶ An das
Amtsgericht ■■■
– Grundbuchamt –
■■■ Grundbuch von ■■■ Blatt ■■■[1]

Eintragung eines Nießbrauchs

Herr/Frau ■■■, nachstehend „der Eigentümer" genannt, räumt hiermit Herrn/Frau ■■■[2] geb. am ■■■, wohnhaft in ■■■, nachstehend „der Nießbraucher" genannt, den lebenslänglichen Nießbrauch an dem Grundstück, eingetragen im Grundbuch von ■■■ Blatt ■■■ Flurstück ■■■, ■■■-Straße, Gebäude- und

803

Freifläche zu ▪▪▪ qm ein, für dessen Inhalt die gesetzlichen Bestimmungen gelten sollen (ggf soweit nachstehend nichts Abweichendes bestimmt ist.)[3]

Abweichend (bzw ergänzend) von den gesetzlichen Bestimmungen gilt hierfür: ▪▪▪[4]

Der Eigentümer bewilligt und beantragt die Eintragung dieses Nießbrauchs auf dem vorgenannten Grundstück an nächstoffener Rangstelle mit dem Vermerk, dass zur Löschung des Rechts der Nachweis des Todes des Nießbrauchers genügen soll.[5]

Der Jahreswert des Nießbrauchs beträgt ▪▪▪ EUR.[6]

▪▪▪

Unterschrift

▪▪▪

(notarielle Beglaubigung der Unterschrift)[5] ◄

B. Erläuterungen und Varianten

2 [1] Die **Bestellung eines Nießbrauchs** an einem Grundstück erfolgt gemäß § 873 aufgrund formlos möglicher Einigung und Eintragung in das Grundbuch des zuständigen Amtsgerichts. Der Nießbrauch wird auf Antrag in das Grundbuch eingetragen; s. MüKo-BGB/*Pohlmann* § 1030 Rn 87 f.

3 [2] **Mehrere Berechtigte.** Vgl Kommentierung § 1066 Rn 5 ff.

4 [3] **Schuldrechtliches Grundstücksgeschäft.** Häufig erfolgt die Bestellung eines Nießbrauchs im Rahmen eines schuldrechtlichen Grundstücksgeschäfts, insbesondere im Rahmen notariell beurkundeter Verträge über die vorweggenommene Erbfolge (kommentierte Musterformulierung eines Überlassungsvertrages mit Nießbrauchsvorbehalt bei *Bülow* in Formularbibliothek Vertragsgestaltung, Band Miete/Grundstück/Wohnungseigentum, Teil 2 § 7 Rn 58 ff; bei Beteiligung Minderjähriger ist unter dem Stichwort „rechtliche Vorteilhaftigkeit" zu prüfen, ob eine **gerichtliche Genehmigung oder Pflegerbestellung** erforderlich ist, §§ 1821, 1643).

5 Der Nießbrauch ist grundsätzlich nicht übertragbar, §§ 1059 ff.

6 (a) **Belastungsgegenstände** können Immobilien, Miteigentumsanteil (s. § 1066 Rn 1 ff) grundstücksgleiche Rechte (zB Erbbaurecht), Wohnungs- bzw Teileigentum, Teile eines Grundstücks (belastet wird hier das ganze Grundstück, aber die Ausübung des Nießbrauchs ist beschränkt auf eine Teilfläche), Mobilien, Rechte (einschließlich Gesellschafts- und Erbanteile; vgl § 1068 Rn 1 ff) sein; s. MüKo-BGB/*Pohlmann* § 1030 Rn 2 ff.

(b) **Nießbrauchsberechtigte** können natürliche Personen, auch gemeinschaftlich (zu den verschiedenen Gemeinschaftsverhältnissen vgl Erläuterungen zu § 1066), juristische Personen, § 1059 a, anders als bei Grunddienstbarkeit, § 1018, und Reallast, § 1105 Abs. 2, nicht der jeweilige Eigentümer eines Grundstücks sein.

7 (c) **Inhalt und Umfang des Nießbrauchs.** Der Nießbraucher ist nach § 1030 berechtigt, die Nutzungen, § 100, einer Sache oder eines Rechts (§ 1068) zu ziehen. Zwischen Eigentümer und Nießbraucher besteht ein gesetzliches Schuldverhältnis (§§ 1030–1067 für Nießbrauch an Sachen und §§ 1068 ff für Nießbrauch an Rechten). Die gesetzlichen Bestimmungen sind teilweise dispositiv. Der Wesenskern des Nießbrauchs als umfassendes Nutzungsrecht – hier grenzt sich der Nießbrauch von anderen Instituten, insbesondere der Dienstbarkeit ab – muss jedoch erhalten bleiben, s. MüKo-BGB/*Pohlmann* VorbemVor § 1030 Rn 19 ff.

8 (d) **Verteilung der Kosten und Lasten.** Nach dem gesetzlichen Normalstatut trägt der Nießbraucher als Gegenstück für die ihm zustehenden gewöhnlichen Nutzungen, vgl §§ 1036 Abs. 2, 1037, 1039 (Gebot ordnungsmäßiger Wirtschaft, Verbot der Umgestaltung und der wesentlichen Veränderung, Wert- und ggf Schadenersatz bei übermäßiger Fruchtziehung), die gewöhn-

lichen Lasten und Kosten, vgl insbesondere §§ 1041, 1047, s. auch Hk-BGB/*Schulte-Nölke*, § 1036 Rn 2 f.

Das Muster behandelt den Grundfall eines Grundstücksnießbrauches nach den gesetzlichen Bestimmungen. Eine weitergehende Wiedergabe des Gesetzestextes ist nicht erforderlich und sollte – um Fehler und Unklarheiten zu vermeiden – unterbleiben, vgl *Langenfeld*, Vertragsgestaltung, Rn 205 ff. 9

[4] **Abweichungen vom gesetzlichen Normalstatut.** Falls vom Gesetz abgewichen wird, sind weitere Formulierungen aufzunehmen, insbesondere zur Lastenverteilung, vgl hierzu die bei § 1041 erläuterten Muster, insbesondere Nettonießbrauch und Bruttonießbrauch. 10

▶ **Nießbrauch an Wohnungs-/Teileigentum** 11

Der Eigentümer ist verpflichtet, die Interessen des Nießbrauchers bei der Ausübung seines Stimmrechts zu berücksichtigen. Dem Nießbraucher sind Abschriften der Beschlussprotokolle der Eigentümerversammlung zu übermitteln.

Auf die Dauer des Nießbrauchs obliegt dem Nießbraucher auch die Entrichtung des Wohngeldes einschließlich der Zuführung zur Instandhaltungsrücklage. Ersatzansprüche bei Erlöschen des Nießbrauchs bestehen hierfür nicht. ◀

Das Stimmrecht des Wohnungseigentümers bleibt trotz der Bestellung eines Nießbrauchs immer beim Eigentümer. Eine „verdrängende" Vollmacht ist nicht möglich. Soweit keine ausdrückliche Regelung besteht, ist sowohl für das Entstehen als auch für den Umfang derartiger Verpflichtungen zur Rücksichtnahme insbesondere die Regelung zur Lastentragung, vgl hierzu auch Anmerkungen zu § 1041, entscheidend (zB wenn Nießbraucher durch einen Beschluss der Eigentümer mit Kosten belastet wird). Ausführlich zum Ganzen, *Schmidt*, Nießbrauch an Wohnungseigentum, MittBayNot 1997; 65 ff. Eventuell zusätzlich kann geregelt werden:

▶ Der Eigentümer erteilt dem Nießbraucher hiermit Vollmacht, ihn während der Dauer des Nießbrauchs gegenüber der Eigentümergemeinschaft und dem Verwalter zu vertreten, insbesondere das Stimmrecht in der Eigentümerversammlung wahrzunehmen. Die Vollmacht ist nur wirksam, wenn der Nießbraucher bei Vornahme einer Vertretungshandlung das Original/eine auf seinen Namen lautende Ausfertigung dieser Vollmachtsurkunde vorlegen kann.

Der Nießbraucher ist im Innenverhältnis verpflichtet, die Interessen des Eigentümers bei der Ausübung seines Stimmrechts zu berücksichtigen.

Ggf.: Der Eigentümer ist verpflichtet, sein Stimmrecht nicht persönlich wahrzunehmen. ◀

Häufig ist eine Vollmacht für den Nießbraucher zweckmäßig, insbesondere beim Nettonießbrauch, vgl § 1041 Rn 1 f. 12

(a) **Nießbrauch und Steuerrecht.** Vgl hierzu den Überblick bei *Spiegelberger* in Münchener VertragsHdb Bd. 4/2 VII.2 (Vorbehaltsnießbrauch) und derselbe aaO X.23. (Zuwendungsnießbrauch). 13

(b) **Zuwendungsnießbrauch.** Praktisch besonders bedeutsam ist für das **Einkommensteuerrecht** die Unterscheidung von Zuwendungs- und Vorbehaltsnießbrauch. Beim letzteren behält sich der Eigentümer bei (idR unentgeltlicher) Übertragung des Gegenstandes den Nießbrauch vor. Beim Zuwendungsnießbrauch wird der Nießbrauch dagegen einem Dritten zugewendet. Erfolgt diese Zuwendung, wie praktisch häufig, unentgeltlich, hat der nießbrauchsbelastete Eigentümer auf die Dauer des Nießbrauchs mangels Einkünften und der Nießbraucher – auch beim entgeltlich bestellten Nießbrauch – mangels Wertverzehr keine AfA-Befugnis, keinen Abzug von Schuldzinsen oder Erhaltungsaufwendungen. 14

(c) **Vorbehaltsnießbraucher.** Dem Vorbehaltsnießbraucher steht die AfA-Befugnis dagegen auch nach der Übertragung des Eigentums zu. Er kann auch die von ihm getragenen Aufwendungen für das Gebäude als Werbungskosten abziehen, soweit er diese Verpflichtungen vertraglich 15 übernommen hat, s. hierzu auch Rn 2 zu § 1041 (Nettonießbrauch). Ausführlich zum Ganzen *von Sothen,* Münchener Anwaltshandbuch Erbrecht § 36 IX 3 und 4.

16 ▶ **Zuwendungsnießbrauch nach dem Tod des Vorbehaltsnießbrauchers für dessen Ehegatten**

Nach Erlöschen des vorstehend in Ziffer ▪▪▪ bestellten Nießbrauchs für ▪▪▪ steht der Nießbrauch inhaltlich im Übrigen gleichlautend dessen Ehegatten ▪▪▪ auf seine Lebenszeit zu.

Die Beteiligten bewilligen und beantragen diesen aufschiebend bedingten Nießbrauch am Vertragsgegenstand im Range nach dem in Ziffer ▪▪▪ bestellten Nießbrauch im Grundbuch einzutragen mit dem Vermerk, dass zur Löschung der Nachweis des Todes des Nießbrauchers genügt. ◀

17 Die Variante behandelt den in der Praxis häufigen Fall, dass im Rahmen einer Übergabe der Nießbrauch für die Eltern des Übernehmers eingetragen werden soll, dass jedoch nur ein Ehegatte Eigentümer des zu übergebenden Grundstücks ist. Um den oben beschriebenen steuerlichen Leerlauf auf Lebzeiten des Übergebers zu vermeiden wird für diesen **auf Lebzeiten** ein **Vorbehaltsnießbrauch** und für dessen Ehegatten erst **nach dessen Tod** ein (steuerlich „leerlaufender") **Zuwendungsnießbrauch** bestellt.

18 (d) **ErbStG.** Nach § 25 Abs. 1 ErbStG 1998 wurde der Erwerb von Vermögen, dessen Nutzungen dem Schenker oder dessen Ehegatten zustehen, ohne Berücksichtigung dieser Belastung besteuert. Besteuert wurde also der gesamte Vermögensanfall; die auf den Kapitalwert dieser Belastung entfallende Steuer wurde nach § 25 Abs. 1 S. 2 ErbStG 1998 zinslos gestundet oder auf Antrag die gestundete Steuer abgezinst auf ihren Barwert sofort abgelöst. Mit dem ErbStRG 2009 ist § 25 ErbStG ersatzlos aufgehoben worden, und somit nurmehr für Altfälle (Erb- oder Schenkungsfälle, die vor dem Tag des Inkrafttretens des ErbStRG 2009 eingetreten bzw ausgeführt worden sind) von Interesse. Nach neuem Erbschaftsteuerrecht sind **Nutzungsrechte**, insbesondere der Nießbrauch **als Lasten** iSv § 10 Abs. 6 ErbStG bei der Ermittlung der Bereicherung nach § 10 Abs. 1 S. 1 ErbStG grundsätzlich **abzugsfähig**. Ausführlich hierzu *Geck*, DStR 2009, 1005 ff. Vom gemeinen Wert der Zuwendung ist das Nutzungsrecht mit seinem Kapitalwert nach §§ 13–16 BewG in Abzug zu bringen. Für den in Rn 16 behandelten Fall ist im Wege des **Steuerbelastungsvergleiches** – Vorteil/Nachteil bei ErbSt/ESt – zu ermitteln, ob nicht im Einzelfall der Nießbrauch in Gesamtberechtigung (Gefahr des Werbungskostenleerlaufes bei der Einkommensteuer, s. Rn 17) dem aufschiebend bedingten Nießbrauch für den Ehegatten vorzuziehen ist, insbesondere wenn die Lebenserwartung des Ehegatten wegen geringerem Alter oder Geschlecht höher ist und zu einem höheren Nießbrauchswert und somit zu einem erhöhten Abzugsposten bei der steuerlichen Bereicherung führt. Die unentgeltliche Aufgabe eines Nießbrauchs kann **Schenkungsteuer** auslösen.

19 **Nießbrauch an beweglichen Sachen.** Vgl hierzu § 1032.

20 **Nießbrauch an sonstigen Gegenständen,** insbesondere an Rechten (zB Erbteil, Gesellschaftsanteil). Vgl hierzu § 1068.

21 [5] **Bewilligung.** Wegen § 29 GBO ist notarielle Beglaubigung der Eintragungsbewilligung nach § 19 GBO erforderlich. Bei schenkweiser Einräumung ist § 518 für das Grundgeschäft zu beachten.

22 [6] **Notar- und Gerichtskosten.**

(a) **Notarkosten.** 5/10 nach § 38 Abs. 2 Nr. 5 KostO bei bloßer Bewilligung, 20/10 bei vertraglicher Einräumung; Der Gegenstandswert richtet sich nach § 24 KostO. Im Rahmen von Übergabe-/Überlassungsverträgen ist der Nießbrauch idR gegenstandsgleich nach § 44 KostO.

(b) **Gerichtskosten.** 10/10 nach § 62 Abs. 1 KostO für die Eintragung eines Nießbrauchsrechts. Kostenschuldner ist der Antragsteller, § 2 Nr. 1 KostO.

§ 1031 Erstreckung auf Zubehör

Mit dem Nießbrauch an einem Grundstück erlangt der Nießbraucher den Nießbrauch an dem Zubehör nach der für den Erwerb des Eigentums geltenden Vorschrift des § 926.

§ 1032 Bestellung an beweglichen Sachen

[1]Zur Bestellung des Nießbrauchs an einer beweglichen Sache ist erforderlich, dass der Eigentümer die Sache dem Erwerber übergibt und beide darüber einig sind, dass diesem der Nießbrauch zustehen soll. [2]Die Vorschriften des § 929 Satz 2, der §§ 930 bis 932 und der §§ 933 bis 936 finden entsprechende Anwendung; in den Fällen des § 936 tritt nur die Wirkung ein, dass der Nießbrauch dem Recht des Dritten vorgeht.

A. Muster: Bestellung des Nießbrauchs an einer beweglichen Sache 1

▶ Herr/Frau ▪▪▪, nachstehend „der Eigentümer“ genannt, räumt hiermit Herrn/Frau ▪▪▪, geb. am ▪▪▪, wohnhaft in ▪▪▪, nachstehend „der Nießbraucher“, den lebenslänglichen Nießbrauch an sämtlichen Haushaltsgegenständen, die sich derzeit in der vom Nießbraucher bereits bewohnten Wohnung im Anwesen ▪▪▪-Straße in A-Stadt befinden, ein. Für den Nießbrauch gelten die gesetzlichen Vorschriften (ggf, soweit nachstehend nichts Abweichendes bestimmt ist.)[1]

Abweichend (bzw ergänzend) von den gesetzlichen Bestimmungen gilt hierfür:

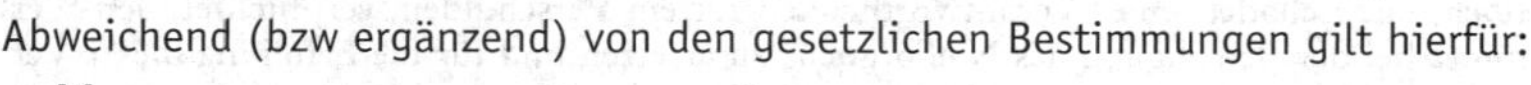

▪▪▪[2]

Über die Einräumung des Nießbrauchs besteht Einigkeit. ◀

B. Erläuterungen und Varianten

[1] Der **Nießbrauch an beweglichen Sachen** hat keine allzu große praktische Bedeutung. Bedeutsam ist er allenfalls in Bezug auf die Nießbrauchserstreckung auf Zubehör, s. § 1031, und im Rahmen der Bestellung des Nießbrauchs im Rahmen besonderer Erbrechtsgestaltungen, zB Nießbrauchsvermächtnis an den einzelnen Hauhaltsgegenständen, zB für den überlebenden Ehegatten. Der Erwerb erfolgt entsprechend §§ 929 ff. 2

[2] **Varianten.** Siehe hierzu § 1030 Rn 10; § 1041 Rn 1 ff. 3

§ 1033 Erwerb durch Ersitzung

[1]Der Nießbrauch an einer beweglichen Sache kann durch Ersitzung erworben werden. [2]Die für den Erwerb des Eigentums durch Ersitzung geltenden Vorschriften finden entsprechende Anwendung.

§ 1034 Feststellung des Zustands

[1]Der Nießbraucher kann den Zustand der Sache auf seine Kosten durch Sachverständige feststellen lassen. [2]Das gleiche Recht steht dem Eigentümer zu.

§ 1035 Nießbrauch an Inbegriff von Sachen; Verzeichnis

[1]Bei dem Nießbrauch an einem Inbegriff von Sachen sind der Nießbraucher und der Eigentümer einander verpflichtet, zur Aufnahme eines Verzeichnisses der Sachen mitzuwirken. [2]Das Verzeichnis ist mit der Angabe des Tages der Aufnahme zu versehen und von beiden Teilen zu unterzeichnen; jeder Teil kann verlangen, dass die Unterzeichnung öffentlich beglaubigt wird. [3]Jeder Teil kann auch verlangen, dass das Verzeichnis durch die zuständige Behörde oder durch einen zuständigen Beamten oder Notar aufgenommen wird. [4]Die Kosten hat derjenige zu tragen und vorzuschießen, welcher die Aufnahme oder die Beglaubigung verlangt.

§ 1036 Besitzrecht; Ausübung des Nießbrauchs

(1) Der Nießbraucher ist zum Besitz der Sache berechtigt.
(2) Er hat bei der Ausübung des Nutzungsrechts die bisherige wirtschaftliche Bestimmung der Sache aufrechtzuerhalten und nach den Regeln einer ordnungsmäßigen Wirtschaft zu verfahren.

§ 1037 Umgestaltung

(1) Der Nießbraucher ist nicht berechtigt, die Sache umzugestalten oder wesentlich zu verändern.
(2) Der Nießbraucher eines Grundstücks darf neue Anlagen zur Gewinnung von Steinen, Kies, Sand, Lehm, Ton, Mergel, Torf und sonstigen Bodenbestandteilen errichten, sofern nicht die wirtschaftliche Bestimmung des Grundstücks dadurch wesentlich verändert wird.

§ 1038 Wirtschaftsplan für Wald und Bergwerk

(1) [1]Ist ein Wald Gegenstand des Nießbrauchs, so kann sowohl der Eigentümer als der Nießbraucher verlangen, dass das Maß der Nutzung und die Art der wirtschaftlichen Behandlung durch einen Wirtschaftsplan festgestellt werden. [2]Tritt eine erhebliche Änderung der Umstände ein, so kann jeder Teil eine entsprechende Änderung des Wirtschaftsplans verlangen. [3]Die Kosten hat jeder Teil zur Hälfte zu tragen.
(2) Das Gleiche gilt, wenn ein Bergwerk oder eine andere auf Gewinnung von Bodenbestandteilen gerichtete Anlage Gegenstand des Nießbrauchs ist.

§ 1039 Übermäßige Fruchtziehung

(1) [1]Der Nießbraucher erwirbt das Eigentum auch an solchen Früchten, die er den Regeln einer ordnungsmäßigen Wirtschaft zuwider oder die er deshalb im Übermaß zieht, weil dies infolge eines besonderen Ereignisses notwendig geworden ist. [2]Er ist jedoch, unbeschadet seiner Verantwortlichkeit für ein Verschulden, verpflichtet, den Wert der Früchte dem Eigentümer bei der Beendigung des Nießbrauchs zu ersetzen und für die Erfüllung dieser Verpflichtung Sicherheit zu leisten. [3]Sowohl der Eigentümer als der Nießbraucher kann verlangen, dass der zu ersetzende Betrag zur Wiederherstellung der Sache insoweit verwendet wird, als es einer ordnungsmäßigen Wirtschaft entspricht.
(2) Wird die Verwendung zur Wiederherstellung der Sache nicht verlangt, so fällt die Ersatzpflicht weg, soweit durch den ordnungswidrigen oder den übermäßigen Fruchtbezug die dem Nießbraucher gebührenden Nutzungen beeinträchtigt werden.

§ 1040 Schatz

Das Recht des Nießbrauchers erstreckt sich nicht auf den Anteil des Eigentümers an einem Schatze, der in der Sache gefunden wird.

§ 1041 Erhaltung der Sache

[1]Der Nießbraucher hat für die Erhaltung der Sache in ihrem wirtschaftlichen Bestand zu sorgen. [2]Ausbesserungen und Erneuerungen liegen ihm nur insoweit ob, als sie zu der gewöhnlichen Unterhaltung der Sache gehören.

A. Nettonießbrauch

1 **I. Muster: Nettonießbrauch**

▶ Der Nießbraucher hat abweichend von den gesetzlichen Bestimmungen für sämtliche Ausbesserungen und Erneuerungen auf eigene Kosten zu sorgen, auch insoweit, als sie über die gewöhnliche Unterhaltung der Sache hinausgehen.
Weiter hat der Nießbraucher auch sämtliche auf der nießbrauchsbelasteten Sache ruhenden öffentlichen Lasten einschließlich der außerordentlichen Lasten, die als auf den Stammwert der Sache

gelegt anzusehen sind, zu tragen, ebenso sämtliche privatrechtlichen Lasten, die zur Zeit der Bestellung des Nießbrauches auf der Sache ruhen, einschließlich der Tilgung von Hypotheken und Grundschulden und diesen zugrundeliegenden Verbindlichkeiten.[1] ◄

II. Erläuterungen

[1] **Kosten- und Lastenverteilung bei Nettonießbrauch.** Vgl zunächst die Erläuterungen zu § 1030 Rn 7 ff, insbesondere zur gesetzlichen Kosten und Lastenverteilung. Nach der gesetzlichen Regelung trifft den Nießbraucher (nur) die Pflicht zur gewöhnlichen Unterhaltung. Erforderliche außergewöhnliche Ausbesserungen, Erneuerungen, Beschädigungen oder Zerstörungen muss er dem Eigentümer anzeigen, § 1042, und muss die Ausbesserung durch diesen dulden, § 1044. Für überobligationsgemäße Verwendungen gelten nach § 1049 die Vorschriften der GoA. Das gesetzliche Schuldverhältnis kann innerhalb des dispositiven Rahmens abgeändert werden, vgl auch § 1030 Rn 10 und § 1041 Rn 1 ff. In der Praxis wird häufig aus steuerlichen Gründen (vgl § 1030 Rn 14, Vermeidung steuerlichen „Leerlaufs") der sog. Nettonießbrauch (auch „beschenktenfreundlicher Nießbrauch) vereinbart, nach dem sämtliche Lasten und Kosten beim (idR übergebenden Vorbehalts-) Nießbraucher verbleiben. 2

B. Bruttonießbrauch

I. Muster: Bruttonießbrauch 3

► Als Inhalt des Nießbrauchs wird abweichend von den gesetzlichen Bestimmungen vereinbart, dass die Pflichten aus § 1041 S. 2 BGB (gewöhnliche Unterhaltung), § 1045 BGB (Versicherung) und § 1047 BGB (Lastentragung) anstelle des Nießbrauchers dem Eigentümer obliegen und der Eigentümer auf Sicherheitsleistung nach § 1051 BGB verzichtet.[1], [2] ◄

II. Erläuterungen

[1] **Kosten- und Lastenverteilung bei Bruttonießbrauch.** Die Kosten und Lasten werden beim Bruttonießbrauch, soweit gesetzlich zulässig, dem Eigentümer aufgegeben. 4

[2] **Rahmen und Grenzen der Dispositivität.** Stets muss wegen des Typenzwangs des Sachenrechts das **Wesen des Nießbrauchs** als **umfassendes Nutzungsrecht** erhalten bleiben. So sind etwa §§ 1041 S. 2, 1047 veränderbar (s. zB oben Varianten Netto-/Bruttonießbrauch), §§ 1042, 1043, 1045, 1051, 1059 S. 2 sind mit dinglicher Wirkung abdingbar, nicht aber §§ 1036 Abs. 1, Besitzrecht des Nießbrauchers, Umgestaltungsverbot, §§ 1037 Abs. 1, 1039 Abs. 1 S. 2 Wertersatzpflicht, § 1041 S. 1 Sacherhaltung, § 1044 Duldung von Ausbesserungen, ausführlich hierzu *Jerschke*, Beck`sches Notarhandbuch, Rn 139 ff mwN. Bei Unabdingbarkeit sind jedoch weitergehende schuldrechtliche Vereinbarungen denkbar, auch mit Weitergabeverpflichtung an den Rechtsnachfolger des Eigentümers. 5

§ 1042 Anzeigepflicht des Nießbrauchers

[1]Wird die Sache zerstört oder beschädigt oder wird eine außergewöhnliche Ausbesserung oder Erneuerung der Sache oder eine Vorkehrung zum Schutze der Sache gegen eine nicht vorhergesehene Gefahr erforderlich, so hat der Nießbraucher dem Eigentümer unverzüglich Anzeige zu machen. [2]Das Gleiche gilt, wenn sich ein Dritter ein Recht an der Sache anmaßt.

§ 1043 Ausbesserung oder Erneuerung

Nimmt der Nießbraucher eines Grundstücks eine erforderlich gewordene außergewöhnliche Ausbesserung oder Erneuerung selbst vor, so darf er zu diesem Zwecke innerhalb der Grenzen einer ordnungsmäßigen Wirtschaft auch Bestandteile des Grundstücks verwenden, die nicht zu den ihm gebührenden Früchten gehören.

§ 1044 Duldung von Ausbesserungen

Nimmt der Nießbraucher eine erforderlich gewordene Ausbesserung oder Erneuerung der Sache nicht selbst vor, so hat er dem Eigentümer die Vornahme und, wenn ein Grundstück Gegenstand des Nießbrauchs ist, die Verwendung der im § 1043 bezeichneten Bestandteile des Grundstücks zu gestatten.

§ 1045 Versicherungspflicht des Nießbrauchers

(1) [1]Der Nießbraucher hat die Sache für die Dauer des Nießbrauchs gegen Brandschaden und sonstige Unfälle auf seine Kosten unter Versicherung zu bringen, wenn die Versicherung einer ordnungsmäßigen Wirtschaft entspricht. [2]Die Versicherung ist so zu nehmen, dass die Forderung gegen den Versicherer dem Eigentümer zusteht.
(2) Ist die Sache bereits versichert, so fallen die für die Versicherung zu leistenden Zahlungen dem Nießbraucher für die Dauer des Nießbrauchs zur Last, soweit er zur Versicherung verpflichtet sein würde.

§ 1046 Nießbrauch an der Versicherungsforderung

(1) An der Forderung gegen den Versicherer steht dem Nießbraucher der Nießbrauch nach den Vorschriften zu, die für den Nießbrauch an einer auf Zinsen ausstehenden Forderung gelten.
(2) [1]Tritt ein unter die Versicherung fallender Schaden ein, so kann sowohl der Eigentümer als der Nießbraucher verlangen, dass die Versicherungssumme zur Wiederherstellung der Sache oder zur Beschaffung eines Ersatzes insoweit verwendet wird, als es einer ordnungsmäßigen Wirtschaft entspricht. [2]Der Eigentümer kann die Verwendung selbst besorgen oder dem Nießbraucher überlassen.

§ 1047 Lastentragung

Der Nießbraucher ist dem Eigentümer gegenüber verpflichtet, für die Dauer des Nießbrauchs die auf der Sache ruhenden öffentlichen Lasten mit Ausschluss der außerordentlichen Lasten, die als auf den Stammwert der Sache gelegt anzusehen sind, sowie diejenigen privatrechtlichen Lasten zu tragen, welche schon zur Zeit der Bestellung des Nießbrauchs auf der Sache ruhten, insbesondere die Zinsen der Hypothekenforderungen und Grundschulden sowie die auf Grund einer Rentenschuld zu entrichtenden Leistungen.

1 Siehe Muster und Erläuterungen zu § 1041.

§ 1048 Nießbrauch an Grundstück mit Inventar

(1) [1]Ist ein Grundstück samt Inventar Gegenstand des Nießbrauchs, so kann der Nießbraucher über die einzelnen Stücke des Inventars innerhalb der Grenzen einer ordnungsmäßigen Wirtschaft verfügen. [2]Er hat für den gewöhnlichen Abgang sowie für die nach den Regeln einer ordnungsmäßigen Wirtschaft ausscheidenden Stücke Ersatz zu beschaffen; die von ihm angeschafften Stücke werden mit der Einverleibung in das Inventar Eigentum desjenigen, welchem das Inventar gehört.
(2) Übernimmt der Nießbraucher das Inventar zum Schätzwert mit der Verpflichtung, es bei der Beendigung des Nießbrauchs zum Schätzwert zurückzugewähren, so findet die Vorschrift des § 582 a entsprechende Anwendung.

§ 1049 Ersatz von Verwendungen

(1) Macht der Nießbraucher Verwendungen auf die Sache, zu denen er nicht verpflichtet ist, so bestimmt sich die Ersatzpflicht des Eigentümers nach den Vorschriften über die Geschäftsführung ohne Auftrag.
(2) Der Nießbraucher ist berechtigt, eine Einrichtung, mit der er die Sache versehen hat, wegzunehmen.

§ 1050 Abnutzung

Veränderungen oder Verschlechterungen der Sache, welche durch die ordnungsmäßige Ausübung des Nießbrauchs herbeigeführt werden, hat der Nießbraucher nicht zu vertreten.

1 A. Muster: Sorgfaltsregelung

▶ Der Berechtigte schuldet bei Ausübung des Nießbrauchs nur die Sorgfalt, die er in eigenen Dingen anzuwenden pflegt.[1] ◀

B. Erläuterungen

[1] Grundsätzlich gilt **§ 276 BGB.** Ob § 277 BGB mit dinglicher Wirkung vereinbart werden kann, ist umstritten, vgl KG Beschl. v. 11.4.2006 mit Anm. *Frank*, DNotZ 2006, 470 ff. 2

§ 1051 Sicherheitsleistung

Wird durch das Verhalten des Nießbrauchers die Besorgnis einer erheblichen Verletzung der Rechte des Eigentümers begründet, so kann der Eigentümer Sicherheitsleistung verlangen.

§ 1052 Gerichtliche Verwaltung mangels Sicherheitsleistung

(1) [1]Ist der Nießbraucher zur Sicherheitsleistung rechtskräftig verurteilt, so kann der Eigentümer statt der Sicherheitsleistung verlangen, dass die Ausübung des Nießbrauchs für Rechnung des Nießbrauchers einem von dem Gericht zu bestellenden Verwalter übertragen wird. [2]Die Anordnung der Verwaltung ist nur zulässig, wenn dem Nießbraucher auf Antrag des Eigentümers von dem Gericht eine Frist zur Sicherheitsleistung bestimmt worden und die Frist verstrichen ist; sie ist unzulässig, wenn die Sicherheit vor dem Ablauf der Frist geleistet wird.
(2) [1]Der Verwalter steht unter der Aufsicht des Gerichts wie ein für die Zwangsverwaltung eines Grundstücks bestellter Verwalter. [2]Verwalter kann auch der Eigentümer sein.
(3) Die Verwaltung ist aufzuheben, wenn die Sicherheit nachträglich geleistet wird.

§ 1053 Unterlassungsklage bei unbefugtem Gebrauch

Macht der Nießbraucher einen Gebrauch von der Sache, zu dem er nicht befugt ist, und setzt er den Gebrauch ungeachtet einer Abmahnung des Eigentümers fort, so kann der Eigentümer auf Unterlassung klagen.

Zur Klageschrift bei Unterlassungsklage vgl GF-ZPO/*Pukall*, § 253 Rn 78. 1

§ 1054 Gerichtliche Verwaltung wegen Pflichtverletzung

Verletzt der Nießbraucher die Rechte des Eigentümers in erheblichem Maße und setzt er das verletzende Verhalten ungeachtet einer Abmahnung des Eigentümers fort, so kann der Eigentümer die Anordnung einer Verwaltung nach § 1052 verlangen.

§ 1055 Rückgabepflicht des Nießbrauchers

(1) Der Nießbraucher ist verpflichtet, die Sache nach der Beendigung des Nießbrauchs dem Eigentümer zurückzugeben.
(2) Bei dem Nießbrauch an einem landwirtschaftlichen Grundstück finden die Vorschriften des § 596 Abs. 1 und des § 596 a, bei dem Nießbrauch an einem Landgut finden die Vorschriften des § 596 Abs. 1 und der §§ 596 a, 596 b entsprechende Anwendung.

§ 1056 Miet- und Pachtverhältnisse bei Beendigung des Nießbrauchs

(1) Hat der Nießbraucher ein Grundstück über die Dauer des Nießbrauchs hinaus vermietet oder verpachtet, so finden nach der Beendigung des Nießbrauchs die für den Fall der Veräußerung von vermietetem Wohnraum geltenden Vorschriften der §§ 566, 566 a, 566 b Abs. 1 und der §§ 566 c bis 566 e, 567 b entsprechende Anwendung.
(2) [1]Der Eigentümer ist berechtigt, das Miet- oder Pachtverhältnis unter Einhaltung der gesetzlichen Kündigungsfrist zu kündigen. [2]Verzichtet der Nießbraucher auf den Nießbrauch, so ist die Kündigung erst von der Zeit an zulässig, zu welcher der Nießbrauch ohne den Verzicht erlöschen würde.
(3) [1]Der Mieter oder der Pächter ist berechtigt, den Eigentümer unter Bestimmung einer angemessenen Frist zur Erklärung darüber aufzufordern, ob er von dem Kündigungsrecht Gebrauch mache. [2]Die Kündigung kann nur bis zum Ablauf der Frist erfolgen.

§ 1057 Verjährung der Ersatzansprüche

[1]Die Ersatzansprüche des Eigentümers wegen Veränderungen oder Verschlechterungen der Sache sowie die Ansprüche des Nießbrauchers auf Ersatz von Verwendungen oder auf Gestattung der Wegnahme einer Einrichtung

verjähren in sechs Monaten. ²Die Vorschrift des § 548 Abs. 1 Satz 2 und 3, Abs. 2 findet entsprechende Anwendung.

§ 1058 Besteller als Eigentümer

Im Verhältnis zwischen dem Nießbraucher und dem Eigentümer gilt zugunsten des Nießbrauchers der Besteller als Eigentümer, es sei denn, dass der Nießbraucher weiß, dass der Besteller nicht Eigentümer ist.

§ 1059 Unübertragbarkeit; Überlassung der Ausübung

¹Der Nießbrauch ist nicht übertragbar. ²Die Ausübung des Nießbrauchs kann einem anderen überlassen werden.

1 ### A. Muster: Überlassung der Ausübung

▶ Herr/Frau ■■■, nachstehend „der Nießbraucher", ist gemäß Vereinbarung/Bewilligung vom ■■■, die den Unterzeichneten bekannt ist, Nießbrauchsberechtigter an dem Grundstück, eingetragen im Grundbuch von ■■■ Blatt ■■■ Flurstück ■■■, ■■■- Straße, Gebäude- und Freifläche zu ■■■ qm.

Der Nießbraucher räumt hiermit Herrn/Frau ■■■ geb. am ■■■, wohnhaft in ■■■, nachstehend „der Ausübungsberechtigte", die Befugnis ein, den Nießbrauch an dem vorgenannten Grundstück gemäß § 1059 S. 2 BGB auf die Dauer des Nießbrauchs auszuüben. Die Ausübungsbefugnis erstreckt sich auf alle/alternativ: jedoch nur auf folgende Nutzungen: ■■■[1] ◀

B. Erläuterungen

2 **[1] Übertragbarkeit des Nießbrauchs.** Nach 1059 S. 1 ist der Nießbrauch – Ausnahme hierzu § 1059 a – als solcher nicht übertragbar; die nach § 1059 S. 2 überlassene Ausübungsbefugnis ist akzessorisch, erlischt also mit dem Erlöschen des Nießbrauches. Sie ist abzugrenzen von der Abtretung von Einzelrechten an dem Nießbrauchsgegenstand. Die Überlassung der Ausübungsbefugnis lässt das Verhältnis zwischen Eigentümer und Nießbraucher unberührt und wirkt schuldrechtlich zwischen Nießbraucher und Ausübungsberechtigtem, das Ausübungsrecht selbst ist vererblich und übertragbar. Die unzulässige Nießbrauchsübertragung kann ggf in eine Überlassung der Ausübungsbefugnis umgedeutet werden. § 1059 S. 2 kann abbedungen werden. Ausführlich hierzu MüKo-BGB/*Pohlmann* § 1059 Rn 6 ff.

§ 1059 a Übertragbarkeit bei juristischer Person oder rechtsfähiger Personengesellschaft

(1) Steht ein Nießbrauch einer juristischen Person zu, so ist er nach Maßgabe der folgenden Vorschriften übertragbar:

1. Geht das Vermögen der juristischen Person auf dem Wege der Gesamtrechtsnachfolge auf einen anderen über, so geht auch der Nießbrauch auf den Rechtsnachfolger über, es sei denn, dass der Übergang ausdrücklich ausgeschlossen ist.
2. ¹Wird sonst ein von einer juristischen Person betriebenes Unternehmen oder ein Teil eines solchen Unternehmens auf einen anderen übertragen, so kann auf den Erwerber auch ein Nießbrauch übertragen werden, sofern er den Zwecken des Unternehmens oder des Teils des Unternehmens zu dienen geeignet ist. ²Ob diese Voraussetzungen gegeben sind, wird durch eine Erklärung der zuständigen Landesbehörde festgestellt. ³Die Erklärung bindet die Gerichte und die Verwaltungsbehörden. ⁴Die Landesregierungen bestimmen durch Rechtsverordnung die zuständige Landesbehörde. ⁵Die Landesregierungen können die Ermächtigung durch Rechtsverordnung auf die Landesjustizverwaltungen übertragen.

(2) Einer juristischen Person steht eine rechtsfähige Personengesellschaft gleich.

§ 1059 b Unpfändbarkeit

Ein Nießbrauch kann auf Grund der Vorschrift des § 1059 a weder gepfändet noch verpfändet noch mit einem Nießbrauch belastet werden.

§ 1059 c Übergang oder Übertragung des Nießbrauchs

(1) [1]Im Falle des Übergangs oder der Übertragung des Nießbrauchs tritt der Erwerber anstelle des bisherigen Berechtigten in die mit dem Nießbrauch verbundenen Rechte und Verpflichtungen gegenüber dem Eigentümer ein. [2]Sind in Ansehung dieser Rechte und Verpflichtungen Vereinbarungen zwischen dem Eigentümer und dem Berechtigten getroffen worden, so wirken sie auch für und gegen den Erwerber.
(2) Durch den Übergang oder die Übertragung des Nießbrauchs wird ein Anspruch auf Entschädigung weder für den Eigentümer noch für sonstige dinglich Berechtigte begründet.

§ 1059 d Miet- und Pachtverhältnisse bei Übertragung des Nießbrauchs

Hat der bisherige Berechtigte das mit dem Nießbrauch belastete Grundstück über die Dauer des Nießbrauchs hinaus vermietet oder verpachtet, so sind nach der Übertragung des Nießbrauchs die für den Fall der Veräußerung von vermietetem Wohnraum geltenden Vorschriften der §§ 566 bis 566 e, 567 a und 567 b entsprechend anzuwenden.

§ 1059 e Anspruch auf Einräumung des Nießbrauchs

Steht ein Anspruch auf Einräumung eines Nießbrauchs einer juristischen Person oder einer rechtsfähigen Personengesellschaft zu, so gelten die Vorschriften der §§ 1059 a bis 1059 d entsprechend.

§ 1060 Zusammentreffen mehrerer Nutzungsrechte

Trifft ein Nießbrauch mit einem anderen Nießbrauch oder mit einem sonstigen Nutzungsrecht an der Sache dergestalt zusammen, dass die Rechte nebeneinander nicht oder nicht vollständig ausgeübt werden können, und haben die Rechte gleichen Rang, so findet die Vorschrift des § 1024 Anwendung.

§ 1061 Tod des Nießbrauchers

[1]Der Nießbrauch erlischt mit dem Tode des Nießbrauchers. [2]Steht der Nießbrauch einer juristischen Person oder einer rechtsfähigen Personengesellschaft zu, so erlischt er mit dieser.

A. Muster: Antrag auf Löschung des Nießbrauchs 1

809

▶ An das
Amtsgericht ■■■
– Grundbuchamt –[1]

■■■

Grundbuch von ■■■ Blatt ■■■

Löschung eines Nießbrauchs

Unter Vorlage einer beglaubigten Abschrift der Sterbeurkunde wird die Löschung des in Abteilung II Nr. ■■■ eingetragenen Nießbrauchs zugunsten von ■■■ beantragt.

■■■, den ■■■

■■■

Unterschrift ◀

B. Erläuterung

[1] Der **Nießbrauch** ist **unvererblich.** Bei Vorliegen einer Löschungserleichterungsklausel 2
(s. § 23 Abs. 2 GBO und Muster bei § 1030 Rn 1 ff) kann unter Vorlage einer Sterbeurkunde der Löschungsantrag sofort nach dem Ableben des Berechtigten gestellt werden; fehlt eine solche, kann wegen der Möglichkeit von Rückständen, §§ 23, 24 GBO, erst nach Ablauf eines Jahres Löschung erfolgen oder vorher nur gegen Löschungsbewilligung der Erben des Nießbrauchers. Ausführlich hierzu *Schöner/Stöber* Grundbuchrecht Rn 1390 f.

§ 1062 Erstreckung der Aufhebung auf das Zubehör

Wird der Nießbrauch an einem Grundstück durch Rechtsgeschäft aufgehoben, so erstreckt sich die Aufhebung im Zweifel auf den Nießbrauch an dem Zubehör.

1 **A. Muster: Aufhebung eines Nießbrauchsrechts, Löschungsbewilligung und -antrag**

▶ Herr/Frau ▪▪▪, nachstehend „der Nießbraucher", ist gemäß Vereinbarung/Bewilligung vom ▪▪▪, die den Unterzeichneten bekannt ist, Nießbrauchsberechtigter an dem Grundstück, eingetragen im Grundbuch von ▪▪▪ Blatt ▪▪▪ Flurstück ▪▪▪, ▪▪▪- Straße, Gebäude- und Freifläche zu ▪▪▪ qm.

Der Nießbraucher und der Eigentümer sind darüber einig, dass der Nießbrauch mit sofortiger Wirkung erlischt, der Nießbraucher gibt nach § 875 BGB den Nießbrauch auf und bewilligt dessen Löschung im Grundbuch.[1]

Der Eigentümer beantragt den Vollzug der Löschung im Grundbuch.

Die Aufhebung erfolgt unentgeltlich/gegen folgende Gegenleistung: ▪▪▪[2]

▪▪▪, den ▪▪▪

▪▪▪

Unterschrift ◀

B. Erläuterungen

2 [1] Die **Aufhebung** erfolgt nach § 875 (einseitige Erklärung ausreichend), grundbuchrechtlich ist eine Bewilligung des Nießbrauchers erforderlich, §§ 19, 29 GBO. Ausführlich hierzu *Schöner/Stöber* Grundbuchrecht Rn 1390 f.

3 [2] Die **vorzeitige Aufhebung** des Nießbrauchs kann je nach Ausgestaltung des zugrunde liegenden schuldrechtlichen Rechtsgeschäftes (entgeltlich, unentgeltlich) steuerliche Konsequenzen haben, s. allgemein § 1030 Rn 13 f, sowie *Geck*, DStR 2009, 1005 ff.

§ 1063 Zusammentreffen mit dem Eigentum

(1) Der Nießbrauch an einer beweglichen Sache erlischt, wenn er mit dem Eigentum in derselben Person zusammentrifft.
(2) Der Nießbrauch gilt als nicht erloschen, soweit der Eigentümer ein rechtliches Interesse an dem Fortbestehen des Nießbrauchs hat.

§ 1064 Aufhebung des Nießbrauchs an beweglichen Sachen

Zur Aufhebung des Nießbrauchs an einer beweglichen Sache durch Rechtsgeschäft genügt die Erklärung des Nießbrauchers gegenüber dem Eigentümer oder dem Besteller, dass er den Nießbrauch aufgebe.

1 Zur Aufhebung s. Muster und Erläuterungen zu § 1062.

§ 1065 Beeinträchtigung des Nießbrauchsrechts

Wird das Recht des Nießbrauchers beeinträchtigt, so finden auf die Ansprüche des Nießbrauchers die für die Ansprüche aus dem Eigentum geltenden Vorschriften entsprechende Anwendung.

1 Siehe Muster und Erläuterungen zu §§ 987 ff.

§ 1066 Nießbrauch am Anteil eines Miteigentümers

(1) Besteht ein Nießbrauch an dem Anteil eines Miteigentümers, so übt der Nießbraucher die Rechte aus, die sich aus der Gemeinschaft der Miteigentümer in Ansehung der Verwaltung der Sache und der Art ihrer Benutzung ergeben.
(2) Die Aufhebung der Gemeinschaft kann nur von dem Miteigentümer und dem Nießbraucher gemeinschaftlich verlangt werden.
(3) Wird die Gemeinschaft aufgehoben, so gebührt dem Nießbraucher der Nießbrauch an den Gegenständen, welche an die Stelle des Anteils treten.

A. Nießbrauch am Miteigentumsanteil

I. Muster: Gegenseitiger Nießbrauch am Miteigentumsanteil von Eheleuten 1

▶ Herr A und Frau A sind hälftige Miteigentümer des Grundstücks, Flurstück ■■■, ■■■- Straße, Gebäude- und Freifläche zu ■■■ qm, eingetragen im Grundbuch von ■■■ Blatt ■■■. Herr A und Frau A bestellen am jeweils eigenen Miteigentumsanteil dem jeweils anderen auf dessen Lebenszeit den unentgeltlichen Nießbrauch, für dessen Inhalt die gesetzlichen Bestimmungen gelten sollen (ggf, soweit nachstehend nichts Abweichendes bestimmt ist.); jeder Nießbrauch ist aufschiebend bedingt: er beginnt mit dem Tode des jeweiligen Bestellers und endet mit dem Tod des jeweiligen Nießbrauchers.[1] 811

■■■ (weiter wie Muster bei § 1030) ◀

II. Erläuterungen

[1] Gegenseitige Nießbrauchsbestellung. Im Muster bestellen sich Eheleute gegenseitig den Nießbrauch am jeweils eigenen Miteigentumsanteil; nach dem Tode des Erstversterbenden ist der Längerlebende umfassend zur Nutzung berechtigt (hälftig aus eigenem Miteigentum und hälftig aus dem Nießbrauch). Der Nießbrauch besteht an einem Anteil; für ihn gelten zunächst §§ 1030 ff § 1066 regelt die Verteilung der dem Besteller als Miteigentümer zustehenden Rechte nach § 741 ff im Innenverhältnis zwischen Eigentümer und Nießbraucher. Ausführlich hierzu MüKo-BGB/*Pohlmann* § 1066 Rn 2 f. 2

B. Quotennießbrauch

I. Muster: Quotennießbrauch 3

▶ Herr/Frau ■■■, nachstehend „der Eigentümer" genannt, räumt hiermit Herrn/Frau ■■■ geb. am ■■■, wohnhaft in ■■■, nachstehend „der Nießbraucher", den lebenslänglichen Nießbrauch mit einer Quote von ein Halb an dem Grundstück, eingetragen im Grundbuch von ■■■ Blatt ■■■ Flurstück ■■■, ■■■- Straße, Gebäude- und Freifläche zu ■■■ qm ein, für dessen Inhalt die gesetzlichen Bestimmungen gelten sollen ■■■[1] 812

■■■ (weiter wie Muster bei § 1030) ◀

II. Erläuterungen

4 **[1] Besonderheit des Quotennießbrauchs.** Vom Nießbrauch an einem Miteigentumsanteil ist der Quotennießbrauch zu unterscheiden. Bei Letzterem, der am gesamten Nießbrauchsgegenstand bestellt wird, gelten die §§ 741 ff für das Innenverhältnis zwischen Eigentümer und Nießbraucher. Ausführlich hierzu MüKo-BGB/*Pohlmann* § 1066 Rn 35 ff.

C. Mehrere Berechtigte

5 **I. Muster: Nießbrauch für mehrere Berechtigte**

▶ Herr/Frau ▪▪▪, nachstehend „der Eigentümer" genannt, räumt hiermit

Herrn ▪▪▪ und Frau ▪▪▪

– in Bruchteilsberechtigung je zur Hälfte –

oder

– als Gesamtberechtigten gemäß § 428 BGB, dem Längerlebenden allein –

oder

als Berechtigten in Gütergemeinschaft, dem Längerlebenden allein

nachstehend „der Nießbraucher", den lebenslänglichen Nießbrauch an dem Grundstück ▪▪▪

(weiter wie Muster bei § 1030 Rn 1)

Der Eigentümer bewilligt und beantragt die Eintragung dieses Nießbrauchs für den Nießbraucher im angegeben Berechtigungsverhältnis ▪▪▪ (weiter wie Muster bei § 1030 Rn 1)[1] ◀

II. Erläuterungen

6 **[1] Mögliche Berechtigte.** Der Nießbrauch kann für natürliche und für juristische (vgl §§ 1059 ff, praktisch selten) Personen, auch für den Eigentümer selbst (besonderes Interesse erforderlich) bestellt werden, **nicht** jedoch für den **jeweiligen Eigentümer eines Grundstücks,** vgl §§ 1018 und 1030. Bei Bestellung für mehrere Berechtigte sind verschiedene Berechtigungsverhältnisse möglich. Auf die genaue Ausgestaltung des Berechtigungsverhältnisses bei mehreren Berechtigten ist besonders zu achten; die Bezeichnung „als Gesamtberechtigte" genügt nicht.

7 Bei Bestellung zur Bruchteilsberechtigung gelten für die Berechtigten untereinander die §§ 741 ff. Erlischt der Nießbrauch des einen Berechtigten, so wird wie beim Quotennießbrauch die „Nutzungsgemeinschaft" zwischen dem anderen Berechtigten und dem Eigentümer entsprechend §§ 741 ff fortgeführt. Anders bei der Gesamtberechtigung gem. §§ 428 ff: Hier bleibt der Nießbrauch zugunsten des Längerlebenden unter Ausschluss des Eigentümers bestehen. Ausführlich zum Ganzen *Amann*, DNotZ 2008, 324 ff.

D. Gegenstandswert

8 Jahreswert der ganzen Nutzungen multipliziert mit dem auf den Jüngsten der Gesamtberechtigten gemäß § 24 Abs. 2 KostO entfallenden Vervielfältiger, bei Angehörigen höchstens das Fünffache nach § 24 Abs. 3 KostO.

§ 1067 Nießbrauch an verbrauchbaren Sachen

(1) [1]Sind verbrauchbare Sachen Gegenstand des Nießbrauchs, so wird der Nießbraucher Eigentümer der Sachen; nach der Beendigung des Nießbrauchs hat er dem Besteller den Wert zu ersetzen, den die Sachen zur Zeit der Bestellung hatten. [2]Sowohl der Besteller als der Nießbraucher kann den Wert auf seine Kosten durch Sachverständige feststellen lassen.

(2) Der Besteller kann Sicherheitsleistung verlangen, wenn der Anspruch auf Ersatz des Wertes gefährdet ist.

Untertitel 2 Nießbrauch an Rechten

§ 1068 Gesetzlicher Inhalt des Nießbrauchs an Rechten

(1) Gegenstand des Nießbrauchs kann auch ein Recht sein.
(2) Auf den Nießbrauch an Rechten finden die Vorschriften über den Nießbrauch an Sachen entsprechende Anwendung, soweit sich nicht aus den §§ 1069 bis 1084 ein anderes ergibt.

A. Erbrecht

I. Muster: Nießbrauch an einem Erbanteil 1

► Verhandelt am ■■■ in ■■■ 814

Vor dem unterzeichneten Notar ■■■

erschienen ■■■

Die Kinder S und T als gemäß Erbschein des Amtsgerichts Nachlassgericht Az ■■■ ausgewiesene Miterben je zur Hälfte des am ■■■ verstorbenen Erblassers E räumen hiermit in Erfüllung des im Testament vom ■■■ des Erblassers vermachten Nießbrauchsvermächtnisses der Witwe W des Erblassers als Vermächtnisnehmerin folgenden Nießbrauch an ihren Erbteilen ein:

Die W erhält – mit schuldrechtlicher Wirkung ab dem Erbfall – an den vorgenannten Erbteilen den lebenslänglichen unentgeltlichen Nießbrauch, für dessen Inhalt die gesetzlichen Bestimmungen gelten sollen (ggf, soweit nachstehend nichts Abweichendes bestimmt ist.) Abweichend (bzw ergänzend) von den gesetzlichen Bestimmungen gilt hierfür: ■■■

Über die Nießbrauchsbestellung mit sofortiger dinglicher Wirkung besteht Einigkeit.

Die Erschienenen bewilligen und beantragen jeweils die Eintragung des vorstehend bestellten Nießbrauchs an den Erbteilen von S und T zu Gunsten von W im Grundbuch von ■■■ Blatt ■■■ jeweils mit dem Vermerk, dass zur Löschung des Rechts der Nachweis des Todes der Berechtigten genügt.[1]

Vorgelesen vom Notar, von den Beteiligten genehmigt und eigenhändig unterschrieben[2] ◄

II. Erläuterungen

[1] Der **Nießbrauch an einem Erbteil** oder – wie im Muster – an allen Erbteilen ist ein Rechtsnießbrauch nach § 1068 und streng vom Nießbrauch am gesamten Nachlass, der – wie § 1085 zeigt – ein Nießbrauch an einer Summe von Nießbrauchsrechten an einzelnen Gegenständen ist, zu unterscheiden, vgl Hk-BGB/*Schulte-Nölke*, § 1068 Rn 1 f, § 1085 1 ff. MüKo-BGB/*Pohlmann* § 1089 Rn 13 ff, Nieder/*Nieder*, Handbuch der Testamentsgestaltung, § 10 Rn 167 ff, derselbe in Münchner VertragsHdb Band 6, XVI. 20. Dieser Unterschied ist auch und gerade bei der Abfassung von entsprechenden Verfügungen von Todes wegen zu beachten. 2

Voraussetzungen der Bestellung und **Rechtsfolgen** unterscheiden sich hierbei erheblich. So scheidet etwa beim Nießbrauch am Erbteil bei Veräußerung eines Nachlassgegenstandes mit 3

Zustimmung des Nießbrauchers, § 1071, der Gegenstand unbelastet aus der Nachlassmasse aus; an seine Stelle tritt – anders als beim Vermögensnießbrauch, § 1085, ohne weiteres die Gegenleistung.

4 [2] Die **Bestellung des Nießbrauchs** an einem Recht erfolgt gemäß § 1069 nach den für die Übertragung geltenden Vorschriften. Beim Erbteil ist daher – anders als bei der Bestellung des Nießbrauchs an einzelnen Gegenständen, §§ 1030, 1032, gem. § 2033 notarielle Beurkundung erforderlich; ausführlich Nieder/*Nieder*, Handbuch der Testamentsgestaltung Rn 168. Bei Bestellung des Nießbrauchs an allen Erbteilen ist § 2384 zu beachten.

5 Ein erbrechtlicher **Dispositions- oder Verfügungsnießbrauch** liegt vor, wenn der erbrechtlich vermachte Nießbrauch mit einer Verfügungsbefugnis des Nießbrauchsberechtigten durch Testamentsvollstreckung oder postmortale Vollmacht kombiniert wird, ausführlich hierzu MüKo-BGB/*Pohlmann* § 1030 Rn 80; sowie *Nieder*, Testamentsgestaltung, § 10 IV 4 Rn 170. Musterformulierung bei *Nieder* in Münchner VertragsHdb Band 6, XVI 23.

B. Gesellschaftsrecht

6 I. Muster: Nießbrauch an einem Gesellschaftsanteil[1]

▶ Verhandelt am ▪▪▪ in ▪▪▪

Vor dem unterzeichneten Notar ▪▪▪

erschienen ▪▪▪[2]

G ist Inhaber eines voll eingezahlten Geschäftsanteils/alternativ: Kommanditanteils in Höhe von EUR ▪▪▪ (nachstehend der „Anteil“) an der ▪▪▪-GmbH/GmbH & Co KG mit dem Sitz in ▪▪▪ (AG ▪▪▪, HR ▪▪▪). Die Beteiligung am Kapital (entsprechend dem/der im Handelsregister eingetragenen GmbH-Kapital/Haftsumme der Kommanditgesellschaft) besteht derzeit in Höhe von nominal EUR ▪▪▪, das sind ▪▪▪ % des gesamten (bei KG: Haft-)Kapitals.

G räumt hiermit im Wege der Schenkung/Vermächtniserfüllung/▪▪▪ (sonstiger Rechtsgrund) dem N den lebenslangen Nießbrauch an dem vorgenannten Anteil ein, für dessen Inhalt die gesetzlichen Bestimmungen gelten sollen, soweit nachstehend nichts Abweichendes bestimmt ist.

Abweichend und ergänzend von den gesetzlichen Bestimmungen gilt hierfür:[3]

Der Nießbrauch besteht an dem gesamten Anteil, und zwar auch für den Fall einer Erhöhung des Kapitalanteils aus Gesellschaftsmitteln und erstreckt sich im Fall der Auflösung der Gesellschaft auf das Auseinandersetzungsguthaben.

Im Verhältnis zur Gesellschaft steht das Stimmrecht aus dem Anteil dem G zu.

G verpflichtet sich jedoch gegenüber N zu Folgendem:

- N im Rahmen der G zustehenden Informationsrechte über alle für den Nießbrauch relevanten Vorgänge in der Gesellschaft, insbesondere das Gewinnbezugsrecht, zu unterrichten;
- N, soweit gesellschaftsrechtlich zulässig, die Teilnahme an allen Gesellschafterversammlungen zu ermöglichen;
- N`s Interessen bei der Stimmabgabe angemessen zu berücksichtigen und keine Maßnahmen zu treffen, welche den Nießbraucher bei Würdigung der berechtigten Interessen des N und G unzumutbar beeinträchtigen;
- das Stimmverhalten mit N vorab abzusprechen und sich, falls keine Einigung zwischen G und N hierüber ergibt, der Stimmabgabe zu enthalten über Bilanzierung und Gewinnverwendung und -verteilung, den Gesellschaftsvertrag ändernde Maßnahmen, insbesondere Kapitalerhöhung oder -herabsetzung, Umwandlungsmaßnahmen nach dem UmwG;

- Ohne Zustimmung von N Handlungen zu unterlassen, die die Interessen N's nachteilig berühren, insbesondere Kündigung der und Austritt aus der Gesellschaft, Zustimmung zur Einziehung des Anteiles (bei KG: Zustimmung zum Ausschluss aus der Gesellschaft).[4]

Über die Nießbrauchsbestellung besteht Einigkeit.

Eventuell erforderliche Zustimmungen zur Nießbrauchsbestellung liegen vor; Anzeige an die Gesellschaft obliegt dem G.[5]

■■■

Vorgelesen vom Notar, von den Beteiligten genehmigt und eigenhändig unterschrieben:

 ◄

II. Erläuterungen

[1] **Erbschaftsteuerreform 2009.** Durch die Erbschaftsteuerreform 2009 wird die Abziehbarkeit des kapitalisierten Nießbrauchs vom steuerlichen Wert des Gesamterwerbs wieder ermöglicht, vgl auch Rn 13 zu § 1030. Somit bietet der Nießbrauch wieder erhebliche steuerliche Anreize, vgl hierzu *Geck*, DStR 2009, 1005 ff, und wird voraussichtlich gerade für Familiengesellschaften interessant, zB im Rahmen einer Übergabe unter Vorbehaltsnießbrauch; zur Abgrenzung zur Vor- und Nacherbschaft und anderen Instituten, vgl *Reichert/Schlitt/Dünn* GmbHR 1998, 565 ff. Die Zuziehung eines steuerlichen Beraters bei der Gestaltung ist geboten. 7

[2] Die **Bestellung des Nießbrauchs** erfolgt nach den für die Übertragung des Gesellschaftsanteils geltenden Vorschriften (§ 1069 Abs. 1), beim Geschäftsanteil an einer GmbH durch notariell beurkundeten Vertrag, § 15 GmbHG. Für den Nießbrauch an einer GbR/Personenhandelsgesellschaft ist (mindestens) Schriftform zweckmäßig. 8

[3] Für die **Vertragsgestaltung** empfiehlt sich eine klare und umfassende Regelung, insbesondere der Zuordnung von Verwaltungs- und Vermögensrechten, da viele Einzelheiten zur gesetzlichen Regelung (Normalstatut) und zu den Grenzen der Dispositivität strittig sind (vgl hierzu für die GbR etwa MüKo-BGB/*Ulmer*, § 705 Rn 96 ff mwN, für die KG und für die GmbH MüKo-BGB/*Pohlmann*, § 1068 Rn 19 ff) und die Interessen sehr unterschiedlich gelagert sein können. So wird dem Nießbraucher idR an einer möglichst hohen alljährlichen Gewinnausschüttung, dem Inhaber des Anteils eher an dem ihm zugute kommenden langfristigen Substanzerhalt, zB durch Rücklagenbildung, liegen. 9

Dem Nießbraucher stehen die Nutzungen zu, das ist bei der Personengesellschaft der nach dem Gesellschaftsvertrag entnahmefähige Ertrag (Gewinn einschließlich Zinsen auf Guthaben der Gesellschafterkonten) abzüglich von den Gesellschaftern beschlossener Rücklage, nicht jedoch ausgeschüttete stille Reserven und Auseinandersetzungsguthaben, bei der GmbH der ausgeschüttete Gewinn. 10

[4] Die **Vereinbarung des Nießbrauchs am Gesellschaftsanteil** muss auf den konkreten Einzelfall zugeschnitten ausgestaltet werden, vgl Rn 9. 11

Inhaber der Mitgliedschaftsrechte bleibt nach dem Muster allein der Gesellschafter, nur er ist stimmberechtigt, muss jedoch im Innenverhältnis die Interessen des Nießbrauchers berücksichtigen. Je nach Sachlage ist – wenn der Gesellschaftsvertrag und das Gesellschaftsrecht dies zulassen – auch eine Übertragung von Befugnissen kraft inhaltlicher Ausgestaltung des Nießbrauchs oder aufgrund Stimmrechtsvollmacht für den Nießbraucher denkbar; die Grenzen des Zulässigen sind strittig; sie finden sich jedenfalls im konkreten Gesellschaftsvertrag und allgemein im Gesellschaftsrecht für sog. **Grundlagenbeschlüsse**, die die Rechtsstellung des Gesellschafters innerhalb der Gesellschaft betreffen und für welche die Stimmkompetenz immer beim Gesellschafter verbleiben muss, ausführlich *Ulmer* aaO § 705 Rn 99 ff; Formular für einen Nießbrauch am Geschäftsanteil einer GmbH bei *Stephan*, Beck'sches Formularbuch Bürgerliches, Handels- und Wirtschaftsrecht, IX. 24, für einen Nießbrauch aufgrund Vermächtnis an 12 einem Kommanditanteil bei *Brambring/Mutter*, Beck'sches Formularbuch Erbrecht, G.VIII.1; zum Nießbrauch am einzelkaufmännischen Unternehmen (= Nießbrauch an einer Summe von Einzelgegenständen) s. *Nieder*, Testamentsgestaltung, Rn 174 ff, sowie derselbe Münchener Vertragshandbuch/*Nieder* Bd. 6 II, XVI.23.

13 [5] **Weitere nach dem Gesellschaftsvertrag bestehende Voraussetzungen** (zB Zustimmung von Gesellschaftern, Organen) sind zu beachten; die Nießbrauchsbestellung ist der Gesellschaft anzuzeigen, §§ 1070 Abs. 1, 413, 407 Abs. 1, sowie bei der GmbH § 16 Abs. 1 GmbHG.

C. Notarkosten

14 20/10-Gebühr nach § 36 Abs. 2 KostO. Der Geschäftswert richtet sich nach § 24 Abs. 2, 3 KostO (bei Verwandten nach § 24 Abs. 3 KostO höchstens der fünffache Jahreswert des Nießbrauchs).

§ 1069 Bestellung

(1) Die Bestellung des Nießbrauchs an einem Recht erfolgt nach den für die Übertragung des Rechts geltenden Vorschriften.
(2) An einem Recht, das nicht übertragbar ist, kann ein Nießbrauch nicht bestellt werden.

§ 1070 Nießbrauch an Recht auf Leistung

(1) Ist ein Recht, kraft dessen eine Leistung gefordert werden kann, Gegenstand des Nießbrauchs, so finden auf das Rechtsverhältnis zwischen dem Nießbraucher und dem Verpflichteten die Vorschriften entsprechende Anwendung, welche im Falle der Übertragung des Rechts für das Rechtsverhältnis zwischen dem Erwerber und dem Verpflichteten gelten.
(2) [1]Wird die Ausübung des Nießbrauchs nach § 1052 einem Verwalter übertragen, so ist die Übertragung dem Verpflichteten gegenüber erst wirksam, wenn er von der getroffenen Anordnung Kenntnis erlangt oder wenn ihm eine Mitteilung von der Anordnung zugestellt wird. [2]Das Gleiche gilt von der Aufhebung der Verwaltung.

§ 1071 Aufhebung oder Änderung des belasteten Rechts

(1) [1]Ein dem Nießbrauch unterliegendes Recht kann durch Rechtsgeschäft nur mit Zustimmung des Nießbrauchers aufgehoben werden. [2]Die Zustimmung ist demjenigen gegenüber zu erklären, zu dessen Gunsten sie erfolgt; sie ist unwiderruflich. [3]Die Vorschrift des § 876 Satz 3 bleibt unberührt.
(2) Das Gleiche gilt im Falle einer Änderung des Rechts, sofern sie den Nießbrauch beeinträchtigt.

§ 1072 Beendigung des Nießbrauchs

Die Beendigung des Nießbrauchs tritt nach den Vorschriften der §§ 1063, 1064 auch dann ein, wenn das dem Nießbrauch unterliegende Recht nicht ein Recht an einer beweglichen Sache ist.

§ 1073 Nießbrauch an einer Leibrente

Dem Nießbraucher einer Leibrente, eines Auszugs oder eines ähnlichen Rechts gebühren die einzelnen Leistungen, die auf Grund des Rechts gefordert werden können.

§ 1074 Nießbrauch an einer Forderung; Kündigung und Einziehung

[1]Der Nießbraucher einer Forderung ist zur Einziehung der Forderung und, wenn die Fälligkeit von einer Kündigung des Gläubigers abhängt, zur Kündigung berechtigt. [2]Er hat für die ordnungsmäßige Einziehung zu sorgen. [3]Zu anderen Verfügungen über die Forderung ist er nicht berechtigt.

§ 1075 Wirkung der Leistung

(1) Mit der Leistung des Schuldners an den Nießbraucher erwirbt der Gläubiger den geleisteten Gegenstand und der Nießbraucher den Nießbrauch an dem Gegenstand.
(2) Werden verbrauchbare Sachen geleistet, so erwirbt der Nießbraucher das Eigentum; die Vorschrift des § 1067 findet entsprechende Anwendung.

§ 1076 Nießbrauch an verzinslicher Forderung

Ist eine auf Zinsen ausstehende Forderung Gegenstand des Nießbrauchs, so gelten die Vorschriften der §§ 1077 bis 1079.

§ 1077 Kündigung und Zahlung

(1) [1]Der Schuldner kann das Kapital nur an den Nießbraucher und den Gläubiger gemeinschaftlich zahlen. [2]Jeder von beiden kann verlangen, dass an sie gemeinschaftlich gezahlt wird; jeder kann statt der Zahlung die Hinterlegung für beide fordern.
(2) [1]Der Nießbraucher und der Gläubiger können nur gemeinschaftlich kündigen. [2]Die Kündigung des Schuldners ist nur wirksam, wenn sie dem Nießbraucher und dem Gläubiger erklärt wird.

§ 1078 Mitwirkung zur Einziehung

[1]Ist die Forderung fällig, so sind der Nießbraucher und der Gläubiger einander verpflichtet, zur Einziehung mitzuwirken. [2]Hängt die Fälligkeit von einer Kündigung ab, so kann jeder Teil die Mitwirkung des anderen zur Kündigung verlangen, wenn die Einziehung der Forderung wegen Gefährdung ihrer Sicherheit nach den Regeln einer ordnungsmäßigen Vermögensverwaltung geboten ist.

§ 1079 Anlegung des Kapitals

[1]Der Nießbraucher und der Gläubiger sind einander verpflichtet, dazu mitzuwirken, dass das eingezogene Kapital nach den für die Anlegung von Mündelgeld geltenden Vorschriften verzinslich angelegt und gleichzeitig dem Nießbraucher der Nießbrauch bestellt wird. [2]Die Art der Anlegung bestimmt der Nießbraucher.

§ 1080 Nießbrauch an Grund- oder Rentenschuld

Die Vorschriften über den Nießbrauch an einer Forderung gelten auch für den Nießbrauch an einer Grundschuld und an einer Rentenschuld.

§ 1081 Nießbrauch an Inhaber- oder Orderpapieren

(1) [1]Ist ein Inhaberpapier oder ein Orderpapier, das mit Blankoindossament versehen ist, Gegenstand des Nießbrauchs, so steht der Besitz des Papiers und des zu dem Papiere gehörenden Erneuerungsscheins dem Nießbraucher und dem Eigentümer gemeinschaftlich zu. [2]Der Besitz der zu dem Papier gehörenden Zins-, Renten- oder Gewinnanteilscheine steht dem Nießbraucher zu.
(2) Zur Bestellung des Nießbrauchs genügt anstelle der Übergabe des Papiers die Einräumung des Mitbesitzes.

§ 1082 Hinterlegung

[1]Das Papier ist nebst dem Erneuerungsschein auf Verlangen des Nießbrauchers oder des Eigentümers bei einer Hinterlegungsstelle mit der Bestimmung zu hinterlegen, dass die Herausgabe nur von dem Nießbraucher und dem Eigentümer gemeinschaftlich verlangt werden kann. [2]Der Nießbraucher kann auch Hinterlegung bei der *Reichsbank,* bei der *Deutschen Zentralgenossenschaftskasse* oder bei der Deutschen Girozentrale (Deutschen Kommunalbank) verlangen.

§ 1083 Mitwirkung zur Einziehung

(1) Der Nießbraucher und der Eigentümer des Papiers sind einander verpflichtet, zur Einziehung des fälligen Kapitals, zur Beschaffung neuer Zins-, Renten- oder Gewinnanteilscheine sowie zu sonstigen Maßnahmen mitzuwirken, die zur ordnungsmäßigen Vermögensverwaltung erforderlich sind.
(2) [1]Im Falle der Einlösung des Papiers findet die Vorschrift des § 1079 Anwendung. [2]Eine bei der Einlösung gezahlte Prämie gilt als Teil des Kapitals.

§ 1084 Verbrauchbare Sachen

Gehört ein Inhaberpapier oder ein Orderpapier, das mit Blankoindossament versehen ist, nach § 92 zu den verbrauchbaren Sachen, so bewendet es bei der Vorschrift des § 1067.

Untertitel 3 Nießbrauch an einem Vermögen

§ 1085 Bestellung des Nießbrauchs an einem Vermögen

[1]Der Nießbrauch an dem Vermögen einer Person kann nur in der Weise bestellt werden, dass der Nießbraucher den Nießbrauch an den einzelnen zu dem Vermögen gehörenden Gegenständen erlangt. [2]Soweit der Nießbrauch bestellt ist, gelten die Vorschriften der §§ 1086 bis 1088.

1 Die Nießbrauchsbestellung an einem Vermögen erfolgt durch Bestellung einzelner Nießbrauchsrechte an den einzelnen Vermögensgegenständen. Insoweit kann auf die Anmerkungen zu §§ 1030 ff verwiesen werden (vgl iÜ MüKo-BGB/*Pohlmann*, § 1085 Rn 2 ff).

§ 1086 Rechte der Gläubiger des Bestellers

[1]Die Gläubiger des Bestellers können, soweit ihre Forderungen vor der Bestellung entstanden sind, ohne Rücksicht auf den Nießbrauch Befriedigung aus den dem Nießbrauch unterliegenden Gegenständen verlangen. [2]Hat der Nießbraucher das Eigentum an verbrauchbaren Sachen erlangt, so tritt an die Stelle der Sachen der Anspruch des Bestellers auf Ersatz des Wertes; der Nießbraucher ist den Gläubigern gegenüber zum sofortigen Ersatz verpflichtet.

§ 1087 Verhältnis zwischen Nießbraucher und Besteller

(1) [1]Der Besteller kann, wenn eine vor der Bestellung entstandene Forderung fällig ist, von dem Nießbraucher Rückgabe der zur Befriedigung des Gläubigers erforderlichen Gegenstände verlangen. [2]Die Auswahl steht ihm zu; er kann jedoch nur die vorzugsweise geeigneten Gegenstände auswählen. [3]Soweit die zurückgegebenen Gegenstände ausreichen, ist der Besteller dem Nießbraucher gegenüber zur Befriedigung des Gläubigers verpflichtet.
(2) [1]Der Nießbraucher kann die Verbindlichkeit durch Leistung des geschuldeten Gegenstands erfüllen. [2]Gehört der geschuldete Gegenstand nicht zu dem Vermögen, das dem Nießbrauch unterliegt, so ist der Nießbraucher berechtigt, zum Zwecke der Befriedigung des Gläubigers einen zu dem Vermögen gehörenden Gegenstand zu veräußern, wenn die Befriedigung durch den Besteller nicht ohne Gefahr abgewartet werden kann. [3]Er hat einen vorzugsweise geeigneten Gegenstand auszuwählen. [4]Soweit er zum Ersatz des Wertes verbrauchbarer Sachen verpflichtet ist, darf er eine Veräußerung nicht vornehmen.

§ 1088 Haftung des Nießbrauchers

(1) [1]Die Gläubiger des Bestellers, deren Forderungen schon zur Zeit der Bestellung verzinslich waren, können die Zinsen für die Dauer des Nießbrauchs auch von dem Nießbraucher verlangen. [2]Das Gleiche gilt von anderen wiederkehrenden Leistungen, die bei ordnungsmäßiger Verwaltung aus den Einkünften des Vermögens bestritten werden, wenn die Forderung vor der Bestellung des Nießbrauchs entstanden ist.
(2) Die Haftung des Nießbrauchers kann nicht durch Vereinbarung zwischen ihm und dem Besteller ausgeschlossen oder beschränkt werden.
(3) [1]Der Nießbraucher ist dem Besteller gegenüber zur Befriedigung der Gläubiger wegen der im Absatz 1 bezeichneten Ansprüche verpflichtet. [2]Die Rückgabe von Gegenständen zum Zwecke der Befriedigung kann der Besteller nur verlangen, wenn der Nießbraucher mit der Erfüllung dieser Verbindlichkeit in Verzug kommt.

§ 1089 Nießbrauch an einer Erbschaft

Die Vorschriften der §§ 1085 bis 1088 finden auf den Nießbrauch an einer Erbschaft entsprechende Anwendung.

Titel 3 Beschränkte persönliche Dienstbarkeiten

§ 1090 Gesetzlicher Inhalt der beschränkten persönlichen Dienstbarkeit

(1) Ein Grundstück kann in der Weise belastet werden, dass derjenige, zu dessen Gunsten die Belastung erfolgt, berechtigt ist, das Grundstück in einzelnen Beziehungen zu benutzen, oder dass ihm eine sonstige Befugnis zusteht, die den Inhalt einer Grunddienstbarkeit bilden kann (beschränkte persönliche Dienstbarkeit).
(2) Die Vorschriften der §§ 1020 bis 1024, 1026 bis 1029, 1061 finden entsprechende Anwendung.

A. Einzelne Dienstbarkeit

I. Muster: Photovoltaikdienstbarkeit 1

▶ **I. Grundbuchstand (dienendes Grundstück)** 816

■■■

Das vorgenannte Grundstück wird nachstehend als "das dienende Grundstück" bezeichnet.

II. Berechtigter

■■■

III. Dienstbarkeitsbestellung

Der Eigentümer des in Ziff. I. genannten Grundstücks[1] bestellt zugunsten des Berechtigten[2] eine beschränkte persönliche Dienstbarkeit folgenden Inhalts:[3]

Dem Berechtigte ist gestattet, auf den jeweiligen Dächern der Gebäude, welche sich auf dem dienenden Grundstück befinden, eine Photovoltaikanlage samt Nebenanlagen (Module, Wechselrichter, Trafo, Gestelle, technisch-elektronischen Bauteile) nebst Verkabelung, unter- und oberirdischen Anschlussleitungen zu errichten, zu betreiben und zu nutzen.

Der Ausübungsbereich ist beschränkt auf die Dachflächen, die in dem beigefügten Lageplan farbig markiert sind. Auf den beigefügten Lageplan wird verwiesen; er wurde zur Durchsicht vorgelegt und genehmigt.

Der Berechtigte ist ferner berechtigt, auf eigenes Risiko das Grundstück sowie die Gebäude für dien Errichtung, den Betrieb, die Instandhaltung und Erneuerung der Photovoltaikanlage samt Nebeneinrichtungen zu betreten bzw von Dritten betreten zu lassen, soweit dies erforderlich ist. Dabei ist jeweils der vorher bestehende Zustand wiederherzustellen. Der jeweilige Eigentümer des dienenden Grundstücks darf nichts errichten, umbauen oder entfernen, was den Bestand oder die oder Nutzung der Einrichtungen stört oder gefährdet. Veränderungen sind zulässig, wenn der Eigentümer wieder eine Situation herstellt, die eine Funktionsfähigkeit oder Nutzbarkeit der Anlage erlaubt, die mit der vor der baulichen Veränderung bestehenden wenigstens vergleichbar ist. Eine Befristung soll ausdrücklich (nicht) erfolgen.

Die Beteiligten sind sich über die Entstehung der vorgenannten beschränkten persönlichen Dienstbarkeit einig.[4]

III. Grundbucherklärungen

Die Eintragung dieser beschränkten persönlichen Dienstbarkeit in das Grundbuch des dienenden Grundstücks im Rang nach ■■■ wird hiermit bewilligt und beantragt.

■■■ (Kosten, Vollzugsauftrag, Abschriften) ◀

II. Erläuterungen und Varianten

[1] Belastungsgegenstand. Insoweit ist auf die Erläuterungen zur Grunddienstbarkeit bei § 1018Rn 2 zu verweisen. 2

3 [2] **Berechtigter** kann jede natürliche und juristische Person sein, auch eine rechtsfähige Personengesellschaft. Hinsichtlich mehrerer Berechtigter wird auf die Erläuterungen in § 1093 Rn 1 ff verwiesen. Eine Bestellung kann auch zugunsten des Eigentümers erfolgen, sofern ein schutzwürdiges Interesse vorliegt und in der Bewilligungsurkunde dargelegt wird (BGH MittBayNot 1984, 126).

4 [3] **Dienstbarkeitsinhalt.** Eine beschränkte persönliche Dienstbarkeit kann nur mit dem nach §§ 1090, 1018 zulässigen Inhalt bestellt werden. Die Rechtsinhalte von beschränkter persönlicher Dienstbarkeit und Grunddienstbarkeit sind damit nahezu identisch, lediglich das dort nach § 1019 erforderliche **Vorteilserfordernis entfällt.**

Eine **Photovoltaikdienstbarkeit** wie im oa Muster erfüllt in der Regel zwei Funktionen:

- Im Rahmen der **Nutzungsfunktion** wird das Nutzungsrecht des Anlagenbetreibers abgesichert.
- Im Rahmen der **Trennungsfunktion** wird trotz Verbindung mit dem Grundstück die Sonderrechtsfähigkeit der Anlage sichergestellt.

Schwierigkeiten bereitet die in der Praxis oft gewünschte **Überleitmöglichkeit** auf nachfolgende Anlagenbetreiber oder Banken. In der Regel wird hier ein Anspruch auf Benennung und Dienstbarkeitsbestellung eingeräumt und mit Vormerkung(en) in entsprechender Zahl gesichert (vgl *Reymann* DNotZ 2010, 84 ff).

5 [4] Zur **Entstehung** sind wie bei der Grunddienstbarkeit **Einigung** und **Grundbucheintragung** erforderlich. Auch hinsichtlich der Ausführungen zum Erlöschenwird zunächst auf die Erläuterungen bei der Grunddienstbarkeit verwiesen. Als subjektiv-persönliches Recht erlischt die beschränkte persönliche Dienstbarkeit gemäß § 1090 Abs. 2 iVm § 1061 außerdem außerhalb des Grundbuchs mit dem **Wegfall des Berechtigten,** also seinem Tod bzw der Vollbeendigung eines sonstigen Rechtsträgers. Aus dem Charakter als subjektiv-persönliches Recht folgt die grundsätzliche Nicht-Übertragbarkeit (§ 1092 Abs. 1 S. 1). Für juristische Personen und gleichgestellte Rechtsträger ist der Grundsatz der Unübertragbarkeit in § 1092 Abs. 2 iVm § 1059 a ff für den Fall technischer und untechnischer Gesamtrechtsnachfolgen und in § 1092 Abs. 3 für bestimmte Rechtsinhalte – Sicherung öffentlicher oder privater Versorgung (nicht aber Photovoltaik!) – außer Kraft gesetzt. Im Übrigen ist die Übertragung der Dienstbarkeit nicht durch Aufhebung und Neubestellung möglich. Als Ausweichstrategie kann ein entsprechender **schuldrechtlicher Anspruch durch Vormerkung** gesichert oder **zugleich mehrere inhaltsgleiche, bedingte Dienstbarkeiten bestellt** werden, wobei hier der Bestimmtheitsgrundsatz zu wahren ist.

B. Zusammenfassung mehrerer Belastungen

6 **I. Muster: Tankstellenrecht und Gewerbebetriebsbeschränkung**[1]

▶ **I. Vorbemerkung**

1. Dienendes Grundstück

■■■

2. Berechtigter

■■■

II. Dienstbarkeitsbestellung

Der Eigentümer bestellt hiermit am dienenden Grundstück eine beschränkte persönliche Dienstbarkeit zugunsten des Berechtigten – bei mehreren im angegebenen Anteilsverhältnis – mit folgendem Inhalt:[2]

Dem Berechtigten ist gestattet, auf der im beigefügten Lageplan ▪▪▪ eingezeichneten Fläche des dienenden Grundstücks, solange ein Vertragsverhältnis mit ihm und seinen Rechtsnachfolgern besteht,[3] mindestens jedoch bis ▪▪▪, Motorentreibstoffe und Schmierstoffe jeder Art zu vertreiben bzw durch Dritte vertreiben zu lassen sowie eine Tankstelle samt den dazu gehörenden Einrichtungen, insbesondere Zapfeinrichtungen und unterirdisch gelagerten Tanks, unter Einhaltung aller öffentlich-rechtlichen Vorschriften zu errichten, zu unterhalten und zu betreiben mit der Maßgabe, dass die Ausübung der Dienstbarkeit einem Dritten ganz oder zum Teil überlassen werden kann.[4]

Der Eigentümer verpflichtet sich gleichfalls für die Dauer des Vertragsverhältnisses und mindestens bis ▪▪▪ gegenüber dem Berechtigten, auf dem dienenden Grundstück weder selbst eine Tankstelle zu betreiben noch Motorentreib- und Schmierstoffe jeder Art zu vertreiben bzw vertreiben zu lassen.

Die Beteiligten sind sich über die Entstehung der vorgenannten Dienstbarkeit einig.

III. Grundbucherklärungen

Die Eintragung dieser in Nr. II. genannten bedingten und befristeten beschränkten persönlichen Dienstbarkeit in das Grundbuch zugunsten des Berechtigten wird bewilligt und beantragt. Die Dienstbarkeit erhält Rang nach folgenden Rechten:

Abteilung II: ▪▪▪

Abteilung III: erste Rangstelle.

IV. Schlussbestimmungen, Sonstiges

▪▪▪ (Kosten, Abschriften, etc.) ◄

[1] **Verschiedene Arten** einer **Belastung** können auch **in einer Dienstbarkeit zusammengefasst** werden. Möglich ist daher die Kombination eines Betriebsrechts für den Berechtigten mit einem Verbot für den Eigentümer, die branchenspezifische Tätigkeit als solche zu betreiben: 7

[2] **Dienstbarkeiten mit Wettbewerbsklauseln** sind besonders häufig im Bereiche des **Brauerei- und Tankstellengewerbes** vorzufinden. Hier wollen sich die Lieferanten regelmäßig dagegen absichern, dass der Belieferte auch zu Konkurrenzbetrieben in Geschäftsbeziehungen tritt. In der Regel werden Wettbewerbsdienstbarkeiten als **beschränkte persönliche Dienstbarkeiten** (§ 1090) bestellt, da die Bestellung als Grunddienstbarkeit häufig an § 1019 (Vorteil für das herrschende Grundstück) scheitern wird (so zB OLG München MittBayNot 1980, 15). Die zu unterlassenden Handlungen müssen (zwingend) die aus dem Eigentum fließenden Befugnisse einschränken; untersagt werden darf nicht lediglich eine Beschränkung der rechtlichen Verfügungsfreiheit. Das Recht zur Wahl des Lieferanten ist nämlich gerade kein Ausfluss des Eigentümerrechts, sondern rechtsgeschäftliche Freiheit im Hinblick auf die wirtschaftliche Führung eines Gewerbebetriebs. 8

Wird der tatsächliche Gebrauch eingeschränkt, spielt es keine Rolle, dass die zu unterlassende Handlung im Übrigen nach der Gewerbefreiheit gestattet ist und die Einschränkung ihm gleichzeitig in jeder Hinsicht Beschränkungen auferlegt. **Unterscheidende Kriterien der tatsächlichen Benutzung eines Grundstücks**, deren Unterlassung als Dienstbarkeitsinhalt möglich ist, können zB sein die Art eines Gewerbes oder der Waren, die auf dem Grundstück bearbeitet oder vertrieben werden sollen. Zulässig ist daher eine Dienstbarkeit des Inhalts, dass auf dem Grundstück überhaupt kein Gewerbe errichtet oder ein bestimmtes Gewerbe (Schankwirtschaft, Tankstelle, etc.) nicht ausgeübt werden darf. Die Praxis behilft sich zur **Absicherung einer Bezugsverpflichtung**, die aus diesen Gründen nicht unmittelbarer Gegenstand einer beschränkten persönlichen Dienstbarkeit sein kann, mit reinen **Unterlassungsdienstbarkeiten**. Dem Eigentümer wird hierdurch generell eine bestimmte Betätigung verboten; rein schuldrechtlich werden mittels einer Sicherungsabrede davon abweichende, flankierende Abreden getroffen. 9

[3] **Befristungen bzw Bedingungen** sind insbesondere bei Dienstbarkeiten mit wettbewerbsrechtlichem Hintergrund geeignet, eine **Verknüpfung mit einer schuldrechtlichen Bindung** her- 10

zustellen. Vielfach wird – wie im vorstehenden Muster – vereinbart, dass die Dienstbarkeit bestehen soll, solange ein Vertragsverhältnis des Eigentümers mit dem Dienstbarkeitsberechtigten besteht. Eine solche Befristung oder Bedingung, die Voraussetzung für den Bestand des Rechts ist, muss im Eintragungsvermerk selbst angeführt werden. Auch wenn zeitlich unbeschränkte schuldrechtliche Bezugsbindungen sittenwidrig sein können (BGH DNotZ 1980, 45), hat dies regelmäßig aufgrund der Abstraktheit der Dienstbarkeit keine Auswirkungen auf diese, so dass auch Dienstbarkeiten mit unbeschränkter Dauer insoweit zulässig sind (OLG Karlsruhe MittBayNot 1986, 256)

11 **[4] Recht zur Überlassung an Dritte.** Nach dem Gesetz ist es ausschließlich dem Berechtigten gestattet, die Rechte aus der Dienstbarkeit auszuüben. Das Recht zur Überlassung an einen Dritten kann durch entsprechende Vereinbarung mit dinglicher Wirkung zum Inhalt der Dienstbarkeit gemacht werden. Der Eigentümer kann sich jedoch auch vorbehalten, die Überlassung lediglich auf gesonderter schuldrechtlicher Grundlage zu erlauben.

§ 1091 Umfang

Der Umfang einer beschränkten persönlichen Dienstbarkeit bestimmt sich im Zweifel nach dem persönlichen Bedürfnis des Berechtigten.

§ 1092 Unübertragbarkeit; Überlassung der Ausübung

(1) [1]Eine beschränkte persönliche Dienstbarkeit ist nicht übertragbar. [2]Die Ausübung der Dienstbarkeit kann einem anderen nur überlassen werden, wenn die Überlassung gestattet ist.
(2) Steht eine beschränkte persönliche Dienstbarkeit oder der Anspruch auf Einräumung einer beschränkten persönlichen Dienstbarkeit einer juristischen Person oder einer rechtsfähigen Personengesellschaft zu, so gelten die Vorschriften der §§ 1059 a bis 1059 d entsprechend.
(3) [1]Steht einer juristischen Person oder einer rechtsfähigen Personengesellschaft eine beschränkte persönliche Dienstbarkeit zu, die dazu berechtigt, ein Grundstück für Anlagen zur Fortleitung von Elektrizität, Gas, Fernwärme, Wasser, Abwasser, Öl oder Rohstoffen einschließlich aller dazugehörigen Anlagen, die der Fortleitung unmittelbar dienen, für Telekommunikationsanlagen, für Anlagen zum Transport von Produkten zwischen Betriebsstätten eines oder mehrerer privater oder öffentlicher Unternehmen oder für Straßenbahn- oder Eisenbahnanlagen zu benutzen, so ist die Dienstbarkeit übertragbar. [2]Die Übertragbarkeit umfasst nicht das Recht, die Dienstbarkeit nach ihren Befugnissen zu teilen. [3]Steht ein Anspruch auf Einräumung einer solchen beschränkten persönlichen Dienstbarkeit einer der in Satz 1 genannten Personen zu, so ist der Anspruch übertragbar. [4]Die Vorschriften der §§ 1059 b bis 1059 d gelten entsprechend.

§ 1093 Wohnungsrecht

(1) [1]Als beschränkte persönliche Dienstbarkeit kann auch das Recht bestellt werden, ein Gebäude oder einen Teil eines Gebäudes unter Ausschluss des Eigentümers als Wohnung zu benutzen. [2]Auf dieses Recht finden die für den Nießbrauch geltenden Vorschriften der §§ 1031, 1034, 1036, des § 1037 Abs. 1 und der §§ 1041, 1042, 1044, 1049, 1050, 1057, 1062 entsprechende Anwendung.
(2) Der Berechtigte ist befugt, seine Familie sowie die zur standesmäßigen Bedienung und zur Pflege erforderlichen Personen in die Wohnung aufzunehmen.
(3) Ist das Recht auf einen Teil des Gebäudes beschränkt, so kann der Berechtigte die zum gemeinschaftlichen Gebrauch der Bewohner bestimmten Anlagen und Einrichtungen mitbenutzen.

1 **A. Muster: Wohnungs- und Mitbenutzungsrecht**

▶ Herr/Frau ■■■ als Berechtigter[1] ist befugt, lebenslang folgende Räume[2] in dem Gebäude auf dem Grundstück Flst.Nr. ■■■ unter Ausschluss des Eigentümers zu Wohnzwecken zu nutzen[3]:

...

Der Berechtigte hat das Recht, die Gemeinschaftseinrichtungen mitzubenutzen, insbesondere Keller, Speicher, Bad, WC, Hof und Garten. Er ist zur freien Bewegung in und beim Vertragsanwesen berechtigt.[4] Die Ausübung des Wohnungsrechts darf Dritten (nicht) überlassen werden.[5]

Der jeweilige Eigentümer hat die vorgenannten Räume des Berechtigten auf seine Kosten stets in gut bewohnbarem und beheizbarem Zustand zu erhalten. Er hat daher alle anfallenden Reparatur- und Wartungsmaßnahmen stets unverzüglich durchzuführen; erforderliche Schönheitsreparaturen hat der Berechtigte vorzunehmen. Die Kosten für die gewöhnliche Unterhaltung sowie Ver- und Entsorgung (Strom, Telefon, Wasser, Heizung, Müllabfuhr etc.) hat der Berechtigte selbst zu tragen, soweit sie sich seinen Räumen zuordnen lassen. An allen sonstigen Kosten (insbesondere auch den Gemeinkosten des Hauses) hat sich der Berechtigte nicht zu beteiligen.[6]

Über die Begründung des vorstehenden Rechts sind die Beteiligten einig. Zur Sicherung dieses Wohnungs- und Mitbenützungsrechts wird hiermit eine beschränkte persönliche Dienstbarkeit am vorgenannten Grundbesitz bestellt und deren Eintragung in das Grundbuch bewilligt und beantragt[7] mit dem Vermerk, dass zur Löschung im Grundbuch der Nachweis des Ablebens des Berechtigten genügt. ◀

B. Erläuterungen und Varianten

[1] **Berechtigter.** Das Wohnungsrecht kann einer oder mehreren bestimmten natürlichen oder juristischen Personen sowie rechtsfähigen Personengesellschaften eingeräumt werden. Bei **mehreren Berechtigten** ist die Bestellung von parallelen Wohnungsrechten im Gleichrang sowie die Vereinbarung eines Wohnungsrechts in einer (ggf modifizierten) Gesamtgläubigerschaft (§ 428) denkbar. Eine an die Eigenheiten des Wohnungsrechts angepasste Gesamtgläubigerschaft ließe sich wie folgt formulieren: 2

▶ **Wohnungsrecht in Gesamtberechtigung gemäß § 428 BGB**

Das Wohnungsrecht steht ... als Gesamtberechtigten nach § 428 BGB zu. Der Eigentümer hat dabei zu Lebzeiten beider Berechtigter deren Nutzung auch gleichzeitig und nebeneinander zu dulden. Nach dem Tod eines Berechtigten steht das Wohnungsrecht dem Längerlebenden allein in vollem Umfang zu. Keiner der Berechtigten kann vorher über das Wohnungsrecht mit Gesamtwirkung für den anderen im Wege der Aufhebung, der Inhaltsänderung, des Rangrücktritts oder anderweitig verfügen. ◀

Eine **Bestellung für mehrere Personen nach Bruchteilen** ist aufgrund der fehlenden Teilbarkeit der Leistung **nicht** möglich (OLG Köln DNotZ 1965, 686). Bei Vorliegen einer Gütergemeinschaft kann das Wohnungsrecht dem **Gesamtgut zugewiesen** werden. Es empfiehlt sich, flankierend eine auf die Beendigung der Gütergemeinschaft aufschiebend bedingte Gesamtberechtigung zu vereinbaren: 3

▶ **Wohnungsrecht in Gütergemeinschaft**

Die Eheleute ... behalten sich zum Gesamtgut der Gütergemeinschaft, bei deren Beendigung als Gesamtberechtigte nach § 428 BGB das Wohnungsrecht vor, mit der Maßgabe, dass nach dem Tod eines Berechtigten das Wohnungsrecht dem Längerlebenden allein in vollem Umfang zusteht. Keiner der Berechtigten kann vorher über das Wohnungsrecht mit Wirkung für den anderen im Wege der Aufhebung, der Inhaltsänderung, des Rangrücktritts oder anderweitig verfügen. ◀

Praxisrelevant ist auch die Einräumung eines durch das **Überleben des zweitberechtigten Ehegatten bedingten,** aufschiebend auf den Tod des erstberechtigten Ehegatten befristeten Rechts. Dies wird insbesondere gewünscht, wenn ein Alleineigentümer seine Immobilie unter Vorbehalt 4 eines Wohnungsrechts verschenkt, zugleich aber der Ehegatte des Schenkers für die Zeit nach dem Ableben des Schenkers in den Genuss eines inhaltsgleichen Wohnungsrechtes kommen soll:

▶ **Bedingtes, aufschiebend befristetes Wohnungsrecht**

Lebt der Ehegatte des Berechtigten bei dessen Tod noch, steht ihm das Wohnungsrecht ab diesem Zeitpunkt mit demselben Inhalt – einschließlich Löschungserleichterung – zu. Sämtliche Vertragsteile bewilligen und beantragen, in das Grundbuch das Wohnungsrecht zugunsten des Berechtigten sowie im Rang unmittelbar danach das bedingte und aufschiebend befristete Wohnungsrecht zugunsten von ▪▪▪ einzutragen, jeweils mit dem vorstehend vereinbarten Inhalt samt Löschungserleichterung nach § 23 GBO. ◀

Das Wohnungsrecht kann grundsätzlich auch für einen Allein- oder Miteigentümer eingetragen werden (BGH DNotZ 1964, 493 bzw BayOblG DNotZ 1992, 366).

5 [2] **Ausübungsbereich.** Die vom Wohnungsrecht **erfassten Räumlichkeiten** müssen **bestimmt** sein, also insbesondere nach Stockwerk und Lage, so dass ohne weiteres festzustellen ist, welche Räume gemeint sind. Gegebenenfalls ist es ratsam einen Grundriss beizuziehen. Anders liegt es nur, wenn sich das Recht erkennbar auf alle Räume des Gebäudes beziehen soll, was nach herrschender Ansicht zulässig ist.

6 [3] Der **Hauptzweck Wohnen** grenzt das Wohnungsrecht von der beschränkten persönlichen Dienstbarkeit nach § 1090–1092 ab. Im Hinblick auf diesen Nutzungszweck muss der **Belastungsgegenstand** generell zum Wohnen geeignet sein. Aus diesem Grund ist ein Wohnungsrecht an einer Garage im Sondereigentum ebenso wenig eintragungsfähig (BayOblG NJW-RR 1987, 328) wie die Eintragung an einem Miteigentumsanteil (*Schöner/Stöber* Rn 1241). **Nutzungsgegenstand** muss ein Gebäude bzw ein Gebäudeteil sein. Eine andere Nutzung als das Wohnen ist als Rechtsinhalt unschädlich, wenn sie von lediglich untergeordneter Bedeutung ist, zB eine Garten- oder Garagennutzung. Zudem muss der Ausübungsbereich der Nebennutzung auf demselben Grundstück liegen, ansonsten ist zwingend eine eigenständige beschränkte persönliche Dienstbarkeit einzutragen. Das Wohnungsrecht gestattet die Benutzung unter Ausschluss des Eigentümers. Nach überwiegender Ansicht kann ein Wohnungsrecht auch so bestellt werden, dass der Eigentümer faktisch vollständig von jeder eigenen Nutzung des Grundstücks ausgeschlossen ist (*Schöner/Stöber* Rn 1130, aA OLG Köln DNotZ 1982, 442).

7 Belastet werden kann auch ein **Wohnungseigentum**. Der Ausübungsbereich kann nur **im Sondereigentum befindliche Gebäudeteile oder Räume** betreffen. Umstritten ist, ob ein Wohnungsrecht auch zum Gebrauch eines Bereichs ermächtigen kann, der dem Sondereigentümer lediglich als Sondernutzungsrecht zugewiesen ist. In der Praxis ist hier vor allem auf eine eindeutige Formulierung des Wohnungsrechts zu achten. Bei der Belastung von Wohnungseigentum sollte auch die Frage des **Stimmrechts** ausdrücklich geregelt werden (vgl zum Streitstand bei Nichtregelung *Armbrüster* DNotZ 1999, 562, 565), zB wie folgt:

▶ **Stimmrechtsvollmacht**

Der aktuelle Eigentümer erteilt hiermit dem Wohnungsrechtsinhaber unwiderruflich Vollmacht, auch nach Eigentumsumschreibung das Stimmrecht in der Eigentümerversammlung auszuüben, soweit das Gesetz und die Gemeinschaftsordnung dies zulassen. Die Vollmacht ist befristet. Sie erlischt mit dem Wohnungsrecht. Der Eigentümer verpflichtet sich, auf die Dauer des Wohnungsrechts sein eigenes Stimmrecht nicht ohne Zustimmung des Wohnungsrechtsinhabers auszuüben. Dieser verpflichtet sich wiederum, sein Stimmrecht nur im Einvernehmen mit dem Eigentümer auszuüben, wenn in der Eigentümerversammlung Beschlüsse über Kosten und Lasten gefasst werden, welche im Verhältnis zum Wohnungsrechtsinhaber vom Eigentümer zu tragen sind.

(Weitergabeklausel) ◀

[4] **Mitbenutzung.** Gemäß § 1093 Abs. 3 darf der Berechtigte gemeinschaftliche Anlagen und Einrichtungen mitbenutzen. Maßgeblich ist hier die **Verkehrsanschauung.** Zur Klarstellung ist eine **ausdrückliche Regelung** ratsam, in der die mitbenutzbaren Anlagen ausdrücklich aufgeführt werden. 8

[5] Die **Ausübung kann einem Dritten überlassen** werden; dies erfordert die Gestattung des Eigentümers (§ 1092 Abs. 1 S. 2). Auch die Nichtgestattung sollte in der Urkunde dezidiert geregelt werden, um Auslegungsfragen zu vermeiden. Erfolgt keinerlei Regelung hierzu, spricht viel dafür, dass der Eigentümer im Fall des Unvermögens des Berechtigten, sein Wohnungsrecht auszuüben, auch schuldrechtlich nicht verpflichtet ist, die Nutzung durch Dritte zu dulden (BGH, Urt. v. 9.1.2009, V ZR 168/07). 9

[6] Die **Maßnahmen der gewöhnlichen Unterhaltung** treffen grundsätzlich gemäß §§ 1093 Abs. 1 S. 2, 1041 den **Wohnungsberechtigten.** Veränderungen oder Verschlechterungen infolge Abwohnens, gehen nach der gesetzlichen Regelung nicht zu seinen Lasten. Hinsichtlich außergewöhnlicher Ausbesserungen und Erneuerung besteht gesetzlich keinerlei Verpflichtung (soweit nicht Art. 96 EGBGB greift), weder des Eigentümers noch des Wohnungsberechtigten. Hier herrscht Regelungsbedarf, um Pattsituationen zu vermeiden. 10

Da es sich bei dem vom Wohnungsrecht umfassten Gebäude samt gemeinschaftlichen Anlagen um solche iSd § 1021 handelt, kann auch **mit dinglicher Wirkung der Eigentümer** zur **Tragung von Nebenkosten** verpflichtet werden (OLG Schleswig DNotZ 1994, 895); Dies gilt aber nicht für Gebäudeteile, die nicht Gegenstand des Ausübungsbereichs des Wohnungsrechts und auch nicht Gemeinschaftsanlagen sind. Zulässig ist daher als dinglicher Inhalt des Wohnungsrechts, dass der Eigentümer verpflichtet ist, die Wohnungsrechtsräume in einem jederzeit gut bewohnbaren und beheizbaren Zustand zu erhalten. Hierfür gelten dann die Bestimmungen über die Reallast kraft Gesetzes entsprechend; es handelt sich insoweit um eine **unselbständige Reallast.** Mit dinglicher Wirkung kann insoweit der Eigentümer belastet werden. Die umgekehrte dingliche Regelung, dh die Übernahme von eigentlich dem Eigentümer obliegenden Pflichten zur Erhaltung des Gebäudes durch den Wohnungsberechtigten, ist dagegen nicht möglich (*Amann*, DNotZ 1982, 396). Abhilfe schafft hier lediglich eine schuldrechtliche Abrede mit Weitergabeverpflichtung; diese ist aber in der Praxis wenig üblich (vgl *Krauß*, Überlassungsverträge in der Praxis mit einem Formulierungsvorschlag, Rn 1243). Mit dinglicher Wirkung kann ferner vereinbart werden, dass der Eigentümer die Kosten der Ver- und Entsorgung und alle sonstigen Kosten des Bewohnens zu tragen hat. Im Übrigen ist die Beteiligung des Wohnungsberechtigten an den allgemeinen Kosten des Hauses und an den verbrauchsabhängigen Wohnkosten vertraglich zu regeln, da § 1047 mangels Verweisung in § 1093 nicht anwendbar ist. Im oa Muster sind dem Wohnungsberechtigten sämtliche verbrauchsabhängige Kosten übertragen worden. Dagegen ist hier eine Beteiligung an nicht zuordenbaren Hauskosten nicht vorgesehen worden. Alternativ wäre eine quotale Beteiligung (zB nach Wohnflächen) möglich. 11

[7] Die **Entstehungsvoraussetzungen** entsprechen denen der anderen beschränkten persönlichen Dienstbarkeiten (s. Erläuterungen zu § 1090 Rn 5). 12

Das Wohnungsrecht kann auch zur **dinglichen Absicherung eines Miet- oder Gebrauchsüberlassungsvertrags** (Leihe) verwendet werden. Dies wird zur Vermeidung der Gefahren einer Mietbeendigung (zB durch Sonderkündigung nach § 57 a ZVG) oft erwogen. 13

▶ Sicherungswohnungsrecht

Bei dem vorstehend vorbehaltenen Wohnungsrecht handelt es sich um ein Sicherungswohnrecht, dass dem Veräußerer dann Sicherheit gewähren soll, wenn der nachstehend vereinbarte Mietvertrag aus Gründen, die nicht vom Veräußerer zu vertreten sind, gekündigt wird oder aus einem anderen Grund erlischt (Sicherungsfall). Bis zum Eintritt des Sicherungsfalls nutzt der Veräußerer das Vertragsobjekt allein aufgrund der Rechte aus dem nachstehend abgeschlossenen Mietvertrag. Ab Eintritt des Sicherungsfalls ist für die Wohnungsrechtsausübung durch den Veräußerer kein Entgelt zu erbringen. ◀

Die (Un-)Entgeltlichkeit kann nicht in den dinglichen Inhalt aufgenommen werden (OLG Hamm MittBayNot 1997, 230). Ein schuldrechtlich vereinbartes Nutzungsentgelt kann jedoch zur Bedingung für die Ausübung des Wohnungsrechts gemacht werden (vgl OLG Karlsruhe DNotZ 1968, 432, 433).

▶ **Ausübungsbedingung**

Die Ausübung des Wohnungsrechts ist davon abhängig, dass ein monatlicher Betrag in Höhe von ▪▪▪ von dem Wohnungsberechtigten an den Eigentümer bezahlt wird. ◀

Nicht zu empfehlen ist es aufgrund der drastischen Folgen (Wegfall) den dingliche Bestand durch die ordnungsgemäße Erbringung der Gegenleistung zu bedingen.

14 Ein **subjektives Ausübungshindernis**, wie zB ein Umzug ins Pflegeheim führt regelmäßig nicht zum Erlöschen des Wohnungsrechts. Es drohte jedoch nach bisheriger obergerichtlicher Rechtsprechung eine **Umwandlung des Anspruchs** aus dem dinglichen Wohnungsrecht in einen Vergütungsanspruch in Höhe der durch Vermietung erzielbaren Erträge. Ob ein vertraglicher Ausschluss des Wohnungsrechts für den Fall des Wegzugs gegenüber einem Regressversuch des Sozialhilfeträgers Bestand hat, war lange fraglich (vgl zum ganzen *Vollmer*, MittBayNot 2009, 276 ff), ist nun aber jüngst durch den BGH bestätigt worden (BGH, Urt. v. 6.2.2009 – V ZR 130/08). Eine solche Wegzugsklausel könnte wie folgt formuliert werden:

▶ **Wegzugsklausel**

Der Berechtigte verpflichtet sich, sein Wohnungsrecht unverzüglich aufzugeben, sobald es von ihm über einen zusammenhängenden Zeitraum von mindestens sechs Monaten nicht mehr ausgeübt worden und die Ursache dafür nicht vom Eigentümer zu vertreten ist.

Die Verpflichtung entsteht unabhängig davon, ob der Berechtigte seinen gewöhnlichen Aufenthalt aufgrund eigener Entscheidung oder zwingender Umstände (insbesondere stationärer Pflegebedürftigkeit) verlegt hat. Der Berechtigte verpflichtet sich, in einem solchen Fall unverzüglich die Löschung seines Wohnungs- und seines Nutzungsrechts zu bewilligen.

Die Kosten für die Löschung sind vom Eigentümer zu tragen. Darüber hinaus wird die Pflicht des Eigentümers, bei Nichtausübung oder Aufgabe des Wohnungsrechts eine Ersatzrente oder anderweitige Entschädigung zu leisten, im gesetzlich zulässigen Umfang ausgeschlossen. ◀

Neben der **Aufhebungsverpflichtung**, die das Augenmerk auf die Interessen des Berechtigten legt, wären auch denkbar eine **auflösend bedingte Bestellung** des Wohnungsrechts für den Fall des dauerhaften Wegzugs oder eine **Abrede**, dass das Wohnungsrecht für Zeiten der Nichtausübbarkeit **ruht** (vgl *Herrler*, DNotZ 2009, 408, 423).

15 Das **Wohnungsrecht erlischt** ferner mit dem Tod des Berechtigten, dem Eintritt einer auflösenden Bedingung (die zB auch im o.g. Wegzug vom Anwesen bestehen kann) sowie mit dem Untergang des Gebäudes, sofern keine Wiederaufbauverpflichtung besteht. Die **Grundbuchlöschung** erfolgt durch Unrichtigkeitsnachweis (zB Sterbeurkunde), ansonsten bedarf es einer Berichtigungsbewilligung. Bei verdinglichten Nebenpflichten des Eigentümers wie hier ist eine Löschungsklausel zulässig.

Abschnitt 5 Vorkaufsrecht

§ 1094 Gesetzlicher Inhalt des dinglichen Vorkaufsrechts

(1) Ein Grundstück kann in der Weise belastet werden, dass derjenige, zu dessen Gunsten die Belastung erfolgt, dem Eigentümer gegenüber zum Vorkauf berechtigt ist.

(2) Das Vorkaufsrecht kann auch zugunsten des jeweiligen Eigentümers eines anderen Grundstücks bestellt werden.

§ 1095 Belastung eines Bruchteils

Ein Bruchteil eines Grundstücks kann mit dem Vorkaufsrecht nur belastet werden, wenn er in dem Anteil eines Miteigentümers besteht.

§ 1096 Erstreckung auf Zubehör

[1]Das Vorkaufsrecht kann auf das Zubehör erstreckt werden, das mit dem Grundstück verkauft wird. [2]Im Zweifel ist anzunehmen, dass sich das Vorkaufsrecht auf dieses Zubehör erstrecken soll.

§ 1097 Bestellung für einen oder mehrere Verkaufsfälle

Das Vorkaufsrecht beschränkt sich auf den Fall des Verkaufs durch den Eigentümer, welchem das Grundstück zur Zeit der Bestellung gehört, oder durch dessen Erben; es kann jedoch auch für mehrere oder für alle Verkaufsfälle bestellt werden.

§ 1098 Wirkung des Vorkaufsrechts

(1) [1]Das Rechtsverhältnis zwischen dem Berechtigten und dem Verpflichteten bestimmt sich nach den Vorschriften der §§ 463 bis 473. [2]Das Vorkaufsrecht kann auch dann ausgeübt werden, wenn das Grundstück von dem Insolvenzverwalter aus freier Hand verkauft wird.
(2) Dritten gegenüber hat das Vorkaufsrecht die Wirkung einer Vormerkung zur Sicherung des durch die Ausübung des Rechts entstehenden Anspruchs auf Übertragung des Eigentums.
(3) Steht ein nach § 1094 Abs. 1 begründetes Vorkaufsrecht einer juristischen Person oder einer rechtsfähigen Personengesellschaft zu, so gelten, wenn seine Übertragbarkeit nicht vereinbart ist, für die Übertragung des Rechts die Vorschriften der §§ 1059 a bis 1059 d entsprechend.

§ 1099 Mitteilungen

(1) Gelangt das Grundstück in das Eigentum eines Dritten, so kann dieser in gleicher Weise wie der Verpflichtete dem Berechtigten den Inhalt des Kaufvertrags mit der im § 469 Abs. 2 bestimmten Wirkung mitteilen.
(2) Der Verpflichtete hat den neuen Eigentümer zu benachrichtigen, sobald die Ausübung des Vorkaufsrechts erfolgt oder ausgeschlossen ist.

§ 1100 Rechte des Käufers

[1]Der neue Eigentümer kann, wenn er der Käufer oder ein Rechtsnachfolger des Käufers ist, die Zustimmung zur Eintragung des Berechtigten als Eigentümer und die Herausgabe des Grundstücks verweigern, bis ihm der zwischen dem Verpflichteten und dem Käufer vereinbarte Kaufpreis, soweit er berichtigt ist, erstattet wird. [2]Erlangt der Berechtigte die Eintragung als Eigentümer, so kann der bisherige Eigentümer von ihm die Erstattung des berichtigten Kaufpreises gegen Herausgabe des Grundstücks fordern.

§ 1101 Befreiung des Berechtigten

Soweit der Berechtigte nach § 1100 dem Käufer oder dessen Rechtsnachfolger den Kaufpreis zu erstatten hat, wird er von der Verpflichtung zur Zahlung des aus dem Vorkauf geschuldeten Kaufpreises frei.

§ 1102 Befreiung des Käufers

Verliert der Käufer oder sein Rechtsnachfolger infolge der Geltendmachung des Vorkaufsrechts das Eigentum, so wird der Käufer, soweit der von ihm geschuldete Kaufpreis noch nicht berichtigt ist, von seiner Verpflichtung frei; den berichtigten Kaufpreis kann er nicht zurückfordern.

§ 1103 Subjektiv-dingliches und subjektiv-persönliches Vorkaufsrecht

(1) Ein zugunsten des jeweiligen Eigentümers eines Grundstücks bestehendes Vorkaufsrecht kann nicht von dem Eigentum an diesem Grundstück getrennt werden.
(2) Ein zugunsten einer bestimmten Person bestehendes Vorkaufsrecht kann nicht mit dem Eigentum an einem Grundstück verbunden werden.

A. Vorkaufsrecht mit gesetzlichem Inhalt

1 I. Muster: Vorkaufsrecht mit gesetzlichem Inhalt

▶ Vor mir dem Notar[1] ■■■ erschienen heute ■■■[2]

■■■

Betr.: Grundbuch von ■■■ Band/Blatt ■■■

Ich, ■■■, der Eigentümer des im bezeichneten Grundbuch eingetragenen Grundstücks ■■■ Flurstück Nr. ■■■ bewillige und beantrage zugunsten des jeweiligen Eigentümers des Grundstücks[3] Flurstück Nr. ■■■, eingetragen im Grundbuch von ■■■ Band/Blatt ■■■, ein dingliches Vorkaufsrecht auf meinem Grundstück[4] einzutragen. ◀

II. Erläuterungen

2 [1] **Form.** Das Vorkaufsrecht begründet eine Pflicht des Verkäufers, bei Ausübung des Vorkaufsrechts und dem Vorliegen der sonstigen Voraussetzungen das Grundstück an den Vorkaufsberechtigten zu verkaufen. Damit ist die notarielle Beurkundung (§ 311 b Abs. 1) erforderlich. Häufig wird die Einräumung des Vorkaufsrechts jedoch in der Form der notariellen Beglaubigung abgegeben, der Formmangel wird dann durch Eintragung geheilt (vgl Vertrags-RK-BGB/*Zimmer*, § 311 b Rn 7, 42 ff).

3 [2] **Abgrenzung.** Das dingliche Vorkaufsrecht unterscheidet sich vom schuldrechtlichen Vorkaufsrecht (§§ 463 ff) – abgesehen davon, dass es nur bei Grundstücken vereinbart werden kann – vor allem dadurch, dass es als dingliche Belastung den jeweiligen Eigentümer verpflichtet und auch gegenüber Dritten Wirkungen entfalten kann (§ 1098 Abs. 2). Das schuldrechtliche Vorkaufsrecht kann durch Absicherung mit einer **Vormerkung** (§ 883) jedoch eine ähnliche Wirkung erreichen, wie das dingliche Vorkaufsrecht.

4 [3] **Berechtigter.** Das Vorkaufsrecht kann als subjektiv-persönliches (§ 1094 Abs. 1) für eine oder mehrere bestimmte Personen eingeräumt werden oder aber als subjektiv-dingliches zugunsten des jeweiligen Eigentümers eines bestimmten Grundstücks ausgestaltet werden (nachfolgend Rn 7).

5 [4] **Grundstück.** Gegenstand des dinglichen Vorkaufsrechts ist zunächst das Grundstück, aber auch grundstücksgleiche Rechte, wie Miteigentumsanteile an Grundstücken, Wohnungseigentum und das Erbbaurecht. Möglich ist ein dingliches Vorkaufsrecht an einem realen Grundstücksteil (BayObLG Rpflger 1997, 473).

B. Abweichender Inhalt beim Vorkaufsrecht

I. Muster: Vereinbarung eines Vorkaufsrechts mit Abweichung vom gesetzlichen Inhalt 6

820

▶ **§ 1 Dingliches Vorkaufsrecht**

1. Der Beteiligte zu 1. ■■■, im folgenden „Grundstückseigentümer" genannt, räumt hiermit für die Beteiligte zu 2. ■■■[1], im folgenden „Vorkaufsberechtigter" genannt, ein dingliches Vorkaufsrecht an ihrem nachfolgend bezeichneten Grundstück ein:
   Grundbuch von ■■■ Band/Blatt ■■■: Flurstück Nr. ■■■.
2. Abweichend vom gesetzlichen Inhalt wird hierzu vereinbart:
   a) Das Vorkaufsrecht wird für den ersten Verkaufsfall[2] aber auch für alle weiteren Verkaufsfälle[3] vereinbart.
   b) Das Vorkaufsrecht ist vererblich.[4]
   c) Das Vorkaufsrecht besteht auch im Falle eines Verkaufs an die Erben des Grundstückseigentümers.[5]
   d) Das Vorkaufsrecht erlischt am ■■■.[6]

§ 2 Bestellung des Vorkaufsrechts

Die Beteiligten sind sich über die Bestellung des Vorkaufsrechts mit dem in § 1 vereinbarten, im Übrigen dem gesetzlichen Inhalt, einig.

Der Grundstückseigentümer bewilligt und beide Beteiligten beantragen die Eintragung des Vorkaufsrechts im Grundbuch.[7] ◀

II. Erläuterungen

7 [1] **Berechtiger des Vorkaufsrechts.** Der Berechtigte muss bestimmt werden. Er kann nach § 1094 Abs. 1 eine bestimmte natürliche oder juristische Person (**subjektiv-persönliches Vorkaufsrecht**) sein. Dieses Recht ist regelmäßig nicht übertragbar, nicht vererblich (§§ 1098, 473, vgl aber unten Rn 9) und nicht pfändbar. Dagegen handelt es sich um ein **subjektiv-dingliches Vorkaufsrecht** nach den §§ 1094 Abs. 2, 1103, wenn das Vorkaufsrecht zu Gunsten des jeweiligen Eigentümers eines anderen Grundstücks oder des jeweiligen Inhabers eines Miteigentumsanteils oder eines grundstücksgleichen Rechts bestellt wird. Das subjektiv-dingliche Vorkaufsrecht gilt als wesentlicher Bestandteil (§§ 96, 1003 Abs. 1, 93) des herrschenden Grundbesitzes und kann als solches von diesem nicht getrennt, jedoch mit ihm übertragen, belastet, verpfändet oder gepfändet werden (NK-BGB/*Reetz* § 1094 Rn 23). Gibt es **mehrere Berechtigte** ist das Gemeinschaftsverhältnis im Grundbuch anzugeben, § 47 GBO; eine Bestellung nach Bruchteilen ist jedoch ausgeschlossen (KG DNotZ 1929, 736; LG Frankfurt NJW-RR 1999, 17), möglich ist jedoch eine Bestellung des Vorkaufsrechts für Bruchteile. Steht das Vorkaufsrecht mehreren zu und übt ein Vorkaufsberechtigter sein Vorkaufsrecht nicht aus, so wächst das Vorkaufsrecht den anderen Vorkaufsberechtigten an (BGH DNotZ 2009, 626).

8 [2] **Verkaufsfall.** Der Begriff des Verkaufsfalls ergibt sich aus § 463 (vgl die Verweisung in § 1098 Abs. 1). So ist etwa ein Verkaufsfall nicht gegeben, wenn durch den Insolvenzverwalter verkauft wird (§ 471). Zu den Einzelheiten des Begriffs „Verkauf" siehe § 463 Rn 6 ff; vgl auch die Ausführungen zum Erbteilskauf § 2371.

9 [3] **Mehrere Verkaufsfälle.** Sofern keine abweichende Vereinbarung vorliegt, gilt das Vorkaufsrecht nur für den ersten Verkaufsfall, § 1097 S. 1. Möglich ist danach die Bestellung des Vorkaufsrechts auch für mehrere oder alle Verkaufsfälle. Unstreitig ist die Bestellung mit unterschiedlichem Rang; streitig ist dagegen die Bestellung auf gleichem Rang (OLG Hamm NJW-RR 1989, 912; abl. OLG Düsseldorf Rpfleger 1981, 479). Bei der Teilungsversteigerung ist zu differenzieren, ob der Vorkaufsverpflichtete oder ein anderer Miteigentümer die Versteigerung betreibt (MüKo-BGB/*Westermann*, § 1097 Rn 3.

10 [4] **Vererblichkeit.** Das subjektiv-persönliche Vorkaufsrecht ist regelmäßig nicht übertragbar und auch nicht vererblich (§§ 1098, 473). Eine hiervon abweichende zulässige Abrede bedarf der Eintragung, §§ 873, 877. Eine Beschränkung der Vererblichkeit auf die Kinder des Berechtigten ist möglich.

11 [5] **Verkauf an den Erben.** Wird der Verkaufsgegenstand an einen gesetzlichen Erben verkauft, besteht im Zweifel kein Vorkaufsrecht, vgl § 470. Abweichendes kann jedoch vereinbart werden, eine solche Regelung ist auch durchaus sinnvoll, da § 470 als Auslegungsregel dient und erst zum Tragen kommt, soweit keine anderweitige Auslegung auf Grund bestimmter Umstände in Frage kommt.

12 [6] **Bedingung oder Befristung.** Bedingungen oder Befristungen bedürfen der Eintragung in das Grundbuch.

13 [7] **Form.** Wegen der Form vgl Rn 2; die Bewilligung richtet sich nach § 29 GBO.

C. Auslösen der Ausübungsfrist

14 I. Muster: Auslösung der Ausübungsfrist durch notarielle Mitteilung des Kaufvertrages

▶ In der Anlage übersende[1] ich die Ausfertigung[2] des von mir am ▪▪▪ beurkundeten Kaufvertrages und teile ihnen diesen Kaufvertrag aufgrund der mir erteilten Vollmacht des Käufers mit. Die zur Wirksamkeit des Kaufvertrages erforderliche Genehmigung[3] nach § 144 BauGB ist erteilt und wird ebenfalls in Kopie beigefügt. Diese Mitteilung setzt die gesetzliche Ausübungsfrist für das Vorkaufsrecht in Gang. ◀

II. Erläuterungen

15 [1] **Zuständigkeit für die Mitteilung.** Die **Mitteilungspflicht** obliegt den Vertragsparteien. In aller Regel wird der Notar beauftragt die Mitteilung durchzuführen. Die **Frist** zur Ausübung des Vorkaufsrechts wird aber nur in Gang gesetzt, wenn die Mitteilung durch den Käufer oder Verkäufer erfolgt, die Mitteilung durch den Notar genügt nur dann, wenn dieser von den Beteiligten hierzu ausdrücklich bevollmächtigt ist (OVG Lüneburg NJW 1996, 21).

16 [2] **Form der Übersendung.** Der Kaufvertrag sollte in Ausfertigung (vollständig) übersandt werden, darüber hinaus sollten etwaige Genehmigungen beigefügt sein NK-BGB/*Reetz*, § 1098 Rn 12).

17 [3] **Wirksamkeit des Kaufvertrages.** Die Mitteilung setzt die Frist nur in Gang, wenn der geschlossene Vertrag wirksam ist, also alle erforderlichen rechtsgeschäftlichen und gesetzlichen Genehmigungen (etwa nach § 2 GrStVG oder nach § 144 BauGB) vorliegen. Auch muss dem Vorkaufsberechtigten die Wirksamkeit, also das Vorliegen erforderlicher Genehmigungen, mitgeteilt werden.

D. Ausübung des Vorkaufsrechts

18 I. Muster: Ausübung des Vorkaufsrechts

▶ Hiermit übe[1] ich das mir zustehende Vorkaufsrecht aus.[2] ◀

II. Erläuterungen

19 [1] **Ausübung.** Die Ausübung des Vorkaufsrechts kann gegenüber dem Verkäufer (§ 464 Abs. 1 S. 1) oder aber, wenn diesem Vollmacht zur Empfangnahme erteilt wurde, gegenüber dem Notar erfolgen. Die Ausübung bedarf keiner notariellen Form.

20 [2] **Folgen der Ausübung.** Die Ausübung des Vorkaufsrechtes führt nicht etwa zu einem Wechsel des Käufers, sondern neben den zunächst geschlossenen Kaufvertrag tritt ein zweiter Kaufver-

trag nunmehr mit Verkäufer und Vorkaufsberechtigten (BGH, Urt. v. 13.3.2009 – V ZR 157/08 – ZfIR 2009, 669 m.Anm. *Zimmer*). Allerdings nimmt der BGH an, dass der Erstvertrag meist unter der auflösenden Bedingung der Auslösung des Vorkaufsrechts steht, jedenfalls wenn der Notar auf das Vorkaufsrecht hinweist (BGH aaO).

§ 1104 Ausschluss unbekannter Berechtigter

(1) [1]Ist der Berechtigte unbekannt, so kann er im Wege des Aufgebotsverfahrens mit seinem Recht ausgeschlossen werden, wenn die in § 1170 für die Ausschließung eines Hypothekengläubigers bestimmten Voraussetzungen vorliegen. [2]Mit der Rechtskraft des Ausschließungsbeschlusses erlischt das Vorkaufsrecht.
(2) Auf ein Vorkaufsrecht, das zugunsten des jeweiligen Eigentümers eines Grundstücks besteht, finden diese Vorschriften keine Anwendung.

A. Muster: Antrag auf Durchführung eines Aufgebotsverfahrens 1

▶ Heute, den ■■■ erschien vor mir, ■■■ (Notar), Notar in ■■■, in meinen Amtsräumen ■■■[2], [3] 823
Herr/Frau ■■■, geboren am ■■■,
wohnhaft in ■■■, im Folgenden – Antragsteller –[4] genannt.

Der/die Erschienene bat um Beurkundung eines Antrages auf Durchführung eines Aufgebotsverfahrens zur Ausschließung eines Vorkaufsberechtigten.

I. Grundbuch- und Sachstand

Im Grundbuch des Amtsgerichts ■■■ für ■■■, Blatt ■■■ ist eingetragen: Gemarkung, Flurstück ■■■. Grundstückseigentümer ist der Antragsteller.

Der Grundbesitz ist wie folgt belastet:

Abteilung II vererbliches Vorkaufsrecht für ■■■; eingetragen am ■■■

Abteilung III (Grundpfandrechte): ■■■

Seit der Eintragung des Vorkaufsrechtes sind keine auf diese bezogenen Eintragungen in das Grundbuch erfolgt.

II. Antrag

Der Antragsteller beantragt, den Vorkaufsberechtigten im Wege des Aufgebotsverfahrens gemäß §§ 1104, 1170 BGB, §§ 447 ff FamFG auszuschließen. Die Durchführung des erforderlichen Aufgebotsverfahrens wird zu diesem Zweck beantragt.

III. Antragsbegründung[5]

1. Nachweise

Zum Nachweis, dass in den letzten zehn Jahren keine zustimmungspflichtige Eintragung in das Grundbuch erfolgte, wird hiermit auf das Grundbuch Bezug genommen.

2. Versicherung an Eides Statt[6]

Der amtierende Notar hat den Antragsteller eingehend auf die Bedeutung einer eidesstattlichen Versicherung und die Folgen einer vorsätzlichen oder fahrlässigen Verletzung der Wahrheitspflicht, insbesondere über die Bestimmungen der §§ 156, 163 StGB belehrt.

Sodann erklärte der Antragsteller mit der Versicherung, dass diese Angaben wahr sind, an

Eides Statt:

Mir ist nicht bekannt, wer der Gläubiger des vorbezeichneten Vorkaufsrechts ist.

Es wird weiter versichert, dass die Grundschuld nicht in einer nach § 212 Abs. 1 Nr. 1 BGB zum Neubeginn der Verjährung führenden Weise anerkannt wurde.

IV. Verfahrensvollmacht

Der Antragsteller bevollmächtigt den amtierenden Notar, seinen Vertreter oder Nachfolger im Amt, im gesetzlich zulässigen Umfang alle weiteren in diesem Aufgebotsverfahren erforderlichen Rechtshandlungen vorzunehmen, Zustellungen mit Wirkung für den Antragsteller entgegenzunehmen und alle erforderlichen Erklärungen abzugeben und Anträge zu stellen.

V. Schlussbestimmungen

Von dieser Urkunde erhält der Antragsteller eine beglaubigte Abschrift. ◄

B. Erläuterungen

2 [1] **Grundsatz.** Das Verfahren zum Aufgebot von Berechtigten aus einem Vorkaufsrecht dient dazu, diese mit ihrem Recht auszuschließen und dem Eigentümer die Löschung dieses Rechts zu ermöglichen. Zulässig ist dieses Verfahren nur beim subjektiv-persönlichen Vorkaufsrecht zugunsten einer natürlichen oder juristischen Person (vgl § 1104 Abs. 2). Hierzu muss zunächst der Berechtigte unbekannt sein, in den letzten zehn Jahren dürfen Eintragungen bei dem Vorkaufsrecht nicht erfolgt sein und der Eigentümer darf nicht durch Handlungen gemäß § 21 Abs. 1 den Anspruch anerkannt haben.

3 [2] **Örtlich zuständig** ist das Gericht, in dessen Bezirk das belastete Grundstück belegen ist, § 447 Abs. 2 FamFG.

4 [3] **Funktional zuständig** ist das Amtsgericht nach den § 433 ff FamFG. Insbesondere handelt es sich um ein Verfahren der Freiwilligen Gerichtsbarkeit.

5 [4] **Antragsberechtigung.** Antragsberechtigt ist der **Eigentümer** (§ 448 Abs. 1 FamFG). Bei einem Gesamtrecht ist außerdem derjenige antragsberechtigt, der auf Grund eines im Range gleich- oder nachstehenden Rechts Befriedigung aus einem der belasteten Grundstücke verlangen kann, § 448 Abs. 2 S. 2 FamFG. Die Antragsberechtigung besteht für gleich- oder nachrangige Gläubiger nur, wenn diese einen vollstreckbaren Schuldtitel hinsichtlich ihres Anspruchs erlangt haben. Hierunter ist eine Titulierung des Löschungsanspruchs, nicht eine Titulierung des dinglichen Rechts zu verstehen (*Heinemann*, NotBZ 2009, 300 ff). Zur Ausschließung anderer dinglicher Rechte als Hypotheken, Grund- und Rentenschulden sind die in § 453 Abs. 2 FamFG bezeichneten Gläubiger antragsberechtigt.

6 [5] **Antragsbegründung.** Der Antragsteller hat nach § 31 FamFG glaubhaft zu machen, dass der auszuschließende **Gläubiger unbekannt** ist, § 449 FamFG. Nicht ausreichend ist, dass der Aufenthalt des Vorkaufsberechtigten unbekannt ist (BGH DNotZ 2004, 922; vgl jedoch für die neuen Bundesländer § 6 Abs. 1 a GBBerG – die Vorschrift gilt auf dem Verordnungswege auch für einige weitere Bundesländer). Unbekannt kann der Vorkaufsberechtigte auch dann sein, wenn sich die Person des Gläubigers, insbesondere des Rechtsnachfolgers einer nicht mehr existenten juristischen Person nicht ermitteln lässt.

7 [6] **Glaubhaftmachung.** Die Glaubhaftmachung kann bei Zulassung auch durch eidesstattliche Versicherung erfolgen, § 31 Abs. 1 FamFG. Das Gericht ist nach § 26 FamFG zu weiteren Ermittlungen berechtigt, vom Antragsteller kann es aber über die nach §§ 449 bis 451 FamFG vorgesehenen Voraussetzungen keine weiteren Nachweise verlangen.

Abschnitt 6 Reallasten

§ 1105 Gesetzlicher Inhalt der Reallast

(1) [1]Ein Grundstück kann in der Weise belastet werden, dass an denjenigen, zu dessen Gunsten die Belastung erfolgt, wiederkehrende Leistungen aus dem Grundstück zu entrichten sind (Reallast). [2]Als Inhalt der Reallast kann auch vereinbart werden, dass die zu entrichtenden Leistungen sich ohne weiteres an veränderte Verhältnisse anpassen, wenn anhand der in der Vereinbarung festgelegten Voraussetzungen Art und Umfang der Belastung des Grundstücks bestimmt werden können.
(2) Die Reallast kann auch zugunsten des jeweiligen Eigentümers eines anderen Grundstücks bestellt werden.

§ 1106 Belastung eines Bruchteils

Ein Bruchteil eines Grundstücks kann mit einer Reallast nur belastet werden, wenn er in dem Anteil eines Miteigentümers besteht.

§ 1107 Einzelleistungen

Auf die einzelnen Leistungen finden die für die Zinsen einer Hypothekenforderung geltenden Vorschriften entsprechende Anwendung.

§ 1108 Persönliche Haftung des Eigentümers

(1) Der Eigentümer haftet für die während der Dauer seines Eigentums fällig werdenden Leistungen auch persönlich, soweit nicht ein anderes bestimmt ist.
(2) Wird das Grundstück geteilt, so haften die Eigentümer der einzelnen Teile als Gesamtschuldner.

§ 1109 Teilung des herrschenden Grundstücks

(1) [1]Wird das Grundstück des Berechtigten geteilt, so besteht die Reallast für die einzelnen Teile fort. [2]Ist die Leistung teilbar, so bestimmen sich die Anteile der Eigentümer nach dem Verhältnis der Größe der Teile; ist sie nicht teilbar, so findet die Vorschrift des § 432 Anwendung. [3]Die Ausübung des Rechts ist im Zweifel nur in der Weise zulässig, dass sie für den Eigentümer des belasteten Grundstücks nicht beschwerlicher wird.
(2) [1]Der Berechtigte kann bestimmen, dass das Recht nur mit einem der Teile verbunden sein soll. [2]Die Bestimmung hat dem Grundbuchamt gegenüber zu erfolgen und bedarf der Eintragung in das Grundbuch; die Vorschriften der §§ 876, 878 finden entsprechende Anwendung. [3]Veräußert der Berechtigte einen Teil des Grundstücks, ohne eine solche Bestimmung zu treffen, so bleibt das Recht mit dem Teil verbunden, den er behält.
(3) Gereicht die Reallast nur einem der Teile zum Vorteil, so bleibt sie mit diesem Teil allein verbunden.

§ 1110 Subjektiv-dingliche Reallast

Eine zugunsten des jeweiligen Eigentümers eines Grundstücks bestehende Reallast kann nicht von dem Eigentum an diesem Grundstück getrennt werden.

§ 1111 Subjektiv-persönliche Reallast

(1) Eine zugunsten einer bestimmten Person bestehende Reallast kann nicht mit dem Eigentum an einem Grundstück verbunden werden.
(2) Ist der Anspruch auf die einzelne Leistung nicht übertragbar, so kann das Recht nicht veräußert oder belastet werden.

§ 1112 Ausschluss unbekannter Berechtigter

Ist der Berechtigte unbekannt, so findet auf die Ausschließung seines Rechts die Vorschrift des § 1104 entsprechende Anwendung.

1 ## A. Muster: Rentenverpflichtung mit Reallast

▶ **Rentenverpflichtung mit Reallast**

Der Erwerber verpflichtet sich, an den Veräußerer vom ■■■ an auf dessen Lebenszeit eine monatliche Rente in Höhe von EUR ■■■ zu zahlen.[1], [2]

Zur Sicherung seiner Rentenverpflichtung bestellt der Erwerber[3] an dem vorgenannten Grundbesitz, eine Reallast gleichen Inhalts für den Veräußerer.[4] Die Reallast ist einzutragen in das Grundbuch von ■■■.[5] Es ist Inhalt der Reallast, dass Rückstände Rang nach den übrigen aus der Reallast folgenden Ansprüchen (Stammrecht)[6] haben; untereinander haben die älteren Rückstände Rang nach den jüngeren. Abweichend von § 12 ZVG ist deshalb im Falle der Zwangsversteigerung aus der Reallast das Stammrecht in das geringste Gebot aufzunehmen.[7], [8] Die Vertragsteile bewilligen und beantragen, die Reallast mit der Maßgabe in das Grundbuch einzutragen, dass zu ihrer Löschung der Nachweis des Todes des Berechtigten genügen soll.[9], [10]

Dieses Recht endet mit dem Tod des Herrn ■■■ ◀

B. Erläuterungen und Varianten

2 **[1] Rechtsgrund.** Der Reallast wird stets eine vertragliche Verpflichtung (Rechtsgrund) zugrunde liegen. Das Muster betrifft lediglich die dingliche Bestellung der Reallast. Diese ist von dem zugrunde liegenden Rechtsgeschäft, meist Übergabe- und Altenteilsverträge (vgl dazu *Zimmer*, ZEV 2006, 382) und Erbbaurechtsverträge zu unterscheiden. Die Reallast ist häufig auf die Zahlung eines wiederkehrenden Geldbetrages gerichtet. Möglich sind aber, anders als bei der Grundschuld (vgl § 1113), auch sonstige Leistungspflichten, wie Naturalien, Bodenprodukte oder Energie (vgl MüKo-BGB/*Westermann*, § 1105 Rn 12). Unterliegen die zu erbringenden Leistungen Schwankungen und ist möglicherweise eine Anpassung vorzunehmen, etwa nach § 323 ZPO, bietet sich die zusätzliche Vereinbarung einer Vormerkung zur Sicherung des möglichen Anspruchs auf Erhöhung an.

3 **[2] Wesen der Reallast.** Die Reallast ist eine Belastung des Grundstücks in der Weise, dass an den oder die Berechtigten wiederkehrende Leistungen aus dem Grundstück zu entrichten sind, ein Nutzungsrecht wird dem Berechtigten nicht gewährt. Die einmalige Leistung, wie etwa bei der Grundschuld, kann nicht Gegenstand der Reallast sein. Die Reallast unterscheidet sich von der **Dienstbarkeit** dadurch, dass hier anders als bei der Dienstbarkeit ein positives Tun geschuldet ist. Die Abgrenzung ist mitunter schwierig, etwa zwischen Wohnungsrecht (§ 1093) und Wohnungsreallast.

4 **[3] Verpflichteter.** Verpflichteter der Reallast ist der jeweilige Grundstückseigentümer (vgl jedoch OLG Zweibrücken Rpfleger 1991, 496 – Wirkungen erst nach dem Tode). Zulässig ist auch eine „**Gesamtreallast**" bei der der oder die Eigentümer mehrere Grundstücke verpflichtet sind. Wird die Reallast als subjektiv-dingliches Recht begründet, so gilt die Reallast als Bestandteil des Grundstücks (§§ 96, 1110). Anders als der Eigentümer des mit einem Grundpfandrecht belasteten Grundstücks wird aber nicht nur die Zahlung oder Leistung aus dem Grundstück geschuldet (vgl NK-BGB/*Zimmer*, § 1113 Rn 4), sondern der Eigentümer schuldet die Leistung auch persönlich.

5 **[4] Berechtigter.** Berechtigter einer Reallast kann zunächst eine natürliche oder aber auch eine juristische Person sein (sog. subjektiv-persönliche Reallast). Die Reallast kann auch zugunsten des jeweiligen Eigentümers eines anderen Grundstücks vereinbart werden (subjektiv-dingliche Reallast § 1105 Abs. 1), auch in Form einer „Eigentümerreallast" (Palandt/*Bassenge*, § 1105 Rn 3). Unzulässig ist hingegen wegen der Unanwendbarkeit des § 328 auf dingliche Rechte die

Begründung einer Reallast zugunsten eines an der dinglichen Einigung nicht beteiligten Dritten (Im Einzelnen NK-BGB/*Reetz*, § 1105 Rn 29). Soll die Reallast für mehrere Berechtigte begründet werden, gelten die allgemeinen Grundsätze, vgl § 1104 Rn 7. Zu beachten ist jedoch, dass die Bewilligung das Gemeinschaftsverhältnis anzugeben hat (§ 47 GBO).

[5] **Belastungsgegenstand.** Belastungsgegenstand kann neben dem Grundstück selbst auch ein **Bruchteil** eines Grundstücks sein. § 1106 findet für reale Grundstücksteile keine Anwendung. Reale Grundstücksteile können damit nur unter den selten vorliegenden Voraussetzungen des § 7 Abs. 2 S. 1 2GBO mit einer Reallast belastet werden. 6

[6] **Stammrecht.** Das Stammrecht ist die Reallast als dingliche Belastung, für die der Eigentümer nur mit dem Belastungsgegenstand haftet, nicht jedoch persönlich (NK-BGB/*Reetz* § 1105 Rn 3). Beim Stammrecht handelt es sich um die Summe der bereits fällig gewordenen und der zukünftig fällig werdenden Einzelleistungen bzw den kapitalisierten Wert (BayObLG DNotZ 1959, 402, 405; vgl NK-BGB/*Reetz* § 1105 Rn 3). 7

[7] **Einzelleistungen.** Der Eigentümer haftet für die während der Dauer seines Eigentums fällig werdenden Einzelleistungen. Der Berechtigte kann nur auf Duldung der **Zwangsvollstreckung** in das Grundstück wegen der zu erbringenden einzelnen Leistungen klagen (§ 1107). Eine Zwangsvollstreckung wegen der Reallast selbst (dem Stammrecht) ist nicht möglich. Es ist nicht erforderlich, dass die geschuldeten Leistungen aus dem Grundstück selbst hervorgebracht werden können. Die wiederkehrenden Leistungen müssen nicht ausdrücklich in Geld bestehen, sie müssen in Geld oder zumindest in Geldbeträge umwandelbar sein. Bestimmbarkeit anhand objektiver Merkmale genügt (BGH NJW 1995, 2780). 8

[8] **Versteigerungsbedingungen.** Die Versteigerung führt bei diesen vereinbarten Versteigerungsbedingungen nicht zum Erlöschen des Stammrechts, sondern dieses bleibt bestehen. Der Gläubiger erhält also nur die rückständigen fälligen Leistungen. 9

[9] **Zusammenfassung der Rechte als Altenteil.** Das Wohnungsrecht (dazu etwa *Zimmer*, ZEV 2009, 382), die Pflegevereinbarung und weitere Verpflichtungen werden oft unter dem Sammelbegriff Altenteil oder Leibgeding zusammengefasst (vgl BGH FamRZ 2007, 1646). Wegen der zahlreichen unterschiedlichen Rechte, die im Grundbuch einzutragen wären, bietet § 49 GBO die Möglichkeit, diese Rechte im Grundbuch als Altenteil zusammenzufassen. Insoweit ist ein entsprechender Antrag erforderlich. 10

▶ Unter Bezugnahme auf § 49 GBO wird beantragt, die vorstehenden Rechte als Altenteil in das Grundbuch einzutragen. ◀

[10] **Antrag.** Im Grundbuch wird das Recht nur als Altenteil bezeichnet (vgl auch Art. 96 EGBGB; § 850 b Abs. 1 Nr. 3 ZPO). Materiell-rechtlich bedarf es keiner Form jedoch ist im Hinblick auf § 29 GBO die **notarielle Beglaubigung** erforderlich. Wird die Reallast im Rahmen eines Übergabevertrages (Rn 1) vereinbart, ist die Form des § 311 b Abs. 1 zu beachten. Wegen der Löschungserleichterung vgl § 23, 24 GBO. 11

Abschnitt 7 Hypothek, Grundschuld, Rentenschuld

Titel 1 Hypothek

§ 1113 Gesetzlicher Inhalt der Hypothek

(1) Ein Grundstück kann in der Weise belastet werden, dass an denjenigen, zu dessen Gunsten die Belastung erfolgt, eine bestimmte Geldsumme zur Befriedigung wegen einer ihm zustehenden Forderung aus dem Grundstück zu zahlen ist (Hypothek).
(2) Die Hypothek kann auch für eine künftige oder eine bedingte Forderung bestellt werden.

§ 1114 Belastung eines Bruchteils

Ein Bruchteil eines Grundstücks kann außer in den in § 3 Abs. 6 der Grundbuchordnung bezeichneten Fällen mit einer Hypothek nur belastet werden, wenn er in dem Anteil eines Miteigentümers besteht.

§ 1115 Eintragung der Hypothek

(1) Bei der Eintragung der Hypothek müssen der Gläubiger, der Geldbetrag der Forderung und, wenn die Forderung verzinslich ist, der Zinssatz, wenn andere Nebenleistungen zu entrichten sind, ihr Geldbetrag im Grundbuch angegeben werden; im Übrigen kann zur Bezeichnung der Forderung auf die Eintragungsbewilligung Bezug genommen werden.

(2) Bei der Eintragung der Hypothek für ein Darlehen einer Kreditanstalt, deren Satzung von der zuständigen Behörde öffentlich bekannt gemacht worden ist, genügt zur Bezeichnung der außer den Zinsen satzungsgemäß zu entrichtenden Nebenleistungen die Bezugnahme auf die Satzung.

Schrifttum: *Albers-Frenzel*, Die Mithaftung naher Angehöriger für Kredite des Hauptschuldners, 1996; *Becker-Eberhard*, Die Forderungsgebundenheit der Sicherungsrechte, 1993; *Blomeyer/Löffler*, Hypotheken und Grundschulden, 1990; *Bülow*, Recht der Kreditsicherheiten, 7. Aufl. 2007; *Clemente*, Recht der Sicherungsgrundschuld, 4. Aufl. 2008; *Dempewolf*, Der Rückübertragungsanspruch bei Sicherungsgrundschulden, 1958; *Gaberdiel/Gladenbeck*, Kreditsicherung durch Grundschulden, 8. Aufl. 2008; *Gerhardt*, Grundpfandrechte im Insolvenzverfahren, 10. Aufl. 2003; *Huber*, Die Sicherungsgrundschuld, 1965; *Knops*, Verbraucherschutz bei der Begründung, Beendigung und Übernahme von Immobiliarkreditverhältnissen, 2000; *Lwowski*, Das Recht der Kreditsicherung, 8. Aufl. 2000; *Marburger*, Grundschuldbestellung und Übernahme der persönlichen Haftung, 1998; *Pottschmidt/Rohr*, Kreditsicherungsrecht, 4. Aufl. 1992; *Rauch/Zimmermann*, Grundschuld und Hypothek, 2. Aufl. 1998; *Rimmelspacher*, Kreditsicherungsrecht, 2. Aufl. 1987; *Stadler*, Gestaltungsfreiheit und Verkehrsschutz durch Abstraktion, 1996; *Stockmayer*, Die Grundschuld als Kreditsicherungsmittel, 1966; *Wagner*, Belastende Drittwirkungen im Recht der Sicherungsgrundschuld, 1995; *Weber*, Kreditsicherungsrecht, 8. Aufl. 2006; *Wolfsteiner*, Die vollstreckbare Urkunde, 2. Aufl. 2006

1 **A. Muster: Bestellung einer Hypothek**

► Ich, der Unterzeichnende, ■■■ schulde Herrn ■■■, geb. am ■■■, wohnhaft in ■■■, – nachstehend „Gläubiger"[1] genannt – ein Darlehen über ■■■ EUR (in Worten: ■■■ Euro).[2] Das Darlehen ist vom ■■■ an mit ■■■ % jährlich zu verzinsen. Die Zinsen sind am Ende eines Kalendervierteljahres für das vorangegangene Kalendervierteljahr zahlbar.[3] Das Darlehen ist am ■■■ ohne Kündigung zur Rückzahlung fällig. Ich bewillige und beantrage, für den Gläubiger zur Befriedigung dieser seiner Forderung an dem Grundstück eingetragen im Grundbuch des Amtsgerichts ■■■, Grundbuch von ■■■, Blatt ■■■, der Gemarkung ■■■, Flur ■■■, Flurstück ■■■ in Größe von ■■■ qm[4] eine Hypothek[5] iHv ■■■ EUR einzutragen.[6]

Die Hypothek soll an rangbereiter Stelle in das Grundbuch eingetragen werden.

Die Urschrift dieser Urkunde erhält das Grundbuchamt. Ich beantrage für mich und den Gläubiger je eine beglaubigte Abschrift.

■■■

Notarielle Unterschriftsbeglaubigung[7] ◄

B. Erläuterungen

2 **[1] Gläubiger der Hypothek.** Der Gläubiger der zu sichernden Forderung und der Gläubiger der Hypothek müssen **identisch** sein.

[2] **Bezeichnung der Forderung.** Die Forderung muss hinreichend bestimmt sein, dh Art und Rechtsgrund müssen individualisiert sein. Auch müssen die Höhe der Forderung sowie Zahlungszeit und Zahlungsort feststehen, sofern sich diese Umstände nicht bereits aus dem Gesetz ergeben (NK-BGB/*Zimmer* § 1113 Rn 32). Die Geldforderung ist gem. § 28 S. 2 Hs 1 GBO in **inländischer Währung**, also in Euro und Cent, anzugeben. Darüber hinaus wurde die Angabe der Geldbeträge in einer anderen Währung durch die Verordnung über Grundpfandrechte in ausländischer Währung und in Euro vom 30.10.1997 (BGBl. I. 1997. 2683) zugelassen, und zwar neben dem Euro in der Währung eines der Mitgliedstaaten der Europäischen Union, der Schweizerischen Eidgenossenschaft und der Vereinigten Staaten von Amerika. 3

[3] **Bezeichnung der Zinsen und sonstigen Nebenleistungen.** Vgl §§ 1191, 1192 Rn 8 f. 4

[4] **Belastungsgegenstand.** Vgl §§ 1191, 1192 Rn 2. Gem. § 1114 kann ein Bruchteil eines Grundstücks außer in den in § 3 Abs. 6 GBO bezeichneten Fällen mit einer Hypothek nur belastet werden, wenn er in dem Anteil eines Miteigentümers besteht. Gem. § 3 Abs. 6 GBO können Miteigentumsanteile in verschiedenen Grundbüchern gebucht, einzelne Anteile also grundbuchmäßig verselbständigt werden, wenn das Grundstück wirtschaftlich mehreren Grundstücken dient. Dies kann etwa dann der Fall sein, wenn bei Bildung von Wohnungseigentum eine als selbständiges Grundstück gebuchte Zufahrtsstraße allen Wohnungseigentümern dient. 5

[5] **Akzessorietät.** Im Gegensatz zur Grundschuld (vgl §§ 1191 ff) ist die **Hypothek von der Forderung abhängig**, zu deren Sicherung sie dienen soll. Zwar dient auch die Grundschuld in aller Regel zur Sicherung einer Forderung, diese Sicherung ist aber bei der Grundschuld nicht begriffsnotwendig. Mit der Abtretung der Forderung geht auch die Hypothek auf den neuen Gläubiger über (§ 1153). Bei der Verkehrshypothek wird das Prinzip der Akzessorietät nicht streng durchgeführt, der Erwerber kann sich beim Erwerb bzgl der Forderung auf die Richtigkeit des Grundbuchs verlassen (§§ 1138, 892). 6

[6] **Einigung und Eintragung.** Vgl §§ 1191, 1192 Rn 3 ff. 7

[7] **Form der Eintragungsbewilligung.** § 29 GBO. Eine dingliche Zwangsvollstreckungsunterwerfung bedarf der notariellen Beurkundung (vgl §§ 1191, 1192 Rn 13). 8

§ 1116 Brief- und Buchhypothek

(1) Über die Hypothek wird ein Hypothekenbrief erteilt.

(2) [1]Die Erteilung des Briefes kann ausgeschlossen werden. [2]Die Ausschließung kann auch nachträglich erfolgen. [3]Zu der Ausschließung ist die Einigung des Gläubigers und des Eigentümers sowie die Eintragung in das Grundbuch erforderlich; die Vorschriften des § 873 Abs. 2 und der §§ 876, 878 finden entsprechende Anwendung.

(3) Die Ausschließung der Erteilung des Briefes kann aufgehoben werden; die Aufhebung erfolgt in gleicher Weise wie die Ausschließung.

A. Muster: Ausschließung der Erteilung eines Grundschuldbriefes 1

► Die Erteilung eines Grundschuldbriefes[1] ist ausgeschlossen.[2] ◄

826

B. Erläuterungen und Varianten

[1] **Briefrecht.** Ein Grundpfandrecht ist ein Briefrecht, sofern die Erteilung des Briefes nicht ausgeschlossen ist. Das **Verfahren** über die Herstellung und den Inhalt des Grundpfandrechtsbriefes ist in den §§ 56 ff GBO geregelt. 2

3 [2] **Ausschließung der Brieferteilung.** Der Briefausschluss setzt eine **Einigung** über die Nichterteilung des Briefes sowie deren **Eintragung** in das Grundbuch voraus. Die Ausschließung der Brieferteilung kann auch nachträglich erfolgen. Der Eigentümer kann dem Gläubiger hierfür eine Vollmacht erteilen:

▶ Der Eigentümer stimmt einer späteren Ausschließung des Grundschuldbriefes im Voraus zu und bevollmächtigt den Gläubiger unwiderruflich, jederzeit in seinem Namen die Eintragung der Umwandlung der Grundschuld in das Grundbuch zu bewilligen und zu beantragen sowie die zur Umwandlung der Grundschuld sonst erforderlichen Erklärungen für ihn abzugeben und entgegenzunehmen (unter Befreiung von den Beschränkungen des § 181 BGB). ◀

§ 1117 Erwerb der Briefhypothek

(1) [1]Der Gläubiger erwirbt, sofern nicht die Erteilung des Hypothekenbriefs ausgeschlossen ist, die Hypothek erst, wenn ihm der Brief von dem Eigentümer des Grundstücks übergeben wird. [2]Auf die Übergabe finden die Vorschriften des § 929 Satz 2 und der §§ 930, 931 Anwendung.
(2) Die Übergabe des Briefes kann durch die Vereinbarung ersetzt werden, dass der Gläubiger berechtigt sein soll, sich den Brief von dem Grundbuchamt aushändigen zu lassen.
(3) Ist der Gläubiger im Besitz des Briefes, so wird vermutet, dass die Übergabe erfolgt sei.

1 A. Muster: Vereinbarung über die Aushändigung des Grundschuldbriefes

▶ Mit dem Gläubiger ist gem. § 1117 Abs. 2 BGB vereinbart worden, dass er berechtigt sein soll, sich den Grundschuldbrief[1] vom Grundbuchamt aushändigen zu lassen. Der Brief ist daher unmittelbar dem Gläubiger vom Grundbuchamt auszuhändigen.[2] ◀

B. Erläuterungen

2 [1] **Vereinbarung nach § 1117 Abs. 2.** Eine **Buchgrundschuld** erwirbt der Gläubiger mit Einigung und Eintragung. Bei einer **Briefgrundschuld** ist darüber hinaus die Übergabe des Grundschuldbriefs erforderlich (§§ 1192 Abs. 1, 1117 Abs. 1). Die Briefübergabe kann durch Vereinbarung nach §§ 1192 Abs. 1, 1117 Abs. 2 ersetzt werden. Bis zur Übergabe des Briefs steht die Grundschuld dem Eigentümer zu (§§ 1192 Abs. 1, 1163 Abs. 2).

3 [2] **Form der Aushändigungsanweisung.** Gem. § 60 Abs. 2 GBO bedarf die Anweisung an das Grundbuchamt zur Aushändigung des Grundschuldbriefes an den Gläubiger der Form des § 29 Abs. 1 S. 1 GBO.

§ 1118 Haftung für Nebenforderungen

Kraft der Hypothek haftet das Grundstück auch für die gesetzlichen Zinsen der Forderung sowie für die Kosten der Kündigung und der die Befriedigung aus dem Grundstück bezweckenden Rechtsverfolgung.

A. Muster: Befriedigungsvereinbarung bei bestellter Grundschuld 1

▶ Aus der bestellten Grundschuld und der übernommenen persönlichen Haftung darf sich die Gläubigerin nur einmal in Höhe des Betrags der Grundschuld nebst Zinsen, Nebenleistungen und Kosten der dinglichen Rechtsverfolgung gemäß § 1118 BGB[1] befriedigen.[2] ◀

B. Erläuterungen

[1] **Haftung für Nebenforderungen.** § 1118 begründet die **Haftung** des Grundstücks für die gesetzlichen Zinsen der Forderung sowie für die Kosten der Kündigung und der die Befriedigung aus dem Grundstück bezweckenden Rechtsverfolgung (vgl näher NK-BGB/*Zimmer* § 1118 Rn 2 ff); einer Einigung und Eintragung im Grundbuch bedarf es insoweit nicht. Dadurch wird das Grundbuch von unnötigen Eintragungen entlastet. 2

[2] **Vereinbarung.** Wird der Gläubiger befriedigt, stellt sich die Frage, ob dies zur **Ablösung** der Grundschuld oder zur **Tilgung** der Forderung geschieht. Durch eine entsprechende Befriedigungsvereinbarung kann verhindert werden, dass der Gläubiger den Eigentümer doppelt in Anspruch nimmt. 3

§ 1119 Erweiterung der Haftung für Zinsen

(1) Ist die Forderung unverzinslich oder ist der Zinssatz niedriger als fünf vom Hundert, so kann die Hypothek ohne Zustimmung der im Range gleich- oder nachstehenden Berechtigten dahin erweitert werden, dass das Grundstück für Zinsen bis zu fünf vom Hundert haftet.

(2) Zu einer Änderung der Zahlungszeit und des Zahlungsorts ist die Zustimmung dieser Berechtigten gleichfalls nicht erforderlich.

A. Muster: Erhöhung der Hypothekenzinsen 1

▶ Im Grundbuch von ▪▪▪ Blatt ▪▪▪ ist in Abteilung III unter lfd. Nr. ▪▪▪ eine Hypothek zugunsten von ▪▪▪ über ▪▪▪ EUR nebst 2 % Zinsen jährlich eingetragen. Mit dem Gläubiger ist vereinbart, dass die Zinsen ab ▪▪▪ auf 5 % jährlich erhöht werden. Die vorbezeichnete Hypothek erstrecke ich auch auf diese Zinsen. Ich bewillige und beantrage, die Zinserhöhung in das Grundbuch einzutragen mit der Maßgabe, dass die zusätzlichen Zinsen gleichen Rang mit den schon eingetragenen Zinsen erhalten.[1]

▪▪▪

Notarielle Unterschriftsbeglaubigung[2] ◀

B. Erläuterungen

[1] **Erhöhung der Zinsen.** § 1119 ermöglicht eine Erhöhung der Hypothekenzinsen bis zu einer Höhe von 5 % im Range der Hypothek ohne Zustimmung Dritter. Die Erhöhung der Zinsen ist **Inhaltsänderung** des Rechts (§ 877), es sind also sowohl die Einigung als auch die Eintragung in das Grundbuch erforderlich (§§ 873, 874). Bei Briefgrundpfandrechten ist dem Grundbuchamt der Brief vorzulegen, auf dem die Erhöhung der Zinsen vermerkt wird (§§ 41, 62 GBO). 2

[2] **Form der Eintragungsbewilligung.** § 29 GBO. Eine dingliche Zwangsvollstreckungsunterwerfung hinsichtlich der erhöhten Zinsen bedarf der notariellen Beurkundung (vgl §§ 1191, 1192 Rn 13). 3

§ 1120 Erstreckung auf Erzeugnisse, Bestandteile und Zubehör

Die Hypothek erstreckt sich auf die von dem Grundstück getrennten Erzeugnisse und sonstigen Bestandteile, soweit sie nicht mit der Trennung nach den §§ 954 bis 957 in das Eigentum eines anderen als des Eigentümers oder des Eigenbesitzers des Grundstücks gelangt sind, sowie auf das Zubehör des Grundstücks mit Ausnahme der Zubehörstücke, welche nicht in das Eigentum des Eigentümers des Grundstücks gelangt sind.

§ 1121 Enthaftung durch Veräußerung und Entfernung

(1) Erzeugnisse und sonstige Bestandteile des Grundstücks sowie Zubehörstücke werden von der Haftung frei, wenn sie veräußert und von dem Grundstück entfernt werden, bevor sie zugunsten des Gläubigers in Beschlag genommen worden sind.
(2) [1]Erfolgt die Veräußerung vor der Entfernung, so kann sich der Erwerber dem Gläubiger gegenüber nicht darauf berufen, dass er in Ansehung der Hypothek in gutem Glauben gewesen sei. [2]Entfernt der Erwerber die Sache von dem Grundstück, so ist eine vor der Entfernung erfolgte Beschlagnahme ihm gegenüber nur wirksam, wenn er bei der Entfernung in Ansehung der Beschlagnahme nicht in gutem Glauben ist.

§ 1122 Enthaftung ohne Veräußerung

(1) Sind die Erzeugnisse oder Bestandteile innerhalb der Grenzen einer ordnungsmäßigen Wirtschaft von dem Grundstück getrennt worden, so erlischt ihre Haftung auch ohne Veräußerung, wenn sie vor der Beschlagnahme von dem Grundstück entfernt werden, es sei denn, dass die Entfernung zu einem vorübergehenden Zwecke erfolgt.
(2) Zubehörstücke werden ohne Veräußerung von der Haftung frei, wenn die Zubehöreigenschaft innerhalb der Grenzen einer ordnungsmäßigen Wirtschaft vor der Beschlagnahme aufgehoben wird.

1
A. Muster: Vereinbarung zur Erhaltung des Pfandobjektes

► Der Sicherungsgeber hat das Pfandobjekt einschließlich Zubehör in einem guten Zustand zu erhalten. Mängelbeseitigungen und Erneuerungen sind innerhalb einer von dem Gläubiger gesetzten angemessenen Frist auszuführen. Bauliche Veränderungen, insbesondere auch ein vollständiger oder teilweiser Abbruch sowie eine Änderung des Verwendungszwecks, dürfen nur mit Zustimmung des Gläubigers erfolgen.[1] ◄

B. Erläuterungen

2 [1] **Erstreckung der Hypothekenhaftung auf Erzeugnisse, Bestandteile und Zubehör.** Für die Hypothek haftet das Grundstück mit seinen wesentlichen Bestandteilen im Sinne der §§ 93, 94 unmittelbar. Die §§ 1120 bis 1122 regeln die Erstreckung der Hypothek auf die Erzeugnisse, sonstigen Bestandteile und das Zubehör. Diese Haftung ist eine **gesetzliche Haftung**; eine abweichende Parteivereinbarung über eine eingeschränkte oder erweiterte Haftung hat nur schuldrechtliche Wirkungen und kann dem Erwerber einer Grundschuld oder Hypothek oder des Grundstücks nicht entgegengehalten werden. Wesentliche Bestandteile, nicht wesentliche Bestandteile im Eigentum des Grundstückseigentümers und die in § 1120 ihnen zugerechneten Erzeugnisse unterliegen auch nach der Trennung der zu diesem Zeitpunkt bestehenden hypothekarischen Haftung, soweit sie nicht mit der Trennung nach den §§ 954 bis 957 in das Eigentum eines anderen als des Eigentümers oder Eigenbesitzers des Grundstücks gelangt sind (zB gestattetes Äpfelpflücken oder Ernte eines Pächters). Eine danach fortbestehende hypothekarische Haftung endet nach Maßgabe der §§ 1121, 1122 („Enthaftung"). Von Ausnahmen abgesehen, ist eine solche Enthaftung regelmäßig nur vor der Beschlagnahme möglich. Jeder Gläubiger muss ein besonderes Interesse an der Erhaltung des Pfandobjekts einschließlich der mithaftenden Erzeugnisse, Bestandteile und des Zubehörs haben. Es empfiehlt sich daher eine ausdrückliche Vereinbarung zu deren Erhaltung. Eine solche ist regelmäßig Gegenstand der banküblichen Sicherungsvereinbarungen.

§ 1123 Erstreckung auf Miet- oder Pachtforderung

(1) Ist das Grundstück vermietet oder verpachtet, so erstreckt sich die Hypothek auf die Miet- oder Pachtforderung.
(2) [1]Soweit die Forderung fällig ist, wird sie mit dem Ablauf eines Jahres nach dem Eintritt der Fälligkeit von der Haftung frei, wenn nicht vorher die Beschlagnahme zugunsten des Hypothekengläubigers erfolgt. [2]Ist die Miete oder Pacht im Voraus zu entrichten, so erstreckt sich die Befreiung nicht auf die Miete oder Pacht für eine spätere Zeit als den zur Zeit der Beschlagnahme laufenden Kalendermonat; erfolgt die Beschlagnahme nach dem 15. Tage des Monats, so erstreckt sich die Befreiung auch auf den Miet- oder Pachtzins für den folgenden Kalendermonat.

§ 1124 Vorausverfügung über Miete oder Pacht

(1) [1]Wird die Miete oder Pacht eingezogen, bevor sie zugunsten des Hypothekengläubigers in Beschlag genommen worden ist, oder wird vor der Beschlagnahme in anderer Weise über sie verfügt, so ist die Verfügung dem Hypothekengläubiger gegenüber wirksam. [2]Besteht die Verfügung in der Übertragung der Forderung auf einen Dritten, so erlischt die Haftung der Forderung; erlangt ein Dritter ein Recht an der Forderung, so geht es der Hypothek im Range vor.
(2) Die Verfügung ist dem Hypothekengläubiger gegenüber unwirksam, soweit sie sich auf die Miete oder Pacht für eine spätere Zeit als den zur Zeit der Beschlagnahme laufenden Kalendermonat bezieht; erfolgt die Beschlagnahme nach dem fünfzehnten Tage des Monats, so ist die Verfügung jedoch insoweit wirksam, als sie sich auf die Miete oder Pacht für den folgenden Kalendermonat bezieht.
(3) Der Übertragung der Forderung auf einen Dritten steht es gleich, wenn das Grundstück ohne die Forderung veräußert wird.

§ 1125 Aufrechnung gegen Miete oder Pacht

Soweit die Einziehung der Miete oder Pacht dem Hypothekengläubiger gegenüber unwirksam ist, kann der Mieter oder der Pächter nicht eine ihm gegen den Vermieter oder den Verpächter zustehende Forderung gegen den Hypothekengläubiger aufrechnen.

§ 1126 Erstreckung auf wiederkehrende Leistungen

[1]Ist mit dem Eigentum an dem Grundstück ein Recht auf wiederkehrende Leistungen verbunden, so erstreckt sich die Hypothek auf die Ansprüche auf diese Leistungen. [2]Die Vorschriften des § 1123 Abs. 2 Satz 1, des § 1124 Abs. 1, 3 und des § 1125 finden entsprechende Anwendung. [3]Eine vor der Beschlagnahme erfolgte Verfügung über den Anspruch auf eine Leistung, die erst drei Monate nach der Beschlagnahme fällig wird, ist dem Hypothekengläubiger gegenüber unwirksam.

A. Muster: Vereinbarung zum Schutz des Gläubigers vor Vorausverfügung über Miete oder Pacht 1

▶ Der Sicherungsgeber darf ohne schriftliche Zustimmung des Gläubigers keine Vereinbarungen mit Mietern oder Pächtern treffen, welche eine Vorauszahlung der Miete oder Pacht oder deren Vorausverrechnung oder Einbehaltung vorsehen. Er versichert, dass er solche Vereinbarungen bisher nicht getroffen hat.[1] ◀

B. Erläuterungen

[1] Erstreckung der Hypothekenhaftung auf Miet- oder Pachtforderungen und wiederkehrende Leistungen. Ist das Grundstück vermietet oder verpachtet, so erstreckt sich die Hypothek gem. § 1123 Abs. 1 auf die Miet- oder Pachtforderung. Die Haftung erstreckt sich auch auf Ansprüche aus vor der Hypothekenbestellung abgeschlossenen Verträgen. § 1124 regelt den Einfluss der Beschlagnahme auf zeitlich vorausgegangene Verfügungen über Miet- und Pachtforderungen. § 1124 Abs. 1 entzieht diejenigen Miet- und Pachtforderungen der Haftung, über die bereits vor Beschlagnahme verfügt worden ist, während § 1124 Abs. 2 dem Hypothekengläubiger Schutz gegen Vorausverfügungen bietet, die sich auf einen Fälligkeitszeitraum nach Beschlagnahme beziehen. § 1125 ergänzt den Gläubigerschutz mit einem Aufrechnungsverbot durch eine dem § 1124 Abs. 2 entsprechende Regelung. Wäre eine Aufrechnung durch den Mieter zulässig, könnte dieser das Insolvenzrisiko auf den Grundpfandrechtsgläubiger abwälzen. Ist 2 mit dem Eigentum an dem Grundstück ein Recht auf wiederkehrende Leistungen verbunden, so erstreckt sich die Hypothek nach § 1126 auch auf die Ansprüche auf diese Leistungen. Die Sicherungsvereinbarungen der Banken sehen üblicherweise vor, dass die Sicherungsgeber Vorausverfügungen über Miete oder Pacht ohne ihre Zustimmung zu unterlassen haben.

§ 1127 Erstreckung auf die Versicherungsforderung

(1) Sind Gegenstände, die der Hypothek unterliegen, für den Eigentümer oder den Eigenbesitzer des Grundstücks unter Versicherung gebracht, so erstreckt sich die Hypothek auf die Forderung gegen den Versicherer.
(2) Die Haftung der Forderung gegen den Versicherer erlischt, wenn der versicherte Gegenstand wiederhergestellt oder Ersatz für ihn beschafft ist.

§ 1128 Gebäudeversicherung

(1) [1]Ist ein Gebäude versichert, so kann der Versicherer die Versicherungssumme mit Wirkung gegen den Hypothekengläubiger an den Versicherten erst zahlen, wenn er oder der Versicherte den Eintritt des Schadens dem Hypothekengläubiger angezeigt hat und seit dem Empfang der Anzeige ein Monat verstrichen ist. [2]Der Hypothekengläubiger kann bis zum Ablauf der Frist dem Versicherer gegenüber der Zahlung widersprechen. [3]Die Anzeige darf unterbleiben, wenn sie untunlich ist; in diesem Falle wird der Monat von dem Zeitpunkt an berechnet, in welchem die Versicherungssumme fällig wird.
(2) Hat der Hypothekengläubiger seine Hypothek dem Versicherer angemeldet, so kann der Versicherer mit Wirkung gegen den Hypothekengläubiger an den Versicherten nur zahlen, wenn der Hypothekengläubiger der Zahlung schriftlich zugestimmt hat.
(3) Im Übrigen finden die für eine verpfändete Forderung geltenden Vorschriften Anwendung; der Versicherer kann sich jedoch nicht darauf berufen, dass er eine aus dem Grundbuch ersichtliche Hypothek nicht gekannt habe.

§ 1129 Sonstige Schadensversicherung

Ist ein anderer Gegenstand als ein Gebäude versichert, so bestimmt sich die Haftung der Forderung gegen den Versicherer nach den Vorschriften des § 1123 Abs. 2 Satz 1 und des § 1124 Abs. 1, 3.

§ 1130 Wiederherstellungsklausel

Ist der Versicherer nach den Versicherungsbestimmungen nur verpflichtet, die Versicherungssumme zur Wiederherstellung des versicherten Gegenstands zu zahlen, so ist eine diesen Bestimmungen entsprechende Zahlung an den Versicherten dem Hypothekengläubiger gegenüber wirksam.

1 **A. Muster: Verpflichtung zur Aufrechterhaltung einer Versicherung**

▶ Die Gebäude und die beweglichen Gegenstände, auf welche sich die Grundschuld gem. §§ 1120 bis 1122, 1192 BGB erstreckt, sind bis zur vollen Höhe ihres Wertes – soweit nichts anderes vereinbart ist, zum gleitenden Neuwert – bei einem öffentlichen oder einem der Gläubigerin geeignet erscheinenden privaten Versicherungsunternehmen versichert zu halten. Die nach dem Versicherungsvertrag zu zahlenden Versicherungsprämien sind regelmäßig und pünktlich zu entrichten; der Gläubigerin ist hierüber auf ihr Verlangen jederzeit der Nachweis zu führen. Die Versicherung darf nur mit Zustimmung der Gläubigerin aufgehoben oder geändert werden. Ist die Aufhebung erfolgt oder steht sie bevor, so steht der Gläubigerin das Recht zu, die Versicherung in ihrem Interesse auf Kosten des Sicherungsgebers fortzusetzen oder zu erneuern oder die Gebäude anderweitig in Deckung zu geben. Im Falle einer vollständigen oder teilweisen Zerstörung hat der Sicherungsgeber die Gebäude nach Bauplänen und Kostenvoranschlägen, die die Gläubigerin genehmigt hat, innerhalb einer angemessenen Frist wiederherzustellen.[1] ◀

B. Erläuterungen

2 **[1] Vereinbarung zur Aufrechterhaltung einer Versicherung durch den Sicherungsgeber.** § 1127 erstreckt im Wege der dinglichen Surrogation die **Haftung** der (zunächst künftigen) Forderun-

gen gegen den Versicherer, die anstelle der der Haftung unterliegenden Gegenstände für die Hypothek treten. Die §§ 1128 bis 1130 normieren Verfügungsbeschränkungen des Eigentümers oder Eigenbesitzers. Die Vorschriften der §§ 1127 ff enthalten damit Ausnahmen von dem Grundsatz, dass der Untergang des Grundstücks oder der der Haftung unterliegenden Gegenstände auch zum Wegfall der hypothekarischen Haftung führt. Eine entsprechende Anwendung auf andere Surrogate, etwa aus Beschädigungen, kommt nicht in Betracht (BGHZ 107, 255, 256). So scheiden etwa Ansprüche des Eigentümers gegen den Versicherer auf Schadensersatz wegen Verschuldens bei Vertragsschluss aus (NK-BGB/*Zimmer* § 1127 Rn 1). Einen Eintritt des Gläubigers in den Versicherungsvertrag bewirkt § 1127 nicht, dem Gläubiger stehen grundsätzlich keine weitergehenden Rechte zu als dem Eigentümer. Der Ersteher in der Zwangsversteigerung erwirbt die Forderungen gegen die Versicherung (§§ 55 Abs. 1, 90 Abs. 2 ZVG). Der Grundpfandrechtsgläubiger erlangt hinsichtlich der Versicherungsforderung jedoch ein Pfandrecht nach § 1128 Abs. 3 (BGH NJW 1981, 1671, 1672), ohne dass eine Beschlagnahme erforderlich ist. Vor der Fälligkeit findet § 1281, danach § 1282 Anwendung. Bei mehreren Grundpfandrechten haben diese Pfandrechte untereinander denselben Rang wie die Grundpfandrechte selbst (BGH NJW 1981, 1671, 1672). Nach § 1127 Abs. 2 erlischt die Haftung der Versicherungsforderungen mit Wiederherstellung oder Ersatzbeschaffung. Die Sicherungsvereinbarungen der Banken sehen üblicherweise vor, dass die Sicherungsgeber für ausreichenden Versicherungsschutz zu sorgen haben.

§ 1131 Zuschreibung eines Grundstücks

[1]Wird ein Grundstück nach § 890 Abs. 2 einem anderen Grundstück im Grundbuch zugeschrieben, so erstrecken sich die an diesem Grundstück bestehenden Hypotheken auf das zugeschriebene Grundstück. [2]Rechte, mit denen das zugeschriebene Grundstück belastet ist, gehen diesen Hypotheken im Range vor.

A. Muster: Bestandteilszuschreibung eines Grundstücks 1

► Ich bin Eigentümer des im Grundbuch von ▪▪▪ Blatt ▪▪▪ eingetragenen Grundstücks Flur ▪▪▪ Flurstück ▪▪▪ und des im Grundbuch von ▪▪▪ Blatt ▪▪▪ eingetragenen Grundstücks Flur ▪▪▪ Flurstück ▪▪▪.[1] Als Eigentümer beantrage ich, das Flurstück ▪▪▪ dem Flurstück ▪▪▪ als Bestandteil gem. § 890 Abs. 2 BGB zuzuschreiben.[2] 833

Der Notar hat mich darauf hingewiesen, dass sich die am Flurstück ▪▪▪ eingetragenen Grundpfandrechte kraft Gesetzes auf das zugeschriebene Grundstück erstrecken.

Der Verkehrswert des zuzuschreibenden Grundstücks beträgt ▪▪▪ EUR.[3]

▪▪▪

Notarielle Unterschriftsbeglaubigung[4] ◄

B. Erläuterungen

[1] Verbindung von Grundstücken. Zwei oder mehrere Grundstücke können rechtlich miteinander verbunden werden, indem sie entweder zu einem Grundstück vereinigt werden (§ 890 Abs. 1, § 5 GBO) oder das eine Grundstück einem anderen als Bestandteil zugeschrieben wird (§ 890 Abs. 2, § 6 GBO). Formell-rechtlich ist beides nur zulässig, wenn keine **Verwirrung** (siehe hierzu OLG Düsseldorf MittBayNot 2001, 74; LG München I MittBayNot 2004, 131) zu besorgen ist (§§ 5 Abs. 1, 6 Abs. 1 GBO). Dies wäre der Fall, wenn mit Eintragung der Vereinigung 2 bzw Bestandteilszuschreibung der Grundbuchstand derart unübersichtlich und schwer verständlich würde, dass der gesamte grundbuchrechtliche Rechtszustand nicht mehr mit der für den Grundbuchverkehr notwendigen Klarheit und Bestimmtheit erkennbar wäre und die Gefahr von Streitigkeiten und Verwicklungen, vor allem im Falle einer Zwangsversteigerung, bestünde (KG Rpfleger 1989, 500; OLG Hamm Rpfleger 1968, 121; OLG Düsseldorf DNotZ 1971, 479; BayObLG DNotZ 1994, 242). Die an der Vereinigung bzw Bestandteilszuschreibung beteiligten Grundstücke sollen darüber hinaus im Bezirk desselben Grundbuchamtes liegen und unmittelbar aneinandergrenzen (§§ 5 Abs. 2, 6 Abs. 2 GBO). Von diesen Erfordernissen soll nur abgewichen werden, wenn hierfür wegen der Zusammengehörigkeit baulicher Anlagen oder Nebenanlagen ein erhebliches Bedürfnis besteht. Die Lage der Grundstücke zueinander ist durch Vorlage einer von der zuständigen Behörde (regelmäßig Katasteramt) beglaubigten Karte nachzuweisen. Das erhebliche Bedürfnis ist glaubhaft zu machen. § 29 GBO gilt hierfür nicht. Die Glaubhaftmachung bedarf dementsprechend keiner öffentlichen oder öffentlich beglaubigten Form; so würde etwa eine einfache Bestätigung der Baubehörde genügen.

3 **[2] Bestandteilszuschreibung.** Die Bestandteilszuschreibung führt dazu, dass das zugeschriebene Grundstück unter Verlust seiner rechtlichen Selbständigkeit **nichtwesentlicher Bestandteil** des einheitlichen Grundstücks wird. Auf dem Hauptgrundstück lastende Grundpfandrechte erstrecken sich gem. § 1131 auf das zugeschriebene Grundstück, gehen aber den bereits auf dem zugeschriebenen Grundstück eingetragenen Belastungen im Rang nach. Die Pfanderstreckung tritt kraft Gesetzes ein, ohne dass es einer rechtsgeschäftlichen Nachverpfändung bedarf und erfasst auch die dingliche Zwangsvollstreckungsunterwerfung nach § 800 ZPO. Grundpfandrechte, die auf dem zugeschriebenen Grundstück lasten, erfassen nicht das Hauptgrundstück (OLG Schleswig MDR 1955, 48; BayObLG Rpfleger 1995, 151). Ebenso bleiben die anderen Rechte, wie etwa Reallasten, Vorkaufsrechte, Dienstbarkeiten, in ihrem bisherigen Umfang bestehen. Neue Belastungen erstrecken sich auf das einheitliche Grundstück.

4 **[3] Kosten.** Der Antrag auf Bestandteilszuschreibung löst eine halbe Gebühr nach § 38 Abs. 2 Nr. 5 a KostO aus einem **Teilwert** (20–25 %) des zugeschriebenen Grundstücks aus. Die Bestandteilszuschreibung ist daher wesentlich kostengünstiger als eine Vereinigung und Nachverpfändung etwaiger Grundpfandrechte. Für die Vereinigung würde eine halbe Gebühr nach § 38 Abs. 2 Nr. 5 a KostO aus einem Teilwert der zusammengerechneten Grundstückswerte und für die Nachverpfändung vollstreckbarer Grundschulden eine volle Gebühr nach § 36 Abs. 1 KostO aus dem Grundschuldwert bzw dem geringeren Grundstückswert anfallen.

5 **[4] Form des Antrages.** Die Bestandteilszuschreibung bedarf eines notariell beglaubigten Antrages des Grundstückseigentümers (§ 29 GBO).

§ 1132 Gesamthypothek

(1) [1]Besteht für die Forderung eine Hypothek an mehreren Grundstücken (Gesamthypothek), so haftet jedes Grundstück für die ganze Forderung. [2]Der Gläubiger kann die Befriedigung nach seinem Belieben aus jedem der Grundstücke ganz oder zu einem Teil suchen.
(2) [1]Der Gläubiger ist berechtigt, den Betrag der Forderung auf die einzelnen Grundstücke in der Weise zu verteilen, dass jedes Grundstück nur für den zugeteilten Betrag haftet. [2]Auf die Verteilung finden die Vorschriften der §§ 875, 876, 878 entsprechende Anwendung.

A. Muster: Nachverpfändung mit Zwangsvollstreckungsunterwerfung 1

▶ UR-Nr. ▪▪▪/2010 834

Heute, den ▪▪▪ zweitausendzehn,

– ▪▪▪ 2010 –

erschienen vor mir,

▪▪▪

Notar

mit Amtssitz in ▪▪▪,

in meinen Amtsräumen in ▪▪▪, ▪▪▪:

1. Herr ▪▪▪
   geb. am ▪▪▪
   wohnhaft in ▪▪▪
   ausgewiesen durch gültigen deutschen Personalausweis,
2. Frau ▪▪▪
   geb. am ▪▪▪
   wohnhaft in ▪▪▪
   ausgewiesen durch gültigen deutschen Personalausweis,

– zu 1. und 2. nachstehend auch „Eigentümer" genannt –

Auf Ansuchen beurkunde ich ihren Erklärungen gemäß, was folgt:

Im Grundbuch des Amtsgerichts ▪▪▪, Grundbuch von ▪▪▪, Blatt ▪▪▪ ist in Abteilung III unter der lfd. Nr. ▪▪▪ zugunsten der ▪▪▪ eine brieflose Grundschuld iHv ▪▪▪ EUR[1] (UR-Nr. ▪▪▪ des Notars ▪▪▪) an dem Flurstück ▪▪▪ der Flur ▪▪▪ mit einer Größe von ▪▪▪ qm der Gemarkung ▪▪▪ eingetragen.

Das vorbezeichnete Grundpfandrecht ist vom ▪▪▪ ab mit ▪▪▪ v.H. jährlich zu verzinsen. Die Grundschuldzinsen sind am ersten Werktag eines jeden Kalenderjahres für das vorangegangene Kalenderjahr zahlbar, spätestens jedoch im Verteilungstermin.[2]

Für diese Grundschuld samt Zinsen und Nebenleistungen verpfändet der Eigentümer das im Grundbuch von ▪▪▪, Blatt ▪▪▪ verzeichnete Grundstück der Gemarkung ▪▪▪ Flurstück ▪▪▪ der Flur ▪▪▪ in Größe von ▪▪▪ qm nach.[3]

Der Eigentümer unterwirft sich hinsichtlich des nachverpfändeten Grundbesitzes in Ansehung des Grundpfandrechtskapitals und der Zinsen in der Weise der sofortigen Zwangsvollstreckung aus dieser Urkunde, dass der jeweilige Eigentümer der sofortigen Zwangsvollstreckung unterworfen sein soll.[4]

Der Eigentümer bewilligt und beantragt, in das Grundbuch einzutragen die Nachverpfändung sowie den Vermerk, dass der jeweilige Eigentümer des nachverpfändeten Grundstücks der sofortigen Zwangsvollstreckung unterworfen ist.

Der Verkehrswert des nachverpfändeten Grundstücks beträgt ▪▪▪ EUR.[5]

Das Grundbuch hat der Notar am ▪▪▪ einsehen lassen.

Aus dem Grundbuch sind folgende Belastungen ersichtlich:

Abteilung II: ▪▪▪

Abteilung III: ▪▪▪

Die nachverpfändete Grundschuld soll an rangbereiter Stelle im Grundbuch eingetragen werden.

Der Notar ist berechtigt, Anträge aus dieser Urkunde getrennt und eingeschränkt zu stellen.

Die Erschienenen bevollmächtigen den Notar, dessen Vertreter oder Amtsnachfolger, Bewilligungen und Anträge gegenüber dem Grundbuchamt zu stellen, zu ändern und zu ergänzen, soweit dies verfahrensrechtlich zum Vollzug dieser Grundschuld erforderlich sein sollte.

Der Gläubigerin soll sofort eine vollstreckbare Ausfertigung dieser Urkunde erteilt werden. Das Grundbuchamt und die Erschienenen erhalten beglaubigte Abschriften. Hinsichtlich der Erteilung einer vollstreckbaren Ausfertigung dieser Urkunde wird auf den Nachweis der Tatsachen verzichtet, die das Entstehen und die Fälligkeit der Grundschuld nebst Zinsen bedingen.[6]

Diese Niederschrift wurde den Erschienenen vom Notar vorgelesen, von ihnen genehmigt und eigenhändig, wie folgt, unterschrieben:

■■■

Unterschriften ◄

B. Erläuterungen und Varianten

2 [1] **Fälligkeit des Grundschuldkapitals.** Vgl § 1193 Rn 2 ff. Das zwingende gesetzliche Kündigungserfordernis bei Grundschulden, die der Sicherung einer Geldforderung dienen wurde erst durch das **Risikobegrenzungsgesetz** in § 1193 eingefügt. Eine Gesamtgrundschuld mit unterschiedlichen Fälligkeits- und Kündigungsregeln hinsichtlich des Grundschuldkapitals ist möglich. Sofern eine Grundschuld, die vor Inkrafttreten des Risikobegrenzungsgesetzes bestellt und für die eine sofortige Fälligkeit des Grundschuldkapitals vereinbart worden ist, auf ein weiteres Grundstück erstreckt werden soll, bedarf es dementsprechend für die bestehende Grundschuld keine Inhaltsänderung (§ 877) dahingehend, dass eine dem Kündigungserfordernis des § 1193 entsprechende Fälligkeitsregelung getroffen wird. In die Bewilligung der Nachverpfändung ist jedoch ein Hinweis auf die abweichende Fälligkeit nach § 1193 aufzunehmen (vgl auch OLG München NotBZ 2010, 104).

► Für die Fälligkeit des Grundschuldkapitals gilt hinsichtlich des in dieser Urkunde nachverpfändeten Grundbesitzes § 1193 BGB in der Fassung des Risikobegrenzungsgesetzes. Es wird dementsprechend bewilligt und beantragt hinsichtlich des nachverpfändeten Grundbesitzes nicht die in der Urkunde vom ■■■, UR-Nr. ■■■/■■■ des Notars ■■■, vereinbarte Regelung zur Fälligkeit des Grundschuldkapitals in das Grundbuch einzutragen. ◄

3 [2] **Aufnahme der für die Zwangsvollstreckung erforderlichen Angaben.** Soll der jeweilige Eigentümer des nachverpfändeten Grundstücks der sofortigen Zwangsvollstreckung unterworfen sein (vgl Rn 5), sind in der **Nachverpfändungsurkunde** die für die Zwangsvollstreckungsunterwerfung erforderlichen Angaben (Betrag, Zinshöhe, Zinsbeginn und ggf sonstige Nebenleistung) vollständig anzugeben, oder es ist eine Verweisung gem. § 13 a BeurkG auf die ursprüngliche Grundpfandrechtsbestellungsurkunde vorzunehmen.

► Wegen der Nebenleistungen und Bedingungen, insbesondere des Zinsbeginns, des vorgenannten Grundpfandrechts wird auf die Urkunde vom ■■■, UR-Nr. ■■■/■■■ des Notars ■■■, verwiesen. Die vorgenannte Urkunde hat bei dieser Beurkundung in beglaubigter Ablichtung vorgelegen. Ihr Inhalt ist den Beteiligten bekannt. Die Beteiligten erklären, dass ihnen vor der heutigen Beurkundung eine beglaubigte Abschrift der vorgenannten Urkunde ausgehändigt worden ist. Die Beteiligten verzichten darauf, dass die vorgenannte Urkunde verlesen und der heutigen Urkunde beigefügt wird. Auf die vorgenannte Urkunde wird hiermit verwiesen. Über die Bedeutung dieser Verweisung wurde durch den Notar belehrt. ◄

4 [3] **Gesamtgrundschuld.** Vgl §§ 1191, 1192 Rn 12.

5 [4] **Dingliche Zwangsvollstreckungsunterwerfung.** Vgl §§ 1191, 1192 Rn 13.

6 [5] **Geschäftswert.** Der Geschäftswert der Nachverpfändung ist nach § 23 Abs. 2 KostO zu bestimmen. Maßgebend ist danach der **Nennbetrag** des Grundpfandrechts. Ist jedoch der **Wert** des nachverpfändeten Grundstücks geringer, bildet dieser den Geschäftswert.

7 [6] **Vollstreckbare Ausfertigung.** Vgl §§ 1191, 1192 Rn 14.

§ 1133 Gefährdung der Sicherheit der Hypothek

[1]Ist infolge einer Verschlechterung des Grundstücks die Sicherheit der Hypothek gefährdet, so kann der Gläubiger dem Eigentümer eine angemessene Frist zur Beseitigung der Gefährdung bestimmen. [2]Nach dem Ablauf der Frist ist der Gläubiger berechtigt, sofort Befriedigung aus dem Grundstück zu suchen, wenn nicht die Gefährdung durch Verbesserung des Grundstücks oder durch anderweitige Hypothekenbestellung beseitigt worden ist. [3]Ist die Forderung unverzinslich und noch nicht fällig, so gebührt dem Gläubiger nur die Summe, welche mit Hinzurechnung der gesetzlichen Zinsen für die Zeit von der Zahlung bis zur Fälligkeit dem Betrag der Forderung gleichkommt.

Zu § 1133 siehe Muster zu §§ 1120, 1121, 1122. 1

§ 1133 dient dem Interesse des Hypothekengläubigers an wertbeständiger Erhaltung der Sicherheit zwischen Erwerb und Fälligkeit der Hypothek (**Pfandreife**). Der Hypothekengläubiger hat bei Entwertung des Kerns der realen Haftungssubstanz ein **vorzeitiges Befriedigungsrecht**. Er kann ohne weiteres vom Eigentümer die Duldung der Zwangsvollstreckung in das Grundstück (§ 1147) verlangen (**Deteriorations- oder Devastationsklage**). § 1133 betrifft nur den dinglichen, nicht auch den persönlichen Anspruch. Der persönliche Anspruch kann in diesen Fällen bei entsprechender schuldrechtlicher Vereinbarung ebenfalls fällig werden. Ist der Eigentümer zugleich der persönliche Schuldner, so liegen in der Praxis regelmäßig vertragliche Vereinbarungen (Kündigungsrecht) für den Fall der Verschlechterung der Haftungssubstanz auch im Hinblick auf den dinglichen Anspruch vor, weshalb in diesen Fällen § 1133 weitgehend bedeutungslos ist (NK-BGB/*Zimmer* § 1133 Rn 2). 2

§ 1134 Unterlassungsklage

(1) Wirkt der Eigentümer oder ein Dritter auf das Grundstück in solcher Weise ein, dass eine die Sicherheit der Hypothek gefährdende Verschlechterung des Grundstücks zu besorgen ist, so kann der Gläubiger auf Unterlassung klagen.

(2) [1]Geht die Einwirkung von dem Eigentümer aus, so hat das Gericht auf Antrag des Gläubigers die zur Abwendung der Gefährdung erforderlichen Maßregeln anzuordnen. [2]Das Gleiche gilt, wenn die Verschlechterung deshalb zu besorgen ist, weil der Eigentümer die erforderlichen Vorkehrungen gegen Einwirkungen Dritter oder gegen andere Beschädigungen unterlässt.

Zu § 1134 siehe **Muster** zu §§ 1120, 1121, 1122. 1

§ 1134 dient dem Schutz des Hypothekengläubigers nach Erwerb der Hypothek und schützt dessen Interesse an wertbeständiger Erhaltung der Sicherheit. Zur Wahrung dieses Interesses gibt § 1134 Abs. 1 dem Hypothekengläubiger ein Abwehrrecht gegen den einwirkenden Eigentümer und gegen einwirkende Dritte; die Vorschrift ähnelt insoweit § 1004 Abs. 1 S. 2. Darüber hinaus gibt § 1134 Abs. 2 dem Hypothekengläubiger noch weitergehend das Recht, eine Schutzmaßnahme vom Eigentümer zu verlangen. Trotz der unglücklichen (so NK-BGB/*Zimmer* § 1134 Rn 1), allein die gerichtliche Durchsetzung betonenden Diktion sind hier wie dort ein **Unterlassungsanspruch** und ein **Vornahmeanspruch** normiert, wobei Letzterer dem Hypothekengläubiger nur gegen den Eigentümer zustehen kann und in dessen Interesse an ungestörter wirtschaftlicher Nutzung des Grundstücks restriktiv zu handhaben ist. § 1134 gibt jedoch **keinen Beseitigungsanspruch** gegen eine geschehene tatsächliche Einwirkung. 2

§ 1135 Verschlechterung des Zubehörs

Einer Verschlechterung des Grundstücks im Sinne der §§ 1133, 1134 steht es gleich, wenn Zubehörstücke, auf die sich die Hypothek erstreckt, verschlechtert oder den Regeln einer ordnungsmäßigen Wirtschaft zuwider von dem Grundstück entfernt werden.

Zu § 1135 siehe **Muster** zu §§ 1120, 1121, 1122. 1

2 § 1135 erweitert den Anwendungsbereich der §§ 1133 und 1134 in doppelter Weise. Einerseits wird die **Verschlechterung** von im Haftungsverband stehenden Zubehörstücken der Verschlechterung des Grundstücks gleichgestellt (§ 1135 Alt. 1). Andererseits wird auch die ordnungswidrige **Entfernung** solcher Zubehörstücke vom Gesetz als Verschlechterung des Grundstücks angesehen (§ 1135 Alt. 2).

§ 1136 Rechtsgeschäftliche Verfügungsbeschränkung

Eine Vereinbarung, durch die sich der Eigentümer dem Gläubiger gegenüber verpflichtet, das Grundstück nicht zu veräußern oder nicht weiter zu belasten, ist nichtig.

1 A. Muster: Sofortige Fälligkeit bei Veräußerung des Pfandobjektes oder sonstige Verfügung

▶ Der Gläubiger kann das Kapital für sofort fällig und zahlbar stellen, wenn das Pfandobjekt ganz oder teilweise veräußert oder sonst darüber ohne Zustimmung des Gläubigers verfügt wird oder bei einem Erbbaurecht der Grundstückseigentümer von seinem Heimfallanspruch Gebrauch macht.[1] ◀

B. Erläuterungen

2 [1] **Sofortige Fälligkeit.** § 1136 ist lex specialis zu § 137 S. 2. § 1136 dient dem Schutz der rechtlichen Handlungsfähigkeit und zugleich der Rechtsklarheit und der Rechtssicherheit. § 1136 verbietet, dass sich der Eigentümer gegenüber dem Hypothekengläubiger zum Schutze der Hypothek verpflichtet, das Grundstück nicht zu veräußern oder nicht weiter zu belasten. § 1136 unterfallende Vereinbarungen können nicht wirksam getroffen werden. Durch § 1136 soll der Eigentümer vor übermäßigen Beschränkungen seiner wirtschaftlichen Handlungsfreiheit gegenüber dem Hypothekengläubiger geschützt werden (BGH NJW 1980, 1625, 1626). § 1136 dient folglich dem Interesse des Eigentümers an ungestörter wirtschaftlicher Verwertung des Grundstücks. Der Eigentümer soll trotz bestehender hypothekarischer Belastung weiter frei verfügen können und er soll nach dem ausdrücklichen Willen des Gesetzgebers in einer wirtschaftlichen Notlage rechtlich dazu imstande sein, eine weitergehende Belastung mit Grundpfandrechten vorzunehmen oder das Grundstück durch Veräußerung in leistungsfähigere Hände zu bringen (vgl NK-BGB/*Zimmer* § 1136 Rn 1). Vereinbarungen, die an eine Veräußerung oder weitere Belastung die **sofortige Fälligkeit** oder ein **Sonderkündigungsrecht** knüpfen, sind wirksam, auch wenn sie in Allgemeinen Geschäftsbedingungen enthalten sind (BGH NJW 1980, 1625, 1626; BayObLG DNotZ 1981, 128, 129; OLG Frankfurt WM 1977, 1291, 1293; vgl auch NK-BGB/*Zimmer* § 1136 Rn 4).

§ 1137 Einreden des Eigentümers

(1) [1]Der Eigentümer kann gegen die Hypothek die dem persönlichen Schuldner gegen die Forderung sowie die nach § 770 einem Bürgen zustehenden Einreden geltend machen. [2]Stirbt der persönliche Schuldner, so kann sich der Eigentümer nicht darauf berufen, dass der Erbe für die Schuld nur beschränkt haftet.
(2) Ist der Eigentümer nicht der persönliche Schuldner, so verliert er eine Einrede nicht dadurch, dass dieser auf sie verzichtet.

A. Muster: Erhebung einer forderungsbezogenen Einrede gegen die Hypothek 1

836

▶ Sehr geehrter Herr ■■■ (Hypothekengläubiger),

der Geltendmachung ihres dinglichen Anspruchs aus der im Grundbuch von ■■■ Blatt ■■■ in Abteilung III unter lfd. Nr. ■■■ eingetragenen Hypothek steht entgegen, dass die Forderung bis zum ■■■ gestundet ist.[1]

Mit freundlichen Grüßen

■■■

Unterschrift Eigentümer ◀

B. Erläuterungen

[1] **Einreden gegen die Hypothek.** § 1137 Abs. 1 S. 1 normiert, welche Einreden dem Eigentümer gegen die Hypothek bzw den dinglichen Anspruch aus § 1147 zustehen. Es sind dies die Einreden des persönlichen Schuldners gegen die Hypothekenforderung (sog. **forderungsbezogene Einreden,** § 1137 Abs. 1 S. 1 Alt. 1) und die einem Bürgen nach § 770 zustehenden Einreden (sog. **Einreden aus Gestaltungsrechten,** § 1137 Abs. 1 S. 1 Alt. 2). 2

Forderungsbezogene Einreden sind zB:

- Stundung der Forderung,
- Einrede des nichterfüllten Vertrags (§ 320),
- Zurückbehaltungsrecht (§ 273),
- ungerechtfertigte Bereicherung (§ 821),
- unerlaubte Handlung (§ 853) oder
- Treuwidrigkeit der Geltendmachung der Forderung (§ 242).

§ 1138 Öffentlicher Glaube des Grundbuchs

Die Vorschriften der §§ 891 bis 899 gelten für die Hypothek auch in Ansehung der Forderung und der dem Eigentümer nach § 1137 zustehenden Einreden.

Zu § 1138 siehe Muster zu § 1137. 1

Die Hypothek ist von der Forderung abhängig und kann nicht ohne diese übertragen werden. Ihre Verkehrsfähigkeit würde leiden, wenn Einwendungen und Einreden gegen die Forderung stets auf das dingliche Recht durchschlagen könnten. Dementsprechend erklärt das Gesetz zugunsten der Verkehrsfähigkeit in § 1138 für die Hypothek die Vorschriften über den **öffentlichen Glauben des Grundbuchs** auch in Ansehung der Forderung und der dem Eigentümer nach § 1137 zustehenden Einreden für anwendbar. 2

§ 1139 Widerspruch bei Darlehensbuchhypothek

[1]Ist bei der Bestellung einer Hypothek für ein Darlehen die Erteilung des Hypothekenbriefs ausgeschlossen worden, so genügt zur Eintragung eines Widerspruchs, der sich darauf gründet, dass die Hingabe des Darlehens unterblieben sei, der von dem Eigentümer an das Grundbuchamt gerichtete Antrag, sofern er vor dem Ablauf eines Monats nach der Eintragung der Hypothek gestellt wird. [2]Wird der Widerspruch innerhalb des Monats eingetragen, so hat die Eintragung die gleiche Wirkung, wie wenn der Widerspruch zugleich mit der Hypothek eingetragen worden wäre.

1 **A. Muster: Antrag auf Eintragung eines Widerspruchs bei Darlehensbuchhypothek**

▶ Im Grundbuch von ▪▪▪ Blatt ▪▪▪ ist in Abteilung III unter lfd. Nr. ▪▪▪ eine brieflose Darlehenshypothek eingetragen. Ich beantrage, bei dieser Hypothek einen Widerspruch gem. § 1139 BGB einzutragen, da die Hingabe des Darlehens unterblieben ist.[1]

▪▪▪

Unterschrift[2] ◀

B. Erläuterungen

2 [1] **Unterbleiben der Hingabe des Darlehens.** § 1139 setzt die Bestellung einer Hypothek unter Ausschluss der Erteilung eines Hypothekenbriefes voraus. Darlehen iSv § 1139 kann auch ein Immobiliardarlehensvertrag iSd § 492 Abs. 1 a S. 2 sein. § 1139 gibt dem Eigentümer die Möglichkeit, den öffentlichen Glauben der Grundbucheintragung zu zerstören. Die Vorschrift hat den Zweck, der Entstehung forderungsentkleideter Darlehensbuchverkehrshypotheken entgegenzuwirken. Der Eigentümer soll vor Verfügungen eines unlauteren Buchhypothekengläubigers geschützt werden (NK-BGB/*Zimmer* § 1139 Rn 5); in Fällen abredewidriger Nichtzahlung ist ein gutgläubiger Erwerb unerwünscht und der Eigentümer besonders schutzwürdig; das gilt auch dann, wenn der persönliche Schuldner vom Eigentümer verschieden ist.

3 [2] **Formloser Antrag.** Ein formloser Antrag (§ 13 Abs. 1 GBO) genügt. Notarielle Unterschriftsbeglaubigung ist nicht erforderlich.

§ 1140 Hypothekenbrief und Unrichtigkeit des Grundbuchs

[1]Soweit die Unrichtigkeit des Grundbuchs aus dem Hypothekenbrief oder einem Vermerk auf dem Brief hervorgeht, ist die Berufung auf die Vorschriften der §§ 892, 893 ausgeschlossen. [2]Ein Widerspruch gegen die Richtigkeit des Grundbuchs, der aus dem Briefe oder einem Vermerk auf dem Briefe hervorgeht, steht einem im Grundbuch eingetragenen Widerspruch gleich.

1 **A. Muster: Teilbefriedigungsvermerk auf Hypothekenbrief**

▶ Als Gläubiger bestätige ich hiermit, in Höhe eines Teilbetrages von ▪▪▪ EUR befriedigt zu sein.[1] ◀

B. Erläuterungen

2 [1] **Briefvermerk.** § 1140 soll Risiken entgegenwirken, die sich aus der hohen Verkehrsfähigkeit der Briefhypothek ergeben. Öffentlichen Glauben genießt nur die Grundbucheintragung. Der Inhalt des Hypothekenbriefes nimmt an der Publizitätswirkung nicht teil. Lediglich der Briefbesitz kann Publizitätswirkung entfalten (§§ 1117 Abs. 3, 1155). Der Hypothekenbrief kann jedoch entsprechend der in § 1140 getroffenen Regelung den öffentlichen Glauben des Grundbuchs zerstören. § 1140 schränkt für die Briefhypothek die Geltung der §§ 892, 893 und 1138 ein. Grundbuch und Brief sollen inhaltlich möglichst übereinstimmen (vgl §§ 41, 42, 62, 70 GBO). Gem. §§ 41 Abs. 1 S. 1, 42, 62 Abs. 1 GBO soll eine die Briefhypothek betreffende Grundbucheintragung nur bei Vorlage des Briefs erfolgen und Eintragungen auf dem Brief werden amtlich vermerkt. Bei Erteilung eines neuen Hypothekenbriefes sind Altvermerke gem.

§ 68 Abs. 2 GBO amtswegig fortzuschreiben; Verstöße können Amtshaftungsansprüche begründen. Die Unrichtigkeit des Grundbuchs kann aus einem Vermerk auf dem Brief hervorgehen. Vermerke sind **nachträgliche Hinweise** und **Ergänzungen** (NK-BGB/*Zimmer* § 1140 Rn 6). Praktisch bedeutsam sind Teilbefriedigungsvermerke nach §§ 1145 Abs. 1 S. 2, 1150 und 1167. Denkbar sind auch Vermerke über Einreden, über Veränderungen der Zahlungszeit oder über gerichtliche Veräußerungsverbote. Soweit durch den Vermerk der öffentliche Glaube des Grundbuchs zerstört ist, ist die Berufung auf die Vorschriften der §§ 892, 893, 1138 ausgeschlossen.

§ 1141 Kündigung der Hypothek

(1) [1]Hängt die Fälligkeit der Forderung von einer Kündigung ab, so ist die Kündigung für die Hypothek nur wirksam, wenn sie von dem Gläubiger dem Eigentümer oder von dem Eigentümer dem Gläubiger erklärt wird. [2]Zugunsten des Gläubigers gilt derjenige, welcher im Grundbuch als Eigentümer eingetragen ist, als der Eigentümer.
(2) Hat der Eigentümer keinen Wohnsitz im Inland oder liegen die Voraussetzungen des § 132 Abs. 2 vor, so hat auf Antrag des Gläubigers das Amtsgericht, in dessen Bezirk das Grundstück liegt, dem Eigentümer einen Vertreter zu bestellen, dem gegenüber die Kündigung des Gläubigers erfolgen kann.

A. Muster: Kündigungserklärung für die Hypothek 1

▶ Hiermit kündige ich als Gläubiger das durch die im Grundbuch von ■■■ Blatt ■■■ in Abteilung III unter lfd. Nr. ■■■ eingetragene Hypothek gesicherte Darlehen zum ■■■.[1] ◀

B. Erläuterungen

[1] **Kündigung.** § 1141 enthält eine Schutzvorschrift für den Eigentümer, der nicht zugleich Schuldner der persönlichen Forderung ist. Bei Anwendung des Akzessorietätsgrundsatzes würde die Kündigung der persönlichen Forderung auch die Fälligkeit der Hypothek bewirken, ohne dass der Eigentümer davon Kenntnis erlangen müsste. Dies wird durch § 1141 vermieden. Hängt die **Fälligkeit der Hypothek** von einer Kündigung ab, ist die Kündigung für die Hypothek gem. § 1141 Abs. 1 S. 1 nur wirksam, wenn sie von dem Gläubiger dem Eigentümer oder von dem Eigentümer dem Gläubiger erklärt wird. Zugunsten des Gläubigers gilt gem. § 1141 Abs. 1 S. 2 derjenige, welcher im Grundbuch als Eigentümer eingetragen ist, als der Eigentümer. § 1141 ist unabdingbar (LG Hamburg Rpfleger 57, 114). 2

§ 1142 Befriedigungsrecht des Eigentümers

(1) Der Eigentümer ist berechtigt, den Gläubiger zu befriedigen, wenn die Forderung ihm gegenüber fällig geworden oder wenn der persönliche Schuldner zur Leistung berechtigt ist.
(2) Die Befriedigung kann auch durch Hinterlegung oder durch Aufrechnung erfolgen.
Hinterlegung oder durch Aufrechnung erfolgen.

Zu § 1142 siehe **Muster** zu § 1141. 1

Der Grundstückseigentümer darf gem. § 1142 Abs. 1 den Gläubiger befriedigen, wenn ihm selbst gegenüber die Forderung fällig geworden oder der persönliche Schuldner zur Leistung berechtigt ist. Die Fälligkeit gegenüber dem **Grundstückseigentümer** kann eintreten aufgrund vertraglicher Abrede oder aufgrund Gesetzes; bei einer Kündigung ist § 1141 zu beachten. Der **persönliche Schuldner** ist zur Leistung berechtigt, wenn die Forderung ihm gegenüber fällig ist, etwa nach § 488. Der Grundstückseigentümer kann die Befriedung des Gläubigers durch Zahlung (§ 1142 Abs. 1), aber auch durch Hinterlegung und Aufrechnung (§ 1142 Abs. 2) bewirken. Mit der Befriedigung des Gläubigers durch den Eigentümer geht die Hypothek mit der 2

Forderung auf den Eigentümer über (§§ 1143, 1153). Die Hypothek steht dem Eigentümer zu mit der Folge des § 1177 Abs. 2.

§ 1143 Übergang der Forderung

(1) [1]Ist der Eigentümer nicht der persönliche Schuldner, so geht, soweit er den Gläubiger befriedigt, die Forderung auf ihn über. [2]Die für einen Bürgen geltende Vorschrift des § 774 Abs. 1 findet entsprechende Anwendung.
(2) Besteht für die Forderung eine Gesamthypothek, so gilt für diese die Vorschrift des § 1173.

1 **A. Muster: Berichtigungsbewilligung auf Umschreibung der Hypothek auf den Eigentümer**

► Im Grundbuch von ▪▪▪ Blatt ▪▪▪ ist in Abteilung III unter lfd. Nr. ▪▪▪ für Herrn ▪▪▪ eine Hypothek über ▪▪▪ EUR nebst Zinsen eingetragen. Herr ▪▪▪ bestätigt, dass seine durch diese Hypothek gesicherte gegen Herrn ▪▪▪ gerichtete Forderung vom Grundstückseigentümer am ▪▪▪ vollständig erfüllt worden ist. Die Unterzeichnenden bewilligen und beantragen, das Grundbuch dahin zu berichtigen, dass die Hypothek auf den Grundstückseigentümer übergegangen ist.[1]

▪▪▪

Notarielle Unterschriftsbeglaubigung[2] ◄

B. Erläuterungen

2 **[1] Entstehen einer Eigentümerhypothek.** Befriedigt der nicht persönlich haftende Eigentümer den Gläubiger (§ 1143 Abs. 1 S. 1), entsteht eine Eigentümerhypothek iSd § 177 Abs. 2. Das Grundbuch wird unrichtig. Die Hypothek wird jedoch **nicht zur Grundschuld.** Die Hypothek bleibt vielmehr eine Hypothek in der Hand des Eigentümers. Eine Trennung von Forderung und Hypothek tritt im Gegensatz zur Eigentümergrundschuld nicht ein. Die Forderung besteht fort. Ihr Gläubiger ist der Eigentümer. Der Eigentümer kann die Erteilung einer Berichtigungsbewilligung verlangen. Sie dient der Ermöglichung der **Umschreibung der Hypothek** auf den Eigentümer und ersetzt den sonst nach § 22 GBO erforderlichen Unrichtigkeitsnachweis. Die Berichtigungsbewilligung muss den materiell-rechtlichen Rechtsakt angeben, aufgrund dessen das Recht übergegangen ist.

3 **[2] Form der Eintragungsbewilligung.** § 29 GBO.

§ 1144 Aushändigung der Urkunden

Der Eigentümer kann gegen Befriedigung des Gläubigers die Aushändigung des Hypothekenbriefs und der sonstigen Urkunden verlangen, die zur Berichtigung des Grundbuchs oder zur Löschung der Hypothek erforderlich sind.

A. Muster: Löschungsbewilligung der Hypothek 1

▶ Im Grundbuch von ■■■, Blatt ■■■, steht in Abteilung III unter lfd. Nr. ■■■ für mich eine Hypothek über ■■■ EUR nebst Zinsen eingetragen. Ich bewillige die Löschung dieses Rechts im Grundbuch.[1]

■■■

Notarielle Unterschriftsbeglaubigung[2] ◀

B. Erläuterungen

[1] **Inhalt des Anspruchs.** § 1144 soll den Eigentümer davor schützen, dass der Gläubiger nach seiner Befriedigung aufgrund seiner Buchposition über die Hypothek verfügt. Der Anspruch aus § 1144 richtet sich auf die Aushändigung des Hypothekenbriefes. Als sonstige Urkunden kommen in Betracht: 2

- die Löschungsbewilligung,
- die Berichtigungsbewilligung (vgl Muster zu § 1143),
- die löschungsfähige Quittung (vgl Muster zu § 1177),
- aber auch weitere Urkunden zum Nachweis des Gläubigerrechts.

Die Löschungsbewilligung muss mindestens enthalten:

- die Gestattung der Löschung,
- das betroffene Recht,
- die Angabe des Grundstücks (§ 28 GBO) und
- die Person des Bewilligenden.

[2] **Form der Löschungsbewilligung.** § 29 GBO. 3

§ 1145 Teilweise Befriedigung

(1) [1]Befriedigt der Eigentümer den Gläubiger nur teilweise, so kann er die Aushändigung des Hypothekenbriefs nicht verlangen. [2]Der Gläubiger ist verpflichtet, die teilweise Befriedigung auf dem Briefe zu vermerken und den Brief zum Zwecke der Berichtigung des Grundbuchs oder der Löschung dem Grundbuchamt oder zum Zwecke der Herstellung eines Teilhypothekenbriefs für den Eigentümer der zuständigen Behörde oder einem zuständigen Notar vorzulegen.

(2) [1]Die Vorschrift des Absatzes 1 Satz 2 gilt für Zinsen und andere Nebenleistungen nur, wenn sie später als in dem Kalendervierteljahr, in welchem der Gläubiger befriedigt wird, oder dem folgenden Vierteljahr fällig werden. [2]Auf Kosten, für die das Grundstück nach § 1118 haftet, findet die Vorschrift keine Anwendung.

Zu § 1145 siehe **Muster** zu § 1140. 1

§ 1145 ergänzt § 1144 bei **Teilleistungen** im Hinblick auf den Hypothekenbrief. Eine Aushändigung des Hypothekenbriefes kann der Eigentümer bei Teilleistungen, abweichend von § 1144, nicht verlangen, da dem Gläubiger der Hypothekenbrief verbleiben muss, damit er darüber verfügen kann. Um den Eigentümer vor einem redlichen Erwerb des Teilrechts zu schützen, bedarf es jedoch eines **Vermerks auf dem Hypothekenbrief**, der Eintragung der Löschung oder Umschreibung oder aber der Herstellung eines Teilhypothekenbriefes. Auf die Frage, ob Teilleistungen überhaupt zulässig sind, enthält § 1145 keine Antwort. Die Vorschrift ist entsprechend anwendbar bei der Ablösung durch einen Dritten (§ 1150), beim Erwerb durch den persönlichen Schuldner (§ 1167) und beim Verzicht des Gläubigers (§ 1168 Abs. 3). 2

§ 1146 Verzugszinsen

Liegen dem Eigentümer gegenüber die Voraussetzungen vor, unter denen ein Schuldner in Verzug kommt, so gebühren dem Gläubiger Verzugszinsen aus dem Grundstück.

1 Zu § 1146 siehe **Muster** zu § 1141.

2 § 1146 erweitert die Haftung des Grundstücks auf nicht einzutragende Nebenansprüche. Der mit dem persönlichen Schuldner nicht identische Eigentümer haftet für die **Verzugszinsen**, auch wenn er nicht zur Zahlung, sondern nur zur Duldung der Zwangsvollstreckung verpflichtet ist. Trotz der Akzessorietät der Hypothek sind also vom Grundstückseigentümer Verzugszinsen zu entrichten, auch wenn in der Person des persönlichen Schuldners kein Verzug vorliegt (NK-BGB/*Zimmer* § 1146 Rn 1). Ist auch der persönliche Schuldner in Verzug, ergibt sich die Haftung des Grundstücks bereits aus § 1118. Die Voraussetzungen des Verzuges ergeben sich aus den §§ 268 ff. Die Hypothek muss also fällig sein, ggf unter vorheriger Kündigung (§ 1141) und nach vorheriger Mahnung. Auch darf der Anspruch nicht einredebehaftet sein. Die Höhe der Verzugszinsen bestimmt sich idR nach § 288.

§ 1147 Befriedigung durch Zwangsvollstreckung

Die Befriedigung des Gläubigers aus dem Grundstück und den Gegenständen, auf die sich die Hypothek erstreckt, erfolgt im Wege der Zwangsvollstreckung.

A. Urteil

1 **I. Muster: Urteilstenor bei Befriedigung des Gläubigers aus dem Grundstück**

► Der Beklagte wird verurteilt, wegen der in Abteilung III unter lfd. Nr. ▪▪▪ des Grundbuchs von ▪▪▪ Blatt ▪▪▪ eingetragenen Hypothek iHv ▪▪▪ EUR nebst Zinsen von ▪▪▪ % seit ▪▪▪ bis zur Zahlung der Hauptsache sowie nebst Kosten von ▪▪▪ EUR die Zwangsvollstreckung[1] in das belastete Grundstück[2] zu dulden. ◄

II. Erläuterungen

2 **[1] Titulierung.** Die Durchsetzung der hypothekarischen Haftung erfolgt nach § 1147 durch Zwangsvollstreckung; diese setzt eine Titulierung des dinglichen Anspruchs voraus. Die Titulierung kann durch

- **Urteil** (§ 704 ZPO),
- **gerichtlichen Vergleich** (§ 794 Abs. 1 Nr. 1 ZPO),
- **Schiedsspruch** (§ 794 Abs. 1 Nr. 4 a ZPO) oder durch
- **vollstreckbare Urkunde** (§§ 794 Abs. 1 Nr. 5, 796 a ZPO; vgl Rn 4 und §§ 1191, 1192 Rn 13) erfolgen.

Durch **Vollstreckungsbescheid** ist dies nicht möglich (NK-BGB/*Zimmer* § 1147 Rn 10). Da durch die Hypothekenklage eine dingliche Belastung geltend gemacht wird, muss sie im ausschließlichen dinglichen **Gerichtsstand** nach § 24 ZPO erhoben werden. Eine etwaige persönliche Klage gegen den schuldenden Eigentümer kann dort wegen des Sachzusammenhanges mit der Hypothekenklage nach § 25 ZPO verbunden werden (vgl auch BayObLG ZfIR 2003, 176).

[2] **Zubehörstücke.** Gegenstände, auf welche die Hypothek sich erstreckt, brauchen in der Urteilsformel nicht aufgenommen zu werden (NK-BGB/*Zimmer* § 1147 Rn 15). 3

B. Nachträgliche Zwangsvollstreckungsunterwerfung

I. Muster: Dingliche Vollstreckungsunterwerfung einer Grundschuld und abstraktes Schuldanerkenntnis samt Vollstreckungsunterwerfung 4

▶ UR-Nr. ■■■/2010 843

Heute, den ■■■ zweitausendzehn,

– ■■■ 2010 –

erschien vor mir,

■■■

Notar

mit Amtssitz in ■■■,

in meinen Amtsräumen in ■■■, ■■■:

Herr■■■

geb. am ■■■

wohnhaft in ■■■

ausgewiesen durch gültigen deutschen Personalausweis,

– nachstehend auch „Eigentümer" und „Schuldner" genannt –

Auf Ansuchen beurkunde ich seinen Erklärungen gemäß, was folgt:

I. Dingliche Zwangsvollstreckungsunterwerfung[1]

1. Im Grundbuch des Amtsgerichts ■■■ Grundbuch von ■■■, Blatt ■■■ ist in Abteilung III unter der lfd. Nr. ■■■ zugunsten der ■■■ eine brieflose Grundschuld iHv ■■■ EUR (UR-Nr. ■■■ des Notars ■■■) an dem Flurstück ■■■ der Flur ■■■ mit einer Größe von ■■■ qm der Gemarkung ■■■ eingetragen.
   Das vorbezeichnete Grundpfandrecht ist vom ■■■ ab mit ■■■ v.H. jährlich zu verzinsen. Die Grundschuldzinsen sind am ersten Werktag eines jeden Kalenderjahres für das vorangegangene Kalenderjahr zahlbar, spätestens jedoch im Verteilungstermin.
   Das Grundbuch hat der Notar am ■■■ einsehen lassen.
2. Der Eigentümer unterwirft sich hinsichtlich des vorbezeichneten Grundbesitzes in Ansehung des vorbezeichneten Grundpfandrechtskapitals und der Zinsen in der Weise der sofortigen Zwangsvollstreckung aus dieser Urkunde, dass der jeweilige Eigentümer der sofortigen Zwangsvollstreckung unterworfen sein soll.
   Der Eigentümer bewilligt und beantragt, in das Grundbuch einzutragen den Vermerk, dass der jeweilige Eigentümer des vorbezeichneten Grundstücks der sofortigen Zwangsvollstreckung unterworfen ist.
   Der Notar ist berechtigt, Anträge aus dieser Urkunde getrennt und eingeschränkt zu stellen.
   Die Erschienenen bevollmächtigen den Notar, dessen Vertreter oder Amtsnachfolger, Bewilligungen und Anträge gegenüber dem Grundbuchamt zu stellen, zu ändern und zu ergänzen, soweit dies verfahrensrechtlich zum Vollzug dieser Urkunde erforderlich sein sollte.

II. Abstraktes Schuldanerkenntnis mit Zwangsvollstreckungsunterwerfung[2]

1. Ich, Herr ■■■,
   – nachstehend „der Schuldner" genannt –
   erkenne hiermit an, der ■■■
   – nachstehend „der Gläubiger" genannt –,

einen Betrag von gesamt ▪▪▪ EUR (i.W. ▪▪▪ Euro) in der Weise zu schulden, dass dieses Anerkenntnis die Verpflichtung zur Zahlung selbständig begründen soll (§ 780 BGB).
Der vorgenannte Schuldbetrag ist ab dem ▪▪▪ bis zum Tage der Zahlung (Zahlungseingang beim Gläubiger) mit Zinsen iHv ▪▪▪ v.H. jährlich zu verzinsen. Es handelt sich hierbei um abstrakt anerkannte Zinsen, deren Höhe mit den in dem zugrundeliegenden Verbindlichkeitsverhältnis vereinbarten Zinsen nicht übereinstimmen muss.
Der Schuldbetrag und die Zinsen sind zur Zahlung fällig.

2. Wegen des Betrages iHv ▪▪▪ EUR samt Zinsen in der abstrakt anerkannten Höhe von ▪▪▪ v.H. jährlich aus dem Gesamtbetrag der anerkannten Schuld von ▪▪▪ EUR ab ▪▪▪ unterwerfe ich mich der sofortigen Zwangsvollstreckung aus dieser Urkunde in mein gesamtes Vermögen.
Der Gläubiger kann die persönliche Haftung ohne vorherige Zwangsvollstreckung in das belastete Pfandobjekt geltend machen.
3. Der Notar hat mich über die rechtliche Bedeutung der von mir abgegebenen Erklärungen belehrt und insbesondere auf folgendes hingewiesen:
Durch das abstrakte Schuldversprechen wird ein eigenständiger Schuldgrund geschaffen. Dieser ist unabhängig – abstrakt – von dem zugrunde liegenden Schuldverhältnis (zB Ansprüche aus Darlehen). Dem Anspruch des Gläubigers aus dem Schuldversprechen können Einwendungen aus dem zugrunde liegenden Schuldverhältnis nicht entgegengesetzt werden.
Über das Wesen der Vollstreckungsunterwerfung und hieraus erwachsende Missbrauchsgefahren wurde belehrt. Durch den Verzicht auf den Nachweis der Fälligkeit der vollstreckbar gestellten Forderung kann der Gläubiger schon zu einem Zeitpunkt gegen den Schuldner vollstrecken, zu welchem er andernfalls einen vollstreckbaren Titel mangels Fälligkeit nicht erlangen könnte.
Ob der Gläubiger jedoch aus den in dieser Urkunde eingeräumten Rechten gegen Eigentümer und Schuldner vorgehen darf, ergibt sich aus der Sicherungsvereinbarung (Zweckbestimmung)[3]. Diese regelt, welche und wessen Verbindlichkeiten gegenüber dem Gläubiger durch die Urkunde abgesichert werden.
Es ist mit Gefahren verbunden, wenn ein Beteiligter darin zulässt, dass auch Verbindlichkeiten gesichert werden, die ohne seine Mitwirkung begründet wurden.

III. Sonstiges

Der amtierende Notar wird angewiesen, dem Gläubiger auf dessen einseitigen Antrag jederzeit eine vollstreckbare Ausfertigung der heutigen Urkunde zu erteilen, ohne dass der Gläubiger den Eintritt der Umstände nachweisen muss, von denen die Entstehung, die Fälligkeit oder sonst die Geltendmachung der Grundschuld und der Forderung abhängig ist.[4]
Ich trage die Kosten dieser Urkunde und beantrage eine beglaubigte Abschrift für mich, eine Ausfertigung für das Grundbuchamt sowie eine vollstreckbare Ausfertigung und eine einfache Abschrift für den Gläubiger, welche diesem unmittelbar zu übersenden sind.

Diese Niederschrift wurde dem Erschienenen vom Notar vorgelesen, von ihm genehmigt und eigenhändig, wie folgt, unterschrieben:

▪▪▪

Unterschriften ◄

II. Erläuterungen

5 [1] **Dingliche Zwangsvollstreckungsunterwerfung.** Vgl §§ 1191, 1192 Rn 13.

6 [2] **Übernahme der persönlichen Haftung mit Zwangsvollstreckungsunterwerfung.** Vgl §§ 1191, 1192 Rn 15.

7 [3] **Sicherungsgrundschuld.** Vgl §§ 1191, 1192 Rn 16.

8 [4] **Vollstreckbare Ausfertigung.** Vgl §§ 1191, 1192 Rn 14.

§ 1148 Eigentumsfiktion

[1]Bei der Verfolgung des Rechts aus der Hypothek gilt zugunsten des Gläubigers derjenige, welcher im Grundbuch als Eigentümer eingetragen ist, als der Eigentümer. [2]Das Recht des nicht eingetragenen Eigentümers, die ihm gegen die Hypothek zustehenden Einwendungen geltend zu machen, bleibt unberührt.

Zu § 1148 siehe **Muster** zu § 1147 Rn 1. 1

Zur Erleichterung der Rechtsverfolgung durch den Gläubiger ordnet § 1148 S. 1 die **unwiderlegliche Vermutung** an, dass der im Grundbuch eingetragene Eigentümer auch der wahre Eigentümer ist. Die Wirkung der Norm geht damit über die Vermutungswirkung des § 891 hinaus. Der Bucheigentümer kann in der Vollstreckung nicht einwenden, er sei nicht passivlegitimiert (NK-BGB/*Zimmer* § 1148 Rn 1). Der Hypothekengläubiger muss demzufolge nicht zunächst die Eigentumsverhältnisse am Grundstück prüfen, bevor er aus der Hypothek gegen den eingetragenen Grundstückseigentümer vorgeht. Der Gläubiger kann aber auch gegen den wahren Eigentümer vorgehen, gegen diesen klagen und nach erfolgter Grundbuchberichtigung (§§ 14, 22, 39 GBO) die Zwangsvollstreckung betreiben. § 1148 S. 2 erlaubt dem Eigentümer, die ihm zustehenden Einwendungen gegen die Hypothek geltend zu machen, da der Gläubiger durch das unrichtige Grundbuch keine Vorteile erhalten soll. § 1148 betrifft nur die dingliche Klage, nicht jedoch die Klage aus der Forderung. 2

§ 1149 Unzulässige Befriedigungsabreden

Der Eigentümer kann, solange nicht die Forderung ihm gegenüber fällig geworden ist, dem Gläubiger nicht das Recht einräumen, zum Zwecke der Befriedigung die Übertragung des Eigentums an dem Grundstück zu verlangen oder die Veräußerung des Grundstücks auf andere Weise als im Wege der Zwangsvollstreckung zu bewirken.

Zu § 1149 siehe Muster zu § 1147. 1

§ 1149 erfasst nur Vereinbarungen **vor Fälligkeit** der Hypothek. Diese Beschränkung beruht darauf, dass die Vereinbarung vor Fälligkeit in der Hoffnung, rechtzeitig leisten zu können, häufig leichtfertig eingegangen wird. Eine Vereinbarung nach Fälligkeit ist durch § 1149 nicht verboten, sofern sich nicht aus anderen Vorschriften etwas Abweichendes ergibt. Das Verbot einer Vereinbarung einer anderweitigen Verwertung als durch Zwangsvollstreckung beruht auf dem Gedanken, dass es gegen die öffentliche Ordnung verstoßen würde, wenn von vornherein der eine oder andere Teil auf die Anwendung derjenigen Normen verzichten würde, welche das Gesetz für die Verwertung vorsieht (NK-BGB/*Zimmer* § 1149 Rn 4). Damit ist sowohl die Verpflichtung zum Privatverkauf als auch etwa zur einfachen öffentlichen Versteigerung ausgeschlossen. Auch die Erteilung einer entsprechenden Vollmacht an den Hypothekengläubiger zur Veräußerung könnte nichtig sein (vgl NK-BGB/*Zimmer* § 1149 Rn 6). 2

§ 1150 Ablösungsrecht Dritter

Verlangt der Gläubiger Befriedigung aus dem Grundstück, so finden die Vorschriften der §§ 268, 1144, 1145 entsprechende Anwendung.

A. Muster: Berichtigungsbewilligung bei einem Ablösungsrecht Dritter 1

▶ Im Grundbuch von ■■■ Blatt ■■■ ist in Abteilung III unter lfd. Nr. ■■■ für mich, ■■■, eine Hypothek über ■■■ EUR nebst Zinsen eingetragen. Ich bestätige, dass meine durch diese Hypothek gesicherte

gegen Herrn ▪▪▪ gerichtete Forderung von Frau ▪▪▪ als zur Ablösung berechtigter nachrangiger Gläubigerin[1] am ▪▪▪ vollständig erfüllt worden ist. Ich bewillige, das Grundbuch dahin zu berichtigen, dass die Hypothek auf Frau ▪▪▪ übergegangen ist. Den Hypothekenbrief übergebe ich Frau ▪▪▪[2]

▪▪▪

Notarielle Unterschriftsbeglaubigung[3] ◀

B. Erläuterungen

2 [1] **Ablösungsrecht Dritter.** § 1150 regelt das Ablösungsrecht Dritter, nicht aber das des Eigentümers oder des persönlichen Schuldners, der vom Eigentümer die Befriedigung aus dem Grundstück (§ 1147) verlangt. Mit dem Ablösungsrecht soll Dritten, denen durch Befriedigung des Gläubigers aus dem Grundstück ein **Rechtsverlust** entstehen würde, die Möglichkeit eingeräumt werden, diesen Rechtsverlust zu vermeiden. Anders als die Vorschrift des § 268, der das Betreiben der Zwangsvollstreckung in einen dem Schuldner gehörenden Gegenstand voraussetzt, genügt bei § 1150, dass der Gläubiger die Befriedigung aus dem Grundstück verlangt. Damit sollen unnötige Kosten der Zwangsvollstreckung vermieden werden. Das Recht besteht aber auch dann noch, wenn die Zwangsvollstreckung bereits begonnen hat; bei Befriedigung nach § 1150 ist die Zwangsvollstreckung einzustellen (§ 75 ZVG). Nach Zuschlagsbeschluss im Zwangsversteigerungsverfahren erlischt das Recht aus § 1150 (NK-BGB/*Zimmer* § 1150 Rn 1). Dass der Dritte mit der Ablösung auch das subjektive Ziel verfolgt, die Zwangsvollstreckung abzuwenden, ist jedoch nicht zu verlangen; ausreichend ist allein das Bestehen eines objektiven Ablösungsrechtes (BGH NJW 1994, 1475). Ablösungsberechtigt sind nach § 1150 insbesondere auch die am Grundstück dinglich Berechtigten, die durch die Zwangsvollstreckung ihr Recht verlieren könnten, also die Inhaber der Rechte, die im Falle der Zwangsversteigerung nicht in das geringste Gebot (§ 44 ZVG) fallen.

3 [2] **Wirkung der Ablösung.** Der Ablösungsberechtigte erwirbt mit der Ablösung die **Forderung** (§ 268 Abs. 3 S. 1) und mit der Forderung auch die **Hypothek** und die weiteren Nebenrechte. Der Ablösende erwirbt auch den Rang, welchen die der Forderung zugrunde liegende Hypothek hat. Der Ablösungsberechtigte kann die Grundbuchberichtigung verlangen; er hat dem Grundbuchamt die erforderliche Zustimmung des befriedigten Gläubigers oder einen sonstigen Unrichtigkeitsnachweis, etwa eine löschungsfähige Quittung (vgl Muster zu § 1177), vorzulegen. Der befriedigte Gläubiger hat dem Ablösenden auch den Hypothekenbrief, sofern die Erteilung des Briefes nicht ausgeschlossen ist, und die sonstigen zur Berichtigung des Grundbuches erforderlichen Urkunden auszuhändigen.

4 [3] **Form der Berichtigungsbewilligung.** § 29 GBO.

§ 1151 Rangänderung bei Teilhypotheken

Wird die Forderung geteilt, so ist zur Änderung des Rangverhältnisses der Teilhypotheken untereinander die Zustimmung des Eigentümers nicht erforderlich.

1 ## A. Muster: Teilabtretung einer Briefhypothek

▶ Im Grundbuch von ▪▪▪ Blatt ▪▪▪ ist in Abteilung III unter lfd. Nr. ▪▪▪ für mich, ▪▪▪, eine Hypothek über ▪▪▪ EUR nebst ▪▪▪ vH Zinsen jährlich eingetragen. Von dieser Hypothekenforderung trete ich einen Teilbetrag von ▪▪▪ mit anteiligen Zinsen seit ▪▪▪ und mit Rang vor dem mir verbleibenden

Restbetrag von ■■■ EUR an Herrn ■■■, geb. am ■■■, wohnhaft in ■■■, ab. Die Eintragung der Teilabtretung[1] und der Rangänderung[2] in das Grundbuch wird bewilligt und beantragt. Die zu bildenden Teilhypothekenbriefe bitte ich dem jeweiligen Gläubiger auszuhändigen.

■■■

Notarielle Unterschriftsbeglaubigung[3] ◀

B. Erläuterungen

[1] **Teilabtretung.** Die Zulässigkeit der **Teilbarkeit** der der Hypothek zugrunde liegenden Forderung wird in § 1151 vorausgesetzt. Die Teilung kann dadurch erfolgen, dass die Forderung teilweise durch Abtretungsvertrag mit schriftlicher Abtretungserklärung des bisherigen und des neuen Gläubigers (§ 398) auf diesen übertragen wird. Bei der Briefhypothek ist die Briefübergabe erforderlich, was durch Übergabe des Teilbriefes erleichtert wird. Bei Buchhypotheken ist die Eintragung der Abtretung in das Grundbuch erforderlich. 2

[2] **Rangänderung.** Sollen die entstehenden Teilrechte untereinander einen unterschiedlichen Rang erhalten, bedarf es einer **Bestimmung des Rangverhältnisses** im Teilungsgeschäft, ohne dass die Zustimmung des Eigentümers erforderlich ist. Etwas anderes gilt nur dann, wenn der Eigentümer auch (teilweise) Inhaber des Rechts ist. Daneben ist erforderlich, dass die Rangbestimmung im Grundbuch eingetragen wird (§ 880 Abs. 2 S. 1). Eine Vereinbarung über den Rang ohne Eintragung im Grundbuch ist nicht ausreichend, da § 1151 lediglich eine Ausnahme von § 880 Abs. 2 S. 2 vorsieht, nicht jedoch von § 880 Abs. 2 S. 1 (NK-BGB/*Zimmer* § 1151 Rn 9). 3

[3] **Form der Eintragungsbewilligung.** § 29 GBO. 4

§ 1152 Teilhypothekenbrief

[1]Im Falle einer Teilung der Forderung kann, sofern nicht die Erteilung des Hypothekenbriefs ausgeschlossen ist, für jeden Teil ein Teilhypothekenbrief hergestellt werden; die Zustimmung des Eigentümers des Grundstücks ist nicht erforderlich. [2]Der Teilhypothekenbrief tritt für den Teil, auf den er sich bezieht, an die Stelle des bisherigen Briefes.

Zu § 1152 siehe **Muster** zu § 1151. 1

Die Möglichkeit der **Herstellung von Teilbriefen** bei der Teilung der Forderung dient der Herstellung der Verkehrsfähigkeit der entstanden Teilrechte, obwohl auch ohne Teilbriefbildung eine Abtretung des Teilrechts möglich ist. Ohne Teilbriefbildung ist auf dem Brief der Vermerk über die Teilung des Briefes vorzunehmen. Die Gläubiger haben dann an dem Brief Miteigentum. 2

§ 1153 Übertragung von Hypothek und Forderung

(1) Mit der Übertragung der Forderung geht die Hypothek auf den neuen Gläubiger über.

(2) Die Forderung kann nicht ohne die Hypothek, die Hypothek kann nicht ohne die Forderung übertragen werden.

§ 1154 Abtretung der Forderung

(1) [1]Zur Abtretung der Forderung ist Erteilung der Abtretungserklärung in schriftlicher Form und Übergabe des Hypothekenbriefs erforderlich; die Vorschrift des § 1117 findet Anwendung. [2]Der bisherige Gläubiger hat auf Verlangen des neuen Gläubigers die Abtretungserklärung auf seine Kosten öffentlich beglaubigen zu lassen.

(2) Die schriftliche Form der Abtretungserklärung kann dadurch ersetzt werden, dass die Abtretung in das Grundbuch eingetragen wird.

(3) Ist die Erteilung des Hypothekenbriefs ausgeschlossen, so finden auf die Abtretung der Forderung die Vorschriften der §§ 873, 878 entsprechende Anwendung.

1 **A. Muster: Abtretung einer Briefgrundschuld**

▶ Im Grundbuch des Amtsgerichts ▪▪▪, Grundbuch von ▪▪▪, Blatt ▪▪▪, der Gemarkung ▪▪▪ ist in Abteilung III unter lfd. Nr. ▪▪▪ zugunsten von ▪▪▪ eine Grundschuld über ▪▪▪ EUR nebst ▪▪▪ % jährliche Zinsen seit dem Tage der Eintragung der Grundschuld eingetragen. Der Grundschuldgläubiger tritt die Grundschuld mit allen Zinsen seit dem Tag der Eintragung der Grundschuld im Grundbuch einschließlich aller Eigentümerrechte und Rückgewähransprüche hinsichtlich vorgehender Grundpfandrechte und der Ansprüche aus dem Schuldanerkenntnis und der Zwangsvollstreckungsunterwerfung in das sonstige Vermögen an ▪▪▪ ab. Der bisherige Grundschuldgläubiger bewilligt und der neue Grundschuldgläubiger beantragt die Eintragung der Abtretung in das Grundbuch. Der neue Grundschuldgläubiger quittiert hiermit den Erhalt des Grundschuldbriefes.[1]

▪▪▪

Notarielle Unterschriftsbeglaubigung[2] ◀

B. Erläuterungen

2 [1] **Abtretung.** Zur Abtretung einer Briefgrundschuld bedarf es gem. §§ 1192, 1154 Abs. 1 S. 1 Hs 1 der Erteilung der Abtretungserklärung in schriftlicher Form und der Übergabe des Grundschuldbriefes. Die zum Zustandekommen der Abtretung erforderliche Annahmeerklärung des Zessionars ist formfrei (BGHZ 85, 388, 392) und kann auch konkludent – etwa durch Entgegennahme des Briefes – erfolgen. (BGHZ 85, 388, 392). Nur die Erklärung des Zedenten bedarf der Form. Sie muss **schriftlich** im Sinne des § 126 Abs. 1 erfolgen; die Urkunde muss vom Zedenten eigenhändig durch Namensunterschrift unterzeichnet werden. Abweichend von § 126 Abs. 3 ist die elektronische Form ausgeschlossen (NK-BGB/*Zimmer* § 1154 Rn 16). Inhaltlich muss die Abtretungserklärung (auch wegen der Beweisfunktion des Schriftformerfordernisses) den Übertragungswillen – nicht aber das Datum (BGHZ 22, 128, 132) – erkennen lassen sowie den Zedenten und den Zessionar (BGH Rpfleger 1997, 255) hinreichend bestimmt bezeichnen. Eine Auslegung der Abtretungserklärung ist möglich, allerdings dürfen keine Umstände herangezogen werden, die außerhalb der Abtretungserklärungsurkunde liegen und nicht für jeden Leser ohne weiteres erkennbar sind (BGH NJW-RR 1992, 178). Nach § 1154 Abs. 1 S. 1 ist die körperliche Übergabe des Hypothekenbriefes erforderlich, bloße Besitzerlangung reicht dagegen nicht aus (BGH NJW-RR 1993, 369).

3 [2] **Form der Eintragungsbewilligung.** § 29 GBO. Gem. § 1154 Abs. 1 S. 2 kann der Zessionar vom Zedenten auf dessen Kosten die öffentliche Beglaubigung der Abtretungserklärung (§ 129) verlangen, um den Rechtsschein der §§ 1155, 1160, 1161 zu erhalten.

§ 1155 Öffentlicher Glaube beglaubigter Abtretungserklärungen

[1]Ergibt sich das Gläubigerrecht des Besitzers des Hypothekenbriefs aus einer zusammenhängenden, auf einen eingetragenen Gläubiger zurückführenden Reihe von öffentlich beglaubigten Abtretungserklärungen, so finden die Vorschriften der §§ 891 bis 899 in gleicher Weise Anwendung, wie wenn der Besitzer des Briefes als Gläubiger im Grundbuch eingetragen wäre. [2]Einer öffentlich beglaubigten Abtretungserklärung steht gleich ein gerichtlicher Überweisungsbeschluss und das öffentlich beglaubigte Anerkenntnis einer kraft Gesetzes erfolgten Übertragung der Forderung.

1 Zu § 1155 siehe **Muster** zu §§ 1153, 1154

2 § 1155 gilt für die Briefgrundpfandrechte. Diese sind besonders verkehrsfähig, weil sie gem. § 1154 Abs. 1 außerhalb des Grundbuchs übertragen werden können. Hierdurch wird das

Grundbuch unrichtig. Öffentlichen Glauben genießt aber nur die Grundbucheintragung. Der Inhalt des Grundpfandrechtsbriefes an sich nimmt an dieser Publizitätswirkung nicht teil, sondern kann nur gem. § 1140 den öffentlichen Glauben der Grundbucheintragung zerstören. Im Interesse der Verkehrsfähigkeit und des Verkehrsschutzes entfaltet aber der Briefbesitz unter bestimmten Umständen Publizitätswirkung. Voraussetzungen und Rechtsfolgen dieser Publizitätswirkung gestalten § 1117 Abs. 3 und § 1155 aus. § 1155 erweitert dabei den Anwendungsbereich der Vorschriften über den öffentlichen Glauben der Grundbucheintragung (§§ 891–899). § 1155 betrifft allein die Rechtszuständigkeit des durch die Urkundenkette ausgewiesenen Briefbesitzers. Der nach § 1155 legitimierte Briefbesitzer steht dem eingetragenen Grundpfandrechtsgläubiger gleich; ihm kommt insoweit die Gutglaubenswirkung zugute.

§ 1156 Rechtsverhältnis zwischen Eigentümer und neuem Gläubiger

[1]Die für die Übertragung der Forderung geltenden Vorschriften der §§ 406 bis 408 finden auf das Rechtsverhältnis zwischen dem Eigentümer und dem neuen Gläubiger in Ansehung der Hypothek keine Anwendung. [2]Der neue Gläubiger muss jedoch eine dem bisherigen Gläubiger gegenüber erfolgte Kündigung des Eigentümers gegen sich gelten lassen, es sei denn, dass die Übertragung zur Zeit der Kündigung dem Eigentümer bekannt oder im Grundbuch eingetragen ist.

Zu § 1156 siehe **Muster** zu §§ 1153, 1154 1

§ 1156 gilt für die rechtsgeschäftliche Übertragung der Forderung ebenso wie für den Forde- 2
rungsübergang kraft Gesetzes oder durch Hoheitsakt. Da § 1156 keine Einschränkung vorsieht, gilt er auch bei einem unentgeltlichen Erwerb der Hypothek (NK-BGB/*Zimmer* § 1156 Rn 2). § 1156 erfasst zeitlich nach dem Übergang der hypothekarisch gesicherten Forderung entstandene Einwendungen des Eigentümers gegen den Altgläubiger und gilt nur in Ansehung der Hypothek, also nicht für die Forderung. Hinsichtlich dieser verbleibt es bei den §§ 406–408. Werden gegen den schuldenden Eigentümer die persönliche und die dingliche Klage erhoben, kann er sich nur gegen die persönliche Klage mit den §§ 406–408 verteidigen, gegenüber der dinglichen Klage mit diesen Einwendungen jedoch nicht. § 1156 gilt für Brief- und Buchhypotheken gleichermaßen. Für rückständige und künftige Nebenleistungen gelten die Sonderregeln der §§ 1158 und 1159. § 1156 gilt wegen § 1185 Abs. 2 nicht für die Sicherungshypothek, jedoch auch für die Grundschuld und die Rentenschuld.

§ 1157 Fortbestehen der Einreden gegen die Hypothek

[1]Eine Einrede, die dem Eigentümer auf Grund eines zwischen ihm und dem bisherigen Gläubiger bestehenden Rechtsverhältnisses gegen die Hypothek zusteht, kann auch dem neuen Gläubiger entgegengesetzt werden. [2]Die Vorschriften der §§ 892, 894 bis 899, 1140 gelten auch für diese Einrede.

Zu § 1157 siehe **Muster** zu §§ 1153, 1154. 1

§ 1157 betrifft **eigentümerbezogene Einreden** gegen den dinglichen Anspruch. Das sind (rechts- 2
hemmende) Einreden aus einem Rechtsverhältnis zwischen Eigentümer und Gläubiger. Nach § 1157 S. 1 überstehen sie den Übergang des Gläubigerrechts, sofern sie nicht nach §§ 1157 S. 2, 892, 894–899, 1140 bei rechtsgeschäftlichem Erwerb des Gläubigerrechts „gutgläubig wegerworben" worden sind. Aus der Möglichkeit des gutgläubigen einredefreien Erwerbs der Hypothek ergibt sich zugleich die Eintragungsfähigkeit der eigentümerbezogenen Einreden. Der Eigentümer muss nicht, kann aber mit dem persönlichen Schuldner identisch sein; § 1157 kommt in beiden Fällen zur Anwendung (NK-BGB/*Zimmer* § 1157 Rn 5).

§ 1158 Künftige Nebenleistungen

Soweit die Forderung auf Zinsen oder andere Nebenleistungen gerichtet ist, die nicht später als in dem Kalendervierteljahr, in welchem der Eigentümer von der Übertragung Kenntnis erlangt, oder dem folgenden Vierteljahr fällig werden, finden auf das Rechtsverhältnis zwischen dem Eigentümer und dem neuen Gläubiger die Vorschriften der §§ 406 bis 408 Anwendung; der Gläubiger kann sich gegenüber den Einwendungen, welche dem Eigentümer nach den §§ 404, 406 bis 408, 1157 zustehen, nicht auf die Vorschrift des § 892 berufen.

1 Zu § 1158 siehe **Muster** zu §§ 1153, 1154.

2 Die von § 1158 erfassten **Nebenleistungen** werden in der Praxis oft im Voraus gezahlt. Daher bedarf nicht nur der persönliche Schuldner des besonderen Schuldnerschutzes des Zessionsrechts (§§ 406–408), sondern muss dieser auch dem Eigentümer in Ansehung der Hypothek zustattenkommen. Aufgrund des begrenzten Anwendungsbereichs des § 1158 ist der Verlust an Verkehrsfähigkeit für die Hypothek nur gering. §§ 1138, 1156, 1157 werden von § 1158 überlagert; jenseits von dessen Anwendungsbereich gelten jene wieder uneingeschränkt, das ist insbesondere bei Kapitalzahlungen der Fall (NK-BGB/*Zimmer* § 1158 Rn 1).

§ 1159 Rückständige Nebenleistungen

(1) [1]Soweit die Forderung auf Rückstände von Zinsen oder anderen Nebenleistungen gerichtet ist, bestimmt sich die Übertragung sowie das Rechtsverhältnis zwischen dem Eigentümer und dem neuen Gläubiger nach den für die Übertragung von Forderungen geltenden allgemeinen Vorschriften. [2]Das Gleiche gilt für den Anspruch auf Erstattung von Kosten, für die das Grundstück nach § 1118 haftet.
(2) Die Vorschrift des § 892 findet auf die im Absatz 1 bezeichneten Ansprüche keine Anwendung.

1 A. Muster: Abtretung rückständiger Zinsen bei bestellter briefloser Hypothek

► Im Grundbuch von ... Blatt ... ist in Abteilung III unter lfd. Nr. ... eine brieflose Hypothek iHv ... EUR nebst Zinsen für ... eingetragen. Die Forderung ist von ... ab mit jährlich ... vom Hundert zu verzinsen, wobei die Zinsen am ersten Werktag eines jeden Kalenderjahres für das vorangegangene Kalenderjahr zahlbar sind. Die am ersten Werktag des Jahres ... für das vorangegangene Kalenderjahr fälligen, aber noch nicht bezahlten Zinsen tritt ... hiermit samt ihrer dinglichen Sicherung an ... ab, mit der Maßgabe, dass diese Zinsen Rang haben nach den übrigen Zinsansprüchen und nach dem Kapital. ... nimmt diese Abtretung an.[1] ◄

B. Erläuterungen

2 [1] **Übertragung.** § 1159 ist lex specialis gegenüber §§ 1138, 1153, 1154, 1156, 1157. Die Vorschrift enthält eine Sonderregelung für Rückstände von Zinsen und anderen Nebenleistungen sowie für nach § 1118 hypothekarisch gesicherte Kostenerstattungsansprüche. § 1159 gilt für die rechtsgeschäftliche Übertragung und für den Übergang kraft Gesetzes oder durch Hoheitsakt gleichermaßen. Rückstände von Zinsen und anderen Nebenleistungen liegen vor, wenn im Zeitpunkt des Überganges des Gläubigerrechts die Fälligkeit bereits eingetreten ist und die Zinsen und anderen Nebenleistungen auch noch nicht geleistet sind. § 1159 stellt damit auf die Fälligkeit ab und nicht darauf, für welchen Zeitraum die Zinsen und anderen Nebenleistungen geschuldet sind; es kommt also auf den Zeitpunkt an, in dem der Gläubiger die Leistung verlangen kann (§ 271). Für die Rückstände von Zinsen und anderen Nebenleistungen sowie für nach § 1118 hypothekarisch gesicherte Kostenerstattungsansprüche gelten gem. § 1159 Abs. 1 S. 1 und 2 bei Übergang auf einen neuen Gläubiger die §§ 398 ff uneingeschränkt. Abweichend von §§ 1153, 1154 werden die durch § 1159 verselbständigten Ansprüche trotz ihrer hypothekarischen Sicherung formlos nach §§ 398 ff abgetreten (NK-BGB/*Zimmer* § 1159 Rn 8).

§ 1160 Geltendmachung der Briefhypothek

(1) Der Geltendmachung der Hypothek kann, sofern nicht die Erteilung des Hypothekenbriefs ausgeschlossen ist, widersprochen werden, wenn der Gläubiger nicht den Brief vorlegt; ist der Gläubiger nicht im Grundbuch eingetragen, so sind auch die im § 1155 bezeichneten Urkunden vorzulegen.
(2) Eine dem Eigentümer gegenüber erfolgte Kündigung oder Mahnung ist unwirksam, wenn der Gläubiger die nach Absatz 1 erforderlichen Urkunden nicht vorlegt und der Eigentümer die Kündigung oder die Mahnung aus diesem Grunde unverzüglich zurückweist.
(3) Diese Vorschriften gelten nicht für die im § 1159 bezeichneten Ansprüche.

§ 1161 Geltendmachung der Forderung

Ist der Eigentümer der persönliche Schuldner, so findet die Vorschrift des § 1160 auch auf die Geltendmachung der Forderung Anwendung.

A. Muster: Verzicht auf die Vorlegung des Grundschuldbriefes und der sonstigen Urkunden 1

▶ Bei Briefbildung verzichten die Erschienenen im Falle der Mahnung, Kündigung oder Geltendmachung der Grundschuld[1] auf das Recht, die Vorlegung des Grundschuldbriefes und der sonstigen Urkunden (§ 1192 BGB iVm § 1160 BGB) zu verlangen. Die Eintragung dieses Verzichts in das Grundbuch wird bewilligt und beantragt.[2] ◀

B. Erläuterungen

[1] Mahnung, Kündigung oder Geltendmachung des Briefgrundpfandrechts. Briefgrundpfandrechte können außerhalb des Grundbuchs abgetreten werden. Der Eigentümer muss daher sicher sein, dass er bei Geltendmachung des Briefgrundpfandrechts an den wahren Gläubiger leistet. § 1160 dient dem Schutz des Eigentümers. Nach § 1160 Abs. 1 Hs 1 kann der Eigentümer verlangen, dass der Gläubiger ihm bei Geltendmachung der Hypothek den Grundpfandrechtsbrief vorlegt. Ist die Abtretung des Briefgrundpfandrechts nicht in das Grundbuch eingetragen, steht dem Eigentümer das Widerspruchsrecht gem. § 1160 Abs. 1 Hs 2 zu, solange ihm die in § 1155 bezeichneten Erwerbsurkunden nicht vorgelegt werden. Auf Verlangen des Eigentümers hat dies in öffentlich beglaubigter Form zu geschehen. § 1160 Abs. 2 ergänzt die Rechte des Eigentümers dahin gehend, dass eine ihm gegenüber erfolgte Kündigung oder Mahnung unwirksam ist, falls der Gläubiger die nach § 1160 Abs. 1 erforderlichen Urkunden nicht vorlegt und der Eigentümer die Kündigung oder Mahnung aus diesem Grund unverzüglich zurückweist. Für die in § 1159 bezeichneten Ansprüche gilt § 1160 Abs. 1 und 2 nicht (§ 1160 Abs. 3). 2

[2] Abdingbarkeit des § 1160 mit dinglicher Wirkung. § 1160 ist mit dinglicher Wirkung **abdingbar** (RGZ 57, 342). Der Eigentümer kann mit Wirksamkeit auch für seinen Rechtsnachfolger darauf verzichten, der Geltendmachung der Hypothek zu widersprechen oder eine Kündigung oder Mahnung zurückzuweisen, wenn der Gläubiger nicht den Brief und, soweit erforderlich, die in § 1155 bezeichneten Urkunden vorlegt. Auf Antrag (§ 13 Abs. 1 GBO) und Bewilligung des Eigentümers (§ 19 GBO) kann dieser Verzicht als Modifikation der dinglichen Zahlungsbedingungen in das Grundbuch eingetragen werden (RGZ 57, 342, 349; OLG Köln Rpfleger 1956, 340 m. zust. Anm. *Bruhn*; OLG Frankfurt DNotZ 1977, 112). Er ist selbst dann 3 eintragungsfähig, wenn er vom Besteller der Hypothek nicht ausdrücklich auch auf die Rechtsnachfolger im Eigentum erstreckt wird (OLG Köln Rpfleger 1956, 340). Nach § 1115 Abs. 1 Hs 2 kann die Eintragung des Verzichts auf § 1160 durch Bezugnahme auf die Eintragungsbewilligung erfolgen (RGZ 57, 342, 350). Die Grundschuldbestellungsurkunden zahlreicher Kreditinstitute sehen einen Verzicht des Grundschuldbestellers auf seine Rechte aus § 1160 vor. Da die Vorschrift nicht auf einen im Allgemeininteresse liegenden unverzichtbaren Schutz des Schuldners abzielt, dürfte ein solcher formularmäßiger Verzicht keinen Verstoß gegen § 307 Abs. 2 Nr. 1 darstellen.

§ 1162 Aufgebot des Hypothekenbriefs

Ist der Hypothekenbrief abhanden gekommen oder vernichtet, so kann er im Wege des Aufgebotsverfahrens für kraftlos erklärt werden.

1 A. Muster: Aufgebotsantrag auf Kraftloserklärung des Grundschuldbriefes

▶ UR-Nr. ■■■/2010

Heute, den ■■■ zweitausendzehn,

– ■■■ 2010 –

erschienen vor mir,

■■■

Notar

mit Amtssitz in ■■■,

in meinen Amtsräumen in ■■■, ■■■:

1. Herr ■■■
   geb. am ■■■
   wohnhaft in ■■■, ■■■
   ausgewiesen durch gültigen deutschen Personalausweis
2. Frau ■■■
   geb. am ■■■
   wohnhaft ebenda
   ausgewiesen durch gültigen deutschen Personalausweis

– zu 1. und 2. nachstehend auch „die Eigentümer" genannt –

Auf Ansuchen beurkunde ich den vor mir abgegebenen Erklärungen gemäß, was folgt:

§ 1

Im Grundbuch des Amtsgerichts ■■■, Grundbuch von ■■■ Blatt ■■■ ist im Eigentum von ■■■ und ■■■ zu je 1/2 Anteil folgender Grundbesitz eingetragen: Gemarkung ■■■, Flur ■■■, Flurstück ■■■ in Größe von ■■■ qm, Lage: ■■■

Der Grundbesitz ist wie folgt belastet:

Abteilung II:

■■■

Abteilung III:

lfd. Nr. …: … EUR Grundschuld für die Grundstückseigentümer … und … als Gesamtberechtigte gem. § 428 BGB

Die vorbezeichnete Eigentümergrundschuld soll zur Löschung gebracht werden. Hierzu ist die Vorlage des Grundschuldbriefes erforderlich. Dieser ist jedoch abhanden gekommen.[1] Die Einleitung eines Aufgebotsverfahren zur Kraftloserklärung des Grundschuldbriefes ist daher erforderlich.

Mit Urkunde des Notars … vom …, UR-Nr. …/…, haben die Eigentümer die vorbezeichnete Eigentümerbriefgrundschuld bestellt. Ausweislich der Grundschuldbestellungsurkunde sollte der Grundschuldbrief an den Notar ausgehändigt werden. Ob dies geschehen ist bzw wem sonst der Grundschuldbrief ausgehändigt ist, können die Eigentümer heute nicht mehr nachvollziehen.

Die vorgenannte Eigentümerbriefgrundschuld sollte nach Angaben der Eigentümer im Jahr … zur Sicherung eines Kredites bei der … (Bank) dienen. Mit dem dieser Urkunde in der Anlage beigefügten Schreiben vom … bestätigt die … (Bank), dass die Eigentümer keine Verbindlichkeiten mehr bei der … (Bank) haben, dieser der Grundschuldbrief nicht vorliegt und ihr keine Rechte aus der Grundschuld mehr zustehen. Die Anlage wurde den Erschienenen vom Notar vorgelesen und von ihnen genehmigt.

Da der Grundschuldbrief der … (Bank) nicht vorliegt, gehen die Eigentümer davon aus, dass dieser der … (Bank) im Jahr … auch nicht übergeben worden ist. Eine wirksame Abtretung der Grundschuld an die … (Bank) ist daher nach Auffassung der Eigentümer auch nicht erfolgt.

§ 2

Die Eigentümer[2] beantragen beim Amtsgericht …[3] die Durchführung eines Aufgebotsverfahrens[4] zur Kraftloserklärung[5] des vorgenannten Grundschuldbriefes über … EUR zugunsten der Grundstückseigentümer … und … als Gesamtberechtigte gemäß § 428 BGB.

§ 3

Der Notar hat die Eigentümer eingehend auf die Bedeutung einer eidesstattlichen Versicherung und die Folgen einer vorsätzlichen oder fahrlässigen Verletzung der Wahrheitspflicht, insbesondere über die Bestimmungen der §§ 156, 163 StGB belehrt.

Sodann erklärten die Eigentümer mit der Versicherung, dass diese Angaben wahr sind, an Eides Statt:[6]

Die von uns in § 1 dieser Urkunde gemachten Angaben sind vollständig richtig. Uns ist nicht bekannt, wo sich der vorgenannte Grundschuldbrief befindet. Rechte aus dem Brief wurden uns gegenüber nicht geltend gemacht.

Die Eigentümer stellen den Antrag, den Grundschuldbrief gem. §§ 466 FamFG für kraftlos zu erklären. Es wird gebeten, etwaige Gerichtskostenvorschüsse unmittelbar beim Antragsteller einzufordern.

§ 4

Die Eigentümer bewilligen und beantragen die Löschung der im Grundbuch von … Blatt … in Abteilung III lfd. Nr. … eingetragenen Grundschuld.

§ 5

Der Notar wird beauftragt und bevollmächtigt, das Aufgebotsverfahren und den Erlass des Ausschließungsbeschlusses in unserem Namen zu beantragen. Er ist berechtigt, Anträge getrennt und eingeschränkt zu stellen und sie in gleicher Weise zurückzunehmen.

Die Eigentümer bevollmächtigen den Notar, seinen amtlich bestellten Vertreter oder Nachfolger im Amt, im Übrigen Bewilligungen und Anträge zu stellen, zu ändern und zu ergänzen, soweit dies verfahrensrechtlich zur Durchführung dieser Urkunde erforderlich sein sollte.

Der Notar hat den Grundbuchinhalt am … feststellen lassen.

Sämtliche mit dieser Urkunde und ihrer Durchführung verbundenen Notar- und Gerichtskosten tragen die Eigentümer.

Die Eigentümer bitten um Erteilung je einer Ausfertigung dieser Urkunde für sich und das Amtsgericht ■■■ sowie nach Erlass des Ausschließungsbeschlusses um Erteilung einer beglaubigten Abschrift für das Grundbuchamt.

Eine Ausfertigung des Ausschließungsbeschlusses mit Rechtskraftvermerk ist dem Notar zu erteilen.

Vorstehende Niederschrift samt Anlage wurde den Erschienenen vom Notar vorgelesen, von ihnen genehmigt und eigenhändig, wie folgt, unterschrieben:

■■■

Unterschriften ◄

B. Erläuterungen

2 [1] **Voraussetzungen des Aufgebots.** Ein Grundpfandrechtsbrief kann im Wege des Aufgebotsverfahrens für kraftlos erklärt werden, wenn er abhanden gekommen oder vernichtet ist. **Abhanden gekommen** ist ein Grundpfandrechtsbrief, wenn der Besitzer unfreiwillig seinen unmittelbaren Besitz am Hypothekenbrief verloren hat (RGZ 101, 224, 225). Wem der Grundpfandrechtsbrief abhanden gekommen ist, ist unerheblich. § 1162 findet auch Anwendung, wenn sich der Brief beim Grundbuchamt befunden hat. Das Abhandenkommen iSd § 1162 ist weiter als der Begriff des Abhandenkommens einer beweglichen Sache in § 935 zu verstehen. Als Interpretationshilfe kann die Rechtsprechung zu § 799, der das vergleichbare Abhandenkommen eines Inhaberpapiers normiert, herangezogen werden. Danach liegt ein Abhandenkommen auch dann vor, wenn der Verbleib des Grundpfandrechtsbriefs zwar bekannt ist, der Brief vom gegenwärtigen Besitzer jedoch auch im Wege der Zwangsvollstreckung nicht erlangt werden kann (RGZ 101, 224, 225). Ein teilweises Abhandenkommen, das grundbuchmäßige Verfügungen unmöglich macht, ist für die Anwendung des § 1162 ausreichend. Unter **Vernichtung** des Grundpfandrechtsbriefs ist die vollständige Aufhebung seiner Brauchbarkeit zu verstehen. Ist der Grundpfandrechtsbrief nur beschädigt worden, kann er jedoch noch eindeutig zugeordnet werden, ist ein Aufgebotsverfahren nicht erforderlich. Das Grundbuchamt hat in einem solchen Fall bei Vorlage des beschädigten Briefs einen neuen Brief nach §§ 67, 68 GBO zu erteilen. Wurde der Brief vom Grundbuchamt nach § 69 GBO, wenn auch nur versehentlich, unbrauchbar gemacht, liegt ebenfalls kein Fall der Vernichtung iSd § 1162 vor.

3 [2] **Antragsberechtigung.** Antragsberechtigt ist derjenige, der das Recht aus der Urkunde geltend machen kann (§ 467 Abs. 2 FamFG). Steht die Hypothek dem **Eigentümer** zu, ist sie nichtig oder erloschen, ist auch der Eigentümer antragsberechtigt. Zahlt der Eigentümer bei einer Grundschuld die gesicherte Forderung, geht die Grundschuld nicht auf ihn über. Ihm steht daher anders als bei der Hypothek kein Antragsrecht zu. Um die Grundschuld zurückgeben zu können, hat jedoch der Grundschuldgläubiger die Möglichkeit, den abhanden gekommenen bzw vernichteten Grundschuldbrief über ein Aufgebotsverfahren für kraftlos erklären zu lassen. Ist der Eigentümer Inhaber einer Löschungsbewilligung, wird dies als Ermächtigung zur Durchführung eines Aufgebotsverfahrens im eigenen Namen angesehen. Gleiches gilt für den ehemaligen Besitzer des Hypothekenbriefs, der zur Herausgabe des Briefs verpflichtet ist (NK-BGB/*Krause*, § 1162 Rn 10).

4 [3] **Zuständigkeit.** Zuständig für das Aufgebotsverfahren ist das Gericht der belegenen Sache (§ 466 Abs. 2 FamFG).

5 [4] **Aufgebotsverfahren.** Das Aufgebotsverfahren richtet sich nach den §§ 433–441 und §§ 466–484 FamFG.

6 [5] **Wirkung der Kraftloserklärung.** Gem. § 479 Abs. 1 FamFG ist derjenige, der den **Ausschließungsbeschluss** erwirkt hat, dem durch die Urkunde Verpflichteten gegenüber berechtigt,

die Rechte aus der Urkunde geltend zu machen. Der Grundpfandrechtsbrief verliert seine Wirkung; er wird kraftlos und kann keinen gutgläubigen Erwerb mehr vermitteln (KGJ 45, 294, 297). Die Wirkung des Ausschließungsbeschlusses geht nicht über die Kraftloserklärung hinaus. Dem Verpflichteten bleiben daher alle Einwendungen und Einreden erhalten. Der Ausschließungsbeschluss ersetzt nicht Abtretungsurkunden, anhand derer der Berechtigte seine Rechte nachweisen muss. Sind auch diese abhanden gekommen oder vernichtet, ist der Gläubiger gezwungen, gegenüber seinem Rechtsvorgänger die Grundbuchberichtigung im Klagewege geltend zu machen, falls die Urkunden nicht neu errichtet werden. Mangels gesetzlicher Regelung ist das Aufgebotsverfahren für diese Fälle nicht zulässig.

[6] Glaubhaftmachung. Der Antragsberechtigte hat im Aufgebotsverfahren seine Antragsberechtigung sowie das Abhandenkommen bzw Vernichten des Hypothekenbriefs glaubhaft zu machen (§ 468 Nr. 2 ZPO). 7

§ 1163 Eigentümerhypothek

(1) [1]Ist die Forderung, für welche die Hypothek bestellt ist, nicht zur Entstehung gelangt, so steht die Hypothek dem Eigentümer zu. [2]Erlischt die Forderung, so erwirbt der Eigentümer die Hypothek.
(2) Eine Hypothek, für welche die Erteilung des Hypothekenbriefs nicht ausgeschlossen ist, steht bis zur Übergabe des Briefes an den Gläubiger dem Eigentümer zu.

A. Muster: Berichtigungsbewilligung zur Eintragung einer Eigentümergrundschuld bei Nichtentstehung der Forderung 1

▶ Im Grundbuch von ... Blatt ... ist für mich in Abteilung III unter lfd. Nr. ... eine Hypothek über ... EUR nebst Zinsen zur Sicherung einer Forderung aus dem Darlehensvertrag mit dem Grundstückseigentümer ... vom ... eingetragen. Diese Forderung kann nicht mehr entstehen, da der Darlehensvertrag aufgehoben worden ist.[1] Ich bewillige daher die Berichtigung des Grundbuches dahingehend, dass das Recht in Abteilung III unter lfd. Nr. ... als Eigentümergrundschuld für den Grundstückseigentümer ... eingetragen wird.[2] 

...

Notarielle Unterschriftsbeglaubigung[3] ◀

B. Erläuterungen

[1] Entstehen einer Eigentümergrundschuld. Liegen die Voraussetzungen des § 1163 vor, ist die Hypothek iVm § 1177 Abs. 1 **kraft Gesetzes** Eigentümergrundschuld. Diese Wandlung vollzieht sich außerhalb des Grundbuchs. Die Identität des Grundpfandrechts ändert sich hierdurch jedoch nicht. § 1163 ist **zwingendes** Recht. Abweichende Vereinbarungen können daher nicht mit dinglicher – allenfalls mit schuldrechtlicher – Wirkung getroffen werden. Voraussetzung des § 1163 Abs. 1 S. 1 ist, dass die Forderung, zu deren Sicherung die Hypothek bestellt worden ist, nicht entsteht. Der Grund der Nichtentstehung der Forderung ist unbedeutend. Er kann zB auf 2

- § 117 (Scheingeschäft; vgl BGHZ 36, 84),
- § 125 (Nichtigkeit wegen Formmangels),
- § 134 (Verstoß gegen ein gesetzliches Verbot),

- § 138 (Sittenwidrigkeit, Wucher; vgl BGH NJW 1982, 2767),
- § 142 Abs. 1 (Anfechtung),
- § 226 InsO (Verstoß gegen den Gleichbehandlungsgrundsatz) oder
- dem Fehlen einer gerichtlichen oder behördlichen Genehmigung

beruhen. Die Nichtentstehung kann auch in einer erst künftigen oder aufschiebend bedingten Forderung begründet sein. Eine Forderung entsteht ebenso nicht, wenn der Darlehensgeber unter Verstoß gegen § 488 Abs. 1 das vereinbarte Darlehen dem Darlehensnehmer nicht zur Verfügung stellt. Fehlt es nur vorläufig an der Forderung und kann diese noch entstehen, steht das Grundpfandrecht dem Eigentümer als durch das Entstehen der Forderung auflösend bedingte Grundschuld zu (sog. **vorläufige Eigentümergrundschuld**; vgl BGHZ 60, 226). Das Grundbuch ist in diesem Fall unrichtig. Ein Grundbuchberichtigungsanspruch (§§ 894, 1144) steht dem Eigentümer jedoch nicht zu, solange der Gläubiger aus dem Grundgeschäft noch einen Anspruch auf Erwerb der Hypothek hat. Solange die gesicherte Forderung noch entstehen kann, erwirbt der Gläubiger mit Bestellung der Hypothek ein **Anwartschaftsrecht**. Dieses erstarkt mit Entstehung der Forderung zum Vollrecht. Der Gläubiger kann über das Anwartschaftsrecht wie über das Vollrecht verfügen, dieses insbesondere durch Abtretung der zukünftigen Forderung übertragen (§§ 1153, 1154). Einer Zustimmung des Eigentümers hierzu bedarf es nicht. Tritt der Gläubiger das angebliche Vollrecht statt der Anwartschaft an einen Dritten ab, erwirbt dieser das Vollrecht, sofern er die Nichtvalutierung nicht kennt (§ 1138). Mit Entstehung der Forderung wandelt sich die vorläufige Eigentümergrundschuld, vorbehaltlich der Briefübergabe (§ 1163 Abs. 2), ohne dass es eines weiteren Rechtsakts bedürfte, kraft Gesetzes in eine Hypothek des Gläubigers. In seiner Hand ist sie **Fremdhypothek**. Kann die Forderung nicht mehr entstehen, zB weil der Darlehensvertrag aufgehoben worden ist, wird die vorläufige Eigentümergrundschuld zur endgültigen Eigentümergrundschuld (BGHZ 60, 226). Das Anwartschaftsrecht des Gläubigers fällt weg. Erlischt eine einmal entstandene Forderung, erwirbt der Eigentümer die Hypothek nach § 1163 Abs. 1 S. 2. Das Erlöschen der Forderung richtet sich nach den Regeln des Schuldrechts. Dieses kann nicht nur durch Erfüllung (§ 362), sondern auch durch Hinterlegung (§ 378), Aufrechnung (§ 389) oder Erlassvertrag (§ 397) eintreten.

3 [2] **Berichtigung des Grundbuches.** Der Eigentümer kann nach Entstehen der Eigentümergrundschuld vom Gläubiger gem. §§ 894, 1144, §§ 19, 22 GBO die Berichtigung des Grundbuches verlangen.

4 [3] **Form der Bewilligung.** § 29 GBO.

§ 1164 Übergang der Hypothek auf den Schuldner

(1) [1]Befriedigt der persönliche Schuldner den Gläubiger, so geht die Hypothek insoweit auf ihn über, als er von dem Eigentümer oder einem Rechtsvorgänger des Eigentümers Ersatz verlangen kann. [2]Ist dem Schuldner nur teilweise Ersatz zu leisten, so kann der Eigentümer die Hypothek, soweit sie auf ihn übergegangen ist, nicht zum Nachteil der Hypothek des Schuldners geltend machen.
(2) Der Befriedigung des Gläubigers steht es gleich, wenn sich Forderung und Schuld in einer Person vereinigen.

A. Muster: Berichtigungsbewilligung bei Forderungsauswechslung und Übergang der Hypothek auf den Schuldner 1

► Im Grundbuch von ■■■ Blatt ■■■ ist für Herrn ■■■ in Abteilung III unter lfd. Nr. ■■■ eine Hypothek 851
über ■■■ EUR nebst Zinsen zur Sicherung einer Forderung aus dem Darlehensvertrag mit Frau ■■■ vom ■■■ eingetragen. Frau ■■■ hat die vorgenannte Forderung gegenüber dem Gläubiger, Herrn ■■■, erfüllt. Da sie insoweit einen Ersatzanspruch gegen den Grundstückseigentümer, Herrn ■■■, hat, ist diese Forderung auf Frau ■■■ übergegangen.[1] Wir, Herr ■■■ als Grundstückseigentümer und Herr ■■■ als bisheriger Gläubiger bewilligen daher die Berichtigung des Grundbuches dahingehend, dass Frau ■■■ als Gläubigerin des Rechts in Abteilung III unter lfd. Nr. ■■■ eingetragen wird.[2]

■■■

Notarielle Unterschriftsbeglaubigung[3] ◄

B. Erläuterungen

[1] Übergang der Hypothek auf den Schuldner. Befriedigt der vom Eigentümer verschiedene 2
persönliche Schuldner den Gläubiger, geht die Hypothek gem. § 1164 Abs. 1 S. 1 insoweit auf ihn über, als er vom Eigentümer oder einem Rechtsvorgänger des Eigentümers Ersatz verlangen kann. Die Hypothek sichert im Wege der **Forderungsauswechslung** dessen Ersatzanspruch (RGZ 129, 27, 30; 131, 154). Ihrer Art nach bleibt die Hypothek bestehen (zB als Briefhypothek). § 1164 Abs. 1 S. 2 stellt klar, dass der Eigentümer, sofern dem Schuldner nur teilweise Ersatz zu leisten ist, die Hypothek, soweit sie auf ihn übergegangen ist, nicht zum Nachteil der Hypothek des Schuldners geltend machen kann. Der Befriedigung des Gläubigers steht es nach § 1164 Abs. 2 gleich, wenn sich Forderung und Schuld in der Hand des persönlichen Schuldners vereinigen. Die Befriedigung des Gläubigers durch den persönlichen Schuldner muss zum Erlöschen der Forderung führen (RGZ 143, 278, 284). Hierzu zählen Erfüllung (§ 362), Hinterlegung (§ 372) oder Aufrechnung (§ 387) durch den persönlichen Schuldner und der Erlass der Schuld durch den Gläubiger gegenüber dem persönlichen Schuldner (§ 397). Der freiwilligen Befriedigung des Gläubigers steht die Zwangsvollstreckung in das Vermögen des persönlichen Schuldners gleich. Bei Verzicht des Gläubigers auf die Hypothek (§ 1168), Aufhebung der Hypothek (§ 1183) oder Vorrangeinräumung sowie Forderungsauswechslung (§ 1180) und Umwandlung in eine Grundschuld (§ 1198) gilt § 1165. Ein Ersatzanspruch iSd § 1164 Abs. 1 S. 1 kann sich sowohl aus einem Rechtsgeschäft als auch aus dem Gesetz ergeben (zB §§ 415 Abs. 3, 670, 812 ff, 2166–2168 oder § 53 Abs. 1 ZVG). Seine Begründung ist bei, vor oder nach der Hypothekenbestellung möglich. Der Rechtsübergang gilt auch für bedingte Ersatzansprüche (RGZ 131, 154, 157). Häufiger Anwendungsfall des § 1164 ist die vom Gläubiger nicht genehmigte Schuldübernahme beim Verkauf eines Grundstücks unter Anrechnung auf den Kaufpreis und Zahlung durch den Verkäufer als persönlicher Schuldner. Da der Käufer gem. § 415 Abs. 3 dem Verkäufer gegenüber zur Befriedigung des Gläubigers verpflichtet wäre, erlangt der Verkäufer mit der Zahlung einen Ersatzanspruch gegen den Käufer nach § 812. Ein vergleichbarer Fall kann trotz Zustimmung des Gläubigers zur Schuldübernahme eintreten. Tilgt der Käufer die Forderung und wird das dadurch entstehende Eigentümerrecht des Verkäufers durch einen Dritten gepfändet, könnte der Käufer mit Eigentumsumschreibung nur ein mit dem Pfandrecht belastetes Recht erwerben. § 812 Abs. 1 S. 2 gewährt dem Käufer in einem solchen Fall einen im Zeitpunkt der Tilgung bereits bestehenden bedingten Kondiktionsanspruch gegen den Verkäufer. In analoger Anwendung des § 161 Abs. 1 S. 2 ist die Pfändung unwirksam.

[2] Berichtigung des Grundbuches. Durch die Forderungsauswechslung und den Übergang der 3
Hypothek wird das **Grundbuch unrichtig**. Der Nachweis der Unrichtigkeit gem. § 22 GBO in der Form des § 29 GBO ist in der Praxis nahezu ausgeschlossen. Zur Grundbuchberichtigung

ist daher regelmäßig eine Bewilligung der Betroffenen (Eigentümer und bisheriger Gläubiger) gem. § 19 GBO erforderlich.

4 **[3] Form der Bewilligung.** § 29 GBO.

§ 1165 Freiwerden des Schuldners

Verzichtet der Gläubiger auf die Hypothek oder hebt er sie nach § 1183 auf oder räumt er einem anderen Recht den Vorrang ein, so wird der persönliche Schuldner insoweit frei, als er ohne diese Verfügung nach § 1164 aus der Hypothek hätte Ersatz erlangen können.

1 ### A. Muster: Vereinbarung über den Ausschluss des § 1165 bei Verzicht und Aufhebung der Hypothek

► Herr ... ist Gläubiger einer Forderung gegen Frau ... aus einem ... (Schuldverhältnis). Zur Sicherung dieser Forderung ist im Grundbuch von ... Blatt ... in Abteilung III unter lfd. Nr. ... eine Hypothek über ... EUR eingetragen. Herr ... und Frau ... sind sich darüber einig, dass im Verhältnis zwischen ihnen § 1165 BGB in Ansehung dieser Hypothek nicht gelten soll, falls Herr ... auf diese Hypothek verzichtet, sie aufhebt oder einem anderen Recht den Vorrang einräumt.[1] ◄

B. Erläuterungen

2 **[1] Abweichende Vereinbarungen.** Befriedigt der nicht mit dem Eigentümer identische persönliche Schuldner den Gläubiger, ist sein Ersatzanspruch gegen den Eigentümer nach § 1164 durch die Hypothek gesichert. § 1165 ergänzt diesen Schutz des persönlichen Schuldners; nicht den des Eigentümers. Verfügungen des Hypothekengläubigers über die Hypothek, die eine Beeinträchtigung der Rückgriffssicherung des persönlichen Schuldners nach sich ziehen, führen zu einem Erlöschen der Forderung gegenüber dem persönlichen Schuldner. Die Wirkung des § 1165 beschränkt sich auf den Bestand des persönlichen Schuldverhältnisses. Von dieser Vorschrift abweichende Vereinbarungen zwischen Gläubiger und Schuldner über die persönliche Schuld, insbesondere ein **Ausschluss** des § 1165, sind möglich. Sie können jedoch nicht mit dinglicher Wirkung in das Grundbuch eingetragen werden.

§ 1166 Benachrichtigung des Schuldners

[1]Ist der persönliche Schuldner berechtigt, von dem Eigentümer Ersatz zu verlangen, falls er den Gläubiger befriedigt, so kann er, wenn der Gläubiger die Zwangsversteigerung des Grundstücks betreibt, ohne ihn unverzüglich zu benachrichtigen, die Befriedigung des Gläubigers wegen eines Ausfalls bei der Zwangsversteigerung insoweit verweigern, als er infolge der Unterlassung der Benachrichtigung einen Schaden erleidet. [2]Die Benachrichtigung darf unterbleiben, wenn sie untunlich ist.

1 ### A. Muster: Benachrichtigung des Schuldners durch Gläubiger über den Antrag auf Zwangsversteigerung des Grundstücks

► An
Herrn ...
Sehr geehrter Herr ...,

Sie sind persönlicher Schuldner der Forderung, die durch die im Grundbuch von ▪▪▪ Blatt ▪▪▪ in Abteilung III unter lfd. Nr. ▪▪▪ eingetragene Hypothek über ▪▪▪ EUR gesichert ist. Hiermit informiere ich Sie, dass ich als Gläubiger am heutigen Tage die Zwangsversteigerung des Grundstücks beantragt habe.[1]

Mit freundlichen Grüßen

▪▪▪

Unterschrift[2] ◄

B. Erläuterungen

[1] **Benachrichtungspflicht.** § 1166 dient dem Schutz des vom Eigentümer personenverschiedenen persönlichen Schuldners. Sollte der Gläubiger die Zwangsvollstreckung betreiben, ohne den bei Befriedigung des Gläubigers ersatzberechtigten persönlichen Schuldner unverzüglich zu benachrichtigen, ist dieser berechtigt, die Befriedigung des Gläubigers wegen eines Ausfalls bei der Zwangsversteigerung des Grundstücks insoweit zu verweigern, als er infolge des Unterbleibens der Benachrichtigung einen Schaden erleidet. Zweck der Vorschrift ist es, dem persönlichen Schuldner die Möglichkeit zu eröffnen, die persönliche Inanspruchnahme durch den Gläubiger zu verhindern, indem er dessen Ausfall durch Mitbieten in der Zwangsversteigerung, Ablösung der Hypothek oder andere Maßnahmen abwendet. Dies setzt im Regelfall die Kenntnis des persönlichen Schuldners vom Zwangsversteigerungsverfahren voraus. Liegen die Voraussetzungen des § 1166 vor, ist der Schuldner berechtigt, die Leistung gegenüber dem in der Zwangsversteigerung (teilweise) ausgefallenen Gläubiger zu verweigern. § 1166 gewährt ihm somit eine **Einrede** gegenüber dem Gläubiger. 2

[2] **Beweislast.** Die Beweislast für die Vornahme der unverzüglichen Benachrichtigung von der Zwangsversteigerung trägt der Gläubiger. 3

§ 1167 Aushändigung der Berichtigungsurkunden

Erwirbt der persönliche Schuldner, falls er den Gläubiger befriedigt, die Hypothek oder hat er im Falle der Befriedigung ein sonstiges rechtliches Interesse an der Berichtigung des Grundbuchs, so stehen ihm die in den §§ 1144, 1145 bestimmten Rechte zu.

A. Muster: Verzicht des persönlichen Schuldners auf die Aushändigung der Berechtigungsurkunden, § 1167 1

► Herr ▪▪▪ ist Gläubiger einer Forderung gegen Frau ▪▪▪ aus einem ▪▪▪ (Schuldverhältnis). Zur Sicherung dieser Forderung ist im Grundbuch von ▪▪▪ Blatt ▪▪▪ in Abteilung III unter lfd. Nr. ▪▪▪ eine Hypothek über ▪▪▪ EUR eingetragen. Frau ▪▪▪ verzichtet hiermit gegenüber Herrn ▪▪▪ in Ansehung dieser Hypothek auf die ihr aus § 1167 BGB zustehenden Rechte. Herr ▪▪▪ nimmt diesen Verzicht an.[1] ◄

B. Erläuterungen

[1] **Anwendung der §§ 1144, 1145 auf persönlichen Schuldner.** Der persönliche Schuldner kann bei Befriedigung des Gläubigers nach den allgemeinen Vorschriften die Erteilung einer Quittung (§ 368), die Rückgabe des Schuldscheins bzw Erteilung eines öffentlich beglaubigten Anerkenntnisses, dass die Schuld erloschen ist (§ 371), und im Falle der Abtretung der Forderung die Aushändigung der Abtretungsurkunde (§ 410 Abs. 1; Ausnahme: Der bisherige Gläubiger hat dem Schuldner die Abtretung schriftlich angezeigt, § 410 Abs. 2) verlangen; beim gesetzlichen Forderungsübergang gilt § 410 entsprechend (§ 412). § 1167 ergänzt diese Rechte des 2

persönlichen Schuldners und räumt diesem bei Befriedigung des Gläubigers die grundsätzlich dem Eigentümer des belasteten Grundstücks zustehenden Rechte aus §§ 1144, 1145 ein (vgl das Muster der Berichtigungsbewilligung zu § 1164). Einem zahlenden Dritten stehen diese nur nach Maßgabe der §§ 1150, 268 zu. Auf die ihm aus § 1167 zustehenden Rechte kann der persönliche Schuldner verzichten, auch von vornherein. Der Verzicht wirkt jedoch nur persönlich und kann daher nicht mit dinglicher Wirkung in das Grundbuch eingetragen werden. Die Vereinbarung eines Verzichts in allgemeinen Geschäftsbedingungen und Verbraucherverträgen dürfte gegen § 307 verstoßen.

§ 1168 Verzicht auf die Hypothek

(1) Verzichtet der Gläubiger auf die Hypothek, so erwirbt sie der Eigentümer.

(2) [1]Der Verzicht ist dem Grundbuchamt oder dem Eigentümer gegenüber zu erklären und bedarf der Eintragung in das Grundbuch. [2]Die Vorschriften des § 875 Abs. 2 und der §§ 876, 878 finden entsprechende Anwendung.

(3) Verzichtet der Gläubiger für einen Teil der Forderung auf die Hypothek, so stehen dem Eigentümer die im § 1145 bestimmten Rechte zu.

1 **A. Muster: Verzicht auf die Hypothek**

▶ Im Grundbuch von ▪▪▪ Blatt ▪▪▪ ist für Herrn ▪▪▪ in Abteilung III unter lfd. Nr. ▪▪▪ eine Hypothek über ▪▪▪ EUR nebst Zinsen eingetragen. Herr ▪▪▪ verzichtet auf diese Hypothek insgesamt[1] und bewilligt die Eintragung dieses Verzichts in das Grundbuch. Frau ▪▪▪ als Grundstückseigentümerin beantragt die Eintragung des Verzichts; sie bewilligt und beantragt, dieses Grundpfandrecht im Grundbuch zu löschen.[2]

▪▪▪

Notarielle Unterschriftsbeglaubigung[3] ◀

B. Erläuterungen

2 **[1] Übergang der Hypothek auf den Eigentümer.** § 1168 verhindert, dass die Hypothek bei Aufgabe des dinglichen Rechts durch den Gläubiger erlischt. Sie geht auf den Eigentümer über. Diesem bleibt hierdurch die Rangstelle der Hypothek erhalten. Der Verzicht auf die Hypothek erstreckt sich nicht auf die gesicherte Forderung, diese bleibt unberührt. Vom Verzicht auf die Hypothek zu unterscheiden sind die Aufhebung der Hypothek nach §§ 875, 1183 und der Verzicht auf die gesicherte Forderung durch den Gläubiger (Erlassvertrag, § 397). Mit der Aufhebung der Hypothek erlischt diese, während sie bei einem Erlass der Forderung vom Eigentümer erworben wird (§§ 1163 Abs. 1 S. 2, 1177). § 1168 ist nach hM kein Spezialfall der Aufhebung nach § 875 (vgl OLG Celle WM 1985, 1112; OLG Hamm FGPrax 1998, 208). Die Verzichtserklärung ist durch ein Urteil nach § 894 ZPO ersetzbar.

3 **[2] Grundbucheintragung.** Die Eintragung des Verzichts auf die Hypothek erfolgt auf Antrag des Hypothekengläubigers oder des Grundstückseigentümers (§ 13 Abs. 1 GBO). Dem Grundbuchamt sind die Bewilligung des Hypothekengläubigers (§ 19 GBO) und eventuell erforderliche Zustimmungserklärungen Dritter (§ 876) vorzulegen. Bei einem Briefrecht bedarf es weiterhin der Briefvorlage (§§ 41, 42 GBO). Die materielle Verzichtserklärung ist dem Grundbuchamt nicht nachzuweisen. Regelmäßig wird diese jedoch in der Bewilligungserklärung des Hypothekengläubigers enthalten sein. Eine Zustimmung des Eigentümers nach § 27 GBO ist

anders als bei der Löschung der Hypothek nicht notwendig (KG OLGZ 1965, 92, 95). Zur Eintragung des Verzichts ist grundsätzlich die Voreintragung des Verzichtenden erforderlich (§ 39 Abs. 1 GBO). Bei einer Briefhypothek genügt jedoch die Vorlage des Hypothekenbriefs und der Nachweis des Gläubigerrechts nach § 1155 (§ 39 Abs. 2 GBO). Wurde eine Hypothek zu Unrecht im Grundbuch gelöscht, setzt die Eintragung des Verzichts die Wiedereintragung der Hypothek voraus (RGZ 120, 230, 234 f). Neben der Grundbucheintragung wird der Verzicht auf dem Hypothekenbrief vermerkt (§ 62 Abs. 1 GBO); allein der Vermerk auf dem Hypothekenbrief genügt nicht. Umstritten ist, ob in das Grundbuch nur der Verzicht als solcher oder mit der Rechtsfolge, dass der Eigentümer das Recht als Eigentümergrundschuld erworben hat, einzutragen ist. § 1168 Abs. 2 setzt als Wirksamkeitsvoraussetzung lediglich die Grundbucheintragung aus. Es ist daher davon aus auszugehen, dass allein die Eintragung des Verzichts ausreichend ist (vgl NK-BGB/*Krause*, § 1168 Rn 14). Die Umschreibung auf den Eigentümer erfolgt sodann auf dessen Antrag im Wege der Grundbuchberichtigung. Die Eintragung des Verzichts hat auch zu erfolgen, wenn der Eigentümer sogleich über das Recht weiterverfügt, etwa seine Löschung beantragt.

[3] **Verfahrensrechtliche Form.** § 29 GBO. 4

§ 1169 Rechtszerstörende Einrede

Steht dem Eigentümer eine Einrede zu, durch welche die Geltendmachung der Hypothek dauernd ausgeschlossen wird, so kann er verlangen, dass der Gläubiger auf die Hypothek verzichtet.

Zu § 1169 siehe **Muster** zu § 1168. 1

Der Eigentümer kann gem. § 1169 verlangen, dass der Gläubiger auf die Hypothek verzichtet, 2 sofern ihm eine **Einrede** zusteht, durch welche die Geltendmachung der Hypothek dauernd ausgeschlossen ist. Infolge des dauernden Ausschlusses der Geltendmachung ist die Hypothek für den Gläubiger wirtschaftlich wertlos. § 1169 normiert daher im Interesse des Eigentümers, dass der Gläubiger verpflichtet ist, in einem solchen Fall auf die Hypothek zu verzichten.

§ 1169 setzt eine Einrede des Eigentümers voraus, die die Geltendmachung der Hypothek durch 3 den Gläubiger auf Dauer ausschließt. Hierzu zählen die Einreden des Eigentümers nach § 1137 und nach § 1157, sofern sie **von Dauer** sind. Erfasst werden von der Vorschrift insbesondere:

- die Einrede der unerlaubten Handlung nach § 853 (vgl OLG Hamm MDR 1977, 668);
- die Einrede der Arglist (vgl BGHZ 56, 22);
- die Einrede der Anfechtbarkeit nach dem Anfechtungsgesetz; die insolvenzrechtliche Anfechtungseinrede des § 146 Abs. 2 InsO soll dagegen keine dauernde Einrede iSd § 1169 sein (OLG Hamm MDR 1977, 668);
- die Einrede der ungerechtfertigten Bereicherung nach § 821 (insbesondere bei Fehlen oder Wegfall der Sicherungsabrede);
- die Einrede der Minderung des Kaufpreises aus einem Kaufvertrag im Falle einer Kaufpreishypothek;
- die Einrede des Rücktritts vom Kaufvertrag trotz dessen Verjährung (§ 438 Abs. 4);
- die Einrede, dass der Gläubiger sich verpflichtet hat, die Hypothek dauernd nicht geltend zu machen (RGZ 67, 390);
- die Einrede aus einer Vereinbarung, in der der Gläubiger und der Schuldner die Abtretbarkeit des dinglichen Rechts ausgeschlossen haben;
- die Einrede der rechtskräftigen Abweisung der Klage wegen der Forderung gegen den persönlichen Schuldner;

- die Einrede, dass ein gerichtlicher Vergleich vorliegt, der eine Verpflichtung des Gläubigers enthält, keine Zwangsvollstreckung durchzuführen und eingeleitete Zwangsvollstreckungsmaßnahmen einzustellen (BayObLG Rpfleger 1998, 437);
- die Einrede der Verpflichtung zur Pfandentlassung oder Löschung der Hypothek (BGH NJW 1984, 169);
- die Einrede, dass die durch eine Grundschuld gesicherten Forderungen getilgt sind und neue nicht entstehen können (RGZ 91, 218).

4 § 1169 erfasst auch Einreden, die dem persönlichen Schuldner zustehen. Eine Abtretung ist nicht erforderlich.

5 Nicht in den Anwendungsbereich des § 1169 fallen dagegen **Einwendungen** und **aufschiebende Einreden.** Ebenso nicht erfasst sind die Einrede der Verjährung der persönlichen Forderung (§ 216 Abs. 1; Ausnahme: § 216 Abs. 3) und die Einrede der beschränkten Erbenhaftung (§ 1137 Abs. 1 S. 2). Dies dürfte wegen § 216 Abs. 2 auch für die Grundschuld gelten. § 1169 ist ebenso nicht anwendbar auf das Recht zur Anfechtung oder zur Aufrechnung, da deren Ausübung die Rechte des Gläubigers rückwirkend beseitigen. Eine dauernde Einrede iSd § 1169 dürfte iÜ nicht vorliegen bei einer Vereinbarung, wonach der Gläubiger nur aus einer bestimmten Forderung befriedigt werden oder Befriedigung nur vom Eigentümer erhalten soll. Darüber hinaus hat der BGH entschieden, dass der Ersteher eines Grundstücks in der Zwangsversteigerung, der aus einer bestehen gebliebenen Grundschuld dinglich in Anspruch genommen wird, dem Grundschuldgläubiger grundsätzlich keine Einreden entgegensetzen kann, die sich aus dem zwischen dem früheren Eigentümer (Sicherungsgeber) und dem Gläubiger (Sicherungsnehmer) abgeschlossenen Sicherungsvertrag ergeben (BGH NotBZ 2003, 260 m.Anm. *Krause*). Ist die Forderung nicht entstanden oder erloschen, besteht kein Verzichtsanspruch auf die Hypothek nach § 1169. In einem solchen Fall kann der Eigentümer jedoch Grundbuchberichtigung gem. § 894 verlangen.

6 **Anspruchsberechtigt** ist der Eigentümer; mehreren Miteigentümern kann der Anspruch aus § 1169 gemeinschaftlich zustehen. Liegen die Voraussetzungen des § 1169 vor, ist der Gläubiger verpflichtet, auf die Hypothek nach § 1168 zu verzichten. Mit Eintragung des **Verzichts** in das Grundbuch erwirbt der Eigentümer die Hypothek als **Eigentümergrundschuld.** Anstelle des Verzichts auf die Hypothek kann der Eigentümer vom Gläubiger auch die Aufhebung der Hypothek (§ 875), Erteilung einer Löschungsbewilligung und Herausgabe des Hypothekenbriefs verlangen (RGZ 86, 301; 91, 218). Dies gilt auch in der Insolvenz des Gläubigers. Geht man mit der Rechtsprechung davon aus, dass der Verzichtsanspruch des § 1169 nicht nur den Charakter eines dinglichen Anspruchs hat (vgl etwa BGH NJW 1985, 800), ist dessen Verjährung nicht nach § 902 Abs. 1 ausgeschlossen. Vielmehr verjährt dieser nach § 196 in 10 Jahren (NK-BGB/*Krause*, § 1169 Rn 12).

§ 1170 Ausschluss unbekannter Gläubiger

(1) [1]Ist der Gläubiger unbekannt, so kann er im Wege des Aufgebotsverfahrens mit seinem Recht ausgeschlossen werden, wenn seit der letzten sich auf die Hypothek beziehenden Eintragung in das Grundbuch zehn Jahre verstrichen sind und das Recht des Gläubigers nicht innerhalb dieser Frist von dem Eigentümer in einer nach § 212 Abs. 1 Nr. 1 zum Neubeginn der Verjährung geeigneten Weise anerkannt worden ist. [2]Besteht für die Forderung eine nach dem Kalender bestimmte Zahlungszeit, so beginnt die Frist nicht vor dem Ablauf des Zahlungstags.
(2) [1]Mit der Rechtskraft des Ausschließungsbeschlusses erwirbt der Eigentümer die Hypothek. [2]Der dem Gläubiger erteilte Hypothekenbrief wird kraftlos.

A. Muster: Aufgebotsantrag des Eigentümers auf Erlass eines Ausschließungsbeschlusses 1

▶ UR-Nr. ■■■/2010 856

Heute, den ■■■ zweitausendzehn,

– ■■■ 2010 –

erschien vor mir,

■■■

Notar

mit Amtssitz in ■■■,

in meinen Amtsräumen in ■■■, ■■■:

Herr ■■■

geb. am ■■■

wohnhaft in ■■■, ■■■

ausgewiesen durch gültigen deutschen Personalausweis

– nachstehend auch „Eigentümer" genannt –

Auf Ansuchen beurkunde ich seinen vor mir abgegebenen Erklärungen gemäß, was folgt:

§ 1

Im Grundbuch des Amtsgerichts ■■■, Grundbuch von ■■■ Blatt ■■■ ist im Eigentum von Herrn ■■■ folgender Grundbesitz eingetragen: Gemarkung ■■■, Flur ■■■, Flurstück ■■■ in Größe von ■■■ qm, Lage: ■■■

Der Grundbesitz ist wie folgt belastet:

Abteilung II:

■■■

Abteilung III:

lfd. Nr. ■■■: ■■■ EUR Grundschuld für ■■■ mit ■■■ % Zinsen jährlich, sofort vollstreckbar nach § 800 ZPO. Gem. Bewilligung vom ■■■ (UR-Nr. ■■■/■■■ des Notars ■■■ in ■■■), eingetragen am ■■■

Die vorbezeichnete Grundschuld soll zur Löschung gebracht werden.

Die Grundschuld diente zur Sicherung eines Darlehens, das der Gläubiger mir am ■■■ gewährt hatte. Dieses Darlehen habe ich bis zum ■■■ bis auf einen Restbetrag von ■■■ EUR zurückgezahlt. Am ■■■ habe ich versucht, den Restbetrag an den Gläubiger zurückzuzahlen. Dies misslang jedoch. Meine Überweisung an den Gläubiger konnte meine Bank nicht ausführen, da die mir bekannte Bankverbindung des Gläubigers nicht mehr existierte. Meine an den Gläubiger gerichtete Post kam mit dem Vermerk unbekannt verzogen zurück. Ich glaube nicht, dass der Gläubiger noch lebt. Er müsste jetzt ■■■ Jahre alt sein. Mir ist nicht bekannt, wer ihn beerbt hat oder an wen die Grundschuld abgetreten sein könnte. Ich habe auch keine Kenntnis darüber, wer den Grundschuldbrief derzeit in Händen hat.[1] Seit der Eintragung der Grundschuld in das Grundbuch – hierbei handelt es sich um die letzte sich auf die Grundschuld beziehende Eintragung – sind mehr als ■■■ Jahre verstrichen.[2] Ich habe innerhalb dieser Frist weder die Grundschuld noch die gesicherte Darlehensforderung in einer nach § 212 Abs. 1 Nr. 1 zum Neubeginn der Verjährung geeigneten Weise anerkannt.[3]

§ 2

Der Eigentümer[4] beantragt beim Amtsgericht ▪▪▪[5] den Erlass eines Ausschließungsbeschlusses[6] dahin gehend, dass der Gläubiger mit seinem Recht ausgeschlossen[7] und dass der ihm erteilte Grundschuldbrief kraftlos wird.[8]

§ 3

Der Notar hat den Eigentümer eingehend auf die Bedeutung einer eidesstattlichen Versicherung und die Folgen einer vorsätzlichen oder fahrlässigen Verletzung der Wahrheitspflicht, insbesondere über die Bestimmungen der §§ 156, 163 StGB belehrt.

Sodann erklärte der Eigentümer mit der Versicherung, dass diese Angaben wahr sind, an Eides Statt:[9]

Die von mir in § 1 dieser Urkunde gemachten Angaben sind vollständig richtig.

§ 4

Der Eigentümer bewilligt und beantragt die Löschung der im Grundbuch von ▪▪▪ Blatt ▪▪▪ in Abteilung III lfd. Nr. ▪▪▪ eingetragenen Grundschuld.[10]

§ 5

Der Notar wird beauftragt und bevollmächtigt, das Aufgebotsverfahren und den Erlass des Ausschließungsbeschlusses in meinem Namen zu beantragen. Er ist berechtigt, Anträge getrennt und eingeschränkt zu stellen und sie in gleicher Weise zurückzunehmen.

Der Eigentümer bevollmächtigt den Notar, seinen amtlich bestellten Vertreter oder Nachfolger im Amt, im Übrigen Bewilligungen und Anträge zu stellen, zu ändern und zu ergänzen, soweit dies verfahrensrechtlich zur Durchführung dieser Urkunde erforderlich sein sollte.

Der Notar hat den Grundbuchinhalt am ▪▪▪ feststellen lassen.

Sämtliche mit dieser Urkunde und ihrer Durchführung verbundenen Notar- und Gerichtskosten trägt der Eigentümer.

Der Eigentümer bittet um Erteilung einer Ausfertigung dieser Urkunde für sich und das Amtsgericht ▪▪▪ sowie nach Erlass des Ausschließungsbeschlusses um Erteilung einer beglaubigten Abschrift für das Grundbuchamt.

Eine Ausfertigung des Ausschließungsbeschlusses mit Rechtskraftvermerk ist dem Notar zu erteilen.

Vorstehende Niederschrift wurde dem Erschienenen vom Notar vorgelesen, von ihm genehmigt und eigenhändig, wie folgt, unterschrieben:

▪▪▪

Unterschriften ◄

B. Erläuterungen

2 [1] **Unbekannter Gläubiger.** Voraussetzung des Aufgebotsverfahrens ist zunächst, dass der Gläubiger unbekannt ist. Dies gilt unabhängig davon, ob es sich um ein Buch- oder Briefrecht handelt. **Unbekanntsein** in diesem Sinne liegt vor, wenn der Gläubiger trotz nachweisbarer Bemühungen der Person nach unbekannt ist. Dies ist der Fall bei fehlender Kenntnis des Eigentümers darüber, wer Inhaber des Grundpfandrechts ist. Die fehlende Kenntnis kann auch darauf beruhen, dass mehrere Personen über ihre Berechtigung an dem Grundpfandrecht streiten oder die Erben des im Grundbuch eingetragenen Grundpfandrechtsgläubigers nicht bekannt sind. Gleiches gilt, wenn nicht festzustellen ist, wer überhaupt Rechtsinhaber ist oder geworden ist. Letzteres ist zB der Fall, falls der Gläubiger sein Recht nicht nachweisen kann (RGZ 67, 95; KG OLGZ 1970, 323), bei einem Briefrecht also den Grundpfandrechtsbrief oder die im Falle einer Abtretung nach § 1155 erforderlichen Unterlagen nicht in den Händen hat (vgl BGH

NotBZ 2009, 229 m.Anm. *Krause*). Ebenso ist § 1170 anwendbar, wenn der Gläubiger sein Recht verschweigt, dh trotz wiederholter Aufforderung den Grundpfandrechtsbrief nicht vorlegt (LG Düsseldorf NJW-RR 1995, 1232). Kein Fall eines Aufgebotsverfahrens liegt vor, wenn bekannt ist, dass Inhaber des Grundpfandrechts eine juristische Person ist und nur unbekannt bleibt, wer ihre Vertreter sind. Die bloße **Unbestimmtheit des Aufenthaltsorts** des Gläubigers genügt ebenfalls nicht. In einem solchen Fall muss die Erhebung einer auf Grundbuchberichtigung gem. § 894 gerichteten Klage durch öffentliche Zustellung erfolgen und so die Löschung des Grundpfandrechts erreicht werden (BGH NotBZ 2004 m.Anm. *Krause*).

[2] **Keine Grundbucheintragung innerhalb von zehn Jahren.** Der Ausschluss des Gläubigers mit seinem Recht ist nur begründet, wenn seit der letzten sich auf das Grundpfandrecht beziehenden Eintragung in das Grundbuch **zehn Jahre** verstrichen sind. Die hM geht davon aus, dass hierzu nur solche Eintragungen zählen, an denen der Gläubiger mitgewirkt hat (vgl NK-BGB/*Krause* § 1170 Rn 8). Dies ist jedenfalls der Fall, wenn der Gläubiger einen Antrag, eine Bewilligung oder eine Zustimmungserklärung abgegeben oder auch nur den Brief vorlegt hat. Nicht dagegen erfasst sind solche Eintragungen, die ohne jegliche Beteiligung des Gläubigers erfolgt sind, wie zB der Rangrücktritt eines vorgehenden Rechts hinter das Grundpfandrecht. 3

[3] **Kein Anerkenntnis des Eigentümers innerhalb von zehn Jahren.** § 1170 Abs. 1 S. 1 setzt weiter voraus, dass das Recht des Gläubigers nicht innerhalb der letzten zehn Jahre von dem Eigentümer in einer nach § 212 Abs. 1 Nr. 1 zum Neubeginn der Verjährung geeigneten Weise **anerkannt** worden ist. Dies wäre insbesondere bei einer Abschlagszahlung, Zinszahlung oder Sicherheitsleistung des Eigentümers der Fall. Ein solches Anerkenntnis unterbricht die Frist und setzt eine neue Zehn-Jahres-Frist in Gang. 4

[4] **Antragsberechtigung.** Antragsberechtigt ist der **Eigentümer** des belasteten Grundstücks (§ 448 Abs. 1 FamFG). § 448 Abs. 2 Hs 1 FamFG erweitert das Antragsrecht auch auf die im Range gleich- oder nachstehenden Gläubiger, zu deren Gunsten eine Vormerkung nach § 1179 eingetragen ist oder ein gesetzlicher Löschungsanspruch nach § 1179 a besteht. Hinsichtlich eines Gesamtgrundpfandrechts sind darüber hinaus diejenigen antragsberechtigt, die auf Grund eines im Range gleich- oder nachstehenden Rechts Befriedigung aus einem der belasteten Grundstücke verlangen können, sofern der Gläubiger oder der sonstige Berechtigte für seinen Anspruch einen vollstreckbaren Schuldtitel erlangt hat (§ 448 Abs. 2 Hs 2 FamFG). Das Antragsrecht ist zu Gunsten eines Gläubigers des Grundstückseigentümers pfändbar (OLG Frankfurt/Main NJW 1962, 640). 5

[5] **Zuständigkeit.** Zuständig für das Aufgebotsverfahren ist das Gericht, in dessen Bezirk das belastete **Grundstück** belegen ist (§ 447 Abs. 2 FamFG). 6

[6] **Aufgebotsverfahren.** Das Aufgebotsverfahren richtet sich nach §§ 433–441, 447–450 FamFG. 7

[7] **Entstehen einer Eigentümergrundschuld.** Mit Rechtskraft des Ausschließungsbeschlusses wird der Gläubiger mit seinem dinglichen Hypothekenrecht **ausgeschlossen** (§ 450 Abs. 4 FamFG). Der Eigentümer des Grundstücks im Zeitpunkt des Eintritts der Rechtskraft des Beschlusses erwirbt die Hypothek gem. § 1170 Abs. 2 S. 1, so dass nach § 1777 Abs. 1 eine Eigentümergrundschuld entsteht. Ist während des Aufgebotsverfahrens ein Eigentümerwechsel erfolgt, steht die Eigentümergrundschuld dem neuen Eigentümer zu. Der Erwerb der Eigentümergrundschuld vollzieht sich kraft Gesetzes. Das Grundbuch ist auf Antrag des Eigentümers (§ 13 GBO) unter Vorlage einer Ausfertigung des Beschlusses zu berichtigen. Bis zur Grundbuchberichtigung ist der gutgläubige Erwerb eines Buchrechts möglich. Der Berichtigungsanspruch des Eigentümers kann nicht durch eine Vormerkung oder einen Widerspruch gesichert werden. 8

[8] **Kraftloswerden des Grundpfandrechtsbriefs.** Ein dem Gläubiger erteilter Grundpfandrechtsbrief wird mit Erlass des Ausschließungsbeschlusses gem. § 1170 Abs. 2 S. 2 kraftlos. Der 9

gutgläubige Erwerb eines Briefrechts scheidet damit aus. Die Erteilung eines neuen Grundpfandrechtsbriefs erfolgt durch das Grundbuchamt gem. § 67 GBO nur auf Antrag. Hierzu ist dem Grundbuchamt der Ausschließungsbeschluss vorzulegen.

10 [9] **Glaubhaftmachung.** Der Antragsberechtigte hat im Aufgebotsverfahren seine Antragsberechtigung, das Unbekanntsein des Gläubigers (§ 449 FamFG) sowie das Fehlen einer das Aufgebot ausschließenden Anerkennung der Forderung durch den Eigentümer iSd § 1170 Abs. 1 S. 1 (§ 450 Abs. 1 FamFG) **glaubhaft** zu machen.

11 [10] **Löschung der Eigentümergrundschuld.** Der Eigentümer kann die Grundschuld löschen lassen. Zur Löschung der Eigentümergrundschuld ist die Vorlegung des **Ausschließungsbeschlusses** ausreichend (§ 41 Abs. 2 GBO).

§ 1171 Ausschluss durch Hinterlegung

(1) [1]Der unbekannte Gläubiger kann im Wege des Aufgebotsverfahrens mit seinem Recht auch dann ausgeschlossen werden, wenn der Eigentümer zur Befriedigung des Gläubigers oder zur Kündigung berechtigt ist und den Betrag der Forderung für den Gläubiger unter Verzicht auf das Recht zur Rücknahme hinterlegt. [2]Die Hinterlegung von Zinsen ist nur erforderlich, wenn der Zinssatz im Grundbuch eingetragen ist; Zinsen für eine frühere Zeit als das vierte Kalenderjahr vor der Rechtskraft des Ausschließungsbeschlusses sind nicht zu hinterlegen.

(2) [1]Mit der Rechtskraft des Ausschließungsbeschlusses gilt der Gläubiger als befriedigt, sofern nicht nach den Vorschriften über die Hinterlegung die Befriedigung schon vorher eingetreten ist. [2]Der dem Gläubiger erteilte Hypothekenbrief wird kraftlos.

(3) Das Recht des Gläubigers auf den hinterlegten Betrag erlischt mit dem Ablauf von 30 Jahren nach der Rechtskraft des Ausschließungsbeschlusses, wenn nicht der Gläubiger sich vorher bei der Hinterlegungsstelle meldet; der Hinterleger ist zur Rücknahme berechtigt, auch wenn er auf das Recht zur Rücknahme verzichtet hat.

1 **A. Muster: Aufgebotsantrag des Eigentümers auf Erlass eines Ausschließungsbeschlusses und Hinterlegung des Forderungsbetrags**

► UR-Nr. ■■■/2010
Heute, den ■■■ zweitausendzehn,
– ■■■ 2010 –
erschien vor mir,
■■■
Notar
mit Amtssitz in ■■■,
in meinen Amtsräumen in ■■■, ■■■:
Herr ■■■
geb. am ■■■
wohnhaft in ■■■, ■■■
ausgewiesen durch gültigen deutschen Personalausweis
– nachstehend auch „Eigentümer" genannt –

Auf Ansuchen beurkunde ich seinen vor mir abgegebenen Erklärungen gemäß, was folgt:

§ 1

Im Grundbuch des Amtsgerichts ■■■, Grundbuch von ■■■ Blatt ■■■ ist im Eigentum von Herrn ■■■ folgender Grundbesitz eingetragen: Gemarkung ■■■, Flur ■■■, Flurstück ■■■ in Größe von ■■■ qm, Lage: ■■■

Der Grundbesitz ist wie folgt belastet:

Abteilung II:

■■■

Abteilung III:

lfd. Nr. ■■■: ■■■ RM Hypothek für ■■■ mit ■■■ % Zinsen jährlich.

Die vorbezeichnete Briefhypothek wurde aufgrund einer Bewilligung vom ■■■ am ■■■ in das Grundbuch eingetragen. Sie wurde am ■■■ an ■■■, abgetreten; diese Abtretung wurde am ■■■ in das Grundbuch eingetragen. Nach einer Neufassung des Grundbuchs am ■■■ wurde für die Hypothek ein neuer Brief ausgestellt, dessen Aushändigung ■■■ am ■■■ quittierte. Für mich ist nicht mehr nachvollziehbar, wo sich der Hypothekenbrief befindet. Die der Hypothek zugrunde liegende Forderung ist von mir weder durch Abschlagszahlungen noch in anderer Weise anerkannt worden. Mit den mir zu Gebote stehenden Mitteln konnte ich nicht in Erfahrung bringen, wo sich ■■■ aufhält, ob er noch lebt und wer ihn gegebenenfalls beerbt hat. Anhaltspunkte für eine Verfügung über die Hypothek außerhalb des Grundbuchs habe ich nicht.[1]

§ 2

Der Eigentümer[2] beantragt beim Amtsgericht ■■■[3] den Erlass eines Ausschließungsbeschlusses[4] dahin gehend, dass der Gläubiger mit seinem Recht ausgeschlossen[5] und dass der ihm erteilte Hypothekenbrief kraftlos wird.[6]

Der Eigentümer bietet hiermit an, den in Euro umgerechneten Nennbetrag der Briefhypothek iHv ■■■ EUR nebst Zinsen für die letzten vier Jahre, gerechnet von der Rechtskraft des Ausschließungsbeschlusses an, unter Verzicht auf die Rücknahme zu hinterlegen.[7]

§ 3

Der Notar hat den Eigentümer eingehend auf die Bedeutung einer eidesstattlichen Versicherung und die Folgen einer vorsätzlichen oder fahrlässigen Verletzung der Wahrheitspflicht, insbesondere über die Bestimmungen der §§ 156, 163 StGB belehrt.

Sodann erklärte der Eigentümer mit der Versicherung, dass diese Angaben wahr sind, an Eides Statt:[8]

Die von mir in § 1 dieser Urkunde gemachten Angaben sind vollständig richtig.

§ 4

Der Notar wird beauftragt und bevollmächtigt, das Aufgebotsverfahren und den Erlass des Ausschließungsbeschlusses in meinem Namen zu beantragen. Er ist berechtigt, Anträge getrennt und eingeschränkt zu stellen und sie in gleicher Weise zurückzunehmen.

Der Eigentümer bevollmächtigt den Notar, seinen amtlich bestellten Vertreter oder Nachfolger im Amt, im Übrigen Bewilligungen und Anträge zu stellen, zu ändern und zu ergänzen, soweit dies verfahrensrechtlich zur Durchführung dieser Urkunde erforderlich sein sollte.

Der Notar hat den Grundbuchinhalt am ■■■ feststellen lassen.

Sämtliche mit dieser Urkunde und ihrer Durchführung verbundenen Notar- und Gerichtskosten trägt der Eigentümer.

Der Eigentümer bittet um Erteilung einer Ausfertigung dieser Urkunde für sich und das Amtsgericht ■■■

Eine Ausfertigung des Ausschließungsbeschlusses mit Rechtskraftvermerk ist dem Notar zu erteilen.

Vorstehende Niederschrift wurde dem Erschienenen vom Notar vorgelesen, von ihm genehmigt und eigenhändig, wie folgt, unterschrieben:

■■■

Unterschriften ◄

B. Erläuterungen

2 [1] **Unbekannter Gläubiger.** § 1171 Abs. 1 S. 1 setzt voraus, dass der Gläubiger der Person nach unbekannt ist. Der Begriff „Unbekanntsein" ist derselbe wie in § 1170 (vgl § 1170 Rn 2). § 1171 Abs. 1 S. 1 setzt weiter voraus, dass der Eigentümer zur Befriedigung des Gläubigers oder zur Kündigung berechtigt ist.

3 [2] **Antragsberechtigung.** Vgl § 1170 Rn 5.

4 [3] **Zuständigkeit.** Vgl § 1170 Rn 6.

5 [4] **Aufgebotsverfahren.** Vgl § 1170 Rn 7. Außerdem gilt § 451 FamFG.

6 [5] **Befriedigung des Gläubigers und Entstehen einer Eigentümergrundschuld.** Mit Rechtskraft des Ausschließungsbeschlusses gilt der Gläubiger nach § 1171 Abs. 2 S. 1 als befriedigt, sofern die Befriedigung nicht bereits vorher nach Maßgabe der §§ 372 ff eingetreten ist. Der Gläubiger kann sich von diesem Zeitpunkt an nur noch aus dem hinterlegten Betrag und nicht mehr aus dem Grundstück befriedigen. Sein Recht auf den hinterlegten Betrag erlischt gem. § 1171 Abs. 3 Hs 1 mit Ablauf von 30 Jahren nach Erlass des Ausschlussurteils, wenn er sich nicht vorher bei der Hinterlegungsstelle meldet und seine Berechtigung nachweist. Geschieht dies nicht, ist der hinterlegende Eigentümer bzw dessen Rechtsnachfolger gem. § 1171 Abs. 3 Hs 2 berechtigt, **trotz seines Verzichts auf das Recht zur Rücknahme, den hinterlegten Betrag herauszuverlangen.** Dieses Recht erlischt nach Ablauf eines weiteren Jahres (vgl § 19 HintO). Ist der Eigentümer zum Zeitpunkt des Ausschließungsbeschlusses zugleich persönlicher Schuldner, geht die Hypothek auf ihn als Eigentümergrundschuld gem. §§ 1163 Abs. 1 S. 2, 1177 Abs. 1 über. Haftete er dagegen zu diesem Zeitpunkt nicht als persönlicher Schuldner, erwirbt er die Hypothek nach §§ 1143, 1177 Abs. 2 als Eigentümerhypothek. Ist während der Hinterlegung und dem Erlass des Urteils ein Eigentümerwechsel erfolgt, geht die Hypothek gem. § 1164 auf den bisherigen Eigentümer über, falls dieser vom neuen Eigentümer Ersatz verlangen kann. Anderenfalls entsteht eine Eigentümergrundschuld nach §§ 1163 Abs. 1 S. 2, 1177 Abs. 1.

7 [6] **Kraftloswerden des Hypothekenbriefs.** Ein dem Gläubiger erteilter Hypothekenbrief wird mit Erlass des Ausschließungsbeschlusses gem. § 1171 Abs. 2 S. 2 kraftlos. Ebenso wie bei § 1170 scheidet ein gutgläubiger Erwerb einer Briefhypothek damit aus.

8 [7] **Hinterlegung der Forderung und der Zinsen.** Der Eigentümer hat den Betrag der Forderung unter Verzicht auf das Recht zur Rücknahme (§ 376 Abs. 2 Nr. 1) zu hinterlegen. Dies muss gem. § 451 Abs. 4 FamFG bis zum Erlass des Ausschließungsbeschlusses erfolgen. Für Zinsen gilt dies nur, soweit sie im Grundbuch eingetragen sind (§ 1171 Abs. 1 S. 2 Hs 1). Insoweit kommt es nicht auf ihre Fälligkeit an, sie sind vielmehr für den gesamten Zeitraum zu entrichten. Für eine frühere Zeit als das 4. Kalenderjahr vor Erlass des Ausschließungsbeschlusses sind sie jedoch nicht zu hinterlegen (§ 1171 Abs. 1 S. 2 Hs 2). Im Aufgebotsantrag hat sich der Antragsteller zur Hinterlegung des dem Gläubiger gebührenden Betrages anzubieten (§ 451 Abs. 1 FamFG).

9 [8] **Glaubhaftmachung.** Vgl § 1170 Rn 10.

§ 1172 Eigentümergesamthypothek

(1) Eine Gesamthypothek steht in den Fällen des § 1163 den Eigentümern der belasteten Grundstücke gemeinschaftlich zu.
(2) [1]Jeder Eigentümer kann, sofern nicht ein anderes vereinbart ist, verlangen, dass die Hypothek an seinem Grundstück auf den Teilbetrag, der dem Verhältnis des Wertes seines Grundstücks zu dem Werte der sämtlichen Grundstücke entspricht, nach § 1132 Abs. 2 beschränkt und in dieser Beschränkung ihm zugeteilt wird. [2]Der Wert wird unter Abzug der Belastungen berechnet, die der Gesamthypothek im Range vorgehen.

A. Muster: Aufhebung der Gemeinschaft bei Gesamteigentümergrundschuld 1

▶ In den Grundbüchern von ■■■ Blatt ■■■, Blatt ■■■ und Blatt ■■■ ist jeweils in Abteilung III unter lfd. Nr. ■■■ eine Gesamteigentümergrundschuld über ■■■ EUR eingetragen. Wir, die Eigentümer der in den vorbezeichneten Grundbüchern eingetragenen drei Grundstücke, verteilen diese Gesamteigentümergrundschuld auf die drei Grundstücke dergestalt, dass das Flurstück ■■■ nur noch für einen Teilbetrag von ■■■, das Flurstück ■■■ nur noch für einen Teilbetrag von ■■■ und das Flurstück ■■■ nur noch für einen Teilbetrag von ■■■, jeweils mit Zinsen und sonstigen Nebenleistungen haftet. Wir bewilligen und beantragen, diese Verteilung in das Grundbuch einzutragen.[1] 858

■■■

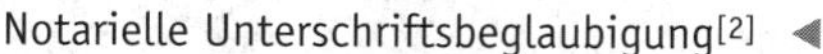

Notarielle Unterschriftsbeglaubigung[2] ◀

B. Erläuterungen

[1] **Verteilung.** Die Inhaber der Gesamteigentümergrundschuld können diese nach §§ 747 S. 2, 1132 Abs. 2 beliebig auf die einzelnen Grundstücke in der Weise verteilen, dass jedes Grundstück nur für den zugeteilten Betrag haftet. § 1172 Abs. 2 gibt jedem Eigentümer einen Anspruch auf **Aufhebung der Gemeinschaft**, sofern nicht ein anderes vereinbart ist. Die Aufhebung der Gemeinschaft erfolgt durch Verteilung der Gesamteigentümergrundschuld auf die einzelnen Grundstücke. Mit ihrem Vollzug entstehen jeweils selbständige Eigentümergrundschulden in Höhe des jeweiligen Anteils des Eigentümers am Gesamtrecht. Hinsichtlich der Durchführung der Verteilung verweist § 1172 Abs. 2 S. 1 auf § 1132 Abs. 2. Es sind also insbesondere die §§ 875, 876, 878 anzuwenden. Gegebenenfalls muss der Eigentümer, der die Verteilung verlangt, diese hinsichtlich seines Grundstücks gem. § 894 ZPO gerichtlich durchsetzen. In einem solchen Fall kann der Rest der Gesamteigentümergrundschuld den übrigen Eigentümern auf ihren Grundstücken als Gesamtrecht verbleiben. § 1172 Abs. 2 stellt ausdrücklich klar, dass abweichende Teilungsvereinbarungen der Eigentümer der belasteten Grundstücke der gesetzlichen Regelung vorgehen. Solche können vor Entstehung der Gesamteigentümergrundschuld nur mit schuldrechtlicher Wirkung getroffen werden. Ansonsten läge eine unzulässige Verfügung über eine Eigentümergrundschuld vor. Nach Entstehung der Gesamteigentümergrundschuld sind Teilungsvereinbarungen der Eigentümer mit dinglicher Wirkung möglich. In Betracht kommt auch die Vereinbarung des Ausschlusses der Aufhebung der Gemeinschaft (§ 751). Gegenüber Rechtsnachfolgern wirken solche Vereinbarungen nur, wenn sie im Grundbuch eingetragen sind. 2

[2] **Form der Bewilligung.** § 29 GBO. 3

§ 1173 Befriedigung durch einen der Eigentümer

(1) [1]Befriedigt der Eigentümer eines der mit einer Gesamthypothek belasteten Grundstücke den Gläubiger, so erwirbt er die Hypothek an seinem Grundstück; die Hypothek an den übrigen Grundstücken erlischt. [2]Der Befriedigung des Gläubigers durch den Eigentümer steht es gleich, wenn das Gläubigerrecht auf den Eigentümer übertragen wird oder wenn sich Forderung und Schuld in der Person des Eigentümers vereinigen.
(2) Kann der Eigentümer, der den Gläubiger befriedigt, von dem Eigentümer eines der anderen Grundstücke oder einem Rechtsvorgänger dieses Eigentümers Ersatz verlangen, so geht in Höhe des Ersatzanspruchs auch die Hypothek an dem Grundstück dieses Eigentümers auf ihn über; sie bleibt mit der Hypothek an seinem eigenen Grundstück Gesamthypothek.

1 A. Muster: Berichtigungsbewilligung zur Eintragung einer Eigentümergrundschuld bei Befriedigung durch Eigentümer

▶ In den Grundbüchern von ■■■ Blatt ■■■, Blatt ■■■ und Blatt ■■■ ist jeweils in Abteilung III unter lfd. Nr. ■■■ für mich ■■■ eine Hypothek über ■■■ EUR nebst Zinsen eingetragen. Der Eigentümer des im Grundbuch von ■■■ Blatt ■■■ eingetragenen Grundstücks, Herr ■■■, hat mich befriedigt. Infolge dieser Befriedigung ist die Hypothek an diesem Grundstück auf Herrn ■■■ als Eigentümergrundschuld übergegangen. Ich bewillige daher die Berichtigung des Grundbuches von ■■■ Blatt ■■■ dahingehend, dass das Recht in Abteilung III unter lfd. Nr. ■■■ als Eigentümergrundschuld für den Grundstückseigentümer ■■■ eingetragen wird.[1]

■■■

Notarielle Unterschriftsbeglaubigung[2] ◀

B. Erläuterungen

2 [1] **Entstehen einer Eigentümergrundschuld.** Befriedigt der Eigentümer eines der mit der Gesamthypothek belasteten Grundstücke den Gläubiger oder tritt ein der Befriedigung gleichgestellter Fall ein, erwirbt der Eigentümer gem. § 1173 Abs. 1 S. 1 Hs 1 die Hypothek am eigenen Grundstück in voller Höhe (BGH NJW 1983, 2449). Sofern er Eigentümer mehrerer mithaftender Grundstücke ist, entsteht ein Gesamtgrundpfandrecht. Ist der Eigentümer zugleich persönlicher Schuldner, erlischt die Forderung und der Eigentümer erwirbt das Grundpfandrecht als Eigentümergrundschuld gem. §§ 1163 Abs. 1 S. 2, 1177 Abs. 1. Schuldet er die Forderung nicht persönlich, entsteht eine Eigentümerhypothek nach §§ 1143, 1177 Abs. 2. Die Hypothek an den übrigen Grundstücken, die nicht dem befriedigenden Eigentümer gehören, erlischt nach § 1173 Abs. 1 S. 1 Hs 2. Nachrangige Hypotheken rücken an diesen Grundstücken auf. Die Löschung erfolgt im Wege der **Grundbuchberichtigung** unter freiwilliger oder mit einer Klage nach § 894 erzwungener Zustimmung des Eigentümers und sonstiger Berechtigter. Der nur dinglich wirkende § 1173 schließt über die Vorschrift des § 1143 Abs. 2 die Anwendbarkeit des § 1153 nicht aus. Befriedigt ein Eigentümer den Gläubiger iSd § 1173, ist aber persönlicher Schuldner ein anderer Eigentümer, dessen Grundbesitz mit der Gesamthypothek belastet ist, geht die Hypothek auf den den Gläubiger befriedigenden Eigentümer gem. § 1153 über.

3 [2] **Form der Bewilligung.** § 29 GBO.

§ 1174 Befriedigung durch den persönlichen Schuldner

(1) Befriedigt der persönliche Schuldner den Gläubiger, dem eine Gesamthypothek zusteht, oder vereinigen sich bei einer Gesamthypothek Forderung und Schuld in einer Person, so geht, wenn der Schuldner nur von dem Ei-

gentümer eines der Grundstücke oder von einem Rechtsvorgänger des Eigentümers Ersatz verlangen kann, die Hypothek an diesem Grundstück auf ihn über; die Hypothek an den übrigen Grundstücken erlischt.
(2) Ist dem Schuldner nur teilweise Ersatz zu leisten und geht deshalb die Hypothek nur zu einem Teilbetrag auf ihn über, so hat sich der Eigentümer diesen Betrag auf den ihm nach § 1172 gebührenden Teil des übrig bleibenden Betrags der Gesamthypothek anrechnen zu lassen.

Zu § 1174 siehe **Muster** zu § 1164. 1

§ 1174 ergänzt § 1164 im Falle einer **Gesamthypothek**. Sofern der persönliche Schuldner den Gläubiger einer Gesamthypothek befriedigt, erwirbt er die Hypothek am Grundstück desjenigen Eigentümers, von dem er Ersatz verlangen kann; die Vereinigung von Schuld und Forderung in einer Person steht der Befriedigung des Gläubigers gleich. An den übrigen Grundstücken erlischt die Hypothek. Ist dem Schuldner nur teilweise Ersatz zu leisten und geht deshalb die Hypothek nur teilweise auf den persönlichen Schuldner über, hat sich der Eigentümer diesen Betrag auf den ihm nach § 1172 zustehenden Teil des übrig bleibenden Betrags der Gesamthypothek anrechnen zu lassen. Zweck der Vorschrift ist es zu verhindern, dass durch Befriedigung des Gläubigers Einzelhypotheken entstehen, die den Betrag der ursprünglichen Gesamthypothek übersteigen. Die §§ 1165–1167 gelten im Falle des § 1174 entsprechend. 2

§ 1175 Verzicht auf die Gesamthypothek

(1) [1]Verzichtet der Gläubiger auf die Gesamthypothek, so fällt sie den Eigentümern der belasteten Grundstücke gemeinschaftlich zu; die Vorschrift des § 1172 Abs. 2 findet Anwendung. [2]Verzichtet der Gläubiger auf die Hypothek an einem der Grundstücke, so erlischt die Hypothek an diesem.
(2) Das Gleiche gilt, wenn der Gläubiger nach § 1170 mit seinem Recht ausgeschlossen wird.

Zu § 1175 siehe **Muster** zu § 1168. 1

§ 1175 ergänzt §§ 1168, 1170 im Falle einer Gesamthypothek. Verzichtet der Gläubiger auf diese, steht sie den Eigentümern der belasteten Grundstücke gem. § 1175 Abs. 1 S. 1 gemeinschaftlich zu; § 1172 Abs. 2 findet Anwendung. Verzichtet der Gläubiger auf die Hypothek nur an einem Grundstück, erlischt die Hypothek an diesem (§ 1175 Abs. 1 S. 2). § 1175 Abs. 1 gilt ferner, wenn der Gläubiger nach § 1170 mit seinem Recht ausgeschlossen wird (§ 1175 Abs. 2). Zweck der Vorschrift ist, auch bei einem Verzicht des Gläubigers auf eine Gesamthypothek ein **Eigentümerrecht** entstehen zu lassen. Verzichtet der Gläubiger jedoch nur auf die Hypothek an einem Grundstück, ist es aus Billigkeitsgründen angebracht, dass für den ohne Leistung von der Haftung befreiten Eigentümer kein rangwahrendes Eigentümerrecht entsteht, sondern die Hypothek an diesem Grundstück erlischt. 2

§ 1176 Eigentümerteilhypothek; Kollisionsklausel

Liegen die Voraussetzungen der §§ 1163, 1164, 1168, 1172 bis 1175 nur in Ansehung eines Teilbetrags der Hypothek vor, so kann die auf Grund dieser Vorschriften dem Eigentümer oder einem der Eigentümer oder dem persönlichen Schuldner zufallende Hypothek nicht zum Nachteil der dem Gläubiger verbleibenden Hypothek geltend gemacht werden.

Zu § 1176 siehe **Muster** zu § 1163, § 1164 und § 1168. 1

Liegen die Voraussetzungen der §§ 1163, 1164, 1168, 1172 bis 1175 nur hinsichtlich eines **Teilbetrags** der Hypothek vor, kann die auf Grund dieser Vorschriften dem Eigentümer oder einem der Eigentümer oder dem persönlichen Schuldner zufallende Hypothek gem. § 1176 nicht zum Nachteil der dem Gläubiger verbleibenden Hypothek geltend gemacht werden. Diese Vorschrift ist Ausdruck des allgemeinen Rechtsgedankens, dass ein Gläubiger durch einen sich ohne seinen Willen vollziehenden Rechtsübergang an einem Teilrecht nicht benachteiligt werden darf. Dieser Grundsatz ist nicht nur auf Grundpfandrechte beschränkt. Vergleichbare Bestim- 2 mungen finden sich in § 268 Abs. 3 S. 2, § 426 Abs. 2 S. 2, § 774 Abs. 1 S. 2, § 1143 Abs. 1 S. 2, § 1150, § 1182 S. 2, § 1225 S. 2, § 1249 S. 2 und in § 128 Abs. 3 S. 2 ZVG.

§ 1177 Eigentümergrundschuld, Eigentümerhypothek

(1) [1]Vereinigt sich die Hypothek mit dem Eigentum in einer Person, ohne dass dem Eigentümer auch die Forderung zusteht, so verwandelt sich die Hypothek in eine Grundschuld. [2]In Ansehung der Verzinslichkeit, des Zinssatzes, der Zahlungszeit, der Kündigung und des Zahlungsorts bleiben die für die Forderung getroffenen Bestimmungen maßgebend.
(2) Steht dem Eigentümer auch die Forderung zu, so bestimmen sich seine Rechte aus der Hypothek, solange die Vereinigung besteht, nach den für eine Grundschuld des Eigentümers geltenden Vorschriften.

1 ### A. Muster: Löschungsfähige Quittung

▶ Im Grundbuch von ▪▪▪ Blatt ▪▪▪ ist in Abteilung III unter lfd. Nr. ▪▪▪ für mich, ▪▪▪, eine Hypothek über ▪▪▪ EUR nebst Zinsen eingetragen. Ich bestätige, dass meine durch diese Hypothek gesicherte gegen Herrn ▪▪▪ gerichtete Forderung von Herrn ▪▪▪ am ▪▪▪ vollständig erfüllt worden ist. Ich bewillige, das Grundbuch dahin zu berichtigen, dass die Hypothek auf Herrn ▪▪▪ übergegangen ist; ich bewillige auch die Löschung der Hypothek. Den Hypothekenbrief übergebe ich Herrn ▪▪▪[1]

▪▪▪

Notarielle Unterschriftsbeglaubigung[2] ◀

B. Erläuterungen

2 **[1] Löschungsfähige Quittung.** Der Eigentümer kann die Hypothek, nachdem sie zur **Eigentümergrundschuld** geworden ist, im Grundbuch auf seinen Namen umschreiben lassen. Dies erfolgt im Wege der Grundbuchberichtigung. Voraussetzung für die Antrags- und Bewilligungsberechtigung des Grundstückseigentümers ist der Nachweis, dass die Hypothek auf ihn als Eigentümergrundschuld übergegangen ist. Dieser Nachweis kann zB durch Vorlage einer öffentlich beglaubigten Quittung des Hypothekengläubigers, dass die Forderung erloschen ist, geführt werden. In der löschungsfähigen Quittung muss enthalten sein:
- a) die Angabe, dass der Gläubiger freiwillig befriedigt wurde,
- b) die Höhe der Zahlung,
- c) die Angabe, durch wen befriedigt wurde, da eine Vermutung, dass durch den Eigentümer befriedigt wurde, nicht besteht,
- d) bei Leistung durch den Eigentümer, ob er auch persönlicher Schuldner ist,
- e) der Zeitpunkt der Befriedigung (vgl NK-BGB/*Zimmer* § 1144 Rn 9).

3 **[2] Form der Bewilligung.** § 29 GBO.

§ 1178 Hypothek für Nebenleistungen und Kosten

(1) [1]Die Hypothek für Rückstände von Zinsen und anderen Nebenleistungen sowie für Kosten, die dem Gläubiger zu erstatten sind, erlischt, wenn sie sich mit dem Eigentum in einer Person vereinigt. [2]Das Erlöschen tritt nicht ein, solange einem Dritten ein Recht an dem Anspruch auf eine solche Leistung zusteht.
(2) [1]Zum Verzicht auf die Hypothek für die im Absatz 1 bezeichneten Leistungen genügt die Erklärung des Gläubigers gegenüber dem Eigentümer. [2]Solange einem Dritten ein Recht an dem Anspruch auf eine solche Leistung zusteht, ist die Zustimmung des Dritten erforderlich. [3]Die Zustimmung ist demjenigen gegenüber zu erklären, zu dessen Gunsten sie erfolgt; sie ist unwiderruflich.

A. Muster: Verzicht auf die Hypothek für Rückstände von Zinsen 1

▶ Hiermit verzichte ich als Gläubiger auf die Hypothek, eingetragen im Grundbuch von ▪▪▪ Blatt ▪▪▪ in Abteilung III unter lfd. Nr. ▪▪▪, soweit sie für Rückstände von Zinsen besteht.[1] ◀

B. Erläuterungen

[1] **Verzicht des Gläubigers.** Der Verzicht auf die Hypothek für die in § 1178 Abs. 1 bezeichneten Leistungen erfolgt gem. § 1178 Abs. 2 S. 1 durch einseitige Erklärung des Gläubigers gegenüber dem Eigentümer. Die Erklärung ist unwiderruflich. Sie bedarf nicht der Form des § 1168 Abs. 2 und ist vielmehr formlos gültig. Erstreckt sich der Verzicht nicht nur auf die von § 1178 Abs. 1 erfassten Rückstände, sondern auch auf Teile der Hauptsache bzw zukünftige Zinsen, ist hinsichtlich dieser § 1168 Abs. 2 anzuwenden. Steht einem Dritten ein Recht an dem Anspruch auf eine der in § 1178 Abs. 1 bezeichneten Leistungen zu (Nießbrauch oder Pfandrecht), bedarf der Verzicht des Gläubigers zu seiner Wirksamkeit gem. § 1178 Abs. 2 S. 2 der Zustimmung des Dritten. Die Zustimmung ist gem. § 1178 Abs. 2 S. 3 Hs 1 demjenigen gegenüber zu erklären, zu dessen Gunsten sie erfolgt. Begünstigter und damit Erklärungsempfänger der Zustimmung ist der Grundstückseigentümer. Das Grundbuchamt scheidet als Erklärungsempfänger nach § 876 S. 3 aus, da der Verzicht nicht in das Grundbuch einzutragen ist. Der wirksame Verzicht führt unmittelbar zu einer Änderung der dinglichen Rechtslage. Er bewirkt den Übergang der Hypothek auf den Eigentümer (§ 1168 Abs. 1) und führt damit nach § 1178 Abs. 1 zum Erlöschen der Hypothek. Eine Eintragung des Verzichts in das Grundbuch ist unzulässig. 2

§ 1179 Löschungsvormerkung

Verpflichtet sich der Eigentümer einem anderen gegenüber, die Hypothek löschen zu lassen, wenn sie sich mit dem Eigentum in einer Person vereinigt, so kann zur Sicherung des Anspruchs auf Löschung eine Vormerkung in das Grundbuch eingetragen werden, wenn demjenigen, zu dessen Gunsten die Eintragung vorgenommen werden soll,

1. **ein anderes gleichrangiges oder nachrangiges Recht als eine Hypothek, Grundschuld oder Rentenschuld am Grundstück zusteht oder**
2. **ein Anspruch auf Einräumung eines solchen anderen Rechts oder auf Übertragung des Eigentums am Grundstück zusteht; der Anspruch kann auch ein künftiger oder bedingter sein.**

A. Muster: Bewilligung einer Löschungsvormerkung 1

▶ Im Grundbuch von ▪▪▪ Blatt ▪▪▪ ist in Abteilung II unter lfd. Nr. ▪▪▪ ein Wohnungsrecht für Frau ▪▪▪ und in Abteilung III unter lfd. Nr. ▪▪▪ eine Hypothek für Herrn ▪▪▪ über ▪▪▪ EUR nebst Zinsen eingetragen. Die Hypothek in Abteilung III unter lfd. Nr. ▪▪▪ hat Vorrang vor dem Wohnungsrecht in Abteilung II unter lfd. Nr. ▪▪▪ Als Grundstückseigentümer verpflichte ich mich Frau ▪▪▪ als Berechtigter des vorgenannten Wohnungsrechts gegenüber, diese dem Wohnungsrecht im Rang vorgehende Hypothek in Abteilung III unter lfd. Nr. ▪▪▪ löschen zu lassen, wenn und soweit sie sich mit dem Eigentum in einer Person vereinigt oder bereits vereinigt hat. Diese Löschungsverpflichtung umfasst auch den Fall des § 1163 Abs. 1 S. 1 BGB. Zur Sicherung dieses Löschungsanspruchs bewillige und beantrage ich die Eintragung einer Löschungsvormerkung gem. § 1179 BGB bei der vorbezeichneten Hypothek.[1]

...

Notarielle Unterschriftsbeglaubigung[2] ◄

B. Erläuterungen

2 [1] **Eintragung der Löschungsvormerkung.** Löschungsvormerkungen nach § 1179 sind nur zu Gunsten solcher **dinglichen Rechte** zulässig, die **kein Grundpfandrecht** sind. Indem die Norm zulässt, dass eine Löschungsvormerkung auch dann eingetragen werden kann, wenn der Schuldner noch nicht Inhaber des Grundpfandrechts ist, verdrängt sie § 39 GBO und erweitert materiellrechtlich den Anwendungsbereich des § 883. Mit einer Löschungsvormerkung iSd 1179 können die gleich- oder nachrangig Berechtigten, sofern sie nicht Grundpfandrechtsgläubiger sind, ihr Aufrückinteresse hinsichtlich gleich- oder vorrangiger Grundpfandrechte sichern. Die Eintragung einer Löschungsvormerkung bei einer Reallast ist im Rahmen des § 1179 nicht möglich (LG Flensburg SchlHA 1963, 142). Die Eintragung der Löschungsvormerkung setzt einen Antrag des Eigentümers oder des Inhabers des begünstigten Rechts voraus (§ 13 GBO). Weiter ist die Bewilligung des Eigentümers (§ 19 GBO) erforderlich. In der Eintragungsbewilligung ist der Gläubiger des zu sichernden Löschungsanspruchs als Vormerkungsberechtigter zu bezeichnen, der zu sichernde Löschungsanspruch mit dem Schuldgrund anzugeben sowie der Leistungsgegenstand, dh das bei Vereinigung mit dem Eigentum in einer Person zu löschende Grundpfandrecht, zu konkretisieren. Soll die Löschungsvormerkung für einen Berechtigten iSd § 1179 Nr. 2 eingetragen werden, ist das Bestehen des Anspruchs nach § 29 a GBO glaubhaft zu machen. Einer Zustimmung des Gläubigers bedarf es ebenso wenig wie der Vorlage des Grundpfandrechtsbriefs (§ 41 Abs. 1 S. 3 GBO). Der Vormerkungsberechtigte ist in das Grundbuch nach Maßgabe des § 15 GBV mit seinem Namen einzutragen (s.a. BayObLG DNotZ 1980, 483; LG Wuppertal Rpfleger 1979, 42). IÜ muss der Eintragungsvermerk alle Löschungsfälle enthalten; eine Bezugnahme auf die Eintragungsbewilligung nach §§ 874, 885 Abs. 2 ist zulässig (BayObLGZ 1956, 196).

3 [2] **Form der Bewilligung.** § 29 GBO.

§ 1179 a Löschungsanspruch bei fremden Rechten

(1) [1]Der Gläubiger einer Hypothek kann von dem Eigentümer verlangen, dass dieser eine vorrangige oder gleichrangige Hypothek löschen lässt, wenn sie im Zeitpunkt der Eintragung der Hypothek des Gläubigers mit dem Eigentum in einer Person vereinigt ist oder eine solche Vereinigung später eintritt. [2]Ist das Eigentum nach der Eintragung der nach Satz 1 begünstigten Hypothek durch Sondernachfolge auf einen anderen übergegangen, so ist jeder Eigentümer wegen der zur Zeit seines Eigentums bestehenden Vereinigungen zur Löschung verpflichtet. [3]Der Löschungsanspruch ist in gleicher Weise gesichert, als wenn zu seiner Sicherung gleichzeitig mit der begünstigten Hypothek eine Vormerkung in das Grundbuch eingetragen worden wäre.

(2) [1]Die Löschung einer Hypothek, die nach § 1163 Abs. 1 Satz 1 mit dem Eigentum in einer Person vereinigt ist, kann nach Absatz 1 erst verlangt werden, wenn sich ergibt, dass die zu sichernde Forderung nicht mehr entstehen wird; der Löschungsanspruch besteht von diesem Zeitpunkt ab jedoch auch wegen der vorher bestehenden Vereinigungen. [2]Durch die Vereinigung einer Hypothek mit dem Eigentum nach § 1163 Abs. 2 wird ein Anspruch nach Absatz 1 nicht begründet.

(3) Liegen bei der begünstigten Hypothek die Voraussetzungen des § 1163 vor, ohne dass das Recht für den Eigentümer oder seinen Rechtsnachfolger im Grundbuch eingetragen ist, so besteht der Löschungsanspruch für den eingetragenen Gläubiger oder seinen Rechtsnachfolger.

(4) Tritt eine Hypothek im Range zurück, so sind auf die Löschung der ihr infolge der Rangänderung vorgehenden oder gleichstehenden Hypothek die Absätze 1 bis 3 mit der Maßgabe entsprechend anzuwenden, dass an die Stelle des Zeitpunkts der Eintragung des zurückgetretenen Rechts der Zeitpunkt der Eintragung der Rangänderung tritt.

(5) [1]Als Inhalt einer Hypothek, deren Gläubiger nach den vorstehenden Vorschriften ein Anspruch auf Löschung zusteht, kann der Ausschluss dieses Anspruchs vereinbart werden; der Ausschluss kann auf einen bestimmten Fall

der Vereinigung beschränkt werden. [2]Der Ausschluss ist unter Bezeichnung der Hypotheken, die dem Löschungsanspruch ganz oder teilweise nicht unterliegen, im Grundbuch anzugeben; ist der Ausschluss nicht für alle Fälle der Vereinigung vereinbart, so kann zur näheren Bezeichnung der erfassten Fälle auf die Eintragungsbewilligung Bezug genommen werden. [3]Wird der Ausschluss aufgehoben, so entstehen dadurch nicht Löschungsansprüche für Vereinigungen, die nur vor dieser Aufhebung bestanden haben.

Zu § 1179 a siehe **Muster** zu §§ 1196, 1197. 1

Der Gläubiger einer Hypothek kann vom Eigentümer gem. § 1179 a Abs. 1 S. 1 verlangen, dass dieser eine vorrangige oder gleichrangige Hypothek löschen lässt, wenn sie im Zeitpunkt der Eintragung der Hypothek des Gläubigers mit dem Eigentum in einer Person vereinigt ist oder eine solche Vereinigung später eintritt. Dieser **Löschungsanspruch** ist anders als im Falle des § 1179 b Inhalt des dinglichen Rechts. § 1179 a begründet einen nichtselbstständig abtretbaren Löschungsanspruch hinsichtlich der dem Eigentümer zufallenden gleich- oder vorrangigen Grundpfandrechte. Der Löschungsanspruch hat kraft Gesetzes die Wirkung einer Vormerkung. Mit Ausnahme der Arresthypothek (§ 932 Abs. 1 S. 2 ZPO) gilt § 1179 a grundsätzlich für alle Grundpfandrechtsarten. Im Gegensatz zur Löschungsvormerkung nach § 1179 können Gläubiger des Löschungsanspruchs aus § 1179 a nur Berechtigte eines Grundpfandrechts sein. 2

Der gesetzliche Löschungsanspruch gehört zum Inhalt des dinglichen Rechts. Gem. § 1179 a Abs. 5 S. 1 kann er rechtsgeschäftlich ausgeschlossen werden. Dies ist auch bei einer ursprünglichen Eigentümergrundschuld nach § 1196 zulässig (vgl §§ 1196, 1197 Rn 14). Der **Ausschluss** kann sowohl bei der Bestellung des Rechts als auch nachträglich erfolgen. Eine Beschränkung auf bestimmte Fälle der Vereinigung ist zulässig (§ 1179 a Abs. 5 S. 1 Hs 2). Ebenso können die Beteiligten lediglich eine Teillöschung des Grundpfandrechts vereinbaren oder den Löschungsanspruch auf einzelne betroffene Rechte beschränken. 3

Der Ausschluss setzt **Einigung** und **Eintragung** (§§ 873, 877) voraus. Bei Bestellung einer Eigentümergrundschuld genügt die einseitige Erklärung des Eigentümers. § 1179 a Abs. 5 S. 2 Hs 1 bestimmt weiterhin, dass der Ausschluss unter Bezeichnung der Hypotheken, die dem Löschungsanspruch ganz oder teilweise nicht unterliegen, im Grundbuch anzugeben ist (vgl LG Nürnberg-Fürth MittBayNot 1980, 71). Eine Bezugnahme auf die Eintragungsbewilligung nach § 874 ist hier nicht möglich. Etwas anderes gilt gem. § 1179 a Abs. 5 S. 2 Hs 2 für die Bezeichnung der vom Ausschluss erfassten Fälle, sofern sich dieser nicht auf alle Fälle der Vereinigung bezieht. 4

Der Ausschluss des gesetzlichen Löschungsanspruchs kann ganz oder teilweise aufgehoben werden. Auch dies stellt eine **Inhaltsänderung** des Grundpfandrechts dar (§ 877). Zustimmungen Dritter zur Aufhebung bedarf es nicht. Wird der Ausschluss aufgehoben, können nach § 1179 a Abs. 5 S. 3 Löschungsansprüche nur hinsichtlich solcher Vereinigungsfälle bestehen, die nach Aufhebung des Ausschlusses eintreten. 5

§ 1179 b Löschungsanspruch bei eigenem Recht

(1) Wer als Gläubiger einer Hypothek im Grundbuch eingetragen oder nach Maßgabe des § 1155 als Gläubiger ausgewiesen ist, kann von dem Eigentümer die Löschung dieser Hypothek verlangen, wenn sie im Zeitpunkt ihrer Eintragung mit dem Eigentum in einer Person vereinigt ist oder eine solche Vereinigung später eintritt.
(2) § 1179 a Abs. 1 Satz 2, 3, Abs. 2, 5 ist entsprechend anzuwenden.

Zu § 1179 b siehe **Muster** zu §§ 1196, 1197. 1

Erwirbt der Grundstückseigentümer eine Hypothek am eigenen Grundstück, ist er gem. § 1179 a Abs. 1 S. 1 gegenüber den Gläubigern gleich- oder nachrangiger Grundpfandrechte kraft Gesetzes verpflichtet, sein Grundpfandrecht löschen zu lassen. Eine gleichartige Verpflichtung besteht gem. § 1179 b gegenüber demjenigen, der als Gläubiger eines in Wirklichkeit dem Grundstückseigentümer zustehenden Grundpfandrechts im Grundbuch eingetragen ist 2 (sog. Löschungsanspruch am eigenen Recht). Die Sinnhaftigkeit und Verfassungsmäßigkeit dieser Vorschrift wird mit beachtlichen Gründen bezweifelt. Im Ergebnis soll die Vorschrift den Gläubiger davor bewahren, vor Erteilung einer Löschungsbewilligung nachzuprüfen, wer die Forderung getilgt hat und an wen das dingliche Recht außerhalb des Grundbuchs übergegangen sein könnte (vgl NK-BGB/*Krause* § 1179 a Rn 1).

3 Der Löschungsanspruch des § 1179 b ist nicht Inhalt des Grundpfandrechts, sondern begründet einen nichtselbständig abtretbaren Löschungsanspruch des im Zeitpunkt der Vereinigung von Eigentum und Hypothek im Grundbuch eingetragenen bzw nach § 1155 ausgewiesenen Hypothekengläubigers. Der gesetzliche Löschungsanspruch hat die Vormerkungswirkung des § 1179 a Abs. 1 S. 3.

4 Der gesetzliche Löschungsanspruch kann nach § 1179 b Abs. 2 iVm § 1179 a Abs. 5 durch Vereinbarung mit dem Gläubiger ausgeschlossen werden. Bei Bestellung einer Eigentümergrundschuld ist dies durch einseitige Erklärung des Eigentümers gegenüber dem Grundbuchamt möglich (OLG Düsseldorf NJW 1988, 1798; BayObLG NJW-RR 1992, 306).

§ 1180 Auswechslung der Forderung

(1) [1]An die Stelle der Forderung, für welche die Hypothek besteht, kann eine andere Forderung gesetzt werden. [2]Zu der Änderung ist die Einigung des Gläubigers und des Eigentümers sowie die Eintragung in das Grundbuch erforderlich; die Vorschriften des § 873 Abs. 2 und der §§ 876, 878 finden entsprechende Anwendung.
(2) [1]Steht die Forderung, die an die Stelle der bisherigen Forderung treten soll, nicht dem bisherigen Hypothekengläubiger zu, so ist dessen Zustimmung erforderlich; die Zustimmung ist dem Grundbuchamt oder demjenigen gegenüber zu erklären, zu dessen Gunsten sie erfolgt. [2]Die Vorschriften des § 875 Abs. 2 und des § 876 finden entsprechende Anwendung.

1 A. Muster: Bewilligung der Eintragung einer Forderungsauswechslung

▶ Im Grundbuch von ▪▪▪ Blatt ▪▪▪ ist für Herrn ▪▪▪ in Abteilung III unter lfd. Nr. ▪▪▪ eine Hypothek über ▪▪▪ EUR nebst ▪▪▪ % Zinsen eingetragen. Diese Hypothek dient der Sicherung einer Forderung des Gläubigers, Herrn ▪▪▪, gegen den Grundstückseigentümer, Herrn ▪▪▪, aus dem Darlehensvertrag vom ▪▪▪ Diese Hypothek soll ab sofort eine Forderung des Gläubigers gegen den Grundstückseigentümer aus dem Kaufvertrag über den Verkauf des PKW ▪▪▪ vom ▪▪▪ dienen. Diese Forderung ist ebenfalls ab heute mit jährlich ▪▪▪ % zu verzinsen. Wir, Herr ▪▪▪ als Grundstückseigentümer und Herr ▪▪▪ als Gläubiger, bewilligen und beantragen die Eintragung dieser Forderungsauswechslung in das Grundbuch.[1]

▪▪▪

Notarielle Unterschriftsbeglaubigung[2] ◀

B. Erläuterungen

2 **[1] Auswechslung der Forderung.** § 1180 bietet dem Eigentümer und dem Gläubiger die Möglichkeit, an die Stelle der Forderung, für welche eine Hypothek bestellt worden ist, eine andere Forderung zu setzen. Die Norm erspart damit den Beteiligten den Umweg über §§ 1168 Abs. 1, 1177, 1198, wonach der Gläubiger zunächst auf seine Hypothek verzichten und die hierdurch entstandene Eigentümergrundschuld sodann in eine Hypothek für die neue Forderung umgewandelt werden könnte. Die Forderungsauswechslung ist ein gesetzlich geregelter Spezialfall einer Inhaltsänderung des dinglichen Rechts nach § 877. Neben der Verfügung des

Gläubigers über die Hypothek enthält sie nach hM auch eine Verfügung des Eigentümers über das Grundstück (vgl NK-BGB/*Krause* § 1180 Rn 2). Eine Forderungsauswechslung kommt grundsätzlich nur in Betracht, falls die bisherige Forderung entstanden und noch nicht erloschen ist. Sollte dies nicht der Fall bzw die Forderung getilgt sein, steht die Hypothek dem Eigentümer nach § 1163 Abs. 1 S. 1 bzw S. 2 zu. Für eine Forderungsauswechslung ist hier kein Raum. Die Forderungsauswechslung bedarf als Inhaltsänderung der Hypothek zu ihrer Wirksamkeit der Einigung des Gläubigers und des Eigentümers. Die Einigung ist materiellrechtlich formlos möglich. Die Eintragung der Forderungsauswechslung **ohne Gläubigerwechsel** nach § 1180 Abs. 1 erfolgt auf Antrag des Hypothekengläubigers oder des Grundstückseigentümers (§ 13 Abs. 1 GBO). Dem Grundbuchamt sind die Bewilligungen des Eigentümers und des Hypothekengläubigers (§ 19 GBO) sowie eventuell erforderliche Zustimmungserklärungen Dritter (§ 876) vorzulegen. Bei einem Briefrecht bedarf es weiterhin der Vorlage des Hypothekenbriefs (§ 65 GBO). Neben der Grundbucheintragung (vgl § 11 Abs. 6 GBV) wird die Forderungsauswechslung auf dem Hypothekenbrief vermerkt, sofern kein neuer Hypothekenbrief beantragt ist (§ 65 Abs. 2 iVm Abs. 1 GBO). Zur Eintragung der Forderungsauswechslung **bei einem Gläubigerwechsel** nach § 1180 Abs. 2 bedarf es ebenso wie bei der Neubestellung einer Hypothek keiner Eintragungsbewilligung des neuen Gläubigers.

[2] **Form der Bewilligung.** § 29 GBO. 3

§ 1181 Erlöschen durch Befriedigung aus dem Grundstück

(1) Wird der Gläubiger aus dem Grundstück befriedigt, so erlischt die Hypothek.

(2) Erfolgt die Befriedigung des Gläubigers aus einem der mit einer Gesamthypothek belasteten Grundstücke, so werden auch die übrigen Grundstücke frei.

(3) Der Befriedigung aus dem Grundstück steht die Befriedigung aus den Gegenständen gleich, auf die sich die Hypothek erstreckt.

Zu § 1181 siehe **Muster** zu §§ 1177. 1

Eine Hypothek erlischt gem. § 91 Abs. 1 ZVG durch den Zuschlag in der Zwangsversteigerung, 2
sofern sie nicht nach den **Versteigerungsbedingungen** bestehen bleiben soll. Maßgebender Zeitpunkt für das Erlöschen ist das Wirksamwerden des Zuschlags nach §§ 89, 104 ZVG. Die durch den Zuschlag gem. § 91 Abs. 1 ZVG erlöschende Hypothek geht jedoch nicht ersatzlos unter. Das Grundstück verwandelt sich für den Befriedigungsberechtigten in den Versteigerungserlös. An diesem setzt sich das dingliche Recht nach dem Surrogationsgrundsatz als Recht auf Befriedigung aus dem Versteigerungserlös fort (BGHZ 58, 298; BGHZ 60, 226; 846; 68, 276; 108, 237). Allein mit dem Zuschlag enden die dinglichen Rechtsbeziehungen somit nicht.

Von dem Erlöschen nach § 91 Abs. 1 ZVG ist das Erlöschen der Hypothek iSd § 1181 zu unterscheiden. 3
Die Vorschrift erfasst das **endgültige Erlöschen** des dinglichen Rechts. Materiell erlischt die Hypothek nach § 1181 Abs. 1 erst mit der tatsächlichen Befriedigung aus dem Grundstück. Hierfür reicht der Zuschlag in der Zwangsversteigerung nicht aus, erforderlich ist die Empfangnahme des Erlöses durch den Berechtigten.

§ 1181 ist nur anwendbar, wenn der Gläubiger aus dem Grundstück im Wege der Zwangs- 4
vollstreckung befriedigt wird. Hiervon zu unterscheiden ist das Erlöschen der Forderung, das zum Entstehen einer **Eigentümergrundschuld** führt (§§ 1163 Abs. 1 S. 2, 1177 Abs. 1).

Mit Erlöschen der Hypothek nach § 1181 wird das Grundbuch **unrichtig**. Soweit das Erlöschen 5
gem. § 91 Abs. 1 ZVG durch Zuschlag in der Zwangsversteigerung eintritt, erfolgt die Berichtigung des Grundbuchs auf Ersuchen des Vollstreckungsgerichts gem. § 130 ZVG – auch ohne Vorlegung des Hypothekenbriefs (§ 131 ZVG). Für die Befriedigung des Gläubigers im Rahmen eines Zwangsverwaltungsverfahrens gilt Gleiches gem. § 158 Abs. 2 ZVG.

In allen anderen Fällen, in denen ein Erlöschen der Hypothek nur nach § 1181 eintritt, ist die 6
Berichtigung des Grundbuchs durch die Beteiligten zu betreiben. Dies gilt insbesondere bei einer

Befriedigung des Gläubigers aus mithaftenden Gegenständen nach § 1181 Abs. 3 und für die Löschung der Gesamthypothek an den Grundstücken, die nach § 1181 Abs. 2 frei geworden sind. Letzteres setzt neben dem Nachweis der Befriedigung des Gläubigers voraus, dass dem Eigentümer des in Anspruch genommenen Grundstücks kein Ersatzanspruch zusteht. Widrigenfalls könnte die Gesamthypothek auf diesen gem. § 1182 übergegangen sein.

§ 1182 Übergang bei Befriedigung aus der Gesamthypothek

[1]Soweit im Falle einer Gesamthypothek der Eigentümer des Grundstücks, aus dem der Gläubiger befriedigt wird, von dem Eigentümer eines der anderen Grundstücke oder einem Rechtsvorgänger dieses Eigentümers Ersatz verlangen kann, geht die Hypothek an dem Grundstück dieses Eigentümers auf ihn über. [2]Die Hypothek kann jedoch, wenn der Gläubiger nur teilweise befriedigt wird, nicht zum Nachteil der dem Gläubiger verbleibenden Hypothek und, wenn das Grundstück mit einem im Range gleich- oder nachstehenden Recht belastet ist, nicht zum Nachteil dieses Rechts geltend gemacht werden.

1 A. Muster: Berichtigungsbewilligung bei Befriedigung des Gläubigers aus der Gesamthypothek

▶ In den Grundbüchern von ▪▪▪ Blatt ▪▪▪, Blatt ▪▪▪ und Blatt ▪▪▪ ist jeweils in Abteilung III unter lfd. Nr. ▪▪▪ für Herrn ▪▪▪ eine Gesamthypothek über ▪▪▪ EUR nebst Zinsen eingetragen. Die Forderung des Herrn ▪▪▪ wurde durch Zwangsversteigerung des im Grundbuch von ▪▪▪ Blatt ▪▪▪ eingetragenen Grundstücks befriedigt. Die Eigentümerin dieses Grundstücks, Frau ▪▪▪, hat gegen den Eigentümer des im Grundbuch von ▪▪▪ Blatt ▪▪▪ verzeichneten Grundstücks insoweit einen Ersatzanspruch. Die im Grundbuch von ▪▪▪ Blatt ▪▪▪ in Abteilung III unter lfd. Nr. ▪▪▪ eingetragene Hypothek ist dementsprechend auf Frau ▪▪▪ übergegangen. Wir, Herr ▪▪▪ als bisheriger Gläubiger, Frau ▪▪▪ als bisherige Eigentümerin des im Grundbuch von ▪▪▪ Blatt ▪▪▪ verzeichneten Grundstücks und Herr ▪▪▪ als Eigentümer des im Grundbuch von ▪▪▪ Blatt ▪▪▪ verzeichneten Grundstücks bewilligen daher die Berichtigung des Grundbuches dahingehend, dass Frau ▪▪▪ als Gläubigerin des Rechts in Abteilung III unter lfd. Nr. ▪▪▪ eingetragen wird.[1]

▪▪▪

Notarielle Unterschriftsbeglaubigung[2] ◀

B. Erläuterungen

2 [1] **Grundbuchberichtigung.** Wird ein Gläubiger aus einem mit einer Gesamthypothek belasteten Grundstück befriedigt, erlischt die Gesamthypothek gem. § 1181 Abs. 2 grundsätzlich auch an den übrigen Grundstücken. Da der Gläubiger frei wählen kann, aus welchem der mit der Gesamthypothek belasteten Grundstücke er seine Befriedigung sucht, kann dies im Innenverhältnis der Eigentümer für den Eigentümer, in dessen Grundstück vollstreckt wird, im Einzelfall zu einer unbilligen Härte führen. § 1182 enthält daher eine **Ausnahme** von § 1181 Abs. 2, falls diesem gegenüber den Eigentümern der anderen mit der Gesamthypothek belasteten Grundstücke ein Ersatzanspruch zusteht. In einem solchen Fall geht die Hypothek an den anderen Grundstücken auf ihn über. Die Vorschrift entspricht in ihrem Kern § 1173. Soweit das Erlöschen der Hypothek an dem Grundstück des ersatzberechtigten Eigentümers gem. § 91 Abs. 1 ZVG durch Zuschlag in der Zwangsversteigerung eintritt, erfolgt die Berichtigung des Grundbuchs auf Ersuchen des Vollstreckungsgerichts gem. § 130 ZVG. Gleiches gilt jedoch nicht für die Berichtigung des Grundbuchs hinsichtlich der auf den Ersatzberechtigten nach

§ 1182 übergegangenen Hypothek an dem anderen Grundstück. Diese erfolgt nur auf Antrag. Die Voraussetzungen des § 1182 einschließlich des Ersatzanspruchs sind dem Grundbuchamt nachzuweisen. Dies geschieht in der Regel durch die Vorlage entsprechender Erklärungen der Beteiligten.

[2] Form der Bewilligung. § 29 GBO. 3

§ 1183 Aufhebung der Hypothek

[1]Zur Aufhebung der Hypothek durch Rechtsgeschäft ist die Zustimmung des Eigentümers erforderlich. [2]Die Zustimmung ist dem Grundbuchamt oder dem Gläubiger gegenüber zu erklären; sie ist unwiderruflich.

A. Muster: Löschungsantrag zur Aufhebung der Hypothek 1

▶ Im Grundbuch von ■■■, Blatt ■■■ steht in Abteilung III unter lfd. Nr. ■■■ eine Hypothek über ■■■ EUR nebst Zinsen eingetragen. Als Eigentümer beantrage ich die Löschung dieses Rechts im Grundbuch.[1]

■■■

Notarielle Unterschriftsbeglaubigung[2] ◀

B. Erläuterungen

[1] Löschungszustimmung des Eigentümers. Gem. § 875 Abs. 1 S. 1 ist zur Aufhebung eines Rechts an einem Grundstück grundsätzlich die einseitige Erklärung des Berechtigten, dass er das Recht aufgibt und die Löschung des Rechts im Grundbuch erforderlich. Ist das Recht mit dem Recht eines Dritten belastet (zB die Hypothek ge- oder verpfändet), so ist zu seiner Aufhebung weiterhin gem. § 876 S. 1 die Zustimmung des Dritten notwendig. Formellrechtlich bedarf es zur Löschung im Grundbuch gem. § 19 GBO der Löschungsbewilligung des Berechtigten bzw Zustimmung des Dritten jeweils in der Form des § 29 GBO. § 1183 enthält im Hinblick auf die Aufhebung der Grundpfandrechte eine §§ 875, 876 ergänzende Sonderregelung. Bei diesen berührt die Aufhebung die Anwartschaft des Eigentümers auf ihren künftigen Erwerb als Eigentümergrundschuld. Zu ihrer **Aufhebung** ist sowohl materiellrechtlich (§ 1183) wie auch formellrechtlich (§ 27 GBO) die Zustimmung des Eigentümers erforderlich. Stimmt dieser der Aufhebung zu, verzichtet er auf den Erwerb des Eigentümergrundpfandrechts. Die Zustimmungserklärung bedarf keines bestimmten Wortlauts. Gegebenenfalls ist durch Auslegung zu ermitteln, ob die Erklärung des Eigentümers eine Zustimmungserklärung enthält. Beantragt der Eigentümer die Löschung der Hypothek im Grundbuch, ist regelmäßig von einer Zustimmungserklärung zur Aufhebung der Hypothek auszugehen. Gleiches gilt, falls sich der Veräußerer eines Grundstücks gegenüber dem Erwerber verpflichtet, ein lastenfreies Grundstück zu verschaffen. Zweifelhaft könnte eine Zustimmungserklärung sein, wenn der Veräußerer bei Belastung mit einer Gesamthypothek nur ein Grundstück überträgt und nicht klar zum Ausdruck kommt, dass für die übrigen Grundstücke die Entstehung eines Eigentümergrundpfandrechts ausgeschlossen sein soll (vgl BayObLG DNotZ 1980, 481). Der Eigentümer kann die Zustimmungserklärung vorab und für alle Aufhebungsfälle erteilen (OLG Köln DNotZ 1982, 260). 2

[2] Form der Zustimmungserklärung. Die materiellrechtliche Zustimmungserklärung iSd § 1183 bedarf keiner Form. Hiervon zu unterscheiden ist die verfahrensrechtliche Zustim- 3 mungserklärung nach § 27 GBO. Diese ist dem Grundbuchamt gem. §§ 29, 30 GBO durch **öffentliche** oder **öffentlich beglaubigte Urkunden** nachzuweisen. In der Praxis ist regelmäßig davon auszugehen, dass die materiellrechtliche Zustimmungserklärung die verfahrensrechtliche Zustimmungserklärung bzw die verfahrensrechtliche Zustimmungserklärung die materiellrechtliche Zustimmungserklärung enthält.

§ 1184 Sicherungshypothek

(1) Eine Hypothek kann in der Weise bestellt werden, dass das Recht des Gläubigers aus der Hypothek sich nur nach der Forderung bestimmt und der Gläubiger sich zum Beweis der Forderung nicht auf die Eintragung berufen kann (Sicherungshypothek).
(2) Die Hypothek muss im Grundbuch als Sicherungshypothek bezeichnet werden.

§ 1185 Buchhypothek; unanwendbare Vorschriften

(1) Bei der Sicherungshypothek ist die Erteilung des Hypothekenbriefs ausgeschlossen.
(2) Die Vorschriften der §§ 1138, 1139, 1141, 1156 finden keine Anwendung.

1 A. Muster: Bestellung einer Sicherungshypothek

► Ich, der Unterzeichnende, ▪▪▪ schulde Herrn Rechtsanwalt ▪▪▪, geb. am ▪▪▪, geschäftsansässig in ▪▪▪, – nachstehend „Gläubiger" genannt – an Rechtsanwaltshonorar einen Betrag von insgesamt ▪▪▪ EUR (in Worten: ▪▪▪ Euro). Im Einzelnen handelt es sich um folgende Verbindlichkeiten: Kostenrechnung Nr. ▪▪▪ vom ▪▪▪, Aktenzeichen ▪▪▪, iHv ▪▪▪ EUR, Kostenrechnung Nr. ▪▪▪ vom ▪▪▪, Aktenzeichen ▪▪▪, iHv ▪▪▪ EUR, Kostenrechnung Nr. ▪▪▪ vom ▪▪▪, Aktenzeichen ▪▪▪, iHv ▪▪▪ EUR und Kostenrechnung Nr. ▪▪▪ vom ▪▪▪, Aktenzeichen ▪▪▪, iHv ▪▪▪ EUR. Die jeweilige Schuld ist fällig.

Ich bewillige und beantrage, für den Gläubiger zur Befriedigung dieser seiner Forderung an dem Grundstück eingetragen im Grundbuch des Amtsgerichts ▪▪▪, Grundbuch von ▪▪▪, Blatt ▪▪▪, der Gemarkung ▪▪▪, Flur ▪▪▪, Flurstück ▪▪▪ in Größe von ▪▪▪ qm eine Sicherungshypothek iHv ▪▪▪ EUR einzutragen.[1]

Die Sicherungshypothek soll an rangbereiter Stelle in das Grundbuch eingetragen werden.

Die Urschrift dieser Urkunde erhält das Grundbuchamt. Ich beantrage für mich und den Gläubiger je eine beglaubigte Abschrift.

▪▪▪

Notarielle Unterschriftsbeglaubigung[2] ◄

B. Erläuterungen

2 [1] **Wesen der Sicherungshypothek.** Die Sicherungshypothek unterscheidet sich von der Verkehrshypothek dadurch, dass sich das Recht des Gläubigers aus der Sicherungshypothek nur nach der Forderung bestimmt und der Gläubiger sich zum Beweis der Forderung nicht auf die Grundbucheintragung berufen kann (§ 1184 Abs. 1). Die Sicherungshypothek muss zudem im Grundbuch als solche bezeichnet werden (§ 1184 Abs. 2). Die Erteilung eines **Hypothekenbriefs** ist bei ihr im Gegensatz zur Verkehrshypothek ausgeschlossen (§ 1185 Abs. 1). Schließlich finden auf sie die Vorschriften der §§ 1138, 1139, 1141, 1156 keine Anwendung (§ 1185 Abs. 2). Im Verhältnis zur Verkehrshypothek ist die Sicherungshypothek kein verschiedenes, sondern ein minderes Recht (RGZ 123, 169). Auf die Sicherungshypothek sind daher die Vor-

schriften der Verkehrshypothek (§§ 1113 ff) anzuwenden, soweit die §§ 1184–1190 keine Sonderregelungen enthalten. Sie kann auch als Gesamthypothek bestellt werden. Eine Verteilung des Betrages der Forderung auf die einzelnen Grundstücke ist nicht erforderlich; § 867 Abs. 2 ZPO gilt für die rechtsgeschäftlich bestellte Sicherungshypothek nicht.

§ 1185 Abs. 2 schließt insbesondere die Anwendung des § 1138 auf die Sicherungshypothek 3
aus, so dass die Vorschriften der §§ 891–899 über den **öffentlichen Glauben** des Grundbuchs auf die durch die Sicherungshypothek gesicherte Forderung und die dem Eigentümer nach § 1137 zustehenden Einreden nicht anwendbar sind. Ein gutgläubiger Erwerb der Sicherungshypothek bei Nichtentstehen der Forderung ist damit ausgeschlossen und die Verkehrsfähigkeit der Sicherungshypothek – ebenso wie durch den Briefausschluss – im Verhältnis zur gewöhnlichen Verkehrshypothek erheblich eingeschränkt. Die strenge Akzessorietät dient zwar dem Schutz des Eigentümers gegen treuwidrige Verfügungen des Gläubigers, sie führt aber auch dazu, dass die Sicherungshypothek heute in der Finanzierungspraxis keine Rolle spielt.

Die Sicherungshypothek kann für den gleichen **Forderungskreis** wie die Verkehrshypothek be- 4
stellt werden, zB für den Restkaufpreisanspruch des Verkäufers aus einem Grundstückskaufvertrag, für Ansprüche der Kommunen auf Erschließungsbeiträge oder für Ansprüche aus anwaltlichen Honorarvereinbarungen. Besondere Arten der Sicherungshypothek sind die Sicherungshypothek für Inhaber- und Orderpapiere (§ 1187), die Sicherungshypothek für Inhaberschuldverschreibungen (§ 1188) und die Höchstbetragshypothek (§ 1190). Sicherungshypotheken kommen auch vor in der Form der Bauhandwerkersicherungshypothek (§ 648), der Zwangshypothek (§§ 866–868 ZPO), der Arresthypothek (§ 932 ZPO) sowie in den neuen Bundesländern als Sicherungshypothek nach dem Vermögensgesetz (§ 18 Abs. 1 S. 2 VermG aF, § 7 Abs. 3 S. 2 VermG). IÜ gelten für die Übertragung und Aufhebung von Hypothekenforderungen nach dem ZGB der DDR, die am 3.10.1990 bestanden haben, die Vorschriften des BGB über die Übertragung von Sicherungshypotheken entsprechend (Art. 233 § 6 Abs. 1 EGBGB).

[2] Form der Eintragungsbewilligung. § 29 GBO. 5

§ 1186 Zulässige Umwandlungen

[1]Eine Sicherungshypothek kann in eine gewöhnliche Hypothek, eine gewöhnliche Hypothek kann in eine Sicherungshypothek umgewandelt werden. [2]Die Zustimmung der im Range gleich- oder nachstehenden Berechtigten ist nicht erforderlich.

A. Muster: Umwandlung einer Sicherungshypothek in eine Briefhypothek 1

▶ Im Grundbuch von ■■■ Blatt ■■■ ist in Abteilung III unter lfd. Nr. ■■■ eine Sicherungshypothek iHv ■■■ EUR nebst Zinsen für ■■■ (Gläubiger) eingetragen. Wir, Gläubiger und Grundstückseigentümer, sind uns darüber einig, dass diese Sicherungshypothek in eine Briefhypothek umgewandelt wird. Wir bewilligen und beantragen die Eintragung der Umwandlung in das Grundbuch und den Hypothekenbrief dem Gläubiger auszuhändigen.[1]

■■■

Notarielle Unterschriftsbeglaubigung[2] ◀

B. Erläuterungen

2 [1] **Inhaltsänderung.** Die Umwandlung ist eine Inhaltsänderung der Hypothek (RGZ 49, 162). Sie setzt materiellrechtlich eine (formlose) **Einigung** zwischen dem Grundstückseigentümer und dem Gläubiger sowie die **Eintragung** in das Grundbuch voraus (§§ 877, 873). Bezugnahme auf die Eintragungsbewilligung reicht insoweit aus (§ 874). Sofern die Hypothek mit dem Recht eines Dritten belastet ist, bedarf es dessen Zustimmung (§ 876). Bei nachträglichen Verfügungsbeschränkungen gilt § 878 auch für die Umwandlung. Die Gutglaubensvorschriften der §§ 892, 893 sind hinsichtlich des dinglichen Rechts anwendbar. Die Zustimmung der im Rang gleich- oder nachstehenden Berechtigten zur Umwandlung ist nach § 1186 S. 2 nicht erforderlich. Zu den möglichen Umwandlungsfällen siehe NK-BGB/*Krause* § 1186 Rn 4 ff. Die Eintragung der Umwandlung in das Grundbuch erfolgt auf Antrag des Grundstückseigentümers oder des Gläubigers (§ 13 GBO). Sie setzt eine entsprechende Eintragungsbewilligung des Grundstückseigentümers und des Gläubigers (§ 19 GBO) und gegebenenfalls die Zustimmungserklärung Drittberechtigter voraus.

3 [2] **Form der Eintragungsbewilligung.** § 29 GBO.

§ 1187 Sicherungshypothek für Inhaber- und Orderpapiere

[1]Für die Forderung aus einer Schuldverschreibung auf den Inhaber, aus einem Wechsel oder aus einem anderen Papier, das durch Indossament übertragen werden kann, kann nur eine Sicherungshypothek bestellt werden. [2]Die Hypothek gilt als Sicherungshypothek, auch wenn sie im Grundbuch nicht als solche bezeichnet ist. [3]Die Vorschrift des § 1154 Abs. 3 findet keine Anwendung. [4]Ein Anspruch auf Löschung der Hypothek nach den §§ 1179 a, 1179 b besteht nicht.

§ 1188 Sondervorschrift für Schuldverschreibungen auf den Inhaber

(1) Zur Bestellung einer Hypothek für die Forderung aus einer Schuldverschreibung auf den Inhaber genügt die Erklärung des Eigentümers gegenüber dem Grundbuchamt, dass er die Hypothek bestelle, und die Eintragung in das Grundbuch; die Vorschrift des § 878 findet Anwendung.

(2) [1]Die Ausschließung des Gläubigers mit seinem Recht nach § 1170 ist nur zulässig, wenn die im § 801 bezeichnete Vorlegungsfrist verstrichen ist. [2]Ist innerhalb der Frist die Schuldverschreibung vorgelegt oder der Anspruch aus der Urkunde gerichtlich geltend gemacht worden, so kann die Ausschließung erst erfolgen, wenn die Verjährung eingetreten ist.

§ 1189 Bestellung eines Grundbuchvertreters

(1) [1]Bei einer Hypothek der im § 1187 bezeichneten Art kann für den jeweiligen Gläubiger ein Vertreter mit der Befugnis bestellt werden, mit Wirkung für und gegen jeden späteren Gläubiger bestimmte Verfügungen über die Hypothek zu treffen und den Gläubiger bei der Geltendmachung der Hypothek zu vertreten. [2]Zur Bestellung des Vertreters ist die Eintragung in das Grundbuch erforderlich.

(2) Ist der Eigentümer berechtigt, von dem Gläubiger eine Verfügung zu verlangen, zu welcher der Vertreter befugt ist, so kann er die Vornahme der Verfügung von dem Vertreter verlangen.

1 A. Muster: Bestellung einer Wertpapierhypothek

▶ Ich, der Unterzeichnende, ■■■, bin Eigentümer des im Grundbuch des Amtsgerichts ■■■, Grundbuch von ■■■, Blatt ■■■, der Gemarkung ■■■, Flur ■■■, Flurstück ■■■ in Größe von ■■■ qm, verzeichneten Grundstücks.

Ich bestelle[1] hiermit für den jeweiligen Inhaber der … (Inhaberschuldverschreibung)[2] eine Sicherungshypothek[3] iHv … EUR, zu verzinsen mit … vH Jahreszinsen ab …, die Zinsen zahlbar jährlich am …, erstmals am ….

Zum Grundbuchvertreter bestelle ich … Dessen Bestellung erstreckt sich auf alle Verfügungen über die Hypothek.[4]

Ich bewillige und beantrage die Eintragung der vorstehend bestellten Sicherungshypothek einschließlich des Grundbuchvertreters an erster Rangstelle in das Grundbuch.[5]

…

Notarielle Unterschriftsbeglaubigung[6] ◄

B. Erläuterungen

[1] Bestellung der Wertpapierhypothek. Die Bestellung der Wertpapierhypothek richtet sich 2
grundsätzlich nach den allgemeinen Vorschriften. Es sind also **Einigung** und **Eintragung** erforderlich (§ 873). Für die Bestellung der Hypothek für die Forderung aus einer Schuldverschreibung auf den Inhaber enthält § 1188 Abs. 1 eine Sondervorschrift. Im Hinblick auf die Unbestimmtheit des Gläubigers ist für die Bestellung einer solchen Hypothek die einseitige Erklärung des Grundstückseigentümers (§ 19 GBO) gegenüber dem Grundbuchamt ausreichend (§ 13 Abs. 1 GBO).

[2] Kreis der zu sichernden Forderungen. § 1187 normiert die Hypothek für Forderungen aus 3
Inhaber- und Orderpapieren (Wertpapierhypothek). Sie ist kraft Gesetzes eine besondere Form der Sicherungshypothek. Auf die Wertpapierhypothek finden daher die Vorschriften der Verkehrsbuchhypothek Anwendung, soweit diese nicht durch §§ 1184 ff ausgeschlossen sind oder die §§ 1184–1189 Sondervorschriften enthalten. Praktische Bedeutung hat die Wertpapierhypothek nicht erlangt. Sie wird weitgehend durch die Sicherungsgrundschuld verdrängt.

Gem. § 1187 S. 1 kann eine Sicherungshypothek für die Forderung aus einer **Schuldverschrei-** 4
bung auf den Inhaber, aus einem **Wechsel** oder aus einem **anderen Papier**, das durch Indossament übertragen werden kann, bestellt werden. Forderungsgegenstand muss die Zahlung einer der Höhe nach bestimmbaren Geldsumme sein. § 1187 setzt weiter voraus, dass die Hypothek die Forderung aus dem Wertpapier unmittelbar sichert. Nur in einem solchen Fall entsteht eine Wertpapierhypothek. Wird die Hypothek lediglich für eine Forderung bestellt, über die zugleich ein Wertpapier ausgestellt ist, greift § 1187 nicht ein; es entsteht vielmehr nur eine gewöhnliche Sicherungshypothek oder Verkehrshypothek. Bei den in § 1187 S. 1 genannten Forderungen aus einer Schuldverschreibung auf den Inhaber handelt es sich um solche iSd §§ 793 ff. Nicht erfasst werden Namenspapiere mit Inhaberklausel gem. § 808. Aus der Gruppe der Orderpapiere sind in § 1187 S. 1 ausdrücklich die Wechsel genannt. Diese werden durch Indossament übertragen (Art. 11 ff, 77 WG). Darüber hinaus sind durch § 1187 auch Forderungen aus anderen Papieren, die durch Indossament übertragen werden können, sicherbar. Hierzu zählen insbesondere Scheckforderungen (Art. 14 ff ScheckG) und Forderungen aus kaufmännischen Orderpapieren (§ 363 HGB).

[3] Bezeichnung im Grundbuch. § 1187 S. 2 stellt klar, dass es sich bei der Wertpapierhypothek 5
auch dann um eine **Sicherungshypothek** handelt, wenn sie im Grundbuch als solche nicht bezeichnet ist.

[4] Grundbuchvertreter. Insbesondere bei einer Hypothek für (Teil-)Inhaberschuldverschrei- 6
bungen (§§ 1187, 1188) können Verfügungen über die Hypothek angesichts der möglicherweise bestehenden Vielzahl an Gläubigern erheblich erschwert sein. Zur Erleichterung des Rechtsverkehrs lässt § 1189 bei einer Wertpapierhypothek iSd § 1187 die Bestellung eines sog. **Grundbuchvertreters** zu. Diesem kann die Befugnis eingeräumt werden, mit Wirkung für und gegen jeden späteren Gläubiger bestimmte Verfügungen über die Hypothek zu treffen und den

Gläubiger bei der Geltendmachung der Hypothek zu vertreten. Die Bestellung eines Grundbuchvertreters ist nicht zwingend, nur **fakultativ**. Ebenso wie der Wertpapierhypothek selbst kommt dem Grundbuchvertreter iSd § 1189 in der Praxis nahezu keine Bedeutung zu.

7 Der Grundbuchvertreter ist nach heute hM im **Außenverhältnis** ein rechtsgeschäftlich bestellter Vertreter der jeweiligen Hypothekengläubiger iSd §§ 164 ff (vgl RGZ 90, 211; 117, 369; 150, 286). Seine Vertretungsbefugnis bezieht sich nur auf die Hypothek und nicht auf die ihr zu Grunde liegende Forderung. Hinsichtlich Letzterer richtet sich eine etwaige Vertretungsbefugnis nach den allgemeinen Vorschriften. Die Vollmacht des Grundbuchvertreters nach § 1189 verdrängt nicht die Verfügungsmacht der Gläubiger. Weichen die Verfügungen des Grundbuchvertreters im Einzelfall von denjenigen der Gläubiger ab, hat das Grundbuchamt dem zuerst eingegangenen Antrag zu entsprechen (**formeller Prioritätsgrundsatz**). Bei gleichzeitig gestellten Anträgen sind beide zurückzuweisen. Der Geschäftsführungsmacht des Grundbuchvertreters liegt im **Innenverhältnis** regelmäßig ein Auftrag (§ 662) bzw ein Geschäftsbesorgungsvertrag (§ 675) zu Grunde. Vertragspartner des Grundbuchvertreters sind die jeweiligen Gläubiger und der Eigentümer. Zu Stande kommt das Vertragsverhältnis regelmäßig bei Bestellung der Hypothek; gegebenenfalls durch konkludente Annahme des Grundbuchvertreters. Erfolgt die Hypothekenbestellung nach § 1188 Abs. 1 durch einseitige Erklärung des Eigentümers, nimmt die hM eine Begründung des Vertragsverhältnisses zu Gunsten der künftigen Gläubiger durch Vertrag zu Gunsten Dritter (§ 328) an (vgl KGJ 45, 270). Mit dem Recht des Grundbuchvertreters zur Wahrnehmung der ihm übertragenen Aufgaben kann auch eine Pflicht zu deren Wahrnehmung einhergehen. Dies gilt insbesondere dann, wenn es den Gläubigern – gleich aus welchem Grunde – nicht möglich ist, ihre Rechte selbst auszuüben (RGZ 90, 211; 117, 369).

8 Zur **Bestellung** des Grundbuchvertreters ist nach § 1189 Abs. 1 S. 2 die Eintragung in das Grundbuch erforderlich. Die Bestellung gehört dementsprechend zum Hypothekeninhalt (RGZ 90, 211). Als Vertreter kann jede natürliche oder juristische Person, also auch eine KG oder OHG, bestellt werden. Die Bestellung des Eigentümers/Schuldners als Grundbuchvertreter ist nicht möglich.

9 Erfolgt die Bestellung des Grundbuchvertreters **bei Begründung der Hypothek**, ist zu seiner Eintragung nur die Bewilligung des Eigentümers nach § 19 GBO erforderlich. Sofern es sich um eine Hypothek für Orderpapiere handelt, bedarf es zusätzlich der Einigung nach § 873. Diese ist formlos möglich und dem Grundbuchamt nicht nachzuweisen. Bei der Hypothek für Inhaberschuldverschreibungen genügt die einseitige Erklärung des Eigentümers (§ 1188 Abs. 1). Die **nachträgliche Bestellung** eines Grundbuchvertreters ist eine Inhaltsänderung der Hypothek (KGJ 45, 273). Sie bedarf materiellrechtlich gem. §§ 877, 873 der Einigung des Eigentümers mit allen Gläubigern (RGZ 90, 211). Gleiches gilt für eine spätere Änderung der Befugnisse des Grundbuchvertreters. Formellrechtlich sind für den Vollzug im Grundbuch die Eintragungsbewilligungen des Eigentümers und aller Gläubiger vorzulegen (§§ 19, 29 GBO).

10 Der **Name des Vertreters** und seine **Verfügungsbefugnis** werden in das Grundbuch eingetragen. Während hinsichtlich des Namens des Vertreters eine Bezugnahme auf die Eintragungsbewilligung ausgeschlossen ist, kann diese in Bezug auf den Umfang der Vertretungsmacht nach § 874 erfolgen (BayObLGZ 20, 349). Die Eintragung des Vertreters ist auf dem Wertpapier zu vermerken. Erst mit der Eintragung in das Grundbuch entsteht die Vertretungsmacht des Grundbuchvertreters. Für den eingetragenen Grundbuchvertreter spricht die Vermutung des § 891.

11 Nach § 1189 Abs. 1 S. 1 kann der Grundbuchvertreter für bestimmte **Verfügungen** über die Hypothek und für die **Geltendmachung** der Hypothek bestellt werden. Die Bestellung kann sich auf alle Verfügungen über die Hypothek erstrecken. Möglich ist aber auch, die Befugnisse des Grundbuchvertreters auf einzelne Verfügungen, wie zB Aufhebung, Inhaltsänderung, Rangänderung oder Pfandfreigabe, zu beschränken. Die Befugnis des Grundbuchvertreters zur Gel-

tendmachung der Hypothek ergibt sich unmittelbar aus dem Gesetz und bedarf nicht der Eintragung in das Grundbuch. Sie ist umfassend zu verstehen. Neben der Hypothekenklage ist etwa auch die Kündigung oder Mahnung der Hypothek erfasst.

[5] **Grundbucheintragung.** Die Hypothek entsteht mit Eintragung in das Grundbuch. Diese 12
erfolgt auf Antrag (§ 13 Abs. 1 GBO) und setzt eine **Eintragungsbewilligung** des Grundstückseigentümers (§ 19 GBO) voraus. Die Inhaberschuldverschreibung ist dem Grundbuchamt gem. § 43 Abs. 1 GBO zur Eintragung der Hypothek vorzulegen; auf dieser wird die Eintragung vermerkt. Als Gläubiger der Hypothek iSd § 1115 Abs. 1 wird in das Grundbuch der jeweilige Inhaber der konkret zu bezeichnenden Schuldverschreibung eingetragen, nicht eine bestimmte Person mit ihrem Namen.

[6] **Form der Eintragungsbewilligung.** § 29 GBO. 13

§ 1190 Höchstbetragshypothek

(1) [1]Eine Hypothek kann in der Weise bestellt werden, dass nur der Höchstbetrag, bis zu dem das Grundstück haften soll, bestimmt, im Übrigen die Feststellung der Forderung vorbehalten wird. [2]Der Höchstbetrag muss in das Grundbuch eingetragen werden.
(2) Ist die Forderung verzinslich, so werden die Zinsen in den Höchstbetrag eingerechnet.
(3) Die Hypothek gilt als Sicherungshypothek, auch wenn sie im Grundbuch nicht als solche bezeichnet ist.
(4) [1]Die Forderung kann nach den für die Übertragung von Forderungen geltenden allgemeinen Vorschriften übertragen werden. [2]Wird sie nach diesen Vorschriften übertragen, so ist der Übergang der Hypothek ausgeschlossen.

A. Muster: Bestellung einer Höchstbetragshypothek 1

▶ Ich, der Unterzeichnende, ■■■, bin Eigentümer des im Grundbuch des Amtsgerichts ■■■, Grundbuch von ■■■, Blatt ■■■, der Gemarkung ■■■, Flur ■■■, Flurstück ■■■ in Größe von ■■■ qm, verzeichneten Grundstücks. 869

Ich stehe mit ■■■ in laufender Geschäftsbeziehung. Zur Befriedigung aller daraus für ■■■ bereits entstandenen und in Zukunft entstehenden Ansprüche[1] bewillige und beantrage zulasten des vorbezeichneten Grundstücks die Eintragung einer Sicherungshypothek[2] bis zu einem Höchstbetrag von ■■■ EUR[3] in das Grundbuch.[4]

■■■

Notarielle Unterschriftsbeglaubigung[5] ◀

B. Erläuterungen

[1] **Voraussetzungen der Höchstbetragshypothek.** Ebenso wie bei der Verkehrshypothek oder 2
der gewöhnlichen Sicherungshypothek können durch eine Höchstbetragshypothek nur **Geldforderungen** gesichert werden. Für andere Leistungen als Geld sind nur deren Ersatzansprüche sicherbar, wie zB die Forderung aus einem Vertragsstrafeversprechen oder künftige Schadensersatzansprüche (RGZ 55, 270). Unabdingbare Voraussetzung für die Eintragung einer Höchstbetragshypothek ist die Angabe des **Höchstbetrags**, bis zu dem das Grundstück haften soll, in der Eintragungsbewilligung. Die tatsächliche Forderungshöhe darf bei der Bestellung und Eintragung der Höchstbetragshypothek noch nicht unveränderlich feststehen. Dies ist typischerweise bei der Einräumung eines Kontokorrentrahmens der Fall. Gleiches gilt bei schwankender

Forderungshöhe im Rahmen einer ständigen Geschäftsverbindung. Unschädlich ist ein bereits konstanter Teilbetrag der Forderung (RGZ 126, 272). Ebenso wird die Ungewissheit der Forderungshöhe auf Grund einer Wertsicherungsklausel (BayObLG NJW-RR 1989, 1467) und die Unbestimmtheit einer Zinsforderung (OLG Bremen NJW 1953, 1026) für ausreichend erachtet. Zinsen sind ebenso wie sonstige Nebenleistungen in den Höchstbetrag einzubeziehen, die Kosten iSd § 1118 dagegen nicht.

3 Fehlt die Bestimmung des Höchstbetrags in der Eintragungsbewilligung, ist der Eintragungsantrag durch das Grundbuchamt zurückzuweisen; eine gleichwohl eingetragene Hypothek ist – da inhaltlich unzulässig – von Amts wegen zu löschen. Nur Ausnahmsweise wird eine **Umdeutung** in eine gewöhnliche Sicherungshypothek in Betracht kommen. Zu denken ist etwa an den Fall, dass die Forderung in Wirklichkeit nicht unbestimmt war, sondern von vornherein endgültig feststand.

4 Eine Höchstbetragshypothek kann für alle Geldansprüche bestellt werden, die dem Gläubiger gegen den Schuldner zu irgendeiner Zeit und aus irgendeinem Grund erwachsen können. Der **Vorbehalt der Feststellung der Forderung** kann sich auf alle Merkmale der Forderung – mit Ausnahme des Höchstbetrags und der Person des Gläubigers – beziehen, also insbesondere auch auf den Schuldgrund. Ausreichend ist dessen **Bestimmbarkeit**. Sicherbar sind alle Ansprüche aus einem individualisierbaren Forderungskreis, wie zB sämtliche Forderungen des Gläubigers aus der Geschäftsbeziehung zum Schuldner (RGZ 136, 80) oder alle gegenwärtigen und künftigen Forderungen des Gläubigers gegen den Schuldner (BGH WM 1960, 919). Dem Bestimmbarkeitsmerkmal genügt es auch, wenn sich der Gläubiger bei mehreren Forderungen die Feststellung vorbehält, ob er wegen der einen oder der anderen die Befriedigung aus dem Grundstück verlangen will. Ist der Schuldgrund bestimmt, wie etwa bei der Sicherung sämtlicher Forderungen aus einem bestimmten Bauvorhaben, steht dies der Bestellung einer Höchstbetragshypothek nicht entgegen (OLG Kiel OLGE 34, 217).

5 Die Bestellung einer Höchstbetragshypothek für **mehrere Forderungen** gegen verschiedene Schuldner ist zulässig. Dies gilt selbst dann, wenn die Schuldner nicht in einer Verpflichtungsgemeinschaft stehen (RGZ 126, 272). Befriedigt ein Gesamtschuldner die auf dem Grundstück eines Dritten gesicherte Forderung zum Teil, geht die Forderung mit der Hypothek auf ihn als nachrangige Teilhypothek über, soweit er von dem anderen Gesamtschuldner Ersatz verlangen kann. Stellt sich allerdings bei der endgültigen Forderungsabrechnung heraus, dass der Gläubiger weitere von der Resthöchstbetragshypothek nicht gedeckte Forderungen hat, steht diesem die auf den Gesamtschuldner übergegangene Teilhypothek in Höhe der nicht getilgten Forderung wieder zu. Die an den Gläubiger zurückgefallene Teilhypothek geht einer etwaigen, dem Gesamtschuldner verbleibenden, Resthypothek im Rang vor (BGH WM 1966, 1259).

6 Eine Höchstbetragshypothek kann für **mehrere Gläubiger** in Bruchteils- oder Gesamthandsgemeinschaft oder als Gesamtberechtigte nach § 428 bestellt werden. Abgesehen vom Sonderfall des Grundbuchvertreters bei einer Wertpapierhypothek (§ 1189) ist die Bestellung einer ungeteilten Höchstbetragshypothek für die Forderungen verschiedener Gläubiger unzulässig. Eine Höchstbetragshypothek kann daher auch nicht für verschiedene Gläubiger mit der Maßgabe bestellt werden, dass der eine Gläubiger mit seiner Forderung erst zum Zuge kommt, wenn die Forderung des anderen befriedigt ist (RGZ 75, 245; KG OLGE 45, 237).

7 Sollen **mehrere Grundstücke** für denselben Forderungskreis als Sicherheit dienen, kann zunächst eine Gesamthypothek bestellt werden (RGZ 131, 16). Möglich ist aber auch die Bestellung mehrerer Höchstbetragshypotheken für dieselbe Forderung. Dies gilt jedenfalls dann, wenn die spätere Hypothek nur einen Forderungsteil sichert, der den durch die vorhergehende Hypothek gesicherten Teil übersteigt (RGZ 134, 221). Anerkannt ist die Bestellung mehrerer Höchstbetragshypotheken für denselben Forderungskreis darüber hinaus, wenn dem Gläubiger die Befugnis eingeräumt wird, seine Forderungen auf die einzelnen Hypotheken zu verteilen

und zu bestimmen, welchen Teil die eine oder andere Hypothek sichern soll (RGZ 131, 16; KG DNotZ 1942, 384).

[2] **Bezeichnung im Grundbuch.** § 1190 Abs. 3 stellt klar, dass es sich bei der Höchstbetragshypothek auch dann um eine **Sicherungshypothek** handelt, wenn sie im Grundbuch als solche nicht bezeichnet ist. 8

[3] **Eintragung des Höchstbetrages in das Grundbuch.** Bei der Höchstbetragshypothek sind der Gläubiger und der **Höchstbetrag**, bis zu dem das Grundstück haften soll, im Grundbuch einzutragen. Die ausdrückliche Bezeichnung als Höchstbetragshypothek ist nicht erforderlich. Der Eintragungsvermerk muss jedoch erkennen lassen, dass die Feststellung der Forderung späterer Zeit vorbehalten ist; Bezugnahme auf die Eintragungsbewilligung nach § 874 reicht insoweit aus. Die Angabe des Schuldners ist entbehrlich, falls er der Eigentümer des Grundstücks ist. Gleichfalls kann von der Angabe des Forderungskreises abgesehen werden, wenn alle Forderungen gesichert werden sollen. 9

Sofern die Forderung verzinslich ist, sind die **Zinsen** nach § 1190 Abs. 2 in den Höchstbetrag einzurechnen. Dies gilt sowohl für gesetzliche (§ 1119) wie auch rechtsgeschäftliche Zinsen und entsprechend für sonstige Nebenleistungen. Die Kosten der Kündigung und der die Befriedigung aus dem Grundstück bezweckenden Rechtsverfolgung nach § 1118 sind von Abs. 2 dagegen nicht erfasst. Für diese haftet das Grundstück zusätzlich kraft Gesetzes (RGZ 90, 171). Das Gebot der Einbeziehung der Zinsen in die Hauptforderung bedeutet für den Gläubiger, dass er von vornherein den maximalen Gesamtumfang seiner eventuellen Zinsforderungen kalkulieren muss. Ist seine Prognose der Entwicklung des Kreditverhältnisses unzutreffend, trägt er das Risiko einer nichtvollständigen dinglichen Sicherung seiner Zinsansprüche. Gläubiger sind in der Regel nicht bereit, einen solchen Nachteil in Kauf zu nehmen und werden daher vom Schuldner die Bestellung einer Grundschuld verlangen. 10

[4] **Bestellung der Höchstbetragshypothek.** Die Bestellung der Höchstbetragshypothek richtet sich nach den allgemeinen Vorschriften. Es sind **Einigung** und **Eintragung** in das Grundbuch erforderlich (§ 873). Wird die Höchstbetragshypothek zur Sicherung einer Forderung iSd § 1188 bestellt, genügt die einseitige Erklärung des Eigentümers. Die Eintragung der Höchstbetragshypothek in das Grundbuch erfolgt auf Antrag des Grundstückseigentümers oder des Gläubigers (§ 13 GBO). Sie setzt eine entsprechende Eintragungsbewilligung des Grundstückseigentümers (§ 19 GBO) voraus. Diese muss den Vorbehalt der späteren Forderungsfeststellung enthalten und den Höchstbetrag in einer bestimmten Geldsumme angeben. Die Verwendung des Begriffs „Höchstbetragshypothek“ ist nicht zwingend. Ihre Eigenschaft ist gegebenenfalls durch Auslegung zu ermitteln. 11

Die hM geht davon aus, dass eine sofortige **dingliche Zwangsvollstreckungsunterwerfung** des Eigentümers in einer notariellen Urkunde (§ 794 Abs. 1 Nr. 5 ZPO) in Ansehung der Höchstbetragshypothek mangels Bestimmtheit der Forderung unwirksam ist und nicht in das Grundbuch eingetragen werden kann, § 800 ZPO (vgl RGZ 132, 6; BGH NJW 1983, 2262; BayObLG DNotZ 1955, 313; BayObLG DNotZ 1990 m.Anm. *Münch*; OLG Frankfurt Rpfleger 1977, 220; OLG Oldenburg DNotZ 1957, 669; LG Dortmund NJW 1954, 1246; LG Osnabrück JurBüro 1956, 150). Für zulässig und eintragungsfähig erachtet wird die dingliche Zwangsvollstreckungsunterwerfung lediglich hinsichtlich eines bereits ziffernmäßig bestimmten Teils des Höchstbetrags, für den die gesicherte Forderung nach Betrag und Rechtsgrund schon endgültig feststeht. In der Unterwerfungserklärung ist dies zu individualisieren. 12

[5] **Form der Eintragungsbewilligung.** § 29 GBO. 13

Titel 2 Grundschuld, Rentenschuld

Untertitel 1 Grundschuld

§ 1191 Gesetzlicher Inhalt der Grundschuld

(1) Ein Grundstück kann in der Weise belastet werden, dass an denjenigen, zu dessen Gunsten die Belastung erfolgt, eine bestimmte Geldsumme aus dem Grundstück zu zahlen ist (Grundschuld).
(2) Die Belastung kann auch in der Weise erfolgen, dass Zinsen von der Geldsumme sowie andere Nebenleistungen aus dem Grundstück zu entrichten sind.

§ 1192 Anwendbare Vorschriften

(1) Auf die Grundschuld finden die Vorschriften über die Hypothek entsprechende Anwendung, soweit sich nicht daraus ein anderes ergibt, dass die Grundschuld nicht eine Forderung voraussetzt.
(1 a) [1]Ist die Grundschuld zur Sicherung eines Anspruchs verschafft worden (Sicherungsgrundschuld), können Einreden, die dem Eigentümer auf Grund des Sicherungsvertrags mit dem bisherigen Gläubiger gegen die Grundschuld zustehen oder sich aus dem Sicherungsvertrag ergeben, auch jedem Erwerber der Grundschuld entgegengesetzt werden; § 1157 Satz 2 findet insoweit keine Anwendung. [2]Im Übrigen bleibt § 1157 unberührt.
(2) Für Zinsen der Grundschuld gelten die Vorschriften über die Zinsen einer Hypothekenforderung.

A. Bestellung einer Grundschuld

1 **I. Muster: Grundschuldbestellung und Schuldanerkenntnis mit Zwangsvollstreckungsunterwerfung**

▶ UR-Nr. ■■■/2010

Heute, den ■■■ zweitausendzehn,

– ■■■ 2010 –

erschienen vor mir,

■■■

Notar

mit Amtssitz in ■■■,

in meinen Amtsräumen in ■■■, ■■■:

1. Herr ■■■

geb. am ■■■
wohnhaft in ■■■
ausgewiesen durch gültigen deutschen Personalausweis,

2. Frau ■■■
   geb. am ■■■
   wohnhaft in ■■■
   ausgewiesen durch gültigen deutschen Personalausweis,

– zu 1. und 2. nachstehend „Eigentümer und Schuldner" genannt –

Der Eigentümer erklärte folgende Grundschuldbestellung:

I. Beschreibung des Grundbesitzes und der Rangstelle

Der Pfandgrundbesitz[1] ist eingetragen im Grundbuch des Amtsgerichtes ■■■, Grundbuch von ■■■, Blatt ■■■, Gemarkung ■■■, Flur ■■■, Flurstück ■■■ in Größe von ■■■ qm. Als Eigentümer sind ■■■ und ■■■ verzeichnet.

Aus dem Grundbuch sind folgende Belastungen ersichtlich:

Abteilung II: ■■■

Abteilung III: ■■■

Der Notar hat den Grundbuchinhalt am ■■■ feststellen lassen.

II. Grundschuldbestellung[2]

Der Eigentümer, Herr ■■■ und Frau ■■■

bestellen hiermit zugunsten

■■■

– nachstehend „Gläubiger" genannt –

an dem in Abschnitt I. beschriebenen Grundbesitz eine Grundschuld ohne Brief iHv

■■■ EUR

(in Worten: ■■■ Euro).[3]

Für die Grundschuld gelten folgende Bedingungen:

1. Die Grundschuld ist von heute ab mit jährlich ■■■ vom Hundert zu verzinsen.[4]
   Die Grundschuldzinsen sind am ersten Werktag eines jeden Kalenderjahres für das vorangegangene Kalenderjahr zahlbar, spätestens jedoch im Verteilungstermin.[5]
2. Die Grundschuld hat folgenden Rang zu erhalten:
   Abt. II: ■■■
   Abt. III: ■■■
   Sollten etwa ausbedungene Rangstellen zunächst nicht verschafft werden können, so soll das vorgenannte Grundpfandrecht an nächstoffener Rangstelle eingetragen werden.
3. Zusätzlich tritt der Eigentümer bei etwaigen vor- und gleichrangigen Grundschulden seine – auch zukünftigen – Ansprüche auf Rückübertragung, Erteilung einer Löschungsbewilligung oder Verzichtserklärung sowie auf Herausgabe des anteiligen Erlöses aus einer Zwangsvollstreckung an den Gläubiger ab.[6]
4. Falls der belastete Grundbesitz aus mehreren Pfandobjekten besteht und die Eintragung der Grundschuld nicht an allen Pfandobjekten zugleich, das heißt an demselben Tag erfolgt, erklärt der Eigentümer: Die Grundschuld soll in diesem Fall an denjenigen Pfandobjekten, an denen sie jeweils eingetragen wird, bereits mit der Eintragung und unabhängig vom weiteren Vollzug der Urkunde entstehen.[7]

III. Unterwerfung unter die sofortige Zwangsvollstreckung

Wegen des Grundschuldbetrages und der Zinsen wird die Unterwerfung unter die sofortige Zwangsvollstreckung in den belasteten Grundbesitz in der Weise erklärt, dass die Zwangsvollstreckung aus dieser Urkunde gegen den jeweiligen Eigentümer des belasteten Grundstücks zulässig ist.[8]

Der Gläubiger ist berechtigt, auf seinen einseitigen Antrag sich eine vollstreckbare Ausfertigung dieser Urkunde erteilen zu lassen. Es wird auf den Nachweis der Tatsachen verzichtet, die das Entstehen und die Fälligkeit der Grundschuld nebst Zinsen bedingen.[9]

IV. Anträge an das Grundbuchamt

Der Eigentümer bewilligt und beantragt in das Grundbuch einzutragen:

1. Grundschuld nebst Zinsen gemäß Ziffer II. 1. und 2. dieser Urkunde;
2. Unterwerfung unter die sofortige Zwangsvollstreckung mit Wirkung gegen den jeweiligen Eigentümer gemäß Ziffer III. dieser Urkunde;
3. die zur Beschaffung der in Ziffer II. dieser Urkunde bestimmten Ränge erforderlichen Erklärungen.

Die vorgenannten Anträge sowie etwaige weitere in dieser Urkunde gestellten Anträge auf Eintragung oder Löschung sind nicht als einheitliche Anträge zu behandeln.

Der Eigentümer beantragt, dem Gläubiger nach Eintragung der Grundschuld einen vollständigen beglaubigten Grundbuchauszug zu erteilen.

V. Abstraktes Schuldversprechen mit Zwangsvollstreckungsunterwerfung

Herr ... und Frau ...

– nachstehend „Schuldner" bezeichnet –

übernehmen gegenüber dem Gläubiger die persönliche Haftung für die Zahlung eines Geldbetrages, dessen Höhe der vereinbarten Grundschuld (Kapital und Zinsen) entspricht. Sie – mehrere als Gesamtschuldner – unterwerfen sich insoweit der sofortigen Zwangsvollstreckung aus dieser Urkunde in ihr gesamtes Vermögen. Der Gläubiger kann die persönliche Haftung unabhängig von der Eintragung der Grundschuld und ohne vorherige Zwangsvollstreckung in den Grundbesitz geltend machen.

Der Schuldner beantragt beim Notar, dem Gläubiger auch insoweit eine vollstreckbare Ausfertigung dieser Urkunde zu erteilen.

Der Notar hat die Erschienenen insbesondere auf die über die Grundschuldsicherheit hinaus übernommene persönliche Schuldverpflichtung hingewiesen und über die daraus folgende Haftung mit dem gesamten Vermögen belehrt.[10]

VI. Belehrung

Der Notar hat auf folgendes hingewiesen:

1. Grundschuld und Schuldanerkenntnis sind unabhängig von einer Darlehensaufnahme und begründen jederzeit durchsetzbare Ansprüche des Gläubigers, die durch eine Sicherungsvereinbarung (Zweckbestimmungserklärung) begrenzt werden müssen. Der Kreis der gesicherten Forderungen wird durch die Zweckbestimmungserklärung festgelegt.[11]
2. Es ist mit besonderen Gefahren verbunden, wenn Grundschuld und Schuldanerkenntnis auch Forderungen des Gläubigers gegen einzelne von mehreren beteiligten Personen oder gegen Dritte sichern sollen. Die formularmäßige Sicherung zukünftiger Verbindlichkeiten kann in diesen Fällen unwirksam sein.

VII. Aufträge an den Notar

Der Notar ist berechtigt, Anträge aus dieser Urkunde getrennt und eingeschränkt zu stellen.

Die Beteiligten bevollmächtigen den Notar, Bewilligungen und Anträge gegenüber dem Grundbuchamt zu stellen, zu ändern und zu ergänzen, soweit dies verfahrensrechtlich zum Vollzug dieser Grundschuld erforderlich sein sollte.

Der Notar wird ferner beauftragt,
- dem Gläubiger sofort eine beglaubigte Abschrift und eine vollstreckbare Ausfertigung dieser Urkunde zu erteilen,
- dem Grundbuchamt eine Ausfertigung dieser Urkunde einzureichen,
- dem Eigentümer eine einfache Abschrift dieser Urkunde zu erteilen.

VIII. Kosten dieser Urkunde

Die Kosten dieser Urkunde und ihres Vollzuges trägt der Schuldner.[12]

IX. Schlussbestimmungen

Sollten einzelne Bestimmungen dieser Urkunde unwirksam sein bzw nicht durchgeführt werden, so bleiben die übrigen Bestimmungen wirksam. Soweit Bestimmungen unwirksam sind gelten ergänzend die gesetzlichen Vorschriften.

Vorstehende Niederschrift wurde den Erschienenen vom Notar vorgelesen, von ihnen genehmigt und eigenhändig, wie folgt, unterschrieben:

■■■

Unterschriften ◄

II. Erläuterungen und Varianten

[1] **Belastungsgegenstand.** Belastungsgegenstand einer Grundschuld können alle Grundstücke im Rechtssinne sein. Hierunter sind **Grundstücke** zu verstehen, die im Grundbuch unter einer laufenden Nummer im Bestandsverzeichnis gebucht sind. Im Regelfall ist ein Katasterflurstück mit dem Grundbuchgrundstück identisch. Mehrere Flurstücke können jedoch auch ein Grundstück im Rechtssinne bilden. Dies ist der Fall, wenn sie im Grundbuch unter einer laufenden Nummer eingetragen sind. Ein **rechtlich unselbständiger Grundstücksteil** kann nicht mit einer Grundschuld belastet werden. Dies gilt unabhängig davon, ob der Belastungsgegenstand erst noch vermessen werden soll oder das Flurstück im Grundbuch mit weiteren Flurstücken unter einer laufenden Nummer gebucht ist. Die Eintragung der Grundschuld setzt in jedem Fall eine Grundstücksteilung voraus. Diese erfolgt durch Abschreibung und Eintragung des abgetrennten Teilstücks unter einer eigenen laufenden Nummer im Bestandsverzeichnis. Eines Antrags des Grundstückseigentümers auf Eintragung der Teilung bedarf es bei der Bestellung einer Grundschuld nicht. Diese ist vom Grundbuchamt gem. § 7 Abs. 1 GBO von Amts wegen vorzunehmen. Die **Teilung** darf jedoch nur eingetragen werden, wenn der abzuschreibende Teil eine besondere Nummer im Liegenschaftskataster (Flurstücksbezeichnung) hat (§ 2 Abs. 3 GBO) und im Falle einer Genehmigungsbedürftigkeit nach den Landesbauordnungen oder § 2 GrdstVG die Genehmigung der zuständigen Behörde vorgelegt wird. Steht ein Grundstück im Eigentum mehrerer Bruchteilseigentümer, kann jeder einzelne Miteigentumsanteil gem. §§ 1192 Abs. 1, 1114 selbständig mit einer Grundschuld belastet werden. Wohnungs- und Teileigentum iSd WEG kann wie ein Grundstück veräußert oder belastet werden. Die Eintragung einer Grundschuld in das Wohnungs- bzw Teileigentumsgrundbuch ist dementsprechend ohne weiteres zulässig. Dies gilt auch für Bruchteile. Belastungsgegenstand einer Grundschuld kann auch ein Erbbaurecht bzw ein Bruchteil eines solchen sein. Als Inhalt der Erbbaurechts wird häufig vereinbart, dass dessen Belastung mit Grundpfandrechten der Zustimmung des Grundstückseigentümers bedarf. In den neuen Bundesländern besteht teilweise noch ein vom Grundstückseigentum unabhängiges selbständiges Gebäudeeigentum. Dieses wird wie ein Grundstück behandelt. Sofern ein Gebäudegrundbuch angelegt ist, kann eine Grundschuld bestellt und eingetragen werden. 2

[2] **Einigung und Eintragung.** Die Bestellung der Grundschuld richtet sich nach den allgemeinen Vorschriften. Es sind Einigung und Eintragung in das Grundbuch erforderlich (§ 873). Die Ei- 3

nigung bildet die materiellrechtliche Grundlage für die Grundbucheintragung. Sie ist ein auf eine dingliche Rechtsänderung gerichteter abstrakter Vertrag. Die Einigung ist grundsätzlich **formfrei** möglich und kann auch konkludent erfolgen. Letzteres ist bei der Bestellung einer Grundschuld häufig der Fall. Eine bedingte oder befristete Einigung ist zulässig. Die **Bindung** des Gläubigers und des Eigentümers an die materiellrechtliche Einigung tritt nach § 873 Abs. 2 in folgenden Fällen ein:

- Notarielle Beurkundung der Einigung der Vertragsbeteiligten (§ 873 Abs. 2 Alt. 1); nicht ausreichend ist eine notarielle Unterschriftsbeglaubigung, Beurkundung der Bewilligung gem. § 19 GBO oder des schuldrechtlichen Vertrags.
- Erklärung der Einigung vor dem Grundbuchamt (§ 873 Abs. 2 Alt. 2); das Grundbuchamt hat seit dem 1.1.1970 keine Beurkundungszuständigkeit mehr. Diese Alternative ist damit bedeutungslos.
- Einreichung der Einigungserklärung beim Grundbuchamt (§ 873 Abs. 2 Alt. 3); auch privatschriftliche Erklärungen werden damit bindend.
- Aushändigung einer den Vorschriften der GBO (§§ 19, 28, 29 GBO) entsprechenden Eintragungsbewilligung durch den Berechtigten an den anderen Teil (§ 873 Abs. 2 Alt. 4). Hierzu ist die Übergabe der Urkunde erforderlich und zwar entweder eine Urkundenausfertigung – nur diese ersetzt die Urschrift im Rechtsverkehr – (§ 47 BeurkG) oder die Urschrift mit dem Unterschriftsbeglaubigungsvermerk (§§ 40, 45 BeurkG).

4 Hat der Grundstückseigentümer in einer Grundschuldbestellungsurkunde dem Notar, der von der Grundschuldgläubigerin zur Entgegennahme der Eintragungsbewilligung bevollmächtigt worden ist, Weisung erteilt, der Gläubigerin eine **Ausfertigung** (nicht beglaubigte Abschrift) der notariellen Urkunde zu erteilen, tritt die Bindung an die Einigung erst ein, wenn die Ausfertigung vom Notar erstellt wurde. Eine unwirksame Einigung führt nicht zum Entstehen einer Eigentümergrundschuld.

5 Die Eintragung der Grundschuld in das Grundbuch erfolgt auf Antrag des Grundstückseigentümers oder des Gläubigers (§ 13 GBO). Sie setzt eine entsprechende **Eintragungsbewilligung** des Grundstückseigentümers (§ 19 GBO) in der Form des § 29 GBO voraus.

6 Eine **Buchgrundschuld** erwirbt der Gläubiger mit Einigung und Eintragung. Bei einer **Briefgrundschuld** ist darüber hinaus die Übergabe des Grundschuldbriefs erforderlich (§§ 1192 Abs. 1, 1117 Abs. 1). Die Briefübergabe kann durch Vereinbarung nach §§ 1192 Abs. 1, 1117 Abs. 2 ersetzt werden (vgl § 1117 Rn 2). Bis zur Übergabe des Briefs steht die Grundschuld dem Eigentümer zu (§§ 1192 Abs. 1, 1163 Abs. 2).

7 [3] **Grundschuldkapital.** Die Grundschuld muss auf eine **bestimmte Geldsumme** lauten (§ 1191 Abs. 1). Diese ist gem. § 28 S. 2 Hs 1 GBO in inländischer Währung, also in Euro und Cent, anzugeben. Darüber hinaus wurde die Angabe der Geldbeträge in einer anderen Währung durch die Verordnung über Grundpfandrechte in ausländischer Währung und in Euro vom 30.10.1997 (BGBl. I. 1997. 2683) zugelassen, und zwar neben dem Euro in der Währung eines der Mitgliedstaaten der Europäischen Union, der Schweizerischen Eidgenossenschaft und der Vereinigten Staaten von Amerika.

8 [4] **Zinsen und sonstige Nebenleistungen.** Nach § 1191 Abs. 2 kann eine Belastung des Grundstücks mit einer Grundschuld auch in der Weise erfolgen, dass Zinsen von der Geldsumme sowie andere Nebenleistungen aus dem Grundstück zu entrichten sind. Die Zinsen und Nebenleistungen sind Inhalt des dinglichen Rechts und ebenso wenig wie der Grundschuldbetrag akzessorisch. Die Sicherungsabreden der Kreditinstitute sehen üblicherweise vor, dass die Grundschuldzinsen nicht nur die Zinsforderung des Gläubigers, sondern auch die Hauptforderung sichern. Dies ist zulässig (BGH NJW 1982, 2768; BGH NJW 1996, 253; BGH NJW 1999, 3705). Der Grundschuldzins kann zwar **variabel** ausgestaltet sein, zB unter Anknüpfung an den Basiszinssatz gem. § 247 BGB (OLG Hamm NotBZ 2006, 25; BGH NJW 2006, 1341), in der

Praxis haben sich jedoch Festzinssätze etabliert. Je nach Kreditinstitut variieren diese zwischen 12 vH bis 18 vH des Grundschuldbetrags. Diese höheren Zinssätze vermeiden eine Erweiterung der Grundschuld, falls sich der Darlehenszinssatz erhöht und bieten einen Spielraum für Darlehensüberziehungen. Andererseits können sie in der Zwangsvollstreckung zu einer „Verdoppelung" des Hauptsachebetrags führen. Der **Zinsbeginn** kann auch auf einen Zeitpunkt vor Eintragung der Grundschuld festgesetzt werden (BGH NJW 1986, 314). Die Grundschuldzinsen verjähren in drei Jahren (§ 195). Ihre Verjährung ist nicht bis zur Fälligkeit der gesicherten Forderung gehemmt (BGH NJW 1999, 3705).

Andere Nebenleistungen erweitern ebenso wie die Zinsen den Anspruch auf Zahlung aus dem Grundstück. Solche werden regelmäßig in einem Prozentsatz des Grundschuldkapitals oder in einem festen Betrag vereinbart. Zur Grundschuld müssen sie in einem Abhängigkeitsverhältnis stehen. Dieses braucht aber seiner Art nach nicht näher gekennzeichnet zu werden (LG Osnabrück Rpfleger 1973, 247 m. zust. Anm. *Haegele*; LG Oldenburg Rpfleger 1981, 60; LG Oldenburg WM 1982, 283; LG Berlin ZIP 1985, 97; OLG Stuttgart DNotZ 1987, 230; LG Bielefeld Rpfleger 1999, 388). Eine Formulierung wie: 9

▶ Zusätzlich ist eine einmalige sonstige Nebenleistung von 5 v.H. zu zahlen. ◀

reicht aus.

[5] **Fälligkeit der Grundschuldzinsen.** Hinsichtlich der Fälligkeit der Zinsen wird häufig vereinbart, dass diese **kalenderjährlich nachträglich** fällig werden. Dies spielt für die Abgrenzung der laufenden von den rückständigen Zinsen in der Zwangsversteigerung eine Rolle (vgl näher NK-BGB/*Krause*, § 1191 Rn 125). 10

[6] **Abtretung des Rückgewähranspruchs.** Ist der Sicherungszweck ohne vertragsgemäße Verwertung der Grundschuld durch den Sicherungsnehmer endgültig weggefallen, hat dieser dem Sicherungsgeber die Grundschuld zurückzugewähren. Es handelt sich hierbei um einen **schuldrechtlichen Anspruch** aus dem Sicherungsvertrag. Gleiches gilt für den Anspruch auf Rückgewähr der Grundschuld nach §§ 812 ff, falls diese ohne Rechtsgrund bestellt worden ist. Der Rückgewähranspruch entsteht bereits mit Abschluss des Sicherungsvertrags. Von diesem Zeitpunkt an kann er abgetreten, gepfändet und verpfändet werden. Hiervon zu unterscheiden ist seine Fälligkeit. Diese tritt mit endgültigem Wegfall des Sicherungszwecks ein; bei einem nur teilweisen endgültigen Wegfall nur hinsichtlich eines entsprechenden rangletzten Teils der Grundschuld. Der Rückgewähranspruch richtet sich nach Wahl des Sicherungsgebers auf Übertragung der Grundschuld an sich selbst oder an einen Dritten (§§ 1192 Abs. 1, 1154), Verzicht auf die Grundschuld (§§ 1192 Abs. 1, 1168) oder Aufhebung der Grundschuld (§§ 875, 1192 Abs. 1, 1183). Er setzt sich an dem auf die Grundschuld entfallenden Versteigerungserlös fort (BGH ZfIR 2002, 411). Miteigentümern des Grundstücks steht der Rückgewähranspruch mangels anderweitiger Vereinbarungen in Bruchteilsgemeinschaft zu (BGH NJW-RR 1993, 386). Die einmal ausgeübte Wahl bindet den Eigentümer. Sie gilt als die von Anfang an geschuldete (§ 263 Abs. 2). Die Abtretung des Rückgewähranspruchs richtet sich nach §§ 398 ff. Sie ist formfrei möglich und kann durch Vereinbarung der Parteien des Sicherungsvertrags nach § 399 ausgeschlossen werden (BGH WM 1990, 464). Nachrangige Grundpfandrechtsgläubiger lassen sich die Rückgewähransprüche regelmäßig zur Verschaffung einer besseren Rangstelle bzw zur Erweiterung ihrer Sicherheiten abtreten. Wozu sie diese verwenden dürfen, richtet sich nach der Sicherungsvereinbarung hinsichtlich des Rückgewähranspruchs (BGH NJW 1990, 1177). Mit der Abtretung scheidet der Rückgewähranspruch aus dem Vermögen seines bisherigen Inhabers aus (BGH NJW 1977, 247). Sofern der Zedent sein Wahlrecht noch nicht ausgeübt hat, geht dieses auf den Abtretungsempfänger über. Bei Erlöschen der Grundschuld durch Zuschlag in der Zwangsversteigerung steht diesem auch der anteilige Versteigerungserlös zu (BGH NJW 1977, 247). 11

12 [7] **Gesamtgrundschuld.** Eine Gesamtgrundschuld entsteht an mehreren Grundstücken oder Miteigentumsanteilen erst mit ihrer **Eintragung an allen Pfandobjekten** (OLG München DNotZ 1966, 371; OLG Düsseldorf DNotZ 1973, 613). Eine gleichzeitige Eintragung ist nicht immer möglich, zB weil die zu belastenden Grundstücke im Bezirk verschiedener Grundbuchämter liegen oder ein Grundstück erst noch vermessen werden muss. Um die Grundschuld unabhängig davon möglichst früh entstehen zu lassen, wird in der Praxis regelmäßig vereinbart, dass die Grundschuld an denjenigen Pfandobjekten, an denen sie jeweils eingetragen wird, bereits mit der Eintragung und unabhängig vom weiteren Vollzug der Grundschuldbestellungsurkunde entstehen soll.

13 [8] **Dingliche Zwangsvollstreckungsunterwerfung.** Der Eigentümer kann sich bei Bestellung der Grundschuld der dinglichen Zwangsvollstreckung in Ansehung des Grundschuldbetrags, der Zinsen und der sonstigen Nebenleistungen unterwerfen (§§ 794 Abs. 1 Nr. 5 ZPO). Es handelt ich hierbei um eine **einseitige Prozesshandlung**, die auf Schaffung eines Vollstreckungstitels gerichtet ist. Die Beweislastverteilung wird dadurch grundsätzlich nicht berührt (BGH NJW 2002, 138). Eine Klage nach § 1147 erübrigt sich in diesem Fall. Einem neuen Eigentümer gegenüber wirkt der Vollstreckungstitel nur, wenn sich der Grundschuldbesteller bei Bestellung der Grundschuld – oder nachträglich – der sofortigen Zwangsvollstreckung in der Weise unterworfen hat, dass diese gegen den jeweiligen Eigentümer des Grundstücks zulässig sein soll und die dingliche Zwangsvollstreckungsunterwerfung in das Grundbuch eingetragen ist (§ 800 Abs. 1 ZPO). Die dingliche Zwangsvollstreckung hält einer AGB-Kontrolle stand. Da von einer gesetzlich vorgesehenen Gestaltungsmöglichkeit Gebrauch gemacht wird, kommt eine unangemessene Benachteiligung des Grundschuldbestellers nicht in Betracht. IÜ stehen dem Eigentümer gegen die Vollstreckung ausreichende Rechtsbehelfe zu Verfügung.

14 [9] **Vollstreckbare Ausfertigung.** Die Erteilung der vollstreckbaren Ausfertigung durch den Notar richtet sich nach § 52 BeurkG, §§ 795, 725 ff ZPO. In der Grundschuldbestellungsurkunde kann hinsichtlich der Erteilung einer vollstreckbaren Ausfertigung auf den Nachweis der Tatsachen verzichtet werden, die das **Entstehen** und die **Fälligkeit** der Grundschuld bedingen (vgl ansonsten § 1193 Rn 2). Dem Grundschuldgläubiger kann die vollstreckbare Ausfertigung wegen des dinglichen Anspruchs auch bereits vor Eintragung der Grundschuld erteilt werden (KG DNotZ 1988, 238). Widerruft der Schuldner die Anweisung an den Notar, dem Gläubiger eine vollstreckbare Ausfertigung der Grundschuldbestellungsurkunde auszuhändigen, vor deren Erteilung, kann dieser eine solche nur verlangen, wenn er eine Ausfertigung (nicht beglaubigte Abschrift) der Urkunde in den Händen hält oder einen Ausfertigungsanspruch nach § 51 Abs. 1 Nr. 1 BeurkG hat (OLG Hamburg DNotZ 1987, 356; OLG Hamm DNotZ 1988, 241). Da der Grundschuldgläubiger üblicherweise an der Beurkundung der Grundschuld nicht mitwirkt, ist Letzteres jedoch nur selten der Fall.

15 [10] **Übernahme der persönlichen Haftung mit Zwangsvollstreckungsunterwerfung.** Die Kreditinstitute verlangen regelmäßig über die Grundschuldbestellung hinaus vom Eigentümer oder Dritten, zB weiteren Mitschuldnern, die Abgabe eines abstrakten Schuldversprechens oder Schuldanerkenntnisses in Höhe der Grundschuldsumme und der Nebenleistungen einschließlich der Unterwerfung unter die sofortige Zwangsvollstreckung wegen dieses Anspruchs nach § 794 Abs. 1 Nr. 5 ZPO. Diese **persönliche Zwangsvollstreckungsunterwerfung** gibt dem Gläubiger neben dem dinglichen Titel einen weiteren Vollstreckungstitel und ermöglicht ihm die Zwangsvollstreckung in das sonstige Vermögen des Schuldners. Der Sicherungsvertrag bildet in der Regel den Rechtsgrund für das in der Grundschuldbestellungsurkunde abgegebene Schuldanerkenntnis. Das abstrakte Schuldversprechen/Schuldanerkenntnis sichert nicht die Grundschuld, sondern ist von ihrem Bestand unabhängig. Die persönliche Haftung erlischt demzufolge nicht, wenn die Grundschuld mangels Eintragung nicht entsteht (BGH NJW 1992, 971) oder in der Zwangsversteigerung ausfällt (BGH NJW 1991, 286). Der Gläubiger darf

jedoch aus beiden Sicherheiten nur solange vorgehen, bis er einmal Befriedigung wegen eines Betrags in Höhe aller Ansprüche aus der Grundschuld erlangt hat. Das abstrakte Schuldversprechen/Schuldanerkenntnis teilt insoweit den Sicherungszweck der Grundschuld (BGH NJW 1987, 318; BGH NJW 1988, 707; BGH NJW-RR 1987, 1350; BGH NJW 1991, 286; BGH NJW 1992, 971; OLG Düsseldorf NJW 1987, 195). Die Rechtsprechung hat gegen die Kombination von Grundschuld und abstraktem Schuldversprechen/Schuldanerkenntnis als Sicherungsinstrumente grundsätzlich keine Bedenken (BGH NJW 1992, 971). Es verstößt daher nicht gegen §§ 305 c Abs. 1, 307, 309 Nr. 12, wenn der persönliche Schuldner ein formularmäßiges abstraktes Schuldversprechen/Schuldanerkenntnis abgibt (BGH NJW-RR 1990, 246; BGH NJW 1991, 1677; OLG Stuttgart NJW 1979, 222). Der BGH (NotBZ 2006, 55) weist insbesondere darauf hin, dass es jahrzehntelanger Praxis entspricht, dass sich der mit dem persönlichen Kreditschuldner identische Grundschuldbesteller bei Bankdarlehen regelmäßig der Zwangsvollstreckung in sein gesamtes Vermögen unterwerfen muss; eine unangemessene Benachteilung des Schuldners sieht der BGH darin nicht. Auch ein Verstoß gegen § 309 Nr. 12 scheidet aus, da die mit dem Schuldanerkenntnis verbundene Beweislaständerung nur eine rechtliche Folge der Vereinbarung ist und keine Vereinbarung über die Beweislast selbst (BGH NJW 1987, 904). Ebenso verneint der BGH – insbesondere unter Hinweis auf die jahrzehntelange Kreditpraxis – bei Verbraucherkreditverträgen einen Verstoß gegen § 496 (BGH MittBayNot 2005, 300). Sichert die Grundschuld dagegen ausschließlich eine fremde Schuld, wird in der Übernahme der persönlichen Haftung durch den Eigentümer, der nicht Darlehensnehmer ist, ein Verstoß gegen § 307 Abs. 2 Nr. 1 gesehen (BGHZ 114, 9; OLG Oldenburg DNotZ 1985, 729; OLG Stuttgart DNotZ 1987, 498). Eine solche Vereinbarung dürfte iÜ auch überraschend iSd § 305 c Abs. 1 sein. Ein Grundstückseigentümer, der lediglich sein Grundstück zur Absicherung von Verbindlichkeiten eines Dritten zur Verfügung stellt, wird kaum damit rechnen, dass er auch mit seinem übrigen Vermögen haftet. Ein Verstoß gegen § 309 Nr. 12 liegt dagegen nicht vor. Der Anspruch aus dem abstrakten Schuldversprechen/Schuldanerkenntnis steht nicht dem jeweiligen Gläubiger der Grundschuld zu. Soll er auf einen neuen Gläubiger übergehen, muss er an diesen abgetreten werden.

[11] **Sicherungsgrundschuld.** Wird eine Grundschuld zur Sicherung einer oder mehrerer Forderungen zur Verfügung gestellt, bezeichnet man diese als Sicherungsgrundschuld. Die Sicherungsgrundschuld ist gesetzlich nicht geregelt und hat nichts mit der Sicherungshypothek iSd § 1184 gemein. Mangels Akzessorietät der Grundschuld kann ihr dinglicher Rechtsinhalt nicht von einer Forderung abhängig gemacht werden. Die Rechtsbeziehung zwischen Grundschuld und Forderung wird durch den **Sicherungsvertrag** (auch **Sicherungsabrede, Zweckabrede** oder **Zweckbestimmungserklärung** genannt) bestimmt. Der Sicherungszweck der Grundschuld kann nicht in das Grundbuch eingetragen werden. Sie wird daher im Grundbuch auch nicht als Sicherungsgrundschuld bezeichnet (BGH NJW 1986, 53). Der Sicherungsvertrag stellt die Verbindung zwischen Forderung und Grundschuld her und bildet das schuldrechtliche Grundgeschäft zur Grundschuldbestellung (BGH NJW-RR 1996, 234). Er regelt die Rechte und Pflichten des Sicherungsgebers und des Sicherungsnehmers. Neben der Verpflichtung zur Grundschuldbestellung (BGH NJW 1990, 292) und der Bestimmung des gesicherten Forderungskreises ist regelmäßiger Inhalt des Sicherungsvertrags die Befugnis des Gläubigers, die Grundschuld so lange zu behalten, wie die gesicherte Forderung besteht. Hieraus folgt – auch ohne ausdrückliche Vereinbarung – das Recht des Gläubigers, die Grundschuld zu verwerten, sofern die Forderung trotz Fälligkeit nicht getilgt wird (BGH WM 1985, 953). Andererseits normiert der Sicherungsvertrag die Pflicht des Gläubigers, die Grundschuld zurückzugewähren, sobald der Sicherungszweck endgültig weggefallen ist. Inhalt des Sicherungsvertrags ist häufig auch die Verpflichtung des Schuldners zur Versicherung des Pfandobjekts, zur Erhaltung des Grundstücks und der mithaftenden Gegenstände sowie zur Vorausverfügung über Mietzinsen. Weiterhin kann ein Sicherungsvertrag Vereinbarungen zur Zahlungsverrechnung und über die Art 16

und Weise der Verwertung einschließlich etwaiger Verwertungsbeschränkungen enthalten. Die Verpflichtung zur Stellung von Sicherheiten ergibt sich meist ausdrücklich aus dem Sicherungsvertrag, die auch im Darlehensvertrag enthalten sein kann. Die Verpflichtung des Sicherungsnehmers zur Verfügungsstellung des Darlehens beruht demgegenüber in der Regel auf dem Darlehensvertrag und bildet keinen Bestandteil des Sicherungsvertrags. Die Bestellung der Grundschuld ist keine Gegenleistung des Sicherungsgebers für eine Leistung des Sicherungsnehmers. Der Sicherungsvertrag kann demzufolge kein gegenseitiger Vertrag iSd §§ 320 ff sein. Er begründet ein Treuhandverhältnis. Der Sicherungsvertrag bedarf grundsätzlich keiner Form (BGH NJW-RR 1991, 305; OLG Celle WM 1995, 1014). Er kann auch stillschweigend geschlossen werden (BGH NJW-RR 1991, 305). Dies gilt insbesondere, wenn die Grundschuld bestellt und das Darlehen ausgezahlt ist. Aus Beweisgründen bietet sich freilich stets eine schriftliche Niederlegung des Sicherungsvertrags an. Einreden, die dem Eigentümer auf Grund des Sicherungsvertrags mit dem bisherigen Gläubiger gegen die Grundschuld zustehen oder sich aus dem Sicherungsvertrag ergeben, können gem. § 1192 Abs. 1 a auch jedem Erwerber der Grundschuld entgegengesetzt werden.

17 [12] **Kostenstrategien.** Bei der Bestellung von Grundschulden können erhebliche Kosten anfallen. In der Praxis werden daher insbesondere bei der Finanzierung von Großprojekten Überlegungen zur Kostenreduzierung angestellt. Gleiches gilt selbstverständlich auch für kleinere Grundschulden, die etwa im Zusammenhang mit dem Erwerb, Ausbau oder der Sanierung eines Einfamilienhauses bestellt werden. Je geringer der Nennbetrag der Grundschuld ist, desto bescheidener wirkt sich allerdings die **Kostenersparnis** aus. Beim Grundbuchamt lassen sich Kosten nur einsparen, wenn statt einer Briefgrundschuld eine Buchgrundschuld bestellt wird. Für die Eintragung der Grundschuld fällt stets eine 10/10-Gebühr aus dem Nennbetrag der Grundschuld an (§ 62 Abs. 1 KostO). Die Erteilung eines Grundschuldbriefs führt zusätzlich zu einer 1/4-Gebühr nach § 71 Abs. 1 KostO. Höheres Einsparpotenzial besteht dagegen bei den Notarkosten. Ausgangspunkt hierfür bilden die Formvorschriften für die Bestellung der Grundschuld. Sofern die Grundschuldbestellungsurkunde eine dingliche (§ 800 ZPO) und/oder persönliche Zwangsvollstreckungsunterwerfungserklärung des Eigentümers bzw Schuldners enthalten soll, bedarf diese nach § 794 Abs. 1 Nr. 5 ZPO stets der notariellen Beurkundung und löst eine 10/10-Gebühr aus dem Nennbetrag der Grundschuld gem. § 36 Abs. 1 KostO aus. Wird dagegen auf die Zwangsvollstreckungsunterwerfung verzichtet, ist die notarielle Beglaubigung der Eintragungsbewilligung des Eigentümers ausreichend (§§ 19, 29 Abs. 1 S. 1 GBO). Die Notarkosten unterscheiden sich in diesem Fall je nachdem, ob der Notar lediglich die Unterschriften der Beteiligten unter einem anderweitig erstellten Entwurf beglaubigt, der Entwurf des Notars sich auf die Eintragungsbewilligung und den Eintragungsantrag beschränkt oder ob die vom Notar entworfene Grundschuldbestellungsurkunde über die formellen Erklärungen hinausgehende Erklärungen enthält, die das obligatorische Schuldverhältnis betreffen, zB die Übernahme der persönlichen Haftung gegenüber dem Gläubiger, Abtretung der Rückgewähransprüche hinsichtlich vor- oder gleichrangiger Grundschulden oder Zweckbestimmungserklärungen. Im ersten Fall entsteht lediglich eine 1/4-Gebühr gem. § 45 KostO, höchstens 130 EUR, sowie gegebenenfalls eine weitere 1/4-Gebühr gem. § 146 Abs. 2 KostO, im zweiten Fall eine 5/10-Gebühr gem. §§ 145 Abs. 1 S. 1, 38 Abs. 2 Nr. 5 KostO und im letztgenannten Fall eine 10/10-Gebühr gem. §§ 36 Abs. 1, 145 Abs. 1 S. 1 KostO. Geschäftswert ist stets der Nennbetrag der Grundschuld (§ 23 Abs. 2 KostO). Überprüft oder ergänzt der Notar den zur Beglaubigung vorgelegten Entwurf, fällt eine 1/4-Gebühr gem. § 145 Abs. 1 S. 2 KostO an, falls sich der Entwurf lediglich auf die Grundbucherklärungen beschränkt, anderenfalls eine 5/10-Gebühr.

18 Notarkosten lassen sich insbesondere durch einen **Verzicht auf die Zwangsvollstreckungsunterwerfung** sparen. Dem steht jedoch häufig das Interesse des Kreditinstituts entgegen, die Zwangsvollstreckung auch ohne Klage nach §§ 1192 Abs. 1, 1147 einleiten zu können. Das

Zwangsversteigerungsrecht ermöglicht, die Interessen der Bank mit dem Interesse des Eigentümers an Kosteneinsparung zu verknüpfen. In der Praxis werden insbesondere drei Wege vorgeschlagen. Gelegentlich wird empfohlen, in eine nur beglaubigte Grundschuldbestellungsurkunde eine unwiderrufliche Vollmacht des Grundschuldbestellers aufzunehmen, die es dem Grundschuldgläubiger gestatten soll, diesen der sofortigen Zwangsvollstreckung zu unterwerfen. Dieser Lösungsweg begegnet erheblichen Bedenken. Er ist für den Grundschuldgläubiger mit nicht zu unterschätzenden Risiken verbunden. Abgesehen davon, dass die Vollmacht aus wichtigem Grund stets widerrufbar ist, dürfte sie der notariellen Beurkundung bedürfen. Einer solchen steht in vielen Fällen § 17 Abs. 2 a S. 2 Nr. 1 BeurkG entgegen. IÜ erlischt die Vollmacht mit Eröffnung des Insolvenzverfahrens (§ 117 Abs. 1 InsO) und bindet bei einem Eigentumswechsel nicht den neuen Eigentümer. Empfehlenswerter ist es, die Grundschuldbestellung in eine vollstreckbare Grundschuld über einen geringeren Betrag – nur diese unterliegt der 10/10-Gebühr des § 36 Abs. 1 KostO – und eine Grundschuld ohne Zwangsvollstreckungsunterwerfung über den höheren Betrag aufzuspalten. In der Regel wird die vollstreckbare Grundschuld der anderen im Rang vorgehen. Anderenfalls erhöht sich das Risiko, dass die nichtvollstreckbare Grundschuld bei der Zwangsversteigerung in das geringste Gebot (§ 44 Abs. 1 ZVG) fällt und gem. § 52 Abs. 1 ZVG bestehen bleibt. Nicht zu verkennen ist jedoch auch das mit der Vorrangigkeit verbundene Risiko des Gläubigers. Betreibt dieser die Zwangsversteigerung aus der kleineren vollstreckbaren Grundschuld, kann er nicht verhindern, dass der Eigentümer (§§ 1192 Abs. 1, 1142) oder ein nachrangiger Gläubiger (§§ 1192 Abs. 1, 1150, 268) das Zwangsversteigerungsverfahren durch Ablösung der Grundschuld zum Erliegen bringt. Dies gilt selbst, wenn anderweitige schuldrechtliche Verrechnungsabreden bestehen. Zulässig ist es auch, die dingliche Zwangsvollstreckungsunterwerfung nur wegen eines Teilbetrags zu erklären. Dies sollte ohne Bestimmung eines Rangverhältnisses zwischen dem vollstreckbaren und dem nichtvollstreckbaren Teil erfolgen. Ansonsten müsste die Grundschuld mit der damit verbundenen Kostenfolge geteilt werden. Eine nennenswerte Kostenersparnis lässt sich iÜ nur erzielen, wenn die Zwangsvollstreckungsunterwerfung in einer getrennten Urkunde erklärt wird. Dieser Lösung vergleichbar ist die Zwangsvollstreckungsunterwerfung wegen eines zuletzt zu zahlenden Teilbetrags (vgl BGH NJW 1990, 258; OLG Hamm DNotZ 1988, 233). Hierbei handelt es sich um eine Abrede iSd § 366 Abs. 2. Diese hat lediglich bei Zahlungen außerhalb des Zwangsvollstreckungsverfahrens Bedeutung. Ist die Grundschuld fällig, kann sie nur in voller Höhe abgelöst werden, sofern sich der Gläubiger nicht mit einer Teilleistung einverstanden erklärt (BGHZ NJW 1990, 258). In der Zwangsversteigerung führt die Tilgung dagegen zum Verbrauch des Titels. Zahlungen werden immer nur auf den Teilbetrag angerechnet, aus dem vollstreckt wird. Die restliche Grundschuld behält jedoch Vorrang vor dem abgelösten Teil (§§ 1192 Abs. 1, 1150, 268 Abs. 3). IÜ fällt die Grundschuld nicht in das geringste Gebot, selbst wenn die Zwangsvollstreckung nur aus dem vollstreckbaren Teil betrieben wird. Dies entspricht der Rechtslage bei einer Zwangsvollstreckungsunterwerfung wegen des gesamten Grundschuldbetrags.

B. Belastungsvollmacht

I. Muster: Erteilung einer Belastungsvollmacht im Grundstückskaufvertrag 19

▶ Der Verkäufer verpflichtet sich bei der Bestellung vollstreckbarer (§ 800 ZPO) Grundschulden in beliebiger Höhe nebst Zinsen und Nebenleistungen in beliebiger Höhe zugunsten europäischer Kreditinstitute als derzeitiger Eigentümer mitzuwirken.[1] Diese Mitwirkungspflicht besteht nur, wenn in der Grundschuldbestellungsurkunde folgende, von den Beteiligten bereits jetzt getroffene Bestimmungen, wiedergegeben werden:[2]

a) Sicherungsabrede:

Die Grundschuldgläubigerin darf die Grundschuld nur insoweit als Sicherheit verwerten oder behalten, als sie tatsächlich Zahlungen mit Tilgungswirkung auf die Kaufpreisschuld des Käufers geleistet hat. Alle weiteren Zweckbestimmungserklärungen, Sicherungs- und Verwertungsvereinbarungen innerhalb oder außerhalb dieser Urkunde gelten erst, nachdem der Kaufpreis vollständig bezahlt ist, in jedem Fall ab Eigentumsumschreibung. Ab diesem Zeitpunkt gelten sie für und gegen den Käufer als neuen Sicherungsgeber.

b) Zahlungsanweisung:
Soweit der Kaufpreis nicht anderweitig zur Freistellung des verkauften Grundbesitzes von eingetragenen Belastungen zu verwenden ist, sind Zahlungen gemäß a) zu leisten auf das Konto des Verkäufers.

c) Persönliche Zahlungspflichten, Kosten:
Der Verkäufer übernimmt im Zusammenhang mit der Grundschuldbestellung keinerlei persönliche Zahlungspflichten. Der Käufer verpflichtet sich, den Verkäufer von allen Kosten und sonstigen Folgen der Grundschuldbestellung freizustellen.

d) Fortbestand der Grundschuld:
Die bestellte Grundschuld darf auch nach der Eigentumsumschreibung auf den Käufer bestehen bleiben. Alle Eigentümerrechte und Rückgewähransprüche, die mit ihr zu tun haben, werden hiermit mit Wirkung ab Bezahlung des Kaufpreises, in jedem Fall ab Eigentumsumschreibung, auf den Käufer übertragen. Entsprechende Grundbucheintragung wird bewilligt und beantragt.

Der Verkäufer erteilt dem Käufer Vollmacht, ihn bei allen vorstehenden Rechtshandlungen zu vertreten. Diese Vollmacht gilt nur dann, wenn in der Grundschuldbestellungsurkunde die vorstehend unter a), b) und c) getroffenen Bestimmungen wiedergegeben werden. Die Vollmacht kann ausgeübt werden, bevor erforderliche behördliche Genehmigungen erteilt sind. Von der Vollmacht kann nur durch Erklärung vor dem Notar, seinem amtlich bestellten Vertreter oder Nachfolger im Amt Gebrauch gemacht werden. ◄

II. Erläuterungen

20 [1] **Bedeutung der Belastungsvollmacht.** Darlehen zur **Finanzierung** eines Grundstückskaufs erhält der Käufer in der Regel nur ausgezahlt, wenn er zu Gunsten seines Kreditinstituts eine Grundschuld am Vertragsgegenstand bestellt. Hierzu ist er normalerweise erst in der Lage, nachdem er Eigentümer geworden ist. Die Eigentumsumschreibung im Grundbuch setzt jedoch regelmäßig die Zahlung des Kaufpreises voraus. Hierfür benötigt der Käufer das Darlehen. Mangels Sicherheit würde das Kreditinstitut dieses jedoch nicht auszahlen. Die Praxis löst dieses Problem, indem sie den Verkäufer an der Grundschuldbestellung mitwirken lässt. Der Verkäufer stellt sein Grundstück vor Kaufpreiszahlung als Kreditsicherheit zur Verfügung und erteilt dem Käufer eine sog. Belastungsvollmacht. Streitig ist, ob bei Erteilung einer Belastungsvollmacht in einem Grundstückskaufvertrag durch einen Vormund, Betreuer, Pfleger oder die gesetzlichen Vertreter eines Minderjährigen die betreuungsgerichtliche bzw familiengerichtliche Genehmigung des Grundstückskaufvertrages die Bestellung der Grundschuld unter Ausnutzung der Belastungsvollmacht umfasst. Das OLG Zweibrücken (NotBZ 2005, 224) hält die Grundschuldbestellung auch in diesen Fällen für genehmigungspflichtig. Es empfiehlt sich daher, stets eine Genehmigung einzuholen.

21 [2] **Einschränkung des Sicherungsvertrages.** Unter Ausnutzung der Belastungsvollmacht kann der Käufer vor Eigentumsumschreibung zu Gunsten der finanzierenden Bank am Vertragsgegenstand eine Grundschuld bestellen. Eine solche Vollmachtserteilung ist naturgemäß mit erheblichen Risiken für den Verkäufer verbunden, vor denen dieser zu schützen ist. Dies geschieht regelmäßig durch **Einschränkung des Sicherungsvertrags.** Die Grundschuldgläubigerin darf die Grundschuld nur insoweit als Sicherheit verwerten oder behalten, als sie tatsächlich Zahlungen mit Tilgungswirkung auf die Kaufpreisschuld des Käufers geleistet hat. IÜ gelten alle weiteren

Zweckbestimmungserklärungen, Sicherungs- und Verwertungsvereinbarungen innerhalb oder außerhalb der Grundschuldbestellungsurkunde erst, nachdem der Kaufpreis vollständig bezahlt ist. Alternativ oder in Ergänzung hierzu kann der Käufer seine Ansprüche auf Auszahlung des Darlehens bis zur Höhe des Kaufpreises an den Verkäufer abtreten und die Gläubigerin unwiderruflich anweisen, dieses insoweit an den Verkäufer auszuzahlen.

C. Verpfändung des Übereignungsanspruchs

I. Muster: Verpfändung des Übereignungsanspruchs im Rahmen einer Grundschuldbestellungsurkunde 22

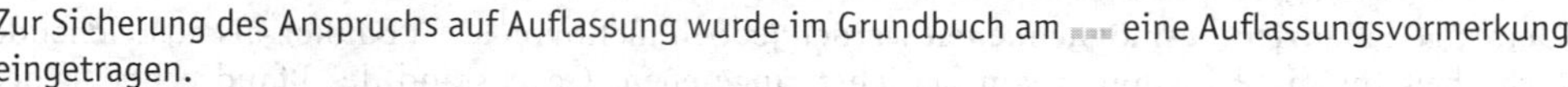

▶ Mit Urkunde des amtierenden Notars vom ■■■, UR Nr. ■■■ hat Herr ■■■ – nachstehend „Käufer" genannt – das Pfandobjekt von ■■■ – nachstehend „Verkäufer" genannt – erworben. 872

Zur Sicherung des Anspruchs auf Auflassung wurde im Grundbuch am ■■■ eine Auflassungsvormerkung eingetragen.

Der Käufer verpfändet hiermit, in Haupt- und Nebensache, alle Rechte und Ansprüche, die ihm aus dem vorstehend bezeichneten Erwerbsvertrag zustehen, insbesondere den durch Vormerkung gesicherten Anspruch auf Eigentumsverschaffung, an den Gläubiger des vorstehenden Grundpfandrechts zur Sicherung der Ansprüche aus dem abstrakten Schuldversprechen gemäß Teil ■■■ Abschnitt ■■■ dieser Urkunde in Haupt- und Nebensache.[1]

Für den Fall der Aufhebung, des Rücktritts oder der Unwirksamkeit des vorstehend bezeichneten Erwerbsvertrages tritt der Käufer seine Ansprüche gegen den Verkäufer auf Rückgewähr aller erbrachten Gegenleistungen und eventuellen sonstigen Ansprüche an den Gläubiger ab.

Der Käufer bewilligt und beantragt die Verpfändung bei der genannten Auflassungsvormerkung zu vermerken und die Eintragung der kraft Gesetzes (§ 1287 BGB) mit Vollzug der Auflassung entstehenden Sicherungshypothek; deren Eintragung soll jedoch unterbleiben, wenn Zug um Zug mit Eintragung der Auflassung unter Löschung der vorstehenden Verpfändung die vorstehend bestellte Grundschuld an der bedungenen Rangstelle eingetragen wird.

Der Notar hat hingewiesen:

a) auf die Wirkung der Verpfändung des Auflassungsanspruchs;
b) auf die Bestimmung des § 1280 BGB, nach der die Verpfändung nur wirksam ist, wenn der Gläubiger des Auflassungsanspruchs sie dem Schuldner anzeigt. Der Käufer beauftragt und bevollmächtigt den Notar die erfolgte Verpfändung dem Veräußerer des Pfandobjekts mitzuteilen;
c) auf das Erfordernis der Zustimmungserklärung der Gläubigerin zur Eigentumsumschreibung auf den Besteller.

Der Notar ist berechtigt, Anträge aus dieser Urkunde getrennt und eingeschränkt zu stellen.

Der Erschienene bevollmächtigt den Notar, seinen amtlich bestellten Vertreter oder Nachfolger im Amt, Bewilligungen und Anträge gegenüber dem Grundbuchamt zu stellen, zu ändern und zu ergänzen, soweit dies verfahrensrechtlich zur Durchführung der Urkunde erforderlich sein sollte.

Der Erschienene bevollmächtigt die Notariatsangestellten ■■■, ■■■ und ■■■ sämtlichst geschäftsansässig in ■■■, und zwar jede einzeln, unter Befreiung von den Beschränkungen des § 181 BGB mit der Befugnis, Untervollmacht zu erteilen, Identitätserklärungen bzgl des Belastungsgegenstandes zu erklären, Bewilligungen und Anträge zu ändern und zu ergänzen, überhaupt alles zu tun, was zur Eintragung der Grundschuld erforderlich oder zweckmäßig ist. Von der Vollmacht kann nur vor dem Notar, dessen amtlich bestellten Vertreter oder Nachfolger im Amt Gebrauch gemacht werden. ◀

II. Erläuterungen

23 **[1] Verpfändung des Übereignungsanspruchs als Finanzierungsalternative.** Eine noch zu vermessende Grundstücksteilfläche kann nicht Belastungsgegenstand einer Grundschuld sein. Der

Käufer einer solchen Teilfläche ist daher bis zur Vermessung und katasteramtlichen Fortschreibung des Vertragsgegenstands nicht in der Lage, diese mit einer Finanzierungsgrundschuld zu belasten. Um ihm gleichwohl eine Finanzierung zu ermöglichen, bieten sich im Wesentlichen zwei Wege an:

- Zunächst könnte die Grundschuld auf Grund einer entsprechenden Belastungsvollmacht am Ausgangsgrundstück eingetragen werden. Die Gläubigerin muss sich jedoch verpflichten, die nicht verkaufte Teilfläche nach katasteramtlicher Fortschreibung aus der Pfandhaft zu entlassen und nicht in den gesamten belasteten Grundbesitz, sondern erst in das nach Vermessung und katasteramtlicher Fortschreibung entstehende Grundstück des Käufers zu vollstrecken.
- Als Alternative kommt eine Verpfändung des Übereignungsanspruchs des Käufers an die Grundschuldgläubigerin in Betracht.

Derartige **Finanzierungsmöglichkeiten** werden jedoch nicht von allen Banken als ausreichende Sicherheit für die Auszahlung von Darlehen angesehen. Gegenstand des Pfandrechts ist der Übereignungsanspruch des Käufers aus dem Grundstückskaufvertrag. Die Verpfändung erfolgt durch formlosen Vertrag zwischen Käufer und Grundschuldgläubigerin (§§ 1274 Abs. 1 S. 1, 398) und bedarf zu ihrer Wirksamkeit gem. § 1280 der Anzeige an den Verkäufer. Die Verpfändung kann bei der Eigentumsübertragungsvormerkung des Käufers im Grundbuch vermerkt werden. Mit Eigentumsumschreibung auf den Käufer entsteht gem. § 1287 S. 2 eine Sicherungshypothek. Auf deren Eintragung wird regelmäßig unter Zustimmung der Gläubigerin verzichtet, sofern die Grundschuld mit Eigentumsumschreibung die ausbedungene Rangstelle erhält.

D. Notarbestätigung

24 I. Muster: Ausstellung einer Notarbestätigung

▶ An ▪▪▪ (Bank)

Bauspar-/Darlehens-Nr.: ▪▪▪, Grundschuldbestellung vom ▪▪▪, UR-Nr. ▪▪▪, Darlehensnehmer: ▪▪▪, hier: Notarbestätigung[1]

Die Urkunde vom ▪▪▪, UR-Nr. ▪▪▪ wurde Ihnen am ▪▪▪ in vollstreckbarer Ausfertigung übersandt.

In meiner Eigenschaft als Notar bestätige ich Ihnen folgendes:

Mit Schreiben vom ▪▪▪ habe ich dem Grundbuchamt in ▪▪▪ die vorgenannte Urkunde zum Vollzug der in ihr enthaltenen Anträge übersandt, wobei gemäß § 15 GBO die Eintragungsanträge auch in Ihrem Namen gestellt wurden.

Durch Einsicht in das elektronische Grundbuch und die Markentabelle vom ▪▪▪[2] habe ich für das Pfandobjekt folgende Eintragungen festgestellt:

Abteilung II: ▪▪▪

Abteilung III: ▪▪▪

Es lagen zu diesem Zeitpunkt dem Grundbuchamt laut Eintragung in der Markentabelle folgende Anträge vor:

Antrag auf Eintragung der Grundschuld vom ▪▪▪, UR-Nr. ▪▪▪, an erster Rangstelle.

Weitere Anträge lagen zu diesem Zeitpunkt laut Eintragung in der Markentabelle dem Grundbuchamt nicht vor.

Diese Bestätigung ergeht unter dem Hinweis, dass in der Markentabelle nicht vermerkte Vorgänge nicht geprüft und berücksichtigt werden konnten und die Eintragung von der Zahlung der Gerichtskosten abhängig gemacht werden kann.

▪▪▪ (Ort), den ▪▪▪

▪▪▪

Notar ◀

II. Erläuterungen

[1] **Notarbestätigung.** Nicht selten legen die Beteiligten, vor allem aber der Gläubiger, Wert auf eine Sicherung für den Zeitraum zwischen Bestellung der Grundschuld und Eintragung. Instrument dieser Sicherstellung ist die sog. Notarbestätigung. Der Notar ist zur Erteilung der Bescheinigung nicht verpflichtet, wird sich dem allerdings regelmäßig nicht entziehen. Für die Form gibt es keine besonderen Vorschriften. Die Bescheinigung stellt keine öffentliche Urkunde dar; deshalb ist auch das Dienstsiegel nicht erforderlich, wird aber regelmäßig verwendet. Die Notarbescheinigung erhält keine Urkundennummer und wird auch nicht in die Urkundenrolle eingetragen. Die Notarbestätigung zielt aus Sicht der finanzierenden Banken weniger darauf, dass die Grundschuld überhaupt eingetragen wird, sondern stärker darauf, dass die Grundschuld rangrichtig eingetragen wird. Dem Notar ist es nach § 14 Abs. 4 BNotO verboten, im Zusammenhang mit einer Amtshandlung eine Bürgschaft oder sonstige Gewährleistung für einen Beteiligten zu übernehmen. Damit darf der Notar auch eine „Garantie" für die rangrichtige Eintragung der Grundschuld nicht übernehmen. Die Notarbestätigung kann daher nur als eine **„gutachterliche" Stellungnahme** im Sinne des § 24 Abs. 1 BNotO aufgefasst werden. 25

[2] **Tatsachenfeststellungen des Notars.** In der Notarbestätigung hat der Notar anzugeben, auf welche Tatsachen er seine Stellungnahme stützt und worauf seine Tatsachenfeststellungen beruhen, etwa die Einsicht in das Grundbuch, die Grundakte oder die Markentabelle beim elektronisch geführten Grundbuch, den Zeitpunkt der Einsichtnahmen. Welche Tatsachen der Notar seinen Feststellungen zugrunde legt, entscheidet der Einzelfall. Dies betrifft etwa die Frage, ob er das Grundbuch und die Grundakten einsieht, oder nur die elektronische Markentabelle. Bestehen vorgehende Eintragungen oder gibt es derartige Anträge, muss der Notar sie in der Bestätigung aufführen. Liegen dem Notar wegen vorhergehender Eintragungen oder Anträge Löschungs-, Freigabeunterlagen oder Rangrücktrittserklärungen zu treuen Händen vor, muss er darüber unter Angabe der Treuhandauflage berichten. Der Notar haftet dafür, dass die festgestellten Tatsachen wahr und die gutachterlichen Feststellungen folgerichtig sind. Für eine unter **Verletzung von Verfahrensvorschriften** vorgenommene abweichende Eintragung haftet der Notar dagegen nicht (vgl aber BGH NJW 2001, 2714). Besondere Vorsicht ist geboten, wenn der Grundschuldbesteller noch nicht Eigentümer ist. Problematisch ist darüber hinaus die Eröffnung des Insolvenzverfahrens über das Vermögen des Grundstückseigentümers vor Eintragung der Grundschuld. Dies gilt insbesondere, wenn § 878 nicht greift und das Grundbuchamt den Insolvenzvermerk nach § 32 InsO sofort einträgt und einen möglichen gutgläubigen Erwerb der Grundschuld nicht zulässt (vgl BGH NJW 1986, 1687; BayObLG Rpfleger 1994, 453; OLG Karlsruhe FGPrax 1998, 3; OLG Schleswig NotBZ 2004, 320). 26

§ 1193 Kündigung

(1) [1]Das Kapital der Grundschuld wird erst nach vorgängiger Kündigung fällig. [2]Die Kündigung steht sowohl dem Eigentümer als dem Gläubiger zu. [3]Die Kündigungsfrist beträgt sechs Monate.
(2) [1]Abweichende Bestimmungen sind zulässig. [2]Dient die Grundschuld der Sicherung einer Geldforderung, so ist eine von Absatz 1 abweichende Bestimmung nicht zulässig.

1 **A. Muster: Kündigungserklärung betreffend die Grundschuld**

► Hiermit kündige[1] ich als Gläubiger[2] die im Grundbuch von ■■■ Blatt ■■■ in Abteilung III unter lfd. Nr. ■■■ eingetragene Grundschuld zum ■■■[3] ◄

B. Erläuterungen

2 [1] **Kündigung.** Die **Fälligkeit des Grundschuldkapitals** tritt gem. § 1193 Abs. 1 S. 1 erst nach vorheriger Kündigung ein. Diese bedarf keiner besonderen Form (OLG Frankfurt/Main Rpfleger 1973, 323). Aus Beweisgründen ist zumindest Schriftform zu empfehlen. Wurde in der Grundschuldbestellungsurkunde hinsichtlich der Erteilung einer vollstreckbaren Ausfertigung nicht auf den Nachweis der Tatsachen verzichtet, die das Entstehen und die Fälligkeit der Grundschuld bedingen (vgl §§ 1191, 1192 Rn 14), kann der beurkundende Notar die Vollstreckungsklausel nur erteilen, wenn ihm zuvor der Zugang der Kündigungserklärung in öffentlicher oder öffentlich beglaubigter Form nachgewiesen wurde. Hierzu bedarf es in der Regel der Vorlage einer Zustellungsurkunde des Gerichtsvollziehers bzw des von diesem betrauten Postzustellungsunternehmens. Die Kündigung ist keine Verfügung über das Grundstück, sondern eine Verfügung über die Grundschuld (BGHZ 1, 294, 303). Die Kündigung beendet die Verzinsung des Grundschuldkapitals nicht (BGH NJW 1987, 946).

3 [2] **Kündigungsrecht.** § 1193 Abs. 1 S. 2 bestimmt ein **wechselseitiges** Kündigungsrecht. Dieses steht sowohl dem Grundstückseigentümer als auch dem Grundschuldgläubiger zu.

4 [3] **Kündigungsfrist.** Die gesetzliche Kündigungsfrist beträgt **sechs Monate** (§ 1193 Abs. 1 S. 3). § 1193 Abs. 2 S. 1 lässt von der gesetzlichen Regelung des Abs. 1 zur Fälligkeit des Grundschuldkapitals abweichende Bestimmungen ausdrücklich zu. Zu denken ist etwa an die Vereinbarung eines bestimmten Kündigungszeitpunkts oder einer von § 1193 Abs. 1 S. 3 abweichenden Kündigungsfrist. Dient die Grundschuld allerdings – wie in der weit überwiegenden Mehrzahl aller Fälle – der Sicherung einer Geldforderung, so ist gem. § 1193 Abs. 2 S. 2 eine von § 1193 Abs. 1 abweichende Bestimmung nicht zulässig.

§ 1194 Zahlungsort

Die Zahlung des Kapitals sowie der Zinsen und anderen Nebenleistungen hat, soweit nicht ein anderes bestimmt ist, an dem Orte zu erfolgen, an dem das Grundbuchamt seinen Sitz hat.

1 **A. Muster: Vereinbarung zum Zahlungsort**

► Zahlungsort des Grundschuldkapitals, der Zinsen und der sonstigen Nebenleistung ist ■■■.[1] ◄

B. Erläuterungen

2 [1] **Vereinbarungen zum Zahlungsort.** Gem. § 1194 hat die Zahlung des Kapitals sowie der Zinsen und anderen Nebenleistungen, soweit nicht ein anderes bestimmt ist, an dem Orte zu erfolgen, an dem das Grundbuchamt seinen Sitz hat. Dieser gesetzlichen Regelung gehen vertragliche Vereinbarungen zwischen Grundstückseigentümer und Grundschuldgläubiger vor. Diese betreffen den **dinglichen Inhalt** des Rechts und bedürfen der Einigung und Eintragung in das Grundbuch. Eine Bezugnahme auf die Eintragungsbewilligung nach § 874 reicht aus. Er-

folgt die Vereinbarung nachträglich oder wird sie geändert, gilt § 877. Der Zustimmung gleich- oder nachrangig Berechtigter bedarf es insoweit nicht (§ 1119 Abs. 2).

§ 1195 Inhabergrundschuld

[1]Eine Grundschuld kann in der Weise bestellt werden, dass der Grundschuldbrief auf den Inhaber ausgestellt wird. [2]Auf einen solchen Brief finden die Vorschriften über Schuldverschreibungen auf den Inhaber entsprechende Anwendung.

A. Muster: Bestellung einer Inhabergrundschuld 1

▶ Herr ■■■ bestellt für den jeweiligen Inhaber des Grundschuldbriefes eine Grundschuld iHv ■■■ EUR – i.W. ■■■ Euro – an dem im Grundbuch des Amtsgerichts ■■■, Grundbuch von ■■■, Blatt ■■■, der Gemarkung ■■■ vorgetragenen Grundbesitz, lfd. Nr. ■■■, Flur ■■■, Flurstück ■■■ in Größe von ■■■ qm. Die Grundschuld ist vom Tage der Eintragung an mit jährlich ■■■ vom Hundert zu verzinsen. Die Zinsen sind kalenderjährlich nachträglich zu bezahlen. Der Eigentümer bewilligt und beantragt, in die vorstehend bestellte Grundschuld in das Grundbuch einzutragen.[1]

■■■

Notarielle Unterschriftsbeglaubigung[2] ◀

B. Erläuterungen

[1] Bestellung einer Inhabergrundschuld. Die Inhabergrundschuld ist in der Praxis bedeutungslos. Sie entspricht der Hypothek für Schuldverschreibungen auf den Inhaber gem. § 1187. Bei ihrer Entstehung steht sie stets dem Eigentümer zu. Im Gegensatz zur Sicherungshypothek für Orderpapiere (§ 1187) gibt es eine Ordergrundschuld nicht. Die Inhabergrundschuld kann nach § 1195 S. 1 nur als **Briefgrundschuld** bestellt werden. Die Bestellung erfolgt durch einseitige Erklärung des Eigentümers gegenüber dem Grundbuchamt und Eintragung in das Grundbuch (§§ 1192 Abs. 1, 1188 Abs. 1). Als Berechtigter ist der Briefinhaber einzutragen; zur Eintragung von Teilinhabergrundschulden und zur Teilbrieferteilung siehe §§ 50 Abs. 2, 70 Abs. 2 GBO. Auf den Inhabergrundschuldbrief finden gem. § 1195 S. 2 die Vorschriften über Schuldverschreibungen auf den Inhaber entsprechende Anwendung. Hierbei handelt es sich um die §§ 793–808. Gem. § 796 kann der Eigentümer dem Inhaber des Grundschuldbriefs nur solche Einwendungen entgegensetzen, welche die Gültigkeit der Ausstellung des Briefs betreffen oder sich aus dem Brief ergeben oder dem Eigentümer unmittelbar gegen den Inhaber zustehen. Die Einwendung der Nichtentstehung der Inhabergrundschuld kann jedoch durch § 892 ausgeschlossen sein (NK-BGB/*Krause*, § 1195 Rn 5). Die Abtretung der Inhabergrundschuld erfolgt durch Einigung und Briefübergabe (§§ 929 ff) und nicht nach § 1154. Der gutgläubige Erwerb der Inhabergrundschuld richtet sich nach §§ 932, 935. Für die Verpfändung der Inhabergrundschuld gelten die Vorschriften über das Pfandrecht an beweglichen Sachen (§§ 1293, 1204). Auf den Nießbrauch an der Inhabergrundschuld ist § 1081 anwendbar. Die Pfändung der Inhabergrundschuld vollzieht sich nach §§ 808, 821, 823 ZPO. § 1187 S. 4 findet auf die Inhabergrundschuld entsprechende Anwendung. Auch bei dieser ist daher der gesetzliche Löschungsanspruch nach §§ 1179 a, 1179 b ausgeschlossen. § 1189 über die Bestellung eines Grundbuchvertreters ist auf die Inhabergrundschuld anwendbar (RGZ 59, 381, 386); zur Briefvorlegung siehe § 42 S. 2 GBO. 2

[2] Form. § 29 GBO. 3

§ 1196 Eigentümergrundschuld

(1) Eine Grundschuld kann auch für den Eigentümer bestellt werden.
(2) Zu der Bestellung ist die Erklärung des Eigentümers gegenüber dem Grundbuchamt, dass die Grundschuld für ihn in das Grundbuch eingetragen werden soll, und die Eintragung erforderlich; die Vorschrift des § 878 findet Anwendung.
(3) Ein Anspruch auf Löschung der Grundschuld nach § 1179 a oder § 1179 b besteht nur wegen solcher Vereinigungen der Grundschuld mit dem Eigentum in einer Person, die eintreten, nachdem die Grundschuld einem anderen als dem Eigentümer zugestanden hat.

§ 1197 Abweichungen von der Fremdgrundschuld

(1) Ist der Eigentümer der Gläubiger, so kann er nicht die Zwangsvollstreckung zum Zwecke seiner Befriedigung betreiben.
(2) Zinsen gebühren dem Eigentümer nur, wenn das Grundstück auf Antrag eines anderen zum Zwecke der Zwangsverwaltung in Beschlag genommen ist, und nur für die Dauer der Zwangsverwaltung.

A. Bestellung einer Eigentümergrundschuld

1 I. Muster: Bestellung einer Eigentümerbriefgrundschuld mit Zwangsvollstreckungsunterwerfung

▶ UR-Nr. ■■■/2010
Heute, den ■■■ zweitausendzehn,
– ■■■ 2010 –
erschien vor mir,

■■■

Notar
mit Amtssitz in ■■■,
in meinen Amtsräumen in ■■■, ■■■:
Herr ■■■
geb. am ■■■
wohnhaft in ■■■
ausgewiesen durch gültigen deutschen Personalausweis,
– nachstehend „Eigentümer" genannt –[1]
Auf Ansuchen beurkunde ich seinen Erklärungen gemäß, was folgt:

§ 1 Grundschuld

1. Bestellung; Pfandbesitz

Herr ■■■ bestellt für sich selbst als Eigentümer[2] eine Grundschuld mit Brief[3] iHv
■■■ EUR
– i.W. ■■■ Euro –
an dem im Grundbuch des Amtsgerichts ■■■, Grundbuch von ■■■, Blatt ■■■, der Gemarkung ■■■ vorgetragenen Grundbesitz
lfd. Nr. ■■■, Flur ■■■, Flurstück ■■■ in Größe von ■■■ qm,
Lage: ■■■
Das Grundbuch von ■■■, Blatt ■■■ weist folgende Belastungen aus:
Abteilung II: ■■■
Abteilung III: ■■■
Der Notar hat den Grundbuchinhalt am ■■■ feststellen lassen.

2. Rangstelle
Die bestellte Eigentümerbriefgrundschuld soll endgültig folgende Rangstelle erhalten:
■■■
Sollten Rechte eingetragen sein, die einer Eintragung der Grundschuld an der bedungenen Rangstelle entgegenstehen, soll die Grundschuld die nächstfreie Rangstelle erhalten. Dies wird hiermit beantragt.
Der Eigentümer stimmt den zur Beschaffung des bedungenen Ranges erforderlichen Löschungen und Rangänderungen zu.
Zur Eintragung der Grundschuld ist erforderlich ■■■
3. Zinsen, Fälligkeit
Die Grundschuld ist vom Tage der Eintragung an mit jährlich ■■■ vom Hundert zu verzinsen.[4]
Die Zinsen sind kalenderjährlich nachträglich zu bezahlen.
4. Dingliche Zwangsvollstreckungsunterwerfung (§ 800 ZPO)
Der Eigentümer unterwirft den Pfandbesitz in Ansehung der Grundschuld samt Zinsen der sofortigen Zwangsvollstreckung in der Weise, dass die Zwangsvollstreckung gegen den jeweiligen Eigentümer zulässig sein soll.[5]
5. Grundbuch, Grundschuldbrief
Der Eigentümer bewilligt und beantragt, in das Grundbuch einzutragen:[6]
   - die Grundschuld mit den Zins- und Zahlungsbestimmungen und der Vollstreckungsunterwerfung;
   - den Vollzug der Erklärungen zur Beschaffung des bedungenen Ranges der Grundschuld, bei Löschungen auch insoweit, als weiterer Grundbesitz von der Löschung betroffen ist.

Der Notar ist ermächtigt, auch den Teilvollzug dieser Urkunde zu beantragen.

Die Vollzugsmitteilungen des Grundbuchamtes sind dem Notar und dem Eigentümer zu erteilen.

Der Grundschuldbrief ist dem Notar auszuhändigen.[7]

Dem Notar ist nach Eintragung der Grundschuld an der bedungenen Rangstelle eine beglaubigte Grundbuchblattabschrift zu erteilen.

§ 2 Übernahme der persönlichen Haftung mit Zwangsvollstreckungsunterwerfung

Der Eigentümer – nachfolgend auch „Schuldner" genannt – bietet demjenigen, dem diese Grundschuld abgetreten wird – sei es erstmals oder nach zwischenzeitlicher Vereinigung mit dem Eigentümer in einer Person –, den Abschluss eines Vertrages an, durch den er ihm gegenüber die persönliche Haftung für die Bezahlung des Grundschuldbetrages und der Zinsen übernimmt.
Der Gläubiger darf den Schuldner aus der persönlichen Haftung schon vor der Vollstreckung in den Pfandbesitz in Anspruch nehmen.

Der Schuldner unterwirft sich wegen der vorstehenden im Fall der Annahme entstehenden Zahlungsverpflichtung der sofortigen Zwangsvollstreckung aus dieser Urkunde in sein gesamtes Vermögen. Mehrere Schuldner haften als Gesamtschuldner.

Die Annahme durch den Gläubiger kann stillschweigend erfolgen. Zur Erteilung einer vollstreckbaren Ausfertigung dieser Urkunde bedarf es nicht des Nachweises, dass der Abtretungsempfänger das Angebot angenommen hat. Dem Abtretungsempfänger dürfen Ausfertigungen dieser Urkunde erteilt werden.[8]

§ 3 Abtretung der Rückgewähransprüche

Der Eigentümer überträgt für den Fall, dass die Grundschuld abgetreten wird, dem jeweiligen Gläubiger seine Ansprüche gegen die Gläubiger der vor- und gleichrangigen Grundschulden auf vollständige oder teilweise Rückgewähr dieser Grundschulden durch Abtretung, Verzicht oder Löschung, sowie auf Herausgabe des Erlöses, der dem Eigentümer bei der Verwertung der Grundschulden zusteht.[9]

§ 4 Kosten, Abschriften

Der Eigentümer trägt die Kosten dieser Urkunde und ihres Vollzuges.

Von dieser Urkunde erhalten der Eigentümer eine Ausfertigung und eine beglaubigte Abschrift und das Grundbuchamt eine beglaubigte Abschrift.

Dem Abtretungsgläubiger der Grundschuld ist auf dessen Antrag gegen Nachweis der Rechtsnachfolge in öffentlich beglaubigter Form eine vollstreckbare Ausfertigung zu erteilen. Es wird auf den Nachweis der Tatsachen verzichtet, die das Entstehen und die Fälligkeit der Grundschuld bedingen.

§ 5 Ausschluss des gesetzlichen Löschungsanspruchs

Als Inhalt der bestellten Grundschuld wird vereinbart, dass der gesetzliche Löschungsanspruch des jeweiligen Gläubigers der vorbestellten Grundschuld bzgl der bestellten Grundschuld selbst und bzgl aller etwa vor- und gleichrangigen Grundpfandrechte ausgeschlossen ist (§ 1196 Abs. 3 BGB iVm §§ 1179 a, 1179 b BGB).

Die Eintragung dieses Ausschlusses im Grundbuch wird bewilligt und beantragt.[10]

§ 6 Hinweise des Notars

Über das Wesen der Grundschuld wurde der Eigentümer belehrt, insbesondere darüber, dass mit dem Gläubiger eine Darlehensvereinbarung getroffen sein sollte, damit für den Gläubiger im Innenverhältnis nur die im Darlehensvertrag vereinbarten Zins- und Zahlungsbestimmungen gelten.

Mit Rückzahlung des Darlehens erlischt die Grundschuld nicht.

Dem Eigentümer sind die Risiken bekannt, die bestehen, wenn Verbindlichkeiten zurückgeführt werden, ohne dass der Gläubiger der Grundschuld den Grundschuldbrief vorlegt.

Mit vollständiger Erledigung der gesicherten Verbindlichkeiten besteht aus der Sicherungsvereinbarung ein Anspruch auf Rückabtretung der Grundschuld und Rückgabe des Grundschuldbriefes.[11]

Vorstehende Niederschrift wurde den Erschienenen vom Notar vorgelesen, von ihnen genehmigt und eigenhändig, wie folgt, unterschrieben:

...

Unterschriften ◄

II. Erläuterungen und Varianten

2 [1] **Einseitige Erklärung des Eigentümers.** Zur Bestellung der Eigentümergrundschuld genügt nach § 1196 Abs. 2 Hs 1 die **einseitige Erklärung** des Grundstückseigentümers gegenüber dem Grundbuchamt, dass die Grundschuld für ihn in das Grundbuch eingetragen werden soll. Die Erklärung muss den Willen des Eigentümers zur Schaffung einer Eigentümergrundschuld deutlich machen. Die Umdeutung einer mangels wirksamer Einigung nicht entstandenen Hypothek oder Fremdgrundschuld in eine Eigentümergrundschuld ist ausgeschlossen. Materiellrechtlich bedarf die Erklärung des Eigentümers keiner Form. Bestellt der bloße Bucheigentümer die Ei-

gentümergrundschuld, kann diese nicht entstehen. Es fehlt hier an einem Verkehrsgeschäft. Ein gutgläubiger Erwerb nach § 892 scheidet daher aus (NK-BGB/*Krause*, § 1196 Rn 11).

[2] **Grundschuld für den Eigentümer.** Keine Schwierigkeiten bereitet es, wenn der **Alleineigentümer** die Eigentümergrundschuld an seinem Grundstück bestellt. Diese ist stets Eigentümergrundschuld. Ebenso kann ein **Miteigentümer** nach Bruchteilen seinen eigenen Miteigentumsanteil selbständig belasten. Eine zu Gunsten eines Miteigentümers bestellte (Gesamt-)Grundschuld am gesamten Grundstück ist teils Eigentümergrundschuld, teils Fremdgrundschuld. Nur hinsichtlich der Eigentümergrundschuld ist § 1197 anwendbar. Gleiches gilt, wenn mehrere Grundstücke verschiedener Eigentümer mit einer Gesamtgrundschuld zu Gunsten eines Eigentümers belastet werden. Sind mehrere Eigentümer vorhanden und soll die Grundschuld für diese gemeinschaftlich am ganzen Grundstück bestellt werden, ist nach § 47 GBO das Anteils- oder Gemeinschaftsverhältnis anzugeben. 3

Die Bestellung der Grundschuld zu Gunsten der Eigentümer als Gläubiger nach Bruchteilen ist nicht empfehlenswert. Der jeweilige Miteigentümer könnte wegen § 1197 aus seinem Grundschuldbruchteil nur in die Miteigentumsanteile der anderen Eigentümer vollstrecken. IÜ verstärkt die Doppelnatur der Grundschuld die Probleme, die im Zusammenhang mit dem gesetzlichen Löschungsanspruch stehen (vgl Rn 14). Vorzuziehen ist daher in der Praxis die Bestellung der Grundschuld zu Gunsten der Eigentümer als Mitgläubiger nach § 432 oder Gesamtgläubiger nach § 428. 4

► Herr ... und Herr ... bestellen für sich selbst als Gesamtgläubiger gem. § 428 BGB eine Grundschuld mit Brief iHv ... EUR. ◄

Steht die Grundschuld den Eigentümern als Gesamtgläubigern zu, ist sie an jedem Miteigentumsanteil auch stets Fremdgrundschuld, so dass § 1197 nicht gilt (BGH WM 1981, 199). Jeder Gesamtgläubiger kann daher die Zwangsvollstreckung aus der gesamten Grundschuld betreiben. 5

Gesamthandseigentümer können mit einer Eigentümergrundschuld nur das gesamte Grundstück belasten und diese nur zu Gunsten aller Gesamthänder bestellen (KGJ 43, 259). Erfolgt die Bestellung der Grundschuld für einen Gesamthänder, liegt eine Fremdgrundschuld vor. Leben Ehegatten in **Gütergemeinschaft**, können sie eine Eigentümergrundschuld für sich als Gesamtgläubiger nur bestellen, wenn sie diese ehevertraglich zum Vorbehaltsgut erklären (BayObLGZ 1962, 205). 6

[3] **Eigentümerbriefgrundschuld.** Eine Eigentümergrundschuld soll häufig als künftige Kreditsicherheit dienen. Dies erfordert eine spätere Abtretung der Grundschuld an den Gläubiger. Um eine weitere Grundbucheintragung zu verhindern, wird die Eigentümergrundschuld regelmäßig als Eigentümerbriefgrundschuld bestellt. Abgesehen von der erleichterten Abtretung des **Briefrechts** (§ 1154) hat dies den Vorteil, dass sich zu keiner Zeit aus dem Grundbuch ein Hinweis auf die Bankverbindung des Eigentümers ergibt. 7

[4] **Grundschuldzinsen.** Die Eigentümergrundschuld kann **verzinslich** bestellt und eingetragen werden (BGHZ 64, 316; BayObLGZ 1978, 136). Der Zinsbeginn kann auch auf einen Zeitpunkt vor Eintragung festgesetzt werden. § 1197 Abs. 2 steht dem nicht entgegen. Diese Vorschrift enthält kein generelles Zinsverbot für die Eigentümergrundschuld. Sie verbietet dem Eigentümer lediglich, den Zinsanspruch geltend zu machen. Das Verbot entfällt mit der Abtretung der Grundschuld an einen Dritten oder der sonstigen Umwandlung in ein Fremdrecht. Soll die Eigentümergrundschuld im Hinblick auf eine Abtretung an ein Kreditinstitut bestellt werden, empfiehlt es sich, die Höhe der Zinsen entsprechend den Gepflogenheiten der Banken und Sparkassen auszugestalten (je nach Institut 12 v.H. bis 18 v.H. des Grundschuldbetrags). 8

[5] **Dingliche Zwangsvollstreckungsunterwerfung.** Der Eigentümer kann sich schon bei Bestellung der Eigentümergrundschuld – auch vor deren Abtretung – der dinglichen Zwangsvollstre- 9

ckung in Ansehung des Grundschuldbetrags und der Zinsen unterwerfen, §§ 794 Abs. 1 Nr. 5, 800 ZPO (BGHZ 64, 316). Dem steht § 1197 Abs. 1 nicht entgegen. Diese Vorschrift ordnet lediglich an, dass der Eigentümer als Gläubiger der Grundschuld nicht die Zwangsvollstreckung zum Zwecke seiner Befriedigung betreiben kann. Ihm fehlt also lediglich in verfahrensrechtlicher Hinsicht die **Zwangsvollstreckungsbefugnis.** Wirkung entfaltet die dingliche Zwangsvollstreckungsunterwerfung erst, wenn die Grundschuld abgetreten ist oder das Eigentum am belasteten Grundstück gewechselt hat.

10 [6] **Grundbucheintragung.** Die Eigentümergrundschuld entsteht mit **Eintragung in das Grundbuch.** Dies gilt auch bei Bestellung einer Briefgrundschuld. Für diese gelten §§ 1117, 1163 Abs. 2 nicht. Die Grundbucheintragung erfolgt auf Antrag (§ 13 Abs. 1 GBO) und setzt verfahrensrechtlich eine Eintragungsbewilligung des Grundstückseigentümers (§ 19 GBO) in der Form des § 29 GBO voraus. Als Gläubiger der Eigentümergrundschuld wird der Eigentümer in das Grundbuch eingetragen.

11 [7] **Aushändigung des Grundschuldbriefes.** Das Grundbuchamt darf den Grundschuldbrief nach Eintragung der Eigentümergrundschuld an einen anderen als den Grundstückseigentümer nur herausgeben, wenn der Herausgabeanspruch an diesen durch den Eigentümer abgetreten ist. Soll der Abtretungsempfänger nicht aus den Grundakten des Grundbuchamtes erkennbar sein, kann dieser dadurch gesichert werden, dass der **Notar** den Grundschuldbrief für ihn nach § 60 Abs. 2 GBO iVm § 1117 Abs. 2 entgegennimmt.

12 [8] **Übernahme der persönlichen Haftung mit Zwangsvollstreckungsunterwerfung.** Nach hM ist es zulässig, dass der Grundstückseigentümer in der Grundschuldbestellungsurkunde die persönliche Haftung für den Grundschuldbetrag einschließlich Nebenleistungen übernimmt und sich wegen dieser Verbindlichkeit der sofortigen Zwangsvollstreckung in sein gesamtes Vermögen unterwirft, § 794 Abs. 1 Nr. 5 ZPO (BGH DNotZ 1958, 579; BGH DNotZ 1976, 364; BGH NJW 1991, 228; BGH ZIP 1999, 1591; OLG Frankfurt/Main MittBayNot 1981, 121; aA OLG Düsseldorf DNotZ 1958, 420; KG DNotZ 1975, 718; *Wolfsteiner*, Die vollstreckbare Urkunde, 2006, § 28.73). Diese Erklärung ist als **Angebot** an den künftigen Abtretungsempfänger der Grundschuld auf Abschluss eines Vertrags nach § 780 zu verstehen, welches dieser stillschweigend annehmen kann. Die Annahme des Angebots erfolgt spätestens mit Betreiben der Zwangsvollstreckung.

13 [9] **Abtretung der Rückgewähransprüche.** Vgl §§ 1191, 1192 Rn 11.

14 [10] **Gesetzlicher Löschungsanspruch.** Gem. § 1196 Abs. 3 ist eine Eigentümergrundschuld durch die gesetzlichen Löschungsansprüche aus §§ 1179 a, 1179 b erst bedroht, nachdem sie einmal durch Abtretung Fremdgrundschuld war, also zur Kreditsicherung eingesetzt worden ist. Nach Rückkehr der Grundschuld zum Eigentümer ist diese ohne Einschränkung den gesetzlichen Löschungsansprüchen gleich- oder nachrangiger Grundpfandrechtsgläubiger ausgesetzt. Maßgeblicher Zeitpunkt für deren Entstehen ist der der Rückabtretung an den Eigentümer. Da Eigentümergrundschulden im Regelfall als Briefrechte bestellt werden, deren Abtretung sich außerhalb des Grundbuchs vollziehen kann (§ 1154 Abs. 1), vermag ein Gläubiger, dem eine solche Grundschuld als Sicherheit angeboten wird, nicht zuverlässig festzustellen, ob Löschungsansprüche gleich- oder nachrangiger Gläubiger bestehen. Sichere und klare Verhältnisse lassen sich nur mit Ausschluss des gesetzlichen Löschungsanspruchs gleich- oder nachrangiger Grundpfandrechtsgläubiger schaffen (§ 1179 a Abs. 5). Diese werden hierzu jedoch regelmäßig nicht bereit sein. Insbesondere Kreditinstitute üben daher bei Eintragung gleich- oder nachrangiger Grundpfandrechte im Grundbuch äußerste Zurückhaltung im Hinblick auf die Eigentümergrundschuld und ziehen statt einer Abtretung die Neubestellung einer Grundschuld vor. Der **Ausschluss des gesetzlichen Löschungsanspruchs** hinsichtlich vorrangig oder gleichrangig eingetragener Grundpfandrechte sichert die Verkehrsfähigkeit und damit die Verwendbarkeit der Eigentümergrundschuld.

[11] **Sicherungsgrundschuld.** Vgl §§ 1191, 1192 Rn 16. 15

B. Abtretung einer Eigentümergrundschuld

I. Muster: Abtretung einer Eigentümerbriefgrundschuld 16

▶ Im Grundbuch des Amtsgerichts ■■■, Grundbuch von ■■■, Blatt ■■■, der Gemarkung ■■■ ist folgender Grundbesitz vorgetragen

lfd. Nr. ■■■, Flur ■■■, Flurstück ■■■ in Größe von ■■■ qm,

Lage:

Hieran wird nach Vollzug der diesamtlichen Grundschuldbestellungsurkunde vom heutigen Tage UR-Nr. ■■■/■■■[1] in Abteilung III lfd. Nr. ■■■ für ■■■ – im folgenden „der Eigentümer" genannt – eine Eigentümerbriefgrundschuld iHv ■■■ EUR – i.W. ■■■ Euro – nebst ■■■ % jährliche Zinsen[2] seit dem Tage der Eintragung der Grundschuld lasten.

Der Eigentümer tritt die Grundschuld mit allen Zinsen seit dem Tag der Eintragung der Grundschuld im Grundbuch einschließlich aller Eigentümerrechte und Rückgewährsansprüche hinsichtlich vorgehender Grundpfandrechte und der Ansprüche aus dem Schuldanerkenntnis und der Zwangsvollstreckungsunterwerfung in das sonstige Vermögen an ■■■ (Gläubiger) ab.[3]

Der Eigentümer, ■■■, – nachfolgend auch „Schuldner" genannt – hat gegenüber dem jeweiligen Gläubiger der Grundschuld die persönliche Haftung für die Bezahlung des Grundschuldbetrages und der Zinsen übernommen. Der Gläubiger darf den Schuldner aus der persönlichen Haftung schon vor der Vollstreckung in den Pfandbesitz in Anspruch nehmen. Der Schuldner anerkennt, dass diese Verpflichtungen und die Vollstreckungsunterwerfung gegenüber dem o.g. Abtretungsgläubiger gelten. Alle hieraus erwachsenden Rechte sind mit abgetreten.[4]

Der Eigentümer bewilligt, beantragt jedoch derzeit nicht die Eintragung der Abtretung in das Grundbuch.

Der Eigentümer weist den Notar, der diese Erklärung beglaubigt, unwiderruflich an, den Grundschuldbrief dem Abtretungsgläubiger zu übergeben.[5]

Die Kosten der Urkunde trägt der Eigentümer.

Der Notar wird angewiesen, nach Eintragung der Eigentümerbriefgrundschuld eine vollstreckbare Ausfertigung der Grundschuldbestellungsurkunde dem künftigen Gläubiger zu übermitteln.

Diese Abtretungserklärung erhält der künftige Gläubiger; der Abtretende erhält eine beglaubigte Abschrift.

■■■

Notarielle Unterschriftsbeglaubigung[6] ◀

II. Erläuterungen

[1] **Abtretung vor Grundbucheintragung.** Die Eigentümergrundschuld kann bereits vor ihrer Grundbucheintragung abgetreten werden. Der **Zessionar** erwirbt diese jedoch erst mit der Eintragung. Bis zu diesem Zeitpunkt hat er keine gesicherte Anwartschaft auf die Grundschuld. Die Bestellung einer Fremdgrundschuld für den Gläubiger bietet diesem daher in der Regel eine größere Sicherheit. Da bei Bestellung einer Fremdgrundschuld die Kosten der vom Gläubiger häufig verlangten notariellen Beglaubigung der Abtretungserklärung (vgl § 1155) nicht anfallen, ist diese iÜ regelmäßig kostengünstiger als die Bestellung der Eigentümergrundschuld mit Abtretung. 17

[2] **Grundschuldzinsen.** Vgl Rn 8. 18

[3] **Abtretung.** Die Abtretung der Eigentümergrundschuld vollzieht sich nach den gleichen Vorschriften, die für ein Fremdrecht gelten. Bei einer Briefgrundschuld also nach § 1154 Abs. 1 19

oder 2 und bei einer Buchgrundschuld nach § 1154 Abs. 3. Mit der Abtretung entsteht eine **Fremdgrundschuld.** Die Abtretung der Eigentümergrundschuld kann auch erfolgen, wenn im Rang nach ihr eine Eigentumsübertragungsvormerkung in das Grundbuch eingetragen worden ist. Die Abtretung führt nicht zu einer Beeinträchtigung des Vormerkungsberechtigten iSd § 883 Abs. 2 (BGHZ 64, 316).

20 [4] **Übernahme der persönlichen Haftung mit Zwangsvollstreckungsunterwerfung.** Vgl Rn 12.

21 [5] **Aushändigung des Grundschuldbriefes.** Vgl Rn 11.

22 [6] **Form.** § 29 GBO.

§ 1198 Zulässige Umwandlungen

[1]Eine Hypothek kann in eine Grundschuld, eine Grundschuld kann in eine Hypothek umgewandelt werden. [2]Die Zustimmung der im Range gleich- oder nachstehenden Berechtigten ist nicht erforderlich.

1 A. Muster: Umwandlung einer Hypothek in eine Grundschuld

► Im Grundbuch von … Blatt … ist in Abteilung III unter lfd. Nr. … eine brieflose Hypothek iHv … EUR nebst Zinsen für … (Gläubiger) eingetragen. Wir, Gläubiger und Grundstückseigentümer, sind uns darüber einig[1], dass diese Hypothek in eine brieflose Grundschuld über … EUR, die von heute ab mit jährlich … vom Hundert zu verzinsen ist, umgewandelt[2] wird, wobei die Grundschuldzinsen am ersten Werktag eines jeden Kalenderjahres für das vorangegangene Kalenderjahr zahlbar sind, spätestens jedoch im Verteilungstermin.

Wir[3] bewilligen und beantragen die Eintragung der Umwandlung in das Grundbuch.[4]

…

Notarielle Unterschriftsbeglaubigung[5] ◄

B. Erläuterungen und Varianten

2 [1] **Inhaltsänderung.** Die Umwandlung ist eine Inhaltsänderung des eingetragenen Grundpfandrechts iSd §§ 877, 873. Diese erfordert materiellrechtlich eine formlose Einigung zwischen dem Grundstückseigentümer und dem Gläubiger sowie der Eintragung in das Grundbuch. Ist das umzuwandelnde Grundpfandrecht mit dem Recht eines Dritten belastet, bedarf es weiterhin zur Umwandlung dessen Zustimmung nach § 876.

3 [2] **Zulässige Umwandlungen.** Eine Hypothek kann ohne weiteres in eine Fremdgrundschuld umgewandelt werden. Der Zustimmung des persönlichen Schuldners zur Umwandlung bedarf es nicht. Dieser wird durch § 1165 ausreichend geschützt. Ob die Umwandlung der Hypothek in die Grundschuld zum Erlöschen der Forderung führt, richtet sich im Einzelfall nach den Vereinbarungen der Beteiligten. Sofern der Gläubiger die Grundschuld als Leistung an Erfüllungs statt annimmt, ist von einem Erlöschen der Forderung nach § 364 Abs. 1 auszugehen (NK-BGB/*Krause*, § 1198 Rn 5). Die Umwandlung der Eigentümerhypothek nach § 1177 Abs. 2 in eine Eigentümergrundschuld ist zulässig. Hierzu bedarf es lediglich einer einseitigen Umwandlungserklärung des Eigentümers und die Eintragung der Umwandlung in das Grundbuch. Eine Fremdhypothek kann nicht durch rechtsgeschäftliche Erklärung in eine Eigentü-

mergrundschuld umgewandelt werden. Deren Umwandlung vollzieht sich nur kraft Gesetzes (vgl §§ 1163 Abs. 1, 1168).

Die Umwandlung einer Grundschuld in eine Hypothek setzt eine dingliche Bindung an die Forderung voraus. Die Umwandlung einer Fremdgrundschuld in eine Fremdhypothek vollzieht sich dadurch, dass dem dinglichen Recht eine Forderung (§ 1113) unterlegt wird. Soll die Grundschuld in eine Hypothek für die Forderung eines Dritten umgewandelt werden, sind **zwei Wege** möglich: 4

1. Abtretung der Grundschuld vom bisherigen Gläubiger an den neuen und Umwandlung der Grundschuld in eine Hypothek durch den Eigentümer und den neuen Gläubiger unter Zugrundelegung der Forderung;
2. Umwandlung der Grundschuld durch den Eigentümer und den neuen Hypothekengläubiger durch Forderungsunterlegung entsprechend § 1180 Abs. 2 unter Zustimmung des alten Grundschuldgläubigers.

Ebenso wie bei der Ersteintragung einer Hypothek ist die Forderung in der Eintragungsbewilligung und Grundbucheintragung zu bezeichnen.

▶ Im Grundbuch von ... Blatt ... ist in Abteilung III unter lfd. Nr. ... eine brieflose Grundschuld iHv ... EUR nebst ... vom Hundert Zinsen jährlich für ... (Gläubiger) eingetragen. Wir, Gläubiger und Grundstückseigentümer, sind uns darüber einig, dass diese Grundschuld in eine brieflose Hypothek über ... EUR, zu verzinsen ab heute mit jährlich ... vom Hundert Zinsen, zur Sicherung einer dem Gläubiger gegen den Grundstückseigentümer zustehenden ... (Forderung) umgewandelt wird. Wir bewilligen und beantragen die Eintragung der Umwandlung in das Grundbuch. ◀

Die Umwandlung einer Eigentümergrundschuld in eine Fremdhypothek bedarf neben der Unterlegung der Forderung der Abtretung des Grundpfandrechts an den neuen Gläubiger (BGH NJW 1968, 1674). Die Voreintragung des Eigentümers als Grundschuldgläubiger ist nicht notwendig (BGH NJW 1968, 1674). Zulässig ist auch die Umwandlung einer Eigentümergrundschuld in eine Eigentümerhypothek (§ 1177 Abs. 2), sofern dem dinglichen Recht eine Forderung des Eigentümers gegen einen Dritten zu Grunde gelegt wird. Ausgeschlossen ist eine Umwandlung in eine Eigentümerhypothek, die keine Forderung sichern soll. 5

[3] Keine Zustimmung gleich- oder nachrangig Berechtigter. Die Zustimmung der im Rang gleich- oder nachstehenden Berechtigten ist gem. § 1198 S. 2 zur Umwandlung nicht erforderlich. Diese werden durch §§ 1179, 1179 a geschützt. 6

[4] Wirkung der Umwandlung. Abgesehen vom Wechsel der Art des Grundpfandrechts führt die Umwandlung nicht zu einer Änderungen des sonstigen Rechtsinhalts. Dies bedeutet insbesondere, dass die vereinbarten Zinsen und Zahlungsbedingungen unverändert weiter gelten. Gleiches gilt für einen etwaigen Briefausschluss. Von der Umwandlung erfasst ist auch eine etwaige dingliche Unterwerfung unter die sofortige Zwangsvollstreckung (§ 800 ZPO). Eines neuen Titels in Ansehung des umgewandelten Grundpfandrechts bedarf es daher nicht (LG Düsseldorf DNotZ 1962, 97; LG Bonn Rpfleger 1998, 34). 7

[5] Form der Eintragungsbewilligung. Die Eintragung der Umwandlung in das Grundbuch setzt eine entsprechende Eintragungsbewilligung des Grundstückseigentümers und des Gläubigers (§ 19 GBO) in der Form des § 29 GBO voraus. Sie erfolgt auf Antrag (§ 13 GBO). Das Antragsrecht steht dem Grundstückseigentümer und dem Gläubiger zu. Der Grundpfandrechtsbrief ist dem Grundbuchamt nach § 41 GBO vorzulegen. Sofern das Grundpfandrecht mit dem Recht eines Dritten belastet ist, ist auch dessen Zustimmung (§§ 877, 876) in der Form des § 29 GBO erforderlich. 8

Untertitel 2 Rentenschuld

§ 1199 Gesetzlicher Inhalt der Rentenschuld

(1) Eine Grundschuld kann in der Weise bestellt werden, dass in regelmäßig wiederkehrenden Terminen eine bestimmte Geldsumme aus dem Grundstück zu zahlen ist (Rentenschuld).
(2) [1]Bei der Bestellung der Rentenschuld muss der Betrag bestimmt werden, durch dessen Zahlung die Rentenschuld abgelöst werden kann. [2]Die Ablösungssumme muss im Grundbuch angegeben werden.

§ 1200 Anwendbare Vorschriften

(1) Auf die einzelnen Leistungen finden die für Hypothekenzinsen, auf die Ablösungssumme finden die für ein Grundschuldkapital geltenden Vorschriften entsprechende Anwendung.
(2) Die Zahlung der Ablösungssumme an den Gläubiger hat die gleiche Wirkung wie die Zahlung des Kapitals einer Grundschuld.

§ 1201 Ablösungsrecht

(1) Das Recht zur Ablösung steht dem Eigentümer zu.
(2) [1]Dem Gläubiger kann das Recht, die Ablösung zu verlangen, nicht eingeräumt werden. [2]Im Falle des § 1133 Satz 2 ist der Gläubiger berechtigt, die Zahlung der Ablösungssumme aus dem Grundstück zu verlangen.

1 **A. Muster: Bestellung einer Rentenschuld**

▶ Im Grundbuch des Amtsgerichts ▪▪▪, Grundbuch von ▪▪▪, Blatt ▪▪▪ der Gemarkung ▪▪▪, lfd. Nr. ▪▪▪ Flur ▪▪▪, Flurstück ▪▪▪ in Größe von ▪▪▪ qm, bin ich als Eigentümer eingetragen.[1]

Ich bestelle hiermit an dem vorbezeichneten Grundbesitz eine Rentenschuld[2] für ▪▪▪ (Gläubiger) iHv monatlich ▪▪▪ EUR – in Worten: ▪▪▪ Euro –, jeweils zahlbar am ersten eines Monats.[3] Die Ablösungssumme[4] beträgt ▪▪▪ EUR – in Worten: ▪▪▪ Euro –.[5]

Ich bewillige und beantrage die Eintragung dieser Rentenschuld in das Grundbuch.[6]

Der Rentenschuldbrief soll dem Gläubiger unmittelbar ausgehändigt werden.[7]

▪▪▪

Notarielle Unterschriftsbeglaubigung[8] ◀

B. Erläuterungen

2 [1] **Belastungsgegenstand.** Belastungsgegenstand einer Rentenschuld kann auch ein **Miteigentumsanteil** sein.

3 [2] **Bedeutung der Rentenschuld.** Die Rentenschuld kann zur Sicherung von Forderungen (zB Leibrente, Kaufpreisraten) eingesetzt werden. Sie ist eine Belastung des Grundstücks in der Weise, dass an den Gläubiger in regelmäßig wiederkehrenden Terminen eine bestimmte Geldsumme aus dem Grundstück zu zahlen ist. Die Rentenschuld kann als Buch- oder Briefrecht, als Fremd- oder Eigentümerrentenschuld (§ 1196) oder als Inhaberrentenschuld (§ 1195) bestellt werden. Als Unterart der Grundschuld ist die Rentenschuld wie diese als übertragbares und vererbliches Grundpfandrecht **nichtakzessorischer** Natur. Anders als bei der Grundschuld kann der Gläubiger der Rentenschuld nur die regelmäßig wiederkehrenden Zahlungen aus dem Grundstück verlangen, nicht jedoch das Kapital. Ein Kündigungsrecht des Gläubigers ist ausgeschlossen, ebenso wie eine persönliche Haftung des Eigentümers. Der Eigentümer kann das

Recht durch Zahlung einer Ablösungssumme nach Kündigung ablösen. Als Sicherungsinstrument spielt die Rentenschuld in der Praxis nahezu keine Rolle. Sie wird vor allem durch die Reallast (§§ 1105 ff) verdrängt (vgl NK-BGB/*Krause*, § 1199 Rn 1). Im Gegensatz zu dieser kann die Rentenschuld nicht für den jeweiligen Eigentümer eines anderen Grundstücks bestellt werden. Aus der Reallast steht dem Berechtigten gem. §§ 1105 Abs. 1, 1107, 1147 ein dinglicher Anspruch auf Duldung der Zwangsvollstreckung in das Pfandobjekt zu. Darüber hinaus gewährt ihm § 1108 Abs. 1 einen persönlichen Anspruch gegen den Eigentümer des belasteten Grundbesitzes auf Zahlung der während der Dauer seines Eigentums fällig werdenden Einzelleistungen. Zudem kann eine Wertsicherung der Reallast in das Grundbuch eingetragen werden, während die Rentenschuld eine solche nicht zulässt.

[3] **Regelmäßig wiederkehrende Geldleistungen.** Wesentliches Merkmal der Rentenschuld ist die Zahlung einer bestimmten Geldsumme zu regelmäßig wiederkehrenden Terminen. Die einzelnen Geldleistungen dienen nicht der Tilgung oder Verzinsung der Ablösungssumme nach § 1199 Abs. 2. Eine Anrechnung auf diese kann daher auch nicht vereinbart werden (OLG Bremen OLGZ 1965, 74). Der Betrag der wiederkehrend zu zahlenden Geldsumme muss **bestimmt**, nicht aber für jeden Zahlungstermin gleich hoch sein. Möglich ist auch eine bedingte Erhöhung, zB bei Zahlungsverzug, oder eine Befristung der Ratenzahlung (OLG Bremen OLGZ 1965, 74; KG DNotZ 1958, 203). Die Bindung an ein Beamtengehalt genügt dem Bestimmtheitserfordernis nicht (LG Braunschweig NJW 1954, 883). 4

[4] **Ablösungssumme.** Neben der Bestimmung der wiederkehrend zu zahlenden Geldsumme ist unabdingbarer Inhalt der Rentenschuld die Festlegung der Ablösungssumme. Durch deren Zahlung hat der Eigentümer das Recht, die Rentenschuld einseitig ohne Zustimmung des Gläubigers abzulösen (§§ 1200–1202). Die Ablösungsvoraussetzungen nach § 1202 müssen vorliegen. Der Eigentümer erwirbt in diesem Fall die Rentenschuld als **Eigentümerrentenschuld** (BGH NJW 1980, 2198). Die Eigentümerrentenschuld kann gem. § 1203 in eine Eigentümergrundschuld umgewandelt werden. Die Ablösungssumme kann in beliebiger Höhe vereinbart werden, eine konkrete Beziehung zur Höhe der Rentenzahlungen muss nicht bestehen (OLG Bremen OLGZ 1965, 74; RGZ 86, 255, 260). Der Betrag der Ablösungssumme kann je nach Zeit der Zahlung verschieden hoch sein. Die nachträgliche Erhöhung der Ablösungssumme ist unzulässig. Sie darf nicht in das Grundbuch eingetragen werden (KGJ 40 A 342; OLG Hamburg OLGE 8, 148). Dies gilt auch, wenn nachrangige Berechtigte nicht vorhanden sind. § 1199 Abs. 2 S. 2 schließt die Anwendbarkeit des § 874 (Bezugnahme auf die Eintragungsbewilligung) aus. Die Ablösungssumme muss daher zwingend im Grundbuch angegeben werden. Bei einem Verstoß hiergegen ist die Rentenschuld gem. § 53 Abs. 1 S. 2 GBO von Amts wegen zu löschen. Eine Umdeutung der unter Verstoß gegen § 1199 Abs. 2 S. 2 erfolgten Eintragung der Rentenschuld in eine Reallast kommt nicht in Betracht. Etwas anderes kann vor Eintragung in das Grundbuch gelten (vgl BGH WM 1970, 92). 5

[5] **Ablösungsrecht.** Der Eigentümer hat durch Kündigung (§ 1202) und Zahlung das Recht zur Ablösung. Das Ablösungsrecht des Eigentümers verhindert ein immer währendes dingliches Recht am Grundstück. Andererseits wird ausgeschlossen, dass der Gläubiger den Kapitalwert der Rentenschuld geltend machen kann. Das Ablösungsrecht kann nicht ausgeschlossen, sondern nur im Rahmen des § 1202 Abs. 2 zeitlich beschränkt werden. Dem Gläubiger kann nach § 1201 Abs. 2 S. 1 weder ein Ablösungsanspruch noch ein Kündigungsrecht wirksam eingeräumt werden. Eine gegen diese Vorschrift verstoßende Vereinbarung ist nichtig. Ob die Nichtigkeit einer solchen Vereinbarung zur Gesamtnichtigkeit der Einigung über die Bestellung der Rentenschuld führt, richtet sich im Einzelfall nach § 139. Neben § 1202 Abs. 3 kann der Gläubiger nur im Falle des § 1133 S. 2 die Zahlung der Ablösungssumme aus dem Grundstück verlangen (§ 1201 Abs. 2 S. 2). Er trägt die **Beweislast** dafür, dass die fortlaufenden Rentenzahlungen durch die Verschlechterung des Grundstücks gefährdet sind. Zahlt der Eigentümer fäl- 6

lige Rentenleistungen nicht, kann der Gläubiger der Rentenschuld aus dieser die Zwangsversteigerung des Grundstücks wegen der rückständigen Zahlungen betreiben (§ 1200 Abs. 1). Sofern die Rentenschuld durch den Zuschlag erlischt und aus dem Bargebot gedeckt ist, erfolgt eine Tilgung der Ablösungssumme aus dem Versteigerungserlös (§ 92 Abs. 1 und 3 ZVG). Im Zwangsverwaltungsverfahren gilt Vergleichbares (§ 158 Abs. 1 ZVG).

7 [6] **Entstehung der Rentenschuld.** Die Rentenschuld entsteht als Grundstücksrecht materiell mit Einigung der Beteiligten und Eintragung in das Grundbuch (§ 873). Die Eintragung erfolgt auf Antrag (§ 13 Abs. 1 GBO), wenn der Grundstückseigentümer sie als Betroffener bewilligt (§ 19 GBO). Die Eintragungsbewilligung muss das Recht als Rentenschuld mit der aus dem Grundstück in regelmäßig wiederkehrenden Terminen jeweils zu zahlenden bestimmten Geldsumme bezeichnen und die folgenden Mindestangaben enthalten: zu belastendes Grundstück, Gläubiger, wiederkehrende Zahlungstermine sowie eine bestimmte Ablösungssumme.

8 [7] **Brieferteilung.** Vgl § 1118 Rn 2.

9 [8] **Form der Eintragungsbewilligung.** Die Eintragungsbewilligung bedarf der Form des § 29 GBO. Unterwirft sich der Grundstückseigentümer nach § 794 Abs. 1 Nr. 5, § 800 ZPO der sofortigen Zwangsvollstreckung, ist notarielle Beurkundung erforderlich.

§ 1202 Kündigung

(1) [1]Der Eigentümer kann das Ablösungsrecht erst nach vorgängiger Kündigung ausüben. [2]Die Kündigungsfrist beträgt sechs Monate, wenn nicht ein anderes bestimmt ist.
(2) Eine Beschränkung des Kündigungsrechts ist nur soweit zulässig, dass der Eigentümer nach 30 Jahren unter Einhaltung der sechsmonatigen Frist kündigen kann.
(3) Hat der Eigentümer gekündigt, so kann der Gläubiger nach dem Ablauf der Kündigungsfrist die Zahlung der Ablösungssumme aus dem Grundstück verlangen.

1 A. Muster: Kündigungserklärung betreffend die Rentenschuld

▶ Hiermit kündige ich als Eigentümer[1] die im Grundbuch von ▪▪▪ Blatt ▪▪▪ in Abteilung III unter lfd. Nr. ▪▪▪ eingetragene[2] Rentenschuld.[3] ◀

B. Erläuterungen

2 [1] **Kündigung durch den Eigentümer.** Sein Ablösungsrecht aus § 1201 Abs. 1 kann der Eigentümer erst nach Kündigung ausüben. Das Kündigungserfordernis ist zwingend. Eine Vereinbarung, dass die Ablösungssumme ohne Kündigung fällig wird, ist ausgeschlossen. Die Kündigungsfrist beträgt sechs Monate, wenn nicht ein anderes bestimmt ist. Sie kann also verkürzt oder verlängert werden. Das Kündigungsrecht des Eigentümers kann nach § 1202 Abs. 2 nur dahin gehend beschränkt werden, dass der Eigentümer nach 30 Jahren unter Einhaltung der 6-monatigen Frist kündigen kann. Abweichende landesrechtliche Bestimmungen, die eine Beschränkung des Kündigungsrechts nur für eine kürzere Zeit zulassen, bleiben unberührt (Art. 117 Abs. 2 EGBGB).

3 [2] **Änderungen des Kündigungsrechts.** Gegenüber Rechtsnachfolgern wirkt eine Änderung der gesetzlichen Kündigungsfrist oder eine Beschränkung des Kündigungsrechts nur mit Eintragung in das Grundbuch. Eine Bezugnahme auf die Eintragungsbewilligung ist zulässig (§ 874). Nach einer Beschlagnahme des Grundstücks im Zwangsversteigerungsverfahren ist die Kündigung

nicht mehr zulässig, falls die Ablösungssumme den Rentenwert übersteigt (RGZ 86, 255, 260; RG JW 1930, 631).

[3] Zahlung an den Gläubiger. Der Gläubiger kann die Zahlung der Ablösungssumme erst nach 4
Kündigung des Eigentümers und Ablauf der Kündigungsfrist verlangen. Nimmt der Gläubiger eine vorzeitige Kündigung des Eigentümers an, kann dieser die Zahlung der Ablösungssumme nicht unter Berufung auf die Vorzeitigkeit der Kündigung verweigern.

§ 1203 Zulässige Umwandlungen

[1]Eine Rentenschuld kann in eine gewöhnliche Grundschuld, eine gewöhnliche Grundschuld kann in eine Rentenschuld umgewandelt werden. [2]Die Zustimmung der im Range gleich- oder nachstehenden Berechtigten ist nicht erforderlich.

A. Muster: Umwandlung einer Rentenschuld in eine Grundschuld 1

▶ Im Grundbuch von ▪▪▪ Blatt ▪▪▪ ist in Abteilung III unter lfd. Nr. ▪▪▪ eine brieflose Rentenschuld 882
iHv monatlich ▪▪▪ EUR für ▪▪▪ (Gläubiger) eingetragen. Die Ablösungssumme beträgt ▪▪▪ EUR. Wir, Gläubiger und Grundstückseigentümer, sind uns darüber einig[1], dass diese Rentenschuld in eine brieflose Grundschuld über ▪▪▪ EUR, die von heute ab mit jährlich ▪▪▪ vom Hundert zu verzinsen ist, umgewandelt[2] wird, wobei die Grundschuldzinsen am ersten Werktag eines jeden Kalenderjahres für das vorangegangene Kalenderjahr zahlbar sind, spätestens jedoch im Verteilungstermin.

Wir[3] bewilligen und beantragen die Eintragung der Umwandlung in das Grundbuch.

▪▪▪

Notarielle Unterschriftsbeglaubigung[4] ◀

B. Erläuterungen und Varianten

[1] Inhaltsänderung. Die Umwandlung ist eine Inhaltsänderung iSd § 877. Materiellrechtlich 2
erfordert sie eine formlose Einigung und Eintragung in das Grundbuch.

[2] Zulässige Umwandlungen. Gem. § 1203 S. 1 kann eine Rentenschuld in eine gewöhnliche 3
Grundschuld und eine gewöhnliche Grundschuld in eine Rentenschuld umgewandelt werden. Bei Umwandlung einer Rentenschuld in eine gewöhnliche Grundschuld wird die Ablösungssumme zum Grundschuldkapital und die Rente zu den Zinsen. Im Fall der Umwandlung der Grundschuld in eine Rentenschuld wird demgegenüber das Grundschuldkapital zur Ablösungssumme und die Zinsen zur Rente.

▶ Im Grundbuch von ▪▪▪ Blatt ▪▪▪ ist in Abteilung III unter lfd. Nr. ▪▪▪ eine brieflose Grundschuld iHv ▪▪▪ EUR für ▪▪▪ (Gläubiger) zzgl ▪▪▪ vom Hundert Zinsen eingetragen. Wir, Gläubiger und Grundstückseigentümer, sind uns darüber einig, dass diese Grundschuld in eine brieflose Rentenschuld iHv jährlich ▪▪▪ EUR, jeweils zahlbar am ersten Januar eines Jahres, und mit einer Ablösungssumme von ▪▪▪ EUR umgewandelt wird. Wir bewilligen und beantragen die Eintragung der Umwandlung in das Grundbuch. ◀

Eine Erhöhung der Belastung im Rahmen der Umwandlung ist unzulässig (KG RJA 11, 51, 53). 4
Das Grundschuldkapital darf daher die Höhe der Ablösungssumme und die Zinsen die Höhe der Rente nicht übersteigen. Da die Rentenschuld eine Unterart der Grundschuld ist, kann diese

unter Zugrundelegung einer persönlichen Forderung auch unmittelbar in eine Hypothek umgewandelt werden, ebenso wie dies umgekehrt möglich ist (§ 1198).

5 [3] **Keine Zustimmung gleich- oder nachrangig Berechtigter.** Die Zustimmung der im Rang gleich- oder nachstehenden Berechtigten ist nach § 1203 S. 2 zur Umwandlung nicht erforderlich. Die Zustimmung Drittberechtigter richtet sich nach § 876.

6 [4] **Form der Eintragungsbewilligung.** Die Eintragungsbewilligungen des Grundstückseigentümers und des Gläubigers bedürfen der Form des § 29 GBO.

Abschnitt 8 Pfandrecht an beweglichen Sachen und an Rechten

Titel 1 Pfandrecht an beweglichen Sachen

§ 1204 Gesetzlicher Inhalt des Pfandrechts an beweglichen Sachen

(1) Eine bewegliche Sache kann zur Sicherung einer Forderung in der Weise belastet werden, dass der Gläubiger berechtigt ist, Befriedigung aus der Sache zu suchen (Pfandrecht).
(2) Das Pfandrecht kann auch für eine künftige oder eine bedingte Forderung bestellt werden.

§ 1205 Bestellung

(1) [1]Zur Bestellung des Pfandrechts ist erforderlich, dass der Eigentümer die Sache dem Gläubiger übergibt und beide darüber einig sind, dass dem Gläubiger das Pfandrecht zustehen soll. [2]Ist der Gläubiger im Besitz der Sache, so genügt die Einigung über die Entstehung des Pfandrechts.
(2) Die Übergabe einer im mittelbaren Besitz des Eigentümers befindlichen Sache kann dadurch ersetzt werden, dass der Eigentümer den mittelbaren Besitz auf den Pfandgläubiger überträgt und die Verpfändung dem Besitzer anzeigt.

§ 1206 Übergabeersatz durch Einräumung des Mitbesitzes

Anstelle der Übergabe der Sache genügt die Einräumung des Mitbesitzes, wenn sich die Sache unter dem Mitverschluss des Gläubigers befindet oder, falls sie im Besitz eines Dritten ist, die Herausgabe nur an den Eigentümer und den Gläubiger gemeinschaftlich erfolgen kann.

§ 1207 Verpfändung durch Nichtberechtigten

Gehört die Sache nicht dem Verpfänder, so finden auf die Verpfändung die für den Erwerb des Eigentums geltenden Vorschriften der §§ 932, 934, 935 entsprechende Anwendung.

§ 1208 Gutgläubiger Erwerb des Vorrangs

[1]Ist die Sache mit dem Recht eines Dritten belastet, so geht das Pfandrecht dem Recht vor, es sei denn, dass der Pfandgläubiger zur Zeit des Erwerbs des Pfandrechts in Ansehung des Rechts nicht in gutem Glauben ist. [2]Die Vorschriften des § 932 Abs. 1 Satz 2, des § 935 und des § 936 Abs. 3 finden entsprechende Anwendung.

§ 1209 Rang des Pfandrechts

Für den Rang des Pfandrechts ist die Zeit der Bestellung auch dann maßgebend, wenn es für eine künftige oder eine bedingte Forderung bestellt ist.

§ 1210 Umfang der Haftung des Pfandes

(1) [1]Das Pfand haftet für die Forderung in deren jeweiligem Bestand, insbesondere auch für Zinsen und Vertragsstrafen. [2]Ist der persönliche Schuldner nicht der Eigentümer des Pfandes, so wird durch ein Rechtsgeschäft, das der Schuldner nach der Verpfändung vornimmt, die Haftung nicht erweitert.
(2) Das Pfand haftet für die Ansprüche des Pfandgläubigers auf Ersatz von Verwendungen, für die dem Pfandgläubiger zu ersetzenden Kosten der Kündigung und der Rechtsverfolgung sowie für die Kosten des Pfandverkaufs.

§ 1211 Einreden des Verpfänders

(1) [1]Der Verpfänder kann dem Pfandgläubiger gegenüber die dem persönlichen Schuldner gegen die Forderung sowie die nach § 770 einem Bürgen zustehenden Einreden geltend machen. [2]Stirbt der persönliche Schuldner, so kann sich der Verpfänder nicht darauf berufen, dass der Erbe für die Schuld nur beschränkt haftet.
(2) Ist der Verpfänder nicht der persönliche Schuldner, so verliert er eine Einrede nicht dadurch, dass dieser auf sie verzichtet.

§ 1212 Erstreckung auf getrennte Erzeugnisse

Das Pfandrecht erstreckt sich auf die Erzeugnisse, die von dem Pfande getrennt werden.

§ 1213 Nutzungspfand

(1) Das Pfandrecht kann in der Weise bestellt werden, dass der Pfandgläubiger berechtigt ist, die Nutzungen des Pfandes zu ziehen.
(2) Ist eine von Natur Frucht tragende Sache dem Pfandgläubiger zum Alleinbesitz übergeben, so ist im Zweifel anzunehmen, dass der Pfandgläubiger zum Fruchtbezug berechtigt sein soll.

§ 1214 Pflichten des nutzungsberechtigten Pfandgläubigers

(1) Steht dem Pfandgläubiger das Recht zu, die Nutzungen zu ziehen, so ist er verpflichtet, für die Gewinnung der Nutzungen zu sorgen und Rechenschaft abzulegen.
(2) Der Reinertrag der Nutzungen wird auf die geschuldete Leistung und, wenn Kosten und Zinsen zu entrichten sind, zunächst auf diese angerechnet.
(3) Abweichende Bestimmungen sind zulässig.

§ 1215 Verwahrungspflicht

Der Pfandgläubiger ist zur Verwahrung des Pfandes verpflichtet.

§ 1216 Ersatz von Verwendungen

[1]Macht der Pfandgläubiger Verwendungen auf das Pfand, so bestimmt sich die Ersatzpflicht des Verpfänders nach den Vorschriften über die Geschäftsführung ohne Auftrag. [2]Der Pfandgläubiger ist berechtigt, eine Einrichtung, mit der er das Pfand versehen hat, wegzunehmen.

§ 1217 Rechtsverletzung durch den Pfandgläubiger

(1) Verletzt der Pfandgläubiger die Rechte des Verpfänders in erheblichem Maße und setzt er das verletzende Verhalten ungeachtet einer Abmahnung des Verpfänders fort, so kann der Verpfänder verlangen, dass das Pfand auf Kosten des Pfandgläubigers hinterlegt oder, wenn es sich nicht zur Hinterlegung eignet, an einen gerichtlich zu bestellenden Verwahrer abgeliefert wird.
(2) [1]Statt der Hinterlegung oder der Ablieferung der Sache an einen Verwahrer kann der Verpfänder die Rückgabe des Pfandes gegen Befriedigung des Gläubigers verlangen. [2]Ist die Forderung unverzinslich und noch nicht fällig, so gebührt dem Pfandgläubiger nur die Summe, welche mit Hinzurechnung der gesetzlichen Zinsen für die Zeit von der Zahlung bis zur Fälligkeit dem Betrag der Forderung gleichkommt.

§ 1218 Rechte des Verpfänders bei drohendem Verderb

(1) Ist der Verderb des Pfandes oder eine wesentliche Minderung des Wertes zu besorgen, so kann der Verpfänder die Rückgabe des Pfandes gegen anderweitige Sicherheitsleistung verlangen; die Sicherheitsleistung durch Bürgen ist ausgeschlossen.
(2) Der Pfandgläubiger hat dem Verpfänder von dem drohenden Verderb unverzüglich Anzeige zu machen, sofern nicht die Anzeige untunlich ist.

§ 1219 Rechte des Pfandgläubigers bei drohendem Verderb

(1) Wird durch den drohenden Verderb des Pfandes oder durch eine zu besorgende wesentliche Minderung des Wertes die Sicherheit des Pfandgläubigers gefährdet, so kann dieser das Pfand öffentlich versteigern lassen.
(2) [1]Der Erlös tritt an die Stelle des Pfandes. [2]Auf Verlangen des Verpfänders ist der Erlös zu hinterlegen.

§ 1220 Androhung der Versteigerung

(1) [1]Die Versteigerung des Pfandes ist erst zulässig, nachdem sie dem Verpfänder angedroht worden ist; die Androhung darf unterbleiben, wenn das Pfand dem Verderb ausgesetzt und mit dem Aufschub der Versteigerung Gefahr verbunden ist. [2]Im Falle der Wertminderung ist außer der Androhung erforderlich, dass der Pfandgläubiger dem Verpfänder zur Leistung anderweitiger Sicherheit eine angemessene Frist bestimmt hat und diese verstrichen ist.
(2) Der Pfandgläubiger hat den Verpfänder von der Versteigerung unverzüglich zu benachrichtigen; im Falle der Unterlassung ist er zum Schadensersatz verpflichtet.
(3) Die Androhung, die Fristbestimmung und die Benachrichtigung dürfen unterbleiben, wenn sie untunlich sind.

§ 1221 Freihändiger Verkauf

Hat das Pfand einen Börsen- oder Marktpreis, so kann der Pfandgläubiger den Verkauf aus freier Hand durch einen zu solchen Verkäufen öffentlich ermächtigten Handelsmäkler oder durch eine zur öffentlichen Versteigerung befugte Person zum laufenden Preis bewirken.

§ 1222 Pfandrecht an mehreren Sachen

Besteht das Pfandrecht an mehreren Sachen, so haftet jede für die ganze Forderung.

§ 1223 Rückgabepflicht; Einlösungsrecht

(1) Der Pfandgläubiger ist verpflichtet, das Pfand nach dem Erlöschen des Pfandrechts dem Verpfänder zurückzugeben.
(2) Der Verpfänder kann die Rückgabe des Pfandes gegen Befriedigung des Pfandgläubigers verlangen, sobald der Schuldner zur Leistung berechtigt ist.

§ 1224 Befriedigung durch Hinterlegung oder Aufrechnung

Die Befriedigung des Pfandgläubigers durch den Verpfänder kann auch durch Hinterlegung oder durch Aufrechnung erfolgen.

§ 1225 Forderungsübergang auf den Verpfänder

[1]Ist der Verpfänder nicht der persönliche Schuldner, so geht, soweit er den Pfandgläubiger befriedigt, die Forderung auf ihn über. [2]Die für einen Bürgen geltende Vorschrift des § 774 findet entsprechende Anwendung.

§ 1226 Verjährung der Ersatzansprüche

[1]Die Ersatzansprüche des Verpfänders wegen Veränderungen oder Verschlechterungen des Pfandes sowie die Ansprüche des Pfandgläubigers auf Ersatz von Verwendungen oder auf Gestattung der Wegnahme einer Einrichtung verjähren in sechs Monaten. [2]Die Vorschrift des § 548 Abs. 1 Satz 2 und 3, Abs. 2 findet entsprechende Anwendung.

§ 1227 Schutz des Pfandrechts

Wird das Recht des Pfandgläubigers beeinträchtigt, so finden auf die Ansprüche des Pfandgläubigers die für die Ansprüche aus dem Eigentum geltenden Vorschriften entsprechende Anwendung.

§ 1228 Befriedigung durch Pfandverkauf

(1) Die Befriedigung des Pfandgläubigers aus dem Pfande erfolgt durch Verkauf.
(2) [1]Der Pfandgläubiger ist zum Verkauf berechtigt, sobald die Forderung ganz oder zum Teil fällig ist. [2]Besteht der geschuldete Gegenstand nicht in Geld, so ist der Verkauf erst zulässig, wenn die Forderung in eine Geldforderung übergegangen ist.

§ 1229 Verbot der Verfallvereinbarung

Eine vor dem Eintritt der Verkaufsberechtigung getroffene Vereinbarung, nach welcher dem Pfandgläubiger, falls er nicht oder nicht rechtzeitig befriedigt wird, das Eigentum an der Sache zufallen oder übertragen werden soll, ist nichtig.

§ 1230 Auswahl unter mehreren Pfändern

[1]Unter mehreren Pfändern kann der Pfandgläubiger, soweit nicht ein anderes bestimmt ist, diejenigen auswählen, welche verkauft werden sollen. [2]Er kann nur so viele Pfänder zum Verkauf bringen, als zu seiner Befriedigung erforderlich sind.

§ 1231 Herausgabe des Pfandes zum Verkauf

[1]Ist der Pfandgläubiger nicht im Alleinbesitz des Pfandes, so kann er nach dem Eintritt der Verkaufsberechtigung die Herausgabe des Pfandes zum Zwecke des Verkaufs fordern. [2]Auf Verlangen des Verpfänders hat anstelle der Herausgabe die Ablieferung an einen gemeinschaftlichen Verwahrer zu erfolgen; der Verwahrer hat sich bei der Ablieferung zu verpflichten, das Pfand zum Verkauf bereitzustellen.

§ 1232 Nachstehende Pfandgläubiger

[1]Der Pfandgläubiger ist nicht verpflichtet, einem ihm im Range nachstehenden Pfandgläubiger das Pfand zum Zwecke des Verkaufs herauszugeben. [2]Ist er nicht im Besitz des Pfandes, so kann er, sofern er nicht selbst den Verkauf betreibt, dem Verkauf durch einen nachstehenden Pfandgläubiger nicht widersprechen.

§ 1233 Ausführung des Verkaufs

(1) Der Verkauf des Pfandes ist nach den Vorschriften der §§ 1234 bis 1240 zu bewirken.
(2) Hat der Pfandgläubiger für sein Recht zum Verkauf einen vollstreckbaren Titel gegen den Eigentümer erlangt, so kann er den Verkauf auch nach den für den Verkauf einer gepfändeten Sache geltenden Vorschriften bewirken lassen.

§ 1234 Verkaufsandrohung; Wartefrist

(1) [1]Der Pfandgläubiger hat dem Eigentümer den Verkauf vorher anzudrohen und dabei den Geldbetrag zu bezeichnen, wegen dessen der Verkauf stattfinden soll. [2]Die Androhung kann erst nach dem Eintritt der Verkaufsberechtigung erfolgen; sie darf unterbleiben, wenn sie untunlich ist.
(2) [1]Der Verkauf darf nicht vor dem Ablauf eines Monats nach der Androhung erfolgen. [2]Ist die Androhung untunlich, so wird der Monat von dem Eintritt der Verkaufsberechtigung an berechnet.

§ 1235 Öffentliche Versteigerung

(1) Der Verkauf des Pfandes ist im Wege öffentlicher Versteigerung zu bewirken.
(2) Hat das Pfand einen Börsen- oder Marktpreis, so findet die Vorschrift des § 1221 Anwendung.

§ 1236 Versteigerungsort

[1]Die Versteigerung hat an dem Orte zu erfolgen, an dem das Pfand aufbewahrt wird. [2]Ist von einer Versteigerung an dem Aufbewahrungsort ein angemessener Erfolg nicht zu erwarten, so ist das Pfand an einem geeigneten anderen Orte zu versteigern.

§ 1237 Öffentliche Bekanntmachung

[1]Zeit und Ort der Versteigerung sind unter allgemeiner Bezeichnung des Pfandes öffentlich bekannt zu machen. [2]Der Eigentümer und Dritte, denen Rechte an dem Pfande zustehen, sind besonders zu benachrichtigen; die Benachrichtigung darf unterbleiben, wenn sie untunlich ist.

§ 1238 Verkaufsbedingungen

(1) Das Pfand darf nur mit der Bestimmung verkauft werden, dass der Käufer den Kaufpreis sofort bar zu entrichten hat und seiner Rechte verlustig sein soll, wenn dies nicht geschieht.
(2) [1]Erfolgt der Verkauf ohne diese Bestimmung, so ist der Kaufpreis als von dem Pfandgläubiger empfangen anzusehen; die Rechte des Pfandgläubigers gegen den Ersteher bleiben unberührt. [2]Unterbleibt die sofortige Entrichtung des Kaufpreises, so gilt das Gleiche, wenn nicht vor dem Schluss des Versteigerungstermins von dem Vorbehalt der Rechtsverwirkung Gebrauch gemacht wird.

§ 1239 Mitbieten durch Gläubiger und Eigentümer

(1) [1]Der Pfandgläubiger und der Eigentümer können bei der Versteigerung mitbieten. [2]Erhält der Pfandgläubiger den Zuschlag, so ist der Kaufpreis als von ihm empfangen anzusehen.
(2) [1]Das Gebot des Eigentümers darf zurückgewiesen werden, wenn nicht der Betrag bar erlegt wird. [2]Das Gleiche gilt von dem Gebot des Schuldners, wenn das Pfand für eine fremde Schuld haftet.

§ 1240 Gold- und Silbersachen

(1) Gold- und Silbersachen dürfen nicht unter dem Gold- oder Silberwert zugeschlagen werden.
(2) Wird ein genügendes Gebot nicht abgegeben, so kann der Verkauf durch eine zur öffentlichen Versteigerung befugte Person aus freier Hand zu einem den Gold- oder Silberwert erreichenden Preis erfolgen.

§ 1241 Benachrichtigung des Eigentümers

Der Pfandgläubiger hat den Eigentümer von dem Verkauf des Pfandes und dem Ergebnis unverzüglich zu benachrichtigen, sofern nicht die Benachrichtigung untunlich ist.

§ 1242 Wirkungen der rechtmäßigen Veräußerung

(1) [1]Durch die rechtmäßige Veräußerung des Pfandes erlangt der Erwerber die gleichen Rechte, wie wenn er die Sache von dem Eigentümer erworben hätte. [2]Dies gilt auch dann, wenn dem Pfandgläubiger der Zuschlag erteilt wird.
(2) [1]Pfandrechte an der Sache erlöschen, auch wenn sie dem Erwerber bekannt waren. [2]Das Gleiche gilt von einem Nießbrauch, es sei denn, dass er allen Pfandrechten im Range vorgeht.

§ 1243 Rechtswidrige Veräußerung

(1) Die Veräußerung des Pfandes ist nicht rechtmäßig, wenn gegen die Vorschriften des § 1228 Abs. 2, des § 1230 Satz 2, des § 1235, des § 1237 Satz 1 oder des § 1240 verstoßen wird.
(2) Verletzt der Pfandgläubiger eine andere für den Verkauf geltende Vorschrift, so ist er zum Schadensersatz verpflichtet, wenn ihm ein Verschulden zur Last fällt.

§ 1244 Gutgläubiger Erwerb

Wird eine Sache als Pfand veräußert, ohne dass dem Veräußerer ein Pfandrecht zusteht oder den Erfordernissen genügt wird, von denen die Rechtmäßigkeit der Veräußerung abhängt, so finden die Vorschriften der §§ 932 bis 934, 936 entsprechende Anwendung, wenn die Veräußerung nach § 1233 Abs. 2 erfolgt ist oder die Vorschriften des § 1235 oder des § 1240 Abs. 2 beobachtet worden sind.

§ 1245 Abweichende Vereinbarungen

(1) [1]Der Eigentümer und der Pfandgläubiger können eine von den Vorschriften der §§ 1234 bis 1240 abweichende Art des Pfandverkaufs vereinbaren. [2]Steht einem Dritten an dem Pfande ein Recht zu, das durch die Veräußerung erlischt, so ist die Zustimmung des Dritten erforderlich. [3]Die Zustimmung ist demjenigen gegenüber zu erklären, zu dessen Gunsten sie erfolgt; sie ist unwiderruflich.
(2) Auf die Beobachtung der Vorschriften des § 1235, des § 1237 Satz 1 und des § 1240 kann nicht vor dem Eintritt der Verkaufsberechtigung verzichtet werden.

§ 1246 Abweichung aus Billigkeitsgründen

(1) Entspricht eine von den Vorschriften der §§ 1235 bis 1240 abweichende Art des Pfandverkaufs nach billigem Ermessen den Interessen der Beteiligten, so kann jeder von ihnen verlangen, dass der Verkauf in dieser Art erfolgt.
(2) Kommt eine Einigung nicht zustande, so entscheidet das Gericht.

§ 1247 Erlös aus dem Pfande

[1]Soweit der Erlös aus dem Pfande dem Pfandgläubiger zu seiner Befriedigung gebührt, gilt die Forderung als von dem Eigentümer berichtigt. [2]Im Übrigen tritt der Erlös an die Stelle des Pfandes.

§ 1248 Eigentumsvermutung

Bei dem Verkauf des Pfandes gilt zugunsten des Pfandgläubigers der Verpfänder als der Eigentümer, es sei denn, dass der Pfandgläubiger weiß, dass der Verpfänder nicht der Eigentümer ist.

§ 1249 Ablösungsrecht

[1]Wer durch die Veräußerung des Pfandes ein Recht an dem Pfande verlieren würde, kann den Pfandgläubiger befriedigen, sobald der Schuldner zur Leistung berechtigt ist. [2]Die Vorschrift des § 268 Abs. 2, 3 findet entsprechende Anwendung.

§ 1250 Übertragung der Forderung

(1) [1]Mit der Übertragung der Forderung geht das Pfandrecht auf den neuen Gläubiger über. [2]Das Pfandrecht kann nicht ohne die Forderung übertragen werden.
(2) Wird bei der Übertragung der Forderung der Übergang des Pfandrechts ausgeschlossen, so erlischt das Pfandrecht.

§ 1251 Wirkung des Pfandrechtsübergangs

(1) Der neue Pfandgläubiger kann von dem bisherigen Pfandgläubiger die Herausgabe des Pfandes verlangen.
(2) [1]Mit der Erlangung des Besitzes tritt der neue Pfandgläubiger anstelle des bisherigen Pfandgläubigers in die mit dem Pfandrecht verbundenen Verpflichtungen gegen den Verpfänder ein. [2]Erfüllt er die Verpflichtungen nicht, so haftet für den von ihm zu ersetzenden Schaden der bisherige Pfandgläubiger wie ein Bürge, der auf die Einrede der Vorausklage verzichtet hat. [3]Die Haftung des bisherigen Pfandgläubigers tritt nicht ein, wenn die Forderung kraft Gesetzes auf den neuen Pfandgläubiger übergeht oder ihm auf Grund einer gesetzlichen Verpflichtung abgetreten wird.

§ 1252 Erlöschen mit der Forderung

Das Pfandrecht erlischt mit der Forderung, für die es besteht.

§ 1253 Erlöschen durch Rückgabe

(1) [1]Das Pfandrecht erlischt, wenn der Pfandgläubiger das Pfand dem Verpfänder oder dem Eigentümer zurückgibt. [2]Der Vorbehalt der Fortdauer des Pfandrechts ist unwirksam.
(2) [1]Ist das Pfand im Besitz des Verpfänders oder des Eigentümers, so wird vermutet, dass das Pfand ihm von dem Pfandgläubiger zurückgegeben worden sei. [2]Diese Vermutung gilt auch dann, wenn sich das Pfand im Besitz eines Dritten befindet, der den Besitz nach der Entstehung des Pfandrechts von dem Verpfänder oder dem Eigentümer erlangt hat.

§ 1254 Anspruch auf Rückgabe

[1]Steht dem Pfandrecht eine Einrede entgegen, durch welche die Geltendmachung des Pfandrechts dauernd ausgeschlossen wird, so kann der Verpfänder die Rückgabe des Pfandes verlangen. [2]Das gleiche Recht hat der Eigentümer.

§ 1255 Aufhebung des Pfandrechts

(1) Zur Aufhebung des Pfandrechts durch Rechtsgeschäft genügt die Erklärung des Pfandgläubigers gegenüber dem Verpfänder oder dem Eigentümer, dass er das Pfandrecht aufgebe.
(2) [1]Ist das Pfandrecht mit dem Recht eines Dritten belastet, so ist die Zustimmung des Dritten erforderlich. [2]Die Zustimmung ist demjenigen gegenüber zu erklären, zu dessen Gunsten sie erfolgt; sie ist unwiderruflich.

§ 1256 Zusammentreffen von Pfandrecht und Eigentum

(1) [1]Das Pfandrecht erlischt, wenn es mit dem Eigentum in derselben Person zusammentrifft. [2]Das Erlöschen tritt nicht ein, solange die Forderung, für welche das Pfandrecht besteht, mit dem Recht eines Dritten belastet ist.
(2) Das Pfandrecht gilt als nicht erloschen, soweit der Eigentümer ein rechtliches Interesse an dem Fortbestehen des Pfandrechts hat.

§ 1257 Gesetzliches Pfandrecht

Die Vorschriften über das durch Rechtsgeschäft bestellte Pfandrecht finden auf ein kraft Gesetzes entstandenes Pfandrecht entsprechende Anwendung.

§ 1258 Pfandrecht am Anteil eines Miteigentümers

(1) Besteht ein Pfandrecht an dem Anteil eines Miteigentümers, so übt der Pfandgläubiger die Rechte aus, die sich aus der Gemeinschaft der Miteigentümer in Ansehung der Verwaltung der Sache und der Art ihrer Benutzung ergeben.
(2) [1]Die Aufhebung der Gemeinschaft kann vor dem Eintritt der Verkaufsberechtigung des Pfandgläubigers nur von dem Miteigentümer und dem Pfandgläubiger gemeinschaftlich verlangt werden. [2]Nach dem Eintritt der Verkaufsberechtigung kann der Pfandgläubiger die Aufhebung der Gemeinschaft verlangen, ohne dass es der Zustimmung des Miteigentümers bedarf; er ist nicht an eine Vereinbarung gebunden, durch welche die Miteigentümer das Recht, die Aufhebung der Gemeinschaft zu verlangen, für immer oder auf Zeit ausgeschlossen oder eine Kündigungsfrist bestimmt haben.
(3) Wird die Gemeinschaft aufgehoben, so gebührt dem Pfandgläubiger das Pfandrecht an den Gegenständen, welche an die Stelle des Anteils treten.
(4) Das Recht des Pfandgläubigers zum Verkauf des Anteils bleibt unberührt.

§ 1259 Verwertung des gewerblichen Pfandes

[1]Sind Eigentümer und Pfandgläubiger Unternehmer, juristische Personen des öffentlichen Rechts oder öffentlich-rechtliche Sondervermögen, können sie für die Verwertung des Pfandes, das einen Börsen- oder Marktpreis hat, schon bei der Verpfändung vereinbaren, dass der Pfandgläubiger den Verkauf aus freier Hand zum laufenden Preis selbst oder durch Dritte vornehmen kann oder dem Pfandgläubiger das Eigentum an der Sache bei Fälligkeit der Forderung zufallen soll. [2]In diesem Fall gilt die Forderung in Höhe des am Tag der Fälligkeit geltenden Börsen- oder Marktpreises als von dem Eigentümer berichtigt. [3]Die §§ 1229 und 1233 bis 1239 finden keine Anwendung.

§§ 1260 bis 1272 (weggefallen)

Titel 2 Pfandrecht an Rechten

§ 1273 Gesetzlicher Inhalt des Pfandrechts an Rechten

(1) Gegenstand des Pfandrechts kann auch ein Recht sein.
(2) [1]Auf das Pfandrecht an Rechten finden die Vorschriften über das Pfandrecht an beweglichen Sachen entsprechende Anwendung, soweit sich nicht aus den §§ 1274 bis 1296 ein anderes ergibt. [2]Die Anwendung der Vorschriften des § 1208 und des § 1213 Abs. 2 ist ausgeschlossen.

§ 1274 Bestellung

(1) [1]Die Bestellung des Pfandrechts an einem Recht erfolgt nach den für die Übertragung des Rechts geltenden Vorschriften. [2]Ist zur Übertragung des Rechts die Übergabe einer Sache erforderlich, so finden die Vorschriften der §§ 1205, 1206 Anwendung.
(2) Soweit ein Recht nicht übertragbar ist, kann ein Pfandrecht an dem Recht nicht bestellt werden.

A. Muster: Vereinbarung über die Verpfändung eines Sparbuches 1

▶ **Verpfändungsvereinbarung**

… (Vermieter)

und

… (Mieter)

vereinbaren nachfolgende Mietsicherheit:

§ 1 Sachverhalt

Die Parteien haben am … einen Mietvertrag über die Gewerberäume in … geschlossen.

Gem. § … dieses Mietvertrages ist der Mieter verpflichtet, dem Vermieter Sicherheit durch die Verpfändung eines Sparbuches über ein Guthaben iHv … zu leisten. IÜ ist den Parteien der Inhalt des Mietvertrages bekannt. Sie verzichten deshalb darauf, den Mietvertrag diesem Vertrag als Anlage beizufügen.

§ 2 Verpfändung

Der Mieter verpfändet dem Vermieter zur Sicherheit für alle gegenwärtigen und künftigen Forderungen aus dem Mietvertrag gem. § 1 einschließlich aller Ansprüche des Vermieters aus Anlass oder im Zusammenhang mit der Beendigung des Mietverhältnisses die Forderung aus dem Sparguthaben, Kontonummer … bei der …-Bank/-Sparkasse.[1] Der Vermieter nimmt die Verpfändung an.

§ 3 Zinsen

Die Zinsen, die während der Dauer der Verpfändung dem Sparguthaben gem. § 2 gutgeschrieben werden, stehen dem Mieter zu. Das Pfandrecht zur Sicherung der Ansprüche gem. § 2 erstreckt sich auch auf die Zinsen.[2]

§ 4 Vorrang

Der Mieter wird dafür Sorge tragen, dass die … (Bank) bis zum … dem Vermieter gegenüber hinsichtlich ihres Pfandrechts an Ansprüchen des Mieters aus dem Guthaben gem. § 2 einen Rangrücktritt erklärt. IÜ versichert der Mieter, dass das Sparguthaben weder abgetreten noch verpfändet oder gepfändet ist und auch keine Vorpfändung ausgebracht ist. Kommt der Mieter der Verpflichtung aus Satz 1 nicht bis zum … nach, verpflichtet sich der Mieter auf Verlangen des Vermieters eine selbstschuldnerische Bürgschaft auf erstes Anfordern eines als Steuerbürge gem. § 244 AO zugelassenen Kreditinstitutes oder Versicherers zu stellen. Entsprechendes gilt, wenn sich herausstellen sollte, dass die Versicherung des Mieters gem. Satz 2 unrichtig gewesen sein sollte.[3]

§ 5 Sicherung

Im Sparbuch ist folgender Sperrvermerk einzutragen:

„Gesperrt am … zugunsten des Vermieters …. Verfügungen können nur durch diesen vorgenommen werden. Die Zinsen stehen dem Mieter … zu. Sie erhöhen die Sicherheit des Vermieters."[4]

§ 6 Übergabe von Legitimationspapieren

Der Mieter ist verpflichtet, das Sparbuch für das Sparkonto … dem Vermieter auszuhändigen.[5]

§ 7 Offenlegung

Der Mieter wird die Verpfändung der …-Bank/-Sparkasse unverzüglich anzeigen. Er bevollmächtigt den Vermieter, dies für ihn zu tun. Er stellt dem Vermieter eine Vollmacht im Original in ausreichender Anzahl zur Verfügung.[6]

§ 8 Einziehung der Forderung, Kündigung

1. Der Vermieter ist berechtigt, die verpfändete Forderung einzuziehen, sobald ein Anspruch aus dem Mietverhältnis, der durch das Pfandrecht gesichert ist, fällig ist. Er verpflichtet sich jedoch im Innenverhältnis, dies dem Mieter spätestens zwei Wochen, bevor er die Forderung einzieht, mitzuteilen.
2. Das Recht zur Kündigung des Sparguthabens steht allein dem Vermieter zu. Der Vermieter verpflichtet sich, das Recht zur Kündigung des Sparguthabens nur auszuüben, wenn die Voraussetzungen der §§ 1228 Abs. 2, 1282 BGB (Fälligkeit der gesicherten Forderung aus dem Mietverhältnis) eingetreten sind und die Wartefrist gem. Abs. 1 abgelaufen ist. Er wird dem Mieter zeitgleich mit dem Ausspruch der Kündigung gegenüber dem Schuldner der verpfändeten Forderung eine Abschrift der Kündigung übersenden.[7]

§ 9 Freigabe[8]

Der Vermieter gibt die Sicherheit innerhalb angemessener Zeit nach Beendigung des Mietverhältnisses, jedoch spätestens nach einem Jahr nach Beendigung des Mietverhältnisses frei, sofern er bis zu diesem Zeitpunkt keine Ansprüche geltend gemacht und beziffert hat, für die die Sicherheit haftet.[9], [10], [11], [12], [13]

§ 10 Kapitalertragssteuer

Der Vermieter wird dem Mieter die Bescheinigung der Bank über die Höhe der einbehaltenen Kapitalertragssteuer zeitnah zur Verfügung stellen.

■■■, den ■■■

■■■

Vermieter

■■■

Mieter ◄

B. Erläuterungen und Varianten

2 [1] **Inhalt einer rechtsgeschäftlichen Bestellung eines Pfandrechts.** Das Pfandrecht kann auch für **künftige oder bedingte** Forderungen bestellt werden (§§ 1204 Abs. 2, 1273 Abs. 2). Es ist darauf zu achten, dass hinreichend bestimmt geregelt ist, welche Ansprüche durch das Pfandrecht gesichert sein sollen (zB durch Zeit und Schuldgrund). Eine Verpfändungsvereinbarung sollte generell zu folgenden Fragen Regeln enthalten:

1. Welches Recht wird verpfändet?
2. Welche Forderung wird gesichert?
3. Wie soll die Verpfändung erfolgen?
4. Wie soll die Verwertung erfolgen?
5. Wie soll der Erlös verrechnet werden?

3 [2] Die Regelung hinsichtlich der **Zinsen** entspricht § 1289.

4 [3] **Pfandrecht der Banken.** Es ist zu beachten, dass gem. Ziff. 14 AGB Banken sich ein Pfandrecht wegen ihrer Ansprüche an allen Vermögensgegenständen und Forderungen einräumen lassen, die in ihren Besitz gelangen bzw an denen sie sonst beteiligt sind. Um zu vermeiden dass die Vermietersicherheit durch ein anderes vorrangiges Pfandrecht entwertet wird, sollte der Pfandgläubiger einer Einlageforderung gegen eine Bank auf einer Rangrücktrittserklärung der Bank bestehen. Weiterhin sollte er sich auch die im Muster vorgesehenen Erklärungen hinsichtlich der Verität der Forderung erteilen lassen.

5 [4] Der **Sperrvermerk** (vgl hierzu zB das Muster bei *Wisselmann* in: Dombek/Kroiß, FormularBibliothek Vertragsgestaltung, Band Miete/Grundstück/Wohnungseigentum Rn 21) sichert

den Vermieter davor, dass der Mieter Verfügungen über das Guthaben trifft, durch die die Werthaltigkeit der Sicherheit beeinträchtigt werden könnte.

[5] Bei dem **Sparbuch** handelt es sich um ein Legitimationspapier gem. § 952 (Hk-BGB/*Schulte-Nölke* § 952 Rn 2). Das Recht an dem Papier folgt mithin dem Recht an der Forderung. Deshalb bedarf es zur Bestellung des Pfandrechts zwar nicht der Übergabe des Sparbuches (Palandt/*Bassenge* § 1274 Rn 3). Wohl bietet diese aber einen zusätzlichen Schutz gegen missbräuchliche Verwendung und erleichtert dem Pfandgläubiger die Einziehung der Forderung. 6

[6] **Anzeige der Verpfändung.** Gem. § 1280 erfordert die Verpfändung von Forderungen, die einfach durch Abtretungsvertrag (§ 398) übertragen werden können, zusätzlich die Anzeige der Verpfändung durch den Gläubiger der verpfändeten Forderung an den Schuldner der verpfändeten Forderung. Es empfiehlt sich, den Pfandgläubiger zu **bevollmächtigen**, die Verpfändung der Forderung dem Schuldner anzuzeigen; denn er hat das primäre Interesse daran, die Sicherheit durch das Pfandrecht zu erwerben. Die Verpfändungsanzeige ist auch erforderlich, wenn über die Forderung zusätzlich ein Legitimationspapier gem. § 952 ausgestellt wurde, bspw ein Sparbuch (Hk-BGB/*Schulte-Nölke* § 1280 Rn 1). Die Rechtsprechung hat es ausdrücklich gebilligt, dass der Pfandgläubiger bevollmächtigt wird, im Namen des Verpfänders dem Schuldner die Verpfändung anzuzeigen (OLG Köln NJW-RR 1990, 485). Hinsichtlich der Formulierung der Vollmacht vgl Muster zu § 1280 Rn 5. Wichtig ist, darauf zu achten, dass bei mehreren Schuldnern die Anzeige an jeden Schuldner zu richten ist (vgl § 1280 Rn 4). 7

[7] **Verwertung.** Regelmäßig entspricht es nicht dem Willen der Parteien, dass der Sicherungsnehmer sofort bei Fälligkeit einer gesicherten Forderung (zB dem Anspruch auf Zahlung des Mietzinses jeweils am Monatsersten) auf die verpfändete Forderung zugreift. Umgekehrt würde die Verwertung der Sicherheit durch Einziehung erheblich erschwert, wenn die Einziehungsbefugnis über §§ 1228 Abs. 2, 1282 hinaus von weiteren Voraussetzungen im Außenverhältnis zum Schuldner der verpfändeten Forderung abhängig gemacht würde. Das Muster schlägt deshalb vor, lediglich im **Innenverhältnis** beschränkende Verpflichtungen zu regeln. 8

Gem. § 1283 Abs. 3 kann die Forderung durch den Pfandgläubiger gekündigt werden, wenn die Voraussetzungen des § 1228 Abs. 2 eingetreten sind. Dies muss er uU gegenüber dem Schuldner nachweisen. Um die Einziehung durch den Pfandgläubiger zu erleichtern empfiehlt es sich daher, § 1283 Abs. 3 abzuändern und das Recht zur Kündigung im Außenverhältnis ohne die Beschränkungen des § 1283 auf den Pfandgläubiger zu übertragen. Die Bestimmung des § 1283 ist disponibel (§ 1284). Den berechtigten Interessen des Verpfänders wird dadurch Genüge getan, wenn sich der Pfandgläubiger im Innenverhältnis verpflichtet, nicht vor Eintritt der Pfandreife (§ 1228 Abs. 2) zu kündigen. 9

Bei der Abfassung des Mietvertrages ist schließlich darauf zu achten, dass bei der vorgeschlagenen Vertragsgestaltung die verpfändete Forderung auch während des **laufenden Mietverhältnisses** verwertet werden kann. Es empfiehlt sich daher für diesen Fall eine Verpflichtung des Mieters vorzusehen, eine gleichwertige Ersatzsicherheit zu stellen. 10

Nach allgemeinen Regeln hat im Einziehungsprozess der Pfandgläubiger nachzuweisen, dass er ein Pfandrecht an der Forderung erworben hat und Pfandreife eingetreten ist (Palandt/*Bassenge* § 1282 Rn 5). Es entspricht deshalb dem Interesse des Pfandgläubigers an einer effektiven Durchsetzung seines Rechts, wenn er dem Schuldner die Voraussetzung der **Pfandreife nicht nachweisen** muss. Dies kann dadurch erreicht werden, dass in die **Bestimmung noch folgender Zusatz** aufgenommen wird: 11

▶ Der Mieter weist die ■■■-Bank/-Sparkasse (allgemein: Schuldner der verpfändeten Forderung) an, mit befreiender Wirkung auch gegenüber dem Mieter ■■■ (Gläubiger der verpfändeten Forderung) auf erstes Anfordern des ■■■ (Pfandgläubiger) an diesen zu leisten. ◀

Grundsätzlich sind die Voraussetzungen der §§ 1282, 1228 disponibel. Bei der Bürgschaft ist die Bürgschaft auf erstes Anfordern als Rechtsinstitut anerkannt. Es spricht einiges dafür, dass auch im Bereich des Forderungspfandrechts entsprechende Bestimmungen getroffen werden können, wenn auch entsprechende Rechtsprechung hierzu soweit ersichtlich nicht veröffentlicht ist.

12 [8] Der **Freigabeanspruch** orientiert sich an der zu § 551 ergangenen Rechtsprechung, wobei davon ausgegangen wird, dass für Mietverhältnisse über Gewerberaum aufgrund der häufig komplizierten Abrechnung und der geringeren Schutzwürdigkeit des Mieters gegenüber einem Mieter von Wohnraum der Abrechnungszeitraum maßvoll auf ein Jahr ausgedehnt werden kann.

13 [9] **Form.** Für die Verpfändung sind die für die Abtretung geltenden besonderen Formvorschriften zu beachten. Soll bspw eine **Buchgrundschuld** verpfändet werden, bedarf es der Einigung über die Verpfändung, die dem Grundbuchamt in öffentlich beglaubigter Form nachzuweisen ist, und der Eintragung (§§ 1192 Abs. 1, 1154 Abs. 3). Diese Art der Gestellung einer Sicherheit ist vor allem sinnvoll, wenn sich der Kreditgeber refinanzieren muss.

14 Im Einzelnen wäre das Muster Rn 1 zu modifizieren wie folgt:

▶ **§ 1 Sachverhalt**

Der Kreditgeber hat zur Refinanzierung des Kredites seinerseits den als Anlage 1 beiliegenden Kreditvertrag mit dem Sicherungsnehmer geschlossen. Er hat sich in § ▪▪▪ dieses Kreditvertrages unter anderem verpflichtet, jedwede Ansprüche gegen ▪▪▪ (Kreditnehmer) im Zusammenhang mit dem Kreditvertrag vom ▪▪▪, der dieser Urkunde als Anlage 2 beigeheftet wird, sowie die Grundschuld, die von ▪▪▪ (Kreditnehmer) bewilligt wurde zur Absicherung der Ansprüche des Kreditgebers, dem Sicherungsnehmer zu verpfänden.

Im Grundbuch des AG ▪▪▪ von ▪▪▪, Band ▪▪▪ Blatt ▪▪▪ ist zwischenzeitlich zugunsten des Kreditgebers zur Absicherung seiner Forderungen gegen den Kreditnehmer eine erstrangige Buchgrundschuld iHv ▪▪▪ eingetragen. Der Kreditgeber versichert, dass Einreden gegen diese Grundschuld nicht bestehen."

§ 2 Verpfändung

1. Der Kreditgeber bestellt dem Sicherungsnehmer zur Sicherheit für alle gegenwärtigen und künftigen Forderungen aus dem Kreditvertrag gem. Anlage 1 zu dieser Urkunde an sämtlichen Ansprüchen gegen den Kreditnehmer, die auf der Ausreichung des Kredites aufgrund des dieser Urkunde als Anlage 2 beigefügten Kreditvertrages beruhen, gleich aus welchem Rechtsgrund, einschließlich der Nebenansprüche und Nebenrechte, ein Pfandrecht. Der Sicherungsnehmer nimmt dies an.
2. Der Kreditgeber bestellt dem Sicherungsnehmer zur Sicherheit für alle gegenwärtigen und künftigen Forderungen aus dem Kreditvertrag gem. Anlage 1 zu dieser Urkunde an der zu seinen Gunsten im Grundbuch eingetragenen Grundschuld gem. § 1 dieses Vertrages ein Pfandrecht. Der Sicherungsnehmer nimmt diese Erklärung an. Die Parteien beantragen und der Kreditgeber bewilligt die Eintragung der Verpfändung der Grundschuld im Grundbuch an nächst offener Rangstelle. Der Sicherungsnehmer/Kreditgeber [Nichtzutreffendes streichen] trägt die Kosten der Beglaubigung und des grundbuchrechtlichen Vollzugs.

§ 3 Zinsen

Das Pfandrecht an den Forderungen gem. § 2 Abs. 1 dieses Vertrages erstreckt sich auf die Zinsen, die nach Pfandreife fällig werden. Diese erhöhen die Sicherheit.

Das Pfandrecht zur Sicherung der Ansprüche gem. § 2 Abs. 2 dieses Vertrages erstreckt sich auch auf die Zinsen, die gem. Bewilligung der Grundschuld vom, ▪▪▪, UR-Nr. ▪▪▪ des Notars ▪▪▪, dieser Urkunde beigefügt als Anlage 3, dem Kapital der Grundschuld jährlich gutzuschreiben sind.

§ 4 Einziehung vor Eintritt der Pfandreife

Dem Kreditgeber steht bis zum Eintritt der Pfandreife (§§ 1282, 1228 Abs. 2 BGB) das Recht zu, die Darlehensforderungen gegen den Kreditnehmer einzuziehen. Weiterhin steht ihm bis zu diesem Zeitpunkt das Recht zu, die Darlehenszinsen zu vereinnahmen. Er wird jedoch den Kreditnehmer anweisen, nur mehr auf ein vom Sicherungsnehmer zu benennendes Konto zu leisten, sobald ihm dieser den Eintritt der Pfandreife anzeigt.

Sofern der Kreditnehmer seinen Verpflichtungen aus dem Kreditvertrag nicht oder nur unvollständig nachkommen sollte, ist der Kreditgeber berechtigt, bei Vorliegen der vertraglichen und gesetzlichen Voraussetzungen den Kreditvertrag sowie die Grundschuld zu kündigen. Er wird zeitgleich dem Sicherungsnehmer eine Abschrift der Kündigung zur Verfügung stellen.

Das Pfandrecht setzt sich an den eingezogenen Beträgen fort. Der Sicherungsnehmer wird diese aber freigeben, solange der Kreditgeber seinen Verpflichtungen aus dem Kreditvertrag gem. Anlage 1 nachkommt.

§ 5 Offenlegung

Der Kreditgeber wird die Verpfändung seiner Ansprüche aufgrund der Ausreichung des Kredites sowie der Grundschuld dem Kreditnehmer anzeigen. Er bevollmächtigt den Sicherungsnehmer, dies für ihn zu tun. Er stellt dem Pfandgläubiger eine Vollmacht im Original in ausreichender Zahl zur Verfügung.

§ 6 Einziehung der Forderung und Kündigung nach Eintritt der Pfandreife

1. Der Sicherungsnehmer ist berechtigt, die verpfändeten Forderungen einzuziehen, sobald ein Anspruch aufgrund der Ausreichung des Kredits an den Kreditgeber gem. dem dieser Urkunde als Anlage 1 beigefügten Kreditvertrag fällig ist. Er verpflichtet sich im Innenverhältnis, dies dem Kreditgeber spätestens zwei Wochen, bevor er die Forderung einzieht, mitzuteilen.
2. Das Recht zur Kündigung des Kreditvertrages gem. Anlage 2 zu dieser Urkunde steht allein dem Sicherungsnehmer zu, sobald er dem Kreditnehmer den Eintritt der Pfandreife mitgeteilt hat. Er verpflichtet sich dem Kreditgeber gegenüber, dieses Recht nur auszuüben, wenn die Voraussetzungen der §§ 1228 Abs. 2, 1282 BGB (Fälligkeit der gesicherten Forderung aus dem Kreditverhältnis) eingetreten sind und die Wartefrist gem. § 8 Abs. 1 dieses Vertrages abgelaufen ist. Er wird dem Kreditgeber zeitgleich mit dem Ausspruch der Kündigung gegenüber dem Kreditnehmer eine Abschrift der Kündigung übersenden.
3. Für die Verwertung und Kündigung der Grundschuld gelten die Regeln gem. § 8 Abs. 1 und 2 dieses Vertrages entsprechend.
4. Der Kreditgeber verpflichtet sich, im Fall der Verwertung dem Sicherungsnehmer alle erforderlichen Informationen zu erteilen, damit dieser das Pfandrecht durchsetzen kann. Er wird den Sicherungsnehmer dabei unterstützen, das Pfand zu verwerten, indem er alle erforderlichen Handlungen vornimmt und Erklärungen abgibt. ◄

Der **Anspruch auf Freigabe der Sicherheit** ist durch Bewilligung der Löschung der Verpfändung der Grundschuld zu erfüllen. Zur Sicherung dieses Anspruchs kann eine Vormerkung im Grundbuch eingetragen werden. Wird dies gewünscht, sollte das Muster um eine ebenfalls öffentlich zu beglaubigende Bewilligung der Eintragung einer entsprechenden Vormerkung ergänzt werden. Bei **Verpfändung einer Grundschuld** entfällt eine Regelung hinsichtlich der Geltendmachung der Kapitalertragssteuer.

[10] **Verpfändung einer Briefgrundschuld.** Im Fall einer Briefgrundschuld bedarf es der Übergabe des Briefes anstelle der Eintragung. Es empfiehlt sich, das Muster in Rn 14 zu verändern wie folgt: 15

▶ **§ 1 Sachverhalt**

■■■

Im Grundbuch des AG ▪▪▪ von ▪▪▪, Band ▪▪▪ Blatt ▪▪▪ ist zwischenzeitlich zugunsten des Kreditgebers zur Absicherung seiner Forderungen gegen den Kreditnehmer eine erstrangige Briefgrundschuld iHv ▪▪▪ eingetragen. Der Kreditgeber versichert, dass Einreden gegen diese Grundschuld nicht bestehen.

§ 2 Verpfändung

1. Der Kreditgeber bestellt dem Sicherungsnehmer zur Sicherheit für alle gegenwärtigen und künftigen Forderungen aus dem Kreditvertrag gem. Anlage 1 zu dieser Urkunde an sämtlichen Ansprüchen gegen den Kreditnehmer, die auf der Ausreichung des Kredites aufgrund des dieser Urkunde als Anlage 2 beigefügten Kreditvertrages beruhen, gleich aus welchem Rechtsgrund, einschließlich der Nebenansprüche und Nebenrechte, ein Pfandrecht. Der Sicherungsnehmer nimmt dies an.
2. Der Kreditgeber bestellt dem Sicherungsnehmer zur Sicherheit für alle gegenwärtigen und künftigen Forderungen aus dem Kreditvertrag gem. Anlage 1 zu dieser Urkunde an der zu seinen Gunsten im Grundbuch eingetragene Grundschuld gem. § 1 dieses Vertrages ein Pfandrecht. Der Sicherungsnehmer nimmt diese Erklärung an. Die Parteien sind sich darüber einig, dass der Kreditgeber dem Sicherungsnehmer am ▪▪▪ den Grundschuldbrief ▪▪▪ (nähere Bezeichnung) zur Verpfändung der Grundschuld ausgehändigt hat. ◄

Hinsichtlich der **Freigabe** wäre zu regeln, dass der Sicherungsnehmer dem Kreditgeber den Grundschuldbrief zurückgibt (§ 1278).

16 [11] **Verpfändung einer Sicherungsgrundschuld.** Im Fall einer Sicherungsgrundschuld (in der Praxis der häufigste Fall der Grundschuld) ist darauf zu achten, dass eine Verwertung der Grundschuld durch den Pfandgläubiger nur erfolgen kann, wenn auch die Sicherungsabrede (Sicherungszweckerklärung) angepasst wird oder aber die durch die Grundschuld gesicherte Forderung mitverpfändet wird. Andernfalls steht dem Eigentümer des belasteten Grundstücks eine Einrede gegen die Grundschuld zu (§ 1192 Abs. 1 a). Das Muster geht davon aus, dass dem Sicherungsnehmer gesicherte Forderung und Grundschuld verpfändet werden. Eine eigenständige Verpfändung der Grundschuld ist erforderlich, da das Pfandrecht an der Forderung des Kreditgebers gem. §§ 1275, 401 sich nicht auf die Grundschuld erstreckt (Palandt/*Grüneberg* § 401 Rn 6).

17 [12] **Verpfändung von Geschäftsanteilen.** Bedeutsam für die Finanzierung zu erwerbender Beteiligungen und zur Kreditsicherung im Konzern ist die Verpfändung von Geschäftsanteilen an einer GmbH. Zu den insoweit zu berücksichtigenden Besonderheiten wird auf das Muster bei *Kollmorgen/Friedrichsen* in: Dombek/Kroiß, Formularbibliothek Vertragsgestaltung, Band Gesellschaftsrecht I, Rn 1, 85 verwiesen.

18 [13] Hinsichtlich der **Verpfändung von Inhaberpapieren, Wechseln und Schecks** s. Muster zu §§ 1292 bis 1296.

§ 1275 Pfandrecht an Recht auf Leistung

Ist ein Recht, kraft dessen eine Leistung gefordert werden kann, Gegenstand des Pfandrechts, so finden auf das Rechtsverhältnis zwischen dem Pfandgläubiger und dem Verpflichteten die Vorschriften, welche im Falle der Übertragung des Rechts für das Rechtsverhältnis zwischen dem Erwerber und dem Verpflichteten gelten, und im Falle einer nach § 1217 Abs. 1 getroffenen gerichtlichen Anordnung die Vorschrift des § 1070 Abs. 2 entsprechende Anwendung.

1 Gem. § 1275 gelten für das Rechtsverhältnis zwischen Pfandgläubiger und Schuldner der verpfändeten Forderung die Bestimmungen der §§ 401 bis 410 entsprechend (Hk-BGB/*Schulte-Nölke*, § 1275 Rn 1). Es wird daher auf die Kommentierung zu diesen Vorschriften verwiesen.

§ 1276 Aufhebung oder Änderung des verpfändeten Rechts

(1) [1]Ein verpfändetes Recht kann durch Rechtsgeschäft nur mit Zustimmung des Pfandgläubigers aufgehoben werden. [2]Die Zustimmung ist demjenigen gegenüber zu erklären, zu dessen Gunsten sie erfolgt; sie ist unwiderruflich. [3]Die Vorschrift des § 876 Satz 3 bleibt unberührt.
(2) Das Gleiche gilt im Falle einer Änderung des Rechts, sofern sie das Pfandrecht beeinträchtigt.

A. Muster: Klage des Pfandgläubigers eines Erbteils auf Eintragung eines Verpfändungsvermerks im Grundbuch[1] 1

▶ An das
Amtsgericht/Landgericht ▪▪▪[2]

Klage

In dem Rechtsstreit

▪▪▪

– Kläger –

▪▪▪ Prozessbevollmächtigter

gegen

▪▪▪

– Beklagter zu 1 –

▪▪▪

– Beklagter zu 2 –

wegen: Grundbuchberichtigung

zeige ich die Vertretung des Klägers an. Namens und in Vollmacht des Klägers erhebe ich Klage und werde beantragen:

I. Die Beklagten werden verurteilt, die Eintragung eines Vermerkes über die Verpfändung des Erbteils an der Erbschaft nach ▪▪▪ [Erblasser] des Beklagten zu 1 an den Kläger gem. der Urkunde des Notars ▪▪▪ vom ▪▪▪, UR-Nr. ▪▪▪ betreffend das Grundstück der Beklagten, vorgetragen im Grundbuch des AG ▪▪▪ von ▪▪▪, Band ▪▪▪, Blatt ▪▪▪ zu bewilligen.

II. ▪▪▪ (Prozessanträge)[3]

Vorläufiger Streitwert: ▪▪▪ EUR

Gründe

I.

Die Beklagten zu 1) und 2) sind Erben zu je 1/2 des am ▪▪▪ verstorbenen ▪▪▪

Beweis: Erbschein des AG ▪▪▪, vorgelegt als Anlage K 1

Zum Erbe gehört auch das im Klageantrag genannte Grundstück.

Beweis: Grundbuchauszug, vorgelegt als Anlage K 2

Der Beklagte zu 1) hat zur Absicherung eines Privatdarlehens, das ihm der Kläger aufgrund einer plötzlich aufgetretenen Notlage ausgereicht hat, durch notariell beurkundeten Vertrag vom ▪▪▪ dem Kläger seinen Erbanteil verpfändet.

Beweis: Verpfändungsvertrag gem. notarieller Urkunde des Notars ▪▪▪ vom ▪▪▪, UR-Nr. ▪▪▪, vorgelegt als Anlage K 3 a

Darlehensvertrag und Quittung des Beklagten zu 1) über den Empfang der Valuta, vorgelegt als Anlage K 3 b

Der Kläger hat die Beklagten mit Schreiben vom ▪▪▪ ersucht, die Eintragung eines die Verpfändung bezeugenden Vermerks im Grundbuch zu bewilligen.

Beweis: Schreiben vom ▪▪▪, vorgelegt als Anlage K 4

Dieses Ersuchen haben die Beklagten zurückgewiesen.

Beweis: Schreiben der Beklagten vom ▪▪▪, vorgelegt als Anlage K 5[4]

II.

Dem Kläger steht gegen die Beklagten ein Anspruch auf Grundbuchberichtigung gem. § 894 BGB zu. Der Inhalt des Grundbuchs ist unrichtig.

Durch die Verpfändung des Erbanteils an der Erbschaft nach ▪▪▪ an den Kläger durch den Beklagten zu 1) hat der Kläger ein Pfandrecht an diesem Erbanteil erworben (§§ 1273, 1274 BGB).

Die Verpfändung ist wirksam. Der Kläger und der Beklagte zu 1) haben sich über die Bestellung eines Pfandrechts an dem Erbanteil des Beklagten zu 1) geeinigt.

Die Einigung entspricht der Form der §§ 1274 Abs. 1, 2033 Abs. 1 S. 2 BGB, da die Verpfändung notariell beurkundet ist.

Die gesicherte Forderung besteht nach wie vor (§ 488 Abs. 1 BGB).

Das Pfandrecht an dem Erbanteil eines Miterben wirkt als relative Verfügungsbeschränkung zugunsten des Pfandgläubigers (BayObLG NJW 1959, 1780); denn nur hierdurch kann eine Entwertung des Pfandrechts durch einverständliche Veräußerung der Nachlassgegenstände durch die Miterben vermieden werden. Die Veräußerung eines Nachlassgegenstandes stellt sich daher als Teilaufhebung des Erbanteils dar.

Diese Verfügungsbeschränkung ist im Grundbuch nicht eingetragen.

Der Kläger ist aktivlegitimiert. Die Eintragung der Verfügungsbeschränkung wirkt sich zu seinen Gunsten aus, weil sie geeignet ist, einen gutgläubigen Erwerb des Grundstücks zu verhindern.

Die Beklagten sind passivlegitimiert. Die Eintragung des Vermerks weist eine sie belastende Verfügungsbeschränkung des gemeinschaftlichen Eigentums aus. Sie können nicht mehr ohne Zustimmung des Klägers über das Grundstück Verfügungen treffen, die auch gegenüber dem Kläger wirksam sind.[5], [6]

▪▪▪

Unterschrift ◀

B. Erläuterungen

2 Mit der Klage will der Pfandgläubiger die Beeinträchtigung des Pfandrechts durch Verfügung über zur Erbschaft gehörende Grundstücke verhindern.

3 [2] Der (**Zuständigkeits-)streitwert** richtet sich nach § 6 ZPO. Er beträgt also den Wert der gesicherten Forderung, maximal den Verkehrswert des Erbanteils.

4 [3] Hinsichtlich der **Prozessanträge** s. § 904 Rn 8.

5 [4] Der **Kläger** ist **darlegungs- und beweisbelastet** hinsichtlich der Tatsachen, auf die er sein Pfandrecht stützt. Da es sich bei dem Pfandrecht um ein akzessorisches Recht handelt, hat er die Tatsachen darzulegen und zu beweisen, auf die er die Entstehung der gesicherten Forderung und die Entstehung des Pfandrechts stützt. Da für die Pfändung eines Miterbenanteils die Mitteilung der Pfändung an alle Miterben nicht erforderlich ist (vgl § 1280; BayObLG NJW 1959, 1780), berücksichtigt das Formular insoweit auch keinen Vortrag.

6 [5] **Befugnisse des Verpfänders.** Bei der Frage, ob ein verpfändetes Recht aufgehoben oder beeinträchtigt wird, ist genau zu prüfen, an welchem Recht das Pfandrecht bestellt wurde. Darum

hindert ein Pfandrecht an Mietzinsansprüchen nicht die Aufhebung des Mietvertrages. Die Verpfändung eines Geschäftsanteils hindert nicht Auswirkungen auf diesen Geschäftsanteil, die durch die Ausübung des Stimmrechts hervorgerufen werden (zB Beschluss, die Gesellschaft zu liquidieren). Schließlich ist zu berücksichtigen, dass auch das Anwartschaftsrecht nicht durch § 1276 geschützt wird, weil dieses sonst stärker geschützt wäre als das Faustpfand an der Sache, auf die sich das Anwartschaftsrecht bezieht (str. vgl BGH NJW 1985, 376).

[6] Zur **vorläufigen Sicherung** des Pfandgläubigers dürfte es sich empfehlen, die Eintragung 7
eines Widerspruchs gegen die Richtigkeit des Grundbuchs zu erwirken (§ 899).

§ 1277 Befriedigung durch Zwangsvollstreckung

[1]Der Pfandgläubiger kann seine Befriedigung aus dem Recht nur auf Grund eines vollstreckbaren Titels nach den für die Zwangsvollstreckung geltenden Vorschriften suchen, sofern nicht ein anderes bestimmt ist. [2]Die Vorschriften des § 1229 und des § 1245 Abs. 2 bleiben unberührt.

A. Muster: Klage des Pfandgläubigers auf Duldung der Zwangsvollstreckung in ein verpfändetes Recht 1

▶ An das 885
Amtsgericht/Landgericht ■■■[1]

Klage

In dem Rechtsstreit

■■■

– Kläger –

■■■ Prozessbevollmächtigter

gegen

■■■

– Beklagter –

wegen: Duldung der Zwangsvollstreckung

zeige ich die Vertretung des Klägers an. Namens und in Vollmacht des Klägers erhebe ich Klage und werde beantragen:

I. Der Beklagte wird verurteilt, wegen einer Forderung von ■■■ (genaue Bezifferung von Kapital/Zinsen/Nebenforderungen und Kosten) die Zwangsvollstreckung in ■■■ (Recht, das gem. §§ 1273, 1274 BGB verpfändet wurde) zu dulden.

II. ■■■ (Prozessanträge)[2]

Vorläufiger Streitwert: ■■■EUR

Gründe

I.

Der Kläger hat am ■■■ mit dem Beklagten einen Darlehensvertrag geschlossen. Die Darlehensvaluta sollte ■■■ EUR betragen. Es war ein Zinssatz von ■■■ % p.a. vereinbart. Die Rückzahlung sollte in monatlichen Raten, zahlbar jeweils bis zum 3. Werktag eines jeden Monats, iHv ■■■ EUR erfolgen.

Schließlich haben die Parteien vereinbart, dass der Kläger berechtigt sein soll, das Darlehen zu kündigen, wenn der Beklagte mit der Zahlung mindestens zweier aufeinander folgender Teilzahlungen ganz oder teilweise, und mit mindestens 5 % des Nennbetrages des Darlehens in Verzug kommen sollte.

Beweis: Darlehensvertrag, vorgelegt als Anlage K 1

Der Kläger hat am ▪▪▪ die Darlehensvaluta an den Beklagten ausgezahlt.

Beweis:

- Vorlage eines Kontoauszuges für ▪▪▪ durch den Beklagten [Empfängerkonto]
- Kontoauszug des Klägers vom ▪▪▪, dem sich die Belastung entnehmen lässt, als Anlage K 2

Zur Sicherheit hat der Beklagte dem Kläger seinen Geschäftsanteil an der X-GmbH mit notariellem Vertrag vom ▪▪▪ verpfändet.

Beweis: Urkunde des notariellen Vertrags vom ▪▪▪ des Notars ▪▪▪, UR-Nr. ▪▪▪, vorgelegt als Anlage K 3

Der Beklagte kommt seit ▪▪▪ seinen Verpflichtungen aus dem Darlehensvertrag nicht mehr nach.

Der Kläger hat deswegen mit Schreiben vom ▪▪▪ den Darlehensvertrag fristlos gekündigt.

Beweis: Schreiben des Klägers vom ▪▪▪, vorgelegt als Anlage K 4

Unter Berücksichtigung der Zinsvergütung für die vorgezogene Fälligkeit ergibt sich aus dem Darlehensvertrag eine Forderung des Klägers iHv ▪▪▪ EUR.

Beweis: Abrechnung des Kreditverhältnisses, vorgelegt als Anlage K 5

Mit Schreiben vom ▪▪▪ hat der Kläger den Beklagten aufgefordert, ein notariell beurkundetes Schuldanerkenntnis abzugeben, in dem sich dieser wegen des Anspruchs auf Duldung der Zwangsvollstreckung in den verpfändeten Gesellschaftsanteil der sofortigen Zwangsvollstreckung unterwirft.

Beweis: Schreiben vom ▪▪▪, vorgelegt als Anlage K 6[3]

Der Beklagte hat auf dieses Schreiben nicht reagiert.[4]

II.

Dem Kläger steht gem. § 1277 S. 1 BGB ein Anspruch auf Duldung der Zwangsvollstreckung in den verpfändeten Geschäftsanteil zu.[5]

Dem Kläger steht gegen den Beklagten ein fälliger Anspruch auf Zahlung von ▪▪▪ gem. §§ 488, 490 BGB zu. Aufgrund des Zahlungsverzuges war er zur außerordentlichen Kündigung des Darlehens berechtigt. § ▪▪▪ des Darlehensvertrages ist wirksam. Er entspricht den Anforderungen, die an die außerordentliche Kündigung auch für Verbraucherkreditverträge gestellt werden (§ 498 Abs. 1 BGB).

Der Beklagte hat seinen Geschäftsanteil an der X-GmbH wirksam durch notariellen Vertrag vom ▪▪▪ verpfändet (§§ 1273, 1274 BGB). Der notarielle Vertrag wahrt insbesondere die Form des § 15 Abs. 3 GmbHG. Die Parteien haben sich über die Verpfändung zur Sicherheit für die Darlehensforderung geeinigt.

Es ist Pfandreife eingetreten (§§ 1277, 1273 Abs. 2, 1228 Abs. 2 BGB). Der Anspruch auf Rückzahlung des Kredites ist zur Zahlung fällig.[6]

▪▪▪

Unterschrift ◀

B. Erläuterungen und Varianten

2 [1] Der **Streitwert** der Klage richtet sich nach § 6 ZPO.

3 [2] Hinsichtlich der **Prozessanträge** s. § 904 Rn 8.

[3] Der **Kläger** trägt die **Darlegungs- und Beweislast** für das Bestehen und die Fälligkeit der (gesicherten) Hauptforderung, die Vereinbarung der Verpfändung zur Absicherung dieser Forderung und den Eintritt der Pfandreife (Palandt/*Bassenge* § 1147 Rn 3). 4

[4] **Notarielles Schuldanerkenntnis.** Statt durch Urteil kann der Anspruch auf Duldung der Zwangsvollstreckung auch durch notarielles Schuldanerkenntnis gem. § 794 Abs. 1 Nr. 5 ZPO tituliert werden (Palandt/*Bassenge* § 1277 Rn 2). Es empfiehlt sich, den Schuldner **vorgerichtlich** aufzufordern, ein solches Anerkenntnis abzugeben, um das Risiko eines sofortigen Anerkenntnisses mit der Kostenfolge des § 93 ZPO zu vermeiden. 5

[5] **Klage auf Duldung der Zwangsvollstreckung wegen eines Pfandrechts an einer Forderung.** Auch wenn dem Pfandgläubiger an einer Forderung oder an einem Inhaberpapier ein Pfandrecht bestellt wurde, so dass grundsätzlich auch die Verwertung gem. §§ 1282, 1288, 1291, 1293 durch Einziehung einer Geldforderung bzw freihändigen Verkauf möglich erscheint, kann der Gläubiger nach § 1277 vorgehen und das Pfand nach den Regeln der Zwangsvollstreckung verwerten (Palandt/*Bassenge* § 1277 Rn 1). 6

[6] Auch § 1277 lässt **abweichende Formen der Verwertung** zu. So kann insbesondere darauf verzichtet werden, dass die Verwertung davon abhängig ist, dass der Pfandgläubiger einen **dinglichen Titel** gegen den Schuldner **erwirkt.** Ist dies gewollt, kann folgende **Regelung** getroffen werden: 7

▶ 1. Der Pfandgläubiger ist berechtigt, ... [verpfändetes Recht einsetzen] zu verwerten, wenn die Voraussetzungen der §§ 1228 Abs. 2, 1273 Abs. 2 BGB eingetreten sind. Eines vorherigen dinglichen Titels, durch den der Verpfänder zur Duldung der Zwangsvollstreckung in das verpfändete Recht verpflichtet wird, bedarf es nicht. Der Pfandgläubiger verpflichtet sich jedoch, dem Verpfänder die Verwertung zwei Wochen, bevor er mit dieser beginnt, anzudrohen.

2. Die Verwertung des Pfandes erfolgt auf Kosten des Pfandes durch öffentliche Versteigerung. Der Pfandgläubiger ist berechtigt die Versteigerung an jedem Ort im Bereich der Bundesrepublik Deutschland durchführen zu lassen, der ihm hierfür günstig erscheint. Ort und Zeit der Versteigerung wird er dem Verpfänder rechtzeitig mitteilen.

3. Der Verpfänder ermächtigt und bevollmächtigt den Pfandgläubiger, alle Rechtshandlungen vorzunehmen, die diesem sinnvoll erscheinen, um die Verwertung des Pfandes einzuleiten. Hierzu gehört insbesondere, bei Bedarf auch Rechte zu kündigen. Der Pfandgläubiger verpflichtet sich im Innenverhältnis, von dieser Ermächtigung nur Gebrauch zu machen, nachdem die Voraussetzungen von Abs. 1 (Pfandreife und Ablauf von mindestens zwei Wochen ab Androhung der Verwertung) eingetreten sind.

4. Der Pfandgläubiger wird nach Durchführung der Verwertung den Verpfänder unverzüglich von dem Ergebnis der Verwertung in Kenntnis setzen und nachvollziehbar abrechnen. Hierbei sind Erlöse zunächst auf die Verwertungskosten, dann auf die sonstigen Forderungskosten, dann auf die aufgelaufenen Zinsen und zuletzt auf die gesicherte Hauptforderung anzurechnen. Ein etwa verbleibender Übererlös ist an den Verpfänder auszukehren.

5. Der Verpfänder wird den Pfandgläubiger bei der Verwertung unterstützen, diesem insbesondere etwaige benötigte Urkunden herausgeben und alle gewünschten Auskünfte erteilen, soweit er hierzu in der Lage ist. ◀

Weiterhin kommen Fälle in Betracht, in denen die Verwertung im Wege **öffentlicher Versteigerung untunlich** erscheint. Sofern das Pfand keinen Börsen- oder Marktpreis hat, ist allerdings zu beachten, dass eine **Vereinbarung** durch die das Erfordernis der öffentlichen Versteigerung ausgeschlossen wird, nur **wirksam** ist, wenn sie **nach Eintritt der Pfandreife** geschlossen wird (§§ 1277, 1245 Abs. 2, 1235). 8

Für die **Veräußerung zur Verwertung eines Anteils an einer Publikums-KG** könnte bspw folgende Vereinbarung getroffen werden, wenn der Aufwand, der zur Wertermittlung erforderlich ist, nicht zu groß ist (zB wenn die KG überwiegend Wertpapierbesitz hat): 9

▶ Der Pfandgläubiger ist berechtigt, den verpfändeten KG-Anteil durch freihändigen Verkauf zu verwerten. Er wird hiermit ... (geeignete Vertriebsorganisation) beauftragen.

Der Wert des KG-Anteils entspricht der Quote, mit der der Verpfänder an dem Gesellschaftsvermögen der X-KG beteiligt ist, zzgl etwaiger Ansprüche auf Auszahlung von Gewinnanteilen. Der Wert des Gesellschaftsvermögens wird durch einen öffentlich bestellten und vereidigten Buchprüfer ermittelt. Können sich die Parteien nicht auf einen Buchprüfer, der den Wert zu ermitteln hat, verständigen, werden sie den Präsidenten der IHK ... beauftragen, eine Person zu bestimmen, die diese Qualifikation erfüllt.

Der KG-Anteil darf freihändig nicht unter dem gem. Abs. 2 ermittelten Wert veräußert werden. ◀

10 Für die **Verwertung in Form der Veräußerung eines Fondsanteils** besteht die Besonderheit, dass für Fondsanteile üblicherweise ein Börsen- oder Marktpreis zu ermitteln ist (§§ 1277, 1245 Abs. 2, 1235 Abs. 2, 1221). Mit dem Verkauf darf allerdings nur ein **Handelsmäkler (Broker)** beauftragt werden. Erleichterungen bestehen, wenn Verpfänder und Pfandgläubiger Unternehmer sind (§§ 1277, 1273, 1259). Ist dies nicht der Fall, könnte folgende Vereinbarung getroffen werden:

▶ ... Die Parteien sind sich darüber einig, dass der Pfandgläubiger den verpfändeten Fondsanteil ... bei Pfandreife freihändig zum jeweils maßgeblichen Tageskurs über ... (Bank bzw Fondsgesellschaft, die die Anforderungen von § 1221 BGB erfüllt) veräußern kann. Eines vorherigen dinglichen Titels bedarf es nicht.

Der Pfandgläubiger wird dem Verpfänder die Verwertung des Fondsanteils spätestens zwei Wochen vor Beginn der Verwertung schriftlich androhen.

Der Pfandgläubiger wird nach Durchführung der Verwertung den Verpfänder unverzüglich von dem Ergebnis der Verwertung in Kenntnis setzen und nachvollziehbar abrechnen. Hierbei sind Erlöse zunächst auf die Verwertungskosten, dann auf die sonstigen Forderungskosten, dann auf die aufgelaufenen Zinsen und zuletzt auf die gesicherte Hauptforderung anzurechnen. Ein etwa verbleibender Übererlös ist an den Verpfänder auszukehren. ◀

▶ Der Verpfänder wird den Pfandgläubiger bei der Verwertung unterstützen, diesem insbesondere etwaige benötigte Urkunden herausgeben und alle gewünschten Auskünfte erteilen, soweit er hierzu in der Lage ist. ◀

§ 1278 Erlöschen durch Rückgabe

Ist ein Recht, zu dessen Verpfändung die Übergabe einer Sache erforderlich ist, Gegenstand des Pfandrechts, so findet auf das Erlöschen des Pfandrechts durch die Rückgabe der Sache die Vorschrift des § 1253 entsprechende Anwendung.

1 A. Muster: Klageerwiderung des Gläubigers einer Grundschuld, der im Besitz des Grundschuldbriefs ist

▶ An das

Amtsgericht/Landgericht ...

Az.: ...

Klageerwiderung

In dem Rechtsstreit

... Kläger

... Prozessbevollmächtigter

gegen

■■■ Beklagter

■■■ Prozessbevollmächtigter

zeige ich die Vertretung des Beklagten an. Namens und in Vollmacht des Beklagten werde ich beantragen:

I. Die Klage wird abgewiesen.

II. Der Kläger trägt die Kosten des Rechtsstreits.

III. ■■■

Gründe[1]

Es kann dahingestellt bleiben, ob die Forderung des Klägers in der behaupteten Höhe besteht und fällig ist. Ebenfalls bedarf keiner Klärung, ob die Grundschuld des Beklagten wirksam an den Kläger verpfändet wurde und Pfandreife eingetreten ist; denn das Pfandrecht ist jedenfalls erloschen (§§ 1253, 1278 BGB).

Der Beklagte ist im Besitz des Grundschuldbriefes.

Beweis: Grundschuldbrief, den der Beklagte im Termin im Original vorlegen wird

Es wird daher vermutet, dass der Kläger dem Beklagten den Grundschuldbrief zurückgegeben hat (§§ 1253 Abs. 2, 1278 BGB). Das Pfandrecht des Klägers an der Grundschuld wäre damit jedenfalls erloschen, sollte es je zur Entstehung gelangt sein (§§ 1278, 1253 Abs. 1 BGB).

Der Kläger hat keinen Vortrag und kein Beweisangebot unterbreitet, dass geeignet wäre, diese Vermutung zu widerlegen (was ihm im Hinblick auf das tatsächliche Geschehen auch nicht gelingen dürfte).

■■■

Rechtsanwalt ◄

B. Erläuterungen

[1] Verpfändung von verbrieften Grundpfandrechten und Inhaberpapieren. § 1278 findet Anwendung, wenn im Fall der Abtretung des verpfändeten Rechts zusätzlich zur Einigung über den Übergang des Rechts die Übergabe einer Sache (in der Regel ist das eine Urkunde) erforderlich wäre (§ 1274 Abs. 1 S. 2). Hauptanwendungsbereich ist daher die Verpfändung von verbrieften Grundpfandrechten (§§ 1154 Abs. 1, 1192 Abs. 1) und Inhaberpapieren. Das Muster geht davon aus, dass der Pfandgläubiger den Grundschuldbrief an den Verpfänder zurückgegeben hat. 2

§ 1279 Pfandrecht an einer Forderung

[1]Für das Pfandrecht an einer Forderung gelten die besonderen Vorschriften der §§ 1280 bis 1290. [2]Soweit eine Forderung einen Börsen- oder Marktpreis hat, findet § 1259 entsprechende Anwendung.

Die Vorschrift hat keinen eigenen Regelungsgehalt. Sofern Gegenstand des Pfandrechts eine Forderung ist, verweist sie auf die besonderen Vorschriften der §§ 1280 bis 1290. Es wird daher auf die Kommentierung zu diesen Vorschriften verwiesen. Bereits § 1273 Abs. 2 verweist u.a. auf die Geltung von § 1259, wenn das Pfand einen Börsen- oder Marktpreis hat und Verpfänder und Pfandgläubiger gewerblich tätig oder Unternehmer sind. Die Bestimmung hat insoweit nur deklaratorische Funktion (Palandt/*Bassenge* § 1279 Rn 1). Hinsichtlich der Einzelheiten wird auf das Muster zu § 1277 Rn 1 (Klage des Pfandgläubigers auf Duldung der Zwangsvollstreckung in ein verpfändetes Recht) verwiesen. 1

§ 1280 Anzeige an den Schuldner

Die Verpfändung einer Forderung, zu deren Übertragung der Abtretungsvertrag genügt, ist nur wirksam, wenn der Gläubiger sie dem Schuldner anzeigt.

1 ### A. Muster: Anzeige der Verpfändung einer Forderung an den Schuldner

▶ ▪▪▪ (Drittschuldner)

per Einschreiben/Rückschein

Betrifft: Anzeige der Verpfändung[1], [2]

Sehr geehrte Frau ▪▪▪,

hiermit zeigen wir unter Vorlage einer Vollmacht im Original[3] an, dass ▪▪▪ uns mit ihrer/seiner Vertretung beauftragt hat.

Wir haben Ihnen mitzuteilen, dass ▪▪▪ (Gläubiger) jegliche Ansprüche gleich welcher Art aufgrund des mit Ihnen am ▪▪▪ abgeschlossenen ▪▪▪-Vertrages an unsere Mandantschaft verpfändet hat.

Bis auf Weiteres sind Zahlungen gleichwohl auf das im ▪▪▪-Vertrag benannte, Ihnen bekannte Konto zu leisten. Wir weisen jedoch bereits jetzt darauf hin, dass mit Anzeige der Pfandreife durch unsere Mandantschaft Zahlungen mit befreiender Wirkung nur mehr auf das Ihnen dann bekanntzugebende Konto geleistet werden können.[4]

Mit freundlichen Grüßen

▪▪▪

Unterschrift

Anlage:

Vollmacht im Original

Untervollmacht im Original ◀

B. Erläuterungen und Varianten

2 [1] **Anzeige der Verpfändung durch den Pfandgläubiger.** Das Muster geht davon aus, dass der Verpfänder den Pfandgläubiger bevollmächtigt hat, die Verpfändung anzuzeigen (vgl Muster zu § 1273 Rn 7). Da das Pfandrecht bei Forderungen, die allein durch Abtretung übertragen werden können, erst mit Anzeige entsteht, ist zur Rangwahrung darauf zu achten, dass die Anzeige alsbald erfolgt.

3 Wurde dem Pfandgläubiger keine Vollmacht erteilt, ist der Verpfänder aufgrund des Sicherungsvertrages verpflichtet, die Verpfändung dem Schuldner anzuzeigen. In diesem Fall sollte wenigstens eine Verpflichtung in den Vertrag aufgenommen werden, dass dieser dem Pfandgläubiger die Benachrichtigung des Schuldners durch eine Bestätigung des Schuldners innerhalb angemessener Zeit **nachzuweisen** hat.

4 [2] Sind Schuldner der verpfändeten Forderung **Gesamtschuldner** oder gar **Gesamthandschuldner**, ist darauf zu achten, dass eine Benachrichtigung aller Schuldner erfolgt, da andernfalls nur der einzelne, gegen den benachrichtigten Gesamtschuldner bestehende Anspruch dem Pfandrecht unterliegt, bzw die Verpfändung überhaupt unwirksam ist (Staudinger/*Wiegand* § 1280 Rn 9).

[3] **Nachweis der Vollmacht.** Die Mitteilung der Verpfändung ist eine einseitige Willenserklärung. Es ist deshalb darauf zu achten, dass dieser eine Vollmacht im **Original** beigefügt wird, der entnommen werden kann, dass der Pfandgläubiger zur Benachrichtigung ermächtigt ist, da andernfalls die Benachrichtigung durch den Schuldner zurückgewiesen werden kann (§ 174; vgl OLG Köln NJW RR 1990, 485). Erfolgt die Benachrichtigung durch Anwaltsschreiben, ist auch die diesem erteilte Vollmacht im Original beizufügen. Weiterhin ist darauf zu achten, dass die dem Pfandgläubiger erteilte Vollmacht auch das **Recht zur Unterbevollmächtigung** umfasst. Die Vollmacht könnte folgenden Wortlaut haben: 5

▶ ■■■ Verpfänder

■■■ Pfandgläubiger

Vollmacht

■■■ (Pfandgläubiger) wird bevollmächtigt, die Verpfändung der Forderung ■■■ (verpfändete Forderung genau entsprechend dem Verpfändungsvertrag bezeichnen) dem Schuldner anzuzeigen. Diese Vollmacht umfasst auch das Recht, Untervollmacht zur Mitteilung der Verpfändung zu erteilen.

■■■

(Unterschriften Pfandgläubiger und Verpfänder) ◀

[4] **Freigabe.** Die Mitteilung löst die Wirkung des § 409 Abs. 1 aus. Nur mit Zustimmung des Pfandgläubigers kann mitgeteilt werden, dass die Forderung wieder freigegeben wurde. Es sollte eine entsprechende Bestimmung in den Sicherungsvertrag aufgenommen werden, dass sich der Pfandgläubiger verpflichtet, an der Freigabe durch Zustimmung mitzuwirken, wenn die im Sicherungsvertrag genannten Voraussetzungen eingetreten sind, unter denen die Freigabe der Sicherheit zu erfolgen hat. 6

§ 1281 Leistung vor Fälligkeit

[1]Der Schuldner kann nur an den Pfandgläubiger und den Gläubiger gemeinschaftlich leisten. [2]Jeder von beiden kann verlangen, dass an sie gemeinschaftlich geleistet wird; jeder kann statt der Leistung verlangen, dass die geschuldete Sache für beide hinterlegt oder, wenn sie sich nicht zur Hinterlegung eignet, an einen gerichtlich zu bestellenden Verwahrer abgeliefert wird.

A. Einziehung der verpfändeten Forderung vor Pfandreife

1 **I. Muster: Einziehung der verpfändeten Forderung durch den Pfandgläubiger vor Pfandreife im Wege der Klage**[1]

▶ An das

Amtsgericht/Landgericht ■■■[2]

Klage

In dem Rechtsstreit

■■■

– Kläger – [3]

■■■ Prozessbevollmächtigter

gegen

■■■

– Beklagter –

wegen: Kaufpreisforderung

zeige ich die Vertretung des Klägers an. Namens und in Vollmacht des Klägers erhebe ich Klage und werde beantragen:

I. Der Beklagte wird verurteilt, 10.000,00 EUR an den Kläger und ■■■(Gläubiger) gemeinschaftlich auf das Konto-Nr. ■■■ bei der B-Bank, BLZ ■■■ nebst Zinsen iHv 5 %-Punkten über dem jeweiligen Basiszinssatz ab Rechtshängigkeit zu bezahlen.

II. ■■■ (Prozessanträge)[4]

Gründe

I.

1.

Der Kläger hat mit dem Gläubiger am ■■■ einen Darlehensvertrag geschlossen.

Beweis: Darlehensvertrag vom ■■■, vorgelegt als Anlage K 1

Die Darlehensvaluta iHv 10.000,00 EUR hat der Kläger am ■■■ an den Gläubiger ausbezahlt.

Beweis: Empfangsbestätigung des Gläubigers vom ■■■, vorgelegt als Anlage K 2

Gem. § ■■■ des Darlehensvertrages ist das Darlehen am ■■■ zur Rückzahlung fällig.

Beweis: Darlehensvertrag, bereits vorgelegt als Anlage K 1

Der Gläubiger hat mit Vertrag vom ■■■ zur Sicherung des Darlehensrückzahlungsanspruchs des Klägers u.a. seine Ansprüche gegen den Beklagten aus dem mit dem Beklagten am ■■■ geschlossenen Kaufvertrag über die Lieferung eines Klaviers verpfändet.

Beweis: Verpfändungsvertrag vom ■■■, vorgelegt als Anlage K 3

Die Verpfändung hat der Kläger dem Beklagten mit Schreiben vom ■■■ in Vertretung des Gläubigers unter Beifügung einer Originalvollmacht angezeigt.

Beweis: Verpfändungsanzeige gem. Schreiben vom ■■■ nebst vom Beklagten unterzeichneter Rückschein

Hierzu war er aufgrund des Verpfändungsvertrags berechtigt.

Beweis: Verpfändungsvertrag, bereits vorgelegt als Anlage K 3

2.

Der Gläubiger hat mit dem Beklagten am ■■■ einen Kaufvertrag über ein gebrauchtes Klavier, Marke Steinway, zum Preis von 10.000,00 EUR geschlossen.

Beweis: Kaufvertrag vom ▪▪▪, vorgelegt als Anlage K 4

Das Klavier hat der Gläubiger an den Beklagten am ▪▪▪ ausgeliefert.

Beweis: Lieferschein, unterzeichnet durch den Beklagten vom ▪▪▪

Den Kaufpreis hat der Beklagte noch nicht gezahlt.

3.

Mit Verpfändungsvertrag vom ▪▪▪ gem. Anlage K 3 hat der Gläubiger dem Kläger auch seine Ansprüche gegen die B-Bank auf Auszahlung des Guthabens auf dem im Klageantrag genannten Konto verpfändet.

Beweis: Verpfändungsvertrag vom ▪▪▪, bereits vorgelegt als Anlage K 3[5]

Eine Zahlung mit befreiender Wirkung kann daher nur auf dieses Konto erfolgen.[6]

II.

1.

Der Kläger ist gem. §§ 1281 S. 2, 1288, 433 Abs. 2 BGB aktivlegitimiert.

Der Gläubiger hat mit Verpfändungsvertrag vom ▪▪▪ seinen Anspruch auf Zahlung des Kaufpreises gegen den Beklagten gem. §§ 1273 Abs. 1, 1274 Abs. 1 BGB wirksam verpfändet. Die Verpfändung wurde dem Beklagten angezeigt (§ 1280 BGB). Der Kläger war bevollmächtigt, die Verpfändung dem Beklagten namens und in Vollmacht des Gläubigers anzuzeigen (§§ 164 Abs. 1, 167 Abs. 1 BGB).

Schließlich ist mit Auszahlung der Darlehensvaluta die gesicherte Forderung entstanden (§§ 488 Abs. 1, 1273 Abs. 1, 1204 Abs. 1 BGB).

Zwar ist der Anspruch des Klägers auf Rückzahlung des Darlehens noch nicht fällig. Bereits vor Fälligkeit der gesicherten Forderung können jedoch sowohl der Pfandgläubiger als auch der Gläubiger Leistung an beide gemeinschaftlich verlangen, wenn die verpfändete Forderung fällig ist (§ 1281 S. 2 BGB). Dementsprechend kann auch jeder von beiden allein auf Leistung an Pfandgläubiger und Gläubiger gemeinschaftlich klagen (MüKo-BGB/*Damrau* § 1281 BGB Rn 8).

2.

Der Anspruch des Gläubigers gegen den Beklagten auf Zahlung von 10.000,00 EUR folgt aus § 433 Abs. 2 BGB. Der Beklagte und der Gläubiger haben einen Kaufvertrag über die Lieferung eines gebrauchten Steinway-Flügels zum Preis von 10.000,00 EUR geschlossen. Der Gläubiger hat den Flügel ausgeliefert.

3.

Der Kläger kann Zahlung an sich und den Gläubiger gemeinschaftlich fordern. Dies kann auch dadurch geschehen, dass der Pfandgläubiger gem. § 1288 BGB Zahlung auf ein ihm verpfändetes Konto fordert (MüKo-BGB/*Damrau* § 1288 Rn 2).[7], [8], [9], [10], [11], [12]

Der Anspruch auf die Prozesszinsen folgt § 291 BGB.

▪▪▪

Rechtsanwalt ◄

II. Erläuterungen und Varianten

[1] Einziehung der verpfändeten Forderung vor Pfandreife. Es ist zu unterscheiden zwischen Einziehung der gepfändeten Forderung vor (§ 1281) und nach Pfandreife (§ 1282). Das Muster ist für den Fall konzipiert, dass die verpfändete Forderung vor der gesicherten Forderung, also vor Pfandreife (§§ 1273 Abs. 2, 1228), zur Zahlung fällig wird. 2

3 [2] Der **Streitwert** richtet sich nach § 3 ZPO, also dem Wert der verpfändeten Forderung und nicht nach dem Wert der gesicherten Forderung; denn auch der Pfandgläubiger ist im Einziehungsprozess nicht berechtigt, vom Schuldner Teilleistung zu fordern (§§ 1275, 399).

4 [3] **Einziehungsbefugnis.** Gem. § 1281 S. 2 können sowohl Pfandgläubiger als auch Gläubiger je einzeln für sich Leistung an beide gemeinschaftlich verlangen. Die hM schließt hieraus, dass auch beide je einzeln prozessführungsbefugt sind (MüKo-BGB/*Damrau* § 1281 Rn 8; aA Palandt/*Bassenge* § 1281 Rn 5).

5 [4] Hinsichtlich der **Prozessanträge** s. § 904 Rn 8.

6 [5] Der **Pfandgläubiger** ist **darlegungs- und beweisbelastet** für die Tatsachen, aus denen sich ergibt, dass die verpfändete Forderung entstanden und fällig ist. Weiterhin ist er auch darlegungs- und beweisbelastet hinsichtlich der Tatsachen, aus denen sich seine Legitimation ergibt, als Pfandgläubiger Erfüllung zu fordern. Dementsprechend hat er darzulegen, dass der Gläubiger die Forderung gegen den Beklagten in gehöriger Form verpfändet hat, die gesicherte Forderung entstanden ist bzw die Voraussetzungen gem. § 1204 Abs. 2, 1273 Abs. 2 vorliegen, und die Verpfändung dem Schuldner gem. § 1280 angezeigt wurde.

7 Zieht der Gläubiger die Forderung ein, ist es Sache des Schuldners, darzulegen und zu beweisen, dass der Gläubiger nicht mehr allein, sondern nur noch gemeinschaftlich mit dem Pfandgläubiger sachbefugt ist. Hierfür reicht es aus, wenn er sich auf die Anzeige der Verpfändung beruft (§§ 1275, 409). Es ist dann Sache des Gläubigers, darzulegen, dass er mit Zustimmung des Pfandgläubigers die Anzeige zurückgenommen habe (§§ 409 Abs. 2, 1275).

8 [6] **Einziehung auf ein verpfändetes Konto.** Gem. § 1281 S. 1 kann der Pfandgläubiger nur Leistung an sich und den Gläubiger der verpfändeten Forderung gemeinschaftlich fordern. Bei der Einziehung von Geldforderungen reicht es aus, wenn der Pfandgläubiger die Forderung sofort so einzieht, dass sie gem. § 1288 gesichert ist (MüKo-BGB/*Damrau* § 1288 Rn 2). Diese Vereinfachung ist bei Abfassung des Musters eingearbeitet.

9 [7] **Verpfändung eines Übereignungsanspruchs.** Ist der Anspruch auf Übereignung einer **Sache** verpfändet, empfiehlt sich folgender **Klageantrag:**

▶ I. Der Beklagte wird verurteilt, dem ▪▪▪ (Gläubiger) gegenüber zu erklären, dass das Eigentum an ▪▪▪ (zu übereignende Sache) auf den ▪▪▪ (Gläubiger) übergehen soll.

II. Der Beklagte wird verurteilt, das ▪▪▪ (zu übereignende Sache) an den Kläger und den ▪▪▪ (Gläubiger) gemeinschaftlich herauszugeben. ◀

10 [8] Wird die Sache durch den Schuldner an den Gläubiger entsprechend dessen Erfüllungsanspruch übereignet, entsteht an dieser kraft Gesetzes ein Pfandrecht (§ 1287; **„dingliche Surrogation“**). Es ist deshalb ausreichend, wenn der Pfandgläubiger auf Leistung an den Gläubiger klagt. Es bedarf nicht der Einräumung eines Pfandrechtes zugunsten des Pfandgläubigers durch den Schuldner. Es ist auch nicht erforderlich, dass das Angebot zur Übereignung durch den Schuldner auch gegenüber dem Pfandgläubiger abgegeben wird. Dieser ist gegen gutgläubigen lastenfreien Erwerb der beweglichen Sache hinreichend dadurch geschützt, dass ihm an dieser Mitbesitz einzuräumen ist (zur abweichenden Rechtslage bei der Übereignung von Grundstücken s. Rn 12–13).

11 [9] **Mitbesitz von Verpfänder und Pfandgläubiger.** Es kann nicht gefordert werden, dass der Schuldner an den Pfandgläubiger und Gläubiger so übergibt, dass qualifizierter Mitbesitz entsteht; denn hierdurch würde der Inhalt des verpfändeten Anspruchs **verändert** (Palandt/*Bassenge* § 1281 Rn 2; str.). Es ist dann Sache von Verpfänder und Pfandgläubiger, alsbald qualifizierten Mitbesitz zu begründen, da andernfalls das Ersatzpfandrecht analog §§ 1253, 1273 Abs. 2 erlischt (Staudinger/*Wiegand* § 1281 Rn 9).

12 [10] **Verpfändung des Auflassungsanspruchs.** Ist der Anspruch auf Übereignung eines Grundstücks verpfändet, bedarf es zur Auflassung der Mitwirkung des Pfandgläubigers (BayObLG

NJW 1968, 705; str., zur Gegenansicht s. Staudinger/*Wiegand* § 1287 Rn 13). Diese kann entweder darin liegen, dass das Grundstück an Gläubiger und Pfandgläubiger gemeinsam aufgelassen wird, oder aber dadurch erfolgen, dass der Pfandgläubiger der Auflassung zustimmt (§§ 182, 185). Diese Zustimmung ist dem Grundbuchamt in der Form des § 29 GBO (öffentliche Beglaubigung) nachzuweisen. **Klagt der Pfandgläubiger**, empfiehlt sich folgender **Klageantrag:**

▶ I. Der Beklagte wird verurteilt, hinsichtlich des Grundstücks ..., vorgetragen im Grundbuch des AG ... von ..., Band ..., Blatt ... dem Kläger und dem Gläubiger ... gegenüber gemeinschaftlich die Auflassung zu erklären.

II. ... ◀

Klagt der Gläubiger, kann er auch auf Erklärung der Auflassung allein ihm gegenüber klagen. In diesem Fall gehört zu einer schlüssigen Klage allerdings auch der Vortrag, wenn die Verpfändung des Auflassungsanspruchs außer Streit steht, dass der **Pfandgläubiger der Auflassung zugestimmt** hat. Da durch die Übergabe des Grundstücks – anders als bei beweglichen Sachen – die Rechtsstellung des Pfandgläubigers nicht berührt wird, kann der Gläubiger auch auf Übergabe des Grundstücks (an sich allein) klagen.

[11] Entstehen einer Sicherungshypothek. Durch Erfüllung des Anspruchs auf Auflassung erwirbt der Gläubiger das Eigentum an dem aufzulassenden Grundstück und der Pfandgläubiger eine Sicherungshypothek an dem Grundstück (§ 1287 S. 2). Sofern das Bestehen des Pfandrechts aus dem Grundbuch nicht ersichtlich ist, wird allerdings auch nach Auflassung die Sicherungshypothek nicht von Amts wegen eingetragen. Der Pfandgläubiger bedarf in diesen Fällen der Bewilligung des Erwerbers zur **Grundbuchberichtigung** (§ 894; vgl zum Problem Staudinger/*Wiegand* § 1287 Rn 15). Ist der Pfandgläubiger an der Auflassung beteiligt, sollte er deshalb darauf bestehen, dass beurkundet wird, dass der Erwerber die Eintragung einer umfangmäßig dem Pfandrecht entsprechenden Sicherungshypothek an nächstoffener Rangstelle bewilligt. 13

Ist er an der Auflassung nicht beteiligt oder aber bewilligt der Erwerber die Eintragung einer entsprechenden Sicherungshypothek nicht, sollte der Pfandgläubiger seine Rechte durch Eintragung eines **Widerspruchs** sichern (s. nachfolgendes Muster Rn 16) 14

[12] Folgt die Forderung aus einem Papier gem. § 1294 (**Inhaber- und Orderpapiere**) gelten die Einschränkungen des § 1281 für den Pfandgläubiger nicht (§ 1294). 15

B. Einstweilige Verfügung zur Eintragung eines Widerspruchs zur Sicherung des verpfändeten Anspruchs

I. Muster: Antrag des Pfandgläubigers eines Anspruchs auf Auflassung auf Erlass einer einstweiligen Verfügung zur Eintragung eines Widerspruchs zur Sicherung des verpfändeten Anspruchs 16

▶ An das

Amtsgericht ...[1]

Antrag auf Erlass einer einstweiligen Verfügung

In dem Verfahren wegen Erlass einer einstweiligen Verfügung

hier: Eintragung eines Widerspruchs

vorläufiger Streitwert: ... EUR[2]

...

– Antragsteller –

... Prozessbevollmächtigter

gegen

■■■

– Antragsgegner –

zeige ich die Vertretung des Antragstellers an. Namens und in Vollmacht des Antragstellers beantrage ich wegen besonderer Dringlichkeit ohne mündliche Verhandlung:

I. Im Grundbuch des AG ■■■ von ■■■, Band ■■■, Blatt ■■■ wird zugunsten des Antragstellers ein Widerspruch gegen die Richtigkeit und Vollständigkeit des Grundbuchs eingetragen, soweit dort in Abt. III nicht zugunsten des Antragstellers eine Sicherungshypothek wegen einer Forderung des Antragstellers gegen den Antragsgegner über ■■■ nebst ■■■ % Zinsen hieraus seit ■■■ eingetragen ist.

II. Weiterhin beantrage ich, dass das erkennende Gericht das Grundbuchamt unmittelbar um Eintragung des Widerspruchs ersucht.[3]

Gründe

Der Antragsteller hat am ■■■ mit dem Antragsgegner einen Darlehensvertrag geschlossen.

Beweis: Darlehensvertrag vom ■■■, vorgelegt als Anlage A 1

Die Darlehensvaluta iHv ■■■ EUR hat der Antragsteller am ■■■ an den Antragsgegner ausgezahlt.

Beweis: Empfangsbestätigung des Antragsgegners vom ■■■ vorgelegt als Anlage A 2

Zur Sicherheit für den Rückzahlungsanspruch hat der Antragsgegner dem Antragsteller seinen Anspruch gegen ■■■ (Schuldner) auf Auflassung und Übereignung des im Antrag benannten Grundstücks verpfändet.

Beweis: Verpfändungsvertrag vom ■■■, vorgelegt als Anlage A 3

Die Verpfändung hat der Antragsgegner mit Schreiben vom ■■■ dem Schuldner angezeigt.

Beweis: Bestätigung des Schuldners vom ■■■, vorgelegt als Anlage A 4

Eine Eintragung der Verpfändung im Grundbuch erfolgte nicht.

Der Schuldner hat durch notariell beurkundeten Vertrag des Notars ■■■ vom ■■■, UR-Nr. ■■■ dem Antragsgegner das im Antrag bezeichnete Grundstück veräußert. Gleichzeitig haben die Parteien des Kaufvertrages die Auflassung erklärt.

Beweis: notariell beurkundeter Vertrag des Notars ■■■ vom ■■■, UR-Nr. ■■■, vorgelegt als Anlage A 5

Der Antragsteller hat mit Schreiben vom ■■■ den Antragsgegner aufgefordert, die Eintragung einer Sicherungshypothek wegen der im Antrag genannten Forderung zu bewilligen.

Beweis: Schreiben des Antragstellers vom ■■■, vorgelegt als Anlage A 6

Hierauf hat der Antragsgegner jedoch nicht reagiert. Zwischenzeitlich ist er als Eigentümer des Grundstücks eingetragen.

Beweis: Grundbuchauszug, vorgelegt als Anlage A 7

II.

Dem Antragsteller steht der Verfügungsanspruch aus § 894 BGB zu.

Das Grundbuch ist unrichtig.

Im Grundbuch ist der Antragsgegner als Eigentümer des im Antrag genannten Grundstücks eingetragen. In Abteilung III des Grundbuchs ist keine Sicherungshypothek zugunsten des Antragsstellers eingetragen.

Der Antragsteller ist Inhaber einer entsprechenden Sicherungshypothek. Er hat diese gem. § 1287 S. 2 BGB erworben.

Der Antragssteller war Inhaber eines Pfandrechts an dem Anspruch des Antragsgegners gegen den Schuldner auf Auflassung (§§ 1273, 1274, 1204 BGB).

Die Parteien haben sich über die Verpfändung dieses Anspruchs wirksam geeinigt. Die Verpfändung dieses Anspruchs bedarf nach hM nicht der Form des § 311 b BGB (Palandt/*Bassenge* § 1274 Rn 2).

Durch Auszahlung der Darlehensvaluta ist der gesicherte Anspruch entstanden.

Die Verpfändung wurde dem Schuldner angezeigt (§ 1280 BGB).

Der Schuldner hat gem. § 1281 BGB geleistet. In der nachträglichen Bestellung des Pfandrechts liegt auch die Zustimmung zur Auflassung.

Mit Eintragung des Antragsgegners als Eigentümer ist das Pfandrecht an dem Anspruch auf Auflassung erloschen. Stattdessen hat der Antragssteller eine Sicherungshypothek an dem Grundstück erlangt (§ 1287 S. 2 BGB).

Der Antragssteller ist aktivlegitimiert, da ein zu seinen Gunsten bestehendes Recht nicht eingetragen ist.

Der Antragsgegner ist passivlegitimiert, da sein Eigentum durch die Eintragung der Sicherungshypothek belastet wird.

Der Verfügungsgrund wird gesetzlich vermutet (§ 899 BGB).[4], [5]

...

Rechtsanwalt ◄

II. Erläuterungen

[1] **Zuständigkeit.** Die einstweilige Verfügung kann beim AG der belegenen Sache beantragt werden (§ 942 Abs. 2 ZPO). 17

[2] Der **Streitwert** richtet sich nach § 3 ZPO; es könnte 10 % der durch die Hypothek gesicherten Forderung genommen werden. 18

[3] **Ersuchen der Eintragung im Grundbuch.** Der Antrag auf Ersuchen der Eintragung unmittelbar durch das Prozessgericht stützt sich auf § 941 ZPO. 19

[4] Ein **Verfügungsgrund** ist nicht gesondert glaubhaft zu machen (§ 899 Abs. 2). 20

[5] **Verpfändungsvermerk.** Zur weitergehenden Sicherung durch die Eintragung eines Verpfändungsvermerkes s. Muster zu § 1273 Rn 1 (Klage des Pfandgläubigers eines Erbteils auf Eintragung eines Verpfändungsvermerks im Grundbuch, um eine Beeinträchtigung des Pfandrechts durch Verfügung über zur Erbschaft gehörende Grundstücke zu verhindern). Ist ein entsprechender Vermerk im Grundbuch eingetragen, ist aus dem Grundbuch ersichtlich, dass die Auflassung nur an Gläubiger und Pfandgläubiger gemeinschaftlich erfolgen kann. In diesem Fall ist das **Berichtigungsverfahren nach § 22 GBO** möglich. Dieses dürfte das Rechtsschutzinteresse zumindest für die Grundbuchberichtigungsklage entfallen lassen (Palandt/*Bassenge* § 894 Rn 1). 21

§ 1282 Leistung nach Fälligkeit

(1) [1]Sind die Voraussetzungen des § 1228 Abs. 2 eingetreten, so ist der Pfandgläubiger zur Einziehung der Forderung berechtigt und kann der Schuldner nur an ihn leisten. [2]Die Einziehung einer Geldforderung steht dem Pfandgläubiger nur insoweit zu, als sie zu seiner Befriedigung erforderlich ist. [3]Soweit er zur Einziehung berechtigt ist, kann er auch verlangen, dass ihm die Geldforderung an Zahlungs statt abgetreten wird.

(2) Zu anderen Verfügungen über die Forderung ist der Pfandgläubiger nicht berechtigt; das Recht, die Befriedigung aus der Forderung nach § 1277 zu suchen, bleibt unberührt.

1 **A. Muster: Klageweise Einziehung der verpfändeten Forderung durch den Pfandgläubiger nach Eintritt der Pfandreife**

▶ An das

Amtsgericht/Landgericht ■■■

Klage

In dem Rechtsstreit

■■■

– Kläger –

■■■ Prozessbevollmächtigter

gegen

■■■

– Beklagter –

wegen: Kaufpreisforderung

zeige ich die Vertretung des Klägers an. Namens und in Vollmacht des Klägers erhebe ich Klage und werde beantragen:

I. Der Beklagte wird verurteilt, 10.000,00 EUR an den Kläger nebst Zinsen iHv 5 %-Punkten über dem jeweiligen Basiszinssatz ab ■■■ sowie 25,00 EUR vorgerichtliche Mahnkosten zu bezahlen.[1], [2]

II. ■■■ (Prozessanträge)[3]

Gründe

I.

1.

Der Kläger hat mit dem Gläubiger am ■■■ einen Darlehensvertrag geschlossen.

Beweis: Darlehensvertrag vom ■■■, vorgelegt als Anlage K 1

Die Darlehensvaluta iHv 10.000,00 EUR hat der Kläger am ■■■ an den Gläubiger ausbezahlt.

Beweis: Empfangsbestätigung des Gläubigers vom ■■■, vorgelegt als Anlage K 2

Gem. § ■■■ des Darlehensvertrages war das Darlehen am ■■■ zur Rückzahlung fällig.

Beweis: Darlehensvertrag, bereits vorgelegt als Anlage K 1

Gleichwohl hat der Gläubiger das Darlehen nicht an den Kläger zurückbezahlt. Dieser hat deshalb mit Schreiben vom ■■■ den Gläubiger letztmalig aufgefordert, bis ■■■ zur Vermeidung eines Rechtsstreits die Darlehensvaluta zurückzuzahlen.

Beweis: Schreiben vom ■■■, vorgelegt als Anlage K 3

Für dieses Schreiben sind pauschale Kosten von 25,00 EUR angefallen.

Der Gläubiger hat auch auf dieses Schreiben nicht reagiert.

Der Gläubiger hat mit Vertrag vom ■■■ zur Sicherung sämtlicher Ansprüche des Klägers aufgrund des Darlehensvertrages gleich aus welchem Rechtsgrund u.a. seine Ansprüche gegen den Beklagten aus dem mit dem Beklagten am ■■■ geschlossenen Kaufvertrag über die Lieferung eines Klaviers verpfändet.

Beweis: Verpfändungsvertrag vom ■■■, vorgelegt als Anlage K 4

Die Verpfändung hat der Kläger dem Beklagten mit Schreiben vom ■■■ in Vertretung des Gläubigers unter Beifügung einer Originalvollmacht angezeigt.

Beweis: Verpfändungsanzeige gem. Schreiben vom ■■■ nebst vom Beklagten unterzeichneter Rückschein

Hierzu war er aufgrund des Verpfändungsvertrags berechtigt.

Beweis: Verpfändungsvertrag, bereits vorgelegt als Anlage K 4

2.

Der Gläubiger hat mit dem Beklagten am ■■■ einen Kaufvertrag über ein gebrauchtes Klavier, Marke Steinway, zum Preis von 14.000,00 EUR geschlossen.

Beweis: Kaufvertrag vom ■■■, vorgelegt als Anlage K 4

Das Klavier hat der Gläubiger an den Beklagten am ■■■ ausgeliefert.

Beweis: Lieferschein, unterzeichnet durch den Beklagten vom ■■■

Den Kaufpreis hat der Beklagte noch nicht gezahlt.[4]

II.

Der Kläger ist gem. §§ 1282, 433 Abs. 2 BGB aktivlegitimiert.

Der Gläubiger hat mit Verpfändungsvertrag vom ■■■ seinen Anspruch auf Zahlung des Kaufpreises gegen den Beklagten gem. §§ 1273 Abs. 1, 1274 Abs. 1 BGB wirksam verpfändet. Die Verpfändung wurde dem Beklagten angezeigt (§ 1280 BGB). Der Kläger war bevollmächtigt, die Verpfändung dem Beklagten namens und in Vollmacht des Gläubigers anzuzeigen (§§ 164 Abs. 1, 167 Abs. 1 BGB).

Schließlich ist mit Auszahlung der Darlehensvaluta die gesicherte Forderung entstanden (§§ 488 Abs. 1, 1273 Abs. 1, 1204 Abs. 1 BGB).

Der Kläger ist gem. § 1282 Abs. 1 S. 1, 2 BGB berechtigt, die Forderung des Gläubigers gegen den Beklagten iHv 10.000,00 EUR nebst hierauf entfallender Verzugszinsen und Kosten einzuziehen.

Es ist Pfandreife eingetreten (§ 1228 Abs. 2 BGB). Mit Ablauf des ■■■ ist die durch das Pfandrecht gesicherte Forderung des Klägers auf Rückzahlung der Darlehensvaluta fällig geworden (§ 488 Abs. 3 BGB). Der Anspruch des Klägers auf die ebenfalls durch das Pfandrecht gesicherten Zinsen gegen den Gläubiger ergibt sich aus §§ 286 Abs. 2 S. 1, 288 BGB. Mit Ablauf des Darlehensvertrages ist der Gläubiger in Verzug gekommen, ohne dass es insoweit einer Mahnung bedürfte. Der Anspruch auf Zahlung pauschaler Mahnkosten folgt aus §§ 280 Abs. 2, 286 Abs. 2 Nr. 1, 249 Abs. 1 BGB, 287 Abs. 2 ZPO.

Der Anspruch des Gläubigers gegen den Beklagten auf Zahlung von 10.000,00 EUR zzgl der geltend gemachten Zinsen und Kosten folgt aus § 433 Abs. 2 BGB. Der Beklagte und der Gläubiger haben einen Kaufvertrag über die Lieferung eines gebrauchten Steinway-Flügels zum Preis von 14.000,00 EUR geschlossen. Der Gläubiger hat den Flügel ausgeliefert.

■■■

Rechtsanwalt ◄

B. Erläuterungen

[1] Gesetzliche Prozessstandschaft des Pfandgläubigers. Das Muster geht davon aus, dass bei Klageerhebung Pfandreife eingetreten ist (§ 1228 Abs. 2, 1282). In diesem Fall ist der Pfandgläubiger allein einziehungsbefugt. Es liegt ein Fall der gesetzlichen Prozessstandschaft in Bezug auf den Gläubiger vor (Hk-BGB/*Schulte-Nölke* § 1282 Rn 1), die im Muster nicht eigens thematisiert wurde. 2

3 [2] **Teilleistungen.** Das Muster hat den Fall der Einziehung einer Geldforderung zum Gegenstand. In einem solchen Fall kann der Pfandgläubiger diese nur bis zur Höhe der durch das Pfandrecht gesicherten Forderung einziehen (§ 1282 Abs. 1, S. 2). Der Schuldner ist also in einem solchen Fall zur Erbringung von Teilleistungen verpflichtet. Soweit die verpfändete Geldforderung den gesicherten Anspruch übersteigt, ist der Pfandgläubiger nicht einziehungsbefugt, die Klage also unzulässig.

4 [3] Hinsichtlich der **Prozessanträge** s. § 904 Rn 8.

5 [4] Der **Pfandgläubiger** trägt im Einziehungsprozess die **Darlegungs- und Beweislast** hinsichtlich der Tatsachen, auf die sich die Forderung des Gläubigers begründet nach den allgemeinen Regeln, aber auch hinsichtlich der Tatsachen, auf die Bestehen des Pfandrechts und Pfandreife gestützt sind (MüKo-BGB/*Damrau* § 1282 Rn 14). Er trägt allerdings nicht die Darlegungs- und Beweislast dafür, dass die durch das Pfandrecht gesicherte Forderung nicht erloschen ist (bspw durch Zahlung des Gläubigers); denn hierbei handelt es sich um eine rechtsvernichtende Einwendung, die der Beklagte (Schuldner) zu beweisen hat.

§ 1283 Kündigung

(1) Hängt die Fälligkeit der verpfändeten Forderung von einer Kündigung ab, so bedarf der Gläubiger zur Kündigung der Zustimmung des Pfandgläubigers nur, wenn dieser berechtigt ist, die Nutzungen zu ziehen.
(2) Die Kündigung des Schuldners ist nur wirksam, wenn sie dem Pfandgläubiger und dem Gläubiger erklärt wird.
(3) Sind die Voraussetzungen des § 1228 Abs. 2 eingetreten, so ist auch der Pfandgläubiger zur Kündigung berechtigt; für die Kündigung des Schuldners genügt die Erklärung gegenüber dem Pfandgläubiger.

1 A. Muster: Kündigung eines verpfändeten Darlehens durch den Gläubiger[1]

▶ ▪▪▪ [Gläubiger]

Herrn ▪▪▪

Betr.: Darlehensvertrag vom ▪▪▪

hier: Kündigung[2]

per Einschreiben/Rückschein

Sehr geehrter Herr ▪▪▪,

bekanntlich habe ich Ihnen zur Überbrückung eines Liquiditätsengpasses am ▪▪▪ aufgrund Darlehensvertrages vom ▪▪▪ ein Darlehen iHv ▪▪▪ EUR ausgereicht. Hinsichtlich der Rückzahlung des Darlehens haben wir vereinbart, dass diese drei Monate nach Kündigung durch eine von beiden Seiten, jedoch nicht vor ▪▪▪ fällig sein soll. Da dieser Termin nun überschritten ist, kündige ich den Darlehensvertrag zum ▪▪▪ .

Gleichzeitig habe ich Sie aufzufordern, die Darlehensvaluta iHv ▪▪▪ EUR bis spätestens zum ▪▪▪ auf das Konto Nr. ▪▪▪ bei der B-Bank, BLZ ▪▪▪ zu überweisen. Dieses Konto ist an ▪▪▪ (Pfandgläubiger) verpfändet, wie Sie der anliegenden Bestätigung der B-Bank entnehmen können.

Halten Sie diesen Termin nicht ein, geraten Sie in Verzug. In diesem Fall sind Verzugszinsen auf die Darlehensvaluta iHv 5 %-Punkten über dem jeweiligen Basiszinssatz gem. § 247 BGB zu entrichten, die ebenfalls auf das vorgenannte Konto zu zahlen sind.[3], [4], [5]

Mit freundlichen Grüßen,

...

Unterschrift

Anlage: Bankbestätigung ◀

B. Erläuterungen und Varianten

[1] **Kündigung vor Pfandreife.** Gem. § 1283 ist zu differenzieren zwischen der Zeit vor und nach Pfandreife (§ 1228 Abs. 2). Das Muster ist konzipiert für die Kündigung vor Pfandreife. In diesem Fall kann die Kündigung allein **durch den Gläubiger** erfolgen (§ 1283 Abs. 1). Die Zustimmung des Pfandgläubigers ist praktisch kaum erforderlich. Das Muster ist für den Fall eines unverzinslichen Privatkredits konzipiert. Es ist aber auch für verzinsliche Kredite verwendbar; denn auch eine verzinsliche Forderung begründet kein Nutzungspfand. Gem. § 1289 erhöhen die Zinsen zwar die Sicherheit, fallen aber nicht dem Pfandgläubiger zu (MüKo-BGB/*Damrau* § 1289 Rn 3). Rechte, die Nutzungen gewähren, sind meist nicht gem. §§ 1274, 399 verpfändbar, wie zB Nießbrauch oder das Gebrauchsrecht des Mieters (vgl §§ 1059, 540). 2

[2] **Form der Kündigung.** Bei der Kündigung eines Darlehensvertrages durch einen gewerblichen Unternehmer sind uU weitere Formerfordernisse einzuhalten. Insoweit wird auf die Kommentierung zu §§ 488 ff verwiesen. 3

[3] Für die **Kündigung des Schuldners** gelten keine inhaltlichen Besonderheiten. Es ist darauf zu achten, dass diese sowohl dem Gläubiger als auch dem Pfandgläubiger gegenüber zu erfolgen hat, was auch nacheinander erfolgen kann (§ 1283 Abs. 2; MüKo-BGB/*Damrau* § 1283 Rn 5). Es ist darauf zu achten, dass für eventuell einzuhaltende Fristen maßgeblich ist, wem (Gläubiger bzw Pfandgläubiger) die Kündigung zuletzt zugegangen ist (§ 130). 4

[4] **Kündigung nach Pfandreife.** Nach Pfandreife (§ 1228 Abs. 2) kann die Kündigung auch allein durch den Pfandgläubiger erfolgen bzw durch den Schuldner diesem gegenüber erklärt werden. Es ist allerdings für den Schuldner als Außenstehenden häufig nicht möglich festzustellen, ob Pfandreife eingetreten ist. Es empfiehlt sich deshalb für den Pfandgläubiger der Kündigung eine Vollmacht des Gläubigers im Original beizufügen. Es wird vorgeschlagen, sofern nicht ohnehin abweichende Vereinbarungen hinsichtlich der Verwertung getroffen werden (§ 1284) bereits **bei Verpfändung eine entsprechende Vollmacht zugunsten des Pfandgläubigers** auszustellen (s. Muster zu § 1273 Rn 9). 5

Dies vorausgeschickt könnte das **Muster zur Kündigung** modifiziert werden wie folgt: 6

▶ ... [Pfandgläubiger]

Herrn ...

Betr.: Darlehensvertrag vom ...

hier: Kündigung

per Einschreiben/Rückschein

Sehr geehrter Herr,

Frau ... (Gläubiger) hat, wie Ihnen bereits mit Schreiben vom ... angezeigt, den Anspruch auf Rückzahlung des Ihnen ausgereichten Darlehens an mich verpfändet.

Der durch das Pfandrecht gesicherte Anspruch ist nunmehr zur Zahlung fällig. IÜ hat mich Frau ... (Gläubiger) zur Kündigung und Einziehung der Darlehensforderung ermächtigt. Eine Vollmacht liegt diesem Schreiben im Original bei.

Frau ... (Gläubiger) hat Ihnen zur Überbrückung eines Liquiditätsengpasses am ... aufgrund Darlehensvertrages vom ... ein Darlehen iHv ... EUR ausgereicht. Hinsichtlich der Rückzahlung des Darlehens haben Sie vereinbart, dass diese drei Monate nach Kündigung durch eine von beiden Seiten, jedoch nicht vor ■■■ fällig sein soll. Da dieser Termin nun überschritten ist, kündige ich den Darlehensvertrag zum ■■■

Gleichzeitig habe ich Sie aufzufordern, die Darlehensvaluta iHv ■■■ bis spätestens zum ■■■ auf das Konto-Nr. ■■■ bei der B-Bank, BLZ ■■■ zu überweisen.

Halten Sie diesen Termin nicht ein, geraten Sie in Verzug. In diesem Fall sind Verzugszinsen auf die Darlehensvaluta iHv 5 %-Punkten über dem jeweiligen Basiszinssatz gem. § 247 BGB zu entrichten, die ebenfalls auf das vorgenannte Konto zu zahlen sind.

Mit freundlichen Grüßen

■■■

Unterschrift

Anlage: Vollmacht im Original ◀

7 **[5] Kündigung des Schuldners nach Pfandreife.** Es reicht die Kündigung des Schuldners gegenüber dem Pfandgläubiger aus (§ 1283 Abs. 3). Da es für den Schuldner allerdings kaum zuverlässig feststellbar ist, ob diese Voraussetzung eingetreten ist, empfiehlt es sich, immer **gegenüber Pfandgläubiger und Gläubiger** zu kündigen.

§ 1284 Abweichende Vereinbarungen

Die Vorschriften der §§ 1281 bis 1283 finden keine Anwendung, soweit der Pfandgläubiger und der Gläubiger ein anderes vereinbaren.

1 A. Muster: Übertragung der Einziehungsbefugnis auf den Pfandgläubiger

▶ **Verpfändung**

■■■

Die Parteien sind sich darüber einig, dass dem Pfandgläubiger das alleinige Recht zur Einziehung der verpfändeten Forderung, auch im Wege der gerichtlichen Geltendmachung, sowie zur Kündigung der verpfändeten Forderung zusteht.

Der Pfandgläubiger verpflichtet sich im Innenverhältnis gegenüber dem Gläubiger, vor Eintritt der Pfandreife diese Rechte nur mit Zustimmung des Gläubigers auszuüben, sofern nicht die Voraussetzungen des § 1286 BGB vorliegen sollten. ■■■[1], [2], [3] ◀

B. Erläuterungen

2 **[1] Erleichterung der Einziehung der Forderung durch den Pfandgläubiger.** Das Nebeneinander von Gläubiger und Pfandgläubiger erschwert die Einziehung der Forderung und macht die Situation für den Schuldner unübersichtlich. Soweit § 1277 S. 2 nicht tangiert wird, können die Parteien Vereinbarungen schließen, die die Einziehung der Forderung erleichtern (Palandt/*Bassenge* § 1284 Rn 1). Da durch das Muster lediglich die Einziehung der Forderung erleichtert wird, erscheint die Regelung unbedenklich. Bei Einziehung erwirbt der Gläubiger den geschuldeten Gegenstand und der Pfandgläubiger im Wege dinglicher Surrogation ein Pfandrecht hieran (§ 1287).

[2] Übertragung der Forderung an Erfüllung statt. Es kann auch vereinbart werden, dass der Pfandgläubiger mit Eintritt der Pfandreife Inhaber einer verpfändeten Geldforderung bis zur Höhe der gesicherten Forderung wird (MüKo-BGB/*Damrau* § 1284 Rn 2). Im Hinblick auf § 364 ist allerdings von einer solchen Vereinbarung aus Sicht des Pfandgläubigers abzuraten, da dieser dann das Insolvenzrisiko des Schuldners trägt. 3

[3] Weitere Gesichtspunkte der Verwertung. Diesbezüglich wird auf die Muster zu §§ 1273, 1292, 1293 verwiesen. 4

§ 1285 Mitwirkung zur Einziehung

(1) Hat die Leistung an den Pfandgläubiger und den Gläubiger gemeinschaftlich zu erfolgen, so sind beide einander verpflichtet, zur Einziehung mitzuwirken, wenn die Forderung fällig ist.
(2) [1]Soweit der Pfandgläubiger berechtigt ist, die Forderung ohne Mitwirkung des Gläubigers einzuziehen, hat er für die ordnungsmäßige Einziehung zu sorgen. [2]Von der Einziehung hat er den Gläubiger unverzüglich zu benachrichtigen, sofern nicht die Benachrichtigung untunlich ist.

A. Mitwirkung zur Einziehung durch Einrichtung eines gemeinschaftlichen Kontos gegen den Gläubiger

I. Muster: Klage des Pfandgläubigers gegen den Gläubiger auf Mitwirkung zur Einziehung durch Einrichtung eines gemeinschaftlichen Kontos 1

▶ An das

Amtsgericht/Landgericht ▪▪▪[1]

Klage

In dem Rechtsstreit

▪▪▪

– Kläger –

▪▪▪ Prozessbevollmächtigter

gegen

▪▪▪

– Beklagter –

893

wegen: Mitwirkung bei der Einziehung

zeige ich die Vertretung des Klägers an. Namens und in Vollmacht des Klägers erhebe ich Klage und werde beantragen:

I. Der Beklagte wird verurteilt, der Einrichtung eines gemeinschaftlichen Kontos der Parteien bei der B-Bank gemäß dem als Anlage 1 beiliegenden Eröffnungsantrag zuzustimmen.[2], [3]

II. ▪▪▪ (Prozessanträge)[4]

Gründe

I.

1.

Der Kläger hat mit dem Beklagten am ▪▪▪ einen Darlehensvertrag geschlossen.

Beweis: Darlehensvertrag vom ▪▪▪, vorgelegt als Anlage K 1

Die Darlehensvaluta iHv 10.000,00 EUR hat der Kläger am ▪▪▪ an den Beklagten ausbezahlt.

Beweis: Empfangsbestätigung des Beklagten vom ▪▪▪, vorgelegt als Anlage K 2

Gem. § ▪▪▪ des Darlehensvertrages ist das Darlehen am ▪▪▪ zur Rückzahlung fällig.

Beweis: Darlehensvertrag, bereits vorgelegt als Anlage K 1

Der Beklagte hat mit Vertrag vom ▪▪▪ zur Sicherung des Darlehensrückzahlungsanspruchs des Klägers u.a. seine Ansprüche gegen den Schuldner ▪▪▪ aus dem mit dem Beklagten am ▪▪▪ geschlossenen Kaufvertrag über die Lieferung eines Klaviers verpfändet.

Beweis: Verpfändungsvertrag vom ▪▪▪, vorgelegt als Anlage K 3

Die Verpfändung hat der Kläger dem Schuldner mit Schreiben vom ▪▪▪ in Vertretung des Beklagten unter Beifügung einer Originalvollmacht angezeigt.

Beweis: Verpfändungsanzeige gem. Schreiben vom ▪▪▪ nebst vom Schuldner unterzeichneter Rückschein

Hierzu war er aufgrund des Verpfändungsvertrags berechtigt.

Beweis: Verpfändungsvertrag, bereits vorgelegt als Anlage K 3

2.

Der Beklagte hat mit dem Schuldner am ▪▪▪ einen Kaufvertrag über ein gebrauchtes Klavier, Marke Steinway, zum Preis von 10.000,00 EUR geschlossen.

Beweis: Kaufvertrag vom ▪▪▪, vorgelegt als Anlage K4

Das Klavier hat der Beklagte an den Schuldner am ▪▪▪ ausgeliefert.

Beweis: Lieferschein, unterzeichnet durch den Schuldner vom ▪▪▪

Den Kaufpreis hat der Schuldner noch nicht gezahlt.

3.

Um die Forderung einziehen zu können, hat der Kläger den Beklagten am ▪▪▪ aufgefordert, ein gemeinschaftliches Konto einzurichten. Da der Beklagte nicht reagiert hat, hat der Kläger bei der B-Bank einen entsprechenden Antrag gestellt. Der Beklagte weigert sich jedoch auch, diesen Antrag zu unterschreiben.[5]

II.

Dem Kläger steht gegen den Beklagten gem. § 1285 Abs. 1 BGB ein Anspruch auf Mitunterzeichnung des Kontoeröffnungsantrages zu.

Der Kläger ist Pfandgläubiger. Der Beklagte hat mit Verpfändungsvertrag vom ▪▪▪ seinen Anspruch auf Zahlung des Kaufpreises gegen den Beklagten gem. §§ 1273 Abs. 1, 1274 Abs. 1 BGB wirksam verpfändet. Die Verpfändung wurde dem Beklagten angezeigt (§ 1280 BGB). Der Kläger war bevollmächtigt, die Verpfändung dem Beklagten namens und in Vollmacht des Gläubigers anzuzeigen (§§ 164 Abs. 1, 167 Abs. 1 BGB).

Die Zahlung des Schuldners hat an den Kläger und den Beklagten gemeinschaftlich zu erfolgen (§ 1281 BGB). Dem Beklagten steht gem. § 433 Abs. 2 BGB ein fälliger Anspruch auf Zahlung von 10.000,- EUR zu. Der Anspruch des Klägers auf Rückzahlung des Darlehens ist noch nicht fällig. Mithin sind die Voraussetzungen der §§ 1228 Abs. 2, 1282 Abs. 1 BGB noch nicht eingetreten.

Da die Leistung an die Parteien gemeinschaftlich erfolgen muss, ist ein gemeinsames Konto einzurichten, bevor die Zahlung unbar geleistet werden kann.

...

Rechtsanwalt ◀

II. Erläuterungen und Varianten

[1] Der **Streitwert** richtet sich nach dem Interesse des Klägers, die Forderung vor Fälligkeit der gesicherten Forderung einzuziehen. Es erscheint angemessen, gem. § 3 ZPO den Wert auf 10 % der verpfändeten Forderung, jedoch maximal 10 % der gesicherten Forderung zu schätzen. 2

[2] **Klageantrag.** Es ist darauf zu achten, dass der Inhalt der geforderten Mitwirkungshandlung genau bezeichnet wird. Soll eine **bewegliche Sache** übergeben werden, kann dementsprechend beantragt werden: 3

▶ Der Beklagte wird verurteilt, zuzustimmen, dass Herr OGV ... beauftragt wird, für beide Parteien das ... (Gegenstand, der nach der verpfändeten Forderung zu leisten ist) entgegenzunehmen und bis zur Verwertung des Pfandes durch öffentliche Versteigerung zu verwahren. ◀

[3] Die **Vollstreckung** des Mitwirkungshandlungsanspruchs richtet sich nach § 888 ZPO, und wenn eine Willenserklärung abzugeben ist, nach § 894 ZPO. 4

[4] Hinsichtlich der **Prozessanträge** s. § 904 Rn 8. 5

[5] Der **Kläger** hat die Tatsachen **darzulegen** und **zu beweisen**, aus denen sich die Entstehung seines Pfandrechts ergibt. Weiterhin hat er die Tatsachen darzulegen und zu beweisen, aus denen sich die Fälligkeit und das Bestehen des verpfändeten Anspruchs ergeben. Schließlich hat er darzulegen und zu beweisen, dass die Einziehung der Forderung nur durch Kläger und Beklagten gemeinschaftlich erfolgen kann, weil die Voraussetzungen des § 1281 vorliegen, oder die Parteien eine Vereinbarung geschlossen haben (§ 1284), die nur die gemeinschaftliche Einziehung der Forderung durch Gläubiger und Pfandgläubiger zulässt. 6

Das Muster geht davon aus, dass die durch das Pfandrecht gesicherte Forderung erst nach der verpfändeten Forderung zur Zahlung fällig wird, so dass deshalb die Voraussetzungen des § 1281 erfüllt sind. 7

B. Aufrechnung des Gläubigers gegen die Forderung des Pfandgläubigers mit einem Schadensersatzanspruch

I. Muster: Klageerwiderung; Aufrechnung des Gläubigers gegen die Forderung des Pfandgläubigers mit einem Schadensersatzanspruch und Hilfswiderklage 8

▶ An das

Amtsgericht/Landgericht ...

Az.: ...

Klageerwiderung[1]

In dem Rechtsstreit

■■■ Kläger

Prozessbevollmächtigter ■■■

gegen

■■■ Beklagter

zeige ich die Vertretung des Beklagten an. Namens und in Vollmacht des Beklagten beantrage ich:

I. Die Klage wird abgewiesen.

II. Der Beklagte trägt die Kosten des Rechtsstreits.[2]

Weiterhin erhebe ich namens und in Vollmacht des Beklagten hilfsweise für den Fall, dass das Gericht der Auffassung sein sollte, dass dem Kläger der geltend gemachte Anspruch schon aus den unter Ziff. I genannten Gründen nicht zusteht, Widerklage und beantrage:

- Der Kläger und Widerbeklagte wird verurteilt, an den Beklagten und Widerkläger ■■■ EUR zzgl Zinsen iHv 5 %-Punkten über dem jeweiligen gesetzlichen Basiszinssatz gem. § 247 BGB ab Rechtshängigkeit der Widerklage Zug um Zug gegen Abtretung des Anspruchs des Beklagten gegen ■■■ [Zahlungsempfänger] zu bezahlen.
- Es wird festgestellt, dass der Kläger mit der Annahme des Abtretungsangebotes in Annahmeverzug ist.

Gründe

I. Die Klage ist unbegründet. Dem Kläger steht der geltend gemachte Anspruch nicht zu. ■■■ [Einwendungen gegen die Klageforderung werden ausgeführt]

II. Hilfsweise rechne ich mit einem Anspruch des Beklagten auf Schadensersatz gegen die klagegegenständliche Forderung auf.

1. Zur Sicherung der eingeklagten Forderung hat der Beklagte dem Kläger seine Ansprüche aus dem Kaufvertrag mit ■■■ (Schuldner) über ein gebrauchtes Klavier, Marke Steinway, verpfändet.

   Beweis: Verpfändungsvertrag, vorgelegt als Anlage B 1

   Diese Verpfändung hat der Beklage dem Schuldner am ■■■ per Einschreiben/Rückschein angezeigt.

   Beweis:

   - vom Schuldner unterzeichneter Rückschein, vorgelegt als Anlage B 2
   - Schreiben des Beklagten vom ■■■, vorgelegt als Anlage B 3

   Der Beklagte hat mit dem Schuldner einen Kaufvertrag über ein gebrauchtes Klavier, Marke Steinway, zum Preis von ■■■ geschlossen.

   Beweis: Kaufvertrag vom ■■■, vorgelegt als Anlage B 4

   Der Beklagte hat dem Schuldner das Klavier am ■■■ mangelfrei ausgeliefert.

   Beweis: Lieferschein, unterzeichnet durch den Schuldner, vorgelegt als Anlage B 5

   Es trifft zu, dass der gesicherte Anspruch am ■■■ zur Zahlung fällig war.

   Da der Beklagte zunächst nicht zahlen konnte, hat der Kläger versucht, den Anspruch des Beklagten auf Zahlung des Kaufpreises einzuziehen. Er hat hierbei allerdings ein falsches Konto angegeben.

   Beweis: Vernehmung des Schuldners als Zeuge

   Der Schuldner hat auf dieses Konto geleistet.

   Beweis: wie vor

   Der gutgeschriebene Betrag wurde von dem Inhaber dieses Kontos, ■■■, sofort abgehoben.

   Beweis: Schreiben der ■■■-bank, vorgelegt als Anlage B 6

   Der Inhaber dieses Kontos hat am ■■■ die eidesstattliche Versicherung abgelegt.

   Beweis: Auszug aus der Schuldnerkartei des AG ■■■, vorgelegt als Anlage B 7

Dem Beklagten ist ein Schaden in entsprechender Höhe entstanden, da er den Schuldner nicht mehr in Anspruch nehmen kann und von ▪▪▪ Erstattung des zu Unrecht überwiesenen Betrages nicht erlangt werden kann.

Der Beklagte hat den Kläger mit Schreiben vom ▪▪▪ aufgefordert, Schadensersatz iHv ▪▪▪ zu leisten und gleichzeitig die Abtretung aller Ansprüche gegen ▪▪▪ aufgrund der fehlgeleiteten Zahlung angeboten.

Beweis: Schreiben vom ▪▪▪, vorgelegt als Anlage B 8[3]

III.

1. Der Anspruch des Klägers auf Zahlung von ▪▪▪ ist erloschen ▪▪▪ [wird ausgeführt].
2. Sollte nach Auffassung des Gerichts der Anspruch nicht bereits aus den Gründen gem. Ziff. 1 erloschen sein, ist er durch Aufrechnung des Beklagten untergegangen (§ 389 BGB).

   Die Aufrechnung steht unter einer innerprozessualen Bedingung. Sie ist daher als Prozessaufrechnung wirksam.

   Die Aufrechnungserklärung ist wirksam (§ 388 BGB). Dass sie nur für den Fall erklärt wird, dass die Klage nicht bereits aus den unter Ziff. I genannten Gründen abzuweisen ist, ist unerheblich; denn insoweit liegt nur eine Rechtsbedingung vor.

   Es besteht eine Aufrechnungslage (§ 387 BGB). Dem Beklagten steht ein voll wirksamer und fälliger Schadensersatzanspruch gem. §§ 1285 Abs. 2, 280 Abs. 1 BGB gegen den Kläger zu.

   Der Kläger hat eine Pflicht aus dem mit der Verpfändung begründeten Schuldverhältnis verletzt. Die Forderung des Beklagten auf Zahlung des Kaufpreises ist wirksam an den Kläger verpfändet worden (§§ 1273, 1274, 1280 BGB). Der Kläger war nach Eintritt der Fälligkeit der gesicherten Forderung berechtigt und verpflichtet, diese einzuziehen (§§ 1228 Abs. 2, 1282, 1285 Abs. 2 BGB).

   Dieser Verpflichtung ist er nicht mit der gebotenen Sorgfalt nachgekommen; denn er hat den Schuldner angewiesen auf ein Konto zu zahlen, das weder dem Kläger noch auch dem Beklagten zustand.[4]

   Hierdurch ist dem Beklagten ein Schaden entstanden; denn der Schuldner ist durch Zahlung auf das vom Kläger benannte Konto freigeworden (§ 362 Abs. 1 BGB).

   Die fehlgeleitete Zahlung kann von dem Inhaber des Kontos ▪▪▪ nicht erstattet werden, da dieser vermögenslos ist.
3. Die hilfsweise erhobene Widerklage ist zulässig. Insbesondere besteht ein berechtigtes Interesse an der Feststellung des Annahmeverzuges (§ 756 Abs. 1 ZPO). Aus den unter Ziff. 2 ausgeführten Gründen hat sie auch in der Sache Erfolg.[5]

▪▪▪

Rechtsanwalt ◄

II. Erläuterungen

[1] **Prozessuale Situation.** Das Muster geht davon aus, dass der Pfandgläubiger die durch das Pfandrecht gesicherte Forderung klageweise gegen den Gläubiger der verpfändeten Forderung geltend macht. 9

[2] Hinsichtlich der **Prozessanträge** des Beklagten s. § 986 Rn 8. 10

[3] **Darlegungs- und Beweislast.** Der Gläubiger hat alle Voraussetzungen eines Schadensersatzanspruchs gem. §§ 1285 Abs. 2, 280 Abs. 1 darzulegen. Hierzu gehören die Tatsachen, aus denen sich die wirksame Verpfändung der einzuziehenden Forderung ergibt (gesicherte Forderung, Verpfändungsvertrag und Anzeige). 11

Weiterhin hat er darzulegen, dass der Pfandgläubiger berechtigt ist, die verpfändete Forderung allein einzuziehen (Voraussetzungen des § 1282 Abs. 1, also Pfandreife gem. § 1228 Abs. 1, bzw Absprache gem. § 1284). Weiterhin hat er darzulegen, dass der Pfandgläubiger bei der Einzie- 12 hung der Forderung Sorgfaltspflichten verletzt hat. Schließlich hat der Gläubiger den hieraus erwachsenen Schaden zu beziffern. Es ist Sache des Pfandgläubigers, darzulegen, dass ihn an der Pflichtverletzung ausnahmsweise kein Verschulden trifft (§ 280 Abs. 1 S. 2).

13 [4] **Kosten der Einziehung.** Der Pfandgläubiger wird allgemein nicht für verpflichtet angesehen, Aufwendungen für die Einziehung der verpfändeten Forderungen zu tragen (Staudinger/*Wiegand* § 1285 Rn 3). In dieser Allgemeinheit dürfte dies nicht zutreffen. Vielmehr wird der Pfandgläubiger die üblicherweise mit der Einziehung verbundenen Aufwendungen (Transportkosten, Porti) zu tragen haben. Für sie haftet das Pfand mit (§§ 1273, 1206). Hinsichtlich darüber hinausgehender Aufwendungen (zB Kosten einer einstweiligen Verfügung oder eines Arrestes zur Sicherung der Zwangsvollstreckung gegen den Schuldner, Prozesskosten) wird der Pfandgläubiger den Gläubiger zumindest aufzufordern haben, einen entsprechenden Vorschuss zu leisten.

14 [5] § 1285 Abs. 2 regelt zum Schadensersatz verpflichtende Nebenpflichtverletzungen nicht abschließend. Es kommt also auch **Schadensersatz wegen Verstoßes gegen das Kooperationsgebot** gem. § 1285 Abs. 1 in Betracht.

§ 1286 Kündigungspflicht bei Gefährdung

[1]Hängt die Fälligkeit der verpfändeten Forderung von einer Kündigung ab, so kann der Pfandgläubiger, sofern nicht das Kündigungsrecht ihm zusteht, von dem Gläubiger die Kündigung verlangen, wenn die Einziehung der Forderung wegen Gefährdung ihrer Sicherheit nach den Regeln einer ordnungsmäßigen Vermögensverwaltung geboten ist. [2]Unter der gleichen Voraussetzung kann der Gläubiger von dem Pfandgläubiger die Zustimmung zur Kündigung verlangen, sofern die Zustimmung erforderlich ist.

1 A. Muster: Klage des Pfandgläubigers auf Erklärung der Kündigung durch den Gläubiger wegen Gefährdung der Sicherheit der verpfändeten Forderung

▶ An das

Amtsgericht/Landgericht ■■■[1], [2]

Klage

In dem Rechtsstreit

■■■

– Kläger –

■■■ Prozessbevollmächtigter

gegen

■■■

– Beklagter –

wegen: Abgabe einer Willenserklärung

zeige ich die Vertretung des Klägers an. Namens und in Vollmacht des Klägers erhebe ich Klage und werde beantragen:

I. Der Beklagte wird verurteilt, das dem ■■■ aufgrund Darlehensvertrags vom ■■■ ausgereichte Darlehen zu kündigen.[3]

II. ■■■ (Prozessanträge)

Wegen besonderer Dringlichkeit wird beantragt, einen frühen ersten Termin anzuberaumen.

Vorläufiger Streitwert: ■■■ EUR

Gründe

I.

Der Kläger hat an den Beklagten am ■■■ ein Darlehen über ■■■ ausgereicht.
Beweis:
- Darlehensvertrag vom ■■■, vorgelegt als Anlage K 1
- Empfangsbestätigung des Beklagten, vorgelegt als Anlage K 2

Das Darlehen ist am ■■■ zurückzuzahlen.

Beweis: Darlehensvertrag, bereits vorgelegt als Anlage K 1

Der Beklagte hat am ■■■ gleichfalls ein Darlehen iHv ■■■ an den ■■■ (Schuldner) ausgereicht.

Beweis:
- Darlehensvertrag vom ■■■, vorgelegt als Anlage K 3
- Empfangsbestätigung des Schuldners, vorgelegt als Anlage K 4

Dieses Darlehen ist zur Rückzahlung innerhalb von drei Monaten ab Kündigung fällig.
Beweis: Darlehensvertrag, vorgelegt als Anlage K 3

Den Anspruch auf Rückzahlung dieses Darlehens hat der Beklagte an den Kläger mit schriftlichem Vertrag vom ■■■ zur Sicherheit für den Rückzahlungsanspruch des Klägers verpfändet.

Beweis: Verpfändungsvertrag vom ■■■, vorgelegt als Anlage K 5

Die Verpfändung hat der Beklagte dem Schuldner am ■■■ per Einschreiben/Rückschein angezeigt.

Beweis: Verpfändungsanzeige und Rückschein des Schuldners, vorgelegt als Anlage K 6

Zwischenzeitlich hat sich ergeben, dass sich die Einkommensverhältnisse des Schuldners deutlich verschlechtert haben.

Dieser ist an Multipler Sklerose erkrankt und deshalb bereits seit 4 Wochen arbeitsunfähig erkrankt.
Beweis: Vernehmung des ■■■ (Schuldner) als Zeuge

Weiterhin hat sich seine Bonität ausweislich der Auskunft der Creditreform vom ■■■ deutlich verschlechtert.

Beweis: Auskunft der Creditreform vom ■■■, vorgelegt als Anlage K 7

Aus humanitären Gründen hat sich der Beklagte geweigert, das Darlehen zu kündigen.
Beweis: Schreiben des Beklagten vom ■■■, vorgelegt als Anlage K 8[4]

II.

Dem Kläger steht gegen den Beklagten ein Anspruch auf Erklärung der Kündigung des Darlehens gegen den Schuldner gem. § 488 Abs. 3 BGB aufgrund von § 1286 BGB zu.

Der Anspruch des Beklagten auf Rückzahlung des Darlehens wurde dem Kläger wirksam verpfändet (§§ 1273, 1274, 1280 BGB).

Die Voraussetzungen des §§ 1283 Abs. 1, 1281 BGB liegen vor. Der durch das Pfandrecht gesicherte Anspruch des Klägers auf Rückzahlung des Darlehens ist noch nicht fällig.

Die Fälligkeit des Anspruchs des Beklagten auf Rückzahlung des Darlehens gegen den Schuldner hängt davon ab, dass dieser das Darlehen kündigt, da der Beklagte und der Schuldner keine Zeit für die Rückzahlung des Darlehens vereinbart haben (§ 488 Abs. 3 BGB).

Die Sicherheit des Rückzahlungsanspruchs des Beklagten ist gefährdet. Es ist damit zu rechnen, dass dieser bei fortschreitender Erkrankung seinen Arbeitsplatz verlieren und dann nicht mehr in der Lage sein wird, das Darlehen zurückzuzahlen. Dementsprechend ergibt sich bereits jetzt aus der Auskunft der Creditreform, dass sich die Bonität des Schuldners verschlechtert hat.[5]

...

Unterschrift ◄

B. Erläuterungen

2 [1] Der **Streitwert** richtet sich nach dem Interesse des Klägers daran, dass der Gläubiger alsbald kündigt. Wenn keine besonderen Anhaltspunkte bestehen, empfiehlt es sich den Streitwert iHv 10 % des Nominalbetrages der verpfändeten Forderung, jedoch maximal iHv 10 % der gesicherten Forderung anzusetzen.

3 [2] **Nutzungspfand.** § 1286 S. 2 hat im Bereich der Verpfändung von Rechten keine praktische Bedeutung, da es hier kaum ein Nutzungspfand gibt (vgl § 1283 Abs. 1 S. 2).

4 [3] **Klageantrag.** Der Pfandgläubiger kann nach dem Wortlaut von § 1286 nur auf Erklärung der Kündigung durch den Gläubiger, jedoch nicht auf Zustimmung zur Kündigung klagen. Die Kündigungserklärung gilt als mit Rechtskraft des Urteils abgegeben (§ 894 ZPO). Es ist dann Sache des Pfandgläubigers, nach Rechtskraft des Urteils für den Zugang der Kündigung zu sorgen (vgl zum Ganzen MüKo-BGB/*Damrau* § 1286 Rn 4).

5 [4] **Darlegungs- und Beweislast.** Der Kläger hat die Tatsachen darzulegen, aus denen sich ergibt, dass dem Beklagten gegen den Schuldner eine Forderung zusteht, deren Fälligkeit von einer Kündigung des Gläubigers abhängt, sowie dass sich die wirtschaftlichen Verhältnisse des Schuldners dieser Forderung verschlechtert haben. Er hat weiterhin darzulegen, dass er an dieser Forderung ein rechtsgeschäftliches Pfandrecht erlangt hat. Schließlich hat er darzulegen, dass zur Kündigung dieser Forderung gem. § 1283 bzw aufgrund Vereinbarung gem. § 1284 der Gläubiger berechtigt (und verpflichtet) ist.

6 [5] **Sicherung der verpfändeten Forderung.** § 1286 ist eine spezielle Ausprägung des Kooperationsprinzips gem. § 1285. Bei **Gefährdung** der Forderung vor Pfandreife kann daher der Pfandgläubiger auch fordern, dass der Gläubiger die Vollstreckung der verpfändeten Forderung durch **Arrest** oder **einstweilige Verfügung** sichert, sofern er die hierfür erforderlichen Kosten vorschießt.

§ 1287 Wirkung der Leistung

[1]Leistet der Schuldner in Gemäßheit der §§ 1281, 1282, so erwirbt mit der Leistung der Gläubiger den geleisteten Gegenstand und der Pfandgläubiger ein Pfandrecht an dem Gegenstand. [2]Besteht die Leistung in der Übertragung des Eigentums an einem Grundstück, so erwirbt der Pfandgläubiger eine Sicherungshypothek; besteht sie in der Übertragung des Eigentums an einem eingetragenen Schiff oder Schiffsbauwerk, so erwirbt der Pfandgläubiger eine Schiffshypothek.

§ 1288 Anlegung eingezogenen Geldes

(1) [1]Wird eine Geldforderung in Gemäßheit des § 1281 eingezogen, so sind der Pfandgläubiger und der Gläubiger einander verpflichtet, dazu mitzuwirken, dass der eingezogene Betrag, soweit es ohne Beeinträchtigung des Interesses des Pfandgläubigers tunlich ist, nach den für die Anlegung von Mündelgeld geltenden Vorschriften verzinslich angelegt und gleichzeitig dem Pfandgläubiger das Pfandrecht bestellt wird. [2]Die Art der Anlegung bestimmt der Gläubiger.

(2) Erfolgt die Einziehung in Gemäßheit des § 1282, so gilt die Forderung des Pfandgläubigers, soweit ihm der eingezogene Betrag zu seiner Befriedigung gebührt, als von dem Gläubiger berichtigt.

A. Muster: Klage des Pfandgläubigers gegen den Gläubiger auf Duldung der Zwangsvollstreckung in einen Geschäftsanteil 1

▶ An das

Amtsgericht/Landgericht[1]

Klage

In dem Rechtsstreit

■■■

– Kläger –

■■■ Prozessbevollmächtigter

gegen

■■■

– Beklagter –

wegen: Duldung der Zwangsvollstreckung

zeige ich die Vertretung des Klägers an. Namens und in Vollmacht des Klägers erhebe ich Klage und werde beantragen:

I. Der Beklagte wird verurteilt, die Zwangsvollstreckung in den Geschäftsanteil zu ■■■ EUR an der ■■■ GmbH wegen einer Forderung des Klägers über ■■■ EUR (Hauptforderung, Zinsen und Kosten genau beziffern) zu dulden.

II. ■■■ (Prozessanträge)[2]

Vorläufiger Streitwert: ■■■ EUR

Gründe

I.

Die Parteien haben am ■■■ einen Darlehensvertrag geschlossen. Der Kläger hat dem Beklagten zum Erwerb des im Klageantrag genannten Geschäftsanteils die Darlehensvaluta iHv ■■■ EUR ausgereicht.

Beweis:

- Darlehensvertrag vom ■■■, vorgelegt als Anlage K 1
- Empfangsbestätigung des Beklagten vom ■■■, vorgelegt als Anlage K 2

Der Beklagte hat am ■■■ mit dem ■■■ (Schuldner) einen notariell beurkundeten Vertrag geschlossen, durch den sich die Parteien über den Verkauf eines Geschäftsanteils von ■■■ EUR an der ■■■ GmbH zum Preis von ■■■ EUR geeinigt haben.

Beweis: notarieller Vertrag vom ■■■, UR-Nr. ■■■ des Notars ■■■, vorgelegt als Anlage K 3

Den Anspruch auf Abtretung des Geschäftsanteils hat der Beklagte dem Kläger zur Sicherheit für den Anspruch auf Rückzahlung der Darlehensvaluta durch notariell beurkundeten Vertrag vom ■■■ verpfändet.

Beweis: notarieller Verpfändungsvertrag vom ■■■, UR-Nr. ■■■ des Notars ■■■, vorgelegt als Anlage K 4

Am ■■■ hat der Schuldner den Geschäftsanteil an den Beklagten durch notariell beurkundeten Vertrag vom ■■■ abgetreten.

Beweis: notariell beurkundeter Abtretungsvertrag vom ■■■, UR-Nr. ■■■ des Notars ■■■, vorgelegt als Anlage K 5

Der Kläger hat dem zugestimmt.

Beweis: wie vor

Das Darlehen war bis zum ■■■ befristet.

Beweis: Darlehensvertrag, bereits vorgelegt als Anlage K 1

Gleichwohl hat der Beklagte auch auf Aufforderung des Klägers nicht gezahlt.

II.

Dem Kläger steht ein Anspruch auf Duldung der Zwangsvollstreckung zu (§§ 1287, 1277 BGB).

Der Kläger ist Pfandgläubiger an dem Geschäftsanteil des Beklagten.

Dieser hat die Forderung auf Übertragung des Geschäftsanteils gegen den Schuldner wirksam an den Kläger verpfändet (§§ 1272, 1274 BGB, 15 Abs. 2 GmbHG).

Die gesicherte Forderung ist mit Auszahlung des Darlehens entstanden.

Durch Übertragung des Geschäftsanteils auf den Beklagten ist an diesem ein Ersatzpfandrecht entstanden (§§ 1281, 1287 BGB, 15 Abs. 2 GmbHG).

Da der Anspruch auf Rückzahlung des Darlehens fällig ist, ist Pfandreife eingetreten (§§ 1277, 1228 BGB).

Das Pfand haftet auch für die Kosten der Forderung sowie die Zinsen (§§ 1273 Abs. 2, 1210 BGB).[3], [4]

■■■

Rechtsanwalt ◄

B. Erläuterungen

2 [1] Der **Streitwert** richtet sich nach der Höhe der gesicherten Forderung (§ 6 ZPO)

3 [2] Hinsichtlich der **Prozessanträge** s. § 904 Rn 8.

4 [3] **Gegenstand der Surrogation.** Es ist danach zu differenzieren, ob ein Anspruch auf Zahlung von Geld, Leistung einer beweglichen Sache, eines Grundstücks oder eines Rechts verpfändet wurde. Weiterhin ist bei Geldforderungen danach zu differenzieren, ob bereits Pfandreife eingetreten ist.

5 Erfüllt der Schuldner einer Geldforderung durch unbare Zahlung (Überweisung), erwirbt der Pfandgläubiger ein Ersatzpfandrecht an dem Auszahlungsanspruch gegen das Kreditinstitut. Dies kann dadurch erleichtert werden, dass der Schuldner von vorneherein auf ein **verpfändetes Konto** leistet (s. § 1281 Rn 1, 8).

6 Leistet der Schuldner erst nach Pfandreife, kann der Pfandgläubiger unmittelbar Zahlung auf sein Konto in Höhe der gesicherten Forderung verlangen (§ 1288 Abs. 2).

7 Hat der Gläubiger einen **Anspruch auf Abtretung eines Rechtes** verpfändet, erwirbt der Pfandgläubiger mit Erfüllung dieses Anspruchs ein Pfandrecht an diesem Recht (§ 1287). Dieser Fallgestaltung entspricht das Muster. Das Recht ist nach Eintritt der Pfandreife entsprechend § 1277 zu verwerten, sofern die Parteien nichts anderes vereinbart haben.

8 Hat der Gläubiger einen Anspruch auf Verschaffung des Eigentums an einem Grundstück verpfändet, erwirbt der Pfandgläubiger mit Auflassung und Eintragung an den Gläubiger eine Sicherungshypothek (s. § 1281 Rn 13). Auch diese ist nach Eintritt der Pfandreife durch Klage auf Duldung der Zwangsvollstreckung zu verwerten (§ 1147). Sofern sie nicht in das Grundbuch eingetragen wurde hat der Pfandgläubiger einen Grundbuchberichtigungsanspruch (§ 894, s. § 1281 Rn 13).

9 [4] **Darlegungs- und Beweislast.** Der Pfandgläubiger, der einen Anspruch auf ein im Wege dinglicher Surrogation erworbenes Pfandrecht stützt, hat darzulegen, dass er ein Pfandrecht an

einer Forderung erworben hat, dass die verpfändete Forderung entstanden ist und dass der Schuldner gem. §§ 1281, 1282 bzw einer Vereinbarung von Pfandgläubiger und Gläubiger entsprechend wirksam geleistet hat.

§ 1289 Erstreckung auf die Zinsen

[1]Das Pfandrecht an einer Forderung erstreckt sich auf die Zinsen der Forderung. [2]Die Vorschriften des § 1123 Abs. 2 und der §§ 1124, 1125 finden entsprechende Anwendung; an die Stelle der Beschlagnahme tritt die Anzeige des Pfandgläubigers an den Schuldner, dass er von dem Einziehungsrecht Gebrauch mache.

A. Muster: Beschlagnahme von Zinsen der verpfändeten Forderung durch den Pfandgläubiger 1

▶ ▪▪▪ (Pfandgläubiger)[1]

Frau

Betr.: Kaufvertrag vom ▪▪▪

hier: Einziehung der Forderung

Sehr geehrte Frau ▪▪▪,

wie Ihnen bereits mit Schreiben vom ▪▪▪ angezeigt, hat ▪▪▪ (Gläubiger) den Anspruch auf Zahlung des Kaufpreises für die Lieferung ▪▪▪ iHv ▪▪▪ EUR nebst hierauf entfallender Zinsen mit Vertrag vom ▪▪▪ an mich verpfändet.

Am ▪▪▪ wurde Ihnen ▪▪▪[Kaufsache] ausgeliefert. Der Anspruch auf Auszahlung des Kaufpreises ist damit fällig.

▪▪▪ [Gläubiger] hat das bei der B-Bank bestehende Konto Konto-Nr. ▪▪▪ an mich verpfändet. Zum Beleg füge ich diesem Schreiben eine Bestätigung der B-Bank bei.

Ich habe Sie aufzufordern, den Kaufpreis iHv ▪▪▪ EUR nunmehr auf dieses Konto zu überweisen. Weiterhin zeige ich Ihnen bereits jetzt an, dass von dem Pfandrecht auch die auf den Kaufpreis anfallenden Zinsen umfasst sind. Ich habe Sie daher aufzufordern, auch auf den Kaufpreis anfallende Zinsen ausschließlich auf dieses Konto zu leisten.[2], [3], [4]

Mit freundlichen Grüßen,

▪▪▪

Unterschrift ◀

B. Erläuterungen und Varianten

[1] Prozessuale Situation. Das Muster ist für den Fall konzipiert, dass der Pfandgläubiger im Fall des § 1281 die Forderung auf Zahlung des Kaufpreises einzieht. 2

[2] Einziehung der Forderung nebst Nebenforderungen durch den Gläubiger. Haben die Parteien gem. § 1284 vereinbart, dass die Einziehung der Forderung dem Gläubiger obliegt, sollte zusätzlich vereinbart werden, dass der Pfandgläubiger diesen ermächtigt, auch hinsichtlich der Zinsen die Einziehung gem. § 1289 zu betreiben. In diesem Fall sollte die Vereinbarung ergänzt werden wie folgt: 3

▶ Der Pfandgläubiger bevollmächtigt den Gläubiger, bei Fälligkeit der Forderung auch die Zinsen einzuziehen. Der Gläubiger wird den Schuldner anweisen, Zahlungen auf die Forderung und die auf die Forderung anfallenden Zinsen ausschließlich auf das Konto ■■■ bei der B-Bank [gemeinschaftliches bzw verpfändetes Konto] zu leisten. ◀

4 [3] **Einziehung der Forderung nach Pfandreife.** Zieht der Pfandgläubiger die Forderung erst nach Fälligkeit der gesicherten Forderung (Pfandreife) gem. § 1282 ein, empfiehlt es sich das Muster zu modifizieren wie folgt:

▶ ■■■ (Pfandgläubiger)

Frau

Betr.: Kaufvertrag vom ■■■

hier: Einziehung der Forderung

Sehr geehrte Frau ■■■,

wie Ihnen bereits mit Schreiben vom ■■■ angezeigt, hat ■■■ (Gläubiger) den Anspruch auf Zahlung des Kaufpreises für die Lieferung ■■■ iHv ■■■ EUR nebst hierauf entfallender Zinsen mit Vertrag vom ■■■ an mich verpfändet.

Am ■■■ wurde Ihnen ■■■ [Kaufsache] ausgeliefert. Der Anspruch auf Auszahlung des Kaufpreises ist damit fällig.

Der durch das Pfandrecht gesicherte Anspruch ist nunmehr iHv ■■■ EUR zur Zahlung fällig. Zahlungen können daher mit befreiender Wirkung nur noch auf mein Konto bei der B-Bank ■■■ Konto-Nr. ■■■, BLZ ■■■ erfolgen. Frau/Herr ■■■ (Gläubiger) weist Sie deshalb mit dem anliegenden Schreiben an, Zahlungen nur noch an mich zu leisten.

Ich habe Sie aufzufordern, den Kaufpreis iHv ■■■ EUR nunmehr auf dieses Konto zu überweisen. Weiterhin zeige ich Ihnen bereits jetzt an, dass von dem Pfandrecht auch die auf den Kaufpreis anfallenden Zinsen umfasst sind. Ich habe Sie daher aufzufordern, auch auf den Kaufpreis anfallende Zinsen ausschließlich auf dieses Konto zu leisten.

Mit freundlichen Grüßen

■■■

Unterschrift ◀

5 [4] **Einziehung der Zinsen.** Kündigt der Gläubiger gem. § 1283 Abs. 1, führt dies nicht zu einer Erstreckung der Einziehung auf die bis vor einem Jahr angefallenen (§§ 1289, 1123 Abs. 2) bzw die noch anfallenden Zinsen. Ist dies von den Parteien gewollt, empfiehlt es sich, um eine doppelte Einziehung durch den Gläubiger hinsichtlich der Hauptforderung und den Pfandgläubiger hinsichtlich der Zinsen zu vermeiden, dass der Pfandgläubiger den Gläubiger bevollmächtigt, die Einziehung auch hinsichtlich der vom Pfandrecht umfassten Zinsen zu betreiben (s. Rn 3). Kündigt der Pfandgläubiger gem. § 1283 Abs. 3, sollte die Einziehung auch auf die bis vor einem Jahr angefallenen Zinsen und die noch anfallenden Zinsen erstreckt werden. Hinsichtlich der Verzugszinsen ist dies bereits in dem Muster zu § 1283 Rn 1 eingearbeitet.

§ 1290 Einziehung bei mehrfacher Verpfändung

Bestehen mehrere Pfandrechte an einer Forderung, so ist zur Einziehung nur derjenige Pfandgläubiger berechtigt, dessen Pfandrecht den übrigen Pfandrechten vorgeht.

A. Muster: Klageweise Einziehung der verpfändeten Forderung durch den nachrangigen Pfandgläubiger nach Eintritt der Pfandreife 1

► An das

Amtsgericht/Landgericht ■■■

Klage

In dem Rechtsstreit

■■■

– Kläger –[1], [2], [3]

■■■ Prozessbevollmächtigter

gegen

■■■

– Beklagter –

wegen: Kaufpreisforderung

zeige ich die Vertretung des Klägers an. Namens und in Vollmacht des Klägers erhebe ich Klage und werde beantragen:

I. Der Beklagte wird verurteilt, an ■■■ (D) 10.000,00 EUR nebst Zinsen iHv 5%-Punkten über dem jeweiligen Basiszinssatz ab ■■■ sowie 25,00 EUR vorgerichtliche Mahnkosten zu bezahlen.

II. Der Beklagte wird verurteilt, nach Erfüllung der Verpflichtung gem. Ziff. 1) 3.000,00 EUR an den Kläger nebst Zinsen iHv 5 %-Punkten über dem jeweiligen Basiszinssatz ab ■■■ zu bezahlen.

III. ■■■ (Prozessanträge)[4]

Gründe

I.

1. Der Kläger hat mit dem Gläubiger am ■■■ einen Kaufvertrag über die Lieferung diverser im Instrumentenbau notwendiger Ersatzteile zum Preis von 3.000,00 EUR geschlossen.
   Beweis: Kaufvertrag vom ■■■, vorgelegt als Anlage K 1
   Dieses Material hat der Kläger am ■■■ an den Gläubiger ausgeliefert.
   Beweis: Lieferschein vom ■■■, vorgelegt als Anlage K 2
   Zur Sicherheit für diesen Anspruch hat der Gläubiger dem Kläger seinen Anspruch auf Auszahlung des Kaufpreises für die Lieferung eines gebrauchten Klaviers, Marke Steinway, iHv 14.000,00 EUR verpfändet.
   Beweis: Verpfändungsvertrag vom ■■■, vorgelegt als Anlage K 3
   Die Verpfändung hat der Kläger dem Beklagten mit Schreiben vom ■■■ in Vertretung des Gläubigers offengelegt.
   Beweis:
   - Schreiben des Klägers vom ■■■, vorgelegt als Anlage K 4
   - vom Beklagten unterzeichneter Rückschein, vorgelegt als Anlage K 5

   Hierzu war der Kläger berechtigt. Der Gläubiger hat den Kläger bevollmächtigt, die Verpfändung dem Beklagten anzuzeigen.
   Beweis: Verpfändungsvertrag, bereits vorgelegt als Anlage K 3

Der Kläger hat den Beklagten mit Schreiben vom ■■■ aufgefordert, einen Teilbetrag des Kaufpreises iHv 3.000,00 EUR an den Kläger zu bezahlen.
Beweis: Schreiben vom ■■■, vorgelegt als Anlage K 6
Dies hat der Beklagte mit der Begründung abgelehnt, bereits zu einem früheren Zeitpunkt sei dieser Anspruch an ■■■ (D) wegen einer Forderung iHv 10.000,00 EUR verpfändet worden. Die zugunsten des D erfolgte Verpfändung sei vorrangig und schließe eine Zahlung an den Kläger aus.
Beweis: Schreiben des Beklagten vom ■■■, vorgelegt als Anlage K 7.

2. D hatte mit dem Gläubiger bereits am ■■■ einen Darlehensvertrag geschlossen.
Beweis: Darlehensvertrag vom ■■■, vorgelegt als Anlage K 8
Die Darlehensvaluta iHv 10.000,00 EUR hat D am ■■■ an den Gläubiger ausbezahlt.
Beweis: Empfangsbestätigung des Gläubigers vom ■■■, vorgelegt als Anlage K 9
Gem. § ■■■ des Darlehensvertrages war das Darlehen am ■■■ zur Rückzahlung fällig.
Beweis: Darlehensvertrag, bereits vorgelegt als Anlage K 8
Gleichwohl hat der Gläubiger das Darlehen nicht an D zurückbezahlt. Dieser hat deshalb mit Schreiben vom ■■■ den Gläubiger letztmalig aufgefordert, bis ■■■ zur Vermeidung eines Rechtsstreits die Darlehensvaluta zurückzuzahlen.
Beweis: Schreiben vom ■■■, vorgelegt als Anlage K 10
Für dieses Schreiben sind pauschale Kosten von 25,00 EUR angefallen.
Der Gläubiger hat auch auf dieses Schreiben nicht reagiert.
Der Gläubiger hat mit Vertrag vom ■■■ zur Sicherung sämtlicher Ansprüche des D aufgrund des Darlehensvertrages gleich aus welchem Rechtsgrund u.a. seine Ansprüche gegen den Beklagten aus dem mit dem Beklagten am ■■■ geschlossenen Kaufvertrag über die Lieferung eines Klaviers verpfändet.
Beweis: Verpfändungsvertrag vom ■■■, vorgelegt als Anlage K 11
Die Verpfändung hat D dem Beklagten mit Schreiben vom ■■■ in Vertretung des Gläubigers unter Beifügung einer Originalvollmacht angezeigt.
Beweis: Verpfändungsanzeige gem. Schreiben vom ■■■ nebst vom Beklagten unterzeichneter Rückschein, vorgelegt als Anlage K 12
Hierzu war er aufgrund des Verpfändungsvertrags berechtigt.
Beweis: Verpfändungsvertrag, bereits vorgelegt als Anlage K 11

3. Der Gläubiger hat mit dem Beklagten am ■■■ einen Kaufvertrag über ein gebrauchtes Klavier, Marke Steinway, zum Preis von 14.000,00 EUR geschlossen.
Beweis: Kaufvertrag vom ■■■, vorgelegt als Anlage K 13
Das Klavier hat der Gläubiger an den Beklagten am ■■■ ausgeliefert.
Beweis: Lieferschein, unterzeichnet durch den Beklagten vom ■■■, vorgelegt als Anlage K 14
Den Kaufpreis hat der Beklagte noch nicht gezahlt.

II.

Der Kläger ist gem. §§ 1282, 1290, 433 Abs. 2 BGB aktivlegitimiert.

Der Gläubiger hat mit Verpfändungsvertrag vom ■■■ seinen Anspruch auf Zahlung des Kaufpreises gegen den Beklagten gem. §§ 1273 Abs. 1, 1274 Abs. 1 BGB wirksam verpfändet. Die Verpfändung wurde dem Beklagten angezeigt (§ 1280 BGB). Der Kläger war bevollmächtigt, die Verpfändung dem Beklagten namens und in Vollmacht des Gläubigers anzuzeigen (§§ 164 Abs. 1, 167 Abs. 1 BGB).

Schließlich ist mit Lieferung der Ersatzteile die gesicherte Forderung entstanden (§§ 433 Abs. 2, 1273 Abs. 1, 1204 Abs. 1 BGB).

Es trifft zwar zu, dass der Kläger aufgrund der zeitlich früheren Verpfändung der Forderung an D nur ein nachrangiges Pfandrecht erworben hat. Gleichwohl kann der Kläger nach Eintritt der Pfandreife die verpfändete Forderung in der Form einziehen, dass er auf Leistung an den vorrangigen Pfandgläubiger klagt (Staudinger/*Wiegand* § 1290 Rn 4). Handelt es sich bei der verpfändeten Forderung um eine Geldforderung kann dies nur in der Form geschehen, dass der nachrangige Pfandgläubiger auf Leistung an den vorrangigen Pfandgläubiger in Höhe dessen durch das Pfandrecht gesicherter Forderungen klagt (§ 1282 Abs. 1 S. 2 BGB) und nach Befriedigung des vorrangigen Pfandgläubigers auf Leistung an sich selbst in Höhe seiner gesicherten Forderung.

Der Kläger ist gem. § 1282 Abs. 1 S. 1, 2 BGB berechtigt, die Forderung des Gläubigers gegen den Beklagten iHv 10.000,00 EUR nebst hierauf entfallender Verzugszinsen und Kosten zugunsten des D einzuziehen.

Es ist Pfandreife eingetreten (§ 1228 Abs. 2 BGB). Mit Ablauf des ... ist die durch das Pfandrecht gesicherte Forderung des D auf Rückzahlung der Darlehensvaluta fällig geworden (§ 488 Abs. 3 BGB). Der Anspruch des D auf die ebenfalls durch das Pfandrecht gesicherten Zinsen gegen den Gläubiger ergibt sich aus §§ 286 Abs. 2 S. 1, 288 BGB. Mit Ablauf des Darlehensvertrages ist der Gläubiger in Verzug gekommen, ohne dass es insoweit einer Mahnung bedürfte. Der Anspruch auf Zahlung pauschaler Mahnkosten folgt aus §§ 280 Abs. 2, 286 Abs. 2 Nr. 1, 249 Abs. 1 BGB, 287 Abs. 2 ZPO. Der Kläger ist weiterhin berechtigt die Forderung des Gläubigers auch zur Befriedigung seiner Kaufpreisforderung einzuziehen (§ 1282 Abs. 1 BGB). Auch insoweit ist Pfandreife eingetreten (§§ 1228 Abs. 2, 1282 Abs. 1 BGB). Mit Auslieferung der Ersatzteile gem. Kaufvertrag vom ... ist der Anspruch auf Zahlung des Kaufpreises zur Zahlung fällig (§ 433 Abs. 2 BGB).

Der Anspruch des Gläubigers gegen den Beklagten auf Zahlung von 14.000,00 EUR zzgl der geltend gemachten Zinsen und Kosten folgt aus § 433 Abs. 2 BGB. Der Beklagte und der Gläubiger haben einen Kaufvertrag über die Lieferung eines gebrauchten Steinway-Flügels zum Preis von 14.000,00 EUR geschlossen. Der Gläubiger hat den Flügel ausgeliefert.

...

Rechtsanwalt ◄

B. Erläuterungen

[1] **Einziehungsrecht mehrerer nicht gleichrangiger Pfandgläubiger.** § 1290 regelt das Einziehungsrecht beim Zusammentreffen mehrerer nicht gleichrangiger Pfandgläubiger. Demnach steht dem nachrangigen Pfandgläubiger grundsätzlich kein eigenes Einziehungsrecht zu (KH-BGB/*Schulte-Nölke* § 1290 Rn 1). Nach Eintritt der Pfandreife kann er allerdings **auf Leistung an den vorrangigen Pfandgläubiger klagen**. Übersteigt die verpfändete Forderung daher den Wert der gesicherten Ansprüche, kann er die Forderung wie im Muster vorgeschlagen einziehen. Der Wert der beiden Klageforderungen ist gem. § 5 ZPO zu addieren. 2

[2] **Einziehungsrecht mehrerer gleichrangiger Pfandgläubiger.** Handelt es sich um mehrere gleichrangige Pfandgläubiger kann jeder nach Eintritt der Pfandreife **auf Leistung an alle klagen** (Staudinger/*Wiegand* § 1290 Rn 5). Bei der Verpfändung einer Geldforderung kann allerdings jeder den auf ihn entfallenden Teil selbst einziehen (Staudinger/*Wiegand*, aaO; str.). ME ist diese Auffassung zutreffend. Es trifft zwar zu, dass hierdurch die einheitliche Geldschuld in Teilschulden zerlegt wird. Dies entspricht jedoch dem Willen des Gesetzgebers, der auch in §§ 1282 Abs. 1 S. 2, 1288 zum Ausdruck kommt. 3

[3] Auf das **Zusammentreffen von Pfändungspfandgläubiger und Pfandgläubiger** ist die Bestimmung nicht anwendbar (Palandt/*Bassenge* § 1290 Rn 2). Hier kann der Pfandgläubiger aber auf vorzugsweise Befriedigung klagen, wenn sein Pfandrecht vorrangig ist (§ 805 ZPO). 4

[4] Hinsichtlich der **Prozessanträge** s. § 904 Rn 8. 5

§ 1291 Pfandrecht an Grund- oder Rentenschuld

Die Vorschriften über das Pfandrecht an einer Forderung gelten auch für das Pfandrecht an einer Grundschuld und an einer Rentenschuld.

1 § 1291 erklärt die für das Pfandrecht an Forderungen bestehenden Vorschriften der §§ 1279 bis 1290 für entsprechend anwendbar, wenn eine Grund- oder Rentenschuld verpfändet wurde. Hinsichtlich Bestellung und Verwertung dieses Pfandrechts wird auf das Muster zu § 1273 Rn 13–16 verwiesen.

§ 1292 Verpfändung von Orderpapieren

Zur Verpfändung eines Wechsels oder eines anderen Papiers, das durch Indossament übertragen werden kann, genügt die Einigung des Gläubigers und des Pfandgläubigers und die Übergabe des indossierten Papiers.

A. Verpfändung eines Wechsels ohne Indossament

1 **I. Muster: Verpfändung eines Wechsels ohne Indossament**

▶ **Verpfändungsvereinbarung**[1]

■■■ (Sicherungsnehmer)

und

■■■ (Sicherungsgeber)

schließen nachfolgende Vereinbarung:

§ 1

Dem Sicherungsgeber steht gegen ■■■ (Schuldner) ein Anspruch auf Zahlung eines Kaufpreises iHv ■■■ EUR aus dem als Anlage 1 beigefügten Kaufvertrag zu. Der Sicherungsgeber versichert, dass die Leistung erbracht ist und ihm keine Einwendungen gegen den Anspruch auf Zahlung des Kaufpreises bekannt sind. Der Sicherungsgeber ist Inhaber eines Wechsels über ■■■ EUR den der Schuldner zur Bezahlung des Kaufpreises ausgestellt hat.

Der Sicherungsgeber hat mit dem Sicherungsnehmer am ■■■ den als Anlage 2 beiliegenden Kreditvertrag geschlossen. Der Sicherungsgeber hat sich verpflichtet, zur Sicherheit des Anspruchs des Sicherungsnehmers für alle aus diesem Kreditvertrag folgenden Ansprüche seine Forderungen gegen die Kunden ■■■ nebst Neben- und Schadensersatzansprüchen sowie die von den Kunden ■■■ ausgestellten Schecks und Wechsel zu verpfänden.

§ 2

Der Sicherungsgeber bestellt dem Sicherungsnehmer zur Sicherung für alle gegenwärtigen und zukünftigen Ansprüche aus dem Kreditvertrag gem. Anlage 2 zu dieser Urkunde an sämtlichen Ansprüchen gegen den Kunden ■■■ (D) sowie an dem Wechsel, den D am ■■■ über einen Betrag von ■■■ EUR ausgestellt hat, ein Pfandrecht. Der Sicherungsnehmer nimmt diese Erklärung an. Der Sicherungsgeber übergibt dem Sicherungsnehmer den Wechsel ohne dass die Verpfändung auf dem Wechsel durch Indossament kenntlich gemacht wird. Der Sicherungsnehmer ist nicht berechtigt, den Wechsel an Dritte abzutreten.

§ 3

Die Zinsen der verpfändeten Forderung stehen dem Sicherungsgeber zu. Sie erhöhen die Sicherheit. Auch vor Pfandreife ist der Sicherungsnehmer berechtigt, dem D anzuzeigen, dass er von seinem Einziehungsrecht Gebrauch mache.

§ 4

Der Sicherungsgeber wird D [sowie dem Bezogenen] anzeigen, dass er seine Ansprüche gegen D aus dem Kaufvertrag sowie aus dem Wechsel an den Sicherungsnehmer verpfändet hat. Er bevollmächtigt den Sicherungsnehmer, dies für ihn zu tun. Er wird dem Sicherungsnehmer eine entsprechende Vollmacht im Original ausstellen.[2]

§ 5

Dem Sicherungsnehmer steht das Recht zu, die verpfändeten Forderungen sowie den Wechsel einzuziehen.[3] Das Pfandrecht setzt sich an den eingezogenen Beträgen fort. Der Sicherungsnehmer ist verantwortlich, den Wechsel rechtzeitig zur Annahme vorzulegen. Er haftet für Schäden, die daraus resultieren, dass er die Annahmefrist versäumt. Der Sicherungsgeber wird den Sicherungsnehmer bei der Einziehung unterstützen, ihm insbesondere alle erforderlichen Auskünfte erteilen und die erforderlichen Urkunden zur Verfügung stellen.

Nach Eintritt der Pfandreife steht dem Sicherungsnehmer das Recht zu, die verpfändeten Forderungen bzw den Wechsel bis zur Höhe der gesicherten Forderungen zur Tilgung der gesicherten Forderungen zu verwenden. Erlöse sind zunächst auf die Kosten der Einziehung, dann auf die Kosten der gesicherten Forderung, dann auf die Zinsen der gesicherten Forderung und zuletzt auf diese selbst anzurechnen. Ein etwaiger Übererlös ist an den Sicherungsgeber auszukehren.

Der Sicherungsnehmer wird die Verwertung der verpfändeten Forderungen und des Wechsels dem Sicherungsgeber mindestens zwei Tage im Voraus anzeigen. Er wird nach Durchführung der Verwertung den Sicherungsgeber unverzüglich darüber informieren, welche Erlöse aus welchen Sicherheiten erzielt wurden.

§ 6

Der Sicherungsnehmer wird nach Erfüllung der gesicherten Forderung die ihm verbliebenen Sicherheiten freigeben. Sobald er wegen der gesicherten Forderungen befriedigt ist, wird er insbesondere den Wechsel gem. § 2 dieses Vertrages an den Sicherungsgeber herausgeben.

...

Unterschriften ◄

II. Erläuterungen

[1] **Arten der Verpfändung.** Orderpapiere (Wechsel, Scheck, Namensaktien, Papiere gem. § 363 HGB, vgl Palandt/*Bassenge* § 1292 Rn 1) können auf **vier Arten** verpfändet werden (Palandt/*Bassenge* § 1292 Rn 2–5): 2

1. durch Einigung über die Verpfändung ohne Indossament und Übergabe des Papiers gem. §§ 1205, 1206, 1273 Abs. 2;
2. durch Einigung über die Verpfändung, Pfandindossament und Übergabe des Papiers gem. §§ 1205, 1206;

3. durch Einigung über die Verpfändung, verdecktes Indossament und Übergabe des Papiers gem. §§ 1205, 1206;
4. durch Einigung über die Verpfändung, Vollmachtindossament und Übergabe des Papiers gem. §§ 1205, 1206.

Das Muster bildet den zuerst genannten Fall ab. Diese Form der Verpfändung empfiehlt sich, wenn dem Gläubiger der Wechsel als Sicherheit gegeben wurde. Es entspricht dann den Interessen der Beteiligten, dass der Schuldner dem Pfandgläubiger dieselben Einwendungen entgegensetzen kann, wie dem Gläubiger. Bei einer Verpfändung durch Indossament wäre er hieran gem. Art. 19 Abs. 2 WG gehindert. Die Begebung eines Wechsels erfolgt im Regelfall nur erfüllungshalber (§ 364 Abs. 2). Es empfiehlt sich daher, neben dem Wechsel auch die Kaufpreisforderung selbst zu verpfänden.

3 [2] **Anzeige an den Schuldner.** Die Erleichterungen der Verpfändung durch Indossament gelten nicht, wenn der Wechsel lediglich durch Einigung und Übergabe verpfändet wird (vgl § 1292). Demnach ist in diesem Fall die Anzeige an den Schuldner gem. § 1280 erforderlich.

4 [3] Hinsichtlich der **Einziehung** bildet es keinen Unterschied, ob der Wechsel durch Abtretung und Übergabe oder aber durch Indossament verpfändet wurde. Nach § 1294 reicht es aus, dass das Papier durch Indossament übertragen werden **kann** (so auch Staudinger/*Wiegand* § 1294 Rn 1). Das Muster greift die Regelung des § 1294 auf (die allerdings dispositiv ist) und weist dem Sicherungsnehmer das alleinige Einziehungsrecht zu.

B. Verpfändung eines Wechsels durch Indossament

5 I. Muster: Verpfändung eines Wechsels durch Indossament

▶ **§ 1**

Siehe § 1 des Musters in Rn 1.

§ 2

Der Sicherungsgeber bestellt dem Sicherungsnehmer zur Sicherung für alle gegenwärtigen und zukünftigen Ansprüche aus dem Kreditvertrag gem. Anlage 2 zu dieser Urkunde an sämtlichen Ansprüchen gegen den Kunden ▪▪▪ (D) sowie an dem Wechsel, den D am ▪▪▪ über einen Betrag von ▪▪▪ EUR ausgestellt hat, ein Pfandrecht. Der Sicherungsnehmer nimmt diese Erklärung an. Der Sicherungsgeber übergibt dem Sicherungsnehmer den Wechsel. Der Sicherungsgeber versieht den Wechsel mit einem Indossament, das die Worte „Wert zum Pfande" enthält.[1] Der Sicherungsnehmer ist nicht berechtigt, den Wechsel an Dritte zu veräußern.[2]

§ 3

Siehe § 3 des Musters in Rn 1.

§ 4

Der Sicherungsgeber wird D [sowie dem Bezogenen] anzeigen, dass er seine Ansprüche gegen D aus dem Kaufvertrag an den Sicherungsnehmer verpfändet hat. Er bevollmächtigt den Sicherungsnehmer, dies für ihn zu tun. Er wird dem Sicherungsnehmer eine entsprechende Vollmacht im Original ausstellen.[3]

§ 5

Siehe § 5 des Musters in Rn 1.

§ 6

Der Sicherungsnehmer wird nach Erfüllung der gesicherten Forderung die ihm verbliebenen Sicherheiten freigeben. Sobald er wegen der gesicherten Forderungen befriedigt ist, wird er insbesondere den Wechsel gem. § 2 dieses Vertrages mit einem entsprechenden Indossament an den Sicherungsgeber zurückübertragen und herausgeben.[4], [5]

■■■

Unterschriften ◄

II. Erläuterungen

[1] Die **Übertragung des Wechsels durch Pfandindossament** entspricht Art. 19 Abs. 1 WG. 6

[2] Der **Ausschluss der Veräußerung des Wechsels** entspricht der Sicherungsabrede der Parteien; 7
denn die Verpfändung des Wechsels dient der Sicherung des Anspruchs des Sicherungsnehmers. Der Sicherungsnehmer ist lediglich berechtigt, die Sicherheit durch Einziehung zu verwerten (§ 1294). Diese Bestimmung ist allerdings abdingbar (§ 1284).

[3] Hinsichtlich des Wechsels ist **keine Anzeige der Verpfändung** erforderlich. Gem. § 1292 8
„genügt" in diesem Fall die Einigung und die Übergabe des indossierten Papiers.

[4] **Arten der Verpfändung.** Das Muster sieht eine Verpfändung des Wechsels mit **„offenem"** 9
Pfandindossament vor. Daneben gibt es auch die Möglichkeit, den Wechsel mit „verdecktem Pfandindossament" zu übertragen. Hierbei handelt es sich um ein Indossament, das die Beschränkung auf ein Pfandrecht nicht erkennen lässt, also ein **Vollindossament.** Im Innenverhältnis zwischen Pfandgläubiger und Gläubiger ist die Sicherungsabrede maßgeblich. Deshalb unterscheiden sich hier Verpfändung durch offenes und verdecktes Indossament nicht (Staudinger/*Wiegand* § 1292 Rn 9). Im Außenverhältnis ermöglicht allerdings die Verpfändung durch verdecktes Indossament den gutgläubigen Erwerb der durch den Wechsel verbrieften Forderung (Art. 16 Abs. 2 WG; vgl Palandt/*Bassenge* § 1292 Rn 4; Staudinger/*Wiegand* § 1292 Rn 11). Wenn nicht beabsichtigt ist, dass der Pfandgläubiger über den Wechsel zu einer späteren Zeit frei verfügen können soll, sollte daher das „offene" Pfandindossament vorgezogen werden. Soll das „verdeckte" Indossament verwendet werden, ist – vorbehaltlich weiterer zu regelnder Punkte- das für das „offene" Indossament entwickelte Muster anwendbar mit der Maßgabe dass die Verpfändung gem. § 2 entsprechend anzupassen ist.

[5] Ob die **Verpfändung durch Vollmachtindossament** möglich ist, ist str. [vgl MüKo-BGB/ 10
Damrau § 1292 Rn 12 einerseits (verneinend) bzw Staudinger/*Wiegand* § 1292 Rn 10 andererseits (bejahend)]. Ein Bedürfnis für diese Form der Verpfändung ist nicht erkennbar, da der Pfandgläubiger bei der Verpfändung durch offenes Indossament eine bessere Rechtsstellung erlangt (vgl Art. 19 Abs. 2 WG).

§ 1293 Pfandrecht an Inhaberpapieren

Für das Pfandrecht an einem Inhaberpapier gelten die Vorschriften über das Pfandrecht an beweglichen Sachen.

A. Muster: Verpfändung von Inhaberaktien 1

► **Verpfändungsvereinbarung**[1]

■■■ Sicherungsgeber

und

■■■ Sicherungsnehmer

schließen nachfolgende Vereinbarung:

§ 1

Der Sicherungsnehmer hat dem Sicherungsgeber mit Vertrag vom ■■■ ein Darlehen über ■■■ EUR gewährt. Der Sicherungsgeber ist Eigentümer von ■■■ Inhaberaktien der X-AG mit einem Nennbetrag von je ■■■ EUR. Er hat sich durch den als Anlage 1 beiliegenden Kreditvertrag verpflichtet, diese Aktien dem Sicherungsnehmer zur Sicherheit für dessen Ansprüche aus dem Kreditvertrag zu verpfänden.

§ 2

Der Sicherungsgeber verpfändet dem Sicherungsnehmer die in § 1 genannten Aktien zur Sicherheit für sämtliche Ansprüche aus und aufgrund des Kreditvertrages gem. Anlage 1. Die Aktien dienen damit insbesondere als Sicherheit für den Anspruch des Kreditgebers auf Rückzahlung des Kredites, für auflaufende Zinsen und Forderungskosten einschließlich der Kosten einer etwaigen Rechtsverfolgung sowie für Schadensersatzansprüche, die daraus entstehen, dass der Sicherungsgeber seinen Verpflichtungen aus dem Kreditvertrag nicht ordnungsgemäß nachkommt. Der Sicherungsnehmer nimmt die Verpfändung an.

Der Sicherungsgeber wird die Verpfändung der das Depot führenden B-Bank, bei der die Aktien verwahrt werden, unverzüglich nach Abschluss dieses Vertrages anzeigen und dies dem Sicherungsnehmer innerhalb einer Woche ab Vertragsschluss nachweisen.[2]

§ 3

Die Verpfändung erfasst auch das aus den Aktien folgende Bezugs- und Stimmrecht. Der Sicherungsgeber wird den Sicherungsnehmer dabei unterstützen, diese Rechte auszuüben. Bis zum Eintritt der Pfandreife obliegt es dem Sicherungsgeber, diese Rechte auszuüben.[3]

§ 4

Die Verpfändung erfasst auch die Ansprüche auf Auszahlung von Dividenden und sonstige Gewinnbezugsrechte. Bis zum Eintritt der Pfandreife bleibt der Sicherungsgeber allerdings berechtigt, diese Erträge einzuziehen. Soweit der Sicherungsnehmer nicht anderweitig über diese Erträge verfügt hat, oder diese nach Eintritt der Pfandreife durch den Sicherungsnehmer eingezogen werden, erhöhen sie die Sicherheit.[4]

§ 5

Der Sicherungsnehmer ist nach Eintritt der Pfandreife berechtigt, die Sicherheit zu verwerten, ohne dass es eines dinglichen Titels bedarf. Er wird, soweit die Aktien zu diesem Zeitpunkt mit einem Börsenpreis gehandelt werden, einen hierzu öffentlich ermächtigten Handelsmäkler oder einen Gerichtsvollzieher mit der Veräußerung der Aktien beauftragen. Dieser kann die Aktien an jedem Ort der Bundesrepublik Deutschland, der ihm hierfür günstig erscheint, freihändig verkaufen. Sofern der Sicherungsgeber Unternehmer ist, ist der Sicherungsnehmer berechtigt, den Verkauf selbst auszuführen oder die Aktien zum Tageskurs zu übernehmen.

Er wird den Sicherungsgeber zwei Wochen vor der Verwertung von der beabsichtigten Verwertung in Kenntnis setzen. Weiterhin wird er den Sicherungsgeber nach durchgeführter Verwertung unverzüglich von dem Verwertungserfolg in Kenntnis setzen.

Der Verwertungserlös ist in erster Linie auf die Kosten der Verwertung, sodann auf die sonstigen Kosten der gesicherten Forderung, sodann auf die Zinsen der gesicherten Forderung und zuletzt auf diese selbst zu verrechnen.[5], [6] ◄

B. Erläuterungen

[1] Die **Verpfändung von Inhaberpapieren** folgt den Vorschriften über die Verpfändung beweglicher Sachen (§ 1293). Hinsichtlich der notwendigen Inhalte einer Verpfändungsvereinbarung s. § 1273 Rn 2 . 2

[2] Die Übergabe von **in Sammelverwahrung gegebenen Aktien** kann dadurch ersetzt werden, dass der Gläubiger dem Besitzer die Verpfändung mitteilt (§§ 1258, 1205). 3

[3] Sind **Zinsen** zu erheben, ist im Verpfändungsvertrag eine Regelung vorzusehen, die dem Pfandgläubiger diese Verpflichtung auferlegt (vgl Palandt/*Bassenge* § 1293 Rn 2). Bei der Verpfändung von Inhaberaktien ist eine solche Regelung nicht erforderlich. Das Muster sieht dafür eigene Regelungen hinsichtlich des Bezugs-, Stimm- und Gewinnbezugsrechts vor. 4

[4] Das Muster geht davon aus, dass die **Erträge aus den Aktien** bis zum Eintritt der Pfandreife dem Sicherungsgeber zustehen sollen. Entsprechend ist die Einziehungsbefugnis geregelt. 5

[5] Die **Verwertung** orientiert sich an §§ 1245, 1235, 1221. Sind Pfandgläubiger und Verpfänder Unternehmer kann eine erleichterte Form der Verwertung vorgesehen werden (§ 1259). Das Muster geht davon aus, dass der Pfandgläubiger in jedem Fall gewerblich tätig ist. 6

[6] Sofern Wertpapiere verpfändet werden, für die **Zins-, Renten- oder Gewinnanteilscheine** ausgegeben wurden, sollte § 2 des Musters dahingehend ergänzt werden, dass sich die Parteien darüber einig sind, dass auch die im Einzelnen zu bezeichnenden Zins-, Renten- oder Gewinnanteilsscheine verpfändet sind und übergeben werden. Andernfalls stehen sie unabhängig von der Verpfändung des „Hauptpapiers" dem Verpfänder zu. Weiterhin ist das Muster in § 4 dahingehend zu erweitern, dass sich der Sicherungsnehmer verpflichtet, vor Eintritt der Pfandreife diese Papiere an den Sicherungsgeber herauszugeben (vgl Staudinger/*Wiegand* § 1296 Rn 3; § 1296 S. 2), sofern sie nicht auch schon vorher die Sicherheit erhöhen sollen. 7

§ 1294 Einziehung und Kündigung

Ist ein Wechsel, ein anderes Papier, das durch Indossament übertragen werden kann, oder ein Inhaberpapier Gegenstand des Pfandrechts, so ist, auch wenn die Voraussetzungen des § 1228 Abs. 2 noch nicht eingetreten sind, der Pfandgläubiger zur Einziehung und, falls Kündigung erforderlich ist, zur Kündigung berechtigt und kann der Schuldner nur an ihn leisten.

§ 1295 Freihändiger Verkauf von Orderpapieren

[1]Hat ein verpfändetes Papier, das durch Indossament übertragen werden kann, einen Börsen- oder Marktpreis, so ist der Gläubiger nach dem Eintritt der Voraussetzungen des § 1228 Abs. 2 berechtigt, das Papier nach § 1221 verkaufen zu lassen. [2]§ 1259 findet entsprechende Anwendung.

Von der Gestaltung eines eigenen Musters für diese Vorschriften wurde abgesehen. Hinsichtlich der Verwertung von Orderpapieren durch Einziehung wird auf das Muster zu § 1292 Rn 1, 5 verwiesen. Hinsichtlich der Verwertung von Orderpapieren, die einen Börsen- oder Marktpreis haben, wird auf § 1293, Rn 6 verwiesen. 1

§ 1296 Erstreckung auf Zinsscheine

[1]Das Pfandrecht an einem Wertpapier erstreckt sich auf die zu dem Papier gehörenden Zins-, Renten- oder Gewinnanteilscheine nur dann, wenn sie dem Pfandgläubiger übergeben sind. [2]Der Verpfänder kann, sofern nicht ein anderes bestimmt ist, die Herausgabe der Scheine verlangen, soweit sie vor dem Eintritt der Voraussetzungen des § 1228 Abs. 2 fällig werden.

Es wird auf die Ausführungen zu § 1293 Rn 4 verwiesen. Von der Aufnahme eines eigenen Musters wird daher abgesehen. 1

Buch 4 Familienrecht

Abschnitt 1 Bürgerliche Ehe

Titel 1 Verlöbnis

§ 1297 Unklagbarkeit, Nichtigkeit eines Strafversprechens

(1) Aus einem Verlöbnis kann nicht auf Eingehung der Ehe geklagt werden.
(2) Das Versprechen einer Strafe für den Fall, dass die Eingehung der Ehe unterbleibt, ist nichtig.

§ 1298 Ersatzpflicht bei Rücktritt

(1) [1]Tritt ein Verlobter von dem Verlöbnis zurück, so hat er dem anderen Verlobten und dessen Eltern sowie dritten Personen, welche anstelle der Eltern gehandelt haben, den Schaden zu ersetzen, der daraus entstanden ist, dass sie in Erwartung der Ehe Aufwendungen gemacht haben oder Verbindlichkeiten eingegangen sind. [2]Dem anderen Verlobten hat er auch den Schaden zu ersetzen, den dieser dadurch erleidet, dass er in Erwartung der Ehe sonstige sein Vermögen oder seine Erwerbsstellung berührende Maßnahmen getroffen hat.
(2) Der Schaden ist nur insoweit zu ersetzen, als die Aufwendungen, die Eingehung der Verbindlichkeiten und die sonstigen Maßnahmen den Umständen nach angemessen waren.
(3) Die Ersatzpflicht tritt nicht ein, wenn ein wichtiger Grund für den Rücktritt vorliegt.

§ 1299 Rücktritt aus Verschulden des anderen Teils

Veranlasst ein Verlobter den Rücktritt des anderen durch ein Verschulden, das einen wichtigen Grund für den Rücktritt bildet, so ist er nach Maßgabe des § 1298 Abs. 1, 2 zum Schadensersatz verpflichtet.

§ 1300 (weggefallen)

§ 1301 Rückgabe der Geschenke

[1]Unterbleibt die Eheschließung, so kann jeder Verlobte von dem anderen die Herausgabe desjenigen, was er ihm geschenkt oder zum Zeichen des Verlöbnisses gegeben hat, nach den Vorschriften über die Herausgabe einer ungerechtfertigten Bereicherung fordern. [2]Im Zweifel ist anzunehmen, dass die Rückforderung ausgeschlossen sein soll, wenn das Verlöbnis durch den Tod eines der Verlobten aufgelöst wird.

§ 1302 Verjährung

Die Verjährungsfrist der in den §§ 1298 bis 1301 bestimmten Ansprüche beginnt mit der Auflösung des Verlöbnisses.

Titel 2 Eingehung der Ehe

Untertitel 1 Ehefähigkeit

§ 1303 Ehemündigkeit

(1) Eine Ehe soll nicht vor Eintritt der Volljährigkeit eingegangen werden.
(2) Das Familiengericht kann auf Antrag von dieser Vorschrift Befreiung erteilen, wenn der Antragsteller das 16. Lebensjahr vollendet hat und sein künftiger Ehegatte volljährig ist.
(3) Widerspricht der gesetzliche Vertreter des Antragstellers oder ein sonstiger Inhaber der Personensorge dem Antrag, so darf das Familiengericht die Befreiung nur erteilen, wenn der Widerspruch nicht auf triftigen Gründen beruht.
(4) Erteilt das Familiengericht die Befreiung nach Absatz 2, so bedarf der Antragsteller zur Eingehung der Ehe nicht mehr der Einwilligung des gesetzlichen Vertreters oder eines sonstigen Inhabers der Personensorge.

§ 1304 Geschäftsunfähigkeit

Wer geschäftsunfähig ist, kann eine Ehe nicht eingehen.

§ 1305 (weggefallen)

Untertitel 2 Eheverbote

§ 1306 Bestehende Ehe oder Lebenspartnerschaft

Eine Ehe darf nicht geschlossen werden, wenn zwischen einer der Personen, die die Ehe miteinander eingehen wollen, und einer dritten Person eine Ehe oder eine Lebenspartnerschaft besteht.

§ 1307 Verwandtschaft

[1]Eine Ehe darf nicht geschlossen werden zwischen Verwandten in gerader Linie sowie zwischen vollbürtigen und halbbürtigen Geschwistern. [2]Dies gilt auch, wenn das Verwandtschaftsverhältnis durch Annahme als Kind erloschen ist.

§ 1308 Annahme als Kind

(1) [1]Eine Ehe soll nicht geschlossen werden zwischen Personen, deren Verwandtschaft im Sinne des § 1307 durch Annahme als Kind begründet worden ist. [2]Dies gilt nicht, wenn das Annahmeverhältnis aufgelöst worden ist.
(2) [1]Das Familiengericht kann auf Antrag von dieser Vorschrift Befreiung erteilen, wenn zwischen dem Antragsteller und seinem künftigen Ehegatten durch die Annahme als Kind eine Verwandtschaft in der Seitenlinie begründet worden ist. [2]Die Befreiung soll versagt werden, wenn wichtige Gründe der Eingehung der Ehe entgegenstehen.

Untertitel 3 Ehefähigkeitszeugnis

§ 1309 Ehefähigkeitszeugnis für Ausländer

(1) [1]Wer hinsichtlich der Voraussetzungen der Eheschließung vorbehaltlich des Artikels 13 Abs. 2 des Einführungsgesetzes zum Bürgerlichen Gesetzbuche ausländischem Recht unterliegt, soll eine Ehe nicht eingehen, bevor er ein Zeugnis der inneren Behörde seines Heimatstaats darüber beigebracht hat, dass der Eheschließung nach dem Recht dieses Staates kein Ehehindernis entgegensteht. [2]Als Zeugnis der inneren Behörde gilt auch eine Bescheinigung, die von einer anderen Stelle nach Maßgabe eines mit dem Heimatstaat des Betroffenen geschlossenen Vertrags erteilt ist. [3]Das Zeugnis verliert seine Kraft, wenn die Ehe nicht binnen sechs Monaten seit der Ausstellung geschlossen wird; ist in dem Zeugnis eine kürzere Geltungsdauer angegeben, ist diese maßgebend.
(2) [1]Von dem Erfordernis nach Absatz 1 Satz 1 kann der Präsident des Oberlandesgerichts, in dessen Bezirk das Standesamt, bei dem die Eheschließung angemeldet worden ist, seinen Sitz hat, Befreiung erteilen. [2]Die Befreiung soll nur Staatenlosen mit gewöhnlichem Aufenthalt im Ausland und Angehörigen solcher Staaten erteilt werden, deren Behörden keine Ehefähigkeitszeugnisse im Sinne des Absatzes 1 ausstellen. [3]In besonderen Fällen darf sie auch Angehörigen anderer Staaten erteilt werden. [4]Die Befreiung gilt nur für die Dauer von sechs Monaten.

Untertitel 4 Eheschließung

§ 1310 Zuständigkeit des Standesbeamten, Heilung fehlerhafter Ehen

(1) [1]Die Ehe wird nur dadurch geschlossen, dass die Eheschließenden vor dem Standesbeamten erklären, die Ehe miteinander eingehen zu wollen. [2]Der Standesbeamte darf seine Mitwirkung an der Eheschließung nicht verweigern, wenn die Voraussetzungen der Eheschließung vorliegen; er muss seine Mitwirkung verweigern, wenn offenkundig ist, dass die Ehe nach § 1314 Abs. 2 aufhebbar wäre.
(2) Als Standesbeamter gilt auch, wer, ohne Standesbeamter zu sein, das Amt eines Standesbeamten öffenlich ausgeübt und die Ehe in das Eheregister eingetragen hat.
(3) Eine Ehe gilt auch dann als geschlossen, wenn die Ehegatten erklärt haben, die Ehe miteinander eingehen zu wollen, und

1. der Standesbeamte die Ehe in das Eheregister eingetragen hat,
2. der Standesbeamte im Zusammenhang mit der Beurkundung der Geburt eines gemeinsamen Kindes der Ehegatten einen Hinweis auf die Eheschließung in das Geburtenregister eingetragen hat oder
3. der Standesbeamte von den Ehegatten eine familienrechtliche Erklärung, die zu ihrer Wirksamkeit eine bestehende Ehe voraussetzt, entgegengenommen hat und den Ehegatten hierüber eine in Rechtsvorschriften vorgesehene Bescheinigung erteilt worden ist

und die Ehegatten seitdem zehn Jahre oder bis zum Tode eines der Ehegatten, mindestens jedoch fünf Jahre, als Ehegatten miteinander gelebt haben.

§ 1311 Persönliche Erklärung

[1]Die Eheschließenden müssen die Erklärungen nach § 1310 Abs. 1 persönlich und bei gleichzeitiger Anwesenheit abgeben. [2]Die Erklärungen können nicht unter einer Bedingung oder Zeitbestimmung abgegeben werden.

§ 1312 Trauung

[1]Der Standesbeamte soll bei der Eheschließung die Eheschließenden einzeln befragen, ob sie die Ehe miteinander eingehen wollen, und, nachdem die Eheschließenden diese Frage bejaht haben, aussprechen, dass sie nunmehr kraft Gesetzes rechtsmäßig verbundene Eheleute sind. [2]Die Eheschließung kann in Gegenwart von einem oder zwei Zeugen erfolgen, sofern die Eheschließenden dies wünschen.

Titel 3 Aufhebung der Ehe

§ 1313 Aufhebung durch richterliche Entscheidung

[1]Eine Ehe kann nur durch richterliche Entscheidung auf Antrag aufgehoben werden. [2]Die Ehe ist mit der Rechtskraft der Entscheidung aufgelöst. [3]Die Voraussetzungen, unter denen die Aufhebung begehrt werden kann, ergeben sich aus den folgenden Vorschriften.

§ 1314 Aufhebungsgründe

(1) Eine Ehe kann aufgehoben werden, wenn sie entgegen den Vorschriften der §§ 1303, 1304, 1306, 1307, 1311 geschlossen worden ist.

(2) Eine Ehe kann ferner aufgehoben werden, wenn

1. ein Ehegatte sich bei der Eheschließung im Zustand der Bewusstlosigkeit oder vorübergehender Störung der Geistestätigkeit befand;
2. ein Ehegatte bei der Eheschließung nicht gewusst hat, dass es sich um eine Eheschließung handelt;
3. ein Ehegatte zur Eingehung der Ehe durch arglistige Täuschung über solche Umstände bestimmt worden ist, die ihn bei Kenntnis der Sachlage und bei richtiger Würdigung des Wesens der Ehe von der Eingehung der Ehe abgehalten hätten; dies gilt nicht, wenn die Täuschung Vermögensverhältnisse betrifft oder von einem Dritten ohne Wissen des anderen Ehegatten verübt worden ist;
4. ein Ehegatte zur Eingehung der Ehe widerrechtlich durch Drohung bestimmt worden ist;
5. beide Ehegatten sich bei der Eheschließung darüber einig waren, dass sie keine Verpflichtung gemäß § 1353 Abs. 1 begründen wollen.

§ 1315 Ausschluss der Aufhebung

(1) [1]Eine Aufhebung der Ehe ist ausgeschlossen

1. bei Verstoß gegen § 1303, wenn die Voraussetzungen des § 1303 Abs. 2 bei der Eheschließung vorlagen und das Familiengericht, solange der Ehegatte nicht volljährig ist, die Eheschließung genehmigt oder wenn der Ehegatte, nachdem er volljährig geworden ist, zu erkennen gegeben hat, dass er die Ehe fortsetzen will (Bestätigung),
2. bei Verstoß gegen § 1304, wenn der Ehegatte nach Wegfall der Geschäftsunfähigkeit zu erkennen gegeben hat, dass er die Ehe fortsetzen will (Bestätigung),
3. im Falle des § 1314 Abs. 2 Nr. 1, wenn der Ehegatte nach Wegfall der Bewusstlosigkeit oder der Störung der Geistestätigkeit zu erkennen gegeben hat, dass er die Ehe fortsetzen will (Bestätigung),
4. in den Fällen des § 1314 Abs. 2 Nr. 2 bis 4, wenn der Ehegatte nach Entdeckung des Irrtums oder der Täuschung oder nach Aufhören der Zwangslage zu erkennen gegeben hat, dass er die Ehe fortsetzen will (Bestätigung),

5. in den Fällen des § 1314 Abs. 2 Nr. 5, wenn die Ehegatten nach der Eheschließung als Ehegatten miteinander gelebt haben.

[2]Die Bestätigung eines Geschäftsunfähigen ist unwirksam. [3]Die Bestätigung eines Minderjährigen bedarf bei Verstoß gegen § 1304 und im Falle des § 1314 Abs. 2 Nr. 1 der Zustimmung des gesetzlichen Vertreters; verweigert der gesetzliche Vertreter die Zustimmung ohne triftige Gründe, so kann das Familiengericht die Zustimmung auf Antrag des Minderjährigen ersetzen.

(2) Eine Aufhebung der Ehe ist ferner ausgeschlossen

1. bei Verstoß gegen § 1306, wenn vor der Schließung der neuen Ehe die Scheidung oder Aufhebung der früheren Ehe oder die Aufhebung der Lebenspartnerschaft ausgesprochen ist und dieser Ausspruch nach der Schließung der neuen Ehe rechtskräftig wird;
2. bei Verstoß gegen § 1311, wenn die Ehegatten nach der Eheschließung fünf Jahre oder, falls einer von ihnen vorher verstorben ist, bis zu dessen Tode, jedoch mindestens drei Jahre als Ehegatten miteinander gelebt haben, es sei denn, dass bei Ablauf der fünf Jahre oder zur Zeit des Todes die Aufhebung beantragt ist.

§ 1316 Antragsberechtigung

(1) Antragsberechtigt

1. sind bei Verstoß gegen die §§ 1303, 1304, 1306, 1307, 1311 sowie in den Fällen des § 1314 Abs. 2 Nr. 1 und 5 jeder Ehegatte, die zuständige Verwaltungsbehörde und in den Fällen des § 1306 auch die dritte Person. Die zuständige Verwaltungsbehörde wird durch Rechtsverordnung der Landesregierungen bestimmt. Die Landesregierungen können die Ermächtigung nach Satz 2 durch Rechtsverordnung auf die zuständigen obersten Landesbehörden übertragen;
2. ist in den Fällen des § 1314 Abs. 2 Nr. 2 bis 4 der dort genannte Ehegatte.

(2) [1]Der Antrag kann für einen geschäftsunfähigen Ehegatten nur von seinem gesetzlichen Vertreter gestellt werden. [2]In den übrigen Fällen kann ein minderjähriger Ehegatte den Antrag nur selbst stellen; er bedarf dazu nicht der Zustimmung seines gesetzlichen Vertreters.

(3) Bei Verstoß gegen die §§ 1304, 1306, 1307 sowie in den Fällen des § 1314 Abs. 2 Nr. 1 und 5 soll die zuständige Verwaltungsbehörde den Antrag stellen, wenn nicht die Aufhebung der Ehe für einen Ehegatten oder für die aus der Ehe hervorgegangenen Kinder eine so schwere Härte darstellen würde, dass die Aufrechterhaltung der Ehe ausnahmsweise geboten erscheint.

§ 1317 Antragsfrist

(1) [1]Der Antrag kann in den Fällen des § 1314 Abs. 2 Nr. 2 bis 4 nur binnen eines Jahres gestellt werden. [2]Die Frist beginnt mit der Entdeckung des Irrtums oder der Täuschung oder mit dem Aufhören der Zwangslage; für den gesetzlichen Vertreter eines geschäftsunfähigen Ehegatten beginnt die Frist jedoch nicht vor dem Zeitpunkt, in welchem ihm die den Fristbeginn begründenden Umstände bekannt werden, für einen minderjährigen Ehegatten nicht vor dem Eintritt der Volljährigkeit. [3]Auf den Lauf der Frist sind die §§ 206, 210 Abs. 1 Satz 1 entsprechend anzuwenden.

(2) Hat der gesetzliche Vertreter eines geschäftsunfähigen Ehegatten den Antrag nicht rechtzeitig gestellt, so kann der Ehegatte selbst innerhalb von sechs Monaten nach dem Wegfall der Geschäftsunfähigkeit den Antrag stellen.

(3) Ist die Ehe bereits aufgelöst, so kann der Antrag nicht mehr gestellt werden.

§ 1318 Folgen der Aufhebung

(1) Die Folgen der Aufhebung einer Ehe bestimmen sich nur in den nachfolgend genannten Fällen nach den Vorschriften über die Scheidung.

(2) [1]Die §§ 1569 bis 1586 b finden entsprechende Anwendung

1. zugunsten eines Ehegatten, der bei Verstoß gegen die §§ 1303, 1304, 1306, 1307 oder § 1311 oder in den Fällen des § 1314 Abs. 2 Nr. 1 oder 2 die Aufhebbarkeit der Ehe bei der Eheschließung nicht gekannt hat oder der in den Fällen des § 1314 Abs. 2 Nr. 3 oder 4 von dem anderen Ehegatten oder mit dessen Wissen getäuscht oder bedroht worden ist;
2. zugunsten beider Ehegatten bei Verstoß gegen die §§ 1306, 1307 oder § 1311, wenn beide Ehegatten die Aufhebbarkeit kannten; dies gilt nicht bei Verstoß gegen § 1306, soweit der Anspruch eines Ehegatten auf Unterhalt einen entsprechenden Anspruch der dritten Person beeinträchtigen würde.

[2]Die Vorschriften über den Unterhalt wegen der Pflege oder Erziehung eines gemeinschaftlichen Kindes finden auch insoweit entsprechende Anwendung, als eine Versagung des Unterhalts im Hinblick auf die Belange des Kindes grob unbillig wäre.

(3) Die §§ 1363 bis 1390 und 1587 finden entsprechende Anwendung, soweit dies nicht im Hinblick auf die Umstände bei der Eheschließung oder bei Verstoß gegen § 1306 im Hinblick auf die Belange der dritten Person grob unbillig wäre.
(4) Die §§ 1568 a und 1568 b finden entsprechende Anwendung; dabei sind die Umstände bei der Eheschließung und bei Verstoß gegen § 1306 die Belange der dritten Person besonders zu berücksichtigen.
(5) § 1931 findet zugunsten eines Ehegatten, der bei Verstoß gegen die §§ 1304, 1306, 1307 oder 1311 oder im Falle des § 1314 Abs. 2 Nr. 1 die Aufhebbarkeit der Ehe bei der Eheschließung gekannt hat, keine Anwendung.

1 A. Muster: Antrag auf Eheaufhebung

► An das Amtsgericht
Familiengericht

■■■

Eheaufhebungsantrag

In der Familiensache[1]

■■■

des Herrn ■■■ (Antragsteller)[2]

Verfahrensbevollmächtigte: ■■■

gegen

Frau ■■■ (Antragsgegnerin)

Verfahrensbevollmächtigte: ■■■

zeigen wir unter Bezugnahme auf die im Original beigefügte Vollmacht nach § 114 Abs. 5 FamFG an, dass wir den Antragsteller vertreten.

Namens und im Auftrag des Antragstellers stellen wir folgenden Antrag:

Die am ■■■ vor dem Standesbeamten des Standesamtes ■■■ unter der Heiratsregisternr. ■■■ geschlossene Ehe der Beteiligten wird aufgehoben.[3]

Begründung[4]

Der Antragsteller und die Antragsgegnerin haben, wie im Antrag, angegeben die Ehe geschlossen.

Beweis: Beigefügtes Familienstammbuch, um dessen baldige Rückgabe über unser Gerichtsfach wir bitten.

Die Beteiligten sind deutsche Staatsangehörige.

Aus der Ehe sind keine Kinder hervorgegangen.

Die örtliche Zuständigkeit des angerufenen Gerichts ergibt sich aus § 122 Nr. 3 FamFG. Die Beteiligten hatten ihren gemeinsamen gewöhnlichen Aufenthalt zuletzt in ■■■. Der Antragsteller ist am ■■■ ausgezogen, während die Antragsgegnerin weiter in der ehemaligen Ehewohnung lebt.

Der Aufhebungsantrag wird auf § 1314 Abs. 2 Nr. 3 BGB gestützt. Der Antragsteller ist aufgrund einer arglistigen Täuschung der Antragsgegnerin zur Eingehung der Ehe bestimmt worden.

Die Beteiligten haben vor der Eheschließung bereits 3 Jahre zusammengelebt. Dann wurde die Antragsgegnerin schwanger. Der Antragsteller hatte zunächst keinerlei Zweifel, dass er das Kind gezeugt hat. In dieser Annahme bestärkte die Antragsgegnerin den Antragsteller in den täglichen Gesprächen. Er begleitete die Antragsgegnerin zu Frauenarztterminen und stellte mit der Antragsgegnerin die Familienplanungen an. Dabei kam man zur Überzeugung, dass die Schwangerschaft der Antragsgegnerin ein schöner Anlass ist, die Ehe miteinander einzugehen.

Drei Monate nach der Eheschließung kam am ■■■ das Kind zur Welt.

Beweis: Beigefügte Kopie der Geburtsurkunde.

Als der Antragsteller das Kind sah, kamen ihm sofort Zweifel an seiner Vaterschaft. Nachdem die Antragsgegnerin vor vier Wochen mit dem Kind aus dem Krankenhaus entlassen worden ist, stellte der Antragsteller sie zur Rede. Schließlich gab die Antragsgegnerin zu, bereits seit einem Jahr eine feste Beziehung zu einem gemeinsamen Freund zu unterhalten. Dieser sei auch nach entsprechenden Untersuchungen der Vater des Kindes, womit beide auch gerechnet hätten. Sie habe in Absprache mit diesem Mann an der Behauptung der Vaterschaft des Antragstellers festgehalten, weil der andere Mann im Gegensatz zum Antragsteller mittellos sei. Dies tue ihr jetzt leid. Im Übrigen beabsichtige sie, mit dem Vater des Kindes nun auch zusammen zu ziehen.

Der Antragsteller hätte die Antragsgegnerin niemals geheiratet, wenn ihm bekannt gewesen wäre, dass das Kind nicht von ihm ist und die Antragsgegnerin auch noch lang andauernd eine Beziehung zu einem anderen Mann unterhalten hat.

Den vorstehend beschriebenen Sachverhalt werden die Beteiligten übereinstimmend bestätigen.

Beweis: Anhörung der Beteiligten im Gerichtstermin.

Die Ehe ist folglich aufzuheben.

Beglaubigte und einfache Abschrift sind beigefügt.

■■■

Rechtsanwalt ◄

B. Erläuterungen

[1] Bei der Eheaufhebung handelte es sich um eine **Ehesache**, § 121 Nr. 2 FamFG, so dass die **Vorschriften über die Ehescheidung** entsprechend gelten. 2

[2] Die **Antragsberechtigung** ist in § 1316 geregelt. Im vorstehend dargestellten Fall ist der Antragsteller gemäß § 1316 Abs. 1 Nr. 2 antragsberechtigt, weil er der von der Täuschung gemäß § 1314 Abs. 2 Nr. 4 betroffene Ehegatte ist (weitere Beispiele für den Aufhebungsgrund gemäß § 1314 Abs. 2 Nr. 4, vgl Hk-BGB/*Kemper* §§ 1314, 1315 Rn 9). Der Eheaufhebungsantrag ist gemäß § 1317 **binnen Jahresfrist zu stellen**, vorliegend ab Kenntnis von der Täuschungshandlung. 3

[3] Neben der Eheaufhebung kann gleichzeitig (hilfsweise) die Ehescheidung beantragt werden, wobei auf die Aufhebung der Ehe zu erkennen ist, wenn beide Anträge begründet sind, § 126 Abs. 3 FamFG. 4

[4] Die Aufhebung der Ehe ist auf Gründe zu stützen, die bei der Eheschließung bereits vorlagen, während die Ehescheidung aus Gründen erfolgt, die erst nach der Eheschließung eingetreten sind. Die Eheaufhebung spielt in der Praxis gegenüber der Ehescheidung eine geringe Rolle, obwohl sie dieser gegenüber einige **Vorteile** aufweist: 5

- Es ist **kein Trennungsjahr** abzuwarten.
- Die **Verbundvorschriften gelten nicht**. Über Folgesachen ist nur auf Antrag in einem gesonderten Verfahren zu entscheiden.
- Die in § 1318 geregelten Aufhebungsfolgen kommen dem antragsberechtigten Ehegatten entgegen (zB Unterhalt grundsätzlich nur für den gutgläubigen Ehegatten).

Es besteht gemäß § 114 FamFG **Anwaltszwang**. Die Kosten werden gemäß § 132 FamFG grundsätzlich gegeneinander aufgehoben, wenn es nicht aufgrund der Umstände, die eine Eheaufhebung rechtfertigen, der Billigkeit entspricht, von diesem Grundsatz abzuweichen.

Titel 4 Wiederverheiratung nach Todeserklärung

§ 1319 Aufhebung der bisherigen Ehe

(1) Geht ein Ehegatte, nachdem der andere Ehegatte für tot erklärt worden ist, eine neue Ehe ein, so kann, wenn der für tot erklärte Ehegatte noch lebt, die neue Ehe nur dann wegen Verstoßes gegen § 1306 aufgehoben werden, wenn beide Ehegatten bei der Eheschließung wussten, dass der für tot erklärte Ehegatte im Zeitpunkt der Todeserklärung noch lebte.
(2) [1]Mit der Schließung der neuen Ehe wird die frühere Ehe aufgelöst, es sei denn, dass beide Ehegatten der neuen Ehe bei der Eheschließung wussten, dass der für tot erklärte Ehegatte im Zeitpunkt der Todeserklärung noch lebte. [2]Sie bleibt auch dann aufgelöst, wenn die Todeserklärung aufgehoben wird.

§ 1320 Aufhebung der neuen Ehe

(1) [1]Lebt der für tot erklärte Ehegatte noch, so kann unbeschadet des § 1319 sein früherer Ehegatte die Aufhebung der neuen Ehe begehren, es sei denn, dass er bei der Eheschließung wusste, dass der für tot erklärte Ehegatte zum Zeitpunkt der Todeserklärung noch gelebt hat. [2]Die Aufhebung kann nur binnen eines Jahres begehrt werden. [3]Die Frist beginnt mit dem Zeitpunkt, in dem der Ehegatte aus der früheren Ehe Kenntnis davon erlangt hat, dass der für tot erklärte Ehegatte noch lebt. [4]§ 1317 Abs. 1 Satz 3, Abs. 2 gilt entsprechend.
(2) Für die Folgen der Aufhebung gilt § 1318 entsprechend.

§§ 1321 bis 1352 (weggefallen)

Titel 5 Wirkungen der Ehe im Allgemeinen

§ 1353 Eheliche Lebensgemeinschaft

(1) [1]Die Ehe wird auf Lebenszeit geschlossen. [2]Die Ehegatten sind einander zur ehelichen Lebensgemeinschaft verpflichtet; sie tragen füreinander Verantwortung.
(2) Ein Ehegatte ist nicht verpflichtet, dem Verlangen des anderen Ehegatten nach Herstellung der Gemeinschaft Folge zu leisten, wenn sich das Verlangen als Missbrauch seines Rechts darstellt oder wenn die Ehe gescheitert ist.

1 **A. Muster: Antrag auf Zustimmung zur gemeinsamen steuerlichen Veranlagung**

▶ An das Amtsgericht
Familiengericht

▪▪▪

Antrag auf Zustimmung zur gemeinsamen Veranlagung[1]

In der Familiensache[2]

▪▪▪

des Herrn ▪▪▪ (Antragsteller)

Verfahrensbevollmächtigte: ▪▪▪

gegen

Frau ▪▪▪ (Antragsgegnerin)

Verfahrensbevollmächtigte: ▪▪▪

zeigen wir unter Bezugnahme auf die im Original beigefügte Vollmacht an, dass wir den Antragsteller vertreten.

Namens und im Auftrag des Antragstellers beantragen wir, wie folgt zu entscheiden:

Die Antragsgegnerin wird verpflichtet, der gemeinsamen steuerlichen Veranlagung der Beteiligten gemäß § 26 b EStG für das Jahr ■■■ zuzustimmen.[3]

Begründung

Die Beteiligten sind verheiratet.

Beweis: In Kopie beigefügte Heiratsurkunde des Standesamtes ■■■ vom ■■■

Sie leben seit dem ■■■ voneinander getrennt.

Beweis: Vernehmung der Beteiligten; Kopie des Schreibens der Rechtsanwälte der Antragsgegnerin vom ■■■

Der Antragsteller fordert von der Antragsgegnerin deren Zustimmung zur Durchführung der gemeinsamen steuerlichen Veranlagung der Beteiligten gemäß § 26 b EStG für das Jahr ■■■, das Jahr in dem sich die Eheleute getrennt haben. Im Trennungsjahr wie in allen Ehejahren der Beteiligten waren die Einkünfte des Antragstellers in der Steuerklasse 3 und die der Antragsgegnerin in der Steuerklasse 5 versteuert worden. Die Antragsgegnerin hat allerdings im Trennungsjahr keine steuerpflichtigen Einkünfte erzielt.[4]

Mit anwaltlichem Schreiben vom ■■■ hat der Antragsteller die Antragsgegnerin aufgefordert, der Zusammenveranlagung für den Veranlagungszeitraum des Jahres ■■■ zuzustimmen und zugleich zugesichert, ihr eventuell aus einer solchen Zustimmung erwachsene wirtschaftliche Nachteile zu erstatten.

Beweis: Kopie des Schreibens der Rechtsanwälte des Antragstellers vom ■■■

Die Antragsgegnerin hat die Zustimmung zur Zusammenveranlagung ohne Grund abgelehnt. In einer SMS erklärte sie gegenüber dem Antragsteller, freiwillig stimme sie keinem Verlangen des Antragstellers mehr zu, er habe sie während des Zusammenlebens genug bevormundet.

Beweis: Ausdruck der der SMS vom ■■■

Da keinerlei nachvollziehbare Gründe für die Verweigerung der Zustimmung zur gemeinsamen steuerlichen Veranlagung der Beteiligten gemäß § 26 b EStG für das Jahr ■■■ außergerichtlich vorgetragen noch sonst ersichtlich sind, ist die Anrufung des Gerichts erforderlich und antragsgemäß durch dieses zu beschließen.

Beglaubigte und einfache Abschrift sind beigefügt.

■■■

Rechtsanwalt ◄

B. Erläuterungen

2 [1] Da nicht dauerhaft getrennt lebende Ehegatten zwischen gemeinsamer und getrennter Steuerveranlagung wählen können und die gemeinsame Veranlagung in der Regel für beide Ehegatten vorteilhafter ist als eine getrennte Veranlagung, ist im Jahr der Trennung **regelmäßig** eine **gemeinsame steuerliche Veranlagung zu wählen**.

3 [2] Der Antragsteller verfolgt einen aus der geschiedenen Ehe der Beteiligten herrührenden Anspruch, der seine **Grundlage in § 1353 Abs. 1 S. 2** hat. Dabei handelt sich um eine **sonstige Familiensache** iSd §§ 266 Abs. 1 Nr. 2, 111 Nr. 10 FamFG (Musielak/*Borth*, FamFG, § 266 Rn 10).

4 [3] Der andere Ehegatte ist zur Zustimmung verpflichtet, wenn ihm keine Nachteile aus der Zusammenveranlagung entstehen. Er muss deshalb ausdrücklich von den daraus resultierenden Nachteilen freigestellt werden. Im vorliegenden Fall sind ersichtlich keine Nachteile gegeben, weil die Antragsgegnerin über keine eigenen Einkünfte im Veranlagungszeitraum verfügte.

5 [4] Ein Ausgleich für Zeiten, in denen die Beteiligten in dem entsprechenden Veranlagungszeitraum zusammengelebt haben, ist allerdings grundsätzlich nicht vorzunehmen, weil die Eheleute in der Regel die mit der Wahl der Steuerklassenkombination einhergehenden Steuervorteile sogleich für den gemeinsamen Lebensunterhalt verbrauchen. Dann ist der **Ausgleich nur nach Quote für die Zeit ab der Trennung** vorzunehmen (BGH FamRZ 2002, 1024; 2007, 1229).

6 Ein **Nachteilsausgleich kann** auch für die Zeit ab der Trennung **ausscheiden**, wenn der grundsätzlich ausgleichsberechtigte Ehegatte in der entsprechenden Zeit Unterhalt vom anderen Ehegatten gezahlt bekommen hat, der nach dem Nettoeinkommen auf der Basis der Steuerklassenwahl der Eheleute berechnet worden ist, denn ansonsten würde der Ehegatte, der wegen der günstigeren Steuerklasse einen höheren Unterhalt zahlt, durch einen dennoch später durchgeführten Nachteilsausgleich doppelt belastet (BGH FamRZ 2007, 1229, 1230).

7 Auch wenn ein Ehegatte während des Zusammenlebens Verluste erwirtschaftet, die er grundsätzlich in einen späteren Veranlagungszeitraum zur Verminderung seiner eigenen Steuerlast vortragen könnte, kann eine Verpflichtung zur Zustimmung zur gemeinsamen Veranlagung bestehen, wenn die Eheleute in Erwartung auf die geringere künftige Steuerlast durch die Geltendmachung der Verluste entsprechende Mittel für ihren gemeinsamen Lebensunterhalt oder gemeinsame Vermögensbildung verwendet haben (BGH NJW 2010, 1879).

§ 1354 (weggefallen)

§ 1355 Ehename

(1) [1]Die Ehegatten sollen einen gemeinsamen Familiennamen (Ehenamen) bestimmen. [2]Die Ehegatten führen den von ihnen bestimmten Ehenamen. [3]Bestimmen die Ehegatten keinen Ehenamen, so führen sie ihren zur Zeit der Eheschließung geführten Namen auch nach der Eheschließung.
(2) Zum Ehenamen können die Ehegatten durch Erklärung gegenüber dem Standesamt den Geburtsnamen oder den zur Zeit der Erklärung über die Bestimmung des Ehenamens geführten Namen der Frau oder des Mannes bestimmen.
(3) [1]Die Erklärung über die Bestimmung des Ehenamens soll bei der Eheschließung erfolgen. [2]Wird die Erklärung später abgegeben, so muss sie öffentlich beglaubigt werden.
(4) [1]Ein Ehegatte, dessen Name nicht Ehename wird, kann durch Erklärung gegenüber dem Standesamt dem Ehenamen seinen Geburtsnamen oder den zur Zeit der Erklärung über die Bestimmung des Ehenamens geführten Namen voranstellen oder anfügen. [2]Dies gilt nicht, wenn der Ehename aus mehreren Namen besteht. [3]Besteht der Name eines Ehegatten aus mehreren Namen, so kann nur einer dieser Namen hinzugefügt werden. [4]Die Erklärung kann gegenüber dem Standesamt widerrufen werden; in diesem Falle ist eine erneute Erklärung nach Satz 1 nicht zulässig. [5]Die Erklärung und der Widerruf müssen öffentlich beglaubigt werden.
(5) [1]Der verwitwete oder geschiedene Ehegatte behält den Ehenamen. [2]Er kann durch Erklärung gegenüber dem Standesamt seinen Geburtsnamen oder den Namen wieder annehmen, den er bis zur Bestimmung des Ehenamens geführt hat, oder dem Ehenamen seinen Geburtsnamen oder den zur Zeit der Bestimmung des Ehenamens geführten Namen voranstellen oder anfügen. [3]Absatz 4 gilt entsprechend.
(6) Geburtsname ist der Name, der in die Geburtsurkunde eines Ehegatten zum Zeitpunkt der Erklärung gegenüber dem Standesamt einzutragen ist.

§ 1356 Haushaltsführung, Erwerbstätigkeit

(1) [1]Die Ehegatten regeln die Haushaltsführung im gegenseitigen Einvernehmen. [2]Ist die Haushaltsführung einem der Ehegatten überlassen, so leitet dieser den Haushalt in eigener Verantwortung.
(2) [1]Beide Ehegatten sind berechtigt, erwerbstätig zu sein. [2]Bei der Wahl und Ausübung einer Erwerbstätigkeit haben sie auf die Belange des anderen Ehegatten und der Familie die gebotene Rücksicht zu nehmen.

§ 1357 Geschäfte zur Deckung des Lebensbedarfs

(1) [1]Jeder Ehegatte ist berechtigt, Geschäfte zur angemessenen Deckung des Lebensbedarfs der Familie mit Wirkung auch für den anderen Ehegatten zu besorgen. [2]Durch solche Geschäfte werden beide Ehegatten berechtigt und verpflichtet, es sei denn, dass sich aus den Umständen etwas anderes ergibt.

(2) [1]Ein Ehegatte kann die Berechtigung des anderen Ehegatten, Geschäfte mit Wirkung für ihn zu besorgen, beschränken oder ausschließen; besteht für die Beschränkung oder Ausschließung kein ausreichender Grund, so hat das Familiengericht sie auf Antrag aufzuheben. [2]Dritten gegenüber wirkt die Beschränkung oder Ausschließung nur nach Maßgabe des § 1412 .
(3) Absatz 1 gilt nicht, wenn die Ehegatten getrennt leben.

§ 1358 (weggefallen)

§ 1359 Umfang der Sorgfaltspflicht

Die Ehegatten haben bei der Erfüllung der sich aus dem ehelichen Verhältnis ergebenden Verpflichtungen einander nur für diejenige Sorgfalt einzustehen, welche sie in eigenen Angelegenheiten anzuwenden pflegen.

§ 1360 Verpflichtung zum Familienunterhalt

[1]Die Ehegatten sind einander verpflichtet, durch ihre Arbeit und mit ihrem Vermögen die Familie angemessen zu unterhalten. [2]Ist einem Ehegatten die Haushaltsführung überlassen, so erfüllt er seine Verpflichtung, durch Arbeit zum Unterhalt der Familie beizutragen, in der Regel durch die Führung des Haushalts.

§ 1360 a Umfang der Unterhaltspflicht

(1) Der angemessene Unterhalt der Familie umfasst alles, was nach den Verhältnissen der Ehegatten erforderlich ist, um die Kosten des Haushalts zu bestreiten und die persönlichen Bedürfnisse der Ehegatten und den Lebensbedarf der gemeinsamen unterhaltsberechtigten Kinder zu befriedigen.
(2) [1]Der Unterhalt ist in der Weise zu leisten, die durch die eheliche Lebensgemeinschaft geboten ist. [2]Die Ehegatten sind einander verpflichtet, die zum gemeinsamen Unterhalt der Familie erforderlichen Mittel für einen angemessenen Zeitraum im Voraus zur Verfügung zu stellen.
(3) Die für die Unterhaltspflicht der Verwandten geltenden Vorschriften der §§ 1613 bis 1615 sind entsprechend anzuwenden.
(4) [1]Ist ein Ehegatte nicht in der Lage, die Kosten eines Rechtsstreits zu tragen, der eine persönliche Angelegenheit betrifft, so ist der andere Ehegatte verpflichtet, ihm diese Kosten vorzuschießen, soweit dies der Billigkeit entspricht. [2]Das Gleiche gilt für die Kosten der Verteidigung in einem Strafverfahren, das gegen einen Ehegatten gerichtet ist.

§ 1360 b Zuvielleistung

Leistet ein Ehegatte zum Unterhalt der Familie einen höheren Beitrag als ihm obliegt, so ist im Zweifel anzunehmen, dass er nicht beabsichtigt, von dem anderen Ehegatten Ersatz zu verlangen.

§ 1361 Unterhalt bei Getrenntleben

(1) [1]Leben die Ehegatten getrennt, so kann ein Ehegatte von dem anderen den nach den Lebensverhältnissen und den Erwerbs- und Vermögensverhältnissen der Ehegatten angemessenen Unterhalt verlangen; für Aufwendungen infolge eines Körper- oder Gesundheitsschadens gilt § 1610 a. [2]Ist zwischen den getrennt lebenden Ehegatten ein Scheidungsverfahren rechtshängig, so gehören zum Unterhalt vom Eintritt der Rechtshängigkeit an auch die Kosten einer angemessenen Versicherung für den Fall des Alters sowie der verminderten Erwerbsfähigkeit.
(2) Der nicht erwerbstätige Ehegatte kann nur dann darauf verwiesen werden, seinen Unterhalt durch eine Erwerbstätigkeit selbst zu verdienen, wenn dies von ihm nach seinen persönlichen Verhältnissen, insbesondere wegen einer früheren Erwerbstätigkeit unter Berücksichtigung der Dauer der Ehe, und nach den wirtschaftlichen Verhältnissen beider Ehegatten erwartet werden kann.
(3) Die Vorschrift des § 1579 Nr. 2 bis 8 über die Beschränkung oder Versagung des Unterhalts wegen grober Unbilligkeit ist entsprechend anzuwenden.
(4) [1]Der laufende Unterhalt ist durch Zahlung einer Geldrente zu gewähren. [2]Die Rente ist monatlich im Voraus zu zahlen. [3]Der Verpflichtete schuldet den vollen Monatsbetrag auch dann, wenn der Berechtigte im Laufe des Monats stirbt. [4]§ 1360 a Abs. 3, 4 und die §§ 1360 b, 1605 sind entsprechend anzuwenden.

A. Vertragsgestaltung

1 **I. Muster: Trennungsunterhaltsvereinbarung[1]**

▶ Wir, Herr ■■■ und Frau ■■■, sind verheiratet und leben seit dem ■■■ getrennt. Wir gehen von folgenden beiderseitigen Einkünften aus: ■■■

Wir sind uns einig darüber, dass Frau ■■■ zum Ausgleich dafür, dass sie über ein um 500,00 EUR niedrigeres Monatseinkommen verfügt als Herr ■■■, die im Alleineigentum von Herrn ■■■ stehende Ehewohnung in ■■■ während der Trennungszeit allein nutzen darf, ohne Miete bzw Nutzungsentschädigung zahlen zu müssen.[2] Dies gilt nur, solange Frau ■■■ die Wohnung allein bewohnt.

Wir sind uns weiter darin einig, dass wechselseitig darüber hinaus keine Trennungsunterhaltsansprüche von uns geltend gemacht werden.

Sollte nach Ablauf von 2 Jahren weiterhin kein Ehescheidungsantrag von einem von uns beim Familiengericht eingereicht worden sin, verpflichten wir uns, über diese Vereinbarung neu zu verhandeln und uns wechselseitig aktuelle Auskunft über die dann erzeilten monatlichen Einkünfte zu erteilen.

■■■[4] ◀

II. Erläuterungen

2 [1] Gegenstand einer Unterhaltsvereinbarung kann lediglich zukünftiger Ehegattenunterhalt ab rechtskräftiger Ehescheidung sein. Auf Trennungsunterhalt kann gemäß §§ 1361 Abs. 4, 1360 a Abs. 3, 1614 nicht wirksam verzichtet werden.

3 [2] Vereinbarungen über zukünftigen Unterhalt sind aber wirksam, sofern sie den gesetzlichen Unterhaltsanspruch lediglich umgestalten, etwa durch Fälligkeitsregelungen oder Vereinbarungen über die Art des Unterhalts (zB kostenfreies Wohnen). Eine Abweichung von bis zu 1/5 bis 1/3 ist von den Gerichten im Einzelfall noch als zulässig angesehen worden (OLG Hamm FamRZ 2001, 1023; OLG Celle FamRZ 1992, 94). In jedem Fall ist eine derartige Vereinbarung, die einen **Teilverzicht** beinhaltet, **risikobehaftet** und kann zu einer Haftungsfalle für Anwalt und Notar werden.

4 [3] Der Verzicht auf Trennungsunterhalt für die Vergangenheit ist, auch **konkludent**, möglich (Johannsen/Heinrich/*Graba*, Eherecht, § 1614 Rn 2). Gemessen an den o.g. Wirksamkeitsvorschriften ist dagegen eine Vereinbarung, die einen Trennungsunterhaltsbetrag vorsieht, der über dem gesetzlichen Anspruch liegt, ohne weiteres möglich, so dass sich der Unterhaltspflichtige nicht auf einen Verstoß gegen § 1614 berufen kann.

5 [4] Der Formzwang des § 1585 c (notarielle Beurkundung) gilt nicht für den Trennungsunterhalt.

B. Prozess

6 **I. Muster: Antrag auf Trennungsunterhalt**

▶ An das Amtsgericht

Familiengericht

■■■

Antrag auf Trennungsunterhalt

In der Familiensache[1]

■■■

des Herrn ■■■ (Antragsteller)

Verfahrensbevollmächtigte: ■■■

gegen

Frau ■■■ (Antragsgegnerin)

Verfahrensbevollmächtigte: ■■■

zeigen wir unter Bezugnahme auf die im Original beigefügte Vollmacht an, dass wir den Antragsteller vertreten und stellen den Antrag, wie folgt zu beschließen:

1. Die Antragsgegnerin ist verpflichtet, an den Antragsteller ab■■■, jeweils monatlich im Voraus, Trennungsunterhalt in Höhe von ■■■ EUR zu zahlen.[2]
2. Die Antragsgegnerin ist weiter verpflichtet, an den Antragsteller einen Unterhaltsrückstand in Höhe von ■■■ EUR nebst Zinsen in Höhe von jeweils 5 Prozentpunkten über dem jeweiligen Basiszinssatz aus je ■■■ EUR seit dem ■■■, seit dem ■■■und seit dem ■■■ zu zahlen.[3]
3. Die sofortige Wirksamkeit der Verpflichtung zur Zahlung von Unterhalt wird angeordnet.

Für den Fall der Anordnung des schriftlichen Verfahrens wird bei nicht rechtzeitiger Anzeige der Verteidigungsabsicht beantragt, ohne mündliche Verhandlung einen antragsgemäßen Versäumnisbeschluss zu erlassen.

Begründung

Die Beteiligten sind verheiratet.

Beweis: In Kopie beigefügte Heiratsurkunde des Standesamtes ■■■ vom ■■■

Sie leben seit dem ■■■ voneinander getrennt.

Beweis: Vernehmung der Beteiligten.

Seinerzeit ist die Antragsgegnerin aus der gemeinsamen Wohnung ausgezogen, die der Antragsteller weiter zusammen mit dem gemeinsamen Kind ■■■ bewohnt.

Einen Unterhaltstitel zugunsten des Antragstellers gibt es bislang nicht.

Die Antragsgegnerin hat ihren gewöhnlichen Aufenthalt in ■■■, so dass sich die Zuständigkeit des angerufenen Gerichts aus §§ 232 Abs. 3 S. 1 FamFG iVm 12, 13 ZPO ergibt.

Das gemeinsame Kind ■■■ der Beteiligten ist am ■■■ geboren und lebt bei dem Antragsteller. Er geht wegen der Betreuung des gemeinsamen Kindes der Beteiligten keiner Erwerbstätigkeit nach. Dies entspricht auch einer gemeinsamen Absprache der Beteiligten zur Zeit des Zusammenlebens. Der Antragsteller bezieht keine staatlichen Transferleistungen, so dass ein (teilweiser) Anspruchsübergang ausscheidet.

Der für das gemeinsame Kind geschuldete Unterhalt ist mit der Jugendamtsurkunde der Stadt ■■■ vom ■■■ tituliert worden. Die Antragsgegnerin zahlt danach derzeit zu Händen des Antragstellers einen monatlichen Kindesunterhalt in Höhe von ■■■ EUR. Dies entspricht dem Tabellenbetrag der 6. Einkommensgruppe und 1. Altersstufe nach Abzug des hälftigen Kindergeldes.

Die Antragsgegnerin hat hingegen bislang keinen Trennungsunterhalt gezahlt. Sie ist außergerichtlich von uns dazu aufgefordert worden für den Antragsteller Trennungsunterhalt in Höhe des hier mit diesem Verfahren geltend gemachten Betrages zu zahlen.

Beweis: Kopie des Schreibens der Rechtsanwälte des Antragstellers vom ■■■

Mit der Unterhaltszahlung befindet sich die Antragsgegnerin somit seit dem Monat ■■■ in Verzug.

Die Höhe des Unterhaltes ergibt sich aus folgenden Umständen. Die Antragsgegnerin ist verbeamtete Lehrerin am Gymnasium in ■■■

Sie verfügt über ein monatliches Nettoeinkommen iHv ■■■ EUR.

Beweis: In Kopie beigefügte Besoldungsmitteilungen der letzten 12 Monate.

Die Antragsgegnerin fährt mit dem eigenen Pkw an ... Tagen im Jahr zur Arbeit. Berufsbedingte Fahrtkosten sind demnach in Höhe von ... abzuziehen. Außerdem ist der titulierte Kindesunterhalt abzugsfähig.

Daneben sind keine Abzugspositionen ersichtlich.

Der Trennungsunterhaltsanspruch des Antragstellers errechnet sich danach wie folgt:

...

Dem Antragsteller steht somit ein Trennungsunterhaltsanspruch in Höhe des mit dem Antrag verfolgten Betrages zu.

Da die Antragsgegnerin sich aufgrund der außergerichtlichen Zahlungsaufforderung in Verzug befindet, schuldet sie auch die geltend gemachten Verzugszinsen gemäß § 288 Abs. 1 BGB.

Die Anordnung der sofortigen Wirksamkeit der Entscheidung ergibt sich aus § 116 Abs. 3 S. 2 und Satz 3 FamFG.

Beglaubigte und einfache Abschrift sind beigefügt.

...

Rechtsanwalt ◀

II. Erläuterungen

7 [1] Die **Unterhaltssachen** gehören zu den **Familienstreitsachen** (§§ 112, 231 FamFG). Daher besteht – anders als vor der Reform des Familienverfahrensrechts – **Anwaltszwang** gemäß § 114 FamFG.

8 Die örtliche **Zuständigkeit** ergibt sich aus § 232 FamFG. Danach ist für den Ehegattenunterhalt das Gericht vorrangig örtlich zuständig, bei dem eine Ehesache anhängig ist. Wenn eine solche Zuständigkeit nicht vorliegt, ist die Zuständigkeit nach den Vorschriften der ZPO zu bestimmen, wobei an die Stelle des Wohnsitzes der gewöhnliche Aufenthalt tritt (§ 232 Abs. 3 S. 1 FamFG). Sofern ein Verfahren über den Unterhalt des Kindes im ersten Rechtszug anhängig ist, kann der Antragsteller auch dieses Gericht wählen (§ 232 Abs. 3 S. 2 Nr. 1 FamFG). Der Antragsteller hat ferner die Wahl, den Antrag bei dem Gericht seines gewöhnlichen Aufenthaltes einreichen, wenn der Antragsgegner keinen Gerichtsstand im Inland hat.

9 Zur Möglichkeit der **Stufenklage** vgl Muster zu § 1605.

10 Bei **Eilbedürftigkeit**, die für den laufenden Unterhalt grundsätzlich angenommen werden kann, empfiehlt es sich, einen Antrag **auf Erlass einer einstweiligen Anordnung** nach § 246 FamFG zu stellen, mit der aber **Unterhaltsrückstände** nicht geltend gemacht werden können.

11 [2] Der **Trennungsunterhalt** ist in einem **gesonderten Verfahren** geltend zu machen und kann nicht mit dem Ehescheidungsverfahren verbunden werden, weil er mit dem nachehelichen Unterhalt nicht identisch ist (BGH FamRZ 1980, 1099). Dies bedeutet auch, dass der ggf erstrittene Trennungsunterhaltstitel seine Wirkung verliert, sobald ein Ehescheidungsverfahren rechtskräftig entschieden ist. Daher muss der nacheheliche Unterhalt möglichst noch im Ehescheidungsverfahren als Verbundverfahren geltend gemacht werden. Hier ist unbedingt die **Frist** des § 137 Abs. 2 FamFG zu beachten. Danach sind Verbundanträge **spätestens 2 Wochen** vor der mündlichen Verhandlung im ersten Rechtszug in der Scheidungssache anhängig zu machen. Der Verbundantrag sollte daher nicht auf „auf den letzten Drücker“ gestellt werden, weil ansonsten die Zurückweisung des Antrags als unzulässig droht.

12 [3] Gemäß §§ 1361 Abs. 4 S. 4, 1360 a Abs. 3, 1613 wird der Trennungsunterhalt ab dem Zeitpunkt der ersten Geltendmachung geschuldet.

§ 1361 a Verteilung der Haushaltsgegenstände bei Getrenntleben

(1) [1]Leben die Ehegatten getrennt, so kann jeder von ihnen die ihm gehörenden Haushaltsgegenstände von dem anderen Ehegatten herausverlangen. [2]Er ist jedoch verpflichtet, sie dem anderen Ehegatten zum Gebrauch zu überlassen, soweit dieser sie zur Führung eines abgesonderten Haushalts benötigt und die Überlassung nach den Umständen des Falles der Billigkeit entspricht.
(2) Haushaltsgegenstände, die den Ehegatten gemeinsam gehören, werden zwischen ihnen nach den Grundsätzen der Billigkeit verteilt.
(3) [1]Können sich die Ehegatten nicht einigen, so entscheidet das zuständige Gericht. [2]Dieses kann eine angemessene Vergütung für die Benutzung der Haushaltsgegenstände festsetzen.
(4) Die Eigentumsverhältnisse bleiben unberührt, sofern die Ehegatten nichts anderes vereinbaren.

§ 1361 b Ehewohnung bei Getrenntleben

(1) [1]Leben die Ehegatten voneinander getrennt oder will einer von ihnen getrennt leben, so kann ein Ehegatte verlangen, dass ihm der andere die Ehewohnung oder einen Teil zur alleinigen Benutzung überlässt, soweit dies auch unter Berücksichtigung der Belange des anderen Ehegatten notwendig ist, um eine unbillige Härte zu vermeiden. [2]Eine unbillige Härte kann auch dann gegeben sein, wenn das Wohl von im Haushalt lebenden Kindern beeinträchtigt ist. [3]Steht einem Ehegatten allein oder gemeinsam mit einem Dritten das Eigentum, das Erbbaurecht oder der Nießbrauch an dem Grundstück zu, auf dem sich die Ehewohnung befindet, so ist dies besonders zu berücksichtigen; Entsprechendes gilt für das Wohnungseigentum, das Dauerwohnrecht und das dingliche Wohnrecht.
(2) [1]Hat der Ehegatte, gegen den sich der Antrag richtet, den anderen Ehegatten widerrechtlich und vorsätzlich am Körper, der Gesundheit oder der Freiheit verletzt oder mit einer solchen Verletzung oder der Verletzung des Lebens widerrechtlich gedroht, ist in der Regel die gesamte Wohnung zur alleinigen Benutzung zu überlassen. [2]Der Anspruch auf Wohnungsüberlassung ist nur dann ausgeschlossen, wenn keine weiteren Verletzungen und widerrechtlichen Drohungen zu besorgen sind, es sei denn, dass dem verletzten Ehegatten das weitere Zusammenleben mit dem anderen wegen der Schwere der Tat nicht zuzumuten ist.
(3) [1]Wurde einem Ehegatten die Ehewohnung ganz oder zum Teil überlassen, so hat der andere alles zu unterlassen, was geeignet ist, die Ausübung dieses Nutzungsrechts zu erschweren oder zu vereiteln. [2]Er kann von dem nutzungsberechtigten Ehegatten eine Vergütung für die Nutzung verlangen, soweit dies der Billigkeit entspricht.
(4) Ist nach der Trennung der Ehegatten im Sinne des § 1567 Abs. 1 ein Ehegatte aus der Ehewohnung ausgezogen und hat er binnen sechs Monaten nach seinem Auszug eine ernstliche Rückkehrabsicht dem anderen Ehegatten gegenüber nicht bekundet, so wird unwiderleglich vermutet, dass er dem in der Ehewohnung verbliebenen Ehegatten das alleinige Nutzungsrecht überlassen hat.

A. Muster: Antrag auf Wohnungszuweisung während der Trennungszeit 1

▶ An das Amtsgericht
Familiengericht

■■■

Antrag auf Wohnungszuweisung während des Getrenntlebens[1]

In der Familiensache[2]

■■■

des Herrn ■■■ (Antragsteller)
Verfahrensbevollmächtigte: ■■■
gegen
Frau ■■■ (Antragsgegnerin)
Verfahrensbevollmächtigte: ■■■

zeigen wir unter Bezugnahme auf die im Original beigefügte Vollmacht an, dass wir den Antragsteller vertreten.

Namens und im Auftrag des Antragstellers beantragen[3] wir, nach § 1361 b BGB wie folgt zu entscheiden:

Die Antragsgegnerin hat die im Erdgeschoss rechts des Hauses ▪▪▪ in ▪▪▪ gelegene Ehewohnung an den Antragsteller sofort/bis zum ▪▪▪ zur alleinigen Benutzung zu herauszugeben und die Ehewohnung sofort/bis zum ▪▪▪ zu verlassen.

Die sofortige Wirksamkeit der Entscheidung wird angeordnet.

Begründung

Die Beteiligten sind verheiratet.

Beweis: In Kopie beigefügte Heiratsurkunde des Standesamtes ▪▪▪ vom ▪▪▪

Die Ehe der Beteiligten ist kinderlos. Im Haushalt der Eheleute leben keine Kinder.

Sie leben seit dem ▪▪▪ voneinander getrennt. Sie haben sich zunächst am ▪▪▪ darauf verständigt, innerhalb der Ehewohnung getrennt zu leben, damit die Antragsgegnerin nicht auf der Straße steht. Hierzu wurde die 4-Zimmer-Wohnung so aufgeteilt, dass jeder seinen eigenen Lebensbereich hatte.

Beweis: Vernehmung der Beteiligten.

Die Antragsgegnerin sollte sich so schnell wie möglich eine andere Wohnung suchen. Darauf hatte man sich unter anderem verständigt, weil es sich bei der Ehewohnung um eine Eigentumswohnung des Antragstellers handelt, die dieser schon vor der Eheschließung allein bewohnt hat. Sämtliche wesentlichen Einrichtungsgegenstände hat der Antragsteller bereits mit in die Ehe eingebracht.

Die Antragsgegnerin hat vor Zeugen erklärt, sie habe keine Lust mehr, eine andere Wohnung zu suchen, weil ihr die Wohnungsaufteilung gut gefalle und sie eine so günstige Wohngelegenheit in ▪▪▪ nicht wieder finde.

Beweis: Vernehmung der Beteiligten; Zeugnis der Frau ▪▪▪ und des Herrn ▪▪▪

Zugleich ging die Antragsgegnerin dazu über, Ihren neuen Freund, Herrn ▪▪▪, allabendlich zu sich in die Wohnung einzuladen und bis spät in die Nacht mit diesem Videos zu schauen.

Demnach ist die antragsgemäße Zuweisung der Wohnung geboten.

Beglaubigte und einfache Abschrift sind beigefügt.

▪▪▪

Rechtsanwalt ◄

B. Erläuterungen

2 [1] Für die Verfahren auf **Wohnungszuweisung bei Trennung** gem. § 1361 b und **Wohnungszuweisung nach Scheidung** gelten einheitlich die Vorschriften des FamFG, insbesondere die §§ 200–209 FamFG, während das Verfahren über die **Wohnungszuweisung im Rahmen des Gewaltschutzgesetzes** in den §§ 210-216 a FamFG geregelt ist.

3 Wenn **Schutzmaßnahmen** (zB Näherungsverbot) beantragt werden müssen, bietet es sich an, einen Antrag nach dem **Gewaltschutzgesetz** zu stellen, weil nur Verstöße gegen gerichtlich angeordnete Maßnahmen nach § 1 Gewaltschutzgesetz als strafbare Handlungen (§ 4 Gewaltschutzgesetz) zu qualifizieren sind, weil auf diesem Wege der Sanktionsdruck auf den Täter oder die Täterin erhöht werden kann.

4 Der **Vorteil der Wohnungszuweisung nach § 1361 b** liegt darin, dass sie in der Regel bis zum Ende der Trennungszeit andauert, während die Wohnungszuweisung nach dem Gewaltschutzgesetz befristet ist. Bei der Wohnungszuweisung nach dem Gewaltschutzgesetz sind meist bereits die herbeigerufenen Polizeibeamten mit entsprechenden Formularvordrucken der Justizverwaltung zur Stelle.

5 [2] Die **Zuständigkeit** ergibt sich aus den §§ 201, 202 FamFG. Nach § 202 FamFG ist das Verfahren an das Gericht der Ehesache abzugeben, wenn eine Wohnungszuweisungssache zu-

vor bei einem anderen Gericht anhängig gemacht worden ist. Ansonsten ist nach § 201 Nr. 2 FamFG das Familiengericht zuständig, in dessen Bezirk sich die Wohnung der Ehegatten befindet. Gemäß § 114 Abs. 1 FamFG ist auch in diesem Verfahren die Vertretung durch einen Anwalt vorgeschrieben. Dies gilt nach § 114 Abs. 4 Nr. 1 FamFG nicht für den Antrag auf Erlass einer einstweiligen Anordnung.

[3] Nach § 203 Abs. 3 FamFG soll im Antrag angegeben werden, ob Kinder im Haushalt Ehegatten leben. Das **Jugendamt** ist nach § 205 FamFG **anzuhören**, wenn Kinder im Haushalt eines Ehegatten leben. Die Entscheidung des Gerichts ist dem Jugendamt mitzuteilen. Dieses hat eine eigenständige **Beschwerdebefugnis** hat gemäß § 205 Abs. 2 FamFG und kann nach § 204 FamFG auf Antrag beteiligt zu werden. 6

Die vorläufige Wohnungszuweisung gemäß § 1361 b kann mit einem isolierten Verfahren auf Erlass einer **einstweilige Anordnung** gemäß §§ 49 FamFG erfolgen. 7

Das Gericht bestimmt in dem Fall nach § 52 Abs. 2 FamFG eine **Frist von höchstens drei Monaten zur Einleitung des Hauptsacheverfahrens.** Die einstweilige Anordnung wird aufgehoben, wenn die Frist nicht gewahrt wird. Da während der Trennungszeit nicht in bestehende Mietverhältnisse eingegriffen oder ein Mietverhältnis begründet werden kann (*Götz/Brudermüller*, FamRZ 2009, 1261, 1267), sind in diesem Verfahren, anders als bei einem Verfahren nach § 1568 a, Vermieter nicht notwendig zu beteiligen. 8

§ 1362 Eigentumsvermutung

(1) [1]Zugunsten der Gläubiger des Mannes und der Gläubiger der Frau wird vermutet, dass die im Besitz eines Ehegatten oder beider Ehegatten befindlichen beweglichen Sachen dem Schuldner gehören. [2]Diese Vermutung gilt nicht, wenn die Ehegatten getrennt leben und sich die Sachen im Besitz des Ehegatten befinden, der nicht Schuldner ist. [3]Inhaberpapiere und Orderpapiere, die mit Blankoindossament versehen sind, stehen den beweglichen Sachen gleich.
(2) Für die ausschließlich zum persönlichen Gebrauch eines Ehegatten bestimmten Sachen wird im Verhältnis der Ehegatten zueinander und zu den Gläubigern vermutet, dass sie dem Ehegatten gehören, für dessen Gebrauch sie bestimmt sind.

Titel 6 Eheliches Güterrecht

Untertitel 1 Gesetzliches Güterrecht

§ 1363 Zugewinngemeinschaft

(1) Die Ehegatten leben im Güterstand der Zugewinngemeinschaft, wenn sie nicht durch Ehevertrag etwas anderes vereinbaren.
(2) [1]Das Vermögen des Mannes und das Vermögen der Frau werden nicht gemeinschaftliches Vermögen der Ehegatten; dies gilt auch für Vermögen, das ein Ehegatte nach der Eheschließung erwirbt. [2]Der Zugewinn, den die Ehegatten in der Ehe erzielen, wird jedoch ausgeglichen, wenn die Zugewinngemeinschaft endet.

§ 1364 Vermögensverwaltung

Jeder Ehegatte verwaltet sein Vermögen selbständig; er ist jedoch in der Verwaltung seines Vermögens nach Maßgabe der folgenden Vorschriften beschränkt.

§ 1365 Verfügung über Vermögen im Ganzen

(1) [1]Ein Ehegatte kann sich nur mit Einwilligung des anderen Ehegatten verpflichten, über sein Vermögen im Ganzen zu verfügen. [2]Hat er sich ohne Zustimmung des anderen Ehegatten verpflichtet, so kann er die Verpflichtung nur erfüllen, wenn der andere Ehegatte einwilligt.
(2) Entspricht das Rechtsgeschäft den Grundsätzen einer ordnungsmäßigen Verwaltung, so kann das Familiengericht auf Antrag des Ehegatten die Zustimmung des anderen Ehegatten ersetzen, wenn dieser sie ohne ausreichen-

den Grund verweigert oder durch Krankheit oder Abwesenheit an der Abgabe einer Erklärung verhindert und mit dem Aufschub Gefahr verbunden ist.

A. Vertragsgestaltung

I. Ausschluss einer Verfügungsbeschränkung

1 **1. Muster: Ausschluss einer Verfügungsbeschränkung durch Ehevertrag**

▶ Die Verfügungsbeschränkung des § 1365 schließen wir hiermit für das beiderseitige Vermögen aus.[1] ◀

2. Erläuterungen

2 [1] **Notarielle Form.** § 1365 ist – durch einen Ehevertrag – abdingbar (Hk-BGB/*Kemper* § 1365 Rn 2). Deshalb ist für einen wirksamen Ausschluss die notarielle Form erforderlich gem. §§ 1408, 1410 (Hk-BGB/*Kemper* § 1408 Rn 2, 6).

II. Erteilung der Einwilligung

3 **1. Muster: Schreiben an Ehegatten zur Erteilung der Einwilligung**

▶ Sehr geehrte Frau ...

Ihr Ehemann beabsichtigt, sein Mietshaus auf der ... Straße zu veräußern, um den Erlös in eine rentablere Anlage zu investieren (näher auszuführen ...). Der Verkauf ist sinnvoll, da sich das Haus in einem stark renovierungsbedürftigen Zustand befindet, der zukünftig hohe finanzielle Investitionen erfordert ... Die Geldmittel für Investitionen sind nicht vorhanden. Eine Kreditaufnahme erscheint wirtschaftlich nicht sinnvoll aufgrund der bestehenden Mieterstruktur.[1] Da das Haus nahezu sein gesamtes Vermögen darstellt, ist Ihre Zustimmung erforderlich. Sie werden deshalb gebeten, uns schriftlich Ihre Zustimmung mitzuteilen bis ....[2] Wir bitten um Verständnis, bis zu dem genannten Datum eine Erklärung Ihrerseits erhalten zu müssen, da ansonsten der vorgesehene Verkauf gefährdet ist. Sollte die Zustimmung nicht erteilt werden, müssen Sie damit rechnen, dass Ihr Ehegatte einen Antrag bei Gericht stellen wird, um Ihre Zustimmung zu ersetzen.[3] ◀

2. Erläuterungen

4 [1] **Anfrage.** Der Musterbrief bietet sich an, wenn ein getrennt lebender Ehegatte eine größere Vermögensumschichtung vornehmen will, etwa eine Immobilie verkaufen will. Da das beabsichtigte Rechtsgeschäft den Grundsätzen einer ordnungsgemäßen Vermögensverwaltung entsprechen muss, sind die Beweggründe im Einzelnen darzulegen. Eine **ausführliche Erklärung** macht Sinn, um den anderen Ehegatten auch wirklich zu überzeugen, eine freiwillige Zustimmung abzugeben.

5 [2] Die **Zustimmung** bedarf keiner Form (Hk-BGB/*Kemper* § 1365 Rn 10), selbst wenn der Vertrag als solcher formbedürftig ist. Zweckmäßigerweise sollte die Zustimmung aber **schriftlich** erbeten werden.

[3] **Fehlende Zustimmung.** Willigt der Ehegatte nicht ein, kann das Geschäft nur wirksam werden, wenn er es nachträglich genehmigt oder seine Zustimmung nach § 1365 Abs. 2 ersetzt wird. 6

B. Prozess

I. Muster: Antrag an das Familiengericht auf Ersetzung der Zustimmung 7

909

▶ An das Amtsgericht

Familiengericht[1]

...

(volles Rubrum)

Namens und in Vollmacht des Antragstellers beantragen wir:[2]

Die Zustimmung von Frau ... zum Verkauf des Hausgrundstückes ... des Herrn ... an ... zum Preis von ... wird erteilt.

Gründe:

Die Parteien sind Eheleute. Sie leben im gesetzlichen Güterstand der Zugewinngemeinschaft.

Im Eigentum des Ehemannes befindet sich das Hausgrundstück ..., ein Mietshaus mit mehreren Mietparteien. Er beabsichtigt, das Haus zu veräußern ...[3]

...

Rechtsanwalt ◀

II. Erläuterungen

[1] **Zuständiges Gericht.** Für den Antrag ist nunmehr das **Familiengericht** zuständig, da es sich um eine Familiensache handelt gem. §§ 111 Nr. 9, 261 Abs. 2 FamFG. Die Zuständigkeit änderte sich zum 1.9.2009 mit der Reform des Familienverfahrensrechts; für das Verfahren nach § 1365 Abs. 2 war früher das Vormundschaftsgericht zuständig, was abgeschafft wurde (ZPO-Gesetzesformulare-*Brandenstein* § 261 FamFG Rn 26). Die örtliche Zuständigkeit richtet sich nach § 262 FamFG. Das Gericht entscheidet nach § 116 Abs. 1 FamFG durch **Beschluss.** Gegen den Beschluss findet die **Beschwerde** statt. Die Beschwerdefrist beträgt nach § 63 Abs. 2 FamFG nur **2 Wochen.** 8

[2] Der **Antrag** des einen Ehegatten gegen den anderen richtet sich nicht auf Zustimmung, vielmehr sieht das Gesetz ein besonderes Verfahren auf **Ersetzung der Zustimmung** vor (Palandt/*Brudermüller* § 1365 Rn 25). 9

[3] Wichtig ist eine **ausführliche Begründung,** vgl im oa Muster Rn 4. 10

§ 1366 Genehmigung von Verträgen

(1) Ein Vertrag, den ein Ehegatte ohne die erforderliche Einwilligung des anderen Ehegatten schließt, ist wirksam, wenn dieser ihn genehmigt.

(2) [1]Bis zur Genehmigung kann der Dritte den Vertrag widerrufen. [2]Hat er gewusst, dass der Mann oder die Frau verheiratet ist, so kann er nur widerrufen, wenn der Mann oder die Frau wahrheitswidrig behauptet hat, der andere Ehegatte habe eingewilligt; er kann auch in diesem Falle nicht widerrufen, wenn ihm beim Abschluss des Vertrags bekannt war, dass der andere Ehegatte nicht eingewilligt hatte.

(3) [1]Fordert der Dritte den Ehegatten auf, die erforderliche Genehmigung des anderen Ehegatten zu beschaffen, so kann dieser sich nur dem Dritten gegenüber über die Genehmigung erklären; hat er sich bereits vor der Aufforderung seinem Ehegatten gegenüber erklärt, so wird die Erklärung unwirksam. [2]Die Genehmigung kann nur innerhalb von zwei Wochen seit dem Empfang der Aufforderung erklärt werden; wird sie nicht erklärt, so gilt sie

als verweigert. [3]Ersetzt das Familiengericht die Genehmigung, so ist sein Beschluss nur wirksam, wenn der Ehegatte ihn dem Dritten innerhalb der zweiwöchigen Frist mitteilt; andernfalls gilt die Genehmigung als verweigert.
(4) Wird die Genehmigung verweigert, so ist der Vertrag unwirksam.

A. Genehmigungserklärung eines Ehegatten

1 **I. Muster: Genehmigungserklärung eines Ehegatten**

▶ Mein Ehemann hat sein Grundstück ■■■ mit notariellem Vertrag vom ■■■ vor Notar ■■■ verkauft an ■■■ und die Auflassung erklärt. Ich genehmige hiermit aus güterrechtlichen Gründen, § 1365, das Rechtsgeschäft und alle in der Urkunde enthaltenen Willenserklärungen meines Ehemannes.[1] ◀

II. Erläuterungen

2 [1] **Adressat der Genehmigung.** Die Genehmigungserklärung kann sowohl dem Ehegatten als auch dem Dritten gegenüber abgegeben werden (Hk-BGB/*Kemper* § 1366 Rn 4).

B. Widerrufserklärung

3 **I. Muster: Widerrufserklärung des Dritten gegenüber dem Vertragspartner**

▶ Hiermit widerrufe ich meine im Vertrag vom ■■■ abgegebene Willenserklärung.[1] ◀

II. Erläuterungen

4 [1] **Adressat des Widerrufs.** Die Widerrufserklärung ist dem Ehegatten gegenüber auszusprechen, der Vertragspartner ist.

C. Beschaffung der Genehmigung des anderen Ehegatten

5 **I. Muster: Aufforderungsschreiben des Dritten an Vertragspartner zur Beschaffung der Genehmigung des anderen Ehegatten**

▶ Sehr geehrter Herr ■■■

Mit notariellem Vertrag vom ■■■ haben Sie mir das Grundstück ■■■ verkauft. Wie ich nunmehr erfahren habe, sind Sie verheiratet und das Grundstück soll nahezu ihr gesamtes Vermögen sein. Es ist deshalb davon auszugehen, dass Ihre Ehefrau dem Vertrag zustimmen muss, damit er wirksam ist. Ich muss Sie deshalb auffordern, eine schriftliche Erklärung Ihrer Ehefrau zu beschaffen, worin diese den Verkauf des Grundstückes genehmigt und ihr Einverständnis mit dem Vertrag erklärt.[1] ◀

II. Erläuterungen

6 [3] **Form.** Die Aufforderung und die Genehmigung sind einseitige empfangsbedürftige Willenserklärungen, die an eine Form nicht gebunden sind (Palandt/*Brudermüller* § 1366 Rn 10). Dennoch empfiehlt es sich **aus Beweisgründen,** eine **schriftliche Erklärung** zu verlangen.

§ 1367 Einseitige Rechtsgeschäfte

Ein einseitiges Rechtsgeschäft, das ohne die erforderliche Einwilligung vorgenommen wird, ist unwirksam.

§ 1368 Geltendmachung der Unwirksamkeit

Verfügt ein Ehegatte ohne die erforderliche Zustimmung des anderen Ehegatten über sein Vermögen, so ist auch der andere Ehegatte berechtigt, die sich aus der Unwirksamkeit der Verfügung ergebenden Rechte gegen den Dritten gerichtlich geltend zu machen.

A. Muster: Antrag auf Erlass einer Einstweiligen Verfügung auf Veräußerungsverbot 1

▶ An das Amtsgericht

Familiengericht[1]

Antrag auf Erlass einer Einstweiligen Verfügung

(volles Rubrum)

wegen: Erlass eines Veräußerungsverbotes gem. § 940 ZPO

Namens und in Vollmacht der Antragstellerin beantragen wir – wegen der Dringlichkeit ohne vorherige mündliche Verhandlung – den Erlass einer Einstweiligen Verfügung mit folgendem Tenor:

Dem Antragsgegner wird bei Meidung eines höchst zulässigen Ordnungsgeldes bzw von Ordnungshaft verboten, das Hausgrundstück ■■■ zu veräußern.[2]

Das Amtsgericht wird aufgefordert, das Grundbuchamt anzuweisen, das Veräußerungsverbot im Grundbuch einzutragen.[3]

Gründe:

Die Parteien sind Eheleute und leben im gesetzlichen Güterstand der Zugewinngemeinschaft.[4] Im Alleineigentum des Antragstellers befindet sich das Hausgrundstück ■■■Über weiteres nennenswertes Vermögen verfügt der Anragsteller nicht.[5] Die Parteien leben seit ■■■ getrennt.

Wie die Antragstellerin am ■■■ erfahren hat, beabsichtigt der Antragsgegner, sein o.g. Hausgrundstück zu verkaufen. Es soll bereits ein Notartermin vereinbart sein für den■■■, an dem ein Verkauf beurkundet werden soll.[6]

Der Antragsgegner hat sie über den Verkauf nicht informiert, geschweige denn, ihr Einverständnis eingeholt. Die Antragstellerin ist mit dem Verkauf des Grundstücks nicht einverstanden.

Ein Verkauf würde sie in ihren Rechten verletzen■■■ Der Verkauf wäre unwirksam wegen Verstoß gegen § 1365.

Glaubhaftmachung ■■■[7]

■■■

Rechtsanwalt ◀

B. Erläuterungen

[1] Sicherungsbedürfnis. Der Musterantrag bietet sich an, wenn ein Ehegatte, der im gesetzlichen Güterstand lebt, ohne Zustimmung des anderen über sein **wesentliches Vermögen** verfügen will. Der andere Ehegatte muss dann versuchen, diese Disposition zu verhindern, etwa um sei- 2 nen Zugewinnausgleichsanspruch zu sichern. Zuständig ist das **Familiengericht** gem. §§ 111 Nr. 9, 261 Abs. 1 FamFG, da es sich um eine güterrechtliche Streitigkeit handelt. Die örtliche Zuständigkeit richtet sich nach § 262 FamFG.

3 [2] Der **Antrag** geht inhaltlich dahin, dem Ehegatten die Veräußerung zu verbieten (vgl OLG Celle NJW 1970, 1882).

4 [3] **Zusatzantrag.** Der Zusatz – Anweisung ans Grundbuchamt – ist bei Grundstücken empfehlenswert, um Zeitverzögerungen zu vermeiden und sofortige Sicherheit zu erhalten.

5 [4] **Zugewinngemeinschaft.** Die Mitteilung zum Güterstand ist erforderlich, weil § 1365 davon abhängig ist.

6 [5] **Vermögen im Ganzen.** Für eine erfolgreiche Antragstellung müssen die Tatbestandsvoraussetzungen des § 1365 **konkret dargelegt** werden, insbesondere, dass es sich bei dem betreffenden Vermögensgegenstand um das „Vermögen im Ganzen" handelt, wovon regelmäßig auszugehen ist, wenn das Veräußerungsobjekt mindestens **85 bis 90 %** des Gesamtvermögens ausmacht.

7 [6] Zum **Eilbedürfnis** ist ebenso vorzutragen.

8 [7] Eine **Glaubhaftmachung** erfolgt üblicherweise durch **Eidesstattliche Versicherung.**

§ 1369 Verfügungen über Haushaltsgegenstände

(1) Ein Ehegatte kann über ihm gehörende Gegenstände des ehelichen Haushalts nur verfügen und sich zu einer solchen Verfügung auch nur verpflichten, wenn der andere Ehegatte einwilligt.
(2) Das Familiengericht kann auf Antrag des Ehegatten die Zustimmung des anderen Ehegatten ersetzen, wenn dieser sie ohne ausreichenden Grund verweigert oder durch Krankheit oder Abwesenheit verhindert ist, eine Erklärung abzugeben.
(3) Die Vorschriften der §§ 1366 bis 1368 gelten entsprechend.

1 A. Muster: Ausschluss der Verfügungsbeschränkung des § 1369

▶ Die Verfügungsbeschränkung des § 1369 wird hiermit ausgeschlossen. Jeder Ehegatte soll frei über die ihm gehörenden Gegenstände des ehelichen Haushaltes verfügen können.[1], [2], [3] ◀

B. Erläuterungen

2 [1] **Anwendung.** Die formulierte Verfügungsbeschränkung kommt in Betracht, wenn sich Eheleute einen größeren Handlungsspielraum belassen wollen als vom Gesetz vorgesehen. Es betrifft insbesondere **vorsorgende Eheverträge.** § 1369 ist durch Ehevertrag abdingbar, BGH NJW 1964, 1795.

3 [2] **Ersetzung der Zustimmung.** Falls § 1369 nicht abbedungen wurde und ein Antrag auf Zustimmung nach § 1369 Abs. 2 in Betracht kommt, vgl Muster zu § 1365 Rn 7. Zu beachten ist noch bei § 1369 Abs. 2, dass es das Vormundschaftsgericht seit 1.9.2009 nicht mehr gibt aufgrund der Reform des Familienverfahrensrechts, weshalb ein Antrag nach § 1369 Abs. 2 eine Familiensache gem. §§ 111 Nr. 9, 261 Abs. 2 FamFG wurde und nun das **Familiengericht** zuständig ist. Die örtliche Zuständigkeit richtet sich dann nach § 262 FamFG.

4 [3] **Genehmigung und Unwirksamkeit von Verträgen.** Wegen § 1369 Abs. 3 vgl Muster zu § 1366 Rn 1, 3 und 5 und § 1368 Rn 1.

§ 1370 (aufgehoben)

§ 1371 Zugewinnausgleich im Todesfall

(1) Wird der Güterstand durch den Tod eines Ehegatten beendet, so wird der Ausgleich des Zugewinns dadurch verwirklicht, dass sich der gesetzliche Erbteil des überlebenden Ehegatten um ein Viertel der Erbschaft erhöht; hierbei ist unerheblich, ob die Ehegatten im einzelnen Falle einen Zugewinn erzielt haben.
(2) Wird der überlebende Ehegatte nicht Erbe und steht ihm auch kein Vermächtnis zu, so kann er Ausgleich des Zugewinns nach den Vorschriften der §§ 1373 bis 1383, 1390 verlangen; der Pflichtteil des überlebenden Ehegatten oder eines anderen Pflichtteilsberechtigten bestimmt sich in diesem Falle nach dem nicht erhöhten gesetzlichen Erbteil des Ehegatten.
(3) Schlägt der überlebende Ehegatte die Erbschaft aus, so kann er neben dem Ausgleich des Zugewinns den Pflichtteil auch dann verlangen, wenn dieser ihm nach den erbrechtlichen Bestimmungen nicht zustünde; dies gilt nicht, wenn er durch Vertrag mit seinem Ehegatten auf sein gesetzliches Erbrecht oder sein Pflichtteilsrecht verzichtet hat.
(4) Sind erbberechtigte Abkömmlinge des verstorbenen Ehegatten, welche nicht aus der durch den Tod dieses Ehegatten aufgelösten Ehe stammen, vorhanden, so ist der überlebende Ehegatte verpflichtet, diesen Abkömmlingen, wenn und soweit sie dessen bedürfen, die Mittel zu einer angemessenen Ausbildung aus dem nach Absatz 1 zusätzlich gewährten Viertel zu gewähren.

A. Muster: Beschränkung des Erbrechts 1

► Sollte der gesetzliche Güterstand durch den Tod eines Ehegatten beendet werden, so steht dem überlebenden Ehegatten unbeschadet der Erbrechtsverstärkung gem. § 1371 Abs. 1 kein Anspruch auf güterrechtlichen Zugewinnausgleich zu.[1] ◄

B. Erläuterungen

[1] Zugewinn im Todesfall. Das Muster zeigt eine Möglichkeit auf, das gesetzliche Erbrecht eines Ehegatten zu reduzieren, indem die Erhöhung um 1/4 gem. § 1371 Abs. 1 entfällt. Dies ist durch einen Ehevertrag möglich (Palandt/*Brudermüller* § 1371 Rn 1, § 1408 Rn 18), wobei es in erster Linie **vorsorgende Eheverträge** betreffen dürfte. Es ist notarielle Form erforderlich, §§ 1408, 1410. 2

§ 1372 Zugewinnausgleich in anderen Fällen

Wird der Güterstand auf andere Weise als durch den Tod eines Ehegatten beendet, so wird der Zugewinn nach den Vorschriften der §§ 1373 bis 1390 ausgeglichen.

A. Beendigung des Güterstandes der Zugewinngemeinschaft

I. Muster: Beendigung des Güterstandes der Zugewinngemeinschaft durch Ehevertrag 1

► Durch diesen Vertrag wollen wir den gesetzlichen Güterstand der Zugewinngemeinschaft aufheben und stattdessen den Güterstand der Gütertrennung vereinbaren und damit eine endgültige Vermögensauseinandersetzung herbeiführen.[1], [2]

Der Notar belehrte uns noch mal ausführlich über die Folgen von Tod und Ehescheidung im Güterstand der Zugewinngemeinschaft einerseits und den Güterstand der Gütertrennung andererseits. Insbesondere belehrte uns der Notar darüber, dass im Güterstand der Gütertrennung

1. jeder Ehegatte über sein Vermögen ohne Zustimmung des anderen frei verfügen kann,
2. ein Zugewinnausgleich gemäß § 1372 ff nicht stattfindet,
3. im Todesfall eines Ehegatten die Erhöhung des gesetzlichen Erbteils des überlebenden Ehegatten gem. § 1371 ausgeschlossen ist,
4. im Güterstand der Gütertrennung das gesetzliche Erbrecht des überlebenden Ehegatten von der Anzahl der Kinder des verstorbenen Ehegatten beeinflusst wird.[3]

Für unsere Ehe heben wir den gesetzlichen Güterstand der Zugewinngemeinschaft auf und vereinbaren stattdessen den Güterstand der

Gütertrennung.

Wir beantragen die Eintragung der Gütertrennung im Güterrechtsregister; wir weisen den Notar jedoch an, den Antrag auf Eintragung nur dann zu stellen, wenn ein Ehegatte den Notar dazu schriftlich anweist.[4]

Wir sind uns darüber einig, dass in unserer Ehe bislang Zugewinn nicht entstanden ist[5]. Ein Zugewinnausgleich findet deshalb nicht statt. Auf Zugewinnausgleichsansprüche wird vorsorglich verzichtet und wir nehmen den Verzicht gegenseitig an. ◀

II. Erläuterungen und Varianten

2 [1] **Änderung des Güterstandes.** Denkbar – einerseits – für den Fall, dass Ehegatten noch in glücklicher Beziehung leben und **aus besonderem Anlass**, etwa aus Haftungsgründen, zur Gütertrennung wechseln wollen oder – andererseits – für den Fall, dass Ehegatten schon getrennt leben und die **Ehescheidungsfolgen** einvernehmlich regeln möchten.

3 [2] **Form.** Formal ist **notarielle Beurkundung** erforderlich, § 1410 (Hk-BGB/*Kemper* § 1408 Rn 6). Während eines laufenden Ehescheidungsverfahrens ist stattdessen auch eine **gerichtliche Protokollierung** möglich, § 1378 Abs. 3.

4 [3] **Belehrung des Notars.** Übliche Hinweise des Notars zu den Folgen der Vereinbarung.

5 [4] Das **Güterrechtsregister** hat **kaum noch praktische Bedeutung**, weil es für das Rechtsgeschäft nicht notwendig ist. Die Eintragung ist freiwillig. Der Ehevertrag ist schon mit Beurkundung wirksam. Eine Eintragung im Güterrechtsregister löst zudem Gerichtskosten aus. Eine Eintragung braucht man allenfalls dann, wenn man den Güterstand beweisen muss, etwa im Ausland, oder eine Beschränkung des Geschäftsbesorgungsrechts des § 1357 erreichen will. Wegen der Wirkungen einer Eintragung im Güterrechtsregister im Einzelnen vgl § 1412.

6 [5] **Kein Zugewinn.** Inhaltlich darf eine solche Regelung natürlich nur aufgenommen werden, wenn entweder wirklich kein Zugewinn entstanden ist oder dem ausgleichsberechtigten Ehegatten im Vertrag ansonsten noch ein **angemessenes Äquivalent** zukommt. Auf Letzteres ist unbedingt zu achten, damit der an sich ausgleichsberechtigte Ehegatte keinen wirtschaftlichen Nachteil erleidet. Es wäre ein **Haftungsfall**, würde ein notwendiges Äquivalent vergessen. Ein denkbares Äquivalent wäre etwa, wenn zum Ausgleich des bis hierhin entstandenen Zugewinns eine Immobilie auf den ausgleichsberechtigten Ehegatten übertragen würde:

▶ Der Ehemann überträgt zum Ausgleich des bis zum heutigen Tage entstandenen Zugewinns sein Eigentum an der Eigentumswohnung ... auf die Ehefrau ohne jede weitere Gegenleistung. ◀

Oder alternativ:

▶ Der Ehemann überträgt zum Ausgleich des bis zum heutigen Tage entstandenen Zugewinns seinen 1/2-Miteigentumsanteil an dem von den Eheleuten bewohnten Hausgrundstück ... auf die Ehefrau ohne jede weitere Gegenleistung. ◀

Es wird empfohlen, zuvor die **steuerlichen Auswirkungen** durch einen **Steuerberater** prüfen zu lassen.

B. Vereinbarung der Zugewinngemeinschaft

I. Muster: Vereinbarung der Zugewinngemeinschaft bei Aufhebung der Gütertrennung 7

917

▶ Durch diesen Vertrag wollen wir den bestehenden Güterstand ändern:

1. Mit Ehevertrag des Notars ▪▪▪ vom ▪▪▪(UR-Nr. ▪▪▪) haben wir den Güterstand der Gütertrennung vereinbart, in dem wir heute noch leben.
2. Den Güterstand der Gütertrennung heben wir hiermit auf und vereinbaren stattdessen für unsere Ehe den Güterstand der Zugewinngemeinschaft.[1] Die Aufhebung der Gütertrennung gilt rückwirkend ab dem Zeitpunkt der Eheschließung.[2], [3] Von daher soll das Anfangsvermögen eines jeden Ehegatten auch so berechnet werden, als hätten wir seit der Eheschließung im gesetzlichen Güterstand der Zugewinngemeinschaft gelebt.
3. Weitere ehevertragliche Regelungen, etwa zum Versorgungsausgleich und zum Unterhalt wollen wir in dieser Urkunde nicht treffen.[4]
4. Die vorstehende Vereinbarung nehmen wir gegenseitig an. ◀

II. Erläuterungen und Varianten

[1] **Anwendung.** Oa Muster empfiehlt sich, um wieder **zum gesetzlichen Güterstand zurück** zu gelangen. In Betracht kommt ein solcher Wechsel des Güterstandes zB bei lang bestehenden Ehen, bei denen seinerzeit zu Beginn eine Gütertrennung vereinbart wurde, etwa aus haftungsrechtlichen oder gesellschaftsrechtlichen Gründen bei Unternehmern, und man nun insbesondere für den Todesfall eine steuerliche Besserstellung des überlebenden Ehegatten erreichen will, vgl § 5 ErbStG. Denkbar ist ein solcher Güterstandswechsel auch für den Fall, dass Ehegatten für einen späteren Scheidungsfall den Steuervorteil des § 5 Abs. 2 ErbStG sichern wollen. 8

[2] **Regelung des Zeitpunkts.** Es muss klargestellt werden, **ab wann** der neue Güterstand der Zugewinngemeinschaft gelten soll. Möglich ist zum einen eine Rückwirkung auf den Zeitpunkt der Eheschließung, wie im oa Muster beschrieben. Zum anderen kann auch eine Geltung ab dem Zeitpunkt des Vertragsabschlusses vereinbart werden: 9

▶ Die Aufhebung der Gütertrennung wirkt ab dem heutigen Tage. ◀

[3] Eine **Rückwirkung** ist **zivilrechtlich zulässig** (Hk-BGB/*Kemper* § 1374 Rn 3; BGH NJW 1998, 1857). **Steuerrechtlich** ist aber zu **differenzieren:** Nach § 5 Abs. 1 ErbStG gilt der neue Güterstand ab dem Zeitpunkt des Vertragsabschlusses. Im Fall des § 5 Abs. 2 ErbStG wird eine steuerliche Rückwirkung demgegenüber anerkannt (vgl BFH NV 2006, 948 f). Da sich die Rechtslage zur steuerlichen Anerkennung einer Rückwirkung mehrfach änderte, ist empfehlenswert, zur aktuellen Lage den **Rat eines Steuerberaters** einzuholen. Überhaupt sollte bei einem Güterstandswechsel von anwaltlicher Seite empfohlen werden, den Rat eines Steuerberaters einzuholen. **Mandanten** sollten **schriftlich darauf hingewiesen** werden, dass die steuerlichen Auswirkungen nicht vom Anwalt überprüft wurden und vom Mandanten ein Steuerberater hinzugezogen werden sollte. Denkbar ist etwa folgende Formulierung in einem Schreiben an den Mandanten: 10

▶ In Bezug auf die steuerlichen Auswirkungen des Güterstandswechsels empfehle ich Ihnen, den Rat eines Steuerberaters einzuholen. Als Anwalt kann ich insoweit keine Beratung vornehmen und auch keine Haftung übernehmen. Damit in dem Ehevertrag auch die – steuerlich – günstigste Lösung für Sie gefunden wird, sollten Sie im eigenen Interesse einen Steuerberater hinzuziehen. ◀

11 [4] **Inhaltliche Eingrenzung.** Das Muster betrifft den Fall, dass die Beteiligten ausschließlich eine **vermögensrechtliche Regelung** wünschen. Es empfiehlt sich deshalb zur Klarstellung, dass – etwa zum Versorgungsausgleich und zum nachehelichen Unterhalt – keine Regelung getroffen wird. Selbstverständlich wären zusätzliche Regelungen aber möglich, vgl etwa Muster zu § 1408 Rn 1, 11.

§ 1373 Zugewinn

Zugewinn ist der Betrag, um den das Endvermögen eines Ehegatten das Anfangsvermögen übersteigt.

§ 1374 Anfangsvermögen

(1) Anfangsvermögen ist das Vermögen, das einem Ehegatten nach Abzug der Verbindlichkeiten beim Eintritt des Güterstands gehört.
(2) Vermögen, das ein Ehegatte nach Eintritt des Güterstands von Todes wegen oder mit Rücksicht auf ein künftiges Erbrecht, durch Schenkung oder als Ausstattung erwirbt, wird nach Abzug der Verbindlichkeiten dem Anfangsvermögen hinzugerechnet, soweit es nicht den Umständen nach zu den Einkünften zu rechnen ist.
(3) Verbindlichkeiten sind über die Höhe des Vermögens hinaus abzuziehen.

1 **A. Muster: Änderung des Anfangsvermögens**

▶ Für unsere Ehe soll es beim gesetzlichen Güterstand verbleiben.[1]

Wir vereinbaren jedoch abweichend von der Gesetzeslage, dass das Anfangsvermögen[2] im Sinne des § 1374 Abs. 1 einvernehmlich mit 10.000 EUR beim Ehemann und 25.000 EUR bei der Ehefrau festgesetzt wird.[3] Dabei handelt es sich nur um das Vermögen, das die Eheleute im Zeitpunkt der Eheschließung besaßen. Davon nicht umfasst ist etwaiges Vermögen im Sinne § 1374 Abs. 2, welches ein Ehegatte im Wege der Erbschaft oder vorweggenommenen Erbfolge oder Schenkung noch erhält.[4], [5] ◀

B. Erläuterungen und Varianten

2 [1] Der einleitende Satz ist sinnvoll zur Klarstellung, dass es nur um eine **Modifizierung des gesetzlichen Güterstandes** geht, es im Übrigen bei der Zugewinngemeinschaft verbleibt.

3 [2] **Änderung des Anfangsvermögens.** Grundsätzlich ist die Vorschrift des § 1374 dispositiv (Hk-BGB/*Kemper* § 1374 Rn 3). Eine von der Gesetzeslage abweichende Vereinbarung ist aber nur durch **notariellen Ehevertrag** gem. §§ 1408, 1410 möglich.

4 [3] **Konkrete Regelungsinhalte.** Mit diesem Muster wird das Anfangsvermögen in Höhe eines konkreten Betrages festgelegt. Dadurch kann später im Scheidungsfall Streit vermieden werden, wie hoch das Anfangsvermögen der Ehegatten wirklich war. Das Anfangsvermögen kann auch mit einem negativen Wert festgelegt werden. Dabei ist die gesetzliche Neuregelung des § 1374 zum 1.9.2009 zu beachten. Infolge der Güterrechtsreform gibt es nunmehr auch schon kraft Gesetz ein negatives Anfangsvermögen. § 1374 Abs. 1 Hs 2 wurde gestrichen und es wurde ein Abs. 3 eingefügt; insoweit ist in der anwaltlichen Beratung auch in der Vertragsgestaltung auf die Übergangsvorschrift des Art. 229 § 18 Abs. 2 EGBGB zu achten. Soweit vertraglich ein **konkretes defizitäres Anfangsvermögen** vereinbart werden soll:

▶ Wir vereinbaren abweichend und in näherer Ausgestaltung der gesetzlichen Regelung des § 1374, dass das Anfangsvermögen des Ehemannes mit minus 100.000 EUR festgelegt wird. Die Beteiligten erklären, dass der Ehemann zu Beginn der Ehe Schulden in der Höhe hatte. ◀

Möglich ist auch, einen **bestimmten Gegenstand** aus dem Anfangsvermögen **auszuklammern.** Eine seltene Regelung, die aber in Betracht kommen kann, wenn etwa vor der Ehe ein Hausgrundstück mit finanziellen Mitteln des anderen Ehegatten, hier im Beispiel mit Geld des Mannes, erworben wurde. Um zu verhindern, dass im Falle des Scheiterns der Ehe das Hausgrundstück der Ehefrau entschädigungslos verbleibt, weil es bereits zur Eheschließung vorhanden und damit Anfangsvermögen darstellt, welches nicht ausgleichspflichtig ist, kann man den Vermögenswert aus dem Anfangsvermögen herausnehmen. Dadurch stellt es, sofern am Ende der Ehe noch vorhanden, einen Zugewinn dar, der auszugleichen ist.

▶ Beim Anfangsvermögen der Ehefrau bleibt jedoch das Hausgrundstück ■■■ unberücksichtigt. Der Notar hat darauf hingewiesen, dass dieser Grundbesitz somit zugewinnausgleichspflichtiges Vermögen darstellt. ◀

In der Beratung sollte aber darauf hingewiesen werden, dass durch die vorstehende Gestaltung über den Zugewinnausgleich allenfalls die Hälfte der finanziellen Zuwendung zurückfließt. Falls man den zuwendenden Ehegatten vertritt, ist als alternative Lösung der **Abschluss eines Darlehensvertrages** zu empfehlen über den vollen zugewendeten Betrag.

[4] **Erhöhungen während der Ehe.** Es handelt sich um eine wichtige Ergänzung, damit klar ist, dass sich das Anfangsvermögen noch erhöhen kann bei **Anfall einer Erbschaft, Schenkung etc.**, wie es auch gesetzlich ist. Ansonsten wäre das Anfangsvermögen statisch festgelegt ohne Berücksichtigung späteren privilegierten Erwerbs, was regelmäßig nicht gewollt sein dürfte. 5

[5] **Ausschluss von Erhöhungen.** Alternativ können auch Wertsteigerungen des Anfangsvermögens **generell** vom Zugewinn ausgeschlossen werden, einschließlich privilegierten Vermögens. Dies bietet sich vor allem dann an, wenn ein Ehegatte Grundvermögen mit in die Ehe bringt, etwa ein unbebautes Grundstück, dessen Wertentwicklung außen vor bleiben soll (Gartenland wird zu Bauland): 6

▶ Für den Fall, dass unser Güterstand auf andere Weise als durch Tod eines Ehegatten von uns beendet wird, etwa durch Scheidung der Ehe, vereinbaren wir, dass Wertsteigerungen des Anfangsvermögens vom Zugewinnausgleich ausgeschlossen sind. Das gilt auch für die Vermögenswerte, die ein jeder von uns von Todes wegen, mit Rücksicht auf ein künftiges Erbrecht, durch Schenkung erwirbt. Diese Vermögenswerte einschließlich der Surrogate und die sie betreffenden Verbindlichkeiten sind weder bei der Berechnung des Anfangsvermögens noch des Endvermögens des jeweiligen Ehegatten zu berücksichtigen. ◀

§ 1375 Endvermögen

(1) [1]Endvermögen ist das Vermögen, das einem Ehegatten nach Abzug der Verbindlichkeiten bei der Beendigung des Güterstands gehört. [2]Verbindlichkeiten sind über die Höhe des Vermögens hinaus abzuziehen.

(2) [1]Dem Endvermögen eines Ehegatten wird der Betrag hinzugerechnet, um den dieses Vermögen dadurch vermindert ist, dass ein Ehegatte nach Eintritt des Güterstands

1. **unentgeltliche Zuwendungen gemacht hat, durch die er nicht einer sittlichen Pflicht oder einer auf den Anstand zu nehmenden Rücksicht entsprochen hat,**
2. **Vermögen verschwendet hat oder**
3. **Handlungen in der Absicht vorgenommen hat, den anderen Ehegatten zu benachteiligen.**

[2]Ist das Endvermögen eines Ehegatten geringer als das Vermögen, das er in der Auskunft zum Trennungszeitpunkt angegeben hat, so hat dieser Ehegatte darzulegen und zu beweisen, dass die Vermögensminderung nicht auf Handlungen im Sinne des Satzes 1 Nummer 1 bis 3 zurückzuführen ist.

(3) Der Betrag der Vermögensminderung wird dem Endvermögen nicht hinzugerechnet, wenn sie mindestens zehn Jahre vor Beendigung des Güterstands eingetreten ist oder wenn der andere Ehegatte mit der unentgeltlichen Zuwendung oder der Verschwendung einverstanden gewesen ist.

1 ## A. Muster: Änderung des Endvermögens

► Für unsere Ehe soll es beim gesetzlichen Güterstand verbleiben.[1]
Sollte unser Güterstand auf andere Weise als durch den Tod eines von uns beendet werden, insbesondere durch Scheidung der Ehe, vereinbaren wir[2] abweichend von der Gesetzeslage, dass das Endvermögen jedes Ehegatten bei der Berechnung des Zugewinns mit höchstens 500.000 EUR anzunehmen ist.[3], [4] ◄

B. Erläuterungen und Varianten

2 [1] Der einleitende Satz ist sinnvoll zur Klarstellung, dass es nur um eine **Modifizierung des gesetzlichen Güterstandes** geht, es im Übrigen bei der Zugewinngemeinschaft verbleibt.

3 [2] **Änderung des Endvermögens.** Grundsätzlich ist die Vorschrift des § 1375 dispositiv (Hk-BGB/*Kemper*, § 1375 Rn 2). Eine abweichende Vereinbarung ist aber nur durch **notariellen Ehevertrag** möglich gem. §§ 1408, 1410.

4 [3] **Betragsmäßige Deckelung.** Das Muster bietet sich an, wenn Ehegatten, etwa bei zu erwartenden größeren Vermögenssteigerungen, es nicht als gerecht empfinden, den Zugewinn „ins Uferlose" steigen zu lassen.

5 [4] **Herausnahme konkreter Werte.** Eine alternative Regelungsmöglichkeit gibt es, wenn Ehegatten jegliches Betriebsvermögen vom Zugewinn ausklammern wollen. Empfehlenswert ist dann, dass solche Vermögenswerte **weder beim Anfangs- noch beim Endvermögen** berücksichtigt werden, um sie gänzlich unberücksichtigt zu lassen:

► Wir vereinbaren jedoch abweichend zu der gesetzlichen Regelung des § 1375, dass im Falle der Beendigung des Güterstandes aus anderen Gründen als durch Tod eines Ehegatten, insbesondere im Scheidungsfall, bei der Berechnung des Anfangs- wie des Endvermögens jegliches Betriebsvermögen eines Ehegatten in keiner Weise berücksichtigt wird. Vom lebzeitigen Zugewinnausgleich ausgenommen sind somit alle Aktiva und Passiva, die in der Handels- und Steuerbilanz eines Unternehmens, das einem Ehegatten zur Allein- oder Mitberechtigung zusteht, erfasst werden, unabhängig von der Rechtsform des Unternehmens. ◄

Denkbar ist auch, anstelle von bestimmten Vermögenswerten, **später angeschaffte andere Werte auszuklammern.** Dies ist eine sinnvolle Ergänzung, da sich das ausgeklammerte Vermögen im Verlaufe der Ehe verändern kann:

► Auch Surrogate dieser aus dem Zugewinnausgleich herausgenommenen Vermögenswerte oder Anteile sollen nichtausgleichspflichtiges Vermögen darstellen. Sie bleiben also bei der Berechnung des Endvermögens unberücksichtigt. Die Eheleute sind verpflichtet, über solche Ersatzgegenstände ggf. ein Verzeichnis anzulegen und fortzuführen. ◄

Ein **Verzeichnis** ist nicht notwendig, aber hilfreich, um späteren Streit über Surrogate und Nachweisprobleme zu vermeiden.

§ 1376 Wertermittlung des Anfangs- und Endvermögens

(1) Der Berechnung des Anfangsvermögens wird der Wert zugrunde gelegt, den das beim Eintritt des Güterstands vorhandene Vermögen in diesem Zeitpunkt, das dem Anfangsvermögen hinzuzurechnende Vermögen im Zeitpunkt des Erwerbs hatte.
(2) Der Berechnung des Endvermögens wird der Wert zugrunde gelegt, den das bei Beendigung des Güterstands vorhandene Vermögen in diesem Zeitpunkt, eine dem Endvermögen hinzuzurechnende Vermögensminderung in dem Zeitpunkt hatte, in dem sie eingetreten ist.
(3) Die vorstehenden Vorschriften gelten entsprechend für die Bewertung von Verbindlichkeiten.
(4) Ein land- oder forstwirtschaftlicher Betrieb, der bei der Berechnung des Anfangsvermögens und des Endvermögens zu berücksichtigen ist, ist mit dem Ertragswert anzusetzen, wenn der Eigentümer nach § 1378 Abs. 1 in Anspruch genommen wird und eine Weiterführung oder Wiederaufnahme des Betriebs durch den Eigentümer oder einen Abkömmling erwartet werden kann; die Vorschrift des § 2049 Abs. 2 ist anzuwenden.

A. Muster: Ausschluss der Bewertungsvorschrift 1

► Unter Beibehaltung des gesetzlichen Güterstandes der Zugewinngemeinschaft schließen wir die Bewertungsvorschrift gem. § 1376 Abs. 4 aus, so dass auch bei einem land- oder forstwirtschaftlichen Betrieb für die Wertberechnung beim Zugewinnausgleich die Vorschriften des § 1376 Abs. 1 bis Abs. 3 Anwendung finden.[1] ◄

B. Erläuterungen

[1] **Anwendung.** Das Muster zeigt eine Abänderungsmöglichkeit des § 1376 Abs. 4. Eine **andere Bewertung land- oder forstwirtschaftlicher Unternehmen** ist oft angezeigt, weil der gesetzliche Ertragswert oft nur ein Bruchteil des Verkehrswertes ist. Nach der gesetzlichen Regelung kann ein (Nichtlandwirt-)Ehegatte im Scheidungsfall erhebliche Nachteile erleiden, besonders dann, wenn er noch mit im Betrieb gearbeitet hat. Die Ansetzung des Verkehrswertes für den ganzen Hof kann allerdings zu weit gehen und im Scheidungsfall zur Zerschlagung des Betriebes führen so dass die Geltung des Verkehrswertes auch auf einzelne Teile des Betriebes, etwa einen Grundstücksteil mit Wohnhausneubau, beschränkt werden kann (Würzburger Notarhandbuch/*Mayer* S. 1315). 2

§ 1377 Verzeichnis des Anfangsvermögens

(1) Haben die Ehegatten den Bestand und den Wert des einem Ehegatten gehörenden Anfangsvermögens und der diesem Vermögen hinzuzurechnenden Gegenstände gemeinsam in einem Verzeichnis festgestellt, so wird im Verhältnis der Ehegatten zueinander vermutet, dass das Verzeichnis richtig ist.
(2) [1]Jeder Ehegatte kann verlangen, dass der andere Ehegatte bei der Aufnahme des Verzeichnisses mitwirkt. [2]Auf die Aufnahme des Verzeichnisses sind die für den Nießbrauch geltenden Vorschriften des § 1035 anzuwenden. [3]Jeder Ehegatte kann den Wert der Vermögensgegenstände und der Verbindlichkeiten auf seine Kosten durch Sachverständige feststellen lassen.
(3) Soweit kein Verzeichnis aufgenommen ist, wird vermutet, dass das Endvermögen eines Ehegatten seinen Zugewinn darstellt.

A. Muster: Verzeichnis über Anfangsvermögen 1

► Hiermit halten wir einvernehmlich fest, zu Beginn unserer Ehe über folgende Vermögenswerte zu verfügen:[1]

1. Ehemann
   Aktiva:

- Wertpapierdepot bei der x-Bank zu Depot-Nr. ▪▪▪ in Höhe von 13.500 EUR
- PKW Marke ▪▪▪ Typ ▪▪▪, amtl. Kennzeichen ▪▪▪ im Wert von 10.000 EUR
- Münzsammlung, bestehend aus ▪▪▪ im Wert von 7.500 EUR
- ein Gemälde „Alte Meister" im Wert von 15.000 EUR

Passiva:
Keine

2. Ehefrau
Aktiva:
- Sparvermögen bei der y-Bank zu Konto-Nr. ▪▪▪ im Wert von 2.580 EUR
- PKW, Marke ▪▪▪ Typ ▪▪▪mit amtl. Kennzeichen im Wert von 3.000 EUR
- antikes Tafelsilber für 12 Personen, 48-teilig, Wert 5.000 EUR

Passiva:
- Darlehen der Eltern über 2.000 EUR

▪▪▪

Datum, Unterschriften[2] ◄

B. Erläuterungen

2 [1] **Verzeichnis.** Die Aufstellung eines Verzeichnisses ist **nicht zwingend** (Hk-BGB/*Kemper*, § 1377 Rn 3). Es erleichtert den Eheleuten aber im Scheidungsfall den **Nachweis** ihres Vermögens zu Beginn der Ehe und kann deshalb durchaus Sinn machen. In einem Verzeichnis sind alle vorhandenen Gegenstände und etwaig vorhandene Verbindlichkeiten aufzunehmen.

3 [2] **Form.** Das Verzeichnis sollte von den Beteiligten unterschrieben werden.

§ 1378 Ausgleichsforderung

(1) Übersteigt der Zugewinn des einen Ehegatten den Zugewinn des anderen, so steht die Hälfte des Überschusses dem anderen Ehegatten als Ausgleichsforderung zu.

(2) [1]Die Höhe der Ausgleichsforderung wird durch den Wert des Vermögens begrenzt, das nach Abzug der Verbindlichkeiten bei Beendigung des Güterstands vorhanden ist. [2]Die sich nach Satz 1 ergebende Begrenzung der Ausgleichsforderung erhöht sich in den Fällen des § 1375 Absatz 2 Satz 1 um den dem Endvermögen hinzuzurechnenden Betrag.

(3) [1]Die Ausgleichsforderung entsteht mit der Beendigung des Güterstands und ist von diesem Zeitpunkt an vererblich und übertragbar. [2]Eine Vereinbarung, die die Ehegatten während eines Verfahrens, das auf die Auflösung der Ehe gerichtet ist, für den Fall der Auflösung der Ehe über den Ausgleich des Zugewinns treffen, bedarf der notariellen Beurkundung; § 127 a findet auch auf eine Vereinbarung Anwendung, die in einem Verfahren in Ehesachen vor dem Prozessgericht protokolliert wird. [3]Im Übrigen kann sich kein Ehegatte vor der Beendigung des Güterstands verpflichten, über die Ausgleichsforderung zu verfügen.

A. Vertragsgestaltung

I. Änderung der Ausgleichsquote

1. Muster: Änderung der Ausgleichsquote durch Ehevertrag 1

▶ Es soll beim gesetzlichen Güterstand der Zugewinngemeinschaft verbleiben.[1] 922

Wir vereinbaren jedoch abweichend von der gesetzlichen Regelung in § 1378 Abs. 1, dass die Zugewinnausgleichsquote bei einem Zugewinnausgleich unter Lebenden, insbesondere im Scheidungsfall, nur ein Viertel betragen soll.[2] Übersteigt daher der Zugewinn des einen Ehegatten den des anderen, so steht nur ein Viertel des Überschusses dem anderen Ehegatten als Ausgleichsforderung zu.[3] ◀

2. Erläuterungen und Varianten

[1] **Modifizierung Zugewinngemeinschaft.** Die Aufnahme dieser Formulierung ist zur Klarstellung empfehlenswert. 2

[2] **Andere Quote.** Die Ausgleichsquote ist dispositiv, so dass Eheleute eine abweichende Quote vereinbaren können (Hk-BGB/*Kemper* § 1378 Rn 6). In formeller Hinsicht muss eine Änderung der Ausgleichsquote vor oder während der Ehe durch **notariellen Ehevertrag** erfolgen, §§ 1408, 1410. Falls eine solche Vereinbarung während eines laufenden Scheidungsverfahrens getroffen wird, kann sie auch als gerichtlicher Vergleich protokolliert werden. 3

[3] Es wird allgemein sowohl eine **Ermäßigung** wie eine **Erhöhung** der Ausgleichsquote für zulässig gehalten (BGHZ 86, 143, 151). Alternativ wäre es auch möglich, die Höhe der Ausgleichsquote **von der Ehedauer abhängig** zu machen: 4

▶ Wir vereinbaren jedoch abweichend von der gesetzlichen Regelung des § 1378 Abs. 1, dass die Ausgleichsforderung bei einem Zugewinnausgleich unter Lebenden, insbesondere im Scheidungsfall, von der Ehedauer abhängig ist. Die Ausgleichsforderung wird bei einer Ehedauer von nicht mehr als fünf Jahren auf höchstens 100.000 EUR und bei einer Ehedauer von mehr als fünf Jahren auf 250.000 EUR begrenzt. Auf eine etwaige darüber hinausgehende Ausgleichsforderung wird wechselseitig verzichtet. Der Verzicht wird gegenseitig angenommen.

Unter Ehedauer ist die Zeit zwischen dem Tag der Eheschließung und dem Eintritt der Rechtshängigkeit des Scheidungsantrages zu verstehen. ◀

II. Anschreiben an gegnerischen Rechtsanwalt

1. Muster: Zahlungsaufforderung 5

▶ Sehr geehrte Damen und Herren Kollegen,

nachdem wechselseitig Auskunft erteilt wurde über den jeweiligen Zugewinn, haben wir eine Zugewinnausgleichsberechnung vorgenommen, die wir in der Anlage beifügen. Danach ergibt sich ein

Ausgleichsanspruch unserer Mandantin von ▪▪▪ EUR. Wir fordern Ihren Mandanten auf, den Betrag anzuerkennen und zu bestätigen, dass er ihn freiwillig an unsere Mandantin zahlen wird umgehend nach Rechtskraft der Ehescheidung.[1] Insoweit erbitten wir eine schriftliche Bestätigung binnen 3 Wochen.[2] Sollte uns bis dahin keine positive Stellungnahme vorliegen, müssen wir unserer Mandantin raten, den Ausgleichsanspruch gerichtlich geltend zu machen im Rahmen des laufenden Ehescheidungsverfahrens.[3] Wir hoffen indes, dass es einer gerichtlichen Geltendmachung nicht bedarf, zumal dies mit zusätzlichen Kosten für Ihren Mandanten verbunden wäre, die uns vermeidbar erscheinen und zudem eine Verzögerung des Scheidungsverfahrens zur Folge hätte.[4] ◀

2. Erläuterungen

6 [1] **Aufforderung zur freiwilligen Zahlung.** Es handelt sich um das Muster eines Briefes zwecks Vermeidung eines Gerichtsverfahrens. Vor der Rechtskraft der Ehescheidung kann ein Ausgleich nicht verlangt werden (vom Fall der gerichtlichen Geltendmachung eines vorzeitigen Zugewinnausgleiches abgesehen, dann tritt Fälligkeit der Forderung mit Rechtskraft des Beschlusses über den vorzeitigen Zugewinnausgleich ein, vgl Palandt/*Brudermüller* § 1378 Rn 3).

7 [2] Bei der **Fristsetzung** ist zu berücksichtigen, dass die Gegenseite ausreichend Zeit zur Überprüfung der Berechnung erhält.

8 [3] **Androhung Gerichtsverfahren.** Falls keine außergerichtliche Anerkennung erfolgt, kann und sollte im Scheidungsverfahren eine **Folgesache** zur Regelung des Güterrechts anhängig gemacht werden. **Alternativ** könnte auch nach Beendigung des Ehescheidungsverfahrens eine **isolierte Zugewinnausgleichsklage** erhoben werden, was aber normalerweise mit höheren Kosten verbunden ist. Letztlich dürfte es nicht zuletzt auch eine taktische Überlegung sein, wann der Anspruch eingeklagt wird.

9 [4] **Androhung lange Verfahrensdauer.** Die Ankündigung höherer Kosten oder einer sich verzögernden Scheidung kann auf den Gegner Druck ausüben, der evtl eine freiwillige Zahlungsbereitschaft oder zumindest Vergleichsbereitschaft fördert.

B. Prozess

I. Zahlung eines Zugewinnausgleiches im Scheidungsverbund

10 **1. Muster: Antrag auf Zahlung eines Zugewinnausgleiches im Scheidungsverbund**

▶ An das

Amtsgericht – Familiengericht[1]

In Sachen

▪▪▪ (volles Rubrum)[2]

machen wir im Rahmen des laufenden Ehescheidungsverfahrens zu Az ▪▪▪[3] eine Folgesache zur Regelung des ehelichen Güterrechts anhängig mit folgendem Antrag:

Der Antragssteller wird verpflichtet, an die Antragsgegnerin 25.170 EUR zu zahlen mit Rechtskraft der Scheidung.[4]

Gründe:

Die Parteien sind Eheleute. Sie leben voneinander getrennt. Zwischen ihnen ist ein Ehescheidungsverfahren rechtshängig.

Beweis: Beiziehung der Akte Az ▪▪▪

Die Parteien leben im gesetzlichen Güterstand der Zugewinngemeinschaft. Der Antragsteller hat während der Ehe einen um 50.340 EUR höheren Zugewinn erzielt als die Antragsgegnerin, der sich wie folgt berechnet: ▪▪▪[5]

Die Antragsgegnerin kann 1/2 des Betrages als Zugewinnausgleich verlangen.[6] Außergerichtlich ist der Antragsteller vergeblich aufgefordert worden, den Betrag anzuerkennen.

Beweis: Schreiben RA ... vom ...

Eine Klage ist deshalb geboten.[7]

2 begl. Abschriften anliegend.[8]

...

Rechtsanwalt ◄

2. Erläuterungen

[1] **Zuständigkeit.** Das Amtsgericht, **Familiengericht** gem. § 111 Nr. 9 FamFG ist zuständig. Örtlich zuständig ist das Gericht, bei dem die Ehesache im ersten Rechtszug anhängig ist gem. § 262 Abs. 1 FamFG. 11

[2] Die **Parteienbezeichnungen** der Ehesache werden **übernommen.** Ist also der Ehemann der Antragsteller im Scheidungsverfahren, dann wird die Rollenverteilung für die Folgesache beibehalten, so dass der Antrag also dahin geht, den Antragsteller zu verurteilen. 12

[3] **Verbundverfahren.** Das Muster gibt ein Beispiel für die gerichtliche Geltendmachung des Zugewinns im **Scheidungsverbund.** Eine wichtige Angabe ist die des Aktenzeichens der Ehesache, damit das Gericht die Folgesache sofort zuordnen kann. 13

[4] **Fällig** ist die **Forderung** mit Rechtskraft der Entscheidung, mit der die Ehe geschieden und über den Zugewinnausgleich entschieden wird, §§ 137, 142 FamFG (Hk-BGB/*Kemper* § 1378 Rn 5 noch zur alten Rechtslage vor dem 1.9.2009). Statt einem Zahlungsantrag, kann auch eine **Stufenklage** erhoben werden, zunächst gerichtet auf Auskunft, vgl das Muster zu § 1379 Rn 20. 14

[5] **Berechnung des Zugewinns.** An der Stelle ist eine konkrete Berechnung des Zugewinns erforderlich, um die Forderung der Höhe nach **schlüssig** darzulegen. Das bedeutet, wer Zugewinn fordert, muss dessen Voraussetzungen darlegen und beweisen. Insoweit kommt dem Anspruchsteller die Regelung des § 1377 Abs. 3 zugute. Sollte sich der Anspruchsteller auf **negatives Anfangsvermögen** des anderen Ehegatten berufen, trägt der Anspruchsteller dafür die Darlegungs- und Beweislast. Sollte es für den Antragsteller problematisch sein, zum negativen Anfangsvermögen des anderen vorzutragen oder dieses zu beweisen, so sollte er den Weg über den neu geschaffenen § 1379 Abs. 1 Nr. 2 vorziehen. Denn seit 1.9.2009 besteht ein gesonderter Auskunfts- und Beleganspruch zum Anfangsvermögen, der auch als Stufenklage geltend gemacht werden kann, vgl Muster zu § 1379 Rn 20. 15

[6] Gesetzlich beträgt die **Ausgleichsquote** 1/2, es sei denn durch Ehevertrag wäre eine andere Quote vereinbart. 16

[7] **Frist.** Zu beachten ist das neue Zeiterfordernis für die Stellung des Antrages. Die Folgesache ist nunmehr mindestens **zwei Wochen vor der mündlichen Verhandlung im ersten Rechtszug** in der Scheidungssache bei Gericht anhängig zu machen gem. § 137 Abs. 2 FamFG. Damit werden die Verfahrensbeteiligten gezwungen, rechtzeitig ihre Ansprüche geltend zu machen. Es soll verhindert werden, dass Ehescheidungsverfahren – wie früher – durch die späte Erhebung der Klage, mitunter erst im Scheidungstermin, verzögert werden und Scheidungstermine dadurch „platzen". 17

[8] Dem Schriftsatz sind **beglaubigte Abschriften** der Antragsschrift beizufügen, da ein Antrag enthalten ist, der **zugestellt** werden muss. 18

II. Zugewinnausgleich nach der Scheidung

19 **1. Muster: Isolierter Antrag auf Zugewinnausgleich**

▶ An das

Amtsgericht – Familiengericht[1]

Antrag[2]

▪▪▪ (volles Rubrum)

Namens und in Vollmacht der Antragstellerin leiten wir ein Verfahren ein und beantragen,

den Antragsgegner zu verpflichten, an die Antragstellerin 25.170 EUR zu zahlen[3] zuzüglich Zinsen von 5 Prozentpunkten über dem Basiszins seit ▪▪▪[4]

Gründe:

Die Parteien waren miteinander verheirat seit ▪▪▪ Ihre Ehe wurde geschieden am ▪▪▪

Beweis: in Kopie anliegendes Scheidungsurteil

Sie lebten im gesetzlichen Güterstand der Zugewinngemeinschaft.

Der Antragsgegner hat während der Ehe einen um 50.340 EUR höheren Zugewinn erzielt als die Antragstellerin ▪▪▪[5]

Die Antragstellerin kann 1/2 des Betrages als Ausgleichsbetrag beanspruchen.

Der Antragsgegner wurde zur Zahlung des Betrages außergerichtlich aufgefordert und befindet sich seit ▪▪▪ in Verzug[6] ◀

2. Erläuterungen

20 [1] **Zuständigkeit.** Das Muster betrifft den Fall einer gerichtlichen Geltendmachung des Zugewinns nach der Scheidung. Zuständig ist das **Familiengericht,** §§ 111 Nr. 9, 261 FamFG. Die örtliche Zuständigkeit richtet sich nach § 262 FamFG.

21 [2] Es handelt sich um ein **isoliertes Verfahren.** Die Beteiligten heißen nunmehr nach der Reform des Familienverfahrensrechts Antragsteller und Antragsgegner (nicht mehr Kläger und Beklagte), § 113 Abs. 5 FamFG.

22 [3] In Betracht kommt statt dem **Zahlungsantrag** auch eine **Stufenklage,** falls vor der Bezifferung noch eine Auskunft über das Vermögen des anderen benötigt wird, vgl Muster zu § 1379 Rn 20. Stattdessen wäre auch ein reines **Auskunftsverfahren** möglich. Hinweis: Durch ein reines Auskunftsverfahren wird die **Verjährung** des Anspruchs **nicht gehemmt.** Zur Verjährungsunterbrechung ist entweder ein Leistungsantrag oder ein wirksamer Stufenantrag zu erheben (OLG Celle NJW-RR 1995, 1411).

23 [4] **Verzinsung.** Hier ist der Zeitpunkt anzugeben, ab dem sich der Ausgleichspflichtige in Verzug befindet.

24 [5] **Ermittlung des Zugewinns.** Für eine schlüssige Forderung ist eine konkrete Darlegung und Berechnung des Zugewinns notwendig.

25 [6] Zur **Begründung des Verzugs** gem. § 286 ist das Mahnschreiben vorzulegen.

III. Dinglicher Arrest zur Sicherung der Ausgleichsforderung

26 **1. Muster: Antrag auf dinglichen Arrest zur Sicherung der Ausgleichsforderung und Arrestvollziehung in ein Grundstück**

▶ An das

Amtsgericht ▪▪▪[1]

Antrag auf dinglichen Arrest

der Frau ■■■

Verfahrensbevollmächtigte: RAe ■■■

gegen

Herrn ■■■

wegen: Arrest

Streitwert: 25.170 EUR

Namens und in Vollmacht der Antragstellerin beantragen wir – wegen der Dringlichkeit ohne mündliche Verhandlung –[2] den Erlass folgenden

Arrestbefehls und Vollziehung durch Arresthypothek:

1. Zur Sicherung der Zwangsvollstreckung wegen der Zugewinnausgleichsforderung der Antragstellerin in Höhe von 25.170 EUR wird der dingliche Arrest[3] in das gesamte bewegliche und unbewegliche Vermögen des Antragsgegners angeordnet,
   hilfsweise[4]
   wird der Antragsgegner verpflichtet, an die Antragstellerin zur Sicherung ihrer Ansprüche auf Zugewinnausgleich Sicherheit in Höhe von ■■■ EUR zu leisten.
2. Der Antragsgegner hat die Kosten des Verfahrens zu tragen.[5]
3. Die Vollziehung des Arrests wird durch Hinterlegung durch den Antragsgegner in Höhe von 27.000 EUR gehemmt.[6]
4. In Vollziehung des Arrests wird im Grundbuch des Grundstücks ■■■ eine Sicherungshypothek eingetragen.[7]

Gründe:

1. Die Parteien sind Eheleute. Sie leben voneinander getrennt. Zwischen ihnen ist ein Ehescheidungsverfahren rechtshängig mit einer Folgesache zur Regelung des Güterrechts. Das Verfahren wird geführt vor dem Amtsgericht ■■■ zu Az ■■■
2. Der Antragstellerin steht gegen den Antragsgegner ein Zugewinnausgleichsanspruch zu von 25. 170 EUR.[8] Dieser wurde im vorgenannten Ehescheidungsverfahren geltend gemacht.
   Glaubhaftmachung: in Kopie anliegender Schriftsatz RA ■■■ vom ■■■ zu Az ■■■
   Der Zugewinnausgleichsanspruch der Antragstellerin berechnet sich wie folgt: ■■■
3. Es ist zu besorgen, dass der Antragsgegner seiner Zahlungsverpflichtung nicht nachkommen wird. Er hat in seinem Freundeskreis erklärt, dass er „Mittel und Wege" fände, dass seine Frau „leer ausgehen" werde. Er wolle sich notfalls „ins Ausland absetzen". Wie die Antragstellerin vor kurzem noch erfuhr, hat sein Hausgrundstück unter der Anschrift ■■■ zum Verkauf angeboten, es soll bereits ein Kaufinteressent vorhanden sein und ein Notartermin stehe in etwa zwei Wochen an. Es ist deshalb zu befürchten, dass der Antragsgegner ins Ausland verziehen wird unter Auflösung seines hiesigen Vermögens.[9]
4. Zur Glaubhaftmachung beziehen wir uns auf die anliegende Eidesstattliche Versicherung.[10] ◄

2. Erläuterungen

[1] **Zuständigkeit.** Das Muster kommt bei Gefährdung der Zugewinnausgleichsforderung in Betracht. Nachdem § 1389 aufgehoben wurde, kann der Anspruch nun durch **Arrest** gesichert werden, § 119 FamFG. Zuständig ist das Gericht der Hauptsache als auch das Amtsgericht, in dessen Bezirk sich der zu belegende Gegenstand befindet, § 919 ZPO. Soweit familienrechtliche Ansprüche in Rede stehen, wie hier, ist die Sonderzuständigkeit des **Familiengerichts** gegeben (Baumbach/Lauterbach/Albers/*Hartmann* § 920 Rn 9) gem. § 119 FamFG. 27

28 [2] **Sofortige Entscheidung.** Die mündliche Verhandlung ist freigestellt, § 922 ZPO. Wegen Gefährdung des Anspruchs bei zeitlicher Verzögerung oder bei Vereitelung des Anspruchs durch den Antragsgegner sollte eine Entscheidung **ohne mündliche Verhandlung** beantragt werden.

29 [3] **Voraussetzungen.** Der dingliche Arrest dient der Sicherstellung einer Forderung. Für eine erfolgreiche Geltendmachung müssen folgende Voraussetzungen gegeben sein:

a) der **Arrestanspruch**: Es gibt eine Geldforderung oder Forderung, die in eine Geldforderung übergehen kann, § 916 ZPO und

b) der **Arrestgrund**: Besorgnis, dass eine Zwangsvollstreckung aus einem erforderlichen, aber noch nicht vorliegenden Urteil gefährdet oder erheblich erschwert ist (vgl zu den Voraussetzungen OLG Brandenburg FamRZ 2009, 446).

Streitig ist, ob ein künftiger Zugewinnausgleichsanspruch bereits ab seiner Klagbarkeit, die bei Rechtshängigkeit des Scheidungsverfahrens bzw ab Geltendmachung des vorzeitigen Zugewinnausgleiches gegeben ist, vorläufig gesichert werden kann (OLG Karlsruhe FamRZ 2007, 408 mwN, OLG Karlsruhe FamRZ 2007, 410). Vor dem Zeitpunkt der Klagbarkeit ist die Sicherung durch einstweiligen Rechtsschutz eindeutig nicht und nach Rechtskraft der Scheidung oder der Entscheidung über die Durchführung des vorzeitigen Zugewinnausgleiches grundsätzlich möglich (GF-ZPO/*Brandenstein* § 261 FamFG Rn 15). Zum Teil wird in der Rechtsprechung ein Arrest einer noch nicht feststehenden Zugewinnausgleichsforderung bejaht, sobald er als Scheidungsfolgensache im Rahmen einer rechtshängigen Ehesache geltend gemacht werden könnte (Hk-BGB/*Kemper* § 1378 Rn 11; so schon OLG Hamburg FF 2002, 175; OLG Düsseldorf FamRZ 1994, 114 zum bisherigen Recht).

30 [4] **Hilfsantrag.** Ob der einstweilige Rechtsschutz durch **einstweilige Anordnung** (§ 119 Abs. 1, 49 ff FamFG) oder **Arrest** (§ 119 Abs. 2 FamFG, §§ 916 ff, 943 ff ZPO) zu erfolgen hat, ist streitig (vgl OLG Karlsruhe FamRZ 1997, 622; OLG Koblenz FamRZ 1999, 97). Es ist deshalb ratsam, einen Haupt- und einen Hilfsantrag zu stellen (Hk-FamR/*Häcker* § 1389 Rn 7; GF-ZPO/*Brandenstein* S. 2073 Muster 1192 zu § 261 FamFG Rn 15).

31 [5] **Kostenantrag.** Über die Kosten wird nach §§ 91 ff ZPO entschieden, wobei ein Antrag nicht unbedingt notwendig ist, § 308 Abs. 2 ZPO.

32 [6] **Antrag zur Abwendung.** Gem. § 923 erhält der Schuldner eine Abwendungsbefugnis.

33 [7] **Antrag auf Vollziehung.** Eine Vollziehung des Arrestbefehls kann u.a. erfolgen durch Eintragung einer Sicherungshypothek, § 932 ZPO. Der Antrag auf Vollziehung muss nicht mit dem Antrag auf Arrest gestellt werden, dürfte aber empfehlenswert sein.

Hinweis: Die **Frist** zur Vollziehung eines Arrestbefehls von einem Monat gem. § 929 Abs. 2 ZPO ist unbedingt zu beachten, ebenso die Frist des § 929 Abs. 3 ZPO.

34 [8] **Arrestanspruch.** Hinsichtlich des Arrestanspruches ist der materiell-rechtliche **Zahlungsanspruch darzulegen.** Eine Zugewinnausgleichsforderung ist deshalb im Einzelnen zu beziffern und zu berechnen.

35 [9] Der **Arrestgrund** ist anzunehmen, wenn ein verständiger, gewissenhaft prüfender Mensch zu dem Ergebnis kommt, dass eine **Verschlechterung** der Vermögenssituation **droht.** Dafür sprechende Umstände können zB sein Verschleuderung von Vermögenswerten, beabsichtigte Veräußerung des Vermögens (Thomas/*Putzo* ZPO § 917 Rn 1). Ein zureichender Arrestgrund ist stets anzunehmen bei Notwendigkeit der Vollstreckung im Ausland, § 917 Abs. 2 ZPO.

36 [10] **Glaubhaftmachung.** Sowohl Arrestanspruch als auch Arrestgrund sind glaubhaft zu machen, § 920 Abs. 2 ZPO, was in der Regel durch **eidesstattliche Versicherung** erfolgt, § 294 Abs. 1 ZPO.

§ 1379 Auskunftspflicht

(1) [1]Ist der Güterstand beendet oder hat ein Ehegatte die Scheidung, die Aufhebung der Ehe, den vorzeitigen Ausgleich des Zugewinns bei vorzeitiger Aufhebung der Zugewinngemeinschaft oder die vorzeitige Aufhebung der Zugewinngemeinschaft beantragt, kann jeder Ehegatte von dem anderen Ehegatten

1. Auskunft über das Vermögen zum Zeitpunkt der Trennung verlangen;

2. Auskunft über das Vermögen verlangen, soweit es für die Berechnung des Anfangs- und Endvermögens maßgeblich ist.

[2]Auf Anforderung sind Belege vorzulegen. [3]Jeder Ehegatte kann verlangen, dass er bei der Aufnahme des ihm nach § 260 vorzulegenden Verzeichnisses zugezogen und dass der Wert der Vermögensgegenstände und der Verbindlichkeiten ermittelt wird. [4]Er kann auch verlangen, dass das Verzeichnis auf seine Kosten durch die zuständige Behörde oder durch einen zuständigen Beamten oder Notar aufgenommen wird.

(2) [1]Leben die Ehegatten getrennt, kann jeder Ehegatte von dem anderen Ehegatten Auskunft über das Vermögen zum Zeitpunkt der Trennung verlangen. [2]Absatz 1 Satz 2 bis 4 gilt entsprechend.

A. Vertragsgestaltung

I. Auskunftserteilung

1. Muster: Aufforderungsschreiben 1

▶ Sehr geehrter Herr ▪▪▪

Nachdem ein Scheidungsverfahren eingeleitet wurde, ist die Vermögensauseinandersetzung durchzuführen. Insbesondere ist zu prüfen, ob Sie in der Ehe einen höheren Zugewinn erzielt haben als

Ihre Ehefrau. Dazu müssen beide Ehegatten jeweils Auskunft erteilen über ihr Vermögen zu Beginn des Scheidungsverfahrens. Der Scheidungsantrag wurde Ihnen zugestellt am ■■■.[1] Ferner kann eine Auskunft zum Zeitpunkt der Trennung verlangt werden, das war am ■■■ . Von daher dürfen wir Sie auffordern, Auskunft zu erteilen über den Bestand Ihres Vermögens sowohl am ■■■ als auch ■■■durch Vorlage eines schriftlichen Bestandsverzeichnisses, in dem alle Aktiva und Passiva zu den genannten Stichtagen aufgeführt sind; darunter sind alle Werte zu verstehen, wie Kontenstände bei Banken, Anlagen, Zeitwerte von Lebensversicherungen, Kraftfahrzeuge, etwaige Verbindlichkeiten bei Kreditinstituten usw. Das Bestandsverzeichnis muss vollständig und wahrheitsgemäß sein.[2] Wir bitten, die einzelnen Angaben soweit möglich zu belegen, etwa durch Schreiben der Banken und Lebensversicherungsgesellschaften in Kopie.[3]

Ferner dürfen wir Sie bitten, über den Bestand Ihres Vermögens zum Zeitpunkt der Eheschließung am ■■■ Auskunft zu erteilen und uns auch darüber Belege beizufügen.[4]

Leiten Sie uns Ihr Bestandsverzeichnis mit Belegen bitte innerhalb 3 Wochen zu.[5] Sollten wir eine Auskunft bis dahin nicht erhalten haben, gehen wir davon aus, dass Sie an einer außergerichtlichen Regelung nicht interessiert sind und Sie müssen für den Fall mit einer gerichtlichen Geltendmachung rechnen.

Mit freundlichen Grüßen

■■■

Unterschrift ◄

2. Erläuterungen

2 [1] **Auskunft über Endvermögen und Vermögen bei Trennung.** Der Stichtag zur Berechnung des Endvermögens im Falle der Scheidung ist das Datum der **Rechtshängigkeit** des Ehescheidungsverfahrens, § 1384. Sofern man die die Scheidung beantragende Partei vertritt, ist einem das Datum der Zustellung des Scheidungsantrages nicht zwangsläufig bekannt; das Datum kann aber durch Nachfrage bei Gericht erfahren werden, wobei zwar die Einholung einer telefonischen Auskunft über die Geschäftsstelle des Gerichts möglich ist, aus Sicherheitsgründen aber eine kurze schriftliche Auskunft empfehlenswerter ist. Darüber hinaus kann seit 1.9.2009 auch eine Auskunft zum Vermögen zum **Trennungszeitpunkt** verlangt werden. Diese Regelung wurde insbesondere eingeführt, um Eheleute vor Manipulationen des Vermögens in der Trennungszeit zu schützen. Sie gilt auch für Verfahren, die vor dem 1.9.2009 anhängig wurden (vgl *Büte*, NJW 2009, 2776; Palandt/*Brudermüller/Diederichsen*, Art. 229 EGBGB § 20 Rn 3).

3 [2] **Bestandsverzeichnis.** Erfahrungsgemäß wissen Ehegatten nicht genau, was sie unter einem Bestandsverzeichnis zu verstehen haben, was darin aufzuführen ist etc. Deshalb ist dies möglichst genau zu umschreiben, damit sich spätere Nachfragen erübrigen.

4 [3] **Beleganspruch.** Zu beachten ist, dass es seit 1.9.2009 infolge der Güterrechtsreform einen Beleganspruch gibt gem. § 1379 Abs. 1 S. 1 Hs 2, u.z. sowohl für das Anfangs- wie das Endvermögen, als auch für das Vermögen zum Trennungszeitpunkt.

5 [4] **Auskunft über Anfangsvermögen.** Zu beachten ist auch, dass es seit 1.9.2009 einen Auskunftsanspruch über das Anfangsvermögen gibt. Das gilt auch für Verfahren, die vor dem 1.9.2009 anhängig wurden, mit Ausnahme für § 1374 Abs. 3, auf dessen Fortbestand ein Vertrauensschutz besteht (vgl *Büte*, NJW 2009, 2776; Palandt/*Brudermüller/Diederichsen*, Art 229 § 20 Rn 3).

6 [5] **Fristsetzung.** Die Frist sollte **angemessen** sein und berücksichtigen, dass die Gegenseite noch Erkundigungen einholen muss, etwa bei Lebensversicherungsgesellschaften.

II. Auskunftserteilung vor Begründung des Stichtages

1. Muster: Auskunftsschreiben 7

▶ Sehr geehrter Herr Kollege,[1]

wir sind von unserer Mandantin gebeten worden, eine Vermögensauseinandersetzung durchzuführen, insbesondere den Zugewinnausgleich zu berechnen.

Zwar steht der gesetzliche Stichtag zur Berechnung des Endvermögens noch nicht fest.[2] Jedoch schlagen wir zu einer schnellen und einvernehmlichen Vermögensregelung vor, schon jetzt eine Berechnung durchzuführen. Dazu könnten wir als vorläufiges Berechnungsdatum den letzten Tag des Jahres vor der Trennung der Parteien vereinbaren, hier den 31.12. ...[3] Sofern Sie einverstanden sind, dürfen wir Sie bitten, Ihren Mandanten zu veranlassen, Auskunft zu erteilen über sein Vermögen zu dem genannten Stichtag und uns ein vollständiges, wahrheitsgemäßes schriftliches Bestandsverzeichnis zuzuleiten, getrennt nach Aktiva und Passiva nebst Belegen. Sollte er über Anfangsvermögen verfügt haben, mag dieses ebenfalls mitgeteilt werden. – Für unsere Mandantin werden wir ebenso ein Bestandsverzeichnis übermitteln.[4] ◀

2. Erläuterungen

[1] **Anwendung.** Das Musterschreiben ist verwendbar, wenn der andere Ehegatte bereits anwaltlich vertreten ist. 8

[2] **Situation vor Scheidung.** Es betrifft den Fall, wenn Eheleute bereits getrennt leben, aber noch kein Scheidungsverfahren anhängig ist. 9

[3] **Berechnungsdatum.** Eine Vorverlegung des Stichtages bietet sich insbesondere an, um zügig nach der Trennung bereits eine endgültige Vermögensauseinandersetzung durchzuführen. Das kann auch in Betracht kommen, wenn Eheleute nur dauerhaft getrennt leben möchten, ein Scheidungsverfahren gar nicht einleiten wollen. Vielfach haben Eheleute ein starkes Interesse daran, sich schon früh zu einigen. Zur – vorläufigen – Berechnung des Zugewinnausgleiches genügt, wenn man sich auf irgendein Berechnungsdatum verständigt, wobei es sich anbietet entweder das **genaue Trennungsdatum** zu nehmen, oder den **31.12. des letzten Jahres vor der Trennung**, weil zu dem Datum häufig Informationen vorliegen zu Kapitalanlagen, die ohne Aufwand herangezogen werden können. Sollte später eine Einigung scheitern, ist auf den gesetzlichen Stichtag abzustellen, es sei denn, ein anderer Stichtag wäre durch notariellen Ehevertrag vereinbart worden. Die verbindliche Vereinbarung eines anderen Stichtages bedarf ebenso wie die Vermögensauseinandersetzung als solche der notariellen Beurkundung, §§ 1408, 1410. 10

[4] **Beiderseitige Auskunftserteilung.** Selbstverständlich ist für beide Ehegatten Auskunft zu erteilen. 11

III. Ergänzende Auskunft über Vermögensbestand

1. Muster: Aufforderungsschreiben zur ergänzenden Auskunft 12

▶ Sehr geehrte Damen und Herrn Kollegen,

Ihre Mandantschaft hat Auskunft erteilt über den Bestand des Vermögens zum gesetzlichen Stichtag. In dem übermittelten Bestandsverzeichnis fehlt die Kapitalanlage bei der x-Bank. Dort war noch während der Ehezeit ein erhebliches Vermögen auf den Namen Ihrer Mandantschaft angelegt[1]. Offensichtlich wurde die Kapitalanlage vor oder während der Trennungszeit aufgelöst, wobei nicht ersichtlich ist, dass sich der Gegenwert im Bestandsverzeichnis wieder findet. Es besteht deshalb die Besorgnis, dass dieser Teil des Vermögens beiseite geschafft wurde, um ihn dem Zugewinnausgleich zu entziehen. Um insoweit Klarheit über den Verbleib dieses Teils des Vermögens zu erhalten, fordern wir Ihre Mandantschaft zu einer ergänzenden Auskunft auf.[2] Wir bitten um Mitteilung, wann die

Kapitalanlage aufgelöst, welcher Erlös erzielt wurde und was mit dem Geldbetrag bis zum Stichtag geschehen ist. Die Angaben bitten wir zu belegen oder in geeigneter Form glaubhaft zu machen.

Die ergänzende Auskunft erwarten wir bis ■■■, andernfalls gerichtliche Schritte eingeleitet werden müssen.[3] ◀

2. Erläuterungen

13 [1] **Fehlende Wertangaben.** Dem Gegner ist **konkret** vorzuhalten, was in seiner Auskunft fehlt, also zB bei welcher Bank zu welcher Konto-Nr. Angaben vermisst werden.

14 [2] **Anspruchsgrundlage.** Wenn illoyale Vermögensminderungen vor dem Trennungszeitpunkt in Rede stehen, ist Anspruchsgrundlage des **ergänzenden Auskunftsanspruches** § 242 iVm § 1375 Abs. 2. Vgl Muster und Erläuterungen Rn 35 ff. Es kann sich anbieten, die Gegenseite auf die Anspruchsgrundlage und auf Rechtsprechung hinzuweisen. Denn häufig kommt der Einwand, es sei nur eine stichtagsbezogene Auskunft geschuldet, was zwar vom Grundsatz her richtig ist. Jedoch kann im Ausnahmefall auch eine Auskunft über Vermögensanlagen verlangt werden, über die vor der Trennung oder in der Trennungszeit disponiert wurde und die zum gesetzlichen Stichtag nicht mehr vorhanden sind. Anspruchsgrundlage für eine Auskunft genau zum Trennungszeitpunkt ist seit dem 1.9.2009 ohnehin § 1379 Abs. 1 Nr. 1. Sollten sich Veränderungen im Vermögensbestand ergeben, ist der Auskunftspflichtige gehalten, sich über den Verbleib der Werte nachvollziehbar zu erklären (BGH FamRZ 1988, 925).

15 [3] **Androhung Gerichtsverfahren.** Auf Konsequenzen bei Nichterteilung der Auskunft ist hinzuweisen, um dem Auskunftsersuchen den nötigen Druck zu verleihen.

IV. Erfüllung des Auskunftsurteils

16 **1. Muster: Aufforderungsschreiben zur Erfüllung des Auskunftsurteils**

930

▶ Sehr geehrte Damen und Herren Kollegen,

mit Entscheidung des AG ■■■ vom ■■■ wurde Ihre Mandantschaft zur Auskunft über deren Vermögen verpflichtet. Wir fordern deshalb auf, uns bis innerhalb 2 Wochen ein entsprechendes Bestandsverzeichnis zuzuleiten.[1] Die einzelnen Vermögenspositionen sind soweit wie möglich zu belegen, so dass Nachweise beizufügen sind.[2] Wird der Beschluss des Gerichts nicht innerhalb der genannten Frist erfüllt, werden Zwangsmaßnahmen nach § 888 ZPO ergriffen.[3] ◀

2. Erläuterungen

17 [1] **Erfüllung Auskunftsverpflichtung.** Das Muster betrifft den Fall, dass eine Partei keine Auskunft erteilt, obwohl bereits ein Auskunftsbeschluss erging. Es genügt eine Fristsetzung. Wie das Bestandsverzeichnis gestaltet sein muss, ergibt sich aus dem Beschluss.

18 [2] Seit 1.9.2009 gibt es einen **Beleganspruch** gem. § 1379 Abs. 1, so dass auf Anforderung Nachweise verlangt werden können.

19 [3] Die **Androhung von Zwangsmaßnahmen** ist zumindest in den Fällen sinnvoll, wenn Schwierigkeiten mit dem anderen Ehegatten zu erwarten sind.

B. Prozess

I. Auskunftsverfahren

20 **1. Muster: Auskunftsverfahren im Verbund**

▶ An das

Amtsgericht – Familiengericht[1]

In Sachen

■■■ (volles Rubrum)[2]

machen wir namens und in Vollmacht der Antragsgegnerin im Rahmen des laufenden Ehescheidungsverfahrens zu Az ■■■ eine Folgesache[3] zur Regelung des Güterrechts anhängig und beantragen im Wege des Stufenverfahrens,[4], [5]

1. den Antragsteller zu verpflichten, der Antragsgegnerin Auskunft zu erteilen über den Bestand
   a) seines Endvermögens am ■■■ (Datum der Rechtshängigkeit des Scheidungsantrages),
   b) seines Anfangsvermögens am ■■■ (Datum der Eheschließung)[6]

   durch Vorlage eines geordneten, vollständigen und wahrheitsgemäßen Bestandsverzeichnisses getrennt nach Aktiva und Passiva,
2. den Antragsteller zu verpflichten, die Auskünfte zu belegen, insbesondere durch Vorlage ■■■[7]
3. den Antragsteller gegebenenfalls noch zu verpflichten, die Richtigkeit und Vollständigkeit der erteilten Auskunft an Eides Statt zu versichern,[8]
4. den Antragsteller nach Auskunftserteilung zur Zahlung eines noch zu beziffernden Zugewinnausgleiches an die Antragsgegnerin zu verpflichten.[9]

Gründe:

Die Parteien sind Eheleute. Sie leben voneinander getrennt. Zwischen ihnen ist ein Ehescheidungsverfahren rechtshängig zu Az ■■■

Beweis: Beiziehung der Akte ■■■

Die Parteien leben im gesetzlichen Güterstand der Zugewinngemeinschaft.[10]

Außergerichtlich war eine Verständigung über den Zugewinnausgleich nicht möglich. Der Ehemann wurde vergeblich zu einer Auskunft über seine Vermögensverhältnisse aufgefordert.[11]

Beweis: Schreiben RA ■■■

Ein Verfahren ist deshalb geboten.

2 begl. Abschriften anliegend[12]

■■■

Rechtsanwalt ◄

2. Erläuterungen und Varianten

[1] **Zuständig** ist das Amtsgericht – **Familiengericht** –, §§ 111 Nr. 9, 261 FamFG. Örtlich zuständig ist das Gericht, bei dem die Ehesache im ersten Rechtszug anhängig ist, § 262 FamFG. 21

[2] **Rubrum.** Die Parteienbezeichnungen der Ehesache werden übernommen. Ist also der Ehemann der Antragsteller im Scheidungsverfahren, dann wird die Rollenverteilung für die Folgesache beibehalten, so dass der Antrag also dahin geht, den Antragsteller zu verurteilen. 22

[3] **Verbundverfahren.** Wird der Anspruch im Scheidungsverfahren geltend gemacht, fällt er in den Verbund gem. § 137 FamFG. Die Geltendmachung der Auskunft im Verbund ist nur als Stufenverfahren (früher Stufenklage) möglich (Palandt/*Brudermüller* § 1379 Rn 17); über den Auskunftsantrag muss dann vor Entscheidung über den Scheidungsantrag durch Beschluss entschieden werden. Zu beachten ist das neue **Zeiterfordernis**. Gem. § 137 Abs. 2 FamFG muss der Antrag spätestens zwei Wochen vor der mündlichen Verhandlung im ersten Rechtszug in der Scheidungssache von einem Ehegatten anhängig gemacht werden. 23

[4] **Stufenantrag.** Das Muster ist ein Stufenverfahren nach § 254 ZPO, das sich regelmäßig empfiehlt, um später in die Bezifferung übergehen zu können. 24

[5] Das **Auskunftsverfahren** ist auch als **isoliertes Verfahren** möglich nach der Scheidung. Die örtliche Zuständigkeit des Familiengerichts, bei die Ehesache anhängig war, bleibt bestehen gem. § 262 FamFG. 25

Hinweis: Eine reines Auskunftsverfahren nach der Scheidung **unterbricht nicht** die **Verjährung** des Zugewinnausgleichsanspruchs (vgl dazu § 1378 Rn 22.).

26 [6] Ein **Auskunftsanspruch** besteht seit 1.9.2009 auch bezogen auf das Anfangsvermögen, § 1379 Abs. 1 Nr. 2.

27 [7] Ebenso gibt es seit 1.9.2009 einen **Beleganspruch** gem. § 1379 Abs. 1 S. 1. Die Pflicht zur Vorlage von Belegen besteht natürlich nur insoweit, als Belege noch vorhanden sind. Sollte etwa nach langer Ehe ein Beleg über eine Vermögensposition nicht mehr vorhanden sein, ist die Vorlage eines Beleges tatsächlich unmöglich. Die Belege sind so **genau wie möglich im Antrag zu bezeichnen**, damit der Gerichtsvollzieher bei einer entsprechenden Titulierung genau erkennen kann, welche Belege zur Erfüllung der Belegpflicht herauszugeben sind (zB welche Bank- oder Geschäftsunterlagen).

28 [8] Der Antrag auf **Abgabe der eidesstattlichen Versicherung** sollte vorsorglich mit aufgenommen werden als weitere Stufe, wobei ein Anspruch nur besteht, wenn zu besorgen ist, dass der betreffende Ehegatte keine vollständige oder wahrheitsgemäße Angaben gemacht hat, § 260 Abs. 2 (Palandt/*Brudermüller* § 1379 Rn 13).

29 [9] In die **bezifferte Stufe** wird natürlich erst **nach Auskunftserteilung** übergegangen, wenn der Anspruch berechnet werden kann. Solange nicht beziffert ist, wird der Antrag in der mündlichen Verhandlung nicht gestellt.

30 [10] **Voraussetzung Zugewinngemeinschaft.** Zu einem schlüssigen Anspruch gehört die Angabe, dass die Parteien im gesetzlichen Güterstand leben.

31 [11] **Vorherige Aufforderung.** Üblicherweise wird die Gegenseite zunächst außergerichtlich aufgefordert. Notwendig ist die vorherige Aufforderung indes nicht, insbesondere kann ein gerichtlicher Antrag auch sofort erhoben werden. Sollte etwa der Ehescheidungstermin kurz bevor stehen und keine Zeit mehr sein für Schriftverkehr, dann kann es auch mal angebracht sein, sofort einen gerichtlichen Antrag zu stellen. Insoweit ist insbesondere die Gesetzesänderung ab 1.9.2009 des FamFG zu beachten, wonach eine Folgesache nunmehr spätestens **zwei Wochen** vor dem Verhandlungstermin in der Ehescheidung anhängig gemacht werden muss, § 137 Abs. 2 FamFG. Die früher vorgekommene Praxis, noch im Scheidungstermin eine Folgeklage „aus der Tasche zu ziehen" ist nach der Neuregelung des Gesetzes vorbei.

32 [12] Es müssen **beglaubigte Abschriften** beigefügt werden, weil es sich um einen neuen Antrag handelt, der förmlich zugestellt werden muss.

II. Verfahrenskostenhilfe

33 1. Muster: Verfahrenskostenhilfeantrag

932

▶ Unter Bezugnahme auf die bereits im Hauptverfahren überreichten Unterlagen gem. § 114 ZPO beantragen wir,

der Antragsgegnerin auch für die Folgesache GÜ Verfahrenskostenhilfe zu bewilligen unter Beiordnung von RA ...[1] ◀

2. Erläuterungen

34 [1] **Notwendiger Antrag.** Für **jede Folgesache** ist gesondert Verfahrenskostenhilfe (früher Prozesskostenhilfe) zu beantragen. Neue Unterlagen über die wirtschaftlichen Verhältnisse müssen nicht überreicht werden, wenn die Verhältnisse bei der Partei noch gleich sind. Die Verfahrenskostenhilfe ist in §§ 76 ff FamFG geregelt, wobei auf die Regelungen der ZPO zur Prozesskostenhilfe verwiesen wird. Die §§ 114 ff ZPO finden weiter entsprechende Anwendung.

III. Antrag auf ergänzende Auskunft

1. Muster: Gerichtlicher Antrag auf ergänzende Auskunft 35

933

▶ ...

Ferner wird beantragt,

den Antragsteller zu verpflichten der Antragsgegnerin ergänzend Auskunft zu erteilen[1] über den Verbleib des Wertpapierdepots bei der ...-Bank zu Nr. ..., insbesondere darüber Auskunft[2] zu erteilen, welchen Bestand das Depot hatte am ...,[3] wann es aufgelöst wurde, welcher Erlös erzielt wurde und wie der Erlös verwendet wurde.

Gründe:

Der Antragsgegnerin ist bekannt, dass der Antragsteller während der Ehezeit ein Wertpapierdepot unterhielt bei der ...-Bank .... In seiner Auskunft zum Endvermögen gibt er das Depot nicht an. Auf Nachfrage erklärte er, dass das Depot nicht mehr existiere. Er gab aber keine nachvollziehbare Erklärung ab, was mit dem Depotwert geschehen ist. Es besteht der Verdacht, dass der Antragsteller die auf dem Depot befindlichen Werte aufgelöst hat, um sie dem Zugewinnausgleich zu entziehen ...,[4] so dass es sich um eine illoyale Vermögensminderung handelt. Dies rechtfertigt es, vom Antragsteller eine ergänzende Auskunft zu verlangen gem. § 242 iVm § 1375 Abs. 2 BGB.[5] ◀

2. Erläuterungen

[1] **Anwendung.** Das Muster betrifft den Ausnahmefall, dass die stichtagsbezogenen Auskunft nicht genügt, weil der Verdacht besteht, dass es **illoyale Vermögensminderungen** gem. § 1375 Abs. 2 und 3 gab. Der Ausnahmefall kommt in der Praxis gar nicht so selten vor. Immer häufiger hört man den Vorwurf eines Ehegatten, der andere habe Werte vor dem gesetzlichen Stichtag „beiseite geschafft". **Darlegungs- und beweispflichtig** für die Tatbestandsvoraussetzungen des § 1375 Abs. 2 und 3 ist derjenige Ehegatte, der sich auf die illoyalen Vermögensminderungen des anderen beruft. Es werden aber keine allzu hohen Anforderungen gestellt (BGH FamRZ 1986, 565, 567; OLG Köln FamRZ 1988, 174). War etwa kurz vor dem Stichtag noch ein höherer Vermögenswert beim anderen Ehegatten vorhanden, und beruft sich dieser Ehegatte auf eine Minderung seines Vermögens, dann hat er den Verbleib seines Vermögenswertes schlüssig und plausibel zu erklären (OLG Frankfurt FamRZ 2006, 416; bei Manipulation eines Bankkontos vgl BGH NJW-RR 1986, 1325, 1326). Sollte es **Vermögensveränderungen** zwischen Trennungszeitpunkt und Stichtag Endvermögen gegeben haben, so wird sich der Auskunftspflichtige über den Verbleib der Vermögenspositionen nachvollziehbar zu erklären haben (BGH FamRZ 1988, 925). Sollte sich das Vermögen zwischen Trennungszeitpunkt und Stichtag Endvermögen reduziert haben, ist derjenige, der sich auf einen Verbrauch des Vermögens beruft darlegungs- und beweispflichtig, was mit dem Vermögen geschehen ist, § 1375 Abs. 2 S. 2 (*Büte*, NJW 2009, 2779). 36

[2] **Anspruchsgrundlage.** Der Auskunftsanspruch folgt aus § 242 (OLG Köln FamRZ 1997, 1336; BGH FamRZ 2000, 948, 950; BGH FamRZ 2005, 689; OLG Köln FamRZ 2007, 1327). Es besteht jedoch kein genereller Auskunftsanspruch eines Ehegatten gegen den anderen allgemein auf alle in § 1375 Abs. 2 aufgeführten Vermögensminderungen, sondern beschränkt sich auf einen bestimmten Tatbestand, etwa auf den Verbleib eines bestimmten Geldbetrages, der vor dem Stichtag von einem Konto „verschwunden" ist. 37

[3] Es kann auch **Auskunft** verlangt werden **zum Trennungszeitpunkt,** § 1379 Abs. 1 Nr. 1. 38

[4] Für eine erfolgreiche Durchsetzung des Anspruches ist wichtig, dass das ursprünglich vorhandene gewesene Vermögen **so genau wie möglich zu bezeichnen** ist, also bei welcher Bank das Geld angelegt war, möglichst die Kontonummer oder sonst weitere Einzelheiten. 39

40 [5] Weiteren gesetzlichen **Schutz gegen illoyale Vermögensverfügungen** bietet auch § 1386 (Klage auf vorzeitigen Zugewinnausgleich), § 1390 (Anspruch des Ausgleichsberechtigten gegen einen Dritten) und Antrag auf dinglichen Arrest; vgl Muster § 1378 Rn 26.

IV. Zwangsantrag

41 **1. Muster: Zwangsantrag nach § 888 ZPO**

▶ In Sachen ...

beantragen wir,

dem Antragsteller zur Erfüllung des Auskunftsurteils ein empfindliches Zwangsgeld anzudrohen von mind. 5.000 EUR und für den Fall, das dieses nicht beigetrieben werden kann, Zwangshaft anzukündigen.

Gründe:

Mit Beschluss vom ... wurde der Antragsteller zur Erteilung der Auskunft verpflichtet. Anschließend wurde er noch mal zur Auskunft aufgefordert.[1]

Beweis: Schreiben RA ... vom ...

Die geschuldete Auskunft hat er gleichwohl nicht erteilt. Er hat nur einige Vermögenswerte mitgeteilt, nicht jedoch alle Werte exakt bezogen auf den Stichtag. Seine Wertangaben beziehen sich auf unterschiedliche Daten. Außerdem hat er kein geordnetes Verzeichnis erstellt, in dem alle Werte getrennt nach Aktiva und Passiva aufgeführt sind. Er hat nur wahllos einzelne Positionen zusammengestellt.

Beweis: Schreiben Antragsgegner vom ...

Daraufhin wurde ihm nochmals genau mitgeteilt, was seine Verpflichtung ist.

Beweis: Schreiben RA ... vom ...

Danach hat er nicht mehr reagiert. Offensichtlich weigert er sich, das Urteil zu erfüllen. Ein Zwangsantrag nach § 888 ZPO ist daher erforderlich[2]

2 begl. Abschriften anliegend

...

Unterschrift ◀

2. Erläuterungen

42 [1] **Vorgerichtliche Aufforderung.** Nach der gerichtlichen Entscheidung sollte der Prozessgegner noch mal aufgefordert werden mit angemessener Frist, wobei 2 Wochen ausreichend erscheinen.

43 [2] **Anspruchsgrundlage.** Es handelt sich um eine unvertretbare Handlung, die geschuldet wird, deshalb kommen Zwangsmaßnahmen nach § 888 ZPO in Betracht.

§ 1380 Anrechnung von Vorausempfängen

(1) [1]Auf die Ausgleichsforderung eines Ehegatten wird angerechnet, was ihm von dem anderen Ehegatten durch Rechtsgeschäft unter Lebenden mit der Bestimmung zugewendet ist, dass es auf die Ausgleichsforderung angerechnet werden soll. [2]Im Zweifel ist anzunehmen, dass Zuwendungen angerechnet werden sollen, wenn ihr Wert den Wert von Gelegenheitsgeschenken übersteigt, die nach den Lebensverhältnissen der Ehegatten üblich sind.
(2) [1]Der Wert der Zuwendung wird bei der Berechnung der Ausgleichsforderung dem Zugewinn des Ehegatten hinzugerechnet, der die Zuwendung gemacht hat. [2]Der Wert bestimmt sich nach dem Zeitpunkt der Zuwendung.

§ 1381 Leistungsverweigerung wegen grober Unbilligkeit

(1) Der Schuldner kann die Erfüllung der Ausgleichsforderung verweigern, soweit der Ausgleich des Zugewinns nach den Umständen des Falles grob unbillig wäre.
(2) Grobe Unbilligkeit kann insbesondere dann vorliegen, wenn der Ehegatte, der den geringeren Zugewinn erzielt hat, längere Zeit hindurch die wirtschaftlichen Verpflichtungen, die sich aus dem ehelichen Verhältnis ergeben, schuldhaft nicht erfüllt hat.

A. Muster: Einrede der Unbilligkeit 1

► An das

Amtsgericht – Familiengericht[1]

In Sachen[2]

■■■

wird die Erfüllung der Zugewinnausgleichsforderung aus besonderen Gründen verweigert, da ein Ausgleich des Zugewinns grob unbillig wäre. Es wird deshalb ausdrücklich die Einrede des § 1381 BGB erhoben.[3]

Dazu tragen wir im Einzelnen wie folgt vor:

Der Ehemann hat sich seit ■■■ seiner Verpflichtung entzogen, die Familie zu unterhalten.[4] Zum damaligen Zeitpunkt kündigte er sein Beschäftigungsverhältnis, zog zu seiner neuen Lebenspartnerin und bemühte sich fortan nicht mehr um eine Erwerbstätigkeit. Unterhaltszahlungen stellte er ein. Die beiden minderjährigen Kinder und die Ehefrau hatten zunächst keinerlei Mittel zur Verfügung, den Lebensunterhalt sicherzustellen und die Miete zu zahlen, so dass sogar Sozialhilfe in Anspruch genommen werden musste. Auch auf mehrfache Geltendmachung von Unterhaltsansprüchen hat der Antragsgegner seinerzeit nicht reagiert, es interessierte ihn nicht, wie die Familie zurecht kam.

Beweis: Schreiben vom ■■■

Selbst nach gerichtlicher Verpflichtung zum Unterhalt zahlte er keinen Cent. Zwangsvollstreckungsmaßnahmen waren fruchtlos.

Beweis:

1. Beschluss des AG vom ■■■
2. Vollstreckungsprotokoll vom ■■■

Seine Vermögenswerte, die er noch in den ersten Jahren des ehelichen Zusammenlebens besaß, hat er in den letzten Jahren vor der Trennung aufgelöst und verschwendet,[5] teilweise in Spielcasinos, teilweise hat er mit den Geldern auch schon vor Jahren – wie jetzt erfahren wurde – seine Freundin unterstützt. Insbesondere handelte es sich um folgende Werte, die er während der Ehezeit besessen hatte und jetzt nicht mehr existieren ■■■ Aufgrund seines verschwenderischen Verhaltens hat der Ehemann kein Vermögen mehr, damit auch keinen Zugewinn.

Demgegenüber verfügt die Ehefrau über ein unbebautes Grundstück, das im Laufe der Ehe eine erhebliche Wertsteigerung erfahren hat und ihren Zugewinn darstellt; das Grundstück war ihr ursprünglich von ihren Eltern zugewendet worden.

Rein rechnerisch gesehen wäre die Ehefrau zugewinnausgleichspflichtig. Vor dem geschilderten Hintergrund wäre eine Durchführung des Zugewinnausgleichs aber höchst ungerecht.[6] ◄

B. Erläuterungen

2 [1] Zuständig ist das Amtsgericht – **Familiengericht** –, § 111 Nr. 9 FamFG. Die örtliche Zuständigkeit ist abhängig davon, ob eine Ehesache anhängig war oder ist, §§ 262, 263 FamFG.

3 [2] Das Muster kommt in Betracht, wenn die Erfüllung einer Zugewinnausgleichsforderung grob unbillig erscheint, etwa wegen schweren Fehlverhaltens des Ausgleichsberechtigten. Der Musterantrag kann **im Rahmen eines Zugewinnausgleichsverfahrens** gestellt werden.

4 [3] Die **Einrede** sollte **ausdrücklich erhoben** werden, damit sich das Gericht mit § 1381 auseinandersetzt. Der Ausgleichsschuldner hat die Tatsachen darzulegen und zu beweisen, aus denen sich ein Leistungsverweigerungsrecht ergibt (BGH FamRZ 88, 593).

5 [4] Eine länger andauernde **Nichterfüllung von Unterhaltspflichten** kann bereits für die Annahme der Einrede sprechen (Hk-BGB/*Kemper* § 1381 Rn 3; OLG Düsseldorf FamRZ 1987, 821).

6 [5] Auch **Vermögensverfehlungen** können die Annahme der Einrede rechtfertigen (Hk-BGB/*Kemper* § 1381 Rn 3).

7 [6] Maßstab für die erfolgreiche Geltendmachung der Einrede im Verfahren ist die **grobe Unbilligkeit**. Danach muss die Durchführung des Zugewinnausgleiches für das Gerechtigkeitsempfinden als **unerträglich** empfunden werden (BGH FamRZ 1992, 787). Hier ist eine strenge Beurteilung das Gericht angezeigt, stets kann die erfolgreiche Geltendmachung der Einrede nur eine Korrektur im Einzelfall sein.

§ 1382 Stundung

(1) [1]Das Familiengericht stundet auf Antrag eine Ausgleichsforderung, soweit sie vom Schuldner nicht bestritten wird, wenn die sofortige Zahlung auch unter Berücksichtigung der Interessen des Gläubigers zur Unzeit erfolgen würde. [2]Die sofortige Zahlung würde auch dann zur Unzeit erfolgen, wenn sie die Wohnverhältnisse oder sonstigen Lebensverhältnisse gemeinschaftlicher Kinder nachhaltig verschlechtern würde.
(2) Eine gestundete Forderung hat der Schuldner zu verzinsen.
(3) Das Familiengericht kann auf Antrag anordnen, dass der Schuldner für eine gestundete Forderung Sicherheit zu leisten hat.
(4) Über Höhe und Fälligkeit der Zinsen und über Art und Umfang der Sicherheitsleistung entscheidet das Familiengericht nach billigem Ermessen.
(5) Soweit über die Ausgleichsforderung ein Rechtsstreit anhängig wird, kann der Schuldner einen Antrag auf Stundung nur in diesem Verfahren stellen.
(6) Das Familiengericht kann eine rechtskräftige Entscheidung auf Antrag aufheben oder ändern, wenn sich die Verhältnisse nach der Entscheidung wesentlich geändert haben.

1
A. Muster: Stundung der Ausgleichsforderung

936

▶ In Sachen ■■■[1]

wird beantragt,[2]

die Ausgleichsforderung zu stunden bis zum Verkauf des Hausgrundstückes ■■■, jedenfalls bis 31.12. ■■■

Gründe:

Die Höhe des Ausgleichsanspruches ist unstreitig. Dem Ehemann ist eine Auszahlung aber derzeit nicht möglich. Er verfügt nicht über Geldvermögen in der genannten Höhe und hat nur ein Sparguthaben von ■■■ EUR, wie aus dem Zugewinnverfahren bekannt ist.[3] Um eine Zahlung zum gesetzlichen Fälligkeitszeitpunkt[4] vornehmen zu können, müsste er seinen Gewerbebetrieb veräußern. Dieser stellt aber die Lebensgrundlage der Familie dar. Aus dem Gewerbebetrieb erzielt er sein alleiniges Einkommen, davon unterhält er seine Familie, bestreitet insbesondere die Unterhaltszahlungen für die Kinder. Eine Veräußerung des Betriebes hätte deshalb katastrophale Folgen, weil es seine Existenzgrundlage darstellt.

Stattdessen könnte der Ehemann sein Grundstück unter der Anschrift ■■■ veräußern, um mit dem Erlös den Zugewinnausgleich zu erfüllen. Zum Verkauf benötigt der Ehemann voraussichtlich etwa ■■■ Monate, mindestens bis 31.12. ■■■. Eine schnellere Veräußerung – unter Not – wäre, wenn überhaupt, nur mit erheblichem Verlust möglich.

Die gesetzliche Fälligkeit des Zugewinnausgleiches würde hier zur Unzeit erfolgen. Die Stundung der Forderung ist für die Ehefrau hingegen zumutbar.[5] zumal sie nicht dringend auf die Summe angewiesen ist. Es wird deshalb gebeten, dem Stundungsantrag stattzugeben.[6] ◄

B. Erläuterungen

[1] **Anwendung im Scheidungsverfahren.** Das Muster enthält einen Stundungsantrag für eine Zugewinnausgleichsforderung während eines laufenden Scheidungsverfahrens. Bei Anhängigkeit eines laufenden Scheidungsverfahrens fällt der Stundungsantrag in den **Ehescheidungsverbund**, § 137 FamFG, so dass der Richter zuständig ist, der durch Urteil entscheidet (Hk-BGB/*Kemper* § 1382 Rn 9). 2

[2] Die **Stellung eines Antrages** ist erforderlich gem. § 1382 S. 1 (Hk-BGB/*Kemper* § 1382 Rn 4). 3

[3] Um eine Stundung erfolgreich durchzusetzen sind die **wirtschaftlichen Verhältnisse** des Ausgleichsschuldners in der Antragsbegründung darzustellen, um seine **mangelnde Zahlungsfähigkeit** darzutun. 4

[4] **Fällig** ist die Ausgleichsforderung mit **Rechtskraft** des gerichtlichen Beschlusses, mit dem die Ehe geschieden und über den Zugewinn entschieden wird, bzw mit Rechtskraft des Beschlusses über den Zugewinnausgleich (Hk-BGB/*Kemper* § 1378 Rn 5). Entscheidend kommt es darauf an, dass eine Zahlungsverpflichtung zur **„Unzeit"** vorliegt. Dies ist näher darzulegen. 5

[5] Die Stundung muss auch **für den Ausgleichsberechtigten zumutbar** sein, was näher ausgeführt werden sollte. 6

[6] Die Entscheidung über die Stundung steht letztlich **im Ermessen des Gerichts**, weshalb **möglichst viele Argumente** vorgebracht werden müssen, um den Richter von dem Härtefall zu überzeugen. 7

§ 1383 Übertragung von Vermögensgegenständen

(1) Das Familiengericht kann auf Antrag des Gläubigers anordnen, dass der Schuldner bestimmte Gegenstände seines Vermögens dem Gläubiger unter Anrechnung auf die Ausgleichsforderung zu übertragen hat, wenn dies erforderlich ist, um eine grobe Unbilligkeit für den Gläubiger zu vermeiden, und wenn dies dem Schuldner zugemutet werden kann; in der Entscheidung ist der Betrag festzusetzen, der auf die Ausgleichsforderung angerechnet wird.
(2) Der Gläubiger muss die Gegenstände, deren Übertragung er begehrt, in dem Antrag bezeichnen.
(3) § 1382 Abs. 5 gilt entsprechend.

1 ## A. Muster: Antrag auf Ersetzung der Ausgleichsforderung

▶ In Sachen

▪▪▪

wird beantragt:[1]

Es wird angeordnet, dass der Antragsgegner in Erfüllung seiner Zugewinnausgleichsverpflichtung gegenüber der Antragstellerin das Grundstück ▪▪▪ auf die Antragstellerin zu Alleineigentum überträgt.[2], [3] Der Wert des auf die Zugewinnausgleichsforderung anzurechnenden Geldbetrages beträgt ▪▪▪ EUR.[4]

Gründe:

Der Antragstellerin steht ein Zugewinnausgleichsanspruch von ▪▪▪ EUR zu. Der reine Geldausgleich würde hier ausnahmsweise[5] für die Ausgleichsberechtigte zu einer unbilligen Härte führen. Das Grundstück ▪▪▪ stammt aus der Familie der Antragstellerin, es handelt sich aktuell um Gartenland mit Baulandqualität, dass bereits den Urgroßeltern der Antragstellerin gehörte und auf die folgenden Generationen weiter übertragen wurde bis hin zur Antragstellerin; vor ca. 100 Jahren befand sich auf dem Grundstück eine Hofanlage, der frühere Familiensitz. Nach der Heirat der Parteien übertrug die Antragstellerin das Grundstück auf den Antragsgegner, weil dieser seinerzeit darum bat, um es zum Ausbau seines Gewerbebetriebes zu verwenden. Darauf ließ sich die Antragstellerin ein, weil sie an den Bestand der Ehe glaubte. Danach kam es aber zum Streit zwischen den Parteien, weil der Ehemann ein außereheliches Verhältnis einging, was letztlich auch zu einer Trennung und nun zum Scheidungsverfahren führte. Der Antragsgegner ist nicht bereit, das Grundstück zurück zu übertragen, auch nicht in Erfüllung des Zugewinnausgleichsanspruches, was ihm bereits vorgerichtlich angeboten wurde.

Beweis: Schreiben RA ▪▪▪

Für die Antragstellerin wäre es großer Verlust, das Grundstück nicht zurück zu erhalten, zumal sich dort der Familiensitz befand und eine starke emotionale Bindung besteht.[6]

Demgegenüber wäre dem Antragsgegner ohne weiteres zumutbar,[7] die Grundstücksübertragung rückgängig zu machen. Er benötigt das Grundstück nicht, was sich schon daran zeigt, dass er das Grundstück zum Verkauf angeboten hat.

Beweis: Kopie der Zeitungsanzeige ▪▪▪ ◀

B. Erläuterungen und Varianten

2 [1] Es besteht ein **Antragserfordernis** gem. § 1383 S. 1, wobei der Antrag **im Rechtsstreit** über die Ausgleichsforderung zu stellen ist, § 1383 Abs. 3 iVm § 1382 Abs. 5.

3 [2] **Beantragende Partei.** Die Anordnung kann nur **vom Ausgleichsberechtigten** begehrt werden. Der Ausgleichspflichtige hat dagegen keine Möglichkeit statt einer Geldzahlung die Übertragung eines Gegenstandes zu fordern (Hk-BGB/*Kemper* § 1383 Rn 2). Der zu übertragende Gegenstand – hier das Grundstück – ist überdies **genau zu bezeichnen**. Soll nicht ein Grundstück, sondern ein anderer Vermögensgegenstand übertragen werden, ist dieser genau zu bezeichnen, etwa wie folgt:

▶ Es wird angeordnet, dass der Antragsgegner in Erfüllung seiner Zugewinnausgleichsverpflichtung gegenüber der Antragstellerin das Eigentum an dem ihm von der Antragstellerin zur Hochzeit geschenkten PKW Karmann Ghia Coupe, Baujahr 1963, Fgst.-Nr. ▪▪▪ auf die Antragstellerin überträgt. Der Wert des auf die Zugewinnausgleichsforderung anzurechnenden Geldbetrages beträgt ▪▪▪ EUR. ◀

[3] Die Anordnung der Übertragung verschafft dem Ausgleichsberechtigten nur einen **schuldrechtlichen Anspruch**, der seinerseits eingeklagt werden muss, um die Wirkungen der §§ 894, 897 ZPO zu erreichen (Palandt/*Brudermüller* § 1383 Rn 8). 4

[4] **Wertfestsetzung.** Das Gericht setzt den Wert fest, der auf die Ausgleichsforderung anzurechnen ist. Der Wert darf nicht über der Ausgleichsforderung liegen (Palandt/*Brudermüller* § 1383 Rn 5). 5

[5] **Beurteilungsmaßstab.** Bei der Ersetzung der Ausgleichsforderung durch die Übertragung von Vermögensgegenständen handelt es sich um einen **Ausnahmetatbestand**, wobei ein strenger Maßstab bei der Beurteilung der groben Unbilligkeit anzuwenden ist (Hk-BGB/*Kemper* § 1383 Rn 2). 6

[6] Die **Zumutbarkeit** der Ersetzung der Ausgleichsforderung scheidet aus, wenn der Gegenstand für den Ausgleichsverpflichteten ein besonderes Affektionsinteresse hat oder die Grundlage seiner beruflichen Tätigkeit bildet (Hk-BGB/*Kemper* § 1383 Rn 2). 7

§ 1384 Berechnungszeitpunkt des Zugewinns und Höhe der Ausgleichsforderung bei Scheidung

Wird die Ehe geschieden, so tritt für die Berechnung des Zugewinns und für die Höhe der Ausgleichsforderung an die Stelle der Beendigung des Güterstandes der Zeitpunkt der Rechtshängigkeit des Scheidungsantrags.

A. Muster: Vereinbarung eines anderen Stichtages für die Zugewinnberechnung 1

► In Abweichung des gesetzlichen Stichtages zur Berechnung des Zugewinns vereinbaren wir, dass der Tag des Beginns des Getrenntlebens iSd § 1567 Abs. 1 BGB der Stichtag für die Berechnung des Endvermögens beider Eheleute sein soll.[1], [2] ◄

B. Erläuterungen

[1] **Form, Stichtag.** Eine Änderung des Stichtages erfordert **notarielle Beurkundung** im Rahmen eines Ehevertrages, §§ 1408, 1410. Während einer laufenden Ehesache kann eine solche Vereinbarung auch **vor Gericht protokolliert** werden, § 1378 Abs. 3. 2

Nach der Trennung kommt es häufig zu außergerichtlichen Verhandlungen über die Vermögensauseinandersetzung mit dem Ziel schon vor Begründung des gesetzlichen Stichtages des § 1384 eine Scheidungsfolgenvereinbarung zu schließen. In dem Zusammenhang kommt es zu vorläufigen Berechnungen unter Annahme eines früheren Berechnungszeitpunktes, auf den sich etwa die Vertreter der Parteien verständigt haben können. Scheitern solche Einigungsbemühungen, ist der zunächst angenommene und dazu vereinbarte andere Berechnungstag nicht bindend, solange eine notarielle Beurkundung nicht vorgenommen wurde. 3

Es kann natürlich auch ein anderes, konkretes Datum vereinbart werden, etwa der 31.12. des Vorjahres der Trennung der Eheleute. Der 31.12. des Vorjahres der Trennung bietet sich oft aus mehreren Gründen an: Zum einen liegt das Datum zeitlich vor der Trennung, weshalb unwahrscheinlich ist, dass schon illoyale Vermögensverschiebungen stattgefunden haben. Zum anderen gibt es zu dem Datum regelmäßig Wertmitteilungen der Lebensversicherungen und der Banken über Depots und Anlagen, so dass Auskünfte ohne Aufwand beschafft werden können. 4

5 [2] **Neuregelung.** Zu beachten ist, dass es durch die Güterrechtsreform ab 1.9.2009 zu einer gesetzlich Änderung des Berechnungszeitpunktes für die Höhe der Ausgleichsforderung kam. Nunmehr gilt gem. § 1384 die Rechtshängigkeit des Ehescheidungsantrages nicht nur als **Berechnungsdatum für den Zugewinn,** sondern auch **für die Höhe der Ausgleichsforderung.** Damit wollte der Gesetzgeber Ungerechtigkeiten beseitigen, die entstehen konnten, wenn es nach der Rechtshängigkeit des Scheidungsantrages zu Vermögensminderungen beim Ausgleichspflichtigen kam.

§ 1385 Vorzeitiger Zugewinnausgleich des ausgleichsberechtigten Ehegatten bei vorzeitiger Aufhebung der Zugewinngemeinschaft

Der ausgleichsberechtigte Ehegatte kann vorzeitigen Ausgleich des Zugewinns bei vorzeitiger Aufhebung der Zugewinngemeinschaft verlangen, wenn

1. **die Ehegatten seit mindestens drei Jahren getrennt leben,**
2. **Handlungen der in § 1365 oder § 1375 Absatz 2 bezeichneten Art zu befürchten sind und dadurch eine erhebliche Gefährdung der Erfüllung der Ausgleichsforderung zu besorgen ist,**
3. **der andere Ehegatte längere Zeit hindurch die wirtschaftlichen Verpflichtungen, die sich aus dem ehelichen Verhältnis ergeben, schuldhaft nicht erfüllt hat und anzunehmen ist, dass er sie auch in Zukunft nicht erfüllen wird, oder**
4. **der andere Ehegatte sich ohne ausreichenden Grund beharrlich weigert oder sich ohne ausreichenden Grund bis zur Erhebung der Klage auf Auskunft beharrlich geweigert hat, ihn über den Bestand seines Vermögens zu unterrichten.**

1 A. Muster: Antrag auf vorzeitigen Zugewinnausgleich

▶ Amtsgericht – Familiengericht[1]

Antrag[2]

■■■ (volles Rubrum)

wegen: vorzeitigen Zugewinnausgleich[3]

Namens und in Vollmacht der Antragstellerin leiten wir ein Verfahren ein und beantragen:

1. Die Zugewinngemeinschaft wird vorzeitig aufgehoben.
2. Der Antragsgegner wird – im Wege der Stufenklage – verpflichtet,
   a) der Klägerin Auskunft[4] zu erteilen über den Bestand seines Vermögens zu dem Zeitpunkt ■■■ (zB Rechtshängigkeit des Verfahrens) durch Vorlage eines vollständigen und wahrheitsgemäßen Bestandsverzeichnisses getrennt nach Aktiva und Passiva,
   b) die Auskünfte zu belegen durch Vorlage ■■■
   c) die Vollständigkeit und Richtigkeit der erteilten Auskunft gegebenenfalls noch an Eides Statt zu versichern
   d) nach erteilter Auskunft einen noch zu beziffernden Zugewinnausgleich an die Klägerin zu zahlen.

Gründe:

Die Parteien sind verheiratet seit ■■■ Sie leben im gesetzlichen Güterstand der Zugewinngemeinschaft.

Am ■■■ zog der Ehemann aus der ehelichen Wohnung aus und wendete sich einer anderen Partnerin zu. Seitdem leben die Eheleute voneinander getrennt.[5]

In der letzten Zeit des Zusammenlebens hat der Ehemann keinen Einblick mehr in seine finanziellen Angelegenheiten gewährt, insbesondere hat er seine kompletten Bankunterlagen zu seinen Kapitalanlagen verschlossen und der Ehefrau jegliche Auskünfte verwehrt, indem er ihr u.a. sagte „mein Geld geht Dich nichts an."

Damit sich die Ehefrau einen Überblick über das Vermögen und etwaige Vermögensbewegungen des Ehemannes machen konnte, wurde der Ehemann durch anwaltliches Schreiben aufgefordert, einen Überblick über seine wesentlichen Vermögensbestandteile zu erstellen und über getätigte Vermögensbewegungen zu unterrichten.[6]

Beweis: in Kopie Schreiben RA ■■■

Darauf hat der Ehemann nicht reagiert. Er wurde deshalb erneut angeschrieben.

Beweis: in Kopie Schreiben RA ■■■

In einem Brief teilte er dann mit, keine Auskunft erteilen zu wollen und nach seiner Ansicht dazu auch noch nicht verpflichtet zu sein, da ein Ehescheidungsantrag noch nicht bei Gericht eingereicht sei und der gesetzliche Stichtag zur Berechnung des Zugewinns noch nicht begründet wäre.

Beweis: in Kopie Schreiben Beklagter

Es ist deshalb von einer beharrlichen Verweigerung zur Informationspflicht auszugehen, weshalb ein vorzeitiger Zugewinnausgleich bei Aufhebung der Zugewinngemeinschaft nach §§ 1385 Nr. 4, 1386 BGB in Betracht kommt.

2 begl. Abschriften anliegend ◄

B. Erläuterungen

[1] **Zuständigkeit.** Für das Verfahren ist das Familiengericht gem. § 111 Nr. 9 FamFG zuständig. Die örtliche Zuständigkeit richtet sich nach § 262 Abs. 2 FamFG, sofern noch keine Ehesache anhängig war oder ist, sonst ist nach § 262 Abs. 1 FamFG das Gericht der Ehesache zuständig. 2

[2] **Form.** Für das Verfahren herrscht Anwaltszwang, § 114 Nr. 1 FamFG. Die Parteien sind Antragsteller/in und Antragsgegner/in (früher Kläger/in und Beklagte/r); seit dem 1.9.2009 gibt es eine neue Terminologie für Verfahrensbezeichnungen und Verfahrensbeteiligte gem. § 113 FamFG. 3

[3] **Doppelte Zielrichtung.** Das Muster behandelt den Fall, dass ein Ehemann auf **vorzeitige Beendigung des Güterstandes** und gleichzeitig auf **vorzeitigen Zugewinnausgleich** in Anspruch genommen wird, weil er in der Trennungszeit keine Auskünfte über seine Vermögenssituation erteilt hat gem. § 1385 Nr. 4. 4

Die Vorschrift des § 1385, wie auch des § 1386 wurden mit der Güterrechtsreform ab 1.9.2009 umfassend neu gestaltet. Im Gegensatz zu früher kann nun der Zugewinn begehrende Ehegatte nach § 1385 den Güterstand der Zugewinngemeinschaft durch Gestaltungsklage beenden und gleichzeitig Zahlung eines Zugewinnausgleiches verlangen (**Gestaltungs- und Leistungsklage**). Das neue Recht bietet dem Ehegatten nunmehr zwei Möglichkeiten: 5

Zum einen kann er sich durch eine reine Gestaltungsklage aus der Zugewinngemeinschaft lösen. Das kann sich etwa anbieten, wenn ein Ehegatte noch gar nicht sicher davon ausgeht, eine Ausgleichsforderung zu haben. Zum anderen kann ein Ehegatte gleichzeitig seinen Anspruch auf Zugewinnausgleich mit einklagen und nicht mehr (wie früher) den umständlichen Weg gehen, zunächst eine Gestaltungsklage auf vorzeitigen Ausgleich des Zugewinns zu erheben, um dann später nach Rechtskraft des gestaltenden Urteils eine Auskunfts- und Leistungsklage einzureichen. 6

7 Gleichzeitig kann der ausgleichsberechtigte Ehegatte nach neuem Recht auch besser **vor illoyalen Vermögensminderungen geschützt** werden. Nach der Reform ist davon auszugehen, dass der Zugewinnausgleichsanspruch sogleich mit einem **Arrestantrag** gem. § 916 ZPO als Sicherungsmittel im Rahmen vorläufigen Rechtschutzes verbunden werden kann (vgl im einzelnen zum Antrag auf Arrest bzw Sicherheitsleistung Muster bei § 1378 Rn 26 ff). Mit der Reform wurde insbesondere § 1389 aufgehoben, der früher einen vorläufigen Rechtsschutz bot.

8 [4] Aus § 1385 Nr. 4 ergibt sich der **Auskunftsanspruch**. Er entspricht im Wesentlichen dem früheren § 1386 Abs. 3, der bis zum 1.9.2009 galt. Im Rahmen der **vorgerichtlichen Informationspflicht** vor dem gesetzlichen Stichtag wird keine detaillierte Auskunft und keine Vorlage eines Bestandsverzeichnisses geschuldet, ebenso keine Vorlage von Belegen, § 260 gilt nicht (vom Anspruch gem. § 1379 Abs. 1 Nr. 1 abgesehen). Vielmehr richtet sich der Anspruch nur auf eine Information über die wesentlichen Vermögensbestandteile und getätigte Vermögensbewegungen in groben Zügen (OLG Nürnberg FuR 2000, 294). Er ist Ausfluss der allgemeinen Wirkungen der Ehe gem. § 1353.

9 Der **Umfang des gerichtlichen Auskunftsanspruchs** nach § 1385 dürfte umfassender und vergleichbar mit dem Auskunftsanspruch gem. § 1379 sein, weil andernfalls der aus § 1385 sich ergebende Anspruch auf Zahlung eines Zugewinnausgleichs nicht korrekt berechnet werden könnte. Deshalb wird im Musterbeispiel auch ein umfassender Auskunftsanspruch aufgeführt, in mehreren Stufen einschließlich (neuer seit 1.9.2009 geltender und sich aus § 1379 Abs. 1 ergebender) Belegpflicht. Letztlich wird die Rechtsprechung nach der Güterrechtsreform dazu aber abzuwarten sein.

Die Stufenklage dürfte regelmäßig in Betracht kommen, um zunächst Auskunft über den Bestand des Vermögens zu erhalten. Möglich ist natürlich auch die sofortige Einleitung eines Zahlungsverfahrens, wenn der Zugewinn bereits berechnet werden kann.

10 [5] Die **Angabe zur Trennungszeit** erscheint sinnvoll, weil ein Verfahren auf vorzeitigen Zugewinnausgleich regelmäßig nur in Betracht kommen dürfte, wenn die Parteien noch nicht ein Jahr voneinander getrennt leben (vom Fall des dreijährigen Getrenntlebens nach § 1385 Nr. 1 abgesehen), denn ansonsten bestünde die Möglichkeit, einen Scheidungsantrag nach § 1566 Abs. 1 zu stellen, den gesetzlichen Stichtag zu begründen und den Zugewinn dann geltend zu machen. Hier geht es aber gerade um den „vorzeitigen" Zugewinnausgleich, also vor Ablauf des Trennungsjahres, sodass die Trennungszeit mitgeteilt werden sollte.

11 [6] **Erfolglose Aufforderung.** Gem. § 1385 Nr. 4 wird eine **beharrliche Verweigerung** der vorgerichtlichen Informationspflicht verlangt. Dazu sollte der andere Ehegatte mehrfach erfolglos angeschrieben worden sein. Falls seitens des anderen Ehegatten eine ausdrückliche Ablehnung erklärt worden ist, kann evtl auch ein einmaliges Aufforderungsschreiben genügen. Wichtig ist, dass man erkennt, dass sich der Schuldner seiner Informationspflicht wirklich entziehen will.

§ 1386 Vorzeitige Aufhebung der Zugewinngemeinschaft

Jeder Ehegatte kann unter entsprechender Anwendung des § 1385 die vorzeitige Aufhebung der Zugewinngemeinschaft verlangen.

A. Vorzeitige Aufhebung der Zugewinngemeinschaft

I. Muster: Vorzeitige Aufhebung der Zugewinngemeinschaft 1

▶ Amtsgericht – Familiengericht[1]

Verfahren[2] 940

Volles Rubrum

Namens und in Vollmacht der Antragstellerin beantragen wir:

Die Zugewinngemeinschaft wird vorzeitig aufgehoben.

Gründe:

Die Parteien sind miteinander verheiratet. Sie leben im gesetzlichen Güterstand der Zugewinngemeinschaft. Sie leben noch innerhalb des ehelichen Hauses zusammen.

Wie die Antragstellerin erfahren hat, unterhält der Antragsgegner seit geraumer Zeit eine außereheliche Beziehung zu einer anderen Frau. Dies hat er in einem Streitgespräch am … selbst zugegeben, was unstreitig sein dürfte. Der Antragsgegner hat erklärt, dass er sich trennen werde.

Von dritter Seite ist der Antragstellerin nun zugetragen worden, dass der Antragsgegner seiner Ehefrau kein Vermögen zurücklassen wolle, wörtlich bekundete er, er „denke gar nicht daran", seiner Frau „auch nur einen Cent zu geben".[3]

Beweis: Zeugnis …

Die Antragstellerin musste zudem feststellen, dass der Antragsgegner bereits vor Monaten sein Wertpapierdepot bei der …-Bank … aufgelöst hat.

Beweis: Einzuholende Bankauskunft

Der Verbleib des Erlöses ist bislang ungeklärt. Darauf von der Ehefrau am … angesprochen äußerte der Beklagte: „Das geht Dich gar nichts an". Es ist zu vermuten, dass der Ehemann bereits Handlungen vorgenommen hat, sein Vermögen zu mindern, um die Ehefrau beim Zugewinn zu benachteiligen.

… ◀

II. Erläuterungen

[1] **Zuständig** für das Verfahren das **Familiengericht** gem. § 111 Nr. 9 FamFG. Die örtliche Zuständigkeit richtet sich nach § 262 Abs. 2 FamFG. 2

[2] **Klageart.** Bei dem Muster handelt es sich um eine reine **Gestaltungsklage**, mit dem sich ein Ehegatte aus der Zugewinngemeinschaft lösen will. Diese reine Gestaltungsklage ist neu durch die Güterrechtsreform zum 1.9.2009 eingeführt worden durch Neufassung des § 1386. Darauf kann nun geklagt werden, wenn eine der Tatbestände des (ebenfalls neu gestalteten) § 1385 Nr. 1 bis 4 vorliegen. Hier im Muster wurde beispielhaft § 1385 Nr. 2 zugrunde gelegt, nämlich eine Gefährdung der Ausgleichsforderung. Denkbar ist nunmehr auch, **Gestaltungsklage und Leistungsklage** miteinander zu kombinieren, also gleichzeitig zu erheben, vgl Muster zu § 1385 Rn 1 ff. 3

[3] **Anspruchsvoraussetzungen.** Es reicht seit dem 1.9.2009, dass eine **„Gefährdung"** der Erfüllung des Auskunftsanspruches zu besorgen ist gem. § 1385 Nr. 2. Früher war noch verlangt worden, dass bereits vermögensmindernde Handlungen nach § 1375 Abs. 2 vorgenommen worden waren. Dies wurde zum Schutz des ausgleichsberechtigten Ehegatten geändert und erleichtert. Nach dem Regierungsentwurf reicht zB aus, 4

- dass ein Ehegatte, der sein Vermögen in Aktien und Festgeldkonten angelegt hat, nach der Trennung beginnt, die Aktien zu veräußern und die Festgeldkonten aufzulösen und das Geld auf sein Girokonto transferiert, ohne dass ein wirtschaftlicher Grund ersichtlich ist,

– dass eine Ehefrau, die Alleineigentümerin einer Eigentumswohnung ist und die einen erheblichen Teil ihres Vermögens darstellt, diese Kapitalanlage nach der Trennung zum Verkauf inseriert, obwohl dies wirtschaftlich nicht sinnvoll erscheint.

An die **Darlegungslast** hinsichtlich eines vorzeitigen Zugewinnausgleiches werden keine allzu hohen Anforderungen gestellt. Neu ist auch, dass nunmehr „jeder“ Ehegatte die Möglichkeit einer Gestaltungsklage hat. Somit kann sich auch der ausgleichsverpflichtete Ehegatte dieser Möglichkeit bedienen.

B. Verfahrenskostenhilfe und Zustellung

5 **I. Muster: Antrag auf Verfahrenskostenhilfe mit Antrag auf sofortige Zustellung**

▶ Ferner wird unter Überreichung der Unterlagen gem. § 114 ZPO beantragt,
der Antragstellerin Verfahrenskostenhilfe unter Beiordnung von RA ... zu bewilligen.
Darüber hinaus wird gem. § 14 Ziffer a oder b GKG beantragt,[1]
die Antragsschrift auch schon vor Bewilligung von Prozesskostenhilfe zuzustellen.

Begründung[2]

Die Antragstellerin ist außerstande die Gerichtskosten aus eigenen Mitteln einzuzahlen. Deshalb muss Verfahrenskostenhilfe beantragt werden. Eine sofortige Zustellung der Klage ist hier bereits vor Bewilligung von Verfahrenskostenhilfe geboten, weil der Antragstellerin ansonsten ein wirtschaftlicher Nachteil drohen würde, denn es ist zu befürchten, dass der Antragsgegner sein Vermögen weiter in Benachteiligungsabsicht verändert. Wie bereits der Antragsbegründung in der Hauptsache zu entnehmen ist, handelt der Antragsgegner zu Lasten der Antragstellerin, weshalb ihr Ausgleichsanspruch gefährdet ist. ◀

II. Erläuterungen

6 [1] **Gerichtskosten.** Der Mandantschaft sollte unbedingt empfohlen werden, zumindest die Gerichtskosten aus eigenen Mitteln einzuzahlen, damit der Verfahrensantrag sofort zugestellt wird und somit der Stichtag gem. § 1387 begründet wird. Verfahrenskostenhilfe kann auch noch zu einem späteren Zeitpunkt beantragt werden.

7 [2] **Antrag auf sofortige Zustellung.** Sollte der Mandantschaft nicht einmal die Einzahlung der Gerichtskosten möglich sein, ist wichtig, einen Antrag nach § 14 GKG zu stellen, um die sofortige Zustellung abweichend von den § 12 GKG zu bewirken.

§ 1387 Berechnungszeitpunkt des Zugewinns und Höhe der Ausgleichsforderung bei vorzeitigem Ausgleich oder vorzeitiger Aufhebung

In den Fällen der §§ 1385 und 1386 tritt für die Berechnung des Zugewinns und für die Höhe der Ausgleichsforderung an die Stelle der Beendigung des Güterstands der Zeitpunkt, in dem die entsprechenden Klagen erhoben sind.

§ 1388 Eintritt der Gütertrennung

Mit der Rechtskraft der Entscheidung, die die Zugewinngemeinschaft vorzeitig aufhebt, tritt Gütertrennung ein.

§ 1389 (aufgehoben)

§ 1390 Ansprüche des Ausgleichsberechtigten gegen Dritte

(1) [1]Der ausgleichsberechtigte Ehegatte kann von einem Dritten Ersatz des Wertes einer unentgeltlichen Zuwendung des ausgleichspflichtigen Ehegatten an den Dritten verlangen, wenn

1. der ausgleichspflichtige Ehegatte die unentgeltliche Zuwendung an den Dritten in der Absicht gemacht hat, den ausgleichsberechtigten Ehegatten zu benachteiligen und
2. die Höhe der Ausgleichsforderung den Wert des nach Abzug der Verbindlichkeiten bei Beendigung des Güterstands vorhandenen Vermögens des ausgleichspflichtigen Ehegatten übersteigt.

[2]Der Ersatz des Wertes des Erlangten erfolgt nach den Vorschriften über die Herausgabe einer ungerechtfertigten Bereicherung. [3]Der Dritte kann die Zahlung durch Herausgabe des Erlangten abwenden. [4]Der ausgleichspflichtige Ehegatte und der Dritte haften als Gesamtschuldner.

(2) Das Gleiche gilt für andere Rechtshandlungen, wenn die Absicht, den Ehegatten zu benachteiligen, dem Dritten bekannt war.

(3) [1]Die Verjährungsfrist des Anspruchs beginnt mit der Beendigung des Güterstands. [2]Endet der Güterstand durch den Tod eines Ehegatten, so wird die Verjährung nicht dadurch gehemmt, dass der Anspruch erst geltend gemacht werden kann, wenn der Ehegatte die Erbschaft oder ein Vermächtnis ausgeschlagen hat.

A. Muster: Herausgabeanspruch gegen Dritten 1

942

► An das

Amtsgericht ...[1]

Familiengericht

Antrag

der Frau

Prozessbevollmächtigte: RAe ...

gegen

Frau ...

wegen: Forderung

Wert: 25.000 EUR

Namens und in Vollmacht der Antragstellerin leiten wir ein Verfahren ein und beantragen,

die Antragsgegnerin zu verpflichten, 25.000 EUR an die Antragstellerin zu zahlen.[2]

Gründe:

Mit dem Antrag wird ein Anspruch nach § 1390 Abs. 1 BGB geltend gemacht, weil die Antragsgegnerin in entsprechender Höhe einen Geldbetrag vom Ehemann der Antragstellerin erhielt, in der Absicht, die Antragstellerin zu benachteiligen. Im Einzelnen liegt folgender Sachverhalt zugrunde:

Die Antragstellerin war mit Herrn ... verheiratet. Ihre Ehe wurde geschieden durch Beschluss des AG ... am ...

Beweis: Beiziehung der Akte ...

Die Antragstellerin lebte mit ihrem Ehemann im gesetzlichen Güterstand der Zugewinngemeinschaft. Da der Ehemann einen wesentlich höheren Zugewinn erzielt hatte als die Ehefrau stand dieser ein Ausgleichsanspruch zu in Höhe von ..., der sich wie folgt berechnete ...[3] Der Ausgleichsanspruch wurde auch im Rahmen des Ehescheidungsverfahrens gerichtlich geltend gemacht im Rahmen einer Folgesache.

Beweis: wie vor

Der vorgenannte Zugewinnausgleichsanspruch ergab sich unter Zugrundelegung der Vermögensverhältnisse zum Zeitpunkt der Rechtshängigkeit des Ehescheidungsantrages iSd § 1384 BGB am ...[4]

Wie sich herausstellte, hat der Ehemann nach Rechtshängigkeit des Ehescheidungsantrages von seinem Wertpapierdepot Anlagen im Wert von 25.000 EUR auf seine neue Partnerin, die Antragsgegnerin übertragen. Der Ehemann wurde dann zwar zur Zahlung eines Zugewinnausgleiches verurteilt unter Einbezug der übertragenen 25.000 EUR. Das Vermögen des Antragsgegners ist zum Zeitpunkt der Beendigung des Güterstandes faktisch reduziert um den genannten Betrag, weshalb eine Realisierung der Zugewinnausgleichsforderung fragwürdig erscheint insbesondere auch wegen der unsicheren zukünftigen Vermögensentwicklung des Ehemannes, der zudem behauptete, dass sich der Wert seines Aktiendepots aufgrund allgemeinen Kursverfalls erheblich reduziert habe.

Offensichtlich wollte der Antragsgegner seine Ehefrau im Rahmen des Zugewinnausgleiches benachteiligen in Höhe eines Betrages von 25.000 EUR. Anders ist es nicht zu erklären, dass er seiner Partnerin einen Geldbetrag in der Höhe zuwendete.[5]

Der Betrag von 25.000 EUR übersteigt das gesamte noch vorhandene Endvermögen des Ehemannes.[6]

Die Antragsgegnerin ist ungerechtfertigt bereichert und zur Zahlung des Betrages verpflichtet gem. § 1390 BGB.[7]

Nachdem der Sachverhalt bekannt wurde, ist die Antraggegnerin aufgefordert worden, den Betrag an die Antragstellerin herauszuzahlen.

Beweis:

Da sie sich weigert, ist ein gerichtliches Verfahren geboten.[8] ◄

B. Erläuterungen

2 [1] Die **Zuständigkeit** des **Familiengerichts** richtet sich nach § 111 Nr. 9 FamFG. Es handelt sich um eine Güterrechtssache, § 261 FamFG.

3 [2] **Anspruchsart.** Einzuleiten ist ein **Zahlungsverfahren**, weil das Erlangte in Geld bestand. Ansonsten geht der Anspruch auf Duldung der Zwangsvollstreckung in die erlangten Gegenstände (Palandt/*Brudermüller* § 1390 Rn 6). Der Anspruch richtet sich nach §§ 812 ff (Hk-BGB/*Kemper* § 1390 Rn 5).

4 [3] Die **Darlegungs- und Beweislast** trägt der Ehegatte (Palandt/*Brudermüller* § 1390 Rn 9). Es ist eine genaue Sachverhaltsschilderung erforderlich, insbesondere muss eine **Berechnung des Zugewinnausgleichsanspruches** erfolgen, der im Einzelnen darzulegen ist.

5 [4] **Zugewinnberechnung.** Der Berechnungszeitpunkt des Zugewinns bei einer Scheidung richtet sich nach § 1384. Zu beachten ist, dass diese Vorschrift durch die Güterrechtsreform umgestaltet wurde. Früher war für die Berechnung des Zugewinns zunächst auf den Zeitpunkt der Rechtshängigkeit des Ehescheidungsantrages abzustellen, wobei sich die Höhe der Ausgleichsforderung über § 1378 Abs. 2 aber reduzieren konnte, sofern zum Zeitpunkt der Beendigung des Güterstandes gem. § 1384 aF nur noch ein geringeres Vermögen vorhanden war. Damit klaffte eine Lücke zwischen den beiden Zeitpunkten, die häufig zu Manipulationen seitens des ausgleichspflichtigen Ehegatten genutzt wurde. Mit der Reform wurde dies geändert. Die beiden Zeitpunkte wurden aufeinander abgestimmt. Nunmehr ist sowohl für die Berechnung des Zugewinns als auch für die Berechnung der Höhe der Ausgleichsforderung gem. § 1384 nF auf den Zeitpunkt der Rechtshängigkeit des Scheidungsantrages abzustellen.

6 [5] **Unentgeltliche Zuwendung.** Eine Voraussetzung für die erfolgreiche Geltendmachung der Forderung gegen den Dritten ist, dass der ausgleichspflichtige Ehegatte die unentgeltliche Zuwendung machte, um den anderen Ehegatten zu benachteiligen, § 1390 Abs. 1 Nr. 1.

7 [6] **Höhe des Vermögens.** Weitere Tatbestandsvoraussetzung für ein erfolgreiches Verfahren gegen den Dritten ist, dass die Forderung das gesamte Vermögen des „illoyalen" Ehegatten übersteigt, § 1390 Abs. 1 Nr. 2.

[7] **Gesamtschuldnerische Haftung.** Nach der Reformierung des § 1390 kann nunmehr auf Zahlung geklagt werden, nicht mehr nur auf Herausgabe des Erlangten. Der Dritte und der ausgleichspflichtige Ehegatte haften zudem als Gesamtschuldner. 8

[8] **Sicherungsmaßnahme.** Nachdem § 1390 Abs. 4 aF seit 1.9.2009 entfallen ist, der eine besondere vorläufige Sicherungsmaßnahme vorsah, kommt eine Sicherung des Zahlungsanspruches ggf nach den allgemeinen Vorschriften des einstweiligen Rechtsschutzes in Betracht. 9

§§ 1391 bis 1407 (weggefallen)

Untertitel 2 Vertragliches Güterrecht

Kapitel 1 Allgemeine Vorschriften

§ 1408 Ehevertrag, Vertragsfreiheit

(1) Die Ehegatten können ihre güterrechtlichen Verhältnisse durch Vertrag (Ehevertrag) regeln, insbesondere auch nach der Eingehung der Ehe den Güterstand aufheben oder ändern.
(2) Schließen die Ehegatten in einem Ehevertrag Vereinbarungen über den Versorgungsausgleich, so sind insoweit die §§ 6 und 8 des Versorgungsausgleichsgesetzes anzuwenden.

A. Vorsorgender Ehevertrag

I. Muster: Vorsorgender Ehevertrag 1

▶ Verhandelt zu ■■■

Vor Notar ■■■[1] 943

Es erschienen:

1. Frau ■■■, geb. ■■■, wohnhaft ■■■
2. Herr ■■■ geb. ■■■, wohnhaft■■■

Die Erschienenen erklären:

Wir sind beide deutsche Staatsangehörige. Wir beabsichtigen, in Kürze zu heiraten.

Unsere persönlichen Verhältnisse sind wie folgt: ■■■.[2]

Keiner befindet sich in einer Drucksituation. Es besteht aktuell keine Schwangerschaft. Der Vertragsentwurf beruht auf einem Vorgespräch von uns beiden mit dem Notar am ■■■. Der schriftliche Vertragsentwurf liegt uns seit mehr als zwei Wochen vor, so dass wir ausreichend Zeit hatten, uns über den Inhalt des Vertrages Gedanken zu machen.[3]

Für unsere künftige Ehe wollen wir eine Vereinbarung zum Güterstand und zum Unterhalt treffen. Dies vorausgeschickt schließen wir folgenden

Ehevertrag:[4]

I. Güterrecht

1. Wir schließen hiermit den gesetzlichen Güterstand der Zugewinngemeinschaft aus und vereinbaren stattdessen den Güterstand der Gütertrennung.[5]
   Der Notar hat uns darüber belehrt, dass durch Vereinbarung der Gütertrennung bei Beendigung unserer Ehe kein Zugewinnausgleich erfolgt. Uns ist bekannt, dass weder im Falle der Beendigung der Ehe durch Scheidung ein Ausgleich des Zugewinns gefordert werden kann, noch im Falle der Beendigung der Ehe durch Tod eine Erhöhung der gesetzlichen Erbquote des überlebenden Ehegatten erfolgt.
2. Keiner von uns soll den Beschränkungen der §§ 1365 und 1369 BGB unterworfen sein.[6] Jeder Ehegatte ist also berechtigt, ohne Zustimmung des anderen Ehegatten über sein Vermögen im Ganzen und auch über die ihm gehörenden Haushaltsgegenstände frei zu verfügen.
3. Wir beantragen die Eintragung der vorstehenden Vereinbarung in das Güterrechtsregister.[7] Der Notar soll jedoch die Eintragung nur auf besondere schriftliche Anweisung von wenigstens einem von uns veranlassen.

II. Versorgungsausgleich

Hinsichtlich des Versorgungsausgleiches wollen wir keine Vereinbarungen treffen. Insoweit soll es bei der gesetzlichen Regelung verbleiben.[8]

III. Nachehelicher Unterhalt

Für den Fall einer Scheidung verzichten wir wechselseitig auf jeglichen nachehelichen Unterhalt gem. §§ 1569 ff BGB und nehmen den Verzicht gegenseitig an.

Der Notar hat uns ausführlich über die Bedeutung des Unterhaltsverzichtes belehrt. Uns ist insbesondere bekannt, dass jeder Ehegatte nach einer Scheidung selbst für seinen Unterhalt aufkommen muss.[9]

IV. Kosten

Die Kosten tragen wir zu je 1/2. ◄

II. Erläuterungen und Varianten

2 [1] **Form.** Die **notarielle Beurkundung** ist in den meisten Fällen eines Ehevertrages zwingend erforderlich, insbesondere wenn Regelungen zum Güterrecht, zum Versorgungsausgleich und zum nachehelichen Unterhalt getroffen werden, § 1410. Ein Vertrag, der nicht der Form des § 1410 genügt, ist formnichtig und damit ohne jegliche rechtliche Verbindlichkeit. Höchste Vorsicht ist für den Anwalt bei der Mitwirkung an privatschriftlichen Verträgen geboten. Ein Verstoß gegen § 1410 führt zur Nichtigkeit des Ehevertrages (Hk-BGB/*Kemper* § 1410 Rn 4), was Haftungsfolgen nach sich zieht.

3 [2] **Vorbemerkung/Präambel.** Eine ausführliche Darlegung der persönlichen Verhältnisse ist zwar rechtlich nicht notwendig, aber unbedingt zu empfehlen, um den Status bei Vertragsabschluss festzuhalten. Dies kann bei einer etwaigen späteren gerichtlichen Überprüfung des Ehevertrages von Bedeutung sein. Deshalb sollten in einer Vorbemerkung/Präambel aufgenommen werden:

- Angaben über ausgeübte berufliche Tätigkeiten der Ehegatten,
- deren Einkommen, Schulden, bereits bestehende Unterhaltsverpflichtungen etc.,
- Vermögenssituation,
- persönliche Verhältnisse, wie Bestehen/Nichtbestehen einer Schwangerschaft, bereits vorhandene Kinder, Krankheiten,
- weitere Lebensplanung, etwa zur Erwerbssituation, Kinderwunsch.

[3] **Wirksamkeitsvoraussetzungen.** Nach neuerer Rechtsprechung (BVerfG NJW 2001, 2248, BGH FamRZ 2004, 550, BGH NJW 2005, 138,140; 1372; 2386, 2391) kommt es für die Wirksamkeit von Eheverträgen darauf an, dass **keine einseitige, unangemessene Benachteiligung eines Ehepartners** vorliegt, also keine „Drucksituation" für einen Vertragspartner gegeben ist. Nach der grundlegenden Entscheidung des BGH zur Wirksamkeit von Eheverträgen (BGH Urt. v. 11.2.2004 in FamRZ 2004, 550) wird im Rahmen einer gerichtlichen Überprüfung eine **„Wirksamkeitskontrolle"** und ggf noch eine **„Ausübungskontrolle"** durchgeführt. Dabei sind die persönlichen und wirtschaftlichen Verhältnisse bei Vertragsabschluss und die Lebensplanung der Eheleute von Bedeutung. Um einem späteren Einwand der Benachteiligung vorzubeugen ist es auch sinnvoll, in den Vertrag aufzunehmen, dass der Vertragsentwurf von den Eheleuten wohl überlegt ist und beiden Ehegatten vor der Beurkundung längere Zeit vorlag. 4

[4] Es handelt sich um den Mustervertrag eines **vorsorgenden Ehevertrages**, der vor der Ehe geschlossen wird. 5

[5] **Verschiedene Vermögensregelungen.** Vermögensrechtlich wurde als Beispiel eine **reine Gütertrennung** vorgesehen. Die Gütertrennung hat aber vielfach **Nachteile**, auf die in der Beratung unbedingt hinzuweisen sind, zB 6

- wenn die Ehe glücklich verläuft und die Ehe durch Tod endet, entfällt für den überlebenden Ehegatten der Steuerfreibetrag gem. § 5 ErbStG (steuerlicher Freibetrag für Zugewinnausgleich),
- völliger Ausschluss des Zugewinns bei Tod,
- völliger Ausschluss des Zugewinns bei Scheidung,
- Veränderung des Ehegattenerbrechts,
- Pflichtteilsansprüche von Kindern können sich erhöhen.

Zu Recht wird der Güterstand der Gütertrennung heute nur noch **wenig empfohlen** wegen der damit verbundenen Nachteile. Soweit Mandanten trotzdem in der Beratung die Gütertrennung wünschen, sollten sie **schriftlich vom Anwalt auf die möglichen Nachteile hingewiesen** werden. Dies ist zur Vermeidung von Haftungsrisiken wichtig. Wenn sich eine schriftliche Belehrung des Mandanten in der Handakte befindet, ist dies eine Absicherung für den Anwalt. Alternativ sind folgende ehevertragliche Regelungen denkbar, die als **Modifikationen des gesetzlichen Güterstandes** in Betracht kommen können:

▶ **Ausschluss des Zugewinnausgleiches bei Scheidung**

Für unsere Ehe soll grundsätzlich der gesetzliche Güterstand der Zugewinngemeinschaft gelten, jedoch mit folgender Änderung:

Sollte unser Güterstand auf andere Weise als durch Tod von einem von uns beendet werden, insbesondere durch Scheidung unserer Ehe, so schließen wir den Ausgleich des Zugewinns vollständig aus. Im Übrigen bleibt es beim gesetzlichen Güterstand, insbesondere beim Zugewinnausgleich im Falle des Todes. ◀

Bei dem vorgenannten Muster behalten die Ehegatten die Vorteile der Zugewinngemeinschaft, wenn ihre Ehe glücklich verläuft, also durch Tod endet. Insbesondere behalten sie einen Zugewinnausgleich im Todesfall bei, wonach der überlebende Ehegatte einen pauschalen Zugewinnausgleich über § 1371 erhält durch Erhöhung des gesetzlichen Erbrechts um 1/4 (**sog. erbrechtliche Lösung**). Der überlebende Ehegatte behält auch den steuerlichen Vorteil gem. § 5 Abs. 1 ErbStG, wonach der Betrag, den der überlebende Ehegatte bei der sog. „güterrechtlichen Lösung" hätte verlangen können, steuerfrei bleibt. Will man einen Zugewinnausgleich bei kurzer Ehe ausschließen, bietet sich folgendes Muster an:

▶ **Zugewinnausgleich nicht bei kurzer Ehedauer**

Für unsere Ehe soll grundsätzlich der gesetzliche Güterstand der Zugewinngemeinschaft gelten, jedoch mit folgender Änderung:

Sollte einer von uns innerhalb 5 nach Eheschließung einen Antrag auf Scheidung der Ehe stellen, in dessen Folge die Ehe geschieden wird, so findet ein Zugewinnausgleich nicht statt. Im Übrigen verbleibt es beim gesetzlichen Zugewinnausgleich, insbesondere auch im Todesfall eines Ehegatten innerhalb der ersten 5 Jahre. ◀

Denkbar ist auch, die Höhe des Zugewinnausgleiches „zu deckeln" je nach Dauer der Ehe:

▶ Für unsere Ehe soll grundsätzlich der gesetzliche Güterstand der Zugewinngemeinschaft gelten, jedoch mit folgender Änderung:

Sollte die Ehe auf andere Weise als durch Tod eines von uns beendet werden, insbesondere durch Scheidung der Ehe, vereinbaren wir, dass die Ausgleichsforderung eines Ehegatten bei einer Ehedauer von nicht mehr als fünf Jahren auf höchstens 100.000 EUR und bei einer Ehedauer von mehr als fünf Jahren auf höchstens 250.000 EUR begrenzt wird. Auf darüber hinausgehende Zugewinnausgleichsansprüche verzichten wir hiermit gegenseitig. Den Verzicht nehmen wir jeweils an.

Unter Ehedauer ist die Zeit zwischen dem Tag der Eheschließung und dem Eintritt der Rechtshängigkeit des Ehescheidungsantrages zu verstehen. ◀

Möglich ist auch, einzelne Vermögenswerte aus dem Zugewinnausgleich herauszunehmen, was sich insbesondere anbieten kann, wenn ein Ehegatte einen Gewerbebetrieb, ein Unternehmen oder eine Praxis hat, die im Falle einer Scheidung nicht bewertet werden soll, weil ein Einbezug den Unternehmer-Ehegatten im Scheidungsfall in existentielle Schwierigkeiten bringen könnte. Dazu folgendes Muster:

▶ **Ausklammerung von Vermögenswerten**

Für unsere Ehe soll grundsätzlich der gesetzliche Güterstand der Zugewinngemeinschaft gelten, jedoch mit folgender Änderung:

Für den Fall, dass unser Güterstand auf andere Weise als durch Tod eines Ehegatten endet, insbesondere durch Scheidung unserer Ehe, sollen folgende Vermögensgegenstände voll umfänglich aus dem Zugewinnausgleich ausgenommen sein:

1. das Unternehmen des Ehemannes, welches derzeit unter dem Namen „x-GmbH" in ■■■ firmiert;
2. das Hausgrundstück ■■■.

Wir sind uns darüber einig, dass die vorgenannten Vermögensgegenstände beim Zugewinnausgleich in keiner Weise berücksichtigt werden sollen. Diese Vermögensgegenstände sollen sowohl bei der Ermittlung des Anfangs- wie auch des Endvermögens außer Ansatz bleiben. Sollte sich zukünftig die Rechtsform oder der Name des Unternehmens des Ehemannes ändern, so hat dies auf die Herausnahme des Vermögensgegenstandes aus dem Zugewinnausgleich keine Bedeutung. Es bleibt dabei, dass das Unternehmen vom Zugewinnausgleich ausgenommen ist.

Im Übrigen verbleibt es beim gesetzlichen Güterstand der Zugewinngemeinschaft, insbesondere bei einem Zugewinnausgleich im Todesfall.

Sollte die Ehefrau im Scheidungsfall einen Anspruch auf Zugewinnausgleich gegenüber dem Ehemann fordern können, sind wir uns darüber einig, dass eine Zwangsvollstreckung in das Unternehmen des Ehemannes, in seine Gesellschaftsanteile und seine Gewinn- und Bezugsrechte unzulässig ist. ◀

In der anwaltlichen Beratung ist aber darauf zu achten, ob dem anderen Ehegatten ein **Äquivalent** zukommen soll, damit er im Scheidungsfall nicht „leer ausgeht" soweit der Unternehmer-Ehegatte alles in sein Unternehmen gesteckt hat, ansonsten möglicherweise gar keinen Zugewinn erzielt. Dazu gibt es folgende Möglichkeit:

▶ **Ehevertrag während der Ehe mit Ausklammerung von Vermögensgegenständen (s.o.) und Vereinbarung eines Äquivalentes**

Zum Ausgleich des bis heute entstandenen Zugewinns vereinbaren wir, dass der Ehemann seinen 1/2- Miteigentumsanteil am dem Haus ... auf seine Ehefrau zu Alleineigentum überträgt mit dem ebenfalls heute geschlossenen Übertragungsvertrag. Darüber hinaus bestehen keine weiteren Zugewinnausgleichsansprüche. Vorsorglich wird auf etwaige darüber hinausgehende Zugewinnausgleichsansprüche verzichtet. ◀

Soweit **Anfangsvermögen negativ** ist, kann der betreffende Betrag festgelegt werden. Zu beachten ist insoweit, dass es nach der Güterrechtsreform seit 1.9.2009 kraft Gesetz schon ein defizitäres Anfangsvermögen gibt gem. § 1374 Abs. 3.

▶ **Festlegung Anfangsvermögen bei verschuldetem Partner**

Für unsere Ehe soll es beim gesetzlichen Güterstand der Zugewinngemeinschaft verbleiben mit folgender Abweichung:

Das Anfangsvermögen des Ehemannes wird mit minus ... EUR festgesetzt. Grund dafür ist, dass der Ehemann bei Heirat Schulden in der Größenordnung hat.

Das Anfangsvermögen der Ehefrau wird mit ... EUR festgelegt. Die Ehefrau verfügt über Vermögen in entsprechender Höhe.

Sollte es zur Scheidung unserer Ehe kommen, soll sich der Zugewinnausgleich unter Berücksichtigung des zuvor vereinbarten Anfangsvermögens berechnen; etwaige Erbschaften oder Schenkungen während der Ehe können das jeweilige Anfangsvermögen noch erhöhen. ◀

[6] Die Regelung des § 1365, **Verfügungsbeschränkung über Vermögen im Ganzen,** ist durch Ehevertrag **abdingbar** (Hk-BGB/*Kemper* § 1365 Rn 2), ebenso § 1369. In der Praxis kann das vorteilhaft sein, damit ein Ehegatte eine größere wirtschaftliche Bewegungsfreiheit hat. Das kann besonders dann von Bedeutung sein, wenn das Vermögen eines Ehegatten in einer einzigen Immobilie besteht, die er sonst – würde § 1365 nicht abbedungen – nicht verkaufen könnte ohne Zustimmung des anderen Ehegatten. Vertritt man als Anwalt den vermögenden Ehegatten, sollte ein Ausschluss des § 1365 in der Beratung angesprochen werden. 7

[7] Das **Güterrechtsregister** hat in der Praxis praktisch **kaum noch Bedeutung,** weil der Vertrag auch ohne Eintragung ins Güterrechtsregister wirksam ist mit Beurkundung. Abgesehen davon entstehen für die Eintragung Gerichtskosten. Allenfalls im Ausland kann eventuell der Nachweis einer Eintragung von Bedeutung sein, wenn dort der bestehende Güterstand nachzuweisen ist oder im Inland wenn es etwa um die Beschränkung des Geschäftsbesorgungsrechts des § 1357 geht. 8

[8] **Regelungen zum Versorgungsausgleich.** Soll ein Vertrag mit Beibehaltung des gesetzlichen Versorgungsausgleiches geschlossen werden, kommt dieses Muster in Betracht. In der Praxis ist eine solche Regelung dann empfehlenswert, wenn bereits Kinder aus der Beziehung hervorgegangen sind oder die Lebensplanung der Eheleute dahin geht, Kinder zu haben, für deren Versorgung ein Ehegatte dann seine Berufstätigkeit aufgeben oder einschränken soll. Denn in einem solchen Fall könnte der Kinder betreuende Elternteil ansonsten keine oder nur eine geringere eigene Rentenanwartschaft erwirtschaften und wäre dadurch bei der Altersvorsorge benachteiligt. Würde man bei einer solchen Konstellation (entgegen dem Muster) den Versorgungsausgleich ausschließen, könnte dies zur Unwirksamkeit des Vertrages führen oder zumindest zu einer späteren Anpassung des Vertrages im Rahmen der sog. „**Ausübungskontrolle**" (vgl dazu vertiefend BGH Urt. v. 11.2.2004 in FamRZ 2004, 550). **Alternativ zur Beibehaltung des Versorgungsausgleichs** könnte ehevertraglich vereinbart werden: 9

▶ **Ausschluss des Versorgungsausgleichs unter auflösender Bedingung**

1. Wir schließen den Versorgungsausgleich für den Fall einer Scheidung unserer Ehe aus.

Der Notar hat uns über die Bedeutung des Ausschlusses des Versorgungsausgleiches belehrt, insbesondere darüber, dass im Scheidungsfalle ein Ausgleich für die während der Ehezeit erworbenen jeweiligen Rentenanwartschaften nicht stattfindet und ein jeder von uns für seine eigene Altersversorgung Vorsorge treffen muss.

2. Der vorstehende Ausschluss des Versorgungsausgleiches wird auflösend bedingt vereinbart. Sollte aus der Ehe ein gemeinsames Kind hervorgehen und einer von uns deswegen seine Berufstätigkeit ganz oder teilweise aufgeben, wird der Ausschluss des Versorgungsausgleiches unwirksam mit dem Monatsersten, der auf die Geburt des Kindes folgt.

Im Falle der Geburt eines gemeinschaftlichen Kindes und der dadurch bedingten Aufgabe der Berufstätigkeit soll also der gesetzliche Versorgungsausgleich durchgeführt werden. Für die Zeit vor Geburt des Kindes bleibt es beim vereinbarten Ausschluss des Versorgungsausgleiches. ◄

10 [9] **Unterhaltsregelungen.** Das Vertragsmuster regelt einen **umfänglichen Ausschluss** des nachehelichen Unterhaltsanspruches. Dieses Vertragsmuster eignet sich ausdrücklich nicht, wenn bereits Kinder aus der Beziehung hervorgegangen sind, die noch unterhaltsbedürftig sind oder wenn noch Kinder hervorgehen könnten, insbesondere bei Kinderwunsch. Es ist deshalb unbedingt zu raten, eine Regelung aufzunehmen, wonach der **Unterhaltsverzicht durchbrochen** wird **bei Unterhaltsbedürftigkeit wegen Betreuung eines Kindes**. In dem Zusammenhang ist auch auf die Rechtsprechung zur Wirksamkeit von Eheverträgen hinzuweisen, insbesondere des BGH in seinem grundlegenden Urteil (BGH Urt. v. 11.2.2004 in FamRZ 2004, 550), in dem der **Betreuungsunterhalt** zum **„Kernbereich“ des Scheidungsfolgenrechts** erklärt wurde. Ein Verzicht darauf kann zur Unwirksamkeit des Ehevertrages führen. Für den am Vertrag beteiligten Anwalt eine Haftungsfalle. Alternativ kann vereinbart werden:

► **Durchbrechung des Verzichts bei Geburt eines Kindes**

Vom Unterhaltsverzicht ausgenommen ist ein etwaiger Unterhaltsanspruch gemäß § 1570 für den Fall, dass aus der Ehe mindestens ein gemeinsames Kind hervorgeht und ein Ehegatte Unterhalt wegen Betreuung eines Kindes verlangen könnte. Mit Abschluss der Kindesbetreuung, spätestens mit Volljährigkeit des Kindes endet jeder Unterhaltsanspruch, so dass sich danach kein anderer Unterhaltstatbestand anschließt. ◄

Alternativ kann auch vereinbart werden:

► **Beschränkung des Unterhalts und Begrenzung**

Es soll grundsätzlich bei der gesetzlichen Regelung zum nachehelichen Unterhalt verbleiben. Abweichend von der Gesetzeslage wird jedoch vereinbart:

1. Ein Unterhaltsanspruch wegen Aufstockung gem. § 1573 Abs. 3 BGB wird ausgeschlossen.
2. Ein Unterhaltsanspruch wird der Höhe nach begrenzt auf maximal 2.000 EUR monatlich. Der Betrag wird wertgesichert und an die Entwicklung der Lebenshaltungskosten gekoppelt nach Lebenshaltungskostenindex ...
   Damit ist noch kein Unterhaltsanspruch in Höhe des genannten Betrages vereinbart, vielmehr handelt es sich um den Höchstbetrag eines Anspruchs.
3. Ein Unterhaltsanspruch wird zeitlich begrenzt je nach Dauer der Ehezeit, u.z.
   - auf längstens 3 Jahre, wenn die Ehezeit weniger als 5 Jahre beträgt,
   - auf längstens 5 Jahre, wenn die Ehezeit mehr als 5 Jahre, aber weniger als 10 Jahre beträgt,
   - auf längstens 8 Jahre, wenn die Ehezeit mehr als 10 Jahre beträgt.

Unter „Ehezeit“ ist die Zeit ab dem Tag der Eheschließung bis zur Rechtshängigkeit eines Ehescheidungsantrages bei Gericht zu verstehen. ◄

B. Ehescheidungsfolgenvertrag

I. Muster: Ehescheidungsfolgenvertrag 11

► Verhandelt zu ■■■

Vor Notar ■■■

Es erschienen ■■■

Die Erschienenen erklären:

Wir haben am ■■■ vor dem Standesbeamten in ■■■ geheiratet. Wir sind beide deutsche Staatsangehörige. Wir leben voneinander getrennt. Die Folgen der Trennung möchten wir einvernehmlich regeln. Die vorausgeschickt wollen wir folgenden

Ehe- und Auseinandersetzungsvertrag[1]

beurkunden:

I. Güterstand

Durch diesen Vertrag wollen wir insbesondere den gesetzlichen Güterstand der Zugewinngemeinschaft aufheben und stattdessen den Güterstand der Gütertrennung vereinbaren und damit eine endgültige Vermögensauseinandersetzung herbeiführen.[2]

Der Notar belehrte uns nochmals ausführlich über die Folgen von Tod und Ehescheidung im Güterstand der Zugewinngemeinschaft einerseits und den Güterstand der Gütertrennung andererseits. Insbesondere belehrte uns der Notar darüber, dass im Güterstand der Gütertrennung

1. jeder Ehegatte über sein Vermögen ohne Zustimmung des anderen frei verfügen kann,
2. ein Zugewinnausgleich gemäß §§ 1372 ff BGB nicht stattfindet,
3. im Todesfall eines Ehegatten die Erhöhung des gesetzlichen Erbteils des überlebenden Ehegatten gem. § 1371 BGB ausgeschlossen ist,
4. im Güterstand der Gütertrennung das gesetzliche Erbrecht des überlebenden Ehegatten von der Anzahl der Kinder des verstorbenen Ehegatten beeinflusst wird.

Für unsere Ehe heben wir den Güterstand der Zugewinngemeinschaft hiermit auf und vereinbaren stattdessen den Güterstand der Gütertrennung.[3]

Wir beantragen die Eintragung der Gütertrennung im Güterrechtsregister; wir weisen den Notar jedoch an, den Antrag auf Eintragung nur dann zu stellen, wenn ein Ehegatte den Notar dazu schriftlich anweist.

Wir sind uns darüber einig, dass in unserer Ehe Zugewinn bislang nicht entstanden ist. Ein Zugewinnausgleich findet deshalb nicht statt.[4] Auf Zugewinnausgleichsansprüche wird vorsorglich wechselseitig verzichtet. Den Verzicht nehmen wir gegenseitig an.

II. Unterhalt

1. Unterhalt für die Zeit der Trennung
   Wir erklären, beide über ausreichendes eigenes Einkommen zu verfügen. Wir benötigen deshalb keinen Unterhalt vom Ehepartner. Für die Zeit der Trennung machen wir deshalb keine Unterhaltsansprüche gegenüber dem jeweils anderen Ehegatten geltend.[5]
2. Unterhalt nach der Scheidung
   Wir verzichten wechselseitig auf Unterhaltsansprüche für die Zeit nach Rechtskraft der Scheidung gem. §§ 1569 ff BGB und nehmen den Verzicht hiermit gegenseitig an. Dieser Verzicht umfasst alle Lebenslagen, ist endgültig und vorbehaltlos.[6]

III. Hausrat

Wir erklären, dass der Hausrat bereits geteilt ist. Jeder Ehegatte wird Alleineigentümer derjenigen Gegenstände, die er schon in Besitz hat. Eine weitere Hausratsteilung findet nicht statt.[7]

IV. Versorgungsausgleich

Hinsichtlich des Versorgungsausgleiches bleibt es bei der gesetzlichen Regelung.[8]

V. Erbverzicht/Pflichtteilsverzicht

Wir verzichten hiermit ein jeder von uns dem anderen Ehegatten gegenüber auf das gesetzliche Ehegattenerbrecht einschließlich des Pflichtteilsrechtes und nehmen den Verzicht gegenseitig an.[9]

Vorsorglich heben wir hiermit alle Verfügungen auf, durch die der jeweils andere Ehegatte von Todes wegen bedacht wird und stimmen der Aufhebung, soweit erforderlich, zu.

VI. Evtl. sonstige Regelungen

...

VII. Kosten

Die Notarkosten tragen wir zu je 1/2.

Die außergerichtlichen Kosten, insbesondere Rechtsanwaltskosten trägt jeder Ehegatte für seinen eigenen Rechtsanwalt selbst. ◄

II. Erläuterungen und Varianten

12 [1] **Ausgangslage.** Dargestellt ist das Muster eines Vertrages anlässlich der Trennung von Eheleuten bei zu erwartender Scheidung.

13 [2] Eine endgültige und umfassende **Vermögensauseinandersetzung** ist meist sinnvoll und einer Teilregelung vorzuziehen. Insbesondere ist bei einer Teileinigung höchste Vorsicht geboten, da diese auch verhandlungstaktisch ungünstig sein kann, namentlich dann, wenn noch Punkte offen bleiben, an denen der vertretene Ehepartner ein Regelungsinteresse hat, etwa die Übernahme oder der Verkauf einer Immobilie. Möglichst sollte deshalb darauf gedrungen werden, eine umfassende Einigung zu erzielen.

14 [3] Bei einer umfassenden Regelung ist geboten, fortan eine **Gütertrennung** zu vereinbaren, damit die Eheleute anschließend im Hinblick auf das Vermögen keine Verflechtungen mehr haben.

15 [4] **Regelungen zum Zugewinnausgleich.** Das Muster erfasst den Fall, wenn kein Zugewinn entstanden ist. Als alternative Formulierung bei einem vorzunehmenden Zugewinnausgleich kommt in Betracht:

► Zum Ausgleich des für die zurückliegende Zeit unserer Ehe entstandenen Zugewinns verpflichtet sich der Ehemann, an die Ehefrau einen Ausgleichsbetrag von ... EUR zu zahlen. Der Betrag ist zur Zahlung fällig .... Der Ehemann unterwirft sich wegen der Zahlungsverpflichtung der Zwangsvollstreckung in sein gesamtes Vermögen. ◄

Alternativ statt einer Zahlung:

► Zum Ausgleich des für die zurückliegende Zeit unserer Ehe entstandenen Zugewinns überträgt der Ehemann seinen 1/2-Miteigentumsanteil an der Eigentumswohnung ... auf die Ehefrau, mit dem in der Anlage beigefügten Übertragungsvertrag. Mit Übertragung des Miteigentumsanteils auf die Ehefrau ist der bis heute entstandene Zugewinn ausgeglichen. Weitere Zugewinnausgleichsansprüche bestehen nicht. ◄

16 [5] **Trennungsunterhalt.** Das Muster regelt den Fall, in dem sich Unterhaltsansprüche in der Trennungszeit nicht stellen, wobei zu bedenken ist, dass ein ausdrücklicher **Verzicht für die Zukunft** nicht vereinbart werden kann, weil dieser unwirksam wäre gem. §§ 1361 Abs. 4, 1360 a Abs. 3 iVm 1614.

Als Alternative kann natürlich auch eine **konkrete Unterhaltsregelung** vereinbart werden. Dabei ist aber zu beachten, dass darin kein Verzicht auf größere Ansprüche liegen darf; auch ein teilweises Zurückbleiben kann zu einem unzulässigen Unterhaltsverzicht führen, insbesondere wenn der gesetzliche Unterhaltsanspruch um mehr als 20 % unterschritten wird (BGH FamRZ 1984, 997; OLG Hamm FamRZ 2007, 732, 733). Damit später nicht der Vorwurf einer Unwirksamkeit der Regelung erhoben werden kann, die nach § 139 möglicherweise zur Unwirksamkeit der Gesamtvereinbarung führen könnte, sollte besser auf die konkrete Festlegung von Unterhaltsbeträgen in der Trennungszeit verzichtet werden. 17

[6] **Nachehelicher Unterhalt.** Dargestellt im Muster ist der Fall eines umfassenden Unterhaltsverzichtes. Vereinbarungen zum nachehelichen Unterhalt sind gem. § 1585 c möglich, auch ein Unterhaltsverzicht ist grundsätzlich zulässig (Hk-BGB/*Kemper* § 1585 c Rn 5). Voraussetzung ist aber, dass ein Ehegatte mit dem Verzicht nicht unangemessen benachteiligt wird, und dass **keine Sittenwidrigkeit** vorliegt (BGH FamRZ 2004, 601). 18

Alternativ sind natürlich auch andere Regelungen denkbar:

▶ **Vereinbarung eines Unterhaltsbetrages**

Der Ehemann verpflichtet sich, an die Ehefrau ab Rechtskraft der Ehescheidung einen monatlichen Unterhalt zu zahlen von ... EUR. Der Unterhalt ist jeweils zur Zahlung fällig zu Beginn eines jeden Monates bis zum 3. Werktag.

Wegen der Zahlungsverpflichtung unterwirft sich der Ehemann der Zwangsvollstreckung in sein gesamtes Vermögen.

Grundlagen dieser Unterhaltsregelung sind ... ◀

Möglich ist auch die Aufnahme einer Begrenzung des Unterhaltes: 19

▶ Die Unterhaltsverpflichtung endet am 31.12.2012. Mit Wirkung ab 1.1.2013 verzichtet die Ehefrau auf jedwede nachehelichen Unterhaltsansprüche gem. §§ 1569 ff BGB. Der Verzicht ist endgültig und vorbehaltlos. Der Ehemann nimmt den Verzicht an. ◀

Alternativ auch die stufige Reduzierung des Unterhalts: 20

▶ Der Ehemann verpflichtet sich, ab Rechtskraft der Ehescheidung nachfolgen Unterhalt an die Ehefrau zu zahlen:

- bis Dezember 2010 mtl. 750 EUR
- von Januar 2011 bis Juni 2011 mtl. 500 EUR
- von Juli 2011 bis Dezember 2012 mtl. 250 EUR.

Für die Zeit bis Dezember 2012 verzichtet die Ehefrau auf über die vorgenannten Beträge hinausgehende Unterhaltsbeträge.

Mit Wirkung ab Januar 2013 verzichtet die Ehefrau auf jedwede nachehelichen Unterhaltsansprüche gem. § 1569 ff BGB.

Der Verzicht ist endgültig und vorbehaltlos. Der Ehemann nimmt den Verzicht hiermit an.

Der Ehemann verzichtet seinerseits auf jedwede nachehelichen Unterhaltsansprüche gegenüber der Ehefrau gem. §§ 1569 ff BGB. Der Verzicht ist endgültig und vorbehaltlos. Die Ehefrau nimmt den Verzicht hiermit an. ◀

[7] **Hausrat.** Alternativ ist auch möglich, eine Verteilung bestimmter Gegenstände vorzunehmen. 21

[8] **Regelungen zum Versorgungsausgleich.** Diese Formulierung im Muster ist empfehlenswert, wenn es bei der gesetzlichen Regelung verbleiben soll, also ein Versorgungsausgleich durchgeführt werden soll. Alternativ kann auch eine Regelung in Betracht zu ziehen sein, wonach der Versorgungsausgleich ausgeschlossen wird. Insoweit ist aber Vorsicht geboten. Auch beim 22

Ehescheidungsfolgenvertrag kann in bestimmten Fällen nicht auf wichtige Rechte eines Ehegatten verzichtet werden. Dazu gehört auch der Versorgungsausgleich, der zum sog. „**Kernbereich**" gehört. Ein Verzicht auf den Versorgungsausgleich kann deshalb zur Unwirksamkeit des Vertrages führen (vgl grundlegend BGH Urt. v. 11.2.2004 FamRZ 2004, 550). Die Gefahr besteht insbesondere dann, wenn für den Verzicht auf die Durchführung des Versorgungsausgleichs keine **angemessene Kompensation** vereinbart wird, etwa durch Übertragung eines Vermögensgegenstandes, Abschluss einer Renten- oder Lebensversicherung zugunsten des ausgleichsberechtigten und verzichtenden Ehegatten.

23 Hervorzuheben sind die **gesetzlichen Neuregelungen** seit dem 1.9.2009 durch das neu geschaffene Versorgungsausgleichsgesetz. Danach sind Vereinbarungen über den Versorgungsausgleich nun leichter möglich (vgl §§ 6 bis 8 VersAusglG). Insbesondere bedarf es nicht mehr der ausdrücklichen richterlichen Genehmigung. Die Vereinbarung muss nur noch einer **richterlichen Inhalts- und Ausübungskontrolle** entsprechen, § 8 Abs. 1 VersAusglG. Das Gericht hat eine Vereinbarung der Eheleute daher nach den vom BGH für Eheverträge aufgestellten Grundsätze zu überprüfen (vgl dazu BGH FamRZ 2005, 26; 2008, 2011). Bestehen keine Wirksamkeits- oder Durchsetzungshindernisse, ist das Gericht an die Vereinbarung gebunden, § 6 Abs. 2 VersAusglG.

▶ **Ausschluss des Versorgungsausgleiches**

Für unsere Ehe schließen wir den gesetzlichen Versorgungsausgleich hiermit aus gem. § 1408 BGB. Der Notar hat uns über die Bedeutung des Ausschlusses des Versorgungsausgleiches belehrt, insbesondere darüber, dass im Scheidungsfalle ein Ausgleich für die während der Ehezeit erworbenen jeweiligen Rentenanwartschaften nicht stattfindet und ein jeder von uns für seine eigene Altersversorgung Vorsorge treffen muss.

Wir sind darüber informiert, dass der Ausschluss des Versorgungsausgleiches einer gerichtlichen Inhalts- und Ausübungskontrolle standhalten muss. Insbesondere wenn einer von uns beiden innerhalb eines Jahres nach Abschluss des Vertrages einen Antrag auf Ehescheidung bei Gericht einreichen sollte, dürfen keine Wirksamkeits-/Durchsetzungshindernisse bestehen. Sollte einer von uns binnen eines Jahres einen Scheidungsantrag bei Gericht einreichen, vereinbaren wir gleichwohl den vollständigen Ausschluss des Versorgungsausgleiches und beantragen vorsorglich schon jetzt eine Genehmigung des Ausschlusses durch das Familiengericht. Zur Begründung des gewünschten Ausschlusses halten wir schon jetzt fest: ... ◀

24 [9] **Erbrechtliche Regelung.** Diese Regelung ist **empfehlenswert**, da das gesetzliche Erbrecht erst mit der Scheidung entfällt bzw mit Rechtshängigkeit eines Ehescheidungsantrages entfallen kann (BGHZ 111, 333; 128, 135; BGHZ 99, 304; Hk-BGB/*Kemper* § 1933 Rn 3).

§ 1409 Beschränkung der Vertragsfreiheit

Der Güterstand kann nicht durch Verweisung auf nicht mehr geltendes oder ausländisches Recht bestimmt werden.

§ 1410 Form

Der Ehevertrag muss bei gleichzeitiger Anwesenheit beider Teile zur Niederschrift eines Notars geschlossen werden.

§ 1411 Eheverträge beschränkt Geschäftsfähiger und Geschäftsunfähiger

(1) [1]Wer in der Geschäftsfähigkeit beschränkt ist, kann einen Ehevertrag nur mit Zustimmung seines gesetzlichen Vertreters schließen. [2]Dies gilt auch für einen Betreuten, soweit für diese Angelegenheit ein Einwilligungsvorbehalt angeordnet ist. [3]Ist der gesetzliche Vertreter ein Vormund, so ist außer der Zustimmung des gesetzlichen Vertreters die Genehmigung des Familiengerichts erforderlich, wenn der Ausgleich des Zugewinns ausgeschlossen oder eingeschränkt oder wenn Gütergemeinschaft vereinbart oder aufgehoben wird; ist der gesetzliche Vertreter ein Be-

treuer, ist die Genehmigung des Betreuungsgerichts erforderlich. [4]Der gesetzliche Vertreter kann für einen in der Geschäftsfähigkeit beschränkten Ehegatten oder einen geschäftsfähigen Betreuten keinen Ehevertrag schließen.
(2) [1]Für einen geschäftsunfähigen Ehegatten schließt der gesetzliche Vertreter den Vertrag; Gütergemeinschaft kann er nicht vereinbaren oder aufheben. [2]Ist der gesetzliche Vertreter ein Vormund, so kann er den Vertrag nur mit Genehmigung des Familiengerichts schließen; ist der gesetzliche Vertreter ein Betreuer, ist die Genehmigung des Betreuungsgerichts erforderlich.

§ 1412 Wirkung gegenüber Dritten

(1) Haben die Ehegatten den gesetzlichen Güterstand ausgeschlossen oder geändert, so können sie hieraus einem Dritten gegenüber Einwendungen gegen ein Rechtsgeschäft, das zwischen einem von ihnen und dem Dritten vorgenommen worden ist, nur herleiten, wenn der Ehevertrag im Güterrechtsregister des zuständigen Amtsgerichts eingetragen oder dem Dritten bekannt war, als das Rechtsgeschäft vorgenommen wurde; Einwendungen gegen ein rechtskräftiges Urteil, das zwischen einem der Ehegatten und dem Dritten ergangen ist, sind nur zulässig, wenn der Ehevertrag eingetragen oder dem Dritten bekannt war, als der Rechtsstreit anhängig wurde.
(2) Das Gleiche gilt, wenn die Ehegatten eine im Güterrechtsregister eingetragene Regelung der güterrechtlichen Verhältnisse durch Ehevertrag aufheben oder ändern.

§ 1413 Widerruf der Überlassung der Vermögensverwaltung

Überlässt ein Ehegatte sein Vermögen der Verwaltung des anderen Ehegatten, so kann das Recht, die Überlassung jederzeit zu widerrufen, nur durch Ehevertrag ausgeschlossen oder eingeschränkt werden; ein Widerruf aus wichtigem Grunde bleibt gleichwohl zulässig.

Kapitel 2 Gütertrennung

§ 1414 Eintritt der Gütertrennung

[1]Schließen die Ehegatten den gesetzlichen Güterstand aus oder heben sie ihn auf, so tritt Gütertrennung ein, falls sich nicht aus dem Ehevertrag etwas anderes ergibt. [2]Das Gleiche gilt, wenn der Ausgleich des Zugewinns ausgeschlossen oder die Gütergemeinschaft aufgehoben wird.

Vgl Muster zu § 1408 Rn 1 ff. 1

Kapitel 3 Gütergemeinschaft

Unterkapitel 1 Allgemeine Vorschriften

§ 1415 Vereinbarung durch Ehevertrag

Vereinbaren die Ehegatten durch Ehevertrag Gütergemeinschaft, so gelten die nachstehenden Vorschriften.

A. Muster: Vereinbarung der Gütergemeinschaft 1

▶ Verhandelt zu ...

Vor Notar ...[1]

Es erschienen ...

1. Frau ... geb. am ..., geborene ...
2. Herr ... geb. am ...

945

Die Erschienenen erklären:

Wir sind seit ■■■ miteinander verheiratet. Bisher leben wir im gesetzlichen Güterstand. Einen Ehevertrag haben wir noch nicht geschlossen. Wir sind deutsche Staatsangehörige.

Zu unseren persönlichen Verhältnissen teilen wir mit: ■■■[2]

Wir beabsichtigen, eine Änderung des Güterstandes vorzunehmen und für unsere Ehe eine Gütergemeinschaft zu vereinbaren. Dazu haben wir mit dem Notar mehrere Vorgespräche geführt am ■■■ und ■■■. In den Gesprächen hat uns der Notar auf die rechtlichen Konsequenzen dieses Güterstandes hingewiesen.[3] Insbesondere wissen wir um die Haftungssituation für Verbindlichkeiten. Auch hat uns der Notar empfohlen, eine steuerliche Beratung zu dem beabsichtigten Güterstandswechsel einzuholen. Dem Rat sind wir gefolgt und haben uns durch Herrn Steuerberater ■■■ beraten lassen.

In Kenntnis der Auswirkungen einer Gütergemeinschaft haben wir den Notar um die Ausarbeitung eines Vertragsentwurfes gebeten, der uns seit ■■■ vorliegt. Niemand von uns beiden befindet sich in einer Drucksituation. Es besteht derzeit auch keine Schwangerschaft. Wir haben uns den Vertragsabschluss reiflich überlegt.[4]

Dies vorausgeschickt möchten wir folgenden

Ehevertrag[5]

beurkunden:

I. Güterstand

1. Wir vereinbaren nunmehr für die weitere Dauer unserer Ehe den Güterstand der Gütergemeinschaft nach den Bestimmungen des Bürgerlichen Gesetzbuches.
2. Das Gesamtgut wird von uns gemeinschaftlich verwaltet.
3. Zum Vorbehaltsgut bestimmen wir:[6]
   a) auf Seiten des Ehemannes:
   die Firmenbeteiligung an der ■■■ GmbH & Co KG
   b) auf Seiten der Ehefrau:
   den 1/6 Miteigentumsanteil an dem Hausgrundstück ■■■
4. Eine Fortsetzung der Gütergemeinschaft nach § 1483 ff BGB wird nicht vereinbart.[7]
5. Wir beantragen die Eintragung der Güterrechtsänderung im Güterrechtsregister und weisen den Notar an, einen Antrag beim Gericht zustellen.[8]

II. Kosten ◄

B. Erläuterungen und Varianten

2 [1] **Form.** Dargestellt wird das Muster eines Ehevertrages, mit dem eine Gütergemeinschaft vereinbart werden kann. Ein Ehevertrag, mit dem der Güterstand verändert wird, bedarf der **notariellen Beurkundung,** §§ 1408, 1410 (Hk-BGB/*Kemper* § 1415 Rn 1).

3 [2] **Vorbemerkungen.** Die Darstellung der **persönlichen Verhältnisse** eines jeden Ehegatten, wie Umfang der Erwerbstätigkeit, Höhe des Einkommens, finanzielle Verpflichtungen usw ist dringend zu empfehlen. Nachdem es eine geänderte Rechtsprechung zur Wirksamkeit von Eheverträgen gibt (vgl insbesondere BGH Urt. v. 11.2.2004, XII ZR 265/02, FamRZ 2004, 601, 604). Seitdem kommt den Verhältnissen bei Vertragsabschluss **besondere Bedeutung** zu. Es ist deshalb sinnvoll, den status quo der Eheleute festzuhalten. Sollte es später mal zu einer gerichtlichen Überprüfung des Ehevertrages kommen, könnten sich dadurch Beweiserleichterungen geben.

4 [3] **Belehrung.** Gerade bei der Vereinbarung einer Gütergemeinschaft sind die Parteien besonders über deren Auswirkungen zu belehren, was nicht zuletzt auch aus **Haftungsgründen** des Rechtsanwaltes dokumentiert werden sollte. Bei vorheriger anwaltlicher Beratung ist empfeh-

lenswert, dies entweder mit in den Vertrag aufzunehmen oder die Belehrung der Partei gesondert schriftlich zu bestätigen.

Üblicherweise übernehmen der Notar und auch der Anwalt keine steuerliche Beratung. Da die **steuerlichen Auswirkungen** bei der Gütergemeinschaft sowohl während der Ehe als auch im Todesfall erheblich sein können, empfiehlt sich dringend die Einholung des Rates eines Steuerberaters. Dies sollte im Vertrag festgehalten werden. Für den am Vertrag beteiligten Rechtsanwalt ist es auch insoweit aus **Haftungsgründen** ratsam, sich gegenüber dem Mandanten abzusichern, etwa durch folgendes Schreiben: 5

▶ Der Ordnung halber darf ich darauf hinweisen, dass ich Sie auf die rechtlichen Folgen eines Güterstandswechsels eingehend informiert habe. Insbesondere habe ich darüber belehrt, welche haftungsrechtlichen Konsequenzen mit der Gütergemeinschaft verbunden sind und ... .

Was die steuerlichen Auswirkungen eines solchen Vertrages anbetrifft, hatte ich dringend empfohlen, noch den Rat eines Steuerberaters einzuholen. Denn die steuerlichen Folgen können gravierend sein, so dass es in Ihrem eigenen Interesse liegt, dies abzuklären. Als Anwalt kann ich keine steuerliche Beratung durchführen und insoweit auch keine Haftung übernehmen. ◀

[4] **Hinweis zur Wirksamkeit.** Der Zusatz ist wichtig, um einem späteren Einwand des Vertragspartners vorzubeugen, man sei „überrumpelt" worden oder hätte sich in einer „Drucksituation" befunden. 6

[5] **Situation für Gütergemeinschaft.** Die ehevertragliche Vereinbarung einer Gütergemeinschaft ist **sehr selten.** Dieser Wahlgüterstand kommt in der Praxis so gut wie gar nicht mehr vor. Früher kam die Gütergemeinschaft gelegentlich in landwirtschaftlich geprägten Gegenden bei Eheleuten vor, die einen Hof hatten. Heute wird dieser sehr komplizierte und auch mit **Nachteilen** verbundene Güterstand zu Recht kaum noch verwendet. Die in Zusammenhang stehenden gesetzlichen Bestimmungen §§ 1415–1518 werden deshalb nur kurz behandelt. Der Mustervertrag kann nur einen allgemeinen Überblick über die Regelungsmöglichkeiten geben. Bevor der Mustervertrag konkret Verwendung findet, ist eine individuell bezogen auf den Fall bezogene umfassende rechtliche Beratung über die Vor- und Nachteile durch einen Anwalt bzw einen Notar geboten; ebenso sollte eine Beratung durch einen Steuerberater in Anspruch genommen werden, da auch die steuerlichen Auswirkungen immens sein können. 7

[6] Es handelt sich um ein Vertragsmuster, falls sog. **Vorbehaltsgut** vorhanden ist bzw gebildet werden soll. Alternativ denkbar: 8

▶ Vorbehaltsgut wird nicht vereinbart. ◀

[7] **Geltungsdauer.** Das dargestellte Vertragsmuster behandelt den Normalfall, dass die Gütergemeinschaft mit dem Tod eines der Ehegatten endet (Hk-BGB/*Kemper* Vorbem. 1 zu § 1483). Es kann alternativ natürlich auch eine Fortsetzung für die Zeit nach dem Tod vereinbart werden gem. §§ 1483 ff. 9

[8] Zu den **Wirkungen des Güterrechtsregisters** vgl § 1412. 10

§ 1416 Gesamtgut

(1) [1]Das Vermögen des Mannes und das Vermögen der Frau werden durch die Gütergemeinschaft gemeinschaftliches Vermögen beider Ehegatten (Gesamtgut). [2]Zu dem Gesamtgut gehört auch das Vermögen, das der Mann oder die Frau während der Gütergemeinschaft erwirbt.

(2) Die einzelnen Gegenstände werden gemeinschaftlich; sie brauchen nicht durch Rechtsgeschäft übertragen zu werden.

(3) [1]Wird ein Recht gemeinschaftlich, das im Grundbuch eingetragen ist oder in das Grundbuch eingetragen werden kann, so kann jeder Ehegatte von dem anderen verlangen, dass er zur Berichtigung des Grundbuchs mitwirke. [2]Entsprechendes gilt, wenn ein Recht gemeinschaftlich wird, das im Schiffsregister oder im Schiffsbauregister eingetragen ist.

§ 1417 Sondergut

(1) Vom Gesamtgut ist das Sondergut ausgeschlossen.
(2) Sondergut sind die Gegenstände, die nicht durch Rechtsgeschäft übertragen werden können.
(3) [1]Jeder Ehegatte verwaltet sein Sondergut selbständig. [2]Er verwaltet es für Rechnung des Gesamtguts.

§ 1418 Vorbehaltsgut

(1) Vom Gesamtgut ist das Vorbehaltsgut ausgeschlossen.
(2) Vorbehaltsgut sind die Gegenstände,

1. die durch Ehevertrag zum Vorbehaltsgut eines Ehegatten erklärt sind,
2. die ein Ehegatte von Todes wegen erwirbt oder die ihm von einem Dritten unentgeltlich zugewendet werden, wenn der Erblasser durch letztwillige Verfügung, der Dritte bei der Zuwendung bestimmt hat, dass der Erwerb Vorbehaltsgut sein soll,
3. die ein Ehegatte auf Grund eines zu seinem Vorbehaltsgut gehörenden Rechts oder als Ersatz für die Zerstörung, Beschädigung oder Entziehung eines zum Vorbehaltsgut gehörenden Gegenstands oder durch ein Rechtsgeschäft erwirbt, das sich auf das Vorbehaltsgut bezieht.

(3) [1]Jeder Ehegatte verwaltet das Vorbehaltsgut selbständig. [2]Er verwaltet es für eigene Rechnung.
(4) Gehören Vermögensgegenstände zum Vorbehaltsgut, so ist dies Dritten gegenüber nur nach Maßgabe des § 1412 wirksam.

1 **A. Muster: Nachträgliche Vereinbarung von Vorbehaltsgut**

▶ Mit Notarvertrag vom ▪▪▪ vor Notar ▪▪▪ zu UR-Nr. ▪▪▪ haben wir einen Ehevertrag geschlossen, in dem wir den Güterstand der Gütergemeinschaft vereinbart haben.
Dieser Vertrag soll hinsichtlich des Vorbehaltsgutes wie folgt geändert werden:[1]

I.

Wir vereinbaren nunmehr ehevertraglich, dass Vorbehaltsgut iSd § 1418 BGB fortan sein soll:

1. Vorbehaltsgut des Ehemannes:
   die Gegenstände, die auf dem in der Anlage zu diesem Vertrag beiliegenden und mit verlesenen Verzeichnis aufgeführt sind.
2. Vorbehaltsgut der Ehefrau:
   Die Firmenbeteiligung an der ▪▪▪-GmbH, geschäftsansässig ▪▪▪.

II.

Im Übrigen verbleibt es inhaltlich bei dem Notarvertrag vom ▪▪▪.[2] ◀

B. Erläuterungen

2 **[1] Nachträgliche Regelung zum Vorbehaltsgut.** Bei einer Gütergemeinschaft können einzelne Gegenstände auch nachträglich durch Ehevertrag zu Vorbehaltsgut erklärt werden, worunter etwa auch Schenkungen der Eheleute untereinander fallen können (Palandt/*Brudermüller* § 1418 Rn 4).

3 **[2] Fortgeltung des bestehenden Vertrages.** Der Zusatz ist wichtig zur Klarstellung.

§ 1419 Gesamthandsgemeinschaft

(1) Ein Ehegatte kann nicht über seinen Anteil am Gesamtgut und an den einzelnen Gegenständen verfügen, die zum Gesamtgut gehören; er ist nicht berechtigt, Teilung zu verlangen.
(2) Gegen eine Forderung, die zum Gesamtgut gehört, kann der Schuldner nur mit einer Forderung aufrechnen, deren Berichtigung er aus dem Gesamtgut verlangen kann.

§ 1420 Verwendung zum Unterhalt

Die Einkünfte, die in das Gesamtgut fallen, sind vor den Einkünften, die in das Vorbehaltsgut fallen, der Stamm des Gesamtguts ist vor dem Stamm des Vorbehaltsguts oder des Sonderguts für den Unterhalt der Familie zu verwenden.

§ 1421 Verwaltung des Gesamtguts

[1]Die Ehegatten sollen in dem Ehevertrag, durch den sie die Gütergemeinschaft vereinbaren, bestimmen, ob das Gesamtgut von dem Mann oder der Frau oder von ihnen gemeinschaftlich verwaltet wird. [2]Enthält der Ehevertrag keine Bestimmung hierüber, so verwalten die Ehegatten das Gesamtgut gemeinschaftlich.

Unterkapitel 2 Verwaltung des Gesamtguts durch den Mann oder die Frau

§ 1422 Inhalt des Verwaltungsrechts

[1]Der Ehegatte, der das Gesamtgut verwaltet, ist insbesondere berechtigt, die zum Gesamtgut gehörenden Sachen in Besitz zu nehmen und über das Gesamtgut zu verfügen; er führt Rechtsstreitigkeiten, die sich auf das Gesamtgut beziehen, im eigenen Namen. [2]Der andere Ehegatte wird durch die Verwaltungshandlungen nicht persönlich verpflichtet.

§ 1423 Verfügung über das Gesamtgut im Ganzen

[1]Der Ehegatte, der das Gesamtgut verwaltet, kann sich nur mit Einwilligung des anderen Ehegatten verpflichten, über das Gesamtgut im Ganzen zu verfügen. [2]Hat er sich ohne Zustimmung des anderen Ehegatten verpflichtet, so kann er die Verpflichtung nur erfüllen, wenn der andere Ehegatte einwilligt.

§ 1424 Verfügung über Grundstücke, Schiffe oder Schiffsbauwerke

[1]Der Ehegatte, der das Gesamtgut verwaltet, kann nur mit Einwilligung des anderen Ehegatten über ein zum Gesamtgut gehörendes Grundstück verfügen; er kann sich zu einer solchen Verfügung auch nur mit Einwilligung seines Ehegatten verpflichten. [2]Dasselbe gilt, wenn ein eingetragenes Schiff oder Schiffsbauwerk zum Gesamtgut gehört.

§ 1425 Schenkungen

(1) [1]Der Ehegatte, der das Gesamtgut verwaltet, kann nur mit Einwilligung des anderen Ehegatten Gegenstände aus dem Gesamtgut verschenken; hat er ohne Zustimmung des anderen Ehegatten versprochen, Gegenstände aus dem Gesamtgut zu verschenken, so kann er dieses Versprechen nur erfüllen, wenn der andere Ehegatte einwilligt. [2]Das Gleiche gilt von einem Schenkungsversprechen, das sich nicht auf das Gesamtgut bezieht.
(2) Ausgenommen sind Schenkungen, durch die einer sittlichen Pflicht oder einer auf den Anstand zu nehmenden Rücksicht entsprochen wird.

§ 1426 Ersetzung der Zustimmung des anderen Ehegatten

Ist ein Rechtsgeschäft, das nach den §§ 1423, 1424 nur mit Einwilligung des anderen Ehegatten vorgenommen werden kann, zur ordnungsmäßigen Verwaltung des Gesamtguts erforderlich, so kann das Familiengericht auf Antrag die Zustimmung des anderen Ehegatten ersetzen, wenn dieser sie ohne ausreichenden Grund verweigert oder durch Krankheit oder Abwesenheit an der Abgabe einer Erklärung verhindert und mit dem Aufschub Gefahr verbunden ist.

1 **A. Muster: Antrag auf Ersetzung der Zustimmung**

▶ An das Amtsgericht ▪▪▪[1]

Antrag[2]

▪▪▪ (volles Rubrum)

wegen: Ersetzung der Zustimmung nach § 1426 BGB

Es wird beantragt:

Die Zustimmung von Frau ▪▪▪ zum Verkauf der Ackerflächen ▪▪▪ Gemarkung ▪▪▪, Größe 1 ha an Herrn ▪▪▪ zum Kaufpreis von ▪▪▪ EUR wird ersetzt.

Gründe:

Die Parteien sind miteinander verheiratet. Mit Ehevertrag des Notars ▪▪▪ vom ▪▪▪ haben sie den Güterstand der Gütergemeinschaft vereinbart.

Beweis: in Kopie anliegender Notarvertrag

Der Antragsteller ist Landwirt und übt den Beruf selbständig aus auf dem landwirtschaftlichen Hof unter der angegebenen Anschrift. Die Antragsgegnerin ist Angestellte des landwirtschaftlichen Betriebes des Antragstellers.

Die streitgegenständliche Ackerfläche gehört zum Gesamtgut der Parteien. Es wird von ihnen gemeinschaftlich verwaltet. Diese Parzelle in einer Größe von 1 ha liegt etwa 15 km entfernt vom Hof der Parteien und den übrigen zum Hof gehörenden Acker- und Weideflächen. Die Parzelle kann durch den Antragsteller nicht mehr wirtschaftlich bearbeitet werden, weil sie zu weit entfernt liegt von den übrigen Flächen des Betriebes und als einzelne Parzelle auch zu klein zur Bewirtschaftung ist. Es erscheint deshalb wirtschaftlich sinnvoll, die Parzelle zu veräußern, zumal der Landwirt ▪▪▪ als Kaufinteressent einen verhältnismäßig hohen Preis geboten hat, da sich die Parzelle angrenzend zu seinem landwirtschaftlichen Betrieb befindet. Mit dem Kauferlös könnten dringend benötigte neue landwirtschaftliche Maschinen erworben werden ▪▪▪.[3]

Der Verkauf der Parzelle entspricht deshalb einer ordnungsgemäßen Vermögensverwaltung des Gesamtgutes und ist erforderlich.

Gleichwohl ist die Antragsgegnerin nicht bereit dem Verkauf zuzustimmen. Nachvollziehbare Gründe sind nicht ersichtlich. Eine Ersetzung der Zustimmung ist deshalb erforderlich. ◀

B. Erläuterungen

2 [1] **Gerichtliche Entscheidung.** Mit dem Muster wird – bei bestehender Gütergemeinschaft – ein Antrag dargestellt, wenn sich **Eheleute uneins** sind über eine **größere Vermögensdisposition** und eine Entscheidung des Gerichts darüber erforderlich wird.

3 Früher war zuständig das Vormundschaftsgericht, nicht Familiengericht (BGH FamRZ 1982, 785; Palandt/*Brudermüller* § 1426 Rn 1 mit Verweis auf § 1365 Rn 25). Nach der Reform des Familienverfahrensrechts ist das Vormundschaftsgericht ab 1.9.2009 abgeschafft. Zuständig ist deshalb seitdem das **Familiengericht** gem. §§ 111 Nr. 9, 261 Abs. 2 FamFG. Die örtliche Zuständigkeit folgt aus § 262 FamFG.

4 **[2] Antragsteller.** Der Antrag ist vom **verwaltenden Ehegatten** zu stellen, nicht vom Dritten (Hk-BGB/*Kemper* § 1426 Rn 4).

[3] **Ordnungsgemäße Verwaltung.** Sachlich gerechtfertigt muss das beabsichtigte Rechtsgeschäft sein und zu einer ordnungsgemäßen Verwaltung des Gesamtgutes **erforderlich** sein (Hk-BGB/*Kemper* § 1426 Rn 2). Die Gründe sind im Einzelnen darzulegen. 5

§ 1427 Rechtsfolgen fehlender Einwilligung

(1) Nimmt der Ehegatte, der das Gesamtgut verwaltet, ein Rechtsgeschäft ohne die erforderliche Einwilligung des anderen Ehegatten vor, so gelten die Vorschriften des § 1366 Abs. 1, 3, 4 und des § 1367 entsprechend.
(2) [1]Einen Vertrag kann der Dritte bis zur Genehmigung widerrufen. [2]Hat er gewusst, dass der Ehegatte in Gütergemeinschaft lebt, so kann er nur widerrufen, wenn dieser wahrheitswidrig behauptet hat, der andere Ehegatte habe eingewilligt; er kann auch in diesem Falle nicht widerrufen, wenn ihm beim Abschluss des Vertrags bekannt war, dass der andere Ehegatte nicht eingewilligt hatte.

§ 1428 Verfügungen ohne Zustimmung

Verfügt der Ehegatte, der das Gesamtgut verwaltet, ohne die erforderliche Zustimmung des anderen Ehegatten über ein zum Gesamtgut gehörendes Recht, so kann dieser das Recht gegen Dritte gerichtlich geltend machen; der Ehegatte, der das Gesamtgut verwaltet, braucht hierzu nicht mitzuwirken.

§ 1429 Notverwaltungsrecht

[1]Ist der Ehegatte, der das Gesamtgut verwaltet, durch Krankheit oder durch Abwesenheit verhindert, ein Rechtsgeschäft vorzunehmen, das sich auf das Gesamtgut bezieht, so kann der andere Ehegatte das Rechtsgeschäft vornehmen, wenn mit dem Aufschub Gefahr verbunden ist; er kann hierbei im eigenen Namen oder im Namen des verwaltenden Ehegatten handeln. [2]Das Gleiche gilt für die Führung eines Rechtsstreits, der sich auf das Gesamtgut bezieht.

§ 1430 Ersetzung der Zustimmung des Verwalters

Verweigert der Ehegatte, der das Gesamtgut verwaltet, ohne ausreichenden Grund die Zustimmung zu einem Rechtsgeschäft, das der andere Ehegatte zur ordnungsmäßigen Besorgung seiner persönlichen Angelegenheiten vornehmen muss, aber ohne diese Zustimmung nicht mit Wirkung für das Gesamtgut vornehmen kann, so kann das Familiengericht die Zustimmung auf Antrag ersetzen.

§ 1431 Selbständiges Erwerbsgeschäft

(1) [1]Hat der Ehegatte, der das Gesamtgut verwaltet, darin eingewilligt, dass der andere Ehegatte selbständig ein Erwerbsgeschäft betreibt, so ist seine Zustimmung zu solchen Rechtsgeschäften und Rechtsstreitigkeiten nicht erforderlich, die der Geschäftsbetrieb mit sich bringt. [2]Einseitige Rechtsgeschäfte, die sich auf das Erwerbsgeschäft beziehen, sind dem Ehegatten gegenüber vorzunehmen, der das Erwerbsgeschäft betreibt.
(2) Weiß der Ehegatte, der das Gesamtgut verwaltet, dass der andere Ehegatte ein Erwerbsgeschäft betreibt, und hat er hiergegen keinen Einspruch eingelegt, so steht dies einer Einwilligung gleich.
(3) Dritten gegenüber ist ein Einspruch und der Widerruf der Einwilligung nur nach Maßgabe des § 1412 wirksam.

§ 1432 Annahme einer Erbschaft; Ablehnung von Vertragsantrag oder Schenkung

(1) [1]Ist dem Ehegatten, der das Gesamtgut nicht verwaltet, eine Erbschaft oder ein Vermächtnis angefallen, so ist nur er berechtigt, die Erbschaft oder das Vermächtnis anzunehmen oder auszuschlagen; die Zustimmung des anderen Ehegatten ist nicht erforderlich. [2]Das Gleiche gilt von dem Verzicht auf den Pflichtteil oder auf den Ausgleich eines Zugewinns sowie von der Ablehnung eines Vertragsantrags oder einer Schenkung.
(2) Der Ehegatte, der das Gesamtgut nicht verwaltet, kann ein Inventar über eine ihm angefallene Erbschaft ohne Zustimmung des anderen Ehegatten errichten.

§ 1433 Fortsetzung eines Rechtsstreits

Der Ehegatte, der das Gesamtgut nicht verwaltet, kann ohne Zustimmung des anderen Ehegatten einen Rechtsstreit fortsetzen, der beim Eintritt der Gütergemeinschaft anhängig war.

§ 1434 Ungerechtfertigte Bereicherung des Gesamtguts

Wird durch ein Rechtsgeschäft, das ein Ehegatte ohne die erforderliche Zustimmung des anderen Ehegatten vornimmt, das Gesamtgut bereichert, so ist die Bereicherung nach den Vorschriften über die ungerechtfertigte Bereicherung aus dem Gesamtgut herauszugeben.

§ 1435 Pflichten des Verwalters

[1]Der Ehegatte hat das Gesamtgut ordnungsmäßig zu verwalten. [2]Er hat den anderen Ehegatten über die Verwaltung zu unterrichten und ihm auf Verlangen über den Stand der Verwaltung Auskunft zu erteilen. [3]Mindert sich das Gesamtgut, so muss er zu dem Gesamtgut Ersatz leisten, wenn er den Verlust verschuldet oder durch ein Rechtsgeschäft herbeigeführt hat, das er ohne die erforderliche Zustimmung des anderen Ehegatten vorgenommen hat.

§ 1436 Verwalter unter Vormundschaft oder Betreuung

[1]Steht der Ehegatte, der das Gesamtgut verwaltet, unter Vormundschaft oder fällt die Verwaltung des Gesamtguts in den Aufgabenkreis seines Betreuers, so hat ihn der Vormund oder Betreuer in den Rechten und Pflichten zu vertreten, die sich aus der Verwaltung des Gesamtguts ergeben. [2]Dies gilt auch dann, wenn der andere Ehegatte zum Vormund oder Betreuer bestellt ist.

§ 1437 Gesamtgutsverbindlichkeiten; persönliche Haftung

(1) Aus dem Gesamtgut können die Gläubiger des Ehegatten, der das Gesamtgut verwaltet, und, soweit sich aus den §§ 1438 bis 1440 nichts anderes ergibt, auch die Gläubiger des anderen Ehegatten Befriedigung verlangen (Gesamtgutsverbindlichkeiten).

(2) [1]Der Ehegatte, der das Gesamtgut verwaltet, haftet für die Verbindlichkeiten des anderen Ehegatten, die Gesamtgutsverbindlichkeiten sind, auch persönlich als Gesamtschuldner. [2]Die Haftung erlischt mit der Beendigung der Gütergemeinschaft, wenn die Verbindlichkeiten im Verhältnis der Ehegatten zueinander dem anderen Ehegatten zur Last fallen.

§ 1438 Haftung des Gesamtguts

(1) Das Gesamtgut haftet für eine Verbindlichkeit aus einem Rechtsgeschäft, das während der Gütergemeinschaft vorgenommen wird, nur dann, wenn der Ehegatte, der das Gesamtgut verwaltet, das Rechtsgeschäft vornimmt oder wenn er ihm zustimmt oder wenn das Rechtsgeschäft ohne seine Zustimmung für das Gesamtgut wirksam ist.

(2) Für die Kosten eines Rechtsstreits haftet das Gesamtgut auch dann, wenn das Urteil dem Gesamtgut gegenüber nicht wirksam ist.

§ 1439 Keine Haftung bei Erwerb einer Erbschaft

Das Gesamtgut haftet nicht für Verbindlichkeiten, die durch den Erwerb einer Erbschaft entstehen, wenn der Ehegatte, der Erbe ist, das Gesamtgut nicht verwaltet und die Erbschaft während der Gütergemeinschaft als Vorbehaltsgut oder als Sondergut erwirbt; das Gleiche gilt beim Erwerb eines Vermächtnisses.

§ 1440 Haftung für Vorbehalts- oder Sondergut

[1]Das Gesamtgut haftet nicht für eine Verbindlichkeit, die während der Gütergemeinschaft infolge eines zum Vorbehaltsgut oder Sondergut gehörenden Rechts oder des Besitzes einer dazu gehörenden Sache in der Person des Ehegatten entsteht, der das Gesamtgut nicht verwaltet. [2]Das Gesamtgut haftet jedoch, wenn das Recht oder die Sache zu einem Erwerbsgeschäft gehört, das der Ehegatte mit Einwilligung des anderen Ehegatten selbständig betreibt, oder wenn die Verbindlichkeit zu den Lasten des Sonderguts gehört, die aus den Einkünften beglichen zu werden pflegen.

§ 1441 Haftung im Innenverhältnis

Im Verhältnis der Ehegatten zueinander fallen folgende Gesamtgutsverbindlichkeiten dem Ehegatten zur Last, in dessen Person sie entstehen:

1. die Verbindlichkeiten aus einer unerlaubten Handlung, die er nach Eintritt der Gütergemeinschaft begeht, oder aus einem Strafverfahren, das wegen einer solchen Handlung gegen ihn gerichtet wird;

2. die Verbindlichkeiten aus einem sich auf sein Vorbehaltsgut oder sein Sondergut beziehenden Rechtsverhältnis, auch wenn sie vor Eintritt der Gütergemeinschaft oder vor der Zeit entstanden sind, zu der das Gut Vorbehaltsgut oder Sondergut geworden ist;
3. die Kosten eines Rechtsstreits über eine der in den Nummern 1 und 2 bezeichneten Verbindlichkeiten.

§ 1442 Verbindlichkeiten des Sonderguts und eines Erwerbsgeschäfts

[1]Die Vorschrift des § 1441 Nr. 2, 3 gilt nicht, wenn die Verbindlichkeiten zu den Lasten des Sonderguts gehören, die aus den Einkünften beglichen zu werden pflegen. [2]Die Vorschrift gilt auch dann nicht, wenn die Verbindlichkeiten durch den Betrieb eines für Rechnung des Gesamtguts geführten Erwerbsgeschäfts oder infolge eines zu einem solchen Erwerbsgeschäft gehörenden Rechts oder des Besitzes einer dazu gehörenden Sache entstehen.

§ 1443 Prozesskosten

(1) Im Verhältnis der Ehegatten zueinander fallen die Kosten eines Rechtsstreits, den die Ehegatten miteinander führen, dem Ehegatten zur Last, der sie nach allgemeinen Vorschriften zu tragen hat.
(2) [1]Führt der Ehegatte, der das Gesamtgut nicht verwaltet, einen Rechtsstreit mit einem Dritten, so fallen die Kosten des Rechtsstreits im Verhältnis der Ehegatten zueinander diesem Ehegatten zur Last. [2]Die Kosten fallen jedoch dem Gesamtgut zur Last, wenn das Urteil dem Gesamtgut gegenüber wirksam ist oder wenn der Rechtsstreit eine persönliche Angelegenheit oder eine Gesamtgutsverbindlichkeit des Ehegatten betrifft und die Aufwendung der Kosten den Umständen nach geboten ist; § 1441 Nr. 3 und § 1442 bleiben unberührt.

§ 1444 Kosten der Ausstattung eines Kindes

(1) Verspricht oder gewährt der Ehegatte, der das Gesamtgut verwaltet, einem gemeinschaftlichen Kind aus dem Gesamtgut eine Ausstattung, so fällt ihm im Verhältnis der Ehegatten zueinander die Ausstattung zur Last, soweit sie das Maß übersteigt, das dem Gesamtgut entspricht.
(2) Verspricht oder gewährt der Ehegatte, der das Gesamtgut verwaltet, einem nicht gemeinschaftlichen Kind eine Ausstattung aus dem Gesamtgut, so fällt sie im Verhältnis der Ehegatten zueinander dem Vater oder der Mutter zur Last; für den Ehegatten, der das Gesamtgut nicht verwaltet, gilt dies jedoch nur insoweit, als er zustimmt oder die Ausstattung nicht das Maß übersteigt, das dem Gesamtgut entspricht.

§ 1445 Ausgleichung zwischen Vorbehalts-, Sonder- und Gesamtgut

(1) Verwendet der Ehegatte, der das Gesamtgut verwaltet, Gesamtgut in sein Vorbehaltsgut oder in sein Sondergut, so hat er den Wert des Verwendeten zum Gesamtgut zu ersetzen.
(2) Verwendet er Vorbehaltsgut oder Sondergut in das Gesamtgut, so kann er Ersatz aus dem Gesamtgut verlangen.

§ 1446 Fälligkeit des Ausgleichsanspruchs

(1) Was der Ehegatte, der das Gesamtgut verwaltet, zum Gesamtgut schuldet, braucht er erst nach der Beendigung der Gütergemeinschaft zu leisten; was er aus dem Gesamtgut zu fordern hat, kann er erst nach der Beendigung der Gütergemeinschaft fordern.
(2) Was der Ehegatte, der das Gesamtgut nicht verwaltet, zum Gesamtgut oder was er zum Vorbehaltsgut oder Sondergut des anderen Ehegatten schuldet, braucht er erst nach der Beendigung der Gütergemeinschaft zu leisten; er hat die Schuld jedoch schon vorher zu berichtigen, soweit sein Vorbehaltsgut und sein Sondergut hierzu ausreichen.

§ 1447 Aufhebungsklage des nicht verwaltenden Ehegatten

Der Ehegatte, der das Gesamtgut nicht verwaltet, kann auf Aufhebung der Gütergemeinschaft klagen,
1. wenn seine Rechte für die Zukunft dadurch erheblich gefährdet werden können, dass der andere Ehegatte zur Verwaltung des Gesamtguts unfähig ist oder sein Recht, das Gesamtgut zu verwalten, missbraucht,
2. wenn der andere Ehegatte seine Verpflichtung, zum Familienunterhalt beizutragen, verletzt hat und für die Zukunft eine erhebliche Gefährdung des Unterhalts zu besorgen ist,
3. wenn das Gesamtgut durch Verbindlichkeiten, die in der Person des anderen Ehegatten entstanden sind, in solchem Maße überschuldet ist, dass ein späterer Erwerb des Ehegatten, der das Gesamtgut nicht verwaltet, erheblich gefährdet wird,
4. wenn die Verwaltung des Gesamtguts in den Aufgabenkreis des Betreuers des anderen Ehegatten fällt.

§ 1448 Aufhebungsklage des Verwalters

Der Ehegatte, der das Gesamtgut verwaltet, kann auf Aufhebung der Gütergemeinschaft klagen, wenn das Gesamtgut infolge von Verbindlichkeiten des anderen Ehegatten, die diesem im Verhältnis der Ehegatten zueinander zur Last fallen, in solchem Maße überschuldet ist, dass ein späterer Erwerb erheblich gefährdet wird.

§ 1449 Wirkung der richterlichen Aufhebungsentscheidung

(1) Mit der Rechtskraft der richterlichen Entscheidung ist die Gütergemeinschaft aufgehoben; für die Zukunft gilt Gütertrennung.
(2) Dritten gegenüber ist die Aufhebung der Gütergemeinschaft nur nach Maßgabe des § 1412 wirksam.

Unterkapitel 3 Gemeinschaftliche Verwaltung des Gesamtguts durch die Ehegatten

§ 1450 Gemeinschaftliche Verwaltung durch die Ehegatten

(1) [1]Wird das Gesamtgut von den Ehegatten gemeinschaftlich verwaltet, so sind die Ehegatten insbesondere nur gemeinschaftlich berechtigt, über das Gesamtgut zu verfügen und Rechtsstreitigkeiten zu führen, die sich auf das Gesamtgut beziehen. [2]Der Besitz an den zum Gesamtgut gehörenden Sachen gebührt den Ehegatten gemeinschaftlich.
(2) Ist eine Willenserklärung den Ehegatten gegenüber abzugeben, so genügt die Abgabe gegenüber einem Ehegatten.

§ 1451 Mitwirkungspflicht beider Ehegatten

Jeder Ehegatte ist dem anderen gegenüber verpflichtet, zu Maßregeln mitzuwirken, die zur ordnungsmäßigen Verwaltung des Gesamtguts erforderlich sind.

§ 1452 Ersetzung der Zustimmung

(1) Ist zur ordnungsmäßigen Verwaltung des Gesamtguts die Vornahme eines Rechtsgeschäfts oder die Führung eines Rechtsstreits erforderlich, so kann das Familiengericht auf Antrag eines Ehegatten die Zustimmung des anderen Ehegatten ersetzen, wenn dieser sie ohne ausreichenden Grund verweigert.
(2) Die Vorschrift des Absatzes 1 gilt auch, wenn zur ordnungsmäßigen Besorgung der persönlichen Angelegenheiten eines Ehegatten ein Rechtsgeschäft erforderlich ist, das der Ehegatte mit Wirkung für das Gesamtgut nicht ohne Zustimmung des anderen Ehegatten vornehmen kann.

§ 1453 Verfügung ohne Einwilligung

(1) Verfügt ein Ehegatte ohne die erforderliche Einwilligung des anderen Ehegatten über das Gesamtgut, so gelten die Vorschriften des § 1366 Abs. 1, 3, 4 und des § 1367 entsprechend.
(2) [1]Einen Vertrag kann der Dritte bis zur Genehmigung widerrufen. [2]Hat er gewusst, dass der Ehegatte in Gütergemeinschaft lebt, so kann er nur widerrufen, wenn dieser wahrheitswidrig behauptet hat, der andere Ehegatte habe eingewilligt; er kann auch in diesem Falle nicht widerrufen, wenn ihm beim Abschluss des Vertrags bekannt war, dass der andere Ehegatte nicht eingewilligt hatte.

§ 1454 Notverwaltungsrecht

[1]Ist ein Ehegatte durch Krankheit oder Abwesenheit verhindert, bei einem Rechtsgeschäft mitzuwirken, das sich auf das Gesamtgut bezieht, so kann der andere Ehegatte das Rechtsgeschäft vornehmen, wenn mit dem Aufschub Gefahr verbunden ist; er kann hierbei im eigenen Namen oder im Namen beider Ehegatten handeln. [2]Das Gleiche gilt für die Führung eines Rechtsstreits, der sich auf das Gesamtgut bezieht.

§ 1455 Verwaltungshandlungen ohne Mitwirkung des anderen Ehegatten

Jeder Ehegatte kann ohne Mitwirkung des anderen Ehegatten
1. eine ihm angefallene Erbschaft oder ein ihm angefallenes Vermächtnis annehmen oder ausschlagen,
2. auf seinen Pflichtteil oder auf den Ausgleich eines Zugewinns verzichten,
3. ein Inventar über eine ihm oder dem anderen Ehegatten angefallene Erbschaft errichten, es sei denn, dass die dem anderen Ehegatten angefallene Erbschaft zu dessen Vorbehaltsgut oder Sondergut gehört,
4. einen ihm gemachten Vertragsantrag oder eine ihm gemachte Schenkung ablehnen,

5. ein sich auf das Gesamtgut beziehendes Rechtsgeschäft gegenüber dem anderen Ehegatten vornehmen,
6. ein zum Gesamtgut gehörendes Recht gegen den anderen Ehegatten gerichtlich geltend machen,
7. einen Rechtsstreit fortsetzen, der beim Eintritt der Gütergemeinschaft anhängig war,
8. ein zum Gesamtgut gehörendes Recht gegen einen Dritten gerichtlich geltend machen, wenn der andere Ehegatte ohne die erforderliche Zustimmung über das Recht verfügt hat,
9. ein Widerspruchsrecht gegenüber einer Zwangsvollstreckung in das Gesamtgut gerichtlich geltend machen,
10. die zur Erhaltung des Gesamtguts notwendigen Maßnahmen treffen, wenn mit dem Aufschub Gefahr verbunden ist.

§ 1456 Selbständiges Erwerbsgeschäft

(1) [1]Hat ein Ehegatte darin eingewilligt, dass der andere Ehegatte selbständig ein Erwerbsgeschäft betreibt, so ist seine Zustimmung zu solchen Rechtsgeschäften und Rechtsstreitigkeiten nicht erforderlich, die der Geschäftsbetrieb mit sich bringt. [2]Einseitige Rechtsgeschäfte, die sich auf das Erwerbsgeschäft beziehen, sind dem Ehegatten gegenüber vorzunehmen, der das Erwerbsgeschäft betreibt.
(2) Weiß ein Ehegatte, dass der andere ein Erwerbsgeschäft betreibt, und hat er hiergegen keinen Einspruch eingelegt, so steht dies einer Einwilligung gleich.
(3) Dritten gegenüber ist ein Einspruch und der Widerruf der Einwilligung nur nach Maßgabe des § 1412 wirksam.

§ 1457 Ungerechtfertigte Bereicherung des Gesamtguts

Wird durch ein Rechtsgeschäft, das ein Ehegatte ohne die erforderliche Zustimmung des anderen Ehegatten vornimmt, das Gesamtgut bereichert, so ist die Bereicherung nach den Vorschriften über die ungerechtfertigte Bereicherung aus dem Gesamtgut herauszugeben.

§ 1458 Vormundschaft über einen Ehegatten

Solange ein Ehegatte unter elterlicher Sorge oder unter Vormundschaft steht, verwaltet der andere Ehegatte das Gesamtgut allein; die Vorschriften der §§ 1422 bis 1449 sind anzuwenden.

§ 1459 Gesamtgutsverbindlichkeiten; persönliche Haftung

(1) Die Gläubiger des Mannes und die Gläubiger der Frau können, soweit sich aus den §§ 1460 bis 1462 nichts anderes ergibt, aus dem Gesamtgut Befriedigung verlangen (Gesamtgutsverbindlichkeiten).
(2) [1]Für die Gesamtgutsverbindlichkeiten haften die Ehegatten auch persönlich als Gesamtschuldner. [2]Fallen die Verbindlichkeiten im Verhältnis der Ehegatten zueinander einem der Ehegatten zur Last, so erlischt die Verbindlichkeit des anderen Ehegatten mit der Beendigung der Gütergemeinschaft.

§ 1460 Haftung des Gesamtguts

(1) Das Gesamtgut haftet für eine Verbindlichkeit aus einem Rechtsgeschäft, das ein Ehegatte während der Gütergemeinschaft vornimmt, nur dann, wenn der andere Ehegatte dem Rechtsgeschäft zustimmt oder wenn das Rechtsgeschäft ohne seine Zustimmung für das Gesamtgut wirksam ist.
(2) Für die Kosten eines Rechtsstreits haftet das Gesamtgut auch dann, wenn das Urteil dem Gesamtgut gegenüber nicht wirksam ist.

§ 1461 Keine Haftung bei Erwerb einer Erbschaft

Das Gesamtgut haftet nicht für Verbindlichkeiten eines Ehegatten, die durch den Erwerb einer Erbschaft oder eines Vermächtnisses entstehen, wenn der Ehegatte die Erbschaft oder das Vermächtnis während der Gütergemeinschaft als Vorbehaltsgut oder als Sondergut erwirbt.

§ 1462 Haftung für Vorbehalts- oder Sondergut

[1]Das Gesamtgut haftet nicht für eine Verbindlichkeit eines Ehegatten, die während der Gütergemeinschaft infolge eines zum Vorbehaltsgut oder zum Sondergut gehörenden Rechts oder des Besitzes einer dazu gehörenden Sache entsteht. [2]Das Gesamtgut haftet jedoch, wenn das Recht oder die Sache zu einem Erwerbsgeschäft gehört, das ein Ehegatte mit Einwilligung des anderen Ehegatten selbständig betreibt, oder wenn die Verbindlichkeit zu den Lasten des Sonderguts gehört, die aus den Einkünften beglichen zu werden pflegen.

§ 1463 Haftung im Innenverhältnis

Im Verhältnis der Ehegatten zueinander fallen folgende Gesamtgutsverbindlichkeiten dem Ehegatten zur Last, in dessen Person sie entstehen:

1. die Verbindlichkeiten aus einer unerlaubten Handlung, die er nach Eintritt der Gütergemeinschaft begeht, oder aus einem Strafverfahren, das wegen einer solchen Handlung gegen ihn gerichtet wird,
2. die Verbindlichkeiten aus einem sich auf sein Vorbehaltsgut oder sein Sondergut beziehenden Rechtsverhältnis, auch wenn sie vor Eintritt der Gütergemeinschaft oder vor der Zeit entstanden sind, zu der das Gut Vorbehaltsgut oder Sondergut geworden ist,
3. die Kosten eines Rechtsstreits über eine der in den Nummern 1 und 2 bezeichneten Verbindlichkeiten.

§ 1464 Verbindlichkeiten des Sonderguts und eines Erwerbsgeschäfts

[1]Die Vorschrift des § 1463 Nr. 2, 3 gilt nicht, wenn die Verbindlichkeiten zu den Lasten des Sonderguts gehören, die aus den Einkünften beglichen zu werden pflegen. [2]Die Vorschrift gilt auch dann nicht, wenn die Verbindlichkeiten durch den Betrieb eines für Rechnung des Gesamtguts geführten Erwerbsgeschäfts oder infolge eines zu einem solchen Erwerbsgeschäft gehörenden Rechts oder des Besitzes einer dazu gehörenden Sache entstehen.

§ 1465 Prozesskosten

(1) Im Verhältnis der Ehegatten zueinander fallen die Kosten eines Rechtsstreits, den die Ehegatten miteinander führen, dem Ehegatten zur Last, der sie nach allgemeinen Vorschriften zu tragen hat.
(2) [1]Führt ein Ehegatte einen Rechtsstreit mit einem Dritten, so fallen die Kosten des Rechtsstreits im Verhältnis der Ehegatten zueinander dem Ehegatten zur Last, der den Rechtsstreit führt. [2]Die Kosten fallen jedoch dem Gesamtgut zur Last, wenn das Urteil dem Gesamtgut gegenüber wirksam ist oder wenn der Rechtsstreit eine persönliche Angelegenheit oder eine Gesamtgutsverbindlichkeit des Ehegatten betrifft und die Aufwendung der Kosten den Umständen nach geboten ist; § 1463 Nr. 3 und § 1464 bleiben unberührt.

§ 1466 Kosten der Ausstattung eines nicht gemeinschaftlichen Kindes

Im Verhältnis der Ehegatten zueinander fallen die Kosten der Ausstattung eines nicht gemeinschaftlichen Kindes dem Vater oder der Mutter des Kindes zur Last.

§ 1467 Ausgleichung zwischen Vorbehalts-, Sonder- und Gesamtgut

(1) Verwendet ein Ehegatte Gesamtgut in sein Vorbehaltsgut oder in sein Sondergut, so hat er den Wert des Verwendeten zum Gesamtgut zu ersetzen.
(2) Verwendet ein Ehegatte Vorbehaltsgut oder Sondergut in das Gesamtgut, so kann er Ersatz aus dem Gesamtgut verlangen.

§ 1468 Fälligkeit des Ausgleichsanspruchs

Was ein Ehegatte zum Gesamtgut oder was er zum Vorbehaltsgut oder Sondergut des anderen Ehegatten schuldet, braucht er erst nach Beendigung der Gütergemeinschaft zu leisten; soweit jedoch das Vorbehaltsgut und das Sondergut des Schuldners ausreichen, hat er die Schuld schon vorher zu berichtigen.

§ 1469 Aufhebungsklage

Jeder Ehegatte kann auf Aufhebung der Gütergemeinschaft klagen,

1. wenn seine Rechte für die Zukunft dadurch erheblich gefährdet werden können, dass der andere Ehegatte ohne seine Mitwirkung Verwaltungshandlungen vornimmt, die nur gemeinschaftlich vorgenommen werden dürfen,
2. wenn der andere Ehegatte sich ohne ausreichenden Grund beharrlich weigert, zur ordnungsmäßigen Verwaltung des Gesamtguts mitzuwirken,
3. wenn der andere Ehegatte seine Verpflichtung, zum Familienunterhalt beizutragen, verletzt hat und für die Zukunft eine erhebliche Gefährdung des Unterhalts zu besorgen ist,
4. wenn das Gesamtgut durch Verbindlichkeiten, die in der Person des anderen Ehegatten entstanden sind und diesem im Verhältnis der Ehegatten zueinander zur Last fallen, in solchem Maße überschuldet ist, dass sein späterer Erwerb erheblich gefährdet wird,
5. wenn die Wahrnehmung eines Rechts des anderen Ehegatten, das sich aus der Gütergemeinschaft ergibt, vom Aufgabenkreis eines Betreuers erfasst wird.

§ 1470 Wirkung der richterlichen Aufhebungsentscheidung

(1) Mit der Rechtskraft der richterlichen Entscheidung ist die Gütergemeinschaft aufgehoben; für die Zukunft gilt Gütertrennung.
(2) Dritten gegenüber ist die Aufhebung der Gütergemeinschaft nur nach Maßgabe des § 1412 wirksam.

Unterkapitel 4 Auseinandersetzung des Gesamtguts

§ 1471 Beginn der Auseinandersetzung

(1) Nach der Beendigung der Gütergemeinschaft setzen sich die Ehegatten über das Gesamtgut auseinander.
(2) Bis zur Auseinandersetzung gilt für das Gesamtgut die Vorschrift des § 1419.

§ 1472 Gemeinschaftliche Verwaltung des Gesamtguts

(1) Bis zur Auseinandersetzung verwalten die Ehegatten das Gesamtgut gemeinschaftlich.
(2) [1]Jeder Ehegatte darf das Gesamtgut in derselben Weise wie vor der Beendigung der Gütergemeinschaft verwalten, bis er von der Beendigung Kenntnis erlangt oder sie kennen muss. [2]Ein Dritter kann sich hierauf nicht berufen, wenn er bei der Vornahme eines Rechtsgeschäfts weiß oder wissen muss, dass die Gütergemeinschaft beendet ist.
(3) Jeder Ehegatte ist dem anderen gegenüber verpflichtet, zu Maßregeln mitzuwirken, die zur ordnungsmäßigen Verwaltung des Gesamtguts erforderlich sind; die zur Erhaltung notwendigen Maßregeln kann jeder Ehegatte allein treffen.
(4) [1]Endet die Gütergemeinschaft durch den Tod eines Ehegatten, so hat der überlebende Ehegatte die Geschäfte, die zur ordnungsmäßigen Verwaltung erforderlich sind und nicht ohne Gefahr aufgeschoben werden können, so lange zu führen, bis der Erbe anderweit Fürsorge treffen kann. [2]Diese Verpflichtung besteht nicht, wenn der verstorbene Ehegatte das Gesamtgut allein verwaltet hat.

§ 1473 Unmittelbare Ersetzung

(1) Was auf Grund eines zum Gesamtgut gehörenden Rechts oder als Ersatz für die Zerstörung, Beschädigung oder Entziehung eines zum Gesamgut gehörenden Gegenstands oder durch ein Rechtsgeschäft erworben wird, das sich auf das Gesamtgut bezieht, wird Gesamtgut.
(2) Gehört eine Forderung, die durch Rechtsgeschäft erworben ist, zum Gesamtgut, so braucht der Schuldner dies erst dann gegen sich gelten zu lassen, wenn er erfährt, dass die Forderung zum Gesamtgut gehört; die Vorschriften der §§ 406 bis 408 sind entsprechend anzuwenden.

§ 1474 Durchführung der Auseinandersetzung

Die Ehegatten setzen sich, soweit sie nichts anderes vereinbaren, nach den §§ 1475 bis 1481 auseinander.

A. Muster: Auseinandersetzungsantrag 1

▶ An das

Amtsgericht ■■■ – Familiengericht[1]

Antrag[2]

■■■ (volles Rubrum)

wegen: Auseinandersetzung einer Gütergemeinschaft

Namens und in Vollmacht des Klägers leiten wir ein Verfahren ein und beantragen[3]:

Die Antragsgegnerin wird verpflichtet, folgendem Plan zur Auseinandersetzung des Gesamtgutes zuzustimmen[4]:

1. Der Antragsteller erhält aus dem Gesamtgut zu Alleineigentum den landwirtschaftlichen Betrieb bestehend aus
   a) Gebäude- und Hofflächen unter der Anschrift ▪▪▪,
   b) Acker- und Weideflächen Gemarkung ▪▪▪, Flur ▪▪▪ Flurstücke ▪▪▪,
   c) Maschinen und Geräte ▪▪▪,
   d) ▪▪▪.
2. Der Antragsteller leistet eine Ausgleichszahlung an die Antragsgegnerin in Höhe von ▪▪▪ EUR.
3. Der Antragsgegnerin wird aus dem Gesamtgut das unbebaute Grundstück unter der Anschrift ▪▪▪ zu Alleineigentum übertragen.
4. Die Antragsgegnerin erhält aus dem Gesamtgut die Lebensversicherung bei der x-Lebensversicherungsgesellschaft, VS-Nr. ▪▪▪, so dass sie Versicherungsnehmerin und versicherte Person wird.
5. Dem Antragsteller wird aus dem Gesamtgut das Konto bei der Y-Bank, Konto-Nr. ▪▪▪, mit dem darauf befindlichen Guthaben übertragen, so dass er allein Kontoinhaber und verfügungsberechtigt wird.
6. Der Antragsteller übernimmt die gegenüber der x-Bank bestehende Darlehensverbindlichkeit zu Nr. ▪▪▪ zur alleinigen weiteren persönlichen Haftung.
7. Die Antragsgegnerin erhält den Pkw ▪▪▪ mit dem amtl. Kennzeichen ▪▪▪ zu Alleineigentum.

Hilfsweise[5] wird beantragt:

die Antragsgegnerin wird verpflichtet, folgendem Plan zur Auseinandersetzung des Gesamtgutes zuzustimmen:

▪▪▪

Gründe:

I.

Die Parteien waren miteinander verheiratet. Ihre Ehe wurde geschieden am ▪▪▪ durch Beschluss des AG ▪▪▪.

Beweis: in Kopie anliegender Beschluss ▪▪▪

Die Parteien lebten im Güterstand der Gütergemeinschaft, den sie mit Ehevertrag vom vereinbarten.

Beweis: in Kopie anliegender Notarvertrag ▪▪▪

Außergerichtlich konnte keine Einigung über eine Auseinandersetzung des Gesamtgutes erzielt werden.[6] Ein Auseinandersetzungsverfahren[7] ist deshalb leider erforderlich.

II.

Das Gesamtgut der Parteien besteht insgesamt aus folgenden Werten: ▪▪▪[8]

III.

Der Antragsteller hat bei Abschluss des Ehevertrages den landwirtschaftlichen Betrieb in die Gütergemeinschaft eingebracht, bestehend aus ▪▪▪. Der Betrieb stellt seine Existenzgrundlage dar, da er selbständiger Landwirt ist.

Hinsichtlich dieses landwirtschaftlichen Betriebes macht der Antragsteller seinen Rückübernahmeanspruch gem. § 1477 Abs. 2 BGB geltend.[9] Der Betrieb hatte zum Zeitpunkt der Einbringung einen Wert von ▪▪▪. Bereinigt um den Inflationsverlust[10] beträgt der einzusetzende Wert des landwirtschaftlichen Betriebs sonach ▪▪▪ EUR.

Die Antragsgegnerin hat ihrerseits während Bestehens des Güterstandes das unbebaute Grundstück ■■■ von ihren Eltern im Wege vorweggenommener Erbfolge geschenkt erhalten. Hinsichtlich dieses Grundstückes hat sie ein Übernahmerecht gem. § 1477 Abs. 2 BGB.[11]

Die Passiva des Gesamtgutes sind geregelt. Der Antragsteller übernimmt die Verbindlichkeiten. Er stellt die Antragsgegnerin von den Verbindlichkeiten frei und hat auch bereits veranlasst, dass eine Entlassung im Außenverhältnis erfolgen kann.

Beweis: anl. Schreiben der Bank

IV.

Es ergibt sich folgendes Auseinandersetzungsguthaben: ■■■[12]

Unter Zugrundelegung dessen wird folgender Aufteilungsplan vorgeschlagen: ■■■[13]

V.

Mit dem Hilfsantrag wird folgender alternativer Aufteilungsplan vorgeschlagen: ■■■[14]

2 begl. Abschriften anliegend

■■■

Rechtsanwalt ◄

B. Erläuterungen

[1] **Zuständigkeit.** Das Muster betrifft ein gerichtliches Verfahren zur Auseinandersetzung der Gütergemeinschaft. Eine Auseinandersetzung erfolgt gem. § 1474 nach den §§ 1475 bis 1481 oder durch Vereinbarung. Können sich die Eheleute nicht einigen, kommt der hier dargestellte gerichtliche Antrag in Betracht. Nach der Reform des Familienverfahrensrechts zum 1.9.2009 wurde die Terminologie der Verfahren und der Verfahrensbeteiligten geändert. Danach gibt es keine Klage mehr, sondern nur noch Verfahren und es gibt keine Kläger und Beklagte mehr, sondern Antragsteller und Antragsgegner, vgl im Einzelnen § 113 Abs. 5 FamFG. 2

Für das Verfahren ist das **Familiengericht** zuständig, §§ 111 Nr. 9, 261 FamFG. Die örtliche Zuständigkeit folgt aus § 262 FamFG. Die Entscheidung ergeht durch Beschluss, § 116 FamFG. Dieser ist durch Beschwerde anfechtbar. 3

[2] Das Muster zeigt einen **isolierten Antrag nach durchgeführter Scheidung.** Möglich ist natürlich auch ein Antrag während der Anhängigkeit einer Ehesache. 4

[3] Es besteht **Anwaltszwang,** § 114 Abs. 1 FamFG. 5

[4] Das Verfahren muss auf Zustimmung eines **konkreten Auseinandersetzungsplans** gehen. 6

[5] **Hilfsantrag.** Wichtig und unbedingt empfehlenswert ist, **einen oder besser noch mehrere** Hilfsanträge, zu stellen. Denn das Gericht hat keine Gestaltungsspielräume hinsichtlich des Antrages, kann nur einem Antrag stattgeben oder einen Antrag abweisen; allenfalls käme eine Teilabweisung in Betracht (BGH FamRZ 1988, 813, 814). Um keinen Verlust des Verfahrens zu riskieren sind sicherheitshalber gleich mehrere Hilfsanträge zu stellen. 7

[6] **Außergerichtlich** wäre es möglich, wie beim gesetzlichen Güterstand auch, einen **Auseinandersetzungsvertrag** zu schließen. Eine **notarielle Beurkundung** ist dann erforderlich, wenn der Güterstand mit dem Vertrag beendet wird, §§ 1408, 1410. 8

[7] Das **gerichtliche Auseinandersetzungsverfahren** ist **höchst kompliziert.** Es empfiehlt sich zuvor Lektüre von einschlägiger Literatur. Insbesondere sind die gesetzlichen Teilungsregeln und deren Reihenfolge zu beachten. 9

– Erster Schritt der Auseinandersetzung ist die Berichtigung der Gesamtgutverbindlichkeiten, § 1475.
– Zweiter Schritt ist ggf die Erstattung von Werten, die ein Ehegatte in die Ehe eingebracht hat, gem. § 1478.
– Nächster Schritt ist die Aufteilung eines etwaig verbleibenden Überschusses, § 1476.

Es ist ein umfassender Vermögensstatus der Eheleute anzufertigen. Erst danach kann ein Auseinandersetzungsplan ausgearbeitet und begründet werden.

10 [8] **Darstellung der Güter.** Das Gesamtgut ist mit allen **Aktiva** und **Passiva** darzustellen mit Wertangaben, damit der spätere Aufteilungsplan auch vom Gericht nachvollzogen werden kann. Die Wertangaben sind weitestgehend zu belegen bzw unter Beweis zu stellen. Ein landwirtschaftlicher Betrieb wird nicht, wie im gesetzlichen Güterstand, nach § 1376 Abs. 4 mit dem Ertragswert bewertet. Vielmehr gilt vom Ansatz der Verkehrswert mit Besonderheiten (vgl BGH FamRZ 1986, 776 ff; BGH FamRZ 1991, 43 ff zur Bewertung einer Arztpraxis)

11 [9] **Eingebrachtes Vermögen.** Derjenige Ehegatte, der Vermögen in die Gütergemeinschaft eingebracht hat, kann **Wertersatz** dafür fordern, § 1477 Abs. 2. Er kann auch in Anrechnung auf seinen Anteil ein Übernahmerecht geltend machen (Hk-BGB/*Kemper* § 1477 Rn 3).

12 [10] **Inflation.** Der Wert ist inflationär zu bereinigen nach **Lebenshaltungskostenindex** (BGH FamRZ 1982, 991; NJW 1982, 2373; BGH FamRZ 1986, 40, 42).

13 [11] **Ererbtes Vermögen.** Ein **Übernahmerecht** besteht auch bezüglich während der Ehe im Wege einer Erbschaft oder Schenkung erhaltenen Vermögens, § 1477 Abs. 2 S. 2.

14 [12] **Darstellung des Vermögens.** Hier ist übersichtlich geordnet das Auseinandersetzungsguthaben und die rechnerische Ermittlung des Überschusses für beide Eheleute darzustellen unter Berücksichtigung der Wertersatzansprüche.

15 [13] Der **Aufteilungsvorschlag** ist unbedingt näher zu begründen, insbesondere rechnerisch darzulegen mit den einzelnen Werten.

16 [14] **Alternativer Aufteilungsvorschlag.** Es ist noch mal dringend zu empfehlen, vorsorglich einen alternativen Aufteilungsvorschlag zu machen und zu begründen, besser noch **weitere Hilfsanträge** mit Begründungen einzubauen, da das Gericht keinen Gestaltungsspielraum hat (BGH FamRZ 1988, 813, 814).

§ 1475 Berichtigung der Gesamtgutsverbindlichkeiten

(1) [1]Die Ehegatten haben zunächst die Gesamtgutsverbindlichkeiten zu berichtigen. [2]Ist eine Verbindlichkeit noch nicht fällig oder ist sie streitig, so müssen die Ehegatten zurückbehalten, was zur Berichtigung dieser Verbindlichkeit erforderlich ist.
(2) Fällt eine Gesamtgutsverbindlichkeit im Verhältnis der Ehegatten zueinander einem der Ehegatten allein zur Last, so kann dieser nicht verlangen, dass die Verbindlichkeit aus dem Gesamtgut berichtigt wird.
(3) Das Gesamtgut ist in Geld umzusetzen, soweit dies erforderlich ist, um die Gesamtgutsverbindlichkeiten zu berichtigen.

§ 1476 Teilung des Überschusses

(1) Der Überschuss, der nach der Berichtigung der Gesamtgutsverbindlichkeiten verbleibt, gebührt den Ehegatten zu gleichen Teilen.
(2) [1]Was einer der Ehegatten zum Gesamtgut zu ersetzen hat, muss er sich auf seinen Teil anrechnen lassen. [2]Soweit er den Ersatz nicht auf diese Weise leistet, bleibt er dem anderen Ehegatten verpflichtet.

§ 1477 Durchführung der Teilung

(1) Der Überschuss wird nach den Vorschriften über die Gemeinschaft geteilt.
(2) [1]Jeder Ehegatte kann gegen Ersatz des Wertes die Sachen übernehmen, die ausschließlich zu seinem persönlichen Gebrauch bestimmt sind, insbesondere Kleider, Schmucksachen und Arbeitsgeräte. [2]Das Gleiche gilt für die

Gegenstände, die ein Ehegatte in die Gütergemeinschaft eingebracht oder während der Gütergemeinschaft durch Erbfolge, durch Vermächtnis oder mit Rücksicht auf ein künftiges Erbrecht, durch Schenkung oder als Ausstattung erworben hat.

§ 1478 Auseinandersetzung nach Scheidung

(1) Ist die Ehe geschieden, bevor die Auseinandersetzung beendet ist, so ist auf Verlangen eines Ehegatten jedem von ihnen der Wert dessen zurückzuerstatten, was er in die Gütergemeinschaft eingebracht hat; reicht hierzu der Wert des Gesamtguts nicht aus, so ist der Fehlbetrag von den Ehegatten nach dem Verhältnis des Wertes des von ihnen Eingebrachten zu tragen.
(2) Als eingebracht sind anzusehen

1. die Gegenstände, die einem Ehegatten beim Eintritt der Gütergemeinschaft gehört haben,
2. die Gegenstände, die ein Ehegatte von Todes wegen oder mit Rücksicht auf ein künftiges Erbrecht, durch Schenkung oder als Ausstattung erworben hat, es sei denn, dass der Erwerb den Umständen nach zu den Einkünften zu rechnen war,
3. die Rechte, die mit dem Tode eines Ehegatten erlöschen oder deren Erwerb durch den Tod eines Ehegatten bedingt ist.

(3) Der Wert des Eingebrachten bestimmt sich nach der Zeit der Einbringung.

§ 1479 Auseinandersetzung nach richterlicher Aufhebungsentscheidung

Wird die Gütergemeinschaft auf Grund der §§ 1447, 1448 oder des § 1469 durch richterliche Entscheidung aufgehoben, so kann der Ehegatte, der die richterliche Entscheidung erwirkt hat, verlangen, dass die Auseinandersetzung so erfolgt, wie wenn der Anspruch auf Auseinandersetzung in dem Zeitpunkt rechtshängig geworden wäre, in dem die Klage auf Aufhebung der Gütergemeinschaft erhoben ist.

§ 1480 Haftung nach der Teilung gegenüber Dritten

[1]Wird das Gesamtgut geteilt, bevor eine Gesamtgutsverbindlichkeit berichtigt ist, so haftet dem Gläubiger auch der Ehegatte persönlich als Gesamtschuldner, für den zur Zeit der Teilung eine solche Haftung nicht besteht. [2]Seine Haftung beschränkt sich auf die ihm zugeteilten Gegenstände; die für die Haftung des Erben geltenden Vorschriften der §§ 1990, 1991 sind entsprechend anzuwenden.

§ 1481 Haftung der Ehegatten untereinander

(1) Wird das Gesamtgut geteilt, bevor eine Gesamtgutsverbindlichkeit berichtigt ist, die im Verhältnis der Ehegatten zueinander dem Gesamtgut zur Last fällt, so hat der Ehegatte, der das Gesamtgut während der Gütergemeinschaft allein verwaltet hat, dem anderen Ehegatten dafür einzustehen, dass dieser weder über die Hälfte der Verbindlichkeit noch über das aus dem Gesamtgut Erlangte hinaus in Anspruch genommen wird.
(2) Haben die Ehegatten das Gesamtgut während der Gütergemeinschaft gemeinschaftlich verwaltet, so hat jeder Ehegatte dem anderen dafür einzustehen, dass dieser von dem Gläubiger nicht über die Hälfte der Verbindlichkeit hinaus in Anspruch genommen wird.
(3) Fällt die Verbindlichkeit im Verhältnis der Ehegatten zueinander einem der Ehegatten zur Last, so hat dieser dem anderen dafür einzustehen, dass der andere Ehegatte von dem Gläubiger nicht in Anspruch genommen wird.

§ 1482 Eheauflösung durch Tod

[1]Wird die Ehe durch den Tod eines Ehegatten aufgelöst, so gehört der Anteil des verstorbenen Ehegatten am Gesamtgut zum Nachlass. [2]Der verstorbene Ehegatte wird nach den allgemeinen Vorschriften beerbt.

Unterkapitel 5 Fortgesetzte Gütergemeinschaft

§ 1483 Eintritt der fortgesetzten Gütergemeinschaft

(1) [1]Die Ehegatten können durch Ehevertrag vereinbaren, dass die Gütergemeinschaft nach dem Tod eines Ehegatten zwischen dem überlebenden Ehegatten und den gemeinschaftlichen Abkömmlingen fortgesetzt wird. [2]Treffen die Ehegatten eine solche Vereinbarung, so wird die Gütergemeinschaft mit den gemeinschaftlichen Abkömmlingen fortgesetzt, die bei gesetzlicher Erbfolge als Erben berufen sind. [3]Der Anteil des verstorbenen Ehegatten am Gesamtgut gehört nicht zum Nachlass; im Übrigen wird der Ehegatte nach den allgemeinen Vorschriften beerbt.
(2) Sind neben den gemeinschaftlichen Abkömmlingen andere Abkömmlinge vorhanden, so bestimmen sich ihr Erbrecht und ihre Erbteile so, wie wenn fortgesetzte Gütergemeinschaft nicht eingetreten wäre.

§ 1484 Ablehnung der fortgesetzten Gütergemeinschaft

(1) Der überlebende Ehegatte kann die Fortsetzung der Gütergemeinschaft ablehnen.

(2) [1]Auf die Ablehnung finden die für die Ausschlagung einer Erbschaft geltenden Vorschriften der §§ 1943 bis 1947, 1950, 1952, 1954 bis 1957, 1959 entsprechende Anwendung. [2]Steht der überlebende Ehegatte unter elterlicher Sorge oder unter Vormundschaft, so ist zur Ablehnung die Genehmigung des Familiengerichts erforderlich. [3]Bei einer Ablehnung durch den Betreuer des überlebenden Ehegatten ist die Genehmigung des Betreuungsgerichts erforderlich.

(3) Lehnt der Ehegatte die Fortsetzung der Gütergemeinschaft ab, so gilt das Gleiche wie im Falle des § 1482.

1 **A. Muster: Ablehnung der Fortsetzung der Gütergemeinschaft**

▶ An das

Amtsgericht – Nachlassgericht[1]

Sehr geehrte Damen und Herren,

mein Ehemann, Herr ■■■, geb. ■■■, ist am ■■■ verstorben. Ich lebte mit ihm im Güterstand der Gütergemeinschaft, wobei durch Ehevertrag vom ■■■ vereinbart war, dass die Gütergemeinschaft nach dem Tod des Ehegatten mit den gemeinschaftlichen Abkömmlingen fortgesetzt werde (vgl in Kopie beiliegender Ehevertrag Notar ■■■).[2]

Aus unserer Ehe sind folgende gemeinschaftliche Abkömmlinge hervorgegangen:

1. ■■■, geb. ■■■
2. ■■■, geb. ■■■

Ich lehne die Fortsetzung der Gütergemeinschaft mit den Kindern hiermit ab.[3]

■■■

Datum, Unterschrift ◀

B. Erläuterungen

2 [1] **Zuständigkeit.** Für den Antrag ist zuständig das **Amtsgericht** gem. § 342 FamFG, § 1484 Abs. 2 iVm § 1945. Es finden die erbrechtlichen Vorschriften Anwendung. Es handelt sich demnach, wie bei der Ausschlagung der Erbschaft, um eine einseitige, form- und fristgebundene Willenserklärung, die erst wirksam wird, wenn sie dem Nachlassgericht zugeht (Palandt/*Edenhofer*, § 1945 Rn 1)

3 [2] **Situation nach Tod eines Ehegatten.** Das Muster kommt in Betracht, wenn mit einem Ehevertrag ursprünglich eine Fortsetzung der Gütergemeinschaft vereinbart worden ist, der überlebende Ehegatte aber die Gütergemeinschaft nicht mit den Kindern fortsetzen will.

4 [3] Das **Ablehnungsrecht** hat **keine sachlichen Voraussetzungen** (Hk-BGB/*Kemper* § 1484 Rn 2). Die Ausübung muss aber, wie die Ausschlagung der Erbschaft, innerhalb **6 Wochen** nach der Kenntnis von der fortgesetzten Gütergemeinschaft ausgeübt werden (Hk-BGB/*Kemper* § 1484 Rn 2; Palandt/*Brudermüller* § 1484 Rn 1). In der Beratung ist deshalb darauf hinzuweisen, dass die Einhaltung der Frist beachtet wird.

§ 1485 Gesamtgut

(1) Das Gesamtgut der fortgesetzten Gütergemeinschaft besteht aus dem ehelichen Gesamtgut, soweit es nicht nach § 1483 Abs. 2 einem nicht anteilsberechtigten Abkömmling zufällt, und aus dem Vermögen, das der überle-

bende Ehegatte aus dem Nachlass des verstorbenen Ehegatten oder nach dem Eintritt der fortgesetzten Gütergemeinschaft erwirbt.
(2) Das Vermögen, das ein gemeinschaftlicher Abkömmling zur Zeit des Eintritts der fortgesetzten Gütergemeinschaft hat oder später erwirbt, gehört nicht zu dem Gesamtgut.
(3) Auf das Gesamtgut findet die für die eheliche Gütergemeinschaft geltende Vorschrift des § 1416 Abs. 2 und 3 entsprechende Anwendung.

§ 1486 Vorbehaltsgut; Sondergut

(1) Vorbehaltsgut des überlebenden Ehegatten ist, was er bisher als Vorbehaltsgut gehabt hat oder was er nach § 1418 Abs. 2 Nr. 2, 3 als Vorbehaltsgut erwirbt.
(2) Sondergut des überlebenden Ehegatten ist, was er bisher als Sondergut gehabt hat oder was er als Sondergut erwirbt.

§ 1487 Rechtsstellung des Ehegatten und der Abkömmlinge

(1) Die Rechte und Verbindlichkeiten des überlebenden Ehegatten sowie der anteilsberechtigten Abkömmlinge in Ansehung des Gesamtguts der fortgesetzten Gütergemeinschaft bestimmen sich nach den für die eheliche Gütergemeinschaft geltenden Vorschriften der §§ 1419, 1422 bis 1428, 1434, des § 1435 Satz 1, 3 und der §§ 1436, 1445; der überlebende Ehegatte hat die rechtliche Stellung des Ehegatten, der das Gesamtgut allein verwaltet, die anteilsberechtigten Abkömmlinge haben die rechtliche Stellung des anderen Ehegatten.
(2) Was der überlebende Ehegatte zu dem Gesamtgut schuldet oder aus dem Gesamtgut zu fordern hat, ist erst nach der Beendigung der fortgesetzten Gütergemeinschaft zu leisten.

§ 1488 Gesamtgutsverbindlichkeiten

Gesamtgutsverbindlichkeiten der fortgesetzten Gütergemeinschaft sind die Verbindlichkeiten des überlebenden Ehegatten sowie solche Verbindlichkeiten des verstorbenen Ehegatten, die Gesamtgutsverbindlichkeiten der ehelichen Gütergemeinschaft waren.

§ 1489 Persönliche Haftung für die Gesamtgutsverbindlichkeiten

(1) Für die Gesamtgutsverbindlichkeiten der fortgesetzten Gütergemeinschaft haftet der überlebende Ehegatte persönlich.
(2) Soweit die persönliche Haftung den überlebenden Ehegatten nur infolge des Eintritts der fortgesetzten Gütergemeinschaft trifft, finden die für die Haftung des Erben für die Nachlassverbindlichkeiten geltenden Vorschriften entsprechende Anwendung; an die Stelle des Nachlasses tritt das Gesamtgut in dem Bestand, den es zur Zeit des Eintritts der fortgesetzten Gütergemeinschaft hat.
(3) Eine persönliche Haftung der anteilsberechtigten Abkömmlinge für die Verbindlichkeiten des verstorbenen oder des überlebenden Ehegatten wird durch die fortgesetzte Gütergemeinschaft nicht begründet.

§ 1490 Tod eines Abkömmlings

[1]Stirbt ein anteilsberechtigter Abkömmling, so gehört sein Anteil an dem Gesamtgut nicht zu seinem Nachlass. [2]Hinterlässt er Abkömmlinge, die anteilsberechtigt sein würden, wenn er den verstorbenen Ehegatten nicht überlebt hätte, so treten die Abkömmlinge an seine Stelle. [3]Hinterlässt er solche Abkömmlinge nicht, so wächst sein Anteil den übrigen anteilsberechtigten Abkömmlingen und, wenn solche nicht vorhanden sind, dem überlebenden Ehegatten an.

§ 1491 Verzicht eines Abkömmlings

(1) [1]Ein anteilsberechtigter Abkömmling kann auf seinen Anteil an dem Gesamtgut verzichten. [2]Der Verzicht erfolgt durch Erklärung gegenüber dem für den Nachlass des verstorbenen Ehegatten zuständigen Gericht; die Erklärung ist in öffentlich beglaubigter Form abzugeben. [3]Das Nachlassgericht soll die Erklärung dem überlebenden Ehegatten und den übrigen anteilsberechtigten Abkömmlingen mitteilen.
(2) [1]Der Verzicht kann auch durch Vertrag mit dem überlebenden Ehegatten und den übrigen anteilsberechtigten Abkömmlingen erfolgen. [2]Der Vertrag bedarf der notariellen Beurkundung.
(3) [1]Steht der Abkömmling unter elterlicher Sorge oder unter Vormundschaft, so ist zu dem Verzicht die Genehmigung des Familiengerichts erforderlich. [2]Bei einem Verzicht durch den Betreuer des Abkömmlings ist die Genehmigung des Betreuungsgerichts erforderlich.
(4) Der Verzicht hat die gleichen Wirkungen, wie wenn der Verzichtende zur Zeit des Verzichts ohne Hinterlassung von Abkömmlingen gestorben wäre.

§ 1492 Aufhebung durch den überlebenden Ehegatten

(1) [1]Der überlebende Ehegatte kann die fortgesetzte Gütergemeinschaft jederzeit aufheben. [2]Die Aufhebung erfolgt durch Erklärung gegenüber dem für den Nachlass des verstorbenen Ehegatten zuständigen Gericht; die Erklärung ist in öffentlich beglaubigter Form abzugeben. [3]Das Nachlassgericht soll die Erklärung den anteilsberechtigten Abkömmlingen und, wenn der überlebende Ehegatte gesetzlicher Vertreter eines der Abkömmlinge ist, dem Familiengericht, wenn eine Betreuung besteht, dem Betreuungsgericht mitteilen.
(2) [1]Die Aufhebung kann auch durch Vertrag zwischen dem überlebenden Ehegatten und den anteilsberechtigten Abkömmlingen erfolgen. [2]Der Vertrag bedarf der notariellen Beurkundung.
(3) [1]Steht der überlebende Ehegatte unter elterlicher Sorge oder unter Vormundschaft, so ist zu der Aufhebung die Genehmigung des Familiengerichts erforderlich. [2]Bei einer Aufhebung durch den Betreuer des überlebenden Ehegatten ist die Genehmigung des Betreuungsgerichts erforderlich.

§ 1493 Wiederverheiratung oder Begründung einer Lebenspartnerschaft des überlebenden Ehegatten

(1) Die fortgesetzte Gütergemeinschaft endet, wenn der überlebende Ehegatte wieder heiratet oder eine Lebenspartnerschaft begründet.
(2) [1]Der überlebende Ehegatte hat, wenn ein anteilsberechtigter Abkömmling minderjährig ist, die Absicht der Wiederverheiratung dem Familiengericht anzuzeigen, ein Verzeichnis des Gesamtguts einzureichen, die Gütergemeinschaft aufzuheben und die Auseinandersetzung herbeizuführen. [2]Das Familiengericht kann gestatten, dass die Aufhebung der Gütergemeinschaft bis zur Eheschließung unterbleibt und dass die Auseinandersetzung erst später erfolgt. [3]Die Sätze 1 und 2 gelten auch, wenn die Sorge für das Vermögen eines anteilsberechtigten Abkömmlings zum Aufgabenkreis eines Betreuers gehört; in diesem Fall tritt an die Stelle des Familiengerichts das Betreuungsgericht.
(3) Das Standesamt, bei dem die Eheschließung angemeldet worden ist, teilt dem Familiengericht die Anmeldung mit.

§ 1494 Tod des überlebenden Ehegatten

(1) Die fortgesetzte Gütergemeinschaft endet mit dem Tode des überlebenden Ehegatten.
(2) Wird der überlebende Ehegatte für tot erklärt oder wird seine Todeszeit nach den Vorschriften des Verschollenheitsgesetzes festgestellt, so endet die fortgesetzte Gütergemeinschaft mit dem Zeitpunkt, der als Zeitpunkt des Todes gilt.

§ 1495 Aufhebungsklage eines Abkömmlings

Ein anteilsberechtigter Abkömmling kann gegen den überlebenden Ehegatten auf Aufhebung der fortgesetzten Gütergemeinschaft klagen,

1. wenn seine Rechte für die Zukunft dadurch erheblich gefährdet werden können, dass der überlebende Ehegatte zur Verwaltung des Gesamtguts unfähig ist oder sein Recht, das Gesamtgut zu verwalten, missbraucht,
2. wenn der überlebende Ehegatte seine Verpflichtung, dem Abkömmling Unterhalt zu gewähren, verletzt hat und für die Zukunft eine erhebliche Gefährdung des Unterhalts zu besorgen ist,
3. wenn die Verwaltung des Gesamtguts in den Aufgabenkreis des Betreuers des überlebenden Ehegatten fällt,
4. wenn der überlebende Ehegatte die elterliche Sorge für den Abkömmling verwirkt hat oder, falls sie ihm zugestanden hätte, verwirkt haben würde.

§ 1496 Wirkung des der richterlichen Aufhebungsentscheidung

[1]Die Aufhebung der fortgesetzten Gütergemeinschaft tritt in den Fällen des § 1495 mit der Rechtskraft der richterlichen Entscheidung ein. [2]Sie tritt für alle Abkömmlinge ein, auch wenn die richterliche Entscheidung auf die Klage eines der Abkömmlinge ergangen ist.

§ 1497 Rechtsverhältnis bis zur Auseinandersetzung

(1) Nach der Beendigung der fortgesetzten Gütergemeinschaft setzen sich der überlebende Ehegatte und die Abkömmlinge über das Gesamtgut auseinander.
(2) Bis zur Auseinandersetzung bestimmt sich ihr Rechtsverhältnis am Gesamtgut nach den §§ 1419, 1472, 1473.

§ 1498 Durchführung der Auseinandersetzung

[1]Auf die Auseinandersetzung sind die Vorschriften der §§ 1475, 1476, des § 1477 Abs. 1, der §§ 1479, 1480 und des § 1481 Abs. 1, 3 anzuwenden; an die Stelle des Ehegatten, der das Gesamtgut allein verwaltet hat, tritt der überlebende Ehegatte, an die Stelle des anderen Ehegatten treten die anteilsberechtigten Abkömmlinge. [2]Die in § 1476 Abs. 2 Satz 2 bezeichnete Verpflichtung besteht nur für den überlebenden Ehegatten.

§ 1499 Verbindlichkeiten zu Lasten des überlebenden Ehegatten

Bei der Auseinandersetzung fallen dem überlebenden Ehegatten zur Last:

1. die ihm bei dem Eintritt der fortgesetzten Gütergemeinschaft obliegenden Gesamtgutsverbindlichkeiten, für die das eheliche Gesamtgut nicht haftete oder die im Verhältnis der Ehegatten zueinander ihm zur Last fielen;
2. die nach dem Eintritt der fortgesetzten Gütergemeinschaft entstandenen Gesamtgutsverbindlichkeiten, die, wenn sie während der ehelichen Gütergemeinschaft in seiner Person entstanden wären, im Verhältnis der Ehegatten zueinander ihm zur Last gefallen sein würden;
3. eine Ausstattung, die er einem anteilsberechtigten Abkömmling über das dem Gesamtgut entsprechende Maß hinaus oder die er einem nicht anteilsberechtigten Abkömmling versprochen oder gewährt hat.

§ 1500 Verbindlichkeiten zu Lasten der Abkömmlinge

(1) Die anteilsberechtigten Abkömmlinge müssen sich Verbindlichkeiten des verstorbenen Ehegatten, die diesem im Verhältnis der Ehegatten zueinander zur Last fielen, bei der Auseinandersetzung auf ihren Anteil insoweit anrechnen lassen, als der überlebende Ehegatte nicht von dem Erben des verstorbenen Ehegatten Deckung hat erlangen können.
(2) In gleicher Weise haben sich die anteilsberechtigten Abkömmlinge anrechnen zu lassen, was der verstorbene Ehegatte zu dem Gesamtgut zu ersetzen hatte.

§ 1501 Anrechnung von Abfindungen

(1) Ist einem anteilsberechtigten Abkömmling für den Verzicht auf seinen Anteil eine Abfindung aus dem Gesamtgut gewährt worden, so wird sie bei der Auseinandersetzung in das Gesamtgut eingerechnet und auf die den Abkömmlingen gebührende Hälfte angerechnet.
(2) [1]Der überlebende Ehegatte kann mit den übrigen anteilsberechtigten Abkömmlingen schon vor der Aufhebung der fortgesetzten Gütergemeinschaft eine abweichende Vereinbarung treffen. [2]Die Vereinbarung bedarf der notariellen Beurkundung; sie ist auch denjenigen Abkömmlingen gegenüber wirksam, welche erst später in die fortgesetzte Gütergemeinschaft eintreten.

§ 1502 Übernahmerecht des überlebenden Ehegatten

(1) [1]Der überlebende Ehegatte ist berechtigt, das Gesamtgut oder einzelne dazu gehörende Gegenstände gegen Ersatz des Wertes zu übernehmen. [2]Das Recht geht nicht auf den Erben über.
(2) [1]Wird die fortgesetzte Gütergemeinschaft auf Grund des § 1495 durch Urteil aufgehoben, so steht dem überlebenden Ehegatten das im Absatz 1 bestimmte Recht nicht zu. [2]Die anteilsberechtigten Abkömmlinge können in diesem Falle diejenigen Gegenstände gegen Ersatz des Wertes übernehmen, welche der verstorbene Ehegatte nach § 1477 Abs. 2 zu übernehmen berechtigt sein würde. [3]Das Recht kann von ihnen nur gemeinschaftlich ausgeübt werden.

§ 1503 Teilung unter den Abkömmlingen

(1) Mehrere anteilsberechtigte Abkömmlinge teilen die ihnen zufallende Hälfte des Gesamtguts nach dem Verhältnis der Anteile, zu denen sie im Falle der gesetzlichen Erbfolge als Erben des verstorbenen Ehegatten berufen sein würden, wenn dieser erst zur Zeit der Beendigung der fortgesetzten Gütergemeinschaft gestorben wäre.
(2) Das Vorempfangene kommt nach den für die Ausgleichung unter Abkömmlingen geltenden Vorschriften zur Ausgleichung, soweit nicht eine solche bereits bei der Teilung des Nachlasses des verstorbenen Ehegatten erfolgt ist.
(3) Ist einem Abkömmling, der auf seinen Anteil verzichtet hat, eine Abfindung aus dem Gesamtgut gewährt worden, so fällt sie den Abkömmlingen zur Last, denen der Verzicht zustatten kommt.

§ 1504 Haftungsausgleich unter Abkömmlingen

[1]Soweit die anteilsberechtigten Abkömmlinge nach § 1480 den Gesamtgutsgläubigern haften, sind sie im Verhältnis zueinander nach der Größe ihres Anteils an dem Gesamtgut verpflichtet. [2]Die Verpflichtung beschränkt sich

auf die ihnen zugeteilten Gegenstände; die für die Haftung des Erben geltenden Vorschriften der §§ 1990, 1991 finden entsprechende Anwendung.

§ 1505 Ergänzung des Anteils des Abkömmlings

Die Vorschriften über das Recht auf Ergänzung des Pflichtteils finden zugunsten eines anteilsberechtigten Abkömmlings entsprechende Anwendung; an die Stelle des Erbfalls tritt die Beendigung der fortgesetzten Gütergemeinschaft; als gesetzlicher Erbteil gilt der dem Abkömmling zur Zeit der Beendigung gebührende Anteil an dem Gesamtgut, als Pflichtteil gilt die Hälfte des Wertes dieses Anteils.

§ 1506 Anteilsunwürdigkeit

[1]Ist ein gemeinschaftlicher Abkömmling erbunwürdig, so ist er auch des Anteils an dem Gesamtgut unwürdig. [2]Die Vorschriften über die Erbunwürdigkeit finden entsprechende Anwendung.

§ 1507 Zeugnis über Fortsetzung der Gütergemeinschaft

[1]Das Nachlassgericht hat dem überlebenden Ehegatten auf Antrag ein Zeugnis über die Fortsetzung der Gütergemeinschaft zu erteilen. [2]Die Vorschriften über den Erbschein finden entsprechende Anwendung.

§ 1508 (weggefallen)

§ 1509 Ausschließung der fortgesetzten Gütergemeinschaft durch letztwillige Verfügung

[1]Jeder Ehegatte kann für den Fall, dass die Ehe durch seinen Tod aufgelöst wird, die Fortsetzung der Gütergemeinschaft durch letztwillige Verfügung ausschließen, wenn er berechtigt ist, dem anderen Ehegatten den Pflichtteil zu entziehen oder auf Aufhebung der Gütergemeinschaft zu klagen. [2]Das Gleiche gilt, wenn der Ehegatte berechtigt ist, die Aufhebung der Ehe zu beantragen, und den Antrag gestellt hat. [3]Auf die Ausschließung finden die Vorschriften über die Entziehung des Pflichtteils entsprechende Anwendung.

§ 1510 Wirkung der Ausschließung

Wird die Fortsetzung der Gütergemeinschaft ausgeschlossen, so gilt das Gleiche wie im Falle des § 1482.

§ 1511 Ausschließung eines Abkömmlings

(1) Jeder Ehegatte kann für den Fall, dass die Ehe durch seinen Tod aufgelöst wird, einen gemeinschaftlichen Abkömmling von der fortgesetzten Gütergemeinschaft durch letztwillige Verfügung ausschließen.

(2) [1]Der ausgeschlossene Abkömmling kann, unbeschadet seines Erbrechts, aus dem Gesamtgut der fortgesetzten Gütergemeinschaft die Zahlung des Betrags verlangen, der ihm von dem Gesamtgut der ehelichen Gütergemeinschaft als Pflichtteil gebühren würde, wenn die fortgesetzte Gütergemeinschaft nicht eingetreten wäre. [2]Die für den Pflichtteilsanspruch geltenden Vorschriften finden entsprechende Anwendung.

(3) [1]Der dem ausgeschlossenen Abkömmling gezahlte Betrag wird bei der Auseinandersetzung den anteilsberechtigten Abkömmlingen nach Maßgabe des § 1501 angerechnet. [2]Im Verhältnis der Abkömmlinge zueinander fällt er den Abkömmlingen zur Last, denen die Ausschließung zustatten kommt.

§ 1512 Herabsetzung des Anteils

Jeder Ehegatte kann für den Fall, dass mit seinem Tode die fortgesetzte Gütergemeinschaft eintritt, den einem anteilsberechtigten Abkömmling nach der Beendigung der fortgesetzten Gütergemeinschaft gebührenden Anteil an dem Gesamtgut durch letztwillige Verfügung bis auf die Hälfte herabsetzen.

§ 1513 Entziehung des Anteils

(1) [1]Jeder Ehegatte kann für den Fall, dass mit seinem Tode die fortgesetzte Gütergemeinschaft eintritt, einem anteilsberechtigten Abkömmling den diesem nach der Beendigung der fortgesetzten Gütergemeinschaft gebührenden Anteil an dem Gesamtgut durch letztwillige Verfügung entziehen, wenn er berechtigt ist, dem Abkömmling den Pflichtteil zu entziehen. [2]Die Vorschrift des § 2336 Abs. 2 und 3 findet entsprechende Anwendung.

(2) Der Ehegatte kann, wenn er nach § 2338 berechtigt ist, das Pflichtteilsrecht des Abkömmlinges zu beschränken, den Anteil des Abkömmlings am Gesamtgut einer entsprechenden Beschränkung unterwerfen.

§ 1514 Zuwendung des entzogenen Betrags

Jeder Ehegatte kann den Betrag, den er nach § 1512 oder nach § 1513 Abs. 1 einem Abkömmling entzieht, auch einem Dritten durch letztwillige Verfügung zuwenden.

§ 1515 Übernahmerecht eines Abkömmlings und des Ehegatten

(1) Jeder Ehegatte kann für den Fall, dass mit seinem Tode die fortgesetzte Gütergemeinschaft eintritt, durch letztwillige Verfügung anordnen, dass ein anteilsberechtigter Abkömmling das Recht haben soll, bei der Teilung das Gesamtgut oder einzelne dazu gehörende Gegenstände gegen Ersatz des Wertes zu übernehmen.
(2) [1]Gehört zu dem Gesamtgut ein Landgut, so kann angeordnet werden, dass das Landgut mit dem Ertragswert oder mit einem Preis, der den Ertragswert mindestens erreicht, angesetzt werden soll. [2]Die für die Erbfolge geltende Vorschrift des § 2049 finden Anwendung.
(3) Das Recht, das Landgut zu dem in Absatz 2 bezeichneten Werte oder Preis zu übernehmen, kann auch dem überlebenden Ehegatten eingeräumt werden.

§ 1516 Zustimmung des anderen Ehegatten

(1) Zur Wirksamkeit der in den §§ 1511 bis 1515 bezeichneten Verfügungen eines Ehegatten ist die Zustimmung des anderen Ehegatten erforderlich.
(2) [1]Die Zustimmung kann nicht durch einen Vertreter erteilt werden. [2]Ist der Ehegatte in der Geschäftsfähigkeit beschränkt, so ist die Zustimmung seines gesetzlichen Vertreters nicht erforderlich. [3]Die Zustimmungserklärung bedarf der notariellen Beurkundung. [4]Die Zustimmung ist unwiderruflich.
(3) Die Ehegatten können die in den §§ 1511 bis 1515 bezeichneten Verfügungen auch in einem gemeinschaftlichen Testament treffen.

§ 1517 Verzicht eines Abkömmlings auf seinen Anteil

(1) [1]Zur Wirksamkeit eines Vertrags, durch den ein gemeinschaftlicher Abkömmling einem der Ehegatten gegenüber für den Fall, dass die Ehe durch dessen Tod aufgelöst wird, auf seinen Anteil am Gesamtgut der fortgesetzten Gütergemeinschaft verzichtet oder durch den ein solcher Verzicht aufgehoben wird, ist die Zustimmung des anderen Ehegatten erforderlich. [2]Für die Zustimmung gilt die Vorschrift des § 1516 Abs. 2 Satz 3, 4.
(2) Die für den Erbverzicht geltenden Vorschriften finden entsprechende Anwendung.

§ 1518 Zwingendes Recht

[1]Anordnungen, die mit den Vorschriften der §§ 1483 bis 1517 in Widerspruch stehen, können von den Ehegatten weder durch letztwillige Verfügung noch durch Vertrag getroffen werden. [2]Das Recht der Ehegatten, den Vertrag, durch den sie die Fortsetzung der Gütergemeinschaft vereinbart haben, durch Ehevertrag aufzuheben, bleibt unberührt.

§§ 1519 bis 1557 (weggefallen)

Untertitel 3 Güterrechtsregister

§ 1558 Zuständiges Registergericht

(1) Die Eintragungen in das Güterrechtsregister sind bei jedem Amtsgericht zu bewirken, in dessen Bezirk auch nur einer der Ehegatten seinen gewöhnlichen Aufenthalt hat.
(2) [1]Die Landesregierungen werden ermächtigt, durch Rechtsverordnung einem Amtsgericht für die Bezirke mehrerer Amtsgerichte die Zuständigkeit für die Führung des Registers zu übertragen. [2]Die Landesregierungen können die Ermächtigung durch Rechtsverordnung auf die Landesjustizverwaltungen übertragen.

§ 1559 Verlegung des gewöhnlichen Aufenthalts

[1]Verlegt ein Ehegatte nach der Eintragung seinen gewöhnlichen Aufenthalt in einen anderen Bezirk, so muss die Eintragung im Register dieses Bezirks wiederholt werden. [2]Die frühere Eintragung gilt als von neuem erfolgt, wenn ein Ehegatte den gewöhnlichen Aufenthalt in den früheren Bezirk zurückverlegt.

§ 1560 Antrag auf Eintragung

[1]Eine Eintragung in das Register soll nur auf Antrag und nur insoweit erfolgen, als sie beantragt ist. [2]Der Antrag ist in öffentlich beglaubigter Form zu stellen.

1 ### A. Muster: Antrag auf Eintragung von Gütertrennung

► An das Amtsgericht ▪▪▪[1]

– Güterrechtsregister[2] –

▪▪▪

Meine Ehefrau und ich haben am ▪▪▪ die Ehe geschlossen. Unser gemeinsamer ehelicher Wohnsitz befindet sich im Bezirk des angerufenen Amtsgerichts. Wir haben am ▪▪▪ durch notariellen Ehevertrag des Notars ▪▪▪ in ▪▪▪ Urk. – Nr. ▪▪▪ für unsere Ehe den Güterstand der Gütertrennung vereinbart.

Ich

beantrage[3]

unter Vorlage der Heiratsurkunde und einer Ausfertigung des Ehevertrages die Eintragung[4] des Güterstandes der Gütertrennung in das Güterrechtsregister.

▪▪▪

Ort, Datum, Unterschrift[5]

▪▪▪

Beglaubigungsvermerk ◄

B. Erläuterungen

2 **[1] Zuständigkeit.** Das Amtsgericht, in dessen Bezirk einer der Ehegatten seinen gewöhnlichen Aufenthalt hat, ist zuständig. Eine Eintragung ist nicht möglich, wenn ein inländischer Aufenthaltsort fehlt (Palandt/*Brudermüller* § 1558 Rn 1).

3 **[2] Funktion des Güterrechtsregisters.** Die Eintragung einer **güterrechtlichen Tatsache** in das Güterrechtsregister hat zur Folge, dass ein Dritter die eingetragene Tatsache, auch ohne von ihr Kenntnis zu haben, gegen sich gelten lassen muss. Ist eine Tatsache, zB vereinbarte Gütertrennung, nicht eingetragen, muss sie der Dritte nur bei Kenntnis gegen sich gelten lassen. In der Praxis wird die Möglichkeit der Eintragung nahezu nie genutzt.

4 [3] Der **Antrag** kann auch schon **in den Ehevertrag** mit aufgenommen und der beurkundende Notar ermächtigt werden, den Eintragungsantrag zu stellen (vgl OLG Köln, Rechtsprechung der Oberlandesgerichte Band 83, 267 und OLG Celle NJW-FER 2000, 109).

5 Verlegt ein Ehegatte seinen gewöhnlichen Aufenthalt in einen anderen Bezirk, so muss die **Eintragung im Register dieses Bezirks wiederholt** werden. Dies gilt auch, wenn der andere Ehegatte am bisherigen Aufenthaltsort bleibt. Verlegen beide Ehegatten ihren Aufenthalt, ist die Eintragung nicht zu löschen, da sie durch Rückkehr wieder aufleben könnte.

6 **[4] Eintragungsfähige Tatsachen.** Dies sind zum einen Eheverträge, Aufhebung oder Änderung von Eheverträgen, Ausschluss der Verfügungsbeschränkung des § 1365, Einschränkungen des gesetzlichen Güterstandes, Ausschluss oder Beschränkung der Haftung für Geschäfte des täglichen Lebens, § 1357 Abs. 2, Vorbehaltsgut bei Gütergemeinschaft etc. Nicht eingetragen werden kann die fortgesetzte Gütergemeinschaft, da die Ehe nicht mehr besteht.

[5] Grundsätzlich ist der **Antrag** von **beiden Ehegatten** zu stellen. Der Antrag eines Ehegatten genügt jedoch zur Eintragung eines Ehevertrags, wenn der Ehevertrag mit vorgelegt wird; zur Eintragung in das Register eines anderen Bezirks; zur Eintragung des Einspruchs gegen den selbständigen Betrieb eines Erwerbsgeschäftes des anderen Ehegatten und für den Widerruf einer früheren Einwilligung bei Gütergemeinschaft, wenn der Antragsteller alleine oder mit dem anderen Ehegatten gemeinschaftlich das Gesamtgut verwaltet sowie zur Eintragung eines Ausschlusses oder einer Beschränkung der Haftung für Geschäfte des täglichen Lebens. In allen anderen Fällen ist ein Antrag beider Ehegatten erforderlich. Die Mitwirkung des anderen Ehegatten kann gerichtlich erzwungen werden. Das Verfahren ist nunmehr geregelt in den §§ 378 bis 383 FamFG. Nach *Reithmann* (DNotZ 1984, 459) sollte das weitgehend funktionslose Güterrechtsregister abgeschafft werden. 7

§ 1561 Antragserfordernisse

(1) Zur Eintragung ist der Antrag beider Ehegatten erforderlich; jeder Ehegatte ist dem anderen gegenüber zur Mitwirkung verpflichtet.

(2) Der Antrag eines Ehegatten genügt

1. **zur Eintragung eines Ehevertrags oder einer auf gerichtlicher Entscheidung beruhenden Änderung der güterrechtlichen Verhältnisse der Ehegatten, wenn mit dem Antrag der Ehevertrag oder die mit dem Zeugnis der Rechtskraft versehene Entscheidung vorgelegt wird;**
2. **zur Wiederholung einer Eintragung in das Register eines anderen Bezirks, wenn mit dem Antrag eine nach der Aufhebung des bisherigen Wohnsitzes erteilte, öffentlich beglaubigte Abschrift der früheren Eintragung vorgelegt wird;**
3. **zur Eintragung des Einspruchs gegen den selbständigen Betrieb eines Erwerbsgeschäfts durch den anderen Ehegatten und zur Eintragung des Widerrufs der Einwilligung, wenn die Ehegatten in Gütergemeinschaft leben und der Ehegatte, der den Antrag stellt, das Gesamtgut allein oder mit dem anderen Ehegatten gemeinschaftlich verwaltet;**
4. **zur Eintragung der Beschränkung oder Ausschließung der Berechtigung des anderen Ehegatten, Geschäfte mit Wirkung für den Antragsteller zu besorgen (§ 1357 Abs. 2).**

§ 1562 Öffentliche Bekanntmachung

(1) Das Amtsgericht hat die Eintragung durch das für seine Bekanntmachungen bestimmte Blatt zu veröffentlichen.

(2) Wird eine Änderung des Güterstands eingetragen, so hat sich die Bekanntmachung auf die Bezeichnung des Güterstands und, wenn dieser abweichend von dem Gesetz geregelt ist, auf eine allgemeine Bezeichnung der Abweichung zu beschränken.

§ 1563 Registereinsicht

[1]Die Einsicht des Registers ist jedem gestattet. [2]Von den Eintragungen kann eine Abschrift gefordert werden; die Abschrift ist auf Verlangen zu beglaubigen.

A. Muster: Antrag auf Einsicht in das Güterrechtsregister 1

▶ An das Amtsgericht ▪▪▪

– Güterrechtsregister –

▪▪▪

Antrag auf Einsicht in das Güterrechtsregister

Ich bitte um eine Auskunft aus dem Güterrechtsregister betreffend die Ehegatten ▪▪▪, wohnhaft in ▪▪▪.[1]

951

Soweit das Güterrechtsregister eine Eintragung betreffend die genannten Eheleute enthalten sollte, bitten wir um eine unbeglaubigte Abschrift dieser Eintragung.

■■■

Ort, Datum, Unterschrift ◀

B. Erläuterungen

2 [1] **Auskunft aus dem Güterrechtsregister.** Nach § 386 FamFG hat das Registergericht auf Verlangen eine Bescheinigung darüber zu erteilen, dass bezüglich des Gegenstands einer Eintragung weitere Eintragungen in das Register nicht vorhanden sind oder dass eine bestimmte Eintragung in das Register nicht erfolgt ist. Die Auskunft ist kostenlos, ein berechtigtes Interesse ist nicht erforderlich.

Titel 7 Scheidung der Ehe

Untertitel 1 Scheidungsgründe

§ 1564 Scheidung durch richterliche Entscheidung

[1]Eine Ehe kann nur durch richterliche Entscheidung auf Antrag eines oder beider Ehegatten geschieden werden. [2]Die Ehe ist mit der Rechtskraft der Entscheidung aufgelöst. [3]Die Voraussetzungen, unter denen die Scheidung begehrt werden kann, ergeben sich aus den folgenden Vorschriften.

A. Vertragsgestaltung

1 **I. Muster: Schreiben zur einvernehmlichen Regelung der Scheidungsfolgen**

▶ Sehr geehrte Frau ■■■,

wir wurden von Ihrem Ehemann mit dessen Interessenwahrnehmung beauftragt. Eine Vollmacht liegt bei.

Nach der uns erteilten Information befindet sich Ihre Ehe in einer schweren Krise. Auf die Gründe, die dazu geführt haben, möchten wir nicht näher eingehen, zumal Ihnen die Gründe bekannt sind. Tatsache ist jedenfalls, dass Sie bereits geraume Zeit voneinander getrennt leben, weshalb wir gebeten wurden, ein Scheidungsverfahren einzuleiten. Ihnen wird deshalb in Kürze über das Gericht der Scheidungsantrag Ihres Mannes zugeleitet werden.

Ihr Ehemann hat den Wunsch, die Folgen der Scheidung möglichst einvernehmlich zu regeln. Von daher muss es keine Auseinandersetzungen geben. Sollten auch Sie ein Interesse an einer einvernehmlichen Regelung haben, schlagen wir vor, dass Sie in Abstimmung mit Ihrem Ehemann einen gemeinsamen Besprechungstermin in unserer Praxis vereinbaren. Selbstverständlich steht es Ihnen auch frei, einen eigenen Rechtsanwalt Ihres Vertrauens zu beauftragen, der sich anschließend an uns wenden mag.

Regelungsbedürftig erscheint uns insbesondere:[1]

– Die Zukunft der gemeinsamen Immobilie

Das Haus steht bekanntlich im beiderseitigen Eigentum. Zumindest für die Zeit nach einer Scheidung wäre über die Eigentumslage zu entscheiden. In Betracht kommt zum einen eine Veräußerung des Hauses, zum anderen die Übernahme durch einen Ehegatten. Ihr Mann hätte eventuell Interesse daran, das Haus zu übernehmen, vorausgesetzt, man verständigt sich auf eine angemessene Ausgleichszahlung, die für ihn auch finanzierbar ist. Sie werden gebeten, uns darüber Ihre Vorstellungen mitzuteilen.

- Die Vermögensauseinandersetzung
  Da Sie mit Ihrem Ehegatten im gesetzlichen Güterstand der Zugewinngemeinschaft leben, ist bei Beendigung der Ehe ein Ausgleich (Zugewinnausgleich) zu zahlen, sollte ein Ehegatte in der Ehe einen höheren Zugewinn erzielt haben als der andere Ehegatte. Wir schlagen vor, dazu eine Berechnung vorzunehmen sobald der Scheidungsantrag zugestellt wurde.[2]

Abschließend möchten wir nochmals betonen, dass uns insgesamt an einer gütlichen Regelung gelegen ist. Wir verbinden dies mit der Hoffnung, baldmöglichst ein Gespräch in der Angelegenheit zu führen und erbitten Ihre Rückäußerung binnen 3 Wochen.

Mit freundlichen Grüßen

...

Rechtsanwalt ◄

II. Erläuterungen

[1] Erstes Anschreiben. Dargestellt ist ein Musterschreiben eines Anwalts an den anderen Ehegatten nachdem sich die Eheleute getrennt haben. Im ersten Schreiben muss man noch nicht konkret auf einzelne Punkte eingehen. Vielfach genügt es, ein allgemeines und freundliches Schreiben zu verfassen, um eine Gesprächs- und Einigungsbereitschaft zu signalisieren. Je nach Situation kann es aber auch angezeigt sein, schon im ersten Schreiben konkrete Vorstellungen zu äußern. Dies ist abhängig davon, ob es bereits Gespräche zwischen den Ehegatten gegeben hat, wie sie ggf verlaufen sind, wie der andere Ehegatte am besten zu Gesprächen bewegt werden kann, usw. Bevor ein solches Schreiben verfasst wird, ist ein **eingehendes Gespräch** darüber mit dem Mandanten bzw der Mandantin zu führen. Insbesondere ist auch die atmosphärische Situation zu beachten, in der sich die Eheleute zu der Zeit befinden und man sollte sich als Anwalt ein Bild von der Psyche der Beteiligten machen. Erfahrungsgemäß hängt der Erfolg eines ersten Anwaltschreibens nicht zuletzt auch davon ab, dass **„der richtige Ton"** gefunden wird. Zu beachten ist, dass es im Familierecht um teils hochemotionale Angelegenheiten geht, die ein feinfühliges Umgehen mit dem Gegner (mitunter auch mit dem eigenen Mandanten) erfordert. Wohldosierte Formulierungen und kluges Taktieren bewirken manchmal mehr als kategorische Forderungen und Fristsetzungen. 2

[2] Abwägung. Insbesondere kann man sich die Frage stellen, ob die Berechnung des Zugewinns kurz vor Einleitung der Scheidung und damit kurz vor Begründung des gesetzlichen Stichtages konkret angesprochen werden soll. Denn möglicherweise könnte dies den anderen Ehegatten noch veranlassen, seine Vermögenssituation bewusst zum Nachteil des anderen zu verändern (zB Geldabhebung vom Konto). Es kann sich deshalb empfehlen, auf die Vermögenssituation erst nach Rechtshängigkeit des Scheidungsantrages anzusprechen. 3

B. Prozess

I. Muster: Scheidungsantrag 4

► An das

Amtsgericht ... – Familiengericht[1]

Antrag

des Herrn ■■■, wohnhaft ■■■

Verfahrensbevollmächtigte: RAe ■■■[2]

gegen

Frau ■■■, geb.■■■., wohnhaft ■■■

wegen: Ehescheidung

Streitwert: ■■■ EUR[3]

Namens und gemäß beiliegender Vollmacht beantragen wir,

die am ■■■ vor dem Standesbeamten des Standesamtes ■■■ unter Register – Nr. ■■■ geschlossene Ehe der Parteien zu scheiden.[4]

Ferner beantragen wir unter Überreichung der Unterlagen gem. § 114 ZPO,

dem Antragsteller Verfahrenskostenhilfe unter Beiordnung von RA ■■■ zu bewilligen[5]

Gründe: ■■■**[6]** ◄

II. Erläuterungen

5 [1] **Zuständigkeit.** Der Scheidungsantrag ist zu richten an das **Familiengericht,** §§ 111 Nr. 1, 121 FamFG. Die örtliche Zuständigkeit folgt aus § 122 FamFG.

6 [2] **Anwaltliche Vertretung.** Es besteht **Anwaltszwang** für **die den Antrag stellende Partei,** § 114 FamFG. Demgegenüber muss sich die andere Partei auf Antragsgegnerseite nicht anwaltlich vertreten lassen.

7 [3] Der **Streitwert** richtet sich gem. § 43 FamGKG **in der Regel** nach dem in 3 Monaten erzielten Nettoeinkommen der Eheleute, mindestens 2.000 EUR; die Vorschrift entspricht dem früheren § 48 GKG.

8 Nach den **Umständen des Einzelfalls** kann wegen der Bedeutung oder des Umfangs der Angelegenheit und der Vermögens- oder Einkommensverhältnisse der Parteien ein höherer Wert angemessen sein, der im Ermessen des Gerichts liegt. So kann es etwa in Betracht kommen, bei höchst streitigen Scheidungsverfahren von Parteien, die überdurchschnittliches Vermögen oder Einkommen haben, am Ende des Verfahrens die Festsetzung eines wesentlich höheren Wertes zu beantragen. Denkbar ist insoweit einen Wert für das Vermögen hinzuzurechnen in Höhe von 5–10 % des beiderseitigen Vermögens nach Abzug von Freibeträgen, die teilweise mit bis zu 60.000 EUR je Ehegatte angenommen werden; die Rechtsprechung dazu ist uneinheitlich und es wird empfohlen, einschlägige RVG-Kommentare zu lesen.

9 Sollte der **Versorgungsausgleich** zu regeln sein, was üblicherweise der Fall ist, werden bestimmte Prozentsätze von 10 % bzw 20 % für jedes Anrecht angesetzt, mindestens ein Wert von 1.000 EUR, § 50 FamGKG. Die Scheidungssache und Folgesachen gelten wertmäßig als ein Verfahren gem. § 44 FamGKG. **Folgesachen** können den Wert erhöhen, vgl im Einzelnen §§ 44–52 FamGKG.

10 [4] Die **Entscheidung** ergeht nun durch **Beschluss,** § 116 FamFG (nicht mehr durch Urteil). Der Beschluss ist durch **Beschwerde** anfechtbar, § 117 FamFG (nicht mehr Berufung).

11 [5] Der **Antrag auf Verfahrenskostenhilfe** (früher vor dem 1.9.2009 Prozesskostenhilfe) ist natürlich nur in den Fällen niedrigen Einkommens zu stellen. § 76 FamFG verweist auf die Regelungen der ZPO zur Prozesskostenhilfe.

12 [6] **Scheidungsgründe.** Die Begründung des Scheidungsantrages ist unterschiedlich, vgl die Muster zu §§ 1565 und 1566.

§ 1565 Scheitern der Ehe

(1) [1]Eine Ehe kann geschieden werden, wenn sie gescheitert ist. [2]Die Ehe ist gescheitert, wenn die Lebensgemeinschaft der Ehegatten nicht mehr besteht und nicht erwartet werden kann, dass die Ehegatten sie wiederherstellen.
(2) Leben die Ehegatten noch nicht ein Jahr getrennt, so kann die Ehe nur geschieden werden, wenn die Fortsetzung der Ehe für den Antragsteller aus Gründen, die in der Person des anderen Ehegatten liegen, eine unzumutbare Härte darstellen würde.

A. Einverständliche Scheidung

I. Muster: Begründung einverständliche Scheidung – ein Jahr Trennung 1

954

▶ ■■■

Gründe:

Die Parteien – beide deutsche Staatsangehörige[1] – haben wie im Antrag angegeben geheiratet.

Beweis: Heiratsurkunde[2]

Gem. § 133 FamFG erklären wir:[3]

1. Die Parteien haben keine minderjährigen Kinder.[4]
2. Die Parteien haben sich über den Unterhalt und die Rechtsverhältnisse an Wohnung und Hausrat geeinigt.
3. Familiensachen, an denen beide Ehegatten beteiligt sind, sind anderweitig nicht anhängig.[5]

Der Ehescheidungsantrag wird gestützt auf § 1565 Abs. 1 iVm § 1566 Abs. 1 BGB.

Die Ehe der Parteien ist zu scheiden, da sie gescheitert ist. Eine eheliche Lebensgemeinschaft besteht zwischen den Parteien seit ■■■[6] nicht mehr. Zum damaligen Zeitpunkt haben die Parteien sich getrennt.

Eine Wiederaufnahme der Ehegemeinschaft scheidet aus, da beide Eheleute dies ablehnen. Die Ehe ist danach endgültig gescheitert.

Beweis: Parteivernehmung

Der Scheidung wird zugestimmt, so dass das Scheitern der Ehe unwiderlegbar vermutet wird.[7]

2 beglaubigte Abschriften anliegend

■■■

Rechtsanwalt ◀

II. Erläuterungen und Varianten

[1] Die **Staatsangehörigkeit** ist anzugeben, weil davon materiell-rechtlich die Anwendung des deutschen Scheidungsrechtes abhängt, Art. 17 EGBGB. 2

[2] Dem Scheidungsantrag sollen die **Heiratsurkunde** und ggf **Geburtsurkunden** der gemeinsamen minderjährigen Kinder beigefügt werden gem. § 133 Abs. 2 FamFG. 3

4 [3] **Zwingend** sind **Angaben** zu § 133 FamFG, also

1. ob Kinder aus der Ehe hervorgegangen sind und wenn ja, Namen und Geburtsdaten sowie deren Aufenthaltsort,
2. eine Erklärung darüber, ob die Ehegatten eine Regelung über die elterliche Sorge, den Umgang, den Unterhalt bzw die Rechtsverhältnisse an Wohnung und Hausrat getroffen haben oder nicht,
3. ob noch andere Familiensachen anhängig sind.

Dabei ist zu beachten, dass § 133 Abs. 1 Nr. 3 FamFG inhaltlich weiter geht, als der frühere bis 30.8.2009 geltende § 621 Abs. 2 S. 1 ZPO. § 133 Abs. 1 Nr. 3 FamFG umfasst alle Familiensachen, demgegenüber früher nur die in § 621 Abs. 2 S. 1 ZPO aufgeführten Familiensachen. Neu ist insbesondere, dass nunmehr Erklärungen abzugeben sind, ob die Eheleute Regelungen getroffen haben zur gesetzlichen Unterhaltspflicht der Eheleute, zu den Rechtsverhältnissen an Ehewohnung und Hausrat und – soweit minderjährige Kinder vorhanden sind – zur elterlichen Sorge, den Umgang und die Unterhaltspflicht den Kindern gegenüber.

5 [4] **Kinder.** Das Muster betrifft den Fall, dass keine minderjährigen Kinder aus der Ehe hervorgegangen sind.

Variante bei Vorhandensein von Kindern:

▶ Die Parteien haben 2 minderjährige Kinder,

…, geb. …

…, geb. …

Die Kinder leben im Haushalt des Vaters/der Mutter.

Es soll bei der gemeinsamen elterlichen Sorge verbleiben. Über den Umgang haben sich die Parteien verständigt. Auch der Kindesunterhalt ist geregelt. ◀

6 [5] Dem Muster ist zugrunde gelegt, dass außer der Scheidung **keine Rechtsstreite anhängig** sind, also bislang keinerlei gerichtliche Streitigkeiten existieren.

Variante bei sonstigen Gerichtsverfahren:

▶ Zwischen den Parteien ist beim AG … ein Sorgerechtsverfahren rechtshängig zu Az … und ein Unterhaltsverfahren zu Az … ◀

7 [6] Das **Trennungsdatum** ist **stets anzugeben,** da ein Scheitern der Ehe gem. § 1566 maßgeblich von der Trennungszeit abhängt. Es genügt eine Angabe zu Monat und Jahr der Trennung. Die Eheleute müssen seit mindestens einem Jahr getrennt leben.

8 [7] Die Scheidung ergeht nun durch **Beschluss** gem. § 116 Abs. 1 FamFG. Gegen den Beschluss gibt es das Rechtsmittel der **Beschwerde** gem. § 117 FamFG.

B. Streitige Scheidung

9 I. Muster: Streitige Scheidung – ein Jahr Trennung

▶ …

Gründe:

Der Scheidungsantrag wird gestützt auf § 1565 Abs. 1 BGB.

Die Ehe ist zu scheiden, da sie gescheitert ist. Eine eheliche Lebensgemeinschaft besteht zwischen den Parteien seit … nicht mehr. Zum damaligen Zeitpunkt haben die Eheleute sich getrennt.

Eine Wiederaufnahme der Ehegemeinschaft scheidet für unsere Partei aus, so dass die Ehe als endgültig gescheitert angesehen werden muss.

Beweis: Parteivernehmung

Da nicht sicher ist, ob eine Zustimmung zum Ehescheidungsantrag erfolgt, wird der Scheidungsantrag auf § 1565 Abs. 1 BGB gestützt. Wir tragen demzufolge ergänzend vor:[1]

Die Antragstellerin lehnt eine Wiederaufnahme der ehelichen Lebensgemeinschaft kategorisch ab. Grund dafür ist insbesondere der Umstand, dass der Antragsgegner seit Jahren stark dem Alkohol zuneigt. Nach der Arbeit trinkt er regelmäßig mehrere Flaschen Bier, legt sich auf die Couch und sieht Fernsehen. Oft kommt es vor, dass er dann abends noch in eine Kneipe geht und dort größere Mengen Bier und Schnaps zu sich nimmt. Er kommt dann betrunken nach Hause zurück. Wegen dieses Verhaltens hat es zwischen den Parteien schon viele Streitgespräche gegeben. Der Antragsgegner ist uneinsichtig. Angebote der Antragstellerin, eine Eheberatung durchzuführen, hat er ebenso abgelehnt, wie sich wegen des Alkoholgenusses in medizinische Beratung zu begeben. Der Antragsgegner ist nicht bereit, sich zu ändern. So kann die Antragsstellerin nicht mehr mit ihrem Mann zusammenleben.

Hinzukommt, dass die Antragstellerin zwischenzeitlich einen anderen Mann kennen gelernt hat, mit dem sie eine neue Partnerschaft eingegangen ist. Sie beabsichtigt, mit ihrem Partner in Kürze zusammen zu ziehen. Sie will ihn später auch heiraten.

Für die Antragstellerin ist eine Fortsetzung der Ehe definitiv ausgeschlossen. Ihre Ehe ist endgültig gescheitert.

2 begl. Abschriften anliegend

■■■

Rechtsanwalt ◄

II. Erläuterungen

[1] **Ergänzender Vortrag zur Zerrüttung.** Ob die Ehe bei einjähriger Trennung als endgültig gescheitert anzusehen ist, steht letztlich im **Ermessen des Gerichts**. Es handelt sich um eine Prognoseentscheidung, die nur begrenzt überprüfbar ist (Hk-BGB/*Kemper* § 1565 Rn 4). Hier sind Umstände vorzutragen, die es als ausgeschlossen erscheinen lassen, dass es zu einer Wiederherstellung der ehelichen Lebensgemeinschaft kommt. Je konkreter und massiver die Umstände sind und vorgetragen werden, desto größer ist die Wahrscheinlichkeit, dass eine Zerrüttung der Ehe angenommen wird. 10

C. Unzumutbare Härte

I. Muster: Scheidung bei unzumutbarer Härte 11

► ■■■ 956

Gründe:

Die Scheidung wird gestützt auf § 1565 Abs. 2 BGB.

Die Parteien leben noch innerhalb der ehelichen Wohnung. Aus Gründen, die in der Person des Antragsgegners liegen, stellt eine Fortsetzung der Ehe eine unzumutbare Härte für die Antragstellerin dar.[1] Dazu tragen wir im Einzelnen vor:

Der Antragsgegner hat das Vermögen der Antragstellerin geschädigt. Er hat ohne ihr Wissen Kapitalanlagen von ihrem Konto auszahlen lassen und vereinnahmt. Dazu hat er eine gefälschte Vollmacht bei der Bank vorgelegt. Es handelt sich um einen Betrag von ■■■, der am ■■■ bei der x-Bank vom Konto der Ehefrau zu Nr. ■■■ abgehoben wurde. Davon hat die Antragstellerin erst erfahren durch ■■■. Dabei kam heraus, dass der Ehemann in der Vergangenheit schon einmal in ähnlicher Weise vorgegangen ist, was der Antragstellerin bislang verborgen geblieben war. ■■■

Darauf angesprochen erklärte der Antragsgegner, dass er das Geld nicht zurückzahlen könne, er habe es verbraucht. Die Antragstellerin hat Strafanzeige erstattet.

Beweis: Beiziehung Akte StA Az ■■■

Offensichtlich als Reaktion darauf erzählt der Ehemann nun überall, seine Frau sei nicht mehr geschäftsfähig, leide unter einer Psychose. Gleichzeitig hat er beim Amtsgericht ein Betreuungsverfahren eingeleitet mit dem Ziel, die Ehefrau unter Betreuung stellen zu lassen.

Beweis: Beiziehung der Akte ■■■

Der Antragsgegner ist während der Ehe bereits einmal strafrechtlich in Erscheinung getreten, wurde wegen Unterschlagung fremder Gelder seines Sportvereins verurteilt.

Beweis: Strafurteil ■■■

Das Verhalten des Antragsgegners gegenüber seiner Ehefrau ist in Bezug auf Plünderung des Bankkontos strafrechtlich relevant. Abgesehen davon zeugt es auch von einem hohen Maß von Vertrauensmissbrauch.

Zwischen den Parteien kommt es zudem seit mehreren Monaten zu heftigen Streitigkeiten. Zunächst waren diese rein verbal. Erstmals ■■■ ist der Ehemann dann gewalttätig geworden; im Verlauf eines Streits schlug er seine Frau mehrfach gegen den Kopf, so dass sie hinfiel und sich verletzte. Als sie am Boden lag, trat er noch einmal mit dem Fuß gegen ihr Bein. Sie begab sich anschließend in ärztliche Behandlung.

Beweis: anliegendes ärztliches Attest

Zu einer weiteren Gewalttätigkeit kam es ■■■

Unter diesen Umständen kann die Antragstellerin nicht weiter mit dem Antragsgegner verheiratet sein. Ihr ist es nicht zumutbar, das Trennungsjahr abzuwarten. Sie will baldmöglichst geschieden werden.

Beweis: Parteivernehmung

2 begl. Abschriften anliegend

■■■

Rechtsanwalt ◄

II. Erläuterungen

12 **[1] Darlegung des Ausnahmefalles.** Das Muster betrifft den Ausnahmefall, dass vor Ablauf eines Trennungsjahres geschieden werden soll, was nur bei Vorliegen einer **unzumutbaren Härte** möglich ist. Die unzumutbare Härte muss gerade darin bestehen, mit dem anderen weiter verheiratet zu sein; es genügt nicht, mit ihm nicht mehr zusammenleben zu können (Hk-BGB/*Kemper* § 1565 Rn 8). Es sind strenge Maßstäbe anzulegen. Gründe können etwa sein:

- Straftaten gegen Ehegatten (Hk-BGB/*Kemper* § 1565 Rn 8),
- Aufnahme von Prostitution (OLG Bremen FamRZ 1996, 489),
- Geschlechtsverkehr mit Stieftochter (OLG FamRZ 1992, 682).

§ 1565 Abs. 2 ist ein absoluter Ausnahmetatbestand, dessen Voraussetzungen nur selten vorliegen dürften. Um ein erfolgreiches Verfahren zu führen, sind die Umstände so konkret wie möglich vorzutragen, möglichst mit Beweisantritt.

§ 1566 Vermutung für das Scheitern

(1) Es wird unwiderlegbar vermutet, dass die Ehe gescheitert ist, wenn die Ehegatten seit einem Jahr getrennt leben und beide Ehegatten die Scheidung beantragen oder der Antragsgegner der Scheidung zustimmt.

(2) Es wird unwiderlegbar vermutet, dass die Ehe gescheitert ist, wenn die Ehegatten seit drei Jahren getrennt leben.

A. Muster: Scheidung bei 3 Jahren Trennung 1

Gründe:

Der Scheidungsantrag wird gestützt auf § 1565 Abs. 1 iVm § 1566 Abs. 2 BGB.

Die Ehe ist zu scheiden, da sie gescheitert ist. Eine eheliche Lebensgemeinschaft besteht zwischen den Parteien seit mehr als 3 Jahren nicht mehr.[1]

Die Trennung erfolgte am ■■■. Seit dieser Zeit haben die Parteien keinerlei ehelichen Kontakt mehr gehabt.

Beweis: Parteivernehmung

Das Scheitern der Ehe wird daher unwiderlegbar vermutet.

2 begl. Abschriften anliegend

■■■

Rechtsanwalt ◀

B. Erläuterungen

[1] **Zerrüttungsvermutung.** Bei 3-jähriger Trennung ist die Scheidung regelmäßig unproblematisch. Etwaiger Widerstand des anderen Ehegatten ist zwecklos, es sei denn, es lägen besondere Härtegründe vor gem. § 1568, was in der Praxis aber so gut wie nicht vorkommt. Von daher kann man die Begründung kurz halten. 2

§ 1567 Getrenntleben

(1) [1]Die Ehegatten leben getrennt, wenn zwischen ihnen keine häusliche Gemeinschaft besteht und ein Ehegatte sie erkennbar nicht herstellen will, weil er die eheliche Lebensgemeinschaft ablehnt. [2]Die häusliche Gemeinschaft besteht auch dann nicht mehr, wenn die Ehegatten innerhalb der ehelichen Wohnung getrennt leben.

(2) Ein Zusammenleben über kürzere Zeit, das der Versöhnung der Ehegatten dienen soll, unterbricht oder hemmt die in § 1566 bestimmten Fristen nicht.

A. Muster: Schreiben an Ehepartner bei Trennung 1

958

▶ Sehr geehrter Herr ■■■,

wir wurden von Ihrer Ehefrau mit deren Interessenwahrnehmung beauftragt.

Nach der uns erteilten Information befindet sich Ihre Ehe derzeit in einer schweren Krise. Auf die Gründe, die dazu geführt haben, möchten wir an der Stelle nicht näher eingehen, zumal Ihnen die Gründe bekannt sein dürften.

Ihre Ehefrau hat sich nach reiflicher Überlegung zu einer Trennung entschlossen. Ein weiteres Zusammenleben kommt nicht in Frage. Sie werden gebeten, den Trennungsentschluss zu respektieren.

Ab sofort wird Ihre Ehefrau keine hauswirtschaftlichen Leistungen mehr für Sie erbringen, so dass zukünftig jeder für sich den Haushalt zu führen hat. Abgesehen davon werden Sie gebeten, das eheliche Schlafzimmer zu verlassen und zukünftig im Gästezimmer zu übernachten.[1]

Sobald die gesetzlichen Voraussetzungen vorliegen, sollte eine Ehescheidung durchgeführt werden, da realistisch betrachtet schon jetzt ausgeschlossen erscheint, dass die eheliche Lebensgemeinschaft wieder hergestellt werden kann.[2] ◀

B. Erläuterungen und Varianten

2 [1] **Zweck des Schreibens.** Mit oa Muster eines Anwaltbriefes wird die Trennung innerhalb der Wohnung angekündigt. Eine **Trennung innerhalb der Wohnung** dürfte sich in der Praxis aber nur anbieten, wenn zu erwarten ist, dass es zwischen den Eheleuten nicht zu größeren Streitigkeiten kommt. Dies muss in der Beratung erfragt werden. Wenn später nach Ablauf eines Trennungsjahres ein Scheidungsantrag gestellt wird, kann das Schreiben dienlich sein, den Beginn der Trennung nachzuweisen. Zwar ist das Schreiben für sich betrachtet kein Beweis, dass die Eheleute ab dem Zeitpunkt wirklich getrennt gelebt haben, jedoch ist ihm eine gewisse **Indizwirkung** nicht abzusprechen. Seit der Gesetzesänderung zum1.9.2009 kommt dem Trennungszeitpunkt eine besondere Bedeutung zu. § 1379 Abs. 2 gibt einen Auskunftsanspruch zum Trennungszeitpunkt über den Bestand des Vermögens. Da es auf das **genaue Datum der Trennung** ankommt, wird es vielfach Streit darüber geben. Umso wichtiger ist es dann, wenn das Datum etwa durch einen Anwaltsbrief **festgehalten** wurde. Variante bzgl Trennung:

▶ Eine Trennung innerhalb der Wohnung kommt indes nicht in Betracht. Ein Ehepartner muss die Wohnung verlassen. Da es für Sie als Einzelperson wesentlich einfacher ist, kurzfristig eine andere Wohnung zu finden, als dies für Ihre Frau zusammen mit den beiden kleinen Kindern der Fall ist, bietet es sich an, dass Sie die Wohnung verlassen. Sie werden deshalb gebeten, auszuziehen. Es ist notwendig, dass Sie eine andere Wohnung nehmen und sich entsprechend darum zu bemühen, wobei wir davon ausgehen, dass es Ihnen möglich ist, bis Ende nächsten Monats eine andere Wohnung oder zumindest für vorübergehend ein möbliertes Zimmer anzumieten und auszuziehen.

Bis dahin wird erwartet, dass Sie sich anständig und ruhig verhalten, insbesondere nicht mehr herumschreien und Ihre Frau nicht mehr beleidigen. Ansonsten werden wir Ihrer Frau anraten, ein gerichtliches Wohnungszuweisungsverfahren einzuleiten. ◀

3 [2] Die **Ankündigung einer späteren Scheidung** sollte von den gegebenen Umständen abhängig gemacht werden. Dabei sollte den Empfindungen des anderen Ehegatten besondere Beachtung geschenkt werden. Die Ankündigung einer späteren Scheidung **kann kontraproduktiv** sein. Es gibt Situationen, in denen es zunächst darum geht, eine möglichst friedliche Trennung durchzuführen, den anderen Ehegatten zu einem freiwilligen Auszug zu bewegen. Um dieses Ziel zu erreichen, kann es sogar opportun sein, eine Scheidung sogar als noch nicht feststehend darzustellen, etwa durch folgende **Variante:**

▶ Ob es sich um eine endgültige Trennung handelt, steht noch nicht fest. Vielleicht besteht noch die Chance, wieder zusammen zu kommen. Zunächst möchte Ihre Frau jedenfalls eine vorübergehende Trennung. Diesem Wunsch sollten Sie sich nicht widersetzen. ◀

§ 1568 Härteklausel

(1) Die Ehe soll nicht geschieden werden, obwohl sie gescheitert ist, wenn und solange die Aufrechterhaltung der Ehe im Interesse der aus der Ehe hervorgegangenen minderjährigen Kinder aus besonderen Gründen ausnahmsweise notwendig ist oder wenn und solange die Scheidung für den Antragsgegner, der sie ablehnt, auf Grund außergewöhnlicher Umstände eine so schwere Härte darstellen würde, dass die Aufrechterhaltung der Ehe auch unter Berücksichtigung der Belange des Antragstellers ausnahmsweise geboten erscheint.
(2) (weggefallen)

A. Muster: Einwand der Härteklausel 1

959

▶ In Sachen[1] ■■■
wird beantragt,
den Scheidungsantrag zurückzuweisen.

Gründe:

Die Statusangaben im Ehescheidungsantrag sind zutreffend.[2]

Auch ist zutreffend, dass die Parteien seit etwa 3 Jahren getrennt voneinander leben.

Die Antragsgegnerin betrachtet die eheliche Lebensgemeinschaft indes noch nicht als gescheitert. Sie sieht noch eine Chance die eheliche Lebensgemeinschaft wieder aufzunehmen. ■■■

Beweis: Parteivernehmung

Unabhängig davon würde eine Scheidung – hier – zu unzumutbaren Härten führen, was sich aus folgendem Sachverhalt ergibt:[3]

Der gemeinsame 14-jährige Sohn der Parteien leidet unter der Trennungssituation der Eltern sehr. Er vermisst seinen Vater, dem er es nicht verziehen hat, die Familie seinerzeit verlassen zu haben. Der Sohn befindet sich seitdem in ärztlicher Behandlung, da er schon Verhaltensauffälligkeiten zeigte, etwa Essstörungen, wodurch er allein im letzten Jahr ca. 10 Kilo Gewicht abgenommen hat. Die Mutter hat – in Abstimmung mit dem Kindesvater – sogar eine psychologische Behandlung des Kindes einleiten müssen, da es einmal Suizidgedanken äußerte.

Beweis: in Kopie anliegendes ärztliches Attest

In der letzten Behandlung in der Praxis des von Herrn Dr. ■■■ erklärte das Kind, es werde sich umbringen, wenn der Vater die Scheidung durchführe.

Beweis. Zeugnis Dr. ■■■

Es besteht deshalb die ernste Befürchtung, dass sich der gemeinsame Sohn der Parteien etwas antut, würde eine Scheidung erfolgen. Dies stellen wir vorsorglich noch unter Beweis durch ■■■.

Beweis: einzuholendes Sachverständigengutachten[4]

Dem Antragsgegner sind die Suizidäußerungen des Kindes auch bekannt.

Beweis: Parteivernehmung

Von daher ist – jedenfalls derzeit – davon auszugehen, dass außergewöhnliche Umstände vorliegen, weshalb eine Scheidung nicht erfolgen darf, § 1568 BGB.

2 beglaubigte Abschriften anliegend

■■■

Rechtsanwalt ◀

B. Erläuterungen

[1] **Ausnahmesituation.** Dieses Muster betrifft den äußerst seltenen Fall, dass einer Scheidung wegen **besonderer Härten** zu widersprechen ist. Dargestellt wird ein Schriftsatz an das Amtsgericht im Scheidungsverfahren. 2

[2] Der Schriftsatz muss **stets** Angaben enthalten zu Staatsangehörigkeit, Heiratsdatum, Kinder (**Statusangaben**), ob diese im gegnerischen Scheidungsantrag richtig wiedergegeben wurden oder nicht. 3

[3] **Voraussetzungen.** Der **Einwand des Härtefalls** kommt allenfalls bei Vorliegen zweier unterschiedlicher Konstellationen in Betracht: 4

- Zum einen, wenn Umstände maßgeblich sind, die die minderjährigen Kinder betreffen, worauf sich das Muster bezieht.
- Zum anderen, wenn die Umstände in der Person des scheidungsunwilligen Ehegatten liegen.

Außergewöhnliche Härten im Sinne der Vorschrift betreffend Kinder sind nicht bereits Schwierigkeiten, die mit jeder Scheidung verbunden sind. (HK-BGB/*Kemper* § 1568 Rn 2). Vielmehr müssen **schwere Gefährdungen** hinzukommen, die nur noch durch Versagung der Scheidung vermieden werden können, etwa schwere psychische Störungen oder Selbstmordgefahr (OLG Hamburg FamRZ 1986, 469). Bei Vorliegen der Voraussetzungen muss die Scheidung abgelehnt werden; bei Wegfall der Umstände ist später ein neuer Antrag zu stellen (Hk-BGB/*Kemper* § 1568 Rn 4).

5 Um einen erfolgreichen Widerspruch zu erheben, ist eine möglichst konkrete, ausführliche und drastische Schilderung der Situation geboten. Wie das Gericht letztlich entscheidet, hängt vom **Einzelfall** ab und steht im **Ermessen des Gerichts**. Von anwaltlicher Seite sollte die Mandantschaft auf diese Unwägbarkeit hingewiesen werden.

Untertitel 1 a Behandlung der Ehewohnung und der Haushaltsgegenstände anlässlich der Scheidung

§ 1568 a Ehewohnung

(1) Ein Ehegatte kann verlangen, dass ihm der andere Ehegatte anlässlich der Scheidung die Ehewohnung überlässt, wenn er auf deren Nutzung unter Berücksichtigung des Wohls der im Haushalt lebenden Kinder und der Lebensverhältnisse der Ehegatten in stärkerem Maße angewiesen ist als der andere Ehegatte oder die Überlassung aus anderen Gründen der Billigkeit entspricht.
(2) [1]Ist einer der Ehegatten allein oder gemeinsam mit einem Dritten Eigentümer des Grundstücks, auf dem sich die Ehewohnung befindet, oder steht einem Ehegatten allein oder gemeinsam mit einem Dritten ein Nießbrauch, das Erbbaurecht oder ein dingliches Wohnrecht an dem Grundstück zu, so kann der andere Ehegatte die Überlassung nur verlangen, wenn dies notwendig ist, um eine unbillige Härte zu vermeiden. [2]Entsprechendes gilt für das Wohnungseigentum und das Dauerwohnrecht.
(3) [1]Der Ehegatte, dem die Wohnung überlassen wird, tritt

1. zum Zeitpunkt des Zugangs der Mitteilung der Ehegatten über die Überlassung an den Vermieter oder
2. mit Rechtskraft der Endentscheidung im Wohnungszuweisungsverfahren

an Stelle des zur Überlassung verpflichteten Ehegatten in ein von diesem eingegangenes Mietverhältnis ein oder setzt ein von beiden eingegangenes Mietverhältnis allein fort. [2]§ 563 Absatz 4 gilt entsprechend.
(4) Ein Ehegatte kann die Begründung eines Mietverhältnisses über eine Wohnung, die die Ehegatten auf Grund eines Dienst- oder Arbeitsverhältnisses innehaben, das zwischen einem von ihnen und einem Dritten besteht, nur verlangen, wenn der Dritte einverstanden oder dies notwendig ist, um eine schwere Härte zu vermeiden.
(5) [1]Besteht kein Mietverhältnis über die Ehewohnung, so kann sowohl der Ehegatte, der Anspruch auf deren Überlassung hat, als auch die zur Vermietung berechtigte Person die Begründung eines Mietverhältnisses zu ortsüblichen Bedingungen verlangen. [2]Unter den Voraussetzungen des § 575 Absatz 1 oder wenn die Begründung eines unbefristeten Mietverhältnisses unter Würdigung der berechtigten Interessen des Vermieters unbillig ist, kann der Vermieter eine angemessene Befristung des Mietverhältnisses verlangen. [3]Kommt eine Einigung über die Höhe der Miete nicht zustande, kann der Vermieter eine angemessene Miete, im Zweifel die ortsübliche Vergleichsmiete, verlangen.
(6) In den Fällen der Absätze 3 und 5 erlischt der Anspruch auf Eintritt in ein Mietverhältnis oder auf seine Begründung ein Jahr nach Rechtskraft der Endentscheidung in der Scheidungssache, wenn er nicht vorher rechtshängig gemacht worden ist.

§ 1568 b Haushaltsgegenstände

(1) Jeder Ehegatte kann verlangen, dass ihm der andere Ehegatte anlässlich der Scheidung die im gemeinsamen Eigentum stehenden Haushaltsgegenstände überlässt und übereignet, wenn er auf deren Nutzung unter Berücksichtigung des Wohls der im Haushalt lebenden Kinder und der Lebensverhältnisse der Ehegatten in stärkerem Maße angewiesen ist als der andere Ehegatte oder dies aus anderen Gründen der Billigkeit entspricht.
(2) Haushaltsgegenstände, die während der Ehe für den gemeinsamen Haushalt angeschafft wurden, gelten für die Verteilung als gemeinsames Eigentum der Ehegatten, es sei denn, das Alleineigentum eines Ehegatten steht fest.
(3) Der Ehegatte, der sein Eigentum nach Absatz 1 überträgt, kann eine angemessene Ausgleichszahlung verlangen.

Untertitel 2 Unterhalt des geschiedenen Ehegatten

Kapitel 1 Grundsatz

§ 1569 Grundsatz der Eigenverantwortung

[1]Nach der Scheidung obliegt es jedem Ehegatten, selbst für seinen Unterhalt zu sorgen. [2]Ist er dazu außerstande, hat er gegen den anderen Ehegatten einen Anspruch auf Unterhalt nur nach den folgenden Vorschriften.

A. Muster: Vertragsgestaltung zum Unterhaltsverzicht[1] 1

960

▶ Unterhaltsverzicht mit Ausnahme der Kindesbetreuung

Für die Zeit nach Scheidung unserer Ehe verzichten wir gegenseitig auf Unterhalt,[2] auch für den Fall des Notbedarfes, gleichgültig, ob ein Unterhaltsanspruch gegenwärtig bereits erkennbar hervorgetreten ist oder nicht, jedoch mit Ausnahme des Unterhalts wegen Betreuung eines Kindes (§§ 1570 Abs. 1 S. 1, § 1570 Abs. 1 S. 2, 1570 Abs. 2, 1573 Abs. 2 BGB).

Diesen Verzicht nehmen wir hiermit gegenseitig an. ◀

B. Erläuterungen

[1] Nach der Ehescheidung gilt gemäß § 1569 der **Grundsatz der Eigenverantwortlichkeit.** Die stärkere Betonung dieses Grundsatzes ist eines der Hauptziele der zum 1.1.2008 in Kraft getretenen Unterhaltsreform. Eine unbegrenzte Lebensstandardgarantie soll es danach nicht geben. Insbesondere wurden die Möglichkeiten der **Befristung und Begrenzung nachehelicher Unterhaltsansprüche ausgeweitet.** 2

[2] Im Gegensatz zum Unterhalt während des Getrenntlebens ist ein **Verzicht** auf den nachehelichen Unterhalt **grundsätzlich möglich,** § 1585 c. Zu beachten ist hier, dass die Vereinbarung über den nachehelichen Unterhalt der notariellen Beurkundung bedarf, wenn sie vor Rechtskraft der Ehescheidung geschlossen wird, § 1585 c S. 2. Die gerichtliche Protokollierung genügt dieser Form ebenfalls, §§ 1585 c S. 3, 127 a. 3

Zu den Abforderungen für die Wirksamkeit von Eheverträgen vgl. die Erläuterungen zu § 1408. 4

Kapitel 2 Unterhaltsberechtigung

§ 1570 Unterhalt wegen Betreuung eines Kindes

(1) [1]Ein geschiedener Ehegatte kann von dem anderen wegen der Pflege oder Erziehung eines gemeinschaftlichen Kindes für mindestens drei Jahre nach der Geburt Unterhalt verlangen. [2]Die Dauer des Unterhaltsanspruchs verlängert sich, solange und soweit dies der Billigkeit entspricht. [3]Dabei sind die Belange des Kindes und die bestehenden Möglichkeiten der Kinderbetreuung zu berücksichtigen.

(2) Die Dauer des Unterhaltsanspruchs verlängert sich darüber hinaus, wenn dies unter Berücksichtigung der Gestaltung von Kinderbetreuung und Erwerbstätigkeit in der Ehe sowie der Dauer der Ehe der Billigkeit entspricht.

1 **A. Muster: Antrag auf nachehelichen Unterhalt wegen Kinderbetreuung**

▶ An das Amtsgericht

Familiengericht[1]

▪▪▪

Antrag auf nachehelichen Unterhalt/Verbundantrag

In der Familiensache

▪▪▪

des Herrn ▪▪▪ (Antragsteller)

Verfahrensbevollmächtigte: ▪▪▪

gegen

Frau ▪▪▪ (Antragsgegnerin)

Verfahrensbevollmächtigte: ▪▪▪

machen wir die Folgesache nachehelicher Unterhalt im Ehescheidungsverbund anhängig und stellen den Antrag, wie folgt zu beschließen:

1. Die Antragsgegnerin ist verpflichtet, an den Antragsteller ab Rechtskraft der Ehescheidung jeweils monatlich im Voraus nachehelichen Unterhalt in Höhe von ▪▪▪ EUR zu zahlen.
2. Der Beschluss ist hinsichtlich der Folgesache nachehelicher Unterhalt ab Rechtskraft der Ehescheidung sofort wirksam.

Begründung

Mit Beschluss des Gerichts vom ▪▪▪ Geschäfts-Nr. ▪▪▪ ist die Antragsgegnerin verpflichtet worden, an den Antragsteller einen monatlichen Trennungsunterhalt in Höhe von ▪▪▪ EUR zu zahlen.

Beweis: Beigefügte Kopie des Beschlusses vom ▪▪▪; Beiziehung der Akten Geschäfts-Nr. ▪▪▪

Wie aufgrund des vorgenannten Verfahrens gerichtsbekannt, lebt gemeinsame Kind ▪▪▪ der Beteiligten bei dem Antragsteller. Das Kind ▪▪▪ ist gerade 2 Jahre als geworden.[2]

Der für das gemeinsame Kind geschuldete Unterhalt ist mit der Jugendamtsurkunde der Stadt ▪▪▪ vom ▪▪▪ tituliert worden. Die Antragsgegnerin zahlt danach derzeit zu Händen des Antragstellers einen monatlichen Kindesunterhalt in Höhe von ▪▪▪ EUR. Dies entspricht dem Tabellenbetrag der 6. Einkommensgruppe und 1. Altersstufe nach Abzug des hälftigen Kindergeldes.

Die Antragsgegnerin hat, wie das Verfahren zum Trennungsunterhalt zeigt, nur widerwillig Unterhalt für den Antragsteller gezahlt. Mit Schreiben vom ▪▪▪ ist die Antragsgegnerin dazu aufgefordert worden, den als Trennungsunterhalt titulierten Ehegattenunterhalt auch nach der demnächst zu erwartenden Ehescheidung der Beteiligten, jedenfalls zunächst bis zur Vollendung des dritten Lebensjahres des gemeinsamen Kinde, weiterzuzahlen.

Beweis: Kopie des Schreibens der Rechtsanwälte des Antragstellers vom ▪▪▪

Die Antragsgegnerin ließ durch ihre Anwälte erklären, sie werde auf gar keinen Fall nachehelichen Unterhalt zahlen und regte an, die Kinderbetreuung ganztägig auf Dritte zu übertragen. Damit ist der Antragsteller jedoch nicht einverstanden, denn er will das Kind, jedenfalls bis es in den Kindergarten gehen kann, weitgehend allein betreuen, wie es auch dem übereinstimmenden Plan der Beteiligten entsprach, als man noch zusammenlebte. Außerdem braucht der Antragsteller die Möglichkeit der Fremdbetreuung ohnehin bislang nicht in Erwägung zu ziehen, weil das Kind erst 2 Jahre alt ist.

Die Höhe des Unterhaltes ergibt sich aus folgenden Umständen. Die Antragsgegnerin ist verbeamtete Lehrerin am Gymnasium in ■■■

Sie verfügt über ein monatliches Nettoeinkommen in Höhe von ■■■ EUR.

Beweis: In Kopie beigefügte Besoldungsmitteilungen der letzten 12 Monate; Beiziehung der Gerichtsakte zum Trennungsunterhalt, Geschäfts-Nr. ■■■

Die Antragsgegnerin fährt mit dem eigenen Pkw an ■■■ Tagen im Jahr zur Arbeit. Berufsbedingte Fahrtkosten sind daher in Höhe von ■■■ monatlich zu berücksichtigen. Außerdem ist der titulierte Kindesunterhalt abzugsfähig.

Daneben sind keine Abzugspositionen ersichtlich.

Der Unterhaltsanspruch des Antragstellers errechnet sich danach wie folgt:

■■■

Dem Antragsteller steht somit ein Anspruch auf nachehelichen Unterhalt wegen Kinderbetreuung gemäß § 1570 BGB in Höhe des mit dem Antrag verfolgten Betrages zu.

Der Betreuungsunterhalt wird entsprechend unbefristet verlangt.[3] Lediglich vorsorglich weisen wir bereits darauf hin, dass für die Zeit nach Vollendung des dritten Lebensjahres des Kindes erhebliche kind- und elternbezogenen Verlängerungsgründe bestehen. Diese sind:

■■■

Beglaubigte und einfache Abschrift sind beigefügt.

■■■

Rechtsanwalt ◄

B. Erläuterungen

[1] Zuständig ist das Amtsgericht – Familiengericht – gemäß § 111 Nr. 8 FamFG, wobei sich 2
die örtliche Zuständigkeit nach § 232 Abs. 1 Nr. 1 FamFG ergibt. Danach ist während der Anhängigkeit einer Ehesache das Gericht des ersten Rechtszugs zuständig. Zur Möglichkeit der **Stufenklage** vgl zunächst Muster zu § 1605.

[2] **Voraussetzung** des Anspruchs auf nachehelichen Unterhalt gemäß § 1570 ist, dass der den 3
Anspruch geltend machende Ehegatte ein gemeinsames (auch angenommenes) Kind betreut. Pflegekinder und Kinder aus einer früheren Beziehung reichen nicht (Hk-BGB/*Kemper*, § 1570 Rn 3).

Ist das Kind noch keine 3 Jahre alt, steht dem rechnerisch bedürftigen Ehegatten nach der ge- 4
setzlichen Konzeption ein Betreuungsunterhalt zu, unabhängig davon, ob das Kind in **Fremdbetreuung** gegeben wird (Hk-BGB/*Kemper*, § 1570 Rn 5). Fraglich kann dies sein, wenn beide Ehegatten nach der Geburt des Kindes wieder vollschichtig tätig waren und das Kind nach übereinstimmendem Willen in die Fremdbetreuung gegeben haben. Wegen der eindeutigen gesetzlichen Regelung des Gesetzes kann der Ehegatte, bei dem das Kind seinen gewöhnlichen Aufenthalt hat, in den ersten drei Lebensjahren auch in diesem Fall den Unterhalt nach § 1570 beanspruchen und auch die Erwerbstätigkeit wieder aufgeben, weil die **Trennung der Eheleute eine Zäsur** darstellt. Die Grenze ist wird allerdings überschritten, wenn durch den Ehegatten, der Betreuungsunterhalt begehrt, keinerlei Betreuungsleistungen mehr erbringt (vgl Hk-BGB/*Kemper*, § 1570 Rn 5).

[3] Der Unterhalt gemäß § 1570 kann in der Regel nicht nach § 1579 beschränkt oder versagt 5
werden, weil dies kaum ohne einen negativen Einfluss auf das Kindeswohl denkbar ist (vgl Hk-BGB/*Kemper*, § 1570 Rn 28). Ebenso scheidet grundsätzlich eine Befristung aus (BGH FamRZ 2009, 774 und 1124).

§ 1571 Unterhalt wegen Alters

Ein geschiedener Ehegatte kann von dem anderen Unterhalt verlangen, soweit von ihm im Zeitpunkt

1. der Scheidung,

2. der Beendigung der Pflege oder Erziehung eines gemeinschaftlichen Kindes oder

3. des Wegfalls der Voraussetzungen für einen Unterhaltsanspruch nach den §§ 1572 und 1573

wegen seines Alters eine Erwerbstätigkeit nicht mehr erwartet werden kann.

1 A. Muster: Antrag auf nachehelichen Unterhalt wegen Alters

▶ An das Amtsgericht

Familiengericht[1]

■■■

Antrag auf nachehelichen Unterhalt gemäß § 1571 BGB

In der Familiensache

■■■

des Herrn ■■■ (Antragsteller)

Verfahrensbevollmächtigte: ■■■

gegen

Frau ■■■ (Antragsgegnerin)

Verfahrensbevollmächtigte: ■■■

zeigen wir unter Bezugnahme auf die im Original beigefügte Vollmacht an, dass wir den Antragsteller vertreten und stellen den Antrag, wie folgt zu beschließen:

1. Die Antragsgegnerin ist verpflichtet, an den Antragsteller ab ■■■, jeweils monatlich im Voraus, nachehelichen Unterhalt wegen Alters in Höhe von ■■■ EUR zu zahlen.
2. Die Antragsgegnerin ist weiter verpflichtet, an den Antragsteller einen Unterhaltsrückstand in Höhe von ■■■ EUR nebst Zinsen in Höhe von jeweils 5 Prozentpunkten über dem jeweiligen Basiszinssatz aus je ■■■ EUR seit dem ■■■, seit dem ■■■ und seit dem ■■■ zu zahlen.
3. Die sofortige Wirksamkeit der Verpflichtung zur Zahlung von Unterhalt wird angeordnet.

Für den Fall der Anordnung des schriftlichen Verfahrens wird bei nicht rechtzeitiger Anzeige der Verteidigungsabsicht beantragt, ohne mündliche Verhandlung einen antragsgemäßen Versäumnisbeschluss zu erlassen.

Begründung

Die Beteiligten sind geschieden.

Beweis: In Kopie beigefügter Ehescheidungsbeschluss des Amtsgerichts – Familiengericht – ■■■ vom ■■■; Beiziehung des Gerichtsakte des Amtsgerichts – Familiengericht – ■■■, Geschäfts-Nr.: ■■■

Der Anspruch auf Altersunterhalt steht dem Antragsteller zu, weil ihm wegen seines Alters eine Erwerbstätigkeit nicht zugemutet werden kann.[2]

In Absprache mit der Antragsgegnerin hat er zunächst die gemeinsamen 3 Kinder der Beteiligten betreut und den Haushalt geführt, während die Antragsgegnerin ihre Erwerbstätigkeit als Managerin einer Werbeagentur lediglich für einige Monate im unmittelbaren Zusammenhang mit den Geburten der Kinder aussetzte.

Beweis: Anhörung der Beteiligten.

Nachdem die Kinder keiner Betreuung mehr bedurften, nahm der Antragsteller seine erlernte Tätigkeit als Briefzusteller wieder auf. Die gut verdienende Antragsgegnerin zahlte nach der Ehescheidung freiwillig nach Absprache mit dem Antragsteller einen Aufstockungsunterhalt in Höhe von monatlich ■■■ EUR.

Der Antragsteller musste aus gesundheitlichen Gründen nun vorzeitig in den Ruhestand gehen. Und bezieht lediglich eine Rente in Höhe von ■■■ EUR.

Die Höhe des Unterhaltes ergibt sich aus folgenden weiteren Umständen:

■■■

Die Antragsgegnerin ist außergerichtlich von uns dazu aufgefordert worden für den Antragsteller Unterhalt nach § 1571 BGB in Höhe des hier mit diesem Verfahren geltend gemachten Betrages zu zahlen.

Beweis: Kopie des Schreibens der Rechtsanwälte des Antragstellers vom ■■■

Mit der Unterhaltszahlung befindet sich die Antragsgegnerin somit seit dem Monat ■■■ in Verzug, so dass neben dem Unterhaltsrückstand die geltend gemachten Zinsen unter diesem Gesichtspunkt geschuldet werden.

Dem Antragsteller steht somit ein Anspruch auf nachehelichen Unterhalt wegen Alters gemäß § 1571 BGB in Höhe des mit dem Antrag verfolgten Betrages zu.[3]

Beglaubigte und einfache Abschrift sind beigefügt.

■■■

Rechtsanwalt ◄

B. Erläuterungen

[1] Zuständig ist das Amtsgericht – Familiengericht – gemäß § 111 Nr. 8 FamFG. Die örtliche Zuständigkeit ergibt sich aus § 232 FamFG. Danach ist für den Ehegattenunterhalt das Gericht vorrangig örtlich zuständig, bei dem eine **Ehesache** anhängig ist. Wenn, wie im gebildeten Fall, eine solche Zuständigkeit nicht vorliegt, ist die Zuständigkeit nach den Vorschriften der ZPO zu bestimmen, wobei an die Stelle des Wohnsitzes der gewöhnliche Aufenthalt tritt (§ 232 Abs. 3 S. 1 FamFG). Sofern ein Verfahren über den Unterhalt des Kindes im ersten Rechtszug anhängig ist, kann der Antragsteller auch dieses Gericht wählen (§ 232 Abs. 3 S. 2 Nr. 1 FamFG). Der Antragsteller hat ferner die Wahl, den Antrag bei dem Gericht seines gewöhnlichen Aufenthaltes einreichen, wenn der Antragsgegner keinen Gerichtsstand im Inland hat. 2

Zur Möglichkeit der Stufenklage vgl. zunächst Muster zu § 1605. Zur Einstweiligen Anordnung vgl. §§ 49 ff, 246 ff FamFG. Das **Rechtsschutzbedürfnis** für den Hauptsacheantrag besteht **trotz vorliegen eine einstweiligen Anordnung,** weil diese lediglich eine einstweilige Vollstreckungsmöglichkeit schafft und keinen Rechtsgrund für Unterhaltszahlungen darstellt, so dass sie vom Antragsgegner mit Rückwirkung mit der negativen Feststellungsklage angegriffen werden kann (BGH FamRZ 1989, 850). 3

Im Übrigen können mit **der einstweiligen Anordnung keine Unterhaltsrückstände** geltend gemacht werden. 4

[2] **Voraussetzung** für den Anspruch auf nachehelichen Unterhalt wegen Alters gemäß § 1571 ist zunächst, dass der Unterhaltsberechtigte ein Alter erreicht hat, aufgrund dessen eine Erwerbstätigkeit von ihm nicht mehr erwartet werden kann. 5

Eine **feste Altersgrenze besteht** dabei **nicht.** Es kommt vielmehr auf die **Umstände des Einzelfalles** an. Wegen des für den nachehelichen Unterhalt geltenden Grundsatzes der Eigenverantwortlichkeit ist trotz einer langen Ehe auch bei einem gesunden 50-60 jährigen durchaus eine vollschichtige Erwerbstätigkeit zumutbar (Hk-BGB/*Kemper*, § 1571 Rn 2). 6

7 Die vorzeitige Pensionierung aus gesundheitlichen Gründen, wie im vorliegenden Fall, ist hingegen im Allgemeinen zu akzeptieren (BGH FamRZ 1984, 662). In diesen Fällen wird indes zumeist der Anspruch ohnehin auch aus § 1572 herzuleiten sein.

Der Unterhaltsberechtigte muss das Alter, welches ihn zur Geltendmachung des Unterhaltes nach § 1571 berechtigt, zu den in § 1571 genannten Einsatzzeitpunkten erreicht haben. Im Vorliegenden Fall ist dies der Wegfall des Aufstockungsunterhaltes (§ 1573), § 1571 Nr. 3.

8 [3] Eine **Befristung** des Anspruchs nach § 1578 b **kommt in Betracht.** Gegen die Befristung kann vor allem sprechen, dass der Unterhaltsberechtigte ehebedingt zu geringe eigene Rentenanwartschaften aufbauen konnte (Hk-BGB/*Kemper*, § 1571 Rn 6; BGH FamRZ 2008, 1508).

§ 1572 Unterhalt wegen Krankheit oder Gebrechen

Ein geschiedener Ehegatte kann von dem anderen Unterhalt verlangen, solange und soweit von ihm vom Zeitpunkt

1. **der Scheidung,**
2. **der Beendigung der Pflege oder Erziehung eines gemeinschaftlichen Kindes,**
3. **der Beendigung der Ausbildung, Fortbildung oder Umschulung oder**
4. **des Wegfalls der Voraussetzungen für einen Unterhaltsanspruch nach § 1573**

an wegen Krankheit oder anderer Gebrechen oder Schwäche seiner körperlichen oder geistigen Kräfte eine Erwerbstätigkeit nicht erwartet werden kann.

1 A. Muster: Antrag auf nachehelichen Unterhalt wegen Krankheit oder Gebrechen

▶ An das Amtsgericht

Familiengericht[1]

▪▪▪

Antrag auf nachehelichen Unterhalt gemäß § 1572 BGB

In der Familiensache

▪▪▪

des Herrn ▪▪▪ (Antragsteller)

Verfahrensbevollmächtigte: ▪▪▪

gegen

Frau ▪▪▪ (Antragsgegnerin)

Verfahrensbevollmächtigte: ▪▪▪

zeigen wir unter Bezugnahme auf die im Original beigefügte Vollmacht an, dass wir den Antragsteller vertreten und stellen den Antrag, wie folgt zu beschließen:

1. Die Antragsgegnerin ist verpflichtet, an den Antragsteller ab ▪▪▪, jeweils monatlich im Voraus, nachehelichen Unterhalt wegen Alters in Höhe von ▪▪▪ EUR zu zahlen.
2. Die Antragsgegnerin ist weiter verpflichtet, an den Antragsteller einen Unterhaltsrückstand in Höhe von ▪▪▪ EUR nebst Zinsen in Höhe von jeweils 5 Prozentpunkten über dem jeweiligen Basiszinssatz aus je ▪▪▪ EUR seit dem ▪▪▪, seit dem ▪▪▪ und seit dem ▪▪▪ zu zahlen.
3. Die sofortige Wirksamkeit der Verpflichtung zur Zahlung von Unterhalt wird angeordnet.

Für den Fall der Anordnung des schriftlichen Verfahrens wird bei nicht rechtzeitiger Anzeige der Verteidigungsabsicht beantragt, ohne mündliche Verhandlung einen antragsgemäßen Versäumnisbeschluss zu erlassen.

Begründung

Die Beteiligten sind geschieden.

Beweis: In Kopie beigefügter Ehescheidungsbeschluss des Amtsgerichts – Familiengericht – ... vom ...; Beiziehung des Gerichtsakte des Amtsgerichts – Familiengericht – ..., Geschäfts-Nr.: ...

Der Anspruch auf Krankheitsunterhalt steht dem Antragsteller zu. Der Antragsteller ist Hausmann ohne Einkommen und Vermögen.

Vor der Ehe war er als Altenpfleger tätig. Diesen Beruf kann er jedoch nicht mehr ausüben. Er musste sich in den letzten 5 Jahren drei Bandscheiben-OPs unterziehen. Es ist ihm seitdem untersagt, schwer heben zu heben. Daneben leidet der Antragsteller unter stark erhöhtem Blutdruck und ist Diabetiker. Wegen einer Nierenerkrankung muss er zudem dreimal die Woche nachmittags zur Dialyse.[2]

Beweis:[3] In Kopie beigefügte ärztliche Atteste; Einholung eines ärztlichen Sachverständigengutachtens.

Eine Erwerbstätigkeit ist dem Antragsteller daher nicht mehr zuzumuten.

Die Höhe des Unterhaltes ergibt sich aus folgenden weiteren Umständen:

...

Die Antragsgegnerin ist außergerichtlich von uns dazu aufgefordert worden für den Antragsteller Unterhalt nach § 1572 BGB in Höhe des hier mit diesem Verfahren geltend gemachten Betrages zu zahlen.

Beweis: Kopie des Schreibens der Rechtsanwälte des Antragstellers vom ...

Mit der Unterhaltszahlung befindet sich die Antragsgegnerin somit seit dem Monat ... in Verzug, so dass neben dem Unterhaltsrückstand die geltend gemachten Zinsen unter diesem Gesichtspunkt geschuldet werden.

Dem Antragsteller steht somit ein Anspruch auf nachehelichen Unterhalt wegen Krankheit gemäß § 1572 BGB in Höhe des mit dem Antrag verfolgten Betrages zu.

Beglaubigte und einfache Abschrift sind beigefügt.

...

Rechtsanwalt ◄

B. Erläuterungen

[1] **Zuständig** ist das Amtsgericht – **Familiengericht** – gemäß § 111 Nr. 8 FamFG. Die örtliche Zuständigkeit ergibt sich aus § 232 FamFG. Danach ist für den Ehegattenunterhalt das Gericht vorrangig örtlich zuständig, bei dem eine **Ehesache** anhängig ist. Wenn, wie im gebildeten Fall, eine solche Zuständigkeit nicht vorliegt, ist die Zuständigkeit nach den Vorschriften der ZPO zu bestimmen, wobei an die Stelle des Wohnsitzes der gewöhnliche Aufenthalt tritt (§ 232 Abs. 3 S. 1 FamFG). Sofern ein Verfahren über den Unterhalt des Kindes im ersten Rechtszug anhängig ist, kann der Antragsteller auch dieses Gericht wählen (§ 232 Abs. 3 S. 2 Nr. 1 FamFG). Der Antragsteller hat ferner die Wahl, den Antrag bei dem Gericht seines gewöhnlichen Aufenthaltes einreichen, wenn der Antragsgegner keinen Gerichtsstand im Inland hat. 2

Zur Möglichkeit der **Stufenklage** vgl zunächst Muster zu § 1605. Zur Einstweiligen Anordnung vgl §§ 49 ff, 246 ff FamFG. Das **Rechtsschutzbedürfnis** für den Hauptsacheantrag besteht **trotz vorliegen eine einstweiligen Anordnung**, weil diese lediglich eine einstweilige Vollstreckungsmöglichkeit schafft und keinen Rechtsgrund für Unterhaltszahlungen darstellt, so dass sie vom Antragsgegner mit Rückwirkung mit der negativen Feststellungsklage angegriffen werden kann 3

(BGH FamRZ 1989, 850). Im Übrigen können **mit der einstweiligen Anordnung keine Unterhaltsrückstände** geltend gemacht werden.

4 [2] **Voraussetzung** für den Anspruch auf nachehelichen Unterhalt wegen Krankheit oder Gebrechen gemäß § 1572 ist, dass von dem Unterhaltsberechtigten aufgrund der Erkrankung oder des Gebrechens eine Erwerbstätigkeit nicht mehr erwartet werden kann. Die im Gesetz genannten Einsatzzeitpunkte sind zu beachten, damit eine ununterbrochene **Unterhaltskette** festgestellt werden kann. Der Unterhaltsanspruch entfällt, wenn die Gesundheit des Unterhaltsberechtigten soweit wieder hergestellt worden ist, dass ihm die Erwerbstätigkeit wieder zugemutet werden kann (Hk-BGB/*Kemper*, § 1572 Rn 6).

5 [3] Der Unterhaltsberechtigte trägt die **Darlegungs- und Beweislast** für das Vorliegen einer Erkrankung, die eine Erwerbstätigkeit unzumutbar macht (vgl BGH FamRZ 2007, 200). Der Unterhaltspflichtige muss bei einmal festgestellter Erkrankung substantiiert zur Genesung des Unterhaltsberechtigten vortragen und darf dessen Genesung nicht einfach und Beweisantritt durch Einholung eines Sachverständigengutachtens ins Blaue hinein behaupten (BGH FamRZ 2005, 1897).

§ 1573 Unterhalt wegen Erwerbslosigkeit und Aufstockungsunterhalt

(1) Soweit ein geschiedener Ehegatte keinen Unterhaltsanspruch nach den §§ 1570 bis 1572 hat, kann er gleichwohl Unterhalt verlangen, solange und soweit er nach der Scheidung keine angemessene Erwerbstätigkeit zu finden vermag.

(2) Reichen die Einkünfte aus einer angemessenen Erwerbstätigkeit zum vollen Unterhalt (§ 1578) nicht aus, kann er, soweit er nicht bereits einen Unterhaltsanspruch nach den §§ 1570 bis 1572 hat, den Unterschiedsbetrag zwischen den Einkünften und dem vollen Unterhalt verlangen.

(3) Absätze 1 und 2 gelten entsprechend, wenn Unterhalt nach den §§ 1570 bis 1572, 1575 zu gewähren war, die Voraussetzungen dieser Vorschriften aber entfallen sind.

(4) [1]Der geschiedene Ehegatte kann auch dann Unterhalt verlangen, wenn die Einkünfte aus einer angemessenen Erwerbstätigkeit wegfallen, weil es ihm trotz seiner Bemühungen nicht gelungen war, den Unterhalt durch die Erwerbstätigkeit nach der Scheidung nachhaltig zu sichern. [2]War es ihm gelungen, den Unterhalt teilweise nachhaltig zu sichern, so kann er den Unterschiedsbetrag zwischen dem nachhaltig gesicherten und dem vollen Unterhalt verlangen.

1 **A. Muster: Antrag auf nachehelichen Aufstockungsunterhalt**

▶ An das Amtsgericht

Familiengericht[1]

▪▪▪

Antrag auf nachehelichen Unterhalt gemäß § 1573 BGB

In der Familiensache

▪▪▪

des Herrn ▪▪▪ (Antragsteller)

Verfahrensbevollmächtigte: ▪▪▪

gegen

Frau ▪▪▪ (Antragsgegnerin)

Verfahrensbevollmächtigte: ▪▪▪

zeigen wir unter Bezugnahme auf die im Original beigefügte Vollmacht an, dass wir den Antragsteller vertreten und stellen den Antrag, wie folgt zu beschließen:

1. Die Antragsgegnerin ist verpflichtet, an den Antragsteller ab ▪▪▪, jeweils monatlich im Voraus, nachehelichen Unterhalt wegen Alters in Höhe von ▪▪▪ EUR zu zahlen.
2. Die Antragsgegnerin ist weiter verpflichtet, an den Antragsteller einen Unterhaltsrückstand in Höhe von ▪▪▪ EUR nebst Zinsen in Höhe von jeweils 5 Prozentpunkten über dem jeweiligen Basiszinssatz aus je ▪▪▪ EUR seit dem ▪▪▪, seit dem ▪▪▪ und seit dem ▪▪▪ zu zahlen.
3. Die sofortige Wirksamkeit der Verpflichtung zur Zahlung von Unterhalt wird angeordnet.

Für den Fall der Anordnung des schriftlichen Verfahrens wird bei nicht rechtzeitiger Anzeige der Verteidigungsabsicht beantragt, ohne mündliche Verhandlung einen antragsgemäßen Versäumnisbeschluss zu erlassen.

Begründung

Die Beteiligten sind geschieden.

Beweis: In Kopie beigefügter Ehescheidungsbeschluss des Amtsgerichts – Familiengericht – ▪▪▪ vom ▪▪▪; Beiziehung des Gerichtsakte des Amtsgerichts – Familiengericht – ▪▪▪, Geschäfts-Nr.: ▪▪▪

Der Anspruch auf Aufstockungsunterhalt steht dem Antragsteller zu.[2] Er hat zunächst die gemeinsame Tochter der Beteiligten ganztägig betreut.

Während des Zusammenlebens der Beteiligten hatte der Antragsteller nach der Geburt des gemeinsamen Kindes seine Arbeitsstelle als Bankkaufmann bei der Sparkasse ▪▪▪ in Absprache mit der Antragsgegnerin gekündigt. Nachdem das Kind in den Kindergarten gehen konnte, nahm der Antragsteller zunächst eine halbschichtige Tätigkeit als Auslieferungsfahrer auf. Diese Tätigkeit hat er auf eine 30-Stunden-Stelle aufstocken können, nachdem das Kind mit 7 Jahren in die 2. Grundschulklasse gekommen ist. Eine Aussicht auf eine Arbeitsstelle in der Bankenbranche besteht nicht, da hier nach der Bankenkrise kleine Neueinstellungen vorgenommen sondern nur noch Stellen abgebaut werden. Eine Ausweitung der ausgeübten Erwerbstätigkeit kommt derzeit noch nicht in Betracht, weil die Tochter der Beteiligten aufgrund einer Lese- und Rechtschreibschwäche eine besonders intensive Hausaufgabenbetreuung nötig hat.

Die Höhe des Unterhaltes ergibt sich aus folgenden weiteren Umständen:

▪▪▪.

Die Antragsgegnerin ist außergerichtlich von uns dazu aufgefordert worden für den Antragsteller Aufstockungsunterhalt nach § 1573 BGB in Höhe des hier mit diesem Verfahren geltend gemachten Betrages zu zahlen.

Beweis: Kopie des Schreibens der Rechtsanwälte des Antragstellers vom ▪▪▪

Mit der Unterhaltszahlung befindet sich die Antragsgegnerin somit seit dem Monat ▪▪▪ in Verzug, so dass neben dem Unterhaltsrückstand die geltend gemachten Zinsen unter diesem Gesichtspunkt geschuldet werden.

Dem Antragsteller steht somit ein Anspruch auf nachehelichen Aufstockungsunterhalt gemäß § 1573 BGB in Höhe des mit dem Antrag verfolgten Betrages zu.

Beglaubigte und einfache Abschrift sind beigefügt.

▪▪▪

Rechtsanwalt ◄

B. Erläuterungen

[1] **Zuständig** ist das Amtsgericht – **Familiengericht** – gemäß § 111 Nr. 8 FamFG. Die örtliche 2
Zuständigkeit ergibt sich aus § 232 FamFG. Danach ist für den Ehegattenunterhalt das Gericht vorrangig örtlich zuständig, bei dem eine **Ehesache** anhängig ist. Wenn, wie im gebildeten Fall,

eine solche Zuständigkeit nicht vorliegt, ist die Zuständigkeit nach den Vorschriften der ZPO zu bestimmen, wobei an die Stelle des Wohnsitzes der gewöhnliche Aufenthalt tritt (§ 232 Abs. 3 S. 1 FamFG). Sofern ein Verfahren über den Unterhalt des Kindes im ersten Rechtszug anhängig ist, kann der Antragsteller auch dieses Gericht wählen (§ 232 Abs. 3 S. 2 Nr. 1 FamFG). Der Antragsteller hat ferner die Wahl, den Antrag bei dem Gericht seines gewöhnlichen Aufenthaltes einreichen, wenn der Antragsgegner keinen Gerichtsstand im Inland hat.

3 Zur Möglichkeit der **Stufenklage** vgl zunächst Muster zu § 1605. Zur Einstweiligen Anordnung vgl §§ 49 ff, 246 ff FamFG. Das **Rechtsschutzbedürfnis** für den Hauptsacheantrag besteht **trotz vorliegen eine einstweiligen Anordnung,** weil diese lediglich eine einstweilige Vollstreckungsmöglichkeit schafft und keinen Rechtsgrund für Unterhaltszahlungen darstellt, so dass sie vom Antragsgegner mit Rückwirkung mit der negativen Feststellungsklage angegriffen werden kann (BGH FamRZ 1989, 850). Im Übrigen können **mit der einstweiligen Anordnung keine Unterhaltsrückstände** geltend gemacht werden.

4 [2] **Voraussetzung** für den Anspruch auf nachehelichen Aufstockungsunterhalt gemäß § 1573 Abs. 2 ist, dass der Unterhaltsberechtigte zwar eine angemessene Erwerbstätigkeit gefunden hat, die daraus erzeilten Einkünfte aber nicht ausreichen, den vollen Unterhaltsbedarf nach § 1578 zu decken. Die im Gesetz genannten Einsatzzeitpunkte sind zu beachten, damit eine ununterbrochene **Unterhaltskette** festgestellt werden kann.

5 Der Anspruch nach § 1573 auf **Aufstockungsunterhalt kann nach § 1578 b begrenzt werden** (Hk-BGB/*Kemper*, § 1573 Rn 20).

§ 1574 Angemessene Erwerbstätigkeit

(1) Dem geschiedenen Ehegatten obliegt es, eine angemessene Erwerbstätigkeit auszuüben.

(2) [1]Angemessen ist eine Erwerbstätigkeit, die der Ausbildung, den Fähigkeiten, einer früheren Erwerbstätigkeit, dem Lebensalter und dem Gesundheitszustand des geschiedenen Ehegatten entspricht, soweit eine solche Tätigkeit nicht nach den ehelichen Lebensverhältnissen unbillig wäre. [2]Bei den ehelichen Lebensverhältnissen sind insbesondere die Dauer der Ehe sowie die Dauer der Pflege oder Erziehung eines gemeinschaftlichen Kindes zu berücksichtigen.

(3) Soweit es zur Aufnahme einer angemessenen Erwerbstätigkeit erforderlich ist, obliegt es dem geschiedenen Ehegatten, sich ausbilden, fortbilden oder umschulen zu lassen, wenn ein erfolgreicher Abschluss der Ausbildung zu erwarten ist.

§ 1575 Ausbildung, Fortbildung oder Umschulung

(1) [1]Ein geschiedener Ehegatte, der in Erwartung der Ehe oder während der Ehe eine Schul- oder Berufsausbildung nicht aufgenommen oder abgebrochen hat, kann von dem anderen Ehegatten Unterhalt verlangen, wenn er diese oder eine entsprechende Ausbildung sobald wie möglich aufnimmt, um eine angemessene Erwerbstätigkeit, die den Unterhalt nachhaltig sichert, zu erlangen und der erfolgreiche Abschluss der Ausbildung zu erwarten ist. [2]Der Anspruch besteht längstens für die Zeit, in der eine solche Ausbildung im Allgemeinen abgeschlossen wird; dabei sind ehebedingte Verzögerungen der Ausbildung zu berücksichtigen.

(2) Entsprechendes gilt, wenn sich der geschiedene Ehegatte fortbilden oder umschulen lässt, um Nachteile auszugleichen, die durch die Ehe eingetreten sind.

(3) Verlangt der geschiedene Ehegatte nach Beendigung der Ausbildung, Fortbildung oder Umschulung Unterhalt nach § 1573, so bleibt bei der Bestimmung der ihm angemessenen Erwerbstätigkeit (§ 1574 Abs. 2) der erreichte höhere Ausbildungsstand außer Betracht.

A. Muster: Antrag auf Ausbildungsunterhalt 1

▶ An das Amtsgericht 965

Familiengericht

…

Antrag auf nachehelichen Unterhalt gemäß § 1575 BGB

In der Familiensache

…

des Herrn … (Antragsteller)

Verfahrensbevollmächtigte: …

gegen

Frau … (Antragsgegnerin)

Verfahrensbevollmächtigte: …

zeigen wir unter Bezugnahme auf die im Original beigefügte Vollmacht an, dass wir den Antragsteller vertreten und stellen den Antrag, wie folgt zu beschließen:

1. Die Antragsgegnerin ist verpflichtet, an den Antragsteller ab …, jeweils monatlich im Voraus, nachehelichen Unterhalt wegen Alters in Höhe von … EUR zu zahlen.
2. Die Antragsgegnerin ist weiter verpflichtet, an den Antragsteller einen Unterhaltsrückstand in Höhe von … EUR nebst Zinsen in Höhe von jeweils 5 Prozentpunkten über dem jeweiligen Basiszinssatz aus je … EUR seit dem …, seit dem … und seit dem … zu zahlen.
3. Die sofortige Wirksamkeit der Verpflichtung zur Zahlung von Unterhalt wird angeordnet.

Für den Fall der Anordnung des schriftlichen Verfahrens wird bei nicht rechtzeitiger Anzeige der Verteidigungsabsicht beantragt, ohne mündliche Verhandlung einen antragsgemäßen Versäumnisbeschluss zu erlassen.

Begründung

Die Beteiligten sind geschieden.

Beweis: In Kopie beigefügter Ehescheidungsbeschluss des Amtsgerichts – Familiengericht – … vom …; Beiziehung des Gerichtsakte des Amtsgerichts – Familiengericht – …, Geschäfts-Nr.: …

Der Anspruch auf Ausbildungsunterhalt steht dem Antragsteller zu.[2] Nach der Geburt des gemeinsamen Kindes hat der Antragsteller, weil die Antragsgegnerin möglichst schnell wieder als Stewardess arbeiten wollte, sein Jurastudium nach dem 4. Semester unterbrochen, um das Kind der Beteiligten zunächst ganztägig betreuen zu können. Die Beteiligten waren sich einig, dass der Antragsteller sein Studium wieder aufnehmen soll, wenn das Kind eingeschult ist. Die Antragsgegnerin sicherte zu, die Ausbildung mitzutragen und entsprechend für den Lebensbedarf des Antragstellers aufkommen zu wollen. Hierüber existiert eine schriftliche Vereinbarung der Beteiligten, die sie seinerzeit verfasst hatten und in der die Antragsgegnerin sich ausdrücklich mit der Aussetzung und späteren Fortsetzung des Studiums einverstanden erklärt hat. Die Vereinbarung fügen wir als

Anlage A 1

bei. Das gemeinsame Kind der Beteiligten ist vor vier Monaten eingeschult worden. Von den getroffenen Absprachen will die Antragsgegenerin nichts mehr wissen.

Die Höhe des Unterhaltes ergibt sich aus folgenden weiteren Umständen:

…

Die Antragsgegnerin ist außergerichtlich von uns dazu aufgefordert worden für den Antragsteller Ausbildungsunterhalt nach § 1575 BGB in Höhe des hier mit diesem Verfahren geltend gemachten Betrages zu zahlen.

Beweis: Kopie des Schreibens der Rechtsanwälte des Antragstellers vom …

Mit der Unterhaltszahlung befindet sich die Antragsgegnerin somit seit dem Monat ■■■ in Verzug, so dass neben dem Unterhaltsrückstand die geltend gemachten Zinsen unter diesem Gesichtspunkt geschuldet werden.

Dem Antragsteller steht somit ein Anspruch auf nachehelichen Ausbildungsunterhalt gemäß § 1575 BGB in Höhe des mit dem Antrag verfolgten Betrages zu.

Beglaubigte und einfache Abschrift sind beigefügt.

■■■

Rechtsanwalt ◄

B. Erläuterungen

2 [1] **Zuständig** ist das Amtsgericht – **Familiengericht** – gemäß § 111 Nr. 8 FamFG. Die örtliche Zuständigkeit ergibt sich aus § 232 FamFG. Danach ist für den Ehegattenunterhalt das Gericht vorrangig örtlich zuständig, bei dem eine **Ehesache** anhängig ist. Wenn, wie im gebildeten Fall, eine solche Zuständigkeit nicht vorliegt, ist die Zuständigkeit nach den Vorschriften der ZPO zu bestimmen, wobei an die Stelle des Wohnsitzes der gewöhnliche Aufenthalt tritt (§ 232 Abs. 3 S. 1 FamFG). Sofern ein Verfahren über den Unterhalt des Kindes im ersten Rechtszug anhängig ist, kann der Antragsteller auch dieses Gericht wählen (§ 232 Abs. 3 S. 2 Nr. 1 FamFG). Der Antragsteller hat ferner die Wahl, den Antrag bei dem Gericht seines gewöhnlichen Aufenthaltes einreichen, wenn der Antragsgegner keinen Gerichtsstand im Inland hat.

3 Zur Möglichkeit der **Stufenklage** vgl zunächst Muster zu § 1605. Zur Einstweiligen Anordnung vgl §§ 49 ff, 246 ff FamFG. Das **Rechtsschutzbedürfnis** für den Hauptsacheantrag besteht **trotz vorliegen eine einstweiligen Anordnung**, weil diese lediglich eine einstweilige Vollstreckungsmöglichkeit schafft und keinen Rechtsgrund für Unterhaltszahlungen darstellt, so dass sie vom Antragsgegner mit Rückwirkung mit der negativen Feststellungsklage angegriffen werden kann (BGH FamRZ 1989, 850). Im Übrigen können mit der einstweiligen Anordnung keine Unterhaltsrückstände geltend gemacht werden.

4 [2] **Voraussetzung** für den Anspruch auf nachehelichen Ausbildungsunterhalt ist gemäß § 1575, dass der Unterhaltsberechtigte eine **Schul- oder Berufsausbildung** in Erwartung der Ehe nicht aufgenommen oder abgebrochen hat.

Es muss eine **Kausalität** zwischen Ehe und der Nichtaufnahme bzw Beendigung der Ausbildung bestehen, die bei Abbruch der Ausbildung während der Ehe unwiderleglich vermutet wird, es sei denn ein Bezug zur Ehe ist nicht erkennbar (Hk-BGB/*Kemper*, § 1575 Rn 3).

5 Besteht der Anspruch, endet er spätestens, wenn die Zeit, in der eine derartige Ausbildung im Allgemeinen abgeschlossen wird, § 1575 Abs. 1 S. 2. Dabei ist auf **Durchschnittszeiten, nicht Mindest- oder Regelausbildungszeiten** abzustellen (Hk-BGB/*Kemper*, § 1575 Rn 9). Er endet früher, wenn die ergriffene Ausbildung nicht mehr erfolgreich abgeschlossen werden kann, etwa, weil Zwischenprüfungen nicht erfolgreich abgeschlossen werden konnten (Hk-BGB/*Kemper*, § 1575 Rn 9).

6 § 1575 Abs. 3 schließt zu Gunsten des unterhaltspflichtigen Ehegatten die Berücksichtigung des durch die Ausbildung erlangten höheren Standards bei der Bestimmung der angemessenen Erwerbstätigkeit aus, wenn der Unterhaltsberechtigte nach Abschluss der Ausbildung (zunächst) weiteren Unterhalt nach § 1573 geltend macht.

§ 1576 Unterhalt aus Billigkeitsgründen

[1]Ein geschiedener Ehegatte kann von dem anderen Unterhalt verlangen, soweit und solange von ihm aus sonstigen schwerwiegenden Gründen eine Erwerbstätigkeit nicht erwartet werden kann und die Versagung von Unterhalt

unter Berücksichtigung der Belange beider Ehegatten grob unbillig wäre. [2]Schwerwiegende Gründe dürfen nicht allein deswegen berücksichtigt werden, weil sie zum Scheitern der Ehe geführt haben.

§ 1577 Bedürftigkeit

(1) Der geschiedene Ehegatte kann den Unterhalt nach den §§ 1570 bis 1573, 1575 und 1576 nicht verlangen, solange und soweit er sich aus seinen Einkünften und seinem Vermögen selbst unterhalten kann.
(2) [1]Einkünfte sind nicht anzurechnen, soweit der Verpflichtete nicht den vollen Unterhalt (§§ 1578 und 1578 b) leistet. [2]Einkünfte, die den vollen Unterhalt übersteigen, sind insoweit anzurechnen, als dies unter Berücksichtigung der beiderseitigen wirtschaftlichen Verhältnisse der Billigkeit entspricht.
(3) Den Stamm des Vermögens braucht der Berechtigte nicht zu verwerten, soweit die Verwertung unwirtschaftlich oder unter Berücksichtigung der beiderseitigen wirtschaftlichen Verhältnisse unbillig wäre.
(4) [1]War zum Zeitpunkt der Ehescheidung zu erwarten, dass der Unterhalt des Berechtigten aus seinem Vermögen nachhaltig gesichert sein würde, fällt das Vermögen aber später weg, so besteht kein Anspruch auf Unterhalt. [2]Dies gilt nicht, wenn im Zeitpunkt des Vermögenswegfalls von dem Ehegatten wegen der Pflege oder Erziehung eines gemeinschaftlichen Kindes eine Erwerbstätigkeit nicht erwartet werden kann.

§ 1578 Maß des Unterhalts

(1) [1]Das Maß des Unterhalts bestimmt sich nach den ehelichen Lebensverhältnissen. [2]Der Unterhalt umfasst den gesamten Lebensbedarf.
(2) Zum Lebensbedarf gehören auch die Kosten einer angemessenen Versicherung für den Fall der Krankheit und der Pflegebedürftigkeit sowie die Kosten einer Schul- oder Berufsausbildung, einer Fortbildung oder einer Umschulung nach den §§ 1574, 1575.
(3) Hat der geschiedene Ehegatte einen Unterhaltsanspruch nach den §§ 1570 bis 1573 oder § 1576, so gehören zum Lebensbedarf auch die Kosten einer angemessenen Versicherung für den Fall des Alters sowie der verminderten Erwerbsfähigkeit.

Vgl zur Bedürftigkeit und dem Maß des Unterhaltes die Kommentierung Hk-BGB/*Kemper* zu diesen Vorschriften. 1

§ 1578 a Deckungsvermutung bei schadensbedingten Mehraufwendungen

Für Aufwendungen infolge eines Körper- oder Gesundheitsschadens gilt § 1610 a.

§ 1578 b Herabsetzung und zeitliche Begrenzung des Unterhalts wegen Unbilligkeit

(1) [1]Der Unterhaltsanspruch des geschiedenen Ehegatten ist auf den angemessenen Lebensbedarf herabzusetzen, wenn eine an den ehelichen Lebensverhältnissen orientierte Bemessung des Unterhaltsanspruchs auch unter Wahrung der Belange eines dem Berechtigten zur Pflege oder Erziehung anvertrauten gemeinschaftlichen Kindes unbillig wäre. [2]Dabei ist insbesondere zu berücksichtigen, inwieweit durch die Ehe Nachteile im Hinblick auf die Möglichkeit eingetreten sind, für den eigenen Unterhalt zu sorgen. [3]Solche Nachteile können sich vor allem aus der Dauer der Pflege oder Erziehung eines gemeinschaftlichen Kindes, aus der Gestaltung von Haushaltsführung und Erwerbstätigkeit während der Ehe sowie aus der Dauer der Ehe ergeben.
(2) [1]Der Unterhaltsanspruch des geschiedenen Ehegatten ist zeitlich zu begrenzen, wenn ein zeitlich unbegrenzter Unterhaltsanspruch auch unter Wahrung der Belange eines dem Berechtigten zur Pflege oder Erziehung anvertrauten gemeinschaftlichen Kindes unbillig wäre. [2]Absatz 1 Satz 2 und 3 gilt entsprechend.
(3) Herabsetzung und zeitliche Begrenzung des Unterhaltsanspruchs können miteinander verbunden werden.

1 ## A. Muster: Antrag auf Befristung des nachehelichen Unterhalts[1]

▶ An das Amtsgericht
Familiengericht

...

Antrag auf Unterhaltsbefristung gem. § 1578 b BGB

In der Familiensache

...

des Herrn ... (Antragsteller)
Verfahrensbevollmächtigte: ...
gegen
Frau ... (Antragsgegnerin)
Verfahrensbevollmächtigte: ...
beantragen wir unter Bezugnahme auf die bereits vorgelegte Vollmacht, wie folgt zu entscheiden:
Der von der Antragstellerin begehrte Unterhalt ist auf die Dauer von 1 Jahr zu befristen.

Begründung[2]

Die Antragstellerin macht als Verbundsache nachehelichen Unterhalt geltend. Sie macht ihn als Betreuungsunterhalt nach § 1570 BGB geltend. Die Voraussetzungen dieses Anspruches liegen aber nicht vor, denn aus der Ehe der Beteiligten ist zwar ein Kind hervorgegangen, das Kind befindet sich allerdings ganztägig in Betreuungseinrichtungen. Nach der Schule wird es von ... bis ... in einem Kinderhort betreut. Betreuungsunterhalt scheidet somit aus. Daher handelt es sich bei dem von der Antragstellerin mit Schriftsatz vom ... im Ehescheidungsverbund beantragten Unterhalt um Aufstockungsunterhalt nach § 1573 BGB und keinen Betreuungsunterhalt nach § 1570 BGB.

Die Ehe der Beteiligten dauerte nicht einmal 8 Jahre.[3] Ehebedingte Nachteile sind bei der Antragstellerin nicht zu erkennen. Sie ist verbeamtete Lehrerin und hat ihren Beruf durchgängig, nur unterbrochen durch die Elternzeit, während der Ehe ausgeübt.

Soweit der Antragsgegner höhere Einkünfte als die Antragstellerin bezieht, liegt dies nicht in ehebedingten Nachteilen der Antragstellerin begründet, sondern beruht allein auf die unterschiedliche Ausbildung der Beteiligten.

Rechnerisch bestehen keine Bedenken gegen die Ausführungen der Gegenseite in der Antragsschrift.

Aus den vorstehend beschriebenen Gründen entspricht es auch unter Berücksichtigung der Belange des gemeinsamen Kindes der Beteiligten der Billigkeit, die antragsgemäße Befristung des Aufstockungsunterhaltsanspruches auszusprechen.

Beglaubigte und einfache Abschrift sind beigefügt.

...

Rechtsanwalt ◀

B. Erläuterungen

2 [1] Beispiel nach *Heiß*, Das Mandat im Familienrecht, Teil 8, Rn 979, angelehnt an BGH FamRZ 2009, 770). § 1578 b ist **eine der zentralen Normen** des zum 1.1.2008 in Kraft getretenen Gesetzes zur Änderung des Unterhaltsrechts, mit dem unter anderem das **Eigenverantwortlichkeitsprinzip** stärker betont werden sollte. Die Neuregelung der Norm setzt dabei die bereits vor dem Inkrafttreten der Gesetzesänderung gewandelte Rechtsprechung des BGH zur Beschränkung und Befristung des nachehelichen Unterhalters um.

[2] Es empfiehlt sich, dem Gericht im **Erstverfahren** möglichst umfassend alles vorzutragen, was aus Sicht des Unterhaltspflichtigen für eine Befristung spricht, um einer **Präklusion** nach § 238 Abs. 2 FamFG zu entgehen. Beweispflichtig für die Tatsachen, die eine Herabsetzung und/oder Befristung rechtfertigen können, trägt der Unterhaltspflichtige, dessen **Beweislast** allerdings dadurch gemildert wird, dass der Unterhaltsberechtigte auf substantiierten Vortrag des Unterhaltspflichtigen seinerseits darlegen und beweisen muss, aus welchen Gründen die Herabsetzung und/oder Befristung doch nicht in Betracht kommt (Hk-BGB/*Kemper*, § 1578 b Rn 31 mwN). 3

[3] Die Dauer der Ehe soll nur noch ein Kriterium sein, während die Bedeutung **nachwirkender ehebedingter Nachteil** in den Vordergrund tritt (u.a. BGH FamRZ 2007, 1232 ff). Die Herabsetzung oder Befristung des Unterhaltes nach § 1578 b, scheidet aus, wenn die Belange eines gemeinsamen Kindes, welches der Unterhaltberechtigte betreut, beeinträchtigt werden. 4

Letztendlich zielt die Regelung darauf ab, die **Einzelfallgerechtigkeit** zu erhöhen. Die Härteregelung des § 1578 b stellt eine **Einwendung und keine Einrede** dar. Daher ist der Anspruch vom Gericht von Amts wegen zu kürzen bzw zu befristen, wenn die Voraussetzungen vorliegen. In einem Antrag auf Antragszurückweisung ist als Minus auch gleichzeitig ein Befristungsantrag enthalten (vgl Hk-BGB/*Kemper*, § 1578 b Rn 29). 5

§ 1579 Beschränkung oder Versagung des Unterhalts wegen grober Unbilligkeit

Ein Unterhaltsanspruch ist zu versagen, herabzusetzen oder zeitlich zu begrenzen, soweit die Inanspruchnahme des Verpflichteten auch unter Wahrung der Belange eines dem Berechtigten zur Pflege oder Erziehung anvertrauten gemeinschaftlichen Kindes grob unbillig wäre, weil

1. **die Ehe von kurzer Dauer war; dabei ist die Zeit zu berücksichtigen, in welcher der Berechtigte wegen der Pflege oder Erziehung eines gemeinschaftlichen Kindes nach § 1570 Unterhalt verlangen kann,**
2. **der Berechtigte in einer verfestigten Lebensgemeinschaft lebt,**
3. **der Berechtigte sich eines Verbrechens oder eines schweren vorsätzlichen Vergehens gegen den Verpflichteten oder einen nahen Angehörigen des Verpflichteten schuldig gemacht hat,**
4. **der Berechtigte seine Bedürftigkeit mutwillig herbeigeführt hat,**
5. **der Berechtigte sich über schwerwiegende Vermögensinteressen des Verpflichteten mutwillig hinweggesetzt hat,**
6. **der Berechtigte vor der Trennung längere Zeit hindurch seine Pflicht, zum Familienunterhalt beizutragen, gröblich verletzt hat,**
7. **dem Berechtigten ein offensichtlich schwerwiegendes, eindeutig bei ihm liegendes Fehlverhalten gegen den Verpflichteten zur Last fällt oder**
8. **ein anderer Grund vorliegt, der ebenso schwer wiegt wie die in den Nummern 1 bis 7 aufgeführten Gründe.**

A. Muster: Antrag auf Zurückweisung des Antrags auf nachehelichen Unterhalts wegen Verwirkung 1

▶ An das Amtsgericht 967

Familiengericht

■■■

Antrag auf Unterhaltsbefristung gem. § 1579 Nr. 2 BGB

In der Familiensache

■■■

des Herrn ■■■ (Antragsteller)

Verfahrensbevollmächtigte: ■■■

gegen

Frau ■■■ (Antragsgegnerin)

Verfahrensbevollmächtigte: ■■■

beantragen wir unter Bezugnahme auf die bereits vorgelegte Vollmacht, wie folgt zu entscheiden:

Der Antrag der Antragsgegnerin auf nachehelichen Unterhalt wird zurückgewiesen.

Begründung[1]

Die Antragsgegnerin macht als Verbundsache nachehelichen Aufstockungsunterhalt geltend.

Wie wir bereits mit der Scheidungsantragsschrift vortrugen, war ein wesentlicher Grund für das Scheitern der Ehe der Beteiligten, die Tatsache, dass die Antragsgegnerin einen neuen Lebensgefährten hat.

Mit diesem ist sie bereits vor ziemlich genau 2 Jahren zusammengezogen. Sämtliche Umstände der Partnerschaft der Antragsgegnerin mit ihrem Lebensgefährten geben das Erscheinungsbild in der Öffentlichkeit ab, dass es sich bei der Partnerschaft um eine solche mit eheersetzendem Charakter handelt. Es werden zum Beispiel Familienfeiern gemeinsam wahrgenommen und Urlaubsreisen gemeinsam durchgeführt. Aktuell haben die Antragsgegnerin und ihr Lebensgefährte einen Bauträgervertrag zur Errichtung eines gemeinsamen Einfamilienhauses unterzeichnet.

Beweis. Vernehmung der Beteiligten; Zeugnis des ■■■

Vor dem Hintergrund der Tatsache, dass die Ehe der Beteiligten lediglich 7 Jahre andauerte und kinderlos blieb, ist das Verhalten der Antragsgegnerin als Abkehr der nachehelichen Solidarität zu werten, die eine weitere Inanspruchnahme des Antragstellers als grob unbillig gemäß § 1579 Nr. 2 BGB erscheinen lässt.

Beglaubigte und einfache Abschrift sind beigefügt.

■■■

Rechtsanwalt ◄

B. Erläuterungen

2 [1] Die **Beweislast** für das Vorliegen der einen Härtegrund tragenden Tatsachen trifft den Unterhaltspflichtigen. Der Unterhaltsberechtigte hat dagegen entgegenstehende Belange gemeinsamer Kinder nachzuweisen (Hk-BGB/*Kemper*, § 1579 Rn 25). Sofern bereits ein Unterhaltstitel existiert, ist der Wegfall des Unterhaltsanspruches gemäß § 1579 nach §§ 238, 239 FamFG zu beantragen (Palandt/*Brudermüller*, § 1579 Rn 43).

§ 1580 Auskunftspflicht

[1]Die geschiedenen Ehegatten sind einander verpflichtet, auf Verlangen über ihre Einkünfte und ihr Vermögen Auskunft zu erteilen. [2]§ 1605 ist entsprechend anzuwenden.

Kapitel 3 Leistungsfähigkeit und Rangfolge

§ 1581 Leistungsfähigkeit

[1]Ist der Verpflichtete nach seinen Erwerbs- und Vermögensverhältnissen unter Berücksichtigung seiner sonstigen Verpflichtungen außerstande, ohne Gefährdung des eigenen angemessenen Unterhalts dem Berechtigten Unterhalt zu gewähren, so braucht er nur insoweit Unterhalt zu leisten, als es mit Rücksicht auf die Bedürfnisse und die Erwerbs- und Vermögensverhältnisse der geschiedenen Ehegatten der Billigkeit entspricht. [2]Den Stamm des Vermögens braucht er nicht zu verwerten, soweit die Verwertung unwirtschaftlich oder unter Berücksichtigung der beiderseitigen wirtschaftlichen Verhältnisse unbillig wäre.

§ 1582 Rang des geschiedenen Ehegatten bei mehreren Unterhaltsberechtigten

Sind mehrere Unterhaltsberechtigte vorhanden, richtet sich der Rang des geschiedenen Ehegatten nach § 1609.

§ 1583 Einfluss des Güterstands

Lebt der Verpflichtete im Falle der Wiederheirat mit seinem neuen Ehegatten im Güterstand der Gütergemeinschaft, so ist § 1604 entsprechend anzuwenden.

§ 1584 Rangverhältnisse mehrerer Unterhaltsverpflichteter

[1]Der unterhaltspflichtige geschiedene Ehegatte haftet vor den Verwandten des Berechtigten. [2]Soweit jedoch der Verpflichtete nicht leistungsfähig ist, haften die Verwandten vor dem geschiedenen Ehegatten. [3]§ 1607 Abs. 2 und 4 gilt entsprechend.

Kapitel 4 Gestaltung des Unterhaltsanspruchs

§ 1585 Art der Unterhaltsgewährung

(1) [1]Der laufende Unterhalt ist durch Zahlung einer Geldrente zu gewähren. [2]Die Rente ist monatlich im Voraus zu entrichten. [3]Der Verpflichtete schuldet den vollen Monatsbetrag auch dann, wenn der Unterhaltsanspruch im Laufe des Monats durch Wiederheirat oder Tod des Berechtigten erlischt.
(2) Statt der Rente kann der Berechtigte eine Abfindung in Kapital verlangen, wenn ein wichtiger Grund vorliegt und der Verpflichtete dadurch nicht unbillig belastet wird.

§ 1585 a Sicherheitsleistung

(1) [1]Der Verpflichtete hat auf Verlangen Sicherheit zu leisten. [2]Die Verpflichtung, Sicherheit zu leisten, entfällt, wenn kein Grund zu der Annahme besteht, dass die Unterhaltsleistung gefährdet ist oder wenn der Verpflichtete durch die Sicherheitsleistung unbillig belastet würde. [3]Der Betrag, für den Sicherheit zu leisten ist, soll den einfachen Jahresbetrag der Unterhaltsrente nicht übersteigen, sofern nicht nach den besonderen Umständen des Falles eine höhere Sicherheitsleistung angemessen erscheint.
(2) Die Art der Sicherheitsleistung bestimmt sich nach den Umständen; die Beschränkung des § 232 gilt nicht.

§ 1585 b Unterhalt für die Vergangenheit

(1) Wegen eines Sonderbedarfs (§ 1613 Abs. 2) kann der Berechtigte Unterhalt für die Vergangenheit verlangen.
(2) Im Übrigen kann der Berechtigte für die Vergangenheit Erfüllung oder Schadensersatz wegen Nichterfüllung nur entsprechend § 1613 Abs. 1 fordern.
(3) Für eine mehr als ein Jahr vor der Rechtshängigkeit liegende Zeit kann Erfüllung oder Schadensersatz wegen Nichterfüllung nur verlangt werden, wenn anzunehmen ist, dass der Verpflichtete sich der Leistung absichtlich entzogen hat.

§ 1585 c Vereinbarungen über den Unterhalt

[1]Die Ehegatten können über die Unterhaltspflicht für die Zeit nach der Scheidung Vereinbarungen treffen. [2]Eine Vereinbarung, die vor der Rechtskraft der Scheidung getroffen wird, bedarf der notariellen Beurkundung. [3]§ 127 a findet auch auf eine Vereinbarung Anwendung, die in einem Verfahren in Ehesachen vor dem Prozessgericht protokolliert wird.

Kapitel 5 Ende des Unterhaltsanspruchs

§ 1586 Wiederverheiratung, Begründung einer Lebenspartnerschaft oder Tod des Berechtigten

(1) Der Unterhaltsanspruch erlischt mit der Wiederheirat, der Begründung einer Lebenspartnerschaft oder dem Tode des Berechtigten.
(2) [1]Ansprüche auf Erfüllung oder Schadensersatz wegen Nichterfüllung für die Vergangenheit bleiben bestehen. [2]Das Gleiche gilt für den Anspruch auf den zur Zeit der Wiederheirat, der Begründung einer Lebenspartnerschaft oder des Todes fälligen Monatsbetrag.

§ 1586 a Wiederaufleben des Unterhaltsanspruchs

(1) Geht ein geschiedener Ehegatte eine neue Ehe oder Lebenspartnerschaft ein und wird die Ehe oder Lebenspartnerschaft wieder aufgelöst, so kann er von dem früheren Ehegatten Unterhalt nach § 1570 verlangen, wenn er ein Kind aus der früheren Ehe oder Lebenspartnerschaft zu pflegen oder zu erziehen hat.
(2) [1]Der Ehegatte der später aufgelösten Ehe haftet vor dem Ehegatten der früher aufgelösten Ehe. [2]Satz 1 findet auf Lebenspartnerschaften entsprechende Anwendung.

§ 1586 b Kein Erlöschen bei Tod des Verpflichteten

(1) [1]Mit dem Tode des Verpflichteten geht die Unterhaltspflicht auf den Erben als Nachlassverbindlichkeit über. [2]Die Beschränkungen nach § 1581 fallen weg. [3]Der Erbe haftet jedoch nicht über einen Betrag hinaus, der dem Pflichtteil entspricht, welcher dem Berechtigten zustände, wenn die Ehe nicht geschieden worden wäre.
(2) Für die Berechnung des Pflichtteils bleiben Besonderheiten auf Grund des Güterstands, in dem die geschiedenen Ehegatten gelebt haben, außer Betracht.

Untertitel 3 Versorgungsausgleich

§ 1587 Verweis auf das Versorgungsausgleichsgesetz

Nach Maßgabe des Versorgungsausgleichsgesetzes findet zwischen den geschiedenen Ehegatten ein Ausgleich von im In- oder Ausland bestehenden Anrechten statt, insbesondere aus der gesetzlichen Rentenversicherung, aus anderen Regelsicherungssystemen wie der Beamtenversorgung oder der berufsständischen Versorgung, aus der betrieblichen Altersversorgung oder aus der privaten Alters- und Invaliditätsvorsorge.

A. Vertragsgestaltung

1 **I. Muster: Vertragliche Vereinbarung zum Versorgungsausgleich[1]**

▶ ■■■ (vgl auch Muster zu § 1408)

1. Wir vereinbaren gemäß § 6 VersAusglG den vollständigen Ausschluss des Versorgungsausgleichs und nehmen den Verzicht wechselseitig an.
2. Zugunsten der Ehefrau wird bei der ■■■ Lebensversicherung AG eine der Dynamik der gesetzlichen Renten entsprechende Rentenversicherung abgeschlossen. Alleinberechtigt soll die Ehefrau sein.
3. Die Beitragszahlung übernimmt der Ehemann.
4. Der in Ziffer 1 geregelte Verzicht auf Durchführung des Versorgungsausgleichs entfällt, wenn der Ehemann mit der Verpflichtung aus Ziffer 3 zur Beitragszahlung mit mehr als zwei Monatsbeträgen in Verzug gerät.
5. Die Beiträge sollen auch nach einer eventuellen Ehescheidung weiter vom Ehemann entrichtet werden, sind dann aber als Bestandteil des Unterhaltes zu berücksichtigen.

■■■[2] ◀

II. Erläuterungen

2 [1] Mit der Einführung des VersAusglG zum 1.9.2009 hat der Gesetzgeber klargestellt, dass Vereinbarungen zum Versorgungsausgleich ausdrücklich erwünscht sind (§§ 6–8 VersAusglG). Es sind die vom BGH aufgestellten Kriterien zur Wirksamkeit von Eheverträgen zu beachten (vgl die Erläuterungen zu § 1408). Vereinbarungen zulasten der Versorgungsträger sind nicht möglich (§ 8 VersAusglG).

3 [2] Eine Vereinbarung über den Versorgungsausgleich vor Rechtskraft der Ehescheidung über den Wertausgleich bei der Scheidung bedarf gemäß § 7 Abs. 1 VersAusglG der notariellen Beurkundung. Eine gerichtliche Protokollierung genügt gemäß § 7 Abs. 2 VersAusglG ebenfalls der Form.

B. Ausschluss des Versorgungsausgleichs wegen grober Unbilligkeit

I. Muster: Antrag auf Ausschluss des Versorgungsausgleichs wegen grober Unbilligkeit gemäß § 27 VersAusglG 4

969

▶ An das Amtsgericht

Familiengericht

▪▪▪

In der Familiensache

▪▪▪

des Herrn ▪▪▪ (Antragsteller)

Verfahrensbevollmächtigte: ▪▪▪[1]

gegen

Frau ▪▪▪ (Antragsgegnerin)

Verfahrensbevollmächtigte: ▪▪▪

tragen wir für den Antragsgegner zur Folgesache Versorgungsausgleich wie folgt vor:

Der Antragsgegner bezieht seit dem ▪▪▪ Altersrente.

Beweis: In Kopie beigefügte Rentenbescheide der ▪▪▪ vom ▪▪▪ und der ▪▪▪ vom ▪▪▪

Den Bescheiden ist zu entnehmen, dass der Ehezeitanteil in den Auskünften der Rentenversicherer zur Durchführung des Versorgungsausgleichs deutlich über dem Wert der Versorgung liegt, weil der Antragsgegner Abschläge in Höhe von 10,8 % bzw 18 % hinnehmen muss.

Es ist zu prüfen, ob bei dieser Konstellation ein Härtefall im Sinne von § 27 VersAusglG vorliegt (vgl BGH FamRZ 1996, 215; 2001, 25, 26; 1982, 36, 41; Wick, Der Versorgungsausgleich, 1. Auflage 2004, S. 63, Rn 49).[2]

Dies gilt insbesondere vor dem Hintergrund der Dauer des Getrenntlebens der Parteien von nunmehr über 7,5 Jahren. In dieser Zeit hat es keine Wirtschaftsgemeinschaft mehr zwischen den Parteien gegeben. Dieser Umstand allein kann bereits zu einem Härtefall im Sinne von § 27 VersAusglG führen (vgl Wick, aaO, S. 210 f, Rn 255, mwN; BGH FamRZ 2004, 1181, 1183).

Um Missverständnisse zu vermeiden, machen wir darauf aufmerksam, dass dem Antragsgegner keineswegs an einer streitigen Auseinandersetzung mit der Antragstellerin gelegen ist. Da vorliegend aber Anhaltspunkte für einen vom Gericht von Amts wegen zu prüfenden Härtefall gegeben sind, ist der entsprechende Vortrag erforderlich.

Der Antragsteller wäre selbstverständlich auch bereit, eine vergleichsweise Vereinbarung zu treffen.

▪▪▪

Rechtsanwalt ◀

II. Erläuterungen

5 [1] Gemäß § 114 FamFG besteht **Anwaltszwang.** Die Entscheidung ergeht im Scheidungsverbund, wenn die Härtegründe in diesem Stadium bereits geltend gemacht werden bzw werden können, ansonsten im Abänderungsverfahren gemäß § 226 FamFG.

6 [2] Die Regelung des § 27 VersAusglG vereinheitlicht als Nachfolgeregelung die Regelungen der §§ 1587 c und 1587 h aF (Hk-BGB/*Kemper*, Anhang zu § 1587, § 27 VersAusglG Rn, 1).

7 Gegenüber die § 242 ist **§ 27 VersAusglG lex spezialis**, so dass § 242 in seinem Anwendungsbereich ausgeschlossen ist (Hk-BGB/*Kemper*, Anhang zu § 1587, § 27 VersAusglG Rn, 4).

8 Der (teilweise) **Ausschluss** kommt **nur bei grober Unbilligkeit** in Betracht, wobei ein strenger Maßstab anzusetzen ist.

C. Anpassung des Versorgungsausgleichs

9 I. Muster: Antrag auf Anpassung des Versorgungsausgleichs gemäß § 33 VersAusglG

970 ▶ An das Amtsgericht

Familiengericht[1]

■■■

Antrag auf Anpassung des Versorgungsausgleichs gemäß § 33 VersAusglG

In der Familiensache

■■■

des Herrn ■■■ (Antragsteller)

Verfahrensbevollmächtigte: ■■■

gegen

Frau ■■■ (Antragsgegnerin)

Verfahrensbevollmächtigte: ■■■

zeigen wir unter Bezugnahme auf die im Original beigefügte Vollmacht an, dass wir den Antragsteller vertreten und stellen den Antrag, wie folgt zu beschließen:

Die mit dem Festsetzungsbescheid der ■■■ AG, Versorgungsservice, vom ■■■ vorgenommene Kürzung der Versorgung des Antragstellers wird nach § 33 VersAusglG mit Wirkung ab ■■■ in Höhe von ■■■ EUR monatlich ausgesetzt.[2]

Begründung

Das angerufene Familiengericht ist gemäß § 218 Nr. 2 FamFG örtlich zuständig.

Die Parteien sind mit Urteil des Amtsgerichts – Familiengericht – ■■■ vom ■■■ (Geschäfts-Nr. ■■■) rechtskräftig geschieden worden.

Beweis: Kopie des Ehescheidungsurteils; Beiziehung der Gerichtsakte des Amtsgerichts – Familiengericht – ■■■, Geschäfts-Nr.: ■■■

Mit dem Ehescheidungsurteil wurde der Versorgungsausgleich zwischen den Parteien in der Weise durchgeführt, dass zulasten der Versorgung des Antragstellers bei der ■■■ auf dem Versicherungskonto Nr. ■■■der Antragsgegnerin bei der ■■■ Rentenanwartschaften von monatlich ■■■ EUR, bezogen auf den ■■■, begründet wurden.

Ab dem ■■■ ist der Antragsteller in den Ruhestand versetzt worden und erhält seit dem von der ■■■ Versorgungsbezüge in Höhe von ■■■ EUR monatlich (brutto).

Beweis: Bescheid ■■■ vom ■■■.

Die Höhe der Versorgungsbezüge ergibt sich unter anderem aus dem Umstand, dass wegen der Durchführung des Versorgungsausgleichs die Bezüge um ■■■ EUR (brutto) gekürzt wurden.

Der Antragsteller hat bis zu seiner Versetzung in den Ruhestand nachehelichen Unterhalt an die Antragsgegnerin in Höhe von monatlich ■■■ EUR gezahlt.

Beweis: Beigefügte Kontoauszüge

Aufgrund der deutlich reduzierten Einkünfte des Antragstellers mit seiner Versetzung in den Ruhestand ist er nicht mehr in der Lage, den nachehelichen Unterhalt wie bisher zu zahlen.

Die Antragsgegnerin kann derzeit aus dem im Versorgungsausgleich erhaltenen Anrecht noch keine Rente erhalten.

Da die Antragsgegnerin über ■■■ eigene Einkünfte monatlich verfügt, stünde ihr im Falle der ungekürzten Auszahlung der Versorgungsbezüge an den Antragsteller rechnerisch ein Unterhaltsanspruch gegen diesen in einer Höhe zu, der den Betrag der mit dem Festsetzungsbescheid vom ■■■ vorgenommen Kürzung der Bezüge erreicht.

Die Kürzung der Versorgungsbezüge ist daher in vollem Umfang vorläufig auszusetzen.

Zwei beglaubigte und zwei einfache Abschriften liegen an.

■■■

Rechtsanwalt ◄

II. Erläuterungen

[1] Für den Antrag nach § 33 VersAusglG ist das **Familiengericht zuständig,** § 111 Nr. 7 FamFG. Die örtliche Zuständigkeit richtet sich nach § 218 FamFG. §§ 33, 34 VersAusglG ersetzen die ehemaligen Vorschriften der §§ 5, 6 VAHRG. Während zu Zeiten des VAHRG die Versorgungsträger für den Antrag zuständig waren, ist jetzt der Antrag an das Familiengericht zu richten. 10

[2] Anders als nach den abgelösten Regelungen des VAHRG wird die **Kürzung nicht mehr in voller Höhe,** sondern nur noch in Höhe des Unterhaltsanspruches ausgesetzt (§ 33 Abs. 3 VersAusglG). Nach § 34 Abs. 3 VersAusglG, ebenfalls anders als nach bisherigem Recht, erfolgt die **Aussetzung** der Versorgungskürzung **erst ab dem Monat der Antragstellung.** 11

Titel 8 Kirchliche Verpflichtungen

§ 1588 (keine Überschrift)

Die kirchlichen Verpflichtungen in Ansehung der Ehe werden durch die Vorschriften dieses Abschnitts nicht berührt.

Abschnitt 2 Verwandtschaft

Titel 1 Allgemeine Vorschriften

§ 1589 Verwandtschaft

(1) [1]Personen, deren eine von der anderen abstammt, sind in gerader Linie verwandt. [2]Personen, die nicht in gerader Linie verwandt sind, aber von derselben dritten Person abstammen, sind in der Seitenlinie verwandt. [3]Der Grad der Verwandtschaft bestimmt sich nach der Zahl der sie vermittelnden Geburten.
(2) (weggefallen)

§ 1590 Schwägerschaft

(1) [1]Die Verwandten eines Ehegatten sind mit dem anderen Ehegatten verschwägert. [2]Die Linie und der Grad der Schwägerschaft bestimmen sich nach der Linie und dem Grade der sie vermittelnden Verwandtschaft.
(2) Die Schwägerschaft dauert fort, auch wenn die Ehe, durch die sie begründet wurde, aufgelöst ist.

Titel 2 Abstammung

§ 1591 Mutterschaft

Mutter eines Kindes ist die Frau, die es geboren hat.

§ 1592 Vaterschaft

Vater eines Kindes ist der Mann,

1. der zum Zeitpunkt der Geburt mit der Mutter des Kindes verheiratet ist,
2. der die Vaterschaft anerkannt hat oder
3. dessen Vaterschaft nach § 1600 d oder § 182 Abs. 1 des Gesetzes über das Verfahren in Familiensachen und in den Angelegenheiten der freiwilligen Gerichtsbarkeit gerichtlich festgestellt ist.

§ 1593 Vaterschaft bei Auflösung der Ehe durch Tod

[1]§ 1592 Nr. 1 gilt entsprechend, wenn die Ehe durch Tod aufgelöst wurde und innerhalb von 300 Tagen nach der Auflösung ein Kind geboren wird. [2]Steht fest, dass das Kind mehr als 300 Tage vor seiner Geburt empfangen wurde, so ist dieser Zeitraum maßgebend. [3]Wird von einer Frau, die eine weitere Ehe geschlossen hat, ein Kind geboren, das sowohl nach den Sätzen 1 und 2 Kind des früheren Ehemanns als auch nach § 1592 Nr. 1 Kind des neuen Ehemanns wäre, so ist es nur als Kind des neuen Ehemanns anzusehen. [4]Wird die Vaterschaft angefochten und wird rechtskräftig festgestellt, dass der neue Ehemann nicht Vater des Kindes ist, so ist es Kind des früheren Ehemanns.

§ 1594 Anerkennung der Vaterschaft

(1) Die Rechtswirkungen der Anerkennung können, soweit sich nicht aus dem Gesetz anderes ergibt, erst von dem Zeitpunkt an geltend gemacht werden, zu dem die Anerkennung wirksam wird.
(2) Eine Anerkennung der Vaterschaft ist nicht wirksam, solange die Vaterschaft eines anderen Mannes besteht.
(3) Eine Anerkennung unter einer Bedingung oder Zeitbestimmung ist unwirksam.
(4) Die Anerkennung ist schon vor der Geburt des Kindes zulässig.

1 A. Muster: Anerkennung der Vaterschaft

▶ An das Standesamt ■■■[1]

Ich bitte darum, mich im Geburtenbuch des Kindes ■■■, geboren am ■■■, Mutter ■■■, als leiblichen Vater beizuschreiben.

In der Anlage sind eine beglaubigte Ausfertigung der Anerkennung der Vaterschaft und der Zustimmung der Mutter vor dem Jugendamt ■■■ beigefügt[2] sowie Nachweise über die Zustellung von beglaubigten Abschriften an mich, die Mutter und das Kind, vertreten durch die Mutter.[3] Die Mutter ist ledig und Alleininhaberin der elterlichen Sorge.

■■■

Unterschrift ◀

B. Erläuterungen

2 [1] Die Anerkennung einer Vaterschaft begründet den Rechtsschein der Vaterschaft, selbst wenn sie falsch ist (OLG Köln FamRZ 2002, 629). Die Anerkennung ist dem **Standesamt** mitzuteilen, das die **Beischreibung im Geburtenbuch** vornimmt. Die Anerkennung gehört zu den Abstammungssachen des § 169 FamFG. Sämtliche Abstammungsverfahren werden nach den Grundsätzen der freiwilligen Gerichtsbarkeit geführt, §§ 170 ff FamFG.

[2] Die Anerkennung muss **öffentlich beurkundet** werden, § 1597 Abs. 1. Die öffentliche Beurkundung kann durch einen **Notar**, den **Standesbeamten**, den **Rechtspfleger**, das **Gericht des Vaterschaftsverfahrens** und auch durch das **Jugendamt** erfolgen (vgl BGH FamRZ 1995, 1129). Die Anerkennung bedarf der Zustimmung der Mutter, § 1595 Abs. 1. Auch diese muss öffentlich beurkundet werden. Soweit die Mutter nicht Alleininhaberin der elterlichen Sorge ist, bedarf die Anerkennung auch der Zustimmung des Kindes. Ansonsten könnte das Jugendamt als Beistand für das Kind die Zustimmung erklären. Führt die Mutter eine falsche Anerkennung herbei, kann dies strafbar sein (LG Düsseldorf FamRZ 2008, 1077). Die bisherige 6-Monats-Frist ab Anerkennung zur Zustimmung ist entfallen. Die Anerkennung ist schon vor der Geburt zulässig, nach dem Tod des Kindes (BayObLG FamRZ 2001, 1543) und auch nach dem Tod des Vaters, wenn das Anerkenntnis vor dem Tod erfolgt ist. 3

[3] Nach § 1597 Abs. 2 sind **beglaubigte Abschriften** dem Vater, der Mutter, dem Kind und dem Standesamt **zuzustellen**. Die Anerkennung ist nicht wirksam, solange noch die Vaterschaft eines anderen Mannes besteht, § 1594 Abs. 2. 4

§ 1595 Zustimmungsbedürftigkeit der Anerkennung

(1) Die Anerkennung bedarf der Zustimmung der Mutter.
(2) Die Anerkennung bedarf auch der Zustimmung des Kindes, wenn der Mutter insoweit die elterliche Sorge nicht zusteht.
(3) Für die Zustimmung gilt § 1594 Abs. 3 und 4 entsprechend.

§ 1596 Anerkennung und Zustimmung bei fehlender oder beschränkter Geschäftsfähigkeit

(1) [1]Wer in der Geschäftsfähigkeit beschränkt ist, kann nur selbst anerkennen. [2]Die Zustimmung des gesetzlichen Vertreters ist erforderlich. [3]Für einen Geschäftsunfähigen kann der gesetzliche Vertreter mit Genehmigung des Familiengerichts anerkennen; ist der gesetzliche Vertreter ein Betreuer, ist die Genehmigung des Betreuungsgerichts erforderlich. [4]Für die Zustimmung der Mutter gelten die Sätze 1 bis 3 entsprechend.
(2) [1]Für ein Kind, das geschäftsunfähig oder noch nicht 14 Jahre alt ist, kann nur der gesetzliche Vertreter der Anerkennung zustimmen. [2]Im Übrigen kann ein Kind, das in der Geschäftsfähigkeit beschränkt ist, nur selbst zustimmen; es bedarf hierzu der Zustimmung des gesetzlichen Vertreters.
(3) Ein geschäftsfähiger Betreuter kann nur selbst anerkennen oder zustimmen; § 1903 bleibt unberührt.
(4) Anerkennung und Zustimmung können nicht durch einen Bevollmächtigten erklärt werden.

§ 1597 Formerfordernisse; Widerruf

(1) Anerkennung und Zustimmung müssen öffentlich beurkundet werden.
(2) Beglaubigte Abschriften der Anerkennung und aller Erklärungen, die für die Wirksamkeit der Anerkennung bedeutsam sind, sind dem Vater, der Mutter und dem Kind sowie dem Standesamt zu übersenden.
(3) [1]Der Mann kann die Anerkennung widerrufen, wenn sie ein Jahr nach der Beurkundung noch nicht wirksam geworden ist. [2]Für der Wideruf gelten die Absätze 1 und 2 sowie § 1594 Abs. 3 und § 1596 Abs. 1, 3 und 4 entsprechend.

A. Muster: Widerruf des Anerkenntnisses 1

► Kreisjugendamt ...

Datum ..

Es erscheint Herr ...

Mit der Bitte um Beurkundung folgender 972

Erklärung

Ich habe mit Urkunde des Kreisjugendamtes ■■■ vom ■■■ die Vaterschaft zu dem Kind ■■■, geb. am ■■■, anerkannt. Dies liegt jetzt länger als ein Jahr zurück.

Nachdem die Mutter des Kindes, Frau ■■■, bis heute die Zustimmung zu dem Anerkenntnis nicht erteilt hat,

widerrufe

ich dieses Vaterschaftsanerkenntnis.[1], [2], [3]

■■■

(Unterschrift)

Beglaubigt

■■■ ◄

B. Erläuterungen

2 [1] **Ein-Jahres-Frist.** Soweit das Anerkenntnis, zB wegen fehlender Zustimmung, nicht binnen eines Jahres wirksam geworden ist, kann der Anerkennende sein Anerkenntnis widerrufen. Der Widerruf muss in öffentlicher Urkunde erfolgen, zuständig ist auch das Jugendamt.

3 [2] Ist die Zustimmung erteilt, kann ein **Widerruf wegen Irrtums**, zB bei bewusst falschem Anerkenntnis, **nicht** erfolgen. Hier bleibt nur die Möglichkeit der **Vaterschaftsanfechtung** (OLG Köln FamRZ 2002, 629). Zu beachten ist die zweijährige Anfechtungsfrist.

4 [3] **Fünf-Jahres-Frist.** Sind seit Eintragung des Anerkenntnisses mehr als fünf Jahre verstrichen, ist das Anerkenntnis trotz Formmängeln wirksam, § 1598 Abs. 2; es sei denn, es habe noch die Vaterschaft eines anderen Mannes bestanden, § 1594 Abs. 2 (OLG Rostock FamRZ 2008, 2226).

§ 1598 Unwirksamkeit von Anerkennung, Zustimmung und Widerruf

(1) Anerkennung, Zustimmung und Widerruf sind nur unwirksam, wenn sie den Erfordernissen der vorstehenden Vorschriften nicht genügen.
(2) Sind seit der Eintragung in ein deutsches Personenstandsregister fünf Jahre verstrichen, so ist die Anerkennung wirksam, auch wenn sie den Erfordernissen der vorstehenden Vorschriften nicht genügt.

§ 1598 a Anspruch auf Einwilligung in eine genetische Untersuchung zur Klärung der leiblichen Abstammung

(1) [1]Zur Klärung der leiblichen Abstammung des Kindes können
1. der Vater jeweils von Mutter und Kind,
2. die Mutter jeweils von Vater und Kind und
3. das Kind jeweils von beiden Elternteilen
verlangen, dass diese in eine genetische Abstammungsuntersuchung einwilligen und die Entnahme einer für die Untersuchung geeigneten genetischen Probe dulden. [2]Die Probe muss nach den anerkannten Grundsätzen der Wissenschaft entnommen werden.
(2) Auf Antrag eines Klärungsberechtigten hat das Familiengericht eine nicht erteilte Einwilligung zu ersetzen und die Duldung einer Probeentnahme anzuordnen.
(3) Das Gericht setzt das Verfahren aus, wenn und solange die Klärung der leiblichen Abstammung eine erhebliche Beeinträchtigung des Wohls des minderjährigen Kindes begründen würde, die auch unter Berücksichtigung der Belange des Klärungsberechtigten für das Kind unzumutbar wäre.
(4) [1]Wer in eine genetische Abstammungsuntersuchung eingewilligt und eine genetische Probe abgegeben hat, kann von dem Klärungsberechtigten, der eine Abstammungsuntersuchung hat durchführen lassen, Einsicht in das Abstammungsgutachten oder Aushändigung einer Abschrift verlangen. [2]Über Streitigkeiten aus dem Anspruch nach Satz 1 entscheidet das Familiengericht.

A. Muster: Antrag auf Einwilligung in eine genetische Untersuchung 1

▶ An das Amtsgericht (Familiengericht) ▪▪▪[1]

Antrag[2]

Beteiligte:[3]

1. Herr ▪▪▪, Ehemann und rechtlicher Vater
2. Frau ▪▪▪, Ehefrau und Mutter
3. ▪▪▪, geb. am ▪▪▪, als ehelich geltendes Kind, vertreten durch das Jugendamt ▪▪▪[4]

Ich stelle folgenden

Antrag

Die beteiligte Mutter und das beteiligte Kind sind verpflichtet, in die genetische Abstammungsuntersuchung einzuwilligen und die Entnahme einer für die Untersuchung geeigneten Probe zu dulden, die nach den anerkannten Grundsätzen der Wissenschaft entnommen werden muss.

Begründung

Ich bin mit der Beteiligten Ziffer 1 seit ▪▪▪ verheiratet. Wir leben seit ▪▪▪ getrennt. Seit der Trennung hatte ich keinen Geschlechtsverkehr mehr mit der Beteiligten Ziffer 2.

Ein Jahr nach unserer Trennung[5] hat die Beteiligte Ziffer 2 die Beteiligte Ziffer 3 geboren. Sie behauptet, das Kind stamme von mir. Dies ist offenbar unmöglich. Da ich gem. § 1592 Nr. 1 BGB als Ehemann der Beteiligten Ziff. 2 und als Vater der Beteiligten Ziff. 3 gelte, habe ich ein berechtigtes Interesse an der Feststellung, dass ich nicht der Vater bin. Die Beteiligte Ziff. 2 verweigert jedoch eine genetische Abstammungsuntersuchung für sich und das Kind.

▪▪▪

Unterschrift ◀

B. Erläuterungen

[1] **Zuständigkeit.** Nach § 111 Nr. 3 FamFG sind Abstammungssachen Familiensachen. Örtlich zuständig ist das Gericht, in dessen Bezirk das Kind seinen gewöhnlichen Aufenthalt hat, § 170 Abs. 1 FamFG. 2

[2] Das Verfahren wird durch einen **Antrag** eingeleitet, § 171 FamFG. 3

[3] **Beteiligte** sind das Kind, die Mutter, der Vater und ggf das Jugendamt. Alle Beteiligte können im Verfahren Angriffs- und Verteidigungsmittel vorbringen. 4

[4] **Vertretung.** Nachdem hier beide Eltern sorgeberechtigt sind, ist für das Kind ein Pfleger zu bestellen. Das Gericht kann dem Kind nach § 174 FamFG einen Verfahrensbeistand bestellen. 5

[5] Die **gesetzliche Empfängniszeit** reicht vom 300. bis zum 181. Tag vor der Geburt, § 1600 d Abs. 3. 6

§ 1599 Nichtbestehen der Vaterschaft

(1) § 1592 Nr. 1 und 2 und § 1593 gelten nicht, wenn auf Grund einer Anfechtung rechtskräftig festgestellt ist, dass der Mann nicht der Vater des Kindes ist.

(2) [1]§ 1592 Nr. 1 und § 1593 gelten auch nicht, wenn das Kind nach Anhängigkeit eines Scheidungsantrags geboren wird und ein Dritter spätestens bis zum Ablauf eines Jahres nach Rechtskraft des dem Scheidungsantrag

stattgebenden Urteils die Vaterschaft anerkennt; § 1594 Abs. 2 ist nicht anzuwenden. [2]Neben den nach den §§ 1595 und 1596 notwendigen Erklärungen bedarf die Anerkennung der Zustimmung des Mannes, der im Zeitpunkt der Geburt mit der Mutter des Kindes verheiratet ist; für diese Zustimmung gelten § 1594 Abs. 3 und 4, § 1596 Abs. 1 Satz 1 bis 3, Abs. 3 und 4, § 1597 Abs. 1 und 2 und § 1598 Abs. 1 entsprechend. [3]Die Anerkennung wird frühestens mit Rechtskraft des dem Scheidungsantrag stattgebenden Urteils wirksam.

§ 1600 Anfechtungsberechtigte

(1) Berechtigt, die Vaterschaft anzufechten, sind:
1. der Mann, dessen Vaterschaft nach § 1592 Nr. 1 und 2, § 1593 besteht,
2. der Mann, der an Eides statt versichert, der Mutter des Kindes während der Empfängniszeit beigewohnt zu haben,
3. die Mutter,
4. das Kind und
5. die zuständige Behörde (anfechtungsberechtigte Behörde) in den Fällen des § 1592 Nr. 2.

(2) Die Anfechtung nach Absatz 1 Nr. 2 setzt voraus, dass zwischen dem Kind und seinem Vater im Sinne von Absatz 1 Nr. 1 keine sozial-familiäre Beziehung besteht oder im Zeitpunkt seines Todes bestanden hat und dass der Anfechtende leiblicher Vater des Kindes ist.

(3) Die Anfechtung nach Absatz 1 Nr. 5 setzt voraus, dass zwischen dem Kind und dem Anerkennenden keine sozial-familiäre Beziehung besteht oder im Zeitpunkt der Anerkennung oder seines Todes bestanden hat und durch die Anerkennung rechtliche Voraussetzungen für die erlaubte Einreise oder den erlaubten Aufenthalt des Kindes oder eines Elternteiles geschaffen werden.

(4) [1]Eine sozial-familiäre Beziehung nach den Absätzen 2 und 3 besteht, wenn der Vater im Sinne von Absatz 1 Nr. 1 zum maßgeblichen Zeitpunkt für das Kind tatsächliche Verantwortung trägt oder getragen hat. [2]Eine Übernahme tatsächlicher Verantwortung liegt in der Regel vor, wenn der Vater im Sinne von Absatz 1 Nr. 1 mit der Mutter des Kindes verheiratet ist oder mit dem Kind längere Zeit in häuslicher Gemeinschaft zusammengelebt hat.

(5) Ist das Kind mit Einwilligung des Mannes und der Mutter durch künstliche Befruchtung mittels Samenspende eines Dritten gezeugt worden, so ist die Anfechtung der Vaterschaft durch den Mann oder die Mutter ausgeschlossen.

(6) [1]Die Landesregierungen werden ermächtigt, die Behörden nach Absatz 1 Nr. 5 durch Rechtsverordnung zu bestimmen. [2]Die Landesregierungen können diese Ermächtigung durch Rechtsverordnung auf die zuständigen obersten Landesbehörden übertragen. [3]Ist eine örtliche Zuständigkeit der Behörde nach diesen Vorschriften nicht begründet, so wird die Zuständigkeit durch den Sitz des Gerichts bestimmt, das für die Klage zuständig ist.

§ 1600 a Persönliche Anfechtung; Anfechtung bei fehlender oder beschränkter Geschäftsfähigkeit

(1) Die Anfechtung kann nicht durch einen Bevollmächtigten erfolgen.

(2) [1]Die Anfechtungsberechtigten im Sinne von § 1600 Abs. 1 Nr. 1 bis 3 können die Vaterschaft nur selbst anfechten. [2]Dies gilt auch, wenn sie in der Geschäftsfähigkeit beschränkt sind; sie bedürfen hierzu nicht der Zustimmung ihres gesetzlichen Vertreters. [3]Sind sie geschäftsunfähig, so kann nur ihr gesetzlicher Vertreter anfechten.

(3) Für ein geschäftsunfähiges oder in der Geschäftsfähigkeit beschränktes Kind kann nur der gesetzliche Vertreter anfechten.

(4) Die Anfechtung durch den gesetzlichen Vertreter ist nur zulässig, wenn sie dem Wohl des Vertretenen dient.

(5) Ein geschäftsfähiger Betreuter kann die Vaterschaft nur selbst anfechten.

§ 1600 b Anfechtungsfristen

(1) Die Vaterschaft kann binnen zwei Jahren gerichtlich angefochten werden. [2]Die Frist beginnt mit dem Zeitpunkt, in dem der Berechtigte von den Umständen erfährt, die gegen die Vaterschaft sprechen; das Vorliegen einer sozial-familiären Beziehung im Sinne des § 1600 Abs. 2 erste Alternative hindert den Lauf der Frist nicht.

(1 a) [1]Im Fall des § 1600 Abs. 1 Nr. 5 kann die Vaterschaft binnen eines Jahres gerichtlich angefochten werden. [2]Die Frist beginnt, wenn die anfechtungsberechtigte Behörde von den Tatsachen Kenntnis erlangt, die die Annahme rechtfertigen, dass die Voraussetzungen für ihr Anfechtungsrecht vorliegen. [3]Die Anfechtung ist spätestens nach Ablauf von fünf Jahren seit der Wirksamkeit der Anerkennung der Vaterschaft für ein im Bundesgebiet geborenes Kind ausgeschlossen; ansonsten spätestens fünf Jahre nach der Einreise des Kindes.

(2) [1]Die Frist beginnt nicht vor der Geburt des Kindes und nicht, bevor die Anerkennung wirksam geworden ist. [2]In den Fällen des § 1593 Satz 4 beginnt die Frist nicht vor der Rechtskraft der Entscheidung, durch die festgestellt wird, dass der neue Ehemann der Mutter nicht der Vater des Kindes ist.

(3) [1]Hat der gesetzliche Vertreter eines minderjährigen Kindes die Vaterschaft nicht rechtzeitig angefochten, so kann das Kind nach dem Eintritt der Volljährigkeit selbst anfechten. [2]In diesem Falle beginnt die Frist nicht vor Eintritt der Volljährigkeit und nicht vor dem Zeitpunkt, in dem das Kind von den Umständen erfährt, die gegen die Vaterschaft sprechen.
(4) [1]Hat der gesetzliche Vertreter eines Geschäftsunfähigen die Vaterschaft nicht rechtzeitig angefochten, so kann der Anfechtungsberechtigte nach dem Wegfall der Geschäftsunfähigkeit selbst anfechten. [2]Absatz 3 Satz 2 gilt entsprechend.
(5) [1]Die Frist wird durch die Einleitung eines Verfahrens nach § 1598 a Abs. 2 gehemmt; § 204 Abs. 2 gilt entsprechend. [2]Die Frist ist auch gehemmt, solange der Anfechtungsberechtigte widerrechtlich durch Drohung an der Anfechtung gehindert wird. [3]Im Übrigen sind § 204 Absatz 1 Nummer 4, 8, 13, 14 und Absatz 2 sowie die §§ 206 und 210 entsprechend anzuwenden.
(6) Erlangt das Kind Kenntnis von Umständen, auf Grund derer die Folgen der Vaterschaft für es unzumutbar werden, so beginnt für das Kind mit diesem Zeitpunkt die Frist des Absatzes 1 Satz 1 erneut.

§ 1600 c Vaterschaftsvermutung im Anfechtungsverfahren

(1) In dem Verfahren auf Anfechtung der Vaterschaft wird vermutet, dass das Kind von dem Mann abstammt, dessen Vaterschaft nach § 1592 Nr. 1 und 2, § 1593 besteht.
(2) Die Vermutung nach Absatz 1 gilt nicht, wenn der Mann, der die Vaterschaft anerkannt hat, die Vaterschaft anficht und seine Anerkennung unter einem Willensmangel nach § 119 Abs. 1, § 123 leidet; in diesem Falle ist § 1600 d Abs. 2 und 3 entsprechend anzuwenden.

§ 1600 d Gerichtliche Feststellung der Vaterschaft

(1) Besteht keine Vaterschaft nach § 1592 Nr. 1 und 2, § 1593, so ist die Vaterschaft gerichtlich festzustellen.
(2) [1]Im Verfahren auf gerichtliche Feststellung der Vaterschaft wird als Vater vermutet, wer der Mutter während der Empfängniszeit beigewohnt hat. [2]Die Vermutung gilt nicht, wenn schwerwiegende Zweifel an der Vaterschaft bestehen.
(3) [1]Als Empfängniszeit gilt die Zeit von dem 300. bis zu dem 181. Tage vor der Geburt des Kindes, mit Einschluss sowohl des 300. als auch des 181. Tages. [2]Steht fest, dass das Kind außerhalb des Zeitraums des Satzes 1 empfangen worden ist, so gilt dieser abweichende Zeitraum als Empfängniszeit.
(4) Die Rechtswirkungen der Vaterschaft können, soweit sich nicht aus dem Gesetz anderes ergibt, erst vom Zeitpunkt ihrer Feststellung an geltend gemacht werden.

A. Muster: Anfechtungsantrag 1

974

▶ An das Amtsgericht (Familiengericht) ...[1]

Antrag[2]

wegen Vaterschaftsanfechtung

Beteiligter[3] Ziff. 1 Herr ...

Verfahrensbevollmächtigte Rechtsanwältin ...

Beteiligte Ziff. 2 ..., geb. am ..., vertreten durch das Jugendamt ...[4]

Ich zeige an, dass ich den Beteiligten Ziff. 1 vertrete.

Ich beantrage, durch

Beschluss[5]

festzustellen:

Der Beteiligte Ziff. 1 ist nicht der Vater der Beteiligten Ziff. 2

Begründung

I.

Der Beteiligte Ziff. 1 war mit der Mutter der Beteiligten Ziff. 2 verheiratet. Die Ehe ist seit ■■■ rechtskräftig geschieden.

Die Beteiligte Ziff. 2 wurde ein Jahr nach der Trennung ihrer Eltern geboren.

Seit der Trennung hatte es zwischen den Eltern der Beteiligten Ziff. 2 keinen ehelichen Verkehr mehr gegeben. Dies hatte die Mutter der Beteiligten Ziff. 2 bestritten.

Nachdem die Mutter einer genetischen Abstammungsuntersuchung nicht zugestimmt hatte, hat das Familiengericht ■■■ Az ■■■ auf Antrag des Beteiligten Ziff. 1 eine Abstammungsuntersuchung angeordnet.

II.

Das Ergebnis der Abstammungsuntersuchung liegt seit einem Monat[6] vor. Es wurde festgestellt, dass der Beteiligte Ziff. 1 als Vater der Beteiligten Ziff. 2 auszuschließen ist.

Beweis: Abstammungsgutachten in der Anlage

Es ist daher festzustellen, dass der Beteiligte Ziff. 1 nicht der Vater der Beteiligten Ziff. 2 ist.

■■■

Rechtsanwältin ◄

B. Erläuterungen

2 [1] **Zuständigkeit.** Nach § 169 Nr. 1 FamFG sind Verfahren auf Feststellung des Bestehens oder Nicht-Bestehens eines Eltern-Kind-Verhältnisses Abstammungssachen. Nach § 111 FamFG sind Abstammungssachen Familiensachen. Örtlich zuständig ist das Familiengericht, in dessen Bezirk das Kind seinen gewöhnlichen Aufenthalt hat, § 170 Abs. 1 FamFG.

3 [2] **Antragsberechtigung.** Das Verfahren wird durch einen Antrag eingeleitet, § 171 Abs. 1 FamFG. Seit der gesetzlichen Neuregelung des Jahres 2004 ist auch der biologische Vater (Erzeuger, aber nicht rechtlicher Vater) anfechtungsberechtigt, wenn er an Eides statt versichert, der Mutter in der Empfängniszeit beigewohnt zu haben, er der leibliche Vater ist und zwischen dem Kind und seinem rechtlichen Vater (noch) keine sozial-familiäre Beziehung besteht (vgl im Einzelnen *Pieper* in Gerhard u.a., Handbuch des Fachanwalts Familienrecht, Rn 70 ff). Außerdem ist nach § 1600 Abs. 1 Nr. 5 auch die zuständige Behörde, allerdings binnen eines Jahres, anfechtungsberechtigt. Nach § 1600 Abs. 6 wird die zuständige Behörde durch die Landesregierungen bestimmt. In Baden-Württemberg ist dies zB das Regierungspräsidium Freiburg.

4 [3] **Beteiligte.** Es gibt keine Kläger und Beklagte, keine Antragssteller und Antragsgegner mehr, sondern nur noch Beteiligte, § 172 FamFG. Die Verfahren, ausgenommen die Familienstreitsachen, müssen deshalb keinen formalen Gegner mehr haben (vgl *Kroiß/Seiler*, Das neue FamFG, Rn 315).

5 [4] **Vertretung.** Soweit die Mutter bei der Scheidung nicht die alleinige elterliche Sorge erhalten haben sollte, kann sie das Kind nicht im Verhältnis zum (Noch-) Mitinhaber der elterlichen Sorge vertreten. Das Kind muss daher durch einen Pfleger vertreten werden.

6 [5] **Entscheidung durch Beschluss.** Das Familiengericht entscheidet in allen Familiensachen nur noch durch Beschluss, auch bezüglich Scheidung, Unterhalt und Zugewinn, § 38 FamFG. Der Beschluss muss eine Rechtsbehelfsbelehrung enthalten, § 39 FamFG.

7 [6] **Anfechtungsfristen.** Die Anfechtung muss binnen **zwei Jahren ab Kenntnis** der Umstände, die gegen die Vaterschaft sprechen, erfolgen. Anfechtungsberechtigt sind der Scheinvater, der Mann, der an Eides statt versichert, der Mutter in der Empfängniszeit beigewohnt zu haben, die Mutter, das Kind und die zuständige Behörde, §§ 1600 b und 1600 a. Hat der gesetzliche

Vertreter des Kindes nicht angefochten, beginnt die Frist für das Kind mit Volljährigkeit. Die Beschränkung der Anfechtung auf die Zweijahresfrist ist verfassungsgemäß (BVerfG FamRZ 1991, 325).

§ 1600 e (aufgehoben)

Titel 3 Unterhaltspflicht

Untertitel 1 Allgemeine Vorschriften

§ 1601 Unterhaltsverpflichtete

Verwandte in gerader Linie sind verpflichtet, einander Unterhalt zu gewähren.

§ 1602 Bedürftigkeit

(1) Unterhaltsberechtigt ist nur, wer außerstande ist, sich selbst zu unterhalten.
(2) Ein minderjähriges unverheiratetes Kind kann von seinen Eltern, auch wenn es Vermögen hat, die Gewährung des Unterhalts insoweit verlangen, als die Einkünfte seines Vermögens und der Ertrag seiner Arbeit zum Unterhalt nicht ausreichen.

§ 1603 Leistungsfähigkeit

(1) Unterhaltspflichtig ist nicht, wer bei Berücksichtigung seiner sonstigen Verpflichtungen außerstande ist, ohne Gefährdung seines angemessenen Unterhalts den Unterhalt zu gewähren.
(2) [1]Befinden sich Eltern in dieser Lage, so sind sie ihren minderjährigen unverheirateten Kindern gegenüber verpflichtet, alle verfügbaren Mittel zu ihrem und der Kinder Unterhalt gleichmäßig zu verwenden. [2]Den minderjährigen unverheirateten Kindern stehen volljährige unverheiratete Kinder bis zur Vollendung des 21. Lebensjahrs gleich, solange sie im Haushalt der Eltern oder eines Elternteils leben und sich in der allgemeinen Schulausbildung befinden. [3]Diese Verpflichtung tritt nicht ein, wenn ein anderer unterhaltspflichtiger Verwandter vorhanden ist; sie tritt auch nicht ein gegenüber einem Kind, dessen Unterhalt aus dem Stamme seines Vermögens bestritten werden kann.

A. Muster: Eingeschränkte Leistungsfähigkeit 1

975

▶ An das Amtsgericht
Familiengericht ■■■

Antrag

namens

■■■ Antragstellerin[1]

Verfahrensbevollmächtigte: ■■■

gegen

■■■ Antragsgegner

wegen Kindesunterhalts

Wir zeigen an, dass wir die Antragstellerin vertreten. Wir kündigen folgenden

Antrag an:

Der Antragsgegner hat an die Antragstellerin

für die gemeinsame Tochter ■■■ ab ■■■ einen
monatlich im Voraus fälligen Kindesunterhalt
in Höhe von 240 EUR zu bezahlen.

Den Gegenstandswert geben wir mit 2.880 EUR an. Zum Ausgleich des Gerichtskostenvorschusses ist ein Scheck über 267 EUR beigefügt.[2]

Begründung

Die Parteien sind verheiratet. Sie leben seit ■■■ voneinander getrennt, Scheidungsantrag soll demnächst gestellt werden. Aus ihrer Ehe ist die am ■■■ geborene Tochter ■■■ hervorgegangen. Die Tochter ist somit jetzt 10 Jahre alt, sie befindet sich in der Obhut der Mutter.

Der Antragsgegner ist seit einigen Jahren selbständig als Heilpraktiker tätig. Ausweislich seiner letzten drei Jahresabschlüsse erzielt er angeblich nur Gewinne von durchschnittlich 15.000 EUR.[3] Nach Abzug von Altersvorsorge, Krankenversicherung und Steuern sollen ihm nur rund 800 EUR monatlich verbleiben. Er behauptet deshalb, zu Unterhaltszahlungen für das gemeinsame Kind nicht leistungsfähig zu sein.[4]

Den Antragsgegner trifft hinsichtlich seiner zehnjährigen Tochter die gesteigerte Unterhaltspflicht.[5] Da derzeit für das Kind nur der Mindestunterhalt verlangt wird, har er die Beweislast dafür, dass es ihm trotz aller zumutbarer Bemühungen nicht möglich ist, wenigstens den Mindestunterhalt für seine Tochter zu erwirtschaften.[6] Einen derartigen Beweis hat er nicht erbracht.

■■■

Rechtsanwältin ◄

B. Erläuterungen

2 [1] **Verfahren.** Unterhaltssachen sind nach § 112 Nr. 1 FamFG Familienstreitsachen. Nach § 114 Abs. 1 FamFG besteht in Unterhaltsverfahren Anwaltszwang. Das Gericht entscheidet durch Beschluss, § 38 Abs. 1 FamFG. Nach § 1629 Abs. 2 S. 2 kann bei gemeinsamer elterlicher Sorge der Elternteil, in dessen Obhut sich das Kind befindet, Unterhaltsansprüche des Kindes gegen den anderen Elternteil geltend machen. Sind die Eltern verheiratet, so kann ein Elternteil, solange die Eltern getrennt leben oder eine Ehesache zwischen ihnen anhängig ist, Unterhaltsansprüche des Kindes gegen den anderen Elternteil nur in eigenem Namen geltend machen, § 1629 Abs. 3 S. 1. Mit dieser gesetzlichen **Verfahrensstandschaft** (bisher: Prozessstandschaft) soll das Kind aus den Verfahren zwischen den Eltern herausgehalten werden. Bei einem Obhutswechsel wird das Verfahren unzulässig, auch hinsichtlich der Rückstände (OLG Hamm FamRZ 1990, 890). Es kann jedoch für Rückstände ein **familienrechtlicher Ausgleichsanspruch** bestehen (Näheres bei *Schramm* in Garbe/Ullrich, Verfahren in Familiensachen, § 8 Rn 229 ff).

3 [2] Nach § 51 Abs. 1 S. 1, Abs. 2 FamGKG ist der **Gegenstandswert in Unterhaltssachen** der Jahresbetrag einschließlich aufgelaufener Rückstände (wie bisher).

4 [3] **Auskunftspflicht eines Selbständigen.** Da Selbständige erfahrungsgemäß in einzelnen Geschäftsjahren unterschiedliche Einkünfte haben, schulden sie Auskunft über einen Mehrjahresschnitt, in der Regel für die letzten drei Jahre, für die Abschlüsse vorliegen. Dabei ist geschuldet eine systematische Darstellung der Einkünfte, die es dem Unterhaltsberechtigten ohne übermäßigen Aufwand ermöglicht, den Unterhalt zu berechnen (BGH FamRZ 1980, 770; 1983, 996).

5 [4] **Leistungsfähigkeit.** Nach § 1603 ist nicht unterhaltspflichtig, wer bei Berücksichtigung seiner sonstigen Verpflichtungen außerstande ist, ohne Gefährdung seines angemessenen Unterhalts den Unterhalts zu gewähren. Unterhaltsverpflichtung setzt daher **Leistungsfähigkeit** voraus. Mangelnde Leistungsfähigkeit liegt vor, wenn dem Unterhaltsverpflichteten bei Zahlung des vollen Unterhalts nicht mehr der ihm zustehende Selbstbehalt verbliebe. Nach der Recht-

sprechung des BGH darf die Anwendung des Unterhaltsrechts nicht dazu führen, dass beide Seiten der unterhaltsrechtlichen Beziehung sozialhilfebedürftig werden. Dem Unterhaltsschuldner muss zumindest so viel verbleiben, dass er nicht seinerseits sozialhilfebedürftig wird (BGH FamRZ 1993, 1186; 1996, 1272). Nach den Leitlinien liegt der sog. **angemessene Eigenbedarf** derzeit bei 1.100 EUR.

[5] Nach § 1603 Abs. 2 S. 1 haben Eltern gegenüber minderjährigen Kindern eine sog. **gesteigerte Unterhaltsverpflichtung.** Gegenüber minderjährigen Kindern werden sie daher auf den sog. **notwendigen Eigenbedarf (Selbstbehalt)** beschränkt. Dieser liegt nach den Leitlinien derzeit bei 900 EUR für einen Berufstätigen und bei 770 EUR für einen nicht Berufstätigen. Der notwendige Eigenbedarf enthält pauschal bis zu 360 EUR Warmmiete, der angemessene Selbstbehalt bis zu 450 EUR. Den minderjährigen Kindern sind gleichgestellt die privilegierten volljährigen Schüler gem. § 1603 Abs. 2 S. 2. 6

Es steht dem Unterhaltsschuldner nicht frei, wie er seine Arbeitskraft einsetzt, wenn er Unterhaltspflichten zu erfüllen hat. Wird er arbeitslos, hat er **zumutbare Bemühungen um eine Arbeitsstelle** darzulegen. Es sollen zwanzig bis dreißig ernsthafte Bewerbungen pro Monat erforderlich sein (zuletzt OLG Naumburg FamRZ 2003, 1022 mwN). Es besteht gegenüber minderjährigen und privilegierten volljährigen Kindern die Verpflichtung zu Tätigkeiten auch unterhalb des Ausbildungsniveaus, zu **Nebentätigkeiten** und **Überstunden** (BGH FamRZ 1987, 270). Vgl Rechtsprechungsübersicht bei *Kofler* in Garbe/Ullrich, Verfahren in Familiensachen, § 4 Rn 680 ff. 7

[6] **Beweislast bei Mindestunterhalt.** Grundsätzlich hat der Unterhaltsgläubiger die Beweislast für die Höhe des Einkommens des Unterhaltsschuldners. Dafür steht ihm der Auskunftsanspruch zur Verfügung. Dies gilt auch für das minderjährige Kind. Verlangt das Kind jedoch nur den Mindestunterhalt, trägt der Unterhaltsschuldner die Beweislast dafür, dass er trotz zumutbarer Bemühungen nicht imstande ist, zumindest den Mindestunterhalt sicherzustellen (BGH FamRZ 2002, 536). 8

§ 1604 Einfluss des Güterstands

[1]Lebt der Unterhaltspflichtige in Gütergemeinschaft, bestimmt sich seine Unterhaltspflicht Verwandten gegenüber so, als ob das Gesamtgut ihm gehörte. [2]Haben beide in Gütergemeinschaft lebende Personen bedürftige Verwandte, ist der Unterhalt aus dem Gesamtgut so zu gewähren, als ob die Bedürftigen zu beiden Unterhaltspflichtigen in dem Verwandtschaftsverhältnis stünden, auf dem die Unterhaltspflicht des Verpflichteten beruht.

§ 1605 Auskunftspflicht

(1) [1]Verwandte in gerader Linie sind einander verpflichtet, auf Verlangen über ihre Einkünfte und ihr Vermögen Auskunft zu erteilen, soweit dies zur Feststellung eines Unterhaltsanspruchs oder einer Unterhaltsverpflichtung erforderlich ist. [2]Über die Höhe der Einkünfte sind auf Verlangen Belege, insbesondere Bescheinigungen des Arbeitgebers, vorzulegen. [3]Die §§ 260, 261 sind entsprechend anzuwenden.
(2) Vor Ablauf von zwei Jahren kann Auskunft erneut nur verlangt werden, wenn glaubhaft gemacht wird, dass der zur Auskunft Verpflichtete später wesentlich höhere Einkünfte oder weiteres Vermögen erworben hat.

1 A. Muster: Auskunftsantrag

▶ An das Amtsgericht (Familiengericht) ■■■[1]

Antrag[2]

namens

Frau ■■■[3] (Antragstellerin)

Verfahrensbevollmächtigter Rechtsanwalt ■■■

gegen

Herrn ■■■ (Antragsgegner)

wegen unterhaltsrechtlichem Stufenantrag betreffend Kindesunterhalt.

Ich zeige an, dass mich die Antragstellerin bevollmächtigt hat, sie zur Regelung der ihrem Sohn zustehenden Unterhaltsansprüche zu vertreten. Ich beantrage, folgenden

Beschluss[4]

zu erlassen:

1. Der Antragsgegner hat der Antragstellerin Auskunft über seine Einkünfte im Kalenderjahr ■■■ zu erteilen.
2. Der Antragsgegner hat die Auskunft zu belegen durch Vorlage seiner zwölf Verdienstbescheinigungen[5] für das Kalenderjahr, eines in diesem Kalenderjahr ergangenen Steuerbescheides[6] sowie der letzten von ihm abgegebenen Einkommensteuererklärung[7].
3. Der Antragsgegner hat an die Antragstellerin für die Zeit ab ■■■[8] den sich aufgrund seiner Auskunft ergebenden Kindesunterhalt zu bezahlen

Begründung

I. Die Antragstellerin ist die Mutter des am ■■■ geborenen, also 14 Jahre alten Sohnes ■■■ aus ihrer Ehe mit dem Antragsgegner. Die Antragstellerin und ihr Ehemann leben seit ■■■ getrennt, der Sohn befindet sich in der Obhut seiner Mutter.
Der Sohn besucht die 8. Klasse des Gymnasiums in ■■■, er verfügt über keine eigenen Einkünfte.

II. Zur Feststellung des Unterhaltsbedarfs des Sohnes[9] und der Leistungsfähigkeit des Antragsgegners[10] ist Kenntnis von dessen Einkünften erforderlich. Der Antragsgegner ist deshalb gem. § 1605 Abs. 1 BGB zur Auskunft verpflichtet.
Der Antragsgegner wurde mit Anwaltsschreiben vom ■■■ aufgefordert, die verlangten Auskünfte bis ■■■ zu erteilen und ab ■■■ den sich aufgrund seiner Auskunft ergebenden Unterhalt zu bezahlen. Eine Reaktion des Antragsgegners ist innerhalb der Frist nicht erfolgt. Daher war ein gerichtlicher Antrag erforderlich.

III. Den Gegenstandswert geben wir mit 600 EUR[11] an. Zum Ausgleich des Gerichtskostenvorschusses ist in der Anlage ein Scheck über 105 EUR beigefügt.

■■■

Rechtsanwalt ◀

B. Erläuterungen

2 [1] **Verfahren.** Unterhaltssachen sind nach § 111 Nr. 8 FamFG Familiensachen. Gem. § 112 iVm § 231 FamFG sind Unterhaltssachen **Familienstreitsachen**. Nach § 114 Abs. 1 FamFG besteht in Unterhaltsverfahren **Anwaltszwang.**

3 [2] Nach § 23 FamFG werden Verfahren durch **Anträge** eingeleitet.

4 [3] **Vertretung.** Sind die Eltern eines minderjährigen Kindes gemeinsam Inhaber der elterlichen Sorge, so kann der Elternteil, in dessen Obhut sich das Kind befindet, dessen Unterhaltsan-

sprüche gegen den anderen Elternteil geltend machen, § 1629 Abs. 2 S. 2. Sind die Eltern verheiratet und leben getrennt, so kann der Elternteil den Kindesunterhalt nur in eigenem Namen geltend machen, § 1629 Abs. 2 S. 1.

[4] Das Familiengericht **entscheidet** nicht mehr durch Urteil, sondern **durch Beschluss**, 38 FamFG. Der Beschluss hat eine **Rechtsmittelbelehrung** zu enthalten, § 39 FamFG. 5

[5] **Auskunftsanspruch, Beleganspruch.** Nach § 1605 Abs. 1 S. 1 sind Verwandte in gerader Linie einander verpflichtet, auf Verlangen über ihre Einkünfte und ihr Vermögen Auskunft zu erteilen, soweit es zur Feststellung eines Unterhaltsanspruchs oder einer Unterhaltsverpflichtung nötig ist. Auf Verlangen sind über die Höhe der Einkünfte Belege, insbesondere Bescheinigungen des Arbeitgebers, vorzulegen. Die Auskunft ist für die letzten 12 Monate zu erteilen und durch die Verdienstbescheinigungen dieser 12 aufeinanderfolgenden Monate zu belegen. Das unterhaltsrechtliche Monatseinkommen ist das Jahresnettoeinkommen geteilt durch 12 Monate. Nur durch die **kommentarlose Vorlage** der Verdienstbescheinigungen ist **keine Auskunft** erteilt (OLG Köln FamRZ 2003, 235). Die Auskunftspflicht umfasst auch die Abzüge und Belastungen, also alle Positionen, die die Leistungsfähigkeit des Schuldners beeinflussen (OLG Köln FamRZ 2000, 622). **Selbständige** schulden eine systematische Darstellung ihrer Einkünfte der letzten drei Jahre, die es dem Unterhaltsberechtigten ermöglichen, ohne übermäßigen Arbeitsaufwand den Unterhalt zu berechnen (BGH FamRZ 1980, 770; 1983, 996). Die Auskunft ist zu belegen durch Vorlage der letzten drei Jahresabschlüsse, da Selbständige erfahrungsgemäß in einzelnen Kalenderjahren unterschiedliche Einkünfte haben. 6

Das Familiengericht hat die Möglichkeit, Vorlage von Belegen zu verlangen und diese ggf beim Dritten anzufordern, zB beim Arbeitgeber oder beim Finanzamt, §§ 235, 236 FamFG. 7

[6] **Steuernachzahlungen oder -erstattungen** sind auf die nächsten 12 Monate umzulegen (BGH FamRZ 1988, 720; 1984, 1211; 1985, 155). Hat man allerdings bei der Einkommensberechnung die Jahressteuer zugrunde gelegt, und kommt es nur wegen der höheren Steuerbelastung in den Monaten von Sonderzuwendungen zu einer Erstattung, kann diese nicht noch einmal unterhaltsrechtlich berücksichtigt werden (vgl *Kofler* in Garbe/Ullrich, Verfahren in Familiensachen, § 4 Rn 274). 8

[7] Aus der **Steuererklärung** lässt sich feststellen, ob Einkünfte aus sonstigen Einkommensarten erzielt werden und welche Sonderausgaben bezahlt wurden. 9

[8] **Stufenmahnung.** Nach § 1613 ist der Unterhalt rückwirkend geschuldet ab dem Zeitpunkt der Auskunftsaufforderung, des Verzugs oder der Rechtshängigkeit. Dh, dass eine Auskunftsaufforderung keinen Verzug auslöst; hierzu ist vielmehr eine Stufenmahnung erforderlich (**Auskunft zu erteilen und den sich aufgrund der Auskunft ergebenden Unterhalt zu bezahlen**). Der Unterhalt wird ab dem Ersten des Monats geschuldet, in den das bezeichnete Ereignis fällt. 10

[9] **Umfang des Unterhalts.** Die Unterhaltspflicht zwischen Verwandten besteht lebenslang (BGH FamRZ 1984, 682). Ein Verzicht für die Zukunft ist gesetzlich verboten, § 1614 Abs. 1. Unterhaltsberechtigt ist, wer außerstande ist, sich selbst zu unterhalten, § 1602 Abs. 1. Der Unterhalt umfasst den **gesamten Lebensbedarf** einschließlich der Kosten einer angemessenen Vorbildung zu einem Beruf, § 1610 Abs. 2. Da ein Kind in der Regel noch keine eigene Lebensstellung erreicht hat, leitet sich sein Bedarf von den Einkommens- und Vermögensverhältnissen der Eltern ab. Ein Elternteil, der ein minderjähriges Kind betreut, erfüllt seinen Teil durch **Betreuung**, der andere schuldet **Barunterhalt.** Die Leitlinien der Oberlandesgerichte bemessen den Bedarf gem. § 1610 nach der Düsseldorfer Tabelle. Die Düsseldorfer Tabelle ist in zehn Einkommensgruppen aufgeteilt und in vier Altersgruppen. Sie geht aus vom Bedarf einer vierköpfigen Familie. Bei einer höheren/geringeren Anzahl Unterhaltsberechtigter sind Hochstufungen/Zurückstufungen vorzunehmen. Hinzukommen kann **Mehrbedarf** wie 11

– Kindergartenbeitrag (BGH FamRZ 2009, 962),
– Betreuungskosten,
– Schulgeld oder private Krankenversicherung.

Außerdem kann hinzukommen **Sonderbedarf,** § 1613 Abs. 2 S. 1 wie

– Säuglingserstausstattung,
– kieferorthopädische Behandlung etc.

Sonderbedarf muss im Verhältnis zum laufenden Unterhalt außergewöhnlich hoch sein und überraschend auftreten.

12 Für den Unterhalt volljähriger Kinder haften die Eltern im Verhältnis ihrer Einkünfte. Der **Bedarf einer Volljährigen** mit eigenem Hausstand beträgt derzeit nach den Leitlinien 640 EUR. Lebt das Kind noch bei einem Elternteil, berechnet sich sein Bedarf nach den zusammengerechneten Einkünften der Eltern. Der Elternteil, der das staatliche Kindergeld bezieht, muss dieses voll bedarfsdeckend einsetzen, bei minderjährigen Kindern zur Hälfte, § 1612 b.

13 [10] Die Unterhaltsverpflichtung setzt **Leistungsfähigkeit** voraus, § 1603 Abs. 1. Gegenüber minderjährigen Kindern und volljährigen Schülern bis 21, die noch im Haushalt eines Elternteils leben, besteht nur Anspruch auf den notwendigen Selbstbehalt, § 1603 Abs. 2 S. 1, gegenüber sonstigen Volljährigen auf den angemessenen Selbstbehalt. Derzeit beträgt der **notwendige Selbstbehalt** eines Berufstätigen nach den Leitlinien 900 EUR, eines nicht Erwerbstätigen 770 EUR. Der **angemessene Selbstbehalt** beträgt 1.100 EUR.

14 [11] Die Oberlandesgerichte setzen den **Gegenstandswert der Auskunftsstufe** mit dem Aufwand für die Erteilung der Auskunft an und schätzen diesen Aufwand in der Regel auf einen Betrag unter 601 EUR, so dass die Berufungssumme nicht erreicht ist.

§ 1606 Rangverhältnisse mehrerer Pflichtiger

(1) Die Abkömmlinge sind vor den Verwandten der aufsteigenden Linie unterhaltspflichtig.

(2) Unter den Abkömmlingen und unter den Verwandten der aufsteigenden Linie haften die näheren vor den entfernteren.

(3) [1]Mehrere gleich nahe Verwandte haften anteilig nach ihren Erwerbs- und Vermögensverhältnissen. [2]Der Elternteil, der ein minderjähriges unverheiratetes Kind betreut, erfüllt seine Verpflichtung, zum Unterhalt des Kindes beizutragen, in der Regel durch die Pflege und die Erziehung des Kindes.

§ 1607 Ersatzhaftung und gesetzlicher Forderungsübergang

(1) Soweit ein Verwandter auf Grund des § 1603 nicht unterhaltspflichtig ist, hat der nach ihm haftende Verwandte den Unterhalt zu gewähren.

(2) [1]Das Gleiche gilt, wenn die Rechtsverfolgung gegen einen Verwandten im Inland ausgeschlossen oder erheblich erschwert ist. [2]Der Anspruch gegen einen solchen Verwandten geht, soweit ein anderer nach Absatz 1 verpflichteter Verwandter den Unterhalt gewährt, auf diesen über.

(3) [1]Der Unterhaltsanspruch eines Kindes gegen einen Elternteil geht, soweit unter den Voraussetzungen des Absatzes 2 Satz 1 anstelle des Elternteils ein anderer, nicht unterhaltspflichtiger Verwandter oder der Ehegatte des anderen Elternteils Unterhalt leistet, auf diesen über. [2]Satz 1 gilt entsprechend, wenn dem Kind ein Dritter als Vater Unterhalt gewährt.

(4) Der Übergang des Unterhaltsanspruchs kann nicht zum Nachteil des Unterhaltsberechtigten geltend gemacht werden.

§ 1608 Haftung des Ehegatten oder Lebenspartners

(1) [1]Der Ehegatte des Bedürftigen haftet vor dessen Verwandten. [2]Soweit jedoch der Ehegatte bei Berücksichtigung seiner sonstigen Verpflichtungen außerstande ist, ohne Gefährdung seines angemessenen Unterhalts den Unterhalt zu gewähren, haften die Verwandten vor dem Ehegatten. [3]§ 1607 Abs. 2 und 4 gilt entsprechend. [4]Der Lebenspartner des Bedürftigen haftet in gleicher Weise wie ein Ehegatte.

(2) (weggefallen)

§ 1609 Rangfolge mehrerer Unterhaltsberechtigter

Sind mehrere Unterhaltsberechtigte vorhanden und ist der Unterhaltspflichtige außerstande, allen Unterhalt zu gewähren, gilt folgende Rangfolge:

1. minderjährige unverheiratete Kinder und Kinder im Sinne des § 1603 Abs. 2 Satz 2,
2. Elternteile, die wegen der Betreuung eines Kindes unterhaltsberechtigt sind oder im Fall einer Scheidung wären, sowie Ehegatten und geschiedene Ehegatten bei einer Ehe von langer Dauer; bei der Feststellung einer Ehe von langer Dauer sind auch Nachteile im Sinne des § 1578 b Abs. 1 Satz 2 und 3 zu berücksichtigen,
3. Ehegatten und geschiedene Ehegatten, die nicht unter Nummer 2 fallen,
4. Kinder, die nicht unter Nummer 1 fallen,
5. Enkelkinder und weitere Abkömmlinge,
6. Eltern,
7. weitere Verwandte der aufsteigenden Linie; unter ihnen gehen die Näheren den Entfernteren vor.

A. Muster: Unterhaltsberechnung bei mehreren Berechtigten 1

▶ **Fallbeispiel nach der Drittelmethode des BGH[1]:**

Der Ehemann ist geschieden. Er erzielt Nettoeinkünfte von 3.000 EUR. Die geschiedene Ehefrau betreut ein neunjähriges Kind und arbeitet halbtags für netto 1.100 EUR. Der geschiedene Ehemann ist seit zwei Monaten Vater eines Kindes, mit dessen Mutter er nicht verheiratet ist und nicht zusammenlebt. Die Mutter erhält Elterngeld von 900 EUR.

Unterhaltsberechnung:

Einkünfte geschiedener Ehemann netto	3.000
./. 5 % Werbungskostenpauschale[2]	150
./. Kindesunterhalt Kind 1 Gruppe 4 Düsseldorfer Tabelle[3] zweite Altersstufe	327[4]
./. Kindesunterhalt Kind 2 erste Altersgruppe	273
	2.250
./. 10 % Erwerbsanreiz[5]	225
	2.025
Einkünfte geschiedene Ehefrau netto	1.100
./. 14,5 % Werbungskostenpauschale u. Erwerbsanreiz	160
	940
Berücksichtigungsfähige Einkünfte Mutter des weiteren Kindes	600[6]
Summe der bereinigten Einkünfte	**3.565**
Davon je ein Drittel	1.188
Die nicht verheiratete Mutter benötigt	588[7]
Die geschiedene Ehefrau	248
Dem geschiedenen Ehemann verbleiben	**1.188**

B. Erläuterungen

2 [1] **Drittelmethode.** Nach BGH FamRZ 2008, 1911 sind beim Zusammentreffen gleichrangiger Berechtigter (hier betreuen beide Mütter jeweils ein gemeinsames Kind) die für Unterhalt zur Verfügung stehenden Einkünfte zu dritteln. Der Selbstbehalt des Berechtigten ist zu beachten.

3 [2] **Werbungskostenpauschale.** Nach den Leitlinien können **berufsbedingte Aufwendungen** vom Einkommen abgezogen werden. Bei entsprechenden Ansatzpunkten kann eine Pauschale von 5 % abgezogen werden.

4 [3] **Zahl der Unterhaltsberechtigten.** Die Düsseldorfer Tabelle geht aus von drei Unterhaltsberechtigten. Bei einer größeren/geringeren Anzahl Unterhaltsberechtigter können Ab- oder Zuschläge durch Einstufung in niedrigere/höhere Gruppen angemessen sein. Deshalb hier bei vier Unterhaltsberechtigten Rückstufung um eine Gruppe in Gruppe vier.

5 [4] Nach neuem Recht mindert das **Kindergeld** den Bedarf des Kindes, § 1612 b. Das Kindergeld ist daher **wie eigenes Einkommen des Kindes** zu behandeln. Bei der Berechnung nachrangiger Unterhaltsansprüche ist daher der vorrangige **Kindesunterhalt nur mit dem Zahlbetrag** abzuziehen. Hiergegen wurden verschiedentlich verfassungsrechtliche Bedenken geltend gemacht. Der BGH (FamRZ 2008, 963 und 2009, 1300) hat inzwischen bestätigt, dass nur der Zahlbetrag abzuziehen ist. Die verfassungsmäßigen Bedenken teilt der BGH nicht.

6 [5] **Erwerbsanreiz.** Nach der Rechtsprechung des BGH (BGH FamRZ 1989, 842; 1990, 503; 1991, 304) soll dem Erwerbstätigen ein mäßiger Vorab seines Arbeitseinkommens verbleiben zur Erhaltung der Arbeitsfreude.

7 Die **Süddeutschen Leitlinien** berücksichtigen dies mit Abzug eines Erwerbsanreizes von 10 %, die **Leitlinien der norddeutschen** Oberlandesgerichte durch Vorwegabzug von einem Siebtel.

8 [6] **Anrechnung von Elterngeld.** Nach § 11 des Bundeselterngeld- und Elternzeitgesetzes – BEEG – wird vom Elterngeld nur der 300 EUR übersteigende Betrag angerechnet. Dies entspricht dem früheren Erziehungsgeld von 300 EUR, das ebenfalls anrechnungsfrei blieb.

9 [7] **Bedarf der nicht verheirateten Mutter.** Unter der Annahme, dass ihr letztes Einkommen höher lag als 1.209 EUR. Ihr Unterhaltsbedarf ist gedeckt bei ihrem zuletzt vor der Geburt erzielten Einkommen, höchstens die Hälfte bzw ein Drittel des verteilungsfähigen Einkommens. Vgl § 1615 l.

§ 1610 Maß des Unterhalts

(1) Das Maß des zu gewährenden Unterhalts bestimmt sich nach der Lebensstellung des Bedürftigen (angemessener Unterhalt).

(2) Der Unterhalt umfasst den gesamten Lebensbedarf einschließlich der Kosten einer angemessenen Vorbildung zu einem Beruf, bei einer der Erziehung bedürftigen Person auch die Kosten der Erziehung.

1 **A. Muster: Unterhaltsantrag einer Studierenden**

▶ An das Amtsgericht (Familiengericht) ▪▪▪

Antrag

namens ▪▪▪ – Antragstellerin –

Verfahrensbevollmächtigter: Rechtsanwalt ▪▪▪

gegen

■■■ – Antragsgegner –

wegen Erlass einer einstweiligen Anordnung[1] zur Zahlung eines Verfahrenskostenvorschusses[2] für ein beabsichtigtes Unterhaltsverfahren.

Ich zeige an, dass mich die Antragstellerin mit der Wahrnehmung ihrer Interessen beauftragt hat.

Ich beantrage, folgende

einstweilige Anordnung

zu erlassen:

Der Antragsgegner hat an die Antragstellerin einen Verfahrenskostenvorschuss in Höhe von 1.592,43 EUR für ein beabsichtigtes Unterhaltsverfahren zu bezahlen

Begründung

I. Die Antragstellerin, 24 Jahre alt, ist die eheliche Tochter des Antragsgegners aus dessen geschiedener Ehe mit der Mutter der Antragstellerin. Der Antragsgegner ist Partner einer renommierten Wirtschaftsprüfungskanzlei und erzielt einen durchschnittlichen Gewinn von 300.000 EUR pro Jahr. Er hat keine weiteren Unterhaltspflichten.
Die Mutter der Antragstellerin ist wiederverheiratet, sie betreut zwei Kinder im Alter von neun und fünf Jahren und verfügt über keine eigenen Einkünfte.

II. Die Antragstellerin studiert Psychologie an der Universität ■■■ und hat mit diesem Semester ihren Abschluss als Bachelor erreicht. Sie beabsichtigt, ab dem nächsten Semester ihr Studium fortzusetzen mit dem Ziel eines Abschlusses als Master.

III. Der Antragsgegner ist der Ansicht, mit dem Abschluss als Bachelor habe die Antragstellerin einen Berufsabschluss erreicht, für den er höchstens Unterhalt schulde. Die von ihr beabsichtigte Fortführung ihres Studiums mit dem Ziel des Masterabschlusses sei ein Zweitstudium, für das er keinen Unterhalt mehr schulde.
Die Antragstellerin hat während ihres Studiums mehrere Praktika absolviert und sich von der Berufsberatung des Arbeitsamtes für Akademiker beraten lassen. Sie hat ohne Ausnahme den Rat erhalten, lediglich mit einem Abschluss als Bachelor habe sie auf dem Arbeitsmarkt keine Chance, sie müsse unbedingt einen Masterabschluss anstreben. Die Antragstellerin geht deshalb – zu Recht – davon aus, dass sich ihre Ausbildung bis zum Abschluss als Master als einheitliche Ausbildung im Sinne der BGH-Rechtsprechung[3] darstellt.

IV. Der Antragsgegner hat der Antragstellerin während ihres Studiums immer auf Grund einer außergerichtlichen Vereinbarung 576 EUR Unterhalt bezahlt. Diesen Unterhalt hatten die Parteien wie folgt berechnet: Regelbetrag bei eigenem Hausstand 640 EUR. Abzüglich Kindergeld 164 EUR verblieben 476 EUR. Die Antragstellerin hatte dem Antragsgegner nachgewiesen, dass sie sich umfangreich um ein Zimmer für 270 EUR[4] bemüht hatte, jedoch nur ein Zimmer für 370 EUR fand. Deshalb hatte sich ihr Bedarf um 100 EUR erhöht. Dies hat der Antraggegner akzeptiert.

V. Der Gegenstandswert des beabsichtigten Antrags beträgt 6.912 EUR[5]. 2,5 Anwaltsgebühren betragen einschließlich Auslagenpauschale und Mehrwertsteuer 1.139,43 EUR, drei Gerichtsgebühren betragen 453 EUR, insgesamt somit 1.592,43 EUR.

■■■

Rechtsanwalt ◄

B. Erläuterungen

[1] **Verfahren.** Nach § 246 FamFG kann das Gericht abweichend von der Grundnorm der einstweiligen Anordnung in § 49 FamFG die Verpflichtung zur Zahlung von Unterhalt oder 2

eines Kostenvorschusses für ein gerichtliches Verfahren durch **einstweilige Anordnung** regeln. Das Verfahren auf Erlass einstweiliger Anordnungen ist im FamFG als selbständiges Verfahren ausgestaltet und setzt nicht die Anhängigkeit einer Hauptsache voraus. Es gibt also keine einstweiligen Anordnungen zum Kindesunterhalt mehr im Scheidungsverbund, da das Verfahren auf Erlass einer einstweiligen Anordnung immer ein selbständiges Verfahren ist.

3 [2] **Verfahrenskostenvorschuss für Volljährige.** Seit der Entscheidung des BGH FamRZ 2005, 883 haben auch volljährige unverheiratete Kinder einen Anspruch auf Verfahrenskostenvorschuss, soweit sie noch keine eigene Lebensstellung erreicht haben, also insbesondere Studierende.

4 [3] **Einheitliche Ausbildung.** Nach der Rechtsprechung des BGH (NJW 1995, 718) besteht zwar nur Anspruch auf die Finanzierung einer Ausbildung; für eine weiterführende Ausbildung ist jedoch dann Unterhalt geschuldet, wenn sich die Ausbildung insgesamt als einheitliche Ausbildung darstellt und ein enger sachlicher und zeitlicher Zusammenhang besteht. Dies gilt zB für Fälle **Abitur-Lehre-Studium** (BGH NJW 1995, 718). Es gilt auch für **Mittlere Reife-Lehre-(Fach-)Abitur-Studium,** wenn das Kind diesen Ausbildungsweg schon nach der mittleren Reife geplant hatte (BGH FamRZ 1995, 416; OLG Karlsruhe EzFamR aktuell 2001, 9).

5 [4] Im **Regelbedarf** eines Studierenden von 640 EUR sind **270 EUR Warmmiete** enthalten (Anmerkung A 7 Düsseldorfer Tabelle, 13.1.2. Süddeutsche Leitlinien). Kann er nachweisen, dass er trotz zumutbarer Bemühungen kein Zimmer zu diesem Preis finden konnte (zB in München), so erhöht sich der Bedarf um den Mehrbetrag über 270 EUR hinaus.

6 [5] In Unterhaltssachen beträgt der **Gegenstandswert** nach § 51 Abs. 1 S. 1, Abs. 2 FamGKG die ersten zwölf Monate nach Einreichung zuzüglich bis dahin aufgelaufene Rückstände. Der Gegenstandswert der einstweiligen Anordnung zum Unterhalt ist der Sechs-Monats-Betrag, für die einstweilige Anordnung zum Verfahrenskostenvorschuss der verlangte Vorschuss.

§ 1610 a Deckungsvermutung bei schadensbedingten Mehraufwendungen

Werden für Aufwendungen infolge eines Körper- oder Gesundheitsschadens Sozialleistungen in Anspruch genommen, wird bei der Feststellung eines Unterhaltsanspruchs vermutet, dass die Kosten der Aufwendungen nicht geringer sind als die Höhe dieser Sozialleistungen.

§ 1611 Beschränkung oder Wegfall der Verpflichtung

(1) [1]Ist der Unterhaltsberechtigte durch sein sittliches Verschulden bedürftig geworden, hat er seine eigene Unterhaltspflicht gegenüber dem Unterhaltspflichtigen gröblich vernachlässigt oder sich vorsätzlich einer schweren Verfehlung gegen den Unterhaltspflichtigen oder einen nahen Angehörigen des Unterhaltspflichtigen schuldig gemacht, so braucht der Verpflichtete nur einen Beitrag zum Unterhalt in der Höhe zu leisten, die der Billigkeit entspricht. [2]Die Verpflichtung fällt ganz weg, wenn die Inanspruchnahme des Verpflichteten grob unbillig wäre.
(2) Die Vorschriften des Absatzes 1 sind auf die Unterhaltspflicht von Eltern gegenüber ihren minderjährigen unverheirateten Kindern nicht anzuwenden.
(3) Der Bedürftige kann wegen einer nach diesen Vorschriften eintretenden Beschränkung seines Anspruchs nicht andere Unterhaltspflichtige in Anspruch nehmen.

§ 1612 Art der Unterhaltsgewährung

(1) [1]Der Unterhalt ist durch Entrichtung einer Geldrente zu gewähren. [2]Der Verpflichtete kann verlangen, dass ihm die Gewährung des Unterhalts in anderer Art gestattet wird, wenn besondere Gründe es rechtfertigen.
(2) [1]Haben Eltern einem unverheirateten Kind Unterhalt zu gewähren, können sie bestimmen, in welcher Art und für welche Zeit im Voraus der Unterhalt gewährt werden soll, sofern auf die Belange des Kindes die gebotene Rücksicht genommen wird. [2]Ist das Kind minderjährig, kann ein Elternteil, dem die Sorge für die Person des Kindes nicht zusteht, eine Bestimmung nur für die Zeit treffen, in der das Kind in seinen Haushalt aufgenommen ist.
(3) [1]Eine Geldrente ist monatlich im Voraus zu zahlen. [2]Der Verpflichtete schuldet den vollen Monatsbetrag auch dann, wenn der Berechtigte im Laufe des Monats stirbt.

§ 1612 a Mindestunterhalt minderjähriger Kinder

(1) [1]Ein minderjähriges Kind kann von einem Elternteil, mit dem es nicht in einem Haushalt lebt, den Unterhalt als Prozentsatz des jeweiligen Mindestunterhalts verlangen. [2]Der Mindestunterhalt richtet sich nach dem doppelten Freibetrag für das sächliche Existenzminimum eines Kindes (Kinderfreibetrag) nach § 32 Abs. 6 Satz 1 des Einkommensteuergesetzes. [3]Er beträgt monatlich entsprechend dem Alter des Kindes

1. für die Zeit bis zur Vollendung des sechsten Lebensjahrs (erste Altersstufe) 87 Prozent,
2. für die Zeit vom siebten bis zur Vollendung des zwölften Lebensjahrs (zweite Altersstufe) 100 Prozent und
3. für die Zeit vom 13. Lebensjahr an (dritte Altersstufe) 117 Prozent

eines Zwölftels des doppelten Kinderfreibetrags.

(2) [1]Der Prozentsatz ist auf eine Dezimalstelle zu begrenzen; jede weitere sich ergebende Dezimalstelle wird nicht berücksichtigt. [2]Der sich bei der Berechnung des Unterhalts ergebende Betrag ist auf volle Euro aufzurunden.

(3) Der Unterhalt einer höheren Altersstufe ist ab dem Beginn des Monats maßgebend, in dem das Kind das betreffende Lebensjahr vollendet.

A. Muster: Antrag auf dynamischen Titel 1

▶ Ich stelle folgenden

Antrag

Der Antragsgegner hat an den Antragsteller zu Händen seiner Mutter ab ■■■ Kindesunterhalt in Höhe von 120 % des Mindestunterhalts nach § 1612 a BGB der jeweiligen Altersstufe[1] abzüglich hälftigem Kindergeld für ein erstes Kind[2] zu bezahlen, derzeit 345 EUR.[3]

Begründung

Das antragstellende Kind, vertreten durch seine Mutter, in deren Obhut es lebt,[4] ist zehn Jahre alt und hat keine eigenen Einkünfte.

Der Antragsgegner verfügt über durchschnittliche Nettoeinkünfte von 2.500 EUR. Abzüglich fünf Prozent berufliche Werbungskosten[5] verbleiben 2.375 EUR. Da er nur dem Antragsteller Unterhalt leistet, ist er zumindest um eine Einkommensstufe der Düsseldorfer Tabelle hoch zu stufen, somit in Gruppe 5, zweite Altersstufe. Dies entspricht 120 % des Regelbetrags. Dies sind derzeit 437 EUR abzüglich hälftiges Kindergeld mit 92 EUR ergibt einen Zahlbetrag von 345 EUR.

■■■

Rechtsanwalt ◀

B. Erläuterungen

[1] **Mindestunterhalt.** Derzeit beträgt der doppelte Kinderfreibetrag 4.368 EUR, ein Zwölftel also 364 EUR. Die ist der Mindestunterhalt der zweiten Altersstufe. In der ersten Altersstufe betragen 87 % 317 EUR, in der dritten Alterstufe 117 % 426 EUR. Auf diesen Mindestunterhaltsbeträgen baut die Düsseldorfer Tabelle auf. 2

In der Düsseldorfer Tabelle ist der jeweilige Prozentsatz des Mindestunterhalts ausgewiesen. Der dynamische Titel hat den Vorteil, dass sich der Unterhalt automatisch erhöht, wenn sich der Mindestunterhalt erhöht oder die nächste Altersgruppe anzuwenden ist. Selbstverständlich bleibt unbenommen eine Abänderung wegen Veränderung der Einkünfte. 3

[2] Die **Kindergeldanrechnung** wurde in § 1612 b wesentlich vereinfacht. Erbringt ein Elternteil seinen Teil durch Betreuung, verringert sich der Tabellenunterhalt um die Hälfte des Kindergeldes. In allen anderen Fällen ist das Kindergeld in voller Höhe bedarfsdeckend einzusetzen, 4

insbesondere also bei volljährigen Kindern. Das Kindergeld, das für die ersten beiden Kinder 164 EUR beträgt, für das dritte Kind 170 EUR und ab dem vierten Kind 195 EUR, deckt den Bedarf des Kindes.

5 [3] **Unterhaltsberechnung.** Für das erste Kind in der zweiten Altersstufe (sechs bis zwölf) betragen daher 120 % des Mindestunterhalts 437 EUR, abzüglich hälftiges Kindergeld von 92 EUR ergibt den Zahlbetrag von 345 EUR.

6 [4] **Vertretung des Kindes.** Vgl § 1629 Abs. 2 S. 2.

7 [5] **Werbungskostenpauschale.** Vgl Ziffer A 3 Düsseldorfer Tabelle, Ziffer 10.2. Süddeutsche Leitlinien.

§ 1612 b Deckung des Barbedarfs durch Kindergeld

(1) [1]Das auf das Kind entfallende Kindergeld ist zur Deckung seines Barbedarfs zu verwenden:

1. zur Hälfte, wenn ein Elternteil seine Unterhaltspflicht durch Betreuung des Kindes erfüllt (§ 1606 Abs. 3 Satz 2);
2. in allen anderen Fällen in voller Höhe.

[2]In diesem Umfang mindert es den Barbedarf des Kindes.

(2) Ist das Kindergeld wegen der Berücksichtigung eines nicht gemeinschaftlichen Kindes erhöht, ist es im Umfang der Erhöhung nicht bedarfsmindernd zu berücksichtigen.

§ 1612 c Anrechnung anderer kindbezogener Leistungen

§ 1612 b gilt entsprechend für regelmäßig wiederkehrende kindbezogene Leistungen, soweit sie den Anspruch auf Kindergeld ausschließen.

§ 1613 Unterhalt für die Vergangenheit

(1) [1]Für die Vergangenheit kann der Berechtigte Erfüllung oder Schadensersatz wegen Nichterfüllung nur von dem Zeitpunkt an fordern, zu welchem der Verpflichtete zum Zwecke der Geltendmachung des Unterhaltsanspruchs aufgefordert worden ist, über seine Einkünfte und sein Vermögen Auskunft zu erteilen, zu welchem der Verpflichtete in Verzug gekommen oder der Unterhaltsanspruch rechtshängig geworden ist. [2]Der Unterhalt wird ab dem Ersten des Monats, in den die bezeichneten Ereignisse fallen, geschuldet, wenn der Unterhaltsanspruch dem Grunde nach zu diesem Zeitpunkt bestanden hat.

(2) [1]Der Berechtigte kann für die Vergangenheit ohne die Einschränkung des Absatzes 1 Erfüllung verlangen

1. wegen eines unregelmäßigen außergewöhnlich hohen Bedarfs (Sonderbedarf); nach Ablauf eines Jahres seit seiner Entstehung kann dieser Anspruch nur geltend gemacht werden, wenn vorher der Verpflichtete in Verzug gekommen oder der Anspruch rechtshängig geworden ist;
2. für den Zeitraum, in dem er
   a) aus rechtlichen Gründen oder
   b) aus tatsächlichen Gründen, die in den Verantwortungsbereich des Unterhaltspflichtigen fallen,

   an der Geltendmachung des Unterhaltsanspruchs gehindert war.

(3) [1]In den Fällen des Absatzes 2 Nr. 2 kann Erfüllung nicht, nur in Teilbeträgen oder erst zu einem späteren Zeitpunkt verlangt werden, soweit die volle oder die sofortige Erfüllung für den Verpflichteten eine unbillige Härte bedeuten würde. [2]Dies gilt auch, soweit ein Dritter vom Verpflichteten Ersatz verlangt, weil er anstelle des Verpflichteten Unterhalt gewährt hat.

1 **A. Muster: Stufenmahnung**

▶ Herrn

■■■

Sehr geehrter Herr ■■■,

wir zeigen an, dass uns Frau ■■■ mit der Wahrnehmung ihrer Interessen sowie der Interessen der gemeinsamen Kinder ■■■ und ■■■ beauftragt hat.

Nachdem Sie am ■■■ aus der gemeinsamen Ehewohnung ausgezogen sind, sind die unserer Mandantin und den Kindern zustehenden Unterhaltsansprüche zu klären. Die Höhe möglicher Unterhaltsansprüche hängt von der Höhe Ihrer Einkünfte ab.

Bitte erteilen Sie deshalb Auskunft über die Höhe Ihrer Einnahmen und regelmäßigen Ausgaben[1] in der Zeit von ■■■ bis ■■■. Die Auskunft ist zu belegen durch Vorlage der zwölf Verdienstbescheinigungen des genannten Zeitraums, einer Aufstellung über Ihre regelmäßigen Ausgaben sowie durch Vorlage der letzten Steuererklärung und des letzten Steuerbescheids.[2]

Gleichzeitig haben wir Sie aufzufordern, ab ■■■[3] den sich aufgrund Ihrer Auskunft ergebenden Kindes- und Ehegattenunterhalt zur Verfügung zu stellen.

Mit freundlichen Grüßen

■■■

Rechtsanwältin ◄

B. Erläuterungen

[1] **Umfang der Auskunftspflicht.** Die Auskunftspflicht umfasst auch die Abzüge und Belastungen, also alle Positionen, die die Leistungsfähigkeit des Schuldners beeinträchtigen (OLG Köln FamRZ 2000, 622). 2

[2] Soweit es sich noch um **gemeinsame Steuererklärungen** handelt, besteht beim Ehegattenunterhalt wohl keine Auskunftspflicht, weil es sich auch um eigene Unterlagen des Berechtigten handelt, die er sich ggf beim Finanzamt beschaffen kann. Wird aber auch Kindesunterhalt verlangt, können für die Kinder Steuerunterlagen verlangt werden. 3

[3] **Verzug.** Die Zahlung kann verlangt werden ab dem Ersten des Monats, in dem die Aufforderung zugeht. Die Zahlungsaufforderung ist unverzichtbar, damit eine **Stufenmahnung** vorliegt. Die Aufforderung, Auskunft zu erteilen, führt zu keinem Verzug. Es können also keine Verzugszinsen verlangt werden. Erst durch die Zahlungsaufforderung tritt Verzug ein, s.a. § 1605 Rn 10. 4

§ 1614 Verzicht auf den Unterhaltsanspruch; Vorausleistung

(1) Für die Zukunft kann auf den Unterhalt nicht verzichtet werden.

(2) Durch eine Vorausleistung wird der Verpflichtete bei erneuter Bedürftigkeit des Berechtigten nur für den im § 760 Abs. 2 bestimmten Zeitabschnitt oder, wenn er selbst den Zeitabschnitt zu bestimmen hatte, für einen den Umständen nach angemessenen Zeitabschnitt befreit.

§ 1615 Erlöschen des Unterhaltsanspruchs

(1) Der Unterhaltsanspruch erlischt mit dem Tode des Berechtigten oder des Verpflichteten, soweit er nicht auf Erfüllung oder Schadensersatz wegen Nichterfüllung für die Vergangenheit oder auf solche im Voraus zu bewirkende Leistungen gerichtet ist, die zur Zeit des Todes des Berechtigten oder des Verpflichteten fällig sind.

(2) Im Falle des Todes des Berechtigten hat der Verpflichtete die Kosten der Beerdigung zu tragen, soweit ihre Bezahlung nicht von dem Erben zu erlangen ist.

Untertitel 2 Besondere Vorschriften für das Kind und seine nicht miteinander verheirateten Eltern

§ 1615 a Anwendbare Vorschriften

Besteht für ein Kind keine Vaterschaft nach § 1592 Nr. 1, § 1593 und haben die Eltern das Kind auch nicht während ihrer Ehe gezeugt oder nach seiner Geburt die Ehe miteinander geschlossen, gelten die allgemeinen Vorschriften, soweit sich nichts anderes aus den folgenden Vorschriften ergibt.

§§ 1615 b bis 1615 k (weggefallen)

§ 1615 l Unterhaltsanspruch von Mutter und Vater aus Anlass der Geburt

(1) [1]Der Vater hat der Mutter für die Dauer von sechs Wochen vor und acht Wochen nach der Geburt des Kindes Unterhalt zu gewähren. [2]Dies gilt auch hinsichtlich der Kosten, die infolge der Schwangerschaft oder der Entbindung außerhalb dieses Zeitraums entstehen.
(2) [1]Soweit die Mutter einer Erwerbstätigkeit nicht nachgeht, weil sie infolge der Schwangerschaft oder einer durch die Schwangerschaft oder die Entbindung verursachten Krankheit dazu außerstande ist, ist der Vater verpflichtet, ihr über die in Absatz 1 Satz 1 bezeichnete Zeit hinaus Unterhalt zu gewähren. [2]Das Gleiche gilt, soweit von der Mutter wegen der Pflege oder Erziehung des Kindes eine Erwerbstätigkeit nicht erwartet werden kann. [3]Die Unterhaltspflicht beginnt frühestens vier Monate vor der Geburt und besteht für mindestens drei Jahre nach der Geburt. [4]Sie verlängert sich, solange und soweit dies der Billigkeit entspricht. [5]Dabei sind insbesondere die Belange des Kindes und die bestehenden Möglichkeiten der Kinderbetreuung zu berücksichtigen.
(3) [1]Die Vorschriften über die Unterhaltspflicht zwischen Verwandten sind entsprechend anzuwenden. [2]Die Verpflichtung des Vaters geht der Verpflichtung der Verwandten der Mutter vor. [3]§ 1613 Abs. 2 gilt entsprechend. [4]Der Anspruch erlischt nicht mit dem Tode des Vaters.
(4) [1]Wenn der Vater das Kind betreut, steht ihm der Anspruch nach Absatz 2 Satz 2 gegen die Mutter zu. [2]In diesem Falle gilt Absatz 3 entsprechend.

1 **A. Muster: Zahlungsaufforderung Unterhalt nicht verheiratete Mutter**

▶ Herrn

■■■

Sehr geehrter Herr ■■■,

wir zeigen an, dass uns Frau ■■■ mit der Wahrnehmung ihrer Interessen beauftragt hat. Sie sind der Vater des Sohnes ■■■, den unsere Mandantin am ■■■ geboren hat. Sie haben die Vaterschaft anerkannt und sich durch eine Urkunde des Kreisjugendamtes zur Zahlung von Kindesunterhalt in Höhe von 128 % des Mindestunterhalts verpflichtet. Diesen Betrag, derzeit 278 EUR, bezahlen Sie regelmäßig. Nachdem unserer Mandantin inzwischen der Bescheid über Elterngeld zugegangen ist, können jetzt auch die ihr zustehenden Unterhaltsansprüche geklärt werden. Unsere Mandantin erhielt bis zum Ablauf des Mutterschutzes[1] ihr Gehalt als Sekretärin in Höhe von durchschnittlich 1.400 EUR netto. Sie ist im Moment neben der Versorgung des drei Monate alten Säuglings nicht imstande, einer Erwerbstätigkeit nachzugehen. Das ihr bewilligte Elterngeld beträgt 938 EUR.[2] Hiervon sind nach § 11 Bundeselterngeld- und Elternzeitgesetz 300 EUR unterhaltsrechtlich nicht zu berücksichtigen.[3] Zu berücksichtigen sind somit 638 EUR. Damit fehlen unserer Mandantin zu ihren bisherigen Einkünften 726 EUR. Dieser Betrag steht ihr als Unterhalt zu.[4]

An Ihrer Leistungsfähigkeit bestehen bei einem Nettoeinkommen von 3.000 EUR keine Zweifel. Nach Abzug von 5 % Werbungskosten, des Kindesunterhaltes und des Erwerbsanreizes von 10 % verbleiben bereinigt 2.315 EUR. Damit würde sich nach dem Halbteilungsgrundsatz ein Unterhalt von 1.157,50 EUR ergeben. Der von Ihnen verlangte Betrag liegt weit darunter.[5]

Bitte stellen Sie diesen Betrag ab ■■■ zur Verfügung.

Mit freundlichen Grüßen

■■■

Rechtsanwalt ◄

B. Erläuterungen

[1] **Betreuungsunterhalt.** Nach dem Mutterschutzgesetz acht Wochen nach der Entbindung. Soweit die Mutter wegen der Kinderbetreuung keiner Erwerbstätigkeit nachgeht, steht ihr Unterhalt für mindestens drei Jahre nach der Geburt zu. Der Anspruch verlängert sich, soweit dies der Billigkeit entspricht. Wie beim nachehelichen Unterhalt gibt es **kindbezogene** und **elternbezogene Gründe** für die Verlängerung. Der BGH (FamRZ 2008, 1739) hat entschieden, dass bei der **Erwerbsobliegenheit des betreuenden Elternteils** stets zu beachten ist, ob der ihm neben oder nach der Erziehung oder Betreuung in staatlichen Einrichtungen verbleibende Anteil an der Betreuung und Erziehung des Kindes in Verbindung mit einer vollschichtigen Erwerbstätigkeit zu einer überobligationsmäßigen Belastung führen würde. Denn selbst wenn ein Kind ganztags in einer öffentlichen Einrichtung betreut und erzogen wird, kann sich bei Rückkehr in die Familienwohnung ein weiterer Betreuungsbedarf ergeben, dessen Umfang im Einzelfall unterschiedlich sein, vor allem aber vom Alter des Kindes abhängen kann. Gerade kleinere Kinder benötigen nach einer Ganztagsbetreuung noch in stärkerem Umfang den persönlichen Zuspruch der Eltern, was einen nicht unerheblichen zusätzlichen Betreuungsaufwand erfordern kann. Der BGH hat dem Berufungsgericht aufgegeben, es müsse prüfen, ob sich aus dem Gesichtspunkt einer **überobligatorischen Doppelbelastung** ungeachtet des gesetzlichen Regelfalls eines dreijährigen Betreuungsunterhalts Fallgruppen bilden lassen, die auf Erfahrungswerten beruhen und – zB nach dem Alter des Kindes – einer gewissen Pauschalierung zugänglich sind. 2

Bei der Billigkeitsprüfung wird auch die **Gestaltung der nichtehelichen Partnerschaft** zu berücksichtigen sein. Beim One-Night-Stand werden elternbezogene Gründe weniger wiegen als bei einer auf Dauer angelegten Beziehung, in der die Mutter im Einverständnis mit dem Partner nicht berufstätig war und sich der Erziehung und Betreuung des gemeinsamen Kindes gewidmet hat (vgl *Kofler* in Garbe/Ullrich, Verfahren in Familiensachen, § 4 Rn 670 ff). 3

[2] **Elterngeld.** Nach § 2 des Bundeselterngeld- und Elternzeitgesetzes –BEEG – beträgt das Elterngeld 67 % des durchschnittlichen letzten Nettoeinkommens. 4

[3] **Teilweise Nichtanrechnung des Elterngeldes.** Das frühere Erziehungsgeld von 300 EUR blieb bei der Berechnung von Unterhaltsansprüchen völlig außer Betracht. Dem ist jetzt § 11 BEEG nachempfunden. 5

[4] **Bedarf der Mutter.** Nach dem BGH (BGH FamRZ 2010, 357) bemisst sich der Bedarf der Mutter **des nicht ehelich geborenen Kindes** nach der eigenen Lebensstellung der Mutter, nicht nach der Lebensstellung des Vaters (so schon BGH FamRZ 2008, 1830). Dieser Anspruch stellt die Berechtigte so, wie sie stünde, wenn das gemeinsame Kind nicht geboren wäre. Im Falle von **eigenen Einkünften vor der Geburt** bemisst sich der Bedarf der Mutter nach diesen Einkünften, allerdings nicht über die Hälfte des Einkommens des Schuldners hinaus. Ihr steht allerdings zumindest ein Mindestbedarf zu in Höhe des Existenzminimums, der mit dem notwendigen Selbstbehalt eines Nichterwerbstätigen (770 EUR) pauschaliert werden darf. Der Bedarf der nicht verheirateten Mutter ist also als Verdienstausfallschaden konstruiert. Wie bei der ehelichen Mutter besteht die Unterhaltspflicht für drei Jahre nach der Geburt und darüber hinaus nach Billigkeit. Als Selbstbehalt des Unterhaltspflichtigen ist der **„billige Selbstbehalt“** (1.000 EUR wie gegenüber dem Ehegatten) anzusetzen. 6

7 [5] **Kein Unterhaltsverzicht der nicht verheirateten Mutter.** Nachdem nach Abs. 2 die Vorschriften über die Unterhaltspflicht zwischen Verwandten entsprechend anzuwenden sind, gilt auch § 1614 Abs. 1, wonach auf Unterhalt für die Zukunft nicht verzichtet werden kann. Eine Unterhaltsabfindung ist anders als beim Geschiedenenunterhalt daher nicht möglich. Dies dürfte ein redaktionelles Versehen des Gesetzgebers sein, denn gerade bei nicht verheirateten Eltern dürfte ein Bedürfnis nach einer endgültigen Unterhaltsregelung bestehen.

§ 1615 m Beerdigungskosten für die Mutter

Stirbt die Mutter infolge der Schwangerschaft oder der Entbindung, so hat der Vater die Kosten der Beerdigung zu tragen, soweit ihre Bezahlung nicht von dem Erben der Mutter zu erlangen ist.

§ 1615 n Kein Erlöschen bei Tod des Vaters oder Totgeburt

[1]Die Ansprüche nach den §§ 1615 l, 1615 m bestehen auch dann, wenn der Vater vor der Geburt des Kindes gestorben oder wenn das Kind tot geboren ist. [2]Bei einer Fehlgeburt gelten die Vorschriften der §§ 1615 l, 1615 m sinngemäß.

§ 1615 o (aufgehoben)

Titel 4 Rechtsverhältnis zwischen den Eltern und dem Kind im Allgemeinen

§ 1616 Geburtsname bei Eltern mit Ehenamen

Das Kind erhält den Ehenamen seiner Eltern als Geburtsnamen.

§ 1617 Geburtsname bei Eltern ohne Ehenamen und gemeinsamer Sorge

(1) [1]Führen die Eltern keinen Ehenamen und steht ihnen die Sorge gemeinsam zu, so bestimmen sie durch Erklärung gegenüber dem Standesamt den Namen, den der Vater oder die Mutter zur Zeit der Erklärung führt, zum Geburtsnamen des Kindes. [2]Eine nach der Beurkundung der Geburt abgegebene Erklärung muss öffentlich beglaubigt werden. [3]Die Bestimmung der Eltern gilt auch für ihre weiteren Kinder.
(2) [1]Treffen die Eltern binnen eines Monats nach der Geburt des Kindes keine Bestimmung, überträgt das Familiengericht das Bestimmungsrecht einem Elternteil. [2]Absatz 1 gilt entsprechend. [3]Das Gericht kann dem Elternteil für die Ausübung des Bestimmungsrechts eine Frist setzen. [4]Ist nach Ablauf der Frist das Bestimmungsrecht nicht ausgeübt worden, so erhält das Kind den Namen des Elternteils, dem das Bestimmungsrecht übertragen ist.
(3) Ist ein Kind nicht im Inland geboren, so überträgt das Gericht einem Elternteil das Bestimmungsrecht nach Absatz 2 nur dann, wenn ein Elternteil oder das Kind dies beantragt oder die Eintragung des Namens des Kindes in ein deutsches Personenstandsregister oder in ein amtliches deutsches Identitätspapier erforderlich wird.

1 **A. Muster: Schreiben an Standesamt**

▶ An das Standesamt ...

Wir, Frau ... und Herr ... sind miteinander verheiratet. Wir führen keinen gemeinsamen Ehenamen.[1], [2]

Am ... wurde unser gemeinsamer Sohn ... in ... geboren. Für ihn bestimmen wir zum Geburtsnamen den Namen der Mutter ....[3]

Mit freundlichen Grüßen

▪▪▪

Unterschriften Frau ▪▪▪ und Herr ▪▪▪[4]

Beglaubigungsvermerk[5] ◀

B. Erläuterungen

[1] **Situation ohne gemeinsamen Ehenamen.** Darstellung eines Musterschreibens zur Bestimmung des Geburtsnamen eines Kindes. Es betrifft den Fall, dass Eltern keinen gemeinsamen Ehenamen haben, sondern jeder nach der Eheschließung seinen Namen beibehielt, § 1355. 2

[2] **Situation mit gemeinsamen Ehenamen.** Sollten Eltern einen gemeinsamen Ehenamen führen, erhält das Kind automatisch den Ehenamen als Geburtsnamen gem. § 1616. 3

[3] **Wahlmöglichkeit.** Für die Wahl des Geburtsnamens ist es möglich sowohl den Namen der Mutter als auch Namen des Vaters zu bestimmen. 4

[4] Die **Namenserklärung** muss **gemeinschaftlich** erfolgen, spätestens innerhalb eines Monats nach Geburt des Kindes (Hk-BGB/*Kemper* § 1617 Rn 5). Es gilt im Übrigen für die Form der Willenserklärung der § 130 Abs. 3. 5

[5] **Form.** Die Erklärung ist **öffentlich zu beglaubigen**, sofern der Name erst nach der Geburt bestimmt wird. 6

§ 1617 a Geburtsname bei Eltern ohne Ehenamen und Alleinsorge

(1) Führen die Eltern keinen Ehenamen und steht die elterliche Sorge nur einem Elternteil zu, so erhält das Kind den Namen, den dieser Elternteil im Zeitpunkt der Geburt des Kindes führt.

(2) [1]Der Elternteil, dem die elterliche Sorge für ein unverheiratetes Kind allein zusteht, kann dem Kind durch Erklärung gegenüber dem Standesamt den Namen des anderen Elternteils erteilen. [2]Die Erteilung des Namens bedarf der Einwilligung des anderen Elternteils und, wenn das Kind das fünfte Lebensjahr vollendet hat, auch der Einwilligung des Kindes. [3]Die Erklärungen müssen öffentlich beglaubigt werden. [4]Für die Einwilligung des Kindes gilt § 1617 c Abs. 1 entsprechend.

A. Erklärung zum Geburtsnamen

I. Muster: Erklärung zum Geburtsnamen des Kindes gegenüber Standesamt 1

▶ An das

Standesamt ▪▪▪[1] 983

Ich, Frau ▪▪▪ habe am ▪▪▪ den Sohn ▪▪▪ in ▪▪▪ geboren. Ich bin allein sorgeberechtigt.[2]

Der Vater des Kindes ist Herr ▪▪▪.

Ich erteile hiermit meinem Sohn ▪▪▪ den Geburtsnamen ▪▪▪ (Name des Vaters),[3] so dass das Kind ▪▪▪ heißen soll.

Der Vater des Kindes ist damit einverstanden. Seine Einwilligungserklärung liegt in öffentlich beglaubigter Form bei.[4]

Als gesetzliche Vertreterin des Kindes willige ich in dessen Namen in die Namenserteilung ein.[5]

Unterschrift Frau ▪▪▪

Beglaubigungsvermerk[6] ◄

II. Erläuterungen

2 **[1] Adressat.** Das Musterschreiben betrifft die Namenserteilung. Es ist an den **Standesbeamten** zu richten, der die Geburt des Kindes beurkundet hat, § 31 a Abs. 2 Nr. 1 PStG (Palandt/*Diederichsen* § 1617 a Rn 12). Hinsichtlich der Form der Willenserklärung gilt § 130 Abs. 3.

3 **[2] Sorgerecht.** Die Alleinsorge kann unterschiedliche Gründe haben, so etwa bei der unverheirateten Mutter, wenn bei Geburt des Kindes keine gemeinsame Sorgeerklärung abgegeben wurde, § 1626 a Abs. 2, oder bei verheirateten/geschiedenen Eltern ohne gemeinsamen Namen, wenn nur ein Elternteil das Sorgerecht hat (Palandt/*Diederichsen*, § 1617 a Rn 3)

4 **[3] Ausnahmesituation.** In der Regel erhält ein Kind, dessen Eltern keinen gemeinsamen Ehenamen führen und bei dem nur ein Elternteil die elterliche Sorge hat, den Geburtsnamen des sorgeberechtigten Elternteils, § 1617 a. Das oa Muster betrifft hingegen eine Ausnahmesituation, bei der das Kind den Geburtsnamen des nicht sorgeberechtigten Elternteils erhalten soll.

5 [4] Zur **Einwilligungserklärung** vgl das Muster Rn 8 f.

6 [5] Die **Zustimmung des Kindes** ist erforderlich, wenn es das 5. Lebensjahr vollendet hat (Palandt/*Diederichsen* § 1617 a Rn 11). Dabei wird das Kind durch seine gesetzliche Vertretung vertreten, § 1617 a Abs. 2 S. 4 iVm § 1617 c. Ab dem 14. Lebensjahr ist die Zustimmung durch das Kind selbst gegenüber dem Standesamt zu erklären; diese Zustimmungserklärung bedarf nur der Zustimmung der gesetzlichen Vertretung.

7 **[6] Form.** Die Erklärung muss **öffentlich beglaubigt** sein gem. § 1617 a Abs. 2 S. 3. Die öffentliche Beglaubigung kann gem. § 129 beim Notar erfolgen, wie auch beim Standesbeamten gem. §§ 39 BeurkG, 31 a PStG.

B. Einwilligung zur Namenserteilung

8 I. Muster: Einwilligungserklärung des Elternteils zur Namenserteilung

► An das

Standesamt ▪▪▪

Ich, ▪▪▪, geb. ▪▪▪, wohnhaft ▪▪▪ bin der Vater des Kindes ▪▪▪, geb. ▪▪▪ in ▪▪▪. Die Mutter des Kindes ist Frau ▪▪▪.

Die Mutter hat durch Erklärung gegenüber dem Standesamt vom ▪▪▪ bestimmt, dass das Kind meinen Namen tragen soll. Ich stimme dieser Namenserteilung hiermit zu.[1]

▪▪▪

Datum, Unterschrift

Beglaubigungsvermerk ◄

II. Erläuterung

9 **[1] Inhalt der Einwilligung.** Das Musterschreiben betrifft die Einwilligung des anderen Elternteils, dass das Kind dessen Geburtsnamen erhält. Es ist die Erklärung des nicht sorgeberechtigten Elternteils.

§ 1617 b Name bei nachträglicher gemeinsamer Sorge oder Scheinvaterschaft

(1) [1]Wird eine gemeinsame Sorge der Eltern erst begründet, wenn das Kind bereits einen Namen führt, so kann der Name des Kindes binnen drei Monaten nach der Begründung der gemeinsamen Sorge neu bestimmt werden. [2]Die Frist endet, wenn ein Elternteil bei Begründung der gemeinsamen Sorge seinen gewöhnlichen Aufenthalt nicht im Inland hat, nicht vor Ablauf eines Monats nach Rückkehr in das Inland. [3]Hat das Kind das fünfte Lebensjahr vollendet, so ist die Bestimmung nur wirksam, wenn es sich der Bestimmung anschließt. [4]§ 1617 Abs. 1 und § 1617 c Abs. 1 Satz 2 und 3 und Abs. 3 gelten entsprechend.

(2) [1]Wird rechtskräftig festgestellt, dass ein Mann, dessen Familienname Geburtsname des Kindes geworden ist, nicht der Vater des Kindes ist, so erhält das Kind auf seinen Antrag oder, wenn das Kind das fünfte Lebensjahr noch nicht vollendet hat, auch auf Antrag des Mannes den Namen, den die Mutter im Zeitpunkt der Geburt des Kindes führt, als Geburtsnamen. [2]Der Antrag erfolgt durch Erklärung gegenüber dem Standesamt, die öffentlich beglaubigt werden muss. [3]Für den Antrag des Kindes gilt § 1617 c Abs. 1 Satz 2 und 3 entsprechend.

A. Namensänderung

I. Muster: Namensänderung nach negativer Vaterschaftsfeststellung 1

▶ An das

Standesamt ■■■

Ich, ■■■,[1] geb. ■■■ in ■■■, trage bislang den Namen ■■■ als Geburtsnamen.[2] Zwischenzeitlich wurde durch Urteil des AG ■■■ festgestellt, dass ich nicht von Herrn ■■■ abstamme. Eine Ausfertigung des Urteils mit Rechtskraftvermerk füge ich bei.

Ich beantrage deshalb, dass ich fortan den Namen meiner Mutter, ■■■, den sie bei meiner Geburt geführt hat, zu führen, nämlich ■■■, so dass ich zukünftig ■■■ heiße.[3]

Ich stimme der Erklärung meines Kindes zu und bin einverstanden, dass es meinen Namen erhält.[4]

Datum ■■■

■■■

Unterschriften Kind, Mutter

Beglaubigungsvermerk ◀

II. Erläuterungen

[1] Namensänderung des Kindes. Das Muster formuliert eine Erklärung des Kindes, das seinen Namen ändern will nach negativer Vaterschaftsfeststellung. Zu den Formalien vgl Erläuterungen des Musters zu § 1617 a Rn 2 ff). 2

[2] Früherer Name. In dem Muster wird vorausgesetzt, dass der bisherige Name des Kindes derjenige des Mannes ist, der bislang als Vater galt. 3

[3] Antrag des Kindes. Das Kind ist selbst antragsberechtigt (Hk-BGB/*Kemper* § 1617 b Rn 6). Der Antrag des Kindes kann unabhängig von dessen Alter gestellt werden, auch nach Volljährigkeit. Unterhalb dem 14. Lebensjahr des Kindes wird der Antrag vom gesetzlichen Vertreter des Kindes, regelmäßig der Mutter, gestellt; ab dem 14. Lebensjahr durch das Kind selbst, wobei eine Zustimmungserklärung der gesetzlichen Vertretung erforderlich ist (Palandt/*Diederichsen* § 1617 b Rn 16). 4

[4] Zustimmung des Elternteils. Die Erklärung der Mutter erfolgt für den Fall, dass das Kind über 14 Jahre alt ist, aber noch minderjährig. 5

B. Namensänderung bei Scheinvaterschaft

6 **I. Muster: Antrag des Scheinvaters auf Namensänderung des Kindes**

▶ An das

Standesamt ...

Bisher galt ich, ...,[1] als der leibliche Vater des Kindes ..., geb. ... in .... Bislang führte das Kind deshalb meinen Familiennamen. Zwischenzeitlich wurde durch Urteil des AG ... festgestellt, dass das Kind nicht von mir abstammt. Eine Ausfertigung des Urteils versehen mit Rechtskraftvermerk füge ich bei.

Ich beantrage[2] deshalb, dass das Kind zukünftig nicht mehr meinen Namen trägt, sondern den Namen der Mutter ..., den sie im Zeitpunkt der Geburt trug, nämlich den Namen .... Das Kind soll demnach heißen ....

...

Datum, Unterschrift

Beglaubigungsvermerk ◀

II. Erläuterungen

7 [1] **Name des Scheinvaters.** In dem Muster wird die Erklärung des bisherigen Scheinvaters dargestellt. Wegen der Formalien vgl Erläuterungen des Musters zu § 1617 a Rn 2 ff.

8 [2] Das **Antragsrecht des Scheinvaters** besteht nur, soweit das Kind das 5. **Lebensjahr noch nicht vollendet** hat.

§ 1617 c Name bei Namensänderung der Eltern

(1) [1]Bestimmen die Eltern einen Ehenamen, nachdem das Kind das fünfte Lebensjahr vollendet hat, so erstreckt sich der Ehename auf den Geburtsnamen des Kindes nur dann, wenn es sich der Namensgebung anschließt. [2]Ein in der Geschäftsfähigkeit beschränktes Kind, welches das 14. Lebensjahr vollendet hat, kann die Erklärung nur selbst abgeben; es bedarf hierzu der Zustimmung seines gesetzlichen Vertreters. [3]Die Erklärung ist gegenüber dem Standesamt abzugeben; sie muss öffentlich beglaubigt werden.

(2) Absatz 1 gilt entsprechend,

1. **wenn sich der Ehename, der Geburtsname eines Kindes geworden ist, ändert oder**
2. **wenn sich in den Fällen der §§ 1617, 1617 a und 1617 b der Familienname eines Elternteils, der Geburtsname eines Kindes geworden ist, auf andere Weise als durch Eheschließung oder Begründung einer Lebenspartnerschaft ändert.**

(3) Eine Änderung des Geburtsnamens erstreckt sich auf den Ehenamen oder den Lebenspartnerschaftsnamen des Kindes nur dann, wenn sich auch der Ehegatte oder der Lebenspartner der Namensänderung anschließt; Absatz 1 Satz 3 gilt entsprechend.

A. Namensänderung

1 **I. Muster: Anschlusserklärung des Kindes zur Namensänderung**

▶ An das Standesamt ...[1]

Meine Eltern, die Eheleute ..., geb. ... und ..., geb. ... haben durch Erklärung gegenüber dem Standesbeamten vom ... den Namen ... zu ihrem Ehenamen gewählt.

Ich …, geb … in … schließe mich der Namensänderung an und will zukünftig ebenso den Namen … tragen.[2]

Wir, Eheleute … erklären als gesetzliche Vertreter unseres Kindes die Zustimmung zur Namensänderung des Kindes.[3]

…

Datum, Unterschriften Kind und Eltern

Beglaubigungsvermerk ◀

II. Erläuterung

[1] **Zustimmung zum Ehenamen.** Zu den Formalien vgl die Erläuterungen des Musters zu § 1617 a Rn 2 ff. 2

[2] **Erklärung des Kindes.** Dargestellt ist das Muster der Erklärung eines Kindes ab Vollendung des 14. Lebensjahres. Für ein Kind unter 5 Jahren geht der Ehename der Eltern automatisch auf das Kind über. Ab Vollendung des 5. Lebensjahres bis zum 13. Lebensjahr ist die Änderung des Kindesnamens abhängig von der Zustimmung des Kindes (Hk-BGB/*Kemper* § 1617 c Rn 3). Ab Volljährigkeit erklärt das Kind die Namensänderung gegenüber dem Standesamt, wobei es einer gerichtlichen Genehmigung dann nicht mehr bedarf (Hk-BGB/*Kemper* § 1617 c Rn 3). 3

[3] Die **Zustimmungserklärung der Eltern ist** erforderlich ab Vollendung des 14. Lebensjahrs des Kindes während der Minderjährigkeit. 4

B. Erklärung der Eltern für das Kind zur Namensführung

I. Muster: Erklärung der Eltern für das Kind zur Namensführung 5

▶ An das Standesamt …

Wir, die Eheleute …, geb. … und … geb. … haben durch Erklärung gegenüber dem Standesbeamten vom … den Namen … zu unserem zukünftigen Ehenamen bestimmt. 988

Unser gemeinsames Kind … geb. … soll zukünftig ebenso den Namen … führen. Im Namen des Kindes schließen wir uns als gesetzliche Vertreter des Kindes der neuen Namensgebung gem. § 1617 c Abs. 1 S. 1 BGB an.[1]

…

Datum, Unterschriften Eltern

Beglaubigungsvermerk ◀

II. Erläuterungen

[1] **Zustimmungserklärung der Eltern.** Mit dem Muster wird die **Anschlusserklärung** des Kindes dargestellt, das durch seine Eltern vertreten wird, weil es noch minderjährig ist. Zu den Formalien vgl die Erläuterungen des Musters zu § 1617 a Rn 2 ff. 6

§ 1618 Einbenennung

[1]Der Elternteil, dem die elterliche Sorge für ein unverheiratetes Kind allein oder gemeinsam mit dem anderen Elternteil zusteht, und sein Ehegatte, der nicht Elternteil des Kindes ist, können dem Kind, das sie in ihren gemeinsamen Haushalt aufgenommen haben, durch Erklärung gegenüber dem Standesamt ihren Ehenamen erteilen. [2]Sie können diesen Namen auch dem von dem Kind zur Zeit der Erklärung geführten Namen voranstellen oder anfügen; ein bereits zuvor nach Halbsatz 1 vorangestellter oder angefügter Ehename entfällt. [3]Die Erteilung, Voranstellung oder Anfügung des Namens bedarf der Einwilligung des anderen Elternteils, wenn ihm die elterliche

Sorge gemeinsam mit dem den Namen erteilenden Elternteil zusteht oder das Kind seinen Namen führt, und, wenn das Kind das fünfte Lebensjahr vollendet hat, auch der Einwilligung des Kindes. [4]Das Familiengericht kann die Einwilligung des anderen Elternteils ersetzen, wenn die Erteilung, Voranstellung oder Anfügung des Namens zum Wohl des Kindes erforderlich ist. [5]Die Erklärungen müssen öffentlich beglaubigt werden. [6]§ 1617 c gilt entsprechend.

A. Einbenennung

1 **I. Muster: Zustimmung der Mutter zur Einbenennung des Kindes**

► An das Standesamt ■■■[1]

Ich, Frau ■■■ geb. ■■■ bin die Mutter des Kindes ■■■ geb. ■■■ Vater des Kindes ist Herr ■■■, geb ■■■. Das Kind wurde während meiner Ehe mit Herrn ■■■ geboren. Mit Scheidung der Ehe am ■■■ wurde mir das alleinige Sorgerecht über das Kind übertragen.[2] Ich füge eine Abschrift des Ehescheidungsurteils mit Rechtskraftvermerk bei.

Das Kind lebt in meinem Haushalt.[3]

Seit dem ■■■ bin ich neu verheiratet mit Herrn ■■■. Eine beglaubigte Kopie der Heiratsurkunde liegt bei. Wir führen den Ehenamen ■■■.[4] Wir, die Eheleute ■■■ und ■■■ erteilen hiermit meinem Kind ■■■ den Ehenamen ■■■, so dass das Kind nunmehr ■■■ heißt.[4]

Die Einwilligungserklärung des Kindes liegt bei.[5]

Der Einbenennung stimme ich als Mutter und gesetzliche Vertreterin des Kindes zu.

■■■

Datum, Unterschriften Eheleute und Kind

Beglaubigungsvermerk ◄

II. Erläuterungen

2 [1] **Form.** Zu den Formalien vgl die Erläuterungen des Musters zu § 1617 a Rn 2 ff.

3 [2] **Voraussetzung für die Einbenennung des Kindes** nach Wiederverheiratung ist, dass die Kindesmutter das **alleinige Sorgerecht** hat. Egal ist, wie es zu dem alleinigen Sorgerecht kam. Dies kann etwa bei nichtehelichen Kindern der Fall sein, bei denen keine Sorgeerklärung abgegeben wurde gem. § 1626 a, oder bei ehelichen Kindern, wenn eine Sorgerechtsübertragung durch das Gericht erfolgte gem. § 1666, 1671. Sofern eine **gemeinsame elterliche Sorge** besteht, ist die Einbenennung auch möglich, bedarf aber der Einwilligung des mitsorgeberechtigten Elternteils, § 1618 S. 3.

4 [3] **Voraussetzung** ist weiterhin, dass das Kind **im Haushalt** der neuen Familie lebt (Hk-BGB/*Kemper* § 1618 Rn 3).

5 [4] **Ehenamen.** Das Muster unterstellt, dass zum neuen Ehenamen der Name des neuen Ehemannes bestimmt wurde.

6 [5] **Zustimmung des Kindes.** Das Muster geht davon aus, dass das Kind das 5. Lebensjahr vollendet hat, weshalb es zustimmen muss gem. § 1618 S. 3.

B. Einwilligung des anderen Elternteils in die Einbenennung

I. Muster: Einwilligung des anderen Elternteils in die Einbenennung 7

▶ An das Standesamt[1]

Ich ... geb. ... bin der Vater des Kindes ... geb. ....

Die Mutter des Kindes, Frau ..., ist wieder verheiratet mit Herrn ... und führt nun den Ehenamen ....

Durch Erklärung der Mutter und ihres neuen Ehemannes gegenüber dem Standesamt vom ... haben sie erklärt, dass das Kind zukünftig ... heißen soll.

Einer solchen Einbenennung gem. § 1618 BGB willige ich hiermit ein.

...

Datum, Unterschrift Vater

Beglaubigungsvermerk ◀

II. Erläuterungen

8 [1] Dargestellt wird das Muster einer **Erklärung eines Elternteils**, der **mit der Einbenennung einverstanden** ist. Dabei wird unterstellt, dass der neue Ehename der Mutter derjenige des neuen Ehemannes ist. Zu den Formalien vgl die Erläuterungen des Musters zu § 1617 a Rn 2 ff.

§ 1618 a Pflicht zu Beistand und Rücksicht

Eltern und Kinder sind einander Beistand und Rücksicht schuldig.

§ 1619 Dienstleistungen in Haus und Geschäft

Das Kind ist, solange es dem elterlichen Hausstand angehört und von den Eltern erzogen oder unterhalten wird, verpflichtet, in einer seinen Kräften und seiner Lebensstellung entsprechenden Weise den Eltern in ihrem Hauswesen und Geschäft Dienste zu leisten.

§ 1620 Aufwendungen des Kindes für den elterlichen Haushalt

Macht ein dem elterlichen Hausstand angehörendes volljähriges Kind zur Bestreitung der Kosten des Haushalts aus seinem Vermögen eine Aufwendung oder überlässt es den Eltern zu diesem Zwecke etwas aus seinem Vermögen, so ist im Zweifel anzunehmen, dass die Absicht fehlt, Ersatz zu verlangen.

§§ 1621 bis 1623 (weggefallen)

§ 1624 Ausstattung aus dem Elternvermögen

(1) Was einem Kind mit Rücksicht auf seine Verheiratung oder auf die Erlangung einer selbständigen Lebensstellung zur Begründung oder zur Erhaltung der Wirtschaft oder der Lebensstellung von dem Vater oder der Mutter zugewendet wird (Ausstattung), gilt, auch wenn eine Verpflichtung nicht besteht, nur insoweit als Schenkung, als die Ausstattung das den Umständen, insbesondere den Vermögensverhältnissen des Vaters oder der Mutter, entsprechende Maß übersteigt.

(2) Die Verpflichtung des Ausstattenden zur Gewährleistung wegen eines Mangels im Recht oder wegen eines Fehlers der Sache bestimmt sich, auch soweit die Ausstattung nicht als Schenkung gilt, nach den für die Gewährleistungspflicht des Schenkers geltenden Vorschriften.

§ 1625 Ausstattung aus dem Kindesvermögen

[1]Gewährt der Vater einem Kind, dessen Vermögen kraft elterlicher Sorge, Vormundschaft oder Betreuung seiner Verwaltung unterliegt, eine Ausstattung, so ist im Zweifel anzunehmen, dass er sie aus diesem Vermögen gewährt. [2]Diese Vorschrift findet auf die Mutter entsprechende Anwendung.

Titel 5 Elterliche Sorge

§ 1626 Elterliche Sorge, Grundsätze

(1) [1]Die Eltern haben die Pflicht und das Recht, für das minderjährige Kind zu sorgen (elterliche Sorge). [2]Die elterliche Sorge umfasst die Sorge für die Person des Kindes (Personensorge) und das Vermögen des Kindes (Vermögenssorge).
(2) [1]Bei der Pflege und Erziehung berücksichtigen die Eltern die wachsende Fähigkeit und das wachsende Bedürfnis des Kindes zu selbständigem verantwortungsbewusstem Handeln. [2]Sie besprechen mit dem Kind, soweit es nach dessen Entwicklungsstand angezeigt ist, Fragen der elterlichen Sorge und streben Einvernehmen an.
(3) [1]Zum Wohl des Kindes gehört in der Regel der Umgang mit beiden Elternteilen. [2]Gleiches gilt für den Umgang mit anderen Personen, zu denen das Kind Bindungen besitzt, wenn ihre Aufrechterhaltung für seine Entwicklung förderlich ist.

§ 1626 a Elterliche Sorge nicht miteinander verheirateter Eltern; Sorgeerklärungen

(1) Sind die Eltern bei der Geburt des Kindes nicht miteinander verheiratet, so steht ihnen die elterliche Sorge dann gemeinsam zu, wenn sie
1. erklären, dass sie die Sorge gemeinsam übernehmen wollen (Sorgeerklärungen), oder
2. einander heiraten.

(2) Im Übrigen hat die Mutter die elterliche Sorge.

§ 1626 b Besondere Wirksamkeitsvoraussetzungen der Sorgeerklärung

(1) Eine Sorgeerklärung unter einer Bedingung oder einer Zeitbestimmung ist unwirksam.
(2) Die Sorgeerklärung kann schon vor der Geburt des Kindes abgegeben werden.
(3) Eine Sorgeerklärung ist unwirksam, soweit eine gerichtliche Entscheidung über die elterliche Sorge nach den §§ 1671, 1672 getroffen oder eine solche Entscheidung nach § 1696 Abs. 1 geändert wurde.

§ 1626 c Persönliche Abgabe; beschränkt geschäftsfähiger Elternteil

(1) Die Eltern können die Sorgeerklärungen nur selbst abgeben.
(2) [1]Die Sorgeerklärung eines beschränkt geschäftsfähigen Elternteils bedarf der Zustimmung seines gesetzlichen Vertreters. [2]Die Zustimmung kann nur von diesem selbst abgegeben werden; § 1626 b Abs. 1 und 2 gilt entsprechend. [3]Das Familiengericht hat die Zustimmung auf Antrag des beschränkt geschäftsfähigen Elternteils zu ersetzen, wenn die Sorgeerklärung dem Wohl dieses Elternteils nicht widerspricht.

§ 1626 d Form; Mitteilungspflicht

(1) Sorgeerklärungen und Zustimmungen müssen öffentlich beurkundet werden.
(2) Die beurkundende Stelle teilt die Abgabe von Sorgeerklärungen und Zustimmungen unter Angabe des Geburtsdatums und des Geburtsorts der Kindes sowie des Namens, den das Kind zur Zeit der Beurkundung seiner Geburt geführt hat, dem nach § 87 c Abs. 6 Satz 2 des Achten Buches Sozialgesetzbuch zuständigen Jugendamt zum Zwecke der Auskunftserteilung nach § 58 a des Achten Buches Sozialgesetzbuch unverzüglich mit.

§ 1626 e Unwirksamkeit

Sorgeerklärungen und Zustimmungen sind nur unwirksam, wenn sie den Erfordernissen der vorstehenden Vorschriften nicht genügen.

§ 1627 Ausübung der elterlichen Sorge

[1]Die Eltern haben die elterliche Sorge in eigener Verantwortung und in gegenseitigem Einvernehmen zum Wohl des Kindes auszuüben. [2]Bei Meinungsverschiedenheiten müssen sie versuchen, sich zu einigen.

§ 1628 Gerichtliche Entscheidung bei Meinungsverschiedenheiten der Eltern

[1]Können sich die Eltern in einer einzelnen Angelegenheit oder in einer bestimmten Art von Angelegenheiten der elterlichen Sorge, deren Regelung für das Kind von erheblicher Bedeutung ist, nicht einigen, so kann das Familiengericht auf Antrag eines Elternteils die Entscheidung einem Elternteil übertragen. [2]Die Übertragung kann mit Beschränkungen oder mit Auflagen verbunden werden.

A. Muster: Antrag auf gerichtliche Entscheidung wegen Meinungsverschiedenheiten der Eltern 1

▶ An das Amtsgericht
Familiengericht[1]
■■■

Antrag auf gerichtliche Entscheidung gemäß § 1628 BGB

In der Familiensache
■■■
der Frau ■■■ (Antragstellerin)
Verfahrensbevollmächtigte: ■■■
gegen
Herrn ■■■ (Antragsgegner)
Verfahrensbevollmächtigte: ■■■
zeigen wir unter Bezugnahme auf die im Original beigefügte Vollmacht an, dass wir den Antragsteller vertreten und stellen den Antrag, wie folgt zu beschließen:
Das Recht der elterlichen Sorge für das gemeinsame Kind ■■■, geb. am ■■■, wird für den Teilbereich der medizinischen Versorgung auf die Antragstellerin allein übertragen.[2]

Begründung

Die Parteien waren Eheleute, leben seit ■■■ getrennt und wurden mit Urteil des Amtsgerichts – Familiengericht – ■■■ vom ■■■ geschieden.

Beweis: Kopie des Sitzungsprotokolls der nichtöffentlichen Sitzung vom ■■■; Kopie des Ehescheidungsurteils vom ■■■, Beiziehung der Gerichtsakte des Amtsgerichts – Familiengericht – ■■■, Az: ■■■

Aus der Ehe der Parteien ist unter anderem der am ■■■ geborene Sohn ■■■ hervorgegangen.

■■■ leidet unter dem sogenannten hyperkinetischen Syndrom.

Bereits seit der mehreren Jahren streiten sich die Parteien darüber, wie die Erkrankung ihres jüngsten Sohnes zu behandeln ist.

Die Eltern haben in diesem Bereich der elterlichen Sorge nicht das zur Aufrechterhaltung der elterlichen Sorge erforderliche Mindestmaß an Verständigungsbereitschaft, so dass es zum Wohle des Kindes notwendig ist, das Recht der elterlichen Sorge zu regeln und es auf die Antragstellerin zu übertragen.

Die Parteien finden, trotz mehrjähriger Diskussion über dieses Thema, keinen Grundkonsens über die Frage, auf welche Weise die Aufmerksamkeits- und Aktivitätsstörung zu behandeln ist.

Die Antragstellerin befürwortet, nach ausgiebiger Beratung und Untersuchung des Kindes durch Fachärzte, dem Rat der Ärzte zu folgen, und das hyperkinetische Syndrom von ■■■ medikamentös zu behandeln.

Beweis: Vernehmung des Facharztes für Kinder- und Jugendpsychiatrie und Psychotherapie ■■■

Der Antragsgegner stellt sich dagegen. Er befürwortet, konzeptionslos, eine Absetzung der medikamentösen Behandlung des Kindes und drangsaliert die Antragstellerin insofern in unregelmäßigen Abständen mit Vorwürfen und Schreiben seines anwaltlichen Bevollmächtigten.

Zwischenzeitlich war für einige Zeit Ruhe eingekehrt, bis der Antragsgegner auf die Idee kam, das Thema wieder aufzugreifen, wobei die Beweggründe im Dunklen bleiben, zumal der Antragsgegner positive Wirkung der medikamentösen Behandlung der ADHS-Problematik offenbar auch registriert hatte.

Die Antragstellerin hat sich sogar, um sich nicht den Vorwurf gefallen lassen zu müssen, sie habe nicht zumindest einen anderen Weg versucht, auf Drängen des Antragsgegners und in Absprache mit dem behandelnden Facharzt, dem Zeugen ■■■, dazu bereit erklärt, die maßvoll verabreichten Mittel vorübergehend abzusetzen.

Erwartungsgemäß hat sich diese Vorgehensweise als ein gravierender Fehler herausgestellt und zu einer Verschlechterung des Gesundheitszustands von ■■■ geführt.

■■■ litt sofort wieder erheblich unter den mit seiner Erkrankung einher gehenden Beschwerden. Dies wirkt sich etwa und ganz besonders auf sein Verhalten in der Schule aus. Die Lehrer von ■■■ haben sich auch prompt wieder an die Antragstellerin gewendet, weil sein innerschulisches Verhalten mit der Absetzung der medikamentösen Behandlung sogleich – wieder – inakzeptabel wurde.

Statt nun mit der Antragstellerin eine vernünftige Lösung zu suchen, beauftragte der Antragsgegner abermals seinen Rechtsanwalt, der dem behandelnden Facharzt im Namen des Antragsgegners Klagen auf Akteneinsicht androhte und Spekulationen dazu anstellte, der Zeuge ■■■ habe wohl etwas zu verbergen. Für die gerichtliche Geltendmachung irgendwelcher Ansprüche gegen den Arzt des Vertrauens der Antragstellerin verlangte der Antragsgegner zuletzt sogar auch noch deren Zustimmung.

Die (teilweise) Übertragung des Sorgerechts auf die Antragstellerin ist demnach gerechtfertigt.

Das Gericht hat bei Konflikten der Eltern über die Notwendigkeit einer medizinischen Behandlung darüber zu befinden, wem die Entscheidungskompetenz zukommen soll. Die Einholung eines Sachverständigengutachtens ist insoweit nicht erforderlich (OLG Bamberg FamRZ 2003, 1403 f, für das Gericht in Kopie beigefügt):

Einzig gerechtfertigt ist die Übertragung der Entscheidungskompetenz auf die Antragstellerin.

■■■ lebt, wie seine Geschwister, mit der Antragstellerin zusammen. Diese hat die alltäglichen Probleme mit den Kindern zu bewältigen.

Die Antragstellerin hat ihre Entscheidungen stets unter Einholung ärztlichen und schulpädagogischen Rates getroffen. Soweit ohne Eskalationen möglich, hat sie auch den Antragsgegner eingebunden, der aber – mit Halbwissen aus dem Internet verblendet – wohl eher an einer grundsätzlichen Diskussion des Themas interessiert war, als sich den konkreten Problemen im vorliegenden Fall zu widmen.

■■■ hat sehr unter der aktuellen Lage zu leiden. Wir bitten daher im Namen der Antragstellerin um möglichst zeitnahe Terminsbestimmung.

Beglaubigte und einfache Abschrift sind beigefügt.

■■■

Rechtsanwalt ◄

B. Erläuterungen

2 [1] **Zuständig** ist das Amtsgericht – **Familiengericht** – gemäß § 111 Nr. 2 FamFG. Die gerichtliche Entscheidung nach § 1628 setzt voraus, dass eine einzelne Angelegenheiten oder eine bestimmte Art von Angelegenheiten der elterlichen Sorge betroffen sind.

3 [2] Die **Angelegenheit** muss für das Kind **von erheblicher Bedeutung** sein, was bei der Krankenbehandlung regelmäßig angenommen werden kann (Hk-BGB/*Kemper*, § 1628 Rn 3). Die Parteien können sich einigen, worauf das Gericht gemäß § 156 FamFG hinwirken muss (Hk-BGB/*Kemper*, § 1628 Rn 4). Das Gericht entscheidet nicht in der Sache, sondern überträgt die Entscheidungsbefugnis unter Berücksichtigung der Kindesbelange auf einen Elternteil. Zuständig ist gemäß § 14 Nr. 5 RPflG der Richter des Familiengerichts.

§ 1629 Vertretung des Kindes

(1) [1]Die elterliche Sorge umfasst die Vertretung des Kindes. [2]Die Eltern vertreten das Kind gemeinschaftlich; ist eine Willenserklärung gegenüber dem Kind abzugeben, so genügt die Abgabe gegenüber einem Elternteil. [3]Ein Elternteil vertritt das Kind allein, soweit er die elterliche Sorge allein ausübt oder ihm die Entscheidung nach § 1628 übertragen ist. [4]Bei Gefahr im Verzug ist jeder Elternteil dazu berechtigt, alle Rechtshandlungen vorzunehmen, die zum Wohl des Kindes notwendig sind; der andere Elternteil ist unverzüglich zu unterrichten.
(2) [1]Der Vater und die Mutter können das Kind insoweit nicht vertreten, als nach § 1795 ein Vormund von der Vertretung des Kindes ausgeschlossen ist. [2]Steht die elterliche Sorge für ein Kind den Eltern gemeinsam zu, so kann der Elternteil, in dessen Obhut sich das Kind befindet, Unterhaltsansprüche des Kindes gegen den anderen Elternteil geltend machen. [3]Das Familiengericht kann dem Vater und der Mutter nach § 1796 die Vertretung entziehen; dies gilt nicht für die Feststellung der Vaterschaft.
(2 a) Der Vater und die Mutter können das Kind in einem gerichtlichen Verfahren nach § 1598 a Abs. 2 nicht vertreten.
(3) [1]Sind die Eltern des Kindes miteinander verheiratet, so kann ein Elternteil, solange die Eltern getrennt leben oder eine Ehesache zwischen ihnen anhängig ist, Unterhaltsansprüche des Kindes gegen den anderen Elternteil nur im eigenen Namen geltend machen. [2]Eine von einem Elternteil erwirkte gerichtliche Entscheidung und ein zwischen den Eltern geschlossener gerichtlicher Vergleich wirken auch für und gegen das Kind.

§ 1629 a Beschränkung der Minderjährigenhaftung

(1) [1]Die Haftung für Verbindlichkeiten, die die Eltern im Rahmen ihrer gesetzlichen Vertretungsmacht oder sonstige vertretungsberechtigte Personen im Rahmen ihrer Vertretungsmacht durch Rechtsgeschäft oder eine sonstige Handlung mit Wirkung für das Kind begründet haben, oder die auf Grund eines während der Minderjährigkeit erfolgten Erwerbs von Todes wegen entstanden sind, beschränkt sich auf den Bestand des bei Eintritt der Volljährigkeit vorhandenen Vermögens des Kindes; dasselbe gilt für Verbindlichkeiten aus Rechtsgeschäften, die der Minderjährige gemäß §§ 107, 108 oder § 111 mit Zustimmung seiner Eltern vorgenommen hat oder für Verbindlichkeiten aus Rechtsgeschäften, zu denen die Eltern die Genehmigung des Familiengerichts erhalten haben. [2]Beruft sich der volljährig Gewordene auf die Beschränkung der Haftung, so finden die für die Haftung des Erben geltenden Vorschriften der §§ 1990, 1991 entsprechende Anwendung.
(2) Absatz 1 gilt nicht für Verbindlichkeiten aus dem selbständigen Betrieb eines Erwerbsgeschäfts, soweit der Minderjährige hierzu nach § 112 ermächtigt war, und für Verbindlichkeiten aus Rechtsgeschäften, die allein der Befriedigung seiner persönlichen Bedürfnisse dienten.
(3) Die Rechte der Gläubiger gegen Mitschuldner und Mithaftende, sowie deren Rechte aus einer für die Forderung bestellten Sicherheit oder aus einer deren Bestellung sichernden Vormerkung werden von Absatz 1 nicht berührt.
(4) [1]Hat das volljährig gewordene Mitglied einer Erbengemeinschaft oder Gesellschaft nicht binnen drei Monaten nach Eintritt der Volljährigkeit die Auseinandersetzung des Nachlasses verlangt oder die Kündigung der Gesellschaft erklärt, ist im Zweifel anzunehmen, dass die aus einem solchen Verhältnis herrührende Verbindlichkeit nach dem Eintritt der Volljährigkeit entstanden ist; Entsprechendes gilt für den volljährig gewordenen Inhaber eines Handelsgeschäfts, der dieses nicht binnen drei Monaten nach Eintritt der Volljährigkeit einstellt. [2]Unter den in Satz 1 bezeichneten Voraussetzungen wird ferner vermutet, dass das gegenwärtige Vermögen des volljährig Gewordenen bereits bei Eintritt der Volljährigkeit vorhanden war.

§ 1630 Elterliche Sorge bei Pflegerbestellung oder Familienpflege

(1) Die elterliche Sorge erstreckt sich nicht auf Angelegenheiten des Kindes, für die ein Pfleger bestellt ist.
(2) Steht die Personensorge oder die Vermögenssorge einem Pfleger zu, so entscheidet das Familiengericht, falls sich die Eltern und der Pfleger in einer Angelegenheit nicht einigen können, die sowohl die Person als auch das Vermögen des Kindes betrifft.
(3) [1]Geben die Eltern das Kind für längere Zeit in Familienpflege, so kann das Familiengericht auf Antrag der Eltern oder der Pflegeperson Angelegenheiten der elterlichen Sorge auf die Pflegeperson übertragen. [2]Für die Übertragung auf Antrag der Pflegeperson ist die Zustimmung der Eltern erforderlich. [3]Im Umfang der Übertragung hat die Pflegeperson die Rechte und Pflichten eines Pflegers.

§ 1631 Inhalt und Grenzen der Personensorge

(1) Die Personensorge umfasst insbesondere die Pflicht und das Recht, das Kind zu pflegen, zu erziehen, zu beaufsichtigen und seinen Aufenthalt zu bestimmen.
(2) [1]Kinder haben ein Recht auf gewaltfreie Erziehung. [2]Körperliche Bestrafungen, seelische Verletzungen und andere entwürdigende Maßnahmen sind unzulässig.
(3) Das Familiengericht hat die Eltern auf Antrag bei der Ausübung der Personensorge in geeigneten Fällen zu unterstützen.

§ 1631 a Ausbildung und Beruf

[1]In Angelegenheiten der Ausbildung und des Berufs nehmen die Eltern insbesondere auf Eignung und Neigung des Kindes Rücksicht. [2]Bestehen Zweifel, so soll der Rat eines Lehrers oder einer anderen geeigneten Person eingeholt werden.

§ 1631 b Mit Freiheitsentziehung verbundene Unterbringung

[1]Eine Unterbringung des Kindes, die mit Freiheitsentziehung verbunden ist, bedarf der Genehmigung des Familiengerichts. [2]Die Unterbringung ist zulässig, wenn sie zum Wohl des Kindes, insbesondere zur Abwendung einer erheblichen Selbst- oder Fremdgefährdung, erforderlich ist und der Gefahr nicht auf andere Weise, auch nicht durch andere öffentliche Hilfen, begegnet werden kann. [3]Ohne die Genehmigung ist die Unterbringung nur zulässig, wenn mit dem Aufschub Gefahr verbunden ist; die Genehmigung ist unverzüglich nachzuholen.

§ 1631 c Verbot der Sterilisation

[1]Die Eltern können nicht in eine Sterilisation des Kindes einwilligen. [2]Auch das Kind selbst kann nicht in die Sterilisation einwilligen. [3]§ 1909 findet keine Anwendung.

§ 1632 Herausgabe des Kindes; Bestimmung des Umgangs; Verbleibensanordnung bei Familienpflege

(1) Die Personensorge umfasst das Recht, die Herausgabe des Kindes von jedem zu verlangen, der es den Eltern oder einem Elternteil widerrechtlich vorenthält.
(2) Die Personensorge umfasst ferner das Recht, den Umgang des Kindes auch mit Wirkung für und gegen Dritte zu bestimmen.
(3) Über Streitigkeiten, die eine Angelegenheit nach Absatz 1 oder 2 betreffen, entscheidet das Familiengericht auf Antrag eines Elternteils.
(4) Lebt das Kind seit längerer Zeit in Familienpflege und wollen die Eltern das Kind von der Pflegeperson wegnehmen, so kann das Familiengericht von Amts wegen oder auf Antrag der Pflegeperson anordnen, dass das Kind bei der Pflegeperson verbleibt, wenn und solange das Kindeswohl durch die Wegnahme gefährdet würde.

§ 1633 Personensorge für verheirateten Minderjährigen

Die Personensorge für einen Minderjährigen, der verheiratet ist oder war, beschränkt sich auf die Vertretung in den persönlichen Angelegenheiten.

§§ 1634 bis 1637 (weggefallen)

§ 1638 Beschränkung der Vermögenssorge

(1) Die Vermögenssorge erstreckt sich nicht auf das Vermögen, welches das Kind von Todes wegen erwirbt oder welches ihm unter Lebenden unentgeltlich zugewendet wird, wenn der Erblasser durch letztwillige Verfügung, der Zuwendende bei der Zuwendung bestimmt hat, dass die Eltern das Vermögen nicht verwalten sollen.
(2) Was das Kind auf Grund eines zu einem solchen Vermögen gehörenden Rechts oder als Ersatz für die Zerstörung, Beschädigung oder Entziehung eines zu dem Vermögen gehörenden Gegenstands oder durch ein Rechtsgeschäft erwirbt, das sich auf das Vermögen bezieht, können die Eltern gleichfalls nicht verwalten.
(3) [1]Ist durch letztwillige Verfügung oder bei der Zuwendung bestimmt, dass ein Elternteil das Vermögen nicht verwalten soll, so verwaltet es der andere Elternteil. [2]Insoweit vertritt dieser das Kind.

§ 1639 Anordnungen des Erblassers oder Zuwendenden

(1) Was das Kind von Todes wegen erwirbt oder was ihm unter Lebenden unentgeltlich zugewendet wird, haben die Eltern nach den Anordnungen zu verwalten, die durch letztwillige Verfügung oder bei der Zuwendung getroffen worden sind.
(2) Die Eltern dürfen von den Anordnungen insoweit abweichen, als es nach § 1803 Abs. 2, 3 einem Vormund gestattet ist.

§ 1640 Vermögensverzeichnis

(1) [1]Die Eltern haben das ihrer Verwaltung unterliegende Vermögen, welches das Kind von Todes wegen erwirbt, zu verzeichnen, das Verzeichnis mit der Versicherung der Richtigkeit und Vollständigkeit zu versehen und dem

Familiengericht einzureichen. [2]Gleiches gilt für Vermögen, welches das Kind sonst anläßlich eines Sterbefalls erwirbt, sowie für Abfindungen, die anstelle von Unterhalt gewährt werden, und unentgeltliche Zuwendungen. [3]Bei Haushaltsgegenständen genügt die Angabe des Gesamtwertes.
(2) Absatz 1 gilt nicht,
1. wenn der Wert eines Vermögenserwerbes 15 000 Euro nicht übersteigt oder
2. soweit der Erblasser durch letztwillige Verfügung oder der Zuwendende bei der Zuwendung eine abweichende Anordnung getroffen hat.

(3) Reichen die Eltern entgegen Absatz 1, 2 ein Verzeichnis nicht ein oder ist das eingereichte Verzeichnis ungenügend, so kann das Familiengericht anordnen, dass das Verzeichnis durch eine zuständige Behörde oder einen zuständigen Beamten oder Notar aufgenommen wird.

§ 1641 Schenkungsverbot

[1]Die Eltern können nicht in Vertretung des Kindes Schenkungen machen. [2]Ausgenommen sind Schenkungen, durch die einer sittlichen Pflicht oder einer auf den Anstand zu nehmenden Rücksicht entsprochen wird.

§ 1642 Anlegung von Geld

Die Eltern haben das ihrer Verwaltung unterliegende Geld des Kindes nach den Grundsätzen einer wirtschaftlichen Vermögensverwaltung anzulegen, soweit es nicht zur Bestreitung von Ausgaben bereitzuhalten ist.

§ 1643 Genehmigungspflichtige Rechtsgeschäfte

(1) Zu Rechtsgeschäften für das Kind bedürfen die Eltern der Genehmigung des Familiengerichts in den Fällen, in denen nach § 1821 und nach § 1822 Nr. 1, 3, 5, 8 bis 11 ein Vormund der Genehmigung bedarf.
(2) [1]Das Gleiche gilt für die Ausschlagung einer Erbschaft oder eines Vermächtnisses sowie für den Verzicht auf einen Pflichtteil. [2]Tritt der Anfall an das Kind erst infolge der Ausschlagung eines Elternteils ein, der das Kind allein oder gemeinsam mit dem anderen Elternteil vertritt, so ist die Genehmigung nur erforderlich, wenn dieser neben dem Kind berufen war.
(3) Die Vorschriften der §§ 1825, 1828 bis 1831 sind entsprechend anzuwenden.

§ 1644 Überlassung von Vermögensgegenständen an das Kind

Die Eltern können Gegenstände, die sie nur mit Genehmigung des Familiengerichts veräußern dürfen, dem Kind nicht ohne diese Genehmigung zur Erfüllung eines von dem Kind geschlossenen Vertrags oder zu freier Verfügung überlassen.

§ 1645 Neues Erwerbsgeschäft

Die Eltern sollen nicht ohne Genehmigung des Familiengerichts ein neues Erwerbsgeschäft im Namen des Kindes beginnen.

§ 1646 Erwerb mit Mitteln des Kindes

(1) [1]Erwerben die Eltern mit Mitteln des Kindes bewegliche Sachen, so geht mit dem Erwerb das Eigentum auf das Kind über, es sei denn, dass die Eltern nicht für Rechnung des Kindes erwerben wollen. [2]Dies gilt insbesondere auch von Inhaberpapieren und von Orderpapieren, die mit Blankoindossament versehen sind.
(2) Die Vorschriften des Absatzes 1 sind entsprechend anzuwenden, wenn die Eltern mit Mitteln des Kindes ein Recht an Sachen der bezeichneten Art oder ein anderes Recht erwerben, zu dessen Übertragung der Abtretungsvertrag genügt.

§ 1647 (weggefallen)

§ 1648 Ersatz von Aufwendungen

Machen die Eltern bei der Ausübung der Personensorge oder der Vermögenssorge Aufwendungen, die sie den Umständen nach für erforderlich halten dürfen, so können sie von dem Kind Ersatz verlangen, sofern nicht die Aufwendungen ihnen selbst zur Last fallen.

§ 1649 Verwendung der Einkünfte des Kindesvermögens

(1) [1]Die Einkünfte des Kindesvermögens, die zur ordnungsmäßigen Verwaltung des Vermögens nicht benötigt werden, sind für den Unterhalt des Kindes zu verwenden. [2]Soweit die Vermögenseinkünfte nicht ausreichen, können die Einkünfte verwendet werden, die das Kind durch seine Arbeit oder durch den ihm nach § 112 gestatteten selbständigen Betrieb eines Erwerbsgeschäfts erwirbt.
(2) [1]Die Eltern können die Einkünfte des Vermögens, die zur ordnungsmäßigen Verwaltung des Vermögens und für den Unterhalt des Kindes nicht benötigt werden, für ihren eigenen Unterhalt und für den Unterhalt der minderjährigen unverheirateten Geschwister des Kindes verwenden, soweit dies unter Berücksichtigung der Vermögens- und Erwerbsverhältnisse der Beteiligten der Billigkeit entspricht. [2]Diese Befugnis erlischt mit der Eheschließung des Kindes.

§§ 1650 bis 1663 (weggefallen)

§ 1664 Beschränkte Haftung der Eltern

(1) Die Eltern haben bei der Ausübung der elterlichen Sorge dem Kind gegenüber nur für die Sorgfalt einzustehen, die sie in eigenen Angelegenheiten anzuwenden pflegen.
(2) Sind für einen Schaden beide Eltern verantwortlich, so haften sie als Gesamtschuldner.

§ 1665 (weggefallen)

§ 1666 Gerichtliche Maßnahmen bei Gefährdung des Kindeswohls

(1) Wird das körperliche, geistige oder seelische Wohl des Kindes oder sein Vermögen gefährdet und sind die Eltern nicht gewillt oder nicht in der Lage, die Gefahr abzuwenden, so hat das Familiengericht die Maßnahmen zu treffen, die zur Abwendung der Gefahr erforderlich sind.
(2) In der Regel ist anzunehmen, dass das Vermögen des Kindes gefährdet ist, wenn der Inhaber der Vermögenssorge seine Unterhaltspflicht gegenüber dem Kind oder seine mit der Vermögenssorge verbundenen Pflichten verletzt oder Anordnungen des Gerichts, die sich auf die Vermögenssorge beziehen, nicht befolgt.
(3) Zu den gerichtlichen Maßnahmen nach Absatz 1 gehören insbesondere

1. Gebote, öffentliche Hilfen wie zum Beispiel Leistungen der Kinder- und Jugendhilfe und der Gesundheitsfürsorge in Anspruch zu nehmen,
2. Gebote, für die Einhaltung der Schulpflicht zu sorgen,
3. Verbote, vorübergehend oder auf unbestimmte Zeit die Familienwohnung oder eine andere Wohnung zu nutzen, sich in einem bestimmten Umkreis der Wohnung aufzuhalten oder zu bestimmende andere Orte aufzusuchen, an denen sich das Kind regelmäßig aufhält,
4. Verbote, Verbindung zum Kind aufzunehmen oder ein Zusammentreffen mit dem Kind herbeizuführen,
5. die Ersetzung von Erklärungen des Inhabers der elterlichen Sorge,
6. die teilweise oder vollständige Entziehung der elterlichen Sorge.

(4) In Angelegenheiten der Personensorge kann das Gericht auch Maßnahmen mit Wirkung gegen einen Dritten treffen.

§ 1666 a Grundsatz der Verhältnismäßigkeit; Vorrang öffentlicher Hilfen

(1) [1]Maßnahmen, mit denen eine Trennung des Kindes von der elterlichen Familie verbunden ist, sind nur zulässig, wenn der Gefahr nicht auf andere Weise, auch nicht durch öffentliche Hilfen, begegnet werden kann. [2]Dies gilt auch, wenn einem Elternteil vorübergehend oder auf unbestimmte Zeit die Nutzung der Familienwohnung untersagt werden soll. [3]Wird einem Elternteil oder einem Dritten die Nutzung der vom Kind mitbewohnten oder einer anderen Wohnung untersagt, ist bei der Bemessung der Dauer der Maßnahme auch zu berücksichtigen, ob diesem das Eigentum, das Erbbaurecht oder der Nießbrauch an dem Grundstück zusteht, auf dem sich die Wohnung befindet; Entsprechendes gilt für das Wohnungseigentum, das Dauerwohnrecht, das dingliche Wohnrecht oder wenn der Elternteil oder Dritte Mieter der Wohnung ist.
(2) Die gesamte Personensorge darf nur entzogen werden, wenn andere Maßnahmen erfolglos geblieben sind oder wenn anzunehmen ist, dass sie zur Abwendung der Gefahr nicht ausreichen.

§ 1667 Gerichtliche Maßnahmen bei Gefährdung des Kindesvermögens

(1) [1]Das Familiengericht kann anordnen, dass die Eltern ein Verzeichnis des Vermögens des Kindes einreichen und über die Verwaltung Rechnung legen. [2]Die Eltern haben das Verzeichnis mit der Versicherung der Richtigkeit und

Vollständigkeit zu versehen. [3]Ist das eingereichte Verzeichnis ungenügend, so kann das Familiengericht anordnen, dass das Verzeichnis durch eine zuständige Behörde oder durch einen zuständigen Beamten oder Notar aufgenommen wird.

(2) [1]Das Familiengericht kann anordnen, dass das Geld des Kindes in bestimmter Weise anzulegen und dass zur Abhebung seine Genehmigung erforderlich ist. [2]Gehören Wertpapiere, Kostbarkeiten oder Schuldbuchforderung gegen den Bund oder ein Land zum Vermögen des Kindes, so kann das Familiengericht dem Elternteil, der das Kind vertritt, die gleichen Verpflichtungen auferlegen, die nach §§ 1814 bis 1816, 1818 einem Vormund obliegen; die §§ 1819, 1820 sind entsprechend anzuwenden.

(3) [1]Das Familiengericht kann dem Elternteil, der das Vermögen des Kindes gefährdet, Sicherheitsleistung für das seiner Verwaltung unterliegende Vermögen auferlegen. [2]Die Art und den Umfang der Sicherheitsleistung bestimmt das Familiengericht nach seinem Ermessen. [3]Bei der Bestellung und Aufhebung der Sicherheit wird die Mitwirkung des Kindes durch die Anordnung des Familiengerichts ersetzt. [4]Die Sicherheitsleistung darf nur dadurch erzwungen werden, dass die Vermögenssorge gemäß § 1666 Abs. 1 ganz oder teilweise entzogen wird.

(4) Die Kosten der angeordneten Maßnahmen trägt der Elternteil, der sie veranlasst hat.

§§ 1668 bis 1670 (weggefallen)

§ 1671 Getrenntleben bei gemeinsamer elterlicher Sorge

(1) Leben Eltern, denen die elterliche Sorge gemeinsam zusteht, nicht nur vorübergehend getrennt, so kann jeder Elternteil beantragen, dass ihm das Familiengericht die elterliche Sorge oder einen Teil der elterlichen Sorge allein überträgt.

(2) Dem Antrag ist stattzugeben, soweit

1. der andere Elternteil zustimmt, es sei denn, dass das Kind das 14. Lebensjahr vollendet hat und der Übertragung widerspricht, oder
2. zu erwarten ist, dass die Aufhebung der gemeinsamen Sorge und die Übertragung auf den Antragsteller dem Wohl des Kindes am besten entspricht.

(3) Dem Antrag ist nicht stattzugeben, soweit die elterliche Sorge auf Grund anderer Vorschriften abweichend geregelt werden muss.

A. Muster: Antrag auf Übertragung des alleinigen Sorgerechts 1

► An das Amtsgericht 992

Familiengericht[1]

■■■

Antrag auf Übertragung der elterlichen Sorge

In der Familiensache[2]

■■■

der Frau ■■■ (Antragstellerin)

Verfahrensbevollmächtigte: ■■■

gegen

Herrn ■■■ (Antragsgegner)

Verfahrensbevollmächtigte: ■■■

stellen wir die Folgesache elterliche Sorge in den Scheidungsverbund und beantragen, wie folgt zu entscheiden:

1. Die alleinige elterliche Sorge für den gemeinsamen Sohn der Beteiligten ■■■, geboren am ■■■, wird der Antragstellerin übertragen.[3]

2. Der Antragstellerin wird auf für die Folgesache elterliche Sorge Verfahrenskostenhilfe unter Beiordnung des Unterzeichners bewilligt.

Begründung

Nach der Trennung der Parteien im Jahre ▪▪▪ hatte der Antragsgegner zunächst regelmäßigen Umgang mit ▪▪▪ Dann einigte man sich darauf, dass der Antragsgegner das Kind alle 14 Tage am Wochenende von Freitag bis Sonntag zu sich nimmt. Bis etwa Anfang ▪▪▪ nahm der Antragsgegner seinen Sohn schließlich alle 14 Tage am Wochenende von Samstag bis Sonntag zu sich. Ab Anfang ▪▪▪ holte der Antragsgegner ▪▪▪ ohne ersichtlichen Grund nicht mehr ab.

Da die Antragstellerin grundsätzlich einen regelmäßigen Umgang zwischen ▪▪▪ und seinem Vater für wichtig hält, hat Sie in der Folgezeit versucht, den Antragsgegner dazu zu bewegen, die Umgangskontakte wieder aufzunehmen.

Der Antragsgegner hat erklärt, er wolle „mit diesem Kapitel abschließen". Er wolle keinen Umgang mehr mit seinem Sohn pflegen und an einer Aufrechterhaltung der gemeinsamen elterlichen Sorge sei er auch nicht interessiert.

Bei dieser Sachlage ist eine Beibehaltung der gemeinsamen Sorge weder unter Kindeswohlaspekten sinnvoll noch der Antragstellerin zuzumuten.

Der Antragsgegner wird dem gestellten Sorgeantrag zustimmen, dem somit gemäß § 1671 Abs. 2 Nr. 1 BGB stattzugeben ist.

▪▪▪

Rechtsanwalt ◄

B. Erläuterungen

2 [1] **Zuständig** ist für die Entscheidung der Richter gemäß § 14 Abs. 1 Nr. 15 RPflG. Wir die Entscheidung wie hier, im Zusammenhang mit einem Ehescheidungsverfahren getroffen, wird sie als **auf Antrag als Verbundsache gemäß § 137 FamFG** behandelt, so dass eine Entscheidung im Verbund ergeht. Die **Anhörungsrechte** (Kind, Eltern, Pflegepersonen, Jugendamt) ergeben sich aus den §§ 159-162 FamFG.

3 [2] Das Erfordernis eines Antrags für die Verbindung mit dem Ehescheidungsverfahren ergibt sich aus dem mit der Einführung des FamFG für **Kindschaftssachen** betonten **Beschleunigungsgebot**, so dass es sich nunmehr grundsätzlich anbietet, einen isolierten Antrag zu stellen. Im vorliegend gebildeten Fall besteht kein Eilbedürfnis, weil der Kindesvater sich ohnehin um nichts kümmerte und daher eine einheitliche Entscheidung im Verbund einen geringeren Aufwand mit sich bringt.

4 [3] Liegen die Voraussetzungen für die Sorgerechtsübertragung gemäß § 1671 vor, erlischt mit dem entsprechenden Beschluss des Gerichts das Sorgerecht des anderen Elternteils (Hk-BGB/*Kemper*, § 1671 Rn 11).

§ 1672 Getrenntleben bei elterlicher Sorge der Mutter

(1) [1]Leben die Eltern nicht nur vorübergehend getrennt und steht die elterliche Sorge nach § 1626 a Abs. 2 der Mutter zu, so kann der Vater mit Zustimmung der Mutter beantragen, dass ihm das Familiengericht die elterliche Sorge oder einen Teil der elterlichen Sorge allein überträgt. [2]Dem Antrag ist stattzugeben, wenn die Übertragung dem Wohl des Kindes dient.

(2) [1]Soweit eine Übertragung nach Absatz 1 stattgefunden hat, kann das Familiengericht auf Antrag eines Elternteils mit Zustimmung des anderen Elternteils entscheiden, dass die elterliche Sorge den Eltern gemeinsam zusteht, wenn dies dem Wohl des Kindes nicht widerspricht. [2]Das gilt auch, soweit die Übertragung nach Absatz 1 wieder aufgehoben wurde.

§ 1673 Ruhen der elterlichen Sorge bei rechtlichem Hindernis

(1) Die elterliche Sorge eines Elternteils ruht, wenn er geschäftsunfähig ist.
(2) [1]Das Gleiche gilt, wenn er in der Geschäftsfähigkeit beschränkt ist. [2]Die Personensorge für das Kind steht ihm neben dem gesetzlichen Vertreter des Kindes zu; zur Vertretung des Kindes ist er nicht berechtigt. [3]Bei einer Meinungsverschiedenheit geht die Meinung des minderjährigen Elternteils vor, wenn der gesetzliche Vertreter des Kindes ein Vormund oder Pfleger ist; andernfalls gelten § 1627 Satz 2 und § 1628.

§ 1674 Ruhen der elterlichen Sorge bei tatsächlichem Hindernis

(1) Die elterliche Sorge eines Elternteils ruht, wenn das Familiengericht feststellt, dass er auf längere Zeit die elterliche Sorge tatsächlich nicht ausüben kann.
(2) Die elterliche Sorge lebt wieder auf, wenn das Familiengericht feststellt, dass der Grund des Ruhens nicht mehr besteht.

§ 1675 Wirkung des Ruhens

Solange die elterliche Sorge ruht, ist ein Elternteil nicht berechtigt, sie auszuüben.

§ 1676 (weggefallen)

§ 1677 Beendigung der Sorge durch Todeserklärung

Die elterliche Sorge eines Elternteils endet, wenn er für tot erklärt oder seine Todeszeit nach den Vorschriften des Verschollenheitsgesetzes festgestellt wird, mit dem Zeitpunkt, der als Zeitpunkt des Todes gilt.

§ 1678 Folgen der tatsächlichen Verhinderung oder des Ruhens für den anderen Elternteil

(1) Ist ein Elternteil tatsächlich verhindert, die elterliche Sorge auszuüben, oder ruht seine elterliche Sorge, so übt der andere Teil die elterliche Sorge allein aus; dies gilt nicht, wenn die elterliche Sorge dem Elternteil nach § 1626 a Abs. 2, § 1671 oder § 1672 Abs. 1 allein zustand.
(2) Ruht die elterliche Sorge des Elternteils, dem sie nach § 1626 a Abs. 2 allein zustand, und besteht keine Aussicht, dass der Grund des Ruhens wegfallen werde, so hat das Familiengericht die elterliche Sorge dem anderen Elternteil zu übertragen, wenn dies dem Wohl des Kindes dient.

§ 1679 (weggefallen)

§ 1680 Tod eines Elternteils oder Entziehung des Sorgerechts

(1) Stand die elterliche Sorge den Eltern gemeinsam zu und ist ein Elternteil gestorben, so steht die elterliche Sorge dem überlebenden Elternteil zu.
(2) [1]Ist ein Elternteil, dem die elterliche Sorge gemäß § 1671 oder § 1672 Abs. 1 allein zustand, gestorben, so hat das Familiengericht die elterliche Sorge dem überlebenden Elternteil zu übertragen, wenn dies dem Wohl des Kindes nicht widerspricht. [2]Stand die elterliche Sorge der Mutter gemäß § 1626 a Abs. 2 allein zu, so hat das Familiengericht die elterliche Sorge dem Vater zu übertragen, wenn dies dem Wohl des Kindes dient.
(3) Absatz 1 und Absatz 2 Satz 2 gelten entsprechend, soweit einem Elternteil, dem die elterliche Sorge gemeinsam mit dem anderen Elternteil oder gemäß § 1626 a Abs. 2 allein zustand, die elterliche Sorge entzogen wird.

§ 1681 Todeserklärung eines Elternteils

(1) § 1680 Abs. 1 und 2 gilt entsprechend, wenn die elterliche Sorge eines Elternteils endet, weil er für tot erklärt oder seine Todeszeit nach den Vorschriften des Verschollenheitsgesetzes festgestellt worden ist.
(2) Lebt dieser Elternteil noch, so hat ihm das Familiengericht auf Antrag die elterliche Sorge in dem Umfang zu übertragen, in dem sie ihm vor dem nach § 1677 maßgebenden Zeitpunkt zustand, wenn dies dem Wohl des Kindes nicht widerspricht.

§ 1682 Verbleibensanordnung zugunsten von Bezugspersonen

[1]Hat das Kind seit längerer Zeit in einem Haushalt mit einem Elternteil und dessen Ehegatten gelebt und will der andere Elternteil, der nach den §§ 1678, 1680, 1681 den Aufenthalt des Kindes nunmehr allein bestimmen kann,

das Kind von dem Ehegatten wegnehmen, so kann das Familiengericht von Amts wegen oder auf Antrag des Ehegatten anordnen, dass das Kind bei dem Ehegatten verbleibt, wenn und solange das Kindeswohl durch die Wegnahme gefährdet würde. [2]Satz 1 gilt entsprechend, wenn das Kind seit längerer Zeit in einem Haushalt mit einem Elternteil und dessen Lebenspartner oder einer nach § 1685 Abs. 1 umgangsberechtigten volljährigen Person gelebt hat.

§ 1683 (aufgehoben)

§ 1684 Umgang des Kindes mit den Eltern

(1) Das Kind hat das Recht auf Umgang mit jedem Elternteil; jeder Elternteil ist zum Umgang mit dem Kind verpflichtet und berechtigt.
(2) [1]Die Eltern haben alles zu unterlassen, was das Verhältnis des Kindes zum jeweils anderen Elternteil beeinträchtigt oder die Erziehung erschwert. [2]Entsprechendes gilt, wenn sich das Kind in der Obhut einer anderen Person befindet.
(3) [1]Das Familiengericht kann über den Umfang des Umgangsrechts entscheiden und seine Ausübung, auch gegenüber Dritten, näher regeln. [2]Es kann die Beteiligten durch Anordnungen zur Erfüllung der in Absatz 2 geregelten Pflicht anhalten. [3]Wird die Pflicht nach Absatz 2 dauerhaft oder wiederholt erheblich verletzt, kann das Familiengericht auch eine Pflegschaft für die Durchführung des Umgangs anordnen (Umgangspflegschaft). [4]Die Umgangspflegschaft umfasst das Recht, die Herausgabe des Kindes zur Durchführung des Umgangs zu verlangen und für die Dauer des Umgangs dessen Aufenthalt zu bestimmen. [5]Die Anordnung ist zu befristen. [6]Für den Ersatz von Aufwendungen und die Vergütung des Umgangspflegers gilt § 277 des Gesetzes über das Verfahren in Familiensachen und in den Angelegenheiten der freiwilligen Gerichtsbarkeit entsprechend.
(4) [1]Das Familiengericht kann das Umgangsrecht oder den Vollzug früherer Entscheidungen über das Umgangsrecht einschränken oder ausschließen, soweit dies zum Wohl des Kindes erforderlich ist. [2]Eine Entscheidung, die das Umgangsrecht oder seinen Vollzug für längere Zeit oder auf Dauer einschränkt oder ausschließt, kann nur ergehen, wenn andernfalls das Wohl des Kindes gefährdet wäre. [3]Das Familiengericht kann insbesondere anordnen, dass der Umgang nur stattfinden darf, wenn ein mitwirkungsbereiter Dritter anwesend ist. [4]Dritter kann auch ein Träger der Jugendhilfe oder ein Verein sein; dieser bestimmt dann jeweils, welche Einzelperson die Aufgabe wahrnimmt.

1 A. Muster: Antrag auf Regelung des Umgangs durch einstweilige Anordnung

▶ An das Amtsgericht
Familiengericht

■■■

Antrag auf einstweilige Umgangsregelung

In der Familiensache

■■■

des Herrn ■■■ (Antragsteller)
Verfahrensbevollmächtigte: ■■■
gegen
Frau ■■■ (Antragsgegnerin)
Verfahrensbevollmächtigte: ■■■

zeigen wir unter Bezugnahme auf die im Original beigefügte Vollmacht an, dass wir den Antragsteller vertreten und stellen den Antrag, wie folgt zu beschließen:

Durch einstweilige Anordnung[1] wird der Umgang zwischen den Kindern der Parteien und dem Antragsteller wie folgt geregelt:

Der Antragsteller ist berechtigt, die Kinder ▪▪▪, geboren am ▪▪▪, und ▪▪▪, geboren am ▪▪▪, wie folgt zu sich zu nehmen:

a) Im vierzehntägigen Turnus jeweils von samstags 14.00 Uhr bis sonntags 18.00 Uhr.
b) An Weihnachten, Ostern und Pfingsten jeweils am zweiten Feiertag von 9.00 Uhr bis 18.00 Uhr.
c) In den Sommerferien zusammenhängend 2 Wochen, wobei der Zeitraum der Antragsgegnerin mindestens zwei Monate vor Beginn der Sommerferien vom Antragsteller bekannt zu geben ist.
d) In den Weihnachtsferien zusammenhängend eine Woche, wobei der Zeitraum der Antragsgegnerin mindestens zwei Monate vor Beginn der Weihnachtsferien vom Antragsteller bekannt zu geben ist.
e) Fällt der unter a) geregelte Umgang wegen Erkrankung des oder der Kinder oder aus einem sonstigen wichtigen Grund aus, ist der Antragsteller berechtigt, den Umgang mit den Kindern am darauffolgenden bzw am nächstmöglichen Wochenende nachzuholen. Der Turnus verschiebt sich dadurch nicht.

Wir regen außerdem an, den Kindern ▪▪▪, geboren am ▪▪▪, und ▪▪▪, geboren am ▪▪▪, in diesem Verfahren einen Verfahrensbeistand gemäß § 158 FamFG zu bestellen.[2]

Begründung[3]

Wir beziehen uns zunächst auf die Erörterungen in dem Gerichtstermin am ▪▪▪

Der Antragsteller teilt nun folgenden Sachverhalt mit:

„Seit dem Gerichtstermin hat sich die Umgangssituation nicht verbessert. Insbesondere bereitet meine Ehefrau die Kinder nicht positiv auf eventuelle Umgangskontakte mit mir vor. Im Gegenteil, sie vereitelt sie.

Am ▪▪▪ habe ich nur Umgang mit ▪▪▪ wahrnehmen können.

Am ▪▪▪ waren wir dann zur Absprache des Umgangs bei Frau ▪▪▪ vom Jugendamt. Es wurden als Umgangstage zunächst folgende Termine abgesprochen:

▪▪▪

Am ▪▪▪ bin habe ich mich dann zusammen zur Wohnung meiner Ehefrau begeben. ▪▪▪ und ▪▪▪ waren nicht für die Übergabe vorbereitet. Stattdessen deckte meine Ehefrau gerade einmal um 10.00 Uhr den Tisch zum Frühstück für die Kinder und erklärte, die Kinder kämen nicht mit. Ich wendete mich an Frau ▪▪▪ vom Jugendamt, die mir drauf riet, mich an meinen Rechtsanwalt zu wenden.

Den nächsten und leider letzten Umgangskontakt hatte ich am ▪▪▪, als ich meine Kinder im Kindergarten besucht habe. Da haben wir schön miteinander gespielt. ▪▪▪ sagte dann aber irgendwann zu mir: „Jetzt musst Du aber besser gehen, Papa. Die Mama macht sonst Ärger." Am ▪▪▪ bin ich dann zum abgesprochenen Termin zur Wohnung meiner Ehefrau gefahren, um die Kinder abzuholen. Zunächst hieß es, die Kinder seien noch nicht fertig. Nach ca. 10 Minuten teilte mir meine Ehefrau mir mit, die Kinder wollten nicht mit.

Ergänzend noch folgende Information:

Am ▪▪▪ hatten wir den ersten Termin bei der Beratungsstelle, wie in dem Gerichtstermin am ▪▪▪ abgesprochen. In dem Termin erklärte meine Ehefrau aus heiterem Himmel, sie wolle mir die Kinder nicht persönlich übergeben, weil sie Angst habe, ich wolle sie ermorden. Sie stellte sich vor, die Kinder Polizeibeamten in Zivil übergeben zu wollen. Diese plötzlich geäußerten Ängste meiner Ehefrau kamen für mich auch deswegen völlig überraschend, weil sie zu dem Termin hin noch bereitwillig in mein Auto eingestiegen war. Ich hatte da die Hoffnung, dass wir im Sinne der Kinder vielleicht einen positiven Neuanfang für den Umgang miteinander gefunden haben könnten. Umso überraschter war ich, als meine Frau sich dann gegenüber dem Therapeuten so negativ äußerte."

Zur Glaubhaftmachung dieses Sachverhaltes verweisen wir auf die beigefügte Eidesstattliche Versicherung des Antragstellers.

Nach alledem ist zur Vermeidung einer Entfremdung zwischen den Kindern und dem Antragsteller, die bislang ein inniges Verhältnis zu ihm haben, die beantragte einstweilige Anordnung zum Umgang zu erlassen.

Da die Antragsgegnerin offenbar vehement versucht, die Kinder zu beeinflussen, halten wir die Bestellung eines Verfahrensbeistandes gemäß § 158 FamFG für angebracht.

■■■

Rechtsanwalt ◄

B. Erläuterungen

2 [1] Die **einstweilige Anordnung** zur Regelung des Umgangs ist gemäß § 57 Abs. 1 FamFG **unanfechtbar**. Grund dafür ist, dass der Umgang der Kinder mit den Eltern oder anderen unterhaltsberechtigten Personen, zu denen das Kind eine Bindung hat, regelmäßig dem Wohl des Kindes entspricht (vgl § 1626 Abs. 3). Im Gesetzgebungsverfahren wurde es letztendlich als **ausreichende Rechtsschutzmöglichkeit** angesehen, dass die Einleitung des Hauptverfahrens nach § 52 Abs. 1 FamFG beantragt werden kann. Kindschaftssachen unterliegen dem **Vorrang- und Beschleunigungsgebot** des § 155 FamFG.

3 [2] Die **Beiordnung eines Verfahrensbeistandes** (früher: Verfahrenspfleger) ist insbesondere in den im Katalog des § 158 Abs. 2 FamFG genannten Regelfällen angezeigt.

4 [3] Voraussetzung für den Erlass einer einstweiligen Verfügung ist ein Verfügungsanspruch **und ein Verfügungsgrund**. Ein dringendes Bedürfnis für eine Regelung muss gegeben sein. Dies ist allerdings bei der Darstellung einer Umgangsvereitelung ersichtlich gegeben.

5 Sofern ein Hauptsacheverfahren neben dem Verfahren auf Erlass einer einstweiligen Anordnung anhängig gemacht wird, bleiben die **Verfahren selbständig**, § 51 Abs. 3 S. 1 FamFG. Das Gericht kann dies gemäß § 52 Abs. 1 S. 2 FamFG unterbinden, indem es bestimmt, dass vor Ablauf einer **vom Gericht bestimmten Frist** die Einleitung eines Hauptverfahrens unzulässig ist.

6 Nach § 54 Abs. 1 S. 1 FamFG kann das Gericht die Entscheidung im einstweiligen Anordnungsverfahren jederzeit **von Amts wegen aufheben und abändern**. Sollte die einstweilige Anordnung **ohne mündliche Verhandlung** erlassen worden sein, muss auf Antrag eine mündliche Verhandlung anberaumt werden und erneut entschieden werden, § 54 Abs. 1 S. 1 FamFG.

§ 1685 Umgang des Kindes mit anderen Bezugspersonen

(1) Großeltern und Geschwister haben ein Recht auf Umgang mit dem Kind, wenn dieser dem Wohl des Kindes dient.

(2) [1]Gleiches gilt für enge Bezugspersonen des Kindes, wenn diese für das Kind tatsächliche Verantwortung tragen oder getragen haben (sozial-familiäre Beziehung). [2]Eine Übernahme tatsächlicher Verantwortung ist in der Regel anzunehmen, wenn die Person mit dem Kind längere Zeit in häuslicher Gemeinschaft zusammengelebt hat.

(3) [1]§ 1684 Abs. 2 bis 4 gilt entsprechend. [2]Eine Umgangspflegschaft nach § 1684 Abs. 3 Satz 3 bis 5 kann das Familiengericht nur anordnen, wenn die Voraussetzungen des § 1666 Abs. 1 erfüllt sind.

§ 1686 Auskunft über die persönlichen Verhältnisse des Kindes

[1]Jeder Elternteil kann vom anderen Elternteil bei berechtigtem Interesse Auskunft über die persönlichen Verhältnisse des Kindes verlangen, soweit dies dem Wohl des Kindes nicht widerspricht. [2]Über Streitigkeiten entscheidet das Familiengericht.

§ 1687 Ausübung der gemeinsamen Sorge bei Getrenntleben

(1) [1]Leben Eltern, denen die elterliche Sorge gemeinsam zusteht, nicht nur vorübergehend getrennt, so ist bei Entscheidungen in Angelegenheiten, deren Regelung für das Kind von erheblicher Bedeutung ist, ihr gegenseitiges Einvernehmen erforderlich. [2]Der Elternteil, bei dem sich das Kind mit Einwilligung des anderen Elternteils oder auf Grund einer gerichtlichen Entscheidung gewöhnlich aufhält, hat die Befugnis zur alleinigen Entscheidung in

Angelegenheiten des täglichen Lebens. [3]Entscheidungen in Angelegenheiten des täglichen Lebens sind in der Regel solche, die häufig vorkommen und die keine schwer abzuändernden Auswirkungen auf die Entwicklung des Kindes haben. [4]Solange sich das Kind mit Einwilligung dieses Elternteils oder auf Grund einer gerichtlichen Entscheidung bei dem anderen Elternteil aufhält, hat dieser die Befugnis zur alleinigen Entscheidung in Angelegenheiten der tatsächlichen Betreuung. [5]§ 1629 Abs. 1 Satz 4 und § 1684 Abs. 2 Satz 1 gelten entsprechend.
(2) Das Familiengericht kann die Befugnisse nach Absatz 1 Satz 2 und 4 einschränken oder ausschließen, wenn dies zum Wohl des Kindes erforderlich ist.

§ 1687 a Entscheidungsbefugnisse des nicht sorgeberechtigten Elternteils

Für jeden Elternteil, der nicht Inhaber der elterlichen Sorge ist und bei dem sich das Kind mit Einwilligung des anderen Elternteils oder eines sonstigen Inhabers der Sorge oder auf Grund einer gerichtlichen Entscheidung aufhält, gilt § 1687 Abs. 1 Satz 4 und 5 und Abs. 2 entsprechend.

§ 1687 b Sorgerechtliche Befugnisse des Ehegatten

(1) [1]Der Ehegatte eines allein sorgeberechtigten Elternteils, der nicht Elternteil des Kindes ist, hat im Einvernehmen mit dem sorgeberechtigten Elternteil die Befugnis zur Mitentscheidung in Angelegenheiten des täglichen Lebens des Kindes. [2]§ 1629 Abs. 2 Satz 1 gilt entsprechend.
(2) Bei Gefahr im Verzug ist der Ehegatte dazu berechtigt, alle Rechtshandlungen vorzunehmen, die zum Wohl des Kindes notwendig sind; der sorgeberechtigte Elternteil ist unverzüglich zu unterrichten.
(3) Das Familiengericht kann die Befugnisse nach Absatz 1 einschränken oder ausschließen, wenn dies zum Wohl des Kindes erforderlich ist.
(4) Die Befugnisse nach Absatz 1 bestehen nicht, wenn die Ehegatten nicht nur vorübergehend getrennt leben.

§ 1688 Entscheidungsbefugnisse der Pflegeperson

(1) [1]Lebt ein Kind für längere Zeit in Familienpflege, so ist die Pflegeperson berechtigt, in Angelegenheiten des täglichen Lebens zu entscheiden sowie den Inhaber der elterlichen Sorge in solchen Angelegenheiten zu vertreten. [2]Sie ist befugt, den Arbeitsverdienst des Kindes zu verwalten sowie Unterhalts-, Versicherungs-, Versorgungs- und sonstige Sozialleistungen für das Kind geltend zu machen und zu verwalten. [3]§ 1629 Abs. 1 Satz 4 gilt entsprechend.
(2) Der Pflegeperson steht eine Person gleich, die im Rahmen der Hilfe nach den §§ 34, 35 und 35 a Abs. 1 Satz 2 Nr. 3 und 4 des Achten Buches Sozialgesetzbuch die Erziehung und Betreuung eines Kindes übernommen hat.
(3) [1]Die Absätze 1 und 2 gelten nicht, wenn der Inhaber der elterlichen Sorge etwas anderes erklärt. [2]Das Familiengericht kann die Befugnisse nach den Absätzen 1 und 2 einschränken oder ausschließen, wenn dies zum Wohl des Kindes erforderlich ist.
(4) Für eine Person, bei der sich das Kind auf Grund einer gerichtlichen Entscheidung nach § 1632 Abs. 4 oder § 1682 aufhält, gelten die Absätze 1 und 3 mit der Maßgabe, dass die genannten Befugnisse nur das Familiengericht einschränken oder ausschließen kann.

§§ 1689 bis 1692 (weggefallen)

§ 1693 Gerichtliche Maßnahmen bei Verhinderung der Eltern

Sind die Eltern verhindert, die elterliche Sorge auszuüben, so hat das Familiengericht die im Interesse des Kindes erforderlichen Maßregeln zu treffen.

§§ 1694 und 1695 (weggefallen)

§ 1696 Abänderung gerichtlicher Entscheidungen und gerichtlich gebilligter Vergleiche

(1) [1]Eine Entscheidung zum Sorge- oder Umgangsrecht oder ein gerichtlich gebilligter Vergleich ist zu ändern, wenn dies aus triftigen, das Wohl des Kindes nachhaltig berührenden Gründen angezeigt ist. [2]§ 1672 Abs. 2, § 1680 Abs. 2 Satz 1 sowie § 1681 Abs. 1 und 2 bleiben unberührt.
(2) Eine Maßnahme nach den §§ 1666 bis 1667 oder einer anderen Vorschrift des Bürgerlichen Gesetzbuchs, die nur ergriffen werden darf, wenn dies zur Abwendung einer Kindeswohlgefährdung oder zum Wohl des Kindes

erforderlich ist (kindesschutzrechtliche Maßnahme), ist aufzuheben, wenn eine Gefahr für das Wohl des Kindes nicht mehr besteht oder die Erforderlichkeit der Maßnahme entfallen ist.

§ 1697 (aufgehoben)

§ 1697 a Kindeswohlprinzip

Soweit nichts anderes bestimmt ist, trifft das Gericht in Verfahren über die in diesem Titel geregelten Angelegenheiten diejenige Entscheidung, die unter Berücksichtigung der tatsächlichen Gegebenheiten und Möglichkeiten sowie der berechtigten Interessen der Beteiligten dem Wohl des Kindes am besten entspricht.

§ 1698 Herausgabe des Kindesvermögens; Rechnungslegung

(1) Endet oder ruht die elterliche Sorge der Eltern oder hört aus einem anderen Grunde ihre Vermögenssorge auf, so haben sie dem Kind das Vermögen herauszugeben und auf Verlangen über die Verwaltung Rechenschaft abzulegen.
(2) Über die Nutzungen des Kindesvermögens brauchen die Eltern nur insoweit Rechenschaft abzulegen, als Grund zu der Annahme besteht, dass sie die Nutzungen entgegen der Vorschrift des § 1649 verwendet haben.

§ 1698 a Fortführung der Geschäfte in Unkenntnis der Beendigung der elterlichen Sorge

(1) [1]Die Eltern dürfen die mit der Personensorge und mit der Vermögenssorge für das Kind verbundenen Geschäfte fortführen, bis sie von der Beendigung der elterlichen Sorge Kenntnis erlangen oder sie kennen müssen. [2]Ein Dritter kann sich auf diese Befugnis nicht berufen, wenn er bei der Vornahme eines Rechtsgeschäfts die Beendigung kennt oder kennen muss.
(2) Diese Vorschriften sind entsprechend anzuwenden, wenn die elterliche Sorge ruht.

§ 1698 b Fortführung dringender Geschäfte nach Tod des Kindes

Endet die elterliche Sorge durch den Tod des Kindes, so haben die Eltern die Geschäfte, die nicht ohne Gefahr aufgeschoben werden können, zu besorgen, bis der Erbe anderweit Fürsorge treffen kann.

§§ 1699 bis 1711 (weggefallen)

Titel 6 Beistandschaft

§ 1712 Beistandschaft des Jugendamts; Aufgaben

(1) Auf schriftlichen Antrag eines Elternteils wird das Jugendamt Beistand des Kindes für folgende Aufgaben:
1. die Feststellung der Vaterschaft,
2. die Geltendmachung von Unterhaltsansprüchen sowie die Verfügung über diese Ansprüche; ist das Kind bei einem Dritten entgeltlich in Pflege, so ist der Beistand berechtigt, aus dem vom Unterhaltspflichtigen Geleisteten den Dritten zu befriedigen.

(2) Der Antrag kann auf einzelne der in Absatz 1 bezeichneten Aufgaben beschränkt werden.

1 **A. Muster: Antrag auf Beistandschaft**

▶ An das Jugendamt ...[1]

Sehr geehrte Damen und Herren,

ich, Frau ... geb. ... bin die Mutter des Kindes ... geb. ..., wohnhaft ....

Vater meines nichtehelichen[2] Kindes ist Herr ..., wohnhaft .... Die Vaterschaft hat er bislang aber noch nicht anerkannt. Er streitet die Vaterschaft ab. Demzufolge zahlt er freiwillig auch keinen Unterhalt.

Ich beantrage[3] hiermit eine Beistandschaft des Jugendamtes zur
- Feststellung der Vaterschaft,
- zur Durchsetzung von Unterhaltsansprüchen.[4]

Mit freundlichen Grüßen

■■■

Unterschrift ◄

B. Erläuterungen

[1] **Adressat des Antrags.** Das Muster enthält den Antrag eines Elternteils auf Beistandschaft, der sich an das **Jugendamt** richtet gem. §§ 1712 Abs. 1, 1714. 2

[2] **Antragsteller.** Antragsberechtigt sind nicht nur Mütter nichtehelicher Kinder, sondern auch jeder Elternteil, der entweder allein sorgeberechtigt ist oder mit sorgeberechtigt ist, wenn sich das Kind in seiner Obhut befindet. Das Muster betrifft die Situation einer nichtehelichen Mutter. 3

[3] Der **Antrag** ist **freiwillig** (Hk-BGB/*Kemper* § 1713 Rn 3). Formal ist **Schriftform** erforderlich (Hk-BGB/*Kemper* § 1713 Rn 7). 4

[4] Der **Umfang der Beistandschaft** kann von Antragstellerseite bestimmt werden, auch eingeschränkt werden (Hk-BGB/*Kemper* § 1713 Rn 3). Es könnte deshalb auch nur eine Beistandschaft zur Feststellung der Vaterschaft oder nur betreffend von Unterhaltsansprüchen beantragt werden. 5

§ 1713 Antragsberechtigte

(1) [1]Den Antrag kann ein Elternteil stellen, dem für den Aufgabenkreis der beantragten Beistandschaft die alleinige elterliche Sorge zusteht oder zustünde, wenn das Kind bereits geboren wäre. [2]Steht die elterliche Sorge für das Kind den Eltern gemeinsam zu, kann der Antrag von dem Elternteil gestellt werden, in dessen Obhut sich das Kind befindet. [3]Der Antrag kann auch von einem nach § 1776 berufenen Vormund gestellt werden. [4]Er kann nicht durch einen Vertreter gestellt werden.

(2) [1]Vor der Geburt des Kindes kann die werdende Mutter den Antrag auch dann stellen, wenn das Kind, sofern es bereits geboren wäre, unter Vormundschaft stünde. [2]Ist die werdende Mutter in der Geschäftsfähigkeit beschränkt, so kann sie den Antrag nur selbst stellen; sie bedarf hierzu nicht der Zustimmung ihres gesetzlichen Vertreters. [3]Für eine geschäftsunfähige werdende Mutter kann nur ihr gesetzlicher Vertreter den Antrag stellen.

§ 1714 Eintritt der Beistandschaft

[1]Die Beistandschaft tritt ein, sobald der Antrag dem Jugendamt zugeht. [2]Dies gilt auch, wenn der Antrag vor der Geburt des Kindes gestellt wird.

§ 1715 Beendigung der Beistandschaft

(1) [1]Die Beistandschaft endet, wenn der Antragsteller dies schriftlich verlangt. [2]§ 1712 Abs. 2 und § 1714 gelten entsprechend.

(2) Die Beistandschaft endet auch, sobald der Antragsteller keine der in § 1713 genannten Voraussetzungen mehr erfüllt.

1 **A. Muster: Antrag auf Beendigung der Beistandschaft**

▶ An das Jugendamt[1]

Sehr geehrte Damen und Herren,

auf meinen Antrag hin war eine Beistandschaft bezüglich meines Kindes ... geb. ... eingerichtet worden. Zwischenzeitlich hat der Vater des Kindes, Herr ..., die Vaterschaft durch eine Jugendamtsurkunde anerkannt und er zahlt seitdem auch laufenden Unterhalt, so dass eine weitere Beistandschaft entbehrlich ist. Ich beantrage deshalb die Beistandschaft zu beenden gem. § 1715 BGB.[2] ◀

B. Erläuterungen

2 [1] **Adressat des Antrags.** Es handelt sich um ein Musterschreiben eines Elternteils an das **Jugendamt** wegen Beendigung der Beistandschaft. Der Antrag ist **schriftlich** an das Jugendamt zu richten.

3 [2] Der antragstellende Elternteil ist frei, **jederzeit** eine **Beendigung der Beistandschaft** zu verlangen (Palandt/*Diederichsen* § 1715 Rn 2).

§ 1716 Wirkungen der Beistandschaft

[1]Durch die Beistandschaft wird die elterliche Sorge nicht eingeschränkt. [2]Im Übrigen gelten die Vorschriften über die Pflegschaft mit Ausnahme derjenigen über die Aufsicht des Familiengerichts und die Rechnungslegung sinngemäß; die §§ 1791, 1791 c Abs. 3 sind nicht anzuwenden.

§ 1717 Erfordernis des gewöhnlichen Aufenthalts im Inland

[1]Die Beistandschaft tritt nur ein, wenn das Kind seinen gewöhnlichen Aufenthalt im Inland hat; sie endet, wenn das Kind seinen gewöhnlichen Aufenthalt im Ausland begründet. [2]Dies gilt für die Beistandschaft vor der Geburt des Kindes entsprechend.

§§ 1718 bis 1740 (weggefallen)

Titel 7 Annahme als Kind

Untertitel 1 Annahme Minderjähriger

§ 1741-§ 1766 [vom Abdruck wurde abgesehen]

Untertitel 2 Annahme Volljähriger

§ 1767-§ 1772 [vom Abdruck wurde abgesehen]

Abschnitt 3 Vormundschaft, Rechtliche Betreuung, Pflegschaft

Titel 1 Vormundschaft

Untertitel 1 Begründung der Vormundschaft

§ 1773-§ 1792 [vom Abdruck wurde abgesehen]

Untertitel 2 Führung der Vormundschaft

§ 1793-§ 1836 e [vom Abdruck wurde abgesehen]

Untertitel 3 Fürsorge und Aufsicht des Familiengerichts

§ 1837-§ 1847 [vom Abdruck wurde abgesehen]

Untertitel 4 Mitwirkung des Jugendamts

§ 1851 [vom Abdruck wurde abgesehen]

Untertitel 5 Befreite Vormundschaft

§ 1852-§ 1857 a [vom Abdruck wurde abgesehen]

Untertitel 6 Beendigung der Vormundschaft

§ 1882-§ 1895 [vom Abdruck wurde abgesehen]

Titel 2 Rechtliche Betreuung

§ 1896 Voraussetzungen

(1) [1]Kann ein Volljähriger auf Grund einer psychischen Krankheit oder einer körperlichen, geistigen oder seelischen Behinderung seine Angelegenheiten ganz oder teilweise nicht besorgen, so bestellt das Betreuungsgericht auf seinen Antrag oder von Amts wegen für ihn einen Betreuer. [2]Den Antrag kann auch ein Geschäftsunfähiger stellen. [3]Soweit der Volljährige auf Grund einer körperlichen Behinderung seine Angelegenheiten nicht besorgen kann, darf der Betreuer nur auf Antrag des Volljährigen bestellt werden, es sei denn, dass dieser seinen Willen nicht kundtun kann.

(1 a) Gegen den freien Willen des Volljährigen darf ein Betreuer nicht bestellt werden.

(2) [1]Ein Betreuer darf nur für Aufgabenkreise bestellt werden, in denen die Betreuung erforderlich ist. [2]Die Betreuung ist nicht erforderlich, soweit die Angelegenheiten des Volljährigen durch einen Bevollmächtigten, der nicht zu den in § 1897 Abs. 3 bezeichneten Personen gehört, oder durch andere Hilfen, bei denen kein gesetzlicher Vertreter bestellt wird, ebenso gut wie durch einen Betreuer besorgt werden können.

(3) Als Aufgabenkreis kann auch die Geltendmachung von Rechten des Betreuten gegenüber seinem Bevollmächtigten bestimmt werden.

(4) Die Entscheidung über den Fernmeldeverkehr des Betreuten und über die Entgegennahme, das Öffnen und das Anhalten seiner Post werden vom Aufgabenkreis des Betreuers nur dann erfasst, wenn das Gericht dies ausdrücklich angeordnet hat.

Schriftum: *Jurgeleit*, Betreuungsrecht, 2. Auflage 2010; *Jurgeleit,* Freiwillige Gerichtsbarkeit, 1. Auflage 2010; *Jürgens*, Betreuungsrecht, 3. Auflage 2005; *Jürgens/Kröger/Marschner/Winterstein*, Betreuungsrecht kompakt, 6. Auflage 2007.

A. Muster: Anregung einer Betreuung 1

▶ An das

Amtsgericht

– Betreuungsgericht –

▪▪▪[1]

Anregung zur Bestellung eines Betreuers[2]

Sehr geehrte Damen und Herren,

für den ▪▪▪, geboren am ▪▪▪, wohnhaft ▪▪▪,[3] rege ich die Bestellung eines Betreuers an. Die Betreuung sollte die Aufgabenkreise ▪▪▪ umfassen. Der Betroffene ist insoweit nicht mehr in der Lage, für sich selbst zu sorgen. ▪▪▪[4] Er hat Kenntnis von dieser Anregung und hat ihr zugestimmt.[5]

Mit einer gerichtlichen Anhörung in seiner üblichen Umgebung ist der Betroffene einverstanden.[6] Aufgrund seiner körperlichen Verfassung kann er ehedem weder zur Untersuchung beim Sachverständigen noch zu einer Anhörung bei Gericht kommen. Im Zusammenhang mit der gerichtlichen Anhörung ergeben sich voraussichtlich weitere Schwierigkeiten aufgrund des Umstandes, dass der Betroffene sehbehindert ist und schwer hört. ▪▪▪[7]

Ich rege an, ▪▪▪ zum Betreuer zu bestellen. ▪▪▪ Der Betroffene ist mit dieser Wahl einverstanden.[8]

▪▪▪

Unterschrift ◄

B. Erläuterungen und Varianten

2 [1] **Gerichtliche Zuständigkeit.** Vor Bestellung eines Betreuers ist dasjenige Amtsgericht **örtlich zuständig**, in dessen Bezirk der Betroffene seinen gewöhnlichen Aufenthalt hat (§ 272 Abs. 1 Nr. 2 FamFG). Dies bestimmt sich danach, wo der Betroffene unabhängig von seinem Willen oder von einer ordnungsbehördlichen Meldung tatsächlich und anhaltend seinen Lebensmittelpunkt hat (vgl Jurgeleit/*Bučić*, Freiwillige Gerichtsbarkeit, § 16 Rn 3 ff mwN). Zur Abgrenzung der **funktionellen Zuständigkeit** von Richter und Rechtspfleger vgl die Darstellung bei Jurgeleit/*Bučić*, Freiwillige Gerichtsbarkeit, § 16 Rn 9.

3 [2] **Verfahrenseinleitung.** Nach § 1896 Abs. 1 S. 1 bestellt das Betreuungsgericht **auf Antrag oder von Amts wegen** einen Betreuer, wenn ein Volljähriger auf Grund einer psychischen Krankheit oder einer körperlichen, geistigen oder seelischen Behinderung seine Angelegenheiten ganz oder teilweise nicht besorgen kann (= **subjektive Betreuungsbedürftigkeit**, vgl hierzu sowie zur Begrenzung der Betreuerbestellung durch den **objektiven Betreuungsbedarf** Rn 8).

4 Einen verfahrenseinleitenden **Antrag** stellen kann dabei nur der Betreuungsbedürftige selbst, weshalb „Anträge" sonstiger Personen nur **Anregungen** an das Betreuungsgericht **zu einem Tätigwerden von Amts** wegen darstellen (Jurgeleit/*Jurgeleit*, Betreuungsrecht, § 1896 Rn 4; Jürgens/*Jürgens*, Betreuungsrecht, § 1896 Rn 12; zum Umgang mit solchen Anregungen vgl *Wenker*, BtPrax 1993, 161).

5 [3] **Derzeitiger Aufenthalt des Betroffenen und Eilbedürftigkeit der Betreuerbestellung.** Hält sich der Betroffene vorübergehend (zur Bedeutung des dauerhaften Aufenthalts für die gerichtliche Zuständigkeit vgl Rn 2) nicht in seiner üblichen Umgebung, sondern in einem Krankenhaus oder einer Pflegeeinrichtung auf, so sollte auch dieser Umstand dem Gericht mitgeteilt werden, um die Einholung von Informationen in dieser Einrichtung bzw die Anhörung des Betroffenen vor Ort zu ermöglichen:

► ▪▪▪ für den ▪▪▪, geboren am ▪▪▪, wohnhaft ▪▪▪, derzeit im ▪▪▪-Krankenhaus in ▪▪▪, rege ich die Bestellung eines Betreuers an. ▪▪▪ ◄

6 Folgt im Einzelfall aus dem vorübergehenden Aufenthalt des Betroffenen im Krankenhaus oder der Pflegeeinrichtung eine **besondere Eilbedürftigkeit** der Betreuerbestellung (zur Betreuerbestellung im Wege der einstweiligen Anordnung vgl Jurgeleit/*Bučić*, Freiwillige Gerichtsbarkeit, § 16 Rn 76 ff, sowie Jurgeleit/*Bučić*, Betreuungsrecht, § 300 FamFG Rn 7 ff und § 301 FamFG Rn 4 ff), dann ist das Gericht auch insoweit zu informieren:

▶ ▪▪▪ Eile mit der Betreuerbestellung ist geboten, weil in den nächsten Tagen beim Betroffenen ein operativer Eingriff am ▪▪▪ vorgenommen werden muss. Ein ärztliches Zeugnis über die Betreuungsbedürftigkeit des Betroffenen liegt an. ▪▪▪ ◀

[4] **Subjektive Betreuungsbedürftigkeit und objektiver Betreuungsbedarf.** In materieller Hinsicht kommt eine Betreuung nur insoweit in Betracht, als der Betroffene ***aufgrund*** **einer Erkrankung oder Behinderung** seine Angelegenheiten nicht selbst besorgen kann, also **subjektiv betreuungsbedürftig** ist (§ 1896 Abs. 1 S. 1). Eine anderweitig (etwa durch Unlust oder Resignation) begründete Unfähigkeit zur Besorgung eigener Angelegenheiten berechtigt dagegen nicht zur Betreuerbestellung (Jurgeleit/*Bučić*, Freiwillige Gerichtsbarkeit, § 16 Rn 19). 7

Des Weiteren darf ein Betreuer nur für Aufgabenkreise bestellt werden, in denen eine Betreuung erforderlich ist (§ 1896 Abs. 2), also ein **objektiver Betreuungsbedarf** besteht. Daran fehlt es etwa dann, wenn für den fraglichen Aufgabenbereich eine wirksame (Vorsorge-)Vollmacht des Betroffenen (vgl § 1901 c Rn 1 ff) vorliegt (§ 1896 Abs. 2 S. 2) und der Bevollmächtigte auch dazu bereit und in der Lage ist, von der Vollmacht zum Wohle des Betroffenen Gebrauch zu machen (vgl dazu im Einzelnen Jurgeleit/*Bučić*, Freiwillige Gerichtsbarkeit, § 16 Rn 21 mwN). Ist Derartiges bekannt, so sollte hierauf in der Betreuungsanregung hingewiesen werden: 8

▶ ▪▪▪ Nach meiner Kenntnis bestehen folgende Vollmachten:

Bankvollmacht für ▪▪▪

Altersvorsorgevollmacht für ▪▪▪ ◀

Eine Betreuerbestellung ist gemäß § 1896 Abs. 2 S. 2 aber auch dann nicht erforderlich, wenn die Angelegenheiten des Betroffenen mittels **anderer Hilfen** adäquat besorgt werden können (vgl dazu im Einzelnen Jurgeleit/*Bučić*, Freiwillige Gerichtsbarkeit, § 16 Rn 22 mwN). 9

[5] **Kenntnis des Betroffenen von der Betreuungsanregung und Billigung derselben.** Die Mitteilung an das Gericht, ob der Betroffene von der Betreuungsanregung weiß und wie er diese bewertet, vermittelt dem Gericht einen ersten Eindruck davon, ob eine Betreuerbestellung gegen den Willen des Betroffenen im Raum steht (vgl dazu Jurgeleit/*Bučić*, Freiwillige Gerichtsbarkeit, § 16 Rn 22, sowie Jurgeleit/*Jurgeleit*, Betreuungsrecht, § 1896 Rn 130 ff). Bei Unkenntnis des Betroffenen von der Betreuungsanregung bzw bei Ablehnung derselben durch den Betroffenen kann alternativ formuliert werden: 10

▶ ▪▪▪ Der Betroffene hat keine Kenntnis von dieser Anregung. ▪▪▪ ◀

oder

▶ ▪▪▪ Der Betroffene hat Kenntnis von dieser Anregung und hat ihr nicht zugestimmt. ▪▪▪ ◀

[6] **Anhörung des Betroffenen in seiner gewöhnlichen Umgebung.** Eine Anhörung des Betroffenen in seinem gewöhnlichen Umfeld (**Milieuanhörung**) soll nach § 278 Abs. 1 S. 3 FamFG dann erfolgen, wenn es der Betroffene verlangt (Alt. 1) oder wenn es der Sachaufklärung dient und der Betroffene einer solchen Anhörung in seiner üblichen Umgebung nicht widerspricht (Alt. 2). Der Wunsch des Betroffenen, in seinem persönlichen Umfeld angehört zu werden, sollte dem Gericht daher ebenso mitgeteilt werden wie der unabhängig von den dahinter stehenden Beweggründen generell zu beachtende Widerspruch des Betroffenen gegen seine Anhörung im häuslichen Umfeld (vgl dazu Jurgeleit/*Bučić*, Betreuungsrecht, § 278 FamFG Rn 13 f). 11

▶ ▪▪▪ Mit einer Anhörung in der üblichen Umgebung ist der Betroffene nicht einverstanden. Dies beruht auf dem Umstand, dass ▪▪▪ ◀

[7] **Geistige und körperliche Verfassung des Betroffenen sowie Kontaktpersonen.** Tatsächlich bestimmt die geistige und körperliche Verfassung des Betroffenen maßgeblich darüber, wo und inwieweit gerichtliche Anhörungen bzw Untersuchungshandlungen des Sachverständigen statt- 12

finden können. Entsprechende Informationen über die geistige und körperliche Verfassung des Betroffenen sollten dem Gericht daher frühzeitig mitgeteilt werden. Ggf sollten auch Kontaktpersonen des Betroffenen benannt werden, die einen Anhörungs- bzw Untersuchungstermin mit diesem vermitteln können:

▶ ■■■ Ein Anhörungs- bzw Untersuchungstermin kann durch ■■■ vermittelt werden. ■■■ ◀

13 [8] **Auswahl des Betreuers und diesbezüglicher Wille des Betroffenen.** Auch zur Frage eines persönlich und fachlich **geeigneten Betreuers** (vgl dazu im Einzelnen Jurgeleit/*Jurgeleit*, Betreuungsrecht, § 1897 Rn 5 ff, sowie Jurgeleit/*Bučić*, Freiwillige Gerichtsbarkeit, § 16 Rn 56 ff, jeweils mwN) und zum diesbezüglichen **Willen des Betroffenen** (vgl § 1897 Abs. 4) sollte sich die Betreuungsanregung verhalten. Wegen des **Vorrangs der ehrenamtlichen Betreuung** (§ 1897 Abs. 6) sollte bei Anregung der Bestellung eines **Berufsbetreuers** auch darauf hingewiesen werden, dass keine andere geeignete Person zur ehrenamtlichen Führung der Betreuung bereit ist (vgl zu den Voraussetzungen der Berufsbetreuerbestellung im Einzelnen Jurgeleit/*Jurgeleit*, Betreuungsrecht, § 1897 Rn 48 ff, sowie Jurgeleit/*Bučić*, Freiwillige Gerichtsbarkeit, § 16 Rn 59, jeweils mwN).

14 **Weiterer Verfahrensablauf.** Zum weiteren Ablauf des Verfahrens zur Bestellung eines Betreuers vgl im Einzelnen die Darstellung bei Jurgeleit/*Bučić*, Freiwillige Gerichtsbarkeit, § 16 Rn 12 ff

15 **Vergütungsfragen.** Zur Vergütung des Betreuers vgl im Einzelnen die Darstellung bei Jurgeleit/*Bučić*, Freiwillige Gerichtsbarkeit, § 16 Rn 164 ff.

§ 1897 Bestellung einer natürlichen Person

(1) Zum Betreuer bestellt das Betreuungsgericht eine natürliche Person, die geeignet ist, in dem gerichtlich bestimmten Aufgabenkreis die Angelegenheiten des Betreuten rechtlich zu besorgen und ihn in dem hierfür erforderlichen Umfang persönlich zu betreuen.

(2) [1]Der Mitarbeiter eines nach § 1908 f anerkannten Betreuungsvereins, der dort ausschließlich oder teilweise als Betreuer tätig ist (Vereinsbetreuer), darf nur mit Einwilligung des Vereins bestellt werden. [2]Entsprechendes gilt für den Mitarbeiter einer in Betreuungsangelegenheiten zuständigen Behörde, der dort ausschließlich oder teilweise als Betreuer tätig ist (Behördenbetreuer).

(3) Wer zu einer Anstalt, einem Heim oder einer sonstigen Einrichtung, in welcher der Volljährige untergebracht ist oder wohnt, in einem Abhängigkeitsverhältnis oder in einer anderen engen Beziehung steht, darf nicht zum Betreuer bestellt werden.

(4) [1]Schlägt der Volljährige eine Person vor, die zum Betreuer bestellt werden kann, so ist diesem Vorschlag zu entsprechen, wenn es dem Wohl des Volljährigen nicht zuwiderläuft. [2]Schlägt er vor, eine bestimmte Person nicht zu bestellen, so soll hierauf Rücksicht genommen werden. [3]Die Sätze 1 und 2 gelten auch für Vorschläge, die der Volljährige vor dem Betreuungsverfahren gemacht hat, es sei denn, dass er an diesen Vorschlägen erkennbar nicht festhalten will.

(5) Schlägt der Volljährige niemanden vor, der zum Betreuer bestellt werden kann, so ist bei der Auswahl des Betreuers auf die verwandtschaftlichen und sonstigen persönlichen Bindungen des Volljährigen, insbesondere auf die Bindungen zu Eltern, zu Kindern, zum Ehegatten und zum Lebenspartner, sowie auf die Gefahr von Interessenkonflikten Rücksicht zu nehmen.

(6) [1]Wer Betreuungen im Rahmen seiner Berufsausübung führt, soll nur dann zum Betreuer bestellt werden, wenn keine andere geeignete Person zur Verfügung steht, die zur ehrenamtlichen Führung der Betreuung bereit ist. [2]Werden dem Betreuer Umstände bekannt, aus denen sich ergibt, dass der Volljährige durch eine oder mehrere andere geeignete Personen außerhalb einer Berufsausübung betreut werden kann, so hat er dies dem Gericht mitzuteilen.

(7) [1]Wird eine Person unter den Voraussetzungen des Absatzes 6 Satz 1 erstmals in dem Bezirk des Betreuungsgerichts zum Betreuer bestellt, soll das Gericht zuvor die zuständige Behörde zur Eignung des ausgewählten Betreuers und zu den nach § 1 Abs. 1 Satz 1 zweite Alternative des Vormünder- und Betreuervergütungsgesetzes zu treffenden Feststellungen anhören. [2]Die zuständige Behörde soll die Person auffordern, ein Führungszeugnis und eine Auskunft aus dem Schuldnerverzeichnis vorzulegen.

(8) Wird eine Person unter den Voraussetzungen des Absatzes 6 Satz 1 bestellt, hat sie sich über Zahl und Umfang der von ihr berufsmäßig geführten Betreuungen zu erklären.

Anregung der Bestellung eines bestimmten Betreuers. Zur Anregung der Bestellung einer bestimmten Person als ehrenamtlicher bzw Berufsbetreuer vgl § 1896 Rn 14. 1

§ 1898 Übernahmepflicht

(1) Der vom Betreuungsgericht Ausgewählte ist verpflichtet, die Betreuung zu übernehmen, wenn er zur Betreuung geeignet ist und ihm die Übernahme unter Berücksichtigung seiner familiären, beruflichen und sonstigen Verhältnisse zugemutet werden kann.
(2) Der Ausgewählte darf erst dann zum Betreuer bestellt werden, wenn er sich zur Übernahme der Betreuung bereit erklärt hat.

§ 1899 Mehrere Betreuer

(1) [1]Das Betreuungsgericht kann mehrere Betreuer bestellen, wenn die Angelegenheiten des Betreuten hierdurch besser besorgt werden können. [2]In diesem Falle bestimmt es, welcher Betreuer mit welchem Aufgabenkreis betraut wird. [3]Mehrere Betreuer, die eine Vergütung erhalten, werden außer in den in den Absätzen 2 und 4 sowie § 1908 i Abs. 1 Satz 1 in Verbindung mit § 1792 geregelten Fällen nicht bestellt.
(2) Für die Entscheidung über die Einwilligung in eine Sterilisation des Betreuten ist stets ein besonderer Betreuer zu bestellen.
(3) Soweit mehrere Betreuer mit demselben Aufgabenkreis betraut werden, können sie die Angelegenheiten des Betreuten nur gemeinsam besorgen, es sei denn, dass das Gericht etwas anderes bestimmt hat oder mit dem Aufschub Gefahr verbunden ist.
(4) Das Gericht kann mehrere Betreuer auch in der Weise bestellen, dass der eine die Angelegenheiten des Betreuten nur zu besorgen hat, soweit der andere verhindert ist.

§ 1900 Betreuung durch Verein oder Behörde

(1) [1]Kann der Volljährige durch eine oder mehrere natürliche Personen nicht hinreichend betreut werden, so bestellt das Betreuungsgericht einen anerkannten Betreuungsverein zum Betreuer. [2]Die Bestellung bedarf der Einwilligung des Vereins.
(2) [1]Der Verein überträgt die Wahrnehmung der Betreuung einzelnen Personen. [2]Vorschlägen des Volljährigen hat er hierbei zu entsprechen, soweit nicht wichtige Gründe entgegenstehen. [3]Der Verein teilt dem Gericht alsbald mit, wem er die Wahrnehmung der Betreuung übertragen hat.
(3) Werden dem Verein Umstände bekannt, aus denen sich ergibt, dass der Volljährige durch eine oder mehrere natürliche Personen hinreichend betreut werden kann, so hat er dies dem Gericht mitzuteilen.
(4) [1]Kann der Volljährige durch eine oder mehrere natürliche Personen oder durch einen Verein nicht hinreichend betreut werden, so bestellt das Gericht die zuständige Behörde zum Betreuer. [2]Die Absätze 2 und 3 gelten entsprechend.
(5) Vereinen oder Behörden darf die Entscheidung über die Einwilligung in eine Sterilisation des Betreuten nicht übertragen werden.

§ 1901 Umfang der Betreuung, Pflichten des Betreuers

(1) Die Betreuung umfasst alle Tätigkeiten, die erforderlich sind, um die Angelegenheiten des Betreuten nach Maßgabe der folgenden Vorschriften rechtlich zu besorgen.
(2) [1]Der Betreuer hat die Angelegenheiten des Betreuten so zu besorgen, wie es dessen Wohl entspricht. [2]Zum Wohl des Betreuten gehört auch die Möglichkeit, im Rahmen seiner Fähigkeiten sein Leben nach seinen eigenen Wünschen und Vorstellungen zu gestalten.
(3) [1]Der Betreuer hat Wünschen des Betreuten zu entsprechen, soweit dies dessen Wohl nicht zuwiderläuft und dem Betreuer zuzumuten ist. [2]Dies gilt auch für Wünsche, die der Betreute vor der Bestellung des Betreuers geäußert hat, es sei denn, dass er an diesen Wünschen erkennbar nicht festhalten will. [3]Ehe der Betreuer wichtige Angelegenheiten erledigt, bespricht er sie mit dem Betreuten, sofern dies dessen Wohl nicht zuwiderläuft.
(4) [1]Innerhalb seines Aufgabenkreises hat der Betreuer dazu beizutragen, dass Möglichkeiten genutzt werden, die Krankheit oder Behinderung des Betreuten zu beseitigen, zu bessern, ihre Verschlimmerung zu verhüten oder ihre Folgen zu mildern. [2]Wird die Betreuung berufsmäßig geführt, hat der Betreuer in geeigneten Fällen auf Anordnung des Gerichts zu Beginn der Betreuung einen Betreuungsplan zu erstellen. [3]In dem Betreuungsplan sind die Ziele der Betreuung und die zu ihrer Erreichung zu ergreifenden Maßnahmen darzustellen.
(5) [1]Werden dem Betreuer Umstände bekannt, die eine Aufhebung der Betreuung ermöglichen, so hat er dies dem Betreuungsgericht mitzuteilen. [2]Gleiches gilt für Umstände, die eine Einschränkung des Aufgabenkreises ermög-

lichen oder dessen Erweiterung, die Bestellung eines weiteren Betreuers oder die Anordnung eines Einwilligungsvorbehalts (§ 1903) erfordern.

1 **Anregungen bezüglich des Betreuungsumfangs.** Zu Anregungen bezüglich des Betreuungsumfangs vgl § 1896 Rn 5 ff.

§ 1901 a Patientenverfügung

(1) [1]Hat ein einwilligungsfähiger Volljähriger für den Fall seiner Einwilligungsunfähigkeit schriftlich festgelegt, ob er in bestimmte, zum Zeitpunkt der Festlegung noch nicht unmittelbar bevorstehende Untersuchungen seines Gesundheitszustands, Heilbehandlungen oder ärztliche Eingriffe einwilligt oder sie untersagt (Patientenverfügung), prüft der Betreuer, ob diese Festlegungen auf die aktuelle Lebens- und Behandlungssituation zutreffen. [2]Ist dies der Fall, hat der Betreuer dem Willen des Betreuten Ausdruck und Geltung zu verschaffen. [3]Eine Patientenverfügung kann jederzeit formlos widerrufen werden.
(2) [1]Liegt keine Patientenverfügung vor oder treffen die Festlegungen einer Patientenverfügung nicht auf die aktuelle Lebens- und Behandlungssituation zu, hat der Betreuer die Behandlungswünsche oder den mutmaßlichen Willen des Betreuten festzustellen und auf dieser Grundlage zu entscheiden, ob er in eine ärztliche Maßnahme nach Absatz 1 einwilligt oder sie untersagt. [2]Der mutmaßliche Wille ist aufgrund konkreter Anhaltspunkte zu ermitteln. [3]Zu berücksichtigen sind insbesondere frühere mündliche oder schriftliche Äußerungen, ethische oder religiöse Überzeugungen und sonstige persönliche Wertvorstellungen des Betreuten.
(3) Die Absätze 1 und 2 gelten unabhängig von Art und Stadium einer Erkrankung des Betreuten.
(4) [1]Niemand kann zur Errichtung einer Patientenverfügung verpflichtet werden. [2]Die Errichtung oder Vorlage einer Patientenverfügung darf nicht zur Bedingung eines Vertragsschlusses gemacht werden.
(5) Die Absätze 1 bis 3 gelten für Bevollmächtigte entsprechend.

§ 1901 b Gespräch zur Feststellung des Patientenwillens

(1) [1]Der behandelnde Arzt prüft, welche ärztliche Maßnahme im Hinblick auf den Gesamtzustand und die Prognose des Patienten indiziert ist. [2]Er und der Betreuer erörtern diese Maßnahme unter Berücksichtigung des Patientenwillens als Grundlage für die nach § 1901 a zu treffende Entscheidung.
(2) Bei der Feststellung des Patientenwillens nach § 1901 a Absatz 1 oder der Behandlungswünsche oder des mutmaßlichen Willens nach § 1901 a Absatz 2 soll nahen Angehörigen und sonstigen Vertrauenspersonen des Betreuten Gelegenheit zur Äußerung gegeben werden, sofern dies ohne erhebliche Verzögerung möglich ist.
(3) Die Absätze 1 und 2 gelten für Bevollmächtigte entsprechend.

A. Patientenverfügung

1 **Formulierung einer Patientenverfügung.** Wegen der Formulierung einer Patientenverfügung vgl die Formulierungshilfe des Bundesjustizministeriums unter http://www.bmj.bund.de/enid/Publikationen/Patientenverfuegung_oe.html.

B. Erläuterungen

2 **Gesetzliche Regelung der Patientenverfügung.** In den §§ 1901 a und 1901 b sind durch das Dritte Gesetz zur Änderung des Betreuungsrechts vom 29.7.2009 (BGBl. I, 2286) gesetzliche Regelungen zu Wirksamkeit und Wirkung von Patientenverfügungen neu eingefügt worden (vgl Jurgeleit/*Kieß*, Betreuungsrecht, § 1901 a Rn 1).

3 **Begriff der Patientenverfügung.** Dabei versteht man nach der **Legaldefinition des § 1901 a Abs. 1 S. 1** unter einer Patientenverfügung eine im Hinblick auf eine etwaige Einwilligungsunfähigkeit vorgenommene schriftliche Festlegung eines volljährigen Einwilligungsfähigen, ob er in bestimmte, zum Zeitpunkt der Festlegung noch nicht unmittelbar bevorstehende Untersuchungen seines Gesundheitszustands, Heilbehandlungen oder ärztliche Eingriffe einwilligt oder sie untersagt.

4 **Formerfordernis, Höchstpersönlichkeit und Widerrufbarkeit.** Gemäß § 1901 a Abs. 1 S. 1 bedarf eine wirksame Patientenverfügung der **Schriftform.** Sie stellt eine **höchstpersönliche,** je-

derzeit widerrufbare Entscheidung des Verfügenden dar, die weder ein Stellvertreter noch ein Betreuer für den Vertretenen bzw Betreuten abgeben kann (Jurgeleit/*Kieß*, Betreuungsrecht, § 1901 a Rn 29).

Volljährigkeit und Einwilligungsfähigkeit bei Errichtung der Patientenverfügung. Weitere Voraussetzung einer wirksamen Patientenverfügung ist, dass sie von einem **Volljährigen** und **Einwilligungsfähigen** errichtet worden ist (vgl zu den insoweit geltenden – teilweise streitigen – Anforderungen BeckOK-BGB/*Müller*, § 1901 a Rn 14 ff, 16 ff, sowie Jurgeleit/*Kieß*, Betreuungsrecht, § 1901 a Rn 16 f, 18 ff, jeweils mwN). 5

Keine Reichweitenbegrenzung der Patientenverfügung. Nach § 1901 a Abs. 3 existiert an sich (zur Unbeachtlichkeit strafrechtlich relevanter Verfügungen vgl BeckOK-BGB/*Müller*, § 1901 a Rn 27) keine Reichweitenbegrenzung der Patientenverfügung, aufgrund der der Patientenwille kraft Gesetzes in bestimmten Fällen unbeachtlich ist (*Müller*, DNotZ 2010, 169 [171]). Vgl in diesem Zusammenhang auch BGH, Urteil v. 25.6.2010, Az 2 StR 454/09. 6

Bindungswirkung einer Patientenverfügung. Eine wirksame und den Einzelfall betreffende Patientenverfügung ist grundsätzlich bindend. Der Betreuer hat nach § 1901 a Abs. 1 S. 1 Hs 2 aber zu prüfen, ob die Festlegungen auf die aktuelle Lebens- und Behandlungssituation zutreffen. Ist dies der Fall, so hat der Betreuer gemäß § 1901 a Abs. 1 S. 2 dem Willen des Betreuten Ausdruck und Geltung zu verschaffen. 7

§ 1901 c Schriftliche Betreuungswünsche, Vorsorgevollmacht

[1]Wer ein Schriftstück besitzt, in dem jemand für den Fall seiner Betreuung Vorschläge zur Auswahl des Betreuers oder Wünsche zur Wahrnehmung der Betreuung geäußert hat, hat es unverzüglich an das Betreuungsgericht abzuliefern, nachdem er von der Einleitung eines Verfahrens über die Bestellung eines Betreuers Kenntnis erlangt hat. [2]Ebenso hat der Besitzer das Betreuungsgericht über Schriftstücke, in denen der Betroffene eine andere Person mit der Wahrnehmung seiner Angelegenheiten bevollmächtigt hat, zu unterrichten. [3]Das Betreuungsgericht kann die Vorlage einer Abschrift verlangen.

A. Vorsorgevollmacht

I. Muster: Vorsorgevollmacht

Formulierung einer Vorsorgevollmacht. Wegen der Formulierung einer Vorsorgevollmacht vgl die Mustervollmacht des Bundesjustizministeriums unter http://www.bmj.bund.de/enid/f374311cc77de586fc368c1ea7714b09,0/Publikationen/Betreuungsrecht_kh.html. 1

II. Erläuterungen

Subsidiarität der Betreuung und Vollmachterteilung. Nach dem in § 1896 Abs. 2 S. 2 verankerten Subsidiaritätsgrundsatz ist die Einrichtung einer Betreuung nicht erforderlich, soweit die regelungsbedürftigen Angelegenheiten des Betroffenen durch einen Bevollmächtigten adäquat wahrgenommen werden können. Die **Vorsorgevollmacht** ist danach grundsätzlich geeignet, selbstbestimmt Vorkehrungen für den ungewissen Fall einer Erkrankung oder Behinderung zu treffen (Jurgeleit/*Jurgeleit*, Betreuungsrecht, § 1896 Rn 15). 2

Formanforderungen und Widerrufbarkeit. Grundsätzlich bedarf eine an sich **jederzeit widerrufbare** (vgl § 168 Abs. 2 sowie Jurgeleit/*Jurgeleit*, Betreuungsrecht, § 1896 Rn 30 ff) Vorsorgevollmacht gemäß § 167 Abs. 2 **keiner besonderen Form.** Ausnahmen hiervon sehen die §§ 11 Abs. 7 MRRG, 1904 Abs. 5 S. 2 sowie 1906 Abs. 5 S. 1 vor. Danach bedürfen die Be- 3 vollmächtigung zur Einwilligung in schwerwiegende ärztliche Eingriffe (§ 1904 Abs. 5 S. 2) sowie die Bevollmächtigung zur Unterbringung des Vollmachtgebers (§ 1906 Abs. 5 S. 1) der **Schriftform**; in beiden Fällen muss die Vollmacht zudem die betreffenden Maßnahmen ausdrücklich umfassen. Eine Bevollmächtigung zur Vertretung in melderechtlichen Angelegenheiten muss sogar **öffentlich** oder nach § 6 Abs. 2 BtBG durch die Urkundsperson bei der Betreuungsbehörde **beglaubigt** sein (Jurgeleit/*Jurgeleit*, Betreuungsrecht, § 1896 Rn 15, 20). Überdies bedarf die unwiderrufliche oder in sonstiger Weise bindende Bevollmächtigung zum Erwerb bzw zur Veräußerung von Grundstücken der **notariellen Beurkundung** (Jurgeleit/*Jurgeleit*, Betreuungsrecht, § 1896 Rn 21).

4 **Mögliche Vertretungsregelungen.** Es ist eine Vielzahl von Vertretungsregelungen denkbar. So können eine oder mehrere Personen als Einzel- oder Gesamtvertreter, für alle oder (jeweils) nur für einige Aufgabenkreise eingesetzt werden. Vgl zu denkbaren Vertretungsregelungen und den insoweit abzuwägenden Gesichtspunkten Jurgeleit/*Jurgeleit*, Betreuungsrecht, § 1896 Rn 40-42.

5 **Zentrales Vorsorgeregister.** Wegen der gebührenpflichtigen Möglichkeit einer Registrierung von Vorsorgevollmachten im Zentralen Vorsorgeregister der Bundesnotarkammer (www.vorsorgeregister.de) vgl §§ 78a-78 c BNotO, die VorsorgeregisterVO sowie die VorsorgeregisterGebS.

B. Schriftliche Betreuungswünsche

I. Muster: Betreuungsverfügung

6 **Formulierung einer Betreuungsverfügung.** Wegen der Formulierung einer Betreuungsverfügung vgl das Muster des Bundesjustizministeriums unter http://www.bmj.bund.de/enid/f374311c-c77de586fc368c1ea7714b09,0/Publikationen/Betreuungsrecht_kh.html.

II. Erläuterungen

7 **Einflussnahme des Betroffenen auf das Betreuungsverfahren und Betreuungsverfügung.** Eine weitere Möglichkeit, frühzeitig selbstbestimmt Vorsorge für den ungewissen Fall einer Erkrankung oder Behinderung zu treffen, ist die Errichtung einer Betreuungsverfügung (vgl dazu Jurgeleit/*Jurgeleit*, Betreuungsrecht, § 1897 Rn 34). Mit dieser kann das Betreuungsverfahren zwar nicht verhindert werden. Der Betroffene kann auf diesem Weg aber bereits frühzeitig Vorschläge zur Person des Betreuers und zur Ausgestaltung einer etwaigen Betreuung machen (Jurgeleit/*Kieß*, Betreuungsrecht, § 1901 c Rn 6).

8 **Formanforderungen.** Derartige Betreuungsverfügungen bedürfen keiner besonderen Form (BeckOK-BGB/*Müller*, § 1901 a Rn 3).

§ 1902 Vertretung des Betreuten

In seinem Aufgabenkreis vertritt der Betreuer den Betreuten gerichtlich und außergerichtlich.

§ 1903 Einwilligungsvorbehalt

(1) [1]Soweit dies zur Abwendung einer erheblichen Gefahr für die Person oder das Vermögen des Betreuten erforderlich ist, ordnet das Betreuungsgericht an, dass der Betreute zu einer Willenserklärung, die den Aufgabenkreis des Betreuers betrifft, dessen Einwilligung bedarf (Einwilligungsvorbehalt). [2]Die §§ 108 bis 113, 131 Abs. 2 und § 210 gelten entsprechend.

(2) Ein Einwilligungsvorbehalt kann sich nicht erstrecken auf Willenserklärungen, die auf Eingehung einer Ehe oder Begründung einer Lebenspartnerschaft gerichtet sind, auf Verfügungen von Todes wegen und auf Willenserklärungen, zu denen ein beschränkt Geschäftsfähiger nach den Vorschriften des Buches vier und fünf nicht der Zustimmung seines gesetzlichen Vertreters bedarf.

(3) [1]Ist ein Einwilligungsvorbehalt angeordnet, so bedarf der Betreute dennoch nicht der Einwilligung seines Betreuers, wenn die Willenserklärung dem Betreuten lediglich einen rechtlichen Vorteil bringt. [2]Soweit das Gericht nichts anderes anordnet, gilt dies auch, wenn die Willenserklärung eine geringfügige Angelegenheit des täglichen Lebens betrifft.
(4) § 1901 Abs. 5 gilt entsprechend.

A. Wirkung des Einwilligungsvorbehalts

I. Muster: Schreiben an Gläubiger 1

► An ▪▪▪ 997

Mitteilung über Bestehen eines Einwilligungsvorbehalts

Sehr geehrte Damen und Herren,

das Amtsgericht ▪▪▪ hat mich mit Beschluss vom ▪▪▪ (Az ▪▪▪) zum Betreuer für Herrn ▪▪▪ bestellt. Wie Sie der beiliegenden Kopie meines Betreuerausweises entnehmen können, umfasst mein Aufgabenbereich unter anderem die Vermögenssorge.

Sie machen mit Schreiben vom ▪▪▪ vertragliche Ansprüche gegen den Betreuten geltend. Hierzu teile ich Ihnen mit, dass das Gericht einen Einwilligungsvorbehalt angeordnet hat, so dass Willenserklärungen des Betreuten ohne meine Zustimmung nicht wirksam sind.[1] Eine Einwilligung für die von meinem Betreuten abgegebene Erklärung habe ich nicht erklärt. Im Interesse meines Betreuten kann ich auch eine nachträgliche Genehmigung des Geschäfts nicht erteilen. Ein wirksamer Vertrag mit Ihnen ist somit nicht zustandegekommen, ein Zahlungsanspruch gegen den Betreuten besteht folglich nicht.[2]

Mit freundlichen Grüßen

▪▪▪

Unterschrift ◄

II. Erläuterungen

[1] Betreuung und Geschäftsfähigkeit. Durch die Bestellung eines Betreuers verliert der Betreute nicht seine rechtsgeschäftliche Handlungsfähigkeit; neben ihn tritt mit dem Betreuer lediglich eine weitere Person, die zur wirksamen Abgabe von Willenserklärungen berechtigt ist. Die Frage der Geschäftsfähigkeit des Betreuten richtet sich alleine nach § 104 Nr. 2. Bei einem geschäftsfähigen Betreuten ist daher denkbar, dass dessen Handeln das am Wohl des Betreuten orientierte Handeln des Betreuers konterkariert. Aber auch das Interesse des (zB krankheitsabhängig nur zeitweilig) geschäftsunfähigen Betreuten, dessen Willenserklärungen nach § 105 nichtig sind, kann die Anordnung eines Einwilligungsvorbehalts erfordern, etwa um ihm das Risiko der ihn treffenden Beweislast der Geschäftsunfähigkeit im konkreten Fall abzunehmen (Jurgeleit/*Kieß*, Betreuungsrecht, § 1903 Rn 3). 2

[2] Schwebende Unwirksamkeit von Verträgen. Ein vom Einwilligungsvorbehalt umfasster Vertragsschluss ist ohne Genehmigung des Betreuers ohne weiteres unwirksam, Abs. 1 S. 2 iVm § 108 Abs. 1. 3

B. Einrichtung des Einwilligungsvorbehalts

4 **I. Muster: Anregung der Anordnung durch Betreuer**

▶ An das

Amtsgericht

– Betreuungsgericht –

■■■[1]

Anregung zur Einrichtung eines Einwilligungsvorbehalts[2]

Sehr geehrte Damen und Herren,

in dem Betreuungsverfahren betreffend den ■■■, geboren am ■■■, wohnhaft ■■■, rege ich hiermit an,[3] im Interesse meines Betreuten anzuordnen, dass dieser zu Willenserklärungen, mit denen er wiederkehrende Zahlungsverpflichtungen eingeht, der Einwilligung seines Betreuers bedarf.

Dies scheint mir zur Abwendung einer erheblichen Gefahr für das Vermögen des Betreuten erforderlich. Der Betroffene, der bereits erheblich verschuldet ist, hat in den vergangenen Monaten bereits mehrfach langfristige Zahlungsverpflichtungen aus Zeitschriftenabonnements, Verträgen über Telekommunikationsdienstleistungen und Glücksspielverträgen begründet, die seine finanzielle Situation bereits in erheblichem Maße weiter belasten. Nach meinem Eindruck ist der Betreute infolge seiner Erkrankung nicht in der Lage, sich gegen die immer wieder an ihn herangetragenen Angebote zur Wehr zu setzen und die Folgen seines Tuns zu überschauen.[4] Die für den Bereich Vermögenssorge bestehende Betreuung alleine vermag die für den Betreuten und sein Vermögen bestehende Gefahr nicht zu beseitigen.[5]

Ein entsprechendes fachärztliches Attest habe ich mit der Bitte um Übersendung an das Gericht angefordert.

■■■

Unterschrift ◀

II. Erläuterungen

5 **[1] Gerichtliche Zuständigkeit.** Für die Einrichtung des Einwilligungsvorbehalts ist nach § 272 Abs. 1 Nr. FamFG dasjenige Amtsgericht **örtlich zuständig,** bei dem die Betreuung anhängig ist; nach § 15 Nr. 4 RPflG ist die **funktionelle Zuständigkeit** des Betreuungsrichters gegeben.

6 **[2] Einwilligungsvorbehalt als Ausnahme.** Der Einwilligungsvorbehalt beinhaltet eine – im Betreuungsrecht nicht mehr grundsätzlich gewollte – Entmündigung des Betroffenen und ist deshalb durch das Gesetz an strenge Voraussetzungen geknüpft, die auch restriktiv zu handhaben sind; der Umfang der einwilligungsbedürftigen Willenserklärungen sollte daher auf das unbedingt erforderliche Maß beschränkt und hinreichend konkret beschrieben werden (Jurgeleit/*Bučić*, Freiwillige Gerichtsbarkeit, § 16 Rn 120; Jurgeleit/*Kieß*, Betreuungsrecht, § 1903 Rn 6).

7 **[3] Anregung des Betreuers.** Werden dem Betreuer Umstände bekannt, die die Anordnung eines Einwilligungsvorbehalts, dessen Aufhebung, Einschränkung oder Erweiterung erfordern, so hat er dies dem Betreuungsgericht mitzuteilen, § 1901 Abs. 5, 1903 Abs. 4. Die Anordnung erfolgt jedoch nach Feststellung der entscheidungserheblichen Tatsachen im Wege der Amtsermittlung (§ 26 FamFG) von Amts wegen; die Durchführung des Verfahrens kann nicht beantragt, sondern nur angeregt werden (§ 24 FamFG).

8 **[4] Erhebliche Gefahr für Person oder Vermögen.** Maßstab für die Erforderlichkeit des Einwilligungsvorbehalts ist daher die zukünftige erhebliche Eigengefährdung des Betroffenen durch die Krankheit oder Behinderung, die Grund für die Betreuerbestellung ist (Beispiele bei Jurgeleit/*Bučić*, Freiwillige Gerichtsbarkeit, § 16 Rn 118 f). An einer Gefährdung fehlt es dann, wenn der Betroffene zur **Teilnahme am Rechtsverkehr** nicht in der Lage ist oder die Geschäftsunfähigkeit

für den Rechtsverkehr derart offensichtlich ist, dass Rechtsgeschäfte mit dem Betroffenen nicht zustande kommen (*Jürgens/Kröger/Marschner/Winterstein*, Rn 102). Gegen den erklärten Willen des Betroffenen ist ein Einwilligungsvorbehalt nur möglich, wenn der Betroffene aufgrund seiner Erkrankung oder Behinderung einen freien Willen nicht zu bilden vermag (Jurgeleit/*Bučić*, Freiwillige Gerichtsbarkeit, § 16 Rn 117).

[5] **Sonstiges.** Die Anordnung des Einwilligungsvorbehalts ist nur in den Bereichen möglich, für 9
die eine Betreuung besteht oder zeitgleich mit der Anordnung des Einwilligungsvorbehalts eingerichtet wird (Jurgeleit/*Bučić*, Freiwillige Gerichtsbarkeit, § 16 Rn 117). In der Praxis kommt ein Einwilligungsvorbehalt im Bereich der Vermögenssorge am häufigsten vor. Zu bedenken ist stets, dass ein Einwilligungsvorbehalt nur **Willenserklärungen** betreffen kann, nicht aber rein tatsächliches Handeln des Betroffenen (Jurgeleit/*Kieß*, Betreuungsrecht, § 1903 Rn 25 f); ein Einwilligungsvorbehalt im Bereich Aufenthaltsbestimmung vermag daher etwa den Betroffenen nicht an einer Veränderung seines Aufenthalts zu hindern, wohl aber an der Abgabe damit in Verbindung stehender Erklärungen (Kündigung des Heimplatzes oder behördliche Ummeldung).

§ 1904 Genehmigung des Betreuungsgerichts bei ärztlichen Maßnahmen

(1) [1]Die Einwilligung des Betreuers in eine Untersuchung des Gesundheitszustands, eine Heilbehandlung oder einen ärztlichen Eingriff bedarf der Genehmigung des Betreuungsgerichts, wenn die begründete Gefahr besteht, dass der Betreute auf Grund der Maßnahme stirbt oder einen schweren und länger dauernden gesundheitlichen Schaden erleidet. [2]Ohne die Genehmigung darf die Maßnahme nur durchgeführt werden, wenn mit dem Aufschub Gefahr verbunden ist.

(2) Die Nichteinwilligung oder der Widerruf der Einwilligung des Betreuers in eine Untersuchung des Gesundheitszustands, eine Heilbehandlung oder einen ärztlichen Eingriff bedarf der Genehmigung des Betreuungsgerichts, wenn die Maßnahme medizinisch angezeigt ist und die begründete Gefahr besteht, dass der Betreute auf Grund des Unterbleibens oder des Abbruchs der Maßnahme stirbt oder einen schweren und länger dauernden gesundheitlichen Schaden erleidet.

(3) Die Genehmigung nach den Absätzen 1 und 2 ist zu erteilen, wenn die Einwilligung, die Nichteinwilligung oder der Widerruf der Einwilligung dem Willen des Betreuten entspricht.

(4) Eine Genehmigung nach den Absätzen 1 und 2 ist nicht erforderlich, wenn zwischen Betreuer und behandelndem Arzt Einvernehmen darüber besteht, dass die Erteilung, die Nichterteilung oder der Widerruf der Einwilligung dem nach § 1901 a festgestellten Willen des Betreuten entspricht.

(5) [1]Die Absätze 1 bis 4 gelten auch für einen Bevollmächtigten. [2]Er kann in eine der in Absatz 1 Satz 1 oder Absatz 2 genannten Maßnahmen nur einwilligen, nicht einwilligen oder die Einwilligung widerrufen, wenn die Vollmacht diese Maßnahmen ausdrücklich umfasst und schriftlich erteilt ist.

Änderungen durch Neufassung der Vorschrift. Bis zum 1.9.2009 bestand die Vorschrift ledig- 1
lich aus den jetzigen Absätzen 1 und 5. Durch Abs. 2 wird die bislang bestehende Unsicherheit im Falle der Verweigerung oder des Widerrufs der Einwilligung beseitigt. Die Änderung greift außerdem die Einfügung der Regelung über die Patientenverfügung in § 1901 a und 1901 b auf und betont durch die Regelung der Absätze 3 und 4 zum einen das Ziel der **Durchsetzung des Willens des Betreuten** und zum anderen die Verantwortung des Betreuers und des behandelnden Arztes für dessen (**einvernehmliche**) **Feststellung und Umsetzung.** Sie trägt zudem dem Umstand Rechnung, dass angesichts der naturgemäß in der Regel eilig zu treffenden Entscheidungen das gerichtliche Genehmigungsverfahren im Sinne der Umsetzung des Patientenwillens ohnehin in vielen Fällen nicht zur Durchführung kam (Jurgeleit/*Kieß*, Betreuungsrecht, § 1904 Rn 3).

Entbehrlichkeit der gerichtlichen Genehmigung. Ergibt sich der Wille des Betreuten aus einer 2
auf die aktuelle Lebens- und Behandlungssituation zutreffenden **Patientenverfügung** oder erzielen der behandelnde Arzt und der Betreuer ein **Einvernehmen** bezüglich der Frage, ob die Durchführung bzw das Unterbleiben der ärztlich indizierten besonders gefährlichen Maßnahme unzweifelhaft dem (mutmaßlichen) Willen des Betreuten entspricht, ist eine betreuungsgerichtliche Genehmigung nicht erforderlich (Jurgeleit/*Kieß*, Betreuungsrecht, § 1903 Rn 12 und 32).

3 In Eilfällen (Abs. 1 S. 2) ist eine nachträgliche gerichtliche Genehmigung der Entscheidung nicht erforderlich (Jurgeleit/*Kieß*, Betreuungsrecht, § 1903 Rn 52).

4 **Einwilligungsbedüftiger ärztlicher Eingriff.** Die Einwilligung des (für den entsprechenden Aufgabenkreis eingesetzten) Betreuers in einen ärztlichen Eingriff ist erforderlich, wenn der Betreute selbst nicht wirksam in die Maßnahme einwilligen kann und die Einwilligung oder Untersagung nicht im Rahmen einer Patientenverfügung vorweggenommen hat. Sie kann niemals die Ablehnung einer Maßnahme durch einen einwilligungsfähigen Betreuten überstimmen (Jurgeleit/*Kieß*, Betreuungsrecht, § 1903 Rn 28). Einwilligungsfähig ist der Betreute, wenn er aufgrund seiner natürlichen Einsichts- und Steuerungsfähigkeit in der Lage ist, Grund, Bedeutung, Risiken und Heilungschancen der ärztlichen Maßnahme zu erfassen und zur Grundlage einer selbstbestimmten Entscheidung über die Einwilligung in die Maßnahme zu machen (Jurgeleit/*Bučić*, Freiwillige Gerichtsbarkeit, § 16 Rn 141).

5 Die für die Anwendung der Vorschrift vorausgesetzte **besondere Gefährlichkeit der Maßnahme** liegt vor, wenn bei fehlerfreier Ausführung des geplanten oder Unterlassung des medizinisch indizierten Eingriffs der Eintritt eines schweren und länger andauernden gesundheitlichen Schadens bei dem Betreuten unter Berücksichtigung seiner persönlichen Situation konkret und naheliegend möglich ist (*Jürgens/Kröger/Marschner/Winterstein*, Rn 206).

6 **Gerichtliche Zuständigkeit.** Für die Genehmigung des Eingriffs ist nach § 272 Abs. 1 Nr. 1 FamFG dasjenige Amtsgericht **örtlich zuständig**, bei dem die Betreuung anhängig ist; nach § 15 Nr. 4 RPflG ist die **funktionelle Zuständigkeit** des Betreuungsrichters gegeben.

§ 1905 Sterilisation

(1) [1]Besteht der ärztliche Eingriff in einer Sterilisation des Betreuten, in die dieser nicht einwilligen kann, so kann der Betreuer nur einwilligen, wenn

1. die Sterilisation dem Willen des Betreuten nicht widerspricht,
2. der Betreute auf Dauer einwilligungsunfähig bleiben wird,
3. anzunehmen ist, dass es ohne die Sterilisation zu einer Schwangerschaft kommen würde,
4. infolge dieser Schwangerschaft eine Gefahr für das Leben oder die Gefahr einer schwerwiegenden Beeinträchtigung des körperlichen oder seelischen Gesundheitszustands der Schwangeren zu erwarten wäre, die nicht auf zumutbare Weise abgewendet werden könnte, und
5. die Schwangerschaft nicht durch andere zumutbare Mittel verhindert werden kann.

[2]Als schwerwiegende Gefahr für den seelischen Gesundheitszustand der Schwangeren gilt auch die Gefahr eines schweren und nachhaltigen Leides, das ihr drohen würde, weil betreuungsgerichtliche Maßnahmen, die mit ihrer Trennung vom Kind verbunden wären (§§ 1666, 1666 a), gegen sie ergriffen werden müssten.

(2) [1]Die Einwilligung bedarf der Genehmigung des Betreuungsgerichts. [2]Die Sterilisation darf erst zwei Wochen nach Wirksamkeit der Genehmigung durchgeführt werden. [3]Bei der Sterilisation ist stets der Methode der Vorzug zu geben, die eine Refertilisierung zulässt.

A. Sicht des Betreuers und des besonderen Sterilisationsbetreuers

I. Muster: Anregung des Betreuers zur Bestellung eines Sterilisationsbetreuers 1

999

▶ An das

Amtsgericht

– Betreuungsgericht –

■■■[1]

Anregung zur Bestellung eines Sterilisationsbetreuers

Sehr geehrte Damen und Herren,

in dem Betreuungsverfahren betreffend die ■■■, geboren am ■■■, wohnhaft ■■■, bitte ich das Gericht um die Bestellung eines besonderen Betreuers für den Aufgabenkreis der Entscheidung über die Einwilligung in eine Sterilisation meiner Betreuten,[2] die nach meiner und der Einschätzung der behandelnden Frauenärztin angezeigt ist. Die Betreute hat nach ihrem Umzug in die Wohneinrichtung eine feste Partnerschaft zu einem ihrer Mitbewohner entwickelt, mit dem sie inzwischen auch sexuellen Kontakt pflegt. Infolge ihrer Behinderung ist die Betreute zu einer regelmäßigen und zuverlässigen Empfängnisverhütung nicht in der Lage. Im Fall einer Schwangerschaft droht der Betreuten aus meiner Sicht eine schwerwiegende Beeinträchtigung ihrer seelischen Gesundheit, da sie nicht in der Lage ist, für ein Neugeborenes zu sorgen, so dass eine sofortige Trennung von dem Kind und die damit verbundenen Leiden unausweichlich wären.

Nach meinem Dafürhalten ist die Betreute aufgrund ihrer geistigen Behinderung dauerhaft nicht in der Lage, wirksam in die geplante Maßnahme einzuwilligen. Es fehlt ihr das Verständnis dafür, dass der geplante Eingriff die Möglichkeit aufhebt, schwanger zu werden, und dass sie infolge des Eingriffs kinderlos bleiben würde. Vor diesem Hintergrund bitte ich um die Einleitung der nach § 1905 BGB erforderlichen Maßnahmen.[3]

■■■

Unterschrift ◀

II. Erläuterungen

[1] **Gerichtliche Zuständigkeit.** Für die Bestellung des Sterilisationsbetreuers und die Erteilung der Genehmigung ist nach § 272 Abs. 1 Nr. 1 FamFG dasjenige Amtsgericht **örtlich zuständig**, bei dem die Betreuung anhängig ist; nach § 15 Nr. 4 RPflG ist die **funktionelle Zuständigkeit** des Betreuungsrichters gegeben. 2

[2] **Der Sterilisationsbetreuer.** Die Bestellung des Sterilisationsbetreuers, der ausschließlich eine natürliche Person sein darf, setzt voraus, dass das Gericht die Voraussetzungen des Abs. 1 für gegeben erachtet (zu den einzelnen Voraussetzungen näher Jurgeleit/*Meier*, Betreuungsrecht, § 1905 Rn 11 ff). Der Sterilisationsbetreuer prüft dann eigenverantwortlich, ob er nach den Vorgaben des Abs. 1 die Einwilligung in die Maßnahme zu erteilen beabsichtigt, um dann mit einem begründeten Antrag die erforderliche und zwingend vor dem Eingriff einzuholende **gerichtliche Genehmigung** einzuholen. 3

Kommt der Sterilisationsbetreuer mit vertretbarer Begründung zu der Einschätzung, keine Einwilligung zu erteilen, so kann ihn das Gericht nicht deshalb entlassen, weil es diese Einschätzung für sachlich falsch hält (*Jürgens/Kröger/Marschner/Winterstein*, Rn 225). 4

Auch nach Erteilung der Genehmigung muss der Sterilisationsbetreuer die Einwilligung (auch noch unmittelbar vor Durchführung des Eingriffs, den er insofern zu begleiten hat, vgl Jurgeleit/*Meier*, Betreuungsrecht, § 1905 Rn 13) versagen, wenn er zur Überzeugung gelangt, dass die Voraussetzungen nicht mehr vorliegen. 5

6 [3] **Allgemeines.** Die Sterilisation, also eine ärztliche Maßnahme zur Beseitigung der Gebärfähigkeit, einer dauerhaft einwilligungsunfähigen Betreuten ist nur unter besonders engen Voraussetzungen und nach Durchführung eines aufwändigen Verfahrens zulässig. Die Vornahme des Eingriffs setzt die **Einwilligung eines** nach § 1900 Abs. 5 zu bestellenden **besonderen Betreuers** voraus, die dieser erst nach Genehmigung des Betreuungsgerichts erteilen darf. Das Verfahren richtet sich im Einzelnen nach der Vorschrift des § 297 FamFG. Sofern nicht eine anderweitige Vertretung der Betreuten durch eine fachkundige Person gewährleistet ist, ist die Bestellung eines Verfahrenspflegers erforderlich, § 297 Abs. 5 FamFG.

B. Gerichtliche Sicht

7 I. Muster: Beweisbeschluss Sterilisationsgutachten (I)[1]

▶ **Beschluss**

In pp.

hat das Amtsgericht ▪▪▪ – Betreuungsgericht – am ▪▪▪ durch ▪▪▪ beschlossen:

Es soll ein schriftliches Sachverständigengutachten zur Beantwortung folgender Fragen eingeholt werden:

1. Ist die Betroffene nach ihrer natürlichen Einsichts- und Steuerungsfähigkeit nicht in der Lage, über die Frage der Vornahme einer Sterilisation zu entscheiden, da sie die Bedeutung, Tragweite, Vorteile und Riskien einer solchen Maßnahme nicht erfassen kann, und wird dieser Zustand gegebenenfalls auf Dauer vorliegen?
2. Widerspricht die Vornahme einer Sterilisation aus sachverständiger Sicht dem natürlichen Willen der Betroffenen?

Der Sachverständige wird darauf hingewiesen, dass vor der Erstattung des Gutachtens gesetzlich zwingend die persönliche Untersuchung bzw Befragung vorgeschrieben ist.

Zum Sachverständigen wird bestimmt: ▪▪▪

Der Sachverständige wird auf folgende weitere Pflichten gemäß § 407 a ZPO hingewiesen:

Der Sachverständige hat unverzüglich zu prüfen, ob der Auftrag in sein Fachgebiet fällt und ohne die Hinzuziehung weiterer Sachverständiger erledigt werden kann. Ist das nicht der Fall, so hat der Sachverständige das Gericht unverzüglich zu verständigen.

Der Sachverständige ist nicht befugt, den Auftrag auf einen anderen zu übertragen. Soweit er sich der Mitarbeit einer anderen Person bedient, hat er diese namhaft zu machen und den Umfang ihrer Tätigkeit anzugeben, falls es sich nicht um Hilfsdienste von untergeordneter Bedeutung handelt.

Hat der Sachverständige Zweifel an Inhalt und Umfang des Auftrages, so hat er unverzüglich eine Klärung durch das Gericht herbeizuführen.

Der Sachverständige hat auf Verlangen des Gerichts die Akten und sonstige für die Begutachtung beigezogene Unterlagen sowie Untersuchungsergebnisse unverzüglich herauszugeben oder mitzuteilen. Kommt er dieser Pflicht nicht nach, so ordnet das Gericht die Herausgabe an. ◀

8 II. Muster: Beweisbeschluss Sterilisationsgutachten (II)[1]

▶ **Beschluss**

In pp.

hat das Amtsgericht ▪▪▪ – Betreuungsgericht – am ▪▪▪ durch ▪▪▪ beschlossen:

Es soll ein schriftliches Sachverständigengutachten zur Beantwortung folgender Fragen eingeholt werden:

1. Ist davon auszugehen, dass es bei der Betroffenen ohne Sterilisation zu einer Schwangerschaft kommen wird?

2. a. Wäre auf Grund der Schwangerschaft eine Gefahr für das Leben der Betroffenen oder die Gefahr einer schwerwiegenden Beeinträchtigung des körperlichen oder seelischen Zustandes zu erwarten?

2. b. Sollte der Sachverständige zu dem Ergebnis kommen, dass Gefahren im Sinne der Ziffer 2. a. zu erwarten sind: Können diese Gefahren auf andere Art und Weise abgewendet werden (zB medizinische bzw psychologische Behandlung etwa zu erwartender körperlicher Beeinträchtigungen oder zu erwartender Depressionen)?

3. Welche anderen empfangsverhütenden Methoden, die hinreichend sicher und zumutbar sind, stehen zur Verfügung? Stehen solche alternativen Möglichkeiten, evtl nach Durchführung sexualpädagogischer Maßnahmen, zur Verfügung? Welche Nebenwirkungen hätten die alternativen empfangsverhütenden Maßnahmen? Steht eine Methode zur Verfügung, die eine Rückgängigmachung zulässt?

4. Welche Auswirkungen hätte die Vornahme der Sterilisation auf die Betroffene?

Die Fragen zu Ziffer 1. bis 4. sind unter medizinischen, psychologischen, sozialen, pädagogischen und sexualpädagogischen Gesichtspunkten zu beantworten. Dabei ist auch eine gutachterliche Darstellung der sozialen Gesamtsituation, der finanziellen Verhältnisse, der Wohnsituation und des Ausbildungsstandes der Betroffenen erforderlich. Schließlich ist eine Prognose über die Entwicklungsmöglichkeit und Lebensperspektive der Betroffenen erforderlich, um insbesondere abschätzen zu können, ob die Möglichkeit der Schaffung alternativer Verhütungsmethoden besteht.

Zur Konkretisierung der unter Ziffer 2. a. aufgestellten Frage der Gefahr einer schwerwiegenden Beeinträchtigung des seelischen Zustandes wird auf Folgendes hingewiesen: Als schweres und nachhaltiges seelisches Leid ist ausschließlich eine aus der Tatsache einer Trennung der Betroffenen von ihrem Kind nach den in §§ 1666, 1666 a BGB bestimmten Gründen resultierende seelische Beeinträchtigung des Gesundheitszustandes der Betroffenen anzusehen.

Zur Konkretisierung der unter Ziffer 2. a. aufgestellten Frage der Gefahren für das Leben der Betroffenen oder schwerwiegender körperlicher Beeinträchtigungen wird darauf hingewiesen, dass sich solche Gefahren sowohl aus physischen als auch aus psychischen Ursachen (zB Gebärmutterkrebs, Selbstmordgefahr aufgrund schwerer Depressionen, schwerste depressive Fehlentwicklungen) ergeben können.

Schließlich wird der Sachverständige darauf hingewiesen, dass vor der Erstattung des Gutachtens gesetzlich zwingend die persönliche Untersuchung bzw Befragung vorgeschrieben ist.

Zum Sachverständigen wird bestimmt: ▪▪▪

Der Sachverständige wird auf folgende weitere Pflichten gemäß § 407 a ZPO hingewiesen:

(▪▪▪) ◄

III. Erläuterungen

[1] Der **Umfang der vom Gericht einzuholenden Gutachten** ergibt sich aus § 296 Abs. 6 FamFG; es sind danach stets die medizinischen (neurologischen und gynäkologischen), psychologischen, sozialen, sonderpädagogischen und sexualpädagogischen Gesichtspunkte des Einzelfalls zu beleuchten. In der Regel wird wegen des Umfangs der zu beantwortenden Fragen die Beauftragung mehrerer Gutachter erforderlich sein (Jurgeleit/*Bučić*, Freiwillige Gerichtsbarkeit, § 16 Rn 161; Jurgeleit/*Meier*, Betreuungsrecht, § 1905 Rn 3). Gutachter darf ausdrücklich nicht der Arzt sein, der die Sterilisation durchführen soll. 9

§ 1906 Genehmigung des Betreuungsgerichts bei der Unterbringung

(1) Eine Unterbringung des Betreuten durch den Betreuer, die mit Freiheitsentziehung verbunden ist, ist nur zulässig, solange sie zum Wohl des Betreuten erforderlich ist, weil

1. auf Grund einer psychischen Krankheit oder geistigen oder seelischen Behinderung des Betreuten die Gefahr besteht, dass er sich selbst tötet oder erheblichen gesundheitlichen Schaden zufügt, oder
2. eine Untersuchung des Gesundheitszustands, eine Heilbehandlung oder ein ärztlicher Eingriff notwendig ist, ohne die Unterbringung des Betreuten nicht durchgeführt werden kann und der Betreute auf Grund einer psychischen Krankheit oder geistigen oder seelischen Behinderung die Notwendigkeit der Unterbringung nicht erkennen oder nicht nach dieser Einsicht handeln kann.

(2) [1]Die Unterbringung ist nur mit Genehmigung des Betreuungsgerichts zulässig. [2]Ohne die Genehmigung ist die Unterbringung nur zulässig, wenn mit dem Aufschub Gefahr verbunden ist; die Genehmigung ist unverzüglich nachzuholen.

(3) [1]Der Betreuer hat die Unterbringung zu beenden, wenn ihre Voraussetzungen wegfallen. [2]Er hat die Beendigung der Unterbringung dem Betreuungsgericht anzuzeigen.

(4) Die Absätze 1 bis 3 gelten entsprechend, wenn dem Betreuten, der sich in einer Anstalt, einem Heim oder einer sonstigen Einrichtung aufhält, ohne untergebracht zu sein, durch mechanische Vorrichtungen, Medikamente oder auf andere Weise über einen längeren Zeitraum oder regelmäßig die Freiheit entzogen werden soll.

(5) [1]Die Unterbringung durch einen Bevollmächtigten und die Einwilligung eines Bevollmächtigten in Maßnahmen nach Absatz 4 setzt voraus, dass die Vollmacht schriftlich erteilt ist und die in den Absätzen 1 und 4 genannten Maßnahmen ausdrücklich umfasst. [2]Im Übrigen gelten die Absätze 1 bis 4 entsprechend.

A. Unterbringung des Betreuten

1 **I. Muster: Antrag des Betreuers auf (nachträgliche) Genehmigung der Unterbringung im Wege der einstweiligen Anordnung**

▶ An das

Amtsgericht

– Betreuungsgericht –

■■■[1]

EILT - Bitte sofort vorlegen!

Antrag auf Genehmigung der Unterbringung des Betreuten[2]

Sehr geehrte Damen und Herren,

in dem Betreuungsverfahren betreffend den ■■■, geboren am ■■■, wohnhaft ■■■, erbitte ich schnellstmöglich die gerichtliche Genehmigung der vorläufigen Unterbringung meines Betreuten[3] in der geschlossenen Abteilung des psychiatrischen Krankenhauses in ■■■.

Mein Betreuter befindet sich, wie ich heute am frühen Morgen erfahren habe, seit etwa 2:00 Uhr auf Station ■■■ der genannten Einrichtung. Behandelnder Arzt ist ■■■.[4]

Nach meinem Kenntnisstand wurde Herr ■■■ zuvor von Passanten ohne adäquate Bekleidung auf einer Bank im hiesigen Stadtpark liegend vorgefunden. Er war völlig verwirrt und konnte weder angeben, wann noch weshalb er seine Wohnung verlassen hat und was er zu tun beabsichtigte. Auch ich konnte soeben eine sinngebende Unterhaltung mit Herrn ■■■ nicht führen. Aufgrund des bereits bekannten Krankheitsbildes ist auf eine akute Episode derselben zu schließen, die es aus meiner Sicht zum Schutz meines Betreuten vor erheblichen Gesundheitsgefahren erforderlich macht, ihn zunächst auch gegen seinen erklärten Willen in der genannten Einrichtung unterzubringen.[5]

Die umgehende Übermittlung der für die Genehmigung der Unterbringung erforderlichen ärztlichen Stellungnahme per Fax an das Gericht hat der behandelnde Stationsarzt, Herr ■■■, mir soeben zugesagt. Nach seiner Einschätzung wird die Maßnahme voraussichtlich für die Dauer von vier Wochen erforderlich sein.[6]

■■■

Unterschrift ◄

II. Erläuterungen

[1] Gerichtliche Zuständigkeit. Für die Genehmigung der Unterbringung nach dem Betreuungsrecht ist nach § 313 Abs. 1 Nr. 1 FamFG vorrangig dasjenige Amtsgericht **örtlich zuständig**, bei dem ein Verfahren zur Bestellung eines Betreuers eingeleitet oder die Betreuung anhängig ist. Sonderregelungen für die Zuständigkeit bei einstweiligen Anordnungen und Unterbringungen nach den polizeirechtlichen Landesgesetzen enthalten § 313 Abs. 2 und 3 FamFG. Nach Art. 104 Abs. 2 S. 1 GG ist die **funktionelle Zuständigkeit** des Betreuungsrichters gegeben. 2

[2] Unterbringung auf Veranlassung des Betreuers. Ein mit entsprechenden Aufgabenkreisen (Entscheidung über Unterbringung, aber auch Aufenthaltsbestimmung, nicht aber lediglich Gesundheitssorge, vgl Jurgeleit/*Meyer/Jurgeleit*, Betreuungsrecht, § 1906 Rn 5) ausgestatteter Betreuer kann mit Genehmigung des Gerichts eine zum Wohl des Betreuten (nicht also nur zum Schutz Dritter) erforderliche Freiheitsentziehung durchsetzen. Das Gericht kann die vorläufige Unterbringung unter den Voraussetzungen des § 331 FamFG im Wege der einstweiligen Anordnung durchsetzen. 3

[3] Betreuungsrecht und Polizeirecht. Vorläufige Unterbringungen wegen fremdgefährdenden Verhaltens sind nach den polizeirechtlichen Landesgesetzen möglich. Soweit diese auch eine Unterbringung wegen Eigengefährdung vorsehen, ist das **betreuungsrechtliche Verfahren vorrangig** durchzuführen, wenn ein mit entsprechenden Aufgabenkreisen ausgestatteter Betreuer bestellt und erreichbar ist (Jurgeleit/*Meyer/Jurgeleit*, Betreuungsrecht, § 1906 Rn 73 f). 4

[4] Nachträgliche Genehmigung. Erfolgt die (vorläufige) Unterbringung ohne vorherige gerichtliche Genehmigung, da dem Betreuten bei einem Aufschub erhebliche gesundheitliche Nachteile drohen würden, muss der Betreuer das Gericht ohne schuldhaftes Zögern über die begonnene Freiheitsentziehung informieren. 5

[5] Unterbringungsvoraussetzungen. Für den Betreuten muss aufgrund psychischer Krankheit bzw geistiger oder seelischer Behinderung mit hoher Wahrscheinlichkeit die **Gefahr** bestehen, **sich selbst** erheblichen gesundheitlichen (nicht etwa nur finanziellen) Schaden zuzufügen (Abs. 1 Nr. 1), oder es muss ihm aufgrund einer solchen Krankheit oder Behinderung die Einsichts- oder Steuerungsfähigkeit bezüglich der Einwilligung in eine ohne die Unterbringung nicht durchführbare, dringend notwendige ärztliche Maßnahme fehlen (Abs. 1 Nr. 2). 6

Maßgeblich ist dabei, dass die Erkrankung oder Behinderung eine freie Willensbestimmung ausschließt, also etwa bei einer Abhängigkeitserkrankung, dass diese über die bloße Sucht hinaus zu einer Veränderung der Persönlichkeit geführt hat (Jurgeleit/*Meyer/Jurgeleit*, Betreuungsrecht, § 1906 Rn 15 f; *Jürgens/Kröger/Marschner/Winterstein*, Rn 501). Die Gefahr darf durch mildere Mittel als die Freiheitsentziehung nicht zu beseitigen sein. 7

Unterbringung im Sinne der Vorschrift ist dabei eine nicht **nur kurzfristige Einschränkung der Bewegungsfreiheit** des (tatsächlich zur willensgetragenen Fortbewegung fähigen) Betreuten, in die dieser nicht wirksam eingewilligt hat. Eine solche **Einwilligung** setzt voraus, dass der Be- 8 treute in Kenntnis der Folgen seiner Zustimmung eine ernstliche und verlässliche Erklärung abgegeben und nicht wieder widerrufen hat, für den aus therapeutischer Sicht erforderlichen Zeitraum freiwillig in der Einrichtung zu bleiben (Jurgeleit/*Meyer/Jurgeleit*, Betreuungsrecht, § 1906 Rn 9; *Jürgens/Kröger/Marschner/Winterstein*, Rn 495).

9 [6] **Dauer und Beendigung der (vorläufigen) Unterbringung.** Die vorläufige Unterbringung des Betreuten darf nach § 333 FamFG (zunächst) die Dauer von sechs Wochen nicht überschreiten, über die Verlängerung der dauerhaften Unterbringung hat das Gericht nach § 329 Abs. 1 FamFG spätestens vor Ablauf von zwei Jahren zu entscheiden. Der Betreuer hat die Notwendigkeit der weiteren Freiheitsentziehung regelmäßig zu überprüfen, die Entlassung des Betroffenen vor Fristablauf zu veranlassen, wenn die Voraussetzungen nicht mehr gegeben sind, und die Entlassung dem Gericht anzuzeigen, das die Genehmigung aufzuheben hat (*Jürgens/Kröger/Marschner/Winterstein*, Rn 575 ff).

B. Unterbringungsähnliche Maßnahmen

10 I. Muster: Antrag des Betreuers auf Genehmigung unterbringungsähnlicher Maßnahmen

1003

▶ An das

Amtsgericht

– Betreuungsgericht –

▪▪▪[1]

Antrag auf Genehmigung unterbringungsähnlicher Maßnahmen

Sehr geehrte Damen und Herren,

in dem Betreuungsverfahren betreffend den ▪▪▪, geboren am ▪▪▪, wohnhaft ▪▪▪, erbitte ich die gerichtliche Genehmigung für die Anwendung freiheitsentziehender Maßnahmen bei meinem im Pflegeheim ▪▪▪ lebenden Betreuten.[2]

Bei Herrn ▪▪▪ ist, wie Sie auch dem beiliegenden ärztlichen Attest vom ▪▪▪ entnehmen können, wegen der vorliegenden Demenzerkrankung mit Unruhezuständen die dauerhafte Sicherung durch das Anbringen von Bettgittern und eines Stecktisches an seinem Pflegestuhl erforderlich.[3] Der Betreute ist nicht mehr in der Lage, ohne fremde Hilfe aufzustehen und zu gehen. Krankheitsbedingt vermag er die von dem Versuch, dennoch aufzustehen, ausgehenden Gefahren für seine Gesundheit nicht mehr einzuschätzen. Es ist in der Vergangenheit bereits mehrfach zu Stürzen gekommen, die bislang glücklicherweise noch nicht zu ernsten Verletzungen geführt haben.

Die Maßnahme wird voraussichtlich auf Dauer erforderlich sein.[4]

▪▪▪

Unterschrift ◀

II. Erläuterungen

11 [1] **Gerichtliche Zuständigkeit.** Insofern gilt das oben zur Unterbringung Ausgeführte entsprechend, Rn 8.

12 [2] **Anwendungsbereich.** Von der Unterbringung im Sinne des Abs. 1 unterscheiden sich die von Abs. 4 erfassten Maßnahmen dadurch, dass sie nicht alle Bewohner der betreffenden Einrichtung, sondern individuell den jeweiligen Betreuten treffen und dessen Bewegungsmöglichkeiten längerfristig oder regelmäßig beschränken; die Maßnahmen sind bei verfassungskonformer Auslegung der Vorschrift trotz des eindeutigen Wortlauts auch bei einem nach Abs. 1 Untergebrachten, dessen Freiheit dadurch zusätzlich beschränkt wird, gesondert zu genehmigen (Jurgeleit/*Meyer/Jurgeleit*, Betreuungsrecht, § 1906 Rn 60 f). Nicht anwendbar ist die Vorschrift auf die Durchführung entsprechender Maßnahmen im Rahmen der häuslichen Pflege durch

Angehörige (hierzu und zu den strafrechtlichen Grenzen freiheitsentziehender Maßnahmen in diesem Umfeld *Jürgens/Kröger/Marschner/Winterstein*, Rn 513).

[3] Erfasste Maßnahmen. Die Freiheitsentziehung kann etwa durch die Anbringung eines Bauchgurtes, eines Stecktisches am Pflegestuhl oder von Bettgittern geschehen, aber auch durch das Vorenthalten des Hausschlüssels, die Durchführung sensorgesteuerter Ausgangskontrollen oder die Gabe dämpfender Medikamente mit dem Ziel der Beschränkung der Fortbewegungsfreiheit. Auch hier liegt eine Freiheitsentziehung nicht vor, wenn der Betreute wirksam in die Maßnahme einwilligt oder wenn er bewegungsunfähig oder zur Bildung eines Fortbewegungswillens nicht mehr in der Lage ist. 13

[4] Dauer und Beendigung der Maßnahme. Insofern gilt das oben zur Unterbringung Ausgeführte entsprechend, Rn 9. 14

§ 1907 Genehmigung des Betreuungsgerichts bei der Aufgabe der Mietwohnung

(1) [1]Zur Kündigung eines Mietverhältnisses über Wohnraum, den der Betreute gemietet hat, bedarf der Betreuer der Genehmigung des Betreuungsgerichts. [2]Gleiches gilt für eine Willenserklärung, die auf die Aufhebung eines solchen Mietverhältnisses gerichtet ist.

(2) [1]Treten andere Umstände ein, auf Grund derer die Beendigung des Mietverhältnisses in Betracht kommt, so hat der Betreuer dies dem Betreuungsgericht unverzüglich mitzuteilen, wenn sein Aufgabenkreis das Mietverhältnis oder die Aufenthaltsbestimmung umfasst. [2]Will der Betreuer Wohnraum des Betreuten auf andere Weise als durch Kündigung oder Aufhebung eines Mietverhältnisses aufgeben, so hat er dies gleichfalls unverzüglich mitzuteilen.

(3) Zu einem Miet- oder Pachtvertrag oder zu einem anderen Vertrag, durch den der Betreute zu wiederkehrenden Leistungen verpflichtet wird, bedarf der Betreuer der Genehmigung des Betreuungsgerichts, wenn das Vertragsverhältnis länger als vier Jahre dauern oder vom Betreuer Wohnraum vermietet werden soll.

A. Muster: Antrag auf Genehmigung der Kündigung des Mietverhältnisses des Betreuten 1

▶ An das

Amtsgericht

– Betreuungsgericht –

▪▪▪[1]

Antrag auf Genehmigung der Kündigung des Mietverhältnisses meines Betreuten

Sehr geehrte Damen und Herren,

in dem Betreuungsverfahren betreffend den ▪▪▪, geboren am ▪▪▪, wohnhaft ▪▪▪, ersuche ich das Gericht um die Genehmigung[2] der Kündigung des Mietverhältnisses für die Wohnung meines Betreuten[3] im Hause ▪▪▪

Infolge des weiteren erlittenen Schlaganfalls und des eingetretenen Erfordernisses einer künstlichen Ernährung ist der Betreute voraussichtlich dauerhaft nicht mehr in der Lage, alleine in der angemieteten Wohnung zu leben, da dort die erforderliche ständige pflegerische Betreuung nicht zu gewährleisten ist. Er ist am ▪▪▪ in das Alten- und Pflegeheim ▪▪▪ eingezogen.[4]

Derzeit ist der Betreute zu einer Kundgabe seines Willens nicht in der Lage;[5] in der eingetretenen Situation erfordert meines Erachtens das Wohl des Betroffenen den beabsichtigten Schritt, die Mietwohnung aufzugeben.

Ein Attest des behandelnden Hausarztes lege ich diesem Schreiben bei.

■■■

Unterschrift ◄

B. Erläuterungen

2 [1] **Gerichtliche Zuständigkeit.** Für das Genehmigungsverfahren ist funktional der Rechtspfleger zuständig, § 3 Nr. 2 b) RPflG. Örtlich ist nach § 272 Abs. 1 Nr. 1 FamFG dasjenige Amtsgericht zuständig, bei dem die Betreuung anhängig ist.

3 [2] **Erforderlichkeit der gerichtlichen Genehmigung.** Die mit dem Verlust des bisherigen Lebensmittelpunktes verbundene und daher für den Betreuten besonders folgenschwere Entscheidung setzt zudem eine **betreuungsgerichtliche Genehmigung** voraus. Ohne diese Genehmigung, die erst mit Rechtskraft des gerichtlichen Beschlusses wirksam wird, ist die von ihm abgegebene Erklärung nichtig, §§ 1908 i Abs. 1 iVm § 1831. Eine von der Vorschrift reglementierte Aufgabe des Lebensmittelpunktes liegt nicht vor, wenn der Betreute zwar aus seiner Wohnung auszieht, aber etwa der Ehepartner oder ein Familienangehöriger diese weiterhin bewohnt (Jurgeleit/*Neumann*, Betreuungsrecht, § 1907 Rn 18).

4 Die Aufgabe des Lebensmittelpunktes durch die Veräußerung von Grundstücks- oder Wohnungseigentum unterliegt nach § 1908 i Abs. 1 iVm § 1821 Nr. 1 der Genehmigungspflicht.

5 [3] **Aufgabenkreis des Betreuers.** Die Befugnis des Betreuers zur Beendigung eines Wohnungsmietverhältnisses oder einer vergleichbaren Wohnform (Platz in Wohn- oder Pflegeheim oä), die den **eigenen Wohnzwecken des Betreuten** dient, erfordert zunächst eine entsprechende Bestimmung seiner Aufgabenkreise (Wohnungsangelegenheiten, Aufenthaltsbestimmung oder Ähnliches, nicht aber lediglich Vermögenssorge, *Jürgens/Kröger/Marschner/Winterstein*, Rn 227).

6 [4] **Voraussetzungen der gerichtlichen Genehmigung.** Die Aufgabe des Wohnraums kommt in Frage, wenn der Betreute aus gesundheitlichen Gründen **zu einer Rückkehr in seine Wohnung dauerhaft nicht mehr in der Lage** ist beziehungsweise seine Versorgung dort auch unter Ausschöpfung bestehender Pflege- und Versorgungsmöglichkeiten nicht zu gewährleisten wäre (Jurgeleit/*Neumann*, Betreuungsrecht, § 1907 Rn 29 f). Der Nachweis dieses Umstandes ist durch ein ärztliches Attest zu führen.

7 Der Betreuer hat sich bei der Entscheidung über die Aufgabe eines Mietverhältnisses im ihm durch § 1901 Abs. 3 vorgegebenen Rahmen zu bewegen und ist demnach an den **Wunsch des Betreuten**, seinen bisherigen Lebensmittelpunkt nicht aufgeben zu wollen, nur dann nicht gebunden, wenn der Betreute einen freien Willen nicht mehr bilden kann und die Befolgung seines Wunsches dessen Wohl zuwiderliefe, insbesondere mit einer **erheblichen Gefahr für den Betreuten** verbunden wäre (Jurgeleit/*Neumann*, Betreuungsrecht, § 1907 Rn 6 ff).

8 [5] **Verfahren.** Das Gericht hat den Betreuten vor seiner Entscheidung persönlich anzuhören (§ 299 FamFG), wenn er in der Lage ist, seinen Willen kund zu tun, § 34 Abs. 2 FamFG. Ist dies nicht der Fall, ist ein Verfahrenspfleger zu bestellen, § 276 FamFG (Jurgeleit/*Bučić*, Freiwillige Gerichtsbarkeit, § 16 Rn 135).

§ 1908 Genehmigung des Betreuungsgerichts bei der Ausstattung

Der Betreuer kann eine Ausstattung aus dem Vermögen des Betreuten nur mit Genehmigung des Betreuungsgerichts versprechen oder gewähren.

§ 1908 a Vorsorgliche Betreuerbestellung und Anordnung des Einwilligungsvorbehalts für Minderjährige

[1]Maßnahmen nach den §§ 1896, 1903 können auch für einen Minderjährigen, der das 17. Lebensjahr vollendet hat, getroffen werden, wenn anzunehmen ist, dass sie bei Eintritt der Volljährigkeit erforderlich werden. [2]Die Maßnahmen werden erst mit dem Eintritt der Volljährigkeit wirksam.

§ 1908 b Entlassung des Betreuers

(1) [1]Das Betreuungsgericht hat den Betreuer zu entlassen, wenn seine Eignung, die Angelegenheiten des Betreuten zu besorgen, nicht mehr gewährleistet ist oder ein anderer wichtiger Grund für die Entlassung vorliegt. [2]Ein wichtiger Grund liegt auch vor, wenn der Betreuer eine erforderliche Abrechnung vorsätzlich falsch erteilt hat. [3]Das Gericht soll den nach § 1897 Abs. 6 bestellten Betreuer entlassen, wenn der Betreute durch eine oder mehrere andere Personen außerhalb einer Berufsausübung betreut werden kann.
(2) Der Betreuer kann seine Entlassung verlangen, wenn nach seiner Bestellung Umstände eintreten, auf Grund derer ihm die Betreuung nicht mehr zugemutet werden kann.
(3) Das Gericht kann den Betreuer entlassen, wenn der Betreute eine gleich geeignete Person, die zur Übernahme bereit ist, als neuen Betreuer vorschlägt.
(4) [1]Der Vereinsbetreuer ist auch zu entlassen, wenn der Verein dies beantragt. [2]Ist die Entlassung nicht zum Wohl des Betreuten erforderlich, so kann das Betreuungsgericht stattdessen mit Einverständnis des Betreuers aussprechen, dass dieser die Betreuung künftig als Privatperson weiterführt. [3]Die Sätze 1 und 2 gelten für den Behördenbetreuer entsprechend.
(5) Der Verein oder die Behörde ist zu entlassen, sobald der Betreute durch eine oder mehrere natürliche Personen hinreichend betreut werden kann.

A. Muster: Antrag auf Entlassung als Betreuer 1

► An das

Amtsgericht

– Betreuungsgericht –

■■■[1]

Antrag auf Entlassung als Betreuer[2]

Sehr geehrte Damen und Herren,

in dem Betreuungsverfahren betreffend den ■■■, geboren am ■■■, wohnhaft ■■■, beantrage ich, als Betreuer des ■■■ entlassen zu werden.

Nach meiner Bestellung sind Umstände eingetreten, auf Grund derer mir die Betreuung nicht mehr zugemutet werden kann. ■■■[3]

■■■

Unterschrift ◄

B. Erläuterungen

[1] Gerichtliche Zuständigkeit. Für die Entlassung eines Betreuers ist nach § 272 Abs. 1 Nr. 1 FamFG dasjenige Amtsgericht **örtlich zuständig**, bei dem die Betreuung anhängig ist. Zur Abgrenzung der **funktionellen Zuständigkeit** von Richter und Rechtspfleger vgl Jurgeleit/*Bučić*, Betreuungsrecht, § 296 FamFG Rn 2, sowie Jurgeleit/*Bučić*, Freiwillige Gerichtsbarkeit, § 16 Rn 104. 2

[2] Anlass zum gerichtlichen Tätigwerden. Beantragt ein Betreuer seine Entlassung, so hat das Betreuungsgericht das Vorliegen der gesetzlichen Voraussetzungen für eine solche Entlassung zu prüfen (Jurgeleit/*Bučić*, Betreuungsrecht, § 296 FamFG Rn 4). 3

4 [3] **Unzumutbarkeit der weiteren Betreuung.** Der Betreuer kann nach § 1908 b Abs. 2 seine Entlassung verlangen, wenn nach seiner Bestellung Umstände eingetreten sind, aufgrund derer ihm die Betreuung nicht mehr zugemutet werden kann. Dies ist durch **Abwägung** des Interesses des Betreuers an seiner Entlassung gegen das Interesse des Betroffenen an der Beibehaltung des bisherigen Betreuers zu ermitteln (Jurgeleit/*Kieß*, Betreuungsrecht, § 1908 b Rn 87). Dabei können sich zur Unzumutbarkeit führende Gründe aus der Person des Betreuers oder des Betreuten sowie aus sonstigen Umständen ergeben (vgl dazu im Einzelnen Jurgeleit/*Kieß*, Betreuungsrecht, § 1908 b Rn 87-91, sowie Jurgeleit/*Bučić*, Freiwillige Gerichtsbarkeit, § 16 Rn 104).

§ 1908 c Bestellung eines neuen Betreuers

Stirbt der Betreuer oder wird er entlassen, so ist ein neuer Betreuer zu bestellen.

§ 1908 d Aufhebung oder Änderung von Betreuung und Einwilligungsvorbehalt

(1) [1]Die Betreuung ist aufzuheben, wenn ihre Voraussetzungen wegfallen. [2]Fallen diese Voraussetzungen nur für einen Teil der Aufgaben des Betreuers weg, so ist dessen Aufgabenkreis einzuschränken.
(2) [1]Ist der Betreuer auf Antrag des Betreuten bestellt, so ist die Betreuung auf dessen Antrag aufzuheben, es sei denn, dass eine Betreuung von Amts wegen erforderlich ist. [2]Den Antrag kann auch ein Geschäftsunfähiger stellen. [3]Die Sätze 1 und 2 gelten für die Einschränkung des Aufgabenkreises entsprechend.
(3) [1]Der Aufgabenkreis des Betreuers ist zu erweitern, wenn dies erforderlich wird. [2]Die Vorschriften über die Bestellung des Betreuers gelten hierfür entsprechend.
(4) Für den Einwilligungsvorbehalt gelten die Absätze 1 und 3 entsprechend.

1 **A. Muster: Anregung einer Erweiterung des Aufgabenkreises des Betreuers**

▶ An das
Amtsgericht
– Betreuungsgericht –
▪▪▪[1]

Anregung zur Erweiterung der Betreuung[2]

Sehr geehrte Damen und Herren,
in dem Betreuungsverfahren betreffend den ▪▪▪, geboren am ▪▪▪, wohnhaft ▪▪▪, rege ich die Erweiterung der bislang bestehenden Betreuung auf die Bereiche ▪▪▪ an.

Für den Betroffenen besteht bereits eine Betreuung. Der bisherige Aufgabenkreis des Betreuers ist aber nicht mehr ausreichend. ▪▪▪ Es ist daher erforderlich, den Aufgabenkreis des Betreuers zu erweitern.[3]

▪▪▪
Unterschrift ◀

B. Erläuterungen

2 [1] **Gerichtliche Zuständigkeit.** Gemäß § 272 Abs. 1 Nr. 1 FamFG ist für die Erweiterung des Aufgabenkreises eines bereits bestellten Betreuers dasjenige Amtsgericht **örtlich zuständig,** bei dem die Betreuung anhängig ist. Zur Abgrenzung der **funktionellen Zuständigkeit** von Richter und Rechtspfleger vgl Jurgeleit/*Bučić*, Betreuungsrecht, § 293 FamFG Rn 2.

[2] Anlass zum gerichtlichen Tätigwerden. Für die Erweiterung des Aufgabenkreises eines Betreuers gelten nach § 293 Abs. 1 Alt. 1 FamFG die Vorschriften über die erstmalige Anordnung einer Betreuung (§§ 278 ff FamFG) entsprechend. Das Betreuungsgericht muss daher **auf Antrag des Betreuers** und bei Bekanntwerden neuer Tatsachen auch **von Amts wegen** prüfen, ob die gesetzlichen Voraussetzungen einer Erweiterung des Aufgabenkreises des Betreuers gegeben sind (Jurgeleit/*Bučić*, Betreuungsrecht, § 293 FamFG Rn 3). 3

[3] Erforderlichkeit einer Erweiterung des Aufgabenkreises des Betreuers. Gemäß § 1908 d Abs. 3 ist der Aufgabenkreis des Betreuers zu erweitern, wenn dies erforderlich wird. Dabei kann sich die Notwendigkeit einer Aufgabenkreiserweiterung aus einer Verschlimmerung der Krankheit bzw Behinderung des Betroffenen, aus dem Anfall zusätzlicher regelungsbedürftiger Angelegenheiten, aber auch aus dem Wegfall bisher vorhandener anderer Hilfen iS von § 1896 Abs. 2 S. 2 ergeben (Palandt/*Diederichsen*, § 1908 d Rn 9). 4

Weiterer Verfahrensablauf. Zum weiteren Ablauf des Verfahrens zur Erweiterung des Aufgabenkreises eines Betreuers vgl Jurgeleit/*Bučić*, Freiwillige Gerichtsbarkeit, § 16 Rn 80 ff, sowie Jurgeleit/*Kieß*, Betreuungsrecht, § 1908 d Rn 49 ff). 5

§ 1908 e (aufgehoben)

§ 1908 f Anerkennung als Betreuungsverein

(1) Ein rechtsfähiger Verein kann als Betreuungsverein anerkannt werden, wenn er gewährleistet, dass er

1. eine ausreichende Zahl geeigneter Mitarbeiter hat und diese beaufsichtigen, weiterbilden und gegen Schäden, die diese anderen im Rahmen ihrer Tätigkeit zufügen können, angemessen versichern wird,
2. sich planmäßig um die Gewinnung ehrenamtlicher Betreuer bemüht, diese in ihre Aufgaben einführt, fortbildet und sie sowie Bevollmächtigte berät,

2a. planmäßig über Vorsorgevollmachten und Betreuungsverfügungen informiert,

3. einen Erfahrungsaustausch zwischen den Mitarbeitern ermöglicht.

(2) [1]Die Anerkennung gilt für das jeweilige Land; sie kann auf einzelne Landesteile beschränkt werden. [2]Sie ist widerruflich und kann unter Auflagen erteilt werden.

(3) [1]Das Nähere regelt das Landesrecht. [2]Es kann auch weitere Voraussetzungen für die Anerkennung vorsehen.

(4) Die anerkannten Betreuungsvereine können im Einzelfall Personen bei der Errichtung einer Vorsorgevollmacht beraten.

§ 1908 g Behördenbetreuer

(1) Gegen einen Behördenbetreuer wird kein Zwangsgeld nach § 1837 Abs. 3 Satz 1 festgesetzt.

(2) Der Behördenbetreuer kann Geld des Betreuten gemäß § 1807 auch bei der Körperschaft anlegen, bei der er tätig ist.

§ 1908 h (aufgehoben)

§ 1908 i Entsprechend anwendbare Vorschriften

(1) [1]Im Übrigen sind auf die Betreuung § 1632 Abs. 1 bis 3, §§ 1784, 1787 Abs. 1, § 1791 a Abs. 3 Satz 1 zweiter Halbsatz und Satz 2, §§ 1792, 1795 bis 1797 Abs. 1 Satz 2, §§ 1798, 1799, 1802, 1803, 1805 bis 1821, 1822 Nr. 1 bis 4, 6 bis 13, §§ 1823 bis 1826, 1828 bis 1836, 1836 c bis 1836 e, 1837 Abs. 1 bis 3, §§ 1839 bis 1843, 1846, 1857 a, 1888, 1890 bis 1895 sinngemäß anzuwenden. [2]Durch Landesrecht kann bestimmt werden, dass Vorschriften, welche die Aufsicht des Betreuungsgerichts in vermögensrechtlicher Hinsicht sowie beim Abschluss von Lehr- und Arbeitsverträgen betreffen, gegenüber der zuständigen Behörde außer Anwendung bleiben.

(2) [1]§ 1804 ist sinngemäß anzuwenden, jedoch kann der Betreuer in Vertretung des Betreuten Gelegenheitsgeschenke auch dann machen, wenn dies dem Wunsch des Betreuten entspricht und nach seinen Lebensverhältnissen üblich ist. [2]§ 1857 a ist auf die Betreuung durch den Vater, die Mutter, den Ehegatten, den Lebenspartner oder einen Abkömmling des Betreuten sowie auf den Vereinsbetreuer und den Behördenbetreuer sinngemäß anzuwenden, soweit das Betreuungsgericht nichts anderes anordnet.

1 **A. Muster: Genehmigung Abhebung von Sparguthaben des Betreuten**[1]

▶ An das
Amtsgericht
– Betreuungsgericht –
▪▪▪[2]

Antrag auf Genehmigung der Abhebung von Sparguthaben meines Betreuten

Sehr geehrte Damen und Herren,

in dem Betreuungsverfahren betreffend den ▪▪▪, geboren am ▪▪▪, wohnhaft ▪▪▪, beantrage ich die gerichtliche Genehmigung für eine Abhebung vom Sparkonto meines Betreuten bei der ▪▪▪-Bank (Kto.-Nr.: ▪▪▪, BLZ ▪▪▪) in Höhe von 400 EUR.[3]

Mein Betreuter benötigt das Geld für die Anschaffung einer neuen Matratze. Aus den laufenden Einnahmen ist die Anschaffung nicht zu bestreiten.

▪▪▪

Unterschrift ◀

B. Erläuterungen

2 [1] **Allgemeines.** Zu den zahlreichen **vormundschaftsrechtlichen Vorschriften**, die Abs. 1 für entsprechend anwendbar erklärt, gehören auch weite Teile der Regelungen über die **Ausübung der Vermögenssorge** durch den Vormund, §§ 1802 ff. Der Betreuer ist daher insbesondere an die Vorgaben zur verzinslichen und mündelsicheren Anlage von Geldern des Betreuten (§ 1806 ff) und an die Beschränkungen seines Handelns bei Verfügungen über Forderungen, Wertpapiere, Immobilien und sonstigen besonderen Geschäften (§§ 1812 f und 1821 ff), jeweils einschließlich der erforderlichen gerichtlichen Genehmigungen, gebunden. Auskunft über die Mündelsicherheit der Anlage erteilen unter anderem das Bundesaufsichtsamt für Kreditwesen, die Bundesanstalt für Finanzdienstleistungsaufsicht (BaFin, www.bafin.de), der Bundesverband deutscher Banken (BdB, www.bdb.de), der Bundesverband der Deutschen Volks- und Raiffeisenbanken (BVR, www.vrnet.de), der Bundesverband öffentlicher Banken Deutschlands (www.voeb.de) und der Deutsche Sparkassen- und Giroverband (www.dsgv.de). Für Schenkungen des Betreuten modifiziert Abs. 2 S. 1 die Regelung des § 1804.

3 [2] **Gerichtliche Zuständigkeit.** Für das Genehmigungsverfahren ist funktional der Rechtspfleger zuständig, § 3 Nr. 2 b) RPflG. Örtlich ist nach den §§ 271 Nr. 3, 272 Abs. 1 Nr. 1 FamFG dasjenige Amtsgericht zuständig, bei dem die Betreuung anhängig ist.

4 [3] **Umfang der Genehmigungspflicht.** § 1812 schränkt durch das Erfordernis einer **gerichtlichen Genehmigung für Verfügungen über Forderungen und Wertpapiere** die selbständige Handlungsbefugnis des Betreuers erheblich ein. In Übereinklang mit dem Zweck dieser Beschränkung wird die Vorschrift dahingehend restriktiv ausgelegt, dass Geschäfte des täglichen Lebens vom Genehmigungsvorbehalt nicht erfasst werden. Nicht anwendbar ist sie nach Abs. 2 S. 2 über § 1857 a iVm § 1852, wenn Betreuer der Vater, die Mutter, der Ehegatte, der Lebenspartner, ein Abkömmling oder Vereins- oder Behördenbetreuer ist. Ohne eine nach diesen Maßstäben erforderliche Genehmigung vorgenommene Geschäfte des Betreuers sind auch im Außenverhältnis unwirksam (Jurgeleit/*Neumann*, Betreuungsrecht, § 1812 Rn 6 f).

Verschiedene Ausnahmen vom Genehmigungserfordernis sieht § 1813 vor. Annahme einer geschuldeten Leistung im Sinne dieser Vorschrift ist auch die **Auszahlung von Bankguthaben an den Betreuer**; eine solche ist nach § 1813 Abs. 1 Nr. 2 entbehrlich, wenn der Anspruch nicht mehr als 3.000 EUR beträgt, wobei die Rechtsprechung überwiegend auf den Gesamtanspruch, das heißt die Höhe des gesamten Guthabens, und nicht auf den Umfang der einzelnen Verfügung abstellt (Nachweise bei Palandt/*Diederichsen*, § 1813 Rn 3). Insofern stellt es eine Entlastung von Betreuern und Gerichten dar, dass seit dem 1.9.2009 nach § 1813 Abs. 1 Nr. 3 die Genehmigung auch entbehrlich ist, wenn der Anspruch Guthaben auf einem Girokonto oder vom Betreuer angelegtes Geld betrifft. Vom Genehmigungserfordernis nicht ausgenommen sind nach Abs. 2 Nr. 1, § 1807 Nr. 5, § 1809 unabhängig von der Höhe des Guthabens Sparkonten des Betreuten mit Sperrvermerk (Jurgeleit/*Neumann*, Betreuungsrecht, § 1813 Rn 3). 5

§ 1908 k (aufgehoben)

Titel 3 Pflegschaft

§ 1909 Ergänzungspflegschaft

(1) [1]Wer unter elterlicher Sorge oder unter Vormundschaft steht, erhält für Angelegenheiten, an deren Besorgung die Eltern oder der Vormund verhindert sind, einen Pfleger. [2]Er erhält insbesondere einen Pfleger zur Verwaltung des Vermögens, das er von Todes wegen erwirbt oder das ihm unter Lebenden unentgeltlich zugewendet wird, wenn der Erblasser durch letztwillige Verfügung, der Zuwendende bei der Zuwendung bestimmt hat, dass die Eltern oder der Vormund das Vermögen nicht verwalten sollen.
(2) Wird eine Pflegschaft erforderlich, so haben die Eltern oder der Vormund dies dem Familiengericht unverzüglich anzuzeigen.
(3) Die Pflegschaft ist auch dann anzuordnen, wenn die Voraussetzungen für die Anordnung einer Vormundschaft vorliegen, ein Vormund aber noch nicht bestellt ist.

A. Muster: Bestellung eines Ergänzungspflegers 1

1008

► An das

Amtsgericht ■■■ – Familiengericht[1]

Ich, ■■■, geb. ■■■, wohnhaft ■■■, habe zwei Kinder[2]

■■■, geb ■■■, wohnhaft ■■■

■■■, geb ■■■, wohnhaft ■■■

An der Firma ■■■ GmbH & Co KG, Anschrift ■■■, halte ich 100 % der Kommanditanteile. Davon möchte ich insgesamt 40 % auf meine Kinder übertragen, so dass jedes Kind einen Kommanditanteil von 20 % erhält.[3] Bei der notariellen Beurkundung des Vertrages kann ich die Kinder nicht vertreten, so dass ich darum bitte, für dieses Rechtsgeschäft für jedes Kind einen Ergänzungspfleger zu bestellen.[4]

Ich schlage vor, folgende Personen zu bestellen: ■■■[5]

■■■

Datum, Unterschrift ◄

B. Erläuterungen

2 [1] **Zuständigkeit.** Dargestellt wird im Muster ein Antrag auf Einrichtung einer Ergänzungspflegschaft wegen größeren Vermögenserwerbs des Kindes. Es handelt sich um eine Kindschaftssache, die dem **Familiengericht** zugewiesen wurde gem. § 151 Nr. 5 FamFG. Die örtliche Zuständigkeit folgt aus § 152 FamFG.

3 [2] Das Muster betrifft den Fall der **Vermögensübertragung an minderjährige Kinder.**

4 [3] Die **Übertragung eines Teilgeschäftsanteils an einer Firma** ist für ein minderjähriges Kind **nicht nur vorteilhaft**, möglicherweise sind damit auch gesellschaftsrechtliche Verpflichtungen oder **wirtschaftliche Nachteile bzw Risiken** verbunden, die es einem Elternteil unmöglich machen, das Kind zu vertreten.

5 [4] **Anzeigepflicht.** Eltern sind verpflichtet, die Notwendigkeit einer Pflegerbestellung dem Familiengericht anzuzeigen. Die Anordnung der Pflegschaft erfolgt grundsätzlich **von Amts wegen**, wobei ein Amtsermittlungsgrundsatz gilt (Hk-BGB/*Kemper* Vorbem. 3 zu § 1909).

6 [5] Die **Auswahl des Pflegers** ist stets Sache des **Rechtspflegers.** Es macht Sinn, dem Rechtspfleger eine bestimmte Person **vorzuschlagen**, die mit der Familie oder der Sache vertraut ist.

§ 1910 (weggefallen)

§ 1911 Abwesenheitspflegschaft

(1) [1]Ein abwesender Volljähriger, dessen Aufenthalt unbekannt ist, erhält für seine Vermögensangelegenheiten, soweit sie der Fürsorge bedürfen, einen Abwesenheitspfleger. [2]Ein solcher Pfleger ist ihm insbesondere auch dann zu bestellen, wenn er durch Erteilung eines Auftrags oder einer Vollmacht Fürsorge getroffen hat, aber Umstände eingetreten sind, die zum Widerruf des Auftrags oder der Vollmacht Anlass geben.
(2) Das Gleiche gilt von einem Abwesenden, dessen Aufenthalt bekannt, der aber an der Rückkehr und der Besorgung seiner Vermögensangelegenheiten verhindert ist.

1 **A. Muster: Bestellung eines Abwesenheitspflegers**

▶ An das

Amtsgericht ■■■ – Familiengericht[1]

Ich, Frau ■■■, geb. ■■■, wohnhaft ■■■ bin mit Herrn ■■■, geb ■■■ verheiratet. Eine Kopie der Heiratsurkunde liegt bei.

Vor 5 Monaten hat mein Ehemann einen Auslandsaufenthalt angetreten. Er wollte eine „Auszeit" nehmen und reiste nach Australien. Er sagte mir nicht, wann er zurückkehren würde. Ich weiß nicht, wo er sich seitdem befindet; ich habe seit seinem Abflug keinen Kontakt mehr mit ihm.[2]

Vor der Abreise hat er seinem Bruder eine Vollmacht erteilt, ihn in der Angelegenheit der Vermietung eines 10-Parteien Mietshauses zu vertreten und seine Interessen dort wahrzunehmen.[3]

Sein Bruder ist vor kurzem schwer erkrankt und befindet sich in einem länger andauernden stationären Klinikaufenthalt, ist teilweise ohne Bewusstsein. Der Bruder kann die Vollmacht deshalb nicht mehr ausüben. Dessen Lebenspartnerin kümmert sich jetzt um das Mietshaus, wobei in der Person der Lebenspartnerin und in deren wirtschaftlichen Verständnis erhebliche Bedenken bestehen. ■■■[4]

Ich halte die Anordnung eines Pflegers in der Zeit der Abwesenheit meines Mannes für erforderlich zur Wahrung dessen Vermögensinteressen und beantrage deshalb, eine Abwesenheitspflegschaft gem. § 1911 BGB einzurichten.[5]

■■■

Datum, Unterschrift ◄

B. Erläuterungen

[1] **Zuständigkeit.** Es handelt sich um ein Musterschreiben eines Ehegatten wegen Bestellung eines Abwesenheitspflegers für den Ehepartner. Zuständig ist das **Familiengericht** am Wohnsitz des Betroffenen, §§ 341, 272 Abs. 1 Nr. 2 FamFG (Hk-BGB/*Kemper* § 1911 Rn 6). 2

[2] **Abwesenheit** liegt etwa vor bei **unbekanntem Aufenthaltsort** des Betroffenen. Unbekannt ist der Ort, wenn er durch das Gericht nicht ohne weiteres zu ermitteln ist. Es braucht keine Verschollenheit iSd § 1 VerschG vorzuliegen (Hk-BGB/*Kemper* § 1911 Rn 2). 3

[3] Es müssen **vermögensrechtliche Interessen** betroffen sein (Hk-BGB/*Kemper* § 1911 Rn 3). 4

[4] Es muss ein **Fürsorgebedürfnis** bestehen für die Vermögensinteressen. Daran fehlt es etwa dann, wenn der Betroffenen vor Abwesenheit eine wirksame Vollmacht erteilt hat. Ein Fürsorgebedürfnis ist jedoch zu bejahen, wenn ein Grund für einen Widerruf der Vollmacht besteht (Hk-BGB/*Kemper* § 1911 Rn 4). 5

[5] Hier könnte auch ein **Vorschlag** unterbreitet werden, wer als **Abwesenheitspfleger** in Betracht käme. 6

§ 1912 Pflegschaft für eine Leibesfrucht

(1) Eine Leibesfrucht erhält zur Wahrung ihrer künftigen Rechte, soweit diese einer Fürsorge bedürfen, einen Pfleger.
(2) Die Fürsorge steht jedoch den Eltern insoweit zu, als ihnen die elterliche Sorge zustünde, wenn das Kind bereits geboren wäre.

A. Muster: Beschwerde gegen Pflegschaftsanordnung 1

► An das 1010

Amtsgericht ■■■ – Familiengericht[1]

Hiermit möchten wir, Eheleute ■■■, die Eltern[2] unseres noch ungeborenen Kindes

Beschwerde einlegen gegen die Anordnung der Pflegschaft.[3]

Zur Begründung weisen wir darauf hin, dass wir selbst in der Lage sind, die wirtschaftlichen Interessen unseres Kindes später wahrzunehmen, insbesondere können wir uns auch um die Sicherung und Verwaltung der Erbschaft ■■■ kümmern. Es besteht deshalb kein Fürsorgebedürfnis.[4]

■■■

Datum, Unterschrift Eltern ◄

B. Erläuterungen

2 **[1] Zuständigkeit.** Es handelt sich um ein Muster eines Beschwerdeschreibens der Eltern gegen die Anordnung der Pflegschaft für ein Kind. Zuständig ist das Amtsgericht, **Familiengericht** gem. §§ 151 Nr. 7, 99 FamFG.

3 [2] **Beschwerdebefugt** ist ein sorgeberechtigter **Elternteil,** § 59 Abs. 1 FamFG.

4 [3] **Rechtsmittel** ist die **Beschwerde,** §§ 58, 151 Nr. 5 FamFG.

5 **[4] Begründung.** Darzulegen ist im Einzelnen, warum die Vermögensinteressen des Ungeborenen anderweitig gesichert sind, ob durch die Eltern selbst oder etwa durch bereits bestehenden Testamentsvollstrecker (Hk-BGB/*Kemper* § 1912 Rn 3).

§ 1913 Pflegschaft für unbekannte Beteiligte

[1]Ist unbekannt oder ungewiss, wer bei einer Angelegenheit der Beteiligte ist, so kann dem Beteiligten für diese Angelegenheit, soweit eine Fürsorge erforderlich ist, ein Pfleger bestellt werden. [2]Insbesondere kann einem Nacherben, der noch nicht gezeugt ist oder dessen Persönlichkeit erst durch ein künftiges Ereignis bestimmt wird, für die Zeit bis zum Eintritt der Nacherbfolge ein Pfleger bestellt werden.

§ 1914 Pflegschaft für gesammeltes Vermögen

Ist durch öffentliche Sammlung Vermögen für einen vorübergehenden Zweck zusammengebracht worden, so kann zum Zwecke der Verwaltung und Verwendung des Vermögens ein Pfleger bestellt werden, wenn die zu der Verwaltung und Verwendung berufenen Personen weggefallen sind.

§ 1915 Anwendung des Vormundschaftsrechts

(1) [1]Auf die Pflegschaft finden die für die Vormundschaft geltenden Vorschriften entsprechende Anwendung, soweit sich nicht aus dem Gesetz ein anderes ergibt. [2]Abweichend von § 3 Abs. 1 bis 3 des Vormünder- und Betreuervergütungsgesetzes bestimmt sich die Höhe einer nach § 1836 Abs. 1 zu bewilligenden Vergütung nach den für die Führung der Pflegschaftsgeschäfte nutzbaren Fachkenntnissen des Pflegers sowie nach dem Umfang und der Schwierigkeit der Pflegschaftsgeschäfte, sofern der Pflegling nicht mittellos ist. [3]An die Stelle des Familiengerichts tritt das Betreuungsgericht; dies gilt nicht bei der Pflegschaft für Minderjährige oder für eine Leibesfrucht.
(2) Die Bestellung eines Gegenvormunds ist nicht erforderlich.
(3) § 1793 Abs. 2 findet auf die Pflegschaft für Volljährige keine Anwendung.

§ 1916 Berufung als Ergänzungspfleger

Für die nach § 1909 anzuordnende Pflegschaft gelten die Vorschriften über die Berufung zur Vormundschaft nicht.

§ 1917 Ernennung des Ergänzungspflegers durch Erblasser und Dritte

(1) Wird die Anordnung einer Pflegschaft nach § 1909 Abs. 1 Satz 2 erforderlich, so ist als Pfleger berufen, wer durch letztwillige Verfügung oder bei der Zuwendung benannt worden ist; die Vorschrift des § 1778 ist entsprechend anzuwenden.
(2) [1]Für den benannten Pfleger können durch letztwillige Verfügung oder bei der Zuwendung die in den §§ 1852 bis 1854 bezeichneten Befreiungen angeordnet werden. [2]Das Familiengericht kann die Anordnungen außer Kraft setzen, wenn sie das Interesse des Pfleglings gefährden.
(3) [1]Zu einer Abweichung von den Anordnungen des Zuwendenden ist, solange er lebt, seine Zustimmung erforderlich und genügend. [2]Ist er zur Abgabe einer Erklärung dauernd außerstande oder ist sein Aufenthalt dauernd unbekannt, so kann das Familiengericht die Zustimmung ersetzen.

A. Muster: Benennung durch Erblasser 1

▶ …[1] 1011

Zum Ergänzungspfleger des meinem Neffen vermachten Mietshauses … bestimme ich Herrn Steuerberater …, Anschrift ….[2]

Der Pfleger soll von den in den §§ 1852–1854 BGB Einschränkungen befreit sein.[3] ◀

B. Erläuterungen

[1] Benennung im Testament. Dargestellt wird ein Muster im Anschluss an eine letztwillige Verfügung eines Erblassers. 2

[2] Anlass. Notwendig ist die Pflegerbestellung stets dann, wenn ein Minderjähriger von Todes wegen etwas zugewendet erhält, § 1909 Abs. 1 S. 2. Der Erblasser kann jedermann benennen (Hk-BGB/*Kemper* § 1917 Rn 2). 3

[3] Umfang der Pflegschaft. Um dem Pfleger mehr freie Hand zu geben, können **Befreiungen** angeordnet werden. 4

§ 1918 Ende der Pflegschaft kraft Gesetzes

(1) Die Pflegschaft für eine unter elterlicher Sorge oder unter Vormundschaft stehende Person endigt mit der Beendigung der elterlichen Sorge oder der Vormundschaft.
(2) Die Pflegschaft für eine Leibesfrucht endigt mit der Geburt des Kindes.
(3) Die Pflegschaft zur Besorgung einer einzelnen Angelegenheit endigt mit deren Erledigung.

§ 1919 Aufhebung der Pflegschaft bei Wegfall des Grundes

Die Pflegschaft ist aufzuheben, wenn der Grund für die Anordnung der Pflegschaft weggefallen ist.

A. Muster: Beschwerde des Pflegebefohlenen 1

▶ An das

Amtsgericht …[1] 1012

Mit Beschluss des AG … vom … Az … wurde ich zum Ergänzungspfleger für … bestimmt.

Am … wurde mir der Beschluss des AG … zugeleitet, wonach die Pflegschaft beendet sei.

Gegen die Aufhebung der Pflegschaft erhebe ich hiermit Beschwerde.[2]

Zur Begründung weise ich darauf hin, dass nach wie vor ein Grund für einen Fortbestand der Pflegschaft besteht. Der Grund für die Anordnung der Pflegschaft ist noch nicht entfallen. …[3]

…

Datum, Unterschrift ◀

B. Erläuterungen

[1] Zuständigkeit. Die Beschwerde ist gem. § 64 FamFG bei dem Gericht einzulegen, dessen Beschluss angefochten wird. 2

[2] Beschwerdeberechtigt ist der **Pflegebefohlene** gem. § 59 FamFG, ansonsten **alle,** die an dem Fortbestehen der Pflegschaft ein **rechtliches Interesse** haben (Hk-BGB/*Kemper* § 1919 Rn 4). 3

4 [3] **Wegfall des Grundes.** Die Pflegschaft darf nur aufgehoben werden, wenn der Grund für die Anordnung weggefallen ist. Mit der Beschwerde kann also geltend gemacht werden, dass der Grund noch bestehe. Die **Umstände** sind **im Einzelnen darzulegen** und möglichst zu belegen.

§ 1919 Aufhebung der Pflegschaft bei Wegfall des Grundes

Die Pflegschaft ist aufzuheben, wenn der Grund für die Anordnung der Pflegschaft weggefallen ist.

§ 1920 (weggefallen)

§ 1921 Aufhebung der Abwesenheitspflegschaft

(1) Die Pflegschaft für einen Abwesenden ist aufzuheben, wenn der Abwesende an der Besorgung seiner Vermögensangelegenheiten nicht mehr verhindert ist.
(2) [1]Stirbt der Abwesende, so endigt die Pflegschaft erst mit der Aufhebung durch das Betreuungsgericht. [2]Das Betreuungsgericht hat die Pflegschaft aufzuheben, wenn ihm der Tod des Abwesenden bekannt wird.
(3) Wird der Abwesende für tot erklärt oder wird seine Todeszeit nach den Vorschriften des Verschollenheitsgesetzes festgestellt, so endigt die Pflegschaft mit der Rechtskraft des Beschlusses über die Todeserklärung oder die Feststellung der Todeszeit.

Buch 5 Erbrecht

Abschnitt 1 Erbfolge

§ 1922 Gesamtrechtsnachfolge

(1) Mit dem Tode einer Person (Erbfall) geht deren Vermögen (Erbschaft) als Ganzes auf eine oder mehrere andere Personen (Erben) über.
(2) Auf den Anteil eines Miterben (Erbteil) finden die sich auf die Erbschaft beziehenden Vorschriften Anwendung.

§ 1923 Erbfähigkeit

(1) Erbe kann nur werden, wer zur Zeit des Erbfalls lebt.
(2) Wer zur Zeit des Erbfalls noch nicht lebte, aber bereits gezeugt war, gilt als vor dem Erbfall geboren.

§ 1924 Gesetzliche Erben erster Ordnung

(1) Gesetzliche Erben der ersten Ordnung sind die Abkömmlinge des Erblassers.
(2) Ein zur Zeit des Erbfalls lebender Abkömmling schließt die durch ihn mit dem Erblasser verwandten Abkömmlinge von der Erbfolge aus.
(3) An die Stelle eines zur Zeit des Erbfalls nicht mehr lebenden Abkömmlings treten die durch ihn mit dem Erblasser verwandten Abkömmlinge (Erbfolge nach Stämmen).
(4) Kinder erben zu gleichen Teilen.

§ 1925 Gesetzliche Erben zweiter Ordnung

(1) Gesetzliche Erben der zweiten Ordnung sind die Eltern des Erblassers und deren Abkömmlinge.
(2) Leben zur Zeit des Erbfalls die Eltern, so erben sie allein und zu gleichen Teilen.
(3) [1]Lebt zur Zeit des Erbfalls der Vater oder die Mutter nicht mehr, so treten an die Stelle des Verstorbenen dessen Abkömmlinge nach den für die Beerbung in der ersten Ordnung geltenden Vorschriften. [2]Sind Abkömmlinge nicht vorhanden, so erbt der überlebende Teil allein.
(4) In den Fällen des § 1756 sind das angenommene Kind und die Abkömmlinge der leiblichen Eltern oder des anderen Elternteils des Kindes im Verhältnis zueinander nicht Erben der zweiten Ordnung.

§ 1926 Gesetzliche Erben dritter Ordnung

(1) Gesetzliche Erben der dritten Ordnung sind die Großeltern des Erblassers und deren Abkömmlinge.
(2) Leben zur Zeit des Erbfalls die Großeltern, so erben sie allein und zu gleichen Teilen.
(3) [1]Lebt zur Zeit des Erbfalls von einem Großelternpaar der Großvater oder die Großmutter nicht mehr, so treten an die Stelle des Verstorbenen dessen Abkömmlinge. [2]Sind Abkömmlinge nicht vorhanden, so fällt der Anteil des Verstorbenen dem anderen Teil des Großelternpaars und, wenn dieser nicht mehr lebt, dessen Abkömmlingen zu.
(4) Lebt zur Zeit des Erbfalls ein Großelternpaar nicht mehr und sind Abkömmlinge der Verstorbenen nicht vorhanden, so erben die anderen Großeltern oder ihre Abkömmlinge allein.
(5) Soweit Abkömmlinge an die Stelle ihrer Eltern oder ihrer Voreltern treten, finden die für die Beerbung in der ersten Ordnung geltenden Vorschriften Anwendung.

§ 1927 Mehrere Erbteile bei mehrfacher Verwandtschaft

[1]Wer in der ersten, der zweiten oder der dritten Ordnung verschiedenen Stämmen angehört, erhält den in jedem dieser Stämme ihm zufallenden Anteil. [2]Jeder Anteil gilt als besonderer Erbteil.

§ 1928 Gesetzliche Erben vierter Ordnung

(1) Gesetzliche Erben der vierten Ordnung sind die Urgroßeltern des Erblassers und deren Abkömmlinge.
(2) Leben zur Zeit des Erbfalls Urgroßeltern, so erben sie allein; mehrere erben zu gleichen Teilen, ohne Unterschied, ob sie derselben Linie oder verschiedenen Linien angehören.
(3) Leben zur Zeit des Erbfalls Urgroßeltern nicht mehr, so erbt von ihren Abkömmlingen derjenige, welcher mit dem Erblasser dem Grade nach am nächsten verwandt ist; mehrere gleich nahe Verwandte erben zu gleichen Teilen.

§ 1929 Fernere Ordnungen

(1) Gesetzliche Erben der fünften Ordnung und der ferneren Ordnungen sind die entfernteren Voreltern des Erblassers und deren Abkömmlinge.
(2) Die Vorschrift des § 1928 Abs. 2, 3 findet entsprechende Anwendung.

§ 1930 Rangfolge der Ordnungen

Ein Verwandter ist nicht zur Erbfolge berufen, solange ein Verwandter einer vorhergehenden Ordnung vorhanden ist.

§ 1931 Gesetzliches Erbrecht des Ehegatten

(1) [1]Der überlebende Ehegatte des Erblassers ist neben Verwandten der ersten Ordnung zu einem Viertel, neben Verwandten der zweiten Ordnung oder neben Großeltern zur Hälfte der Erbschaft als gesetzlicher Erbe berufen. [2]Treffen mit Großeltern Abkömmlinge von Großeltern zusammen, so erhält der Ehegatte auch von der anderen Hälfte den Anteil, der nach § 1926 den Abkömmlingen zufallen würde.
(2) Sind weder Verwandte der ersten oder der zweiten Ordnung noch Großeltern vorhanden, so erhält der überlebende Ehegatte die ganze Erbschaft.
(3) Die Vorschrift des § 1371 bleibt unberührt.
(4) Bestand beim Erbfall Gütertrennung und sind als gesetzliche Erben neben dem überlebenden Ehegatten ein oder zwei Kinder des Erblassers berufen, so erben der überlebende Ehegatte und jedes Kind zu gleichen Teilen; § 1924 Abs. 3 gilt auch in diesem Falle.

§ 1932 Voraus des Ehegatten

(1) [1]Ist der überlebende Ehegatte neben Verwandten der zweiten Ordnung oder neben Großeltern gesetzlicher Erbe, so gebühren ihm außer dem Erbteil die zum ehelichen Haushalt gehörenden Gegenstände, soweit sie nicht Zubehör eines Grundstücks sind, und die Hochzeitsgeschenke als Voraus. [2]Ist der überlebende Ehegatte neben Verwandten der ersten Ordnung gesetzlicher Erbe, so gebühren ihm diese Gegenstände, soweit er sie zur Führung eines angemessenen Haushalts benötigt.
(2) Auf den Voraus sind die für Vermächtnisse geltenden Vorschriften anzuwenden.

§ 1933 Ausschluss des Ehegattenerbrechts

[1]Das Erbrecht des überlebenden Ehegatten sowie das Recht auf den Voraus ist ausgeschlossen, wenn zur Zeit des Todes des Erblassers die Voraussetzungen für die Scheidung der Ehe gegeben waren und der Erblasser die Scheidung beantragt oder ihr zugestimmt hatte. [2]Das Gleiche gilt, wenn der Erblasser berechtigt war, die Aufhebung der Ehe zu beantragen, und den Antrag gestellt hatte. [3]In diesen Fällen ist der Ehegatte nach Maßgabe der §§ 1569 bis 1586 b unterhaltsberechtigt.

§ 1934 Erbrecht des verwandten Ehegatten

[1]Gehört der überlebende Ehegatte zu den erbberechtigten Verwandten, so erbt er zugleich als Verwandter. [2]Der Erbteil, der ihm auf Grund der Verwandtschaft zufällt, gilt als besonderer Erbteil.

§ 1935 Folgen der Erbteilserhöhung

Fällt ein gesetzlicher Erbe vor oder nach dem Erbfall weg und erhöht sich infolgedessen der Erbteil eines anderen gesetzlichen Erben, so gilt der Teil, um welchen sich der Erbteil erhöht, in Ansehung der Vermächtnisse und Auflagen, mit denen dieser Erbe oder der wegfallende Erbe beschwert ist, sowie in Ansehung der Ausgleichungspflicht als besonderer Erbteil.

§ 1936 Gesetzliches Erbrecht des Staates

[1]Ist zur Zeit des Erbfalls kein Verwandter, Ehegatte oder Lebenspartner des Erblassers vorhanden, erbt das Land, in dem der Erblasser zur Zeit des Erbfalls seinen letzten Wohnsitz oder, wenn ein solcher nicht feststellbar ist, seinen gewöhnlichen Aufenthalt hatte. [2]Im Übrigen erbt der Bund.

§ 1937 Erbeinsetzung durch letztwillige Verfügung

Der Erblasser kann durch einseitige Verfügung von Todes wegen (Testament, letztwillige Verfügung) den Erben bestimmen.

§ 1938 Enterbung ohne Erbeinsetzung

Der Erblasser kann durch Testament einen Verwandten, den Ehegatten oder den Lebenspartner von der gesetzlichen Erbfolge ausschließen, ohne einen Erben einzusetzen.

§ 1939 Vermächtnis

Der Erblasser kann durch Testament einem anderen, ohne ihn als Erben einzusetzen, einen Vermögensvorteil zuwenden (Vermächtnis).

§ 1940 Auflage

Der Erblasser kann durch Testament den Erben oder einen Vermächtnisnehmer zu einer Leistung verpflichten, ohne einem anderen ein Recht auf die Leistung zuzuwenden (Auflage).

§ 1941 Erbvertrag

(1) Der Erblasser kann durch Vertrag einen Erben einsetzen sowie Vermächtnisse und Auflagen anordnen (Erbvertrag).
(2) Als Erbe (Vertragserbe) oder als Vermächtnisnehmer kann sowohl der andere Vertragschließende als ein Dritter bedacht werden.

Abschnitt 2 Rechtliche Stellung des Erben

Titel 1 Annahme und Ausschlagung der Erbschaft, Fürsorge des Nachlassgerichts

§ 1942 Anfall und Ausschlagung der Erbschaft

(1) Die Erbschaft geht auf den berufenen Erben unbeschadet des Rechts über, sie auszuschlagen (Anfall der Erbschaft).
(2) Der Fiskus kann die ihm als gesetzlichem Erben angefallene Erbschaft nicht ausschlagen.

§ 1943 Annahme und Ausschlagung der Erbschaft

Der Erbe kann die Erbschaft nicht mehr ausschlagen, wenn er sie angenommen hat oder wenn die für die Ausschlagung vorgeschriebene Frist verstrichen ist; mit dem Ablauf der Frist gilt die Erbschaft als angenommen.

§ 1944 Ausschlagungsfrist

(1) Die Ausschlagung kann nur binnen sechs Wochen erfolgen.
(2) [1]Die Frist beginnt mit dem Zeitpunkt, in welchem der Erbe von dem Anfall und dem Grunde der Berufung Kenntnis erlangt. [2]Ist der Erbe durch Verfügung von Todes wegen berufen, beginnt die Frist nicht vor Bekanntgabe der Verfügung von Todes wegen durch das Nachlassgericht. [3]Auf den Lauf der Frist finden die für die Verjährung geltenden Vorschriften der §§ 206, 210 entsprechende Anwendung.
(3) Die Frist beträgt sechs Monate, wenn der Erblasser seinen letzten Wohnsitz nur im Ausland gehabt hat oder wenn sich der Erbe bei dem Beginn der Frist im Ausland aufhält.

§ 1945 Form der Ausschlagung

(1) Die Ausschlagung erfolgt durch Erklärung gegenüber dem Nachlassgericht; die Erklärung ist zur Niederschrift des Nachlassgerichts oder in öffentlich beglaubigter Form abzugeben.
(2) Die Niederschrift des Nachlassgerichts wird nach den Vorschriften des Beurkundungsgesetzes errichtet.
(3) [1]Ein Bevollmächtigter bedarf einer öffentlich beglaubigten Vollmacht. [2]Die Vollmacht muss der Erklärung beigefügt oder innerhalb der Ausschlagungsfrist nachgebracht werden.

§ 1946 Zeitpunkt für Annahme oder Ausschlagung

Der Erbe kann die Erbschaft annehmen oder ausschlagen, sobald der Erbfall eingetreten ist.

Schrifttum: *Coing*, Die gesetzliche Vertretungsmacht der Eltern bei der Ausschlagung einer Erbschaft, NJW 1985, 6; *Damrau*, Die Verpflichtung zur Ausschlagung der Erbschaft, ZEV 1995, 425; *Edenfeld*, Zum

Ausschlagungsrecht des Schlusserben bei einem Berliner Testament, ZEV 1996, 313; *Flick*, Die Erbausschlagung als Instrument zur nachträglichen Gestaltung einer verunglückten Erbfolge, DStR 2000, 1816; *Frohn*, Ausschlagung schon vor dem Erbfall?, Rpfleger 1997, 340; *Heinrich/Heinrich*, Das Ausschlagungsrecht des Erbeserben, Rpfleger 1999, 201; *Hermann*, Erbausschlagung bei Auslandsberührung, ZEV 2002, 259; *Johannsen*, Die Rechtsprechung des BGH auf dem Gebiete des Erbrechts, WM 1972, 918 u. 1973, 549; *Lorenz*, Internationale und interlokale Zuständigkeit deutscher Nachlassgerichte zur Entgegennahme von Erbausschlagungserklärungen, ZEV 1994, 146; *Loo*, Die letztwillige Verfügung von Eltern behinderter Kinder, NJW 1990, 2852; *v. Lübtow*, Die Vererblichkeit des Ausschlagungsrechts, JZ 1969, 502; *Pohl*, Mängel bei der Erbschaftsannahme und Erbschaftsausschlagung, AcP 177 (1977), 52; *Scherer*, Die Fortführung des Zivilprozesses durch den Scheinerben, JR 1994, 401; *Walter*, Annahme und Ausschlagung einer Erbschaft, ZEV 2008, 319; *Zimmermann*, Einkommensteuerliche Risiken aus der Erbausschlagung gegen Abfindung, ZEV 2001, 5

1 **A. Muster: Erbausschlagung**[1], [2]

► An das

Amtsgericht ■■■

– Nachlassgericht –

■■■

Am ■■■ ist der zuletzt in ■■■ wohnhaft gewesene ■■■ verstorben.

Ich bin zum Erben berufen. Die diesbezügliche Mitteilung des Amtsgerichts ■■■ ist mir am ■■■ zugestellt worden.

Ich schlage die Erbschaft aus.[3] [4] [5]

Wer als weiterer Erbe in Frage kommt, ist mir nicht bekannt. ◄

B. Erläuterungen und Varianten

2 [1] **Ausschlagung.** Der Grundsatz des „Vonselbsterwerbs" bestimmt sich in den §§ 1942 und 1922 und bedeutet für den Erben den automatischen Erwerb des Nachlasses, womit eine „Herrenlosigkeit" des Nachlasses vermieden wird. Gleichfalls wird der auch mit seinem Privatvermögen für die Nachlassverbindlichkeiten haftende Erbe durch die Möglichkeit der Ausschlagung geschützt. Die Ausschlagung ist die unwiderrufliche, fristgebundene und empfangsbedürftige Willenserklärung, das Erbe nicht antreten zu wollen. Ausführlich vgl *Walter*, ZEV 2008, 319.

3 [2] **Annahme der Erbschaft.** Das ungenutzte Verstreichenlassen der **Ausschlagungsfrist** (vgl § 1944) gilt als Annahme der Erbschaft. Bis dahin besteht ein Schwebezustand. Der Anfall der Erbschaft ist zunächst nur vorläufig, weil er durch eine Ausschlagung wieder beseitigt werden kann. Das Recht auszuschlagen, endet entweder mit der Annahme der Erbschaft (§ 1943) oder dem Ablauf der Ausschlagungsfrist (§ 1944). Von da an ist der Anfall endgültig, und der Erbe haftet für die Nachlassverbindlichkeiten auch mit seinem Privatvermögen. Er kann jedoch das Nachlassinsolvenzverfahren beantragen (§§ 1975 ff; §§ 315 ff InsO).

4 [3] **Ausschlagung der Erbschaft.** Die Ausschlagung erfolgt durch Erklärung **gegenüber** dem **Nachlassgericht** (§ 1945). Die Ausschlagung wirkt auf den Zeitpunkt des Erbfalls zurück. Wird ausgeschlagen, gilt der Anfall der Erbschaft als nicht erfolgt und die Erbschaft fällt (rückwirkend) dem nächstberufenen Erben an. Die Ausschlagung als Gestaltungsrecht kann vererbt aber nicht veräußert werden. Der Erbschaftskäufer erwirbt dagegen zugleich auch das Recht, sie

auszuschlagen (vgl § 2033). Das Recht ist nicht pfändbar; es wird durch die **Pfändung** des Erbteils nicht erfasst und der Erbe kann deswegen auch nach der Pfändung noch ausschlagen. Die Ausschlagung stellt auch keine Obliegenheitsverletzung iSd § 295 Abs. 1 Nr. 2 InsO dar (BGH Urt. v. 25.6.2009 – IX ZB 196/08).

Eltern und Vormünder bedürfen der **Zustimmung** des Familiengerichts (§§ 1643 Abs. 2, 1822 Nr. 2), wenn sie für ihre Kinder bzw Mündel ausschlagen. Jedoch ist in den praktisch bedeutsamen Fällen, in denen der Anfall an das Kind erst in Folge der Ausschlagung eines das Kind vertretenden Elternteils eintritt, eine Genehmigung nicht erforderlich, § 1643 Abs. 2 S. 2. Eine Genehmigung ist jedoch dann erforderlich, wenn ein Betreuer für den Betreuten ausschlägt (§§ 1908 i Abs. 1, 1822 Nr. 2). 5

Ausschlagung durch Eltern:

▶ Ich schlage die Erbschaft weiter für meine neben mir zum Erben berufenen minderjährigen Kinder ■■■ aus. Die familiengerichtliche Genehmigung ist beigefügt. ◀

oder

▶ Ich schlage die Erbschaft weiter für meine durch meine Ausschlagung zum Erben berufenen minderjährigen Kinder ■■■ aus. Die familiengerichtliche Genehmigung ist gemäß § 1643 Abs. 2 BGB nicht erforderlich. ◀

Ausschlagung durch Betreuer:

▶ Die betreuungsgerichtliche Genehmigung ist gemäß § 1822 Nr. 2 iVm § 1908 i Abs. 1 BGB erforderlich und beigefügt. ◀

[4] Ausschlagungsfrist. Die Ausschlagungsfrist beträgt sechs Wochen, § 1944 Abs. 1. Die Berechnung der Frist richtet sich nach den §§ 187 Abs. 1, 188 Abs. 2, 193. Die Beweislast für die rechtzeitige Ausschlagung bzw für die Umstände, die zum Erlöschen des Ausschlagungsrechts führen (Annahme oder Fristablauf) trägt grundsätzlich derjenige, der sich auf die Ausschlagung beruft. Zur Beweislast des Gegners für die zum Erlöschen des Ausschlagungsrechts führenden Gründe (BGH, Urt. v. 5.7.2000 – IV ZR 180/99, NJW-RR 2000, 1530; ZErb 2000, 232). 6

Der Lauf der Frist beginnt in dem Zeitpunkt, in welchem der Erbe von dem Anfall und dem Grund der Berufung Kenntnis erlangt. Handelt es sich um einen Minderjährigen, kommt es auf die Kenntnis seines gesetzlichen Vertreters an. Dabei kommt es auf die **Kenntnis von der Erbenstellung** an, es reicht nicht, dass der Erbe lediglich weiß, dass der Erblasser verstorben ist (Palandt/*Edenhofer* § 1944 Rn 2). Soweit es sich um die Erbenstellung Kraft gewillkürter Erbfolge handelt, beginnt die Frist frühestens mit der Eröffnung der Verfügung auf Grund derer der Erbe berufen ist. Liegt Miterbschaft vor und ist für einen der Miterben die Frist noch nicht abgelaufen, kann sich der Miterbe darauf nicht berufen (Staudinger/*Otte* § 1944 Rn 29). Die **Ausschlagungsfrist** verlängert sich auf sechs Monate, wenn der Erblasser seinen letzten **Wohnsitz im Ausland** hatte oder sich der Erbe bei Beginn der Frist im Ausland aufhält. Begründet wird diese verlängerte Frist damit, da es bei Auslandssachverhalten regelmäßig für den Erben schwieriger ist, die erforderlichen Ermittlungen anzustellen, die ihm die Entscheidung über die Ausschlagung ermöglichen. 7

[5] Form der Ausschlagung. Die Erklärung hat gegenüber dem Nachlassgericht zur Niederschrift oder in öffentlich beglaubigter Form (§ 129) zu erfolgen. Zuständig für die Niederschrift der Ausschlagung ist der Rechtspfleger (§ 3 Nr. 1 f RpflG). Die öffentliche Beglaubigung wird von den Notaren vorgenommen (§§ 39, 40 BeurkG). 8

Nicht notwendig ist, dass der Ausschlagende Kenntnis von dem Erbfall hat. Zwar beginnt die Frist für die Ausschlagung erst mit der Kenntnis des Erbfalls und der Berufung (§ 1944). Das hindert aber nicht die Annahme, dass die Ausschlagung schon erfolgen kann, bevor der Fristlauf beginnt, notwendig ist lediglich der Eintritt des Erbfalls (vgl Palandt/*Edenhofer* § 1944 Rn 3). 9

10 Die Ausschlagung ist nicht höchstpersönlich und kann damit auch durch einen **Vertreter** erfolgen. Notwendig dazu ist jedoch abweichend von der allgemeinen Regel des § 167 BGB eine öffentlich beglaubigte Vollmacht (§ 1945 Abs. 3 S. 1). Die Vollmacht (auch Vorsorgevollmacht) muss außerdem der Erklärung gegenüber dem Nachlassgericht beigefügt werden oder innerhalb der Ausschlagungsfrist des § 1944 nachgereicht werden, § 1945 Abs. 3 S. 2 (aA jedoch OLG Zweibrücken, ZEV 2008, 194 m.abl.Anm. *Zimmer*).

11 Die Ausschlagung wird wirksam, wenn sie dem Gericht zugeht (§ 130 Abs. 3). Örtlich zuständig ist das Gericht, in dessen Bezirk der Erblasser seinen Wohnsitz hatte (§ 343 Abs. 1 FamFG, § 73 FGG aF). Nach neuem Recht ist nunmehr auch das Gericht zuständig, in dessen Bezirk der Ausschlagende seinen Wohnsitz hat (§ 344 Abs. 7 FamFG). Eine Erklärung gegenüber dem unzuständigen Gericht ist unschädlich, wenn sich das Gericht für zuständig erklärt oder die Erklärung innerhalb der Frist an das zuständige Gericht weiterleitet (BGH, Urt. v. 6.7.1977 – IV ZB 63/75, Rpfleger 1977, 406).

12 Erben, die sich im Ausland aufhalten, können auch in der am Aufenthaltsort geltenden Form ausschlagen, sofern die Rechtsordnung des Aufenthaltsorts eine Ausschlagung der Erbschaft kennt (Art. 11 EGBGB); (vgl Palandt/*Edenhofer*, § 1945 Rn 8, *Fetsch* MittBayNot 2007, 285 ausführlich zur Aufgabe des Gleichlaufgrundsatzes).

13 Auf Verlangen muss das Nachlassgericht den Empfang der Ausschlagungserklärung in öffentlich beglaubigter Form bestätigen. Die Überprüfung der Rechtzeitigkeit oder Wirksamkeit der Ausschlagung erfolgt jedoch erst im Erbscheinsverfahren.

§ 1947 Bedingung und Zeitbestimmung

Die Annahme und die Ausschlagung können nicht unter einer Bedingung oder einer Zeitbestimmung erfolgen.

§ 1948 Mehrere Berufungsgründe

(1) Wer durch Verfügung von Todes wegen als Erbe berufen ist, kann, wenn er ohne die Verfügung als gesetzlicher Erbe berufen sein würde, die Erbschaft als eingesetzter Erbe ausschlagen und als gesetzlicher Erbe annehmen.

(2) Wer durch Testament und durch Erbvertrag als Erbe berufen ist, kann die Erbschaft aus dem einen Berufungsgrund annehmen und aus dem anderen ausschlagen.

1 **A. Muster: Ausschlagung der Erbschaft als eingesetzter Erbe mit gleichzeitiger Annahme als gesetzlicher Erbe**

▶ Am ▪▪▪ ist der zuletzt in ▪▪▪ wohnhaft gewesene ▪▪▪ verstorben.

Ich bin der Sohn des Verstorbenen und durch Testament vom ▪▪▪ zum Erben berufen. Die diesbezügliche Mitteilung des Amtsgerichts ▪▪▪ ist mir am ▪▪▪ zugestellt worden. Da ich einziger lebender Angehöriger meines Vaters bin, wäre ich auch gesetzlicher Alleinerbe geworden.[1] Auch hat mein Vater keinen Ersatzerben bestimmt.

Ich schlage die Erbschaft als eingesetzter Erbe aus. Gleichzeitig nehme ich die Erbschaft als gesetzlicher Erbe an.[2], [3] ◀

B. Erläuterungen

2 **[1] Mehrere Berufungsgründe.** Die Vorschrift erlaubt es dem auf Grund einer Verfügung von Todes wegen berufenen Erben die Erbschaft auszuschlagen und als gesetzlicher Erbe anzuneh-

men, soweit er gesetzlicher Erbe wäre. Dem Erben wird so die Möglichkeit gegeben, sich von Belastungen zu befreien, die auf dem Erbteil liegen, der ihm als Erbe auf Grund der Verfügung von Todes wegen zugewendet wurde. Die praktische Relevanz der Norm ist gering. Unerwünschte Belastungen können auf Grund zahlreicher Sonderregelungen nicht immer abbedungen werden, vgl etwa §§ 2161, 2192, 2320. Im Übrigen setzt das Eintreten der gesetzlichen Erbfolge nach Ausschlagung voraus, dass kein Ersatzerbe berufen wurde, vgl §§ 2096, 2102 (vgl auch § 2094).

Abs. 2 kann in den Fällen angewendet werden, in denen eine Person zunächst durch Testament 3
als Erbe eingesetzt wurde und später dann durch Erbvertrag oder umgekehrt. Nicht anwendbar ist die Vorschrift bei zwei aufeinander folgenden Testamenten oder Erbverträgen (vgl § 1951 Abs. 2 S. 2). Zu beachten ist in diesem Zusammenhang jedoch § 2289 Abs. 1 S. 2, der zur Unwirksamkeit früherer Verfügungen bzw Belastungen führt, was die Anwendung des § 1948 überflüssig macht. Soweit folgend Belastungen des Erben unterschiedlicher Art bestehen bleiben, ist gleichfalls zu beachten, dass die erbvertraglich angeordneten Beschwerungen durch die Ausschlagung des Erbteils nach dem Erbvertrag nicht wegfallen (§ 2161).

[2] **Beschränkung auf die testamentarische Erbfolge.** Soweit der Erbe die Berufung kraft Ge- 4
setzes kennt, muss er die Ausschlagung auf die Berufung auf Grund der Verfügung von Todes wegen beschränken; Folge bei Unterlassen ist, dass die Ausschlagung wegen § 1949 Abs. 2 auch diesen Berufungsgrund erfasst.

[3] **Fristlauf.** Soweit der Erbe von seiner Berufung kraft Gesetzes nichts wusste, läuft eine neue 5
Ausschlagungsfrist, § 1944 Abs. 2 S. 1.

§ 1949 Irrtum über den Berufungsgrund

(1) Die Annahme gilt als nicht erfolgt, wenn der Erbe über den Berufungsgrund im Irrtum war.
(2) Die Ausschlagung erstreckt sich im Zweifel auf alle Berufungsgründe, die dem Erben zur Zeit der Erklärung bekannt sind.

§ 1950 Teilannahme; Teilausschlagung

[1]Die Annahme und die Ausschlagung können nicht auf einen Teil der Erbschaft beschränkt werden. [2]Die Annahme oder Ausschlagung eines Teils ist unwirksam.

§ 1951 Mehrere Erbteile

(1) Wer zu mehreren Erbteilen berufen ist, kann, wenn die Berufung auf verschiedenen Gründen beruht, den einen Erbteil annehmen und den anderen ausschlagen.
(2) [1]Beruht die Berufung auf demselben Grund, so gilt die Annahme oder Ausschlagung des einen Erbteils auch für den anderen, selbst wenn der andere erst später anfällt. [2]Die Berufung beruht auf demselben Grund auch dann, wenn sie in verschiedenen Testamenten oder vertragsmäßig in verschiedenen zwischen denselben Personen geschlossenen Erbverträgen angeordnet ist.
(3) Setzt der Erblasser einen Erben auf mehrere Erbteile ein, so kann er ihm durch Verfügung von Todes wegen gestatten, den einen Erbteil anzunehmen und den anderen auszuschlagen.

A. Muster: Ausschlagung eines von mehreren Erbteilen 1

▶ 1. Am ▪▪▪ ist an ihrem letzten Wohnsitz in ▪▪▪ Frau ▪▪▪ verstorben.
Die Verstorbene war verheiratet mit ▪▪▪
Aus der Ehe sind folgende Kinder hervorgegangen ▪▪▪

2. Ich bin zu mehreren Erbteilen berufen
   [1] aus gesetzlicher Erbfolge,
   [2] aus dem Testament vom ...
3. Ich nehme die Erbschaft hinsichtlich des Erbteils, der auf Grund gesetzlicher Erfolge erfolgt, an. Gleichzeitig schlage ich die Erbschaft hinsichtlich des Erbteils, der auf Grund testamentarischer Erbfolge erfolgt, aus.[1], [2], [3] ◄

B. Erläuterungen

2 [1] **Mehrere Erbteile.** Die Vorschrift ermöglicht bei Berufung zu mehreren Erbteilen deren Teilbarkeit, unter der Voraussetzung, dass die Berufung zu den verschiedenen Erbteilen auf unterschiedlichen Gründen beruht, Abs. 1, oder sie der Erblasser gestattet hat, Abs. 3.

3 [2] **Unterschiedliche Berufungsgründe.** Die **Berufungsgründe** des § 1951 Abs. 1 betreffen nur wenige Fälle. Verschiedene Berufungsgründe nach Abs. 1 setzen voraus, dass mehrere Tatbestände der Berufung zum Erben gegeben sind. Das ist zum Beispiel der Fall, wenn eine Person mit dem Erblasser mehrfach verwandt ist (Fälle des § 1927) oder wenn eine Person Erbe als Verwandter und als Ehegatte wird (Fälle des § 1934) (vgl Staudinger/*Otte* Rn 2). Ebenfalls dazu zählen die Fälle, in denen der Erbe nebeneinander gesetzlich und gewillkürt als Erbe berufen ist, wenn etwa der Erblasser nur teilweise über seinen Nachlass verfügt hat, während im Übrigen gesetzliche Erbfolge eintritt (bzw eintreten soll, vgl NK-BGB/*Ivo* § 151 Rn 2). Ebenfalls in Betracht kommt die Berufung einerseits aus Testament, andererseits aus Erbvertrag; oder auch aus mehreren Erbverträgen (vgl dazu jedoch die Ausführungen oben §§ 1947, 1948 Rn 2).

4 Einfache **Erbteilserhöhungen** gehören nicht zum Anwendungsbereich des § 1951 und können somit nur einheitlich angenommen oder ausgeschlagen werden. Das sind etwa die Fälle, bei denen sich ein Erbteil auf Grund bestimmter Umstände um einen zusätzlichen Bruchteil erhöht, wie etwa die Erhöhung des Ehegattenerbteils (§ 1931) um den pauschalen erbrechtlichen Zugewinnausgleich (§ 1371 Abs. 1); ebenso etwa § 1935 oder auch § 2094.

5 [3] **Derselbe Berufungsgrund.** Derselbe Berufungsgrund (§ 1951 Abs. 2) liegt vor, wenn der Erbe auf Grund eines Testamentes oder eines Erbvertrages erbt oder wenn er auf Grund mehrerer Testamente oder auf Grund mehrerer Erbverträge erbt, die der Erblasser mit derselben Person abgeschlossen hat. Hier kann der Erbe die Erbteile grundsätzlich nur einheitlich annehmen oder ausschlagen. Soweit der Erbe seine Annahme oder Ausschlagung auf einen dieser Erbteile beschränkt, so ist sie unwirksam, § 1950 S. 2 entsprechend. Der Erblasser hat allerdings gem. Abs. 3 die Möglichkeit durch Verfügung von Todes wegen dem auf mehrere Erbteile eingesetzten Erben zu gestatten, einen Erbteil anzunehmen und den anderen auszuschlagen (Palandt/*Edenhofer*, § 1951 Rn 5). Dies ist anzunehmen, wenn sich keine Interessen des Erblassers erkennen lassen, die gegen eine Teilausschlagung sprechen (KG NJW-RR 2005, 592; Palandt/*Edenhofer*, § 1951 Rn 5).

§ 1952 Vererblichkeit des Ausschlagungsrechts

(1) Das Recht des Erben, die Erbschaft auszuschlagen, ist vererblich.
(2) Stirbt der Erbe vor dem Ablauf der Ausschlagungsfrist, so endigt die Frist nicht vor dem Ablauf der für die Erbschaft des Erben vorgeschriebenen Ausschlagungsfrist.
(3) Von mehreren Erben des Erben kann jeder den seinem Erbteil entsprechenden Teil der Erbschaft ausschlagen.

§ 1953 Wirkung der Ausschlagung

(1) Wird die Erbschaft ausgeschlagen, so gilt der Anfall an den Ausschlagenden als nicht erfolgt.
(2) Die Erbschaft fällt demjenigen an, welcher berufen sein würde, wenn der Ausschlagende zur Zeit des Erbfalls nicht gelebt hätte; der Anfall gilt als mit dem Erbfall erfolgt.

(3) [1]Das Nachlassgericht soll die Ausschlagung demjenigen mitteilen, welchem die Erbschaft infolge der Ausschlagung angefallen ist. [2]Es hat die Einsicht der Erklärung jedem zu gestatten, der ein rechtliches Interesse glaubhaft macht.

§ 1954 Anfechtungsfrist

(1) Ist die Annahme oder die Ausschlagung anfechtbar, so kann die Anfechtung nur binnen sechs Wochen erfolgen.
(2) [1]Die Frist beginnt im Falle der Anfechtbarkeit wegen Drohung mit dem Zeitpunkt, in welchem die Zwangslage aufhört, in den übrigen Fällen mit dem Zeitpunkt, in welchem der Anfechtungsberechtigte von dem Anfechtungsgrund Kenntnis erlangt. [2]Auf den Lauf der Frist finden die für die Verjährung geltenden Vorschriften der §§ 206, 210, 211 entsprechende Anwendung.
(3) Die Frist beträgt sechs Monate, wenn der Erblasser seinen letzten Wohnsitz nur im Ausland gehabt hat oder wenn sich der Erbe bei dem Beginn der Frist im Ausland aufhält.
(4) Die Anfechtung ist ausgeschlossen, wenn seit der Annahme oder der Ausschlagung 30 Jahre verstrichen sind.

§ 1955 Form der Anfechtung

[1]Die Anfechtung der Annahme oder der Ausschlagung erfolgt durch Erklärung gegenüber dem Nachlassgericht. [2]Für die Erklärung gelten die Vorschriften des § 1945.

§ 1956 Anfechtung der Fristversäumung

Die Versäumung der Ausschlagungsfrist kann in gleicher Weise wie die Annahme angefochten werden.

§ 1957 Wirkung der Anfechtung

(1) Die Anfechtung der Annahme gilt als Ausschlagung, die Anfechtung der Ausschlagung gilt als Annahme.
(2) [1]Das Nachlassgericht soll die Anfechtung der Ausschlagung demjenigen mitteilen, welchem die Erbschaft infolge der Ausschlagung angefallen war. [2]Die Vorschrift des § 1953 Abs. 3 Satz 2 findet Anwendung.

A. Muster: Anfechtung der Erbausschlagung wegen Irrtum und gleichzeitiger Erbschaftsannahme 1

▶ An das Amtsgericht
– Nachlassgericht –[1]

...

... (Datum)[2]

1. Am ... ist an seinem letzten Wohnsitz in ... Herr ... verstorben.
   Ich ... bin der Sohn des Erblassers und habe am ... mit Erklärung gegenüber dem Nachlassgericht die Erbschaft aus allen Berufungsgründen ausgeschlagen.
2. Zum Zeitpunkt der Ausschlagung bin ich irrtümlich davon ausgegangen, der Nachlass sei verschuldet. Nunmehr hat sich herausgestellt, dass der Erblasser Eigentümer einer unbelasteten Wohnung in ... war und darüber hinaus ein Bankguthaben in Höhe von ... bei der ...-Bank besaß.[3]
3. Hiermit erkläre ich[4] die Anfechtung der Erbschaftsausschlagung wegen Irrtums und nehme die Erbschaft nach ... an. ◀

B. Erläuterungen

Grundsätzlich ist die Willenserklärung des Erben über die Annahme und Ausschlagung **unwiderruflich**, § 1943. Die §§ 1954 bis 1957 geben ohne Vorgabe besonderer Anfechtungsgründe 2 als Ausnahme die Möglichkeit einer Anfechtung. Die Vorschriften enthalten Sonderregelungen nach den §§ 119 bis 123 für die Anfechtung einer Annahme oder Ausschlagung insbesondere über Form, Frist und Wirkung der Anfechtung. § 1954 gilt nicht für den Irrtum über den Berufungsgrund (§ 1949), denn dieser Irrtum führt zur Nichtigkeit der Annahme bzw Ausschlagung.

3 [1] **Form der Anfechtung.** Die Anfechtung muss gegenüber dem Nachlassgericht entweder zu dessen Niederschrift oder in öffentlich beglaubigter Form (§ 129) erfolgen. Mit Zugang beim Gericht wird sie wirksam, § 130 Abs. 3. Örtlich zuständig ist das Gericht, in dessen Bezirk der Erblasser seinen Wohnsitz hatte (§ 343 Abs. 1 FamFG, § 73 FGG aF) sowie auch das Gericht in dessen Bezirk der Anfechtende seinen Wohnsitz hat (§ 344 Abs. 7 FamFG). Eine Erklärung gegenüber dem unzuständigen Gericht ist unschädlich, wenn sich das Gericht für zuständig erklärt oder die Erklärung innerhalb der Frist an das zuständige Gericht weiterleitet. Bei **Anfechtung durch einen Bevollmächtigten** bedarf die Vollmacht der öffentlichen Beglaubigung, die der Anfechtungserklärung beizufügen ist § 1945 Abs. 3. Eine Anfechtung durch anwaltlichen Schriftsatz ist unwirksam (LG München I, FamRZ 2000, 1328).

4 [2] **Anfechtungsfrist.** Bei der Anfechtungsfrist handelt es sich um eine doppelte Ausschlussfrist, dh in den Fällen der §§ 119, 120 ist sie regelmäßig länger, in den Fällen des § 123 regelmäßig kürzer als in den anderen durch diese Vorschriften erfassten Fällen, vgl §§ 121, 124. Sie beträgt sechs Wochen von dem Zeitpunkt an, zu dem die Hindernisse für die Anfechtung wegfallen. Die Ausschlagungsfrist verlängert sich auf sechs Monate, wenn der Erblasser seinen letzten **Wohnsitz im Ausland** hatte oder sich der Erbe bei Beginn der Frist im Ausland aufhält, § 1954 Abs. 3. Auf den Fristlauf finden die §§ 206, 210, 211 entsprechende Anwendung. Ganz ausgeschlossen ist die Anfechtung, wenn seit der Ausschlagung oder Annahme 30 Jahre vergangen sind, § 1954 Abs. 4. Wird der Erbe von einem Bevollmächtigten hinsichtlich der Erbschaftsangelegenheiten vertreten, genügt für den Fristlauf dessen Kenntnis (KG Berlin FamRZ 2004, 1903; ZErb 2004, 264).

5 [3] **Anfechtungsgründe.** Die Anfechtung der Annahme oder Ausschlagung kann aus allen Gründen erfolgen, die in §§ 119 bis 123 vorgesehen sind. Eine Ausnahme bildet nur § 2308, der gestattet, eine Ausschlagung nach § 2306 Abs. 1 S. 2 anzufechten, wenn nachträglich die Beschwerungen des Erbteils wegfallen. Die Anfechtung einer Willenserklärung, die durch schlüssiges Verhalten erfolgte, ist ebenfalls möglich. Möglich ist zunächst die Anfechtung auf Grund eines **Erklärungsirrtums**. Wegen der Formalien der Ausschlagung ist ein derartiger Irrtum jedoch selten, vgl auch § 1949.

7 Ein **Inhaltsirrtum** kommt hier vor allem bei stillschweigenden Annahmeerklärungen vor, wenn der Annehmende nicht weiß, was er nach außen hin durch seine Handlung erklärt. Bei ausdrücklichen Erklärungen kommt ein derartiger Irrtum nur ausnahmsweise in Betracht, wenn der Erbe die Möglichkeit der Ausschlagung gar nicht kannte oder wenn er glaubte, die Ausschlagung als Testamentserbe führe ohne weiteres zur Erbenstellung als gesetzlicher Erbe ohne die Beschränkungen, die im Testament angeordnet waren.

8 Inhaltsirrtümer wurden etwa in folgenden Fällen bejaht: Ausschlagung eines testamentarischen Erben in der Annahme, er werde befreiter gesetzlicher Erbe (OLG Düsseldorf NJW-RR 1998, 150); Annahme der Erbschaft mit der Vorstellung, anschließend als Alleinerbe den Pflichtteil geltend machen zu können (OLG Düsseldorf NJW-RR 2001, 23; ZErb 2001, 32); Annahme des beschwerten Erben unter der Vorstellung bei Ausschlagung den Pflichtteil zu verlieren (BGH NJW 2006, 3353; ZErb 2006, 378; aA etwa BayObLG NJW-RR 1995, 904).

9 Soweit sich der Irrtum auf den Nachlass als Ganzes oder die Beteiligung des Erben daran bezieht, ist von einem Irrtum über verkehrswesentliche Eigenschaften „der Sache“ auszugehen. So verhält es sich insbesondere in den Fällen der Annahme eines überschuldeten Nachlasses oder der Ausschlagung wegen irrig angenommener **Überschuldung** (vgl etwa KG Berlin FamRZ

2004, 1900; BayObLG FamRZ 1999, 242; in diesem Fall ablehnend: OLG Düsseldorf, Beschl. v. 5.9.2008 – 3 Wx 123/08) sowie auch im Fall des Irrtums über die Quote an der Erbschaftsbeteiligung (OLG Hamm NJW 1966, 1080). Auch wurde ein Irrtum über die verkehrswesentliche Eigenschaft der Sache in folgenden Fällen bejaht: Annahme der Erbschaft mit irrtümlicher Vorstellung über die Berufung eines Miterben (BGH NJW 1997, 392); Annahme als Alleinerbe unter der mangelnden Kenntnis einer Nacherbfolge (BayObLG NJW-RR 1997, 72).

Motivirrtümer berechtigen nicht zur Anfechtung, zB: Anfechtung wegen Fehlvorstellung über die Person der Nächstberufenen (OLG Düsseldorf FamRZ 1997, 905); Anfechtung wegen Irrtums über die Höhe der Erbschaftsteuer (KG Berlin NJW 1969, 1991); Anfechtung wegen Fehlbewertung einzelner Nachlassgegenstände (BayObLG NJW-RR 1995, 904); Anfechtung wegen Irrtums über den Wert des Nachlasses (FG Rheinland-Pfalz 15.10.1999 – 3 K 1035/96). 10

[4] **Anfechtungsberechtigung.** Anfechtungsberechtigt ist der Erbe oder sein gewillkürter oder gesetzlicher Vertreter. Ebenfalls anfechten kann der Erbeserbe, § 1952 Abs. 1 und 3 (OLG Zweibrücken FamRZ 2005, 556). Nicht anfechtungsberechtigt sind der Testamentsvollstrecker, der Nachlassverwalter, Gläubiger usw. 11

§ 1958 Gerichtliche Geltendmachung von Ansprüchen gegen den Erben

Vor der Annahme der Erbschaft kann ein Anspruch, der sich gegen den Nachlass richtet, nicht gegen den Erben gerichtlich geltend gemacht werden.

§ 1959 Geschäftsführung vor der Ausschlagung

(1) Besorgt der Erbe vor der Ausschlagung erbschaftliche Geschäfte, so ist er demjenigen gegenüber, welcher Erbe wird, wie ein Geschäftsführer ohne Auftrag berechtigt und verpflichtet.
(2) Verfügt der Erbe vor der Ausschlagung über einen Nachlassgegenstand, so wird die Wirksamkeit der Verfügung durch die Ausschlagung nicht berührt, wenn die Verfügung nicht ohne Nachteil für den Nachlass verschoben werden konnte.
(3) Ein Rechtsgeschäft, das gegenüber dem Erben als solchem vorgenommen werden muss, bleibt, wenn es vor der Ausschlagung dem Ausschlagenden gegenüber vorgenommen wird, auch nach der Ausschlagung wirksam.

§ 1960 Sicherung des Nachlasses; Nachlasspfleger

(1) [1]Bis zur Annahme der Erbschaft hat das Nachlassgericht für die Sicherung des Nachlasses zu sorgen, soweit ein Bedürfnis besteht. [2]Das Gleiche gilt, wenn der Erbe unbekannt oder wenn ungewiss ist, ob er die Erbschaft angenommen hat.
(2) Das Nachlassgericht kann insbesondere die Anlegung von Siegeln, die Hinterlegung von Geld, Wertpapieren und Kostbarkeiten sowie die Aufnahme eines Nachlassverzeichnisses anordnen und für denjenigen, welcher Erbe wird, einen Pfleger (Nachlasspfleger) bestellen.
(3) Die Vorschrift des § 1958 findet auf den Nachlasspfleger keine Anwendung.

§ 1961 Nachlasspflegschaft auf Antrag

Das Nachlassgericht hat in den Fällen des § 1960 Abs. 1 einen Nachlasspfleger zu bestellen, wenn die Bestellung zum Zwecke der gerichtlichen Geltendmachung eines Anspruchs, der sich gegen den Nachlass richtet, von dem Berechtigten beantragt wird.

§ 1962 Zuständigkeit des Nachlassgerichts

Für die Nachlasspflegschaft tritt an die Stelle des Familiengerichts oder Betreuungsgerichts das Nachlassgericht.

§ 1963 Unterhalt der werdenden Mutter eines Erben

[1]Ist zur Zeit des Erbfalls die Geburt eines Erben zu erwarten, so kann die Mutter, falls sie außerstande ist, sich selbst zu unterhalten, bis zur Entbindung angemessenen Unterhalt aus dem Nachlass oder, wenn noch andere Personen als Erben berufen sind, aus dem Erbteil des Kindes verlangen. [2]Bei der Bemessung des Erbteils ist anzunehmen, dass nur ein Kind geboren wird.

§ 1964 Erbvermutung für den Fiskus durch Feststellung

(1) Wird der Erbe nicht innerhalb einer den Umständen entsprechenden Frist ermittelt, so hat das Nachlassgericht festzustellen, dass ein anderer Erbe als der Fiskus nicht vorhanden ist.
(2) Die Feststellung begründet die Vermutung, dass der Fiskus gesetzlicher Erbe sei.

§ 1965 Öffentliche Aufforderung zur Anmeldung der Erbrechte

(1) [1]Der Feststellung hat eine öffentliche Aufforderung zur Anmeldung der Erbrechte unter Bestimmung einer Anmeldungsfrist vorauszugehen; die Art der Bekanntmachung und die Dauer der Anmeldungsfrist bestimmen sich nach den für das Aufgebotsverfahren geltenden Vorschriften. [2]Die Aufforderung darf unterbleiben, wenn die Kosten dem Bestand des Nachlasses gegenüber unverhältnismäßig groß sind.
(2) [1]Ein Erbrecht bleibt unberücksichtigt, wenn nicht dem Nachlassgericht binnen drei Monaten nach dem Ablauf der Anmeldungsfrist nachgewiesen wird, dass das Erbrecht besteht oder dass es gegen den Fiskus im Wege der Klage geltend gemacht ist. [2]Ist eine öffentliche Aufforderung nicht ergangen, so beginnt die dreimonatige Frist mit der gerichtlichen Aufforderung, das Erbrecht oder die Erhebung der Klage nachzuweisen.

§ 1966 Rechtsstellung des Fiskus vor Feststellung

Von dem Fiskus als gesetzlichem Erben und gegen den Fiskus als gesetzlichen Erben kann ein Recht erst geltend gemacht werden, nachdem von dem Nachlassgericht festgestellt worden ist, dass ein anderer Erbe nicht vorhanden ist.

Titel 2 Haftung des Erben für die Nachlassverbindlichkeiten

Untertitel 1 Nachlassverbindlichkeiten

§ 1967 Erbenhaftung, Nachlassverbindlichkeiten

(1) Der Erbe haftet für die Nachlassverbindlichkeiten.
[2] Zu den Nachlassverbindlichkeiten gehören außer den vom Erblasser herrührenden Schulden die den Erben als solchen treffenden Verbindlichkeiten, insbesondere die Verbindlichkeiten aus Pflichtteilsrechten, Vermächtnissen und Auflagen.

§ 1968 Beerdigungskosten

Der Erbe trägt die Kosten der Beerdigung des Erblassers.

A. Außergerichtliche Geltendmachung von Beerdigungskosten

1 **I. Muster: Außergerichtliche Geltendmachung von Beerdigungskosten gegenüber dem Erben**

▶ Sehr geehrte ■■■,

hiermit zeigen wir unter Vorlage einer Abschrift der auf uns lautenden Originalvollmacht an, dass wir mit der Wahrnehmung der Interessen des Herrn ■■■ beauftragt sind.

Unser Mandant ist der Sohn Ihres am ■■■ verstorbenen Lebensgefährten, Herrn ■■■ In seinem Testament vom ■■■ hat Sie der Erblasser zu seiner Alleinerbin eingesetzt. Die Erbschaft haben Sie angenommen. Als Erbin haben Sie die Kosten einer standesgemäßen Beerdigung zu tragen.[1]

Wie Sie wissen, hat unser Mandant die Beerdigung seines Vaters in Ausübung seines Rechts zur Totenfürsorge veranlasst.[1]

Laut der beiliegenden Rechnungen des Bestattungsinstituts ■■■ sowie der Gaststätte ■■■ ist insgesamt ein Betrag in Höhe von ■■■ an Kosten für die Beerdigung entstanden, für welche unser Mandant in Vorlage getreten ist. Als Erbin sind Sie gemäß den gesetzlichen Bestimmungen verpflichtet, unserem Mandanten die Kosten zu erstatten.[2]

Wir haben Sie daher namens und im Auftrag unseres Mandanten aufzufordern, den Betrag in Höhe von ■■■ bis spätestens zum ■■■ an unseren Mandanten zu zahlen.

Mit freundlichen Grüßen

■■■

Rechtsanwalt ◄

II. Erläuterungen

[1] Im Rahmen der **Kosten für eine angemessene Beerdigung** stellt die Vorschrift eine selbständige Anspruchsgrundlage dar (Soergel/*Stein* § 1968 Rn 4). Daneben können Ansprüche aus § 2022 Abs. 2, § 812 u. §§ 677 ff bestehen. Der Anspruch ist gerichtet auf Kostenerstattung bzw Befreiung von der eingegangenen Verbindlichkeit (Soergel/*Stein* § 1968 Rn 4; Damrau/*Gottwald*, Erbrecht § 1968 Rn 5). Schuldner des Anspruchs ist der Erbe, Gläubiger derjenige, der die Bestattung ausgerichtet hat, sofern er ein eigenes Recht zur Totenfürsorge besitzt (Hk-BGB/*Hoeren*, § 1968 Rn 2). 2

[2] Nur die Kosten einer angemessenen Bestattung sind von der Vorschrift umfasst. **Kosten der Grabpflege** oder für die **Anreise naher Angehöriger** fallen nicht unter § 1968 (Hk-BGB/*Hoeren* § 1968 Rn 4; Schleswig-Holsteinisches OLG, Urt. v. 6.10.2009, ZErb 2010, 90). 3

B. Gerichtliche Geltendmachung von Beerdigungskosten

I. Muster: Klage auf Erstattung der Beerdigungskosten gegen den Erben 4

► An das

Landgericht ■■■

Klage

des Herrn ■■■

Prozessbevollmächtigter: Rechtsanwalt ■■■

– Kläger –

gegen

Frau ■■■

– Beklagte –

wegen Zahlung

Namens und in Vollmacht des Klägers erhebe ich Klage gegen die Beklagte und werde in dem zu bestimmenden Termin beantragen, für Recht zu erkennen:

1. Die Beklagte wird verurteilt, an den Kläger einen Betrag in Höhe von ■■■ EUR nebst Zinsen hieraus in Höhe von 5 Prozentpunkte über dem Basiszinssatz seit dem ■■■ zu zahlen.
2. Die Beklagte trägt die Kosten des Rechtsstreits.
3. Das Urteil ist für den Kläger – gegebenfalls – gegen Sicherheitsleistung vorläufig vollstreckbar.

Für den Fall der Anordnung des schriftlichen Vorverfahrens beantrage ich schon jetzt den Erlass eines Versäumnisurteils gem. § 331 Abs. 3 ZPO sobald hierfür die gesetzlichen Voraussetzungen gegeben sind.

Begründung

Der Kläger ist der leibliche Sohn des am ▪▪▪ verstorbenen Erblassers, Herrn ▪▪▪.

Beweis:

beglaubigte Abschrift der Abstammungsurkunde
beglaubigte Abschrift der Sterbeurkunde

Die Beklagte war die Lebensgefährtin des Erblassers. Mit notariellem Testament vom ▪▪▪ setzte der Erblasser die Beklagte zu seiner alleinigen Erbin ein.

Beweis: notarielles Testament vom ▪▪▪, URNr.: ▪▪▪ des Notars ▪▪▪, beigefügt in Kopie

Die Beklagte hat die Erbschaft angenommen.

Beweis: Im Bestreitensfall Beiziehung der Nachlassakte des Amtsgerichts ▪▪▪ Az ▪▪▪

Der Kläger ist als Sohn des Erblassers originär Bestattungsberechtigter.[1] Er hat die Beerdigung des Erblassers ausgerichtet und ist mit den Kosten in Vorlage getreten.

Im Einzelnen sind folgenden Kosten entstanden:[2]

Beerdigungsinstitut ▪▪▪ ▪▪▪ EUR
Leichenmahl am ▪▪▪ in der Gaststätte ▪▪▪ ▪▪▪ EUR
Erstbepflanzung des Grabes durch die Gärtnerei ▪▪▪ ▪▪▪ EUR
Kosten des Steinmetzes ▪▪▪ für den Grabstein ▪▪▪ EUR
Kosten für die Inschrift ▪▪▪ EUR
Gebühren für die Sterbeurkunde ▪▪▪ EUR
Todesanzeigen in der Zeitung ▪▪▪ ▪▪▪ EUR
Danksagung in der Zeitung ▪▪▪ ▪▪▪ EUR
Kosten insgesamt: ▪▪▪ EUR

Beweis: Rechnungen zu den vorgenannten Positionen, beigefügt in Kopie

Gemäß § 1968 BGB steht dem Kläger ein Kostenerstattungsanspruch gegen die Beklagte als Erbin zu[1]. Die Beerdigung war an den Lebensverhältnissen des Erblassers gemessen standesgemäß und angemessen.

Bereits mit anwaltlichen Schreiben vom ▪▪▪ wurde die Beklagte außergerichtlich unter Fristsetzung zur Erstattung der Kosten aufgefordert.

Beweis: Schreiben des Unterzeichners vom ▪▪▪, beigefügt in Kopie.

Da die Beklagte hierauf nicht reagiert hat, war Klage geboten.

Der Zinsanspruch ergibt sich aus § 288 Abs. 1 BGB. Die Beklagte befindet sich seit dem ▪▪▪ in Verzug.

▪▪▪

Rechtsanwalt ◀

II. Erläuterungen

5 [1] Vgl oben Rn 2.

6 [2] Vgl oben Rn 3.

§ 1969 Dreißigster

(1) [1]Der Erbe ist verpflichtet, Familienangehörigen des Erblassers, die zur Zeit des Todes des Erblassers zu dessen Hausstand gehören und von ihm Unterhalt bezogen haben, in den ersten 30 Tagen nach dem Eintritt des Erbfalls in demselben Umfang, wie der Erblasser es getan hat, Unterhalt zu gewähren und die Benutzung der Wohnung und der Haushaltsgegenstände zu gestatten. [2]Der Erblasser kann durch letztwillige Verfügung eine abweichende Anordnung treffen.

(2) Die Vorschriften über Vermächtnisse finden entsprechende Anwendung.

Untertitel 2 Aufgebot der Nachlassgläubiger

§ 1970 Anmeldung der Forderungen

Die Nachlassgläubiger können im Wege des Aufgebotsverfahrens zur Anmeldung ihrer Forderungen aufgefordert werden.

A. Muster: Antrag auf Durchführung des Aufgebotsverfahrens 1

▶ An das

Amtsgericht ■■■

– Nachlassgericht –[1]

Nachlasssache des Herrn ■■■, verstorben am ■■■ in ■■■, zuletzt wohnhaft ■■■, in ■■■

Unter Vorlage einer auf mich lautenden Vollmacht beantrage ich namens meines Mandanten, ■■■, Alleinerbe[2] des am ■■■ in ■■■ verstorbenen Erblassers ■■■ das Aufgebot der Nachlassgläubiger und danach den Erlass des entsprechenden Ausschlussurteils.[3] Eine beglaubigte Abschrift des Erbscheins vom ■■■ des Nachlassgerichts ■■■ Az ■■■ liegt als Anlage 1 bei.

Mein Mandant haftet weder allgemein noch gegenüber einzelnen Nachlassgläubigern unbeschränkt. Ein Verzeichnis der meinem Mandanten bekannten Nachlassgläubiger ist als Anlage 2 beigefügt. Wegen der Richtigkeit und Vollständigkeit des Verzeichnisses verweise ich auf die als Anlage 4 vorgelegte eidesstattliche Versicherung des Antragstellers vom ■■■ Ein Nachlassinsolvenzverfahren ist nicht beantragt.[4] Der Wert des Aktivnachlasses beträgt ■■■ EUR.

Die entstehenden Kosten bitte ich, mir aufzuerlegen.[5]

■■■

Rechtsanwalt ◀

B. Erläuterungen

[1] Sachlich **zuständig** ist das Amtsgericht – Nachlassgericht – nach § 23 a Abs. 2 Nr. 2 GVG, örtlich dasjenige am letzten Wohnsitz des Erblassers § 454 Abs. 2 FamFG (Hk-BGB/Hoeren § 1970 Rn 4; Scherer/*Siegmann* MAH Erbrecht § 23 Rn 31; Soergel/*Stein* § 1970 Rn 1) aA: *Kroiß* in: Kroiß, FormularBibliothek Zivilprozess, Band Sachenrecht/Erbrecht, Teil 2 Rn 356; *Krug/Rudolf/Kroiß*, Erbrecht § 11 Rn 212 welche von der sachlichen Zuständigkeit der allgemeinen Zivilabteilung des Amtsgerichts ausgehen). Funktionell ist für den Erlass des Aufgebotsbeschlusses gem. § 20 Nr. 2 RpflG der Rechtspfleger zuständig. Nach Ablauf einer Aufgebotsfrist die gem. § 437 FamFG mindestens 6 Wochen betragen muss, wird der Ausschlussbeschluss erlassen, § 439 FamFG. 2

[2] **Antragsberechtigt** ist jeder noch nicht unbeschränkt haftende (Mit-)Erbe, nach Erbschaftannahme, der Testamentsvollstrecker und Nachlasspfleger, sofern sie zur Verwaltung des Nachlasses befugt sind, § 455 FamFG. Darüber hinaus sind auch Vor- und Nacherbe, § 461 FamFG und der Erbteilserwerber, § 463 FamFG antragsberechtigt. 3

[3] Zweck des Aufgebotsverfahrens ist es, dem Erben einen **Überblick über den Umfang der Nachlassverbindlichkeiten** zu verschaffen (Hk-BGB/*Hoeren* § 1970 Rn 1; *Krug/Rudolf/Kroiß*, Erbrecht, § 11 Rn 211; Scherer/*Siegmann* MAH Erbrecht § 23 Rn 30; Damrau/*Gottwald*, Erbrecht, § 1970 Rn 1). Er soll damit in die Lage versetzt werden, zu entscheiden, ob er eine Haf- 4

tungsbeschränkungsmaßnahme herbeiführen möchte (*Krug/Rudolf/Kroiß*, Erbrecht § 11 Rn 220). Meldet ein Nachlassgläubiger seine Forderung erst **nach Erlass** des Ausschlussurteils an, so kann der Erbe der Forderung die **Ausschließungseinrede** gem. § 1973 entgegenhalten.

5 [4] Dem Antrag ist ein Verzeichnis der bekannten Nachlassgläubiger mit Angabe ihres Wohnortes beizufügen, § 456 FamFG. Auf Verlangen ist die Richtigkeit des Verzeichnisses an Eides statt zu versichern, § 439 Abs. 1 FamFG. Das Aufgebotsverfahren soll nicht durchgeführt werden, wenn ein Nachlassinsolvenzverfahren beantragt wurde, § 457 Abs. 1 FamFG.

6 [5] Die vom Antragsteller nach § 22 GKG zu zahlenden Gerichtsgebühren betragen nach Nr. 1630 KV zum GKG 0,5, die Rechtsanwaltsgebühren nach Nr. 3324 VV RVG 1,0 (*Kroiß* aaO Teil 2, § 8 Rn 357). Gegenstandswert 1/4 bis 1/3 des Aktivvermögens (Scherer/*Siegmann* MAH Erbrecht § 23 Rn 32).

§ 1971 Nicht betroffene Gläubiger

[1]Pfandgläubiger und Gläubiger, die im Insolvenzverfahren den Pfandgläubigern gleichstehen, sowie Gläubiger, die bei der Zwangsvollstreckung in das unbewegliche Vermögen ein Recht auf Befriedigung aus diesem Vermögen haben, werden, soweit es sich um die Befriedigung aus den ihnen haftenden Gegenständen handelt, durch das Aufgebot nicht betroffen. [2]Das Gleiche gilt von Gläubigern, deren Ansprüche durch eine Vormerkung gesichert sind oder denen im Insolvenzverfahren ein Aussonderungsrecht zusteht, in Ansehung des Gegenstands ihres Rechts.

§ 1972 Nicht betroffene Rechte

Pflichtteilsrechte, Vermächtnisse und Auflagen werden durch das Aufgebot nicht betroffen, unbeschadet der Vorschrift des § 2060 Nr. 1.

§ 1973 Ausschluss von Nachlassgläubigern

(1) [1]Der Erbe kann die Befriedigung eines im Aufgebotsverfahren ausgeschlossenen Nachlassgläubigers insoweit verweigern, als der Nachlass durch die Befriedigung der nicht ausgeschlossenen Gläubiger erschöpft wird. [2]Der Erbe hat jedoch den ausgeschlossenen Gläubiger vor den Verbindlichkeiten aus Pflichtteilsrechten, Vermächtnissen und Auflagen zu befriedigen, es sei denn, dass der Gläubiger seine Forderung erst nach der Berichtigung dieser Verbindlichkeiten geltend macht.
(2) [1]Einen Überschuss hat der Erbe zum Zwecke der Befriedigung des Gläubigers im Wege der Zwangsvollstreckung nach den Vorschriften über die Herausgabe einer ungerechtfertigten Bereicherung herauszugeben. [2]Er kann die Herausgabe der noch vorhandenen Nachlassgegenstände durch Zahlung des Wertes abwenden. [3]Die rechtskräftige Verurteilung des Erben zur Befriedigung eines ausgeschlossenen Gläubigers wirkt einem anderen Gläubiger gegenüber wie die Befriedigung.

A. Ausschlusseinrede

1 **I. Muster: Erhebung der Ausschlusseinrede**

▶ Herrn ■■■

(Nachlassgläubiger)

Nachlassangelegenheit auf Ableben des Herrn ■■■

Ihre Forderung aus dem Kaufvertrag vom ■■■

Sehr geehrter Herr ■■■,

unter Vorlage einer beglaubigten der auf uns lautenden Originalvollmacht zeigen wir an, dass wir mit der Wahrnehmung der Interessen des Herrn ■■■ beauftragt sind. Unser Mandant ist Alleinerbe des am ■■■ in ■■■ verstorbenen Erblassers, Herrn ■■■ Ihr Schreiben vom ■■■, mit welchem Sie eine Forderung in Höhe von ■■■ EUR geltend machen, liegt uns zur Beantwortung vor.

Namens und im Auftrag unseres Mandanten erheben wir gegen die Ihre Forderung die Ausschlusseinrede[1] nach § 1973 Abs. 1 BGB.

Ihre Forderung war unserem Mandanten nicht bekannt.[2] Sie haben diese auch nicht innerhalb der Aufgebotsfrist zum Nachlassgericht angemeldet, so dass Sie gem. beiliegenden Urteil des Amtsgerichts ■■■ vom ■■■ Az ■■■ mit Ihrer Forderung ausgeschlossen sind.[1]

Nach Befriedigung der nicht ausgeschlossenen Gläubiger sowie des Geldvermächtnisses in Höhe von ■■■, welches unmittelbar nach dem Erbfall erfüllt wurde, ist der Nachlass erschöpft.[3] Als Nachweis legen wir das Nachlassverzeichnis auf Ableben des Erblassers bei.[4]

■■■

Rechtsanwalt ◄

II. Erläuterungen

[1] Mit der Erschöpfungs-, bzw Ausschlusseinrede kann der Erbe rein **faktisch** eine Haftungsbeschränkung auf den Nachlass außerhalb der Nachlassverwaltung und Nachlassinsolvenz erreichen. Gleiches gilt für die Verschweigungseinrede gem. § 1974. Der ausgeschlossene Anspruch wird jedoch selbst nicht berührt, der Gläubiger kann also noch mit der ausgeschlossenen gegen eine Forderung des Erblassers aufrechnen (Soergel/*Stein*, § 1973 Rn 2). 2

Voraussetzung der Einrede ist, dass der Erbe zum Zeitpunkt des Erlasses des Ausschlussurteils **noch nicht unbeschränkt** haftet. Die unbeschränkte Haftung tritt ein wenn der Erbe, 3
- die vom Nachlassgericht gesetzte Inventarfrist versäumt (§ 1994 Abs. 1 S. 2),
- absichtlich ein unvollständiges Inventar errichtet (§ 2005 Abs. 1 S. 1),
- dem Nachlassgläubiger die eidesstattliche Versicherung verweigert (§ 2006 Abs. 3),
- einzelnen Nachlassgläubigern gegenüber auf die Haftungsbeschränkung verzichtet hat,

oder durch vorbehaltlose Verurteilung (§ 780 ZPO). Möglich ist der Verlust der Haftungsbeschränkung auch nach § 242 (Soergel/*Stein* Vor § 1967 Rn 9).

[2] Hat der Erbe es schuldhaft unterlassen, einen ihm bekannten Gläubiger in das dem Aufgebotsantrag beizufügende Verzeichnis aufzunehmen, **haftet er persönlich** nach § 280 (positive Forderungsverletzung) für den hieraus entstehenden Schaden (Soergel/*Stein*, § 1973 Rn 3; Damrau/*Gottwald*, Erbrecht, § 1973 Rn 12). 4

[3] Pflichtteilsrechte, Vermächtnisse und Auflagen sind grundsätzlich auch gegenüber den ausgeschlossenen Nachlassgläubigern **nachrangig**, es sei denn, sie wurden vor Geltendmachung der Forderung befriedigt, § 1973 Abs. 1 S. 2. 5

[4] Für die Nachlasserschöpfung trägt der Erbe die Darlegungs- und Beweislast (Soergel/*Stein*, § 1973 Rn 6). Der Erbe sollte daher gleichzeitig mit Beantragung des Aufgebotsverfahrens ein Inventar beim Nachlassgericht nach § 1993 einreichen. Denn bei rechtzeitiger Inventarerrichtung spricht die **gesetzliche Vermutung** des § 2009 dafür, dass zur Zeit des Erbfalls weitere Nachlassgegenstände als die Angegebenen nicht vorhanden gewesen sind. Der Nachlassgläubiger muss dann den Gegenbeweis führen. 6

Verbleibt nach Berichtigung der nicht ausgeschlossenen Forderungen ein Überschuss, haftet der Erbe nur nach Bereicherungsrecht (Hk-BGB/*Hoeren* § 1973 Rn 2).

B. Ausschlusseinrede im Verfahren

7 **I. Muster: Klageerwiderung bei Ausschlusseinrede**

▶ An das

Landgericht ■■■

– Zivilkammer –

Az. ■■■

Klageerwiderung

In dem Rechtsstreit ■■■

wegen Forderung

legitimieren wir uns für den Beklagten und beantragen

1. in erster Linie Klagabweisung
2. in zweiter Linie für den Fall der ganzen oder teilweisen Stattgabe der Klage die Aufnahme eines Haftungsvorbehalts nach § 780 ZPO in den Tenor des Urteils des Inhalts, dass dem Beklagten die Beschränkung seiner Haftung für Hauptanspruch, Nebenforderungen und Kosten auf den Nachlass des Erblassers, des am ■■■ verstorbenen Herrn ■■■, zuletzt wohnhaft in ■■■, vorbehalten bleibt.[1]

Begründung

Der Kläger macht gegenüber dem Beklagten als Alleinerben des am ■■■ verstorbenen Herrn ■■■ eine Kaufpreisforderung aus dem Kaufvertrag vom ■■■ geltend. Gegen die Kaufpreisforderung wird die Ausschlusseinrede nach § 1973 BGB erhoben.

Der Beklagte hat das Aufgebotsverfahren nach §§ 1970 ff BGB durchgeführt. Das Amtsgericht ■■■ hat das Ausschlussurteil am ■■■ unter dem Az ■■■ erlassen.

Beweis: Beglaubigte Abschrift des Ausschlussurteils vom ■■■

Sämtliche Forderungen der Gläubiger, welche sich aufgrund des Aufgebots gemeldet haben, wurden erfüllt. Des Weiteren wurde am ■■■, das im Testament des Erblassers vom ■■■ ausgesetzte Geldvermächtnis zugunsten des ■■■ erfüllt.

Beweis: eigenhändiges Testament des Erblassers vom ■■■, beigefügt in Kopie

Quittung des Vermächtnisnehmers vom ■■■, beigefügt in Kopie

Die Klägerin machte erstmals am ■■■, also nach Erfüllung des Vermächtnisses und Erlass des Ausschlussurteils, ihre Forderung bei dem Beklagten geltend.

Beweis: Schreiben der Klägerin vom ■■■

Der Nachlass ist nach Erfüllung des Vermächtnisses und Befriedigung der nicht ausgeschlossenen Gläubiger erschöpft, die Bereicherungshaftung geht gem. § 1973 Abs. 2 BGB ins Leere. Mithin ist die Klage abzuweisen.

Die vom Kläger behauptete Forderung stellt, wenn sie bestünde, eine Nachlassverbindlichkeit dar. Der Antrag auf Aufnahme des Haftungsvorbehalts erfolgt rein fürsorglich und stellt eine reine Vorsichtsmaßnahme dar.

■■■

Rechtsanwalt ◀

II. Erläuterungen

8 [1] Da die Ausschlusseinrede nicht den Bestand der Forderung als solche berührt, kann der Gläubiger einer ausgeschlossenen Forderung diese gegen den Erben einklagen. Vorsichtshalber

sollte auf Beklagtenseite immer der Vorbehalt der Haftungsbeschränkung nach § 780 ZPO beantragt werden.

§ 1974 Verschweigungseinrede

(1) [1]Ein Nachlassgläubiger, der seine Forderung später als fünf Jahre nach dem Erbfall dem Erben gegenüber geltend macht, steht einem ausgeschlossenen Gläubiger gleich, es sei denn, dass die Forderung dem Erben vor dem Ablauf der fünf Jahre bekannt geworden oder im Aufgebotsverfahren angemeldet worden ist. [2]Wird der Erblasser für tot erklärt oder wird seine Todeszeit nach den Vorschriften des Verschollenheitsgesetzes festgestellt, so beginnt die Frist nicht vor dem Eintritt der Rechtskraft des Beschlusses über die Todeserklärung oder die Feststellung der Todeszeit.

(2) Die dem Erben nach § 1973 Abs. 1 Satz 2 obliegende Verpflichtung tritt im Verhältnis von Verbindlichkeiten aus Pflichtteilsrechten, Vermächtnissen und Auflagen zueinander nur insoweit ein, als der Gläubiger im Falle des Nachlassinsolvenzverfahrens im Range vorgehen würde.

[3] Soweit ein Gläubiger nach § 1971 von dem Aufgebot nicht betroffen wird, finden die Vorschriften des Absatzes 1 auf ihn keine Anwendung.

A. Muster: Außergerichtliche Geltendmachung der Verschweigungseinrede 1

1022

▶ Herrn ■■■

(Nachlassgläubiger)

Nachlassangelegenheit auf Ableben des Herrn ■■■

Ihre Forderung aus Urteil des Landgerichts ■■■ vom ■■■

Sehr geehrter Herr ■■■,

unter Vorlage einer beglaubigten der auf uns lautenden Originalvollmacht zeigen wir an, dass wir mit der Wahrnehmung der Interessen des Herrn ■■■ beauftragt sind. Unser Mandant ist Alleinerbe des am ■■■ in ■■■ verstorbenen Erblassers, Herrn ■■■ Ihr Schreiben vom ■■■, mit welchem Sie eine die rechtskräftig titulierte Forderung in Höhe von ■■■ EUR geltend machen, liegt uns zur Beantwortung vor.

Namens und im Auftrag unseres Mandanten erheben wir gegen die Ihre Forderung die Verschweigungseinrede[1] nach § 1974 Abs. 1 BGB.

Ihre Forderung war unserem Mandanten nicht bekannt. Der Erbfall ist bereits vor über 5 Jahren, nämlich am ■■■ eingetreten. Eine Kopie der Sterbeurkunde legen wir Ihnen bei.

Der Nachlass ist bereits durch die Befriedigung anderer Nachlassgläubiger erschöpft.[2]

■■■

Rechtsanwalt ◀

B. Erläuterungen

[1] Die Einrede setzt nicht voraus, dass ein Aufgebotsverfahren durchgeführt wurde (Damrau/*Gottwald*, Erbrecht, § 1974 Rn 1). 2

[2] Voraussetzung ist der **Ablauf der Säumnisfrist von 5 Jahren**. Die Berechnung erfolgt nach §§ 187 Abs. 1, 188. Die Vorschriften über die Hemmung der Verjährung sind nicht anwendbar (Damrau/*Gottwald*, Erbrecht, § 1974 Rn 2). Der Erbe darf keine Kenntnis von der Forderung haben, wobei fahrlässige Unkenntnis der Kenntnis nicht gleich steht (*Gottwald* aaO Rn 5). Der Erbe muss den Fristablauf und die Erschöpfung des Nachlasses beweisen (*Gottwald* aaO Rn 8). 3

Untertitel 3 Beschränkung der Haftung des Erben

§ 1975 Nachlassverwaltung; Nachlassinsolvenz

Die Haftung des Erben für die Nachlassverbindlichkeiten beschränkt sich auf den Nachlass, wenn eine Nachlasspflegschaft zum Zwecke der Befriedigung der Nachlassgläubiger (Nachlassverwaltung) angeordnet oder das Nachlassinsolvenzverfahren eröffnet ist.

§ 1976 Wirkung auf durch Vereinigung erloschene Rechtsverhältnisse

Ist die Nachlassverwaltung angeordnet oder das Nachlassinsolvenzverfahren eröffnet, so gelten die infolge des Erbfalls durch Vereinigung von Recht und Verbindlichkeit oder von Recht und Belastung erloschenen Rechtsverhältnisse als nicht erloschen.

§ 1977 Wirkung auf eine Aufrechnung

(1) Hat ein Nachlassgläubiger vor der Anordnung der Nachlassverwaltung oder vor der Eröffnung des Nachlassinsolvenzverfahrens seine Forderung gegen eine nicht zum Nachlass gehörende Forderung des Erben ohne dessen Zustimmung aufgerechnet, so ist nach der Anordnung der Nachlassverwaltung oder der Eröffnung des Nachlassinsolvenzverfahrens die Aufrechnung als nicht erfolgt anzusehen.
[2] Das Gleiche gilt, wenn ein Gläubiger, der nicht Nachlassgläubiger ist, die ihm gegen den Erben zustehende Forderung gegen eine zum Nachlass gehörende Forderung aufgerechnet hat.

§ 1978 Verantwortlichkeit des Erben für bisherige Verwaltung, Aufwendungsersatz

(1) [1]Ist die Nachlassverwaltung angeordnet oder das Nachlassinsolvenzverfahren eröffnet, so ist der Erbe den Nachlassgläubigern für die bisherige Verwaltung des Nachlasses so verantwortlich, wie wenn er von der Annahme der Erbschaft an die Verwaltung für sie als Beauftragter zu führen gehabt hätte. [2]Auf die vor der Annahme der Erbschaft von dem Erben besorgten erbschaftlichen Geschäfte finden die Vorschriften über die Geschäftsführung ohne Auftrag entsprechende Anwendung.
(2) Die den Nachlassgläubigern nach Absatz 1 zustehenden Ansprüche gelten als zum Nachlass gehörend.
[3] Aufwendungen sind dem Erben aus dem Nachlass zu ersetzen, soweit er nach den Vorschriften über den Auftrag oder über die Geschäftsführung ohne Auftrag Ersatz verlangen könnte.

§ 1979 Berichtigung von Nachlassverbindlichkeiten

Die Berichtigung einer Nachlassverbindlichkeit durch den Erben müssen die Nachlassgläubiger als für Rechnung des Nachlasses erfolgt gelten lassen, wenn der Erbe den Umständen nach annehmen durfte, dass der Nachlass zur Berichtigung aller Nachlassverbindlichkeiten ausreiche.

§ 1980 Antrag auf Eröffnung des Nachlassinsolvenzverfahrens

(1) [1]Hat der Erbe von der Zahlungsunfähigkeit oder der Überschuldung des Nachlasses Kenntnis erlangt, so hat er unverzüglich die Eröffnung des Nachlassinsolvenzverfahrens zu beantragen. [2]Verletzt er diese Pflicht, so ist er den Gläubigern für den daraus entstehenden Schaden verantwortlich. [3]Bei der Bemessung der Zulänglichkeit des Nachlasses bleiben die Verbindlichkeiten aus Vermächtnissen und Auflagen außer Betracht.
[2] [1]Der Kenntnis der Zahlungsunfähigkeit oder der Überschuldung steht die auf Fahrlässigkeit beruhende Unkenntnis gleich. [2]Als Fahrlässigkeit gilt es insbesondere, wenn der Erbe das Aufgebot der Nachlassgläubiger nicht beantragt, obwohl er Grund hat, das Vorhandensein unbekannter Nachlassverbindlichkeiten anzunehmen; das Aufgebot ist nicht erforderlich, wenn die Kosten des Verfahrens dem Bestand des Nachlasses gegenüber unverhältnismäßig groß sind.

A. Eröffnung des Nachlassinsolvenzverfahrens

I. Muster: Antrag auf Eröffnung des Nachlassinsolvenzverfahrens 1

1023

▶ An das Amtsgericht[1]

– Insolvenzgericht –

▪▪▪

Antrag

auf Eröffnung des Insolvenzverfahrens über den Nachlass des ▪▪▪

Sehr geehrte Damen und Herren,

unter Vorlage einer auf mich lautenden Vollmacht zeige ich an, dass ich die Interessen von Herrn ▪▪▪ vertrete. Namens und im Auftrag meines Mandanten beantrage ich, die Nachlassinsolvenz über den Nachlass des am ▪▪▪ verstorbenen Herrn ▪▪▪ zu eröffnen.[2]

Begründung

Mein Mandant ist Alleinerbe des am ▪▪▪ in ▪▪▪ verstorbenen Herrn ▪▪▪, zuletzt wohnhaft gewesen in ▪▪▪. Eine beglaubigte Kopie des Erbscheins lege ich bei. Ferner rege ich an, die Nachlassakten des hiesigen Amtsgerichts – Nachlassgericht – Az ▪▪▪ beizuziehen. Der Nachlass ist überschuldet.[3] Ausweislich des beigefügten Nachlassverzeichnisses[4] vom ▪▪▪ übersteigt die Summe der Aktiva die Summe der Passiva. Eine die Kosten des Nachlassinsolvenzverfahrens hinreichende Masse ist auf jeden Fall vorhanden.

Wegen der Eintragung des Vermerks über die Anordnung des Nachlassinsolvenzverfahrens weise ich auf das unter Ziff. ▪▪▪ des Nachlassverzeichnisses näher bezeichnete Grundstück, eingetragen im Grundbuch von ▪▪▪, Blatt ▪▪▪ hin.

Als Nachlassinsolvenzverwalter schlage ich vor: ▪▪▪

Ich bitte um Übersendung je einer Abschrift des Beschlusses über die Anordnung des Nachlassinsolvenzverfahrens, die Bestellung des Nachlassinsolvenzverwalters und der weiteren Anordnungen zu übermitteln.

Entstehende Kosten bitte ich, mir aufzugeben.[5]

▪▪▪

Rechtsanwalt ◀

II. Erläuterungen

[1] Ausschließlich zuständig ist nach § 2 InsO das Amtsgericht als **Insolvenzgericht**, in dessen Bezirk ein Landgericht seinen Sitz hat. Die örtliche Zuständigkeit richtet sich nach § 315 InsO nach dem allgemeinen Gerichtsstand des Erblassers zum Zeitpunkt seines Todes. 2

[2] Die Antragsberechtigung ist in § 317 InsO geregelt. Danach kann **jeder** Miterbe, jeder Nachlassgläubiger innerhalb einer Ausschlussfrist von 2 Jahren nach Annahme der Erbschaft, der Verwaltungstestamentsvollstrecker, der Nachlassverwalter und der Nachlasspfleger den Antrag stellen (*Krug/Rudolf/Kroiß*, Erbrecht, § 11 Rn 461). Wird der Antrag nicht von allen Erben gestellt, ist der Eröffnungsgrund glaubhaft zu machen, § 317 Abs. 2 InsO. Der Nachlassgläubiger muss bei Stellung des Insolvenzantrages seine Forderung, den Eröffnungsgrund und sein rechtliches Interesse glaubhaft machen, § 14 Abs. 1 InsO (*Krug/Rudolf/Kroiß*, Erbrecht § 11 Rn 462). 3

Der Erbe kann **bereits vor Annahme der Erbschaft** den Antrag stellen und sogar dann, wenn er bereits unbeschränkt haftet, § 316 Abs. 1 InsO. Sind mehrere Erben vorhanden, kann das Nachlassinsolvenzverfahren auch noch nach Teilung durchgeführt werden, § 316 Abs. 2 InsO. 4

5 Nachlassverwalter und Erbe (dieser sogar während eines schwebenden Erbprätendentenstreits und deswegen angeordneter Nachlasspflegschaft) sind zur Antragstellung verpflichtet, wenn sie von der Zahlungsunfähigkeit oder der Überschuldung Kenntnis erlangen, §§ 1980 Abs. 1, 1985 Abs. 2 (*Krug/Rudolf/Kroiß*, Erbrecht, § 11 Rn 461 mwN).

6 [3] Eröffnungsgründe sind nach § 320 InsO die Überschuldung und die Zahlungsunfähigkeit. Stellt der Erbe, der Testamentsvollstrecker, der Nachlassverwalter oder der Nachlasspfleger den Antrag, reicht bereits die drohende Zahlungsunfähigkeit, § 320 S. 2 InsO.

7 [4] Der Erbe hat neben dem Führen des Nachweises seiner Erbenstellung durch Vorlage eines Erbscheins auch die Voraussetzungen der Verfahrenseröffnung in Form eines Nachlassverzeichnisses darzulegen (Scherer/*Wiester* MAH Erbrecht § 25 Rn 27).

8 [5] Bei Einstellung des Verfahrens vor dem Prüftermin entsteht nach Nr. 2321 KV GKG eine Gebühr von 0,5 bei einem Antrag des Schuldners und nach Nr. 2331 KV GKG eine 1,0 Gebühr bei Antrag eines Gläubigeres. Während bei Durchführung des Verfahrens auf Antrag des Schuldners nach Nr. 2320 KV GKG eine Gebühr von 2,5 anfällt, entsteht für die Durchführung des Verfahrens auf Antrag eines Gläubigers eine Gebühr von 3,0 nach Nr. 2330 KV GKG. Der Wert bestimmt sich nach § 58 Abs. 1 GKG grds. nach dem Wert der Insolvenzmasse zur Zeit der Beendigung des Verfahrens.

B. Forderungsanmeldung zur Nachlassinsolvenztabelle

9 I. Muster: Forderungsanmeldung zur Nachlassinsolvenztabelle

▶ Herrn ■■■

(Nachlassinsolvenzverwalter)[1]

Nachlassinsolvenzverfahren über den Nachlass des Herrn ■■■ verstorben am ■■■ in ■■■

Sehr geehrter ■■■

unter Vorlage einer auf mich lautenden Vollmacht zeige ich an, dass ich die Interessen der ■■■ vertrete.

Mit Beschluss des Insolvenzgerichts ■■■ vom ■■■ wurden Sie zum Nachlassinsolvenzverwalter bestellt.

Unter dem ■■■ hat meine Mandantin mit dem Erblasser einen Darlehensvertrag geschlossen. Beweis: Kopie des Darlehensvertrages vom ■■■[2]

Die Darlehensforderung meiner Mandantin ist Nachlassverbindlichkeit gem. § 1967 Abs. 2 BGB.

Diese Forderung zuzüglich Zinsen und Kosten gemäß der nachfolgenden Forderungsaufstellung melde ich hiermit zur Insolvenztabelle an.[3]

Die Darlehenssumme wurde am ■■■ an den Erblasser ausbezahlt.

Beweis: Quittung des Erblassers vom ■■■.

Nachdem der Erblasser mit der Rückzahlung der vereinbarten Darlehensraten in Verzug geraten war, hat meine Mandantin das Darlehen wirksam gekündigt und die Rückzahlung des gesamten Darlehensbetrages nebst Zinsen verlangt.

Beweis: Kündigungsschreiben vom ■■■ nebst vom Erblasser unterzeichneten Rückschein

Zahlungen des Erblassers auf das Darlehen sind nach Kündigung nicht erfolgt.

Ein Vollstreckungstitel ist nicht vorhanden. Zahlungen bitte ich mit Hinweis auf die Ihnen vorliegende Inkassovollmacht, an mich zu leisten.

■■■

Rechtsanwalt ◀

II. Erläuterungen

[1] Die Forderung ist **schriftlich beim Insolvenzverwalter** anzumelden, § 174 Abs1 InsO. Auch dann, wenn sie bereits in einem Aufgebotsverfahren angemeldet wurde (*Wiester* aaO Rn 61). 10

[2] Der Anmeldung sollen Urkunden, aus denen sich die Forderung ergibt, in **Abschrift** beigefügt werden, § 174 Abs. 1 S. 2 InsO. 11

[3] In der Anmeldung sind der **Forderungsgrund und die Höhe** der Forderung anzugeben, § 174 Abs. 2 InsO. Pflichtteilsansprüche und Vermächtnisse sind nachrangige Forderungen, §§ 39, 327 Abs. 1 InsO, welche nur nach besonderer Aufforderung des Gerichts angemeldet werden können, § 174 Abs. 3 InsO. Auf den Nachrang ist bei der Anmeldung hinzuweisen, § 174 Abs. 3 S. 2 InsO. Eine Anmeldefrist wird vom Gericht im Eröffnungsbeschluss bestimmt, bildet allerdings keine Ausschlussfrist (*Wiester* aaO Rn 63). Der Gläubiger muss allerdings die Kosten der gesonderten Prüfung tragen, § 177 Abs. 1 S. 2 InsO. 12

Sonstige Hinweise: Die Kosten des Nachlassinsolvenzverfahrens (Gerichtskosten und Vergütung sowie Auslagen des Insolvenzverwalters) sind **Masseverbindlichkeiten** und vorweg zu berichtigen, § 53 InsO. Im Nachlassinsolvenzverfahren sind weitere außer den in §§ 54, 55 InsO genannten Masseverbindlichkeiten bspw der Aufwendungsersatzanspruch des Erben nach §§ 1978, 1979, die Kosten der Bestattung des Erblassers, die Kosten der Eröffnung einer letztwilligen Verfügung des Erblassers, die Kosten des Aufgebotsverfahrens, der Inventarerrichtung und einer Nachlasspflegschaft, § 324 InsO. Massegläubiger müssen ihre Forderung nicht zur Insolvenztabelle anmelden sondern können jederzeit gegen den Verwalter Klage erheben oder die Zwangsvollstreckung in die Insolvenzmasse betreiben (*Wiester* aaO Rn 137). 13

§ 1981 Anordnung der Nachlassverwaltung

(1) Die Nachlassverwaltung ist von dem Nachlassgericht anzuordnen, wenn der Erbe die Anordnung beantragt.
(2) [1]Auf Antrag eines Nachlassgläubigers ist die Nachlassverwaltung anzuordnen, wenn Grund zu der Annahme besteht, dass die Befriedigung der Nachlassgläubiger aus dem Nachlass durch das Verhalten oder die Vermögenslage des Erben gefährdet wird. [2]Der Antrag kann nicht mehr gestellt werden, wenn seit der Annahme der Erbschaft zwei Jahre verstrichen sind.
[3] Die Vorschrift des § 1785 findet keine Anwendung.

A. Eigenantrag

I. Muster: Eigenantrag auf Anordnung der Nachlassverwaltung[1] 1

▶ An das Amtsgericht/Notariat[2]

– Nachlassgericht –

■■■

Az. ■■■

1025

In der Nachlassangelegenheit auf Ableben des Herrn ...

beantragen wir namens des Alleinerben, Herrn ... die Anordnung der Nachlassverwaltung nach § 1975 ff BGB.

Unser Mandant ist Alleinerbe des am ... in ... verstorbenen Herrn ... Auf den in den Nachlassakten befindlichen Erbschein vom ... wird Bezug genommen.

Nach derzeitigem Kenntnisstand belaufen sich die Nachlassaktiva auf rund ... EUR, die Nachlassverbindlichkeiten auf ... EUR, sodass eine die Kosten des Verfahrens übersteigende Masse vorhanden ist.[3] Das vom Alleinerben erstellte Nachlassverzeichnis vom ... liegt als Anlage bei.

Als Nachlassverwalter schlagen wir vor: Herrn ..., der zur Übernahme des Amtes bereit und in der Lage ist.

Entstehende Kosten können uns auferlegt werden.[4]

...

Rechtsanwalt ◄

II. Erläuterungen

2 [1] Die Nachlassverwaltung ist eine **Sonderform der Nachlasspflegschaft** und darf nur auf **Antrag** angeordnet werden. Der **Erbe** ist **zeitlich unbeschränkt** und ohne weitere Voraussetzungen antragsberechtigt, wenn noch keine unbeschränkbare Haftung eingetreten ist, § 2013 Abs. 1 2. Hs. Miterben können den Antrag nur bis zur Nachlassteilung und nur **gemeinschaftlich** stellen, § 2062 (Hk-BGB/*Hoeren*, § 1981 Rn 2; *Krug/Rudolf/Kroiß*, Erbrecht, § 11 Rn 414). Weiter antragsberechtigt ist der Testamentsvollstrecker, der Erbschaftskäufer, der Nacherbe ab Eintritt des Nacherbfalls und der Nachlassgläubiger (Hk-BGB/*Hoeren*, § 1981 Rn 2, 3; *Kroiß* in: Kroiß, FormularBibliothek Zivilprozess, Band 8 Teil 2 Rn 349; *Eulberg* in: Tanck , Erbrecht § 9 Rn 72). Ferner steht dem Insolvenzverwalter im Insolvenzverfahren über das Vermögen des Erben ein Antragsrecht zu (Soergel/*Stein* § 1981 Rn 4). Auch Erbeserben sind berechtigt ohne zeitliche Beschränkung, die Nachlassverwaltung zu beantragen (Thüringer OLG, Beschluss vom 10.9.2008 – 9 W 395/08, ZErb 2008, 420). Dem Nachlasspfleger wird nach hM ein Antragsrecht versagt (*Wiester* MAH Erbrecht § 24 Rn 15 mwN). Der Antrag kann vom Antragsteller bis zur Anordnung der Nachlassverwaltung oder rechtskräftigen Abweisung des Antrags wieder zurückgenommen werden, § 13 Abs. 2 InsO analog (Scherer/*Wiester* MAH § 24 Rn 83). Die Entscheidung ist gem. § 15 FamFG dem Erben bzw dem Testamentsvollstrecker oder dem Nachlasspfleger zuzustellen. Darüber hinaus ist die Anordnung der Nachlassverwaltung öffentlich bekannt zu machen, § 1983.

3 [2] Zuständig ist das Amtsgericht als **Nachlassgericht**, § 1981 Abs. 1, § 343 FamFG. Funktionell ist nach §§ 3 Nr. 2 c; 16 Abs. 1 Nr. 1 RpflG der Rechtspfleger zuständig. In Württemberg werden die Nachlassgerichte bei den Bezirksnotaren (Art. 73 ff AGBGB), in Baden bei den Notariaten (§ 33 LFGG) geführt.

4 [3] Voraussetzung für die Anordnung ist, dass die Kosten des Verfahrens aus dem Aktivnachlass gedeckt sind, § 1982, und noch kein Nachlassinsolvenzverfahren eröffnet ist, § 1988 Abs. 1. Kostendeckung liegt vor, wenn die Verwertung einen nicht unerheblichen Überschuss erwarten lässt (Scherer/*Wiester* MAH Erbrecht, § 24 Rn 21 mwN). Eine drohenden Ablehnung kann der Antragsteller durch Leistung eines Massekostenvorschusses analog § 26 Abs. 1 S. 2 InsO abwenden (*Wiester* aaO).

5 [4] Nach § 106 KostO betragen die Gerichtsgebühren 10/10 aus dem Aktiv-Nachlass ohne Abzug der Schulden (NK-BGB/*Krug*, § 1975 Rn 16). Hinzu kommen die Kosten für die Bekanntmachung, § 1983 und die Vergütung sowie Auslagenersatz des Nachlassverwalters, § 1987. Die Kosten der Nachlassverwaltung sind Nachlassverbindlichkeit (*Kroiß* aaO Rn 351).

B. Fremdantrag

I. Muster: Fremdantrag auf Anordnung der Nachlassverwaltung 6

▶ An das Amtsgericht/Notariat[1] 1026

– Nachlassgericht –

■■■

Az. ■■■

Nachlassangelegenheit auf Ableben des Herrn ■■■, verstorben am ■■■, zuletzt wohnhaft in ■■■

Antrag auf Anordnung der Nachlassverwaltung über den Nachlass des Herrn ■■■

Unter Vorlage einer auf uns lautenden Vollmacht zeigen wir an, dass wir mit der Wahrnehmung der Interessen der Frau ■■■ beauftragt sind.

Namens und im Auftrag unserer Mandantin stellen wir den Antrag, die Verwaltung des Nachlasses des am ■■■ in ■■■ geborenen und am ■■■ in ■■■ verstorbenen, zuletzt in ■■■ wohnhaft gewesenen Herrn ■■■ anzuordnen.

Gemäß dem in Kopie beiliegenden Kaufvertrag vom ■■■ steht unserer Mandantin gegen den Erblasser eine Kaufpreisforderung in Höhe von ■■■ EUR zu. Der Kaufpreisanspruch ist fällig. Zahlungen hierauf sind nicht erfolgt. Unsere Mandantin ist damit Nachlassgläubigerin.[2]

Ausweislich des in den Nachlassakten befindlichen Erbscheins wurde der Erblasser von Herrn ■■■ beerbt. Seit Annahme der Erbschaft sind noch keine zwei Jahre vergangen.[3] Auf die Nachlassakten wird insoweit Bezug genommen.

Der Erbe ist zahlungsunfähig. Laut Auskunft aus der Schuldnerkartei des Amtsgerichts ■■■ hat er am ■■■ die eidesstattliche Versicherung gem. § 807 ZPO abgegeben.

Damit besteht die Gefahr des Rückgriffes auf die Nachlasssubstanz durch den Erben zum Zwecke der Befriedigung seiner Eigenverbindlichkeiten, sodass der Nachlass zur Deckung der Nachlassverbindlichkeiten nicht mehr zur Verfügung steht.

Glaubhaftmachung: Eidesstattliche Erklärung der Nachlassgläubigerin vom ■■■[2]

Entstehende Kosten bitten wir, uns aufzuerlegen.

■■■

Rechtsanwalt ◀

II. Erläuterungen

[1] Vgl oben Rn 2. 7

[2] Der Gläubiger muss seine Forderung und die Gefährdung glaubhaft machen (Hk-BGB/Hoeren § 1981 Rn 7; Soergel/*Stein* § 1981 Rn 10). Wegen des Amtsermittlungsgrundsatzes nach § 26 FamFG sind an die Glaubhaftmachung keine allzu strengen Anforderungen zu stellen (Scherer/*Wiester* MAH Erbrecht § 24 Rn 17). 8

[3] Der Nachlassgläubiger kann seinen Antrag nur **innerhalb von zwei Jahren nach Annahme der Erbschaft** stellen, § 1981 Abs. 2 S. 2. Im Falle der Miterbengemeinschaft ist die letzte Annahme maßgeblich (*Wiester* aaO Rn 18). 9

C. Rechtsmittel gegen die Anordnung der Nachlassverwaltung

I. Muster: Beschwerde gegen die Anordnung der Nachlassverwaltung[1] 10

▶ An das Amtsgericht/Notariat 1027

Nachlassgericht

■■■

Az. ■■■

In der Nachlasssache auf Ableben des Herrn ■■■

legen wir namens unseres Mandanten gegen die Anordnung der Nachlassverwaltung des Nachlasses des am ■■■ in ■■■ verstorbenen Herrn ■■■ Beschwerde ein und stellen den Antrag, den Beschluss des Nachlassgerichts vom ■■■ aufzuheben.

Begründung

Die Nachlassverwaltung wurde aufgrund der Behauptung der Antragstellerin, ihr stünde eine Kaufpreisforderung in Höhe von ■■■ zu, angeordnet. Richtig ist, dass zwischen der Antragstellerin und dem Erblasser unter dem ■■■ ein Kaufvertrag geschlossen wurde. Die Kaufpreisforderung wurde jedoch vom Erblasser bereits am ■■■ erfüllt.

Beweis:

Kopie des Kontoauszuges des Erblassers vom ■■■

Rechnung der Antragstellerin vom ■■■

Aus dem vorgelegten Kontoauszug ergibt sich, dass der geschuldete Betrag in Höhe von ■■■ auf das in der Rechnung der Antragstellerin bezeichnete Konto überwiesen wurde.

Darüber hinaus besteht auch keine Gefahr, dass aufgrund des Verhaltens des Beschwerdeführers die Nachlasssubstanz geschmälert und den Nachlassgläubigern als Haftungsmasse nicht mehr zur Verfügung stünde. Unser Mandant verfügt über ein umfangreiches Vermögen, sodass ein Zugriff von Eigengläubigern auf den Nachlass nicht zu befürchten ist.

■■■

Rechtsanwalt ◄

II. Erläuterungen

11 [1] Dem Erben – bei Erbengemeinschaft jedem Miterben – steht beim **Fremdantrag** gegen die Anordnung der Nachlassverwaltung die **befristete Beschwerde** gem. § 359 Abs. 2 FamFG zu (Keidel/Zimmermann, § 359 Rn 18). Dagegen gibt es kein Beschwerderecht des Erben bei Anordnung der Nachlassverwaltung aufgrund Eigenantrags oder bei Antrag aller Miterben, § 359 Abs. 1 FamFG. Gegen die **Ablehnung** der selbst beantragten Nachlassverwaltung kann der Erbe die befristete Beschwerde einlegen, §§ 58, 59 Abs. 2 FamFG.

§ 1982 Ablehnung der Anordnung der Nachlassverwaltung mangels Masse

Die Anordnung der Nachlassverwaltung kann abgelehnt werden, wenn eine den Kosten entsprechende Masse nicht vorhanden ist.

§ 1983 Bekanntmachung

Das Nachlassgericht hat die Anordnung der Nachlassverwaltung durch das für seine Bekanntmachungen bestimmte Blatt zu veröffentlichen.

§ 1984 Wirkung der Anordnung

(1) [1]Mit der Anordnung der Nachlassverwaltung verliert der Erbe die Befugnis, den Nachlass zu verwalten und über ihn zu verfügen. [2]Die Vorschriften der §§ 81 und 82 der Insolvenzordnung finden entsprechende Anwendung. [3]Ein Anspruch, der sich gegen den Nachlass richtet, kann nur gegen den Nachlassverwalter geltend gemacht werden.

[2] Zwangsvollstreckungen und Arreste in den Nachlass zugunsten eines Gläubigers, der nicht Nachlassgläubiger ist, sind ausgeschlossen.

§ 1985 Pflichten und Haftung des Nachlassverwalters

(1) Der Nachlassverwalter hat den Nachlass zu verwalten und die Nachlassverbindlichkeiten aus dem Nachlass zu berichtigen.

[2] [1]Der Nachlassverwalter ist für die Verwaltung des Nachlasses auch den Nachlassgläubigern verantwortlich. [2]Die Vorschriften des § 1978 Abs. 2 und der §§ 1979, 1980 finden entsprechende Anwendung.

A. Entlassung des Nachlassverwalters

I. Muster: Antrag auf Entlassung des Nachlassverwalters 1

1028

▶ An das Amtsgericht/Notariat

– Nachlassgericht –

■■■

Az. ■■■

In der Nachlasssache auf Ableben des Herrn ■■■

zeige ich unter Vorlage der auf mich lautenden Vollmacht an, dass ich Herrn ■■■ vertrete und stelle namens meines Mandanten, Herrn ■■■ den Antrag auf Entlassung des Nachlassverwalters.[1]

Mein Mandant ist Alleinerbe des am ■■■ in ■■■ verstorbenen Herrn ■■■ Auf den in den Nachlassakten befindlichen Erbschein wird Bezug genommen. Mit Beschluss vom ■■■ wurde die Verwaltung über den Nachlass des Erblassers angeordnet und Herr ■■■ zum Nachlassverwalter bestellt. Der Nachlassverwalter kommt seinen Pflichten[2] nicht nach. Trotz Aufforderung des Nachlassgerichts hat der Nachlassverwalter weder die Jahresabrechnung noch den Jahresbericht abgegeben. Außerdem verwaltet er den Nachlass nicht ordnungsgemäß. So hat er es unterlassen, das sich im Nachlass befindliche Wohnhaus zu versichern. Gleichfalls hat er bis heute eine Reparatur der defekten Wasserleitung nicht veranlasst, so dass hier bereits ein Schaden in Höhe von ca. ■■■ EUR entstanden ist.

Sowohl das Interesse des Erben als auch der Nachlassgläubiger ist bei Fortführung der Verwaltung durch den Nachlassverwalter gefährdet.[3] Der Verwalter ist mithin gem. §§ 1915 Abs. 1, 1886 BGB zu entlassen.

■■■

Rechtsanwalt ◀

II. Erläuterungen

[1] Der Erbe ist berechtigt, bestimmte **verfahrensbezogene Anordnungen** des Nachlassgerichts zu beantragen, bspw auch die Entlassung des Verwalters (Scherer/*Wiester*, § 24 Rn 83). Ob auch der Antrag vom Nachlassgläubiger gestellt werden kann ist streitig (Palandt/*Edenhofer* § 1985 Rn 3). Solche Anträge sind nach §§ 129, 130 KostO grundsätzlich gebührenfrei (*Wiester* aaO Rn 83). 2

3 [2] Der Nachlassverwalter hat den Nachlass zu verwalten und Nachlassverbindlichkeiten durch Verwertung der Nachlassgegenstände zu berichtigen. Zu seinen **Pflichten** gehören

- Inbesitznahme des Nachlasses und damit die Sicherung der Nachlassgegenstände vor dem Zugriff Dritter;
- Verwaltung des Nachlasses nach den Regeln einer wirtschaftlichen Vermögensverwaltung;
- Erstellung eines Nachlassverzeichnisses und Zulänglichkeitsprüfung, §§ 1802 iVm 1915 Abs. 1;
- Verwertung der Nachlassgegenstände bei Zulänglichkeit des Nachlasses nach pflichtgemäßen Ermessen des Verwalters;
- Berichtigung der Nachlassverbindlichkeiten, wobei die Einhaltung einer bestimmten Reihenfolge nicht vorgeschrieben ist;
- steuerliche Verpflichtungen wie bspw Abgabe der Steuererklärungen des Erblassers, § 34 Abs. 3 AO, Abgabe der Erbschaftsteuererklärung, § 31 Abs. 5 ErbStG, Berichtigung der Erbschaftsteuer des Erben, § 20 Abs. 3 ErbStG;
- Auskunftserteilung, Berichterstattung, Rechnungslegung, §§ 1975, 1915, 1839 gegenüber dem Nachlassgericht und Auskunftsverpflichtung gegenüber Nachlassgläubigern nach § 2012 Abs. 1 S. 2;
- Auskehrung des Nachlassrestes;

(siehe auch *Wiester* aaO Rn 51 ff).

4 [3] Das Antragsrecht besteht wenn der Nachlassverwalter ständig und im **erheblichen Ausmaß** gegen seine Pflichten verstößt (*Eulberg* in: Tanck, Erbrecht § 9 Rn 90). Ein Verschulden ist nicht erforderlich. Es genügt, wenn die Interessen der Nachlassgläubiger oder des Erben gefährdet sind (Palandt/*Edenhofer* § 1985 Rn 3).

B. Schadensersatzanspruch gegen den ehemaligen Nachlassverwalter

5 I. Muster: Außergerichtliche Geltendmachung eines Schadensersatzanspruchs des Erben gegen den ehemaligen Nachlassverwalter

▶ An Herrn ▪▪▪

Verwaltung über den Nachlass des Herrn ▪▪▪ verstorben am ▪▪▪

Sehr geehrter Herr ▪▪▪

ausweislich der beigefügten Bestallungsurkunde des Nachlassgerichts ▪▪▪ vom ▪▪▪ bin ich zum Nachlassverwalter über den Nachlass des am ▪▪▪ in ▪▪▪ verstorbenen Herrn ▪▪▪ bestellt worden. Mit Beschluss des Nachlassgerichts ▪▪▪ vom ▪▪▪ wurden Sie als Verwalter über den vorbezeichneten Nachlass entlassen.

Am ▪▪▪, also während Ihrer Amtszeit, ist in dem im Nachlass befindlichen Wohngebäude in ▪▪▪ ein Wasserrohr geplatzt. Trotz Kenntnis hiervon, haben Sie eine Reparatur nicht veranlasst. Hierdurch ist ein Schaden in Höhe von ▪▪▪ EUR entstanden.

Beweis: Gutachten des Sachverständigen ▪▪▪ vom ▪▪▪

Für diesen Schaden haften Sie gem. §§ 1915, 1833 BGB.[1]

In meiner Eigenschaft als Nachlassverwalter habe ich Sie aufzufordern, den Betrag in Höhe von ▪▪▪ EUR bis spätestens zum ▪▪▪ auf das bei der ▪▪▪ Bank geführte Nachlasskonto mit der Nr. ▪▪▪ zu zahlen.

▪▪▪

Rechtsanwalt ◀

II. Erläuterungen

6 [1] Gegenüber dem Erben haftet der Nachlassverwalter aus §§ 1915, 1833 (Hk-BGB/*Hoeren* § 1985 Rn 9). Zwischen dem Erben und dem Nachlassverwalter besteht ein gesetzliches Schuld-

verhältnis. Der Ersatzanspruch fällt in den Nachlass (Soergel/*Stein* § 1985 Rn 14; *Wiester* aaO Rn 73). Die Haftung setzt eine schuldhafte Pflichtverletzung voraus. Gegenüber den Nachlassgläubigern haftet der Nachlassverwalter nach § 1985 Abs. 2. Insbesondere kann eine Schadensersatzpflicht dann entstehen, wenn der Verwalter den Antrag auf Eröffnung des Insolvenzverfahrens verspätet stellt oder trotz unzureichendem Nachlass einzelne Gläubiger befriedigt (Hk-BGB/*Hoeren* § 1985 Rn 9). Gegenüber den Finanzbehörden haftet der Nachlassverwalter nach § 69 AO.

C. Eintragung der Anordnung der Nachlassverwaltung im Grundbuch

I. Muster: Antrag auf Eintragung der Anordnung der Nachlassverwaltung im Grundbuch[1]

▶ Amtsgericht ■■■

– Grundbuchamt –

Grundbuch von ■■■ Blatt ■■■

Eingetragener Eigentümer ■■■

Sehr geehrte Damen und Herren,

mit Beschluss des Nachlassgerichts ■■■, welchen ich in Ausfertigung mit der Bitte um Rückgabe vorlege, wurde ich zum Nachlassverwalter über den Nachlass des am ■■■ in ■■■ verstorbenen ■■■ bestellt.

Der Erblasser ist eingetragener Eigentümer des im vorbezeichneten Grundbuch unter lfd. Nr. ■■■ des Bestandsverzeichnisses vorgetragenen Grundbesitzes der Gemarkung ■■■ FlSt. ■■■ zu ■■■ qm. Hiermit beantrage ich, in Abteilung II des Grundbuchs den Vermerk über die Anordnung der Nachlassverwaltung unter Vollzugsnachricht an mich einzutragen.

Die hierfür entstehenden Kosten bitte ich, mir aufzugeben.

■■■

Rechtsanwalt ◀

II. Erläuterungen

[1] Um einen gutgläubigen Erwerb zu verhindern muss der Verwalter, soweit nicht bereits vAw auf Ersuchen des Nachlassgerichts erfolgt, die Nachlassverwaltung im Grundbuch eintragen lassen (*Wiester* aaO Rn 53). Dem Antrag ist der Beschluss über die Anordnung der Nachlassverwaltung in Ausfertigung vorzulegen, § 29 GBO (*Krug/Rudolf/Kroiß*, Erbrecht, § 11 Rn 428). 7

§ 1986 Herausgabe des Nachlasses

(1) Der Nachlassverwalter darf den Nachlass dem Erben erst ausantworten, wenn die bekannten Nachlassverbindlichkeiten berichtigt sind.

[2] [1]Ist die Berichtigung einer Verbindlichkeit zur Zeit nicht ausführbar oder ist eine Verbindlichkeit streitig, so darf die Ausantwortung des Nachlasses nur erfolgen, wenn dem Gläubiger Sicherheit geleistet wird. [2]Für eine bedingte Forderung ist Sicherheitsleistung nicht erforderlich, wenn die Möglichkeit des Eintritts der Bedingung eine so entfernte ist, dass die Forderung einen gegenwärtigen Vermögenswert nicht hat.

§ 1987 Vergütung des Nachlassverwalters

Der Nachlassverwalter kann für die Führung seines Amts eine angemessene Vergütung verlangen.

1 ## A. Muster: Antrag auf Festsetzung der Vergütung

▶ An das

Amtsgericht/Notariat[1]

- Nachlassgericht -

■■■

Az. ■■■

Verwaltung über den Nachlass des am ■■■ in ■■■ verstorbenen Herrn ■■■

in vorbezeichneter Nachlasssache beantrage ich hiermit

1. meine Vergütung als Nachlassverwalter auf ■■■ EUR
   (■■■ Stunden à ■■■ EUR ■■■ EUR
   zzgl 19 % Ust ■■■ EUR)
2. die Höhe des Aufwendungsersatzes auf ■■■ EUR

festzusetzen und gleichzeitig anzuordnen, dass die vorgenannten Beträge aus dem Nachlass entnommen werden können.

Begründung

Den Zeitaufwand in dieser Höhe versichere ich.

Der beantragte Stundensatz liegt über dem üblichen Stundensatz in Höhe von 44 EUR inkl. Umsatzsteuer und findet seine Rechtfertigung in den besonderen Umständen und Schwierigkeiten dieser Verwaltung.[2]

Weder bei dem im Ausland lebenden Erben noch bei anderen Angehörigen konnten Auskünfte über den Bestand des Nachlasses eingeholt werden. Mithin waren umfangreiche Recherchen erforderlich. Da es Grund zur Annahme gab, dass weitere nicht bekannte Nachlassgläubiger vorhanden sind, wurde auf meine Veranlassung hin das Aufgebotsverfahren durchgeführt.

Aufgrund meiner Recherchen konnte ein zum Nachlass gehöriges werthaltiges Grundstück in Spanien ausfindig gemacht werden, welches über dem vom Gutachter Dipl. Ing. ■■■ festgestellten Verkehrswert verkauft werden konnte.

Weiterhin gelang es mir mit Erfolg, die zu Unrecht gegen den Nachlass erhobene Forderung der Firma ■■■ abzuwehren und gleichzeitig Schadensersatzansprüche des Erblassers gegen ■■■ zu realisieren. Die Durchführung der Nachlassverwaltung stellte sich sowohl in zeitlicher als auch in rechtlicher und tatsächlicher Hinsicht als überdurchschnittlich schwierig dar, weshalb hier ein Stundensatz in Höhe von ■■■ angemessen ist.

Als Aufwendungen[3] mache ich mein Rechtsanwaltshonorar für die Führung des Prozesses vor dem Amtsgericht ■■■ gegen die Ehegatten ■■■ wegen rückständiger Mietforderungen aus dem Mietvertrag vom ■■■ geltend. Auf meinen dem Nachlassgericht erstatteten Bericht vom ■■■ wird verwiesen.

■■■

Rechtsanwalt ◀

B. Erläuterungen

2 [1] Die Vergütung wird vom Nachlassgericht (funktionell zuständig ist der Rechtspfleger nach §§ 3 Nr. 2 c, 16 Abs. 1 Nr. 1 RpflG) im Verfahren nach § 168 Abs. 5 iVm Abs. 1-4 FamFG

festgesetzt. In Württemberg werden die Nachlassgerichte von den Bezirksnotaren (Art. 73 ff AGBGB), in Baden bei den Notariaten (§ 33 LFGG) geführt.

[2] Das Nachlassgericht entscheidet nach pflichtgemäßem Ermessen. Zu berücksichtigen sind **Umfang des Nachlasses, Umfang, Bedeutung** und **Schwierigkeit** der Verwaltertätigkeit, **Dauer der Verwaltung** und Erfolg der Tätigkeit (Scherer/*Wiester* MAH Erbrecht § 24 Rn 74). Der anzusetzende Maßstab richtet sich nach § 1836. Der hiernach einfache Stundensatz in Höhe von 44 EUR (§ 4 Abs. 1 Ziff. 2 VBVG) kann im Einzelfall erhöht werden (*Wiester* aaO Rn 75). Nach Festsetzung kann der Verwalter seine Vergütung aus der Masse entnehmen. Der Vergütungsbeschluss bildet nach §§ 86, 95 FamFG einen Vollstreckungstitel, jedoch nicht gegen den Erben (*Eulberg* in: Tanck, Erbrecht § 9 Rn 102). 3

[3] Der **Aufwendungsersatzanspruch** ergibt sich aus §§ 1915, 1835, 670. Danach können sowohl Kosten einer angemessenen Schadensversicherung, § 1835 Abs. 2, als auch für Dienste, die zum Beruf oder Gewerbe des Nachlassverwalters gehören, § 1835 Abs. 3, erstattet werden (*Krug/Rudolf/Kroiß*, Erbrecht, § 11 Rn 431). 4

[4] **Weiterer Hinweis:** Dem Erben, Nachlassgläubiger und jedem, dessen Recht durch die Verfügung beeinträchtigt wird, stehen gegen die Festsetzung der Verwaltervergütung die befristete Beschwerde nach § 11 Abs. 1 RpflG, §§ 58, 61 FamFG zu. Ist die Beschwerde wegen § 61 FamFG nicht statthaft, dann verbleibt die befristete Erinnerung gegen die Entscheidung des Rechtspflegers nach § 11 Abs. 2 RpflG. 5

§ 1988 Ende und Aufhebung der Nachlassverwaltung

(1) Die Nachlassverwaltung endigt mit der Eröffnung des Nachlassinsolvenzverfahrens.
(2) Die Nachlassverwaltung kann aufgehoben werden, wenn sich ergibt, dass eine den Kosten entsprechende Masse nicht vorhanden ist.

A. Muster: Beschwerde gegen die Aufhebung einer Nachlassverwaltung 1

▶ An das 1031

Amtsgericht/Notariat

– Nachlassgericht –

■■■

Az. ■■■

In der Nachlasssache auf Ableben des Herrn ■■■ verstorben am ■■■ in ■■■

zeige ich an, dass ich ■■■ vertrete und lege hiermit namens und im Auftrag meines Mandanten Beschwerde[1] gegen den Aufhebungsbeschluss vom ■■■ ein.

Begründung

Die Aufhebung der Nachlassverwaltung hätte nicht erfolgen dürfen, da deren Zweck noch nicht erreicht wurde. Die Kaufpreisforderung meiner Mandantin wurde nicht erfüllt, obwohl der Nachlass nicht erschöpft ist.

Gleichfalls ist eine Änderung der Vermögenssituation des Erben gegenüber dem Zeitpunkt der Anordnung der Nachlassverwaltung nicht eingetreten, sodass noch immer eine Gefährdung der Interessen meiner Mandantin als Nachlassgläubigerin gegeben ist.

■■■

Rechtsanwalt ◀

B. Erläuterungen

2 [1] Dem Erben steht die befristete Beschwerde offen, § 11 Abs. 1 RpflG, §§ 58, 59 FamFG. Dem Nachlassgläubiger steht die Beschwerde gegen die Aufhebung der von ihm oder von einem Dritten beantragten Nachlassverwaltung offen (*Wiester* MAH Erbrecht § 24 Rn 99 mwN).

§ 1989 Erschöpfungseinrede des Erben

Ist das Nachlassinsolvenzverfahren durch Verteilung der Masse oder durch einen Insolvenzplan beendet, so findet auf die Haftung des Erben die Vorschrift des § 1973 entsprechende Anwendung.

§ 1990 Dürftigkeitseinrede des Erben

(1) [1]Ist die Anordnung der Nachlassverwaltung oder die Eröffnung des Nachlassinsolvenzverfahrens wegen Mangels einer den Kosten entsprechenden Masse nicht tunlich oder wird aus diesem Grunde die Nachlassverwaltung aufgehoben oder das Insolvenzverfahren eingestellt, so kann der Erbe die Befriedigung eines Nachlassgläubigers insoweit verweigern, als der Nachlass nicht ausreicht. [2]Der Erbe ist in diesem Falle verpflichtet, den Nachlass zum Zwecke der Befriedigung des Gläubigers im Wege der Zwangsvollstreckung herauszugeben.

(2) Das Recht des Erben wird nicht dadurch ausgeschlossen, dass der Gläubiger nach dem Eintritt des Erbfalls im Wege der Zwangsvollstreckung oder der Arrestvollziehung ein Pfandrecht oder eine Hypothek oder im Wege der einstweiligen Verfügung eine Vormerkung erlangt hat.

A. Dürftigkeitseinrede

1 I. Muster: Erheben der Dürftigkeitseinrede in der Klageerwiderung

▶ An das Landgericht

■■■

Az. ■■■

In dem Rechtsstreit

■■■ gegen ■■■

wegen Kaufpreisforderung

zeige ich an, dass ich die Beklagte vertrete und beantrage

1. in erster Linie Klagabweisung
2. in zweiter Linie und für den Fall der ganzen oder teilweisen Stattgabe der Klage, in den Tenor des Urteils einen Haftungsbeschränkungsvorbehalt nach § 780 ZPO aufzunehmen, mit dem Inhalt, dass dem Beklagten die Beschränkung seiner Haftung für Hauptanspruch, Nebenforderungen und Kosten auf den Nachlass des Erblassers, des am ■■■ verstorbenen Herrn ■■■ zuletzt wohnhaft in ■■■, vorbehalten wird.[1]

Begründung

Die Beklagte ist Alleinerbin des am ■■■ in ■■■ verstorbenen Herrn ■■■. Der Kläger macht gegenüber der Beklagten als Alleinerbin eine Kaufpreisforderung geltend. Die Forderung wird bestritten. ■■■

Gleichzeitig erhebt die Beklagte die Dürftigkeitseinrede nach § 1990 BGB. Die Beklagte hat unter dem ... die Eröffnung eines Nachlassinsolvenzverfahrens bei dem Amtsgericht ... beantragt. Mit Beschluss des Amtsgerichts ... vom ... Az ... wurde die Eröffnung des Verfahrens mangels Masse abgelehnt.[2]

Beweis: Beschluss des Amtsgerichts ... vom ..., beigefügt in Kopie

Damit kann die Beklagte im Zwangsvollstreckungsverfahren die Befriedigung des Nachlassgläubigers insoweit verweigern, als der Nachlass nicht ausreicht.

Nachlassgegenstände sind nicht vorhanden.[2]

Beweis: Gutachten des ... vom ...

Da kein Nachlass vorhanden ist, kann bereits im Erkenntnisverfahren die Klage abgewiesen werden, ohne dass es zunächst der Verurteilung der Beklagten unter Vorbehalt nach § 780 ZPO bedürfe mit der Folge, dass die Beklagte eine Vollstreckungsgegenklage nach §§ 781, 785, 767 gegen den Kläger erheben müsste.[3]

Der Vorbehalt wird rein vorsorglich beantragt und zwar für den Fall, dass die Kaufpreisforderung wider Erwarten bestehen sollte und die Klage nicht bereits wegen der Erschöpfung des Nachlasses abgewiesen werden sollte.

...

Rechtsanwalt ◄

II. Erläuterungen

[1] Um die Vollstreckung aus dem Titel in das **Eigenvermögen** verhindern zu können, muss sich der Erbe – sofern er noch nicht unbeschränkbar haftet – die Möglichkeit der Haftungsbeschränkung im Urteil vorbehalten lassen. Die Haftungsbeschränkung kommt nur für Nachlassverbindlichkeiten in Betracht (MüKo-BGB/*Siegmann*, § 1990 Rn 5). Kosten des Prozesses sind regelmäßig Eigenverbindlichkeiten, sodass die Haftung wegen der Kosten nicht auf den Nachlass beschränkt werden kann (Palandt/*Edenhofer*, § 1990 Rn 6). Sind die Kosten bereits in der Person des Erblassers entstanden, weil dieser noch zu Lebzeiten verklagt wurde, sind auch sie Nachlassverbindlichkeiten und unterliegen dem Haftungsvorbehalt (Zöller/*Stöber*, § 780 Rn 7). 2

[2] Maßgeblicher Zeitpunkt ist nicht der Erbfall sondern der **Zeitpunkt der letzten mündlichen Verhandlung** zur Entscheidung über die Einrede (*Krug/Rudolf/Kroiß*, Erbrecht, § 11 Rn 196; MüKo-BGB/*Siegmann*, § 1990 Rn 4). Die Einrede kann auch noch nach Beendigung der Nachlassverwaltung erhoben werden (*Krug/Rudolf/Kroiß*, Erbrecht, § 11 Rn 198). Der Nachweis der Dürftigkeit ist vom Erben zu führen. Sie kann auch anhand eines nach den Vorschriften der §§ 1994 ff errichteten Inventars oder in sonstiger Weise nachgewiesen werden (MüKo-BGB/*Siegmann*, § 1990 Rn 3). Bei Errichtung eines Inventars kommt dem Erben die Vermutung des § 2009 zugute, wonach vermutet wird, dass außer den im Inventar genannten Nachlassgegenständen keine weiteren vorhanden sind. 3

[3] Siehe hierzu *Krug/Rudolf/Kroiß*, Erbrecht, § 11 Rn 199 mwN; Soergel/*Stein*, § 1990 Rn 10. 4

B. Vollstreckungsgegenklage

I. Muster: Vollstreckungsgegenklage gegen Zwangsvollstreckung des Nachlassgläubigers in das Eigenvermögen des Erben 5

► An das

Landgericht[1]

1033

Klage

der Frau ■■■

Prozessbevollmächtigte: ■■■

– Klägerin –

gegen

Herrn

■■■

Beklagte

wegen Unzulässigkeit der Zwangsvollstreckung

Namens und in Vollmacht der Klägerin erhebe ich Klage gegen den Beklagten und werde in dem zu bestimmenden Termin beantragen, für Recht zu erkennen:

Die zugunsten des Beklagten erfolgte Pfändung und Überweisung des Auszahlungsanspruchs für das Guthaben des Kontos Nr. ■■■ bei der ■■■, Kontoinhaber: ■■■, aufgrund des Pfändungs- und Überweisungsbeschlusses des Amtsgerichts ■■■ vom ■■■ Az ■■■, wird in Höhe eines Betrages von ■■■ zuzüglich der dort genannten Zinsen und Kosten für unzulässig erklärt.

Für den Fall des Vorliegens der Voraussetzungen des § 331 Abs. 3 bzw § 307 ZPO bitte ich um Erlass eines Versäumnis- bzw Anerkenntnisurteils.

Begründung

Die Klägerin ist Alleinerbin des am ■■■ in ■■■ verstorbenen ■■■. Der Beklagte ist Nachlassgläubiger. Die Klägerin wendet sich mit ihrer Klage gegen die Zwangsvollstreckungsmaßnahme des Beklagten in ihr Eigenvermögen.[2]

Der Beklagte hat unter dem ■■■ ein Urteil gegen die Klägerin erwirkt, wonach diese zur Zahlung eines Betrages in Höhe von ■■■ nebst Zinsen seit ■■■ und zur Kostentragung verpflichtet wurde. Die Klägerin hat sich allerdings die Beschränkung ihrer Haftung auf den Nachlass des Erblassers gem. § 780 ZPO vorbehalten lassen, ein entsprechender Vorbehalt wurde in den Tenor des Urteils aufgenommen.

Beweis: Urteil des ■■■ Az ■■■ beigefügt in Kopie

Die Klägerin hat bereits vorgerichtlich die Dürftigkeitseinrede gegen den Beklagten erhoben und darauf hingewiesen, dass die Eröffnung des Nachlassinsolvenzverfahrens bereits mangels Masse abgelehnt wurde.

Beweis:

Schreiben der Klägerin an den Beklagten vom ■■■, beigefügt in Kopie

Beschluss des Amtsgerichts ■■■ vom ■■■ Az ■■■, beigefügt in Kopie

Trotz Kenntnis dieser Umstände erwirkte der Beklagte den im Klageantrag bezeichneten Pfändungs- und Überweisungsbeschluss.

Beweis: Pfändungs- und Überweisungsbeschluss des Amtsgerichts ■■■ vom ■■■, beigefügt in Kopie

Mit Erhebung der Dürftigkeitsklage hat die Klägerin ihre Haftung wirksam auf den Nachlass beschränkt.

Das im Klageantrag bezeichnete Konto gehört nicht zum Nachlass, sondern zum Eigenvermögen der Klägerin. Das Konto bestand bereits Jahre vor dem Erbfall, Nachlassmittel sind hierauf nicht gutgeschrieben worden.

Beweis: Im Bestreitensfalle Vorlage einer Bankbestätigung

Nachlassgegenstände sind keine mehr vorhanden.

Die mit dem Pfändungs- und Überweisungsbeschluss vom ■■■ eingeleitete Zwangsvollstreckung ist mithin für unzulässig zu erklären, die Zwangsvollstreckung gem. §§ 769, 770 ZPO ohne Sicherheitsleistung – hilfsweise mit Sicherheitsleistung – einzustellen.

■■■

Rechtsanwalt ◄

II. Erläuterungen

[1] Vollstreckt der Kläger aus dem Titel in das **Eigenvermögen** des Erben, kann dieser gem. § 785 ZPO die **Vollstreckungsabwehrklage** nach § 767 ZPO erheben (Palandt/*Edenhofer*, § 1990 Rn 9). Zuständig ist das Prozessgericht erster Instanz (Zöller/*Stöber*, § 785 Rn 1). 6

[2] Der Erbe muss das Vorliegen einer **Nachlassverbindlichkeit** beweisen (Zöller/*Stöber*, § 785 ZPO Rn 2). Zu den Nachlassverbindlichkeiten gehören: Erbfallschulden, Erblasserschulden. Eine Haftungsbeschränkung bei Nachlasserbenschulden oder Eigenschulden ist nicht möglich. Darüber hinaus ist vom Erben der Nachweis zu führen, dass er seine Haftung allgemein oder gegenüber dem vollstreckenden Gläubiger beschränkt hat und dass der Gegenstand in den vollstreckt wird nicht zum Nachlass gehört (Zöller/*Stöber*, § 785 Rn 2). 7

§ 1991 Folgen der Dürftigkeitseinrede

(1) Macht der Erbe von dem ihm nach § 1990 zustehenden Recht Gebrauch, so finden auf seine Verantwortlichkeit und den Ersatz seiner Aufwendungen die Vorschriften der §§ 1978, 1979 Anwendung.
(2) Die infolge des Erbfalls durch Vereinigung von Recht und Verbindlichkeit oder von Recht und Belastung erloschenen Rechtsverhältnisse gelten im Verhältnis zwischen dem Gläubiger und dem Erben als nicht erloschen.
(3) Die rechtskräftige Verurteilung des Erben zur Befriedigung eines Gläubigers wirkt einem anderen Gläubiger gegenüber wie die Befriedigung.
[4] Die Verbindlichkeiten aus Pflichtteilsrechten, Vermächtnissen und Auflagen hat der Erbe so zu berichtigen, wie sie im Falle des Insolvenzverfahrens zur Berichtigung kommen würden.

§ 1992 Überschuldung durch Vermächtnisse und Auflagen

[1]Beruht die Überschuldung des Nachlasses auf Vermächtnissen und Auflagen, so ist der Erbe, auch wenn die Voraussetzungen des § 1990 nicht vorliegen, berechtigt, die Berichtigung dieser Verbindlichkeiten nach den Vorschriften der §§ 1990, 1991 zu bewirken. [2]Er kann die Herausgabe der noch vorhandenen Nachlassgegenstände durch Zahlung des Wertes abwenden.

Untertitel 4 Inventarerrichtung, unbeschränkte Haftung des Erben

§ 1993 Inventarerrichtung

Der Erbe ist berechtigt, ein Verzeichnis des Nachlasses (Inventar) bei dem Nachlassgericht einzureichen (Inventarerrichtung).

A. Muster: Einreichung eines Inventars durch den Erben 1

► An das Amtsgericht 1034

– Nachlassgericht –[1]

■■■

Az. ▪▪▪

In der Nachlasssache auf Ableben des Herrn ▪▪▪ verstorben am ▪▪▪ in ▪▪▪ zuletzt wohnhaft in ▪▪▪

Sehr geehrte Damen und Herren,

unter Vorlage einer auf mich lautenden Vollmacht zeige ich an, dass ich mit der Wahrnehmung der Interessen des Herrn ▪▪▪ beauftragt bin. Mein Mandant ist Alleinerbe[2] des am ▪▪▪ verstorbenen Erblassers. Auf den in den Nachlassakten befindlichen Erbschein vom ▪▪▪ wird Bezug genommen.

Beiliegend überreiche ich Ihnen in Ausübung des Rechts nach § 1993 BGB ein von meinem Mandanten errichtetes Verzeichnis über den Nachlass des Erblassers.[3] Das Verzeichnis wurde von meinem Mandanten im Beisein des Notars ▪▪▪ errichtet.[3]

Die für die Entgegennahme des Inventars entstehenden Kosten bitte ich mir aufzugeben.[4]

▪▪▪

Rechtsanwalt ◀

B. Erläuterungen

2 [1] Zuständig ist das **Nachlassgericht** am letzten Wohnsitz des Erblassers, § 343 FamFG. In Württemberg ist der Bezirksnotar nach Art. 73 ff AGBGB, in Baden der Notar nach § 33 LFGG als Nachlassrichter zuständig.

3 [2] Der Erbe (und jeder Miterbe) kann das Inventar jederzeit, also auch während einer Nachlassverwaltung oder Nachlassinsolvenz einreichen (Scherer/*Siegmann* MAH Erbrecht 3 23 Rn 37). Er erhält sich damit die Möglichkeit, seine Haftung zu beschränken, insbesondere kann er sich auf die **Vermutung** des § 2009 berufen. Allerdings verliert er die Einrede aus § 2014 (Dreimonatseinrede). Das Inventar selbst hat keine haftungsbeschränkende Wirkung (*Krug/Rudolf/Kroiß*, Erbrecht § 11 Rn 485).

4 [3] Das Nachlassinventar soll den gesamten Nachlassbestand und den Wert der Nachlassgegenstände enthalten, § 2001. Nachlassverbindlichkeiten sind mit Stand der Inventarerrichtung anzugeben (Scherer/*Siegmann* MAH Erbrecht § 23 Rn 37 mwN). Der Erbe muss zu der Aufnahme des Inventars eine zuständige Behörde, einen zuständigen Beamten oder Notar zuziehen, § 2002. Der Erbe (jeder Miterbe) ist berechtigt, die amtliche Aufnahme des Inventars zu beantragen, § 2003 (siehe dort).

5 [4] Kosten: 1/2 Gebühr, § 114 Nr. 1 KostO.

§ 1994 Inventarfrist

(1) [1]Das Nachlassgericht hat dem Erben auf Antrag eines Nachlassgläubigers zur Errichtung des Inventars eine Frist (Inventarfrist) zu bestimmen. [2]Nach dem Ablauf der Frist haftet der Erbe für die Nachlassverbindlichkeiten unbeschränkt, wenn nicht vorher das Inventar errichtet wird.

(2) [1]Der Antragsteller hat seine Forderung glaubhaft zu machen. [2]Auf die Wirksamkeit der Fristbestimmung ist es ohne Einfluss, wenn die Forderung nicht besteht.

1 A. Muster: Gläubigerantrag auf Setzung einer Inventarfrist

▶ An das Amtsgericht/Notariat

– Nachlassgericht –

▪▪▪

Az. ■■■

In der Nachlasssache auf Ableben des Herrn ■■■ verstorben am ■■■ in ■■■

zeige ich unter Vorlage einer auf mich lautenden Vollmacht an, dass ich ■■■ vertrete und beantrage namens und im Auftrag meiner Mandantin,

Herrn ■■■, wohnhaft in ■■■,

gem. § 1994 BGB eine Frist zur Errichtung des Inventars über den Nachlass des am ■■■ verstorbenen Herrn ■■■ zu setzen.

Begründung

Ausweislich des sich in den Akten des Nachlassgerichts befindlichen Erbscheins vom ■■■ ist Herr ■■■ Alleinerbe des Erblassers geworden. Auf die Nachlassakten nehme ich Bezug.

Meiner Mandantin steht gegen den Nachlass des Herrn ■■■ eine fällige Kaufpreisforderung in Höhe von ■■■ zu.[1]

Beweis: Begl. Kopie des Kaufvertrages vom ■■■

Der Erblasser hat den Kaufgegenstand erhalten.

Beweis: Empfangsbestätigung des Erblassers vom ■■■

Mängel wurden nicht geltend gemacht, auf Mahnungen meiner Mandantin nicht reagiert.

Der Erbe weigert sich, die Kaufpreisforderung zu erfüllen und beruft sich auf die Unzulänglichkeit des Nachlasses.[2] Daher stelle ich den Antrag, dem Erben eine Frist zur Errichtung des Inventars zu setzen. Nachlassverwaltung oder Nachlassinsolvenz sind nicht angeordnet.

Die Kosten können mir aufgegeben werden.[3]

■■■

Rechtsanwalt ◄

B. Erläuterungen

[1] **Antragsberechtigt** ist jeder Nachlassgläubiger, Pflichtteilsberechtigte und Vermächtnisnehmer sowie der Erbteilspfandgläubiger (Hk-BGB/*Hoeren*, § 1994 Rn 2), ein Miterbe nur, wenn er zugleich Nachlassgläubiger ist (Soergel/*Stein* § 1994 Rn 2). Nach der hM sollen ausgeschlossene Gläubiger und ihnen nach § 1974 Gleichgestellte kein Antragsrecht haben (aA Soergel/*Stein* aaO). Der Antrag ist nicht fristgebunden. Er kann wie sich aus § 1995 Abs. 2 ergibt, vor Ablauf der Ausschlagungsfrist gestellt werden. 2

[2] Die Forderung ist **glaubhaft** zu machen, sie muss nicht tatsächlich bestehen oder durchsetzbar sein (Hk-BGB/*Hoeren* § 1994 Rn 3). 3

[3] Nach §§ 114 Nr. 1, 115 KostO wird 1/2 Gebühr aus dem Nachlasswert erhoben. 4

[4] **Weitere Hinweise**: Gegen die Bestimmung der Inventarfrist kann der Erbe sowie jeder Nachlassgläubiger die befristete Beschwerde einlegen, § 11 RpflG, § 360 FamFG. Gegen die Ablehnung der Fristbestimmung ist die befristete Beschwerde des Antragstellers gegeben, § 11 Abs. 1 RpflG, §§ 58, 59, 360 FamFG. Die Beschwerdefrist beginnt mit der Bekanntmachung, § 40 Abs. 1 FamFG. 5

§ 1995 Dauer der Frist

(1) [1]Die Inventarfrist soll mindestens einen Monat, höchstens drei Monate betragen. [2]Sie beginnt mit der Zustellung des Beschlusses, durch den die Frist bestimmt wird.
(2) Wird die Frist vor der Annahme der Erbschaft bestimmt, so beginnt sie erst mit der Annahme der Erbschaft.
[3] Auf Antrag des Erben kann das Nachlassgericht die Frist nach seinem Ermessen verlängern.

§ 1996 Bestimmung einer neuen Frist

(1) War der Erbe ohne sein Verschulden verhindert, das Inventar rechtzeitig zu errichten, die nach den Umständen gerechtfertigte Verlängerung der Inventarfrist zu beantragen oder die in Absatz 2 bestimmte Frist von zwei Wochen einzuhalten, so hat ihm auf seinen Antrag das Nachlassgericht eine neue Inventarfrist zu bestimmen.
(2) Der Antrag muss binnen zwei Wochen nach der Beseitigung des Hindernisses und spätestens vor dem Ablauf eines Jahres nach dem Ende der zuerst bestimmten Frist gestellt werden.
[3] Vor der Entscheidung soll der Nachlassgläubiger, auf dessen Antrag die erste Frist bestimmt worden ist, wenn tunlich gehört werden.

1
A. Muster: Antrag des Erben auf Bestimmung einer neuen Inventarfrist[1]

▶ An das Amtsgericht ■■■

– Nachlassgericht –

■■■

Az. ■■■

In der Nachlasssache auf Ableben des ■■■ verstorben am ■■■ zuletzt wohnhaft in ■■■

zeige ich unter Vorlage einer auf mich lautenden Vollmacht an, dass ich Herrn ■■■, wohnhaft ■■■, vertrete.

Namens und im Auftrag meines Mandanten stelle ich den Antrag auf Bestimmung einer neuen Inventarfrist nach § 1996 BGB.

Begründung

Mein Mandant ist Alleinerbe des am ■■■ in ■■■ verstorbenen Erblassers. Ihm wurde mit Beschluss des Nachlassgerichts vom ■■■ Frist zur Errichtung eines Inventars bis zum ■■■ gesetzt. Weder die Einhaltung dieser Frist noch die Beantragung einer Fristverlängerung nach § 1995 Abs. 3 BGB war meinem Mandanten aus Gründen, die er nicht zu vertreten hat, möglich.

Am ■■■ erlitt mein Mandant einen Herzinfarkt und befand sich bis zum ■■■ in stationärer Behandlung des Krankenhauses ■■■. Im direkten Anschluss hieran musste er sich einer stationären Reha-Maßnahme bis zum ■■■ unterziehen. Der Antrag erfolgt mithin innerhalb der Frist des § 1996 Abs. 2 BGB.

Beweis: ärztliches Attest des ■■■, vom ■■■

■■■

Rechtsanwalt ◀

B. Erläuterungen

2 [1] Es handelt sich um eine **Art Wiedereinsetzung in den vorigen Stand** (NK-BGB/*Odersky*, § 1996 Rn 1). Der Begriff der höheren Gewalt entspricht dem des § 206 (*Odersky* aaO Rn 3). Danach liegt höhere Gewalt dann vor, wenn die Verhinderung auf Umständen beruht, die auch durch äußerste Sorgfalt nicht hätten vorausgesehen und verhindert werden können (Hk-BGB/*Dörner*, § 206 Rn 1 mwN). Gegen die Ablehnung des Antrages steht dem Erben, gegen eine ihm stattgebende Entscheidung dem Nachlassgläubiger die Beschwerde zu, § 11 RpflG, §§ 58, 360 FamFG.

§ 1997 Hemmung des Fristablaufs

Auf den Lauf der Inventarfrist und der im § 1996 Abs. 2 bestimmten Frist von zwei Wochen finden die für die Verjährung geltenden Vorschriften des § 210 entsprechende Anwendung.

§ 1998 Tod des Erben vor Fristablauf

Stirbt der Erbe vor dem Ablauf der Inventarfrist oder der in § 1996 Abs. 2 bestimmten Frist von zwei Wochen, so endigt die Frist nicht vor dem Ablauf der für die Erbschaft des Erben vorgeschriebenen Ausschlagungsfrist.

§ 1999 Mitteilung an das Gericht

[1]Steht der Erbe unter elterlicher Sorge oder unter Vormundschaft, so soll das Nachlassgericht dem Familiengericht von der Bestimmung der Inventarfrist Mitteilung machen. [2]Fällt die Nachlassangelegenheit in den Aufgabenkreis eines Betreuers des Erben, tritt an die Stelle des Familiengerichts das Betreuungsgericht.

§ 2000 Unwirksamkeit der Fristbestimmung

[1]Die Bestimmung einer Inventarfrist wird unwirksam, wenn eine Nachlassverwaltung angeordnet oder das Nachlassinsolvenzverfahren eröffnet wird. [2]Während der Dauer der Nachlassverwaltung oder des Nachlassinsolvenzverfahrens kann eine Inventarfrist nicht bestimmt werden. [3]Ist das Nachlassinsolvenzverfahren durch Verteilung der Masse oder durch einen Insolvenzplan beendet, so bedarf es zur Abwendung der unbeschränkten Haftung der Inventarerrichtung nicht.

§ 2001 Inhalt des Inventars

(1) In dem Inventar sollen die bei dem Eintritt des Erbfalls vorhandenen Nachlassgegenstände und die Nachlassverbindlichkeiten vollständig angegeben werden.
[2] Das Inventar soll außerdem eine Beschreibung der Nachlassgegenstände, soweit eine solche zur Bestimmung des Wertes erforderlich ist, und die Angabe des Wertes enthalten.

§ 2002 Aufnahme des Inventars durch den Erben

Der Erbe muss zu der Aufnahme des Inventars eine zuständige Behörde oder einen zuständigen Beamten oder Notar zuziehen.

§ 2003 Amtliche Aufnahme des Inventars

(1) [1]Auf Antrag des Erben hat das Nachlassgericht entweder das Inventar selbst aufzunehmen oder die Aufnahme einer zuständigen Behörde oder einem zuständigen Beamten oder Notar zu übertragen. [2]Durch die Stellung des Antrags wird die Inventarfrist gewahrt.
(2) Der Erbe ist verpflichtet, die zur Aufnahme des Inventars erforderliche Auskunft zu erteilen.
[3] Das Inventar ist von der Behörde, dem Beamten oder dem Notar bei dem Nachlassgericht einzureichen.

A. Muster: Antrag des Erben auf amtliche Aufnahme des Inventars 1

▶ An das

Amtsgericht ■■■ (in Baden – Württemberg: Staatl. Notariat)

– Nachlassgericht –[1]

Az. ■■■

Nachlasssache auf Ableben des Herrn ■■■ verstorben am ■■■ in ■■■ zuletzt wohnhaft in ■■■

zeige ich unter Vollmachtsvorlage an, dass ich die Interessen des Alleinerben,[2] Herrn ■■■, vertrete. Auf den in der Nachlassakte befindlichen Erbschein vom ■■■ nehme ich Bezug.

Meinem Mandanten wurde mit Beschluss des Nachlassgerichts vom ■■■ Frist zur Errichtung eines Nachlassinventars bis zum ■■■ gesetzt. Der Beschluss wurde meinem Mandanten am ■■■ zugestellt.

Namens meines Mandanten beantrage ich die amtliche Aufnahme des Nachlassinventars durch einen Notar.

Ich schlage Herrn Notar ▪▪▪ vor. Um Übersendung einer Abschrift des ergehenden Beschlusses wird gebeten.

Die Kosten bitte ich, mir aufzugeben.[3]

▪▪▪

Rechtsanwalt ◄

B. Erläuterungen

2 [1] Der Antrag ist gegenüber dem örtlich und sachlich zuständigen **Nachlassgericht** zu stellen, § 343 FamFG. Die Zuständigkeit für die Aufnahme des Inventars richtet sich nach Art. 147 und 148 EGBGB nach Landesrecht (Einzelheiten hierzu siehe Soergel/*Stein* § 2003 Rn 3).

3 [2] Antragsberechtigt ist der Erbe, der einzelne Miterbe selbst dann, wenn er nicht im Besitz des Nachlasses ist, und obwohl er die Mitwirkung des besitzenden Miterben nicht erzwingen kann (Soergel/*Stein* § 2003 Rn 1).

4 [3] Kosten sind gem. § 6 KostO Nachlassverbindlichkeiten. Gerichtskosten: 1/2 Gebühr aus dem Nachlasswert, §§ 114 Nr. 1, 115 KostO. Für die Aufnahme des Inventars entsteht eine weitere 1/2 Gebühr gem. § 52 Abs. 1 KostO. Der Rechtsanwalt erhält eine Verfahrensgebühr nach Nr. 3100 VV RVG.

5 [4] Gegen die Ablehnung des Antrages ist das Rechtsmittel der befristeten Beschwerde gegeben, § 11 RpflG iVm §§ 58 ff FamFG. Durch die Stellung des Antrags ist die Inventarfrist gewahrt.

§ 2004 Bezugnahme auf ein vorhandenes Inventar

Befindet sich bei dem Nachlassgericht schon ein den Vorschriften der §§ 2002, 2003 entsprechendes Inventar, so genügt es, wenn der Erbe vor dem Ablauf der Inventarfrist dem Nachlassgericht gegenüber erklärt, dass das Inventar als von ihm eingereicht gelten soll.

§ 2005 Unbeschränkte Haftung des Erben bei Unrichtigkeit des Inventars

(1) [1]Führt der Erbe absichtlich eine erhebliche Unvollständigkeit der im Inventar enthaltenen Angabe der Nachlassgegenstände herbei oder bewirkt er in der Absicht, die Nachlassgläubiger zu benachteiligen, die Aufnahme einer nicht bestehenden Nachlassverbindlichkeit, so haftet er für die Nachlassverbindlichkeiten unbeschränkt. [2]Das Gleiche gilt, wenn er im Falle des § 2003 die Erteilung der Auskunft verweigert oder absichtlich in erheblichem Maße verzögert.
[2] Ist die Angabe der Nachlassgegenstände unvollständig, ohne dass ein Fall des Absatzes 1 vorliegt, so kann dem Erben zur Ergänzung eine neue Inventarfrist bestimmt werden.

§ 2006 Eidesstattliche Versicherung

(1) Der Erbe hat auf Verlangen eines Nachlassgläubigers zu Protokoll des Nachlassgerichts an Eides statt zu versichern, dass er nach bestem Wissen die Nachlassgegenstände so vollständig angegeben habe, als er dazu imstande sei.
(2) Der Erbe kann vor der Abgabe der eidesstattlichen Versicherung das Inventar vervollständigen.
(3) [1]Verweigert der Erbe die Abgabe der eidesstattlichen Versicherung, so haftet er dem Gläubiger, der den Antrag gestellt hat, unbeschränkt. [2]Das Gleiche gilt, wenn er weder in dem Termin noch in einem auf Antrag des Gläubigers bestimmten neuen Termin erscheint, es sei denn, dass ein Grund vorliegt, durch den das Nichterscheinen in diesem Termin genügend entschuldigt wird.
[4] Eine wiederholte Abgabe der eidesstattlichen Versicherung kann derselbe Gläubiger oder ein anderer Gläubiger nur verlangen, wenn Grund zu der Annahme besteht, dass dem Erben nach der Abgabe der eidesstattlichen Versicherung weitere Nachlassgegenstände bekannt geworden sind.

A. Muster: Antrag des Nachlassgläubigers auf Abgabe der eidesstattlichen Versicherung 1

1038

▶ An das

Amtsgericht ▪▪▪ (in Baden-Württemberg: staatl. Notariat)

– Nachlassgericht –[1]

Az. ▪▪▪

Nachlasssache des am ▪▪▪ in ▪▪▪ verstorbenen ▪▪▪ zuletzt wohnhaft ▪▪▪

Unter Vorlage einer auf mich lautenden Vollmacht zeige ich an, dass ich die Nachlassgläubigerin ▪▪▪ vertrete.[2]

Namens meiner Mandantin beantrage ich einen Termin zum Zwecke der Abgabe der eidesstattlichen Versicherung zu bestimmen und Herrn ▪▪▪ zu diesem Termin zu laden.

Begründung

Herr ▪▪▪ ist als einziger Abkömmling Alleinerbe des Erblassers geworden. Er hat die Erbschaft angenommen. Am ▪▪▪ hat der Alleinerbe ein Inventarverzeichnis zu den Nachlassakten eingereicht.

Der Antragstellerin steht ausweislich des beiliegenden Urteils des LG ▪▪▪ vom ▪▪▪, Az ▪▪▪, eine Forderung in Höhe von ▪▪▪ gegen den Erblasser zu.[3] Sie verlangt von dem Erben,

die Vollständigkeit und Richtigkeit der Angabe der Nachlassgegenstände in dem von ihm errichteten Inventar zu Protokoll des Rechtspflegers zu versichern.

Nachlassverwaltung ist nicht angeordnet, ein Nachlassinsolvenzverfahren ist nicht eröffnet.

Die Kosten bitte ich mir aufzugeben.[4]

▪▪▪

Rechtsanwalt ◀

B. Erläuterungen

[1] Zuständig ist das **Nachlassgericht** am letzten Wohnort des Erblassers, § 343 FamFG. Funktionell ist gem. §§ 3 Nr. 2 c, 16 Abs. 1 der Rechtspfleger. 2

[2] Antragsberechtigt sind nach § 361 FamFG sowohl der Erbe als auch der Nachlassgläubiger. Auch ausgeschlossenen Gläubigern, Pflichtteilsberechtigten oder Vermächtnisnehmern steht ein Antragsrecht zu (Hk-BGB/*Hoeren*, § 2006 Rn 4). 3

[3] Der Nachlassgläubiger hat seine Forderung **glaubhaft** zu machen (*Hoeren* aaO). 4

[4] Die Kosten treffen den Gläubiger, auch wenn der Erbe den Antrag selbst stellt (Soergel/*Stein*, § 2006 Rn 5). Gerichtskosten: 1 volle Gebühr nach § 124 KostO. 5

§ 2007 Haftung bei mehreren Erbteilen

[1]Ist ein Erbe zu mehreren Erbteilen berufen, so bestimmt sich seine Haftung für die Nachlassverbindlichkeiten in Ansehung eines jeden der Erbteile so, wie wenn die Erbteile verschiedenen Erben gehörten. [2]In den Fällen der Anwachsung und des § 1935 gilt dies nur dann, wenn die Erbteile verschieden beschwert sind.

§ 2008 Inventar für eine zum Gesamtgut gehörende Erbschaft

(1) [1]Ist ein in Gütergemeinschaft lebender Ehegatte Erbe und gehört die Erbschaft zum Gesamtgut, so ist die Bestimmung der Inventarfrist nur wirksam, wenn sie auch dem anderen Ehegatten gegenüber erfolgt, sofern dieser

das Gesamtgut allein oder mit seinem Ehegatten gemeinschaftlich verwaltet. [2]Solange die Frist diesem gegenüber nicht verstrichen ist, endet sie auch nicht dem Ehegatten gegenüber, der Erbe ist. [3]Die Errichtung des Inventars durch den anderen Ehegatten kommt dem Ehegatten, der Erbe ist, zustatten.
[2] Die Vorschriften des Absatzes 1 gelten auch nach der Beendigung der Gütergemeinschaft.

§ 2009 Wirkung der Inventarerrichtung

Ist das Inventar rechtzeitig errichtet worden, so wird im Verhältnis zwischen dem Erben und den Nachlassgläubigern vermutet, dass zur Zeit des Erbfalls weitere Nachlassgegenstände als die angegebenen nicht vorhanden gewesen seien.

§ 2010 Einsicht des Inventars

Das Nachlassgericht hat die Einsicht des Inventars jedem zu gestatten, der ein rechtliches Interesse glaubhaft macht.

§ 2011 Keine Inventarfrist für den Fiskus als Erben

[1]Dem Fiskus als gesetzlichem Erben kann eine Inventarfrist nicht bestimmt werden. [2]Der Fiskus ist den Nachlassgläubigern gegenüber verpflichtet, über den Bestand des Nachlasses Auskunft zu erteilen.

§ 2012 Keine Inventarfrist für den Nachlasspfleger und Nachlassverwalter

(1) [1]Einem nach den §§ 1960, 1961 bestellten Nachlasspfleger kann eine Inventarfrist nicht bestimmt werden. [2]Der Nachlasspfleger ist den Nachlassgläubigern gegenüber verpflichtet, über den Bestand des Nachlasses Auskunft zu erteilen. [3]Der Nachlasspfleger kann nicht auf die Beschränkung der Haftung des Erben verzichten.
[2] Diese Vorschriften gelten auch für den Nachlassverwalter.

§ 2013 Folgen der unbeschränkten Haftung des Erben

(1) [1]Haftet der Erbe für die Nachlassverbindlichkeiten unbeschränkt, so finden die Vorschriften der §§ 1973 bis 1975, 1977 bis 1980, 1989 bis 1992 keine Anwendung; der Erbe ist nicht berechtigt, die Anordnung einer Nachlassverwaltung zu beantragen. [2]Auf eine nach § 1973 oder nach § 1974 eingetretene Beschränkung der Haftung kann sich der Erbe jedoch berufen, wenn später der Fall des § 1994 Abs. 1 Satz 2 oder des § 2005 Abs. 1 eintritt.
[2] Die Vorschriften der §§ 1977 bis 1980 und das Recht des Erben, die Anordnung einer Nachlassverwaltung zu beantragen, werden nicht dadurch ausgeschlossen, dass der Erbe einzelnen Nachlassgläubigern gegenüber unbeschränkt haftet.

Untertitel 5 Aufschiebende Einreden

§ 2014 Dreimonatseinrede

Der Erbe ist berechtigt, die Berichtigung einer Nachlassverbindlichkeit bis zum Ablauf der ersten drei Monate nach der Annahme der Erbschaft, jedoch nicht über die Errichtung des Inventars hinaus, zu verweigern.

1 **A. Muster: Klageerwiderung Dreimonatseinrede**

▶ An das
Landgericht ...
– ... Zivilkammer –
Az. ...

Klageerwiderung

In dem Rechtsstreit

… gegen …

wegen Forderung

zeige ich an, dass ich den Beklagten vertrete und beantrage

1. in erster Linie Klageabweisung,
2. in zweiter Linie und für den Fall der ganzen oder teilweisen Stattgabe der Klage einen Haftungsbeschränkungsvorbehalt nach §§ 305, 780 ZPO des Inhalts, dass die Zwangsvollstreckung bis zum Ablauf des … auf reine Sicherungsmaßnahmen beschränkt ist und zudem dem Beklagten die Beschränkung seiner Haftung für Hauptanspruch, Nebenforderungen und Kosten auf den Nachlass des Erblassers, des am … in … verstorbenen Herrn … zuletzt wohnhaft in …, vorbehalten wird, in den Tenor des Urteils aufzunehmen.[1]

Begründung

Die Klägerin macht gegen den Beklagten als Alleinerben des Herrn … einen Zahlungsanspruch aus dem Kaufvertrag vom … geltend. Die Forderung wird bestritten, der Anspruch ist bereits durch Erfüllung erloschen. …

Darüber hinaus erhebt der Beklagte die Dreimonatseinrede nach § 2014 BGB. Der Erblasser ist am … verstorben. Das Testament des Erblassers wurde erst am … durch das Nachlassgericht … eröffnet. Der Beklagte erhielt hiervon am … Nachricht.

Beweis: Eröffnungsniederschrift des Nachlassgerichts … vom …, beigefügt in Kopie

Die Annahme der Erbschaft ist durch Verstreichenlassen der Ausschlagungsfrist erfolgt. Die Ausschlagungsfrist endete mithin am …, sodass dem Beklagten die Einrede aus § 2014 BGB bis zum Ablauf des … zusteht.[2]

Rein vorsorglich beantragt der Beklagte, ihm nach §§ 305, 780 ZPO die Beschränkung seiner Haftung auf den Nachlass des Erblassers vorzubehalten.

…

Rechtsanwalt ◄

B. Erläuterungen

[1] Für die Dauer der **aufschiebenden Einreden** der §§ 2014 und 2015 ist nach § 782 ZPO die 2
Zwangsvollstreckung nur auf Sicherungsmaßnahmen beschränkt (Soergel/*Stein* § 2014 Rn 3). § 305 ZPO ermöglicht die Aufnahme der zeitlich beschränkten Haftungsbeschränkung in den Tenor des Urteils. Der Erbe muss seine Einwendungen mit der Klage nach §§ 785, 767 ZPO geltend machen (Zöller/*Stöber*, § 782 Rn 1). Zuständig ist das Prozessgericht des ersten Rechtszuges (Zöller/*Stöber*, § 785 Rn 1).

[2] Die Frist beginnt mit Annahme der Erbschaft. Bei Bestellung eines Nachlasspflegers vor 3
Ablauf der Ausschlagungsfrist beginnt die Frist bereits mit der Bestellung, § 2017.

[3] **Weitere Hinweise:** Die Berufung auf § 2014 ist nicht möglich, sofern der Erbe bereits un- 4
beschränkt oder gegenüber dinglich gesicherten Gläubigern haftet.

Ist streitig, ob die Frist noch läuft, hat der Nachlassgläubiger den Zeitpunkt der Erbschaftsannahme zu beweisen. Ferner hat er den Beweis für eine behauptete unbeschränkbare Haftung oder für eine vor Ablauf der Dreimonatsfrist erfolgte Inventarerrichtung zu führen (MüKo-BGB/*Siegmann*, § 2014 Rn 7).

§ 2015 Einrede des Aufgebotsverfahrens

(1) Hat der Erbe den Antrag auf Einleitung des Aufgebotsverfahrens der Nachlassgläubiger innerhalb eines Jahres nach der Annahme der Erbschaft gestellt und ist der Antrag zugelassen, so ist der Erbe berechtigt, die Berichtigung einer Nachlassverbindlichkeit bis zur Beendigung des Aufgebotsverfahrens zu verweigern.
(2) (aufgehoben)
[3] Wird der Ausschließungsbeschluss erlassen oder der Antrag auf Erlass des Ausschließungsbeschlusses zurückgewiesen, so ist das Aufgebotsverfahren erst dann als beendet anzusehen, wenn der Beschluss rechtskräftig ist.

1 **A. Muster: Haftungsvorbehaltsantrag in der Klageerwiderung**

► Für den Fall der ganzen oder teilweisen Stattgabe der Klage beantrage ich einen Haftungsbeschränkungsvorbehalt nach § 305 ZPO mit dem Inhalt, dass gem. § 2015 BGB die Zwangsvollstreckung bis zum Abschluss des Aufgebotsverfahrens Amtsgericht ... Az ... auf reine Sicherungsmaßnahmen beschränkt und außerdem dem Beklagten gem. § 780 ZPO die Beschränkung seiner Haftung für Hauptanspruch, Nebenforderungen und Kosten auf den Nachlass des Erblassers, des am ... in ... verstorbenen Herrn ... zuletzt wohnhaft ... vorbehalten wird, in den Tenor des Urteils aufzunehmen. ◄

2 **B. Muster: Antrag in einer Vollstreckungsgegenklage mit Antrag auf Einstellung der Zwangsvollstreckung nach ergangenem Vorbehaltsurteil bei noch nicht abgeschlossenem Aufgebotsverfahren**

► Die Zwangsvollstreckung aus dem Urteil des ... vom ... Az ... wird, soweit es über reine Sicherungsmaßnahmen hinaus geht, für die Zeit bis zum Abschluss des beim Amtsgericht unter Az ... betriebenen Verfahrens zum Aufgebot der Nachlassgläubiger in der Nachlasssache auf Ableben des ... für unzulässig erklärt.

Darüber hinaus wird die Einstellung der Zwangsvollstreckung aus dem Urteil des ... vom ... Az ... ohne Anordnung der Sicherheitsleistung, hilfsweise gegen Sicherheitsleistung, beantragt. ◄

C. Erläuterungen

3 Siehe jew. Ausführungen zu § 2014.

§ 2016 Ausschluss der Einreden bei unbeschränkter Erbenhaftung

(1) Die Vorschriften der §§ 2014, 2015 finden keine Anwendung, wenn der Erbe unbeschränkt haftet.
[2] Das Gleiche gilt, soweit ein Gläubiger nach § 1971 von dem Aufgebot der Nachlassgläubiger nicht betroffen wird, mit der Maßgabe, dass ein erst nach dem Eintritt des Erbfalls im Wege der Zwangsvollstreckung oder der Arrestvollziehung erlangtes Recht sowie eine erst nach diesem Zeitpunkt im Wege der einstweiligen Verfügung erlangte Vormerkung außer Betracht bleibt.

§ 2017 Fristbeginn bei Nachlasspflegschaft

Wird vor der Annahme der Erbschaft zur Verwaltung des Nachlasses ein Nachlasspfleger bestellt, so beginnen die in § 2014 und in § 2015 Abs. 1 bestimmten Fristen mit der Bestellung.

Titel 3 Erbschaftsanspruch

§ 2018 Herausgabepflicht des Erbschaftsbesitzers

Der Erbe kann von jedem, der auf Grund eines ihm in Wirklichkeit nicht zustehenden Erbrechts etwas aus der Erbschaft erlangt hat (Erbschaftsbesitzer), die Herausgabe des Erlangten verlangen.

§ 2019 Unmittelbare Ersetzung

(1) Als aus der Erbschaft erlangt gilt auch, was der Erbschaftsbesitzer durch Rechtsgeschäft mit Mitteln der Erbschaft erwirbt.
(2) Die Zugehörigkeit einer in solcher Weise erworbenen Forderung zur Erbschaft hat der Schuldner erst dann gegen sich gelten zu lassen, wenn er von der Zugehörigkeit Kenntnis erlangt; die Vorschriften der §§ 406 bis 408 finden entsprechende Anwendung.

§ 2020 Nutzungen und Früchte

Der Erbschaftsbesitzer hat dem Erben die gezogenen Nutzungen herauszugeben; die Verpflichtung zur Herausgabe erstreckt sich auch auf Früchte, an denen er das Eigentum erworben hat.

§ 2021 Herausgabepflicht nach Bereicherungsgrundsätzen

Soweit der Erbschaftsbesitzer zur Herausgabe außerstande ist, bestimmt sich seine Verpflichtung nach den Vorschriften über die Herausgabe einer ungerechtfertigten Bereicherung.

§ 2022 Ersatz von Verwendungen und Aufwendungen

(1) [1]Der Erbschaftsbesitzer ist zur Herausgabe der zur Erbschaft gehörenden Sachen nur gegen Ersatz aller Verwendungen verpflichtet, soweit nicht die Verwendungen durch Anrechnung auf die nach § 2021 herauszugebende Bereicherung gedeckt werden. [2]Die für den Eigentumsanspruch geltenden Vorschriften der §§ 1000 bis 1003 finden Anwendung.
(2) Zu den Verwendungen gehören auch die Aufwendungen, die der Erbschaftsbesitzer zur Bestreitung von Lasten der Erbschaft oder zur Berichtigung von Nachlassverbindlichkeiten macht.
(3) Soweit der Erbe für Aufwendungen, die nicht auf einzelne Sachen gemacht worden sind, insbesondere für die im Absatz 2 bezeichneten Aufwendungen, nach den allgemeinen Vorschriften in weiterem Umfang Ersatz zu leisten hat, bleibt der Anspruch des Erbschaftsbesitzers unberührt.

§ 2023 Haftung bei Rechtshängigkeit, Nutzungen und Verwendungen

(1) Hat der Erbschaftsbesitzer zur Erbschaft gehörende Sachen herauszugeben, so bestimmt sich von dem Eintritt der Rechtshängigkeit an der Anspruch des Erben auf Schadensersatz wegen Verschlechterung, Untergangs oder einer aus einem anderen Grund eintretenden Unmöglichkeit der Herausgabe nach den Vorschriften, die für das Verhältnis zwischen dem Eigentümer und dem Besitzer von dem Eintritt der Rechtshängigkeit des Eigentumsanspruchs an gelten.
(2) Das Gleiche gilt von dem Anspruch des Erben auf Herausgabe oder Vergütung von Nutzungen und von dem Anspruch des Erbschaftsbesitzers auf Ersatz von Verwendungen.

§ 2024 Haftung bei Kenntnis

[1]Ist der Erbschaftsbesitzer bei dem Beginn des Erbschaftsbesitzes nicht in gutem Glauben, so haftet er so, wie wenn der Anspruch des Erben zu dieser Zeit rechtshängig geworden wäre. [2]Erfährt der Erbschaftsbesitzer später, dass er nicht Erbe ist, so haftet er in gleicher Weise von der Erlangung der Kenntnis an. [3]Eine weitergehende Haftung wegen Verzugs bleibt unberührt.

§ 2025 Haftung bei unerlaubter Handlung

[1]Hat der Erbschaftsbesitzer einen Erbschaftsgegenstand durch eine Straftat oder eine zur Erbschaft gehörende Sache durch verbotene Eigenmacht erlangt, so haftet er nach den Vorschriften über den Schadensersatz wegen unerlaubter Handlungen. [2]Ein gutgläubiger Erbschaftsbesitzer haftet jedoch wegen verbotener Eigenmacht nach diesen Vorschriften nur, wenn der Erbe den Besitz der Sache bereits tatsächlich ergriffen hatte.

§ 2026 Keine Berufung auf Ersitzung

Der Erbschaftsbesitzer kann sich dem Erben gegenüber, solange nicht der Erbschaftsanspruch verjährt ist, nicht auf die Ersitzung einer Sache berufen, die er als zur Erbschaft gehörend im Besitz hat.

§ 2027 Auskunftspflicht des Erbschaftsbesitzers

(1) Der Erbschaftsbesitzer ist verpflichtet, dem Erben über den Bestand der Erbschaft und über den Verbleib der Erbschaftsgegenstände Auskunft zu erteilen.

(2) Die gleiche Verpflichtung hat, wer, ohne Erbschaftsbesitzer zu sein, eine Sache aus dem Nachlass in Besitz nimmt, bevor der Erbe den Besitz tatsächlich ergriffen hat.

§ 2028 Auskunftspflicht des Hausgenossen

(1) Wer sich zur Zeit des Erbfalls mit dem Erblasser in häuslicher Gemeinschaft befunden hat, ist verpflichtet, dem Erben auf Verlangen Auskunft darüber zu erteilen, welche erbschaftlichen Geschäfte er geführt hat und was ihm über den Verbleib der Erbschaftsgegenstände bekannt ist.
(2) Besteht Grund zu der Annahme, dass die Auskunft nicht mit der erforderlichen Sorgfalt erteilt worden ist, so hat der Verpflichtete auf Verlangen des Erben zu Protokoll an Eides statt zu versichern, dass er seine Angaben nach bestem Wissen so vollständig gemacht habe, als er dazu imstande sei.
(3) Die Vorschriften des § 259 Abs. 3 und des § 261 finden Anwendung.

A. Nachlassverzeichnis

1 **I. Muster: Nachlassverzeichnis**

▶ **Verzeichnis der Erbschaftsgegenstände**[1]

In meinem Besitz sind folgende Gegenstände des am ■■■ Verstorbenen ■■■[2]

1. Wertpapiere,
Bank- und Sparguthaben,
Auszahlungsansprüche aus Versicherungen,
Forderungen gegen Dritte, usw. (einschließlich Miet- und Pachteinnahmen),
Bankguthaben: Vereinigte Volksbank, Konto-Nr. ■■■ ■■■ EUR.
2. Unbewegliches Vermögen:
Eigentumswohnung ■■■-Straße Nr. ■■■ in ■■■, ■■■. Obergeschoss links, Blatt ■■■ von ■■■ .
3. Bewegliche Gegenstände:
Schlafzimmereinrichtung bestehend aus Bett, Schrank und Kommode,
Wohnzimmereinrichtung bestehend aus Sitzecke, Tisch, und Schrankwand,
Kücheneinrichtungsgegenstände bestehend aus Einbauküche, Tisch, vier Stühlen und Haushaltsgegenständen,
Kleidung ohne nennenswerten Wert.

■■■, den ■■■

■■■

Unterschrift ◀

II. Erläuterungen und Varianten

2 [1] Der **Auskunftsanspruch** dient der Durchsetzung des Herausgabeanspruchs aus § 2018. Er unterscheidet sich von anderen erbrechtlichen Auskunftsansprüchen, etwa dem des § 2314 dadurch, dass nur das **Aktivvermögen**, nicht etwaige Passiva und auch keine Forderungen anzugeben sind (NK-BGB/*Fleindl* § 2027 Rn 1), er erstreckt sich aber auch auf den Verbleib von Erbschaftsgegenständen (Soergel/*Dieckmann*, § 2027 Rn 2). Auch über Ersatzgegenstände (§ 2019) und Nutzungen (§ 2020) ist Auskunft zu geben. Im Gegensatz zu anderen erbrechtlichen Auskunftsansprüchen erstreckt sich die Auskunftspflicht auch nicht auf die Angabe von Werten der einzelnen Nachlassgegenstände. Schließlich kann die **Abgabe des Verzeichnisses** unter Hinzuziehung des Auskunftsberechtigten oder eines Notars nicht verlangt werden (vgl

dazu *Zimmer*, ZEV 2008, 365). Das Verzeichnis muss jedoch die Anforderungen des § 260 Abs. 1 erfüllen.

[2] Der Auskunftspflichtige hat daher ein **Bestandsverzeichnis** vorzulegen, das schriftlich (vgl OLG Dresden FamRZ 2005, 1195) abzufassen ist. Nur in Ausnahmefällen, dh bei einfach gelagerten Sachverhalten, kommt eine mündliche Auskunft in Frage. Der Schuldner muss nach bestem Wissen eine übersichtliche Zusammenstellung aller Aktiva erstellen. Die Lieferung mehrerer Teilverzeichnisse ist zulässig, wenn diese in ihrer Gesamtheit hinreichend übersichtliche Auskunft über den Inbegriff an Gegenständen geben (BGH NJW 1962, 245). Belege müssen jedoch nicht vorgelegt werden. Die Klärung der Richtigkeit der Auskunft kann nur in der anschließenden Zahlungsstufe erreicht werden. 3

Zum Schutz vor falscher oder unvollständiger Auskunft geben §§ 259 Abs. 2, 260 Abs. 2 dem Gläubiger einen Anspruch auf Abgabe einer **eidesstattlichen Versicherung** gegen den Schuldner. Im Gegensatz zur eidesstattlichen Versicherung nach §§ 883, 899 ZPO handelt es sich hier um eine rein materiellrechtliche Verpflichtung. Die Rechtsfolgen einer falschen Versicherung an Eides Statt richten sich nach: §§ 156, 163 StGB. Die Verpflichtung zur Abgabe der eidesstattlichen Versicherung auf Verlangen des Gläubigers ist nicht die einzige Möglichkeit der gesteigerten Anforderung an das Verzeichnis. 4

Die eidesstattliche Versicherung kann nur verlangt werden, wenn Grund zu der Annahme besteht, dass die Rechenschaft nicht mit der erforderlichen Sorgfalt abgelegt worden ist. Ob das der Fall ist, beurteilt sich nicht nur nach der erteilten Auskunft, sondern anhand des **Gesamtverhaltens des Schuldners.** Allein der Umstand, dass der Schuldner zunächst die Auskunft verweigert, reicht nicht aus. Fehler und Unvollständigkeiten der gelegten Rechnung sind ausreichend, wenn sie bei Anwendung gehöriger Sorgfalt hätten vermieden werden können (BGHZ 89, 137). 5

B. Eidesstattliche Versicherung

I. Muster: Versicherung an Eides statt[1] 6

▶ Heute, am ■■■ erschien vor mir ■■■ (Notar) in den Amtsräumen in ■■■ ■■■ Herr ■■■ 1043

Der Erschienene erklärte:

Ich wurde vom Notar darüber belehrt, daß eine vorsätzlich oder auch fahrlässig falsche eidesstattliche Versicherung mit Strafe bedroht ist.

Zur Vorlage bei ■■■ versichere ich die Richtigkeit meiner nachfolgenden Angaben an Eides statt:

■■■ ◀

II. Erläuterungen

[1] **Ausgeschlossen** ist der **Anspruch auf Abgabe** der eidesstattliche Versicherung nach §§ 259, 260 Abs. 3 in **Angelegenheiten von geringer Bedeutung,** wenn also der Wert des Leistungsanspruchs geringfügig ist oder die erteilte Rechenschaft an einem unbedeutenden Mangel leidet. Der Anspruch auf eidesstattliche Versicherung besteht auch dann nicht, wenn der Gläubiger auf anderem Wege schneller, effektiver und ohne Bemühung des Gerichts die notwendigen Auskünfte erhalten kann (BGH NJW 1998, 1636). 7

§ 2029 Haftung bei Einzelansprüchen des Erben

Die Haftung des Erbschaftsbesitzers bestimmt sich auch gegenüber den Ansprüchen, die dem Erben in Ansehung der einzelnen Erbschaftsgegenstände zustehen, nach den Vorschriften über den Erbschaftsanspruch.

§ 2030 Rechtsstellung des Erbschaftserwerbers

Wer die Erbschaft durch Vertrag von einem Erbschaftsbesitzer erwirbt, steht im Verhältnis zu dem Erben einem Erbschaftsbesitzer gleich.

§ 2031 Herausgabeanspruch des für tot Erklärten

(1) [1]Überlebt eine Person, die für tot erklärt oder deren Todeszeit nach den Vorschriften des Verschollenheitsgesetzes festgestellt ist, den Zeitpunkt, der als Zeitpunkt ihres Todes gilt, so kann sie die Herausgabe ihres Vermögens nach den für den Erbschaftsanspruch geltenden Vorschriften verlangen. [2]Solange sie noch lebt, wird die Verjährung ihres Anspruchs nicht vor dem Ablauf eines Jahres nach dem Zeitpunkt vollendet, in welchem sie von der Todeserklärung oder der Feststellung der Todeszeit Kenntnis erlangt.
(2) Das Gleiche gilt, wenn der Tod einer Person ohne Todeserklärung oder Feststellung der Todeszeit mit Unrecht angenommen worden ist.

Titel 4 Mehrheit von Erben

Untertitel 1 Rechtsverhältnis der Erben untereinander

§ 2032 Erbengemeinschaft

(1) Hinterlässt der Erblasser mehrere Erben, so wird der Nachlass gemeinschaftliches Vermögen der Erben.
(2) Bis zur Auseinandersetzung gelten die Vorschriften der §§ 2033 bis 2041.

§ 2033 Verfügungsrecht des Miterben

(1) [1]Jeder Miterbe kann über seinen Anteil an dem Nachlass verfügen. [2]Der Vertrag, durch den ein Miterbe über seinen Anteil verfügt, bedarf der notariellen Beurkundung.
[2] Über seinen Anteil an den einzelnen Nachlassgegenständen kann ein Miterbe nicht verfügen.

A. Erbschaftskauf

I. Muster: Erbschaftskauf mit Erbanteilsübertragung 1

▶ **Erbschaftskauf mit Erbanteilsübertragung**[1] 1044

Am …

zweitausend …

sind vor mir,

…

Notar in …[2]

in der Kanzlei … gleichzeitig anwesend:

1. A (persönliche Daten)
2. B (persönliche Daten)
3. C (persönliche Daten)

Über den Grundbuchinhalt habe ich mich unterrichtet. Nach Hinweis darauf, dass diese Urkunde zur Wirksamkeit alle Abreden richtig und vollständig wiedergeben muss, beurkunde ich den Erklärungen gemäß was folgt:[2]

I. Vorbemerkung

Im Grundbuch des Amtsgerichts … Blatt … ist eingetragen: … [Grundbuchstand mit Belastungen in Abt. II und III]

Der im Grundbuch eingetragene Eigentümer ist am … verstorben. Der Erbfall wird geführt beim Amtsgericht … – Nachlassgericht – unter AZ: VI …/…

Zum Nachweis der Erbfolge ist dieser Urkunde eine beglaubigte Abschrift der Ausfertigung des Erbscheins beigefügt. Die Ausfertigung des Erbscheins ist dem Grundbuchamt zum Vollzug mit der Bitte um Rücksendung mit einzureichen. Demnach sind A, B, C, D und E alleinige Erbe des Erblassers.

Die Voreintragung der Erben wird auf Kosten der Erben bewilligt und beantragt.[3]

Der Nachlass ist nach Versicherung der Beteiligten mit Ausnahme des in Abschnitt I Ziffer 1 bezeichneten Grundbesitzes im Übrigen vollständig auseinandergesetzt.

II. Vereinbarung

A und B – im Folgenden auch „der Veräußerer" – verkauft seinen in Abschnitt I bezeichneten Erbanteil am Nachlass nach … geb. am … verstorben am … mit allen Rechten, Pflichten und Lasten an C – im Folgenden auch „der Erwerber" – zur alleinigen Berechtigung.[4]

Mehrere Veräußerer sowie mehrere Erwerber haften für die mit dieser Urkunde übernommenen Verpflichtungen je als Gesamtschuldner.

Der Veräußerer hat außer den in der Anlage aufgeführten Nachlassgegenständen keine anderen Nachlassgegenstände, Surrogate oder Vorteile herauszugeben sowie keinen Wertersatz zu leisten.[5]

Im Gegenzug hierzu verzichtet der Veräußerer auf den Ersatz aller von ihm bisher auf die Erbschaft gemachten Aufwendungen, erfüllten Verbindlichkeiten, gezahlten Abgaben und außerordentlichen Lasten.[6]

Forderungen des Erblassers gegen den Veräußerer gelten als erloschen.[7]

Ein Erbteil, der dem Veräußerer nach dem Abschluss des Kaufs durch Nacherbfolge oder infolge des Wegfalls eines Miterben anfällt, sowie ein dem Verkäufer zugewendetes Vorausvermächtnis sind nicht mitverkauft. Das Gleiche gilt für Familienpapiere und Familienbilder.

Eine auf den veräußerten Erbteil entfallende Erbschaftssteuer ist vom Veräußerer zu zahlen.[8]

Der Kaufpreis beträgt EUR …

Grundvoraussetzungen für die Fälligkeit des Kaufpreises sind:

- eine Verzichtserklärung der übrigen Miterben auf ihr gesetzliches Vorkaufsrecht oder der Ablauf der Frist, in welcher das Vorkaufsrecht ausgeübt werden kann und eine Versicherung des Veräußerers, dass ihnen gegenüber das Vorkaufsrechtes nicht ausgeübt wurde
- die Eintragung der in Abschnitt III Ziffer 4 beantragten Verfügungsbeschränkung im Grundbuch, wobei dieser nur die in Abschnitt I bezeichneten Belastungen im Rang vorgehen dürfen.[5]

Der Notar wird beauftragt, den Beteiligten den Eintritt vorstehender Voraussetzungen schriftlich zu bestätigen.

Der Kaufpreis ist fällig vierzehn Tage nach Absendung (Datum des Poststempels) der vorbezeichneten schriftlichen Bestätigung des Notars.

Der Kaufpreis ist zu überweisen auf das Konto des Veräußerers bei der ■■■ Bank Konto – Nr ■■■, BLZ: ■■■

Zahlt der Erwerber bei Fälligkeit den geschuldeten Kaufpreis ganz oder teilweise nicht, schuldet er Verzugszinsen in gesetzlicher Höhe. Weitergehende Rechte des Veräußerers bleiben unberührt.

III. Besitz, Nutzen, Lasten

Besitz, Nutzen, Lasten und die Gefahr eines zufälligen Untergangs oder einer zufälligen Verschlechterung der Erbschaftsgegenstände gehen Zug um Zug gegen Kaufpreiszahlung auf den Erwerber über.[9]

IV. Haftung

Bezüglich des Erbanteils gilt: Der Veräußerer ist verpflichtet, den veräußerten Erbanteil lastenfrei zu verschaffen.

Er garantiert, dass

- der veräußerte Erbanteil nicht anderweitig veräußert oder verpfändet wurde und er auch nicht gepfändet oder mit sonstigen Rechten Dritter belastet ist,
- der in Abschnitt I genannte Grundbesitz zur Erbschaft gehört,
- keine Nachlassverbindlichkeiten bestehen, die nicht in dieser Urkunde bezeichnet sind,
- zwischen den Miterben kein schuldrechtlicher Auseinandersetzungsvertrag bezüglich des in Abschnitt I bezeichneten Grundbesitzes bzw keine Abschichtungsvereinbarung abgeschlossen wurde,
- eine etwa angefallene Erbschaftssteuer bezahlt ist.

Im Übrigen richtet sich die Haftung des Veräußerers nach § 2376 BGB, so dass der Veräußerer für Sachmängel an den Nachlassgegenständen nicht haftet und im Hinblick auf Rechtsmängel der Veräußerer nur für die in § 2376 Abs. 1 BGB aufgezählten Rechtsmängel einzustehen hat. Alle weiteren diesbezüglichen Ansprüche sind ausgeschlossen, soweit sich aus dieser Urkunde nicht etwas anderes ergibt.

Bezüglich des in Abschnitt I bezeichneten Grundbesitzes gilt: Der Veräußerer hat diesen frei von Rechtsmängeln zu verschaffen, soweit sich aus dieser Urkunde nicht etwas anderes ergibt.

Der Erwerber hat Kenntnis von den derzeit in Abteilung II des Grundbuchs eingetragenen und in Abschnitt I näher beschriebenen Belastungen und duldet diese.

Der Veräußerer erklärt ferner, dass hinsichtlich des vorbezeichneten Grundbesitzes keine Wohnungsbindung nach dem früheren Wohnungsbindungsgesetz und keine soziale Wohnraumförderung besteht.

Alle Ansprüche und Rechte des Erwerbers aufgrund von Sachmängeln des Grundbesitzes sind unabhängig vom Gefahrübergang ausgeschlossen. Dies gilt insbesondere für Zustand, Größe, Verwendbarkeit und Ertrag.

Der Veräußerer übernimmt keine Garantie, weder für Beschaffenheit noch Haltbarkeit des in Abschnitt I bezeichneten Grundbesitzes.

Der Veräußerer versichert jedoch, dass nach seiner Kenntnis

- keine Anhaltspunkte für versteckte Sachmängel des Grundbesitzes vorliegen
- alle bisher zugegangenen Erschließungsbeiträge und sonstigen Anliegerbeiträge bezahlt sind und ihm keine bautechnisch begonnenen Maßnahmen bekannt sind, bei denen die Abrechnung aussteht
- keine Erklärung gegenüber der Baubehörde zur Abstandsflächenübernahme abgegeben wurde, der Grundbesitz nicht unter Denkmalschutz steht und er sich nicht im Gebiet einer Erhaltungssatzung, in einem förmlich festgesetzten Sanierungsgebiet oder in einem städtebaulichen Entwicklungsgebiet befindet.

  Der Erwerber weiß, dass hierüber nur die zuständige Behörde verbindlich Auskunft geben kann.

Für die Haftung des Veräußerers gilt weiter, dass Schadenseratzansprüche bei Vorsatz oder Arglist bleiben unberührt bleiben.[10]

V. Übertragung, Grundbuchberichtigung

Der Veräußerer überträgt den verkauften Erbteil an den Erwerber – bei mehreren zu dem in Abschnitt II bezeichneten Berechtigungsverhältnis.

Der Erwerber nimmt die Übertragung hiermit an.

Die vorstehende Übertragung des Erbanteils ist aufschiebend bedingt durch die Erteilung einer Ausfertigung bzw beglaubigten Abschrift dieser Urkunde durch den Notar, die nachstehenden Grundbuchberichtigungsantrag enthält.

Die Beteiligten weisen den Notar bzw Amtsnachfolger einseitig unwiderruflich an, eine derartige Ausfertigung bzw beglaubigte Abschrift erst zu erteilen, wenn entweder der Veräußerer die Zahlung des geschuldeten Kaufpreises pflichtgemäß bestätigt oder der Erwerber die Zahlung des verbrieften Kaufpreises – ohne Zinsen – nachweist.

Die gesetzlichen Anzeigepflichten bleiben hiervon unberührt.

Die Vertragsteile bewilligen und der Erwerber beantragt die durch vorstehende Erbanteilsübertragung veranlasste Berichtigung des Grundbuches.

Zum Schutz des Erwerbers bewilligen und beantragen die Beteiligten die Eintragung der durch die aufschiebend bedingte Erbanteilsübertragung entstandenen Verfügungsbeschränkung des Veräußerers in Abteilung II des Grundbuchs.

Die Löschung dieser Verfügungsbeschränkung wird Zug um Zug mit Eintragung der in Abschnitt III Ziffer 3 bezeichneten Grundbuchberichtigung beantragt.[11]

VI. Vorkaufsrecht

Der Notar weist darauf hin, dass

- bei einem Verkauf eines Erbanteils den übrigen Miterben ein Vorkaufsrecht nach §§ 2034 ff zusteht und
- die diesbezügliche zweimonatige Frist zur Ausübung dieses Vorkaufsrechts je erst zu laufen beginnt, wenn dem jeweiligen Miterben der vollständige Inhalt des rechtswirksamen Kaufvertrages mitgeteilt wurde.

Der Notar wird beauftragt und bevollmächtigt, den ihm mit Postanschrift durch den Veräußerer genannten Miterben namens und im Auftrag des Veräußerers nach Rechtswirksamkeit dieses Vertrages eine beglaubigte Abschrift dieser Urkunde per Einschreiben mit Rückschein zu übersenden und sie je aufzufordern, sich innerhalb der gesetzlichen Frist von zwei Monaten zu erklären, ob sie das Vorkaufsrecht ausüben oder nicht. Der Notar wird zur Entgegennahme einer Nichtausübungserklärung ermächtigt.

Weitere Miterben sind nach Versicherung des Veräußerers lediglich die in Abschnitt I bezeichneten heute nicht miterschienen Miterben.

Der Veräußerer ist bei Ausübung des Vorkaufrechtes zum Rücktritt von diesem Vertrag berechtigt.

Der Veräußerer ist verpflichtet dem amtierenden Notar und dem Erwerber unverzüglich Mitteilung zu machen, wenn ihm gegenüber ein Vorkaufsrecht ausgeübt wird. Weiter verpflichtet sich der Veräußerer dem amtierenden Notar nach Ablauf der gesetzlichen Frist für die Ausübung des Vorkaufsrechts zu bestätigen, dass ihm gegenüber kein Vorkaufsrecht ausgeübt worden ist, soweit dies zutreffend ist.

Ein Rücktrittsrecht von diesem Vertrag besteht demgemäß nicht in den Fällen, in denen der Veräußerer vorstehende Mitteilungen nicht oder nicht zutreffend abgibt.[12]

VII. Zwangsvollsteckungsunterwerfung

Der Erwerber unterwirft sich wegen der Verpflichtung zur Zahlung des Kaufpreises der sofortigen Zwangsvollstreckung aus dieser Urkunde.

Auf Antrag ist ohne weiteren Nachweis eine vollstreckbare Ausfertigung dieser Urkunde zu erteilen.

VIII. Hinweise

Der Notar weist insbesondere darauf hin, dass

- der Erwerber in seinem Vertrauen in die unbeschränkte und unbelastete Erbenstellung des Veräußerers und die Zugehörigkeit des aufgeführten Grundbesitzes zur Erbschaft nicht geschützt ist und er insoweit auf die Richtigkeit der Angaben des Veräußerers angewiesen ist
- durch die Erbanteilsübertragung sämtliche im ungeteilten Nachlass befindlichen Vermögenswerte einschließlich der Nachlassverbindlichkeiten auf den Erwerber übergehen
- die Haftung des Veräußerers für Nachlassverbindlichkeiten trotz der Erbanteilsübertragung weiter bestehen bleibt, daneben aber auch der Erwerber den Nachlassgläubigern sofort für alle Nachlassverbindlichkeiten haftet
- die beantragte Grundbuchberichtigung hinsichtlich der Erbanteilsübertragung erst erfolgen kann, wenn die Unbedenklichkeitsbescheinigung des Finanzamtes wegen der Grunderwerbsteuer vorliegt
- den Miterben gemäß §§ 2034 ff ein gesetzliches Vorkaufsrecht am veräußerten Erbanteil zusteht, das innerhalb von zwei Monaten nach Mitteilung des rechtswirksamen Kaufvertrages ausgeübt werden kann.

IX. Schlussbestimmungen

Durch eine unwirksame Bestimmung in dieser Urkunde wird die Wirksamkeit der übrigen Vereinbarungen nicht berührt. An deren Stelle tritt eine wirksame Regelung, die dem gewollten wirtschaftlichen Ergebnis möglichst nahe kommt.

Der amtierende Notar und dessen Sozius sind zum Vollzug dieser Urkunde beauftragt. Sie sind hierzu je einzeln bevollmächtigt,

- ohne Beschränkung auf § 15 GBO Grundbuchbewilligungen jeder Art abzugeben, Anträge ganz oder teilweise zu stellen, zu ändern und zurückzunehmen
- Vorkaufsberechtigten den Verkauf anzuzeigen und deren Erklärung über das Nichtbestehen bzw deren Nichtausübung entgegenzunehmen
- Entwürfe für zum vertragsgemäßen Vollzug notwendige Erklärungen zu fertigen, diese einzuholen und bei antragsgemäßer Erteilung entgegenzunehmen
- die Anzeige gegenüber dem Nachlassgericht vorzunehmen.[13]

Mehrere Beteiligte einer Vertragspartei bevollmächtigen sich untereinander je gegenseitig alle Erklärungen abzugeben und entgegenzunehmen, die mit dem vertragsgemäßen Vollzug dieser Urkunde im Zusammenhang stehen.

Etwa anfallende Grunderwerbsteuer trägt der Erwerber. Etwa anfallende Schenkungsteuer trägt der Begünstigte.

Der Notar hat keinen steuerlichen Beratungsauftrag übernommen.

Die Kosten dieser Urkunde, etwaiger Genehmigungen und Zeugnisse, des grundbuchamtlichen Vollzuges sowie die Katasterfortführungsgebühr trägt der Erwerber.

Es erhalten:

- einfache Abschriften: Veräußerer, Erwerber, Finanzamt (Grunderwerbsteuerstelle)
- beglaubigte Abschriften: Grundbuchamt (2 x, 1 x im Auszug); Nachlassgericht samt Anzeige; ggf Finanzamt (Schenkungsteuerstelle)

Der Erwerber erhält nach Vollzug einen Grundbuchauszug

■■■

[Schlussvermerk]

■■■

Unterschriften ◄

II. Erläuterungen

[1] Die in der Erbengemeinschaft bestehende **gesamthänderische** Bindung führt dazu, dass der Miterbe nicht über seinen Anteil an einzelnen Nachlassgegenständen verfügen kann (§ 2033 Abs. 2) und, dass die Erbengemeinschaft über Nachlassgegenstände nur **gemeinschaftlich** verfügen kann (§ 2040 Abs. 1). Zum Ausgleich für diese starke Bindung eröffnet § 2033 Abs. 1 jedem Miterben die Möglichkeit über seinen Erbteil an sich zu verfügen (§ 2033 Abs. 1). Gegenstand der Verfügung kann der Ganze oder ein Teil des Erbteils sein (Hk-BGB/*Hoeren* § 2033 Rn 5). Das Verfügungsrecht kann weder durch den Erblasser noch durch die Miterben untereinander mit dinglicher Wirkung eingeschränkt werden (§ 137). Das Recht zur Verfügung steht dem Miterben oder seinem Rechtsnachfolger zu (§ 2037). Es entsteht frühestens mit dem Erbfall (Hk-BGB/*Hoeren* § 2033 Rn 6). Eine Verfügung über einen künftigen Erbteil ist nicht möglich (BGHZ 37, 324). Ein gutgläubiger Erwerb eines Erbanteils ist nicht möglich (Hk-BGB/*Hoeren* § 2033 Rn 8). Rechtsfolge einer Erbanteilsübertragung ist, dass der Erwerber in die vermögensrechtliche Stellung des Miterben eintritt. Er tritt damit in die gesamthänderische Bindung und in die Verwaltungsrechte und Rechtsposition des veräußernden Miterben ein. Konsequenz daraus ist, dass nunmehr der Erwerber an Stelle des Veräußerers die Auseinandersetzung der Erbengemeinschaft verlangen kann. Hingegen wird der Erwerber nicht Erbe (Hk-BGB/*Hoeren* § 2033 Rn 9). Der Veräußerer haftet weiter für bestehende Nachlassverbindlichkeiten (§ 2382 Abs. 1 S. 2). 2

Von der Verfügung über einen Erbteil ist das der Verfügung zu Grunde liegende **Verpflichtungsgeschäft** zu unterscheiden (Hk-BGB/*Hoeren* § 2033 Rn 10). Dieses Verpflichtungsgeschäft kann beliebig ausgestaltet und auch unentgeltlich sein. 3

[2] Häufig wird der Erbanteilsübertragung eine Schenkung oder ein **Erbschaftskauf** (§§ 2385, 2371) als Verpflichtungsgeschäft zu Grunde liegen. Ist diese Verpflichtungsgeschäft ein Erbschaftskauf, so finden die §§ 2371 ff Anwendung. Der Erbschaftskauf bedarf zu seiner Wirksamkeit der **notariellen Beurkundung**. Eine Heilung eines formunwirksamen Erbschaftskaufes durch formgerechte Übertragung des Erbanteiles findet nicht statt (BGH NJW 1967, 1128). Gem. § 2385 Abs. 1 finden die Vorschriften des Erbschaftskaufes auch auf dem Erbschaftskauf ähnliche Rechtsgeschäfte Anwendung. Für diese dem Erbschaftskauf ähnlichen Rechtsgeschäfte ist ebenfalls das Formerfordernisses des § 2371 zu beachten (Hk-BGB/*Hoeren* § 2385 Rn 2). Die Vorschriften der §§ 2371 ff sind überwiegend dispositiv und können im Rahmen der Vertragsgestaltung an die individuelle Situation angepasst werden. 4

5 [3] Gehören Grundstücke zum Nachlass ist das Grundbuch im Hinblick auf die durch die Erbfolge eingetretene **Unrichtigkeit** des Grundbuchs bzgl der Verlautbarung der Eigentümerstellung zu **berichtigen** (§ 39 GBO).

6 Die Grundbuchberichtigung ist gebührenfrei, wenn der Antrag innerhalb von zwei Jahren nach dem Erbfall beim Grundbuchamt gestellt wird (§ 60 KostO).

7 Der Nachweis der Erbfolge kann nur durch einen Erbschein geführt werden, der dem Grundbuchamt in Ausfertigung vorzulegen ist. Beruht jedoch die Erbfolge auf einer Verfügung von Todes wegen, die in einer öffentlichen Urkunde enthalten ist, so genügt es, wenn an Stelle des Erbscheins die Verfügung und die Niederschrift über die Eröffnung der Verfügung in öffentlich beglaubigter Form vorgelegt werden (§ 35 GBO). Soweit der Erbfall und das Nachlassgrundstück in die Zuständigkeit desselben Gerichts fallen, reicht Bezugnahme auf die entsprechenden Nachlassakten.

8 [4] Die Gestaltung des Vertrages, der auf die Übertragung eines Erbanteils gerichtet ist, hat die Unterscheidung zwischen Verpflichtungs- und Verfügungsgeschäft nachzuvollziehen und zu beachten. Es sollte stets klargestellt werden, was Inhalt des Verpflichtungsgeschäftes ist und die Gegenleistung, falls vereinbart, genau bestimmt werden. Auch sollte präzise festgehalten werden, dass Verfügungsgegenstand der Erbanteil an sich ist, auch wenn die Übertragung des Erbanteils mittelbar auf eine wirtschaftliche Beteiligung an Nachlassgegenständen abzielt.

9 [5] Abweichend von § 2372, § 2374 und § 2375 Abs. 1 sollte geregelt werden, dass der Veräußerer keine Surrogate oder Vorteile herauszugeben hat und auch keinen Wertersatz zu leisten hat. Die zu veräußernden Nachlassgegenstände sollten bestimmbar bezeichnet werden und die Übertragungsverpflichtung auf diese Gegenstände beschränkt werden.

10 [6] Abweichend von § 2378, § 2379 und § 2381 sollte geregelt werden, dass der Veräußerer umfassend auf den Ersatz aller von ihm bisher auf die Erbschaft gemachten Aufwendungen, erfüllten Verbindlichkeiten, gezahlten Abgaben und außerordentlichen Lasten verzichtet.

11 [7] Abweichend von § 2377 sollte geregelt werden, dass Forderungen des Erblassers gegen den Veräußerer als erloschen gelten.

12 [8] Die **Erbschaftssteuer** ist keine eigentliche Nachlassverbindlichkeit, sondern eine Abgabe, die dem Erben persönlich obliegt. Zugleich stellt sie eine außerordentliche als auf den Stammwert der Erbschaftsgegenstände gelegte außerordentliche Last dar (Palandt/*Edenhofer* § 2379 Rn 1). Sie trifft daher im Innenverhältnis den Käufer, was regelmäßig nicht interessengerecht sein wird. Eine abweichende Regelung ist demgemäß angezeigt.

13 [9] Nach § 2380 geht abweichend von § 446 die Gefahr bereits mit Vertragsschluss auf den Erwerber über (NK-BGB/*Beck* § 2380 Rn 1). In der Regel wird man den Übergang von Gefahr, Nutzen und Lasten abweichend von § 2380 von der Kaufpreiszahlung abhängig machen.

14 [10] Für den Fall, dass der Erbanteilsübertragung ein entgeltliches Verpflichtungsgeschäft zu Grunde liegt, ist besonderes Augenmerk auf die **Absicherung des Leistungsaustausches** zu legen. Es sind ungesicherte Vorausleistungen seitens des Veräußerers und des Erwerbers zu vermeiden (vgl dazu *Neusser*, MittRhNotK 1979, 143, 147 ff; *Schöner/Stöber* Rn 955, 970; vgl auch *Bengel/Reimann* in Beck'sches Notar-Handbuch C Rn 239 ff, *Keim*, RNotZ 2003, 375). Auf eine Absicherung des Leistungsaustausches kann regelmäßig nicht verzichtet werden. Allenfalls bei Veräußerungen im engen Verwandtenkreis kann, nach Aufklärung über die Risiken, auf eine Absicherung verzichtet werden.

15 Bei der Erbanteilsübertragung besteht dabei im Hinblick auf die Absicherung des Erwerbers das besondere **strukturelle Problem**, dass Gegenstand des Rechtsverkehrs der **Erbteil** an sich und nicht die zum Nachlass gehörenden körperlichen Gegenstände sind. Da die §§ 932, 892 oder 2366 einen Gutglaubensschutz nur bei Verfügungen über einzelne körperlichen Gegenstände (Sachen) gewähren, ist ein gutgläubiger Erwerb oder gutgläubiger lastenfreier Erwerb

des Erbanteils somit ausgeschlossen. In letzter Konsequenz kann also nicht abgesichert werden, dass der Veräußerer überhaupt Erbe ist, der Erbteil nicht bereits veräußert oder ge- oder verpfändet wurde und einzelne Nachlassgegenstände zur Erbschaft gehören. Bezüglich des Erwerbers besteht demnach das Risiko, dass dieser die vereinbarte Gegenleistung erbringt, regelmäßig ist das die Zahlung des Kaufpreises, aber den Erbteil nicht erhält und/oder es zu vertragswidrigen Verfügungen über Nachlassgegenstände kommt. Über die nicht vorhandene Möglichkeit des gutgläubigen Erwerbs hat der Notar zu belehren.

Bezüglich des Veräußerers besteht das Risiko, dass dieser über seinen Erbteil wirksam verfügt, 16
aber die Gegenleistung, regelmäßig ist das der vereinbarte Kaufpreis, nicht erhält.

Im Wesentlichen werden die folgenden **Sicherungsmodelle** angeboten: Der Veräußerer kann 17
dadurch geschützt werden, dass seine Verfügung über den Erbteil **aufschiebend bedingt** vorgenommen wird, wobei als Bedingung die Kaufpreiszahlung vereinbart wird. Der Veräußerer ist in diesen Fällen über § 161 Abs. 1 bzw 2 vor vertragswidrigen Verfügungen des Erwerbers über den Erbanteil geschützt. Der gegenüber dem Grundbuchamt zumindest in öffentlich beglaubigter Form zu führende Nachweis über den Bedingungseintritt kann über die Vereinbarung eine unwiderleglichen Vermutung geführt werden, die als eingetreten gilt mit der Vorlage einer entsprechenden beglaubigten Abschrift der Urkunde durch den vollziehenden Notar. Dieser wird im Rahmen einer Treuhandanweisung angewiesen, entsprechende Vorlagen zum Grundbuch nur dann vorzunehmen, wenn ihm die entsprechenden Bestätigungen im Hinblick auf die Kaufpreiszahlung vorliegen oder die entsprechenden diesbezüglichen Nachweise erbracht worden sind.

Auch kann der Veräußerer dadurch geschützt werden, dass die Verfügung über den Erbteil 18
auflösend bedingt vorgenommen wird, wobei als Bedingung der wirksame Rücktritt vom Verpflichtungsgeschäft vereinbart wird. Auch in diesen Fällen ist der Veräußerer über § 161 Abs. 1 bzw 2 vor vertragswidrigen Verfügungen des Erwerbers über den Erbanteil geschützt. Da in diesen Fällen im Grundbuch bereits der Erwerber als Inhaber des Erbteils gebucht wird, besteht das Risiko, dass dieser zusammen mit den übrigen Miterben vor Kaufpreiszahlung wirksam zu Gunsten eines Gutgläubigen über das Grundstück verfügt. Hier hilft die Eintragung einer Verfügungsbeschränkung in Abt. II des Grundbuchs. Ähnlich wie bei der Gestaltung über eine aufschiebende Bedingung wird der die Urkunde vollziehende Notar angewiesen die bereits durch den Veräußerer bei Vertragschluss bewilligte Löschung der Verfügungsbeschränkung vorzunehmen, wenn dem Notar die entsprechenden Bestätigungen im Hinblick auf die Kaufpreiszahlung vorliegen oder die entsprechenden diesbezüglichen Nachweise erbracht worden sind.

Das hier verwendete Muster sieht eine Absicherung über die Vereinbarung einer **aufschiebenden** 19
Bedingung vor. Vorteil dieser Lösung ist, dass man sich die Eintragung eines Widerspruchs im Grundbuch spart.

Der Erwerber muss sowohl bei der Lösung über eine aufschiebende oder auflösende Bedingung 20
davor geschützt werden, den Kaufpreis zu zahlen, bevor sichergestellt ist, dass er den Erbteil erhält.

Dementsprechend sollte der Kaufpreis erst fällig werden, wenn die Erbfolge entsprechend § 39 21
GBO nachgewiesen ist, gegebenenfalls die Verzichtserklärungen der Miterben bzgl ihrer Vorkaufsrechte vorliegen oder ihr Vorkaufsrecht verfristet ist und sonstige etwa erforderliche Genehmigungen vorliegen.

Weiter ist, in Fällen in denen Grundstücke zum Nachlass gehören, der Erwerber davor zu 22
schützen, dass der Veräußerer mit dem anderen Miterben zusammen wirksam über Nachlassgrundstücke verfügt (§ 161 Abs. 3 iVm § 892). Dies geschieht durch Eintragung einer Verfügungsbeschränkung im Grundbuch. Diese wird bei Berichtigung des Grundbuchs nach Kaufpreiszahlung im Hinblick auf die Übertragung des Erbteils, gelöscht.

23 Bei der Gestaltung über eine aufschiebende Bedingung ist der Erwerber durch die Eintragung eines Widerspruchs gegen die bisher verlautbarte Grundbuchlage abzusichern.

24 Vorstehende Gestaltungselemente (aufschiebende bzw auflösende Bedingung) können auch mit der Abwicklung über ein **Notaranderkonto** kombiniert werden. In der Regel wird dann die Abtretung des Erbanteils aufschiebend bedingt vorgenommen, das Grundbuch nach Eingang des Kaufpreises auf dem Anderkonto und dem Vorliegen der sonstigen Vollzugsvoraussetzungen (Erledigung von Vorkaufsrechten und Vorliegen aller Genehmigungen) berichtigt und der Kaufpreis ausgekehrt nachdem die Berichtigung vorgenommen wurde. Statt der Auszahlung nach Grundbuchberichtigung, die der Erwerber durch Nichtzahlung der Grunderwerbsteuer blockieren kann (§ 22 GrEStG), kann auch vorgesehen werden, dass nach Eintragung einer Verfügungsbeschränkung (aufschiebende Bedingung) bzw eines Widerspruchs (auflösende Bedingung) ausgezahlt wird. Die Abwicklung über Anderkonto bietet den Beteiligten ein Höchstmaß an Sicherheit, geschieht in der Praxis wegen der mit der Abwicklung über ein Anderkonto einhergehenden Kosten und Zinsverlusten (regelmäßig keine oder nur geringe Verzinsung der auf dem Anderkonto hinterlegten Beträge) aber relativ selten.

25 [11] Im Rahmen der Haftung des Veräußerers ist zwischen der Haftung bzgl des übertragenen Erbteils und der Haftung für die zum Nachlass gehörenden Gegenstände zu unterscheiden. Abweichend von § 433 Abs. 1 S. 2 haftet der Erbschaftsverkäufer gem. § 2376 Abs. 2 für Sachmängel überhaupt nicht und nur in dem von § 2376 Abs. 1 Bestimmten Umfang für Rechtsmängel (vgl NK-BGB/*Beck* § 2376 Rn 1 ff).

26 Die gesetzliche Haftung des Veräußerers für den **Erbteil** an sich richtet sich nach § 2376 Abs. 1. Diese Haftung sollte im Rahmen einer entgeltlichen Veräußerung um eine Beschaffenheitsvereinbarung oder Garantie dahingehend ergänzt werden, dass der veräußerte Erbanteil nicht anderweitig veräußert, ge- oder verpfändet ist, dass wesentliche Nachlassgegenstände auch wirklich zum Nachlass gehören, keine unbekannten Nachlassverbindlichkeiten bestehen und eine etwa angefallene Erbschaftssteuer bezahlt ist (vgl §§ 2382, 2283 und § 20 ErbStG) und dass zwischen den Miterben kein Auseinandersetzungsvertrag bzw Abschichtungsvertrag abgeschlossen wurde.

27 Die gesetzliche Haftung des Veräußerers für **Sachmängel an Nachlassgegenständen** richtet sich nach § 2376 Abs. 2. Seine Haftung für Rechtsmängel an Nachlassgegenständen nach § 2376 Abs. 1. Demnach haftet der Veräußerer grds. weder für Rechts- noch Sachmängeln an Nachlassgegenständen. Diese Regelung ist unbefriedigend, da es dem Erbteilskäufer oft auf die Freiheit der Nachlassgegenstände von bestimmten Rechtsmängeln ankommen wird. Eine differenzierte Regelung ist angebracht. Diese wird regelmäßig dahingehend ausgestaltet sein, dass die Sachmängelhaftung ausgeschlossen wird und der Veräußerer die Haftung dafür übernimmt, dass beeinträchtigende Rechtsmängel, wie zB Grundpfandrechte, nicht vorliegen, wobei jedoch nicht beeinträchtigende Rechte, wie zB nicht wertmindernde Dienstbarkeiten, vom Erwerber übernommen werden.

28 [12] Aus der Unterscheidung zwischen Verpflichtungs- und Verfügungsgeschäft folgt, dass das Verpflichtungsgeschäft durch Übertragung des Erbanteils an sich dinglich vollzogen werden muss. Auch die **Übertragung** des Erbanteils ist **beurkundungsbedürftig** (§ 2033).

29 Die Übertragung des Erbanteils erfolgt durch Abtretung außerhalb des Grundbuches und führt zur Unrichtigkeit desselben. Insofern ist das Grundbuch zu berichtigen.

30 Die Eintragung der Verfügungsbeschränkung erfolgt im Hinblick auf die Absicherung des Erwerbs vor abredewidrigen Verfügungen des veräußernden Miterben mit den anderen Miterben über das zum Nachlass gehörende Grundstück. Hierbei ist die Löschung dieser Verfügungsbeschränkung mit vertragsgemäßem Vollzug vorzusehen.

31 [13] Verkauft ein Miterbe (oder dessen Erbe) seinen Erbanteil oder einen Bruchteil daran an einen Nichtmiterben, so steht den übrigen Miterben ein **Vorkaufsrecht** zu (§ 2034). Das Vor-

kaufsrecht ist vererblich (§ 2034 Abs. 2 S. 2). Die Frist für die Ausübung beträgt zwei Monate (§ 2034 Abs. 2 S. 1). Sie beginnt für jeden Miterben individuell mit dem Zugang der Mitteilung des Vorkaufsfalls (§ 469). Der Vorkaufsfall tritt mit Vorliegen eines wirksamen Kaufvertrages ein. Es müssen insbesondere alle notwendigen Genehmigungen vorliegen und der Verkauf muss formgültig sein. Kein Verkauf liegt bei einer Schenkung, einer gemischten Schenkung oder einem Tausch vor (BGH NJW 1957, 1515). Vorkaufsberechtigt sind sämtliche Miterben gemeinschaftlich (§§ 2043 Abs. 1, 472 S. 1). Das Vorkaufsrecht unterliegt der **gesamthänderischen Bindung** (BGH NJW 1982, 330). Bis zur Übertragung des verkauften Anteils ist das Vorkaufsrecht gegenüber dem Verkäufer auszuüben (§§ 2034, 464). Nach der Übertragung ist das Vorkaufsrecht gegenüber dem Erwerber auszuüben (§ 2035 Abs. 1). Der Verkäufer hat die Miterben von der Übertragung unverzüglich zu benachrichtigen (§ 2035 Abs. 2). Wird diese Unterrichtung unterlassen kann das Vorkaufsrecht entsprechend § 407 weiterhin gegenüber dem veräußernden Mitererben ausgeübt werden (Hk-BGB/*Hoeren* § 2035 Rn 2). Kein Vorkaufsrecht steht Erwerbern eines Erbanteils zu, die nicht originäre Miterben sind (Hk-BGB/*Hoeren* § 2034 Rn 4). Das Vorkaufsrecht ist nicht rechtsgeschäftlich übertragbar bzw pfändbar.

Der im Rahmen der Fälligstellung des Kaufpreises mit der Überwachung der Ausübung bzw Nichtausübung des Vorkaufsrechts beauftragte Notar sollte zur Mitteilung des Vorkaufsrechtes und zur Entgegennahme der Nichtausübungserklärung **bevollmächtigt** werden. Das Risiko, dass der Verkäufer, eine nach wie vor ihm gegenüber erklärbare Ausübung des Vorkaufsrechts, dem vollziehenden Notar nicht mitteilt, ist hinnehmbar, da das Vorkaufsrecht keine dingliche Wirkung entfaltet und somit den Rechtserwerb des Erwerbers nicht vereiteln kann. Das Risiko einer unterlassenen Mitteilung oder einer falschen Bestätigung sollte, weil von ihm kontrollierbar, dem Veräußerer zugewiesen werden. Entsprechende Klarstellungen sollten in der Urkunde vereinbart werden. 32

[14] Die Anzeigepflicht gegenüber dem Nachlassgericht dient dazu, die Nachlassgläubiger auf die veränderte Sachlage, insb. die Schuldenhaftung des Erwerber (§ 2382) hinzuweisen. Bei Unterlassen drohen Schadensersatzansprüche gegenüber dem Veräußerer (Hk-BGB/*Hoeren* § 2384 Rn 2). Die Anzeige ist **keine Wirksamkeitsvoraussetzung** für den Vertrag. 33

Notarkosten: Erbschaftskauf und Erbteilsübertragung werden in aller Regel zusammen beurkundet werden und sind in Hinblick auf die Kostenberechnung gegenstandsgleich (§ 44 Abs. 1KostO). Für die Beurkundung an sich fällt eine Gebühr nach § 36 Abs. 2 KostO an. Für die Bestimmung des Gebührenwertes sind gem. § 39 Abs. 2 KostO der kostenrechtliche Wert des übertragenen Erbanteils und die vereinbarte Gegenleistung gegenüberzustellen; der höhere Wert ist als Geschäftswert anzusetzen. Der Erbteilswert bestimmt sich nach dem Aktivwert des Nachlasses ohne Schuldenabzug (§ 18 Abs. 3 KostO). 34

Der Grundbuchberichtigungsantrag bzgl der Erbanteilsübertragung und der Widerspruch sind gegenstandsgleich mit dem Erbschaftskauf und werden nicht gesondert angesetzt. Der Grundbuchberichtigungsantrag bzgl der Erbfolge ist nicht gegenstandsgleich mit dem Erbschaftskauf (§ 44 Abs. 2 b KostO). Hierfür fällt eine Gebühr nach § 38 Abs. 2 Nr. 5 KostO an. Der Geschäftswert richtet sich nach dem Wert des Grundbesitzes auf den sich die Berichtigung bezieht. Für den Vollzug fallen unter Umständen Nebengebühren aus § 147 Abs. 2 KostO an (Überwachung der Fälligkeit, Überwachung der Umschreibung). Die Anzeige an das Nachlassgericht löst eine Vollzugsgebühr nach § 147 Abs. 2 KostO aus. Die Abwicklung über Notaranderkonto löst Gebühren nach § 149 KostO aus. 35

B. Schenkung und Erbanteilsübertragung

36 I. Muster: Schenkung und Übertragung eines Erbanteils

 1045 ▶ **Erbanteilsschenkung und Erbanteilsübertragung**[1]

Am …

zweitausend …

sind vor mir,

…

Notar in …[2]

in der Kanzlei … gleichzeitig anwesend:

1. A (persönliche Daten)
2. B (persönliche Daten)

Über den Grundbuchinhalt habe ich mich unterrichtet. Nach Hinweis darauf, dass diese Urkunde zur Wirksamkeit alle Abreden richtig und vollständig wiedergeben muss, beurkunde ich den Erklärungen gemäß was folgt:[2]

I. Vorbemerkung

Im Grundbuch des Amtsgerichts …Blatt … ist eingetragen: … [Grundbuchstand mit Belastungen in Abt. II und III]

Der im Grundbuch eingetragene Eigentümer ist am … verstorben. Der Erbfall wird geführt beim Amtsgericht … – Nachlassgericht - unter AZ: VI …/…

Zum Nachweis der Erbfolge ist dieser Urkunde eine beglaubigte Abschrift der Ausfertigung des Erbscheins beigefügt. Die Ausfertigung des Erbscheins ist dem Grundbuchamt zum Vollzug mit der Bitte um Rücksendung mit einzureichen. Demnach sind A, B, C, D und E alleinige Erbe des Erblassers.

Die Voreintragung der Erben wird auf Kosten der Erben bewilligt und beantragt.[3]

II. Vereinbarung

A – im Folgenden auch „der Veräußerer" – überlässt seinen in Abschnitt I bezeichneten Erbanteil am Nachlass nach … mit allen Rechten, Pflichten und Lasten an – im Folgenden auch „der Erwerber" – zur alleinigen Berechtigung.[4]

Die Überlassung erfolgt unentgeltlich im Wege der Schenkung.

Der Erwerber hat sich die heutige Überlassung nicht auf etwaige Pflichtteilsansprüche anrechnen zu lassen oder den Wert der heutigen Überlassung zur Ausgleichung zu bringen.[5]

III. Besitz, Nutzen, Lasten

Besitz, Nutzen, Lasten und die Gefahr eines zufälligen Untergangs oder einer zufälligen Verschlechterung der Erbschaftsgegenstände gehen mit Wirkung ab heute auf den Erwerber über.

Der Veräußerer hat außer dem Anteil an dem in Abschnitt I genannten Grundbesitz keine anderen Nachlassgegenstände oder Surrogate herauszugeben sowie keinen Wertersatz zu leisten. Im Gegenzug hierzu verzichtet der Veräußerer auf den Ersatz aller von ihm bisher auf die Erbschaft gemachten Aufwendungen, erfüllten Verbindlichkeiten, gezahlten Abgaben und außerordentlichen Lasten. Eine auf den veräußerten Erbteil entfallende Erbschaftssteuer ist vom Veräußerer zu zahlen.

IV. Haftung

Alle Ansprüche und Rechte aufgrund von Rechts- und/oder Sachmängeln betreffend den veräußerten Erbteil und die zum Nachlass gehörenden Sachen sind ausgeschlossen.

Schadenseratzansprüche bei Vorsatz oder Arglist bleiben unberührt.[6]

V. Übertragung, Grundbuchberichtigung

Der Veräußerer überträgt den überlassenen Erbenanteil an den Erwerber.

Der Erwerber nimmt die Übertragung hiermit an.

Die Vertragsteile bewilligen und der Erwerber beantragt die durch vorstehende Erbanteilsübertragung veranlasste Berichtigung des Grundbuches.[7]

VI. Hinweise

Der Notar weist insbesondere darauf hin, dass

- der Erwerber in seinem Vertrauen in die unbeschränkte und unbelastete Erbenstellung des Veräußerers und die Zugehörigkeit des aufgeführten Grundbesitzes zur Erbschaft nicht geschützt ist und er insoweit auf die Richtigkeit der Angaben des Veräußerers angewiesen ist
- durch die Erbanteilsübertragung sämtliche im ungeteilten Nachlass befindlichen Vermögenswerte einschließlich der Nachlassverbindlichkeiten auf den Erwerber übergehen
- die Haftung des Veräußerers für Nachlassverbindlichkeiten trotz der Erbanteilsübertragung weiter bestehen bleibt, daneben aber auch der Erwerber den Nachlassgläubigern sofort für alle Nachlassverbindlichkeiten haftet
- die beantragte Grundbuchberichtigung hinsichtlich der Erbanteilsübertragung erst erfolgen kann, wenn die Unbedenklichkeitsbescheinigung des Finanzamtes wegen der Grunderwerbsteuer vorliegt

VII. Schlussbestimmungen

Der amtierende Notar und dessen Sozius sind zum Vollzug dieser Urkunde beauftragt. Sie sind hierzu je einzeln bevollmächtigt,

- ohne Beschränkung auf § 15 GBO Grundbuchbewilligungen jeder Art abzugeben, Anträge ganz oder teilweise zu stellen, zu ändern und zurückzunehmen
- Entwürfe für zum vertragsgemäßen Vollzug notwendige Erklärungen zu fertigen, diese einzuholen und bei antragsgemäßer Erteilung entgegenzunehmen
- die Anzeige gegenüber dem Nachlassgericht vorzunehmen.[5]

Etwa anfallende Schenkungsteuer trägt der Begünstigte. Der Notar hat keinen steuerlichen Beratungsauftrag übernommen.

Die Kosten dieser Urkunde, etwaiger Genehmigungen und Zeugnisse, des grundbuchamtlichen Vollzuges sowie die Katasterfortführungsgebühr trägt der Erwerber.

Es erhalten:

- einfache Abschriften: Veräußerer; Erwerber, Finanzamt (Grunderwerbsteuerstelle)
- beglaubigte Abschriften: Grundbuchamt; Nachlassgericht samt Anzeige; Finanzamt (Schenkungsteuerstelle)

Der Erwerber erhält nach Vollzug einen Grundbuchauszug

■■■

[Schlussvermerk]

■■■

Unterschriften ◄

II. Erläuterungen

[1] Zu den allgemeinen Fragen einer Erbanteilsübertragung vgl Rn 1 ff. 37

[2] Häufig wird der Erbanteilsübertragung eine Schenkung als Verpflichtungsgeschäft zu Grunde liegen. Bei der Schenkung ist bezüglich des Verpflichtungsgeschäftes das **Formerfordernis** des § 2385 Abs. 2 iVm § 2371 zu beachten (notarielle Beurkundung erforderlich). Anders als 38

beim Erbschaftskauf findet hier eine Heilung der formunwirksamen Schenkung durch formgerechte Übertragung des Erbanteiles statt (§ 518 Abs. 2). Vorkaufsrechte bestehen nicht, da bei einer Schenkung, einer gemischten Schenkung oder einem Tausch kein Verkauf iS der gesetzlichen Vorschriften vorliegt (BGH NJW 1957, 1515).

39 [3] Gehören Grundstücke zum Nachlass ist das Grundbuch im Hinblick auf die durch die Erbfolge eingetretene Unrichtigkeit des Grundbuchs bzgl der Verlautbarung der Eigentümerstellung zu berichtigen (§ 39 GBO). Vgl hierzu Rn 5.

40 [4] Die Gestaltung des Vertrages, der auf die Übertragung eines Erbanteils gerichtet ist, hat die Unterscheidung zwischen Verpflichtungs- und Verfügungsgeschäft nachzuvollziehen und zu beachten. Es sollte stets klargestellt werden, was Inhalt des Verpflichtungsgeschäftes ist und die Gegenleistung, falls vereinbart, genau bestimmt werden. Auch sollte präzise festgehalten werden, dass Verfügungsgegenstand der Erbanteil an sich ist, auch wenn die Übertragung des Erbanteils mittelbar auf eine wirtschaftliche Beteiligung an Nachlassgegenständen abzielt.

41 [5] Im Rahmen von grds. freigiebigen Zuwendungen sind bei Pflichtteilsberechtigten Personen § 2315 und bei Abkömmlingen § 2050 zu beachten. Die Urkunde sollte also Regelungen darüber beinhalten, ob eine Anrechnung auf den Pflichtteil erfolgt und ob die Überlassung gegenüber den anderen Abkömmlingen auszugleichen ist. Bei Ehegatten sind weiter Regelungen zu § 1380 in die Urkunde aufzunehmen.

42 Im Zusammenhang mit der Überlassung kann sich der Veräußerer weitere Gegenleistungen ausbedingen. Die Schenkung wird dazu zur sog. **gemischten Schenkung** (BGH NJW 1995 1394). In Betracht kommen vor allem Nutzungsrechte an Nachlassgegenständen, die Vereinbarung einer Leibrente und die Vereinbarung von Rückforderungsrechten, letzteres jedoch nur insoweit als die Erbengemeinschaft nicht durch die Erbteilsübertragung aufgelöst wird. Die Urkunde sollte klarstellen, ob weitere Gegenleistungen von den Beteiligten gewünscht sind oder nicht.

43 [6] Im Rahmen der Haftung des Veräußerers ist zwischen der Haftung bzgl des übertragenen Erbteils und der Haftung für die zum Nachlass gehörenden Gegenstände zu unterscheiden.

44 § 2385 Abs. 2 gleicht die Haftung des Schenkers bei der Erbschaftsschenkung dem allg. Schenkungsrecht an. Bzgl der Haftung des Schenkers gilt also § 521 mit den Modifikationen durch § 2385 Abs. 2.

45 In aller Regel wird die Vereinbarung eines **umfassenden Haftungsausschlusses** bzgl Rechts- und Sachmängel angebracht sein.

46 [7] Aus der Unterscheidung zwischen Verpflichtungs- und Verfügungsgeschäft folgt, dass das Verpflichtungsgeschäft durch Übertragung des Erbanteils an sich dinglich vollzogen werden muss. Auch die Übertragung des Erbanteils ist beurkundungsbedürftig (§ 2033).

47 Die Übertragung des Erbanteils erfolgt durch Abtretung außerhalb des Grundbuches und führt zur Unrichtigkeit desselben. Insofern ist das Grundbuch zu berichtigen. Für den Fall, dass der Erbanteilsübertragung Schenkung zu Grunde liegt, ist anders als beim Kauf keine Absicherung eines Leistungsaustausches notwendig.

48 [8] Die Anzeigepflicht gegenüber dem Nachlassgericht ergibt sich aus § 2385 Abs. 1 iVm § 2384 Abs. 1. Diese dient dazu, die Nachlassgläubiger auf die veränderte Sachlage, insb. die Schuldenhaftung des Erwerber (§ 2382) hinzuweisen. Bei Unterlassen drohen Schadensersatzansprüche gegenüber dem Veräußerer (Hk-BGB/*Hoeren* § 2384 Rn 2). Die Anzeige ist keine Wirksamkeitsvoraussetzung für den Vertrag.

49 **Notarkosten:** Erbschaftsschenkung und Erbteilsübertragung werden in aller Regel zusammen beurkundet werden und sind in Hinblick auf die Kostenberechnung gegenstandsgleich (§ 44 Abs. 1KostO). Für die Beurkundung an sich fällt eine Gebühr nach § 36 Abs. 2 KostO an. Für die Bestimmung des Gebührenwertes sind gem. § 39 Abs. 2 KostO der kostenrechtliche Wert

des übertragenen Erbanteils und die vereinbarten Gegenleistungen gegenüberzustellen; der höhere Wert ist als Geschäftswert anzusetzen. Der Erbteilswert bestimmt sich nach dem Aktivwert des Nachlasses ohne Schuldenabzug (§ 18 Abs. 3 KostO). Die Anzeige an das Nachlassgericht löst eine Vollzugsgebühr nach § 147 Abs. 2 KostO aus.

50 Der Grundbuchberichtigungsantrag bzgl der Erbanteilsübertragung sind gegenstandsgleich mit dem Erbschaftsschenkung und werden nicht gesondert angesetzt. Der Grundbuchberichtigungsantrag bzgl der Erbfolge ist nicht gegenstandsgleich mit dem Erbschaftskauf (§ 44 Abs. 2 b KostO). Hierfür fällt eine Gebühr nach § 38 Abs. 2 Nr. 5 KostO an. Der Geschäftswert richtet sich nach dem Wert des Grundbesitzes auf den sich die Berichtigung bezieht.

C. Erbanteilsverpfändung

I. Muster: Verpfändung eines Erbanteils 51

▶ **Verpfändung eines Erbanteils**[1]

Am …

zweitausend …

sind vor mir,

…

Notar in …

in der Kanzlei … gleichzeitig anwesend:

1. A (persönliche Daten)
2. B (persönliche Daten)

Über den Grundbuchinhalt habe ich mich unterrichtet. Nach Hinweis darauf, dass diese Urkunde zur Wirksamkeit alle Abreden richtig und vollständig wiedergeben muss, beurkunde ich den Erklärungen gemäß was folgt:[2]

I. Vorbemerkung

Im Grundbuch des Amtsgerichts … Blatt … ist eingetragen: … [Grundbuchstand mit Belastungen in Abt. II und III]

Der im Grundbuch eingetragene Eigentümer ist am … verstorben. Der Erbfall wird geführt beim Amtsgericht … – Nachlassgericht – unter AZ: VI …/…

Zum Nachweis der Erbfolge ist dieser Urkunde eine beglaubigte Abschrift der Ausfertigung des Erbscheins beigefügt. Die Ausfertigung des Erbscheins ist dem Grundbuchamt zum Vollzug mit der Bitte um Rücksendung mit einzureichen. Demnach sind A, B, C, D und E alleinige Erbe des Erblassers.

Die Voreintragung der Erben wird auf Kosten der Erben bewilligt und beantragt.[3]

A schuldet B aus einem Darlehensvertrag abgeschlossen am … (Datum) einen Betrag in Höhe von …. samt Zinsen hieraus in Höhe von … % seit dem … (Datum). Die Zinsen sind jeweils nachträglich für das abgelaufene Kalenderjahr zu zahlen. Der Darlehensrückzahlungsanspruch ist fällig.[4]

II. Vereinbarung

A – im Folgenden auch „der Sicherungsgeber" – verpfändet hiermit seinen in Abschnitt I bezeichneten Erbanteil am Nachlass nach … an B – im Folgenden auch „der Gläubiger" – zur alleinigen Berechtigung. Über die Verpfändung sind sich die Beteiligten einig. Die Verpfändung dient zur Absicherung der unter I beschriebenen Forderung des Gläubigers gegen den Sicherungsgeber.[5]

Der Sicherungsgeber verpflichtet sich weiter gegenüber dem Gläubiger zur Zahlung eines der geschuldeten Darlehenssumme nebst Zinsen entsprechenden sofort fälligen Betrages (§ 780 BGB).

Wegen dieser Zahlungsverpflichtung unterwirft sich der Sicherungsgeber gegenüber dem Gläubiger der sofortigen Zwangsvollstreckung aus dieser Urkunde in sein gesamtes Vermögen.

Der Gläubiger ist berechtigt, den Sicherungsgeber aus diesem Schuldversprechen auch ohne vorherige Vollstreckung in den Pfandbesitz in Anspruch zu nehmen. Vollstreckbare Ausfertigung dieser Urkunde für den Gläubiger kann jederzeit erteilt werden ohne den Nachweis der die Fälligkeit begründenden Tatsachen erteilt werde. Eine Umkehr der Beweislast ist hiermit nicht verbunden.[6]

III. Haftung

Der Sicherungsgeber garantiert, dass

- der verpfändete Erbanteil nicht anderweitig veräußert oder verpfändet wurde und er auch nicht gepfändet oder mit sonstigen Rechten Dritter belastet ist,
- der in Abschnitt I genannte Grundbesitz zur Erbschaft gehört,
- zwischen den Miterben kein schuldrechtlicher Auseinandersetzungsvertrag bezüglich des in Abschnitt I bezeichneten Grundbesitzes bzw keine Abschichtungsvereinbarung abgeschlossen wurde.[7]

IV. Grundbuchberichtigung

Die Vertragsteile beantragen die durch vorstehende Verpfändung veranlasste Berichtigung des Grundbuches.[8]

V. Hinweise

Der Notar weist insbesondere darauf hin, dass der Gläubiger in seinem Vertrauen in die unbeschränkte und unbelastete Erbenstellung des Sicherungsgebers und die Zugehörigkeit des aufgeführten Grundbesitzes zur Erbschaft nicht geschützt ist und er insoweit auf die Richtigkeit der Angaben des Sicherungsgebers angewiesen ist und das zur Herbeiführung der durch die Verpfändung bewirkten Verfügungsbeschränkungen, die Mitteilung der Verpfändung an die übrigen Miterben notwendig ist.

VI. Schlussbestimmungen

Der amtierende Notar und dessen Sozius sind zum Vollzug dieser Urkunde beauftragt. Sie sind hierzu je einzeln bevollmächtigt,

- ohne Beschränkung auf § 15 GBO Grundbuchbewilligungen jeder Art abzugeben, Anträge ganz oder teilweise zu stellen, zu ändern und zurückzunehmen
- Entwürfe für zum vertragsgemäßen Vollzug notwendige Erklärungen zu fertigen, diese einzuholen und bei antragsgemäßer Erteilung entgegenzunehmen
- die Anzeige gegenüber den übrigen Miterben und dem Nachlassgericht vorzunehmen.[9]

Die Kosten dieser Urkunde, etwaiger Genehmigungen und Zeugnisse, des grundbuchamtlichen Vollzuges sowie die Katasterfortführungsgebühr trägt der Sicherungsgeber.

Es erhalten:

- einfache Abschriften: Sicherungsgeber; Gläubiger
- beglaubigte Abschriften: Grundbuchamt; Nachlassgericht samt Anzeige, sämtliche nicht an der heutigen Urkunde beteiligten Miterben zur Anzeige

Der Gläubiger erhält nach Vollzug einen Grundbuchauszug

...

[Schlussvermerk]

...

Unterschriften ◄

II. Erläuterungen

52 [1] Die **Verpfändung** eines Erbanteils oder Teils davon ist möglich. Der Pfandgläubiger ist gem. §§ 1273 Abs. 2, 1258 nur am Erbanteil berechtigt. Das Pfandrecht erstreckt sich **nicht** an ein-

zelnen Nachlassgegenständen. (NK-BGB/*Ann* § 2033 Rn 21). Rechtsfolge der Erbteilsverpfändung ist, dass dem Gläubiger die **vermögensrechtlichen Rechte** des Miterben zustehen (NK-BGB/*Ann* § 2033 Rn 21). So können insbesondere den Erbteil beeinträchtigende Verfügungen nur unter Mitwirkung des Pfandgläubigers getroffen werden (§ 1276). Hierunter fallen zB die Erbauseinandersetzung und die Verfügung über Nachlassgegenstände. Die Verfügung über den Erbanteil an sich ist weiter möglich. Ein gutgläubiger lastenfreier Erwerb des Erbanteils findet jedoch nicht statt. Der Pfandgläubiger haftet **nicht** für Nachlassverbindlichkeiten (NK-BGB/*Ann* § 2033 Rn 22).

[2] Die Verpfändung ist nach § 1274 Abs. 1 iVm § 2033 Abs. 1 beurkundungsbedürftig. Die Vorschriften über den Erbschaftskauf (§§ 2371 ff finden auf die Verpfändung keine Anwendung. Da die Verpfändung ein Recht und keine Forderung betrifft, ist keine Anzeige nach § 1280 an die übrigen Inhaber der Erbanteile erforderlich. Die Anzeige ist jedoch **dringend** anzuraten, da nur durch die Mitteilung die Änderung der Verfügungsbefugnis über den verpfändeten Erbteil, den anderen Inhabern von Erbteilen gegenüber wirkt (NK-BGB/*Ann* § 2033 Rn 12). 53

[3] Gehören Grundstücke zum Nachlass ist das Grundbuch im Hinblick auf die durch die Erbfolge eingetretenen Unrichtigkeit des Grundbuchs bzgl der Verlautbarung der Eigentümerstellung zu berichtigen bevor die Verpfändung eingetragen werden kann (§ 39 GBO). Vgl im Übrigen hierzu Rn 5. 54

[4] Ein Pfandrecht ist **akzessorisch** und setzt das Bestehen einer zu sichernden Forderung voraus (§§ 1273, 1204). Die Forderung sollte in der Urkunde **präzise** mit allen Zahlungs- und Zinsbestimmungen festgehalten werden. 55

[5] Die Verpfändung setzt voraus, dass sich der Sicherungsgeber und der Pfandgläubiger über die Bestellung des Pfandrechts einig sind. Der Pfandgegenstand ist um den Bestimmtheitserfordernis Rechnung zu tragen genau zu bezeichnen. 56

[6] In Ergänzung zur Verpfändung des Erbanteils wird es auch oft angezeigt sein den Pfandgläubiger zusätzlich ein **abstraktes Schuldanerkenntnis** mit Unterwerfung unter die sofortige Zwangsvollstreckung erklären zu lassen. 57

[7] Der Sicherungsgeber sollte im Wege einer Garantie die Haftung für die Voraussetzungen übernehmen, die für das Entstehen eines Pfandrechtes am Erbanteil notwendig sind. 58

[8] Zur Verhinderung eines gutgläubigen lastenfreien Erwerbs des Nachlassgrundstücks durch Dritte sollte die Verpfändung im Wege der Grundbuchberichtigung in das Grundbuch eingetragen werden. Als Unrichtigkeitsnachweis genügt der Nachweis der Pfandrechtsentstehung durch Vorlage der Verpfändungsurkunde. 59

[9] Eine Anzeigepflicht nach § 2384 Abs. 1 besteht nicht, kann aber uU angezeigt sein, um das Nachlassgericht zur Beachtung der durch die Verpfändung eingetretenen Veränderung der Verfügungsbefugnis über Nachlassgegenstände anzuhalten. 60

Notarkosten: Für die Beurkundung der Verpfändung fällt eine Gebühr nach § 36 Abs. 2 KostO an. Für die Bestimmung des Gebührenwertes ist gem. § 23Abs. 1 KostO der kostenrechtliche Wert des verpfändeten Erbanteils oder der Wert der gesicherten Forderung maßgeblich je nachdem, welcher Wert geringer ist. Der Erbteilswert bestimmt sich nach dem Aktivwert des Nachlasses ohne Schuldenabzug (§ 18 Abs. 3 KostO). 61

Der Grundbuchberichtigungsantrag bzgl der Verpfändung ist gegenstandsgleich mit der Verpfändung und wird nicht gesondert angesetzt. Der Grundbuchberichtigungsantrag bzgl der Erbfolge ist nicht gegenstandsgleich mit der Verpfändung (§ 44 Abs. 2 b KostO). Hierfür fällt eine Gebühr nach § 38 Abs. 2 Nr. 5 KostO an. Der Geschäftswert richtet sich nach dem Wert des Grundbesitzes auf den sich die Berichtigung bezieht. 62

D. Nießbrauch an einem Erbanteil

63 **I. Muster: Bestellung eines Nießbrauchs an einem Erbanteil**

▶ **Bestellung eines Nießbrauchs an einem Erbanteil**[1]

Am ▪▪▪
zweitausend ▪▪▪
sind vor mir,

▪▪▪

Notar in ▪▪▪
in der Kanzlei ▪▪▪ gleichzeitig anwesend:

1. A (persönliche Daten)
2. B (persönliche Daten)

Über den Grundbuchinhalt habe ich mich unterrichtet. Nach Hinweis darauf, dass diese Urkunde zur Wirksamkeit alle Abreden richtig und vollständig wiedergeben muss, beurkunde ich den Erklärungen gemäß was folgt:[2]

I. Vorbemerkung

Im Grundbuch des Amtsgerichts ▪▪▪ Blatt ▪▪▪ ist eingetragen: ▪▪▪ [Grundbuchstand mit Belastungen in Abt. II und III]

Der im Grundbuch eingetragene Eigentümer ist am ▪▪▪ verstorben. Der Erbfall wird geführt beim Amtsgericht ▪▪▪ – Nachlassgericht – unter AZ: VI ▪▪▪/▪▪▪

Zum Nachweis der Erbfolge ist dieser Urkunde eine beglaubigte Abschrift der Ausfertigung des Erbscheins beigefügt. Die Ausfertigung des Erbscheins ist dem Grundbuchamt zum Vollzug mit der Bitte um Rücksendung mit einzureichen. Demnach sind A und B alleinige Erbe des Erblassers.

Die Voreintragung der Erben wird auf Kosten der Erben bewilligt und beantragt.[3]

II. Vereinbarung

A – im Folgenden auch „der Niesbrauchsgeber" – räumt hiermit B – im Folgenden auch „der Berechtigte" an seinem in Abschnitt I bezeichneten Erbanteil am Nachlass nach ▪▪▪ zur alleinigen Berechtigung ein Nießbrauchsrecht ein. Über die Bestellung des Nießbrauchs sind sich die Beteiligten einig. Für den Inhalt des Nießbrauchs gelten die gesetzlichen Vorschriften mit der Abweichung, dass die Ausübung des Nießbrauchs einer Dritten Person nicht überlassen werden kann.[4]

Die Einräumung des Nießbrauchs erfolgt unentgeltlich im Wege der Schenkung.

Der Berechtigter hat sich die heutige Überlassung nicht auf etwaige Pflichtteilsansprüche anrechnen zu lassen oder den Wert der heutigen Überlassung zur Ausgleichung zu bringen.[5]

III. Besitz, Nutzen, Lasten

Besitz, Nutzen, Lasten und die Gefahr eines zufälligen Untergangs oder einer zufälligen Verschlechterung der Erbschaftsgegenstände gehen mit Wirkung ab heute auf den Erwerber über. Vorstehendes gilt nur insoweit, als sich nicht aus dem Nießbrauch etwas anderes ergibt.

IV. Haftung

Der Niesbrauchsgeber garantiert, dass

- der Erbanteil nicht anderweitig veräußert oder verpfändet wurde und er auch nicht gepfändet oder mit sonstigen Rechten Dritter belastet ist,
- der in Abschnitt I genannte Grundbesitz zur Erbschaft gehört,
- zwischen den Miterben kein schuldrechtlicher Auseinandersetzungsvertrag bezüglich des in Abschnitt I bezeichneten Grundbesitzes bzw keine Abschichtungsvereinbarung abgeschlossen wurde.[6]

V. Grundbuchberichtigung

Die Vertragsteile beantragen die durch vorstehende Nießbrauchseinräumung veranlasste Berichtigung des Grundbuches.[7]

VI. Hinweise

Der Notar weist insbesondere darauf hin, dass der Berechtigte in seinem Vertrauen in die unbeschränkte und unbelastete Erbenstellung des Niesbrauchsgebers und die Zugehörigkeit des aufgeführten Grundbesitzes zur Erbschaft nicht geschützt ist und er insoweit auf die Richtigkeit der Angaben des Niesbrauchsgebers angewiesen ist und das zur Herbeiführung der durch die Bestellung des Nießbrauchs bewirkten Verfügungsbeschränkungen, die Mitteilung der Bestellung an die übrigen Miterben notwendig ist.

VII. Schlussbestimmungen

Der amtierende Notar und dessen Sozius sind zum Vollzug dieser Urkunde beauftragt. Sie sind hierzu je einzeln bevollmächtigt,

- ohne Beschränkung auf § 15 GBO Grundbuchbewilligungen jeder Art abzugeben, Anträge ganz oder teilweise zu stellen, zu ändern und zurückzunehmen
- Entwürfe für zum vertragsgemäßen Vollzug notwendige Erklärungen zu fertigen, diese einzuholen und bei antragsgemäßer Erteilung entgegenzunehmen
- die Anzeige gegenüber den übrigen Miterben und dem Nachlassgericht vorzunehmen.[8]

Die Kosten dieser Urkunde, etwaiger Genehmigungen und Zeugnisse, des grundbuchamtlichen Vollzuges sowie die Katasterfortführungsgebühr trägt der Berechtigte.

Es erhalten:

- einfache Abschriften: Niesbrauchsgeber; Berechtigter
- beglaubigte Abschriften: Grundbuchamt; Nachlassgericht samt Anzeige, sämtliche nicht an der heutigen Urkunde beteiligten Miterben zur Anzeige

Der Gläubiger erhält nach Vollzug einen Grundbuchauszug

■■■

[Schlussvermerk]

■■■

Unterschriften ◀

II. Erläuterungen

[1] Die Bestellung eines Nießbrauchs an einem Erbanteil oder einem Teil davon ist nach §§ 1069 Abs. 1, 2033 Abs. 1 möglich. Der Nießbrauch am Erbanteil ist anders als der Nießbrauch am gesamten Nachlass ein **Rechtsnießbrauch**. Der Nießbrauchsberechtigte ist gem. §§ 1068 Abs. 2, 1066 nur am Erbanteil berechtigt. Der Nießbrauch erstreckt sich nicht auf die einzelnen Nachlassgegenständen. (NK-BGB/*Ann* § 2033 Rn 25). Rechtsfolge der Bestellung des Nießbrauchs ist, dass der Nießbrauchsberechtigte die vermögensrechtlichen Rechte des Miterben zustehen (NK-BGB/*Ann* § 2033 Rn 26). Der Nießbrauchsberechtigte ist über § 1071 vor belastenden Verfügungen über den Erbanteil geschützt. Die Verfügung über den Erbanteil an sich ist trotz Bestellung des Nießbrauchs weiter möglich. Ein gutgläubiger lastenfreier Erwerb des Erbanteils findet jedoch nicht statt. Der Pfandgläubiger haftet **nicht** für Nachlassverbindlichkeiten (NK-BGB/*Ann* § 2033 Rn 26). 64

[2] Die Bestellung eines Nießbrauchs ist nach § 1069 iVm § 2033 Abs. 1 **beurkundungsbedürftig**. Das der Nießbrauchsbestellung zu Grunde liegende Kausalgeschäft ist gem. §§ 2385, 2371 beurkundungsbedürftig. 65

66 [3] Gehören Grundstücke zum Nachlass ist das Grundbuch im Hinblick auf die durch die Erbfolge eingetretenen Unrichtigkeit des Grundbuchs bzgl der Verlautbarung der Eigentümerstellung zu berichtigen bevor die Bestellung des Nießbrauchs eingetragen werden kann (§ 39 GBO). Vgl im Übrigen hierzu Rn 4.

67 [4] Die Bestellung des Nießbrauchs setzt voraus, dass sich der Nießbrauchsgeber und der Nießbrauchsberechtigte über die Bestellung des Nießbrauchs einig sind. Der Belastungsgegenstand ist um den Bestimmtheitserfordernis Rechnung zu tragen genau zu bezeichnen.

68 [5] Die Einräumung eines Nießbrauchs wird häufig **unentgeltlich** erfolgen. Häufig wird dies der Fall sein, wenn das in Erbengemeinschaft mit dem überlebenden Ehegatten erbende Kind, dem überlebenden Elternteil die alleinige wirtschaftliche Inhaberschaft des Nachlasses ermöglichen möchte. Auch im Rahmen des sog. Württembergischen Modells (vgl hierzu *J. Mayer* DStR 2004, 1409 ff) wird der Nießbrauch am Erbanteil als Vermächtnis ausgesetzt.

69 [6] Der Sicherungsgeber sollte im Wege einer Garantie die Haftung für die Voraussetzungen übernehmen, die für das Entstehen eines Nießbrauchs am Erbanteil notwendig sind.

70 [7] Der Nießbrauch sollte im Wege der Grundbuchberichtigung als Verfügungsbeschränkung der Miterben in das Grundbuch eingetragen werden (NK-BGB/*Ann* § 2033 Rn 25). Als Unrichtigkeitsnachweis genügt der Nachweis der Entstehung des Nießbrauchs durch Vorlage der Bestellungsurkunde

71 [8] Es besteht nach hM eine Anzeigepflicht nach § 2384 Abs. 1.

Notarkosten: Für die Beurkundung der Nießbrauchsbestellung fällt eine Gebühr nach § 36 Abs. 2 KostO an. Für die Bestimmung des Gebührenwertes ist gem. § 24 Abs. 3 KostO der kostenrechtliche Wert des belasteten Erbanteils maßgeblich. Der Erbteilswert bestimmt sich nach dem Aktivwert des Nachlasses ohne Schuldenabzug (§ 18 Abs. 3 KostO). Die Anzeige an das Nachlassgericht löst eine Vollzugsgebühr nach § 147 Abs. 2 KostO aus.

72 Der Grundbuchberichtigungsantrag bzgl der Nießbrauchsbestellung ist gegenstandsgleich mit der Bestellung des Nießbrauchs und wird nicht gesondert angesetzt. Der Grundbuchberichtigungsantrag bzgl der Erbfolge ist nicht gegenstandsgleich mit der Nießbrauchsbestellung (§ 44 Abs. 2 b KostO). Hierfür fällt eine Gebühr nach § 38 Abs. 2 Nr. 5 KostO an. Der Geschäftswert richtet sich nach dem Wert des Grundbesitzes auf den sich die Berichtigung bezieht.

§ 2034 Vorkaufsrecht gegenüber dem Verkäufer

(1) Verkauft ein Miterbe seinen Anteil an einen Dritten, so sind die übrigen Miterben zum Vorkauf berechtigt.
(2) [1]Die Frist für die Ausübung des Vorkaufsrechts beträgt zwei Monate. [2]Das Vorkaufsrecht ist vererblich.

§ 2035 Vorkaufsrecht gegenüber dem Käufer

(1) [1]Ist der verkaufte Anteil auf den Käufer übertragen, so können die Miterben das ihnen nach § 2034 dem Verkäufer gegenüber zustehende Vorkaufsrecht dem Käufer gegenüber ausüben. [2]Dem Verkäufer gegenüber erlischt das Vorkaufsrecht mit der Übertragung des Anteils.
(2) Der Verkäufer hat die Miterben von der Übertragung unverzüglich zu benachrichtigen.

§ 2036 Haftung des Erbteilkäufers

[1]Mit der Übertragung des Anteils auf die Miterben wird der Käufer von der Haftung für die Nachlassverbindlichkeiten frei. [2]Seine Haftung bleibt jedoch bestehen, soweit er den Nachlassgläubigern nach den §§ 1978 bis 1980 verantwortlich ist; die Vorschriften der §§ 1990, 1991 finden entsprechende Anwendung.

§ 2037 Weiterveräußerung des Erbteils

Überträgt der Käufer den Anteil auf einen anderen, so finden die Vorschriften der §§ 2033, 2035, 2036 entsprechende Anwendung.

§ 2038 Gemeinschaftliche Verwaltung des Nachlasses

(1) [1]Die Verwaltung des Nachlasses steht den Erben gemeinschaftlich zu. [2]Jeder Miterbe ist den anderen gegenüber verpflichtet, zu Maßregeln mitzuwirken, die zur ordnungsmäßigen Verwaltung erforderlich sind; die zur Erhaltung notwendigen Maßregeln kann jeder Miterbe ohne Mitwirkung der anderen treffen.
(2) [1]Die Vorschriften der §§ 743, 745, 746, 748 finden Anwendung. [2]Die Teilung der Früchte erfolgt erst bei der Auseinandersetzung. [3]Ist die Auseinandersetzung auf längere Zeit als ein Jahr ausgeschlossen, so kann jeder Miterbe am Schluss jedes Jahres die Teilung des Reinertrags verlangen.

§ 2039 Nachlassforderungen

[1]Gehört ein Anspruch zum Nachlass, so kann der Verpflichtete nur an alle Erben gemeinschaftlich leisten und jeder Miterbe nur die Leistung an alle Erben fordern. [2]Jeder Miterbe kann verlangen, dass der Verpflichtete die zu leistende Sache für alle Erben hinterlegt oder, wenn sie sich nicht zur Hinterlegung eignet, an einen gerichtlich zu bestellenden Verwahrer abliefert.

§ 2040 Verfügung über Nachlassgegenstände, Aufrechnung

(1) Die Erben können über einen Nachlassgegenstand nur gemeinschaftlich verfügen.
(2) Gegen eine zum Nachlass gehörende Forderung kann der Schuldner nicht eine ihm gegen einen einzelnen Miterben zustehende Forderung aufrechnen.

§ 2041 Unmittelbare Ersetzung

[1]Was auf Grund eines zum Nachlass gehörenden Rechts oder als Ersatz für die Zerstörung, Beschädigung oder Entziehung eines Nachlassgegenstands oder durch ein Rechtsgeschäft erworben wird, das sich auf den Nachlass bezieht, gehört zum Nachlass. [2]Auf eine durch ein solches Rechtsgeschäft erworbene Forderung findet die Vorschrift des § 2019 Abs. 2 Anwendung.

§ 2042 Auseinandersetzung

(1) Jeder Miterbe kann jederzeit die Auseinandersetzung verlangen, soweit sich nicht aus den §§ 2043 bis 2045 ein anderes ergibt.
[2] Die Vorschriften des § 749 Abs. 2, 3 und der §§ 750 bis 758 finden Anwendung.

A. Vertragsgestaltung

I. Erbauseinandersetzung

1 **1. Muster: Erbauseinandersetzungsvereinbarung**

▶ Erbauseinandersetzung[1]

Am ▪▪▪

zweitausend ▪▪▪

sind vor mir,

▪▪▪

Notar in ▪▪▪

in der Kanzlei ▪▪▪ gleichzeitig anwesend:

1. A [persönliche Daten]
2. B [persönliche Daten]
3. C [persönliche Daten]

Über den Grundbuchinhalt habe ich mich unterrichtet. Nach Hinweis darauf, dass diese Urkunde zur Wirksamkeit alle Abreden richtig und vollständig wiedergeben muss, beurkunde ich den Erklärungen gemäß was folgt:[2]

I. Vorbemerkung

Im Grundbuch des Amtsgerichts ▪▪▪ Blatt ▪▪▪ ist eingetragen: ▪▪▪ [Grundbuchstand mit Belastungen in Abt. II und III]

Der im Grundbuch eingetragene Eigentümer ist am ▪▪▪ verstorben. Der Erbfall wird geführt beim Amtsgericht ▪▪▪ – Nachlassgericht – unter AZ: VI ▪▪▪/▪▪▪

Der eingetragene Eigentümer wurde demnach aufgrund öffentlicher Urkunde (Erbvertrag oder Testament) des Notars ▪▪▪ in ▪▪▪ vom ▪▪▪ URNr. ▪▪▪ ausschließlich beerbt von den Beteiligten A, B und C.

Zum Nachweis der Erbfolge wird auf die Nachlassakten Bezug genommen. Eine beglaubigte Abschrift der Eröffnungsniederschrift samt der maßgeblichen Verfügung von Todes wegen ist dieser Urkunde zur Kenntnisnahme beigefügt.

Die Berichtigung des im Grundbuch eingetragenen Eigentümers wird – soweit zum Vollzug dieser Urkunde erforderlich und noch nicht geschehen – beantragt.[3]

Im Handelsregister des Amtsgerichts ▪▪▪ ist die Firma ▪▪▪ GmbH mit dem Sitz in ▪▪▪ unter HRB ▪▪▪ eingetragen. Das Stammkapital der Gesellschaft beträgt EUR ▪▪▪

An der Gesellschaft ist ausweislich der letzten beim Handelsregister aufgenommenen Gesellschafterliste der Erblasser als Alleingesellschafter beteiligt.

Der derzeit gültige Satzungswortlaut ergibt sich aus der anlässlich zur Urkunde des Notars ▪▪▪ in ▪▪▪ am ▪▪▪ beschlossenen Satzungsänderung von diesem erstellten Bescheinigung nach § 54 GmbHG vom ▪▪▪ Die Abtretung eines Geschäftsanteils bedarf nach der Satzung keiner Zustimmung. Ein satzungsgemäßes Vorkaufsrecht oder Ankaufsrecht besteht nicht. Nach der Satzung der Gesellschaft bestehen keine Nachschuss- oder Nebenleistungsverpflichtungen. Die Gesellschaft hat keinen Grundbesitz. Die Gesellschaft ist auch nicht an Gesellschaften beteiligt, zu deren Vermögen Grundbesitz gehört. Die Beteiligten erklären, dass der Erblasser für Verbindlichkeiten der Gesellschaft keine Haftung als Gesellschafter übernommen und diesbezüglich keine Sicherheiten, wie zB Bürgschaften etc. gestellt hat.

Eine im Hinblick auf den Erbfall berichtigte Gesellschafterliste wird vom Geschäftsführer der ▪▪▪ GmbH unterschrieben und vom amtierenden Notar zum Handelsregister eingereicht. Dabei wies der Notar darauf hin, dass der Geschäftsanteil eventuell zu nummerieren ist.[4]

Die weiteren Nachlassgegenstände ergeben sich aus der als Anlage mitverlesenen Aufstellung. Auf diese Anlage wird verwiesen.[5]

Der Nachlass ist nach Versicherung der Beteiligten mit Ausnahme der vorstehenden Nachlassgegenstände und der in der mitverlesenen Anlage aufgeführten Nachlassgegenstände im Übrigen vollständig auseinandergesetzt. Der Nachlass wird also mit Vollzug dieser Urkunde vollständig auseinandergesetzt sein. Die Vereinbarungen in dieser Urkunde treten erfüllungshalber an die Stelle der gesetzlichen Auseinandersetzungsansprüche. Mit ihrem Vollzug ist ein etwa bestehender jeweiliger Anspruch auf Auseinandersetzung ohne dessen konkrete Berechnung erloschen. Die diesbezüglichen Vereinbarungen sind betreffend dem vorstehend beschriebenen Nachlass abschließend. Rein vorsorglich verzichten die Beteiligten gegenseitig auf weitere diesbezüglich etwa bestehende vermögensrechtliche Ansprüche aller Art, insbesondere auch auf etwaige Ansprüche aus einem Gesamtschuldnerausgleich sowie auf Verwendungs- und/oder Aufwendungsersatzansprüche.[6]

Der Erblasser hat kein Auseinandersetzungsverbot und keine Teilungsanordnung verfügt.[7] Weiter hat der Erblasser weder eine Testamentsvollstreckung[8] noch eine Vor- und Nacherbschaft angeordnet.[9]

II. Vereinbarungen

Die Miterben heben die zwischen ihnen bestehende Erbengemeinschaft hinsichtlich der vorstehend aufgeführten und der in der Anlage aufgeführten Nachlassgegenstände auf und setzen sich darüber wie folgt auseinander:

Das Grundstück Flst. Nr. ▪▪▪ erhält der Beteiligte A.

Den Geschäftsanteil Nr. ▪▪▪ an der ▪▪▪ GmbH erhält der Beteiligte C.

Die in der Anlage bezeichneten Nachlassgegenstände erhält der Beteiligte D.

Der Erwerber A ist verpflichtet an die anderen Miterben, nämlich B und C je einen Abfindungsbetrag in Höhe von je EUR ▪▪▪ zu bezahlen.[10]

Grundvoraussetzungen für die Fälligkeit der vorbezeichneten Abfindung sind

- die Eintragung einer Vormerkung zugunsten des Erwerbers im Rang nach den in Abschnitt I dieser Urkunde genannten sowie von ihm zu übernehmenden Belastungen
- die zur Lastenfreistellung notwendigen Unterlagen für die der Vormerkung vorgehenden und vom Erwerber nicht zu übernehmenden Belastungen, wobei diese auflagenfrei vorliegen müssen

Die in Abteilung III/▪▪▪ eingetragene Grundschuld ist nach Versicherung der Beteiligten nicht valutiert. Eine diesbezügliche Schuldübernahme- oder Freistellungsverpflichtung wird somit nicht getroffen.

Der Notar wird beauftragt, den Beteiligten den Eintritt vorstehender Voraussetzungen schriftlich mitzuteilen.

Die jeweilige Abfindung ist fällig vierzehn Tage nach Absendung (Datum des Poststempels) der vorbezeichneten schriftlichen Bestätigung des Notars.[11]

Die Abfindung ist zu überweisen in Höhe von EUR ▪▪▪ auf das Konto von B bei der ▪▪▪ Konto – Nr. ▪▪▪, BLZ: ▪▪▪ und in Höhe von EUR ▪▪▪ auf das Konto von C bei der ▪▪▪ Konto – Nr. ▪▪▪, BLZ: ▪▪▪

Zahlt der Erwerber bei Fälligkeit die geschuldete Abfindung ganz oder teilweise nicht, schuldet er Verzugszinsen in gesetzlicher Höhe. Weitergehende Rechte bleiben unberührt.

Die Beteiligten verpflichten sich gegenüber A bei der Bestellung von Grundpfandrechten – auch vollstreckbaren nach § 800 ZPO – in beliebiger Höhe zuzüglich Zinsen und Nebenleistungen mitzuwirken, wenn in der Bestellungsurkunde folgende von den Beteiligten bereits heute vereinbarte Einschränkung der Zweckbestimmung enthalten ist:

„Das Grundpfandrecht dient vorerst ausschließlich zur Sicherung der mit Tilgungswirkung auf die vereinbarte Abfindungsverpflichtung in Höhe von EUR ■■■ geleisteten Zahlungen. Rückgewähr kann nur in Form der Löschung, nicht durch Abtretung oder Verzicht verlangt werden. Andere Sicherungsvereinbarungen gelten erst nach Tilgung der Abfindungsverpflichtung in Höhe von EUR ■■■, in jedem Fall ab Eigentumsumschreibung."

Der Beteiligte A tritt seine Ansprüche auf Auszahlung des durch das Grundpfandrecht gesicherten Darlehens erfüllungshalber entsprechend der Fälligkeit an die veräußernden Beteiligten B und C ab und weist den Finanzierungsgläubiger unwiderruflich an, Zahlungen nur nach Maßgabe dieses Vertrages zu leisten.

Alle Eigentümerrechte und Rückgewährsansprüche sind aufschiebend bedingt durch die Tilgung der Geldleistung, spätestens mit Eigentumsumschreibung an den Erwerber abgetreten. Dieser übernimmt die Grundschuld zur dinglichen Haftung.

Der Notar weist auf die gesetzliche Haftung des Veräußerers für Gerichts- und Notarkosten hin. Der Erwerber stellt den Veräußerer von allen Kosten und Pflichten aus der Grundpfandrechtsbestellung frei.

Jeder Beteiligte erteilt dem Erwerber A Vollmacht zur Vornahme aller vorstehenden Rechtshandlungen und Erklärungen.

Die unter Befreiung von den Beschränkungen des § 181 BGB mit dem Recht auf Untervollmacht erteilte Vollmacht ist im Außenverhältnis dahin eingeschränkt, dass die Grundpfandrechtsbestellung die vorbezeichnete Einschränkung der Zweckbestimmung enthält und nur vor dem amtierenden Notar, dessen Sozius oder deren Amtsnachfolgern ausgeübt werden kann.[12]

III. Besitz, Nutzen, Lasten

Besitz, Nutzen, Lasten, die Gefahr eines zufälligen Untergangs oder einer zufälligen Verschlechterung, die mit dem jeweiligen Nachlassgegenstand verbundene Haftung und Verkehrssicherungspflicht gehen auf den jeweiligen Erwerber über mit Wirkung zum heutigen Tag.

Bis zum Übergang von Besitz, Nutzen und Lasten insoweit gezogene Nutzungen und geleistete Zahlungen wurden im Rahmen der sonstigen Vereinbarungen in dieser Urkunde berücksichtigt und sind nicht gegenseitig auszugleichen bzw anzurechnen.

Bzgl. des GmbH-Geschäftsanteils wird folgendes vereinbart: Als wirtschaftlicher Übertragungsstichtag ist der heutige Tag vereinbart. Der auf den GmbH-Geschäftsanteil entfallende Gewinn steht jedoch unabhängig von dem Zeitpunkt seiner Erwirtschaftung allein demjenigen Gesellschafter zu, der zum Zeitpunkt des Gewinnverwendungsbeschlusses im Verhältnis zur Gesellschaft Anteilsinhaber war bzw ist.[13]

IV. Rechts- und Sachmängel, Erschließungskosten

Alle Ansprüche und Rechte des jeweiligen Erwerbers aufgrund von Rechts- und/oder Sachmängeln sind ausgeschlossen. Es wird somit insbesondere nicht für Werthaltigkeit oder Ertragsfähigkeit der Nachlassgegenstände gehaftet.

Der Erwerber A übernimmt unter Eintritt in die zugrundeliegenden schuldrechtlichen Verpflichtungen die derzeit in Abteilung II des Grundbuchs eingetragenen und in Abschnitt I näher beschriebenen Belastungen zur weiteren dinglichen Haftung.

Das in Abteilung III/■■■ des Grundbuchs eingetragene Grundpfandrecht ist nach Erklärung der Beteiligten nicht mehr valutiert. Der Erwerber A übernimmt das Grundpfandrecht zur weiteren dinglichen Haftung. Alle Eigentümerrechte und Rückgewährsansprüche sind hiermit an den Erwerber A abgetreten. Die Eintragung im Grundbuch wird bewilligt.

Schadensersatzansprüche bei Vorsatz oder Arglist bleiben unberührt.[14]

Der Erwerber A trägt unabhängig von der Fälligkeit und dem Bautenstand sämtliche Beiträge und Kosten für die Erschließung nach dem Baugesetzbuch, den Anschluss an öffentliche Ver- und Entsorgungseinrichtungen und den Hausanschluss nach dem Kommunalabgabengesetz oder den darauf beruhenden Beitragssatzungen, welche nach dem Übergang von Nutzen und Lasten in Rechnung gestellt wurden bzw werden.

Bis zu diesem Zeitpunkt insoweit geleistete Zahlungen wurden im Rahmen der sonstigen Vereinbarungen in dieser Urkunde berücksichtigt und sind nicht gegenseitig auszugleichen bzw anzurechnen.[15]

Auf die Haftung des Grundbesitzes für etwaige Rückstände an öffentlichen Lasten und Abgaben sowie auf die gesetzliche Beitragspflicht des jeweils eingetragenen Eigentümers wurde hingewiesen.

V. Grundbucherklärungen[16]

Die Beteiligten sind sich einig, dass das Eigentum an dem unter I aufgeführten Grundbesitz auf den Beteiligten A zum Alleineigentum übergeht. Diese Einigung ist unbedingt. Sie beinhaltet keine Eintragungsbewilligung.

Die Beteiligten erteilen dem amtierenden Notar oder Amtsnachfolger einseitig unwiderruflich und unbedingt Vollmacht, die Eintragung des Beteiligten A als Eigentümer im Grundbuch zu bewilligen. Die Beteiligten weisen den Notar hierzu einseitig unwiderruflich an, diese Eintragung erst zu bewilligen, wenn ihm die Zahlung der gesamten verbrieften Abfindung vom Berechtigten bestätigt wurde oder der Erwerber nachweist, dass ein Geldbetrag in Höhe der verbrieften Abfindung – ohne Zinsen – bezahlt ist.

Zur Sicherung des Anspruchs auf Eigentumsübertragung wird die Eintragung einer Vormerkung zugunsten des beteiligten A in dem vorstehend bezeichneten Berechtigungsverhältnis bewilligt und deren Eintragung im Rang nach den in Abschnitt I bezeichneten und etwaigen weiteren vom Beteiligten A zu übernehmenden Belastungen beantragt.

Der Beteiligte A bewilligt und beantragt die Löschung dieser Vormerkung Zug um Zug mit Eintragung der Auflassung, vorausgesetzt es bleiben keine Zwischeneintragungen bestehen, denen er nicht zugestimmt hat.

Allen Lastenfreistellungserklärungen wie Löschungen und Pfandfreigaben sowie Rangänderungen wird mit Antrag auf Vollzug im Grundbuch zugestimmt.[17]

VI. Abtretung GmbH-Geschäftsanteil

Die Erbengemeinschaft tritt den veräußerten Geschäftsanteil Nr. 1 zu EUR ■■■ an den Beteiligten B mit sofortiger Wirkung ab. Der Erwerber nimmt die Abtretung an.[18]

VII. Dingliche Erklärungen bzgl sonstiger Nachlassgegenstände

Die Erbengemeinschaft tritt die in der Anlage aufgeführten Nachlassgegenstände hiermit an den Beteiligten C mit sofortiger Wirkung ab bzw ist sich mit diesem darüber einig, dass an diesen Nachlassgegenständen das Eigentum auf C übergehen soll. Der Erwerber nimmt die Abtretung bzw Eigentumsübertragung hiermit an. Die entsprechenden Nachlassgegenstände befinden sich bereits im Besitz von C.

VIII. Genehmigungen, Zustimmung, Vollmacht

Zu diesem Vertrag ist keine Genehmigung erforderlich.[19]

Eine Zustimmung der Gesellschaft, ein Zustimmungsbeschluss der Gesellschafterversammlung oder die Zustimmung der anderen Gesellschafter ist zu der vertragsgegenständlichen Anteilsabtretung nach Gesetz und Satzung nicht erforderlich.

Gemäß § 16 GmbHG kann der Erwerber seine Gesellschafterrechte gegenüber der Gesellschaft erst dann wirksam ausüben, wenn er in die im Handelsregister aufgenommene Gesellschafterliste eingetragen ist. Die Erbengemeinschaft erteilt dem Beteiligten B bereits heute und unter Befreiung von den Beschränkungen des § 181 BGB mit dem Recht auf Untervollmacht Vollmacht, sämtliche Gesellschafterrechte aus dem Vertragsgegenstand in vollem Umfang und uneingeschränkt auszuüben. Die Vereinbarungen zum wirtschaftlichen Übertragungsstichtag bleiben hiervon unberührt.

IX. Zwangsvollstreckungsunterwerfung

Der Beteiligte A unterwirft sich wegen der Verpflichtung zur Zahlung des Ausgleichsbetrages der sofortigen Zwangsvollstreckung aus dieser Urkunde.
Nach Eintritt der vom Notar zu bestätigenden allgemeinen Fälligkeitsvoraussetzungen ist auf Antrag, im Übrigen ohne weiteren Nachweis eine vollstreckbare Ausfertigung dieser Urkunde zu erteilen.

X. Schlussbestimmungen

Durch eine unwirksame Bestimmung in dieser Urkunde wird die Wirksamkeit der übrigen Vereinbarungen nicht berührt. An deren Stelle tritt eine wirksame Regelung, die dem gewollten wirtschaftlichen Ergebnis möglichst nahe kommt.
Der amtierende Notar und dessen Sozius sind zum Vollzug dieser Urkunde beauftragt. Sie sind hierzu je einzeln bevollmächtigt,

- ohne Beschränkung auf § 15 GBO Grundbuchbewilligungen jeder Art abzugeben, Anträge ganz oder teilweise zu stellen, zu ändern und zurückzunehmen,
- Entwürfe für zum vertragsgemäßen Vollzug notwendige Erklärungen zu fertigen, einzuholen und bei antragsgemäßer Erteilung entgegenzunehmen.

Die Kosten dieser Urkunde, der notwendigen Genehmigungen und Zeugnisse, des grundbuchamtlichen Vollzuges sowie die Katasterfortführungsgebühr trägt der Erwerber. Eine etwa anfallende Grunderwerbsteuer trägt der Erwerber des Grundstücks. Grunderwerbsteuerbefreiung nach § 3 Nr. 3 GrEStG wird hiermit beantragt.
Etwaige Schenkungsteuer trägt der jeweils Begünstigte.
Veräußerungsgeschäfte können einkommensteuerpflichtig und/oder schenkungsteuerpflichtig sein. Der Notar hat keinen steuerlichen Beratungsauftrag übernommen.
Auf die gesamtschuldnerische Haftung für Grundbuch- und Notarkosten wurde hingewiesen.

XI. Abschriften

Es erhalten:

- einfache Abschriften: jeder Beteiligte, Finanzamt (Grunderwerbsteuerstelle)
- beglaubigte Abschriften: Grundbuchamt, Finanzamt (Schenkungsteuerstelle), das Finanzamt zur Anzeige gem. § 54 EStDV, das Registergericht auf Antrag

Das Registergericht erhält entsprechend den gesetzlichen Bestimmungen eine notarbescheinigte Gesellschafterliste.[20]

XII. Hinweise

...

[Schlussvermerk]

...

Unterschriften ◄

2. Erläuterungen und Varianten

2 [1] Hinterlässt der Erblasser mehrere Erben, entsteht zwischen diesen eine Erbengemeinschaft als **Gesamthandsgemeinschaft**, die grds. gemeinschaftlich verwaltet wird (§ 2038). Die Erben-

gemeinschaft kann über Nachlassgegenstände nur gemeinschaftlich verfügen (§ 2040), wohingegen jeder Erbe über seinen Erbanteil alleine verfügen kann (§ 2033 Abs. 1).

Die Erbengemeinschaft ist grds. auf **Auseinandersetzung** gerichtet. Demnach kann jeder Miterbe die Auseinandersetzung verlangen soweit die Auseinandersetzung nicht **aufgeschoben** (§§ 2043, 2045) oder durch letztwillige Verfügung **ausgeschlossen** ist (§ 2044). 3

Die vorstehenden Strukturmerkmale bestimmen den Bereich dessen, was unter einer **einvernehmlichen Erbauseinandersetzung** verstanden wird. Demgemäß ist es möglich, dass die Erbengemeinschaft im Rahmen einer Erbauseinandersetzung alle oder bestimmte Nachlassgegenstände auf einen Miterben oder einen Dritten überträgt (**gegenständliche Erbauseinandersetzung**) oder, dass alle oder bestimmte Erbteile auf einen Miterben oder einen Dritten übertragen werden (**Erbanteilsübertragung**). Sind alle Nachlassgegenstände auf einen Erben oder Dritten übertragen oder sind alle Erbanteile auf einen Erben oder einen Dritten übertragen ist die Erbengemeinschaft **aufgelöst**. 4

Als Sonderfall ist weiter die Erbauseinandersetzung durch **Abschichtung** zu beachten, bei der ein Miterbe aus der Erbengemeinschaft ausscheidet und der Nachlass den verbleibenden Miterben, im Verhältnis ihrer Anteile untereinander anwächst, (vgl Rn 33 ff). Zur Erbanteilsübertragung vgl ferner § 2033 Rn 1 ff. 5

Das vorstehende Muster behandelt die **Erbauseinandersetzung** durch **Übertragung von Nachlassgegenständen.** 6

[2] Die Erbauseinandersetzung durch Übertragung von Nachlassgegenständen stellt dogmatisch ein **Veräußerungsgeschäft** dar bei der auf der einen Seite die Erbengemeinschaft als **Veräußerer** und auf der anderen Seite der **Erbe** oder ein **Dritter** als **Erwerber** stehen. Demgemäß ist dieses Veräußerungsgeschäft grds. formfrei, sofern nicht besondere Formvorschriften greifen. In der Praxis sind vor allem die §§ 311 b BGB und 15 GmbHG relevant. Soll also eine Immobilie oder ein GmbH-Anteil übertragen werden, ist notarielle Beurkundung erforderlich. Aus Beweissicherungsgründen sollte, soweit keine besonderen Formvorschriften greifen, zumindest die **Schriftform** eingehalten werden. 7

[3] Soweit sich Immobilien im Nachlass befinden, ist im Rahmen des Vollzugs der Erbauseinandersetzung die **Voreintragung der Erbengemeinschaft** als Eigentümer im Grundbuch notwendig (§ 39 GBO). Da das Grundbuch infolge des Todes des Erblassers unrichtig geworden ist, bedarf es einer Grundbuchberichtigung. 8

Die Grundbuchberichtigung ist gebührenfrei, wenn der Antrag innerhalb von zwei Jahren nach dem Erbfall beim Grundbuchamt gestellt wird (§ 60 KostO). Der Nachweis bzgl der Erbfolge ist zu führen. Liegt ein öffentliches Testamen vor, so ist dieses mitsamt Eröffnungsniederschrift je in öffentlich beglaubigter Form einzureichen. Ein Erbschein ist in Ausfertigung vorzulegen. Soweit das Grundstück und die Nachlasssache in die Zuständigkeit desselben Gerichts fallen, reicht Bezugnahme auf die entsprechenden Nachlassakten. 9

[4] Die Geschäftsführer der betreffenden GmbH haben unverzüglich nach Wirksamwerden jeder Veränderung in den Personen der Gesellschafter oder des Umfangs ihrer Beteiligung eine von ihnen unterschriebene Liste der Gesellschafter zum Handelsregister einzureichen (§ 40 Abs. 1 GmbHG). Häufig wird dabei eine Erstnummerierung der Geschäftsanteile notwendig werden. 10

Wenn bei der GmbH Grundbesitz vorhanden ist, muss gemäß § 18 GrEStG durch den beurkundenden Notar binnen 2 Wochen nach Beurkundung eine Anzeige zum örtlich zuständigen Finanzamt (Grunderwerbsteuerstelle) durch Übersendung einer beglaubigten Abschrift der Urkunde vorgenommen werden. 11

[5] Von einer **umfangreichen Auflistung** aller **Nachlassaktiva und -passiva** ist in Fällen einer **teilweisen Auseinandersetzung** abzuraten. Nur die vertragsgegenständlichen Aktiva und Passiva sind in den Vertrag aufzunehmen. Nur bei einer **vollständigen Auseinandersetzung** sollten 12

demgemäß alle Aktiva und Passiva aufgeführt werden. Genaue Wertangaben sind nicht notwendig und sollten auch nicht in den Vertrag aufgenommen werden, da andernfalls die Grundlagen für einen offen Kalkulationsirrtum oder für eine Störung der Geschäftsgrundlage (§ 313) gelegt werden, wenn die Beteiligten im Nachgang (zB im Rahmen der Verwertung der ihnen zugewiesenen Vermögensgegenstände) mit der einmal getroffenen Wertbestimmung unzufrieden sind.

13 Auch von der **genauen Auflistung** von **ausgleichspflichtigen Vorausempfängen** muss abgeraten werden, da sich hier die oben genannten Bewertungsprobleme wiederholen und gegebenenfalls auch Nachweisproblem hinzukommen können. Der einvernehmlichen Erbauseinandersetzung wird praktisch häufig Elemente eines Vergleichs beinhalten und bewusst von einer Durchführung der Auseinandersetzung exakt entsprechend den gesetzlichen Regeln abweichen.

14 [6] Der praktische Regelfall der Erbauseinandersetzung ist die einvernehmliche Auseinandersetzung unter den Miterben durch Übertragung der Nachlassgegenstände auf die Miterben und vollständige Verteilung des Nachlasses dadurch. In den Fällen der vollständigen Auseinandersetzung ist, wie im Muster vorgesehen, an die Aufnahme einer Abgeltungsklausel zu denken.

15 Es ist auch möglich die Erbengemeinschaft nur **teilweise auseinanderzusetzen.** In diesen Fällen werden nur bestimmte Nachlassgegenstände aus der Erbengemeinschaft herausgenommen, während die übrigen Nachlassgegenstände in der gesamthänderischen Verbundenheit der Erbengemeinschaft verbleiben. Im Vertrag sollte jedenfalls dokumentiert werden, inwieweit die Auseinandersetzung des Nachlasses bereits erfolgt ist und ob durch die vertragsgegenständliche Auseinandersetzung die Erbengemeinschaft vollständig abgewickelt ist oder nicht. Das Muster behandelt eine vollständige gegenständliche Erbauseinandersetzung. Soll die Erbauseinandersetzung nur teilweise erfolgen ist dies wie folgt klarzustellen wobei zusätzlich festgestellt werden sollte, dass die Beteiligten von der Gleichwertigkeit ihrer jeweils empfangenen Leistungen ausgehen:

▶ Der Nachlass ist nach Erklärung der Beteiligten nach Vollzug dieser Urkunde nicht vollständig auseinandergesetzt. Soweit durch heutige Urkunde keine Auseinandersetzung erfolgt bleibt die Erbengemeinschaft zwischen den Beteiligten weiter bestehen.

Bezüglich des auseinandergesetzten Nachlasses gilt im Übrigen: Die Vereinbarungen in dieser Urkunde treten erfüllungshalber an die Stelle der gesetzlichen Auseinandersetzungsansprüche. Mit ihrem Vollzug ist ein etwa bestehender Anspruch auf Auseinandersetzung der vetragsgegenständlichen Nachlassgegenstände ohne deren konkrete Berechnung erloschen. Die diesbezüglichen Vereinbarungen sind betreffend die vertragsgegenständlichen Nachlassgegenstände abschließend. Rein vorsorglich verzichten die Beteiligten je gegenseitig auf weitere diesbezüglich etwa bestehende vermögensrechtliche Ansprüche aller Art, insbesondere auch auf etwaige Ansprüche aus einem Gesamtschuldnerausgleich sowie auf Verwendungs- und/oder Aufwendungsersatzansprüche. ◀

16 [7] Die **einvernehmliche Auseinandersetzung** ist auch **entgegen** einem letztwillig verfügten **Auseinandersetzungsverbots** des Erblassers gem. § 2044 Abs. 1 und **abweichend** von einer letztwillig verfügten **Teilungsanordnung** des Erblassers gem. § 2048 möglich (BGHZ 40, 115, 117 ff).

17 [8] Bei angeordneter Testamentsvollstreckung ist zu unterscheiden: Bezieht sich die Testamentsvollstreckung auf den **ganzen Nachlass,** ist nur der Testamentsvollstrecker zu Verfügungen über Nachlassgegenstände befugt (§ 2205). Dementsprechend ist in diesen Fällen die Auseinandersetzung durch Übertragung von Nachlassgegenständen allein vom Testamentsvollstrecker durchzuführen. Bezieht sich die Testamentsvollstreckung nur auf einen **Erbteil,** erfolgt die Auseinandersetzung durch Übertragung von Nachlassgegenständen unter Mitwirkung des Testamentsvollstreckers.

18 [9] Bei angeordneter Vor- und Nacherbschaft ist wie folgt zu differenzieren: Bei Anordnung einer **nicht befreiten Vorerbschaft,** sind gem. § 2313 Verfügungen über Grundstücke sowie

Schenkungen gegenüber den Nacherben relativ unwirksam, soweit sie Recht des Nacherben vereiteln oder beeinträchtigen. Eine Beeinträchtigung liegt nicht vor, wenn durch die Verfügung ein Vermächtnis oder eine Teilungsanordnung des Erblassers erfüllt werden. Wegen der in der Praxis häufig gegebenen Problemen hinsichtlich der Sachverhaltsaufklärung (zB genauer Inhalt eines Vermächtnisses, genaue Auslegung der Teilungsanordnung), wird der Auseinadersetzungsvereinbarung oft ein Elemente eines Vergleichs beiheften. In der Vertragsgestaltung ist darauf zu achten, dass **im Zweifel** die Nacherben der Verfügung zustimmen sollten um deren Wirksamkeit sicherzustellen. Die Zustimmung der **Ersatznacherben** ist nicht notwendig. Bei Anordnung einer von allen gesetzlichen Beschränkungen befreiten Vorerbschaft, sind lediglich Schenkungen, also voll oder teilweise unentgeltliche Verfügungen des Vorerben, nicht ohne Zustimmung des Nacherben möglich. Im Zweifel sollten die Nacherben der Verfügung zustimmen.

Ein Sonderproblem besteht beim **Erwerb eines Nachlassgegenstandes** durch einen **Miterben mit Mitteln des Nachlasses** (zB Auseinandersetzung zweier Vorerben dergestalt, dass einer der Vorerben Nachlassgrundstück A und der andere Vorerbe Nachlassgrundstück B erwirb). In diesen Konstellationen führt § 2111 dazu, dass sich die Nacherbschaft am so erworbenen Nachlassgegenstand im Hinblick auf die Nacherben des jeweils erwerbenden Vorerben fortsetzt. Mit Zustimmung der Nacherben, kann diese Konsequenz vermieden werden und ein sog. **Eigenerwerb des Vorerben** erreicht werden (BGH NJW-RR 2001, 217 ff; BayObLG DNotZ 2005; 790 = NJW-RR 2005, 956; *Hartmann*, ZEV 2009, 107 ff.). In diesen Konstellationen sollte also die Nacherben den Verfügungen zustimmen. Die Zustimmung der Ersatznacherben ist nicht notwendig. 19

[10] Im Rahmen einer teilweise oder ganze Erbauseinandersetzung werden sich regelmäßig Leistung und Gegenleistung gegenüberstehen. Die Leistung der Erbengemeinschaft liegt regelmäßig in der **Übertragung** des **betreffenden Nachlassgegenstandes.** Die Gegenleistung des Erwerbers wird regelmäßig darin liegen, dass dieser den Wert des übertragenen Gegenstandes, unter Berücksichtigung seiner wirtschaftlichen Beteiligung am Nachlass und der übrigen Auseinandersetzung, ganz oder teilweise gegenüber der Erbengemeinschaft ausgleichen wird. Der Ausgleich kann durch Zahlung eines Ausgleichsbetrages oder der befreienden Schuldübernahme der mit dem zu übertragenden Nachlassgegenstand zusammenhängenden Schulden oder durch eine Kombination der beiden Elemente erfolgen. 20

[11] Die Vertragsgestaltung hat den Leistungsaustausch sicherzustellen. Eine Zahlungsverpflichtung eines der Beteiligten sollte erst fällig wird, wenn die vertragsgemäße Durchführung der Auseinandersetzung gewährleistet ist. Je nachdem welcher Vertragsgegenstand gegen eine Abfindungszahlung übertragen wird ist bzgl der Fälligkeitsvoraussetzungen zu unterscheiden. Bei Grundstücken werden regelmäßig die Eintragung einer Vormerkung, das Vorliegen aller erforderlichen Genehmigungen und die Sicherung der Lastenfreistellung zu den Fälligkeitsvoraussetzungen gehören. Dabei ist im Hinblick auf die nur gemeinschaftlich mögliche Verfügung über Nachlassgegenstände (§ 2040) die Sicherungswirkung der Vormerkung auf den Schutz vor nachträglichen Änderung der Verfügungsbefugnis eines der Mitglieder der Erbengemeinschaft, zB durch Pfändungen oder Verpfändungen, beschränkt. Soll auf eine Absicherung von Leistung und Gegenleistung nach Abwägung aller Gefahren wegen zB eines bestehenden engen familiären Verhältnisses verzichtet werden, kann wie folgt formuliert werden: 21

► Die jeweilige Abfindung ist spätestens fällig am ... (Datum). Der Erwerber verzichtet darauf, die Fälligkeit der Abfindung von der Eintragung einer ihn sichernden Vormerkung und dem Vorliegen der zur Lastenfreistellung notwendigen Unterlagen sowie dem Nachweis der zur Wirksamkeit dieser Urkunde erforderlichen Genehmigungen abhängig zu machen.

Auf das damit verbundene Vorausleistungsrisiko und die Sicherungswirkung einer Vormerkung wurde hingewiesen. ◄

22 [12] Benötigt der Erwerber Fremdkapital zur Zahlung der Ausgleichsleistung ist an die Aufnahme einer sog **Finanzierungsvollmacht** zu achten.

23 [13] Der Auseinandersetzungsvertrag sollte wie jede Regelung die auf Übertragung von Vermögensgegenständen abzielt Regelungen zum Übergang von Besitz, Nutzen, Lasten, Gefahren und der Verkehrssicherungspflicht beinhalten.

24 [14] Im Rahmen der Auseinandersetzung haftet die Erbengemeinschaft gegenüber dem Erwerber wie ein Verkäufer (§§ 2042 Abs. 2, 757). Eine so weitgehende Haftung wird regelmäßig **nicht interessengerecht** sein, da die übrigen Miterben in **keinem größeren Näheverhältnis** zu dem veräußerten Nachlassgegenstand als der erwerbende Miterbe stehen und das Verhältnis untereinander oft familiär geprägt ist. Die Haftung für Sach- und Rechtsmängel ist dementsprechend präzise an die Interessen der Beteiligten anzupassen. Häufig wird es angebracht sein die Haftung für Sach- und Rechtsmängel grds. auszuschließen und bzgl der übertragenen Immobilien genau zu differenzieren welche Belastungen zu übernehmen sind und welche nicht.

25 In Konstellationen in denen die wirtschaftliche Grundlage der Auseinandersetzung ist, dass bestimmte Nachlassgegenstände bestimmte Eigenschaften haben, ist diesem Umstand durch **Beschaffenheitsvereinbarung** (§ 434 Abs. 1) oder **Garantien** (§ 443) Rechnung zu tragen. Die Rechtsfolgen einer Verletzung der vereinbarten Beschaffenheitsvereinbarung oder Garantie sollten dabei hinsichtlich Gläubiger und Schuldner und Schicksal der übrigen, oft mehrseitig abgeschlossenen Auseinandersetzungsvereinbarung, präzisiert werden. Dabei wird es oft interessengerecht sein, die Rechtsfolgen der Leistungsstörung dahingehend zu modifiziert, dass **keine Rückabwicklung** einer bereits vollständig aufgelösten Erbengemeinschaft verlangt werden kann, da einerseits die rechtsgeschäftliche Wiederbegründung nicht möglich ist und man nur über die Surrogationsregelung des § 2041 zu einem Fortbestehen der Erbengemeinschaft kommt (vgl hierzu BGH, DNotZ 1955, 406) und andererseits die Beteiligten selten ein Interesse an der Wiederbegründung haben werden.

26 [15] Bei der Auseinandersetzungsvereinbarung sind das **Trennungs- und Abstraktionsprinzip** zu beachten. Die schuldrechtlichen Vereinbarungen zur Auseinandersetzung sind von der dinglichen Übertragung der Nachlassgegenstände zu unterscheiden. Die Wirksamkeit des Erfüllungsgeschäfts ist grds. unabhängig von der Wirksamkeit der zu Grunde liegenden schuldrechtlichen Vereinbarungen. Daraus folgt, dass die veräußerten Nachlassgegenstände nach den jeweils einschlägigen Vorschriften dinglich übertragen werden müssen (zB Auflassung, Übereignung, Abtretung).

27 [16] Zur Übertragung von Immobilien ist eine Auflassung (§ 929) notwendig. Der Vollzug der Auflassung kann unter die Treuhandauflagen gestellt werden, dass der Erwerber, die von ihm zu erbringende Gegenleistung erbracht hat. Im Muster wurde die sog. Bewilligungslösung vorgesehen (vgl hierzu *Kesseler*, ZNotP 2005, 176).

28 [17] Die Abtretung von Geschäftsanteilen an einer GmbH erfolgt in notarieller Form (§ 15 Abs. 3 GmbHG). Etwaige gesetzliche oder satzungsmäßige Genehmigungs- und Anzeigeerfordernisse sind zu beachten.

29 [18] Sind an der Erbauseinandersetzung **Minderjährige** und deren **Eltern** als deren gesetzliche Vertreter beteiligt, sind die Eltern häufig gem. §§ 1629, 1795, 181 von der Vertretung ausgeschlossen, da die Eltern gleichzeitig für sich selber und als gesetzlicher Vertreter des Minderjährigen handeln. Dies ist nur Möglich, wenn die Eltern in Erfüllung einer Verbindlichkeit handeln (zB Erfüllung von Vermächtnissen oder Auseinandersetzung exakt gemäß den gesetzlichen Vorschriften) oder das Rechtsgeschäft lediglich rechtlich vorteilhaft für den Minderjährigen ist (zB Schenkung von Gegenständen von der Erbengemeinschaft an den Minderjährigen). Wegen der in der Praxis häufig gegebenen Problemen hinsichtlich der Sachverhaltsaufklärung (zB genauer Inhalt eines Vermächtnisses, genaue Wertbestimmung der Nachlassgegenstände), wird Auseinadersetzungsvereinbarung oft ein Elemente eines Vergleichs beiheften, was zu einem

Ausschluss der gesetzlichen Vertretungsmacht der Eltern führt. Da Mängel der Vertretungsmacht nicht durch den Vollzug des Rechtsgeschäfts geheilt werden, ist daher **in Zweifelsfällen** von einem Ausschluss der Vertretungsmacht auszugehen. Bei Ausschluss der Vertretungsmacht ist beim zuständigen Betreuungsgericht ein Ergänzungspfleger zu bestellen (§ 1915), der bei Abschluss der Auseinandersetzungsvereinbarung für den Minderjährigen handelt.

Weiter kann bei der Beteiligung Minderjähriger unter Umständen gem. § 1822 Nr. 2 (Vormund 30
handelt für Minderjährigen) oder §§ 1821, 1822 Nr. 1, 3, 5, 8-1 (Eltern handeln als gesetzliche Vertreter für Minderjährigen) eine familiengerichtliche Genehmigung erforderlich sein. § 1821 greift auch bei einer lediglich gesamthänderischen Beteiligung des Minderjährigen an den in § 1821 aufgeführten Vermögensgegenständen (Palandt/*Diederichsen* § 1821 Rn 3). Zur Gestaltung des genehmigungspflichtigen Auseinandersetzungsvertrages nach Inkrafttreten des neuen FamFG vgl *Litzenburger*, RNotZ 2009, 380 ff.

[19] Da das Handelsregister öffentlich ist und jeder auch ohne Nachweis eines berechtigten 31
Interesses Einsicht nehmen kann, sollte dem Registergericht als Abtretungsanzeige (§ 40 GmbHG) lediglich eine **auszugsweise beglaubigte Abschrift** übersendet werden. Nach § 54 EStDV ist auch dem Finanzamt eine beglaubigte Abschrift zu übersenden. IÜ bestehen die allgemeinen Mitteilungs- bzw Anzeigepflichten gegenüber den Finanzbehörden.

Notarkosten: Für die Beurkundung einer Erbauseinandersetzung fällt eine **doppelte Gebühr** 32
nach § 36 Abs. 2 KostO an. Der Geschäftswert richtet sich nach dem Wert des in der Urkunde behandelten Vermögens ohne Schuldenabzug (§§ 39 Abs. 1, 18 Abs. 3 KostO). Für den Vollzug fallen unter Umständen Nebengebühren aus § 147 Abs. 2 KostO an (Überwachung der Fälligkeit, Überwachung der Umschreibung).

II. Abschichtungsvereinbarung

1. Muster: Abschichtungsvereinbarung 33

▶ Abschichtungsvereinbarung[1] 1049

Am ▪▪▪

zweitausend ▪▪▪

sind vor mir,

▪▪▪

Notar in ▪▪▪

in der Kanzlei ▪▪▪ gleichzeitig anwesend:

1. A [persönliche Daten]
2. B [persönliche Daten]
3. C [persönliche Daten]

Über den Grundbuchinhalt habe ich mich unterrichtet. Nach Hinweis darauf, dass diese Urkunde zur Wirksamkeit alle Abreden richtig und vollständig wiedergeben muss, beurkunde ich den Erklärungen gemäß was folgt:[2]

I. Vorbemerkung

Im Grundbuch des Amtsgerichts ▪▪▪ Blatt ▪▪▪ ist eingetragen: ▪▪▪ [Grundbuchstand mit Belastungen in Abt. II und III]

Der im Grundbuch eingetragene Eigentümer ist am ▪▪▪ verstorben. Der Erbfall wird geführt beim Amtsgericht ▪▪▪ – Nachlassgericht – unter AZ: VI ▪▪▪/▪▪▪

Der eingetragene Eigentümer wurde demnach aufgrund öffentlicher Urkunde (Erbvertrag oder Testament) des Notars ▪▪▪ in ▪▪▪ vom ▪▪▪ URNr. ▪▪▪ ausschließlich beerbt von den Beteiligten A, B und C.

Zum Nachweis der Erbfolge wird auf die Nachlassakten Bezug genommen. Eine beglaubigte Abschrift der Eröffnungsniederschrift samt der maßgeblichen Verfügung von Todes wegen ist dieser Urkunde zur Kenntnisnahme beigefügt.

Die Berichtigung des im Grundbuch eingetragenen Eigentümers wird – soweit zum Vollzug dieser Urkunde erforderlich und noch nicht geschehen – beantragt.[3]

Der Nachlass ist nach Versicherung der Beteiligten mit Ausnahme des vorstehend bezeichneten Grundstückes im Übrigen vollständig auseinandergesetzt.

Der Erblasser hat weder eine Testamentsvollstreckung noch eine Vor- und Nacherbschaft angeordnet.

II. Vereinbarung

Die Beteiligten sind sich darüber einig, dass C aus der zwischen ihnen bestehenden Erbengemeinschaft im Wege der Abschichtung ausscheidet. Den Beteiligten ist bekannt, dass durch die Abschichtung der Ausscheidende nicht mehr an der Erbengemeinschaft beteiligt ist und den verbliebenen Miterben der Erbteil des Ausscheidenden, im Verhältnis der Erbteile der verbliebenen Miterben zueinander, anwächst.

Das vorstehende vereinbarte Ausscheiden ist aufschiebend bedingt durch die Erteilung einer Ausfertigung bzw beglaubigten Abschrift dieser Urkunde durch den Notar, die die nachstehende unter VII bewilligte Grundbuchberichtigung enthält.[4]

III. Gegenleistung

Die in der Erbengemeinschaft verbleibenden Miterben sind verpflichtet, an den ausscheidenden Miterben einen Abfindungsbetrag in Höhe von je EUR ■■■ ■■■, also insgesamt EUR ■■■ zu bezahlen.

Die verbleibenden Miterben haften für diesen Abfindungsbetrag gesamtschuldnerisch.

Der Auszahlungsbetrag ist mit Ablauf des ■■■ zur Zahlung fällig.

Die in Abteilung III/■■■ eingetragene Grundschuld ist nach Versicherung der Beteiligten nicht valutiert. Eine diesbezügliche Schuldübernahme- oder Freistellungsverpflichtung wird somit nicht getroffen.

Die Abfindung ist zu überweisen auf das Konto des ausscheidenden Miterben bei der ■■■ Konto – Nr. ■■■, BLZ: ■■■

Wird bei Fälligkeit die geschuldete Abfindung ganz oder teilweise nicht gezahlt, sind Verzugszinsen in gesetzlicher Höhe geschuldet. Weitergehende Rechte bleiben unberührt.

Die in der Erbengemeinschaft verbleibenden Miterben verpflichten sich weiter ab dem heutigen Tage den ausscheidenden Miterben umfassend von jeglicher Haftung für Nachlassverbindlichkeiten im Außenverhältnis im Wege einer Erfüllungsübernahme freizustellen. Auf eine Absicherung dieser Freistellungsverpflichtung wird verzichtet.[5]

Die Vereinbarungen in dieser Urkunde treten bzgl des aus der Erbengemeinschaft ausscheidenden Erben erfüllungshalber an die Stelle des gesetzlichen Auseinandersetzungsverfahrens. Mit ihrem Vollzug ist ein etwa bestehender Anspruch auf Auseinandersetzung zwischen den in der Erbengemeinschaft verbleibenden Erben und dem ausscheidenden Erben ohne dessen konkrete Berechnung erloschen. Die diesbezüglichen Vereinbarungen sind betreffend den unter I beschriebenen Nachlass abschließend. Rein vorsorglich verzichten die Beteiligten gegenseitig auf weitere diesbezüglich etwa bestehende vermögensrechtliche Ansprüche aller Art, insbesondere auch auf etwaige Ansprüche aus einem Gesamtschuldnerausgleich sowie auf Verwendungs- und/oder Aufwendungsersatzansprüche.

IV. Finanzierungsmitwirkung

Der aus der Erbengemeinschaft ausscheidende Miterbe verpflichten sich gegenüber den in der Erbengemeinschaft verbleibenden Miterben bei der Bestellung von Grundpfandrechten – auch vollstreckbaren nach § 800 ZPO – in beliebiger Höhe zuzüglich Zinsen und Nebenleistungen mitzuwirken, wenn in der Bestellungsurkunde folgende von den Beteiligten bereits heute vereinbarte Einschränkung der Zweckbestimmung enthalten ist:

„Das Grundpfandrecht dient vorerst ausschließlich zur Sicherung der mit Tilgungswirkung auf die vereinbarte Abfindungsverpflichtung in Höhe von EUR ■■■ geleisteten Zahlungen. Rückgewähr kann nur in Form der Löschung, nicht durch Abtretung oder Verzicht verlangt werden. Andere Sicherungsvereinbarungen gelten erst nach Tilgung der Abfindungsverpflichtung in Höhe von EUR ■■■, in jedem Fall ab Durchführung der Grundbuchberichtigung."

Die verbleibenden Miterben treten ihre Ansprüche auf Auszahlung des durch das Grundpfandrecht gesicherten Darlehens erfüllungshalber entsprechend der Fälligkeit an den ausscheidenden Miterben ab und weist den Finanzierungsgläubiger unwiderruflich an, Zahlungen nur nach Maßgabe dieses Vertrages zu leisten.

Alle Eigentümerrechte und Rückgewährsansprüche sind auf schiebend bedingt durch die Tilgung der Geldleistung, spätestens mit Eigentumsumschreibung an die in der Erbengemeinschaft verbleibenden Miterben abgetreten. Diese übernehmen die Grundschuld zur dinglichen Haftung.

Der Notar weist auf die gesetzliche Haftung Beteiligten für Gerichts- und Notarkosten hin. Die verbleibenden Miterben stellen den ausscheidenden Miterben von allen Kosten und Pflichten aus der Grundpfandrechtsbestellung frei.

Jeder Beteiligte erteilt den verbleibenden Miterben gemeinsam Vollmacht zur Vornahme aller vorstehenden Rechtshandlungen und Erklärungen.

Die unter Befreiung von den Beschränkungen des § 181 BGB mit dem Recht auf Untervollmacht erteilte Vollmacht ist im Außenverhältnis dahin eingeschränkt, dass die Grundpfandrechtsbestellung die vorbezeichnete Einschränkung der Zweckbestimmung enthält und nur vor dem amtierenden Notar, dessen Sozius oder deren Amtsnachfolgern ausgeübt werden kann.[6]

V. Besitz, Nutzen, Lasten, Erschließungskosten

Besitz, Nutzen, Lasten, die Gefahr eines zufälligen Untergangs oder einer zufälligen Verschlechterung, die mit dem vorbezeichneten Nachlassgegenstand verbundene Haftung und Verkehrssicherungspflicht gehen auf die verbleibenden Miterben über mit Wirkung zum heutigen Tag.

Bis zum Übergang von Besitz, Nutzen und Lasten insoweit gezogene Nutzungen und geleistete Zahlungen wurden im Rahmen der sonstigen Vereinbarungen in dieser Urkunde berücksichtigt und sind nicht gegenseitig auszugleichen bzw anzurechnen.

Die verbleibenden Miterben übernehmen unabhängig von der Fälligkeit und dem Bautenstand sämtliche Beiträge und Kosten für die Erschließung nach dem Baugesetzbuch, den Anschluss an öffentliche Ver- und Entsorgungseinrichtungen und den Hausanschluss nach dem Kommunalabgabengesetz oder den darauf beruhenden Beitragssatzungen, welche nach dem Übergang von Nutzen und Lasten in Rechnung gestellt wurden bzw werden.

Bis zu diesem Zeitpunkt insoweit geleistete Zahlungen wurden im Rahmen der sonstigen Vereinbarungen in dieser Urkunde berücksichtigt und sind nicht gegenseitig auszugleichen bzw anzurechnen.

Auf die Haftung des Grundbesitzes für etwaige Rückstände an öffentlichen Lasten und Abgaben sowie auf die gesetzliche Beitragspflicht des jeweils eingetragenen Eigentümers wurde hingewiesen.

VI. Rechts- und Sachmängel

Bezüglich des anwachsenden Erbanteils gilt: Der ausscheidende Miterbe ist verpflichtet, den verbleibenden Miterben den anwachsenden Erbanteil lastenfrei zu verschaffen.

Er garantiert, dass der anwachsende Erbanteil nicht anderweitig veräußert oder verpfändet wurde und er auch nicht gepfändet oder mit sonstigen Rechten Dritter belastet ist und eine auf ihn etwa angefallene Erbschaftssteuer bezahlt ist,

Im Übrigen richtet sich die Haftung des Veräußerers nach § 2376 BGB, so dass der Veräußerer nur für die dort aufgezählten Rechtsmängel des Erbanteils einzustehen hat. Alle weiteren diesbezüglichen Ansprüche sind ausgeschlossen, soweit sich aus dieser Urkunde nicht etwas anderes ergibt.

Bezüglich des Grundstückes gilt: Alle Ansprüche und Rechte des jeweiligen Erwerbers aufgrund von Rechts- und/oder Sachmängeln sind ausgeschlossen. Es wird somit insbesondere nicht für Werthaltigkeit oder Ertragsfähigkeit der Nachlassgegenstände gehaftet.

Die verbleibenden Miterben übernehmen unter Eintritt in die zugrundeliegenden schuldrechtlichen Verpflichtungen die derzeit in Abteilung II des Grundbuchs eingetragenen und in Abschnitt I näher beschriebenen Belastungen zur weiteren dinglichen Haftung.

Das in Abteilung III/■■■ des Grundbuchs eingetragene Grundpfandrecht ist nach Erklärung der Beteiligten nicht mehr valutiert. Die verbleibenden Miterben übernehmen das Grundpfandrecht zur weiteren dinglichen Haftung. Alle Eigentümerrechte und Rückgewährsansprüche sind hiermit an die verbleibenden Miterben abgetreten. Die Eintragung im Grundbuch wird bewilligt.

Schadensersatzansprüche bei Vorsatz oder Arglist bleiben unberührt.[7]

VII. Grundbucherklärungen

Die Beteiligten bewilligen und beantragen die durch die in II. getroffenen Vereinbarungen veranlasste Berichtigung des Grundbuches.[8]

Auf die Eintragung der durch das aufschiebend bedingte Ausscheiden entstandenen Verfügungsbeschränkung des Ausscheidenden in Abteilung II des Grundbuchs wird verzichtet.[9]

Die Beteiligten weisen den Notar bzw Amtsnachfolger einseitig unwiderruflich an, eine derartige Ausfertigung bzw beglaubigte Abschrift erst zu erteilen, wenn entweder

- der Ausscheidende die Zahlung des geschuldeten Kaufpreises pflichtgemäß bestätigt oder
- die in der Erbengemeinschaft verbleibenden Erben die Zahlung des verbrieften Ausgleichsbetrages – ohne Zinsen – nachweisen.

VIII. Genehmigungen, Zustimmung, Vollmacht

Zu diesem Vertrag ist keine behördliche Genehmigung erforderlich.

IX. Zwangsvollstreckungsunterwerfung

Die verbleibenden Miterben unterwerfen sich wegen der Verpflichtung zur Zahlung des Ausgleichsbetrages der sofortigen Zwangsvollstreckung aus dieser Urkunde.

Eine vollstreckbare Ausfertigung dieser Urkunde ist dem Ausscheidenden auf Antrag zu erteilen, ohne dass es des Nachweises weiterer Tatsachen bedarf.[10]

X. Schlussbestimmungen

Durch eine unwirksame Bestimmung in dieser Urkunde wird die Wirksamkeit der übrigen Vereinbarungen nicht berührt. An deren Stelle tritt eine wirksame Regelung, die dem gewollten wirtschaftlichen Ergebnis möglichst nahe kommt.

Der amtierende Notar und dessen Sozius sind zum Vollzug dieser Urkunde beauftragt. Sie sind hierzu je einzeln bevollmächtigt,

- ohne Beschränkung auf § 15 GBO Grundbuchbewilligungen jeder Art abzugeben, Anträge ganz oder teilweise zu stellen, zu ändern und zurückzunehmen
- Entwürfe für zum vertragsgemäßen Vollzug notwendige Erklärungen zu fertigen, einzuholen und bei antragsgemäßer Erteilung entgegenzunehmen.

Die Kosten dieser Urkunde, der notwendigen Genehmigungen und Zeugnisse, des grundbuchamtlichen Vollzuges sowie die Katasterfortführungsgebühr tragen die verbleibenden Miterben zu gleichen Teilen. Eine etwa anfallende Grunderwerbsteuer tragen die verbleibenden Miterben zu gleichen Teilen. Grunderwerbsteuerbefreiung nach § 3 Nr. 3 GrEStG wird hiermit beantragt.

Etwaige Schenkungsteuer trägt der jeweils Begünstigte.

Veräußerungsgeschäfte können einkommensteuerpflichtig und/oder schenkungsteuerpflichtig sein.

Der Notar hat keinen steuerlichen Beratungsauftrag übernommen.

Auf die gesamtschuldnerische Haftung für Grundbuch- und Notarkosten wurde hingewiesen.

XI. Abschriften

Es erhalten:

- einfache Abschriften: jeder Beteiligte, Finanzamt (Grunderwerbsteuerstelle)
- beglaubigte Abschriften: Grundbuchamt, Finanzamt (Schenkungsteuerstelle)[11]

XII. Hinweise

...

[Schlussvermerk]

...

Unterschriften ◄

2. Erläuterungen

[1] Die Auseinandersetzung einer Erbengemeinschaft kann durch **Übertragung von Nachlassgegenständen** von der Erbengemeinschaft auf einen Miterben oder durch **Übertragung von Erbanteilen** an einen Miterben erfolgen. Als weitere Möglichkeit tritt neben die vorgenannten Varianten die **sog. Abschichtung,** bei der ein Miterbe aus der Erbengemeinschaft ausscheidet und dessen Erbanteil den verbleibenden Miterben **analog** § 738 im Verhältnis ihrer Erbanteile untereinander anwächst ohne dass es weiterer Vollzugsakte bedarf. Sind nur zwei Miterben an der Erbengemeinschaft beteiligt, so führt das Ausscheiden dazu, dass auch die dingliche Berechtigung an Nachlassgegenständen dem verbleibenden Miterben zum Alleineigentum anwächst und die Erbengemeinschaft aufgelöst ist (BGH, NJW 1998, 1557). 34

[2] Weder das Ausscheiden noch das diesem zu Grunde liegende Verpflichtungsgeschäft sind **formbedürftig** (BGH, NJW 1998, 1557; LG Köln, NJW 2003, 2993). Zu beachten ist jedoch, dass eine **Formbedürftigkeit** dann gegeben sein kann, wenn in Verbindung mit der Abschichtung Nachlassgegenstände auf einen der Beteiligten übertragen werden und die Übertragung dieser Gegenstände formbedürftig ist. Dies wird oft der Fall sein, wenn der Ausscheidende als Gegenleistung für sein Ausscheiden Nachlassgegenstände zum Alleineigentum erhält, deren Übertragung nur durch formbedürftiges Rechtsgeschäft erfolgen kann (§ 311 b BGB, § 15 GmbHG). Aus **Verfahrensgründen** kann für die Nachvollziehung der Abschichtung im Grundbuch die Einhaltung der Form des § 29 GBO erforderlich sein (öffentliche Beglaubigung). In diesen Fällen ist eine Beurkundung angebracht, da sich bei Entwurf und Vollzug der Vereinbarung durch den die Vereinbarung entwerfenden Notar keine Kostenvorteile ergeben, wenn auf eine Beurkundung verzichtet wird. Auch in Fällen in denen im Rahmen der Abwicklung **Treuhandaufträge** zur Absicherung des Leistungsverhältnisses zu überwachen sind, ist einen notarielle Beurkundung anzuraten bzw notwendig (zB Finanzierungsvollmacht, Treuhandauftrag bzgl der Grundbuchberichtigung). 35

[3] Im Rahmen des Vollzugs der Erbauseinandersetzung ist die **Voreintragung der Erbengemeinschaft** notwendig (§ 39 GBO). Da das Grundbuch infolge des Todes des Erblassers unrichtig geworden ist, bedarf es einer Grundbuchberichtigung. Vgl hierzu Rn 8. 36

[4] Zur Sicherung des Leistungsaustausches ist in dem Muster vorgesehen, dass der ausscheidende Miterbe aufschiebend bedingt durch die Zahlung des Kaufpreises aus der Erbengemeinschaft ausscheidet und dass die durch das Ausscheiden eintretende Grundbuchunrichtigkeit erst nach Beibringen der entsprechenden Nachweise bzgl des Kaufpreises im Rahmen eines Treuhandauftrages an den vollziehenden Notar berichtigt wird. 37

38 [5] Das Ausscheiden aus der Erbengemeinschaft führt nicht dazu, dass der Ausscheidende aus der Haftung für Nachlassverbindlichkeiten freikommt (*Bengel/Reimann* in Beck'sches Notarhandbuch C Rn 250). Entsprechende Freistellungsverpflichtungen sind in die Urkunde aufzunehmen. Das Muster sieht eine allgemeine **Freistellungsverpflichtung** voraus. Wo möglich sollte zusätzlich eine **befreiende Schuldübernahme** vorgesehen werden. Dies wird sich dann anbieten, wenn ein Nachlassgegenstand vermögensmäßig den wesentlichen Nachlass darstellt und die abzulösenden Verbindlichkeiten in einem engen sachlichen Zusammenhang mit diesem Nachlassgegenstand stehen (zB Grundstück und grundstücksbezogene Darlehen, die über dieses Grundstück abgesichert sind). Die befreiende Schuldübernahme sollte in die Sicherung des Leistungsaustausches mit einbezogen werden und zwar als Teil der aufschiebenden Bedingung und im Rahmen der Fälligkeitsvoraussetzungen des Auszahlungsbetrages bzw zur Voraussetzung der Grundbuchberichtigung gemacht werden.

39 [6] Da die verbleibenden Miterben uU den Abfindungsbetrag finanzieren müssen ist ggf die Aufnahme einer sog. **Finanzierungsvollmacht** mit Vereinbarung der entsprechenden Treuhandauflagen notwendig.

40 [7] Im Rahmen der Haftung des Ausscheidenden ist zwischen der Haftung bzgl des anwachsenden Erbteils und der Haftung für die zum Nachlass gehörenden Gegenstände zu unterscheiden.

41 Für die gesetzliche Haftung des Ausscheidenden für den Erbteil dürfte § 2376 analog gelten; jedenfalls sollte in der Urkunde klargestellt werden, dass für die Haftung des Ausscheidenden grds. § 2376 gilt. Dies erscheint wegen der Nähe der Abschichtung zur Erbteilsübertragung als interessengerecht. Diese Haftung sollte wie im Muster vorgesehen ergänzt werden.

42 Diese Ergänzung ist als **verschuldensunabhängige Garantie** des Veräußerers auszugestalten. Dazu gehören Erklärungen dazu, dass der veräußerte Erbanteil nicht anderweitig veräußert, ge- oder verpfändet und eine etwa angefallene Erbschaftssteuer bezahlt ist (vgl § 20 ErbStG).

43 Für die Herausgabe und Ersatzpflichten des Ausscheidenden dürften § 2374 und § 2375 analog gelten. Gegebenenfalls sind diese Vorschriften abzubedingen.

44 Die gesetzliche Haftung des Auscheidenden für Sachmängel von Nachlassgegenständen dürfte sich nach § 2376 Abs. 2 in analoger Anwendung richten. Seine Haftung für Rechtsmängel an Nachlassgegenständen nach § 2376 Abs. 1 analog. Demnach haftet der Ausscheidende grds. weder für Rechts- noch Sachmängeln an Nachlassgegenständen. Diese Regelung ist unbefriedigend, da es den verbleibenden Miterben oft auf die Freiheit der Nachlassgegenstände von **bestimmten Rechtsmängeln** ankommen wird. Eine differenzierte Regelung ist angebracht.

45 [8] Befinden sich Immobilien im Nachlass, wird das Grundbuch durch das Ausscheiden eines Miterben unrichtig. Die erforderliche Grundbuchberichtigung erfolgt in der Form des § 29 GBO durch **Berichtigungsbewilligung**, die vom vollziehenden Notar nur im Rahmen eines Treuhandauftrages nach Vorliegen der entsprechenden Bestätigungen oder Nachweise dem Grundbuch zum Vollzug vorgelegt werden darf. Die vereinbarte Fiktion dient zur Absicherung der Nachweisfunktion gegenüber dem Grundbuchamt.

46 [9] Durch die **aufschiebende Bedingung** sind die verbleibenden Miterben gemäß § 168 vor vertragswidrigen Verfügungen des Ausscheidenden über seinen Erbteil geschützt. Die Eintragung einer Verfügungsbeschränkung ist nicht notwendig, da die Miterben nur gemeinsam über Nachlassgegenstände verfügen können und insoweit kein Sicherungsbedürfnis vorliegt.

47 [10] Die Aufnahme einer Unterwerfung unter die sofortige Zwangsvollstreckung wegen der Zahlung des Abfindungsbetrages kann angezeigt sein. Die Zwangsvollstreckungsunterwerfung ist beurkundungsbedürftig (§ 794 Abs. 1 Nr. 5 ZPO).

48 [11] Es gelten die allgemeinen Mitteilungs- und Anzeigepflichten.

49 **Notarkosten:** Für die Beurkundung einer Abschichtung fällt eine doppelte Gebühr nach § 36 Abs. 2 KostO an. Der Geschäftswert richtet sich nach dem Wert des in der Urkunde behandelten

Vermögens ohne Schuldenabzug (§§ 39 Abs. 1, 18 Abs. 3 KostO). Maßgeblich ist der Betrag, der auf den abgeschichteten Erbanteil entfällt. Für den Vollzug fallen unter Umständen Nebengebühren aus § 147 Abs. 2 KostO an (Überwachung der Grundbuchberichtigung).

B. Prozess

I. Muster: Erbauseinandersetzungsklage 50

▶ **Erbauseinandersetzungsklage**[1]

An das

… gericht …[2]

Klage

des … (Kläger)

gegen

… (Beklagter)[3]

wegen: Erbauseinandersetzung

vorläufiger Streitwert: …[4]

Namens und mit Vollmacht des Klägers erhebe ich Klage und werde beantragen:[5]

I. Der Beklagte wird verurteilt, zur Herbeiführung der Erbauseinandersetzung nach dem am … in … geborenen und am … in … verstorbenen Erblasser, gegenüber dem Kläger dem folgenden Teilungsplan zuzustimmen:
   1. Der Miterbe A erhält das im Grundbuch des Amtsgerichts … für … Blatt … unter der laufenden Nummer … vorgetragene Grundstück mit der Fl.Nr. … zum Alleineigentum.
   2. Der Miterbe B erhält … EUR von dem Guthaben welches sich auf dem Konto Nr … bei der … Bank befindet.

II. Der Beklagte wird verurteilt, das im Grundbuch des Amtsgerichts … für … Blatt … unter der laufenden Nummer … vorgetragene Grundstück mit der Fl.Nr. … an den Kläger zum Alleineigentum aufzulassen und die Eigentumsumschreibung zur Eintragung in das Grundbuch zu bewilligen.[6]

III. Der Beklagte hat die Kosten des Rechtsstreits zu tragen.

Begründung

Der Kläger und der Beklagte sind Geschwister. Der Vater der beiden am … in … geboren ist am … in … vor dem Erblasser gestorben. Der Erblasser war die Mutter der Parteien. Weitere Abkömmlinge hat und hatte der Erblasser nicht.

Beweis: Vorlage entsprechender Personenstandsurkunden

Der Erblasser hat mit notariellem Testament vom … letztwillige Verfügungen getroffen und dabei im Wege einer Teilungsanordnung angeordnet, dass der Kläger das im Klageantrag genannte Grundstück zum Alleineigentum erhalten soll und dass der Beklagte das im Klageantrag genannte Konto zur Alleininhaberschaft zugewiesen bekommt.

Beweis: Zuziehung der Nachlassakten des Amtsgerichts – Nachlassgericht-

Weitere Nachlassaktiva sind nicht vorhanden. Nachlassverbindlichkeiten liegen nicht vor.[7]

Der Nachlass ist teilungsreif.[8]

Der Beklagte weigert sich die Aufteilung des Nachlasses entsprechend den Bestimmungen der letztwilligen Verfügung des Erblassers trotz schriftlicher Aufforderung vom … (Datum) zuzustimmen.[9]

…

Unterschrift ◀

II. Erläuterungen und Varianten

51 [1] Die Erbengemeinschaft als Zwangsgemeinschaft ist grds. auf Auseinandersetzung gerichtet. Dementsprechend hat jeder Miterbe gem. § 2042 das Recht **jederzeit** die **Auseinandersetzung** zu verlangen. Das Auseinandersetzungsrecht wird durch die §§ 2043 bis 2045 begrenzt.

52 In der Regel wird die Erbengemeinschaft einvernehmlich durch einen Auseinandersetzungsvertrag auseinandergesetzt (vgl Rn 1 ff). Kommt eine einvernehmliche Auseinandersetzung nicht zu Stande, kann die Auseinandersetzung auch vor einem Gericht durchgesetzt werden.

53 [2] Die **örtliche Zuständigkeit** richtet sich nach § 27 ZPO. Danach ist das Gericht zuständig, bei welchem der Erblasser seinen letzten allgemeinen Gerichtsstand hatte. Die **sachliche Zuständigkeit** ergibt sich aus den allgemeinen Vorschriften und richtet sich nach dem Streitwert.

54 [3] Zu verklagen sind grds. die Miterben, die dem **Teilungsplan nicht zustimmen**. Im Rahmen der Erbauseinandersetzungsklage besteht zwischen den Erben weder eine prozessual noch eine materiell-rechtlich notwendige Streitgenossenschaft (NK-BGB/*Eberl-Borges* vor §§ 2042-2057 a Rn 24). Nicht am Verfahren beteiligte Erben können als Zeugen gehört werden. Aus prozesstaktischen Gründen kann es sich empfehlen als Kläger alle **nicht kooperierenden Miterben** zu verklagen oder entsprechende vorprozessuale Zustimmungserklärungen zum Teilungsplan einzuholen. Auf Beklagtenseite kann es prozesstaktisch sinnvoll sein „Parteizeugen des Kägers" in eine Widerklage mit einzubinden (vgl *Klinger/Erker/Oppelt*, Münchener Prozessformularbuch Erbrecht, Form. K. VI. 8).

55 [4] Der Streitwert richtet sich nach dem Interesse des Klägers. Dieses bestimmt sich nach dem Wert der Erbquote, welche dem auf Teilung klagenden Erben zusteht (BGH NJW 1975, 1415, 1416).

56 [5] Die Erbauseinandersetzung ist auf **Abschluss eines Auseinandersetzungsvertrages** gerichtet. Der Klageantrag muss also auf Erteilung der Zustimmung zu einem konkreten Auseinandersetzungsplan lauten. Das Gericht kann nicht von sich aus den Auseinandersetzungsplan abändern, muss aber im Rahmen der **gerichtlichen Hinweispflichten** auf sachgerechte Antragsstellung hinwirken.

57 In dem Klageantrag kann der Teilungsplan, wie im Muster vorgesehen, direkt wiedergegeben werden. Es ist im Klageantrag aber auch die Bezugnahme auf den in einer Anlage wiedergegebenen Teilungsplan zulässig. Dies wird sich insbesondere bei **umfangreichen Teilungsplänen** anbieten.

▶ Der Beklagte wird verurteilt, zur Herbeiführung der Erbauseinandersetzung nach dem am ... geborenen und am ... verstorbenen Erblasser, gegenüber dem Kläger dem dieser Klage als Anlage I beigefügten Teilungsplan zuzustimmen. Auf diese Anlage wird verwiesen. Es wird klargestellt, dass diese Anlage Teil des Klageantrages ist. ◀

58 Das Prozessrisiko bei einer Erbauseinandersetzungsklage hoch, da entweder der Anspruch auf Zustimmung zu einem **bestimmten** Teilungsplanplan besteht oder nicht. Um dieses Risiko zu minimieren sind sollten gegebenenfalls Hilfsanträge gestellt werden um alle vorhersehbare Alternativen einzugrenzen (vgl *Klinger/Erker/Oppelt*, Münchener Prozessformularbuch Erbrecht, Form K. VI. 2). Eine entsprechende Formulierung kann wie folgt lauten:

▶ Der Beklagte wird verurteilt, zur Herbeiführung der Erbauseinandersetzung nach dem am ... geborenen und am ... verstorbenen Erblasser, gegenüber dem Kläger dem dieser Klage als Anlage I beigefügten Teilungsplan zuzustimmen.

Für den Fall, dass das Gericht zu dem Ergebnis kommt, dass die letztwilligen Verfügungen des Erblassers keine Teilungsanordnungen enthalten, und demgemäß keine Verpflichtung zur Zustimmung zu dem dieser Klage als Anlage I beigefügten Teilungsplan besteht, wird hilfsweise folgender Antrag gestellt:

Der Beklagte wird verurteilt, zur Herbeiführung der Erbauseinandersetzung nach dem am ■■■ geborenen und am ■■■ verstorbenen Erblasser, gegenüber dem Kläger dem dieser Klage als Anlage II beigefügten Teilungsplan zuzustimmen.

■■■ (und weitere entsprechende Varianten)

Auf diese Anlagen wird verwiesen. Es wird klargestellt, dass diese Anlagen Teil des Klageantrages sind. ◀

[6] Im Rahmen des Klageantrages ist die Unterscheidung zwischen dem **schuldrechtlich wirkenden Teilungsplan** und dem **dinglichen Vollzug** der Erbteilung dahingehend zu beachten, dass notwendige dingliche Vollzugserklärungen mit eingeklagt werden sollten. Durch ein obsiegendes Urteil wird gem. § 894 ZPO auch die Zustimmung der beklagten Miterben zu den zum Vollzug des Teilungsplans erforderlichen Verfügungen – zB Auflassung – ersetzt. 59

Der Kläger kann nach seinem Belieben vor Erhebung der Auseinandersetzungsklage Antrag auf gerichtliche Vermittlung der Erbauseinandersetzung stellen (§§ 363 ff FamFG). Hierzu verpflichtet ist er nicht. In der Praxis finden sich derartige gerichtlich vermittelte Auseinandersetzungen selten. 60

[7] In der Klagebegründung müssen alle **Aktiva und Passiva** des Nachlasses aufgeführt werden. In einfachen Konstellationen kann wie im Muster vorgegangen werden. Wenn ein umfangreiche Nachlass auseinander zusetzten ist, empfiehlt sich eine detaillierte Aufstellung die wie folgt aussehen kann: 61

▶ Die Aktiva und Passiva des Nachlasses nach dem Erblasser ■■■ beschreiben sich wie folgt:

Aktiva

I. Sachen

1. unbewegliche Sachen:
   - Grundstück vorgetragen im Grundbuch des Amtsgerichts ■■■ für ■■■ Blatt ■■■ unter der laufenden Nummer ■■■ Fl.Nr. ■■■
2. bewegliche Sachen
   - Ölgemälde mit Motiv „Röhrender Hirsch" mit den Maßen 400 auf 400 cm; signiert mit dem Namen „Hubert Rohrmoser"

II. Rechte und Forderungen

- 100 Stückaktien der Grünbank AG
- Guthaben auf dem Girokonto Nr ■■■. bei der Blaubank AG in Höhe von 100.000 EUR

Passiva

- Forderung des Vermieters ■■■ aus Mietvertrag vom ■■■ für die Monate ■■■ in Höhe von 2.000,-- EUR
- noch nicht fälliger Darlehensrückzahlungsanspruch in Höhe von 10.000,-- EUR des ■■■ gegen den Erblasser. Dieser Rückzahlungsanspruch wird am ■■■ fällig.
- strittiger Schadensersatzanspruch des ■■■ gegen den Erblasser in geltend gemachter Höhe von 5.000,-- EUR ◀

[8] Eine Auseinandersetzungsklage setzt voraus, dass der Nachlass tatsächlich **teilungsreif** ist. Was darunter im Einzelnen zu verstehen ist, ist strittig. 62

Im Hinblick auf den **Umfang des Nachlasses** ist umstritten, ob bereits alle Aktiva und Passiva des Nachlasses feststehen müssen. Nach einer Ansicht ist die Teilungsreife in diesen Konstellationen zu verneinen, da der Umfang des Nachlasses an sich noch nicht feststeht (KG NJW 1961, 733; OLG Karlsruhe NJW 1974, 956; Palandt/*Edenhofer* § 2042 Rn 16). Zunächst wä- 63 ren im Wege der Feststellungsklage die strittigen Punkte im Hinblick auf den Umfang des Nachlasses zu klären.

64 Nach anderer Ansicht steht ein Streit über den Umfang des Nachlasses einer Teilungsklage nicht entgegen, da diese Fragen als Vorfragen im Rahmen der Teilungsklage entschieden werden können (OLG Düsseldorf FamRZ 1996, 1338; LG Münster NJOZ 2004, 257 ff; MüKo-BGB/*Heldrich* § 2042 Rn 59).

65 Letzterer Ansicht ist zuzustimmen, da die Frage des Umfangs des Nachlasses eine Vorfrage der Teilungsklage ist und diese Vorfrage im Rahmen des Hauptsacheantrags geklärt werden kann. Da jedoch eine Klage auf Feststellung einzelner Streitpunkte zulässig ist, wenn eine solche Feststellung der Klärung der für die Auseinandersetzung maßgebenden Grundlagen dient (BGH NJW-RR 1990, 1220; BGHZ 1, 65, 74), ist dem Anwalt, der den sichersten prozessualen Weg wählen will, zu empfehlen, entsprechende vorrangige Feststellungsanträge in seine Klage mit aufzunehmen.

66 Teilungsreife liegt **auch** vor, wenn gem. § 2042 Abs. 2 iVm § 752 die Teilung in Natur ohne Verminderung des Wertes **nicht** möglich ist (MüKo-BGB/*Heldrich* § 2042 Rn 59; OLG Köln, NJW-RR 1997, 91). Es ist also nicht notwendig vor Erhebung der Teilungsklage die Teilung durch Verkauf gem. § 2042 Abs. 2 iVm § 753 durchzuführen.

67 [9] Inhaltlich richtet sich die Erbauseinandersetzung in erster Linie nach den Vorgaben des Erblassers, in zweiter Linie nach den Vereinbarungen der Miterben und nur subsidiär nach den gesetzlichen Ergänzungsvorschriften der §§ 2046 ff, 752 ff. Das hier behandelte Muster geht davon aus, dass der Erblasser wirksame Teilungsanordnungen nach § 2048 getroffen hat.

68 Kommen bezüglich der Auseinandersetzung die gesetzlichen Ergänzungsvorschriften der §§ 2046 ff, 752 ff zur Anwendung, sollte wegen der damit einhergehenden Komplexität der Klageantrag regelmäßig auf Zustimmung zu einem als Anlage beigefügten Teilungsplan gerichtet sein. Der Teilungsplan selber sollte die gesetzlichen Vorschriften nachvollziehen. Demnach ergibt sich folgende Gliederung des Teilungsplanes:

- Gegebenenfalls vorab Durchführung von Pfandverkauf bzw Zwangsversteigerung bei Grundstücken, wenn ansonsten die Nachlassverbindlichkeiten nicht bedient werden können, aber **nur soweit** dies zur Berichtigung von Nachlassverbindlichkeiten erforderlich ist (§ 2046 Abs. 3).
- Begleichung der Nachlassverbindlichkeiten (§ 2046 Abs. 1 S. 1.)
- Bildung von Rückstellungen für noch nicht fällige oder strittige Verbindlichkeiten (§ 2046 Abs. 1 S. 2.)
- Gegebenenfalls Teilung der Nachlassgegenstände in Natur, wenn sich diese ohne Verminderung des Wertes teilen lassen (§ 2042 Abs. 2 iVm § 752)
- Gegebenenfalls Teilung durch Pfandverkauf bzw bei Grundstücken durch Zwangsversteigerung.

Unter Zugrundelegung der unter Rn 61 aufgeführten Aktiva und Passiva, bei denen eine Berichtigung der Nachlassverbindlichkeiten vor Teilung des Nachlasses möglich ist und der Annahme, dass die Miterben je zu 1/2 Erben geworden sind, kann ein Teilungsplan wie folgt aussehen:

▶ Der Nachlass nach dem Erblasser ■■■ ist wie folgt unter den Miterben aufzuteilen:

1. Berichtigung der Nachlassverbindlichkeit „Forderung des Vermieters ■■■ aus Mietvertrag vom ■■■ für die Monate ■■■ in Höhe von EUR 2.000,-- EUR" durch Überweisung aus dem Girokonto Nr. ■■■ bei der Blaubank AG.
2. Rückstellung für die noch nicht fällige Forderung „Darlehensrückzahlungsanspruch in Höhe von EUR 10.000,-- des ■■■ gegen den Erblasser" durch Belassen eines Betrages in Höhe von EUR 10.000,-- EUR auf dem Girokonto Nr. ■■■ bei der Blaubank AG.

3. Rückstellung für die noch strittige Forderung „Schadensersatzanspruch des ■■■ gegen den Erblasser" durch Belassen eines Betrages in Höhe von EUR 5.000,-- auf dem Girokonto Nr. ■■■ bei der Blaubank AG.
4. Aufteilung der 100 Stückaktien der Grünbank AG, wobei jeder Miterbe entsprechend seinem Erbanteil 50 Stückaktien erhält.
5. Der Nachlassgegenstand Ölgemälde mit Motiv „Röhrender Hirsch" ist nach den Vorschriften über den Pfandverkauf (§ 2042 Abs. 2 iVm § 753) zu veräußern.
Der erzielte Erlös ist nach Abzug der durch die Veräußerung angefallenen und von dem Nachlass zu tragenden Kosten hälftig zwischen den Miterben entsprechend ihren Erbquoten aufzuteilen.
6. Der Nachlassgegenstand Grundstück vorgetragen im Grundbuch des Amtsgerichts ■■■ für ■■■ Blatt ■■■ unter der laufenden Nummer ■■■ Fl.Nr. ■■■ ist im Wege einer Teilungsversteigerung (§ 2042 Abs. 2 iVm § 753) zu veräußern.
Der erzielte Erlös ist nach Abzug der durch die Veräußerung angefallenen und von dem Nachlass zu tragenden Kosten hälftig zwischen den Miterben entsprechend ihren Erbquoten aufzuteilen.
7. Das unter Berücksichtigung von vorstehend Nr. 1 bis 3 verbleibende Guthaben auf dem Girokonto Nr. ■■■ bei der Blaubank AG ist hälftig zwischen den Miterben entsprechend ihren Erbquoten aufzuteilen.

Der Durchführung der vorstehend aufgeführten Teilungsversteigerungen wird zugestimmt. ◄

Der Teilungsplan sollte ergänzend in den entsprechenden Konstellationen wie vorstehend aufgeführt die dinglichen Vollzugserklärungen enthalten. Weiter sollte klargestellt werden, dass auch die Zustimmung zur Durchführung notwendiger Teilungsversteigerungen eingeklagt ist. 69

Gerichtskosten: 3,0 Gebühr nach § 34 GKG iVm Nr. 1210 KV GKG bzw 1,0 Gebühr nach § 34 GKG iVm Nr. 1211 KV GKG. 70

Anwaltsgebühren: Regelgebühren nach Teil 3 Abschnitt 1 VV Nr. 3100 ff RVG.

§ 2043 Aufschub der Auseinandersetzung

(1) Soweit die Erbteile wegen der zu erwartenden Geburt eines Miterben noch unbestimmt sind, ist die Auseinandersetzung bis zur Hebung der Unbestimmtheit ausgeschlossen.

(2) Das Gleiche gilt, soweit die Erbteile deshalb noch unbestimmt sind, weil die Entscheidung über einen Antrag auf Annahme als Kind, über die Aufhebung des Annahmeverhältnisses oder über die Anerkennung einer vom Erblasser errichteten Stiftung als rechtsfähig noch aussteht.

§ 2044 Ausschluss der Auseinandersetzung

(1) [1]Der Erblasser kann durch letztwillige Verfügung die Auseinandersetzung in Ansehung des Nachlasses oder einzelner Nachlassgegenstände ausschließen oder von der Einhaltung einer Kündigungsfrist abhängig machen. [2]Die Vorschriften des § 749 Abs. 2, 3, der §§ 750, 751 und des § 1010 Abs. 1 finden entsprechende Anwendung.

(2) [1]Die Verfügung wird unwirksam, wenn 30 Jahre seit dem Eintritt des Erbfalls verstrichen sind. [2]Der Erblasser kann jedoch anordnen, dass die Verfügung bis zum Eintritt eines bestimmten Ereignisses in der Person eines Miterben oder, falls er eine Nacherbfolge oder ein Vermächtnis anordnet, bis zum Eintritt der Nacherbfolge oder bis zum Anfall des Vermächtnisses gelten soll. [3]Ist der Miterbe, in dessen Person das Ereignis eintreten soll, eine juristische Person, so bewendet es bei der dreißigjährigen Frist.

1 **A. Muster: Ausschluss der Auseinandersetzung**

▶ **Ausschluss der Auseinandersetzung**[1]

Hiermit schließe ich gem. § 2044 BGB die Auseinandersetzung des Nachlasses wie folgt aus:

Ich schließe die Auseinandersetzung in Ansehung meines gesamten Nachlasses aus.[2]

Diese Anordnung erfolgt als Auflage gem. §§ 1940, 2192 BGB zu Lasten aller Miterben.[3] ◀

B. Erläuterungen und Varianten

2 [1] Die einzelnen Miterben können gem. § 2042 grds. **jederzeit** die Auseinandersetzung des Nachlasses verlangen (NK-BGB/*Eberl-Borges* § 2042 Rn 1). Aus bestimmten Gründen kann der der Erblasser ein Interesse daran haben, dass dieser Auseinandersetzungsanspruch bezüglich des ganzen Nachlasses oder bestimmter Nachlassgegenstände ausgeschlossen ist. So kann die Nutzung des ungeteilten Nachlasses oder bestimmter Nachlassgegenstände für bestimmte Miterben von besonderer Bedeutung sein. Auch wird oft eine emotionale Komponente die Entscheidung des Erblassers beeinflussen, der nicht möchte, dass nach seinem Tode der von ihm geschaffene gegenständliche Nachlass sofort liquidiert wird. § 2306 ist bei der Ausgestaltung eines Teilungsverbotes zu beachten. § 2042 räumt dem Erblasser die Möglichkeit ein durch letztwillige Verfügung die **Auseinandersetzung auszuschließen.** Die letztwillige Verfügung kann sich auf die **gesetzliche** oder die **gewillkürte** Erbfolge beziehen (Hk-BGB/*Hoeren* § 2044 Rn 1).

3 [2] Dabei kann der Erblasser die Auseinandersetzung bzgl **einzelner** Nachlassgegenstände oder dem **ganzen** Nachlass ausschließen oder die Auseinandersetzung von der Einhaltung einer **Kündigungsfrist** abhängig machen (NK-BGB/*Eberl-Borges* § 2042 Rn 4). Vgl hierzu die folgenden Formulierungsvorschläge:

▶ **Ausschluss bzgl einzelner Nachlassgegenstände**

Hiermit schließe ich gem. § 2044 BGB die Auseinandersetzung des Nachlasses wie folgt aus:

Ich schließe die Auseinandersetzung in Ansehung des folgenden Nachlassgegenstandes aus: Grundstück Fl. Nr. ... vorgetragen im Grundbuch Blatt ... des Amtgerichts ... für ...

Diese Anordnung erfolgt als Auflage gem. §§ 1940, 2192 BGB zu Lasten aller Miterben. ◀

▶ **Anordnung einer Kündigungsfrist**

Hiermit schließe ich gem. § 2044 BGB die Auseinandersetzung des Nachlasses wie folgt aus:

Ich schließe die Auseinandersetzung in Ansehung des folgenden Nachlassgegenstandes dahingehend aus, dass die Erben nur berechtigt sind, unter Einhaltung einer Kündigungsfrist von ... Jahr, die Auseinandersetzung zu verlangen: Grundstück Fl. Nr. ... vorgetragen im Grundbuch Blatt ... des Amtsgerichts ... für ...

Diese Anordnung erfolgt als Auflage gem. §§ 1940, 2192 BGB zu Lasten aller Miterben. ◀

4 [3] Der Teilungsausschluss kann einerseits als **Auflage** zum Nachteil aller Miterben angeordnet werden. Die Auseinandersetzung ist in diesen Fällen den Miterben untersagt. Diese Auflage kann **wechselbezüglich** oder **vertragsmäßig** angeordnet werden (Hk-BGB/*Hoeren* § 2044 Rn 2).

5 Weiter kann der Teilungsausschluss als **Vermächtnis** bzw **Vorausvermächtnis** zu Gunsten bestimmter Miterben bzw aller Miterben angeordnet werden. Die Auseinandersetzung ist also gegen den Willen der mit dem Vermächtnis bedachten Miterben untersagt. Dieses Vermächtnis kann **wechselbezüglich** oder **vertragsmäßig** angeordnet werden (Hk-BGB/*Hoeren* § 2044 Rn 3).

6 Weiter wird vertreten, dass der Teilungsausschluss auch als **reine Anordnung gem. § 2044** verfügt werden kann, was zu einem Ausschluss des Auseinandersetzungsanspruches der Miterben untereinander führen soll. Diese Anordnung kann nicht wechselbezüglich oder vertragsmäßig

getroffen werden (*Bengel* ZEV 1995, 178). Praktisch dürften sich keine Unterschiede zwischen der reinen Teilungsanordnung gem. § 2044 und der Anordnung einer Auflage ergeben.

Auf eine genaue Abgrenzung zwischen der Bestimmung einer Auflage oder des Aussetzens eines Vermächtnisses ist zu achten. Die Anordnung eines Vermächtnisses kann wie folgt klargestellt werden: 7

▶ **Anordnung als Vermächtnis**

Hiermit schließe ich gem. § 2044 BGB die Auseinandersetzung des Nachlasses wie folgt aus:

Ich schließe die Auseinandersetzung in Ansehung des folgenden Nachlassgegenstandes dahingehend aus, dass die Erben nicht berechtigt sind, gegen den Willen meiner überlebenden Ehefrau, die Auseinandersetzung zu verlangen: Grundstück Fl. Nr. ■■■ vorgetragen im Grundbuch Blatt ■■■ des Amtsgerichts ■■■ für ■■■

Diese Anordnung erfolgt als Vorausvermächtnis zu Gunsten meiner überlebenden Ehefrau. ◀

Allen Fällen gemeinsam ist, dass die §§ 134 ff nicht anwendbar sind, so dass die Miterben im gegenseitigen Einvernehmen sich über die Anordnungen des Erblassers hinwegsetzten können (Hk-BGB/*Hoeren* § 2044 Rn 2). Will der Erblasser die Durchsetzung des Ausschlusses der Auseinandersetzung gegen den Willen der Miterben durchsetzten so ist ggf ergänzend eine **Testamentsvollstreckung** als Verwaltungsvollstreckung anzuordnen. In diesen Fällen kann die Auseinandersetzung nur unter Mitwirkung des Testamentsvollstreckers erfolgen (NK-BGB/*Eberl-Borges* § 2042 Rn 12). Eine weitere Möglichkeit den Ausschluss der Auseinandersetzung gegenüber den Miterben durchzusetzen ist die Anordnung von **aufschiebend bedingten Vermächtnissen** oder die Anordnung einer **aufschiebend bedingten Vor- und Nacherbschaft** (NK-BGB/*Eberl-Borges* § 2042 Rn 12). Von solchen Gestaltungen ist regelmäßig abzuraten, da dadurch oft keine interessengerechte Lösung erreicht werden kann und diese Gestaltungen ihre Grenzen in der Vorschrift des § 2306 finden. 8

Notarkosten: Es ist zu unterscheiden: Bezieht sich die Teilungsanordnung auf Nachlassgegenstände, die schon von einer Erbeinsetzung umfasst sind, fallen für die Teilungsanordnung keine gesonderten Gebühren an. 9

Wird die Teilungserklärung isoliert angeordnet bestimmt sich der Geschäftswert nach dem Wert des betroffenen Nachlassgegenstandes ohne Schuldenabzug (§ 18 Abs. 3 KostO). 10

Für ein Testament fällt gem. § 46 Abs. 1. Alt. KostO eine 10/10 Gebühr an und für einen Erbvertrag/Ehegattentestament gem. § 46 Abs. 1 2. Alt. KostO eine 20/10 Gebühr an. 11

§ 2045 Aufschub der Auseinandersetzung

[1]Jeder Miterbe kann verlangen, dass die Auseinandersetzung bis zur Beendigung des nach § 1970 zulässigen Aufgebotsverfahrens oder bis zum Ablauf der im § 2061 bestimmten Anmeldungsfrist aufgeschoben wird. [2]Ist der Antrag auf Einleitung des Aufgebotsverfahrens noch nicht gestellt oder die öffentliche Aufforderung nach § 2061 noch nicht erlassen, so kann der Aufschub nur verlangt werden, wenn unverzüglich der Antrag gestellt oder die Aufforderung erlassen wird.

§ 2046 Berichtigung der Nachlassverbindlichkeiten

(1) [1]Aus dem Nachlass sind zunächst die Nachlassverbindlichkeiten zu berichtigen. [2]Ist eine Nachlassverbindlichkeit noch nicht fällig oder ist sie streitig, so ist das zur Berichtigung Erforderliche zurückzubehalten.
(2) Fällt eine Nachlassverbindlichkeit nur einigen Miterben zur Last, so können diese die Berichtigung nur aus dem verlangen, was ihnen bei der Auseinandersetzung zukommt.
(3) Zur Berichtigung ist der Nachlass, soweit erforderlich, in Geld umzusetzen.

§ 2047 Verteilung des Überschusses

(1) Der nach der Berichtigung der Nachlassverbindlichkeiten verbleibende Überschuss gebührt den Erben nach dem Verhältnis der Erbteile.

(2) Schriftstücke, die sich auf die persönlichen Verhältnisse des Erblassers, auf dessen Familie oder auf den ganzen Nachlass beziehen, bleiben gemeinschaftlich.

§ 2048 Teilungsanordnungen des Erblassers

[1]Der Erblasser kann durch letztwillige Verfügung Anordnungen für die Auseinandersetzung treffen. [2]Er kann insbesondere anordnen, dass die Auseinandersetzung nach dem billigen Ermessen eines Dritten erfolgen soll. [3]Die von dem Dritten auf Grund der Anordnung getroffene Bestimmung ist für die Erben nicht verbindlich, wenn sie offenbar unbillig ist; die Bestimmung erfolgt in diesem Falle durch Urteil.

1 **A. Muster: Teilungsanordnung**

▶ **Teilungsanordnung nach § 2048 BGB[1]**

Hiermit verfüge ich gem. § 2048 BGB folgende Teilungsanordnung:

Verbunden mit einer Übernahmepflicht weise ich dem Miterben A das Alleineigentum an dem Grundstück vorgetragen im Grundbuch des Amtsgerichts ▪▪▪ unter Blatt ▪▪▪ Fl.Nr. ▪▪▪ mit allen Rechten, Pflichten, Bestandteilen und Zubehör einschließlich des jeweiligen Inventars zu. Früchte und Nutzungen stehen ab dem Erbfall dem künftigen Berechtigten zu.[2]

Verbunden mit einem Übernahmerecht, aber keiner Übernahmepflicht weise ich dem Miterben B das Alleineigentum an dem Grundstück vorgetragen im Grundbuch des Amtsgerichts ▪▪▪ unter Blatt ▪▪▪ Fl.Nr. ▪▪▪ zu. Das Übernahmerecht ist schriftlich gegenüber den übrigen Miterben auszuüben und erlischt nach Ablauf von einem Jahr von meinem Todestag an gerechnet, wenn es nicht bis dahin ausgeübt wurde. Für die Fristwahrung ist der Zugang der Ausübungserklärung maßgeblich. Früchte und Nutzungen stehen ab der Ausübung des Übernahmerechts dem künftigen Berechtigten zu.[3]

Die vorstehenden Teilungsanordnungen werden jeweils gegenstandslos, wenn sich das jeweils betroffene Grundstück nicht im Nachlass befinden sollte.

Weiter gilt, dass der jeweilige Übernehmende die durch eingetragene Grundpfandrechte gesicherten Verbindlichkeiten schuldbefreiend gegenüber den übrigen Miterben zu übernehmen hat. Hilfsweise sind diese freizustellen.

Der Übernehmende hat die zum Zeitpunkt des Erbfalls auf dem Grundbesitz ruhenden Belastungen zu übernehmen. Etwaige Eigentümerrechte an auf dem Grundbesitz lastenden Grundpfandrechten sind ebenfalls zu übernehmen. Es wird klargestellt, dass dies bzgl des Miterben B nur gilt, wenn er von seinem Übernahmerecht Gebrauch macht.[4]

Die Kosten für die Durchführung der Teilungsanordnungen trägt der Nachlass.

Soweit sich die Miterben nicht über den Wert der zugewiesenen Nachlassgegenstände und zu übernehmenden Verbindlichkeiten einigen können, entscheidet ein von der zuständigen IHK zu bestimmender Sachverständiger. Die Kosten des Sachverständigen trägt der Nachlass.[5]

Es wird ausdrücklich klargestellt, dass vorstehende Verfügungen eine echte Teilungsanordnung und kein Vorausvermächtnis darstellen sollen. Die vorgenannten Miterben haben sich also den Wert der Zuwendung auf ihren Erbteil anrechnen zu lassen bzw aus ihrem Privatvermögen zur Ausgleichung zu bringen.[6]

Vorstehende Teilungsanordnung gilt entsprechend auch für den Fall, dass Ersatzerben anstelle des Miterben treten, welchem aufgrund der vorstehenden Teilungsanordnung etwas zugewiesen wurde.[7]

Weiter bestimme ich, dass ▪▪▪ berechtigt ist, die Teilung des übrigen Nachlasses nach seinem billigen Ermessen vorzunehmen.[8] ◀

B. Erläuterungen und Varianten

[1] Der Erblasser kann neben dem Ausschluss der Teilung nach § 2044 gem. § 2048 weitere Vorgaben für die Teilung des Nachlasses machen, die den allgemeinen Teilungsvorschriften der §§ 2042 ff vorgehen. Die Teilungsanordnung hat nur schuldrechtliche Wirkung und begründet lediglich Ansprüche der Miterben untereinander und führt **nicht** zu einer unmittelbaren dinglichen Zuweisung von Nachlassaktiva oder -passiva (Hk-BGB/*Hoeren* § 2048 Rn 1). Die Teilungsanordnung lässt demgemäß die Höhe der Erbteile unberührt und bezieht sich nur auf die Verteilung der von der Anordnung betroffenen Nachlassgegenstände. Damit ist beim betroffenen Miterben die Zuwendung zur Ausgleichung zu bringen bzw zur Ausgleichung in Geld aus seinem sonstigen Vermögen verpflichtet, wenn der Wert des zugewendeten Nachlassgegenstandes den Wert seines Erbteils übersteigt (Hk-BGB/*Hoeren* § 2048 Rn 2). In letzterem Fall steht die Teilungsanordnung nicht unter einer stillschweigenden aufschiebenden Bedingung der Ausgleichszahlung aus dem Privatvermögen des betroffenen Miterben (BGH NJW-RR 1996, 577). Eine solche Bedingung kann aber angeordnet werden. 2

Die Teilungsanordnung findet ihre sachliche Grenze in den Bestimmungen des Pflichtteilsrechts (§ 2306 ff). 3

Die Teilungsanordnung kann **nicht wechselbezüglich** im Ehegattentestament (§ 2270 Abs. 3) oder **vertragsmäßig** im Erbvertrag (§§ 2278 Abs. 2, 2299) verfügt werden. 4

Da die Teilungsanordnung nur **schuldrechtlich** wirkt, können sich die Miterben einvernehmlich über diese hinwegsetzten. (NK-BGB/*Eberl-Borges* § 2048 Rn 19). Auch die Anordnung einer Auflage zum Nachteil aller Miterben mit dem Inhalt, die Teilungserklärung umzusetzen, kann von den Miterben im gegenseitigen Einvernehmen umgangen werden, da die Auflage zu keinen dinglich wirkenden Verfügungsbeschränkungen hinsichtlich des Nachlasses führt (NK-BGB/*Eberl-Borges* § 2048 Rn 9). Möchte der Erblasser eine Teilungserklärung gegen den Willen der Erben durchsetzten, muss ergänzend **Testamentsvollstreckung** angeordnet werden. Alternativ kann daran gedacht werden an die Nichtdurchführung der Teilungsanordnung den Eintritt des Nacherbfalles oder den Eintritt einer auflösenden Bedingung bzgl der Erbenstellung zu knüpfen (NK-BGB/*Eberl-Borges* § 2048 Rn 9). Von den letztgenannten Gestaltungen sollte nur zurückhaltend Gebrauch gemacht werden, da sie das Nichtdurchführungsproblem nur auf andere Personen verlagern und unflexible, neue Umstände nicht berücksichtigende „Alles oder Nichts"-Lösungen darstellen. 5

Die Teilungsanordnung hat ihren Anwendungsbereich in den Konstellationen, in denen der Erblasser einzelnen Miterben bestimmte Nachlassgegenstände zuweisen möchte. Die Teilungsanordnung kann grds. als **Übernahmepflicht** bzw als **Übernahmerecht** ausgestaltet werden. Auf entsprechende Klarstellung bei der Gestaltung ist zu achten. 6

[2] Der Erblasser kann eine verbindliche Erblasserzuweisung (**Übernahmepflicht**) anordnen, wenn er unbedingt möchte, dass ein Nachlassgegenstand von einem bestimmten Miterben zugewiesen wird. Im Rahmen der Zuweisung ist genau zu bestimmen worauf sich die Zuweisung bezieht; also bei Immobilien, ob Inventar und Zubehör mit zugewiesen werden. 7

[3] Der Erblasser kann aber auch lediglich ein **Übernahmerecht** des betreffenden Miterben verfügen. Es sollte dann geregelt werden, wann das Übernahmerecht erlischt, um den durch die Einräumung des Übernahmerechts entstehenden Schwebezustand zeitlich zu begrenzen. 8

[4] Nicht nur **Aktiva,** sondern auch **Passiva** können einzelnen Miterben zugewiesen werden. In diesem Zusammenhang ist § 2306 zu beachten. Oft wird es bei bestimmten Nachlassgegenständen sinnvoll sein, die damit zusammenhängenden Verbindlichkeiten dem Miterben zuzuweisen, der diesen Nachlassgegenstand übernimmt. In jedem Fall ist klarzustellen, ob eine Übernahme gewünscht ist oder nicht. Bei Nichtübernahme ist wie folgt zu formulieren: 9

▶ Der Übernehmende hat die zum Zeitpunkt des Erbfalls auf dem Grundbesitz ruhenden Belastungen zu übernehmen. Etwaige Eigentümerrechte an auf dem Grundbesitz lastenden Grundpfandrechten sind ebenfalls zu übernehmen.

Er hat keine Verbindlichkeiten zu übernehmen, auch soweit diese durch im Grundbuch etwa eingetragene Grundpfandrechte gesichert sind. Diese Verbindlichkeiten fallen in den Nachlass und sind bei der Auseinandersetzung entsprechend den gesetzlichen Vorschriften zu berücksichtigen. ◀

10 [5] Steht der Wert des zu übernehmenden Gegenstandes nicht fest, weil kein Börsenpreis oder Ähnliches existiert, sind Bestimmungen zur **Wertermittlung** aufzunehmen. Die Bestimmung des Wertes muss sich an objektiven Kriterien ausrichten. Will der Erblasser selbst den Übernahmewert bestimmen, kann er dies tun, sollte dann aber klarstellen, dass eine etwaige Über- oder Unterbewertung ein Vorausvermächtnis zu Gunsten der übrigen Miterben (Überbewertung) oder zu Gunsten des Übernehmers (Unterbewertung) darstellt.

11 [6] Im Zusammenhang mit einer Teilungsanordnung ist oft die **Abgrenzung zum Vorausvermächtnis** problematisch (vgl NK-BGB/*Eberl-Borges* § 2048 Rn 10 f). Für entsprechende Klarstellung bei der Testamentsgestaltung ist zu sorgen. Kriterium für die Abgrenzung ist, ob der Erblasser dem Miterben einen besonderen Vermögensvorteil zuwenden wollte. Ist dies der Fall, liegt ein Vorausvermächtnis und keine Teilungsanordnung vor. Das Vorausvermächtnis hat weitreichende Unterschiede zur Teilungsanordnung. Es ist grds. sofort zu vollziehen, kann seperat ausgeschlagen werden und bindend verfügt werden (vgl NK-BGB/*J. Mayer* § 2150 Rn 1 ff) Die Formulierung im Muster stellt klar, dass durch die Teilungsanordnung die die Höhe der Erbteile unberührt bleibt, und insoweit eine Teilungsanordnung vorliegt.

12 In der Praxis kommt es häufig vor, dass der Erblasser einen **Nachlassgegenstand** einem **bestimmten Miterben** zuweisen möchte, und zwar unter der grundsätzlichen Verpflichtung zur Anrechnung, aber ohne Verpflichtung zur Ausgleichung einer etwaigen Wertedifferenz aus dem Privatvermögen. Dies kann dadurch erreicht werden, dass die Teilungsanordnung mit einem Vorausvermächtnis kombiniert wird (vgl NK-BGB/*J. Mayer* § 2150 Rn 13). Das Vorausvermächtnis wird dabei in seiner Wirksamkeit von der Annahme der Erbschaft abhängig gemacht und erst im Rahmen der Erbauseinandersetzung fällig. In diesen Fällen ist demgemäß folgende Klarstellung nötig:

▶ Erhält der vorstehend Berechtigte aufgrund der vorstehenden Zuweisung im Wege der Teilungsanordnung in Anrechnung auf seinen Erbteil wertmäßig mehr als den Wert seines Erbteils, so ist ihm dieser Mehrwert als Vorausvermächtnis, also ohne Verpflichtung zur Ausgleichung aus seinem Privatvermögen zugewendet. Dieses Vorausvermächtnis fällt nur bei Annahme der Erbschaft an und wird erst Zug um Zug mit der Erbauseinandersetzung fällig. ◀

13 [7] Oft will der Erblasser nur einen bestimmten Erben höchstpersönlich einen Nachlassgegenstand zukommen lassen. Der Erblasserwille ist zu klären und entsprechend niederzulegen. Eine solche höchstpersönliche Zuweisung kann wie folgt lauten:

▶ Vorstehende Teilungsanordnung entfällt insoweit, als ein Ersatzerbe anstelle des Miterben tritt, welchem aufgrund der vorstehenden Teilungsanordnung etwas zugewiesen wurde. ◀

14 [8] Der Erblasser kann auch die Teilung durch einen Dritten nach dessen billigem Ermessen anordnen (§ 2048 S. 2). In der Regel wird diese Aufgabe durch einen Testamentsvollstrecker durchzuführen sein. Will der Erblasser im Übrigen, dass die Teilung nach den gesetzlichen Vorschriften erfolgt, ist wie folgt zu formulieren:

▶ Soweit Nachlassgegenstände (Aktiva und Passiva) nicht von vorstehender Teilungsanordnung umfasst werden, sind diese nach den gesetzlichen Bestimmungen aufzuteilen. ◀

Notarkosten: Es ist zu unterscheiden: Bezieht sich die Teilungsanordnung auf Nachlassgegenstände die schon von einer Erbeinsetzung umfasst sind, fallen für die Teilungsanordnung keine gesonderten Gebühren an. 15

Wird die Teilungserklärung isoliert angeordnet, bestimmt sich der Geschäftswert nach dem Wert des betroffenen Nachlassgegenstandes ohne Schuldenabzug (§ 18 Abs. 3 KostO). 16

Für ein Testament fällt gem. § 46 Abs. 1. Alt. KostO einen 10/10 Gebühr an und für einen Erbvertrag/Ehegattentestament gem. § 46 Abs. 1 2. Alt. KostO eine 20/10 Gebühr an. 17

§ 2049 Übernahme eines Landguts

(1) Hat der Erblasser angeordnet, dass einer der Miterben das Recht haben soll, ein zum Nachlass gehörendes Landgut zu übernehmen, so ist im Zweifel anzunehmen, dass das Landgut zu dem Ertragswert angesetzt werden soll.

(2) Der Ertragswert bestimmt sich nach dem Reinertrag, den das Landgut nach seiner bisherigen wirtschaftlichen Bestimmung bei ordnungsmäßiger Bewirtschaftung nachhaltig gewähren kann.

§ 2050 Ausgleichungspflicht für Abkömmlinge als gesetzliche Erben

(1) Abkömmlinge, die als gesetzliche Erben zur Erbfolge gelangen, sind verpflichtet, dasjenige, was sie von dem Erblasser bei dessen Lebzeiten als Ausstattung erhalten haben, bei der Auseinandersetzung untereinander zur Ausgleichung zu bringen, soweit nicht der Erblasser bei der Zuwendung ein anderes angeordnet hat.

(2) Zuschüsse, die zu dem Zwecke gegeben worden sind, als Einkünfte verwendet zu werden, sowie Aufwendungen für die Vorbildung zu einem Beruf sind insoweit zur Ausgleichung zu bringen, als sie das den Vermögensverhältnissen des Erblassers entsprechende Maß überstiegen haben.

[3] Andere Zuwendungen unter Lebenden sind zur Ausgleichung zu bringen, wenn der Erblasser bei der Zuwendung die Ausgleichung angeordnet hat.

A. Ausgleichungsanordnung als Lebzeitige Anordnung

I. Muster: Ausgleichungsanordnung (Lebzeitige Anordnungen) 1

▶ **Lebzeitige Anordnungen über die Ausgleichung[1]** 1053

Der Erwerber hat den Nettowert der vertragsgegenständlichen Zuwendung (gemeiner heutiger Wert der Zuwendung abzüglich des gemeinen heutigen Wertes etwaiger vom Erwerber übernommener Gegenleistungen) unter Berücksichtigung eines etwaigen Kaufkraftschwundes unter seinen Geschwistern zur Ausgleichung zu bringen.[2] Dies gilt auch für den Fall, dass die Geschwister bzw deren Abkömmlinge gewillkürte Erben werden und zwar ohne Rücksicht darauf wie hoch deren Erbteile sind. ◀

II. Erläuterungen und Varianten

[1] § 2050 legt fest, dass **bestimmte Zuwendungen**, die die Abkömmlinge des Erblassers zu Lebzeiten erhalten haben, **auszugleichen** sind. Zur Durchführung der Ausgleichung an sich vgl die Kommentierung zu § 2055. § 2050 unterscheidet zwischen der **Ausstattung, Zuschüssen** und **sonstigen Zuwendungen** des Erblassers. 2

Ausstattungen sind nach § 2055 Abs. 1 grds. zur Ausgleichung zu bringen. Die Ausstattung ist in § 1624 legaldefiniert. Vgl im Übrigen NK-BGB/*Eberl-Borges* § 2050 Rn 8. 3

4 Zuschüsse des Erblassers mit der Zweckbestimmung beim Zuwendungsempfänger als Einkünfte verwendet zu werden sowie Zuschüsse des Erblassers mit der Zweckbestimmung beim Zuwendungsempfänger zur Berufsausbildung verwendet zu werden, sind ebenfalls grds. zur Ausgleichung zu bringen. Diese Ausgleichungspflicht besteht aber nur insoweit, als die Zuschüsse das den Vermögensverhältnissen des Erblassers entsprechende Maß überstiegen haben. Vgl im Übrigen NK-BGB/*Eberl-Borges* § 2050 Rn 12.

5 Sonstige Zuwendungen des Erblassers sind nur zur Ausgleichung zu bringen, wenn der Erblasser vor oder bei Zuwendung die Ausgleichung angeordnet hat. Eine nachträgliche, auch einvernehmlich mit dem Empfänger vereinbarte Anrechnung von Zuwendungen auf den Pflichtteil, kommt im Übrigen nicht in Betracht (BGH ZEV 2010, 33, 34). Vgl im Übrigen NK-BGB/*Eberl-Borges* § 2050 Rn 14.

6 [2] § 2050 ist **dispositiv** (NK-BGB/*Eberl-Borges* § 2050 Rn 19). Der Erblasser kann eine Ausgleichung ganz oder teilweise anordnen oder ausschließen oder die Voraussetzungen der Ausgleichung regeln. Weiter ist auch eine kummulative Anordnung von Ausgleichung und Plichtteilsanrechnung möglich (§ 2316 Abs. 4). In der Praxis sollte Wert gelegt werden auf die **genaue Ermittlung** und Dokumentation des Willens des Zuwendenden um Auslegungsfragen zu vermeiden (vgl BGH ZEV 2010, 190, 191). Oft wird von einer Anordnung der Ausgleichung abzuraten sein, da der lebzeitigen Zuwendung an einen Abkömmling in der Regel ein Begünstigungswille des Zuwendenden zu Grunde liegen wird. Im Umkehrschluss kann es angebracht sein auch bei der Ausstattung und der Zuwendung von Zuschüssen als Einkünfte oder zur Berufsausbildung klarzustellen, dass keine Ausgleichung zu erfolgen hat. Eine entsprechende Formulierung kann wie folgt lauten:

▶ Der Erwerber hat den Wert der vertragsgegenständlichen Zuwendung ausdrücklich nicht zur Ausgleichung zu bringen. ◀

7 Wird eine Ausgleichung angeordnet, sollte eine entsprechende Formulierung darauf abzielen, möglichst präzise den **auszugleichenden Wert** zu bestimmen und der Auslegungsregel des § 2052 Rechnung zu tragen. Dabei ist zu berücksichtigen, dass oftmals keine reine, sondern eine **gemischte Schenkung** mit der Übernahme von Gegenleistungen durch den Beschenkten vorliegt. Das Muster regelt, dass bloß der **Nettowert** der Zuwendung vom Empfänger auszugleichen ist und, dass eine **Inflation** zu berücksichtigen ist. Weiter wird die Ausgleichungspflicht auch in den Fällen des § 2052 angeordnet. Damit wird versucht allen möglichen Auslegungsproblemen zu begegnen. Eine kürzere gebräuchliche Formulierung zur Anordnung der Ausgleichung lautet wie folgt:

▶ Der Erwerber hat den Nettowert der vertragsgegenständlichen Zuwendung zum heutigen Verkehrswert zur Ausgleichung zu bringen. ◀

8 Da § 2050 dispositiv ist, sind zahlreiche Variationen möglich. So kann abweichend von § 2055 angeordnet werden, dass sich der auszugleichende Wert nach dem **Verkehrswert** zum Zeitpunkt des **Todes des Zuwendenden** richtet:

▶ Der Erwerber hat den Wert der vertragsgegenständlichen Zuwendung zur Ausgleichung zu bringen. Der Wert bestimmt sich dabei nicht nach dem heutigen gemeinen Wert, sondern nach dem gemeinen Wert zum Zeitpunkt des Todes des heutigen Veräußerers. ◀

9 Oder es kann die **Höhe des Wertes,** der zur Ausgleichung zu bringen ist, **festgelegt** werden:

▶ Der Erwerber hat den Wert der vertragsgegenständlichen Zuwendung zur Ausgleichung zu bringen. Der zur Ausgleichung zu bringende Wert wird auf ... EUR festgelegt. Dieser Wert ist nicht wertgesichert. ◀

10 **Notarkosten:** Für eine Ausgleichungsanordnung fallen in einer notariellen Urkunde keine gesonderten Gebühren an.

C. Muster: Ausgleichungsanordnung als letztwillige Anordnung

I. Muster: Ausgleichungsanordnung (Letztwillige Anordnungen) 11

▶ **Letztwillige Anordnungen über die Ausgleichung**[1]

Im Wege eines Vorausvermächtnisses (§ 2150 BGB) ordne ich zu Gunsten des Miterben ... bzw dessen Ersatzerben an, dass dieser die lebzeitige Zuwendung vom ... in Höhe von ... nicht zur Ausgleichung bringen muss. ◀

II. Erläuterungen

Nachträgliche Anordnungen durch letztwillige Verfügungen sind im Wege eines **Vorausvermächtnisses** zu Gunsten eines Erben oder zu Gunsten der übrigen Miterben möglich (vgl § 2150). Dabei kann eine bereits bestehende Ausgleichungspflicht ganz oder teilweise ausgeschlossen werden oder die Voraussetzungen der Ausgleichung regeln. Das Muster beinhaltet die nachträgliche letztwillige Bestimmung, dass eine Zuwendung, die grds. auszugleichen wäre, nunmehr nicht zur Ausgleichung zu bringen ist. 12

Die umgekehrte Situation ist natürlich auch regelbar: 13

▶ Im Wege eines Vorausvermächtnisses (§ 2150 BGB) ordne ich zu Gunsten der Miterben A und B bzw deren Ersatzerben an, dass der Miterbe C bzw dessen Ersatzerben die lebzeitige Zuwendung vom ... zur Ausgleichung bringen muss. Die Ausgleichung hat so zu erfolgen, als ob bereits bei der Zuwendung die Ausgleichung angeordnet worden wäre. ◀

Auch hier ist es wiederum möglich, dass die Anordnung einer Anrechnung oder Nichtanrechnung nur teilweise oder zu einem bestimmten Wert erfolgt: 14

▶ Im Wege eines Vorausvermächtnisses (§ 2150 BGB) ordne ich zu Gunsten der Miterben A und B bzw deren Ersatzerben an, dass der Miterbe C bzw dessen Ersatzerben, die lebzeitige Zuwendung vom ... zur Ausgleichung bringen muss und zwar in Höhe von ... EUR. Vorstehender Wert ist fest und soll nicht wertgesichert sein. ◀

Bei letztwilligen Anordnungen zur Ausgleichung ist jedoch zu berücksichtigen, dass die Pflichtteilsansprüche der durch das letztwillig verfügte Vorausvermächtnis benachteiligten Miterben nicht beseitigt werden können. Eine pflichtteilsfeste nachträgliche Ausgleichungsanordnung ist nur im Wege eines lebzeitigen gegenständlich beschränkten Pflichtteilsverzichts möglich (vgl hierzu *J. Mayer*, ZEV 1996, 441). Eine nachträgliche Anrechnung von Zuwendungen auf den Pflichtteil kommt im Übrigen nicht in Betracht (BGH ZEV 2010, 33, 34). 15

Notarkosten: Es ist zu unterscheiden: Bezieht sich die im Wege eines Vorausvermächtnisses angeordnete letztwillige Ausgleichungsanordnung auf Nachlassgegenstände, die schon von einer Erbeinsetzung umfasst sind, fallen für die Anordnung eines Vorausvermächtnisses keine gesonderten Gebühren an. 16

Wird die Ausgleichungsanordnung isoliert angeordnet, bestimmt sich der Geschäftswert nach dem Wert des betroffenen Nachlassgegenstandes ohne Schuldenabzug (§ 18 Abs. 3 KostO). 17

Für ein Testament fällt gem. § 46 Abs. 1. Alt. KostO einen 10/10 Gebühr an und für einen Erbvertrag/Ehegattentestament gem. § 46 Abs. 1 2. Alt. KostO eine 20/10 Gebühr an. 18

§ 2051 Ausgleichungspflicht bei Wegfall eines Abkömmlings

(1) Fällt ein Abkömmling, der als Erbe zur Ausgleichung verpflichtet sein würde, vor oder nach dem Erbfall weg, so ist wegen der ihm gemachten Zuwendungen der an seine Stelle tretende Abkömmling zur Ausgleichung verpflichtet.

(2) Hat der Erblasser für den wegfallenden Abkömmling einen Ersatzerben eingesetzt, so ist im Zweifel anzunehmen, dass dieser nicht mehr erhalten soll, als der Abkömmling unter Berücksichtigung der Ausgleichungspflicht erhalten würde.

§ 2052 Ausgleichungspflicht für Abkömmlinge als gewillkürte Erben

Hat der Erblasser die Abkömmlinge auf dasjenige als Erben eingesetzt, was sie als gesetzliche Erben erhalten würden, oder hat er ihre Erbteile so bestimmt, dass sie zueinander in demselben Verhältnis stehen wie die gesetzlichen Erbteile, so ist im Zweifel anzunehmen, dass die Abkömmlinge nach den §§ 2050, 2051 zur Ausgleichung verpflichtet sein sollen.

§ 2053 Zuwendung an entfernteren oder angenommenen Abkömmling

(1) Eine Zuwendung, die ein entfernterer Abkömmling vor dem Wegfall des ihn von der Erbfolge ausschließenden näheren Abkömmlinges oder ein an die Stelle eines Abkömmlinges als Ersatzerbe tretender Abkömmling von dem Erblasser erhalten hat, ist nicht zur Ausgleichung zu bringen, es sei denn, dass der Erblasser bei der Zuwendung die Ausgleichung angeordnet hat.
(2) Das Gleiche gilt, wenn ein Abkömmling, bevor er die rechtliche Stellung eines solchen erlangt hatte, eine Zuwendung von dem Erblasser erhalten hat.

§ 2054 Zuwendung aus dem Gesamtgut

(1) [1]Eine Zuwendung, die aus dem Gesamtgut der Gütergemeinschaft erfolgt, gilt als von jedem der Ehegatten zur Hälfte gemacht. [2]Die Zuwendung gilt jedoch, wenn sie an einen Abkömmling erfolgt, der nur von einem der Ehegatten abstammt, oder wenn einer der Ehegatten wegen der Zuwendung zu dem Gesamtgut Ersatz zu leisten hat, als von diesem Ehegatten gemacht.
(2) Diese Vorschriften sind auf eine Zuwendung aus dem Gesamtgut der fortgesetzten Gütergemeinschaft entsprechend anzuwenden.

§ 2055 Durchführung der Ausgleichung

(1) [1]Bei der Auseinandersetzung wird jedem Miterben der Wert der Zuwendung, die er zur Ausgleichung zu bringen hat, auf seinen Erbteil angerechnet. [2]Der Wert der sämtlichen Zuwendungen, die zur Ausgleichung zu bringen sind, wird dem Nachlass hinzugerechnet, soweit dieser den Miterben zukommt, unter denen die Ausgleichung stattfindet.
[2] Der Wert bestimmt sich nach der Zeit, zu der die Zuwendung erfolgt ist.

1 **A. Muster: Durchführung der Ausgleichung durch Erbauseinandersetzungsklage**

▶ **Erbauseinandersetzungsklage**[1]

An das

■■■ gericht ■■■[2]

Klage

des ■■■ (Kläger)

gegen

■■■ (Beklagter)[3]

wegen: Erbauseinandersetzung

vorläufiger Streitwert: ■■■[4]

Namens und mit Vollmacht des Klägers erhebe ich Klage und werde beantragen:[5]

I. Der Beklagte wird verurteilt, zur Herbeiführung der Erbauseinandersetzung nach dem am ... in ... geborenen und am ... in ... verstorbenen Erblasser, gegenüber dem Kläger dem folgenden Teilungsplan zuzustimmen:
   - Der Miterbe A erhält 50.000,-- EUR.
   - Der Miterbe B erhält 30.000,-- EUR.
   - Der Miterbe C erhält 20.000,-- EUR.

II. Der Beklagte hat die Kosten des Rechtsstreits zu tragen.

Begründung

Die Parteien sind wie folgt miteinander verwandt: Der Miterbe A ist Vater der beiden Miterben B und C. Der Erblasser war zum Zeitpunkt des Todes mit dem Miterben A verheiratet und ist Mutter der beiden Miterben B und C. Weitere Abkömmlinge hat und hatte der Erblasser nicht. Der Erblasser und der Miterbe A waren im gesetzlichen Güterstand der Zugewinngemeinschaft verheiratet.[6]

Beweis: Vorlage entsprechender Personenstandsurkunden

Der Erblasser hat keine letztwilligen Verfügungen getroffen. Der überlebende Miterbe A hat die Erbschaft nicht ausgeschlagen.[7]

Beweis: Beziehung der Nachlassakten

Der Miterbe B hat von dem Erblasser einen Betrag von 10.000,-- EUR als Ausstattung und somit ausgleichungspflichtigen Vorausempfang erhalten.[8]

Beweis: Schriftliche Vereinbarung vom ...

Der Miterbe C hat vom Erblasser einen Betrag von 20.000,-- EUR als Zuwendung unter Lebenden mit der Anordnung, dass diese Zuwendung zur Ausgleichung zu bringen ist, und somit als ausgleichungspflichtigen Vorausempfang erhalten.[9]

Beweis: Schriftliche Vereinbarung vom ...

Der Nachlass besteht aus einem Girokonto mit einem Guthaben von 100.000,-- EUR bei der ... Bank. Weitere Nachlassaktiva sind nicht vorhanden. Nachlassverbindlichkeiten liegen nicht vor.

Der Nachlass ist teilungsreif.

Der Beklagte weigert sich die Aufteilung des Nachlasses entsprechend den Bestimmungen des vorstehenden Teilungsplans[10] trotz schriftlicher Aufforderung vom ... (Datum) zuzustimmen.

...

Unterschrift ◄

B. Erläuterungen

[1] Zu den allgemeinen Fragen der Zulässigkeit und Begründetheit einer Erbauseinandersetzungsklage vgl § 2042 Rn 51. 2

[2] Vgl hierzu die Erläuterungen bei § 2042 Rn 53. 3

[3] Vgl hierzu die Erläuterungen bei § 2042 Rn 54. 4

[4] Vgl hierzu die Erläuterungen bei § 2042 Rn 55. 5

[5] Vgl hierzu die Erläuterungen bei § 2042 Rn 56. 6

[6] Im Rahmen der Erbauseinandersetzung sind die §§ 2050-2057 a zu berücksichtigen, die die gerechte Erbauseinandersetzung, unter Berücksichtigung von durch den Erblasser getätigter lebzeitiger Zuwendungen, zum Ziel haben. 7

Die Ausgleichung findet **nur** zwischen den **Abkömmlingen** (Kinder, Enkel usw) statt. Erbteile anderer Miterben (va der Ehegatte) sind vorab rechnerisch aus der Ausgleichsmasse **auszu-** 8

scheiden. Beim überlebenden Ehegatten, der in Zugewinngemeinschaft verheiratet war, ist darauf zu achten, ob die erbrechtliche oder güterrechtliche Lösung zum Tragen kommt (§ 1371).

9 § 2050 stellt lediglich eine Berechnungsregel für die Erbteilung dar (BGH FamRZ 1989, 175) und berührt die Erbenstellung der Miterben an sich nicht (NK-BGB/*Eberl-Borges* § 2055 Rn 1). Ein Erbe, der lebzeitig mehr erhalten hat, als ihm nach der Quote seines Erbteils zustehen würde, ist nicht zur Zuzahlung verpflichtet (§ 2056).

10 Stichtag für die Wertbestimmung des Erblassers ist dessen Todestag (BGHZ 96, 181).

11 [7] Die §§ 2050 ff greifen nur, wenn die **gesetzliche Erbfolge** greift oder **im Zweifel**, wenn der Erblasser die Erben letztwillig auf ihren gesetzlichen Erbanteil oder auf Erbanteile, deren Verhältnis untereinander dem Verhältnis der gesetzlichen Erbteile untereinander entspricht, eingesetzt hat (§ 2052). Weitere Voraussetzung für die Anwendbarkeit der §§ 2050 ff ist, dass der Erblasser keine anderweitige Teilungsanordnung verfügt hat (vgl hierzu die Kommentierung bei § 2048).

12 [8] Ausstattungen sind nach § 2055 Abs. 1 grds. zur Ausgleichung zu bringen. Etwas anderes gilt, wenn der Erblasser bei der Zuwendung konkludent oder ausdrücklich etwas anderes angeordnet hat. Die Ausstattung ist in § 1624 legaldefiniert. Vgl im Übrigen NK-BGB/*Eberl-Borges* § 2050 Rn 8.

13 [9] Zuschüsse des Erblassers, mit der Zweckbestimmung beim Zuwendungsempfänger als Einkünfte verwendet zu werden sowie Zuschüsse des Erblassers mit der Zweckbestimmung beim Zuwendungsempfänger zur Berufsausbildung verwendet zu werden, sind grds. zur Ausgleichung zu bringen, aber nur insoweit, als sie das den Vermögensverhältnissen der Erblassers entsprechende Maß überstiegen haben. Vgl im Übrigen NK-BGB/*Eberl-Borges* § 2050 Rn 12.

14 Sonstige Zuwendungen des Erblassers sind nur zur Ausgleichung zu bringen, wenn der Erblasser vor oder bei Zuwendung die Ausgleichung angeordnet hat. Nachträgliche Anordnungen durch letztwillige Verfügungen sind möglich (vgl § 2050), können aber nicht mehr die Pflichtteilsansprüche des Zuwendungsempfängers beinträchtigen. Eine die Pflichtteilsansprüche beeinträchtigende nachträgliche Ausgleichungsanordnung ist nur im Wege eines gegenständlich beschränkten Pflichtteilsverzichts möglich, bei dem der Zuwendungsempfänger mitwirken muss. Vgl im Übrigen NK-BGB/*Eberl-Borges* Rn 14.

15 [10] Die Ausgleichung an sich erfolgt in folgenden Schritten:

- Bestimmung der Nachlassaktiva
- Abzug von Nachlassverbindlichkeiten
- Wertmäßiges Ausscheiden der Erbteile von Nichtabkömmlingen
- Erhöhung der Teilungsmasse durch Hinzurechnung von ausgleichspflichtigen Zuwendungen (maßgeblich ist der Wert der Zuwendung zum Zeitpunkt, in dem sie erfolgt ist (§ 2055 Abs. 2; ein Kaufkraftverlust ist zu berücksichtigen (BGHZ 65, 77; NK-BGB/*Eberl-Borges* § 2055 Rn 10)
- Bestimmung des Anteils, der auf den jeweiligen Abkömmling als Miterben entfällt. Dieser Anteil richtet sich nach der Erbquote.
- Verrechnung des jeweiligen Anteils mit den darauf anzurechnenden Vorausempfang.

Unter Zugrundelegung der Werte des Klageantrages ergibt sich folgende Beispielrechnung: Nachlasswert von 100.000,-- EUR. Abzug des hälftigen Erbanteils des Witwers = 50.000,-- EUR. Hinzurechnen der Vorausempfänge = 80.000,-- EUR. Die Kinder sind zu je ein Halb gesetzliche Erben geworden = 40.000,-- EUR entfällt grds. auf jedes Kind. Verrechnung von 40.000,-- EUR mit Ausstattung in Höhe von 10.000,-- EUR bei B. Verrechnung von 40.000,-- EUR mit Zuwendung in Höhe von 20.000,-- EUR bei C. B erhält rechnerisch 30.000,-- EUR und C erhält rechnerisch 20.000,-- EUR.

16 **Gerichtskosten:** 3,0 Gebühr nach § 34 GKG iVm Nr. 1210 KV GKG bzw 1,0 Gebühr nach § 34 GKG iVm Nr. 1211 KV GKG.

Anwaltsgebühren: Regelgebühren nach Teil 3 Abschnitt 1 VV RVG. 17

§ 2056 Mehrempfang

[1]Hat ein Miterbe durch die Zuwendung mehr erhalten, als ihm bei der Auseinandersetzung zukommen würde, so ist er zur Herauszahlung des Mehrbetrags nicht verpflichtet. [2]Der Nachlass wird in einem solchen Falle unter den übrigen Erben in der Weise geteilt, dass der Wert der Zuwendung und der Erbteil des Miterben außer Ansatz bleiben.

§ 2057 Auskunftspflicht

[1]Jeder Miterbe ist verpflichtet, den übrigen Erben auf Verlangen Auskunft über die Zuwendungen zu erteilen, die er nach den §§ 2050 bis 2053 zur Ausgleichung zu bringen hat. [2]Die Vorschriften der §§ 260, 261 über die Verpflichtung zur Abgabe der eidesstattlichen Versicherung finden entsprechende Anwendung.

A. Muster: Auskunftsklage wegen ausgleichspflichtiger Vorausempfänge 1

1056

▶ **Auskunftsklage**[1]

An das

■■■ gericht ■■■[2]

Klage

des ■■■ (Kläger)[3]

gegen

■■■ (Beklagter)[4]

wegen: Auskunft über ausgleichspflichtige Vorempfänge

vorläufiger Streitwert: ■■■[5]

Namens und mit Vollmacht des Klägers erhebe ich Klage und werde beantragen:

I. Der Beklagte wird verurteilt, dem Kläger Auskunft zu erteilen über sämtliche lebzeitigen Zuwendungen die der Beklagte von dem Erblasser ■■■ geb. am ■■■ in ■■■ verstorben am ■■■ in ■■■ erhalten hat soweit diese möglicherweise ausgleichungspflichtig sind, und dem Kläger Auskunft zu erteilen über alle für die Bestimmung der Ausgleichungspflicht relevanten Umstände der Zuwendung wie insbesondere Art und Menge der Zuwendung, wertbildende Faktoren der zugewandten Gegenstände, Zeitpunkt der Zuwendung, Anordnungen des Zuwendenden sowie alle sonstigen Umstände die für oder gegen die Annahme einer Ausgleichungsverpflichtung sprechen.[6]

II. Der Beklagte wird verurteilt, an Eides statt zu versichern, dass die Auskunft nach bestem Wissen so vollständig erteilt wurde, wie der Beklagte hierzu im Stande ist.[7]

III. Der Beklagte hat die Kosten des Rechtsstreits zu tragen.

Begründung

Der Kläger ist Bruder der Beklagten. Der Erblasser, geb. am ■■■ in ■■■ ist am ■■■ in ■■■ verstorben und war die Mutter der Parteien.

Beweis: Personenstandsurkunden

Da keine letztwillige Verfügung des Erblassers vorhanden ist, kommt die gesetzliche Erbfolge zur Anwendung.

Beweis: Beiziehung der Nachlassakten

An Nachlassvermögen ist das Girokonto Nr ▪▪▪ bei der ▪▪▪ Bank mit einem Guthaben von ▪▪▪ EUR vorhanden. Nachlassverbindlichkeiten bestehen nicht.

Der Erblasser hat das Grundstück ▪▪▪ vorgetragen im Grundbuch des Amtsgerichts ▪▪▪ der ▪▪▪ Gemarkung ▪▪▪ unter Blatt ▪▪▪ im Jahre ▪▪▪ auf die Beklagte überschrieben.

Die Beklagte hat sich trotz schriftlicher Aufforderung vom ▪▪▪ geweigert dem Kläger Auskunft über ausgleichungspflichtige Zuwendungen zu geben.[8]

▪▪▪

Unterschrift ◄

B. Erläuterungen

2 [1] Das Gesetz sieht keinen allgemeinen Auskunftsanspruch unter Miterben bzgl des Nachlasses vor. Lediglich § 2057 gewährt einen Auskunftsanspruch im Hinblick auf ausgleichungspflichtige Zuwendungen (§§ 2050 ff).

3 [2] Die örtliche Zuständigkeit richtet sich nach dem besonderen Gerichtsstand des § 27 ZPO oder einem sonstigen allgemeinen Gerichtsstand des Beklagten. Der Kläger kann zwischen diesen Gerichtsständen wählen (§ 35 ZPO). Die sachliche Zuständigkeit richtet sich nach der Höhe des Streitwerts.

4 [3] Der Auskunftsanspruch steht jedem ausgleichungsberechtigten Miterben zu. Zu weiteren Auskunftsberechtigten vgl NK-BGB/*Eberl-Borges* § 2057 Rn 3.

5 [4] Auskunftsverpflichtet sind die Ausgleichungspflichtigen gem. §§ 2050 ff.

6 [5] Der Streitwert richtet sich nach dem Interesse des Klägers an der begehrten Hilfsleistung und beträgt regelmäßig nur ein Bruchteil (10 % bis 25 %) des Anspruchs, den die Auskunft vorbereiten soll (NK-BGB/*Eberl-Borges* § 2057 Rn 10). Der Wert des Anspruchs richtet sich dabei nach dem Wert der anzurechnenden Zuwendung.

7 [6] Der Klageantrag richtet sich nach dem Inhalt des Auskunftsanspruchs. Der Auskunftsverpflichtete hat Auskunft zu geben über alle Zuwendungen, die möglicherweise unter § 2050 fallen und über die für die Ausgleichungspflicht relevanten Umstände (NK-BGB/*Eberl-Borges* § 2057 Rn 5). Nach hM sind nicht alle Zuwendungen, die der Miterbe erhalten hat anzugeben sondern nur diejenigen, die möglicherweise zur Ausgleichung zu bringen sind (NK-BGB/*Eberl-Borges* § 2057 Rn 5). Wurde ein Inbegriff von Gegenständen zugewandt, so hat der Auskunftspflichtige ein Bestandsverzeichnis gem. § 260 Abs. 1 zu fertigen. Wurden einzelne Gegenstände zugewendet ist eine geordnete schriftliche Auskunft zu erteilen.

8 [7] Zur eidesstattlichen Versicherung vgl NK-BGB/*Eberl-Borges* § 2057 Rn 12.

9 [8] Die Auskunftsklage ist begründet, wenn eine Situation vorliegt, in der eine Ausgleichungspflicht abstrakt möglich ist (Mehrere Abkömmlinge als gesetzliche Erben berufen oder Darlegung der Voraussetzungen des § 2052). Lebzeitige Zuwendungen durch den Erblasser müssen grds. nicht vorgetragen werden. Sind diesbezügliche Informationen vorhanden empfiehlt sich jedoch eine dahingehende Konkretisierung (NK-BGB/*Eberl-Borges* § 2057 Rn 59).

10 **Gerichtskosten:** 3,0 Gebühr nach § 34 GKG iVm Nr. 1210 KV GKG bzw 1,0 Gebühr nach § 34 GKG iVm Nr. 1211 KV GKG.

11 **Anwaltsgebühren:** Regelgebühren nach Teil 3 Abschnitt 1 VV RVG.

§ 2057 a Ausgleichungspflicht bei besonderen Leistungen eines Abkömmlings

(1) [1]Ein Abkömmling, der durch Mitarbeit im Haushalt, Beruf oder Geschäft des Erblassers während längerer Zeit, durch erhebliche Geldleistungen oder in anderer Weise in besonderem Maße dazu beigetragen hat, dass das Vermögen des Erblassers erhalten oder vermehrt wurde, kann bei der Auseinandersetzung eine Ausgleichung unter den Abkömmlingen verlangen, die mit ihm als gesetzliche Erben zur Erbfolge gelangen; § 2052 gilt entsprechend. [2]Dies gilt auch für einen Abkömmling, der den Erblasser während längerer Zeit gepflegt hat.
(2) [1]Eine Ausgleichung kann nicht verlangt werden, wenn für die Leistungen ein angemessenes Entgelt gewährt oder vereinbart worden ist oder soweit dem Abkömmling wegen seiner Leistungen ein Anspruch aus anderem Rechtsgrund zusteht. [2]Der Ausgleichungspflicht steht es nicht entgegen, wenn die Leistungen nach den §§ 1619, 1620 erbracht worden sind.
(3) Die Ausgleichung ist so zu bemessen, wie es mit Rücksicht auf die Dauer und den Umfang der Leistungen und auf den Wert des Nachlasses der Billigkeit entspricht.
(4) [1]Bei der Auseinandersetzung wird der Ausgleichungsbetrag dem Erbteil des ausgleichungsberechtigten Miterben hinzugerechnet. [2]Sämtliche Ausgleichungsbeträge werden vom Werte des Nachlasses abgezogen, soweit dieser den Miterben zukommt, unter denen die Ausgleichung stattfindet.

Untertitel 2 Rechtsverhältnis zwischen den Erben und den Nachlassgläubigern

§ 2058 Gesamtschuldnerische Haftung

Die Erben haften für die gemeinschaftlichen Nachlassverbindlichkeiten als Gesamtschuldner.

A. Gesamtschuldklage

I. Muster: Gesamtschuldklage 1

► **Gesamtschuldklage (Geldforderung)**[1] 1057

■■■

Die Beklagten werden gesamtschuldnerisch verurteilt, an die Klägerin einen Betrag in Höhe von ■■■ EUR nebst 5 Prozentpunkten Zinsen über dem jeweiligen Basiszinssatz seit dem ■■■ zu zahlen.[2]

■■■

Gesamtschuldklage (Verfügung über Nachlassgegenstand)

■■■

Die Beklagten werden als Gesamtschuldner verurteilt, der Klägerin das Eigentum und den Besitz an dem Grundstück vorgetragen im Grundbuch von ■■■ Blatt ■■■ zu verschaffen und hierzu alle seinerseits hierzu notwendigen Erklärungen abzugeben.[3]

■■■ ◄

II. Erläuterungen

[1] Für den Fall, dass mehrere Erben berufen sind, ist bzgl der gemeinschaftlichen Nachlass- 2
verbindlichkeiten die **gesamtschuldnerische Haftung** der einzelnen Miterben (§ 2058) von der **gesamthänderischen Haftung** der Vermögensmasse der Erbengemeinschaft (Haftung des Nachlasses an sich) zu unterscheiden (§ 2059 Abs. 2). Zur Frage, was unter **gemeinschaftlichen Nachlassverbindlichkeiten** zu verstehen ist vgl NK-BGB/*Kick* § 2058 Rn 9 ff.

Dem Gläubiger steht es frei, ob er mit einer Gesamtschuldklage die gesamtschuldnerische Haf- 3
tung der einzelnen Miterben in Anspruch nimmt oder eine Gesamthandsklage erhebt, wenn

deren Erhebung jeweils nach deren allgemeinen Voraussetzungen zulässig ist (NK-BGB/*Kick* § 2058 Rn 35). Die Klageanträge können grds. auch nebeneinander in einer Klage gestellt werden (NK-BGB/*Kick* § 2058 Rn 35). Prozesstaktisch wird idR die Gesamtschuldklage angezeigt sein, da diese gegenüber der Gesamthandklage einige Vorteile hat (vgl hierzu NK-BGB/*Kick* § 2058 Rn 35).

4 [2] Im Rahmen der Gesamtschuldklage macht der Gläubiger gegenüber einem oder mehreren Erben deren jeweilige **gesamtschuldnerische Haftung** geltend. Die Klage ist auf die Geltendmachung des gesamten geschuldeten Anspruchs gerichtet (NK-BGB/*Kick* § 2058 Rn 25). Die Gesamtschuldklage ist **vor** oder **nach** der Nachlassteilung möglich (NK-BGB/*Kick* § 2058 Rn 26).

5 Die einzelnen Miterben können **einzeln** und **unabhängig voneinander** verklagt werden. Es liegt keine notwendige, sondern lediglich eine einfache Streitgenossenschaft vor (NK-BGB/*Kick* § 2058 Rn 25). Ist jedoch das Klageziel dahingehend gerichtet, dass die Verfügung über einen bestimmten Nachlassgegenstand begehrt wird, sind Besonderheiten zu beachten (siehe hierzu Rn 4).

6 Das Urteil aus einer Gesamtschuldklage ermöglicht stets die **Vollstreckung** in das **Eigenvermögen** des jeweiligen Miterben ohne Rücksicht darauf, ob der Nachlass bereits geteilt wurde, wobei jedoch ggf ein geltend gemachter Vorbehalt nach § 780 ZPO zu beachten ist (NK-BGB/*Kick* § 2058 Rn 25). Als Teil des Eigenvermögens kann auch der Erbteil des betroffenen Miterben gepfändet werden (§§ 859 Abs. 2, 857 Abs. 1, 829 ZPO).

7 Bis zur Teilung des Nachlasses ist die Vollstreckung in einzelne Nachlassgegenstände jedoch nur möglich, wenn Titel gegen alle Miterben vorliegen (§ 747 ZPO). Die Titel müssen gleichgerichtet, können aber verschiedener Art (Urteil, Vergleich, Unterwerfungserklärung) sein. Nach Teilung des Nachlasses entfällt diese Beschränkung (NK-BGB/*Kick* § 2058 Rn 26).

8 [3] Bei den Klageanträgen ist zu differenzieren:

- **Geldforderungen**: Hier sind keine Besonderheiten zu beachten. Die Aufnahme von Vorbehalten bzw Beschränkungen im Klageantrag ist nicht notwendig (NK-BGB/*Kick* § 2058 Rn 28).
- **Verfügungen** über einen **bestimmten Nachlassgegenstand**: Ist das Klageziel die Verfügung über einen bestimmten Nachlassgegenstand (zB Übereignung eines bestimmten Nachlassgrundstückes), ist zu beachten, dass die Verfügung über einen bestimmten Nachlassgegenstand gem. § 2040 Abs. 1 nur von allen Erben gemeinschaftlich vorgenommen werden kann.

9 Hier bieten sich zwei Vorgehensweisen an: Zum einen kann auf die **Mitwirkung bei der erforderlichen gemeinsamen Verfügung** geklagt werden, was aber den Nachteil mit sich bringt, dass alle Miterben zu verklagen wären, da wegen der nur im Zusammenwirken aller Miterben möglichen Erfüllung ansonsten für diese Klage das Rechtsschutzbedürfnis fehlen würde.

10 Des Weiteren kann auch **pauschal** auf **Verschaffung des Eigentums** an dem Nachlassgegenstand geklagt werden. Hier ist für die Klage das Rechtsschutzbedürfnis gegeben, da der verklagte Miterbe im Innenverhältnis gegen seine übrigen Miterben einen Anspruch aus § 426 Abs. 1 auf Mitwirkung bei der erforderlichen Verfügung hat und diesen notfalls auch geltend machen muss (NK-BGB/*Kick* § 2058 Rn 29). Zur Klarstellung sollten die notwendigen dinglichen Erklärungen gleich mit eingeklagt werden.

11 Aus vollstreckungsrechtlichen Gründen (Vollstreckung in Nachlassgegenstände gem. § 747 ZPO nur möglich, wenn Titel gegen alle Miterben) wird man in der Praxis immer die Miterben verklagen, gegen die noch kein Titel vorliegt.

B. Gesamthandsklage

I. Muster: Gesamthandsklage 12

▶ **Gesamthandsklage (Geldforderung)**[1] 1058

■■■

Die Beklagten werden verurteilt, wegen eines Betrages in Höhe von ■■■ EUR nebst 5 Prozentpunkten Zinsen über dem jeweiligen Basiszinssatz seit dem ■■■ die Zwangsvollstreckung in den Nachlass des Erblassers[2] ■■■ geb. am ■■■ verstorben am ■■■ zu dulden.

■■■

Gesamthandsklage (Verfügung über Nachlassgegenstand)

■■■

Die Beklagten werden verurteilt, der Klägerin das Eigentum und den Besitz an dem Grundstück vorgetragen im Grundbuch von ■■■ Blatt ■■■ zu verschaffen und hierzu alle notwendigen Erklärungen abzugeben.[3]

■■■ ◀

II. Erläuterungen

[1] Zur Abgrenzung der Gesamtschuldklage von der Gesamthandsklage und zu allgemeinen Fragen vgl Rn 2 ff. 13

[2] Im Rahmen der Gesamhandsklage macht der Gläubiger seinen Anspruch auf Befriedigung aus dem **ungeteilten Nachlass** geltend (NK-BGB/*Kick* § 2058 Rn 30). 14

Die Gesamthandsklage ist nur bezüglich solcher Gegenstände möglich, die sich **noch im Nachlass befinden.** Ist der Nachlass vollständig geteilt, ist keine Gesamthandsklage mehr möglich (NK-BGB/*Kick* § 2058 Rn 30). Die Begründung der Klage muss dementsprechend darlegen, dass eine Teilung des Nachlasses zumindest noch nicht vollständig erfolgt ist. 15

Es sind die sich dem geltend gemachten Anspruch **widersetzenden Miterben** zu verklagen (NK-BGB/*Kick* § 2058 Rn 33). Zwischen diesen besteht eine **notwendige Streitgenossenschaft**, da Verfügungen über Nachlassgegenstände nur gemeinschaftlich möglich sind (§ 2040 Abs. 1). 16

Das Urteil aus einer Gesamthandsklage ermöglicht **lediglich** die Vollstreckung in den **ungeteilten Nachlass** oder in **einzelne Nachlassgegenstände.** In das **Eigenvermögen** der Miterben kann **nicht** vollstreckt werden. Somit kann auch der jeweilige Erbteil der Miterben, da Teil des Eigenvermögens des jeweiligen Miterben, nicht gepfändet werden (NK-BGB/*Kick* § 2058 Rn 31). 17

[3] Bei den Klageanträgen ist zu differenzieren: 18

- **Geldforderungen:** Hier ist darauf zu achten, dass der Antrag die Beschränkung der Haftung auf den Nachlass widerspiegelt (NK-BGB/*Kick* § 2058 Rn 31).
- **Verfügungen über einen bestimmten Nachlassgegenstand:** Hier sind keine Besonderheiten zu beachten (NK-BGB/*Kick* § 2058 Rn 32).

Aus vollstreckungsrechtlichen Gründen (Vollstreckung in Nachlassgegenstände gem. § 747 ZPO nur möglich, wenn Titel gegen alle Miterben) wird man in der Praxis immer die Miterben verklagen, gegen die noch kein Titel vorliegt. 19

§ 2059 Haftung bis zur Teilung

(1) [1]Bis zur Teilung des Nachlasses kann jeder Miterbe die Berichtigung der Nachlassverbindlichkeiten aus dem Vermögen, das er außer seinem Anteil an dem Nachlass hat, verweigern. [2]Haftet er für eine Nachlassverbindlichkeit unbeschränkt, so steht ihm dieses Recht in Ansehung des seinem Erbteil entsprechenden Teils der Verbindlichkeit nicht zu.

[2] Das Recht der Nachlassgläubiger, die Befriedigung aus dem ungeteilten Nachlass von sämtlichen Miterben zu verlangen, bleibt unberührt.

A. Haftungsbeschränkung aus § 2059 Abs. 1

1 I. Muster: Herbeiführung der Haftungsbeschränkung aus § 2059 Abs. 1

▶ **Klageerwiderung**[1]

...

namens und in Vollmacht des Beklagten werde ich beantragen[2]

1. die Klage wird kostenpflichtig abgewiesen;
2. hilfsweise dem Beklagten als Miterben des am ... in ... verstorbenen ... Beschränkung seiner Haftung auf seinen Anteil am Nachlass vorzubehalten.

... ◀

II. Erläuterungen

2 [1] § 2059 Abs. 1 S. 1 gewährt jedem Miterben, der **nicht** bereits unbeschränkt haftet und der im Wege des **Gesamtschuldklage** verklagt wird, die Möglichkeit der Beschränkung seiner Haftung auf den jeweiligen Miterbenanteil herbeizuführen. Diese Haftungsbeschränkung tritt neben die allgemeinen erbrechtlichen Haftungsbeschränkungsmöglichkeiten der §§ 1967 ff. Die Haftungsbeschränkung ist zeitlich begrenzt und erlischt mit Teilung des Nachlasses. Zur Frage wann der Nachlass geteilt ist vgl NK-BGB/*Kick* § 2059 Rn 6 ff). Die Haftungsbeschränkung kann nur bzgl Nachlassverbindlichkeiten geltend gemacht werden (NK-BGB/*Kick* § 2059 Rn 5). § 2059 Abs. 1 S. 1 ist auch bei Anordnung einer Testamentsvollstreckung anwendbar (str. vgl NK-BGB/*Kick* § 2059 Rn 13).

3 § 2059 Abs. 1 S. 2 gewährt dem, auf Grund einer Inventarverfehlung (§§ 1994 Abs. 1 S. 2, 2005 Abs. 1, 2006 Abs. 3) bereits unbeschränkt haftenden Miterben eine Haftungsbeschränkung, die jedoch nicht so weitgehend ist wie die Haftungsbeschränkung des § 2059 Abs. 1 S. 1 (NK-BGB/*Kick* § 2059 Rn 19). Die Haftungsbeschränkung ist wie die Haftungsbeschränkung des § 2059 Abs. 1 S. 1 zeitlich begrenzt und erlischt mit Teilung des Nachlasses. Wie bei § 2059 Abs. 1 S. 1 kann die Haftungsbeschränkung nur bzgl Nachlassverbindlichkeiten geltend gemacht werden.

4 Bei den im Wege der **Gesamthandsklage** in Anspruch genommenen Miterben ist die Geltendmachung der Haftungsbeschränkung aus § 2059 Abs. 1 nicht nötig, da die Gesamthandsklage ohnehin nur auf die Duldung der Zwangsvollstreckung in den ungeteilten Nachlass gerichtet ist (zur Abgrenzung Gesamthandsklage von Gesamtschuldklage vgl (NK-BGB/*Kick* § 2058 Rn 24 ff).

5 [2] Im **Erkenntnisverfahren** verhindert die Einwendung des § 2059 Abs. 1 S. 1 bzw § 2059 Abs. 1 S. 2 die Verurteilung des Miterben nicht. Gleichwohl muss die Haftungsbeschränkung im Erkenntnisverfahren geltend gemacht werden, da nur die Aufnahme eines entsprechenden Vorbehaltes im Urteil die Geltendmachung der Haftungsbeschränkung im Rahmen einer Vollstreckungsabwehrklage ermöglicht (§§ 780, 781, 785, 767 ZPO). Es ist hierfür ausreichend,

den allgemeinen Vorbehalt gemäß § 780 Abs. 1 ZPO zu begehren. Es empfiehlt sich jedoch, die Aufnahme der Haftungsbeschränkung ausdrücklich zu beantragen. Eine ausdrückliche Formulierung, dass bis zur Nachlassteilung die Haftung auf den Miterbenanteil beschränkt ist, kann muss aber nicht beantragt werden (NK-BGB/*Kick* § 2059 Rn 26). Die beschränkte Erbenhaftung kann auch erstmals im Berufungsrechtszug geltend gemacht werden (BGH ZEV 2010, 314, 315).

B. Unzulässigkeit der Zwangsvollstreckung bei beschränkter Erbenhaftung

I. Muster: Vollstreckungsgegenklage wegen Unzulässigkeit der Zwangsvollstreckung bei beschränkter Erbenhaftung 6

▶ **Klage wegen Unzulässigkeit der Zwangsvollstreckung bei beschränkter Erbenhaftung[1]**

An das

▪▪▪ gericht ▪▪▪[2]

Klage

des ▪▪▪ (Kläger)

gegen

▪▪▪ (Beklagter)

wegen: Unzulässigerklärung der Zwangsvollstreckung

vorläufiger Streitwert: ▪▪▪[3]

Namens und mit Vollmacht des Klägers erhebe ich Klage und werde beantragen:

Die Zwangsvollstreckung aus dem am ▪▪▪ verkündeten Urteil des ▪▪▪gerichts ▪▪▪, Az ▪▪▪, in das nicht zum Nachlass des Erblassers gehörende Vermögen wird für unzulässig zu erklärt

Ein Gerichtskostenvorschuss in Höhe von ▪▪▪ EUR wurde durch ▪▪▪ gezahlt.

Begründung[4]

Der Kläger wendet sich gegen Zwangsvollstreckungsmaßnahmen in sein Eigenvermögen.

Der Kläger ist mit ▪▪▪ Miterbe nach dem Erblassers ▪▪▪, geb. am ▪▪▪ in ▪▪▪, verstorben am ▪▪▪ in ▪▪▪, geworden.

Beweis: Erbschein des Amtsgerichts – Nachlassgericht – ▪▪▪

Der Beklagte hatte gegen den Erblasser eine Schadensersatzforderung iHv EUR ▪▪▪, die er nach dem Ableben des Erblasser gegen den Kläger als Erbe des Erblassers vor dem ▪▪▪ gericht ▪▪▪; Az ▪▪▪; im Wege einer Gesamtschuldklage einklagte. Mit Urteil v. ▪▪▪ wurde der Kläger zur Zahlung des Betrages iHv ▪▪▪ EUR verurteilt. Im Urteil wurde dem Kläger auf die Beschränkung seiner Haftung gem. § 780 ZPO vorbehalten.

Beweis: Urteil des ▪▪▪gerichts ▪▪▪ v. ▪▪▪; Az ▪▪▪; in Kopie

Der Nachlass ist noch nicht geteilt.

Beweis: aktueller Grundbuchauszug bzgl des Grundstücks vorgetragen beim ▪▪▪ unter Blatt ▪▪▪ aus dem sich ergibt, dass dieses Grundstück gesamthänderisch gehalten wird.

Auch besteht keine unbeschränkte Haftung des Klägers.

Eine Haftung mit dem Eigenvermögen des Klägers ist daher nicht gegeben.

Eine vorprozessuale vom Kläger beabsichtigte Einigung mit dem Beklagten dahin gehend, dass dieser sich verpflichtet, Zwangsvollstreckungsmaßnahmen lediglich in den Nachlass durchzuführen, konnte nicht erzielt werden.

Beweis: Schriftverkehr der Parteien in Kopie

Insbesondere hat der Beklagte seinen Vollstreckungsauftrag gegenüber dem Gerichtsvollzieher ■■■ trotz Aufforderung des Klägers nicht auf den Nachlass beschränkt.

Beweis: schriftliche Mitteilung des Gerichtsvollziehers ■■■ v. ■■■

■■■

Unterschrift ◄

II. Erläuterungen

7 [1] Im Vollstreckungsverfahren sind die Einwendung des § 2059 Abs. 1 S. 1 bzw § 2059 Abs. 1 S. 2 im Wege der Vollstreckungsgegenklage geltend zu machen. Die Vollstreckungsabwehrklage wird nur notwendig werden, wenn im Erkenntnisverfahren eine Gesamtschuldklage geltend gemacht worden ist, da sich bei einer Gesamthandsklage die Beschränkung der Haftung schon aus dem Tenor ergibt. Im **Erkenntnisverfahren** verhindert die Einwendung des § 2059 Abs. 1 S. 1 bzw § 2059 Abs. 1 S. 2 die Verurteilung des Miterben nicht. Gleichwohl muss die Haftungsbeschränkung im Erkenntnisverfahren geltend gemacht werden, da nur die Aufnahme eines entsprechenden Vorbehaltes im Urteil die Geltendmachung der Haftungsbeschränkung im Rahmen einer Vollstreckungsabwehrklage ermöglicht (§§ 780, 781, 785, 767 ZPO).

8 Für die Vollsteckungsabwehrklage gelten die allgemeinen Voraussetzungen. Vgl hierzu Hk-ZPO/Kindl § 767 ZPO und NK-ZPO/Sitzmann § 767 ZPO; letzterer mit zahlreichen Formulierungsvarianten.

9 [2] Unabhängig vom Streitwert ist örtlich und sachlich ausschließlich das Prozessgericht des ersten Rechtszuges zuständig (§§ 767 Abs. 1, 802 ZPO).

10 [3] Siehe hierzu Hk-ZPO/*Kayser* § 3 Rn 15 „Vollstreckungsabwehrklage".

11 [4] Das Urteil, gegen das Vollsteckungsabwehrklage erhoben wird muss den Vorbehalt des § 2059 enthalten. Die Ungeteiltheit des Nachlasses und der Nichteintritt der unbeschränkten Erbenhaftung sind weitere Begründetheitsvoraussetzung. Die Beweislast für die Ungeteiltheit des Nachlasses liegt beim Kläger der Vollsteckungsabwehrklage (NK-BGB/*Kick* § 2059 Rn 28). Zur Frage, wann der Nachlass geteilt ist vgl NK-BGB/*Kick* § 2059 Rn 6 ff. Die Haftungsbeschränkung kann nur bzgl Nachlassverbindlichkeiten geltend gemacht werden (NK-BGB/*Kick* § 2059 Rn 5). § 2059 Abs. 1 S. 1 ist auch bei Anordnung einer Testamentsvollstreckung anwendbar (str. vgl NK-BGB/*Kick* § 2059 Rn 13)

12 **Gerichtskosten:** 3,0 Gebühr nach § 34 GKG iVm Nr. 1210 KV GKG bzw 1,0 Gebühr nach § 34 GKG iVm Nr. 1211 KV GKG.

13 **Anwaltsgebühren:** Regelgebühren nach Teil 3 Abschnitt 1 VV Nr. 3100 ff RVG.

§ 2060 Haftung nach der Teilung

Nach der Teilung des Nachlasses haftet jeder Miterbe nur für den seinem Erbteil entsprechenden Teil einer Nachlassverbindlichkeit:

1. **wenn der Gläubiger im Aufgebotsverfahren ausgeschlossen ist; das Aufgebot erstreckt sich insoweit auch auf die in § 1972 bezeichneten Gläubiger sowie auf die Gläubiger, denen der Miterbe unbeschränkt haftet;**
2. **wenn der Gläubiger seine Forderung später als fünf Jahre nach dem in § 1974 Abs. 1 bestimmten Zeitpunkt geltend macht, es sei denn, dass die Forderung vor dem Ablauf der fünf Jahre dem Miterben bekannt geworden oder im Aufgebotsverfahren angemeldet worden ist; die Vorschrift findet keine Anwendung, soweit der Gläubiger nach § 1971 von dem Aufgebot nicht betroffen wird;**
3. **wenn das Nachlassinsolvenzverfahren eröffnet und durch Verteilung der Masse oder durch einen Insolvenzplan beendigt worden ist.**

A. Muster: Vollstreckungsabwehrklage wegen beschränkter Miterbenhaftung nach Teilung 1

► **Vollstreckungsabwehrklage**[1] 1061

An das

… gericht …[2]

Klage

des … (Kläger)

gegen

… (Beklagter)

wegen: Unzulässigerklärung der Zwangsvollstreckung

vorläufiger Streitwert: …[3]

Namens und mit Vollmacht des Klägers erhebe ich Klage und werde beantragen:

1. Die Zwangsvollstreckung aus dem am … verkündeten Urteil des …gerichts …, Az …, wird bezüglich eines Betrages von … EUR für unzulässig erklärt.[4]
2. Ich beantrage, gemäß § 769 ZPO vorab zu entscheiden:
   Die Zwangsvollstreckung aus dem vorgenannten Urteil wird ohne – hilfsweise gegen – Sicherheitsleistung bis zum Erlass des Urteils einstweilen eingestellt.

Ein Gerichtskostenvorschuss in Höhe von … EUR wurde durch … gezahlt.

Begründung[5]

Der Kläger ist neben seinem Bruder gesetzlicher Erbe des am … in … geborenen und am … in … verstorbenen Erblassers …

Beweis: Erbschein des Amtsgerichts – Nachlassgericht – …

Der Beklagte hatte gegen den Erblasser einen Schadensersatzanspruch in Höhe von … EUR. Nach dem Tod des Erblassers machte der Beklagte diesen Schadensersatzanspruch klageweise im Wege der Gesamtschuldklage gegen den Kläger geltend und obsiegte.

Beweis: … (Abschrift des Urteils das die titulierte Forderung enthält)

Bezüglich des Sachverhalts, der der titulierten Forderung zu Grunde liegt, wird auf die in der Anlage beigefügte Urteilsabschrift verwiesen. Das Leistungsurteil fällt in den Anwendungsbereich des § 767 ZPO. Der Kläger ist Vollstreckungsschuldner. Der Beklagte ist Vollstreckungsgläubiger.

Der Kläger macht die nachfolgenden Einwendungen im Sinne von § 767 ZPO geltend.

Vom Kläger wurde gem. §§ 2060 Nr. 1, 1973 BGB, 454 ff. FamFG ein gerichtliches Aufgebotsverfahren durchgeführt. Das Nachlassgericht hat am … ein Ausschlussurteil erlassen. Der Beklagte hat seine titulierte Forderung nicht angemeldet und ist im Aufgebotsverfahren ausgeschlossen.

Beweis. Beiziehung der Akten bzgl des Aufgebotsverfahrens …gericht …, Az …

Der Nachlass wurde nach Verkündung des Ausschlussurteils geteilt.

Die erhobenen Einwendungen sind auch nicht gemäß § 767 Abs. 2 ZPO ausgeschlossen. Maßgeblicher Zeitpunkt für eine Präklusion ist der Schluss der mündlichen Verhandlung, auf die hin das Urteil ergangen ist.[6]

Die Einwendung ist erst danach entstanden, da das Ausschlussurteil erst nach der letzten mündlichen Verhandlung im Verfahren betreffend dem titulierten Anspruch ergangen ist.

Bezüglich des angegriffenen Titels war bisher auch noch keine Vollstreckungsgegenklage, die zu einer weiteren Präklusion nach § 767 Abs. 3 ZPO führen würde, anhängig.

Dem Antrag, durch einstweilige Anordnung die Zwangsvollstreckung bis zum Erlass des Urteils einzustellen, ist gemäß § 769 Abs. 1 ZPO zu entsprechen. Gründe für eine Sicherheitsleistung liegen nicht vor.

Bezüglich des Sachverhalts wird auf die obigen Ausführungen verwiesen.

Zur Glaubhaftmachung dieses Sachverhalts: Eidesstattliche Versicherung des Klägers

...

Unterschrift ◄

B. Erläuterungen

2 [1] Nach Auseinandersetzung des Nachlasses haften die Miterben für Nachlassverbindlichkeiten weiter als Gesamtschuldner und zwar **verschärft**, da sich der jeweilige Miterbe nicht mehr auf die Haftungsbeschränkungen aus § 2059 Abs. 1 S. 1 berufen kann (Hk-BGB/*Hoeren* § 2061 Rn 1). Unter den Voraussetzungen der §§ 2060, 2061 wandelt sich die gesamtschuldnerische Haftung jedoch zu einer **Bruchteilshaftung**, die für den jeweiligen Miterben vorteilhaft ist. Der jeweilige Miterbe haftet dann mit seinem gesamten Vermögen unbeschränkt, aber nur bezüglich eines Bruchteils der Nachlassverbindlichkeiten (NK-BGB/*Kick* § 2060 Rn 1). Der Bruchteil, mit dem der jeweilige Miterbe haftet, entspricht grundsätzlich seiner Erbquote (NK-BGB/*Kick* § 2060 Rn 21).

3 Die anteilige Haftung tritt kraft Gesetztes ein. Im Erkenntnisverfahren ist eine Klage teilweise abzuweisen, wenn der Nachlassgläubiger die gesamte Forderung gegen einen Miterben eingeklagt hat. Eines Vorbehalts im Urteil nach § 780 ZPO bedarf es nicht (NK-BGB/*Kick* § 2060 Rn 20).

4 Tritt die Teilhaftung erst nach dem Schluss der mündlichen Verhandlung ein, ist die Beschränkte Haftung durch die Erhebung einer Vollstreckungsabwehrklage geltend zu machen (NK-BGB/*Kick* § 2060 Rn 26).

5 Für die Vollsteckungsabwehrklage gelten die allgemeinen Voraussetzungen. Vgl hierzu Hk-ZPO/*Kindl* § 767 ZPO und GF-ZPO/*Sitzmann* § 767 ZPO; letzterer mit zahlreichen Formulierungsvarianten.

6 [2] Unabhängig vom Streitwert ist örtlich und sachlich ausschließlich das Prozessgericht des ersten Rechtszuges zuständig (§§ 767 Abs. 1, 802 ZPO).

7 [3] Siehe hierzu Hk-ZPO/*Kayser* § 3 Rn 15 „Vollstreckungsabwehrklage".

8 [4] Ggf ist zusätzlich die Titelherausgabe zu beantragen (vgl Hk-ZPO/*Kindl* § 767 Rn 8).

9 [5] Folgende Tatbestände führen nach Nachlassteilung zu einer Bruchteilshaftung:

- Gem. § 2060 Nr. 1 der Ausschluss des Gläubigers im Aufgebotsverfahren gem. §§ 1970 ff iVm §§ 454 ff. FamFG. Das Aufgebotsverfahren muss, um haftungsbeschränkend zu wirken, **vor der Teilung** durchgeführt worden sein und das **Ausschlussurteil** muss vor der Teilung **erlassen worden sein** (NK-BGB/*Kick* § 2060 Rn 9). Die Haftungsbeschränkung tritt auch zu Gunsten eines Miterben ein, der bereits unbeschränkbar haftete (§ 2060 Nr. 1 Hs 2). Die Haftungsbeschränkung tritt nur gegenüber dem ausgeschlossenen Gläubiger ein. Vom Haftungsausschluss betroffen sind in Erweiterung des § 1970 auch die in § 1972 genannten Gläubiger (Gläubiger von Pflichtteilsrechten, Vermächtnissen und Auflagen).
- Gem. § 2060 Nr. 2 die verspätete Geltendmachung einer Forderung durch den Nachlassgläubiger gem. § 1974. Zu den Einzelheiten vgl NK-BGB/*Kick* § 2060 Rn 13 ff.
- Gem. § 2060 Nr. 3 die Eröffnung eines Nachlassinsolvenzverfahrens. Das Nachlassinsolvenzverfahren muss **vor** der Auseinandersetzung des Nachlasses eröffnet worden sein (str. vgl NK-BGB/*Kick* § 2060 Rn 17).

§ 2060 Nr. 3 ist entsprechend anwendbar nach Beendigung der Nachlassverwaltung (NK-BGB/*Kick* § 2060 Rn 19).

– Gem. § 2061 Abs. 1 durch Durchführung eines Privataufgebotsverfahrens. Vgl hierzu die Kommentierung zu § 2061.

[6] Vgl Hk-ZPO/*Kindl* § 767 ZPO Rn 21. 10

Gerichtskosten: 3,0 Gebühr nach § 34 GKG iVm Nr. 1210 KV GKG bzw 1,0 Gebühr nach 11
§ 34 GKG iVm Nr. 1211 KV GKG.

Anwaltsgebühren: Regelgebühren nach Teil 3 Abschnitt 1 VV Nr. 3100 ff RVG. 12

§ 2061 Aufgebot der Nachlassgläubiger

(1) [1]Jeder Miterbe kann die Nachlassgläubiger öffentlich auffordern, ihre Forderungen binnen sechs Monaten bei ihm oder bei dem Nachlassgericht anzumelden. [2]Ist die Aufforderung erfolgt, so haftet nach der Teilung jeder Miterbe nur für den seinem Erbteil entsprechenden Teil einer Forderung, soweit nicht vor dem Ablauf der Frist die Anmeldung erfolgt oder die Forderung ihm zur Zeit der Teilung bekannt ist.

[2] [1]Die Aufforderung ist durch den Bundesanzeiger und durch das für die Bekanntmachungen des Nachlassgerichts bestimmte Blatt zu veröffentlichen. [2]Die Frist beginnt mit der letzten Einrückung. [3]Die Kosten fallen dem Erben zur Last, der die Aufforderung erlässt.

A. Muster: Privataufgebot eines Miterben gem. § 2061 1

▶ **Privataufgebot eines Miterben gem. § 2061 BGB**[1] 1062

Private Aufforderung der Nachlassgläubiger zur Forderungsanmeldung

An das

Amtsgericht … – Nachlassgericht –[2]

Ich beantrage hiermit folgendes Privataufgebot gem. § 2061 BGB öffentlich bekanntzumachen:

„Am … ist in …, ihrem letzten Wohnsitz, meine Mutter Frau … verstorben. Meine Mutter hat ein Testament hinterlassen, welches sich bei den Nachlassakten des Amtsgerichts … – Nachlassgericht – befindet. In diesem Testament sind mein Bruder und ich zu Erben eingesetzt worden. Die Erbschaft wurde von mir angenommen.[3] Der Nachlass ist noch nicht geteilt.[4]

Ich fordere hiermit die Nachlassgläubiger gem. § 2061 BGB zur Anmeldung ihrer Forderungen auf. Die Anmeldung kann bei mir unter der Anschrift … oder gegenüber dem Amtsgericht … – Nachlassgericht – unter dem Aktenzeichen … erfolgen.[5]"

…

Unterschrift ◀

B. Erläuterungen

[1] Grds haften die Miterben auch nach Vollzug der Erbauseinandersetzung gesamtschuldnerisch. In den Fällen der §§ 2060 und 2061 haftet der Miterbe aber nur für den seinem Erbteil entsprechenden Teil der Nachlassverbindlichkeiten. 2

Durch das von jedem Miterben alleine durchführbare Privataufgebotsverfahren, kann mit Wirkung für alle Miterben, die Haftung des jeweiligen Miterben auf die seinem Erbteil entsprechenden Quote beschränkt werden. Die Kosten des Privataufgebotsverfahrens fallen dem betreibendem Miterben zur Last (§ 2061 Abs. S. 3). 3

4 Im Gegensatz zum Aufgebotsverfahren nach §§ 1970 ff ergeht die Aufforderung durch einen Miterben, nicht durch das Gericht. Die Aufforderung kann durch jeden Miterben betrieben werden. Gemeinsames Tätigwerden ist nicht erforderlich.

5 [2] Die Aufforderung muss öffentlich erfolgen. Die Veröffentlichung wird von dem zuständigen Nachlassgericht (vgl § 343 FamFG) durchgeführt. Die Art und Weise der Veröffentlichung ist in § 2061 Abs. 2 geregelt.

6 [3] Ein Miterbe kann das Aufgebotsverfahren erst ab dem Zeitpunkt der Annahme der Erbschaft betreiben (NK-BGB/*Kick* § 2061 Rn 3). Das Aufgebotsverfahren kann vor oder nach Eintritt der unbeschränkten Haftung des Miterben betrieben werden (NK-BGB/*Kick* § 2061 Rn 4). Eine Erklärung des Antragstellers dass keine unbeschränkte Haftung für die Nachlassverbindlichkeiten besteht ist also nicht erforderlich.

7 [4] Ob das Privileg der beschränkten Haftung nur dann eintritt, wenn das Aufgebotsverfahren vor der Nachlassteilung durchgeführt wurde, ist umstritten (NK-BGB/*Kick* § 2061 Rn 12). Um die Wirkung des Aufgebotsverfahrens sicherzustellen, wird es angeraten sein, den Nachlass vor Fristablauf nicht zu teilen.

8 [5] Die Anmeldefrist beträgt 6 Monate und ist eine Ausschlussfrist. Sie beginnt mit der letzten notwendigen Veröffentlichung zu laufen. Für die Fristberechnung gelten die §§ 187, 188, 193.

9 **Gerichtskosten:** Bei Gericht fallen Gebühren gem. § 112 Abs. 1 Nr. 3 KostO an. Der Gebührenwert bemisst sich nach dem Wert des Nachlasses.

§ 2062 Antrag auf Nachlassverwaltung

Die Anordnung einer Nachlassverwaltung kann von den Erben nur gemeinschaftlich beantragt werden; sie ist ausgeschlossen, wenn der Nachlass geteilt ist.

§ 2063 Errichtung eines Inventars, Haftungsbeschränkung

(1) Die Errichtung des Inventars durch einen Miterben kommt auch den übrigen Erben zustatten, soweit nicht ihre Haftung für die Nachlassverbindlichkeiten unbeschränkt ist.
(2) Ein Miterbe kann sich den übrigen Erben gegenüber auf die Beschränkung seiner Haftung auch dann berufen, wenn er den anderen Nachlassgläubigern gegenüber unbeschränkt haftet.

Abschnitt 3 Testament

Titel 1 Allgemeine Vorschriften

§ 2064 Persönliche Errichtung

Der Erblasser kann ein Testament nur persönlich errichten.

§ 2065 Bestimmung durch Dritte

(1) Der Erblasser kann eine letztwillige Verfügung nicht in der Weise treffen, dass ein anderer zu bestimmen hat, ob sie gelten oder nicht gelten soll.
(2) Der Erblasser kann die Bestimmung der Person, die eine Zuwendung erhalten soll, sowie die Bestimmung des Gegenstands der Zuwendung nicht einem anderen überlassen.

§ 2066 Gesetzliche Erben des Erblassers

[1]Hat der Erblasser seine gesetzlichen Erben ohne nähere Bestimmung bedacht, so sind diejenigen, welche zur Zeit des Erbfalls seine gesetzlichen Erben sein würden, nach dem Verhältnis ihrer gesetzlichen Erbteile bedacht. [2]Ist die Zuwendung unter einer aufschiebenden Bedingung oder unter Bestimmung eines Anfangstermins gemacht und tritt die Bedingung oder der Termin erst nach dem Erbfall ein, so sind im Zweifel diejenigen als bedacht anzusehen,

welche die gesetzlichen Erben sein würden, wenn der Erblasser zur Zeit des Eintritts der Bedingung oder des Termins gestorben wäre.

§ 2067 Verwandte des Erblassers

[1]Hat der Erblasser seine Verwandten oder seine nächsten Verwandten ohne nähere Bestimmung bedacht, so sind im Zweifel diejenigen Verwandten, welche zur Zeit des Erbfalls seine gesetzlichen Erben sein würden, als nach dem Verhältnis ihrer gesetzlichen Erbteile bedacht anzusehen. [2]Die Vorschrift des § 2066 Satz 2 findet Anwendung.

§ 2068 Kinder des Erblassers

Hat der Erblasser seine Kinder ohne nähere Bestimmung bedacht und ist ein Kind vor der Errichtung des Testaments mit Hinterlassung von Abkömmlingen gestorben, so ist im Zweifel anzunehmen, dass die Abkömmlinge insoweit bedacht sind, als sie bei der gesetzlichen Erbfolge an die Stelle des Kindes treten würden.

A. Muster: Ausschluss der Ersatzerbenvermutung 1

▶ Sollte mein schwer kranker Sohn vor meinem Tod versterben, bestimme ich zur Ersatzerbin Frau ■■■, geb. am ■■■, wohnhaft in ■■■, die sich immer rührend um meinen Sohn gekümmert hat.[1] 1063

Mir ist bewusst, dass diese Bestimmung von gesetzlichen und richterlichen Auslegungsregeln abweichen kann; diese sollen aber ausdrücklich nicht angewandt werden.[2] ◀

B. Erläuterungen und Varianten

[1] **Variante.** Eine mögliche Variante könnte lauten: 2

▶ Sollte mein schwer kranker Sohn vor meinem Tod versterben, bestimme ich einen Ersatzerben ausdrücklich nicht. ◀

[2] **Auslegung.** Fällt ein Erbe vor oder nach Eintritt des Erbfalls weg und ist ein **Ersatzerbe** nicht 3
bestimmt, ist durch Auslegung zu ermitteln, ob der Erblasser überhaupt einen Ersatzerben bestimmt hätte (BayObLG NJW 1988, 2744). Wenn die Auslegung zu keinem Ergebnis führt, können die Auslegungsregeln der §§ 2068, 2069 herangezogen werden. Rechtsgedanke des § 2069 ist die Zuwendung an einen Stamm, wenn eine lückenhafte Verfügung von Todes wegen hinsichtlich einer Ersatzerbenbestimmung vorliegt. Diesen Rechtsgedanken wendet die Rechtsprechung (im Wege **ergänzender Testamentsauslegung**) auch auf Personen an, wenn sie dem Erblasser nahe standen oder es sich um einen nahen Angehörigen handelte (vgl dazu ausführlich *Tanck* in: Tanck, § 7 Rn 97) Der **Ausschluss** einer **hypothetischen Ersatzerbenbestimmung** ist daher notwendig.

§ 2069 Abkömmlinge des Erblassers

Hat der Erblasser einen seiner Abkömmlinge bedacht und fällt dieser nach der Errichtung des Testaments weg, so ist im Zweifel anzunehmen, dass dessen Abkömmlinge insoweit bedacht sind, als sie bei der gesetzlichen Erbfolge an dessen Stelle treten würden.

§ 2070 Abkömmlinge eines Dritten

Hat der Erblasser die Abkömmlinge eines Dritten ohne nähere Bestimmung bedacht, so ist im Zweifel anzunehmen, dass diejenigen Abkömmlinge nicht bedacht sind, welche zur Zeit des Erbfalls oder, wenn die Zuwendung unter einer aufschiebenden Bedingung oder unter Bestimmung eines Anfangstermins gemacht ist und die Bedingung oder der Termin erst nach dem Erbfall eintritt, zur Zeit des Eintritts der Bedingung oder des Termins noch nicht gezeugt sind.

§ 2071 Personengruppe

Hat der Erblasser ohne nähere Bestimmung eine Klasse von Personen oder Personen bedacht, die zu ihm in einem Dienst- oder Geschäftsverhältnis stehen, so ist im Zweifel anzunehmen, dass diejenigen bedacht sind, welche zur Zeit des Erbfalls der bezeichneten Klasse angehören oder in dem bezeichneten Verhältnis stehen.

§ 2072 Die Armen

Hat der Erblasser die Armen ohne nähere Bestimmung bedacht, so ist im Zweifel anzunehmen, dass die öffentliche Armenkasse der Gemeinde, in deren Bezirk er seinen letzten Wohnsitz gehabt hat, unter der Auflage bedacht ist, das Zugewendete unter Arme zu verteilen.

§ 2073 Mehrdeutige Bezeichnung

Hat der Erblasser den Bedachten in einer Weise bezeichnet, die auf mehrere Personen passt, und lässt sich nicht ermitteln, wer von ihnen bedacht werden sollte, so gelten sie als zu gleichen Teilen bedacht.

§ 2074 Aufschiebende Bedingung

Hat der Erblasser eine letztwillige Zuwendung unter einer aufschiebenden Bedingung gemacht, so ist im Zweifel anzunehmen, dass die Zuwendung nur gelten soll, wenn der Bedachte den Eintritt der Bedingung erlebt.

§ 2075 Auflösende Bedingung

Hat der Erblasser eine letztwillige Zuwendung unter der Bedingung gemacht, dass der Bedachte während eines Zeitraums von unbestimmter Dauer etwas unterlässt oder fortgesetzt tut, so ist, wenn das Unterlassen oder das Tun lediglich in der Willkür des Bedachten liegt, im Zweifel anzunehmen, dass die Zuwendung von der auflösenden Bedingung abhängig sein soll, dass der Bedachte die Handlung vornimmt oder das Tun unterlässt.

§ 2076 Bedingung zum Vorteil eines Dritten

Bezweckt die Bedingung, unter der eine letztwillige Zuwendung gemacht ist, den Vorteil eines Dritten, so gilt sie im Zweifel als eingetreten, wenn der Dritte die zum Eintritt der Bedingung erforderliche Mitwirkung verweigert.

§ 2077 Unwirksamkeit letztwilliger Verfügungen bei Auflösung der Ehe oder Verlobung

(1) [1]Eine letztwillige Verfügung, durch die der Erblasser seinen Ehegatten bedacht hat, ist unwirksam, wenn die Ehe vor dem Tode des Erblassers aufgelöst worden ist. [2]Der Auflösung der Ehe steht es gleich, wenn zur Zeit des Todes des Erblassers die Voraussetzungen für die Scheidung der Ehe gegeben waren und der Erblasser die Scheidung beantragt oder ihr zugestimmt hatte. [3]Das Gleiche gilt, wenn der Erblasser zur Zeit seines Todes berechtigt war, die Aufhebung der Ehe zu beantragen, und den Antrag gestellt hatte.
(2) Eine letztwillige Verfügung, durch die der Erblasser seinen Verlobten bedacht hat, ist unwirksam, wenn das Verlöbnis vor dem Tode des Erblassers aufgelöst worden ist.
(3) Die Verfügung ist nicht unwirksam, wenn anzunehmen ist, dass der Erblasser sie auch für einen solchen Fall getroffen haben würde.

§ 2078 Anfechtung wegen Irrtums oder Drohung

(1) Eine letztwillige Verfügung kann angefochten werden, soweit der Erblasser über den Inhalt seiner Erklärung im Irrtum war oder eine Erklärung dieses Inhalts überhaupt nicht abgeben wollte und anzunehmen ist, dass er die Erklärung bei Kenntnis der Sachlage nicht abgegeben haben würde.
(2) Das Gleiche gilt, soweit der Erblasser zu der Verfügung durch die irrige Annahme oder Erwartung des Eintritts oder Nichteintritts eines Umstands oder widerrechtlich durch Drohung bestimmt worden ist.
(3) Die Vorschrift des § 122 findet keine Anwendung.

A. Anfechtung wegen Inhaltsirrtums, § 2078 Abs. 1

I. Muster: Anfechtung eines gemeinschaftlichen Testaments wegen Inhaltsirrtums[1] 1

▶ An das

Amtsgericht

– Nachlassgericht –[2]

Nachlasssache des am ▪▪▪ verstorbenen Erblassers ▪▪▪, geboren am ▪▪▪ in ▪▪▪

In vorbezeichneter Angelegenheit vertrete ich Frau ▪▪▪; auf mich lautende Vollmacht ist beigefügt.

Namens und im Auftrag meiner Mandantin erkläre ich die

Anfechtung

des Testaments des Erblassers vom ▪▪▪

Zur

Begründung

führe ich wie folgt aus:

Der 2009 im Alter von 83 Jahren verstorbene Erblasser war verwitwet. Seine Ehefrau war 1997 verstorben. Am ▪▪▪ 1995 hatten die Eheleute folgendes eigenhändiges gemeinschaftliches Testament errichtet:

„Unser letzter Wille:

Wir vererben uns alles gegenseitig [es folgt eine Aufzählung der insbesondere gegenseitig vererbten Gegenstände].

Nach dem Tode des Letztversterbenden sollen unsere Tochter ▪▪▪ und unser Enkel ▪▪▪ zu gleichen Teilen erben."

Nach der Unterschrift der Ehefrau, die diesen ersten Teil des Testaments auch handschriftlich verfasst hatte, setzte der Erblasser – ebenfalls handschriftlich – folgenden Absatz hinzu:

„Diese Beinhaltung der obigen Formulierung unseres letzten Willens gilt ab dem ▪▪▪ 1995 und kann jederzeit in gemeinsamer Absprache geändert werden."

Diesen Zusatz hat der Erblasser handschriftlich unterschrieben.

Das Nachlassgericht hat ein vom Erblasser am ▪▪▪ 2009 in die besondere amtliche Verwahrung gegebenes eigenhändiges Testament vom ▪▪▪ 2009 eröffnet, dessen Wirksamkeit von der Tochter des Erblassers angezweifelt wird.

In diesem Testament hat der Erblasser verfügt, dass seine Tochter ▪▪▪ lediglich den Pflichtteil erhalten soll und seine Lebensgefährtin – meine Mandantin – im Übrigen zur Alleinerbin eingesetzt wird.

Beweis: Testament des Erblassers vom ▪▪▪ 2009.

Insbesondere führt der Erblasser darin Folgendes aus:

„An die Verfügung im gemeinsam mit meiner Ehefrau am ▪▪▪ 1995 errichteten Testament fühle ich mich nicht mehr gebunden. Insbesondere widerrufe ich die Erbeinsetzung meiner Tochter ▪▪▪ und meines Enkels ▪▪▪ Von meiner Tochter und meinem Enkelsohn musste ich mir seit dem Tod meiner Ehefrau im Jahre 1997 fortwährend Vorhaltungen wegen meiner Beziehung zu ▪▪▪ (Anmerkung des

Unterzeichners: meine Mandantin) machen lassen. Insbesondere mein Enkel soll nichts erben. Er hat meine Tochter ■■■ mehrfach davon abgehalten, sich mit mir auszusöhnen und in ihrer unnachgiebigen Haltung bestärkt."

Der Erblasser befand sich bei der Abgabe seiner Willenserklärung in dem Testament vom ■■■ 1995 im Irrtum. Sein Ziel war es, dass der jeweils überlebende Ehegatte in der Lage sein sollte, die testamentarischen Verfügungen auch einseitig noch einmal zu ändern. Diese Möglichkeit hatte der Erblasser insbesondere auch seiner Ehefrau zugestehen wollen. Der Erblasser hat dies zum einen in einem Brief zum Ausdruck gebracht, den er ■■■ 2008 an seine Tochter geschrieben hat. Darin kündigt er an, jederzeit von seinem Recht, das seinerzeit gemeinsam mit seiner Ehefrau geschlossene Testament zu ändern und seine Tochter auf den Pflichtteil „zu setzen".

Beweis: Schreiben des Erblassers ■■■ in Kopie.

Auch gegenüber seinem langjährigen Freund, Herrn ■■■, hat der Erblasser mehrfach deutlich gemacht, dass er sehr froh darüber sei, bei der Errichtung des gemeinschaftlichen Testaments vom ■■■ 1995 noch den handschriftlichen Zusatz eingefügt zu haben, der ihm und seiner Frau eine jederzeitige Änderung der getroffenen Regelungen ermöglicht. Sonst, so äußerte sich der Erblasser, würde seine Tochter ohnehin jeden Kontakt zu ihm abgebrochen haben.

Beweis: Zeugnis des Herrn ■■■

Der Erblasser irrte somit über die Bedeutung der von ihm getroffenen Regelung vom ■■■ 1995, so dass ein zur Anfechtung berechtigender Inhaltsirrtum nach § 2078 Abs. 1 BGB gegeben ist.

Es wird beantragt, eine öffentlich beglaubigte Empfangsbestätigung dieser Anfechtungserklärung zu Händen des Unterzeichners als Verfahrensbevollmächtigtem zu erteilen.

■■■

Rechtsanwalt ◄

II. Erläuterungen

2 [1] **Beispielsfälle für einen Inhaltsirrtum** sind (*Lehrmann* in: jurisPK, § 2078 Rn 163):

- der Irrtum über die rechtliche Bedeutung der Vor- und Nacherbeneinsetzung;
- der Irrtum über die unterschiedlichen Rechtsfolgen von Erbeinsetzung und Vermächtnis, von Vermächtnis und Teilungsanordnung;
- der Irrtum über die Personen, die aufgrund gesetzlicher Erbfolge zum Erbe gelangen;
- der Irrtum über die Widerrufswirkung der Rücknahme eines öffentlichen Testamentes aus der besonderen amtlichen Verwahrung gem. § 2256;
- der Irrtum über die bindende Wirkung eines vom Erblasser geschlossenen Erbvertrages;
- der Irrtum, beide Bedachten seien miteinander verheiratet.

3 [2] **Zuständigkeit des angerufenen Gerichts.** Die Zuständigkeit des Amtsgerichts als Nachlassgericht ergibt sich hier aus § 2081 Abs. 1 und §§ 343 Abs. 1 Nr. 5, 343 FamFG.

4 Neben oder zusammen mit dem FamFG-Verfahren kann eine Erbenfeststellungsklage im Zivilprozess erhoben werden.

B. Anfechtung wegen Motivirrtums, § 2078 Abs. 2

5 I. Muster: Anfechtung wegen Motivirrtums[1]

▶ An das

Amtsgericht – Nachlassgericht – [2]

■■■

In der Nachlasssache des am ■■■ verstorbenen ■■■, geboren am ■■■ wird Herr ■■■ von mir vertreten. Vollmacht ist beigefügt. Namens und im Auftrag meines Mandanten erkläre ich die

Anfechtung[3]

des Testaments des Erblassers vom ▪▪▪.

Begründung

Der Anfechtungsberechtigte ist der Sohn des Erblassers aus erster Ehe. Der Erblasser hat am 07.06.2005 gemeinsam mit seiner Ehefrau durch gemeinschaftliches notarielles Testament Folgendes verfügt:

„I. Wir setzen uns gegenseitig, der Erstversterbende den Längstlebenden, zum alleinigen und unbeschränkten Erben ein, gleichviel, ob und welche Pflichtteilsberechtigte beim Tod des zuerst Versterbenden von uns vorhanden sein werden ▪▪▪

II. Für den Fall unseres gleichzeitigen Versterbens und für den Tod des Längstlebenden von uns bestimmen wir mit gleichen Anteilen zu unseren Erben ▪▪▪ "

Aufgeführt sind dann die Kinder der Ehefrau des Erblassers.

Beweis: Beglaubigte Abschrift des notariellen Testaments vom 07.06.2005

Der Erblasser befand sich zum Zeitpunkt der Errichtung des gemeinschaftlichen notariellen Testaments jedoch im Motivirrtum. Der Grund für die letztwillige Verfügung vom 07.06.2005 war die Fehlvorstellung des Erblassers, dass das persönliche Verhältnis zu seinem Sohn aus erster Ehe, dem Anfechtungsberechtigten, aufgrund eines Streits um das Vermögen endgültig zerstört sei. Die Verfügung beruht auf einem Motivirrtum des Erblassers, da er mit der später erreichten Versöhnung nicht gerechnet hat und in Kenntnis dieser späteren Entwicklung die Verfügung nicht getroffen hätte.

Hintergrund der Streitigkeit des Anfechtungsberechtigten mit dem Erblasser ist Folgendes:

▪▪▪

Der Anfechtungsberechtigte kann das gemeinschaftliche Testament anfechten, da ein Motivirrtum im Sinne des § 2078 Abs. 2 gegeben ist. Das Gesetz lässt in § 2078 Abs. 2 in Abweichung von den Allgemeinen Vorschriften der Irrtumsanfechtung gemäß § 119 BGB auch die Anfechtung wegen Motivirrtums zu. Ein Anwendungsfall für diese Ausweitung ist im gegenständlichen Fall gegeben, denn der wahre Wille des Erblassers ist im Bereich der letztwilligen Verfügung stärker zu berücksichtigen als im sonstigen rechtsgeschäftlichen Verkehr (MüKo-BGB/Leipold, § 2078 Rn 2). Im vorliegenden Fall liegen besonders schwerwiegende Umstände vor, die den Erblasser unter Berücksichtigung seiner ihm eigenen Vorstellungen mit Sicherheit dazu gebracht hätten, anders zu testieren (BGHNJW-RR 1987, 1412 (1413) m.w.N.):

Anlässlich des bevorstehenden 90. Geburtstages des Erblassers am 01.12.2009 war es am 25. März 2009 zu einem klärenden Gespräch zwischen dem Anfechtungsberechtigten und seinem Vater, dem Erblasser gekommen. Darin hatte sich nicht nur der Anfechtungsberechtigte für die oben geschilderten Vorkommnisse vorbehaltslos entschuldigt, sondern darüber hinaus den Sachverhalt für den Erblasser so schlüssig aufgeklärt, dass dieser sich bereits wenige Tage später mit ihm nachhaltig ausgesöhnt hat.

Soweit liegt ein grundlegender Irrtum über die künftige Entwicklung des Verhältnisses zu dem von der Erbfolge ausgeschlossenen Sohn im vorliegenden Fall vor.

Der Irrtum des Erblassers bei der Errichtung eines Testaments kann sich auch auf künftige Umstände beziehen, was sich bereits aus dem Gesetzeswortlaut des § 2078 Abs. 2 BGB ergibt, wovon der „Erwartung des Eintritts oder Nichteintritts eines Umstandes" die Rede ist. Ein Motivirrtum kann insbesondere darin liegen, dass ein grundlegender Irrtum des Erblassers über das Verhalten des Bedachten vorliegt (OLG München NJW 1983, 2275).

Somit kann nicht nur eine unvorhergesehene Verschlechterung eines bisher guten Verhältnisses Grund für die Annahme eines Motivirrtums sein, sondern auch dessen Verbesserung, wenn der zuvor bestandene Streit gerade Grund für den Inhalt der letztwilligen Verfügung war. Dabei muss die irrige Annahme des Erblassers nicht in der Verfügung selbst zum Ausdruck kommen (vgl. BGH NJW 1965,

584). Im vorliegenden Fall hat der Erblasser zwar trotz der Versöhnung im März 2009 nichts mehr unternommen, die letztwillige Verfügung von sich aus zu ändern. Es ist aber auch nicht erforderlich.

Im vorliegenden Fall hatte Herr ■■■, ein langjähriger Freund des Erblassers, mit diesem über die Aussöhnung mit seinem Sohn, dem Anfechtungsberechtigten und die sich daraus ergebenden Folgen auch im Hinblick auf seine letztwillige Verfügung gesprochen. In diesem am 17.08.2009 stattgefundenen Gespräch äußerte der Erblasser, er wolle nicht, dass sein Sohn durch die Regelungen im gemeinschaftlichen Testament vom 07.06.2005 benachteiligt werde.

Beweis: Zeugnis des Herrn ■■■ [ladungsfähige Anschrift]

Der Zeuge, Herr ■■■, fragte den Erblasser daraufhin was er jetzt zu tun gedenke. Dieser antwortete sinngemäß, dass er davon ausgehe, nichts unternehmen zu müssen. Schließlich sei die Aussöhnung mit seinem Sohn inzwischen sowohl seiner Ehefrau als auch den übrigen im Testament bedachten Verwandten bekannt, zum anderen gehe er davon aus, dass seine Ehefrau die Sache nach seinem Tod im seinem Sinne regeln werde.

Ich beantrage, mir eine öffentlich beglaubigte Empfangsbestätigung dieser Anfechtungserklärung zu erteilen. Es wird gebeten, künftige Korrespondenz ausschließlich mit meiner Kanzlei zu führen.

■■■

Rechtsanwalt ◄

II. Erläuterungen

6 [1] **Beispielsfälle für einen Motivirrtum** (*Lehrmann* in: jurisPK, § 2078 Rn 164):

- der Erblasser geht bei Errichtung seiner letztwilligen Verfügung irrig davon aus, dass er nicht mehr heiraten werde;
- eine andere letztwillige Verfügung rechtlichen Bestand habe;
- er seinem Ehegatten ein Vermächtnis in Höhe seines Pflichtteils ausgesetzt habe;
- die Bedachten miteinander verheiratetet seien;
- der beiderseitige Nachlass auf die gemeinsamen Abkömmlinge übergehen werde, was sich infolge Wiederverheiratung des überlebenden Ehegatten als falsch erweist;
- demnächst eine Ehe geschlossen werde;
- ein erzeugtes Kind lebend zur Welt kommen werde;
- jemand eine bestimmte Ausbildung erfolgreich durchlaufen werde;
- jemand treue Dienste geleistet habe bzw diese in Zukunft leisten werde;
- einzelne Abkömmlinge in besseren wirtschaftlichen Verhältnissen als andere lebten;
- der Bedachte fortlaufende Zahlungen an ihn oder eine Gegenleistung erbringen werde;
- der Bedachte nicht einer religiösen Sekte mit einschlägigen vermögensmäßigen Folgen angehören werde;
- der Erbe oder ein Dritter ihn in bestimmter Weise betreuen werde;
- seine Ehe mit der Bedachten sich harmonisch und glücklich entwickeln werde;
- es zwischen ihm und dem Bedachten bis zu seinem Tod nicht zu einer Zerstörung des persönlichen Vertrauensverhältnisses kommen werde, die zu einer gerichtlichen Auseinandersetzung führen würde;
- sich seine, bei Abschluss des Erbvertrags gehegte Erwartung, nach Abschluss des Erbvertrages würden sich die Beziehungen der Vertragsparteien bessern, erfüllen würde;
- keine Umstände eintreten würden, die er bei Errichtung seiner letztwilligen Verfügung zwar nicht ausdrücklich erwogen hat, aber für sich als selbstverständlich ansehen konnte, wie zB die Bedachte werde nicht zum Anlass für die Zerrüttung seiner Ehe;
- der Bedachte seine, von seiner (des Erblassers) abweichende, politische Einstellung nicht ändern werde;

- die bestehenden Wirtschafts- und Währungsverhältnisse fortbestehen würden;
- der Bedachte als Prinz aus ehemals regierendem Hause nur eine ebenbürtige Ehe eingehen werde;
- die Vermächtnisnehmerin nicht versuchen werde, ihrem Sohn das Leben zu nehmen;
- eine zur Zeit der Errichtung des Testaments bestehende eheähnliche Lebensgemeinschaft zwischen dem Erblasser und der Bedachten auch in Zukunft fortbestehe.

[2] **Zuständigkeit.** Die Zuständigkeit des Amtsgerichts als Nachlassgericht ergibt sich hier aus § 2081 Abs. 1 und §§ 342 Abs. 1 Nr. 5, 343 FamFG. Neben oder zusammen mit dem FamFG-Verfahren kann eine Erbenfeststellungsklage im Zivilprozess erhoben werden. 7

Der **Streitwert** bei einer Klage auf Feststellung der Nichtigkeit eines Testamentes oder der sich aus einer behaupteten Testamentsauslegung ergebenden Rechtsfolgen bemisst sich nicht nach dem Wert des gesamten Nachlasses, sondern nach dem Interesse des Klägers an der begehrten Feststellung (*Lehrmann* in: jurisPK, § 2078 Rn 162). 8

Zu den übrigen **Voraussetzungen der Testamentsanfechtung** (Anfechtungsberechtigung, -erklärung und -frist) vgl §§ 2080–2082. 9

[3] **Abschließende Sonderregelung.** § 2078 geht den §§ 199 ff als abschließende Sonderregelung für die Anfechtung letztwilliger Verfügungen vor (Hk-BGB/*Hoeren*, § 2078 Rn 1). Jedoch führt auch die Anfechtung nach § 2078 zur **Nichtigkeit der angefochtenen Verfügung von Anfang an.** Es tritt dann die gesetzliche Erbfolge ein. Da diese selten mit dem wirklichen Willen des Erblassers übereinstimmen dürfte, sollte vor der Anfechtung überlegt werden, ob nicht dem in der Verfügung zum Ausdruck kommenden Willen des Erblassers durch Auslegung Geltung verschafft werden kann. 10

§ 2079 Anfechtung wegen Übergehung eines Pflichtteilsberechtigten

[1]Eine letztwillige Verfügung kann angefochten werden, wenn der Erblasser einen zur Zeit des Erbfalls vorhandenen Pflichtteilsberechtigten übergangen hat, dessen Vorhandensein ihm bei der Errichtung der Verfügung nicht bekannt war oder der erst nach der Errichtung geboren oder pflichtteilsberechtigt geworden ist. [2]Die Anfechtung ist ausgeschlossen, soweit anzunehmen ist, dass der Erblasser auch bei Kenntnis der Sachlage die Verfügung getroffen haben würde.

A. Gerichtliches Anschreiben

I. Muster: Anfechtung einer testamentarischen Verfügung 1

▶ An das

Amtsgericht 1066

– Nachlassgericht –[1]

Nachlasssache des am ▪▪▪ verstorbenen Erblassers ▪▪▪, geboren am ▪▪▪ in ▪▪▪ .

In vorbezeichneter Angelegenheit vertrete ich

1. Frau ■■■;
2. Frau ■■■;
3. Frau ■■■;

auf mich lautende Vollmacht füge ich bei.

Namens meiner Mandantinnen erkläre ich die Anfechtung[2] der testamentarischen Verfügung des Erblassers vom ■■■ .

Der damals verwitwete Erblasser hatte 1990 ein privatschriftliches Testament zugunsten seiner beiden Söhne ■■■ und ■■■ aus erster Ehe errichtet. Im Jahre 2000 heiratete er die Anfechtende zu 1; aus der Ehe gingen die Anfechtenden zu 2 und 3 hervor. Der Erblasser hatte bereits bei Errichtung des Testaments keinen Kontakt mehr zu seinen Söhnen, die seit längerer Zeit im Ausland wohnen, und hatte diese Söhne auch nie erwähnt. Im Freundes- und Bekanntenkreis vertrat er die Auffassung, dass er zugunsten seiner zweiten Frau und seiner Töchter kein Testament errichten müsse, da ja mit der gesetzlichen Erbfolge alles bestens geregelt sei.

Die Anfechtungsberechtigten erklären die Anfechtung des o. g. Testamentes gemäß den §§ 2281 Abs. 1, 2079 S. 1 BGB, weil der Erblasser pflichtteilsberechtigte Personen übergangen hat. Die Anfechtenden sind pflichtteilsberechtigt. Dass die Anfechtende zu 1 existierte, war dem Erblasser zur Zeit der Testamentserrichtung nicht bekannt; die Anfechtenden zu 2 und 3 wurden erst nach der Testamenterrichtung geboren.[3]

■■■

Rechtsanwalt ◀

II. Erläuterungen

2 **[1] Zuständigkeit des angerufenen Gerichts.** Die Zuständigkeit des Amtsgerichts als Nachlassgericht ergibt sich aus § 2081 Abs. 1 und § 342 Abs. 1 Nr. 5 FamFG; zu den übrigen Voraussetzungen der Testamentsanfechtung (Anfechtungsberechtigung, -erklärung und -frist) vgl §§ 2080–2082.

3 **[2] Sonderregelung des § 2079.** § 2079 geht wie § 2078 den §§ 199 ff als abschließende Sonderregelung für die Anfechtung letztwilliger Verfügungen vor (Hk-BGB/*Hoeren*, § 2078 Rn 1). § 2079 ist ein **Spezialfall des Motivirrtums** nach § 2078 Abs. 2.

4 **[3] Ausschluss der Anfechtung.** Zu der Frage, ob die Anfechtung möglicherweise ausgeschlossen ist, weil der Erblasser auch bei Kenntnis der Sachlage die Verfügung getroffen haben würde (§ 2079 S. 2), ist hier nichts auszuführen; vielmehr hat der Anfechtungsgegner zu beweisen, dass der Erblasser die Pflichtteilsberechtigten auch bei Kenntnis von deren Vorhandensein übergangen hätte. Zur Beweislast des Anfechtungsgegners vgl OLG Hamburg, Urt. v. 20.12.1989, 5 U 164/89.

B. Prozess

5 I. Muster: Erbenfeststellungsklage nach Testamentsanfechtung

▶ An das
Landgericht ■■■[1]

Klage[2]

1. der Frau ■■■,
2. der Frau ■■■
3. der Frau ■■■

– Klägerinnen –

Prozessbevollmächtigter: Rechtsanwalt ■■■

gegen

1. Herrn ■■■
2. Herrn ■■■,

– Beklagte –

Prozessbevollmächtigter: Rechtsanwalt ■■■

Namens und in Vollmacht der Klägerinnen erheben wir Klage und werden beantragen festzustellen, dass die Klägerinnen Miterben am Nachlass des am ■■■ verstorbenen Erblassers, Herrn ■■■, geboren am ■■■, zuletzt wohnhaft gewesen in ■■■, geworden sind.

Vorab wird beantragt,

von einer Güteverhandlung abzusehen, weil bereits ein erfolgloser Güteversuch stattgefunden hat.

Im Übrigen wird angeregt,

einen frühen ersten Termin zu bestimmen. Sofern das Gericht das schriftliche Vorverfahren anordnet, wird, falls die Voraussetzungen des § 331 Abs. 3 bzw § 307 ZPO vorliegen, um Erlass eines Versäumnis- bzw Anerkenntnisurteils ohne mündliche Verhandlung gebeten.

Mit einer Entscheidung durch den Einzelrichter sind die Klägerinnen einverstanden.

Begründung

Die Klägerin zu 1 ist die zweite Ehefrau des am ■■■ in ■■■ verstorbenen Erblassers.

Beweis: Heiratsurkunde des Standesamtes ■■■ vom ■■■, Anl. K 1

Die erste Ehefrau des Erblassers ist bereits im Jahre ■■■ vorverstorben.

Beweis: Sterbeurkunde vom ■■■ Anl. K 2

Der Erblasser hatte unter dem ■■■ ein handschriftliches Testament errichtet, in dem er seine Söhne, die Beklagten, als Alleinerben einsetzte.

Beweis: Testament vom ■■■, Anl. K 3,

Im Jahre 2000 heiratete er die Klägerin zu 1; aus der Ehe gingen die Klägerinnen zu 2 und 3 hervor. Der Erblasser hatte bereits bei Errichtung des Testaments keinen Kontakt mehr zu den Beklagten, die seit längerer Zeit im Ausland wohnen, und hatte diese Söhne auch nie erwähnt. Im Freundes- und Bekanntenkreis vertrat er die Auffassung, dass er zugunsten der Klägerinnen kein Testament errichten müsse, da ja mit der gesetzlichen Erbfolge alles bestens geregelt sei.

Beweis: Zeugnis ■■■

Die Klägerinnen haben unter dem ■■■die Anfechtung des o.g. Testamentes wegen Übergehens einer pflichtteilsberechtigten Person gemäß den §§ 2281 Abs. 1, 2079 S. 1 BGB erklärt.[3]

Beweis: Anwaltliches Schreiben vom ■■■ Anl. K 4

Die Klägerinnen sind gem. § 2303 BGB pflichtteilsberechtigt. Das Vorhandensein der Klägerin zu 1 war dem Erblasser zur Zeit der Testamentserrichtung nicht bekannt; die Klägerinnen zu 2 und 3 wurden erst nach der Testamenterrichtung geboren.

Die Beklagten berufen sich außergerichtlich auf die Wirksamkeit der Erbeinsetzung, da der Erblasser das Testament auch nach der Geburt der Klägerinnen zu 2 und 3 nicht geändert habe. Sie schließen hieraus, dass er es deshalb bei der testamentarischen Erbfolge habe belassen wollen. Diese Annahme widerspricht den Grundsätzen der gesetzlichen Beweislastverteilung, denn es entspricht regelmäßig nicht dem Willen des Erblassers, einen ihm unbekannten Pflichtteilsberechtigten auf den Pflichtteil zu beschränken (Hk-BGB/*Hoeren*, § 2079 Rn 1).

Die Beklagten haben die Erteilung eines Erbscheines beim Amtsgericht ■■■ – Nachlassgericht – beantragt, welcher sie als Miterben am Nachlass des Erblassers zu je 1/2 kraft testamentarischer Erbfolge ausweist. Die Klägerinnen haben der Erteilung des Erbscheines widersprochen. Der Abschluss des Verfahrens steht noch aus.[4]

Beweis: Nachlassakte des Nachlassgerichts ▪▪▪ (wie oben bezeichnet)

Das beim Nachlassgericht anhängige Erbscheinserteilungsverfahren steht der Erhebung dieser Feststellungsklage über das in Frage stehende Erbrecht nicht entgegen.[5]

▪▪▪

Rechtsanwalt ◄

II. Erläuterungen

6 **[1] Zuständigkeit des angerufenen Gerichts.** Die Zuständigkeit des angerufenen Gerichts richtet sich nach den allgemeinen Vorschriften der §§ 12, 13 ZPO; daneben gelten die Regeln über den besonderen (§ 27 ZPO) und den erweiterten Gerichtsstand der Erbschaft (§ 28 ZPO).

7 **[2] Klageart.** Regelmäßig weist der Erbe sein Erbrecht durch Erbschein oder beglaubigte Abschrift eines entsprechenden (notariellen) Testaments nach. Die Feststellungsklage gem. § 256 Abs. 1 ZPO bietet sich außerhalb des Erbscheinsverfahren an, wenn mehrere Personen darüber streiten, wer Erbe geworden ist.

8 Will der Beklagte festgestellt haben, dass er Erbe geworden ist, genügt der Klageabweisungsantrag nicht; vielmehr muss er Feststellungswiderklage erheben.

9 **[3] Beweislast.** Der Anfechtende muss die objektiven **Voraussetzungen des § 2079 S. 1** beweisen:

- das Vorhandensein eines zur Zeit des Erbfalles Pflichtteilsberechtigten, dessen Existenz dem Erblasser bei Errichtung seiner letztwilligen Verfügung nicht bekannt war bzw
- dass er erst nach Errichtung der letztwilligen Verfügung des Erblassers geboren oder pflichtteilsberechtigt geworden ist.

Im Erbscheinsverfahren trägt er die Feststellungslast.

10 **[4] Feststellungsinteresse.** Das bei der Feststellungsklage für die Zulässigkeit erforderliche Feststellungsinteresse ist hier gegeben, wenn der Beklagte das Erbrecht des Klägers nach dem Erblasser bestreitet.

11 **[5] Feststellungsklage und Erbscheinsverfahren.** Da ein Erbschein im Gegensatz zu einem entsprechenden Feststellungsurteil nicht in Rechtskraft erwächst, ist die Feststellungsklage auch dann zulässig, wenn ein Erbscheinsverfahren anhängig oder bereits abgeschlossen ist. Eine **Aussetzung des Rechtsstreits,** um den Ausgang eines laufenden Erbscheinsverfahrens abzuwarten, ist nicht möglich (KG FamRZ 1968, 219).

§ 2080 Anfechtungsberechtigte

(1) Zur Anfechtung ist derjenige berechtigt, welchem die Aufhebung der letztwilligen Verfügung unmittelbar zustatten kommen würde.

(2) Bezieht sich in den Fällen des § 2078 der Irrtum nur auf eine bestimmte Person und ist diese anfechtungsberechtigt oder würde sie anfechtungsberechtigt sein, wenn sie zur Zeit des Erbfalls gelebt hätte, so ist ein anderer zur Anfechtung nicht berechtigt.

(3) Im Falle des § 2079 steht das Anfechtungsrecht nur dem Pflichtteilsberechtigten zu.

§ 2081 Anfechtungserklärung

(1) Die Anfechtung einer letztwilligen Verfügung, durch die ein Erbe eingesetzt, ein gesetzlicher Erbe von der Erbfolge ausgeschlossen, ein Testamentsvollstrecker ernannt oder eine Verfügung solcher Art aufgehoben wird, erfolgt durch Erklärung gegenüber dem Nachlassgericht.

(2) [1]Das Nachlassgericht soll die Anfechtungserklärung demjenigen mitteilen, welchem die angefochtene Verfügung unmittelbar zustatten kommt. [2]Es hat die Einsicht der Erklärung jedem zu gestatten, der ein rechtliches Interesse glaubhaft macht.

(3) Die Vorschrift des Absatzes 1 gilt auch für die Anfechtung einer letztwilligen Verfügung, durch die ein Recht für einen anderen nicht begründet wird, insbesondere für die Anfechtung einer Auflage.

§ 2082 Anfechtungsfrist

(1) Die Anfechtung kann nur binnen Jahresfrist erfolgen.
(2) [1]Die Frist beginnt mit dem Zeitpunkt, in welchem der Anfechtungsberechtigte von dem Anfechtungsgrund Kenntnis erlangt. [2]Auf den Lauf der Frist finden die für die Verjährung geltenden Vorschriften der §§ 206, 210, 211 entsprechende Anwendung.
(3) Die Anfechtung ist ausgeschlossen, wenn seit dem Erbfall 30 Jahre verstrichen sind.

§ 2083 Anfechtbarkeitseinrede

Ist eine letztwillige Verfügung, durch die eine Verpflichtung zu einer Leistung begründet wird, anfechtbar, so kann der Beschwerte die Leistung verweigern, auch wenn die Anfechtung nach § 2082 ausgeschlossen ist.

§ 2084 Auslegung zugunsten der Wirksamkeit

Lässt der Inhalt einer letztwilligen Verfügung verschiedene Auslegungen zu, so ist im Zweifel diejenige Auslegung vorzuziehen, bei welcher die Verfügung Erfolg haben kann.

§ 2085 Teilweise Unwirksamkeit

Die Unwirksamkeit einer von mehreren in einem Testament enthaltenen Verfügungen hat die Unwirksamkeit der übrigen Verfügungen nur zur Folge, wenn anzunehmen ist, dass der Erblasser diese ohne die unwirksame Verfügung nicht getroffen haben würde.

§ 2086 Ergänzungsvorbehalt

Ist einer letztwilligen Verfügung der Vorbehalt einer Ergänzung beigefügt, die Ergänzung aber unterblieben, so ist die Verfügung wirksam, sofern nicht anzunehmen ist, dass die Wirksamkeit von der Ergänzung abhängig sein sollte.

Titel 2 Erbeinsetzung

§ 2087 Zuwendung des Vermögens, eines Bruchteils oder einzelner Gegenstände

(1) Hat der Erblasser sein Vermögen oder einen Bruchteil seines Vermögens dem Bedachten zugewendet, so ist die Verfügung als Erbeinsetzung anzusehen, auch wenn der Bedachte nicht als Erbe bezeichnet ist.
(2) Sind dem Bedachten nur einzelne Gegenstände zugewendet, so ist im Zweifel nicht anzunehmen, dass er Erbe sein soll, auch wenn er als Erbe bezeichnet ist.

§ 2088 Einsetzung auf Bruchteile

(1) Hat der Erblasser nur einen Erben eingesetzt und die Einsetzung auf einen Bruchteil der Erbschaft beschränkt, so tritt in Ansehung des übrigen Teils die gesetzliche Erbfolge ein.
(2) Das Gleiche gilt, wenn der Erblasser mehrere Erben unter Beschränkung eines jeden auf einen Bruchteil eingesetzt hat und die Bruchteile das Ganze nicht erschöpfen.

§ 2089 Erhöhung der Bruchteile

Sollen die eingesetzten Erben nach dem Willen des Erblassers die alleinigen Erben sein, so tritt, wenn jeder von ihnen auf einen Bruchteil der Erbschaft eingesetzt ist und die Bruchteile das Ganze nicht erschöpfen, eine verhältnismäßige Erhöhung der Bruchteile ein.

§ 2090 Minderung der Bruchteile

Ist jeder der eingesetzten Erben auf einen Bruchteil der Erbschaft eingesetzt und übersteigen die Bruchteile das Ganze, so tritt eine verhältnismäßige Minderung der Bruchteile ein.

§ 2091 Unbestimmte Bruchteile

Sind mehrere Erben eingesetzt, ohne dass die Erbteile bestimmt sind, so sind sie zu gleichen Teilen eingesetzt, soweit sich nicht aus den §§ 2066 bis 2069 ein anderes ergibt.

§ 2092 Teilweise Einsetzung auf Bruchteile

(1) Sind von mehreren Erben die einen auf Bruchteile, die anderen ohne Bruchteile eingesetzt, so erhalten die letzteren den freigebliebenen Teil der Erbschaft.
(2) Erschöpfen die bestimmten Bruchteile die Erbschaft, so tritt eine verhältnismäßige Minderung der Bruchteile in der Weise ein, dass jeder der ohne Bruchteile eingesetzten Erben so viel erhält wie der mit dem geringsten Bruchteil bedachte Erbe.

§ 2093 Gemeinschaftlicher Erbteil

Sind einige von mehreren Erben auf einen und denselben Bruchteil der Erbschaft eingesetzt (gemeinschaftlicher Erbteil), so finden in Ansehung des gemeinschaftlichen Erbteils die Vorschriften der §§ 2089 bis 2092 entsprechende Anwendung.

§ 2094 Anwachsung

(1) [1]Sind mehrere Erben in der Weise eingesetzt, dass sie die gesetzliche Erbfolge ausschließen, und fällt einer der Erben vor oder nach dem Eintritt des Erbfalls weg, so wächst dessen Erbteil den übrigen Erben nach dem Verhältnis ihrer Erbteile an. [2]Sind einige der Erben auf einen gemeinschaftlichen Erbteil eingesetzt, so tritt die Anwachsung zunächst unter ihnen ein.
(2) Ist durch die Erbeinsetzung nur über einen Teil der Erbschaft verfügt und findet in Ansehung des übrigen Teils die gesetzliche Erbfolge statt, so tritt die Anwachsung unter den eingesetzten Erben nur ein, soweit sie auf einen gemeinschaftlichen Erbteil eingesetzt sind.
(3) Der Erblasser kann die Anwachsung ausschließen.

§ 2095 Angewachsener Erbteil

Der durch Anwachsung einem Erben anfallende Erbteil gilt in Ansehung der Vermächtnisse und Auflagen, mit denen dieser Erbe oder der wegfallende Erbe beschwert ist, sowie in Ansehung der Ausgleichungspflicht als besonderer Erbteil.

§ 2096 Ersatzerbe

Der Erblasser kann für den Fall, dass ein Erbe vor oder nach dem Eintritt des Erbfalls wegfällt, einen anderen als Erben einsetzen (Ersatzerbe).

1 A. Muster: Einsetzung eines Ersatzerben[1]

▶ Zu meinen Erben setze ich meinen Sohn ■■■, geb. am ■■■ in ■■■, derzeit wohnhaft ■■■, und meine Tochter ■■■, geb. am ■■■ in ■■■, derzeit wohnhaft ■■■ unter sich zu gleichen Teilen ein. Sollten mein Sohn und/oder meine Tochter vor mir versterben, sollen Ersatzerben jeweils deren Abkömmlinge nach den Regeln der gesetzlichen Erbfolge sein. ◀

B. Erläuterungen

2 [1] **Ersatzerbschaft.** Das Gestaltungsinstrument der Ersatzerbschaft (also eine bedingte Erbeinsetzung) bietet sich an, wenn der Erblasser Vorsorge für den Fall treffen will, dass der Erbe die Erbschaft nicht antritt (Vorversterben des Erben) oder nicht antreten will (Erbausschlagung, -verzicht, -unwürdigkeit, Anfechtung).

3 Ist zweifelhaft, ob jemand Ersatz- oder **Nacherbe** werden sollte, gilt er im Zweifel als Ersatzerbe, § 2102 Abs. 2; im Übrigen sind die gesetzlichen Auslegungsregeln der §§ 2069, 2102 Abs. 1, 2097, 2098 Abs. 1 zu beachten. Zur Auslegung der letztwilligen Verfügung s. Hk-BGB/*Hoeren*, § 2096 Rn 2.

§ 2097 Auslegungsregel bei Ersatzerben

Ist jemand für den Fall, dass der zunächst berufene Erbe nicht Erbe sein kann, oder für den Fall, dass er nicht Erbe sein will, als Ersatzerbe eingesetzt, so ist im Zweifel anzunehmen, dass er für beide Fälle eingesetzt ist.

§ 2098 Wechselseitige Einsetzung als Ersatzerben

(1) Sind die Erben gegenseitig oder sind für einen von ihnen die übrigen als Ersatzerben eingesetzt, so ist im Zweifel anzunehmen, dass sie nach dem Verhältnis ihrer Erbteile als Ersatzerben eingesetzt sind.
(2) Sind die Erben gegenseitig als Ersatzerben eingesetzt, so gehen Erben, die auf einen gemeinschaftlichen Erbteil eingesetzt sind, im Zweifel als Ersatzerben für diesen Erbteil den anderen vor.

§ 2099 Ersatzerbe und Anwachsung

Das Recht des Ersatzerben geht dem Anwachsungsrecht vor.

Titel 3 Einsetzung eines Nacherben

§ 2100 Nacherbe

Der Erblasser kann einen Erben in der Weise einsetzen, dass dieser erst Erbe wird, nachdem zunächst ein anderer Erbe geworden ist (Nacherbe).

A. Testamentsgestaltung

I. Muster: Bestimmung von Vor- und Nacherben 1

▶ ...

Zu meinem Vorerben[1] setze ich meinen Freund ..., geb. am ... in ..., derzeit wohnhaft ... ein. Nacherbin bei Tode meines Freundes ... ist meine Nichte ..., geb. am ... in ..., derzeit wohnhaft ... . ◀

II. Erläuterungen und Varianten

[1] **Gestaltungsmöglichkeiten der Vor- und Nacherbschaft.** Die Möglichkeit, Vor- und Nacherbschaft anzuordnen, versetzt den Erblasser in die Lage, den Verbleib seines Vermögens über mehrere Generationen oder verschiedene Erben nacheinander zu steuern (*Tanck* in: Tanck, § 2 Rn 103). Der Vorerbe wird zwar Erbe des Erblassers, aber nur für bestimmte Zeit; dem Nacherben verbleibt die Erbschaft endgültig, wenn nicht der Erblasser mehrere Nacherben hintereinander eingesetzt hat; dann ist der erste Nacherbe gleichzeitig auch (bis zum Eintritt des zweiten Nacherbfalls) Vorerbe im Verhältnis zum zweiten Nacherben. 2

Die Anordnung von Vor- und Nacherbschaft ist sowohl im **Testament** als auch im **Erbvertrag** möglich. 3

Die Anordnung von Vor- und Nacherbschaft kann auch dazu genutzt werden, **Pflichtteilsansprüche naher Verwandter zu vermeiden oder zu reduzieren.** Hat beispielsweise ein Ehepartner Kinder aus erster Ehe, die möglichst wenig am Nachlass des anderen Partners teilnehmen sollen, kann der Partner als Vorerbe eingesetzt werden: Das Vorerbenvermögen (ein Sondervermögen) 4 zählt im Erbfall des Ehepartners nicht zu dessen Nachlass und wird somit auch nicht für die Berechnung des Pflichtteilsanspruchs berücksichtigt (*Tanck* in: Tanck, § 7 Rn 103).

5 **Variante:** Vorerbe neben Vollerbe.

▶ Zu meinen Erben setze ich meine Ehefrau ■■■, geb. am ■■■ in ■■■, meine Tochter ■■■, geb. am ■■■ in ■■■ und meinen Sohn ■■■ geb. am ■■■ in ■■■ zu je einem Drittel Erbanteil. Meine Tochter und mein Sohn sind unbeschränkte Vollerben. Meine Ehefrau ist jedoch nur Vorerbin. Nacherben sind meine Tochter und mein Sohn. ◀

B. Prozess

I. Erbenfeststellungsklage des Nacherben

6 **1. Muster: Klage des Nacherben gegen den Vorerben auf Feststellung der Nacherbenstellung**

▶ An das

Landgericht ■■■[1]

Klage

des

Herrn ■■■

– Kläger –

Prozessbevollmächtigte: Rechtsanwälte ■■■

gegen

Herrn ■■■

– Beklagter –

Prozessbevollmächtigter: Rechtsanwalt ■■■

Namens des Klägers erheben wir Klage und werden beantragen

festzustellen, dass der Kläger Nacherbe des am ■■■ in ■■■ verstorbenen ■■■ [Erblasser] geworden ist.

Im Übrigen wird angeregt, einen frühen ersten Termin zu bestimmen. Sofern das Gericht das schriftliche Vorverfahren anordnet, wird, falls die Voraussetzungen des § 331 Abs. 3 bzw § 307 ZPO vorliegen, um Erlass eines Versäumnis- bzw Anerkenntnisurteils ohne mündliche Verhandlung gebeten.

Mit einer Entscheidung durch den Einzelrichter ist der Kläger einverstanden.

Begründung

Der Kläger ist einer von zwei Enkeln des im Antrag genannten Erblassers. Der Beklagte ist sein Bruder.

Der Erblasser hatte am ■■■ ein privatschriftliches Testament errichtet und folgendes angeordnet:

„Erbe meines gesamten Vermögens ist mein Lieblingsenkel ■■■ . Sofern er sich allerdings nicht bis zu seinem 30. Lebensjahr mit einer promovierten Volljuristin verheiratet, fällt der Nachlass meinem Enkel ■■■ zu."

Beweis: Kopie des privatschriftlichen Testaments vom ■■■, Anl. K 1

Mit dem „Lieblingsenkel" ist der Beklagte gemeint.

Beweis: Zeugnis ■■■

Zunächst sollte also der Beklagte Erbe des gesamten Vermögens des Erblassers werden. Die Erbenstellung des Beklagten ist aber beendet, da der Beklagte mittlerweile seinen 31. Geburtstag gefeiert hat, vor etwa drei Jahren eine Lebenspartnerschaft eingegangen ist und es zu der Heirat mit der „promovierten Volljuristin" nicht kommen wird. Das hat der Beklagte auch zugegeben.

Beweis: wie zuvor

Der Beklagte ist allerdings der Auffassung, das Testament diskriminiere seine Lebensweise; sicherlich hätte der Erblasser auch anders testiert, wenn er von seinen – des Beklagten – Neigungen gewusst hätte, schließlich sei er ja der Lieblingsenkel seines Großvaters gewesen. Mit

anwaltlichem Schreiben vom ■■■, Anl. K 2

wurde der Beklagte vergeblich aufgefordert, den Nachlass an den Kläger herauszugeben, so dass nunmehr Klage geboten ist. Dass beim Nachlassgericht ein Erbscheinsverfahren anhängig ist, beeinträchtigt das rechtliche Interesse des Klägers an der Feststellung des streitigen Erbrechts nicht.[2]

■■■

Rechtsanwalt ◀

2. Erläuterungen

[1] Zuständigkeit des angerufenen Gerichts. Die Zuständigkeit des angerufenen Gerichts richtet sich nach den allgemeinen Vorschriften der §§ 12, 13 ZPO; daneben gelten die Regeln über den besonderen (§ 27 ZPO) und den erweiterten Gerichtsstand der Erbschaft (§ 28 ZPO). Die sachliche Zuständigkeit ergibt sich aus §§ 23 Abs. 1 S. 1, 71 Abs. 1 GVG. 7

[2] Zulässigkeit der Feststellungsklage. Da ein Erbschein im Gegensatz zu einem entsprechenden Feststellungsurteil nicht in Rechtskraft erwächst, ist die Feststellungsklage auch dann zulässig, wenn ein **Erbscheinsverfahren** anhängig oder bereits abgeschlossen ist. Ein Erbscheinsverfahren durchzuführen, ist wegen des Amtsermittlungsgrundsatzes (§§ 26 FamFG, 2358 Abs. 1) ratsam, da der Erbschein aufgrund der Richtigkeitsvermutung (§ 2366) eine gewissen Sicherheit für den dort als Erben Bezeichneten bietet (*Lenz/Roglmeier* in: Tanck, § 1 Rn 342). 8

II. Erbenfeststellungsklage des Vollerben

1. Muster: Klage des Erben auf Feststellung der Vollerbeneigenschaft 9

▶ An das

Landgericht ■■■[1]

Klage

des

Herrn ■■■

– Kläger –

Prozessbevollmächtigte: Rechtsanwälte ■■■gegen

Frau ■■■

– Beklagte –

Prozessbevollmächtigte: Rechtsanwälte ■■■

Namens des Klägers erheben wir Klage und werden beantragen,

festzustellen, dass der Kläger Vollerbe des am ■■■ in ■■■ verstorbenen ■■■, geboren am ■■■ geworden ist.[2]

Im Übrigen wird angeregt, einen frühen ersten Termin zu bestimmen. Sofern das Gericht das schriftliche Vorverfahren anordnet, wird, falls die Voraussetzungen des § 331 Abs. 3 bzw. § 307 ZPO vorliegen, um Erlass eines Versäumnis- bzw. Anerkenntnisurteils ohne mündliche Verhandlung gebeten. Mit einer Entscheidung durch den Einzelrichter ist der Kläger einverstanden.

Begründung

Der Erblasser ist der Vater des Klägers. Er hatte den Kläger in einem privatschriftlichen Testament zum Vorerben seines gesamten Vermögens eingesetzt und seine Enkeltochter, die Beklagte, zur

Nacherbin. Nacherbin sollte die Beklagte aber nur werden, wenn sie sich bis zu ihrem 30. Lebensjahr mit einem promovierten Volljuristen verheiratet hätte. Einen Ersatznacherben hat der Erblasser nicht bestimmt.[3]

Beweis: Kopie des privatschriftlichen Testaments vom ▪▪▪ , Anl. K 1

Die Beklagte hat mittlerweile ihren 31. Geburtstag gefeiert und ist vor etwa drei Jahren eine Lebenspartnerschaft eingegangen; zu der Heirat mit dem „promovierten Volljuristen" wird es also nicht kommen. Das hat die Beklagte auch zugegeben.

Beweis: Zeugnis ▪▪▪

Damit ist die Nacherbeneinsetzung der Beklagten gegenstandslos und der Kläger Vollerbe des Nachlasses geworden.

▪▪▪

Rechtsanwalt ◄

2. Erläuterungen

10 **[1] Zuständigkeit des angerufenen Gerichts.** Die Zuständigkeit des angerufenen Gerichts richtet sich nach den allgemeinen Vorschriften der §§ 12, 13 ZPO; daneben gelten die Regeln über den besonderen (§ 27 ZPO) und den erweiterten Gerichtsstand der Erbschaft (§ 28 ZPO). Die sachliche Zuständigkeit ergibt sich aus §§ 23 Abs. 1 S. 1, 71 Abs. 1 GVG.

11 **[2] Auslegung.** Ob der Erblasser wollte, dass mehrere Personen in zeitlicher Abfolge Erben seines Vermögens werden sollten (er also **Vor- und Nacherbschaft** anordnen wollte) oder ob er eine Person als unbeschränkten Erben (**Vollerben**) einsetzen wollte, ist nach den allgemeinen Regeln, ergänzt um die Auslegungsregeln der §§ 2101–2107, zu ermitteln. Die Bezeichnung durch den Erblasser ist gerade bei handschriftlichem Testament dabei ein Anhaltspunkt, aber nicht maßgeblich (*Lenz/Roglmeier* in: Tanck, § 1 Rn 347).

12 Bis zum Eintritt des Nacherbfalls ist der Vorerbe hinsichtlich aller auf den Nachlass bezogenen Klagen aktiv und passiv prozessführungsbefugt (*Lenz/Roglmeier* in: Tanck, § 1 Rn 370).

13 **[3] Nacherbeneinsetzung „ins Leere".** Wenn der Nacherbe vor Eintritt des Erbfalls wegfällt, geht die Nacherbeneinsetzung „ins Leere"; der Vorerbe wird grundsätzlich zum Vollerben, wenn nicht der Erblasser einen Ersatznacherben bestimmt hat (oder die Abkömmlinge des weggefallenen Nacherben an dessen Stelle treten, § 2069), das Nacherbenrecht etwaigen weiteren Nacherben anwächst (§ 2094) oder die Erbschaft nur bis zu einem bestimmten Zeitpunkt beim Vorerben verbleiben soll. Wenn der Nacherbe zwischen Erbfall und Eintritt des Nacherbfalls wegfällt, wird der Vorerbe nur dann Vollerbe, wenn die Bedingung, unter der die Nacherbschaft angeordnet wurde, nicht mehr eintreten kann. Fällt der Nacherbe weg, nachdem der Nacherbfall eingetreten ist, sind die rechtlichen Folgen durch Auslegung zu ermitteln (vgl dazu ausführlich *Lenz/Roglmeier* in: Tanck, § 1 Rn 354–356).

§ 2101 Noch nicht gezeugter Nacherbe

(1) [1]Ist eine zur Zeit des Erbfalls noch nicht gezeugte Person als Erbe eingesetzt, so ist im Zweifel anzunehmen, dass sie als Nacherbe eingesetzt ist. [2]Entspricht es nicht dem Willen des Erblassers, dass der Eingesetzte Nacherbe werden soll, so ist die Einsetzung unwirksam.
(2) Das Gleiche gilt von der Einsetzung einer juristischen Person, die erst nach dem Erbfall zur Entstehung gelangt; die Vorschrift des § 84 bleibt unberührt.

§ 2102 Nacherbe und Ersatzerbe

(1) Die Einsetzung als Nacherbe enthält im Zweifel auch die Einsetzung als Ersatzerbe.
(2) Ist zweifelhaft, ob jemand als Ersatzerbe oder als Nacherbe eingesetzt ist, so gilt er als Ersatzerbe.

A. Muster: Bestimmung eines Ersatzerben für den Vorerben 1

▶ Zu meiner Alleinerbin bestimme ich meine Schwester ■■■, geb. am ■■■ in ■■■, derzeit wohnhaft ■■■ . Nacherben sollen meine Kinder ■■■, geb. am ■■■ in ■■■, derzeit wohnhaft ■■■ und ■■■ geb. am ■■■ in ■■■, derzeit wohnhaft ■■■, sein. Meine Schwester soll allerdings nur Vorerbin sein. Sollte sie vor oder nach meinem Tod versterben, sollen meine Kinder als Vollerben an die Stelle meiner Schwester treten.[1], [2] ◀

B. Erläuterungen und Varianten

[1] Nacherbe und Vollerbe. Der Nacherbe wird Vollerbe, wenn der Vorerbe vor oder nach dem Erbfall wegfällt und sich bei Auslegung der letztwilligen Verfügung ergibt, dass der als Nacherbe eingesetzte auch nicht nur tatsächlich Nacherbe werden sollte (§ 2102; vgl auch Palandt/*Edenhofer*, § 2102 Rn 2). Wenn Letzteres der Fall wäre, würden grundsätzlich die gesetzlichen Erben Vorerben (Palandt/*Edenhofer*, § 2102 Rn 1). 2

[2] Variante: Bestimmung eines Ersatzerben für den Nacherben. 3

▶ Zu meiner Alleinerbin bestimme ich meine Schwester ■■■, geb. am ■■■ in ■■■, derzeit wohnhaft ■■■. Nacherben sollen meine Kinder ■■■, geb. am ■■■ in ■■■, derzeit wohnhaft ■■■ und ■■■ geb. am ■■■ in ■■■, derzeit wohnhaft ■■■ sein. Meine Schwester soll allerdings nur Vorerbin sein. Sollte sie vor oder nach meinem Tod versterben, sollen meine Kinder als Vollerben an die Stelle meiner Schwester treten. Zu Nacherben bestimme ich in diesem Fall ■■■, geb. am ■■■ in .., derzeit wohnhaft ■■■ und ■■■.

Der Nacherbfall tritt erst mit dem Tod beider Vorerben ein. ◀

Der Erblasser kann auch für den Nacherben einen Ersatzerben bestimmen, § 2096. Der Nacherbe kann allerdings bereits bei Eintritt des Haupterbfalls (der zum Eintritt der Vorerbschaft führt) weggefallen sein oder auch zwischen Haupt- und Nacherbfall, also während der Dauer der Vorerbschaft, wegfallen. Fällt der Nacherbe vor dem Haupterbfall weg, ist eine ausdrückliche oder vermutete (§ 2069) Ersatznacherbfolge möglich. Wenn das nicht der Fall ist, wird der Vorerbe zum Vollerben, § 2142 Abs. 2 (*Tanck* in: Tanck, § 7 Rn 111). 4

§ 2103 Anordnung der Herausgabe der Erbschaft

Hat der Erblasser angeordnet, dass der Erbe mit dem Eintritt eines bestimmten Zeitpunkts oder Ereignisses die Erbschaft einem anderen herausgeben soll, so ist anzunehmen, dass der andere als Nacherbe eingesetzt ist.

§ 2104 Gesetzliche Erben als Nacherben

[1]Hat der Erblasser angeordnet, dass der Erbe nur bis zu dem Eintritt eines bestimmten Zeitpunkts oder Ereignisses Erbe sein soll, ohne zu bestimmen, wer alsdann die Erbschaft erhalten soll, so ist anzunehmen, dass als Nacherben diejenigen eingesetzt sind, welche die gesetzlichen Erben des Erblassers sein würden, wenn er zur Zeit des Eintritts des Zeitpunkts oder des Ereignisses gestorben wäre. [2]Der Fiskus gehört nicht zu den gesetzlichen Erben im Sinne dieser Vorschrift.

§ 2105 Gesetzliche Erben als Vorerben

(1) Hat der Erblasser angeordnet, dass der eingesetzte Erbe die Erbschaft erst mit dem Eintritt eines bestimmten Zeitpunkts oder Ereignisses erhalten soll, ohne zu bestimmen, wer bis dahin Erbe sein soll, so sind die gesetzlichen Erben des Erblassers die Vorerben.

(2) Das Gleiche gilt, wenn die Persönlichkeit des Erben durch ein erst nach dem Erbfall eintretendes Ereignis bestimmt werden soll oder wenn die Einsetzung einer zur Zeit des Erbfalls noch nicht gezeugten Person oder einer zu dieser Zeit noch nicht entstandenen juristischen Person als Erbe nach § 2101 als Nacherbeinsetzung anzusehen ist.

§ 2106 Eintritt der Nacherbfolge

(1) Hat der Erblasser einen Nacherben eingesetzt, ohne den Zeitpunkt oder das Ereignis zu bestimmen, mit dem die Nacherbfolge eintreten soll, so fällt die Erbschaft dem Nacherben mit dem Tode des Vorerben an.
(2) [1]Ist die Einsetzung einer noch nicht gezeugten Person als Erbe nach § 2101 Abs. 1 als Nacherbeinsetzung anzusehen, so fällt die Erbschaft dem Nacherben mit dessen Geburt an. [2]Im Falle des § 2101 Abs. 2 tritt der Anfall mit der Entstehung der juristischen Person ein.

§ 2107 Kinderloser Vorerbe

Hat der Erblasser einem Abkömmling, der zur Zeit der Errichtung der letztwilligen Verfügung keinen Abkömmling hat oder von dem der Erblasser zu dieser Zeit nicht weiß, dass er einen Abkömmling hat, für die Zeit nach dessen Tode einen Nacherben bestimmt, so ist anzunehmen, dass der Nacherbe nur für den Fall eingesetzt ist, dass der Abkömmling ohne Nachkommenschaft stirbt.

§ 2108 Erbfähigkeit; Vererblichkeit des Nacherbrechts

(1) Die Vorschrift des § 1923 findet auf die Nacherbfolge entsprechende Anwendung.
(2) [1]Stirbt der eingesetzte Nacherbe vor dem Eintritt des Falles der Nacherbfolge, aber nach dem Eintritt des Erbfalls, so geht sein Recht auf seine Erben über, sofern nicht ein anderer Wille des Erblassers anzunehmen ist. [2]Ist der Nacherbe unter einer aufschiebenden Bedingung eingesetzt, so bewendet es bei der Vorschrift des § 2074.

§ 2109 Unwirksamwerden der Nacherbschaft

(1) [1]Die Einsetzung eines Nacherben wird mit dem Ablauf von 30 Jahren nach dem Erbfall unwirksam, wenn nicht vorher der Fall der Nacherbfolge eingetreten ist. [2]Sie bleibt auch nach dieser Zeit wirksam:

1. wenn die Nacherbfolge für den Fall angeordnet ist, dass in der Person des Vorerben oder des Nacherben ein bestimmtes Ereignis eintritt, und derjenige, in dessen Person das Ereignis eintreten soll, zur Zeit des Erbfalls lebt,
2. wenn dem Vorerben oder einem Nacherben für den Fall, dass ihm ein Bruder oder eine Schwester geboren wird, der Bruder oder die Schwester als Nacherbe bestimmt ist.

(2) Ist der Vorerbe oder der Nacherbe, in dessen Person das Ereignis eintreten soll, eine juristische Person, so bewendet es bei der dreißigjährigen Frist.

§ 2110 Umfang des Nacherbrechts

(1) Das Recht des Nacherben erstreckt sich im Zweifel auf einen Erbteil, der dem Vorerben infolge des Wegfalls eines Miterben anfällt.
(2) Das Recht des Nacherben erstreckt sich im Zweifel nicht auf ein dem Vorerben zugewendetes Vorausvermächtnis.

§ 2111 Unmittelbare Ersetzung

(1) [1]Zur Erbschaft gehört, was der Vorerbe auf Grund eines zur Erbschaft gehörenden Rechts oder als Ersatz für die Zerstörung, Beschädigung oder Entziehung eines Erbschaftsgegenstands oder durch Rechtsgeschäft mit Mitteln der Erbschaft erwirbt, sofern nicht der Erwerb ihm als Nutzung gebührt. [2]Die Zugehörigkeit einer durch Rechtsgeschäft erworbenen Forderung zur Erbschaft hat der Schuldner erst dann gegen sich gelten zu lassen, wenn er von der Zugehörigkeit Kenntnis erlangt; die Vorschriften der §§ 406 bis 408 finden entsprechende Anwendung.
(2) Zur Erbschaft gehört auch, was der Vorerbe dem Inventar eines erbschaftlichen Grundstücks einverleibt.

§ 2112 Verfügungsrecht des Vorerben

Der Vorerbe kann über die zur Erbschaft gehörenden Gegenstände verfügen, soweit sich nicht aus den Vorschriften der §§ 2113 bis 2115 ein anderes ergibt.

§ 2113 Verfügungen über Grundstücke, Schiffe und Schiffsbauwerke; Schenkungen

(1) Die Verfügung des Vorerben über ein zur Erbschaft gehörendes Grundstück oder Recht an einem Grundstück oder über ein zur Erbschaft gehörendes eingetragenes Schiff oder Schiffsbauwerk ist im Falle des Eintritts der Nacherbfolge insoweit unwirksam, als sie das Recht des Nacherben vereiteln oder beeinträchtigen würde.
(2) [1]Das Gleiche gilt von der Verfügung über einen Erbschaftsgegenstand, die unentgeltlich oder zum Zwecke der Erfüllung eines von dem Vorerben erteilten Schenkungsversprechens erfolgt. [2]Ausgenommen sind Schenkungen, durch die einer sittlichen Pflicht oder einer auf den Anstand zu nehmenden Rücksicht entsprochen wird.
(3) Die Vorschriften zugunsten derjenigen, welche Rechte von einem Nichtberechtigten herleiten, finden entsprechende Anwendung.

A. Außergerichtliches Anschreiben

I. Muster: Außergerichtliches Anschreiben wegen unentgeltlicher Verfügung über einen Erbschaftsgegenstand, § 2113 Abs. 2 1

▶ Sehr geehrte Frau ■■■, 1073

Herr ■■■ hat uns mit der Wahrnehmung seiner rechtlichen Interessen beauftragt; auf uns lautende Vollmacht fügen wir bei. Unserer Beauftragung liegt folgender Sachverhalt zugrunde:

Die am ■■■ verstorbene Mutter unseres Mandanten, Frau ■■■, hatte ihren am ■■■, verstorbenen Gatten mit notariellem Testament vom ■■■ als befreiten Vorerben eingesetzt und unseren Mandanten als Nacherben.

Der Vater unseres Mandanten hat Ihnen nach dem Tod seiner Gattin unter Anderem das Objekt „I a gebratene Fischgräte (Hering), 1970" (Fischgräte auf Pergamentpapier in verglastem Holzkasten, H. 30 cm x B. 11 cm x T. 6 cm) von Joseph Beuys geschenkt. Dieses Objekt gehörte zuvor der Mutter unseres Mandanten, fiel also in die Nacherbschaft.Der Vater meines Mandanten war nicht berechtigt, über Teile der Vorerbschaft unentgeltlich zu verfügen; entsprechende Verfügungen sind also mit dem Eintritt der Nacherbfolge unwirksam geworden.[1]

Wir dürfen Sie darüber hinaus bitten, uns Auskunft über sämtliche Gegenstände zu erteilen, die Sie von dem Vater meines Mandanten unentgeltlich zugewandt bekommen haben[2]. Die bereits bekannte Schenkung und die Tatsache, dass Sie mit dem Vater unseres Mandanten bereits zwei Monate nach dem Tod von dessen Mutter „liiert" waren, lassen vermuten, dass Sie noch weitere Geschenke erhalten haben. Ihre Auskunft erwarten wir bis spätestens ■■■ .

Sollte diese Frist fruchtlos verstreichen, werden wir unserem Mandanten raten, gerichtliche Hilfe in Anspruch zu nehmen.

■■■

Rechtsanwalt ◀

II. Erläuterungen

[1] Unentgeltliche Verfügung des Vorerben. Eine unentgeltliche Verfügung des Vorerben ist nur ausnahmsweise, nämlich in den Fällen des § 2113 Abs. 2 S. 2 und Abs. 3 sowie dann, wenn der Nacherbe der Verfügung zustimmt (Hk-BGB/*Hoeren*, § 2113 Rn 13), wirksam. Auf diese Ausnahmefälle muss sich aber der Anspruchsgegner berufen. 2

3 Sollte der Erwerber **gutgläubig erworben** haben (§ 2113 Abs. 3), ergibt sich ein Bereicherungsanspruch des Nacherben gegen den Erwerber aus § 816 Abs. 1 S. 2 (vgl auch *Lenz/Roglmeier* in: Tanck, § 1 Rn 537).

4 **[2] Auskunftsanspruch des Nacherben.** Ein allgemeiner Auskunftsanspruch des Nacherben gegen den vom Vorerben Beschenkten ergibt sich aus dem Gesetz nicht explizit. Der BGH (NJW 1972, 907, 908) hat jedoch den vom Vorerben Beschenkten dem pflichtteilsberechtigten Nichterben (§ 2314) gleichgestellt; der Nacherbe sei Erbe und Rechtsnachfolger des Erblassers, nicht des Vorerben.

5 Daneben mag sich der Auskunftsanspruch auch aus §§ 133, 157, 242 ergeben (vgl BGH NJW 1972, 907, 908 unter Hinweis auf OLG Celle NJW 1966, 1663).

6 **Voraussetzungen für den Auskunftsanspruch** sind danach:
- Weder der Vorerbe (oder dessen Erben) können die Auskunft erteilen.
- Der Beschenkte kann die Auskunft dagegen unproblematisch erteilen.
- Mit der Auskunft darf keine unzumutbare Ausforschung des Beschenkten betrieben werden; der Nacherbe muss also gewisse Anhaltspunkte einer Schenkung behaupten. Dafür reicht es allerdings aus, dass der Beschenkte und der Vorerbe in einem Verhältnis zueinander standen, das eine unentgeltliche Verfügung nahe legt.

7 Sind die Voraussetzungen erfüllt, umfasst der Auskunftsanspruch alles, was der Beschenkte unabhängig von der Art der Verfügung von dem Vorerben erhalten hat (BGH NJW 1972, 907, 908; vgl auch *Lenz/Roglmeier* in: Tanck, § 1 Rn 539).

B. Prozess

8 I. Muster: Stufenklage des Nacherben (Auskunft, Herausgabe)

▶ An das
Landgericht[1]
▪▪▪

Stufenklage[2]

des Herrn ▪▪▪
– Kläger –
Prozessbevollmächtigte: Rechtsanwälte ▪▪▪
gegen
Frau ▪▪▪
– Beklagte –

Namens und in Vollmacht des Klägers erheben wir Klage und werden beantragen, die Beklagte zu verurteilen,

I. dem Kläger Auskunft zu erteilen über sämtliche unentgeltliche Zuwendungen, die sie von Herrn ▪▪▪ in der Zeit von ▪▪▪ bis ▪▪▪ (Dauer der Vorerbschaft) erhalten hat.

II. an den Kläger das Objekt „I a gebratene Fischgräte (Hering), 1970“ (Fischgräte auf Pergamentpapier in verglastem Holzkasten, H. 30 cm x B. 11 cm x T. 6 cm) von Joseph Beuys sowie weitere, nach Erteilung der Auskunft noch zu bezeichnende Geschenke herauszugeben.

Vorab wird beantragt,

von einer Güteverhandlung abzusehen, weil bereits ein erfolgloser Güteversuch stattgefunden hat.

Im Übrigen wird angeregt,

einen frühen ersten Termin zu bestimmen. Sofern das Gericht das schriftliche Vorverfahren anordnet, wird, falls die Voraussetzungen des § 331 Abs. 3 bzw § 307 ZPO vorliegen, um Erlass eines Versäumnis- bzw Anerkenntnisurteils ohne mündliche Verhandlung gebeten.

Mit einer Entscheidung durch den Einzelrichter ist der Kläger einverstanden.

Begründung

Der Kläger ist der Sohn der Eheleute ■■■ und ■■■. In einem notariellen Testament hatte die Mutter des Klägers ihren Ehemann, zum befreiten Vorerben und den Kläger als Nacherben eingesetzt. Beweis: Kopie des Testaments vom ■■■, Anl. K 1

Die Mutter des Klägers, Frau ■■■, ist am ■■■ verstorben. Bereits zwei Monate nach ihrem Tod wandte sich sein Vater der Beklagten zu. Während der Zeit des gemeinsamen Zusammenlebens machte der Vater des Klägers der Beklagten häufig Geschenke, u.a. die im Antrag zu II. beschriebene Plastik, die der Vater des Klägers dessen Mutter zu Weihnachten ■■■ geschenkt hatte und die seither im Flur des Hauses stand, das die Eltern des Klägers bewohnten.

Beweis: Zeugnis der ■■■

Die Plastik war also Teil der Vorerbschaft.

Der Kläger hat die Beklagte mit

anwaltlichem Schreiben vom ■■■, Anl. K 2

vergeblich zur Herausgabe der Plastik aufgefordert.

Klage war daher geboten.

Der mit dem Antrag zu I. geltend gemachte Auskunftsanspruch betreffend alle weiteren unentgeltlichen Zuwendungen des Vaters an die Beklagte ergibt sich aus § 242 BGB.

■■■

Rechtsanwalt ◄

II. Erläuterungen und Varianten

[1] **Zuständigkeit des angerufenen Gerichts.** Zuständig ist das Gericht, in dessen Bezirk der Beschenkte seinen Wohnsitz hat, §§ 12, 13 ZPO. Die sachliche Zuständigkeit ergibt sich aus §§ 23 Abs. 1 S. 1, 71 Abs. 1 ZPO. 9

[2] **Feststellungsklage.** Der Nacherbe kann die Unwirksamkeit der Verfügung auch mit der Feststellungsklage geltend machen. Handelte es sich um eine **Verfügung über ein Grundstück,** ist eine Vormerkung des Anspruchs auf Grundbuchberichtigung (§ 883) dagegen nicht möglich, weil eine Vormerkung der Sicherung eines schuldrechtlichen Anspruchs auf dingliche Rechtsänderung dient, wobei auch künftige oder bedingte Ansprüche vorgemerkt werden können. Ein derartiger künftiger und bedingter Anspruch steht den Nacherben jedoch auch für den Fall des Eintritts der Nacherbfolge nicht zu, weil eine § 2113 unterfallende Verfügung in diesem Zeitpunkt ex nunc mit absoluter Wirkung unwirksam wird und es eines schuldrechtlichen Übertragungsanspruchs daher nicht bedarf. (*M. Hamdan/B. Hamdan* in: jurisPK-BGB, § 2113 Rn 40). 10

§ 2114 Verfügungen über Hypothekenforderungen, Grund- und Rentenschulden

[1]Gehört zur Erbschaft eine Hypothekenforderung, eine Grundschuld, eine Rentenschuld oder eine Schiffshypothekenforderung, so steht die Kündigung und die Einziehung dem Vorerben zu. [2]Der Vorerbe kann jedoch nur verlangen, dass das Kapital an ihn nach Beibringung der Einwilligung des Nacherben gezahlt oder dass es für ihn und den Nacherben hinterlegt wird. [3]Auf andere Verfügungen über die Hypothekenforderung, die Grundschuld, die Rentenschuld oder die Schiffshypothekenforderung findet die Vorschrift des § 2113 Anwendung.

§ 2115 Zwangsvollstreckungsverfügungen gegen Vorerben

[1]Eine Verfügung über einen Erbschaftsgegenstand, die im Wege der Zwangsvollstreckung oder der Arrestvollziehung oder durch den Insolvenzverwalter erfolgt, ist im Falle des Eintritts der Nacherbfolge insoweit unwirksam,

als sie das Recht des Nacherben vereiteln oder beeinträchtigen würde. [2]Die Verfügung ist unbeschränkt wirksam, wenn der Anspruch eines Nachlassgläubigers oder ein an einem Erbschaftsgegenstand bestehendes Recht geltend gemacht wird, das im Falle des Eintritts der Nacherbfolge dem Nacherben gegenüber wirksam ist.

§ 2116 Hinterlegung von Wertpapieren

(1) [1]Der Vorerbe hat auf Verlangen des Nacherben die zur Erbschaft gehörenden Inhaberpapiere nebst den Erneuerungsscheinen bei einer Hinterlegungsstelle oder bei der *Reichsbank*, bei der *Deutschen Zentralgenossenschaftskasse*[1] oder bei der Deutschen Girozentrale (Deutschen Kommunalbank) mit der Bestimmung zu hinterlegen, dass die Herausgabe nur mit Zustimmung des Nacherben verlangt werden kann. [2]Die Hinterlegung von Inhaberpapieren, die nach § 92 zu den verbrauchbaren Sachen gehören, sowie von Zins-, Renten- oder Gewinnanteilscheinen kann nicht verlangt werden. [3]Den Inhaberpapieren stehen Orderpapiere gleich, die mit Blankoindossament versehen sind.
(2) Über die hinterlegten Papiere kann der Vorerbe nur mit Zustimmung des Nacherben verfügen.

A. Außergerichtliches Anschreiben

1 **I. Muster: Außergerichtliche Aufforderung zur Hinterlegung von Wertpapieren durch den Vorerben[1]**

▶ An

Herrn ■■■

Frau ■■■ hat uns mit der Wahrnehmung ihrer rechtlichen Interessen beauftragt; auf uns lautende Vollmacht fügen wir bei. Unserer Beauftragung liegt folgender Sachverhalt zugrunde:

Unsere Mandantin ist alleinige Nacherbin des am ■■■ verstorbenen ■■■ . Sie selbst hat der Erblasser als nicht befreiten Vorerben eingesetzt. Zur Vorerbschaft gehören u.a. ■■■ Inhaberaktien der ■■■-AG sowie Schuldverschreibungen der ■■■-Bank, Wertpapier-Kennnummer: ■■■, Nennwert: ■■■ EUR.

Diese Wertpapiere[2] müssen Sie bei einem Amtsgericht oder bei der Landeszentralbank hinterlegen[3] oder sie in Namenspapiere mit einem entsprechenden Sperrvermerk (beschränkt auf die Hauptforderung) umschreiben lassen.[4] Unsere Mandantin ist auch mit einer Hinterlegung bei einer Bank einverstanden; dann müsste der Depotvertrag aber eine eindeutige Sperrungsabrede zu Gunsten unserer Mandantin enthalten.

Wir haben Sie aufzufordern, umgehend für die Sicherung der Inhaberaktien und der Schuldverschreibungen zu sorgen. Teilen Sie uns bitte spätestens bis zum ■■■ durch Vorlage entsprechender Belege (Depotvertrag, Hinterlegungsschein etc.) mit, welche Maßnahmen Sie ergriffen haben. Sollten uns

1 Jetzt „DG BANK Deutsche Genossenschaftsbank Aktiengesellschaft", vgl § 1 DG Bank-UmwandlungsG.

bis zum genannten Datum keine entsprechenden Unterlagen vorliegen, werden wir unserer Mandantin raten, gerichtliche Hilfe in Anspruch zu nehmen.

■■■

Rechtsanwalt ◄

II. Erläuterungen

[1] **Zweck des § 2116.** § 2116 dient dem **Schutz des Nacherben.** Dieser kann von dem Vorerben die Hinterlegung von Wertpapieren verlangen, wenn nicht der Erblasser den Vorerben von dieser Verpflichtung befreit hat, § 2136. Besondere materielle Voraussetzungen bestehen für den Anspruch nicht, insbesondere muss der Nacherbe nicht darlegen, seine Rechte seien besonders gefährdet. 2

[2] **Wertpapiere.** Zu den gem. § 2116 auf Verlangen des Nacherben zu hinterlegenden Wertpapieren gehören 3

- Inhaberschuldverschreibungen (§§ 793 ff),
- Inhaberaktien (§§ 10 Abs. 1, 278 Abs. 3 AktG; Regelfall der Aktie),
- Inhaberschecks (Scheck mit Überbringerklausel, Art. 5 Abs. 2, Abs. 3 ScheckG; Regelfall des Schecks) und
- Inhabergrundschulden (§§ 1195, 1199).

Zu den Wertpapieren iSd § 2116 gehören **nicht** die Legitimationspapiere (§ 808, zB Sparbücher, Banknote; für letztere s. § 2119). 4

Orderpapiere mit Blankoindossament sind zB Namensaktien (§ 68 AktG) und kaufmännische Orderpapiere (§ 363 HGB). 5

[3] **Hinterlegungsstellen** sind: 6

- grundsätzlich die Amtsgerichte (§ 1 Abs. 2 HinterlO),
- die Staatsbanken (§ 27 Abs. 1 S. 1), also Bundesbank und Landeszentralbanken,
- die Deutsche Genossenschaftsbank und
- die Deutsche Girozentrale (Hk-BGB/*Hoeren*, § 2116 Rn 6).

Um sich den Weg durch das das relativ schwerfällige und formelle Hinterlegungsrecht zu sparen, ist die Hinterlegung bei einer Bank (**Depotvertrag mit Sperrungsabrede**) empfehlenswert. 7

[4] **Alternative zur Hinterlegungspflicht.** Der Vorerbe kann sich der Hinterlegungspflicht dadurch entziehen, dass er die Inhaberpiere auf seinen Namen mit der Bestimmung umschreiben lässt, dass er über sie nur mit **Zustimmung** des Nacherben verfügen kann, § 2117. 8

B. Prozess

I. Hinterlegungspflichtige Wertpapiere, § 2116 Abs. 1

1. Muster: Antrag des Nacherben auf den Erlass einer einstweiligen Verfügung 9

► An das

Landgericht[1] 1076

Antrag

auf Erlass einer einstweiligen Verfügung

der Frau ■■■,

– Antragstellerin –,

Verfahrensbevollmächtigte: Rechtsanwälte ■■■

gegen

Herrn ■■■,

– Antragsgegner –

Namens und im Auftrag der Antragstellerin beantragen wir, folgende einstweilige Verfügung – wegen der Dringlichkeit ohne mündliche Verhandlung (§ 937 Abs. 2 ZPO) – zu erlassen:

Dem Antragsgegner wird geboten, die zum Nachlass des am ■■■ verstorbenen Herrn ■■■ gehörenden ■■■Inhaberaktien der ■■■-AG sowie die Schuldverschreibungen der ■■■-Bank, Wertpapier-Kennnummer: ■■■, Nennwert: ■■■ EUR, zu hinterlegen oder diese nach seiner Wahl auf seinen Namen mit der Bestimmung umschreiben zu lassen, dass er über die Hauptforderung nur mit Zustimmung des Nacherben verfügen kann.[2]

Begründung

Die Antragstellerin ist alleinige Nacherbin des am ■■■ verstorbenen ■■■, zuletzt wohnhaft gewesen in ■■■ . Nicht befreiter Vorerbe ist der Antragsgegner.

Glaubhaftmachung: Beglaubigte Abschriften–des notariellen Testaments vom ■■■, Anl. K 1 –der Eröffnungsniederschrift des Nachlassgerichts ■■■, Anl. K 2

Aus dem Verzeichnis, das der Antragsgegner über die der Vorerbschaft unterliegenden Gegenstände erstellt[3] hat, ergibt sich, dass zu der Vorerbschaft unter anderem die im Antrag genannten Wertpapiere gehören.

Glaubhaftmachung: Verzeichnis der Erbschaftsgegenstände vom ■■■, Anl. K 3

Nachdem der Antragsgegner das Nachlassverzeichnis vorgelegt hatte, hat die Antragstellerin ihn am ■■■ aufgefordert, die genannten Wertpapiere bei dem Amtsgericht oder bei der Landeszentralbank zu hinterlegen. Der Antragsgegner hat daraufhin erklärt, er werde „den Teufel tun", die Wertpapiere vielmehr umgehend veräußern und den Erlös in seiner Stammspielbank investieren, da er bereits seit geraumer Zeit eine stabile „Glückssträhne" habe.

Glaubhaftmachung:

- Eidesstattliche Versicherung der Antragstellerin vom ■■■, Anl. K 4

Auf eine weitere,

- schriftliche Aufforderung der Antragstellerin, Anl. K 5,

hat der Antragsgegner nicht reagiert.

Der Verfügungsanspruch ergibt sich aus §§ 2216, 2217 BGB. Der Verfügungsgrund ergibt sich aus der hohen Wahrscheinlichkeit dafür, dass der Verkauf der zur Vorerbschaft gehörenden Aktien und Schuldverschreibungen durch den Antragsgegner unmittelbar bevorsteht.

Die Absicht des Antragsgegners, den Verkaufserlös in einer Spielbank zu investieren, verstößt wohl ohne weiteres gegen die Verpflichtung des nicht befreiten Vorerben aus § 2119 BGB. Die Antragstellerin befürchtet, dass der Antragsgegner seine Pläne unmittelbar zu realisieren versucht, wenn er von dem Verfügungsantrag erfährt. Ein Verkauf der Wertpapiere ist innerhalb von Minuten möglich, so dass eine Entscheidung ohne mündliche Verhandlung (§ 937 Abs. 2 ZPO) angezeigt ist.

■■■

Rechtsanwalt ◄

2. Erläuterungen

10 [1] **Zuständigkeit des angerufenen Gerichts.** Die Zuständigkeit des angerufenen Gerichts ergibt sich aus §§ 12, 13 ZPO.

11 [2] **Vollstreckung.** Die Vollstreckung erfolgt gem. § 883 ZPO (analog). Der Gerichtsvollzieher hat die Papiere wegzunehmen und an die Hinterlegungsstelle zu übergeben.

12 [3] **Anspruch auf Nachlassverzeichnis.** Die Erstellung eines Nachlassverzeichnisses kann der Nacherbe von dem Vorerben gem. § 2121 verlangen.

II. Verfügungen über hinterlegte Wertpapiere, § 2116 Abs. 2

1. Muster: Klage des nicht befreiten Vorerben auf Zustimmung des Nacherben zur Verfügung über hinterlegte Wertpapiere 13

▶ An das
Landgericht[1]

Klage

des Herrn ...,
– Kläger –,
Prozessbevollmächtigte: Rechtsanwälte ... gegen
Frau ...
– Beklagte –,
Prozessbevollmächtigter: Rechtsanwälte ... Namens und in Vollmacht des Klägers erheben wir Klage und werden beantragen, die Beklagte zu verurteilen,

I. der Herausgabe der bei der Sparkasse ... unter der Depotnummer ... hinterlegten Wertpapiere, nämlich ... an den Kläger zuzustimmen;
II. dem Verkauf der in Ziffer 1 genannten Wertpapiere zuzustimmen.[2]

Im Übrigen wird angeregt,
einen frühen ersten Termin zu bestimmen. Sofern das Gericht das schriftliche Vorverfahren anordnet, wird, falls die Voraussetzungen des § 331 Abs. 3 bzw. § 307 ZPO vorliegen, um Erlass eines Versäumnis- bzw. Anerkenntnisurteils ohne mündliche Verhandlung gebeten.
Mit einer Entscheidung durch den Einzelrichter ist der Kläger einverstanden.

Begründung

Der Kläger ist nicht befreiter Vorerbe des am ... verstorbenen ... . Die Beklagte ist die Nacherbin des Erblassers.
Beweis:
1. Kopie des notariellen Testaments vom ..., URNr ..., Anl. K 1
2. Kopie des Eröffnungsprotokolls des Amtsgerichts ... (Nachlassgericht) vom ..., Anl. K 2

Vor- und Nacherbe haben die Erbschaft angenommen.
Der Erblasser hatte nach seiner Frühpensionierung ein Studium der Rechtswissenschaften begonnen und sich nach erfolgreich abgelegten Zweitem Staatsexamen als Rechtsanwalt in kostspielig eingerichteten Kanzleiräumen niedergelassen. Für die Einrichtung hatte er ein Darlehen aufgenommen, das gegenwärtig in einer Höhe von ... EUR valutiert.
Beweis: Bescheinigung der ... -Bank, Anl. K 3
Dem Kläger ist es zwar gelungen, einen Großteil der Einrichtung zu verkaufen, nämlich ... . Aufgrund des hohen Wertverlustes reichte der Erlös aber nicht aus, um die Verbindlichkeiten bei der ...-Bank zu begleichen. Erlöst wurden aus dem Verkauf ... EUR.
Beweis: ...
Es besteht damit noch die o.g. Restschuld in Höhe von ... EUR. Die ...-Bank hat mittlerweile den Ausgleich der Verbindlichkeiten angemahnt.
Beweis: Zahlungsaufforderung vom ..., Anlage K 4
Zum Nachlass gehören auch die im Antrag zu 1) genannten Wertpapiere. Diese haben einen Wert von ... EUR.
Beweis: Vorlage des Kontoauszuges vom ..., Anlage K 5
Der Kläger hatte die Wertpapiere seinerzeit auf Verlangen der Beklagten hinterlegt. Durch Verkauf der Wertpapiere könnte der Kläger die genannten Verbindlichkeiten begleichen.

Da die Herausgabe und der Verkauf der Wertpapiere die wirtschaftlich sinnvollste Maßnahme darstellen, um einer ordnungsgemäßen Verwaltung des Nachlasses zu genügen.[3] Mit Schreiben vom ■■■ hatte der Kläger die Beklagte erfolglos aufgefordert, der Herausgabe und dem Verkauf der Wertpapiere zuzustimmen.

Beweis: Schreiben vom ■■■, Anlage K 6

Klage war daher geboten.

■■■

Rechtsanwalt ◄

2. Erläuterungen und Varianten

14 [1] **Zuständigkeit des angerufenen Gerichts.** Die örtliche Zuständigkeit des angerufenen Gerichts ergibt sich aus §§ 12, 13 ZPO, die sachliche aus §§ 23 Abs. 1 S. 1, 71 Abs. 1 ZPO.

15 [2] **Einsetzung des Nacherben.** Sind die Voraussetzungen des § 2120 erfüllt (Verfügung des Vorerben, die zur ordnungsgemäßen Nachlassverwaltung erforderlich ist, aber nicht mit Wirkung gegen den Nacherben vorgenommen werden kann, § 2116 Abs. 2), kann der Vorerbe von dem Nacherben dessen **Einwilligung zu der Verfügung** verlangen; sind mehrere Nacherben vorhanden, müssen alle zustimmen. Der Vorerbe muss allerdings die Verwaltungsmaßnahme konkret unter Darlegung der Vertragsmodalitäten benennen und die dafür gegebenen Gründe detailliert und nachvollziehbar darstellen; der Nacherbe muss selbst überprüfen können, ob es sich tatsächlich um eine **Maßnahme ordnungsgemäßer Verwaltung** handelt (*Lenz/Roglmeier* in: Tanck, § 1 Rn 402). Ob allerdings die **Maßnahmen im Klageantrag** genannt sein müssen (vgl etwa *Lenz/Roglmeier*, aaO, § 1 Rn 415) scheint mir zweifelhaft. Man müsste dann formulieren:

► ■■■dem Verkauf der in Ziffer 1 genannten Wertpapiere zuzustimmen, damit der Kläger die folgende Verbindlichkeiten ablösen kann: ■■■ (exakte Bezeichnung der Verbindlichkeiten). ◄

16 Der Nacherbe kann seine Zustimmung sowohl gegenüber dem Vorerben als auch gegenüber dem Vertragspartner abgeben. (MüKo-BGB/*Grunsky*, § 2120 Rn 5).

17 [3] **Zustimmung des Nacherben.** Die Voraussetzungen, unter denen der Nacherbe die Zustimmung zu der Verfügung über die hinterlegten Papiere zu erklären hat, ergeben sich aus § 2120.

§ 2117 Umschreibung; Umwandlung

[1]Der Vorerbe kann die Inhaberpapiere, statt sie nach § 2116 zu hinterlegen, auf seinen Namen mit der Bestimmung umschreiben lassen, dass er über sie nur mit Zustimmung des Nacherben verfügen kann. [2]Sind die Papiere vom Bund oder von einem Land ausgestellt, so kann er sie mit der gleichen Bestimmung in Buchforderungen gegen den Bund oder das Land umwandeln lassen.

§ 2118 Sperrvermerk im Schuldbuch

Gehören zur Erbschaft Buchforderungen gegen den Bund oder ein Land, so ist der Vorerbe auf Verlangen des Nacherben verpflichtet, in das Schuldbuch den Vermerk eintragen zu lassen, dass er über die Forderungen nur mit Zustimmung des Nacherben verfügen kann.

§ 2119 Anlegung von Geld

Geld, das nach den Regeln einer ordnungsmäßigen Wirtschaft dauernd anzulegen ist, darf der Vorerbe nur nach den für die Anlegung von Mündelgeld geltenden Vorschriften anlegen.

A. Außergerichtliches Aufforderungsschreiben

I. Muster: Außergerichtliches Aufforderungsschreiben zur mündelsicheren Anlage von Geld 1

▶ An 1078

Herrn ▪▪▪

Sehr geehrter Herr ▪▪▪

Ihre Tochter, Frau ▪▪▪ hat uns beauftragt, ihre rechtlichen Interessen wahrzunehmen; auf uns lautende Vollmacht fügen wir bei. Unserer Beauftragung liegt folgender Sachverhalt zugrunde:

Unsere Mandantin ist alleinige Nacherbin Ihres am ▪▪▪ verstorbenen ▪▪▪ Vaters, der Sie, sehr geehrter Herr ▪▪▪, in seinem Testament als nicht befreiten Vorerben eingesetzt hat.[1]

Zur Vorerbschaft gehören unter anderem ein Barbetrag i. H. v. ▪▪▪ EUR sowie die Sparbriefe bei der Sparkasse ▪▪▪ mit der Nummer: ▪▪▪, Nennbetrag: ▪▪▪ EUR. Wir dürfen Sie bitten, umgehend das Geld und die Wertpapiere (bzw die Beträge, die bei Rückzahlung der Papiere erlöst werden) in mündelsicherer Art und Weise anzulegen[3] und uns über die entsprechenden Maßnahmen durch die Vorlage entsprechender Belege zu informieren. § 1807 BGB bestimmt, dass die vorgeschriebene Anlegung von Mündelgeld nur erfolgen soll:

1. in Forderungen, für die eine sichere Hypothek an einem inländischen Grundstück besteht, oder in sicheren Grundschulden oder Rentenschulden an inländischen Grundstücken;
2. in verbrieften Forderungen gegen den Bund oder ein Land sowie in Forderungen, die in das Bundesschuldbuch oder in das Landesschuldbuch eines Landes eingetragen sind;
3. in verbrieften Forderungen, deren Verzinsung vom Bund oder einem Land gewährleistet ist;
4. in Wertpapieren, insbesondere Pfandbriefen, sowie in verbrieften Forderungen jeder Art gegen eine inländische kommunale Körperschaft oder die Kreditanstalt einer solchen Körperschaft, sofern die Wertpapiere oder die Forderungen von der Bundesregierung mit Zustimmung des Bundesrates zur Anlegung von Mündelgeld für geeignet erklärt sind;
5. bei einer inländischen öffentlichen Sparkasse, wenn sie von der zuständigen Behörde des Landes, in welchem sie ihren Sitz hat, zur Anlegung von Mündelgeld für geeignet erklärt ist, oder bei einem anderen Kreditinstitut, das einer für die Anlage ausreichenden Sicherungseinrichtung angehört.

Wir haben uns erlaubt, hier eine Frist bis zum ▪▪▪ zu notieren▪▪▪.

Rechtsanwalt ◀

II. Erläuterungen

[1] Befreiter Vorerbe. Von der Verpflichtung zur mündelsicheren Anlage kann der Erblasser den Vorerben befreien, § 2136. 2

[2] Mündelsichere Anlageformen. Welche Anlageformen mündelsicher sind, ergibt sich aus § 1807. Zur mündelsicheren Anlage von Geld vgl auch *Lenz/Roglmeier* in: Tanck, § 1 Rn 463–466. 3

B. Prozess

4 **I. Muster: Klage auf mündelsichere Hinterlegung**

▶ An das

Landgericht[1]

▪▪▪

Klage

der Frau ▪▪▪

– Klägerin –

Prozessbevollmächtigte: Rechtsanwälte ▪▪▪

gegen

Herrn ▪▪▪

– Beklagter –

Namens und in Vollmacht des Klägers erheben wir Klage und werden beantragen,

den Beklagten zu verurteilen,

I. einen Barbetrag i. H. v. ▪▪▪ EUR;

II. den sich aus der Rückzahlung der Sparbriefe bei der Sparkasse ▪▪▪ Nummer: ▪▪▪, Nennbetrag: ▪▪▪ EUR ergebenden Erlös (ohne Zinsen)

mündelsicher anzulegen.

Im Übrigen wird angeregt,

einen frühen ersten Termin zu bestimmen. Sofern das Gericht das schriftliche Vorverfahren anordnet, wird, falls die Voraussetzungen des § 331 Abs. 3 bzw. § 307 ZPO vorliegen, um Erlass eines Versäumnis- bzw. Anerkenntnisurteils ohne mündliche Verhandlung gebeten.

Mit einer Entscheidung durch den Einzelrichter ist der Kläger einverstanden.

Begründung

Der im Antrag genannte Geldbetrag und die dort genannten Sparbriefe gehören zum Nachlass des am ▪▪▪ verstorbenen Herrn ▪▪▪ . Dieser hatte die Klägerin mit handschriftlichem Testament vom ▪▪▪ zur Nacherbin sowie den Vater der Klägerin – den Beklagten – als nicht befreiten Vorerben seines gesamten Vermögen eingesetzt. Vor- und Nacherbe haben die Erbschaft angenommen.

Beweis: Beglaubigte Abschrift des Erbscheins des Nachlassgerichts ▪▪▪ vom ▪▪▪, Anl. K 1

Die zur Vorerbschaft gehörenden Sparbriefe wurden am ▪▪▪ zur Rückzahlung fällig und auch auf dem Girokonto des Beklagten bei der ▪▪▪-Bank gutgeschrieben.

Beweis: Parteivernehmung des Beklagten

Mit

anwaltlichem Schreiben vom ▪▪▪, Anl. K 2

wurde der Beklagte aufgefordert, das Geld mündelsicher anzulegen und der Klägerin bzw dem Unterzeichner die Anlage nachzuweisen.[2]

Der Beklagte hat darauf überhaupt nicht reagiert; Klage war daher geboten.[3]

▪▪▪

Rechtsanwalt ◀

II. Erläuterungen

5 [1] **Zuständigkeit des angerufenen Gerichts.** Die örtliche Zuständigkeit des Gerichts richtet sich nach §§ 12, 13 ZPO, die sachliche aus §§ 23 Abs. 1 S. 1, 71 Abs. 1 ZPO.

[2] **Verpflichtung zur mündelsicheren Anlage.** Die Verpflichtung des Vorerben zur mündelsicheren Anlage besteht allerdings **unabhängig** von einer entsprechenden Aufforderung durch den Nacherben (vgl dazu *Lenz/Roglmeier* in: Tanck, § 1 Rn 463). 6

[3] **Sicherheitsleistung.** Zu denken ist noch daran, die Klage um einen Antrag auf Sicherheitsleistung (§ 2128) zu erweitern. 7

§ 2120 Einwilligungspflicht des Nacherben

[1]Ist zur ordnungsmäßigen Verwaltung, insbesondere zur Berichtigung von Nachlassverbindlichkeiten, eine Verfügung erforderlich, die der Vorerbe nicht mit Wirkung gegen den Nacherben vornehmen kann, so ist der Nacherbe dem Vorerben gegenüber verpflichtet, seine Einwilligung zu der Verfügung zu erteilen. [2]Die Einwilligung ist auf Verlangen in öffentlich beglaubigter Form zu erklären. [3]Die Kosten der Beglaubigung fallen dem Vorerben zur Last.

§ 2121 Verzeichnis der Erbschaftsgegenstände

(1) [1]Der Vorerbe hat dem Nacherben auf Verlangen ein Verzeichnis der zur Erbschaft gehörenden Gegenstände mitzuteilen. [2]Das Verzeichnis ist mit der Angabe des Tages der Aufnahme zu versehen und von dem Vorerben zu unterzeichnen; der Vorerbe hat auf Verlangen die Unterzeichnung öffentlich beglaubigen zu lassen.
(2) Der Nacherbe kann verlangen, dass er bei der Aufnahme des Verzeichnisses zugezogen wird.
(3) Der Vorerbe ist berechtigt und auf Verlangen des Nacherben verpflichtet, das Verzeichnis durch die zuständige Behörde oder durch einen zuständigen Beamten oder Notar aufnehmen zu lassen.
(4) Die Kosten der Aufnahme und der Beglaubigung fallen der Erbschaft zur Last.

A. Außergerichtliches Anschreiben

I. Muster: Außergerichtliches Aufforderungsschreiben des Nacherben zur Erstellung eines Nachlassverzeichnisses 1

▶ An

Frau ▪▪▪

Sehr geehrte Frau ▪▪▪

Herr ▪▪▪ hat uns mit der Wahrnehmung seiner rechtlichen Interessen beauftragt; auf uns lautende Vollmacht fügen wir bei. Grund unserer Beauftragung ist folgender: Unser Mandant ist Nacherbe Ihres am ▪▪▪ verstorbenen ▪▪▪ gemeinsamen Vaters, der Sie als befreite Vorerbin eingesetzt hat. Wir dürfen Sie hiermit bitten, durch einen Notar ein Verzeichnis[1] sämtlicher zum Nachlass des Erblassers gehörender Gegenstände zu erstellen und uns zukommen zu lassen. In das Verzeichnis bitten wir auch die zwischenzeitlich zum Nachlass gekommenen Surrogate[2] aufzunehmen.

Wir haben uns erlaubt, hier eine Frist bis zum ▪▪▪ zu notieren. Bitte teilen Sie uns deshalb rechtzeitig mit, wann das Verzeichnis erstellt wird, da unser Mandant bei der Aufnahme des Nachlassverzeichnisses anwesend sein möchte[3].

▪▪▪

Rechtsanwalt ◀

II. Erläuterungen

2 [1] **Kontrollrecht des Nacherben.** Der sich aus § 2121 ergebende Anspruch des Nacherben gegen den Vorerben stellt ein Kontrollrecht dar; es dient der **Beweiserleichterung** für die Ansprüche des Nacherben gegenüber dem Vorerben nach dem Eintritt des Nacherbfalls (MüKo-BGB/*Grunsky*, § 2121 Rn 1; *Lenz/Roglmeier* in: Tanck, § 1 Rn 434) und kann bis zum Eintritt des Nacherbfalls geltend gemacht werden; danach hat der Nacherbe gegenüber dem nicht befreiten Vorerben einen Anspruch auf Rechenschaftslegung (§§ 2130 Abs. 2, 259 f) und gegenüber einem befreiten Vorerben einen Anspruch auf Vorlage eines Bestandsverzeichnisses, §§ 2138 Abs. 1, 260.

3 Eine **Befreiung des Vorerben** gem. § 2136 ist nicht möglich (Hk-BGB/*Hoeren*, § 2121 Rn 5; *Lenz/Roglmeier* in: Tanck, § 1 Rn 434).

4 Sind mehrere Vorerben vorhanden, sind sie als **Vorerbengemeinschaft** zur gemeinsamen Erstellung des Verzeichnisses verpflichtet (MüKo-BGB/*Grunsky*, § 2121 Rn 2).

5 Der Anspruch auf Erstellung eines Nachlassverzeichnisses steht, wenn **mehrere Personen zu Nacherben eingesetzt** sind, jedem einzelnen und unabhängig davon zu, ob andere ebenfalls die Erstellung begehren oder nicht. Der Anspruch kann deshalb auch gegen den Willen eines weiteren Nacherben geltend gemacht werden (vgl BGH NJW 1995, 456, 457).

6 Str. ist, ob dann, wenn als Nacherben mehrere Personen in Betracht kommen, jeder einzelne **zu verschiedenen Zeitpunkten** die Vorlage des Verzeichnisses verlangen kann. Um den für die Erstellung entstehenden Aufwand zu minimieren, sollte der Vorerbe das Verzeichnis allen Nacherben – auch ohne entsprechende Aufforderung zukommen lassen (*Lenz/Roglmeier* in: Tanck, § 1 Rn 435).

7 [2] **Nachlassurogate.** Das Verzeichnis muss zwar auch die Nachlasssurogate umfassen, nicht aber Gegenstände, die aus der Erbschaft ausgeschieden sind (MüKo-BGB/*Grunsky*, § 2121 Rn 5; *Lenz/Roglmeier* in: Tanck, § 1 Rn 439).

8 [3] **Zuziehung des Nacherben.** Das Recht des Nacherben, bei der Aufnahme des Verzeichnisses zugezogen zu werden, ergibt sich aus § 2121 Abs. 2. Zum maßgeblichen Zeitpunkt der Erstellung des Verzeichnisses vgl BGH NJW 1995, 456 f; vgl auch *Lenz/Roglmeier* in: Tanck, § 1 Rn 438.

B. Prozess

9 I. Muster: Klage des Nacherben gegen den Vorerben auf Erstellung eines notariellen Nachlassverzeichnisses

▶ An das

Landgericht[1]

Klage

des

Herrn ▪▪▪

– Kläger –

Prozessbevollmächtigte: Rechtsanwälte ▪▪▪

gegen

Frau ■■■

– Beklagte –

Namens und in Vollmacht des Klägers erheben wir Klage und werden beantragen, die Beklagte zu verurteilen,

I. dem Kläger ein von einem Notar erstelltes Verzeichnis aller Nachlassgegenstände und Surrogate des am ■■■ in ■■■ verstorbenen ■■■ vorzulegen;

II. zu dulden, dass der Kläger bei der Erstellung des Verzeichnisses anwesend ist.[2]

Im Übrigen wird angeregt,

einen frühen ersten Termin zu bestimmen. Sofern das Gericht das schriftliche Vorverfahren anordnet, wird, falls die Voraussetzungen des § 331 Abs. 3 bzw. § 307 ZPO vorliegen, um Erlass eines Versäumnis- bzw. Anerkenntnisurteils ohne mündliche Verhandlung gebeten.

Mit einer Entscheidung durch den Einzelrichter ist der Kläger einverstanden.

Begründung

Der Kläger und die Beklagte sind Geschwister. Der im Antrag genannte Erblasser hatte die Beklagte durch handschriftliches Testament zur alleinigen nicht befreiten Vorerbin und den Kläger zum alleinigen Nacherben seines gesamten Vermögens eingesetzt. Der Nacherbfall sollte eintreten mit der Wiederverheiratung der bereits zu Lebzeiten des Erblassers geschiedenen Beklagten. Vor- und Nacherbe haben die Erbschaft angenommen.[3]

Beweis: Kopie des Testaments vom ■■■, Anl. K 1

Da die Wiederverheiratung der Beklagten aus Gründen, die hier zunächst nicht weiter ausgeführt werden sollen, ein durchaus ungewisses Ereignis darstellt, wurde die Beklagte mit anwaltlichem Schreiben vom ■■■, Anl. K 2

aufgefordert, bis zum ■■■ das Verzeichnis erstellen zu lassen.

Die Beklagte hat sich daraufhin nicht gemeldet, so dass bereits deshalb Klage geboten ist. Da die Beklagte sich zudem seit Jahren weigert, dem Kläger Zutritt zu ihrem Haus zu gewähren,

Beweis: Zeugnis des/der ■■■, zu laden ■■■

besteht auch ein Rechtsschutzbedürfnis für den Antrag zu II. Der Kläger besteht darauf, bei der Aufnahme des Verzeichnisses vor dem Notar anwesend zu sein.

Der Anspruch des Klägers auf Erstellung eines von einem Notar erstellten Nachlassverzeichnisses ergibt sich aus § 2121 Abs. 1 BGB. Nach § 2121 Abs. 2 BGB kann der Kläger auch verlangen, bei der Erstellung des Verzeichnisses hinzugezogen zu werden.

■■■

Rechtsanwalt ◄

II. Erläuterungen

[1] **Zuständigkeit des angerufenen Gerichts.** Die örtliche Zuständigkeit des angerufenen Gerichts regeln §§ 12, 13 ZPO. Die sachliche Zuständigkeit ergibt sich aus §§ 23 Abs. 1 S. 1, 71 Abs. 1 ZPO. 10

Die **Kosten** für die Aufnahme des Verzeichnisses sind nach § 2121 Abs. 4 Nachlassverbindlichkeiten (§ 1967). Die Höhe der Kosten richtet sich nach § 52 KostO. Grds. wird nach dem Wert der verzeichneten Gegenstände die Hälfte der vollen Gebühr erhoben. 11

[2] **Mehrfache Geltendmachung des Anspruchs.** Ist der Anspruch schon einmal geltend gemacht worden und geschah dies durch denselben Nacherben, kann nur noch unter den Voraussetzungen des § 2127 Auskunft verlangt werden; geschah dies bei mehreren Nacherben durch 12

einen anderen Nacherben, kommt § 2121 nach wohl hM noch in Betracht (vgl hierzu BGH NJW 1995, 456 f und *Lenz/Roglmeier* in: Tanck, § 1 Rn 435).

13 [3] **Eingetretener Nacherbfall.** Ist der Nacherbfall schon eingetreten, gelten nur noch §§ 2130 Abs. 2, 259 bei nicht befreiter Vorerbschaft bzw §§ 2138, 260 bei befreiter Vorerbschaft (vgl auch *Lenz/Roglmeier* in: Tanck, § 1 Rn 442).

§ 2122 Feststellung des Zustands der Erbschaft

[1]Der Vorerbe kann den Zustand der zur Erbschaft gehörenden Sachen auf seine Kosten durch Sachverständige feststellen lassen. [2]Das gleiche Recht steht dem Nacherben zu.

A. Außergerichtliches Anschreiben

I. Recht des Vorerben auf Feststellung des Nachlassbestands, § 2122 S. 1

1 **1. Muster: Antrag des Vorerben auf Feststellung des Nachlassbestandes**

▶ An das

Amtsgericht

– Nachlassgericht –[1]

Nachlasssache ...

Az ...

Antrag auf Feststellung des Nachlassbestandes

In vorbezeichneter Nachlasssache vertreten wir Frau ...; auf uns lautende Vollmacht fügen wir im Original bei und beantragen, den Zustand der zum Nachlass gehörenden Sachen festzustellen.[2]

Begründung

Der im Betreff genannte, am ... verstorbene Erblasser hatte ein privatschriftliches Testament vom ... errichtet, welches das Nachlassgericht unter dem o.g. Aktenzeichen eröffnet hat; auf die sich bereits bei den Akten befindlichen Unterlagen nehmen wir Bezug.

Der Erblasser war der Ehegatte unserer Mandantin, die er in seinem Testament zur Vorerbin des gesamten Nachlasses eingesetzt hat. Nacherbe ist der gemeinsame Sohn ... .

Das sich aus § 2122 BGB ergebende Feststellungsverlangen unserer Mandantin beschränken wir auf folgende von der Vorerbschaft erfasste Positionen:[3]

- Einfamilienhaus in der ▪▪▪-Straße Nr. ▪▪▪ in ▪▪▪, eingetragen im Grundbuch von ▪▪▪, Band ▪▪▪, Heft ▪▪▪, Bestandsverzeichnis Nr. ▪▪▪, Markung ▪▪▪, Flst.-Nr. ▪▪▪.[4]
- im Anbau an dem genannten Einfamilienhaus untergebrachte Sammlung von etwa 5.000 Lego-Figuren.

Wir bitten das Gericht, einen geeigneten Sachverständigen zu bestellen.

Der zu bewertende Nachlassanteil beträgt etwa ▪▪▪ EUR.[5]

▪▪▪

Rechtsanwalt ◄

2. Erläuterungen

[1] **Verfahren.** Das Verfahren richtet sich nach §§ 29, 410 Nr. 2, 411 Abs. 2, 412 Nr. 2, 414 FamFG. **Zuständig** ist das Amtsgericht (Nachlassgericht), in dessen Bezirk sich die Nachlasssache, deren Zustand festgestellt werden soll, befindet. Die Kosten (§ 120 KostO) trägt der Antragsteller. 2

[2] **Beweissicherung.** Der Anspruch auf Feststellung des Zustandes der Erbschaft dient der Sicherung von Beweisen für eventuelle (**Schadensersatz-**) **Ansprüche** des Nacherben gegen den Vorerben (Hk-BGB/*Hoeren*, § 2122 Rn 1). Der Erblasser kann den Vorerben von der entsprechenden Verpflichtung nicht befreien (*Lenz/Roglmeier* in: Tanck, § 1 Rn 446). 3

[3] **Beschränkung der Feststellung.** Die Feststellung kann auf einzelne Gegenstände des Nachlasses beschränkt werden, nicht aber nur auf den Wert (*Lenz/Roglmeier* in: Tanck, § 1 Rn 447). 4

[4] **Substanzgutachten.** Regelmäßig sollte auch ein Substanz- oder Ertragswertgutachten eingeholt werden; dafür trägt der Nacherbe als Auftraggeber die Kosten (*Lenz/Roglmeier* in: Tanck, § 1 Rn 447). 5

[5] **Gerichtskosten.** Die Gerichtskosten betragen eine Gebühr, §§ 120 Nr. 1, 32 KostO. 6

II. Recht des Nacherben auf Feststellung des Nachlassbestands, § 2122 S. 2

1. Muster: Aufforderung des Nacherben an den Vorerben zur Feststellung des Zustandes der zum Nachlass gehörenden Sachen 7

► An

Frau ▪▪▪

Sehr geehrte Frau ▪▪▪

Herr ▪▪▪ hat uns mit der Wahrnehmung seiner rechtlichen Interessen beauftragt; auf uns lautende Vollmacht fügen wir bei. Grund unserer Beauftragung ist folgender: Mein Mandant ist Nacherbe Ihres am ▪▪▪ verstorbenen Gatten, der Sie als befreite Vorerbin eingesetzt hat. Unser Mandant möchte den Zustand der zur Vorerbschaft gehörenden Sachen durch einen Sachverständigen feststellen lassen, ist jedoch bereit, die Feststellung zu beschränken auf[1]

- das Einfamilienhaus in der ▪▪▪-Straße Nr. ▪▪▪ in ▪▪▪, eingetragen im Grundbuch von ▪▪▪, Band ▪▪▪, Heft ▪▪▪, Bestandsverzeichnis Nr. ▪▪▪., Markung ▪▪▪, Flst.-Nr. ▪▪▪;[2]
- die im Anbau an dem genannten Einfamilienhaus untergebrachte Sammlung von etwa 5.000 Lego-Figuren.

Wie Sie dem in Kopie beigefügten Schreiben bitte entnehmen wollen, hat uns die hiesige IHK als Sachverständigen für das Gebäude Herrn ▪▪▪ benannt und für die Figuren Frau ▪▪▪ . Wir haben gegen die Sachverständigen nichts einzuwenden, stellen Ihnen aber anheim, andere zu benennen.

Sollten Sie damit einverstanden sein, bitten wir Sie, bis spätestens ▪▪▪ die Sachverständigen zu beauftragen und uns dies entsprechend mitzuteilen.

▪▪▪

Rechtsanwalt ◄

2. Erläuterungen

8 [1] **Beschränkung der Feststellung.** Die Feststellung kann auf einzelne Gegenstände des Nachlasses beschränkt werden, nicht aber nur auf den Wert (*Lenz/Roglmeier* in: Tanck, § 1 Rn 447).

9 [2] **Substanzgutachten.** Regelmäßig sollte auch ein Substanz- oder Ertragswertgutachten eingeholt werden; dafür trägt der Nacherbe als Auftraggeber die Kosten (*Lenz/Roglmeier* in: Tanck, § 1 Rn 447).

B. Prozess

10 I. Muster: Antrag des Nacherben gegen den Vorerben auf Feststellung des Nachlassbestandes (§ 2122 S. 2)

▶ An das

Amtsgericht

– Nachlassgericht –[1]

Nachlasssache ▪▪▪

Az ▪▪▪.

Antrag auf Feststellung des Nachlassbestandes

In vorbezeichneter Nachlasssache vertreten wir Herrn ▪▪▪ . In seinem Namen beantragen wir die Feststellung des Zustandes der zum Nachlass gehörenden Sachen.

Begründung

Der Vater des Antragstellers – der am ▪▪▪ in ▪▪▪ verstorbenen Erblasser – hatte ein privatschriftliches Testament vom ▪▪▪ errichtet, welches das Nachlassgericht unter dem o.g. Aktenzeichen eröffnet hat; auf die sich bereits bei den Akten befindlichen Unterlagen nehmen wir Bezug. In diesem Testament ist die Ehegattin des Erblassers zur Vorerbin seines gesamten Nachlasses eingesetzt und der Antragsteller als Nacherbe, der nun den Zustand der zur Erbschaft gehörenden Sachen feststellen lassen möchte.[2]

Das Feststellungsverlangen beschränkt er allerdings auf folgende von der Vorerbschaft erfasste Positionen [3]:

- Einfamilienhaus in der ▪▪▪-Straße Nr. ▪▪▪ in ▪▪▪, eingetragen im Grundbuch von ▪▪▪, Band ▪▪▪, Heft ▪▪▪, Bestandsverzeichnis Nr. ▪▪▪, Markung ▪▪▪, Flst.-Nr. ▪▪▪ .
- im Anbau an dem genannten Einfamilienhaus untergebrachte Sammlung von etwa 5.000 Lego-Figuren.

Wir bitten das Gericht, einen geeigneten Sachverständigen zu bestellen.

Der zu bewertende Nachlassanteil beträgt etwa ▪▪▪ EUR.[4]

Mit freundlichen Grüßen

▪▪▪

Rechtsanwalt ◀

II. Erläuterungen

11 [1] **Verfahren.** Das Verfahren richtet sich nach §§ 29, 410 Nr. 2, 411 Abs. 2, 412 Nr. 2, 414 FamFG. **Zuständig** ist das Amtsgericht (Nachlassgericht), in dessen Bezirk sich die Nachlasssache, deren Zustand festgestellt werden soll, befindet. Die Kosten (§ 120 KostO) trägt der Antragsteller.

12 [2] **Besichtigung des Nachlasses.** Der Anspruch aus § 2122 umfasst auch den Anspruch auf Vorlegung zur Besichtigung des Nachlasses, § 809 (*Lenz/Roglmeier* in: Tanck, § 1 Rn 447).

Die Zwangsvollstreckung des Vorlageanspruchs richtet sich nach § 883 ZPO, wird also wie bei einem Herausgabeanspruch durchgeführt, obwohl es sich um ein FamFG-Verfahren handelt. 13

[3] **Beschränkung der Feststellung.** Die Feststellung kann auf einzelne Gegenstände des Nachlasses beschränkt werden, nicht aber nur auf den Wert (*Lenz/Roglmeier* in: Tanck, § 1 Rn 447). 14

[4] **Gerichtskosten.** Die Gerichtskosten betragen eine Gebühr (§§ 120 Nr. 1, 32 KostO) und sind vom Antragsteller zu tragen. 15

§ 2123 Wirtschaftsplan

(1) [1]Gehört ein Wald zur Erbschaft, so kann sowohl der Vorerbe als der Nacherbe verlangen, dass das Maß der Nutzung und die Art der wirtschaftlichen Behandlung durch einen Wirtschaftsplan festgestellt werden. [2]Tritt eine erhebliche Änderung der Umstände ein, so kann jeder Teil eine entsprechende Änderung des Wirtschaftsplans verlangen. [3]Die Kosten fallen der Erbschaft zur Last.

(2) Das Gleiche gilt, wenn ein Bergwerk oder eine andere auf Gewinnung von Bodenbestandteilen gerichtete Anlage zur Erbschaft gehört.

A. Außergerichtliches Anschreiben

I. Muster: Aufforderung des Nacherben zur Erstellung eines Wirtschaftsplans 1

▶ An

Herrn ■■■ 

Sehr geehrter Herr ■■■

Herr ■■■ hat uns beauftragt, seine rechtlichen Interessen wahrzunehmen; auf uns lautende Vollmacht fügen wir bei. Unserer Beauftragung liegt folgender Sachverhalt zugrunde:

Ihr am ■■■ verstorbener Vater hatte in seinem handschriftlichen Testament unseren Mandanten als Nacherben seines Vermögens eingesetzt und Sie selbst als Vorerben eingesetzt. Zum Nachlass gehört auch das Waldgrundstück in ■■■.

Nach § 2123 BGB kann unser Mandant verlangen, dass Sie gemeinsam mit ihm einen Wirtschaftsplan für den genannten Wald aufstellen. Weder Sie noch unser Mandant noch wir selbst sind allerdings in der Lage, einen solchen Plan aufzustellen. Das Forstamt ■■■ ist allerdings bereit, Sie und unseren Mandaten dabei zu beraten.[1] Sollten Sie nicht bereit sein, bei der Aufstellung des Plans mitzuwirken,[2] wird der Plan trotzdem erstellt. Wir müssten dann nur unserem Mandanten raten, gegen Sie auf Zustimmung zu dem erarbeiteten Wirtschaftsplan zu klagen.

■■■

Rechtsanwalt ◀

II. Erläuterungen

[1] **Hinzuziehung eines Sachverständigen.** Die Hinzuziehung eines Sachverständigen bei der Erstellung ist zwar nicht zwingend, aber zulässig. 2

3 **[2] Gemeinsame Planaufstellung.** Grundsätzlich stellen Vorerbe und Nacherbe den Plan gemeinsam auf. Können sich die Beteiligten nicht auf einen Plan einigen, so kann die Planerstellung durch (zivilprozessuales) Urteil herbeigeführt werden.

B. Prozess

4 I. Muster: Klage des Nacherben auf Zustimmung zum Wirtschaftsplan

▶ An das

Landgericht[1]

Klage

des Herrn ■■■

– Kläger –

Prozessbevollmächtigte: Rechtsanwälte ■■■

gegen

Herrn ■■■

– Beklagter –

Namens und in Vollmacht des Klägers erheben wir Klage und werden in dem zu bestimmenden Termin beantragen,

den Beklagten zu verurteilen, dem von dem Forstamt ■■■ am ■■■, Az ■■■, erstellten Wirtschaftsplan für den auf der Markung ■■■ gelegenen Wald ■■■ (genaue Beschreibung) zuzustimmen.[2]

Im Übrigen wird angeregt,

einen frühen ersten Termin zu bestimmen. Sofern das Gericht das schriftliche Vorverfahren anordnet, wird, falls die Voraussetzungen des § 331 Abs. 3 bzw § 307 ZPO vorliegen, um Erlass eines Versäumnis- bzw Anerkenntnisurteils ohne mündliche Verhandlung gebeten.

Mit einer Entscheidung durch den Einzelrichter ist der Kläger einverstanden.

Begründung

Der am ■■■ verstorbenen Herr ■■■ hatte in einem handschriftlichen Testament den Beklagten, einen Onkel des Klägers, als nicht befreiten Vorerben eingesetzt. Alleiniger Nacherbe ist der Kläger. Vor- und Nacherben haben die Erbschaft angenommen.

Beweis: Kopie des notariellen Testaments vom ■■■, Anl. K 1

Unstreitig ist, dass zu der Vorerbschaft auch das im Antrag genannte Waldgrundstück gehört.

Hinsichtlich dieses Grundstücks hat das Forstamt ■■■ auf Bitten des Klägers einen Wirtschaftsplan erstellt,

Beweis: Wirtschaftsplan des Forstamtes ■■■ vom ■■■

der den Regeln einer ordnungsgemäßen Bewirtschaftung der streitgegenständlichen Waldgrundstücke nach forstwirtschaftlichen Grundsätzen entspricht.

Beweis: Sachverständigengutachten

Der Beklagte hat sich jedoch nicht nur geweigert, an der Aufstellung des Plans mitzuwirken; er verweigert auch die Zustimmung dazu.

Beweis: Scheiben des Beklagten vom ■■■,. Anl. K 2

Klage ist daher geboten.

■■■

Rechtsanwalt ◀

II. Erläuterungen

[1] Zuständigkeit des angerufenen Gerichts. Die örtliche Zuständigkeit des angerufenen Gerichts ergibt sich aus §§ 12, 13 ZPO, die sachliche aus §§ 23 Abs. 1 S. 1, 71 Abs. 1 ZPO. 5

[2] Klageantrag. Die Klage ist auf Zustimmung zu einem **bestimmten** Plan zu richten; für die Zwangsvollstreckung gilt also § 894 ZPO. 6

§ 2124 Erhaltungskosten

(1) Der Vorerbe trägt dem Nacherben gegenüber die gewöhnlichen Erhaltungskosten.
(2) [1]Andere Aufwendungen, die der Vorerbe zum Zwecke der Erhaltung von Erbschaftsgegenständen den Umständen nach für erforderlich halten darf, kann er aus der Erbschaft bestreiten. [2]Bestreitet er sie aus seinem Vermögen, so ist der Nacherbe im Falle des Eintritts der Nacherbfolge zum Ersatz verpflichtet.

A. Muster: Klage des Vorerben gegen den Nacherben auf Aufwendungsersatz (§ 2124 Abs. 2 S. 2)[1] 1

► An das

Landgericht[2]

▪▪▪

Klage

der Frau ▪▪▪

– Klägerin –

Prozessbevollmächtigte: Rechtsanwälte ▪▪▪

gegen

Herrn ▪▪▪

– Beklagter –

wegen: Befreiung von einer Verbindlichkeit

Namens und in Vollmacht der Klägerin erheben wir Klage und werden beantragen, den Beklagten zu verurteilen, an die Klägerin ▪▪▪ EUR zuzüglich Zinsen i. H. von 5 Prozentpunkten über dem Basiszinssatz seit dem ▪▪▪ zu zahlen.

Im Übrigen wird angeregt,

einen frühen ersten Termin zu bestimmen. Sofern das Gericht das schriftliche Vorverfahren anordnet, wird, falls die Voraussetzungen des § 331 Abs. 3 bzw § 307 ZPO vorliegen, um Erlass eines Versäumnis- bzw Anerkenntnisurteils ohne mündliche Verhandlung gebeten.

Mit einer Entscheidung durch den Einzelrichter ist der Kläger einverstanden.

Begründung

Der am ▪▪▪ verstorbene Erblasser und die Klägerin hatten ein handschriftliches Testament errichtet, in dem sie sich gegenseitig als nicht befreite Vorerben eingesetzt haben. Der Nacherbfall sollte eintreten, wenn der Beklagte – der Sohn der Klägerin und des Erblassers – die Zweite Juristische Staatsprüfung bestände.

Beweis: Kopie des gemeinschaftlichen Testaments vom ▪▪▪, UR-Nr. ▪▪▪ des Notars ▪▪▪ in ▪▪▪, Anl. K 1

Der Beklagte hat am ▪▪▪ das Zweite Juristische Staatsexamen bestanden.

Beweis: Bescheinigung vom ■■■, Anl. K 2

Damit ist der Nacherbfall eingetreten. Die Klägerin hat auch die gesamte Vorerbschaft an den Beklagten herausgegeben. Während der Dauer der Vorerbschaft hatte die Klägerin den Anbau an dem zur Vorerbschaft gehörenden Einfamilienhaus ■■■ in ■■■ saniert; der Erblasser hatte in diesem Anbau eine Sammlung von etwa 5.000 Legofiguren untergebracht. Er hatte sich vorgestellt, der Beklagte werde nach bestandenem Zweiten Staatsexamens genügend Zeit haben, sich um die Sammlung zu kümmern. Die Klägerin hat u. a. eine Heizung und Isolierglasfenster einbauen lassen; der Anbau wäre ansonsten im Winter kaum zu nutzen.

Beweis: Sachverständigengutachten

Insoweit wurden von den beteiligten Unternehmen ■■■ insgesamt EUR ■■■ in Rechnung gestellt; der Ersatz dieses Betrags wird mit der Klage geltend gemacht. Beweis:

- Rechnung der Firma ■■■ vom ■■■ über ■■■EUR, Anl. K 3
- Rechnung der Firma ■■■ vom ■■■ über ■■■EUR, Anl. K 4
- Rechnung der Firma ■■■ vom ■■■ über ■■■EUR, Anl. K 5

Der Beklagte hat auf entsprechende außergerichtliche Anschreiben erklärt, die Sammlung interessiere ihn nicht, zumal deren Wert vermutlich weit unter den Kosten liege, die die Klägerin für die Sanierung aufgewandt habe. Einen Ersatz der von der Klägerin getätigten Aufwendungen lehnt er ab.

Beweis:

- Anwaltliches Schreiben vom ■■■, Anl. K 6
- Schreiben des Beklagten vom ■■■ Anl. K 7

Klage ist daher geboten.

Der Beklagte ist der Klägerin zum Ersatz der Erhaltungskosten gemäß § 2124 Abs. 2 S. 2 BGB verpflichtet. Der Zinsanspruch ergibt sich aus § 256 S. 2 BGB.

■■■

Rechtsanwalt ◄

B. Erläuterungen

2 [1] **Systematik.** Ob Vor- oder Nacherbe die im Zusammenhang mit der Nachassverwaltung entstehenden Kosten zu tragen hat, bestimmt sich nach §§ 2124–2126, die zwischen gewöhnlichen (§ 2124 Abs. 1), sonstigen (§ 2124 Abs. 2) Erhaltungskosten, sonstigen Verwendungen (§ 2125) und außerordentlichen Lasten (§ 2126) unterscheiden (ausführlich zum System etwa Hk-BGB/*Hoeren*, § 2124–2126 Rn 1–3; *Lenz/Roglmeier* in: Tanck, § 1 Rn 422–428).

3 [2] **Zuständigkeit des angerufenen Gerichts.** Für den Ersatzanspruch des Vorerben oder seiner Erben ist der besondere Gerichtsstand der Erbschaft gem. § 28 ZPO eröffnet, weil es sich um eine Nachlassverbindlichkeit handelt (*M. Hamdan/B. Hamdan* in: jurisPK-BGB, § 2124 Rn 16). Anders *Lenz/Roglmeier* in: Tanck, § 1 Rn 428: Ein besonderer Gerichtsstand der Erbschaft ist nicht gegeben.

§ 2125 Verwendungen; Wegnahmerecht

(1) Macht der Vorerbe Verwendungen auf die Erbschaft, die nicht unter die Vorschrift des § 2124 fallen, so ist der Nacherbe im Falle des Eintritts der Nacherbfolge nach den Vorschriften über die Geschäftsführung ohne Auftrag zum Ersatz verpflichtet.

(2) Der Vorerbe ist berechtigt, eine Einrichtung, mit der er eine zur Erbschaft gehörende Sache versehen hat, wegzunehmen.

A. Außergerichtliches Anschreiben

I. Muster: Schreiben des Vorerben an den Nacherben (Aufwendungsersatz bzw Duldung der Wegnahme von Einrichtungen) 1

▶ An 1088

Herrn ■■■

■■■

Frau ■■■ hat uns mit der Wahrnehmung ihrer rechtlichen Interessen beauftragt; auf uns lautende Vollmacht fügen wir bei. Unserer Beauftragung liegt folgender Sachverhalt zugrunde:

Unsere Mandantin ist Vorerbin des am ■■■ verstorbenen ■■■, der Sie als Nacherben eingesetzt hat. Der Nacherbfall – das Bestehen Ihres Zweiten Juristischen Staatsexamens – ist mittlerweile eingetreten.

Während der Zeit der Vorerbschaft hat unsere Mandantin das zur Erbschaft gehörende Wohnhaus ■■■ in ■■■ bewohnt, aus dem sie nun ausgezogen ist. Das Haus lag zu damaliger Zeit in einer Neubausiedlung; das Grundstück war nur durch entsprechende Ecksteine „abgegrenzt". Unsere Mandantin hat die rund 200 m Grundstücksgrenze aus eigenen Mitteln[1] mit einer Ligusterhecke versehen, um den im Laufe der Zeit erforderlich werdenden Sichtschutz einzurichten; die entsprechende Rechnung der Gärtnerei „■■■" fügen wir in Kopie bei. Außerdem hat sie einen Rasenmäher Marke „■■■" angeschafft, der nunmehr ■■■ Jahre alt ist. Da unsere Mandantin nun in einer Mietwohnung lebt und dort den Rasenmäher nicht einsetzen kann, schlagen wir folgendes vor: Den Rasenmäher könnten Sie – unter Ausschluss jeglicher Gewährleistung – zum Zeitwert[2] von ■■■ EUR übernehmen. Obwohl wir es für unverhältnismäßig halten, wäre es auch möglich, den Zeitwert durch einen Sachverständigen, dessen Kosten geteilt werden sollten, für beide Parteien bindend ermitteln zu lassen. An dieses Angebot hält sich unsere Mandantin bis zum ■■■ gebunden. Wenn Sie den Mäher nicht übernehmen wollen, bitten wir um Ihr Einverständnis, ihn abholen zu dürfen, und zugleich um Mitteilung eines entsprechenden Abholtermins.[3] Wir haben uns dazu eine Frist bis zum ■■■ notiert. Innerhalb dieser Frist erwarten wir auch die Überweisung der für die Anpflanzung der Hecke entstandenen Kosten.

■■■

Rechtsanwalt ◀

II. Erläuterungen

[1] Wegnahme von Einrichtungsgegenständen. Umstritten ist, ob auch Einrichtungsgegenstände, die gem. § 2111 Abs. 2 als Inventar eingefügt wurden, gem. § 2125 Abs. 2 weggenommen werden dürfen. Dabei ist **unerheblich**, ob der Vorerbe diese Gegenstände aus eigenen Mittel oder aus Nachlassmittel angeschafft hat; in beiden Fällen gehört der Gegenstand zur Erbschaft. Eine gesicherte Rechtsprechung zu dieser Frage existiert nicht, so dass dem Vorerben nur geraten werden kann, die eingebrachten Sachen vor Eintritt des Nacherbfalls zu entfernen (*Lenz/Roglmeier* in: Tanck, § 1 Rn 418). 2

[2] Übernahme gegen Wertentschädigung. Obwohl es sich hierbei nicht um eine Voraussetzung für das Wegnahmerecht des § 2125 Abs. 2 handelt, sollte der Vorerbe vor Geltendmachung 3 seines Anspruches auf Duldung der Wegnahme dem Nacherben anbieten, den Gegenstand gegen eine entsprechende Wertentschädigung zu übernehmen. Hiermit kann die Trennung wirtschaftlich sinnvoller Einheiten unter Umständen unter ggf hohem Kostenaufwand für den Vorerben vermieden werden (*M. Hamdan/B. Hamdan* in: jurisPK-BGB, § 2125 BGB Rn 10).

4 [3] **Verpflichtung, Wegnahme zu dulden.** Die Verpflichtung, die Wegnahme zu dulden, ergibt sich aus §§ 2125 Abs. 2, 258 Abs. 2. Umgekehrt ist der Vorerbe nicht verpflichtet, den Gegenstand wegzunehmen, so dass der Nacherbe seiner Ersatzpflicht gem. §§ 2124, 2125 Abs. 1 nicht dadurch entgehen kann, dass er den Vorerben auf dessen Wegnahmerecht verweist (*Lenz/Roglmeier* in: Tanck, § 1 Rn 419).

B. Prozess

5 I. Muster: Klage des Vorerben gegen den Nacherben auf Duldung der Wegnahme eingebrachter Gegenstände

▶ An das

Landgericht

– Zivilkammer –[1]

Klage

der

Frau ■■■

– Klägerin –

Prozessbevollmächtigte: Rechtsanwälte ■■■

gegen

Herrn ■■■

– Beklagter –

Prozessbevollmächtigte: Rechtsanwälte ■■■

wegen: Duldung der Wegnahme

Namens und in Vollmacht der Klägerin erheben wir Klage und werden beantragen,

den Beklagten zu verurteilen,

die Wegnahme des sich im zum Wohnhaus in ■■■ ■■■ -Straße Nr. ■■■ gehörenden Schuppen befindlichen Rasenmähers der Marke ■■■ (exakte Beschreibung),[2] zu dulden.

Im Übrigen wird angeregt,

einen frühen ersten Termin zu bestimmen. Sofern das Gericht das schriftliche Vorverfahren anordnet, wird, falls die Voraussetzungen des § 331 Abs. 3 bzw § 307 ZPO vorliegen, um Erlass eines Versäumnis- bzw Anerkenntnisurteils ohne mündliche Verhandlung gebeten.

Mit einer Entscheidung durch den Einzelrichter ist die Klägerin einverstanden.

Begründung

Der am ■■■ in ■■■ verstorbene Erblasser, ■■■ zuletzt wohnhaft gewesen in ■■■, hatte die Klägerin mit am ■■■ errichteten privatschriftlichem Testament zu seiner alleinigen Vorerbin und den Beklagten zum alleinigen Nacherben eingesetzt für den Fall, dass dieser sein Zweites Juristisches Staatsexamen bestände.

Beweis: Kopie des Testaments vom ■■■ , Anl. K 1

Der Nacherbfall ist am ■■■ eingetreten.

Beweis: Examenszeugnis, Anl. K 2

Von der Erbschaft umfasst ist auch das im Klageantrag näher bezeichnete Wohnhaus, welches die Klägerin für die Dauer der Vorerbschaft selbst bewohnte. Das ist unstreitig.

Für die ▪▪▪ Quadratmeter große Rasenfläche hatte die Klägerin aus eigenen Mitteln den im Antrag genannten Rasenmäher angeschafft.

Beweis: Rechnung vom ▪▪▪, Anl. K 3

Sie hat mittlerweile das o. g. Haus geräumt und dem Beklagten übergeben und ihm angeboten, den Mäher gegen Zahlung eines Betrages von ▪▪▪ EUR zu übernehmen. Hiermit ist der Beklagte nicht einverstanden; er möchte den Mäher ohne weiteres behalten.

Beweis: Anwaltliches Schreiben vom ▪▪▪, Anl. K 4

Der Klägerin steht gemäß §§ 2125 Abs. 2, 258 S. 2 BGB das Recht zu, den Mäher wegzunehmen.

▪▪▪

Rechtsanwalt ◄

II. Erläuterungen

[1] **Zuständigkeit des angerufenen Gerichts.** Für den Ersatzanspruch des Vorerben oder seiner Erben ist der besondere Gerichtsstand der Erbschaft gem. § 28 ZPO eröffnet, weil es sich um eine Nachlassverbindlichkeit handelt (*M. Hamdan/B. Hamdan* in: jurisPK-BGB, § 2125 Rn 9). Der allgemeine Gerichtsstand ergibt sich aus §§ 12, 13 ZPO. Die sachliche Zuständigkeit in diesem Beispiel ergibt sich aus §§ 23 Abs. 1 S. 1, 71 Abs. 1 GVG. 6

[2] **Klageantrag.** Muss dieser Anspruch gerichtlich geltend gemacht werden, sollte darauf geachtet werden, die betreffenden Gegenstände so genau wie möglich zu beschreiben, um Unklarheiten zu vermeiden (*M. Hamdan/B. Hamdan* in: jurisPK-BGB, § 2125 Rn 11). 7

Der **Streitwert** einer solchen Klage richtet sich nach dem Zeitwert des wegzunehmenden Gegenstandes; die **Zwangsvollstreckung** nach § 890 ZPO (*M. Hamdan/B. Hamdan* in: jurisPK-BGB, § 2125 Rn 12). 8

§ 2126 Außerordentliche Lasten

[1]Der Vorerbe hat im Verhältnis zu dem Nacherben nicht die außerordentlichen Lasten zu tragen, die als auf den Stammwert der Erbschaftsgegenstände gelegt anzusehen sind. [2]Auf diese Lasten findet die Vorschrift des § 2124 Abs. 2 Anwendung.

§ 2127 Auskunftsrecht des Nacherben

Der Nacherbe ist berechtigt, von dem Vorerben Auskunft über den Bestand der Erbschaft zu verlangen, wenn Grund zu der Annahme besteht, dass der Vorerbe durch seine Verwaltung die Rechte des Nacherben erheblich verletzt.

A. Muster: Stufenklage des Nacherben gegen den Vorerben (Bestandsverzeichnis, eidesstattliche Versicherung, Sicherheitsleistung) 1

► An das

Landgericht[1]

Klage

des

Herrn ■■■

– Kläger –

Prozessbevollmächtigte: Rechtsanwälte ■■■

gegen

Herrn ■■■

– Beklagter –

Prozessbevollmächtigte: Rechtsanwälte ■■■

Namens und in Vollmacht des Klägers erheben wir Klage und werden beantragen, den Beklagten zu verurteilen,

I. durch Vorlage eines Bestandsverzeichnisses Auskunft zu erteilen über den gegenwärtigen Bestand des Nachlasses der am ■■■ in ■■■ verstorbenen ■■■ ;

II. falls die Auskunft nicht mit der erforderlichen Sorgfalt erteilt worden sein sollte, zu Protokoll an Eides statt zu versichern, dass er die Angaben nach bestem Wissen so vollständig gemacht hat, wie er dazu in der Lage war.

III. dem Kläger für die Vorerbschaft Sicherheit in Höhe von ■■■ EUR zu leisten.[2]

IV. Dem Beklagten wird zur Erbringung der Sicherheitsleistung nach Nr. 3 eine Frist von zwei Wochen ab Rechtskraft des Urteils gesetzt.

Im Übrigen wird angeregt,

einen frühen ersten Termin zu bestimmen. Sofern das Gericht das schriftliche Vorverfahren anordnet, wird, falls die Voraussetzungen des § 331 Abs. 3 bzw § 307 ZPO vorliegen, um Erlass eines Versäumnis- bzw Anerkenntnisurteils ohne mündliche Verhandlung gebeten.

Mit einer Entscheidung durch den Einzelrichter ist der Kläger einverstanden.

Begründung

1.

Der Kläger ist der Enkel des im Antrag zu 1 genannten Erblassers; dieser hatte ihn in einem notariellen Testament zum Nacherben[3] und seinen Sohn, den Beklagten, als nicht befreiten Vorerben eingesetzt, wobei der Nacherbfall mit dem Tod des Beklagten eintreten sollte.

Beweis: Kopie des notariellen Testaments vom ■■■ , Anl. K 1

Leider hat der Beklagte nach dem Tod seines Vater und dem Anfall der nicht ganz unerheblichen Erbschaft seine Tätigkeit als Briefträger komplett eingestellt und mehrfach gegenüber Zeugen geäußert, er habe sich ein Motto eines bekannten Fußballers zu Eigen gemacht: „Ich habe viel Geld für schnelle Autos, schöne Frauen und Alkohol ausgegeben, den Rest hab ich einfach verprasst."

Beweis: Zeugnis ■■■

Tatsächlich hat der Beklagte in den vergangenen Jahren sein Geld in mehreren Autos, darunter ein sog. „Hummer", angelegt. Nachdem sich der Beklagte aufgrund des seine Hobbies begleitenden Alkoholkonsums eine Leberzirrhose zugezogen hatte, kann er seinen Lebensunterhalt nicht mehr bestreiten. Wegen der nicht oder jedenfalls nicht komplett bezahlten Autorechnungen haben seine Gläubiger bereits entsprechende Titel erwirkt und Zwangsvollstreckungsmaßnahmen ausgebracht.

Beweis:

1. Vollstreckungsbescheid des Amtsgerichts ■■■ vom ■■■, Anl. K 2
2. Vollstreckungsprotokoll vom ■■■, Anl. K 3

Angesichts dieser wirtschaftlichen Schieflage hat der Beklagte bereits geäußert, er werde wohl bald wertvolle, zur Vorerbschaft gehörende Plastiken von Joseph Beuys veräußern müssen. Beweis: Zeugnis ■■■

Ob dies möglicherweise bereits geschehen ist, kann nur anhand des mit der Klage geltend gemachten aktuellen Bestandsverzeichnisses geprüft werden, da bereits ein kurz nach dem Tod des Erblassers erstelltes Nachlassverzeichnis existiert.

2.

Die Verpflichtung des Beklagten zur Sicherheitsleitung resultiert aus seiner sehr ungünstigen Vermögenslage, zu der wir bereits vorgetragen haben.[4]

...

Rechtsanwalt ◄

B. Erläuterungen

[1] Zuständigkeit des angerufenen Gerichts. Die örtliche Zuständigkeit des angerufenen Gerichts ergibt sich aus §§ 12, 13 ZPO, die sachliche aus §§ 23 Abs. 1 S. 1, 71 Abs. 1 ZPO. 2

[2] Sicherheitsleistung. Die Verpflichtung, Sicherheit zu leisten, ergibt sich aus § 2128. Die Höhe der Sicherheitsleistung bemisst sich nach dem Wert des gesamten Nachlass (*Lenz/Roglmeier* in: Tanck, § 1 Rn 483). 3

[3] Anspruch des Nacherben nur während der Vorerbschaft. Der Anspruch steht dem Nacherben nur während der Vorerbschaft zu (Hk-BGB/*Hoeren*, § 2127 Rn 5). Ist der Nacherbfall eingetreten, gilt § 2130; danach kann der Nacherbe neben dem Recht auf Rechenschaftslegung (§ 2130 Abs. 2) das sich aus § 260 ergebende Recht auf Vorlegung eines Verzeichnisses des derzeitigen Bestandes der Erbschaft geltend machen (*M. Hamdan/B. Hamdan* in: jurisPK-BGB, § 2127 Rn 11). 4

[4] Gerichtliche Verwaltung. Ist zu befürchten, dass der Beklagte die Sicherheitsleistung nicht erbringen kann, kann der Kläger ggf die gerichtliche Verwaltung gem. § 2129 Abs. 1, 2128 Abs. 2 iVm § 1052 Abs. 1 S. 2 anordnen lassen. Die nach § 1052 Abs. 1 S. 2 notwendige Nachfristsetzung kann bereits in dem Urteil ausgesprochen werden, das im Verfahren zur Verpflichtung der Leistung einer Sicherheit ergeht, § 255 Abs. 2 ZPO. Siehe zur gerichtlichen Verwaltung ausführlich *Lenz/Roglmeier* in: Tanck, § 1 Rn 486 ff. 5

§ 2128 Sicherheitsleistung

(1) Wird durch das Verhalten des Vorerben oder durch seine ungünstige Vermögenslage die Besorgnis einer erheblichen Verletzung der Rechte des Nacherben begründet, so kann der Nacherbe Sicherheitsleistung verlangen.
(2) Die für die Verpflichtung des Nießbrauchers zur Sicherheitsleistung geltende Vorschrift des § 1052 findet entsprechende Anwendung.

A. Besorgnis einer erheblichen Verletzung der Nacherbenrechte, § 2128 Abs. 1

1 I. Muster: Antrag des Nacherben auf einstweilige Verfügung und Sicherheitsleistung

▶ An das
Amtsgericht ■■■[1]

Antrag auf Erlass einer einstweiligen Verfügung

des Herrn ■■■,
– Antragsteller –
Verfahrensbevollmächtigte: Rechtsanwälte ■■■
gegen
1. Herrn ■■■
– Antragsgegner zu 1 –
2. Frau ■■■
– Antragsgegnerin zu 2 –
Verfahrensbevollmächtigte: ■■■

Namens und in Vollmacht des Antragstellers beantragen wir, wegen der Eilbedürftigkeit der Angelegenheit ohne mündliche Verhandlung[2], folgende einstweilige Verfügung zu erlassen:

Den Antragsgegnern wird als Gesamtschuldnern geboten, für die bevorstehende Zwangsvollstreckung aus dem Urteil des Amtsgerichts ■■■ Az ■■■Sicherheit zu leisten.[3]

Begründung

Der Antragsteller ist alleiniger Nacherbe des am ■■■ verstorbenen ■■■, zuletzt wohnhaft gewesen in ■■■ . Der Nacherbfall tritt ein, sobald der Antragsteller das 25. Lebensjahr vollendet haben wird; dies ist in drei Monaten der Fall.

Vorerben sind die Antragsgegner, ein Onkel des Antragstellers und seine Ehefrau. Die Antragsgegner sind von den gesetzlichen Verfügungsbeschränkungen des Vorerben nicht befreit.[4]

Glaubhaftmachung: Kopie des Testaments vom ■■■, Anl. K 1

Da die Antragsgegner derzeit in einer Mietwohnung, die ihren Verhältnissen nicht entspricht, leben, sind sie nicht in der Lage, die monatliche fällige Miete komplett zu bezahlen. Wegen der aufgelaufenen Mietrückstände haben nun die Vermieter das im Antrag genannte Urteil erwirkt und bereits einen Zwangsvollstreckungsauftrag erteilt.

Glaubhaftmachung: Eidesstattliche Versicherung des ■■■, Anl. K 2

Naheliegend ist deshalb, dass im Zuge der Zwangsvollstreckung auch ein zur Vorerbschaft gehörendes wertvolles Objekt von Josef Beuys, nämlich die „I a gebratene Fischgräte (Hering), 1970" (Fischgräte auf Pergamentpapier in verglastem Holzkasten, H. 30 cm x B. 11 cm x T. 6 cm) mit einem Verkehrswert von 50.000,00 EUR „unter den Hammer kommt".

Glaubhaftmachung: Verzeichnis der Nachlassgegenstände vom ■■■ , Anl. K 3

Ein Verfügungsgrund ist deshalb ohne weiteres gegeben, da die Antragsgegner außerhalb der Vorerbschaft über keine nennenswertes Vermögen verfügen.

Glaubhaftmachung: Eidesstattliche Versicherung des Antragstellers vom ■■■, Anl. K 4

■■■

Rechtsanwalt ◀

II. Erläuterungen und Varianten

2 [1] **Zuständigkeit des angerufenen Gerichts.** Für den Erlass der einstweiligen Verfügung ist das **Gericht der Hauptsache** zuständig, § 937 Abs. 1 ZPO. In der Hauptsache wäre die Klage bei

dem (allgemeinen) Gerichtsstand am Wohnsitz des Beklagten anhängig zu machen (§§ 12, 13 ZPO). Die sachliche Zuständigkeit richtet sich nach §§ 71, 23 GVG.

[2] **Entscheidung.** In dringenden Fällen kann die Entscheidung des Gerichts ohne mündliche Verhandlung ergehen, § 937 Abs. 2 ZPO. 3

[3] **Hauptsacheverfahren.** Entsprechend müsste auch der Antrag in einem Hauptsacheverfahren lauten. Dort sollte ergänzend noch folgender **Antrag gem. § 2128 Abs. 1, § 255 Abs. 2 ZPO** gestellt werden: 4

▶ Den Antragsgegnern wird für die Leistung der Sicherheit eine in das Ermessen des Gerichts gestellte Frist gesetzt, die ■■■ Wochen ab Rechtskraft des Urteils nicht überschreiten sollte. ◀

Reichen die Mittel der Vorerbschaft nicht aus, die Sicherheit zu stellen, muss der Vorerbe notfalls auch **Eigenvermögen zur Zahlung** einsetzen, da es sich bei der Verpflichtung, Sicherheit zu leisten, um eine persönliche Schuld des Vorerben handelt. Dieser kann zwischen den in § 232 aufgelisteten Sicherungsmitteln wählen (*Lenz/Roglmeier* in: Tanck, § 1 Rn 482). 5

[4] **Befreiter Vorerbe.** Hat der Erblasser den Vorerben von der Verpflichtung, gem. § 2128 Abs. 1 Sicherheit zu leisten, befreit (§ 2136), hat der Nacherbe grundsätzlich weder einen Auskunftsanspruch gem. § 2127 noch einen Anspruch auf Sicherung gem. § 2128 (es bleiben dann nur die allgemeinen Sicherungsmaßnahmen, **Arrest** und **einstweilige Verfügung**). Eine erhebliche Verletzung der Nacherbenrechte ist im Fall befreiter Vorerbschaft nur in engen, gesetzlich vorgegebenen Grenzen anzunehmen. Es rechtfertigt aber der Verstoß gegen das Gebot, keine Nachlassgegenstände zu verschenken (§ 2113 Abs. 2), auch bei befreiter Vorerbschaft den Erlass einer einstweiligen Verfügung (*Lenz/Roglmeier* in: Tanck, § 1 Rn 476). 6

B. Zwangsverwaltung, § 2128 Abs. 2

I. Antrag des Nacherben auf Anordnung der gerichtlichen Verwaltung

1. Muster: Antrag des Nacherben auf Anordnung der gerichtlichen Verwaltung 7

▶ An das 1092

Amtsgericht

– Vollstreckungsgericht –[1]

■■■

In der Vollstreckungssache

des Herrn ■■■

– Gläubiger –

Bevollmächtigte : Rechtsanwälte ■■■

gegen

1. Herrn ■■■
2. Frau ■■■

– Schuldner –

beantragen wir namens und in Vollmacht des Gläubigers,

I. die gerichtliche Verwaltung über den Nachlass des am ■■■ in ■■■ verstorbenen ■■■, anzuordnen;

II. die Schuldner als Gesamtschuldner zu verpflichten, sämtliche zum Nachlass gehörenden Gegenstände gemäß dem beiliegenden Bestandsverzeichnis vom ■■■ an den Verwalter herauszugeben.

Begründung

Der im Antrag genannte Erblasser hatte die Schuldner als nicht befreite Vorerben und den Gläubiger als Nacherben eingesetzt. Mit Urteil des Amtsgerichts ■■■ vom ■■■, Az ■■■, dessen vollstreckbare

Ausfertigung wir beifügen, wurden die Schuldner verurteilt, binnen ... Wochen seit Rechtskraft des Urteils eine Sicherheitsleistung in Höhe von ... EUR zu erbringen. Das Urteil ist seit ... rechtskräftig. Die Schuldner haben bisher (allerdings erwartungsgemäß) die Sicherheitsleistung nicht erbracht, so dass antragsgemäß zu entscheiden ist.[2]

...

Rechtsanwalt ◄

2. Erläuterungen und Varianten

8 **[1] Zuständigkeit des angerufenen Gerichts.** Nach § 2128 Abs. 2 iVm § 1052 kommt eine Zwangsverwaltung des Nachlasses in Betracht; zuständiges Gericht ist deshalb das Amtsgericht als Vollstreckungsgericht (§ 764 ZPO).

9 **[2] Bestimmung zum Verwalter.** Der Gläubiger kann anregen, sich selbst zum Verwalter zu bestellen, vgl § 1052 Abs. 2 S. 2.

II. Antrag auf Aufhebung der gerichtlichen Verwaltung

10 **1. Muster: Antrag auf Aufhebung der gerichtlichen Verwaltung**

► An das

Amtsgericht

– Vollstreckungsgericht –

...

Az ....[1]

In der Vollstreckungssache

.../ ....

beantrage ich namens und in Vollmacht des Gläubigers,

die mit Beschluss des Amtsgerichts ... – Vollstreckungsgericht – vom ... angeordnete gerichtliche Verwaltung bezüglich des Nachlasses des am ... in ... verstorbenen ... aufzuheben.

Begründung

Mit Beschluss vom ... – Az ... – hatte das Vollstreckungsgericht die gerichtliche Verwaltung über den Nachlass des im Antrag genannten Erblassers angeordnet und ... zum Verwalter bestellt.

Mittlerweile haben die Schuldner die ihnen durch Urteil des Amtsgerichts ... vom ..., Az ..., auferlegte Verpflichtung zur Sicherheitsleistung erfüllt und eine Bankbürgschaft über den vollen Betrag in Höhe von ... EUR erbracht, so dass die Anordnung der gerichtlichen Verwaltung aufzuheben ist.[2]

...

Rechtsanwalt ◄

2. Erläuterungen

11 **[1] Zuständigkeit des angerufenen Gerichts.** Vgl Erläuterungen Rn 8.

12 **[2] Aufhebung der Verwaltung.** Die Verwaltung ist aufzuheben, wenn die Sicherheit nachträglich geleistet wird, § 2128 Abs. 2 iVm § 1052 Abs. 3.

§ 2129 Wirkung einer Entziehung der Verwaltung

(1) Wird dem Vorerben die Verwaltung nach der Vorschrift des § 1052 entzogen, so verliert er das Recht, über Erbschaftsgegenstände zu verfügen.

(2) [1]Die Vorschriften zugunsten derjenigen, welche Rechte von einem Nichtberechtigten herleiten, finden entsprechende Anwendung. [2]Für die zur Erbschaft gehörenden Forderungen ist die Entziehung der Verwaltung dem Schuldner gegenüber erst wirksam, wenn er von der getroffenen Anordnung Kenntnis erlangt oder wenn ihm eine Mitteilung von der Anordnung zugestellt wird. [3]Das Gleiche gilt von der Aufhebung der Entziehung.

§ 2130 Herausgabepflicht nach dem Eintritt der Nacherbfolge, Rechenschaftspflicht

(1) [1]Der Vorerbe ist nach dem Eintritt der Nacherbfolge verpflichtet, dem Nacherben die Erbschaft in dem Zustand herauszugeben, der sich bei einer bis zur Herausgabe fortgesetzten ordnungsmäßigen Verwaltung ergibt. [2]Auf die Herausgabe eines landwirtschaftlichen Grundstücks findet die Vorschrift des § 596 a, auf die Herausgabe eines Landguts finden die Vorschriften der §§ 596 a, 596 b entsprechende Anwendung.
(2) Der Vorerbe hat auf Verlangen Rechenschaft abzulegen.

A. Außergerichtliches Anschreiben

I. Muster: Schreiben an nicht befreiten Vorerben (Rechenschaftslegung und Herausgabe der Erbschaft) 1

► An

Herrn ■■■ 1094

Herr ■■■ hat uns mit der Wahrnehmung seiner rechtlichen Interessen beauftragt; auf uns lautende Vollmacht fügen wir bei. Unserer Beauftragung liegt folgender Sachverhalt zugrunde:

Unser Mandant, Ihr Stiefsohn, ist alleiniger Nacherbe der am ■■■ verstorbenen ■■■, seiner Mutter. Die Erblasserin und Sie selbst hatten sich testamentarisch gegenseitig zu Alleinerben eingesetzt, wobei Sie als nicht befreiter Vorerbe eingesetzt waren. Der Nacherbfall sollte eintreten, sobald Sie nach dem Tod der Erblasserin eine neue Ehe schlössen. Das ist nun der Fall. Als Vorerbe müssen Sie die Vorerbschaft an unseren Mandanten herausgeben und über die Verwaltung des Nachlasses Rechenschaft ablegen.[1] Wir bitten Sie daher, die Einnahmen und Ausgaben für die Dauer der Vorerbschaft zusammenzustellen. Nehmen Sie bitte auch die Gegenstände auf, die Sie während der Dauer der Vorerbschaft aus Mitteln der Vorerbschaft angeschafft haben, und Erlöse aus einer etwaigen Veräußerung von Nachlassgegenständen. Wir dürfen Sie weiter bitten, uns die o.g. Zusammenstellung mit den dazugehörigen Belegen bis zum ■■■ vorzulegen. Sollte Grund zu der Annahme bestehen, dass Sie Ihre Angaben nicht mit der erforderlichen Sorgfalt gemacht haben, sind Sie verpflichtet, an Eides statt die Vollständigkeit der von Ihnen gemachten Angaben zu versichern.[2]

■■■

Rechtsanwalt ◄

II. Erläuterungen

[1] Rechenschaftspflicht. Die Verpflichtung des Vorerben, über die Verwaltung des Nachlasses Rechenschaft abzulegen, ergibt sich aus §§ 2130 Abs. 2, 259. 2

[2] Eidesstattliche Versicherung. Die Verpflichtung, ggf die Richtigkeit der gemachten Angaben an Eides statt zu versichern, ergibt sich aus § 259 Abs. 2. 3

B. Prozess

4 **I. Muster: Stufenklage des Nacherben gegen den Vorerben (Rechenschaftslegung, eidesstattliche Versicherung, Herausgabe der Erbschaft)**

1095 ▶ An das
Landgericht[1]
▪▪▪

Stufenklage

des Herrn ▪▪▪

– Kläger –[2]

Prozessbevollmächtigte: Rechtsanwälte ▪▪▪

gegen

Herrn ▪▪▪

– Beklagter –[3]

Prozessbevollmächtigte: ▪▪▪

Namens und in Vollmacht des Klägers erheben wir Klage und werden beantragen,

den Beklagten zu verurteilen,

I. dem Kläger Rechenschaft zu legen über die Verwaltung des Nachlasses der am ▪▪▪ verstorbenen ▪▪▪ durch die Vorlage
   1. einer geordneten Zusammenstellung der Einnahmen und der Ausgaben einschließlich der vorhandenen Belege und
   2. eines Bestandsverzeichnisses.

II. für den Fall, dass
   1. das Bestandsverzeichnis nicht mit der erforderlichen Sorgfalt aufgestellt worden sein sollte, zu Protokoll an Eides statt zu versichern, dass er nach bestem Wissen den Bestand so vollständig angegeben hat, als er dazu im Stande ist.[4]
   2. die in der Rechnungslegung enthaltenen Angaben über die Einnahmen nicht mit der erforderlichen Sorgfalt gemacht worden sein sollten, zu Protokoll an Eides Statt zu versichern, dass er nach bestem Wissen die Einnahmen so vollständig angegeben hat, als er dazu im Stande ist.[5]

III. an den Kläger die nach Erteilung der Rechnungslegung noch zu bezeichnenden Nachlassgegenstände herauszugeben.

Im Übrigen wird angeregt,

einen frühen ersten Termin zu bestimmen. Sofern das Gericht das schriftliche Vorverfahren anordnet, wird, falls die Voraussetzungen des § 331 Abs. 3 bzw § 307 ZPO vorliegen, um Erlass eines Versäumnis- bzw Anerkenntnisurteils ohne mündliche Verhandlung gebeten.

Mit einer Entscheidung durch den Einzelrichter ist der Kläger einverstanden.

Begründung

Der Kläger ist der Sohn der am ▪▪▪ verstorbenen ▪▪▪, zuletzt wohnhaft gewesen in ▪▪▪ . In einem privatschriftlichen Testament hatten sich die Erblasserin und der Beklagte gegenseitig zu Alleinerben eingesetzt, wobei der Beklagte nicht befreiter Vorerbe[6] war und der Nacherbfall eintreten sollte, sobald der Beklagte nach dem Tod der Erblasserin eine neue Ehe einginge. Nacherbe ist der Kläger.

Beweis: Kopie des Testaments vom ▪▪▪, Anl. K 1

Der Beklagte hat mittlerweile wieder geheiratet, so dass der Nacherbfall eingetreten ist.

Der Kläger begehrt zunächst Rechenschaftslegung (§ 2130 Abs. 2 BGB) über die Verwaltung des Nachlasses während der Dauer der Vorerbschaft. Dem Kläger ist aus entsprechenden Kleinanzeigen in der örtlichen Presse bekannt, dass der Beklagte einen Teil der Legofiguren-Sammlung der Erblasserin veräußert hat, um damit seine Sammlung exklusiver Weine zu erweitern.

Beweis: ▪▪▪, Anl. K 2

Außerdem hat er einen weiteren Teil der Sammlung dem örtlichen Kindergarten geschenkt.[7]

Beweis: Zeugnis der ▪▪▪

Mit

anwaltlichem Schreiben vom ▪▪▪, Anl. K 3,

wurde der Beklagte – bislang vergeblich – aufgefordert, Rechenschaft zu legen, so dass nunmehr Klage geboten ist. Angesichts der oben geschilderten Veräußerungen erwarten wir auch Ausführungen zu den während der Dauer der Vorerbschaft zum Nachlass gekommenen Surrogate (§ 2111 BGB).

▪▪▪

Rechtsanwalt ◄

II. Erläuterungen

[1] **Zuständigkeit des angerufenen Gerichts.** Die örtliche Zuständigkeit des angerufenen Gerichts ergibt sich aus §§ 12, 13 ZPO. Hinsichtlich des **Zuständigkeitsstreitwerts** ist gem. § 5 ZPO der Wert der verschiedenen Streitgegenstände zusammenzurechnen. Der Wert des Auskunftsanspruchs hängt vom Klägerinteresse ab (1/10 bis 1/4 des Hauptsacheanspruchs). Wird neben dem Antrag auf Grundbuchberichtigung auch die Feststellung des Eigentums begehrt, ergibt sich der Streit- aus dem Verkehrswert, § 6 ZPO (*Lenz/Roglmeier* in: Tanck, § 1 Rn 512). 5

Der **Gebührenstreitwert** bemisst sich nach § 44 GKG, also nach dem höchsten Wert aller geltend gemachten Ansprüche; die einzelnen Stufen werden nicht zusammengerechnet! (*Lenz/Roglmeier* in: Tanck, § 1 Rn 513). 6

[2] **Aktivlegitimation.** Aktivlegitimiert ist der Nacherbe. 7

[3] **Passivlegitimation.** Richtiger Beklagte ist der Vorerbe bzw dessen Erben. 8

[4] **Bestandsverzeichnis.** Anspruchsgrundlage für das Bestandsverzeichnis sind §§ 2130 Abs. 1 S. 1, 260. 9

[5] **Rechenschaftspflicht.** Anspruchsgrundlage für die Rechenschaftspflicht sind §§ 2130 Abs. 2, 259. 10

[6] **Befreiter Vorerbe.** Ist der Vorerbe befreit, kann Rechenschaftslegung nicht verlangt werden, nur Auskunft durch Vorlage eines Bestandsverzeichnisses. Die Herausgabepflicht beschränkt sich auf die im Zeitpunkt des Nacherbfalls noch vorhandene Erbschaft, einschließlich der Surrogate, ohne die Nutzungen. Schadensersatz ist nur in den Fällen des § 2138 Abs. 2 möglich. Siehe hierzu ausführlich *Lenz/Roglmeier* in: Tanck, § 1 Rn 496, 508, 515. 11

[7] **Verschenkte Vorerbschaft.** Zu denken ist in diesem Fall an eine zusätzliche Auskunftsklage gegen den vom Vorerben beschenkten Dritten. 12

§ 2131 Umfang der Sorgfaltspflicht

Der Vorerbe hat dem Nacherben gegenüber in Ansehung der Verwaltung nur für diejenige Sorgfalt einzustehen, welche er in eigenen Angelegenheiten anzuwenden pflegt.

§ 2132 Keine Haftung für gewöhnliche Abnutzung

Veränderungen oder Verschlechterungen von Erbschaftssachen, die durch ordnungsmäßige Benutzung herbeigeführt werden, hat der Vorerbe nicht zu vertreten.

§ 2133 Ordnungswidrige oder übermäßige Fruchtziehung

Zieht der Vorerbe Früchte den Regeln einer ordnungsmäßigen Wirtschaft zuwider oder zieht er Früchte deshalb im Übermaße, weil dies infolge eines besonderen Ereignisses notwendig geworden ist, so gebührt ihm der Wert der Früchte nur insoweit, als durch den ordnungswidrigen oder den übermäßigen Fruchtbezug die ihm gebührenden Nutzungen beeinträchtigt werden und nicht der Wert der Früchte nach den Regeln einer ordnungsmäßigen Wirtschaft zur Wiederherstellung der Sache zu verwenden ist.

1 A. Muster: Klage des Nacherben gegen den Vorerben auf Wertersatz wegen übermäßiger Fruchtziehung

▶ An das
Landgericht[1]

Klage

des

Herrn ■■■

– Kläger –

Prozessbevollmächtigte: Rechtsanwälte ■■■

gegen

Herrn ■■■

– Beklagter –

Prozessbevollmächtigte: Rechtsanwälte ■■■

Namens und in Vollmacht des Klägers erheben wir Klage und werden beantragen,

den Beklagten zu verurteilen, an den Kläger ■■■ EUR nebst 5 % Zinsen über dem Basiszinssatz seit ■■■ zu zahlen.[2]

Im Übrigen wird angeregt,

einen frühen ersten Termin zu bestimmen. Sofern das Gericht das schriftliche Vorverfahren anordnet, wird, falls die Voraussetzungen des § 331 Abs. 3 bzw § 307 ZPO vorliegen, um Erlass eines Versäumnis- bzw Anerkenntnisurteils ohne mündliche Verhandlung gebeten.

Mit einer Entscheidung durch den Einzelrichter ist der Kläger einverstanden.

Begründung

Der Kläger ist der Sohn der am ■■■ in ■■■ verstorbenen Erblasserin ■■■ . Der Beklagte ist der zweite Ehegatte der Erblasserin. Die Erblasserin und der Beklagte hatten sich testamentarisch gegenseitig zu Alleinerben eingesetzt, wobei der Beklagte als nicht befreiter Vorerbe eingesetzt war. Der Kläger wurde als Nacherbe eingesetzt.

Beweis: Kopie des Testaments vom ■■■, Anl. K 1

Der Nacherbfall sollte eintreten, sobald der Kläger sein BWL-Studium beendet haben würde. Vor- und Nacherbe haben die Erbschaft angenommen. Der Kläger hat sein BWL-Studium abgeschlossen, so dass der Nacherbfall eingetreten ist.

Beweis: Examenszeugnis vom ■■■, Anl. K 2

Zur Vorerbschaft gehört auch das Weingut „Dom zu Speyer" in ■■■ .

Beweis: Verzeichnis der Erbschaftsgegenstände vom ■■■, Anl. K 3

Das Weingut trug jährlich durchschnittlich 100.000 EUR ein.

Beweis: Jahresabrechnungen für die Jahre ■■■ (in Kopie), Anl. K 4 bis K 7

Infolge übermäßiger Behandlung mit dem – damals wie heute – verbotenen Mittel „Reblaus-Ex" konnte der Beklagte zumindest im ersten Jahr nach dem Tod der Erblasserin den Jahresertrag kurzfristig auf 250.000,00 EUR steigern. Dem Vorerben (also dem Beklagten) gebühren die Früchte aber nur insofern, als sie im Rahmen einer ordnungsgemäßen Verwaltung anfallen. Der Einsatz von „Reblaus-Ex" ist keinesfalls „ordnungsmäße Verwaltung".

Beweis: Sachverständigengutachten

Dem Beklagten gebührt deshalb der Ertrag des Weinbergs im ersten Jahr nach dem Tod der Erblasserin nur in Höhe von 100.000,00 EUR; die Differenz zum tatsächlich erwirtschafteten Ertrag verlangt der Kläger mit vorliegender Klage ersetzt.

Mit anwaltlichem Schreiben vom ■■■ wurde der Kläger unter Fristsetzung bis zum ■■■ vergeblich aufgefordert, den hier geltend gemachten Betrag zu zahlen.

Beweis: Schreiben vom ■■■, Anl. K 8

Klage war daher geboten.[3]

■■■

Rechtsanwalt ◄

B. Erläuterungen

2 [1] **Zuständigkeit des angerufenen Gerichts.** Die örtliche Zuständigkeit des angerufenen Gerichts ergibt sich aus §§ 12, 13 ZPO, die sachliche aus §§ 23 Abs. 1 S. 1, 71 Abs. 1 ZPO.

3 [2] **Keine Sicherheitsleistung.** Anders als in der parallelen Vorschrift des § 1039 Abs. 1 S. 2 kann nach § 2133 keine Sicherheitsleistung begehrt werden. Diese kann nur unter den Voraussetzungen des § 2128 geltend gemacht werden.

4 [3] **Übermäßige Fruchtziehung.** Der Kläger kann den Beklagten auf Wertersatz wegen übermäßiger Fruchtziehung gem. § 2133 in Anspruch nehmen. Zwar gehören dem Vorerben die von ihm gezogenen (Übermaß-) Früchte (§ 953), allerdings gebühren diese nicht ihm, sondern dem Nacherben (insofern abweichend von § 101!), es sei denn, der Erblasser hätte den Vorerben gem. § 2136 befreit.

5 Nach Eintritt des Nacherbfalles muss der Vorerbe dem Nacherben den Mehrertrag abzüglich des erlittenen Fruchtausfalles ersetzen. Müssen die Früchte zur Wiederherstellung des Urzustandes eingesetzt werden, stehen diese dem Vorerben nicht zu (vgl Palandt/*Edenhofer*, § 2133 Rn 1).

§ 2134 Eigennützige Verwendung

[1]Hat der Vorerbe einen Erbschaftsgegenstand für sich verwendet, so ist er nach dem Eintritt der Nacherbfolge dem Nacherben gegenüber zum Ersatz des Wertes verpflichtet. [2]Eine weitergehende Haftung wegen Verschuldens bleibt unberührt.

1 A. Muster: Klage des Nacherben gegen Vorerben auf Wertersatz wegen eigennütziger Verwendung

▶ An das
Landgericht[1]

Klage

des

Herrn ■■■

– Kläger –

Prozessbevollmächtigte: Rechtsanwälte ■■■

gegen

Herrn ■■■

– Beklagter –

Prozessbevollmächtigte: Rechtsanwälte ■■■

Namens und in Vollmacht des Klägers erheben wir Klage und werden beantragen,

den Beklagten zu verurteilen, an den Kläger ■■■ EUR nebst 5 % Zinsen über dem Basiszinssatz hieraus seit Rechtshängigkeit zu zahlen.

Im Übrigen wird angeregt,

einen frühen ersten Termin zu bestimmen. Sofern das Gericht das schriftliche Vorverfahren anordnet, wird, falls die Voraussetzungen des § 331 Abs. 3 bzw § 307 ZPO vorliegen, um Erlass eines Versäumnis- bzw Anerkenntnisurteils ohne mündliche Verhandlung gebeten.

Mit einer Entscheidung durch den Einzelrichter ist der Kläger einverstanden.

Begründung

Der Kläger ist der Sohn der am ■■■ in ■■■ verstorbenen Erblasserin ■■■, zuletzt wohnhaft in ■■■ . Der Beklagte ist der zweite Ehegatte der Erblasserin. Die Erblasserin und der Beklagte hatten sich testamentarisch gegenseitig zu Alleinerben eingesetzt, wobei der Beklagte als nicht befreiter Vorerbe eingesetzt war. Der Kläger wurde als Nacherbe eingesetzt.

Beweis: Kopie des Testaments vom ■■■, Anl. K 1

Der Nacherbfall sollte eintreten, sobald der Kläger sein BWL-Studium beendet haben würde. Vor- und Nacherbe haben die Erbschaft angenommen. Der Kläger hat sein BWL-Studium abgeschlossen.

Beweis: Examenszeugnis vom ■■■, Anl. K 2

Damit ist der Nacherbfall eingetreten. Zur Vorerbschaft gehört auch das Weingut „Dom zu Speyer" in ■■■ . Das ist unstreitig.

Der Beklagte hat mit

notariellem Kaufvertrag vom ■■■, Anl. K 3

■■■ ha des o. g. Weinguts verkauft und von dem Erlös unmittelbar nach dem Verkauf des Landes, einen Ferrari erworben. Dies hat er jedenfalls gegenüber der Zeugin ■■■ zugegeben.

Beweis: Zeugnis der ■■■, zu laden ■■■

Obwohl der Beklagte also als nicht befreiter Vorerbe einen Erbschaftsgegenstand für sich verwendet hat, hat er sich bislang geweigert, Wertersatz zu leisten, so dass nunmehr Klage geboten ist.[2]

■■■

Rechtsanwalt ◀

B. Erläuterungen

[1] **Zuständigkeit des angerufenen Gerichts.** Die örtliche Zuständigkeit des angerufenen Gerichts ergibt sich aus §§ 12, 13 ZPO, die sachliche aus §§ 23 Abs. 1 S. 1, 71 Abs. 1 ZPO. 2

[2] **Wertersatzanspruch des Klägers.** Der Wertersatzanspruch des Klägers ergibt sich aus § 2134. Voraussetzung ist, dass der nicht befreite Vorerbe den Erbschaftsstamm für sich verbraucht, ohne dass dem Nachlass ein Gegenwert zufließt. Dem nicht befreiten Vorerben gebühren nämlich lediglich die Nutzungen der Erbschaft. Verwendet er Erbschaftsgegenstände zu eigenen Zwecken, muss er dem Nacherben für den eingetretenen Substanzverlust Ersatz leisten (vgl auch Hk-BGB/*Hoeren*, § 2134 Rn 1 ff). 3

§ 2135 Miet- und Pachtverhältnis bei der Nacherbfolge

Hat der Vorerbe ein zur Erbschaft gehörendes Grundstück oder eingetragenes Schiff vermietet oder verpachtet, so findet, wenn das Miet- oder Pachtverhältnis bei dem Eintritt der Nacherbfolge noch besteht, die Vorschrift des § 1056 entsprechende Anwendung.

§ 2136 Befreiung des Vorerben

Der Erblasser kann den Vorerben von den Beschränkungen und Verpflichtungen des § 2113 Abs. 1 und der §§ 2114, 2116 bis 2119, 2123, 2127 bis 2131, 2133, 2134 befreien.

A. Testamentsgestaltung

I. Muster: Befreiung des Vorerben von einzelnen Beschränkungen 1

▶ Zu meinem alleinigen Erben bestimme ich, ▪▪▪ geb. am ▪▪▪ in ▪▪▪ derzeit wohnhaft ▪▪▪ meinen Gatten ▪▪▪ geb. am ▪▪▪ in ▪▪▪, der jedoch nur Vorerbe ist. Sollte er vor oder nach Eintritt des Erbfalls versterben, soll der Nacherbe als Vollerbe an die Stelle des von mir bestimmten Vorerben treten; einen Ersatzvorerben bestimme ich also nicht. 1098

Der Vorerbe ist nicht verpflichtet, Wertersatz wegen übermäßiger Fruchtziehung[1] und wegen eigennütziger Verwendung[2] zu leisten. Nacherbe ist mein Sohn ▪▪▪, geb. am ▪▪▪ in ▪▪▪ . Der Nacherbfall tritt ein, wenn mein Sohn sein BWL-Studium erfolgreich beendet hat. ◀

II. Erläuterungen

[1] **Übermäßige Fruchtziehung.** Die Verpflichtung des (nicht befreiten) Vorerben zum Wertersatz wegen übermäßiger Fruchtziehung ergibt sich aus § 2133. Der Erblasser kann die Stellung des Vorerben verbessern, indem er die Befreiungsmöglichkeiten des § 2136 nutzt und entsprechend befreite Vorerbschaft anordnet. Vgl zur befreiten und nicht befreiten Vorerbschaft ausführlich *Lenz/Roglmeier* in: Tanck, § 1 Rn 359 ff. 2

[2] **Eigennützige Verwendung.** Die Verpflichtung des (nicht befreiten) Vorerben zum Wertersatz wegen eigennütziger Verwendung ergibt sich aus § 2134. 3

B. Prozess

4 **I. Muster: Erbenfeststellungsklage (nicht befreiter Vorerbe)**

▶ An das
Landgericht[1]
■■■

Klage

des Herrn ■■■
– Kläger –
Prozessbevollmächtigte: Rechtsanwälte ■■■
gegen
Herrn ■■■
– Beklagter –
Prozessbevollmächtigte: Rechtsanwälte ■■■

Namens und in Vollmacht des Klägers erheben wir Klage und werden beantragen, festzustellen,

I. dass der Kläger Nacherbe seiner am ■■■ in ■■■ verstorbenen Mutter, Frau ■■■, geb. am ■■■, ist;
II. dass der Beklagte bezüglich des Nachlasses der Frau ■■■ die Rechtsstellung eines nicht befreiten Vorerben hat.

Im Übrigen wird angeregt,

einen frühen ersten Termin zu bestimmen. Sofern das Gericht das schriftliche Vorverfahren anordnet, wird, falls die Voraussetzungen des § 331 Abs. 3 bzw § 307 ZPO vorliegen, um Erlass eines Versäumnis- bzw Anerkenntnisurteils ohne mündliche Verhandlung gebeten.

Mit einer Entscheidung durch den Einzelrichter ist der Kläger einverstanden.

Begründung

Der Kläger ist das einzige Kind der im Antrag genannten Erblasserin. Der Beklagte ist der zweite Ehegatte der Erblasserin. In einem am ■■■ errichteten privatschriftlichen Testament hat die Erblasserin folgende Anordnung getroffen:

„Alleinerbe meines gesamten Vermögens soll mein Ehemann ■■■ sein. Sobald unser gemeinsamer Sohn ■■■ heiratet, soll mein Mann den Nachlass an ihn herausgeben, damit sich unser Sohn ein standesgemäßes Haus bauen kann." Beweis: Kopie des Testaments vom ■■■, Anl. K 1

Der Kläger hat sich mittlerweile verheiratet; das bestreitet auch der Beklagte nicht. Er sieht gleichwohl keinen Grund, die Erbschaft an den Kläger herauszugeben.

Beweis: Schreiben vom ■■■, Anl. K 2

Nach unserem Dafürhalten ist der Kläger Nacherbe der Erblasserin, da das Erbrecht des Beklagten enden sollte, sobald der Kläger die Ehe einginge.

Der Beklagte ist von den in § 2136 BGB genannten „Beschränkungen und Verpflichtungen", des Vorerben nicht befreit; wenn dem so wäre, hätte die Erblasserin dies ausdrücklich anordnen müssen.[2] Der Beklagte hat trotzdem in einem noch nicht abgeschlossenen Erbscheinsverfahren beim Amtsgericht – Nachlassgericht – ■■■ beantragt, ihm einen Erbschein zu erteilen, der ihn als Vollerbe der Erblasserin ausweist.[3] Beweis: Beiziehung der Akten des ■■■ Amtsgerichts – Nachlassgericht – ■■■, Az ■■■

Der Kläger hat somit ein rechtliches Interesse daran, dass seine Position als Nacherbe festgestellt wird.[4]

■■■
Rechtsanwalt ◀

II. Erläuterungen

[1] Zuständigkeit des angerufenen Gerichts. Die örtliche Zuständigkeit des angerufenen Gerichts ergibt sich aus § 27 Abs. 1 ZPO bzw §§ 12, 13 ZPO, die sachliche aus §§ 23 Abs. 1 S. 1, 71 Abs. 1 ZPO. 5

[2] Befreiung des Vorerben. Grundsätzlich – dh sofern der Erblasser nicht etwas anderes bestimmt (den Vorerben also entsprechend befreit), treffen den Vorerben die in § 2136 genannten Beschränkungen und Verpflichtungen (s. a. *Lenz/Roglmeier* in: Tanck, § 1 Rn 359). 6

[3] Beweislast. Wer sich auf die Stellung als befreiter Vorerbe beruft, trägt hierfür die Beweislast (vgl MüKo-BGB/*Grunsky*, § 2136 Rn 2; *Lenz/Roglmeier* in: Tanck, § 1 Rn 367; zu einem Muster für die Klage auf Feststellung des Bestehens einer befreiten Vorerbschaft vgl etwa *Steinbacher* in: Krug u.a., § 14 Rn 45). 7

Im **Erbschein** ist die vollständige oder teilweise Befreiung anzugeben (§ 2363 Abs. 1 S. 2). Damit soll sowohl im Rechtsverkehr als auch gegenüber Behörden, insbesondere dem Grundbuchamt (s. § 35 GBO), die Befreiung von den Verfügungsbeschränkungen der §§ 2113 Abs. 1, 2114 aufgezeigt werden. 8

[4] Erbscheinsverfahren und Feststellungsklage über streitiges Erbrecht. Das beim Nachlassgericht in Gang gesetzte Erbscheinserteilungsverfahren steht der Erhebung einer Feststellungsklage über das streitige Erbrecht nicht entgegen. 9

§ 2137 Auslegungsregel für die Befreiung

(1) Hat der Erblasser den Nacherben auf dasjenige eingesetzt, was von der Erbschaft bei dem Eintritt der Nacherbfolge übrig sein wird, so gilt die Befreiung von allen in § 2136 bezeichneten Beschränkungen und Verpflichtungen als angeordnet.
(2) Das Gleiche ist im Zweifel anzunehmen, wenn der Erblasser bestimmt hat, dass der Vorerbe zur freien Verfügung über die Erbschaft berechtigt sein soll.

§ 2138 Beschränkte Herausgabepflicht

(1) [1]Die Herausgabepflicht des Vorerben beschränkt sich in den Fällen des § 2137 auf die bei ihm noch vorhandenen Erbschaftsgegenstände. [2]Für Verwendungen auf Gegenstände, die er infolge dieser Beschränkung nicht herauszugeben hat, kann er nicht Ersatz verlangen.
(2) Hat der Vorerbe der Vorschrift des § 2113 Abs. 2 zuwider über einen Erbschaftsgegenstand verfügt oder hat er die Erbschaft in der Absicht, den Nacherben zu benachteiligen, vermindert, so ist er dem Nacherben zum Schadensersatze verpflichtet.

A. Außergerichtliches Anschreiben

1 **I. Muster: Aufforderungsschreiben des Nacherben an Vorerben (Auskunftserteilung und Herausgabe der Erbschaftsgegenstände)**

▶ An

Herrn ▪▪▪

▪▪▪

Herr ▪▪▪ hat uns mit der Wahrnehmung seiner rechtlichen Interessen beauftragt; auf uns lautende Vollmacht fügen wir bei. Unserer Beauftragung liegt folgender Sachverhalt zugrunde:

Ihre am ▪▪▪ verstorbene ▪▪▪ Gattin, hatte Sie als befreiten Vorerben eingesetzt und unseren Mandanten als Nacherbe für den Fall, dass er sein BWL-Studium erfolgreich beenden würde. Das ist mittlerweile der Fall, so dass der Nacherbfall eingetreten ist. Damit sind Sie nun verpflichtet, die Vorerbschaft an meinen Mandanten herauszugeben[1] und ein Verzeichnis der zum Nachlass gehörenden Gegenstände vorzulegen. In dieses Verzeichnis bitten wir auch die Gegenstände aufzunehmen, die Sie aus Mitteln der Vorerbschaft angeschafft haben, während Sie die Vorerbschaft besaßen. Wir bitten Sie, das Verzeichnis bis spätestens ▪▪▪ zu erstellen und uns zukommen zu lassen[2] und dürfen noch darauf aufmerksam machen, dass Sie ggf verpflichtet sind, die Vollständigkeit Ihrer Angaben an Eides Statt zu versichern, falls Sie bei der Zusammenstellung des Verzeichnisses nicht die erforderliche Sorgfalt aufwenden.

▪▪▪

Rechtsanwalt ◀

II. Erläuterungen

2 **[1] Herausgabeanspruch.** Anspruchsgrundlage für den Herausgabeanspruch ist § 2130.

3 **[2] Verzeichniserstellung.** Anspruchsgrundlage für den Anspruch auf Verzeichniserstellung ist § 2121.

B. Prozess

I. Herausgabepflicht, § 2138 Abs. 1

4 **1. Muster: Stufenklage des Nacherben gegen befreiten Vorerben (Auskunft, eidesstattliche Versicherung, Herausgabe der Erbschaftsgegenstände)**

▶ An das

Landgericht[1]

▪▪▪

Stufenklage

des Herrn ▪▪▪

– Kläger –

Prozessbevollmächtigte: Rechtsanwälte ▪▪▪

gegen

Herrn ▪▪▪

– Beklagter –

Prozessbevollmächtigte: Rechtsanwälte ▪▪▪

Namens und in Vollmacht des Klägers erheben wir Klage und werden beantragen, den Beklagten zu verurteilen,

I. dem Kläger Auskunft zu erteilen über den Bestand des Nachlasses und der mit Mitteln des Nachlasses angeschafften Gegenstände der am ■■■ verstorbenen ■■■ zum Stichtag ■■■ (Eintritt des Nacherbfalles) durch Vorlage eines Verzeichnisses;

II. für den Fall, dass das Verzeichnis nicht mit der erforderlichen Sorgfalt aufgestellt worden sein sollte, zu Protokoll an Eides statt zu versichern, dass er nach bestem Wissen den Bestand so vollständig angegeben hat, als er dazu im Stande ist.

III. an den Kläger die Nachlassgegenstände herauszugeben, die nach Erteilung der Auskunft noch zu bezeichnen sind .

Im Übrigen wird angeregt,

einen frühen ersten Termin zu bestimmen. Sofern das Gericht das schriftliche Vorverfahren anordnet, wird, falls die Voraussetzungen des § 331 Abs. 3 bzw § 307 ZPO vorliegen, um Erlass eines Versäumnis- bzw Anerkenntnisurteils ohne mündliche Verhandlung gebeten.

Mit einer Entscheidung durch den Einzelrichter ist der Kläger einverstanden.

Begründung

Der Kläger ist der Sohn der im Antrag zu I. genannten Erblasserin. Der Beklagte ist der zweite Ehegatte der Erblasserin. Die Erblasserin hat den Beklagten in einem handschriftlichen Testament als befreiten Vorerbe eingesetzt und den Kläger als ihren Nacherben.

Beweis: Kopie des Testaments vom ■■■, Anl. K 1

Der Nacherbfall sollte eintreten, sobald der Kläger sein BWL-Studium beendet haben würde. Vor- und Nacherbe haben die Erbschaft angenommen. Der Kläger hat sein BWL-Studium abgeschlossen, so dass der Nacherbfall eingetreten ist.

Der Kläger begehrt zunächst Auskunft[2] über den Bestand des Nachlasses im Zeitpunkt des Eintritts des Nacherbfalls (Datum des BWL-Examens).

■■■

Rechtsanwalt ◄

2. Erläuterungen

[1] **Zuständigkeit des angerufenen Gerichts.** Die örtliche Zuständigkeit des angerufenen Gerichts ergibt sich aus §§ 12, 13 ZPO, die sachliche aus §§ 23 Abs. 1 S. 1, 71 Abs. 1 ZPO. 5

[2] **Anspruchsgrundlagen.** Anspruchsgrundlagen sind §§ 2130 Abs. 1, 260 Abs. 1. Der befreite Vorerbe ist zur Rechenschaftslegung (§§ 2130 Abs. 2, 259) nicht verpflichtet. 6

II. Schadensersatz, 2138 Abs. 2

1. Muster: Schadensersatzklage des Nacherben gegen Vorerben[1] 7

► An das

Landgericht[2] 1102

Klage

des

Herrn ■■■

– Kläger –

Prozessbevollmächtigte: Rechtsanwälte ■■■

gegen

Herrn ■■■

– Beklagter –

Prozessbevollmächtigte: Rechtsanwälte ■■■

Namens und in Vollmacht des Klägers erheben wir Klage und werden beantragen,

den Beklagten zu verurteilen, an den Kläger ■■■ EUR nebst 5 % Zinsen über dem Basiszinssatz hieraus seit Rechtshängigkeit zu zahlen.

Im Übrigen wird angeregt,

einen frühen ersten Termin zu bestimmen. Sofern das Gericht das schriftliche Vorverfahren anordnet, wird, falls die Voraussetzungen des § 331 Abs. 3 ZPO bzw § 307 ZPO vorliegen, um Erlass eines Versäumnis- bzw Anerkenntnisurteils ohne mündliche Verhandlung gebeten.

Mit einer Entscheidung durch den Einzelrichter ist der Kläger einverstanden.

Begründung

Der Kläger ist der einzige Sohn der am ■■■ in ■■■ verstorbenen Erblasserin. Der Beklagte ist der zweite Ehegatte der Erblasserin. Die Erblasserin hat den Beklagten in einem handschriftlichen Testament als befreiten Vorerbe eingesetzt und den Kläger als ihren Nacherben.

Beweis: Kopie des Testaments vom ■■■, Anl. K 1

Der Nacherbfall sollte eintreten, sobald der Kläger sein BWL-Studium beendet haben würde. Vor- und Nacherbe haben die Erbschaft angenommen. Der Kläger hat sein BWL-Studium abgeschlossen, so dass der Nacherbfall eingetreten ist.

Bei Überprüfung der zum Nachlass gehörigen Konten stieß der Kläger auf eine Überweisung zugunsten des Autohauses ■■■ . Es stellte sich heraus, dass der Beklagte den entsprechenden Betrag zum Ankauf eines BMW-Cabrios verwendet und dem Verkäufer des Autohauses mitgeteilthatte, er sehe nicht ein, warum „dieser BWL-Schnösel mit seinem aufgestellten Polohemdkragen" das Geld bekomme, nur weil er sein Examen nun bestanden habe; besser sei es, wenn die Mutter des Klägers weine als seine (des Beklagten).

Beweis: Zeugnis des Herrn ■■■, zu laden ■■■

Der Kläger hat den Beklagten mehrfach schriftlich aufgefordert, ihm den dem Nachlass entnommenen Betrag zu erstatten.[3]

Beweis: Schreiben vom ■■■ und ■■■, Anlagen K 2 und K 3

Der Beklagte hat dies verweigert und seine oben wiedergegebene Auffassung bekräftigt.Beweis: Schreiben vom ■■■, Anl. K 4

Klage ist daher geboten.

■■■

Rechtsanwältin ◄

2. Erläuterungen

8 [1] **Antrag auf dinglichen Arrest.** Ein Formular zum Antrag auf dinglichen Arrest zur Sicherung des Schadensersatzanspruchs wegen unentgeltlicher Verfügung des Vorerben findet sich etwa bei *Steinbacher* in: Krug, § 14 Rn 307.

9 [2] **Zuständigkeit des angerufenen Gerichts.** Zuständig ist das Gericht, in dessen Bezirk der Vorerbe seinen Wohnsitz hat, §§ 12, 13 ZPO.

10 [3] **Anspruchsgrundlagen.** Anspruchsgrundlage für den Schadensersatz ist, wenn sich der Anspruch gegen den nicht befreiten Vorerben richtet, § 2130 Abs. 1; richtet er sich gegen den befreiten Vorerben, ist Anspruchsgrundlage §§ 2138 Abs. 2, 2113 Abs. 2 (Palandt/*Edenhofer*, § 2138 Rn 2).

§ 2139 Wirkung des Eintritts der Nacherbfolge

Mit dem Eintritt des Falles der Nacherbfolge hört der Vorerbe auf, Erbe zu sein, und fällt die Erbschaft dem Nacherben an.

§ 2140 Verfügungen des Vorerben nach Eintritt der Nacherbfolge

[1]Der Vorerbe ist auch nach dem Eintritt des Falles der Nacherbfolge zur Verfügung über Nachlassgegenstände in dem gleichen Umfang wie vorher berechtigt, bis er von dem Eintritt Kenntnis erlangt oder ihn kennen muss. [2]Ein Dritter kann sich auf diese Berechtigung nicht berufen, wenn er bei der Vornahme eines Rechtsgeschäfts den Eintritt kennt oder kennen muss.

§ 2141 Unterhalt der werdenden Mutter eines Nacherben

Ist bei dem Eintritt des Falles der Nacherbfolge die Geburt eines Nacherben zu erwarten, so findet auf den Unterhaltsanspruch der Mutter die Vorschrift des § 1963 entsprechende Anwendung.

§ 2142 Ausschlagung der Nacherbschaft

(1) Der Nacherbe kann die Erbschaft ausschlagen, sobald der Erbfall eingetreten ist.
(2) Schlägt der Nacherbe die Erbschaft aus, so verbleibt sie dem Vorerben, soweit nicht der Erblasser ein anderes bestimmt hat.

§ 2143 Wiederaufleben erloschener Rechtsverhältnisse

Tritt die Nacherbfolge ein, so gelten die infolge des Erbfalls durch Vereinigung von Recht und Verbindlichkeit oder von Recht und Belastung erloschenen Rechtsverhältnisse als nicht erloschen.

§ 2144 Haftung des Nacherben für Nachlassverbindlichkeiten

(1) Die Vorschriften über die Beschränkung der Haftung des Erben für die Nachlassverbindlichkeiten gelten auch für den Nacherben; an die Stelle des Nachlasses tritt dasjenige, was der Nacherbe aus der Erbschaft erlangt, mit Einschluss der ihm gegen den Vorerben als solchen zustehenden Ansprüche.
(2) Das von dem Vorerben errichtete Inventar kommt auch dem Nacherben zustatten.
(3) Der Nacherbe kann sich dem Vorerben gegenüber auf die Beschränkung seiner Haftung auch dann berufen, wenn er den übrigen Nachlassgläubigern gegenüber unbeschränkt haftet.

§ 2145 Haftung des Vorerben für Nachlassverbindlichkeiten

(1) [1]Der Vorerbe haftet nach dem Eintritt der Nacherbfolge für die Nachlassverbindlichkeiten noch insoweit, als der Nacherbe nicht haftet. [2]Die Haftung bleibt auch für diejenigen Nachlassverbindlichkeiten bestehen, welche im Verhältnis zwischen dem Vorerben und dem Nacherben dem Vorerben zur Last fallen.
(2) [1]Der Vorerbe kann nach dem Eintritt der Nacherbfolge die Berichtigung der Nachlassverbindlichkeiten, sofern nicht seine Haftung unbeschränkt ist, insoweit verweigern, als dasjenige nicht ausreicht, was ihm von der Erbschaft gebührt. [2]Die Vorschriften der §§ 1990, 1991 finden entsprechende Anwendung.

§ 2146 Anzeigepflicht des Vorerben gegenüber Nachlassgläubigern

(1) [1]Der Vorerbe ist den Nachlassgläubigern gegenüber verpflichtet, den Eintritt der Nacherbfolge unverzüglich dem Nachlassgericht anzuzeigen. [2]Die Anzeige des Vorerben wird durch die Anzeige des Nacherben ersetzt.
(2) Das Nachlassgericht hat die Einsicht der Anzeige jedem zu gestatten, der ein rechtliches Interesse glaubhaft macht.

Titel 4 Vermächtnis

§ 2147 Beschwerter

[1]Mit einem Vermächtnis kann der Erbe oder ein Vermächtnisnehmer beschwert werden. [2]Soweit nicht der Erblasser ein anderes bestimmt hat, ist der Erbe beschwert.

A. Testamentsgestaltung

1 Die Vielzahl der Möglichkeiten, ein Vermächtnis zu gestalten (bspw Voraus-, Alternativ-, Wahl-, Gattungs-, Zweck-, Verschaffungs-, Forderungs-, Unter-, Ersatz-, Nach- und Rückvermächtnisse), kann hier nicht erschöpfend behandelt werden (vgl dazu vielmehr etwa *Bartsch* in: Tanck, § 2 Rn 23–97; *Tanck* in: Tanck, § 7 Rn 161–212; *Eckert/Kroiß* in: FormularBibliothek Vertragsgestaltung, Band Erbrecht, § 2 Rn 30 ff). Sofern nicht besondere Vorschriften bestehen (Wahl-, Gattungs-, Zweckvermächtnis etc.), die an Ort und Stelle erläutert werden, sind im Folgenden die Vermächtnisarten dargestellt, die nach Erfahrung des Verfassers in der Praxis am häufigsten begegnen.

I. Geldvermächtnis

2 1. Muster: Geldvermächtnis

▶ Meinem Neffen ■■■, geboren am ■■■, vermache ich einen Geldbetrag in Höhe von ■■■ EUR, wenn dieser Betrag nicht mehr als ■■■ % des Nachlasswertes ausmacht. Übersteigt der Geldbetrag ■■■ % des Nachlasswertes, erhält mein Neffe nur den Betrag, der ■■■ % des Nachlasswertes entspricht.[1] ◀

2. Erläuterungen

3 [1] **Zu berücksichtigende Umstände.** Beim Geldvermächtnis sind zwei Punkte zu beobachten:

(a) **Beschränkung auf Höchstbetrag.** Sofern die Gefahr besteht, dass sich die **Vermögensverhältnisses** des Erblasser, zB infolge hoher Pflegekosten, **verschlechtern** und der vermachte Betrag den restlichen Nachlass (zulasten des Erben) unverhältnismäßig stark reduziert, kann das Geldvermächtnis auf einen Höchstbetrag beschränkt werden.

(b) **Wertsicherungsklausel.** Einem **Inflationsrisiko** kann durch eine Wertsicherungsklausel begegnet werden. Wenn diese nur Wirkungen bis zum Erbfall entfalten soll, ist sie genehmigungsfrei (§ 2 Preisangaben- und PreisklauselG!). Wenn sie auch noch nach Eintritt des Erbfalls wirken soll, ist sie genehmigungsbedürftig (*Eckert/Kroiß*, § 2 Rn 47).

II. Grundstücksvermächtnis

1. Muster: Grundstücksvermächtnis 4

▶ Meinem Neffen ▪▪▪, geb. am ▪▪▪, vermache ich mein Grundstück in ▪▪▪, eingetragen im Grundbuch von ▪▪▪, Band ▪▪▪, Blatt ▪▪▪, Flurstück-Nr. ▪▪▪.[1] 1104

Sollten zum Zeitpunkt des Erbfalls durch Grundpfandrechte abgesicherte Verbindlichkeiten bestehen und betreffen diese Verbindlichkeiten den Erwerb des Grundstücks, hat der Vermächtnisnehmer sowohl die dinglichen Lasten zu übernehmen, als auch den Erben von den Verbindlichkeiten freizustellen. Die Kosten der Vermächtniserfüllung tragen die Erben. ◀

2. Erläuterungen und Varianten

[1] **Genaue Grundbuchbezeichnung.** Ratsam ist die genaue Bezeichnung des Grundstücks und seiner Belastungen nach einem aktuellen Grundbuchauszug. Bestehen Verbindlichkeiten, die durch eine Grundschuld auf dem Grundstück gesichert sind, gehören diese Verbindlichkeiten grundsätzlich zum Nachlass. 5

Sinnvoll ist auch eine Regelung für den Fall, dass das **Grundstück im Erbfall nicht mehr** zum **Nachlass** gehört, etwa das der Vermächtnisnehmer ein Geldvermächtnis erhalten soll, dessen Höhe dem Grundstückswert zum Zeitpunkt der Weggabe entspricht (vgl dazu *Tanck* in: Tanck, § 7 Rn 182) oder eine Regelung hinsichtlich des Hausrats und Inventars (vgl dazu *Tanck* in: Tanck, § 7 Rn 183). 6

III. Hausratsvermächtnis

1. Muster: Hausratsvermächtnis 7

▶ Meiner Ehefrau ▪▪▪, geb. am ▪▪▪ in ▪▪▪, vermache ich unser Wohnhaus in ▪▪▪, ▪▪▪-Straße Nr. ▪▪▪, das zugehörige Inventar und den Hausrat.[1] ◀ 1105

2. Erläuterungen

[1] **Kein Ehegattenvoraus bei gewillkürter Erbfolge.** Bei gewillkürter Erbfolge kommt der (für die gesetzliche Erbfolge vorgesehene) Ehegattenvoraus (§ 1932) bzw der gesetzliche Voraus für eingetragene Lebenspartnerschaften (§ 10 Abs. 1 LebPartG) nicht in Betracht. Sofern der betreffende Ehegatte zwar nicht Erbe wird, aber die gemeinsam bewohnte Immobilie oder den Nießbrauch daran als Vermächtnis zugewandt erhält, kann mit dem Hausratsvermächtnis dafür Vorsorge getroffen werden, dass nicht das Inventar und der Hausrat an den Erben herausgegeben werden müssen (*Tanck* in: Tanck, § 7 Rn 183). 8

IV. Nießbrauchsvermächtnis

1. Muster: Nießbrauchsvermächtnis 9

▶ Zum Dank für die von meiner Haushälterin Frau ▪▪▪, wohnhaft ▪▪▪, erbrachten Dienstleistungen soll sie den lebenslangen unentgeltlichen Nießbrauch an meinem Haus in ▪▪▪, ▪▪▪-Straße Nr. ▪▪▪, eingetragen im Grundbuch des Amtsgerichts ▪▪▪ für ▪▪▪ Band ▪▪▪, Heft ▪▪▪, Bestandsverzeichnis-Nr. ▪▪▪ erhalten. Da das Vermächtnis an die Person von Frau ▪▪▪ gebunden ist, bestimme ich einen Ersatzvermächtnisnehmer ausdrücklich nicht.[1] ◀

2. Erläuterungen

[1] **Nießbrauchsrecht an Grundstück und Wohnungsrecht.** Das Nießbrauchrecht an einem Grundstück geht weiter als das Wohnungsrecht (§ 1093; dazu ausführlich *Tank* in: Tanck, § 7 Rn 205–212); der Nießbraucher kann deshalb das Grundstück selbst nutzen, vermieten, ver- 10

pachten oder einem Dritten überlassen. Soweit der Erblaser nichts anders bestimmt hat, trägt allerdings der Nießbraucher die gewöhnlichen Unterhaltungskosten (§ 1041) und im Innenverhältnis zum Eigentümer die laufenden öffentlichen Abgaben (§ 1047); die Kosten für außergewöhnliche Unterhaltungsmaßnahmen treffen also den Erben.

V. Quotenvermächtnis

11 **1. Muster: Quotenvermächtnis**

▶ Meinem Freund F1, derzeit wohnhaft ▪▪▪ vermache ich die Hälfte aller Weinflaschen, die sich im Zeitpunkt des Erbfalls in meinem Keller in ▪▪▪, ▪▪▪-Straße Nr. ▪▪▪ befinden; meinem Freund F2, derzeit wohnhaft ▪▪▪ vermache ich die andere Hälfte. Sollte sich zum o. g. Zeitpunkt eine ungerade Anzahl von Flaschen im Keller befinden, mögen die beiden ein Flasche an Ort und Stelle auf mein Wohl leeren.[1] ◀

2. Erläuterungen und Varianten

12 [1] **Bruchteil des Vermögen als Vermächtnis.** Möglich ist es, das Vermächtnis auf einen Bruchteil des Vermögens zu beschränken (*Bartsch* in: Tanck, § 2 Rn 75).

VI. Stückvermächtnis

13 **1. Muster: Stückvermächtnis**

▶ Das Objekt „I a gebratene Fischgräte (Hering), 1970" (Fischgräte auf Pergamentpapier in verglastem Holzkasten, H. 30 cm x B. 11 cm x T. 6 cm) von Joseph Beuys vermache ich meinem Enkel ▪▪▪, geb. am ▪▪▪.[1] ◀

2. Erläuterungen

14 [1] **Voraussetzung für die Wirksamkeit des Stückvermächtnisses.** Voraussetzung für die Wirksamkeit des Stückvermächtnisses ist grundsätzlich, dass der Gegenstand zum Zeitpunkt des Erbfalls zum Nachlass gehört (§ 2169 Abs. 1). Ist er zwischen der Errichtung der letztwilligen Verfügung und dem Erbfall untergegangen, zerstört oder verändert worden, muss durch Auslegung ermittelt werden, ob der Vermächtnisnehmer Anspruch auf Wertersatz gem. § 2164 Abs. 2 bzw § 2169 Abs. 3 hat; im Zweifel wird das nur in den im Gesetz ausdrücklich genannten Fällen so sein, § 2169 Abs. 3 (*Bartsch* in: Tanck, § 2 Rn 28).

15 Der vermachte Gegenstand sollte so exakt wie möglich bestimmt werden, damit für jeden erkennbar ist, welchen Gegenstand der Erblasser zuwenden wollte.

VII. Bestimmung des beschwerten Erben durch Erblasser

16 **1. Muster: Bestimmung des Beschwerten**

▶ Erben sollen meine Gattin sowie meine beiden Kinder sein, und zwar nach den Regeln der gesetzlichen Erbfolge. Meinem Freund ▪▪▪ vermache ich auf Lebenszeit eine Flasche Wein pro Woche aus meinem Weinkeller in ▪▪▪, ▪▪▪-Straße Nr. ▪▪▪. Sollte der dortige Vorrat nicht ausreichen, trägt mein Sohn ▪▪▪ die Kosten für die Beschaffung qualitativ gleichwertiger Weine.[1] ◀

2. Erläuterungen

17 [1] **Abweichung von § 2058.** Grundsätzlich haften mehrere Erben im Außenverhältnis dem Vermächtnisnehmer gegenüber als Gesamtschuldner (§ 2058) und im Innenverhältnis entsprechend ihren Erbteilen (§ 2148). Wie das Beispiel zeigt, kann der Erblasser eine abweichende

Verteilung vorsehen. Die Kosten für die Erfüllung des Vermächtnisses fallen dem Beschwerten zur Last, sofern der Erblasser nichts anders bestimmt hat (*Bartsch* in: Tanck, § 2 Rn 132).

B. Prozess

Über den Inhalt einer letztwilligen Verfügung unterrichtet das Nachlassgericht den Vermächtnisnehmer im Anschluss an die Testamentseröffnung (§ 2260 Abs. 2 S. 1). Es übermittelt dem Vermächtnisnehmer den Inhalt der Verfügung, soweit er davon betroffen ist. Der Vermächtnisnehmer kann auch Einsicht in die Nachlassakte nehmen, da er als „Beteiligter" (§ 10 Abs. 1 FamFG) jedenfalls ein „berechtigtes Interesse" glaubhaft machen kann (§ 13 Abs. 2 FamFG). 18

I. Quotenvermächtnis

1. Muster: Klage auf Quotenvermächtnis 19

▶ An das

Landgericht ■■■[1] 1110

Klage

des Herrn ■■■

– Kläger –

Prozessbevollmächtigte: Rechtsanwälte ■■■

gegen

Herrn ■■■,

– Beklagter –

Prozessbevollmächtigte: Rechtsanwälte ■■■

Namens und in Vollmacht des Klägers erheben wir Klage und werden beantragen,

den Beklagten zu verurteilen, an den Kläger ■■■ Flaschen der Marke ■■■herauszugeben.

Im Übrigen wird angeregt,

einen frühen ersten Termin zu bestimmen. Sofern das Gericht das schriftliche Vorverfahren anordnet, wird, falls die Voraussetzungen des § 331 Abs. 3 bzw § 307 ZPO vorliegen, um Erlass eines Versäumnis- bzw Anerkenntnisurteils ohne mündliche Verhandlung gebeten.

Mit einer Entscheidung durch den Einzelrichter ist der Kläger einverstanden.

Begründung

Der am ■■■ in ■■■ verstorbene Erblasser hatte den Beklagten mit privatschriftlichen Testament vom ■■■ als Alleinerben eingesetzt. Aufgrund dieses Testaments hat das Amtsgericht – Nachlassgericht – ■■■, Az ■■■ einen entsprechenden Erbschein erteilt.

Beweis: Kopie des Erbscheins vom ■■■, Anl. K 1

Der Erblasser hat ausweislich seines Testaments u. a. folgendes angeordnet:

Meinem Freund F1, derzeit wohnhaft ■■■ vermache ich die Hälfte aller Weinflaschen, die sich im Zeitpunkt des Erbfalls in meinem Keller in ■■■, ■■■-Straße Nr. ■■■ befinden; meinem Freund F2, derzeit wohnhaft ■■■ vermache ich die andere Hälfte.

Beweis: Kopie des Ausschnitts aus dem Testament, Anl. K 2

Der Erblasser hatte in seinen letzten Lebensjahren ausschließlich Weine des Weinguts ■■■ bezogen, so dass sich auch ausschließlich die entsprechenden Marken in seinem Keller befanden; das ist unstreitig. Unstreitig ist auch, dass sich zum Zeitpunkt des Todes des Erblassers ■■■ Flaschen in seinem Keller befanden; der Erblasser hatte nämlich zuvor sämtliche Flaschen geleert, die neue Lieferung

(■■■ Flaschen) traf am Tag seines Todes ein und wurde vom Erblasser nicht mehr angebrochen. Der Kläger hat dem Beklagten erklärt, er nehme dieses Vermächtnis an. Der Beklagte hat jedoch die Herausgabe verweigert mit der Begründung, er brauche den Wein für seine demnächst anstehende Hochzeit.

Beweis: Schreiben vom ■■■, Anl. K 3

Klage war daher geboten.

■■■

Rechtsanwalt ◄

2. Erläuterungen

20 **[1] Zuständigkeit des angerufenen Gerichts.** Die örtliche Zuständigkeit des anzurufenden Gerichts richtet sich nach §§ 12, 13 ZPO (allgemeiner Gerichtsstand); die Klage kann alternativ auch beim (besonderen) Gerichtsstand der Erbschaft (§ 27 ZPO) anhängig gemacht werden, da es sich hier um die Geltendmachung von „Ansprüche(n) aus Vermächtnissen" handelt. Die sachliche Zuständigkeit ergibt sich aus §§ 23 Abs. 1 S. 1, 71 Abs. 1 ZPO.

II. Stückvermächtnis

21 **1. Muster: Klage auf Übereignung und Herausgabe eines Stückvermächtnisses**

► An das

Landgericht ■■■[1]

Klage

des Herrn ■■■

– Kläger –

Prozessbevollmächtigte: Rechtsanwälte ■■■

gegen

1. Frau ■■■

– Beklagte zu 1 –

2. Herrn ■■■

– Beklagter zu 2 –

3. Frau ■■■

– Beklagte zu 3 –

Prozessbevollmächtigte: Rechtsanwälte ■■■

Namens und in Vollmacht des Klägers erheben wir Klage und werden beantragen,

die Beklagten als Gesamtschuldner zu verurteilen, das Objekt „I a gebratene Fischgräte (Hering), 1970" (Fischgräte auf Pergamentpapier in verglastem Holzkasten, H. 30 cm x B. 11 cm x T. 6 cm) von Joseph Beuys an den Kläger zu übereignen und herauszugeben.[2]

Im Übrigen wird angeregt,

einen frühen ersten Termin zu bestimmen. Sofern das Gericht das schriftliche Vorverfahren anordnet, wird, falls die Voraussetzungen des § 331 Abs. 3 bzw § 307 ZPO vorliegen, um Erlass eines Versäumnis- bzw Anerkenntnisurteils ohne mündliche Verhandlung gebeten.

Mit einer Entscheidung durch den Einzelrichter ist der Kläger einverstanden.

Begründung

Der am ▪▪▪ in ▪▪▪ verstorbene Erblasser hatte seine Ehefrau (die Beklagte zu 1) und seine beiden Kinder (die Beklagten zu 2 und 3) durch privatschriftliches Testament vom ▪▪▪ zu Erben nach den Regeln der gesetzlichen Erbfolge eingesetzt.

Beweis:

Kopie des Testamentes vom ▪▪▪, Anl. K 1

Die Beklagten haben die Erbschaft angenommen und einen entsprechenden Erbschein erhalten.

Beweis: Beiziehung der Akten des Amtsgerichts – Nachlassgericht – ▪▪▪, Az. ▪▪▪ In dem o.g. Testament hat der Erblasser dem Kläger das im Antrag genannte Objekt vermacht.

Beweis: Kopie des Testaments vom ▪▪▪, b. v. als Anl. K 1

Der Kläger hat den Beklagten gegenüber erklärt, er nehme das Vermächtnis an, und hat die Beklagten mit

Schreiben vom ▪▪▪, Anl. K 2

gebeten, das Vermächtnis zu erfüllen.

Gleichwohl weigern sich die Beklagten, dem Kläger die – wohl sehr wertvolle – Plastik zu übereigenen und herauszugeben.[3]

Beweis: Schreiben vom ▪▪▪ Anl. K 3

Klage war daher geboten.

▪▪▪

Rechtsanwalt ◄

2. Erläuterungen und Varianten

[1] Zuständigkeit des angerufenen Gerichts. Die Klage kann bei dem (besonderen) Gerichtsstand der Erbschaft (§ 27 ZPO) oder dem (allgemeinen) Gerichtsstand am Wohnsitz des Beklagten anhängig gemacht werden (§§ 12, 13 ZPO). Die sachliche Zuständigkeit richtet sich nach §§ 71, 23 GVG. 22

Bei der **drohenden Veräußerung eines Vermächtnisgegenstands** kann ein Antrag auf Erlass einer einstweiligen Verfügung helfen (vgl dazu etwa *Bartsch* in: Tanck, § 2 Rn 212 und 228). 23

[2] Beschränkung der Haftung auf den Nachlass. Da mit einem Titel gegen den Erben auch in dessen Privatvermögen vollstreckt werden kann, muss sich der Erbe, um dies zu verhindern, die Beschränkung der Haftung auf den Nachlass vorbehalten (vgl zu einer möglichen Formulierung etwa Hk-ZPO/*Gierl*, § 780 Rn 1) und zwar auch dann wenn der Beklagte die Voraussetzungen der beschränkten Erbenhaftung noch nicht darlegen kann und nicht einmal sicher ist, ob sie eintreten wird (*Bartsch* in: Tanck, § 2 Rn 189). Der Vorbehalt ist bis zum Schluss der letzten Tatsachenverhandlung möglich. 24

[3] Erwiderung des Beklagten. Gegenüber dem Herausgabeanspruch des Klägers (§ 2174) könnten die Beklagte etwa mit einem Anspruch auf Ersatz von (notwendigen und nützlichen, §§ 2185, 994, 996) Verwendungen erwidern (vgl dazu das Muster zu § 2185), also (soweit der Herausgabeanspruch nicht zu bestreiten ist) den **Anspruch anerkennen:** 25

► Zug um Zug gegen Zahlung eines Verwendungsersatzes in Höhe von ▪▪▪ EUR nebst Zinsen i. H. von 5 Prozentpunkten über dem Basiszinssatz seit ▪▪▪. ◄

§ 2148 Mehrere Beschwerte

Sind mehrere Erben oder mehrere Vermächtnisnehmer mit demselben Vermächtnis beschwert, so sind im Zweifel die Erben nach dem Verhältnis der Erbteile, die Vermächtnisnehmer nach dem Verhältnis des Wertes der Vermächtnisse beschwert.

§ 2149 Vermächtnis an die gesetzlichen Erben

[1]Hat der Erblasser bestimmt, dass dem eingesetzten Erben ein Erbschaftsgegenstand nicht zufallen soll, so gilt der Gegenstand als den gesetzlichen Erben vermacht. [2]Der Fiskus gehört nicht zu den gesetzlichen Erben im Sinne dieser Vorschrift.

§ 2150 Vorausvermächtnis

Das einem Erben zugewendete Vermächtnis (Vorausvermächtnis) gilt als Vermächtnis auch insoweit, als der Erbe selbst beschwert ist.

A. Testamentsgestaltung

1 **I. Muster: Vorausvermächtnis**

▶ Meinem Sohn ■■■ vermache ich das Objekt „I a gebratene Fischgräte (Hering), 1970" (Fischgräte auf Pergamentpapier in verglastem Holzkasten, H. 30 cm x B. 11 cm x T. 6 cm) von Joseph Beuys, und zwar ausdrücklich als Vorausvermächtnis.[1] ◀

II. Erläuterungen

2 **[1] Stellung des Vermächtnisnehmers als Erbe.** Der Vermächtnisnehmer als Erbe bleibt durch das Vorausvermächtnis (also ein Vermächtnis, das sich der Vermächtnisnehmer nicht auf seinen Erbteil anrechnen lassen muss, Hk-BGB/*Hoeren*, § 2150 Rn 1) auch dann begünstigt, wenn er nicht Erbe wird, zB aufgrund einer Ausschlagung der Erbschaft.

B. Prozess

3 **I. Muster: Klage auf Vorausvermächtnis**

▶ An das
Landgericht ■■■[1]

Klage

des Herrn ■■■
– Kläger –
Prozessbevollmächtigte: Rechtsanwälte ■■■
gegen
1. Frau ■■■
– Beklagte zu 1 –
2. Frau ■■■,
– Beklagte zu 2 –
Prozessbevollmächtigte: Rechtsanwälte ■■■

Namens und in Vollmacht des Klägers erheben wir Klage und werden beantragen,

die Beklagten als Gesamtschuldnerinnen zu verurteilen, das Objekt „I a gebratene Fischgräte (Hering), 1970" (Fischgräte auf Pergamentpapier in verglastem Holzkasten, H. 30 cm x B. 11 cm x T. 6 cm) von Joseph Beuys an den Kläger zu übereignen und herauszugeben.

Im Übrigen wird angeregt,

einen frühen ersten Termin zu bestimmen. Sofern das Gericht das schriftliche Vorverfahren anordnet, wird, falls die Voraussetzungen des § 331 Abs. 3 bzw § 307 ZPO vorliegen, um Erlass eines Versäumnis- bzw Anerkenntnisurteils ohne mündliche Verhandlung gebeten.

Mit einer Entscheidung durch den Einzelrichter ist der Kläger einverstanden.

Gründe

Der am ■■■ in ■■■ verstorbene Erblasser hatte die Parteien in einem handschriftlichen Testament als Erben eingesetzt.

Beweis: Kopie des Testamentes vom ■■■, Anl. K 1

Zum Nachlass gehört das im Antrag genannte Objekt. Das ist zwischen den Parteien unstreitig. Dazu hat der Erblasser testamentarisch bestimmt:

„Meinem Sohn ■■■ vermache ich das Objekt „I a gebratene Fischgräte (Hering), 1970" (Fischgräte auf Pergamentpapier in verglastem Holzkasten, H. 30 cm x B. 11 cm x T. 6 cm) von Joseph Beuys, und zwar ausdrücklich als Vorausvermächtnis".

Beweis: Kopie des Testaments vom ■■■, b. v. als Anl. K 1

Der Nachlass ist bis jetzt noch nicht auseinandergesetzt.[2]

Obwohl der Kläger mehrfach, zuletzt mit

Schreiben vom ■■■, Anl. K 2,

darum gebeten hatte, ihm das streitgegenständliche Objekt auszuhändigen, haben die Beklagten zu 1 bis 2 – ebenso mehrfach – die Herausgabe der Plastik endgültig abgelehnt; sie meinen, bei der genannten testamentarischen Bestimmung handele es sich lediglich um eine Teilungsanordnung.[3]

Beweis: Schreiben der Beklagten vom ■■■, Anl. K 3

Klage war daher geboten.

■■■

Rechtsanwalt ◄

II. Erläuterungen

[1] **Zuständigkeit des angerufenen Gerichts.** Die örtliche Zuständigkeit des angerufenen Gerichts ergibt sich aus § 27 Abs. 1 ZPO bzw §§ 12, 13 ZPO, die sachliche aus §§ 23 Abs. 1 S. 1, 71 Abs. 1 ZPO. 4

[2] **Prozessuale Aspekte.** Hinsichtlich der prozessualen Aspekte des § 2150 ist danach zu unterscheiden, ob Ansprüche vor oder nach der Auseinandersetzung der Erbengemeinschaft geltend gemacht werden: 5

(a) **Vor Auseinandersetzung der Erbengemeinschaft.** Streiten die Miterben vor Auseinandersetzung der Erbengemeinschaft darüber, ob es sich bei der Anordnung um ein Vorausvermächtnis oder eine Teilungsanordnung handelt, so kann diese Unklarheit nach Auffassung des BGH durch eine **Feststellungsklage** (§ 256 ZPO) beseitigt werden (§ 256 ZPO; BGH FamRZ 1990, 1112–1114.). Das Feststellungsinteresse (§ 256 Abs. 1 ZPO) besteht dann, weil eine derartige Klage „der Feststellung der für die Auseinandersetzung maßgebenden Grundlagen dient" (BGH FamRZ 1990, 1112–1114). Der Bedachte kann auch, wie hier, die Erfüllung des Vorausvermächtnisses von dem beschwerten Miterben mit der Leistungsklage geltend machen. Die Klage ist (vor Auseinandersetzung der Erbengemeinschaft) gegen sämtliche Miterben zu richten (§ 2059 Abs. 2); diese müssen dann als notwendige Streitgenossen (§ 62 ZPO) auftreten. („**Gesamthandsklage**", vgl Palandt/*Edenhofer*, § 2150 Rn 4). Klage kann aber daneben auch – außer bei Klage auf Grundbuchberichtigung – als **Gesamtschuldklage** gegen einzelne Miterben erhoben werden. (OLG Naumburg NJW-RR 1998, 308–309). Ob Gesamthand- oder 6

Gesamtschuldklage erhoben wurde, muss durch Auslegung ermitteln werden (BGH LM Nr. 7 zu § 2058 BGB.) Zur Zwangsvollstreckung in den ungeteilten Nachlass ist jedenfalls ein gegen sämtliche Erben ergangenes Urteil erforderlich (§ 747 ZPO).

7 (b) **Nach der Auseinandersetzung der Erbengemeinschaft** kann der Vorausvermächtnisnehmer seinen Anspruch gegen einzelne verpflichtete Miterben (gerichtlich) geltend machen, da ab diesem Zeitpunkt die Miterben gesamtschuldnerisch haften, § 2058(*Reymann* in: jurisPK-BGB, § 2150 Rn 20).

8 [3] **Kombination von Teilungsanordnung und Vorausvermächtnis.** Der BGH hält er eine Kombination von Teilungsanordnung und Vorausvermächtnis für zulässig: Wendet der Erblasser einem Miterben Gegenstände über die Erbquote hinaus zu, kann der Erblasser der Teilungsanordnung hinsichtlich der Sachauseinandersetzung ein Vorausvermächtnis wegen des zugewendeten Mehrwerts an die Seite stellen (sog. **Wertvermächtnis**; BGH FamRZ 1990, 1112–1114; FamRZ 1987, 475–477; auch: OLG Frankfurt NJW-RR 2008, 532–534). In der Praxis begegnen Klauseln, in denen Teilungsanordnungen und Vorausvermächtnisse kombiniert werden, öfters; die Literatur lehnt sie aber vielfach ab (vgl etwa *Goergen*, Begünstigung und Begünstigungswille als Abgrenzung zwischen Vorausvermächtnis und Teilungsanordnung – zur Kritik der Rechtsprechung seit BGHZ 36, 115, ZErb 2006, 362–370, 364, sowie *Reymann* in: jurisPK-BGB, § 2150 Rn 25).

9 Maßgeblich für die Abgrenzung zwischen reinem Vorausvermächtnis und kombiniertem Wertvermächtnis ist letztlich die **Auslegung des Erblasserwillens** (ausführlich dazu *Reymann* in: jurisPK-BGB, § 2150 Rn 27).

10 **Erbschaftsteuerlich** betrachtet weisen Vorausvermächtnisse und Teilungsanordnungen folgende Besonderheiten auf:

11 Der **Vorausvermächtnisnehmer** hat neben seinem Miterbenanteil den Wert des Vorausvermächtnisses zu versteuern, allerdings nur insoweit, als der Vermächtniswert den Erbanteilswert übersteigt (§ 3 Abs. 1 Nr. 1 ErbStG).

12 **Teilungsanordnungen** führen dagegen generell zu keiner von den Erbquoten abweichenden Verschiebung der Wertverhältnisse. Bei ihnen ist immer nur der zugeteilte Erbteil steuerpflichtig. Zu einem steuerpflichtigen (Mehr-) „Erwerb" im Sinne des § 3 Abs. 1 Nr. 1 ErbStG kann es von vornherein nicht kommen, da die Teilungsanordnung lediglich eine wertneutrale Auseinandersetzungsregelung für die Zeit nach dem Erbanfall aufstellt (*Reymann* in: jurisPK-BGB, § 2150 Rn 33).

13 Das **Erbschaftsteuerreformgesetz** vom 24.12.2008 (ErbStRG, BGBl. I 2008, 3018–3082) hat die erbschaftsteuerliche Beurteilung von Teilungsanordnungen auf eine neue Grundlage gestellt (ausführlich dazu *Reymann* in: jurisPK-BGB, § 2150 Rn 33.1).

§ 2151 Bestimmungsrecht des Beschwerten oder eines Dritten bei mehreren Bedachten

(1) Der Erblasser kann mehrere mit einem Vermächtnis in der Weise bedenken, dass der Beschwerte oder ein Dritter zu bestimmen hat, wer von den mehreren das Vermächtnis erhalten soll.
(2) Die Bestimmung des Beschwerten erfolgt durch Erklärung gegenüber demjenigen, welcher das Vermächtnis erhalten soll; die Bestimmung des Dritten erfolgt durch Erklärung gegenüber dem Beschwerten.
(3) [1]Kann der Beschwerte oder der Dritte die Bestimmung nicht treffen, so sind die Bedachten Gesamtgläubiger. [2]Das Gleiche gilt, wenn das Nachlassgericht dem Beschwerten oder dem Dritten auf Antrag eines der Beteiligten eine Frist zur Abgabe der Erklärung bestimmt hat und die Frist verstrichen ist, sofern nicht vorher die Erklärung erfolgt. [3]Der Bedachte, der das Vermächtnis erhält, ist im Zweifel nicht zur Teilung verpflichtet.

§ 2152 Wahlweise Bedachte

Hat der Erblasser mehrere mit einem Vermächtnis in der Weise bedacht, dass nur der eine oder der andere das Vermächtnis erhalten soll, so ist anzunehmen, dass der Beschwerte bestimmen soll, wer von ihnen das Vermächtnis erhält.

§ 2153 Bestimmung der Anteile

(1) [1]Der Erblasser kann mehrere mit einem Vermächtnis in der Weise bedenken, dass der Beschwerte oder ein Dritter zu bestimmen hat, was jeder von dem vermachten Gegenstand erhalten soll. [2]Die Bestimmung erfolgt nach § 2151 Abs. 2 .
(2) [1]Kann der Beschwerte oder der Dritte die Bestimmung nicht treffen, so sind die Bedachten zu gleichen Teilen berechtigt. [2]Die Vorschrift des § 2151 Abs. 3 Satz 2 findet entsprechende Anwendung.

§ 2154 Wahlvermächtnis

(1) [1]Der Erblasser kann ein Vermächtnis in der Art anordnen, dass der Bedachte von mehreren Gegenständen nur den einen oder den anderen erhalten soll. [2]Ist in einem solchen Falle die Wahl einem Dritten übertragen, so erfolgt sie durch Erklärung gegenüber dem Beschwerten.
(2) [1]Kann der Dritte die Wahl nicht treffen, so geht das Wahlrecht auf den Beschwerten über. [2]Die Vorschrift des § 2151 Abs. 3 Satz 2 findet entsprechende Anwendung.

§ 2155 Gattungsvermächtnis

(1) Hat der Erblasser die vermachte Sache nur der Gattung nach bestimmt, so ist eine den Verhältnissen des Bedachten entsprechende Sache zu leisten.
(2) Ist die Bestimmung der Sache dem Bedachten oder einem Dritten übertragen, so finden die nach § 2154 für die Wahl des Dritten geltenden Vorschriften Anwendung.
(3) Entspricht die von dem Bedachten oder dem Dritten getroffene Bestimmung den Verhältnissen des Bedachten offenbar nicht, so hat der Beschwerte so zu leisten, wie wenn der Erblasser über die Bestimmung der Sache keine Anordnung getroffen hätte.

A. Testamentsgestaltung

I. Muster: Gattungsvermächtnis 1

▶ Meinem Chorbruder Thorsten vermache ich aus meinem Humidor 100 Zigarren, die er sich selbst aussuchen darf.[1] ◀

II. Erläuterungen

[1] Zugehörigkeit der vermachten Sache zum Nachlass. Zum Nachlass braucht die vermachte Sache, die den „Verhältnissen des Bedachten" (§ 2155 Abs. 1) entsprechen muss, nicht zu gehören (insoweit abweichend von § 2169 Abs. 1, Hk-BGB/*Hoeren*, § 2155 Rn 1); in diesem Fall muss der Beschwerte die Sache beschaffen. 2

Das Bestimmungsrecht hat der Beschwerte (§ 243 Abs. 2; vgl Hk-BGB/*Hoeren*, § 2155 Rn 4), der Bedachte oder ein Dritter (§ 2155 Abs. 2). Hat der Beschwerte oder ein Dritter die konkret 3 geschuldete Sache bestimmt und meint der Bedachte, das insofern konkretisierte Vermächtnis entspreche nicht seinen Verhältnissen, muss er dies ggf im Prozess darlegen und beweisen (vgl *Bartsch* in: Tanck, § 2 Rn 37).

4 Der Beschwerte haftet für Rechts- (§ 2182 Abs. 1 S. 2) und Sachmängel (§ 2183) der zu verschaffenden Sache.

B. Prozess

I. Gattungsvermächtnis

5 1. Muster: Klage auf Gattungsvermächtnis

▶ An das

Amtsgericht ■■■[1]

Klage

des Herrn ■■■

– Kläger –

Prozessbevollmächtigte: Rechtsanwälte ■■■

gegen

Herrn ■■■

– Beklagter –

Namens und in Vollmacht des Klägers erheben wir Klage und werden beantragen,

den Beklagten zu verurteilen, an den Kläger 100 Zigarren zu übereignen und herauszugeben.[2]

Im Übrigen wird angeregt,

einen frühen ersten Termin zu bestimmen. Sofern das Gericht das schriftliche Vorverfahren anordnet, wird, falls die Voraussetzungen des § 331 Abs. 3 bzw § 307 ZPO vorliegen, um Erlass eines Versäumnis- bzw Anerkenntnisurteils ohne mündliche Verhandlung gebeten.

Begründung

Der Kläger hatte zusammen mit dem Erblasser, Herrn ■■■, der am ■■■ in ■■■ verstorben ist, im Chor gesungen. Neben diversen Flaschen Pils sprachen der Kläger und der Erblasser nach der Chorprobe regelmäßig ein bis zwei Zigarren zu. In seinem privatschriftlichen Testament vom ■■■ hat der Erblasser dem Kläger „100 Zigarren" vermacht; der Kläger sollte sich diese selbst aussuchen können.

Beweis: Kopie des Testamentes vom ■■■, Anl. K 1

Der Beklagte ist Alleinerbe des Erblassers und hat die Erbschaft angenommen.

Beweis: Kopie des Erbscheins vom ■■■, Az: ■■■, Anl. K 2

Der Beklagte ist verpflichtet, das Vermächtnis, das der Erblasser zugunsten des Klägers ausgesetzt hat, zu erfüllen. Er ist mehrfach vergeblich aufgefordert worden, die 100 Zigarren nach Wahl des Klägers zu übereignen.

Beweis: Schreiben der Rechtsanwälte ■■■ vom ■■■, Anl. K 3

Es ist nunmehr Klage geboten.

■■■

Rechtsanwalt ◀

2. Erläuterungen

6 [1] **Zuständigkeit des angerufenen Gerichts.** Sachlich zuständig dürfte wegen des Streitwerts das Amtsgericht sein, § 23 Abs. 1 GVG. Die örtliche Zuständigkeit richtet sich nach §§ 12, 13 ZPO.

Zu der Behandlung der verschiedenen prozessualen Ausgangssituationen: 7
- der Beschwerte übt sein Bestimmungsrecht nicht aus;
- die von einem Dritten oder vom Beschwerten getroffene Bestimmung wird dem Maßstab des § 2155 Abs. 1 nicht gerecht;
- ein Dritter hat einen Gegenstand aus der Gattung bestimmt und die Leistung dieses konkreten Gegenstandes durch den Beschwerten bleibt aus

vgl *Reymann* in: jurisPK-BGB, § 2155 Rn 16.

[2] Die **Vollstreckung** richtet sich nach §§ 884, 883 Abs. 1 ZPO. 8

II. Gattungs-/Verschaffungsvermächtnis

1. Muster: Klage auf Gattungs-/Verschaffungsvermächtnis 9

1116

▶ An das

Amtsgericht ■■■[1]

Klage

des Herrn ■■■

– Kläger –

Prozessbevollmächtigte.: Rechtsanwälte ■■■

gegen

Herrn ■■■

– Beklagter –

Namens und in Vollmacht des Klägers erheben wir Klage und werden beantragen,

den Beklagten zu verurteilen, an den Kläger 100 Zigarren der Marke „R. C. Bundles Flor de Rosa" zu übereignen und herauszugeben.[2]

Im Übrigen wird angeregt,

einen frühen ersten Termin zu bestimmen. Sofern das Gericht das schriftliche Vorverfahren anordnet, wird, falls die Voraussetzungen des § 331 Abs. 3 bzw § 307 ZPO vorliegen, um Erlass eines Versäumnis- bzw Anerkenntnisurteils ohne mündliche Verhandlung gebeten.

Begründung

Der Beklagte ist der Sohn des am ■■■ in ■■■ verstorbenen Erblassers. Der Erblasser hat den Beklagten zum Alleinerben eingesetzt.

Beweis: Beiziehung der Akten des Nachlassgerichtes ■■■, Az: ■■■

Der Kläger ist der beste Freund des Erblassers. Der Erblasser hat dem Kläger ein Vermächtnis ausgesetzt. Im Testament des Erblassers vom ■■■ heißt es:

„Mein Sohn soll meinem besten Freund, Herrn ■■■ 100 Zigarren aus meinem Nachlass geben".[3]

Beweis: Kopie des Testamentes vom ■■■, Anl. K 1

Zum Nachlass gehörten Zigarren der im Antrag genannten Marke sowie solche der Marke „Domaine de Lavalette". Dies ist unstreitig.

Der Beklagte bot dem Kläger an 100 Zigarren der Marke „Domaine de Lavalette" zu übereignen. Der Kläger hat diese Marke nicht angenommen, denn er und der Erblasser haben nach für ihre Stimmgruppe erfolgreichen Chorproben sowie nach Konzerten immer Zigarren der im Antrag genannten Zigarren geraucht; die ihm angebotenen entsprechen nicht seinen Verhältnissen, selbst der Erblasser hat sie nur „zur Not" geraucht.

Beweis: Kopie des Schreibens des Klägers vom ■■■, Anl. K 2

Der Kläger raucht seit Jahren zumeist Zigarren der Marke „Camacho Criollo".

Beweis: Zeugnis der Angestellten ▪▪▪ des Klägers, zu laden ▪▪▪

Diese sind um ein mehrfaches teurer und qualitativ höherwertiger als die im Antrag genannten Zigarren.

Beweis: Sachverständigengutachten

Das entspricht den guten wirtschaftlichen Verhältnissen des Klägers, was dem Erblasser auch bei Errichtung des Testamentes bewusst war. Der Erblasser und der Kläger kannten sich seit Jahrzehnten. Sie waren eng freundschaftlich verbunden. Der Erblasser kannte die wirtschaftlichen Verhältnisse des Klägers bestens. Auch dass der Kläger zumeist Zigarren der teuren und qualitativ hochwertigen Marke „Camacho Criollo" rauchte, war dem Erblasser bei Errichtung des Testaments bewusst.

Beweis: Zeugnis der Ehefrau des Klägers ▪▪▪, zu laden ▪▪▪

Das Vermächtnis zugunsten des Klägers kann deshalb nicht dahingehend ausgelegt werden, dass der Beklagte Zigarren der Marke „Domaine de Lavalette" übereignet. Auch wenn der Beklagte das Bestimmungsrecht hat, muss er doch einen Gegenstand auszuwählen, der den Verhältnissen des Bedachten entspricht (§ 2155 Abs. 1 BGB). Dabei kann es sich angesichts der Lebensverhältnisse des Klägers nur um Zigarren der im Antrag genannten Marke handeln.

▪▪▪

Rechtsanwalt ◄

2. Erläuterungen

10 [1] **Zuständigkeit des angerufenen Gerichts.** Sachlich zuständig dürfte wegen des Streitwerts das Amtsgericht sein, § 23 Abs. 1 GVG. Die örtliche Zuständigkeit richtet sich nach §§ 12, 13 ZPO.

11 [2] **Vollstreckt** wird nach §§ 883, 894, 897 ZPO.

12 [3] **Bestimmungsrecht des Erben.** Abweichend von dem eingangs gebrachten Beispiel der Gestaltung eines Gattungsvermächtnisses hat in diesem Formular der Erbe das Bestimmungsrecht.

§ 2156 Zweckvermächtnis

[1]Der Erblasser kann bei der Anordnung eines Vermächtnisses, dessen Zweck er bestimmt hat, die Bestimmung der Leistung dem billigen Ermessen des Beschwerten oder eines Dritten überlassen. [2]Auf ein solches Vermächtnis finden die Vorschriften der §§ 315 bis 319 entsprechende Anwendung.

A. Testamentsgestaltung

1 I. Muster: Zweckvermächtnis

► Sobald mein Enkel ▪▪▪ seinen C-Schein in katholischer Kirchenmusik erworben hat und trotz der miserablen finanziellen Situation der Kirche fest entschlossen sein sollte, Kirchenmusiker zu werden, soll er auch ein Jahr in Paris bei Daniel Roth studieren.[1] Der Rektor der Kirchenmusikschule ▪▪▪ bestimmt die für das Studium erforderlichen konkreten Leistungen. ◄

II. Erläuterungen

2 [1] **Inhalt des Zweckvermächtnisses.** Beim Zweckvermächtnis bestimmt der Erblasser nur den Bedachten und den Zweck der Zuwendung. Die Bestimmung der Leistung kann er dem billigen

Ermessen des Beschwerten überlassen, wenn er nur den Zweck deutlich genug umreißt (BayObLG NJW-RR 1999, 946 f). Dem Bedachten selbst darf er die Bestimmung nicht überlassen (Hk-BGB/*Hoeren*, § 2156 Rn 2 unter Hinweis auf BGH NJW 1991, 1885, 1886).

B. Prozess

I. Muster: Klage auf Zweckvermächtnis[1] 3

▶ An das 1118

Landgericht …[2]

Klage

der Pfarrgemeinde, vertreten durch den Kirchenvorstand, dieser vertreten durch Herrn Pfarrer …

– Klägerin –

Prozessbevollmächtigte: Rechtsanwälte …

gegen

Frau …

– Beklagte –

Prozessbevollmächtigte: Rechtsanwälte …

Namens und in Vollmacht der Klägerin erheben wir Klage und werden beantragen, die Beklagte zu verurteilen, an die Klägerin 15.000,00 EUR zu zahlen nebst Zinsen i. H. von 5 Prozentpunkten über dem Basiszinssatz seit … .

Im Übrigen wird angeregt,

einen frühen ersten Termin zu bestimmen. Sofern das Gericht das schriftliche Vorverfahren anordnet, wird, falls die Voraussetzungen des § 331 Abs. 3 bzw § 307 ZPO vorliegen, um Erlass eines Versäumnis- bzw Anerkenntnisurteils ohne mündliche Verhandlung gebeten.

Mit einer Entscheidung durch den Einzelrichter ist der Kläger einverstanden.

Begründung

Die Beklagte ist die zweite Ehefrau und Alleinerbin des am … in … verstorbenen Erblassers aufgrund eines privatschriftlichen Testaments vom … .

Beweis: Kopie des Testaments vom …, Anl. K 1

Die Beklagte hat die Erbschaft angenommen.

Beweis: Beiziehung der Akten des Nachlassgerichtes …, Az: …

In dem o.g. Testament hatte der Erblasser u. a. bestimmt:

„Meine Heimatpfarrei … erhält als Vermächtnis den für den Ankauf eines zweimanualigen Cembalos notwendigen Geldbetrag. Der jeweilige Leiter des Kammerchors in der Pfarrei bestimmt, welches Instrument angeschafft wird.“.[3]

Beweis: Testament vom …, bereits vorgelegt als Anl. K 1

Der jetzige Leiter des Kammerchors in der Pfarrei … hat bestimmt, dass ein zweimanualiges Cembalo der Marke „Neupert“ angeschafft wird. Diese wird 15.000,00 EUR kosten.

Beweis: Zeugnis des Herrn … , zu laden über die Kirchengemeinde …

Die Beklagte hat nach entsprechender Aufforderung durch die Klägerin allerdings die Zahlung verweigert und erklärt, bei dem gegenwärtigen Zustand der katholischen Kirche helfe auch keine noch so gute Musik.

Beweis: Kopie des Schreibens der Beklagten vom …, Anl. K 2

Der von der Klägerin beanspruchte Betrag für die Anschaffung eines Cembalos „mittlerer Art und Güte“ ist nicht übersetzt.

Beweis: Sachverständigengutachten

Da sich die Beklagte weiterhin weigert, das Vermächtnis zu erfüllen, obwohl die erforderlichen Mittel offensichtlich vorhanden sind, ist nunmehr Klage geboten.

■■■

Rechtsanwalt ◀

II. Erläuterungen

4 [1] **Gerichtliche Überprüfung.** Auf Grund der Verweisung des § 2156 S. 2 auf die §§ 315–319 kann die Bestimmungserklärung (§ 2156 S. 1) in zwei Fallkonstellationen gerichtlich überprüft werden:

5 Trifft der Beschwerte die Bestimmung und entspricht sie „nicht der Billigkeit", wird sie durch Urteil neu getroffen. Das gilt auch, wenn sie verzögert wird (§ 315 Abs. 3 S. 2).

6 Die Zweckbestimmung eines Dritten kann nur dann durch Urteil ersetzt werden, wenn sie in „grob unbilliger" Weise erfolgt oder verzögert wurde (§ 319 Abs. 1).

7 **Darlegungs- und beweislastpflichtig** ist jeweils derjenige, der sich auf die Unbilligkeit der getroffenen Entscheidung beruft. Eine Fristsetzung nach dem Vorbild des § 2151 Abs. 3 S. 2 ist nicht möglich.

8 Ob der Bestimmungsberechtigte die **Grenzen des ihm zustehenden Ermessensspielraums** eingehalten oder überschritten hat, unterliegt der gerichtlichen Nachprüfung. Hat der Bestimmungsberechtigte den ihm zustehenden Ermessensspielraum überschritten, kann das mit dieser Sache befasste Gericht prüfen und feststellen, dass die Vermächtnisanordnung – beschränkt auf die Ermessensüberschreitung – unwirksam ist (§§ 2084, 2085; *Reymann* in: jurisPK-BGB, § 2156 Rn 9).

9 [2] **Zuständigkeit des angerufenen Gerichts.** Die örtliche Zuständigkeit des angerufenen Gerichts ergibt sich aus § 27 Abs. 1 ZPO bzw §§ 12, 13 ZPO, die sachliche aus §§ 23 Abs. 1 S. 1, 71 Abs. 1 ZPO.

10 [3] **Bestimmungsrecht des Dritten.** Vgl dazu § 2156 S. 1.

§ 2157 Gemeinschaftliches Vermächtnis

Ist mehreren derselbe Gegenstand vermacht, so finden die Vorschriften der §§ 2089 bis 2093 entsprechende Anwendung.

A. Testamentsgestaltung

1 **I. Muster: Gemeinschaftliches Vermächtnis**

▶ Meinen Flügel „Steinway & Sons" der sich in meiner Wohnung in ■■■, ■■■-Straße Nr. ■■■ befindet, vermache ich meinen Enkeln ■■■, geb. am ■■■, und ■■■, geb. am ■■■ .[1] ◀

II. Erläuterungen

[1] Inhalt des gemeinschaftlichen Vermächtnisses. Beim gemeinschaftlichen Vermächtnis wird 2
das Vermächtnis mehreren Bedachten zugewendet. Fällt einer der Bedachten weg, wächst sein Anteil „den übrigen Bedachten nach dem Verhältnis ihrer Anteile an" (§ 2158 Abs. 1 S. 1). Ist der Vermächtnisgegenstand nicht teilbar, werden die Begünstigen Miteigentümer nach Bruchteilen (*Bartsch* in: Tanck, § 2 Rn 99).

B. Prozess

I. Muster: Klage auf gemeinschaftliches Vermächtnis 3

▶ An das
Landgericht ■■■[1]

Klage

1. des Herrn ■■■
– Kläger zu 1 –
2. des Herrn ■■■
– Kläger zu 2 –

Prozessbevollmächtigte: Rechtsanwälte ■■■

gegen

Frau ■■■
– Beklagte –

Prozessbevollmächtigte: Rechtsanwälte ■■■

Namens und in Vollmacht der Kläger zu 1 und 2 erheben wir Klage und werden beantragen, die Beklagte zu verurteilen, an die Kläger den sich in der Wohnung in ■■■, ■■■-Straße Nr. ■■■ befindlichen schwarzen Konzertflügel „Steinway & Sons" an die Kläger herauszugeben und zu übereignen.[2]

Im Übrigen wird angeregt,

einen frühen ersten Termin zu bestimmen. Sofern das Gericht das schriftliche Vorverfahren anordnet, wird, falls die Voraussetzungen des § 331 Abs. 3 bzw § 307 ZPO vorliegen, um Erlass eines Versäumnis- bzw Anerkenntnisurteils ohne mündliche Verhandlung gebeten.

Mit einer Entscheidung durch den Einzelrichter ist der Kläger einverstanden.

Begründung

Die Kläger sind die Enkel des am ■■■ in ■■■ verstorbenen Erblassers. Die Beklagte hat der Erblasser durch privatschriftliches Testament vom ■■■ zu seiner Alleinerbin eingesetzt.

Beweis: Kopie des Testaments vom ■■■, Anl. K 1

Die Beklagte hat die Erbschaft angenommen.

Beweis: Kopie des Erbscheins vom ■■■,, Anl. K 2

Der Erblasser hatte in dem genannten Testament u. a. folgendes angeordnet:

„Meinen Flügel „Steinway & Sons" der sich in meiner Wohnung in ■■■, ■■■-Straße Nr. ■■■ befindet, vermache ich meinen Enkeln ■■■, geb. am ■■■, und ■■■, geb. am ■■■ .".Die Kläger haben gegenüber der Beklagten erklärt, sie nehmen dieses Vermächtnis an. Sie haben die Beklagte aufgefordert, ihnen den Flügel zu übereignen und herauszugeben.

Beweis: Kopie des Schreibens vom ■■■, Anl. K 3

Die Beklagte hat erklärt, sie werde dieses wertvolle Erinnerungsstück an den Erblasser jedenfalls nicht ohne weiteres an die Kläger herausgeben.

Beweis: Kopie des Schreibens der Beklagten vom ■■■, Anl. K 4

Klage war daher geboten.

■■■

Rechtsanwalt ◄

II. Erläuterungen

4 [1] **Zuständigkeit des angerufenen Gerichts.** Die örtliche Zuständigkeit des angerufenen Gerichts ergibt sich aus § 27 Abs. 1 ZPO bzw §§ 12, 13 ZPO, die sachliche aus §§ 23 Abs. 1 S. 1, 71 Abs. 1 ZPO.

5 [2] **Mögliche Klagen.** Die begünstigten Vermächtnisnehmer können Gesamtschuldklage (§ 2058) oder Gesamthandsklage (§ 2059 Abs. 2) erheben (*Bartsch* in: Tanck, § 2 Rn 101).

6 Hat der Erblasser die Aufteilung nicht selbst übernommen und gelten die Vermächtnisnehmer als zu gleichen Teilen eingesetzt (§§ 2157, 2091), stellt sich bei Nichterfüllung des Vermächtnisses wegen der Gläubigermehrheit der Bedachten die Frage, wie die Vermächtnisnehmer ihren Vermächtnisanspruch durchsetzen können. Hier ist zu unterscheiden:

7 Ist das **Vermächtnisobjekt real teilbar**, sind die Vermächtnisnehmer als Teilgläubiger forderungsberechtigt (§ 420, vgl Palandt/*Edenhofer*, § 2157 Rn 2). Jeder Vermächtnisnehmer kann also getrennt Erfüllung seines realen Teils verlangen und selbstständig Klage erheben. Hat zB der Erblasser drei Personen ein unbebautes Flurstück vermacht, ohne die Anteile zu bestimmen bzw einen Bestimmungsberechtigten einzusetzen (§ 2153), kann jeder Vermächtnisnehmer selbstständig Übereignung einer noch zu vermessenden Teilfläche von 1/3-Anteil am Grundstück (klageweise) verlangen, da es möglich ist, das Flurstück durch Neuvermessung in drei gleich große Flurstücke aufzuteilen (Beispiel nach *Reymann* in: jurisPK-BGB, § 2157 Rn 8).

8 Ist das **Vermächtnisobjekt** dagegen **nur ideell teilbar**, sind die Vermächtnisnehmer lediglich als Mitgläubiger forderungsberechtigt. Jeder Vermächtnisnehmer kann also nur Vermächtniserfüllung an alle verlangen (§ 432; vgl Palandt/*Edenhofer*, § 2157 Rn 2; *Bartsch* in: Tanck, § 2 Rn 99). Die Vermächtnisnehmer werden damit zu Miteigentümern bzw Bruchteilsberechtigten (§§ 741–758; 1008, 1011). Die Bedachten können ihren Anspruch auf verschiedenen Wegen klageweise geltend machen:

9 Jeder Vermächtnisnehmer kann jeweils kraft **gesetzlicher Prozessstandschaft** im eigenen Namen auf Erfüllung an alle Bedachten klagen (§ 432).

10 Die Vermächtnisnehmer können auch **gemeinschaftlich als einfache Streitgenossen** Klage erheben (§ 59 Alt. 2 ZPO). Hat in dem o.g. Beispiel der Erblasser ein bebautes, unteilbares Flurstück vermacht, ohne die Anteile zu bestimmen bzw einen Bestimmungsberechtigten einzusetzen (§ 2153), kann jeder Vermächtnisnehmer, da eine Teilung des Grundstücks nicht möglich ist, im eigenen Namen Leistung an alle Vermächtnisnehmer verlangen. Diese können auch gemeinsam (als einfache, nicht als notwendige Streitgenossen) klagen (*Reymann* in: jurisPK-BGB, § 2157 Rn 8).

11 Jeder Teilbedachte kann aber über seinen Vermächtnisanspruch – gleichgültig, ob der Vermächtnisgegenstand nur ideell oder real teilbar ist – alleine verfügen und ihn ohne Mitwirkung der übrigen Teilvermächtnisnehmer abtreten (*Reymann* in: jurisPK-BGB, § 2157 Rn 8).

§ 2158 Anwachsung

(1) [1]Ist mehreren derselbe Gegenstand vermacht, so wächst, wenn einer von ihnen vor oder nach dem Erbfall wegfällt, dessen Anteil den übrigen Bedachten nach dem Verhältnis ihrer Anteile an. [2]Dies gilt auch dann, wenn der Erblasser die Anteile der Bedachten bestimmt hat. [3]Sind einige der Bedachten zu demselben Anteil berufen, so tritt die Anwachsung zunächst unter ihnen ein.

(2) Der Erblasser kann die Anwachsung ausschließen.

§ 2159 Selbständigkeit der Anwachsung

Der durch Anwachsung einem Vermächtnisnehmer anfallende Anteil gilt in Ansehung der Vermächtnisse und Auflagen, mit denen dieser oder der wegfallende Vermächtnisnehmer beschwert ist, als besonderes Vermächtnis.

§ 2160 Vorversterben des Bedachten

Ein Vermächtnis ist unwirksam, wenn der Bedachte zur Zeit des Erbfalls nicht mehr lebt.

§ 2161 Wegfall des Beschwerten

[1]Ein Vermächtnis bleibt, sofern nicht ein anderer Wille des Erblassers anzunehmen ist, wirksam, wenn der Beschwerte nicht Erbe oder Vermächtnisnehmer wird. [2]Beschwert ist in diesem Falle derjenige, welchem der Wegfall des zunächst Beschwerten unmittelbar zustatten kommt.

§ 2162 Dreißigjährige Frist für aufgeschobenes Vermächtnis

(1) Ein Vermächtnis, das unter einer aufschiebenden Bedingung oder unter Bestimmung eines Anfangstermins angeordnet ist, wird mit dem Ablauf von 30 Jahren nach dem Erbfall unwirksam, wenn nicht vorher die Bedingung oder der Termin eingetreten ist.

(2) Ist der Bedachte zur Zeit des Erbfalls noch nicht gezeugt oder wird seine Persönlichkeit durch ein erst nach dem Erbfall eintretendes Ereignis bestimmt, so wird das Vermächtnis mit dem Ablauf von 30 Jahren nach dem Erbfall unwirksam, wenn nicht vorher der Bedachte gezeugt oder das Ereignis eingetreten ist, durch das seine Persönlichkeit bestimmt wird.

§ 2163 Ausnahmen von der dreißigjährigen Frist

(1) Das Vermächtnis bleibt in den Fällen des § 2162 auch nach dem Ablauf von 30 Jahren wirksam:

1. wenn es für den Fall angeordnet ist, dass in der Person des Beschwerten oder des Bedachten ein bestimmtes Ereignis eintritt, und derjenige, in dessen Person das Ereignis eintreten soll, zur Zeit des Erbfalls lebt;
2. wenn ein Erbe, ein Nacherbe oder ein Vermächtnisnehmer für den Fall, dass ihm ein Bruder oder eine Schwester geboren wird, mit einem Vermächtnis zugunsten des Bruders oder der Schwester beschwert ist.

(2) Ist der Beschwerte oder der Bedachte, in dessen Person das Ereignis eintreten soll, eine juristische Person, so bewendet es bei der dreißigjährigen Frist.

§ 2164 Erstreckung auf Zubehör und Ersatzansprüche

(1) Das Vermächtnis einer Sache erstreckt sich im Zweifel auf das zur Zeit des Erbfalls vorhandene Zubehör.

(2) Hat der Erblasser wegen einer nach der Anordnung des Vermächtnisses erfolgten Beschädigung der Sache einen Anspruch auf Ersatz der Minderung des Wertes, so erstreckt sich im Zweifel das Vermächtnis auf diesen Anspruch.

§ 2165 Belastungen

(1) [1]Ist ein zur Erbschaft gehörender Gegenstand vermacht, so kann der Vermächtnisnehmer im Zweifel nicht die Beseitigung der Rechte verlangen, mit denen der Gegenstand belastet ist. [2]Steht dem Erblasser ein Anspruch auf die Beseitigung zu, so erstreckt sich im Zweifel das Vermächtnis auf diesen Anspruch.

(2) Ruht auf einem vermachten Grundstück eine Hypothek, Grundschuld oder Rentenschuld, die dem Erblasser selbst zusteht, so ist aus den Umständen zu entnehmen, ob die Hypothek, Grundschuld oder Rentenschuld als mitvermacht zu gelten hat.

§ 2166 Belastung mit einer Hypothek

(1) [1]Ist ein vermachtes Grundstück, das zur Erbschaft gehört, mit einer Hypothek für eine Schuld des Erblassers oder für eine Schuld belastet, zu deren Berichtigung der Erblasser dem Schuldner gegenüber verpflichtet ist, so ist der Vermächtnisnehmer im Zweifel dem Erben gegenüber zur rechtzeitigen Befriedigung des Gläubigers insoweit verpflichtet, als die Schuld durch den Wert des Grundstücks gedeckt wird. [2]Der Wert bestimmt sich nach der Zeit, zu welcher das Eigentum auf den Vermächtnisnehmer übergeht; er wird unter Abzug der Belastungen berechnet, die der Hypothek im Range vorgehen.

(2) Ist dem Erblasser gegenüber ein Dritter zur Berichtigung der Schuld verpflichtet, so besteht die Verpflichtung des Vermächtnisnehmers im Zweifel nur insoweit, als der Erbe die Berichtigung nicht von dem Dritten erlangen kann.

(3) Auf eine Hypothek der in § 1190 bezeichneten Art finden diese Vorschriften keine Anwendung.

§ 2167 Belastung mit einer Gesamthypothek

[1]Sind neben dem vermachten Grundstück andere zur Erbschaft gehörende Grundstücke mit der Hypothek belastet, so beschränkt sich die in § 2166 bestimmte Verpflichtung des Vermächtnisnehmers im Zweifel auf den Teil der Schuld, der dem Verhältnis des Wertes des vermachten Grundstücks zu dem Werte der sämtlichen Grundstücke entspricht. [2]Der Wert wird nach § 2166 Abs. 1 Satz 2 berechnet.

§ 2168 Belastung mit einer Gesamtgrundschuld

(1) [1]Besteht an mehreren zur Erbschaft gehörenden Grundstücken eine Gesamtgrundschuld oder eine Gesamtrentenschuld und ist eines dieser Grundstücke vermacht, so ist der Vermächtnisnehmer im Zweifel dem Erben gegenüber zur Befriedigung des Gläubigers in Höhe des Teils der Grundschuld oder der Rentenschuld verpflichtet, der dem Verhältnis des Wertes des vermachten Grundstücks zu dem Wert der sämtlichen Grundstücke entspricht. [2]Der Wert wird nach § 2166 Abs. 1 Satz 2 berechnet.
(2) Ist neben dem vermachten Grundstück ein nicht zur Erbschaft gehörendes Grundstück mit einer Gesamtgrundschuld oder einer Gesamtrentenschuld belastet, so finden, wenn der Erblasser zur Zeit des Erbfalls gegenüber dem Eigentümer des anderen Grundstücks oder einem Rechtsvorgänger des Eigentümers zur Befriedigung des Gläubigers verpflichtet ist, die Vorschriften des § 2166 Abs. 1 und des § 2167 entsprechende Anwendung.

§ 2168 a Anwendung auf Schiffe, Schiffsbauwerke und Schiffshypotheken

§ 2165 Abs. 2, §§ 2166, 2167 gelten singgemäß für eingetragene Schiffe und Schiffsbauwerke und für Schiffshypotheken.

§ 2169 Vermächtnis fremder Gegenstände

(1) Das Vermächtnis eines bestimmten Gegenstands ist unwirksam, soweit der Gegenstand zur Zeit des Erbfalls nicht zur Erbschaft gehört, es sei denn, dass der Gegenstand dem Bedachten auch für den Fall zugewendet sein soll, dass er nicht zur Erbschaft gehört.
(2) Hat der Erblasser nur den Besitz der vermachten Sache, so gilt im Zweifel der Besitz als vermacht, es sei denn, dass er dem Bedachten keinen rechtlichen Vorteil gewährt.
(3) Steht dem Erblasser ein Anspruch auf Leistung des vermachten Gegenstands oder, falls der Gegenstand nach der Anordnung des Vermächtnisses untergegangen oder dem Erblasser entzogen worden ist, ein Anspruch auf Ersatz des Wertes zu, so gilt im Zweifel der Anspruch als vermacht.
(4) Zur Erbschaft gehört im Sinne des Absatzes 1 ein Gegenstand nicht, wenn der Erblasser zu dessen Veräußerung verpflichtet ist.

§ 2170 Verschaffungsvermächtnis

(1) Ist das Vermächtnis eines Gegenstands, der zur Zeit des Erbfalls nicht zur Erbschaft gehört, nach § 2169 Abs. 1 wirksam, so hat der Beschwerte den Gegenstand dem Bedachten zu verschaffen.
(2) [1]Ist der Beschwerte zur Verschaffung außerstande, so hat er den Wert zu entrichten. [2]Ist die Verschaffung nur mit unverhältnismäßigen Aufwendungen möglich, so kann sich der Beschwerte durch Entrichtung des Wertes befreien.

A. Testamentsgestaltung

1 **I. Muster: Verschaffungsvermächtnis**

▶ Meine Tochter ■■■ setze ich als Alleinerbin meines Vermögens ein. Sie soll der Pfarrei ■■■, in der ich zuletzt gewohnt habe, ein zweimanualiges Cembalo der Marke „Neupert" verschaffen.[1] ◀

II. Erläuterungen

[1] § 2170 **als Ausnahmeregelung.** § 2170 durchbricht den Grundsatz des § 2169 (Unwirksamkeit des Vermächtnisses, wenn der vermachte Gegenstand zur Zeit des Erbfalls nicht zur Erbschaft gehört) und verpflichtet den Beschwerten, dem Bedachten den Gegenstand zu verschaffen. 2

Im Fall anfänglicher objektiver Unmöglichkeit ist das Verschaffungsvermächtnis unwirksam, § 2171, bei subjektivem Unvermögen muss der Beschwerte dem Bedachten den Wert ersetzen, § 2170 Abs. 2 S. 1 (*Bartsch* in: Tanck, § 2 Rn 46). 3

Den Beschwerten (der sich vorher um die Verschaffung ausreichend bemüht haben muss, Hk-BGB/*Hoeren*, § 2170 Rn 4) trifft im Prozess die **Beweislast** für sein Unvermögen. 4

B. Prozess

I. Muster: Klage auf Verschaffungsvermächtnis 5

▶ An das

Landgericht ■■■[1]

Klage

der Kirchengemeinde ■■■, vertreten durch den Kirchenvorstand, dieser vertreten durch Herrn Pfarrer ■■■,

– Klägerin –

Prozessbevollmächtigte: Rechtsanwälte ■■■

gegen

Frau ■■■

– Beklagte –

Namens und in Vollmacht der Klägerin erheben wir Klage und werden beantragen,

die Beklagte zu verurteilen, an die Klägerin ein zweimanualiges Cembalo der Marke „Neupert" zu übereignen;

hilfsweise,

die Beklagte zu verurteilen, an die Klägerin 15.000,00 EUR zu zahlen.

Im Übrigen wird angeregt,

einen frühen ersten Termin zu bestimmen. Sofern das Gericht das schriftliche Vorverfahren anordnet, wird, falls die Voraussetzungen des § 331 Abs. 3 bzw § 307 ZPO vorliegen, um Erlass eines Versäumnis- bzw Anerkenntnisurteils ohne mündliche Verhandlung gebeten.

Mit einer Entscheidung durch den Einzelrichter ist die Klägerin einverstanden.

Begründung

Der am ■■■ in ■■■ verstorbene Erblasser ■■■ hatte die Beklagte durch privatschriftliches Testament vom ■■■ als Alleinerbin eingesetzt.

Beweis: Kopie des Testamentes vom, Anl. K 1

Die Beklagte hat die Erbschaft angenommen.

Beweis: Kopie des Erbscheins vom ■■■, Az ■■■, Anl. K 2

Testamentarisch hat der Erblasser u. a. folgendes bestimmt:

„Meine Tochter ■■■ setze ich als Alleinerbin meines Vermögens ein. Sie soll der Pfarrei ■■■, in der ich zuletzt gewohnt habe, ein zweimanualiges Cembalo der Marke „Neupert" verschaffen.".

Beweis: Kopie des Testamentes vom ■■■, b. v. als Anl. K 1

Die Beklagte ist demnach verpflichtet, der Klägerin das genannte Instrument zu verschaffen.

Die Klägerin hat die Beklagte mehrfach, allerdings vergeblich, entsprechend aufgefordert.

Beweis: Kopie des anwaltlichen Schreibens vom ■■■, Anl. K 3

Es ist deshalb Klage geboten.

Sollte die Beklagte nicht in der Lage sein, das Vermächtnis zu erfüllen, weil etwa entsprechende Instrumente nicht mehr hergestellt werden, hätte sie (hilfsweise) Wertersatz zu leisten und einen Betrag in Höhe von 15.000,00 EUR zu zahlen. Dieser Betrag entspricht dem Wert des Instruments, das der Erblasser der Klägerin zuwenden wollte.

Beweis: Sachverständigengutachten

■■■

Rechtsanwalt ◄

II. Erläuterungen und Varianten

6 [1] **Zuständigkeit des angerufenen Gerichts.** Die örtliche Zuständigkeit des angerufenen Gerichts ergibt sich aus § 27 Abs. 1 ZPO bzw §§ 12, 13 ZPO, die sachliche aus §§ 23 Abs. 1 S. 1, 71 Abs. 1 ZPO.

7 Ist beim Verschaffungsvermächtnis auch ein **Dritter in die Leistungskette involviert,** kann der Vermächtnisnehmer trotzdem den Beschwerten auf Verschaffung verklagen. Sein **Klageantrag** könnte dann wie folgt lauten:

► I. Der Beklagte [Beschwerter] wird verurteilt, die Bereitschaft des Herrn/der Frau ■■■ (Dritter) herbeizuführen, den ■■■ (vermachten Gegenstand) an den Beklagten (Beschwerten) oder den Kläger (Vermächtnisnehmer) zu veräußern.

II. Der Kläger (Vermächtnisnehmer) wird gemäß § 887 Abs. 1 ZPO ermächtigt, die dem Beklagten in Ziffer 1 auferlegte Handlung – nämlich die Bereitschaft des Herrn/der Frau ■■■ (Dritter) herbeizuführen, den ■■■ (vermachten Gegenstand) an den Beklagten (Beschwerten) oder den Kläger (Vermächtnisnehmer) zu veräußern – auf Kosten des Beklagten (Beschwerten) vornehmen zu lassen.

III. Zugleich wird der Beklagte (Beschwerte) gemäß § 887 Abs. 2 ZPO verurteilt, auf die durch die Vornahme der Handlung durch den Kläger (Vermächtnisnehmer) entstehenden Kosten einen Vorschuss in Höhe von ■■■ EUR zu leisten. ◄

(MüKo-BGB/*Schlichting*, § 2170 Rn 7; *Reymann* in: jurisPK-BGB, § 2170 Rn 18).

8 Im Fall des **§ 2170 Abs. 2 S. 2** (Verschaffung ist mit unverhältnismäßigen Aufwendungen verbunden), kann der Bedachte nicht unmittelbar auf Wertersatz klagen, sondern auf Verschaffung des vermachten Gegenstandes. Ob dann Wertersatz geleistet wird, bleibt allein dem Beschwerten vorbehalten, da es sich bei § 2170 Abs. 2 S. 2 nicht um eine Wahlschuld, sondern um eine Ersetzungsbefugnis handelt (*Wieser*, § 2170 Rn 11). Der Bedachte sollte deshalb die Ansprüche auf Verschaffung und Wertersatz in eventueller Klagehäufung geltend machen (§ 260 ZPO; *Erman/Schmidt*, § 2170 Rn 2; *Reymann* in: jurisPK-BGB, § 2170 Rn 21).

§ 2171 Unmöglichkeit, gesetzliches Verbot

(1) Ein Vermächtnis, das auf eine zur Zeit des Erbfalls für jedermann unmögliche Leistung gerichtet ist oder gegen ein zu dieser Zeit bestehendes gesetzliches Verbot verstößt, ist unwirksam.

(2) Die Unmöglichkeit der Leistung steht der Gültigkeit des Vermächtnisses nicht entgegen, wenn die Unmöglichkeit behoben werden kann und das Vermächtnis für den Fall zugewendet ist, dass die Leistung möglich wird.

(3) Wird ein Vermächtnis, das auf eine unmögliche Leistung gerichtet ist, unter einer anderen aufschiebenden Bedingung oder unter Bestimmung eines Anfangstermins zugewendet, so ist das Vermächtnis gültig, wenn die Unmöglichkeit vor dem Eintritt der Bedingung oder des Termins behoben wird.

§ 2172 Verbindung, Vermischung, Vermengung der vermachten Sache

(1) Die Leistung einer vermachten Sache gilt auch dann als unmöglich, wenn die Sache mit einer anderen Sache in solcher Weise verbunden, vermischt oder vermengt worden ist, dass nach den §§ 946 bis 948 das Eigentum an der anderen Sache sich auf sie erstreckt oder Miteigentum eingetreten ist, oder wenn sie in solcher Weise verarbeitet oder umgebildet worden ist, dass nach § 950 derjenige, welcher die neue Sache hergestellt hat, Eigentümer geworden ist.

(2) [1]Ist die Verbindung, Vermischung oder Vermengung durch einen anderen als den Erblasser erfolgt und hat der Erblasser dadurch Miteigentum erworben, so gilt im Zweifel das Miteigentum als vermacht; steht dem Erblasser ein Recht zur Wegnahme der verbundenen Sache zu, so gilt im Zweifel dieses Recht als vermacht. [2]Im Falle der Verarbeitung oder Umbildung durch einen anderen als den Erblasser bewendet es bei der Vorschrift des § 2169 Abs. 3.

§ 2173 Forderungsvermächtnis

[1]Hat der Erblasser eine ihm zustehende Forderung vermacht, so ist, wenn vor dem Erbfall die Leistung erfolgt und der geleistete Gegenstand noch in der Erbschaft vorhanden ist, im Zweifel anzunehmen, dass dem Bedachten dieser Gegenstand zugewendet sein soll. [2]War die Forderung auf die Zahlung einer Geldsumme gerichtet, so gilt im Zweifel die entsprechende Geldsumme als vermacht, auch wenn sich eine solche in der Erbschaft nicht vorfindet.

A. Testamentsgestaltung

I. Muster: Forderungsvermächtnis 1

▶ Ich habe gegen die Eheleute ... einen Anspruch auf Rückgabe meines PKW ..., den ich ihnen am ... geliehen habe und den sie bis heute nicht zurückgebracht haben. Den Rückgabeanspruch vermache ich meinem Bruder ... geb. am ....[1] Sollten die Eheleute das Fahrzeug vor meinem Tod zurückbringen, fällt das Vermächtnis weg. ◀

II. Erläuterungen und Varianten

[1] Verzinsliche Forderung. Falls es sich um eine verzinsliche Geldforderung handelt, gilt im Zweifel hinsichtlich der Zinsen § 2184, mit der Folge, dass 2

▶ der Beschwerte dem Bedachten auch die seit dem Anfall des Vermächtnisses gezogenen Früchte herauszugeben hat. ◀

Eine anders lautende Bestimmung ist deshalb ausdrücklich zu treffen.

[2] Befreiungs-, Erlass- und Schuldvermächtnisse. Im Zusammenhang mit dem Forderungsvermächtnis werden häufig Befreiungs- (der Erblasser befreit den Bedachten von einer Forderung des Nachlasses oder eines Dritten), Erlass- (der Beschwerte wird verpflichtet, die Schuld des Bedachten zu erlassen, § 397) und Schuldvermächtnisse genannt (ausführlich *Reymann* in: jurisPK-BGB, § 2173 Rn 12–18). Ausgangssituation des zuletzt genannten Vermächtnisses ist, dass der Erblasser dem Bedachten etwas schuldet und zur Absicherung dieser Schuld einen unabhängigen, zusätzlichen Anspruch aus Vermächtnis (§ 2174) begründet. Dem Vermächtnisnehmer wird deshalb der Beweis, dass die Schuld besteht erleichtert bzw erspart (*Reymann* in: jurisPK-BGB, § 2173 Rn 17). 3

B. Prozess

4 **I. Muster: Klage auf Forderungsvermächtnis**

▶ An das

Landgericht ■■■[1]

Klage

des Herrn ■■■

– Kläger –

Prozessbevollmächtigte: Rechtsanwälte ■■■

gegen

den Herrn ■■■

– Beklagter –

Namens und in Vollmacht des Klägers erheben wir Klage und werden beantragen,

den Beklagten zu verurteilen, an den Kläger die gegen die Eheleute ■■■ bestehende Forderung auf Herausgabe des PKW ■■■ abzutreten.

Im Übrigen wird angeregt,

einen frühen ersten Termin zu bestimmen. Sofern das Gericht das schriftliche Vorverfahren anordnet, wird, falls die Voraussetzungen des § 331 Abs. 3 bzw § 307 ZPO vorliegen, um Erlass eines Versäumnis- bzw Anerkenntnisurteils ohne mündliche Verhandlung gebeten.

Mit einer Entscheidung durch den Einzelrichter ist der Kläger einverstanden.

Begründung

Der Kläger ist ein Bruder des am ■■■ in ■■■ verstorbenen Erblassers. Der Erblasser hat den Beklagten testamentarisch zum Alleinerben eingesetzt.

Beweis: Kopie des Testamentes vom ■■■, Anl. K 1

Der Beklagte hat die Erbschaft angenommen.

Beweis: Kopie des Erbscheins vom ■■■, Az ■■■, Anl. K 2

Testamentarisch hat der Erblasser dem Kläger eine Forderung vermacht und erklärt:

„Ich habe gegen die Eheleute ■■■ einen Anspruch auf Rückgabe meines PKW ■■■, den ich ihnen am ■■■ geliehen habe und den sie bis heute nicht zurückgebracht haben. Den Rückgabeanspruch vermache ich meinem Bruder ■■■ geb. am ■■■ .[1] Sollten die Eheleute das Fahrzeug vor meinem Tod zurückbringen, fällt das Vermächtnis weg."

Beweis:

1. Kopie des Testamentes vom ■■■, b. v. als Anl. K 1
2. Leihvertrag zwischen dem Erblasser und den Eheleuten ■■■ vom ■■■, Anl. K 3

Der Kläger hat das Vermächtnis angenommen und dies dem Beklagten mitgeteilt.

Beweis: Kopie des Schreibens des Klägers vom ■■■, Anl. K 4

Die Eheleute ■■■ haben das genannte Fahrzeug bis heute nicht zurückgegeben. Dies ist unstreitig.

Dennoch hat der Beklagte, auch angesichts des

anwaltlichen Schreibens vom ■■■, Anl. K 5,

das Vermächtnis bisher nicht erfüllt. Klage war daher geboten.

■■■

Rechtsanwalt ◀

II. Erläuterungen

[1] **Zuständigkeit des angerufenen Gerichts.** Die örtliche Zuständigkeit des angerufenen Gerichts ergibt sich aus § 27 Abs. 1 ZPO bzw §§ 12, 13 ZPO, die sachliche aus §§ 23 Abs. 1 S. 1, 71 Abs. 1 ZPO. 5

§ 2174 Vermächtnisanspruch

Durch das Vermächtnis wird für den Bedachten das Recht begründet, von dem Beschwerten die Leistung des vermachten Gegenstands zu fordern.

A. Testamentsgestaltung

§ 2174 ist die zentrale Anspruchsgrundlage des Vermächtnisrechts (Hk-BGB/*Hoeren*, § 2174 Rn 1). Zu den Formulierungsmöglichkeiten für die testamentarische Aussetzung eines Vermächtnisses vgl die Formulare bei den einzelnen Vermächtnisarten. 1

B. Prozess

I. Klagen auf Erfüllung eines Vermächtnisses

Hierzu vgl zunächst die Formulare bei den einzelnen Vermächtnisarten. 2

II. Das Vermächtnis im Erkenntnis- und Vollstreckungsverfahren

Will der Bedachte seinen Vermächtnisanspruch prozessual geltend machen, bestehen keine Besonderheiten; er kann einstweiligen Rechtsschutz in Anspruch nehmen oder das übliche Erkenntnis- und Vollstreckungsverfahren durchlaufen. 3

1. Arrest oder einstweilige Verfügung

Ist der **Vermächtnisanspruch** des Bedachten in der Zeit zwischen dem Erbfall und dem Vermächtnisanfall **gefährdet**, kann er einen Arrest oder eine einstweilige Verfügung beantragen (§§ 916 Abs. 2, 936 ZPO). Diese Möglichkeit scheidet aus bei aufschiebend bedingten Ansprüchen, da das Vermächtnis vor dem Bedingungseintritt einen nur vagen und entfernten Vermögenswert besitzt (*Reymann* in: jurisPK-BGB, § 2174 Rn 74). Zu den Antragsmustern auf Anordnung des Arrests vgl *Bartsch* in Tanck, § 2 Rn 210 und auf einstweilige Verfügung vgl *Bartsch* in: Tanck, § 2 Rn 212, 228. 4

2. Erkenntnisverfahren

Klagt der Vermächtnisnehmer seinen Vermächtnisanspruch ein, ist, wie schon bei den einzelnen Formularen erläutert, der maßgebliche Gerichtsstand wahlweise entweder der Gerichtsstand am Wohnsitz des Beschwerten (§§ 12, 13 ZPO) oder der Gerichtsstand am letzten Wohnsitz des Erblassers (§ 27 Abs. 1 ZPO). **Nicht** in Betracht kommt der Gerichtsstand des Erfüllungsortes, da der Streit um das Vermächtnis kein Vertragsverhältnis betrifft (§ 29 ZPO). Der **Streitwert** bemisst sich nach dem Interesse des Vermächtnisnehmers an der Erfüllung des Vermächtnisses (§ 3 ZPO; vgl *Reymann* in: jurisPK-BGB, § 2174 Rn 76). 5

3. Vollstreckungsverfahren

6 Betreiben die Gläubiger des Beschwerten die Zwangsvollstreckung in den Vermächtnisgegenstand, kann der Vermächtnisnehmer die Zwangsvollstreckung kaum verhindern:

- Wenn der Vermächtnisnehmer allerdings bereits Besitz am Vermächtnisgegenstand hat, kann er sich gegenüber den Gläubigern gemäß den §§ 766, 809 ZPO zur Wehr setzen und die Art und Weise der Zwangsvollstreckung rügen.
- Wenn dagegen der Beschwerte noch Besitz am Vermächtnisobjekt hat, kann der Vermächtnisnehmer die Zwangsvollstreckung nicht verhindern; § 771 ZPO greift jedenfalls nicht, da das Vermächtnis kein die Veräußerung hinderndes Recht ist (*Reymann* in: jurisPK-BGB, § 2174 Rn 77).

§ 2175 Wiederaufleben erloschener Rechtsverhältnisse

Hat der Erblasser eine ihm gegen den Erben zustehende Forderung oder hat er ein Recht vermacht, mit dem eine Sache oder ein Recht des Erben belastet ist, so gelten die infolge des Erbfalls durch Vereinigung von Recht und Verbindlichkeit oder von Recht und Belastung erloschenen Rechtsverhältnisse in Ansehung des Vermächtnisses als nicht erloschen.

§ 2176 Anfall des Vermächtnisses

Die Forderung des Vermächtnisnehmers kommt, unbeschadet des Rechts, das Vermächtnis auszuschlagen, zur Entstehung (Anfall des Vermächtnisses) mit dem Erbfall.

§ 2177 Anfall bei einer Bedingung oder Befristung

Ist das Vermächtnis unter einer aufschiebenden Bedingung oder unter Bestimmung eines Anfangstermins angeordnet und tritt die Bedingung oder der Termin erst nach dem Erbfall ein, so erfolgt der Anfall des Vermächtnisses mit dem Eintritt der Bedingung oder des Termins.

A. Testamentsgestaltung

1 I. Muster: Bedingtes Vermächtnis

▶ Mein Cembalo Marke „Neupert" vermache ich der Kirchengemeinde ▪▪▪. Meine Erbin soll es allerdings erst dann herausgeben, wenn in der Pfarrkirche ▪▪▪ ein Konzert des Kammerchores an dieser Kirche stattfindet, bei dem der Einsatz des Cembalos als Solo- oder Continuoinstrument erforderlich ist.[1] ◀

II. Erläuterungen

2 **[1] Entstehung des Anspruchs.** Der schuldrechtliche Anspruch des Vermächtnisnehmers aus § 2174 auf Leistung des Vermächtnisgegenstandes entsteht **grundsätzlich (Ausnahmen: §§ 2177–2179) mit dem Erbfall,** § 2176. Davon zu unterscheiden ist die Fälligkeit des Vermächtnisses; aus der Verfügung des Erblassers kann sich ergeben, dass die Fälligkeit erst später eintreten soll.

3 **Aufschiebend bedingte bzw befristete Vermächtnisse** werden der Vor- und Nacherbfolge wegen der größeren Drittbestimmungsmöglichkeiten und wegen der fehlenden Verfügungsbeschrän-

kungen häufig vorgezogen (§§ 2151–2153, 2136). Vielfach führt der Wunsch, bestimmte Personengruppen vom Nachlass auszuschließen, zur Anordnung von aufschiebend bedingten oder befristeten Vermächtnissen (*Reymann* in: jurisPK-BGB, § 2177 Rn 2). Zur Auslegungsregel des § 2074 vgl Hk-BGB/*Hoeren*, § 2177 Rn 3.

B. Prozess

I. Muster: Klage auf Feststellung eines noch nicht fälligen Vermächtnisses 4

▶ An das

Landgericht ■■■[1]

Klage

der Kirchengemeinde ■■■, vertreten durch den Kirchenvorstand, dieser vertreten durch Herrn Pfarrer ■■■

– Klägerin –

Prozessbevollmächtigte: Rechtsanwälte ■■■

gegen

Frau ■■■

– Beklagte –

Prozessbevollmächtigte: Rechtsanwälte ■■■

Namens und in Vollmacht der Klägerin erheben wir Klage und werden beantragen, festzustellen, dass die Beklagte verpflichtet ist, an die Klägerin ein Cembalo Marke „Neupert" herauszugeben und zu übereignen.

Im Übrigen wird angeregt, einen frühen ersten Termin zu bestimmen. Sofern das Gericht das schriftliche Vorverfahren anordnet, wird, falls die Voraussetzungen des § 331 Abs. 3 bzw § 307 ZPO vorliegen, um Erlass eines Versäumnis- bzw Anerkenntnisurteils ohne mündliche Verhandlung gebeten.

Mit einer Entscheidung durch den Einzelrichter ist die Klägerin einverstanden.

Begründung

Der am ■■■ in ■■■ verstorbene Erblasser hatte die Beklagte durch privatschriftliches Testament vom ■■■ zu seiner Alleinerbin eingesetzt.

Beweis: Kopie des Testamentes vom ■■■, Anl. K 1

Diese hat die Erbschaft angenommen.[2]

Der Erblasser hatte der Klägerin in dem o.g. Testament folgendes Vermächtnis ausgesetzt: „Mein Cembalo Marke „Neupert" vermache ich der Kirchengemeinde ■■■ . Meine Erbin soll es allerdings erst dann herausgeben, wenn in der Pfarrkirche ■■■ ein Konzert des Kammerchores an dieser Kirche stattfindet, bei dem der Einsatz des Cembalos als Solo- oder Continuoinstrument erforderlich ist."

Mit

Schreiben vom ■■■, Anl. K 2

hat die Klägerin der Beklagten mitgeteilt, dass am ■■■, also in etwa acht Monaten, ein Konzert des Kammerchors stattfinden wird, in dem u. a. Vivaldis „Gloria" sowie ein Cembalokonzert von J. S. Bach aufgeführt werden sollen.

Beweis: Pressemitteilung vom ■■■, Anl. K 3

Man benötige daher das Cembalo. Die Beklagte hat mit

Schreiben vom ■■■, Anl. K 4

erwidert, die Musik interessiere sie nicht, das Cembalo werde sie allerdings als Erinnerungsstück behalten und keineswegs herausgeben. Eine Leistungsklage dürfte aufgrund der besonderen Formulierung des Testaments derzeit zwar unzulässig sein, die Klägerin hat aber ein Interesse an der Feststellung,[3] dass die Beklagte verpflichtet ist, das Instrument herauszugeben und zu übereignen.

Auch durch Schreiben des Unterzeichners ließ sie sich bisher nicht umstimmen; Klage war daher geboten.

▪▪▪

Rechtsanwalt ◄

II. Erläuterungen

5 [1] **Zuständigkeit des angerufenen Gerichts.** Die örtliche Zuständigkeit des angerufenen Gerichts ergibt sich aus § 27 Abs. 1 ZPO bzw §§ 12, 13 ZPO, die sachliche aus §§ 23 Abs. 1 S. 1, 71 Abs. 1 ZPO.

6 [2] **Anpruchsvoraussetzung.** Mit Erfolg kann der Vermächtnisnehmer den Vermächtnisanspruch nur dann gegenüber dem Erben einklagen, wenn dieser die **Erbschaft angenommen** hat (§§ 1958, 2014). Vor Annahme der Erbschaft kann er den Vermächtnisanspruch nur gegenüber einem etwaigen Nachlassverwalter, Nachlasspfleger, Testamentsvollstrecker oder Insolvenzverwalter einklagen (*Reymann* in: jurisPK-BGB, § 2176 Rn 12).

7 [3] **Feststellungsinteresse.** Das Feststellungsinteresse ist immer erst nach Eintritt des Erbfalls gegeben (*Bartsch* in: Tanck, § 2 Rn 151).

§ 2178 Anfall bei einem noch nicht gezeugten oder bestimmten Bedachten

Ist der Bedachte zur Zeit des Erbfalls noch nicht gezeugt oder wird seine Persönlichkeit durch ein erst nach dem Erbfall eintretendes Ereignis bestimmt, so erfolgt der Anfall des Vermächtnisses im ersteren Falle mit der Geburt, im letzteren Falle mit dem Eintritt des Ereignisses.

§ 2179 Schwebezeit

Für die Zeit zwischen dem Erbfall und dem Anfall des Vermächtnisses finden in den Fällen der §§ 2177, 2178 die Vorschriften Anwendung, die für den Fall gelten, dass eine Leistung unter einer aufschiebenden Bedingung geschuldet wird.

§ 2180 Annahme und Ausschlagung

(1) Der Vermächtnisnehmer kann das Vermächtnis nicht mehr ausschlagen, wenn er es angenommen hat.
(2) [1]Die Annahme sowie die Ausschlagung des Vermächtnisses erfolgt durch Erklärung gegenüber dem Beschwerten. [2]Die Erklärung kann erst nach dem Eintritt des Erbfalls abgegeben werden; sie ist unwirksam, wenn sie unter einer Bedingung oder einer Zeitbestimmung abgegeben wird.
(3) Die für die Annahme und die Ausschlagung einer Erbschaft geltenden Vorschriften des § 1950, des § 1952 Abs. 1, 3 und des § 1953 Abs. 1, 2 finden entsprechende Anwendung.

§ 2181 Fälligkeit bei Beliebigkeit

Ist die Zeit der Erfüllung eines Vermächtnisses dem freien Belieben des Beschwerten überlassen, so wird die Leistung im Zweifel mit dem Tode des Beschwerten fällig.

§ 2182 Haftung für Rechtsmängel

(1) [1]Ist ein nur der Gattung nach bestimmter Gegenstand vermacht, so hat der Beschwerte die gleichen Verpflichtungen wie ein Verkäufer nach den Vorschriften des § 433 Abs. 1 Satz 1, der §§ 436, 452 und 453. [2]Er hat den Gegenstand dem Vermächtnisnehmer frei von Rechtsmängeln im Sinne des § 435 zu verschaffen. [3]§ 444 findet entsprechende Anwendung.
(2) Dasselbe gilt im Zweifel, wenn ein bestimmter nicht zur Erbschaft gehörender Gegenstand vermacht ist, unbeschadet der sich aus dem § 2170 ergebenden Beschränkung der Haftung.
(3) Ist ein Grundstück Gegenstand des Vermächtnisses, so haftet der Beschwerte im Zweifel nicht für die Freiheit des Grundstücks von Grunddienstbarkeiten, beschränkten persönlichen Dienstbarkeiten und Reallasten.

§ 2183 Haftung für Sachmängel

[1]Ist eine nur der Gattung nach bestimmte Sache vermacht, so kann der Vermächtnisnehmer, wenn die geleistete Sache mangelhaft ist, verlangen, dass ihm anstelle der mangelhaften Sache eine mangelfreie geliefert wird. [2]Hat der Beschwerte einen Sachmangel arglistig verschwiegen, so kann der Vermächtnisnehmer anstelle der Lieferung einer mangelfreien Sache Schadensersatz statt der Leistung verlangen, ohne dass er eine Frist zur Nacherfüllung setzen muss. [3]Auf diese Ansprüche finden die für die Sachmängelhaftung beim Kauf einer Sache geltenden Vorschriften entsprechende Anwendung.

§ 2184 Früchte; Nutzungen

[1]Ist ein bestimmter zur Erbschaft gehörender Gegenstand vermacht, so hat der Beschwerte dem Vermächtnisnehmer auch die seit dem Anfall des Vermächtnisses gezogenen Früchte sowie das sonst auf Grund des vermachten Rechts Erlangte herauszugeben. [2]Für Nutzungen, die nicht zu den Früchten gehören, hat der Beschwerte nicht Ersatz zu leisten.

§ 2185 Ersatz von Verwendungen und Aufwendungen

Ist eine bestimmte zur Erbschaft gehörende Sache vermacht, so kann der Beschwerte für die nach dem Erbfall auf die Sache gemachten Verwendungen sowie für Aufwendungen, die er nach dem Erbfall zur Bestreitung von Lasten der Sache gemacht hat, Ersatz nach den Vorschriften verlangen, die für das Verhältnis zwischen dem Besitzer und dem Eigentümer gelten.

A. Muster: Erwiderung des Beklagten zur Klage auf Herausgabe eines Vermächtnisses 1

▶ An das

Amtsgericht ▪▪▪[1]

In dem Rechtsstreit

der Kirchengemeinde ▪▪▪

– Klägerin –

gegen

Frau ▪▪▪

– Beklagte –

Az: ▪▪▪

zeigen wir an, dass wir die Beklagte vertreten.

Wir werden den Anspruch auf Herausgabe des zweimanualigen Cembalos Marke „Neupert" anerkennen Zug um Zug gegen Zahlung von ▪▪▪ EUR zuzüglich 5 Prozentpunkten über dem Basiszinssatz seit ▪▪▪ .

Begründung

Zutreffend ist, dass die Beklagte Alleinerbin des am ▪▪▪ in ▪▪▪ verstorbenen Erblassers ist. Richtig ist auch, dass der Erblasser der Klägerin das im Klageantrag genannte Cembalo vermacht hat.

Die Erfüllung dieses Vermächtnisses hat die Beklagte jedoch niemals abgelehnt. Allerdings waren der Resonanzboden des Instruments gesprungen und eine Anzahl von Kielen beschädigt.

Beweis: Vernehmung des sachverständigen Zeugen ▪▪▪, zu laden ▪▪▪

Der Zeuge vertrat die Auffassung, man müsse zumindest den Resonanzboden erneuern, wenn nicht das Instrument komplett unbrauchbar werden solle. Die Beklagte hat deshalb den Zeugen beauftragt, nur die notwendigen Maßnahmen zu ergreifen.

Beweis:
1. wie zuvor
2. Sachverständigengutachten
Der Zeuge hat den Resonanzboden erneuert und dafür ■■■ EUR berechnet.
Beweis: Kopie der Rechnung vom ■■■, Anl. B 1
Dieser Betrag ist üblich undangemessen. Beweis: Sachverständigengutachten
Die Beklagte hat die Rechnung mittlerweile beglichen.
Beweis: Quittung vom ■■■, Anl. B 2
Die Klägerin ist verpflichtet, der Beklagten die an den Zeugen für ihre Aufwendungen gezahlten ■■■ EUR zu erstatten.[2]

■■■

Rechtsanwalt ◄

B. Erläuterungen

2 Zugrunde liegt die Klage auf Übereignung und Herausgabe eines Stückvermächtnisses.

3 [1] **Zuständigkeit des angerufenen Gerichts.** Die örtliche Zuständigkeit des angerufenen Gerichts ergibt sich aus § 27 Abs. 1 ZPO bzw §§ 12, 13 ZPO, die sachliche aus §§ 23 Abs. 1 S. 1 ZPO.

4 [2] **Aufwendungsersatz.** Der Erbe kann den Ersatz derjenigen Aufwendungen verlangen, die er als notwendig und nützlich ansehen durfte, §§ 2185 aE, 994 (*Bartsch* in: Tanck, § 2 Rn 36).

5 Die (auch prozessuale) **Geltendmachung des Verwendungsersatzanspruchs** richtet sich nach den §§ 1000–1003 (§ 2185 aE).

6 Gem. § 1000 kann der Beschwerte erreichen, dass der Vermächtnisnehmer **Herausgabe des Vermächtnisobjekts** nur **Zug um Zug gegen Ersatz** der **getätigten Verwendungen** verlangen kann.

7 Den Anspruch auf Ersatz der Verwendungen kann der Beschwerte nur dann (prozessual) geltend machen, wenn der **Vermächtnisnehmer die Sache erlangt oder die Verwendungen genehmigt** (§ 1001; zum Verhältnis des § 1000 zu § 1001 vgl Hk-BGB/*Schulte-Nölke*, § 1000 Rn 1).

8 Macht der Beschwerte den Anspruch nach § 1001 nach Vermächtniserfüllung nicht geltend, erlischt er einen Monat (bzw bei Grundstücken sechs Monate) nach Erfüllung (§ 1002).

9 Gem. § 1003 kann sich der Beschwerte, wenn er noch im Besitz des Vermächtnisobjekts ist, nach fruchtlosem Ablauf einer gesetzten Frist aus dem Vermächtnisobjekt hinsichtlich seiner Verwendungen befriedigen.

10 Die **Beweislast** für die Erbringung der Verwendungen trägt der Beschwerte (*Reymann* in: jurisPK-BGB, § 2185 Rn 12).

§ 2186 Fälligkeit eines Untervermächtnisses oder einer Auflage

Ist ein Vermächtnisnehmer mit einem Vermächtnis oder einer Auflage beschwert, so ist er zur Erfüllung erst dann verpflichtet, wenn er die Erfüllung des ihm zugewendeten Vermächtnisses zu verlangen berechtigt ist.

§ 2187 Haftung des Hauptvermächtnisnehmers

(1) Ein Vermächtnisnehmer, der mit einem Vermächtnis oder einer Auflage beschwert ist, kann die Erfüllung auch nach der Annahme des ihm zugewendeten Vermächtnisses insoweit verweigern, als dasjenige, was er aus dem Vermächtnis erhält, zur Erfüllung nicht ausreicht.
(2) Tritt nach § 2161 ein anderer an die Stelle des beschwerten Vermächtnisnehmers, so haftet er nicht weiter, als der Vermächtnisnehmer haften würde.

(3) Die für die Haftung des Erben geltende Vorschrift des § 1992 findet entsprechende Anwendung.

§ 2188 Kürzung der Beschwerungen

Wird die einem Vermächtnisnehmer gebührende Leistung auf Grund der Beschränkung der Haftung des Erben, wegen eines Pflichtteilsanspruchs oder in Gemäßheit des § 2187 gekürzt, so kann der Vermächtnisnehmer, sofern nicht ein anderer Wille des Erblassers anzunehmen ist, die ihm auferlegten Beschwerungen verhältnismäßig kürzen.

§ 2189 Anordnung eines Vorrangs

Der Erblasser kann für den Fall, dass die dem Erben oder einem Vermächtnisnehmer auferlegten Vermächtnisse und Auflagen auf Grund der Beschränkung der Haftung des Erben, wegen eines Pflichtteilsanspruchs oder in Gemäßheit der §§ 2187, 2188 gekürzt werden, durch Verfügung von Todes wegen anordnen, dass ein Vermächtnis oder eine Auflage den Vorrang vor den übrigen Beschwerungen haben soll.

§ 2190 Ersatzvermächtnisnehmer

Hat der Erblasser für den Fall, dass der zunächst Bedachte das Vermächtnis nicht erwirbt, den Gegenstand des Vermächtnisses einem anderen zugewendet, so finden die für die Einsetzung eines Ersatzerben geltenden Vorschriften der §§ 2097 bis 2099 entsprechende Anwendung.

A. Testamentsgestaltung

I. Muster: Einsetzung eines Ersatzvermächtnisnehmers 1

▶ Meinem Enkel ... vermache ich das Objekt „I a gebratene Fischgräte (Hering), 1970" (Fischgräte auf Pergamentpapier in verglastem Holzkasten, H. 30 cm x B. 11 cm x T. 6 cm) von Joseph Beuys. 1128
Sollte mein Enkel ... zuvor versterben,[1] soll das Objekt meiner Nichte ... zufallen. ◀

II. Erläuterungen

[1] Ersatzvermächtnis. Außer im Fall des in § 2160 geregelten Vorversterbens des Bedachten führen auch der Verzicht (§ 2353), die Ausschlagung (§ 2180) und die Vermächtnisunwürdigkeit (§ 2345) dazu, dass der Vermächtnisnehmer wegfällt und der Ersatzvermächtnisnehmer zum Zuge kommt. Das ist auch dann der Fall, wenn der Vermächtnisnehmer bei aufschiebend bedingten oder befristeten Vermächtnissen vor Eintritt der Bedingung oder Befristung wegfällt (*Bartsch* in: Tanck, § 2 Rn 131). 2

B. Prozess

I. Muster: Klage des Ersatzvermächtnisnehmers auf Herausgabe und Übereignung des Vermächtnisgegenstandes 3

▶ An das 1129

Landgericht ...[1]

Klage

der Frau ...

– Klägerin –

Prozessbevollmächtigte: Rechtsanwälte ■■■

gegen

den Herrn ■■■

– Beklagter –

Namens und in Vollmacht der Klägerin erheben wir Klage und werden beantragen, den Beklagten zu verurteilen, das Objekt „I a gebratene Fischgräte (Hering), 1970“ (Fischgräte auf Pergamentpapier in verglastem Holzkasten, H. 30 cm x B. 11 cm x T. 6 cm) von Joseph Beuys, das sich im Nachlass des am ■■■ in ■■■ verstorbenen Erblassers ■■■ befindet, an die Klägerin zu übereignen und herauszugeben.

Im Übrigen wird angeregt,

einen frühen ersten Termin zu bestimmen. Sofern das Gericht das schriftliche Vorverfahren anordnet, wird, falls die Voraussetzungen des § 331 Abs. 3 bzw § 307 ZPO vorliegen, um Erlass eines Versäumnis- bzw Anerkenntnisurteils ohne mündliche Verhandlung gebeten.

Mit einer Entscheidung durch den Einzelrichter ist die Klägerin einverstanden.

Begründung

Der am ■■■ in ■■■ verstorbene Erblassers ■■■ hatte den Beklagten als Alleinerben eingesetzt. Der Beklagte hat die Erbschaft angenommen.

Beweis: Kopie des Erbscheins vom ■■■, Anl. K 1

Der Erblasser hatte u.a. folgendes Vermächtnis ausgesetzt:

„Meinem Enkel ■■■ vermache ich das Objekt „I a gebratene Fischgräte (Hering), 1970“ (Fischgräte auf Pergamentpapier in verglastem Holzkasten, H. 30 cm x B. 11 cm x T. 6 cm) von Joseph Beuys. Sollte mein Enkel ■■■ zuvor versterben, soll das Objekt meiner Nichte ■■■ zufallen.“

Beweis: Kopie des handschriftlichen Testamentes vom ■■■, Anl. K 2

Bei der im Testament genannten Nichte handelt es ich um die Klägerin. Der Enkel des Erblassers ist – aufgrund eines Verkehrsunfalls mit seinem Motorrad – tatsächlich vor dem Erblasserverstorben.[2]

Beweis: Kopie der Sterbeurkunde, Anl. K 3

Die Klägerin hat sich deshalb mit

Schreiben vom ■■■, Anl. K 4

an den Beklagten gewandt und ihn um Herausgabe des Objekts gebeten. Aus Gründen, über die sich nur spekulieren lässt, weigert sich der Beklagte aber, das Objekt herauszugeben.

Beweis: Schreiben des Beklagten vom ■■■, Anl. K 4

Klage war daher geboten.

■■■

Rechtsanwalt ◄

II. Erläuterungen

4 [1] **Zuständigkeit des angerufenen Gerichts.** Die örtliche Zuständigkeit des angerufenen Gerichts ergibt sich aus § 27 Abs. 1 ZPO bzw §§ 12, 13 ZPO, die sachliche aus §§ 23 Abs. 1 S. 1, 71 Abs. 1 ZPO.

5 [2] **Keine Unwirksamkeit des Vermächtnisses.** Das Vermächtnis ist entgegen § 2160 nicht unwirksam. Der Erblasser hat gem. § 2190 ausdrücklich einen Ersatzvermächtnisnehmer bestimmt.

§ 2191 Nachvermächtnisnehmer

(1) Hat der Erblasser den vermachten Gegenstand von einem nach dem Anfall des Vermächtnisses eintretenden bestimmten Zeitpunkt oder Ereignis an einem Dritten zugewendet, so gilt der erste Vermächtnisnehmer als beschwert.
(2) Auf das Vermächtnis finden die für die Einsetzung eines Nacherben geltenden Vorschriften des § 2102, des § 2106 Abs. 1, des § 2107 und des § 2110 Abs. 1 entsprechende Anwendung.

A. Testamentsgestaltung

I. Muster: Nachvermächtnis 1

1130

▶ Meiner Schwester, geb. am ■■■ vermache ich als Vorvermächtnisnehmerin das Objekt „I a gebratene Fischgräte (Hering), 1970" (Fischgräte auf Pergamentpapier in verglastem Holzkasten, H. 30 cm x B. 11 cm x T. 6 cm) von Joseph Beuys. ■■■ [Ggf. Ausführungen zu Ersatzvermächtnisnehmern].

Sofern meine Schwester stirbt, ohne Abkömmlinge zu hinterlassen, vermache ich das Objekt meinem Bruder ■■■, geb. am ■■■ . Das Vermächtnis fällt mit dem Tod meiner Schwester an.[1] ■■■ [Ggf. Ausführungen zu Ersatzvermächtnisnehmern]. ◀

II. Erläuterungen

[1] Nachvermächtnis und Nacherbschaft. Da der Erblasser den Gegenstand zeitlich nacheinander verschiedenen Personen zuwendet, besteht eine gewisse Ähnlichkeit mit der Vor- und Nacherbschaft. Allerdings wird der Nacherbe mit dem Eintritt des Nacherbfalls Rechtsnachfolger des Vorerben, der Nachvermächtnisnehmer muss seine Ansprüche gegen den Vorvermächtnisnehmer geltend machen (*Bartsch* in: Tanck, § 2 Rn 104). 2

Da das Nachvermächtnis als **Fall des Untervermächtnisses** gilt, kann der Vorvermächtnisnehmer Verwendungsersatz gem. §§ 994 ff verlangen (*Bartsch* in: Tanck, § 2 Rn 105). 3

Ausgeschlagen werden kann das Nachvermächtnis nach dem Erbfall, aber vor Eintritt des Nachvermächtnisfalls (*Bartsch* in: Tanck, § 2 Rn 105 unter Hinweis auf BGH NJW 2001, 520 f). 4

Ein Unterfall des Nachvermächtnisses ist das **Rückvermächtnis** (vgl dazu *Bartsch* in: Tanck, § 2 Rn 113 und OLG Frankfurt ZEV 1997, Rn 113–117). 5

B. Prozess

I. Muster: Klage auf Nachvermächtnis 6

1131

▶ An das

Landgericht ■■■[1]

Klage

des Herrn ■■■

– Kläger –

Prozessbevollmächtigte: Rechtsanwälte ■■■

gegen

Herrn ■■■

– Beklagter –

Namens und in Vollmacht des Klägers erheben wir Klage und werden beantragen,

den Beklagten zu verurteilen, das Objekt „I a gebratene Fischgräte (Hering), 1970" (Fischgräte auf Pergamentpapier in verglastem Holzkasten, H. 30 cm x B. 11 cm x T. 6 cm) von Joseph Beuys an den Kläger zu übereignen und herauszugeben.

Im Übrigen wird angeregt,

einen frühen ersten Termin zu bestimmen. Sofern das Gericht das schriftliche Vorverfahren anordnet, wird, falls die Voraussetzungen des § 331 Abs. 3 bzw § 307 ZPO vorliegen, um Erlass eines Versäumnis- bzw Anerkenntnisurteils ohne mündliche Verhandlung gebeten.

Mit einer Entscheidung durch den Einzelrichter ist der Kläger einverstanden.

Begründung

Der Bruder des Klägers, der Erblasser, ■■■, ist am ■■■ in ■■■ verstorben. Er hatte in einem notariellen Testament vom ■■■, Anl. K 1

das im Antrag genannte Objekt seiner Schwester ■■■ vermacht; diese hat das Vermächtnis auch angenommen. Der Erblasser hat weiter bestimmt:

„Sofern meine Schwester stirbt, ohne Abkömmlinge zu hinterlassen, vermache ich das Objekt meinem Bruder ■■■, geb. am ■■■ . Das Vermächtnis fällt mit dem Tod meiner Schwester an."

Beweis: wie zuvor

Frau ■■■ ist am ■■■ unverheiratet und kinderlos verstorben; als ihren Alleinerben hatte sie zuvor den Beklagten, ihren langjährigen Lebensgefährten, eingesetzt. Dies ist unstreitig.

Der Kläger hat deshalb den Beklagten aufgefordert, ihm das Objekt herauszugeben und zu übereignen.[2]

Beweis: Kopie des anwaltlichen Schreibens vom ■■■, Anl. K 2

Der Beklagte weigert sich allerdings und erklärt, er sei alleiniger Eigentümer des Nachlasses der Frau ■■■ geworden.[3] Klage war daher geboten.

■■■

Rechtsanwalt ◄

II. Erläuterungen

7 **[1] Zuständigkeit des angerufenen Gerichts.** Die örtliche Zuständigkeit des angerufenen Gerichts ergibt sich aus § 27 Abs. 1 ZPO bzw §§ 12, 13 ZPO, die sachliche aus §§ 23 Abs. 1 S. 1, 71 Abs. 1 ZPO.

8 **[2] Passivlegitimation.** Da der Nachvermächtnisfall mit dem Tod der Vorvermächtnisnehmerin eingetreten ist, richtet sich der Anspruch des Klägers als Nachvermächtnisnehmer gegen den Erben der Vorvermächtnisnehmerin (*Bartsch* in: Tanck, § 2 Rn 109).

9 **[3] Mögliche Verteidigung des Verpflichteten.** Wenn auch diese Ansicht richtig ist, bleibt doch der Beklagte als Alleinerbe der Vorvermächtnisnehmerin verpflichtet, das Nachvermächtnis zu erfüllen. Sofern er Verwendungen auf den Vermächtnisgegenstand getätigt hat, könnte er mit diesem Argument immerhin eine Zug-um-Zug-Verurteilung erreichen (vgl § 2185).

Titel 5 Auflage

§ 2192 Anzuwendende Vorschriften

Auf eine Auflage finden die für letztwillige Zuwendungen geltenden Vorschriften der §§ 2065, 2147, 2148, 2154 bis 2156, 2161, 2171, 2181 entsprechende Anwendung.

A. Grabpflege

I. Muster: Auflage für den Erben (Grabpflege) 1

▶ Zu meinem Alleinerben bestimme ich ■■■, geb. am ■■■ mit der Auflage, für meine Beerdigung zu sorgen, die hierdurch entstehenden Kosten zu tragen und mein Grab auf die Dauer von ■■■ Jahren angemessen zu pflegen. Hierzu ist ein Grabpflegevertrag mit der Gärtnerei ■■■ zu schließen.[1] ◀

II. Erläuterungen

[1] **Inhalt der Auflage.** Inhalt der Auflage kann grundsätzlich alles sein, wozu sich jemand schuldrechtlich verpflichten kann. Einen Vermögensvorteil muss die Auflage also nicht zum Inhalt haben, auch muss der Belastete nicht unbedingt rechtsfähig sein. 2

Vom Gesetz vorgesehene **mögliche Gestaltungsformen** sind die 3
- Wahlauflage (§§ 2192, 2154 Abs. 1),
- Gattungsauflage (§§ 2192, 2155),
- Zweckauflage (§§ 2192, 2156, 315–319).

Bei der **Formulierung von Auflagen** sollte Folgendes beachtet werden (vgl *Kniesbeck/Linnartz* in: jurisPK-BGB, § 2192 Rn 24): 4

(a) **Klare Bezeichnung**, dass es sich um die Anordnung einer Auflage handelt (Abgrenzung zu Vermächtnis, Ratschlägen, Wünschen).

(b) **Genauer Inhalt der Auflage:**
  (aa) **Leistung** (muss nicht in einem Vermögenswert bestehen) oder **Unterlassung.**
  (bb) **Begünstigter** braucht keine rechtsfähige Person zu sein. Seine **Bestimmung** kann auch dem Beschwerten oder einem Dritten überlassen werden (§ 2193). Bei einer zulässigen Drittbestimmung des Begünstigten oder des Leistungsgegenstandes muss der Erblasser aber den Zweck der Auflage persönlich festlegen (§§ 2192, 2193, 2156).

(c) **Bezeichnung** des mit der Auflage **Beschwerten** (Erbe oder Vermächtnisnehmer, bei mehreren zu welchen Teilen; beim Vor- und Nacherbe Klarstellung, ob beide, wenn auch Nacherbe erst ab Eintritt des Nacherbfalls).

(d) **Bestimmung** eines **Vollziehungsberechtigten** oder Ausschluss einzelner der nach § 2194 kraft Gesetzes Vollzugsberechtigten.

(e) Ggf **Sicherung des Auflagenvollzugs** durch Anordnung der Testamentsvollstreckung, Erteilung von Vollmachten oder Verbindung der letztwilligen Zuwendung mit einer entsprechenden aufschiebenden oder auflösenden Bedingung.

(f) Regelung eines **Bedingungszusammenhangs** von Auflage und letztwilliger Verfügung (§ 2195 ist nur Auslegungsregel).

B. Veräußerungsverbot

5 **I. Muster: Auflage für den Erben (Veräußerungsverbot)**

▶ Zu meinem Alleinerben bestimme ich meinen Sohn ■■■ mit der Auflage, dafür zu sorgen, dass der zum Nachlass gehörende Klempnereibetrieb in unserer Familie bleibt.[1] ◀

II. Erläuterungen

6 [1] **Inhalt der Auflage.** Vgl Erläuterungen in Rn 2–4.

§ 2193 Bestimmung des Begünstigten, Vollziehungsfrist

(1) Der Erblasser kann bei der Anordnung einer Auflage, deren Zweck er bestimmt hat, die Bestimmung der Person, an welche die Leistung erfolgen soll, dem Beschwerten oder einem Dritten überlassen.
(2) Steht die Bestimmung dem Beschwerten zu, so kann ihm, wenn er zur Vollziehung der Auflage rechtskräftig verurteilt ist, von dem Kläger eine angemessene Frist zur Vollziehung bestimmt werden; nach dem Ablauf der Frist ist der Kläger berechtigt, die Bestimmung zu treffen, wenn nicht die Vollziehung rechtzeitig erfolgt.
(3) [1]Steht die Bestimmung einem Dritten zu, so erfolgt sie durch Erklärung gegenüber dem Beschwerten. [2]Kann der Dritte die Bestimmung nicht treffen, so geht das Bestimmungsrecht auf den Beschwerten über. [3]Die Vorschrift des § 2151 Abs. 3 Satz 2 findet entsprechende Anwendung; zu den Beteiligten im Sinne dieser Vorschrift gehören der Beschwerte und diejenigen, welche die Vollziehung der Auflage zu verlangen berechtigt sind.

1 A. Muster: Auflage

▶ Zu meiner Alleinerbin bestimme ich meine Tochter ■■■, geb. am ■■■. Ich verpflichte sie, einer Bibliothek in meiner Geburtsstadt das Manuskript zu „Das Emporstreben nach Dingsda" von Marc Westermann zu übereignen.[1] Welche Bibliothek das Autograph erhält, bestimmt mein Testamentsvollstrecker, und zwar binnen eines Jahres. Zum Testamentsvollstrecker bestimme ich ■■■. ◀

B. Erläuterungen

2 [1] **Auflage und Vermächtnis.** Die Auflage wird zwar zunächst in § 1940 angesprochen; geregelt ist sie allerdings erst in §§ 2192–2196. Im Gegensatz zum Vermächtnis, das dem Begünstigten einen Anspruch auf den Vermächtnisgegenstand verschafft, steht hier die Verpflichtung des Beschwerten im Vordergrund; die Vollziehung der Auflage können nur die in § 2194 genannten Personen verlangen (Hk-BGB/*Hoeren*, vor §§ 2192–2196 Rn 1). Zur Abgrenzung zwischen Auflage und Vermächtnis s. auch KG Berlin, Urt. v. 29.5.1997, 22 U 8110/95.

§ 2194 Anspruch auf Vollziehung

[1]Die Vollziehung einer Auflage können der Erbe, der Miterbe und derjenige verlangen, welchem der Wegfall des mit der Auflage zunächst Beschwerten unmittelbar zustatten kommen würde. [2]Liegt die Vollziehung im öffentlichen Interesse, so kann auch die zuständige Behörde die Vollziehung verlangen.

1 A. Muster: Klage auf Vollziehung der Auflage

▶ An das
Landgericht ■■■[1]

Klage

der Frau ■■■

– Klägerin –

Prozessbevollmächtigte: Rechtsanwälte ■■■

gegen

den Herrn ■■■,

– Beklagter –

Namens und in Vollmacht des Klägers erheben wir Klage und werden beantragen, den Beklagten zu verurteilen, die Löschung der im Grundbuch von ■■■ Abt. III lfd. Nr. ■■■ eingetragenen Grundschuld herbeizuführen.

Es wird angeregt, einen frühen ersten Termin zu bestimmen. Sollte das Gericht das schriftliche Vorverfahren anordnen, wird für den Fall der Fristversäumnis oder des Anerkenntnisses beantragt,

den Beklagten durch Versäumnisurteil oder Anerkenntnisurteil ohne mündliche Verhandlung zu verurteilen.

Mit einer Entscheidung durch den Einzelrichter ist der Kläger einverstanden.

Begründung

Die verstorbene Mutter der Parteien hatte das zum Nachlass gehörende Grundstück mit einer Grundschuld belastet, die langfristige Darlehensverbindlichkeiten des Beklagten sicherte. Mit notariellem Testament vom ■■■ hat sie die Klägerin als Alleinerbin eingesetzt und dem Beklagten ein Vermächtnis ausgesetzt.

Beweis: Notarielles Testament vom ■■■ Anl. K 1

Wie aus dem Testament im Übrigen hervorgeht, hat die Erblasserin den Beklagten verpflichtet, das o. g. Grundstück von der Grundschuld zu befreien. Der Beklagte hat das Vermächtnis angenommen. Der Beklagte wurde mehrmals, zuletzt mit

anwaltlichem Schreiben vom ■■■, Anl. K 2,

aufgefordert, die Löschung der Grundschuld herbeizuführen. Der Beklagte hat auf keines dieser Schreiben reagiert, so dass nunmehr Klage geboten ist. Unseres Erachtens ist die im Testament enthaltene Verfügung als Auflage iSd §§ 1940, 2192 ff BGB auszulegen, so dass die Klägerin gemäß § 2194 S. 2 BGB berechtigt ist, die Vollziehung der Auflage zu verlangen.[2] Der Klage ist folglich stattzugeben.

■■■

Rechtsanwalt ◄

B. Erläuterungen

[1] **Zuständigkeit des angerufenen Gerichts.** Die örtliche Zuständigkeit des angerufenen Gerichts ergibt sich aus § 27 Abs. 1 ZPO (Hk-ZPO/*Bendtsen*, § 27 Rn 6; *Kniesbeck/Linnartz* in: jurisPK-BGB, 2194 Rn 9) bzw §§ 12, 13 ZPO, die sachliche aus §§ 23 Abs. 1 S. 1, 71 Abs. 1 ZPO. 2

[2] **Aktivlegitimation.** Der Vollziehungsberechtigte klagt im eigenen Namen und ist Partei im Prozess; der Auflagebegünstigte kann als Prozessstandschafter für den Vollziehungsberechtigten klagen. Die Rechtskraft eines Urteils, das gegen einen Vollziehungsberechtigten ergangen ist, wirkt nicht gegenüber sonstigen Vollziehungsberechtigten (*Kniesbeck/Linnartz* in: jurisPK-BGB, 2194 Rn 9). 3

§ 2195 Verhältnis von Auflage und Zuwendung

Die Unwirksamkeit einer Auflage hat die Unwirksamkeit der unter der Auflage gemachten Zuwendung nur zur Folge, wenn anzunehmen ist, dass der Erblasser die Zuwendung nicht ohne die Auflage gemacht haben würde.

§ 2196 Unmöglichkeit der Vollziehung

(1) Wird die Vollziehung einer Auflage infolge eines von dem Beschwerten zu vertretenden Umstands unmöglich, so kann derjenige, welchem der Wegfall des zunächst Beschwerten unmittelbar zustatten kommen würde, die Herausgabe der Zuwendung nach den Vorschriften über die Herausgabe einer ungerechtfertigten Bereicherung insoweit fordern, als die Zuwendung zur Vollziehung der Auflage hätte verwendet werden müssen.
(2) Das Gleiche gilt, wenn der Beschwerte zur Vollziehung einer Auflage, die nicht durch einen Dritten vollzogen werden kann, rechtskräftig verurteilt ist und die zulässigen Zwangsmittel erfolglos gegen ihn angewendet worden sind.

Titel 6 Testamentsvollstrecker

§ 2197 Ernennung des Testamentsvollstreckers

(1) Der Erblasser kann durch Testament einen oder mehrere Testamentsvollstrecker ernennen.
(2) Der Erblasser kann für den Fall, dass der ernannte Testamentsvollstrecker vor oder nach der Annahme des Amts wegfällt, einen anderen Testamentsvollstrecker ernennen.

A. Ernennung eines Testamentsvollstreckers, § 2197 Abs. 1

1 **I. Muster: Anordnung einer Testamentsvollstreckung**

▶ Ich ordne Testamentsvollstreckung[1] an. Zu meinem Testamentsvollstrecker[2] bestimme ich meinen Freund ▪▪▪, geb. am ▪▪▪, wohnhaft ▪▪▪ . Er soll meinen Nachlass verwalten und auseinandersetzen.[3] Dafür erhält er eine einmalige Vergütung i. H. von ▪▪▪ EUR.[4] ◀

II. Erläuterungen und Varianten

2 [1] **Anordnung der Testamentsvollstreckung.** Nach dem Wortlaut des § 2197 kann Testamentsvollsteckung nur im Testament (§ 2137) und nur durch den Erblasser selbst (§ 2065) angeordnet werden. Im Erbvertrag kann sie nur als einseitige, nicht vertragsmäßig bindende Verfügung aufgenommen werden (§§ 2299 Abs. 1, 2278 Abs. 2; Hk-BGB/*Hoeren*, § 2197 Rn 1 f).

3 Eine ihm **unliebsame Anordnung der Testamentsvollstreckung** kann der Erbe dadurch beseitigen, dass er sich auf die Unwirksamkeit des Testaments beruft oder es anficht (§§ 2078–2083). Soweit dies nicht in Betracht kommt, ist über eine Ausschlagung des testamentarischen Erbes nachzudenken, sofern der Erbe zugleich zumindest pflichtteilsberechtigt (§ 2303) ist (*Heilmann* in: jurisPK-BGB, § 2197 Rn 23).

4 [2] **Bezeichnung als Testamentsvollstrecker.** Ob tatsächlich ein Testamentsvollstrecker ernannt wurde, ist durch **Auslegung** (§ 133) zu ermitteln (vgl bspw BayObLG Beschl. v. 28.9.1995, 1Z BR 98/95; Beschl. v. 4.2.1982, BReg 1 Z 109/81); so kann die ernannte Person beispielsweise

auch als Verwalter, Treuhänder oder Beistand bezeichnet sein. Entscheidend ist, dass der Erblasser die Ausführung seiner letztwilligen Verfügung durch die genannte Person beabsichtigte (Hk-BGB/*Hoeren*, § 2197 Rn 3).

Ist Testamentsvollstreckung angeordnet, aber **keine konkrete Person genannt**, wird die Anordnung so auszulegen sein, dass das Nachlassgericht einen Testamentsvollstrecker ernennen soll (§ 2200). Der **Alleinerbe** kann nicht alleiniger Testamentsvolltrecker sein, sondern allenfalls Mitvollstrecker (§ 2224), es sei denn er ist zum Vermächtnisvollstrecker ernannt (§ 2223); vgl Hk-BGB/*Hoeren*, § 2197 Rn 6; BayObLG, Beschl. v. 8.9.2004, 1Z BR 59/04). Zur Ernennung des Alleinerben oder alleinigen Vorerben zum Testamentsvollstrecker vgl BGH, Urt. v. 26.1.2005, IV ZR 296/03. Zur Ernennung aller Miterben zu Testamentsvollstreckern vgl BayObLG, Beschl. v. 8.6.2001, 1Z BR 74/00. 5

[3] **Aufgaben des Testamentsvollstreckers.** Gem. § 2203 hat der Testamentsvollstrecker „die letztwilligen Verfügungen des Erblassers zur Ausführung zu bringen" (vgl im Einzelnen Muster und Erläuterungen zu § 2203). 6

Mit der Anordnung einer Testamentsvollstreckung können verschiedene **Zwecke** verfolgt werden. Will der Erblasser einem Vermächtnisnehmer etwa möglichst schnell (insbesondere ohne gerichtliche Auseinandersetzung mit dem Erben!) das Vermächtnis verschaffen, könnte er formulieren (*Eckert/Kroiß* in FormularBibliothek Vertragsgestaltung Band Erbrecht, § 2 Rn 158): 7

▶ Zum Testamentsvollstrecker ernenne ich den oben genannten Vermächtnisnehmer ■■■. Einzige Aufgabe des Testamentsvollstreckers ist die Erfüllung des angeordneten Vermächtnisses unter Befreiung von den Beschränkungen des § 181 BGB. Der Testamentsvollstrecker erhält keine Vergütung. ◀

[4] **Vergütung.** Der Testamentsvollstrecker kann gem. § 2221 „für die Führung seines Amtes eine angemessene Vergütung verlangen, sofern nicht der Erblasser ein anderes bestimmt hat" (vgl im Einzelnen Muster und Erläuterungen zu § 2221); der Erblasser kann also auch anordnen, dass der Testamentsvollstrecker keinerlei Vergütung erhält oder die Höhe seiner (angemessenen!) Vergütung selbst bestimmt (s. Hk-BGB/*Hoeren*, § 2221 Rn 2 ff). 8

B. Ersatzweise Ernennung eines Testamentsvollstreckers, § 2197 Abs. 2

I. Muster: Ersatzweise Ernennung eines Testamentsvollstreckers 9

▶ Ich ordne Testamentsvollstreckung an.[1] Zum Testamentsvollstrecker ernenne ich meinen Freund ■■■, geb. ■■■, wohnhaft ■■■. Sollte dieser vor oder nach Annahme des Amtes wegfallen[2], so ernenne ich zum Testamentsvollstrecker meinen Rechtsanwalt ■■■. ◀

II. Erläuterungen

[1] **Anordnung der Testamentsvollstreckung.** Nach dem Wortlaut des § 2197 kann Testamentsvollsteckung nur im Testament (§ 2137) und nur durch den Erblasser selbst (§ 2065) angeordnet werden. Im Erbvertrag kann sie nur als einseitige, nicht vertragsmäßig bindende Verfügung aufgenommen werden (§§ 2299 Abs. 1, 2278 Abs. 2; Hk-BGB/*Hoeren*, § 2197 Rn 1 f). 10

[2] **Wegfall des Ernannten.** Der ernannte Testamentsvollstrecker ist auch dann „weggefallen", wenn er das Amt nicht annimmt (§ 2202). Hat der Erblasser ersatzweise keinen anderen Testamentsvollstrecker benannt oder nicht eine Ernennung nach § 2200 vorgesehen, ist die Anordnung einer Testamentsvollstreckung insgesamt unwirksam (Hk-BGB/*Hoeren*, § 2197 Rn 7). Zur Testamentsauslegung bzgl des Ersuchens des Erblassers um Bestellung eines Ersatz-Testamentsvollstreckers durch das Nachlassgericht nach § 2200 vgl LG Heidelberg, Urt. v. 13.5.2008, 2 O 392/07. 11

§ 2198 Bestimmung des Testamentsvollstreckers durch einen Dritten

(1) [1]Der Erblasser kann die Bestimmung der Person des Testamentsvollstreckers einem Dritten überlassen. [2]Die Bestimmung erfolgt durch Erklärung gegenüber dem Nachlassgericht; die Erklärung ist in öffentlich beglaubigter Form abzugeben.
(2) Das Bestimmungsrecht des Dritten erlischt mit dem Ablauf einer ihm auf Antrag eines der Beteiligten von dem Nachlassgericht bestimmten Frist.

§ 2199 Ernennung eines Mitvollstreckers oder Nachfolgers

(1) Der Erblasser kann den Testamentsvollstrecker ermächtigen, einen oder mehrere Mitvollstrecker zu ernennen.
(2) Der Erblasser kann den Testamentsvollstrecker ermächtigen, einen Nachfolger zu ernennen.
(3) Die Ernennung erfolgt nach § 2198 Abs. 1 Satz 2.

§ 2200 Ernennung durch das Nachlassgericht

(1) Hat der Erblasser in dem Testament das Nachlassgericht ersucht, einen Testamentsvollstrecker zu ernennen, so kann das Nachlassgericht die Ernennung vornehmen.
(2) Das Nachlassgericht soll vor der Ernennung die Beteiligten hören, wenn es ohne erhebliche Verzögerung und ohne unverhältnismäßige Kosten geschehen kann.

§ 2201 Unwirksamkeit der Ernennung

Die Ernennung des Testamentsvollstreckers ist unwirksam, wenn er zu der Zeit, zu welcher er das Amt anzutreten hat, geschäftsunfähig oder in der Geschäftsfähigkeit beschränkt ist oder nach § 1896 zur Besorgung seiner Vermögensangelegenheiten einen Betreuer erhalten hat.

§ 2202 Annahme und Ablehnung des Amts

(1) Das Amt des Testamentsvollstreckers beginnt mit dem Zeitpunkt, in welchem der Ernannte das Amt annimmt.
(2) [1]Die Annahme sowie die Ablehnung des Amts erfolgt durch Erklärung gegenüber dem Nachlassgericht. [2]Die Erklärung kann erst nach dem Eintritt des Erbfalls abgegeben werden; sie ist unwirksam, wenn sie unter einer Bedingung oder einer Zeitbestimmung abgegeben wird.
(3) [1]Das Nachlassgericht kann dem Ernannten auf Antrag eines der Beteiligten eine Frist zur Erklärung über die Annahme bestimmen. [2]Mit dem Ablauf der Frist gilt das Amt als abgelehnt, wenn nicht die Annahme vorher erklärt wird.

A. Annahme des Testamentsvollstreckeramtes, § 2202 Abs. 1

1 **I. Muster: Annahme des Amtes**

▶ An das Amtsgericht …

– Nachlassgericht –[1]

Betr.: …, zuletzt wohnhaft …, verstorben am …

Sehr geehrte Damen und Herren!

Der im Betreff genannte Erblasser hat mich in seinem handschriftlichen Testament vom … zu seinem alleinigen Testamentsvollstrecker ernannt.[2] Das Testament wurde beim Nachlassgericht am … hinterlegt.

Ich nehme das Amt an und beantrage, mir ein entsprechendes Testamentsvollstreckerzeugnis auszustellen.[3] Beschränkungen in der Ausübung meines Amtes hat der Erblasser in dem genannten Testament nicht auferlegt.

Bitte bestätigen Sie mir vorab kurzfristig, dass ich das Amt des Testamentsvollstreckers angenommen habe.

...

Unterschrift ◀

II. Erläuterungen

[1] **Erklärung gegenüber dem Nachlassgericht.** Das Amt des Testamentsvollstreckers beginnt nicht mit dem Erbfall, sondern mit der Annahme des Amtes gegenüber dem Nachlassgericht (§ 2202 Abs. 1 S. 1; § 342 Abs. 1 Nr. 5 FamFG), mit der der Testamentsvollstrecker die Verwaltungs-, Verfügungs- und Prozessführungsbefugnisse bezüglich des Nachlasses erlangt. Zur Erklärung der Annahme des Testamentsvollstreckeramtes gegenüber dem Grundbuchamt s. LG Saarbrücken, Beschl. v. 10.12.2008, 5 T 341/08. 2

Örtlich zuständig ist das Nachlassgericht, in dessen Bezirk der Erblasser zur Zeit des Erbfalls seinen Wohnsitz hatte (§ 343 FamFG). 3

Wird die Erklärung gegenüber einem **unzuständigen Gericht** abgegeben und an das zuständige Nachlassgericht weitergeleitet, treten die Wirkungen der Annahme erst mit Zugang beim zuständigen Gericht ein (*Eckert/Kroiß* in Dombek/Kroiß, FormularBibliothek Vertragsgestaltung Band Erbrecht, § 2 Rn 110). 4

[2] **Person des Testamentsvollstreckers.** Auch bei einer **geschäftsmäßigen Übernahme** des Testamentsvollstreckeramtes liegt **kein Verstoß gegen Art. 1 § 1 Abs. 1 RBerG** vor (BGH NJW 2005, 968). 5

[3] **Annahme des Testamentsvollstreckeramtes.** Einer bestimmten Form bedarf die Annahmeerklärung nicht; wird die Annahme mündlich erklärt, ist sie zu protokollieren (§ 2228; Hk-BGB/*Hoeren*, § 2202 Rn 7). Der Antrag auf Erteilung eines Testamentsvollstreckerzeugnisses gilt als **konkludente Annahme** des Amtes (*Eckert/Kroiß* in Dombek/Kroiß, FormularBibliothek Vertragsgestaltung Band Erbrecht, § 2 Rn 111). 6

B. Ablehnung des Testamentsvollstreckeramtes § 2202 Abs. 2

I. Muster: Ablehnung des Amtes 7

▶ An das

Amtsgericht

– Nachlassgericht –

...

Az ... .

Nachlassverfahren ..., zuletzt wohnhaft ..., verstorben am ... .

Der am ... verstorbene Erblasser hat mit letztwilliger Verfügung vom ..., eröffnet durch das Amtsgericht ... – Nachlassgericht –, die Testamentsvollstreckung angeordnet und mich zum Testamentsvollstrecker ernannt.

Ich erkläre hiermit, dass ich das Amt ablehne.[1]

...

Unterschrift ◀

II. Erläuterungen

8 **[1] Freiwillige Übernahme des Amtes.** Da niemand gezwungen ist, das Amt des Testamentsvollstreckers zu übernehmen, kann die Übernahme durch Erklärung gegenüber dem zuständigen Nachlassgericht – vgl die Erläuterungen Rn 2 ff – abgelehnt werden (vgl Hk-BGB/*Hoeren*, § 2202 Rn 1.

C. Erklärungsfrist, § 2202 Abs. 3

9 **I. Muster: Antrag eines Beteiligten auf Erklärungsfrist**

▶ An das
Amtsgericht
– Nachlassgericht –[1]
▪▪▪
Az ▪▪▪.
Nachlassverfahren ▪▪▪, zuletzt wohnhaft ▪▪▪, verstorben am ▪▪▪
In vorbezeichneter Angelegenheit zeigen wir an, dass uns Herr ▪▪▪ mit der Wahrnehmung seiner rechtlichen Interessen beauftragt hat; auf uns lautende Vollmacht fügen wir bei. Unser Mandant ist ausweislich des Erbscheines des Amtsgerichtes ▪▪▪ – Nachlassgericht – vom ▪▪▪, Erbe des am ▪▪▪ verstorbenen Erblassers.
Der Erblasser hat mit letztwilliger Verfügung vom ▪▪▪, eröffnet durch das Amtsgericht ▪▪▪ – Nachlassgericht – am ▪▪▪ die Testamentsvollstreckung angeordnet und Herrn ▪▪▪, wohnhaft ▪▪▪, zum Testamentsvollstrecker ernannt.
Namens und in Vollmacht unseres Mandanten beantragen wir, den Ernannten unter Fristsetzung aufzufordern, sich über die Annahme des Amtes als Testamentsvollstrecker zu erklären.[2]
▪▪▪
Rechtsanwalt ◀

II. Erläuterungen

10 **[1] Zuständigkeit des angerufenen Gerichts.** Zuständig zur Entscheidung über den Antrag ist das Nachlassgericht (§ 2202 Abs. 3 S. 1; § 355 Abs. 1 FamFG).

11 **[2] Fristsetzung.** Für die Fristsetzung ist der Rechtspfleger zuständig (§ 3 Nr. 2 c RPflG). Wirksam wird die Fristsetzung mit Bekanntgabe an den Ernannten (§ 40 Abs. 1 FamFG).

§ 2203 Aufgabe des Testamentsvollstreckers

Der Testamentsvollstrecker hat die letztwilligen Verfügungen des Erblassers zur Ausführung zu bringen.

A. Testamentsgestaltung

I. Muster: Abwicklungsvollstreckung 1

▶ Für die Abwicklung meines Nachlasses[1] ordne ich Testamentsvollstreckung an. Der Testamentsvollstrecker soll insbesondere die von mir angeordneten Vermächtnisse erfüllen und alle notwendigen Grundbuchumschreibungen vornehmen. Als Testamentsvollstrecker ernenne ich ..., geboren am ... in .... Sollte der Testamentsvollstrecker vor oder nach Annahme des Amtes wegfallen, soll das Nachlassgericht einen geeigneten Testamentsvollstrecker bestimmen.[2] ◀

II. Erläuterungen

[1] **Grundnorm der Abwicklungsvollstreckung.** § 2203 ist die Grundnorm der Abwicklungs- (oder ausführenden) Vollstreckung (Hk-BGB/*Hoeren*, § 2203 Rn 1); die rechtlichen Befugnisse des Testamentsvollstreckers ergeben sich bei dieser Vollstreckungsart aus §§ 2204–2208, 2212, 2213. Zum Ablauf der Abwicklungsvollstreckung s. ausführlich *Bonefeld* in: Tanck, § 5 Rn 126 ff. 2

[2] **Bestimmung des Testamentsvollstreckers durch das Nachlassgericht.** Gem. § 2200 kann das Nachlassgericht einen Testamentsvollstrecker ernennen, wenn der Erblasser es darum testamentarisch ersucht hat. Zur Testamentsauslegung bzgl des Ersuchens des Erblassers um Bestellung eines Ersatz-Testamentsvollstreckers durch das Nachlassgericht vgl LG Heidelberg, Urt. v. 13.5.2008, 2 O 392/07. 3

B. Schreiben des Testamentsvollstreckers

I. Muster: Schreiben des Testamentsvollstreckers an Erben nach Übernahme des Amts 4

▶ An Herrn 1142

...

Betr.: Nachlass des (Name des Erblassers)

Sehr geehrter ...,

wie Sie der in der Anlage beigefügten beglaubigten Kopie des Testamentsvollstreckerzeugnisses des Amtsgerichtes ... vom ... entnehmen wollen, habe ich das Amt des Testamentsvollstreckers über den Nachlass des am ... verstorbenen ... (Name des Erblassers) übernommen.

Da ich den vollständigen Nachlass verwalten und unter den Erben verteilen soll, bitte ich Sie, nicht über Nachlassgegenstände zu verfügen bzw mir mitzuteilen, ob Sie oder andere bereits über Nachlassgegenstände verfügt haben.[1] Sollten Sie Gegenstände aus dem Nachlass entfernt haben, bitte ich Sie, mir diese Gegenstände bis spätestens zum ... zu übergeben.

Ich werde den Nachlass des Erblassers in Besitz nehmen und ein Nachlassverzeichnis erstellen,[2] aus dem Sie den Umfang des Nachlasses ersehen können, u.a. auch die Nachlassverbindlichkeiten (zB Schulden des Erblassers). Bei der Aufnahme des Nachlassverzeichnisses können Sie gern anwesend sein.[3] Das Verzeichnis händige ich Ihnen unverzüglich aus. Sollten Ihnen Nachlassgegenstände bekannt sein, die nicht im Nachlassverzeichnis aufgeführt sind, bitte ich um kurzfristige Mitteilung.

Gesetzlich bin ich verpflichtet, den Nachlass unabhängig von den Erben zu verwalten; ich muss diese deshalb weitgehend von der Verwaltung ausschließen.[4]

Wenn ich die Nachlassverbindlichkeiten ausgeglichen habe, werde ich Ihnen einen sog. Teilungsplan zukommen lassen.[5] Bevor dieser Plan umgesetzt wird, würde ich Ihnen und den anderen Erben den Plan gern erläutern.[6]

Für Rückfragen stehe ich Ihnen gerne zur Verfügung

und verbleibe mit freundlichen Grüßen

...

Rechtsanwalt ... als Testamentsvollstrecker ◄

II. Erläuterungen

5 [1] **Verfügungsbeschränkung des Erben.** Der Erbe kann wegen § 2211 „über einen der Verwaltung des Testamentsvollstreckers unterliegenden Nachlassgegenstand" nicht verfügen.

6 [2] **Nachlassverzeichnis.** Die Verpflichtung des Testamentsvollstreckers, ein Nachlassverzeichnis zu erstellen, ergibt sich aus § 2215. Das Verzeichnis soll den Erben eine ausreichende Grundlage bieten, um sich Kenntnis vom Nachlassbestand zu verschaffen und eine Kontrolle der Handlungen des Testamentsvollstreckers zu ermöglichen (vgl OLG München, Beschl. v. 30.12.2008, 31 Wx 99/08).

7 [3] **Zuziehung des Erben bei der Erstellung des Nachlassverzeichnisses.** Der Anspruch des Erben darauf, bei der Erstellung des Nachlassverzeichnisses hinzugezogen zu werden, ergibt sich aus § 2215 Abs. 3. Unterlässt der Testamentsvollstrecker die Benachrichtigung der Erben vom Termin zur Aufnahme des Vermächtnisses, führt dies nicht zur Unwirksamkeit des Nachlassverzeichnisses (*Bonefeld* in: Tanck, § 5 Rn 202.

8 [4] **Nachlassverwaltung.** Die Verpflichtung zur (ordnungsgemäßen) Nachlassverwaltung ergibt sich aus §§ 2205 S. 1, 2216 Abs. 1. Die in § 2205 genannten Befugnisse sind dem Testamentsvollstrecker ausschließlich und unter Verdrängung des Erben zugeordnet. Der Nachlass wird zu einem fremdverwalteten Sondervermögen, § 2214; vgl Hk-BGB/*Hoeren*, § 2205 Rn 1.

9 [5] **Auseinandersetzung unter Miterben.** Wenn mehrere Erben vorhanden sind, hat der Testamentsvollstrecker unter ihnen die Auseinandersetzung zu bewirken, §§ 2204 Abs. 1, 2042–2057 a. Bei Untätigkeit kann er von den Erben auf Durchführung der Auseinandersetzung verklagt werden (Hk-BGB/*Hoeren*, § 2204 Rn 2).

10 [6] **Erörterung des Auseinandersetzungsplans.** Bevor der Testamentsvollstrecker den Auseinandersetzungsplan ausführt, hat er die Erben zu hören, § 2204 Abs. 2. Die Wirksamkeit des Plans wird bei unterbliebener Anhörung nicht berührt (Hk-BGB/*Hoeren*, § 2204 Rn 4; *Bonefeld* in: Tanck, § 5 Rn 224). Der Testamentsvollstrecker hat sich jedoch bei der Aufstellung des Teilungsplans an den Erblasseranordnungen und -vorstellungen zu orientieren und er ist an die gesetzlichen Vorschriften über die Auseinandersetzung für die Miterben gebunden. Ein davon nicht gedeckter Teilungsplan ist unwirksam; bindet weder die Erben noch den Testamentsvollstrecker(OLG Köln, Urt. v. 14.11.2006, 24 U 83/06).

§ 2204 Auseinandersetzung unter Miterben

(1) Der Testamentsvollstrecker hat, wenn mehrere Erben vorhanden sind, die Auseinandersetzung unter ihnen nach Maßgabe der §§ 2042 bis 2057 a zu bewirken.
(2) Der Testamentsvollstrecker hat die Erben über den Auseinandersetzungsplan vor der Ausführung zu hören.

A. Anhörung zum Auseinandersetzungsplan

I. Muster: Anschreiben des Testamentsvollstreckers an Erben 1

▶ Frau 1143

■■■

Einschreiben mit Rückschein[1]

Sehr geehrte Frau ■■■,

ich komme zurück auf mein Schreiben vom ■■■, in dem ich Ihnen mitgeteilt hatte, dass ich das Testamentsvollstreckeramt aufgrund der testamentarischen Anordnung des verstorbenen ■■■ übernommen habe. Auf der Grundlage seines Testamentes vom ■■■ habe ich den anliegenden Teilungsplan erstellt[2] und bitte dazu bis zum ■■■ um Ihre Stellungnahme.[3]

Mit freundlichen Grüßen

■■■

Rechtsanwalt ◀

II. Erläuterungen

[1] **Übermittlung des Schreibens.** Wie in vielen Fällen, so ist auch hier die Übermittlung per Einschreiben ratsam, um den Zugangsnachweis zu erhalten. 2

[2] **Teilungsplan.** Aus § 2204 Abs. 2 wird der Auftrag an den Testamentsvollstrecker hergeleitet, einen Teilungsplan zu erstellen. Der Plan ersetzt einen Auseinandersetzungsvertrag; eine Genehmigung durch die Erben oder das Vormundschaftsgericht ist nicht erforderlich (Hk-BGB/*Hoeren*, § 2204 Rn 4) 3

[3] **Kreis der anzuhörenden Erben.** Anzuhören sind die Erben, die von der Auseinandersetzung betroffen sind. Bei abwesenden, ungeborenen und minderjährigen Erben ist, falls für die minderjährigen Erben deren gesetzliche Vertreter an der Erbengemeinschaft beteiligt sind, eine Pflegerbestellung erforderlich (§§ 1909, 1911 ff; *Schaub* in: Bengel/Reimann, 4. Kap. Rn 237) 4

Eine **unterlassene Anhörung** macht den Teilungsplan nicht unwirksam, kann aber zu einer Haftung des Testamentsvollstreckers nach § 2219 führen (vgl Hk-BGB/*Hoeren*, § 2204 Rn 4; *Bonefeld* in: Tanck, § 5 Rn 224). 5

Gesetzlich vorgesehen ist die **Anhörung vor der Ausführung des Teilungsplans**; dieser Vorgabe folgt das Muster. Vorteilhaft kann es jedoch sein, den Erben Gelegenheit zur Stellungnahme bereits vor endgültiger Planaufstellung zu geben. 6

B. Auseinandersetzungsplan

I. Muster: Auseinandersetzungsplan 7

▶ Auseinandersetzungsplan über den Nachlass des ■■■ verstorben am ■■■.[1] 1144

I. Feststellung der Erben

Der Erblasser hat ein eigenhändiges Testament vom ■■■ hinterlassen, das vom Amtsgericht ■■■ am ■■■ eröffnet wurde (Az ■■■). Nach diesem Testament wird der Erblasser beerbt von:

1. seiner Frau ■■■ zur Hälfte des Nachlasses;
2. seinen vier ehelichen Kindern zur Hälfte des Nachlasses

a) ▪▪▪
b) ▪▪▪
c) ▪▪▪
d) ▪▪▪

jeweils zu einem Achtel.

Die Erben haben die Erbschaft angenommen. In seinem o. g. Testament hat der Erblasser die Testamentsvollstreckung über sein gesamtes Vermögen angeordnet und mich zum Testamentsvollstrecker eingesetzt. Ich habe das Amt angenommen.

II. Feststellung des Nachlasses

Der Nachlass wurde im Nachlassverzeichnis des Testamentsvollstreckers, zu dem die Erben angehört wurden, zum Stichtag seines Amtsantrittes wie folgt festgestellt: ▪▪▪

III. Testamentarische Anordnungen zur Auseinandersetzung

Testamentarisch wurde angeordnet, dass die Ehefrau des Erblassers das Wohnhaus der Familie in ▪▪▪, ▪▪▪-straße erhält. Weitere Anordnungen zur Auseinandersetzung enthält das Testament nicht.

IV. Aufteilung des Nachlasses

Es wird folgender Auseinandersetzungsplan aufgestellt: Aus dem Reinnachlass im Wert von EUR 1.000.000,– erhalten:

a) die Ehefrau des Erblassers: EUR 500.000,–

b) ▪▪▪ c) ▪▪▪ und d): je EUR 125.000,–.

V. Ausgleichung von Vorausempfängen

Vorempfänge sind nichnt auszugleichen.

VI. Nachlassverteilung

1. Die Ehefrau erhält aus dem Nachlass:
   a) das unter III. genannte Wohnhaus im Wert vonEUR 300.000,–
   b) ▪▪▪
2. ▪▪▪ erhält aus dem Nachlass: ▪▪▪
3. ▪▪▪ erhält aus dem Nachlass: ▪▪▪
4. ▪▪▪ erhält aus dem Nachlass: ▪▪▪
5. ▪▪▪ erhält aus dem Nachlass: ▪▪▪

VII. Vollzug des Auseinandersetzungsplans[2]

1. Die Kosten der Testamentsvollstreckung tragen die Erben im Verhältnis ihrer Erbanteile. Die Vergütung entnehme ich der jeweiligen Auszahlungssumme.
2. Nach der Überweisung der jeweiligen Geldbeträge endet die Testamentsvollstreckung. Ich werde hiervon das Nachlassgericht unverzüglich nach Beendigung der Testamentsvollstreckung in Kenntnis setzen und das Testamentsvollstreckerzeugnis zurückgeben.
3. Der Teilungsplan wird hiermit für verbindlich erklärt.[3]

▪▪▪

(Ort, Datum)

▪▪▪

(Unterschrift des Testamentsvollstreckers) ◄

II. Erläuterungen

[1] Form des Auseinandersetzungsplans. Der Auseinandersetzungsplan ist nicht formbedürftig, auch nicht, wenn zum Nachlass Grundstücke gehören. Der Plan ist kein Vertrag, sondern ein einseitig feststellendes Rechtsgeschäft, so dass § 311 b Abs. 1 keine Anwendung findet. Wenn sich die Miterben über die Auseinandersetzung des Nachlasses einig sind, kann der Testamentsvollstrecker mit ihnen einen Auseinandersetzungsvertrag schließen, der dann an die Stelle des Aufteilungsplans tritt. Der Vertrag ist ein gegenseitiger schuldrechtlicher Vertrag, der den Rechtsgrund für den Erwerb der Nachlassgegenstände durch die Miterben bildet (*Schaub* in: Bengel/Reimann, 4. Kap. Rn 259). Durch einen Auseinandersetzungsvertrag kann eine von den Anordnungen des Erblassers abweichende Aufteilung des Nachlasses vorgenommen werden. So kann etwa einem Miterben mehr zugeteilt werden als der Erblasser vorgesehen hatte, ohne dass dies als unentgeltliche Verfügung des Testamentsvollstreckers (§ 2205 S. 3) zu qualifizieren wäre (*Schaub* in: Bengel/Reimann, 4. Kap. Rn 260). 8

[2] Vollzug des Aufteilungsplans. Der Testamentsvollstrecker muss darauf achten, dass ein Miterbe nicht mehr erhält, als ihm nach seiner Erbquote zusteht (sofern ihm nicht ein Vorausvermächtnis zugewendet wurde). Die Zuwendung eines Mehrwertes wäre eine unentgeltliche und damit (regelmäßig) unwirksame Verfügung, § 2205 S. 3 (vgl *Schaub* in: Bengel/Reimann, 4. Kap. Rn 254 unter Hinweis auf BGH NJW 1963, 1613). 9

[3] Bindungswirkung des Teilungsplans. Der Teilungsplan wirkt verpflichtend und berechtigend für und gegen alle Erben; seine Bindungswirkung tritt erst dann ein, wenn der Testamentsvollstrecker endgültig erklärt hat, dass die Auseinandersetzung nach dem Plan geschehen soll (*Schaub* in: Bengel/Reimann, 4. Kap. Rn 243). Eine etwaige Unwirksamkeit des Aufteilungsplans kann mit der Feststellungsklage (s. Rn 16 ff) geltend gemacht werden. 10

C. Prozess

I. Muster: Klage des Erben auf Feststellung der Unwirksamkeit eines vom Testamentsvollstrecker aufgestellten Teilungsplans 11

▶ An das

Landgericht[1] 1145

...

Klage

der Frau ...,

– Klägerin –,

Prozessbevollmächtigte: Rechtsanwälte ...

gegen ..., als Testamentsvollstrecker für den Nachlass nach ...,

– Beklagter –

Namens und in Vollmacht der Klägerin erheben wir Klage und werden beantragen,

festzustellen, dass der vom Beklagten aufgestellte und für verbindlich erklärte Teilungsplan vom ... zur Auseinandersetzung des Nachlasses des am ... in ... verstorbenen ... unwirksam ist.

Im Übrigen wird angeregt,

einen frühen ersten Termin zu bestimmen. Sofern das Gericht das schriftliche Vorverfahren anordnet, wird, falls die Voraussetzungen des § 331 Abs. 3 bzw § 307 ZPO vorliegen, um Erlass eines Versäumnis- bzw Anerkenntnisurteils ohne mündliche Verhandlung gebeten.

Mit einer Entscheidung durch den Einzelrichter ist die Klägerin einverstanden.

Begründung

I.

Der im Antrag genannte Erblasser hatte den Beklagten mit handschriftlichem Testament vom ■■■ zum Testamentsvollstrecker für den gesamten Nachlass ernannt. Beschränkungen der Rechte des Testamentsvollstreckers hat der Erblasser nicht angeordnet.

Beweis: Kopie des Testaments, Anl. K 1

Der Beklagte hat das Amt mit Erklärung vom ■■■ gegenüber dem Nachlassgericht angenommen.

Beweis: Beiziehung der Akten des Amtsgerichts – Nachlassgerichts – ■■■

Die Klägerin ist ausweislich des Erbscheines des Amtsgerichtes ■■■ – Nachlassgericht – neben zwei weiteren Abkömmlingen des Erblassers, nämlich ■■■, zur Miterbin nach dem verstorbenen Erblasser berufen.

Beweis: wie zuvor

II.

Der Beklagte hat zur Auseinandersetzung des Nachlasses des o.g. Erblassers einen Auseinandersetzungsplan aufgestellt.

Beweis: Auseinandersetzungsplan, Anl. K 2

Mit ihrer Klage begehrt die Klägerin die Feststellung, dass dieser Plan unwirksam ist. Zunächst steht der Wirksamkeit entgegen, dass der Beklagte das dem Auseinandersetzungsplan zu Grunde liegende Nachlassverzeichnis nicht unterzeichnet hat. Darüber hinaus hat eine ordnungsgemäße Anhörung vor der Erklärung des Teilungsplans als verbindlich nicht stattgefunden:

■■■ (weitere Ausführungen dazu).

Der Teilungsplan stellt zudem eine unzulässige Teilauseinandersetzung dar (weitere Ausführungen dazu). In den Teilungsplan wurden die dem Auseinandersetzungsvermögen unterfallenden Ansprüche ebenso wie die Verbindlichkeiten der Erbengemeinschaft nur unvollständig aufgenommen (weitere Ausführungen dazu). Schließlich ist der Teilungsplan auf Grund seiner Pauschalität und mangels Beifügung aussagekräftiger Belege nicht prüffähig und nachvollziehbar. Mit der von dem Beklagten angebotenen Einsicht in bei ihren Prozessbevollmächtigten vorhandene Unterlagen habe dieser seiner Auskunfts- und Rechnungslegungspflicht als Testamentsvollstrecker nicht genügt:

■■■ (weitere Ausführungen dazu).

Der Teilungsplan bildet die Grundlage der Auseinandersetzung des Nachlasses unter den Miterben; der Beklagte beabsichtigt mit seiner Erklärung, wonach der Teilungsplan verbindlich und endgültig ist, die Auseinandersetzung auf der Grundlage des Teilungsplanes.[2]

■■■

Rechtsanwalt ◄

II. Erläuterungen

12 [1] **Zuständigkeit des angerufenen Gerichts.** Die örtliche Zuständigkeit des angerufenen Gerichts ergibt sich aus §§ 12, 13 ZPO, die sachliche aus §§ 23 Abs. 1 S. 1, 71 Abs. 1 ZPO.

13 [2] **Klageart.** Eine Leistungsklage könnte die Klägerin hier nicht erheben, da zunächst die vorzunehmende Ausgleichung und die daraus resultierende Unwirksamkeit des Teilungsplanes festzustellen ist. Dann muss der Testamentsvollstrecker den ausgleichungspflichtigen Mehrempfang des weiteren Miterben ermitteln. Danach kann ein neuer Teilungsplan aufgestellt werden, wobei der Wert der Ausgleichung zugrunde gelegt wird (*Littig* in: Krug u.a., § 13 Rn 223).

§ 2205 Verwaltung des Nachlasses, Verfügungsbefugnis

[1]Der Testamentsvollstrecker hat den Nachlass zu verwalten. [2]Er ist insbesondere berechtigt, den Nachlass in Besitz zu nehmen und über die Nachlassgegenstände zu verfügen. [3]Zu unentgeltlichen Verfügungen ist er nur berechtigt, soweit sie einer sittlichen Pflicht oder einer auf den Anstand zu nehmenden Rücksicht entsprechen.

A. Außergerichtliche Anschreiben des Testamentsvollstreckers

I. Auskunft

1. Muster: Aufforderungsschreiben des Testamentsvollsteckers an die Erben zur Auskunft über den Nachlassbestand 1

▶ Herrn

▪▪▪ 1146

Testamentsvollstreckung für den Nachlass des am ▪▪▪ verstorbenen ▪▪▪ zuletzt wohnhaft ▪▪▪

Sehr geehrter Herr ▪▪▪,

wie Sie dem in der Anlage in Kopie beigefügten Testamentsvollstreckerzeugnisses bitte entnehmen wollen, wurde ich zum Testamentsvollstrecker für den Nachlass des am ▪▪▪ verstorbenen ▪▪▪ ernannt.

Zu meinen Aufgaben gehört es, den Nachlass in Besitz zu nehmen.[1] Derzeit weiß ich allerdings nicht, was zum Nachlass gehört. Ich bitte Sie daher, mir Auskunft zu erteilen über die Gegenstände, die zum Nachlass gehören, sowie darüber, wo diese Gegenstände verblieben sind; dafür habe ich mir eine Frist bis zum ▪▪▪ notiert.

Bitte erteilen Sie die Auskunft sorgfältig, vollständig und richtig; falls ich insofern Bedenken habe, muss ich verlangen, , dass Sie die Richtigkeit und Vollständigkeit Ihrer Auskunft an Eides statt versichern.[2] Mit freundlichen Grüßen

▪▪▪

Testamentsvollstrecker ◀

2. Erläuterungen

[1] Inbesitznahme des Nachlasses. Die Aufgabe des Testamentsvollstreckers, den Nachlass in Besitz zu nehmen, ergibt sich aus § 2205 S. 2. Siehe hierzu Hk-BGB/*Hoeren*, § 2205 Rn 1 ff und ausführlich *Bonefeld* in: Tanck, § 5 Rn 247 ff. 2

[2] Auskunftsanspruch. Ist dem Testamentsvollstrecker der Umfang des Nachlasses nicht bekannt, hat er gegen den Erben einen vorbereitenden Auskunftsanspruch aus § 260 Abs. 1 (*Schaub* in: Bengel/Reimann, 4. Kap. Rn 12; str.). 3

II. Herausgabe

4 **1. Muster: Aufforderungsschreiben des Testamentsvollsteckers an die Erben zur Herausgabe der Nachlassgegenstände**

▶ Herrn

■■■

Testamentsvollstreckung für den Nachlass nach ■■■, zuletzt wohnhaft ■■■, verstorben am ■■■

Sehr geehrter Herr ■■■,

wie Sie dem in der Anlage in Kopie beigefügten Testamentsvollstreckerzeugnisses bitte entnehmen wollen, bin ich zum Testamentsvollstrecker für den Nachlass des am ■■■ verstorbenen ■■■ ernannt.

Zu meinen Aufgaben gehört es, den Nachlass in Besitz zu nehmen.

Nach meiner Kenntnis besitzen Sie diese zum Nachlass gehörenden Gegenstände:

■■■

Ich darf Sie bitten, diese Gegenstände bis spätestens ■■■ an mich herauszugeben.[1]

Mit freundlichen Grüßen

■■■

Testamentsvollstrecker ◀

2. Erläuterungen

5 [1] **Besitz des Testamentsvollstreckers.** Da gem. § 857 zunächst der Erbe in die besitzrechtliche Position des Erblassers einrückt, hat der Testamentsvollstrecker aus dem Recht zu Inbesitznahme lediglich einen schuldrechtlichen Anspruch auf Besitzübergabe gegen den Erben, den er notfalls einklagen muss. Hat der Testamentsvollstrecker unmittelbaren Besitz erlangt, kann er die Besitzschutzrechte aus §§ 859 ff geltend machen; der Erbe ist dann mittelbarer Besitzer (HK-BGB/*Hoeren*, § 2205 Rn 3; *Klumpp* in: Bengel/Reimann, 3. Kap. Rn 1).

B. Prozess

6 **I. Muster: Stufenklage des Testamentsvollstreckers gegen Erben (Auskunft, eidesstattliche Versicherung, Herausgabe des Nachlasses)**

▶ An das

Landgericht[1]

■■■

Klage

des ■■■ als Testamentsvollstrecker für den Nachlass nach ■■■

– Kläger –,

Prozessbevollmächtigte: Rechtsanwälte ■■■

gegen

den Herrn ■■■,

– Beklagter –

Namens und in Vollmacht des Klägers erheben wir Stufenklage[2] und werden beantragen,

den Beklagten zu verurteilen,

I. dem Kläger Auskunft über den Bestand des Nachlasses des am ■■■ in ■■■ verstorbenen ■■■ und über den Verbleib der Nachlassgegenstände zu erteilen.

II. erforderlichenfalls an Eides statt zu versichern, dass der Bestand des Nachlasses nach bestem Wissen so vollständig angegeben wurde, wie der Beklagte hierzu im Stande ist.

III. an den Kläger die nach Erteilung der Auskunft noch zu bezeichnenden Nachlassgegenstände herauszugeben.

Im Übrigen wird angeregt,

einen frühen ersten Termin zu bestimmen. Sofern das Gericht das schriftliche Vorverfahren anordnet, wird, falls die Voraussetzungen des § 331 Abs. 3 bzw § 307 ZPO vorliegen, um Erlass eines Versäumnis- bzw Anerkenntnisurteils ohne mündliche Verhandlung gebeten.

Mit einer Entscheidung durch den Einzelrichter ist der Kläger einverstanden.

Begründung

Der im Antrag genannte Erblasser hatte den Beklagten zum alleinigen Erben berufen und den Kläger zum Testamentsvollstrecker für den gesamten Nachlass ernannt. Beweis: Kopie des Testaments, Anl. K 1

Der Kläger hat das Amt mit Erklärung vom ■■■ gegenüber dem Nachlassgericht angenommen.

Beweis: Beiziehung der Akten des Amtsgerichts – Nachlassgerichts – ■■■

Ihm wurde am ■■■ das

Testamentsvollstreckerzeugnis vom ■■■, Anl. K 2

erteilt. Mit vorliegender Klage begehrt der Kläger als Testamentsvollstrecker zunächst Auskunft über den Bestand des Nachlasses[3] (1. Stufe), nötigenfalls auch die eidesstattliche Versicherung der erteilten Auskunft (2. Stufe), und sodann die Herausgabe der sich aus der erteilten Auskunft ergebenden Nachlassgegenstände (3. Stufe).

Der Testamentsvollstrecker ist berechtigt, den Nachlass in Besitz zu nehmen; ihm ist aber der Umfang des Nachlasses im Einzelnen nicht bekannt. Deshalb steht ihm, um den Herausgabeanspruch nach § 260 Abs. 1 BGB vorzubereiten, ein Anspruch auf Auskunft gegen den Beklagten als besitzenden Erben zu.

Der Kläger hat den Beklagten mehrmals, zuletzt unter Fristsetzung bis zum ■■■, vergeblich aufgefordert, Auskunft über den Bestand des Nachlasses und den Verbleib der Nachlassgegenstände zu erteilen.

Beweis: Schreiben vom ■■■, Anl. K 3, und vom ■■■ Anl. K 4

Daher ist nunmehr Klage geboten.

■■■

Rechtsanwalt ◄

II. Erläuterungen

[1] **Zuständigkeit des angerufenen Gerichts.** Die örtliche Zuständigkeit des angerufenen Gerichts ergibt sich aus §§ 12, 13 ZPO, die sachliche aus §§ 23 Abs. 1 S. 1, 71 Abs. 1 ZPO. 7

[2] **Stufenklage.** Der Anspruch des Testamentsvollstreckers auf Herausgabe des Nachlasses ist ein Anspruch auf Herausgabe eines Inbegriffs von Gegenständen. Der Testamentsvollstrecker hat deshalb einen Auskunftsanspruch aus § 260 Abs. 1; er kann verlangen, dass der Erbe die Richtigkeit und Vollständigkeit der Auskunft eidesstattlich versichert (§ 260 Abs. 2). Nach Erteilung der Auskunft kann er die Herausgabe der Nachlassgegenstände verlangen. Die drei Ansprüche werden zweckmäßigerweise mit der Stufenklage geltend gemacht. 8

[3] **Auskunftsanspruch.** Ist dem Testamentsvollstrecker der Umfang des Nachlasses nicht bekannt, hat er gegen den Erben einen vorbereitenden Auskunftsanspruch aus § 260 Abs. 1 (*Schaub* in: Bengel/Reimann, 4. Kap. Rn 12; str.). 9

§ 2206 Eingehung von Verbindlichkeiten

(1) [1]Der Testamentsvollstrecker ist berechtigt, Verbindlichkeiten für den Nachlass einzugehen, soweit die Eingehung zur ordnungsmäßigen Verwaltung erforderlich ist. [2]Die Verbindlichkeit zu einer Verfügung über einen Nachlassgegenstand kann der Testamentsvollstrecker für den Nachlass auch dann eingehen, wenn er zu der Verfügung berechtigt ist.

(2) Der Erbe ist verpflichtet, zur Eingehung solcher Verbindlichkeiten seine Einwilligung zu erteilen, unbeschadet des Rechts, die Beschränkung seiner Haftung für die Nachlassverbindlichkeiten geltend zu machen.

1 A. Muster: Klage des Testamentsvollsteckers gegen Erben auf Einwilligung zur Eingehung einer Verbindlichkeit

▶ An das
Landgericht[1]
■■■

Klage

des ■■■ als Testamentsvollstrecker für den Nachlass nach ■■■

– Kläger –

Prozessbevollmächtigte: Rechtsanwälte ■■■

gegen

■■■

– Beklagter –

Namens und in Vollmacht des Klägers erheben wir Klage und werden beantragen, den Beklagten zu verurteilen, in die Anlage von 1.000.000 EUR in Bundesanleihen einzuwilligen.

Im Übrigen wird angeregt,

einen frühen ersten Termin zu bestimmen. Sofern das Gericht das schriftliche Vorverfahren anordnet, wird, falls die Voraussetzungen des § 331 Abs. 3 bzw § 307 ZPO vorliegen, um Erlass eines Versäumnis- bzw Anerkenntnisurteils ohne mündliche Verhandlung gebeten.

Mit einer Entscheidung durch den Einzelrichter ist der Kläger einverstanden.

Begründung

I.

Der am ■■■ in ■■■ verstorbene Erblasser hatte den Beklagten zum alleinigen Erben berufen. Den Kläger hatte er zum Testamentsvollstrecker für den gesamten Nachlass ernannt und Dauertestamentsvollstreckung angeordnet. Beschränkungen der Rechte des Testamentsvollstreckers hat der Erblasser nicht angeordnet.

Beweis: Kopie des Testaments, Anl. K 1

Der Beklagte hat das Amt mit Erklärung vom ■■■ gegenüber dem Nachlassgericht angenommen.

Beweis: Beiziehung der Akten des Amtsgerichts – Nachlassgerichts – ■■■

Dem Kläger wurde am ■■■ über seine Stellung als Testamentsvollstrecker durch das Nachlassgericht ein Testamentsvollstreckerzeugnis erteilt.

Beweis: Testamentsvollstreckerzeugnis vom ■■■, Anl. K 2

Dem Kläger obliegt u.a. die Verwaltung des Vermögens des Erblassers, bis der Alleinerbe sein 30. Lebensjahr vollendet hat.

Beweis: Beiziehung der Akten des Amtsgerichts – Nachlassgerichts – ■■■

II.

Der Klage liegt folgender Sachverhalt zugrunde:

Zu dem vom Kläger in seiner Eigenschaft als Testamentsvollstrecker verwalteten Nachlass gehört im Wesentlichen ein Geldvermögen von 1.000.000,00 EUR. Das ist unstreitig.

Da dem Kläger die ordnungsgemäße Verwaltung des Nachlasses[3] obliegt, ist er u.a. verpflichtet, das seiner Verwaltung unterliegende Vermögen sinnvoll zu nutzen. Er beabsichtigt deshalb, den o.g. Betrag über die Dauer von zehn Jahren in Bundesanleihen anzulegen, was derzeit, da es sich um eine Schuldverschreibung der öffentlichen Hand handelt, die sicherste Form der Anlage darstellt.
Beweis: Sachverständigengutachten

Der Beklagte ist am ■■■ dieses Jahres 27 Jahre alt geworden. Da die Testamentsvollstreckung mit Erreichen des 30. Lebensjahres des Beklagten endet, würde ihn die Anlage über die Beendigung der Testamentsvollstreckung hinaus noch drei Jahre binden. Der Kläger hat deshalb den Beklagten mit Schreiben vom ■■■, Anl. K 4,

gebeten, der gewählten Anlageform zuzustimmen. Der Beklagte hat dies verweigert und wegen der vorgesehenen Dauer der Anlage Schadensersatzansprüche angedroht.[4]

Beweis: Schreiben des Beklagten vom ■■■, Anl. K 5.

Die beabsichtigte Anlage entspricht indes den Grundsätzen der ordnungsgemäßen Verwaltung des Nachlasses durch den Kläger als Testamentsvollstrecker ■■■ (weitere Ausführungen dazu).[5]

Da sich der Beklagte weigert, die Einwilligung zu der beabsichtigten Geldanlage zu erteilen, ist nunmehr Klage geboten.

■■■

Rechtsanwalt ◄

B. Erläuterungen

[1] **Zuständigkeit des angerufenen Gerichts.** Die örtliche Zuständigkeit des angerufenen Gerichts ergibt sich aus §§ 12, 13 ZPO, die sachliche aus §§ 23 Abs. 1 S. 1, 71 Abs. 1 ZPO. 2

[2] **Dauertestamentsvollstreckung.** Von Dauertestamentsvollstreckung spricht man, wenn der Erblasser dem Testamentsvollstrecker die Verwaltung des Nachlasses übertragen hat, ohne ihm andere Aufgaben als die Verwaltung zuzuweisen (§ 2209 S. 1; s. hierzu Muster und Erläuterungen zu § 2209). 3

[3] **Ordnungsgemäße Verwaltung.** Zur ordnungsgemäßen Verwaltung des Nachlasses ist der Testamentsvollstrecker gem. §§ 2216 Abs. 1 verpflichtet. 4

[4] **Haftung des Testamentsvollstreckers.** Verletzt der Testamentsvollstrecker schuldhaft die ihm obliegenden Verpflichtungen, ist er dem Erben gegenüber zum Schadensersatz verpflichtet, § 2219; vgl hierzu Muster und Erläuterungen zu § 2219. Bei grober Pflichtverletzung kommt auch die Entlassung des Testamentsvollstreckers in Betracht, § 2227; s. hierzu Muster und Erläuterungen zu § 2227. 5

Gegen einen beabsichtigte Maßnahme des Testamentsvollstreckers kann sich der Erbe ggf mit einem **Antrag auf Erlass einer einstweiligen Verfügung**, gerichtet auf Unterlassen der Eingehung einer Verbindlichkeit durch den Testamentsvollstecker, zur Wehr setzen (vgl etwa *Littig* in: Krug u.a., § 13 Rn 123). 6

[5] **Anlageentscheidung des Testamentsvollstreckers.** Bei der Entscheidung über die geeignete Anlageform handelt der Testamentsvollstrecker – wie ein Unternehmer – nach freiem Ermessen unter Beachtung wirtschaftlicher Gesichtspunkte. Er ist „berechtigt und verpflichtet, mit dem Nachlass am allgemeinen wirtschaftlichen Verkehr teilzunehmen und für dessen Nutzung und 7

Mehrung nach allgemein gültigen wirtschaftlichen Regeln zu sorgen … . Dabei muss sowohl der Grundsatz der Substanzerhaltung beachtet werden wie auch das Prinzip der Nutzbarmachung und Gewinnerzielung." (*Klumpp* in: Bengel/Reimann, 5. Kap. Rn 432).

§ 2207 Erweiterte Verpflichtungsbefugnis

[1]Der Erblasser kann anordnen, dass der Testamentsvollstrecker in der Eingehung von Verbindlichkeiten für den Nachlass nicht beschränkt sein soll. [2]Der Testamentsvollstrecker ist auch in einem solchen Falle zu einem Schenkungsversprechen nur nach Maßgabe des § 2205 Satz 3 berechtigt.

§ 2208 Beschränkung der Rechte des Testamentsvollstreckers, Ausführung durch den Erben

(1) [1]Der Testamentsvollstrecker hat die in den §§ 2203 bis 2206 bestimmten Rechte nicht, soweit anzunehmen ist, dass sie ihm nach dem Willen des Erblassers nicht zustehen sollen. [2]Unterliegen der Verwaltung des Testamentsvollstreckers nur einzelne Nachlassgegenstände, so stehen ihm die in § 2205 Satz 2 bestimmten Befugnisse nur in Ansehung dieser Gegenstände zu.
(2) Hat der Testamentsvollstrecker Verfügungen des Erblassers nicht selbst zur Ausführung zu bringen, so kann er die Ausführung von dem Erben verlangen, sofern nicht ein anderer Wille des Erblassers anzunehmen ist.

1 **A. Muster: Testamentvollstreckung mit beschränktem Aufgabenbereich**

1150 ▶ Ich ordne Testamentsvollstreckung an und ernenne zum Testamentsvollstrecker Herrn ▪▪▪.
Die einzige Aufgabe des Testamentsvollstreckers besteht darin, das zum Nachlass gehörende Hotel „Cimbria" zu verwalten.[1] Zur Erfüllung seiner Aufgabe befreie ich den Testamentsvollstrecker, soweit gesetzlich möglich, von allen Beschränkungen.[2] ◀

B. Erläuterungen

2 **[1] Verwaltungsanordnungen des Erblasers.** Nach § 2216 Abs. 2 kann der Erblasser für die Nachlassverwaltung bestimmte letztwillige Anordnungen treffen, die der Testamentsvollstrecker zu befolgen hat, § 2203. Zur Bindung an vom Erblasser ausgedrückte Wünsche, Hoffnungen und Bitten vgl BayObLG, Beschl. v. 29.3.1976, BReg 1 Z 9/76. Zur allgemeinen Grenze des § 138 betreffend die Verwaltungsanordnungen des Erblassers s. Hk-BGB/*Hoeren*, § 2216 Rn 5.

3 **[2] Befreiung von Beschränkungen.** Nach § 2207 kann der Erblasser auch die nach § 2006 beschränkte Verpflichtungsbefugnis erweitern, sie also auch auf Geschäfte ausdehnen, die außerhalb des zur ordnungsgemäßen Verwaltung Erforderlichen liegen (Hk-BGB/*Hoeren*, § 2207 Rn 1). Ein Dritter darf danach grundsätzlich von der Verpflichtungsbefugnis des Testamentsvollstreckers ausgehen und braucht nicht zu prüfen, ob die Maßnahme innerhalb der ordnungsgemäßen Verwaltung liegt (Hk-BGB/*Hoeren*, § 2207 Rn 3).

§ 2209 Dauervollstreckung

[1]Der Erblasser kann einem Testamentsvollstrecker die Verwaltung des Nachlasses übertragen, ohne ihm andere Aufgaben als die Verwaltung zuzuweisen; er kann auch anordnen, dass der Testamentsvollstrecker die Verwaltung nach der Erledigung der ihm sonst zugewiesenen Aufgaben fortzuführen hat. [2]Im Zweifel ist anzunehmen, dass einem solchen Testamentsvollstrecker die in § 2207 bezeichnete Ermächtigung erteilt ist.

A. Verwaltungsvollstreckung, § 2209 S. 1 Hs 1

I. Muster: Verwaltungsvollstreckung 1

▶ Ich ordne Testamentsvollstreckung an und ernenne als Testamentsvollstrecker ▪▪▪. Seine einzige Aufgabe besteht darin, den Nachlass zu verwalten, und zwar bis zum ▪▪▪ Geburtstag meines Erben.[1] ◀ 

II. Erläuterungen

[1] Verwaltungsvollstreckung. Im Fall der schlichten Verwaltungsvollstreckung hat der Testamentsvollstrecker nur die Aufgabe, den Nachlass zu verwalten (s. *Bonefeld* in: Tanck, § 5 Rn 70). Da die Verwaltungsvollstreckung Ausnahmecharakter hat, muss sie eindeutig festgestellt werden können, ansonsten hat der Testamentsvollstrecker die gewöhnlichen Aufgaben der Abwicklungsvollstreckung (*Bengel* in: Bengel/Reimann, 1. Kap. Rn 146). 2

B. Dauervollstreckung, § 2209 S. 1 Hs 2

I. Muster: Dauervollstreckung 3

▶ Ich ordne Testamentsvollstreckung an und ernenne als Testamentsvollstrecker ▪▪▪. Seine einzige Aufgabe besteht darin, den Nachlass bis zum Lebensende meines Erben zu verwalten.[1] ◀ 

II. Erläuterungen

[1] Dauervollstreckung. Durch die Anordnung der Dauertestamentsvollstreckung ist der Nachlass zu verwalten (*Bonefeld* in: Tanck, § 5 Rn 69). Die Testamentsvollstreckung ist also mit der Ausführung der letztwilligen Verfügungen des Erblassers (Abwicklungsvollstreckung, § 2203) nicht erledigt, vielmehr schließt sich die Verwaltungsvollstreckung an die Abwicklungsvollstreckung an (Hk-BGB/*Hoeren*, § 2209 Rn 6). Deshalb kann der Erblasser, wenn nicht die Wirkung des § 2210 S. 1 eintreten soll, anordnen, dass die Vollstreckung bis zum Eintritt eines bestimmten Ereignisses in der Person des Erben oder des Testamentsvollstreckers andauern soll (§ 2210 S. 2). 4

§ 2210 Dreißigjährige Frist für die Dauervollstreckung

[1]Eine nach § 2209 getroffene Anordnung wird unwirksam, wenn seit dem Erbfall 30 Jahre verstrichen sind. [2]Der Erblasser kann jedoch anordnen, dass die Verwaltung bis zum Tode des Erben oder des Testamentsvollstreckers oder bis zum Eintritt eines anderen Ereignisses in der Person des einen oder des anderen fortdauern soll. [3]Die Vorschrift des § 2163 Abs. 2 findet entsprechende Anwendung.

§ 2211 Verfügungsbeschränkung des Erben

(1) Über einen der Verwaltung des Testamentsvollstreckers unterliegenden Nachlassgegenstand kann der Erbe nicht verfügen.
(2) Die Vorschriften zugunsten derjenigen, welche Rechte von einem Nichtberechtigten herleiten, finden entsprechende Anwendung.

§ 2212 Gerichtliche Geltendmachung von der Testamentsvollstreckung unterliegenden Rechten

Ein der Verwaltung des Testamentsvollstreckers unterliegendes Recht kann nur von dem Testamentsvollstrecker gerichtlich geltend gemacht werden.

1 ### A. Muster: Aufnahme eines durch den Erblasser geführten Prozesses durch den Testamentsvollstrecker

▶ An das

Landgericht[1]

■■■

In dem Rechtsstreit

■■■ gegen ■■■

Az: ■■■

hat der Tod des Klägers den Rechtsstreit unterbrochen (§ 239 ZPO). Namens und in Vollmacht des Testamentsvollstreckers für den Nachlass des ■■■, verstorben am ■■■, nehmen wir den Rechtsstreit gegen die Beklagte auf[2] und beantragen gleichzeitig,

das Aktivrubrum wie folgt zu berichtigen:

„Herr ■■■, in seiner Eigenschaft als Testamentsvollstrecker für den Nachlass nach ■■■ ."

Zugleich formulieren wir den bisherigen Antrag wie folgt neu:

Die Beklagte wird verurteilt ■■■, an den Kläger in seiner Eigenschaft als Testamentsvollstrecker über den Nachlass des am ■■■ verstorbenen ■■■ ■■■ EUR zu zahlen.[3]

Begründung

Der im Antrag genannte Erblasser hatte den Kläger zum Testamentsvollstrecker für seinen Nachlass ernannt, ohne dessen Rechte zu beschränken. Der Kläger hat das Amt mit Erklärung vom ■■■ gegenüber dem Nachlassgericht angenommen.

Beweis: Beiziehung der Akten des Amtsgerichtes ■■■ – Nachlassgericht – Az ■■■

Am ■■■ erteilte ihm das Nachlassgericht über seine Stellung als Testamentsvollstrecker das entsprechende Testamentsvollstreckerzeugnis.

Beweis: Testamentsvollstreckerzeugnis vom ■■■, Anl. K 1

Der Anspruch, den der Erblasser im vorliegenden Verfahren erhoben hatte, ginge im Wege der Gesamtrechtsnachfolge grundsätzlich auf die Erben über und fällt deshalb in den vom Testamentsvollstrecker zu verwaltenden Nachlass. Es handelt sich um ein „der Verwaltung des Testamentsvollstreckers unterliegendes Recht" (§ 2212 BGB), das nur von diesem geltend gemacht werden kann.

■■■

Rechtsanwalt ◀

B. Erläuterungen

2 **[1] Zuständigkeit des angerufenen Gerichts.** Da der Testamentsvollstrecker den Prozess aufnimmt, richtet sich der Schriftsatz an das jeweilige Prozessgericht. Das volle Rubrum ist daher nicht erforderlich.

Falsch scheint mir die Bemerkung von *Heilmann* (in: jurisPK-BGB, § 2212 Rn 17) zu sein, der Testamentsvollstrecker könne hinsichtlich des Gerichtsstandes für die von ihm erhobenen Klagen § 27 ZPO in Anspruch nehmen, sofern die dort geregelten Voraussetzungen vorlägen. Tatsächlich dürfte dies für Klagen gegen den Testamentsvollstrecker zutreffen (vgl Zöller/*Vollkommer*, § 27 Rn 3). 3

[2] **Aufnahme des Prozesses durch Rechtsnachfolger.** Gem. § 239 Abs. 1 ZPO tritt im Falle des Todes einer Partei „eine Unterbrechung des Verfahrens bis zu dessen Aufnahme durch die Rechtsnachfolger ein." Rechtsnachfolger ist der, „der durch den Tod der Partei eine die Sachbefugnis begründende Rechtsstellung erlangt hat." Obwohl das idR der Erbe ist, ist diesem bei angeordneter Testamentsvollstreckung die Aufnahme des **Aktivprozesses** verwehrt (Hk-ZPO/*Wöstmann*, § 239 Rn 3; § 243 Rn 2). Allerdings ist § 2212 nicht zwingend, so dass der Erblasser durch letztwillige Verfügung dem Erben das Prozessführungsrecht einräumen kann; hat auch der Testamentsvollstrecker das Prozessführungsrecht, sind er und der Erbe notwendige Streitgenossen, § 62 Abs. 1 Alt. 2 ZPO (*Bonefeld* in: Tanck, § 5 Rn 459 mwN). Der Testamentsvollstrecker kann auch den Erben ermächtigen, den Prozess im Wege der gewillkürten Prozessstandschaft zu führen (*Bonefeld* in: Tanck, § 5 Rn 460–465). 4

Passivprozesse (§ 2213) kann der Erbe aufnehmen, ohne dass § 243 ZPO entgegen stände (Hk-ZPO/*Wöstmann*, § 243 Rn 2). 5

Für Aktivprozesse des Nachlasses ist der Testamentsvollstrecker prozessführungsbefugt und **Partei kraft Amtes** (also auch im Prozess als Partei zu vernehmen). Als Partei kraft Amtes kann er **Prozesskostenhilfe** beantragen, sofern die zur Führung des Prozesses erforderlichen Mittel weder aus dem von ihm verwalteten Nachlass oder Nachlassteil noch von den Erben oder sonstigen an der Durchführung des Prozesses interessierten Personen aufgebracht werden können (*Heilmann* in: jurisPK, § 2212 Rn 18). Er ist **nicht Vertreter des Erben**, sondern klagt als im eigenen Namen, was in der Klageschrift darzustellen und auch im Urteilsrubrum zu berücksichtigen ist. Der Erbe kann Zeuge im Prozess sein (*Heilmann* in: jurisPK-BGB, § 2212 Rn 14). 6

Gerichts- und Rechtsanwaltsgebühren fallen nicht (erneut) an (§ 35 GKG bzw § 15 Abs. 2 RVG; Hk-ZPO/*Wöstmann*, § 239 Rn 15). 7

[3] **Klageantrag im Aktivprozess.** Erhebt der Testamentsvollstrecker eine **Leistungsklage**, so muss er als Partei kraft Amtes Leistung an sich als Testamentsvollstrecker fordern. 8

Ein **zwischen** dem **Testamentsvollstrecker und** dem **Beklagten ergehendes Urteil** wirkt für und gegen den Erben, sofern Streitgegenstand „ein der Verwaltung des Testamentsvollstreckers unterliegendes Recht" (§ 2212) war (§ 327 Abs. 1 ZPO). Hat der Testamentsvollstrecker ein außerhalb seiner Verwaltung liegendes Recht geltend gemacht, berührt die Urteilsrechtskraft den wahren Erben nicht (*Heilmann* in: jurisPK-BGB, § 2212 Rn 21). 9

Will der Erbe nach Beendigung der Testamentsvollstreckung aus dem vom Testamentsvollstrecker erstrittenen Urteil **vollstrecken**, muss er sich eine vollstreckbare Ausfertigung des Urteiles erteilen lassen (§§ 728 Abs. 2, 727 ZPO). 10

§ 2213 Gerichtliche Geltendmachung von Ansprüchen gegen den Nachlass

(1) [1]Ein Anspruch, der sich gegen den Nachlass richtet, kann sowohl gegen den Erben als gegen den Testamentsvollstrecker gerichtlich geltend gemacht werden. [2]Steht dem Testamentsvollstrecker nicht die Verwaltung des Nachlasses zu, so ist die Geltendmachung nur gegen den Erben zulässig. [3]Ein Pflichtteilsanspruch kann, auch wenn dem Testamentsvollstrecker die Verwaltung des Nachlasses zusteht, nur gegen den Erben geltend gemacht werden.
(2) Die Vorschrift des § 1958 findet auf den Testamentsvollstrecker keine Anwendung.
(3) Ein Nachlassgläubiger, der seinen Anspruch gegen den Erben geltend macht, kann den Anspruch auch gegen den Testamentsvollstrecker dahin geltend machen, dass dieser die Zwangsvollstreckung in die seiner Verwaltung unterliegenden Nachlassgegenstände dulde.

1 **A. Muster: Klauselumschreibung gegen Testamentsvollstrecker**

▶ An

Amtsgericht ▪▪▪[1]

In dem Rechtsstreit

▪▪▪ ./. ▪▪▪ (Name des Erblassers)

Az.: ▪▪▪

beantragen wir, dem Kläger eine vollstreckbare Ausfertigung des am ▪▪▪ verkündeten Urteils gegen den Testamentsvollstrecker ▪▪▪ des Nachlasses des am ▪▪▪ verstorbenen ▪▪▪ (Erblassers) zu erteilen.

Begründung

▪▪▪ wurde mit Testamentsvollstreckerzeugnis vom ▪▪▪ zum Testamentsvollstrecker über den gesamten Nachlass des o.g. Erblassers bestellt.

Der Testamentsvollstrecker hat das Amt mit Erklärung vom ▪▪▪ gegenüber dem Nachlassgericht angenommen; ein entsprechendes Testamentsvollstreckerzeugnis [2] wurde erteilt.

In der Anlage fügen wir das Original des eingangs genannten Urteils des Amtsgerichts ▪▪▪, das gegen den Erblasser ergangen ist, bei. Der Gläubiger benötigt eine vollstreckbare Ausfertigung , um in den vom Testamentsvollstrecker verwalteten Nachlass vollstrecken zu können.[3]

▪▪▪

Rechtsanwalt ◀

B. Erläuterungen und Varianten

2 [1] **Verfahren; Zuständigkeit.** Zuständig ist der Urkundsbeamte (Rechtspfleger, § 20 Nr. 12 RPflG) der Geschäftsstelle des Gerichts, das den Titel geschaffen hat, wenn nicht der Rechtsstreit bei einem höheren Gericht anhängig ist (§ 724 Abs. 2 ZPO).

3 **Variante:** Klauselumschreibung für Testamentsvollstrecker.

▶ An das

Amtsgericht▪▪▪

In dem Rechtsstreit

▪▪▪ ./. ▪▪▪ (Name des Erblassers)

Az.: ▪▪▪

beantragen wir namens des Testamentsvollstreckers über den Nachlass des am verstorbenen ▪▪▪ uns eine vollstreckbare Ausfertigung des am ▪▪▪ verkündeten Urteiles des Amtsgerichts ▪▪▪ zu erteilen.

Begründung

Der Beklagte (also der eingangs genannte Erblasser) hat in diesem Rechtsstreit obsiegt. ▪▪▪ wurde mit Testamentsvollstreckerzeugnis vom ▪▪▪ zum Testamentsvollstrecker über den gesamten Nachlass des o.g. Erblassers bestellt; er hat das Amt mit Erklärung vom ▪▪▪ gegenüber dem Nachlassgericht ▪▪▪ angenommen.

▪▪▪

Rechtsanwalt ◀

[2] Testamentsvollstreckerzeugnis. Gemäß § 357 Abs. 2 S. 2 FamFG kann derjenige, der ein rechtliches Interesse glaubhaft macht, verlangen, dass ihm vom Gericht eine Ausfertigung des Testamentsvollstreckerzeugnisses erteilt wird. 4

[3] Umfang der Zwangsvollstreckung. Nach § 749 S. 2 ZPO kann mit der vollstreckbaren Ausfertigung gegen den Testamentsvollstrecker nur in die seine Verwaltung unterliegenden Nachlassgegenstände vollstreckt werden. Für die Zwangsvollstreckung in den vom Testamentsvollstrecker im Ganzen verwalteten Nachlass ist nach § 748 Abs. 1 ZPO ein gegen ihn ergangenes Urteil erforderlich und genügend. Angesichts der Rechtskrafterstreckung auf den Erben (§ 327 Abs. 2 ZPO) kann der Gläubiger schon während des Bestehens der Verwaltung durch den Testamentsvollstrecker die Erteilung einer vollstreckbaren Ausfertigung gegen den Erben verlangen (§ 728 Abs. 2 ZPO), um daraus in das persönliche Vermögen des Erben zu vollstrecken. In diesem Fall sind die Beendigung der Verfügungsbefugnis des Testamentsvollstreckers und die Voraussetzungen der Rechtskrafterstreckung nach § 327 ZPO (also die Erbenstellung) durch öffentliche oder öffentlich beglaubigte Urkunden nachzuweisen (§§ 728, 727 ZPO), sofern diese nicht als offenkundig gelten können. Der Nachlassgläubiger kann also nicht gleichzeitig in den vom Testamentsvollstrecker verwalteten Nachlass und in das persönliche Vermögen des Erben vollstrecken. 5

§ 2214 Gläubiger des Erben

Gläubiger des Erben, die nicht zu den Nachlassgläubigern gehören, können sich nicht an die der Verwaltung des Testamentsvollstreckers unterliegenden Nachlassgegenstände halten.

§ 2215 Nachlassverzeichnis

(1) Der Testamentsvollstrecker hat dem Erben unverzüglich nach der Annahme des Amts ein Verzeichnis der seiner Verwaltung unterliegenden Nachlassgegenstände und der bekannten Nachlassverbindlichkeiten mitzuteilen und ihm die zur Aufnahme des Inventars sonst erforderliche Beihilfe zu leisten.
(2) Das Verzeichnis ist mit der Angabe des Tages der Aufnahme zu versehen und von dem Testamentsvollstrecker zu unterzeichnen; der Testamentsvollstrecker hat auf Verlangen die Unterzeichnung öffentlich beglaubigen zu lassen.
(3) Der Erbe kann verlangen, dass er bei der Aufnahme des Verzeichnisses zugezogen wird.
(4) Der Testamentsvollstrecker ist berechtigt und auf Verlangen des Erben verpflichtet, das Verzeichnis durch die zuständige Behörde oder durch einen zuständigen Beamten oder Notar aufnehmen zu lassen.
(5) Die Kosten der Aufnahme und der Beglaubigung fallen dem Nachlass zur Last.

A. Muster: Nachlassverzeichnis 1

▶ Nachlassverzeichnis

des am ■■■ in ■■■ verstorbenen Erblassers ■■■ für die Erben ■■■ und ■■■ .[1] Erstellt zum ■■■ (Tag der Annahme des Testamentsvollstreckeramtes)[2] am ■■■ (Tag der Aufnahme)[3] durch den Testamentsvollstrecker ■■■ .

I. Aktiva[4]

1. Geldvermögen
   a) Guthaben bei der ■■■-Bank Konto Nr. ■■■ ■■■ EUR
   b) Guthaben bei der ■■■-Bank Konto Nr. ■■■ ■■■ EUR

	c)	Wertpapierdepot ■■■-Bank Konto Nr. ■■■	■■■ EUR
		Zwischensumme	■■■ EUR
2.	Immobilienvermögen[5]		
	a)	Grundstück ■■■	■■■ EUR
	b)	Grundstück ■■■	■■■ EUR
		Zwischensumme	■■■ EUR
3.	Wertgegenstände[6]		
	a)	■■■	■■■ EUR
	b)	■■■	■■■ EUR
		Zwischensumme	■■■ EUR
4.	Hausrat		
	a)	■■■	■■■ EUR
	b)	■■■	■■■ EUR
		Zwischensumme	■■■ EUR
5.	Schenkungen des Erblassers zu seinen Lebzeiten und Verträge zugunsten Dritter		
	a)	■■■	■■■ EUR
	b)	■■■	■■■ EUR
		Zwischensumme	■■■ EUR
	Aktiva insgesamt		■■■ EUR

II. Passiva

1.	Erblasserschulden		
	a)	Verbindlichkeiten bei ■■■	■■■ EUR
	b)	Verbindlichkeiten bei ■■■	■■■ EUR
		Zwischensumme	■■■ EUR
2.	Erbfallkosten		
	a)	Beerdigungskosten	■■■ EUR
	b)	Kosten Grabstein	■■■ EUR
	c)	Sonstige Kosten Beerdigung	■■■ EUR
	d)	Kosten der Nachlassbewertung	■■■ EUR
	e)	Sonstige Kosten	■■■ EUR
	Zwischensumme		■■■ EUR
	Passiva insgesamt		■■■ EUR
	Aktiva ./. Passiva		■■■ EUR

■■■,den ■■■

(Testamentsvollstrecker) ◄

B. Erläuterungen

2 [1] **Anspruch auf Erstellung des Nachlassverzeichnisses.** Nach § 2215 Abs. 1 besteht die Verpflichtung, ein Nachlassverzeichnis (unverlangt!) zu erstellen, nur gegenüber dem Erben. Ein **Nacherbe** kann es nach dem Eintritt des Nacherbfalls beanspruchen. Ob **Pflichtteilsberechtigte, Vermächtnisnehmer** und **Auflagenbegünstigte** ein Nachlassverzeichnis verlangen können, ist zweifelhaft (dafür wohl *Bonefeld* in: Tanck, § 5 Rn 189), aber mit dem Gesetzeswortlaut nicht zu vereinbaren.

3 Eine **Befreiung** durch den Erblasser von der Verpflichtung, ein Nachlassverzeichnis zu erstellen, ist nicht möglich (§ 2220), nur der Erbe kann darauf verzichten (Hk-BGB/*Hoeren*, § 2215 Rn 2; *Klumpp* in: Bengel/Reimann, 3. Kap. Rn 15 mwN).

[2] Unverzügliche Erstellung. Der Testamentsvollstrecker muss das Nachlassverzeichnis unverzüglich erstellen (§§ 2215 Abs. 1, 121 Abs. 1) nach Annahme des Amtes (§ 2202 Abs. 1), darf also nicht abwarten, bis das Testamentsvollstreckerzeugnis erteilt ist. 4

Gem. § 2215 Abs. 4 ist er berechtigt und auf Verlangen des Erben verpflichtet, das Verzeichnis durch die zuständige Behörde oder durch einen zuständigen Beamten oder Notar (§§ 20, 15 Abs. 1 BNotO) aufnehmen zu lassen. 5

Die **Kosten der Erstellung** des Nachlassverzeichnisses fallen dem Nachlass zur Last, § 2215 Abs. 5. In der Nachlassinsolvenz sind die Kosten der Erstellung des Verzeichnisses Masseverbindlichkeiten nach § 324 Abs. 1 Nr. 5 InsO (*Bonefeld* in: Tanck, § 5 Rn 208). 6

[3] Tag der Aufnahme. Gem. § 2215 Abs. 2 ist das Nachlassverzeichnis mit der Angabe des Tages der Aufnahme zu versehen und vom Testamentsvollstrecker zu unterzeichnen. Ein Nachlassverzeichnis, das auf den Stichtag des Todes ausgestellt wurde, entspricht den Erfordernissen also nicht (*Bonefeld* in: Tanck, § 5 Rn 196). 7

[4] Inhalt des Nachlassverzeichnisses. Gem. § 2215 Abs. 1 ist (nur) ein Verzeichnis der der Verwaltung des Testamentsvollstreckers unterliegenden Nachlassgegenstände, -rechte und -verbindlichkeiten zu erstellen, also alle Aktiva und Passiva (**Grundsatz der Vollständigkeit der Nachlasserfassung;** *Bonefeld* in: Tanck, § 5 Rn 192; *Klumpp* in: Bengel/Reimann, 3. Kap. Rn 6; aber: **Keine Vollständigkeitsvermutung** des Nachlassverzeichnisses iS des § 2009!). Ein angeblich unvollständiges Verzeichnis muss der Testamentsvollstrecker nur dann ergänzen, wenn es der Erbe ausdrücklich beantragt (*Bonefeld* in: Tanck, § 5 Rn 198) 8

[5] Wertangaben. Wertangaben, Beschreibungen und Belege sind nicht erforderlich (HK-BGB/*Hoeren*, § 2215 Rn 2; *Bonefeld* in: Tanck, § 5 Rn 193, 195; Palandt/*Edenhofer*, § 2215 Rn 2), aber ratsam (*Klumpp* in: Bengel/Reimann, 3. Kap. Rn 6) 9

[6] Individualisierung der Nachlassgegenstände. Alle Gegenstände müssen anhand des Verzeichnisses individualisiert werden können; eine summarische Bezeichnung zB von Wertpapieren ist nicht ausreichend (*Bonefeld* in: Tanck, § 5 Rn 193). 10

§ 2216 Ordnungsmäßige Verwaltung des Nachlasses, Befolgung von Anordnungen

(1) Der Testamentsvollstrecker ist zur ordnungsmäßigen Verwaltung des Nachlasses verpflichtet.
(2) [1]Anordnungen, die der Erblasser für die Verwaltung durch letztwillige Verfügung getroffen hat, sind von dem Testamentsvollstrecker zu befolgen. [2]Sie können jedoch auf Antrag des Testamentsvollstreckers oder eines anderen Beteiligten von dem Nachlassgericht außer Kraft gesetzt werden, wenn ihre Befolgung den Nachlass erheblich gefährden würde. [3]Das Gericht soll vor der Entscheidung, soweit tunlich, die Beteiligten hören.

§ 2217 Überlassung von Nachlassgegenständen

(1) [1]Der Testamentsvollstrecker hat Nachlassgegenstände, deren er zur Erfüllung seiner Obliegenheiten offenbar nicht bedarf, dem Erben auf Verlangen zur freien Verfügung zu überlassen. [2]Mit der Überlassung erlischt sein Recht zur Verwaltung der Gegenstände.
(2) Wegen Nachlassverbindlichkeiten, die nicht auf einem Vermächtnis oder einer Auflage beruhen, sowie wegen bedingter und betagter Vermächtnisse oder Auflagen kann der Testamentsvollstrecker die Überlassung der Gegenstände nicht verweigern, wenn der Erbe für die Berichtigung der Verbindlichkeiten oder für die Vollziehung der Vermächtnisse oder Auflagen Sicherheit leistet.

1 **A. Muster: Freigabeverlangen des Erben bezüglich eines Nachlassgegenstandes**

▶ An

...

Testamentsvollstreckung für den Nachlass des am ... verstorbenen ..., zuletzt wohnhaft ...

Sehr geehrter Herr ...,

Herr ... hat uns mit der Wahrnehmung seiner rechtlichen Interessen beauftragt; auf uns lautende Vollmacht fügen wir bei. Unserer Beauftragung liegt folgender Sachverhalt zugrunde:

Wie Sie wissen, ist unser Mandant alleiniger Erbe nach dem im Betreff genannten Erblasser, der Sie als Testamentsvollstrecker eingesetzt hat. Nach Ihrem letzten Bericht sollen sämtliche Ihnen bekannten Nachlassverbindlichkeiten berichtigt sein. Mit Mitteln des Nachlasses kann auch die zu erwartende Erbschaftsteuerschuld beglichen werden. Nach Ihrem Nachlassverzeichnis vom ... gehört zum Nachlass auch ein Flügel Marke Steinway & Sons, den Sie wohl nicht mehr brauchen, um Ihre Aufgaben als Testamentsvollstrecker zu erfüllen.

Da unser Mandant Alleinerbe ist, wäre der Flügel bei Beendigung Ihres Amtes an ihn herauszugeben.[1]

Wir dürfen Sie daher bitten, den oben bezeichneten Flügel gegenüber unserem Mandanten freizugeben und an ihn herauszugeben.[2], [3] Wir haben uns erlaubt, hierfür eine Frist bis zum ... zu notieren.

...

Rechtsanwalt ◀

B. Erläuterungen

2 **[1] Herausgabe des Nachlasses an den Erben.** Gem. §§ 2218 Abs. 1, 667 hat der Testamentsvollstrecker den Nachlass an den Erben herauszugeben.

3 **[2] Freigabeanspruch des Erben.** Sofern der Testamentsvollstrecker bestimmte Gegenstände zur Erfüllung seiner Aufgaben nicht mehr benötigt, kann der Erbe die Freigabe dieser Gegenstände verlangen. Aus einem Umkehrschluss aus § 2220 folgt allerdings, dass der Erblasser diesen Anspruch ausschließen kann (Hk-BGB/*Hoeren*, § 2217 Rn 1). Sofern die Voraussetzungen des § 2217 Abs. 2 nicht vorliegen, bedarf es keiner Sicherheitsleistung durch den Erben.

4 **[3] Freigabeklage.** Eine Freigabeklage (die sachliche Zuständigkeit des angerufenen Gerichts ergibt sich aus §§ 23 Abs. 1 S. 1, 71 Abs. 1 GVG, da es sich hier nicht um eine Aufgabe handelt, die das Gesetz ausdrücklich dem Nachlassgericht zuweist) richtet sich gegen den Testamentsvollstrecker persönlich, da sein Verwaltungsrecht betroffen ist. Im Falle des Unterliegens trägt der Testamentsvollstrecker deshalb auch die Kosten persönlich, ohne dass er Erstattung aus dem Nachlass verlangen könnte (*Heilmann* in: jurisPK-BGB, § 2217 Rn 18).

§ 2218 Rechtsverhältnis zum Erben; Rechnungslegung

(1) Auf das Rechtsverhältnis zwischen dem Testamentsvollstrecker und dem Erben finden die für den Auftrag geltenden Vorschriften der §§ 664, 666 bis 668, 670, des § 673 Satz 2 und des § 674 entsprechende Anwendung.
(2) Bei einer länger dauernden Verwaltung kann der Erbe jährlich Rechnungslegung verlangen.

A. Gesetzliches Schuldverhältnis, § 2218 Abs. 1

I. Außergerichtliches Schreiben des Erben

1. Muster: Verlangen des Erben nach Rechnungslegung bei Beendigung des Amtes 1

▶ An

■■■

Testamentsvollstreckung für den Nachlass nach ■■■, zuletzt wohnhaft ■■■, verstorben am ■■■

Sehr geehrter Herr ■■■,

Frau ■■■ hat uns mit der Wahrnehmung ihrer rechtlichen Interessen beauftragt; auf uns lautende Vollmacht fügen wir bei. Wie Ihnen bekannt ist, ist unsere Mandantin Miterbin nach ■■■, verstorben am ■■■ . Der Erblasser hat Sie zum Testamentsvollstrecker ernannt, jedoch haben Sie mit Schreiben vom ■■■ das Amt des Testamentsvollstreckers gekündigt.[1] Einen Nachfolger hat der Erblasser nicht benannt; er hat auch nicht dem Nachlassgericht ein Ernennungsrecht übertragen.[2] Mit der Kündigung endet also die Testamentsvollstreckung. Wir dürfen Sie daher bitten, Rechnung zu legen, und zwar durch Vorlage einer geordneten Aufstellung über die Einnahmen und Ausgaben, die Sie im Rahmen der Testamentsvollstreckung getätigt haben, und uns den aktuellen Stand zum Zeitpunkt der Beendigung des Amtes anzugeben.[3] Wir haben uns erlaubt, dazu eine Frist bis zum ■■■ zu notieren.

■■■

Rechtsanwalt ◀

2. Erläuterungen

[1] Kündigung des Amtes. Der Testamentsvollstrecker kann nach § 2226 S. 1 das Amt jederzeit durch Erklärung gegenüber dem Nachlassgericht kündigen. 2

[2] Ernennung durch Nachlassgericht. Gem. § 2200 kann das Nachlassgericht auf Ersuchen des Erblassers einen Testamentsvollstrecker ernennen. Zur Testamentsauslegung bzgl des Ersu- 3 chens des Erblassers um Bestellung eines Ersatz-Testamentsvollstreckers durch das Nachlassgericht vgl LG Heidelberg, Urt. v. 13.5.2008, 2 O 392/07.

4 [3] **Rechnungslegung.** Der Anspruch des Erben gegen den Testamentsvollstrecker auf Rechnungslegung ergibt sich aus §§ 2218 Abs. 1, 666, 259. Rechenschaft muss also **nur auf Verlangen** des Erben abgelegt werden. Der Anspruch auf Rechnungslegung gegen den Testamentsvollstrecker verjährt (nach der Aufhebung des § 197 Abs. 1 Nr. 2 zum 1.1.2010) in 3 Jahren, § 195 (vgl auch Hk-BGB/*Dörner*, § 197 Rn 3).

II. Außergerichtliches Schreiben des Testamentsvollstreckers

5 **1. Muster: Abschlussschreiben an Erben (Rechenschaftslegung und Aufforderung zur Entlastung)**

▶ An ■■■

Sehr geehrte Frau ■■■,

mein Amt als Testamentsvollstrecker habe ich zum ■■■ beendet. Hiermit lege ich abschließend Rechenschaft über den Nachlass des am ■■■ in ■■■ verstorbenen ■■■ für die Zeit von meinem Amtsantritt am ■■■, bis zum heutigen Tage, den ■■■ .

Um Wiederholungen zu vermeiden, verweise ich zunächst auf das nochmals beigefügte Nachlassverzeichnis vom ■■■ hinsichtlich der am ■■■ bestehenden Aktiva und Passiva.

I. Vom Konto der ■■■-Bank habe ich folgende Nachlassverbindlichkeiten beglichen, die nach dem ■■■ (Tag des Amtsantritts) entstanden sind:

■■■

II. Folgende Einnahmen waren zu verbuchen:

■■■

III. Das Girokonto der ■■■-Bank weist einen Stand von ■■■ EUR zum heutigen Tage aus. Sämtliche Kontoauszüge seit dem Todestag habe ich in Kopie für Sie beigefügt.

IV. Aufgrund unserer Vereinbarung vom ■■■ habe ich meine Vergütung vom Konto bei der ■■■-Bank in Höhe von ■■■ EUR entnommen. Eine genaue Abrechnung ist Ihnen mit Schreiben vom ■■■ bereits zugegangen.[1]

V. Ich betrachte damit die Testamentsvollstreckung als abgeschlossen, sofern ich hinsichtlich des Rechenschaftsberichts bis zum ■■■ nichts Gegenteiliges von Ihnen höre.[2]

■■■

Rechtsanwalt ◀

2. Erläuterungen und Varianten

6 [1] **Rechenschaftsablegung.** Der Testamentsvollstrecker muss den Erben über den jeweiligen Stand der Geschäfte und Maßnahmen informieren. Darüber hinaus kann der Erbe die genaue Darstellung des gesamten Verlaufs und der Ergebnisse der Geschäftstätigkeit des Testamentsvollstreckers verlangen. Die Rechenschaft muss **alles relevante Tatsachenmaterial** enthalten, mit **größtmöglicher Sorgfalt** abgelegt sowie **verständlich** und für den Berechtigten **nachprüfbar** sein (*Klumpp* in: Bengel/Reimann, 6. Kap Rn 242 mwN; ausführlich Rn 267–281; wegen eines Musters einer Rechenschaftsablegung vgl *Klumpp* in: Bengel/Reimann, 6. Kap Rn 317–327). Da der Testamentsvollstrecker regelmäßig eine mit Einnahmen und/oder Ausgaben verbundene Verwaltung vorzunehmen hat, muss er dem Erben auch „eine die geordnete Zusammenstellung der Einnahmen oder der Ausgaben enthaltende Rechnung" mitteilen „und, soweit Belege erteilt zu werden pflegen", Belege vorlegen, §§ 2218, 666, 259 Abs. 1. Eine **Befreiung des Testamentsvollstreckers** von dieser Verpflichtung ist **nicht möglich**, § 2220. Bei umfangreichen Verwaltungen ist es ausreichend, wenn die Einnahmen und Ausgaben in großen Posten

angegeben werden und wegen der einzelnen Beträge auf die Bücher verwiesen wird. Der Umfang der Auskunft richtet sich allerdings nach den Anforderungen der Erben (OLG Düsseldorf, Urt. v. 26.9.1997, 7 U 217/96).

[2] **Entlastung des Testamentsvollstreckers.** Alternativ zum im Muster vorgeschlagenen Text kann formuliert werden: 7

▶ Um meine Tätigkeit endgültig beenden zu können, bitte ich Sie, mir die beigefügte Anlage unterschrieben bis zum ▪▪▪ zurückzusenden. Etwaige Beanstandungen hinsichtlich des abschließenden Rechenschaftsberichts bitte ich ausführlich in dem beigefügten Schreiben zu begründen, damit wir eine Klärung herbeiführen können.

▪▪▪

Rechtsanwalt

Anlage:

An Rechtsanwalt R

▪▪▪

Betr.: Testamentsvollstreckung durch Rechtsanwalt R hinsichtlich des Nachlasses des am ▪▪▪ verstorbenen ▪▪▪

Den abschließenden Rechenschaftsbericht des Testamentsvollstreckers Rechtsanwalt R vom ▪▪▪ mit sämtlichen Anlagen habe ich erhalten.

Zutreffendes ankreuzen

Nach Prüfung des Rechenschaftsberichts habe ich keine Beanstandungen. Ich entlaste hiermit ausdrücklich den Testamentsvollstrecker und betrachte die Testamentsvollstreckung ebenfalls für beendet.

Ich habe folgende Beanstandungen: ▪▪▪

▪▪▪

Unterschrift des Erben ◀

B. Auskunfts- und Rechenschaftspflicht, § 2218 Abs. 2

I. Schreiben des Erben

1. Muster: Aufforderung zu jährlicher Rechnungslegung bei länger dauernder Verwaltung 8

▶ An

▪▪▪

Testamentsvollstreckung für den Nachlass nach ▪▪▪, zuletzt wohnhaft ▪▪▪, verstorben am ▪▪▪

Sehr geehrter Herr ▪▪▪,

Frau ▪▪▪ hat uns mit der Wahrnehmung ihrer rechtlichen Interessen beauftragt; auf uns lautende Vollmacht fügen wir bei. Unserer Beauftragung liegt folgender Sachverhalt zugrunde: Bekanntlich ist unsere Mandantin Miterbin nach dem im Betreff genannten Erblasser, der Sie als Testamentsvollstrecker eingesetzt hat. Dieses Amt haben Sie gegenüber dem Nachlassgericht ▪▪▪ angenommen. Seither sind zwischenzeitlich nicht nur mehr als ▪▪▪ Monate vergangen, Sie haben auch mitgeteilt, es sei Ihnen nicht möglich, die Testamentsvollstreckung in absehbarer Zeit zu beenden. Wir dürfen Sie deshalb bitten,

1. Rechnung zu legen, und zwar durch Vorlage einer geordneten Aufstellung über die Einnahmen und Ausgaben, die Sie anlässlich der Testamentsvollstreckung seit Beginn des Amtes getätigt haben, und den aktuellen Stand zum Ende des Abrechnungszeitraumes (Kalenderjahr) anzugeben;[1]

2. künftig bis zur Beendigung der Testamentsvollstreckung unaufgefordert jeweils bis zum 15. Februar eines Jahres über das zurückliegende Kalenderjahr entsprechend Rechnung zu legen.

Um Rechnungslegung für den Zeitraum bis 31.12. ■■■ bitten wir bis spätestens ■■■ .

■■■

Rechtsanwalt ◀

2. Erläuterungen

9 **[1] Jährliche Rechnungslegung.** Jährliche Rechnungslegung kann der Erbe vom Testamentsvollstrecker unter den Voraussetzungen des § 2218 Abs. 2 verlangen. „Länger andauernd" ist dabei eine Testamentsvollstreckung, die länger als ein Jahr dauert (*Klumpp* in: Bengel/Reimann, 6. Kap. Rn 295).

10 Die **Einnahmen- und Ausgabenauflistung** ist lückenlos und mit genauer Datumsangabe aufzuführen (*Klumpp* in: Bengel/Reimann, 6. Kap. Rn 301).

11 Zu den **Besonderheiten**, die sich bei zum Nachlass gehörenden Mietshäusern und Unternehmen (gleich welcher Rechtsform) und für die Steuererklärung ergeben, vgl *Klumpp* in: Bengel/Reimann, 6. Kap. Rn 302–306.

II. Schreiben des Testamentsvollstreckers

12 1. Muster: Informationsschreiben des Testamentsvollstreckers an Erben

▶ An

■■■

Sehr geehrte Frau ■■■,

als Testamentsvollstrecker für den Nachlass des am ■■■ verstorbenen ■■■ berichte ich nach Ablauf des Kalenderjahres ■■■[1] wie folgt:

1. Rechnungslegung
   In der Anlage überreiche ich die Aufstellung über die Einnahmen und Ausgaben, die ich in der Zeit vom 1.1. ■■■ bis 31.12. ■■■ getätigt habe; die entsprechenden Belege habe ich in Kopie beigefügt. Die Rechnungslegung darf ich kurz wie folgt erläutern: ■■■[2]
2. Bericht über Verwaltungsmaßnahmen und Stand der Testamentsvollstreckung
   ■■■[3]

Wie gewünscht werde ich unaufgefordert nach Ablauf des Kalenderjahres ■■■ erneut Rechnung legen und Jahresbericht erstatten.

■■■

Testamentsvollstrecker ◀

2. Erläuterungen

13 **[1] Frist für die jährliche Rechenschaftsablegung.** Eine Frist, binnen derer der Testamentsvollstrecker auf Verlangen des Erben Rechnung legen muss, nennt das Gesetz nicht. Ihm wird eine angemessene Frist einzuräumen sein, andererseits muss es dem Erben möglich sein, rechtzeitig, ohne Zeitdruck (und ohne Fristverlängerung!) seine jährliche Einkommensteuererklärung vorzulegen, so dass die Rechnungslegung (wegen der grundsätzlichen Abgabefrist für Einkommensteuererklärungen bis zum 31.5. jeden Jahres) spätestens Mitte Mai vorliegen sollte (*Klumpp* in: Bengel/Reimann, 6. Kap. Rn 307, 309).

14 **[2] Erläuterung der Rechnungslegung.** Die Rechnungslegung muss bestimmte Mindesterfordernisse erfüllen (vgl *Klumpp* in: Bengel/Reimann, 6. Kap. Rn 301–306). So sind etwa aufzuführen:

- sämtliche zum Nachlass gehörenden Bankkonten, einschließlich Sparbücher und Wertpapierdepots;
- Bargeldbestände bzw deren Verbleib;
- Aufzeichnung der Einnahmen und Ausgaben unter Angabe des Zeitpunktes, des Verwendungszwecks und des betreffenden Bankkontos;
- Zu- und Abgänge im Bestand eines Wertpapierdepots und dessen Wertentwicklung;
- Jahressteuerbescheinigung über die aus Kapitalerträgen einbehaltene Kapitalertragsteuer.

[3] **Bericht über Verwaltungsmaßnahmen.** Ein Bericht über Verwaltungsmaßnahmen ist nach 15
§§ 2218 iVm Auftragsrecht an sich nicht geschuldet. Es sollte hier berichtet werden über die Konstituierung des Nachlasses, Erledigung noch ausstehender Einkommensteuererklärungen für den Erblasser, Zustand und evtl Reparaturen sowie deren Kosten an zum Nachlass gehörenden Immobilien. Schließlich sollte darüber informiert werden, wann die Testamentsvollstreckung wahrscheinlich beendet werden kann.

C. Prozess

I. Klage des Erben

1. Muster: Stufenklage des Erben gegen den Testamentsvollstrecker bei Beendigung des Amtes (Auskunft, eidesstattliche Versicherung und Herausgabe des Nachlasses) 16

▶ An das

Landgericht[1] 1161

■■■

Klage

des ■■■

Kläger

Prozessbevollmächtigte: Rechtsanwälte ■■■

gegen

■■■ als Testamentsvollstrecker für den Nachlass nach ■■■,

Beklagter –

Namens und in Vollmacht des Klägers erheben wir Klage und bitten um Anberaumung eines Termins zur mündlichen Verhandlung, in dem wir beantragen werden:

I. Der Beklagte wird verurteilt, dem Kläger Auskunft durch Vorlage eines Bestandsverzeichnisses zu erteilen über den Bestand des Nachlasses des am ■■■ in ■■■ verstorbenen ■■■.

II. Der Beklagte wird weiter verurteilt, gegenüber dem Kläger Rechnung zu legen, und zwar durch Vorlage einer geordneten Aufstellung über die seit Beginn der Testamentsvollstreckung getätigten Einnahmen und Ausgaben.

III. Für den Fall, dass die Auskunft und Rechnungslegung nicht mit der erforderlichen Sorgfalt erteilt wurde, wird der Beklagte verurteilt, die Richtigkeit und Vollständigkeit an Eides statt zu versichern.

IV. Der Beklagte wird verurteilt, die nach dem Bestandsverzeichnis zu bezeichnenden Nachlassgegenstände an den Kläger herauszugeben.

Im Übrigen wird angeregt,

einen frühen ersten Termin zu bestimmen. Sofern das Gericht das schriftliche Vorverfahren anordnet, wird, falls die Voraussetzungen des § 331 Abs. 3 bzw § 307 ZPO vorliegen, um Erlass eines Versäumnis- bzw Anerkenntnisurteils ohne mündliche Verhandlung gebeten.

Mit einer Entscheidung durch den Einzelrichter ist der Kläger einverstanden.

Begründung

I.

Der Kläger ist Alleinerbe des im Antrag zu I genannten Erblassers. Der Beklagte wurde zum Testamentsvollstrecker für dessen gesamten Nachlass ernannt, ohne dass Beschränkungen der Rechte des Testamentsvollstreckers angeordnet worden sind. Der Beklagte hat das Amt mit Erklärung vom ■■■ gegenüber dem Nachlassgericht angenommen.

Beweis: Beiziehung der Nachlassakten des Amtsgerichtes ■■■ – Nachlassgericht –, Az ■■■

II.

Der Kläger begehrt von dem Beklagten Auskunft und Rechnungslegung (1. Stufe), erforderlichenfalls Abgabe der eidesstattlichen Versicherung (2. Stufe) und anschließend die Herausgabe der Nachlassgegenstände (3. Stufe).

III.

Mit Beschluss des Amtsgerichts ■■■ – Nachlassgerichts – ■■■ ist die Testamentsvollstreckung mit der Entlassung des Testamentsvollstreckers beendet[2]; einen Nachfolger hat der Erblasser nicht ernannt, das Nachlassgericht hat auch keinen anderen Testamentsvollstrecker ernannt[3] oder der Beklagte[4] oder ein Dritter[5] einen Nachfolgers ernannt bzw bestimmt. Das Nachlassgericht hat mittlerweile den Erbschein eingezogen und aufgrund der Beendigung der Testamentsvollstreckung einen neuen Erbschein ohne Testamentsvollstreckervermerk erteilt.[6]

Beweis:

1. wie zuvor
2. Kopie des Erbscheins des Amtsgerichts ■■■ – Nachlassgericht – vom ■■■, Anl. K 1

Der Beklagte hat bislang weder Auskunft über den Bestand des Nachlasses und die von ihm getätigten Einnahmen und Ausgaben erteilt noch ein Nachlassverzeichnis[7] erstellt. Der Kläger hat also keinerlei Kenntnis über den Bestand des Nachlasses.

Trotz mehrfacher Aufforderung des Unterzeichners, zuletzt unter Fristsetzung zum ■■■ hat der Beklagte keinerlei Auskunft erteilt oder Angaben zu den von ihm getätigten Einnahmen oder Ausgaben gemacht.

Beweis: Kopie des anwaltlichen Schreibens vom ■■■, Anl. K 2

Nach dem bisherigen Verhalten des Beklagten halten wir es für unumgänglich, , dass der Beklagte seine Angaben an Eides statt in der zweiten Stufe versichert. Erst dann kann der Kläger die herauszugebenden Gegenstände im Einzelnen bezeichnen und ggf. in der dritten Stufe die Herausgabe geltend machen.[8]

■■■

Rechtsanwalt ◄

2. Erläuterungen

17 [1] **Zuständigkeit des angerufenen Gerichts.** Die örtliche Zuständigkeit des angerufenen Gerichts ergibt sich aus §§ 12, 13, 31 ZPO, die sachliche aus §§ 23 Abs. 1 S. 1, 71 Abs. 1 GVG.

18 [2] **Entlassung des Testamentsvollstreckers.** Nach § 2227 kann das Nachlassgericht (§ 342 Abs. 1 FamFG) den Testamentsvollstrecker auf Antrag eines der Beteiligten bei Vorliegen eines wichtigen Grundes entlassen. Zu dem Vorliegen eines wichtigen Grundes vgl Hk-BGB/*Hoeren*, § 2227 Rn 5; *Bonefeld* in: Tanck, § 5 Rn 613 ff.

19 [3] **Ernennung des Testamentsvollstreckers durch das Nachlassgericht.** Gem. § 2200 kann der Erblasser im Testament das Nachlassgericht ersuchen, einen Testamentsvollstrecker zu ernennen.

[4] Ernennung eine Nachfolgers. Der Erblasser kann im Testament den Testamentsvollstrecker ermächtigen, einen Nachfolger zu ernennen, § 2199 Abs. 2. 20

[5] Bestimmung des Testamentsvollstreckers durch einen Dritten. Nach § 2198 Abs. 1 kann der Erblasser Testamentsvollstreckung anordnen und es dabei einem Dritten überlassen, die Person des Testamentsvollstreckers zu bestimmen. „Dritter“ kann auch der Erbe selbst sein (Hk-BGB/*Hoeren*, § 2198 Rn 4). 21

[6] Einziehung unrichtigen Erbscheins. Die Ernennung des Testamentsvollstreckers ist im Erbschein zu vermerken, § 2364. Wenn das Amt beendet ist, ist der Erbschein unrichtig und daher vom Nachlassgericht einzuziehen, § 2361. Gem. § 353 Abs. 1 FamFG erfolgt die Einziehung durch Beschluss. 22

[7] Nachlassverzeichnis. Nach § 2215 Abs. 1 hat der Testamentsvollstrecker unverzüglich nach Annahme des Amts ein Nachlassverzeichnis zu erstellen, vgl hierzu § 2215 Rn 1 ff. 23

[8] Herausgabe der Erbschaftsgegenstände. Nach Beendigung des Amtes muss der Testamentsvollstrecker die Erbschaftsgegenstände an den Erben herausgeben, §§ 2218 Abs. 1, 667. Wegen eines fälligen Vergütungsanspruchs steht ihm ein Zurückbehaltungsrecht (§ 273) zu (Hk-BGB/*Hoeren*, § 2218 Rn 5; *Bonefeld* in: Tanck, § 5 Rn 676). 24

II. Klage des Testamentsvollstreckers

1. Muster: Negative Feststellungsklage 25

▶ An das Amtsgericht[1] 1162

■■■

Klage

des Rechtsanwaltes ■■■,[2]

–Kläger –

gegen

Herrn ■■■

– Beklagter –

Ich erhebe Klage und werde beantragen

festzustellen, dass dem Beklagten nach der Rechnungslegung des Klägers vom ■■■ keine weiteren Ansprüche mehr gegen den Kläger zustehen.

Begründung

Der am ■■■ in ■■■ verstorbene ■■■(Name des Erblassers) hatte den Kläger in seinem handschriftlichen Testament vom ■■■ als Testamentsvollstrecker eingesetzt. Der Kläger hat das Amt angenommen; ihm wurde ein entsprechendes

Testamentsvollstreckerzeugnisses des Amtsgerichts ■■■

erteilt.

Beweis: Kopie des Testamentsvollstreckerzeugnisses, Anl. K 1

Der Beklagte ist laut dem genannten handschriftlichen Testament alleiniger Erbe des Erblassers.

Beweis:

1. Kopie des Testaments vom ■■■ , Anl. K 2
2. Erbschein des Amtsgerichts ■■■ vom ■■■, Anl. K 3

Mit Schreiben vom ■■■ hat der Kläger dem Beklagten gegenüber über seine Amtsführung Rechenschaft abgelegt und den Beklagten aufgefordert, ihn bis zum ■■■ zu entlasten.[3]

Beweis: Schreiben vom ■■■, Anl. K 4

Der Beklagte meint jedoch, ihm stünden noch Ansprüche aus dem Nachlass zu, ohne diese näher zu bezeichnen. Wie sich aus dem Rechenschaftsbericht jedoch ergibt, stehen dem Kläger keine weiteren Ansprüche aus dem Nachlass zu.[4]

Klage ist daher geboten.

■■■

Rechtsanwalt ◄

2. Erläuterungen und Variante

26 **[1] Zuständigkeit des angerufenen Gerichts.** Allgemeiner Gerichtsstand bei einer negativen Feststellungsklage ist idR dort, wo die gegenläufige Leistungsklage zu erheben wäre (Zöller/*Greger*, § 256 Rn 20).

27 Daneben kann auch bei dem Gericht des Ortes geklagt werden, wo die Verwaltung geführt wird (besonderer Gerichtsstand der Vermögensverwaltung, § 31 ZPO).

28 Hinsichtlich der sachlichen Zuständigkeit (§§ 23 Abs. 1 S. 1, 71 Abs. 1 GVG) ist zu beachten, dass bei einer negativen Feststellungsklage der Streitwert mit dem vollen Wert der entsprechenden umgekehrten Leistungsklage anzusetzen ist (Hk-ZPO/*Saenger*, § 256 Rn 35).

29 **[2] Aktivlegitimation.** Der Testamentsvollstrecker muss die Klage in eigenem Namen einreichen und trägt deswegen beim Unterliegen auch selbst die Kosten des Rechtsstreits.

30 **[3] Entlastungsanspruch des Testamentsvollstreckers.** Während dem nach § 666 zur Rechenschaft verpflichteten Auftragnehmer gegen den Auftraggeber ein Entlastungsanspruch zusteht, soll dies für den Testamentsvollstrecker nicht gelten (vgl *Klumpp* in: Bengel/Reimann, 6. Kap. Rn 334, 335 mwN; *Bonefeld* in: Tanck, § 5 Rn 596 f). Nach allgemeiner Auffassung (*Klumpp* in: Bengel/Reimann, 6. Kap. Rn 335 mwN) besteht aber für den Testamentsvollstrecker ein Rechtsschutzbedürfnis auf Feststellung nach Rechenschaftsablegung dahingehend, dass die Erben keine weiteren Ansprüche haben (*Heilmann* in: jurisPK-BGB, § 2218 Rn 22).

31 Folgt man der (herrschenden) Auffassung, dass dem Testamentsvollstrecker kein Entlastungsanspruch zustehe, nicht (so mit beachtlichen Argumenten etwa *Klumpp* in: Bengel/Reimann, 6. Kap. Rn 336–340), könnte der **Hauptsacheantrag** in einer **positiven Feststellungsklage** des Testamentsvollstreckers wie folgt formuliert werden:

► Es wird festgestellt, dass der Kläger bei der Ausführung ■■■ seine Pflichten als Testamentsvollstrecker ordnungsgemäß erfüllt hat. ◄

32 **[4] Schlüssigkeit der Klage.** Für die Schlüssigkeit der Klage dürfte es zunächst ausreichen zu behaupten, dass keine weiteren Ansprüche des Erben bestehen. Dieser wird dann in der Klageerwiderung darzulegen haben, warum er sich weiterer Ansprüche berühmt.

§ 2219 Haftung des Testamentsvollstreckers

(1) Verletzt der Testamentsvollstrecker die ihm obliegenden Verpflichtungen, so ist er, wenn ihm ein Verschulden zur Last fällt, für den daraus entstehenden Schaden dem Erben und, soweit ein Vermächtnis zu vollziehen ist, auch dem Vermächtnisnehmer verantwortlich.

(2) Mehrere Testamentsvollstrecker, denen ein Verschulden zur Last fällt, haften als Gesamtschuldner.

A. Muster: Klage auf Schadensersatz gegen den Testamentsvollstrecker 1

▶ An das

Landgericht …[1]

Klage

des Herrn …,

– Kläger –

Prozessbevollmächtigte: …

gegen

Rechtsanwalt …

– Beklagter –

Namens und in Vollmacht des Klägers erheben wir Klage und werden beantragen, den Beklagten zu verurteilen, an die Erbengemeinschaft nach dem am … verstorbenen … (Name des Erblassers) bestehend aus 1. dem Kläger 2. … und 3. … … EUR nebst Zinsen in Höhe von 5 Prozentpunkten über dem Basiszinssatz seit dem … zu zahlen.[2]

Im Übrigen wird angeregt,

einen frühen ersten Termin zu bestimmen. Sofern das Gericht das schriftliche Vorverfahren anordnet, wird, falls die Voraussetzungen des § 331 Abs. 3 bzw § 307 ZPO vorliegen, um Erlass eines Versäumnis- bzw Anerkenntnisurteils ohne mündliche Verhandlung gebeten.

Mit einer Entscheidung durch den Einzelrichter ist der Kläger einverstanden.

Begründung

Der Beklagte ist Testamentsvollstrecker des im Klageantrag genannten Erblassers.[3]

Beweis: Beiziehung der Akten des Amtsgerichts – Nachlassgericht – …, Az …

Der Kläger begehrt von dem Beklagten die Zahlung von Schadensersatz. Folgender Sachverhalt liegt zugrunde:

Der Kläger und seine im Klageantrag genannten Geschwister sind ausweislich des beigefügten Erbscheins Erbe des … (Name des Erblassers) zu je 1/3.

Beweis: Erbschein vom … Anl. K 1

Der Beklagte hat vor dem Landgericht … einen Prozess gegen eine Frau … auf Zahlung von Schadensersatz aus einem Mietverhältnis geführt. Frau … war Geschäftsführerin einer …-GmbH. Diese – nicht Frau … – war Vertragspartnerin des Erblassers gewesen. Auf diesen Umstand haben die Mitglieder der Erbengemeinschaft den Beklagten mehrfach hingewiesen.

Beweis:

1. Zeugnis der Miterbin …
2. Zeugnis des Miterben …

Aus nicht mehr nachvollziehbaren Gründen hat der Beklagte allerdings darauf bestanden, Frau … persönlich in Anspruch zu nehmen. Das Landgericht … hat erwartungsgemäß die Klage abgewiesen und die Erbengemeinschaft verurteilt, die Kosten des Rechtsstreits (die Klageforderung) zu tragen.

Durch den von vornherein aussichtslosen Prozess, den der Beklagte auf Hinweis des Landgerichts auch nicht durch Klagerücknahme relativ kostengünstig beendete, ist der Erbengemeinschaft ein Schaden in Höhe der Klageforderung entstanden. Für diesen Schaden haftet der Beklagte gemäß § 2219 BGB. Ihm ist auch nach dem oben Ausgeführten ein Verschulden vorzuwerfen.

Der Beklagte wurde – bisher vergeblich – mit Schreiben vom ■■■ aufgefordert, den Schaden zu ersetzen. Mit Schreiben vom ■■■ lehnte er jedoch jegliche Verpflichtung zum Schadensersatz ab, so dass nunmehr Klage geboten ist.[4]

■■■

Rechtsanwalt ◄

B. Erläuterungen

2 [1] **Zuständigkeit des angerufenen Gerichts.** Die örtliche Zuständigkeit des angerufenen Gerichts ergibt sich aus §§ 12, 13 ZPO. Daneben kann auch bei dem Gericht des Ortes geklagt werden, wo die Verwaltung geführt wird (besonderer Gerichtsstand der Vermögensverwaltung, § 31 ZPO).

3 Die sachliche Zuständigkeit ergibt sich aus §§ 23 Abs. 1 S. 1, 71 Abs. 1 GVG.

4 [2] **Aktivlegitimation.** Mehrere Erben können die Schadensersatzansprüche gegenüber dem Testamentsvollstrecker gem. §§ 2039, 2040 nur gemeinschaftlich oder dergestalt geltend machen, dass ein einzelner Miterbe auf Leistung an die Erbengemeinschaft klagt. Nur wenn ausnahmsweise lediglich ein einzelner Miterbe geschädigt ist (etwa durch Benachteiligung bei der Auseinandersetzung), gehört der Ersatzanspruch gegen den Testamentsvollstrecker nicht zum Nachlass und kann deshalb von dem einzelnen geschädigten Miterben gegen den Testamentsvollstrecker geltend gemacht werden (*Heilmann* in: jurisPK-BGB, § 2219 Rn 19).

5 [3] **Passivlegitimation.** Schadensersatzansprüche gegen den Testamentsvollstrecker sind gegen ihn persönlich, nicht als Partei kraft Amtes zu erheben (*Heilmann* in: jurisPK-BGB, § 2219 Rn 21; Hk-BGB/*Hoeren*, § 2219 Rn 8; *Bonefeld* in: Tanck, § 5 Rn 577).

6 [4] **Verjährung.** Die Ansprüche gegen den Testamentsvollstrecker verjähren (nach der Aufhebung des § 197 Abs. 1 Nr. 2 zum 1.1.2010) in 3 Jahren, § 195 (vgl auch Hk-BGB/*Dörner*, § 197 Rn 3).

§ 2220 Zwingendes Recht

Der Erblasser kann den Testamentsvollstrecker nicht von den ihm nach den §§ 2215, 2216, 2218, 2219 obliegenden Verpflichtungen befreien.

§ 2221 Vergütung des Testamentsvollstreckers

Der Testamentsvollstrecker kann für die Führung seines Amts eine angemessene Vergütung verlangen, sofern nicht der Erblasser ein anderes bestimmt hat.

A. Vereinbarung einer Vergütung

I. Muster: Anschreiben des Testamentsvollstreckers an Erben mit Vorschlag einer Vergütungsvereinbarung 1

▶ Sehr geehrte Frau ■■■

Wie Ihnen bekannt ist, hat mich der am ■■■ in ■■■ verstorbene ■■■ (Name des Erblassers) zu seinem Testamentsvollstrecker bestellt. Leider hat er in seinem Testament hinsichtlich meiner Vergütung nichts ausgeführt. Nach dem Gesetz steht mir lediglich eine „angemessene Vergütung" zu. Dazu wurden verschiedene Vergütungstabellen[1] entwickelt. In Fällen wie unserem wird regelmäßig die sog. Eckelkemper'sche Tabelle herangezogen. Danach ergibt sich beim Aktivnachlass bis bei einem Nachlass bis zu 50.000,00 EUR eine Vergütung in Höhe von 4 % des Bruttonachlasses[2], für einen Mehrbetrag bis zu 250.000,00 EUR von 3 %, für einen Mehrbetrag bis zu 1.250.000,00 EUR von 2,5 %, für einen Mehrbetrag von 2.500.000,00 EUR von 2 % und für Werte darüber hinaus von 1 %. In der Vergütung ist die Umsatzsteuer enthalten[3] sowie eine sog. Konstituierungsgebühr;[4]damit wird die Arbeit des Testamentsvollstreckers (Aufstellung und Mitteilung des Nachlassverzeichnisses, Regulierung der Nachlassverbindlichkeiten) abgegolten. In der Anlage überreiche ich Ihnen eine entsprechende Vereinbarung mit der Bitte, diese zu prüfen und unterzeichnet an mich zurückzusenden.[5] 1164

■■■

Rechtsanwalt ◀

II. Erläuterungen und Varianten

[1] **Vergütungstabellen.** In der Praxis wichtige Tabellen (vgl etwa *Bonefeld* in: Tanck, § 5 Rn 647–660; *Eckert/Kroiß* in FormularBibliothek Vertragsgestaltung Band Erbrecht, § 2 Rn 134–146) sind die **Rheinische**, die **Möhring´sche** und die **Eckelskemper'sche** (vgl auch *Eckelskemper* in: Bengel/Reimann, 10. Kap. Rn 57–61); darüber hinaus existieren die Vergütungsempfehlungen des Deutschen Notarvereins (www. dnotv.de/Dokumente/Testamentsvollstrecker.html – Stand: Aug. 2010). 2

Bonefeld (in: Tanck, § 5 Rn 671) schlägt darüber hinaus vor, aus allen genannten Tabellen den **Mittelwert** zu bilden, um auf der „sicheren Seite" zu sein. 3

[2] **Ermittlung der Vergütungsrichtsätze.** Die Vergütungsrichtsätze sind grundsätzlich nach dem **Bruttowert des Nachlasses** zu ermitteln. Bruttowert des Nachlasses ist die Summe des Aktivvermögens ohne Abzug der Nachlassverbindlichkeiten (Palandt/*Edenhofer*, § 2221 Rn 4; ausführlich *Eckelskemper* in: Bengel/Reimann, 10 Kap. Rn 14–16). 4

[3] **Umsatzsteuer.** Die hier aus der Eckelskemper´schen Vergütungstabelle wiedergegebenen Beträge stellen die **Bruttovergütung** des Testamentsvollstreckers dar, aus der er die Umsatzsteuer abführen muss. 5

[4] **Regel-(Vollstreckungs-, Konstituierungs- und Verwaltungsgebühr.** 6

(a) Die **Regel- oder Vollstreckungsgebühr** für die Auseinandersetzung und die dafür erforderliche Verwaltung des Nachlasses (*Eckelskemper* in: Bengel/Reimann, 10 Kap. Rn 22) fällt grundsätzlich immer an.

(b) Die **Konstituierungsgebühr** kann zusätzlich „zur Abgeltung der Arbeit des Testamentsvollstreckers bei Übernahme des Amtes für Ermittlung und Inbesitznahme des Nachlasses (§ 2205), Aufstellung und Mitteilung des Nachlassverzeichnisses (§ 2215) sowie Regulierung der Nachlassverbindlichkeiten einschließlich der Steuerschulden" (*Bonefeld* in: Tanck, § 5 Rn 645; vgl auch Palandt/*Edenhofer*, § 2210 Rn 7; *Eckert/Kroiß* in FormularBibliothek Vertragsgestaltung Band Erbrecht, § 2 Rn 132; *Eckelskemper* in: Bengel/Reimann, 10 Kap. Rn 19) anfallen. 7

8 (c) Bei Verwaltungsvollstreckung (§ 2209 S. 1 Hs 1) kann eine jährlich zu zahlende **Verwaltungsgebühr** (also ohne regelmäßige Vergütung und Konstituierungsgebühr, *Eckelskemper* in: Bengel/Reimann, 10 Kap. Rn 22) anfallen, die aber erheblich niedriger zu bemessen ist als die Konstituierungsgebühr (Palandt/*Edenhofer*, § 2210 Rn 8).

9 Bei **Dauervollstreckung** (§ 2209 S. 1 Hs 2) fällt nur die Verwaltungsgebühr an (*Eckelskemper* in: Bengel/Reimann, 10 Kap. Rn 22).

10 [5] **Vereinbarung zwischen Erben und Insolvenzverwalter.** Eine solche Vereinbarung, (eine danach geschuldete Vergütung geht der evtl vom Erblasser bestimmten vor, Palandt/*Edenhofer*, § 2210 Rn 1 aE) könnte wie folgt aussehen:

▶ **Vereinbarung**

zwischen

▪▪▪ als Erbin des am ▪▪▪ verstorbenen ▪▪▪ (Name des Erblassers)

und

▪▪▪ (Testamentsvollstrecker)

1. Gem. § 2221 BGB steht dem Testamentsvollstrecker eine angemessene Vergütung zu. Im Testament vom ▪▪▪ ist selbst keine Vergütung geregelt.
2. Die Parteien vereinbaren deshalb, dass als Vergütungsrichtlinie die sog. Eckelkemper`sche Tabelle gelten soll.

   Danach ergibt sich folgende Vergütung:

bei einem Nachlass bis zu	50.000,– EUR	4 %
für einen Mehrbetrag bis zu	250.000,– EUR	3 %
für einen Mehrbetrag bis zu	1.250.000,– EUR	2,5 %
für einen Mehrbetrag bis zu	2.500.000,– EUR	2 %
für Werte darüber hinaus		1 %

   des Bruttonachlasses.
3. In der Vergütung ist auch die Konstituierungsgebühr zur Abgeltung der Arbeit des Testamentsvollstreckers bei Übernahme des Amts der Ermittlung und Inbesitznahme des Nachlasses, Aufstellung und Mitteilung des Nachlassverzeichnisses sowie Regulierung der Nachlassverbindlichkeiten enthalten. Ebenso ist die Mehrwertsteuer enthalten.
4. Die Vergütung ist nach Anzeige des Testamentsvollstreckers von der Beendigung seiner Tätigkeit fällig.
5. Der Testamentsvollstrecker darf nach Erstellung des Nachlassverzeichnisses einen Betrag von ▪▪▪ EUR aus dem Nachlassvermögen entnehmen, sofern der Nachlass nicht durch die Entnahme gefährdet wird.
6. Die vorstehende Vergütungsregelung gilt auch dann, wenn sich die Ernennung des Testamentsvollstreckers nachträglich als unwirksam erweist. Insoweit verzichten die Erben ausdrücklich auf Ansprüche aus ungerechtfertigter Bereicherung.

▪▪▪, den ▪▪▪

▪▪▪

Name und Unterschrift der/des Erben

▪▪▪, den ▪▪▪

▪▪▪

Name und Unterschrift des Testamentsvollstreckers ◀

B. Prozess

I. Muster: Klage des Testamentsvollstreckers gegen Erben auf Festsetzung der Vergütung 11

▶ An das 1165

Landgericht[1]

■■■

Klage

des Rechtsanwalts ■■■ als Testamentsvollstrecker für den Nachlass nach ■■■,

– Kläger –,

Prozessbevollmächtigte: Rechtsanwälte ■■■

gegen ■■■,

– Beklagter –[2]

Namens und in Vollmacht des Klägers erheben wir Klage und werden beantragen,

die Vergütung des Klägers für seine Tätigkeit als Testamentsvollstrecker für den Nachlass des am ■■■ in ■■■ verstorbenen ■■■ auf ■■■ EUR festzusetzen.[3]

Im Übrigen wird angeregt,

einen frühen ersten Termin zu bestimmen. Sofern das Gericht das schriftliche Vorverfahren anordnet, wird, falls die Voraussetzungen des § 331 Abs. 3 bzw § 307 ZPO vorliegen, um Erlass eines Versäumnis- bzw Anerkenntnisurteils ohne mündliche Verhandlung gebeten.

Mit einer Entscheidung durch den Einzelrichter ist der Kläger einverstanden.

Begründung

I.

Der Kläger wurde zum Testamentsvollstrecker für den Nachlass des am ■■■ in ■■■ verstorbenen Erblassers ■■■ ernannt; eine Beschränkung der Rechte des Testamentsvollstreckers hat der Erblasser nicht angeordnet. Der Kläger hat das Amt mit Erklärung vom ■■■ gegenüber dem Nachlassgericht angenommen; ihm wurde ein entsprechendes Testamentsvollstreckerzeugnis erteilt.

Beweis: Testamentsvollstreckerzeugnis vom ■■■, Anl. K 1

Der Beklagte ist ausweislich des Erbscheines des Amtsgerichtes ■■■ – Nachlassgericht – zum alleinigen Erben nach dem verstorbenen Erblasser berufen.

Beweis: Beiziehung der Akte Amtsgerichtes – Nachlassgericht – ■■■, Az ■■■

II.

Da der Erblasser keine Bestimmung hinsichtlich der Höhe der Vergütung getroffen hatte, streiten die Parteien über die angemessene Vergütung, die dem Kläger für die Führung des Amtes zusteht. Zur Höhe der mit vorliegender Klage geltend gemachten Vergütung führen wir folgendes aus: ■■■[4]

III.

Der Kläger hatte den Nachlass in Besitz zu nehmen und zu konstituieren, den Nachlass abzuwickeln sowie Vermächtnisse zu erfüllen und die Auseinandersetzung unter den Miterben zu betreiben.

Beweis: Testament des Erblassers vom ■■■, Anl. K 2

Schwerpunktmäßig war der Kläger mit der Konstituierung des Nachlasses befasst, was sich aus Folgendem ergibt:[5]

Der Kläger hat den Wert des Bruttonachlasses (Aktivnachlasses) mit ■■■ EUR festgestellt; der Verkehrswert des Grundbesitzes wurde durch Sachverständigengutachten ermittelt.

Beweis:
1. Nachlassverzeichnis vom ■■■, Anl. K 3
2. Sachverständigengutachten vom ■■■ Anl. K 4

Der Kläger kann für seine Tätigkeit neben der regelmäßig anfallenden Abwicklungsvergütung aufgrund seiner umfangreichen Tätigkeit auch eine Konstituierungsgebühr beanspruchen.

Die Höhe der jeweiligen Gebühr haben wir durch Ansatz eines Prozentsatzes des Bruttonachlasses ermittelt und für die Höhe des Satzes die Vergütungstabelle von Eckelskemper zugrunde gelegt.

Danach ergibt sich bei einem Bruttonachlass von ■■■ EUR ein Vergütungssatz von ■■■ EUR, jeweils für die Abwicklungsvergütung und die Konstituierungsgebühr, also eine Gesamtvergütung von ■■■ EUR brutto; die Umsatzsteuer hat der Kläger aus der Vergütung noch abzuführen.

Obwohl die Vergütung im Verhältnis zum Wert des Aktivnachlasses unter Berücksichtigung des Umfangs der Tätigkeit des Klägers angemessen ist, hat der Beklagte der Angemessenheit der Vergütung widersprochen.

Beweis: Schreiben des Beklagten vom ■■■, Anl. K 5

Der Kläger hat mittlerweile den Nachlass bis auf einen Betrag in Höhe von ■■■ EUR an die Beklagten herausgegeben. Wegen des Widerspruches des Beklagten beantragt der Kläger die Festsetzung durch das Landgericht.

■■■

Rechtsanwalt ◄

II. Erläuterungen

12 [1] **Zuständigkeit des angerufenen Gerichts.** Die örtliche Zuständigkeit des angerufenen Gerichts ergibt sich aus §§ 12, 13 ZPO bzw 31 ZPO, die sachliche aus §§ 23 Abs. 1 S. 1, 71 Abs. 1 GVG.

13 [2] **Schuldner der Vergütung.** Die Bezahlung der Vergütung stellt eine Nachlassverbindlichkeit dar. Damit sind grundsätzlich die Erben verpflichtet, die Vergütung aus dem Nachlass zu zahlen (*Bonefeld* in: Tank, § 5 Rn 678; ausführlich *Eckelskemper* in: Bengel/Reimann, 10 Kap. Rn 134–141).

14 [3] **Vergütungsklage des Testamentsvollstreckers.** Tatsächlich dürfte der Testamentsvollstrecker nicht in die Verlegenheit kommen, seinen Vergütungsanspruch gerichtlich geltend zu machen, da er die beanspruchte Vergütung selbst dem Nachlass entnehmen darf (*Eckelskemper* in: Bengel/Reimann, 10 Kap. Rn 122 mwN), sofern der entsprechende Betrag noch vorhanden ist; wenn nicht, darf der Testamentsvollstrecker nicht ohne weiteres, sondern nur unter besonderen rechtfertigenden Umständen oder mit Zustimmung der Erben (*Heilmann* in: jurisPK-BGB, § 2221 Rn 29; *Eckelskemper* in: Bengel/Reimann, 10. Kap. Rn 124) Nachlassgegenstände veräußern (*Bonefeld* in: Tanck, § 5 Rn 672).

15 Eine Klage kann aber in Betracht kommen, wenn der Kläger den Nachlass bis auf die ihm seiner Auffassung nach zustehende Vergütung an den Erben herausgegeben hat und dieser meint, der einbehaltene Betrag stehe dem Testamentsvollstrecker als Vergütung nicht zu. Dann kann, um einen Rückforderungsanspruch des Erben nach Entnahme der Vergütung aus dem Nachlass zu vermeiden, die gerichtliche Klärung herbeigeführt werden.

16 Der **Klageantrag** ist **zu beziffern**. Selbst wenn ein unbezifferter Leistungsantrag für zulässig erachtet wird, sind ein Mindestbetrag und die Bemessungsgrundlagen für die Berechnung der angemessenen Vergütung darzulegen, so dass umfangreiche Anforderungen an den Klagevortrag zu stellen wären. Hinzu kommt noch das Erfordernis, zur Zulässigkeit des nur unbezifferten Antrages vortragen zu müssen. Die Erhebung einer bezifferten Leistungsklage ist deshalb vorzugswürdig (*Heilmann* in: jurisPK-BGB, § 2221 Rn 30; *Eckelskemper* in: Bengel/Reimann, 10 Kap. Rn 143).

[4] **Höhe der Vergütung.** An dieser Stelle folgen Ausführungen zur Höhe des Bruttonachlasses und der zur Berechnung der Vergütung gewählten Tabelle. 17

[5] **Konstituierung des Nachlasses.** An dieser Stelle sollten Ausführungen zu den **Schwierigkeiten** der Konstituierung folgen, zB 18

- nur unzureichende Unterlagen hinsichtlich der zum Nachlass gehörenden Gegenstände;
- Konten des Erblassers bei verschiedenen Banken, evtl teilweise im Ausland;
- Grundbesitz in verschiedenen Grundbuchbezirken;
- Erblasser war Miteigentümer bzw als Mitglied von Erbengemeinschaften an Grundbesitz beteiligt;
- zahlreiche einzelne wertvolle Nachlassgegenstände, die in einem Nachlassverzeichnis erfasst werden mussten;
- Nachlassgegenstände im Besitz Dritter, die zunächst jeweils zur Herausgabe aufgefordert werden mussten;
- Maßnahmen des Testamentsvollstreckers für die Sicherung des Nachlasses;
- Schwierigkeiten bei der Ermittlung der Nachlassverbindlichkeiten;
- Abgabe von noch ausstehenden (Einkommen-)Steuererklärungen, evtl nach Auskunft der Erben bezüglich von Vorempfängen innerhalb der letzten 10 Jahre vor dem Tod des Erblassers.

Zu den möglichen nachlassbezogenen und beteiligtenbezogenen Erschwernissen der Testamentsvollstreckung vgl auch ausführlich *Eckelskemper* in: Bengel/Reimann, 10. Kap. Rn 105.

Die vom Testamentsvollstrecker vorzunehmenden **Tätigkeiten** zur Ermittlung, Inbesitznahme und Sicherung des Nachlasses sollten **belegt** werden können, etwa durch die Vorlage des Nachlassverzeichnisses und den Schriftverkehr im Rahmen der Nachlasskonstituierung. 19

§ 2222 Nacherbenvollstrecker

Der Erblasser kann einen Testamentsvollstrecker auch zu dem Zwecke ernennen, dass dieser bis zu dem Eintritt einer angeordneten Nacherbfolge die Rechte des Nacherben ausübt und dessen Pflichten erfüllt.

A. Muster: Nacherbentestamentsvollstreckung 1

▶ Ich ordne Nacherbentestamentsvollstreckung an und ernenne zum Testamentsvollstrecker ■■■ . Der Testamentsvollstrecker soll die Rechte und Pflichten der Nacherben gegenüber dem Vorerben wahrnehmen.[1] ◀

B. Erläuterungen und Varianten

[1] **Einsetzung des Nacherbentestamentsvollstreckers.** Die genannte Formulierung, die die in § 2222 genannten Aufgaben des Nacherbentestamentsvollstreckers paraphrasiert, reicht zur eindeutigen Einsetzung eines Nacherbentestamentsvollstreckers nach § 2222 aus. 2

§ 2222 betrifft den Fall, dass der **Testamentsvollstrecker für den Nacherben während der Vorerbschaft** eingesetzt ist. Die Testamentsvollstreckung beginnt also mit dem Erbfall (nicht erst mit Eintritt des Nacherbfalls) und endet mit dem Eintritt des Nacherbfalls (HK-BGB/*Hoeren*, § 2222 Rn 1). Der sog. Nacherbenvollstrecker soll die bestehenden Rechte des Nacherben gegenüber dem Vorerben sichern und ausüben (Hk-BGB/*Hoeren*, § 2222 Rn 1; *Bonefeld* in: Tanck, § 5 Rn 71. 3

Ansonsten müsste durch Auslegung ermittelt werden, ob nicht ein „**gewöhnlicher**“ **Testamentsvollstrecker für den Nacherben** ab Eintritt des Nacherbfalls eingesetzt wurde (vgl Hk- 4

BGB/*Hoeren*, § 2222 Rn 2). In diesem Fall könnten mit der Einsetzung des Nacherbentestamentsvollstreckers weitere Anordnungen verbunden werden, etwa:

▶ Sofern bei Eintritt des Nacherbfalls der jüngste Nacherbe noch nicht das ■■■ Lebensjahr vollendet hat, ordne ich an, dass der Testamentsvollstrecker nach Eintritt der Nacherbfolge den Nachlass in Besitz nimmt und verwaltet, bis der jüngste der Nacherben das genannte Alter erreicht hat. In diesem Fall handelt sich dann um eine Verwaltungsvollstreckung nach § 2209 BGB. ◀

Vgl *Bonefeld* in: Tanck, § 5 Rn 71.

5 Im Falle eines **Rechtsstreites** über die Rechte und Pflichten des Nacherben ist bei angeordneter Nacherbenvollstreckung nur der Nacherbenvollstrecker aktiv- und passivlegitimiert (§§ 2212–2214). Hinsichtlich des Urteiles findet § 327 ZPO Anwendung.

§ 2223 Vermächtnisvollstrecker

Der Erblasser kann einen Testamentsvollstrecker auch zu dem Zwecke ernennen, dass dieser für die Ausführung der einem Vermächtnisnehmer auferlegten Beschwerungen sorgt.

1 A. Muster: Vermächtnisvollstreckung

▶ Meine Plastiken von Beuys „I a gebratene Fischgräte (Hering), 1970" (Fischgräte auf Pergamentpapier in verglastem Holzkasten, H. 30 cm x B. 11 cm x T. 6 cm); „Capri-Batterie", 1985, bestehend aus einer Glühlampe und einer Fassung aus schwarzem Plastik der am Sockel mit einem Stecker an einer Zitrone befestigt ist; „Rostecke", 1963, Eisen, Eisenoxid, Lackfarbe, H. 50 cm x B. 70 cm x T. 70 cm) vermache ich meinem Neffen ■■■ . Er soll die „Fischgräte" an seine Schwester, meine Nichte ■■■ herausgeben.[1]

Ich ernenne zur Sicherung der Durchführung dieses Untervermächtnisses zum Testamentsvollstrecker ■■■, wohnhaft ■■■ beschränkt auf diesen Aufgabenkreis. Der Testamentsvollstrecker soll keine Vergütung erhalten, jedoch Ersatz seiner Auslagen. ◀

B. Erläuterungen

2 [1] **Vermächtnisvollstreckung.** § 2223 erfasst die Vollstreckung zur Ausführung von Beschwerungen, die einem Vermächtnisnehmer auferlegt wurden (wie Untervermächtnis und Auflage, § 2186; Nachvermächtnis, § 2191 (Hk-BGB/*Hoeren*, § 2223 Rn 2; *Bonefeld* in: Tanck, § 5 Rn 72).

3 Aktivlegitimiert zur **Prozessführung** hinsichtlich des Vermächtnisgegenstandes ist der Vermächtnisvollstrecker (§§ 2212, 2213). § 327 Abs. 1 ZPO findet für und gegen den Vermächtnisnehmer Anwendung, so dass der Vermächtnisvollstrecker gegen den Erben auf Erfüllung des Hauptvermächtnisses klagen kann (*Heilmann* in: jurisPK-BGB, § 2223 Rn 9).

§ 2224 Mehrere Testamentsvollstrecker

(1) [1]Mehrere Testamentsvollstrecker führen das Amt gemeinschaftlich; bei einer Meinungsverschiedenheit entscheidet das Nachlassgericht. [2]Fällt einer von ihnen weg, so führen die übrigen das Amt allein. [3]Der Erblasser kann abweichende Anordnungen treffen.

(2) Jeder Testamentsvollstrecker ist berechtigt, ohne Zustimmung der anderen Testamentsvollstrecker diejenigen Maßregeln zu treffen, welche zur Erhaltung eines der gemeinschaftlichen Verwaltung unterliegenden Nachlassgegenstands notwendig sind.

§ 2225 Erlöschen des Amts des Testamentsvollstreckers

Das Amt des Testamentsvollstreckers erlischt, wenn er stirbt oder wenn ein Fall eintritt, in welchem die Ernennung nach § 2201 unwirksam sein würde.

§ 2226 Kündigung durch den Testamentsvollstrecker

[1]Der Testamentsvollstrecker kann das Amt jederzeit kündigen. [2]Die Kündigung erfolgt durch Erklärung gegenüber dem Nachlassgericht. [3]Die Vorschrift des § 671 Abs. 2, 3 findet entsprechende Anwendung.

§ 2227 Entlassung des Testamentsvollstreckers

Das Nachlassgericht kann den Testamentsvollstrecker auf Antrag eines der Beteiligten entlassen, wenn ein wichtiger Grund vorliegt; ein solcher Grund ist insbesondere grobe Pflichtverletzung oder Unfähigkeit zur ordnungsmäßigen Geschäftsführung.

A. Muster: Entlassungsantrag 1

1168

▶ An das
Amtsgericht
– Nachlassgericht –[1]

■■■

In dem

Nachlassverfahren des am ■■■ in ■■■ verstorbenen ■■■ (Name des Erblassers)

Az.: ■■■

vertreten wir Herrn ■■■. Wir beantragen, Rechtsanwalt ■■■ als Testamentsvollstrecker des Erblassers aus wichtigem Grund zu entlassen.

Begründung

Unser Mandant ist Alleinerbe nach dem im Betreff genannten Erblasser; den entsprechenden Erbschein fügen wir in Kopie bei.

Der Erblasser hat Rechtsanwalt ■■■ zum Testamentsvollstrecker ernannt. Dieser hat das Amt angenommen und führt es fort; auf die Nachlassakte Az ■■■ nehmen wir Bezug.

Kurz nach Übernahme des Testamentsvollstreckeramtes durch den Beklagten hat sich herausgestellt, dass dieser schon mehrmals versucht hatte, unserem Mandanten seine Gattin „auszuspannen". Als etwa unser Mandant am ■■■ unerwartet vormittags nach Hause kam, da er für seine Arbeit wichtige Unterlagen dort vergessen hatte, fand er seine Gattin und den Beklagten in eindeutiger Position vor. Zur Rede gestellt, mußten sowohl der Beklagte als auch die Gattin unseres Mandanten einräumen, dass dies nicht das erste Mal gewesen sei. Dies stellt unseres Erachtens einen wichtigen Grund zur Entlassung des Testamentsvollstreckers dar. Eine grobe Pflichtverletzung (ebenso wie die Unfähigkeit des Testamentsvollstreckers zur ordnungsgemäßen Geschäftsführung) ist nur ein im Gesetz (§ 2227 Abs. 1 BGB) genannter Beispielsfall eines wichtigen Grundes. Der Testamentsvollstrecker kann auch aus anderen objektiven Gründen entlassen werden. Als ein derartiger Grund ist auch ein auf Tatsachen beruhendes Mißtrauen anzusehen, zu dem der Testamentsvollstrecker (auch ohne Verschulden!) Anlaß gegeben hat (BayObLGZ 1957, 317/320; 1976, 67/73; BayObLG, Rpfleger 1980, 152 und 1982, 266 LS; BayObLGZ 1985, 298/302; BayObLG, FamRZ 1987, 101/102). Im vorliegenden Fall hat das dazu geführt, dass durch die persönliche Feindschaft zwischen dem Testamentsvollstrecker und unserem Mandanten eine ordnungsgemäße Amtsführung gefährdet wird, weil zwischen beiden eine Verständigung bei der Verwaltung des Nachlasses ausgeschlossen erscheint.

Nach alledem dürfte der Testamentsvollstrecker unfähig zur ordnungsgemäßen Geschäftsführung sein und damit ein wichtiger Grund zur Entlassung des Testamentsvollstreckers vorliegen.[2]

■■■

Rechtsanwalt ◄

B. Erläuterungen

2 [1] **Zuständiges Gericht.** Zuständig für die Entlassung ist das Nachlassgericht (§ 2227; §§ 23 a Abs. 1 Nr. 2, Abs. 2 Nr. 2 GVG, 342 Abs. 1 Nr. 7 FamFG) und dort der Richter (§ 16 Abs. 1 Nr. 5 RPflG).

3 [2] **Unfähigkeit zur ordnungsgemäßen Geschäftsführung.** Ob das der Fall und der Testamentsvollstrecker deshalb zu entlassen ist, entscheidet das Nachlassgericht von Amts wegen (§ 26 FamFG) und nach pflichtgemäßem Ermessen. Der Testamentsvollstrecker ist im Verfahren als Beteiligter beizuziehen (§ 345 Abs. 4 Nr. 2 FamFG). Wirksam wird die Entscheidung mit Bekanntmachung an den Testamentsvollstrecker, der seine Entlassung mit der sofortigen Beschwerde (§ 58 FamFG) angreifen kann. Zum Vorliegen eines wichtigen Grundes s. Hk-BGB/*Hoeren*, § 2227 Rn 5 und ausführlich *Bonefeld* in: Tanck, § 5 Rn 613 ff.

4 Die **Gerichtsgebühren** richten sich nach § 113 KostO. Der Testamentsvollstrecker kann ausnahmsweise befugt sein, die ihm im Entlassungsverfahren entstandenen oder nach § 81FamFG auferlegten Kosten dem Nachlass zu entnehmen, wenn er dies für erforderlich halten durfte, um den Erblasserwillen zu verteidigen (*Heilmann* in: jurisPK-BGB, § 2227 Rn 21).

§ 2228 Akteneinsicht

Das Nachlassgericht hat die Einsicht der nach § 2198 Abs. 1 Satz 2, § 2199 Abs. 3, § 2202 Abs. 2, § 2226 Satz 2 abgegebenen Erklärungen jedem zu gestatten, der ein rechtliches Interesse glaubhaft macht.

Titel 7 Errichtung und Aufhebung eines Testaments

§ 2229 Testierfähigkeit Minderjähriger, Testierunfähigkeit

(1) Ein Minderjähriger kann ein Testament erst errichten, wenn er das 16. Lebensjahr vollendet hat.
(2) Der Minderjährige bedarf zur Errichtung eines Testaments nicht der Zustimmung seines gesetzlichen Vertreters.
(3) (weggefallen)
(4) Wer wegen krankhafter Störung der Geistestätigkeit, wegen Geistesschwäche oder wegen Bewusstseinsstörung nicht in der Lage ist, die Bedeutung einer von ihm abgegebenen Willenserklärung einzusehen und nach dieser Einsicht zu handeln, kann ein Testament nicht errichten.

§ 2230 (weggefallen)

§ 2231 Ordentliche Testamente

Ein Testament kann in ordentlicher Form errichtet werden
1. zur Niederschrift eines Notars,
2. durch eine vom Erblasser nach § 2247 abgegebene Erklärung.

§ 2232 Öffentliches Testament

[1]Zur Niederschrift eines Notars wird ein Testament errichtet, indem der Erblasser dem Notar seinen letzten Willen erklärt oder ihm eine Schrift mit der Erklärung übergibt, dass die Schrift seinen letzten Willen enthalte. [2]Der Erblasser kann die Schrift offen oder verschlossen übergeben; sie braucht nicht von ihm geschrieben zu sein.

§ 2233 Sonderfälle

(1) Ist der Erblasser minderjährig, so kann er das Testament nur durch eine Erklärung gegenüber dem Notar oder durch Übergabe einer offenen Schrift errichten.
(2) Ist der Erblasser nach seinen Angaben oder nach der Überzeugung des Notars nicht im Stande, Geschriebenes zu lesen, so kann er das Testament nur durch eine Erklärung gegenüber dem Notar errichten.

§§ 2234 bis 2246 (weggefallen)

§ 2247 Eigenhändiges Testament

(1) Der Erblasser kann ein Testament durch eine eigenhändig geschriebene und unterschriebene Erklärung errichten.
(2) Der Erblasser soll in der Erklärung angeben, zu welcher Zeit (Tag, Monat und Jahr) und an welchem Orte er sie niedergeschrieben hat.
(3) [1]Die Unterschrift soll den Vornamen und den Familiennamen des Erblassers enthalten. [2]Unterschreibt der Erblasser in anderer Weise und reicht diese Unterzeichnung zur Feststellung der Urheberschaft des Erblassers und der Ernstlichkeit seiner Erklärung aus, so steht eine solche Unterzeichnung der Gültigkeit des Testaments nicht entgegen.
(4) Wer minderjährig ist oder Geschriebenes nicht zu lesen vermag, kann ein Testament nicht nach obigen Vorschriften errichten.
(5) [1]Enthält ein nach Absatz 1 errichtetes Testament keine Angabe über die Zeit der Errichtung und ergeben sich hieraus Zweifel über seine Gültigkeit, so ist das Testament nur dann als gültig anzusehen, wenn sich die notwendigen Feststellungen über die Zeit der Errichtung anderweit treffen lassen. [2]Dasselbe gilt entsprechend für ein Testament, das keine Angabe über den Ort der Errichtung enthält.

A. Alleinerbe

I. Muster: Eigenhändiges Testament – Einsetzung eines Alleinerben 1

▶ Mein Testament[1]

Ich, ■■■, geb. am ■■■ in ■■■, setzte meine Schwester[2], ■■■, geb. am ■■■ in ■■■, derzeit wohnhaft ■■■, zu meiner alleinigen Vollerbin meines Vermögens ein.[3] Etwaige frühere Verfügungen von Todes wegen widerrufe ich hiermit.[4]

■■■

Ort, Datum[5]

■■■

eigenhändige Unterschrift mit Vor- und Familiennamen[6] ◀

II. Erläuterungen

[1] Höchstpersönliche Errichtung. Der Erblasser kann das Testament nur persönlich errichten, rechtsgeschäftliche oder gesetzliche Vertretung ist ausgeschlossen. Der gesamte Wortlaut des Testaments muss selbst mit der Hand in individuellen Schriftzügen objektiv lesbar geschrieben werden. Zu den Anforderungen an die Eigenhändigkeit (Abs. 1) vgl Hk-BGB/*Hoeren*, § 2247 Rn 1–6. 2

3 [2] **Bestimmung des Erben.** Erbe kann jede natürliche und juristische Person sein. Ist die juristische Person zum Zeitpunkt des Erbfalls nicht rechtsfähig und entsteht die Rechtsfähigkeit erst danach, ist nur eine Nacherbschaft möglich – sofern es sich nicht um eine Stiftung im Fall des § 84 handelt (*Tanck* in:Tanck, § 7 Rn 82).

4 [3] **Vollerbeneinsetzung.** Der Erblaser sollte eine oder mehrere Personen zu seinen Erben bestimmen. Soll der Nachlass nicht einer Nacherbfolge unterliegen, bietet es sich an, den oder die Erben als „Vollerben" zu bezeichnen. **Motivangaben** in der letztwilligen Verfügung sollte der Erblasser **vermeiden**, um eventuelle Anfechtungserklärungen zu verhindern (*Tanck* in: Tanck, § 7 Rn 81).

5 [4] **Widerruf früherer letztwilliger Verfügungen.** Nach § 2258 wird ein früheres Testament durch ein neues insoweit aufgehoben, als es zu diesem in Widerspruch steht. Klarstellend sollten alle früheren letztwilligen Verfügungen ausdrücklich widerrufen werden.

6 [5] **Zeit und Ort der Niederschrift.** Als Sollvorschrift verlangt § 2247 Abs. 2 die Angabe von Zeit und Ort der Niederschrift.

7 [6] **Eigenhändige Namensunterschrift.** Als Beweis für die Echtheit und die Urheberschaft muss der Erblasser das Testament eigenhändig (mit Vor- und Familiennamen, § 2247 Abs. 3 S. 1) unterschreiben. Die Unterschrift muss räumlich nach dem äußeren Erscheinungsbild die Erklärung in ihrer Gesamtheit abdecken und abschließen (BGH NJW 1974, 1083).

B. Erbengemeinschaft

8 I. Muster: Eigenhändiges Testament – Einsetzung einer Erbengemeinschaft

▶ Mein Testament

Ich, ■■■, geb. am ■■■ in ■■■, setze meine Schwester ■■■, geb. am ■■■ in ■■■ und meinen Bruder ■■■, geb. am ■■■ in ■■■, zu meinen Vollerben zu jeweils gleichen Teilen[1] meines Vermögens ein. Etwaige frühere Verfügungen von Todes wegen widerrufe ich hiermit..[2]

■■■

Ort, Datum

■■■

eigenhändige Unterschrift mit Vor- und Familiennamen ◀

II. Erläuterungen und Varianten

9 [1] Wenn keine Alleinerbschaft angeordnet ist, sollte der Erblasser bestimmen, zu welcher **Quote** ein Erbe eingesetzt ist.

10 Neben dieser Quote kann das Testament eine **Teilungsanordnung** (§ 2048) enthalten, etwa:

▶ Für die Auseinandersetzung der Erbengemeinschaft ordne ich an:

Meine Schwester ■■■ erhält im Wege der Teilungsanordnung und in Anrechnung auf ihren Erbteil meinen großen Flügel Steinway & Sons. Mein Bruder ■■■ erhält im Wege der Teilungsanordnung und in Anrechnung auf seinen Erbteil das Wertpapierdepot ■■■ bei der ■■■ -Sparkasse in ■■■ mit dem Bestand am Todestag. ◀

11 **Soll** – aus welchen Gründen auch immer – eine **Erbengemeinschaft** aus an sich gleichermaßen erbberechtigten Personen **verhindert werden** (beispielsweise aus zwei ehelichen Kindern einerseits und einem nichtehelichen Kind andererseits – **Testament mit Zuwendung zugunsten eines nichtehelichen Kindes**), will der Erblasser aber finanziell alle gleich behandeln, kann formuliert werden (vgl *Eckert/Kroiß* in FormularBibliothek Vertragsgestaltung Band Erbrecht, § 3 Rn 12):

▶ Meine Kinder ■■■ und ■■■ setze ich zu jeweils gleichen Teilen zu meinen Vollerben ein. Mein Sohn ■■■ erhält als Geldvermächtnis einen Betrag, der dem Wert seines gesetzlichen Erbteils entspricht. Zur Erfüllung dieses Vermächtnisses ordne ich Testamentsvollstreckung an und ernenne als Testamentsvollstrecker ■■■ . ◀

Spezielle Formulierungen erfordern das **Geschiedenentestament** (vgl dazu etwa *Fenner* in: Beck'sches Formularbuch ErbR, Form. VI. 4.; *Tanck* in: Tanck, § 7 Rn 365–369) und das **Unternehmertestament** (vgl dazu etwa *Tanck* in: Krug u.a., § 7 Rn 233 und in: *Tanck*, § 7 Rn 370–373; ausführlich *Johansson* in: Beck´sches Formularbuch ErbR, Form. G.V.–VII.). 12

[2] **Widerruf früherer letztwilliger Verfügungen.** Nach § 2258 wird ein früheres Testament durch ein neues insoweit aufgehoben, als es zu diesem in Widerspruch steht. Klarstellend sollten alle früheren letztwilligen Verfügungen ausdrücklich widerrufen werden. 13

§ 2248 Verwahrung des eigenhändigen Testaments

Ein nach § 2247 errichtetes Testament ist auf Verlangen des Erblassers in besondere amtliche Verwahrung zu nehmen.

§ 2249 Nottestament vor dem Bürgermeister

(1) [1]Ist zu besorgen, dass der Erblasser früher sterben werde, als die Errichtung eines Testaments vor einem Notar möglich ist, so kann er das Testament zur Niederschrift des Bürgermeisters der Gemeinde, in der er sich aufhält, errichten. [2]Der Bürgermeister muss zu der Beurkundung zwei Zeugen zuziehen. [3]Als Zeuge kann nicht zugezogen werden, wer in dem zu beurkundenden Testament bedacht oder zum Testamentsvollstrecker ernannt wird; die Vorschriften der §§ 7 und 27 des Beurkundungsgesetzes gelten entsprechend. [4]Für die Errichtung gelten die Vorschriften der §§ 2232, 2233 sowie die Vorschriften der §§ 2, 4, 5 Abs. 1, §§ 6 bis 10, 11 Abs. 1 Satz 2, Abs. 2, § 13 Abs. 1, 3, §§ 16, 17, 23, 24, 26 Abs. 1 Nr. 3, 4, Abs. 2, §§ 27, 28, 30, 32, 34, 35 des Beurkundungsgesetzes; der Bürgermeister tritt an die Stelle des Notars. [5]Die Niederschrift muss auch von den Zeugen unterschrieben werden. [6]Vermag der Erblasser nach seinen Angaben oder nach der Überzeugung des Bürgermeisters seinen Namen nicht zu schreiben, so wird die Unterschrift des Erblassers durch die Feststellung dieser Angabe oder Überzeugung in der Niederschrift ersetzt.
(2) [1]Die Besorgnis, dass die Errichtung eines Testaments vor einem Notar nicht mehr möglich sein werde, soll in der Niederschrift festgestellt werden. [2]Der Gültigkeit des Testaments steht nicht entgegen, dass die Besorgnis nicht begründet war.
(3) [1]Der Bürgermeister soll den Erblasser darauf hinweisen, dass das Testament seine Gültigkeit verliert, wenn der Erblasser den Ablauf der in § 2252 Abs. 1, 2 vorgesehenen Frist überlebt. [2]Er soll in der Niederschrift feststellen, dass dieser Hinweis gegeben ist.
(4) (aufgehoben)
(5) [1]Das Testament kann auch vor demjenigen errichtet werden, der nach den gesetzlichen Vorschriften zur Vertretung des Bürgermeisters befugt ist. [2]Der Vertreter soll in der Niederschrift angeben, worauf sich seine Vertretungsbefugnis stützt.
(6) Sind bei Abfassung der Niederschrift über die Errichtung des in den vorstehenden Absätzen vorgesehenen Testaments Formfehler unterlaufen, ist aber dennoch mit Sicherheit anzunehmen, dass das Testament eine zuverlässige Wiedergabe der Erklärung des Erblassers enthält, so steht der Formverstoß der Wirksamkeit der Beurkundung nicht entgegen.

1 ## A. Muster: Nottestament vor dem Bürgermeister durch mündliche Erklärung

▶ Verhandelt zu ■■■

In der Wohnung des Testators in ■■■ am ■■■

gegenwärtig:

1. ■■■, Bürgermeister von ■■■
2. die Zeugen ■■■, wohnhaft ■■■, und ■■■, wohnhaft ■■■
3. der Testator Herr ■■■, wohnhaft ■■■

Auf Bitten des Herrn ■■■ habe ich, der unterzeichnete Bürgermeister ■■■, mich mit den mir bekannten Zeugen ■■■ und ■■■[1] heute in die Wohnung des Herrn ■■■ begeben. Herr ■■■ ist mir persönlich bekannt und weder mit mir noch den Zeugen verwandt oder verschwägert. Herr ■■■ war bei vollem Bewusstsein. Gegen seine Testierfähigkeit bestanden keine Bedenken.[2] Aufgrund einer schnell fortschreitenden Krankheit ist jedoch zu befürchten, dass der Erblasser sterben wird, bevor er ein Testament vor einem Notar errichten kann.[3]

Herr ■■■ ist geboren am ■■■ in ■■■ und nach seinen Angaben ausschließlich deutscher Staatsangehöriger.[4] Er ■■■ ist verwitwet und hat zwei Kinder. Die beiden Zeugen und ich waren ununterbrochen anwesend, während Herr ■■■ mündlich[5] seinen letzten Willen wie folgt erklärte:

[Es folgen die letztwilligen Verfügungen]

Ich habe den Erblasser darauf hingewiesen, dass das Testament als nicht errichtet gilt, wenn seit der Errichtung drei Monate verstrichen sind und der Erblasser noch lebt[6]. Der Erblasser wurde weiter darauf hingewiesen, dass Beginn und Lauf der Frist gehemmt sind, solange er außerstande ist, ein Testament vor einem Notar zu errichten.[7]

Die Niederschrift wurde von mir vorgelesen, vom Erblasser genehmigt und von ihm, den beiden Zeugen und mir unterschrieben:

■■■

Unterschriften[8] ◀

B. Erläuterungen

2 [1] **Zeugen.** Gem. § 2249 Abs. 1 S. 2 muss der Bürgermeister zu der Beurkundung zwei Zeugen hinzuziehen.

3 [2] **Geschäfts- und Testierfähigkeit.** Der Bürgermeister tritt an die Stelle des Notars (§ 2249 Abs. 1 S. 2 Hs 2); er soll also zunächst seine Wahrnehmungen über die erforderliche Geschäftsfähigkeit des Erblassers (§§ 2229, 2275 Abs. 1) in der Niederschrift vermerken, §§ 2249 Abs. 1 S. 4, 2232; § 28 BeurkG.

4 [3] **Errichtung notariellen Testaments nicht möglich.** Gem. § 2249 Abs. 2 S. 1 soll die Besorgnis des Bürgermeisters in der Niederschrift festgestellt werden, die Errichtung des Testaments vor einem Notar werde nicht mehr möglich sein.

5 Als zweite Variante (neben der Todesbesorgnis) kommt der Aufenthalt des Erblassers an einem abgesperrten Ort in Betracht, so dass die Errichtung des Testaments vor einem Notar nicht möglich oder erheblich erschwert ist (vgl § 2250 Abs. 1 Alt. 1).

6 [4] **Staatsangehörigkeit.** Die Feststellungen dazu soll die Testamentserrichtung auf eine mögliche Auslandsberührung hin „abklopfen".

7 [5] **Formen des Nottestaments.** Nach §§ 2249 Abs. 1 S. 4, 2232 könnte der Erblasser auch eine (offene oder verschlossene) Schrift übergeben mit der Erklärung, diese Schrift enthalte seinen letzten Willen.

8 [6] **Zeitliche Gültigkeit des Bürgermeistertestaments.** Nach §§ 2249 Abs. 3 soll der Bürgermeister den Erblasser auf die Frist des § 2252 Abs. 1 hinweisen.

[7] **Hemmung der Frist nach § 2252 Abs. 1.** Gem. §§ 2249 Abs. 3 soll der Bürgermeister weiterhin darauf hinweisen, dass Beginn und Lauf der Frist nach §§ 2249 Abs. 3, 2252 Abs. 1 gehemmt sind, solange der Erblasser außerstande ist, ein Testament vor einem Notar zu entrichten (2252 Abs. 2). 9

[8] **Unterschrift etc.** Die Niederschrift muss dem Erblasser vorgelesen und von ihm genehmigt und eigenhändig unterschrieben werden (§§ 2249 Abs. 1 S. 4, 2232; § 13 Abs. 1 BeurkG), wenn nicht ein Fall des § 2249 Abs. 1 S. 6 vorliegt. Ebenso müssen der Notar und die Zeugen unterschreiben (§§ 2249 Abs. 1 S. 4, 2232; § 13 Abs. 1 und 3 BeurkG; § 2249 Abs. 1 S. 5). 10

§ 2250 Nottestament vor drei Zeugen

(1) Wer sich an einem Orte aufhält, der infolge außerordentlicher Umstände dergestalt abgesperrt ist, dass die Errichtung eines Testaments vor einem Notar nicht möglich oder erheblich erschwert ist, kann das Testament in der durch § 2249 bestimmten Form oder durch mündliche Erklärung vor drei Zeugen errichten.
(2) Wer sich in so naher Todesgefahr befindet, dass voraussichtlich auch die Errichtung eines Testaments nach § 2249 nicht mehr möglich ist, kann das Testament durch mündliche Erklärung vor drei Zeugen errichten.
(3) [1]Wird das Testament durch mündliche Erklärung vor drei Zeugen errichtet, so muss hierüber eine Niederschrift aufgenommen werden. [2]Auf die Zeugen sind die Vorschriften des § 6 Abs. 1 Nr. 1 bis 3, der §§ 7, 26 Abs. 2 Nr. 2 bis 5 und des § 27 des Beurkundungsgesetzes; auf die Niederschrift sind die Vorschriften der §§ 8 bis 10, 11 Abs. 1 Satz 2, Abs. 2, § 13 Abs. 1, 3 Satz 1, §§ 23, 28 des Beurkundungsgesetzes sowie die Vorschriften des § 2249 Abs. 1 Satz 5, 6, Abs. 2, 6 entsprechend anzuwenden. [3]Die Niederschrift kann außer in der deutschen auch in einer anderen Sprache aufgenommen werden. [4]Der Erblasser und die Zeugen müssen der Sprache der Niederschrift hinreichend kundig sein; dies soll in der Niederschrift festgestellt werden, wenn sie in einer anderen als der deutschen Sprache aufgenommen wird.

§ 2251 Nottestament auf See

Wer sich während einer Seereise an Bord eines deutschen Schiffes außerhalb eines inländischen Hafens befindet, kann ein Testament durch mündliche Erklärung vor drei Zeugen nach § 2250 Abs. 3 errichten.

§ 2252 Gültigkeitsdauer der Nottestamente

(1) Ein nach § 2249, § 2250 oder § 2251 errichtetes Testament gilt als nicht errichtet, wenn seit der Errichtung drei Monate verstrichen sind und der Erblasser noch lebt.
(2) Beginn und Lauf der Frist sind gehemmt, solange der Erblasser außerstande ist, ein Testament vor einem Notar zu errichten.
(3) Tritt im Falle des § 2251 der Erblasser vor dem Ablauf der Frist eine neue Seereise an, so wird die Frist mit der Wirkung unterbrochen, dass nach Beendigung der neuen Reise die volle Frist von neuem zu laufen beginnt.
(4) Wird der Erblasser nach dem Ablauf der Frist für tot erklärt oder wird seine Todeszeit nach den Vorschriften des Verschollenheitsgesetzes festgestellt, so behält das Testament seine Kraft, wenn die Frist zu der Zeit, zu welcher der Erblasser nach den vorhandenen Nachrichten noch gelebt hat, noch nicht verstrichen war.

§ 2253 Widerruf eines Testaments

Der Erblasser kann ein Testament sowie eine einzelne in einem Testament enthaltene Verfügung jederzeit widerrufen.

§ 2254 Widerruf durch Testament

Der Widerruf erfolgt durch Testament.

§ 2255 Widerruf durch Vernichtung oder Veränderungen

[1]Ein Testament kann auch dadurch widerrufen werden, dass der Erblasser in der Absicht, es aufzuheben, die Testamentsurkunde vernichtet oder an ihr Veränderungen vornimmt, durch die der Wille, eine schriftliche Willenserklärung aufzuheben, ausgedrückt zu werden pflegt. [2]Hat der Erblasser die Testamentsurkunde vernichtet oder in der bezeichneten Weise verändert, so wird vermutet, dass er die Aufhebung des Testaments beabsichtigt habe.

§ 2256 Widerruf durch Rücknahme des Testaments aus der amtlichen Verwahrung

(1) [1]Ein vor einem Notar oder nach § 2249 errichtetes Testament gilt als widerrufen, wenn die in amtliche Verwahrung genommene Urkunde dem Erblasser zurückgegeben wird. [2]Die zurückgebende Stelle soll den Erblasser über die in Satz 1 vorgesehene Folge der Rückgabe belehren, dies auf der Urkunde vermerken und aktenkundig machen, dass beides geschehen ist.
(2) [1]Der Erblasser kann die Rückgabe jederzeit verlangen. [2]Das Testament darf nur an den Erblasser persönlich zurückgegeben werden.
(3) Die Vorschriften des Absatzes 2 gelten auch für ein nach § 2248 hinterlegtes Testament; die Rückgabe ist auf die Wirksamkeit des Testaments ohne Einfluss.

§ 2257 Widerruf des Widerrufs

Wird der durch Testament erfolgte Widerruf einer letztwilligen Verfügung widerrufen, so ist im Zweifel die Verfügung wirksam, wie wenn sie nicht widerrufen worden wäre.

§ 2258 Widerruf durch ein späteres Testament

(1) Durch die Errichtung eines Testaments wird ein früheres Testament insoweit aufgehoben, als das spätere Testament mit dem früheren in Widerspruch steht.
(2) Wird das spätere Testament widerrufen, so ist im Zweifel das frühere Testament in gleicher Weise wirksam, wie wenn es nicht aufgehoben worden wäre.

§§ 2258 a und 2258 b (aufgehoben)

§ 2259 Ablieferungspflicht

(1) Wer ein Testament, das nicht in besondere amtliche Verwahrung gebracht ist, im Besitz hat, ist verpflichtet, es unverzüglich, nachdem er von dem Tode des Erblassers Kenntnis erlangt hat, an das Nachlassgericht abzuliefern.
(2) [1]Befindet sich ein Testament bei einer anderen Behörde als einem Gericht in amtlicher Verwahrung, so ist es nach dem Tode des Erblassers an das Nachlassgericht abzuliefern. [2]Das Nachlassgericht hat, wenn es von dem Testament Kenntnis erlangt, die Ablieferung zu veranlassen.

§§ 2260 bis 2262 (aufgehoben)

§ 2263 Nichtigkeit eines Eröffnungsverbots

Eine Anordnung des Erblassers, durch die er verbietet, das Testament alsbald nach seinem Tode zu eröffnen, ist nichtig.

§§ 2263 a und 2264 (aufgehoben)

Titel 8 Gemeinschaftliches Testament

§ 2265 Errichtung durch Ehegatten

Ein gemeinschaftliches Testament kann nur von Ehegatten errichtet werden.

§ 2266 Gemeinschaftliches Nottestament

Ein gemeinschaftliches Testament kann nach den §§ 2249, 2250 auch dann errichtet werden, wenn die dort vorgesehenen Voraussetzungen nur bei einem der Ehegatten vorliegen.

§ 2267 Gemeinschaftliches eigenhändiges Testament

[1]Zur Errichtung eines gemeinschaftlichen Testaments nach § 2247 genügt es, wenn einer der Ehegatten das Testament in der dort vorgeschriebenen Form errichtet und der andere Ehegatte die gemeinschaftliche Erklärung eigenhändig mitunterzeichnet. [2]Der mitunterzeichnende Ehegatte soll hierbei angeben, zu welcher Zeit (Tag, Monat und Jahr) und an welchem Orte er seine Unterschrift beigefügt hat.

A. Anwaltlicher Hinweis

I. Muster: Aufklärung des Anwalts über Interessenkollision vor Fertigung eines gemeinschaftlichen Testaments 1

1172

▶ Die Eheleute ▪▪▪ möchten ein gemeinschaftliches Testament errichten. Sie haben mich, Herrn Rechtsanwalt ▪▪▪ heute, den ▪▪▪ zu diesem Zwecke beauftragt, ein entsprechendes Testament zu entwerfen. Im Beratungsgespräch habe ich die Eheleute ▪▪▪ über eine mögliche Interessenkollision aufgeklärt sowie ausführlich den Tatbestand des Parteiverrats (§ 356 StGB) und des § 43 a Abs. 4 BRAO erläutert.[1] Die Eheleute ▪▪▪ sind von mir darauf hingewiesen worden, dass es bei der Frage der Wiederverheiratungsklausel oder der Frage der Bindungswirkung einer letztwilligen Verfügung oft zu unterschiedlichen Auffassungen unter den Ehepartnern kommen kann.[2] Die Eheleute ▪▪▪ habe ich auch darüber informiert, dass ich das Mandat für beide Partner niederlegen muss, wenn sich später widerstreitende Interessen trotz möglichem anfänglichem Einverständnis ergeben. In diesem Zusammenhang wies ich die Eheleute darauf hin, dass der Gebührenanspruch bestehen bleibt. Die Eheleute ▪▪▪ bestätigten die Vereinbarungen und Belehrungen mit folgender Unterschrift.

▪▪▪

Unterschrift Ehepartner

▪▪▪

Unterschrift Rechtsanwalt ◀

II. Erläuterungen

[1] Möglicher Interessenkonflikt. Bei der Beratung von mehr als einem Mandanten liegt die Gefahr eines Interessenkonflikts nahe. Hier sind die Vorschriften des Parteiverrats in § 356 StGB und des Verbots der Vertretung widerstreitender Interessen auf berufsrechtlicher Ebene in § 43 a Abs. 4 BRAO zu beachten (*Tanck* in: Tanck, § 7 Rn 2). 2

Nach **§ 356 StGB** macht sich ein Anwalt strafbar, welcher bei den ihm in dieser Eigenschaft anvertrauten Angelegenheiten in derselben Rechtssache beide Parteien durch Tat oder Beistand pflichtwidrig dient; das ist allerdings dann nicht der Fall, wenn beide Parteien gemeinsam den Anwalt um einen Rat bitten; ansonsten ist das Einverständnis einer betroffenen Partei mit der Vertretung auch des anderen Teils grundsätzlich unbeachtlich (*Fischer*, § 356 StGB Rn 13)! 3

§ 43 a Abs. 4 BRAO bestätigt insofern, dass der Rechtsanwalt keine widerstreitenden Interessen vertreten darf. Dieselbe Rechtssache ist gegeben, wenn derselbe historische Vorgang betroffen ist (*Tanck* in: Tanck, § 7 Rn 2). 4

[2] Fälle von Interessenkonflikten. Beispielhaft erwähnt sind hier die Fälle der **Wiederverheiratung** eines Partners und die Frage der **Bindungswirkung** der letztwilligen Verfügung. Konfliktpotential kann dadurch entstehen, dass die Ehepartner unterschiedlicher Auffassung hinsichtlich einer Wiederverheiratungsklausel oder der Aufhebung bzw Änderung der Wechselbezüglichkeit der Verfügungen sind. 5

Mögliche Interessenkonflikte bergen auch die Fälle, in denen ein Ehepartner **wesentliches Vermögen** hat (und deshalb nach dem Tod des anderen nicht mehr an die gemeinschaftliche Verfügung gebunden sein will) oder in denen einer der Ehegatten **Kinder aus einer anderen Ehe** mitbringt, diese bedenken will und der andere Partner damit nicht einverstanden ist. Auch in 6 diesen Fällen sollte ein entsprechender Hinweis in die Belehrung aufgenommen werden (*Tanck* in: Tanck, § 7 Rn 2).

B. Gemeinschaftliches Testament

7 I. Muster: Gegenseitiges Testament

▶ Wir, die Eheleute ■■■, geb. am ■■■ in ■■■, und ■■■, geborene ■■■, geb. am ■■■ in ■■■, wohnhaft ■■■, beide deutsche Staatsangehörige, errichten nachfolgendes gemeinschaftliches Testament:

Wir erklären, dass keiner von uns durch Bindungen aus einem früheren gemeinschaftlichen Testament oder aus einem Erbvertrag gehindert ist, dieses gemeinschaftliche Testament aufzusetzen. Alle unsere bisherigen Verfügungen von Todes wegen heben wir hiermit einzeln und gemeinsam in vollem Umfang auf und erklären unseren letzten Willen wie folgt:

Wir setzen uns gegenseitig zu Alleinerben ein. Erben nach dem Letztversterbenden sind unsere Kinder ■■■, geboren am ■■■, wohnhaft ■■■ und ■■■ geboren am ■■■, wohnhaft, zu gleichen Teilen.

Unsere Verfügungen sind nicht wechselbezüglich.[1]

■■■

Ort, Datum, Unterschrift

Dieses Testament ist auch mein Testament.

■■■

Ort, Datum, Unterschrift[2] ◀

II. Erläuterungen

8 [1] **Gegenseitige Verfügungen.** Die Ehegatten haben sich gegenseitig zu Erben eingesetzt und die Wechselbezüglichkeit, die bei solchen Verfügungen vermutet wird (§ 2270 Abs. 2), ausgeschlossen.

9 [2] **Form.** Das gemeinschaftliche Testament kann **nur von Ehegatten** erreichtet werden (§ 2265), und zwar als gemeinschaftliches öffentliches Testament (§ 2232; dazu Hk-BGB/*Hoeren*, § 2265 Rn 10), als gemeinschaftliches eigenhändiges (§§ 2267, 2247) oder als gemeinschaftliches Nottestament (§ 2266). Im Fall des gemeinschaftlichen eigenhändigen Testaments können die Verfügungen von einem Partner insgesamt handschriftlich niedergelegt und vom anderen Partner mitunterschrieben werden (wobei auch hier Zeit und Ort angegeben werden sollen, § 2267 S. 2). Der Zusatz des anderen Partners: „Das ist auch mein letzter Wille" ist zwar üblich und sinnvoll (vgl *Tanck* in: Tanck, § 7 Rn 259), sein Fehlen macht das Testament aber nicht unwirksam.

10 Entspricht das gemeinschaftliche Testament seinem äußeren Erscheinungsbild nach den Formerfordernissen des § 2267, spricht eine **tatsächliche Vermutung** dafür, dass die **Unterzeichnungen in ihrer Reihenfolge ordnungsgemäß** vorgenommen wurden. Entkräftet werden kann diese tatsächliche Vermutung durch die Feststellung von Tatsachen, aufgrund derer bei einer Gesamtwürdigung aller Umstände ein anderer Geschehensablauf ernsthaft in Betracht zu ziehen ist (*Reymann* in: jurisPK-BGB, § 2267 Rn 25).

11 Ist fraglich, ob ein formunwirksames gemeinschaftliches Testament in ein wirksames Einzeltestament **umgedeutet** werden kann, ist derjenige für einen entsprechenden Testierwillen des Erblassers darlegungs- und beweispflichtig, der aus der Wirksamkeit des Einzeltestaments Rechte herleiten möchte (*Reymann* in: jurisPK-BGB, § 2267 Rn 26).

§ 2268 Wirkung der Ehenichtigkeit oder -auflösung

(1) Ein gemeinschaftliches Testament ist in den Fällen des § 2077 seinem ganzen Inhalt nach unwirksam.

(2) Wird die Ehe vor dem Tode eines der Ehegatten aufgelöst oder liegen die Voraussetzungen des § 2077 Abs. 1 Satz 2 oder 3 vor, so bleiben die Verfügungen insoweit wirksam, als anzunehmen ist, dass sie auch für diesen Fall getroffen sein würden.

§ 2269 Gegenseitige Einsetzung

(1) Haben die Ehegatten in einem gemeinschaftlichen Testament, durch das sie sich gegenseitig als Erben einsetzen, bestimmt, dass nach dem Tode des Überlebenden der beiderseitige Nachlass an einen Dritten fallen soll, so ist im Zweifel anzunehmen, dass der Dritte für den gesamten Nachlass als Erbe des zuletzt versterbenden Ehegatten eingesetzt ist.
(2) Haben die Ehegatten in einem solchen Testament ein Vermächtnis angeordnet, das nach dem Tode des Überlebenden erfüllt werden soll, so ist im Zweifel anzunehmen, dass das Vermächtnis dem Bedachten erst mit dem Tode des Überlebenden anfallen soll.

A. Einheitslösung[1]

I. Muster: Berliner Testament[2] 1

▶ Wir, die Eheleute ■■■, geb. am ■■■ in ■■■, und ■■■, geborene ■■■, geb. am ■■■ in ■■■, wohnhaft ■■■, beide deutsche Staatsangehörige, errichten nachfolgendes gemeinschaftliches Testament: 1174

Wir erklären, dass keiner von uns durch Bindungen aus einem früheren gemeinschaftlichen Testament oder aus einem Erbvertrag gehindert ist, dieses gemeinschaftliche Testament aufzusetzen. Alle unsere bisherigen Verfügungen von Todes wegen heben wir hiermit einzeln und gemeinsam in vollem Umfang auf und erklären unseren letzten Willen wie folgt:

Wir setzen uns gegenseitig zu alleinigen Vollerben desjenigen ein, der von uns zuerst verstirbt. Der überlebende Ehepartner ist unbeschränkter Vollerbe; eine Nacherbfolge findet also nicht statt.[3]

Erben des Längstlebenden von uns sind unsere gemeinsamen Kinder ■■■, geb. am ■■■ in ■■■, wohnhaft ■■■, und ■■■, geb. am ■■■ in ■■■, wohnhaft ■■■ zu jeweils gleichen Teilen.[4] Ersatzerben sind die Abkömmlinge unserer Kinder, und zwar nach den Regeln der gesetzlichen Erbfolge.[5]

Die von uns getroffenen Verfügungen sollen nur dann gelten, wenn unsere Ehe zum Zeitpunkt des Todes des Erststerbenden noch nicht aufgelöst ist. Gleiches gilt auch für den Fall, dass unsere Ehe nichtig war oder wenn einer der Ehegatten Scheidungsantrag gestellt hat und zum Zeitpunkt des Todes die materiell-rechtlichen Voraussetzungen der Scheidung gegeben waren.

■■■

Ort, Datum, Unterschrift

Dieses Testament ist auch mein Testament.

■■■

Ort, Datum, Unterschrift ◀

II. Erläuterungen

2 [1] **Gestaltungsmöglichkeiten.** Das Ehegattentestament kann grundsätzlich als

- Einheitslösung (der überlebende Ehegatte wird Vollerbe),
- Trennungslösung (der überlebende Ehegatte wird Vorerbe) oder als
- Nießbrauchslösung (der überlebende Ehegatte erhält den Nießbrauch am Nachlass)

verfasst werden.

3 [2] **Form des Ehegattentestaments.** Das Ehegattentestament kann privatschriftlich errichtet werden (§§ 2232, 2247, 2267), im Gegensatz zum Erbvertrag, der nur notariell geschlossen werden kann (§ 2276).

4 [3] **Einheitslösung.** Bei der Einheitslösung (§ 2269 Abs. 1; auch Berliner Testament genannt) setzen sich die Ehegatten gegenseitig zu alleinigen Vollerben des zuerst versterbenden Gatten ein. Dessen Vermögen geht in das Vermögen des Überlegenden über, wo es mit dem Vermögen des Überlebenden eine Vermögensmasse bildet.

5 [4] **Schlusserben.** Nicht zwingend, aber üblich, ist die Einsetzung eines Dritten (etwa der gemeinsamen Kinder) als Schlusserben, der dann das Vermögen insgesamt vom zuletzt Versterbenden erbt.

6 Da der überlebende Ehegatte Vollerbe des Erstversterbenden wird, ist der Dritte möglicherweise nach dem zuerst Versterbenden Gatten enterbt und kann **Pflichtteilsansprüche** geltend machen (Hk-BGB/*Hoeren*, § 2269 Rn 5, 14). Um dies zu verhindern, kann etwa im gemeinschaftlichen Testament bestimmt werden, dass derjenige, der aus dem Nachlass des zuerst Versterbenden entgegen dem Willen des Überlebenden den Pflichtteil verlangt, auch aus dem Nachlass des Überlebenden nur den Pflichtteil erhält (**Ausschlussklausel;** Hk-BGB/*Hoeren*, § 2269 Rn 15).

7 Eine andere Möglichkeit besteht darin, den überlebenden Ehegatten für den Fall, dass nach dem Tod des zuerst Versterbenden der Pflichtteil geltend gemacht wird, von der **Bindungswirkung** (§ 2270) hinsichtlich der Verfügungen für den Schlusserbfall zu **befreien**. Der überlebende Ehegatte kann dann hinsichtlich des Erbteils desjenigen, der den Pflichtteilsanspruch geltend macht, neu und anderweitig verfügen (vgl Hk-BGB/*Hoeren*, § 2269 Rn 16).

8 Geregelt werden sollte in beiden Fällen, ob schon im Auskunftsverlangen (§ 2314 Abs. 1 S. 1) oder in der Durchsetzung des Wertermittlungsanspruchs (§ 2314 Abs. 1 S. 2 Hs 2) eine **Geltendmachung des Pflichtteils** zu sehen ist oder ob darauf abgestellt werden sollte, dass der Pflichtteilsberechtigte den Anspruch tatsächlich erhält (dazu *Tanck* in: Tanck, § 7 Rn 287).

9 Mit einer **Anrechnungsklausel** kann schließlich bestimmt werden, dass sich derjenige, der den Pflichtteil verlangt, diesen im Schlusserbfall auf seinen Erbteil anrechnen lassen muss (Hk-BGB/*Hoeren*, § 2269 Rn 16).

10 Die **Frage der Schlusserbeneinsetzung** kann der Dritte nach dem ersten Erbfall **gerichtlich klären zu lassen**, und zwar durch Klage gegen den überlebenden Ehegatten; dabei ist der besondere Gerichtsstand der Erbschaft (§ 27 ZPO) gegeben (*Reymann* in: jurisPK-BGB, § 2269 Rn 100). Tatsächlich besteht die Möglichkeit einer positiven Feststellungsklage gegen den überlebenden Gatten nur dann, wenn die Ehegatten den Dritten mit wechselbezüglicher Wirkung eingesetzt haben. Die Klage ist dann auf Feststellung zu richten, der Dritte sei mit wechselbezüglicher Wirkung (und entsprechender Bindung ab dem ersten Erbfall) als Schlusserbe berufen. Ein Feststellungsinteresse besteht, wenn begründete Zweifel an der wirksamen Schlusserbeneinsetzung bestehen (dazu ausführlich *Reymann* in: jurisPK-BGB, § 2269 Rn 101).

11 [5] **Ersatzerben.** Die testierenden Ehegatten haben geregelt, dass das Vermögen des Überlebenden nach dessen Tod an die Schlusserben, ersatzweise an deren Kinder übergeht. Für den Fall, dass der Überlebende nicht durch Tod, sondern durch Ausschlagung der Erbschaft, Anfechtung der Erbeinsetzung wegfällt oder für erbunwürdig erklärt wird, ist zu prüfen, ob die Schlusserben nach dem (mutmaßlichen/hypothetischen) Willen der Ehegatten auch Ersatzerben des überle-

benden Ehegatten sein sollten; das wird regelmäßig der Fall sein (vgl *Tanck* in: Tanck, § 7 Rn 271).

B. Anordnung einer Vor- und Nacherbschaft[1]

I. Muster: Trennungslösung 12

▶ Wir, die Eheleute ■■■, geb. am ■■■ in ■■■, und ■■■, geborene ■■■, geb. am ■■■ in ■■■, wohnhaft ■■■, beide deutsche Staatsangehörige, errichten nachfolgendes gemeinschaftliches Testament:

Wir erklären, dass keiner von uns durch Bindungen aus einem früheren gemeinschaftlichen Testament oder aus einem Erbvertrag gehindert ist, dieses gemeinschaftliche Testament aufzusetzen. Alle unsere bisherigen Verfügungen von Todes wegen heben wir hiermit einzeln und gemeinsam in vollem Umfang auf und erklären unseren letzten Willen wie folgt:

1. Erbeinsetzung

Wir setzen uns gegenseitig zu unseren Vorerben ein. Soweit dies möglich und zulässig ist, ist der Vorerbe von den gesetzlichen Beschränkungen befreit. Als Ersatzerben für den überlebenden Ehepartner sollen die Nacherben gelten und damit Vollerben werden.[2] Nacherben sind unsere Kinder ■■■, ■■■ und ■■■ jeweils zu einem Drittel.[3] Der Nacherbfall tritt mit dem Tod der Vorerben ein.

2. Wiederverheiratungsklausel

Der Nacherbfall tritt auch dann ein, wenn sich der Überlebende von uns wieder verheiratet.[4]

■■■

Ort, Datum, Unterschrift

Dieses Testament ist auch mein Testament.

■■■

Ort, Datum, Unterschrift ◀

II. Erläuterungen und Varianten

[1] **Trennungslösung.** Bei der sog. Trennungslösung setzen die Erblasser den überlebenden Ehegatten als Vorerben und die Abkömmlinge der Ehegatten oder einen Dritten als Nacherben ein. Im Unterschied zur Einheitslösung werden die Vermögensmassen der Ehegatten nach dem ersten Erbfall also nicht verschmolzen. 13

[2] **Bindungswirkung.** Zu beachten ist, dass der Längstlebende mit dieser Formulierung, durch die er im Zweifel die Kinder als Ersatzerben einsetzt (§ 2102 Abs. 1), eine Bindung des eigenen Vermögens bewirkt, § 2270 Abs. 2. Soll das **verhindert** werden, könnte stattdessen wie folgt formuliert werden (vgl Eckert/*Kroiß*, § 5 Rn 33): 14

▶ Wir stellen ausdrücklich klar, dass der Letztversterbende von uns über seinen eigenen Nachlass keine Verfügung trifft und er somit in der letztwilligen Verfügung über seinen Nachlass frei bleibt. ◀

[3] **Geltendmachung von Pflichtteilsansprüchen.** Hier könnten noch Regelungen für den Fall ergänzt werden, dass einer der Abkömmlinge die Erbschaft ausschlägt und entgegen dem Willen des überlebenden Ehepartners seinen Pflichtteilsanspruch geltend macht (und auch erhält), vgl dazu Rn 6 ff und *Tanck* in: Tanck, § 7 Rn 329, 333. 15

[4] **Wiederverheiratungsklausel.** Die Wiederverheiratungsklausel soll sicherstellen, dass nach einer Wiederheirat des überlebenden Ehegatten das Nachlassvermögen ungeschmälert auf die Schlusserben übergeht. Gefährdet ist dieses Ziel insbesondere durch das Pflichtteilsrecht des neuen Ehegatten und der aus der neuen Ehe hervorgehenden Kinder. Um es zu sichern, muss 16

also entweder das Nachlassvermögen des Erstversterbenden spätestens mit der Wiederverheiratung vom Eigenvermögen des Überlebenden getrennt oder das Gesamtvermögen des Überlebenden mit schuldrechtlichen Ansprüchen zugunsten der Abkömmlinge belastet werden (etwa dadurch, dass der überlebende Ehegatte im Fall der erneuten Heirat an die als Schlusserben bestimmt Abkömmlinge Vermächtnisse auszukehren hat, vgl *Tanck* in: Tanck, § 7 Rn 301, 304).

§ 2270 Wechselbezügliche Verfügungen

(1) Haben die Ehegatten in einem gemeinschaftlichen Testament Verfügungen getroffen, von denen anzunehmen ist, dass die Verfügung des einen nicht ohne die Verfügung des anderen getroffen sein würde, so hat die Nichtigkeit oder der Widerruf der einen Verfügung die Unwirksamkeit der anderen zur Folge.
(2) Ein solches Verhältnis der Verfügungen zueinander ist im Zweifel anzunehmen, wenn sich die Ehegatten gegenseitig bedenken oder wenn dem einen Ehegatten von dem anderen eine Zuwendung gemacht und für den Fall des Überlebens des Bedachten eine Verfügung zugunsten einer Person getroffen wird, die mit dem anderen Ehegatten verwandt ist oder ihm sonst nahe steht.
(3) Auf andere Verfügungen als Erbeinsetzungen, Vermächtnisse oder Auflagen findet die Vorschrift des Absatzes 1 keine Anwendung.

§ 2271 Widerruf wechselbezüglicher Verfügungen

(1) [1]Der Widerruf einer Verfügung, die mit einer Verfügung des anderen Ehegatten in dem im § 2270 bezeichneten Verhältnis steht, erfolgt bei Lebzeiten der Ehegatten nach der für den Rücktritt von einem Erbvertrag geltenden Vorschrift des § 2296. [2]Durch eine neue Verfügung von Todes wegen kann ein Ehegatte bei Lebzeiten des anderen seine Verfügung nicht einseitig aufheben.
(2) [1]Das Recht zum Widerruf erlischt mit dem Tode des anderen Ehegatten; der Überlebende kann jedoch seine Verfügung aufheben, wenn er das ihm Zugewendete ausschlägt. [2]Auch nach der Annahme der Zuwendung ist der Überlebende zur Aufhebung nach Maßgabe des § 2294 und des § 2336 berechtigt.
(3) Ist ein pflichtteilsberechtigter Abkömmling der Ehegatten oder eines der Ehegatten bedacht, so findet die Vorschrift des § 2289 Abs. 2 entsprechende Anwendung.

§ 2272 Rücknahme aus amtlicher Verwahrung

Ein gemeinschaftliches Testament kann nach § 2256 nur von beiden Ehegatten zurückgenommen werden.

§ 2273 (aufgehoben)

Abschnitt 4 Erbvertrag[1]

§ 2274 Persönlicher Abschluss

Der Erblasser kann einen Erbvertrag nur persönlich schließen.

§ 2275 Voraussetzungen[2]

(1) Einen Erbvertrag kann als Erblasser nur schließen, wer unbeschränkt geschäftsfähig ist.
(2) [1]Ein Ehegatte kann als Erblasser mit seinem Ehegatten einen Erbvertrag schließen, auch wenn er in der Geschäftsfähigkeit beschränkt ist. [2]Er bedarf in diesem Falle der Zustimmung seines gesetzlichen Vertreters; ist der gesetzliche Vertreter ein Vormund, so ist auch die Genehmigung des Familiengerichts erforderlich.
(3) Die Vorschriften des Absatzes 2 gelten entsprechend für Verlobte, auch im Sinne des Lebenspartnerschaftsgesetzes.

---

1 Wegen des für das Gebiet der ehem. DDR geltenden Übergangsrechts zu Verfügungen von Todes wegen beachte Art. 235 § 2 EGBGB.
2 § 2275 Abs. 3 neu gef. mWv 1.1.2005 durch G v. 15.12.2004 (BGBl. I S. 3396); Abs. 2 Satz 2 geänd. mWv 1.9.2009 durch G v. 17.12.2008 (BGBl. I S. 2586).

§ 2276 Form

(1) [1]Ein Erbvertrag kann nur zur Niederschrift eines Notars bei gleichzeitiger Anwesenheit beider Teile geschlossen werden. [2]Die Vorschriften des § 2231 Nr. 1 und der §§ 2232, 2233 sind anzuwenden; was nach diesen Vorschriften für den Erblasser gilt, gilt für jeden der Vertragschließenden.
(2) Für einen Erbvertrag zwischen Ehegatten oder zwischen Verlobten, der mit einem Ehevertrag in derselben Urkunde verbunden wird, genügt die für den Ehevertrag vorgeschriebene Form.

Schrifttum zu § 2274: *Dickhuth-Harrach v.*, Testament durch Wimpernschlag – Zum Wegfall des Mündlichkeitserfordernisses bei der Beurkundung von Testamenten und Erbverträgen, FamRZ 2003, 493; *Frieser*, Streit des »Erbanwärters« mit dem vom Erblasser Beschenkten, ZErb 2000, 98; *Hahne*, Grenzen ehevertraglicher Gestaltungsfreiheit, DNotZ 2004, 84; *Helms*, Der Widerruf und die Anfechtung wechselbezüglicher Verfügungen bei Geschäfts- und Testierunfähigkeit, DNotZ 2003, 104; *Ivo*, Die Zustimmung zur erbvertragswidrigen Verfügung von Todes wegen, ZEV 2003, 58; *Kanzleiter*, Die Beeinträchtigung des durch Erbvertrag bindend eingesetzten Erben durch die einvernehmliche Aufhebung eines Pflichtteilsverzichts, DNotZ 2009, 86; *Keim*, Änderungsvorbehalte in Ehegattenerbverträgen, NJW 2009, 818; *Keim*, Die Aufhebung von Erbverträgen durch Rücknahme aus amtlicher oder notarieller Verwahrung, ZEV 2003, 55; *Kordel*, Der Notar als Ermittler, DNotZ 2009, 644; *Kornexl*, Zur Abänderungsklausel im Erbvertrag, MittbayNot 2009, 242; *Lange*, Beseitigung von letztwilligen Verfügungen durch Betreuer, ZEV 2008, 313; *Lehmann*, Die Änderung einer vertragsmäßigen Erbeinsetzung, ZErb 2009, 351; *Lehmann*, Die Zukunft des deutschen gemeinschaftlichen Testaments in Europa, ZEV 2007, 193; *Lehmann*, Der Vorbehalt der Beschränkung und Beschwerung eines vertragsmäßig Bedachten, BWNotZ 2000, 129; *Lehmann*, Nochmals: Gibt es einen Nachtrag zum Erbvertrag? – Anmerkung zu *Kornexl*, ZEV 2003, 234; *Musielak*, Zur Bindung an den Erbvertrag und zu den rechtlichen Möglichkeiten einseitiger Änderung, ZEV 2007, 245; *Purrucker*, Zur Frage der Auswirkungen der Ehescheidung auf die erbvertragliche Erbeinsetzung von Abkömmlingen, ZEV 2008, 291; *Rohlfing*, Einführung in Probleme des Internationalen Erbrechts, FF 2000, 6; *Rohlfing/Mittenzwei*, Der Erklärungsgegner bei der Anfechtung eines Erbvertrags oder gemeinschaftlichen Testaments, ZEV 2003, 49; *Sarres*, Kann der potentielle Erbe lebzeitige Verfügungen des Erblassers verhindern?, ZEV 2003, 232; *Scheugenpflug*, Güterrechtliche und erbrechtliche Fragen bei Vertriebenen, Aussiedlern und Spätaussiedlern, MittRhNotK 1999, 372; *Spanke*, Den Vertragserben beeinträchtigende Schenkungen in der Beratungspraxis, ZEV 2006, 485; *Strecker*, Pflichtteilsansprüche bei Wiederverheiratungsvermächtnissen im Berliner Testament, ZEV 1996, 450; *Vollmer*, Gemeinschaftliches Testament und Erbvertrag bei nachträglicher Geschäftsunfähigkeit – Lösungswege bei bindenden Verfügungen, ZErb 2007, 235; *Wachter*, Inhaltskontrolle von Pflichtteilsverzichtsverträgen?, ZErb 2004, 238; *Weidlich*, Ausgewählte Probleme bei erbrechtlichen Verzichtserklärungen, NotBZ 2009, 149; *Wien*, Das unglückselige Berliner Testament – Tendenzen, Risiken, Gestaltung, DStZ 2001, 29; *Zimmer*, Demenz als Herausforderung für die erbrechtliche Praxis, NJW 2007, 1713; *Zimmer*, Der Widerruf wechselbezüglicher Verfügungen bei Geschäftsunfähigkeit des Widerrufsgegners, ZEV 2007, 159; *Zimmer*, Zur Auslegung von Pflichtteilsklauseln, ZEV 2007, 10; *Zimmer/Jodexnus-Dixen*, Die Beseitigung wechselbezüglicher Verfügungen ErbR 2007, 105
Schrifttum zu § 2276: *v. Dickhuth-Harrach*, Testament durch Wimpernschlag – Zum Wegfall des Mündlichkeitserfordernisses bei Beurkundung von Testamenten und Erbverträgen, FamRZ 2003, 493; *Kanzleiter*, Bedürfen Rechtsgeschäfte »im Zusammenhang« mit Ehe- und Erbverträgen der notariellen Beurkundung?, NJW 1997, 21; *Kanzleiter*, Der Umfang der Beurkundungsbedürftigkeit bei verbundenen Rechtsgeschäften, DNotZ 1994, 275; *Reimann*, Die Änderungen des Erbrechts durch das OLG-Vertretungsänderungsgesetz, FamRZ 2002, 1383

1 **A. Muster: Erbvertrag allgemein**

▶ **Erbvertrag**[1]

Heute, am ... erschienen[2] vor mir dem Notar,[3] in den Amtsräumen ... um einen Erbvertrag zu errichten gleichzeitig[4]

Herr ... V

dessen Sohn, Herr ... E.

V erklärt:

1. Zu meinem alleinigen Erben setze ich E ein.[5]
2. Ich ordne Testamentsvollstreckung an. Zum Testamentsvollstrecker ernenne ich ...; dieser hat folgende Aufgaben: ...[6]
3. Die vorstehenden Bestimmungen über die Erbeinsetzung und die Vermächtniszuwendung sind vertragsmäßig und nicht einseitig widerruflich.[7]

S erklärt: Ich will heute nicht letztwillig verfügen.[8]

Ein einseitiges Rücktrittsrecht wird nicht vorbehalten.

Diese Niederschrift wurde den Beteiligten bei gleichzeitiger Anwesenheit vorgelesen, genehmigt und unterschrieben.[9] ◀

B. Erläuterungen und Varianten

2 [1] **Wesen des Erbvertrags.** Der Erbvertrag (§ 1941) ist ein vertragliches Rechtsgeschäft von Todes wegen, in dem mindestens ein Vertragsteil mit erbrechtlicher **Bindungswirkung** (§ 2289) mit dem Einverständnis des anderen Vertragsteils Erbeinsetzungen vornimmt, Vermächtnisse oder Auflagen anordnet. Der Erbvertrag führt abweichend vom wechselbezüglichen gemeinschaftlichen Testament zu einer sofortigen vertraglichen Bindung, jedoch nicht zu lebzeitigen Beschränkungen des Erblassers. Die Beschränkung der lebzeitigen Verfügungsfreiheit kann nur durch Rechtsgeschäft unter Lebenden herbeigeführt werden, etwa durch den sog. Verfügungsunterlassungsvertrag (vgl § 137). Die **Vertragsmäßigkeit** beschränkt die Befugnis des Erblassers letztwillige Verfügungen aufzuheben oder zu ändern, also die Testierfreiheit. Vertragsmäßige Verfügungen in einem Erbvertrag werden mit Vertragsschluss gegenüber dem anderen Vertragschließenden bindend. Ein **Widerruf** scheidet hier, anders als beim einfachen Testament (§§ 2253 ff) aus. Möglich bleibt ein **Rücktritt**, sofern vorbehalten (s. Muster §§ 2293–2297 Rn 1) oder eine **Aufhebung** durch die Beteiligten (s. Muster §§ 2289–2291 Rn 1).

3 [2] **Persönlicher Abschluss.** Die Vorschrift des § 2274 schließt für den Erbvertrag die Stellvertretung sowohl für den Willen als auch die Erklärung durch einen gesetzlichen Vertreter oder einen Bevollmächtigten aus. Ausnahmen hinsichtlich der **beschränkten Geschäftsfähigkeit** eröffnet § 2275 Abs. 2 und 3 (zu Einzelheiten zum Verfahren bei Behinderungen, *Winkler*, BeurkG, § 31 Rn 6 ff). Für den Vertragspartner gilt dies ebenfalls, jedoch nur soweit er selbst Erblasser ist. Im Übrigen kann er sich vertreten lassen. Nicht ausgeschlossen ist die Möglichkeit, dass der Vertragspartner gleichzeitig Erblasser und Vertragsgegner ist, dann ist die Vertretung jedoch wiederum ausgeschlossen.

4 [3] **Form des Erbvertrages.** Das Erfordernis der notariellen Beurkundung bei **gleichzeitiger Anwesenheit** der Vertragsteile dient dem Interesse der Beweisbarkeit und dem Schutz vor Übereilung (NK-BGB/*Kornexl* § 2276 Rn 1). Die Mitwirkung des Notars soll zudem sicherstellen, dass der Erbvertrag rechtsfehlerfrei zustande kommt und die Vertragschließenden sachkundig beraten werden. § 2276 Abs. 2 ist von keiner praktischen Bedeutung mehr, da auch der Abschluss des Ehevertrages den gleichen formalen Anforderungen unterliegt wie der Erbvertrag (zur früheren Rechtslage Staudinger/*Kanzleiter* § 2276 Rn 7). Lediglich im Beurkundungsverfahren ergeben sich Besonderheiten (dazu NK-BGB/*Kornexl* § 2276 Rn 20). Die Form des Erbvertrages

entspricht der des ordentlichen öffentlichen Testaments (§ 2232). Die Form des eigenhändigen Testaments und sonstige Testamentsformen nach §§ 2249–2251 sind damit ausgeschlossen (im Einzelnen *Winkler*, BeurkG, § 33 Rn 2 ff). **Anstelle notarieller Beurkundung** kann der Erbvertrag auch durch **gerichtlichen Vergleich** geschlossen werden, § 127 a. Dieser ersetzt jede für das Rechtsgeschäft vorgesehene Beurkundungsform, mithin auch die des § 2276 (OLG Stuttgart NJW 1989, 2700; Soergel/*Wolf*, § 2276 Rn 12). Erforderlich ist aber die Abgabe der letztwilligen Erklärung durch den Erblasser selbst (OLG Düsseldorf NJW 2007, 1290) und bei Anwaltszwang auch durch den Prozessbevollmächtigten (BGH NJW 1980, 2307). Das Protokoll muss die Feststellung darüber enthalten, dass neben dem Prozessbevollmächtigten auch der Erblasser zugestimmt hat, dass sich dessen Zustimmung aus sonstigen Umständen ergibt, kann hier nicht genügen (MüKo-BGB/*Musielak* § 2274 Rn 8; Erman/*M. Schmidt* § 2274 Rn 2; OLG Stuttgart NJW 1989, 2700).

Die notarielle Beurkundung erfolgt wahlweise auf der Grundlage einer mündlichen Erklärung oder einer offenen oder verschlossenen Schrift, verbunden mit der Erklärung, dass diese den letzten Willen des Erblassers enthalte (auch können sich die Vertragschließenden unterschiedlicher Formen bedienen, Staudinger/*Kanzleiter* Rn 5). Bei **Minderjährigen** oder Leseunfähigkeit ist § 2233 zu beachten. Die Niederschrift (§§ 8 ff BeurkG) muss den Beteiligten in Gegenwart des Notars vorgelesen, von ihnen genehmigt und eigenhändig unterschrieben werden (§ 13 BeurkG). 5

[4] **Gleichzeitige Anwesenheit.** In Hinblick auf das Erfordernis der gleichzeitigen Anwesenheit ist § 128 auf Erbverträge nicht anwendbar. Eine zeitliche oder räumliche Aufspaltung des Erbvertrages in Angebot und Annahme ist damit nicht möglich. Derjenige, der den Vertrag als Erblasser schließt, muss im Hinblick auf § 2274 stets selbst anwesend sein, während der andere Vertragschließende, also derjenige der selbst keine Verfügung von Todes wegen erklärt, auch vertreten werden kann. Der gesetzliche Vertreter, dessen Zustimmung nach § 2275 Abs. 2 erforderlich ist, braucht neben dem Vertragschließenden nicht selbst anwesend zu sein (§ 182 Abs. 2). 6

[5] **Zulässige Anordnungen.** § 2278 Abs. 2 erlaubt nur die bindende Anordnung von Erbeinsetzungen, Vermächtnissen und Auflagen. Alle weiteren Verfügungen, wie etwa die Anordnung der Testamentsvollstreckung, sind einseitig und damit auch einseitig abänderbar. Der Erbvertrag muss zumindest eine derartige vertragsmäßig angeordnete letztwillige Verfügung enthalten. Fehlt es an einer letztwilligen Verfügung kann der Erbvertrag in einen Vertrag unter Lebenden umgedeutet werden; fehlt es an der Vereinbarung wenigstens einer vertragsmäßigen Verfügung, kommt die Umdeutung in ein Testament in Betracht. 7

[6] **Testamentsvollstreckung und andere Anordnungen.** Die Einsetzung eines Testamentsvollstreckers im gemeinschaftlichen Testament oder im Erbvertrag auf den Tod des Letztlebenden ist nicht bindend möglich, vielmehr handelt es sich um eine einseitige Erklärung des Erblassers auf seinen Tod (unter der Bedingung seines Überlebens) und kann von ihm jederzeit einseitig widerrufen werden. Tut er dies nicht, wird die Einsetzung als einseitige Verfügung nach § 140 aufrechterhalten sein (Dittmann/Bengel/Reimann/*Mayer*, § 2278 Rn 38). Entsprechendes gilt für Enterbungen (§ 1938) und Teilungsanordnungen (§ 2048). Letztere können aber auch als Vorausvermächtnis oder als Auflage aufzufassen sein (zu den Abgrenzungsproblemen BGH NJW 1982, 441). 8

[7] **Umfang der Bindungswirkung.** Um spätere Auslegungsschwierigkeiten zu vermeiden, ist ausdrücklich festzuhalten, welche Verfügungen im Einzelnen der Bindungswirkung unterliegen. Eine fehlende oder unbestimmte Vereinbarung über den Umfang der Bindungswirkung ist nicht selten Anlass für Streitigkeiten. 9

[8] **Rücktrittsvorbehalt:** Der Erbvertrag muss (anders als das gemeinschaftliche Testament), mindestens eine vertragsmäßige Verfügung enthalten (BGHZ 26, 204). Ist dem Erblasser die 10

Befugnis vorbehalten, alle Verfügungen jederzeit einseitig beliebig abzuändern, liegt kein Erbvertrag vor. Fehlt es an einer vertragsmäßigen Verfügung, kann die Verfügung in ein gemeinschaftliches Testament oder in Einzeltestamente umgedeutet werden. Das so genannte **„Verbot des Totalvorbehaltes“** ist vor allem beim Abänderungsvorbehalt von Bedeutung (Variante Abänderungsvorbehalt). Demgegenüber ist der Rücktrittsvorbehalt kein Hindernis für die Annahme vertragsmäßiger Verfügungen. Dies gilt selbst dann, wenn der Rücktritt an keine Voraussetzung geknüpft ist (im Einzelnen §§ 2293–2297 Rn 1).

11 [9] **Einseitiger Erbvertrag.** Ein einseitiger Erbvertrag liegt dann vor, wenn in ihm nur ein Vertragsteil vertragsmäßige Verfügungen von Todes wegen vornimmt, der andere dagegen eine vertragsmäßige Verfügung nicht vornimmt. Ein derartiger einseitiger Erbvertrag liegt häufig dann vor, wenn der andere Vertragschließende sich im Zusammenhang mit dem Erbvertrag verpflichtet dem Erblasser lebzeitige Leistungen (etwa Pflege) zu erbringen. Der die lebzeitige Verpflichtung begründende Vertrag enthält mithin eine schuldrechtliche Vereinbarung als Gegenleistung für die Erbeinsetzung, die jedoch nicht Bestandteil des Erbvertrages ist und steht auch nicht in einem Verhältnis dazu nach § 323 ff.

§ 2277 (aufgehoben)

§ 2278 Zulässige vertragsmäßige Verfügungen

(1) In einem Erbvertrag kann jeder der Vertragschließenden vertragsmäßige Verfügungen von Todes wegen treffen.
(2) Andere Verfügungen als Erbeinsetzungen, Vermächtnisse und Auflagen können vertragsmäßig nicht getroffen werden.

Schrifttum: *Basty*, Bindungswirkung beim Erbvertrag und gemeinschaftlichen Testament, MittBayNot 2000, 73; *Isensee*, Inhaltskontrolle des Bundesverfassungsgerichts über Verfügungen von Todes wegen, DNotZ 2004, 754; *Klinck*, Der Zuwendungsverzicht zulasten Dritter: Fortschritt durch das Gesetz zur Änderung des Erb- und Verjährungsrechts? ZEV 2009, 533; *Lange*, Dürfen Grundbuchamt und/oder Handelsregister trotz Vorliegens einer notariellen Verfügung von Todes wegen einen Erbschein verlangen? ZEV 2009, 371; *Langenfeld*, Das Gesetz zur Änderung des Erb- und Verjährungsrechts, NJW 2009, 3121; *Lehmann*, Der Rücktrittsvorbehalt beim Erbvertrag – ein wenig genutztes Gestaltungsmittel, NotBZ 2000, 85; *J. Mayer*, Der Änderungsvorbehalt beim Erbvertrag: erbrechtliche Gestaltung zwischen Bindung und Dynamik, DNotZ 1990, 755; *Weiler*, Änderungsvorbehalt und Vertragsmäßigkeit der erbvertraglichen Verfügung, DNotZ 1994, 427; *Wirtz*, Freiheit und Bindung beim gemeinschaftlichen Testament und Erbvertrag, Festschrift Musielak, 2004, S. 293; *Zimmer*, Die Fortdauer der Testamentsvollstreckung über den Zeitraum von 30 Jahren hinaus, NJW 2008, 1125; *ders.*, Zur Auslegung von Pflichtteilsklauseln, NotBZ 2007, 10

A. Eheleute mit Kindern

I. Erbvertrag von Eheleuten mit Kindern

1. Muster: Erbvertrag von Eheleuten mit Kindern mit ausschließlich vertragsmäßigen Verfügungen 1

▶ Heute, am ▪▪▪ erschienen ▪▪▪ vor dem Notar ▪▪▪,[1] in den Amtsräumen ▪▪▪[2] um einen Erbvertrag zu errichten.[3] 1177

Der Notar überzeugte sich durch die Verhandlung von der Geschäfts- und Testierfähigkeit der Erschienenen.[4]

Wir setzen uns gegenseitig, der Erstversterbende den Längstlebenden von uns, zum alleinigen unbeschränkten Erben seines gesamten dereinstigen Nachlasses ein.

Als Erben des Längstlebenden von uns setzen wir unsere gemeinsamen Kinder zu gleichen Teilen ein. Ersatzerben eines jeden Kindes sind seine Abkömmlinge nach Stämmen. Sind keine Abkömmlinge vorhanden, so wächst der Erbteil unseren anderen Abkömmlingen in gesetzlicher Ordnung an.[5]

Der Notar hat uns über die durch einen Erbvertrag begründeten erbrechtlichen Bindungen gemäß § 2289 Abs. 1 S. 2 BGB belehrt. Es ist uns bekannt, dass danach spätere erbrechtliche Verfügungen eines Vertragspartners insoweit unwirksam sind, als sie gegen die vertraglich bindenden Verfügungen eines Erbvertrages verstoßen. Wir erklären daraufhin, dass wir die vorstehend vereinbarte Erbeinsetzung des Längstlebenden von uns gegenseitig mit erbvertraglicher Wirkung annehmen.[6] ◀

2. Erläuterungen

[1] Form. Zur Form vgl die Ausführungen unter § 2276 Rn 4. 2

[2] Ort und Datum. Nach § 9 Abs. 2 BeurkG soll die Niederschrift Ort und Tag der Beurkundung enthalten. 3

4 [3] **Persönlicher Abschluss.** §§ 2274–2276 Rn 3; zu Einzelheiten des Verfahrens bei Behinderungen s. *Winkler*, BeurkG, § 31 Rn 6 ff).

5 [4] **Geschäftsfähigkeit.** Zum Abschluss des Erbvertrages ist volle Geschäftsfähigkeit beim Erblasser notwendig. Der andere Vertragschließende kann dagegen nach §§ 104 ff an dem Erbvertrag mitwirken. Der Erbvertrag eines beschränkt geschäftsfähigen Erblassers oder eines Geschäftsunfähigen ist nichtig. Möglich ist aber der Abschluss eines Erbvertrages eines beschränkt Geschäftsfähigen mit seinem Ehegatten oder Verlobten, wenn er persönlich handelt und die **Zustimmung des gesetzlichen Vertreters** erhält (im Einzelnen Erman/*M. Schmidt*, § 2275 Rn 2).

6 [5] **Gegenseitige Erbeinsetzung und Schlusserbeneinsetzung.** Setzen sich die Ehepartner gegenseitig zu Alleinerben ein, werden die Kinder zunächst enterbt. Das Vermögen der Ehegatten geht dann mit Tod des Letztversterbenden auf die Kinder über. Hierbei handelt es sich um ein typisches Beispiel einer vertragsmäßigen Verfügung eines gegenseitigen Erbvertrages. Diese Variante bietet sich beim Vorhandensein nur eigener Kinder an. Zur Vermeidung von Auslegungsschwierigkeiten sollte stets klargestellt werden, ob und gegebenenfalls welche Ersatzschlusserben berufen sind, bzw ob Anwachsung eintreten soll.

7 [6] **Bindungswirkung.** Vorliegend bedeutet die Bindung an die vertraglichen Vereinbarungen den Schutz des längstlebenden Ehepartners, insofern, dass der Längstlebende keine nachfolgenden abweichenden letztwilligen Verfügungen iS des § 2298 Abs. 1 treffen kann, durch die die getroffenen Verfügungen zum Nachteil des Vertragserben geändert oder aufgehoben werden können. Eine solche strenge Bindung ist den Eheleuten (wenn überhaupt) nur im fortgeschrittenen Alter zu empfehlen. Zudem sollte überlegt werden, ob die Geltendmachung eines Pflichtteilsanspruchs eines der Kinder in Betracht kommt und gegebenenfalls zu berücksichtigen ist. Für **Lebenspartner** gelten gem. § 10 Abs. 4 S. 2 LPartG die §§ 2266–2273 entsprechend.

II. Pflichtteilsstrafklauseln

1. Automatische Pflichtteilsstrafklausel

8 **a) Muster: Erbvertrag mit automatischer Pflichtteilsstrafklausel – allgemein**

1178 ► Erben des Längstlebenden von uns sind unsere Kinder zu gleichen Teilen. Falls eines unserer Kinder nach dem Tode des Erstversterbenden von uns einen Pflichtteilsanspruch[1] gegen den Längstlebenden geltend machen sollte, soll er, bzw. sein ganzer Stamm,[2] auch nach dem Tode des Längstlebenden von uns nur den Pflichtteil erhalten.[3] ◄

b) Erläuterungen

9 [1] **Wesen der Pflichtteilsstrafklausel.** Zur Vermeidung der Geltendmachung von Pflichtteilsansprüchen der Kinder beim Tode des Erstversterbenden besteht die Möglichkeit des Abschlusses eines **Pflichtteilsverzichtsvertrages** nach § 2346 Abs. 2, also Verzicht der Kinder auf die Geltendmachung von Pflichtteilsansprüchen nach dem erstversterbenden Elternteil. Nur wenn die Kinder dazu nicht bereit sind, sollte die Möglichkeit einer Pflichtteilsklausel erwogen werden, da diese im Einzelfall zu unerwünschten Nebenwirkungen führen kann, insbesondere im Hinblick auf die Bindungswirkung. Dort wo die Bestimmung der Schlusserben nicht vorgenommen ist, oder dem Überlebenden die Befugnis eingeräumt wird, die Schlusserbenbestimmung abweichend vorzunehmen, hat die Pflichtteilsstrafklausel keinen Sinn. Die **abschreckende Wirkung der Pflichtteilsstrafklausel** kann nur erzielt werden, wenn die Einsetzung der Kinder zu Schlusserben bindend erfolgt. Setzen sich die Eheleute gegenseitig zu alleinigen Erben ein, werden aber Schlusserben nicht bestimmt oder aber zwar Schlusserben eingesetzt, dem Längstlebenden aber die Befugnis eingeräumt, erneut beliebig anderweitig zu verfügen, kann die Pflichtteilsstrafklausel sogar als Hinweis auf eine bindende Einsetzung der Kinder aufgefasst werden (etwa OLG Koblenz FamRZ 2005, 1592; aA OLG Karlsruhe ZEV 2006, 409).

[2] **Erstreckung auf Abkömmlinge.** Auch für die als Ersatzerben berufenen Abkömmlinge des ausgeschlossenen Kindes sollte der Pflichtteilsausschluss angeordnet werden. 10

[3] **Rücknahme des Pflichtteilsausschlusses.** Auch kann dem Längstlebenden die Möglichkeit eingeräumt werden, die Regelung im Falle einer späteren Aussöhnung rückgängig zu machen. Die stärkste Abschreckungswirkung der Pflichtteilsklausel kann durch die sogenannte „Jastrow'sche" Klausel erreicht werden, bei der der Abkömmling, der den Pflichtteil verlangt, zusätzlich mit einem Vermächtnis beschwert wird (dazu neuerdings *Adam*, MDR 2007, 68). 11

2. Jastrow'sche Klausel

a) Muster: Erbvertrag mit Jastrow'scher Klausel (erweitert) 12

1179

▶ Falls einer unserer Abkömmlinge nach dem Ableben des Erstversterbenden von uns einen Pflichtteilsanspruch gegen den Längstlebenden von uns geltend machen sollte, sindder anspruchstellende Abkömmling und seine Nachkömmlinge durch Testament von der Schlusserbfolge ausgeschlossen. Außerdem erhalten diejenigen Abkömmlinge, die den Pflichtteil nicht verlangen, beim ersten Erbfall ein Geldvermächtnis in Höhe des Wertes ihres gesetzlichen Erbteils. Dieses Vermächtnis ist ab dem ersten Erbfall mit 6 Prozent jährlich zu verzinsen und wird mit dem Tod des Längstlebenden mit den Zinsen fällig.[1] ◀

b) Erläuterungen

[1] **Jastrow'sche Klausel.** Durch diese Klausel wird der Nachlass des Letztversterbenden Ehegatten und damit der Pflichtteilsanspruch für den zweiten Erbfall vermindert. Der Nachteil der vorstehenden Klausel besteht darin, dass der Überlebende das verteilte Vermögen nicht mehr abweichend verteilen kann. Auch kann der Vermächtnisnehmer zwischenzeitlich versterben mit der Folge, dass das Vermächtnis in fremde Hände gerät. 13

3. Pflichtteilsanrechnung

a) Muster: Erbvertrag mit Anrechnung des Pflichtteils 14

1180

▶ Verlangt ein Erbe beim Tode des Erstversterbenden den Pflichtteil, so hat er sich den erhaltenen Pflichtteil beim Tode des Längstlebenden anrechnen zu lassen.[1] ◀

b) Erläuterungen

[1] **Anrechnung des Pflichtteils.** Die Eheleute können auch bestimmen, dass derjenige Abkömmling, der beim Ableben des erstversterbenden Elternteils einen Pflichtteilsanspruch geltend macht, sich den Wert des erhaltenen Pflichtteils bei Erbteilung nach dem letztversterbenden Elternteil anrechnen lassen muss. Es handelt sich dann um ein **Vorausvermächtnis**. Der Abkömmling, der den Pflichtteil nach dem Erstversterbenden verlangt, erhält den Vorteil der früheren Leistung etwa den Zinsvorteil. Mit der Klausel wird sichergestellt, dass die Geltendmachung des Pflichtteils jedenfalls nicht zu einer größeren Nachlassbeteiligung führt (*Zimmer*, NotBZ 2007, 10). 15

4. Fakultative Ausschlussklausel

a) Muster: Erbvertrag mit fakultativer Ausschlussklausel 16

1181

▶ Falls nach dem Ableben des Zuerstversterbenden von uns einer unserer Abkömmlinge einen Pflichtteilsanspruch gegen den Längstlebenden geltend machen sollte, ist dieser berechtigt, den anspruchstellenden Abkömmling und seine Nachkommen durch Testament von der Schlusserbfolge auszuschließen.[1] ◀

b) Erläuterungen

[1] **Abänderungsvorbehalt.** Üblicher ist derzeit die so genannte fakultative Ausschlussklausel, bei dem der Überlebende eine abändernde Verfügung vornehmen kann, aber nicht muss, mit 17

dem Vorteil, dass dem Längstlebenden eine angemessene Reaktion auf die dann konkret gegebene Situation ermöglicht wird. Darüber hinaus erhält der Erbe die Möglichkeit, die Verfügung gemäß § 35 Abs. 1 S. 2 GBO gegenüber dem Grundbuchamt zum **Nachweis der Erbfolge** vorzulegen, wohingegen bei einer automatischen Enterbung stets ein Erbnachweis durch Erbschein erforderlich ist, weil das Grundbuchamt nicht prüfen kann, ob ein Pflichtteilsanspruch geltend gemacht worden ist (*Lange*, ZEV 2009, 371). Der große Nachteil liegt aber darin, dass bei Geltendmachung des Pflichtteils der Überlebende bereits geschäftsunfähig sein kann. Der Pflichtteilsberechtigte kann dann also „ungestraft" den Pflichtteilsanspruch geltend machen (*Zimmer*, NotBZ 2007, 10).

5. Wiederverheiratungsklausel

18 **a) Muster: Erbvertrag mit Wiederverheiratungsklausel**

▶ Die vorstehende Vollerbeneinsetzung des längstlebenden Ehegatten ist durch dessen Wiederverheiratung[1] auflösend bedingt.[2] Aufschiebend bedingt durch eine derartige Wiederverheiratung ist der längstlebende Ehegatte lediglich Vorerbe. Er ist jedoch von allen Beschränkungen befreit, von denen nach dem Gesetz Befreiung erteilt werden kann. Die Nacherbfolge tritt mit der Wiederverheiratung des Vorerben ein, nicht jedoch mit dessen vorherigem Tod.

Nacherben sind in diesem Falle unsere – für den Fall des Nichteintritts der Bedingung der Wiederverheiratung des längstlebenden Ehegatten – Schlusserben untereinander nach den dort genannten Regeln, Ersatznacherben sind die bisher bestimmten Ersatzschlusserben. Es sind jeweils die Verhältnisse zum Zeitpunkt des Eintritts des Nacherbfalls maßgebend. Die Nacherbenanwartschaften sind weder vererblich noch veräußerlich, wobei eine Veräußerung an den Vorerben zulässig ist und dann jede ausdrückliche oder stillschweigende Ersatzerbeneinsetzung entfällt.[3]

...

Im Falle des Bedingungseintritts durch Wiederverheiratung des längstlebenden Ehegatten gilt die bisher bestimmte Schlusserbeneinsetzung als Erbeinsetzung auf dessen Tod fort. ◀

b) Erläuterungen

19 [1] **Sinn der Wiederverheiratungsklausel.** Die Abwanderung des Vermögens an einen „Fremden" kann dadurch verhindert werden, dass der überlebende Ehegatte sein Erbrecht vollständig verliert und der Nachlass des Erstversterbenden an die gemeinsamen Kinder oder andere Personen fällt. Möglich ist auch eine Vereinbarung, nach der in diesem Falle die gesetzliche Erbfolge eintreten würde. Schließlich ist es auch möglich, dass hinsichtlich des Eigenvermögens des Überlebenden eine Verpflichtung begründet wird, dieses Vermögen wie es im Zeitpunkt der Wiederverheiratung vorhanden ist, an die Kinder aus der ersten Ehe herauszugeben (**Verschaffungsvermächtnis**).

20 [2] **Bedingte Vollerbeneinsetzung.** Die Vollerbeneinsetzung des längstlebenden Ehegatten kann durch dessen Wiederverheiratung auflösend bedingt unter gleichzeitig aufschiebend bedingter Einsetzung der bisherigen Schlusserben zu Nacherben und Befreiung als Vorerben gestaltet werden. Es handelt sich hierbei um eine „**konstruktive Vor- und Nacherbschaft**" (str., vgl Staudinger/*Otte*, § 2074 Rn 19).

21 [3] **Bedenken hinsichtlich einer Wiederverheiratungsklausel.** Zur Zulässigkeit derartiger Wiederverheiratungsklauseln Palandt/*Edenhofer* § 2269 Rn 16; *Otte*, AcP 187, 603; zuletzt *Adam*, MDR 2007, 68. Zu den verfassungsrechtlichen Bedenken im Hinblick auf die Hohenzollern-Entscheidung des BVerfG vom 22.3.2004 (NJW 2004, 2008; *Isensee*, DNotZ 2004, 754; zu diesem Erbvertrag auch BGH NJW 2008, 1157, dazu *Zimmer*, NJW 2008, 1125).

6. Wiederverheiratungsklausel bei Vor- und Nacherbfolge

a) Muster: Erbvertrag mit Wiederverheiratungsklausel bei Vor- und Nacherbfolge 22

▶ Wir setzen uns gegenseitig zu Vorerben ein. Nacherben und zugleich Schlusserben des Längstlebenden sind unsere Kinder ■■■ zu gleichen Teilen. Der Nacherbfall tritt ein mit dem Tod des Vorerben oder mit dessen Wiederverheiratung.[1] ◀

b) Erläuterungen

[1] **Wiederverheiratungsklausel bei Vor- und Nacherbfolge.** Diese so genannte **Trennungslösung** beim Ehegattenerbvertrag ist lediglich im Hinblick auf die Wiederverheiratung als Eintrittsereignis für den Eintritt des Nacherbfalls erweitert. 23

7. Verzicht auf Wiederverheiratungsklausel

a) Muster: Erbvertrag mit Verzicht auf Wiederverheiratungsklausel 24

▶ Auch im Falle der Wiederverheiratung des Längstlebenden von uns soll es dabei bleiben, dass er unbeschränkter Vollerbe ist und unsere gemeinschaftlichen Abkömmlinge als Schlusserben eingesetzt sind. Wir verzichten deshalb auf die Aufnahme einer Wiederverheiratungsklausel mit Abfindung der Kinder. Nach Belehrung verzichten wir auch für den Fall einer Wiederverheiratung oder des Hinzukommens weiterer Abkömmlinge nach dem Ableben des Erstversterbenden auf das Anfechtungsrecht nach § 2079 BGB.[1] ◀

b) Erläuterungen

[1] Zum **Anfechtungsrecht bei Wiederverheiratung,** §§ 2281–2285 Rn 6. 25

8. Abänderungsvorbehalt

a) Muster: Erbvertrag mit Abänderungsvorbehalt 26

▶ Der längstlebende Ehegatte darf die auf seinen Tod angeordneten letztwilligen Verfügungen beschränkt auf ■■■ (Gegenstand)[1] frei abändern. Er ist insoweit auch berechtigt, durch Verfügung unter Lebenden Vermögensübertragungen zu Gunsten anderer Personen vorzunehmen[2], ohne Ansprüche gem./analog §§ 2287 f BGB auszulösen.[3] ◀

[1] Zum **Verbot** des **Totalvorbehalts** vgl §§ 2274–2276 Rn 10. 27

[2] Der **Abänderungsvorbehalt** beim Erbvertrag **unterscheidet sich vom Rücktritt** in der Weise, 28
dass der Rücktritt durch Rechtsgeschäft unter Lebenden erfolgt, der Abänderungsvorbehalt dagegen durch eine neue Verfügung von Todes wegen ausgeübt wird. Inhaltlich besteht der Unterschied darin, dass im Rahmen des Abänderungsvorbehalts die Bindungswirkung bestehen bleibt. Beim **Rücktritt** hingegen die vertragsmäßige Verfügung wegfällt. Mit anderen Worten ausgedrückt „der Rücktrittsvorbehalt kassiert, der Änderungsvorbehalt reformiert“ (Dittmann/Reimann/Bengel/*Mayer* § 2278 Rn 16). Damit aber der Abänderungsvorbehalt nicht zu einem Totalvorbehalt wird, muss es wenigstens eine, für den Erblasser bindende Verfügung im Sinne des § 2278 Abs. 2 geben (BGHZ 26, 204). Deshalb ist überhaupt der Ehegattenerbvertrag mit dem Inhalt eines Berliner Testaments zulässig, der dem Längstlebenden das Recht einräumt, die nach ihm geltende Schlusserbfolge jederzeit einseitig abzuändern, sofern nur die gegenseitige Erbeinsetzung bindend und vertragsmäßig ist.

[3] **Bindungswirkung.** Eingriffe in die Erbeinsetzung oder auch sonstige Beschwerungen sind 29
ohne Abänderungsvorbehalte unzulässig, es sei denn, es liegen Anhaltspunkte dafür vor, dass der gemeinsame Wille der Vertragsparteien derartige Änderungen getragen hat (OLG Köln NJW-RR 1991, 525, 526; OLG Frankfurt WM 1993, 803, 804; BayObLG FamRZ 1991, 111, 113).

9. Zuwendungsverzicht

30 **a) Muster: Erbvertrag mit Zuwendungsverzicht**

▶ Ich ... verzichte hiermit gegenüber ... im Wege eines Zuwendungsverzichts[1] auf das mir aus dem genannten Testament zustehende Erbrecht.[2] Der Verzicht gilt auch für meine Abkömmlinge.[3]

Der vorstehende Verzicht bezieht sich ausschließlich auf die genannte, erbvertragliche Zuwendung. Er erstreckt sich ausdrücklich nicht auf das gesetzliche Erb- und Pflichtteilsrecht des Verzichtenden gegenüber dem Erblasser.[4]

Ich ... nehme diesen Verzicht hiermit an. ◀

b) Erläuterungen

31 [1] **Beurkundungspflicht.** Der Zuwendungsverzichtsvertrag ist beurkundungsbedürftig (§ 2348) und setzt voraus, dass die Zuwendung bereits testamentarisch oder erbvertraglich angeordnet ist. Praktisch relevant ist der Zuwendungsverzicht dort, wo aufgrund bereits eingetretener Bindungswirkung eines Erbvertrages eine Änderung der letztwilligen Verfügung ausgeschlossen ist.

32 [2] **Verweis auf § 2349.** Nach bisheriger Gesetzesformulierung unterschieden sich Zuwendungsverzichtsverträge in einer bedeutsamen Hinsicht von dem Erb- und Pflichtteilsverzicht. Es fehlte die Verweisung des § 2352 auf § 2349. Damit erstreckte sich der Zuwendungsverzicht (anders als der Erb- und Pflichtteilsverzicht) nicht auf die Abkömmlinge des Verzichtenden. Dies ist mit der Erbrechtsnovelle zum 1.1.2010 geändert worden. Beim Zuwendungsverzicht wird nunmehr auf § 2349 verwiesen (kritisch *Langenfeld*, NJW 2009, 3223; *Klinck*, ZEV 2009, 533). Die Wirkungen des Erbverzichts durch einen Abkömmling erstrecken sich nun auch auf die Abkömmlinge des Verzichtenden, vgl aber **Rn 33**. Enthält die letztwillige Verfügung eine **ausdrückliche Ersatzerbenberufung**, so tritt mit dem Zuwendungsverzicht der Ersatzerbe an die Stelle des Verzichtenden. Fehlt es an einer ausdrücklichen Ersatzerbenbestimmung, kam nach bisheriger Rechtslage § 2069 zur Anwendung, mit der Folge, dass dieser an die Stelle des Verzichtenden getreten wäre. der Verzicht aber für den Ersatzerben nicht gelten würde. Der **Zuwendungsverzicht** kann nunmehr vorbehaltlos angeraten werden. Zu bedenken ist aber, dass der Zuwendungsverzichtsvertrag dann nicht sicher vereinbart werden kann, wenn der bindend bedachte Ersatzerbe kein Abkömmling ist.

33 [3] **Erstreckung auf Abkömmlinge.** Nach dem Wortlaut des § 2349 erstreckt sich die Wirkung des Verzichts auf die Abkömmlinge des Verzichtenden, sofern nicht ein anderes bestimmt ist. Eine zusätzliche Formulierung ist demnach nicht zwingend, kann aber im Einzelfall angeraten werden.

34 [4] **Abgrenzung zum Erbverzicht.** Wichtig ist zudem die Abgrenzung zum Erbverzicht nach § 2346 Abs. 1, der nur den Verzicht auf das gesetzliche Erbrecht umfasst und nach Abs. 2 die Beschränkung auf den Pflichtteilsanspruch zulässt (vgl BGH NJW 2008, 298 m.Anm. *Zimmer*).

B. Eheleute ohne Kinder

35 **I. Muster: Erbvertrag von Eheleuten ohne Kinder**

▶ Wir setzen uns gegenseitig, der Erstversterbende den Längstlebenden von uns, zum Alleinerben ein.

Erben des Überlebenden sollen zu gleichen Teilen sein: ..., ersatzweise deren Abkömmlinge nach den Regeln der gesetzlichen Erbfolge.[1]

Diese Bestimmungen werden vertragsmäßig getroffen.[2] ◀

II. Erläuterungen

[1] **Anwendungsbereich.** Häufiger Anwendungsfall bei kinderlosen Eheleuten ist die Einsetzung von Angehörigen jeweils zur Hälfte des Mannes und zur anderen der Frau. In diesen Fällen hat der Erstversterbende ein berechtigtes Interesse an der **Aufrechterhaltung** der Erbeinsetzung seines Angehörigen bzw an der Erbeinsetzung nach Stämmen. 36

[2] **Bindungswirkung.** Zur Bindungswirkung vgl die Ausführungen zu §§ 2274–2276 Rn 9, 2277–2278 Rn 7. 37

C. Vertragsmäßige und einseitige Verfügungen

I. Muster: Erbvertrag mit vertragsmäßigen und einseitigen Verfügungen 38

▶ Wir erklären, dass wir die vorstehend vereinbarte Erbeinsetzung des Längstlebenden von uns gegenseitig mit erbvertraglicher Wirkung annehmen.

Die weiteren Verfügungen, insbesondere die Regelung der Erbfolge nach dem Längstlebenden von uns, sind einseitig getroffen und sollen nur testamentarisch wirken. Sie können von jedem von uns – auch nach dem Tode des Erstversterbenden – einseitig widerrufen werden.[1] ◀

II. Erläuterungen

[1] Der Erbvertrag kann zunächst mit **einseitigen nicht vertragsmäßigen Verfügungen** von Todes wegen verbunden werden. Diese Gestaltungsmöglichkeit bietet sich an, wenn die Eheleute gegenseitig dem Längstlebenden die Möglichkeit der abweichenden Testierung nach dem Tod des Erstversterbenden vorbehalten wollen, so etwa bei jungen Ehepaaren. Auch kann der Erbvertrag mit anderen Verträgen verbunden werden, § 2276 Abs. 2 für den Ehevertrag ausdrücklich, daneben ist auch möglich der Zuwendungsverzichts- oder Pflichtteilsverzichtsvertrag. Soweit der Erbvertrag tatsächlich mit einem Ehevertrag verbunden wird, ergeben sich die Kostenvorteile aus § 46 Abs. 3 KostO. 39

§ 2279 Vertragsmäßige Zuwendungen und Auflagen; Anwendung von § 2077

(1) Auf vertragsmäßige Zuwendungen und Auflagen finden die für letztwillige Zuwendungen und Auflagen geltenden Vorschriften entsprechende Anwendung.
(2) Die Vorschrift des § 2077 gilt für einen Erbvertrag zwischen Ehegatten, Lebenspartnern oder Verlobten (auch im Sinne des Lebenspartnerschaftsgesetzes) auch insoweit, als ein Dritter bedacht ist.

Schrifttum: *J. Mayer*, Der Fortbestand letztwilliger Verfügungen bei Scheitern von Ehe, Verlöbnis und Partnerschaft, ZEV 1997, 280; *Reimann*, Erbrechtliche Überlegungen aus Anlass der Ehescheidung, ZEV 1995, 329; *Lehmann*, Anm. zu BGH 7.7.2004, NotBZ 2004, 478; *Ivo*, Erbrechtliche Bindung nach Ehescheidung, ZFE 2004, 292

A. Erbvertrag mit Auflage

1 **I. Muster: Erbvertrag mit Auflage**

▶ **Erbvertrag**[1], [2]

Heute, am ... erschienen vor mir dem Notar ..., in den Amtsräumen ... um einen Erbvertrag zu errichten, gleichzeitig

Herr ... E

dessen Neffe, Herr ... N.

E erklärt:

1. Zu meinem alleinigen Erben bestimme ich E.
2. Ich mache E zur Auflage, mein Grab auf die Dauer der ortsüblichen Ruhezeit für Gräber entsprechend den örtlichen Gepflogenheiten zu pflegen.
3. Ich ordne Testamentsvollstreckung an. Zum Testamentsvollstrecker ernenne ich ...; dieser hat folgende Aufgaben: ...
4. Die vorstehenden Bestimmungen über die Erbeinsetzung und die Vermächtniszuwendung sind vertragsmäßige und nicht einseitig widerruflich.[3], [4], [5]

Diese Niederschrift wurde den Beteiligten bei gleichzeitiger Anwesenheit vorgelesen, genehmigt und unterschrieben. ◀

II. Erläuterungen

2 [1] **Entsprechende Anwendung des Testamentsrechts.** Nach Abs. 1 finden auf die vertragsmäßigen Zuwendungen und Auflagen des Erbvertrages die für letztwillige Zuwendungen und Auflagen geltenden Vorschriften, also das Testamentsrecht, entsprechende Anwendung. Demgegenüber verweist § 2299 Abs. 2 S. 1 für einseitige Verfügungen in dem Erbvertrag unmittelbar auf das Testamentsrecht. Abs. 2 erweitert für einen zwischen Eheleuten, Lebenspartner oder Verlobten geschlossenen Erbvertrag die Regelung des § 2077. Die Verweisung gilt nur insoweit, als sich nicht aus den vorrangigen §§ 2274–2298 oder dem Wesen des Erbvertrages etwas anderes ergibt. Die entsprechende Anwendung betrifft also Regelungen materiell- erbrechtlicher Art. Die Frage der Anwendung allgemeiner Vorschriften über Rechtsgeschäfte und insb. Verträge regelt § 2279 nicht. Anwendbar sind auf den Erbvertrag jedoch die Vorschriften über die Vertragsauslegung, §§ 133, 157, die Vorschriften der §§ 143, 138, die Vorschriften über Willenserklärungen §§ 116, 117 sowie die §§ 158 ff. Keine Anwendung finden hingegen die §§ 145 ff (außer § 147 Abs. 1), die §§ 305 ff, insb. auch nicht die §§ 320 ff (Erman/*M. Schmidt*, Rn 2; aA *Stürzebecher*, NJW 1988, 2717).

3 [2] **Anwendbare erbrechtliche Vorschriften.** Entsprechend anzuwenden sind die §§ 1937–1959 und die §§ 2176–2180 über den möglichen Inhalt letztwilliger Verfügungen und über den Anfall, die Annahme und Ausschlagung der Erbschaft oder des Vermächtnisses; weiterhin die Regelungen über die Bestimmtheit und die Auslegung letztwilliger Verfügungen, §§ 2064–2076, 2084–2093; die §§ 1923, 2108, 2160; die §§ 2096–2099, 2190 über die Anordnung der Ersatzerbfolge und des Ersatzvermächtnisses, die §§ 2100–2146, 2191; die Vorschriften der §§ 2147–2191 und §§ 2192–2196. Die Vorschriften über das **gemeinschaftliche Testament** (§§ 2265–2273) finden hingegen für den Erbvertrag keine Anwendung, soweit nicht ausdrücklich, wie etwa in § 2280, angeordnet (allerdings *v. Dickhuth-Harrach*, FamRZ 2005, 322; zur Anwendung der Vorschriften über den Erbvertrag beim Gemeinschaftlichen Testament *Zimmer/Dixen*, ErbR 2007, 455).

4 [3] **Besonderheiten bei Erbverträgen zwischen Ehegatten und Verlobten.** Nach Abs. 2 gilt die Vorschrift entsprechend bei einem Erbvertrag zwischen Eheleuten, Lebenspartnern oder Verlobten auch insoweit, als ein Dritter bedacht ist. Damit sind Erbverträge zwischen Eheleuten,

Lebenspartnern oder Verlobten bei Auflösung der Ehe, der eingetragenen Lebenspartnerschaft bzw des Verlöbnisses im Zweifel unwirksam (BGH NJW 2004, 3113). Abs. 2 erstreckt die Unwirksamkeit auf Zuwendungen an Dritte, da idR auch hier das Fortbestehen der Ehe zwischen den Vertragspartnern für die Zuwendung von Bedeutung ist. Die Vorschrift findet jedoch nur auf vertragsmäßige Verfügungen Anwendung, bei einseitigen Verfügungen gilt die Auslegungsregel des § 2077 über die Verweisung des § 2299 Abs. 2 S. 1 ohne die Besonderheiten § 2279 Abs. 2. Diese sollte aber zur Vermeidung von Auslegungsproblemen ausdrücklich erklärt werden.

[4] **Erstreckung auf Dritte.** Die Vorschrift gilt nicht nur bei einseitigen Erbverträgen, sondern 5
auch, wenn ein Dritter durch einen zweiseitigen Erbvertrag von beiden Vertragschließenden bedacht ist (OLG Stuttgart OLGZ 1976, 17; Soergel/*M. Wolf* Rn 4).

[5] **Abweichender Erblasserwille.** Da es sich hierbei um Vermutungsregelungen handelt, emp- 6
fiehlt sich stets eine ausdrückliche Regelung im Erbvertrag selbst.

B. Folgen der Ehescheidung

I. Muster: Unwirksamkeit der im Erbvertrag getroffenen Erklärungen bei Scheidung 7

▶ Alle in dieser Urkunde getroffenen Erklärungen sollen unwirksam sein, wenn die Ehe rechtskräftig geschieden wird oder die Voraussetzungen zur Ehescheidung vorliegen und ein Ehepartner den Scheidungsantrag gestellt hat.[1] ◀

II. Erläuterungen

[1] **Aufrechterhaltungswille.** Der BGH hat für das gemeinschaftliche Testament angenommen, 8
dass im Falle des Fortgeltens der wechselbezüglichen Verfügungen der Eheleute trotz Ehescheidung die **Bindungswirkung** der getroffenen Verfügungen nicht entfällt (NJW 2004, 3113). Ein derartiger Aufrechterhaltungswille ist etwa dann anzunehmen, wenn die gemeinsamen Kinder bereits nach dem Tode des erstversterbenden Ehepartners unmittelbar zu Erben eingesetzt sind (OLG Stuttgart OLGZ 1976, 17); aber auch dann, wenn die gemeinsamen Kinder zu Schlusserben eingesetzt sind (Reimann/Bengel/*Mayer* Rn 19; NK-BGB/*Kornexl*, Rn 53), wird die Vermutung für einen Aufrechterhaltswillen angenommen. Nach hier vertretener Ansicht müssen Anhaltspunkte vorliegen, die darauf schließen lassen, dass die Eheleute im Augenblick des Abschlusses des Erbvertrages die Einsetzung des Kindes als Schlusserben auch für den Fall der Ehescheidung gewollt haben (BayObLG NJW-RR 1997, 7; OLG Hamm FamRZ 1994, 994). Die Überlegungen des BGH zum gemeinschaftlichen Testament (BGH NJW 2004, 3113) gelten in gleicher Weise auch bei Anwendung des § 2279, unter Beachtung der Gesamtwirksamkeit, vgl § 2298.

§ 2280 Anwendung von § 2269

Haben Ehegatten oder Lebenspartner in einem Erbvertrag, durch den sie sich gegenseitig als Erben einsetzen, bestimmt, dass nach dem Tode des Überlebenden der beiderseitige Nachlass an einen Dritten fallen soll, oder ein Vermächtnis angeordnet, das nach dem Tode des Überlebenden zu erfüllen ist, so findet die Vorschrift des § 2269 entsprechende Anwendung.

Schrifttum: *Waldner*, Das Testament nach der Scheidung, FamRB, 2003, 411; *J. Mayer*, Der Fortbestand letztwilliger Verfügungen und bei Scheitern von Ehe, Verlöbnis und Partnerschaft, ZEV 1997, 280; *Rohlfing/Mittenzwei*, Der Erklärungsgegner bei der Anfechtung eines Erbvertrages oder gemeinschaftlichen Testaments, ZEV 2003, 49

1 **A. Muster: Erbvertrag von Eheleuten mit Schlusserbenbestimmung**

▶ Wir setzen uns gegenseitig, der Erstversterbende den Längstlebenden, zum alleinigen und unbeschränkten Erben ein.

Der Längstlebende von uns bestimmt zu seinem alleinigen Erben ... . Dies soll auch für den Fall gelten, dass wir gleichzeitig oder kurz hintereinander aus gleichem Anlass versterben.[1] ◀

B. Erläuterungen

2 [1] **Voraussetzungen.** Nach der Vorschrift des § 2269 Abs. 1 ist beim gemeinschaftlichen Ehegattentestament, bei dem die Ehegatten bestimmt haben, dass nach dem Tode des Überlebenden der beiderseitige Nachlass an einen Dritten fallen soll, im Zweifel anzunehmen, dass der Dritte für den gesamten Nachlass als Erbe des zuletztversterbenden Ehegatten eingesetzt ist (sog. **Einheitslösung**). Die Vorschrift findet entsprechende Anwendung, wenn sich Nichteheleute in einem Erbvertrag gegenseitig als Erben einsetzen und bestimmen, dass für den gesamten beiderseitigen Nachlass ein Dritter als Erbe des zuletztversterbenden Vertragsteils eingesetzt werden soll. Die Erbeinsetzungen müssen dabei in vertraglicher Form und nicht einseitig erfolgen (MüKo-BGB/*Musielak*, Rn 5). Eine entsprechende Anwendung ist jedoch mit der Einschränkung verbunden, dass bei den Nichteheleuten ein ähnlich starkes Vertrauensverhältnis bestehen muss, wie dies etwa bei Eheleuten der Fall ist (Staudinger/*Kanzleiter* Rn 3; Erman/*M. Schmidt* Rn 1; MüKo-BGB/*Musielak* Rn 4; BGH NJW-RR 1998, 577), im Übrigen scheidet eine Anwendung aus (aA etwa Soergel/*M. Wolf* Rn 2).

§ 2281 Anfechtung durch den Erblasser

(1) Der Erbvertrag kann auf Grund der §§ 2078, 2079 auch von dem Erblasser angefochten werden; zur Anfechtung auf Grund des § 2079 ist erforderlich, dass der Pflichtteilsberechtigte zur Zeit der Anfechtung vorhanden ist.
(2) [1]Soll nach dem Tode des anderen Vertragschließenden eine zugunsten eines Dritten getroffene Verfügung von dem Erblasser angefochten werden, so ist die Anfechtung dem Nachlassgericht gegenüber zu erklären. [2]Das Nachlassgericht soll die Erklärung dem Dritten mitteilen.

§ 2282 Vertretung, Form der Anfechtung

(1) [1]Die Anfechtung kann nicht durch einen Vertreter des Erblassers erfolgen. [2]Ist der Erblasser in der Geschäftsfähigkeit beschränkt, so bedarf er zur Anfechtung nicht der Zustimmung seines gesetzlichen Vertreters.
(2) Für einen geschäftsunfähigen Erblasser kann sein gesetzlicher Vertreter den Erbvertrag anfechten; steht der Erblasser unter elterlicher Sorge oder Vormundschaft, ist die Genehmigung des Familiengerichts erforderlich, ist der gesetzliche Vertreter ein Betreuer, die des Betreuungsgerichts.
(3) Die Anfechtungserklärung bedarf der notariellen Beurkundung.

§ 2283 Anfechtungsfrist

(1) Die Anfechtung durch den Erblasser kann nur binnen Jahresfrist erfolgen.
(2) [1]Die Frist beginnt im Falle der Anfechtbarkeit wegen Drohung mit dem Zeitpunkt, in welchem die Zwangslage aufhört, in den übrigen Fällen mit dem Zeitpunkt, in welchem der Erblasser von dem Anfechtungsgrund Kenntnis erlangt. [2]Auf den Lauf der Frist finden die für die Verjährung geltenden Vorschriften der §§ 206, 210 entsprechende Anwendung.
(3) Hat im Falle des § 2282 Abs. 2 der gesetzliche Vertreter den Erbvertrag nicht rechtzeitig angefochten, so kann nach dem Wegfall der Geschäftsunfähigkeit der Erblasser selbst den Erbvertrag in gleicher Weise anfechten, wie wenn er ohne gesetzlichen Vertreter gewesen wäre.

§ 2284 Bestätigung

[1]Die Bestätigung eines anfechtbaren Erbvertrags kann nur durch den Erblasser persönlich erfolgen. [2]Ist der Erblasser in der Geschäftsfähigkeit beschränkt, so ist die Bestätigung ausgeschlossen.

§ 2285 Anfechtung durch Dritte

Die in § 2080 bezeichneten Personen können den Erbvertrag auf Grund der §§ 2078, 2079 nicht mehr anfechten, wenn das Anfechtungsrecht des Erblassers zur Zeit des Erbfalls erloschen ist.

Schrifttum zu § 2281: *Bengel*, Zum Verzicht des Erblassers auf Anfechtung bei Verfügungen von Todes wegen, DNotZ 1984, 132; *Mankowski*, Selbstanfechtungsrecht des Erblassers beim Erbvertrag und Schadensersatzpflicht nach § 122 BGB, ZEV 1998, 46; *Joussen*, Die erbrechtliche Anfechtung durch Minderjährige, ZEV 2003, 181; *Krebber*, Die Anfechtbarkeit des Erbvertrages wegen Motivirrtums, DNotZ 2003, 20; *Harke*, Testamentsanfechtung durch den Erblasser?, JZ 2004, 180; *Veit*, Die Anfechtung von Erbverträgen, NJW 1993, 1553; *Zimmer*, Demenz als Herausforderung für die erbrechtliche Praxis, NJW 2007, 1713

Schrifttum zu § 2284: *Ischinger*, Die Bestätigung anfechtbarer Verfügungen von Todes wegen, Rpfleger 1951, 159

A. Muster: Erbvertrag mit Anfechtungsausschluss[1], [2] 1

▶ Wir treffen sämtliche letztwillige Verfügungen in dieser Urkunde unabhängig davon, ob und ggf welche Pflichtteilsberechtigten beim Ableben eines jeden von uns vorhanden sind. Eine Anfechtung[3], [4] nach § 2079 BGB[5] scheidet deshalb aus. Wir verzichten[6] zudem auf ein eventuelles künftiges Anfechtungsrecht wegen Irrtums nach § 2078 BGB. [7], [8] ◀

B. Erläuterungen

[1] Inhalt des Anfechtungsrechts. Die §§ 2281–2285 gelten nur für vertragsmäßige Verfügungen. Einseitige Verfügungen können gem. § 2299 Abs. 2 iVm §§ 2253 ff widerrufen werden, für eine Anfechtung fehlt es daher meist an einem Bedürfnis (vgl jedoch *Zimmer*, NJW 2007, 1713). Nach allgemeiner Ansicht kann sich die Anfechtung auch auf eine oder mehrere in dem Erbvertrag enthaltene vertragsmäßige Verfügungen beschränken (Bamberger/Roth/*Litzenburger*, § 2281 Rn 2; Staudinger/*Kanzleiter* § 2281 Rn 34). 2

[2] Anfechtungserklärung. In Bezug auf den Inhalt der Anfechtungserklärung ist ein bestimmter Wortlaut nicht vorgeschrieben, auch kann eine **„Rücktrittserklärung"** wegen Nichterfüllung der im Erbvertrag übernommenen Verpflichtungen als Anfechtungserklärung ausgelegt werden (Bamberger/Roth/*Litzenburger* § 2282 Rn 7). Zu Lebzeiten des anderen Vertragschließenden ist dieser Anfechtungsgegner (§ 143 Abs. 2), nach dem Tod des anderen Vertragschließenden ist die Anfechtung dem Nachlassgericht (§ 343 FamFG) gegenüber zu erklären. Die **Anfechtung** kann nur **durch den Erblasser persönlich** erfolgen. Eine Vertretung des Erblassers ist weder im Willen noch in der Erklärung zulässig (RGRK-BGB/*Kregel* Rn 1). Statt des höchstpersönlichen und nicht vererblichen Anfechtungsrechts des Erblassers erhalten diejenigen Personen ein Anfechtungsrecht, für die die Aufhebung der vertragsmäßigen Verfügung von Vorteil ist. Dieses Anfechtungsrecht richtet sich nach den §§ 2278, 2079. Das Anfechtungsrecht des Erblassers ist **höchstpersönlich** und daher auch nicht vererblich (Erman/*Schmidt* Rn 1). Das Anfechtungsrecht des Dritten nach § 2285 ist zwar ein eigenes Anfechtungsrecht, dieses ist aber vom Anfechtungsrecht des Erblassers abhängig. 3

[3] Form der Anfechtung, Abs. 3. Anders als die Anfechtung durch Dritte, die formlos erfolgen kann, bedarf die Anfechtungserklärung des Erblassers oder seines gesetzlichen Vertreters (Abs. 2) der **notariellen Beurkundung** (§§ 6 ff BeurkG). Diese Form gilt sowohl bei der Anfech- 4 tung des anderen Vertragschließenden als auch bei der Anfechtung gegenüber dem Nachlassgericht (§ 2281 Abs. 2). Die Anfechtungserklärung muss in Urschrift oder in Ausfertigung zugehen (§ 130); der Zugang einer beglaubigten Abschrift genügt nicht (BayObLG NJW 1964, 205). Die Anfechtung durch den anderen Vertragschließenden ist dagegen formlos möglich (Palandt/*Edenhofer* § 2282 Rn 2).

5 [4] **Frist.** Die einjährige Ausschlussfrist betrifft die Anfechtung durch den Erblasser. Für den anderen Vertragschließenden, der keine eigenen vertragsmäßigen Verfügungen vorgenommen hat, gelten die Fristen der §§ 121, 124. Bei mehreren Erblassern kann jeder für sich anfechten. Die Frist beginnt im Falle der **Drohung** (§ 2078 Abs. 2) mit dem Ende der Zwangslage (§ 2283 Abs. 2 S. 1 Hs 1; Palandt/*Heinrichs* § 124 Rn 2; Staudinger/*Kanzleiter* § 2282 Rn 5). In den übrigen Fällen beginnt die Frist mit dem Zeitpunkt, in welchem der Erblasser von dem Anfechtungsgrund **Kenntnis** erlangt (§ 2283 Abs. 2 S. 1 Hs 2). Für die Frage, ob Rechtzeitigkeit vorliegt, muss zunächst geklärt werden, welcher Anfechtungsgrund vorliegt (BayObLG NJW-RR 1990, 200). Kenntnis in diesem Sinne ist die Kenntnis aller Tatsachen, die für die Anfechtung erforderlich sind (BayObLG Rpfleger 1995, 162). Ein **Rechtsirrtum** ist nur dann beachtlich, wenn dessen Folge die Unkenntnis einer die Anfechtung begründeten Tatsache ist (BayObLG NJW-RR 1997, 1027). Die Anfechtungsfrist läuft etwa dann nicht, wenn der Anfechtungsberechtigte den Erbvertrag für wirksam angefochten oder sonst für unwirksam hält (RGRK-BGB/*Kregel* Rn 2). Eine rechtsirrige Beurteilung des Anfechtungstatbestandes ist dagegen unerheblich.

6 [5] **Übergehung eines Pflichtteilsberechtigten.** Bei der Anfechtung wegen Übergehung eines Pflichtteilsberechtigten (§ 2079) genügt es beim Erbvertrag, dass der Pflichtteilsberechtigte zur Zeit der Anfechtung vorhanden ist. Dass der Pflichtteilsberechtigte später den Erbfall auch tatsächlich erlebt, wird nicht verlangt (BGH FamRZ 1970, 82). Ob die Herbeiführung des Anfechtungsgrundes auf einem Handeln des Erblassers beruht, ist unerheblich. So kann etwa der Anfechtungsgrund durch erneute Eheschließung oder die Annahme als Kind herbeigeführt werden. Nur ausnahmsweise kann die Anfechtung nach § 138 nichtig sein (Soergel/*M. Wolf* Rn 10; BGH NJW 1970, 279).

7 [6] **Ausschluss der Anfechtung.** Die Anfechtung ist ausgeschlossen, wenn der Erblasser oder ein sonstiger Anfechtungsberechtigter darauf verzichtet hat (BGH NJW 1983, 2247). Dieser **Verzicht** kann bereits im Erbvertrag bzw im gemeinschaftlichen Testament enthalten sein. Ein genereller Verzicht oder Ausschluss des Anfechtungsrechts durch die Erblasser ist nicht zulässig (Bamberger/Roth/*Litzenburger* § 2281 Rn 6; Soergel/*M. Wolf* § 2281 Rn 7).

8 [7] **Konkretisierung des Verzichts.** Der Verzicht muss hinreichend konkret sein und die Umstände erkennen lassen, mit denen der Erblasser dabei rechnete (zB Wiederverheiratung). Ein genereller Anfechtungsverzicht (und daher unzulässiger Verzicht, vgl Rn 7) ist dahin gehend auszulegen, dass der Erblasser damit nur die Anfechtung wegen solcher Tatsachen ausgeschlossen hat, mit denen er vernünftigerweise rechnen musste (OLG Celle NJW 1963, 353; *Nieder* Rn 792).

9 [8] **Geltungsbereich.** Nach § 2279 finden bei Willensmängeln auf die vertragsmäßigen Zuwendungen und Auflagen die Grundsätze über letztwillige Verfügungen Anwendung. Für die Anfechtung des Erbvertrages sehen jedoch die §§ 2281–2285 besondere Regelungen vor, während § 2285 die Anfechtung durch die in § 2080 bezeichneten Personen betrifft. Der Erblasser benötigt ein Anfechtungsrecht, weil ihm hier das Recht des Widerrufs (§ 2253) nicht zusteht, das bei den letztwilligen Verfügungen ein Anfechtungsrecht für ihn idR entbehrlich macht (allerdings *Harke*, JZ 2004, 180, *Zimmer*, NJW 2007, 1713, für den Fall der Testierunfähigkeit). Die Vorschriften der §§ 2281–2285 sind auf wechselbezügliche Verfügungen in einem gemeinschaftlichen Testament entsprechend anwendbar (BGHZ 37, 331; Staudinger/*Kanzleiter* Rn 40).

§ 2286 Verfügungen unter Lebenden

Durch den Erbvertrag wird das Recht des Erblassers, über sein Vermögen durch Rechtsgeschäft unter Lebenden zu verfügen, nicht beschränkt.

§ 2287 Den Vertragserben beeinträchtigende Schenkungen

(1) Hat der Erblasser in der Absicht, den Vertragserben zu beeinträchtigen, eine Schenkung gemacht, so kann der Vertragserbe, nachdem ihm die Erbschaft angefallen ist, von dem Beschenkten die Herausgabe des Geschenks nach den Vorschriften über die Herausgabe einer ungerechtfertigten Bereicherung fordern.
(2) Die Verjährungsfrist des Anspruchs beginnt mit dem Erbfall.

§ 2288 Beeinträchtigung des Vermächtnisnehmers

(1) Hat der Erblasser den Gegenstand eines vertragsmäßig angeordneten Vermächtnisses in der Absicht, den Bedachten zu beeinträchtigen, zerstört, beiseite geschafft oder beschädigt, so tritt, soweit der Erbe dadurch außerstande gesetzt ist, die Leistung zu bewirken, an die Stelle des Gegenstands der Wert.
(2) [1]Hat der Erblasser den Gegenstand in der Absicht, den Bedachten zu beeinträchtigen, veräußert oder belastet, so ist der Erbe verpflichtet, dem Bedachten den Gegenstand zu verschaffen oder die Belastung zu beseitigen; auf diese Verpflichtung findet die Vorschrift des § 2170 Abs. 2 entsprechende Anwendung. [2]Ist die Veräußerung oder die Belastung schenkweise erfolgt, so steht dem Bedachten, soweit er Ersatz nicht von dem Erben erlangen kann, der im § 2287 bestimmte Anspruch gegen den Beschenkten zu.

Schrifttum zu § 2286: *Frieser*, Streit des »Erbanwärters« mit dem vom Erblasser Beschenkten, ZErb 2000, 98; *Hohmann*, Die Sicherung des Vertragserben vor lebzeitigen Verfügungen des Erblassers, ZEV 1994, 133; *Ivo*, Die Zustimmung zur erbvertragswidrigen Verfügung von Todes wegen, ZEV 2003, 58; *Kanzleiter,* Die Beeinträchtigung des durch Erbvertrag bindend eingesetzten Erben durch die einvernehmliche Aufhebung eines Pflichtteilsverzichts, DNotZ 2009, 86; *Kanzleiter*, Bedarf die Zustimmung des bindend bedachten Erben zu einer ihn beeinträchtigenden Schenkung der notariellen Beurkundung?, DNotZ 1990, 776; *Meincke*, Zuwendungen unter Ehegatten, NJW 1995, 2769; *Muscheler*, Zur Frage der Nachlasszugehörigkeit des Anspruchs aus § 2287 BGB, FamRZ 1994, 1361; *Remmel*, »Lebzeitiges Eigeninteresse« bei Schenkung zugunsten des zweiten Ehegatten?, NJW 1981, 2290; *Sarres*, Erbrechtliche Auskunftsansprüche, 2004; *Sarres*, Kann der potentielle Erbe lebzeitige Verfügungen des Erblassers verhindern?, ZEV 2003, 232; *Sarres/Afraz*, Auskunftsansprüche gegenüber Vertragserben sowie gegenüber der Erblasserbank bei lebzeitigen Zuwendungen des Erblassers, ZEV 1995, 433; *Schotten*, Ehebedingte Zuwendungen im Verhältnis zu Dritten, NJW 1991, 2687; *Spanke*, Den Vertragserben beeinträchtigende Schenkungen in der Beratungspraxis, ZEV 2006, 485; *Stumpf*, Wirksamkeit und Formbedürftigkeit der Einwilligung des bedachten Erbvertragspartners in eine ihn beeinträchtigende letztwillige Verfügung, FamRZ 1990, 1057; *Zimmer*, Rückübertragungsansprüche bei Geschäftsunfähigkeit des Übergebers, ZEV 2006, 382; *Zimmer/Jodexnus-Dixen*, Die Beseitigung wechselbezüglicher Verfügungen ErbR 2007, 105
Schrifttum zu § 2287: *Beisenherz*, »Berechtigte Erberwartung« des Vertragserben, Anwachsung und Ausschlagung, ZEV 2005, 8; *Frieser*, Der Begriff der Schenkung in § 2287, ErbR 2008, 34; *Ivo*, Zur Zustimmung zur erbvertragswidrigen lebzeitigen Verfügung, ZEV 2003, 101; *Hayler*, Die Drittwirkung ehebedingter Zuwendungen im Rahmen der §§ 2287, 2288 II 2, 2325, 2329 BGB, MittBayNot 2000, 290; *Spellenberg*, Verbotene Schenkungen gebundener Erblasser in der Rechtsprechung, NJW 1986, 2531; *Mittenzwei*, Die Aufhebung des Zuwendungsverzichts, ZEV 2004, 488; *Schindler*, Irrtum über die rechtliche Bindung und die Beeinträchtigungsabsicht nach § 2287 BGB, ZEV 2005, 334; *Spanke,* Den Vertragserben beeinträchtigende Schenkungen in der Beratungspraxis, ZEV 2006, 485

A. Muster: Verzicht auf das Recht auf Herausgabe bei beeinträchtigender Schenkung 1

▶ **Notarieller Urkundseingang**[1] 1193

Der am ■■■ verstorbene Herr ■■■ hat mit der Erschienenen zu 1, seiner Ehefrau ■■■, am ■■■ einen Erbvertrag geschlossen.[2]

Er ist am ■■■ verstorben, so dass die Erschienene zu 1 auf Grund der in dem Erbvertrag bindend angeordneten Erbfolge Alleinerbin ihres Ehemannes geworden ist. Nach den erbvertraglichen Bestimmungen sind nach dem Tode der Erschienenen zu 1 Miterben zu je ein halb die Kinder und zwar ■■■ und ■■■ (Erschienener zu 2).[3]

Die unverheiratete Tochter ■■■ ist nach ihrem Vater kinderlos verstorben. Der Sohn ■■■ hat zwei Kinder, denen die Erschienene zu 1 besonders zugeneigt ist und deren spätere berufliche Entwicklung sie besonders finanziell fördern möchte.[4]

Sie beabsichtigt deshalb ihren Enkelkindern ■■■ und ■■■ eine Zuwendung in Höhe von EUR ■■■ zu machen und hat in diesem Zusammenhang ihr Kind ■■■, Erschienener zu 2, hinsichtlich dieser Verfügung um einen Verzicht auf das ihm aus § 2287 BGB zustehende Rückforderungsrecht gebeten.[5]

Der Erschienene zu 2 stimmt deshalb zu dieser ihn beeinträchtigenden lebzeitigen Verfügung der Erschienenen zu 1 zu und verzichtet insoweit auf eine Herausgabe gemäß § 2287 BGB.[6]

Diese Niederschrift wurde den Beteiligten bei gleichzeitiger Anwesenheit vorgelesen, genehmigt und unterschrieben. ◄

B. Erläuterungen

2 [1] Zur Form vgl Rn 6.

3 [2] **Grundsatz.** Der in § 2286 enthaltene Grundsatz, dass der Erblasser hinsichtlich lebzeitiger Verfügungen keinen Beschränkungen unterliegt, wird mit dieser Vorschrift insoweit eingeschränkt, als der Vertragserbe gegen einen offensichtlichen Missbrauch der Verfügungsfreiheit des Erblassers geschützt wird.

4 [3] **Benachteiligungsabsicht.** Das Tatbestandsmerkmal der Beeinträchtigungsabsicht (Benachteiligungsabsicht) wurde in der früheren Rechtsprechung des BGH in der Weise aufgefasst, dass es sich dabei um den **„treibenden Beweggrund"** der Schenkung handeln müsse (BGH FamRZ 1960, 145). Daneben griff der BGH auf § 134 zurück und nahm bei offenkundigen Missbrauchsfällen die Unwirksamkeit der lebzeitigen Rechtsgeschäfte an (sog. **Aushöhlungsnichtigkeit**, dazu Staudinger/*Kanzleiter* Rn 9 ff). Mit der Entscheidung v. 5.7.1972 (BGHZ 59, 343) hat der BGH seine frühere Rechtsprechung aufgegeben und greift nunmehr auf das Merkmal des „lebzeitigen Eigeninteresses" des Erblassers an der Schenkung zurück (mwN Palandt/*Edenhofer* § 2287 Rn 7). Nur bei Fehlen eines derartigen Interesses können demnach die Voraussetzungen des § 2287 vorliegen.

5 [4] **Anwendung auf gemeinschaftliche Testamente.** Die Vorschrift ist wegen der gleichen Interessenlage auf gemeinschaftliche Testamente hinsichtlich bindender Verfügungen entsprechend anwendbar. Da das gemeinschaftliche Testament jedoch bei Lebzeiten der Erblasser durch Widerruf beseitigt werden kann, ist eine Einschränkung insoweit geboten als die Vorschrift erst mit dem Tode des Erstversterbenden anwendbar ist (BGHZ 89 274; NK-BGB/*Seiler* Rn 4; Staudinger/*Kanzleiter* Rn 2).

6 [5] **Ausschluss des Anspruchs.** Einräumung der Befugnis zur Verfügung: Der Anspruch ist ausgeschlossen, sofern der Erblasser sich die Befugnis zur Vornahme von Schenkungen im Erbvertrag ausdrücklich vorbehalten hat (MüKo-BGB/*Musielak*, Rn 24; Staudinger/*Kanzleiter*, Rn 7; OLG Köln ZEV 2003, 76).

7 [6] **Verzicht auf das Recht aus § 2287.** Der Vertragserbe, der nicht zugleich Vertragschließender ist, kann in der Form des § 2348 auf den Anspruch aus § 2287 verzichten (*Ivo*, ZEV 2003, 103), da auch hier eine dem **Zuwendungsverzicht** vergleichbare Situation besteht. Mit den gleichen Erwägungen könnte sich eine Pflicht zur Beurkundung des Verzichts aus § 2276 ergeben, weil es sich im Ergebnis um die Änderung des Erbvertrages handelt (vgl BGH ZEV 2005, 479).In einer Entscheidung des BGH (BGHZ 108, 252 – NJW 1989, 2618 – vgl auch BGH

FamRZ 2005, 1550) hat dieser entschieden, dass eine lebzeitig erklärte Zustimmung des Bedachten Vertragspartners eines Erbvertrages zu einer ihn beeinträchtigenden lebzeitigen Verfügung den Anspruch aus § 2287 ausschließen kann; Voraussetzung dafür ist allerdings, dass die Zustimmung in notarieller Form erfolgt, in Analogie zur Form des Erbverzichts (str., vgl Palandt/*Edenhofer*, § 2287 Rn 8). Die Einräumung einer solchen Zustimmung bzw eines solchen Verzichts ist auf Kritik gestoßen. Insbesondere vertritt die Gegenmeinung die Ansicht, der Anspruch aus § 2287 sei unmittelbare Folge der erbrechtlichen Bindung und kann daher auch nur in den vom Gesetz vorgesehenen Formen, dh Aufhebungs- oder Änderungsvertrag, beseitigt oder eingeschränkt werden (zum Streitstand *Ivo*, ZEV 2003, 102; auch *Damrau*, FamRZ 1991, 552; Bambring/Mutter/*Braun*, Formularhandbuch Erbrecht, J.II.2, 12).

§ 2289 Wirkung des Erbvertrags auf letztwillige Verfügungen; Anwendung von § 2338

(1) [1]Durch den Erbvertrag wird eine frühere letztwillige Verfügung des Erblassers aufgehoben, soweit sie das Recht des vertragsmäßig Bedachten beeinträchtigen würde. [2]In dem gleichen Umfang ist eine spätere Verfügung von Todes wegen unwirksam, unbeschadet der Vorschrift des § 2297.
(2) Ist der Bedachte ein pflichtteilsberechtigter Abkömmling des Erblassers, so kann der Erblasser durch eine spätere letztwillige Verfügung die nach § 2338 zulässigen Anordnungen treffen.

§ 2290 Aufhebung durch Vertrag

(1) [1]Ein Erbvertrag sowie eine einzelne vertragsmäßige Verfügung kann durch Vertrag von den Personen aufgehoben werden, die den Erbvertrag geschlossen haben. [2]Nach dem Tode einer dieser Personen kann die Aufhebung nicht mehr erfolgen.
(2) [1]Der Erblasser kann den Vertrag nur persönlich schließen. [2]Ist er in der Geschäftsfähigkeit beschränkt, so bedarf er nicht der Zustimmung seines gesetzlichen Vertreters.
(3) [1]Steht der andere Teil unter Vormundschaft, so ist die Genehmigung des Familiengerichts erforderlich. [2]Das Gleiche gilt, wenn er unter elterlicher Sorge steht, es sei denn, dass der Vertrag unter Ehegatten oder unter Verlobten, auch im Sinne des Lebenspartnerschaftsgesetzes, geschlossen wird. [3]Wird die Aufhebung vom Aufgabenkreis eines Betreuers erfasst, ist die Genehmigung des Betreuungsgerichts erforderlich.
(4) Der Vertrag bedarf der in § 2276 für den Erbvertrag vorgeschriebenen Form.

§ 2291 Aufhebung durch Testament

(1) [1]Eine vertragsmäßige Verfügung, durch die ein Vermächtnis oder eine Auflage angeordnet ist, kann von dem Erblasser durch Testament aufgehoben werden. [2]Zur Wirksamkeit der Aufhebung ist die Zustimmung des anderen Vertragschließenden erforderlich; die Vorschrift des § 2290 Abs. 3 findet Anwendung.
(2) Die Zustimmungserklärung bedarf der notariellen Beurkundung; die Zustimmung ist unwiderruflich.

Schrifttum zu § 2290: *Keller*, Aufhebung, Änderung und Ergänzung eines Erbvertrages durch die Vertragspartner, ZEV 2004, 93

A. Muster: Aufhebungsvertrag zum Erbvertrag 1

▶ **Aufhebungsvertrag[1], [2]**

V erklärt: Ich habe am ▪▪▪ (Datum) gemeinsam mit meinem Sohn S ▪▪▪ vor dem Notar ▪▪▪ in ▪▪▪ einen Erbvertrag, UR-Nr. ▪▪▪, beurkunden lassen.

Darin habe ich meinen Sohn zu meinem alleinigen Erben eingesetzt nebst Testamentsvollstreckungsanordnung. Daneben habe ich ihm als Vermächtnis den lebenslangen Nießbrauch an dem Grundstück ▪▪▪ zugewandt.

S erklärt: Ich habe in dem oben genannten Erbvertrag für mich und meine Erben auf meinen gesetzlichen Pflichtteil verzichtet.

V und S erklären:

Alle Bestimmungen haben wir vertragsmäßig bindend getroffen. Wir heben hiermit alle etwaigen, bisher von uns in diesem Erbvertrag getroffenen Verfügungen[3], [4] von Todes wegen auf.[5], [6] ◄

B. Erläuterungen

2 [1] **Allgemeines.** Aus dem Vertragscharakter des Erbvertrages ergibt sich, dass dieser durch Vertrag (**actus contrarius**) und nicht etwa durch Widerruf aufgehoben werden kann. Erleichterungen ergeben sich aus § 2291 für die Aufhebung von Vermächtnissen und Erbeinsetzungen und aus § 2292 bei der Aufhebung durch gemeinschaftliches Testament. Schließlich ist die Aufhebung nach § 2300 Abs. 2 iVm § 2256 Abs. 1 möglich. Der Vertrag zur Aufhebung des Erbvertrages kann nur von den Personen geschlossen werden, die auch den Erbvertrag geschlossen haben, also nicht deren Erben. Durch die Aufhebung werden auch die zugunsten Dritter getroffenen Verfügungen hinfällig. Die Zustimmung des vertraglich bedachten Dritten ist dabei nicht erforderlich. Der vertraglich bedachte Dritte hat vielmehr vor dem Erbfall keine Rechte, sondern allein eine tatsächliche Aussicht (NK-BGB/*Seiler* § 2290 Rn 6).

3 Ist der Bedachte zugleich Vertragschließender, kann anstelle eines Aufhebungsvertrages auch ein **Zuwendungsverzichtsvertrag** geschlossen werden (str. wie hier etwa NK-BGB/*Seiler* § 2290 Rn 7; Soergel/*Wolf* § 2290 Rn 3; abl. etwa RGRK-BGB/*Kregel* § 2290 Rn 1). Nach dem Tod eines der Vertragschließenden ist die Aufhebung des Erbvertrages abgesehen von der Regelung des § 2297 nicht mehr möglich, insb. nicht durch Vertrag mit den Erben des Zuerstversterbenden (möglich ist jedoch ein Zuwendungsverzicht, vgl die Ausführungen zu § 2352). Die Vorschrift des § 2271 Abs. 2 Hs 1 findet keine entsprechende Anwendung, so dass eine Ausschlagung nicht zur Beseitigung vertragsmäßiger Verfügungen führt.

4 [2] **Form.** Die Form des Aufhebungsvertrages (Abs. 4) entspricht der der Errichtung des Erbvertrages (§ 2276), also **gleichzeitige Anwesenheit** beider Teile (vgl dort Rn 6). Der Aufhebungsvertrag kann auch durch Prozessvergleich erfolgen (s. § 2276 Rn 5). Der Erblasser kann den Aufhebungsvertrag nur persönlich schließen (§ 2290 Abs. 2 S. 1). Der beschränkt Geschäftsfähige bedarf nicht der Zustimmung seines gesetzlichen Vertreters (§ 2290 Abs. 2 S. 2).

5 [3] **Wirkung der Aufhebung.** Der Aufhebungsvertrag bewirkt die Unwirksamkeit der getroffenen Verfügungen und beseitigt die Bindungswirkung des Erbvertrages. Die Aufhebungswirkung kann sich auch auf einzelne vertragsmäßige Verfügungen beschränken oder nur die vertragliche Bindung beseitigen. Wird der Aufhebungsvertrag seinerseits aufgehoben, lebt der Erbvertrag wieder auf (NK-BGB/*Seiler* § 2090 Rn 16).

6 [4] **Aufhebung einzelner Verfügungen.** Möglich ist auch die Aufhebung hinsichtlich einzelner vertragsmäßiger Verfügungen; für Vermächtnisse und Auflagen besteht die zusätzliche Aufhebungsmöglichkeit nach § 2291. Wird der Erbvertrag insgesamt aufgehoben, wird im Zweifel auch eine enthaltene einseitige Verfügung kraftlos (§ 2299 Abs. 3).

7 [5] **Allgemeine Aufhebungsverfügung, § 2291 Abs. 1 S. 1.** Die Vorschrift bietet somit eine Erleichterung im Vergleich zum Aufhebungsvertrag nach § 2290, sofern es um die Beseitigung von Auflagen oder Vermächtnissen (nicht von Erbeinsetzungen) geht. Es bedarf nicht der notariellen Beurkundung der Aufhebung, damit entfällt auch das Erfordernis der gleichzeitigen Anwesenheit beider Teile vor dem Notar. Lediglich die Zustimmung des anderen Vertragschließenden bedarf der notariellen Beurkundung.

8 [6] **Zustimmung des anderen Vertragschließenden, § 2291 Abs. 1 S. 2.** Zur Wirksamkeit des Aufhebungstestaments bedarf es der Zustimmung des anderen Vertragschließenden, die Zustimmung des vertragsmäßig bedachten Dritten ist dagegen weder erforderlich noch ausrei-

chend. Dieser kann durch Zuwendungsverzichtsvertrag auf die Zuwendung verzichten. Die Zustimmungserklärung des anderen Vertragschließenden ist eine **empfangsbedürftige Willenserklärung** (§ 130). Sie bedarf der notariellen Beurkundung. Die §§ 182 ff finden entsprechende Anwendung (NK-BGB/*Seif* § 2291 Rn 4). Der Erblasser kann bei bereits erteilter Einwilligung des anderen Vertragschließenden die Verfügungen auch dann aufheben, wenn der andere Vertragschließende zwischenzeitlich verstorben ist. Allerdings kann die Zustimmung des anderen Vertragschließenden nicht mehr nach dem Tod des Erblassers erfolgen (Palandt/*Edenhofer* § 2291 Rn 2; NK-BGB/*Seiler* § 2291 Rn 8). Die Zustimmung kann auch durch einen **Vertreter** erklärt werden, nach Abs. 1 S. 2 ist bei Vormundschaft oder Betreuung die Genehmigung des Vormundschaftsgerichts erforderlich.

§ 2292 Aufhebung durch gemeinschaftliches Testament

Ein zwischen Ehegatten oder Lebenspartnern geschlossener Erbvertrag kann auch durch ein gemeinschaftliches Testament der Ehegatten oder Lebenspartner aufgehoben werden; die Vorschrift des § 2290 Abs. 3 findet Anwendung.

A. Muster: Aufhebung eines Ehevertrages durch gemeinschaftliches Testament[1] 1

▶ Wir heben hiermit alle etwaigen, bisher von uns einseitig oder gemeinschaftlich getroffenen Verfügungen von Todes wegen auf.[2] ◀

B. Erläuterungen

[1] Aufhebung durch gemeinschaftliches Testament. Ehegatten können den Erbvertrag auch durch gemeinschaftliches Testament aufheben, sofern er von ihnen allein geschlossen wurde. Damit soll den Eheleuten die Aufhebung des Erbvertrages erleichtert werden, da ansonsten für die Aufhebung oder Errichtung einer neuen abweichenden Verfügung von Todes wegen, entgegen § 2267 die Form der notariellen Beurkundung nach §§ 2290, 2291 erforderlich wäre (MüKo-BGB/*Musielak* Rn 1). **Voraussetzung** der Aufhebung des Erbvertrages durch gemeinschaftliches Testament ist, dass die Beteiligten Eheleute (§ 2265) oder gleichgeschlechtliche Lebenspartner (§ 10 Abs. 4 LPartG) sind. Diese Voraussetzung muss indessen allein im Zeitpunkt der Errichtung des Aufhebungstestaments vorliegen. Entgegen dem Wortlaut der Vorschrift müssen die Eheleute nicht bereits bei Errichtung des Erbvertrages verheiratet gewesen sein (MüKo-BGB/*Musielak* Rn 2; Palandt/*Edenhofer* Rn 1; BayObLG NJW-RR 1996, 457). Die Eheleute müssen jedoch die einzigen Vertragschließenden des Erbvertrages sein. Ist der Erbvertrag zwischen dem Ehepartner und einem Dritten geschlossen worden und der andere Ehepartner in diesem Erbvertrag bedacht worden, kann die Aufhebung des Erbvertrages nicht durch gemeinschaftliches Testament erfolgen (MüKo-BGB/*Musielak* Rn 2). Das **Aufhebungstestament** kann in jeder für gemeinschaftliche Testamente zulässigen Form errichtet werden, also auch in der Form des § 2267. 2

[2] Aufhebung einzelner Verfügungen. Das Aufhebungstestament kann sich in der Aufhebung der im Erbvertrag getroffenen Verfügungen erschöpfen (Palandt/*Edenhofer* Rn 1). Die Aufhebung kann sich dabei aber auch auf einzelne Verfügungen beschränken und andere bestehen lassen (*Keller*, ZEV 2004, 93). Auch die Errichtung eines gemeinschaftlichen Testaments mit 3 abweichenden Verfügungen kann ein Aufhebungstestament iSd Vorschrift sein, wenn hinreichend deutlich wird, dass die vertragsmäßigen Verfügungen beseitigt werden sollen (MüKo-BGB/*Musielak* Rn 5).

§ 2293 Rücktritt bei Vorbehalt

Der Erblasser kann von dem Erbvertrag zurücktreten, wenn er sich den Rücktritt im Vertrag vorbehalten hat.

§ 2294 Rücktritt bei Verfehlungen des Bedachten

Der Erblasser kann von einer vertragsmäßigen Verfügung zurücktreten, wenn sich der Bedachte einer Verfehlung schuldig macht, die den Erblasser zur Entziehung des Pflichtteils berechtigt oder, falls der Bedachte nicht zu den Pflichtteilsberechtigten gehört, zu der Entziehung berechtigen würde, wenn der Bedachte ein Abkömmling des Erblassers wäre.

§ 2295 Rücktritt bei Aufhebung der Gegenverpflichtung

Der Erblasser kann von einer vertragsmäßigen Verfügung zurücktreten, wenn die Verfügung mit Rücksicht auf eine rechtsgeschäftliche Verpflichtung des Bedachten, dem Erblasser für dessen Lebenszeit wiederkehrende Leistungen zu entrichten, insbesondere Unterhalt zu gewähren, getroffen ist und die Verpflichtung vor dem Tode des Erblassers aufgehoben wird.

§ 2296 Vertretung, Form des Rücktritts

(1) [1]Der Rücktritt kann nicht durch einen Vertreter erfolgen. [2]Ist der Erblasser in der Geschäftsfähigkeit beschränkt, so bedarf er nicht der Zustimmung seines gesetzlichen Vertreters.
(2) [1]Der Rücktritt erfolgt durch Erklärung gegenüber dem anderen Vertragschließenden. [2]Die Erklärung bedarf der notariellen Beurkundung.

§ 2297 Rücktritt durch Testament

[1]Soweit der Erblasser zum Rücktritt berechtigt ist, kann er nach dem Tode des anderen Vertragschließenden die vertragsmäßige Verfügung durch Testament aufheben. [2]In den Fällen des § 2294 findet die Vorschrift des § 2336 Abs. 2 und 3 entsprechende Anwendung.

1 **A. Muster: Rücktritt vom Erbvertrag[1]**

▶ Jeder von uns behält sich das Recht vor, von diesem Erbvertrag zurückzutreten,[2] ohne dass hierfür ein besonderer Rücktrittsgrund vorzuliegen braucht.[3] ◀

B. Erläuterungen und Varianten

2 [1] **Begriff.** Notwendig ist nicht die Bezeichnung „Rücktritt", auch „Widerruf" oder „Aufhebung" kann ausreichend sein (Hk-BGB/*Hoeren* § 2293 Rn 4).

3 [2] **Teilweiser Rücktrittsvorbehalt.** Auch die nur teilweise Aufhebung des Erbvertrages ist auf Grund des Rücktrittsvorbehalts möglich (Teil- oder Gesamtrücktrittsvorbehalt), genauso wie bedingte oder befristete Vorbehalte; erbvertragstypisch ist dabei aber zumindest, dass die Bindung an eine Verfügung weiter bestehen bleibt.

4 [3] **Auslegung.** Bei dem Vorbehalt „abweichend von Testaments wegen zu verfügen" kann auch ein **Rücktrittsvorbehalt** gemeint sein (Palandt/*Edenhofer* § 2293 Rn 2; BayObLG FamRZ 1989, 1353; NJW-RR 1997, 1027). Die Anordnung eines **Rücktrittsausschlusses** dient zunächst nur der Klarstellung und bezieht sich lediglich auf den vertraglich geregelten Rücktrittsvorbehalt,

anders verhält es sich bei den gesetzlich geregelten Rücktrittsrechten, §§ 2294, 2295. Ein entgegenstehender Wille beider Vertragsparteien zur Zeit des Vertragsschlusses kann durch Auslegung ermittelt werden (BayObLG FamRZ 1994, 196); auch die notarielle Beurkundung spricht einer Auslegung nicht entgegen (Saarbr NJW-RR 1994, 844).

▶ Nach dem Tode eines Beteiligten am Erbvertrag ist der Rücktritt ausgeschlossen. ◀

Ein **Rücktritt mit Begründung** kann wie folgt formuliert sein: 5

▶ Ich habe am ■■■ (Datum) gemeinsam mit meiner zwischenzeitlich verstorbenen Lebensgefährtin ■■■ vor dem Notar ■■■ in ■■■ einen Erbvertrag, UR-Nr. ■■■, beurkunden lassen.

Darin habe ich den Sohn meiner Lebensgefährtin vertragsmäßig bindend im Wege eines Vermächtnisses den lebenslangen Nießbrauch an dem Grundstück ■■■ zugewandt. Dieser hat sich nach dem Tod meiner Lebensgefährtin gem. §§ 2294, 2333 Abs. 1 Nr. 4 einer Verfehlung schuldig gemacht, die zur Entziehung des Pflichtteils berechtigen würde: ■■■ (Sachverhalt). Er ist wegen diesem Vorfall durch das Amtsgericht ■■■ zu ■■■ verurteilt worden. Das Urteil ist rechtskräftig. Wegen der Einzelheiten verweise ich auf die Gerichtsakte. Eine Verzeihung fand nicht statt. Ich trete deshalb hiermit von der vertraglichen Regelung hinsichtlich der Einräumung des Nießbrauchs an dem Grundstück ■■■ zurück. ◀

§ 2298 Gegenseitiger Erbvertrag

(1) Sind in einem Erbvertrag von beiden Teilen vertragsmäßige Verfügungen getroffen, so hat die Nichtigkeit einer dieser Verfügungen die Unwirksamkeit des ganzen Vertrags zur Folge.
(2) [1]Ist in einem solchen Vertrag der Rücktritt vorbehalten, so wird durch den Rücktritt eines der Vertragschließenden der ganze Vertrag aufgehoben. [2]Das Rücktrittsrecht erlischt mit dem Tode des anderen Vertragschließenden. [3]Der Überlebende kann jedoch, wenn er das ihm durch den Vertrag Zugewendete ausschlägt, seine Verfügung durch Testament aufheben.
(3) Die Vorschriften des Absatzes 1 und des Absatzes 2 Sätze 1 und 2 finden keine Anwendung, wenn ein anderer Wille der Vertragschließenden anzunehmen ist.

§ 2299 Einseitige Verfügungen

(1) Jeder der Vertragschließenden kann in dem Erbvertrag einseitig jede Verfügung treffen, die durch Testament getroffen werden kann.
(2) [1]Für eine Verfügung dieser Art gilt das Gleiche, wie wenn sie durch Testament getroffen worden wäre. [2]Die Verfügung kann auch in einem Vertrag aufgehoben werden, durch den eine vertragsmäßige Verfügung aufgehoben wird.
(3) Wird der Erbvertrag durch Ausübung des Rücktrittsrechts oder durch Vertrag aufgehoben, so tritt die Verfügung außer Kraft, sofern nicht ein anderer Wille des Erblassers anzunehmen ist.

§ 2300 Anwendung der §§ 2259 und 2263; Rücknahme aus der amtlichen oder notariellen Verwahrung

(1) Die §§ 2259 und 2263 sind auf den Erbvertrag entsprechend anzuwenden.
(2) [1]Ein Erbvertrag, der nur Verfügungen von Todes wegen enthält, kann aus der amtlichen oder notariellen Verwahrung zurückgenommen und den Vertragsschließenden zurückgegeben werden. [2]Die Rückgabe kann nur an alle Vertragsschließenden gemeinschaftlich erfolgen; die Vorschrift des § 2290 Abs. 1 Satz 2, Abs. 2 und 3 findet Anwendung. [3]Wird ein Erbvertrag nach den Sätzen 1 und 2 zurückgenommen, gilt § 2256 Abs. 1 entsprechend.

§ 2300 a (aufgehoben)

§ 2301 Schenkungsversprechen von Todes wegen

(1) [1]Auf ein Schenkungsversprechen, welches unter der Bedingung erteilt wird, dass der Beschenkte den Schenker überlebt, finden die Vorschriften über Verfügungen von Todes wegen Anwendung. [2]Das Gleiche gilt für ein schenkweise unter dieser Bedingung erteiltes Schuldversprechen oder Schuldanerkenntnis der in den §§ 780, 781 bezeichneten Art.

(2) Vollzieht der Schenker die Schenkung durch Leistung des zugewendeten Gegenstands, so finden die Vorschriften über Schenkungen unter Lebenden Anwendung.

Schrifttum zu § 2300: *Commichau*, Erbvertrag: Amtliche Verwahrung des Aufhebungsvertrages? MitBayNot 1998, 235; *v. Dickhuth-Harrach*, Die Rückgabe des Erbvertrages aus der amtlichen Verwahrung, RNotZ 2002, 384; *Keim*, Die Aufhebung von Erbverträgen durch die Rücknahme aus der amtlichen oder notariellen Verwahrung, ZEV 2003, 55

Schrifttum zu § 2301: *Barnert*, Anm zu BGH JZ 2004, 518, JZ 2004, 520; *Krause*, Zuwendungen unter Lebenden auf den Todesfall als alternative Gestaltungsmöglichkeit der Vermögensnachfolge, NotBZ 2001, 87; *Kuchinke*, Das versprochene Bankguthaben auf den Todesfall und die zur Erfüllung des Versprechens erteilte Verfügungsvollmacht über den Tod hinaus, FamRZ 1984, 109; *Liessem*, Das Verhältnis von Schenkung von Todes wegen und Vertrag zugunsten Dritter zum Erbrecht, MittRhNotk 1988, 29; *Lindemeier*, Die Überlebensbedingung als Merkmal der Schenkung von Todes wegen, NotBZ 2002, 122, 167; *Muscheler*, Vertrag zugunsten Dritter auf den Todesfall und Erbenwiderruf, WM 1994, 291; *Nieder*, Rechtsgeschäfte unter Lebenden auf den Tod, ZNotP 1998, 143, 192; *Schmidt-Kessel*, Wohin entwickelt sich die unbedingte, auf den Tod des Erblassers befristete Schenkung, Festschrift Schippel, 317; *Trapp*, Die postmortale Vollmacht zum Vollzug lebzeitiger Zuwendungen, ZEV 1995, 314; *Werkmüller*, Zuwendungen auf den Todesfall: Die Bank im Spannungsverhältnis kollidierender Interessen nach dem Tod ihres Kunden, ZEV 2001, 97

1 **A. Muster: Schenkungsversprechen von Todes wegen**[1]

▶ 1. Ich, ■■■, geb. am ■■■, schenke meinem Sohn ■■■, geb. am ■■■, meine Münzsammlung. Diese hat folgenden Umfang ■■■
Der Beschenkte nimmt diese Schenkung an.[2], [3]
2. Die Schenkung und die Übereignung sind auf den Fall auflösend bedingt, dass der Beschenkte vor dem Schenker verstirbt oder dass der Rücktritt nach § 5 erklärt wird.[4]
3. Die Schenkung wird durch Übergang und Übereignung des in Nummer (1.) genannten Schenkungsgegenstandes sofort vollzogen.[5]
4. Der Schenker haftet – mit Ausnahme des arglistigen Verschweigens – nicht wegen Sach- oder Rechtsmängel des Schenkungsgegenstandes.
5. Die auf die Schenkung eventuell anfallende Schenkungssteuer übernimmt der Schenker. ◀

B. Erläuterungen

2 **[1] Schenkungsversprechen von Todes wegen, Abs. 1 S. 1.** Neben der weiteren Gestaltungsmöglichkeit des Vertrages zugunsten Dritter auf den Todesfall (§ 331) bietet das BGB die Schenkung (§ 516) unter der Bedingung, dass der Beschenkte den Schenker überlebt. Eine eigenständige gesetzliche Regelung der Schenkung von Todes wegen („donatio mortis causa") hat der Gesetzgeber bewusst nicht vorgenommen (Mot V, S. 351), die Zulässigkeit derartiger Vereinbarungen aber nicht in Frage gestellt. Je nachdem, ob ein Vollzug der Schenkung vorliegt, ist die Schenkung den erbrechtlichen oder den schuldrechtlichen Vorschriften unterworfen. Dem Schenkungsversprechen ist dabei das schenkweise erteilte Schuldversprechen oder Schuldanerkenntnis (§§ 780, 781 S. 2) gleichgestellt.

3 Nach überwiegender Ansicht wird unter dem Begriff des Schenkungsversprechens iSd Abs. 1 jedoch der gegenseitige Vertrag über die unentgeltliche Zuwendung verstanden (Staudinger/*Kanzleiter* Rn 9; Palandt/*Edenhofer* Rn 5; OLG Hamm FamRZ1989, 673). Dem ist zuzustimmen, da die Verwendung des Begriffs Schenkungsversprechen im Gegensatz zur bereits vollzo-

genen Schenkung steht (RGRK-BGB/*Kregel* Rn 5). Das einseitige Schenkungsversprechen kann als Testament aufzufassen sein oder zumindest in ein solches umgedeutet werden (Staudinger/*Kanzleiter* Rn 9). Dies gilt insb. für den Fall, dass die Formvorschrift des § 518 Abs. 1 nicht beachtet ist (zu den Unterschieden HK BGB/*Hoeren* Rn 13, der zu Recht darauf hinweist, dass diese Auffassungen meist zu keinen unterschiedlichen Ergebnissen führen). Dem Schenkungsversprechen ist das selbständige Schuldversprechen oder das **Schuldanerkenntnis** (§§ 780, 781), das unter der Bedingung des Überlebens des Bedachten schenkweise erteilt wird, gleichgestellt (Abs. 1 S. 2; § 518 Abs. 1 S. 2).

[2] **Materiellrechtliche Folgen.** Der Versprechensempfänger hat keine gesicherte Rechtsposition, insb. kein Anwartschaftsrecht auf den zugewendeten Gegenstand. Der Schenker hat die Rechte aus den §§ 2281, 2290, 2293 ff und nicht die Rechte aus den §§ 530 ff (Palandt/*Edenhofer* Rn 7). 4

[3] **Unentgeltlichkeit.** Die vertragliche Vereinbarung setzt voraus, dass die Vertragsparteien sich über sämtliche Tatbestandsmerkmale der Schenkung gem. § 516 insb. die Unentgeltlichkeit einig sind (§ 518 Rn 3; Erman/*Herrmann* § 518 Rn 2). Dies ist etwa dann zu verneinen, wenn die versprochene Leistung als Gegenleistung für bis dahin geleistete Dienste gewährt werden soll (MüKo-BGB/*Musielak* Rn 7). 5

[4] **Überlebensbedingung.** Das Schenkungsversprechen muss unter der Bedingung (§ 158) stehen, dass der Beschenkte den Schenker überlebt; das Überleben darf dabei nicht bloßes Motiv sein (Soergel/*Lange* Rn 3). Eine Schenkung von Todes wegen liegt demnach dann nicht vor, wenn die Schenkung ohne eine derartige Bedingung vereinbart ist. Fehlt es an der Überlebensbedingung handelt es sich um eine **Schenkung unter Lebenden**, die sich allein nach den §§ 516 ff richtet (Palandt/*Edenhofer* Rn 4). Überlebensbedingung bedeutet idR aufschiebende Bedingung, dass der Beschenkte den Schenker überlebt. Möglich ist aber auch eine auflösende Bedingung in der Weise, dass der Beschenkte vorverstirbt, da die Wirkung die gleiche ist, wie bei der aufschiebenden Bedingung (str., wie hier etwa Staudinger/*Kanzleiter* Rn 10 b; Palandt/*Edenhofer* Rn 3; Soergel/*Lange* Rn 3; abl. etwa MüKo-BGB/*Musielak* Rn 9; NK-BGB/*Müßig* Rn 18, ausführlich *Lindemeier* NotBZ 2002, 167). Zur Abgrenzung zur befristeten Schenkung BGHZ 8, 23; NK-BGB/*Müßig* Rn 26; Palandt/*Edenhofer* Rn 4. Liegt eine **Schenkung unter der Überlebensbedingung** iSd Abs. 1 vor, ordnet das Gesetz die Anwendung der Vorschriften über die „Verfügungen von Todes wegen" an. Nach herrschender Meinung bezieht sich die Verweisung auf den Erbvertrag (Palandt/*Edenhofer*, Rn 6; aA etwa MüKo-BGB/*Musielak* Rn 13; Bamberger/Roth/*Litzenburger* Rn 7; *Lindemeier*, NotBZ 2002, 124). 6

[5] **Die vollzogene Schenkung (Abs. 2).** Ist die Schenkung zu Lebzeiten des Schenkers vollzogen, unterliegt sie Vorschriften über die Schenkungen unter Lebenden. Auf derartige Schenkungen sind die §§ 516 ff anzuwenden. Insb. kann nach den § 516 ff der Formmangel durch Bewirkung der versprochenen Leistung geheilt werden. Abs. 2 setzt voraus, dass der Schenker die Schenkung durch Leistung des zugewendeten Gegenstandes bewirkt. Die Vorschrift verlangt dabei den Vollzug durch den Schenker selbst, also nicht durch seine Erben (HK BGB/*Hoeren* Rn 25). Einen derartigen lebzeitigen Vollzug verlangt die Vorschrift des § 518 Abs. 2 nicht, vielmehr kann die Heilung des Formmangels auch dadurch herbeigeführt werden, dass die Leistung nach dem Tode des Schenkers bewirkt wird (*Liessem*, MittRhNotK 1988, 20; BGH NJW 1987, 840; NJW 1987, 122). Daher kann die vom Schenker formlos versprochene Leistung auch nach seinem Tod von seinem Erben – oder aufgrund **postmortaler Vollmacht** – von einem Vertreter für diesen bewirkt werden (BGH NJW 1987, 840). 7

§ 2302 Unbeschränkbare Testierfreiheit

Ein Vertrag, durch den sich jemand verpflichtet, eine Verfügung von Todes wegen zu errichten oder nicht zu errichten, aufzuheben oder nicht aufzuheben, ist nichtig.

Abschnitt 5 Pflichtteil

§ 2303 Pflichtteilsberechtigte; Höhe des Pflichtteils

(1) [1]Ist ein Abkömmling des Erblassers durch Verfügung von Todes wegen von der Erbfolge ausgeschlossen, so kann er von dem Erben den Pflichtteil verlangen. [2]Der Pflichtteil besteht in der Hälfte des Wertes des gesetzlichen Erbteils.
(2) [1]Das gleiche Recht steht den Eltern und dem Ehegatten des Erblassers zu, wenn sie durch Verfügung von Todes wegen von der Erbfolge ausgeschlossen sind. [2]Die Vorschrift des § 1371 bleibt unberührt.

1 **A. Muster: Enterbung[1]**

▶ Hiermit enterbe ich meinen Sohn ▪▪▪. Die Enterbung soll ausschließlich hinsichtlich seiner Person (alternativ: für seinen ganzen Stamm) gelten.

oder:

Wir, die Eheleute ▪▪▪ setzen uns gegenseitig zu alleinigen Erben ein. Schlusserben nach dem Tod des Längstlebenden von uns sollen unsere (gemeinsamen/einseitigen) Kinder Tochter T und Sohn S zu gleichen Teilen sein.

oder:

Hiermit berufe ich Herrn ▪▪▪ zu meinem Alleinerben. Diese Erbeinsetzung gilt unabhängig davon, ob bzw. wie viele Pflichtteilsberechtigte zum Zeitpunkt meines Todes vorhanden sein werden.[2] ◀

B. Erläuterungen

2 [1] Der **Ausschluss** eines Abkömmlings, der Eltern oder des Ehegatten – nach § 10 Abs. 6 LPartG auch des Lebenspartners – von der gesetzlichen Erbfolge durch Verfügung von Todes wegen kann ausdrücklich oder konkludent angeordnet werden, indem der Erblasser diese Angehörigen in der letztwilligen Verfügung ausdrücklich enterbt (negatives Testament gem. § 1938), nicht erwähnt oder einen Dritten zum Erben beruft (Hk-BGB/*Hoeren* § 1938 Rn 2).

3 [2] Damit wird der **Wille des Erblassers** gem. § 2079 Abs. 1 S. 2 zum Ausdruck gebracht, so dass die Anfechtung der letztwilligen Verfügung wegen Übergehung eines Pflichtteilsberechtigten ausgeschlossen ist.

§ 2304 Auslegungsregel

Die Zuwendung des Pflichtteils ist im Zweifel nicht als Erbeinsetzung anzusehen.

1 **A. Muster: Enterbung und Zuwendung des Pflichtteils**

▶ Zu meinem Alleinerben setze ich Frau▪▪▪ ein. Mein Sohn soll lediglich – ohne dass dies eine Vermächtnisanordnung in Höhe des Pflichtteils darstellt – seinen Pflichtteil gem. § 2303 erhalten.[1] ◀

B. Erläuterungen

2 [1] Durch die **ausdrückliche Einsetzung eines Alleinerben** ist klargestellt, dass mit der Zuwendung des Pflichtteils keine Erbeinsetzung auf den Pflichtteil gewollt ist. Klargestellt ist durch

die Formulierung „ohne dass dies eine Vermächtnisanordnung in Höhe des Pflichtteils darstellt" auch, dass keine Anordnung eines Vermächtnisses, sondern lediglich eine schlichte Verweisung auf den Pflichtteil vorliegt. (Zu den Unterschieden vgl Hk-BGB/*Hoeren* § 2304 Rn 5; MüKo-BGB/*Lange* § 2304 Rn 3).

§ 2305 Zusatzpflichtteil

[1]Ist einem Pflichtteilsberechtigten ein Erbteil hinterlassen, der geringer ist als die Hälfte des gesetzlichen Erbteils, so kann der Pflichtteilsberechtigte von den Miterben als Pflichtteil den Wert des an der Hälfte fehlenden Teils verlangen. [2]Bei der Berechnung des Wertes bleiben Beschränkungen und Beschwerungen der in § 2306 bezeichneten Art außer Betracht.

A. Muster: Aufforderungsschreiben gegenüber dem Erben/den Miterben[1] 1

▶ Sehr geehrter ▪▪▪ 1200

Unter Vorlage uns legitimierender Vollmacht zeigen wir an, dass wir Herrn ▪▪▪ vertreten.

Unser Mandant (einziges Kind des Erblassers) ist nach der letztwilligen Verfügung des Erblassers vom ▪▪▪ als Erbe zu 1/3, Sie und ihre Schwester (beides Abkömmlinge des Mandanten) sind als Erben zu ebenfalls je 1/3 eingesetzt. Auf den Tod seines Vaters wäre unser Mandant gesetzlicher Alleinerbe geworden. Seine Pflichtteilsquote beläuft sich entsprechend auf 1/2. Die Differenz zwischen seiner Pflichtteilsquote und seinem Erbteil von 1/3, rechnerisch also 1/6 des Werts des Nettonachlasses bezogen auf den Zeitpunkt des Erbfalls, steht unserem Mandanten als Zusatzpflichtteil gem. § 2305 BGB zu. Der Zusatzpflichtteil wird hiermit gegen Sie und Ihre Schwester geltend gemacht.

Die Berechnung ergibt sich wie folgt: ▪▪▪ ◀

B. Erläuterungen

[1] § 2305 regelt den **Zusatzpflichtteil** bei geringfügigem Erbteil, der Zusatzpflichtteil bei einer Vermächtniszuwendung bestimmt sich nach § 2307. Der Zusatzpflichtteil oder auch Pflichtteilsrestanspruch ist Nachlassverbindlichkeit (ausführlich hierzu *Schindler*, Pflichtteilsberechtigter Erbe Rn 227 ff), die sich aber nur gegen die anderen Miterben und nicht gegen die Erbengemeinschaft als solche richtet, weil dies ansonsten wieder zur Reduzierung des Erbteils des erbenden Pflichtteilsberechtigten führen würde und ihn daher entgegen dem Normzweck schlechter als den völlig enterbten Pflichtteilsberechtigten stellen würde (*J. Mayer*, Handbuch Pflichtteilsrecht § 4 Rn 5) 2

§ 2306 Beschränkungen und Beschwerungen

(1) Ist ein als Erbe berufener Pflichtteilsberechtigter durch die Einsetzung eines Nacherben, die Ernennung eines Testamentsvollstreckers oder eine Teilungsanordnung beschränkt oder ist er mit einem Vermächtnis oder einer Auflage beschwert, so kann er den Pflichtteil verlangen, wenn er den Erbteil ausschlägt; die Ausschlagungsfrist beginnt erst, wenn der Pflichtteilsberechtigte von der Beschränkung oder der Beschwerung Kenntnis erlangt.
(2) Einer Beschränkung der Erbeinsetzung steht es gleich, wenn der Pflichtteilsberechtigte als Nacherbe eingesetzt ist.

1 **A. Muster: Erbausschlagungserklärung gem. § 2306 gegenüber dem Nachlassgericht**

► An das Amtsgericht

– Nachlassgericht[1] – (in Baden-Württemberg: Staatliches Notariat[2])

■■■ (Ort)[3]

AZ. ■■■

Nachlasssache ■■■ (Erblasser), verstorben am ■■■ in ■■■

zuletzt wohnhaft gewesen in ■■■

Am ■■■ ist mein Vater ■■■, zuletzt wohnhaft gewesen in ■■■, verstorben. Nach Ziff. ■■■ des am ■■■ vor dem Notar ■■■ in ■■■ vom Erblasser errichteten Testaments (URNr. ■■■), eröffnet am ■■■, bin ich (zusammen mit meiner Schwester ■■■) als Erbin zu je 1/2 eingesetzt. Gleichzeitig hat der Erblasser uns mit Vermächtnissen/Auflagen beschwert.

Ich schlage hiermit meinen Erbteil nach § 2306 Abs. 1 BGB aus, um meinen Pflichtteil zu verlangen.

Ich habe zwei Kinder, den Sohn ■■■ und die Tochter ■■■.

■■■

Unterschrift,[4] notarielle Unterschriftsbeglaubigung ◄

B. Erläuterungen

2 [1] Zur **Form** der Ausschlagung siehe § 1945; die Ausschlagung erfolgt gegenüber dem Nachlassgericht.

3 [2] **Landesrechtliche Besonderheiten** gelten in Württemberg, hier sind gem. Art. 73 ff AGBGB die Bezirksnotariate zuständig und in Baden, wo gem. § 33 LFG die Notare zuständig sind.

4 [3] Zur **örtlichen Zuständigkeit** vgl § 343 Abs. 1 und 344 Abs. 7 FamFG (Hk-BGB/*Hoeren* § 1945 Rn 3).

5 [4] Zweckmäßigerweise erfolgt die Ausschlagung **durch den Ausschlagenden** selbst und nicht durch seinen Bevollmächtigten. Die Erklärung der Ausschlagung durch einen Bevollmächtigten ist zwar möglich; allerdings muss dann die Vollmacht in öffentlich beglaubigter Form der Erklärung beigefügt oder innerhalb der Ausschlagungsfrist nachgewiesen werden, § 1945 Abs. 3 (*Kroiß*, Erbrecht § 7 Rn 127).

§ 2307 Zuwendung eines Vermächtnisses

(1) [1]Ist ein Pflichtteilsberechtigter mit einem Vermächtnis bedacht, so kann er den Pflichtteil verlangen, wenn er das Vermächtnis ausschlägt. [2]Schlägt er nicht aus, so steht ihm ein Recht auf den Pflichtteil nicht zu, soweit der Wert des Vermächtnisses reicht; bei der Berechnung des Wertes bleiben Beschränkungen und Beschwerungen der in § 2306 bezeichneten Art außer Betracht.
(2) [1]Der mit dem Vermächtnis beschwerte Erbe kann den Pflichtteilsberechtigten unter Bestimmung einer angemessenen Frist zur Erklärung über die Annahme des Vermächtnisses auffordern. [2]Mit dem Ablauf der Frist gilt das Vermächtnis als ausgeschlagen, wenn nicht vorher die Annahme erklärt wird.

A. Ausschlagung und Annahme des Vermächtnisses

I. Muster: Erklärung der Ausschlagung eines Vermächtnisses gem. § 2307 gegenüber dem beschwerten Erben[1] 1

▶ An

■■■ (Erbe) 1202

Ausschlagung eines Vermächtnisses

Sehr geehrter ■■■ (Erbe),

in seiner letztwilligen Verfügung vom ■■■ hat mich ■■■ (Vermächtnisnehmer) der am ■■■ verstorbene Erblasser ■■■, mit folgendem Vermächtnis bedacht ■■■

Hiermit schlage ich das mir zugedachte Vermächtnis aus, um meinen Pflichtteil geltend zu machen.

■■■

(Unterschrift) ◀

B. Erläuterungen

[1] **Annahme und Ausschlagung des Vermächtnisses** erfolgen gem. § 2180 durch – formlose und nicht fristgebundene (solange keine Aufforderung und Fristsetzung gem. Abs. 2 erfolgt ist, *J. Mayer*, Handbuch Pflichtteilsrecht § 4 Rn 20) – **Erklärung** gegenüber dem **Beschwerten** bzw. **Nachlasspfleger** oder **Testamentsvollstrecker** (Hk-BGB/*Hoeren* § 2180 Rn 2; gegenüber dem Testamentsvollstrecker, soweit seine Verwaltungsbefugnis reicht). 2

II. Muster: Aufforderung und Fristsetzung zur Erklärung über die Annahme des Vermächtnisses[1] 3

▶ An

■■■ (pflichtteilsberechtigter Vermächtnisnehmer) 1203

Aufforderung und Fristsetzung über die Annahme des Ihnen zugedachten Vermächtnisses des am ■■■ verstorbenen ■■■ (Erblasser)

Sehr geehrter ■■■ (pflichtteilsberechtigter Vermächtnisnehmer),

am ■■■ verstarb ■■■ (Erblasser). In seiner letztwilligen Verfügung vom ■■■ sind Sie, wie wir Ihnen bereits mit unserem Schreiben vom ■■■ unter Beifügung einer Kopie der letztwilligen Verfügung mitgeteilt haben, mit einem Vermächtnis bezüglich ■■■ bedacht worden, mit welchem unser Mandant als Erbe beschwert ist.

Da Sie sich bis heute nicht erklärt haben, ob Sie das Ihnen zugedachte Vermächtnis annehmen oder ausschlagen wollen, werden Sie hiermit gemäß § 2307 Abs. 2 BGB aufgefordert, uns bis spätestens[2]

■■■ (Datum)

mitzuteilen, ob Sie das Vermächtnis annehmen.

Mit dem Ablauf der Frist gilt gem. § 2307 Abs. 2 Satz 2 BGB das Vermächtnis als ausgeschlagen, wenn uns Ihre Annahmeerklärung nicht vorher zugeht.

Mit freundlichen Grüßen

■■■

Unterschrift ◄

B. Erläuterungen

4 [1] **Aufforderung und Fristsetzung** erfolgen durch den beschwerten Erben gegenüber dem pflichtteilsberechtigten Vermächtnisnehmer und zwar durch formlose, empfangsbedürftige Willenserklärung. Mehrere mit dem gleichen Vermächtnis beschwerte Erben können das Fristsetzungsrecht nur gemeinsam ausüben (OLG München FamRZ 1987, 752; *J. Mayer*, Handbuch Pflichtteilsrecht § 4 Rn 20), jedoch muss dies nicht in einer gleichzeitigen Aufforderung erfolgen (Staudinger/*Haas*, § 2307 Rn 25).

5 [2] Die gesetzte **Frist** muss **angemessen** in Bezug auf die zu treffende Entscheidung sein (*J. Mayer*, Handbuch Pflichtteilsrecht § 4 Rn 37).

§ 2308 Anfechtung der Ausschlagung

(1) Hat ein Pflichtteilsberechtigter, der als Erbe oder als Vermächtnisnehmer in der in § 2306 bezeichneten Art beschränkt oder beschwert ist, die Erbschaft oder das Vermächtnis ausgeschlagen, so kann er die Ausschlagung anfechten, wenn die Beschränkung oder die Beschwerung zur Zeit der Ausschlagung weggefallen und der Wegfall ihm nicht bekannt war.

(2) [1]Auf die Anfechtung der Ausschlagung eines Vermächtnisses finden die für die Anfechtung der Ausschlagung einer Erbschaft geltenden Vorschriften entsprechende Anwendung. [2]Die Anfechtung erfolgt durch Erklärung gegenüber dem Beschwerten.

A. Anfechtung der Ausschlagung

1 **I. Muster: Anfechtung der Ausschlagung der Erbschaft[1]**

► An das

Nachlassgericht ■■■

In der Nachlasssache

des ■■■ (Erblasser), verstorben am ■■■, zuletzt wohnhaft ■■■

habe ich am ■■■ die mir angefallene Erbschaft ausgeschlagen.

Diese Ausschlagung fechte ich hiermit gemäß § 2308 Abs. 1 BGB an.

Der Erblasser hat mich in seiner letztwilligen Verfügung vom ■■■ zum Miterben eingesetzt, und zwar mit meiner gesetzlichen Erbquote. Des Weiteren hat er zu meinen Lasten ein Vermächtnis angeordnet, das jedoch auflösend bedingt ausgestaltet war. Die durch den Erblasser angeordnete auflösende Bedingung ist zwischen dem Eintritt des Erbfalls und meiner Ausschlagungserklärung eingetreten und die Beschwerung meines Erbteils somit weggefallen. Hiervon hatte ich im Zeitpunkt meiner Ausschlagungserklärung keine Kenntnis. Ich bin daher gem. § 2308 Abs. 1 BGB zur Anfechtung der Ausschlagung berechtigt. Die entsprechenden Nachweise füge ich bei.

■■■

Unterschrift (notarielle Unterschriftsbeglaubigung) ◄

B. Erläuterungen

[1] Für **Form und Frist** der Anfechtung der Ausschlagung der Erbschaft gelten §§ 1954, 1955 (Hk-BGB/*Hoeren* § 1955 Rn 2). Die Anfechtung der Ausschlagung der Erbschaft erfolgt gegenüber dem Nachlassgericht. 2

II. Muster: Anfechtung der Ausschlagung des Vermächtnisses[1] 3

▶ An

1205

▪▪▪ (Erbe)

Anfechtung der Ausschlagung meines Vermächtnisses

Sehr geehrter ▪▪▪ (Erbe),

der am ▪▪▪ verstorbene ▪▪▪ (Erblasser) hat in seiner letztwilligen Verfügung vom ▪▪▪ zu meinen Gunsten ein Vermächtnis angeordnet, das ich Ihnen gegenüber mit Schreiben vom ▪▪▪ ausgeschlagen habe.

Diese Ausschlagung fechte ich hiermit an. Der Erblasser hatte das zu meinen Gunsten angeordnete Vermächtnis mit einem Untervermächtnis zugunsten von ▪▪▪ (Untervermächtnisnehmer) beschwert und keinen Ersatz-Untervermächtnisnehmer benannt. Kurz vor dem Tod des Erblassers war auch der Untervermächtnisnehmer verstorben, so dass das Untervermächtnis ersatzlos entfallen ist. Von diesem Umstand hatte ich im Zeitpunkt meiner Ausschlagungserklärung keine Kenntnis. Ich bin daher gemäß § 2308 Abs. 2 BGB zur Anfechtung der Ausschlagung des Vermächtnisses berechtigt.

Ich darf Sie daher bitten, den Vermächtnisgegenstand bis spätestens

▪▪▪ (Datum)

an mich herauszugeben.

Die Geltendmachung etwaiger Pflichtteilsrestansprüche behalte ich mir ausdrücklich vor.

▪▪▪

(Unterschrift) ◀

B. Erläuterungen

[1] Die **Anfechtung der Ausschlagung des Vermächtnisses** ist gegenüber dem Beschwerten zu erklären, § 2308 Abs. 2 S. 2. Eine notarielle Unterschriftsbeglaubigung ist nicht erforderlich (Palandt/*Edenhofer*, § 2308 Rn 1). 4

§ 2309 Pflichtteilsrecht der Eltern und entfernteren Abkömmlinge

Entferntere Abkömmlinge und die Eltern des Erblassers sind insoweit nicht pflichtteilsberechtigt, als ein Abkömmling, der sie im Falle der gesetzlichen Erbfolge ausschließen würde, den Pflichtteil verlangen kann oder das ihm Hinterlassene annimmt.

§ 2310 Feststellung des Erbteils für die Berechnung des Pflichtteils

[1]Bei der Feststellung des für die Berechnung des Pflichtteils maßgebenden Erbteils werden diejenigen mitgezählt, welche durch letztwillige Verfügung von der Erbfolge ausgeschlossen sind oder die Erbschaft ausgeschlagen haben oder für erbunwürdig erklärt sind. [2]Wer durch Erbverzicht von der gesetzlichen Erbfolge ausgeschlossen ist, wird nicht mitgezählt.

§ 2311 Wert des Nachlasses

(1) [1]Der Berechnung des Pflichtteils wird der Bestand und der Wert des Nachlasses zur Zeit des Erbfalls zugrunde gelegt. [2]Bei der Berechnung des Pflichtteils eines Abkömmlings und der Eltern des Erblassers bleibt der dem überlebenden Ehegatten gebührende Voraus außer Ansatz.

(2) [1]Der Wert ist, soweit erforderlich, durch Schätzung zu ermitteln. [2]Eine vom Erblasser getroffene Wertbestimmung ist nicht maßgebend.

§ 2312 Wert eines Landguts

(1) [1]Hat der Erblasser angeordnet oder ist nach § 2049 anzunehmen, dass einer von mehreren Erben das Recht haben soll, ein zum Nachlass gehörendes Landgut zu dem Ertragswert zu übernehmen, so ist, wenn von dem Recht Gebrauch gemacht wird, der Ertragswert auch für die Berechnung des Pflichtteils maßgebend. [2]Hat der Erblasser einen anderen Übernahmepreis bestimmt, so ist dieser maßgebend, wenn er den Ertragswert erreicht und den Schätzungswert nicht übersteigt.
(2) Hinterlässt der Erblasser nur einen Erben, so kann er anordnen, dass der Berechnung des Pflichtteils der Ertragswert oder ein nach Absatz 1 Satz 2 bestimmter Wert zugrunde gelegt werden soll.
(3) Diese Vorschriften finden nur Anwendung, wenn der Erbe, der das Landgut erwirbt, zu den in § 2303 bezeichneten pflichtteilsberechtigten Personen gehört.

§ 2313 Ansatz bedingter, ungewisser oder unsicherer Rechte; Feststellungspflicht des Erben

(1) [1]Bei der Feststellung des Wertes des Nachlasses bleiben Rechte und Verbindlichkeiten, die von einer aufschiebenden Bedingung abhängig sind, außer Ansatz. [2]Rechte und Verbindlichkeiten, die von einer auflösenden Bedingung abhängig sind, kommen als unbedingte in Ansatz. [3]Tritt die Bedingung ein, so hat die der veränderten Rechtslage entsprechende Ausgleichung zu erfolgen.
(2) [1]Für ungewisse oder unsichere Rechte sowie für zweifelhafte Verbindlichkeiten gilt das Gleiche wie für Rechte und Verbindlichkeiten, die von einer aufschiebenden Bedingung abhängig sind. [2]Der Erbe ist dem Pflichtteilsberechtigten gegenüber verpflichtet, für die Feststellung eines ungewissen und für die Verfolgung eines unsicheren Rechts zu sorgen, soweit es einer ordnungsmäßigen Verwaltung entspricht.

§ 2314 Auskunftspflicht des Erben

(1) [1]Ist der Pflichtteilsberechtigte nicht Erbe, so hat ihm der Erbe auf Verlangen über den Bestand des Nachlasses Auskunft zu erteilen. [2]Der Pflichtteilsberechtigte kann verlangen, dass er bei der Aufnahme des ihm nach § 260 vorzulegenden Verzeichnisses der Nachlassgegenstände zugezogen und dass der Wert der Nachlassgegenstände ermittelt wird. [3]Er kann auch verlangen, dass das Verzeichnis durch die zuständige Behörde oder durch einen zuständigen Beamten oder Notar aufgenommen wird.
(2) Die Kosten fallen dem Nachlass zur Last.

A. Geltendmachung des Auskunftsanspruchs

I. Muster: Außergerichtliche Geltendmachung des Auskunftsanspruchs 1

▶ Sehr geehrter ■■■ (Erbe), 1206

unter Vorlage uns legitimierender Vollmacht zeigen wir an, dass wir Herrn ■■■, Sohn des am ■■■ verstorbenen Erblassers, anwaltlich vertreten.

Unser Mandant ist nach der letztwilligen Verfügung des Erblassers vom ■■■ enterbt/nicht bedacht, so dass ihm gem. § 2303 BGB ein Pflichtteils- und ggf. ein Pflichtteilsergänzungsanspruch (Quote jeweils ■■■) zusteht.

Gem. § 2314 BGB sind Sie als Erbe zunächst verpflichtet, unserem Mandanten Auskunft über den Bestand des Nachlasses, bezogen auf den Todestag ■■■ zu erteilen.

Namens und in Vollmacht unseres Mandanten werden Sie hiermit aufgefordert, vollständig und wahrheitsgemäß Auskunft zu erteilen über den Bestand (und Wert)[1] des Nachlasses des am ■■■ verstorbenen Herrn ■■■, durch Vorlage eines Bestandverzeichnisses, welches insbesondere folgende Angaben umfasst:[2]

- alle beim Erbfall vorhandenen Aktiva, also bewegliche und unbewegliche Vermögensgegenstände sowie Forderungen,
- alle beim Erbfall vorhandenen Nachlassverbindlichkeiten (Erblasser- und Erbfallschulden),
- alle lebzeitigen Zuwendungen des Erblassers, die in den Anwendungsbereich des § 2325 BGB fallen könnten,[3] auch evtl. Pflicht- u. Anstandsschenkungen (§ 2330),
- alle Lebensversicherungen, auch wenn ein Bezugsberechtigter benannt ist,
- alle sonstigen Verträge zugunsten Dritter,
- alle Gesellschaftsbeteiligungen des Erblassers, gleichviel, ob die Gesellschafterstellung vererblich war oder nicht,
- den Güterstand, in dem der Erblasser verheiratet gewesen ist,[4]
- usw.

Des weiteren sind in das Verzeichnis auch alle vom Erblasser zu seinen Lebzeiten getätigten entgeltlichen und unentgeltlichen Zuwendungen einschließlich gemischter Schenkungen innerhalb der letzten 10 Jahre vor seinem Tode aufzunehmen.

Darüber hinaus sind:

- Schenkungen und ehebedingte Zuwendungen an Ehegatten,
- alle unter Abkömmlingen ausgleichungspflichtigen Zuwendungen iSd §§ 2050 ff BGB, die der Erblasser zu seinen Lebzeiten einem seiner Abkömmlinge gewährt hat (Austattungen),
- Schenkungen unter Nießbrauchs- oder Wohnungsrechtsvorbehalt,

auch anzugeben, auch wenn sie länger als 10 Jahre vor dem Erbfall erfolgt sind. ◀

II. Erläuterungen

[1] Es empfiehlt sich, das **Auskunftsverlangen zugleich auf den Wert zu erstrecken,** da der 2
Pflichtteilsberechtigte ohne entsprechende Informationen oft nicht in der Lage sein wird, seine Ansprüche zu beziffern. Gem. § 2314 BGB hat der pflichtteilsberechtigte Nichterbe – nicht auch der pflichtteilsberechtigte Miterbe – einen Anspruch (zunächst) gegen den Erben auf:

- Auskunftserteilung über den Bestand des Nachlasses (priv. Bestandsverzeichnis § 2314 Abs. 1 S. 1)
- Vorlage eines amtlichen Nachlassverzeichnisses (§ 2314 Abs. 1 S. 3)
- Wertermittlung auf Kosten des Nachlasses durch einen Sachverständigen (§ 2314 Abs. 1 S. 2, Abs. 2)
- Alle 3 Ansprüche sind grundsätzlich voneinander unabhängig.

3 – Der Pflichtteilsberechtigte kann auch verlangen, dass er – und/oder sein Rechtsanwalt – bei der **Aufnahme des Verzeichnisses zugezogen** wird, vgl Abs. 1 S. 2.

4 – Der Anspruch auf Auskunft ist auf die Übermittlung von Wissen gerichtet. Die Auskunftserteilung hat so zu erfolgen, wie der Pflichtteilsberechtigte sie verlangt und nicht, wie der Erbe meint, sie erteilen zu müssen. Die mehreren Arten von Auskunftsansprüchen nach § 2314 Abs. 1 können vom Berechtigten unabhängig voneinander, neben- oder hintereinander geltend gemacht werden. Der Erbe kann insbesondere eine amtliche Aufnahme des Verzeichnisses nicht mit dem Hinweis darauf verweigern, dass bereits ein Privatverzeichnis erstellt worden sei (MüKo-BGB/*Lange*, § 2314 Rn 14, BGHZ 33, 373, 379). Umgekehrt wäre jedoch die Anforderung eines privaten Verzeichnisses, nachdem bereits ein amtlich erstelltes Verzeichnis vorliegt, rechtsmissbräuchlich. Das Bestandverzeichnis hat der Erbe dem Berechtigten vorzulegen (§ 260).

5 [2] Da die **Auskunft nur „auf Verlangen"** zu erteilen ist, empfiehlt sich eine entsprechende Präzisierung des Auskunftsverlangens (siehe hierzu auch *Riedel* in: Tanck, Formularbuch Erbrecht, § 4 Rn 121).

6 [3] Der Auskunftsanspruch umfasst auch die **Auskunft bzgl des fiktiven Nachlasses** (§ 2314 analog). Hierzu gehören alle lebzeitigen Zuwendungen im Anwendungsbereich des § 2325 und die anrechnungs- und ausgleichungspflichtigen Zuwendungen iSd §§ 2315, 2316 (BGHZ 89, 25,27).

7 [4] Die Auskunft ist auch bzgl des **Güterstandes des Erblassers** im Zeitpunkt seines Todes zu erteilen (*Klingelhöffer*, NJW 1993, 1097) und auch darüber, ob hinsichtlich des überlebenden Ehegatten die erbrechtliche oder güterrechtliche Lösung zur Anwendung kommt. Der Erbe muss auch angeben, welche gesetzlichen pflichtteilsberechtigten Erben vorhanden sind, damit der Pflichtteilsberechtigte seine Quote berechnen kann.

8 Der Erbe muss zur Erfüllung seiner Auskunftspflicht ihm **zumutbare Nachforschungen** betreiben. Er muss sich fremdes Wissen – soweit zumutbar – zunutze machen (BGHZ 107, 104 ff) Fraglich ist deshalb, welche Anstrengungen dem Erben zumutbar sind, um seiner Auskunftsverpflichtung zu genügen. Kann der Erbe im eigenen Interesse zuwarten bis etwaige Pflichtteilsansprüche verjährt sind und dann erst mit seinen Nachforschungen beginnen? Der Erbe ist dem Pflichtteilsberechtigten gegenüber nicht verpflichtet, nachzuweisen, welche Nachforschungen er angestrengt hat, um Vermögen des Erblassers aufzufinden. Für Ansprüche aus § 2325 hat der BGH entschieden, dass der Erbe seiner Nachforschungspflicht genügt, wenn er ihm bekannte oder aus dem Nachlass ersichtliche Zuwendungen des Erblassers angibt. (BGHZ 82, 132 ff) Dem unwilligen Erben wird damit die Möglichkeit eröffnet, die „Zumutbarkeit" nach eigenem Gutdünken auslegen.

B. Gerichtliche Geltendmachung des Auskunftsanspruchs

I. Stufenklage

9 **1. Muster: Stufenklage gegen den Erben auf Auskunft, eidesstattliche Versicherung und Zahlung**

▶ An das
Landgericht ■■■[1]

Klage

des ■■■ (Kläger)

gegen

Herrn ■■■ (Beklagter)

wegen Pflichtteil (Auskunft, eidesstattliche Versicherung und Zahlung) vorläufiger Streitwert: ...[2]

Namens und in Vollmacht des Klägers erheben wir – im Wege der Stufenklage –[3]

Klage gegen ... und werden beantragen:

Der Beklagte wird – im Wege der Stufenklage – verurteilt:

I. – in der ersten Stufe –

1. a) Auskunft über den Bestand des Nachlasses – ausgenommen den im Grundbuch von ... Heft ... eingetragenen Grundbesitz ...[4] – des am ... in ... verstorbenen ... (Erblasser) zum Stichtag des Erbfalls zu erteilen[5] und zwar durch Vorlage eines durch einen Notar aufgenommenen Verzeichnisses unter Zuziehung des Klägers und/oder des Prozessvertreters des Klägers.

1. b) den Wert des im Grundbuch von ... Heft ... eingetragenen Grundbesitzes durch Vorlage eines Sachverständigengutachtens zu ermitteln.

2. – in der zweiten Stufe – für den Fall, dass das Verzeichnis nicht mit der erforderlichen Sorgfalt aufgestellt sein sollte, zu Protokoll an Eides statt zu versichern, dass er nach bestem Wissen den Bestand des Nachlasses so vollständig angegeben hat, als er dazu imstande ist.[6]

3. – in der dritten Stufe – an den Kläger den Pflichtteil in Höhe von ... (Quote) des sich aus der Auskunft ergebenden Nachlasswertes nebst Zinsen hieraus iHv 5 %-Punkten über dem jeweiligen Basiszinssatz seit .../oder Rechtshängigkeit zu zahlen.

II. Der Beklagte hat die Kosten des Rechtsstreits zu tragen.

III. Das Urteil ist vorläufig ohne/gegen Sicherheitsleistung iHv ... vollstreckbar.

Begründung

Am ... (Datum) verstarb in ..., seinem letzten Wohnsitz, Herr ... (Erblasser). Er war der Ehemann der Beklagten. Der Kläger ist das einzige Kind des Erblassers und der Beklagten.

In seinem mit der Beklagten errichteten gemeinschaftlichen handschriftlichen Testament vom ..., welches vom Nachlassgericht ... am ... eröffnet wurde, haben sich die Eheleute ... jeweils gegenseitig zu Alleinerben eingesetzt.

Beweis: Kopie des gemeinschaftlichen Testaments vom.... nebst Eröffnungsprotokoll vom ... (Anlage K ...)

Da der Kläger somit von der Erbfolge ausgeschlossen wurde, steht ihm gem. § 2303 BGB der Pflichtteil zu.

Zum Nachlass des Erblassers gehören u.a. der im Klageantrag Ziff. 1.b. genannte, im Grundbuch von ... Heft ... eingetragene Grundbesitz, ..., sowie verschiedene Bankguthaben und Mobiliar. Bestand und Wert des Nachlasses im Einzelnen sind dem Kläger nicht bekannt.

Mit Anwaltsschreiben des Unterzeichners vom ... hat der Kläger seinen Pflichtteilsanspruch gegenüber der Beklagten geltend gemacht und sie unter Fristsetzung bis ... um Auskunft über den Bestand und Wert des Nachlasses gebeten.

Da die Beklagte die Frist fruchtlos hat verstreichen lassen und die erbetene Auskunft bis heute nicht erteilt hat, ist nunmehr Klage geboten.

Mit Klageantrag Ziff. I. 1. a. macht der Kläger seinen Auskunftsanspruch geltend, mit Klageantrag Ziff. I. 1. b. seinen Wertermittlungsanspruch.

Den Klageantrag Ziff. II. wird der Beklagte stellen, wenn Grund zu der Annahme besteht, dass das Verzeichnis nicht mit der erforderlichen Sorgfalt aufgestellt worden ist, § 260 Abs. 2 BGB.

Mit Klageantrag Ziff. III verlangt der Kläger als Pflichtteil/und Pflichtteilsergänzung ... (Quote) des Nachlasswerts bzw fiktiven Nachlasses.

...

Rechtsanwalt ◀

2. Erläuterungen

10 [1] Die **Pflichtteilsklage** kann wahlweise (§ 35 ZPO) am allgemeinen Gerichtsstand des Beklagten (§ 13 ZPO) oder am besonderen Gerichtsstand der Erbschaft (§ 27 ZPO) erhoben werden.

11 [2] Der **Streitwert für die Kostenberechnung** ist gem. § 44 GKG nach dem höchsten der Ansprüche zu bestimmen.

12 [3] Erfüllt der Erbe außergerichtlich seine Auskunftspflicht und ggf den Wertermittlungsanspruch, leistet jedoch keine Zahlung, wird der Pflichtteilsberechtigte nur – bezifferte – Zahlungsklage erheben. Kommt der Erbe seiner Auskunftspflicht ggf auch der Wertermittlung außergerichtlich nicht nach, ist der Pflichtteilsberechtigte – schon zur Hemmung der Verjährung (BGH, NJW 1972, 2563) – darauf angewiesen, im Wege der Stufenklage (§ 254 ZPO) zunächst die Auskunft und ggf Wertermittlung, sodann eidesstattliche Versicherung und schließlich den Zahlungsanspruch zu verlangen. Diese stufenweise Klage ist erforderlich, da der Berechtigte die Höhe der Forderung nur beziffern kann, wenn er die Auskunft über den Nachlass erhält.

13 [4] Soweit bereits eine **Teilauskunft** erteilt wurde oder der Kläger bereits entsprechende Kenntnis hat, empfiehlt sich aus Kostengründen eine entsprechende Einschränkung des Antrags.

14 [5] Der Auskunftsanspruch ist erloschen, sobald der Erbe dem Pflichtteilsberechtigten Auskunft erteilt und das Bestandsverzeichnis vorgelegt hat. Nur wenn das **Verzeichnis** offenkundig **mangelhaft erstellt** worden ist, kann eine Nachbesserung verlangt werden. Mangelnde Sorgfalt allein genügt hierfür nicht. Der Pflichtteilsberechtigte ist dann auf die Abgabe der **Versicherung an Eides statt** verwiesen (§ 260 Abs. 2).

15 [6] In der Praxis wird vielfach anlässlich der Erstellung eines notariellen Nachlassverzeichnisses nach § 2314 BGB noch eine **eidesstattliche Versicherung „mit beurkundet“**, mit welcher der Erbe die Richtigkeit und Vollständigkeit des Verzeichnisses versichert (vgl hierzu *Nieder*, ZErb 2004, 60 und *J. Mayer*, ZEV-Report Zivilrecht ZEV 2004, 169). Der Notar ist jedoch für die eidesstattliche Versicherung nicht zuständig. Denn Grundlage für die Durchführung der eidesstattlichen Versicherung sind die Bestimmungen des §§ 2314 Abs. 1 S. 3, 260, 261 BGB iVm §§ 410 Nr. 1, 413 FamFG (bis 31.8.2009: §§ 163, 79 FGG).

16 Danach ist zur Ab- und Aufnahme der eidesstattlichen Versicherung allein der Rechtspfleger (bei freiwilliger Abgabe nach dem FGG gem. § 3 Nr. 1 b RPflG, bei Vollstreckung gem. § 20 Nr. 17 RPflG) beim zuständigen Amtsgericht – FGG oder Vollstreckungsgericht – des Wohnsitzes des Erben berufen. Der Notar ist deshalb hierfür weder als beurkundender Notar, noch gegebenenfalls – etwa in Baden-Württemberg – als Nachlassrichter zuständig (vgl hierzu die Ausführungen von *Schindler* in BWNotZ 2004, 73). Eine Zuständigkeit zur Aufnahme derartiger Versicherungen im Rahmen der Erstellung des Nachlassverzeichnisses lässt sich entgegen einer Mindermeinung auch nicht aus der allgemeinen Norm des § 22 Abs. 2 BNotO herleiten, die nur die Aufnahme einer solchen Versicherung regelt, nicht aber deren nach § 260 II BGB geschuldete Abgabe. Aus einer dennoch beim Notar abgegebenen eidesstattlichen Versicherung lässt sich keine Strafbarkeit nach §§ 156, 163 Abs. 1 StGB ableiten, da es an einer „zuständigen Behörde“ im Sinne dieser Straftatbestände fehlt.

17 Der **Vollstreckungsauftrag** bezüglich des erlassenen **Teilurteils** zur Abgabe der eidesstattlichen Versicherung ist an das für den Wohnort des Beklagten zuständige Vollstreckungsgericht zu richten und vorsorglich darauf hinzuweisen, dass der Auftrag nicht im routinemäßigen Alltagsgeschäftsgang an den hierfür nicht zuständigen Gerichtsvollzieher weitergeleitet wird.

18 Die **Kosten der Abnahme der eidesstattlichen Versicherung** hat derjenige zu tragen, welcher sie verlangt (§ 261 Abs. 3), also der Pflichtteilsberechtigte selbst. Abs. 3 gilt für die Abgabe im FGG-Verfahren und vor dem Vollstreckungsgericht (BGH NJW 2000, 2113).

II. Teilklage und Stufenklage

1. Muster: Bezifferte Teilklage und Stufenklage gegen den Erben 19

1208

▶ Rubrum wie Rn 9

Namens und in Vollmacht des Klägers erheben wir – im Wege der Teil- und Stufenklage –[1]

Klage

gegen ■■■ und werden beantragen:

I. Der Beklagte wird – im Wege der Teilklage – verurteilt, an den Kläger EUR ■■■ nebst Zinsen hieraus iHv 5 %-Punkten über dem jeweiligen Basiszinssatz seit ■■■/Rechtshängigkeit zu zahlen.

II. Der Beklagte wird – im Wege der Stufenklage – weiter verurteilt:

1. a) Auskunft über den Bestand des Nachlasses – ausgenommen den im Grundbuch von ■■■ Heft ■■■ eingetragenen Grundbesitz ■■■– des am ■■■ in ■■■ verstorbenen ■■■ (Erblasser) zu erteilen und zwar durch Vorlage eines durch einen Notar aufgenommenen Verzeichnisses unter Zuziehung des Klägers und/oder des Prozessvertreters des Klägers.

1. b) den Wert des im Grundbuch von ■■■ Heft ■■■ eingetragenen Grundbesitzes durch Vorlage eines Sachverständigengutachtens zu ermitteln.

2. – in der zweiten Stufe – zu Protokoll an Eides statt zu versichern, dass er nach bestem Wissen den Bestand des Nachlasses so vollständig angegeben hat, als er dazu imstande ist.

3. – in der dritten Stufe – an den Kläger den Pflichtteil in Höhe von ■■■ (Quote) des sich – über den im Klagantrag Ziff. I hinausgehenden Betrag – aus der Auskunft ergebenden Nachlasswertes nebst Zinsen hieraus iHv 5 %-Punkten über dem jeweiligen Basiszinssatz seit ■■■/oder Rechtshängigkeit zu zahlen

III. Der Beklagte hat die Kosten des Rechtsstreits zu tragen.

IV. Das Urteil ist vorläufig ohne/gegen Sicherheitsleistung iHv ■■■ vollstreckbar. ◀

2. Erläuterungen

[1] Da sich der Prozess hinziehen kann und der Pflichtteilsberechtigte deshalb oft lange warten muss, bis er Geld sieht (jede einzelne Stufe wird durch Teilurteil entschieden, jedes Teilurteil muss ggf vollstreckt werden) bietet sich - wenn sich ein unstreitiger Teilbetrag der Pflichtteilsforderung errechnen lässt - die Möglichkeit, eine bezifferte Teilklage mit einer unbezifferten Stufenklage zu verbinden (BGH NJW-RR 2003, 68; OLG Brandenburg ZErb 2004, 132). Dies ist insbesondere dann der Fall, wenn der Pflichtteilsberechtigte sicher davon ausgehen kann, dass ihm ein Mindestbetrag in jedem Fall zusteht, also die Gefahr sich widersprechender Entscheidungen, auch infolge abweichender Beurteilung durch das Rechtsmittelgericht ausgeschlossen ist (OLG Stuttgart v. 8.2.2001, 19 U 229/00, n.v.). 20

§ 2315 Anrechnung von Zuwendungen auf den Pflichtteil

(1) Der Pflichtteilsberechtigte hat sich auf den Pflichtteil anrechnen zu lassen, was ihm von dem Erblasser durch Rechtsgeschäft unter Lebenden mit der Bestimmung zugewendet worden ist, dass es auf den Pflichtteil angerechnet werden soll.
(2) [1]Der Wert der Zuwendung wird bei der Bestimmung des Pflichtteils dem Nachlass hinzugerechnet. [2]Der Wert bestimmt sich nach der Zeit, zu welcher die Zuwendung erfolgt ist.
(3) Ist der Pflichtteilsberechtigte ein Abkömmling des Erblassers, so findet die Vorschrift des § 2051 Abs. 1 entsprechende Anwendung.

A. Pflichtteilsberechnung bei anrechnungspflichtigen lebzeitigen Zuwendungen

1 **I. Muster: Berechnungsschema bei Anrechnung lebzeitiger Zuwendungen auf den Pflichtteil[1]**

▶ Realer (Netto)Nachlasswert
+ anrechnungspflichtiger (indexierter) Vorempfang[2]
= fiktiver Nachlass
hieraus Pflichtteilsanspruch (fiktiver Nachlass : Pflichtteilsquote)
– anrechnungspflichtiger Vorempfang
= Wert-Pflichtteil (realer Anspruch) ◀

II. Erläuterungen

2 [1] Die Anrechnung kommt bei **allen Pflichtteilsberechtigten,** also auch dem Ehegatten und den Eltern des Erblassers, in Betracht. Sie schmälert den Pflichtteil des Anrechnungspflichtigen um den Vorempfang. Eine Anrechnung setzt immer eine Anrechnungsbestimmung des Erblassers voraus.

3 [2] Für jeden Pflichtteilsberechtigten erfolgt eine **individuelle Berechnung,** so dass bei unterschiedlich hohen Vorempfängen von unterschiedlich hohen fiktiven Nachlässen auszugehen ist. Die Zuwendung ist zum Ausgleich des Kaufkraftschwunds zu indexieren.

4 Für jeden einzelnen Pflichtteilsberechtigten wird sein Anspruch aus der Summe von Nachlass und seiner Zuwendung errechnet (MüKo-BGB/*Lange*, § 2315 Rn 13). Dazu wird zunächst der Vorempfang dem Nachlasswert zugerechnet. Aus diesem wird entsprechend seiner Pflichtteilsquote der Pflichtteilsanspruch errechnet und sodann der anzurechnende Betrag erst nach der Berechnung des Pflichtteilsanspruchs abgezogen.

B. Anrechnungsbestimmung

5 **I. Muster: Anrechnungsbestimmung[1]**

▶ Der Übernehmer hat sich den Wert der Zuwendung auf seinen Pflichtteilsanspruch gemäß § 2315 BGB anrechnen zu lassen.[2] ◀

II. Erläuterungen

6 [1] Häufig ist in notariellen Verträgen formuliert: „Der Übernehmer erhält die Zuwendung in Anrechnung auf seinen späteren Erb- und Pflichtteil." Eine Anrechnung auf den Erbteil als solchen gibt es jedoch nicht (*J. Mayer*, Pflichtteilsrecht § 11 Rn 58) sondern nur eine Anrechnung auf den sich bei der Berechnung ergebenden fiktiven „gebührenden" Anteil des an der Ausgleichung beteiligten Abkömmlings. Vielfach wird deshalb eine **Ausgleichung von lebzeitigen Vorempfängen unter Abkömmlingen** nach § 2050 BGB gemeint sein (*Tanck* in Krug/Rudolf/Kroiß, § 17, Rn 48). Ob damit auch gleichzeitig die Anrechnung auf den Pflichtteil nach

§ 2315 BGB gemeint ist, ist streitig (OLG Düsseldorf, FamRZ 1994, 174), weil über die Vorschrift des § 2316 BGB sich die Ausgleichung selbst schon auf das Pflichtteilsrecht auswirkt (OLG Nürnberg, NJW 1992, 2303).

[2] Eine solche Bestimmung geht jedoch ins Leere, wenn es sich – ggf durch Auslegung zu ermitteln – bei der lebzeitigen Zuwendung um eine **Ausstattung** iS des § 2050 Abs. 1 handelt, weil dann kein Schenkungsrecht gilt. 7

§ 2316 Ausgleichungspflicht

(1) [1]Der Pflichtteil eines Abkömmlings bestimmt sich, wenn mehrere Abkömmlinge vorhanden sind und unter ihnen im Falle der gesetzlichen Erbfolge eine Zuwendung des Erblassers oder Leistungen der in § 2057 a bezeichneten Art zur Ausgleichung zu bringen sein würden, nach demjenigen, was auf den gesetzlichen Erbteil unter Berücksichtigung der Ausgleichungspflichten bei der Teilung entfallen würde. [2]Ein Abkömmling, der durch Erbverzicht von der gesetzlichen Erbfolge ausgeschlossen ist, bleibt bei der Berechnung außer Betracht.

(2) Ist der Pflichtteilsberechtigte Erbe und beträgt der Pflichtteil nach Absatz 1 mehr als der Wert des hinterlassenen Erbteils, so kann der Pflichtteilsberechtigte von den Miterben den Mehrbetrag als Pflichtteil verlangen, auch wenn der hinterlassene Erbteil die Hälfte des gesetzlichen Erbteils erreicht oder übersteigt.

(3) Eine Zuwendung der in § 2050 Abs. 1 bezeichneten Art kann der Erblasser nicht zum Nachteil eines Pflichtteilsberechtigten von der Berücksichtigung ausschließen.

(4) Ist eine nach Absatz 1 zu berücksichtigende Zuwendung zugleich nach § 2315 auf den Pflichtteil anzurechnen, so kommt sie auf diesen nur mit der Hälfte des Wertes zur Anrechnung.

A. Berechnung des Pflichtteils bei ausgleichungspflichtigen lebzeitigen Zuwendungen

I. Muster: Berechnungsschema bei Ausgleichung 1

▶ Bildung des Ausgangsnachlasses[1]

(durch Bereinigung des realen (Netto-)Nachlasses um die Ansprüche der nicht an der Ausgleichung Beteiligten[2] – Berechnung wie beim Wert-Erbteil gem. §§ 2055-2057 a[3]

+ ausgleichungspflichtige (indexierte) Vorempfänge aller Ausgleichsverpflichteten

= Ausgleichungsnachlass

hieraus „gebührender" Anteil am Nachlass

(also Ausgleichungsnachlass : Anzahl der Ausgleichungsbeteiligten

– eigener Vorempfang)

= Wert-Erbteil

hiervon 1/2 = Wert-Pflichtteil (realer Anspruch)

bei Abs. 4 noch:

Wert-Pflichtteil abzüglich der Hälfte des Vorempfangs ◀

II. Erläuterungen

2 [1] Eine Ausgleichung ist **nur** unter Abkömmlingen möglich (vgl § 2050 Abs. 1 „Abkömmlinge") und findet nur statt, wenn mindestens 2 von ihnen zur gesetzlichen Erbfolge berufen wären. Die Ausgleichungsverpflichtung hängt also davon ab, ob bei gesetzlicher Erbfolge nach den §§ 2050 ff eine Ausgleichungspflicht bestünde. Der Erblasser kann eine bestehende Ausgleichungspflicht nicht zum Nachteil eines Pflichtteilsberechtigten ausschließen (§ 2316 Abs. 3).

3 [2] Der **überlebende Ehegatte** nimmt an der Ausgleichung nicht teil, weshalb der reale Nachlass zunächst entsprechend zu bereinigen ist. Die Ausgleichungspflichten von Abkömmlingen wirken sich daher bei seinem Pflichtteil nicht aus.

4 [3] Die **Berechnung** erfolgt wie bei der Berechnung des gesetzlichen Wert-Erbteils gem. §§ 2055 – 2057 a BGB und ist dann zu halbieren.

B. Ausgleichungsanordnung

5 I. Muster: Formen der Ausgleichungsanordnung

1212

▶ **Ausgleichsanordnung**[1]

Der Übernehmer hat den Wert der Zuwendung gem. §§ 2050 ff, 2316 BGB auszugleichen.

oder:

Ausgleichungsanordnung und Anrechnungsbestimmung

Der Übernehmer hat den Wert der Zuwendung gem. §§ 2050 ff, 2316 BGB auszugleichen und sich auf den Pflichtteil nach § 2315 BGB anrechnen zu lassen.[2]

oder:

Ausgleichungsanordnung ohne Anrechnungsbestimmung

Der Übernehmer hat den Wert der Zuwendung gem. §§ 2050 ff, 2316 BGB auszugleichen, sich jedoch nicht auf den Pflichtteil nach § 2315 BGB anrechnen zu lassen.[3] ◀

II. Erläuterungen

6 [1] Eine **Ausgleichungsanordnung** kann zwar schon – anders als bei einer Anrechnungsbestimmung – **kraft Gesetzes** bestehen; dennoch empfiehlt sich eine **klare Regelung**, weil die rechtliche Qualifikation der Zuwendung oftmals schwierig ist.

7 [2] Anwendung des § 2316 Abs. 4 – **Ausgleichung mit Anrechnung.**

8 [3] Bei dieser Formulierung ist keine Anwendung von § 2316 Abs. 4 gewollt – **Ausgleichung ohne Anrechnung.**

§ 2317 Entstehung und Übertragbarkeit des Pflichtteilsanspruchs

(1) Der Anspruch auf den Pflichtteil entsteht mit dem Erbfall.
(2) Der Anspruch ist vererblich und übertragbar.

§ 2318 Pflichtteilslast bei Vermächtnissen und Auflagen

(1) [1]Der Erbe kann die Erfüllung eines ihm auferlegten Vermächtnisses soweit verweigern, dass die Pflichtteilslast von ihm und dem Vermächtnisnehmer verhältnismäßig getragen wird. [2]Das Gleiche gilt von einer Auflage.
(2) Einem pflichtteilsberechtigten Vermächtnisnehmer gegenüber ist die Kürzung nur soweit zulässig, dass ihm der Pflichtteil verbleibt.
(3) Ist der Erbe selbst pflichtteilsberechtigt, so kann er wegen der Pflichtteilslast das Vermächtnis und die Auflage soweit kürzen, dass ihm sein eigener Pflichtteil verbleibt.

A. Vermächtniskürzung

I. Muster: Klageerwiderung bei Vermächtniskürzung nach § 2318 Abs. 1[1] 1

1213

▶ An das

Landgericht ▪▪▪

Klageerwiderung

In der Sache ▪▪▪

werden wir namens und in Vollmacht des Beklagten beantragen,

die Klage (kostenpflichtig) abzuweisen.

Begründung

Der vom Kläger (Vermächtnisnehmer) geltend gemachte Klageanspruch ist nicht begründet. Der Beklagte ist Alleinerbe des Erblassers. Dessen einziger Sohn, welcher aufgrund der letztwilligen Verfügung des Erblassers vom ▪▪▪ von der Erbfolge nach seinem Vater ausgeschlossen ist, hat gegenüber dem Beklagten den Pflichtteil geltend gemacht. Bei einem Reinnachlass von EUR 100.000 belief sich der Pflichtteil (Quote 1/2) auf EUR 50.000. Diesen Betrag hat der Beklagte dem Sohn des Erblassers am ▪▪▪ überwiesen.[2]

Beweis: Kopie der Überweisung vom ▪▪▪ (Anlage B1)

Nach § 2318 Abs. 1 BGB kann der Beklagte als Alleinerbe den Kläger als Vermächtnisnehmer im Wege der Vermächtniskürzung in der Weise an der Pflichtteilslast beteiligen, dass diese verhältnismäßig vom Alleinerben und dem Vermächtnisnehmer getragen wird.

Die Kürzung des Vermächtnisses berechnet sich wie folgt:

Der Nachlass beträgt EUR 100.000, das dem Kläger zugedachte Geldvermächtnis EUR 20.000, der Pflichtteil EUR 50.000.

Der Kläger ist -im Verhältnis seines Vermächtnisses zum Nachlass- mit 20 % am Nachlass beteiligt, hat sich somit auch mit 20 % am Pflichtteilsanspruch zu beteiligen. Die Kürzung des Vermächtnisses hat demnach um 20 % von EUR 50.000,00 zu erfolgen und beträgt EUR 10.000. Die Differenz zu dem testamentarisch dem Kläger zugedachten Geldvermächtnis von insgesamt EUR 20.000, also ein Betrag iHv EUR 10.000 ist ihm vom Beklagten am ▪▪▪ überwiesen worden. Aufgrund des dem Beklagten gem. § 2318 Abs. 1 BGB zustehenden Vermächtniskürzungsrechts steht dem Kläger kein darüber hinausgehender Anspruch gegen den Beklagten (mehr) zu, sodass die Klage unbegründet und deshalb vollumfänglich abzuweisen ist.

▪▪▪

Rechtsanwalt ◀

II. Erläuterungen

2 [1] § 2318 Abs. 1 ist gem. § 2324 **abdingbar**; der Erblasser kann durch Verfügung von Todes wegen das Kürzungsrecht des Abs. 1 erweitern, beschränken oder ausschließen (Hk-BGB/*Hoeren*, § 2324 Rn 3).

3 [2] Das **Kürzungsrecht** steht dem Erben – der im Außenverhältnis alleine haftet – erst dann zu, wenn er vom Pflichtteilsberechtigten auch tatsächlich in Anspruch genommen wird Hk-BGB/*Hoeren*, § 2318 Rn 3.

B. Erweitertes Kürzungsrecht des pflichtteilsberechtigten Erben

4 ### I. Muster: Klageerwiderung bei erweitertem Kürzungsrecht des pflichtteilsberechtigten Erben nach § 2318 Abs. 3 (bereits erfülltes Grundstücksvermächtnis und Drittwiderklage gegen die Vermächtnisnehmerin)[1]

▶ An das
Landgericht ...

Klageerwiderung und Drittwiderklage

In der Sache ...

erheben wir namens und in Vollmacht des Beklagten

Drittwiderklage[2]

gegen Frau ... (Vermächtnisnehmerin)

mit dem Antrag,

die Drittwiderbeklagte zu verurteilen, an den Beklagten EUR 30.000 nebst Zinsen hieraus in Höhe von 5 Prozentpunkten über dem Basiszinssatz seit ... zu zahlen.

Vorsorglich wird – für den Fall – dass das Gericht Bedenken gegen die Zulässigkeit der Drittwiderklage haben sollte, der Drittwiderbeklagten

der Streit verkündet, verbunden mit der Aufforderung, dem Rechtsstreit auf Seiten des Beklagten beizutreten.

Beglaubigte Abschriften zur Zustellung an die Drittwiderbeklagte/Streitverkündete sowie eine Abschrift der Klage nebst Anlagen für diese liegen an.

Gleichzeitig wird angekündigt,

dass der Kläger den Klageanspruch in Höhe eines Betrags von EUR 5.000 nebst anteiliger Zinsen hieraus anerkennen wird, im Übrigen ist beabsichtigt, auch den restlichen Klageanspruch anzuerkennen, vorbehaltlich etwaiger rechtserheblicher Einwendungen seitens der Drittwiderbeklagten.

Weiter wird beantragt,

in den Tenor eines etwa der Klage stattgebenden Urteils einen Haftungsbeschränkungsvorbehalt gem. § 780 ZPO aufzunehmen des Inhalts, dass dem Beklagten die Beschränkung seiner Haftung für Hauptanspruch, Nebenforderungen und Kosten auf den Nachlass des Erblassers, des am ... verstorbenen Herrn F., geb. ..., zuletzt wohnhaft gewesen in F., vorbehalten wird.

Begründung

Der Klägerin stehen, auch nach Auffassung des Beklagten, die geltend gemachten Pflichtteilsansprüche – vorbehaltlich etwaiger rechtserheblicher Einwendungen der Drittwiderbeklagten/Streitverkündeten – gegen den Beklagten zu. Die Ansprüche sind, da sie Nachlassverbindlichkeiten sind, aus dem Nachlass zu erfüllen. Der Reinnachlass beläuft sich wertmäßig auf EUR 140.000 und besteht im Wesentlichen aus dem Hausgrundstück in F. Gem. § 3 der letztwilligen Verfügung vom ... hat der Erblasser im Wege des Vermächtnisses der Drittwiderbeklagten das lebenslängliche Wohnungsrecht an diesem Anwesen eingeräumt. Weil die Drittwiderbeklagte die Erfüllung des Vermächtnisses verlangt hat, hat der Beklagte mit Vermächtniserfüllungsvertrag vom ■■■ ihr das Wohnungsrecht im vermachten Umfang eingeräumt. Das Wohnungsrecht ist am ■■■ auch in Abt. II des Grundbuchs Heft Nr. ■■■, Grundbuchamt F., eingetragen worden. Erst lange Zeit danach hat die Klägerin ihren Pflichtteilsanspruch geltend gemacht.

Gem. § 2318 Abs. 3 BGB hat der Beklagte ein Kürzungsrecht gegenüber der Vermächtnisnehmerin (Drittwiderbeklagten). Zum Schutz seines eigenen Pflichtteils kann er deshalb wegen der Pflichtteilsansprüche der Klägerin das zu Gunsten der Drittwiderbeklagten ausgesetzte Vermächtnis soweit kürzen, dass ihm sein eigener Pflichtteil verbleibt.

Eine eigentliche Kürzung des Vermächtnisses ist nur möglich, wenn der Anspruch aus dem Vermächtnis auf eine teilbare Leistung geht. Richtet er sich auf eine unteilbare Leistung, - wie hier auf die Einräumung des Wohnungsrechts am Anwesen in F.- ist der Wert des Vermächtnisses zu schätzen. Der belastete Erbe kann dann von dem Vermächtnisnehmer nur fordern, dass ihm gegen die Erfüllung des Vermächtnisses ein Betrag gezahlt wird, der dem rechnerischen Kürzungsbetrag entspricht.[3]

Da der Beklagte bei der Vermächtniserfüllung den Pflichtteilsanspruch der Klägerin nicht berücksichtigen konnte, weil dieser noch nicht geltend gemacht war, er andererseits zur Vermächtniserfüllung verpflichtet war, steht ihm insoweit ein Rückforderungsanspruch gegen die Vermächtnisnehmerin (Drittwiderbeklagte) gem. § 813 Abs. 1 S. 1 iVm § 2318 BGB zu (vgl KG FamRZ 1977, 267, 269; Tank ZEV 1998, 132, 133; Staudinger/Haas § 2318 Rn 3).

Der von der Vermächtnisnehmerin dem Beklagten zu erstattende Betrag wird drittwiderklagend geltend gemacht.

Der Kürzungsbetrag wurde wie folgt berechnet:

Der Reinnachlass beläuft sich auf	140.000,00 EUR
Der eigene Pflichtteilsanspruch des Beklagten (Quote 1/4) hieraus beträgt	35.000,00 EUR
Der Wert des Vermächtnisses (Wohnungsrechts) wurde gem. Gutachten des Gutachterausschusses für die Ermittlung von Grundstückswerten in F. bei einem Alter der Vermächtnisnehmerin von 65 Jahren und einer durchschnittlichen Lebenserwartung von noch 20 Jahren sowie einem jährlichen Nutzungswert von EUR 5.000 ermittelt mit	100.000,00 EUR
Damit verbleibt ein Restbetrag in Höhe von zur Erfüllung der Pflichtteilslast.	5.000,00 EUR
Da die Klägerin einen Anspruch in Höhe von	35.000,00 EUR
geltend macht, errechnet sich somit der Kürzungsbetrag mit	30.000,00 EUR

Mit Schreiben des Unterzeichners vom ■■■ wurde der Kürzungsbetrag gem. vorstehender Berechnung gegenüber der Drittwiderbeklagten geltend gemacht und sie unter Fristsetzung bis zum ■■■ aufgefordert, diesen Betrag an den Beklagten zu überweisen. Nachdem die Drittwiderbeklagte mit Schreiben vom ■■■ jegliche Zahlung abgelehnt hat, hat die Klägerin, welcher jeweils Kopien des Schriftverkehrs mit der Drittwiderbeklagten übermittelt wurden, Klage erhoben.

Wiederholt wurden sowohl die Klägerin als auch die Drittwiderbeklagte darauf hingewiesen, dass der Beklagte mangels Liquidität des Nachlasses nicht in der Lage ist, den auf Geld gerichteten Anspruch der Klägerin dieser auszubezahlen. Hierzu wäre erforderlich, dass der Beklagte das in den Nachlass gefallene Anwesen verkauft. An einem Verkauf ist er jedoch durch die eingetragene Belastung – Wohnungsrecht zu Gunsten der Drittwiderbeklagten – gehindert.

Mit seinem persönlichen Vermögen muss er für die geltend gemachten Ansprüche nicht einstehen (wird ausgeführt).

Zur Zulässigkeit der Drittwiderklage

Zur Zulässigkeit der Drittwiderklage wird auf die Entscheidung des BGH vom 5.4.2001 – VII ZR 135/00 verwiesen. In dieser Entscheidung hat der BGH ausgeführt, dass zusammengehörende Ansprüche einheitlich verhandelt und entschieden werden sollen, damit eine Vervielfältigung und Zersplitterung von Prozessen vermieden werden. Das Kürzungsrecht gem. § 2318 Abs. 3 BGB ist in rechtlicher Hinsicht abhängig vom Bestand, insbesondere der Höhe des Pflichtteilsanspruchs und mit diesem unmittelbar zusammenhängend; die Drittwiderklage ist mithin sachdienlich.

Klage und Widerklageforderung hängen auch rechtlich zusammen (§ 33 ZPO). Die Voraussetzungen der Streitgenossenschaft (§§ 59, 60 ZPO) liegen vor. Die Ansprüche aus Klage und Widerklage beruhen im Wesentlichen auf gleichartigen tatsächlichen und rechtlichen Gründen.

Höchst vorsorglich wird Prozessverbindung gem. § 147 ZPO beantragt.

Zur Streitverkündung

Im Rückforderungsprozess könnte die Drittwiderbeklagte Einwendungen gegen Grund und Höhe des Pflichtteilsanspruchs erheben. Solche Einwendungen würden die Höhe des Rückforderungsanspruchs beeinflussen. Schon aus diesem Grunde ist der Beklagte gehalten, die Interventionswirkung herbeizuführen.

Zum Antrag auf Aufnahme eines Haftungsbeschränkungsvorbehalts

Der von der Klägerin geltend gemachte Anspruch wäre, wenn er bestünde, Nachlassverbindlichkeit gem. § 1967 BGB. Da zum jetzigen Zeitpunkt noch nicht abzusehen ist, ob der Nachlass zur Erfüllung aller Nachlassverbindlichkeiten ausreichen wird, behält sich der Beklagte die Herbeiführung von Maßnahmen zur Beschränkung seiner Haftung auf den Nachlass des Erblassers, seines am ▪▪▪ verstorbenen Vaters zuletzt wohnhaft in F., vor.

Aus diesem Grund ist in den Urteilstenor der beantragte Haftungsbeschränkungsvorbehalt aufzunehmen, der sich ausdrücklich auch auf die Kosten des Rechtsstreits zu erstrecken hat (vgl LG Leipzig, ZEV 1999, 234).

▪▪▪

Rechtsanwalt ◄

II. Erläuterungen

5 [1] Dem Muster liegt folgende **Fallkonstellation** zugrunde: Der geschiedene Erblasser hinterlässt seinen Sohn S. sowie seine nichteheliche Tochter T, zu welcher er seit Jahren keinen Kontakt mehr hat. In seinem notariellen Testament hat er folgendes bestimmt: „Ich setze meinen Sohn S. zum Alleinerben ein. Im Wege des Vermächtnisses wende ich meiner langjährigen nichtehelichen Lebensgefährtin, Frau G, das lebenslängliche Wohnungsrecht an meinem Hausgrundstück in F. zu".

6 Der Nachlass besteht im wesentlichen aus diesem Hausgrundstück, für welches der Sachverständige einen Wert von EUR 140.000 ermittelt hat und kleineren Aktiv- und Passivposten, die sich aufheben. Nach Eröffnung der letztwilligen Verfügung durch das Nachlassgericht schließt der Sohn mit der nichtehelichen Lebensgefährtin seines verstorbenen Vaters einen notariellen Vermächtniserfüllungsvertrag. Das Wohnungsrecht wird im Grundbuch eingetragen. Zwei Jahre danach macht seine Stiefschwester T gegen ihn ihre Pflichtteilsansprüche in Höhe eines Betrags von 35.000 EUR gerichtlich geltend. Den Wert des Wohnungsrechts hat der Gutachter mit 100.000 EUR ermittelt.

7 [2] § 33 ZPO begründet für eine Widerklage, die gegen eine **bisher nicht am Rechtsstreit beteiligte Person** erhoben wird (Drittwiderklage) keinen **Gerichtsstand** am Gericht der Klage (Hk-ZPO/*Bendtsen*, § 33 Rn 18; BGH v. 6.5.1993 VII ZR 7/93). Allerdings kann (so OLG München v. 31.3.2009, 31 AR 90/09), soweit nach der Rechtsprechung des BGH eine isolierte Drittwiderklage zulässig ist, hierfür aber beim Gericht der Klage keine Zuständigkeit begründet ist, vom übergeordneten Gericht in entsprechender Anwendung des § 36 Abs. 1 Nr. 3 ZPO ein

gemeinsam zuständiges Gericht bestimmt werden (Folge aus BGH v. 18.6.2008, V ZR 114/07 und BGH, NJW-RR 2008, 1516).

[3] Eine eigentliche **Kürzung des Vermächtnisses** ist jedoch nur möglich, wenn der Anspruch aus dem Vermächtnis auf eine **teilbare Leistung** geht. Richtet er sich auf eine unteilbare Leistung, (zB auf Einräumung des Nießbrauchs am Nachlass, Wohnungsrecht etc.), dann ist der Wert des Vermächtnisses zu schätzen. Der belastete Erbe kann dann vom Vermächtnisnehmer nur fordern, dass ihm gegen die Erfüllung des Vermächtnisses ein Betrag gezahlt wird, der dem Unterschiedsbetrag zwischen dem Wert des Vermächtnisses zzgl des Pflichtteilsanspruchs und dem Wert des ihm hinterlassenen Nachlasses entspricht. Weigert sich der Vermächtnisnehmer diesen Betrag zu zahlen, dann kann der belastete Erbe die Erfüllung des Vermächtnisses verweigern. Er muss anstelle dessen dem Vermächtnisnehmer einen Betrag zahlen, der dem Wert des Vermächtnisses unter Abzug des sonst von dem Vermächtnisnehmer zu erstattenden Betrages entspricht (vgl BGH NJW 1956, 507). 8

Hat der Erbe, ohne sein Kürzungsrecht zu kennen, geleistet, kann er den Kürzungsbetrag gem. § 813 BGB vom Vermächtnisnehmer **zurückfordern** (KG FamRZ 1977, 267, 269; *Tanck* ZEV 1998, 132, 133; Staudinger/*Haas* § 2318 Rn 3). 9

§ 2319 Pflichtteilsberechtigter Miterbe

[1]Ist einer von mehreren Erben selbst pflichtteilsberechtigt, so kann er nach der Teilung die Befriedigung eines anderen Pflichtteilsberechtigten soweit verweigern, dass ihm sein eigener Pflichtteil verbleibt. [2]Für den Ausfall haften die übrigen Erben.

§ 2320 Pflichtteilslast des an die Stelle des Pflichtteilsberechtigten getretenen Erben

(1) Wer anstelle des Pflichtteilsberechtigten gesetzlicher Erbe wird, hat im Verhältnis zu Miterben die Pflichtteilslast und, wenn der Pflichtteilsberechtigte ein ihm zugewendetes Vermächtnis annimmt, das Vermächtnis in Höhe des erlangten Vorteils zu tragen.
(2) Das Gleiche gilt im Zweifel von demjenigen, welchem der Erblasser den Erbteil des Pflichtteilsberechtigten durch Verfügung von Todes wegen zugewendet hat.

§ 2321 Pflichtteilslast bei Vermächtnisausschlagung

Schlägt der Pflichtteilsberechtigte ein ihm zugewendetes Vermächtnis aus, so hat im Verhältnis der Erben und der Vermächtnisnehmer zueinander derjenige, welchem die Ausschlagung zustatten kommt, die Pflichtteilslast in Höhe des erlangten Vorteils zu tragen.

§ 2322 Kürzung von Vermächtnissen und Auflagen

Ist eine von dem Pflichtteilsberechtigten ausgeschlagene Erbschaft oder ein von ihm ausgeschlagenes Vermächtnis mit einem Vermächtnis oder einer Auflage beschwert, so kann derjenige, welchem die Ausschlagung zustatten kommt, das Vermächtnis oder die Auflage soweit kürzen, dass ihm der zur Deckung der Pflichtteilslast erforderliche Betrag verbleibt.

§ 2323 Nicht pflichtteilsbelasteter Erbe

Der Erbe kann die Erfüllung eines Vermächtnisses oder einer Auflage auf Grund des § 2318 Abs. 1 insoweit nicht verweigern, als er die Pflichtteilslast nach den §§ 2320 bis 2322 nicht zu tragen hat.

§ 2324 Abweichende Anordnungen des Erblassers hinsichtlich der Pflichtteilslast

Der Erblasser kann durch Verfügung von Todes wegen die Pflichtteilslast im Verhältnis der Erben zueinander einzelnen Erben auferlegen und von den Vorschriften des § 2318 Abs. 1 und der §§ 2320 bis 2323 abweichende Anordnungen treffen.

§ 2325 Pflichtteilsergänzungsanspruch bei Schenkungen

(1) Hat der Erblasser einem Dritten eine Schenkung gemacht, so kann der Pflichtteilsberechtigte als Ergänzung des Pflichtteils den Betrag verlangen, um den sich der Pflichtteil erhöht, wenn der verschenkte Gegenstand dem Nachlass hinzugerechnet wird.
(2) [1]Eine verbrauchbare Sache kommt mit dem Werte in Ansatz, den sie zur Zeit der Schenkung hatte. [2]Ein anderer Gegenstand kommt mit dem Werte in Ansatz, den er zur Zeit des Erbfalls hat; hatte er zur Zeit der Schenkung einen geringeren Wert, so wird nur dieser in Ansatz gebracht.
(3) [1]Die Schenkung wird innerhalb des ersten Jahres vor dem Erbfall in vollem Umfang, innerhalb jedes weiteren Jahres vor dem Erbfall um jeweils ein Zehntel weniger berücksichtigt. [2]Sind zehn Jahre seit der Leistung des verschenkten Gegenstandes verstrichen, bleibt die Schenkung unberücksichtigt. [3]Ist die Schenkung an den Ehegatten erfolgt, so beginnt die Frist nicht vor der Auflösung der Ehe.

§ 2326 Ergänzung über die Hälfte des gesetzlichen Erbteils

[1]Der Pflichtteilsberechtigte kann die Ergänzung des Pflichtteils auch dann verlangen, wenn ihm die Hälfte des gesetzlichen Erbteils hinterlassen ist. [2]Ist dem Pflichtteilsberechtigten mehr als die Hälfte hinterlassen, so ist der Anspruch ausgeschlossen, soweit der Wert des mehr Hinterlassenen reicht.

§ 2327 Beschenkter Pflichtteilsberechtigter

(1) [1]Hat der Pflichtteilsberechtigte selbst ein Geschenk von dem Erblasser erhalten, so ist das Geschenk in gleicher Weise wie das dem Dritten gemachte Geschenk dem Nachlass hinzuzurechnen und zugleich dem Pflichtteilsberechtigten auf die Ergänzung anzurechnen. [2]Ein nach § 2315 anzurechnendes Geschenk ist auf den Gesamtbetrag des Pflichtteils und der Ergänzung anzurechnen.
(2) Ist der Pflichtteilsberechtigte ein Abkömmling des Erblassers, so findet die Vorschrift des § 2051 Abs. 1 entsprechende Anwendung.

§ 2328 Selbst pflichtteilsberechtigter Erbe

Ist der Erbe selbst pflichtteilsberechtigt, so kann er die Ergänzung des Pflichtteils soweit verweigern, dass ihm sein eigener Pflichtteil mit Einschluss dessen verbleibt, was ihm zur Ergänzung des Pflichtteils gebühren würde.

§ 2329 Anspruch gegen den Beschenkten

(1) [1]Soweit der Erbe zur Ergänzung des Pflichtteils nicht verpflichtet ist, kann der Pflichtteilsberechtigte von dem Beschenkten die Herausgabe des Geschenks zum Zwecke der Befriedigung wegen des fehlenden Betrags nach den Vorschriften über die Herausgabe einer ungerechtfertigten Bereicherung fordern. [2]Ist der Pflichtteilsberechtigte der alleinige Erbe, so steht ihm das gleiche Recht zu.
(2) Der Beschenkte kann die Herausgabe durch Zahlung des fehlenden Betrags abwenden.
(3) Unter mehreren Beschenkten haftet der früher Beschenkte nur insoweit, als der später Beschenkte nicht verpflichtet ist.

1 **A. Muster: Klage gegen den Beschenkten wegen eines Pflichtteilsergänzungsanspruchs**

► An das
Landgericht ■■■[1]

Klage

des ■■■ (Kläger)

gegen

Herrn ■■■ (Beklagter)

wegen Duldung der Zwangsvollstreckung

vorläufiger Streitwert: ■■■

Namens und in Vollmacht des Klägers erheben wir Klage gegen ■■■ und werden beantragen:

I. Der Beklagte wird verurteilt, wegen einer Forderung iHv EUR ■■■ nebst Zinsen hieraus iHv 5 %-Punkten über dem jeweiligen Basiszinssatz seit ■■■/oder Rechtshängigkeit die Zwangsvollstreckung in das im Grundbuch von ■■■, Heft ■■■ eingetragene Grundstück ■■■ zugunsten des Klägers zu dulden.

II. Der Beklagte hat die Kosten des Rechtsstreits zu tragen.

Begründung

Am ■■■ (Datum) verstarb in ■■■ Frau ■■■ Sie war die Mutter der beiden Parteien. Mit Testament vom ■■■ hat die Erblasserin einen früheren Nachbarn zum Alleinerbin eingesetzt.

Mit Übergabevertrag vom ■■■ hatte die Erblasserin zu Lebzeiten ihr Hausgrundstück der Beklagten schenkweise übertragen.

Der Nachlass war beim Tode der Erblasserin wertlos, weshalb der Erbe die Einrede des unzureichenden Nachlasses geltend gemacht hat. Der Kläger kann somit von der Beklagten gem. § 2329 BGB wegen seines Pflichtteilsergänzungsanspruchs die Duldung der Zwangsvollstreckung in das geschenkte Grundstück verlangen[2].

Der Pflichtteilsergänzungsanspruch des Klägers berechnet sich wie folgt:

Das Grundstück hatte zum Zeitpunkt der Übertragung[3] einen Wert iHv mindestens EUR ■■■

Beweis: Einholung eines Sachverständigengutachtens

■■■

Rechtsanwalt ◄

B. Erläuterungen

[1] Der **Pflichtteilsergänzungsanspruch** richtet sich grundsätzlich **gegen** den **Erben** und nur, soweit dieser zur Ergänzung nicht verpflichtet ist, subsidiär gegen den **Beschenkten.** Schwierig ist die Situation bei mehreren Beschenkten, weil gem. Abs. 3 zunächst der zuletzt Beschenkte in Höhe seines Geschenkes haftet. Geht der Pflichtteilsergänzungsanspruch über diesen Wert hinaus, haftet der früher Beschenkte in Höhe der Differenz. Weil der Anspruch gegen den Beschenkten –anders als gegen den beschenkten (Mit-)Erben (Hk-BGB/*Hoeren* § 2325 Rn 11; BGHZ 107, 200)- gem. §§ 2332 Abs. 1, 195 in **3 Jahren ab dem Erbfall** verjährt, stellt sich hier die Frage der Hemmung. Gegenüber der Streitverkündung ist einer Feststellungsklage gegen den früher Beschenkten der Vorzug zu geben (OLG Düsseldorf v. 27.10.95, 7 U 156/94 abgedruckt in FamRZ 1996, 445). 2

[2] Nur bei **Geldgeschenken** oder bei **bereicherungsrechtlicher Werthaftung** ist der Ergänzungsanspruch auf Zahlung gerichtet. Bei anderen Geschenken ist er durch Klage auf Duldung der Zwangsvollstreckung in das geschenkte Grundstück bzw den geschenkten Gegenstand in Höhe des -zu beziffernden- Fehlbetrages entspr. §§ 1973 Abs. 2 S. 1, 1990 Abs. 1 S. 2 durchzusetzen (Palandt/*Edenhofer* § 2329 Rn 5). 3

[3] Für die **Berechnung** des Pflichtteilsergänzungsanspruchs ist nach dem in § 2325 Abs. 2 S. 2 normierten Niederstwertprinzip bei einem Grundstück von den Werten zur Zeit der Schenkung (maßgebend ist die Eintragung der Rechtsänderung im Grundbuch) und zur Zeit des Erbfalls der niedrigere Wert in Ansatz zu bringen. Für die Frage der Haftung des Beschenkten gelten dagegen die bereicherungsrechtlichen Grundsätze. 4

§ 2330 Anstandsschenkungen

Die Vorschriften der §§ 2325 bis 2329 finden keine Anwendung auf Schenkungen, durch die einer sittlichen Pflicht oder einer auf den Anstand zu nehmenden Rücksicht entsprochen wird.

§ 2331 Zuwendungen aus dem Gesamtgut

(1) [1]Eine Zuwendung, die aus dem Gesamtgut der Gütergemeinschaft erfolgt, gilt als von jedem der Ehegatten zur Hälfte gemacht. [2]Die Zuwendung gilt jedoch, wenn sie an einen Abkömmling, der nur von einem der Ehegatten abstammt, oder an eine Person, von der nur einer der Ehegatten abstammt, erfolgt, oder wenn einer der Ehegatten wegen der Zuwendung zu dem Gesamtgut Ersatz zu leisten hat, als von diesem Ehegatten gemacht.
(2) Diese Vorschriften sind auf eine Zuwendung aus dem Gesamtgut der fortgesetzten Gütergemeinschaft entsprechend anzuwenden.

§ 2331 a Stundung

(1) [1]Der Erbe kann Stundung des Pflichtteils verlangen, wenn die sofortige Erfüllung des gesamten Anspruchs für den Erben wegen der Art der Nachlassgegenstände eine unbillige Härte wäre, insbesondere wenn sie ihn zur Aufgabe des Familienheims der zur Veräußerung eines Wirtschaftsguts zwingen würde, das für den Erben und seine Familie die wirtschaftliche Lebensgrundlage bildet. [2]Die Interessen des Pflichtteilsberechtigten sind angemessen zu berücksichtigen.
(2) [1]Für die Entscheidung über eine Stundung ist, wenn der Anspruch nicht bestritten wird, das Nachlassgericht zuständig. [2]§ 1382 Abs. 2 bis 6 gilt entsprechend; an die Stelle des Familiengerichts tritt das Nachlassgericht.

§ 2332 Verjährung

(1) Die Verjährungsfrist des dem Pflichtteilsberechtigten nach § 2329 gegen den Beschenkten zustehenden Anspruchs beginnt mit dem Erbfall.
(2) Die Verjährung des Pflichtteilsanspruchs und des Anspruchs nach § 2329 wird nicht dadurch gehemmt, dass die Ansprüche erst nach der Ausschlagung der Erbschaft oder eines Vermächtnisses geltend gemacht werden können.

§ 2333 Entziehung des Pflichtteils

(1) Der Erblasser kann einem Abkömmling den Pflichtteil entziehen, wenn der Abkömmling
1. dem Erblasser, dem Ehegatten des Erblassers, einem anderen Abkömmling oder einer dem Erblasser ähnlich nahe stehenden Person nach dem Leben trachtet,
2. sich eines Verbrechens oder eines schweren vorsätzlichen Vergehens gegen eine der in Nummer 1 bezeichneten Personen schuldig macht,
3. die ihm dem Erblasser gegenüber gesetzlich obliegende Unterhaltspflicht böswillig verletzt oder
4. wegen einer vorsätzlichen Straftat zu einer Freiheitsstrafe von mindestens einem Jahr ohne Bewährung rechtskräftig verurteilt wird und die Teilhabe des Abkömmlings am Nachlass deshalb für den Erblasser unzumutbar ist. Gleiches gilt, wenn die Unterbringung des Abkömmlings in einem psychiatrischen Krankenhaus oder in einer Entziehungsanstalt wegen einer ähnlich schwerwiegenden vorsätzlichen Tat rechtskräftig angeordnet wird.

(2) Absatz 1 gilt entsprechend für die Entziehung des Eltern- oder Ehegattenpflichtteils.

§§ 2234 und 2235 (aufgehoben)

§ 2336 Form, Beweislast, Unwirksamwerden

(1) Die Entziehung des Pflichtteils erfolgt durch letztwillige Verfügung.
(2) [1]Der Grund der Entziehung muss zur Zeit der Errichtung bestehen und in der Verfügung angegeben werden. [2]Für eine Entziehung nach § 2333 Absatz 1 Nummer 4 muss zur Zeit der Errichtung die Tat begangen sein und der Grund für die Unzumutbarkeit vorliegen; beides muss in der Verfügung angegeben werden.
(3) Der Beweis des Grundes liegt demjenigen ob, welcher die Entziehung geltend macht.

A. Muster: Entziehung des Pflichtteils (Entziehungsgrund § 2333 Abs. 1 Nr. 1)[1] 1

1216 ▶ Ich entziehe meinem Sohn S den Pflichtteil. Mein Sohn S hat versucht, mich zu töten, indem er am Morgen des 20. Oktober 2009 mit den Worten „jetzt bringe ich Dich um" mit einem Messer mehrfach auf mich eingestochen hat. Der Vorfall, bei dem ich lebensgefährliche Verletzungen erlitten habe, hat sich in unserem Ferienhaus in Starnberg zugetragen. Ich habe den Vorfall zur Anzeige gebracht. Die Staatsanwaltschaft S hat unter dem Aktenzeichen XY ein Ermittlungsverfahren wegen versuchten Totschlags eingeleitet.[2] ◀

B. Erläuterungen

[1] Die Pflichtteilsentziehungsgründe sind in § 2333 Abs. 1 abschließend geregelt (BGH NJW 1974, 1084) 2

[2] Da der Schuldner des Pflichtteils den Entziehungsgrund darzulegen und zu beweisen hat (§ 2336 Abs. 3), empfiehlt sich, den zutreffenden Kernsachverhalt möglichst so genau und belegbar in der letztwilligen Verfügung anzugeben, dass er örtlich und zeitlich nachvollziehbar ist. 3

§ 2337 Verzeihung

[1]Das Recht zur Entziehung des Pflichtteils erlischt durch Verzeihung. [2]Eine Verfügung, durch die der Erblasser die Entziehung angeordnet hat, wird durch die Verzeihung unwirksam.

§ 2338 Pflichtteilsbeschränkung

(1) [1]Hat sich ein Abkömmling in solchem Maße der Verschwendung ergeben oder ist er in solchem Maße überschuldet, dass sein späterer Erwerb erheblich gefährdet wird, so kann der Erblasser das Pflichtteilsrecht des Abkömmlings durch die Anordnung beschränken, dass nach dem Tode des Abkömmlings dessen gesetzliche Erben das ihm Hinterlassene oder den ihm gebührenden Pflichtteil als Nacherben oder als Nachvermächtnisnehmer nach dem Verhältnis ihrer gesetzlichen Erbteile erhalten sollen. [2]Der Erblasser kann auch für die Lebenszeit des Abkömmlings die Verwaltung einem Testamentsvollstrecker übertragen; der Abkömmling hat in einem solchen Falle Anspruch auf den jährlichen Reinertrag.
(2) [1]Auf Anordnungen dieser Art findet die Vorschrift des § 2336 Abs. 1 bis 3 entsprechende Anwendung. [2]Die Anordnungen sind unwirksam, wenn zur Zeit des Erbfalls der Abkömmling sich dauernd von dem verschwenderischen Leben abgewendet hat oder die den Grund der Anordnung bildende Überschuldung nicht mehr besteht.

A. Muster: Pflichtteilsbeschränkung in guter Absicht[1] 1

1217 ▶ Ich bin verwitwet und weder durch ein gemeinschaftliches Testament noch durch einen Erbvertrag in meiner Testierfreiheit beschränkt.

Ich setze meine beiden Kinder, Tochter T und Sohn S zu je 1/2 zu meinen Erben ein. Mein Sohn S erhält seinen Erbteil von 1/2 Anteil jedoch nur als Vorerbe. Er ist von den gesetzlichen Beschränkungen und Verpflichtungen eines Vorerben ausdrücklich nicht befreit.

Zu Nacherben setze ich seine gesetzlichen Erben nach dem Verhältnis ihrer gesetzlichen Erbteile ein.[2] Der Nacherbfall tritt mit dem Tode des Vorerben ein. Die Nacherbenanwartschaft ist nicht vererblich und nur auf den Vorerben übertragbar.

Sollte mein Sohn S die Erbschaft ausschlagen und den Pflichtteil verlangen, beschränke ich sein Pflichtteilsrecht gem. § 2338 BGB in gleicher Weise.

Ich habe die genannten Beschränkungen angeordnet,[3] weil mein Sohn S überschuldet ist. Über sein Vermögen ist beim AG in ■■■ unter Az ■■■ das Insolvenzverfahren eröffnet worden. Die im Insolvenzverfahren angemeldeten Forderungen übersteigen den Wert der Insolvenzmasse bei weitem. Der künftige Vermögenserwerb meines Sohnes S ist hierdurch erheblich gefährdet.

Des Weiteren ordne ich hinsichtlich des Erbteils meines Sohnes S Verwaltungstestamentsvollstreckung an.[4] Der Testamentvollstrecker hat die Aufgabe, den Erbteil meines Sohnes zu verwalten und den jährlichen Reinertrag an meinen Sohn auszubezahlen. Zum Testamentsvollstrecker ernenne ich meine Tochter T, ersatzweise ■■■ ◄

B. Erläuterungen

2 [1] Die Pflichtteilsbeschränkung in guter Absicht ist nur **gegenüber Abkömmlingen** möglich.

3 [2] Als **Nacherben** (oder als Nachvermächtnisnehmer) können nur die gesetzlichen Erben des Abkömmlings nach dem Verhältnis ihrer gesetzlichen Erbteile, eingesetzt werden. Da diese aber zum Zeitpunkt der Testamentserrichtung idR aber noch nicht feststehen, empfiehlt sich, für die Nacherben-/Nachvermächtniseinsetzung den gesetzlichen Wortlaut zugrunde zu legen und die Nacherben/Nachvermächtnisnehmer nicht individuell zu benennen.

4 [3] Der **Grund der Beschränkung** muss gem. §§ 2338 Abs. 2 S. 1, 2336 Abs. 2 in der Verfügung angegeben werden, und zwar substantiiert, dass sie in einem gerichtlichen Verfahren, ggf durch Beweisaufnahme, überprüft werden kann.

5 [4] Die **Verwaltungstestamentsvollstreckung** sollte angeordnet werden, um einen Gläubigerzugriff bzw unerwünschte Verfügungen des beschränkten Erben selbst zu verhindern. Der jährliche Reinertrag, auf den der Pflichtteilsberechtigte nach § 2338 Abs. 1 S. 2, 2. Hs. Anspruch hat, unterliegt auch ohne Anordnung der Testamentsvollstreckung der Pfändungsbeschränkung nach §§ 863 Abs. 1, 850 d ZPO. Handelt es sich beim Gläubiger nicht um einen persönlichen Gläubiger des Erben ist die Pfändung gem. § 863 Abs. 2 ZPO unbeschränkt zulässig.

Abschnitt 6 Erbunwürdigkeit

§ 2339 Gründe für Erbunwürdigkeit

(1) Erbunwürdig ist:

1. **wer den Erblasser vorsätzlich und widerrechtlich getötet oder zu töten versucht oder in einen Zustand versetzt hat, infolge dessen der Erblasser bis zu seinem Tode unfähig war, eine Verfügung von Todes wegen zu errichten oder aufzuheben,**
2. **wer den Erblasser vorsätzlich und widerrechtlich verhindert hat, eine Verfügung von Todes wegen zu errichten oder aufzuheben,**
3. **wer den Erblasser durch arglistige Täuschung oder widerrechtlich durch Drohung bestimmt hat, eine Verfügung von Todes wegen zu errichten oder aufzuheben,**
4. **wer sich in Ansehung einer Verfügung des Erblassers von Todes wegen einer Straftat nach den §§ 267, 271 bis 274 des Strafgesetzbuchs schuldig gemacht hat.**

(2) Die Erbunwürdigkeit tritt in den Fällen des Absatzes 1 Nr. 3, 4 nicht ein, wenn vor dem Eintritt des Erbfalls die Verfügung, zu deren Errichtung der Erblasser bestimmt oder in Ansehung deren die Straftat begangen worden ist, unwirksam geworden ist, oder die Verfügung, zu deren Aufhebung er bestimmt worden ist, unwirksam geworden sein würde.

§ 2340 Geltendmachung der Erbunwürdigkeit durch Anfechtung

(1) Die Erbunwürdigkeit wird durch Anfechtung des Erbschaftserwerbs geltend gemacht.
(2) [1]Die Anfechtung ist erst nach dem Anfall der Erbschaft zulässig. [2]Einem Nacherben gegenüber kann die Anfechtung erfolgen, sobald die Erbschaft dem Vorerben angefallen ist.
(3) Die Anfechtung kann nur innerhalb der in § 2082 bestimmten Fristen erfolgen.

§ 2341 Anfechtungsberechtigte

Anfechtungsberechtigt ist jeder, dem der Wegfall des Erbunwürdigen, sei es auch nur bei dem Wegfall eines anderen, zustatten kommt.

§ 2342 Anfechtungsklage

(1) [1]Die Anfechtung erfolgt durch Erhebung der Anfechtungsklage. [2]Die Klage ist darauf zu richten, dass der Erbe für erbunwürdig erklärt wird.
(2) Die Wirkung der Anfechtung tritt erst mit der Rechtskraft des Urteils ein.

A. Muster: Erbunwürdigkeitsklage 1

▶ An das
Landgericht ■■■[1]

Klage

des ■■■ (Kläger)

gegen

Herrn ■■■ (Beklagter)

wegen Erbunwürdigkeit

vorläufiger Streitwert: ■■■[2]

Namens und in Vollmacht des Klägers erheben wir Klage gegen ■■■ und werden beantragen:

Der Beklagte wird für den Erbfall nach dem am ■■■ verstorbenen Erblasser ■■■, zuletzt wohnhaft gewesen ■■■ für erbunwürdig erklärt.[3]

Begründung

■■■ (Darstellung eines der in § 2339 abschließend aufgezählten Erbunwürdigkeitsgrundes)

Der Kläger ist gem. § 2341 BGB anfechtungsberechtigt, da ihm der Wegfall des Beklagten zustatten kommt. Mit dem Wegfall des Beklagten erhöht sich die Erbquote des Klägers.

Die Klagerhebung ist innerhalb der Jahresfrist gem. §§ 2340 Abs. 2, 2082 BGB erfolgt. Der Kläger hat erst am ■■■ Kenntnis vom Anfechtungsgrund erlangt.[4]

■■■

Unterschrift ◀

B. Erläuterungen

[1] Zuständig sind die ordentlichen Gerichte. Eine Erbunwürdigkeit kann bspw nicht im Erbscheinsverfahren geltend gemacht werden (BayObLG, Rpfleger 1975, 243). 2

[2] Der Streitwert richtet sich nach dem Wert, den die Nachlassbeteiligung des Beklagten besitzt (BGH v. 20.10.1969, III ZR 208/67). 3

4 [3] Der Klagantrag ergibt sich aus § 2342 Abs. 1 Satz 2. Bei Erfolg der Klage wird der Beklagte gem § 2344 Abs. 1 so behandelt, als wäre der Anfall an ihn nicht erfolgt. Die Feststellung der Erbunwürdigkeit entfaltet gem. § 2344 Wirkung für und gegen Dritte, also inter omnes, zB auch gegenüber Nachlassgläubigern und -schuldnern und für und gegen alle weiteren Anfechtungsberechtigten (*Muscheler*, ZEV 2009, 101).

5 [4] Die Anfechtung durch Erhebung der Anfechtungsklage muss binnen Jahresfrist erfolgen, gerechnet ab Kenntnis und Beweisbarkeit des Anfechtungsgrundes (Hk-BGB/*Hoeren* § 2340 Rn 3).

§ 2343 Verzeihung

Die Anfechtung ist ausgeschlossen, wenn der Erblasser dem Erbunwürdigen verziehen hat.

§ 2344 Wirkung der Erbunwürdigerklärung

(1) Ist ein Erbe für erbunwürdig erklärt, so gilt der Anfall an ihn als nicht erfolgt.
(2) Die Erbschaft fällt demjenigen an, welcher berufen sein würde, wenn der Erbunwürdige zur Zeit des Erbfalls nicht gelebt hätte; der Anfall gilt als mit dem Eintritt des Erbfalls erfolgt.

§ 2345 Vermächtnisunwürdigkeit; Pflichtteilsunwürdigkeit

(1) [1]Hat sich ein Vermächtnisnehmer einer der in § 2339 Abs. 1 bezeichneten Verfehlungen schuldig gemacht, so ist der Anspruch aus dem Vermächtnis anfechtbar. [2]Die Vorschriften der §§ 2082, 2083, 2339 Abs. 2 und der §§ 2341, 2343 finden Anwendung.
(2) Das Gleiche gilt für einen Pflichtteilsanspruch, wenn der Pflichtteilsberechtigte sich einer solchen Verfehlung schuldig gemacht hat.

Abschnitt 7 Erbverzicht

§ 2346 Wirkung des Erbverzichts, Beschränkungsmöglichkeit

(1) [1]Verwandte sowie der Ehegatte des Erblassers können durch Vertrag mit dem Erblasser auf ihr gesetzliches Erbrecht verzichten. [2]Der Verzichtende ist von der gesetzlichen Erbfolge ausgeschlossen, wie wenn er zur Zeit des Erbfalls nicht mehr lebte; er hat kein Pflichtteilsrecht.
(2) Der Verzicht kann auf das Pflichtteilsrecht beschränkt werden.

A. Erbverzicht

1 **I. Muster: Erbverzichtsvertrag**

▶ (Notarielle Urkundenformalien)[1]

Erschienen sind Herr ▪▪▪ und dessen Sohn Herr ▪▪▪.[2] Die Erschienenen erklären mit der Bitte um notarielle Beurkundung folgenden

Erbverzichtsvertrag

I. Vorwort

Der Erschienene zu 1. (Vater) ist verwitwet und lebt seit Jahren in nichtehelicher Lebensgemeinschaft mit Frau F zusammen, welche ihn auch aufopferungsvoll betreut und pflegt. Er möchte sie deshalb in einer später zu errichtenden letztwilligen Verfügung auch zu seiner Alleinerbin einsetzen.

Der Erschienene zu 2. (Sohn) erklärt, dass er bereits mit Übergabevertrag vom. UrNr. ▪▪▪ von seinem Vater das Geschäftshaus in ▪▪▪ mit einem damaligen Wert von EUR 500.000 erhalten hat.

II. Erbverzicht

Vor diesem Hintergrund und unter Berücksichtigung des Wunsches seines Vaters erklärt der Erschienene zu 2., dass er für sich und seine Abkömmlinge auf das gesetzliche Erbrecht nach seinem Vater diesem gegenüber verzichtet.[3]

Der Erschienene zu 1 nimmt den Verzicht an.

III. Belehrungen, Vollmachten, Kosten

 ◀

II. Erläuterungen

[1] Vgl § 2348. 2

[2]**Vertragspartner** des Erbverzichts sind der (zukünftige) Erblasser und der Verzichtende (zum möglichen Personenkreis vgl § 2346 Abs. 1 S. 1). Wer durch Erbverzicht von der gesetzlichen Erbfolge ausgeschlossen ist, wird bei der Feststellung des Erbteils für die Feststellung des Pflichtteils nicht mitgezählt (§ 2310). 3

[3] Alternativ könnte der Erbverzicht auch unter der **aufschiebenden Bedingung** erklärt werden, dass der Vater tatsächlich eine letztwillige Verfügung zugunsten seiner nichtehelichen Lebensgefährtin errichtet und diese auch tatsächlich seine Alleinerbin wird. 4

B. Isolierter Pflichtteilsverzicht

I. Muster: Isolierter Pflichtteilsverzicht (§ 2346 Abs. 2) 5

▶ (Notarielle Urkundenformalien)

Erschienen sind Herr ▪▪▪ und dessen Tochter Frau ▪▪▪ Die Erschienenen erklären mit der Bitte um notarielle Beurkundung folgenden

Pflichtteilsverzichtsvertrag:[1]

I. Vorwort

Der Erschienene zu 1. (Vater) ist verwitwet und alleiniger Inhaber der mittelständischen Firma ▪▪▪ in ▪▪▪. Er will, dass sein einziger Sohn S einmal diese Firma fortführt.

Die Erschienene zu 2. (Tochter) erklärt, dass sie bereits mit Übergabevertrag vom ▪▪▪ UrNr. ▪▪▪ von ihrem Vater das Hausgrundstück in ▪▪▪ mit einem damaligen Wert von EUR 500.000 erhalten hat.

II. Pflichtteilsverzicht

Die Erschienene zu 2.erklärt, dass sie für sich und ihre Abkömmlinge auf das gesetzliche Pflichtteilsrecht[2] nach ihrem Vater diesem gegenüber verzichtet.[3]

Der Erschienene zu 1 nimmt den Verzicht an.

III. Belehrungen, Vollmachten, Kosten

 ◀

II. Erläuterungen

6 [1] Wer lediglich einen isolierten Pflichtteilsverzicht erklärt, wird bei der **Berechnung** des Pflichtteils anderer Berechtigter gem. § 2310 mitgezählt. Die Pflichtteilsquoten anderer Berechtigter erhöhen sich also durch einen isolierten Pflichtteilsverzicht nicht.

7 [2] Der Verzicht auf das gesetzliche Pflichtteilsrecht umfasst, wenn im Einzelfall nichts anderes vereinbart ist, auch den **Pflichtteilsergänzungsanspruch** nach §§ 2325 ff (Palandt/*Edenhofer* § 2346 Rn 5) und den Zusatzpflichtteil nach §§ 2305, 2307 (MüKo-BGB/*Strobel* § 2346 Rn 19).

8 [3] Der Pflichtteilsverzicht kann auch gegenständlich beschränkt werden. Bedeutsame Fälle sind hier die Übertragung von wertvollen Zuwendungen im Wege der vorweggenommenen Erbfolge, so etwa bei Immobilien und bei der Unternehmensnachfolge (hierzu ausführlich *J. Mayer*, Pflichtteilsrecht § 11 Rn 20 ff).

§ 2347 Persönliche Anforderungen, Vertretung

(1) [1]Zu dem Erbverzicht ist, wenn der Verzichtende unter Vormundschaft steht, die Genehmigung des Familiengerichts erforderlich; steht er unter elterlicher Sorge, so gilt das Gleiche, sofern nicht der Vertrag unter Ehegatten oder unter Verlobten geschlossen wird. [2]Für den Verzicht durch den Betreuer ist die Genehmigung des Betreuungsgerichts erforderlich.
(2) [1]Der Erblasser kann den Vertrag nur persönlich schließen; ist er in der Geschäftsfähigkeit beschränkt, so bedarf er nicht der Zustimmung seines gesetzlichen Vertreters. [2]Ist der Erblasser geschäftsunfähig, so kann der Vertrag durch den gesetzlichen Vertreter geschlossen werden; die Genehmigung des Familiengerichts oder Betreuungsgerichts ist in gleichem Umfang wie nach Absatz 1 erforderlich.

§ 2348 Form

Der Erbverzichtsvertrag bedarf der notariellen Beurkundung.

§ 2349 Erstreckung auf Abkömmlinge

Verzichtet ein Abkömmling oder ein Seitenverwandter des Erblassers auf das gesetzliche Erbrecht, so erstreckt sich die Wirkung des Verzichts auf seine Abkömmlinge, sofern nicht ein anderes bestimmt wird.

§ 2350 Verzicht zugunsten eines anderen

(1) Verzichtet jemand zugunsten eines anderen auf das gesetzliche Erbrecht, so ist im Zweifel anzunehmen, dass der Verzicht nur für den Fall gelten soll, dass der andere Erbe wird.
(2) Verzichtet ein Abkömmling des Erblassers auf das gesetzliche Erbrecht, so ist im Zweifel anzunehmen, dass der Verzicht nur zugunsten der anderen Abkömmlinge und des Ehegatten des Erblassers gelten soll.

§ 2351 Aufhebung des Erbverzichts

Auf einen Vertrag, durch den ein Erbverzicht aufgehoben wird, findet die Vorschrift des § 2348 und in Ansehung des Erblassers auch die Vorschrift des § 2347 Abs. 2 Satz 1 erster Halbsatz, Satz 2 Anwendung.

§ 2352 Verzicht auf Zuwendungen

[1]Wer durch Testament als Erbe eingesetzt oder mit einem Vermächtnis bedacht ist, kann durch Vertrag mit dem Erblasser auf die Zuwendung verzichten. [2]Das Gleiche gilt für eine Zuwendung, die in einem Erbvertrag einem Dritten gemacht ist. [3]Die Vorschriften der §§ 2347 bis 2349 finden Anwendung.

A. Muster: Zuwendungsverzichtsvertrag 1

▶ (Notarielle Urkundenformalien)

Erschienen sind Herr ■■■ und dessen Tochter Frau ■■■ Die Erschienenen erklären mit der Bitte um notarielle Beurkundung folgenden

Zuwendungsverzichtsvertrag:[1]

I. Vorwort

Der Erschienene zu 1. (Vater) hat mit seiner am ■■■ verstorbenen Ehefrau F am ■■■ ein gemeinschaftliches Testament errichtet, welches am ■■■ vom Nachlassgericht in ■■■ unter Az ■■■ eröffnet worden ist. Zu Schlusserben sind die Erschienene zu 2. (Tochter) und der Sohn S untereinander zu gleichen Teilen eingesetzt.

II. Zuwendungsverzicht

Die Erschienene zu 2. erklärt, dass sie für sich und ihre Abkömmlinge[2] auf ihre Erbeinsetzung durch das bindend gewordene gemeinschaftliche Testament vom ■■■ nach ihrem Vater diesem gegenüber verzichtet.

Der Erschienene zu 1 nimmt den Verzicht an.

III. Belehrungen, Vollmachten, Kosten

■■■ ◀

B. Erläuterungen

[1] § 2352 differenziert zwischen einem Verzicht auf **Zuwendungen aufgrund eines Testaments** und einem solchen aufgrund eines **Erbvertrags**. Ein typischer Fall für einen Zuwendungsverzicht liegt vor, wenn ein gemeinschaftliches Testament bindend geworden ist oder bei einem Erbvertrag der Vertragspartner seine Mitwirkung versagt. 2

[2] Auf **Erbfälle bis 31.12.2009** findet § 2349 keine Anwendung (vgl § 2352 Abs. 3 in der bis dahin geltenden Fassung). Für diese Fälle müssten deshalb auch Ersatzerben (auch nach § 2069) und Ersatzvermächtnisnehmer Zuwendungsverzichte erklären. 3

Abschnitt 8 Erbschein

§ 2353 Zuständigkeit des Nachlassgerichts, Antrag

Das Nachlassgericht hat dem Erben auf Antrag ein Zeugnis über sein Erbrecht und, wenn er nur zu einem Teil der Erbschaft berufen ist, über die Größe des Erbteils zu erteilen (Erbschein).

A. Muster: Antrag auf Erteilung eines Erbscheins[1] 1

1222

▶ Amtsgericht ■■■

– Nachlassgericht –[2]

■■■

Antrag auf Erteilung eines Erbscheins

Hiermit beantrage[3] ich die Erteilung folgenden Erbscheins:

Es wird bezeugt, dass die am ■■■ in ■■■ verstorbene ■■■, geb. am ■■■, in ■■■, zuletzt wohnhaft in ■■■, von ■■■, wohnhaft in ■■■, kraft Gesetzes/aufgrund Testaments vom ■■■ allein beerbt/zu 1/2 beerbt worden ist.

Begründung

■■■

■■■

Unterschrift ◄

B. Erläuterungen und Varianten

2 [1] **Erbschein.** Der Erbschein ist ein **Zeugnis** darüber, wer Erbe geworden ist und welche Verfügungsbeschränkungen gegebenenfalls bestehen. Er weist die Person des Erblassers (Name, Sterbedatum, Sterbeort, Geburtsdatum, Geburtsort, letzter Wohnsitz), die Person des Erben (Name, Wohnsitz), die Erbquote und etwaige Verfügungsbeschränkungen (Nacherbschaft, Testamentsvollstreckung) aus. Zu Umfang und Inhalt des Nachlasses trifft der Erbschein keine Aussagen (*Zimmermann*, ZEV 95,275). Da Vermächtnisse und Pflichtteilsrechte die Verfügungsmacht des Erben nicht beeinträchtigen, sind sie im Erbschein auch nicht aufgeführt (*Kroiß*, Das neue Nachlassverfahrensrecht F. Rn 1). Der Erbschein stellt eine **Urkunde** im Sinne von § 271 StGB (BGH NJW 1964, 558) dar. Mit dem Erbschein soll in erster Linie der Erbe in die Lage versetzt werden, sein Erbrecht nachweisen zu können. Aber auch Dritten soll der Erbschein als Nachweis der Passivlegitimation dienen (§§ 727, 792 ZPO).

3 Der Erbschein hat die **Vermutungswirkung** des § 2365. Es wird vermutet, dass demjenigen, der im Erbschein als Erbe bezeichnet ist, das dort angegebene Erbrecht zusteht und er nicht durch andere als die im Erbschein angegebenen Anordnungen beschränkt ist (Nacherbfolge nach § 2363 oder Testamentsvollstreckung nach § 2364). Umgekehrt wird bei den im Erbschein genannten Verfügungsbeschränkungen nicht positiv festgestellt, dass diese auch tatsächlich bestehen. Eine solche Positivvermutung ergibt sich aus dem Gesetz nicht (Palandt/*Edenhofer*, § 2365 Rn 1; MüKo-BGB/*J. Mayer*, § 2365 Rn 11, 12).

4 Die **Nachweismöglichkeit der Erbfolge** durch Erbschein gegenüber dem Grundbuchamt ergibt sich aus § 35 Abs. 1 S. 1 GBO. Gegebenenfalls kann auch ein nur für Grundbuchzwecke benötigter Erbschein beantragt werden, der dann kostengünstiger gem. § 107 Abs. 3 KostO ist. Banken und Sparkassen verlangen nach Nr. 5 ihrer AGB regelmäßig eine entsprechende Legitimation durch Erbschein oder öffentliches Testament mit Eröffnungsprotokoll.

5 [2] **Zuständigkeit.** Der Erbschein wird nach § 2353 vom Nachlassgericht erteilt. Demzufolge ist der Erbscheinsantrag auch an das zuständige Nachlassgericht zu richten. **Sachlich zuständig** ist das Amtsgericht, dort die Abteilung Nachlassgericht (§ 342 Abs. 1 Nr. 6 FamFG, § 23 a Abs. 1 Nr. 2 und Abs. 2 Nr. 2 GVG). In Baden-Württemberg ist das staatliche Notariat Nachlassgericht (§ 1 Abs. 1 und 2, §§ 36, 38 LFGG). Zuständig in Baden ist der Amtsnotar und in Württemberg der Bezirksnotar (§ 17 Abs. 2 BaWüLFGG). Beim Höferecht kann eine Zuständigkeit des Landwirtschaftsgerichts als Abteilung des Amtsgerichts (§ 2 LwVG) anstelle des Nachlassgerichts gegeben sein.

6 Die **örtliche Zuständigkeit** bestimmt sich nach § 343 FamFG und dort in erster Linie nach dem Wohnsitz, den der Erblasser zum Zeitpunkt seines Todes hatte. Der Wohnsitz des Erben ist unerheblich. Für den Fall, dass der Erblasser keinen inländischen Wohnsitz hatte, ist eine Zuständigkeit des Gerichts gegeben, in dessen Bezirk der Erblasser zum Zeitpunkt seines Todes seinen Aufenthalt hatte (§ 343 Abs. 1 Hs 2 FamFG). Hatte ein (deutscher) Erblasser im Inland zur Zeit seines Todes weder Wohnsitz noch Aufenthalt, ist das Amtsgericht Schöneberg in Berlin zuständig (§ 343 Abs. 2 FamFG). Wenn der Erblasser Ausländer war, so ist ebenso auf seinen Wohnsitz bzw auf seinen Aufenthalt abzustellen. Hilfsweise ist für ihn jedes Gericht zuständig,

in dessen Bezirk sich Nachlassgegenstände befinden (§ 343 Abs. 3 FamFG; nicht § 343 Abs. 2 FamFG). Die Zuständigkeit ist eine ausschließliche und kann deshalb nicht anders vereinbart werden. Bei mehreren örtlich zuständigen Gerichten (zB Doppelwohnsitz) ist dasjenige Gericht zuständig, das zuerst mit der Angelegenheit befasst wird (§ 2 Abs. 1 FamFG). Ein etwaiger Streit über die Zuständigkeit wird nach § 5 FamFG entschieden. Hat ein örtlich unzuständiges Gericht gehandelt, so ist die von ihm getroffene Entscheidung gleichwohl nicht unwirksam (§ 2 Abs. 3 FamFG). Ein Erbschein ist dann aber nach § 2361 einzuziehen.

Für die **funktionelle Zuständigkeitsverteilung** zwischen Richter und Rechtspfleger kommt es darauf an, ob eine letztwillige Verfügung vorliegt oder nicht. Nachlasssachen sind grundsätzlich dem Rechtspfleger übertragen (§ 3 Nr. 2 c RPflG), damit auch die Erteilung von Erbscheinen (§ 342 Abs. 1 Nr. 6 FamFG). Auf Grund des Richtervorbehalts nach § 16 Abs. 1 Nr. 6 RPflG ist der Richter aber zur Erteilung von Erbscheinen berufen, sofern eine Verfügung von Todes wegen (Testament, Erbvertrag) vorliegt oder zumindest dessen Existenz behauptet wird. Ferner ist der Richter für die Erbscheinserteilung zuständig, wenn die Anwendung ausländischen Rechts in Betracht kommt. Liegt eine unwirksame Verfügung von Todes wegen vor, demzufolge ein Erbschein auf Grund der gesetzlichen Erbfolge zu erteilen ist, so kann der Richter die Erteilung des Erbscheins dem Rechtspfleger übertragen, wenn deutsches Erbrecht anzuwenden ist (§ 16 Abs. 2 S. 1 RPflG). 7

Bisher waren deutsche Nachlassgerichte bei Anwendung fremden Erbrechts nur für die Erteilung eines Erbscheins für einen im Inland befindlichen Nachlass zuständig (§ 2369 aF). § 105 FamFG hat den Grundsatz eingeführt, dass die **internationale Zuständigkeit** aus der örtlichen Zuständigkeit abgeleitet wird. Damit wurde die sog. „Gleichlauftheorie", nach der die deutschen Gerichte nur bei Anwendung deutschen Sachrechts zuständig waren, aufgehoben. Mithin kann nunmehr das nach § 343 FamFG örtlich zuständige Nachlassgericht einen Erbschein auch ausstellen, wenn die Erbfolge von Todes wegen ausländischem Recht unterliegt. 8

[3] **Antrag.** Ein Erbschein wird vom Nachlassgericht nur auf Antrag erteilt, nicht von Amts wegen. Ein ohne Antrag erteilter Erbschein ist gleichwohl wirksam, kann aber nach § 2361 eingezogen werden. Für den Antrag selbst ist **keine bestimmte Form** vorgeschrieben. Er kann wie in dem vorliegenden Muster durch ein einfaches Schreiben direkt an das zuständige Nachlassgericht gestellt werden. Der Antrag ist auch an **keine Frist** gebunden, das Antragsrecht kann weder verjähren noch verwirkt werden. Der Antrag muss **nicht persönlich** gestellt werden. Eine Stellvertretung, insbesondere eine anwaltliche Vertretung ist zulässig (§ 10 Abs. 2 FamFG). Ein Vertretungsgebot durch einen Anwalt besteht aber nicht. 9

Ein Erbschein kann dem Erben zwar nur auf Antrag erteilt werden, ein Antrag des Erben selbst ist jedoch nicht zwingend. Auch ein Dritter kann ein Antragsrecht für einen Erbschein haben. **Antragsberechtigt** ist derjenige, der ein Rechtsschutzbedürfnis hierfür hat. Antragsberechtigt ist in erster Linie der Erbe ab Annahme der Erbschaft (zum Antragsrecht bei Erteilung eines gemeinschaftlichen Erbscheins siehe § 2357). Der Vorerbe ist im Rahmen der Vorerbfolge zeitlich bis zum Eintritt des Nacherbfalls antragsbefugt. Nach Eintritt des Nacherbfalls ist nur noch der Nacherbe antragsberechtigt. Umgekehrt kann der Nacherbe während der Vorerbschaft weder einen Erbschein für den Vorerben noch einen Erbschein als Nacherbe beantragen (zur Vorerbschaft siehe auch § 2363). 10

Minderjährige Erben werden durch ihre gesetzlichen Vertreter, also regelmäßig ihre Eltern gem. § 1629 vertreten. Eine Vertretungsbefugnis besteht allerdings dann nicht, wenn die Eltern nach § 1638 von der Vermögensverwaltung ausgeschlossen sind (OLG Frankfurt FamRZ 1997, 1115). § 1795 Abs. 1 Nr. 3 hindert eine Vertretung hingegen nicht, da das Erbscheinsverfahren einem Rechtsstreit nicht gleichzustellen ist. 11

Bei einer **Betreuung** ist danach zu differenzieren, ob der Betreute geschäftsunfähig ist oder nicht. Im Falle einer Geschäftsunfähigkeit erfolgt die Antragstellung durch den Betreuer (§ 1902). Für 12 den Erbscheinsantrag bedarf der Betreuer keiner gerichtlichen Genehmigung. Ist der Betreute hingegen geschäftsfähig, so ist er selbst antragsbefugt (ausgenommen es besteht im Rahmen der Betreuung ein entsprechender Einwilligungsvorbehalt gemäß § 1903).

13 Das **Antragsrecht** ist **vererblich**. Deshalb steht insoweit auch dem Erbeserben ein Antragsrecht zu. Bei mehreren Erbeserben ist jeder allein antragsberechtigt (BayObLG FamRZ 2003, 777).

14 **Nachlassgläubiger** sind dann antragsbefugt, wenn sie einen Erbschein zum Zwecke der Zwangsvollstreckung benötigen (§ 792 ZPO). Der Nachlassgläubiger muss aber im Besitz eines Vollstreckungstitels sein. Liegt bereits ein Erbschein vor, so kann der Nachlassgläubiger auch eine Ausfertigung dieses Erbscheins verlangen (§ 357 Abs. 2 FamFG).

15 Auch der **Testamentsvollstrecker** hat ein eigenes Antragsrecht (MüKo-BGB/*J. Mayer*, § 2353 Rn 88). Der Testamentsvollstrecker kann zB ein Rechtschutzbedürfnis haben, wenn es darum geht, den Nachlass an die richtigen Erben auszuhändigen, ferner wenn zB das Grundbuch zu Gunsten des Erben zu berichtigen ist.

16 Ein **Erbteilserwerber** kann einen Erbschein beantragen, allerdings nur auf den Namen des wirklichen Erben und nicht auf sich selbst. Der Erbteilserwerber erwirbt zwar die Mitberechtigung am Gesamthandsvermögen, erhält aber nicht die Erbenstellung des Veräußerers. Demzufolge behält der Miterbe bei Veräußerung sein Antragsrecht (auch wenn er die vermögensrechtliche Befugnis am Nachlass verloren hat).

17 Der **Erbschaftskäufer** hat beim Kauf der ganzen Erbschaft vom Alleinerben nach herrschender Meinung hingegen kein Antragsrecht, auch nicht auf den Namen des Erben (MüKo-BGB/*J. Mayer*, § 2353 Rn 84; Staudinger/*Schilken*, § 2353 Rn 45). Die herrschende Meinung verweist darauf, dass dem Käufer nur ein obligatorischer Anspruch gegen den Veräußerer zustehe, er aber nicht an der Erbschaft als ganzem dinglich berechtigt sei (*Zimmermann*, Erbschein und Erbscheinsverfahren, Rn 53).

18 Antragsberechtigt ist auch der **Nachlassinsolvenzverwalter** (BayObLGZ 1963, 19).

19 **Kein Antragsrecht** haben der **Vermächtnisnehmer** (BayObLG FamRZ 2000, 1231) und der **Pflichtteilsberechtigte** (OLG Köln ZEV 94, 376).

20 **Kein Antragsrecht** hat ferner der **Nachlasspfleger**, der die Erben ermitteln soll (BayObLG RPfleger 1991, 21). Die Entscheidung über die Annahme der Erbschaft, die in dem Erbscheinsantrag liegt, ist Sache des Erben, nicht des Nachlasspflegers.

21 Bei **Abweisung eines Erbscheinsantrags** erwächst dieser in formelle Rechtskraft, wenn die Beschwerdefrist (§ 63 FamFG) abgelaufen ist. Es ist jedoch möglich, dass ein neuer, gleichlautender Antrag auf einen anderen Sachverhalt oder ein abweichender Antrag auf den alten Sachverhalt gestützt wird.

22 Der Erbscheinsantrag muss **inhaltlich** so **bestimmt** sein, dass das Nachlassgericht bei Stattgabe diesen vollständig übernehmen kann. Der schlichte Antrag, einen Erbschein zu erteilen, genügt nicht. Das Gericht ist streng an den Antrag gebunden und kann diesem Antrag entweder nur entsprechen oder ihn zurückweisen. Eine Erteilung abweichend vom Antrag ist nicht zulässig. Der Antrag muss folgende Angaben enthalten:

- den Berufungsgrund (gesetzliche Erbfolge, Testament, Erbvertrag; vgl BayObLG NJW-RR 1996, 1160);
- die Erbquote (Alleinerbe, bei Miterbe zB 1/2, 1/3 usw.);
- etwaige Verfügungsbeschränkungen durch eine Testamentsvollstreckung (wobei nur die Testamentsvollstreckung selbst, aber nicht der Name des Testamentsvollstreckers im Antrag anzugeben ist) oder eine Verfügungsbeschränkung durch eine Nacherbschaft;
- Name und Todestag des Erblassers;
- die Person des bzw der Erben.

Das Gericht hat einen mangelhaften Antrag nicht sogleich als unzulässig zurückzuweisen, sondern den Antragsteller zunächst durch eine **Zwischenverfügung** zur Stellung eines richtigen Antrags anzuhalten (KG DNotZ 1955, 408). 23

Das Stellen eines **Hauptantrags** und eines oder mehrerer **Hilfsanträge** (Eventualanträge) ist zulässig. Allerdings muss jeder Antrag für sich das behauptete Erbrecht genau bezeichnen und dem Nachlassgericht die Prüfungsreihenfolge vorgegeben werden (BayObLG FamRZ 1999, 814). Alternativanträge (zB „Antrag auf Alleinerbschein aufgrund Testaments vom ... oder aufgrund Gesetzes") sind unzulässig. Sie werden nur dann für zulässig erachtet, wenn Zweifel an der Gültigkeit eines Testaments bestehen und der Antragsteller nach der gesetzlichen Erbfolge mit der gleichen Quote zum Erben berufen ist (BayObLGZ 1974, 460; Staudinger/*Schilken* § 2354 Rn 14). Des weiteren, wenn der Erbscheinsantrag alternativ auf Grund von zwei Testamenten gestellt wird, die die Erbfolge in gleicher Weise regeln und Streit besteht, ob das spätere Testament weggefallen oder ungültig ist (*Zimmermann*, Erbschein und Erbscheinsverfahren, Rn 67). 24

Ein Erbscheinsantrag auf Grund Testaments oder Erbvertrags ist nach herrschender Meinung erst **nach dessen förmlicher Eröffnung** (§§ 2260, 2300, vgl Lange/*Kuchinke*, § 39 II 4) möglich. Nach anderer Ansicht (*Zimmermann*, Erbschein und Erbscheinsverfahren, Rn 70) macht dieses Erfordernis keinen Sinn. Denn sollte bei Antragstellung das Testament noch nicht eröffnet sein, holt das Nachlassgericht die Eröffnung nach und behebt so den Mangel (vgl auch Lange/*Kuchinke*, § 39 II 4). Der Erbschein selbst darf dann allerdings erst nach Eröffnung erteilt werden. 25

[4] Teilerbschein. Ein Miterbe kann auch einen Teilerbschein beantragen. Dieser bezeugt dann **als Einzelerbschein eines Miterben** dessen Erbrecht (MüKo-BGB/*J. Mayer*, § 2353 Rn 9). Ein solcher Teilerbschein ist zB dann von Bedeutung, wenn die anderen Miterben nicht feststellbar sind oder deren Erbschaftsannahme nicht nachgewiesen werden kann (*Kroiß*, Das neue Nachlassverfahrensrecht F. Rn 30). 26

Die Beantragung eines Teilerbscheins empfiehlt sich ferner, wenn ein anderer Miterbe sich zB bereits durch Erbvertrag und Eröffnungsprotokoll ausweisen kann und es nur für den Teil des Nachlasses, in dem gesetzliche Erbfolge stattfindet, eines Erbscheins bedarf (*Kroiß*, Das neue Nachlassverfahrensrecht F. Rn 31). Ferner empfiehlt sich ein Teilerbschein bei beabsichtigter Erbteilsveräußerung. Wenn mehrere Miterben einen gemeinschaftlichen Erbschein begehren, aber der Nachweis der Annahme eines der Miterben nicht möglich ist, so kann auch ein gemeinschaftlicher Teilerbschein beantragt werden: 27

▶ Es wird bezeugt, dass Erblasser A von B und C zu je1/4 beerbt worden ist. ◀

Für nacheinander folgende Erbfälle kann auch ein sog. „**Sammelerbschein**" erteilt werden. Dabei werden mehrere Erbfälle äußerlich in einer Urkunde zusammengefasst. Bezüglich der Erteilungsvoraussetzungen und der Kosten handelt es sich aber um zwei selbständige Zeugnisse. 28

§ 2354 Angaben des gesetzlichen Erben im Antrag

(1) Wer die Erteilung des Erbscheins als gesetzlicher Erbe beantragt, hat anzugeben:

1. die Zeit des Todes des Erblassers,

2. das Verhältnis, auf dem sein Erbrecht beruht,

3. ob und welche Personen vorhanden sind oder vorhanden waren, durch die er von der Erbfolge ausgeschlossen oder sein Erbteil gemindert werden würde,

4. ob und welche Verfügungen des Erblassers von Todes wegen vorhanden sind,

5. ob ein Rechtsstreit über sein Erbrecht anhängig ist.

(2) Ist eine Person weggefallen, durch die der Antragsteller von der Erbfolge ausgeschlossen oder sein Erbteil gemindert werden würde, so hat der Antragsteller anzugeben, in welcher Weise die Person weggefallen ist.

1 A. Muster: Antrag auf Erteilung eines Erbscheins bei gesetzlicher Erbfolge[1]

▶ Amtsgericht ■■■
– Nachlassgericht –
(zu Adressat siehe Muster zu § 2353 Rn 1)

Antrag

(zum Antragsinhalt siehe Muster zu § 2353 Rn 1)

Begründung

Der Erblasser ist am ■■■ in ■■■ verstorben.[2]

Nachweis: Sterbeurkunde des Standesamts ■■■ vom ■■■

Der Erblasser war deutscher Staatsangehöriger und hatte seinen letzten Wohnsitz in ■■■

Es ist gesetzliche Erbfolge eingetreten. Der Erblasser hat keine anderen Kinder als den Antragsteller hinterlassen.[3] Die Ehefrau des Erblassers und Mutter des Antragstellers ist bereits vorverstorben.[4]

Nachweis: Geburtsurkunde des Antragstellers sowie Heirats- und Sterbeurkunde der Mutter des Antragstellers.

Weitere Personen, durch die der Antragsteller von der Erbfolge ausgeschlossen oder sein Erbteil gemindert werden würde, insbesondere weitere Kinder, sind und waren nicht vorhanden.

Der Antragsteller hat keine Kenntnis von Verfügungen des Erblassers von Todes wegen.[5]

Ein Rechtsstreit über das Erbrecht des Antragstellers ist nicht anhängig.[6], [7], [8]

Im Ausland befindet sich kein Vermögen.

■■■

Unterschrift ◀

B. Erläuterungen

2 **[1] Gesetzlicher Erbe.** Der Antragsteller hat für die Erteilung eines Erbscheins als gesetzlicher Erbe die in § 2354 genannten Angaben zu machen. Regelmäßig erfolgen diese Angaben bereits im Erbscheinsantrag selbst, können aber auch nachgereicht werden (Lange/*Kuchinke*, § 39 II 4). Der Wortlaut des § 2354 ist auf den Erben als Antragsteller zugeschnitten (vgl Ziffer 2: „sein Erbrecht", Ziffer 3: „er von der Erbfolge ausgeschlossen oder sein Erbteil gemindert ...", Ziffer 5: „sein Erbrecht ..."). Gleichwohl gilt die Regelung des § 2354 **auch für andere Antragsteller als den Erben**. Die Verpflichtung zu den jeweiligen Angaben entfällt jedoch dann, wenn die anderen Antragsteller bei Antragstellung zu diesen Angaben nicht in der Lage sind.

3 **[2] Zeitpunkt des Todes des Erblassers (§ 2354 Abs. 1 Nr. 1).** Es ist der Zeitpunkt des Todes des Erblassers anzugeben. Eine etwaige ungenaue Angabe über den genauen Todeszeitpunkt (etwa bei Leichen, die erst nach längerer Zeit aufgefunden werden) ist unschädlich, wenn es darauf nicht ankommt (*Zimmermann*, Erbschein und Erbscheinsverfahren, Rn 71). Beantragt der Nacherbe nach Eintritt des Nacherbfalls einen Erbschein, so hat er den Tag des Eintritts des Nacherbfalls anzugeben (BayObLG RPfleger 1990, 165).

[3] **Verwandtschafts- und Ehegattenverhältnis (§ 2354 Abs. 1 Nr. 2).** Die gesetzliche Erbfolge kann sich aus Verwandtschaft bzw einem Ehegattenverhältnis ergeben. Bei letzterem ist der Tag der Heirat anzugeben und ob die Ehe mit dem Erblasser noch bestand. Der Güterstand ist zu bezeichnen, da er regelmäßig für die Erbquote von Bedeutung ist. Bei nichtehelicher Verwandtschaft ist in den Fällen des Erbrechts zwischen Vater und Kind die Anerkennung oder gerichtliche Entscheidung der Vaterschaft darzulegen. Bei einer Adoption ist zu erläutern, ob es sich um eine Adoption nach altem Recht (vor oder nach dem 1.1.1977) handelt, ferner ob eine Minder- oder Volljährigenadoption vorlag. 4

[4] **Vorrangige Personen (§ 2354 Abs. 1 Nr. 3).** Es sind alle Personen anzugeben, die das Erbrecht des Antragstellers ausschließen oder mindern würden, sei es als gesetzliche Erben oder als Erben auf Grund einer Verfügung von Todes wegen (wenn sie nicht auf Grund Ausschlagung nach § 1944, Erbunwürdigkeit nach § 2339, Erbverzicht nach § 2346 als vor dem Erbfall verstorben gelten würden). Insbesondere sind vor dem Erblasser verstorbene Personen zu bezeichnen, die den Antragsteller von der Erbfolge ausschließen oder sein Erbteil mindern würden, falls sie noch lebten. Wenn eine Person weggefallen ist, durch die der Antragsteller von der Erbfolge ausgeschlossen oder sein Erbteil gemindert werden würde, so hat der Antragsteller anzugeben, in welcher Weise diese Person weggefallen ist (§ 2354 Abs. 2). Also zB durch Vorversterben, Scheidung, durch einen Fall des § 1933, Enterbung, Ausschlagung, Erbunwürdigkeit oder Erbverzicht. 5

[5] **Letztwillige Verfügungen (§ 2354 Abs. 1 Nr. 4).** Anzugeben ist, ob und welche Verfügungen des Erblassers von Todes wegen vorhanden sind (Testamente, Erbverträge). Verfügungen von Todes wegen, die nach der Interpretation des Antragstellers nichtig, gegenstandslos oder widerrufen sind, müssen gleichwohl benannt werden. Die rechtliche Würdigung ist allein Sache des Nachlassgerichts. Alle Schriftstücke, die sich inhaltlich oder äußerlich als letztwillige Verfügung darstellen, sind ohne Rücksicht auf ihre materielle oder formelle Gültigkeit anzugeben und abzuliefern (MüKo-BGB/*J. Mayer* § 2354 Rn 19; Lange/*Kuchinke*, § 39 II 4; *Zimmermann*, Erbschein und Erbscheinsverfahren, Rn 78). 6

[6] **Anhängiger Rechtsstreit über das Erbrecht (§ 2354 Abs. 1 Nr. 5).** Ein etwaiger anhängiger Rechtsstreit über das Erbrecht des Antragstellers ist anzugeben. Da vor einer Zustellung (und damit Rechtshängigkeit) der Antragsteller keine Kenntnis von einem anhängigen Rechtsstreit haben dürfte, wird regelmäßig bereits Rechtshängigkeit gegeben sein. Als eine solche rechtshängige Klage könnte zB eine Feststellungsklage vor dem Zivilgericht über die Erbfolge in Betracht kommen. Ein anhängiger Rechtsstreit wird meist Anlass zur Aussetzung des Erbscheinsverfahrens sein. 7

[7] **Weitere Angaben.** Obwohl in § 2354 nicht genannt, empfehlen sich Angaben zu Wohnsitz bzw hilfsweise Aufenthalt des Erblassers, um die örtliche Zuständigkeit des Nachlassgerichts bestimmen zu können. Nach dem früheren „Gleichlaufgrundsatz“, wonach die deutschen Nachlassgerichte international nur zuständig waren, wenn auch deutsches Erbrecht zur Anwendung kam, war auch die Frage der Staatsangehörigkeit (Art. 25 EGBGB) von Bedeutung. Obgleich dieser „Gleichlaufgrundsatz“ durch das FamFG aufgegeben wurde, ist die Staatsangehörigkeit vor dem Hintergrund des § 343 FamFG (örtliche Zuständigkeit) insoweit von Bedeutung, als dort für die Zuständigkeiten auch nach der Staatsangehörigkeit differenziert wird. 8

[8] **Folgen fehlender Angaben.** Wenn von Seiten des Antragstellers die nach § 2354 geforderten Angaben nicht gemacht werden, so weist das Gericht den Antrag nicht sogleich als unzulässig zurück. Das Gericht hat darauf hinzuwirken, dass die Beteiligten ungenügende tatsächliche Angaben ergänzen (§ 28 Abs. 1 S. 1 FamFG). Diese Hinwirkungspflicht des Gerichts ist Ausprägung und Konkretisierung der **Amtsermittlung.** Der Hinweis erfolgt durch eine – im FamFG nicht ausdrücklich genannte – **Zwischenverfügung.** Der Beschluss wird formlos mitgeteilt und ist – da er keine Endentscheidung darstellt – mit der Beschwerde nicht anfechtbar (§ 58 Abs. 1 9

FamFG). Die Zwischenverfügung erfolgt zweckmäßig mit Fristsetzung. Wenn der Antragsteller nachvollziehbar dartun kann, dass er bestimmte Angaben beizubringen nicht in der Lage ist, darf der Antrag nicht zurückgewiesen werden, sondern es setzt hier die Amtsermittlungspflicht des Nachlassgerichts nach § 2358 ein.

10 Macht der Antragsteller die geforderten Angaben nicht und erteilt das Nachlassgericht den Erbschein gleichwohl, so stellt dies allein keinen Einziehungsgrund (§ 2361) dar. Denn es liegt insoweit kein wesentlicher Verfahrensverstoß vor.

§ 2355 Angaben des gewillkürten Erben im Antrag

Wer die Erteilung des Erbscheins auf Grund einer Verfügung von Todes wegen beantragt, hat die Verfügung zu bezeichnen, auf der sein Erbrecht beruht, anzugeben, ob und welche sonstigen Verfügungen des Erblassers von Todes wegen vorhanden sind, und die in § 2354 Abs. 1 Nr. 1, 5, Abs. 2 vorgeschriebenen Angaben zu machen.

1 A. Muster: Antrag auf Erteilung eines Erbscheins bei gewillkürter Erbfolge[1]

▶ Amtsgericht ■■■

– Nachlassgericht –

(Adressat siehe Muster zu § 2353 Rn 1)

Antrag

(zum Antragsinhalt siehe Muster zu § 2353 Rn 1)

Begründung

Der Erblasser ist am ■■■ in ■■■ verstorben.[2]

Nachweis: Sterbeurkunde des Standesamts ■■■ vom ■■■

Der Erblasser war deutscher Staatsangehöriger und hatte seinen letzten Wohnsitz in ■■■

Es ist gewillkürte Erbfolge eingetreten. Der Erblasser hat ein eigenhändiges Testament vom ■■■ errichtet, das den Antragteller als Alleinerben ausweist.

Nachweis: Testament vom ■■■ eröffnet vom Nachlassgericht am ■■■ (Az ■■■).

Der Antragsteller hat keine Kenntnis von weiteren Verfügungen des Erblassers von Todes wegen.

Personen, durch die der Antragsteller von der Erbfolge ausgeschlossen oder sein Erbteil gemindert werden würde, sind nicht vorhanden.

Ein Rechtsstreit über das Erbrecht des Antragstellers ist nicht anhängig.

Im Ausland befindet sich kein Vermögen.

■■■

Unterschrift ◀

B. Erläuterungen

2 **[1] Besonderheiten gegenüber gesetzlicher Erbfolge.** Bei einem Erbscheinsantrag aufgrund gewillkürter Erbfolge ist die Verfügung von Todes wegen (Testament/Erbvertrag), auf das der Antragsteller sein Erbrecht stützt, genau zu bezeichnen. Ferner hat der Antragsteller anzugeben,

ob und welche sonstigen Verfügungen von Todes wegen (Testament/Erbvertrag) vorhanden sind.

Nicht anzugeben (im Gegensatz zu § 2354 Abs. 1 Nr. 2) sind Verwandtschafts- und Ehegat- 3
tenverhältnisse, da sie für den Erbscheinsinhalt irrelevant sind (Lange/*Kuchinke*, § 39 II 4). Ebenfalls nicht anzugeben sind kraft Gesetzes vorrangige Personen (im Gegensatz zu § 2354 Abs. 1 Nr. 3), da die kraft Gesetzes erbberechtigten Personen bei der testamentarischen Erbfolge regelmäßig nicht erheblich sind.

[2] Sonstige Angaben. Die nach § 2355 bei einem Erbschein nach gewillkürter Erbfolge erfor- 4
derlichen Angaben decken sich im Übrigen mit denen bei gesetzlicher Erbfolge nach § 2354. Wie bei § 2354 sind auch hier die entsprechenden Angaben zu machen, unabhängig davon, ob der Antragsteller Erbe oder sonstiger Antragsberechtigter, wie zB Gläubiger oder Testamentsvollstrecker, ist. § 2355 verweist dazu auf § 2354:

- nach § 2355 iVm § 2354 Abs. 1 Nr. 1 ist die Zeit des Todes des Erblassers anzugeben (wie bei gesetzlicher Erbfolge);
- nach § 2355 iVm § 2354 Abs. 1 Nr. 5 ist ein anhängiger Rechtsstreit über das Erbrecht anzugeben (wie bei gesetzlicher Erbfolge);
- nach § 2355 iVm mit § 2354 Abs. 2 sind weggefallene Personen, durch die der Antragsteller von der Erbfolge ausgeschlossen oder sein Erbteil gemindert würde, sowie die Art und Weise des Wegfalles anzugeben (zB durch Tod oder gemäß §§ 1933, 1938, 1953, 2344, 2346).

§ 2356 Nachweis der Richtigkeit der Angaben

(1) [1]Der Antragsteller hat die Richtigkeit der in Gemäßheit des § 2354 Abs. 1 Nr. 1 und 2, Abs. 2 gemachten Angaben durch öffentliche Urkunden nachzuweisen und im Falle des § 2355 die Urkunde vorzulegen, auf der sein Erbrecht beruht. [2]Sind die Urkunden nicht oder nur mit unverhältnismäßigen Schwierigkeiten zu beschaffen, so genügt die Angabe anderer Beweismittel.
(2) [1]Zum Nachweis, dass der Erblasser zur Zeit seines Todes im Güterstand der Zugewinngemeinschaft gelebt hat, und in Ansehung der übrigen nach den §§ 2354, 2355 erforderlichen Angaben hat der Antragsteller vor Gericht oder vor einem Notar an Eides statt zu versichern, dass ihm nichts bekannt sei, was der Richtigkeit seiner Angaben entgegensteht. [2]Das Nachlassgericht kann die Versicherung erlassen, wenn es sie für nicht erforderlich erachtet.
(3) Diese Vorschriften finden keine Anwendung, soweit die Tatsachen bei dem Nachlassgericht offenkundig sind.

A. Muster: Versicherung des Antragstellers an Eides Statt über Nichtvorhandensein weiterer erbberechtigter Personen und Verfügungen von Todes wegen 1

▶ Nach Belehrung durch den Notar/Rechtspfleger/Richter versichere ich[1], [2] an Eides Statt,[3] dass mir nichts bekannt ist, was der Richtigkeit folgender Angaben entgegensteht:

- Der Verstorbene lebte zum Zeitpunkt seines Todes in Zugewinngemeinschaft mit seiner Frau ■■■;
- außer Personen, die ausdrücklich als weggefallen bezeichnet wurden, sind und waren keine Personen vorhanden, durch welche der oben genannte Erbe von der Erbfolge ausgeschlossen oder sein Erbteil gemindert werden würde;
- andere Testamente bzw Eheverträge als das angegebene Testament des Erblassers vom ■■■ liegen nicht vor;
- ein Rechtsstreit über das Erbrecht ist nicht anhängig.[4], [5] ◀

B. Erläuterungen und Varianten

2 [1] **Förmliche Nachweise.** Der Antragsteller hat die Tatsachen, die sein Erbrecht begründen
- durch öffentliche Urkunden (§ 2356 Abs. 1),
- ohne besondere Form (§ 2356 Abs. 1 S. 2) oder
- durch eidesstattliche Versicherung (§ 2356 Abs. 2 S. 1)

nachzuweisen.

3 [2] **Vorlage von öffentlichen Urkunden.** Durch öffentliche Urkunden sind folgende Nachweise zu erbringen:
- zum Tod und Todeszeitpunkt des Erblassers (§ 2354 Abs. 1 Nr. 1),
- bei gesetzlicher Erbfolge zum Verwandtschaftsverhältnis/Ehegattenverhältnis zum Erblasser (§ 2354 Abs. 1 Nr. 2),
- zu weggefallenen Personen (§ 2354 Abs. 2).

4 Als **Personenstandsurkunden** kommen insbesondere Geburtsurkunden, Sterbeurkunden und Heiratsurkunden in Betracht. Die **Sterbeurkunde** beweist die Zeit des Todes des Erblassers und weggefallener Personen, durch die der Antragsteller von der Erbfolge ausgeschlossen oder sein Erbteil gemindert werden würde. Bei Verschollenheit ist der Beschluss über die Todeserklärung oder Todeszeitfeststellung nach dem Verschollenheitsgesetz vorzulegen. Geburtsurkunden beweisen den Ort und die Zeit der Geburt sowie Geschlecht und die nach § 2356 nachzuweisende Abstammung. Die **Heiratsurkunde** beweist nur die Eheschließung selbst, aber nicht, dass die Ehe am Tag der Urkundenausstellung noch bestanden hat. Dazu bedarf es eines weiteren Auszugs aus dem Familienbuch. Bei einem gemeinschaftlichen eigenhändigen Testament muss die Eheschließung allerdings nicht durch öffentliche Urkunde nachgewiesen werden. Hier genügt ein formfreier Nachweis (BayObLG FamRZ 1990, 1284).

5 Eine Scheidung und damit der Wegfall einer Person im Sinne von § 2354 Abs. 2 wird durch Scheidungsurteil nachgewiesen. Die Heiratsurkunde über eine spätere Ehe beweist die Beendigung einer früheren Ehe – durch Tod oder Scheidung – nicht (*Zimmermann*, Erbschein und Erbscheinsverfahren, Rn 103). Die Heiratsurkunde sollte hier jedoch – dann gestützt auf § 2356 Abs. 1 S. 2 – genügen (Staudinger/*Schilken*, § 2356 Rn 8). Um die Erbfolge nach Mutter, Vater oder Geschwistern nachzuweisen, ist eine Heiratsurkunde der Eltern nicht erforderlich (Staudinger/*Schilken*, § 2356 Rn 8).

6 Vorzulegen ist bei gewillkürter Erbfolge die **letztwillige Verfügung als Urkunde**, auf der das Erbrecht beruht (Testament, Erbvertrag).

7 Auch **ausländische öffentliche Urkunden** werden als Nachweis anerkannt (KG FamRZ 1995, 837). Die Echtheit der Urkunde wird durch eine „**Legalisation**" der jeweiligen Auslandsvertretung der Bundesrepublik Deutschland nachgewiesen. Gegebenenfalls ist die Legalisation auch nicht erforderlich. So sind zB nach Art. 3, 4 des Haager Übereinkommens vom 5.10.1961 (BGBl. II 1965, 875) ausländische öffentliche Urkunden ohne Legalisation als echt anzuerkennen. An die Stelle der Legalisation tritt hier die **Apostille** (Bescheinigung der zuständigen Behörde des ausländischen Errichtungsstaates). Weitere Übereinkommen dazu: Europäisches Übereinkommen vom 7.6.1968 zur Befreiung der von diplomatischen oder konsularischen Vertretern errichteten Urkunden (BGBl. II 1971, 86); Luxemburger Übereinkommen vom 26.9.1957 über die kostenlose Erteilung von Personenstandsurkunden und Verzicht auf die Legalisation (BGBl. II 1961, 1055/1067), bilaterale Abkommen über den Verzicht auf eine Legalisation mit Belgien, Dänemark, Frankreich, Griechenland, Italien, Luxemburg, Österreich, Schweiz, Großbritannien, Marokko. Auf Verlangen des Nachlassgerichts ist eine Übersetzung der fremdsprachigen Urkunde vorzulegen (Gerichtssprache ist deutsch).

8 Die oben genannten Urkunden werden dem Erbscheinsantrag regelmäßig beigefügt, was aber nicht zwingend ist. Sie können dem Antrag auch nachgereicht werden. Es genügt eine Bezug-

nahme auf andere Akten desselben Amtsgerichts, wenn in diesen die öffentliche Urkunde enthalten ist.

Falls Urkunden nicht oder nur mit unverhältnismäßigen Schwierigkeiten zu beschaffen sind, reicht die **Angabe anderer Beweismittel** (§ 2356 Abs. 1 S. 2). Eine Urkunde in Form eines Testaments ist zB nicht mehr beschaffbar, wenn es vernichtet wurde. Ein unverhältnismäßiger Aufwand würde zB bestehen, wenn in Bezug auf den Nachlass die Kosten für die Beschaffung (zB ausländische Urkunde) in keinem Verhältnis stehen (wenn der Nachlass zB nur EUR 150,00 beträgt). Als andere Beweismittel im Sinne dieser Vorschrift kommen vor allem der Zeugenbeweis, ältere Familienstammbücher oder die eidesstattliche Versicherung Dritter (KG FamRZ 1995, 807) in Betracht. Ferner zB die Mitteilung der Deutschen Dienststelle für die Benachrichtigung der nächsten Angehörigen von Gefallenen der ehemaligen Deutschen Wehrmacht für Teilnehmer des Zweiten Weltkrieges. Weitere Beweismittel sind auch Taufscheine, Briefe, Todesanzeigen, Sterbebilder, Grabsteininschriften, Hochzeitsfotos (*Zimmermann*, Erbschein und Erbscheinsverfahren, Rn 108). Solche anderen Beweismittel müssen aber ähnlich klare und hinreichend verlässliche Folgerungen hinsichtlich der Erbrechtsverhältnisse ermöglichen wie öffentliche Urkunden (*Zimmermann* aaO). 9

Bei Erteilung eines Erbscheins auf Grund Verfügung von Todes wegen ist diese vorzulegen. Falls diese im Original nicht beigebracht werden kann, genügen gegebenenfalls auch andere Beweismittel zB Kopien oder die Vernehmung von Zeugen. 10

[3] Eidesstattliche Versicherung. Nach § 2356 Abs. 2 sind bestimmte Nachweise durch Versicherung des Antragstellers an Eides Statt zu erbringen: 11

- dass keine Personen vorhanden sind oder vorhanden waren, durch die der Antragsteller von der Erbfolge ausgeschlossen oder sein Erbteil gemindert werden würde (§ 2354 Abs. 1 Nr. 3);
- dass andere Verfügungen von Todes wegen des Erblassers nicht vorliegen (§§ 2354 Abs. 1 Nr. 4, 2355);
- dass kein Rechtsstreit über das Erbrecht anhängig ist (§§ 2354 Abs. 1 Nr. 5, 2355);
- dass der Erblasser zur Zeit seines Todes im Güterstand der Zugewinngemeinschaft gelebt hat (bei gesetzlicher Erbfolge).

Die eidesstattliche Versicherung kann nur **zu Protokoll des Nachlassgerichts** (§ 1 Abs. 2 BeurkG) oder **vor einem Notar** (§ 38 BeurkG) erklärt werden. 12

Bei **mehreren Miterben** haben grundsätzlich alle eine eidesstattliche Versicherung abzugeben, es sei denn das Nachlassgericht erachtet die Versicherung eines oder einiger der Miterben für ausreichend (§ 2357 Abs. 4). 13

Eine eidesstattliche Versicherung kann nicht von einem Bevollmächtigten abgegeben werden. Es handelt sich hier um eine **nicht vertretungsfähige Willenserklärung**. Für Geschäftsunfähige ist die eidesstattliche Versicherung durch den gesetzlichen Vertreter abzugeben. Für in der Geschäftsfähigkeit beschränkte Personen kann nach Wahl des Nachlassgerichts der gesetzliche Vertreter oder der beschränkt geschäftsfähige Erbe (sofern er eidesfähig ist) zugelassen werden (*Zimmermann*, Erbschein und Erbscheinsverfahren, Rn 113). 14

Nach § 2356 Abs. 2 lautet die eidesstattliche Versicherung dahingehend, dass dem Antragsteller nichts bekannt ist, was der Richtigkeit seiner Angaben entgegensteht (**Negativerklärung**). 15

[4] Erlass der eidesstattlichen Versicherung. Das Nachlassgericht kann die eidesstattliche Versicherung erlassen, wenn es sie nicht für erforderlich erachtet (§ 2356 Abs. 2 S. 2). Dies würde dem Antragsteller erhebliche Kosten sparen (§ 49 KostO). Ob eine eidesstattliche Versicherung erlassen wird, liegt **im Ermessen des Nachlassgerichts** (OLG München NJW-RR 2007, 665). Die Bitte um Erlass der eidesstattlichen Versicherung kann mit dem Erbscheinsantrag an das Nachlassgericht wie folgt formuliert werden: 16

▶ **Einwilligung des Antragstellers als Anlage zum Erbscheinsantrag**

Der Antragsteller versichert nach bestem Wissen und Gewissen, dass ihm nichts bekannt ist, was der Richtigkeit der Angaben in diesem Erbscheinsantrag entgegensteht. Der Antragsteller ist bereit, die nach § 2356 Abs. 2 S. 1 geforderte eidesstattliche Versicherung abzugeben, bittet jedoch darum, diese Abgabe der eidesstattlichen Versicherung nach § 2356 Abs. 2 S. 2 BGB zu erlassen. ◀

Vielfach wird das Nachlassgericht auf eine eidesstattliche Versicherung allerdings Wert legen. Dies ist auch der Grund, weshalb Erbscheinsanträge häufig nicht privatschriftlich direkt an das Nachlassgericht gestellt, sondern über den Notar bzw zu Protokoll des Nachlassgerichts erklärt werden (die für die eidesstattliche Versicherung jeweils zuständig sind). Für die Beurkundung der eidesstattlichen Versicherung wird **eine volle Gebühr** erhoben (§ 107 Abs. 1 S. 2, § 49 KostO). Bei Erlass der eidesstattlichen Versicherung würde sich der Antragsteller demzufolge eine Gebühr sparen. Ein Erlass kann zB in Betracht kommen bei einem Erbscheinsantrag von Nichterben (zB Gläubiger, Testamentsvollstrecker), wenn sie über die verwandtschaftlichen Verhältnisse des Erblassers oder die Existenz von Testamenten nichts wissen und deshalb eine eidesstattliche Versicherung von ihnen wertlos wäre (*Zimmermann*, Erbschein und Erbscheinsverfahren, Rn 120). Zur Versicherung an Eides statt bei Miterben vgl auch § 2357 Abs. 4.

17 Bei der gesetzlichen Erbfolge ist auch das **Ehegattenerbrecht** und damit das **Güterrecht** von Relevanz. Ein Nachweis durch öffentliche Urkunden ist nicht möglich, da der gesetzliche Güterstand der Zugewinngemeinschaft der gesetzliche Regelfall ist und nicht durch entsprechende notarielle Urkunden begründet werden muss. Deshalb wird hier die eidesstattliche Versicherung gefordert. Die sonstigen Güterstände wie Gütertrennung oder Gütergemeinschaft sind durch öffentliche Urkunden nachzuweisen (Ehevertrag). Der Nachlass kann auch durch ein Zeugnis des Gerichts über die Eintragung der güterrechtlichen Verhältnisse im Güterechtsregister geführt werden (*Zimmermann*, Erbschein und Erbscheinsverfahren, Rn 122).

18 **[5] Keine Nachweispflicht.** Bei **offenkundigen Tatsachen** sind weder Urkunden vorzulegen noch eine eidesstattliche Versicherung abzugeben (§ 2356 Abs. 3). Offenkundig sind allgemeinkundige Tatsachen (zB Testierunfähigkeit von Kleinkindern) und gerichtskundige Tatsachen, von denen das Gericht in Folge seiner amtlichen Tätigkeit Kenntnis erlangt hat (zB aus der Bearbeitung früheren Akten). Ein privates Wissen des Richters/Rechtspflegers begründet allerdings keine Offenkundigkeit (*Zimmermann*, Erbschein und Erbscheinsverfahren, Rn 124).

§ 2357 Gemeinschaftlicher Erbschein

(1) [1]Sind mehrere Erben vorhanden, so ist auf Antrag ein gemeinschaftlicher Erbschein zu erteilen. [2]Der Antrag kann von jedem der Erben gestellt werden.
(2) In dem Antrag sind die Erben und ihre Erbteile anzugeben.
(3) [1]Wird der Antrag nicht von allen Erben gestellt, so hat er die Angabe zu enthalten, dass die übrigen Erben die Erbschaft angenommen haben. [2]Die Vorschrift des § 2356 gilt auch für die sich auf die übrigen Erben beziehenden Angaben des Antragstellers.
(4) Die Versicherung an Eides statt ist von allen Erben abzugeben, sofern nicht das Nachlassgericht die Versicherung eines oder einiger von ihnen für ausreichend erachtet.

A. Muster: Antrag auf Erteilung eines gemeinschaftlichen Erbscheins 1

▶ Amtsgericht ■■■

– Nachlassgericht –

■■■

Antrag auf Erteilung eines gemeinschaftlichen Erbscheins

Hiermit beantrage[1] ich die Erteilung folgenden Erbscheins:

Es wird bezeugt, dass der am ■■■ in ■■■ verstorbene ■■■, geb. am ■■■, in ■■■, zuletzt wohnhaft in ■■■, von seinen beiden Töchtern

■■■, wohnhaft in ■■■,

■■■, wohnhaft in ■■■,

kraft Gesetzes/auf Grund Testaments vom ■■■ zu je 1/2[2] beerbt worden ist.

Begründung

Der Erblasser ist am ■■■ in ■■■ verstorben.[3] Der Erblasser war deutscher Staatsangehöriger und hatte seinen letzten Wohnsitz in ■■■. Als Anlage übergeben wir dazu Sterbeurkunde vom ■■■.

Die Antragstellerin und ihre Schwester ■■■ sind die einzigen Kinder des Erblassers. Die Mutter der Antragstellerin (und Ehefrau des Erblassers) ist bereits am ■■■ vorverstorben. Der Erblasser war mit seiner vorverstorbenen Ehefrau in einziger Ehe verheiratet. Die Ehe war am ■■■ geschlossen worden. Die Antragstellerin und ihre Schwester ■■■ sind damit gesetzliche Miterben zu je 1/2. Als Anlage übergebe ich die Heiratsurkunde des Erblassers und seiner vorverstorbenen Ehefrau ■■■, die Sterbeurkunde der vorverstorbenen Ehefrau sowie die Geburtsurkunden der Antragstellerin und ihrer Schwester ■■■.

Weitere Personen, durch die die Antragstellerin und ihre Schwester von der Erbfolge ausgeschlossen oder ihre Erbteile gemindert werden würden, sind und waren nicht vorhanden. Insbesondere ist nicht bekannt, dass der Erblasser weitere Kinder hinterlassen hat.

Ferner hat die Antragstellerin keine Kenntnis, dass der Erblasser eine Verfügung von Todes wegen errichtet hatte. Ein Rechtsstreit über das Erbrecht der Antragstellerin ist nicht anhängig.

Im Ausland befindet sich kein Vermögen.

Die Schwester ■■■ hat die Erbschaft bereits angenommen.[4] Als Anlage übergeben wir dazu die Erklärung gegenüber dem Nachlassgericht vom ■■■.

Ich beantrage die Abgabe der eidesstattlichen Versicherung[5] zu erlassen. Die Antragstellerin und ihre Schwester[6] sind bereit, die eidesstattlichen Versicherungen abzugeben, falls dies verlangt wird.

■■■

Unterschrift ◀

B. Erläuterungen

[1] Antrag. Nach § 2357 Abs. 1 S. 2 kann jeder der Miterben einen Antrag alleine stellen. Er braucht dazu keine Zustimmung der anderen Erben. Einen gemeinschaftlichen Erbschein können mehrere Miterben oder auch sämtliche Miterben beantragen. 2

[2] Angaben zu Erben/Erbteilen. In dem Antrag sind sämtliche Erben und ihre jeweiligen Erbteile anzugeben (§ 2357 Abs. 2). Die Erbquoten ergeben sich entweder aus dem Testament oder aus dem Gesetz. Fraglich ist, ob eine **Bezeichnung der Erbquote** unterbleiben kann, wenn sie unüberwindliche Schwierigkeiten bereitet (*Zimmermann*, Erbschein und Erbscheinsverfahren, Rn 341). Das sind zB die Fälle, in denen der Erblasser Einzelgegenstände zugewandt und auf Grund deren Wert sich die Erbquote erst ermittelt. Es müssten dann die Nachlassgegenstände 3 gegebenenfalls durch Sachverständige geschätzt werden, bevor die Quoten ermittelt sind und im Erbscheinsantrag angegeben werden können. Bei Einigkeit aller Miterben soll deshalb ein **vorläufiger Erbschein ohne Quoten** erteilt werden können (Lange/*Kuchinke*, § 39 IV 2). Dieser vorläufige Erbschein ist allerdings einzuziehen, wenn nach endgültiger Klärung der Erbquoten dann der endgültige Erbschein erteilt wird (*Zimmermann*, Erbschein und Erbscheinsverfahren, Rn 341; Lange/*Kuchinke* aaO).

4 [3] **Angaben wie bei Einzelerbschein.** § 2357 Abs. 3 S. 2 verweist auf § 2356, so dass die entsprechenden Angaben und Nachweise wie beim Einzelerbschein erforderlich sind (siehe dazu § 2356).

5 [4] **Erklärung über Erbschaftsannahme.** Wenn der Erbscheinsantrag nicht von allen Miterben gestellt wurde, muss der Antrag die Angabe enthalten, dass die übrigen Miterben die Erbschaft angenommen haben (§ 2357 Abs. 3 S. 1). Der Nachweis der Annahme kann entweder durch öffentliche Urkunden oder durch eidesstattliche Versicherung des Antragstellers erfolgen. Das Nachlassgericht kann die eidesstattliche Versicherung auch erlassen (§ 2357 Abs. 3 S. 2 iVm § 2356 Abs. 2 S. 2). Letzteres wird insoweit häufig der Fall sein, als nach Ablauf der sechswöchigen Ausschlagungsfrist die Erbschaft als angenommen gilt (§§ 1943, 1944). Ist deshalb diese Frist vorbei und liegt keine Ausschlagungserklärung in den Akten des Nachlassgerichts, kann davon ausgegangen werden, dass die Angaben des Antragstellers über die Erbschaftsannahme zutreffend sind und ein entsprechender Nachweis nicht erforderlich ist. Im Rahmen seiner Amtsermittlung kann das Nachlassgericht die übrigen Miterben auch anschreiben und anfragen, ob sie die Erbschaft annehmen (§ 2358 Abs. 1).

6 [5] **Eidesstattliche Versicherung.** Grundsätzlich ist die Versicherung an Eides statt von allen Erben abzugeben, sofern nicht das Nachlassgericht die Versicherung eines oder einiger von ihnen für ausreichend erachtet (§ 2357 Abs. 4). Dem Nachlassgericht steht insoweit ein Ermessen zu. Ob ein **Miterbe** gegen einen anderen Miterben einen **Anspruch auf Abgabe** der eidesstattlichen Versicherung hat, ist umstritten, wird aber entsprechend § 2038 Abs. 1 S. 2 bejaht, wenn der Erbschein zur Verwaltung des Nachlasses erforderlich ist (MüKo-BGB/*Promberger*, § 2356 Rn 23; Staudinger/*Schilken*, § 2356 Rn 36).

7 [6] **Teilerbschein.** Er bezeugt das Erbrecht eines Miterben und nennt die anderen Miterben nicht. Kann die Annahme der Erbschaft durch die anderen Miterben nicht nachgewiesen werden, käme zB ein solcher Teilerbschein in Betracht (§ 2353 2. Alt.).

8 Auch bei Unbestimmtheit gewisser Erbteile können solche Teilerbscheine als Mindestteilerbschein erteilt werden.

§ 2358 Ermittlungen des Nachlassgerichts

(1) Das Nachlassgericht hat unter Benutzung der von dem Antragsteller angegebenen Beweismittel von Amts wegen die zur Feststellung der Tatsachen erforderlichen Ermittlungen zu veranstalten und die geeignet erscheinenden Beweise aufzunehmen.
(2) Das Nachlassgericht kann eine öffentliche Aufforderung zur Anmeldung der anderen Personen zustehenden Erbrechte erlassen; die Art der Bekanntmachung und die Dauer der Anmeldungsfrist bestimmen sich nach den für das Aufgebotsverfahren geltenden Vorschriften.

1 Das Nachlassgericht hat den Sachverhalt von Amts wegen zu ermitteln (§§ 26 FamFG, 2358). Das Nachlassgericht kann sich dabei des Freibeweises nach § 29 FamFG oder des Strengbeweises nach § 30 FamFG bedienen. Durch den **Amtsermittlungsgrundsatz** ist das Gericht verpflichtet, die Ermittlungen erst abzuschließen, wenn von einer Beweisaufnahme ein sachdienliches, die Entscheidung beeinflussendes Ergebnis nicht mehr erwartet werden kann (BayObLG FamRZ 2001, 771). Trotz der Amtsermittlungspflicht sind die Beteiligten aber nicht davon befreit, bei der Aufklärung des Sachverhalts entsprechend mitzuhelfen. Dazu dienen die in den

§§ 2354 bis 2356 festgelegten Mitwirkungspflichten. Das Nachlassgericht hat durch **Zwischenverfügung** den Beteiligten Gelegenheit für die Beseitigung etwaiger Hindernisse zu geben.

Aus der Formulierung „unter Benutzung der von dem Antragsteller angegebenen Beweismittel" wird abgeleitet, dass der Antragsteller selbst zunächst Bemühungen unternehmen muss, **Beweismittel heranzuschaffen** (Urkunden, Testamente usw.). Wegen des Amtsermittlungsgrundsatzes ist das Nachlassgericht an etwaige Beweisanträge der Beteiligten aber nicht gebunden. 2

Auch falls sich die Beteiligten auf eine bestimmte **Erbenfestlegung** geeinigt haben, bindet dies das Nachlassgericht wegen der Amtsermittlung nach § 2358 nicht. Die Bestimmung des Erben erfolgt entweder durch Gesetz aufgrund gesetzlicher Erbfolge oder durch den Erblasser aufgrund letztwilliger Verfügung. Die in Betracht kommenden Erben können dies durch Vereinbarung nicht anderweitig bestimmen. 3

Eine etwaige **letztwillige Schiedsklausel** steht der Durchführung eines Erbscheinsverfahrens nicht entgegen (BayObLG FamRZ 2001, 873). Erbscheine können durch ein Schiedsgericht nicht erteilt werden. Auch etwaige Vorfragen sind einem Schiedsgerichtsverfahren nicht zugänglich. 4

Das Nachlassgericht führt im Erbscheinsverfahren in der Regel ein **schriftliches Verfahren** durch (*Zimmermann*, Erbschein und Erbscheinsverfahren, Rn 176). Es kann aber auch eine mündliche Erörterung mit den Beteiligten vornehmen, was im Ermessen des Nachlassgerichts steht. Wenn zwischen den Beteiligten ein Zivilrechtsstreit bzgl des Erbrechts anhängig ist, kann das Erbscheinsverfahren auch ausgesetzt werden (BayObLG FamRZ 1999, 334). Das Gericht entscheidet über eine Aussetzung von Amts wegen (ein Antrag ist nicht erforderlich). 5

Unbekannte (Mit-)Erben können durch Anheftung der öffentlichen Bekanntmachung an der Gerichtstafel und Inserat im elektronischen Bundesanzeiger unter Fristsetzung aufgefordert werden, sich zu melden. Das **Erbenaufgebot** nach § 2358 Abs. 2 steht im Ermessen des Gerichts. Sinnvoll sind auch zusätzliche Veröffentlichungen in Tageszeitungen (§ 948 Abs. 2 ZPO). Zwischen der ersten Einrückung in den Bundesanzeiger und dem Aufgebotstermin muss mindestens eine **Frist von sechs Wochen** liegen (§ 950 ZPO). Die öffentliche Aufforderung wird durch Verfügung des Rechtspflegers bzw Richters angeordnet. Wenn sich mögliche Erben bzw Miterben nicht melden, wird bei der Entscheidung über den Erbscheinsantrag angenommen, dass solche Personen nicht existieren (ein Ausschlussurteil ergeht nicht). Es tritt allerdings kein materieller Rechtsverlust für den Unbekannten ein, sodass bei dessen Auftauchen ein erteilter Erbschein wieder einzuziehen ist (§ 2361). 6

Da das Erbscheinsverfahren ein Antragsverfahren ist, gilt die **Beteiligtenstellung** nach § 345 FamFG. Beteiligter im Erbscheinsverfahren ist zunächst der **Antragsteller** nach § 345 Abs. 1 S. 1. Bei einem gemeinschaftlichen Erbschein, der nur von **einem Teil der Miterben** beantragt wird, sind diese formell Beteiligte. 7

Das Nachlassgericht kann die in § 345 Abs. 1 S. 2 genannten Personen hinzuziehen. Wenn das Gericht hiervon Gebrauch macht, so erfolgt dies formlos. Die Beteiligten sind von der Einleitung des Verfahrens zu benachrichtigen, soweit sie dem Gericht bekannt sind (§ 7 Abs. 4 FamFG). Diesen Beteiligten soll eine Abschrift des verfahrenseinleitenden Antrags übermittelt werden (§ 23 Abs. 2 FamFG). Auf Verlangen muss dies geschehen. Sollte das Gericht solche Personen nicht hinzuziehen, ist dies nicht gesondert anfechtbar, aber diese Personen können einen **Beiziehungsantrag** stellen. Nach § 345 Abs. 1 S. 3 FamFG kann jederzeit ein Beiziehungsantrag gestellt werden. Eine Frist hierfür gibt es nicht. Dem Beiziehungsantrag des Berechtigten muss entsprochen werden. Wird ein Beiziehungsantrag einer berechtigten Person abgelehnt, ist eine **Entscheidung durch Beschluss** erforderlich (§ 7 Abs. 5 S. 1 FamFG). Dieser Beschluss ist dann mit sofortiger Beschwerde nach §§ 567 bis 572 ZPO anfechtbar (§ 7 Abs. 5 S. 2 FamFG). Frist zwei Wochen (§ 569 ZPO). 8

9 Potenziell **weitere Beteiligte** sind:
- gesetzliche Erben (§ 345 Abs. 1 S. 2 Nr. 1 FamFG);
- gewillkürte Erben (§ 345 Abs. 1 S. 2 Nr. 2 FamFG);
- Gegner des Antragstellers (§ 345 Abs. 1 S. 2 Nr. 3 FamFG);
- bedingte Erben (§ 345 Abs. 1 S. 2 Nr. 4 FamFG);
- sonstige unmittelbar Betroffene (§ 345 Abs. 1 S. 2 Nr. 5 FamFG).

§ 2359 Voraussetzungen für die Erteilung des Erbscheins

Der Erbschein ist nur zu erteilen, wenn das Nachlassgericht die zur Begründung des Antrags erforderlichen Tatsachen für festgestellt erachtet.

A. Erteilung des Erbscheins

1 **I. Muster: Feststellungsbeschluss – Erteilung des Erbscheins**

1227

▶ Amtsgericht ▪▪▪
– Nachlassgericht –

Az ▪▪▪

Nachlasssache ▪▪▪, verstorben am ▪▪▪
hier: Antrag von ▪▪▪ auf Erteilung eines ▪▪▪
Das Nachlassgericht erlässt durch ▪▪▪ am ▪▪▪ folgenden

Beschluss[1]

1. Die Tatsachen, die zur Erteilung des beantragten Erbscheins erforderlich sind, werden für festgestellt erachtet.[2]
2. Dem Antragsteller ist folgender Erbschein zu erteilen:
Es wird bezeugt, dass ▪▪▪ beerbt worden ist.

▪▪▪
Unterschrift ◀

II. Erläuterungen

2 **[1] Verfahren.** Die Entscheidung des Nachlassgerichts ergeht gemäß § 38 FamFG als Beschluss (kein Urteil). Eine mündliche Verhandlung ist nicht vorgeschrieben. Wenn sie stattfindet, han-

delt es sich um einen **Erörterungstermin** nach § 32 FamFG (*Zimmermann*, Das neue FamFG 5. Kapitel Rn 705). Der Erbschein ist zu erteilen, wenn das Nachlassgericht die tatsächlichen und rechtlichen Voraussetzungen für erwiesen erachtet. Das Gericht darf das Verfahren nicht aussetzen und die Beteiligten auf einen Feststellungsprozess vor dem Zivilgericht verweisen. Das Gericht muss streitige Fragen im Erbscheinsverfahren vielmehr selbst klären und entscheiden. Anders ist es, wenn die Beteiligten bereits einen Zivilprozess führen und dann erst der Erbschein beantragt wird. In diesem Fall darf ausgesetzt werden (*Zimmermann*, aaO).

Fragen der **Beweislast** stellen sich erst, wenn die Amtsermittlung vom Nachlassgericht durchgeführt wurde, von weiteren Ermittlungen nichts zu erwarten und der Sachverhalt unaufklärbar ist (*Zimmermann*, aaO). Eine subjektive Beweislast (Anbieten von Beweismitteln) gibt es im Erbscheinsverfahren wegen der Amtsermittlung nicht (§ 26 FamFG). Allerdings haben die Beteiligten eine **Obliegenheitspflicht zur Mitwirkung** (§ 27 FamFG). Es besteht aber eine objektive Feststellungslast dahingehend, dass derjenige, der ein Erbrecht für sich in Anspruch nimmt, die Beweislast für Tatsachen, die dieses Erbrecht begründen, trägt (*Zimmermann*, aaO). Die Last der Unerweislichkeit für etwaige hindernde oder vernichtende Tatsachen hat derjenige, der sich darauf beruft (KG FamRZ 1991, 486). 3

Es besteht für das Nachlassgericht eine **strenge Bindung an den gestellten Antrag**. Abweichungen vom Antrag sind nicht zulässig. Eine Entscheidung beispielsweise zu einer Erbquote über den gestellten Antrag hinaus oder darunter, ist ebenso wenig zulässig wie eine Auswechslung des Berufungsgrundes. Ist deshalb ein Erbschein auf Grund Testaments beantragt und kommt das Nachlassgericht zu dem Ergebnis, dass ein Erbschein kraft Gesetzes zu erteilen ist, so darf der Erbschein abweichend vom Antrag nicht erteilt werden (obwohl sich Erbe und Erbquote decken; vgl dazu BayObLG FamRZ 1996, 1438). Zulässig sind jedoch Haupt- und Hilfsanträge. 4

[2] **Feststellungsbeschluss – Erteilung des Erbscheins.** Wenn das Nachlassgericht alle Verfahrensvoraussetzungen für gegeben erachtet, der Antrag der Erbrechtslage entspricht und kein Beteiligter (§ 345 FamFG) dem beantragten Erbschein widersprochen hat, ergeht ein Feststellungsbeschluss, dass die zur Erteilung des beantragten Erbscheins erforderlichen Tatsachen für festgestellt erachtet werden. Zweckmäßigerweise enthält der Tenor bereits den Text des beabsichtigten Erbscheins. Ein solcher Feststellungsbeschluss wird entgegen § 40 Abs. 1 FamFG bereits mit Erlass wirksam (§ 352 Abs. 1 S. 2 FamFG). Der Feststellungsbeschluss bleibt in der Nachlassakte und wird weder dem Antragsteller noch einem sonstigen Beteiligten bekannt gegeben (§ 352 Abs. 1 S. 3 FamFG). Mangels Widerspruch anderer Beteiligter bedarf der Feststellungsbeschluss auch keiner Begründung (§ 38 Abs. 4 Nr. 2 FamFG). Der Feststellungsbeschluss stellt noch nicht die Erteilung des Erbscheins selbst dar. Die Erbscheinserteilung folgt als faktischer Vollzug dem Feststellungsbeschluss nach, indem der Erbschein ausgefertigt und die Urschrift/Ausfertigung dem Antragsteller übermittelt wird. Am Verfahren nicht beteiligte Personen (zB Miterben) werden vom Ausgang des Verfahrens formlos informiert (§ 15 Abs. 3 FamFG). Von der Erteilung des Erbscheins informiert das Nachlassgericht ferner andere Behörden wie zB das Erbschaftsteuerfinanzamt (§ 12 ErbStDV), das Grundbuchamt (§ 83 GBO), das Registergericht (§ 12 HGB) oder das Familiengericht (§ 1640). 5

B. Aussetzung der sofortigen Wirksamkeit des Beschlusses und Zurückstellung der Erbscheinserteilung

I. Muster: Feststellungsbeschluss – Aussetzung der sofortigen Wirksamkeit des Beschlusses und Zurückstellung der Erbscheinserteilung 6

▶ Amtsgericht ■■■

– Nachlassgericht –

Az ■■■

1228

Nachlasssache ▪▪▪, verstorben am ▪▪▪

hier: Antrag von ▪▪▪ auf Erteilung eines ▪▪▪

Das Nachlassgericht erlässt durch ▪▪▪ am ▪▪▪ folgenden

Beschluss

1. Die Tatsachen, die zur Erteilung des von ▪▪▪ am ▪▪▪ beantragten Erbscheins erforderlich sind, werden für festgestellt erachtet.
2. Die sofortige Wirksamkeit dieses Beschlusses wird ausgesetzt.[1]
3. Die Erteilung des Erbscheins wird bis zur Rechtskraft dieses Beschlusses zurückgestellt.

▪▪▪

Unterschrift ◄

II. Erläuterungen

7 [1] **Feststellungsbeschluss – Aussetzung.** Bei zweifelhafter Rechtslage war unter dem FGG ein sog. Vorbescheid zulässig. Dieses gesetzlich nicht geregelte Institut war von Literatur und Rechtsprechung anerkannt (BVerfGE 101, 397; BGHZ 20, 255). Das Gericht gab den Beteiligten dort die Möglichkeit, innerhalb einer von ihm gesetzten Frist Beschwerde einzulegen und so vor endgültiger Erteilung des Erbscheins streitige Fragen gerichtlich zu klären. Vor Fristablauf wurde vom Nachlassgericht über den Erbscheinsantrag nicht endgültig entschieden. Dieses Rechtsinstitut gibt es seit Inkrafttreten des FamFG nicht mehr. Widerspricht nunmehr der zu erlassende Beschluss dem erklärten Willen eines der Beteiligten, so ergeht der **Feststellungsbeschluss** gem. § 352 Abs. 2 S. 2 FamFG **mit** dem **Zusatz**, dass die sofortige Wirksamkeit des Beschlusses ausgesetzt und die Erbscheinserteilung zurückgestellt wird.

8 In diesem Fall ist der Beschluss nach § 38 Abs. 3 S. 1 FamFG zu begründen und der Beschluss den Beteiligten gemäß § 352 Abs. 2 S. 1 FamFG bekannt zu geben. Dem Widersprechenden ist der Beschluss gemäß § 41 Abs. 1 S. 2 FamFG zuzustellen.

9 Für den unter Geltung des FGG anerkannten Vorbescheid war es erforderlich, dass die Sach- und/oder Rechtslage schwierig war. Dies ist nun nicht mehr notwendig. Weshalb ein Beteiligter dem beantragten Erbschein widerspricht, ist unerheblich. Insbesondere muss er seinen Widerspruch nicht begründen. Bei Widerspruch hat das Nachlassgericht wie oben genannt zu verfahren. Eine gesonderte Zurückweisung des Widerspruchs gibt es nicht.

10 Nach einem Feststellungsbeschluss mit Aussetzung wartet das Nachlassgericht den Ablauf der Beschwerdefrist (§ 63 FamFG) ab. Wird keine Beschwerde eingelegt und der Beschluss damit rechtskräftig, wird der Beschluss durch die Erteilung des Erbscheins vollzogen. Im Falle einer Beschwerde wird das Verfahren dem Oberlandesgericht als Beschwerdegericht vorgelegt und dessen Entscheidung abgewartet (§ 119 Abs. 1 Nr. 1 b GVG), falls das Nachlassgericht der Beschwerde nicht selbst gem. § 68 Abs. 1 S. 1 FamFG abhilft.

C. Zwischenverfügung

11 I. Muster: Zwischenverfügung im Erbscheinsverfahren

► Amtsgericht ▪▪▪

– Nachlassgericht –

Az ▪▪▪

In der Nachlasssache ▪▪▪, verstorben ▪▪▪

hier: Antrag von ▪▪▪ auf Erteilung eines Erbscheins

erlässt das Amtsgericht ▪▪▪ – Nachlassgericht – durch ▪▪▪ am ▪▪▪ folgenden

Beschluss[1]

Dem Antragsteller wird aufgegeben, folgende Urkunden vorzulegen: ■■■

Frist: 4 Wochen

Nach fruchtlosem Fristablauf wird der Erbscheinsantrag vom ■■■ zurückgewiesen werden.

Gründe

■■■

■■■

Unterschrift ◄

II. Erläuterungen

[1] Zwischenverfügung. Die Zwischenverfügung ist im FamFG zwar nicht ausdrücklich geregelt. Allerdings hat das Gericht im Antragsverfahren auf die Stellung sachdienlicher Anträge hinwirken (§ 28 Abs. 2 FamFG) und auf rechtliche Gesichtspunkte hinzuweisen, die es anders beurteilt als die Beteiligten (§ 28 Abs. 1 S. 2 FamFG; *Zimmermann*, Das neue FamFG 5. Kap Rn 714). Mit einer solchen Zwischenverfügung wird der Antragssteller auf behebbare Mängel und Hindernisse hingewiesen, die seinem Erbscheinsantrag entgegenstehen. Es wird ihm regelmäßig eine Frist gesetzt. Der Beschluss wird formlos mitgeteilt und ist mit der Beschwerde nicht anfechtbar (§ 58 Abs. 1 FamFG). Nach fruchtlosem Fristablauf ohne Korrektur durch den Antragsteller wird sein Antrag zurückgewiesen. 12

D. Zurückweisungsbeschluss

I. Muster: Zurückweisungsbeschluss im Erbscheinsverfahren 13

► Amtsgericht ■■■ 1230

– Nachlassgericht –

Az ■■■

In der Nachlasssache ■■■, verstorben ■■■

hier: Antrag von ■■■ auf Erteilung eines Erbscheins

erlässt das Amtsgericht ■■■ – Nachlassgericht – durch ■■■ am ■■■ folgenden

Beschluss

Der Antrag wird zurückgewiesen.[1], [2]

Gründe

- Sachverhalt
- Zulässigkeit
- Unbegründetheit
- Kosten

■■■

Unterschrift ◄

II. Erläuterungen

[1] Zurückweisungsbeschluss. Liegen die formellen und/oder materiellen Voraussetzungen nicht vor (Antrag ist unzulässig/unbegründet) und sind die vorliegenden Mängel nicht demnächst behebbar (bei behebbaren Mängeln Zwischenverfügung), so weist das Gericht den Antrag durch Beschluss mit Rechtsmittelbelehrung zurück (§§ 38, 39 FamFG). Rechtsmittel ist die 14 befristete sofortige Beschwerde (§ 58 FamFG). Beschwerdegericht ist das OLG (§ 119 Abs. 1 Nr. 1 b GVG).

15 [2] **Rechtsmittel FamFG.** Durch das FamFG wurde die unbefristete Beschwerde des FGG abgeschafft. Entscheidungen des Amtsgerichts im Nachlassverfahren sind nunmehr mit der **sofortigen Beschwerde** gemäß § 58 ff FamFG anfechtbar. Gegen die Entscheidung des Rechtspflegers ist das Rechtsmittel gegeben, das nach den allgemeinen verfahrensrechtlichen Vorschriften zulässig ist (§ 11 Abs. 1 RPflG). Dh auch Verfügungen des Rechtspflegers sind grundsätzlich mit der sofortigen Beschwerde nach §§ 58 ff FamFG anfechtbar. Wenn eine entsprechende Richterentscheidung unanfechtbar wäre, ist die befristete Erinnerung gegen eine Entscheidung des Rechtspflegers statthaft (§ 11 Abs. 2 RPflG). Sinn dieser Regelung ist es, dass zumindest eine richterliche Entscheidung herbeigeführt werden kann (Art. 19 Abs. 4 GG). Denkbar wäre eine solche befristete Erinnerung bei Beschlüssen nach § 353 Abs. 3 FamFG. Da der erteilte Erbschein sowohl des Richters wie auch des Rechtspflegers unanfechtbar ist, stellt § 11 Abs. 3 RPflG jedoch klar, dass in diesen Fällen auch keine Erinnerung statthaft ist.

16 Das FamFG hat den ursprünglichen **Instanzenzug** Amtsgericht – Landgericht – Oberlandesgericht abgeschafft. Das Oberlandesgericht ist nunmehr zweite Tatsacheninstanz (§ 119 Abs. 1 Nr. 1 b GVG). Gegen einen Beschwerdebeschluss des Oberlandesgericht ist nur noch die Rechtsbeschwerde zum Bundesgerichtshof (§ 133 GVG) möglich, wenn sie vom Oberlandesgericht zugelassen wurde (§§ 70 ff FamFG). Eine Nichtzulassungsbeschwerde ist nicht vorgesehen. Für die Rechtsbeschwerde besteht Anwaltszwang eines beim BGH zugelassenen Rechtsanwalts.

E. Beschwerde

17 I. Muster: Beschwerde gegen Feststellungsbeschluss

1231

▶ Amtsgericht ■■■

– Nachlassgericht –

Az ■■■

In der Nachlasssache des ■■■, verstorben am ■■■, an der beteiligt sind:

1. ■■■,
   – Beschwerdeführer –
2. ■■■,
   – Beschwerdegegner –

erhebe ich gegen den am ■■■ zugestellten Beschluss des Nachlassgerichts vom ■■■

Beschwerde[1], [2]

und beantrage Folgendes:

1. Der Beschluss des Amtsgerichts ■■■ – Nachlassgericht – vom ■■■, Az ■■■, wird aufgehoben.
2. Das Amtsgericht ■■■ – Nachlassgericht – wird angewiesen, dem Beschwerdeführer einen Erbschein folgenden Inhalts zu erteilen:
   Es wird bezeugt, dass ■■■ beerbt worden ist.
3. Der Antrag des Beschwerdegegners auf Erteilung eines Erbscheins wird zurückgewiesen.

Begründung

■■■

Unterschrift ◀

II. Erläuterungen und Varianten

18 [1] **Beschwerde gegen Feststellungsbeschluss.** Der Beschluss unterliegt der **sofortigen Beschwerde** nach §§ 58 ff FamFG. Es handelt sich um eine erstinstanzliche Endentscheidung des Amts-

gerichts gem. § 58 Abs. 1 FamFG. Eine Erbscheinserteilungsanordnung muss erlassen, darf aber noch nicht vollzogen, dh der Erbschein noch nicht tatsächlich ausgehändigt worden sein. Ist der Erbschein bereits erteilt, ist eine Beschwerde nur noch mit dem Ziel der Einziehung des Erbscheins zulässig.

Gleiches gilt für die Beschwerde gegen einen **Zurückweisungsbeschluss**, der wie folgt lauten 19
kann:

▶ **Muster: Beschwerde gegen Zurückweisung**

Amtsgericht ■■■

– Nachlassgericht –

Az ■■■

In der Nachlasssache des ■■■, verstorben am ■■■, an der beteiligt ist:

Herr ■■■

– Beschwerdeführer –

erhebe ich gegen den am ■■■ zugestellten Beschluss des Nachlassgerichts vom ■■■

Beschwerde

und beantrage Folgendes:

1. Der Beschluss des Amtsgerichts ■■■ – Nachlassgericht – vom ■■■, Az ■■■, wird aufgehoben.
2. Das Amtsgericht – Nachlassgericht – wird angewiesen, dem Beschwerdeführer einen Erbschein folgenden Inhalts zu erteilen:
   Es wird bezeugt, dass ■■■ beerbt worden ist.

Begründung

■■■

Unterschrift ◀

[2] **Beschwerdeverfahren.** Unter dem FGG konnte die Beschwerde sowohl beim Ausgangs- als 20
auch beim Beschwerdegericht eingelegt werden (§ 21 Abs. 1 FGG). Seit Inkrafttreten des FamFG ist die Beschwerde nun bei dem Gericht einzulegen, dessen Beschluss angefochten wird (§ 64 Abs. 1 FamFG).

Die Beschwerde ist durch Einreichung einer Beschwerdeschrift oder zu Protokoll der Geschäfts- 21
stelle des Gerichts zu erheben (§ 64 Abs. 2 FamFG). Eine Einlegung per Telefax ist zulässig (BGH NJW 1990, 188). Eine anwaltliche Vertretung ist für das Beschwerdeverfahren beim OLG nicht zwingend, aber zulässig (§ 12 FamFG).

Die Beschwerde ist binnen einer **Frist von einem Monat** zu erheben (§ 63 Abs. 1 S. 1 FamFG). 22
Unter dem seinerzeitigen FGG gab es in Nachlasssachen noch keine Beschwerdefrist mit Ausnahme der sofortigen Beschwerde gemäß § 22 FGG.

Die Beschwerde ist nur zulässig, wenn der **Wert des Beschwerdegegenstandes** EUR 600,00 23
übersteigt (§ 61 Abs. 1 FamFG). Hilfsweise ist eine Zulassung durch das Nachlassgericht erforderlich (§ 61 Abs. 2, Abs. 3 FamFG).

Beschwerdeberechtigt ist, wer eine materielle Beschwer nach § 59 Abs. 1 FamFG geltend ma- 24
chen kann. Eine **materielle Rechtsbeeinträchtigung** ist gegeben, wenn ein subjektives Recht des Beschwerdeführers durch die angefochtene Entscheidung berührt wird. Als verletzte Rechtsposition kommt vor allem das Erbrecht in Betracht. Eine bloße Verletzung von Verfahrensrechten führt nach herrschender Meinung nicht zur Beschwerdeberechtigung (BayObLG FamRZ 1997, 1299). Auf der Zulässigkeitsebene wird nur die Möglichkeit einer Rechtsbeeinträchtigung geprüft. Ob eine solche tatsächlich vorliegt, ist dann eine Frage der Begründetheit der Beschwerde. Im Antragsverfahren (zB bei Erteilung eines Erbscheins) ist zusätzlich zur ma-

teriellen Rechtsbeeinträchtigung noch eine **formelle Beschwer** gemäß § 59 Abs. 2 FamFG erforderlich. Beschwerdeberechtigt ist derjenige, dessen Antrag zurückgewiesen worden ist. Eine Ausnahme gilt dann, wenn der Beschwerdeführer zwar keinen Antrag gestellt hat, aber die Möglichkeit gehabt hätte, einen entsprechenden Antrag zu stellen (zB Miterbe).

§ 2360 (aufgehoben)

1 § 2360 wurde durch das FGG – Reformgesetz zum 1.9.2009 aufgehoben. Diese Vorschrift bezog sich auf die Anhörung im Erbscheinsverfahren. § 2360 existierte bereits vor Entstehung des Grundgesetzes und regelte die Anhörungspflicht. Seit Inkrafttreten des Art. 103 GG hatte er keine eigenständige Bedeutung mehr.

§ 2361 Einziehung oder Kraftloserklärung des unrichtigen Erbscheins

(1) [1]Ergibt sich, dass der erteilte Erbschein unrichtig ist, so hat ihn das Nachlassgericht einzuziehen. [2]Mit der Einziehung wird der Erbschein kraftlos.
(2) [1]Kann der Erbschein nicht sofort erlangt werden, so hat ihn das Nachlassgericht durch Beschluss für kraftlos zu erklären. [2]Der Beschluss ist nach den für die öffentliche Zustellung einer Ladung geltenden Vorschriften der Zivilprozessordnung bekannt zu machen. [3]Mit dem Ablauf eines Monats nach der letzten Einrückung des Beschlusses in die öffentlichen Blätter wird die Kraftloserklärung wirksam.
(3) Das Nachlassgericht kann von Amts wegen über die Richtigkeit eines erteilten Erbscheins Ermittlungen veranstalten.

A. Einziehung eines Erbscheins

1 **I. Muster: Antrag auf Einziehung eines Erbscheins[1]**

▶ Amtsgericht ▪▪▪
– Nachlassgericht –[2]
AZ ▪▪▪
In der Nachlasssache des ▪▪▪, verstorben am ▪▪▪, rege ich[3] die Einziehung[4] des am ▪▪▪ erteilten Erbscheins (Az ▪▪▪) wegen Unrichtigkeit an.

Begründung
Der erteilte Erbschein ist unrichtig, weil: ▪▪▪
▪▪▪
Unterschrift ◀

II. Erläuterungen

[1] Unrichtigkeit des Erbscheins. Da ein erteilter Erbschein die Wirkung öffentlichen Glaubens hat (§ 2366), bedeutet ein unrichtiger Erbschein eine Gefahr für den Rechtsverkehr (*Zimmermann*, Erbschein und Erbscheinsverfahren Rn 474). Nach § 2361 kann deshalb ein Erbschein eingezogen werden mit der **Wirkung des Kraftloswerdens.** 2

Ein Erbschein ist **unrichtig,** wenn die Voraussetzungen für seine Erteilung entweder ursprünglich nicht gegeben waren oder nachträglich nicht mehr vorhanden sind (BayObLG FGPrax 2003, 130). Der Erbschein kann aus formellen und/oder materiellen Gründen unrichtig sein. Wenn im Erbscheinserteilungsverfahren schwere Fehler unterlaufen sind, der Erbschein aber gleichwohl inhaltlich richtig ist, wendet die herrschende Meinung § 2361 analog an (Palandt/*Edenhofer*, § 2361 Rn 4; MüKo-BGB/*J. Mayer*, § 2361 Rn 11). 3

[2] Zuständigkeit. Zuständig für die Einziehung des Erbscheins ist das Nachlassgericht, das den Erbschein erteilt hat. Dies gilt selbst dann, wenn dieses Nachlassgericht für die Erteilung seinerzeit überhaupt nicht zuständig war. Sachlich zuständig ist das Amtsgericht (§ 23 a GVG), in Baden-Württemberg das Notariat (§§ 1 Abs. 2, 38 BaWüLFGG). 4

Das Beschwerdegericht (OLG) selbst kann einen Erbschein nicht einziehen, sondern nur das Nachlassgericht dazu anweisen. Die Einziehung erfolgt durch den Richter, wenn der Erbschein vom Richter erteilt wurde oder wenn der Erbschein wegen einer Verfügung von Todes wegen einzuziehen ist (§ 16 Abs. 1 Nr. 7 RPflG). Sonst ist dafür der Rechtspfleger zuständig (§ 3 Nr. 2 c RPflG). 5

[3] Kein Antragserfordernis. Die Einziehung des Erbscheins erfolgt **von Amts wegen.** Ein Antrag ist nicht erforderlich. Etwaige Anträge haben nur die Bedeutung von Anregungen dahingehend, dass das Gericht von Amts wegen tätig werden soll. Deshalb gibt es auch keine formell Antragsberechtigten. Jedermann kann die Einziehung anregen. 6

[4] Einziehung. Ergibt sich, dass ein Erbschein unrichtig ist, so hat ihn das Nachlassgericht einzuziehen. Eine zeitliche Grenze besteht nicht. Das Gericht hat nach § 26 FamFG Ermittlungen über die Richtigkeit eines Erbscheins anzustrengen, soweit Anhaltspunkte für einen Einziehungsgrund gegeben sind (§ 2361 Abs. 3). 7

Die Einziehung erfolgt durch Beschluss des Nachlassgerichts (§ 38 FamFG). Es ist eine Rechtsmittelbelehrung erforderlich (§ 39 FamFG). 8

Der Beschluss ist dem Erbscheinsinhaber zuzustellen (§ 41 Abs. 1 S. 2 FamFG). Die Einziehungseinordnung enthält eine Frist zur Ablieferung des Erbscheins. 9

Ebenso wie bei der Erteilung des Erbscheins ist auch bei der Einziehung zwischen der Anordnung der Einziehung und deren Vollzug zu unterscheiden. Der Einziehungsanordnungsbeschluss kann nur solange angegriffen bzw abgeändert werden, als der Erbschein noch nicht an das Nachlassgericht zurückgegeben und damit die Einziehungsanordnung vollzogen ist. 10

Wird die Einziehung abgelehnt, erfolgt dies ebenfalls durch Beschluss, wenn sie von einem Beteiligten beantragt bzw angeregt wurde (§ 38 FamFG). Hat kein Beteiligter die Einziehung des Erbscheins angeregt, so wird das Einziehungsverfahren lediglich durch einen Aktenvermerk eingestellt. Der Beschluss ist dem Antragsteller zuzustellen, anderen Beteiligten formlos mitzuteilen. Gemäß § 353 Abs. 1 FamFG hat der Beschluss, der die Einziehung anordnet oder ablehnt, eine Entscheidung über die gerichtlichen und außergerichtlichen Kosten zu enthalten. 11

B. Einstweilige Anordnung

I. Muster: Antrag auf einstweilige Anordnung – Rückgabe des Erbscheins zu den Akten 12

▶ Amtsgericht ■■■

– Nachlassgericht –

Az ■■■

Antrag auf einstweilige Anordnung – Rückgabe des Erbscheins zu den Akten[1]

Hiermit beantrage ich in der Nachlasssache ■■■ des ■■■, verstorben am ■■■, als vorläufige Sicherungsmaßnahme anzuordnen, dass der am ■■■ an Herrn ■■■ erteilte Erbschein (Az ■■■) einstweilen zu den Akten zurückzugeben ist.

Begründung

Es laufen gegenwärtig Ermittlungen bezüglich der Unrichtigkeit des am ■■■ erteilten Erbscheins. Es besteht die Gefahr, dass von dem Erbschein weiterhin Gebrauch gemacht wird und Verfügungen getroffen werden, die gegebenenfalls nicht mehr rückgängig gemacht werden können. Es besteht deshalb ein Rechtsschutzbedürfnis gemäß § 49 FamFG.

■■■

Unterschrift ◀

II. Erläuterungen

13 [1] **Einstweilige Anordnung.** Eine Einziehung des Erbscheins durch einstweilige Anordnung des Nachlassgerichts ist ebenfalls nicht möglich. Denn dies wäre keine vorläufige Maßnahme mehr (§ 49 Abs. 1 FamFG). Dem Scheinerben kann jedoch die einstweilige Rückgabe des Erbscheins zu den Nachlassakten auferlegt werden (§ 49 Abs. 2 FamFG). Dies stellt keine Einziehung dar. Eine solche Anordnung beseitigt allerdings nicht den öffentlichen Glauben des Erbscheins. Denn erst mit der tatsächlichen Einziehung wird der Erbschein kraftlos. Mit einer solchen einstweiligen Anordnung kann aber zumindest erreicht werden, dass ein Rechtserwerb wegen fehlender Vorlagemöglichkeit des Erbscheins unterbleibt (*Kroiß*, Das neue Nachlassverfahrensrecht F. Rn 54). Denn Banken bzw das Grundbuchamt verlangen regelmäßig dessen Vorlage.

C. Kraftloserklärung

14 ### I. Muster: Antrag auf Kraftloserklärung eines Erbscheins

▶ Amtsgericht ■■■

– Nachlassgericht –

Az ■■■

In der Nachlasssache des ■■■, verstorben am ■■■, rege ich die Kraftloserklärung[1] des Herrn ■■■ am ■■■ erteilten Erbscheins (Az ■■■) an.

Begründung

■■■

■■■

Unterschrift ◀

II. Erläuterungen

15 [1] **Kraftloserklärung.** Wenn der Erbschein nicht sofort erlangt werden kann, so hat das Nachlassgericht den Erbschein durch Beschluss für kraftlos zu erklären (§ 2361 Abs. 2 S. 1). Die Ablieferung des Erbscheins kann zwar erzwungen werden (§§ 86 ff FamFG). Ist dies allerdings nicht sofort durch Vollstreckung möglich, hat das Nachlassgericht von dieser Möglichkeit Gebrauch zu machen, den Erbschein für kraftlos zu erklären. Es ist dann über die Kosten zu entscheiden (§§ 353 Abs. 1, 81 FamFG). Der Beschluss ist vom Nachlassgericht nach den für die öffentliche Zustellung einer Ladung geltenden Vorschriften des § 186 ZPO bekannt zu machen (Veröffentlichung im elektronischen Bundesanzeiger). Abweichend von § 40 FamFG wird die

Kraftloserklärung erst mit dem Ablauf eines Monats nach der letzten Einrückung des Beschlusses in die öffentlichen Blätter wirksam (§ 2361 Abs. 2 S. 3). Eine Kraftloserklärung durch einstweilige Anordnung gem. § 49 FamFG ist nicht möglich, da dies keine vorläufige Maßnahme wäre (*Zimmermann*, Das neue FamFG 5. Kap Rn 726).

D. Beschwerde

I. Muster: Beschwerde gegen Einziehungsanordnung/Kraftloserklärung 16

▶ Amtsgericht ▪▪▪ 1235

– Nachlassgericht –

Az ▪▪▪

In der Nachlasssache des am ▪▪▪ verstorbenen ▪▪▪, an der beteiligt sind:

Herr ▪▪▪

– Beschwerdeführer –

erhebe ich gegen den am ▪▪▪ zugestellten Beschluss des Nachlassgerichts ▪▪▪ vom ▪▪▪

Beschwerde.[1]

Ich beantrage wie folgt zu erkennen:

Der Beschluss des Amtsgerichts ▪▪▪ – Nachlassgericht – vom ▪▪▪, Az ▪▪▪ wird aufgehoben.

Begründung

▪▪▪

▪▪▪

Unterschrift ◀

II. Erläuterungen

[1] **Beschwerde gegen Einziehungsanordnung/Kraftloserklärung.** Das statthafte Rechtsmittel ist die **sofortige Beschwerde** gemäß §§ 58 ff FamFG. Die **Frist** beträgt **einen Monat** (§ 63 FamFG). Es muss ein **Beschwerdewert** von mehr als EUR 600,00 erreicht sein oder das Nachlassgericht muss die Beschwerde zulassen (§ 61 FamFG). Eine Nichtzulassungsbeschwerde gibt es nicht. Die Beschwerde ist beim Nachlassgericht einzulegen (§ 64 FamFG). Das Nachlassgericht kann der Beschwerde abhelfen (§ 68 FamFG). Beschwerdegericht ist das OLG (§ 119 Abs. 1 Nr. 1 b GVG). Gegen die Entscheidung des OLG kommt die Rechtsbeschwerde zum BGH (§§ 70 ff FamFG) in Betracht. Solange der Erbschein noch nicht eingezogen ist, ist gegen den Beschluss, der die Einziehung anordnet, die sofortige Beschwerde statthaft. Ist die Einziehung des Erbscheins hingegen erfolgt (sämtliche Ausfertigungen und Urschriften beim Nachlassgericht abgeliefert), so kann die Einziehung nicht mehr rückgängig gemacht werden, da der Erbschein gemäß § 2361 Abs. 1 S. 2 bereits kraftlos geworden ist. Die sofortige Beschwerde ist in diesem Fall mit dem Antrag weiter möglich, dass das OLG das Nachlassgericht anweist, einen neuen, dem eingezogenen Erbschein gleichlautenden Erbschein zu erteilen (§ 353 Abs. 2 S. 1 FamFG). Dies ergibt sich aus der Auslegungsregel des § 353 Abs. 2 S. 2 FamFG (*Zimmermann*, Das neue FamFG 5. Kap. Rn 724). 17

Auch gegen die Ablehnung der Kraftloserklärung des Erbscheins ist die sofortige Beschwerde nach §§ 58 ff FamFG statthaft. Bei der Kraftloserklärung ist zu unterscheiden, ob der Beschluss bereits **öffentlich bekannt** gemacht wurde **oder nicht**. Gegen den noch nicht veröffentlichten Kraftloserklärungsbeschluss ist die sofortige Beschwerde statthaft. Ist der Beschluss hingegen bereits öffentlich bekannt gemacht, dann ist die Beschwerde ausgeschlossen (§ 353 Abs. 3 FamFG). Hier kann die Bekanntmachung nicht mehr rückwirkend beseitigt werden. Eine et- 18 waige Beschwerde ist in dann der Regel in einen Antrag auf Erteilung eines neuen Erbscheins, der dem für kraftlos erklärten inhaltlich entspricht, **umzudeuten** (§ 353 Abs. 2 FamFG).

E. Beschwerde

19 I. Muster: Beschwerde gegen Ablehnung der Einziehung/Kraftloserklärung

▶ Amtsgericht ■■■

– Nachlassgericht –

Az ■■■

In der Nachlasssache des am ■■■ verstorbenen ■■■, an der beteiligt sind:

Herr ■■■

– Beschwerdeführer –

erhebe ich gegen den am ■■■ zugestellten Beschluss des Nachlassgerichts ■■■ vom ■■■

Beschwerde.[1]

Ich beantrage wie folgt zu erkennen:

1. Der Beschluss des Amtsgerichts ■■■ – Nachlassgericht – vom ■■■ Az ■■■ wird aufgehoben.
2. Das Amtsgericht ■■■ – Nachlassgericht – wird angewiesen, den am ■■■ erteilten Erbschein einzuziehen.

Begründung

■■■

■■■

Unterschrift ◀

II. Erläuterungen

20 [1] **Beschwerde gegen Ablehnung der Einziehung/Kraftloserklärung.** Dagegen ist ebenfalls die sofortige Beschwerde nach §§ 58 ff FamFG statthaft. Zwar kann eine Einziehungsanregung selbst jedermann abgeben. Die **Beschwerdeberechtigung** gemäß § 59 FamFG hingegen hat nur derjenige, dessen Recht infolge öffentlichen Glaubens des Erbscheins durch dessen Unrichtigkeit oder Unvollständigkeit beeinträchtigt wird (BayObLG NJWE-FER 2000, 93; *Zimmermann*, aaO). Als Beschwerdeberechtigter kommt zB der wahre Erbe in Betracht.

§ 2362 Herausgabe- und Auskunftsanspruch des wirklichen Erben

(1) Der wirkliche Erbe kann von dem Besitzer eines unrichtigen Erbscheins die Herausgabe an das Nachlassgericht verlangen.

(2) Derjenige, welchem ein unrichtiger Erbschein erteilt worden ist, hat dem wirklichen Erben über den Bestand der Erbschaft und über den Verbleib der Erbschaftsgegenstände Auskunft zu erteilen.

A. Herausgabe eines unrichtigen Erbscheins

I. Muster: Klage auf Herausgabe eines unrichtigen Erbscheins[1] 1

▶ Landgericht ■■■[2] 1237

■■■

Klage auf Herausgabe eines unrichtigen Erbscheins

In dem Rechtsstreit

des Herrn ■■■

– Kläger –

Prozessbevollmächtigte: ■■■

gegen

Herrn ■■■

– Beklagter –

wegen: Herausgabe eines unrichtigen Erbscheins

vorläufiger Streitwert: ■■■

erhebe ich namens und im Auftrag des von mir anwaltlich vertretenen Klägers Klage zum sachlich und örtlich zuständigen Landgericht ■■■.

Im Termin zur mündlichen Verhandlung werde ich beantragen wie folgt zu erkennen:

Der Beklagte wird verurteilt, den am ■■■ vom Amtsgericht – Nachlassgericht – ■■■ in der Nachlassangelegenheit ■■■ Az ■■■ erteilten Erbschein vom ■■■ an das Nachlassgericht ■■■ herauszugeben.[3]

Begründung

■■■

■■■

Unterschrift ◀

II. Erläuterungen

[1] **Wirklicher Erbe, Besitzer und Unrichtigkeit des Erbscheins.** Es obliegt dem Kläger nachzuweisen, dass er der berechtigte Erbe und der erteilte Erbschein unrichtig ist. Ferner ist zu beweisen, dass der Beklagte im Besitz eines unrichtigen Erbscheins ist. Wenn sämtliche Originale und Ausfertigungen an das Gericht zurückgegeben sind, wird der Erbschein entsprechend § 2361 Abs. 1 S. 2 kraftlos. 2

[2] **Zuständigkeit.** Über die Möglichkeit des § 2361 hinaus (Amtsverfahren des Nachlassgerichts) kann der wirkliche Erbe von dem Besitzer eines unrichtigen Erbscheins auch die Herausgabe an das Nachlassgericht gemäß § 2362 im Rahmen eines ZPO-Verfahrens verlangen. Der Anspruch ist durch Klage vor dem Zivilgericht zu verfolgen. Der Gerichtsstand der Erbschaft nach § 27 ZPO gilt dafür nicht. Es verbleibt bei dem allgemeinen Gerichtsstand gemäß §§ 12, 13 ff ZPO. Der Streitwert bemisst sich nach dem Interesse an der Beseitigung des unrichtigen Erbscheins (nicht nach dem Wert des Nachlasses). 3

[3] **Auskunft.** Derjenige, dem ein unrichtiger Erbschein erteilt worden ist, hat dem wirklichen Erben über den Bestand der Erbschaft und den Verbleib der Erbschaftsgegenstände Auskunft zu erteilen (§ 2362 Abs. 2). Dieser Auskunftsanspruch ist ebenfalls durch Klage im Zivilprozess zu verfolgen. Anspruchsinhaber ist der wahre Erbe, Antragsgegner der Besitzer des unrichtigen Erbscheins, wobei unerheblich ist, ob dieser den Nachlass selbst tatsächlich im Besitz hat. 4

B. Einstweilige Verfügung auf Herausgabe eines unrichtigen Erbscheins

5 **I. Muster: Antrag auf Erlass einer einstweiligen Verfügung auf Herausgabe eines unrichtigen Erbscheins**

1238 ▶ Landgericht ▪▪▪[1]

▪▪▪

Antrag auf Erlass einer einstweiligen Verfügung[2]

des Herrn ▪▪▪

– Antragsteller –

Verfahrensbevollmächtigte: ▪▪▪

gegen

Herrn ▪▪▪

– Antragsgegner –

wegen: Herausgabe eines unrichtigen Erbscheins

vorläufiger Streitwert: ▪▪▪

Namens und im Auftrag des von mir anwaltlich vertretenen Antragstellers beantrage ich wegen der besonderen Dringlichkeit ohne mündliche Verhandlung den Erlass folgender einstweiliger Verfügung:

Dem Antragsgegner wird aufgegeben, den ihm vom Amtsgericht – Nachlassgericht – ▪▪▪ am ▪▪▪ in der Nachlasssache ▪▪▪, Az ▪▪▪ erteilten Erbschein zu den Akten des Nachlassgerichts ▪▪▪ zurückzugeben.

Begründung

▪▪▪

▪▪▪

Unterschrift ◀

II. Erläuterungen

6 [1] **Zuständigkeit.** Siehe Rn 3

7 [2] **Einstweiliger Rechtsschutz.** Es kann auch einstweiliger Rechtsschutz begehrt und der Herausgabeanspruch nach § 2362 Abs. 1 nach herrschender Meinung mittels einstweiliger Verfügung (§ 935 ZPO) abgesichert werden (*Kroiß*, Das neue Nachlassverfahrensrecht F. Rn 55).

§ 2363 Inhalt des Erbscheins für den Vorerben

(1) [1]In dem Erbschein, der einem Vorerben erteilt wird, ist anzugeben, dass eine Nacherbfolge angeordnet ist, unter welchen Voraussetzungen sie eintritt und wer der Nacherbe ist. [2]Hat der Erblasser den Nacherben auf dasjenige eingesetzt, was von der Erbschaft bei dem Eintritt der Nacherbfolge übrig sein wird, oder hat er bestimmt, dass der Vorerbe zur freien Verfügung über die Erbschaft berechtigt sein soll, so ist auch dies anzugeben.
(2) Dem Nacherben steht das in § 2362 Abs. 1 bestimmte Recht zu.

A. Erteilung eines Erbscheins für den Vorerben

I. Muster: Antrag des Vorerben auf Erteilung eines Erbscheins 1

▶ Amtsgericht ...

– Nachlassgericht –

...

Antrag auf Erteilung eines Erbscheins

Hiermit beantrage ich die Erteilung folgenden Erbscheins:

Es wird bezeugt, dass die am ... in ... verstorbene ..., geb. am ..., in ..., zuletzt wohnhaft in ..., von ..., wohnhaft in ..., kraft Gesetzes/aufgrund Testaments vom ... allein beerbt worden ist.

Der Erblasser hat Nacherbfolge angeordnet. Die Nacherbfolge tritt mit dem Tod des Vorerben ein. Nacherbe ist ..., geboren am ... in ...[1]

Der Vorerbe ist zur freien Verfügung über die Erbschaft berechtigt.[2], [3]

Begründung

...

...

Unterschrift ◀

II. Erläuterungen

[1] Zwingende Angaben im Erbschein des Vorerben. Der Erbschein für den Vorerben hat den üblichen Inhalt, enthält aber zwingend noch zusätzlich folgende Punkte (§ 2363 Abs. 1 S. 1): 2
- die Anordnung der Tatsache einer Nacherbfolge. Sie kann auch nur hinsichtlich eines Miterben oder für einen Bruchteil des ganzen Nachlasses angeordnet sein;
- die Angabe, unter welchen Voraussetzungen die Nacherbfolge eintritt (regelmäßig mit dem Tod des Vorerben; aber auch möglich mit einem sonstigen Ereignis, zB bei Wiederverheiratung des Vorerben);
- die Angabe des Namens des Nacherben (Name, Vorname).

[2] Zusätzliche Angaben in Sonderfällen. Sie sind erforderlich, wenn der Erblasser Weiteres verfügt hat (§ 2363 Abs. 1 S. 2), zB 3
- Grundsätzlich ist die Vorerbschaft nicht befreit. Dies stellt den gesetzlichen Regelfall dar und wird im Erbschein deshalb nicht ausdrücklich erwähnt. Eine etwaige Befreiung des Vorerben von Beschränkungen und Verpflichtungen (§ 2136) ist im Erbschein hingegen zu vermerken (§ 2363 Abs. 1 S. 2). Erstreckt sich die Befreiung auf einzelne Verfügungsbeschränkungen, so sind diese einzeln zu benennen (MüKo-BGB/*J. Mayer*, § 2363 Rn 17).
- Wenn der Erblasser den Nacherben auf dasjenige eingesetzt hat, was von der Erbschaft bei Eintritt des Nacherbfalls noch vorhanden ist, so ist dies ebenfalls im Erbschein anzugeben (§§ 2363 Abs. 1 S. 2, 2137 Abs. 1).
- Sofern ein Ersatznacherbe bestimmt ist, ist dieser zu bezeichnen.
- Sind mehrere Nacherbfolgen angeordnet, so sind diese anzugeben.

[3] Rechtsfolgen bei fehlerhaften Angaben. Wenn die nach § 2363 Abs. 1 notwendigen Angaben im Erbschein nicht enthalten sind, führt dies zu dessen Unrichtigkeit und zu seiner Einziehung. Die Einziehung kann vom Vorerben und Nacherben angeregt werden, vom Nacherben auch schon vor Eintritt der Nacherbfolge (*Zimmermann*, Erbschein und Erbscheinsverfahren, Rn 370). 4

B. Erteilung eines Erbscheins für den Nacherben

I. Muster: Antrag des Nacherben auf Erteilung eines Erbscheins

5 ► Amtsgericht ■■■

– Nachlassgericht –

■■■

Antrag auf Erteilung eines Erbscheins

Hiermit beantrage ich die Erteilung folgenden Erbscheins:

Es wird bezeugt, dass der am ■■■ verstorbene ■■■ von seinem Enkel ■■■, geb. ■■■, aufgrund Testaments vom ■■■ allein beerbt worden ist. Der Nacherbfall ist eingetreten infolge des Todes des Vorerben ■■■ am ■■■.[1]

Begründung

■■■

■■■

Unterschrift ◄

II. Erläuterungen

6 [1] **Erbschein bei Nacherbfall.** Mit Eintritt der Nacherbfolge (§ 2139) wird der dem Vorerben erteilte Erbschein unrichtig und ist nach § 2361 einzuziehen (MüKo-BGB/*J. Mayer* § 2361 Rn 5).

7 Ab Eintritt des Nacherbfalls kann der Nacherbe einen Erbschein als Erbe beantragen. Eine neue eidesstattliche Versicherung nach § 2356 ist nicht unbedingt erforderlich (MüKo-BGB/*J. Mayer* § 2356, Rn 7). Auch wenn der dem Vorerben erteilte Erbschein noch nicht eingezogen ist, kann dem Nacherben der Erbschein bereits erteilt werden (*Zimmermann*, Erbschein und Erbscheinsverfahren Rn 382). In dem dem Nacherben zu erteilenden Erbschein ist der Zeitpunkt des Nacherbfalls anzugeben (BayObLG FamRZ 1998, 1332).

§ 2364 Angabe des Testamentsvollstreckers im Erbschein, Herausgabeanspruch des Testamentsvollstreckers

(1) Hat der Erblasser einen Testamentsvollstrecker ernannt, so ist die Ernennung in dem Erbschein anzugeben.
(2) Dem Testamentsvollstrecker steht das in § 2362 Abs. 1 bestimmte Recht zu.

1 **A. Muster: Antrag auf Erteilung eines Erbscheins mit Testamentsvollstreckervermerk**

► Amtsgericht ■■■

– Nachlassgericht –

■■■

Antrag auf Erteilung eines Erbscheins

Hiermit beantrage ich die Erteilung folgenden Erbscheins:

Es wird bezeugt, dass die am ▪▪▪ in ▪▪▪ verstorbene ▪▪▪, geb. am ▪▪▪, in ▪▪▪, zuletzt wohnhaft in ▪▪▪, von ▪▪▪, wohnhaft in ▪▪▪, kraft Gesetzes/aufgrund Testaments vom ▪▪▪ allein beerbt worden ist. Testamentsvollstreckung ist angeordnet.[1], [2]

Begründung

▪▪▪

▪▪▪

Unterschrift ◄

B. Erläuterungen

[1] Testamentsvollstreckervermerk im Erbschein. Wenn der Erblasser einen Testamentsvollstrecker ernannt hat, so ist die Testamentsvollstreckung, nicht aber der Name des Testamentsvollstreckers im Erbschein anzugeben. Der Vermerk im Erbschein soll anzeigen, inwieweit der Erbe beschränkt ist. Hat der Testamentsvollstrecker geringere Verfügungsrechte als im gesetzlichen Regelfall, so sind diese im Testamentsvollstreckervermerk des Erbscheins ebenfalls anzugeben. Denn in diesem Fall hat der Erbe zusätzliche Befugnisse (Lange/*Kuchinke*, § 31 V 5). Ferner ist im Testamentsvollstreckervermerk festzuhalten, wenn nicht der gesamte Nachlass einer Testamentsvollstreckung unterliegt (zB nicht hinsichtlich des unbeweglichen Nachlasses). Gleiches gilt, wenn nur der Erbteil eines Miterben oder nur einzelne Nachlassgegenstände von der Testamentsvollstreckung erfasst sind. Auch eine nach § 2222 für die Anwartschaftsrechte des Nacherben angeordnete Testamentsvollstreckung ist zu vermerken. Wird der Erbe in seiner Verfügungsmacht nicht beschränkt, zB wenn nur eine beaufsichtigende Testamentsvollstreckung vorliegt, so ist diese Testamentsvollstreckung im Erbschein nicht anzugeben. Sollte der Testamentsvollstrecker sein Amt nachträglich ablehnen oder das Amt sonst wegfallen (Kündigung, Tod, Entlassung), so wird der Erbschein unrichtig, wenn sich damit auch die Testamentsvollstreckung als solche erledigt. Der Erbschein ist dann als unrichtig einzuziehen. 2

[2] Herausgabeverlangen. Wird im Erbschein eine bestehende Testamentsvollstreckung nicht oder fehlerhaft angegeben, so kann der Testamentsvollstrecker vom Besitzer des unrichtigen Erbscheins dessen Herausgabe an das Nachlassgericht verlangen (§§ 2364 Abs. 2, 2362 Abs. 1). Ein Rechtsstreit hierüber ist vor dem Prozessgericht auszutragen (*Zimmermann*, Erbschein und Erbscheinsverfahren, Rn 394). 3

§ 2365 Vermutung der Richtigkeit des Erbscheins

Es wird vermutet, dass demjenigen, welcher in dem Erbschein als Erbe bezeichnet ist, das in dem Erbschein angegebene Erbrecht zustehe und dass er nicht durch andere als die angegebenen Anordnungen beschränkt sei.

Die Bedeutung der **Vermutung** nach § 2365 liegt darin, dass der durch den Erbschein Legitimierte allen Dritten gegenüber als Erbe gilt und seine Aktivlegitimation sowie Passivlegitimation bestätigt wird. Es handelt sich um eine **Beweiserleichterung**, nicht um eine Tatsachenvermutung (MüKo-BGB/*Promberger* § 2365, Rn 3). Aus § 2365 ergibt sich keine Pflicht, sich durch einen Erbschein auszuweisen. Sofern keine sonstigen Verpflichtungen auf Grund Gesetzes oder Vertrags (zB AGB der Banken) bestehen, kann der Schuldner seine Leistung an den Erben nicht von der Vorlage eines Erbscheins abhängig machen (Staudinger/*Schilken*, § 2365 Rn 5). Erst wenn kein anderer Nachweis erbracht werden kann, ist der Schuldner zur Hinterlegung nach § 372 berechtigt. 1

Die Vermutungswirkung besteht **ab Erteilung des Erbscheins** und erlischt mit dessen Einziehung bzw Kraftloserklärung. Die Vermutungswirkung gilt auch dann, wenn der Erbschein nicht vorgelegt wird, da eine Vorlage als Vermutungsvoraussetzung von § 2365 nicht verlangt wird. 2

3 Der **Gegenstand der Vermutung** geht dahin, dass
- das im Erbschein angegebene Erbrecht besteht,
- keine anderen als die angegebenen Beschränkungen vorhanden sind.

4 Andere **Beschränkungsangaben** als **Nacherbfolge** (§ 2363) oder **Testamentsvollstreckung** (§ 2364) gehören nicht in den Erbschein. Die Vermutung erstreckt sich deshalb zB nicht auf die etwaige Angabe von Vermächtnissen oder Auflagen, den Wert oder die Zugehörigkeit von Gegenständen zum Nachlass (Staudinger/*Schilken*, § 2365 Rn 10). Sind einander widersprechende Erbscheine erteilt, so steht keinem der Zeugnisse die Vermutung des § 2365 zur Seite, soweit der Widerspruch reicht.

§ 2366 Öffentlicher Glaube des Erbscheins

Erwirbt jemand von demjenigen, welcher in einem Erbschein als Erbe bezeichnet ist, durch Rechtsgeschäft einen Erbschaftsgegenstand, ein Recht an einem solchen Gegenstand oder die Befreiung von einem zur Erbschaft gehörenden Recht, so gilt zu seinen Gunsten der Inhalt des Erbscheins, soweit die Vermutung des § 2365 reicht, als richtig, es sei denn, dass er die Unrichtigkeit kennt oder weiß, dass das Nachlassgericht die Rückgabe des Erbscheins wegen Unrichtigkeit verlangt hat.

1 Die Vorschrift dient dem **Schutz des gutgläubigen Dritten**. Die Richtigkeit des Erbscheins wird hier nicht nur widerlegbar vermutet, sondern fingiert. Die in § 2365 geregelte Vermutungswirkung wird dahingehend erweitert, dass der Inhalt des Erbscheins als richtig gilt. Der gutgläubige Dritte, der mit dem Erbscheinserben in rechtsgeschäftliche Beziehung tritt, wird so behandelt, als wenn er vom richtigen Erben erworben hätte (*Zimmermann*, Erbschein und Erbscheinsverfahren, Rn 755). § 2366 überwindet aber nur das fehlende Erbrecht, bietet jedoch keinen Schutz dafür, dass der Gegenstand auch tatsächlich zur Erbschaft gehört. Hier sind gegebenenfalls die sonstigen gesetzlichen Schutzvorschriften über den Erwerb vom Nichtberechtigten anzuwenden.

2 Für die Schutzwirkung ist es unerheblich, ob der Erbschein bei dem Rechtsgeschäft erwähnt oder vorgelegt wird oder sein Vorhandensein dem Erwerber auch nur bekannt war (*Zimmermann*, Erbschein und Erbscheinsverfahren, Rn 758). Der Erwerber kann sich auf den **öffentlichen Glauben** auch dann berufen, wenn er keine Kenntnis hat.

§ 2367 Leistung an Erbscheinserben

Die Vorschrift des § 2366 findet entsprechende Anwendung, wenn an denjenigen, welcher in einem Erbschein als Erbe bezeichnet ist, auf Grund eines zur Erbschaft gehörenden Rechts eine Leistung bewirkt oder wenn zwischen ihm und einem anderen in Ansehung eines solchen Rechts ein nicht unter die Vorschrift des § 2366 fallendes Rechtsgeschäft vorgenommen wird, das eine Verfügung über das Recht enthält.

1 Der Schutz des § 2366 gilt nach § 2367 auch, wenn an denjenigen, welcher in dem Erbschein als Erbe bezeichnet ist, eine Leistung oder ein Rechtgeschäft, das eine Verfügung enthält, bewirkt wird. Leistet der redliche Schuldner, der den Empfänger für den Erben hält, an einen im Erbschein genannten Nichterben, so wird er von seiner **Verbindlichkeit befreit.**

§ 2368 Testamentsvollstreckerzeugnis

(1) [1]Einem Testamentsvollstrecker hat das Nachlassgericht auf Antrag ein Zeugnis über die Ernennung zu erteilen. [2]Ist der Testamentsvollstrecker in der Verwaltung des Nachlasses beschränkt oder hat der Erblasser angeordnet, dass der Testamentsvollstrecker in der Eingehung von Verbindlichkeiten für den Nachlass nicht beschränkt sein soll, so ist dies in dem Zeugnis anzugeben.

(2) (aufgehoben)

(3) Die Vorschriften über den Erbschein finden auf das Zeugnis entsprechende Anwendung; mit der Beendigung des Amts des Testamentsvollstreckers wird das Zeugnis kraftlos.

A. Antrag auf Erteilung des Testamentsvollstreckerzeugnisses

I. Muster: Antrag auf Erteilung eines Testamentsvollstreckerzeugnisses[1] (Notar) 1

▶ Urkunden-Nr. ■■■ vom ■■■

Antrag[2] auf Testamentsvollstreckerzeugnis

Heute, den ■■■ kam zu mir, Notar ■■■, in meine Amtsräume[3] in ■■■:

Herr/Frau ■■■, geboren am ■■■, wohnhaft ■■■

Auf Ansuchen beurkunde ich folgenden Antrag von Herrn/Frau ■■■ auf Erteilung eines Erbscheins bei testamentarischer Erbfolge:

1. Sachverhalt

   1.1 Am ■■■ ist verstorben: ■■■, geboren am ■■■, zuletzt wohnhaft ■■■, beim Amtsgericht ■■■ – Nachlassgericht – bereits erfasst unter Aktenzeichen ■■■.

   1.2 Der Verstorbene hatte zur Zeit des Todes ausschließlich die deutsche Staatsangehörigkeit und hinterließ eine Verfügung von Todes wegen, nämlich ein handschriftliches Testament vom ■■■. Dieses wurde vom Amtsgericht ■■■ – Nachlassgericht – am ■■■ eröffnet.

   1.3 Mit Schreiben vom ■■■ habe ich gegenüber dem Amtsgericht ■■■ – Nachlassgericht – die Annahme des Amtes als Testamentsvollstrecker erklärt.

2. Antrag auf Testamentsvollstreckerzeugnis

   Rein vorsorglich erkläre ich hiermit nochmals, dass ich das Amt als Testamentsvollstrecker annehme.

   Ich beantrage, mir in dreifacher Ausfertigung ein Testamentsvollstreckerzeugnis zu erteilen, dass ich alleiniger Testamentsvollstrecker bin. Ich bitte um Übersendung an meine Anschrift ■■■.

3. Sonstiges

   3.1 Der Notar hat belehrt über die Bedeutung einer Versicherung an Eides Statt und über die strafrechtlichen Folgen einer wissentlich falsch oder fahrlässig falsch abgegebenen eidesstattlichen Versicherung. Dies wissend erkläre ich an Eides Statt:

   Mir ist nichts bekannt, was der Richtigkeit folgender Angaben entgegensteht:

   a) Weitere Verfügungen des Erblassers von Todes wegen sind nicht vorhanden.

   b) Ein Rechtsstreit ist weder über die Gültigkeit des Testaments noch über meine Ernennung zum Testamentsvollstrecker anhängig.

   3.2 Von dieser Urkunde erhalten:

   eine Ausfertigung

- das Nachlassgericht[3] beim Amtsgericht ...
- der/jeder Erschienene

eine einfache Abschrift

- der Erschienene ungeheftet als Kopierexemplar zur ergänzenden Information interessierter Dritter.

Vorgelesen vom Notar, von den Beteiligten genehmigt und eigenhändig unterschrieben[4]:

...

Unterschrift ◄

II. Erläuterungen

2 [1] **Legitimation.** Damit der Testamentsvollstrecker im Rechtsverkehr handeln kann, muss er sich nach außen entsprechend legitimieren können.

3 Die **Vorlage** eines Testamentsvollstreckerzeugnisses ist dabei die regelmäßige Form der Legitimation, jedoch nicht zwingend erforderlich. Der Testamentsvollstrecker muss sein Amt nur nachweisen, wenn dies von seinem Geschäftspartner verlangt wird. Nicht selten begnügen sich Banken damit, dass ihnen das die Testamentsvollstreckung anordnende und die Person des Testamentsvollstreckers benennende Testament zusammen mit der Eröffnungsniederschrift des Nachlassgerichts und der Sterbeurkunde vorgelegt wird, wenn ihnen die Verhältnisse ansonsten bekannt sind. Der Dritte kann jedoch jederzeit einen Legitimationsnachweis des Testamentsvollstreckers durch ein entsprechendes Testamentsvollstreckerzeugnis fordern. Ein solches Verlangen ist nicht treuwidrig, selbst wenn die besonderen Umstände bekannt und offensichtlich sind. Ein solches Begehren löst deshalb **keine Schadensersatzansprüche** aus (BGH WM 1961, 479).

4 Ob ein **Ernennungsbeschluss** des Nachlassgerichts im Falle des § 2200 (Ernennung des Testamentsvollstreckers durch Ersuchen des Erblassers an das Nachlassgericht) ausreicht, ist strittig (bejahend *Schaub*, ZEV 2000, 50; ablehnend *Zimmermann*, Der Testamentsvollstrecker Rn 251).

5 Der **Erbschein** selbst genügt als Legitimation für den Testamentsvollstrecker regelmäßig nicht. Denn im Erbschein ist zwar die Testamentsvollstreckung zu vermerken. Der Name des Testamentsvollstreckers ist dort jedoch nicht aufgeführt (§ 2364). Teilweise wird die Auffassung vertreten für den Fall, dass – zwar unrichtig – auch der Name des Testamentsvollstreckers im Erbschein enthalten sei, der Erbschein als Legitimation für den Testamentsvollstrecker ausreiche. Nach herrschender Meinung kann der Erbschein das Testamentsvollstreckerzeugnis jedoch auch in diesem Fall nicht ersetzen (Bengel/Reimann/*Schaub*, Handbuch der Testamentsvollstreckung 4. Kap. Rn 32).

6 Für das Testamentsvollstreckerzeugnis gelten die Erbscheinsvorschriften gemäß § 2368 Abs. 3, § 354 FamFG entsprechend. In das Testamentsvollstreckerzeugnis sind folgende Punkte aufzunehmen:

- der Erblasser (nicht der Erbe!),
- der Testamentsvollstrecker,
- die Befugnisse des Testamentsvollstreckers, soweit sie von den gesetzlichen Regelbefugnissen abweichen,
- eine Dauertestamentsvollstreckung.

7 [2] **Antrag.** Nach § 2368 Abs. 1 S. 1 wird ein Testamentsvollstreckerzeugnis nur auf Antrag erteilt.

8 **Antragsberechtigt** ist nach Annahme des Amtes der Testamentsvollstrecker selbst. Antragsberechtigt sind auch die Nachlassgläubiger, wenn sie den Testamentsvollstrecker verklagen oder vollstrecken wollen (§ 792 ZPO, § 896 ZPO).

Für den Fall, dass mehrere Testamentsvollstrecker ernannt sind, ist für die Erteilung eines **gemeinschaftlichen Testamentsvollstreckerzeugnisses** jeder von ihnen antragsberechtigt (§§ 2368 Abs. 3, 2357). 9

Die **Erben** haben nach herrschender Meinung **kein Antragsrecht** (BayObLG ZEV 1995, 22). Der Erbe hat kein Bedürfnis hierfür, denn das Bestehen der Testamentsvollstreckung als solcher ergibt sich ohne weiteres aus dem Erbschein. Nach anderer Ansicht soll sich das Antragsrecht aus der Beteiligtenstellung des Erben ableiten (*Brox*, Erbrecht Rn 626). Bei unklaren testamentarischen Anordnungen könne zweifelhaft sein, wer Testamentsvollstrecker sei, so dass den Erben ein Rechtschutzbedürfnis für ein Antragsrecht zuzubilligen sei (MüKo-BGB/*J. Mayer* § 2368 Rn 3). 10

Ein Testamentsvollstreckerzeugnis kann erst ab Amtsannahme beantragt werden. Fällt eine Testamentsvollstreckung erst über die Nacherbschaft an, so kann das Testamentsvollstreckerzeugnis hierfür erst beantragt werden, wenn der Nacherbfall eingetreten ist. Anders ist es bei der sog. „**Nacherbenvollstreckung**" nach § 2222. Hier ist ein Testamentsvollstreckerzeugnis im Rahmen des ersten Erbfalls zu erteilen, weil der Tätigkeitsbereich des Testamentsvollstreckers bereits beginnt. 11

§ 2368 Abs. 3 verweist auf das Erbscheinsverfahren. Der **Antragsinhalt** ergibt sich deshalb aus den entsprechenden Vorschriften der §§ 2354, 2355. Der Antrag muss enthalten: 12

- den Zeitpunkt des Todes des Erblassers,
- die letztwillige Verfügung, auf der die Ernennung des Testamentsvollstreckers beruht,
- die Aussage, ob und welche Personen vorhanden sind oder waren, durch die der antragstellende Testamentsvollstrecker vom Amt ausgeschlossen oder in seinen Befugnissen beschränkt werden würde,
- die Erklärung zum Vorliegen von weiteren letztwilligen Verfügungen von Todes wegen,
- die Erklärung über die Anhängigkeit eines Rechtsstreits über die Ernennung des Testamentsvollstreckers.

Für die Antragstellung besteht kein Anwaltszwang.

Die Angaben im Antrag sind gemäß § 2368 Abs. 3 iVm § 2356 **nachzuweisen** wie folgt: 13

- durch Urkunden (Zeitpunkt des Todes des Erblassers; Verfügung von Todes wegen, auf der die Ernennung beruht und Wegfall einer Person durch die der Testamentsvollstrecker vom Amt ausgeschlossen und in seinen Befugnissen beschränkt),
- durch eidesstattliche Versicherung (ob sonstige letztwillige Verfügungen vorhanden sind und ein Rechtsstreit über die Ernennung anhängig ist).

Von der **eidesstattlichen Versicherung** wird regelmäßig abgesehen, wenn diese schon im Erbscheinsverfahren abgegeben wurde. Im Übrigen besteht nach § 2356 Abs. 2 S. 2 die Möglichkeit, dass das Nachlassgericht die eidesstattliche Versicherung erlässt. 14

Ansonsten ist eine eidesstattliche Versicherung entweder vom Rechtspfleger (Nachlassgericht) oder vom Notar zu beurkunden. 15

Eventuelle ins Zeugnis aufzunehmende **Einschränkungen** hat der Antragsteller ausdrücklich in seinen Antrag aufzunehmen (OLG Zweibrücken OLGZ 1989, 155). Im Falle einer Mitvollstreckung ist in dem Antrag eines einzelnen Testamentsvollstreckers auch anzugeben, dass von dem anderen Testamentsvollstrecker das Amt angenommen wurde (§§ 2368 Abs. 3, 2357 Abs. 3). 16

[3] **Zuständigkeit.** Für die Erteilung des Testamentsvollstreckerzeugnisses ist das Nachlassgericht **sachlich zuständig** gemäß § 2368 Abs. 1 iVm § 23 FamFG. 17

Funktionell zuständig ist der Richter nach § 16 Abs. 1 Nr. 6 RPflG. 18

Örtlich zuständig ist das Nachlassgericht am letzten Wohnsitz des Erblassers, hilfsweise zur Zeit des Aufenthalts beim Erbfall, weiter hilfsweise das Amtsgericht Schöneberg in Berlin (§ 343 FamFG). 19

20 Im Falle eines Beschwerdeverfahrens kann das übergeordnete Oberlandesgericht ein Testamentsvollstreckerzeugnis nicht selbst erteilen, sondern das Nachlassgericht hierzu nur anweisen (vgl Wortlaut des § 2368 Abs. 1 S. 1: „Nachlassgericht").

21 [4] **Verfahren.** Das Nachlassgericht ermittelt **von Amts wegen** gemäß § 26 FamFG, § 2358. Wie im Erbscheinsverfahren auch ist das Gericht an den Antrag gebunden. Es ist entweder eine stattgebende oder insgesamt abweisende, jedoch keine vom Antrag abweichende Entscheidung möglich (OLG Zweibrücken OLGZ 1989, 155).

22 **Beteiligter** im Zeugniserteilungsverfahren ist der Testamentsvollstrecker nach § 345 Abs. 3 S. 1 FamFG. „Kann"-Beteiligte sind gemäß § 345 Abs. 3 S. 2 Nr. 1 FamFG die Erben (bei Testamentsvollstreckung für den Nacherben vor Eintritt der Nacherbfolge fällt hierunter auch der Nacherbe). Ferner etwaige Mitvollstrecker nach § 345 Abs. 3 S. 2 Nr. 2 FamFG. Diese „Kann"-Beteiligten sind auf ihren Antrag hinzuzuziehen und werden dann zu „Muss"-Beteiligten. Sie sind auf ihr Antragsrecht hinzuweisen (§ 7 Abs. 4 S. 2 FamFG).

23 Hinweis: Die **Anhörungspflicht** in § 2368 Abs. 2 wurde durch das FGG-ReformG aufgehoben.

24 Die Beteiligten trifft aufgrund der Amtsermittlungspflicht des Nachlassgerichts **keine formelle Beweislast.** Es besteht aber eine **materielle Beweislast.** Der Antragsteller des Testamentsvollstreckerzeugnisses trägt das Risiko für die die Stellung als Testamentsvollstrecker begründenden Tatbestandsmerkmale.

25 Das **Nachlassgericht prüft** vor Erteilung des Testamentsvollstreckerzeugnisses insbesondere
- seine Zuständigkeit,
- die Gültigkeit der letztwilligen Verfügung (zB auf Testierunfähigkeit),
- eine bestehende Bindung durch Erbvertrag oder gemeinschaftliches Testament,
- eine etwaige Unwirksamkeit gemäß § 2306 Abs. 1 S. 1 (bis 31.12.2009).

26 Das Nachlassgericht darf das **Verfahren** auf Erteilung eines Testamentsvollstreckerzeugnisses **nicht aussetzen** und auf eine Klärung vor dem Zivilgericht (zB hinsichtlich der Frage der Testierfähigkeit des Erblassers) verweisen. Das Nachlassgericht hat die relevanten Fragen im Zeugniserteilungsverfahren selbst zu entscheiden. Ist jedoch bereits ein Zivilprozess anhängig, bevor das Testamentsvollstreckerzeugnis beantragt wurde, so darf das Erteilungsverfahren ausgesetzt werden.

27 Da das Testamentsvollstreckerzeugnis nur antragsgemäß erteilt oder aber insgesamt zurückzuweisen ist, ist auf eine genaue Antragstellung zu achten, insbesondere auch, was etwaige Einschränkungen der Testamentsvollstreckerbefugnisse anbelangt. Solche dürfen bei fehlendem Antrag vom Nachlassgericht nicht von Amts wegen hinzugefügt werden.

B. Muster: Testamentsvollstreckerzeugnis[1]

28 **I. Muster: Testamentsvollstreckerzeugnis[1]**

▶ Amtsgericht ■■■

– Nachlassgericht –

Aktenzeichen ■■■

Zeugnis[2]

über die Ernennung zum Testamentsvollstrecker[3]

Herr ■■■, geboren am ■■■, wohnhaft ■■■

ist zum Testamentsvollstrecker über den Nachlass

der Frau ■■■

geboren am ■■■ in ■■■

gestorben am ■■■ in ■■■

zuletzt wohnhaft ...

ernannt worden.[4]

...

Richter ◄

II. Erläuterungen

[1] **Entscheidung des Nachlassgerichts/Rechtsmittel.** Bis zum Inkrafttreten des FamFG konnte in zweifelhaften Fällen (ebenso wie beim Erbschein) die Erteilung eines Testamentsvollstreckerzeugnisses durch einen Vorbescheid angekündigt werden. Voraussetzungen waren eine schwierige Sach- bzw Rechtslage mit widersprechenden Anträgen, Entscheidungsreife und die Absicht des Gerichts, einem Antrag Folge zu leisten. Diese Möglichkeit des Vorbescheids besteht seit Inkrafttreten des FamFG nicht mehr. 29

Hält das Nachlassgericht die **Tatsachen** für **erwiesen**, so erlässt es nunmehr einen **Feststellungsbeschluss** gemäß § 352 Abs. 1 S. 1 FamFG (anwendbar über § 354 FamFG, § 2368). Liegen keine widersprechenden Anträge vor, wird dieser Beschluss – entgegen § 40 Abs. 1 FamFG – bereits mit Erlass wirksam (§ 352 Abs. 1 S. 2 FamFG). In diesem Fall folgt dem (weder dem Antragsteller noch sonst Beteiligten bekannt zu gebenden und in den Nachlassakten bleibenden) Beschluss der Vollzug, dh die Erteilung des Testamentsvollstreckerzeugnisses durch Ausfertigung und Versendung der Zeugnisurkunde nach. 30

Liegen hingegen **widersprechende Anträge** vor, so hat das Gericht die **sofortige Wirksamkeit des Feststellungsbeschlusses auszusetzen** und die **Erteilung des Testamentsvollstreckerzeugnisses bis zur Rechtskraft des Beschlusses zurückzustellen** (§§ 352 Abs. 2 S. 2, 354 FamFG). Gemäß § 38 Abs. 3 FamFG ist der Beschluss zu begründen (mit Rechtsbehelfsbelehrung nach § 39 FamFG) und demjenigen zuzustellen, der widersprochen hat (§ 41 Abs. 1 S. 2 FamFG). Das Nachlassgericht wartet den Ablauf der Beschwerdefrist nach § 63 FamFG (1 Monat) ab. Bei Rechtskraft (wenn keine Beschwerde eingelegt) erteilt das Nachlassgericht das Testamentsvollstreckerzeugnis. Im Falle einer Beschwerdeerhebung bleibt die Entscheidung des Oberlandesgerichts abzuwarten. 31

Liegen die formellen und materiellen Voraussetzungen für die Erteilung des beantragten Zeugnisses nicht vor und sind sie auch nicht demnächst behebbar, so **weist** das Nachlassgericht den Antrag **durch Beschluss** gemäß §§ 38, 352, 354 FamFG **zurück**. Lehnt das Nachlassgericht es ab, das beantragte Zeugnis zu erteilen, so kann der Testamentsvollstrecker dagegen die Beschwerde nach § 58 FamFG erheben. Der Erbe ist nicht beschwerdebefugt. In der Beschwerdeinstanz kann nur der beim Nachlassgericht gestellte Antrag weiter verfolgt werden. Antragsänderungen müssen beim Nachlassgericht „begonnen" werden. 32

Die **Beschwerde** kann nur noch bei dem Gericht eingelegt werden, dessen Beschluss angefochten wird, also beim Nachlassgericht (§ 64 Abs. 1 FamFG). Die frühere Möglichkeit, auch bei dem Beschwerdegericht Beschwerde zu erheben, ist mit dem FamFG entfallen. Das Nachlassgericht als Ausgangsgericht hat das Recht, der Beschwerde abzuhelfen (§ 68 Abs. 1 S. 1 Hs 1 FamFG). Nach § 63 Abs. 1 S. 1 FamFG gilt für die Beschwerde eine **Frist von einem Monat**. Bei Nichtabhilfe ist zuständiges Beschwerdegericht seit dem Inkrafttreten des FamFG (1.9.2009) das Oberlandesgericht gemäß § 119 Abs. 1 Nr. 1 b GVG (nicht mehr das Landgericht). Ein anwaltliches Vertretungserfordernis besteht für das Beschwerdeverfahren auch vor dem Oberlandesgericht nicht. Gegen einen Beschwerdebeschluss des OLG ist die **Rechtsbeschwerde** zum BGH nach § 133 GVG nur nach Zulassung durch das OLG statthaft (zumeist wird es hierfür an den Zulassungsgründen des § 70 Abs. 2 FamFG fehlen; ist im Beschluss zur Zulassung nichts gesagt, gilt dies als Nichtzulassung). Eine Nichtzulassungsbeschwerde gibt es nicht. Damit ist die in FGG-Verfahren bislang zulassungsfreie dritte Instanz mit dem FamFG faktisch weggefallen. 33

34 Gegen die **Erteilungsanordnung** des Testamentsvollstreckerzeugnisses ist ebenfalls die Beschwerde nach § 58 FamFG statthaft (unter dem FGG einfache Beschwerde). Der **Erbe** ist **beschwerdeberechtigt,** da er durch den unrichtigen Ausweis von über den Nachlass bestehenden Befugnissen des Testamentsvollstreckers in seiner Erbenstellung beeinträchtigt wird (§ 59 Abs. 1 FamFG).

35 Für den Fall, dass das Testamentsvollstreckerzeugnis bereits erteilt wurde, ist die Beschwerde nur noch mit dem **Antrag auf Einziehung des Zeugnisses** zulässig (§§ 352 Abs. 3, 354 FamFG). Die Beschwerde kann in einen solchen Antrag auf Einziehung umgedeutet werden. Kommt das Beschwerdegericht dann zu dem Ergebnis, dass die Entscheidung des Nachlassgerichts unrichtig war, ist das Nachlassgericht anzuweisen, das Testamentsvollstreckerzeugnis einzuziehen.

36 **[2] Inhalt und Arten des Testamentsvollstreckerzeugnisses.** Das Testamentsvollstreckerzeugnis enthält den Namen des Erblassers und des Testamentsvollstreckers, nicht aber den Namen des Erben (Ausnahme: wenn Testamentsvollstreckung nur über den Erbteil eines bestimmten Erben angeordnet ist!).

37 **Abweichungen von den gesetzlichen Regelbefugnissen** sind im Testamentsvollstreckerzeugnis aufzunehmen (BGH ZEV 1996, 110). Der Geschäftsgegner soll durch Einsicht in das Testamentsvollstreckerzeugnis feststellen können, was der Testamentsvollstrecker im Außenverhältnis darf und was nicht. Aufzunehmen sind insbesondere Abweichungen von der Verfügungsmacht. Ebenso ist eine Dauervollstreckung zu bezeichnen und die Dauer anzugeben (OLG Zweibrücken FamRZ 1998, 581). Ein ohne solche Vermerke erteiltes Zeugnis ist als unrichtig einzuziehen (BayObLG 1992, 20). Lediglich interne Verwaltungsanordnungen sind dagegen nicht in das Zeugnis aufzunehmen.

38 Enthält das Zeugnis keine Angaben, wird damit zum Ausdruck gebracht, dass dem Testamentsvollstrecker die Regelbefugnisse nach den §§ 2203 bis 2006 ungeschmälert zustehen, aber auch nur diese (KG NJW-RR 1991, 835).

39 Kommt **ausländisches Erbrecht** zur Anwendung, so ist wie beim Erbschein auch hier ein **„Fremdrechtstestamentsvollstreckerzeugnis“** möglich (§ 2368 Abs. 2 iVm § 2369). Das Erbstatut ist auch für die Testamentsvollstreckung maßgebend (BayObLG FamRZ 2000, 573). Voraussetzung ist, dass für das deutsche Nachlassgericht eine internationale Zuständigkeit gegeben ist. Aus § 105 FamFG folgt der neue Grundsatz, dass die internationale Zuständigkeit des Gerichts aus der örtlichen Zuständigkeit abgeleitet wird. Damit hat das FamFG der bisherigen „Gleichlauftheorie“, wonach die deutschen Gerichte nur bei Anwendung deutschen Sachrechts für Nachlassachen zuständig sind, eine Absage erteilt.

40 Das örtlich zuständige Nachlassgericht kann demzufolge in Zukunft ein umfassendes Testamentsvollstreckerzeugnis auch dann ausstellen, wenn die Rechtsnachfolge von Todes wegen und damit auch die Testamentsvollstreckung ausländischem Recht unterliegt. Gemäß § 2369 Abs. 1 kann der Antrag aber auf die im Inland befindlichen Gegenstände beschränkt werden.

41 Wie beim Erbschein gibt es auch bei Testamentsvollstreckerzeugnissen **verschiedene Arten:**

- **einfaches** Testamentsvollstreckerzeugnis;
- **gemeinschaftliches** Testamentsvollstreckerzeugnis: werden mehrere Testamentsvollstrecker ernannt, so kann für sie ein gemeinschaftliches Zeugnis, das das Recht aller bezeugt, erteilt werden (§§ 2368 Abs. 3, 2357);
- **Teilvollstreckerzeugnis:** entsprechend dem Erbschein ist ein Mitvollstreckerzeugnis auch als Teilvollstreckerzeugnis möglich. Hier wird das Recht eines oder einzelner Testamentsvollstrecker bezeugt, wobei die Mitvollstrecker in diesem „Sonderzeugnis“ angegeben werden müssen;
- **Fremdrechtstestamentsvollstreckerzeugnis:** bestimmt sich die Erbfolge nach fremdem Recht, kann bei Zuständigkeit des deutschen Nachlassgerichts ein Fremdrechtstestamentsvollstreckerzeugnis erteilt werden.

[3] **Wirkung des Testamentsvollstreckerzeugnisses.** Wie beim Erbschein wird die Richtigkeit des Testamentsvollstreckerzeugnisses vermutet (§ 2368 Abs. 3 iVm § 2365). Die **Vermutungswirkung** geht dahin, dass 42
- die als Testamentsvollstrecker bezeichnete Person wirksam zum Testamentsvollstrecker ernannt wurde,
- diese das Amt angenommen hat und
- ihr das Amt in seinem regelmäßigen Umfang zusteht und auf keine anderen als die im Zeugnis angegebenen Anordnungen beschränkt ist (KG NJW-RR 1991, 835).

§ 2365 bezeugt lediglich, dass jemand Testamentsvollstrecker ist. Dh Geschäfte eines Scheintestamentsvollstreckers werden den Geschäften eines tatsächlichen Testamentsvollstreckers gleichgestellt. **Nicht geschützt** wird hingegen der gute Glaube daran, dass ein Geschäftsgegenstand tatsächlich zum Nachlass gehört. Gutgläubige Dritte werden bei Rechtsgeschäften mit dem Erben geschützt, wenn sie nichts von der Testamentsvollstreckung wussten (§ 2211 Abs. 2). 43

Das Testamentsvollstreckerzeugnis **bezeugt nicht** 44
- wer Erbe ist (KG ZEV 2001, 73),
- dass das Amt noch fortdauert (KG NJW 1964, 1905).

Der gute Glaube des Geschäftsgegners an eine Fortdauer des Amtes wird also nicht geschützt. Der gute Glaube erstreckt sich ferner nicht auf Angaben, die nicht in das Zeugnis gehören. Widersprechen sich mehrere Testamentsvollstreckerzeugnisse, so heben sich ihre Vermutungen gegenseitig auf (BGH NJW 1972, 582). 45

Hinweis: Die Vermutungswirkung des Zeugnisses entfällt mit Beendigung des Amtes (§ 2368 Abs. 2 Hs 2). 46

Hinsichtlich des öffentlichen Glaubens gelten die §§ 2366, 2367 unter Verweis des § 2368 Abs. 3 entsprechend. 47

Wegen § 2366 werden Personen, die von dem im Testamentsvollstreckerzeugnis ausgewiesenen Testamentsvollstrecker Nachlassgegenstände erwerben, im Falle ihrer Gutgläubigkeit geschützt. Dies gilt unabhängig davon, ob ihnen ein Testamentsvollstreckerzeugnis vorgezeigt wurde oder ob sie überhaupt wussten, dass sie es mit einem Testamentsvollstrecker zu tun haben (BGH NJW 1963, 1972). 48

[4] **Kosten.** Für die Erteilung eines Testamentsvollstreckerzeugnisses wird vom Nachlassgericht eine **volle Gebühr** erhoben (§ 109 Abs. 1 Nr. 2 KostO). Für die Beurkundung der eidesstattlichen Versicherung fällt eine weitere Gebühr an (§ 49 KostO), so dass ein erstes Testamentsvollstreckerzeugnis insgesamt regelmäßig eine 20/10 Gebühr kostet. Nach §§ 2365 Abs. 2 S. 2, 2368 Abs. 3 kann das Nachlassgericht die im Gesetz vorgesehene eidesstattliche Versicherung erlassen, was die Gebühren halbieren würde (es empfiehlt sich deshalb gegebenenfalls vorsorglich zumindest einen entsprechenden Antrag zu stellen). Der der Berechnung zugrunde zu legende Wert bestimmt sich nach § 30 Abs. 2 KostO (**Regelwert** 3.000 EUR, **Höchstwert** 500.000 EUR). Jede weitere Ausfertigung des gleichen Zeugnisses kostet lediglich Schreibauslagen nach § 132 KostO. Für jedes später nachfolgende neue Zeugnis (zB anderer Testamentsvollstrecker) wird ein Viertel der vollen Gebühr erhoben (§ 109 Abs. 1 Nr. 2 KostO). 49

C. Einziehung/Kraftloserklärung eines Testamentsvollstreckerzeugnisses

I. Muster: Antrag auf Einziehung/Kraftloserklärung eines Testamentsvollstreckerzeugnisses[1] 50

▶ Amtsgericht ...

– Nachlassgericht –

Aktenzeichen ...

1243

Der am ▪▪▪ verstorbene Erblasser hat in seiner letztwilligen Verfügung Testamentsvollstreckung angeordnet und Herrn ▪▪▪ zum Testamentsvollstrecker ernannt. Dieser hat das Amt auch angenommen. Ihm wurde vom Nachlassgericht ▪▪▪ am ▪▪▪ ein Testamentsvollstreckerzeugnis erteilt.

Beweis: Beiziehung der Nachlassakten ▪▪▪

In dem Testament wurde ich zum Alleinerben berufen.

Das Testamentsvollstreckerzeugnis ist unrichtig geworden, weil:

▪▪▪

Hiermit beantrage ich, das Testamentsvollstreckerzeugnis vom ▪▪▪ wegen Unrichtigkeit einzuziehen.

Hilfsweise beantrage ich, das Testamentsvollstreckerzeugnis für kraftlos zu erklären.

▪▪▪

Unterschrift ◄

II. Erläuterungen

51 [9] **Einziehung/Kraftloserklärung.** Das Testamentsvollstreckerzeugnis ist wie ein Erbschein einzuziehen (§ 2368 Abs. 3 iVm § 2361), wenn es die Rechtslage nicht in vollem Umfang richtig wiedergibt (OLG Zweibrücken FamRZ 2000, 323). § 354 FamFG verweist auch für das Verfahren auf die entsprechende Erbscheinsvorschrift des § 353 FamFG.

52 Eine **Berichtigung** oder **Ergänzung** ist grundsätzlich nicht möglich. Allenfalls offenkundige Unrichtigkeiten können nach § 42 FamFG berichtigt werden.

53 Die Einziehung eines unrichtigen Testamentsvollstreckerzeugnisses kann jedermann beim Nachlassgericht anregen (§ 2361). Es handelt sich hier um ein Verfahren mit **Amtsermittlungsgrundsatz.**

54 Ferner könnte der „richtige" Testamentsvollstrecker den Besitzer eines unrichtigen Testamentsvollstreckerzeugnisses auch vor dem Prozessgericht auf Herausgabe an das Nachlassgericht gemäß §§ 2362, 2368 Abs. 3 verklagen. Es handelt sich dann um ein **ZPO-Verfahren.**

55 Das Testamentsvollstreckerzeugnis kann **materiell unrichtig** sein (falsche Person ist als Testamentsvollstrecker bezeichnet oder das Zeugnis enthält falsche Einschränkungen, eine Dauervollstreckung ist nicht angegeben).

56 Für **verfahrensrechtliche Unrichtigkeiten** gilt § 2361 entsprechend. Aber nur dann, wenn die Verfahrensmängel möglicherweise Einfluss auf den Inhalt des Testamentsvollstreckerzeugnisses hatten (BGH FamRZ 1990, 1111). Hat der Rechtspfleger anstelle des Richters das Zeugnis erteilt, so ist das Testamentsvollstreckerzeugnis wegen Verstoßes gegen § 16 Abs. 1 Nr. 6 RPflG unrichtig und einzuziehen (MüKo-BGB/*J. Mayer*, § 2361 Rn 13).

57 Unschädlich sind **Verstöße beim Verfahrensablauf** wie zB fehlendes rechtliches Gehör (OLG Hamm OLGZ 1967, 77).

58 **Zuständig** für eine Einziehung ist das Nachlassgericht, das das unrichtige Testamentsvollstreckerzeugnis erteilt hat (BayObLG 1981, 147). **Funktionell zuständig** ist der Richter gemäß § 16 Abs. 1 Nr. 7 RPflG. Etwaige Anträge haben die Bedeutung von Anregungen.

59 Nur solange die Einziehungsanordnung nicht vollzogen ist, ist sie mit der **Beschwerde** angreifbar. Sobald hingegen das Testamentsvollstreckerzeugnis vom Nachlassgericht eingezogen (zurückgegeben) ist, ist die Einziehungsanordnung verfahrensrechtlich überholt. Es ist dann nur noch die Beschwerde möglich mit dem Antrag, das Nachlassgericht anzuweisen, ein neues Testamentsvollstreckerzeugnis zu erteilen.

60 Hinweis: Das Nachlassgericht könnte mit einer seit 1.9.2009 nach § 49 FamFG zulässigen einstweiligen Anordnung während des laufenden Einziehungsverfahrens als **Sicherungsmaßnahme** dem Besitzer des Zeugnisses die Verfügung über Nachlassgegenstände verbieten und eine vorläufige Hinterlegung des Zeugnisses beim Nachlassgericht verlangen, falls die Unrich-

tigkeit des Zeugnisses wahrscheinlich ist und ein dringendes Bedürfnis für die Sicherung besteht (*Zimmermann*, ZErb 3/2009, 90). Die Einziehung des Zeugnisses selbst wäre im Wege einer einstweiligen Anordnung hingegen nicht zulässig, da es sich hierbei nicht nur um eine vorläufige Maßnahme handelte (Einziehung kann nicht mehr rückgängig gemacht werden).

Wenn das unrichtige Testamentsvollstreckerzeugnis nicht sofort erlangt werden kann (dh nicht alsbald zurückgegeben wird), wird es vom Nachlassgericht förmlich für kraftlos erklärt gemäß §§ 2368 Abs. 3, 2361 Abs. 2. 61

Wurde das Testamentsvollstreckerzeugnis für kraftlos erklärt, so ist die Beschwerde ausgeschlossen (§ 353 Abs. 3 FamFG, entspricht dem bisherigen § 84 FGG). In diesem Fall ist nur ein Antrag auf Neuerteilung möglich. 62

Für die Einziehung oder Kraftloserklärung eines Testamentsvollstreckerzeugnisses wird eine **5/10-Gebühr** nach der Kostenordnung berechnet (§§ 109 Abs. 1 Nr. 2, 108 KostO). 63

Mit Beendigung des Testamentsvollstreckeramtes wird das Zeugnis **von selbst kraftlos** (§ 2368 Abs. 2 Hs 2). Dies ist zB der Fall 64

- mit Erledigung aller Aufgaben,
- mit Kündigung durch den Testamentsvollstrecker,
- Entlassung durch das Nachlassgericht,
- Eintritt eines Endtermins oder
- Ablauf der 30-Jahres-Frist bei einer Dauertestamentsvollstreckung.

Solche Zeugnisse werden nicht eingezogen, auch nicht für kraftlos erklärt. Sie sind automatisch kraftlos.

Wegen der Gefahr für den Rechtsverkehr wird die Ansicht vertreten, dass das Nachlassgericht das Testamentsvollstreckerzeugnis zu den Akten zurückfordern kann (KG NJW 1964, 1905). 65

Nach anderer Ansicht besteht ohne besonderen Anlass kein solches Recht des Nachlassgerichts, erst recht keine Pflicht dazu. Das Nachlassgericht führe keine allgemeine Aufsicht über den Testamentsvollstrecker (*Zimmermann*, Die Testamentsvollstreckung Rn 199). 66

§ 2369 Gegenständlich beschränkter Erbschein

(1) Gehören zu einer Erbschaft auch Gegenstände, die sich im Ausland befinden, kann der Antrag auf Erteilung eines Erbscheins auf die im Inland befindlichen Gegenstände beschränkt werden.
(2) [1]Ein Gegenstand, für den von einer deutschen Behörde ein zur Eintragung des Berechtigten bestimmtes Buch oder Register geführt wird, gilt als im Inland befindlich. [2]Ein Anspruch gilt als im Inland befindlich, wenn für die Klage ein deutsches Gericht zuständig ist.

A. Muster: Erbscheinsantrag (gegenständlich beschränkt) 1

1244

▶ Amtsgericht ...
– Nachlassgericht –

...

Antrag auf Erteilung eines Erbscheins

Hiermit beantrage ich die Erteilung folgenden Erbscheins:

Es wird bezeugt, dass die am ... in ... verstorbene ..., geb. am ..., in ..., zuletzt wohnhaft in ..., von ..., wohnhaft in ..., kraft Gesetzes/aufgrund Testaments vom ... allein beerbt worden ist.

Dieser Erbschein gilt nur für die im Inland befindlichen Nachlassgegenstände.[1]

Begründung

...

Unterschrift ◀

B. Erläuterungen

2 **[1] Beschränkung auf inländischen Nachlass.** Auf Grund der Neuordnung der Regelungen zur internationalen Zuständigkeit im FamFG ergibt sich eine Ausweitung der internationalen Zuständigkeit der deutschen Nachlassgerichte. Bisher waren deutsche Nachlassgerichte bei fremdem Erbstatut lediglich für die Erteilung eines Erbscheins für im Inland befindliche Nachlassgegenstände zuständig. Ein Erbschein beansprucht seit dem FamFG, auch wenn fremdes Erbrecht zur Anwendung kommt, weltweite Geltung. Nach Ablösung der „Gleichlauftheorie" kann für den Erben, der im In- und Ausland Nachlassgegenstände hat, aber gleichwohl ein Interesse bestehen, den Antrag auf Erbscheinserteilung auf den inländischen Nachlass zu beschränken. Dafür gilt § 2369 Abs. 1.

§ 2370 Öffentlicher Glaube bei Todeserklärung

(1) Hat eine Person, die für tot erklärt oder deren Todeszeit nach den Vorschriften des Verschollenheitsgesetzes festgestellt ist, den Zeitpunkt überlebt, der als Zeitpunkt ihres Todes gilt, oder ist sie vor diesem Zeitpunkt gestorben, so gilt derjenige, welcher auf Grund der Todeserklärung oder der Feststellung der Todeszeit Erbe sein würde, in Ansehung der in den §§ 2366, 2367 bezeichneten Rechtsgeschäfte zugunsten des Dritten auch ohne Erteilung eines Erbscheins als Erbe, es sei denn, dass der Dritte die Unrichtigkeit der Todeserklärung oder der Feststellung der Todeszeit kennt oder weiß, dass sie aufgehoben worden sind.
(2) [1]Ist ein Erbschein erteilt worden, so stehen demjenigen, der für tot erklärt oder dessen Todeszeit nach den Vorschriften des Verschollenheitsgesetzes festgestellt ist, wenn er noch lebt, die in § 2362 bestimmten Rechte zu. [2]Die gleichen Rechte hat eine Person, deren Tod ohne Todeserklärung oder Feststellung der Todeszeit mit Unrecht angenommen worden ist.

1 Die Todeserklärung (§ 29 Verschollenheitsgesetz) und Todeszeiterklärung (§ 40 Verschollenheitsgesetz) fingieren über die Todes- bzw Todeszeitvermutung hinaus, dass die unter Bezug auf die Erbenstellung vorgenommenen Verfügungen desjenigen als wirksam gelten, der im Fall des tatsächlichen Todes des Erblassers zu dem (unrichtig) festgestellten Zeitpunkt Erbe wäre (Palandt/*Edenhofer* § 2370 Rn 1). Der Herausgabe- und Auskunftsanspruch nach § 2370 Abs. 2 gibt dem fälschlich für tot gehaltenen Erblasser bei Erbscheinserteilung in gleicher Weise wie dem wirklichen Erben entsprechende Rechte nach § 2362.

Abschnitt 9 Erbschaftskauf

§ 2371 Form

Ein Vertrag, durch den der Erbe die ihm angefallene Erbschaft verkauft, bedarf der notariellen Beurkundung.

1 **A. Muster: Erbschaftskauf**

▶ **Erbschaftskauf**[1]

Am ▪▪▪

zweitausend ▪▪▪

sind vor mir,

...

Notar in ...[2]

in der Kanzlei ... gleichzeitig anwesend:

1. A [persönliche Daten]
2. B [persönliche Daten]

Nach Hinweis darauf, dass diese Urkunde zur Wirksamkeit alle Abreden richtig und vollständig wiedergeben muss, beurkunde ich den Erklärungen gemäß was folgt:

I. Vorbemerkung

Am ... ist der Erblasser ... geb. am ... verstorben. Der Erbfall wird geführt beim Amtsgericht ... -Nachlassgericht- unter AZ: VI .../...

Der eingetragene Eigentümer wurde demnach aufgrund öffentlicher Urkunde (Erbvertrag oder Testament) des Notars ... in ... vom ... URNr. ... ausschließlich beerbt von den Beteiligten A.

Zum Nachweis der Erbfolge wird auf die Nachlassakten Bezug genommen. Eine beglaubigte Abschrift der Eröffnungsniederschrift samt der maßgeblichen Verfügung von Todes wegen ist dieser Urkunde zur Kenntnisnahme beigefügt.

Die Nachlassgegenstände ergeben sich aus der als Anlage mitverlesenen Aufstellung. Auf diese Anlage wird verwiesen.

Der Erblasser hat keine Testamentsvollstreckung und keine Vor- und Nacherbschaft angeordnet.

II. Vereinbarung

A – im Folgenden auch „der Veräußerer" – verkauft die in Abschnitt I bezeichnete Erbschaft mit allen Rechten, Pflichten und Lasten an B – im Folgenden auch „der Erwerber" – zur alleinigen Berechtigung.

Der Veräußerer hat außer den in der Anlage aufgeführten Nachlassgegenständen keine anderen Nachlassgegenstände, Surrogate oder Vorteile herauszugeben sowie keinen Wertersatz zu leisten.[3]

Im Gegenzug hierzu verzichtet der Veräußerer auf den Ersatz aller von ihm bisher auf die Erbschaft gemachten Aufwendungen, erfüllten Verbindlichkeiten, gezahlten Abgaben und außerordentlichen Lasten.[4]

Forderungen des Erblassers gegen den Veräußerer gelten als erloschen.[5]

Ein Erbteil, der dem Veräußerer nach dem Abschluss des Kaufs durch Nacherbfolge oder infolge des Wegfalls eines Miterben anfällt, sowie ein dem Verkäufer zugewendetes Vorausvermächtnis sind nicht mitverkauft. Das Gleiche gilt für Familienpapiere und Familienbilder.

Eine auf den veräußerten Erbteil entfallende Erbschaftssteuer ist vom Veräußerer zu zahlen.[6]

Der Kaufpreis beträgt EUR ... und ist nach Ablauf von vierzehn Tagen gerechnet vom heutigen Tage an fällig.

Der Kaufpreis ist zu überweisen auf das Konto des Veräußerers bei der ... Bank Konto – Nr ...., BLZ: ...

Zahlt der Erwerber bei Fälligkeit den geschuldeten Kaufpreis ganz oder teilweise nicht, schuldet er Verzugszinsen in gesetzlicher Höhe. Weitergehende Rechte des Veräußerers bleiben unberührt.

III. Besitz, Nutzen, Lasten

Besitz, Nutzen, Lasten und die Gefahr eines zufälligen Untergangs oder einer zufälligen Verschlechterung der Erbschaftsgegenstände gehen Zug um Zug gegen Kaufpreiszahlung auf den Erwerber über.[7]

IV. Haftung

Die Haftung des Veräußerers ist vollständig ausgeschlossen (§ 2376 Abs. 2 BGB).

Der Veräußerer garantiert, dass

- die in der Anlage aufgeführten Nachlassgegenstände nicht anderweitig veräußert oder verpfändet wurden und er auch nicht gepfändet oder mit sonstigen Rechten Dritter belastet sind,
- die in der Anlage aufgeführten Nachlassgegenstände zur Erbschaft gehören,
- keine Nachlassverbindlichkeiten bestehen, die nicht in dieser Urkunde bezeichnet sind,
- eine etwa angefallene Erbschaftssteuer bezahlt ist.

Im Übrigen richtet sich die Haftung des Veräußerers nach § 2376 BGB, so dass der Veräußerer für Sachmängel an den Nachlassgegenständen nicht haftet und im Hinblick auf Rechtsmängel der Veräußerer nur für die in § 2376 Abs. 1 BGB aufgezählten Rechtsmängel einzustehen hat. Alle weiteren diesbezüglichen Ansprüche sind ausgeschlossen, soweit sich aus dieser Urkunde nicht etwas anderes ergibt.

Für die Haftung des Veräußerers gilt weiter, dass Schadenseratzansprüche bei Vorsatz oder Arglist bleiben unberührt bleiben.[8]

V. Übertragung

Der Veräußerer ist sich mit dem Erwerber darüber einig, dass das Eigentum bzw die Inhaberschaft bzgl der in der Anlage aufgeführten Nachlassgegenstände auf den Erwerber übergeht. Der Erwerber nimmt die Übertragung hiermit an.

Die vorstehenden Übertragungen sind aufschiebend bedingt durch die Zahlung des Kaufpreises.

Soweit für die Übertragung der dinglichen Berechtigung der veräußerten Nachlassgegenständen noch eine Übergabe notwendig ist, hat diese Zug um Zug gegen Kaufpreiszahlung zu erfolgen.[9]

VI. Zwangsvollsteckungsunterwerfung

Der Erwerber unterwirft sich wegen der Verpflichtung zur Zahlung des Kaufpreises der sofortigen Zwangsvollstreckung aus dieser Urkunde.

Auf Antrag ist ohne weiteren Nachweis eine vollstreckbare Ausfertigung dieser Urkunde zu erteilen.

VII. Hinweise

Der Notar weist insbesondere darauf hin, dass

- der Erwerber in seinem Vertrauen in die unbeschränkte und unbelastete Erbenstellung des Veräußerers und die Zugehörigkeit der in der Anlage aufgeführten Nachlassgegenstände zur Erbschaft nicht geschützt ist und er insoweit auf die Richtigkeit der Angaben des Veräußerers angewiesen ist,
- durch die Erbanteilsübertragung sämtliche im ungeteilten Nachlass befindlichen Vermögenswerte einschließlich der Nachlassverbindlichkeiten auf den Erwerber übergehen,
- die Haftung des Veräußerers für Nachlassverbindlichkeiten trotz des Verkaufs der Erbschaft weiter bestehen bleibt, daneben aber auch der Erwerber den Nachlassgläubigern sofort für alle Nachlassverbindlichkeiten haftet.[10]

VIII. Schlussbestimmungen

Durch eine unwirksame Bestimmung in dieser Urkunde wird die Wirksamkeit der übrigen Vereinbarungen nicht berührt. An deren Stelle tritt eine wirksame Regelung, die dem gewollten wirtschaftlichen Ergebnis möglichst nahe kommt.

Der amtierende Notar und dessen Sozius sind zum Vollzug dieser Urkunde beauftragt. Sie sind hierzu je einzeln bevollmächtigt,

- Entwürfe für zum vertragsgemäßen Vollzug notwendige Erklärungen zu fertigen, diese einzuholen und bei antragsgemäßer Erteilung entgegenzunehmen
- die Anzeige gegenüber dem Nachlassgericht vorzunehmen.

Etwa anfallende Schenkungsteuer trägt der Begünstigte.

Der Notar hat keinen steuerlichen Beratungsauftrag übernommen.

Die Kosten dieser Urkunde sowie etwaiger Genehmigungen und Zeugnisse trägt der Erwerber.

Es erhalten:

- einfache Abschriften: Veräußerer, Erwerber,
- beglaubigte Abschriften: Nachlassgericht samt Anzeige; ggf Finanzamt (Schenkungsteuerstelle)

...

[Schlussvermerk]

...

Unterschriften ◄

B. Erläuterungen

[1] Der Erbschaftskauf stellt einen **schuldrechtlichen Verpflichtungsvertrag** unter Lebenden über den Verkauf eines "sonstigen Gegenstandes" nach § 453 Abs. 1 dar, auf den die Vorschriften der §§ 433-452 entsprechend anwendbar sind, soweit sie nicht durch die §§ 2371 ff verdrängt werden (NK-BGB/*Beck* § 2371 Rn 1). Vertragsgegenstand ist dabei die **Erbschaft als Ganzes** (zur Abgrenzung zum Verkauf einzelner Nachlassgegenstände vgl (NK-BGB/*Beck* § 2371 Rn 3). Der Erbschaftskauf über den Nachlass als Ganzes kommt in der Praxis äußerst selten vor. Praxisrelevanter ist der Fall der Veräußerung eines Erbanteils der ebenfalls einen Erbschaftskauf darstellt oder die Veräußerung einzelner Nachlassgegenstände. Zur entsprechenden Anwendung der Vorschriften über den Erbschaftskauf gem. § 2385 vgl NK-BGB/*Beck* § 2385 Rn 2 f. 2

[2] Der Erbschaftskauf bedarf gem. § 2371 der notariellen Beurkundung. Auch die mit dem Erbschaftskauf in einem inneren Zusammenhang stehenden Nebenabreden bedürfen der Beurkundung. Der Mangel der Form kann nach hM nicht durch Erfüllung geheilt werden(NK-BGB/*Beck* § 2371 Rn 10). Es kommt uU eine Umdeutung in Betracht (str. vgl NK-BGB/*Beck* § 2371 Rn 9). Der Verkauf einer Erbschaft zu Lebzeiten ist nach § 311 b Abs. 4 nichtig. 3

[3] Abweichend von § 2372, § 2374 und § 2375 Abs. 1 sollte geregelt werden, dass der Veräußerer keine Surrogate oder Vorteile herauszugeben hat und auch keinen Wertersatz zu leisten hat. Die zu veräußernden Nachlassgegenstände sollten bestimmbar bezeichnet werden und die Übertragungsverpflichtung auf diese Gegenstände beschränkt werden. 4

[4] Abweichend von § 2378, § 2379 und § 2381 sollte geregelt werden, dass der Veräußerer umfassend auf den Ersatz aller von ihm bisher auf die Erbschaft gemachten Aufwendungen, erfüllten Verbindlichkeiten, gezahlten Abgaben und außerordentlichen Lasten verzichtet. 5

[5] Abweichend von § 2377 sollte geregelt werden, dass Forderungen des Erblassers gegen den Veräußerer als erloschen gelten. 6

[6] Die **Erbschaftssteuer** ist keine eigentliche Nachlassverbindlichkeit, sondern eine Abgabe, die dem Erben persönlich obliegt. Zugleich stellt sie eine außerordentliche als auf den Stammwert der Erbschaftsgegenstände gelegte außerordentliche Last dar (Palandt/*Edenhofer* § 2379 Rn 1). Sie trifft daher im Innenverhältnis den Käufer, was regelmäßig nicht interessengerecht sein wird. Eine abweichende Regelung ist demgemäß angezeigt. 7

[7] Nach § 2380 geht abweichend von § 446 die Gefahr bereits mit Vertragsschluss auf den Erwerber über (NK-BGB/*Beck* § 2380 Rn 1). In der Regel wird man den Übergang von Gefahr, Nutzen und Lasten abweichend von § 2380 von der Kaufpreiszahlung abhängig machen. 8

9 [8] Abweichend von § 433 Abs. 1 S. 2 haftet der Erbschaftsverkäufer gem. § 2376 Abs. 2 für Sachmängel überhaupt nicht und nur in dem von § 2376 Abs. 1 bestimmten Umfang für Rechtsmängel (vgl NK-BGB/*Beck* § 2376 Rn 1 ff). In der Praxis wird der Erwerber wegen seiner Haftung aus § 2382 Abs. 1 regelmäßig ein Interesse daran haben, dass keine unbekannten Nachlassverbindlichkeiten bestehen. Weiter hat der Erbschaftskäufer regelmäßig ein Interesse daran, dass die Vorstellung der Parteien über die Zugehörigkeit von Nachlassgegenständen zum Nachlass zutreffend ist und diese lastenfrei erworben werden können. Die Übernahme entsprechender Garantien durch den Veräußerers ist regelmäßig angezeigt.

10 [9] Die Erfüllung der schuldrechtlichen Verpflichtung erfolgt durch dingliche Übertragung der einzelnen Nachlassgegenstände. Dabei ist jeder Erbschaftsgegenstand nach den für ihn geltenden dinglichen Grundsätzen zu übertragen (Übereignung bzw Abtretung sowie ggf Übergabe oder Übergabesurrogat). Bei Immobilien sind diese also aufzulassen (§ 925). Es sind ungesicherte Vorausleistungen zu vermeiden. Bei Gegenständen bietet sich eine aufschiebend bedingte Übertragung an, die unter die Bedingung der Kaufpreiszahlung gestellt wird. Der Erwerber wird in der Schwebezeit über die §§ 160 ff geschützt. Alternativ kann auch mit einer auflösenden Bedingung gearbeitet werden. Bei Immobilien ist die Transaktion nach dem Muster eines regulären Kaufvertrages abzusichern.

11 [10] Zum Umfang der Haftung nach § 2382 vgl NK-BGB/*Beck* § 2383 Rn 10.

12 **Notarkosten:** Doppelte Gebühr gem. §§ 36 Abs. 2, 141 KostO. Der Wert bestimmt sich gem. § 39 KostO. Es ist ein Wertvergleich zwischen den Leistungen des Erben und denen des Erwerbers vorzunehmen. Der höhere Wert ist maßgeblich. Der Wert der Erbschaft bestimmt sich nach §§ 18 ff KostO.

§ 2372 Dem Käufer zustehende Vorteile

Die Vorteile, welche sich aus dem Wegfall eines Vermächtnisses oder einer Auflage oder aus der Ausgleichungspflicht eines Miterben ergeben, gebühren dem Käufer.

§ 2373 Dem Verkäufer verbleibende Teile

[1]Ein Erbteil, der dem Verkäufer nach dem Abschluss des Kaufs durch Nacherbfolge oder infolge des Wegfalls eines Miterben anfällt, sowie ein dem Verkäufer zugewendetes Vorausvermächtnis ist im Zweifel nicht als mitverkauft anzusehen. [2]Das Gleiche gilt von Familienpapieren und Familienbildern.

§ 2374 Herausgabepflicht

Der Verkäufer ist verpflichtet, dem Käufer die zur Zeit des Verkaufs vorhandenen Erbschaftsgegenstände mit Einschluss dessen herauszugeben, was er vor dem Verkauf auf Grund eines zur Erbschaft gehörenden Rechts oder als Ersatz für die Zerstörung, Beschädigung oder Entziehung eines Erbschaftsgegenstands oder durch ein Rechtsgeschäft erlangt hat, das sich auf die Erbschaft bezog.

§ 2375 Ersatzpflicht

(1) [1]Hat der Verkäufer vor dem Verkauf einen Erbschaftsgegenstand verbraucht, unentgeltlich veräußert oder unentgeltlich belastet, so ist er verpflichtet, dem Käufer den Wert des verbrauchten oder veräußerten Gegenstands, im Falle der Belastung die Wertminderung zu ersetzen. [2]Die Ersatzpflicht tritt nicht ein, wenn der Käufer den Verbrauch oder die unentgeltliche Verfügung bei dem Abschluss des Kaufs kennt.
(2) Im Übrigen kann der Käufer wegen Verschlechterung, Untergangs oder einer aus einem anderen Grunde eingetretenen Unmöglichkeit der Herausgabe eines Erbschaftsgegenstands nicht Ersatz verlangen.

§ 2376 Haftung des Verkäufers

(1) Die Haftung des Verkäufers für Rechtsmängel beschränkt sich darauf, dass ihm das Erbrecht zusteht, dass es nicht durch das Recht eines Nacherben oder durch die Ernennung eines Testamentsvollstreckers beschränkt ist, dass nicht Vermächtnisse, Auflagen, Pflichtteilslasten, Ausgleichungspflichten oder Teilungsanordnungen beste-

hen und dass nicht unbeschränkte Haftung gegenüber den Nachlassgläubigern oder einzelnen von ihnen eingetreten ist.
(2) Für Sachmängel eines zur Erbschaft gehörenden Gegenstands haftet der Verkäufer nicht, es sei denn, dass er einen Mangel arglistig verschwiegen oder eine Garantie für die Beschaffenheit des Gegenstands übernommen hat.

§ 2377 Wiederaufleben erloschener Rechtsverhältnisse

[1]Die infolge des Erbfalls durch Vereinigung von Recht und Verbindlichkeit oder von Recht und Belastung erloschenen Rechtsverhältnisse gelten im Verhältnis zwischen dem Käufer und dem Verkäufer als nicht erloschen. [2]Erforderlichenfalls ist ein solches Rechtsverhältnis wiederherzustellen.

§ 2378 Nachlassverbindlichkeiten

(1) Der Käufer ist dem Verkäufer gegenüber verpflichtet, die Nachlassverbindlichkeiten zu erfüllen, soweit nicht der Verkäufer nach § 2376 dafür haftet, dass sie nicht bestehen.
(2) Hat der Verkäufer vor dem Verkauf eine Nachlassverbindlichkeit erfüllt, so kann er von dem Käufer Ersatz verlangen.

§ 2379 Nutzungen und Lasten vor Verkauf

[1]Dem Verkäufer verbleiben die auf die Zeit vor dem Verkauf fallenden Nutzungen. [2]Er trägt für diese Zeit die Lasten, mit Einschluss der Zinsen der Nachlassverbindlichkeiten. [3]Den Käufer treffen jedoch die von der Erbschaft zu entrichtenden Abgaben sowie die außerordentlichen Lasten, welche als auf den Stammwert der Erbschaftsgegenstände gelegt anzusehen sind.

§ 2380 Gefahrübergang, Nutzungen und Lasten nach Verkauf

[1]Der Käufer trägt von dem Abschluss des Kaufs an die Gefahr des zufälligen Untergangs und einer zufälligen Verschlechterung der Erbschaftsgegenstände. [2]Von diesem Zeitpunkt an gebühren ihm die Nutzungen und trägt er die Lasten.

§ 2381 Ersatz von Verwendungen und Aufwendungen

(1) Der Käufer hat dem Verkäufer die notwendigen Verwendungen zu ersetzen, die der Verkäufer vor dem Verkauf auf die Erbschaft gemacht hat.
(2) Für andere vor dem Verkauf gemachte Aufwendungen hat der Käufer insoweit Ersatz zu leisten, als durch sie der Wert der Erbschaft zur Zeit des Verkaufs erhöht ist.

§ 2382 Haftung des Käufers gegenüber Nachlassgläubigern

(1) [1]Der Käufer haftet von dem Abschluss des Kaufs an den Nachlassgläubigern, unbeschadet der Fortdauer der Haftung des Verkäufers. [2]Dies gilt auch von den Verbindlichkeiten, zu deren Erfüllung der Käufer dem Verkäufer gegenüber nach den §§ 2378, 2379 nicht verpflichtet ist.
(2) Die Haftung des Käufers den Gläubigern gegenüber kann nicht durch Vereinbarung zwischen dem Käufer und dem Verkäufer ausgeschlossen oder beschränkt werden.

§ 2383 Umfang der Haftung des Käufers

(1) [1]Für die Haftung des Käufers gelten die Vorschriften über die Beschränkung der Haftung des Erben. [2]Er haftet unbeschränkt, soweit der Verkäufer zur Zeit des Verkaufs unbeschränkt haftet. [3]Beschränkt sich die Haftung des Käufers auf die Erbschaft, so gelten seine Ansprüche aus dem Kauf als zur Erbschaft gehörend.
(2) Die Errichtung des Inventars durch den Verkäufer oder den Käufer kommt auch dem anderen Teil zustatten, es sei denn, dass dieser unbeschränkt haftet.

§ 2384 Anzeigepflicht des Verkäufers gegenüber Nachlassgläubigern, Einsichtsrecht

(1) [1]Der Verkäufer ist den Nachlassgläubigern gegenüber verpflichtet, den Verkauf der Erbschaft und den Namen des Käufers unverzüglich dem Nachlassgericht anzuzeigen. [2]Die Anzeige des Verkäufers wird durch die Anzeige des Käufers ersetzt.
(2) Das Nachlassgericht hat die Einsicht der Anzeige jedem zu gestatten, der ein rechtliches Interesse glaubhaft macht.

§ 2385 Anwendung auf ähnliche Verträge

(1) Die Vorschriften über den Erbschaftskauf finden entsprechende Anwendung auf den Kauf einer von dem Verkäufer durch Vertrag erworbenen Erbschaft sowie auf andere Verträge, die auf die Veräußerung einer dem Veräußerer angefallenen oder anderweit von ihm erworbenen Erbschaft gerichtet sind.

(2) [1]Im Falle einer Schenkung ist der Schenker nicht verpflichtet, für die vor der Schenkung verbrauchten oder unentgeltlich veräußerten Erbschaftsgegenstände oder für eine vor der Schenkung unentgeltlich vorgenommene Belastung dieser Gegenstände Ersatz zu leisten. [2]Die in § 2376 bestimmte Verpflichtung zur Gewährleistung wegen eines Mangels im Recht trifft den Schenker nicht; hat der Schenker den Mangel arglistig verschwiegen, so ist er verpflichtet, dem Beschenkten den daraus entstehenden Schaden zu ersetzen.

Stichwortverzeichnis

Fette Zahlen verweisen auf §§, magere auf Randnummern.